D E F G H I J K L M N O P Q R S T U V W XY Z

Die Langenscheidt Service-Garantie:

Wenn Sie in diesem Wörterbuch ein Stichwort nicht finden, das man in einem Wörterbuch dieser Art und Größe erwarten kann, garantieren wir Ihnen bis zum 31. Dezember 2005, dass Langenscheidt eine passende Übersezung dieses Wortes für Sie sucht.

Dieser Service wird ausschließlich per E-Mail angeboten. Bitte schreiben Sie uns an die Adresse garantie@langenscheidt.de. Geben Sie in dieser E-Mail das gesuchte Stichwort an sowie den sprachlichen Zusammenhang, in dem es steht. Das kann ein Satz sein, in dem das Wort vorkommt, oder eine Umschreibung des Begriffs. Bitte teilen Sie uns auch mit, in welchem Wörterbuch Sie das betreffende Wort vermissen.

Sie erhalten unsere Antwort so schnell wie möglich, ebenfalls per E-Mail.

Langenscheidt
Business-Wörterbuch
Englisch

Langenscheidt
Business-Wörterbuch
Englisch

Englisch – Deutsch
Deutsch – Englisch

Herausgegeben von der
Langenscheidt-Redaktion

Langenscheidt
Berlin · München · Wien · Zürich · New York

Bearbeitet von der Redaktion Wörterbücher; Anhänge unter besonderer Mitarbeit von
Anna Bennett-Long, Thomas Bennett-Long, Monika Böhme-Garnweidner, Dr. Wolfgang Walther.
Grafik und Karte: Matthias Weis

Ergänzende Hinweise, für die wir jederzeit dankbar sind, bitten wir zu richten an:
Langenscheidt Verlag, Postfach 40 11 20, 80711 München

Druck: Graph. Betriebe Langenscheidt, Berchtesgaden/Obb.
Printed in Germany · ISBN 3-468-06121-8

1. 2. 3. 4. 5. 07 06 05 04 03

Inhaltsverzeichnis

Vorwort

In letzter Zeit wurde an den Langenscheidt Verlag immer wieder der Wunsch herangetragen, ein Wörterbuch herauszubringen, das dem im Rahmen der Globalisierung bzw. der Entstehung internationaler Märkte gewandelten Profil des Englischen als internationaler Wirtschaftssprache Rechnung trägt.

Bei der Korrespondenz mit englischen oder amerikanischen Geschäftspartnern stellt sich immer wieder aufs Neue die Frage nach dem richtigen Begriff oder der korrekten, unmissverständlichen und auch vom Ton her treffenden Formulierung. Andererseits sorgen seltsam anmutende englische Abkürzungen wie *asap*, *DDP* oder *N/A* oft für Verwirrung und Ratlosigkeit.

Mit dem vorliegenden ***Business-Wörterbuch Englisch*** erfüllt Langenscheidt diesen Wunsch und präsentiert ein Werk, bei dessen Erarbeitung zum einen darauf Wert gelegt wurde, den modernen Alltagswortschatz möglichst umfassend zu berücksichtigen und benutzerfreundlich darzustellen.

Zum anderen wurden tausende von Fachbegriffen und Wendungen aus dem Bereich „Business" aufgenommen. Dazu gehört der Wortschatz aus dem Bank- und Versicherungswesen, aus Ex- und Importhandel, aus der Finanzwelt, aus EDV und Multimedia, Büroorganisation, Verwaltung u. v. a. m.

Insgesamt bietet das ***Business-Wörterbuch Englisch*** den Benutzern rund 130 000 Stichwörter und Wendungen.

In dem besonders umfangreichen Anhang schließlich findet man wertvolle Hilfen zum Verstehen und Verfassen von Geschäftskorrespondenz, sei es in der herkömmlichen Briefform oder etwas moderner als Fax oder E-Mail. Dazu praxisbezogene Tipps und Informationen, die beim Telefonieren, in Meetings oder bei Geschäftsverhandlungen unentbehrlich sind.

Das ***Business-Wörterbuch Englisch*** stellt damit die Kompetenz zur Verfügung, die man braucht, wenn man aus beruflichen Gründen täglich mit der englischen Sprache arbeitet – Langenscheidt gibt Ihnen mit dem ***Business-Wörterbuch Englisch*** also Ihren ganz persönlichen Assistenten für den professionellen Umgang mit Business-Englisch an die Hand.

LANGENSCHEIDT

Benutzerhinweise

Teil 1: Englisch-Deutsch

1. Englisches Stichwort

a) Das Wörterverzeichnis ist alphabetisch geordnet, einschließlich der unregelmäßigen Formen.

b) In den Stichwörtern stehende Punkte bzw. Betonungsakzente zeigen an, wo das englische Wort getrennt werden kann.

cul·ti·vate ... cul·ti'va·tion ...

c) Die Tilde (~) ersetzt das Stichwort. Folgen einem Stichwort Wörter, die mit dem Stichwort zusammengesetzt sind, so wird es durch die Tilde ersetzt.

af·ter ... '~·birth ... (= afterbirth)

d) Die Tilde ersetzt in Anwendungsbeispielen das unmittelbar vorangehende Stichwort, das selbst ein mit Tilde gebildetes zusammengesetztes Wort sein kann.

dis·tance ... ***from a*** ~ (= from a distance)
day ... '~·light ... ~ ***saving time*** (= daylight saving time)
e·co'nom·i·cal ... ***be*** ~ ***with*** (= be economical with)

2. Aussprache

a) Die Aussprache des englischen Stichworts steht in eckigen Klammern und wird durch die Symbole der International Phonetic Association wiedergegeben (siehe S. 15).

b) Aus Gründen der Platzersparnis wird in der Lautschriftklammer ebenfalls die Tilde verwendet. Sie ersetzt den Teil der Lautschrift, der sich gegenüber der Vollumschrift beim Basiswort nicht verändert.

gym·na·si·um [dʒɪm'neɪzjəm] **... gym·nast** ['~næst] (= 'dʒɪmnæst)

c) Bei Wortzusammensetzungen oder Ableitungen, deren Aussprache ohne Mühe aus dem vorstehenden Hauptstichwort erschlossen werden kann, wird auf phonetische Angaben verzichtet.

com·mit [kə'mɪt] **... com·mit·ment ...**

3. Sachgebiet

Sachgebiete werden durch bildliche Zeichen, Abkürzungen oder ausgeschriebene Hinweise kenntlich gemacht. Steht die bildliche oder abgekürzte Sachgebietsbezeichnung unmittelbar hinter der Lautschriftklammer, bezieht sie sich auf alle folgenden Übersetzungen. Steht sie innerhalb des Artikels vor einer Übersetzung, so gilt sie nur für diese. Damit dienen die Sachgebietsangaben auch zur Bedeutungsdifferenzierung innerhalb längerer Einträge. (Siehe Liste ab S. 13)

4. Stilebene

Die Kennzeichnung der Stilebene durch Abkürzungen wie F, V, *sl.* etc. bezieht sich auf das englische Stichwort bzw. die so markierte Unterbedeutung. Der Stilebene entspricht in der Regel die deutsche Übersetzung. (Siehe Liste ab S. 13)

5. Grammatikalische Hinweise

a) Eine Liste der unregelmäßigen Verben befindet sich im Anhang ab S. 1434.

b) Der Hinweis (*irr*) bei einem Verb zeigt an, dass es unregelmäßig konjugiert wird und dass seine Stammformen in dieser Liste im Anhang aufgeführt sind.

c) Hinweise wie (*irr* ***fall***) zeigen an, dass das Stichwort ebenso konjugiert wird wie das in der Liste der unregelmäßigen Verben aufgeführte Grundverb ***fall***.

d) Das Zeichen □ bei einem Adjektiv bedeutet, dass das Adverb regelmäßig gebildet wird, also unter Anhängung von ***...ly*** an das Adjektiv bzw. durch Verwandlung von ***...le*** in ***...ly*** bzw. ***...y*** in ***..ily***.
Der Hinweis (***~ally***) bei einem Adjektiv bedeutet, dass das Adverb durch Anhängung von ***...ally*** an das Adjektiv gebildet wird.

e) Bei Adjektiven, die auf ***...ic*** und ***...ical*** enden können, wird die Adverbbildung wie folgt gekennzeichnet:

ge·o·met·ric, ge·o·met·ric·al □

d. h. ***geometrically*** ist das Adverb zu beiden Adjektivformen.

6. Deutsche Übersetzung

Vor der Übersetzung stehen in *kursiver* Schrift Dativ- und Akkusativobjekte von Verben. Hinter der Übersetzung kann *kursiv* und in Klammern eine Subjektangabe stehen:

a·ban·don ... 2. *Hoffnung etc* aufgeben, *Suche etc a.* einstellen ...
a·bate ... abklingen (*Begeisterung, Lärm, Schmerz etc*) ...

7. Anwendungsbeispiele

Wendungen und ihre Übersetzungen stehen unmittelbar hinter der Übersetzung des Stichworts bzw. seiner betreffenden Unterbedeutung. Gelegentlich wird auf die Übersetzung einer Wendung verzichtet, wenn sich ihre Bedeutung eindeutig aus den Bedeutungen der einzelnen Wörter ableiten lässt.

gain ... 4. zunehmen an (*dat*): ~ ***speed*** schneller werden; ...
a·board ... 1. ✈, ⚓ an Bord (*gen*): ***go*** ~; ...

Teil 2: Deutsch-Englisch

1. Anordnung

a) Es gilt die alphabetische Reihenfolge. Die Umlaute (ä, ö, ü) werden wie die Vokale a, o, u behandelt. So folgt **Müll** auf **Mull** und steht selbst vor **Müsli**. Das „ß" wird wie „ss" eingeordnet.

Die Angabe der weiblichen Form erfolgt normalerweise durch die in Klammern angefügte Femininendung ***-in***, z. B. in **Abteilungsleiter(in)**.
Dabei kann die alphabetische Abfolge hier unterbrochen werden, also **Wichtigtuer(in)** vor **Wichtigtuerei**.
Bei Stichwörtern, die weitere – von der Femininform nicht erfasste – Bedeutungen haben (**Läufer**) oder wo für die weibliche Form im Englischen besondere Übersetzungen existieren (**Leiterin**), steht die Femininform als Hauptstichwort an der alphabetischen Stelle und wird dort entweder übersetzt oder mit einem Querverweis versehen.
Eigennamen und Abkürzungen sind gemäß der alphabetischen Reihenfolge in den Wörterbuchteil integriert.

appr. ***approbiert*** qualified. **IGM** ***Industriegewerkschaft Metall*** Metalworkers' Union.

Zusätzliche Auflistungen von englischen und deutschen Abkürzungen finden sich im Anhang ab Seite 1403.

b) Die deutschen Schreibweisen folgen den reformierten Regeln zur Rechtschreibung. Die Rechtschreibreform bringt es mit sich, dass verschiedene Wörter nicht mehr an ihrem früheren alphabetischen Platz zu finden sind. Aus dem Adjektiv und Stichwort **leichtverständlich** wurde das Anwendungsbeispiel ***leicht verständlich*** in dem Eintrag **leicht**. Dort, wo die Benutzer erfahrungsgemäß Probleme mit dem Auffinden der neuen Schreibweisen haben, helfen Querverweise von der alten zur neuen Schreibung weiter.

Gemse → ***Gämse*** **sogenannt** → ***so*** I 1

2. Tilde

Wie im Teil Englisch-Deutsch ersetzt die Tilde (~) bei zusammengesetzten Stichwörtern den Hauptstichwortteil bzw. den vor dem senkrechten Strich (|) stehenden Teil des Wortes, in Anwendungsbeispielen steht sie für das ganze vorhergehende Stichwort. Auch in *kursiven* Erläuterungen ersetzt sie das unmittelbar vorausgehende Stichwort.

Maus|klick *m* ... ***~matte*** *f* ... **~taste** *f* (= Mausmatte, Maustaste)
Hand *f* ... ***~ in ~ gehen*** ... (= Hand in Hand gehen)
groß *adj* ... **6.** (*~artig*) ... (= großartig)

3. Betonungsakzent

Ein Akzent steht bei gleich lautenden deutschen Wörtern zur besseren Unterscheidung, z. B. bei **über'setzen** im Gegensatz zu **'übersetzen**.

4. Aufbau des Stichwortartikels

Die Unterteilung eines Artikels wird im Allgemeinen wie folgt vorgenommen:

a) Römische Ziffern zur Unterscheidung der Wortarten (Substantiv, Adjektiv, Adverb, transitives oder intransitives Verb etc.).
b) Arabische Ziffern dienen der Bedeutungsdifferenzierung.
c) Kleinbuchstaben werden zur weiteren Feindifferenzierung hinter einer arabischen Ziffer verwendet.

> **gehen** I *v/i* (***zu Fuß*** **~**) walk ... II *v/impers* **17.** *fig.* (*klappen*) work ... III *v/t* **22.** (*Strecke etc*) walk, go ...
>
> **machen ... 13.** (*tun*) do; ***lass ihn nur ~!*** a) let him (do as he pleases)!, b) (*überlass es ihm*) just leave it to him!

5. Differenzierung der englischen Übersetzungen

Unterschiedliche Bedeutungen eines Stichworts können durch *kursiv* gedruckte zusätzliche Erläuterungen verdeutlicht werden. Dabei kann es sich um Synonyme, Umschreibungen, bildliche Zeichen (Siehe Liste S. 14), Sachgebietshinweise oder Angaben zur Stilebene oder zum Kontext handeln.

> **Abbau** *m* ... **5.** *von Ausgaben etc*: reduction, cutback, (*Entlassung*) dismissal, (*von Personal*) *a.* retrenchment: ...
>
> **Fusion** *f* **1.** ⚛ fusion. **2.** *econ.* merger.
>
> **rein** ... pure, (*unverdünnt*) *a.* neat, (*sauber*) clean, ...
>
> **Spielfeld** *n Sport*: field, ...
>
> **Spitze** *f* ... (*Kinn-, Messerspitze etc*) point, (*spitzes Ende, a. Finger-, Nasenspitze*) tip, (*Bergspitze*) peak ...

Kursive Erläuterungen findet man häufig auch dort, wo sie dem allgemeinen Verständnis dienen.

> **Friedens| ... ~pflicht** *f bei Tarifauseinandersetzungen etc*: cooling-off period.

Unübersetzbare Begriffe werden in *Kursivschrift* umschrieben:

> **Assessor(in)** *civil servant* (*lawyer, teacher, etc*) *who has completed his / her second state examination.*

Bei den englischen Übersetzungen werden Unterschiede in der britischen und amerikanischen Rechtschreibung wie folgt dargestellt:

> colo(u)r
> defen/ce (*Am.* -se)
> program(me *Br.*)
> sulphonamide (*Am.* -f-).

Die Angabe von *bsd. Am.* oder *bsd. Br.* deutet an, dass die betreffende Schreibweise oder Übersetzung zwar auch im britischen bzw. amerikanischen Englisch vorkommt, jedoch weniger häufig ist.

Abkürzungen und bildliche Zeichen

a., a.	*also*, auch
abbr.	*abbreviation*, Abkürzung
acc	*accusative*, Akkusativ
adj	*adjective*, Adjektiv
adm.	*administrative*, Verwaltung
adv	*adverb*, Adverb
allg.	allgemein
Am.	*American English*, amerikanisches Englisch
amer.	*American*, amerikanisch
anat.	*anatomy*, Anatomie
art	*article*, Artikel
astr.	*astronomy*, Astronomie
attr	*attributively*, attributiv, als Attribut
Bibl.	*biblical*, Bibel
biol.	*biology*, Biologie
Br.	*British English*, britisches Englisch
b.s.	*bad sense*, im schlechten Sinne
bsd.	besonders
coll.	*collective noun*, Kollektivum
comp	*comparative*, Komparativ
conj	*conjunction*, Konjunktion
contp.	*contemptuously*, verächtlich
dat	*dative*, Dativ
d-e, *d-e*	deine
dem.	*demonstrative*, hinweisend
dial.	*dialect*, Dialekt
d-m, *d-m*	deinem
d-n, *d-n*	deinen
d-r, *d-r*	deiner
d-s, *d-s*	deines
eccl.	*ecclesiastical*, kirchlich
econ.	*economy*, Wirtschaft
e-e, *e-e*	eine
e-m, *e-m*	einem
e-n, *e-n*	einen
engS.	im engeren Sinne
e-r, *e-r*	einer
e-s, *e-s*	eines
et., *et.*	etwas
etc	*et cetera*, und so weiter
euphem.	*euphemistic*, euphemistisch, verhüllend
f	*feminine*, weiblich
fenc.	*fencing*, Fechtkunst
fig.	*figurative*, bildlich
fr.	*French*, französisch
gastr.	*gastronomical*, Kochkunst
GB	*Great Britain*, Großbritannien
gen	*genitive*, Genitiv
geogr.	*geography*, Geographie
geol.	*geology*, Geologie
ger	*gerund*, Gerundium
Ggs.	*Gegensatz*, Antonym
gym.	*gymnastics*, Turnen
hist.	*history*, Geschichte
humor.	*humorously*, scherzhaft
hunt.	*hunting*, Jagdwesen
imp	*imperative*, Imperativ
impers	*impersonal*, unpersönlich
ind	*indicative*, Indikativ
indef	*indefinite*, unbestimmt
inf	*infinitive*, Infinitiv
int	*interjection*, Ausruf
interrog	*interrogative*, fragend
iro.	*ironically*, ironisch
irr	*irregular*, unregelmäßig
j-d, *j-d*	jemand
Jh.	Jahrhundert
j-m, *j-m*	jemandem
j-n, *j-n*	jemanden
j-s, *j-s*	jemandes
k-e, *k-e*	keine
k-m, *k-m*	keinem
k-r, *k-r*	keiner
k-s, *k-s*	keines
ling.	*linguistics*, sprachlich, grammatisch
lit.	*literary*, literarisch, nur in der Schriftsprache
m	*masculine*, männlich
m-e, *m-e*	meine
metall.	*metallurgy*, Metallurgie
meteor.	*meteorology*, Meteorologie
mil.	*military term*, militärisch
min.	*mineralogy*, Mineralogie
m-m, *m-m*	meinem
m-n, *m-n*	meinen
mot.	*motoring*, Auto und Verkehr
mount.	*mountaineering*, Bergsteigen
m-r, *m-r*	meiner
m-s, *m-s*	meines
mst	*mostly*, meistens
myth.	*mythology*, Mythologie
n	*neuter*, sächlich
neg!	kann negativ aufgefasst werden
nom	*nominative*, Nominativ
npr	*proper name*, Eigenname
nucl.	*nuclear physics*, Kernphysik
od.	oder
opt.	*optics*, Optik
orn.	*ornithology*, Vogelkunde

o.s.	*oneself*, sich
österr.	österreichisch
paint.	*painting*, Malerei
parl.	*parliamentary term*, parlamentarischer Ausdruck
ped.	*pedagogy*, Schule
pers.	*personal*, persönlich
pharm.	*pharmacy*, Pharmazie
philos.	*philosophy*, Philosophie
phot.	*photography*, Fotografie
phys.	*physics*, Physik
physiol.	*physiology*, Physiologie
pl	*plural*, Plural
poet.	*poetical*, poetisch
pol.	*politics*, Politik
pp	*past participle*, Partizip Perfekt
pred	*predicative*, prädikativ
prp, *prep*	*preposition*, Präposition
pret	*preterite*, Präteritum
print.	*printing*, Druckwesen
pron	*pronoun*, Pronomen
psych.	*psychology*, Psychologie
reflex	*reflexive*, reflexiv
rel.	*relative*, Relativ...
rhet.	*rhetoric*, Rhetorik
schweiz.	schweizerisch
s-e, *s-e*	seine
sg	*singular*, Singular
sl.	*slang*, Slang
s-m, *s-m*	seinem
s-n, *s-n*	seinen
s.o., *s.o.*	*someone*, jemand, jemandem, jemanden
sociol.	*sociology*, Soziologie
s-r, *s-r*	seiner
s-s, *s-s*	seines
s.th., *s.th.*	*something*, etwas
subj	*subjunctive*, Konjunktiv
südd.	süddeutsch
sup	*superlative*, Superlativ
tech.	*technology*, Technik
tel.	*telecommunications*, Telekommunikation
teleph.	*telephony*, Fernsprechwesen
thea.	*theatre*, Theater
(*TM*)	*Trademark*, Warenzeichen
TV	*television*, Fernsehen
univ.	*university*, Universität
v/aux	*auxiliary verb*, Hilfsverb
vet.	*veterinary medicine*, Tiermedizin
v/i	*intransitive verb*, intransitives Verb
v/impers	*impersonal verb*, unpersönliches Verb
v/reflex	*reflexive verb*, reflexives Verb
v/t	*transitive verb*, transitives Verb
weitS.	im weiteren Sinne
zo.	*zoology*, Zoologie
zs.-, Zs.-	zusammen... Zusammen...
Zssg(*n*)	Zusammensetzung(en)

F	familiär, *familiar*; Umgangssprache, *colloquial language*
V	vulgär, *vulgar*
⚘	Pflanzenkunde, *botany*
⚒	Bergbau, *mining*
⚔	militärisch, *military term*
⚓	Schifffahrt, *nautical term*
🚂	Eisenbahn, *railway*
✈	Luftfahrt, *aviation*
📯	Postwesen, *postal affairs*
♪	Musik, *musical term*
△	Architektur, *architecture*
⚡	Elektrotechnik, *electrical engineering*; Elektronik, *electronics*
⚖	Rechtswissenschaft, *jurisprudence*
A	Mathematik, *mathematics*
🌱	Landwirtschaft, *agriculture*
⚗	Chemie, *chemistry*
⚕	Medizin, *medicine*

Erläuterungen zur Lautschrift

[ʌ]	much [mʌtʃ], come [kʌm]	kurzes *a* wie in *Matsch*, *Kamm*, aber dunkler
[ɑː]	after ['ɑːftə], park [pɑːk]	langes *a*, etwa wie in *Bahn*
[æ]	flat [flæt], madam ['mædəm]	mehr zum *a* hin als *ä* in *Wäsche*
[ə]	after ['ɑːftə], arrival [ə'raɪvl]	wie das End-*e* in *Berge*, *mache*, *bitte*
[e]	let [let], men [men]	*ä* wie in *hätte*, *Mäntel*
[ɜː]	first [fɜːst], learn [lɜːn]	etwa wie *ir* in *flirten*, aber offener
[ɪ]	in [ɪn], city ['sɪtɪ]	kurzes *i* wie in *Mitte*, *billig*
[iː]	see [siː], evening ['iːvnɪŋ]	langes *i* wie in *nie*, *lieben*
[ɒ]	shop [ʃɒp], job [dʒɒb]	wie *o* in *Gott*, aber offener
[ɔː]	morning ['mɔːnɪŋ], course [kɔːs]	wie in *Lord*, aber ohne *r*
[ʊ]	good [gʊd], look [lʊk]	kurzes *u* wie in *Mutter*
[uː]	too [tuː], shoot [ʃuːt]	langes *u* wie in *Schuh*, aber offener
[aɪ]	my [maɪ], night [naɪt]	etwa wie in *Mai*, *Neid*
[aʊ]	now [naʊ], about [ə'baʊt]	etwa wie in *blau*, *Couch*
[əʊ]	home [həʊm], know [nəʊ]	von [ə] zu [ʊ] gleiten
[eə]	air [eə], square [skweə]	wie *är* in *Bär*, aber kein *r* sprechen
[eɪ]	eight [eɪt], stay [steɪ]	klingt wie *äi*
[ɪə]	near [nɪə], here [hɪə]	von [ɪ] zu [ə] gleiten
[ɔɪ]	join [dʒɔɪn], choice [tʃɔɪs]	etwa wie *eu* in *neu*
[ʊə]	you're [jʊə], tour [tʊə]	wie *ur* in *Kur*, aber kein *r* sprechen
[j]	yes [jes], tube [tjuːb]	wie *j* in *jetzt*
[w]	way [weɪ], one [wʌn], quick [kwɪk]	mit gerundeten Lippen ähnlich wie [uː] gebildet. Kein deutsches *w*!
[ŋ]	thing [θɪŋ], English ['ɪŋglɪʃ]	wie *ng* in *Ding*
[r]	room [ruːm], hurry ['hʌrɪ]	Zunge liegt, zurückgebogen, am Gaumen auf. Nicht gerollt und nicht im Rachen gebildet!
[s]	see [siː], famous ['feɪməs]	stimmloses *s* wie in *lassen*, *Liste*
[z]	zero ['zɪərəʊ], is [ɪz], runs [rʌnz]	stimmhaftes *s* wie in *lesen*, *Linsen*
[ʃ]	shop [ʃɒp], fish [fɪʃ]	wie *sch* in *Scholle*, *Fisch*
[tʃ]	cheap [tʃiːp], much [mʌtʃ]	wie *tsch* in *tschüs*, *Matsch*
[ʒ]	television ['telɪˌvɪʒn]	stimmhaftes *sch* wie in *Genie*, *Etage*
[dʒ]	just [dʒʌst], bridge [brɪdʒ]	wie in *Job*, *Gin*
[θ]	thanks [θæŋks], both [bəʊθ]	wie *ss* in *Fass*, aber gelispelt
[ð]	that [ðæt], with [wɪð]	wie *s* in *Sense*, aber gelispelt
[v]	very ['verɪ], over ['əʊvə]	etwa wie deutsches *w*, Oberzähne auf Oberkante der Unterlippe
[x]	loch [lɒx], ugh [ʌx]	wie *ch* in *ach*

[ː]	bedeutet, dass der vorhergehende Vokal lang zu sprechen ist.
[']	bedeutet Hauptton, [ˌ] bedeutet Nebenton.

Wörterverzeichnis Englisch-Deutsch

A

A [eɪ] *pl* **A's** *s* A *n*: ***from A to Z*** F von A bis Z.

a ***acre*** Acre *m* (*4046,8 qm*).

a [ə], *vor vokalischem Anlaut* **an** [ən] *adj od. Artikel* **1.** ein(e): ***he is a doctor*** er ist Arzt. **2.** der-, die-, dasselbe: ***they are of an age*** sie sind gleichaltrig. **3.** per, pro, je: ***twice a week*** zweimal wöchentlich *od.* in der Woche.

AA ***Alcoholics Anonymous*** Anonyme Alkoholiker *pl*; *Br.* ***Automobile Association*** *Automobilklub.*

AAA [*häufig* ˌtrɪplˈeɪ] *Br.* ***Amateur Athletic Association*** *Leichtathletikverband*; ***American Automobile Association*** *Automobilklub.*

a·back [əˈbæk] *adv*: ***taken ~*** überrascht, verblüfft; bestürzt.

a·ban·don [əˈbændən] *v/t* **1.** *Frau etc* verlassen. **2.** *Hoffnung etc* aufgeben, *Suche etc a.* einstellen, (*Sport*) *Spiel* abbrechen.

a·base [əˈbeɪs] *v/t* erniedrigen, demütigen.

aˈbase·ment *s* Erniedrigung *f*, Demütigung *f*.

a·bashed [əˈbæʃt] *adj* beschämt, verlegen: ***feel ~*** sich schämen.

a·bate [əˈbeɪt] *v/i* abklingen (*Begeisterung, Lärm, Schmerz etc*), (*a. Sturm etc*) sich legen.

ab·at·toir [ˈæbətwɑː] *s* Schlachthaus *n*, -hof *m*.

ab·bess [ˈæbes] *s* Äbtissin *f*.

ab·bey [ˈæbɪ] *s* Abtei *f*.

ab·bot [ˈæbət] *s* Abt *m*.

abbr. ***abbreviated*** abgekürzt; ***abbreviation*** Abk., Abkürzung *f*.

ab·bre·vi·ate [əˈbriːvɪeɪt] *v/t* (ab-, ver)kürzen: ***~d form*** Kurzform *f*.

abˌbre·viˈa·tion *s* (Ab-, Ver)Kürzung *f*.

ABC [ˌeɪbiːˈsiː] *s* **1.** *Am. oft pl* Abc *n*, Alphabet *n*: (***as***) ***easy as ~*** kinderleicht; ***~ weapons*** *pl* ⚔ ABC-Waffen *pl*. **2.** *fig.* Abc *n*, Anfangsgründe *pl*.

ab·di·cate [ˈæbdɪkeɪt] **I** *v/i* abdanken. **II** *v/t Amt* niederlegen: ***~ the throne*** abdanken.

ˌab·diˈca·tion *s* Abdankung *f*.

ab·do·men [ˈæbdəmen] *s anat.* Unterleib *m*.

ab·dom·i·nal [æbˈdɒmɪnl] *adj* Unterleibs...

ab·duct [əbˈdʌkt] *v/t* entführen.

abduc·tion [æbˈdʌkʃn] *s* Entführung *f*.

ab·er·ra·tion [ˌæbəˈreɪʃn] *s* **1.** Abweichung *f*, *ast., biol., phys. a.* Aberration *f*. **2.** geistige Verwirrung.

a·bet [əˈbet] → ***aid*** 3.

a·bey·ance [əˈbeɪəns] *s*: ***fall into ~*** außer Gebrauch kommen.

ab·hor [əbˈhɔː] *v/t* verabscheuen.

ab·hor·rence [əbˈhɒrəns] *s* Abscheu *m, f* (***of*** vor *dat*).

abˈhor·rent *adj* ☐ **1.** zuwider, verhasst (***to*** *dat*): ***it is ~ to me*** es widerstrebt mir zutiefst (***to do*** zu tun). **2.** abstoßend.

a·bide [əˈbaɪd] **I** *v/i*: ***~ by*** sich halten an (*acc*); *Folgen* tragen. **II** *v/t* ertragen, aushalten: ***I cannot ~ him*** ich kann ihn nicht ausstehen.

A·bi·jah [əˈbaɪdʒə] Abidjan *n* (*Hauptstadt der afrikanischen Republik Elfenbeinküste*).

a·bil·i·ty [əˈbɪlətɪ] *s* Fähigkeit *f*: ***~ to pay*** Zahlungsfähigkeit; ***to the best of one's ~*** nach besten Kräften.

ab·ject [ˈæbdʒekt] *adj* ☐ **1.** bitter (*Armut etc*), (*a. Verzweiflung etc*) tiefst. **2.** demütig, unterwürfig.

a·blaze [əˈbleɪz] *adv u. adj* **1.** ***be ~*** in Flammen stehen. **2.** *fig.* ***be ~ with light*** im Lichterglanz erstrahlen; ***his eyes were ~ with anger*** s-e Augen funkelten vor Zorn; ***his face was ~ with excitement*** sein Gesicht glühte vor Aufregung.

a·ble [ˈeɪbl] *adj* ☐ fähig, tüchtig, geschickt: ***be ~ to*** imstande *od.* in der Lage sein zu, können; ***~ to pay*** zahlungsfähig. **~-bod·ied** [ˌ~ˈbɒdɪd] *adj* körperlich leistungsfähig, kräftig: ***~ seaman*** ⚓ Vollmatrose *m*.

ab·ne·ga·tion [ˌæbnɪˈgeɪʃn] *s* Selbstverleugnung *f*.

ab·nor·mal [æbˈnɔːml] *adj* ☐ anormal, *bsd.* ⚕ abnorm.

a·board [əˈbɔːd] *adv u. prp* **1.** ⚓, ✈ an Bord (*gen*): ***go ~***; ***all ~!*** ⚓ alle Mann an Bord!; 🚂 alles einsteigen! **2.** in (*ein od. e-m Verkehrsmittel*): ***~ a bus***.

a·bode [əˈbəʊd] *s a.* ***place of ~*** ⚖ Wohnsitz *m*: ***of*** (*od.* ***with***) ***no fixed ~*** ohne festen Wohnsitz.

a·bol·ish [əˈbɒlɪʃ] *v/t* abschaffen, *Gesetz etc a.* aufheben.

aˈbol·ish·ment, abo·li·tion [ˌæbəʊˈlɪʃn] *s* Abschaffung *f*, Aufhebung *f*.

'A-bomb *s* Atombombe*f*.

a·bom·i·na·ble [ə'bɒmɪnəbl] *adj* □ abscheulich, scheußlich: ~ ***snowman*** Schneemensch *m*.

a'bom·i·nate [ə'bɒmɪneɪt] *v/t* verabscheuen.

a,bom·i'na·tion *s* **1.** Abscheu *m, f* (***of*** vor *dat*). **2.** Scheußlichkeit *f*.

ab·o·rig·i·nal [,æbə'rɪdʒənl] **I** *adj* □ eingeboren, einheimisch, Ur... **II** *s* Ureinwohner(in), *pl a.* Urbevölkerung *f*.

,ab·o'rig·i·ne [~dʒənɪ] → ***aboriginal*** II.

a·bort [ə'bɔːt] **I** *v/t* **1.** ⚕ *Schwangerschaft* abbrechen; *Kind* abtreiben. **2.** *Raumflug etc* abbrechen. **3.** *Computer*: *Programm* abbrechen, stoppen. **II** *v/i* **4.** e-e Fehlgeburt haben. **5.** *fig*. fehlschlagen, scheitern. **III** *s* **6.** *Computer*: Abbruch *m*.

a'bor·tion *s* **1.** ⚕ Fehlgeburt *f*; Schwangerschaftsabbruch *m*, Abtreibung *f*: ***have an*** ~ abtreiben (lassen). **2.** *fig*. Fehlschlag *m*.

a'bor·tive [~tɪv] *adj* □ erfolglos, fehlgeschlagen: ***prove*** ~ sich als Fehlschlag erweisen.

a·bound [ə'baʊnd] *v/i* **1.** reichlich vorhanden sein. **2.** Überfluss haben, reich sein (***in*** an *dat*). **3.** voll sein, wimmeln (***with*** von).

a·bout [ə'baʊt] **I** *prp* **1.** um (... herum). **2.** herum in (*dat*): ***wander*** ~ ***the streets*** in den Straßen herumwandern. **3.** bei, auf (*dat*), an (*dat*): ***I had no money*** ~ ***me*** ich hatte kein Geld bei mir. **4.** um, gegen: ~ ***noon*** um die Mittagszeit, gegen Mittag. **5.** über (*acc*): ***talk*** ~ ***business*** über Geschäfte reden. **6.** F beschäftigt mit: ***what are you*** ~? was macht ihr da? **II** *adv* **7.** herum, umher: ***all*** ~ überall. **8.** ungefähr, etwa: ***it's*** ~ ***right*** F es kommt so ungefähr hin. **9.** im Begriff, dabei: ***he was*** ~ ***to go out*** er wollte gerade weggehen. **10.** ***be*** (***up and***) ~ auf den Beinen sein. **11.** in der Nähe, da: ***there was no one*** ~.

a·bove [ə'bʌv] **I** *prp* **1.** über (*dat od. acc*), oberhalb. **2.** über (*dat od. acc*), mehr als: ~ ***all*** vor allem; ~ ***par*** *econ*. über pari; ***be*** ~ ***s.o.*** j-m überlegen sein; ***it is*** ~ ***me*** es ist mir zu hoch. **II** *adv* **3.** (dr)oben: ***from*** ~ von oben. **4.** darüber (hinaus). **III** *adj* **5.** *a.* ~***-mentioned*** obig, oben erwähnt. **IV** *s* **6.** *das* Obige, *das* Obenerwähnte.

a,bove'board *adv u. adj* ehrlich, offen.

ab·rade [ə'breɪd] *v/t* **1.** abschaben, -reiben, *Reifen* abfahren. **2.** *Haut etc* abschürfen.

ab·ra·sion [ə'breɪʒn] *s* **1.** Abschaben *n*, -reiben *n*. **2.** (Haut)Abschürfung *f*.

ab'ra·sive [~sɪv] *s tech*. Schleifmittel *n*.

ab·re·act [,æbrɪ'ækt] *v/t* abreagieren.

a·breast [ə'brest] *adv*: ***three*** ~ zu dritt nebeneinander; ***keep*** ~ ***of*** *fig*. Schritt halten mit; ***keep*** ~ ***of the times*** auf dem Laufenden bleiben.

a·bridge [ə'brɪdʒ] *v/t Buch, Rede etc* kürzen.

a'bridg(e)·ment *s* **1.** Kürzung *f*. **2.** Kurzfassung *f*.

a·broad [ə'brɔːd] *adv* **1.** im *od.* ins Ausland: ***from*** ~ aus dem Ausland; ***trip*** ~ Auslandsreise *f*. **2.** überall(hin): ***spread*** ~ (sich) verbreiten; ***a rumo(u)r is*** ~ es geht das Gerücht (um); ***get*** ~ ruchbar werden.

ab·ro·gate ['æbrəʊgeɪt] *v/t Vertrag etc* außer Kraft setzen, *Gesetz etc a.* aufheben.

,ab·ro'ga·tion *s* Außerkraftsetzung *f*, Aufhebung *f*.

ab·rupt [ə'brʌpt] *adj* □ **1.** kurz (angebunden), schroff. **2.** plötzlich, abrupt: ***come to an*** ~ ***stop*** plötzlich *od.* mit e-m Ruck anhalten.

ab·scess ['æbsɪs] *s* ⚕ Abszess *m*.

ab·scond [əb'skɒnd] *v/i* sich heimlich davonmachen; flüchten (***from*** vor *dat*).

ab·seil ['æpsaɪl] *v/i a.* ~ ***down*** sich abseilen.

ab·sence ['æbsəns] *s* **1.** Abwesenheit *f*: ~ ***of mind*** → ***absent-mindedness***. **2.** Fernbleiben *n* (***from*** von). **3.** (***of***) Fehlen *n* (*gen od.* von), Mangel *m* (an *dat*): ***in the*** ~ ***of*** in Ermangelung (*gen*).

ab·sent I *adj* ['æbsənt] **1.** abwesend: ***be*** ~ fehlen (***from school*** in der Schule; ***from work*** am Arbeitsplatz). **2.** fehlend. **3.** a) (geistes)abwesend (*Blick etc*), b) → ***absent-minded***. **II** *v/t* [æb'sent] **4.** ~ ***o.s.*** (***from***) fernbleiben (*dat od.* von); sich entfernen (von, aus).

ab·sen·tee [,æbsən'tiː] *s* Abwesende *m, f*: ~ ***ballot*** *bsd. Am.* Briefwahl *f*; ~ ***voter*** *bsd. Am.* Briefwähler(in).

,ab·sen'tee·ism *s* häufiges *od.* längeres (unentschuldigtes) Fehlen (*am Arbeitsplatz, in der Schule*); ~ ***rate*** Abwesenheitsquote *f*.

,ab·sent|-'mind·ed *adj* □ geistesabwesend, zerstreut. **,~-'mind·ed·ness** *s* Geistesabwesenheit *f*, Zerstreutheit *f*.

ab·so·lute ['æbsəluːt] *adj* □ absolut (*a.* ⚗, *ling., phys.*): a) unumschränkt (*Herrscher*), b) vollkommen, völlig, c) ⚗ rein, unvermischt: ~ ***monopoly*** *econ*. absolutes Monopol.

,ab·so'lu·tion *s* Lossprechung *f*; *eccl.* Absolution *f*.

'ab·so·lut·ism *s* Absolutismus *m*.

ab·solve [əb'zɒlv] *v/t* frei-, lossprechen (***of*** von *Sünde*); entbinden (***from*** von *Verpflichtung etc*); *eccl.* die Absolution erteilen (*dat*).

ab·sorb [əb'sɔːb] *v/t* **1.** absorbieren, aufsaugen, *a. fig. Wissen etc* aufnehmen. **2.** *fig.* ganz in Anspruch nehmen; fesseln: ~***ed in*** vertieft in (*acc*). **3.** *Stoß etc* dämpfen.

ab'sorb·ent *adj* absorbierend: ~ ***cotton*** ⚕ *Am.* (Verband)Watte *f*.

ab·sorp·tion cost·ing [əb'sɔːpʃn] *s* Vollkostenrechnung *f*.
ab·stain [əb'steɪn] *v/i* sich enthalten (***from*** *gen*): ~ (***from voting***) sich der Stimme enthalten.
ab·ste·mi·ous [æb'stiːmjəs] *adj* □ **1.** enthaltsam; mäßig. **2.** bescheiden, kärglich (*Mahlzeit*).
ab·sten·tion [əb'stenʃn] *s*: ~ (***from voting***) (Stimm)Enthaltung *f*.
ab·sti·nence ['æbstɪnəns] *s* Abstinenz *f*, Enthaltsamkeit *f*. **'ab·sti·nent** *adj* □ abstinent, enthaltsam.
ab·stract I *adj* □ ['æbstrækt] **1.** abstrakt (*a.* ⚘, *paint. etc*): a) theoretisch, b) schwer verständlich. **II** *s* [~] **2.** *das* Abstrakte: ***in the*** ~ rein theoretisch (betrachtet), an u. für sich. **3.** *a.* ~ ***noun*** *ling*. Abstraktum *n*, Begriffswort *n*. **4.** Auszug *m*, Abriss *m*: ~ ***of title*** Grundbuchauszug *m*. **III** *v/t* [æb'strækt] **5.** abstrahieren. **6.** entwenden. **7.** e-n Auszug machen von.
ab'stract·ed *adj* □ *fig*. zerstreut.
ab·strac·tion [æb'strækʃn] *s* **1.** Abstraktion *f*. **2.** Entwendung *f*. **3.** *fig*. Zerstreutheit *f*.
ab·struse [æb'struːs] *adj* □ abstrus, schwer verständlich.
ab·surd [əb'sɜːd] *adj* □ **1.** absurd, widersinnig. **2.** unsinnig, albern, lächerlich.
ABTA ***Association of British Travel Agents*** Britischer Reisebüroverband.
a·bun·dance [ə'bʌndəns] *s* (***of***) Überfluss *m* (an *dat*), Fülle *f* (von): ***in*** ~ in Hülle u. Fülle.
a'bun·dant *adj* **1.** reichlich (vorhanden). **2.** ~ ***in*** reich an (*dat*).
a·buse I *s* [ə'bjuːs] **1.** Missbrauch *m*: ~ ***of drugs*** Drogenmissbrauch; ~ ***of power*** Machtmissbrauch. **2.** Beschimpfungen *pl*: → ***term*** 3. **II** *v/t* [~z] **3.** missbrauchen. **4.** beschimpfen.
a'bu·sive [~sɪv] *adj* □ beleidigend: ~ ***language*** Beleidigungen *pl*, Beschimpfungen *pl*.
a·bys·mal [ə'bɪzml] *adj* □ miserabel.
a·byss [ə'bɪs] *s* Abgrund *m* (*a. fig*.).
AC [eɪ'siː] *abbr*. (= ***alternating current***) Wechselstrom *m*.
a/c, A/C account current Kontokorrent *n*; ***account*** Kto., Konto *n*; Rechnung *f*.
a·ca·cia [ə'keɪʃə] *s* ⚘ Akazie *f*.
ac·a·dem·ic [ˌækə'demɪk] **I** *adj* (~***ally***) **1.** akademisch: a) Universitäts...: ~ ***freedom*** akademische Freiheit; ~ ***year*** Studienjahr *n*, b) (rein) theoretisch: ~ ***question*** akademische Frage. **2.** gelehrt, wissenschaftlich. **II** *s* **3.** Universitätslehrer(in).
a·cad·e·my [ə'kædəmɪ] *s* Akademie *f*: ~ ***of music*** Musikhochschule *f*; ***Academy Awards*** (***ceremony***) Oscar-Verleihung *f*.
ac·cel·er·ate [ək'seləreɪt] **I** *v/t* beschleunigen. **II** *v/i* schneller werden, *mot*. *a*. Gas geben.
acˌcel·er'a·tion *s* Beschleunigung *f*: ~ ***lane*** *mot*. Beschleunigungsspur *f*, -streifen *m*.
ac'cel·er·a·tor *s mot*. Gaspedal *n*.
ac·cent I *s* ['æksent] Akzent *m*: a) *ling*. Ton *m*, Betonung *f*, b) *ling*. Betonungs-, Tonzeichen *n*, c) Tonfall *m*, (*lokale etc*) Aussprache, d) *fig*. Nachdruck *m*: ***the*** ~ ***is on*** der Akzent liegt auf (*dat*). **II** *v/t* [æk'sent] → ***accentuate***.
ac·cen·tu·ate [æk'sentjʊeɪt] *v/t* akzentuieren, betonen (*a. fig*.).
acˌcen·tu'a·tion *s* Akzentuierung *f*, Betonung *f*.
ac·cept [ək'sept] *v/t* **1.** an-, entgegennehmen. **2.** *j-n*, *et*. akzeptieren: a) *et*., *econ*. *Wechsel* annehmen, b) *et*. hinnehmen, sich abfinden mit. **3.** *Verantwortung etc* auf sich nehmen. **4.** aufnehmen (***into*** in *acc*).
ac'cept·a·ble *adj* □ **1.** akzeptabel, annehmbar (***to*** für). **2.** angenehm, willkommen.
ac'cept·ance *s* **1.** Annahme *f*. **2.** Akzeptierung *f*; Hinnahme *f*: ***win*** ~ Anerkennung finden. **3.** Aufnahme *f*. **4.** *econ*. Akzept *n*. ~ **cred·it** *s* Akzept-, Rembourskredit *m*. ~ **house** *s* Akzeptbank *f*. ~ **test** *s* Abnahmeprüfung *f*.
ac'cept·ed *adj* allgemein anerkannt, üblich.
ac·cep·tor [ək'septə] *s* Akzeptant *m*, Wechselnehmer *m*: ~ ***for hono(u)r*** Honorant *m*.
ac·cess ['ækses] **I** *s* **1.** Zugang *m* (***to*** zu) (*a. fig*.): ~ ***road*** Zufahrts- *od*. Zubringerstraße *f*. **2.** *fig*. Zutritt *m* (***to*** bei, zu): ***easy of*** ~ zugänglich (*Person*). **3.** *Computer*: Zugriff *m* (***to*** auf *acc*): ~ ***code*** Zugriffskode *m*; ~ ***time*** Zugriffszeit *f*. **II** *v/t* **4.** *Computer*: zugreifen auf (*acc*).
ac·ces·sa·ry → ***accessory*** 2.
ac·ces·si·ble [ək'sesəbl] *adj* □ **1.** (leicht) zugänglich (***to*** für *od*. *dat*) (*a. fig*.). **2.** um-, zugänglich (*Person*). **3.** empfänglich (***to*** für).
ac·ces·sion [æk'seʃn] *s* **1.** Antritt *m* (***to*** *e-s Amts*): ~ ***to power*** Machtübernahme *f*; ~ ***to the throne*** Thronbesteigung *f*. **2.** (Neu)Anschaffung *f* (***to*** für). **3.** Zustimmung *f* (***to*** zu).
ac·ces·so·ry [ək'sesərɪ] *s* **1.** Zubehörteil *n*, (*Mode*) Accessoire *n*, *pl a*. Zubehör *n*. **2.** ⚖ Mitschuldige *m*, *f* (***to*** an *dat*).
ac·ci·dent ['æksɪdənt] *s* **1.** ***by*** ~ zufällig. **2.** Unfall *m*, Unglück(sfall *m*) *n*, (*in Kernkraftwerk*) Störfall *m*: ***have*** (*od*. ***meet with***) ***an*** ~ e-n Unfall haben, verunglücken; ***be killed in an*** ~ bei e-m Unfall ums Leben kommen, tödlich verunglücken; ~ ***and breakdown cover*** Schutzbrief *m*; ~ ***insur-***

ance Unfallversicherung *f*; **~ *prevention*** Unfallverhütung *f*; **~ *prevention regulations*** Unfallverhütungsvorschriften *pl*; ***~-prone*** unfallgefährdet; **~ *report*** Unfallbericht *m*.

ac·ci·den·tal [ˌæksɪ'dentl] *adj* □ **1.** zufällig. **2.** versehentlich. **3.** Unfall...

ac·claim [ə'kleɪm] **I** *v/t* **1.** feiern (***as*** als). **2. ~ *s.o. king*** j-n zum König ausrufen. **II** *s* **3.** hohes Lob.

ac·cla·ma·tion [ˌæklə'meɪʃn] *s* **1.** lauter Beifall. **2.** hohes Lob. **3. *by* ~** *pol.* durch Zuruf *od.* Akklamation.

ac·cli·mate [ə'klaɪmət] → ***acclimatize.***

ac·cli·ma·tion [ˌæklaɪ'meɪʃn] → ***acclimatization.***

ac·cli·ma·ti·za·tion [əˌklaɪmətaɪ'zeɪʃn] *s* Akklimatisierung *f*.

ac'cli·ma·tize *v/t u. v/i* (***to***) (sich) akklimatisieren (an *acc*), (sich) eingewöhnen (in *dat*) (*beide a. fig.*).

ac·cliv·i·ty [ə'klɪvətɪ] *s* Steigung *f*.

ac·com·mo·date [ə'kɒmədeɪt] *v/t* **1.** (***to***) anpassen (*dat od.* an *acc*); in Einklang bringen (mit). **2.** *j-m* aushelfen (***with*** mit). **3.** unterbringen. **4.** Platz haben für, fassen.

ac'com·mo·dat·ing *adj* □ gefällig, entgegenkommend.

acˌcom·mo'da·tion *s* **1.** Anpassung *f* (***to*** an *acc*). **2.** Gefälligkeit *f*. **3.** *Am. mst pl* Unterkunft *f*, Unterbringung *f*. **~ ad·dress** *s* Briefkastenadresse *f*. **~ bill** *s* Gefälligkeitswechsel *m*. **~ bu·reau** *s* Unterkunftsvermittlung *f*. **~ cred·it** *s* Überbrückungskredit *m*. **~ seek·er** *s* Wohnungssuchende(r).

ac·com·pa·ni·ment [ə'kʌmpənɪmənt] *s* ♪ Begleitung *f*.

ac'com·pa·nist *s* ♪ Begleiter(in).

ac'com·pa·ny *v/t* begleiten (*a.* ♪).

ac·com·plice [ə'kʌmplɪs] *s* Komplize *m*, Komplizin *f*.

ac·com·plish [ə'kʌmplɪʃ] *v/t* erreichen; leisten.

ac'com·plished *adj* fähig, tüchtig.

ac'com·plish·ment *s* Fähigkeit *f*, Fertigkeit *f*.

ac·cord [ə'kɔːd] **I** *v/t* **1.** gewähren, *Empfang* bereiten. **II** *v/i* **2.** übereinstimmen (***with*** mit). **III** *s* **3.** Übereinstimmung *f*: ***be in* ~** → 2; ***with one* ~** einstimmig. **4. *of one's own* ~** aus freien Stücken, von selbst.

ac'cord·ance *s*: ***in ~ with*** entsprechend (*dat*), gemäß (*dat*).

ac'cord·ing: ~ *to* *prp* laut; nach.

ac'cord·ing·ly *adv* **1.** (dem)entsprechend. **2.** also, folglich.

ac·cor·di·on [ə'kɔːdjən] *s* ♪ Akkordeon *n*, Ziehharmonika *f*.

ac·cost [ə'kɒst] *v/t Frau* (in eindeutiger Absicht) ansprechen; *j-n* anpöbeln.

ac·count [ə'kaʊnt] **I** *v/t* **1.** ansehen als, halten für. **II** *v/i* **2. ~** (***to s.o.***) ***for*** (j-m) Rechenschaft ablegen über (*acc*). **3. ~ *for*** (sich) *et.* erklären, *et.* begründen: ***there's no ~ing for tastes*** über Geschmack lässt sich nicht streiten. **4. ~ *for*** der Grund sein für. **III** *s* **5.** *econ.* Konto *n* (***with*** bei): **~ *holder*** Kontoinhaber(in); **~ *movements*** *pl* Kontobewegungen *pl*; **~ *number*** Kontonummer *f*; ***for ~ only*** nur zur Verrechnung; ***on one's own ~*** *fig.* auf eigene Faust; auf eigene Gefahr; ***settle ~s with*** *fig.* abrechnen mit. **6.** *pl* a) (Geschäfts)Bücher *pl*, b) ***~s payable*** Verbindlichkeiten *pl*; ***~s receivable*** Forderungen *pl*, Außenstände *pl*, Debitoren *pl*; ***as per ~*** laut Abrechnung. **7.** Rechenschaft(sbericht *m*) *f*: ***bring*** (*od.* ***call***) ***to ~*** zur Rechenschaft ziehen; ***give*** (***an***) **~ *of*** Rechenschaft ablegen über (*acc*); ***give a good*** (***bad***) **~ *of o.s.*** sich von s-r guten (schlechten) Seite zeigen; gut (schlecht) abschneiden. **8.** Bericht *m*, Darstellung *f*: ***by all ~s*** nach allem, was man hört; ***give an ~ of*** Bericht erstatten über (*acc*). **9. *of great*** (***no***) **~** von großer (ohne) Bedeutung; ***on ~ of*** um ... willen, wegen; ***on my ~*** meinetwegen; ***on no ~*** auf keinen Fall; ***leave out of ~*** außer Acht lassen; ***take into ~, take ~ of*** in Betracht ziehen, berücksichtigen. **10. *put*** (*od.* ***turn***) ***to*** (***good***) **~** (aus)nutzen, Kapital schlagen aus.

ac'count·a·ble *adj* verantwortlich (***to*** *dat*; ***for*** für): ***hold s.o. ~*** j-n verantwortlich machen.

ac'count·ant *s* **1.** Buchhalter(in). **2.** Buchprüfer(in). **3.** *Br.* Steuerberater(in).

ac·count·ing [ə'kaʊntɪŋ] *s* Buchhaltung *f*, Rechnungswesen *n*. **~ de·part·ment** *s* Buchhaltung *f*. **~ pe·ri·od** *s* Abrechnungszeitraum *m*. **~ plan** *s* Kontenrahmen *m*. **~ prin·ci·ples** *pl* Bilanzierungsgrundsätze *pl*. **~ rules** *pl* Bilanzierungsvorschriften *pl*.

Ac·cra [ə'krɑː] Akkra *n* (*Hauptstadt der afrikanischen Republik Ghana*).

ac·cred·it [ə'kredɪt] *v/t Botschafter etc* akkreditieren (***to*** bei).

ac·cru·al [ə'kruːəl] *s* **1.** Zuwachs *m*. **2.** *pl* Rückstellungen *pl*; Abgrenzungsposten *pl*: ***~s and deferrals*** (Rechnungs)Abgrenzungsposten *pl*.

ac·crue [ə'kruː] *v/i* **1.** erwachsen (***to*** *dat*; ***from*** aus). **2.** anwachsen: ***~d interest*** aufgelaufene Zinsen *pl*; ***~d and deferred items*** *pl* Rechnungsabgrenzungsposten *pl*.

ac·cu·mu·late [ə'kjuːmjʊleɪt] *v/t u. v/i* (sich) ansammeln *od.* anhäufen.

ac·cu·mu·lat·ed [ə'kjuːmjʊleɪtɪd] *adj* aufgelaufen: **~ *profit*** Gewinnvortrag *m*.

ac͵cu·mu'la·tion *s* Anhäufung *f*, Ansammlung *f*.
ac'cu·mu·la·tor *s* ⚡ Akkumulator *m*.
ac·cu·ra·cy ['ækjʊrəsɪ] *s* Genauigkeit *f*.
ac·cu·rate ['~rət] *adj* □ genau: ***be ~*** genau gehen (*Uhr*).
ac·cu·sa·tion [͵ækju:'zeɪʃn] *s* **1.** ⚖ Anklage *f*: ***bring an ~ (of murder) against*** (Mord)Anklage erheben gegen. **2.** An-, Beschuldigung *f*. **3.** Vorwurf *m*.
ac·cu·sa·tive [ə'kju:zətɪv] *s a.* ***~ case*** *ling*. Akkusativ *m*, 4. Fall *m*.
ac·cuse [ə'kju:z] *v/t* **1.** ⚖ anklagen (***of*** *gen od.* wegen). **2.** beschuldigen (***of*** *gen*): ***~ s.o. of doing s.th.*** j-n beschuldigen, et. getan zu haben. **3.** ***~ s.o. of s.th.*** j-m et. zum Vorwurf machen.
ac'cused *s*: ***the ~*** ⚖ der *od.* die Angeklagte, die Angeklagten *pl*.
ac'cus·ing *adj* □ anklagend, vorwurfsvoll.
ac·cus·tom [ə'kʌstəm] *v/t* gewöhnen (***to*** an *acc*): ***be ~ed to doing s.th.*** (es) gewöhnt *od.* gewohnt sein, et. zu tun; ***get ~ed to*** sich gewöhnen an (*acc*).
ac'cus·tomed *adj* gewohnt: ***~ seat*** Stammplatz *m*.
ace [eɪs] **I** *s* **1.** Ass *n* (*Spielkarte*; *a. Tennis etc*); Eins *f* (*auf Würfeln*): ***have an ~ in the hole*** (*od.* ***up one's sleeve***) *fig.* (noch) e-n Trumpf in der Hand haben. **2.** ***he came within an ~ of losing*** er hätte um ein Haar verloren. **3.** F Ass *n*, Kanone *f* (***at*** in *dat*). **II** *adj* **4.** F ***~ skier*** Spitzenskiläufer(in); ***~ reporter*** Starreporter(in); ***be ~*** Spitze sein.
ac·e·tate ['æsɪteɪt] *s* ⚗ Acetat *n*.
a·ce·tic [ə'si:tɪk] *adj* essigsauer: ***~ acid*** Essigsäure *f*.
a·cet·y·lene [ə'setɪli:n] *s* Acetylen *n*.
ache [eɪk] **I** *v/i* **1.** schmerzen, weh tun: ***I am aching all over*** mir tut alles weh. **2.** sich sehnen (***for*** nach), darauf brennen (***to do*** zu tun). **II** *s* **3.** *anhaltender* Schmerz: ***he has ~s and pains all over*** ihm tut alles weh.
a·chieve [ə'tʃi:v] *v/t Ziel* erreichen, *Erfolg* erzielen.
a'chieve·ment *s* Leistung *f*: ***~ test*** Leistungstest *n*.
A·chil·les| heel [ə'kɪli:z] *s fig.* Achillesferse *f*. **~ ten·don** *s anat.* Achillessehne *f*.
ac·id ['æsɪd] **I** *adj* **1.** sauer: ***~ drops*** *pl* saure Drops *pl*. **2.** *fig.* bissig. **3.** ⚗ säurehaltig, Säure...: ***~ rain*** saurer Regen. **II** *s* **4.** ⚗ Säure *f*. **5.** *sl.* Acid *n* (*LSD*). **'~-͵test ra·ti·o** *s* Liquiditätsgrad *m*.
ac·knowl·edge [ək'nɒlɪdʒ] *v/t* **1.** anerkennen. **2.** zugeben: ***~ having done s.th.*** zugeben, et. getan zu haben. **3.** *Brief*, *Empfang etc* bestätigen.
ac'knowl·edg(e)·ment *s* **1.** Anerkennung *f*: ***in ~ of*** in Anerkennung (*gen*). **2.** (Empfangs)Bestätigung *f*: ***~ of debt*** Schuldanerkenntnis *f*; ***~ of order*** Auftragsbestätigung *f*.
ac·me ['ækmɪ] *s fig.* Gipfel *m*, Höhepunkt *m*.
ac·ne ['æknɪ] *s* ⚕ Akne *f*.
a·corn ['eɪkɔ:n] *s* ♣ Eichel *f*.
a·cous·tic [ə'ku:stɪk] **I** *adj* (***~ally***) akustisch, Gehör...: ***~ nerve*** *anat.* Gehörnerv *m*. **II** *s pl* Akustik *f* (*e-s Raums*). **~ hood** *s* Schallschluckhaube *f*.
ac·quaint [ə'kweɪnt] *v/t* bekannt *od.* vertraut machen (***with*** mit): ***be ~ed with*** *j-n, et.* kennen; ***we are ~ed*** wir kennen uns; ***become ~ed with*** *j-n, et.* kennen lernen.
ac'quaint·ance *s* **1.** Bekanntschaft *f* (***with*** mit): ***make s.o.'s ~*** j-n kennen lernen, j-s Bekanntschaft machen. **2.** Kenntnis *f* (***with*** von *od. gen*). **3.** Bekannte *m, f*.
ac·qui·esce [͵ækwɪ'es] *v/i* (zögernd) einwilligen (***in*** in *acc*).
ac·quire [ə'kwaɪə] *v/t* erwerben (*a. fig.*), sich *Wissen etc* aneignen.
ac·qui·si·tion [͵ækwɪ'zɪʃn] *s* **1.** Erwerb *m*, Übernahme *f*: ***~ of data*** Datenerfassung *f*. **2.** Anschaffung *f*, Errungenschaft *f*. **~ cost** *s* Anschaffungskosten *pl*.
ac·quis·i·tive [ə'kwɪzɪtɪv] *adj* □ habgierig.
ac'quis·i·tive·ness *s* Habgier *f*.
ac·quit [ə'kwɪt] *v/t* **1.** ⚖ freisprechen (***of*** von). **2.** ***~ o.s. well*** s-e Sache gut machen.
ac'quit·tal *s* ⚖ Freispruch *m*.
a·cre ['eɪkə] *s* Acre *m* (*4047 qm*).
ac·ri·mo·ni·ous [͵ækrɪməʊnjəs] *adj* □ *fig.* bitter; scharf, beißend; erbittert (geführt) (*Diskussion etc*).
ac·ri·mo·ny ['ækrɪmənɪ] *s fig.* Bitterkeit *f*; Schärfe *f*.
ac·ro·bat ['ækrəbæt] *s* Akrobat(in).
͵ac·ro'bat·ic **I** *adj* (***~ally***) akrobatisch. **II** *s pl* (*a. sg konstruiert*) Akrobatik *f* (*a. fig.*): ***mental ~s*** Gedankenakrobatik.
ac·ro·nym ['ækrənɪm] *s* Akronym *n*.
a·cross [ə'krɒs] **I** *prp* **1.** (quer) über (*acc*); (quer) durch, mitten durch: ***run ~ the road*** über die Straße laufen; ***swim ~ a river*** e-n Fluss durchschwimmen. **2.** jenseits (*gen*): ***he lives ~ the street*** er wohnt auf der gegenüberliegenden Straßenseite. **II** *adv* **3.** (quer) hinüber *od.* herüber; (quer) durch; im Durchmesser: ***go ~*** hinübergehen; ***saw ~*** durchsägen; ***a lake three miles ~*** ein 3 Meilen breiter See. **4.** drüben, auf der anderen Seite. **5.** waag(e)recht (*in Kreuzworträtseln*).
a͵cross-the-'board *adj* generell, linear (*Steuersenkung etc*).
ac·ry·lic [ə'krɪlɪk] **I** *s* Acryl *n*. **II** *adj* Acryl..., aus Acryl.

ACT ***Advance Corporation Tax*** Körperschaftssteuervorauszahlung *f.*

act [ækt] **I** *s* **1.** (⚖ *a.* Straf)Tat *f*, Handlung *f*, Akt *m*: ***an ~ of God*** höhere Gewalt; ***catch in the*** (***very***) ~ auf frischer Tat ertappen; ***catch s.o. in the ~ of doing s.th.*** j-n (dabei) ertappen, als er et. tut; ***get one's ~ together*** *Am.* F die Sache geregelt kriegen. **2.** ***Act*** (***of Parliament,*** *Am.* ***of Congress***) Gesetz *n.* **3.** *thea.* Aufzug *m*, Akt *m.* **4.** (Programm)Nummer *f*; *fig.* F Tour *f*: ***put on an ~*** Theater spielen. **II** *v/t* **5.** *thea. etc Rolle* spielen, *j-n a.* darstellen, *Stück a.* aufführen: ***~ the fool*** *fig.* sich wie ein Narr benehmen; den Dummen spielen. **III** *v/i* **6.** (Theater) spielen, *fig.* Theater spielen. **7.** handeln; tätig sein: ***~ as*** amtieren *od.* fungieren *od.* dienen als; ***~ for s.o.*** j-n vertreten; ***~ on*** sich richten nach. **8.** sich verhalten *od.* benehmen (***towards*** *j-m* gegenüber): ***~ up*** F Theater machen; angeben; verrückt spielen (*Gerät etc*). **9.** (ein)wirken (***on*** auf *acc*).

'act·ing I *adj* stellvertretend, amtierend, geschäftsführend. **II** *s thea. etc* Spiel *n*; Schauspielerei *f.*

ac·tion ['ækʃn] *s* **1.** Handlung *f* (*a. thea. etc*), Tat *f*: ***man of ~*** Mann *m* der Tat; ***put into ~*** in die Tat umsetzen; ***take ~*** handeln. **2.** *Film etc*: Action *f*: ***~ film.*** **3.** *bsd tech.* Funktionieren *n*: ***~ of the heart*** *physiol.* Herztätigkeit *f.* **4.** (Ein)Wirkung *f* (***on*** auf *acc*). **5.** ⚖ Klage *f*, Prozess *m*: ***bring an ~ against*** verklagen; ***~ for damages*** Schadenersatzklage *f.* **6.** ⚔ Gefecht *n*, Einsatz *m*: ***killed in ~*** gefallen. **~ re·play** *s Sport, TV*: *Br.* (*bsd.* Zeitlupen)Wiederholung *f* (*e-r Spielszene*).

ac·ti·vate ['æktıveıt] *v/t* **1.** *Alarm etc* auslösen. **2.** *bsd.* ⚗ aktivieren. **3.** *Computer*: aktivieren, einschalten, starten: ***~ a file*** e-e Datei aufrufen.

ac·tive ['æktıv] **I** *adj* ☐ **1.** *allg.* aktiv, (*Vulkan a.*) tätig, (*Fantasie*) lebhaft. **2.** *ling.* aktivisch: ***~ voice*** → 5. **3.** *econ.* aktiv: ***~ balance*** aktive Zahlungsbilanz; ***~ bond*** festverzinsliche Schuldverschreibung; ***~ market*** (*od.* ***trading***) lebhafte Umsätze *pl.* **4.** *Computer*: ablauffähig (*Programm etc*). **II** *s* **5.** *ling.* Aktiv *n*, Tatform *f.*

ac·tiv·ism *s* Aktivismus *m.*

'ac·tiv·ist *s* Aktivist(in).

ac·tiv·i·ty *s* **1.** Aktivität *f.* **2.** *mst pl* Aktivität *f*, Betätigung *f.*

ac·tor ['æktə] *s* Schauspieler *m.*

ac·tress ['æktrıs] *s* Schauspielerin *f.*

ac·tu·al ['æktʃʊəl] *adj* wirklich, tatsächlich; eigentlich; ***~ balance*** Istbestand *m*; ***~ cost*** Istkosten *pl*; ***~ earnings*** Effektivlohn *m*; ***~ output*** Istleistung *f*; ***~ state*** Istzustand *m.*

ac·tu·al·ly *adv* **1.** → ***actual.*** **2.** sogar.

ac·tu·ar·i·al theo·ry [ˌæktjʊ'eərıəl] *s* Versicherungsmathematik *f.*

ac·tu·a·ry ['æktjʊərı] *s* Versicherungsmathematiker *m.*

a·cu·men ['ækjʊmən] *s* Scharfsinn *m.*

ac·u·pres·sure ['ækjʊˌpreʃə] *s* ⚕ Akupressur *f.*

ac·u·punc·ture ['ækjʊˌpʌŋktʃə] ⚕ **I** *s* Akupunktur *f.* **II** *v/t* akupunktieren.

a·cute [ə'kjuːt] *adj* ☐ **1.** 𝔄 spitz (*Winkel*). **2.** scharf (*Gehör etc*). **3.** scharfsinnig. **4.** akut (*Krankheit*). **5.** stark (*Schmerzen*), erheblich (*Mangel etc*).

ad [æd] F → ***advertisement***; ***~ salesman*** Anzeigenvertreter *m.*

AD [eı'diː] *abbr.* (= ***Anno Domini***) n. Chr., nach Christus.

Ad·am ['ædəm] *npr.*: ***I don't know him from ~*** F ich hab keine Ahnung, wer er ist; ***~'s apple*** *anat.* Adamsapfel *m.*

ad·a·mant ['ædəmənt] *adj* unnachgiebig: ***be ~ that s.o. should do s.th.*** darauf bestehen, dass j-d et. tut.

a·dapt [ə'dæpt] **I** *v/t* **1.** anpassen (***to*** *dat*): ***~ o.s.*** → 3. **2.** *Text* bearbeiten (***for*** für). **II** *v/i* **3.** (***to***) sich anpassen (*dat*); sich gewöhnen (an *acc*).

a·dapt·a·ble [ə'dæptəbl] *adj* anpassungsfähig.

a·dap·ta·tion [ˌædæp'teıʃn] *s* **1.** Anpassung *f* (***to*** an *acc*). **2.** Bearbeitung *f.*

a·dapt·er, a·dap·tor [ə'dæptə] *s* ⚡ Adapter *m*, Mehrfachstecker *m*: ***~ plug*** Zwischenstecker *m.*

add [æd] **I** *v/t* **1.** hinzuzählen, -rechnen (***to*** zu). **2.** hinzufügen (***to*** *dat od.* zu; ***that*** dass): → ***fuel.*** **3.** ***~ up*** (*od.* ***together***) addieren, zs.-zählen. **4.** *econ. etc* aufschlagen (***to*** auf *acc*): ***~ 5% to the price.*** **II** *v/i* **5.** ***~ to*** hinzukommen *od.* beitragen zu, vermehren. **6.** ***~ up*** 𝔄 aufgehen, stimmen; *fig.* e-n Sinn ergeben. **7.** ***~ up to*** sich belaufen auf (*acc*), betragen; *fig.* hinauslaufen auf (*acc*), bedeuten.

ad·ded ['ædıd] *adj* zusätzlich; ***~ value*** *econ.* Wertschöpfung *f.*

ad·den·dum [ə'dendəm] *pl* **-da** [~də] *s* Zusatz *m*, Nachtrag *m.*

ad·der ['ædə] *s zo.* Natter *f.*

ad·dict ['ædıkt] *s* (*Drogen-, Fernseh- etc*) Süchtige *m, f*, (*Fußball- etc*)Fanatiker(in), (*Film- etc*)Narr *m*, Närrin *f.*

ad·dict·ed [ə'dıktıd] *adj*: ***be ~ to ...*** ...süchtig sein.

ad·dic·tion [ə'dıkʃn] *s* Sucht *f*, (*Zustand a.*) Süchtigkeit *f*: ***~ to alcohol*** Alkoholsucht.

ad·dic·tive [ə'dıktıv] *adj* Sucht erzeugend: ***be ~*** süchtig machen; ***~ drug*** Suchtmittel *n.*

add·ing ma·chine ['ædıŋ] *s* Addier-, Additionsmaschine *f.*

add in·struc·tion *s Computer*: Additionsbefehl *m*.

Ad·dis Ab·a·ba [ˌædɪsˈæbəbə] Addis Abeba *n* (*Hauptstadt von Äthiopien*).

ad·di·tion [əˈdɪʃn] *s* **1.** Hinzufügung *f*, Zusatz *m*: ***in ~*** noch dazu, außerdem; ***in ~ to*** außer (*dat*), zusätzlich zu. **2.** Vermehrung *f* (**to** *gen*): ***an ~ to the family*** Familienzuwachs *m*. **3.** *math*. Addition *f*: ***~ sign*** Pluszeichen *n*.

ad·di·tion·al [~ʃənl] *adj* □ zusätzlich, Zusatz...: ***~ budget*** Nachtragshaushalt *m*; ***~ costs*** Zusatzkosten *pl*.

ad·di·tive [ˈædɪtɪv] *s* Zusatz *m* (*a.* ⚗).

add-on [ˈædɒn] *s Computer*: Zusatzgerät *n*. ***~ board*** Erweiterungsplatine *f*; ***~ kit*** Nachrüstsatz *m*.

ad·dress [əˈdres] **I** *v/t* **1.** *Worte etc* richten (**to** an *acc*), *j-n* anreden *od*. ansprechen (**as** als), *Brief etc* adressieren (**to** an *acc*). **2.** e-e Ansprache halten an (*acc*). **II** *s* **3.** Anrede *f*. **4.** Ansprache *f*, Rede *f*. **5.** Adresse *f*, Anschrift *f*; ***in case of change of ~*** falls verzogen; ***~ list*** Adressenliste *f*.

ad·dress·a·ble [əˈdresəbl] *adj Computer*: adressierbar.

ad·dress·ee [ˌædreˈsiː] *s* Adressat(in), Empfänger(in).

ad·dress·ing ma·chine [əˈdresɪŋ] *s* Adressiermaschine *f*.

ad·duce [əˈdjuːs] *v/t Grund* anführen, *Beweis* erbringen.

ad·e·noids [ˈædɪnɔɪdz] *s pl* ⚕ Polypen *pl*.

ad·ept [ˈædept] **I** *adj* erfahren, geschickt (***at, in*** in *dat*). **II** *s* Meister(in), Experte *m*, Expertin *f* (***at, in*** in *dat*).

ad·e·qua·cy [ˈædɪkwəsɪ] *s* Angemessenheit *f*.

ad·e·quate [ˈædɪkwət] *adj* □ **1.** angemessen (**to** *dat*). **2.** ausreichend: ***be ~ for*** reichen für.

ad·here [ədˈhɪə] *v/i* **1.** (an)kleben, (-)haften (**to** an *dat*). **2.** *fig*. (**to**) festhalten (an *dat*), bleiben (bei). **adˈher·ence** *s* **1.** (An)Kleben *n*, (-)Haften *n*. **2.** *fig*. Festhalten *n*.

adˈher·ent I *adj* (an)klebend, (-)haftend. **II** *s* Anhänger(in).

ad·he·sion [ədˈhiːʒn] *s* **1.** → ***adherence***. **2.** *phys., tech*. Adhäsion *f*, Haftvermögen *n*.

ad·he·sive [ədˈhiːsɪv] **I** *adj* □ (an)haftend, klebend, Haft..., Kleb(e)...: ***~ foil*** (Selbst)Klebefolie *f*; ***~ label*** Aufkleber *m*; ***~ plaster*** Heftpflaster *n*; ***~ tape*** Klebstreifen *m*; *Am*. Heftpflaster *n*; ***~ tape dispenser*** Klebefilmabroller *m*. **II** *s* Klebstoff *m*.

ad·ja·cent [əˈdʒeɪsənt] *adj* □ **1.** angrenzend, -stoßend (**to** an *acc*). **2.** *bsd*. ⚒, *tech*. Nachbar..., Neben...

ad·jec·ti·val [ˌædʒekˈtaɪvl] *adj* □ *ling*. adjektivisch.

ad·jec·tive [ˈædʒɪktɪv] *s* Adjektiv *n*, Eigenschaftswort *n*.

ad·join [əˈdʒɔɪn] **I** *v/t* (an)stoßen *od*. (-)grenzen an (*acc*). **II** *v/i* aneinander grenzen, nebeneinander liegen.

adˈjoin·ing *adj* angrenzend, -stoßend, Nachbar..., Neben...

ad·journ [əˈdʒɜːn] **I** *v/t* verschieben, -tagen (***till, until*** auf *acc*; **for** um). **II** *v/i* sich vertagen.

adˈjourn·ment *s* Vertagung *f*, -schiebung *f*.

ad·judge [əˈdʒʌdʒ] *v/t* **1.** *e-e Sache* (gerichtlich) entscheiden; *j-n* für (*schuldig etc*) erklären. **2.** *jur., Sport*: zusprechen, zuerkennen (**to** *dat*).

ad·ju·di·cate [əˈdʒuːdɪkeɪt] → ***adjudge***.

ad·ju·di·ca·tion [əˌdʒuːdɪˈkeɪʃn] *s* Beschluss *m*, (Gerichts)Entscheidung *f*, *econ*. Konkurseröffnung *f*: ***~ order*** Konkurseröffnungsbeschluss *m*.

ad·junct [ˈædʒʌŋkt] *s* **1.** Zusatz *m* (**to** zu). **2.** *ling*. Attribut *n*, Beifügung *f*.

ad·ju·ra·tion [ˌædʒʊəˈreɪʃn] *s* Beschwörung *f*.

ad·jure [əˈdʒʊə] *v/t* beschwören (***to do*** zu tun).

ad·just [əˈdʒʌst] *v/t* **1.** (**to**) anpassen, -gleichen (*dat od*. an *acc*), abstimmen (auf *acc*). **2.** in Ordnung bringen, regeln. **3.** *tech*. (ein)stellen, regulieren, *Gewehr etc* justieren, *Uhr* stellen. **4.** *econ*. bereinigen, korrigieren (*Konten*), ausgleichen (*Bilanz, Konto*): ***~ed for inflation*** inflationsbereinigt; ***~ an entry*** e-e Buchung berichtigen.

ad·just·a·ble *adj tech*. ein-, verstellbar, regulierbar: ***~ margin*** einstellbarer Rand.

ad·just·er *s* Schadensregulierer *m*.

ad·just·ing| en·try [əˈdʒʌstɪŋ] *s* Berichtigungsbuchung *f*. **~ pay·ment** *s* Ausgleichszahlung *f*.

ad·just·ment *s* **1.** Anpassung *f*, -gleichung *f*. **2.** Regelung *f*. **3.** *tech*. Einstellung *f*, Regulierung *f*; Einstellvorrichtung *f*. **4.** *econ*. Berichtigung *f*, Bereinigung *f*.

ad·ju·tant [ˈædʒʊtənt] *s* ⚔ Adjutant(in).

ad-lib [ˌædˈlɪb] *v/t u. v/i* F improvisieren.

ad·man [ˈædmæn] *s* (*irr* ***man***) F **1.** Werbetexter *m* für Zeitungsanzeigen. **2.** Anzeigenvertreter *m*.

ad·mass [ˈædmæs] *s* F **1.** Konsumbeeinflussung *f*. **2.** massive Medienwerbung **3.** werbungsmanipulierte Gesellschaft.

ad·min·is·ter [ədˈmɪnɪstə] *v/t* **1.** verwalten, *Amt etc* ausüben. **2.** *Arznei, Schlag* verabreichen, *Sakrament* spenden, *Tadel* erteilen (**to** *dat*): ***~ justice*** Recht sprechen.

adˌmin·isˈtra·tion *s* **1.** Verwaltung *f*, Ausübung *f*. **2.** Verabreichung *f*, Spendung *f*, Erteilung *f*: ***~ of justice*** Rechtsprechung *f*.

3. *pol. bsd. Am.* Regierung *f*, Amtsdauer *f* (*e-s Präsidenten etc*).
ad'min·is·tra·tive [əd'mɪnɪstrətɪv] *adj* Verwaltungs...
ad'minis·tra·tor [əd'mɪnɪstreɪtə] *s* **1.** Verwalter(in). **2.** Verwaltungsbeamte *m*, -beamtin *f*.
ad·mi·ra·ble ['ædmərəbl] *adj* □ bewundernswert, großartig.
ad·mi·ral ['ædmərəl] *s* Admiral(in).
ad·mi·ra·tion [ˌædmə'reɪʃn] *s* Bewunderung *f* (**for** für): ***she was the ~ of all*** sie wurde von allen bewundert.
ad·mire [əd'maɪə] *v/t* **1.** bewundern (**for** wegen). **2.** verehren.
ad'mir·er *s* **1.** Bewunderer *m*, Bewunderin *f*. **2.** Verehrer(in).
ad·mis·si·ble [əd'mɪsəbl] *adj* zulässig, statthaft.
ad'mis·sion *s* **1.** Einlass *m* (*a. tech.*); Ein-, Zutritt *m*; Aufnahme *f*: ***~ free*** Eintritt frei; ***~ ticket*** Eintrittskarte *f*. **2.** Eintritt(sgeld *n*) *m*. **3.** Zulassung *f*. **4.** Eingeständnis *n*: ***by*** (*od.* ***on***) ***his own ~*** wie er selbst zugab; ***~ of guilt*** Schuldeingeständnis. **5.** Zugeständnis *n*. **6.** *tech.* (*Luft- etc*)Zufuhr *f*.
ad·mit [əd'mɪt] **I** *v/t* **1.** *j-n* einlassen. **2.** (***into, to***) *j-n* aufnehmen (in *acc od. dat*), zulassen (zu): → ***bar*** 9. **3.** zulassen, gestatten. **4.** anerkennen, gelten lassen. **5.** zugeben, (ein)gestehen: ***~ doing s.th.*** zugeben, et. getan zu haben. **6.** zugeben, einräumen (**that** dass). **7.** Platz haben für, fassen. **8.** *tech.* einlassen, zuführen. **II** *v/i* **9.** ***~ of*** → 3: ***it ~s of no excuse*** es lässt sich nicht entschuldigen. **10.** ***~ to*** → 5.
ad'mit·tance *s* Ein-, Zutritt *m*: ***no ~*** (***except on business***) Zutritt (für Unbefugte) verboten.
ad'mit·ted·ly *adv* zugegeben(ermaßen).
ad·mix·ture [æd'mɪkstʃə] *s* Beimischung *f*, Zusatz *m*.
ad·mon·ish [əd'mɒnɪʃ] *v/t* **1.** warnen (***of, against*** vor *dat*). **2.** ermahnen (**for** wegen).
ad·mo·ni·tion [ˌædməʊ'nɪʃn] *s* **1.** Warnung *f*. **2.** Ermahnung *f*.
a·do [ə'du:] *s* Getue *n*: ***much ~ about nothing*** viel Lärm um nichts; ***without more*** (*od.* ***further***) ~ ohne weitere Umstände.
ad·o·les·cence [ˌædəʊ'lesns] *s* jugendliches Alter.
ˌad·o'les·cent I *adj* jugendlich, heranwachsend. **II** *s* Jugendliche *m, f*.
a·dopt [ə'dɒpt] *v/t* **1.** adoptieren: ***~ed child*** Adoptivkind *n*; ***~ed country*** Wahlheimat *f*. **2.** *fig.* annehmen, sich zu Eigen machen, *Handlungsweise* wählen, *Haltung* einnehmen.
a'dop·tion *s* **1.** Adoption *f*: ***give up for ~*** zur Adoption freigeben. **2.** Annahme *f*.
a'dop·tive *adj* Adoptiv...: ***~ child*** (***parents***); ***~ country*** Wahlheimat *f*.
a·dor·a·ble [ə'dɔ:rəbl] *adj* □ allerliebst, entzückend.
ad·o·ra·tion [ˌædə'reɪʃn] *s* Anbetung *f*, Verehrung *f*.
a·dore [ə'dɔ:] *v/t* anbeten, verehren (*beide a. fig.*); F *et.* entzückend *od.* hinreißend finden.
a·dorn [ə'dɔ:n] *v/t* **1.** schmücken, (ver)zieren (*beide a. fig.*). **2.** *fig.* Glanz verleihen (*dat*).
a'dorn·ment *s* Schmuck *m*, Verzierung *f*.
a·dren·al·in(e) [ə'drenəlɪn] *s* **1.** ⚗, *physiol.* Adrenalin *n*. **2.** *fig.* Aufputschmittel *n*.
A·dri·at·ic Sea [ˌeɪdrɪ'ætɪk 'si:] *npr die* Adria.
a·droit [ə'drɔɪt] *adj* □ geschickt, gewandt (***at, in*** in *dat*).
a'droit·ness *s* Geschicklichkeit *f*, Gewandtheit *f*.
ad·u·late ['ædjʊleɪt] *v/t j-m* schmeicheln.
ˌad·u'la·tion *s* Schmeichelei *f*.
'ad·u·la·tor *s* Schmeichler(in).
'ad·u·la·to·ry *adj* schmeichlerisch.
a·dult ['ædʌlt] **I** *adj* **1.** erwachsen. **2.** (nur) für Erwachsene (*Film etc*). **II** *s* **3.** Erwachsene *m, f*: ***~ education*** Erwachsenenbildung *f*.
a·dul·ter·ate [ə'dʌltəreɪt] *v/t Nahrungsmittel* verfälschen, *Wein* panschen.
aˌdul·ter'a·tion *s* Verfälschung *f*.
a·dul·ter·er [ə'dʌltərə] *s* Ehebrecher *m*.
a'dul·ter·ess *s* Ehebrecherin *f*.
a'dul·ter·ous *adj* □ ehebrecherisch.
a'dul·ter·y *s* Ehebruch *m*.
ad·um·brate ['ædʌmbreɪt] *v/t* vorausahnen lassen, hindeuten auf (*acc*).
ad va·lo·rem du·ty [ˌædvə'lɔ:rem] *s* Wertzoll *m*.
ad·vance [əd'vɑ:ns] **I** *v/t* **1.** vorrücken, -schieben, *Fuß* vorsetzen. **2.** *Zeitpunkt* vorverlegen. **3.** *Argument etc* vorbringen, geltend machen. **4.** *Projekt etc* fördern. **5.** *j-n* befördern, *Stellung etc* verbessern. **6.** *Preis* erhöhen. **7.** *Wachstum etc* beschleunigen. **8.** im Voraus liefern; *Geld* vorauszahlen, vorschießen. **II** *v/i* **9.** vordringen, -rücken (*a. Zeit*). **10.** zunehmen (***in*** an *dat*): ***~ in age*** älter werden. **11.** vorankommen, Fortschritte machen. **12.** *im Rang* aufrücken, befördert werden. **13.** (an)steigen (*Preise*). **III** *s* **14.** Vorrücken *n*. **15.** Beförderung *f*, (*beruflicher etc*) Aufstieg. **16.** Fortschritt *m*, Verbesserung *f*. **17.** Vorsprung *m*: ***in ~*** vorn; im Voraus; ***in ~ of*** vor (*dat*); ***be in ~*** e-n Vorsprung haben (**of** vor *dat*); ***paid in ~*** vorausbezahlt. **18.** Vorschuss *m*, Vorauszahlung *f*: ***~ on receivables*** Forderungsbevorschussung *f*. **19.** (Preis)Erhöhung *f*; Anziehen *n*, Kurssteigerung *f*. **20.**

Darlehen *n*, Kredit *m*. **IV** *adj* **21.** Vor(aus)...: ~ ***booking*** Vor(aus)bestellung *f*; *thea. etc* Vorverkauf *m*; ~ ***copy*** Vorausexemplar *n*; ~ ***financing*** Vorfinanzierung *f*; ~ ***pay*** Lohn- und Gehaltsvorauszahlung *f*; ~ ***payment*** Vorauszahlung *f*; ~ ***publication*** Vorabdruck *m*.

ad•vanced *adj* **1.** vorgerückt (*Alter*, *Stunde*): ***be ~ in years*** in fortgeschrittenem Alter sein. **2.** fortgeschritten: ~ ***English*** Englisch für Fortgeschrittene. **3.** fortschrittlich.

ad'vance•ment *s* Fortschritt *m*, Verbesserung *f*.

ad•van•tage [əd'vɑːntɪdʒ] *s* Vorteil *m* (*a. Sport*): ***to ~*** günstig, vorteilhaft; ***gain an ~ over s.o.*** sich j-m gegenüber e-n Vorteil verschaffen; ***have an ~ over s.o.*** j-m gegenüber im Vorteil sein; ***have the ~ (over s.o.)*** (j-m gegenüber) den Vorteil haben (***of being*** zu sein); ***take ~ of*** *j-n*, *et*. ausnutzen; ~ ***law*** (*od*. ***rule***) Vorteilsregel *f*.

ad•van•ta•geous [ˌædvən'teɪdʒəs] *adj* □ vorteilhaft, günstig.

Ad•vent ['ædvənt] *s eccl*. Advent *m*.

ad•ven•ture [əd'ventʃə] *s* Abenteuer *n*: ~ ***holiday*** (*bsd. Am*. ***vacation***) Abenteuerurlaub *m*; ~ ***playground*** *Br*. Abenteuerspielplatz *m*.

ad'ven•tur•er *s* Abenteurer *m*.

ad'ven•tur•ess *s* Abenteu(r)erin *f*.

ad'ven•tur•ous *adj* □ **1.** abenteuerlich. **2.** abenteuerlustig.

ad•verb ['ædvɜːb] *s ling*. Adverb *n*, Umstandswort *n*.

ad•ver•bi•al [əd'vɜːbjəl] *adj* □ adverbial: ~ ***phrase*** Adverbiale *n*, Adverbialbestimmung *f*.

ad•ver•sar•y ['ædvəsərɪ] *s* Gegner(in).

ad•verse ['ædvɜːs] *adj* □ **1.** widrig. **2.** ungünstig, nachteilig (***to*** für): ~ ***balance of trade*** passive Handelsbilanz; ~ ***budget*** Defizithaushalt *m*.

ad•ver•si•ty [əd'vɜːsətɪ] *s* **1.** Not *f*, Unglück *n*. **2.** Missgeschick *n*.

ad•vert ['ædvɜːt] *s Br*. F *für* ***advertisement***.

ad•ver•tise ['ædvətaɪz] **I** *v/t* **1.** ankündigen. **2.** Reklame machen für, werben für. **3.** *contp*. ausposaunen, an die große Glocke hängen. **II** *v/i* **4.** inserieren, annoncieren: ~ ***for*** durch Inserat suchen. **5.** Reklame machen, Werbung treiben.

ad•ver•tise•ment [əd'vɜːtɪsmənt] *s* **1.** Inserat *n*, Annonce *f*. **2.** → ***advertising*** I. ~ **char•ac•ter** *s* Reklame-, Werbefigur *f*. ~ **man•ag•er** *s* Anzeigenleiter(in).

ad•ver•tis•er ['ædvətaɪzə] *s* Inserent(in).

ad•ver•tis•ing ['ædvətaɪzɪŋ] **I** *s* Werbung *f*, Reklame *f*. **II** *adj* Werbe..., Reklame...: ~ ***agency*** Werbeagentur *f*; ~ ***appeal*** Werbekraft *f*; ~ ***budget*** Werbeetat *m*; ~ ***campaign*** (*od*. ***drive***) Werbekampagne *f*; ~ ***consultant*** Werbeberater(in); ~ ***department*** Werbeabteilung *f*; ~ ***expenses*** *pl* Werbekosten *pl*; ~ ***manager*** Werbeleiter(in); ~ ***medium*** Werbeträger *m*; ~ ***message*** Werbebotschaft *f*.

ad•vice [əd'vaɪs] *s* **1.** Rat(schlag) *m*; Ratschläge *pl*: ***legal ~*** Rechtsberatung *f*; ***a piece*** (*od*. ***bit***) ***of ~*** ein Ratschlag; ***at*** (*od*. ***on***) ***s.o.'s ~*** auf j-s Rat hin; ***take my ~ and ...*** hör auf mich u. ...; ***take medical ~*** e-n Arzt zurate ziehen. **2.** *econ*. Avis *m*, *n*: ***letter of ~*** Benachrichtigungsschreiben *n*; ~ ***of delivery*** Rückschein *m*; ~ ***of dispatch*** Versandanzeige *f*; ~ ***note*** Avis *m*, *n*, Versandanzeige *f*.

ad•vis•a•ble [əd'vaɪzəbl] *adj* ratsam.

ad'vise *v/t* **1.** *j-m* raten *od*. empfehlen (***to do*** zu tun), *j-n* beraten: ~ ***against*** *j-m* abraten von; ***be well ~d*** gut beraten sein, gut daran tun (***to do*** zu tun). **2.** *et*. empfehlen, raten zu. **3.** *econ*. avisieren (***s.o. of s.th.*** j-m et.).

ad'vis•ed•ly [əd'vaɪzɪdlɪ] *adv* mit Überlegung.

ad•vis•er [əd'vaɪzə] *s* Berater(in), Ratgeber(in).

ad•vis•ing bank [əd'vaɪzɪŋ] *s* avisierende Bank.

ad'vi•so•ry [~ərɪ] *adj* beratend.

ad•vo•ca•cy ['ædvəkəsɪ] *s* (***of***) Eintreten *n* (für), Befürwortung *f* (*gen*).

ad•vo•cate I *s* ['ædvəkət] Verfechter(in), Befürworter(in). **II** *v/t* ['ædvəkeɪt] befürworten, eintreten für.

Ae•ge•an Sea [iːˌdʒiːən 'siː] *npr die* Ägäis.

ae•gis ['iːdʒɪs] *s* Schirmherrschaft *f*: ***under the ~ of***.

aer•ate ['eɪəreɪt] *v/t* **1.** lüften. **2.** mit Kohlensäure anreichern.

aer•i•al ['eərɪəl] **I** *adj* Luft...: ~ ***cableway*** Seilschwebebahn *f*; ~ ***camera*** Luftkamera *f*; ~ ***view*** Luftbild *n*. **II** *s bsd. Br*. Antenne *f*.

aer•o•bics [eə'rəʊbɪks] *s sg Sport*: Aerobic *n*.

aer•o•drome ['eərədrəʊm] *s Br*. Flugplatz *m*.

aer•o•dy•nam•ic [ˌeərəʊdaɪ'næmɪk] *phys*. **I** *adj* (***~ally***) aerodynamisch. **II** *s sg* Aerodynamik *f*.

aer•o•gram ['eərəʊgræm] *s* **1.** Funkspruch *m*. **2.** Aerogramm *n*, Luftpostleichtbrief *m*.

aer•o•nau•ti•cal [ˌeərəʊ'nɔːtɪkl] *adj* □ aeronautisch: ~ ***engineering*** Flugzeugbau *m*.

ˌaer•o'nau•tics *s sg* Aeronautik *f*, Luftfahrtkunde *f*.

aer•o•plane ['eərəʊpleɪn] *s bsd. Br*. Flugzeug *n*.

aer•o•sol ['eərəʊsɒl] *s* Spray *m*.

aer·o·space ['eərəʊspeɪs] **I** *s* **1.** Weltraum *m*. **II** *adj* **2.** Raumfahrt...: ~ ***industry*** (***medicine***). **3.** (Welt)Raum...

aes·thete ['iːsθiːt] *s* Ästhet(in).

aes·thet·ic, aes·thet·i·cal [iːs'θetɪk(l)] *adj* □ ästhetisch.

aes'thet·ics *s sg* Ästhetik *f*.

a·far [ə'fɑː] *adv*: ***from*** ~ von weit her, aus weiter Ferne.

af·fa·bil·i·ty [ˌæfə'bɪlətɪ] *s* Leutseligkeit *f*.

'af·fa·ble *adj* □ leutselig.

af·fair [ə'feə] *s* **1.** Angelegenheit *f*, Sache *f*: → ***foreign*** 1. **2.** F Ding *n*. **3.** Affäre *f*: a) Ereignis *n*, b) Skandal *m*, c) Verhältnis *n*.

af·fect¹ [ə'fekt] *v/t* **1.** e-e Vorliebe haben für. **2.** vortäuschen: ***he*** ~***ed not to understand*** er tat so, als ob er nicht verstehe.

af·fect² [~] *v/t* **1.** beeinflussen, in Mitleidenschaft ziehen. **2.** ⚕ angreifen, befallen. **3.** bewegen, rühren: ***be deeply*** ~***ed***.

af·fec·tion [ə'fekʃn] *s* **1.** *oft pl* Liebe *f*, Zuneigung *f* (***for, towards*** zu); Gefühl *n*: ***play on s.o.'s*** ~***s*** mit j-s Gefühlen spielen. **2.** Gemütsbewegung *f*.

af·fec·tion·ate [ə'fekʃnət] *adj* □ liebevoll, herzlich: ***yours*** ~***ly*** dein dich liebender (*Briefschluss*).

af·fi·da·vit [ˌæfɪ'deɪvɪt] *s* ⚖ *schriftliche* eidliche Erklärung.

af·fil·i·ate [ə'fɪlɪeɪt] **I** *v/t* **1.** *als Mitglied* aufnehmen. **2.** angliedern (***to*** *dat od.* an *acc*): ~***d company*** *econ.* Tochtergesellschaft *f*. **II** *v/i* **3.** sich anschließen (***with*** *dat od.* an *acc*).

af·fil·i·a·tion [əˌfɪlɪ'eɪʃn] *s* **1.** Aufnahme *f*. **2.** Angliederung *f*, *econ.* Organschaft *f*.

af·fin·i·ty [ə'fɪnətɪ] *s* **1.** Verschwägerung *f*. **2.** (geistige) Verwandtschaft. **3.** ⚗ Affinität *f*. **4.** Neigung *f* (***for, to*** zu).

af·firm [ə'fɜːm] *v/t* **1.** versichern; beteuern. **2.** bekräftigen, ⚖ *Urteil* bestätigen. **3.** ⚖ an Eides statt versichern.

af·fir·ma·tion [ˌæfə'meɪʃn] *s* **1.** Versicherung *f*; Beteuerung *f*. **2.** Bekräftigung *f*, Bestätigung *f*. **3.** ⚖ Versicherung *f* an Eides statt.

af·firm·a·tive [ə'fɜːmətɪv] **I** *adj* bejahend, zustimmend. **II** *s*: ***answer in the*** ~ bejahen. ~ **ac·tion** *s* positive Diskriminierung.

af·fix **I** *v/t* [ə'fɪks] **1.** (***to***) befestigen, anbringen (an *dat*), anheften, -kleben (an *acc*). **2.** (***to***) *Unterschrift* setzen (unter *acc*). **II** *s* ['æfɪks] **3.** *ling.* Affix *n*.

af·flict [ə'flɪkt] *v/t* plagen, heimsuchen: ~***ed with*** geplagt von, leidend an (*dat*).

af·flic·tion [ə'flɪkʃn] *s* **1.** Kummer *m*. **2.** Gebrechen *n*; *pl* Beschwerden *pl*: ~***s of old age*** Altersbeschwerden. **3.** Not *f*, Elend *n*.

af·flu·ence ['æflʊəns] *s* **1.** Überfluss *m*. **2.** Reichtum *m*, Wohlstand *m*.

af·flu·ent ['æflʊənt] **I** *adj* □ wohlhabend, reich (***in*** an *dat*): ~ ***delinquency*** Wohlstandskriminalität *f*; ~ ***society*** Wohlstandsgesellschaft *f*. **II** *s* Nebenfluss *m*.

af·ford [ə'fɔːd] *v/t* **1.** sich leisten: ***we can't*** ~ ***it*** wir können es uns nicht leisten. **2.** aufbringen, *Zeit* erübrigen. **3.** *Schutz etc* gewähren, bieten, *Freude* machen.

af'ford·a·ble *adj* **1.** erschwinglich (*Preis*). **2.** finanziell möglich *od.* tragbar.

af·for·est [æ'fɒrɪst] *v/t* aufforsten.

af·front [ə'frʌnt] **I** *v/t* beleidigen. **II** *s* Beleidigung *f*.

Af·ghan ['æfgæn] **I** *adj* afghanisch. **II** *s* Afghane *m*, Afghanin *f*.

Af·ghan·i·stan [æf'gænɪstæn] *npr* Afghanistan *n* (*Staat in Vorderasien*).

a·fi·cio·na·do [əˌfɪsjə'nɑːdəʊ] *pl* **-dos** *s* Fan *m*, Liebhaber(in).

a·fire [ə'faɪə] *adv u. adj* in Flammen: ***be*** ~ in Flammen stehen; *fig.* glühen (***with*** vor *dat*); ***set*** ~ in Brand stecken, anzünden; ***all*** ~ *fig.* Feuer u. Flamme.

a·flame [ə'fleɪm] → ***afire***.

AFL-CIO ***American Federation of Labor & Congress of Industrial Organizations*** *Gewerkschaftsverband.*

a·float [ə'fləʊt] *adv u. adj* **1.** flott, schwimmend: ***keep*** ~ (sich) über Wasser halten (*a. fig.*); ***set*** ~ ⚓ flottmachen. **2.** in Umlauf (*Gerücht etc*): ***set*** ~ in Umlauf bringen; ***there is a rumo(u)r*** ~ ***that*** es geht das Gerücht (um), dass. **3.** im Gange: ***set*** ~ in Gang setzen. **4.** überschwemmt: ***be*** ~ unter Wasser stehen.

AFN ***American Forces Network*** *Rundfunkanstalt der US-Streitkräfte.*

a·foot [ə'fʊt] → ***afloat*** 3.

aˌfore|'men·tioned [əˌfɔː~], ~**·said** [ə'fɔː~] *adj* oben erwähnt. ~**·thought** [ə'fɔː~] *adj*: → ***malice*** 3.

a·fraid [ə'freɪd] *adj*: ***be*** ~ ***of*** sich fürchten *od.* Angst haben vor (*dat*); ***be*** ~ ***to do*** sich fürchten *od.* scheuen zu tun; ***I'm*** ~ ***I must go*** leider muss ich jetzt gehen.

a·fresh [ə'freʃ] *adv* von neuem.

Af·ri·ca ['æfrɪkə] *npr* Afrika *n*.

Af·ri·can ['æfrɪkən] **I** *adj* afrikanisch. **II** *s* Afrikaner(in).

af·ter ['ɑːftə] **I** *adv* **1.** nach-, hinterher, darauf: ***for months*** ~ noch monatelang; ***during the weeks*** ~ in den (nach)folgenden Wochen; ***shortly*** ~ kurz danach. **II** *prp* **2.** hinter (*dat*) (... her), nach: ***be*** ~ her sein hinter. **3.** *zeitlich usw.* nach: ~ ***a week*** nach einer Woche; ~ ***hours*** nach Geschäftsschluss; ***day*** ~ ***day*** Tag für Tag; ***the month*** ~ ***next*** der übernächste Monat; ~ ***all*** schließlich, im Grunde; immerhin, dennoch; (also) doch. **4.** nach, gemäß: ***named***

~ ***his father*** nach s-m Vater genannt. **III** *adj* **5.** später: ***in ~ years.*** **6.** ⚓ Achter... **IV** *cj* **7.** nachdem. **'~·birth** *s* ⚕ Nachgeburt *f.* **'~-care** *s* **1.** ⚕ Nachbehandlung *f*, -sorge *f.* **2.** ⚖ Resozialisierungshilfe *f.* **'~-ˌdin·ner** *adj*: ~ ***speech*** Tischrede *f*; ~ ***walk*** Verdauungsspaziergang *m.* **'~·efˌfect** *s* ⚕ Nachwirkung *f* (*a. fig.*). **'~·glow** *s* Abendrot *n.*

after-hours [ˌɑːftəˈaʊəz] *adj* **1.** nach der Sperrstunde. **2.** nach Ladenschluss. **3.** ~ ***dealing*** *od.* ~ ***market*** *econ.* Nachbörse *f.*

after|life [ˈɑːftəlaɪv] *s* **1.** Leben *n* nach dem Tode. **2.** (zu)künftiges Leben. **~·math** [ˈ~mæθ] *s* Folgen *pl*, Nachwirkungen *pl.* **ˌ~'noon I** *s* Nachmittag *m*: ***in the*** ~ am Nachmittag; ***this*** ~ heute Nachmittag; ***good ~!*** guten Tag! **II** *adj* Nachmittags...

af·ters [ˈɑːftəz] *s sg Br.* F Nachtisch *m*: ***for*** ~ als *od.* zum Nachtisch.

'af·ter|-sales ser·vice *s* Kundendienst *m.* **'~shock** *s* Nachbeben *n.* **'~·taste** *s* Nachgeschmack *m* (*a. fig.*). **'~-tax prof·it** *s* Gewinn *m* nach Steuern. **'~·thought** *s* nachträglicher Einfall. **'~ˌtreat·ment** *s* ⚕, *tech.* Nachbehandlung *f.* **~·wards** [ˈ~wədz] *adv* später, nachher, hinterher.

a·gain [əˈgen] *adv* **1.** wieder: ~ ***and*** ~ immer wieder; → ***now*** 1, ***time*** 4. **2.** schon wieder: ***that fool ~!*** **3.** außerdem, ferner. **4.** noch einmal: → ***much*** 1. **5.** and(e)rerseits.

a·gainst [əˈgenst] *prp* **1.** gegen: ***be ~ s.th.*** gegen et. sein; e-r Sache zuwiderlaufen. **2.** gegenüber (*dat*): (***over***) ~ ***the town hall*** gegenüber dem Rathaus; ***my rights ~ the landlord*** m-e Rechte gegenüber dem Vermieter. **3.** an (*dat od. acc*), gegen: ~ ***the wall.*** **4.** *a.* ***as*** ~ verglichen mit, im Vergleich zu.

a·gape [əˈgeɪp] *adv u. adj* mit (vor Staunen *etc*) offenem Mund.

ag·ate [ˈægət] *s min.* Achat *m.*

age [eɪdʒ] **I** *s* **1.** (Lebens)Alter *n*: ***at the ~ of*** im Alter von; *I have a daughter* ***your*** ~ in Ihrem Alter; ***when I was your*** ~ als ich so alt war wie du; ***ten years of*** ~ zehn Jahre alt; ***what is his ~?, what ~ is he?*** wie alt ist er?; ***be your ~!*** sei kein Kindskopf! **2.** Reife *f*: (***come***) ***of*** ~ mündig *od.* volljährig (werden); ***under*** ~ minderjährig, unmündig. **3.** vorgeschriebenes Alter (*für ein Amt etc*): ***be over*** ~ die Altersgrenze überschritten haben. **4.** Zeit(alter *n*) *f*: ***in our*** ~ in unserer Zeit. **5.** *a.* ***old*** ~ (hohes) Alter: ~ ***before beauty!*** *humor.* Alter vor Schönheit! **6.** *oft pl* F Ewigkeit *f*: *I haven't seen him* ***for ~s*** seit e-r Ewigkeit. **II** *v/t* **7.** alt machen (*Kleid etc*); um Jahre älter machen (*Sorgen etc*). **III** *v/i* **8.** alt werden, altern. ~ **brack·et** → ***age group.***

aged¹ [eɪdʒd] *adj* im Alter von ..., ...jährig, ... Jahre alt: ~ ***twenty.***

a·ged² [ˈeɪdʒɪd] *adj* alt, betagt, bejahrt.

age| group *s* Altersgruppe *f*, -klasse *f.* **'~-less** *adj* **1.** nicht alternd, ewig jung. **2.** zeitlos. ~ **lim·it** *s* Altersgrenze *f.*

a·gen·cy [ˈeɪdʒənsɪ] *s* **1.** (*Handels-, Nachrichten- etc*)Agentur *f*; (Handels)Vertretung *f*; ~ ***abroad*** *von Firma*: Auslandsvertretung *f.* **2.** *bsd. Am.* Geschäfts-, Dienststelle *f*; Amt *n*, Behörde *f.* **3.** Mittel *n*: ***by*** (*od.* ***through***) ***the ~ of*** mit Hilfe von (*od. gen*).

a·gen·da [əˈdʒendə] *s* Tagesordnung *f*: ***be on the*** ~ auf der Tagesordnung stehen; ~ ***item*** Tagesordnungspunkt *m.*

a·gent [ˈeɪdʒənt] *s* **1.** *biol., phys. etc* Agens *n*, Wirkstoff *m*, Mittel *n.* **2.** *econ.* Agent(in) (*a. pol.*), Vertreter(in); (*Grundstücks- etc*)Makler(in).

ag·glom·er·ate [əˈglɒməreɪt] *v/t u. v/i* (sich) zs.-ballen; (sich) (an)häufen.

agˌglom·er'a·tion *s* Zs.-ballung *f*; Anhäufung *f.*

ag·glu·ti·nate [əˈgluːtɪneɪt] *v/t* **1.** zs.-kleben. **2.** *biol., ling.* agglutinieren.

agˌglu·ti'na·tion *s* **1.** Zs.-kleben *n.* **2.** zs.-klebende Masse, Klumpen *m.* **3.** *biol., ling.* Agglutination *f.*

ag·gra·vate [ˈægrəveɪt] *v/t* **1.** verschlimmern. **2.** F (ver)ärgern.

'ag·gra·vat·ing *adj* **1.** verschlimmernd. **2.** F ärgerlich.

ˌag·gra'va·tion *s* **1.** Verschlimmerung *f.* **2.** F Ärger *m.*

ag·gre·gate I *adj* [ˈægrɪgət] **1.** gesamt, Gesamt...: ~ ***amount*** → 5; ~ ***demand*** volkswirtschaftliche Gesamtnachfrage; ~ ***value*** Gesamtwert *m.* **II** *v/t* [ˈ~geɪt] **2.** anhäufen, -sammeln. **3.** sich (insgesamt) belaufen auf (*acc*). **III** *s* [ˈ~gət] **4.** Anhäufung *f*, -sammlung *f.* **5.** Gesamtbetrag *m*, -summe *f*: ***in the*** ~ insgesamt, alles in allem. **6.** *tech. etc* Aggregat *n.*

ag·gre·ga·tion [ˌægrɪˈgeɪʃn] *s* (An)Häufung *f*, Ansammlung *f.*

ag·gres·sion [əˈgreʃn] *s bsd.* ⚔ Angriff *m*, Aggression *f* (*a. psych.*).

ag·gres·sive [əˈgresɪv] *adj* aggressiv.

ag'gres·sive·ness *s* Aggressivität *f.*

ag'gres·sor *s bsd.* ⚔ Angreifer(in).

ag·grieve [əˈgriːv] *v/t* **1.** betrüben, -drücken. **2.** kränken; **~d** ***party*** *jur.* geschädigte Partei.

ag·gro [ˈægrəʊ] *s Br. sl.* Aggressivität *f.*

a·ghast [əˈgɑːst] *adv u. adj* entgeistert, entsetzt, bestürzt (***at*** über *acc*).

ag·ile [ˈædʒaɪl] *adj* □ beweglich, wendig: ***have an ~ mind*** geistig beweglich sein.

a·gil·i·ty [əˈdʒɪlətɪ] *s* Beweglichkeit *f*, Wendigkeit *f.*

ag·i·o ['ædʒɪəʊ] *s pl* **-os** Agio *n*, Aufgeld *n*.
ag·i·tate ['ædʒɪteɪt] **I** *v/t* **1.** schütteln, (um)rühren. **2.** aufregen, -wühlen. **3.** aufwiegeln, -hetzen. **II** *v/i* **4.** agitieren, hetzen (***against*** gegen); Propaganda machen (***for*** für).
ˌag·i'ta·tion *s* **1.** Aufregung *f*. **2.** Agitation *f*.
'ag·i·ta·tor *s* Agitator(in), Hetzer(in).
AGM ***annual general meeting*** ordentliche Jahreshauptversammlung.
a·go [ə'gəʊ] *adv* vor: ***a year*** ~ vor e-m Jahr; ***long*** ~ vor langer Zeit; ***not long*** ~ (erst) vor kurzem.
a·gog [ə'gɒg] *adv u. adj* erpicht; gespannt (***for*** auf *acc*): ***all*** ~ ganz aus dem Häuschen; ***be*** ~ ***to do s.th.*** es kaum mehr erwarten können, et. zu tun.
ag·o·nize ['ægənaɪz] *v/i* **1.** mit dem Tode ringen. **2.** sich abquälen, verzweifelt ringen (***over*** mit).
'ag·o·niz·ing *adj* □ qualvoll.
ag·o·ny ['ægənɪ] *s* **1.** Qual *f*: ***be in an*** ~ ***of doubt*** von Zweifeln gequält werden; ~ ***aunt*** F Kummerkastentante *f*; ~ ***column*** F Seufzerspalte *f* (*Zeitung*). **2.** Todeskampf *m*.
a·grar·i·an [ə'greərɪən] *adj* landwirtschaftlich, Agrar...: ~ ***reform*** Bodenreform *f*.
a·gree [ə'griː] **I** *v/t* **1.** vereinbaren (***to do*** zu tun; ***that*** dass): ~***d!*** einverstanden!, abgemacht!; ~ ***to differ*** sich auf verschiedene Standpunkte einigen. **2.** *bsd. Br.* sich einigen auf (*acc*); *Streit* beilegen. **II** *v/i* **3.** (***on, about***) einig werden (über *acc*), sich einigen (auf *acc*), vereinbaren (*acc*). **4.** (***to***) zustimmen (*dat*), einverstanden sein (mit). **5.** sich einig sein, gleicher Meinung sein (***with*** wie). **6.** (***with***) übereinstimmen (mit), entsprechen (*dat*). **7.** bekommen (***with*** *dat*) (*Speise etc*).
a·gree·a·ble [ə'grɪəbl] *adj* □ **1.** angenehm (***to*** *dat od.* für): ***agreeably surprised*** angenehm überrascht. **2.** liebenswürdig. **3.** einverstanden (***to*** mit).
a'gree·a·ble·ness *s* Liebenswürdigkeit *f*.
a·greed [ə'griːd] *adj*: ***be*** ~ sich einig sein, gleicher Meinung sein.
a·gree·ment [ə'griːmənt] *s* **1.** Vereinbarung *f*; *bsd. pol.* Abkommen *n*; Einigung *f*: ***come to an*** ~ sich einigen. **2.** Einigkeit *f*. **3.** Übereinstimmung *f*. **4.** *econ.* Vertrag *m*; ***as per*** ~ vertragsgemäß.
ag·ri·cul·tur·al [ˌægrɪ'kʌltʃərəl] *adj* □ landwirtschaftlich: ~ ***country*** Agrarland *n*; ~ ***levy*** *EU* Agrarsteuerabgabe *f*; ~ ***market*** *EU* Agrarmarkt *m*; ~ ***policy*** Agrarpolitik *f*; ~ ***prices*** *pl* Agrarpreise *pl*.
ag·ri·cul·ture ['ægrɪkʌltʃə] *s* Landwirtschaft *f*.
a·ground [ə'graʊnd] *adv u. adj* ⚓ gestrandet: ***run*** ~ auflaufen, stranden; *Schiff* auf Grund setzen; ***be*** ~ aufgelaufen sein; *fig.* auf dem Trock(e)nen sitzen.
ah [ɑː] *int* ah!, ach!
a·ha [ɑː'hɑː] **I** *int* aha! **II** *adj*: ~ ***experience*** *psych.* Aha-Erlebnis *n*.
a·head [ə'hed] *adv u. adj* **1.** vorn, nach vorn zu. **2.** voraus, vorwärts: ~ ***of*** vor (*dat*), voraus (*dat*).
a·hoy [ə'hɔɪ] *int* ⚓ ahoi!
AI [eɪ'aɪ] ***artificial intelligence*** KI.
aid [eɪd] **I** *v/t* **1.** unterstützen, *j-m* helfen (***in*** bei). **2.** *Verdauung etc* fördern. **II** *v/i* **3.** ***he was accused of*** ~***ing and abetting*** er wurde wegen Beihilfe angeklagt. **III** *s* **4.** Hilfe *f* (***to*** für), Unterstützung *f*: ***by*** (*od.* ***with***) (***the***) ~ ***of*** mit Hilfe von (*od. gen*); ***in*** ~ ***of*** zugunsten von (*od. gen*); ***come to s.o.'s*** ~ j-m zu Hilfe kommen. **5.** Hilfsmittel *n*, -gerät *n*.
AIDS [eɪdz] *s* ⚕ ***acquired immune deficiency syndrome*** Aids *n*. **'**~**-inˌfect·ed** *adj* Aids-infiziert. ~ **suf·fer·er** *s* Aidskranke *m, f*. ~ **test** *s* Aidstest *m*.
ail [eɪl] *v/i* kränklich sein, kränkeln (*beide a. fig. Wirtschaft etc*).
ai·ler·on ['eɪlərɒn] *s* ✈ Querruder *n*.
ail·ing ['eɪlɪŋ] *adj* kränkelnd, kränklich (*beide a. fig. Wirtschaft etc*).
'ail·ment *s* Leiden *n*.
aim [eɪm] **I** *v/i* **1.** zielen (***at*** auf *acc*, nach). **2.** beabsichtigen, bezwecken (***at*** *acc*): ~ ***to do s.th.*** vorhaben, et. zu tun. **3.** streben (***at*** nach). **4.** abzielen, anspielen (***at*** auf *acc*). **II** *v/t* **5.** *Waffe* richten (***at*** auf *acc*). **6.** (***at***) *Bemerkung etc* richten (gegen); *Bestrebungen* richten (auf *acc*). **III** *s* **7.** Ziel *n*: ***take*** ~ → 1. **8.** *fig.* Ziel *n*; Absicht *f*.
'aim·less *adj* □ ziellos.
ain't [eɪnt] F *für* ***are not, am not, is not, have not, has not.***
air¹ [eə] **I** *s* **1.** Luft *f*: ***by*** ~ auf dem Luftweg; ***in the open*** ~ im Freien; ***be in the*** ~ im Umlauf sein (*Gerücht etc*); in der Schwebe sein (*Frage etc*); ***take the*** ~ frische Luft schöpfen; → ***light²*** 1, ***thin*** 1. **2.** *Rundfunk, TV*: Äther *m*: ***on the*** ~ im Rundfunk *od.* Fernsehen; ***be on the*** ~ senden (*Sender*); gesendet werden (*Programm*); im Rundfunk zu hören *od.* im Fernsehen zu sehen sein (*Person*). **3.** Miene *f*, Aussehen *n*: ***an*** ~ ***of importance*** e-e gewichtige Miene. **4.** *mst pl* Getue *n*: ~***s and graces*** affektiertes Getue; ***put on*** ~***s, give o.s.*** ~***s*** vornehm tun. **II** *v/t* **5.** lüften. **6.** *Wäsche* zum Trocknen aufhängen. **7.** *et.* an die Öffentlichkeit *od.* zur Sprache bringen.
air² [~] *s* ♪ Lied *n*, Melodie *f*.
air| bag *s mot.* Airbag *m*, Luftsack *m*, Prallsack *m*. ~ **base** *s* Luftstützpunkt *m*. ~**·bed** *s*

Br. Luftmatratze *f.* '**~·bill** *s* Luftfrachtbrief *m.* '**~·borne** *adj* **1.** im Flugzeug befördert: **~ *radar*** Bordradar *m, n*; **~ *troops*** *pl* ⚔ Luftlandetruppen *pl.* **2. *be* ~** sich in der Luft befinden, fliegen. **~ brake** *s tech.* Druckluftbremse *f.* '**~·bus** *s* ✈ Airbus *m.* **~car·go** *s* Luftfracht *f.* '**~ car·ri·er** *s* Lufttransportgesellschaft *f.* '**~ con͵di·tion** *s* Klimaanlage *f.* '**~-con͵di·tioned** *adj* mit Klimaanlage, klimatisiert. **~con·di·tion·ing** *s* **1.** Klimatisierung *f.* **2.** Klimaanlage *f.* '**~-cooled** *adj* luftgekühlt. '**~·craft** *s* Flugzeug *n*; *coll.* Flugzeuge *pl*: **~ *carrier*** Flugzeugträger *m.* **~ cush·ion** *s* Luftkissen *n.* '**~·drop** *v/t* mit dem Fallschirm abwerfen; ⚔ *Fallschirmjäger etc* absetzen. '**~·field** *s* Flugplatz *m.* **~ force** *s* Luftwaffe *f.* **~freight** *s* **1.** Luftfracht *f.* **2.** Luftfrachtgebühr *f.* **~ gun** *s* Luftgewehr *n.* **~ host·ess** *s* Stewardess *f.*

air·ing ['eərɪŋ] *s* **1.** Lüftung *f*: ***give s.th. an* ~** et. lüften; ***the room needs an* ~** das Zimmer muss (durch)gelüftet werden. **2.** Spaziergang *m*: ***take an* ~** frische Luft schöpfen. **3. *give s.th. an* ~** → ***air***¹ 7.

'**air|less** *adj* **1.** luftlos. **2.** stickig. '**~ let·ter** *s* Luftpost(leicht)brief *m.* '**~·lift** *s* Luftbrücke *f.* '**~·line** *s* Fluggesellschaft *f.* '**~͵lin·er** *s* Verkehrsflugzeug *n.*

air·mail ['eəmeɪl] **I** *s* Luftpost *f.* **II** *v/t* per Luftpost schicken. **~ en·ve·lope** *s* Luftpostumschlag *m.* **~ stick·er** *s* Luftpostaufkleber *m.*

air| pho·to·graph ['eəfəʊtəgrɑːf] *s* Luftbild *n.* '**~· plane** *s Am.* Flugzeug *n.* **~ pock·et** *s* ✈ Luftloch *n.* **~ pol·lut·ant** *s* Luftschadstoff *m.* **~ pol·lu·tion** *s* Luftverschmutzung *f.* '**~·port** *s* Flughafen *m*, -platz *m.* **~port tax** *s* Flughafengebühr *f.* **~ pres·sure** *s* Luftdruck *m.* **~ pump** *s* Luftpumpe *f.* **~ raid** *s* ⚔ Luftangriff *m.*

air|-raid ['eəreɪd] *adj*: **~ *precautions*** *pl* Luftschutz *m*; **~ *shelter*** Luftschutzbunker *m*, -raum *m.* **~ res·cue ser·vice** *s* Luftrettungsdienst *m.*

air| shaft ['eəʃɑːft] *s* Luftschacht *m.* '**~·ship** *s* Luftschiff *n.* '**~·sick** *adj* luftkrank. '**~·space** *s* Luftraum *m.* '**~·strip** *s* (behelfsmäßige) Start- u. Landebahn. **~ ter·mi·nal** *s* **1.** Flughafenabfertigungsgebäude *n.* **2.** *Br.* Endstation *f* der Zubringerlinie zum u. vom Flughafen. '**~·tight** *adj* **1.** luftdicht. **2.** *fig.* hieb- u. stichfest (*Argument etc*). **~ traf·fic** *s* Flug-, Luftverkehr *m.* '**~-͵traf·fic** *adj*: **~ *control*** Flugsicherung *f*; **~ *controller*** Fluglotse *m*, -lotsin *f.* **~·way** *s* Luftstraße *f*, Route *f.* **~·way bill** *s* Luftfrachtbrief *m.* '**~͵wor·thy** *adj* ✈ flugtüchtig.

air·y ['eərɪ] *adj* □ **1.** Luft... **2.** luftig. **3.** graziös, anmutig. **4.** lebhaft, munter. **5.** verstiegen, überspannt. **6.** vornehmtuerisch. **7.** lässig, ungezwungen.

aisle [aɪl] *s* **1.** ⚠ Seitenschiff *n.* **2.** Gang *m* (*zwischen Bänken etc*).

a·jar [ə'dʒɑː] *adv u. adj* angelehnt.

a·kim·bo [ə'kɪmbəʊ] *adv u. adj*: ***with arms* ~** die Arme in die Seite gestemmt.

a·kin [ə'kɪn] *adj* **1.** verwandt (***to*** mit). **2.** *fig.* verwandt, ähnlich (***to*** *dat*): ***be* ~** sich ähneln; ähneln (***to*** *dat*).

al·a·bas·ter [͵ælə'bɑːstə] *s* Alabaster *m.*

a·lac·ri·ty [ə'lækrətɪ] *s* Bereitwilligkeit *f*, Eifer *m.*

a·larm [ə'lɑːm] **I** *s* **1.** Alarm *m*: ***give*** (*od.* ***raise, sound***) ***the* ~** Alarm geben; *fig.* Alarm schlagen. **2.** Weckvorrichtung *f* (*e-s Weckers*): **~ (*clock*)** Wecker *m.* **3.** Alarmvorrichtung *f*, -anlage *f.* **4.** Angst *f*, Unruhe *f.* **II** *v/t* **5.** alarmieren. **6.** ängstigen, beunruhigen.

a·larm call ser·vice *s* Weckdienst *m.*

a'larm·ist *s* Bangemacher(in).

a·las [ə'læs] *int* ach!, leider!

A·las·ka [ə'læskə] *npr* Alaska *n.*

Al·ba·nia [æl'beɪnjə] *npr* Albanien *n.*

Al·ba·ni·an [æl'beɪnjən] **I** *adj* albanisch. **II** *s* Albanier(in).

al·ba·tross ['ælbətrɒs] *s orn.* Albatros *m*, Sturmvogel *m.*

al·bi·no [æl'biːnəʊ] *pl* **-nos** *s biol.* Albino *m.*

al·bum ['ælbəm] *s* Album *n.*

al·bu·men ['ælbjʊmɪn] *s biol.* Eiweiß *n.*

al·che·my ['ælkəmɪ] *s hist.* Alchimie *f.*

al·co·hol ['ælkəhɒl] *s* Alkohol *m.*

͵al·co'hol·ic I *adj* (**~*ally***) alkoholisch. **II** *s* Alkoholiker(in): ***Alcoholics Anonymous*** *die* Anonymen Alkoholiker.

'**al·cohol·ism** *s* Alkoholismus *m.*

al·der ['ɔːldə] *s* ⚘ Erle *f.*

al·der·man ['ɔːldəmən] *s* (*irr* ***man***) Ratsherr *m*, Stadtrat *m.*

ale [eɪl] *s* Ale *n* (*helles, obergäriges Bier*).

a·lert [ə'lɜːt] **I** *adj* □ **1.** auf der Hut (***to*** vor *dat*), wachsam. **2.** munter, flink. **3.** aufgeweckt, (hell)wach: ***be* ~ *to*** sich *e-r Sache* bewusst sein. **II** *s* **4.** ⚔ (Alarm)Bereitschaft *f*: ***be on the* ~** in Alarmbereitschaft sein; *fig.* auf der Hut sein. **5.** *bsd.* ✈ Alarm(signal *n*) *m.* **III** *v/t* **6.** alarmieren, ⚔ *a.* in Alarmzustand versetzen. **7.** *fig.* aufrütteln: **~ *s.o. to s.th.*** j-m et. (deutlich) zum Bewusstsein bringen.

A-lev·els ['eɪ͵levlz] *s pl* (*etwa*) Abitur *n*, *österr.*, *schweiz.* Matura *f*: ***take one's* ~** Abitur machen, *österr.*, *schweiz.* maturieren.

al·ga ['ælgə] *pl* **-gae** ['~dʒiː] *s* ⚘ Alge *f.*

al·ge·bra ['ældʒɪbrə] *s* A Algebra *f.*

al·ge·bra·ic [ˌældʒɪˈbreɪɪk] *adj* (**~ally**) algebraisch.

Al·ge·ria [ælˈdʒɪərjə] *npr* Algerien *n*.

Al·ge·ri·an [ælˈdʒɪərjən] **I** *adj* algerisch. **II** *s* Algerier(in).

Al·giers [ælˈdʒɪəz] Algier *n* (*Hauptstadt von Algerien*).

al·go·rithm [ˈælgərɪðm] *s* 𝒜 Algorithmus *m*.

a·li·as [ˈeɪlɪəs] **I** *adv* alias. **II** *s* Deck-, ⚖ *a*. Falschname *m*.

al·i·bi [ˈælɪbaɪ] *s* ⚖ Alibi *n*, *fig*. F *a*. Ausrede *f*, Entschuldigung *f*: ***give s.o. an ~*** j-m ein Alibi geben.

al·ien [ˈeɪljən] **I** *adj* **1.** ausländisch. **2.** außerirdisch. **3.** *fig*. fremd (**to** *dat*): ***that is ~ to his nature*** das ist ihm wesensfremd. **II** *s* **4.** Ausländer(in). **5.** außerirdisches Wesen.

al·ien·ate [ˈeɪljəneɪt] *v/t* **1.** ⚖ veräußern. **2.** befremden; entfremden (**from** *dat*).

ˌal·ien'a·tion *s* **1.** ⚖ Veräußerung *f*. **2.** Entfremdung *f*.

a·light¹ [əˈlaɪt] *adv u. adj* in Flammen: ***be ~*** in Flammen stehen; *fig*. strahlen (**with** vor *dat*); ***set ~*** anzünden.

a·light² [~] *v/i* (*a. irr*) **1.** (**from**) aussteigen (aus), absteigen (von *Fahrrad etc*), absitzen (von *Pferd*). **2.** (**on**) (sanft) fallen (auf *acc*) (*Schnee*), sich niederlassen (auf *dat od. acc*) (*Vogel*). **3.** ✈ niedergehen, landen (*a. allg.*).

a·lign [əˈlaɪn] **I** *v/t* **1.** in e-e (gerade) Linie bringen, *tech*. (aus)fluchten. **2.** ausrichten (**with** nach). **3.** ***~ o.s. with*** *fig*. sich anschließen (*dat od.* an *acc*). **II** *v/i* **4.** sich ausrichten (**with** nach).

a'lign·ment *s* **1.** Ausrichtung *f*: ***in ~ with*** in einer Linie mit, *fig. a.* in Übereinstimmung mit. **2.** *econ*. Angleichung *f*.

a·like [əˈlaɪk] **I** *adj* gleich; ähnlich (**to** *dat*). **II** *adv* gleich, in gleicher Weise; ähnlich: ***treat ~*** gleich behandeln.

al·i·men·ta·ry [ˌælɪˈmentərɪ] *adj* **1.** Nahrungs... **2.** Ernährungs..., Speise...: ***~ canal*** Verdauungskanal *m*.

al·i·mo·ny [ˈælɪmənɪ] *s* ⚖ Unterhalt(szahlung *f*) *m*.

a·live [əˈlaɪv] *adj* **1.** lebend, lebendig, am Leben: *his grandparents* ***are still ~*** leben noch; ***be burnt ~*** bei lebendigem Leib verbrennen. **2.** in voller Kraft *od.* Wirksamkeit: ***keep ~*** aufrechterhalten. **3.** lebendig, lebhaft: ***~ and kicking*** F gesund u. munter; ***look ~!*** F mach fix! **4.** ***be ~ to*** sich *e-r Sache* bewusst sein. **5.** ***be ~ with*** wimmeln von.

al·ka·li [ˈælkəlaɪ] *s* ⚗ Alkali *n*, Laugensalz *n*.

al·ka·line [ˈ~laɪn] *adj* alkalisch.

all [ɔːl] **I** *adj* **1.** all, gesamt, ganz: ***~ day (long)*** den ganzen Tag (hindurch); ***~ the time*** die ganze Zeit. **2.** jeder, jede, jedes, alle *pl*: ***at ~ hours*** zu jeder Stunde. **II** *adv* **3.** ganz, gänzlich: ***~ the better*** umso besser; ***~ in*** F total fertig *od.* erledigt; ***~ over*** überall; ***that is John ~ over*** das ist typisch John; ***~ right*** schon gut; in Ordnung; ***it's ~ right for you to talk!*** F du hast gut reden!; ***~ round*** ringsod. rundherum; ***it's ~ up with him*** mit ihm ists aus; → ***there*** 1. **III** *pron* **4.** alles: ***~ in ~*** alles in allem; ***~ of it*** alles, das Ganze; ***~ of us*** wir alle; → ***above*** 2, ***after*** 3. **IV** *s* **5.** ***his ~*** sein Hab u. Gut; sein Ein u. Alles.

ˌall-A'mer·i·can *adj* **1.** rein *od.* typisch amerikanisch. **2.** die ganzen USA vertretend.

al·le·ga·tion [ˌælɪˈgeɪʃn] *s* Behauptung *f*.

al·lege [əˈledʒ] *v/t* behaupten.

al'leged *adj* angeblich.

al·le·giance [əˈliːdʒəns] *s* Treue *f*, Loyalität *f*.

al·le·gor·ic, al·le·gor·i·cal [ˌælɪˈgɒrɪk(l)] *adj* □ allegorisch.

al·le·go·ry [ˈælɪgərɪ] *s* Allegorie *f*.

al·le·lu·ia [ˌælɪˈluːjə] *s* Halleluja *n*.

al·ler·gen [ˈælədʒen] *s* ⚕ Allergen *n*.

al·ler·gic [əˈlɜːdʒɪk] *adj* (**~ally**) allergisch (**to** gegen) (*a. fig.* F).

al·ler·gist [ˈælədʒɪst] *s* Allergologe *m*, Allergologin *f*.

al·ler·gy [ˈælədʒɪ] *s* ⚕ Allergie *f*.

al·le·vi·ate [əˈliːvɪeɪt] *v/t* mildern, lindern.

al·ley [ˈælɪ] *s* **1.** Gasse *f*: → ***blind alley***. **2.** *Bowling*: Bahn *f*.

All Fools' Day *s* der 1. April.

al·li·ance [əˈlaɪəns] *s* **1.** Verbindung *f*. **2.** Bund *m*, Bündnis *n*: ***form an ~*** ein Bündnis schließen. **3.** Verschwägerung *f*; *weitS*. Verwandtschaft *f*.

al·lied [əˈlaɪd; *attr*. ˈælaɪd] *adj* **1.** verbündet. **2.** *fig*. verwandt (**to** mit).

Al·lies [ˈælaɪz] *s pl hist. die* Alliierten *pl*.

al·li·ga·tor [ˈælɪgeɪtə] *s zo*. Alligator *m*.

ˌall-'in *adj* Gesamt..., Pauschal...: ***~ rate*** Pauschal-, Gesamtpreis *m*.

al·lit·er·a·tion [əˌlɪtəˈreɪʃn] *s* Alliteration *f*.

al·lo·cate [ˈæləʊkeɪt] *v/t* zuteilen, zuweisen (**to** *dat*).

ˌal·lo'ca·tion *s* Zuteilung *f*, Zuweisung *f*.

al·lop·a·thy [əˈlɒpəθɪ] *s* ⚕ Allopathie *f*.

al·lot [əˈlɒt] *v/t* **1.** zuteilen, zuweisen (**to** *dat*). **2.** *Geld etc* bestimmen (**to, for** für).

al'lot·ment *s* **1.** Zuteilung *f*, Zuweisung *f*. **2.** Parzelle *f*: ***~ (garden)*** *bsd. Br*. Schrebergarten *m*.

ˌall-'out *adj* F **1.** total: ***~ effort*** äußerste Anstrengung. **2.** *Am*. kompromisslos, radikal.

al·low [əˈlaʊ] **I** *v/t* **1.** erlauben, gestatten; bewilligen, gewähren: ***be ~ed to do s.th.*** et. tun dürfen; ***we are ~ed ...*** uns stehen ... zu. **2.** *Summe* geben. **3.** zugeben; anerkennen, gelten lassen. **II** *v/i* **4.** ***~ of*** erlauben, gestatten: ***it ~s of no excuse*** es lässt sich nicht entschuldigen. **5.** ***~ for*** in Betracht ziehen, berücksichtigen (*acc*).

al·low·a·ble [əˈlaʊəbl] *adj* □ erlaubt, zulässig.

al·low·ance [əˈlaʊəns] *s* **1.** Erlaubnis *f*; Bewilligung *f*. **2.** Anerkennung *f*. **3.** Zuschuss *m*, Beihilfe *f*; Taschengeld *n*. **4.** *econ*. Preisnachlass *m*, Rabatt *m*: ***~ for cash*** Skonto *n*. **5.** *econ*. Steuerfreibetrag *m*: ***~ for dependent children*** Kinderfreibetrag *m*. **6.** Nachsicht *f*: ***make ~(s) for*** → ***allow*** 5. **7.** ⚡, *tech*. Toleranz *f*.

al·loy *tech*. **I** *s* [ˈælɔɪ] Legierung *f*. **II** *v/t* [əˈlɔɪ] legieren.

ˈall|-ˌpur·pose *adj* Allzweck..., Universal...: ***~ computer*** Universalrechner *m*; ***~ glue*** Alleskleber *m*. **ˌ~-ˈround** *adj* vielseitig, Allround...

All| Saints' Day *s eccl*. Allerheiligen *n*. **~ Souls' Day** *s eccl*. Allerseelen *n*.

ˈall-ˌtime *adj* bisher unerreicht, beispiellos: ***~ high*** Höchstleistung *f*, -stand *m*; ***~ low*** Tiefststand *m*.

al·lude [əˈluːd] *v/i* anspielen (***to*** auf *acc*).

al·lure [əˈljʊə] *v/t* **1.** (an-, ver)locken. **2.** anziehen, verzaubern.

alˈlure·ment *s* **1.** Verlockung *f*. **2.** Anziehungskraft *f*, Zauber *m*.

alˈlur·ing *adj* □ (ver)lockend, verführerisch.

al·lu·sion [əˈluːʒn] *s* Anspielung *f* (***to*** auf *acc*).

al·lu·vi·al [əˈluːvjəl] *adj geol*. angeschwemmt, Schwemm...

ˈall-ˌweath·er *adj* Allwetter...

ˈall-wheel ˌdrive *s mot*. Allradantrieb *m*.

al·ly [əˈlaɪ] **I** *v/t* verbinden, -einigen (***to, with*** mit): ***~ o.s.*** → II; → ***allied***. **II** *v/i* sich vereinigen *od*. verbünden (***to, with*** mit). **III** *s* [ˈælaɪ] Verbündete *m, f*, Bundesgenosse *m*, -genossin *f*: → ***Allies***.

al·might·y [ɔːlˈmaɪtɪ] *adj* allmächtig: ***the Almighty*** der Allmächtige.

al·mond [ˈɑːmənd] *s* ♣ Mandel *f*.

al·most [ˈɔːlməʊst] *adv* fast, beinahe.

alms [ɑːmz] *s* **1.** (*mst pl konstruiert*) Almosen *n*. **2.** *eccl*. *Br*. Kollekte *f*.

al·oe [ˈæləʊ] *s* ♣ Aloe *f*.

a·lone [əˈləʊn] **I** *adj* allein: → ***leave***[1] 2, ***let***[1] 1. **II** *adv* allein, bloß, nur.

a·long [əˈlɒŋ] **I** *prp* **1.** entlang (*dat od. acc*), längs (*gen, a. dat*), an (*dat*) ... vorbei: ***~ the river*** am *od*. den Fluss entlang, entlang dem Fluss. **II** *adv* **2.** vorwärts, weiter: → ***get along***, *etc*. **3.** ***~ with*** zs. mit: → ***take along***, *etc*. **4.** F da: ***I'll be ~ shortly*** ich bin gleich da.

aˌlongˈside **I** *adv* **1.** ⚓ längsseits. **2.** Seite an Seite. **II** *prp* **3.** neben (*dat od. acc*).

a·loof [əˈluːf] **I** *adv* fern, abseits: ***hold*** (*od*. ***keep***) (***o.s.***) ***~***, ***stand ~*** sich fern halten (***from*** von), für sich bleiben. **II** *adj* reserviert, zurückhaltend.

a·loud [əˈlaʊd] *adv* laut.

al·pha·bet [ˈælfəbet] *s* Alphabet *n*.

ˌal·phaˈbet·ic, ˌal·phaˈbet·i·cal *adj* □ alphabetisch: ***in ~ order*** in alphabetischer Reihenfolge, alphabetisch (an)geordnet.

al·pha·nu·mer·ic [ˈælfənjuːˈmerɪk] *adj* (***~ally***) *Computer*: alphanumerisch.

Al·pine [ˈælpaɪn] *adj* **1.** Alpen... **2.** alpin, (Hoch)Gebirgs...

al·read·y [ɔːlˈredɪ] *adv* bereits, schon.

al·right [ˌɔːlˈraɪt] *Br*. F *u. Am. für* ***all right*** (→ ***all*** 3).

Al·sace [ˈælsæs] *npr* Elsass *n*.

Al·sa·tian [ælˈseɪʃən] **I** *adj* **1.** elsässisch. **II** *s* **2.** Elsässer(in). **3.** *a*. ***~ dog*** Deutscher Schäferhund.

al·so [ˈɔːlsəʊ] *adv* auch, ebenfalls. **ˈ~-ran** *s* **1.** *Sport*: *Teilnehmer an e-m Rennen, der sich nicht platzieren kann*: ***she was an ~*** sie kam unter ‚ferner liefen' ein. **2.** F Versager(in), Niete *f*.

al·tar [ˈɔːltə] *s eccl*. Altar *m*. **~ boy** *s* Ministrant *m*.

al·ter [ˈɔːltə] **I** *v/t* (ver-, ab-, um)ändern. **II** *v/i* sich (ver)ändern.

ˌal·terˈa·tion *s* Änderung *f* (***to*** an *dat*), Ver-, Ab-, Umänderung *f*.

al·ter·ca·tion [ˌɔːltəˈkeɪʃn] *s* heftige Auseinandersetzung.

al·ter·nate **I** *adj* [ɔːlˈtɜːnət] **1.** abwechselnd: ***on ~ days*** jeden zweiten Tag. **II** *v/t* [ˈɔːltəneɪt] **2.** abwechseln lassen. **3.** *miteinander* vertauschen. **4.** ⚡, *tech*. (periodisch) verändern. **III** *v/i* [ˈɔːltəneɪt] **5.** abwechseln.

alˈter·nate·ly *adv* abwechselnd, wechselweise.

al·ter·nat·ing [ˈɔːltəneɪtɪŋ] *adj* abwechselnd, Wechsel...: ***~ current*** ⚡ Wechselstrom *m*.

al·ter·na·tion [ˌɔːltəˈneɪʃn] *s* Abwechslung *f*, Wechsel *m*.

al·ter·na·tive [ɔːlˈtɜːnətɪv] **I** *adj* **1.** alternativ, Ersatz...: ***~ airport*** Ausweichflughafen *m*; ***~ society*** alternative Gesellschaft; ***~ sources of energy*** Alternativenergien *pl*. **2.** ander(er, e, es) (*von zweien*). **II** *s* **3.** Alternative *f* (***to*** zu): ***have no*** (***other***) ***~*** keine andere Möglichkeit *od*. Wahl haben (***but to*** als zu).

al·though [ɔːlˈðəʊ] *cj* obwohl, obgleich.

al·tim·e·ter [ˈæltɪmiːtə] *s phys*. Höhenmesser *m*.

al·ti·tude [ˈæltɪtjuːd] *s ast*., ✈, ⚡ Höhe *f*: ***at an ~ of*** in e-r Höhe von; ***~ of the sun*** Sonnenstand *m*.

al·to [ˈæltəʊ] *pl* **-tos** *s* ♪ Alt(stimme *f*) *m*; Altistin *f*.

al·to·geth·er [ˌɔːltəˈgeðə] **I** *adv* **1.** insgesamt. **2.** ganz (u. gar), völlig. **3.** im Ganzen genommen. **II** *s* **4.** ***in the ~*** *humor.* im Adams- *od.* Evaskostüm.

al·tru·ism [ˈæltrʊɪzəm] *s* Altruismus *m*, Selbstlosigkeit *f.*

ˈal·tru·ist *s* Altruist(in).

ˌal·truˈis·tic *adj* (**~*ally***) altruistisch, selbstlos.

al·u·min·i·um [ˌæljʊˈmɪnɪəm], *Am.* **a·lu·mi·n·um** [əˈluːmənəm] *s* ⚗ Aluminium *n.*

a·lum·na [əˈlʌmnə] *pl* **-nae** [~niː] *s Am.* ehemalige Schülerin *od.* Studentin.

aˈlum·nus [~nəs] *pl* **-ni** [~naɪ] *s Am.* ehemaliger Schüler *od.* Student.

al·ways [ˈɔːlweɪz] *adv* immer, stets: ***as ~*** wie immer.

Alz·heim·er's Dis·ease [ˈæltshaɪməz ~] *s* ⚕ Alzheimerkrankheit *f.*

am [æm] *ich* bin.

a.m. [eɪˈem] *adv* morgens, vormittags.

a·mal·gam [əˈmælgəm] *s* **1.** ⚗, *tech.* Amalgam *n.* **2.** *fig.* Mischung *f.*

aˈmal·gam·ate [əˈmælgəmeɪt] *v/t u. v/i* **1.** ⚗, *tech.* (sich) amalgamieren, *a. fig.* (sich) vereinigen, verschmelzen. **2.** *fig.* (sich) zs.-schließen, *econ. a.* fusionieren.

aˌmal·gaˈma·tion *s* **1.** ⚗, *tech.* Amalgamieren *n*, *a. fig.* Vereinigung *f*, Verschmelzung *f.* **2.** *fig.* Zs.-schluss *m*, *econ. a.* Fusion *f.*

a·mass [əˈmæs] *v/t* an-, aufhäufen.

am·a·teur [ˈæmətə] *s* Amateur(in): a) (Kunst- *etc*)Liebhaber(in): **~ *painter*** Sonntagsmaler(in), b) Amateursportler(in): **~ *boxer*** Amateurboxer(in), c) Nichtfachmann *m*, -frau *f*, *contp.* Dilettant(in): **~ *detective*** Amateurdetektiv(in).

am·a·teur·ish [ˌæməˈtɜːrɪʃ] *adj* □ amateurhaft, dilettantisch.

a·maze [əˈmeɪz] *v/t* in (Er)Staunen setzen, verblüffen.

aˈmazed *adj* □ erstaunt, verblüfft (***at*** über *acc*).

aˈmaze·ment *s* (Er)Staunen *n*, Verblüffung *f*: ***in ~*** staunend, verblüfft; ***to my ~*** zu m-m Erstaunen, zu m-r Verblüffung.

aˈmaz·ing *adj* □ erstaunlich, verblüffend.

Am·a·zon [ˈæməzən] *s* **1.** *antiq.* Amazone *f.* **2.** *a.* ***amazon*** *fig.* Amazone *f*, Mannweib *n.* **3.** *geogr. der* Amazonas.

am·bas·sa·dor [æmˈbæsədə] *s pol.* Botschafter *m* (***to*** in *dat*).

amˈbas·sa·dress [æmˈbæsədrɪs] *s* Botschafterin *f.*

am·ber [ˈæmbə] **I** *s* **1.** *min.* Bernstein *m.* **2.** *Br.* Gelb(licht) *n*, gelbes Licht (*Verkehrsampel*): ***at ~*** bei Gelb; ***the lights were at ~*** die Ampel stand auf Gelb. **II** *adj* **3.** Bernstein... **4.** bernsteinfarben. **5.** ***the lights were ~*** *Br.* die Ampel stand auf Gelb.

am·bi·dex·trous [ˌæmbɪˈdekstrəs] *adj* □ beidhändig.

am·bi·ent tem·pe·ra·ture [ˈæmbɪənt] *s* Raumtemperatur *f.*

am·bi·gu·i·ty [ˌæmbɪˈgjuːətɪ] *s* Zweideutigkeit *f* (*a. Äußerung*), Mehr-, Vieldeutigkeit *f.*

amˈbig·u·ous [~gjʊəs] *adj* □ zwei-, mehr-, vieldeutig; unklar.

am·bi·tion [æmˈbɪʃn] *s* Ehrgeiz *m.*

amˈbi·tious *adj* □ ehrgeizig (*a. Plan etc*): ***be ~ to do s.th.*** den Ehrgeiz haben, et. zu tun; ***be ~ for s.o.*** große Dinge mit j-m vorhaben.

am·bi·va·lent [æmˈbɪvələnt] *adj bsd. psych.* ambivalent, doppelwertig.

am·ble [ˈæmbl] **I** *v/i* **1.** im Passgang gehen *od.* reiten. **2.** *fig.* schlendern. **II** *s* **3.** Passgang *m.* **4.** *fig.* gemächlicher Gang.

am·bu·lance [ˈæmbjʊləns] *s* Kranken-, Sanitätswagen *m.*

am·bush [ˈæmbʊʃ] **I** *s* Hinterhalt *m*: ***lay an ~*** e-n Hinterhalt legen; ***lie*** (*od.* ***wait***) ***in ~*** → III. **II** *v/t* aus dem Hinterhalt überfallen; auflauern (*dat*). **III** *v/i* im Hinterhalt liegen.

a·me·ba *Am.* → ***amoeba.***

a·mel·io·rate [əˈmiːljəreɪt] **I** *v/t* verbessern, ⚒ (a)meliorieren. **II** *v/i* besser werden.

aˌmel·ioˈra·tion *s* Verbesserung *f*, ⚒ (A)Melioration *f.*

a·men [ˌɑːˈmen] **I** *int* amen! **II** *s* Amen *n.*

a·me·na·ble [əˈmiːnəbl] *adj* □ (***to***) **1.** zugänglich (*dat*). **2.** verantwortlich (*dat*); unterworfen (*dat*).

a·mend [əˈmend] *v/t* **1.** verbessern. **2.** *parl. Gesetz* abändern, ergänzen.

a·mend·ment [əˈmendmənt] *s* **1.** Verbesserung *f.* **2.** *parl.* Abänderungs-, Ergänzungsantrag *m*; *Am.* Zusatzartikel *m* zur Verfassung. **~ *file*** *s Computer*: Änderungsdatei *f.*

a·mends [əˈmendz] *s pl* (*mst sg konstruiert*) (Schaden)Ersatz *m*: ***make ~*** Schadenersatz leisten, es wieder gutmachen; ***make ~ to s.o. for s.th.*** j-n für et. entschädigen.

a·men·i·ty [əˈmiːnətɪ] *s* **1.** *oft pl* Liebenswürdigkeit *f*, Höflichkeit *f.* **2.** schöne Lage (*e-s Hauses etc*); *oft pl* Annehmlichkeit(en *pl*) *f*; *pl* (natürliche) Vorzüge *pl od.* Reize *pl* (*e-r Person, e-s Ortes etc*).

A·mer·i·ca [əˈmerɪkə] *npr* Amerika *n.*

A·mer·i·can [əˈmerɪkən] **I** *adj* amerikanisch: **~ *Dream*** *der* amerikanische Traum; **~ *Indian*** (*bes.* nordamer.) Indianer(in). **II** *s* Amerikaner(in).

A·meri·can·ism *s* Amerikanismus *m.*

A·meri·can·ize *v/t u. v/i* (sich) amerikanisieren.

am·e·thyst [ˈæmɪθɪst] *s* Amethyst *m.*

a·mi·a·bil·i·ty [ˌeɪmjəˈbɪlətɪ] *s* Liebenswürdigkeit *f.*

'a·mi·a·ble *adj* □ liebenswürdig, freundlich.
am·i·ca·ble ['æmıkəbl] *adj* freund(schaft)lich, friedlich, *a.* ⚖ gütlich: **~ *settlement*** gütlicher Vergleich. **'am·i·ca·bly** *adv* in Güte, gütlich: ***part* ~** im Guten auseinander gehen.
a·mid(st) [ə'mıd(st)] *prp* inmitten (*gen*), (mitten) in *od.* unter (*dat od. acc*).
a·miss [ə'mıs] *adj u. adv* verkehrt, falsch: ***take* ~** übel nehmen; ***there is s.th.* ~ *with*** et. stimmt nicht mit; ***it would not be* ~** es würde nicht schaden (***for s.o. to do s.th.*** wenn j-d et. täte).
am·i·ty ['æmətı] *s* Freundschaft *f*, gutes Einvernehmen.
Am·man [ə'mɑːn] *Hauptstadt von Jordanien.*
am·me·ter ['æmıtə] *s* ⚡ Amperemeter *n.*
am·mo·ni·a [ə'məʊnjə] *s* ⚗ Ammoniak *n*: ***liquid* ~** Salmiakgeist *m.*
am·mu·ni·tion [ˌæmjʊ'nıʃn] *s* ⚔ Munition *f*: **~ *dump*** Munitionslager *n.*
am·ne·sia [æm'niːzjə] *s* ⚕ Amnesie *f*, Gedächtnisschwund *m.*
am·nes·ty ['æmnəstı] **I** *s* Amnestie *f.* **II** *v/t* amnestieren, begnadigen.
am·nio·cen·tesis ['æmnıəʊsenˌtiːsıs] *s* ⚕ Fruchtwasseruntersuchung *f.*
am·nio·tic sac ['æmnıɒtık ˌsæk] *s* ⚕ Fruchtblase *f.*
a·moe·ba [ə'miːbə] *s zo.* Amöbe *f.*
a·mok [ə'mɒk] → ***amuck.***
a·mong(st) [ə'mʌŋ(st)] *prp* (mitten) unter (*dat od. acc*), zwischen (*dat od. acc*), bei: ***from* ~** aus ... hervor; ***be* ~** gehören zu; **~ *other things*** unter anderem; ***they had two pounds* ~ *them*** sie hatten zusammen zwei Pfund.
a·mor·al [ˌeı'mɒrəl] *adj* □ amoralisch.
am·o·rous ['æmərəs] *adj* □ **1.** verliebt (***of*** in *acc*). **2.** Liebes...: **~ *song.***
am·or·ti·za·tion [əˌmɔːtı'zeıʃn] *s* Amortisierung *f*, Amortisation *f*, Tilgung *f*, Abschreibung *f.*
am'or·tize [~taız] *v/t* amortisieren: a) *Schuld* tilgen, b) *Anlagewerte* abschreiben.
a·mount [ə'maʊnt] **I** *v/i* **1.** (***to***) sich belaufen (auf *acc*), betragen (*acc*). **2.** *fig.* (***to***) hinauslaufen (auf *acc*), bedeuten (*acc*). **II** *s* **3.** Betrag *m*, Summe *f*; Höhe *f* (*e-r Summe*): ***to the* ~ *of*** in Höhe von; bis zum Betrag von. **4.** Menge *f.*
amp [æmp] F → ***ampere, amplifier.***
am·pere ['æmpeə] *s* Ampere *n.*
am·per·sand ['æmpəsænd] *s typ.* Et-Zeichen *n.*
am·phet·a·mine [æm'fetəmiːn] *s* ⚗ Amphetamin *n.*
am·phib·i·an [æm'fıbıən] **I** *adj* **1.** → ***amphibious.*** **II** *s* **2.** *zo* Amphibie *f*, Lurch *m.* **3.** Amphibienfahrzeug *n.*
am'phib·i·ous *adj zo., tech.* amphibisch, Amphibien...
am·phi·the·a·ter, *bsd. Br.* **am·phi·the·a·tre** ['æmfıˌθıətə] *s* Amphitheater *n.*
am·ple ['æmpl] *adj* □ **1.** weit, groß, geräumig. **2.** weitläufig, -gehend, ausführlich. **3.** reich(lich), beträchtlich. **4.** stattlich (*Figur etc*).
am·pli·fi·ca·tion [ˌæmplıfı'keıʃn] *s* **1.** Erweiterung *f*, Vergrößerung *f*, Ausdehnung *f.* **2.** nähere Ausführung *od.* Erläuterung; Weitschweifigkeit *f.* **3.** ⚡, *phys.* Verstärkung *f.*
am·pli·fi·er ['æmplı'faıə] *s* ⚡, *phys.* Verstärker *m.*
am·pli·fy ['æmplıfaı] **I** *v/t* **1.** erweitern, vergrößern, ausdehnen. **2.** näher ausführen *od.* erläutern. **3.** ⚡, *phys.* verstärken. **II** *v/i* **4.** sich weitläufig auslassen (***on*** über *acc*).
am·pli·tude ['æmplıtjuːd] *s* **1.** Weite *f*, Umfang *m* (*a. fig.*). **2.** Fülle *f*, Reichtum *m.* **3.** ⚡, *phys.* Amplitude *f*, Schwingungsweite *f.*
am·pu·tate ['æmpjʊteıt] *v/t* ⚕ amputieren, abnehmen.
ˌam·pu'ta·tion *s* Amputation *f*, Abnahme *f.*
Am·ster·dam [ˌæmstə'dæm] *Hauptstadt der Niederlande.*
a·muck [ə'mʌk] *adv*: ***run* ~** Amok laufen.
a·muse [ə'mjuːz] *v/t* amüsieren; unterhalten; Spaß machen (*dat*): ***be* ~*d*** sich freuen (***at, by*** über *acc*); ***I am not* ~*d*** ich finde das nicht lustig.
a'muse·ment *s* Unterhaltung *f*; Zeitvertreib *m*: ***for* ~** zum Vergnügen; **~ *arcade*** *Br.* Spielsalon *m*; **~ *park*** Vergnügungspark *m.*
a'mus·ing *adj* □ amüsant; unterhaltsam.
an [ən] → ***a.***
an·a·bo·lic ster·oid ['ænəbɒlık 'sterɔıd] *s* ⚕ Anabolikum *n.*
a·nach·ro·nism [ə'nækrənızəm] *s* Anachronismus *m.*
an·a·con·da [ˌænə'kɒndə] *s zo.* Anakonda *f*, Riesenschlange *f.*
a·nae·mi·a [ə'niːmjə] *s bsd. Br.* ⚕ Anämie *f*, Blutarmut *f.* **a'nae·mic** *adj bsd. Br.* anämisch, blutarm.
an·aes·the·si·a [ˌænıs'θiːzjə] *s bsd. Br.* ⚕ Anästhesie *f*, Narkose *f*, Betäubung *f.*
an·aes·thet·ic [ˌænıs'θetık] *bsd. Br.* **I** *adj* (**~*ally***) betäubend, Narkose... **II** *s* Betäubungsmittel *n.*
an·aes·the·tist [æ'niːsθətıst] *s bsd. Br.* Anästhesist(in), Narkosearzt *m*, -ärztin *f.*
an'aes·the·tize *v/t bsd. Br.* betäuben, narkotisieren.
an·al·ge·sic [ˌænæl'dʒiːsık] **I** *adj* ⚕ schmerzstillend. **II** *s* Schmerzmittel *n.*
an·a·log·ic, an·a·log·i·cal [ˌænə'lɒdʒık(l)],

a·nal·o·gous [əˈnæləgəs] *adj* □ analog, entsprechend (**to, with** *dat*): ~ **computer** Analogrechner *m*.
aˈnal·o·gy [əˈnælədʒɪ] *s* Analogie *f*, Entsprechung *f*: **on the ~ of, by ~ with** analog, gemäß, entsprechend (*dat*).
an·a·lyse [ˈænəlaɪz] *v/t* analysieren: a) ⚗ *etc* zerlegen, b) gründlich untersuchen, c) *ling.* zergliedern, d) Â auflösen.
a·nal·y·sis [əˈnæləsɪs] *pl* **-ses** [~siːz] *s* **1.** Analyse *f*, Zerlegung *f*, gründliche Untersuchung, Zergliederung *f*, Auflösung *f*. **2.** Â Analysis *f*. **3.** Psychoanalyse *f*.
an·a·lyst [ˈænəlɪst] *s* **1.** Analytiker(in): **public ~** (behördlicher) Lebensmittelchemiker(in). **2.** Psychoanalytiker(in).
an·a·lyt·ic, an·a·lyti·cal [ˌænəˈlɪtɪk(l)] *adj* □ **1.** analytisch. **2.** psychoanalytisch.
an·ar·chic, an·ar·chi·cal [æˈnɑːkɪk(l)] *adj* □ anarchisch.
an·arch·ism [ˈænəkɪzəm] *s* Anarchismus *m*.
ˈan·arch·ist I *s* Anarchist(in). **II** *adj* anarchistisch.
ˈan·arch·y *s* Anarchie *f*.
a·nath·e·ma [əˈnæθəmə] *s* **1.** *eccl.* Bannfluch *m*, Kirchenbann *m*. **2. be an ~ to s.o.** *fig.* j-m verhasst *od.* ein Gräuel sein.
an·a·tom·i·cal [ˌænəˈtɒmɪkl] *adj* □ anatomisch.
a·nat·o·mize [əˈnætəmaɪz] *v/t* ⚕ sezieren, *fig. a.* zergliedern.
aˈnat·o·my *s* **1.** ⚕ Anatomie *f*. **2.** *fig.* Zergliederung *f*, Analyse *f*.
an·ces·tor [ˈænsestə] *s* Vorfahr *m*, Ahn(herr) *m*: ~ **cult** Ahnenkult *m*.
an·ces·tral [~ˈsestrəl] *adj* angestammt, Ahnen...: ~ **home** Stammsitz *m*.
an·ces·tress [ˈænsestrɪs] *s* Ahnfrau *f*, Ahne *f*.
ˈan·ces·try *s* **1.** (*bsd.* vornehme) Abstammung. **2.** Vorfahren *pl*, Ahnen(reihe *f*) *pl*: ~ **research** Ahnenforschung *f*.
an·chor [ˈæŋkə] **I** *s* **1.** ⚓ Anker *m*: **cast** (*od.* **drop**) ~ → 5a; **lie** (*od.* **ride**) **at ~** → 5b; → **weigh** 3. **2.** *Rundfunk, TV*: *Am.* Moderator *m*, Moderatorin *f* (*e-r Nachrichtensendung*); Diskussionsleiter(in). **II** *v/t* **3.** ⚓, *tech.* verankern (*a. fig.*). **4.** *Rundfunk, TV*: *Am. Nachrichtensendung* moderieren; *Diskussion* leiten. **III** *v/i* **5.** ⚓ ankern: a) vor Anker gehen, b) vor Anker liegen.
ˈan·chor·age *s* **1.** Ankerplatz *m*. **2.** *a.* ~ **dues** *pl* Anker-, Liegegebühr *f*.
an·chor|·man [ˈæŋkəmən] *s* (*irr* **man**), **ˈ~ˌwom·an** *s* (*irr* **woman**) → **anchor** 2.
an·cho·vy [ˈæntʃəvɪ] *s* Sardelle *f*.
an·cient [ˈeɪnʃənt] **I** *adj* **1.** alt, aus alter Zeit. **2.** uralt. **3.** altertümlich. **II** *s* **4. the ~s** *pl* die Alten *pl* (*Griechen u. Römer*).
an·cil·la·ry [ænˈsɪlərɪ] *adj* untergeordnet (**to** *dat*), Zusatz..., Neben...: ~ **agreement** Nebenabrede *f*; ~ **equipment** Zubehör *n*, Zusatzgeräte *pl*; ~ **industries** *pl* Zulieferbetriebe *pl*, Zulieferindustrie *f*; ~ **staff** Hilfspersonal *n*.
and [ænd] *cj* und: **better ~ better** immer besser; **thousands ~ thousands** tausende u. abertausende; **there are books ~ books** es gibt gute u. schlechte Bücher; **for miles ~ miles** viele Meilen weit; **he ran ~ ran** er lief immer weiter; **bread ~ butter** Butterbrot *n*; **try ~ come** versuche zu kommen; → **nice** 4.
An·dor·ra [ænˈdɔːrə] *Zwergstaat in den Pyrenäen.*
an·droid [ˈændrɔɪd] *s* Androide *m*.
an·ec·do·tal [ˌænekˈdəʊtl] *adj* anekdotenhaft, anekdotisch.
an·ec·dote [ˈænɪkdəʊt] *s* Anekdote *f*.
a·ne·mi·a, *etc Am.* → **anaemia,** *etc.*
an·e·mom·e·ter [ˌænɪˈmɒmɪtə] *s phys.* Windmesser *m*.
a·nem·o·ne [əˈnemənɪ] *s* ✿ Anemone *f*.
an·es·the·si·a, *etc Am.* → **anaesthesia,** *etc.*
a·new [əˈnjuː] *adv* **1.** von neuem, noch einmal. **2.** neu.
an·gel [ˈeɪndʒəl] *s* Engel *m* (*a. fig.*): **you are an ~** du bist ein Schatz.
an·gel·ic, an·gel·i·cal [ænˈdʒelɪk(l)] *adj* □ engelhaft, Engels...
an·ger [ˈæŋgə] **I** *s* Zorn *m*, Ärger *m*, Wut *f* (**at** über *acc*). **II** *v/t* erzürnen, (ver)ärgern.
an·gle¹ [ˈæŋgl] **I** *s* **1.** *bsd.* Â Winkel *m*: **at an ~** schräg; **at right ~s to** im rechten Winkel zu. **2.** Ecke *f*. **3.** *fig.* Standpunkt *m*. **4.** *fig.* Seite *f*, Aspekt *m*. **II** *v/t* **5.** ab-, umbiegen. **6.** *Bericht etc* färben.
an·gle² [~] *v/i* angeln: ~ **for** *fig.* aus sein auf (*acc*); → **compliment** 1.
an·gler [ˈæŋglə] *s* Angler(in).
An·gles [ˈæŋglz] *s pl hist.* Angeln *pl*.
An·gli·can [ˈæŋglɪkən] *eccl.* **I** *adj* anglikanisch. **II** *s* Anglikaner(in).
An·gli·cism [ˈæŋglɪsɪzəm] *s ling.* Anglizismus *m*.
An·glo|-A·mer·i·can [ˌæŋgləʊəˈmerɪkən] **I** *s* Angloamerikaner(in). **II** *adj* angloamerikanisch. **ˌ~-ˈSax·on I** *s* Angelsachse *m*, -sächsin *f*. **II** *adj* angelsächsisch.
an·go·ra [æŋˈgɔːrə] *s a.* ~ **cat** *zo.* Angorakatze *f*. ~ **wool** *s* Angorawolle *f*.
an·gry [ˈæŋgrɪ] *adj* □ (**at, about**) ärgerlich (auf, über *acc*), verärgert (über *acc*), böse (auf *j-n*, über *et.*; **with** mit *j-m*).
an·guish [ˈæŋgwɪʃ] *s* Qual *f*, Pein *f*: **be in ~** Ängste ausstehen.
an·gu·lar [ˈæŋgjʊlə] *adj* □ **1.** wink(e)lig, Winkel...: ~ **brackets** spitze Klammern; ~ **point** Â Scheitelpunkt *m*. **2.** knochig. **3.** *fig.* steif: a) linkisch, b) formell.

an·i·line ['ænɪliːn] *s* ⚗ Anilin *n.*
an·i·mal ['ænɪml] I *s* Tier *n.* II *adj* animalisch, tierisch. ~ **food** *s* 1. Fleischnahrung *f.* 2. Tierfutter *n.* ~ **lov·er** *s* Tierfreund(in). '~-ˌ**lov·ing** *adj* tierliebend. ~ **shel·ter** *s Am.* Tierheim *n.* ~ **spir·its** *s pl* Lebenskraft *f*, -geister *pl.* ~ **wel·fare** *s* Tierschutz *m.*
an·i·mate I *v/t* ['ænɪmeɪt] 1. beleben, mit Leben erfüllen. 2. anregen, aufmuntern. II *adj* ['~mət] 3. belebt, lebend. 4. lebhaft, munter.
an·i·mat·ed ['ænɪmeɪtɪd] *adj* 1. lebendig: ~ ***cartoon*** Zeichentrickfilm *m.* 2. → ***animate*** 4.
an·i·ma·tion [ˌænɪ'meɪʃn] *s* Lebhaftigkeit *f*, Munterkeit *f.*
an·i·mos·i·ty [ˌænɪ'mɒsətɪ] *s* Feindseligkeit *f* (***against, toward***[**s**] gegen[über]; ***between*** zwischen *dat*).
an·ise ['ænɪs] *s* ⚘ Anis *m.*
an·i·seed ['ænɪsiːd] *s* Anis(samen) *m.*
An·ka·ra ['æŋkərə] *Hauptstadt der Türkei.*
an·kle ['æŋkl] *s anat.* (Fuß)Knöchel *m.* ˌ~-'**deep** *adj* knöcheltief. ~ **sock** *s Br.* Söckchen *n.*
an·klet ['æŋklɪt] *s* 1. Fußring *m.* 2. *Am.* Söckchen *n.*
an·nals ['ænlz] *s pl* 1. Annalen *pl*, Jahrbücher *pl.* 2. (Jahres)Bericht *m.*
an·neal [ə'niːl] *v/t* 1. *metall.* ausglühen, *a. Kunststoffe* tempern. 2. *Keramik*: einbrennen. 3. *fig.* härten, stählen.
an·nex I *v/t* [ə'neks] 1. (***to***) beifügen (*dat*), anhängen (an *acc*). 2. *Gebiet* annektieren, sich einverleiben. II *s* ['æneks] 3. Anhang *m*, Zusatz *m.* 4. Anbau *m*, Nebengebäude *n.*
ˌ**annex'a·tion** *s* Annektierung *f*, Einverleibung *f* (***to*** in *acc*).
an·ni·hi·late [ə'naɪəleɪt] *v/t* vernichten.
anˌni·hi'la·tion *s* Vernichtung *f.*
an·ni·ver·sa·ry [ˌænɪ'vɜːsərɪ] *s* Jahrestag *m.*
an·no·tate ['ænəʊteɪt] *v/t* mit Anmerkungen versehen; kommentieren.
ˌ**an·no'ta·tion** *s* Anmerkung *f*; Kommentar *m.*
an·nounce [ə'naʊns] *v/t* 1. ankündigen. 2. bekannt geben, verkünden, *Geburt etc* anzeigen. 3. *Rundfunk, TV*: ansagen; *über Lautsprecher* durchsagen.
an·nounce·ment [ə'naʊnsmənt] *s* 1. Ankündigung *f.* 2. Bekanntgabe *f*, (*Geburts- etc*)Anzeige *f.* 3. *Rundfunk, TV*: Ansage *f*; (Lautsprecher)Durchsage *f.*
an·nounc·er [ə'naʊnsə] *s Rundfunk, TV*: Ansager(in).
an·noy [ə'nɔɪ] *v/t* 1. ärgern: ***be ~ed*** sich ärgern (***at s.th.*** über et.; ***with s.o.*** über j-n). 2. belästigen, stören.
an'noy·ance *s* 1. Ärger *m.* 2. Belästigung *f*, Störung *f.*
an'noy·ing *adj* □ 1. ärgerlich. 2. lästig, störend.
an·nu·al ['ænjʊəl] I *adj* □ 1. jährlich, Jahres...: ~ ***accounts*** *econ.* Jahresabschluss *m*; ~ ***balance*** (***sheet***) *econ.* Jahresbilanz *f*; ~ ***budget*** *econ.* Jahresetat *m*; ~ ***income*** Jahreseinkommen *n*; ~ ***report*** *econ.* Jahresbericht *m*; ~ ***return*** *econ.* Jahresausweis *m*, jährliche Rendite; ~ ***ring*** ⚘ Jahresring *m.* 2. *a.* ⚘ einjährig. II *s* 3. jährlich erscheinende Veröffentlichung. 4. ⚘ einjährige Pflanze.
an·nu·al·ize ['ænjʊəlaɪz] *v/t econ.* auf Jahresbasis umrechnen.
an·nu·i·ty [ə'njuːɪtɪ] *s* (Jahres-, Leib)Rente *f*: ~ **bond** *s* Rentenanleihe *f.*
an·nul [ə'nʌl] *v/t* annullieren, *Gesetz, Ehe etc* aufheben, für ungültig erklären, *Vorschrift etc* abschaffen.
an·nu·lar ['ænjʊlə] *adj* □ ringförmig, Ring...
an·nul·ment [ə'nʌlmənt] *s* Annullierung *f*, Aufhebung *f*, Ungültigkeitserklärung *f*, Abschaffung *f.*
an·ode ['ænəʊd] *s* ⚡ Anode *f*, positiver Pol.
an·o·dyne ['ænəʊdaɪn] I *adj* ⚕ Schmerz stillend. II *s* Schmerz stillendes Mittel.
a·noint [ə'nɔɪnt] *v/t bsd. eccl.* salben.
a·nom·a·lous [ə'nɒmələs] *adj* □ 1. anomal. 2. ungewöhnlich.
a'nom·a·ly *s* Anomalie *f.*
an·o·nym·i·ty [ˌænə'nɪmətɪ] *s* Anonymität *f.*
a·non·y·mous [ə'nɒnɪməs] *adj* □ anonym.
a·no·rak ['ænəræk] *s* Anorak *m.*
ano·rexia [ænə'reksɪə] *s* ⚕ Magersucht *f.*
ano·rex·ic *adj* (***~ally***) magersüchtig.
an·oth·er [ə'nʌðə] *adj u. pron* 1. ein anderer, e-e andere, ein anderes: ~***thing*** etwas anderes; ***one after*** ~ e-r nach dem andern; → ***one*** 6. 2. noch ein(er, e, es): ~ ***one*** ein Zweiter *od.* weiterer, e-e Zweite *od.* weitere, ein Zweites *od.* Weiteres: ~ ***ten years*** noch *od.* weitere zehn Jahre; ***tell me ~!*** F das kannst du deiner Großmutter erzählen!
an·swer ['ɑːnsə] I *s* 1. Antwort *f* (*a. fig. Reaktion*) (***to*** auf *acc*): ***in ~ to*** in Beantwortung (*gen*); auf (*acc*) hin; als Antwort auf. 2. Lösung *f* (***to*** *e-s Problems*). II *v/i* 3. antworten (***to*** auf *acc*): ***nobody's answering*** es geht niemand ans Telefon, keiner hebt ab; ~ ***back*** freche Antworten geben; widersprechen; sich (*mit Worten etc*) verteidigen *od.* wehren. 4. ~ ***to*** → 10 u. 11. 5. (***to s.o.***) sich (j-m gegenüber) verantworten, (j-m) Rechenschaft ablegen (***for*** für). 6. verantwortlich sein, haften (***for*** für). 7. ~ ***to*** hören auf (*e-n Namen*). III *v/t* 8. *j-m* antworten: ~ ***s.o. back*** j-m freche Antworten geben; j-m widersprechen; sich gegen j-n (*mit Worten etc*) verteidigen *od.* wehren. 9. antworten

auf (*acc*), beantworten. **10.** *fig.* reagieren auf (*acc*): a) eingehen auf: ~ ***the bell*** (*od.* ***door***) (*auf das Läuten od. Klopfen*) die Tür öffnen, aufmachen; ~ ***the telephone*** ans Telefon gehen, b) *tech. dem Steuer etc* gehorchen, c) *e-m Befehl etc* Folge leisten, gehorchen, d) *Wunsch etc* erfüllen, *Gebet* erhören, e) sich auf *e-e Anzeige* hin melden *od.* bewerben. **11.** *e-r Beschreibung* entsprechen. **12.** sich *j-m* gegenüber verantworten, *j-m* Rechenschaft ablegen (***for*** für).

'an·swer·a·ble *adj* **1.** verantwortlich (***to*** *dat*; ***for*** für). **2.** zu beantworten(d).

an·swer·ing| ma·chine ['ɑːnsərɪŋ] *s teleph.* Anrufbeantworter *m.* ~ **ser·vice** *s* Fernsprechauftragsdienst *m.*

ant [ænt] *s zo.* Ameise *f.*

an·tag·o·nism [æn'tægənɪzəm] *s* Feindschaft *f* (***between*** zwischen *dat*).

an'tag·o·nist *s* Feind(in).

an,tag·o'nis·tic *adj* (~***ally***) feindlich (***to*** gegen).

an'tag·o·nize *v/t* **1.** bekämpfen. **2.** sich *j-n* zum Feind machen.

an·tarc·tic [æn'tɑːktɪk] **I** *adj* antarktisch: ***Antarctic Circle*** südlicher Polarkreis. **II** *s* ***Antarctic*** Antarktis *f.*

ant bear *s zo.* Ameisenbär *m.*

an·te·ced·ent [,æntɪ'siːdənt] **I** *adj* **1.** (***to***) vorhergehend (*dat*), früher (als). **II** *s* **2.** *pl* Vorgeschichte *f*: ***his*** ~***s*** sein Vorleben; s-e Abstammung. **3.** *ling.* Bezugswort *n.*

an·te·date [,æntɪ'deɪt] *v/t Brief etc* zurückdatieren.

an·te·di·lu·vi·an [,æntɪdaɪ'luːvjən] *adj* vorsintflutlich (*a. fig.*).

an·te·lope ['æntɪləʊp] *s zo.* Antilope *f.*

an·te me·rid·i·em [,æntɪmə'rɪdɪəm] *adv* vormittags (*abbr.* ***a.m.***): ***3 a.m.*** 3 Uhr morgens.

an·te·na·tal [,æntɪ'neɪtl] **I** *adj* □ vor der Geburt: ~ ***examination*** Mutterschaftsvorsorgeuntersuchung *f*; ~ ***exercises*** *pl* Schwangerschaftsgymnastik *f.* **II** *s* F Mutterschaftsvorsorgeuntersuchung *f.*

an·ten·na [æn'tenə] *s* **1.** *pl* **-nae** [~niː] *zo.* Fühler *m.* **2.** *pl* **-nas** *bsd. Am.* Antenne *f.*

an·te·ri·or [æn'tɪərɪə] *adj* **1.** (***to***) vorhergehend (*dat*), früher (als). **2.** vorder.

an·te·room ['æntɪrʊm] *s* Vorzimmer *n.*

an·them ['ænθəm] *s* Hymne *f.*

'ant·hill *s* Ameisenhaufen *m.*

an·thol·o·gy [æn'θɒlədʒɪ] *s* Anthologie *f*, (*bsd.* Gedicht)Sammlung *f.*

an·thra·cite ['ænθrəsaɪt] *s min.* Anthrazit *m*, Glanzkohle *f.*

an·thro·poid ['ænθrəʊpɔɪd] *zo.* **I** *adj* menschenähnlich. **II** *s* Menschenaffe *m.*

an·thro·po·log·i·cal [,ænθrəpə'lɒdʒɪkl] *adj* □ anthropologisch.

an·thro·pol·o·gist [,ænθrə'pɒlədʒɪst] *s* Anthropologe *m*, -login *f.*

an·thro·pol·o·gy [,ænθrə'pɒlədʒɪ] *s* Anthropologie *f*, Menschenkunde *f.*

an·ti... ['æntɪ] *in Zssgn* Gegen..., gegen ... eingestellt, anti..., Anti... ,**~-a'bor·tion·ist** *s* Abtreibungsgegner(in).

,an·ti'air·craft *adj* ⚔ Flugabwehr...: ~ ***gun*** Flakgeschütz *n.*

an·ti·bi·ot·ic [,æntɪbaɪ'ɒtɪk] *s* ⚕ Antibiotikum *n.*

'an·ti,bod·y *s* ⚕ Antikörper *m*, Abwehrstoff *m.*

an·tic·i·pate [æn'tɪsɪpeɪt] *v/t* **1.** voraussehen, (-)ahnen. **2.** erwarten, erhoffen. **3.** vorwegnehmen. **4.** *j-m, e-m Wunsch etc* zuvorkommen. **5.** *econ.* vor Fälligkeit bezahlen *od.* einlösen: ~***d profit*** nicht realisierter Gewinn.

an,tic·i'pa·tion *s* **1.** (Vor)Ahnung *f.* **2.** Erwartung *f*, Hoffnung *f*: ***in*** ~ ***of*** in Erwartung (*gen*). **3.** Vorwegnahme *f*: ***in*** ~ im Voraus.

an'tic·i·pa·to·ry [~peɪtərɪ] *adj* □ vorwegnehmend.

,an·ti'cler·i·cal *adj* □ antiklerikal, kirchenfeindlich.

,an·ti'cli·max *s* **1.** *rhet.* Antiklimax *f.* **2.** *fig.* enttäuschendes Abfallen; Enttäuschung *f.*

,an·ti'clock·wise *adj u. adv* entgegen dem *od.* gegen den Uhrzeigersinn.

,an·ti·cor'ro·sive *adj* **1.** korrosionsverhütend: ~ ***agent*** Rostschutzmittel *n.* **2.** rostfest.

,an·ti·cy·cli·cal *adj* □ *econ.* antizyklisch.

,an·ti'cy·clone *s meteor.* Hoch(druckgebiet) *n.*

,an·ti'daz·zle *adj* Blendschutz...: ~ ***switch*** Abblendschalter *m.*

an·ti·dote ['æntɪdəʊt] *s* Gegengift *n*, -mittel *n* (*a. fig.*) (***against, for, to*** gegen).

,an·ti'fas·cist **I** *s* Antifaschist(in). **II** *adj* antifaschistisch.

'an·ti·freeze *s* Frostschutzmittel *n.*

an·ti·his·ta·mine [,æntɪ'hɪstəmɪn] *s* ⚕ Antihistamin *n.*

,an·ti'knock ⚙, *mot.* **I** *adj* klopffest. **II** *s* Antiklopfmittel *n.*

,an·ti-'lock brak·ing sys·tem *s mot.* Antiblockiersystem *n.*

'an·ti·mat·ter *s* Antimaterie *f.*

an·tip·a·thy [æn'tɪpəθɪ] *s* Antipathie *f*, Abneigung *f* (***against, to, towards*** gegen).

an·tip·o·des [æn'tɪpədiːz] *s pl* **1.** *die* diametral gegenüberliegenden Teile *pl* der Erde. **2.** (*a. sg konstruiert*) *das* (genaue) Gegenteil.

,an·ti·pol'lu·tion *adj* umweltschützend: ~ ***device*** Abgasentgiftungsanlage *f*; ~ ***law*** Emissionsschutzgesetz *n.*

an·ti·quar·i·an [,æntɪ'kweərɪən] **I** *adj* **1.** antiquarisch. **2.** ~ ***bookseller*** Antiquar(in); ~ ***bookshop*** (*bsd. Am.* ***bookstore***) Antiquariat *n.* **II** *s* **3.** → ***antiquary*** 1.

an·ti·quar·y ['æntɪkwərɪ] *s* **1.** Altertumskenner(in), -forscher(in). **2.** Antiquitätensammler(in); -händler(in).

an·ti·quat·ed ['æntɪkweɪtɪd] *adj* antiquiert, veraltet.

an·tique [æn'ti:k] **I** *adj* **1.** antik, alt. **2.** F → ***antiquated.*** **II** *s* **3.** Antiquität *f*: ~ ***dealer*** Antiquitätenhändler(in); ~ ***shop*** (*bsd. Am.* ***store***) Antiquitätenladen *m.*

an·tiq·ui·ty [æn'tɪkwətɪ] *s* **1.** Altertum *n.* **2.** *die* Antike. **3.** *pl* Altertümer *pl.*

ˌan·ti'rust *adj* Rostschutz...

ˌan·ti-'Sem·ite *s* Antisemit(in).

ˌan·ti-Se'mit·ic *adj* antisemitisch.

an·ti-Sem·i·tism [ˌ~'semɪtɪzəm] *s* Antisemitismus *m.*

ˌan·ti'sep·tic ⚕ **I** *adj* □ antiseptisch. **II** *s* Antiseptikum *n.*

ˌan·ti'so·cial *adj* **1.** asozial, gesellschaftsfeindlich. **2.** ungesellig.

ˌan·ti·tech·no'log·i·cal *adj* technologiefeindlich.

an·ti·th·e·sis [æn'tɪθɪsɪs] *pl* **-ses** [~si:z] *s* Antithese *f*, Gegensatz *m.*

an·ti·thet·ic, an·ti·thet·i·cal [ˌ~'θetɪk(l)] *adj* □ gegensätzlich.

ˌan·ti'trust *adj* Kartell..., Antitrust...; ~ ***law*** Kartellgesetz *n.*

ˌan·ti-'vi·rus pro·gram *s Computer:* Antivirusprogramm *n*, Virensuchprogramm *n.*

ant·ler ['æntlə] *s* **1.** (Geweih)Sprosse *f.* **2.** *pl* Geweih *n.*

an·to·nym ['æntəʊnɪm] *s* Antonym *n.*

a·nus ['eɪnəs] *s anat.* After *m.*

an·vil ['ænvɪl] *s* Amboss *m* (*a. anat.*).

anx·i·e·ty [æŋ'zaɪətɪ] *s* **1.** Angst *f*, Sorge *f* (***about, for*** wegen, um). **2.** ⚕, *psych.* Beklemmung *f*: ~ ***dream*** Angsttraum *m.* **3.** (starkes) Verlangen (***for*** nach).

anx·ious ['æŋkʃəs] *adj* □ **1.** ängstlich; besorgt (***about, for*** wegen, um). **2.** *fig.* (***for, to*** *inf*) begierig (auf *acc*, zu *inf*), (ängstlich) bedacht (auf *acc*, darauf zu *inf*), bestrebt (zu *inf*): ***I am very*** ~ ***to see him*** mir liegt (sehr) viel daran, ihn zu sehen.

an·y ['enɪ] **I** *adj* **1.** (*fragend, verneinend*) (irgend)ein(e), einige *pl*, etwas: ***not*** ~ kein. **2.** (*bejahend*) jeder, jede, jedes (Beliebige): ***at*** ~ ***time*** jederzeit; → ***case***², ***rate*** 2. **II** *adv* **3.** irgend(wie), (noch) etwas: ~ ***more?*** noch (etwas) mehr? **'~ˌbod·y** *pron* **1.** (irgend)jemand, irgendeine(r). **2.** jeder(mann): ~ ***who*** jeder, der; wer; ***hardly*** ~ kaum j-d, fast niemand; ***not*** ~ niemand, keiner. **'~·how** *adv* **1.** irgendwie. **2.** jedenfalls. **'~·one** → ***anybody.*** **'~·thing** *pron* **1.** (irgend)etwas: ***not*** ~ (gar *od.* überhaupt) nichts; ***not for*** ~ um keinen Preis; ***take*** ~ ***you like*** nimm, was du willst. **2.** alles: ~ ***but*** alles andere als. **'~·way** → ***anyhow.*** **'~·where** *adv* **1.** irgendwo(hin): ***not*** ~ nirgendwo(hin); ***hardly*** ~ fast nirgends. **2.** überall.

AOB ***any other business*** Sonstiges, Diverses.

a·or·ta [eɪ'ɔ:tə] *s anat.* Aorta *f*, Hauptschlagader *f.*

AP ***Associated Press*** *amerikanische Nachrichtenagentur.*

a·part [ə'pɑ:t] *adv* **1.** einzeln, für sich: ***live*** ~ getrennt leben; → ***take apart, tell*** 4. **2.** beiseite: → ***joking*** II.

a·part·ment [ə'pɑ:tmənt] *s* **1.** *bsd. Am.* Wohnung *f.* **2.** *mst pl* Gemach *n.* ~ **ho·tel** *s* Appartementhotel *n.* ~ **house** *s Am.* Wohnhaus *n.*

ap·a·thet·ic [ˌæpə'θetɪk] *adj* (*~ally*) apathisch, teilnahmslos, gleichgültig.

'ap·a·thy *s* Apathie *f*, Teilnahmslosigkeit *f*, Gleichgültigkeit *f* (***to*** gegenüber).

ape [eɪp] **I** *s zo.* (*bsd.* Menschen)Affe *m.* **II** *v/t* nachäffen.

ap·er·ture ['æpəˌtjʊə] *s* **1.** Öffnung *f.* **2.** *phot.* Blende *f.* ~ **en·ve·lope** *s* Fensterbriefumschlag *m.*

a·pex ['eɪpeks] *pl* **'a·pex·es, ap·i·ces** ['eɪpɪsi:z] *s* **1.** (*Kegel-, Lungen- etc*)Spitze *f.* **2.** *fig.* Gipfel *m*, Höhepunkt *m.*

aph·o·rism ['æfərɪzəm] *s* Aphorismus *m.*

ap·i·ces ['eɪpɪsi:z] *pl von* **apex.**

a·piece [ə'pi:s] *adv* pro Stück; pro Kopf *od.* Person.

ap·ish ['eɪpɪʃ] *adj* □ äffisch.

a·poc·a·lypse [ə'pɒkəlɪps] *s* Enthüllung *f*, Offenbarung *f.*

a·pol·o·gize [ə'pɒlədʒaɪz] *v/i* sich entschuldigen (***for*** wegen; ***to*** bei).

a'pol·o·gy *s* **1.** Entschuldigung *f*: ***in*** ~ ***for*** zur *od.* als Entschuldigung für; ***make*** (*od.* ***offer***) ***s.o. an*** ~ sich bei j-m entschuldigen (***for*** für). **2.** F minderwertiger Ersatz (***for*** für): ***an*** ~ ***for a meal*** ein armseliges Essen.

ap·o·plec·tic [ˌæpəʊ'plektɪk] *adj*: ~ ***stroke*** (*od.* ***fit***) → ***apoplexy.*** **ap·o·plex·y** ['~pleksɪ] *s* ⚕ Schlaganfall *m.*

a·pos·tle [ə'pɒsl] *s eccl.* Apostel *m.*

a·pos·tro·phe [ə'pɒstrəfɪ] *s ling.* Apostroph *m*, Auslassungszeichen *n.*

a'pos·tro·phize *v/t* apostrophieren.

ap·pal [ə'pɔ:l] *v/t* erschrecken, entsetzen: ***be ~led*** entsetzt sein (***at*** über *acc*).

ap'pal·ling *adj* □ erschreckend, entsetzlich.

ap·pa·ra·tus [ˌæpə'reɪtəs] *pl* **-tus, -tus·es** *s* Apparat *m*, Gerät *n*, Vorrichtung *f.*

ap·par·el [ə'pærəl] *s* Kleidung *f.*

ap·par·ent [ə'pærənt] *adj* □ **1.** augenscheinlich, offenbar, -sichtlich: ***be ~ from*** hervorgehen aus; ***with no ~ reason*** ohne ersichtlichen Grund. **2.** anscheinend; scheinbar.

ap·pa·ri·tion [ˌæpəˈrɪʃn] *s* Erscheinung *f*, Gespenst *n*, Geist *m*.

ap·peal [əˈpiːl] **I** *v/i* **1.** ⚖ Berufung *od.* Revision einlegen, *a. allg.* Einspruch erheben, Beschwerde einlegen (***against***, ⚖ *mst* ***from*** gegen; ***to*** bei). **2.** appellieren, sich wenden (***to*** an *acc*). **3.** sich berufen (***to*** auf *acc*). **4.** (***to***) Anklang finden (bei), gefallen, zusagen (*dat*), reizen (*acc*). **5.** ***~ to*** *j-n* dringend bitten (***for*** um). **II** *s* **6.** ⚖ Berufung *f*, Revision *f*: ***file*** (*od.* ***lodge***) ***an ~*** → 1. **7.** Appell *m* (***to*** an *acc*). **8.** Berufung *f* (***to*** auf *acc*). **9.** dringende Bitte (***to*** an *acc*; ***for*** um). **10.** (***to***) Anziehung(skraft) *f*, Zugkraft *f*, Wirkung *f* (auf *acc*), Anklang *m* (bei).

apˈpeal·ing *adj* □ **1.** bittend, flehend. **2.** reizvoll, gefällig, ansprechend.

ap·pear [əˈpɪə] *v/i* **1.** erscheinen (*a. vor Gericht*), (*von Büchern etc a.*) herauskommen: ***~ in public*** sich in der Öffentlichkeit zeigen; ***~ on television*** im Fernsehen auftreten. **2.** scheinen, aussehen, *j-m* vorkommen: ***it ~s to me*** *you are right* mir scheint; ***he ~ed calm*** er war äußerlich ruhig.

apˈpear·ance *s* **1.** Erscheinen *n*: ***public ~*** Auftreten *n* in der Öffentlichkeit; ***make an ~ on television*** im Fernsehen auftreten. **2.** (äußere) Erscheinung, Aussehen *n*, *das* Äußere: ***have an unhealthy ~*** ungesund aussehen. **3.** *mst pl* (An)Schein *m*: ***to all ~(s)*** allem Anschein nach; ***there is every ~ that*** es hat ganz den Anschein, als ob; ***~s are deceptive*** der Schein trügt; ***keep up*** (*od.* ***save***) ***~s*** den Schein wahren.

ap·pease [əˈpiːz] *v/t* besänftigen, beschwichtigen; *Durst etc* stillen, *Neugier* befriedigen.

apˈpease·ment *s* Besänftigung *f*, Beschwichtigung *f*: (***policy of***) ***~*** Beschwichtigungspolitik *f*.

ap·pel·lant [əˈpelənt] *s jur.* Berufungskläger(in).

ap·pel·la·tion [ˌæpeˈleɪʃn] *s* Bezeichnung *f*.

ap·pend [əˈpend] *v/t* (***to***) **1.** befestigen, anbringen (an *dat*), anheften (an *acc*). **2.** bei-, hinzufügen (*dat*).

apˈpend·age *s* Anhang *m*; Anhängsel *n*.

ap·pen·dec·to·my [ˌæpenˈdektəmɪ] *s* ⚕ Blinddarmoperation *f*.

ap·pen·di·ci·tis [əˌpendɪˈsaɪtɪs] *s* ⚕ Blinddarmentzündung *f*.

ap·pen·dix [əˈpendɪks] *pl* **-dix·es, -di·ces** [~dɪsiːz] *s* **1.** Anhang *m* (*e-s Buchs*). **2.** (***vermiform***) ***~*** *anat.* Wurmfortsatz *m*, Blinddarm *m*.

ap·per·tain [ˌæpəˈteɪn] *v/i* gehören (***to*** zu).

ap·pe·tite [ˈæpɪtaɪt] *s* **1.** Appetit *m* (***for*** auf *acc*): ***give s.o. an ~*** j-m Appetit machen; ***have an ~*** Appetit haben; ***take away*** (*od.* ***spoil***) ***s.o.'s ~*** j-m den Appetit nehmen *od.* verderben. **2.** (***for***) Verlangen *n* (nach), Lust *f* (zu).

ap·pe·tiz·er [ˈæpɪtaɪzə] *s* appetitanregendes Mittel *od.* Getränk *od.* Gericht.

ˈap·pe·tiz·ing *adj* □ appetitanregend; appetitlich, lecker (*beide a. fig.*).

ap·plaud [əˈplɔːd] *v/i u. v/t* applaudieren (*dat*), Beifall spenden (*dat*).

ap·plause [əˈplɔːz] *s* Applaus *m*, Beifall *m*.

ap·ple [ˈæpl] *s* Apfel *m*: ***~ of discord*** *fig.* Zankapfel *m*; ***the ~ of s.o.'s eye*** *fig.* j-s Liebling. **ˈ~·cart** *s* Apfelkarren *m*: ***upset s.o.'s ~*** *fig.* j-s Pläne über den Haufen werfen. **ˈ~·jack** *s Am.* Apfelschnaps *m*. **~ pie** *s* gedeckter Apfelkuchen. **ˈ~-pie or·der** *s*: ***in ~*** F in Butter, in bester Ordnung. **ˈ~-ˌpol·ish** *v/i Am.* F Rad fahren. **~ pol·ish·er** *s Am.* F Radfahrer(in), Speichellecker(in). **ˌ~ˈsauce** *s* **1.** Apfelmus *n*. **2.** *Am. sl.* Schmus *m*; Quatsch *m*. **~ tree** *s* Apfelbaum *m*.

ap·pli·ance [əˈplaɪəns] *s* Gerät *n*; *engS.* (elektrisches) Haushaltsgerät.

ap·pli·ca·ble [ˈæplɪkəbl] *adj* □ (***to***) anwendbar (auf *acc*), passend (für): ***be ~*** (***to***) → ***apply*** 4; ***not ~*** (*in Formularen*) nicht zutreffend.

ap·pli·cant [ˈæplɪkənt] *s* Bewerber(in) (***for*** um); Antragsteller(in).

ap·pli·ca·tion [ˌæplɪˈkeɪʃn] *s* **1.** (***to***) Anwendung *f* (auf *acc*); Anwendbarkeit *f* (auf *acc*): ***have no ~*** (***to***) nicht zutreffen (auf *acc*), in keinem Zs.-hang stehen (mit). **2.** (***for***) Gesuch *n* (um), Antrag *m* (auf *acc*): ***on ~*** auf Ersuchen *od.* Verlangen *od.* Wunsch. **3.** Bewerbung *f* (***for*** um): (***letter of***) ***~*** Bewerbungsschreiben *n*. **~ form** *s* Bewerbungs-, Antragsformular *n*. **~ pa·pers** *pl* Bewerbungsunterlagen *pl*. **~ pro·gram** *s Computer*: Anwenderprogramm *n*. **~ soft·ware** *s* Anwendersoftware *f*.

ap·plied [əˈplaɪd] *adj* angewandt.

ap·ply [əˈplaɪ] **I** *v/t* **1.** (***to***) auflegen, -tragen (auf *acc*), anbringen (an, auf *dat*). **2.** (***to***) verwenden (auf *acc*, für); anwenden (auf *acc*); betätigen: ***~ the brakes*** bremsen. **3.** ***~ one's mind to*** sich beschäftigen mit; ***~ o.s. to*** sich widmen (*dat*). **II** *v/i* **4.** (***to***) zutreffen (auf *acc*), gelten (für). **5.** (***for***) beantragen (*acc*), nachsuchen (um). **6.** sich bewerben (***for*** um).

ap·point [əˈpɔɪnt] *v/t* **1.** ernennen *od.* berufen zu: ***~ s.o. one's heir*** j-n als Erben einsetzen. **2.** festsetzen, bestimmen. **3.** ausstatten, einrichten (***with*** mit).

ap·point·ment *s* **1.** Ernennung *f*, Berufung *f*.

2. Amt *n*, Stellung *f*: ***hold an ~*** e-e Stelle innehaben. **3.** Festsetzung *f*, Bestimmung *f*. **4.** Verabredung *f*, (*geschäftlich, beim Arzt etc*) Termin *m*: ***by ~*** nach Verabredung; ***make an ~*** e-e Verabredung treffen, e-n Termin ausmachen; ***~ book*** Terminkalender *m*. **5.** *mst pl* Ausstattung *f*, Einrichtung *f*.

ap·por·tion [ə'pɔːʃn] *v/t* **1.** zuteilen (***to*** *dat*), *Mittel* zuweisen. **2.** (proportional *od.* gerecht) verteilen; *Kosten* umlegen.

ap·po·site ['æpəʊzɪt] *adj* □ passend, angemessen, (*Antwort etc*) treffend.

ap·po·si·tion [ˌæpəʊ'zɪʃn] *s* Beifügung *f*, *ling. a.* Apposition *f*.

ap·prais·al [ə'preɪzl] *s* (Ab)Schätzung *f*, Taxierung *f*.

ap'praise *v/t* (ab)schätzen, taxieren: ***~d value*** Schätzwert *m*.

ap·prais·er [ə'preɪzə] *s* Schätzer *m*, Taxierer *m*, *bei Versicherung*: Schadensabschätzer *m*.

ap·pre·ci·a·ble [ə'priːʃəbl] *adj* □ merklich, spürbar.

ap·pre·ci·ate [ə'priːʃɪeɪt] **I** *v/t* **1.** (hoch) schätzen, würdigen, zu schätzen *od.* zu würdigen wissen. **2.** Gefallen finden an (*dat*); Sinn haben für. **3.** dankbar sein für. **4.** (richtig) beurteilen *od.* einschätzen. **II** *v/i* **5.** im Wert steigen.

ap·pre·ci·a·tion [əˌpriːʃɪ'eɪʃn] *s* **1.** Würdigung *f*. **2.** Sinn *m* (***of, for*** für). **3.** Dankbarkeit *f* (***of*** für). **4.** (richtige) Beurteilung. **5.** *econ.* Wertsteigerung *f*, -zuwachs *m*.

ap·pre·ci·a·tive [ə'priːʃjətɪv] *adj* □ würdigend: ***be ~ of → appreciate*** I.

ap·pre·hend [ˌæprɪ'hend] *v/t* **1.** festnehmen, verhaften. **2.** *fig.* begreifen, erfassen. **3.** *fig.* (be)fürchten.

ap·pre·hen·sion [ˌæprɪ'henʃn] *s* **1.** Festnahme *f*, Verhaftung *f*. **2.** *fig.* Begreifen *n*, Erfassen *n*; Fassungskraft *f*. **3.** *fig.* Besorgnis *f*, *oft pl* Befürchtung *f*.

ˌap·pre'hen·sive *adj* □ besorgt (***for*** um; ***that*** dass): ***be ~*** Bedenken hegen.

ap·pren·tice [ə'prentɪs] **I** *s* Auszubildende *m, f*, Lehrling *m*, *schweiz.* Lehrtochter *f*. **II** *v/t* in die Lehre geben (***to*** bei, zu): ***be ~d to*** in der Lehre sein bei.

ap'pren·tice·ship *s* Lehrzeit *f*; Lehre *f*.

ap·pro ['æprəʊ] *s* → ***approval***: ***on ~*** *econ.* F zur Ansicht, zur Probe.

ap·proach [ə'prəʊtʃ] **I** *v/i* **1.** sich nähern, (heran)nahen. **II** *v/t* **2.** sich nähern (*dat*). **3.** *fig.* nahe kommen (*dat*), (fast) erreichen. **4.** herangehen an (*acc*), *Aufgabe etc* anpacken. **5.** an *j-n* herantreten, sich an *j-n* wenden; *bsd. b.s.* sich an *j-n* heranmachen. **III** *s* **6.** (Heran)Nahen *n*, Annäherung *f* (*a. fig.* ***to*** an *acc*), ✈ Anflug *m*. **7.** Zugang *m*: ***~ (road)*** Zufahrtsstraße *f*. **8.** *fig.* (***to***) erster Schritt (zu), (erster) Versuch (*gen*). **9.** Herantreten *n* (***to*** an *acc*), *mst pl* Annäherungsversuch *m*: ***make ~es to → approach*** 5. **10.** Methode *f*, Verfahren *n*; Einstellung *f* (***to*** zu); Behandlung *f* (***to*** *e-s Themas etc*).

ap'proach·a·ble *adj* zugänglich (*a. fig.*).

ap·pro·ba·tion [ˌæprəʊ'beɪʃn] *s* (amtliche) Billigung, Genehmigung *f*.

ap·pro·pri·ate I *adj* [ə'prəʊprɪət] **1.** (***to, for***) passend (zu), geeignet (für, zu). **II** *v/t* [~eɪt] **2.** *bsd. parl. Geld* bewilligen, bereitstellen: ***~d retained earnings*** Rücklage *f*. **3.** sich *et.* aneignen.

ap·pro·pri·a·tion [əˌprəʊprɪ'eɪʃn] *s* **1.** Bewilligung *f*, Bereitstellung *f*. **2.** *econ.* a) Zweckbindung *f*, b) bewilligte Mittel *pl*: ***~ of funds*** Bereitstellung *f* von zweckgebundenen Geldern. **3.** Aneignung *f*.

ap·prov·al [ə'pruːvl] *s* **1.** Billigung *f*, Genehmigung *f*: ***on ~*** *econ.* zur Ansicht, zur Probe. **2.** Anerkennung *f*, Beifall *m*: ***meet with ~*** Beifall finden.

ap'prove I *v/t* billigen, genehmigen. **II** *v/i* (***of***) billigen, genehmigen (*acc*), einverstanden sein (mit), zustimmen (*dat*).

ap·prox·i·mate I *adj* [ə'prɒksɪmət] □ annähernd, ungefähr: ***~ value*** Näherungswert *m*. **II** *v/t* [~meɪt] sich (*e-m Wert etc*) nähern. **III** *v/i* [~meɪt] sich nähern (***to*** *dat*).

apˌprox·i'ma·tion [~'meɪʃn] *s* Annäherung *f* (***to*** an *acc*).

Apr. ***April*** April *m*.

a·pri·cot ['eɪprɪkɒt] *s* Aprikose *f*, *österr.* Marille *f*.

A·pril ['eɪprəl] *s* April *m*: ***in ~*** im April; ***make an ~ fool of s.o.*** j-n in den April schicken.

a·pron ['eɪprən] *s* **1.** Schürze *f*. **2.** ✈ (Hallen)Vorfeld *n*. **3.** *thea.* Vorbühne *f*. ***~ strings*** *s pl* Schürzenbänder *pl*: ***be tied to one's mother's (wife's) ~*** *fig.* an Mutters Schürzenzipfel hängen (unter dem Pantoffel stehen).

APT ***Advanced Passenger Train*** Hochgeschwindigkeitszug *m*.

apt [æpt] *adj* □ **1.** passend, geeignet. **2.** treffend (*Bemerkung etc*). **3.** neigend, geneigt (***to do*** zu tun): ***he is ~ to believe it*** er wird es wahrscheinlich glauben; ***~ to be overlooked*** leicht zu übersehen. **4.** (***at***) geschickt (in *dat*), begabt (für).

ap·ti·tude ['æptɪtjuːd] *s* **1.** (***for***) Begabung *f* (für), Geschick *n* (in *dat*): ***~ test*** Eignungsprüfung *f*. **2.** Neigung *f*, Hang *m* (***for*** zu). **3.** Auffassungsgabe *f*.

aq·ua·ma·rine [ˌækwəmə'riːn] *s* **1.** *min.* Aquamarin *m*. **2.** Aquamarinblau *n*.

aq·ua·plan·ing ['ækwəˌpleɪnɪŋ] *s* *mot.* Aquaplaning *n*.

aq·ua·relle [ˌækwəˈrel] *s* **1.** Aquarell *n.* **2.** Aquarellmalerei *f.*

ˌaq·uaˈrel·list *s* Aquarellmaler(in).

a·quar·i·um [əˈkweərɪəm] *pl* **-i·ums, -i·a** [~ɪə] *s* Aquarium *n.*

A·quar·i·us [əˈkweərɪəs] *s ast.* Wassermann *m*: **be (an) ~** Wassermann sein.

a·quat·ic [əˈkwætɪk] *adj* Wasser...: **~ plants; ~ sports** *pl* Wassersport *m.*

aq·ue·duct [ˈækwɪdʌkt] *s* Aquädukt *m, a. n.*

a·que·ous [ˈeɪkwɪəs] *adj* wäss(e)rig.

aq·ui·line [ˈækwɪlaɪn] *adj* Adler..., *weitS. a.* gebogen: **~ nose** Adlernase *f.*

Ar·ab [ˈærəb] **I** *s* **1.** Araber(in). **2.** *zo.* Araber *m* (*Pferd*). **II** *adj* **3.** arabisch.

ar·a·besque [ˌ~ˈbesk] *s* Arabeske *f.*

A·ra·bia [əˈreɪbjə] *npr* Arabien *n.*

A·ra·bi·an [əˈreɪbjən] **I** *adj* arabisch: ***The ~ Nights*** Tausendundeine Nacht. **II** *s* → ***Arab*** I.

Ar·a·bic [ˈærəbɪk] **I** *adj* arabisch: **~ *numeral*** arabische Ziffer. **II** *s ling.* Arabisch *n.*

ar·a·ble [ˈærəbl] *adj* pflügbar, anbaufähig: **~ *land*** Ackerland *n.*

ar·bi·ter [ˈɑːbɪtə] *s* **1.** Schiedsrichter(in). **2.** Gebieter(in) (**of** über *acc*): ***be the ~ of fashion*** die Mode bestimmen *od.* diktieren.

ar·bi·trage [ˌɑːbɪˈtrɑːʒ] *s* Arbitrage *f.*

ar·bi·tral a·ward [ˈɑːbɪtrəl] *s* Schiedsspruch *m.*

ar·bi·trar·y [ˈɑːbɪtrerɪ] *adj* □ willkürlich: a) beliebig (*a.* Ⱥ), b) eigenmächtig.

ar·bi·trate [ˈɑːbɪtreɪt] **I** *v/t* (als Schiedsrichter) entscheiden, schlichten. **II** *v/i* als Schiedsrichter fungieren.

ar·bi·tra·tion [ˌɑːbɪˈtreɪʃn] *s* **1.** Schieds(gerichts)verfahren *n.* **2.** Schiedsspruch *m*; Schlichtung *f*: ***court of ~*** Schiedsgericht *n*; **~ *board*** *od.* **~ *tribunal*** Schlichtungskommission *f*; **~ *proceedings*** *pl* Schlichtungsverfahren *n.*

ar·bi·tra·tor [ˈɑːbɪtreɪtə] *s* Schlichter *m.*

ar·bo(u)r [ˈɑːbə] *s* Laube *f.*

ARC *American Red Cross* *das* Amerikanische Rote Kreuz.

arc [ɑːk] *s* Bogen *m,* Ⱥ *a.* Arkus *m,* ⚡ *a.* Lichtbogen.

ar·cade [ɑːˈkeɪd] *s* Arkade *f,* Bogen-, Laubengang *m.*

arch¹ [ɑːtʃ] **I** *s* **1.** △ Bogen *m.* **2.** △ überwölbter Gang, Gewölbe *n.* **3.** Bogen *m,* Wölbung *f*: **~ *support*** Senkfußeinlage *f.* **II** *v/t* **4.** *a.* **~ *over*** überwölben. **5.** wölben, krümmen: **~ *one's back*** e-n Buckel machen (*bsd. Katze*). **III** *v/i* **6.** sich wölben.

arch² [~] *adj* □ schalkhaft, schelmisch, spitzbübisch.

arch³ [~] *adj* Erz...

ar·chae·o·log·i·cal [ˌɑːkɪəˈlɒdʒɪkl] *adj* □ *bsd. Br.* archäologisch.

ar·chae·ol·o·gist [ˌɑːkɪˈɒlədʒɪst] *s bsd. Br.* Archäologe *m,* -login *f.*

ˌar·chaeˈol·o·gy *s bsd. Br.* Archäologie *f.*

ar·cha·ic [ɑːˈkeɪɪk] *adj* (**~*ally***) archaisch: a) altertümlich, b) *ling.* veraltet.

arch·an·gel [ˈɑːkˌeɪndʒəl] *s* Erzengel *m.*

ˌarchˈbish·op *s* Erzbischof *m,* -bischöfin *f.*

ˌarchˈbish·op·ric [~rɪk] *s* Erzbistum *n.*

ˌarchˈduch·ess *s* Erzherzogin *f.*

ˌarchˈduch·y *s* Erzherzogtum *n.*

ˌarchˈduke *s* Erzherzog *m.*

ar·che·o·log·i·cal, *etc Am.* → ***archaeological,*** *etc.*

arch·er [ˈɑːtʃə] *s* **1.** Bogenschütze *m,* -schützin *f.* **2.** ***Archer*** *ast.* Schütze *m*: **be (an) *Archer*** Schütze sein.

ˈarch·er·y *s* Bogenschießen *n.*

ar·che·type [ˈɑːkɪtaɪp] *s* Archetyp(us) *m,* Urform *f.*

ar·chi·pel·a·go [ˌɑːkɪˈpelɪgəʊ] *pl* **-go(e)s** *s* Archipel *m,* Inselgruppe *f.*

ar·chi·tect [ˈɑːkɪtekt] *s* **1.** Architekt(in). **2.** *fig.* Urheber(in), Schöpfer(in).

ˌar·chiˈtec·tu·ral [~tʃərəl] *adj* □ architektonisch, Bau..., baulich.

ˈar·chi·tec·ture *s* Architektur *f, a.* Baustil *m.*

ar·chive [ˈɑːkaɪv] **I** *s mst pl* Archiv *n.* **II** *v/t* archivieren.

ar·chi·vist [ˈɑːkɪvɪst] *s* Archivar(in).

ˈarch·way *s* △ **1.** Bogengang *m.* **2.** Bogen *m* (*über e-m Tor etc*).

arc·tic [ˈɑːktɪk] **I** *adj* arktisch, nördlich, Polar...: ***Arctic Circle*** nördlicher Polarkreis; ***Arctic Ocean*** Nördliches Eismeer. **II** *s* Arktis *f.*

ar·dent [ˈɑːdənt] *adj* □ *fig.* **1.** heiß, feurig, glühend. **2.** leidenschaftlich, heftig. **3.** eifrig, begeistert.

ar·do(u)r [ˈɑːdə] *s* **1.** Leidenschaft *f,* Glut *f,* Feuer *n.* **2.** Eifer *m,* Begeisterung *f.*

ar·du·ous [ˈɑːdjʊəs] *adj* □ schwierig, mühsam, anstrengend.

are [ɑː] *du* bist, *wir* (*od. sie od. Sie*) sind, *ihr* seid.

ar·e·a [ˈeərɪə] *s* **1.** (Boden-, Grund)Fläche *f.* **2.** Gebiet *n* (*a. fig.*), Gegend *f*: **~ *code*** *teleph. Am.* Vorwahl(nummer) *f.* **3.** *fig.* Bereich *m.*

a·re·na [əˈriːnə] *s* Arena *f, fig. a.* Schauplatz *m.*

aren't [ɑːnt] F *für* ***are not.***

Ar·gen·ti·na [ˌɑːdʒenˈtiːnə] *npr* Argentinien *n.*

Ar·gen·tine [ˈɑːdʒəntaɪn], **Ar·gen·tin·e·an** [ˌ~ˈtɪnɪən] **I** *adj* argentinisch. **II** *s* Argentinier(in).

ar·gu·a·ble [ˈɑːgjʊəbl] *adj* □ **1.** zweifelhaft, fraglich. **2.** ***it is ~ that*** man kann durchaus die Meinung vertreten, dass.

ar·gue ['ɑːgjuː] I *v/i* **1.** argumentieren: **~ *for*** eintreten für; sprechen für (*Sache*); **~ *against*** Einwände machen gegen; sprechen gegen (*Sache*). **2.** streiten (***with*** mit; ***about*** über *acc*): ***don't ~!*** keine Widerrede! II *v/t* **3.** erörtern, diskutieren. **4.** behaupten (***that*** dass). **5.** *j-n* überreden (***into*** zu): **~ *s.o. out of s.th.*** j-n von et. abbringen.

ar·gu·ment ['ɑːgjʊmənt] *s* **1.** Argument *n*. **2.** Erörterung *f*, Diskussion *f*. **3.** Streitfrage *f*. **4.** Wortwechsel *m*, Auseinandersetzung *f*.

ar·gu·men·ta·tion [ˌɑːgjʊmen'teɪʃn] *s* **1.** Argumentation *f*, Beweisführung *f*. **2.** → ***argument*** 2.

ar·gu·men·ta·tive [ˌɑːgjʊ'mentətɪv] *adj* □ **1.** streitlustig. **2.** strittig, umstritten.

a·ri·a ['ɑːrɪə] *s* ♪ Arie *f*.

ar·id ['ærɪd] *adj* dürr, trocken (*a. fig.*).

a'rid·i·ty *s* Dürre *f*, Trockenheit *f*.

Ar·ies ['eəriːz] *s ast.* Widder *m*: ***be*** (***an***) **~** Widder sein.

a·rise [ə'raɪz] *v/i* (*irr*) **1.** (***from, out of***) entstehen, hervorgehen (aus), herrühren, stammen (von). **2.** entstehen, sich erheben, auftauchen.

a·ris·en [ə'rɪzn] *pp von* ***arise.***

ar·is·toc·ra·cy [ˌærɪ'stɒkrəsɪ] *s* Aristokratie *f*.

a·ris·to·crat ['~təkræt] *s* Aristokrat(in).

ˌa·ris·to'crat·ic, ˌa·ris·to'crat·i·cal *adj* □ aristokratisch.

a·rith·me·tic [ə'rɪθmətɪk] *s* Arithmetik *f*, Rechnen *n*.

ar·ith·met·ic, ar·ith·met·i·cal [ˌærɪθ'metɪk(l)] *adj* □ arithmetisch, Rechen...: ***arithmetic*(*al*) *error*** Rechenfehler *m*.

ark [ɑːk] *s*: ***Noah's ~*** *bibl.* die Arche Noah.

arm¹ [ɑːm] *s* **1.** Arm *m* (*a. tech. u. fig.*): ***with open ~s*** mit offenen Armen; ***within ~'s reach*** in Reichweite; ***the ~ of the law*** der Arm des Gesetzes; ***keep s.o. at ~'s length*** sich j-n vom Leibe halten; ***take s.o. in one's ~s*** j-n in die Arme nehmen. **2.** Fluss-, Meeresarm *m*. **3.** Ast *m*. **4.** Arm-, Seitenlehne *f* (*e-s Stuhls etc*). **5.** Ärmel *m*.

arm² [~] I *s* **1.** *mst pl* Waffe *f* (*a. fig.*): ***up in ~s*** kampfbereit; *fig.* in hellem Zorn (***about, over*** wegen); ***take up ~s*** zu den Waffen greifen; ***~s control*** Rüstungskontrolle *f*; ***~s dealer*** Waffenhändler(in); ***~s race*** Wettrüsten *n*, Rüstungswettlauf *m*. **2.** ⚔ Waffen-, Truppengattung *f*. **3.** *pl* Wappen(schild) *n*. II *v/t* **4.** bewaffnen. **5.** **~ *o.s.*** *fig.* sich wappnen (***with*** mit).

ar·ma·da [ɑː'mɑːdə] *s* (*hist.* ***Armada***) Armada *f*.

ar·ma·ment ['ɑːməmənt] *s* **1.** Kriegsstärke *f*. **2.** Bewaffnung *f*. **3.** Rüstung *f*: **~ *race*** Wettrüsten *n*, Rüstungswettlauf *m*.

ar·ma·ture ['ɑːməˌtjʊə] *s* ⚡ Anker *m*.

'arm·chair *s* Lehnstuhl *m*: **~ *politician*** Stammtischpolitiker(in).

armed [ɑːmd] *adj* bewaffnet (***to the teeth*** bis an die Zähne): **~ *conflict*** bewaffnete Auseinandersetzung; **~ *forces*** *pl* Streitkräfte *pl*; **~ *robbery*** bewaffneter Raubüberfall.

...-armed [ɑːmd] ...armig, mit ... Armen.

arm·ful ['ɑːmfʊl] *s* Arm *m* voll.

ar·mi·stice ['ɑːmɪstɪs] *s* Waffenstillstand *m*.

ar·mor, *etc Am.* → ***armour,*** *etc.*

ar·mo·ri·al [ɑː'mɔːrɪəl] *adj* Wappen...

ar·mour ['ɑːmə] *bsd. Br.* I *s* **1.** Rüstung *f*, Panzer *m* (*a. zo.*). **2.** ⚔ Panzer(fahrzeuge) *pl*; Panzertruppen *pl*. II *v/t* **3.** panzern: ***~ed car*** ⚔ Panzerkampfwagen *m*; gepanzertes Fahrzeug (*für Geldtransporte etc*). **'~-clad, '~-ˌplat·ed** *adj bsd. Br.* gepanzert, Panzer...

'arm|·pit *s* Achselhöhle *f*. **'~·rest** *s* Armlehne *f*.

ar·my ['ɑːmɪ] *s* Armee *f*, Heer *n* (*a. fig.*): ***be in the ~*** beim Militär sein; ***join the ~*** Soldat werden.

'A-road *s Br.* (*etwa*) Bundesstraße *f*.

a·ro·ma [ə'rəʊmə] *s* Aroma *n*.

aˌro·ma'ther·a·py *s* ⚕ Aromatherapie *f*.

ar·o·mat·ic [ˌærəʊ'mætɪk] *adj* (***~ally***) aromatisch.

a·rose [ə'rəʊz] *pret von* ***arise.***

a·round [ə'raʊnd] I *adv* **1.** (rings)herum, überall(hin), nach *od.* auf allen Seiten. **2.** umher, (in der Gegend) herum: ***look ~*** sich umsehen; zurückschauen. **3.** F in der Nähe, da. II *prp* **4.** um (... herum), rund um. **5.** in (*dat*) ... herum. **6.** F ungefähr, etwa. **7.** F (nahe) bei.

a·rouse [ə'raʊz] *v/t* **1.** (auf)wecken. **2.** *fig.* auf-, wachrütteln, *Gefühle etc* wachrufen, erregen.

ar·range [ə'reɪndʒ] I *v/t* **1.** (an)ordnen, aufstellen; *Angelegenheiten* ordnen, regeln. **2.** festsetzen, -legen. **3.** in die Wege leiten, arrangieren. **4.** verabreden, vereinbaren. **5.** *Streit* schlichten, beilegen. **6.** ♪ arrangieren, *a. thea. etc* bearbeiten. II *v/i* **7.** sich verständigen (***with*** mit; ***about*** über *acc*). **8.** Vorkehrungen treffen (***for, about*** für; ***to*** *inf* zu *inf*): **~ *for s.th. to be there*** dafür sorgen, dass et. da ist.

ar'range·ment *s* **1.** (An)Ordnung *f*. **2.** Festsetzung *f*. **3.** Verabredung *f*, Vereinbarung *f*: ***make an ~*** e-e Verabredung treffen (***with*** mit). **4.** Schlichtung *f*, Beilegung *f*. **5.** ♪ Arrangement *n*, *a. thea. etc* Bearbeitung *f*. **6.** *pl* Vorkehrungen *pl*: ***make ~s*** Vorkehrungen treffen.

ar·ray [ə'reɪ] I *v/t* **1.** *Truppen etc* aufstellen. **2.** (***o.s.*** sich) kleiden, (heraus)putzen. II *s* **3.** ⚔

Schlachtordnung *f*. **4.** *fig*. Phalanx *f*, (stattliche) Reihe. **5.** Kleidung *f*, Staat *m*. **6.** *pl econ*. Tabellen *pl*.

ar·rear [əˈrɪə] *s mst pl* Rückstand *m*, -stände *pl*: ***~s of rent*** rückständige Miete; ***~s of work*** Arbeitsrückstände; ***be in ~s*** im Rückstand *od*. Verzug sein (***for, in*** mit).

ar·rest [əˈrest] **I** *s* **1.** Verhaftung *f*, Festnahme *f*; Haft *f*: ***be under ~*** verhaftet sein; in Haft sein; → ***warrant*** 2. **II** *v/t* **2.** an-, aufhalten, hemmen. **3.** *Aufmerksamkeit etc* fesseln. **4.** verhaften, festnehmen.

ar·riv·al [əˈraɪvl] *s* **1.** Ankunft *f*: ***~s'*** *pl* ‚Ankunft' (*Fahrplan etc*). **2.** Erscheinen *n*, Auftauchen *n*. **3.** Ankömmling *m*: ***new ~*** Neuankömmling, F *a*. Familienzuwachs *m*.

ar·rive [əˈraɪv] *v/i* **1.** (an)kommen, eintreffen. **2.** erscheinen, auftauchen. **3.** *fig*. (***at***) erreichen (*acc*), kommen *od*. gelangen (zu).

ar·ro·gance [ˈærəgəns] *s* Arroganz *f*, Überheblichkeit *f*.

ˈar·ro·gant *adj* ☐ arrogant, überheblich.

ar·row [ˈærəʊ] *s* Pfeil *m*. **ˈ~·head** *s* Pfeilspitze *f*. **~ key** *s* Pfeiltaste *f*.

arse [ɑːs] *s Br*. V Arsch *m* (*a*. *fig*. *contp*.). **ˈ~·hole** *s Br*. V Arschloch *n*.

ar·se·nal [ˈɑːsənl] *s* **1.** Arsenal *n* (*a*. *fig*.). **2.** Waffen-, Munitionsfabrik *f*.

ar·se·nic [ˈɑːsnɪk] *s* ⚗ Arsen *n*.

ar·son [ˈɑːsn] *s* ⚖ Brandstiftung *f*. **ˈar·son·ist** *s* Brandstifter(in).

art [ɑːt] **I** *s* **1.** (*bsd*. bildende) Kunst: ***work of ~*** Kunstwerk *n*; → ***fine***[1] 1. **2.** Kunst(fertigkeit) *f*: ***the ~ of cooking*** die hohe Schule des Kochens; ***~s and crafts*** *pl* Kunstgewerbe *n*. **3.** *pl univ*. Geisteswissenschaften *pl*: ***Faculty of Arts***, *Am*. ***Arts Department*** philosophische Fakultät; → ***bachelor*** 2, ***master*** 5. **4.** *mst pl* Kniff *m*, Trick *m*. **II** *adj* **5.** Kunst...: ***~ critic*** Kunstkritiker(in); ***~ design*** künstlerische Gestaltung; ***~ director*** Artdirector *m*; ***~ gallery*** Gemäldegalerie *f*.

ar·te·ri·al [ɑːˈtɪərɪəl] *adj* **1.** *anat*. arteriell, Arterien... **2.** ***~ road***, *Am*. *a*. ***~ highway*** Hauptverkehrsstraße *f*.

ar·te·ri·o·scle·ro·sis [ɑːˌtɪərɪəʊsklɪəˈrəʊsɪs] *s* ⚕ Arteriosklerose *f*, Arterienverkalkung *f*.

ar·ter·y [ˈɑːtərɪ] *s* **1.** *anat*. Arterie *f*, Schlagader *f*. **2.** *fig*. (Haupt)Verkehrsader *f*.

ar·te·sian well [ɑːˈtiːzjən] *s* artesischer Brunnen *m*.

art·ful [ˈɑːtfʊl] *adj* ☐ schlau, listig.

ar·thrit·ic [ɑːˈθrɪtɪk] *adj* ⚕ arthritisch.

ar·thri·tis [ɑːˈθraɪtɪs] *s* Arthritis *f*.

ar·ti·choke [ˈɑːtɪtʃəʊk] *s* ⚘ Artischocke *f*.

ar·ti·cle [ˈɑːtɪkl] **I** *s* **1.** (*Zeitungs- etc*)Artikel *m*. **2.** Artikel *m*, Gegenstand *m*. **3.** *ling*. Artikel *m*, Geschlechtswort *n*. **4.** Artikel *m*, Paragraph *m*, Abschnitt *m* (*e-s Gesetzes etc*); Punkt *m*, Klausel *f* (*e-s Vertrags etc*): ***~s*** *pl* ***of apprenticeship*** Lehrvertrag *m*; ***~s*** *pl* ***of association*** (*Am*. ***incorporation***) Satzung *f* (*e-r Aktiengesellschaft*); ***~s*** *pl* ***of partnership*** Gesellschaftsvertrag *m*. **II** *v/t* **5.** in die Lehre geben (***to*** bei, zu): ***be ~d to*** in der Lehre sein bei.

ar·tic·u·late I *v/t* [ɑːˈtɪkjʊleɪt] **1.** artikulieren, deutlich (aus)sprechen. **2.** äußern; zur Sprache bringen. **3.** *tech*. durch Gelenke verbinden. **II** *adj* [~lət] ☐ **4.** deutlich ausgesprochen, verständlich (*Wörter etc*). **5.** fähig, sich klar auszudrücken.

arˈtic·u·lat·ed [~leɪtɪd] *adj tech*. Gelenk...: ***~ lorry*** *mot*. *Br*. Sattelschlepper *m*.

arˌtic·uˈla·tion *s* **1.** Artikulation *f*, deutliche Aussprache. **2.** *tech*. Gelenk(verbindung *f*) *n*.

ar·ti·fice [ˈɑːtɪfɪs] *s* **1.** List *f*. **2.** Kunstgriff *m*, Kniff *m*.

ar·ti·fi·cial [ˌɑːtɪˈfɪʃl] *adj* ☐ Kunst..., künstlich: ***~ flower*** (***insemination, respiration***, *etc*) künstliche Blume (Befruchtung, Beatmung *etc*); ***~ heart*** Kunstherz *n*; ***~ intelligence*** künstliche Intelligenz; ***~ person*** juristische Person; ***~ silk*** Kunstseide *f*; ***~ tears*** *pl* falsche Tränen *pl*.

ar·til·ler·y [ɑːˈtɪlərɪ] *s* Artillerie *f*.

ar·ti·san [ˌɑːtɪˈzæn] *s* (Kunst)Handwerker(in).

art·ist [ˈɑːtɪst], **ar·tiste** [ɑːˈtiːst] *s* Künstler(in), *weitS*. *a*. Könner(in).

ar·tis·tic, ar·tis·ti·cal [ɑːˈtɪstɪk(l)] *adj* ☐ **1.** künstlerisch, Künstler..., Kunst... **2.** kunstverständig.

art·less [ˈɑːtlɪs] *adj* ☐ **1.** aufrichtig, arglos. **2.** naiv.

art·work [ˈɑːtwɜːk] **1.** Reprovorlage *f*. **2.** Werbegrafik *f*.

art·y [ˈɑːtɪ] *adj* F künstlerisch aufgemacht. **ˌ~(-and)-ˈcraft·y** *adj* F gewollt künstlerisch.

Ar·y·an [ˈeərɪən] **I** *adj* arisch. **II** *s* Arier(in).

as [æz] **I** *adv* **1.** (eben-, gerade)so: ***I ran ~ fast ~ I could*** ich rannte, so schnell ich konnte; ***just ~ good*** ebenso gut; ***twice ~ large*** zweimal so groß; ***~ well*** ebenfalls, auch; → ***much*** 2. **2.** wie (z. B.): ***statesmen, ~ Churchill***. **II** *cj* **3.** (so) wie: ***~ follows*** wie folgt; ***~ requested*** wunschgemäß; ***~ seen*** *in Kaufvertrag etc*: wie besichtigt; ***~ ... ~*** (eben)so ... wie; (***~***) ***soft ~ butter*** butterweich; (***~***) ***happy ~ can be*** überglücklich; ***~ far ~ I know*** soviel ich weiß; ***~ it were*** sozusagen, gleichsam; → ***good*** 5, ***long***[1] 7, ***soon***, ***though*** 3, ***word*** 1. **4.** als, während: ***~ he entered*** als er eintrat, bei s-m Eintritt. **5.** da, weil: ***~ you are sorry, I'll forgive you***. **6.** ***~ for*** (*od*. ***to***) was ... (an)betrifft; ***~ from*** (*vor*

Zeitangaben) von ... an, ab; → ***against*** 4, ***per*** 3, ***yet*** 2. **III** *pron* **7.** was, wie: ~ ***he himself admits.*** **IV** *prp* **8.** als: ***appear*** ~ ***Hamlet*** als Hamlet auftreten.

ASA ***American Standards Association*** Amerikanischer Normenausschuss.

asap ['eɪzæp] *abbr.* (= ***as soon as possible***) möglichst bald, so bald wie möglich.

as·bes·tos [æs'bestɒs] *s* Asbest *m*: ~***-contaminated*** Gebäude: asbestverseucht.

as·cend [ə'send] **I** *v/i* **1.** (auf)steigen. **2.** ansteigen. **II** *v/t* **3.** *a. fig. den Thron* besteigen.

as·cend·an·cy [ə'sendənsɪ] *s* Übergewicht *n*, Überlegenheit *f* (***over*** über *acc*).

as·cend·ant [ə'sendənt] **I** *s* **1.** *ast.* Aszendent *m*, Aufgangspunkt *m*: ***in the*** ~ *fig.* im Aufstieg *od.* Kommen. **II** *adj* **2.** (auf)steigend. **3.** überlegen (***over*** *dat*).

as'cend·en·cy, as'cend·ent → ***ascendancy, ascendant.***

as·cend·er [ə'sendə] *Typographie*: Oberlänge *f*.

as·cen·sion [ə'senʃn] *s* **1.** Aufsteigen *n*. **2.** ***the Ascension*** Christi Himmelfahrt *f*; ***Ascension Day*** Himmelfahrtstag *m*.

as·cent [ə'sent] *s* **1.** Aufstieg *m*. **2.** Besteigung *f*. **3.** Steigung *f*, Gefälle *n*.

as·cer·tain [ˌæsə'teɪn] *v/t* ermitteln, feststellen, in Erfahrung bringen.

as·cet·ic [ə'setɪk] **I** *adj* (~***ally***) asketisch. **II** *s* Asket(in).

as'cet·i·cism [~tɪsɪzəm] *s* Askese *f*.

ASCII ['æskiː] ***American Standard Code for Information Interchange*** ASCII (Code).

as·cor·bic ac·id [ə'skɔːbɪk] *s* ⚗ Ascorbinsäure *f*, Vitamin *n* C.

as·crib·a·ble [ə'skraɪbəbl] *adj* zuzuschreiben(d).

as'cribe *v/t* (***to***) **1.** zurückführen (auf *acc*), zuschreiben (*dat*). **2.** zuschreiben, beimessen (*dat*).

a·sep·tic [ˌeɪ'septɪk] *adj* (~***ally***) aseptisch, keimfrei.

a·sex·u·al [ˌeɪ'sekʃʊəl] *adj* □ *biol.* geschlechtslos.

ash¹ [æʃ] *s* **1.** ⚘ Esche *f*. **2.** Eschenholz *n*.

ash² [~] *s* **1.** *mst pl* Asche *f*: ***burn to*** (*od.* ***lay in***) ~***es*** einäschern, niederbrennen. **2.** *pl* Asche *f*, (sterbliche) Überreste *pl*.

a·shamed [ə'ʃeɪmd] *adj* beschämt: ***be*** (*od.* ***feel***) ~ ***of*** sich *e-r Sache od. j-s* schämen; ***be*** ~ ***of o.s.*** sich schämen; ***be*** (*od.* ***feel***) ~ ***to do*** (*od.* ***of doing***) ***s.th.*** sich schämen, et. zu tun.

ash| bin, ~ can *s Am.* **1.** Abfall-, Mülleimer *m*. **2.** Abfall-, Mülltonne *f*.

ash·en¹ ['æʃn] *adj* eschen, aus Eschenholz.

ash·en² [~] *adj* **1.** Aschen... **2.** aschfarben. **3.** aschgrau, -fahl.

a·shore [ə'ʃɔː] *adv u. adj* am *od.* ans Ufer: ***go*** ~ an Land gehen.

'ash|·pan *s* Asche(n)kasten *m*. **'~·tray** *s* Aschenbecher *m*.

Ash Wednes·day *s* Aschermittwoch *m*.

A·sia ['eɪʃə] *npr* Asien *n*: ~ ***Minor*** Kleinasien *n*.

A·sian ['eɪʃn], **A·si·at·ic** [ˌeɪʃɪ'ætɪk] **I** *adj* asiatisch. **II** *s* Asiat(in).

a·side [ə'saɪd] **I** *adv* **1.** beiseite, auf die Seite: ***step*** ~ zur Seite treten. **2.** ~ ***from*** *bsd. Am.* abgesehen von. **II** *s* **3.** *thea.* Aparte *n*.

as·i·nine ['æsɪnaɪn] *adj* **1.** Esels... **2.** *fig.* eselhaft, dumm.

ask [ɑːsk] **I** *v/t* **1.** *j-n* fragen. **2.** *j-n* fragen nach, sich bei *j-m* nach *et.* erkundigen: ~ ***s.o. the way;*** ~ ***s.o. a question*** j-m e-e Frage stellen, j-n et. fragen. **3.** bitten um, *et.* erbitten: ~ ***advice;*** → ***favo(u)r*** 4. **4.** *j-n* bitten, fragen (***for*** um): ~ ***s.o. for advice.*** **5.** einladen; bitten: ~ ***s.o. to dinner*** j-n zum Essen einladen; ~ ***s.o. in*** j-n hereinbitten; ~ ***s.o. out*** j-n ausführen. **6.** verlangen, fordern (***of*** von): ~ ***a high price for s.th.; that is*** ~***ing too much*** das ist zu viel verlangt; ~***ed price*** *econ.* Briefkurs *m*. **II** *v/i* **7.** fragen, sich erkundigen (***for, about, after*** nach): ~ ***for s.o.*** *a.* j-n *od.* nach j-m verlangen, j-n zu sprechen wünschen; ~ ***around*** herumfragen, sich umhören. **8.** bitten (***for*** um): ***he*** ~***ed for it*** (*od.* ***trouble***) F er wollte es ja so haben.

a·skance [ə'skæns] *adv*: ***look*** ~ ***at s.o.*** j-n von der Seite ansehen; *fig.* j-n schief *od.* misstrauisch ansehen.

a·skew [ə'skjuː] *adv* **1.** schief: ***go*** ~ *fig.* schief gehen. **2.** ***look*** ~ ***at s.o.*** j-n verächtlich ansehen.

ask·ing ['ɑːskɪŋ] *s* Fragen *n*, Bitten *n*: ***to be had for the*** ~ umsonst *od.* leicht zu haben sein. ~ ***price*** *s* Verhandlungsbasis *f*, geforderter Preis.

a·slant [ə'slɑːnt] **I** *adv u. adj* schräg, quer. **II** *prp* quer über (*acc*) *od.* durch.

a·sleep [ə'sliːp] *adv u. adj* schlafend, (*Fuß etc*) eingeschlafen: ***be*** ~ schlafen; ***drop*** (*od.* ***fall***) ~ einschlafen.

as·par·a·gus [ə'spærəgəs] *s* ⚘ Spargel *m*: ~ ***tips*** *pl* Spargelspitzen *pl*.

as·pect ['æspekt] *s* **1.** Aussehen *n*, Erscheinung *f*. **2.** Aspekt *m* (*a. ling.*), Seite *f*, Gesichtspunkt *m*. **3.** Beziehung *f*, Hinsicht *f*.

as·pen ['æspən] *s* ⚘ Espe *f*: ***tremble like an*** ~ ***leaf*** wie Espenlaub zittern.

as·per·i·ty [æ'sperətɪ] *s* **1.** Rauheit *f* (*a. fig.*), Unebenheit *f*. **2.** *fig.* Schärfe *f*, Schroffheit *f*.

as·perse [ə'spɜːs] *v/t* verleumden.

as'per·sion *s* Verleumdung *f*: ***cast*** ~***s on*** verleumden.

as·phalt ['æsfælt] **I** *s* Asphalt *m*. **II** *v/t* asphaltieren.

as·phyx·i·a [əs'fıksıə] *s* ⚕ Erstickung(stod *m*) *f*.

as'phyx·i·ate [~eıt] *v/t u. v/i* ersticken: ***be ~d*** ersticken.

as,phyx·i'a·tion *s* Erstickung *f*.

as·pic ['æspık] *s* Aspik *m*, Gelee *n*.

as·pir·ant [ə'spaıərənt] *s* (***to, after, for***) Bewerber(in) (um *acc*), Anwärter(in) (auf *acc*).

as·pi·ra·tion [,æspə'reıʃn] *s* Streben *n*, Bestrebung *f* (***for, after*** nach).

as·pire [ə'spaıə] *v/i* streben, trachten (***to, after*** nach): ***~ to*** (*od.* ***after***) ***s.th.*** *a.* et. erstreben.

as·pi·rin ['æspərın] *s pharm.* Aspirin *n*.

as·pir·ing [ə'spaıərıŋ] *adj* □ **1.** ehrgeizig, strebsam. **2.** auf-, emporstrebend.

ass[1] [æs] *s zo.* Esel *m* (*a. fig.*): ***make an ~ of o.s.*** sich lächerlich machen *od.* blamieren.

ass[2] [~], **'~·hole** *Am.* V → ***arse, arsehole.***

as·sail [ə'seıl] *v/t* **1.** angreifen. **2.** *fig.* bestürmen (***with*** mit *Fragen etc*): ***~ed by fear*** von Furcht gepackt. **3.** *Aufgabe etc* in Angriff nehmen.

as'sail·a·ble *adj* angreifbar.

as'sail·ant *s* Angreifer(in).

as·sas·sin [ə'sæsın] *s* (*bsd.* politischer) Mörder(in), Attentäter(in).

as'sas·si·nate [~neıt] *v/t bsd. pol.* ermorden: ***be ~d*** e-m Attentat zum Opfer fallen.

as,sas·si'na·tion *s* (***of***) (*bsd.* politischer) Mord, Ermordung *f* (*gen*), Attentat *n* (auf *acc*).

as·sault [ə'sɔ:lt] **I** *s* **1.** Angriff *m* (***on*** auf *acc*) (*a. fig.*). **2.** ⚔ Sturm *m*: ***take by ~*** im Sturm nehmen, erstürmen. **3.** *a.* ***~ and battery*** ⚖ tätliche Beleidigung: ***criminal*** (*od.* ***indecent***) ***~*** unzüchtige Handlung (*unter Gewaltandrohung od. -anwendung*). **II** *v/t* **4.** angreifen (*a. fig.*). **5.** ⚔ stürmen. **6.** ⚖ tätlich beleidigen. **7.** *euphem.* vergewaltigen.

as·say [ə'seı] **I** *s* **1.** Prüfung *f*, Untersuchung *f*. **II** *v/t* **2.** *Metall etc* prüfen, untersuchen. **3.** *fig.* probieren.

as·sem·blage [ə'semblıdʒ] *s* **1.** Ansammlung *f*. **2.** Versammlung *f*. **3.** *tech.* Montage *f*.

as·sem·ble [ə'sembl] **I** *v/t* **1.** versammeln. **2.** *tech.* montieren, zs.-setzen. **II** *v/i* **3.** sich versammeln.

as·sem·bler [ə'semblə] *s* **1.** *tech.* Monteur(in). **2.** *Computer*: Assembler *m*, Assemblierer *m*.

as·sem·bly [ə'semblı] *s* **1.** Versammlung *f*. **2.** *tech.* Montage *f*: ***~ instructions*** *pl* Montageanleitung *f*; ***~ line*** Fließband *n*; ***~ shop*** Montagehalle *f*.

as·sent [ə'sent] **I** *v/i* (***to***) **1.** zustimmen, beipflichten (*dat*). **2.** billigen, genehmigen (*acc*). **II** *s* **3.** Zustimmung *f*, Beipflichtung *f*: ***by common ~*** mit allgemeiner Zustimmung. **4.** Billigung *f*, Genehmigung *f*.

as·sert [ə'sɜ:t] *v/t* **1.** behaupten, erklären. **2.** *Anspruch etc* geltend machen, bestehen auf (*dat*). **3.** ***~ o.s.*** sich behaupten *od.* durchsetzen; sich zu viel anmaßen.

as'ser·tion *s* **1.** Behauptung *f*, Erklärung *f*: ***make an ~*** e-e Behauptung aufstellen. **2.** Geltendmachung *f*.

as'ser·tive *adj* □ **1.** ausdrücklich. **2.** anmaßend.

as·sess [ə'ses] *v/t* **1.** *Geldstrafe etc* festsetzen. **2.** *Einkommen etc* (zur Steuer) veranlagen (***at*** mit). **3.** *fig.* ab-, einschätzen, (be)werten.

as'sess·a·ble *adj* steuerpflichtig.

as'sess·ment *s* **1.** Festsetzung *f*. **2.** (Steuer)Veranlagung *f*: ***basis of ~*** Bemessungsgrundlage *f*. **3.** Steuer(betrag *m*) *f*: ***rate of ~*** Hebesatz *m*. **4.** *fig.* Ab-, Einschätzung *f*, (Be)Wertung *f*: ***what is your ~ of ...?*** wie beurteilen Sie ... (*acc*)?; ***~ of creditworthiness*** Einschätzung der Bonität; ***~ of current position*** Bestandsaufnahme *f*.

as·set ['æset] *s* **1.** *econ.* Vermögenswert *m*, Wirtschaftsgut *n*; Aktivposten *m*; *pl* Aktiva *pl*: ***~ item*** Aktivposten *m*; ***~ erosion*** Substanzverlust *m*; ***~ portfolio*** Vermögensanlagen *pl*; ***~s and liabilities*** Aktiva u. Passiva; ***~ and liabilities structure*** Vermögensstruktur *f*. **2.** *pl* ⚖ Vermögen(smasse *f*) *n*; Konkursmasse *f*. **3.** *fig.* Vorzug *m*, Plus *n*; Gewinn *m* (***to*** für): ***be a great ~*** viel wert sein. **'~-,strip·per** *s* Unternehmensalthändler(in).

as·si·du·i·ty [,æsı'dju:ətı] *s* Fleiß *m*, Eifer *m*.

as·sid·u·ous [ə'sıdjʊəs] *adj* □ fleißig, eifrig.

as·sign [ə'saın] *v/t* **1.** *Aufgabe etc* zu-, anweisen, zuteilen (***to*** *dat*). **2.** (***to***) *j-n* bestimmen, einteilen (zu, für *e-e Aufgabe etc*), beauftragen (mit). **3.** *Zeitpunkt etc* bestimmen, festsetzen. **4.** *et.* zuschreiben (***to*** *dat*). **5.** ⚖ abtreten, übertragen (***to*** *dat*).

as'sign·ment *s* **1.** Zu-, Anweisung *f* (***to*** an *acc*). **2.** Bestimmung *f*, Festsetzung *f*. **3.** Aufgabe *f*, Arbeit *f* (*beide a. ped.*), Auftrag *m*. **4.** ⚖ Abtretung *f*, Übertragung *f* (***to*** an *acc*).

as·sim·i·late [ə'sımıleıt] **I** *v/t* **1.** assimilieren: a) angleichen (*a. ling.*), anpassen (***to, with*** *dat*, an *acc*), b) *biol.* (sich) *Nahrung* einverleiben, c) *sociol.* aufnehmen. **II** *v/i* **2.** sich angleichen *od.* anpassen (***to, with*** *dat*). **3.** *biol.*, *sociol.* sich assimilieren.

as,sim·i'la·tion *s* Assimilation *f*: a) Angleichung *f*, Anpassung *f* (***to*** an *acc*), b) *biol.* Einverleibung *f*.

as·sist [ə'sɪst] **I** *v/t* **1.** *j-m* helfen, beistehen, *j-n* unterstützen: **~ *s.o. in doing s.th.*** j-m (dabei) helfen, et. zu tun. **II** *v/i* **2.** mithelfen, Hilfe leisten (***in*** bei). **3.** (***at***) beiwohnen (*dat*), teilnehmen (an *dat*).
as·sist·ance [ə'sɪstəns] *s* Hilfe *f*, Beistand *m*, Unterstützung *f*: ***come to s.o.'s ~*** j-m zu Hilfe kommen.
as·sist·ant [ə'sɪstənt] **I** *adj* **1.** stellvertretend: **~ *editor*** Redaktionsassistent(in); **~ *professor*** *univ. Am.* (*etwa*) Lehrbeauftragte *m, f*. **II** *s* **2.** Assistent(in), Mitarbeiter(in). **3.** Angestellte *m, f*: (***shop***) **~** *Br.* Verkäufer(in).
as·so·ci·ate [ə'səʊʃɪeɪt] **I** *v/t* **1.** vereinigen, -binden, zs.-schließen (***with*** mit): **~ *o.s. with*** *a.* sich *e-r Partei, j-s Ansichten etc* anschließen; ***~d company*** Beteiligungsgesellschaft *f*, Tochtergesellschaft *f*, Konzernunternehmen *n*. **2.** *bsd. psych.* assoziieren, (gedanklich) verbinden (***with*** mit). **II** *v/i* **3.** sich vereinigen *etc*, → 1. **4.** verkehren (***with*** mit). **III** *adj* [~ʃɪət] **5.** verwandt (***with*** mit). **6.** beigeordnet, Mit...: **~ *editor*** Mitherausgeber(in). **7.** außerordentlich (*Mitglied*). **IV** *s* [~ʃɪət] **8.** *econ.* Teilhaber(in), Gesellschafter(in). **9.** Gefährte *m*, Gefährtin *f*, Genosse *m*, Genossin *f*. **10.** außerordentliches Mitglied.
as·so·ci·a·tion [əˌsəʊsɪ'eɪʃn] *s* **1.** Vereinigung *f*, -bindung *f*, Zs.-schluss *m*: ***in ~ with*** zusammen mit. **2.** Verein(igung *f*) *m*. **3.** *econ.* Genossenschaft *f*, (Handels)Gesellschaft *f*, Verband *m*: **~ *advertising*** Verbundwerbung *f*. **4.** Umgang *m*, Verkehr *m*. **5.** *psych.* (Ideen-, Gedanken)Assoziation *f*, Gedankenverbindung *f*. **~ foot·ball** *Br.* Fußball *m*.
as·sort·ed [ə'sɔːtɪd] *adj* **1.** sortiert, geordnet. **2.** zs.-gestellt, gemischt, verschiedenartig.
as'sort·ment *s bsd. econ.* (***of***) Sortiment *n* (von), Auswahl *f* (an *dat*).
as·sume [ə'sjuːm] *v/t* **1.** annehmen, voraussetzen: ***assuming that*** angenommen *od.* vorausgesetzt, dass. **2.** *Amt, Verantwortung etc* übernehmen. **3.** *Eigenschaft, Gestalt etc* annehmen. **4.** sich *Recht etc* anmaßen.
as'sum·ing *adj* □ anmaßend.
as·sump·tion [ə'sʌmpʃn] *s* **1.** Annahme *f*, Voraussetzung *f*: ***on the ~ that*** in der Annahme *od.* unter der Voraussetzung, dass. **2.** Übernahme *f*. **3.** Anmaßung *f*. **4.** ***Assumption*** (***Day***) *eccl.* Mariä Himmelfahrt *f*.
as·sur·ance [ə'ʃɔːrəns] *s* **1.** Ver-, Zusicherung *f*. **2.** *bsd. Br.* (Lebens)Versicherung *f*. **3.** Sicherheit *f*, Gewissheit *f*. **4.** Selbstsicherheit *f*; *b.s.* Dreistigkeit *f*.
as·sure [ə'ʃɔː] *v/t* **1.** *j-m* versichern (***that*** dass): **~ *s.o. of s.th.*** j-m et. zusichern. **2.** sichern, sicherstellen, bürgen für. **3.** überzeugen (***of*** von): **~ *o.s.*** *a.* sich vergewissern (***of*** *gen*). **4.** beruhigen. **5.** *bsd. Br. Leben* versichern: **~ *one's life with*** e-e Lebensversicherung abschließen bei.
as'sured I *adj* **1.** (***of***) überzeugt (von), sicher (*gen*): ***you can rest ~ that*** Sie können sicher sein *od.* sich darauf verlassen, dass. **2.** gesichert. **3.** selbstsicher; *b.s.* dreist. **II** *s* **4.** *bsd. Br.* Versicherte *m, f*.
as'sur·ed·ly [~rɪdlɪ] *adv* ganz gewiss.
as·ter ['æstə] *s* ♣ Aster *f*.
as·ter·isk ['æstərɪsk] *s typ.* Sternchen *n*.
a·stern [ə'stɜːn] *adv* ⚓ achtern.
asth·ma ['æsmə] *s* ⚕ Asthma *n*.
asth·mat·ic [æs'mætɪk] **I** *adj* (***~ally***) asthmatisch: **~ *attack*** Asthmaanfall *m*; ***be ~*** Asthma haben. **II** *s* Asthmatiker(in).
as·ton·ish [ə'stɒnɪʃ] *v/t* in Erstaunen setzen: ***be ~ed*** erstaunt *od.* überrascht sein (***at*** über *acc*; ***to*** *inf* zu *inf*), sich wundern (***at*** über *acc*).
as'ton·ish·ing *adj* □ erstaunlich.
as'ton·ish·ment *s* (Er)Staunen *n*, Verwunderung *f*: ***to one's ~*** zu s-r Verwunderung.
as·tound [ə'staʊnd], **as·tound·ing** → ***astonish, astonishing.***
a·stray [ə'streɪ] *adv*: ***go ~*** vom Weg abkommen; *fig.* auf Abwege geraten; ***lead ~*** *fig.* irreführen.
as·trin·gent [ə'strɪndʒənt] **I** *adj* □ **1.** ⚕ adstringierend, zs.-ziehend. **2.** *fig.* streng, hart. **II** *s* **3.** ⚕ Adstringens *n*.
as·trol·o·ger [ə'strɒlədʒə] *s* Astrologe *m*, -login *f*.
as·tro·log·i·cal [ˌæstrə'lɒdʒɪkl] *adj* □ astrologisch.
as·trol·o·gy [ə'strɒlədʒɪ] *s* Astrologie *f*.
as·tro·naut ['æstrənɔːt] *s* Astronaut *m*.
'as·tro·naut·ess *s* Astronautin *f*.
ˌas·tro'nau·tics *s pl* (*mst sg konstruiert*) Astronautik *f*, Raumfahrt *f*.
as·tron·o·mer [ə'strɒnəmə] *s* Astronom(in).
as·tro·nom·i·cal [ˌæstrə'nɒmɪkl] *adj* □ astronomisch.
as·tron·o·my [ə'strɒnəmɪ] *s* Astronomie *f*.
as·tute [ə'stjuːt] *adj* □ **1.** scharfsinnig. **2.** schlau, gerissen.
as'tute·ness *s* **1.** Scharfsinn *m*. **2.** Schlauheit *f*.
A·sun·ción [əˌsʊnsɪ'əʊn] *Hauptstadt von Paraguay.*
a·sun·der [ə'sʌndə] *adv* auseinander, entzwei.
a·sy·lum [ə'saɪləm] *s* **1.** Asyl *n*: a) Zufluchtsort *m*, b) *fig.* Zuflucht *f*. **2.** (politisches) Asyl: ***ask for ~*** um Asyl bitten *od.* nachsuchen; ***give s.o. ~*** j-m Asyl gewähren; **~ *seeker*** Asylant(in), Asylbewerber(in).
a·sym·met·ric [ˌeɪsɪ'metrɪk], **ˌa·sym'met·ri·cal** *adj* □ asymmetrisch, ungleichmäßig.

a·sym·me·try [ˌeɪˈsɪmətrɪ] *s* Asymmetrie *f*, Ungleichmäßigkeit *f*.

at [æt] *prp* **1.** (*Ort*) in (*dat*), an (*dat*), bei, auf (*dat*): **~ a ball** auf e-m Ball; **~ the baker's** beim Bäcker; **~ the door** an der Tür. **2.** (*Richtung*) auf (*acc*), nach, gegen, zu: **he threw a stone ~ the door** er warf e-n Stein gegen die Tür. **3.** (*Beschäftigung*) bei, beschäftigt mit, in (*dat*): **he is still ~ it** er ist noch dabei *od.* damit beschäftigt. **4.** (*Art u. Weise, Zustand*) in (*dat*), bei, zu, unter (*dat*): **~ all** überhaupt; **not ~ all** überhaupt *od.* gar nicht; **not ~ all!** F nichts zu danken!; **nothing ~ all** überhaupt *od.* gar nichts; **no doubts ~ all** keinerlei Zweifel. **5.** (*Preis, Wert etc*) für, um: **~ 6 dollars; ~ best** bestens, billigst. **6.** (*Zeit, Alter*) um, bei: **~ 21** mit 21 (Jahren); **~ 3 o'clock** um 3 Uhr; **~ his death** bei s-m Tod; **~ due date** fristgemäß.

ate [et] *pret von* **eat.**

a·the·ism [ˈeɪθɪɪzəm] *s* Atheismus *m*.

ˈa·the·ist *s* Atheist(in).

ˌa·theˈis·tic, ˌa·theˈis·ti·cal *adj* □ atheistisch.

Ath·ens [ˈæθɪnz] *npr* Athen *n*.

ath·lete [ˈæθliːt] *s* **1.** Athlet(in): a) Sportler(in), b) Kraftmensch *m*: **~'s foot** ⚕ Fußpilz *m*. **2.** *Br.* Leichtathlet(in).

ath·let·ic [æθˈletɪk] **I** *adj* (**~ally**) **1.** athletisch: a) Sport...: **~ field** Sportplatz *m*, b) von athletischem Körperbau. **2.** *Br.* leichtathletisch. **II** *s pl* **3.** (*a. sg konstruiert*) Sport *m*. **4.** (*mst sg konstruiert*) *Br.* Leichtathletik *f*.

at-home [ətˈhəʊm] *s zwangloser* Empfang: **give an ~.**

At·lan·tic [ətˈlæntɪk] **I** *adj* atlantisch. **II** *s der* Atlantik.

at·las [ˈætləs] *s* Atlas *m* (*Buch*).

ATM [eɪtiːˈem] *abbr.* (= **automated teller machine**) *Am.* Geldautomat *m*.

at·mos·phere [ˈætməˌsfɪə] *s* Atmosphäre *f* (*a. fig.*).

at·mos·pher·ic [ˌætməsˈferɪk] **I** *adj* (**~ally**) atmosphärisch. **II** *s pl* atmosphärische Störungen *pl*.

at·oll [ˈætɒl] *s* Atoll *n*.

at·om [ˈætəm] *s phys.* Atom *n* (*a. fig.*): **not an ~ of truth** kein Körnchen Wahrheit; **~ bomb** Atombombe *f*.

a·tom·ic [əˈtɒmɪk] *adj* (**~ally**) atomar, Atom...: **~ age** Atomzeitalter *n*; **~ bomb** Atombombe *f*; **~ energy** Atomenergie *f*; **~ nucleus** Atomkern *m*; **~ pile** Atomreaktor *m*; **~ power** Atomkraft *f*; **~ research** Atomforschung *f*; **~-powered** mit Atomkraft betrieben, Atom...; **~ power plant** Atomkraftwerk *n*; **~ waste** Atommüll *m*; **~ weight** Atomgewicht *n*.

at·om·ize [ˈætəʊmaɪz] *v/t* **1.** atomisieren. **2.** *Flüssigkeit* zerstäuben.

ˈat·om·iz·er *s* Zerstäuber *m*.

a·tone [əˈtəʊn] *v/i*: **~ for** büßen für *et.*, *et.* sühnen.

aˈtone·ment *s* Buße *f*, Sühne *f*.

a·tro·cious [əˈtrəʊʃəs] *adj* □ scheußlich, grässlich (*beide a.* F).

a·troc·i·ty [əˈtrɒsətɪ] *s* **1.** Scheußlichkeit *f*, Grässlichkeit *f*. **2.** Gräueltat *f*.

at·ro·phy [ˈætrəfɪ] ⚕ **I** *s* Atrophie *f*, Verkümmerung *f* (*a. fig.*). **II** *v/i* verkümmern (*a. fig.*).

at·tach [əˈtætʃ] **I** *v/t* **1.** (**to**) befestigen, anbringen (an *dat*), anheften, ankleben (an *acc*): **~ed** in der Anlage; **~ed please find** in der Anlage senden wir Ihnen. **2.** (**to**) *fig. Sinn etc* verbinden (*mit*); *Wert, Wichtigkeit etc* beimessen (*dat*); *magische Kräfte etc* zuschreiben (*dat*); *Bedingungen* knüpfen (an *acc*). **3.** *fig.* **~ o.s.** sich anschließen (**to** *dat od.* an *acc*): **be ~ed to s.o.** an j-m hängen. **4.** *fig.* (**to**) zuteilen (*dat*), ⚔ *a.* abkommandieren (zu). **5.** ⚖ *j-n* verhaften; *et.* beschlagnahmen; pfänden. **II** *v/i* **6.** (**to**) anhaften (*dat*), verknüpft *od.* verbunden sein mit.

at·ta·ché [əˈtæʃeɪ] *s* Attaché *m*: **~ case** Aktentasche *f*, -koffer *m*.

at·tach·ment [əˈtætʃmənt] *s* **1.** Befestigung *f*. **2.** Anhängsel *n*, Beiwerk *n*; *tech.* Zusatzgerät *n*. **3.** *fig.* (**to**) Anhänglichkeit *f* (an *acc*); Bindung *f* (an *acc*). **4.** ⚖ Verhaftung *f*; Beschlagnahme *f*; Pfändung *f*.

at·tack [əˈtæk] **I** *v/t* **1.** (*a. v/i*) *allg.* angreifen. **2.** *fig. Arbeit etc* in Angriff nehmen, über *e-e Mahlzeit etc* herfallen. **II** *s* **3.** Angriff *m*. **4.** ⚕ Anfall *m*.

atˈtack·er *s* Angreifer(in).

at·tain [əˈteɪn] *v/t* (*u. v/i* **~ to**) *Ziel etc* erreichen, erlangen.

atˈtain·a·ble *adj* erreichbar.

atˈtain·ment *s* **1.** Erreichung *f*, Erlangung *f*. **2.** *pl* Kenntnisse *pl*, Fertigkeiten *pl*.

at·tempt [əˈtempt] **I** *v/t* **1.** versuchen (**to do, doing** zu tun): **~ed suicide** Selbstmordversuch *m*. **2.** sich machen *od.* wagen an (*acc*), in Angriff nehmen. **II** *s* **3.** Versuch *m* (**to do, doing** zu tun): **~ at explanation** Erklärungsversuch; **~s** *pl* **at resuscitation** ⚕ Wiederbelebungsversuche *pl*. **4.** Anschlag *m*: **an ~ on s.o.'s life** ein Mordanschlag *od.* Attentat auf j-n.

at·tend [əˈtend] **I** *v/t* **1.** *Kranke* pflegen; (ärztlich) behandeln. **2.** *fig.* begleiten: **~ed with** (*od.* **by**) verbunden mit. **3.** teilnehmen an (*dat*), *Schule, Versammlung etc* besuchen. **II** *v/i* **4.** (**to**) beachten (*acc*), achten auf (*acc*). **5.** (**to**) sich kümmern (um); erledigen (*acc*). **6.** **~ to** *j-n* (*im Laden*) bedienen: **are you**

being ~ed to? werden Sie schon bedient? **7.** anwesend sein; erscheinen. **8.** ~ ***on*** *j-n* bedienen.

at·tend·ance [ə'tendəns] *s* **1.** Dienst *m*, Bereitschaft *f*: ***physician in*** ~ Dienst habender Arzt; ***hours*** *pl* ***of*** ~ Dienststunden *pl*. **2.** Pflege *f* (***on*** *gen*), Dienstleistung *f*: ***be in*** ~ ***on*** → ***attend*** 1. **3.** Anwesenheit *f*, Erscheinen *n*: ~ ***list*** (*od.* ***record***) Anwesenheitsliste *f*; ~ ***recorder*** Stechuhr *f*. **4.** Besucher *pl*, Teilnehmer *pl*; Besuch(erzahl *f*) *m*, Beteiligung *f*.

at'tend·ant I *adj* **1.** begleitend. **2.** *fig*. verbunden (***on*** mit): ~ ***circumstances*** *pl* Begleitumstände *pl*. **3.** anwesend. **II** *s* **4.** Begleiter(in). **5.** Aufseher(in). **6.** *pl* Dienerschaft *f*.

at·ten·tion [ə'tenʃn] *s* **1.** Aufmerksamkeit *f* (*a. fig.*): ***attract*** ~ Aufmerksamkeit erregen; ***call*** (*od.* ***draw***) ~ ***to*** die Aufmerksamkeit lenken auf (*acc*), aufmerksam machen auf (*acc*); ***pay*** ~ ***to*** Beachtung schenken (*dat*), Acht geben auf (*acc*); (***for the***) ~ ***of*** zu Händen von (*od. gen*). **2.** ***give*** (***prompt***) ~ ***to s.th.*** et. (rasch) erledigen. **3.** ~***!*** ⚔ Achtung!; stillgestanden!

at'ten·tive *adj* □ aufmerksam (***to*** auf *acc*; *fig*. gegen).

at·ten·u·ate [ə'tenjʊeɪt] *v/t* **1.** *bsd*. ⚗ verdünnen. **2.** *fig*. (ab)schwächen.

at·test [ə'test] *v/t* **1.** beglaubigen, bescheinigen. **2.** zeugen von, bestätigen.

at·tes·ta·tion [ˌæte'steɪʃn] *s* **1.** Beglaubigung *f*, Bescheinigung *f*. **2.** Zeugnis *n*.

at·tic ['ætɪk] *s* Dachgeschoss *n*; Dachstube *f*, -kammer *f*.

at·tire [ə'taɪə] **I** *v/t* (be)kleiden. **II** *s* Kleidung *f*, Gewand *n*.

at·ti·tude ['ætɪtjuːd] *s* **1.** (Körper)Haltung *f*, Stellung *f*. **2.** *fig*. Haltung *f*: a) Verhalten *n*, b) Einstellung *f* (***to, toward***[***s***] zu, gegenüber): ~ ***to work*** Arbeitsauffassung *f*; ***what is your ~ to ...?*** wie stehen Sie zu ...?

attn ***attention*** (***of***) zu Händen (von).

at·tor·ney [ə'tɜːnɪ] *s* ⚖ **1.** *bsd. Am.* ~ (***at law***) (Rechts)Anwalt *m*, (-)Anwältin *f*; ~ (***in fact***) Bevollmächtigte *m, f*. **2.** (***power of***) ~ Vollmacht *f*; ~ **gen·er·al,** *pl* ~**s gen·er·al,** ~ **gen·er·als** *s* ⚖ **1.** *Br*. erster Kronanwalt. **2.** *Am*. Justizminister(in).

at·tract [ə'trækt] *v/t* **1.** *phys*. anziehen (*a. fig.*). **2.** *fig*. *j-n* anlocken, reizen, *j-s Interesse, Blicke etc* auf sich ziehen: ***be ~ed to*** sich hingezogen fühlen zu; → ***attention*** 1.

at·trac·tion [ə'trækʃn] *s* **1.** *phys*. Anziehung(skraft) *f*. **2.** *fig*. a) Anziehungskraft *f*, Reiz *m*: ***have little*** ~ ***for*** wenig anziehend sein für, b) Attraktion *f*, *thea. etc* Zugnummer *f*.

at'trac·tive *adj* □ **1.** *phys*. anziehend: ~ ***force*** (*od.* ***power***) Anziehungskraft *f*. **2.** *fig*. attraktiv: a) anziehend, reizvoll, b) einnehmend (*Äußeres etc*), c) zugkräftig (*Angebot etc*).

at·trib·ute I *v/t* [ə'trɪbjuːt] **1.** zuschreiben (***to*** *dat*). **2.** zurückführen (***to*** auf *acc*). **II** *s* ['ætrɪbjuːt] **3.** Attribut *n* (*a. ling.*): a) Eigenschaft *f*, Merkmal *n*, b) (Kenn)Zeichen *n*.

at·trib·u·tive [ə'trɪbjʊtɪv] *ling*. **I** *adj* □ attributiv. **II** *s* Attribut *n*.

at·tri·tion [ə'trɪʃn] *s* **1.** Abnutzung *f*, Verschleiß *m* (*beide a. fig.*). **2.** *fig*. Zermürbung *f*. **3.** *econ*. natürlicher Abgang von Arbeitskräften.

a·typ·i·cal [ˌeɪ'tɪpɪkl] *adj* untypisch.

auber·gine [ˌəʊbəʒiːn] *s* ⚘ Aubergine *f*.

au·burn ['ɔːbən] *adj* kastanienbraun.

auc·tion ['ɔːkʃn] **I** *s* Auktion *f*, Versteigerung *f*: ***sell*** (***buy***) ***by*** (*Am.* ***at***) ~ versteigern (ersteigern); ***sale by*** (*Am.* ***at***) ~, ~ ***sale*** Versteigerung *f*. **II** *v/t mst* ~ ***off*** versteigern.

auc·tion·eer [ˌɔːkʃə'nɪə] *s* Auktionator(in), Versteigerer *m*, Versteigerin *f*: ~***s*** *pl* Auktionshaus *n*.

au·da·cious [ɔː'deɪʃəs] *adj* □ **1.** kühn, verwegen. **2.** dreist, unverfroren.

au·dac·i·ty [ɔː'dæsətɪ] *s* **1.** Kühnheit *f*, Verwegenheit *f*. **2.** Dreistigkeit *f*, Unverfrorenheit *f*.

au·di·ble ['ɔːdəbl] *adj* □ hörbar, vernehmlich.

au·di·ence ['ɔːdjəns] *s* **1.** Audienz *f* (***of, with*** bei). **2.** Publikum *n*: a) Zuhörer(schaft *f*) *pl*, b) Zuschauer *pl*, c) Besucher *pl*, d) Leser(kreis *m*) *pl*.

au·di·o·con·fe·renc·ing ['ɔːdɪəʊˌkɒnfərənsɪŋ] *s* Fernsprechkonferenz *f*.

au·di·o|·phile ['ɔːdɪəʊfaɪl] *s* Hi-Fi-Fan *m*. '~ˌ**ty·pist** *s* Phonotypistin *f*. ˌ~'**vis·u·al I** *adj* □ audiovisuell: ~ ***aids*** → II. **II** *s pl* audiovisuelle Unterrichtsmittel *pl*.

au·dit ['ɔːdɪt] *econ*. **I** *s* Revision *f*, Buch-, Rechnungsprüfung *f*. **II** *v/t* prüfen. ~ **fees** *pl econ*. Prüfungsgebühren *pl*.

au·di·tion [ɔː'dɪʃn] **I** *s* **1.** *physiol*. Hörvermögen *n*, Gehör *n*. **2.** ♪, *thea*. Vorspiel(en) *n*; Vorsingen *n*; Vorsprechen *n*; Anhörprobe *f*. **II** *v/t u. v/i* **3.** ♪, *thea*. vorspielen *od*. vorsingen *od*. vorsprechen (lassen).

au·di·tor ['ɔːdɪtə] *s* **1.** *econ*. Revisor *m*, Wirtschafts-, Rechnungsprüfer(in); ~ ***report*** Prüfungsbericht *m*. **2.** *univ. Am*. Gasthörer(in).

au·di·to·ri·um [ˌɔːdɪ'tɔːrɪəm] *pl* **-ri·ums, -ri·a** [~ə] *s* **1.** Auditorium *n*, Zuhörer-, Zuschauerraum *m*. **2.** *Am*. Vortragssaal *m*, Konzerthalle *f*.

aug·ment [ɔːg'ment] **I** *v/t* vermehren, steigern, *Gehalt etc* aufbessern. **II** *v/i* sich vermehren, zunehmen.

ˌ**aug·men'ta·tion** *s* Vermehrung *f*, Zunahme *f*; Aufbesserung *f*.
au·gur ['ɔːgə] **I** *v/t* vorher-, weissagen. **II** *v/i*: ~ ***well*** (***ill***) ein gutes (schlechtes) Zeichen sein (***for*** für).
au·gu·ry ['ɔːgjʊrɪ] *s* Vorzeichen *n*.
Au·gust ['ɔːgəst] *s* August *m*: ***in*** ~ im August.
auld lang syne [ˌɔːldlæŋ'saɪn] *schott*. die gute alte Zeit.
aunt [ɑːnt] *s* Tante *f*.
au·pair [ˌəʊ'peə] *Br*. **I** *s a*. ~ ***girl*** Aupairmädchen *n*. **II** *adv* als Aupairmädchen: ***work*** ~. **III** *v/i* als Aupairmädchen arbeiten.
au·ra ['ɔːrə] *s fig*. Aura *f*.
au·ral ['ɔːrəl] *adj* **1.** Ohren...: ~ ***surgeon*** Ohrenarzt *m*, -ärztin *f*. **2.** akustisch, Hör...
au·ri·cle ['ɔːrɪkl] *s anat*. **1.** Ohrmuschel *f*. **2.** Herzvorhof *m*.
au·ric·u·lar [ɔː'rɪkjʊlə] *adj* Ohren...: ~ ***confession*** *eccl*. Ohrenbeichte *f*; ~ ***witness*** Ohrenzeuge *m*, -zeugin *f*.
aus·cul·ta·tion [ˌɔːskəl'teɪʃn] *s* ⚕ Abhorchen *n*.
aus·pic·es ['ɔːspɪsɪz] *s pl*: ***under the*** ~ ***of*** unter der Schirmherrschaft von (*od. gen*).
aus·pi·cious [ɔː'spɪʃəs] *adj* □ günstig: a) viel versprechend, b) glücklich: ***be*** ~ unter e-m günstigen Stern stehen.
Aus·sie ['ɒzɪ] F **I** *s* Australier(in). **II** *adj* australisch.
aus·tere [ɒ'stɪə] *adj* □ **1.** streng, ernst. **2.** enthaltsam; dürftig, karg. **3.** herb, rau, hart. **4.** nüchtern, schmucklos.
aus·ter·i·ty [ɒ'sterətɪ] **I** *s* **1.** Strenge *f*, Ernst *m*. **2.** Enthaltsamkeit *f*; Dürftigkeit *f*. **3.** Herbheit *f*, Rauheit *f*. **4.** Nüchternheit *f*, Schmucklosigkeit *f*. **II** *adj* **5.** *econ*., *pol*. Spar...: ~ ***budget***; ~ ***program***(***me***).
Aus·tra·lia [ɒ'streɪljə] *npr* Australien *n*.
Aus·tra·lian [ɒ'streɪljən] **I** *adj* australisch. **II** *s* Australier(in).
Aus·tria ['ɒstrɪə] *npr* Österreich *n*.
Aus·tri·an ['ɒstrɪən] **I** *adj* österreichisch. **II** *s* Österreicher(in).
au·then·tic [ɔː'θentɪk] *adj* (~***ally***) **1.** authentisch: a) echt, verbürgt, b) original, urschriftlich. **2.** ⚖ gültig, rechtskräftig.
au'then·ti·cate [ɔː'θentɪkeɪt] *v/t* **1.** beglaubigen. **2.** als echt erweisen, verbürgen.
auˌthen·ti'ca·tion *s* Beglaubigung *f*.
ˌ**au·then'tic·i·ty** [ɔː'θentɪsətɪ] *s* **1.** Authentizität *f*, Echtheit *f*. **2.** ⚖ Gültigkeit *f*, Rechtskräftigkeit *f*.
au·thor ['ɔːθə] *s* **1.** Urheber(in). **2.** Autor(in), Verfasser(in), *a. allg*. Schriftsteller(in).
'**au·thor·ess** *s* Autorin *f*, Verfasserin *f*, *a. allg*. Schriftstellerin *f*.
au·thor·i·tar·i·an [ɔːˌθɒrɪ'teərɪən] *adj* autoritär.
au·thor·i·ta·tive [ɔːˌθɒrɪtətɪv] *adj* □ **1.** gebieterisch, herrisch. **2.** autoritativ, maßgebend, -geblich.
au·thor·i·ty [ɔːˌθɒrɪtɪ] *s* **1.** Autorität *f*, (Amts)Gewalt *f*: ~ ***to instruct*** Weisungsbefugnis *f*. **2.** Autorität *f*, Ansehen *n* (***with*** bei), Einfluss *m* (***over*** auf *acc*). **3.** Vollmacht *f*: ~ ***to sign*** Unterschriftsvollmacht *f*; ***without*** ~ unbefugt, unberechtigt. **4.** Quelle *f*, Beleg *m*: ***on good*** ~ aus glaubwürdiger Quelle. **5.** Autorität *f*, Kapazität *f* (***on*** in *e-r Sache*, auf *e-m Gebiet*). **6.** *mst pl* Behörde(n *pl*) *f*.
au·thor·i·za·tion [ˌɔːθəraɪ'zeɪʃn] *s* **1.** Ermächtigung *f*, Bevollmächtigung *f*, Befugnis *f*. **2.** Genehmigung *f*.
au·thor·ize ['ɔːθəraɪz] *v/t* **1.** autorisieren, ermächtigen, bevollmächtigen: ~***d to sign*** unterschriftsbevollmächtigt. **2.** billigen, genehmigen: ~***d appropriations*** *pl* bewilligte Mittel *pl*; ~***d capital*** autorisiertes Grundkapital.
au·thor·ship ['ɔːθəʃɪp] *s* **1.** Urheberschaft *f*. **2.** Autorschaft *f*.
autism ['ɔːtɪzm] *s* ⚕ Autismus *m*.
autis·tic [ɔː'tɪstɪk] *adj* (~***ally***) autistisch.
au·to ['ɔːtəʊ] *pl* **-tos** *s Am*. F Auto *n*.
au·to... ['ɔːtəʊ] auto..., selbst..., Auto..., Selbst...
'**au·toˌbi·o'graph·ic,** '**au·toˌbi·o'graphi·cal** *adj* □ autobiographisch.
ˌ**au·to·bi'og·ra·phy** *s* Autobiographie *f*.
au·toc·ra·cy [ɔː'tɒkrəsɪ] *s pol*. Autokratie *f*.
au·to·crat ['ɔːtəʊkræt] *s* Autokrat(in): a) *pol*. diktatorischer Alleinherrscher, b) selbstherrlicher Mensch.
ˌ**au·to'crat·ic,** ˌ**au·to'crat·i·cal** *adj* □ autokratisch: a) *pol*. unumschränkt, b) selbstherrlich.
au·to·cue ['ɔːtəkjuː] *s TV* Teleprompter *m*.
au·to·di·dact ['ɔːtəʊdɪˌdækt] *s* Autodidakt(in).
ˌ**au·to·di'dac·tic** *adj* autodidaktisch.
au·to doc·u·ment feed *s* automatischer Originaleinzug.
'**au·toˌfunc·tion** *s* automatische Funktion.
au·to·gen·ic [ˌɔːtəʊ'dʒenɪk] *adj* ⚕ autogen: ~ ***training***.
au·to·graph ['ɔːtəgrɑːf] **I** *s* Autogramm *n*: ***sign*** ~***s*** Autogramme geben. **II** *adj* Autogramm...: ~ ***album*** (***hunter***, *etc*). **III** *v/t* sein Autogramm schreiben in (*acc*) *od*. auf (*acc*), *Buch etc* signieren.
au·to·mat ['ɔːtəʊmæt] *s* **1.** *bsd. Am*. Automatenrestaurant *n*. **2.** (Verkaufs)Automat *m*.
au·to·mate ['ɔːtəmeɪt] *v/t* automatisieren: ~***d teller machine*** *Am*. Geldautomat *m*.
au·to·mat·ic [ˌɔːtə'mætɪk] **I** *adj* (~***ally***) **1.** automatisch: ~ ***choke*** *mot*. Startautomatik *f*;

~ ***debit transfer*** Einzugsverfahren *n*; ~ ***exposure*** Belichtungsautomatik *f*; ~ ***floating point feature*** *Computer*: Gleitkommaautomatik *f*; ~ ***gear change*** (*Am.* ***shift***) Automatikschaltung *f*; ~ ***hyphenation*** automatische Silbentrennung; ~ ***loader*** *Computer*: automatisches Ladeprogramm; ~ ***redial*** *teleph.* automatische Wahlwiederholung. **II** *s* **2.** *tech.* Automat *m.* **3.** Selbstladepistole *f*, -gewehr *n.* **4.** *mot.* Automatikwagen *m.*

au·to·ma·tion [ˌɔːtəˈmeɪʃn] *s* **1.** Automation *f.* **2.** Automatisierung *f.*

auˈtom·a·ton [~tən] *pl* **-ta** [~tə], **-tons** *s* Automat *m*, Roboter *m* (*a. fig.*).

au·to·mo·bile [ˈɔːtəməʊbiːl] *s* Auto(mobil) *n.*

au·to·mo·tive [ˌɔːtəˈməʊtɪv] *adj* **1.** selbstfahrend, mit Eigenantrieb. **2.** Auto(mobil)..., Kraftfahrzeug...

au·ton·o·mous [ɔːˈtɒnəməs] *adj* autonom.

auˈton·o·my *s* Autonomie *f.*

ˈau·toˌpi·lot *s* ✈ Autopilot *m.*

au·top·sy [ˈɔːtəpsɪ] *s* ⚕ Autopsie *f.*

ˈau·to·transˌfu·sion *s* ⚕ Eigenbluttransfusion *f.*

au·to·search *s* *Computer*: automatische Suchfunktion.

au·to·tell·er *s* Geldautomat *m.*

au·tumn [ˈɔːtəm] **I** *s* Herbst *m* (*a. fig.*): ***the ~ of life; in*** (***the***) ~ im Herbst. **II** *adj* Herbst...

au·tum·nal [ɔːˈtʌmnəl] *adj* □ herbstlich, Herbst...

aux·il·ia·ry [ɔːgˈzɪljərɪ] **I** *adj* **1.** Hilfs..., *tech. a.* Zusatz...: ~ ***verb*** → 3; ~ ***program*** *Computer*: Hilfsprogramm *n*; ~ ***storage*** (*od.* ***memory***) *Computer*: Hilfsspeicher *m.* **II** *s* **2.** Helfer(in), Hilfskraft *f.* **3.** *ling.* Hilfsverb *n*, -zeitwort *n.*

av. ***average*** Durchschnitt *m.*

a·vail [əˈveɪl] **I** *v/t*: ~ ***o.s. of*** sich *e-r Sache* bedienen, sich *et.* zunutze machen. **II** *v/i* nützen. **III** *s* Nutzen *m*: ***of no*** ~ nutzlos; ***to no*** ~ vergeblich.

aˌvail·aˈbil·i·ty *s* Verfügbarkeit *f.*

aˈvail·a·ble *adj* □ **1.** verfügbar, vorhanden: ***make*** ~ zur Verfügung stellen; ~ ***funds*** *pl* verfügbare Mittel *pl.* **2.** *econ.* lieferbar, vorrätig, erhältlich: ***no longer*** ~ nicht mehr lieferbar, vergriffen; → ***prescription.*** **3.** erreichbar, abkömmlich.

av·a·lanche [ˈævəlɑːntʃ] *s* **1.** Lawine *f.* **2.** *fig.* Flut *f*: ***an ~ of letters.***

av·a·rice [ˈævərɪs] *s* Habsucht *f*, Habgier *f.*

ˌav·aˈri·cious *adj* □ habsüchtig, habgierig.

a·venge [əˈvendʒ] *v/t* rächen: ~ ***o.s., be ~d*** sich rächen (***on*** an *dat*; ***for*** für).

aˈveng·er *s* Rächer(in).

av·e·nue [ˈævənjuː] *s* **1.** Allee *f.* **2.** Hauptstraße *f.* **3.** *fig.* Weg *m* (***to*** zu).

av·e·rage [ˈævərɪdʒ] **I** *s* **1.** Durchschnitt *m*: ***be above*** (***the***) ~ über dem Durchschnitt liegen; ***be below*** (***the***) ~ unter dem Durchschnitt liegen; ***on*** (***an*** *od.* ***the***) ~ durchschnittlich, im Durchschnitt; ***Mr Average*** Otto Normalverbraucher. **2.** ⚓, ⚖ Havarie *f*, Seeschaden *m.* **II** *adj* **3.** durchschnittlich, Durchschnitts...: ~ ***access time*** *Computer*: mittlere Zugriffszeit; ~ ***cost*** Durchschnitts-, Stückkosten *pl*; ~ ***earnings*** *pl* Durchschnittsverdienst *m*; ~ ***useful life*** durchschnittliche Nutzungsdauer. **III** *v/t* **4.** *a.* ~ ***out*** den Durchschnitt ermitteln *od.* nehmen von (*od. gen*). **5.** *econ.* anteil(s)mäßig aufteilen (***among*** unter *dat*). **6.** durchschnittlich betragen *od.* haben *od.* leisten *etc.* **IV** *v/i* **7.** ~ ***out at*** → 6.

av·e·rage clause *s* Pro-Rata-Klausel *f.*

a·verse [əˈvɜːs] *adj* □ abgeneigt (***to,*** *bsd. Br. a.* ***from*** *dat*).

aˈver·sion *s* **1.** Abneigung *f*, Aversion *f* (***to, for, from*** gegen). **2.** ***... is my*** ~ ... ist mir ein Gräuel.

a·vi·a·tion [ˌeɪvɪˈeɪʃn] *s* Luftfahrt *f.*

av·id [ˈævɪd] *adj* □ gierig (***for,*** *a.* ***of*** nach): ~ ***for fame*** ruhmsüchtig.

a·vid·i·ty [əˈvɪdətɪ] *s* Gier *f.*

avo·ca·do [ˌævəˈkɑːdəʊ] *pl* **-dos** *s* 🌿 Avocado *f.*

a·void [əˈvɔɪd] *v/t* (ver)meiden, ausweichen (*dat*), aus dem Wege gehen (*dat*), *Pflicht etc* umgehen, *e-r Gefahr* entgehen: ~ ***s.o.*** j-n meiden; ~ ***doing s.th.*** es vermeiden, et. zu tun.

aˈvoid·a·ble *adj* vermeidbar.

aˈvoid·ance *s* (Ver)Meiden *n*, Umgehung *f*: ***in ~ of*** um ... zu vermeiden.

a·vow [əˈvaʊ] *v/t* bekennen, (ein)gestehen.

aˈvow·al *s* Bekenntnis *n*, (Ein)Geständnis *n.*

aˈvowed *adj* erklärt (*Gegner, Prinzip etc*).

aˈvow·ed·ly [~ɪdlɪ] *adv* eingestandenermaßen.

AWACS [ˈeɪwæks] ***Airborne Warning and Control System*** *luftgestütztes Frühwarnsystem.*

a·wait [əˈweɪt] *v/t* erwarten (*a. fig.*).

a·wake [əˈweɪk] **I** *v/t* (*irr*) **1.** (auf)wecken. **2.** *fig.* auf-, wachrütteln (***from*** aus): ~ ***s.o. to s.th.*** j-m et. zum Bewusstsein bringen. **II** *v/i* (*irr*) **3.** auf-, erwachen. **4.** ~ ***to s.th.*** *fig.* sich e-r Sache bewusst werden. **III** *adj* **5.** wach: ***wide*** ~ hellwach, *fig. a.* aufgeweckt: ***be ~ to s.th.*** *fig.* sich e-r Sache bewusst sein.

aˈwak·en → ***awake*** 1–4.

aˈwak·en·ing *s* Erwachen *n*: ***a rude*** ~ *fig.* ein unsanftes *od.* böses Erwachen.

a·ward [əˈwɔːd] **I** *v/t* **1.** zuerkennen, zusprechen, *Preis etc a.* verleihen. **II** *s* **2.** Urteil *n*, *bsd.* Schiedsspruch *m.* **3.** Auszeichnung *f*,

Preis *m.* **4.** (*Preis- etc*)Verleihung *f.* **5.** *univ.* Stipendium *n.*

a·ware [əˈweə] *adj*: ***be ~ of s.th.*** et. wissen *od.* kennen, sich e-r Sache bewusst sein; ***become ~ of s.th.*** et. merken; ***make s.o. ~ of s.th.*** j-m et. bewusst machen.

aˈware·ness *s* Bewusstsein *n*, Kenntnis *f.*

a·way [əˈweɪ] **I** *adv u. adj* **1.** weg, fort (***from*** von): ***go ~*** weg-, fortgehen. **2.** (weit) entfernt *od.* weg: ***six miles ~*** sechs Meilen entfernt. **3.** fort, abwesend, verreist: ***~ on business*** geschäftlich unterwegs. **4.** d(a)rauflos, immer weiter (→ *Verben*). **II** *adj* **5.** *Sport*: Auswärts...: ***~ match.***

awe [ɔː] **I** *s* (Ehr)Furcht *f*, Scheu *f*: ***hold s.o. in ~*** → II; ***stand in ~ of*** e-e (heilige) Scheu *od.* gewaltigen Respekt haben vor (*dat*). **II** *v/t j-m* (Ehr)Furcht *od.* großen Respekt einflößen. **ˈ~-inˌspir·ing** *adj* Ehrfurcht gebietend.

awe·some [ˈɔːsəm] *adj* □ **1.** Furcht einflößend. **2.** Ehrfurcht gebietend.

ˈawe-struck *adj* von Ehrfurcht ergriffen.

aw·ful [ˈɔːfʊl] *adj* furchtbar, schrecklich (*beide a.* F).

ˈaw·ful·ly *adv* F furchtbar, schrecklich: ***~ nice*** furchtbar *od.* riesig nett; ***thanks ~!*** tausend Dank!

awk·ward [ˈɔːkwəd] *adj* □ **1.** ungeschickt, unbeholfen, linkisch: ***be ~ with*** ungeschickt umgehen mit. **2.** verlegen (*a. Schweigen etc*): ***feel ~*** verlegen sein. **3.** peinlich, unangenehm. **4.** unhandlich, sperrig. **5.** unangenehm, schwierig: ***an ~ customer*** F ein unangenehmer Zeitgenosse. **6.** ungünstig (*Zeitpunkt etc*).

awl [ɔːl] *s tech.* Ahle *f*, Pfriem *m.*

awn·ing [ˈɔːnɪŋ] *s* **1.** Plane *f.* **2.** Markise *f.* **3.** ⚓ Sonnensegel *n.* **4.** Vorzelt *n.*

a·woke [əˈwəʊk] *pret u. pp von* ***awake.***

aˈwok·en *pp von* ***awake.***

AWOL ***absent without leave*** unerlaubt abwesend, *mil.* unerlaubt von der Truppe entfernt.

a·wry [əˈraɪ] *adv u. adj* schief: ***go ~*** *fig.* schief gehen.

ax(e) [æks] **I** *s* Axt *f*, Beil *n*: ***have an ~ to grind*** *fig.* eigennützige Zwecke verfolgen; ***get the ~*** F rausfliegen, entlassen werden. **II** *v/t* F *Ausgaben etc* rücksichtslos kürzen *od.* (zs.-)streichen; *Beamte*, *Dienststellen* abbauen, *Leute* feuern, entlassen.

ax·es [ˈæksiːz] *pl von* ***axis.***

ax·i·om [ˈæksɪəm] *s* Axiom *n*, Grundsatz *m.*

ax·is [ˈæksɪs] *pl* **ax·es** [ˈ~siːz] *s* ⚗ *etc* Achse *f* (*a. pol.*).

ax·le [ˈæksl] *s tech.* (Rad)Achse *f*, Welle *f.*

ay(e) [aɪ] *s parl.* Jastimme *f*: ***the ~s have it*** die Mehrheit ist dafür.

a·zal·ea [əˈzeɪljə] *s* ⚘ Azalee *f.*

az·ure [ˈæʒə] **I** *adj* himmelblau. **II** *s* Himmelblau *n.*

B

B [biː] *pl* **B's** *s* B *n.*
b. ***born*** geb., geboren.
BA ***Bachelor of Arts*** Bakkalaureus *m* der Philosophie.
baa [bɑː] *v/i* blöken.
B&B ***bed and breakfast*** Übernachtung *f* mit Frühstück.
bab·ble ['bæbl] **I** *v/i* **1.** *a. v/t* stammeln. **2.** *a. v/t* plappern, schwatzen: ~ (***out***) ausplaudern. **3.** plätschern. **II** *s* **4.** Geplapper *n*, Geschwätz *n.* **5.** Geplätscher *n.*
babe [beɪb] *s* **1.** Baby *n*: → ***innocent*** b. **2.** *bsd. Am. sl.* Puppe *f* (*Mädchen*).
ba·bel ['beɪbl] *s* Wirrwarr *m*, Durcheinander *n*; Stimmengewirr *n.*
ba·boon [bə'buːn] *s zo.* Pavian *m.*
ba·by ['beɪbɪ] **I** *s* **1.** Baby *n*, Säugling *m*: ***be left holding the*** ~ F der Dumme sein; ***that's your*** ~ *sl.* das ist dein Bier *od.* d-e Sache. **2.** Benjamin *m* (*der Familie etc*). **3.** *contp.* Kindskopf *m*; Heulsuse *f.* **4.** *sl.* Puppe (*Mädchen*); Schatz *m*, Liebling *m.* **II** *adj* **5.** Baby..., Säuglings... **6.** Klein... **III** *v/t* **7.** verhätscheln. ~**bonds** *s pl Am.* Baby-bonds *pl*, Kleinobligationen *pl.* ~**boom** *s* Babyboom *m.* ~ **car·riage** *s Am.* Kinderwagen *m.*
ba·by·hood ['beɪbɪhʊd] *s* Säuglingsalter *n.*
'**ba·by·ish** *adj* **1.** kindisch. **2.** kindlich.
'**ba·by|-ˌmind·er** *s Br.* Tagesmutter *f.* '~**-sit** *v/i* (*irr* ***sit***) babysitten. '~**-ˌsit·ter** *s* Babysitter(in). ~ **talk** *s* kindlich(tuend)es Gebabbel.
bach·e·lor ['bætʃələ] *s* **1.** Junggeselle *m*: ~ ***girl*** Junggesellin *f.* **2.** *univ.* Bakkalaureus *m*: ***Bachelor of Arts*** (***Science***) Bakkalaureus der philosophischen Fakultät (der Naturwissenschaften).
bach·e·lor·ette [ˌ~'ret] *s* Junggesellin *f.*
bach·e·lorhood ['~hʊd] *s* **1.** Junggesellenstand *m.* **2.** *univ.* Bakkalaureat *n.*
ba·cil·lus [bə'sɪləs] *pl* **-li** [~laɪ] *s* ⚕ Bazillus *m.*
back [bæk] **I** *s* **1.** *anat., zo.* Rücken *m*: ***at the*** ~ ***of*** hinter (*dat*); hinten in (*dat*); ***be at the*** ~ ***of s.th.*** *fig.* hinter et. stecken; ***behind s.o.'s*** ~ *fig.* hinter j-s Rücken; ~ ***to*** ~ Rücken an Rücken; ***be on one's*** ~ bettlägerig sein; ***break s.o's*** ~ j-m das Kreuz brechen (*a. fig.*); ***break the*** ~ ***of s.th.*** *fig.* das Schwierigste e-r Sache hinter sich bringen; ***have one's*** ~ ***to the wall*** *fig.* mit dem Rücken zur Wand stehen; ***put*** (*od.* ***get***) ***s.o.'s*** ~ ***up*** *fig.* j-n auf die Palme bringen; ***put one's*** ~ ***into s.th.*** *fig.* sich in e-e Sache hineinknien; ***turn one's*** ~ ***on*** den Rücken zuwenden (*dat*); *fig.* den Rücken kehren (*dat*). **2.** Hinter-, Rückseite *f*, (*Buch-*, *Hand- etc*) Rücken *m*, (Rück)Lehne *f* (*e-s Stuhls*), linke Seite (*e-s Stoffs*). **3.** hinterer *od.* rückwärtiger Teil: ~ ***of the head*** Hinterkopf *m*; ***in the*** ~ ***of the car*** auf dem Rücksitz *od.* im Fond des Autos. **4.** Rückenteil *m* (*e-s Kleidungsstücks*): ***have one's pullover on*** ~ ***to front*** den Pullover verkehrt herum anhaben. **5.** *Sport*: Verteidiger(in). **II** *adj* **6.** rückwärtig, Hinter...: ~ ***entrance.*** **7.** fern, abgelegen: ~ ***country*** Hinterland *n.* **8.** rückständig (*Zahlung*). **9.** alt, zurückliegend (*Zeitung etc*). **III** *adv* **10.** zurück, rückwärts: ~ ***and forth*** hin u. her, vor u. zurück; ***move*** ~ zurückgehen. **11.** (wieder) zurück: ***he is*** ~ (***again***) er ist wieder da. **12.** zurück, vorher: ***20 years*** ~ vor 20 Jahren; ~ ***in 1900*** (noch *od.* schon) im Jahre 1900. **13.** F zurück, im Rückstand: ***be*** ~ ***in one's rent*** mit der Miete im Rückstand sein. **IV** *v/t* **14.** *a.* ~ ***up*** unterstützen, *j-m* den Rücken stärken, *econ. Währung etc* stützen. **15.** *a.* ~ ***up*** zurückbewegen, rückwärts fahren *od.* laufen lassen: ~ ***the car out of the garage*** den Wagen rückwärts aus der Garage fahren. **16.** ~ ***up*** *Computer*: sichern. **17.** wetten *od.* setzen auf (*acc*). **V** *v/i* **18.** *oft* ~ ***up*** sich rückwärts bewegen, zurückgehen *od.* -fahren, *mot. a.* zurückstoßen: ~ ***out*** (***of***) rückwärts herausfahren (aus). **19.** ~ ***out*** (***of***) abspringen (von), aussteigen (aus).
'**back|·ache** *s* Rückenschmerzen *pl.* ~ **al·ley** *s Am.* finsteres Seitengässchen. ˌ~'**bench·er** *s parl. Br.* Hinterbänkler(in). '~**·bite** *v/t* (*irr* ***bite***) lästern über *j-n.* '~**·bone** *s* Rückgrat *n* (*a. fig.*), Wirbelsäule *f*: ***to the*** ~ *fig.* bis auf die Knochen, durch u. durch. '~ˌ**break·ing** *adj* zermürbend, mörderisch. '~**·chat** *s* freche Antwort(en *pl*). ~ **cloth** *s thea. bsd. Br.* Prospekt *m.* '~**·comb** *v/t Haare* toupieren. '~**·date** *v/t* (zu)rückdatieren. ~ **door** *s* Hintertür *f*; *fig.* Hintertürchen *n.* '~**-door** *adj* geheim, heimlich. '~**·drop** *s*

thea. Prospekt *m*: ***be the ~ for*** *fig.* den Hintergrund (*gen*) bilden.

back·er ['bækə] *s* **1.** Unterstützer(in), Helfer(in). **2.** Geldgeber(in), *Wechsel*: Indossant *m.*

ˌ**back|'fire I** *v/i* **1.** *tech.* früh-, fehlzünden. **2.** *fig.* fehlschlagen, ins Auge gehen. **II** *s* **3.** *tech.* Früh-, Fehlzündung *f.* **~for·ma·tion** *s ling.* Rückbildung *f.* '**~ˌgam·mon** *s* Backgammon *n* (*Spiel*).

'**back·ground** *s* **1.** Hintergrund *m* (*a. fig.*): ***against the ~ of*** vor dem Hintergrund (*gen*); ***keep in the ~*** im Hintergrund bleiben; ***~ music*** musikalische Untermalung, Hintergrundmusik *f.* **2.** *fig.* Hintergrund *m*, Umstände *pl*; Umwelt *f*, Milieu *n*; Werdegang *m*; Erfahrung *f*, Wissen *n*: ***~ information*** Hintergrundinformationen *pl*; ***educational ~*** Vorbildung *f.*

'**back·hand I** *s Sport*: Rückhand(schlag *m*) *f.* **II** *adj* → ***backhanded.***

'**backˌhand·ed** *adj* **1.** *Sport*: Rückhand... **2.** indirekt (*Zensur etc*). **3.** unredlich (*Methode etc*). **4.** zweifelhaft (*Kompliment etc*).

'**backˌhand·er** *s sl.* Schmiergeld *n.*

back·ing ['bækɪŋ] *s* Unterstützung *f.* **~ stor·age** *s Computer*: Hilfsspeicher *m.*

'**back·lash** *s* (heftige) Reaktion (**to** auf *acc*).

'**back·log** *s* (*Arbeits-, Auftrags- etc*)Rückstand *m*; Überhang *m* (**of** an *dat*): ***~ demand*** Nachholbedarf *m.* ***~ of orders*** Auftragsrückstand *m.* ***~ of payments*** Zahlungsrückstand *m.*

back| num·ber *s* **1.** alte Nummer (*e-r Zeitung etc*). **2.** F rückständige Person *od.* Sache. **~ or·der** *s* unerledigter Auftrag.

'**back|·pack** *s bsd. Am.* Rucksack *m.* '**~ˌpack·er** *s* Rucksacktourist(in). '**~ˌpack·ing** *s bsd. Am.* Rucksacktourismus *m.*

back pay *s* **1.** Lohnrückstand *m.* **2.** Lohnnachzahlung *f.*

ˌ**back-'ped·al** *v/i pret u. pp* **-aled,** *bsd. Br.* **-alled 1.** rückwärts treten (*Radfahrer*). **2.** *fig.* e-n Rückzieher machen.

back| rent *s* Mietrückstand *m.* **~ seat** *s* Rücksitz *m*: ***take a ~*** F in den Hintergrund treten (**to** gegenüber). '**~-seat driv·er** *s* F Besserwisser(in). ˌ**~'side** *s* **1.** Kehr-, Rückseite *f.* **2.** F Hintern *m.* ˌ**~'slide** *v/i* (*irr* **slide**) rückfällig werden.

'**back·space key,** '**backˌspac·er** *s* Rücktaste *f.*

'**back|·stage** *adj u. adv thea.* hinter den Kulissen (*a. fig.*). **~ street** *s* Seitenstraße *f.* '**~-street** *adj* heimlich: ***~ abortion*** illegale Abtreibung; ***~ abortionist*** Engelmacher(in). '**~·stroke** *s* Rückenschwimmen *n.* **~ talk** *s bsd. Am.* F freche Antwort(en *pl*). '**~·track** *v/i* **1.** denselben Weg zurückgehen. **2.** *fig.* sich zurückziehen (**from** von), e-n Rückzieher machen; e-e Kehrtwendung machen.

'**back·up** *s* **1.** Unterstützung *f.* **2.** *mot. Am.* (Rück)Stau *m.* **3.** *fig.* Rückzieher *m* (**on** hinsichtlich). **4.** *tech.* Ersatzgerät *n.* **5.** *Computer*: a) (Daten)Sicherung *f*, b) Sicherungskopie *f.* **~ cop·y** *s* Sicherungskopie *f.* **~ disk** *s* Sicherungsdiskette *f.* **~ file** *s* Sicherungsdatei *f.*

back·ward ['bækwəd] **I** *adj* **1.** rückwärts gerichtet, Rückwärts...: ***~ flow*** Rückfluss *m*; ***a ~ glance*** ein Blick zurück *od.* nach hinten. **2.** *in der Entwicklung etc* zurück(geblieben). **3.** rückständig: ***be ~ in one's work*** mit s-r Arbeit in Rückstand liegen. **II** *adv* **4.** rückwärts, zurück: ***~ and forward*** hin u. her, vor u. zurück.

back·ward·a·tion [ˌbækwə'deɪʃn] *s Börse*: Deport *m*, Kursabschlag *m.*

back·wards ['bækwədz] → ***backward*** II.

'**back|·wash** *s* **1.** Rückströmung *f*, ⚓ *a.* Kielwasser *n.* **2.** *fig.* Aus-, Nachwirkung(en *pl*) *f.* '**~ˌwa·ter** *s* **1.** → ***backwash*** 1. **2.** Stauwasser *n.* **3.** *fig.* Ort *m od.* Zustand *m* der Rückständigkeit u. Stagnation. '**~·woods** *s pl* **1.** unerschlossenes Waldgebiet. **2.** *contp.* Provinz *f.* **~·woods·man** ['~mən] *s* (*irr* **man**) *contp.* Hinterwäldler *m.* ˌ**~'yard** *s* **1.** *Br.* Hinterhof *m.* **2.** *Am.* Garten *m* hinter dem Haus.

ba·con ['beɪkən] *s* Frühstücks-, Schinkenspeck *m*: ***bring home the ~*** F die Brötchen verdienen; Erfolg haben; ***save one's ~*** *Br.* F mit heiler Haut davonkommen.

bac·te·ri·al [bæk'tɪərɪəl] *adj* □ bakteriell.

bac·te·ri·o·log·i·cal [bækˌtɪərɪə'lɒdʒɪkl] *adj* □ bakteriologisch, Bakterien...

bac·te·ri·ol·o·gist [bækˌtɪərɪ'ɒlədʒɪst] *s* Bakteriologe *m*, -login *f.*

bac'te·ri·um [bæk'tɪərɪəm] *pl* **-ri·a** [~rɪə] *s* Bakterie *f.*

bad [bæd] **I** *adj comp* **worse** [wɜːs] *sup* **worst** [wɜːst] (□ → ***badly***) **1.** *allg.* schlecht: a) fehler-, mangelhaft (*Qualität, Zustand etc*): ***not ~*** nicht schlecht *od.* übel; ***~ trip*** *sl.* Horrortrip *m* (*Drogenrausch*), b) ungünstig (*Nachricht etc*): ***~ investment*** Fehlinvestition *f*, c) schädlich, ungesund (**for** für): ***~ for one's health*** ungesund, d) verdorben (*Nahrungsmittel*): ***go ~*** schlecht werden, verderben, e) angegriffen (*Gesundheit*), f) widerlich (*Geruch*), g) schwach (**at** in *e-m Fach*). **2.** böse: a) schlimm, schwer (*Verbrechen, Erkältung etc*), b) ungezogen (*Junge etc*). **3.** unanständig, unflätig, (*Wort a.*) hässlich: ***~ language*** unanständige Ausdrücke *pl*; beleidigende Äußerungen *pl.* **4.** ungedeckt (*Scheck*), ungültig (*Münze etc*):

~ **debts** *pl econ.* zweifelhafte Forderungen *pl*; **~-debt losses** *pl* Forderungsausfälle *pl*; **~-debt reserve** Wertberichtigung *f* für uneinbringliche Forderungen. **5.** unangenehm, ärgerlich: **that's too ~** das ist (doch) zu dumm. **6.** unwohl, krank: **she is** (*od.* **feels**) **very ~ today** es geht ihr heute sehr schlecht; **he felt ~ at** (*od.* **about**) **it** er war (sehr) deprimiert darüber. **II** *s* **7.** *das* Schlechte: **go from ~ to worse** immer schlimmer werden; **go to the ~** auf die schiefe Bahn geraten; **be in the ~ with** F schlecht angeschrieben sein bei. **8.** *econ.* Defizit *n*: **be £100 to the ~** ein Defizit *od.* e-n Verlust von 100 Pfund haben. **III** *adv* **9.** F → **badly.**

bade [bæd] *pret u. pp von* **bid.**

badge [bædʒ] *s* **1.** (*mil.* Rang)Abzeichen *n*. **2.** Button *m*. **3.** *fig.* Kennzeichen *n*.

badg·er ['bædʒə] **I** *s zo.* Dachs *m*. **II** *v/t* plagen, *j-m* zusetzen (**for** wegen).

bad·ly ['bædlı] *adv* **1.** schlecht, schlimm: **he is ~ off** es geht ihm sehr schlecht; **do ~** schlecht fahren (**in** bei, mit). **2.** dringend, sehr: **~ needed** dringend nötig. **3.** schwer: **~ wounded.**

bad·min·ton ['bædmıntən] *s* Federball(spiel *n*) *m*, *Sport*: Badminton *n*.

ˌbad-'tem·pered *adj* schlecht gelaunt.

baf·fle ['bæfl] *v/t* **1.** verwirren, -blüffen: **be ~d** *a.* vor e-m Rätsel stehen. **2.** *Plan etc* durchkreuzen, vereiteln.

bag [bæg] **I** *s* **1.** Sack *m*; Beutel *m*; Tasche *f*; Tüte *f*: **~ and baggage** mit Sack u. Pack; **~s of** F jede Menge (*Geld etc*). **2.** *hunt.* (Jagd)Beute *f*, Strecke *f*. **3.** (**pair of**) **~s** *pl bsd. Br.* F Hose *f*. **II** *v/t* **4.** in e-n Sack *etc* stecken; in Beutel verpacken *od.* abfüllen. **5.** *hunt.* zur Strecke bringen. **6.** F klauen, stehlen. **III** *v/i* **7.** *a.* **~ out** sich bauschen.

bag·a·telle [ˌbægə'tel] *s* Bagatelle *f*.

Bag(h)·dad [ˌbæg'dæd] Bagdad *n* (*Hauptstadt des Irak*).

bag·gage ['bægıdʒ] *s bsd. Am.* (Reise)Gepäck *n*. **~ al·low·ance** *s* ✈ *bsd. Am.* Freigepäck *n*. **~ car** *s* 🚃 *Am.* Gepäckwagen *m*. **~ check** *s bsd. Am.* Gepäckschein *m*. **~ claim** *s* Gepäckrückgabe *f*. **~ in·sur·ance** *s bsd. Am.* Reisegepäckversicherung *f*. **~ lock·er** *s bsd. Am.* Gepäckschließfach *n*. **~ re·claim** *s* ✈ Gepäckausgabe *f*.

bag·gy ['bægı] *adj* **1.** bauschig. **2.** ausgebeult (*Hose*).

'bag ˌla·dy *s Am.* Wohnsitzlose *f*.

'bag|ˌpip·er *s* Dudelsackpfeifer(in). **'~·pipes** *s pl* ♪ Dudelsack *m*. **'~ˌsnatch·er** *s* Handtaschenräuber(in).

bah [bɑː] *int contp.* bah!

Ba·ha·mas [bə'hɑːməz] *npr pl die* Bahamas *pl*.

Bah·rain, Bah·rein [bɑː'reın] *Emirat am Persischen Golf.*

bail¹ [beıl] ⚖ **I** *s* **1.** Bürge(n *pl*) *m*, Bürgin *f*. **2.** (Haft)Kaution *f*, Sicherheitsleistung *f*: **be out on ~** gegen Kaution auf freiem Fuß sein; **go** (*od.* **stand**) **~ for s.o.** für j-n Kaution stellen. **II** *v/t* **3. ~ s.o. out** j-s Freilassung gegen Kaution erwirken.

bail² [~] **I** *v/t mst* **~ out** *Wasser, Boot etc* ausschöpfen. **II** *v/i*: **~ out** ✈ aussteigen (*a.* F *fig.* **of** aus), abspringen.

bail·iff ['beılıf] *s Br.* **1.** ⚖ Gerichtsvollzieher(in). **2.** (Guts)Verwalter(in).

'bail·ment *s* Hinterlegungsvertrag *m*; hinterlegte Sache.

bait [beıt] **I** *s* **1.** Köder *m* (*a. fig.*), *econ.* Lockvogelangebot *n*: **rise to** (*od.* **swallow, take**) **the ~** anbeißen (*a. fig.*). **II** *v/t* **2.** mit e-m Köder versehen. **3.** *fig.* ködern. **4.** *hunt.* (mit Hunden) hetzen. **5.** *fig.* quälen, peinigen.

bake [beık] **I** *v/t* **1.** backen: **~d beans** *pl* Baked Beans *pl* (*in Tomatensoße gekochte Bohnen*); **~d potatoes** *pl ungeschälte, im Ofen gebackene Kartoffeln.* **2.** dörren, härten; *Ziegel* brennen; *Lack* einbrennen. **II** *v/i* **3.** backen, *mst fig.* (*in der Sonne*) braten. **4.** zs.- *od.* festbacken.

'bak·er *s* Bäcker(in): **at the ~'s** beim Bäcker; **~'s dozen** dreizehn.

'bak·er·y *s* Bäckerei *f*.

ˌbak·ing-'hot *adj* glühend heiß (*Tag etc*).

bak·ing pow·der *s* Backpulver *n*.

bal·ance ['bæləns] **I** *s* **1.** Waage *f*. **2.** Gleichgewicht *n*: a) Balance *f*, b) *a.* **~ of mind** Fassung *f*: **in the ~** *fig.* in der Schwebe; **hold the ~** *fig.* das Zünglein an der Waage bilden; **keep one's ~** das Gleichgewicht halten; *fig.* sich nicht aus der Fassung bringen lassen; **lose one's ~** das Gleichgewicht *od.* (*fig.*) die Fassung verlieren; **strike a ~ between ... and** *fig.* e-n Mittelweg finden zwischen (*dat*) ... u.; **throw s.o. off** (**his**) **~** *fig.* j-n aus der Fassung bringen; **~ of power** *pol.* Gleichgewicht der Kräfte. **3.** *bsd. fig.* (**to**) Gegengewicht *n* (zu), Ausgleich *m* (für). **4.** *econ.* Bilanz *f*; Saldo *m*, Guthaben *n*; Restbetrag *m*: **~ item** Bilanzposten *m*; **~ brought forward** Saldovortrag *m*; **~ due** geschuldeter Restbetrag; **preceding ~** alter Saldo; **~ of account** Saldo *m*; **~ of an account** Kontostand *m*; **~ of payments** Zahlungsbilanz *f*; **~ of services** Dienstleistungsbilanz *f*; **~ of trade** Handelsbilanz *f*; **on ~** per saldo, *fig.* alles in allem. **II** *v/t* **5.** *fig.* ab-, erwägen. **6.** (**o.s.** sich) im Gleichgewicht halten; balancieren. **7.** ins Gleichgewicht bringen, ausbalancieren. **8.** *econ. Konten, Rechnungen* ausgleichen, saldieren. **III** *v/i* **9.** sich im Gleichgewicht halten (*a. fig.*); balancieren. **10.** *econ.* sich ausgleichen.

'bal·anced *adj fig.* ausgewogen, -geglichen.

bal·ance sheet *s econ.* Bilanz *f.* ~ ***audit*** Bilanzprüfung *f*; ~ ***day*** Bilanzstichtag *m*; ~ ***item*** Bilanzposten *m*; ~ ***total*** Bilanzsumme *f.*

bal·ance wheel *s tech.* Unruh *f* (*e-r Uhr*).

bal·anc·ing ['bælənsɪŋ] *adj* Balance..., Balancier...: ~ ***act*** Balanceakt *m* (*a. fig.*); ~ ***item*** *econ.* Ausgleichsposten *m*; ~ ***pole*** Balancierstange *f.*

bal·co·ny ['bælkənɪ] *s* Balkon *m*, *thea. a.* zweiter Rang.

bald [bɔːld] *adj* □ **1.** kahl: ***go*** ~ e-e Glatze bekommen, kahl werden. **2.** (völlig) abgefahren (*Reifen*).

bal·der·dash ['bɔːldədæʃ] *s* Quatsch *m.*

'bald|·head *s* Kahl-, Glatzkopf *m*; ˌ~**'head·ed** *adj* kahl-, glatzköpfig.

bale[1] [beɪl] **I** *s econ.* Ballen *m*: ***in*** ~***s*** ballenweise. **II** *v/t* in Ballen verpacken.

bale[2] [~] → ***bail***[2].

balk [bɔːk] *v/i* **1.** stocken, stutzen. **2.** scheuen (***at*** vor *dat*) (*Pferd*). **3.** (***at***) sich sträuben (gegen); zurückschrecken (vor *dat*).

Bal·kans ['bɔːlkənz] *npr pl der* Balkan.

ball[1] [bɔːl] **I** *s* **1.** Ball *m*; Kugel *f*; Knäuel *m, n*: ***be on the*** ~ F auf Draht sein; ***the*** ~ ***is with you*** (*od.* ***in your court***) du bist an der Reihe *od.* am Zug; ***have the*** ~ ***at one's feet*** *Br.* s-e große Chance haben; ***keep the*** ~ ***rolling*** das Gespräch *od.* die Sache in Gang halten; ***play*** ~ F mitmachen, spuren; ***set*** (*od.* ***start***) ***the*** ~ ***rolling*** den Stein ins Rollen bringen. **2.** *anat.* ~ ***of the eye*** Augapfel *m*; ~ ***of the foot*** Fußballen *m*; ~ ***of the thumb*** Handballen *m.* **3.** *pl* V Eier *pl* (*Hoden*). **II** *v/t u. v/i* **4.** (sich) zs.-ballen.

ball[2] [~] *s* Ball *m* (*Tanzveranstaltung*): ***have a*** ~ *bsd. Am.* F sich köstlich amüsieren.

bal·lad ['bæləd] *s* Ballade *f.*

ˌ**ball-and-'sock·et** *adj*: ~ ***joint*** *anat., tech.* Kugelgelenk *n.*

bal·last ['bæləst] *bsd.* ✈, ⚓ **I** *s* Ballast *m.* **II** *v/t* mit Ballast beladen.

ball| bear·ing *s tech.* Kugellager *n.* ~ **boy** *s Sport*: Balljunge *m.*

bal·let ['bæleɪ] *s* Ballett *n.* ~ **danc·er** *s* Balletttänzer(in).

ball girl *s Sport*: Ballmädchen *n.*

bal·lis·tics [bə'lɪstɪks] *s pl* (*meist sg konstruiert*) *mil., phys.* Ballistik *f.*

bal·loon [bə'luːn] **I** *s* **1.** (Frei-, Fessel-, Luft)Ballon *m.* **2.** Sprech-, Denkblase *f.* **II** *v/i* **3.** sich (auf)blähen.

bal'loon·ist *s* Ballonfahrer(in).

bal·lot ['bælət] **I** *s* **1.** Stimmzettel *m.* **2.** Gesamtzahl *f* der abgegebenen Stimmen: ***large*** ~ hohe Wahlbeteiligung. **3.** (*bsd.* geheime) Wahl *od.* Abstimmung: ***have*** (*od.* ***hold, take***) ***a*** ~ abstimmen (***on*** über *acc*). **4.** Wahlgang *m.* **II** *v/i* **5.** (***for***) stimmen (für), (*bsd.* in geheimer Wahl) wählen (*acc*). ~ **box** *s* Wahlurne *f.* ~ **card,** ~ **pa·per** *s* Stimmzettel *m.* ~ **rig·ging** *s* Wahlmanipulation *f.*

'ball|·point (pen) *s* Kugelschreiber *m.* **'~·room** *s* Ball-, Tanzsaal *m.*

bal·ly·hoo [ˌbælɪ'huː] *s* F **1.** Wirbel *m*, Tamtam *n*, Getue *n* (***about*** um). **2.** marktschreierische Reklame.

balm [bɑːm] *s* Balsam (*a. fig.*).

'balm·y *adj* □ **1.** balsamisch. **2.** lind, mild (*Wetter*). **3.** *bsd. Am. sl.* bekloppt, verrückt: ***go*** ~ überschnappen.

ba·lo·ney → ***boloney.***

Bal·tic ['bɔːltɪk] **I** *adj* Ostsee...; baltisch (*Sprachen*): ~ ***Sea*** *die* Ostsee; ***the*** ~ ***States*** das Baltikum. **II** *npr die* Ostsee.

bal·us·trade [ˌbælə'streɪd] *s* Balustrade *f.*

Ba·ma·ko [ˌbɑːmə'kəʊ] *Hauptstadt der Republik Mali.*

bam·boo [bæm'buː] *s* Bambus *m.*

bam·boo·zle [bæm'buːzl] *v/t* F **1.** betrügen (***out of*** um), übers Ohr hauen: ~ ***s.o. into doing s.th.*** j-n so einwickeln, dass er et. tut. **2.** irremachen, verwirren.

ban ['bæn] **I** *v/t* **1.** verbieten: ~ ***s.o. from speaking*** j-m Rede- *od.* Sprechverbot erteilen. **2.** *Sport*: sperren. **II** *s* **3.** (amtliches) Verbot (***on*** *gen*), Sperre *f* (*a. Sport*): ***import*** ~ Einfuhrverbot *n*, -sperre *f*; ~ ***on holidays*** Urlaubssperre *f.*

ba·nal [bə'nɑːl] *adj* □ banal, abgedroschen.

ba·nan·a [bə'nɑːnə] *s* **1.** ⚘ Banane *f.* **2.** *sl.* ***be*** ~***s*** bekloppt *od.* verrückt sein; ***go*** ~***s*** überschnappen. ~ **jack,** ~ **plug** *s* Bananenstecker *m.* ~ **re·pub·lic** *s* Bananenrepublik *f.*

band[1] [bænd] **I** *s* **1.** Schar *f*, Gruppe *f*; *b.s.* (*bsd. Räuber*)Bande *f.* **2.** (Musik)Kapelle *f*, (*Jazz-, Rock- etc*)Band *f*: ***big*** ~ Big Band. **II** *v/i* **3.** *mst* ~ ***together*** sich zs.-tun, *b.s.* sich zs.-rotten.

band[2] [~] *s* **1.** Band *n*; Gurt *m*; (*Hosen- etc*)Bund *m*; Bauchbinde *f* (*e-r Zigarre*); *andersfarbiger od. -artiger* Streifen. **2.** *Radio*: (Frequenz)Band *n.* **3.** Ring *m.* **4.** *tech.* Treibriemen *m*; Band *n.*

band·age ['bændɪdʒ] **I** *s* ⚕ Bandage *f*; Binde *f*; Verband *m.* **II** *v/t* bandagieren; verbinden.

'band-aid *s Am.* Heftpflaster *n.*

ban·dit ['bændɪt] *s* Bandit(in).

'band|ˌlead·er *s* ♪ Bandleader(in). **'~ˌmas·ter** *s* ♪ Kapellmeister(in). **'~ˌwag(g)on** *s*

Wagen *m* mit e-r Musikkapelle: ***climb*** (*od.* ***get, jump***) ***on the*** ~ *fig.* zur erfolgreichen Partei umschwenken.

ban·dy¹ ['bændɪ] *v/t* **1.** sich *e-n Ball etc* zuwerfen. **2.** sich *Geschichten etc* erzählen. **3.** sich *Beleidigungen etc* an den Kopf werfen, sich (gegenseitig) *Komplimente, Vorwürfe* machen: ~ ***blows*** sich schlagen; ~ ***words*** sich streiten. **4.** *a.* ~ ***about*** (*od.* ***around***) *Gerücht etc* in Umlauf setzen; weitererzählen: ***he has his name bandied about*** sein Name fällt dauernd (***in connection with*** in Zs.-hang mit); *b.s.* er ist ins Gerede gekommen.

ban·dy² [~] *adj* **1.** krumm, nach außen gebogen: ~ ***legs*** *pl* Säbelbeine *pl*, O-Beine *pl.* **2.** → ***bandy-legged.*** **'~-legged** *adj* säbelbeinig, o-beinig.

bang [bæŋ] **I** *s* **1.** heftiger *od.* schallender Schlag. **2.** Bums *m*, Krach *m*, Knall *m*: ***shut the door with a*** ~ zuschlagen, zuknallen. **3.** *sl.* Schuss *m* (*Heroin etc*). **II** *v/t* **4.** knallen mit, *Tür etc* zuschlagen, zuknallen: ~ ***one's fist on the table*** mit der Faust auf den Tisch schlagen; ~ ***one's head*** sich den Kopf anschlagen (***against, on*** an *dat*). **5.** V bumsen. **III** *v/i* **6.** knallen: a) krachen, b) zuschlagen (*Tür etc*), c) schießen: ~ ***away*** drauflosknallen; ~ ***into*** stoßen *od.* prallen gegen *od.* an (*acc*); *fig.* F zufällig treffen. **7.** V bumsen. **IV** *adv* **8.** mit lautem Knall: ***go*** ~ explodieren. **9.** peng; genau: ~ ***in the eye*** peng ins Auge. **V** *int* **10.** peng!, bum(s)!

'bang·er *s Br.* **1.** Feuerwerks-, Knallkörper *m.* **2.** F (alter) Klapperkasten (*Auto*). **3.** F (Brat)Wurst *f*, Würstchen *n.*

Bang·kok [ˌbæŋ'kɒk] *Hauptstadt von Thailand.*

Bang·la·desh [ˌbæŋglə'deʃ] Bangladesch *n* (*Volksrepublik in Südostasien*).

ban·gle ['bæŋgl] *s* Armreif *m*; Fußreif *m.*

'bang-up *adj bsd. Am.* F prima.

ban·ish ['bænɪʃ] *v/t* **1.** verbannen (*a. fig.*), ausweisen (***from*** aus). **2.** *Sorgen etc* verscheuchen, -treiben.

'ban·ishment *s* Verbannung *f*, Ausweisung *f.*

ban·is·ters ['bænɪstəz] *s pl* Treppengeländer *n.*

ban·jo ['bændʒəʊ] *pl* **-jo(e)s** *s* ♪ Banjo *n.*

Ban·jul [bæn'dʒuːl] *Hauptstadt von Gambia, Westafrika.*

bank¹ [bæŋk] **I** *s* **1.** *econ.* Bank *f.* **2.** Bank *f* (*bei Glücksspielen*): ***break*** (***be*** *od.* ***keep***) ***the*** ~ die Bank sprengen (halten). **3.** (*Blut-, Daten- etc*)Bank *f.* **II** *v/i* **4.** ein Bankkonto haben (***with*** bei). **5.** die Bank halten (*bei Glücksspielen*). **6.** ~ ***on*** bauen *od.* sich verlassen auf (*acc*). **III** *v/t* **7.** *Geld* bei e-r Bank einzahlen, auf die Bank bringen.

bank² [~] **I** *s* **1.** (Erd)Wall *m*; Böschung *f*; Überhöhung *f* (*e-r Straße etc in Kurven*). **2.** (*Fluss- etc*)Ufer *n.* **3.** (*Sand*)Bank *f.* **4.** Zs.-ballung *f*: ~ ***of clouds*** Wolkenbank *f*; ~ ***of snow*** Schneewall *m*, -wechte *f.* **II** *v/t* **5.** mit e-m Wall umgeben. **6.** *Straße etc* (*in der Kurve*) überhöhen. **7.** ~ ***up*** aufhäufen, zs.-ballen. **III** *v/i* **8.** *a.* ~ ***up*** sich aufhäufen, sich zs.-ballen. **9.** überhöht sein (*Straße, Kurve*).

bank·a·ble ['bæŋkəbl] *adj fig.* zuverlässig, verlässlich.

bank| ac·cept·ance *s* Bankwechsel *m.* ~ **ac·count** *s* Bankkonto *n.* ~ **bal·ance** *s* Bankguthaben *n.* ~ **base rate** *s* Eckzins *m.* ~ **bill** *Am.* → ***bank note.*** ~ **book** *s* Sparbuch *n.* ~ **card** *s* Scheckkarte *f.* ~ **charg·es** *s pl* Bankgebühren *pl.* ~ **clerk** *s* Bankangestellte *m,f.* ~ **code** *s* Bankleitzahl *f.* ~ **de·pos·its** *s pl* Bankeinlagen *pl.*

bank·er ['bæŋkə] *s* **1.** *econ.* Bankier *m*: ~**'s order** Dauerauftrag *m.* **2.** Bankhalter(in) (*bei Glücksspielen*).

bank| guar·an·tee *s* Bankbürgschaft *f.* ~ **hold·up** *s* Banküberfall *m.* ~ **hol·i·day** *s Br.* Bankfeiertag *m.*

bank·ing ['bæŋkɪŋ] *econ.* **I** *s* Bankwesen *n.* **II** *adj* Bank...: ~ ***business*** Bankverkehr *m*; ~ ***hours*** *pl* Banköffnungszeiten *pl.*

bank| lend·ing rate *s* Kreditzinssatz *m.* ~ **man·ag·er** *s* Bankdirektor(in). ~ **note** *s* Banknote *f*, Geldschein *m.* ~ **o·ver·draft** *s* Überziehungskredit *m.* ~ **raid** *s* Banküberfall *m*, -raub *m.* ~ **raid·er** *s* Bankräuber(in). ~ **rate** *s econ.* Darlehenszinssatz *m.* ~ **ref·er·ence** *s* Bankauskunft *f.* ~ **rob·ber** *s* Bankräuber(in). ~ **rob·ber·y** *s* Bankraub *m*, -überfall *m.*

bank·rupt ['bæŋkrʌpt] ⚖ **I** *s* **1.** Konkurs-, Gemeinschuldner(in): ~**'s estate** (*od.* ***property***) Konkursmasse *f.* **2.** (*betrügerischer*) Bankrotteur(in). **II** *adj* **3.** bankrott: ***go*** ~ in Konkurs gehen, Bankrott machen; ***declare o.s.*** ~ Konkurs anmelden.

bank·rupt·cy ['bæŋkrəptsɪ] *s* ⚖ Bankrott *m*, Konkurs *m*: ***face*** ~ vor dem Bankrott stehen; ***file a petition in*** ~ Konkurs anmelden. ~ **pro·ceed·ings** *pl* Konkursverfahren *n*: ***institute*** ~ das Konkursverfahren eröffnen.

bank| sav·ings bond *s* Sparbrief *m.* ~ **ser·vice charge** *s* Bearbeitungsgebühr *f.* ~ **sort code** *s* Bankleitzahl *f.* ~ **state·ment** *s* Kontoauszug *m.* ~ **trans·fer** *s* Banküberweisung *f.*

ban·ner ['bænə] **I** *s* **1.** Standarte *f*; Banner *n.* **2.** Spruchband *n*, Transparent *n.* **3.** *a.* ~ ***headline*** Balkenüberschrift *f*, breite Schlagzeile. **II** *adj* **4.** *Am.* hervorragend.

banns [bænz] *s pl eccl.* Aufgebot *n*: ***have one's ~ called*** das Aufgebot bestellen.
ban·quet ['bæŋkwɪt] **I** *s* Bankett *n*, Festessen *n*. **II** *v/i* tafeln.
ban·tam·weight ['bæntəmweɪt] (*Sport*) **I** *s* Bantamgewicht *n*. **II** *adj* Bantamgewichts...
ban·ter ['bæntə] **I** *v/t u. v/i* necken. **II** *s* Neckerei *f*.
bap·tism ['bæptɪzəm] *s eccl.* Taufe *f*.
bap·tis·mal [bæp'tɪzml] *adj* Tauf...: *~ **font*** Taufbecken *n*.
'**Bap·tist** *s* Baptist(in).
bap·tize [bæp'taɪz] *v/t* taufen.
bar [bɑː] **I** *s* **1.** Stange *f*, Stab *m*: ***~s*** *pl* Gitter *n*; ***behind ~s*** *fig.* hinter Schloss u. Riegel. **2.** Riegel *m*. **3.** Schranke *f*, Sperre *f*; *fig.* Hindernis *n* (***to*** für). **4.** Riegel *m*, Stange *f*: ***a ~ of soap*** ein Riegel *od.* Stück Seife; ***a ~ of chocolate*** ein Riegel (*weitS.* e-e Tafel) Schokolade. **5.** (*Gold- etc*)Barren *m*. **6.** (dicker) Strich. **7.** ♪ Taktstrich *m*; *ein* Takt *m*. **8.** ⚖ (Gerichts)Schranke *f*: ***prisoner at the ~*** Angeklagte *m, f*. **9.** ⚖ Anwaltsberuf *m*; *coll.* Anwaltschaft *f*, *Br.* Stand *m* der ***barristers: be admitted*** (*Br.* ***called***) ***to the ~*** als Anwalt (*Br.* ***barrister***) zugelassen werden; ***read for the ~*** *Br.* Jura studieren. **10.** (Tor-, Quer-, Sprung)Latte *f*. **11.** Bar *f*; Lokal *n*, Imbissstube *f*; Bar *f*, Theke *f*. **II** *v/t* **12.** verriegeln. **13.** *a.* ***~ up*** vergittern. **14.** *a.* ***~ in*** einsperren: ***~ out*** aussperren. **15.** hemmen; (***from***) hindern (an *dat*), abhalten (von). **III** *prp* **16.** außer, abgesehen von: ***~ none*** (alle) ohne Ausnahme.
barb [bɑːb] *s* **1.** Widerhaken *m*; Stachel *m*. **2.** *fig.* Spitze *f*.
Bar·ba·dos [bɑː'beɪdɒs] *östlichste Insel der Kleinen Antillen.*
bar·bar·i·an [bɑː'beərɪən] **I** *s* Barbar(in). **II** *adj* barbarisch.
bar·bar·ic [bɑː'bærɪk] *adj* (***~ally***) barbarisch.
'**bar·ba·rous** *adj* □ barbarisch.
bar·be·cue ['bɑːbɪkjuː] **I** *v/t* auf dem Rost *od.* am Spieß braten, grillen. **II** *s* Barbecue *n*: a) Grillfest *n*, b) Bratrost *m*, Grill *m*, c) *auf dem Rost od. Grill gebratenes Fleisch.*
barbed [bɑːbd] *adj* **1.** mit Widerhaken *od.* Stacheln: ***~ wire*** Stacheldraht *m*. **2.** *fig.* spitz (*Bemerkung etc*).
bar·ber ['bɑːbə] *s* (Herren)Friseur *m*, (-)Friseuse *f*: ***~('s) shop*** Friseurgeschäft *n*.
bar·bi·tu·rate [bɑː'bɪtjʊrət] *s* ⚕ *etc* Barbiturat *n*.
bar| chart *s Computer*: Balken-, Säulendiagramm *n*. ***~ code*** *s* Strichkode *m*. '***~-code scan·ner*** *s* Strichkodeleser *m*.
bare [beə] **I** *adj* (□ → ***barely***) **1.** nackt: a) entblößt: ***on one's ~ feet*** barfuß; ***in one's ~ skin*** nackt, b) kahl (*Wand etc*), c) *fig.* ungeschminkt: ***~ facts*** *pl* nackte Tatsachen *pl*. **2.** *fig.* unverhüllt: ***~ nonsense*** blanker Unsinn; ***lay ~*** → II. **3.** ***~ of*** arm an (*dat*); ohne, ...los. **4.** knapp (*Mehrheit etc*): ***earn a ~ living*** knapp das Nötigste zum Leben verdienen. **5.** bloß: ***the ~ thought*** allein *od.* schon der Gedanke. **II** *v/t* **6.** entblößen, *weitS. Zähne* zeigen. **7.** *fig.* enthüllen, bloßlegen. '**~·back(ed)** *adj u. adv* ungesattelt, ohne Sattel. '**~·faced** *adj* unverschämt, schamlos. '**~·foot,** ˌ**~'foot·ed** *adj u. adv* barfuß, -füßig. ˌ**~'head·ed** *adj u. adv* barhäuptig.
bare·ly ['beəlɪ] *adv* **1.** kaum, knapp. **2.** ärmlich, spärlich.
bar·gain ['bɑːgɪn] **I** *s* **1.** Handel *m*, Geschäft *n* (*a. fig.*): ***it's a ~!*** abgemacht!; ***into the ~*** noch dazu, obendrein; ***make the best of a bad ~*** sich so gut wie möglich aus der Affäre ziehen; ***strike a ~*** ein Geschäft abschließen; → ***drive*** 12. **2.** vorteilhaftes Geschäft, Gelegenheitskauf *m*. **II** *v/i* **3.** handeln, feilschen (***for*** um). **4.** verhandeln (***for*** über *acc*): ***~ on*** vereinbaren (*acc*); ***~ing power*** Verhandlungsstärke *f*; ***~ing round*** Tarifrunde *f*, Lohnrunde *f*. **5.** (***for***) rechnen (mit), gefasst sein (auf *acc*). **III** *v/t* **6.** aushandeln. ***~ base·ment*** *s* Niedrigpreisabteilung *f* im Tiefgeschoss (*e-s Kaufhauses*). ***~ count·er*** *s* Wühltisch *m*. ***~ hunt·er*** *s* Schnäppchenjäger(in). ***~ of·fer*** *s* Sonderangebot *n*. ***~ price*** *s* Gelegenheits-, Sonderpreis *m*.
barge [bɑːdʒ] **I** *s* **1.** Last-, Schleppkahn *m*. **II** *v/i* **2.** sich schwerfällig bewegen. **3.** F (***into***) stoßen, prallen, bumsen (gegen, an *acc*). **4.** ***~ in***(***to***) F hereinplatzen (in *acc*); sich einmischen (in *acc*).
bar·i·tone ['bærɪtəʊn] *s* ♪ Bariton *m*.
bark[1] [bɑːk] **I** *s* **1.** (Baum)Rinde *f*, Borke *f*. **II** *v/t* **2.** abrinden. **3.** sich *die Knie etc* auf-, abschürfen: ***~ one's knees.***
bark[2] [~] **I** *v/i* bellen (*a.* F *husten*): ***~ at s.o.*** j-n anbellen; *fig.* j-n anschnauzen; ***~ing dogs never bite*** Hunde, die bellen, beißen nicht; ***~ up the wrong tree*** F auf dem Holzweg sein; an der falschen Adresse sein. **II** *s* Bellen (*a.* F *Husten*): ***his ~ is worse than his bite*** er bellt nur(, aber beißt nicht).
'**barˌkeep·er** *s* Barkeeper(in): a) Barbesitzer(in), b) Barmann *m*, -dame *f*, Barmixer(in).
bar·ley ['bɑːlɪ] *s* ⚘ Gerste *f*.
'**bar|·maid** *s bsd. Br.* Bardame *f*. **~·man** ['~mən] *s* (*irr **man***) Barmann *m*, -keeper *m*, -mixer *m*.
barm·y ['bɑːmɪ] *adj sl.* bekloppt, verrückt: ***go ~*** überschnappen.
barn [bɑːn] *s* **1.** Scheune *f*. **2.** (Vieh)Stall *m*.

ba·rom·e·ter [bəˈrɒmɪtə] *s* Barometer *n* (*a. fig.*).
bar·on [ˈbærən] *s* **1.** Baron *m*. **2.** (Industrie-*etc*)Baron *m*, Magnat *m*.
ˈ**bar·on·ess** *s* Baronin *f*.
ba·roque [bəˈrɒk] **I** *adj* barock. **II** *s* Barock *n*, *m*.
bar·racks [ˈbærəks] *s pl* (*meist sg konstruiert*) Kaserne *f*.
bar·rage [ˈbærɑːʒ] *s* **1.** (Stau)Damm *m*, Talsperre *f*. **2.** *mil*. Sperrfeuer *n*. **3.** *fig*. Hagel *m*, Schwall *m*.
bar·rel [ˈbærəl] **I** *s* **1.** Fass *n*, (*Rohölmaß mst*) Barrel *n*: **~s** (*od.* **a ~**) **of** F ein Haufen (*Geld etc*). **2.** (Gewehr)Lauf *m*, (Geschütz)Rohr *n*. **II** *v/t pret u. pp* **-reled,** *bsd. Br.* **-relled 3.** in Fässer füllen: **~(l)ed beer** Fassbier *n*. **~ or·gan** *s* ♪ Drehorgel *f*, Leierkasten *m*.
bar·ren [ˈbærən] *adj* □ **1.** unfruchtbar (*Lebewesen, Land etc*). **2.** *geistig* unproduktiv. **3. ~ of** arm an (*dat*), ...los. **4.** nutzlos, *econ.* tot (*Kapital*).
bar·rette [bæˈret] *s Am.* Haarspange *f*.
bar·ri·cade [ˌbærɪˈkeɪd] **I** *s* Barrikade *f*: **go to** (*od.* **mount**) **the ~s** *fig.* auf die Barrikaden gehen *od.* steigen. **II** *v/t* verbarrikadieren.
bar·ri·er [ˈbærɪə] *s* **1.** Schranke *f*, Barriere *f*, Sperre *f*. **2.** Schlag-, Grenzbaum *m*. **3.** *phys.* (*Schall*)Grenze *f*. **4.** *fig.* Hindernis *n* (**to** für); **~ to trade** Handelshemmnis *n*, Handelsschranke *f*. **~ cream** *s* Schutzcreme *f*.
bar·ring [ˈbɑːrɪŋ] *prp* ausgenommen, abgesehen von: **~ a miracle** falls *od.* wenn kein Wunder geschieht.
bar·ris·ter [ˈbærɪstə] *s* ⚖ **1.** *Br.* Barrister *m* (*vor höheren Gerichten plädierender Anwalt*). **2.** *Am. allg.* Rechtsanwalt *m*, -anwältin *f*.
bar·row [ˈbærəʊ] *s* (Hand-, Schub)Karre(n *m*) *f*.
ˈ**barˌtend·er** *bsd. Am.* → **barman.**
bar·ter [ˈbɑːtə] **I** *v/t* (ein)tauschen (**against, for** gegen). **II** *v/i* verhandeln (**for** über *acc*). **III** *s* Tausch(handel *m*, -geschäft *n*) *m*. **~ deal** *s* Tauschabkommen *n*. **~ e·con·o·my** *s* Tauschwirtschaft *f*.
ba·salt [ˈbæsɔːlt] *s geol.* Basalt *m*.
base[1] [beɪs] *adj* □ **1.** gemein, niederträchtig. **2.** minderwertig, (*Metall*) unedel.
base[2] [~] **I** *s* **1.** *a. fig.* Basis *f*, Grundlage *f*, Fundament *n* (*a.* △). **2.** Grundstoff *m*, Hauptbestandteil *m*. **3.** *fig.* Ausgangspunkt *m*, -basis *f*. **4.** *mil.* Standort *m*; Basis *f*, Stützpunkt *m*. **5.** *Baseball*: Mal *n*. **II** *v/t* **6.** stützen, gründen (**on** auf *acc*): **be ~d on** beruhen *od.* basieren auf (*dat*). **~ ad·dress** *s Computer*: Basisadresse *f*.
ˈ**base·ball** *s Sport*: Baseball(spiel *n*) *m*.
ˈ**base·board** *s Am.* Fuß(boden)-, Scheuerleiste *f*.
ˈ**base·less** *adj* □ grundlos.
base line *s* Grundlinie *f*.
base·ment [ˈbeɪsmənt] *s* Kellergeschoss *n*.
base·ness [ˈbeɪsnɪs] *s* **1.** Gemeinheit *f*, Niedertracht *f*. **2.** Minderwertigkeit *f*.
base rate *s* Eckzins *m* (*der Clearing-Banken für Ausleihungen*).
ba·ses [ˈbeɪsiːz] *pl von* **basis.**
bash [bæʃ] F **I** *v/t* **1.** heftig schlagen, *j-n* verprügeln: **~ in** einschlagen. **II** *s* **2.** heftiger Schlag: **give s.o. a ~ (on the nose)** *j-m* ein Ding (auf die Nase) verpassen. **3.** Versuch *m*: **have a ~ at s.th.** es mit et. probieren.
bash·ful [ˈbæʃfʊl] *adj* □ schüchtern.
BASIC [ˈbeɪsɪk] **beginner's all-purpose symbolic instruction code** *einfache Programmiersprache.*
bas·ic [ˈbeɪsɪk] **I** *adj* grundlegend, Grund...: **~ commodities** *pl* Grund-, Rohstoffe *pl*; **~ configuration** *Computer*: Grundausstattung *f*; **~ fact** grundlegende Tatsache; **~ fee** Grundgebühr *f*; **~ law** Grundgesetz *n*; **~ materials** Rohstoffe *pl*; **~ needs** Grundbedürfnisse *pl*; **~ pay** Ecklohn *m*, Grundgehalt *n*; **~ price** (*od.* **rate**) Grundpreis *m*; **~ research** Grundlagenforschung *f*; **~ salary** Grundgehalt *n*; **~ wage** Grundlohn *m*, Ecklohn *m*. **II** *s pl* Grundlagen *pl*: **get back to the ~s** auf den Kern der Sache zurückkommen.
ˈ**bas·i·cal·ly** *adv* **1.** im Grunde. **2.** im Wesentlichen.
bas·il [ˈbæzl] *s* ♣ Basilikum *n*.
ba·sin [ˈbeɪsn] *s allg.* Becken *n* (*a. geol. etc*); *engS.* Schale *f*, Schüssel *f*.
ba·sis [ˈbeɪsɪs] *pl* **-ses** [ˈ~siːz] *s* **1.** *mil.* Basis *f*, Stützpunkt *m*. **2.** *fig.* Basis *f*, Grundlage *f*: **on the ~ of** auf der Basis von (*od. gen*); **~ of calculation** Berechnungsgrundlage *f*; **~ of discussion** Diskussionsgrundlage *f*; **~ of taxation** Besteuerungsgrundlage *f*: **take as a ~** zugrunde legen.
bask [bɑːsk] *v/i* sich sonnen (*a. fig.*): **~ in the sun** ein Sonnenbad nehmen.
bas·ket [ˈbɑːskɪt] *s* Korb *m*: **~ of commodities** *econ.* Warenkorb.
ˈ**bas·ket·ball** *s Sport*: Basketball(spiel *n*) *m*.
Basle [bɑːl] *npr* Basel *n*.
bass [beɪs] *s* ♪ Bass(stimme *f*) *m*; Bassist(in).
bas·soon [bəˈsuːn] *s* ♪ Fagott *n*.
bas·tard [ˈbɑːstəd] **I** *s* **1.** Bastard *m* (*a. biol.*). **2.** *sl.* Scheißkerl *m*; *allg.* Kerl *m*: **poor ~** armes Schwein; **a ~ of a headache** verfluchte Kopfschmerzen *pl*. **II** *adj* **3.** unehelich. **4.** *biol.* Bastard...
baste[1] [beɪst] *v/t Braten* mit Fett begießen.
baste[2] [~] *v/t* verprügeln.

baste³ [~] *v/t* (an)heften.
bas·tion ['bæstɪən] *s mil.* Bastion *f.*
bat¹ [bæt] *s zo.* Fledermaus *f*: (**as**) ***blind as a ~*** stockblind; ***have ~s in the belfry*** F e-n Vogel haben.
bat² [~] **I** *s* **1.** *Baseball, Kricket*: Schlagholz *n*, Schläger *m*: ***off one's own ~*** *fig.* selbstständig; auf eigene Faust. **2.** *Br.* F Tempo *n*: ***at a fair ~*** mit e-m ganz schönen Zahn. **3.** *Am. sl.* Sauferei *f*: ***go on a ~*** e-e Sauftour machen. **II** *v/i* **4.** *Baseball, Kricket*: am Schlagen sein.
bat³ [~] *v/t*: ***without ~ting an eyelid*** ohne mit der Wimper zu zucken.
batch [bætʃ] *s* Stapel *m*, Stoß *m*. **~ cost·ing** *s econ.* Produktbündelrechnung *f*. **~ mode** *s Computer*: Stapelbetrieb *m*. **~ pro·cess·ing** *s Computer*: Stapelverarbeitung *f*. **~ pro·duc·tion** *s econ.* Serien-, Sortenfertigung *f.*
bat·ed ['beɪtɪd] *adj*: ***with ~ breath*** mit angehaltenem Atem, gespannt.
bath [bɑːθ] **I** *pl* **baths** ['~ðz] *s* **1.** (Wannen)Bad *n*: ***have*** (*od.* ***take***) ***a ~*** ein Bad nehmen, baden. **2.** Badewanne *f*. **3.** Bad(ezimmer) *n*. **4.** *mst pl* Bad *n*: a) Badeanstalt *f*, b) Badeort *m*. **5.** ⚗, *phot.* Bad *n*. **II** *v/t* **6.** *Br. Kind etc* baden. **III** *v/i* **7.** *Br.* baden, ein Bad nehmen.
bathe [beɪð] **I** *v/t* **1.** *Wunde etc, bsd. Am. a. Kind etc* baden. **2.** ***~d in sunlight*** (***sweat, tears***) *fig.* sonnenüberflutet (schweißgebadet, tränenüberströmt). **II** *v/i* **3.** *bsd. Am.* baden, ein Bad nehmen. **4.** baden, schwimmen. **III** *s* **5.** Bad *n* (*im Freien*): ***have*** (*od.* ***take***) ***a ~*** → 4.
bath·ing ['beɪðɪŋ] **I** *s* Baden *n*. **II** *adj* Bade...: ***~ accident*** (***cap, costume*** *od.* ***dress*** *od.* ***suit, trunks***) Badeunfall *m* (-mütze *f od.* -kappe *f*, -anzug *m*, -hose *f*).
'**bath|·robe** *s* **1.** Bademantel *m*. **2.** *Am.* Morgen-, Schlafrock *m*. **~·room** ['~rʊm] *s* **1.** Badezimmer *n*. **2.** *Am.* Toilette *f*. **~ tow·el** *s* Badetuch *n*. '**~·tub** *s* Badewanne *f.*
ba·tik [bə'tiːk] *s* Batik(druck) *m.*
ba·tiste [bæ'tiːst] *s* Batist *m.*
ba·ton ['bætən] *s* **1.** (Amts-, Kommando)Stab *m*. **2.** ♪ Taktstock *m*. **3.** *Leichtathletik*: (Staffel)Stab *m*. **4.** Schlagstock *m*, Gummiknüppel *m* (*der Polizei*).
bats·man ['bætsmən] *s* (*irr* ***man***) *Kricket*: Schläger *m*, Schlagmann *m.*
bat·tal·ion [bə'tæljən] *s mil.* Bataillon *n.*
bat·ten¹ ['bætn] **I** *s* Latte *f*, Leiste *f*. **II** *v/t*: ***~ down the hatches*** ⚓ die Luken schalken; *fig.* alles dichtmachen.
bat·ten² [~] *v/i mst fig.* dick u. fett werden (**on** auf Kosten *gen*).
bat·ter¹ ['bætə] **I** *v/t* **1.** wiederholt heftig schlagen; *Frau, Kind etc* (wiederholt) misshandeln: ***~ down*** (*od.* ***in***) einschlagen; ***~ed wives' refuge*** Frauenhaus *n*. **2.** abnutzen. **3.** (arg) lädieren *od.* zerbeulen, *a. fig.* arg in Mitleidenschaft ziehen. **II** *v/i* **4.** wiederholt heftig schlagen *od.* stoßen (***against*** gegen; ***at*** an *acc*): ***~*** (***away***) ***at the door*** gegen die Tür hämmern. **III** *s* **5.** *gastr.* Eierkuchenteig *m.*
bat·ter² [~] *s Baseball, Kricket*: Schläger(in), Schlagmann *m*, -frau *f.*
bat·ter·y ['bætərɪ] *s* **1.** ⚡ Batterie *f*: ***~ backup*** *Computer*: Netzausfallschutz *m*. **2.** Batterie *f*, Reihe *f*, Satz *m*. **3.** ⚒ Legebatterie *f*. **4.** ⚖ Tätlichkeit *f*; Körperverletzung *f*. **~ farm·ing** *s* ⚒ Massentierhaltung *f*. **~ hen** *s* ⚒ Batteriehenne *f*. '**~-ˌop·er·at·ed** *adj* batteriebetrieben, Batterie...
bat·tle ['bætl] **I** *s* **1.** *mil.* Schlacht *f* (**of** bei). **2.** *fig.* Kampf *m* (**for** um). **II** *v/i* **3.** *bsd. fig.* kämpfen: ***~ for breath*** um Atem ringen. '**~-ax(e)** *s* **1.** *mil. hist.* Streitaxt *f*. **2.** F alter Drachen. '**~·field,** '**~·ground** *s mil.* Schlachtfeld *n*. '**~·ship** *s* Schlachtschiff *n.*
bat·ty ['bætɪ] *adj sl.* bekloppt, verrückt.
baulk → ***balk.***
baux·ite ['bɔːksaɪt] *s min.* Bauxit *m.*
Ba·var·i·a [bə'veərɪə] *npr* Bayern *n.*
Ba·var·i·an [bə'veərɪən] **I** *adj* bay(e)risch. **II** *s* Bayer(in).
bawd·y ['bɔːdɪ] *adj* unflätig, obszön.
bawl [bɔːl] **I** *v/i* schreien, brüllen: ***~ at s.o.*** j-n anbrüllen; ***~ for help*** um Hilfe schreien. **II** *v/t oft* ***~ out*** (heraus)schreien, (-)brüllen.
bay¹ [beɪ] *s* Bai *f*, Bucht *f.*
bay² [~] *s* △ Erker *m.*
bay³ [~] *s* ❀ Lorbeer(baum) *m*: ***~ leaf*** Lorbeerblatt *n.*
bay⁴ [~] **I** *v/i* bellen: ***~ at s.o.*** j-n anbellen; *fig.* j-n anschreien. **II** *s* Gebell *n*: ***be*** (*od.* ***stand***) ***at ~*** gestellt sein (*Wild*); *fig.* in die Enge getrieben sein; ***bring to ~*** *Wild* stellen; *fig.* in die Enge treiben; ***hold*** (*od.* ***keep***) ***at ~*** *j-n* in Schach halten; *Krankheit etc* von sich fern halten; *Feuer, Seuche etc* unter Kontrolle halten.
bay·o·net ['beɪənɪt] *s mil.* Bajonett *n*, Seitengewehr *n.*
bay win·dow *s* **1.** Erkerfenster *n*. **2.** *Am. humor.* Vorbau *m* (*Bauch*).
ba·zaar [bə'zɑː] *s* (*a.* Wohltätigkeits)Basar *m.*
BBC ***British Broadcasting Corporation*** BBC *f* (*britische Rundfunkgesellschaft*).
BC *abbr.* (= ***before Christ***) v. Chr.
BCom(m) ***Bachelor of Commerce*** Bakkalaureus *m* der Wirtschaftswissenschaften.
BD ***Bachelor of Divinity*** Bakkalaureus *m* der Theologie.
B/E ***bill of exchange*** Wechsel *m.*
be [biː] (*irr*) **I** *v/aux* **1.** *Zustand*: sein: ***he is***

gone er ist weg. **2.** *Passiv*: werden: ***I was cheated*** ich wurde betrogen. **3.** sollen, müssen, dürfen, können: ***he is to be pitied*** er ist zu bedauern; ***it was not to be*** es sollte nicht sein. **4.** *Verlaufsform*: ***he is reading*** er liest (gerade); ***he was watching TV when the telephone rang*** er sah gerade fern, als das Telefon läutete. **5.** *nahe Zukunft*: ***I am leaving tomorrow*** ich reise morgen ab; → **go** 27. **6.** *Kopula*: sein: ***he is my father.*** **II** *v/i* **7.** sein, der Fall sein: ***how is it that ...?*** wie kommt es, dass ...?; ***it is I*** (F ***me***) ich bin es. **8.** sein, bestehen: ***to be or not to be: that is the question*** Sein oder Nichtsein, das ist hier die Frage. **9.** sein, stattfinden (*Versammlung etc*); gehen, fahren (*Bus etc*). **10.** sein, sich befinden: ***have you ever been to London?*** sind Sie schon einmal in London gewesen?; ***has anyone been?*** F ist j-d da gewesen? **11.** (*beruflich*) werden: ***I'll be an engineer*** ich werde einmal Ingenieur. **12.** gehören: ***this book is mine.*** **13.** sein, stammen (***from*** aus). **14.** kosten: ***how much are these gloves?*** **15.** dauern (*Veranstaltung etc*).

beach [biːtʃ] **I** *s* Strand *m*: ***on the ~*** am Strand. **II** *v/t Schiff* auf den Strand setzen *od.* ziehen. **~ ball** *s* Wasserball *m*. **~ bug·gy** *s mot.* Strandbuggy *m*. **'~·wear** *s* Strandkleidung *f*.

bea·con ['biːkən] *s* **1.** Leucht-, Signalfeuer *n*. **2.** → ***Belisha beacon.***

bead [biːd] **I** *s* **1.** (*Glas-, Schweiß-, Tau- etc*)Perle *f*. **2.** *pl eccl.* Rosenkranz *m*: ***say*** (*od.* ***tell***) ***one's ~s*** den Rosenkranz beten. **II** *v/t* **3.** mit Perlen besetzen. **III** *v/i* **4.** perlen.

beak [biːk] *s* **1.** *orn.* Schnabel *m*. **2.** *tech.* Tülle *f*.

beaked *adj* **1.** schnabelförmig. **2.** vorspringend, spitz.

beak·er ['biːkə] *s* Becher *m*.

beam [biːm] **I** *s* **1.** Balken *m*. **2.** Strahl *m*, ⚡, *phys. a.* Bündel *n*: ***~ of rays*** Strahlenbündel; ***~ of hope*** Hoffnungsstrahl. **3.** Peil-, Leit-, Richtstrahl *m*: ***be off*** (***the***) ***~*** ✈, ⚓ vom Kurs abgekommen sein; F auf dem Holzweg sein; ***be on*** (***the***) ***~*** ✈, ⚓ auf Kurs sein; F auf dem richtigen Weg sein. **4.** strahlendes Lächeln. **II** *v/t* **5.** ausstrahlen (*a. phys. u. Rundfunk, TV*). **III** *v/i* **6.** strahlen (*a. fig.* ***with*** vor *dat*): ***~ing with joy*** freudestrahlend. **ˌ~-'ends** *s pl*: ***be on one's ~*** *fig.* auf dem letzten Loch pfeifen.

bean [biːn] *s* **1.** ♣ Bohne *f*: ***be full of ~s*** F aufgekratzt sein; voller Leben(skraft) stecken; ***spill the ~s*** F alles ausplaudern. **2.** *Am. sl.* Birne *f* (*Kopf*).

bear¹ [beə] **I** *s* **1.** *zo.* Bär *m*. **2.** *fig.* Brummbär *m*; Tollpatsch *m*. **3.** *econ.* Baissespekulant(in). **II** *v/i* **4.** *econ.* auf Baisse spekulieren.

bear² [~] (*irr*) **I** *v/t* **1.** *Last, a. fig. Datum, Verantwortung, Verlust etc* tragen: → **fruit** 2a, **interest** 6, **resemblance,** *etc.* **2.** zur Welt bringen, gebären. **3.** *Gefühl* hegen: → **grudge** 3. **4.** *Gehorsam etc* leisten: → **company** 1. **5.** ertragen, aushalten, -stehen: → **comparison** 1. **II** *v/i* **6.** tragen, halten (*Balken, Eis etc*). **7.** (***on***) sich beziehen (auf *acc*), betreffen (*acc*): → **pressure.** **8.** ~ (***to the***) ***left*** sich links halten.

Verbindungen mit Adverbien:

~ a·way *v/t* **1.** forttragen. **2.** *Sieg etc* davontragen. **~ down I** *v/t* überwinden, -wältigen, *Widerstand* brechen. **II** *v/i* (***on***) sich (schnell) nähern (*dat*); sich stürzen (auf *acc*); *fig.* lasten (auf *dat*), bedrücken (*acc*); *e-r Sache* zu Leibe gehen. **~ in** *v/t*: ***it was borne in on him*** es wurde ihm klar (***that*** dass). **~ out** *v/t* bekräftigen, bestätigen; *j-m* Recht geben. **~ up I** *v/t* **1.** ermutigen. **II** *v/i* **2.** (***against, under***) sich behaupten (gegen), (tapfer) ertragen (*acc*). **3.** *Br.* Mut fassen, (wieder) fröhlich werden: ***~!*** Kopf hoch!

bear·a·ble ['beərəbl] *adj* □ erträglich.

beard [bɪəd] **I** *s* Bart *m*: ***laugh in one's ~*** sich ins Fäustchen lachen. **II** *v/t*: ***~ the lion in his den*** *fig.* sich in die Höhle des Löwen wagen.

'beard·ed *adj* bärtig.

'beard·less *adj* bartlos.

bear·er ['beərə] *s* **1.** Träger(in). **2.** Überbringer(in) (*a. econ. e-s Schecks etc*). **3.** *econ.* Inhaber(in) (*e-s Wertpapiers*). **~ bond** *s* Inhaberobligation *f*, -schuldverschreibung *f*. **~ cheque** *s* Inhaberscheck *m*. **~ pa·per** *s* Inhaberpapier *n*.

bear·ing ['beərɪŋ] *s* **1.** Ertragen *n*: ***beyond*** (*od.* ***past***) ~ unerträglich. **2.** Betragen *n*, Verhalten *n*. **3.** (Körper)Haltung *f*. **4.** (***on***) Beziehung *f* (zu), Bezug *m* (auf *acc*). **5.** ✈, ⚓ Lage *f*, Position *f*; (*a.* Funk)Peilung *f*, *a. fig.* Orientierung *f*: ***take one's ~s*** e-e Peilung vornehmen; sich orientieren; ***lose one's ~(s)*** die Orientierung verlieren; ***find*** (*od.* ***get***) ***one's ~s*** sich zurechtfinden. **6.** *tech.* (*Achsen-, Kugel- etc*)Lager *n*.

bear·ish ['beərɪʃ] *adj* **1.** bärenhaft. **2.** *fig.* brummig; tollpatschig. **3.** *econ.* flau; Baisse...

bear| mar·ket *s* Baissemarkt *m*. **~ paw** *s Am.* Radkralle *f*, Parkriegel *m*. **'~·skin** *s* Bärenfell *n*.

beast [biːst] *s* **1.** (*a.* wildes) Tier: ***~ of burden*** Lasttier; ***~ of prey*** Raubtier. **2.** *fig.* Bestie *f*; F Biest *n*, Ekel *n*.

'beast·ly *adj* **1.** *fig.* tierisch. **2.** F ekelhaft, gemein; scheußlich.

B

beat [biːt] I *s* **1.** (*Herz-, Trommel- etc*)Schlag *m*. **2.** ♪ Takt *m*; (*Jazz*) Beat *m*; Beat(musik *f*) *m*: ***in*** ~ im Takt; ***out of*** ~, ***off*** (***the***) ~ aus dem Takt. **3.** Runde *f*, Revier *n* (*e-s Schutzmanns etc*): ***be on one's*** ~ s-e *od.* die Runde machen; ***that is out of my*** ~ *fig.* das schlägt nicht in mein Fach. II *adj* **4.** F wie erschlagen, fix u. fertig. **5.** ♪ Beat...: ~ ***group*** (***music***, *etc*). III *v/t* (*irr*) **6.** schlagen, (ver)prügeln. **7.** a) schlagen; *Teppich etc* (aus)klopfen; *Metall* hämmern *od.* schmieden, b) → ***beat up*** 3. **8.** *Weg* treten, sich bahnen: ~ ***it*** F abhauen, verduften. **9.** *j-n* schlagen, besiegen (***at*** in *dat*); *et.* übertreffen, -bieten: ***that*** ~***s all*** (*od.* ***everything***)! das ist doch die Höhe! **10.** verblüffen: ***that*** ~***s me*** das ist mir zu hoch. IV *v/i* **11.** schlagen: ~ ***at*** (*od.* ***on***) ***the door*** gegen die Tür hämmern.
Verbindungen mit Adverbien:

beat| back *v/t Gegner* zurückschlagen. ~ **down** I *v/t* **1.** *Aufstand etc* niederschlagen. **2.** *Preis* drücken, *a. j-n* herunterhandeln (***to*** auf *acc*). II *v/i* **3.** herunterbrennen (***on*** auf *acc*) (*Sonne*); herunter-, niederprasseln (***on*** auf *acc*) (*Regen*). ~ **in** *v/t Tür* einschlagen. ~ **off** *v/t Angriff, Gegner* zurückschlagen. ~ **out** *v/t Feuer* ausschlagen. ~ **up** *v/t* **1.** aufrütteln (*a. fig.*). **2.** *j-n* zs.-schlagen. **3.** *Eier etc* (zu Schaum *od.* Schnee) schlagen.

beat·en ['biːtn] I *pp von* ***beat***. II *adj* **1.** *tech.* gehämmert: ~ ***gold*** Blattgold *n*. **2.** viel begangen (*Weg*): ***off the*** ~ ***track*** ungewohnt, ungewöhnlich.

'beat·er *s* **1.** *tech.* Stampfe *f*; Stößel *m*; Klopfer *m*. **2.** *gastr.* Schneebesen *m*.

'beat·ing *s* Prügel *pl*; *fig.* Niederlage *f*: ***give s.o. a sound*** ~ j-m e-e tüchtige Tracht Prügel verabreichen; j-m e-e böse Schlappe zufügen.

beat·nik ['biːtnɪk] *s* Beatnik *m*.

beau·ti·cian [bjuː'tɪʃn] *s* Kosmetiker(in).

beau·ti·ful ['bjuːtəfʊl] *adj* □ schön: ***the*** ~ ***people*** *pl* die Schickeria.

beau·ti·fy ['bjuːtɪfaɪ] *v/t* verschönern.

beau·ty ['bjuːtɪ] *s* **1.** Schönheit *f* (*a. Frau*). **2.** F das Schön(st)e. **3.** F Gedicht *n*, Prachtstück *n* (***of*** von). ~ **compe·ti·tion,** ~ **con·test** *s* Schönheitswettbewerb *m*. ~ **farm** *s* Schönheitsfarm *f*. ~ **par·lo(u)r** *s* Schönheitssalon *m*. ~ **patch** → ***beauty spot*** 1. ~ **queen** *s* Schönheitskönigin *f*. ~ **sa·lon,** *Am.* ~ **shop** → ***beauty parlo(u)r***. ~ **sleep** *s* F Schlaf *m* vor Mitternacht. ~ **spot** *s* **1.** Schönheitspflästerchen *n*. **2.** schönes Fleckchen Erde.

bea·ver ['biːvə] *s zo.* Biber *m*.

be·came [bɪ'keɪm] *pret von* ***become***.

be·cause [bɪ'kɒz] I *cj* weil, da. II *prp*: ~ ***of*** wegen (*gen*).

beck [bek] *s*: ***be at s.o.'s*** ~ ***and call*** j-m auf den leisesten Wink gehorchen, nach j-s Pfeife tanzen.

beck·on ['~ən] *v/t j-m* (zu)winken, *j-m* ein Zeichen geben.

be·come [bɪ'kʌm] (*irr*) I *v/i* **1.** werden: ***what has become of him?*** was ist aus ihm geworden? II *v/t* **2.** sich ziemen für. **3.** *j-m* stehen, passen zu.

be'com·ing *adj* □ **1.** passend, kleidsam: ***be very*** ~ ***to s.o.*** j-m sehr gut stehen. **2.** schicklich, geziemend.

bed [bed] I *s* **1.** (*a. Fluss- etc*)Bett *n*: ***go to*** ~ ins Bett gehen (***with*** mit); ***keep one's*** ~ das Bett hüten; ***make the*** ~ das Bett machen; ***as you make your*** ~ ***so you must lie on it*** wie man sich bettet, so liegt man; ***put to*** ~ ins Bett bringen; ***take to one's*** ~ sich (krank) ins Bett legen; ~ ***and breakfast*** Zimmer *n* mit Frühstück. **2.** (Garten)Beet *n*. **3.** *tech.* Bett(ung *f*) *n*, Unterlage *f*. II *v/t* **4.** ins Bett bringen. **5.** ~ ***out*** auspflanzen, -setzen.

be·daub [bɪ'dɔːb] *v/t* beschmieren: ~***ed with clay*** lehmbeschmiert.

'bed|·bug *s zo.* Wanze *f*. **'~·clothes** *s pl* Bettwäsche *f*. **'~ˌcov·er** *s* Bettdecke *f*.

bed·ding ['bedɪŋ] *s* Bettzeug *n*.

be·deck [bɪ'dek] *v/t* schmücken.

be·dev·il [bɪ'devl] *v/t pret u. pp* **-iled,** *bsd. Br.* **-illed** durcheinander bringen, verwirren.

bed·lam ['bedləm] *s fig.* Tollhaus *n*.

bed| lin·en *s* Bettwäsche *f*. **'~·pan** *s* Stechbecken *n*, Bettpfanne *f*, -schüssel *f*. **'~·post** *s* Bettpfosten *m*: → ***between*** 2.

be·drag·gled [bɪ'drægld] *adj* **1.** durchnässt; verdreckt. **2.** *fig.* heruntergekommen (*Haus etc*); ungepflegt (*Erscheinung etc*).

bed| rest *s* Bettruhe *f*. **'~ˌrid·den** *adj* bettlägerig. **'~·rock** *s geol.* Grund-, Muttergestein *n*: ***get down to the*** ~ ***of a matter*** *fig.* e-r Sache auf den Grund gehen. **~·room** ['~rʊm] *s* Schlafzimmer *n*. **'~·side** *s*: ***at the*** ~ am Bett; ***have a good*** ~ ***manner*** gut mit Kranken umgehen können; ~ ***lamp*** Nachttischlampe *f*; ~ ***rug*** Bettvorleger *m*; ~ ***table*** Nachttisch(chen *n*) *m*. **'~-sit, ˌ~-'sit·ter, ˌ~-'sit·ting room** *s Br.* **1.** möbliertes Zimmer. **2.** Einzimmerapartment *n*. **'~·sore** *s* ⚕ wund gelegene Stelle: ***get*** ~***s*** sich durchliegen *od.* wund liegen. **'~·spread** *s* Tagesdecke *f*. **'~·stead** *s* Bettgestell *n*. **'~·time** *s* Schlafenszeit *f*: ~ ***reading*** Bettlektüre *f*; ~ ***story*** Gutenachtgeschichte *f*.

bee [biː] *s zo.* Biene *f*: (***as***) ***busy as a*** ~ bienenfleißig; ***have a*** ~ ***in one's bonnet*** F e-n Fimmel *od.* Tick haben.

beech [biːtʃ] *s* ♣ Buche *f*. **'~·nut** *s* Buchecker *f*.

beef [bi:f] **I** *s* **1.** Rindfleisch *n.* **2.** F (Muskel)Kraft *f.* **3.** *sl.* Meckerei *f*, Nörgelei *f.* **II** *v/i* **4.** *sl.* meckern, nörgeln (***about*** über *acc*). **~·bur·ger** ['~ˌbɜ:gə] *s gastr.* Hamburger *m.* '**~ˌeat·er** *s Br.* Beefeater *m*, Tower-Wächter *m.* ˌ**~'steak** *s* Beefsteak *n.* **~ tea** *s* (Rind)Fleischbrühe *f.*

beef·y ['bi:fɪ] *adj* F bullig.

'**bee·line** *s*: ***make a ~ for*** schnurstracks zu- *od.* losgehen auf (*acc*).

been [bi:n] *pp von* **be.**

beep·er ['bi:pə] *s teleph.* Piepser *m.*

beer [bɪə] *s* Bier *n*: → ***small*** I. **~ gar·den** *s* Biergarten *m.* **~·mat** *s* Bierdeckel *m.*

beer·y ['bɪərɪ] *adj* **1.** bierselig. **2.** nach Bier riechend: ***~ breath*** Bierfahne *f.*

'**bees·wax** *s* Bienenwachs *n.*

beet [bi:t] *s* ♣ Runkelrübe *f*, *Am. a.* Rote Bete *od.* Rübe.

bee·tle ['bi:tl] *s zo.* Käfer *m.*

beet·root ['bi:tru:t] *s* Rote Bete.

be·fit [bɪ'fɪt] *v/t* **~ s.o.** j-m angemessen sein.

be·fore [bɪ'fɔ:] **I** *adv* **1.** *räumlich*: vorn, voran: ***go ~*** vorangehen. **2.** *zeitlich*: vorher, zuvor: ***the year ~*** das vorhergehende Jahr. **II** *prp* **3.** *räumlich*: vor (*acc od. dat*): ***~ my eyes*** vor m-n Augen. **4.** vor (*dat*), in Gegenwart von (*od. gen*): ***~ witnesses*** vor Zeugen. **5.** *zeitlich*: vor (*dat*): ***the week ~ last*** vorletzte Woche; ***~ long*** in Kürze, bald. **6.** *Reihenfolge, Rang*: voraus, vor (*acc od. dat*): ***be ~ the others*** den anderen voraus sein. **III** *cj* **7.** bevor, ehe: ***not ~*** erst, als *od.* wenn.

be'fore·hand *adv* **1.** zu'vor, (im) Voraus: ***know s.th. ~*** et. im Voraus wissen. **2.** zuvor, früher. **3.** zu früh, verfrüht.

be·friend [bɪ'frend] *v/t j-m* behilflich sein; sich *j-s* annehmen.

beg [beg] **I** *v/t* **1.** *et.* erbitten (***of s.o.*** von j-m): ***~ leave*** (***of s.o.***) (j-n) um Erlaubnis bitten; → ***pardon*** 3. **2.** erbetteln, betteln um. **3.** *j-n* bitten (***to do*** zu tun). **II** *v/i* **4.** betteln: ***go ~ging*** betteln gehen; *fig.* keinen Interessenten *od.* Abnehmer finden. **5.** (dringend) bitten (***for*** um; ***of s.o.*** j-n). **6.** sich erlauben *od.* gestatten (***to do*** zu tun).

be·gan [bɪ'gæn] *pret von* **begin.**

be·get [bɪ'get] *v/t* (*irr*) **1.** *Kind* zeugen. **2.** *fig.* erzeugen.

beg·gar ['begə] **I** *s* **1.** Bettler(in). **2.** F Kerl *m*: ***lucky ~*** Glückspilz *m.* **II** *v/t* **3.** an den Bettelstab bringen. **4. *~ description*** sich nicht mit Worten beschreiben lassen; jeder Beschreibung spotten.

'**beg·gar·ly** *adj* **1.** bettelarm. **2.** *fig.* armselig, kümmerlich.

'**beg·gar·y** *s* Bettelarmut *f.*

be·gin [bɪ'gɪn] *v/t u. v/i* (*irr*) beginnen, anfangen: ***to ~ with*** zunächst (einmal); erstens (einmal); ***~ on s.th.*** et. in Angriff nehmen; ***~ (on) a new bottle*** e-e neue Flasche anbrechen.

be'gin·ner *s* Anfänger(in): ***~'s luck*** Anfängerglück *n.*

be'gin·ning *s* **1.** Beginn *m*, Anfang *m*: ***at*** (*od.* ***in***) ***the ~*** am Anfang; ***from the ~*** (ganz) von Anfang an. **2.** *pl* (erste) Anfänge *pl.*

be·go·ni·a [bɪ'gəʊnjə] *s* ♣ Begonie *f.*

be·got [bɪ'gɒt] *pret von* **beget. be'got·ten** [~tn] *pp von* **beget.**

be·grudge [bɪ'grʌdʒ] *v/t* **1. ~ s.o. s.th.** j-m et. missgönnen. **2. ~ *doing s.th.*** et. nur widerwillig tun.

be·guile [bɪ'gaɪl] *v/t* **1.** betrügen (***of, out of*** um), täuschen. **2.** verleiten (***into doing*** zu tun). **3.** sich *die Zeit* (angenehm) vertreiben (***by, with*** mit).

be·gun [bɪ'gʌn] *pp von* **begin.**

be·half [bɪ'hɑ:f] *s*: ***on*** (*Am. a.* ***in***) ***~ of*** zugunsten von (*od. gen*), für; im Namen *od.* Auftrag von (*od. gen*), für.

be·have [bɪ'heɪv] **I** *v/i* **1.** sich (gut) benehmen. **2.** sich verhalten *od.* benehmen (***to, towards*** gegen, gegenüber). **3.** sich verhalten (*Sache*), arbeiten, funktionieren (*Maschine etc*). **II** *v/t* **4. ~ o.s.** → 1: ***~ yourself!*** benimm dich!

be'hav·io(u)r [~jə] *s* Benehmen *n*, Betragen *n*, Verhalten *n*: ***be on one's best ~*** sich von s-r besten Seite zeigen; ***put s.o. on his best ~*** j-m einschärfen, sich gut zu benehmen; ***~ pattern*** *psych.* Verhaltensmuster *n.*

be'hav·io(u)r·al *adj psych.* Verhaltens...: ***~ disturbance*** Verhaltensstörung *f.*

be'hav·io(u)r·ism *s psych.* Behaviorismus *m.*

be·head [bɪ'hed] *v/t* enthaupten.

be·hind [bɪ'haɪnd] **I** *prp* **1.** *räumlich u. zeitlich*: hinter (*acc od. dat*): ***get s.th. ~ one*** et. hinter sich bringen. **2.** *Reihenfolge, Rang*: hinter (*acc od. dat*): ***be ~ s.o.*** j-m nachstehen (***in*** in *dat*). **II** *adv* **3.** hinten, dahinter: ***walk ~*** hinterhergehen. **4.** nach hinten: ***look ~*** zurückblicken. **III** *adj* **5.** im Rückstand *od.* Verzug (***in, with*** mit). **IV** *s* **6.** F Hintern *m.*

be'hind·hand *adv u. adj* **1.** im Rückstand (***with*** mit). **2.** rückständig.

be·hold [bɪ'həʊld] *v/t* (*irr* ***hold***) *poet.* sehen, erblicken: ***~!*** siehe (da)!

be·hold·er *s* Betrachter(in).

be·hove [bɪ'həʊv] *v/t poet.* ***it ~s s.o.*** es geziemt sich für j-n.

beige [beɪʒ] *adj* beige.

be·ing ['bi:ɪŋ] *s* **1.** (Da)Sein *n*, Existenz *f*: ***in ~*** existierend, wirklich (vorhanden); ***call into ~*** ins Leben rufen; ***come into ~*** entstehen. **2.** *j-s* Wesen *n*, Natur *f*. **3.** (Lebe)Wesen *n*, Geschöpf *n*.

be·lat·ed [bɪ'leɪtɪd] *adj* verspätet: ~ ***best wishes*** nachträglich herzlichen Glückwunsch.

belch [beltʃ] **I** *v/i* **1.** aufstoßen, rülpsen. **2.** quellen (***from*** aus) (*Rauch etc*). **II** *v/t* **3.** *a.* ~ ***out*** (*od.* ***forth***) *Feuer*, *Rauch etc* speien, *a. fig. Beleidigungen etc* ausstoßen. **III** *s* **4.** Aufstoßen *n*, Rülpsen *n*; Rülpser *m*. **5.** *fig.* (Rauch-, Flammen- *etc*)Stoß *m*. **6.** *fig.* Schwall *m* (*von Beleidigungen etc*).

Bel·fast [ˌbel'fɑːst] *Hauptstadt von Nordirland.*

bel·fry ['belfrɪ] *s* Glockenstuhl *m*; Glockenturm *m*: → ***bat***[1].

Bel·gian ['beldʒən] **I** *adj* belgisch. **II** *s* Belgier(in).

Bel·gium ['beldʒəm] *npr* Belgien *n*.

Bel·grade [ˌbel'greɪd] Belgrad *n*.

be·lie [bɪ'laɪ] *v/t* **1.** *j-n*, *et.* Lügen strafen. **2.** hinwegtäuschen über (*acc*). **3.** *Hoffnung etc* enttäuschen, *e-r Sache* nicht entsprechen.

be·lief [bɪ'liːf] *s* **1.** Glaube *m* (***in*** an *acc*): ***beyond*** ~ unglaublich. **2.** Vertrauen *n* (***in*** auf *e-e Sache*, zu *j-m*). **3.** Anschauung *f*, Überzeugung *f*: ***to the best of my*** ~ nach bestem Wissen u. Gewissen.

be·liev·a·ble [bɪ'liːvəbl] *adj* **1.** glaubhaft. **2.** glaubwürdig.

be·lieve [bɪ'liːv] **I** *v/i* **1.** glauben (***in*** an *acc*). **2.** (***in***) vertrauen (auf *acc*), Vertrauen haben (zu). **3.** viel halten (***in*** von): ***not to*** ~ ***in doing s.th.*** nichts *od.* nicht viel davon halten, et. zu tun. **II** *v/t* **4.** glauben: ~ ***it or not!*** ob Sie es glauben oder nicht!; ***would you*** ~ ***it!*** ist das denn die Möglichkeit!; ***he is*** ~***d to be rich*** man hält ihn für reich; → ***reason*** 1. **5.** glauben (*dat*).

be'liev·er *s* Gläubige *m*, *f*: ***be a great*** ~ ***in*** fest glauben an (*acc*); viel halten von.

Be·li·sha bea·con [bɪ'liːʃə] *s Br.* Blinklicht *n* (*an Fußgängerüberwegen*).

be·lit·tle [bɪ'lɪtl] *v/t* **1.** herabsetzen, schmälern. **2.** verharmlosen.

bell [bel] **I** *s* **1.** Glocke *f*, Klingel *f*, Schelle *f*: ***that rings a*** ~ F das kommt mir bekannt vor, das erinnert mich an et. **2.** Glockenzeichen *n*, Läuten *n*, Klingeln *n*: → ***answer*** 10. **3.** *teleph.* Wecker *m*. **4.** Taucherglocke *f*. **II** *v/t* **5.** ~ ***the cat*** *fig.* der Katze die Schelle umhängen. **'~·boy** *s bsd. Am.* (Hotel)Page *m*. **'~ˌflow·er** *s* ✿ Glockenblume *f*. **'~·hop** *s Am.* (Hotel)Page *m*.

bel·li·cose ['belɪkəʊs] *adj* □ **1.** kriegslustig, kriegerisch. **2.** → ***belligerent*** 3.

bel·lig·er·ent [bɪ'lɪdʒərənt] **I** *adj* □ **1.** → ***bellicose*** 1. **2.** Krieg führend. **3.** *fig.* streitlustig, aggressiv. **II** *s* **4.** Krieg führendes Land.

bel·low ['beləʊ] **I** *v/i* **1.** brüllen (***with*** vor *dat*). **2.** grölen. **II** *v/t a.* ~ ***out*** **3.** *Befehl etc* brüllen. **4.** *Lied etc* grölen.

bel·lows ['beləʊz] *s pl* (*a. sg konstruiert*) Blasebalg *m*.

bell| push *s* Klingelknopf *m*. **'~ˌweth·er** *s* Leithammel *m* (*a. fig.*).

bel·ly ['belɪ] **I** *s* **1.** Bauch *m* (*a. e-s Schiffs etc*). **2.** Magen *m*. **II** *v/i u. v/t* **3.** *a.* ~ ***out*** (an)schwellen (lassen). **'~·ache I** *s* F Bauchweh *n*. **II** *v/i sl.* meckern, nörgeln (***about*** über *acc*). ~ **but·ton** *s* Bauchnabel *m*. ~ **danc·er** *s* Bauchtänzerin *f*.

bel·ly·ful ['belɪfʊl] *s* F **1.** ***have a*** ~ ***of*** sich den Bauch voll schlagen mit. **2.** ***have had a*** (*od.* ***one's***) ~ ***of*** die Nase voll haben von.

bel·ly land·ing *s* ✈ Bauchlandung *f*.

be·long [bɪ'lɒŋ] *v/i* **1.** gehören (***to*** *dat*). **2.** gehören (***to*** zu; ***in*** in *acc*). **3.** angehören (***to*** *dat*).

be'long·ings *s pl* Habseligkeiten *pl*, Habe *f*; F Angehörige *pl*.

be·lov·ed [bɪ'lʌvd; -vɪd] **I** *adj* (innig) geliebt. **II** *s* Geliebte *m*, *f*.

be·low [bɪ'ləʊ] **I** *adv* **1.** unten. **2.** hinunter, nach unten. **II** *prp* **3.** unter (*acc od. dat*), unterhalb (*gen*): ~ ***s.o.*** unter j-s Rang, Würde *etc.*; ~ ***par*** *econ.* unter pari; ~ ***the line*** *econ.* außerordentlich (*Haushalt*).

belt [belt] **I** *s* **1.** Gürtel *m*: ***hit below the*** ~ (*Boxen*) tief schlagen, *j-m* e-n Tiefschlag versetzen; → ***tighten*** 1. **2.** (Sicherheits)Gurt *m*. **3.** Gürtel *m*, Gebiet *n*, Zone *f*. **4.** *tech.* (Treib)Riemen *m*. **II** *v/t* **5.** ~ ***on*** an-, umschnallen. **6.** *a.* ~ ***out*** *Lied etc* schmettern. **III** *v/i* **7.** ~ ***up*** *mot. etc* sich anschnallen. **8.** *bsd. mot.* F rasen. **9.** ~ ***up!*** *sl.* halt die Schnauze! **'~·way** *s Am.* Umgehungsstraße *f*.

be·moan [bɪ'məʊn] *v/t* betrauern, beklagen.

be·mused [bɪ'mjuːzd] *adj* **1.** verwirrt. **2.** gedankenverloren.

bench [bentʃ] *s* **1.** (Sitz)Bank *f*. **2.** Werkbank *f*, -tisch *m*.

'bench·mark *s* Maßstab *m*, *econ.* Bezugsmarke *f*. ~ **test** *s* Vergleichstest *m*, Leistungstest *m*.

bend [bend] **I** *s* **1.** Biegung *f*, Krümmung *f*, (*e-r Straße a.*) Kurve *f*: ***drive s.o. round the*** ~ *Br.* F j-n verrückt machen. **II** *v/t* (*irr*) **2.** biegen, krümmen: ~ ***out of shape*** verbiegen. **3.** *Kopf* neigen, *Knie* beugen. **4.** *Bogen*, *Feder etc* spannen. **5.** ⚖ *Recht* beugen. **6.** *Blicke*, *Gedanken etc* richten, *Anstrengungen etc* konzentrieren (***on, to*** auf *acc*). **III** *v/i* (*irr*) **7.** sich biegen *od.* krümmen; e-e Biegung machen (*Fluss*), (*Straße a.*) e-e Kurve machen. **8.** *a.* ~ ***down*** sich bücken; sich nach unten biegen; sich verbeugen (***to, before*** vor *dat*).

be·neath [bɪ'ni:θ] I *adv* **1.** unten. **2.** darunter. II *prp* **3.** unter (*acc od. dat*), unterhalb (*gen*): *~ him* (*od. his dignity*) unter s-r Würde; → ***contempt*** 1.

ben·e·dic·tion [ˌbenɪ'dɪkʃn] *s eccl.* **1.** Segen *m.* **2.** Segnung *f.*

ben·e·fac·tion [ˌbenɪ'fækʃn] *s* **1.** Wohltat *f.* **2.** wohltätige Gabe.

ben·e·fac·tor ['benɪfæktə] *s* Wohltäter *m.*

ben·e·fac·tress ['benɪfæktrɪs] *s* Wohltäterin *f.*

be·nef·i·cence [bɪ'nefɪsns] *s* Wohltätigkeit *f.*

be'nef·i·cent *adj* □ wohltätig.

ben·e·fi·cial [ˌbenɪ'fɪʃl] *adj* □ (**to**) nützlich, zuträglich (*dat*), vorteilhaft, günstig (für). *~* **in·terest** *s* Nießbrauch *m.* *~* **oc·cu·pi·er** *s* Nießbrauchberechtigte *m, f.*

ben·e·fi·cia·ry [ˌbenɪ'fɪʃərɪ] *s* Nutznießer(in), Begünstigte *m, f,* Anspruchsberechtigte *m, f.*

ben·e·fit ['benɪfɪt] I *s* **1.** Vorteil *m,* Nutzen *m,* Gewinn *m*: ***be of ~ to*** nützen (*dat*); ***for the ~ of*** zugunsten (*gen*); ***derive*** (*od.* ***get***) *~* (***from***) → 5; → ***reap.*** **2.** (*Arbeitslosen- etc*)Unterstützung *f;* (*Kranken- etc*)Geld *n;* (*Sozial-, Versicherungs- etc*)Leistung *f*: ***~ in kind*** Sachleistung *f;* *~* ***entitlement*** Anspruch *m* auf Leistung; *~* ***fraud*** Leistungsmissbrauch *m;* *~* ***recipient*** Empfänger *m* von Leistungen. **3.** Wohltätigkeitsveranstaltung *f.* II *v/t pret u. pp* **-ed,** *bsd. Am.* **-ted** **4.** nützen (*dat*), fördern (*acc*), im Interesse (*gen*) sein *od.* liegen. III *v/i* **5.** (***by, from***) Vorteil haben (von, durch), Nutzen ziehen (aus).

Bene·lux coun·tries ['benɪlʌks ~] *npr pl* Beneluxländer *pl.*

be·nev·o·lence [bɪ'nevələns] *s* **1.** Wohltätigkeit *f.* **2.** Wohlwollen *n.* **3.** Wohltat *f.*

be'nev·o·lent *adj* □ **1.** wohltätig. **2.** wohlwollend.

BEng ***Bachelor of Engineering*** Bakkalaureus *m* der Ingenieurwissenschaft(en).

be·nign [bɪ'naɪn] *adj* □ **1.** gütig, freundlich. **2.** mild: *~* ***climate.*** **3.** ⚕ gutartig: *~* ***tumo(u)r.***

Be·nin [be'nɪn] *Republik in Westafrika.*

bent [bent] I *pret u. pp von* ***bend.*** II *adj* **1.** entschlossen (***on doing*** zu tun); erpicht (***on*** auf *acc*), darauf aus (***on doing*** zu tun). **2.** korrupt. III *s* **3.** Neigung *f,* Hang *m* (***for*** zu): ***to the top of one's ~*** nach Herzenslust. **4.** Veranlagung *f*: ***have a ~ for art*** künstlerisch veranlagt sein; *~* ***for languages*** Sprachbegabung *f.*

be·numbed [bɪ'nʌmd] *adj* **1.** gefühllos, starr (***with cold*** vor Kälte). **2.** *fig.* gelähmt.

ben·zene ['benzi:n] *s* ⚗ Benzol *n.*

ben·zine ['benzi:n] *s* ⚗ Leichtbenzin *n.*

be·queath [bɪ'kwi:ð] *v/t* hinterlassen, vermachen (***s.th. to s.o.*** j-m et.).

be·quest [bɪ'kwest] *s* Vermächtnis *n.*

be·reave [bɪ'ri:v] *v/t* (*a. irr*) berauben (***of*** *gen*): *~* ***s.o. of speech*** j-m die Sprache rauben; ***the ~d*** der *od.* die Hinterbliebene, die Hinterbliebenen *pl.*

be'reave·ment *s* **1.** schmerzlicher Verlust (*durch Tod*). **2.** Trauerfall *m.*

be·reft [bɪ'reft] I *pret u. pp von* ***bereave.*** II *adj mst fig.* beraubt (***of*** *gen*): *~* ***of all hope.***

Ber·ing Straits ['berɪŋ 'streɪts] *npr pl* Beringstraße *f.*

Ber·lin [bɜ:'lɪn] *Hauptstadt Deutschlands.*

Ber·mu·da [bɜ:'mju:də] I *adj* *~* ***shorts*** Bermudashorts *pl;* *~* ***triangle*** Bermudadreieck *n.* II *npr pl* ***~s*** *die* Bermudainseln *pl.*

Bern(e) [bɜ:n] Bern *n* (*Hauptstadt der Schweiz*).

ber·ry ['berɪ] *s* ♣ Beere *f.*

ber·serk [bə'zɜ:k] *adj*: ***go ~*** wild werden; Amok laufen.

berth [bɜ:θ] I *s* **1.** ⚓ Liege-, Ankerplatz *m.* **2.** ⚓ Koje *f.* **3.** 🚂 (Schlafwagen)Bett *n.* **4.** ***give a wide ~ to*** e-n großen Bogen machen um. **5.** F Stellung *f,* Pöstchen *n.* II *v/i* **6.** ⚓ festmachen, anlegen.

be·seech [bɪ'si:tʃ] *v/t* (*a. irr*) **1.** *j-n* anflehen (***for*** um; ***to do*** zu tun). **2.** *et.* erflehen (***of*** von).

be'seech·ing *adj* flehend.

be'seech·ing·ly *adv* flehentlich.

be·side [bɪ'saɪd] *prp* **1.** neben (*acc od. dat*). **2.** außerhalb: → ***point*** 11. **3.** ***be ~ o.s.*** außer sich sein (***with*** vor *dat*).

be'sides [~dz] I *adv* außerdem. II *prp* außer, neben (*dat*).

be·siege [bɪ'si:dʒ] *v/t* **1.** *mil.* belagern (*a. fig.*). **2.** *fig.* bedrängen (***with*** mit).

be·sought [bɪ'sɔ:t] *pret u. pp von* ***beseech.***

be·spec·ta·cled [bɪ'spektəkld] *adj* bebrillt.

be·spoke [bɪ'spəʊk] *adj Br.* Maß...: *~* ***tailor*** Maßschneider(in).

best [best] I (*sup von* ***good***) *adj* **1.** best. **2.** größt, meist: ***the ~ part of*** der größte Teil (*gen*). II (*sup von* ***well***[2]) *adv* **3.** am besten: ***the ~-hated man*** der meistgehasste Mann; ***as ~ they could*** so gut sie konnten; ***you had ~ go*** es wäre das Beste, wenn Sie gingen. III *s* **4.** *der, die, das* Beste: ***at ~*** bestenfalls, höchstens; ***do one's ~*** sein Möglichstes tun; ***have*** (*od.* ***get***) ***the ~ of*** übertreffen; F übers Ohr hauen; ***make the ~ of*** sich zufrieden geben mit; sich abfinden mit; voll ausnutzen; das Beste machen aus; ***all the ~!*** alles Gute!; → ***ability, belief*** 3, *etc.*

ˌbest-be'fore ˌdate, ˌbest-'by ˌdate *s* Haltbarkeitsdatum *n.*

bes·tial ['bestjəl] *adj* □ tierisch, *fig. a.* bestialisch, viehisch.
bes·ti·al·i·ty [ˌbestɪ'æləti] *s* **1.** Bestialität *f* (*a. fig.*). **2.** Sodomie *f.*
be·stir [bɪ'stɜː] *v/t*: **~ o.s. to do s.th.** sich dazu aufraffen, et. zu tun.
best man *s* (*irr* **man**) *Freund des Bräutigams, der bei der Ausrichtung der Hochzeit e-e wichtige Rolle spielt.*
be·stow [bɪ'stəʊ] *v/t Preis, Titel* verleihen (**on** *dat*).
be'stow·al *s* Verleihung *f.*
best sell·er *s* **1.** Bestseller *m.* **2.** Bestsellerautor(in).
'best-ˌsell·ing *adj*: **~ novel** Bestseller *m*; **~ author** Bestsellerautor(in).
bet [bet] **I** *s* **1.** Wette *f*; Wetteinsatz *m*: **have** (*od.* **make**) **a ~** e-e Wette abschließen *od.* eingehen (**on** auf *acc*). **2. my ~ is that** ich würde sagen, dass; **it's a safe ~ that** es steht so gut wie fest, dass. **3. your best ~ is to take the car** F du nimmst am besten den Wagen. **II** *v/t* (*a. irr*) **4.** *Geld* wetten, setzen (**on** auf *acc*): **I'll ~ you £ 10 that** ich wette mit dir (um) 10 Pfund, dass; **you can ~ your boots** (*od.* **bottom dollar, shirt**) **that** F du kannst Gift darauf nehmen, dass. **5. ~ (s.o.) that** *fig.* (mit j-m) wetten, dass. **III** *v/i* (*a. irr*) **6.** wetten, setzen (**on** auf *acc*): **you ~!** F das kann man wohl sagen.
beta block·er ['biːtə ˌblɒkə] *s* ⚕ Betablocker *m.*
be·tray [bɪ'treɪ] *v/t* verraten (**to** *dat od.* an *acc*) (*a. fig.*).
be'tray·al *s* Verrat *m.*
bet·ter¹ ['betə] **I** (*comp von* **good**) *adj* besser: **I am ~** es geht mir (*gesundheitlich*) besser; **get ~** besser werden; sich erholen. **II** *s das* Bessere: **for ~ for worse** in Freud u. Leid (*Trauformel*); was auch (immer) geschieht; **get the ~ of** *j-n* besiegen, ausstechen; *et.* überwinden. **III** (*comp von* **well²**) *adv* besser: **~ off** besser daran; (*finanziell*) besser gestellt; **the ~-off** die Bessersituierten *pl*; **think ~ of it** es sich anders überlegen; **you had ~ go** es wäre besser, du gingest; **you had ~ not!** lass das lieber sein!; → **know** 6, **like²** I. **IV** *v/t Beziehungen, Rekord etc* verbessern: **~ o.s.** sich (*finanziell*) verbessern; sich weiterbilden. **V** *v/i* besser werden.
bet·ter² [~] *s* Wetter(in).
bet·ter·ment ['betəmənt] *s* **1.** (Ver)Besserung *f.* **2.** *econ.* Wertsteigerung *f.*
bet·ting ['betɪŋ] *s* Wetten *n*: **~ office** (*Br.* **shop**) Wettbüro *n.*
be·tween [bɪ'twiːn] **I** *prp* **1.** *räumlich u. zeitlich*: zwischen (*dat od. acc*): → **devil** 1, **stool** 1. **2.** unter (*dat od. acc*): **~ you and me** (**and the bedpost** *od.* **gatepost** *od.* **lamppost** F) unter uns *od.* im Vertrauen (gesagt); **we had ten pounds ~ us** wir hatten zusammen zehn Pfund. **II** *adv* **3.** dazwischen: **the space ~** der Zwischenraum; **in ~** dazwischen.
bev·el ['bevl] **I** *s* Schräge *f*, Abschrägung *f*. **II** *v/t pret u. pp* **-eled,** *bsd. Br.* **-elled** abschrägen. **III** *adj* abgeschrägt, schräg.
bev·er·age ['bevərɪdʒ] *s* Getränk *n.*
bev·y ['bevɪ] *s orn.* Schwarm *m*, Schar *f.*
be·wail [bɪ'weɪl] *v/t* beklagen.
be·ware [bɪ'weə] *v/i* sich hüten, sich in Acht nehmen (**of** vor *dat*): **~ of the dog!** Vorsicht, bissiger Hund!; **~ of pickpockets!** vor Taschendieben wird gewarnt!
be·wil·der [bɪ'wɪldə] *v/t* irremachen, verwirren.
be'wil·der·ment *s* Verwirrung *f.*
be·witch [bɪ'wɪtʃ] *v/t* bezaubern, behexen.
be·yond [bɪ'jɒnd] **I** *adv* **1.** darüber hinaus. **II** *prp* **2.** jenseits. **3.** über ... (*acc*) hinaus: **that is ~ me** F das ist mir zu hoch, das geht über m-n Verstand; → **belief** 1, **endurance** 1, **measure** 2, **word** 1, *etc.*
BFBS ***British Forces Broadcasting Service*** *Rundfunkanstalt der britischen Streitkräfte.*
bi... [baɪ] zwei...
ˌbi'an·nu·al *adj* zweimal jährlich vorkommend *od.* erscheinend.
ˌbi'an·nual·ly *adv* zweimal im Jahr.
bi·as ['baɪəs] **I** *s* **1.** (**towards**) Neigung *f*, Hang *m* (zu); Vorliebe *f* (für). **2.** Vorurteil *n*, ⚖ Befangenheit *f*: **free from ~** unvoreingenommen. **II** *adj u. adv* **3.** schräg. **III** *v/t pret u. pp* **-as(s)ed 4.** (*mst ungünstig*) beeinflussen, *j-n* einnehmen (**against** gegen).
'bi·as(s)ed *adj* voreingenommen, ⚖ befangen.
bib [bɪb] *s* **1.** Lätzchen *n.* **2.** Schürzenlatz *m.*
Bi·ble ['baɪbl] *s* Bibel *f.*
bi·ble pa·per *s* Dünndruckpapier *n.*
bib·li·cal ['bɪblɪkl] *adj* □ biblisch, Bibel...
bib·li·o·graph·ic, bib·li·o·graph·i·cal [ˌbɪblɪəʊ'græfɪk(l)] *adj* □ bibliographisch.
bib·li·og·ra·phy [ˌbɪblɪ'ɒgrəfɪ] *s* Bibliographie *f*, Literaturverzeichnis *n.*
bib·li·o·phile ['bɪblɪəʊfaɪl] *s* Bücherfreund *m*, Bibliophile *m.*
bi'car·bon·ate *s* ⚗ Bikarbonat *n*: **~ of soda** Natriumbikarbonat.
bi·ceps ['baɪseps] *pl* **-ceps(·es)** *s anat.* Bizeps *m.*
bick·er ['bɪkə] **I** *v/i* sich zanken *od.* streiten (**about, over** um). **II** *s* Zank *m*, Streit *m.*
'bick·er·ing *s* Gezänk *n.*
bi·cy·cle ['baɪsɪkl] **I** *s* Fahrrad *n*, *schweiz.* Velo *n*. **II** *v/i* (mit dem) Rad fahren.
bid [bɪd] **I** *s* **1.** *econ.* Gebot *n* (*bei Versteigerungen*); *econ.* Angebot *n* (*bei Ausschrei-*

bungen); *econ. Am.* Kostenvoranschlag *m*; *fig.* Bewerbung *f* (**for** um), Versuch *m* (**to do** zu tun): ***highest ~*** Meistgebot *n*; ***~ and asked*** Geld u. Brief; ***make a ~ for*** sich bemühen um; ***~ for power*** Griff *m* nach der Macht. **II** *v/t* (*irr*) **2.** *econ. bei Versteigerungen* bieten. **3.** *j-m e-n guten Morgen etc* wünschen: ***~ s.o. good morning***; ***~ farewell*** Lebewohl sagen. **III** *v/i* (*irr*) **4.** *econ. bei Versteigerungen* bieten; *econ. Am.* e-n Kostenvoranschlag machen; *fig.* sich bemühen (**for** um): ***~ for power*** nach der Macht greifen.

'bid·den *pp von* ***bid.***

'bid·der *s econ.* Bieter(in) (*bei Versteigerungen*): ***highest ~*** Meistbietende *m, f.*

'bid·ding *s econ.* Gebot *n* (*bei Versteigerungen*).

bide [baɪd] *v/t* (*a. irr*): ***~ one's time*** den rechten Augenblick abwarten.

bid price *s* Geldkurs *m.*

bi·en·ni·al [baɪ'enɪəl] *adj* □ **1.** zweijährlich. **2.** zweijährig.

BIF ***British Industries Fair*** Britische Industriemesse.

bi·fo·cals [baɪ'fəʊklz] *s pl, a.* ***pair of ~*** Bifokalbrille *f.*

bi·fur·cate ['baɪfəkeɪt] **I** *v/i* sich gabeln. **II** *adj* gegabelt, gabelförmig.

ˌbi·fur'ca·tion *s* Gabelung *f.*

big [bɪg] **I** *adj* **1.** *allg.* groß: a) dick, stark: ***the ~gest party*** die stärkste Partei; ***earn ~ money*** F das große Geld verdienen, b) breit, weit: ***the coat is too ~ for me*** der Mantel ist mir zu groß; ***get too ~ for one's boots*** (*od.* ***breeches,*** *bsd. Am.* ***pants***) F größenwahnsinnig werden, c) hoch: ***~ trees,*** d) Mords...: ***~ rascal*** Erzgauner(in); ***~ eater*** starker Esser, e) erwachsen, f) wichtig, bedeutend: ***~ seller*** Verkaufsschlager *m*; ***~-ticket transaction*** Großauftrag *m*; → ***shot*** 3. **2.** ausgiebig, reichlich: ***~ meal.*** **3.** F aufgeblasen, eingebildet: ***have ~ ideas*** große Rosinen im Kopf haben; ***~ talk*** große Töne *pl.* **4.** ***that's very ~ of you*** das ist sehr großzügig *od.* nobel von Ihnen. **5.** ***be ~ on*** F stehen auf (*acc*). **II** *adv* **6.** F mächtig, mordsmäßig. **7.** F großspurig: ***talk ~*** große Töne spucken.

big·a·mist ['bɪgəmɪst] *s* Bigamist(in).

'big·a·my *s* Bigamie *f*, Doppelehe *f.*

big| bang *s Kosmologie*: Urknall *m.* **'~-ˌcir·cu'la·tion** *adj* auflagenstark (*Zeitung*). **~ dip·per** *s Am.* Achterbahn *f.* **'~·mouth** *s* F Großmaul *n.*

big·ness ['bɪgnɪs] *s* Größe *f.*

big·ot ['bɪgət] *s* **1.** selbstgerechte *od.* intolerante Person. **2.** Frömmler(in).

'big·ot·ed *adj* **1.** selbstgerecht, intolerant. **2.** bigott, frömmlerisch.

'big·ot·ry *s* **1.** Selbstgerechtigkeit *f*, Intoleranz *f.* **2.** Bigotterie *f*, Frömmelei *f.*

'big·wig *s* F großes *od.* hohes Tier.

bike [baɪk] F **I** *s* Rad *n* (*Fahrrad*); Maschine *f* (*Motorrad*). **II** *v/i* radeln, Motorrad fahren; mit dem Motorrad fahren.

ˌbi'lat·er·al *adj* bilateral, zweiseitig.

bil·ber·ry ['bɪlbərɪ] *s* ♀ Blau-, Heidelbeere *f.*

bile [baɪl] *s* **1.** *physiol.* Galle *f.* **2.** *fig.* Gereiztheit *f*; Reizbarkeit *f.* **'~·stone** *s physiol.* Gallenstein *m.*

bilge [bɪldʒ] *s* **1.** ⚓ Kielraum *m.* **2.** F Quatsch *m*, Mist *m.*

bi'lin·gual *adj* □ zweisprachig.

bil·ious ['bɪljəs] *adj* □ **1.** ⚕ gallig; Gallen...: ***~ attack*** Gallenkolik *f.* **2.** *fig.* gereizt; reizbar.

bill¹ [bɪl] **I** *s zo.* Schnabel *m.* **II** *v/i a.* ***~ and coo*** (miteinander) turteln.

bill² [~] **I** *s* **1.** *pol.* (Gesetzes)Vorlage *f*, Gesetzentwurf *m.* **2.** ⚖ (An)Klageschrift *f.* **3.** *a.* ***~ of exchange*** *econ.* Wechsel *m*, Tratte *f*: ***~s*** *pl* ***payable*** Wechselverbindlichkeiten *pl*; ***~s*** *pl* ***receivable*** Wechselforderungen *pl*; ***~ payable after date*** Datowechsel *m*; ***~ after sight*** Nachsichtwechsel *m*; ***~ (payable) at sight*** Sichtwechsel *m*; ***~ at usance*** Usowechsel *m*; ***~ broker*** Wechselmakler *m*; ***~ commitments*** *pl* Wechselverbindlichkeiten *pl*; ***~ guarantee*** Wechselbürgschaft *f*, Aval *m*; ***~ jobbing*** Wechselreiterei *f*; ***~ protest*** Wechselprotest *m*; ***~ rate*** Wechseldiskontsatz *m.* **4.** Rechnung *f*: ***waiter, the ~, please*** (Herr) Ober, bitte zahlen! **5.** Liste *f*, Aufstellung *f*: ***~ of costs*** Kostenaufstellung *f*; ***~ of fare*** Speise(n)karte *f*; ***~ of materials*** Stückliste *f.* **6.** Bescheinigung *f*: ***~ of delivery*** *econ.* Lieferschein *m*; ***~ of entry*** Zolldeklaration *f*; ***~ of lading*** Frachtbrief *m*, Konnossement *n.* **7.** Plakat *n.* **8.** *thea. etc* Programm(zettel *m*) *n*; *weitS.* Programm *n*: ***be on the ~*** auftreten; → ***top¹*** 12. **9.** *Am.* Banknote *f*, (Geld)Schein *m.* **II** *v/t* **10.** *j-m* e-e Rechnung ausstellen *od.* schicken: ***~ s.o. for s.th.*** j-m et. in Rechnung stellen. **11.** (durch Plakate) bekannt geben.

'bill·board *s bsd. Am.* **1.** Reklametafel *f.* **2.** *Film, TV*: Vorspann *m.*

bil·let ['bɪlɪt] **I** *s* **1.** *mil.* (Privat)Quartier *n.* **2.** Unterkunft *f.* **II** *v/t* **3.** *mil.* einquartieren (**with, on** bei). **4.** unterbringen. **III** *v/i* **5.** *mil.* einquartiert sein. **6.** (*bsd.* vorübergehend) wohnen.

'bill·fold *s Am.* Scheintasche *f*; Brieftasche *f.*

bil·liard ['bɪljəd] **I** *s pl* (*mst sg konstruiert*) Billard(spiel) *n.* **II** *adj* Billard...: ***~ ball (table)***; ***~ cue*** Queue *n.*

bill·ing ['bɪlɪŋ] *s* Fakturieren *n*, Ausstellen *n* von Rechnungen. **~ de·part·ment** *s* Rechnungsabteilung *f.* ~ **ma·chine** *s* Fakturiermaschine *f.*

bil·lion ['bɪljən] *s* **1.** Milliarde *f.* **2.** *Br. obs.* Billion *f.*

'bill|ˌpost·er, '~ˌstick·er *s* Plakatkleber(in).

bil·ly ['bɪlɪ] *s Am.* (Polizei)Knüppel *m.* ~ **goat** *s* Ziegenbock *m.*

ˌbi'month·ly *adj u. adv* zweimonatlich.

bin [bɪn] *s* Behälter *m*; Mülleimer *m*: ~ ***liner*** Müllbeutel *m.*

bi·na·ry ['baɪnərɪ] *adj* 𝔄, *tech. etc* binär, Binär...: ~ ***character*** Binärzeichen *n*; ~ ***code*** Binärkode *m*; ~***-coded*** binär verschlüsselt; ~ ***digit*** Binärziffer *f.*

bind [baɪnd] **I** *v/t (irr)* **1.** binden (***to*** an *acc*): ~ ***together*** zs.-binden; ~ ***up*** aneinander binden, zs.-binden; *Wunde* verbinden. **2.** *Saum* einfassen. **3.** ⚗ *etc* (mit e-m Bindemittel) binden. **4.** *Buch* (ein)binden. **5.** *fig.* (*a. vertraglich*) binden, verpflichten (***to s.th.*** zu et.; ***to do*** zu tun). **II** *v/i (irr)* **6.** ⚗ *etc* binden. **7.** fest *od.* hart werden. **8.** *fig.* binden(d sein). **III** *s* **9.** ***be in a*** ~ F in Schwulitäten sein.

'bind·er *s* **1.** (*Buch- etc*)Binder(in). **2.** Hefter *m*, (*Akten- etc*)Deckel *m*, Umschlag *m.* **3.** ⚗ *etc* Bindemittel *n.*

'bind·ing I *adj* □ **1.** *fig.* bindend, verbindlich (***on*** für): ***legally*** ~ rechtsverbindlich; ***not*** ~ unverbindlich. **II** *s* **2.** (Buch)Einband *m.* **3.** Einfassung *f*, Borte *f.* **4.** (*Ski*)Bindung *f.* **5.** → ***binder*** 3. ~ **edge** *s* Abheftstreifen *m.* ~ **ma·chine** *s* Bindegerät *n.*

binge [bɪndʒ] *s* F Sauf- *od.* Fressgelage *n*: ***go (out) on a*** ~ e-e Sauf- *od.* Fresstour machen; ***go on a buying*** (*od.* ***shopping, spending***) ~ wie verrückt einkaufen.

bin·go ['bɪŋgəʊ] *s* Bingo *n* (*ein Glücksspiel*).

bin·oc·u·lars [bɪ'nɒkjʊləz] *s pl* (***a pair of*** ein) Fernglas *n.*

bi·o·chem·i·cal [ˌbaɪəʊ'kemɪkl] *adj* □ biochemisch.

ˌbi·o'chem·ist *s* Biochemiker(in).

ˌbi·o'chem·is·try *s* Biochemie *f.*

bi·o·de·gra·da·ble [ˌbaɪəʊdɪ'greɪdəbl] *adj* biologisch abbaubar.

ˌbi·o·deg·ra'da·tion *s* biologischer Abbau, Rotte *f.*

bi·o·di·ver·si·ty [ˌbaɪəʊdaɪ'vɜːsɪtɪ] *s* Artenvielfalt *f*, -reichtum *m.*

bi·o·dy·nam·ic [ˌbaɪəʊdaɪ'næmɪk] *adj* (~***ally***) biodynamisch.

bi·o·graph·ic, bi·o·graph·i·cal [ˌbaɪəʊ'græfɪk(l)] *adj* □ biographisch.

bi·og·ra·phy [baɪ'ɒgrəfɪ] *s* Biographie *f.*

bi·o·log·i·cal [ˌbaɪəʊ'lɒdʒɪkl] *adj* □ biologisch.

bi·ol·o·gist [baɪ'ɒlədʒɪst] *s* Biologe *m*, -login *f.*

bi'ol·o·gy *s* Biologie *f.*

bi·op·sy ['baɪɒpsɪ] *s* ⚕ Biopsie *f.*

bi·o·rythm ['baɪəʊrɪðm] *s* Biorhythmus *m.*

bi·o·sphere ['baɪəsfɪə] *s* Biosphäre *f.*

bi·o·tech·nol·o·gy [ˌbaɪəʊtek'nɒlədʒɪ] *s* Biotechnik *f.*

bi·o·tope ['baɪətəʊp] *s* Biotop *n.*

birch [bɜːtʃ] *s* ♣ Birke *f.*

bird [bɜːd] *s* **1.** Vogel *m*: ~ ***of passage*** Zugvogel (*a. fig.*); ~ ***of prey*** Raubvogel; ***a*** ~ ***in the hand is worth two in the bush*** besser ein Spatz in der Hand als e-e Taube auf dem Dach; ***tell a child about the*** ~***s and the bees*** ein Kind aufklären; ***that's (strictly) for the*** ~***s*** F das ist für die Katz; das taugt nichts; ***give s.o. the*** ~ j-n auspfeifen *od.* ausbuhen; → ***early*** 4, ***feather*** I, ***fly***[1] 2, ***kill*** 1. **2.** F Kerl *m*: ***queer*** ~ komischer Kauz. **3.** *Br.* F Tussi *f.* **'**~**·cage** *s* Vogelkäfig *m.* **'**~**-house** *s* Nistkasten *m.*

bird·ie ['bɜːdɪ] *s* Vögelchen *n.*

bird| sanc·tu·a·ry *s* Vogelschutzgebiet *n.* **'**~**-seed** *s* Vogelfutter *n.*

'bird's|-eye *adj*: ~ ***view*** (Blick *m* aus der) Vogelschau; *fig.* allgemeiner Überblick (***of*** über *acc*); ~ ***perspective*** Vogelperspektive *f.* ~ **nest** *s* Vogelnest *n.*

bi·ro ['baɪərəʊ] *pl* **-ros** (*TM*) *s Br.* Kugelschreiber *m.*

birth [bɜːθ] *s* **1.** Geburt *f*: ***at*** ~ bei der Geburt; ***from*** (*od.* ***since***) (***one's***) ~ von Geburt an; ***give*** ~ ***to*** gebären, zur Welt bringen; *fig.* hervorbringen, -rufen. **2.** Abstammung *f*, Herkunft *f*: ***she's English by*** ~ sie ist gebürtige Engländerin. **3.** Ursprung *m*, Entstehung *f.* ~ **cer·tif·i·cate** *s* Geburtsurkunde *f.* ~ **con·trol** *s* Geburtenregelung *f*, -kontrolle *f.* **'**~**·day I** *s* Geburtstag *m*: ***when is your*** ~***?*** wann hast du Geburtstag?; ***happy*** ~***!*** alles Gute *od.* herzlichen Glückwunsch zum Geburtstag! **II** *adj* Geburtstags...: ~ ***party*** (***present,*** *etc*); ~ ***honours*** *pl* Titelverleihungen *pl* anlässlich des Geburtstags des Königs *od.* der Königin; ***in one's*** ~ ***suit*** im Adams- *od.* Evaskostüm. **'**~**·mark** *s* Muttermal *n.* **'**~**·place** *s* Geburtsort *m.* **'**~**·rate** *s* Geburtenziffer *f*: ***falling*** ~ Geburtenrückgang *m.*

BIS ***Bank for International Settlements*** BIZ, Bank *f* für internationalen Zahlungsausgleich.

bis·cuit ['bɪskɪt] *s* **1.** *Br.* Keks *m, n.* **2.** *Am.* kleines weiches Brötchen.

bi·sect [baɪ'sekt] *v/t* **1.** in zwei Teile (zer)schneiden. **2.** 𝔄 halbieren.

ˌbi'section *s* 𝔄 Halbierung *f.*

ˌbi'sex·u·al *adj* □ bisexuell.

bish·op ['bɪʃəp] *s* **1.** *eccl.* Bischof *m*, Bischöfin *f.* **2.** *Schach*: Läufer *m.*

bish·op·ric ['~rɪk] *s eccl.* Bistum *n.*

bit¹ [bɪt] *s* **1.** Gebiss *n* (*am Pferdezaum*): ***take the ~ between one's teeth*** durchgehen (*Pferd*); *fig.* störrisch werden; *fig.* sich reinknien. **2.** *tech.* Backe *f*, Maul *n* (*e-r Zange etc*); (*Schlüssel*)Bart *m.*

bit² [~] *s* **1.** Bissen *m*, Happen *m.* **2.** Stück(chen) *n* (*a. fig.*): ***fall to ~s*** entzweigehen, zerbrechen; ***a ~*** ein bisschen; ziemlich; ***not a ~*** überhaupt nicht; ***a ~ of a coward*** ziemlich feig; ***a ~ of a fool*** ein bisschen dumm; ***~ by ~*** Stück für Stück, nach u. nach; ***do one's ~*** s-e Pflicht (u. Schuldigkeit) tun; s-n Beitrag leisten. **3.** F Augenblick *m*, Moment *m*: ***after a ~*** nach e-m Weilchen. **4.** F kleine Münze.

bit³ [~] *s Computer*: Bit *n*: ***~ configuration*** Bitmuster *n*; ***~ density*** Bitdichte *f*; ***~ rate*** Bitgeschwindigkeit *f.*

bit⁴ [~] *pret von* ***bite.***

bitch [bɪtʃ] *s* **1.** *zo.* Hündin *f.* **2.** *sl.* Schlampe *f*; Miststück *n*: → ***son*** 1.

bite [baɪt] **I** *v/t* (*irr*) **1.** beißen: ***~ back*** sich *e-e Äußerung etc* verkneifen; ***~ off*** abbeißen; ***~ off more than one can chew*** F sich zu viel zumuten; ***~ the dust*** (*Am. a.* ***ground***) F ins Gras beißen; ***~ one's nails*** an den Nägeln kauen; *fig.* nervös sein; → ***lip*** 1, ***tongue*** 1. **2.** beißen, stechen (*Insekt*). **II** *v/i* (*irr*) **3.** (zu)beißen: ***~ into*** (hinein)beißen in (*acc*). **4.** anbeißen (*a. fig.*), schnappen (***at*** nach) (*Fisch*). **5.** beißen, stechen (*Insekt*). **6.** beißen (*Rauch, Gewürz etc*). **7.** fassen, greifen (*Rad, Schraube etc*). **8.** *fig.* beißend *od.* verletzend sein. **9.** sich (*bsd.* negativ) auswirken (*Maßnahme*). **III** *s* **10.** Biss *m*, (*e-s Insekts a.*) Stich *m.* **11.** Biss(wunde *f*) *m.* **12.** Bissen *m*, Happen *m* (*a. weitS. Imbiss, Nahrung*). **13.** Fassen *n*, Greifen *n* (*von Rädern, Schrauben etc*): ***s.th. has lost its ~*** *fig.* et. greift *od.* zieht nicht mehr. **14.** Schärfe *f* (*a. fig.*).

bit·ing ['baɪtɪŋ] *adj* beißend (*Rauch etc*), schneidend (*Wind, Kälte etc*) (*beide a. Worte etc*).

bit·ten ['bɪtn] **I** *pp von* ***bite.*** **II** *adj*: ***once ~ twice shy*** (ein) gebranntes Kind scheut das Feuer.

bit·ter ['bɪtə] **I** *adj* □ **1.** bitter (*a. fig.*): ***to the ~ end*** bis zum bitteren Ende; ***weep ~ly*** bitterlich weinen. **2.** *fig.* scharf, heftig (*Kritik etc*). **3.** *fig.* erbittert (*Feinde etc*); verbittert (***about*** wegen). **II** *adv* **4.** ***~ cold*** bitterkalt. **III** *s* **5.** Bitterkeit *f.* **6.** *fig. das* Bittere. **7.** *Br. stark gehopftes* (*Fass*)*Bier.* **8.** *mst pl* Magenbitter *m.*

bit·ter·ness ['bɪtənɪs] *s* **1.** Bitterkeit *f* (*a. fig.*). **2.** *fig.* Verbitterung *f.*

bi·tu·men ['bɪtjʊmɪn] *s min.* Bitumen *n.*

bi·tu·mi·nous [bɪ'tjuːmɪnəs] *adj*: ***~ coal*** Steinkohle *f.*

biz [bɪz] F *für* ***business.***

bi·zarre [bɪ'zɑː] *adj* bizarr.

BL ***Bachelor of Law*** Bakkalaureus *m* des Rechts.

B/L ***bill of lading*** (See)Frachtbrief *m.*

blab [blæb] **I** *v/t* **1.** *oft* ***~ out*** ausplaudern. **II** *v/i* **2.** schwatzen. **3.** *fig.* plaudern.

black [blæk] **I** *adj* **1.** *allg.* schwarz (*a. fig.*): ***~ coffee***; ***~ humo(u)r***; ***~ man*** Schwarze *m*; ***~ in the face*** dunkelrot im Gesicht (*vor Aufregung etc*); ***beat s.o. ~ and blue*** j-n grün u. blau schlagen; ***look ~ at s.o., give s.o. a ~ look*** j-n (böse) anfunkeln; ***he's not so*** (*od.* ***as***) ***~ as he's painted*** er ist besser als sein Ruf. **2.** *econ. bsd. Br.* boykottiert. **II** *s* **3.** Schwarz *n*: ***dressed in ~*** schwarz *od.* in Schwarz gekleidet; ***be in*** (*od.* ***wear***) ***~*** Trauer tragen. **4.** *oft* ***Black*** Schwarze *m, f.* **5.** ***be in the ~*** *econ.* mit Gewinn arbeiten; aus den roten Zahlen heraus sein. **III** *v/t* **6.** → ***blacken*** I. **7.** *econ. bsd. Br.* boykottieren. **8.** ***~ out*** abdunkeln, *a. mil.* verdunkeln. **9.** ***~ out*** *Nachrichten etc* unterdrücken. **IV** *v/i* **10.** schwarz werden. **11.** ***~ out*** ein Black-out haben. **12.** ***~ out*** bewusstlos werden.

black and white *pl* **black and whites** *s* **1.** ***in ~*** schwarz auf weiß, schriftlich. **2.** Schwarzweißbild *n.* **3.** ***depict s.th. in ~*** *fig.* et. schwarzweiß malen. **ˌ~-and-'white** *adj* **1.** schriftlich. **2.** Schwarzweiß...: ***~ television***; ***~ depiction*** Schwarzweißmalerei *f.*

'black|·ball *v/t* stimmen gegen. **~·ber·ry** ['~bərɪ] *s* ♀ Brombeere *f.* **'~·bird** *s orn.* Amsel *f.* **'~·board** *s* (Schul-, Wand)Tafel *f.* **~ box** *s* ✈ F Flugschreiber *m.* **~'cur·rant** *s* ♀ Schwarze Johannisbeere. **~ e·con·o·my** *s* Schattenwirtschaft *f.*

black·en ['blækən] **I** *v/t* **1.** schwarz machen, schwärzen. **2.** *fig.* ***~ s.o.'s character*** j-n verunglimpfen; ***~ s.o.'s name*** (*od.* ***reputation***) j-n schlecht machen. **II** *v/i* **3.** schwarz werden.

black| eye *s* blaues Auge, Veilchen *n*: ***give s.o. a ~*** j-m ein blaues Auge schlagen. **~ fail·ure** *s electr.* Totalausfall *m.* **~·guard** ['blægɑːd] *s* Schuft *m*, Lump *m.* **'~·head** *s* Mitesser *m.* **~ hole** *s astr.* schwarzes Loch. **~ ice** *s* Glatteis *n.*

black·ish ['blækɪʃ] *adj* schwärzlich.

'black|·jack *s* **1.** Siebzehnundvier *n.* **2.** *bsd. Am.* Totschläger *m* (*Waffe*). **~ lead** [led] *s min.* Grafit *m.* **'~·leg** *s bsd. Br.* Streikbrecher(in). **ˌ~-'let·ter day** *s* schwarzer Tag, Unglückstag *m.* **'~·list I** *s* schwarze Liste. **II** *v/t* auf die schwarze Liste setzen. **~ mag·ic** *s* schwarze Magie. **'~·mail I** *s* Erpressung *f.* **II**

v/t j-n erpressen (***over*** mit). **'~ˌmail·er** *s* Erpresser(in).

Black Ma·ri·a [mə'raɪə] *s* F grüne Minna.

'black| mar·ket *s* schwarzer Markt, Schwarzmarkt *m*. **~ mar·keteer** [ˌmɑːkə'tɪə] *s* Schwarzhändler(in). **~ mass** *s* schwarze Messe. **~ mon·ey** *s* illegales, nicht versteuertes Geld.

black·ness ['blæknɪs] *s* Schwärze *f*.

'black|·out *s* **1.** *mil.*, ⚕, *thea. etc* Black-out *n*, *m*. **2.** ⚕ Ohnmacht *f*, Bewusstlosigkeit *f*. **3.** (*bsd.* Nachrichten)Sperre *f*: ***draw a ~ over*** e-e Nachrichtensperre verhängen über (*acc*). **4.** Stromausfall *m*. **~ pud·ding** *s bsd. Br.* Blutwurst *f*. **~ sheep** *s* (*irr* ***sheep***) *fig.* schwarzes Schaf.

blad·der ['blædə] *s anat.* Blase *f*.

blade [bleɪd] *s* **1.** ⚘ Halm *m*: ***~ of grass*** Grashalm. **2.** *tech.* Blatt *n* (*e-r Säge, e-s Ruders etc*). **3.** *tech.* Flügel *m* (*e-s Propellers*); Schaufel *f* (*e-r Turbine etc*). **4.** *tech.* Klinge *f* (*e-s Messers etc*).

blah [blɑː], *a.* **ˌblah'blah** *s* F Blabla *n*, Geschwafel *n*.

blame [bleɪm] **I** *v/t* **1.** tadeln (***for*** wegen). **2.** ***~ s.o. for s.th., ~ s.th. on s.o.*** j-n verantwortlich machen für et., j-m die Schuld geben an et.; ***he is to ~ for it*** er ist daran schuld; ***he has only himself to ~*** er hat es sich selbst zuzuschreiben. **II** *s* **3.** Tadel *m*. **4.** Schuld *f*, Verantwortung *f*: ***lay*** (*od.* ***put, cast***) ***the ~ on s.o.*** j-m die Schuld geben; ***bear*** (*od.* ***take***) ***the ~*** die Schuld auf sich nehmen.

'blame·less *adj* □ **1.** untadelig. **2.** schuldlos (***of*** an *acc*).

blanch [blɑːntʃ] **I** *v/t* **1.** bleichen. **2.** *gastr.* blanchieren. **II** *v/i* **3.** erbleichen, bleich werden (***with*** vor *dat*).

blanc·mange [blə'mɒndʒ] *s* Pudding *m*.

blan·dish ['blændɪʃ] *v/t j-m* schmeicheln, schöntun.

blank [blæŋk] **I** *adj* □ **1.** leer, unbeschrieben: ***~ line*** Leerzeile *f*; ***leave ~*** frei lassen. **2.** *econ.*, ⚖ Blanko...: ***~ bill*** Blankowechsel *m*; ***~ check*** (*Br.* ***cheque***) Blankoscheck *m*, Scheckformular *n*; ***~ signature*** Blankounterschrift *f*. **3.** inhaltslos, unausgefüllt (*Leben etc*); ausdruckslos (*Gesicht etc*). **4.** verdutzt, verblüfft; verständnislos. **5.** ***~ cartridge*** → 9. **II** *s* **6.** freier Raum, Lücke *f*. **7.** unbeschriebenes Blatt (*a. fig.*); Formular *n*, Vordruck *m*. **8.** *Lotterie*: Niete *f*: ***draw a ~*** e-e Niete ziehen, *fig. a.* kein Glück haben. **9.** *mil.* Platzpatrone *f*. **10.** *a.* ***~ character*** Leerzeichen *n*.

blan·ket ['blæŋkɪt] **I** *s* (*engS.* Bett)Decke *f*: ***~ of snow*** (***clouds***) Schnee-(Wolken)decke; → ***wet*** 1. **II** *v/t* zudecken: ***~ed in*** (*od.* ***with***) ***fog*** in Nebel eingehüllt. **III** *adj* umfassend, Gesamt..., Pauschal...: ***~ insurance*** Pauschalversicherung *f*.

blare [bleə] **I** *v/i* schmettern (*Trompete*); brüllen, plärren (*Radio etc*). **II** *s* Schmettern *n*; Brüllen *n*, Plärren *n*.

blar·ney ['blɑːnɪ] **I** *s* Schmeichelei *f*. **II** *v/t u. v/i* (*j-m*) schmeicheln.

bla·sé ['blɑːzeɪ] *adj* gleichgültig.

blas·pheme [blæs'fiːm] **I** *v/t* **1.** *Gott etc* lästern. **2.** *allg.* schmähen. **II** *v/i* **3.** Gott lästern: ***~ against*** → I.

blas'phem·er *s* (Gottes)Lästerer *m*, (-)Lästerin *f*.

blas·phe·mous ['~fəməs] *adj* □ blasphemisch, (gottes)lästerlich.

'blas·phe·my *s* **1.** Blasphemie *f*, (Gottes)Lästerung *f*. **2.** *allg.* Schmähung *f*.

blast [blɑːst] **I** *s* **1.** Windstoß *m*. **2.** (***at***) ***full ~*** *tech. u. fig.* auf Hochtouren (*laufen od. arbeiten*). **3.** Explosion *f*, Detonation *f*; Druckwelle *f*. **4.** Sprengung *f*; Sprengladung *f*. **II** *v/t* **5.** sprengen. **6.** *fig.* zunichte machen, vereiteln. **7.** ***~ off*** (***into space***) in den Weltraum schießen. **8.** *sl.* verfluchen: ***~ed*** verdammt, verflucht; ***~ed idiot*** Vollidiot(in); ***~ it*** (***all***)***!*** verdammt!; ***~ him!*** der Teufel soll ihn holen! **~ fur·nace** *s tech.* Hochofen *m*. **'~·off** *s* Start *m* (*e-r Rakete*).

bla·tant ['bleɪtənt] *adj* □ **1.** lärmend, laut. **2.** marktschreierisch; aufdringlich. **3.** offenkundig, eklatant.

blath·er ['blæðə] **I** *v/i* quatschen. **II** *s* Gequatsche *n*.

blaze [bleɪz] **I** *s* **1.** (lodernde) Flamme: ***be in a ~*** in hellen Flammen stehen. **2.** Glanz *m* (*a. fig.*): ***~ of colo(u)rs*** Farbenpracht *f*. **3.** *fig.* plötzlicher Ausbruch: ***~ of anger*** Wutanfall *m*. **4.** F ***go to ~s!*** scher dich zum Teufel!; ***like ~s*** wie verrückt; ***what the ~s ...?*** was zum Teufel ...? **II** *v/i* **5.** lodern: ***~ up*** aufflammen, -lodern, *fig. a.* entbrennen. **6.** *a. fig.* leuchten, glühen (***with*** vor *dat*). **III** *v/t* **7.** *a.* ***~ abroad*** verkünden, *contp.* ausposaunen.

'blaz·er *s* Blazer *m*.

'blaz·ing *adj* **1.** glühend. **2.** auffällig, schreiend, (*Farben a.*) grell.

bla·zon ['bleɪzn] **I** *s* Wappen *n*. **II** *v/t mst* ***~ abroad*** → ***blaze*** 7.

bleach [bliːtʃ] **I** *v/t* bleichen. **II** *s* Bleichmittel *n*.

bleak [bliːk] *adj* □ **1.** kahl, öde. **2.** ungeschützt, windig. **3.** *fig.* trost-, freudlos (*Dasein etc*), trüb, düster (*Aussichten etc*).

blear·y ['blɪərɪ] *adj* **1.** verschwommen. **2.** trüb (*Augen*). **'~-eyed** *adj* **1.** mit trüben Augen. **2.** *fig.* kurzsichtig.

bleat [bliːt] **I** *v/i* blöken (*Schaf*), meckern

(*Ziege*). II *v/t et.* in weinerlichem Ton sagen. III *s* Blöken *n*, Meckern *n*.
bled [bled] *pret u. pp von* **bleed**.
bleed [bliːd] (*irr*) I *v/i* **1.** bluten: **~ *to death*** verbluten. II *v/t* **2.** ⚕ zur Ader lassen. **3.** F schröpfen: **~ *s.o. for s.th.*** j-m et. abknöpfen. **4.** *tech. Bremsen* entlüften.
'bleed·er *s* ⚕ Bluter *m*: **~*'s disease*** Bluterkrankheit *f*.
'bleed·ing I *s* **1.** Blutung *f*: **~ *of the nose*** Nasenbluten *n*. **2.** ⚕ Aderlass *m*. II *adj u. adv* **3.** *sl.* verdammt, verflucht.
bleep [bliːp] I *s* **1.** Piepton *m*. **2.** F Piepser *m* (*Funkrufempfänger*). II *v/i* **3.** piepen. III *v/t* **4.** *j-n* anpiepsen.
'bleep·er → ***bleep*** 2.
blem·ish ['blemɪʃ] I *v/t* verunstalten; *fig.* beflecken. II *s* Fehler *m*, Mangel *m*; *fig.* Makel *m*.
blend [blend] I *v/t* **1.** vermengen, (ver-)mischen; e-e (*Tee- etc*)Mischung zs.-stellen aus, *Wein* verschneiden. II *v/i* **2.** (***with***) sich vermischen (mit), gut passen (zu). **3.** verschmelzen, ineinander übergehen (*Farben, Klänge, Kulturen etc*): **~ *into*** sich vereinigen zu. III *s* **4.** Mischung *f*; Verschnitt *m*.
'blend·er *s* Mixer *m*.
bless [bles] *v/t* (*a. irr*) **1.** segnen (*a. fig.*): ***be ~ed with*** gesegnet sein mit; **~ *me!*, ~ *my soul!*** F du m-e Güte!; (***God***) **~ *you!*** Gesundheit! **2.** **~ *o.s.*** sich glücklich schätzen. **3.** **~ *him!*** *euphem.* der Teufel soll ihn holen!
bless·ed ['blesɪd] *adj* **1.** gesegnet, selig: ***the Blessed Virgin*** die Heilige Jungfrau. **2.** *euphem.* verwünscht, verflixt: ***not a ~ soul*** keine Menschenseele.
'bless·ed·ness *s* Seligkeit *f*.
'bless·ing *s* Segen *m* (*a. fig.* ***to*** für): ***it turned out to be a ~ in disguise*** es stellte sich im Nachhinein als Segen heraus.
blest [blest] *pret u. pp von* **bless**.
bleth·er ['bleðə] → ***blather***.
blew [bluː] *pret von* **blow**[1].
blight [blaɪt] I *s* **1.** ⚘ Mehltau *m*. **2.** *fig.* schädlicher Einfluss. II *v/t* **3.** *fig.* zunichte machen, zerstören.
'blight·er *s Br.* F Kerl *m*: ***lucky ~*** Glückspilz *m*; ***poor ~*** armer Hund.
bli·mey ['blaɪmɪ] *int bsd. Br. sl.* Mensch Meier! (*überrascht*); verdammt!
blind [blaɪnd] I *adj* **1.** blind (*a. fig.* ***to*** gegenüber; ***with*** vor *dat*): **~ *in one eye*** auf e-m Auge blind; ***turn a ~ eye*** ein Auge zudrücken (***to*** bei). **2.** unübersichtlich (*Kurve etc*). II *adv* **3.** **~ *drunk*** F sternhagelvoll. III *v/t* **4.** blenden (*a. fig.*); blind machen (*a. fig.* ***to*** für, gegen). IV *s* **5.** Rollladen *m*; Rouleau *n*; *bsd. Br.* Markise *f*; → ***Venetian***. **~ al·ley** *s* Sackgasse *f* (*a. fig.*): ***lead up a ~*** in e-e Sackgasse führen. **~ flight** *s* ✈ Blindflug *m*. **'~·fold** I *adj* mit verbundenen Augen. II *adv fig.* blindlings. III *v/t j-m* die Augen verbinden. IV *s* Augenbinde *f*. **ˌ~·man's 'buff** *s* Blindekuh(spiel *n*) *f*.
blind·ness ['blaɪndnɪs] *s* Blindheit *f* (*a. fig.*).
blind| spot *s* **1.** *mot.* toter Winkel (*im Rückspiegel*). **2.** *fig.* schwacher Punkt. **'~·worm** *s zo.* Blindschleiche *f*.
blink [blɪŋk] I *v/i* **1.** blinzeln, zwinkern: **~ *at*** a) *j-m* zublinzeln, b) *fig.* sich maßlos wundern über (*acc*), c) → 4. **2.** flimmern; blinken. II *v/t* **3.** **~ *one's eyes*** (mit den Augen) zwinkern. **4.** *a.* **~ *away*** *fig.* ignorieren. III *s* **5.** Blinzeln *n*.
'blink·er *s* Blinklicht *n*; *mot.* Blinker *m*.
bliss [blɪs] *s* (Glück)Seligkeit *f*.
bliss·ful ['blɪsfʊl] *adj* □ (glück)selig.
blis·ter ['blɪstə] I *s* ⚕, *tech.* Blase *f*. II *v/t* Blasen hervorrufen auf (*dat*). III *v/i* Blasen ziehen *od. tech.* werfen. **~ pack** *s* Klarsichtpackung *f*, Blisterpackung *f*.
BLit ***Bachelor of Literature*** Bakkalaureus *m* der Literatur(wissenschaft).
blith·er·ing ['blɪðərɪŋ] *adj Br.* F verdammt: **~ *idiot*** Vollidiot(in).
blitz [blɪts] *mil.* I *s* **1.** heftiger Luftangriff. **2.** Blitzkrieg *m*. II *v/t* **3.** schwer bombardieren: **~*ed*** zerbombt.
bliz·zard ['blɪzəd] *s* Blizzard *m*, Schneesturm *m*.
bloat·ed ['bləʊtɪd] *adj* aufgeblasen (*a. fig. Person*), aufgebläht (*a. fig. Budget etc*), aufgedunsen (*Gesicht etc*): **~ *workforce*** aufgeblähte Belegschaft.
bloat·er ['bləʊtə] *s gastr.* Bückling *m*.
blob [blɒb] *s* Klecks *m*.
bloc [blɒk] *s econ., pol.* Block *m*.
block [blɒk] I *s* **1.** (*a. Motor- etc*)Block *m*, Klotz *m*; Baustein *m*, (Bau)Klötzchen *n* (*für Kinder*). **2.** (*Schreib-, Notiz*)Block *m*. **3.** *bsd. Am.* (Häuser)Block *m*: **~** (***of flats***) *Br.* Wohnhaus *n*. **4.** *fig.* Block *m*, Gruppe *f*. II *v/t* **5.** *a.* **~ *up*** (ab-, ver)sperren, blockieren, verstopfen. **6.** *econ. Konto* sperren: **~*ed account*** Sperrkonto *n*; **~*ing minority*** Sperrminorität *f*.
block·ade [blɒ'keɪd] I *s* Blockade *f*. II *v/t* blockieren.
'block|·bust·er *s* Sensationshit *m*. **~·head** *s* Dummkopf *m*. **'~·house** *s* Blockhaus *n*. **~ let·ters** *s pl* Blockschrift *f*. **~ move** *s Computer*: Blockverschiebung *f*.
bloke [bləʊk] *s bsd. Br.* F Kerl *m*.
blond [blɒnd] *adj* **1.** blond (*Haar*), hell (*Haut*). **2.** blond(haarig).
blonde [blɒnd] I *s* Blondine *f*. II *adj* → ***blond***.
blood [blʌd] *s* **1.** Blut *n* (*a. fig.*): ***his ~ froze*** das Blut erstarrte ihm in den Adern; ***re-***

lated by ~ blutsverwandt; → ***cold*** 1, ***sweat*** 2. **2.** Geblüt *n*, Abstammung *f*. ~ **al·co·hol** *s* ⚕ Blutalkohol *m*. ˌ~**-and-ˈthun·der** *adj*: ~ ***novel*** Reißer *m*. ~ **bank** *s* ⚕ Blutbank *f*. ˈ~**·bath** *s* Blutbad *n*. ~ **clot** *s* ⚕ Blutgerinnsel *n*. ˈ~ˌ**cur·dling** *adj* grauenhaft. ~ **do·nor** *s* ⚕ Blutspender(in). ~ **group** *s* Blutgruppe *f*. ˈ~**·hound** *s* Bluthund *m*.

blood·less [ˈblʌdlɪs] *adj* □ **1.** blutlos, -leer (*a. fig.*). **2.** unblutig (*Kampf etc*).

blood| or·ange *s* Blutorange *f*. ~ **poi·son·ing** *s* ⚕ Blutvergiftung *f*. ~ **pres·sure** *s* ⚕ Blutdruck *m*. ~ **pud·ding** *s* Blutwurst *f*. ~ **re·la·tion,** ~ **rel·a·tive** *s* Blutsverwandte *m*, *f*. ~ **re·venge** *s* Blutrache *f*. ~ **sam·ple** *s* ⚕ Blutprobe *f*. ˈ~**·shed** *s* Blutvergießen *n*. ˈ~**-shot** *adj* blutunterlaufen. ˈ~**·stained** *adj* blutbefleckt. ˈ~ˌ**suck·er** *s zo*. Blutsauger *m* (*a. fig.*). ~ **sug·ar** *s physiol*. Blutzucker *m*. ~ **test** *s* Blutuntersuchung *f*, -probe *f*. ˈ~ˌ**thirst·y** *adj* blutdürstig. ~ **trans·fu·sion** *s* ⚕ Bluttransfusion *f*, -übertragung *f*. ~ **ves·sel** *s anat*. Blutgefäß *n*.

blood·y [ˈblʌdɪ] **I** *adj* **1.** blutig. **2.** *Br. sl*. verdammt, verflucht: ~ ***fool*** Vollidiot(in); ***not a*** ~ ***soul*** kein Schwanz. **II** *adv* **3.** *Br. sl*. → 2: ~ ***awful*** saumäßig.

bloom [bluːm] **I** *s* → ***blossom*** I. **II** *v/i* blühen (*a. fig.*).

bloom·er [ˈbluːmə] *s bsd. Br*. F grober Fehler, Schnitzer *m*.

bloom·ing [ˈbluːmɪŋ] *adj* **1.** blühend (*a. fig.*). **2.** (*a. adv*) F verflixt.

blos·som [ˈblɒsəm] **I** *s* **1.** Blüte *f*: ***be in full*** ~ in voller Blüte stehen. **2.** *fig*. Blüte(zeit) *f*. **II** *v/i* **3.** blühen (*a. fig.*): ~ (***out***) erblühen (***into*** zu).

blot [blɒt] **I** *s* **1.** Klecks *m*. **2.** *fig*. Makel *m*. **II** *v/t* **3.** beklecksen. **4.** *fig*. beflecken. **5.** *Familie, Erinnerungen etc* auslöschen. **6.** *mit Löschpapier* (ab)löschen.

blotch [blɒtʃ] → ***blot*** 1–3.

blot·ter [ˈblɒtə] *s* **1.** Löscher *m*. **2.** *Am*. Kladde *f*.

blot·ting pa·per [ˈblɒtɪŋ] *s* Löschpapier *n*.

blot·to [ˈblɒtəʊ] *adj sl*. (stink)besoffen.

blouse [blaʊz] *s* Bluse *f*.

blow[1] [bləʊ] **I** *s* **1.** Blasen *n*, Wehen *n*. **2.** Luftzug *m*. **3.** Blasen *n*: ~ ***on a whistle*** Pfiff *m*; ***give one's nose a*** ~ sich schnäuzen. **II** *v/i* (*irr*) **4.** blasen, wehen. **5.** ertönen (*Pfiff etc*). **6.** keuchen, schnaufen. **7.** explodieren; platzen (*Reifen*); ⚡ durchbrennen (*Sicherung*). **III** *v/t* (*irr*) **8.** blasen, wehen. **9.** *Suppe etc* blasen, *Feuer* anfachen. **10.** (auf-, aus)blasen: ~ ***bubbles*** Seifenblasen machen; ~ ***glass*** Glas blasen; ~ ***one's nose*** sich schnäuzen. **11.** ~ ***one's lid*** (*od*. ***top, stack***) F an die Decke gehen. **12.** *sl*. *Geld* verpulvern (***on*** für); *Chance* vergeben. *Verbindungen mit Adverbien*:

blow| a·way *v/t* fort-, wegblasen. ~ **down** *v/t* um-, herunterwehen. ~ **in** *v/i* F hereinschneien (*Besucher*). ~ **off** → ***blow away***. ~ **out** *v/t* **1.** *Licht etc* ausblasen. **2.** ~ ***one's brains*** F sich e-e Kugel durch den Kopf jagen. ~ **up I** *v/t* **1.** (in die Luft) sprengen. **2.** aufblasen, -pumpen. **3.** *phot*. vergrößern; *fig*. aufbauschen (***into*** zu). **4.** F *j-n* anschnauzen. **II** *v/i* **5.** in die Luft fliegen; explodieren (*a. fig*. F): ~ ***at*** → 4. **6.** losbrechen (*Sturm etc*), ausbrechen (*Streit etc*).

blow[2] [~] *s* (*a*. Schicksals)Schlag *m*, Stoß *m*: ***at one*** (*od*. ***a*** [***single***]) ~ mit einem Schlag; ***come to*** ~***s*** handgreiflich werden.

ˈ**blow|-dry** *v/t* **1.** *j-m die Haare* föhnen: ~ ***s.o.'s hair***. **2.** *j-m* die Haare föhnen: ~ ***s.o.*** ~ **dry·er** *s* Haartrockner *m*.

blow·er [ˈbləʊə] *s tech*. Gebläse *n*.

ˈ**blow|·fly** *s zo*. Schmeißfliege *f*. ˈ~**·gun** *s tech*. Spritzpistole *f*. ˈ~**·lamp** *s tech*. Lötlampe *f*.

blown [bləʊn] *pp von* ***blow***[1].

ˈ**blow|·out** *s mot*. Reifenpanne *f*. ˈ~**·torch** *s tech*. Lötlampe *f*. ˈ~**·up** *s* **1.** Explosion *f* (*a. fig*. F). **2.** F Krach *m*, Streit *m*. **3.** *phot*. Vergrößerung *f*.

blow·y [ˈbləʊɪ] *adj* windig.

blowz·y [ˈblaʊzɪ] *adj* schlampig (*bsd. Frau*).

blub·ber [ˈblʌbə] *v/i* flennen, plärren.

bludg·eon [ˈblʌdʒən] **I** *s* **1.** Knüppel *m*. **II** *v/t* **2.** niederknüppeln. **3.** ~ ***s.o. into doing s.th.*** j-n zwingen, et. zu tun.

blue [bluː] **I** *adj* **1.** blau: → ***moon*** I. **2.** F melancholisch, traurig. **3.** unanständig, schlüpfrig: ~ ***jokes***; ~ ***film*** Pornofilm *m*. **4.** F schrecklich: ~ ***fear*** Heidenangst *f*; → ***funk*** I, ***murder*** 1. **II** *s* **5.** Blau *n*: ***dressed in*** ~ blau *od*. in Blau gekleidet; ***out of the*** ~ *fig*. aus heiterem Himmel. **6.** *pl* (*a. sg konstruiert*) F Melancholie *f*: ***have*** (*od*. ***be in***) ***the*** ~***s*** den Moralischen haben. **7.** → ***blues***. **III** *v/t* **8.** blau färben. ~**·ber·ry** [ˈ~bərɪ] *s* ♣ Blau-, Heidelbeere *f*. ˌ~**-ˈblood·ed** *adj* blaublütig, adlig. ˈ~ˌ**bot·tle** *s* **1.** *zo*. Schmeißfliege *f*. **2.** ♣ Kornblume *f*. ~ **chips** *s pl* besonders wertbeständige Aktien *pl*, Spitzenwerte *pl*. ~**-col·lar work·er** *s* Arbeiter *m*. ~ **jeans** *s pl* Blue Jeans *pl*. ~ **pen·cil** *s* **1.** Blaustift *m*. **2.** *fig*. Rotstift *m*, Zensur *f*. ˌ~**-ˈpen·cil** *v/t pret u. pp* **-ciled,** *bsd. Br*. **-cilled** zensieren. ˈ~**-print I** *s* **1.** *phot*. Blaupause *f*. **2.** *fig*. Plan *m*, Entwurf *m*: ~ ***stage*** Planungsstadium *n*. **II** *v/t* **3.** e-e Blaupause machen von. **4.** planen, entwerfen.

blues [bluːz] *s pl* **1.** → ***blue*** 6. **2.** (*a. sg konstruiert*) ♪ Blues *m*.

ˈ**blue-sky se·cu·ri·ties** *s pl* wertlose Wertpapiere *pl*.

'blue,stock·ing *s bsd. contp.* Blaustrumpf *m.*
bluff [blʌf] **I** *v/t u. v/i* bluffen. **II** *s* Bluff *m.*
'bluff·er *s* Bluffer *m.*
blu·ish ['bluːɪʃ] *adj* bläulich.
blun·der ['blʌndə] **I** *s* **1.** (grober) Fehler. **II** *v/i* **2.** e-n (groben) Fehler machen. **3.** pfuschen, stümpern. **4.** stolpern, tappen (**into** in *acc*) (*beide a. fig.*). **III** *v/t* **5.** verpfuschen, verpatzen.
'blun·der·er *s* Pfuscher(in), Stümper(in).
'blun·der·ing *adj* stümperhaft.
blunt [blʌnt] **I** *adj* **1.** stumpf. **2.** *fig.* abgestumpft (**to** gegen). **3.** *fig.* ungehobelt. **4.** *fig.* offen, schonungslos. **II** *v/t* **5.** stumpf machen, abstumpfen (*a. fig.* **to** gegen).
'blunt·ly *adv fig.* freiheraus: ***to put it*** ~ um es ganz offen zu sagen; ***refuse*** ~ glatt ablehnen.
blur [blɜː] **I** *v/t* **1.** verwischen: a) *Schrift etc* verschmieren, b) *a. fig.* undeutlich *od.* verschwommen machen. **2.** *phot.* verwackeln. **3.** *Sinne etc* trüben. **II** *v/i* **4.** verschwimmen (*a. Eindruck etc*). **5.** *fig.* sich verwischen (*Unterschiede etc*).
blurt [blɜːt] *v/t*: ~ ***out*** herausplatzen mit.
blush [blʌʃ] **I** *v/i* erröten, rot werden (**at** bei): ~ ***for*** (*od.* ***with***) ***shame*** schamrot werden. **II** *s* Erröten *n*, (Scham)Röte *f.*
'blush·er *s* Rouge *n.*
BM ***Bachelor of Medicine*** Bakkalaureus *m* der Medizin.
BMA ***British Medical Association*** Britischer Ärzteverband.
BO [biː'əʊ] *abbr.* (= ***body odo(u)r***) Körpergeruch *m.*
boar [bɔː] *s zo.* Eber *m*, (*Wildschwein*) Keiler *m.*
board [bɔːd] **I** *s* **1.** Brett *n*, Diele *f*, Planke *f.* **2.** (*Anschlag-, Schach- etc*)Brett *n*; (Wand)Tafel *f*: → ***sweep*** 4. **3.** *pl thea.* Bretter *pl*, Bühne *f*: ***tread*** (*od.* ***walk***) ***the*** ~***s*** auf den Brettern stehen. **4.** Kost *f*, Verpflegung *f*: ~ ***and lodging*** Kost u. Logis, Wohnung u. Verpflegung. **5.** Ausschuss *m*, Kommission *f*; Amt *n*, Behörde *f*: ~ ***of arbitration*** Schlichtungsstelle *f*; ~ ***of directors*** Firmenvorstand *m*, Verwaltungsrat *m*; ~ ***of examiners*** Prüfungskommission; ***Board of Trade*** *Br.* Handelsministerium *n*, *Am.* Handelskammer *f.* **6. on** ~ an Bord (*e-s Schiffs, Flugzeugs*); im Zug *od.* Bus; ***on*** ~ (***a***) ***ship*** an Bord e-s Schiffs; ***go on*** ~ an Bord gehen; einsteigen. **7.** Pappe *f*: (***bound***) ***in*** ~***s*** kartoniert. **8.** *Computer*: Karte *f*, Platine *f.* **II** *v/t* **9.** dielen, täfeln, verschalen. **10.** an Bord (*e-s Schiffs od. Flugzeugs*) gehen, ⚓, *mil.* entern; einsteigen in (*e-n Zug od. Bus*).
'board·er *s* **1.** Kostgänger(in); Pensionsgast *m.* **2.** *Br.* Internatsschüler(in).
board game *s* Brettspiel *n.*
board·ing ['bɔːdɪŋ] *s* Dielenbelag *m*, Täfelung *f*, Verschalung *f.* ~ **card** *s* ✈ Bordkarte *f.* **'~·house** *s* Pension *f*, Fremdenheim *n.* ~ **pass** *s* ✈ Bordkarte *f.* ~ **school** *s* Internat *n*, Pensionat *n.*
board room *s* Sitzungssaal *m.*
boast [bəʊst] **I** *s* **1.** Prahlerei *f.* **2.** Stolz *m* (*Gegenstand des Stolzes*). **II** *v/i* **3.** prahlen (***of, about*** mit). **III** *v/t* **4.** sich des Besitzes (*gen*) rühmen (können), aufzuweisen haben.
'boast·er *s* Prahler(in).
boast·ful ['bəʊstfʊl] *adj* □ prahlerisch.
boat [bəʊt] **I** *s* **1.** Boot *n*; Schiff *n*: ***be in the same*** ~ *fig.* im selben Boot sitzen; ***burn one's*** ~***s*** (***behind one***) *fig.* alle Brücken hinter sich abbrechen; ***take to the*** ~***s*** ⚓ in die (Rettungs)Boote gehen; → ***miss²*** 1, ***rock²*** 2. **2.** (*bsd.* Soßen)Schüssel *f.* **II** *v/i* **3.** Boot fahren: ***go*** ~***ing*** e-e Bootsfahrt machen. **'~·house** *s* Bootshaus *n.*
boat·ing ['bəʊtɪŋ] *s* **1.** Bootfahren *n.* **2.** Bootsfahrt *f.*
boat| peo·ple *s pl* Bootsflüchtlinge *pl.* ~ **race** *s* Bootrennen *n.* ~**·swain** ['bəʊsn] *s* ⚓ Bootsmann *m*, -frau *f.* ~ **train** *s* Zug *m* mit Schiffsanschluss.
bob [bɒb] **I** *s* **1.** Knicks *m.* **2.** *Sport*: Bob *m.* **II** *v/t* **3.** *Haare etc* kurz schneiden, stutzen. **III** *v/i* **4.** sich auf u. ab bewegen: ~ ***up*** (plötzlich) auftauchen. **5.** knicksen (***at, before, to*** vor *dat*).
bob·bin ['bɒbɪn] *s* Spule *f* (*a.* ⚡).
bob·by ['bɒbɪ] *s Br.* F Bobby *m* (*Polizist*). ~ **pin** *s bsd. Am.* Haarklammer *f.*
'bob|·sled, '~·sleigh *s Sport*: Bob *m.*
bode¹ [bəʊd] *v/i*: ~ ***ill*** Unheil verkünden; ~ ***well*** Gutes versprechen.
bode² [~] *pret von* ***bide.***
bod·ice ['bɒdɪs] *s* **1.** Mieder *n.* **2.** Oberteil *n* (*e-s Kleids etc*).
bod·i·ly ['bɒdɪlɪ] **I** *adj* **1.** körperlich: ~ ***harm*** (*od.* ***injury***) ⚖ Körperverletzung *f*; ~ ***needs*** (*od.* ***wants***) *pl* leibliche Bedürfnisse *pl.* **II** *adv* **2.** leibhaftig. **3.** als Ganzes; geschlossen.
bod·y ['bɒdɪ] *s* **1.** Körper *m*, Leib *m*, *engS.* Rumpf *m.* **2.** *oft* ***dead*** ~ Leiche *f.* **3.** ⚓, ✈ Rumpf *m*; *mot.* Karosserie *f.* **4.** Gesamtheit *f*: ***in a*** ~ geschlossen, wie ein Mann. ~ ***of laws*** Gesetz(es)sammlung *f.* **5.** Körper(schaft *f*) *m*, Gruppe *f*, Gremium *n*: → ***diplomatic, governing*** 2. **6.** *fig.* Kern *m*, *das* Wesentliche. **7.** Hauptteil *m*, Text(teil) *m* (*e-s Briefs etc*). **8.** *phys. etc* Körper *m*: → ***celestial, heavenly.*** **9.** *fig.* Körper *m*, Gehalt *m* (*von Wein*), (Klang)Fülle *f.* ~ **build·ing** *s* Bodybuilding *n.* **'~·guard** *s* **1.**

Leibwächter(in). **2.** Leibgarde *f*, -wache *f*. ~ **lan·guage** *s* Körpersprache *f*. ~ **o·do(u)r** *s* (*bsd. unangenehmer*) Körpergeruch. ~ **pierc·ing** *s* Piercing *n*. ~ **search** *s* Leibesvisitation *f*. ~ **stock·ing,** ~**·suit** *s* Body *m*. '~**·work** *s mot*. Karosserie *f*.

B. of E. ***Bank of England*** Bank *f* von England.

bog [bɒg] **I** *s* Sumpf *m*, Morast *m* (*beide a. fig.*). **II** *v/t*: ~ ***down*** *fig*. zum Stocken bringen; ***get*** ~***ged*** (***down***) → III. **III** *v/i* sich festfahren, stecken bleiben (*beide a. fig.*).

bo·gey → ***bogy***.

bog·gle ['bɒgl] *v/i* fassungslos sein: ***imagination*** (*od*. ***the mind***) ~***s at the thought*** es wird e-m schwindlig bei dem Gedanken.

bog·gy ['bɒgɪ] *adj* sumpfig, morastig.

bo·gie → ***bogy***.

Bo·go·tá [ˌbɒgəʊ'tɑː] *Hauptstadt von Kolumbien*.

bo·gus ['bəʊgəs] *adj* **1.** falsch, unecht. **2.** Schwindel..., Schein...: ~ ***company*** Scheinfirma *f*.

bo·gy ['bəʊgɪ] *s* Kobold *m*; (Schreck-) Gespenst *n* (*a. fig.*).

Bo·he·mia [bəʊ'hiːmjə] *npr* Böhmen *n*.

boil[1] [bɔɪl] *s* ⚕ Geschwür *n*, Furunkel *m*, *n*.

boil[2] [~] **I** *s* Kochen *n*, Sieden *n*: ***bring to the*** ~ zum Kochen bringen. **II** *v/i* kochen (*a. fig.* ***with*** vor *dat*), sieden: → ***kettle, pot*** 1. **III** *v/t* kochen (lassen).

Verbindungen mit Adverbien:

boil| down I *v/t* **1.** einkochen lassen. **2.** *fig*. zs.-fassen (***to a few sentences*** in ein paar Sätzen). **II** *v/i* **3.** einkochen. **4.** ~ ***to*** *fig*. hinauslaufen auf (*acc*). ~ **o·ver** *v/i* **1.** überkochen, -laufen. **2.** *fig*. vor Wut kochen. **3.** *fig. Situation etc*: außer Kontrolle geraten; sich auswachsen (***into*** zu).

boil·er ['bɔɪlə] *s* **1.** *tech*. Dampfkessel *m*. **2.** Boiler *m*, Heißwasserspeicher *m*. **3.** Suppenhuhn *n*. ~ **suit** *s* Overall *m*.

boil·ing ['bɔɪlɪŋ] **I** *adj* siedend, kochend. **II** *adv*: ~ ***hot*** kochend heiß. ~ **point** *s* Siedepunkt *m* (*a. fig.*): ***reach*** ~ den Siedepunkt erreichen.

bois·ter·ous ['bɔɪstərəs] *adj* □ **1.** stürmisch (*Meer, Wetter etc*). **2.** lärmend, laut. **3.** ausgelassen, wild (*Person, Party etc*).

bold [bəʊld] *adj* □ **1.** kühn: a) mutig, unerschrocken, b) gewagt, c) fortschrittlich. **2.** dreist, frech: ***make*** ~ ***to*** sich erdreisten *od*. es wagen zu. **3.** scharf hervortretend: ***in*** ~ ***outline*** in deutlichen Umrissen. **4.** fett (*Druck*): ***in*** ~ ***type*** fett gedruckt. '~**·face** *s* Fettdruck *m*.

Bo·liv·ia [bə'lɪvɪə] *npr* Bolivien *n*.

bo·lo·ney [bə'ləʊnɪ] *s sl*. Quatsch *m*.

bol·ster ['bəʊlstə] **I** *s* **1.** Keilkissen *n*; Nackenrolle *f*. **2.** Polster *n*, Kissen *n*, Unterlage *f* (*a. tech.*). **II** *v/t* **3.** (aus)polstern. **4.** *mst* ~ ***up*** *fig*. unterstützen.

bolt [bəʊlt] **I** *s* **1.** Bolzen *m*: ***he has shot his*** ~ *fig*. er hat sein Pulver verschossen. **2.** Blitz(strahl) *m*: ***a*** ~ ***from the blue*** *fig*. ein Blitz aus heiterem Himmel. **3.** *tech*. Riegel *m*. **4.** *tech*. (Schrauben)Bolzen, Schraube *f* (mit Mutter): ~ ***nut*** Schraubenmutter *f*. **5.** plötzlicher Satz *od*. Sprung: ***he made a*** ~ ***for the door*** er machte e-n Satz zur Tür. **II** *adv* **6.** ~ ***upright*** bolzen-, kerzengerade. **III** *v/i* **7.** durchbrennen, ausreißen. **8.** durchgehen (*Pferd*). **IV** *v/t* **9.** ver-, zuriegeln. **10.** *oft* ~ ***down*** *Essen* hinunterschlingen, *Getränk* hinunterstürzen.

bomb [bɒm] **I** *s* Bombe *f*. **II** *v/t* bombardieren: ~***ed out*** ausgebombt. ~ **a·lert** *s* Bombenalarm *m*.

bom·bard [bɒm'bɑːd] *v/t* bombardieren (*a. fig.* ***with*** mit).

bom'bard·ment *s* Bombardement *n*, Bombardierung *f*.

bom·bast ['bɒmbæst] *s* Bombast *m*, Schwulst *m*.

bom'bas·tic *adj* (~***ally***) bombastisch, schwülstig.

bombed [bɒmbd] *adj sl*. **1.** besoffen. **2.** high (*im Drogenrausch*).

bomb·er ['bɒmə] *s* **1.** ✈ Bomber *m*. **2.** Bombenleger(in). ~ **jack·et** *s* Bomberjacke *f*.

'**bomb|·proof I** *adj* bombensicher: ~ ***shelter*** → II. **II** *s* Bunker *m*. '~**·shell** *s*: ***be a*** ~ wie e-e Bombe einschlagen. ~ **threat** *s* Bombendrohung *f*.

bo·na fi·de [ˌbəʊnə'faɪdɪ] *adj u. adv* in gutem Glauben.

bo·nan·za [bəʊ'nænzə] **I** *s fig*. Goldgrube *f*. **II** *adj* sehr einträglich.

bond [bɒnd] **I** *s* **1.** *pl fig*. Bande *pl*: ***the*** ~***s of love***. **2.** Bund *m*, Verbindung *f*. **3.** *econ*. Zollverschluss *m*: ***in*** ~ unter Zollverschluss. **4.** *econ*. Schuldverschreibung *f*, Obligation *f*; *pl* festverzinsliche Wertpapiere *pl*. **II** *v/t* **5.** *econ*. unter Zollverschluss legen: ~***ed goods*** *pl* Waren *pl* unter Zollverschluss; ~***ed warehouse*** Zollspeicher *m*, Zolllager *n*. ~ **fund** *s* Rentenfonds *m*. '~ˌ**hold·er** *s econ*. Obligationsinhaber(in). ~ **is·sue** *s* Emission *f* von Schuldverschreibungen. ~ **mar·ket** *s* Rentenmarkt *m*. ~ **note** *s* Zollbegleitschein *m*.

bone [bəʊn] **I** *s* **1.** Knochen *m*, *pl a*. Gebeine *pl*: ***make no*** ~***s about*** (*od*. ***of***) nicht viel Federlesens machen mit; ***feel s.th. in one's*** ~***s*** et. in den Knochen *od*. instinktiv spüren; ***have a*** ~ ***to pick with s.o.*** mit j-m ein Hühnchen zu rupfen haben; ***chilled*** (*od*. ***frozen***) ***to the*** ~ völlig durchgefroren; →

contention 1. **2.** (Fisch)Gräte *f.* **II** *v/t* **3.** entbeinen; *Fisch* entgräten. **III** *v/i* **4.** *~ up on s.th.* F et. pauken *od.* büffeln. **ˌ~-'dry** *adj* knochentrocken. **'~·head** *s* F Holzkopf *m.* **ˌ~-'la·zy** *adj* stinkfaul. **'~ˌshak·er** *s* F Klapperkasten *m* (*Bus etc*).

bon·fire ['bɒnˌfaɪə] *s* **1.** Freudenfeuer *n.* **2.** Feuer *n* im Freien (*zum Unkrautverbrennen etc*).

bonk [bɒŋk] *v/t u. v/i sl.* bumsen.

bon·kers ['bɒŋkəz] *adj sl.* übergeschnappt: *go ~* überschnappen.

bon·net ['bɒnɪt] *s* **1.** *tech.* (Schutz)Kappe *f*, Haube *f.* **2.** *mot. Br.* Motorhaube *f.*

bo·nus ['bəʊnəs] *s* **1.** *econ.* Bonus *m*, Prämie *f*: *~ scheme* Prämienlohnsystem *n*; *~ share* Gratisaktie *f.* **2.** Gratifikation *f.* **3.** *econ. bsd. Br.* Extradividende *f.*

bon·y ['bəʊnɪ] *adj* **1.** (stark-, grob)knochig. **2.** voll(er) Knochen; voll(er) Gräten (*Fisch*). **3.** knochendürr.

boo [bu:] **I** *int* buh! **II** *s* Buh(ruf *m*) *n.* **III** *v/i* buhen. **IV** *v/t* ausbuhen.

boob [bu:b] *sl.* **I** *s* **1.** Blödmann *m*, Idiot(in). **2.** *Br.* Schnitzer *m.* **II** *v/i* **3.** *Br.* e-n Schnitzer machen.

boo·by ['bu:bɪ] *s* **1.** Trottel *m*, Dummkopf *m.* **2.** *Sport etc*: Letzte *m,f*, Schlechteste *m,f.* **~ hatch** *s Am. sl.* Klapsmühle *f.* **~ prize** *s Sport etc*: *Scherzpreis für den Letzten od. Schlechtesten.* **~ trap** *s* **1.** versteckte Sprengladung; Auto *etc*, in dem e-e Sprengladung versteckt ist. **2.** grober Scherz (*bsd. über halb geöffneter Tür angebrachter Wassereimer*).

book [bʊk] **I** *s* **1.** Buch *n*: *the Book* die Bibel; *a closed ~ fig.* ein Buch mit sieben Siegeln (*to* für); *an open ~ fig.* ein offenes *od.* aufgeschlagenes Buch (*to* für); *be at one's ~s* über s-n Büchern sitzen; *speak* (*od. talk*) *like a ~* geschraubt *od.* gestelzt reden; → *suit* 5. **2.** *econ.* Geschäftsbuch *n*: *be deep in s.o.'s ~s* bei j-m tief in der Kreide stehen. **3.** Liste *f*, Verzeichnis *n*: *be on the ~s* auf der (Mitglieder- *etc*)Liste stehen. **4.** Notizbuch *n*, -block *m*; (Schreib-, Schul)Heft *n*: *be in s.o.'s good* (*bad*) *~s* bei j-m gut (schlecht) angeschrieben sein. **5.** Heft(chen) *n*: *~ of stamps* (*tickets*) Marken-(Fahrschein)heft(chen); *~ of matches* Streichholzbriefchen *n.* **II** *v/t* **6.** *econ.* (ver)buchen; *Auftrag* notieren. **7.** aufschreiben, *Sport*: *a.* verwarnen. **8.** verpflichten, engagieren. **9.** *Zimmer etc* bestellen, *Reise etc* buchen, *Eintritts-, Fahrkarte* lösen: *~ed up* ausgebucht (*Künstler, Hotel, Veranstaltung*). **10.** *Gepäck* aufgeben (*to* nach). **III** *v/i* **11.** *Br. a. ~ up* e-e (Fahr- *etc*)Karte lösen (*to, for* nach): *~ through* durchlösen (*to* bis, nach). **12.** sich (*für e-e Fahrt etc*) vormerken lassen, e-n Platz *etc* bestellen, buchen. **13.** *~ in bsd. Br.* sich (*im Hotel*) eintragen: *~ in at* absteigen in (*dat*).

book·a·ble ['bʊkəbl] *adj* im Vorverkauf erhältlich.

'book|ˌbind·er *s* Buchbinder(in). **'~·case** *s* Bücherschrank *m.* **~ club** *s* Buchgemeinschaft *f.* **~ debt** *s econ.* Buchschuld *f.* **'~·end** *s* Bücherstütze *f.*

book·ie ['bʊkɪ] *s* F Buchmacher(in).

book·ing ['bʊkɪŋ] *s* Buchung *f*, (Vor)Bestellung *f*: *make a* (*firm*) *~* (fest) buchen. **~ clerk** *s* Fahrkartenverkäufer(in). **~ of·fice** *s* **1.** (Fahrkarten)Schalter *m.* **2.** (Theater- *etc*)Kasse *f*, Vorverkaufsstelle *f.*

book·ish ['bʊkɪʃ] *adj* **1.** belesen. **2.** papieren (*Stil*).

'book|ˌkeep·er *s econ.* Buchhalter(in). **'~ˌkeep·ing** *s econ.* Buchhaltung *f*, -führung *f.* **'~ˌmak·er** *s* Buchmacher(in). **'~mark, '~ˌmark·er** *s* Lesezeichen *n.* **~·mo·bile** ['~məʊˌbi:l] *s Am.* Bücherbus *m.* **~ prof·it** *s econ.* Buchgewinn *m.* **'~ˌsell·er** *s* Buchhändler(in). **'~·shop** *s* Buchhandlung *f.* **'~·stall** *s* **1.** Bücherstand *m.* **2.** *bsd. Br.* Zeitungskiosk *m*, -stand *m.* **'~·store** *s bsd. Am.* Buchhandlung *f.* **~ tok·en** *s* Büchergutschein *m.* **~ val·ue** *s econ.* Buchwert *m*, Bilanzwert *m.* **'~·worm** *s zo.* Bücherwurm *m* (*a. fig.*).

boom[1] [bu:m] **I** *v/i* dröhnen (*Stimme etc*), donnern (*Geschütz etc*), brausen (*Wellen etc*). **II** *s* Dröhnen *n*, Donner *m*, Brausen *n.*

boom[2] [~] *s* **1.** ⚓ Baum *m*, Spiere *f.* **2.** *tech.* (*Kran*)Ausleger *m.* **3.** *Film, TV*: (*Mikrofon*)Galgen *m.*

boom[3] [~] *econ.* **I** *s* Boom *m*: a) Hochkonjunktur *f*, b) *Börse*: Hausse *f*, c) (plötzlicher) Aufschwung: *~ in orders* Auftragsschwemme *f*; *~ market* Haussemarkt *m.* **II** *v/i* e-n Boom erleben, boomen.

boom·er·ang ['bu:məræŋ] **I** *s* Bumerang *m* (*a. fig.*). **II** *v/i fig.* sich als Bumerang erweisen (*on* für).

'boom·ing *adj* blühend, florierend.

boor [bʊə] *s* ungehobelter Kerl.

boor·ish ['bʊərɪʃ] *adj* □ ungehobelt.

'boor·ish·ness *s* ungehobeltes Benehmen.

boost [bu:st] **I** *v/t* **1.** F *Preise* in die Höhe treiben. **2.** F Auftrieb geben (*dat*), *Produktion etc* ankurbeln, *Moral* heben. **3.** *tech. Druck* erhöhen; ⚡ *Spannung* verstärken. **II** *s* **4.** F Auftrieb *m.* **5.** *tech.* Erhöhung *f*; ⚡ Verstärkung *f.*

'boost·er *s* **1.** *a. ~ shot* ⚕ Wiederholungsimpfung *f.* **2.** Zündstufe *f* (*e-r Rakete*): *~ rocket* Startrakete *f.*

boot[1] [bu:t] **I** *s* **1.** Stiefel *m*: *the ~ is on the* *other foot* (*od.* ***leg***) der Fall liegt umgekehrt; → ***bet*** 4, ***lick*** 1. **2.** F (Fuß)Tritt *m*: ***give*** *s.o.* ***a*** ~ → 4; ***get the*** ~ rausgeschmissen (*entlassen*) werden. **3.** *mot. Br.* Kofferraum *m.* **II** *v/t* **4.** F *j-m* e-n (Fuß)Tritt geben: ~ (***out***) rausschmeißen (*entlassen*).

boot² [~] *v/t Computer a.*: ~ ***up*** booten, laden.

boot³ [~] *s*: ***to*** ~ obendrein, noch dazu.

'boot·black *s* Schuhputzer(in).

booth [buːð] *s* **1.** (Markt-, Schau)Bude *f*, (Messe)Stand *m.* **2.** (Telefon)Zelle *f*; (Wahl)Kabine *f*.

boot·ing ['buːtɪŋ] *s Computer*: Booten *n*, Urladen *n*.

'boot|·lace *s* Schnürsenkel *m.* **'~·lick** *v/t u. v/i* F (vor *j-m*) kriechen. **'~ˌlick·er** *s* F Kriecher(in).

boots [buːts] *pl* **boots** *s Br.* Hausdiener *m* (*im Hotel*).

boo·ty ['buːtɪ] *s* (*fig. a.* Aus)Beute *f*.

booze [buːz] F **I** *v/i* saufen. **II** *s* Zeug *n* (*alkoholisches Getränk*); Sauferei *f*; (*Br. a.* ***~-up***) Sauftour *f*; (*Br. a.* ***~-up***) Besäufnis *n*.

'booz·er *s* F **1.** Säufer(in). **2.** Kneipe *f*.

'booz·y *adj* F versoffen.

bor·der ['bɔːdə] **I** *s* **1.** Rand *m.* **2.** Einfassung *f*, Saum *m*, Umrandung *f*. **3.** (Gebiets-, Landes)Grenze *f*: ~ ***controls*** *pl* Grenzkontrollen *pl*; ~ ***incident*** Grenzzwischenfall *m*. **II** *v/t* **4.** einfassen. **5.** begrenzen, grenzen an (*acc*). **III** *v/i* **6.** grenzen (***on*** an *acc*) (*a. fig.*).

'bor·der·er *s* Grenzbewohner(in).

'bor·der|·land *s* Grenzgebiet *n*. **'~·line** **I** *s* **1.** Grenzlinie *f*. **2.** *fig.* Grenze *f*. **II** *adj* **3.** *fig.* Grenz...: ~ ***case*** Grenzfall *m*.

bore¹ [bɔː] **I** *s* Bohrung *f*: a) Bohrloch *n*, b) *tech.* Kaliber *n*. **II** *v/t* (*bsd.* aus)bohren. **III** *v/i* bohren (***for*** nach).

bore² [~] **I** *s* **1.** langweilige Sache; *bsd. Br.* lästige Sache. **2.** Langweiler(in); *bsd. Br.* lästiger Kerl. **II** *v/t* **3.** *j-n* langweilen; *bsd. Br. j-m* lästig sein: ***be ~d*** sich langweilen; ***be ~d stiff*** F sich zu Tode langweilen.

bore³ [~] *pret von* ***bear²***.

bore·dom ['bɔːdəm] *s* **1.** Lang(e)weile *f*. **2.** Langweiligkeit *f*.

bor·ing ['bɔːrɪŋ] *adj* langweilig.

born [bɔːn] **I** *pp von* ***bear²*** 2. **II** *adj* geboren (*a. fig.*): ***a*** ~ ***poet.***

borne [bɔːn] *pp von* ***bear²***.

bor·ough ['bʌrə] *s* **1.** *Br.* Stadt *f* (*mit Selbstverwaltung*); (*a.* ***parliamentary*** ~) Stadt *f od.* städtischer Wahlbezirk mit eigener Vertretung im Parlament; Stadtteil *m* (*von Groß-London*). **2.** *Am.* Stadtbezirk *m* (*in New York*).

bor·row ['bɒrəʊ] **I** *v/t* **1.** (sich) *et.* (aus)borgen *od.* leihen (***from*** von): ***~ed capital*** Fremdkapital *n*. **2.** *fig.* entlehnen (***from*** von): ***~ed word*** Lehnwort *n*. **II** *v/i* **3.** *econ.* Kredit aufnehmen.

'bor·row·er *s* **1.** Entleiher(in). **2.** *econ.* Kreditnehmer(in).

bor·row·ing ['bɒrəʊɪŋ] *s* Kreditaufnahme *f*; Fremdfinanzierung *f*, *pl* fremde Mittel *pl*: ~ ***costs*** *pl* Kreditkosten *pl*; ~ ***facilities*** *pl* Kreditfazilitäten *pl*; ~ ***limit*** Verschuldungsgrenze *f*; ~ ***requirements*** Kreditbedarf *m*.

bosh [bɒʃ] *s* F Blödsinn *m*, Quatsch *m*.

Bos·nia ['bɒznɪə] *npr* Bosnien *n*.

Bos·ni·a and Her·ze·go·vi·na ['bɒznɪə ˌheətsəgəʊ'viːnə] Bosnien-Herzegowina *n* (*Republik*).

Bos·ni·an ['bɒznɪən] **I** *adj* bosnisch. **II** *s* Bosnier(in).

bos·om ['bʊzəm] *s* **1.** Busen *m* (*a. fig.*): ~ ***friend*** Busenfreund(in). **2.** *fig.* Schoß *m*: ***in the*** ~ ***of one's family.***

boss¹ [bɒs] *s* Buckel *m*, Knauf *m*.

boss² [~] F **I** *s* Boss *m*, Chef(in). **II** *v/t*: ~ ***about*** (*od.* ***around***) herumkommandieren.

boss·y ['bɒsɪ] *adj* F herrisch.

BOT *Br.* ***Board of Trade*** Handelsministerium *n*.

bo·tan·i·cal [bə'tænɪkl] *adj* □ botanisch: ~ ***garden(s*** *pl*) botanischer Garten.

bot·a·nist ['bɒtənɪst] *s* Botaniker(in).

'bot·a·ny *s* Botanik *f*.

botch [bɒtʃ] **I** *s* Pfusch(arbeit *f*) *m*: ***make a*** ~ ***of*** → II. **II** *v/t* verpfuschen. **III** *v/i* pfuschen.

'botch·er *s* Pfuscher(in).

both [bəʊθ] **I** *adj u. pron* beide(s): ~ ***my brothers*** m-e beiden Brüder; ~ ***of them*** alle beide; → ***sex*** 1. **II** *adv od. cj*: ~ ***... and*** sowohl ... als (auch).

both·er ['bɒðə] **I** *s* Belästigung *f*, Störung *f*. **II** *v/t* belästigen, stören: ***don't*** ~ ***me!*** lass mich in Ruhe!; ***I can't be ~ed*** ich habe keine Lust (***to do*** zu tun). **III** *v/i* (***about***) sich kümmern (um); sich aufregen (über *acc*).

Bot·swa·na [bɒ'tswɑːnə] Botsuana *n* (*Republik in Südafrika*).

bot·tle ['bɒtl] **I** *s* Flasche *f*: → ***hit*** 7. **II** *v/t* in Flaschen abfüllen: ***~d beer*** Flaschenbier *n*; ~ ***up*** *Gefühle etc* unterdrücken; ***~d-up*** aufgestaut. ~ **bank** *s* (Alt)Glascontainer *m*. **'~·neck** *s* Flaschenhals *m*, Engpass *m* (*e-r Straße*) (*a. fig.*). ~ **o·pen·er** *s* Flaschenöffner *m*. ~ **post** *s* Flaschenpost *f*.

bot·tom ['bɒtəm] **I** *s* **1.** Boden *m* (*e-s Gefäßes etc*), Fuß *m* (*e-s Bergs etc*), Sohle *f* (*e-s Tals etc*), Unterseite *f*: ***at the*** ~ ***of the street*** am Ende der Straße; ***from the*** ~ ***of one's heart*** aus tiefstem Herzen; ***~s up!*** F ex!; prost! **2.** Boden *m*, Grund *m*: ~ ***of the sea*** Meeresboden, -grund. **3.** Grund(lage *f*) *m*: ***be at the*** ~ ***of*** der Grund sein für, hinter *e-r Sache* stecken; ***get to the*** ~ ***of s.th.*** e-r Sache auf den

Grund gehen; ***knock the ~ out of s.th.*** et. gründlich widerlegen. **4.** (Stuhl)Sitz *m.* **5.** F Popo *m.* **6.** *econ.* Tiefststand *m*, Talsohle *f.* **II** *adj* **7.** unterst: ***~ line*** letzte Zeile; ***~ price*** Preisuntergrenze *f*; → ***bet*** 4, ***rung²***. **III** *v/i* **8.** ***~ out*** *econ.* a) den tiefsten Stand erreichen, b) die Talsohle durchschritten haben; ***~ out at*** nicht tiefer sinken (*Währung*).

'bot·tom·less *adj* □ *fig.* unergründlich; unerschöpflich.

bough [baʊ] *s* Ast *m*, Zweig *m.*

bought [bɔːt] *pret u. pp von* ***buy***.

bouil·lon ['buːjɔ̃ːŋ] *s* Fleischbrühe *f*, Bouillon *f.*

bounce [baʊns] **I** *s* **1.** Elastizität *f.* **2.** Sprung *m*, Satz *m.* **3.** F Schwung *m*, Schmiss *m.* **4.** F Rausschmiss *m* (*a. Entlassung*): ***give s.o. the ~*** → 6; ***get the ~*** rausgeschmissen werden. **II** *v/t* **5.** *Ball etc* aufprallen *od.* aufspringen lassen. **6.** F *j-n* rausschmeißen (*a. entlassen*). **III** *v/i* **7.** aufprallen, -springen (*Ball etc*): ***~ off*** abprallen (von). **8.** federn, elastisch sein (*Gummi etc*); springen (*Ball*). **9.** a) springen, hüpfen (***over*** über *acc*), b) stürmen, stürzen (***into*** in *acc*). **10.** F platzen (*Scheck*).

'bounc·er *s* F **1.** Rausschmeißer(in). **2.** ungedeckter Scheck.

'bounc·ing *adj* stramm (*Baby etc*).

bound¹ [baʊnd] **I** *pret u. pp von* ***bind***. **II** *adj*: ***be ~ to do s.th.*** (zwangsläufig) et. tun müssen; ***he was ~ to be late*** er musste ja zu spät kommen.

bound² [~] *adj* unterwegs (***for*** nach): ***where are you ~ for?*** wohin reisen *od.* gehen Sie?

bound³ [~] **I** *s mst pl* Grenze *f*, *fig. a.* Schranke *f*: ***keep within ~s*** in (vernünftigen) Grenzen halten; ***beyond all ~s*** maß-, grenzenlos; ***the park is out of ~s*** (***to***) das Betreten des Parks ist (für *od. dat*) verboten; ***within the ~s of possibility*** im Bereich des Möglichen. **II** *v/t* begrenzen.

bound⁴ [~] **I** *s* → ***bounce*** 2. **II** *v/i* → ***bounce*** 7, 9 a.

bound·a·ry ['baʊndərɪ] *s* Grenze *f.*

boun·den ['baʊndən] *adj*: ***my ~ duty*** meine Pflicht u. Schuldigkeit.

bound·less ['baʊndlɪs] *adj* □ grenzenlos (*a. fig.*).

boun·te·ous ['baʊntɪəs], **boun·ti·ful** ['~tɪfʊl] *adj* □ **1.** freigebig (***of*** mit). **2.** reichlich.

boun·ty ['baʊntɪ] *s* **1.** Freigebigkeit *f.* **2.** großzügige Spende. **3.** Prämie *f*: a) Belohnung *f*, b) *econ.* Zuschuss *m* (***on*** auf *acc*, für).

bou·quet [bʊ'keɪ] *s* Bukett *n*: a) (Blumen)Strauß *m*, b) Blume *f* (*von Wein*).

bour·bon ['bɜːbən] Bourbon *m* (*amerikanischer Maiswhisky*).

bout [baʊt] *s* **1.** *fenc.* Gefecht *n*; (*Box-, Ring*)Kampf *m.* **2.** ⚕ Anfall *m*: ***~ of rheumatism*** Rheumaanfall.

bou·tique [buː'tiːk] *s* Boutique *f.*

bo·vine ['bəʊvaɪn] *adj* (*a. geistig*) träge, schwerfällig.

bov·ver ['bɒvə] *Br. sl.* **I** *s* Straßenkämpfe *pl* (*bsd. unter Rockerbanden*): ***~ boots*** *pl schwere Stiefel, mit denen Rocker aufeinander eintreten*; ***~ boy*** Rocker *m.* **II** *v/i* sich Straßenkämpfe liefern (***with*** mit).

bow¹ [baʊ] **I** *s* Verbeugung *f.* **II** *v/t* beugen, *Kopf* neigen. **III** *v/i* sich verbeugen (***to*** vor *dat*): ***have a ~ing acquaintance with s.o.*** j-n flüchtig kennen.

bow² [~] *s* ⚓ Bug *m.*

bow³ [bəʊ] *s* **1.** (Schieß)Bogen *m*: → ***string*** 3 a. **2.** ♪ (*Violin- etc*)Bogen *m.* **3.** Knoten *m*, Schleife *f.*

bowd·ler·ize ['baʊdləraɪz] *v/t Text* von anstößigen Stellen reinigen.

bow·el ['baʊəl] *s anat.* Darm *m*, *pl a.* Eingeweide *pl.* **~ move·ment** *s physiol.* Stuhl(gang) *m.*

bowl¹ [bəʊl] *s* **1.** Schüssel *f*; (*Obst- etc*)Schale *f*; (*Zucker*)Dose *f*; Napf *m* (*für Tiere etc*). **2.** (*Wasch*)Becken *n.* **3.** (*Pfeifen*)Kopf *m.*

bowl² [~] **I** *s* **1.** (*Bowling-, Kegel*)Kugel *f.* **2.** Wurf *m.* **II** *v/t* **3.** ***~ over*** umwerfen, *fig. a. j-m* die Sprache verschlagen.

bow|·legged ['bəʊlegd] *adj* o-beinig. **~ legs** *s pl* O-Beine *pl.*

bowl·er ['bəʊlə] *s* **1.** Bowlingspieler(in); Kegler(in). **2.** *a.* ***~ hat*** *bsd. Br.* Bowler *m*, Melone *f.*

bowl·ing ['bəʊlɪŋ] *s* Bowling *n*; Kegeln *n.* **~ al·ley** *s* Bowling-, Kegelbahn *f.*

bow|·man ['bəʊmən] *s* (*irr* ***man***) Bogenschütze *m.* **~·sprit** ['~sprɪt] *s* ⚓ Bugspriet *n.* **'~·string** *s* Bogensehne *f.* **~ tie** *s* (Frack)Schleife *f*, Fliege *f.*

bow-wow **I** *int* [ˌbaʊ'waʊ] wau, wau! **II** *s* ['baʊwaʊ] *Kindersprache*: Wauwau *m.*

box¹ [bɒks] **I** *s* **1.** Kasten *m*, Kiste *f.* **2.** Schachtel *f*: ***~ of chocolates*** Bonbonniere *f*, Bonboniere *f.* **3.** Büchse *f*, Dose *f*, Kästchen *n.* **4.** Behälter *m.* **5.** *tech.* Gehäuse *n.* **6.** Briefkasten *m*; Postfach *n.* **7.** (Wahl)Urne *f.* **8.** *Br.* (Telefon)Zelle *f.* **9.** → ***Christmas box***. **10.** → ***box junction***. **11.** *thea. etc* Loge *f.* **12.** ⚖ Zeugenstand *m*; Geschworenenbank *f.* **13.** Box *f*: a) *Pferdestand*, b) *abgeteilter Einstellplatz in e-r Großgarage.* **14.** → ***box number***. **15.** F Kasten *m* (*Fernseher*); Fernsehen *n*: ***on the ~*** im Fernsehen. **II** *v/t* **16.** *oft* ***~ in*** (*od.* ***up***) in Schachteln *etc* packen, ver-, einpacken; *parkendes Fahrzeug* einklemmen. **17.** *oft* ***~ up*** einschließen, -sperren.

box² [~] **I** *s* **1.** ***~ on the ear*** Ohrfeige *f.* **II** *v/t* **2.** ***~ s.o.'s ears*** j-n ohrfeigen. **3.** *Sport*: boxen mit *od.* gegen. **III** *v/i* **4.** boxen.

box·er ['bɒksə] *s* **1.** *Sport*: Boxer(in). **2.** *zo.* Boxer *m.* **~ shorts** *s pl*, *a.* ***pair of ~*** Boxershorts *pl.*

box file *s* Archivschachtel *f.*

box·ing ['bɒksɪŋ] *s* Boxen *n*, Boxsport *m.* **~ bout** *s* Boxkampf *m.*

Box·ing Day *s Br.* der 2. Weihnachtsfeiertag.

box·ing| gloves *s pl* Boxhandschuhe *pl.* **~ match** *s* Boxkampf *m.*

box| junc·tion *s Br. gelbmarkierte Kreuzung, in die bei stehendem Verkehr nicht eingefahren werden darf.* **~ num·ber** *s* Chiffre(nummer) *f.* **~ of·fice** *s thea. etc* **1.** Kasse *f.* **2.** ***be a good ~*** ein Kassenerfolg *od.* -schlager sein. **'~-ˌof·fice** *adj*: ***~ success*** *thea. etc* Kassenerfolg *m*, -schlager *m.*

boy [bɔɪ] *s* Junge *m* (*a.* F *Sohn*), Knabe *m.*

boy·cott ['bɔɪkɒt] **I** *v/t* boykottieren. **II** *s* Boykott *m.*

'boy·friend *s* Freund *m.*

boy·hood ['bɔɪhʊd] *s* Knabenjahre *pl*, Jugend(zeit) *f.*

boy·ish ['bɔɪɪʃ] *adj* □ **1.** jungenhaft: ***his ~ laughter.*** **2.** knabenhaft: ***her ~ movements.*** **3.** Jungen...: ***~ games.***

boy scout *s* Pfadfinder *m.*

bo·zo ['bəʊzəʊ] *pl* **~zos** *s* F Blödmann *m.*

BR ***British Rail*** *Eisenbahn in Großbritannien.*

bra [brɑː] *s* F BH *m* (*Büstenhalter*).

brace [breɪs] **I** *s* **1.** *tech.* Strebe *f*, ⚠ *a.* Stützbalken *m.* **2.** *pl Br.* Hosenträger *pl.* **3.** *mst pl* ⚕ (Zahn)Klammer *f*, (-)Spange *f.* **4.** (*pl* ***brace***) Paar *n.* **II** *v/t* **5.** *tech.* verstreben. **6.** *fig.* (*a. v/i*) erfrischen; kräftigen, stärken. **7.** ***~ o.s. for*** *fig.* sich gefasst machen auf (*acc*).

brace·let ['breɪslɪt] *s* Armband *n.*

brack·et ['brækɪt] **I** *s* **1.** *tech.* Träger *m*, Stütze *f.* **2.** ⅋, *typ.* Klammer *f*: ***in ~s; round*** (***square***) ***~s*** runde (eckige) Klammern. **3.** (*Alters-, Steuer*)Klasse *f*, (*Einkommens- etc*)Gruppe *f*, (-)Stufe *f.* **II** *v/t* **4.** einklammern.

brag [bræg] **I** *s* **1.** Prahlerei *f.* **2.** Prahler(in). **II** *v/i* **3.** prahlen (***about, of*** mit).

brag·gart ['brægət] **I** *s* Prahler(in). **II** *adj* prahlerisch.

braid [breɪd] **I** *v/t* **1.** *Haar, Bänder* flechten. **2.** mit Litze *od.* Borte besetzen. **II** *s* **3.** Zopf *m.* **4.** Borde *f*, Litze *f.*

braille [breɪl] *s* Blindenschrift *f.*

brain [breɪn] *s* **1.** *anat.* Gehirn *n.* **2.** *oft pl fig.* F Köpfchen *n*, Grips *m*, Verstand *m*: ***cudgel*** (*od.* ***rack***) ***one's ~s*** sich das Hirn zermartern, sich den Kopf zerbrechen; → ***blow out*** 2. **'~·case** *s anat.* Hirnschale *f*, Schädeldecke *f.* **~ child** *s* (*irr* ***child***) F Geistesprodukt *n.* **~ death** *s* ⚕ Hirntod *m.* **~ drain** *s* Braindrain *m* (*Abwanderung von Wissenschaftlern ins Ausland*).

brain·less ['breɪnlɪs] *adj* □ hirn-, geistlos.

'brain|·pan → ***braincase.*** **'~·storm** *s* F **1.** ***have a ~*** *Br.* geistig weggetreten sein. **2.** *Am.* a) hirnverbrannte Idee, b) → ***brain wave.*** **'~ˌstorm·ing** *s* Brainstorming *n* (*Sammeln von spontanen Einfällen zur Lösung e-s Problems*).

brains trust [breɪnz] *s Br.* **1.** Teilnehmer *pl* an e-r Podiumsdiskussion. **2.** → ***brain trust.***

'brain|ˌteas·er → ***brain twister.*** **~ trust** *s Am.* Braintrust *m* (*bsd. politische od. wirtschaftliche Beratergruppe*). **~ twist·er** *s* F harte Nuss. **'~·wash** *v/t j-n* e-r Gehirnwäsche unterziehen. **'~ˌwash·ing** *s* Gehirnwäsche *f.* **~ wave** *s* F Geistesblitz *m*, tolle Idee. **'~ˌwork·er** *s* Geistes-, Kopfarbeiter(in).

brain·y ['breɪnɪ] *adj* F gescheit.

braise [breɪz] *v/t gastr.* schmoren.

brake [breɪk] **I** *s tech.* Bremse *f.* **II** *v/t u. v/i* bremsen. **~ flu·id** *s* Bremsflüssigkeit *f.* **~ lin·ing** *s* Bremsbelag *m.* **~ ped·al** *s* Bremspedal *n.*

brak·ing dis·tance ['breɪkɪŋ] *s* Bremsweg *m.*

bram·ble ['bræmbl] *s* ⚘ *bsd. Br.* Brombeerstrauch *m*; Brombeere *f.*

branch [brɑːntʃ] **I** *s* **1.** Ast *m*, Zweig *m.* **2.** *fig.* Zweig *m*, Linie *f* (*e-r Familie*). **3.** *fig.* Zweig *m*, Sparte *f* (*e-r Wissenschaft etc*); *econ.* Branche *f.* **4.** *econ.* Filiale *f*, *schweiz.* Ablage *f*: ***~ bank*** Filialbank *f.* **5.** → ***branch line*** 1. **6.** *geogr.* Arm *m* (*e-s Gewässers*); *Am.* Nebenfluss *m.* **II** *v/i* **7.** *oft* **~ off** (*od.* **out**) sich verzweigen *od.* verästeln; abzweigen *od.* sich gabeln (*Straße etc*); ***~ out into*** *econ.* in andere Branchen einsteigen. **~ line** *s* **1.** 🚂 Neben-, Zweiglinie *f.* **2.** Seitenlinie *f* (*e-r Familie*). **~ man·ag·er** *s* Filialleiter(in). **~ of·fice** *s econ.* Filiale *f*, *schweiz.* Ablage *f.*

brand [brænd] **I** *s* **1.** *econ.* (Handels-, Schutz)Marke *f*, Warenzeichen *n*; Markenname *m*; Sorte *f*, Klasse *f* (*e-r Ware*): ***~ awareness*** Markenbewusstsein *n*; ***~ counterfeiters*** *pl* Markenfälscher *pl*; ***~ image*** Markenimage *n*, Markenprofil *n*; ***~ loyalty*** Markentreue *f.* **2.** *fig.* Sorte *f*, Art *f.* **3.** Brandmal *n*, -zeichen *n.* **II** *v/t* **4.** mit e-m Warenzeichen *etc* versehen: ***~ed goods*** *pl* Markenartikel *pl.* **5.** *fig.* unauslöschlich einprägen (***on s.o.'s mind*** j-m).

bran·dish ['brændɪʃ] *v/t* (*bsd.* drohend) schwingen.

'brand name *s* Markenname *m.*

ˌbrand-'new *adj* (funkel)nagelneu.

bran·dy ['brændɪ] *s* **1.** Weinbrand *m*, Kognak *m*, Brandy *m*. **2.** Obstwasser *n*: ***plum ~*** Zwetschgenwasser *n*.

brash [bræʃ] *adj* □ **1.** ungestüm; draufgängerisch; unüberlegt; taktlos, ungezogen; frech, unverfroren. **2.** aufdringlich, laut (*Musik etc*); grell, schreiend (*Farben*).

Bra·si·lia [brəˈzɪljə] *Hauptstadt von Brasilien*.

brass [brɑːs] *s* **1.** Messing *n*. **2.** ***the ~*** ♪ das Blech (*im Orchester*), die Blechbläser *pl*. **3.** *Br*. F Knete *f* (*Geld*). **4.** F Frechheit *f*, Unverschämtheit *f*. **~ band** *s* Blaskapelle *f*.

bras·sière [ˈbræsɪə] *s* Büstenhalter *m*.

brass tacks *s pl*: ***get down to ~*** F zur Sache *od*. auf den Kern der Sache kommen.

bras·sy [ˈbrɑːsɪ] *adj* □ **1.** messingartig *od*. -farben. **2.** blechern (*Klang*). **3.** F frech. **4.** unangenehm laut.

brat [bræt] *s contp*. Balg *m*, *n*, Gör *n*.

brave [breɪv] **I** *adj* □ tapfer, mutig. **II** *v/t* die Stirn bieten, trotzen (*dat*): ***~ it out*** es (tapfer) durchstehen.

ˈbrav·er·y *s* Tapferkeit *f*, Mut *m*.

bra·vo [ˌbrɑːˈvəʊ] **I** *int* bravo! **II** *pl* **-vos** *s* Bravo(ruf *m*) *n*.

brawl [brɔːl] **I** *v/i* **1.** e-e laute Auseinandersetzung haben. **2.** raufen, sich schlagen. **3.** tosen, rauschen (*Fluss etc*). **II** *s* **4.** laute Auseinandersetzung. **5.** Rauferei *f*, Schlägerei *f*. **6.** Tosen *n*, Rauschen *n*.

brawn [brɔːn] *s* **1.** Muskeln *pl*. **2.** Muskelkraft *f*. **3.** *gastr*. *Br*. (Schweine)Sülze *f*.

ˈbrawn·y *adj* muskulös.

bray [breɪ] *v/i* **1.** schreien (*Esel*, *a. Person*): ***~ at s.o.*** j-n anschreien. **2.** schmettern (*Trompete*). **3.** lärmen, tosen (*Verkehr etc*).

bra·zen [ˈbreɪzn] **I** *adj* □ **1.** Messing... **2.** metallisch (*Klang*). **3.** *fig*. unverschämt, unverfroren. **II** *v/t* **4.** ***~ it out*** sich mit großer Unverfrorenheit behaupten. **ˈ~·faced** → ***brazen*** 3.

Bra·zil [brəˈzɪl] *npr* Brasilien *n*.

Bra·zil·i·an [brəˈzɪljən] **I** *adj* brasilianisch. **II** *s* Brasilianer(in).

Braz·za·ville [ˌbræzəˈvɪl] *Hauptstadt des Kongo*.

BRCS ***British Red Cross Society*** *das* Britische Rote Kreuz.

breach [briːtʃ] **I** *s* **1.** *fig*. Bruch *m*, Verletzung *f*: ***~ of confidence*** Vertrauensbruch; ***~ of contract*** ⚖ Vertragsbruch; ***~ of the peace*** ⚖ öffentliche Ruhestörung; → ***duty*** 1, ***promise*** 1. **2.** *mil*. Bresche *f* (*a. fig*.): ***fill*** (*od*. ***step into***) ***the ~*** in die Bresche springen (***for*** für). **II** *v/t* **3.** *mil*. e-e Bresche schlagen in (*acc*).

bread [bred] **I** *s* **1.** Brot *n* (*a. Lebensunterhalt*): ***~ and butter*** Butterbrot; ***earn*** (*od*. ***make***) ***one's ~*** sein Brot verdienen; ***know which side one's ~ is buttered*** (***on***) F s-n Vorteil (er)kennen; ***take the ~ out of s.o.'s mouth*** j-n brotlos machen. **2.** *sl*. Knete *f* (*Geld*). **II** *v/t* **3.** *gastr*. panieren. **ˈ~ˌbas·ket** *s* **1.** Brotkorb *m*. **2.** *sl*. Magen *m*. **~ bin** *s* Brotkasten *m*. **~ crumb** *s* Brotkrume *f*, -krümel *m*: **~s** *pl* Paniermehl *n*. **ˈ~·line** *s* ***be on the ~*** an der Armutsgrenze leben.

breadth [bretθ] *s* Breite *f*: ***ten yards in ~*** 10 Yards breit; ***what ~ is it?*** wie breit ist es?

ˈbreadˌwin·ner *s* Ernährer(in), (Geld-) Verdiener(in) (*e-r Familie*).

break [breɪk] **I** *s* **1.** Bruch(stelle *f*) *m*. **2.** *fig*. Bruch *m* (***from, with*** mit; ***between*** zwischen *dat*): ***make a ~ from*** brechen mit. **3.** Pause *f*, Unterbrechung *f*: ***without a ~*** ununterbrochen; ***take a ~ for a cigarette*** e-e Zigarettenpause machen. **4.** (plötzlicher) Wechsel, Umschwung *m*: ***~ in the weather*** Wetterumschlag *m*; ***at ~ of day*** bei Tagesanbruch. **5.** F ***bad ~*** Pech *n*; ***lucky ~*** Dusel *m*, Schwein *n*. **6.** F Chance *f*: ***give s.o. a ~***. **II** *v/t* (*irr*) **7.** (ab-, auf-, durch-, zer)brechen; *Schallmauer* durchbrechen: ***~ one's arm*** sich den Arm brechen; ***~ s.o.'s resistance*** j-s Widerstand brechen; → ***heart*** 1, ***ice*** 1. **8.** zerschlagen, -trümmern, kaputtmachen: → ***bank***[1] 2. **9.** ***~ s.o. of s.th.*** j-m et. abgewöhnen. **10.** *Speise*, *Ware*, *Geldschein* anbrechen; *Geldschein* klein machen, wechseln. **11.** a) *Tiere* zähmen, abrichten, *Pferd* zureiten, *a. j-n* gewöhnen (***to*** an *acc*), b) → ***break in*** 3 b, c. **12.** *Gesetz*, *Vertrag etc* brechen. **13.** ***~ the bad news gently to s.o.*** j-m die schlechte Nachricht schonend beibringen. **14.** *Code etc* knacken, entschlüsseln. **III** *v/i* (*irr*) **15.** brechen (*a. fig*. *Widerstand etc*): ***~ into*** einbrechen in (*ein Haus etc*); ***~ with*** brechen mit (*j-m*, *e-r Tradition etc*). **16.** (zer)brechen, (-)reißen, kaputtgehen. **17.** umschlagen (*Wetter*); anbrechen (*Tag*). **18.** *fig*. ausbrechen (***into*** in *Tränen etc*).

Verbindungen mit Adverbien:

break| a·way **I** *v/t* **1.** ab-, losbrechen (***from*** von). **II** *v/i* **2.** ab-, losbrechen (***from*** von). **3.** *fig*. sich lossagen *od*. trennen (***from*** von). **~ down** **I** *v/t* **1.** ein-, niederreißen, *Haus* abbrechen, abreißen. **2.** *Maschine* zerlegen. **3.** *fig*. aufgliedern, -schlüsseln. **II** *v/i* **4.** zs.-brechen (*a. fig*.). **5.** versagen (*Maschine*, *Stimme etc*), kaputtgehen, *mot*. e-e Panne haben. **6.** scheitern (*Ehe*, *Verhandlungen etc*). **~ e·ven** *v/i* Kosten decken, kostendeckend (*od*. ohne Verlust) arbeiten. **~ in** **I** *v/i* **1.** einbrechen, -dringen: ***~ on*** bei *j-m* hereinplatzen; sich in *e-e Unterhaltung etc* einmischen. **II** *v/t* **2.** einschlagen, *Tür* aufbrechen.

3. a) → ***break*** 11 a, b) *Auto etc* einfahren, *Schuhe* einlaufen, c) *j-n* einarbeiten, anlernen. **~ off** I *v/t* **1.** → ***break away*** 1. **2.** *Rede, Verhandlungen etc* abbrechen, *Verlobung* (auf)lösen: ***break it off*** sich entloben. II *v/i* **3.** → ***break away*** 2. **~ out** *v/i* ausbrechen (*Gefangener, Krieg etc*): ***~ in laughter*** (***tears***) in Gelächter (Tränen) ausbrechen; ***he broke out in a cold sweat*** ihm brach der Angstschweiß aus. **~ through** I *v/t* **1.** durchbrechen. II *v/i* **2.** durchbrechen, (*Sonne a.*) hervorkommen. **3.** *fig.* den Durchbruch schaffen. **~ up** I *v/t* **1.** *Straße, Eis etc* aufbrechen. **2.** *Sitzung etc* aufheben, *Versammlung, Haushalt etc* auflösen. II *v/i* **3.** aufbrechen (*Straße, Eis etc*). **4.** aufgehoben werden (*Sitzung etc*), sich auflösen (*Versammlung*). **5.** zerbrechen, auseinander gehen (*Ehe etc*); sich trennen (*Ehepaar etc*).

break·a·ble ['breɪkəbl] *adj* zerbrechlich.

'break·age *s* **1.** Bruch(stelle *f*) *m.* **2.** *econ.* Bruchschaden *m.*

'break|·a·way *s* Trennung *f* (***from*** von). **'~-down** *s* **1.** Zs.-bruch *m* (*a. fig.*): ***nervous ~*** Nervenzusammenbruch. **2.** *mot.* Panne *f*: ***~ service*** *Br.* Pannen-, Straßendienst *m*; ***~ van*** *Br.* Abschleppwagen *m.* **3.** Aufschlüsselung *f*, Spezifizierung *f.*

'break͵e·ven| point *s* Kostendeckungspunkt *m*, Gewinnschwelle *f.* **~ price** *s* Selbstkostenpreis *m.*

break·fast ['brekfəst] I *s* Frühstück *n*, *schweiz.* Morgenessen *n*: ***have ~*** → II; ***~ television*** Frühstücksfernsehen *n.* II *v/i* frühstücken, *schweiz.* zu Morgen essen.

'break|-in *s* **1.** ⚖ Einbruch *m.* **2.** Abrichten *n*, Einfahren *n etc* (→ ***break*** 11 a, ***break in*** 3 b, c). **'~·neck** *adj* halsbrecherisch (*Geschwindigkeit*). **'~·out** *s* Ausbruch *m* (*aus dem Gefängnis etc*). **'~·through** *s* *mil.* Durchbruch *m* (*a. fig.*). **'~·up** *s* Aufhebung *f* (*e-r Sitzung etc*), Auflösung *f* (*e-r Versammlung, e-s Haushalts etc*).

breast [brest] I *s* Brust *f* (*a. gastr.*): ***make a clean ~ of s.th.*** sich et. von der Seele reden. II *v/t*: ***~ the tape*** (*Sport*) das Zielband durchreißen, *weitS.* durchs Ziel gehen. **'~-bone** *s anat.* Brustbein *n.* **'~-feed** *v/t u. v/i* (*irr* ***feed***) stillen. **'~·pin** *s* Brosche *f.* **~ pocket** *s* Brusttasche *f.* **'~·stroke** *s Sport*: Brustschwimmen *n.*

breath [breθ] *s* **1.** Atem(zug) *m*: ***bad ~*** Mundgeruch *m*; ***in the same ~*** im gleichen Atemzug; ***under*** (*od.* ***below***) ***one's ~*** im Flüsterton, leise; ***be out of ~*** außer Atem sein; ***get one's ~ back*** wieder zu Atem kommen; ***waste one's ~*** in den Wind reden. **2.** *fig.* Hauch *m*, Spur *f.* **3.** *a.* ***~ of air*** Lufthauch *m*, Lüftchen *n.*

breath·a·lys·er ['breθəlaɪzə] *s mot.* Alkoholtestgerät *n*, Röhrchen *n.*

breathe [bri:ð] I *v/i* **1.** atmen: ***~ in*** (***out***) ein-(aus)atmen. II *v/t* **2.** atmen: ***~ in*** (***out***) ein-(aus)atmen; → ***sigh*** II. **3.** flüstern, hauchen.

'breath·er *s* F Atem-, Verschnaufpause *f*: ***have*** (*od.* ***take***) ***a ~*** verschnaufen.

'breath·ing *s* Atmen *n*, Atmung *f*: ***~ space*** Atem-, Verschnaufpause *f.*

breath·less ['breθlɪs] *adj* □ atemlos (*a. fig.*).

'breath|͵tak·ing *adj* □ atemberaubend. **~ test** *s mot. Br.* Alkoholtest *m.*

bred [bred] *pret u. pp von* ***breed.***

breech·es ['brɪtʃɪz] *s pl* (***a pair of*** e-e) Kniebund-, Reithose *f.*

breed [bri:d] I *v/t* (*irr*) **1.** *Tiere, Pflanzen* züchten. **2.** *fig.* hervorrufen, verursachen. II *v/i* (*irr*) **3.** sich fortpflanzen *od.* vermehren. III *s* **4.** Rasse *f*, Zucht *f.* **5.** Art *f*, (*Menschen*)Schlag *m.*

'breed·er *s* **1.** Züchter(in). **2.** Zuchttier *n.* **3.** *phys.* Brüter *m*: ***~ reactor*** Brutreaktor *m.*

'breed·ing *s* **1.** Fortpflanzung *f.* **2.** Züchtung *f*, Zucht *f.* **3.** Ausbildung *f*, Erziehung *f.* **4.** (gutes) Benehmen, (gute) Manieren *pl.*

breeze [bri:z] I *s* Brise *f.* II *v/i* F schweben (*Person*): ***~ in*** hereingeweht kommen.

'breez·y *adj* □ **1.** luftig, windig. **2.** heiter, unbeschwert.

breth·ren ['breðrən] *pl von* ***brother*** 2.

bre·vi·ar·y ['bri:vjərɪ] *s eccl.* Brevier *n.*

brev·i·ty ['brevətɪ] *s* Kürze *f.*

brew [bru:] I *v/t* **1.** *Bier* brauen, *Tee etc a.* zubereiten. **2.** *fig.* aushecken, -brüten. II *v/i* **3.** *fig.* sich zs.-brauen, im Anzug sein (*Gewitter, Unheil*). III *s* **4.** Gebräu *n.*

'brew·er *s* Brauer(in).

'brew·er·y *s* Brauerei *f.*

brib·a·ble ['braɪbəbl] *adj* bestechlich.

bribe I *v/t* bestechen. II *s* Bestechungsgeld *n*, -geschenk *n*: ***accept*** (*od.* ***take***) ***~s*** sich bestechen lassen.

'brib·er·y *s* Bestechung *f*: ***open to ~*** bestechlich; ***~ scandal*** Bestechungsskandal *m.*

bric-a-brac ['brɪkəbræk] *s* Nippsachen *pl.*

brick [brɪk] I *s* **1.** Ziegel(stein) *m*, Backstein *m*: ***drop a ~*** *Br.* F ins Fettnäpfchen treten. **2.** *Br.* Baustein *m*, (Bau)Klötzchen *n* (*für Kinder*): ***box of ~s*** Baukasten *m.* **3.** F Pfundskerl *m*, feiner Kerl. II *v/t* **4.** ***~ up*** (*od.* ***in***) zumauern. **'~͵lay·er** *s* Maurer(in).

brid·al ['braɪdl] *adj* Braut...: ***~ dress*** Braut-, Hochzeitskleid *n*; ***~ ceremony*** Hochzeitsfeier *f.*

bride [braɪd] *s* Braut *f*: ***give away the ~*** die Braut zum Altar führen. **~·groom** ['~grʊm] *s* Bräutigam *m.*

brides·maid ['braɪdzmeɪd] *s* Brautjungfer *f.*

bridge[1] [brɪdʒ] **I** *s* **1.** (⚓ *a.* Kommando)Brücke *f*: ***burn one's ~s (behind one)*** *fig.* alle Brücken hinter sich abbrechen. **2. *~ of the nose*** *anat.* Nasenrücken *m.* **II** *v/t* **3.** e-e Brücke schlagen über (*acc*). **4.** *oft* ***~ over*** ⚡ überbrücken (*a. fig.*).

bridge[2] [~] *s* Bridge *n* (*Kartenspiel*).

Bridge·town ['brɪdʒtaʊn] *Hauptstadt der Insel Barbados.*

bridg·ing| al·low·ance *s* Überbrückungsgeld *n.* **~ fi·nanc·ing** ['brɪdʒɪŋ] *s* Zwischenfinanzierung *f.* **~ loan** *s econ.* Überbrückungskredit *m.* **~ pen·sion** *s* Vorruhestandsgeld *n.*

bri·dle '[braɪdl] **I** *s* **1.** Zaum(zeug *n*) *m*; Zügel *m.* **II** *v/t* **2.** (auf)zäumen. **3.** zügeln, im Zaum halten (*beide a. fig.*). **III** *v/i* **4.** *oft* ***~ up*** den Kopf zurückwerfen.

brief [briːf] **I** *adj* ☐ **1.** kurz: ***be ~!*** fasse dich kurz!; ***~ outline*** kurzer Überblick. **2.** kurz angebunden (***with*** mit). **3.** knapp (*Bikini etc*). **II** *s* **4.** ***in ~*** kurz(um). **5.** ⚖ *Br.* schriftliche Beauftragung u. Information (*des Barristers durch den Solicitor*) zur Vertretung des Falles vor Gericht, *weitS.* Mandat *n*: ***abandon*** (*od.* ***give up***) ***one's ~*** sein Mandat niederlegen; ***hold a ~ for*** *j-n od. j-s* Sache vor Gericht vertreten; *fig.* sich einsetzen für. **6.** *pl* → ***briefs.*** **II** *v/t* **7.** *j-n* instruieren, *j-m* genaue Anweisungen geben. **8.** ⚖ *Br. Barrister* mit der Vertretung des Falles betrauen; *Anwalt* über den Sachverhalt informieren. **'~·case** *s* Aktentasche *f.*

brief·ness ['briːfnɪs] *s* Kürze *f.*

briefs [briːfs] *s pl* (***a pair of*** ein) Slip *m* (*kurze Unterhose*).

bri·gade [brɪ'geɪd] *s mil.* Brigade *f.*

bright [braɪt] *adj* ☐ **1.** hell, glänzend, leuchtend, strahlend. **2.** heiter (*Wetter etc*). **3.** gescheit, hell. **4.** günstig, viel versprechend (*Aussichten*).

'bright·en I *v/t oft* ***~ up*** **1.** hell(er) machen, auf-, erhellen (*a. fig.*). **2.** *j-n* fröhlich stimmen, aufheitern. **II** *v/i* **3.** *oft* ***~ up*** sich aufhellen (*Gesicht, Wetter etc*), aufleuchten (*Augen*).

'bright·ness *s* **1.** Helligkeit *f* (*a. TV*), Glanz *m*: ***~ control*** Helligkeitsregelung *f.* **2.** Heiterkeit *f.* **3.** Gescheitheit *f.*

brill [brɪl] *adj Br.* F super.

bril·liance ['brɪljəns], **'bril·lian·cy** *s* **1.** Leuchten *n*, Glanz *m*, Helligkeit *f.* **2.** *fig.* Brillanz *f.*

'bril·liant I *adj* ☐ **1.** leuchtend, glänzend, hell. **2.** *fig.* brillant. **II** *s* **3.** Brillant *m.*

brim [brɪm] **I** *s* **1.** Rand *m* (*bsd. e-s Gefäßes*): ***full to the ~*** randvoll. **2.** (Hut)Krempe *f.* **II** *v/i* **3.** voll sein: ***~ over*** übervoll sein (***with*** von) (*a. fig.*); überfließen (***with*** von) (*a. fig.*).

brine [braɪn] **I** *s* **1.** Sole *f*; Lake *f.* **2.** Salzwasser *n.* **II** *v/t* **3.** (ein)salzen.

bring [brɪŋ] *v/t* (*irr*) **1.** (mit-, her)bringen: ***what ~s you here?*** was führt Sie zu mir?; → ***bacon, home*** 10, ***light***[1] 1e. **2.** *Gewinn etc* (ein)bringen. **3.** nach sich ziehen, bewirken. **4.** *j-n* dazu bringen *od.* bewegen (***to do*** zu tun): ***I can't ~ myself to do it*** ich kann mich nicht dazu durchringen(, es zu tun).

Verbindungen mit Adverbien:

bring| a·bout *v/t* **1.** zustande bringen. **2.** bewirken, verursachen. **~ a·long** *v/t* mitbringen. **~ back** *v/t* **1.** zurückbringen. **2.** *Erinnerungen* wachrufen (***of*** an *acc*); **3. *~ to life*** *j-n* wieder zu(m) Bewusstsein bringen; (*a.* ***~ to health***) *j-n* wieder gesund machen. **~ down** *v/t* **1.** herunterbringen. **2.** *Regierung etc* zu Fall bringen, stürzen. **3.** *Preis etc* herabsetzen. **4. *~ the house*** *thea. etc* F stürmischen Beifall auslösen; Lachstürme entfesseln. **~ forth** *v/t* hervorbringen. **~ forward** *v/t* **1.** *Entschuldigung etc* vorbringen. **2.** *econ. Betrag* übertragen. **3.** *Versammlung etc* vorverlegen (***to*** auf *acc*); *Uhr* vorstellen (***one hour*** um e-e Stunde). **~ in** *v/t* **1.** hereinbringen. **2.** *Kapital, Gesetzesvorlage etc* einbringen. **3.** → ***verdict.*** **~ off** *v/t* zustande bringen. **~ on** *v/t* **1.** *bsd. Krankheit* verursachen. **2.** in Gang bringen. **~ out** *v/t allg., a. Buch, Auto etc* herausbringen. **~ o·ver** *v/t* **1.** herüberbringen. **2.** → ***bring round*** 3. **~ round** *v/t* **1.** her-, vorbeibringen. **2.** a) *Ohnmächtigen* wieder zu sich bringen, b) *Kranken* wieder auf die Beine bringen. **3.** *j-n* umstimmen, herumkriegen. **~ through** *v/t Kranken* durchbringen. **~ to** → ***bring round*** 2 a. **~ up** *v/t* **1.** heraufbringen. **2.** *Kind* auf-, großziehen; erziehen: ***~ s.o. up to do s.th.*** j-n dazu erziehen, et. zu tun. **3.** *et.* (er)brechen.

bring·er ['brɪŋə] *s* Überbringer(in).

brink [brɪŋk] *s* Rand *m* (*a. fig.*): ***be on the ~ of war*** am Rande e-s Krieges stehen; ***bring s.o. to the ~ of ruin*** j-n an den Rand des Ruins bringen.

brin·y ['braɪnɪ] *adj* salzig.

brisk [brɪsk] *adj* ☐ **1.** flott. **2.** lebhaft, munter. **3.** frisch (*Luft etc*).

bris·tle ['brɪsl] **I** *s* **1.** Borste *f*; (Bart)Stoppel *f.* **II** *v/i* **2.** *a.* ***~ up*** sich sträuben. **3.** *a.* ***~ up*** zornig werden. **4.** strotzen, wimmeln (***with*** von).

'bris·tly *adj* **1.** borstig; stopp(e)lig: ***~ beard*** Stoppelbart *m.* **2.** *fig.* kratzbürstig.

Bri·tain ['brɪtn] *npr* Großbritannien *n.*

Bri·tan·nia [brɪ'tænjə] *npr poet.* Britannien *n.*

Brit·ish ['brɪtɪʃ] **I** *adj* britisch. **II** *s*: ***the ~ pl*** die Briten *pl.*

'Brit·ish·er *s Am.* Brite *m*, Britin *f*.
Brit·on ['brɪtn] *s* Brite *m*, Britin *f*.
brit·tle ['brɪtl] *adj* **1.** spröde, zerbrechlich. **2.** brüchig (*Metall etc*) (*a. fig.*).
broach [brəʊtʃ] *v/t* **1.** *Fass* anstechen. **2.** *Thema* anschneiden.
'B-road *s Br.* Landstraße *f*.
broad [brɔːd] *adj* (□ → ***broadly***) **1.** breit. **2.** weit, ausgedehnt. **3.** → ***daylight***. **4.** weit reichend, weitgehend: ***in the ~est sense*** im weitesten Sinne. **5.** → ***broad-minded***. **6.** derb; anstößig, schlüpfrig. **7.** klar, deutlich: → ***hint*** 1. **8.** allgemein: ***in ~ outline*** in großen Zügen, in groben Umrissen. **9.** breit, stark (*Akzent*). **'~·cast I** *v/t* (*a. irr*) **1.** *Nachricht* verbreiten, *contp.* ausposaunen. **2.** im Rundfunk *od.* Fernsehen bringen; übertragen. **II** *v/i* (*a. irr*) **3.** im Rundfunk *od.* Fernsehen auftreten. **4.** senden. **III** *s* **5.** *Rundfunk, TV*: Sendung *f*; Übertragung *f*. **'~·cast·er** *s* Rundfunk-, Fernsehsprecher(in). **'~cast·ing I** *s* **1.** → ***broadcast*** 5. **2.** Sendebetrieb *m*. **3.** Rundfunk *m*, Fernsehen *n*. **II** *adj* **4.** Rundfunk..., Fernsehen...: ***~ station*** Sender *m*.
broad·en ['brɔːdn] **I** *v/t* verbreitern: ***~ one's horizons*** (*od.* ***mind***) s-n Horizont erweitern. **II** *v/i a.* ***~ out*** sich verbreitern (***into*** zu), sich erweitern (*a. fig.*).
broad| jump *s Leichtathletik*: *Am.* Weitsprung *m*. **~ jump·er** *s Am.* Weitspringer(in).
broad·ly ['brɔːdlɪ] *adv* **1.** *a.* ***~ speaking*** allgemein (gesprochen). **2.** in großen Zügen.
ˌbroad|-'mind·ed *adj* □ großzügig, tolerant. **'~·sheet** *s* großformatige Zeitung, *in GB*: Qualitätszeitung *f*; Flugblatt *n*; Plakat *n*. **'~·side** *s* ⚓ Breitseite *f* (*a. fig.*).
bro·cade [brəʊ'keɪd] *s* Brokat *m*.
broc·co·li ['brɒkəlɪ] *s* ⚘ Brokkoli *pl*.
bro·chure ['brəʊʃə] *s* Broschüre *f*.
brogue [brəʊg] *s* derber Straßenschuh.
broil[1] [brɔɪl] **I** *v/t* **1.** (auf dem Rost) braten, grillen. **2.** ***get ~ed*** vor Hitze fast umkommen. **II** *v/i* **3.** ***be ~ing in the sun*** in der Sonne schmoren. **4.** vor Wut kochen.
broil[2] [~] *s* laute Auseinandersetzung.
broil·ing ['brɔɪlɪŋ] **I** *adj* glühend heiß: ***a ~ day***. **II** *adv*: ***~ hot*** glühend heiß.
broke[1] [brəʊk] *pret von* ***break***.
broke[2] [~] *adj* F pleite (*a. econ.*), abgebrannt: ***go ~*** Pleite gehen.
bro·ken ['brəʊkən] **I** *pp von* ***break***. **II** *adj* **1.** zerbrochen, entzwei, kaputt. **2.** gebrochen (*a. fig.*): ***a ~ leg*** (***promise***, *etc*). **3.** unterbrochen, gestört: ***~ sleep***. **4.** (*seelisch od. körperlich*) gebrochen. **5.** zerrüttet: ***~ marriage***; ***~ health***; ***~ home*** zerrüttete Familienverhältnisse *pl*. **6.** *ling.* gebrochen: ***speak ~ English*** gebrochen Englisch sprechen.
bro·ker ['brəʊkə] *s* **1.** *econ.* Makler(in): ***~'s commission*** Maklergebühr *f*. **2.** Vermittler(in).
'bro·ker·age *s* Maklergebühr *f*.
brol·ly ['brɒlɪ] *s Br.* F (Regen)Schirm *m*.
bro·mide ['brəʊmaɪd] *s* **1.** ⚗ Bromid *n*. **2.** *fig.* Gemeinplatz *m*.
bro·mine ['brəʊmiːn] *s* ⚗ Brom *n*.
bron·chi ['brɒŋkaɪ] *s pl anat.* Bronchien *pl*.
bron·chi·al ['brɒŋkjəl] *adj anat.*, ⚕ Bronchial...
bron·chi·tis [brɒŋ'kaɪtɪs] *s* ⚕ Bronchitis *f*.
bronze [brɒnz] **I** *s* **1.** Bronze *f*. **II** *adj* **2.** bronzefarben. **3.** Bronze...: ***Bronze Age*** Bronzezeit *f*; ***~ medal*** Bronzemedaille *f*; ***~ medal(l)ist*** Bronzemedaillengewinner(in).
brooch [brəʊtʃ] *s* Brosche *f*.
brood [bruːd] **I** *s* Brut *f* (*a. fig. contp.*). **II** *v/t* ausbrüten (*a. fig.*). **III** *v/i* brüten (*a. fig.* ***on, over, about*** über *dat*). **IV** *adj* Brut...: ***~ hen***.
'brood·er *s* Brutapparat *m*, -kasten *m*.
brook [brʊk] *s* Bach *m*.
broom [bruːm] *s* Besen *m*: ***a new ~ sweeps clean*** neue Besen kehren gut. **'~·stick** *s* Besenstiel *m*.
Bros. *abbr.* (= ***Brothers***) Gebr.
broth [brɒθ] *s* (Kraft-, Fleisch)Brühe *f*.
broth·el ['brɒθl] *s* Bordell *n*.
broth·er ['brʌðə] *s* **1.** Bruder *m*: ***~s pl and sisters*** *pl* Geschwister *pl*; ***Smith Brothers*** *econ.* Gebrüder Smith. **2.** *eccl. pl* ***brethren*** Bruder *m*.
broth·er·hood ['brʌðəhʊd] *s eccl.* Bruderschaft *f*.
'broth·er-in-law *pl* **'broth·ers-in-law** *s* Schwager *m*.
broth·er·ly ['brʌðəlɪ] *adj* brüderlich.
brought [brɔːt] *pret u. pp von* ***bring***.
brow [braʊ] *s* **1.** (Augen)Braue *f*. **2.** Stirn *f*. **3.** Miene *f*, Gesichtsausdruck *m*. **'~·beat** *v/t* (*irr* ***beat***) einschüchtern.
brown [braʊn] **I** *adj* braun: ***~ bread*** Misch-; Vollkorn-; Schwarzbrot *n*; ***~ coal*** Braunkohle *f*; ***~ paper*** Packpapier *n*; → ***study*** 1. **II** *s* Braun *n*: ***dressed in ~*** braun *od.* in Braun gekleidet. **III** *v/t Haut etc* bräunen, *Fleisch etc* (an)bräunen. **IV** *v/i* braun werden.
brown·ie ['braʊnɪ] *s* **1.** Heinzelmännchen *n*. **2.** (*Pfadfinderin*) Wichtel *m*. **3.** *gastr.* Schokoladenkeks *m*.
'brown·ish *adj* bräunlich.
'brown-nos·ing *s* V Arschkriecherei *f*.
browse [braʊz] *v/i* **1.** grasen, weiden. **2.** *a.* ***~ around*** sich umsehen: ***~ through a book*** in e-m Buch schmökern *od.* blättern; ***~ in*** (*od.* ***around***) ***a shop*** (*bsd. Am.* ***store***) sich (unverbindlich) in e-m Laden umsehen.

bruise [bruːz] I *v/t* **1.** sich *e-n Körperteil* quetschen; *Früchte* anstoßen. II *v/i* **2.** e-e Quetschung *od.* e-n blauen Fleck bekommen. III *s* **3.** Quetschung *f*, blauer Fleck. **4.** Druckstelle *f* (*auf Früchten*).
brunch [brʌntʃ] *s* F Brunch *m* (*spätes reichliches Frühstück*).
bru·nette [bruːˈnet] I *s* Brünette *f*. II *adj* brünett.
brush¹ [brʌʃ] I *s* **1.** Bürste *f*. **2.** Pinsel *m*: → ***tar*** II. **3.** ***give s.th. a ~*** et. ab- *od.* ausbürsten. **4.** *mil.* Scharmützel *n* (*a. fig.*): ***have a ~ with s.o.*** mit j-m aneinander geraten. II *v/t* **5.** bürsten: ***brush one's teeth*** sich die Zähne putzen; ***~ aside*** (*od.* ***away***) zur Seite schieben, wegschieben; *fig.* (mit e-r Handbewegung) abtun, wegwischen; ***~ away*** (*od.* ***off***) wegbürsten; ***~ down*** abbürsten; ***~ off*** *sl. j-n* abwimmeln; *j-m* e-e Abfuhr erteilen; ***~ up*** *Kenntnisse* aufpolieren, -frischen. **6.** streifen, leicht berühren. III *v/i* **7.** ***~ past s.o.*** j-n streifen *od.* leicht berühren; an j-m vorbeihuschen; an j-m (gerade noch) vorbeikommen.
brush² [~], *a.* **ˈ~·wood** *s* Gestrüpp *n*, Unterholz *n*.
brusque [bruːsk] *adj* □ barsch, schroff.
Brus·sels [ˈbrʌslz] *npr* Brüssel *n*.
Brus·sels sprouts [ˌbrʌslˈspraʊts] *s pl* ✿ Rosenkohl *m*, *österr.* Kohlsprossen *pl*.
bru·tal [ˈbruːtl] *adj* □ brutal.
bru·tal·i·ty [bruːˈtælətɪ] *s* Brutalität *f*.
bru·tal·ize [ˈbruːtəlaɪz] *v/t* **1.** brutalisieren. **2.** brutal behandeln.
brute [bruːt] I *s* **1.** Vieh *n*, *fig. a.* Untier *n*, Scheusal *n*. II *adj* **2.** brutal: ***~ force*** (*od.* ***strength***) rohe Gewalt. **3.** hirnlos, dumm.
BS(c) ***Bachelor of Science*** Bakkalaureus *m* der Naturwissenschaften.
BScEcon ***Bachelor of Economic Science*** Bakkalaureus *m* der Wirtschaftswissenschaft(en).
BSE [biːesˈiː] *abbr.* (= ***bovine spongiform encephalopathy***) BSE *n*.
BSG ***British Standard Gauge*** britische Norm.
BSI ***British Standards Institution*** Britischer Normenausschuss.
ˈB-side *s* B-Seite *f* (*e-r Schallplatte*).
BT ***British Telecom*** Britische Fernmeldegesellschaft.
BTA ***British Tourist Authority*** Britische Fremdenverkehrsbehörde.
bub·ble [ˈbʌbl] I *s* **1.** (*Luft- etc*)Blase *f*: ***~ bath*** Schaumbad *n*; ***~ gum*** Bubble-Gum *m*, Ballon-, Knallkaugummi *m*. **2.** *fig.* Seifenblase *f*; ***~ company*** Schwindelfirma *f*. **3.** *Am.* Traglufthalle *f*. II *v/i* **4.** sprudeln, brodeln (*kochendes Wasser etc*); sprudeln, perlen (*Sekt etc*); in Blasen aufsteigen (*Gas*): ***~ over*** übersprudeln (*a. fig.* ***with*** vor *dat*).
ˈbub·bly I *adj* **1.** sprudelnd. **2.** *fig.* temperamentvoll. II *s* **3.** *bsd. Br.* F Schampus *m*.
Bu·cha·rest [ˌbjuːkəˈrest] Bukarest *n*.
buck¹ [bʌk] I *s* **1.** *zo.* Bock *m*, *engS.* Rehbock, *allg.* Männchen *n*. **2.** ***pass the ~*** F den schwarzen Peter weitergeben; ***pass the ~ to s.o.*** F j-m den schwarzen Peter zuschieben. II *v/i* **3.** bocken (*Pferd etc*). **4.** ***~ up*** F aufleben; sich ranhalten: ***~ up!*** Kopf hoch! III *v/t* **5.** ***~ up*** F *j-n* aufmuntern; *j-m* Dampf machen.
buck² [~] *s Am. sl.* Dollar *m*: ***earn a fast ~*** schnelles Geld machen.
buck·et [ˈbʌkɪt] I *s* Eimer *m*, Kübel *m*: ***kick the ~*** F den Löffel weglegen (*sterben*). II *v/t* schöpfen: ***~ out*** ausschöpfen. III *v/i*: ***it's*** (*od.* ***the rain's***) ***~ing*** (***down***) *Br.* F es gießt wie aus *od.* mit Kübeln.
buck·et·ful [ˈbʌkɪtfʊl] *s ein* Eimer *m* (voll).
buck·et seat *s mot.* Schalensitz *m*.
buck·le [ˈbʌkl] I *s* **1.** Schnalle *f*, Spange *f*. II *v/t* **2.** *a.* ***~ up*** zu-, festschnallen: ***~ on*** anschnallen. III *v/i* **3.** ***~ up*** *mot.*, ✈ sich anschnallen. **4.** ***~ down*** F sich dahinter klemmen: ***~ down to a task*** sich hinter e-e Aufgabe klemmen.
buck·ram [ˈbʌkrəm] *s* Steifleinen *n*.
ˈbuck·skin *s* Wildleder *n*.
buck·wheat [ˈbʌkwiːt] *s* ✿ Buchweizen *m*.
bud [bʌd] I *s* Knospe *f*: ***be in ~*** knospen; ***nip in the ~*** *fig.* im Keim ersticken. II *v/i* knospen: ***~ding lawyer*** angehender Jurist.
Bu·da·pest [ˌbjuːdəˈpest] *Hauptstadt von Ungarn*.
Bud·dhism [ˈbʊdɪzəm] *s* Buddhismus *m*.
ˈBud·dhist I *s* Buddhist(in). II *adj* buddhistisch.
bud·dy [ˈbʌdɪ] *s bsd. Am.* F Spezi *m*.
budge [bʌdʒ] *mst neg* I *v/i* sich (von der Stelle) rühren: ***~ from*** *fig.* von *et.* abrücken. II *v/t* (vom Fleck) bewegen: ***~ from*** *fig. j-n* abbringen von.
bud·ger·i·gar [ˈbʌdʒərɪgɑː] *s orn.* Wellensittich *m*.
budg·et [ˈbʌdʒɪt] I *s* Budget *n*, Etat *m*: ***for the low ~*** für den schmalen Geldbeutel; ***~-conscious*** preisbewusst; ***~(-priced)*** preisgünstig; ***~ account*** Kundenkreditkonto *n*; ***~ appropriations*** *pl* Haushaltsmittel *pl*. II *v/t Mittel* bewilligen, *Ausgabe* einplanen: ***~ed cost*** Plan-, Sollkosten *pl*.
ˈbudg·et·a·ry *adj* Budget..., Etat...
bud·gie [ˈbʌdʒɪ] F → ***budgerigar***.
Bue·nos Ai·res [ˌbwenəsˈaɪərɪz] *Hauptstadt von Argentinien*.
buf·fa·lo [ˈbʌfələʊ] *pl* **-lo(e)s** *s zo.* Büffel *m*.

buff·er ['bʌfə] *s* **1.** *tech.* Stoßdämpfer *m*; Puffer *m* (*a. fig.*); Prellbock *m* (*a. fig.*). **2.** *Computer*: Puffer *m*, Zwischenspeicher *m*. **~ state** *s pol.* Pufferstaat *m*. **~ zone** *s mil.* Pufferzone *f*.
buf·fet¹ ['bʌfɪt] **I** *s* **1.** (Faust)Schlag *m*; Ohrfeige *f*. **II** *v/t* **2.** *j-m* e-n (Faust)Schlag versetzen; *j-m* e-e Ohrfeige geben. **3.** ankämpfen gegen.
buf·fet² *s* **1.** ['bʌfɪt] Büfett *n*, Anrichte *f*. **2.** ['bʊfeɪ] Büfett *n*, Theke *f*.
buf·foon [bə'fu:n] *s* Possenreißer(in), Hanswurst *m* (*a. fig. contp.*).
bug [bʌg] **I** *s* **1.** *zo.* Wanze *f* (*a.* F *Minispion*); *bsd. Am. allg.* Insekt *n*. **2.** F Bazillus *m*, *fig. a.* Fieber *n*: ***he got bitten by*** (*od.* ***he's got***) ***the ~*** ihn hats gepackt. **3.** *tech.* F Defekt *m*, *pl* Mucken *pl*. **4.** *Computer*: Programmfehler *m*. **II** *v/t* **5.** *Am.* F *j-n* wütend machen; *j-m* auf den Wecker fallen. **6.** F Wanzen anbringen in (*dat*). **'~·bear** *s* (Schreck)Gespenst *n*.
bug·ger ['bʌgə] V **I** *s* Scheißkerl *m*; *allg.* Kerl *m*: ***poor ~*** armes Schwein. **II** *v/t*: **~ *up*** versauen: ***~ed up*** im Arsch. **III** *v/i*: **~ off** *Br.* (*mst imp*) sich verpissen.
bug·gy ['bʌgɪ] *s mot.* Buggy *m* (*geländegängiges Freizeitauto*).
bug·house ['bʌghaʊs] *s Am.* F Klapsmühle *f*.
bu·gle ['bju:gl] *s* (Wald-, Jagd)Horn *n*; *mil.* Signalhorn *n*: ***~ call*** Hornsignal *n*.
build [bɪld] **I** *v/t* (*irr*) **1.** bauen: a) errichten, b) herstellen: ***~ in(to)*** einbauen (in *acc*). **2.** **~ *up*** *Gelände* bebauen. **3.** **~ *up*** *Geschäft etc* aufbauen: ***~ up a reputation*** sich e-n Namen machen. **4.** **~ *up*** *j-n* (*in der Presse etc*) aufbauen. **5.** ***~ one's hope on*** s-e Hoffnung setzen auf (*acc*). **II** *v/i* (*irr*) **6.** bauen: ***be ~ing*** im Bau sein. **7.** *fig.* bauen (***on*** auf *acc*). **III** *s* **8.** Körperbau *m*, Statur *f*.
'build·er *s* **1.** Erbauer(in). **2.** Bauunternehmer(in). **~-own·er** *s* Bauherr *m*.
'build·ing **I** *s* **1.** Bauwesen *n*. **2.** Gebäude *n*, Bau(werk *n*) *m*. **II** *adj* **3.** Bau...: ***~ contractor*** Bauunternehmer *m*; ***~ freeze*** Baustopp *m*; ***~ industry*** Baugewerbe *n*, -wirtschaft *f*; ***~ site*** Baustelle *f*; ***~ society*** *Br.* Bausparkasse *f*; ***~ trade*** Baugewerbe *n*; ***~ worker*** Bauarbeiter *m*.
built [bɪlt] *pret u. pp von* **build.** **ˌ~-'in** *adj* eingebaut, Einbau...: ***~ obsolescence*** eingebaute (*od.* geplante) Obsoleszenz. **ˌ~-'up** *adj*: ***~ area*** bebautes Gelände *od.* Gebiet; (*Verkehr*) geschlossene Ortschaft.
Bu·jum·bu·ra [ˌbu:dʒəm'bʊərə] *Hauptstadt von Burundi.*
bulb [bʌlb] *s* **1.** ♆ Knolle *f*, Zwiebel *f*. **2.** ⚡ Glühbirne *f*.
'bulb·ous *adj* □ knollenförmig: ***~ nose*** Knollennase *f*.
Bul·gar·ia [bʌl'geərɪə] *npr* Bulgarien *n*.
Bul·gar·i·an [bʌl'geərɪən] **I** *s* **1.** Bulgare *m*, Bulgarin *f*. **2.** *ling.* Bulgarisch *n*. **II** *adj* **3.** bulgarisch.
bulge [bʌldʒ] **I** *s* **1.** (Aus)Bauchung *f*, Ausbuchtung *f*. **2.** *fig.* (rapide) Zunahme. **II** *v/i* **3.** *a.* **~ *out*** sich (aus)bauchen, hervorquellen (*a. Augen*). **III** *v/t* **4.** *Backen* aufblähen. **5.** *Taschen etc* voll stopfen (***with*** mit).
bu·lim·ia [bu:'lɪmɪə] *s* ⚕ Bulimie *f*.
bulk [bʌlk] *s* **1.** Umfang *m*, Größe *f*, Masse *f*. **2.** Großteil *m*, Mehrheit *f*. **3.** ***in ~*** *econ.* lose, unverpackt; en gros. **~ buy·ing** *s* Mengeneinkauf *m*. **~ dis·count** *s* Mengenrabatt *m*. **~ rub·bish** *s* Sperrmüll *m*.
'bulk·y *adj* **1.** massig. **2.** unhandlich, sperrig: ***~ refuse*** Sperrmüll *m*.
bull [bʊl] **I** *s* **1.** *zo.* Bulle *m*, (Zucht)Stier *m*: ***take the ~ by the horns*** *fig.* den Stier bei den Hörnern packen; ***like a ~ in a china shop*** wie ein Elefant im Porzellanladen; → ***shoot*** 5a. **2.** *econ.* Haussespekulant(in). **II** *v/i* **3.** *econ.* auf Hausse spekulieren. **'~·dog** *s zo.* Bulldogge *f*. **'~·doze** *v/t* **1.** planieren. **2.** F einschüchtern; zwingen (***into doing*** zu tun). **'~·doz·er** *s tech.* Bulldozer *m*, Planierraupe *f*.
bul·let ['bʊlɪt] *s* (*Gewehr-, Pistolen*)Kugel *f*.
bul·le·tin ['bʊlətɪn] *s* **1.** Bulletin *n*: a) Tagesbericht *m*, b) ⚕ Krankenbericht *m*, c) offizielle Bekanntmachung: ***~ board*** *Am.* schwarzes Brett. **2.** Mitteilungsblatt *n*.
'bul·let|·proof *adj* kugelsicher: ***~ glass*** Panzerglas *n*. **~ wound** *s* Schusswunde *f*, -verletzung *f*.
'bull|·fight *s* Stierkampf *m*. **'~ˌfight·er** *s* Stierkämpfer(in).
bul·lion ['bʊljən] *s* Barren *m*.
bul·lish ['bʊlɪʃ] *adj econ.* Hausse...
bull mar·ket *s* Hausse-Markt *m*.
bull·ock ['bʊlək] *s zo.* Ochse *m*.
'bull·ring *s* Stierkampfarena *f*.
bull's-eye ['bʊlzaɪ] *s* **1.** ⚠, ⚓ Bullauge *n*. **2.** Zentrum *n*, *das* Schwarze (*e-r Zielscheibe*): ***hit the ~*** ins Schwarze treffen (*a. fig.*).
'bull|·shit *s* V Scheiß *m*: ***talk ~*** Scheiß reden. **~ ter·ri·er** *s zo.* Bullterrier *m*.
bul·ly ['bʊlɪ] **I** *s* brutaler *od.* tyrannischer Kerl. **II** *v/t* tyrannisieren, schikanieren, *Kollegen* mobben: ***~ about*** (*od.* ***around***) *j-n* herumkommandieren. **III** *adj u. int* F prima: ***~ for you!*** na und?; *iro.* gratuliere!
bul·wark ['bʊlwək] *s* Bollwerk *n*.
bum¹ [bʌm] *s bsd. Br.* F Hintern *m*.
bum² [~] *bsd. Am.* F **I** *s* **1.** Gammler(in); Tippelbruder *m*, -schwester *f*. **2.** Schnorrer(in), Nassauer(in). **3.** Saukerl *m*. **II** *v/i* **4.**

mst ~ **about** (*od.* **around**) herumgammeln. **5.** schnorren, nassauern (**off** bei). **6.** tippeln (**through** durch). **III** *adj* **7.** mies; kaputt.
bum·ble·bee ['bʌmblbiː] *s* Hummel *f.*
bump [bʌmp] **I** *v/t* **1.** (heftig) stoßen. **2.** mit *et.* rennen (**against** gegen), *et.* rammen, auf *ein Auto* auffahren. **3.** ~ **off** F umlegen (*umbringen*). **II** *v/i* **4.** (**against, into**) stoßen, prallen (gegen, an *acc*), zs.-stoßen (mit): ~ **into** *fig. j-n* zufällig treffen. **5.** rumpeln, holpern (*Fahrzeug*). **III** *s* **6.** heftiger Ruck *od.* Stoß. **7.** Beule *f.* **8.** Unebenheit *f.*
bump·er[1] ['bʌmpə] **I** *s* et. Riesiges. **II** *adj* riesig: ~ **crop** Rekordernte *f.*
bump·er[2] [~] *s* **1.** *mot.* Stoßstange *f.* **2.** 🚂 *etc Am.* Puffer *m.*
bump·er| car *s* (Auto)Skooter *m.* ~ **stick·er** *s* Autoaufkleber *m.*
bump·kin ['bʌmpkɪn] *s a.* **country** ~ *contp.* Bauer *m*, Provinzler(in).
bump| start *s Br.* Anschieben *n.* '~**-start** *v/t Br. Auto* anschieben.
bump·tious ['bʌmpʃəs] *adj* □ F aufgeblasen, wichtigtuerisch.
bump·y ['bʌmpɪ] *adj* □ **1.** holp(e)rig, uneben. **2.** unruhig (*Flug*).
bun [bʌn] *s* **1.** süßes Brötchen: **she has a** ~ **in the oven** F bei ihr ist was unterwegs. **2.** (Haar)Knoten *m.*
bunch [bʌntʃ] **I** *s* **1.** Bündel *n*, Bund *n*: ~ **of flowers** Blumenstrauß *m*; ~ **of grapes** Weintraube *f*; ~ **of keys** Schlüsselbund *m, n.* **2.** F Verein *m*, Haufen *m.* **II** *v/t* **3.** *a.* ~ **up** bündeln. **III** *v/i* **4.** *oft* ~ **up** (*od.* **together**) Grüppchen *od.* Haufen bilden.
bun·combe *bsd. Am.* → **bunkum.**
bun·dle ['bʌndl] **I** *s* **1.** Bündel *n*, Bund *n.* **2.** F (*Energie-, Nerven- etc*)Bündel *n.* **II** *v/t* **3.** *oft* ~ **up** bündeln. **4.** stopfen (**into** in *acc*). **5.** *mst* ~ **off** eilig *od.* ohne viel Federlesens fortschaffen. **III** *v/i* **6.** *mst* ~ **off** sich packen *od.* eilig davonmachen.
bung [bʌŋ] **I** *s* **1.** a) Spund(zapfen) *m*, b) → **bunghole.** **II** *v/t* **2.** *Fass* verspunden. **3.** *mst* ~ **up** F *Öffnung etc* verstopfen: **my nose is** ~**ed up** m-e Nase ist zu.
bun·ga·low ['bʌŋgələʊ] *s* Bungalow *m.*
bun·gee jump·ing ['bʌndʒɪ ~] *s* Bungeejumping *n.*
'**bung·hole** *s* Spundloch *n.*
bun·gle ['bʌŋgl] **I** *v/i* pfuschen. **II** *v/t* verpfuschen. **III** *s* Pfusch(arbeit *f*) *m.*
'**bun·gler** *s* Pfuscher(in).
'**bun·gling** *adj* □ stümperhaft.
bunk[1] [bʌŋk] *s* ⚓ Koje *f.*
bunk[2] [~] F → **bunkum.**
bunk[3] [~] *s*: **do a** ~ *Br.* F verduften, türmen.
bunk bed *s* Etagenbett *n.*
bunk·er ['bʌŋkə] *s* ⚓, *mil.* Bunker *m.*
bun·kum ['bʌŋkəm] *s* Blödsinn *m*, Gewäsch *n.*
bun·ny ['bʌnɪ] *s* Häschen *n* (*a.* F *attraktives Mädchen*).
buoy [bɔɪ] **I** *s* **1.** ⚓ Boje *f*, Bake *f.* **2.** Rettungsring *m.* **II** *v/t* **3.** *mst* ~ **up** *fig.* Auftrieb geben (*dat*).
buoy·an·cy ['bɔɪənsɪ] *s* **1.** *phys.* Schwimm-, Tragkraft *f.* **2.** ✈ Auftrieb *m.* **3.** *fig.* Spannkraft *f*; Schwung *m.*
'**buoy·ant** *adj* **1.** federnd (*Schritt*). **2.** schwungvoll, beschwingt. **3.** *econ.* fest (*Markt, Preis*), rege (*Handel*).
bur [bɜː] *s* 🌿 Klette *f* (*a. fig.*).
bur·den ['bɜːdn] **I** *s* **1.** Last *f*, *fig. a.* Bürde *f*: ~ **of proof** ⚖ Beweislast; **be a** ~ **to** (*od.* **on**) **s.o.** j-m zur Last fallen. **2.** *econ.* Gemeinkosten *pl.* **II** *v/t* belasten (*a. fig.*): ~ **s.o. with s.th.** j-m et. aufbürden.
bur·den·some ['bɜːdnsəm] *adj* lästig, beschwerlich.
bu·reau ['bjʊərəʊ] *pl* **-reaus, -reaux** ['~rəʊz] *s* **1.** *Br.* Schreibtisch *m*, -pult *n.* **2.** *Am.* (*bsd.* Spiegel)Kommode *f.* **3.** Büro *n.* **4.** Auskunfts- *od.* Vermittlungsstelle *f.*
bu·reauc·ra·cy [bjʊə'rɒkrəsɪ] *s* Bürokratie *f.*
bu·reau·crat ['bjʊərəʊkræt] *s* Bürokrat(in).
ˌ**bu·reau'crat·ic** *adj* (~**ally**) bürokratisch.
bu·reauc·ra·tize [bjʊə'rɒkrətaɪz] *v/t* bürokratisieren.
burg·er ['bɜːgə] *s gastr.* Hamburger *m.*
bur·glar ['bɜːglə] *s* Einbrecher(in): **we had** ~**s** bei uns wurde eingebrochen; ~ **alarm** Alarmanlage *f.*
bur·glar·ize ['bɜːgləraɪz] *Am.* → **burgle.**
'**bur·glar·proof** *adj* einbruch(s)sicher.
bur·gla·ry ['bɜːglərɪ] *s* Einbruch *m*: ~ **insurance** Einbruchsversicherung *f.*
bur·gle ['bɜːgl] *v/t u. v/i* einbrechen (in *acc od. dat*): **he was** ~**d** bei ihm wurde eingebrochen.
bur·i·al ['berɪəl] *s* Begräbnis *n*, Beerdigung *f.* ~ **ground** *s* Friedhof *m.* ~ **place** *s* Grabstätte *f.* ~ **ser·vice** *s* Trauerfeier *f.*
bur·lesque [bɜː'lesk] **I** *adj* burlesk, possenhaft. **II** *s* Burleske *f*, Posse *f.*
bur·ly ['bɜːlɪ] *adj* stämmig.
Bur·ma ['bɜːmə] *npr* Birma *n.*
burn [bɜːn] **I** *s* **1.** verbrannte Stelle. **2.** ⚕ Verbrennung *f*, Brandwunde *f.* **II** *v/i* (*a. irr*) **3.** *allg.* brennen (*Feuer, Licht, Haus, Wunde etc*): ~ **down** ab-, niederbrennen. **4.** *fig.* brennen (**with** vor *dat*): ~**ing with anger** wutentbrannt; **be** ~**ing to do s.th.** darauf brennen, et. zu tun. **5.** ver-, anbrennen (*Speise etc*). **III** *v/t* (*a. irr*) **6.** verbrennen: ~ **down** ab-, niederbrennen; **his house was** ~**t** sein Haus brannte ab; **be** ~**t to death**

verbrennen; → **boat** 1, **bridge** 1, **candle. 7.** verbrennen, -sengen, *Speise* anbrennen (lassen): ~ **one's fingers** sich die Finger verbrennen (*a. fig.*); ~ **a hole in** ein Loch brennen in (*acc*). **8.** *Ziegel, Porzellan etc* brennen.

'burn·er *s* Brenner *m* (*Person u. Gerät*).

'burn·ing *adj* brennend (*a. fig.*): **take a ~ interest in** brennend interessiert sein an (*dat*); ~ **sensation** ⚕ Brennen *n*.

bur·nish ['bɜːnɪʃ] *v/t* polieren.

burnt [bɜːnt] **I** *pret u. pp von* **burn. II** *adj*: ~ **almonds** *pl* gebrannte Mandeln *pl*.

burp [bɜːp] F **I** *v/i* rülpsen, aufstoßen, (*Baby*) ein Bäuerchen machen. **II** *s* Rülpser *m*, Bäuerchen *n*.

burr → **bur.**

bur·row ['bʌrəʊ] **I** *s* (*Fuchs- etc*)Bau *m*. **II** *v/i* (**into**) sich eingraben (in *acc*); *fig.* sich vertiefen (in *acc*).

burst [bɜːst] **I** *v/i* (*irr*) **1.** bersten (*Eis etc*), (zer)platzen (*Luftballon etc*): ~ (**open**) aufplatzen (*Wunde etc*), aufspringen (*Tür etc*); → **seam** 1. **2.** explodieren. **3.** *fig.* ausbrechen (**into** in *acc*): ~ **into laughter** (**tears**) in Gelächter (Tränen) ausbrechen; ~ **into flame**(**s**) in Flammen aufgehen. **4.** ~ **out** *fig.* herausplatzen. **5.** ~ **with** zum Bersten voll sein von; *fig.* strotzen vor (*dat*) *od.* von; *fig.* platzen vor (*dat*). **6.** ~ **in** (**out**) herein-(hinaus)stürmen; ~ **into sight** (*od.* **view**) plötzlich sichtbar werden. **II** *v/t* (*irr*) **7.** (auf)sprengen, zum Platzen bringen: ~ **open** aufbrechen; **the car ~ a tire** (*bsd. Br.* **tyre**) ein Reifen am Wagen platzte. **III** *s* **8.** Bersten *n*, Platzen *n*. **9.** Explosion *f*. **10.** *fig.* Ausbruch *m*: ~ **of applause** Beifallssturm *m*; ~ **of laughter** Lachsalve *f*. **11.** *a.* ~ **of fire** Feuerstoß *m*, Salve *f*.

Bu·run·di [bʊ'rʊndɪ] *Republik in Zentralafrika.*

bur·y ['berɪ] *v/t* **1.** begraben: a) beerdigen, b) verschütten, c) *Streit etc* vergessen: ~ **o.s. in** sich vertiefen in (*acc*); **buried in thought**(**s**) gedankenversunken. **2.** ver-, eingraben, ⚡, *tech.* in die Erde verlegen: → **hatchet.**

bus [bʌs] *pl* **-(s)es** *s* **1.** (Omni-, Auto)Bus *m*: → **miss²** 1. **2.** ⚡ Sammelleitung *f*. ~ **bar** *s* ⚡ Sammelschiene *f*. ~ **in·ter·face** *s Computer*: Bus-Schnittstelle *f*.

bush¹ [bʊʃ] *s* **1.** Busch *m*, Strauch *m*: **beat about** (*od.* **around**) **the ~** *fig.* wie die Katze um den heißen Brei herumgehen, um die Sache herumreden. **2.** Gebüsch *n*. **3.** Busch *m*; Waldland *n*.

bush² [~] *s tech.* Buchse *f*.

bush·el ['bʊʃl] *s* Bushel *m*, Scheffel *m* (*Br. 36, 37 l, Am. 35, 24 l*): → **light¹** 1d.

bush·y ['bʊʃɪ] *adj* □ buschig.

busi·ness ['bɪznɪs] *s* **1.** Geschäft *n*, Beruf *m*, Tätigkeit *f*: **on ~** geschäftlich, beruflich. **2.** *econ.* Geschäft(sgang *m*) *n*: **how is ~?** wie gehen die Geschäfte? **3.** *econ.* Geschäft *n*, Unternehmen *n*. **4.** Arbeit *f*, Beschäftigung *f*: ~ **before pleasure** erst die Arbeit, dann das Vergnügen; → **mix** 2. **5.** Sache *f*, Aufgabe *f*: **make it one's ~ to do s.th.** es sich zur Aufgabe machen, et. zu tun. **6.** Angelegenheit *f*, Sache *f*: **get down to ~** zur Sache kommen; **that's none of your ~** das geht Sie nichts an; **send s.o. about his ~** j-m heimleuchten; → **mean³** 1, **mind** 8. **7.** Anlass *m*, Berechtigung *f*: **have no ~ doing** (*od.* **to do**) **s.th.** kein Recht haben, et. zu tun. **8.** Geschäft *n* (*Notdurft*): **do one's ~** sein Geschäft erledigen *od.* machen. ~ **ac·tiv·i·ty** *s* Konjunktur *f*. ~ **ad·dress** *s* Geschäftsadresse *f*. ~ **as·sets** *s pl* Geschäftswert *m*. ~ **as·so·ci·ate** *s* Teilhaber(in). ~ **card** *s* Visitenkarte *f*. '**~-card hold·er** *s* Visitenkartenbox *f*. ~ **con·fi·dence** *s* optimistische Grundhaltung der Wirtschaft. ~ **con·sul·tant** *s* Unternehmensberater(in). ~ **con·tacts** *s pl* Geschäftsbeziehungen *pl*. ~ **cy·cle** *s* Konjunkturzyklus *m*. ~ **down·turn** *s* Konjunkturrückgang *m*. ~ **ec·o·nom·ics** *s pl* Betriebswirtschaftslehre *f*. ~ **en·gi·neer** *s Am.* Unternehmensberater(in). ~ **en·ter·prise** *s* Gewerbebetrieb *m*, Unternehmen *n*. ~ **ex·pens·es** *s pl* Betriebskosten *pl*. ~ **fore·cast** *s* Konjunkturprognose *f*. ~ **hours** *s pl* Geschäftsstunden *pl*, -zeit *f*: **after ~** nach Geschäftsschluss. ~ **let·ter** *s* Geschäftsbrief *m*. '**~·like** *adj* sachlich, nüchtern. ~ **line** *s* Branche *f*. ~ **lunch** *s* Geschäftsessen *n*, Arbeitsessen *n*. '**~·man** *s* (*irr* **man**) Geschäftsmann *m*. ~ **plan·ning** *s* Unternehmensplanung *f*. ~ **prem·is·es** *s pl* Büroräume *pl*. ~ **prof·its** *s pl* Unternehmensgewinn *m*. ~ **prop·er·ty** *s* Betriebsvermögen *n*. ~ **re·la·tions** *s pl* Geschäftsbeziehungen *pl*. ~ **re·vi·val** *s* Konjunkturbelebung *f*. ~ **se·cret** *s* Betriebs-, Geschäftsgeheimnis *n*. ~ **slow·down** *s* konjunktureller Abschwung. ~ **start-up** *s* Betriebs-, Unternehmensgründung *f*. ~ **trans·ac·tion** *s* Geschäft *n*. ~ **trip** *s* Geschäftsreise *f*. ~ **up·swing** *s* Konjunkturaufschwung *m*. ~ **ven·ture** *s* (risikoreiches) Unternehmen *n*. '**~ˌwom·an** *s* (*irr* **woman**) Geschäftsfrau *f*. ~ **year** *s econ.* Geschäftsjahr *n*.

bus·ker ['bʌskə] *s Br.* Straßenmusikant(in); -sänger(in).

bus|·man ['bʌsmən] *s* (*irr* **man**) (Omni)Busfahrer *m*: **~'s holiday** Urlaub, der mit der üblichen Berufsarbeit verbracht wird. ~ **ser·vice** *s* Busverbindung *f*. ~ **shelt·er** *s* Wartehäuschen *n*. ~ **stop** *s* Bushaltestelle *f*.

bust¹ [bʌst] *s* Büste *f*.
bust² [~] F **I** *v/i* (*a. irr*) **1.** kaputtgehen. **2.** Pleite gehen. **II** *v/t* (*a. irr*) **3.** kaputtmachen. **III** *s* **4.** Pleite *f*, *a. weitS.* Reinfall *m*. **5.** Sauferei *f*; Sauftour *f*: ***go on a ~*** e-e Sauftour machen. **IV** *adj* **6.** kaputt. **7.** pleite: ***go ~*** → 2.
bus·tle ['bʌsl] **I** *v/i* **1.** *a.* ***~ about*** (*od.* ***around***) geschäftig hin u. her eilen. **2.** sich beeilen; eilen, hasten. **3.** ***the streets were bustling with life*** auf den Straßen herrschte geschäftiges Treiben. **II** *v/t* **4.** *a.* ***~ up*** antreiben, hetzen. **III** *s* **5.** Geschäftigkeit *f*; geschäftiges Treiben.
'bus·tling *adj* **1.** geschäftig. **2.** belebt (*Straße etc*).
bus·y ['bɪzɪ] **I** *adj* □ **1.** beschäftigt: ***be ~ doing s.th.*** damit beschäftigt sein, et. zu tun. **2.** geschäftig, fleißig: ***get ~!*** an die Arbeit!; → ***bee.*** **3.** *Straße etc*: belebt; verkehrsreich. **4.** arbeitsreich (*Tag etc*). **5.** übereifrig, aufdringlich. **6.** *teleph. bsd. Am.* besetzt: ***~ signal*** Besetztzeichen *n*; ***~ tone*** Besetztton *m*. **II** *v/t* **7.** (**o.s.** sich) beschäftigen (***with*** mit): ***~ o.s. doing s.th.*** sich damit beschäftigen, et. zu tun. **'~,bod·y** *s j-d, der sich in alles einmischt*.
but [bʌt] **I** *cj* **1.** aber, jedoch: ***~ then*** (***again***) and(e)rerseits. **2.** sondern: ***not only ... ~ also*** nicht nur ..., sondern auch. **3.** als, außer: ***~ for*** ohne; ***~ for my parents*** wenn m-e Eltern nicht (gewesen) wären. **II** *prp* **4.** außer: ***nothing ~*** nichts als, nur; ***the last ~ one*** (***two***) der Vorletzte (Drittletzte); → ***anything*** 2. **5.** ***all ~*** fast, beinahe. **III** *s* **6.** ***no ~s about it*** kein Aber; → ***if*** 4.
bu·tane ['bjuːteɪn] *s* ⚗ Butan *n*.
butch·er ['bʊtʃə] **I** *s* **1.** Fleischer(in), Metzger(in), *österr.* Fleischhauer(in): ***at the ~'s*** beim Fleischer. **II** *v/t* **2.** schlachten. **3.** abschlachten, niedermetzeln.
'butch·er·y *s* **1.** Fleischer-, Metzgerhandwerk *n*. **2.** Gemetzel *n*.
but·ler ['bʌtlə] *s* Butler *m*.
butt [bʌt] **I** *s* **1.** (*Gewehr- etc*)Kolben *m*. **2.** (*Zigarren-, Zigaretten-, Kerzen*)Stummel *m*, (*Zigaretten*)Kippe *f*. **3.** *fig.* Zielscheibe *f*. **4.** Kopfstoß *m*; Stoß mit den Hörnern. **II** *v/t* **5.** *j-m* e-n Kopfstoß *od.* e-n Stoß mit den Hörnern versetzen. **6.** *Zigarre, Zigarette* ausdrücken. **III** *v/i* **7.** ***~ in*** F sich einmischen: ***~ in on, ~ into*** sich einmischen in (*acc*).
but·ter ['bʌtə] **I** *s* **1.** Butter *f*: ***he looks as if ~ would not melt in his mouth*** er sieht aus, als könnte er nicht bis drei zählen *od.* als könnte er kein Wässerchen trüben. **II** *v/t* **2.** mit Butter bestreichen. **3.** ***~ up*** F *j-m* schöntun, *j-m* Honig ums Maul schmieren. ***~ dish*** *s* Butterdose *f*, -schale *f*. **'~,fin·gered** *adj* F tollpatschig. **'~,fin·gers** *pl* **-,fin·gers** *s* F Tollpatsch *m*. **'~·fly** *s* **1.** *zo.* Schmetterling *m*: ***have butterflies in one's stomach*** F ein flaues Gefühl in der Magengegend haben. **2.** *a.* ***~ stroke*** (*Schwimmen*) Schmetterlingsstil *m*. **'~·milk** *s* Buttermilch *f*. ***~ moun·tain*** *s* Butterberg *m*.
but·tock ['bʌtək] *s anat.* Gesäßbacke *f*: ***~s*** *pl* Gesäß *n*.
but·ton ['bʌtn] **I** *s* **1.** (*Kleider-, a. Klingel- etc*)Knopf *m*. **2.** (Ansteck)Plakette *f*, Abzeichen *n*. **3.** ***~s*** *sg bsd. Br.* F Hotelpage *m*. **II** *v/t* **4.** *mst* ***~ up*** zuknöpfen: ***~ed up*** F zugeknöpft, zurückhaltend. **III** *v/i* **5.** *hinten etc* geknöpft werden. **'~·hole** *s* **1.** Knopfloch *n*. **2.** *bsd. Br.* Blume *f* im Knopfloch. ***~ mush·room*** *s* Champignon *m*.
but·tress ['bʌtrɪs] **I** *s* **1.** ⚠ Strebe-, Stützpfeiler *m*. **2.** *fig.* Stütze *f*. **II** *v/t a.* ***~ up*** **3.** stützen. **4.** *fig.* (unter)stützen.
bux·om ['bʌksəm] *adj* drall.
buy [baɪ] **I** *s* **1.** F Kauf *m*: ***a good ~.*** **II** *v/t* (*irr*) **2.** (ein)kaufen (***of, from*** von; ***at*** bei): ***~ s.th. from s.o.*** j-m et. abkaufen. **3.** *Fahrkarte etc* lösen. **4.** *fig. Sieg etc* erkaufen (***with*** mit): ***dearly bought*** teuer erkauft. **5.** *j-n* kaufen, bestechen. **6.** *bsd. Am.* F *et.* glauben: ***I won't ~ that!*** das kauf ich dir *etc* nicht ab!
Verbindungen mit Adverbien:
buy| back *v/t* zurückkaufen. ***~ in*** *v/t* sich eindecken mit. ***~ off*** → ***buy*** 5. ***~ out*** *v/t Teilhaber etc* abfinden, auszahlen. ***~ up*** *v/t* aufkaufen.
buy·er ['baɪə] *s* Käufer(in): ***~'s market*** Käufermarkt *m*.
buy·ing| a·gent ['baɪɪŋ] *s* Einkäufer(in). ***~ hab·it*** *s* Kaufgewohnheit *f*. ***~ pow·er*** *s* Kaufkraft *f*.
'buy·out *s* Aufkauf *m*.
buzz [bʌz] **I** *v/i* summen, surren, schwirren: ***~ off*** F (*mst imp*) abschwirren, abhauen; ***~ for*** → II a. **II** *v/t* a) *j-n* mit dem Summer rufen, b) *teleph.* F *j-n* anrufen.
buz·zard ['bʌzəd] *s orn.* Bussard *m*.
buzz·er ['bʌzə] *s* ⚡ Summer *m*.
'buzz·word *s* Modewort *n*.
by [baɪ] **I** *prp* **1.** *örtlich*: (nahe *od.* dicht) bei *od.* an (*dat*), neben (*dat*): ***side ~ side*** Seite an Seite. **2.** vorbei *od.* vorüber an (*dat*), an (*dat*) ... entlang. **3.** *Verkehrsmittel*: per, mit: → ***air¹*** 1, *etc.* **4.** *zeitlich*: bis um *od.* spätestens: ***be here ~ 4.30*** sei um 4 Uhr 30 hier; → ***now*** 1. **5.** *Tageszeit*: während, bei: → ***day*** 1, *etc.* **6.** nach, ...weise: ***sold ~ the yard*** yardweise verkauft; → ***hour*** 1, *etc.* **7.** nach, gemäß: ***it is ten ~ my watch*** nach *od.* auf

m-r Uhr ist es zehn. **8.** von: → ***nature*** 2, ***trade*** 4. **9.** *Urheberschaft*: von, durch: ***a play ~ Shaw*** ein Stück von Shaw; → ***oneself*** 1. **10.** mithilfe von, mit, durch: ***~ listening*** durch Zuhören; → ***force*** 1, 3, 4. **11.** *Größenverhältnisse*: um: (***too***) ***short ~ an inch*** um e-n Zoll zu kurz. **12.** ⩕ a) mal: ***3 ~ 4; the size is 9 feet ~ 6*** die Größe ist 9 auf 6 (*od.* 9 x 6) Fuß; → ***multiply*** 2, b) durch: ***6 ~ 2;*** → ***divide*** 4, 6. **13.** an (*dat*), bei: → ***root***[1], *etc.* **II** *adv* **14.** nahe: ***~ and large*** im Großen u. Ganzen; ***~ and ~*** bald, demnächst; nach u. nach; → ***close*** 9, ***hard*** 13. **15.** vorbei, vorüber: → ***go by,*** *etc.* **16.** beiseite: → ***put by,*** *etc.*

by(e)... Neben..., Seiten...

bye [baɪ] → ***bye-bye*** II.

bye-bye **I** *s* ['baɪbaɪ]: ***go to ~(s)*** in die Heia gehen; einschlafen. **II** *int* [ˌbaɪ'baɪ] F Wiedersehen!, tschüss!, *österr.* servus!; *teleph.* Wiederhören!

'by|-efˌfect *s* Nebenwirkung *f.* **'~-eˌlec·tion** *s* Nachwahl *f.*

Bye·lo·rus·sian [bɪeləʊ'rʌʃn] **I** *adj* weißrussisch. **II** *s* Weißrusse *m*, -russin *f.*

'by|·gone **I** *adj* vergangen. **II** *s*: ***let ~s be ~s*** lass(t) das Vergangene ruhen. **'~·law** *s bsd. Br.* Ortsstatut *n*, städtische Verordnung. **'~·name** *s* Beiname *m.* **'~·pass** *s* **1.** Umleitung *f*, Umgehungsstraße *f.* **2.** ⚕ Bypass *m*: ***~ operation*** Bypassoperation *f.* **'~-ˌprod·uct** *s* Nebenprodukt *n* (*a. fig.*). **'~·road** *s* Seiten-, Nebenstraße *f.* **'~ˌstand·er** *s* Umstehende *m, f*, Zuschauer(in).

byte [baɪt] *s Computer*: Byte *n.*

'by|·way → ***byroad.*** **'~·word** *s* Inbegriff *m* (***for*** *gen*): ***be a ~ for*** stehen für, gleichbedeutend sein mit.

C

C [siː] *pl* **C's** *s* C *n*.
C ***Celsius*** C, Celsius; ***centigrade*** hundertgradig (*Thermometereinteilung*).
c ***cent(s)*** Cent *m od. pl* (*amerikanische Münze*); ***century*** Jh., Jahrhundert *n*. ***circa*** ca., circa, ungefähr; ***cubic*** Kubik...
C/A ***current account*** Girokonto *n*.
cab [kæb] *s* **1.** Taxi *n*, Taxe *f*. **2.** 🚂 Führerstand *m*; Fahrerhaus *n* (*e-s Lastkraftwagens*), (*a. e-s Krans*) Führerhaus *n*.
cab·a·ret ['kæbəreɪ] *s a.* **~ *show*** Varieteedarbietungen *pl* (*in e-m Restaurant od. Nachtklub*).
cab·bage ['kæbɪdʒ] *s* ❦ Kohl *m*.
cab·bie, cab·by ['kæbɪ] *s bsd. Am.* F Taxifahrer(in).
'cab ˌdriv·er *s bsd. Am.* Taxifahrer(in).
cab·in ['kæbɪn] *s* **1.** Häuschen *n*, Hütte *f*. **2.** ⚓ Kabine *f*, Kajüte *f*. **3.** ✈ Kabine *f* (*a. e-r Seilbahn etc*). **~ class** *s* ⚓ Kabinen-, Kajütsklasse *f*. **~ cruis·er** *s* ⚓ Kabinenkreuzer *m*.
cab·i·net ['kæbɪnɪt] *s* **1.** *oft* ***Cabinet*** *pol.* Kabinett *n*. **2.** Vitrine *f*. **3.** (*Büro-, Kartei-etc*)Schrank *m*. **4.** (*Radio- etc*)Gehäuse *n*.
ca·ble ['keɪbl] **I** *s* **1.** Kabel *n* (*a.* ⚡), (Draht)Seil *n*. **2.** → ***cablegram***. **II** *v/t* **3.** *TV*: *Gegend etc* verkabeln. **4.** *j-m et.* telegrafieren; *j-n* telegrafisch benachrichtigen. **5.** *j-m Geld* telegrafisch an- *od.* überweisen. **III** *v/i* **6.** telegrafieren. **~ ad·dress** *s* Telegrammadresse *f*. **~ car** *s Seilbahn*: Kabine *f*; Wagen *m*. **~ chan·nel** *s TV* Kabelkanal *m*. **~ clamp** *s* Kabelschelle *f*. **~ duct** *s* Kabelschacht *m*.
ca·ble tel·e·vi·sion *s* Kabelfernsehen *n*.
cab·man ['kæbmən] *s* (*irr* ***man***) Taxifahrer *m*.
ca·boo·dle [kə'buːdl] *s*: ***the whole ~*** F die ganze Chose.
ca·boose [kə'buːs] *s* ⚓ Kombüse *f*.
cab| rank, '~stand *s bsd. Am.* Taxistand *m*.
cache [kæʃ] **I** *s* **1.** Versteck *n*, geheimes Lager. **2.** *Computer*: Cache-Speicher *m*. **II** *v/t* verstecken.
cack·le ['kækl] **I** *v/i* gackern (*Huhn*), schnattern (*Gans*), *fig. a.* gackernd lachen. **II** *s* Gegacker *n*, Geschnatter *n*, *fig. a.* gackerndes Lachen.
cac·tus ['kæktəs] *pl* **-ti** ['~taɪ], **-tus·es** *s* ❦ Kaktus *m*.
CAD [kæd] *abbr.* (= ***computer-aided design***) CAD *n* (*computerunterstütztes Konstruieren*).
ca·das·tre [kə'dæstə] *s* Grundbuch *n*.
ca·dav·er·ous [kə'dævərəs] *adj* □ leichenblass.
cad·die ['kædɪ] *s Golf*: Caddie *m* (*Schlägerträger*).
cad·dy ['kædɪ] *s* (*bsd.* Tee)Büchse *f*, (-)Dose *f*.
ca·dence ['keɪdəns] *s* **1.** (Vers-, Sprech-) Rhythmus *m*. **2.** ♪ Kadenz *f*.
ca·det [kə'det] *s* **1.** *mil.* Kadett *m*. **2.** (*Polizei-etc*)Schüler(in): **~ *nurse*** Schwesternschülerin *f*.
cadge [kædʒ] *v/t u. v/i* schnorren (***from*** bei).
'cadg·er *s* Schnorrer(in).
cad·mi·um ['kædmɪəm] *s* ⚗ Kadmium *n*.
cad·re ['kɑːdə] *s econ., mil., pol.* Kader *m*.
Cae·sar·e·an, *a.* **c~** [siː'zeərɪən] **I** *adj*: **~ *section*** → II. **II** *s* ⚕ Kaiserschnitt *m*.
ca·fé ['kæfeɪ] *s* **1.** Café *n*. **2.** Restaurant *n*. **3.** *Am.* Kneipe *f*; Nachtklub *m*.
caf·e·te·ri·a [ˌkæfɪ'tɪərɪə] *s* Cafeteria *f*.
caf·feine ['kæfiːn] *s* ⚗ Koffein *n*.
cage [keɪdʒ] **I** *s* **1.** Käfig *m*. **2.** Kabine *f* (*e-s Aufzugs*); ⚒ Förderkorb *m*. **II** *v/t* **3.** in e-n Käfig sperren, einsperren.
cage·y ['keɪdʒɪ] *adj* □ F **1.** verschlossen. **2.** vorsichtig. **3.** *Am.* gerissen, schlau.
ca·goule [kə'guːl] *s* Windhemd *n*.
cairn [keən] *s* Steinpyramide *f* (*zur Grenzmarkierung*).
Cai·ro ['kaɪərəʊ] Kairo *n*.
ca·jole [kə'dʒəʊl] *v/t* **1.** *j-m* schmeicheln. **2.** *j-n* beschwatzen (***into doing*** zu tun): **~ *s.o. out of s.th.*** j-m et. ausreden; **~ *s.th. out of s.o.*** j-m et. abbetteln.
cake [keɪk] **I** *s* **1.** Kuchen *m*, Torte *f*: ***go*** (*od.* ***sell***) ***like hot ~s*** weggehen wie die warmen Semmeln; ***take the ~*** F den Vogel abschießen; ***you can't have your ~ and eat it*** du kannst nur eines von beiden tun *od.* haben; → ***piece*** 1. **2.** Tafel *f Schokolade*, Riegel *m Seife*. **II** *v/i* **3.** klumpen.
ca·lam·i·tous [kə'læmɪtəs] *adj* □ verheerend, katastrophal.

C

ca'lam·i·ty *s* **1.** Katastrophe *f*: ***in the ~*** bei der Katastrophe; ***~ of nature*** Naturkatastrophe; ***~ howler*** *bsd. Am.* Schwarzseher(in), Panikmacher(in). **2.** Elend *n*, Misere *f*.
cal·cif·er·ous [kæl'sɪfərəs] *adj* kalkhaltig.
cal·ci·fy ['kælsɪfaɪ] *v/t u. v/i* verkalken.
cal·ci·um ['kælsɪəm] *s* ⚗ Kalzium *n*.
cal·cu·la·ble ['kælkjʊləbl] *adj* □ **1.** berechen-, kalkulierbar: ***~ risk*** kalkulierbares Risiko. **2.** verlässlich.
cal·cu·late ['kælkjʊleɪt] **I** *v/t* **1.** be-, ausrechnen: ***~ that*** damit rechnen, dass. **2.** *Preise, Entfernung etc* kalkulieren, *Chancen etc* abwägen. **3.** *Am.* F vermuten, glauben (***that*** dass). **II** *v/i* **4.** ***~ on*** rechnen mit *od.* auf (*acc*), zählen *od.* sich verlassen auf (*acc*).
cal·cu·lat·ed *adj* **1.** gewollt, beabsichtigt, (*Indiskretion*) gezielt, (*Beleidigung*) bewusst, (*Risiko*) kalkuliert. **2.** gedacht, bestimmt (***for*** für; ***to do*** zu tun): ***it was ~ to impress*** es sollte Eindruck machen.
'cal·cu·lat·ing *adj* □ **1.** (kühl) überlegend; berechnend. **2.** Rechen...: ***~ machine.***
ˌcal·cu'la·tion *s* **1.** Berechnung *f* (*a. fig.*), Ausrechnung *f*: ***be out in one's ~*** sich verrechnet haben. **2.** Kalkulation *f*: ***~ of prices*** Preiskalkulation; ***~ of profits*** *econ.* Gewinnkalkulation. **3.** Überlegung *f*: ***after much ~*** nach reiflicher Überlegung.
'cal·cu·la·tor *s* Rechner *m* (*Gerät*).
cal·cu·lus ['kælkjʊləs] *pl* **-li** ['~laɪ], **-lus·es** *s* ⚕ Rechnungsart *f*, (*Differenzial- etc*)Rechnung *f*: ***~ of probabilities*** Wahrscheinlichkeitsrechnung.
Cal·e·do·nia [ˌkælɪ'dəʊnjə] *npr* Kaledonien *n* (*poet. für Schottland*).
cal·en·dar ['kælɪndə] *s* **1.** (*engS.* Termin)Kalender *m*, *fig. a.* Zeitrechnung *f*. **2.** Liste *f*, Register *n*.
calf[1] [kɑːf] *pl* **calves** [kɑːvz] *s* **1.** Kalb *n*. **2.** Kalb(s)leder *n*.
calf[2] [~] *pl* **calves** [~] *s anat.* Wade *f*.
calf| love *s* F jugendliche Schwärmerei. **'~·skin** → ***calf***[1] 2.
cal·i·ber *Am.* → ***calibre.***
cal·i·brate ['kælɪbreɪt] *v/t tech.* kalibrieren, eichen.
cal·i·bre ['~bə] *s* Kaliber *n*, *fig. a.* Format *n* (*e-s Menschen*).
call [kɔːl] **I** *s* **1.** Ruf *m* (***for*** nach): ***~ for help*** Hilferuf; ***within ~*** in Rufweite. **2.** *teleph.* Anruf *m*: ***give s.o. a ~*** j-n anrufen; ***make a ~*** telefonieren. **3.** (Lock)Ruf *m* (*e-s Tiers*). **4.** *fig.* Ruf *m* (*der Natur etc*). **5.** Berufung *f* (***to*** auf *e-n Lehrstuhl*, an *e-e Universität*, in *ein Amt*). **6.** Aufruf *m*: ***make a ~ for s.th.*** zu et. aufrufen. **7.** *thea.* Herausruf *m*, Vorhang *m*. **8.** (kurzer) Besuch (***on s.o., at s.o.'s*** [***house***] bei j-m): ***make*** (*od.* ***pay***) ***a ~ on s.o.*** j-n besuchen, j-m e-n Besuch abstatten. **9.** *econ.* Zahlungsaufforderung *f*; Abruf *m*, Kündigung *f* (*von Geldern*). **II** *v/t* **10.** *j-n* (herbei)rufen, *Arzt etc* kommen lassen: → ***attention*** 1, ***being*** 1. **11.** zu *e-m Streik etc* aufrufen. **12.** *Versammlung etc* einberufen. **13.** *j-n* wecken. **14.** *teleph.* anrufen; ***thank you for ~ing*** danke für den Anruf; ***who ~ed?*** wer hat angerufen?; ***who's ~ing?*** wer ist am Apparat?; ***you can ~ him under ...*** Sie erreichen ihn unter ... **15.** *j-n* berufen (***to*** → 5). **16.** *j-n, et.* nennen: ***be ~ed*** heißen; → ***spade***[1]. **17.** nennen, bezeichnen (als): ***what do you ~ this?*** wie nennt man *od.* heißt das? **18.** nennen, finden, halten für: ***I ~ that stupid.*** **19.** *j-n et.* schimpfen: ***he ~ed me a fool.*** **III** *v/i* **20.** rufen (*a. fig. Pflicht etc*): ***~ for*** um *Hilfe* rufen; nach *j-m, et.* rufen; *fig.* erfordern. **21.** e-n (kurzen) Besuch machen (***on s.o., at s.o.'s*** [***house***] bei j-m): ***call on s.o.*** j-n besuchen, j-m e-n Besuch abstatten; ***~ for*** *et.* anfordern; *j-n, et.* abholen. **22.** ***~ on*** sich wenden an (*acc*) (***for s.th.*** um et., wegen e-r Sache); *j-n* bitten (***to do*** zu tun). **23.** ***~ at*** ⚓ anlegen in (*dat*), *Hafen* anlaufen; 🚂 halten in (*dat*); ✈ *Flughafen* anfliegen. **24.** anrufen, telefonieren.
Verbindungen mit Adverbien:
call| a·way *v/t* **1.** wegrufen (***from*** von). **2.** *Gedanken etc* ablenken (***from*** von). **~ back I** *v/t* **1.** *a. teleph.* zurückrufen. **2.** *defekte Autos etc* (in die Werkstatt) zurückrufen. **II** *v/i* **3.** *a. teleph.* zurückrufen. **4.** noch einmal vorbeikommen. **~ down** *v/t* **1.** *Segen etc* herabflehen, -rufen. **2.** sich *j-s Zorn* zuziehen. **3.** *Am.* F zs.-stauchen (***for*** wegen). **~ forth** *v/t* hervorrufen, auslösen, *Fähigkeiten etc* wachrufen, wecken. **~ in I** *v/t* **1.** hinein-, hereinrufen. **2.** *Arzt etc* (hin)zuziehen, zurate ziehen. **3.** *Schulden* einfordern, *Forderungen etc* einziehen. **II** *v/i* **4.** (kurz) vorbeischauen (***on s.o., at s.o.'s*** [***house***] bei j-m). **~ off** *v/i* **1.** *j-n* (von s-m Posten) abberufen. **2.** *Streik etc* absagen; abbrechen. **~ out I** *v/t* **1.** ausrufen, *Namen etc* aufrufen. **2.** *Polizei etc* aufbieten; alarmieren. **3.** *Fähigkeiten etc* wachrufen, wecken. **4.** zum Streik aufrufen. **II** *v/i* **5.** rufen (***for*** um *Hilfe*). **~ o·ver** *v/t Namen, Liste etc* verlesen. **~ up** *v/t* **1.** *teleph.* anrufen. **2.** *Erinnerungen etc* wachrufen, wecken. **3.** *mil.* einberufen.
call·a·ble bond ['kɔːləbl] *s* Tilgungsanleihe *f*.
'call|·back *s* Rückruf(aktion *f*) *m*. **~ box** *s Br.* Telefonzelle *f*. **~ charge** *s* Anrufgebühr *f*.
call·er ['kɔːlə] *s* **1.** Rufer(in). **2.** *teleph.* Anrufer(in). **3.** Besucher(in). **4.** Abholer(in).

C

call|·girl *s* Callgirl *n*. '**~-in** *Am*. → ***phone-in***.
call·ing ['kɔːlɪŋ] *s* **1.** Beruf *m*. **2.** *bsd. eccl*. Berufung *f*: ***have a ~ to do s.th.*** sich berufen fühlen, et. zu tun. **~ card** *s Am*. Visitenkarte *f*.
cal·lis·then·ics [ˌkælɪs'θenɪks] *s pl* Gymnastik *f*, Freiübungen *pl*.
call| loan *s* jederzeit kündbares Darlehen. **~ mon·ey** *s* Tagegeld *n*. **~ op·tion** *s* Vorprämiengeschäft *n*.
cal·lous ['kæləs] *adj* □ **1.** schwielig. **2.** *fig*. abgestumpft, gefühllos (***to*** gegenüber).
call| rate *s* Satz *m* für Tagegeld. **~ sign** *s* Rufzeichen *n*. **~ sig·nal** *s* Rufzeichen *n*. **~ tar·iff** *s* Telefontarif *m*. **~ u·nit** *s teleph*. Gesprächseinheit *f*.
'**call-up** *s mil*. Einberufung *f*.
cal·lus ['kæləs] *s* Schwiele *f*.
calm [kɑːm] **I** *s* **1.** Stille *f*, Ruhe *f* (*a. fig*.): ***the ~ before the storm***; **~ (*of mind*)** Gelassenheit *f*, Gemütsruhe. **2.** Windstille *f*. **II** *adj* □ **3.** still, ruhig. **4.** windstill. **5.** *fig*. ruhig, gelassen. **III** *v/t* **6.** *oft* **~ *down*** beruhigen, besänftigen. **IV** *v/i oft* **~ *down*** **7.** sich beruhigen. **8.** sich legen (*Sturm, Zorn etc*).
cal·o·rie ['kælərɪ] *s* Kalorie *f*. '**~-ˌcon·scious** *adj* □ kalorienbewusst.
ca·lum·ni·ate [kə'lʌmnɪeɪt] *v/t* verleumden.
ca'lum·ni·ous *adj* □ verleumderisch.
cal·um·ny ['kæləmnɪ] *s* Verleumdung *f*.
calve [kɑːv] *v/i* kalben.
calves [kɑːvz] *pl von* ***calf***[1] *u*. [2].
cam [kæm] *s tech*. Nocken *m*.
CAM [kæm] *abbr*. (= ***computer-aided manufacture***) CAM *n* (*computerunterstütztes Fertigen*).
cam·ber ['kæmbə] **I** *v/t u. v/i* **1.** (sich) wölben. **II** *s* **2.** (leichte) Wölbung. **3.** *mot*. Sturz *m*.
Cam·bo·dia [kæm'bəʊdɪə] *npr* Kambodscha *n*.
cam·cord·er ['kæmkɔːdə] *s* Camcorder *m*, Videokamera *f*.
came [keɪm] *pret von* ***come***.
cam·el ['kæml] *s zo*. Kamel *n*.
cam·el's| hair ['kæmlz] *s* Kamelhaar *n*. '**~-hair** *adj* Kamelhaar...
cam·er·a ['kæmərə] *s* **1.** (*a. Film-, Fernseh*)Kamera *f*, Fotoapparat *m*. **2.** ***in ~*** ⚖ unter Ausschluss der Öffentlichkeit; *fig*. geheim. '**~·man** *s* (*irr* ***man***) **1.** Kameramann *m*. **2.** Pressefotograf *m*. '**~-shy** *adj* kamerascheu. '**~·wom·an** *s* (*irr* ***woman***) Kamerafrau *f*.
cam·o·mile ['kæməmaɪl] *s* ⚘ Kamille *f*: **~ *tea*** Kamillentee *m*.
cam·ou·flage ['kæməflɑːʒ] **I** *s mil., zo*. Tarnung *f*, *fig. a*. Verschleierung *f*. **II** *v/t mil*. tarnen, *fig. a*. verschleiern: **~*d advertising*** Schleichwerbung *f*.
camp[1] [kæmp] **I** *s* **1.** (*Zelt- etc*)Lager *n* (*fig. a. Partei*): **~ *bed*** (*Am. a.* ***cot***) Feldbett *n*; Campingliege *f*; **~ *chair*** Klapp-, Campingstuhl *m*. **II** *v/i* **2.** sein Lager aufschlagen, kampieren. **3.** *oft* **~ *out*** zelten, campen.
camp[2] [~] F **I** *adj* **1.** künstlich, gewollt; aufgemotzt, *thea. etc a*. überzogen. **2.** tuntenhaft. **II** *v/i* **3.** sich tuntenhaft benehmen. **III** *v/t* **4.** **~ *it up*** a) → 3, b) die Sache aufmotzen, *thea. etc a*. überziehen.
cam·paign [kæm'peɪn] **I** *s* **1.** *mil*. Feldzug *m*, *fig. a*. Kampagne *f*. **2.** *pol*. Wahlkampf *m*: **~ *pledge*** (*od.* ***promise***) Wahlversprechen *n*. **II** *v/i* **3.** *mil*. an e-m Feldzug teilnehmen. **4.** *fig*. kämpfen (***for*** für; ***against*** gegen).
cam'paign·er *s* **1.** *mil*. Feldzugteilnehmer *m*: ***old*** **~** Veteran *m*; *fig*. alter Praktikus. **2.** *fig*. Kämpfer(in).
camp·er ['kæmpə] *s* **1.** Zeltler(in), Camper(in). **2.** *Am*. Wohnanhänger *m*, -wagen *m*; Wohnmobil *n*.
'**camp|ˌfire** *s* Lagerfeuer *n*. '**~·ground** *s* **1.** Lagerplatz *m*. **2.** Zelt-, Campingplatz *m*.
cam·phor ['kæmfə] *s* ⚗ Kampfer *m*: **~ *ball*** Mottenkugel *f*.
camp·ing ['kæmpɪŋ] *s* Camping *n*, Zelten *n*: **~ *ground*** (*od.* ***site***) → ***campground***.
'**camp·site** → ***campground***.
cam·pus ['kæmpəs] *s* Campus *m* (*Gesamtanlage e-r Universität, e-s College od. e-r Schule*).
'**cam·shaft** *s tech*. Nockenwelle *f*.
can[1] [kæn] *v/aux* (*irr*) *ich* kann *etc*.
can[2] [~] **I** *s* **1.** (Blech)Kanne *f*: ***have to carry the ~*** F den Kopf hinhalten müssen (***for*** für). **2.** (Blech-, Konserven)Dose *f*, (-) Büchse *f*: **~ *opener*** Dosen-, Büchsenöffner *m*. **3.** Kanister *m*. **4.** *Am*. Müll-, Abfalleimer *m*; Müll-, Abfalltonne *f*. **II** *v/t* **5.** einmachen, -dosen: → ***canned*** 1. **6.** F (auf Band *etc*) aufnehmen: → ***canned*** 2.
Can·a·da ['kænədə] *npr* Kanada *n*.
Ca·na·di·an [kə'neɪdjən] **I** *adj* kanadisch. **II** *s* Kanadier(in).
ca·nal [kə'næl] *s* Kanal *m*, *anat. a*. Gang *m*, Röhre *f*.
ca·nal·i·za·tion [ˌkænəlaɪ'zeɪʃn] *s* Kanalisation *f*, Kanalisierung *f*.
'**ca·nal·ize** *v/t* kanalisieren.
can·a·pé ['kænəpeɪ] *s gastr*. Appetit-, Cocktailhappen *m*.
ca·nard [kæ'nɑːd] *s* (Zeitungs)Ente *f*, Falschmeldung *f*.
ca·nar·y [kə'neərɪ] *s* Kanarienvogel *m*.
Can·ber·ra ['kænbərə] *Bundeshauptstadt von Australien*.
can·cel ['kænsl] **I** *v/t pret u. pp* **-celed**, *bsd. Br*. **-celled** **1.** (durch-, aus)streichen. **2.** *Erlaubnis etc* widerrufen, *Beschluss etc* rück-

gängig machen, *Abonnement etc* kündigen, *Auftrag etc* stornieren. **3.** *Verabredung etc* absagen, *Veranstaltung etc* ausfallen lassen, *Flug etc.* annullieren. **4.** *Briefmarke, Fahrschein* entwerten, *Flug etc* annulieren. **5.** *Computer*: abbrechen. **6.** ✠ kürzen. **7.** *a.* ~ ***out*** ausgleichen, kompensieren. **II** *v/i* **8.** ✠ sich kürzen lassen. **9.** *a.* ~ ***out*** sich (gegenseitig) aufheben.

can·cel·(l)a·tion [ˌkænsəˈleɪʃn] *s* **1.** Streichung *f*. **2.** Widerrufung *f*, Rückgängigmachung *f*, Kündigung *f*, Stornierung *f*: ~ ***fee*** Stornogebühr *f*. **3.** Absage *f*. **4.** Entwertung *f*. **5.** ✠ Kürzung *f*. ~ **mark** *s* Entwertungszeichen *n*.

can·cer [ˈkænsə] **I** *s* **1.** ⚕ Krebs *m*. **2.** *fig.* Krebsgeschwür *n*. **3. *Cancer*** *astr.* Krebs *m*: ***be*** (***a***) ***Cancer*** Krebs sein. **II** *adj* **4.** Krebs...: ~ ***cells*** (***research***, *etc*).

ˈ**can·cer·ous** *adj* ⚕ krebsbefallen; Krebs...; krebsartig.

can·de·la·bra [ˌkændɪˈlɑːbrə] *s* ˌ**can·deˈla·brum** [~brəm] *pl* **-bra** [~brə], **-brums** *s* Kandelaber *m*, Armleuchter *m*.

can·did [ˈkændɪd] *adj* □ **1.** offen, aufrichtig. **2.** unvoreingenommen. **3.** *phot.* ungestellt: ~ ***camera*** versteckte Kamera; ~ ***picture*** Schnappschuss *m*.

can·di·da·cy [ˈkændɪdəsɪ] *s bsd. Am.* Kandidatur *f*, Bewerbung *f*, Anwartschaft *f*.

can·di·date [ˈkændɪdət] *s* (***for***) Kandidat(in) (für), Anwärter(in) (auf *acc*), Bewerber(in) (um).

can·di·da·ture [ˈkændɪdətʃə] *bsd. Br.* → ***candidacy***.

can·died [ˈkændɪd] *adj* **1.** kandiert. **2.** *fig.* honigsüß, schmeichlerisch.

can·dle [ˈkændl] *s* Kerze *f*: ***burn the ~ at both ends*** Raubbau mit s-r Gesundheit treiben; ***not to be fit*** (*od.* ***able***) ***to hold a ~ to*** *j-m* nicht das Wasser reichen können; ***the game is not worth the ~*** die Sache ist nicht der Mühe wert. ˈ**~·light** *s* Kerzenlicht *n*: ***by ~*** bei Kerzenlicht; ~ ***dinner*** Essen *n* bei Kerzenlicht.

Can·dle·mas [ˈkændlməs] *s eccl.* (Mariä) Lichtmess *f*.

ˈ**can·dle·stick** *s* Kerzenleuchter *m*, -ständer *m*.

can·do(u)r [ˈkændə] *s* **1.** Offenheit *f*, Aufrichtigkeit *f*. **2.** Unvoreingenommenheit *f*.

can·dy [ˈkændɪ] **I** *s* **1.** Kandis(zucker) *m*. **2.** *bsd. Am.* Süßigkeiten *pl*: (***hard***) ~ Bonbon *m, n*. **II** *v/t* **3.** kandieren. ˈ**~·floss** *s Br.* Zuckerwatte *f*.

cane [keɪn] **I** *s* **1.** Spazierstock *m*. **2.** (Rohr)Stock *m*. **3.** (*Bambus-, Zucker-, Schilf*)Rohr *n*. **II** *v/t* **4.** (mit dem Stock) züchtigen. ~ **sug·ar** *s* Rohrzucker *m*.

ca·nine [ˈkeɪnaɪn] **I** *adj* **1.** Hunde..., Hunds... **2.** *contp.* hündisch: ~ ***devotion*** hündische Ergebenheit. **II** *s* **3.** *a.* ~ ***tooth*** Eckzahn *m*.

can·is·ter [ˈkænɪstə] *s* Blechbüchse *f*, -dose *f*. ~ **sharp·en·er** *s* Spitzdose *f*.

can·ker [ˈkæŋkə] *s* **1.** ⚕ Soor *m*; Lippengeschwür *n*. **2.** ♣ Baumkrebs *m*. **3.** *fig.* Krebsgeschwür *n*.

can·na·bis [ˈkænəbɪs] *s* Cannabis *m*: a) ♣ Hanf *m*, b) Haschisch *n*.

canned [kænd] *adj* **1.** Dosen..., Büchsen...: ~ ***fruit*** Obstkonserven *pl*; ~ ***meat*** Büchsenfleisch *n*. **2.** F ~ ***music*** Musik *f* aus der Konserve; ~ ***program***(***me***) (*Rundfunk, TV*) Programmkonserve *f*. **3.** *sl.* blau, betrunken.

can·nery [ˈkænərɪ] *s* Konservenfabrik *f*.

can·ni·bal [ˈkænɪbl] *s* Kannibale *m*, Kannibalin *f*, Menschenfresser(in).

can·ni·bal·ism [ˈˈkænɪbəlɪzəm] *s* Kannibalismus *m*.

ˌ**can·ni·balˈis·tic** *adj* (~***ally***) kannibalisch.

ˈ**can·ni·bal·ize** *v/t Auto etc* ausschlachten.

can·non [ˈkænən] *pl* **-non**(**s**) *s mil.* (✈ Bord)Kanone *f*, (-)Geschütz *n*.

can·non·ade [ˌkænəˈneɪd] *s mil.* Kanonade *f*.

ˈ**can·non|·ball** *s* Kanonenkugel *f*. ~ **fod·der** *s* Kanonenfutter *n*.

can·not [ˈkænɒt] kann *etc* nicht.

can·ny [ˈkænɪ] *adj* □ schlau, gerissen.

ca·noe [kəˈnuː] **I** *s* Kanu *n*, Paddelboot *n*: ***paddle one's own ~*** *fig.* auf eigenen Beinen *od.* Füßen stehen. **II** *v/i* paddeln.

can·on [ˈkænən] *s* **1.** Kanon *m* (*a. eccl.*), Regel *f*. **2.** Grundsatz *m*. **3.** ♪ Kanon *m*.

can·on·i·za·tion [ˌkænənaɪˈzeɪʃn] *s eccl.* Heiligsprechung *f*.

ˈ**can·on·ize** *v/t* heilig sprechen.

can·on law *s* Kirchenrecht *n*.

ca·noo·dle [kəˈnuːdl] *v/i sl.* knutschen, schmusen (***with*** mit).

can·o·py [ˈkænəpɪ] *s* **1.** Baldachin *m* (*a.* ⚠). **2.** ⚠ Vordach *n*. **3.** ✈ Kabinenhaube *f*.

cant[1] [kænt] **I** *s* **1.** Schrägung *f*. **2.** Neigung *f*. **II** *v/t* **3.** kanten, kippen: ~ ***over*** umkippen. **4.** *tech.* abschrägen. **III** *v/i* **5.** *a.* ~ ***over*** umkippen.

cant[2] [~] **I** *s* **1.** Jargon *m*. **2.** Kauderwelsch *n*. **3.** (leere) Phrase(n *pl*). **II** *v/i* **4.** Jargon reden. **5.** Phrasen dreschen.

can't [kɑːnt] F → ***cannot***.

can·tan·ker·ous [kænˈtæŋkərəs] *adj* □ giftig, streitsüchtig.

can·teen [kænˈtiːn] *s* **1.** *bsd. Br.* Kantine *f*; Mensa *f*: ~ ***meal*** Kantinenessen *n*; ~ ***slop*** Kantinenfraß *m*. **2.** *mil.* Feldflasche *f*; Kochgeschirr *n*. **3.** Erfrischungsstand *m*. **4.** Besteckkasten *m*; Besteck *n*.

can·ter ['kæntə] **I** *s* Kanter *m*: ***win at a ~*** *fig.* mühelos siegen. **II** *v/i* kantern.
can·ti·le·ver ['kæntɪliːvə] *s* **1.** ⚠ Konsole *f.* **2.** *tech.* Ausleger *m*: ***~-base armchair*** Freischwinger *m.*
can·vas ['kænvəs] *s* **1.** Segeltuch *n.* **2.** Zeltleinwand *f.* **3.** *paint.* Leinwand *f.*
can·vass ['kænvəs] **I** *v/t* **1.** eingehend erörtern *od.* prüfen. **2.** *pol.* um *Stimmen* werben. **3.** *econ. Geschäftsbezirk* bereisen; *Aufträge* hereinholen, *Abonnenten*, *Inserate* sammeln, *Kunden* akquirieren. **II** *v/i* **4.** *pol.* e-n Wahlfeldzug veranstalten. **5.** *econ.* werben (***for*** um, für), e-n Werbefeldzug durchführen. **III** *s* **6.** eingehende Erörterung *od.* Prüfung. **7.** *pol.* Wahlfeldzug *m.* **8.** *econ.* Werbefeldzug *m.*
'can·vass·er *s* **1.** *pol.* Stimmenwerber(in). **2.** *econ.* Handelsvertreter(in), Akquisiteur *m.*
can·yon ['kænjən] *s* Cañon *m.*
caou·tchouc ['kaʊtʃʊk] *s* Kautschuk *m.*
CAP ***Common Agricultural Policy*** Gemeinsame Agrarpolitik.
cap [kæp] **I** *s* **1.** Mütze *f*, Kappe *f*, Haube *f*: ***~ in hand*** demütig, unterwürfig; ***set one's ~ at*** (*od.* ***for***) ***s.o.*** F j-n zu angeln suchen (*Frau*). **2.** *tech.* (Schutz-, Verschluss)Kappe *f*, (Abdeck-, Schutz)Haube *f*; Deckel *m.* **II** *v/t* **3.** *Flasche etc* verschließen. **4.** krönen: a) oben liegen auf (*dat*), b) *fig.* abschließen. **5.** *fig.* übertreffen, -trumpfen: ***~ everything*** allem die Krone aufsetzen, alles übertreffen; ***to ~ it all*** als Krönung des Ganzen.
ca·pa·bil·i·ty [ˌkeɪpə'bɪlətɪ] *s* **1.** Fähigkeit *f* (***of*** zu). **2.** *a. pl* Befähigung *f*, Begabung *f.* **~ pro·file** *s* Leistungsprofil *n.*
ca·pa·ble ['keɪpəbl] *adj* □ **1.** fähig, tüchtig. **2.** fähig (***of*** zu *od. gen*; ***of doing*** zu tun), imstande (***of doing*** zu tun). **3.** ***be ~ of s.th.*** et. zulassen: ***~ of being divided*** teilbar.
ca·pa·cious [kə'peɪʃəs] *adj* □ **1.** geräumig (*Saal*, *Tasche etc*), groß (*Flasche*, *Topf etc*). **2.** aufnahmefähig (*Verstand*).
ca·pac·i·tate [kə'pæsɪteɪt] *v/t* befähigen.
ca'pac·i·tor [kə'pæsɪtə] *s* ⚡ Kondensator *m.*
ca'pac·i·ty **I** *s* **1.** (Raum)Inhalt *m*; Fassungsvermögen *n*, Kapazität *f* (*a.* ⚡): ***filled to ~*** ganz voll, *thea. etc* ausverkauft; → ***measure*** 1. **2.** (*a.* ⚡, *tech.* Leistungs)Fähigkeit *f.* **3.** *fig.* Auffassungsgabe *f*: ***that is beyond his ~*** das ist zu hoch für ihn. **4.** Eigenschaft *f*, Stellung *f*: ***in his ~ as*** in s-r Eigenschaft als. **II** *adj* **5.** Höchst..., maximal. **6.** ***~ audience*** *thea. etc* ausverkauftes Haus. **~ lim·it** *s econ.* Kapazitätsgrenze *f.* **~ o·ver·flow** *s econ.* Kapazitätsüberschreitung *f.* **~ u·til·i·za·tion** *s econ.* Kapazitätsauslastung *f.*
cape[1] [keɪp] *s* Kap *n*, Vorgebirge *n.*
cape[2] [~] *s* Cape *n*, Umhang *m.*
ca·per[1] ['keɪpə] *s* Kaper *f*: ***~ sauce*** Kapernsoße *f.*
ca·per[2] [~] **I** *s* Kapriole *f*: a) Freuden-, Luftsprung *m*: ***cut ~s*** → II, b) übermütiger Streich. **II** *v/i* Freuden- *od.* Luftsprünge machen; herumtollen, -hüpfen.
Cape Town ['keɪptaʊn] Kapstadt *n.*
cap·il·lar·y [kə'pɪlərɪ] **I** *adj* haarförmig, -fein: ***~ vessel*** → II. **II** *s anat.* Kapillargefäß *n.*
cap·i·tal[1] ['kæpɪtl] *s* ⚠ Kapitell *n.*
cap·i·tal[2] [~] **I** *s* **1.** Hauptstadt *f.* **2.** Großbuchstabe *m.* **3.** *econ.* Kapital *n*, Vermögen *n*: ***make ~*** (***out***) ***of*** → ***capitalize*** 3. **II** *adj* **4.** Kapital...: ***~ crime*** Kapitalverbrechen *n*; ***~ error*** Kapitalfehler *m*; ***~ punishment*** Todesstrafe *f.* **5.** Haupt..., wichtigst: ***~ city*** → 1. **6.** großartig: ***a ~ fellow*** ein Prachtkerl. **7.** ***~ letter*** → 2; ***~ B*** großes B.
cap·i·tal| ac·count *s* Kapitalbilanz *f.* **~ ac·cu·mu·la·tion** *s* Kapitalakkumulation *f.* **~ al·low·ance** *s* steuerliche Abschreibung auf Anlagegüter. **~ ap·pre·ci·a·tion** *s* Vermögenszuwachs *m.* **~ as·sets** *s pl econ.* Kapitalvermögen *n*; (*Bilanz*) Anlagevermögen *n.* **~ charg·es** *s pl* Kapitalkosten *pl.* **~ con·tri·bu·tion** *s* Kapitaleinlage *f.* **~ e·quip·ment** *s* Investitionsgüter *pl*; Kapitalausstattung *f.* **~ ex·pend·i·ture** *s* Investitionsausgaben *pl.* **~ flight** *s* Kapitalflucht *f.* **~ for·ma·tion** *s* Vermögensbildung *f.* **~ gain** *s* Vermögenszuwachs *m.* **~ gen·er·a·tion** *s* Kapitalbeschaffung *f.* **~ goods** *s pl* Investitionsgüter *pl.* **~-goods in·dus·try** *s* Investitionsgüterindustrie *f.* **~ hold·ings** *s pl* Kapitalbesitz *m.* **~ im·pair·ment** *s* Unterbilanz *f*, Überschuldung *f.* **~ inten·sive** *adj* □ kapitalintensiv. **~ in·vest·ment** *s* Kapitalanlage *f.* **'~-inˌvest·ment com·pa·ny** *s* Kapitalanlagegesellschaft *f.*
cap·i·tal·ism ['kæpɪtəlɪzəm] *s* Kapitalismus *m.*
'cap·i·tal·ist **I** *s* Kapitalist(in). **II** *adj* kapitalistisch.
ˌcap·i·tal'is·tic *adj* (***~ally***) kapitalistisch.
cap·i·tal·i·za·tion [ˌkæpɪtəlaɪ'zeɪʃn] *s* **1.** Kapitalisierung *f*, Aktivierung *f.* **2.** Kapitalausstattung *f*, -struktur *f.*
'cap·i·tal·ize **I** *v/t* **1.** *econ.* kapitalisieren. **2.** großschreiben. **II** *v/i* **3.** ***~ on*** Kapital schlagen aus.
cap·i·tal| lock·up *s* Kapitalbindung *f.* **~ mar·ket** *s* Kapitalmarkt *m.* **~ move·ments** *s pl* Kapitalbewegungen *pl.* **~ re·quire·ments** *s pl* Kapitalbedarf *m.* **~ re·serves** *s pl* Kapitalrücklage *f.* **~ spend·ing** *s* Investition *f.* **~ stock** *s* Grund-, Stammkapital *n.* **~ tie-up** *s* Kapitalbindung *f.*
Cap·i·tol ['kæpɪtl] *s* Kapitol *n* (*Kongresshaus in Washington*).

C

ca·pit·u·late [kəˈpɪtʃʊleɪt] *v/i mil.* kapitulieren (**to** vor *dat*) (*a. fig.*).
caˌpit·uˈla·tion *s* Kapitulation *f.*
ca·price [kəˈpriːs] *s* **1.** Laune *f.* **2.** Launenhaftigkeit *f.*
ca·pri·cious [kəˈprɪʃəs] *adj* □ launenhaft, launisch, kapriziös.
Cap·ri·corn [ˈkæprɪkɔːn] *s ast.* Steinbock *m*: ***be*** (***a***) ~ Steinbock sein.
cap·size [kæpˈsaɪz] **I** *v/i* kentern. **II** *v/t* zum Kentern bringen.
CAPS lock [kæps] *s* Feststelltaste *f* für Großbuchstaben.
cap·sule [ˈkæpsjuːl] *s allg.* Kapsel *f.*
cap·tain [ˈkæptɪn] **I** *s* **1.** (An)Führer(in): ~ ***of industry*** Industriekapitän *m.* **2.** *mil.* Hauptmann *m.* **3.** ⚓ (✈ Flug)Kapitän(in). **4.** *Sport*: (Mannschafts)Kapitän(in), Mannschaftsführer(in). **II** *v/t* **5.** Kapitän (*gen*) sein, *Schiff a.* befehligen.
cap·tion [ˈkæpʃn] *s* **1.** Überschrift *f.* **2.** Bildunterschrift *f*, -text *m*; (*Film*) Untertitel *m.*
cap·tious [ˈkæpʃəs] *adj* □ kritt(e)lig, spitzfindig.
cap·ti·vate [ˈkæptɪveɪt] *v/t fig.* gefangen nehmen, fesseln.
ˈcap·tive I *adj* gefangen (*a. fig.* **to** von), in Gefangenschaft: ***hold*** ~ gefangen halten (*a. fig.*); ***take*** ~ gefangen nehmen (*a. fig.*); ~ ***balloon*** Fesselballon *m.* **II** *s* Gefangene *m, f* (*a. fig.* **to, of** *gen*). ~ **mar·ket** *s* monopolistischer Absatzmarkt.
cap·ture [ˈkæptʃə] **I** *v/t* **1.** fangen, gefangen nehmen. **2.** *mil.* erobern (*a. fig.*); erbeuten. **3.** ⚓ kapern, aufbringen. **4.** *Stimmung* einfangen. **5.** *Daten* erfassen. **II** *s* **6.** Gefangennahme *f.* **7.** *mil.* Eroberung *f* (*a. fig.*); Erbeutung *f.* **8.** ⚓ Kapern *n*, Aufbringen *n*; Beute *f*, Prise *f.*
car [kɑː] *s* **1.** Auto *n*, Wagen *m*: ***by*** ~ mit dem Auto; ~ ***emissions*** Schadstoffausstoß *m.* **2.** 🚃 *Am. allg.* Wagen *m*, Wag(g)on *m*, *Br.* (*nur in Zssgn*) Personenwagen *m.* **3.** (*Straßenbahn- etc*)Wagen *m*; Gondel *f* (*e-s Ballons etc*); Kabine *f* (*e-s Aufzugs*).
Ca·ra·cas [kəˈrækəs] *Hauptstadt von Venezuela.*
ca·rafe [kəˈræf] *s* Karaffe *f.*
car·a·mel [ˈkærəmel] *s* **1.** Karamell *m.* **2.** Karamelle *f* (*Bonbon*).
car·at [ˈkærət] *s* Karat *n*: ***18-~ gold*** 18-karätiges Gold.
car·a·van [ˈkærəvæn] *s* **1.** Karawane *f.* **2.** Wohnwagen *m* (*von Schaustellern etc*); *Br.* Caravan *m*, Wohnwagen *m*, -anhänger *m*: ~ ***site*** (*od.* ***park***) Platz *m* für Wohnwagen.
car·a·way [ˈkærəweɪ] *s* ♣ Kümmel *m* (*a. Gewürz*).
car·bide [ˈkɑːbaɪd] *s* ⚗ Karbid *n.*
car·bine [ˈkɑːbaɪn] *s* Karabiner *m.*
car·bo·hy·drate [ˌkɑːbəʊˈhaɪdreɪt] *s* ⚗ Kohle(n)hydrat *n.*
car bomb *s* Autobombe *f.*
car·bon [ˈkɑːbən] *s* **1.** ⚗ Kohlenstoff *m*: ~ ***dioxide*** Kohlendioxid *n*; ~ ***monoxide*** Kohlenmonoxid *n.* **2.** a) *a.* → ~ ***paper*** b) *a.* ~ ***copy*** Durchschlag *m.*
car·bon·ate [ˈkɑːbənɪt] *s* ⚗ Karbonat *n*, kohlensaures Salz.
car·bon·at·ed [ˈkɑːbəneɪtɪd] *adj* kohlensäurehaltig.
car·bon·ic [kɑːˈbɒnɪk] *adj* ⚗ kohlenstoffhaltig: ~ ***acid*** Kohlensäure *f.*
ˈcar·bon·ize *v/t u. v/i* verkohlen.
ˈcar·bon·less *adj* selbstdurchschreibend.
car·bon| pa·per *s* Durchschlagpapier *n.* ~ **rib·bon** *s* Karbonband *n.*
car·bu·ret·(t)er, car·bu·ret·(t)or [ˌkɑːbəˈretə] *s mot.* Vergaser *m.*
car·case, car·cass [ˈkɑːkəs] *s* **1.** Kadaver *m*, *contp.* Leiche *f.* **2.** *humor.* Leichnam *m* (*Körper*). **3.** Rumpf *m* (*e-s ausgeweideten Tiers*): ~ ***meat*** frisches (*Ggs. konserviertes*) Fleisch. **4.** Gerippe *n*, Skelett *n* (*e-s Schiffs etc*).
car| cem·e·ter·y *s* Autofriedhof *m.* ~ **chase** *s* Verfolgungsjagd *f* im Auto.
car·ci·no·gen·ic [ˌkɑːsɪnəʊˈdʒenɪk] *adj* ⚕ karzinogen, Krebs erregend.
car·ci·no·ma [ˌkɑːsɪˈnəʊmə] *pl* **-ma·ta** [~mətə], **-mas** *s* Karzinom *n*, Krebsgeschwulst *f.*
card [kɑːd] *s* **1.** (*Spiel-, Post-, Visiten- etc*)Karte *f* (*a. Computer*): ***house of ~s*** Kartenhaus *n* (*a. fig.*); ***have a ~ up one's sleeve*** *fig.* (noch) e-n Trumpf in der Hand haben; ***at ~s*** beim Kartenspiel; → ***stack*** 6. **2.** *pl* (Arbeits)Papiere *pl*: ***get one's ~s*** entlassen werden. **ˈ~·board** *s* Karton *m*, Pappe *f*: ~ ***box*** Pappschachtel *f*, -karton *m.* ~ **game** *s* Kartenspiel *n.* **ˈ~·hold·er** *s* (Kredit)Karteninhaber(in).
car·di·ac [ˈkɑːdɪæk] **I** *adj* ⚕, *anat.*, *physiol.* Herz...: ~ ***arrest*** Herzstillstand *m*; ~ ***pacemaker*** Herzschrittmacher *m.* **II** *s pharm.* Herzmittel *n.*
car·di·gan [ˈkɑːdɪgən] *s* Strickjacke *f.*
car·di·nal [ˈkɑːdɪnl] **I** *adj* □ **1.** hauptsächlich, Haupt...: ~ ***number*** → 5. **2.** scharlachrot. **3.** ~ ***points*** Himmelsrichtungen *pl.* **II** *s* **4.** *eccl.* Kardinal *m.* **5.** Kardinal-, Grundzahl *f.*
ˈcard-ˌin·dex box *s* Karteikasten *m.*
ˈcard|·phone *s* Kartentelefon *n.* **ˈ~ˌsharp·er** *s* Falschspieler(in). ~ **trick** *s* Kartenkunststück *n.*
care [keə] **I** *s* **1.** Kummer *m*, Sorge *f*: ***be free from ~(s)*** keine Sorgen haben. **2.** Sorgfalt *f*,

Vorsicht *f*: ***take ~*** vorsichtig sein, aufpassen; sich Mühe geben; darauf achten, nicht vergessen (***to do*** zu tun; ***that*** dass); ***take ~!*** F machs gut! **3.** Obhut *f*, Fürsorge *f*, Betreuung *f*: ***~ and custody*** ⚖ Sorgerecht *n*; ***~ of the elderly*** Altenpflege *f*; ***take ~ of*** aufpassen auf (*acc.*). **4.** (*Körper- etc*)Pflege *f*. **II** *v/i u. v/t* **5.** sich sorgen (***about*** über *acc*, um): ***I couldn't ~ less*** das ist mir völlig egal. **6.** ***~ for*** sorgen für, sich kümmern um, betreuen. **7.** (***for***) Interesse haben (an *dat*), (*j-n, et.*) gern mögen: ***I don't ~ for*** ich mache mir nichts aus. **8.** ***I don't ~ if*** ich habe nichts dagegen *od.* es macht mir nichts aus, wenn; ***I don't ~ if I do!*** F von mir aus!

ca·reer [kəˈrɪə] *s* **1.** Karriere *f*, Laufbahn *f*, beruflicher Werdegang: ***enter upon a ~*** e-e Laufbahn einschlagen; ***make a ~ for o.s.*** Karriere machen. **2.** Beruf *m*: ***~ diplomat*** Berufsdiplomat(in); ***~ girl*** (*od.* ***woman***) Karrierefrau *f*. **~ ad·vance·ment** *s* beruflicher Aufstieg. **~ ceil·ing** *s* Ende *n* der Karriereleiter. **~ coun·sel·(l)ing** *s* Berufsberatung *f*. **~ de·vel·op·ment** *s* beruflicher Aufstieg. **~-mind·ed** *adj* karrierebewusst. **~ path** *s* beruflicher Werdegang. **~ plan·ning** *s* Karriereplanung *f*. **~ pros·pects** *s pl* Aufstiegsmöglichkeiten *pl*, Berufsaussichten *pl*.

ca·reer·ist [kəˈrɪərɪst] *s* Karrieremacher(in).

caˈreers ad·vis·er *s* Berufsberater(in).

ˈcare·free sorgenfrei.

care·ful [ˈkeəfʊl] *adj* □ **1.** vorsichtig, achtsam: ***be ~!*** pass auf!, gib Acht!; ***be ~ to do*** darauf achten *od.* nicht vergessen zu tun. **2.** sorgfältig, gründlich. **3.** sorgsam, bedacht (***of, for, about*** auf *acc*): ***be ~ with*** *Br.* sparsam umgehen mit.

ˈcare·ful·ness *s* **1.** Vorsicht *f*. **2.** Sorgfalt *f*, Gründlichkeit *f*.

care·less [ˈkeəlɪs] *adj* □ **1.** nachlässig. **2.** unüberlegt. **3.** ***be ~ of*** nicht achten auf (*acc*), unachtsam umgehen mit. **4.** unvorsichtig, leichtsinnig. **5.** sorglos.

ˈcare·less·ness *s* **1.** Nachlässigkeit *f*. **2.** Unüberlegtheit *f*. **3.** Unvorsichtigkeit *f*, Leichtsinn *m*. **4.** Sorglosigkeit *f*.

ca·ress [kəˈres] **I** *s* Liebkosung *f*. **II** *v/t* liebkosen, streicheln.

ˈcare|ˌtak·er I *s* Hausmeister(in), *schweiz.* Abwart(in); (Haus- *etc*)Verwalter(in). **II** *adj* Interims...: ***~ government*** geschäftsführende Regierung. **ˈ~·worn** *adj* abgehärmt.

car fer·ry *s* Autofähre *f*.

car·go [ˈkɑːgəʊ] **I** *pl* **-go(e)s** *s* Ladung *f*, Fracht *f*. **II** *adj* Fracht...; Transport...

car hire *s* Autovermietung *f*.

car·i·ca·ture [ˈkærɪkəˌtjʊə] **I** *s* Karikatur *f* (*a. fig.*). **II** *v/t* karikieren.

ˈcar·i·caˌtur·ist *s* Karikaturist(in).

car·i·es [ˈkeəriːz] *s* ⚕ Karies *f*: a) Knochenfraß *m*, b) Zahnfäule *f*.

car·il·lon [ˈkærɪljən] *s* (Turm)Glockenspiel *n*.

car in·sur·ance *s* Kraftfahrzeugversicherung *f*.

Ca·rin·thia [kəˈrɪnθɪə] *npr* Kärnten *n*.

car·i·ous [ˈkeərɪəs] *adj* ⚕ kariös.

car| jack *s tech.* Wagenheber *m*. **ˈ~·load** *s* **1.** Wagenladung *f*. **2.** 🚃 *Am.* Wag(g)onladung *f*.

car·mine [ˈkɑːmaɪn] *adj* karminrot.

car·nage [ˈkɑːnɪdʒ] *s* Blutbad *n*.

car·nal [ˈkɑːnl] *adj* □ fleischlich, sinnlich.

car·na·tion [kɑːˈneɪʃn] *s* ⚘ Nelke *f*.

car·net [ˈkɑːneɪ] *s* Carnet *n*, Zollpassierschein *m*.

car·ni·val [ˈkɑːnɪvl] *s* **1.** Karneval *m*, Fasching *m*. **2.** Volksfest *n*.

car·ni·vore [ˈkɑːnɪvɔː] *s zo.*, ⚘ Fleischfresser *m*.

car·niv·o·rous [kɑːˈnɪvərəs] *adj* □ Fleisch fressend.

car·ol [ˈkærəl] **I** *s* Weihnachtslied *n*. **II** *v/i pret u. pp* **-oled**, *bsd. Br.* **-olled** Weihnachtslieder singen.

ca·rot·id [kəˈrɒtɪd] *s* Halsschlagader *f*.

car·ou·sel [ˌkærəˈsel] *s bsd. Am.* Karussell *n*.

car own·er *s* Autobesitzer(in).

carp¹ [kɑːp] *s ichth.* Karpfen *m*.

carp² [~] *v/i* (herum)nörgeln, (-)kritteln (***at*** an *dat*).

car| park *s bsd. Br.* **1.** Parkplatz *m*. **2.** Parkhaus *n*. **~ pas·sen·ger** *s* Autoinsasse *m*, -insassin *f*.

car·pen·ter [ˈkɑːpəntə] **I** *s* Zimmermann *m*, (Bau)Tischler(in): ***~'s bench*** Hobelbank *f*. **II** *v/t u. v/i* zimmern.

car·pet [ˈkɑːpɪt] **I** *s* **1.** Teppich *m* (*a. fig.*): ***sweep*** (*od.* ***brush***) ***under the ~*** *Br. fig. et.* unter den Teppich kehren. **II** *v/t* **2.** mit e-m Teppich auslegen. **3.** *bsd. Br.* F *j-n* zs.-stauchen. **ˈ~·bag** *s* Reisetasche *f*.

car·pet·ing [ˈkɑːpɪtɪŋ] *s* **1.** Teppichstoff *m*, -material *n*. **2.** *coll.* Teppiche *pl*.

car·pet| square *s* Teppichfliese *f*. **~ sweep·er** *s* Teppichkehrmaschine *f*. **~ tile** *s* Teppichfliese *f*.

car| phone *s* Autotelefon *n*. **~ pool** *s* **1.** Fahrbereitschaft *f*, Fuhrpark *m*. **2.** Fahrgemeinschaft *f*. **ˈ~·port** *s* Einstellplatz *m* (*im Freien*). **~ rent·al** *s* Autovermietung *f*.

car·riage [ˈkærɪdʒ] *s* **1.** Wagen *m*, Kutsche *f*. **2.** 🚃 *Br.* (Personen)Wagen *m*. **3.** Beförderung *f*, Transport *m*. **4.** *econ.* Transport-, Beförderungskosten *pl*, Fracht(gebühr) *f*: ***~ forward*** (Fracht) zahlbar am Bestimmungsort; ***~ free*** (*od.* ***paid***) frachtfrei. **5.**

C

tech. Wagen *m* (*e-r Schreibmaschine etc*); Schlitten *m* (*e-r Werkzeugmaschine*). **6.** (Körper)Haltung *f*: **~ of head** Kopfhaltung *f*. **~ re·turn** *s* Wagenrücklauf *m* (*e-r Schreibmaschine*). **'~-re,turn key** *s* Wagenrücklauftaste *f*.

'car·riage·way *s Br.* Fahrbahn *f*.

car·ri·er ['kærɪə] *s* **1.** Überbringer(in), Bote *m*, Botin *f*. **2.** Spediteur(in). **3.** ⚕ Keimträger *m*, (Krankheits)Überträger *m*. **4.** Gepäckträger *m* (*am Fahrrad*); *mot. Am.* Dachgepäckträger *m*. **5.** Transportbehälter *m*. **6.** Flugzeugträger *m*. **7.** → ***carrier pigeon***. **~ bag** *s Br.* Tragetüte *f*. **~ pi·geon** *s* Brieftaube *f*.

car·ri·on ['kærɪən] **I** *s* Aas *n*. **II** *adj* Aas fressend, Aas...

car·rot ['kærət] *s* **1.** ♣ Karotte *f*, Mohrrübe *f*. **2.** F a) *pl* rotes Haar, b) Rotkopf *m*.

car·ry ['kærɪ] **I** *v/t* **1.** tragen. **2.** bringen, tragen, befördern: → ***coal***. **3.** *Nachricht etc* (über)bringen; *Bericht etc* bringen (*Medien*). **4.** mitführen, mit *od.* bei sich tragen: **~ *s.th. in one's head*** *fig.* et. im Kopf haben. **5.** *fig.* (an sich *od.* zum Inhalt) haben: **~ *conviction*** überzeugen(d sein *od.* klingen); **~ *weight*** Gewicht *od.* Bedeutung haben (***with*** bei). **6.** *fig.* nach sich ziehen, zur Folge haben: **~ *interest*** Zinsen tragen. **7.** *fig.* treiben: **~ *s.th. too far*** (*od.* ***to excess***) et. übertreiben *od.* zu weit treiben. **8.** *fig.* erreichen, durchsetzen; *parl. Antrag etc* durchbringen: ***be carried*** durchgehen. **9.** a) → ***carry off*** 3, b) siegreich hervorgehen aus (*e-r Wahl etc*): → ***day*** 2. **10.** *Mineralien etc* führen. **11.** *econ. Ware* führen. **II** *v/i* **12.** *weit* tragen, reichen (*Stimme, Schusswaffe etc*).

Verbindungen mit Adverbien:

car·ry| a·bout *v/t* herumtragen: **~ *with one*** mit sich herumtragen, *Pass etc* bei sich haben. **~ a·way** *v/t* **1.** weg-, forttragen. **2.** wegreißen (*Sturm etc*), (*Flut etc a.*) wegspülen. **3.** *fig.* mitreißen. **~ for·ward** *v/t econ. Summe, Saldo* vor-, übertragen. **~ off** *v/t* **1.** weg-, forttragen. **2.** wegraffen (*Krankheit*). **3.** *Preis etc* erringen, gewinnen. **~ on I** *v/t* **1.** fortführen, -setzen. **2.** *Geschäft* betreiben. **II** *v/i* **3.** weitermachen (***with*** mit). **4.** F e-e Szene machen (***about*** wegen). **~ out** *v/t Plan etc* aus-, durchführen, *Drohung* wahr machen. **~ o·ver** → ***carry forward***. **~ through** *v/t* aus-, durchführen.

car·ry|·all *s bsd. Am.* Reisetasche *f*. **'~·cot** *s Br.* (Baby)Tragetasche *f*. **'~-on** ✈ **I** *s* Bordcase *n*, *m*. **II** *adj*: **~ *baggage*** (*bsd. Br.* ***luggage***) Bordgepäck *n*. **'~·out** → ***takeaway***.

'car·ry,o·ver *s* Übertrag *m*; Verlustvortrag *m*. **~ fund** *s* Budgetübertragung *f*.

'car|·sick *adj*: ***she gets ~ easily*** ihr wird beim Autofahren leicht übel *od.* schlecht. **~ sick·ness** *s* Übelkeit *f* beim Autofahren. **~ stick·er** *s* Autoaufkleber *m*.

cart [kɑːt] *s* **1.** Karren *m*: ***put the ~ before the horse*** *fig.* das Pferd beim Schwanz aufzäumen. **2.** (Hand)Wagen *m*. **3.** *Am.* Einkaufswagen *m*.

cart·age ['kɑːtɪdʒ] *s* Rollgeld *n*, Fuhrlohn *m*.

carte blanche [ˌkɑːt'blɑ̃ːnʃ] s Vollmacht *f*.

car·tel [kɑː'tel] *s econ.* Kartell *n*: **~ *agreement*** Kartellabsprache *f*, -vereinbarung *f*.

car·ti·lage ['kɑːtɪlɪdʒ] *s anat.* Knorpel *m*.

'cart·load *s* Fuhre *f*.

car·tog·ra·pher [kɑː'tɒgrəfə] *s* Kartograph(in).

car'tog·ra·phy *s* Kartographie *f*.

car·ton ['kɑːtən] *s* (Papp)Karton *m*, (-)Schachtel *f*; Tüte *f* (*Milch*); Stange *f* (*Zigaretten*).

car·toon [kɑː'tuːn] *s* **1.** Cartoon *m*, *n*, Karikatur *f*. **2.** Zeichentrickfilm *m*. **3.** Cartoon *m*, *n*, Bilderfortsetzungsgeschichte *f*.

car'toon·ist *s* Cartoonist(in), Karikaturist(in).

car·tridge ['kɑːtrɪdʒ] *s* **1.** *mil.* Patrone *f*. **2.** *phot.* (Film)Patrone *f*, (-)Kassette *f*. **3.** Tonabnehmer *m* (*e-s Plattenspielers*). **4.** Patrone *f* (*e-s Füllhalters*). **~ case** *s* Patronenhülse *f*. **~ drive** *s* Kassettenlaufwerk *n*. **~ pen** *s* Patronenfüller *m*. **~ tape** *s* Kassettenband *n*.

'cart·wheel *s* **1.** Wagenrad *n*. **2.** *Sport*: Rad *n*: ***turn ~s*** Rad schlagen. **3.** *Am.* F Silberdollar *m*.

carve [kɑːv] *v/t* **1.** (*in*) *Holz* schnitzen, (*in*) *Stein* meißeln: **~ *out of stone*** aus Stein meißeln *od.* hauen; **~ *one's name on a tree*** s-n Namen in e-n Baum schnitzen. **2.** (mit Schnitzereien) verzieren. **3.** *Fleisch etc* zerlegen, tranchieren.

'carv·er *s* **1.** (Holz)Schnitzer(in), Bildhauer(in). **2.** Tran(s)chiermesser *n*: (***pair of***) **~s** *pl* Tran(s)chierbesteck *n*.

'carv·ing *s* **1.** Schnitzen *n*, Meißeln *n*. **2.** Schnitzerei *f*. **3.** Tran(s)chieren *n*: **~ *knife*** Tran(s)chiermesser *n*.

car wash *s* **1.** Autowäsche *f*. **2.** Waschanlage *f*, -straße *f*.

cas·cade [kæ'skeɪd] *s* Kaskade *f*, (*bsd. mehrstufiger*) Wasserfall.

case¹ [keɪs] **I** *s* **1.** Kiste *f*, Kasten *m*. **2.** *allg.* Behälter *m*: a) Schachtel *f*, b) (*Brillen- etc*)Etui *n*, (-)Futteral *n*, c) (*Schreib- etc*)Mappe *f*, d) (*Kissen*)Bezug *m*, Überzug *m*. **3.** *tech.* Verkleidung *f*, Mantel *m*. **II** *v/t* **4.** in ein Futteral *etc* stecken. **5.** *tech.* verkleiden, ummanteln.

case² [~] *s* Fall *m* (*a.* ⚡, ⚖): ***it is a ~ of*** es handelt sich um; ***in any ~*** auf jeden Fall, jedenfalls; ***in no ~*** auf keinen Fall, keinesfalls; ***in ~*** (***that***) falls; ***in ~ of*** im Falle von (*od. gen*); ***in ~ of need*** nötigenfalls, im Notfall.

'case|·book *s* ⚕ Patientenbuch *n*. **'~,hard·ened** *adj fig*. hartgesotten. **~ his·to·ry** *s* **1.** *bsd*. ⚖ Vorgeschichte *f* (*e-s Falls*). **2.** ⚕ Krankengeschichte *f*.

case·ment ['keɪsmənt] *s* Fensterflügel *m*: ~ (***window***) Flügelfenster *n*.

case shift *s* Schriftumschaltung *f*.

case stud·y *s sociol*. Fallstudie *f*.

cash [kæʃ] **I** *s* **1.** (Bar)Geld *n*, Barmittel *pl*: ***~ in bank*** Bankkonto *n*; ***~ in hand*** Kassabestand *m*. **2.** *econ*. Barzahlung *f*, Kasse *f*: ***for ~, ~ down*** gegen bar *od*. Barzahlung; ***in ~*** bar; ***~ in advance*** gegen Vorauszahlung; ***~ against documents*** Kasse gegen Dokumente; ***~ with order*** zahlbar bei Bestellung; ***be in*** (***out of***) ***~*** (nicht) bei Kasse sein; ***short of ~*** knapp bei Kasse; → ***delivery*** 1. **II** *v/t a*. ***~ in*** **3.** *Scheck etc* einlösen. **4.** zu Geld machen. **III** *v/i* **5.** ***~ in on*** F profitieren von; ausnutzen. **6.** ***~ up*** Kasse machen. **~ ac·count** *s* Kassakonto *n*. **~ ad·vance** *s* Barkredit *m*. **~ and car·ry** *s econ*. Cash-and-carry-Geschäft *n*. **~ and car·ry whole·sal·er** *s* Abhol-Großhändler *m*. **~ au·dit** *s* Kassenprüfung *f*. **~ bal·ance** *s* Kassenbestand *m*. **~ bo·nus** *s* Bardividende *f*. **~ book** *s* Kassenbuch *n*. **~ box** *s* **1.** Geldkassette *f*. **2.** Kasse *f*. **~ card** *s* **1.** Scheckkarte *f*. **2.** Geldautomatenkarte *f*. **~ cheque** *s Br*. Barscheck *m*. **~ de·pos·it** *s* Bareinlage *f*. **~ desk** *s* Kasse *f* (*im Warenhaus etc*), *österr*. Kassa *f*. **~ dis·burse·ments** *s pl* Barauszahlungen *pl*. **~ dis·count** *s econ*. Barzahlungsrabatt *m*, Skonto *n*. **~ dis·pens·er** *s bsd. Br*. Geldautomat *m*. **~ div·i·dend** *s* Bardividende *f*. **~ flow** *s* Cashflow *m*.

cash·ier [kæ'ʃɪə] *s* Kassierer(in): ***~'s desk*** (*od*. ***office***) Kasse *f*.

cash·less ['kæʃlɪs] *adj* bargeldlos: ***~ money transfer*** bargeldloser Zahlungsverkehr; ***~ shopping*** bargeldloser Einkauf.

cash| ma·chine *s bsd. Am*. Geldautomat *m*. **~ man·age·ment** *s* Kassenführung *f*.

cash·mere [kæʃ'mɪə] *s* Kaschmir(wolle *f*) *m*.

cash·o·mat ['kæʃəʊmət] *s* Geldautomat *m*.

cash| pay·ment *s* Barzahlung *f*. **~ pay·ments jour·nal** *s* Kassenausgangsbuch *n*. **~·point** *s* Geldautomat *m*. **~ po·si·tion** *s* Liquiditätslage *f*. **~ price** *s* Bar(zahlungs)preis *m*. **~ prob·lem** *s* Liquiditätsproblem *n*. **~ pur·chase** *s* Barkauf *m*. **~ re·bate** *s* Barzahlungsrabatt *m*. **~ re·ceipts** *s pl* Bareinnahmen *pl*. **~ re·ceipts jour·nal** *s* Kasseneingangsbuch *n*. **~ re·gis·ter** *s* Registrierkasse *f*. **~ re·quire·ments** *s pl* Geldbedarf *m*. **~ sur·plus** *s* Liquiditätsüberschuss *m*. **~ vouch·er** *s* Kassenbeleg *m*, -zettel *m*. **~ with·draw·al** *s* Barabhebung *f*.

cas·ing ['keɪsɪŋ] *s* **1.** → ***case***[1] 3. **2.** (*Fenster-*, *Tür*)Futter *n*. **3.** (*Wurst*)Haut *f*.

ca·si·no [kə'siːnəʊ] *pl* **-nos** *s* Kasino *n*.

cask [kɑːsk] *s* Fass *n*.

cas·ket ['kɑːskɪt] *s* **1.** Schatulle *f*, Kästchen *n*. **2.** *bsd. Am*. Sarg *m*.

cas·se·role ['kæsərəʊl] *s* Kasserolle *f*.

cas·sette [kə'set] *s* (*Film- etc*)Kassette *f*. **~ deck** *s* Kassettendeck *n*. **~ ra·di·o** *s* Radiorekorder *m*. **~ re·cord·er** *s* Kassettenrekorder *m*.

cas·sock ['kæsək] *s eccl*. Soutane *f*.

cast [kɑːst] **I** *s* **1.** Wurf *m*. **2.** *thea. etc* Besetzung *f*: a) Rollenverteilung *f*, b) Ensemble *n*. **3.** Schattierung *f*, Anflug *m* (*a. fig.*). **4.** *tech*. Guss(form *f*) *m*; Abdruck *m*. **5.** ⚕ Gips(verband) *m*. **6.** Typ *m*, Gattung *f*. **II** *v/t* (*irr*) **7.** werfen: → ***die***[2] 1, ***doubt*** 5, ***light***[1] 1, ***spell***[3] 2. **8.** *Angel*, *Netz etc* auswerfen. **9.** *zo. Haut*, *Gehörn* abwerfen. **10.** *Stimmzettel*, *Stimme* abgeben: → ***vote*** 2. **11.** *Blick* werfen (***at, on*** auf *acc*); *Schatten etc* werfen (***on*** auf *acc*). **12.** *tech. Metall*, *Statue etc* gießen, formen. **13.** *thea. etc Stück etc* besetzen; *Rollen* verteilen (***to*** an *acc*). **III** *v/i* (*irr*) **14.** sich werfen (*Holz*).

Verbindungen mit Adverbien:

cast| a·bout, ~ a·round *v/i*: ***~ for*** suchen (nach), *fig. a*. sich umsehen nach. **~ a·side** *v/t* **1.** *Möbel etc* ausrangieren, *Kleidung a*. ablegen. **2.** *Gewohnheit etc* ablegen, *Freund etc* fallen lassen. **~ a·way** *v/t* wegwerfen. **~ down** *v/t* **1.** entmutigen: ***be ~*** niedergeschlagen *od*. deprimiert sein. **2.** *Augen* niederschlagen. **~ off** *v/t* **1.** *Kleidung* ablegen, ausrangieren. **2.** *Freund etc* fallen lassen. **~ out** *v/t* verstoßen, vertreiben (***from*** aus), *Dämonen etc* austreiben. **~ up** *v/t* **1.** *Augen* aufschlagen. **2.** zs.-zählen, ausrechnen.

'cast·a·way I *s* et. Ausrangiertes, *bsd*. abgelegtes Kleidungsstück. **II** *adj* ausrangiert (*Möbel etc*), (*Kleidung a.*) abgelegt.

caste [kɑːst] *s* **1.** Kaste *f*. **2.** gesellschaftliche Stellung, Ansehen *n*.

cas·ter → ***castor***.

cas·ti·gate ['kæstɪgeɪt] *v/t* **1.** züchtigen. **2.** scharf kritisieren.

,cas·ti'ga·tion *s* **1.** Züchtigung *f*. **2.** scharfe Kritik (***of*** an *dat*).

cast·ing ['kɑstɪŋ] **I** *s* **1.** *tech*. Guss(stück *n*) *m*. **2.** → ***cast*** 2a. **II** *adj* **3.** Wurf... **4.** entscheidend (*Stimme*).

cast| i·ron *s tech*. Gusseisen *n*. **,~-'i·ron** *adj* **1.** gusseisern. **2.** *fig*. eisern (*Wille*, *Konstitution*), hieb- u. stichfest (*Alibi*).

C

cas·tle ['kɑːsl] I *s* **1.** Burg *f*; Schloss *n*: ***build ~s in the air*** (*od.* ***in Spain***) *fig.* Luftschlösser bauen. **2.** *Schach*: Turm *m*. II *v/i* **3.** *Schach*: rochieren.
cas·tling ['kɑːslɪŋ] *s Schach*: Rochade *f*.
ˌ**cast|-'off** *adj* abgelegt, ausrangiert (*Kleidungsstück*). '**~-off** *s* abgelegtes *od.* ausrangiertes Kleidungsstück.
cas·tor ['kɑːstə] *s* **1.** Laufrolle *f*. **2.** (*Salz- etc*)Streuer *m*. **~ oil** *s* Rizinusöl *n*.
cas·trate [kæ'streɪt] *v/t* kastrieren.
cas'tra·tion *s* Kastrierung *f*, Kastration *f*.
cast steel *s tech.* Gussstahl *m*.
cas·u·al ['kæʒʊəl] *adj* □ **1.** zufällig. **2.** gelegentlich: ***~ customer*** Laufkunde *m*, -kundin *f*; ***~ employment*** Gelegenheitsbeschäftigung *f*, -arbeit *f*; ***~ labo(u)rer*** Gelegenheitsarbeiter(in); ***~ work*** Gelegenheitsbeschäftigung *f*, -arbeit *f*; ***~ workers*** *pl* Aushilfskräfte *pl*. **3.** beiläufig (*Bemerkung*); flüchtig (*Blick*). **4.** lässig (*Art etc*). **5.** sportlich, salopp (*Kleidung*): ***~ wear*** Freizeitkleidung *f*.
cas·u·al·ty ['kæʒʊəltɪ] *s* **1.** Unfall *m*. **2.** Verunglückte *m*, *f*; *mil.* Verwundete *m*, *f*, Gefallene *m*, *f*: ***casualties*** *pl* Opfer *pl* (*e-r Katastrophe etc*), *mil. mst* Verluste *pl*. **3.** *a.* ***~ ward*** (*od.* ***department***) Unfallstation *f*, Notaufnahme *f*.
cat [kæt] *s* **1.** *zo.* Katze *f*: ***let the ~ out of the bag*** die Katze aus dem Sack lassen; ***play ~ and mouse with*** Katz u. Maus spielen mit; ***it is raining ~s and dogs*** es gießt in Strömen; ***see which way the ~ jumps*** sehen, wie der Hase läuft. **2.** *fig.* Katze *f*, falsches Frauenzimmer: ***old ~*** boshafte Hexe.
cat·a·comb ['kætəkuːm] *s mst pl* Katakombe *f*.
cat·a·logue, *Am. a.* **cat·a·log** ['kætəlɒg] I *s* **1.** Katalog *m*. **2.** (*univ. Am.* Vorlesungs)Verzeichnis *n*, (*Preis- etc*)Liste *f*. II *v/t* **3.** katalogisieren.
ca·tal·y·sis [kə'tæləsɪs] *s* ⚗ Katalyse *f*.
cat·a·lyst ['kætəlɪst] *s* Katalysator *m* (*a. fig.*).
cat·a·lyt·ic [ˌkætə'lɪtɪk] *adj* katalytisch (*a. fig.*): ***~ converter*** *mot.* Katalysator *m*.
ˌ**cat-and-'dog** *adj*: ***lead a ~ life*** wie Hund u. Katze leben.
cat·a·pult ['kætəpʌlt] I *s* Katapult *n*, *m*: ***~ seat*** ✈ Schleudersitz *m*. II *v/t* katapultieren.
cat·a·ract ['kætərækt] *s* **1.** Katarakt *m*, Wasserfall *m*. **2.** ⚕ grauer Star.
ca·tarrh [kə'tɑː] *s* ⚕ Katarr(h) *m*.
ca·tas·tro·phe [kə'tæstrəfɪ] *s* Katastrophe *f*.
cat·a·stroph·ic [ˌkætə'strɒfɪk] *adj* (**~ally**) katastrophal.
cat| bur·glar *s* Fassadenkletterer *m*, -kletterin *f*. '**~·call** I *s* Buh(ruf *m*) *n*; Pfiff *m*. II *v/i* buhen; pfeifen. III *v/t* ausbuhen; -pfeifen. **~ car** *s* Katauto *n*.
catch [kætʃ] I *s* **1.** Fangen *n*. **2.** Fang *m*, Beute *f* (*beide a. fig.*). **3.** *tech.* Haken *m* (*a. fig.*), (*Tür*)Klinke *f*; Verschluss *m* (*e-r Brosche etc*). II *v/t* (*irr*) **4.** *allg.* fangen; *Blick, Flüssigkeit* auffangen, *Tier etc* (ein)fangen: → ***sight*** 2. **5.** kriegen, bekommen, erwischen. **6.** *j-n* einholen. **7.** erwischen, ertappen (***s.o. at s.th.*** j-n bei et.): ***~ s.o. lying*** j-n bei e-r Lüge ertappen; ***~ me (doing that)!*** *Br.* F denkste! → ***nap*** 1, ***unawares***. **8.** *a. fig.* packen, ergreifen, erfassen: → ***hold*** 1. **9.** sich *e-e Krankheit etc* holen, sich *e-e Erkältung etc* zuziehen: ***~ (a) cold*** sich erkälten; ***~ it*** *sl.* sein Fett (ab)kriegen; → ***fire*** 1. **10.** *fig.* ***~ the ear*** ans Ohr dringen; ***~ the eye*** ins Auge fallen; ***~ s.o.'s eye*** (*od.* ***attention***) j-s Aufmerksamkeit auf sich lenken. **11.** verstehen, mitkriegen. **12.** *Gewohnheit, Aussprache* annehmen. **13.** hängen bleiben *od.* sich verfangen mit *et.* (***in*** in *dat*): ***my fingers were caught in the door*** ich klemmte mir die Finger in der Tür. III *v/i* (*irr*) **14.** ***~ at*** greifen *od.* schnappen nach, *Gelegenheit* ergreifen. **15.** einschnappen, -rasten (*Schloss etc*); klemmen, festsitzen. **16.** sich verfangen, hängen bleiben (***on*** an *dat*; ***in*** in *dat*). **17.** anspringen (*Motor*).
Verbindungen mit Adverbien:
catch| on *v/i* F **1.** ***~ to s.th.*** et. kapieren. **2.** Anklang finden, einschlagen. **~ out** *v/t* ertappen; überführen. **~ up** I *v/t* **1.** *Br.* einholen (*a. bei der Arbeit*). **2.** ***be caught up in*** vertieft sein in (*acc*); verwickelt sein in (*acc*). II *v/i* **3.** aufholen: ***~ with*** einholen (*a. bei der Arbeit*); ***~ on*** (*od.* ***with***) *Arbeitsrückstand etc* aufholen; ***~ on one's sleep*** Schlaf nachholen.
'**catch|-all** *s bsd. Am.* **1.** Tasche *f od.* Behälter *m* für alles Mögliche. **2.** *fig.* Sammelbezeichnung *f*: ***~ term*** Sammelbegriff *m*. '**~-as-**ˌ**catch-'can** *s Sport*: Catchen *n*: ***~ wrestler*** Catcher(in).
catch·er ['kætʃə] *s* Fänger(in).
'**catch·ing** *adj* □ **1.** ⚕ ansteckend (*a. fig. Lachen etc*). **2.** *fig.* anziehend, fesselnd. **3.** → ***catchy*** 1.
catch·ment ['kætʃmənt] *s geol.* Reservoir *n*. **~ a·re·a** *s* **1.** *geol.* Einzugsgebiet *n* (*e-s Flusses*). **2.** *fig.* Einzugsbereich *m*, -gebiet *n* (*e-s Krankenhauses etc*). **~ ba·sin** → ***catchment area*** 1.
'**catch|**ˌ**pen·ny** *s econ.* Ramschartikel *m*. '**~-phrase** *s* Schlagwort *n*. '**~·up** *bsd. Am.* → ***ketchup***. '**~·word** *s* **1.** Stichwort *n* (*im Lexikon etc*; *a. thea.*). **2.** Schlagwort *n*.
catch·y ['kætʃɪ] *adj* **1.** eingängig (*Melodie etc*). **2.** → ***catching*** 2. **3.** Fang...: ***~ question***.

cat·e·chism ['kætəkızəm] *s eccl.* Katechismus *m.*
cat·e·gor·i·cal [ˌkætə'gɒrıkl] *adj* □ kategorisch.
cat·e·go·ry ['~gərı] *s* Kategorie *f*, Klasse *f.*
ca·ter ['keıtə] *v/i* **1.** Speisen u. Getränke liefern (***for*** für). **2.** sorgen (***for*** für). **3.** *fig.* (***for, to***) befriedigen (*acc*), *bsd. b.s.* Nahrung liefern (*dat*). **4.** ~ ***for*** *econ.* eingestellt sein auf.
'ca·ter·er *s* Lieferant(in) *od.* Lieferfirma *f* für Speisen u. Getränke.
ca·ter·ing ['keıtərıŋ] *s* Gaststättengewerbe *n*: ~ ***service*** Partyservice *m.*
cat·er·pil·lar ['kætəpılə] *s* **1.** *zo.* Raupe *f.* **2.** (*TM*) *tech.* Raupenfahrzeug *n.*
cat·er·waul ['kætəwɔːl] *v/i* **1.** jaulen (*Katze*). **2.** *fig.* (sich an)keifen.
'cat·gut *s* Darmsaite *f.*
ca·the·dral [kə'θiːdrəl] **I** *s* Dom *m*, Kathedrale *f.* **II** *adj* Dom...
cath·e·ter ['kæθıtə] *s* ⚕ Katheter *m.*
cath·ode ['kæθəʊd] *s* ⚡ Kathode *f.* **'~·ray tube** *s* Bildröhre *f.*
Cath·o·lic ['kæθəlık] *eccl.* **I** *adj* katholisch. **II** *s* Katholik(in).
Ca·thol·i·cism [kə'θɒləsızəm] *s* Katholizismus *m.*
cat·kin ['kætkın] *s* ♣ (Blüten)Kätzchen *n.*
'cat|·lick *s* F Katzenwäsche *f*: ***have a*** ~ Katzenwäsche machen. ~ **lit·ter** *s* Katzenstreu *f.* **'~·nap** *s* Nickerchen *n*: ***have*** (*od.* ***take***) ***a*** ~ ein Nickerchen machen.
'cat's-eye *s tech.* Katzenauge *n*, Rückstrahler *m*; Leuchtnagel *m.*
cat suit *s* einteiliger Hosenanzug.
cat·tish ['kætıʃ] *adj* □ **1.** katzenhaft. **2.** *fig.* falsch, boshaft.
cat·tle ['kætl] *s coll.* (*mst pl konstruiert*) (Rind)Vieh *n*: ***ten head of*** ~ zehn Stück Vieh, zehn Rinder. ~ **breed·ing** *s* Viehzucht *f.*
cat tray *s* Katzenklosett *n.*
cat·ty ['kætı] → ***cattish.***
'cat·walk *s* **1.** *tech.* Laufplanke *f*, Steg *m.* **2.** Laufsteg *m* (*bei Modeschauen*).
caught [kɔːt] *pret u. pp von* ***catch.***
caul·dron ['kɔːldrən] *s* großer Kessel.
cau·li·flow·er ['kɒlıˌflaʊə] *s* ♣ Blumenkohl *m*, *österr.* Karfiol *m.*
caus·al ['kɔːzl] *adj* □ ursächlich, kausal: ~ ***connection*** → ***causality*** 2; ~ ***law*** Kausalgesetz *n.*
cau·sal·i·ty [kɔː'zælətı] *s* **1.** Ursächlichkeit *f*, Kausalität *f*: ***law of*** ~ Kausalgesetz *n.* **2.** Kausalzs.-hang *m.*
cau·sa·tion prin·ci·ple *s* Verursacherprinzip *n.*
caus·a·tive ['kɔːzətıv] *adj* □ verursachend (***of*** *acc*).
cause [kɔːz] **I** *s* **1.** Ursache *f*: ~ ***of death*** Todesursache. **2.** Grund *m*, Anlass *m* (***for*** für): ~ ***for complaint*** Grund zur Klage. **3.** Sache *f*: ***make common*** ~ ***with*** gemeinsame Sache machen mit. **4.** ⚖ Rechtsstreit *m*; Gegenstand *m* (*e-s Rechtsstreits*): ~ ***of action*** Klagegrund *m.* **II** *v/t* **5.** veranlassen. **6.** verursachen, bewirken. **7.** bereiten, zufügen. **'~·less** *adj* □ grundlos, unbegründet.
cause·way ['kɔːzweı] *s* Damm *m.*
caus·tic ['kɔːstık] **I** *adj* (~***ally***) ⚗ ätzend, *fig. a.* beißend, sarkastisch. **II** *s* Ätzmittel *n.*
cau·ter·ize ['kɔːtəraız] *v/t* ⚕, *tech.* (aus-)brennen, (ver)ätzen.
cau·tion ['kɔːʃn] **I** *s* **1.** Vorsicht *f.* **2.** Warnung *f.* **3.** Verwarnung *f.* **II** *v/t* **4.** warnen (***against*** vor *dat*). **5.** verwarnen.
cau·tious ['kɔːʃəs] *v/t* □ **1.** vorsichtig. **2.** achtsam. **3.** verhalten, gedämpft (*Optimismus etc*).
cav·al·ry ['kævlrı] *s mil.* a) *bsd. hist.* Kavallerie *f*, b) Panzertruppe(n *pl*) *f.* **~man** ['~mən] *s* (*irr* ***man***) *mil.* a) *bsd. hist.* Kavallerist *m*, b) Angehörige *m* e-r Panzertruppe.
cave [keıv] **I** *s* **1.** Höhle *f.* **II** *v/t* **2.** aushöhlen. **3.** *mst* ~ ***in*** eindrücken, zum Einsturz bringen. **III** *v/i mst* ~ ***in*** **4.** einstürzen, -sinken. **5.** F nachgeben (***to*** *dat*), klein beigeben. ~ **dwell·er** *s* Höhlenbewohner(in).
ca·ve·at emp·tor ['kævıæt] *s* Ausschluss *m* der Gewährleistung, Mängelausschluss *m.*
cav·ern ['kævən] *s* (große) Höhle.
cav·i·ar(e) ['kævıɑː] *s* Kaviar *m*: ~ ***to the general*** *fig.* Kaviar fürs Volk.
cav·i·ty ['kævətı] *s* **1.** (Aus)Höhlung *f*, Hohlraum *m.* **2.** *anat.* Höhle *f*: ***abdominal*** ~ Bauchhöhle; → ***oral*** 2. **3.** ⚕ Loch *n* (*im Zahn*).
ca·vort [kə'vɔːt] *v/i* F herumhüpfen, -tanzen.
cay·enne [keı'en], *a.* ~ **pep·per** ['keıen] *s* Cayennepfeffer *m.*
CB ***Citizens' Band*** CB-Funk *m*; ***cash book*** Kassenbuch *n*; ***Companion of*** (***the Order of***) ***the Bath*** Komtur *m* des Bath-Ordens.
CBD ***cash before delivery*** Barzahlung *f* vor Lieferung.
CBE ***Commander of*** (***the Order of***) ***the British Empire*** Komtur *m* des Ordens des Britischen Weltreiches.
CBI ***Confederation of British Industry*** Britischer Arbeitgeberverband.
CB ra·di·o [siː'biː ~] *s* CB-Funk *m.*
CBS ***Columbia Broadcasting System*** *amerikanische Rundfunkgesellschaft.*
CC ***city council*** Stadtrat *m*; *Br.* ***county council*** Grafschaftsrat *m.*
cc ***carbon copy*** Durchschlag *m.*
CD [siː'diː] *s* (= ***compact disc***) CD *f*; ***corps diplomatique*** CD *n*, diplomatisches

C

Korps. ~ **play·er** *s* CD-Spieler *m*. ~**-ROM** ['si:di:'rɒm] *s* (= ***compact disk – read only memory***) CD-ROM *f*. ~**-ROM drive** *s Computer*: CD-ROM-Laufwerk *n*.

CE ***Church of England*** Anglikanische Kirche; ***civil engineer*** Bauingenieur *m*.

cease [si:s] I *v/i* aufhören, enden. II *v/t* aufhören (***to do, doing*** zu tun): ~ ***fire*** *mil*. das Feuer einstellen; ~ ***payment*** *econ*. die Zahlungen einstellen. ˌ~**-'fire** *s mil*. Feuereinstellung *f*; Waffenstillstand *m*. '~**·less** *adj* □ unaufhörlich.

cede [si:d] *v/t* **1.** (***to***) abtreten, abgeben (*dat od*. an *acc*), überlassen (*dat*). **2.** ~ ***a point*** in e-m Punkt nachgeben.

ce·dil·la [sɪ'dɪlə] *s* Cedille *f*.

ceil [si:l] *v/t* e-e Decke einziehen in (*acc*).

'**ceil·ing** *s* **1.** Decke *f* (*e-s Raums*). **2.** Höchstmaß *n*; *econ*. Höchst-, Obergrenze *f* (*von Preisen etc*), Plafond *m* (*e-s Kredits*): ~ ***price*** Höchstpreis *m*, Preisobergrenze *f*. **3.** ✈ Gipfelhöhe *f*; Wolkenhöhe *f*.

cel·e·brate ['selɪbreɪt] I *v/t* **1.** *Fest etc* feiern, begehen: → ***occasion*** 3. **2.** *j-n* feiern. **3.** *eccl. Messe etc* zelebrieren. II *v/i* **4.** feiern.

'**cel·e·brat·ed** *adj* berühmt (***for*** für, wegen).

ˌ**cel·e'bra·tion** *s* **1.** Feier *f*. **2.** Feiern *n*: ***in*** ~ ***of*** zur Feier (*gen*). **3.** *eccl*. Zelebrieren *n*.

ce·leb·ri·ty [sɪ'lebrətɪ] *s* Berühmtheit *f* (*a. Person*).

cel·er·y ['selərɪ] *s* ⚘ Sellerie *m, f*.

ce·les·tial [sɪ'lestjəl] *adj* □ himmlisch, Himmels... (*a. astr*.): ~ ***body*** Himmelskörper *m*.

cel·i·ba·cy ['selɪbəsɪ] *s* Zölibat *n, m*, Ehelosigkeit *f*.

cel·i·bate ['selɪbət] I *adj* unverheiratet. II *s* Unverheiratete *m, f*.

cell [sel] *s allg*. Zelle *f*, ⚡ *a*. Element *n*.

cel·lar ['selə] I *s* **1.** Keller *m*. **2.** → ***saltcellar***. II *v/t* **3.** *a*. ~ ***in*** einkellern, -lagern.

cell di·vi·sion *s biol*. Zellteilung *f*.

cel·list ['tʃelɪst] *s* ♪ Cellist(in).

cell nu·cle·us *s* (*mst irr* ***nucleus***) *biol*. Zellkern *m*.

cel·lo ['tʃeləʊ] *pl* **-los** *s* ♪ Cello *n*.

cel·lo·phane ['seləʊfeɪn] *s* Zellophan *n*.

cell·phone ['selfəʊn] *s* F Handy *n*.

cel·lu·lar ['seljʊlə] *adj* Zell(en)...; ~ ***telephone*** Mobiltelefon *n*.

cel·lu·loid ['seljʊlɔɪd] *s* Zelluloid *n*.

cel·lu·lose ['seljʊləʊs] *s* Zellulose *f*, Zellstoff *m*.

Celt [kelt] *s* Kelte *m*, Keltin *f*.

'**Celt·ic** I *adj* keltisch. II *s ling*. Keltisch *n*.

ce·ment [sɪ'ment] I *s* **1.** Zement *m*. **2.** Kitt *m*. II *v/t* **3.** zementieren, *fig. a*. festigen. **4.** (ver)kitten. ~ **mix·er** *s* Betonmischmaschine *f*.

cem·e·ter·y ['semɪtrɪ] *s* Friedhof *m*.

cen·ser ['sensə] *s eccl*. Weihrauchfass *n*.

cen·sor ['sensə] I *s* Zensor(in). II *v/t* zensieren.

cen·so·ri·ous [sen'sɔ:rɪəs] *adj* □ **1.** kritisch, streng. **2.** kritt(e)lig (***of*** gegenüber).

'**cen·sor·ship** *s* Zensur *f*: ~ ***of the press*** Pressezensur.

cen·sure ['senʃə] I *s* **1.** Tadel *m*, Rüge *f*: ***vote of*** ~ Misstrauensvotum *n*. **2.** (***of***) Kritik *f* (an *dat*), Missbilligung *f* (*gen*). II *v/t* **3.** tadeln (***for*** wegen). **4.** kritisieren, missbilligen.

cen·sus ['sensəs] *s* (*bsd*. Volks)Zählung *f*: ***traffic*** ~ Verkehrszählung.

cent [sent] *s Am*. Cent *m*.

cen·te·nar·i·an [ˌsentɪ'neərɪən] I *adj* hundertjährig. II *s* Hundertjährige *m, f*.

cen·te·nar·y [sen'ti:nərɪ] I *adj* hundertjährig. II *s* Hundertjahrfeier *f*, hundertjähriges Jubiläum.

cen·ten·ni·al [sen'tenjəl] I *adj* hundertjährig. II *s bsd. Am*. → ***centenary*** II.

cen·ter, *etc Am*. → ***centre***, *etc*.

cen·ti|·grade ['sentɪgreɪd] *adj*: ... ***degrees*** ~ ... Grad Celsius; ~ ***thermometer*** Celsiusthermometer *n*. '~**gram**(**me**) *s* Zentigramm *n*. '~ˌ**me·ter**, *bsd. Br*. '~ˌ**me·tre** *s* Zentimeter *m, n*.

cen·tral ['sentrəl] I *adj* □ **1.** zentral (gelegen). **2.** Mittel(punkts)... **3.** Haupt..., Zentral...: ~ ***bank*** *econ*. Zentralbank *f*; ~ ***figure*** Schlüssel-, Hauptfigur *f*. II *s* **4.** (*Am*. Telefon)Zentrale *f*.

Cen·tral| Af·ri·can Re·pub·lic *s* Zentralafrikanische Republik. ~ **A·mer·i·can** *adj* zentral-, mittelamerikanisch. ~ **Eu·ro·pe·an Time** *s* mitteleuropäische Zeit.

cen·tral heat·ing *s* Zentralheizung *f*.

cen·tral·ize ['sentrəlaɪz] *v/t u. v/i* (sich) zentralisieren.

cen·tral| lock·ing *s mot*. Zentralverrieg(e)lung *f*. ~ **ner·vous sys·tem** *s physiol*. Zentralnervensystem *n*. ~ **pro·ces·sing u·nit** *s Computer*: Zentraleinheit *f*. ~ **re·serve**, ~ **res·er·va·tion** *s Br*. Mittelstreifen *m* (*e-r Autobahn*). ~ **sta·tion** *s* Hauptbahnhof *m*.

cen·tre ['sentə] I *s* **1.** Mitte *f*, *a. fig*. Zentrum *n*, Mittelpunkt *m*: ***in*** (*od*. ***at***) ***the*** ~ in der Mitte; ~ ***of gravity*** *phys*. Schwerpunkt *m*; ***be the*** ~ ***of interest*** im Mittelpunkt des Interesses stehen. **2.** *Fußball*: Flanke *f*. II *v/t* **3.** *fig*. konzentrieren (***on*** auf *acc*). **4.** *tech. u. typ*. zentrieren, mittig anordnen. III *v/i* **5.** *fig*. sich konzentrieren (***in, on*** auf *acc*), sich drehen (***round*** um). **6.** *Fußball*: flanken. ~ **for·ward** *s Sport*: Mittelstürmer(in). ~ **strip** *s* Mittel-, Grünstreifen *m*.

cen·trif·u·gal [sen'trɪfjʊgl] *adj* □ *phys*. zentrifugal: ~ ***force*** Flieh-, Zentrifugalkraft *f*.

cen·tri·fuge ['sentrɪfjuːdʒ] *s tech.* Zentrifuge *f*.
cen·tu·ry ['sentʃʊrɪ] *s* Jahrhundert *n*.
CEO ***Chief Executive Officer*** *Am.* Generaldirektor *m*.
ce·ram·ic [sɪ'ræmɪk] **I** *adj* **1.** keramisch. **II** *s* **2.** Keramik *f*, *pl a.* keramische Erzeugnisse *pl*. **3.** *pl* (*mst sg konstruiert*) Keramik *f* (*Technik*).
ce·re·al ['sɪərɪəl] **I** *adj* **1.** Getreide...; ~ ***products*** Getreideprodukte *pl*. **II** *s* **2.** Getreidepflanze *f*. **3.** Getreide *n*. **4.** Getreideflocken *pl*.
cer·e·bral ['serɪbrəl] *adj anat.* Gehirn...: ~ ***death*** ⚕ Hirntod *m*.
cer·e·mo·ni·al [ˌserɪ'məʊnjəl] **I** *adj* □ **1.** zeremoniell, feierlich. **2.** → ***ceremonious*** 2, 3. **II** *s* **3.** Zeremoniell *n*.
ˌcer·eˈmo·ni·ous *adj* □ **1.** feierlich. **2.** förmlich. **3.** rituell. **4.** umständlich.
cer·e·mo·ny ['serɪmənɪ] *s* **1.** Zeremonie *f*, Feier(lichkeit) *f*: ***master of ceremonies*** Zeremonienmeister *m*; *thea. etc bsd. Am.* Conférencier *m*. **2.** Förmlichkeit(en *pl*) *f*: ***without*** ~ ohne Umstände; → ***stand on*** 2.
cert [sɜːt] *s Br.* F sichere Sache: ***it's a dead*** ~ ***that*** es ist todsicher, dass.
cer·tain ['sɜːtn] *adj* **1.** sicher: a) (*mst von Sachen*) bestimmt: ***it is*** ~ ***to happen*** es wird mit Sicherheit geschehen; ***for*** ~ mit Sicherheit, b) (*mst von Personen*) überzeugt: ***make*** ~ ***of*** sich (*gen*) vergewissern; sich *et.* sichern; ***make*** ~ (***that***) dafür sorgen, dass, c) zuverlässig. **2.** (ganz) bestimmt: ***a*** ~ ***day.*** **3.** gewiss: ***a*** ~ ***Mr Brown; for*** ~ ***reasons*** aus bestimmten Gründen.
'cer·tain·ly *adv* **1.** sicher, bestimmt. **2.** *Antwort*: aber sicher, natürlich.
'cer·tain·ty *s* Sicherheit *f*, Bestimmtheit *f*: ***it is a*** ~ ***that*** es ist sicher, dass.
cer·tif·i·cate I *s* [sə'tɪfɪkət] **1.** Bescheinigung *f*, Attest *n*: ~ ***of birth*** Geburtsurkunde *f*; ~ ***of*** (***good***) ***conduct*** Führungszeugnis *n*; ~ ***of damage*** Schadensattest *n*; ~ ***of employment*** Arbeitsbescheinigung *f*, -zeugnis *n*; ~ ***of identification*** *EG* Nämlichkeitsbescheinigung *f*; ~ ***of incorporation*** Gründungsbescheinigung *f*; ~ ***of inspection*** Beschaffenheitszeugnis *n*; ~ ***of marriage*** Heiratsurkunde *f*; ~ ***of origin*** Ursprungszeugnis *n*. **2.** *ped.* Zeugnis *n*. **3.** Gutachten *n*. **II** *v/t* [sə'tɪfɪkeɪt] **4.** *et.* bescheinigen. **5.** *j-m* e-e Bescheinigung *od.* ein Zeugnis geben: ~***d*** (amtlich) zugelassen; diplomiert.
cer·ti·fy ['sɜːtɪfaɪ] *v/t* **1.** bescheinigen, attestieren: ***this is to*** ~ ***that*** hiermit wird bescheinigt, dass. **2.** beglaubigen: ***certified true copy*** beglaubigte Abschrift. **3.** *amtlich* für geisteskrank erklären.
cer·ti·tude ['sɜːtɪtjuːd] *s* Sicherheit *f*, Bestimmtheit *f*.
cer·vi·cal ['sɜːvɪkl] *adj* Gebärmutterhals...: ~ ***smear*** Abstrich *m*.
ces·sa·tion [se'seɪʃn] *s* Aufhören *n*, Einstellung *f*.
ces·sion ['seʃn] *s* Abtretung *f*.
cess|·pit ['sespɪt], '~**·pool** *s* Senkgrube *f*.
CET ***Central European Time*** MEZ, mitteleuropäische Zeit.
cf. ***confer*** vgl., vergleiche.
c.f., c/f ***carried forward*** Vortrag *m*.
CFC [siːef'siː] *abbr.* ***chlorofluorocarbon*** FCKW *n*: ~***-free*** FCKW-frei.
CFO ***Chief Financial Officer*** Leiter(in) der Finanzabteilung.
CFR ***cost and freight*** Kosten und Fracht.
CGT ***capital gains tax*** Veräußerungsgewinnsteuer *f*.
Chad [tʃæd] Tschad *m* (*Republik in Zentralafrika*).
chafe [tʃeɪf] **I** *v/t* **1.** warm reiben, frottieren. **2.** auf-, durchreiben, wund reiben. **3.** *fig.* ärgern, reizen. **II** *v/i* **4.** (sich durch)reiben, scheuern. **5.** *fig.* sich ärgern (***at, against*** über *acc*).
chaff [tʃɑːf] *s* Spreu *f*: → ***wheat.***
chain [tʃeɪn] **I** *s allg.* Kette *f* (*a. fig.*): ~ ***of distribution*** Vertriebskette; ~ ***of evidence*** Beweiskette; ~ ***of mountains*** Gebirgskette; ***human*** ~ Menschenkette. **II** *v/t* (an)ketten (***to*** an *acc*): ~ (***up***) *Hund* an die Kette legen. ~ **re·ac·tion** *s phys.* Kettenreaktion *f* (*a. fig.*). ~ **smok·er** *s* Kettenraucher(in). ~ **store** *s* Kettenladen *m*.
chair [tʃeə] **I** *s* **1.** (*Am.* F elektrischer) Stuhl, Sessel *m*: ***on a*** ~ auf e-m Stuhl; ***in a*** ~ in e-m Sessel; ***take a*** ~ Platz nehmen. **2.** *fig.* Vorsitz *m*: ***be in the*** ~ den Vorsitz führen. **3.** *univ.* Lehrstuhl *m* (***of*** für): ***hold a*** ~ e-n Lehrstuhl innehaben. **II** *v/t* **4.** bestuhlen. **5.** den Vorsitz führen bei: ~***ed by*** unter dem Vorsitz von (*od. gen*). ~ **lift** *s* Sessellift *m*.
chair·man ['tʃeəmən] *s* (*irr* ***man***) Vorsitzende *m*.
'chair·man·ship *s* Vorsitz *m*: ***under the*** ~ ***of*** unter dem Vorsitz von (*od. gen*).
'chair·per·son *s* Vorsitzende *m, f*.
'chairˌwom·an *s* (*irr* ***woman***) Vorsitzende *f*.
chal·ice ['tʃælɪs] *s eccl.* Kelch *m*.
chalk [tʃɔːk] **I** *s* **1.** Kreide *f*: (***as***) ***different*** (*od.* ***like***) ***as*** ~ ***and cheese*** verschieden wie Tag u. Nacht. **II** *v/t* **2.** mit Kreide markieren. **3.** ~ ***out*** *Plan etc* entwerfen, skizzieren.
chal·lenge ['tʃælɪndʒ] **I** *s* **1.** Herausforderung *f* (***to*** *gen od.* an *acc*) (*a. fig.*): ~ ***cup*** (*bsd. Sport*) Wanderpokal *m*. **2.** (schwierige *od.* reizvolle) Aufgabe. **3.** ⚖ Ablehnung *f*. **II** *v/t* **4.** herausfordern. **5.** ⚖ *Geschworenen*,

C

Richter ablehnen. **6.** *j-n* fordern *od.* reizen (*Aufgabe*). **7.** stark anzweifeln, infrage stellen.

chal·leng·er *s bsd. Sport*: Herausforderer *m*, -forderin *f*.

'**chal·leng·ing** *adj* □ **1.** herausfordernd. **2.** schwierig; reizvoll (*Aufgabe*).

cham·ber ['tʃeɪmbə] *s tech., parl. etc* Kammer *f*: ~ ***of commerce*** Handelskammer. '**~·maid** *s* Zimmermädchen *n*. **~ mu·sic** *s* Kammermusik *f*. **~ pot** *s* Nachtgeschirr *n*, -topf *m*.

cha·me·le·on [kə'miːljən] *s zo.* Chamäleon *n*.

cham·fer ['tʃæmfə] **I** *s* **1.** ⚠ Auskehlung *f*. **2.** *tech.* Abschrägung *f*. **II** *v/t* **3.** ⚠ auskehlen. **4.** *tech.* abschrägen.

cham·ois ['ʃæmwɑː] *s* **1.** *zo.* Gämse *f*. **2.** *a.* ~ ***leather*** [*mst* 'ʃæmɪ] Sämischleder *n*. **3.** Polier-, Fensterleder *n*.

champ¹ [tʃæmp] *v/i u. v/t* (heftig *od.* geräuschvoll) kauen: ~ ***at the bit*** *fig.* ungeduldig sein, es kaum mehr erwarten können (***to do*** zu tun).

champ² [~] F → ***champion*** 2.

cham·pagne [ʃæm'peɪn] *s* Champagner *m*; Sekt *m*.

cham·pi·on ['tʃæmpjən] **I** *s* **1.** Verfechter(in), Fürsprecher(in) (***of*** von *od. gen*). **2.** *Sport*: Meister(in). **II** *v/t* **3.** verfechten, eintreten für.

'**cham·pi·on·ship** *s Sport*: Meisterschaft *f*.

chance [tʃɑːns] **I** *s* **1.** Zufall *m*: ***by*** ~ zufällig; ***game of*** ~ Glücksspiel *n*. **2.** Möglichkeit *f*, Wahrscheinlichkeit *f*: ***the*** ~***s are that*** es besteht Aussicht, dass. **3.** Chance *f*, (günstige) Gelegenheit; Aussicht *f* (***of*** auf *acc*): ***stand a*** ~ Aussichten *od.* e-e Chance haben; ~ ***buyer*** Gelegenheitskäufer *m*. **4.** Risiko *n*: ***take a*** ~ es darauf ankommen lassen, es riskieren (***on*** mit); ***take no*** ~***s*** nichts riskieren (wollen). **II** *v/i* **5.** ***I*** ~***d to meet her*** ich traf sie zufällig. **6.** ~ ***on*** zufällig begegnen (*dat*); zufällig stoßen auf (*acc*). **III** *v/t* **7.** riskieren: ~ ***missing him*** es riskieren, ihn zu verfehlen; ~ ***it*** F es darauf ankommen lassen. **IV** *adj* **8.** zufällig, Zufalls...

chan·cel·lor ['tʃɑːnsələ] *s pol.* Kanzler(in): ***Chancellor of the Exchequer*** *Br.* Schatzkanzler(in), Finanzminister(in).

chanc·y ['tʃɑːnsɪ] *adj* F riskant.

chan·de·lier [ˌʃændə'lɪə] *s* Kronleuchter *m*, Lüster *m*.

change [tʃeɪndʒ] **I** *v/t* **1.** (ver)ändern, verwandeln (***into*** in *acc*): → ***subject*** 1. **2.** wechseln, (ver)tauschen: ~ ***one's shirt*** ein anderes Hemd anziehen; ~ ***places with s.o.*** mit j-m den Platz tauschen; ~ ***trains*** (***planes***) umsteigen; → ***hand*** 1, ***mind*** 4. **3.** *Bettzeug etc* wechseln, *Bett* frisch beziehen, *Baby* wickeln. **4.** *Geld* (um)wechseln (***into*** in *acc*). **5.** *tech. Teile* (aus)wechseln, *Öl* wechseln. **6.** *mot., tech.* schalten: ~ ***over*** umschalten; *Maschine, a. Industrie etc* umstellen (***to*** auf *acc*); → ***gear*** 1. **II** *v/i* **7.** sich (ver)ändern, wechseln. **8.** sich verwandeln (***to, into*** in *acc*). **9.** übergehen (***to*** zu). **10.** sich umziehen (***for dinner*** zum Abendessen). **11.** 🚂, ✈ umsteigen. **12.** wechseln, umspringen (***from ... to*** von ... auf *acc*) (*Verkehrsampel*). **13.** *mot., tech.* schalten: ~ ***up*** (***down***) hinauf- (herunter)schalten; → ***gear*** 1. **III** *s* **14.** (Ver)Änderung *f*, Wechsel *m*, *weitS. a.* Umschwung *m*: ~ ***of air*** Luftveränderung; ~ ***of life*** *physiol.* Wechseljahre *pl*; ~ ***in weather*** Witterungsumschlag *m*. **15.** (Aus)Tausch *m*. **16.** *et.* Neues, Abwechslung *f*: ***for a*** ~ zur Abwechslung. **17.** Wechselgeld *n*; Kleingeld *n*: ***can you give me*** ~ ***for a pound?*** können Sie mir auf ein Pfund herausgeben?; können Sie mir ein Pfund wechseln?; → ***small*** I.

'**change·a·ble** *adj* □ unbeständig: a) wankelmütig (*Person*), b) veränderlich (*Wetter*).

change| dis·pens·er, ~ ma·chine *s* Wechselautomat *m*.

chan·nel ['tʃænl] *s* Kanal *m* (*a. fig.*), (*Rundfunk, TV a.*) Programm *n*: ***switch*** ~***s*** umschalten; ***through official*** ~***s*** auf dem Dienst- *od.* Instanzenweg; ***through the usual*** ~***s*** auf dem üblichen Weg; ~***s pl of distribution*** Vertriebs-, Absatzwege *pl*. ~ **hop·ping** *s TV* Zappen *n*, dauerndes Umschalten.

Chan·nel Tun·nel *s* Kanaltunnel *m*.

chant [tʃɑːnt] **I** *s* **1.** Gesang *m*. **2.** Singsang *m*. **3.** Sprechchor *m*. **II** *v/t* **4.** singen. **5.** herunterleiern. **6.** in Sprechchören rufen.

cha·os ['keɪɒs] *s* Chaos *n*.

cha'ot·ic *adj* (~***ally***) chaotisch.

chap¹ [tʃæp] **I** *v/t Haut* rissig machen. **II** *v/i* rissig werden, aufspringen. **III** *s* Riss *m*.

chap² [~] *s* F Bursche *m*, Kerl *m*.

chap·el ['tʃæpl] *s* Kapelle *f*.

chap·er·on ['ʃæpərəʊn] **I** *s* **1.** Anstandsdame *f*. **2.** Aufsichts-, Begleitperson *f*. **II** *v/t* **3.** (als Anstandsdame) begleiten. **4.** beaufsichtigen.

chap·lain ['tʃæplɪn] *s* Kaplan *m*.

chapped [tʃæpt], **chap·py** ['tʃæpɪ] *adj* aufgesprungen, rissig.

chap stick ['tʃæpstɪk] *s* (*TM*) Labello *m* (*TM*).

chap·ter ['tʃæptə] *s* Kapitel *n* (*a. fig.*).

char¹ [tʃɑː] *v/t u. v/i* verkohlen.

char² [~] **I** *s Br.* F → ***charwoman***. **II** *v/i* putzen: ***go out*** ~***ring*** putzen gehen.

char·ac·ter ['kærəktə] **I** *s* **1.** *allg.* Charakter *m*. **2.** Ruf *m*, Leumund *m*. **3.** Eigenschaft *f*,

Stellung *f*: ***in one's ~ as*** in s-r Eigenschaft als. **4.** Figur *f*, Gestalt *f* (*e-s Romans etc*), *pl a.* Charaktere *pl*. **5.** Schriftzeichen *n*, Buchstabe *m*. **6.** *Computer*: Zeichen *n*: ***~ density*** Zeichendichte *f*; ***~ font*** Zeichensatz *m*, Schrift *f*; ***~ key*** Zeichentaste *f*; ***~ reader*** Klarschriftleser *m*; ***~ resolution*** Zeichenauflösung *f*; ***~ string*** Zeichenfolge *f*, -kette *f*. **II** *adj* **6.** Charakter...: ***~ actor*** (***study,*** *etc*); ***~ assassination*** Rufmord *m*.

ˌchar·ac·terˈis·tic **I** *adj* (***~ally***) charakteristisch (***of*** für). **II** *s* charakteristisches Merkmal.

ˈchar·ac·ter·ize *v/t* charakterisieren.

char·coal [ˈtʃɑːkəʊl] *s* Holzkohle *f*.

charge [tʃɑːdʒ] **I** *v/t* **1.** *Gewehr etc* laden, *Batterie etc* (auf)laden. **2.** beauftragen (***with*** mit): ***~ s.o. to be careful*** j-m einschärfen, vorsichtig zu sein. **3.** (***with***) *j-m* (*et.*) zur Last legen *od.* vorwerfen, *a.* ⚖ *j-n* (*e-r Sache*) beschuldigen *od.* anklagen. **4.** (***with***) *econ. j-n* belasten (mit *e-m Betrag*), *j-m* (*et.*) in Rechnung stellen. **5.** berechnen, verlangen, fordern (***for*** für). **6.** *mil.* angreifen; stürmen. **II** *v/i* **7.** ***~ at*** losgehen auf (*acc*). **III** *s* **8.** Ladung *f* (*e-s Gewehrs etc*). **9.** Preis *m*; Forderung *f*; Gebühr *f*; *a. pl* Unkosten *pl*, Spesen *pl*: ***free of ~*** kostenlos, gratis. **10.** Beschuldigung *f*, *a.* ⚖ Anklage(punkt *m*) *f*: ***be on a ~ of murder*** unter Mordanklage stehen. **11.** Verantwortung *f*: ***the person in ~*** der *od.* die Verantwortliche; ***be in ~ of*** verantwortlich sein für, leiten (*acc*); ***be in*** (*od.* ***under***) ***s.o.'s ~*** von j-m betreut werden; ***take ~ of*** die Leitung *od.* Aufsicht (*gen*) übernehmen. **12.** Schützling *m*, Mündel *m*, *n*; *j-m* anvertraute Sache. **~ ac·count** *s econ.* **1.** Kundenkreditkonto *n*. **2.** Abzahlungskonto *n* (*bei Teilzahlungen*). **~ card** *s* Kunden(kredit)karte *f*.

ˈcharge·back *s* Rückbelastung *f*.

char·gé d'af·faires [ˌʃɑːʒeɪdæˈfeə] *pl* **char·gés d'af·faires** [ˌ~ʒeɪz~] *s* Geschäftsträger(in).

charge hand *s* Vorarbeiter *m*.

charg·er [ˈtʃɑːdʒə] *s* ⚡ Ladegerät *n*.

charge u·nit *s* Gebühreneinheit *f*.

char·is·ma [kəˈrɪzmə] *s* Charisma *n*, Ausstrahlung(skraft) *f*.

char·is·mat·ic [ˌkærɪzˈmætɪk] *adj* charismatisch.

char·i·ta·ble [ˈtʃærətəbl] *adj* □ **1.** wohltätig, karitativ: ***~ association*** Wohlfahrtsverband *m*. **2.** gütig, nachsichtig (***to*** gegenüber).

char·i·ty [ˈtʃærətɪ] *s* **1.** Nächstenliebe *f*. **2.** Wohltätigkeit *f*. **3.** karitative Organisation. **4.** Güte *f*, Nachsicht *f*. **5.** Almosen *n*, milde Gabe.

char·la·tan [ˈʃɑːlətən] *s* Scharlatan(in).

ˈchar·la·tan·ry *s* Scharlatanerie *f*.

charm [tʃɑːm] **I** *s* **1.** Charme *m*, Zauber *m*. **2.** Zauber(formel *f*; -mittel *n*) *m*. **3.** Talisman *m*, Amulett *n*. **II** *v/t* **4.** bezaubern, entzücken. **5.** verzaubern, *Schlangen* beschwören: ***~ away*** wegzaubern, *Sorgen etc* zerstreuen.

ˈcharm·er *s* **1.** Zauberer *m*, Zauberin *f*. **2.** reizvolles Geschöpf (*Frau*); Charmeur *m*.

ˈcharm·ing *adj* □ charmant, bezaubernd.

char·nel house [ˈtʃɑːnl ~] *s obs.* Leichenhalle *f*; Beinhaus *n*.

chart [tʃɑːt] **I** *s* **1.** (*See-*, *Himmels-*, *Wetter*)Karte *f*. **2.** Diagramm *n*, Schaubild *n*, Kurve(nblatt *n*) *f*; ***~ of accounts*** allgemeiner Kontenplan. **3.** *pl* Charts *pl*, Hitliste(n *pl*) *f*. **II** *v/t* **4.** auf e-r Karte *etc* einzeichnen *od.* verzeichnen.

char·ter [ˈtʃɑːtə] **I** *s* **1.** Urkunde *f*. **2.** Konzession *f*. **3.** *pol.* Charta *f*. **4.** Chartern *n*. **II** *v/t* **5.** konzessionieren. **6.** chartern.

char·tered *adj* **1.** Charter... **2.** ***~ accountant*** Wirtschaftsprüfer *m*.

char·ter| flight *s* Charterflug *m*. **~ plane** *s* Charterflugzeug *n*.

ˈcharˌwom·an *s* (*irr* ***woman***) Putzfrau *f*, Raumpflegerin *f*.

char·y [ˈtʃeərɪ] *adj* □ **1.** vorsichtig (***in, of*** in *dat*, bei). **2.** sparsam, zurückhaltend (***of*** mit).

chase[1] [tʃeɪs] **I** *v/t* **1.** jagen, Jagd machen auf, (*a. fig. e-m Traum etc*) nachjagen; F *e-m Mädchen etc* nachlaufen. **2.** *hunt.* hetzen, jagen: ***~ up*** (*od.* ***down***) *mst fig.* aufstöbern. **3.** *a.* ***~ away*** verjagen, -treiben. **II** *v/i* **4.** ***~ after s.o.*** j-m nachjagen. **5.** F rasen, rennen. **III** *s* **6.** *hunt.* (Hetz)Jagd *f*, *fig. a.* Verfolgung(sjagd) *f*: ***give ~ to*** verfolgen (*acc*), nachjagen (*dat*).

chase[2] [~] *v/t* ziselieren.

chas·er[1] [ˈtʃeɪsə] *s* **1.** Jäger(in), Verfolger(in). **2.** *econ.* Mahnung *f*.

chas·er[2] [~] *s* Ziseleur(in).

chasm [ˈkæzəm] *s* **1.** Kluft *f*, Abgrund *m* (*a. fig.*). **2.** Schlucht *f*, Klamm *f*. **3.** Riss *m*, Spalte *f*. **4.** *fig.* Lücke *f*.

chas·sis [ˈʃæsɪ] *pl* **-sis** [ˈ~sɪz] *s* ✈, *mot.* Chassis *n*, Fahrgestell *n*.

chaste [tʃeɪst] *adj* □ **1.** keusch, züchtig. **2.** bescheiden, schlicht (*Mahl etc*).

chas·ten [ˈtʃeɪsn] *v/t* **1.** züchtigen. **2.** *fig.* läutern. **3.** *fig.* ernüchtern, nachdenklich stimmen.

chas·tise [tʃæˈstaɪz] *v/t* **1.** züchtigen. **2.** *fig.* geißeln, scharf tadeln.

chas·ti·ty [ˈtʃæstətɪ] *s* **1.** Keuschheit *f*. **2.** Schlichtheit *f*.

chat [tʃæt] **I** *v/i* plaudern. **II** *v/t* ***~ up*** *Br.* F

einreden auf (*acc*); sich ranmachen an (*ein Mädchen etc*), anquatschen. **III** *s* Plauderei *f*: ***have a ~*** plaudern.
chat show *s Br.* Talkshow *f*.
chat·tels ['tʃætlz] *s pl* ⚖ bewegliches Eigentum: → ***good*** 3.
chat·ter ['tʃætə] **I** *v/i* **1.** schnattern, schwatzen, plappern. **2.** klappern. **II** *s* **3.** Geschnatter *n*, Geplapper *n*. **4.** Klappern *n*. **'~·box** *s* Plaudertasche *f*, Plappermaul *n*.
chat·ty ['tʃætɪ] *adj* □ **1.** geschwätzig, gesprächig. **2.** *fig.* wortreich, ausführlich; im Plauderton (geschrieben).
chauf·feur ['ʃəʊfə] **I** *s* Chauffeur(in), Fahrer(in). **II** *v/t* chauffieren, fahren: ***~ed*** mit Chauffeur.
chau·vi ['ʃəʊvɪ] *s* F Chauvi *m*.
'chau·vin·is·m *s* Chauvinismus *m*: ***male ~*** männlicher Chauvinismus.
'chau·vin·ist *s* Chauvinist(in): ***male ~*** männlicher Chauvinist; ***male ~ pig*** F a) *contp.* Chauvischwein *n*, b) *humor.* Chauvi *m*.
ˌchau·vi'nis·tic *adj* (***~ally***) chauvinistisch.
cheap [tʃiːp] **I** *adj* □ **1.** billig, Billig... **2.** billig, minderwertig. **3.** schäbig, gemein: ***feel ~*** sich schäbig vorkommen. **II** *adv* **4.** billig: ***buy s.th. ~***. **III** *s* **5.** ***on the ~*** billig.
'cheap·en *v/t u. v/i* (sich) verbilligen.
'cheap·ness *s* Billigkeit *f*.
'cheap·skate *s* F Knicker(in).
cheat ['tʃiːt] **I** *s* **1.** Betrüger(in), Schwindler(in). **2.** Betrug *m*, Schwindel *m*. **II** *v/t* **3.** betrügen (***of, out of*** um). **III** *v/i* **4.** betrügen, schwindeln. **5.** ***~ on*** F *s-e Frau etc* betrügen.
'cheat·ing *adj*: ***~ pack*** Mogelpackung *f*.
Chech·nya ['tʃetʃnɪə] *npr* Tschetschenien *n*.
check [tʃek] **I** *s* **1.** Schach(stellung *f*) *n*: ***give ~*** Schach bieten; ***hold*** (*od.* ***keep***) ***in ~*** *fig.* in Schach halten. **2.** Hemmnis *n*, Hindernis *n* (***on*** für). **3.** Einhalt *m*: ***give a ~ to*** Einhalt gebieten (*dat*). **4.** Kontrolle *f*, Überprüfung *f*: ***keep a ~ on*** unter Kontrolle halten (*acc*). **5.** *Am.* Häkchen *n* (*auf Liste etc*). **6.** *econ. Am.* Scheck *m* (***for*** über *acc*). **7.** *bsd. Am.* Kassenzettel *m*, Rechnung *f*. **8.** Kontrollabschnitt *m*, -schein *m*. **9.** *bsd. Am.* Garderobenmarke *f*; Gepäckschein *m*. **10.** Schachbrett-, Karomuster *n*; Karo *n*, Viereck *n*; karierter Stoff. **11.** *Poker etc*: Spielmarke *f*: ***pass*** (*od.* ***hand***) ***in one's ~s*** *Am.* F den Löffel weglegen (*sterben*). **II** *v/t* **12.** Schach bieten (*dat*). **13.** hemmen, hindern. **14.** *tech.* drosseln, bremsen (*a. fig.*). **15.** zurückhalten, zügeln: ***~ o.s.*** sich beherrschen. **16.** checken, kontrollieren, überprüfen (***for*** auf *acc* hin). **17.** *Am. auf Liste etc* abhaken. **18.** *bsd. Am.* (zur Aufbewahrung *od.* in der Garderobe) abgeben; (als Reisegepäck) aufgeben. **19.** *a.* ***~ out*** *Am. Geld* mittels Scheck abheben. **III** *v/i* **20.** (plötzlich) innehalten, stutzen. **21.** *Am.* e-n Scheck ausstellen (***for*** über *acc*).
Verbindungen mit Adverbien:
check| back *v/i* rückfragen (***with*** bei). **~ in** *v/i* **1.** sich (*in e-m Hotel*) anmelden. **2.** einstempeln. **3.** ✈ (*a. v/t*) einchecken. **~ off** → ***check*** 17. **~ out I** *v/t* **1.** → ***check*** 19. **2.** Erkundigungen einziehen über (*acc*), sich erkundigen nach, sich informieren über (*acc*). **II** *v/i* **3.** *aus e-m Hotel* abreisen. **4.** ausstempeln. **~ up** *v/i*: ***~ on*** *et.* nachprüfen, *et.*, *j-n* überprüfen.
'check|·back *s* Rückfrage *f*. **'~·book** *s Am.* Scheckbuch *n*, -heft *n*. **~card** *s Am.* Scheckkarte *f*. **~ clock** *s* Stechuhr *f*.
checked [tʃekt] *adj* kariert: ***~ pattern*** Karomuster *n*.
check·er¹ ['tʃekə] *s* **1.** *Am.* a) (Dame)Stein *m*, b) ***~s*** *sg* Dame(spiel *n*) *f*. **2.** Karomuster *n*.
check·er² [~] *s bsd. Am.* **1.** Kassierer(in) (*bsd. im Supermarkt*). **2.** Garderobenmann *m*, -frau *f*. **3.** 🚂 Angestellte *m, f* in e-r Gepäckaufbewahrung.
'check·er·board *s Am.* Schach-, Damebrett *n*.
check·ered ['tʃekəd] *adj* **1.** kariert. **2.** bunt (*a. fig.*). **3.** *fig.* wechselvoll, bewegt (*Geschichte etc*).
'check·in *s* **1.** Anmeldung *f* (*in e-m Hotel*). **2.** Einstempeln *n*. **3.** ✈ Einchecken *n*: ***~ counter, ~ desk*** Abfertigungsschalter *m*.
check·ing ac·count ['tʃekɪŋ] *s econ. Am.* Girokonto *n*.
check|list *s* Check-, Kontrollliste *f*. **'~·mate I** *s* (Schach)Matt *n*, Mattstellung *f*. **II** *v/t* (schach)matt setzen (*a. fig.*). **'~·out** *s* **1.** Abreise *f* (*aus e-m Hotel*): ***~*** (***time***) *Zeit, zu der ein Hotelzimmer geräumt sein muss*. **2.** Ausstempeln *n*. **3.** *a.* ***~ counter*** Kasse *f* (*bsd. im Supermarkt*), *österr.* Kassa *f*. **'~·point** *s* Kontrollpunkt *m* (*an der Grenze*). **'~·room** *s bsd. Am.* **1.** 🚂 Gepäckaufbewahrung *f*. **2.** Garderobe *f*. **'~·up** *s* **1.** Überprüfung *f*. **2.** ⚕ Check-up *m*, Vorsorgeuntersuchung *f*.
cheek [tʃiːk] **I** *s* **1.** Backe *f* (*a. tech.*), Wange *f*: ***be ~ by jowl*** Tuchfühlung haben (***with*** mit) (*a. fig.*). **2.** F Frechheit *f*. **II** *v/t* **3.** F frech sein zu. **'~·bone** *s* Backenknochen *m*.
cheek·y ['tʃiːkɪ] *adj* □ F frech (***to*** zu).
cheep [tʃiːp] **I** *v/i u. v/t* piepsen. **II** *s* Piepsen *n*; Pieps(er) *m* (*a. fig.*).
cheer [tʃɪə] **I** *s* **1.** Beifall(sruf) *m*, Hoch(ruf *m*) *n*: ***give three ~s for s.o.*** j-n dreimal hochleben lassen. **2.** Auf-, Ermunterung *f*, Aufheiterung *f*: ***words pl of ~*** aufmunternde Worte *pl*; ***~s!*** → ***cheerio***. **3.** (gute) Laune: ***be of good ~*** guter Laune *od.* Dinge

sein. **II** *v/t* **4.** Beifall spenden (*dat*), hochleben lassen. **5.** *a.* ~ ***on*** anspornen, anfeuern. **6.** *a.* ~ ***up*** auf-, ermuntern, aufheitern. **III** *v/i* **7.** Beifall spenden, jubeln. **8.** *mst* ~ ***up*** Mut fassen, (wieder) fröhlich werden: ~ ***up!*** Kopf hoch!, lass den Kopf nicht hängen!

cheer·ful ['tʃɪəfʊl] *adj* □ **1.** fröhlich (*a. Lied etc*), vergnügt. **2.** freundlich (*Raum, Wetter etc*).

cheer·i·o [ˌtʃɪərɪ'əʊ] *int bsd. Br.* F **1.** machs gut!, tschüss! **2.** prost!

'cheerˌlead·er *s Sport*: Einpeitscher(in).

cheer·less ['tʃɪəlɪs] *adj* □ **1.** freudlos. **2.** unfreundlich (*Raum, Wetter etc*).

'cheer·y *adj* □ fröhlich, vergnügt.

cheese [tʃiːz] *s* Käse *m*: ***say*** ~***!*** *phot.* bitte recht freundlich!; ***hard*** ~***!*** *sl.* Künstlerpech!; ***the*** ~ *sl.* genau das Richtige. **'~·cake** *s* **1.** *ein* Käsekuchen *m*. **2.** *sl.* Zurschaustellung *f* weiblicher Reize (*bsd. auf Fotografien*). **'~ˌpar·ing I** *s* Knauserei *f*. **II** *adj* knaus(e)rig. ~ **spread** *s* Streichkäse *m*.

chees·y ['tʃiːzɪ] *adj* käsig.

chee·tah ['tʃiːtə] *s zo.* Gepard *m*.

chef [ʃef] *s* Küchenchef(in).

chem·i·cal ['kemɪkl] **I** *adj* □ chemisch: ~ ***fiber*** (*bsd. Br.* ***fibre***) Chemie-, Kunstfaser *f*; ~ ***warfare*** chemische Kriegsführung. **II** *s* Chemikalie *f*.

chem·ist ['kemɪst] *s* **1.** Chemiker(in). **2.** *Br.* Apotheker(in); Drogist(in): ~***'s shop*** Apotheke *f*; Drogerie *f*.

'chem·is·try *s* Chemie *f*.

chem·o·ther·a·py [ˌkiːməʊ'θerəpɪ] *s* ⚕ Chemotherapie *f*.

cheque [tʃek] *s econ. Br.* Scheck *m*. ~ **account** *s econ. Br.* Girokonto *n*. **'~·book** *s Br.* Scheckbuch *n*, -heft *n*. ~ **card** *s* Scheckkarte *f*. ~ **cash·ing** *s Br.* Scheckeinlösung *f*. ~ **fraud** *s Br.* Scheckbetrug *m*.

cheq·uer, cheq·uer·board, cheq·uered *bsd. Br.* → ***checker***[1]***, checkerboard, checkered.***

cher·ish ['tʃerɪʃ] *v/t* **1.** *j-s Andenken* in Ehren halten. **2.** *Gefühle* hegen. **3.** festhalten an (*dat*).

cher·ry ['tʃerɪ] **I** *s* ✿ Kirsche *f*. **II** *adj* kirschrot. ~ **bran·dy** *s* Cherrybrandy *m*, Kirschlikör *m*. ~ **to·ma·to** *pl* **-toes** *s* Kirschtomate *f*.

cher·ub ['tʃerəb] *pl* **-ubs, -u·bim** ['~əbɪm] *s* **1.** Cherub *m*, Engel *m*. **2.** geflügelter Engelskopf.

chess [tʃes] *s* Schach(spiel) *n*. **'~·board** *s* Schachbrett *n*. **'~·man** *s* (*irr* ***man***), ~ **piece** *s* Schachfigur *f*.

chest [tʃest] *s* **1.** Kiste *f*, Kasten *m*; Truhe *f*: ~ (***of drawers***) Kommode *f*. **2.** *anat.* Brust(kasten *m*) *f*: ***get s.th. off one's*** ~ F sich et. von der Seele reden.

chest·nut ['tʃesnʌt] **I** *s* **1.** ✿ Kastanie *f*: ***pull the*** ~***s out of the fire*** (***for s.o.***) *fig.* (für j-n) die Kastanien aus dem Feuer holen. **2.** F alte *od.* olle Kamelle, alter Witz. **II** *adj* **3.** kastanienbraun.

chest·y ['tʃestɪ] *adj* F **1.** mit viel Holz vor der Hütte (*vollbusig*). **2.** tiefsitzend (*Husten*).

chew [tʃuː] **I** *v/t* **1.** (zer)kauen: ~ ***one's nails*** an den Nägeln kauen; → ***cud*** 1, ***fat*** 3. **II** *v/i* **2.** kauen: ~ ***on*** herumkauen auf (*dat*). **3.** nachsinnen, grübeln (***on, over*** über *acc*).

chew·ing gum ['tʃuːɪŋ] *s* Kaugummi *m, a. n.*

chic [ʃiːk] **I** *s* Schick *m*, Eleganz *f*. **II** *adj* schick, elegant.

chick [tʃɪk] *s* **1.** Küken *n*, junger Vogel. **2.** F Kleine(s) (*Kind; oft Anrede*). **3.** *sl.* Biene *f*, Puppe *f* (*Mädchen*).

chick·en ['tʃɪkɪn] **I** *s* **1.** Küken *n* (*a.* F *junge Person*), Hühnchen *n*, Hähnchen *n*: ***she's no*** ~ F sie ist (auch) nicht mehr die Jüngste. **2.** Huhn *n*. **3.** F Feigling *m*. **II** *adj* **4.** F feig. **III** *v/i* **5.** ~ ***out*** F kneifen (***of, on*** vor *dat*). ~ **broth** *s* Hühnerbrühe *f*. ~ **farm·er** *s* Geflügelzüchter(in). ~ **feed** *s* **1.** Hühnerfutter *n*. **2.** *sl. contp.* ein paar Pfennige *pl*, *a.* Hungerlohn *m*. **'~ˌheart·ed, '~ˌliv·ered** *adj* furchtsam, feig. ~ **pox** *s* ⚕ Windpocken *pl*.

chick·pea ['tʃɪkpiː] *s* ✿ Kichererbse *f*.

chic·o·ry ['tʃɪkərɪ] *s* ✿ Schikoree *f, a. m.*

chief [tʃiːf] **I** *s* **1.** (Ober)Haupt *n*, (An)Führer(in), Chef(in): ~ ***of the department*** Abteilungsleiter(in); ~ ***of state*** Staatschef(in), -oberhaupt. **2.** Häuptling *m*: ~ ***of the tribe*** Stammeshäuptling. **II** *adj* **3.** erst, oberst, Ober..., Haupt...: ~ ***accountant*** Leiter(in) des Rechnungswesens, Hauptbuchhalter(in); ~ ***designer*** Chefkonstrukteur(in). **4.** hauptsächlich, wichtigst.

'chief·ly *adv* hauptsächlich, vor allem.

chif·fon ['ʃɪfɒn] *s* Chiffon *m*.

chil·blain ['tʃɪlbleɪn] *s* Frostbeule *f*.

child [tʃaɪld] *pl* **chil·dren** ['tʃɪldrən] *s* Kind *n*; ***an only child*** ein Einzelkind; ***be a good*** ~***!*** sei artig *od.* brav!; ***that's*** ~***'s play*** *fig.* das ist ein Kinderspiel. ~ **a·buse** *s* Kindesmisshandlung *f*. ~ **al·low·ance** *s* Steuerfreibetrag *m* für Kinder. **'~·bed** *s*: ***be in*** ~ im Wochenbett liegen; ~ ***fever*** ⚕ Kindbettfieber *n*. ~ **ben·e·fit** *s Br.* Kindergeld *n*. **'~·birth** *s* Geburt *f*, Niederkunft *f*, Entbindung *f*. ~ **em·ploy·ment** *s* Kinderarbeit *f*.

child·hood ['tʃaɪldhʊd] *s* Kindheit *f*: ***from*** ~ von Kindheit an; → ***second***[1] 1.

child·ish ['tʃaɪldɪʃ] *adj* □ **1.** kindlich. **2.** kindisch.

child la·bour *s* Kinderarbeit *f*.

child·less ['tʃaɪldlɪs] *adj* kinderlos.

child·less·ness *s* Kinderlosigkeit *f*.

'child|·like *adj* kindlich. ~ **mind·er** *s* Tages-

C

mutter *f*. ~ **prod·i·gy** *s* Wunderkind *n*. '~**proof** *adj* kindersicher: ~ **lock** *mot*. Kindersicherung *f*.
chil·dren ['tʃɪldrən] *pl von* **child**: ~**'s channel** Kinderkanal *m*; ~**'s clinic** Kinderklinik *f*.
chil·e ['tʃɪlɪ] *s*, '**chil·i** *pl* **-ies** *s* **1.** ⚘ Chili *m* (*a. Cayennepfeffer*): ~ **sauce** Chili(soße *f*) *m*.
Chil·e ['tʃɪlɪ] *geogr*. Chile *n*.
chill [tʃɪl] **I** *s* **1.** Kältegefühl *n*, Frösteln *n*. **2.** Kälte *f*, Kühle *f* (*beide a. fig.*): **take the ~ off** *et*. leicht anwärmen. **3.** Erkältung *f*: **catch a ~** sich erkälten. **4.** *fig*. gedrückte Stimmung: **cast** (*od*. **put**) **a ~ on** (*od*. **over**) → 8. **II** *adj* **5.** kalt, frostig, kühl (*alle a. fig.*). **III** *v/i* **6.** abkühlen. **IV** *v/t* **7.** *j-n* frösteln lassen; abkühlen (lassen), *Lebensmittel etc* kühlen: ~**ed meat** Kühlfleisch *n*. **8.** *fig*. abkühlen, dämpfen; entmutigen.
'**chill·er** *s* Gruselschocker *m*.
chil·li *pl* **-lies** → **chile**.
chil·ly ['tʃɪlɪ] *adj* → **chill** 5: **feel ~** frösteln.
chime [tʃaɪm] **I** *s* **1.** *oft pl* Glockenspiel *n*, (Glocken)Geläute *n*. **2.** (Glocken)Schlag *m*. **II** *v/i* **3.** läuten; ertönen; schlagen (*Uhr*). **4.** *fig*. harmonieren, übereinstimmen (**with** mit): ~ **in** sich (ins Gespräch) einmischen, einfallen (*a*. ♪); ~ **in with** zustimmen, beipflichten (*dat*); übereinstimmen mit. **III** *v/t* **5.** *Glocken* läuten; *die Stunde* schlagen.
chim·ney ['tʃɪmnɪ] *s* Schornstein *m*, Kamin *m*. '~**·piece** *s* Kaminsims *m*, *n*. ~ **sweep** *s* Schornsteinfeger(in).
chim·pan·zee [ˌtʃɪmpən'ziː] *s zo*. Schimpanse *m*.
chin [tʃɪn] **I** *s* Kinn *n*: (**keep your**) ~ **up!** F Kopf hoch!, halt die Ohren steif! **II** *v/t*: ~ **o.s.** (**up**), ~ **the bar** e-n Klimmzug machen. **III** *v/i Am*. F schwatzen.
chi·na ['tʃaɪnə] *s* **1.** Porzellan *n*. **2.** (Porzellan)Geschirr *n*.
Chi·na *geogr*. China *n*.
Chi·na·man ['tʃaɪnəmən] *s* (*irr* **man**) *mst contp*. Chinese *m*.
'**Chi·na·town** *s* Chinesenviertel *n*.
'**chi·na·ware** *s* Porzellan(waren *pl*) *n*.
Chi·nese [ˌtʃaɪ'niːz] **I** *s* **1.** Chinese *m*, Chinesin *f*: **the ~** *pl* die Chinesen *pl*. **2.** *ling*. Chinesisch *n*. **II** *adj* **3.** chinesisch.
chink[1] [tʃɪŋk] *s* Riss *m*, Ritze *f*, Spalt *m*, Spalte *f*.
chink[2] [~] **I** *v/i u. v/t* klingen *od*. klirren (lassen), klimpern (mit). **II** *s* Klirren *n*, Klimpern *n*.
'**chin·wag** F **I** *s* **1.** Plauderei *f*, Plausch *m*. **2.** Tratsch *m*. **II** *v/i* **3.** plaudern, plauschen. **4.** tratschen.
chip [tʃɪp] **I** *s* **1.** Splitter *m*, Span *m*, Schnitzel *n*, *m*: **be a ~ off the old block** ganz der Vater sein; **have a ~ on one's shoulder** F sich ständig angegriffen fühlen; e-n Komplex haben (**about** wegen). **2.** angeschlagene Stelle. **3.** *pl Br*. Pommes frites *pl*; *Am*. (Kartoffel)Chips *pl*. **4.** Chip *m* (*a*. ⚡), Spielmarke *f*. **II** *v/t* **5.** *a*. ~ **off** abbrechen. **6.** *Geschirr etc* anschlagen. **7.** ~ **in** F *im Gespräch* einwerfen. **8.** ~ **in** F *Geld etc* beisteuern. **III** *v/i* **9.** *a*. ~ **off** abbrechen, abbröckeln. **10.** ~ **in** F dazu beisteuern: ~ **in with** → 8. **11.** ~ **in** F sich (*in ein Gespräch*) einmischen. ~ **pan** *s* Friteuse *f*. ~ **shop** *s* Imbissbude *f*.
chi·rop·o·dist [kɪ'rɒpədɪst] *s* Fußpfleger(in), Pediküre *f*.
chi'rop·o·dy *s* Fußpflege *f*, Pediküre *f*.
chi·ro·prac·tor ['kaɪrəʊˌpræktə] *s* ⚕ Chiropraktiker(in).
chirp [tʃɜːp] **I** *v/i u. v/t* **1.** zirpen (*Grille etc*); zwitschern, piepsen (*Vogel*) (*alle a. fig. Person etc*). **II** *s* **2.** Zirpen *n*; Zwitschern *n*, Piepsen *n*. **3.** Piepser *m*.
'**chirp·y** *adj* ☐ F quietschvergnügt.
chir·rup ['tʃɪrəp] → **chirp**.
chis·el ['tʃɪzl] **I** *s* **1.** Meißel *m*. **II** *v/t pret u. pp* **-eled,** *bsd. Br*. **-elled 2.** (aus)meißeln. **3.** *fig*. (stilistisch) ausfeilen.
chit[1] [tʃɪt] *s*: **a ~ of a girl** ein junges Ding; *contp*. ein Fratz.
chit[2] [~] *s* **1.** vom Gast abgezeichnete Rechnung. **2.** (kurze) Notiz; beschriebener Zettel.
chit·chat ['tʃɪttʃæt] *s* **1.** Plauderei *f*, Plausch *m*. **2.** Klatsch *m*, Tratsch *m*.
chiv·al·rous ['ʃɪvlrəs] *adj* ☐ **1.** ritterlich, galant. **2.** tapfer; loyal; großzügig.
'**chiv·al·ry** *s* **1.** Ritterlichkeit *f*. **2.** *hist*. Rittertum *n*; -stand *m*.
chives [tʃaɪvz] *s pl* ⚘ Schnittlauch *m*.
chlo·ric ['klɔːrɪk] *adj* ⚗ chlorhaltig, Chlor...
chlo·rin·ate ['klɔːrɪneɪt] *v/t* chloren: ~**d hydrocarbons** *pl* chlorierte Kohlenwasserstoffe *pl*.
chlo·rine ['klɔːriːn] *s* ⚗ Chlor *n*.
chlo·ro·fluoro·car·bon [ˌklɒrəʊflʊərə'kɑːbən] *s* Fluorchlorkohlenwasserstoff *m*.
chlo·ro·form ['klɒrəfɔːm] **I** *s* ⚗ Chloroform *n*. **II** *v/t* chloroformieren.
chlo·ro·phyll ['klɒrəfɪl] *s* ⚘ Chlorophyll *n*, Blattgrün *n*.
chock [tʃɒk] **I** *s* Bremsklotz *m*. **II** *v/t* festkeilen. ˌ~**-a-'block** *adj* voll gestopft (**with** mit). ˌ~**-'full** *adj* zum Bersten voll (**of** mit).
choc·o·late ['tʃɒkələt] **I** *s* **1.** Schokolade *f* (*a. Getränk*). **2.** Praline *f*: ~**s** *pl* Pralinen *pl*, Konfekt *n*; → **box**[1] 2. **II** *adj* **3.** schokolade(n)braun. ~ **bar** *s* Schokoriegel *m*.
choice [tʃɔɪs] **I** *s* **1.** (*a*. freie) Wahl: **make a ~** wählen, e-e Wahl treffen; **take one's ~** s-e Wahl treffen, sich et. aussuchen; **at ~** nach Belieben; **have no ~** keine andere Wahl

haben; ~ ***of location*** *econ.* Standortwahl *f.* **2.** (*große*) Auswahl (**of** an *dat*). **3.** Auslese *f*, *das* Beste. **II** *adj* **4.** auserlesen, ausgesucht (gut). **5.** *humor.* deftig (*Sprache*): ~ ***word*** Kraftausdruck *m.*

choir ['kwaɪə] *s* ♪, ⚠ Chor *m.*

choke [tʃəʊk] **I** *s* **1.** Würgen *n.* **2.** *mot.* Choke *m*: ***pull out the*** ~ den Choke ziehen. **II** *v/t* **3.** würgen. **4.** erwürgen, erdrosseln, *a. weitS. Feuer* ersticken. **5.** *a.* ~ ***back*** (*od.* ***down***) *Bemerkung, Ärger etc* unterdrücken, hinunterschlucken, *Tränen* zurückhalten. **6.** *Motor, Strom* drosseln; F *Motor* abwürgen. **7.** *a.* ~ ***off*** *Diskussion etc* abwürgen; *j-s Redefluss* stoppen. **8.** *a.* ~ ***up*** verstopfen; voll stopfen. **III** *v/i* **9.** würgen. **10.** ersticken (**on** an *dat*).

'chok·ing *adj* **1.** stickig (*Luft*). **2.** erstickt (*Stimme*).

'chok·y → ***choking*** 1.

chol·er·a ['kɒlərə] *s* ⚕ Cholera *f.*

'chol·er·ic *adj* (~***ally***) cholerisch.

cho·les·ter·in [kə'lestərɪn], **cho'les·terol** [~rɒl] *s physiol.* Cholesterin *n.*

choose [tʃuːz] (*irr*) **I** *v/t* **1.** (aus)wählen, (sich *et.*) aussuchen. **2.** ~ ***to do s.th.*** es vorziehen *od.* beschließen, et. zu tun. **II** *v/i* **3.** wählen: ***there are three versions to*** ~ ***from*** es stehen drei Ausführungen zur Auswahl.

'choos·(e)y *adj* F wählerisch, heikel.

chop¹ [tʃɒp] **I** *s* **1.** Hieb *m*, Schlag *m.* **2.** *gastr.* Kotelett *n.* **II** *v/t* **3.** (zer)hacken: ~ ***wood*** Holz hacken; ~ ***away*** (*od.* ***off***) abhacken; ~ ***down*** fällen.

chop² [~] *v/i oft* ~ ***about*** (*od.* ***round***) plötzlich umschlagen (*Wind etc*): ~ ***and change*** dauernd s-e Meinung *od.* s-e Pläne ändern.

chop·per ['tʃɒpə] *s* **1.** Hackmesser *n.* **2.** F Hubschrauber *m.*

chop·py ['tʃɒpɪ] *adj* **1.** kabbelig (*Meer*). **2.** böig (*Wind*). **3.** *fig.* abgehackt; zusammenhang(s)los.

'chop·stick *s* Essstäbchen *n.*

cho·ral ['kɔːrəl] *adj* □ Chor..., chorartig: ~ ***society*** Gesangverein *m.*

cho·ral(e) [kɒ'rɑːl] *s* Choral *m.*

chord¹ [kɔːd] *s* ♪ Saite *f* (*a. fig.*): ***strike the right*** ~ den richtigen Ton treffen.

chord² [~] *s* ♪ Akkord *m.*

chore [tʃɔː] *s* **1.** *pl* Hausarbeit *f*: ***do the*** ~***s*** den Haushalt machen. **2.** schwierige *od.* unangenehme Aufgabe.

cho·re·og·ra·pher [ˌkɒrɪ'ɒgrəfə] *s* Choreograf(in).

ˌcho·re'og·ra·phy *s* Choreografie *f.*

cho·rus ['kɔːrəs] **I** *s* **1.** Chor *m* (*a. fig.*): ~ ***of protest*** Protestgeschrei *n*; ***in*** ~ im Chor. **2.** Tanzgruppe *f* (*bsd. e-r Revue*). **II** *v/t u. v/i* **3.** im Chor singen *od.* sprechen *od.* rufen. ~ **girl** *s* (Revue)Tänzerin *f.*

chose [tʃəʊz] *pret von* ***choose.***

cho·sen ['tʃəʊzn] *pp von* ***choose.***

chow [tʃaʊ] *s* **1.** *zo.* Chow-Chow *m.* **2.** *sl.* Futter *n*, Essen *n.*

chow·der ['tʃaʊdə] *s gastr. bsd. Am. dicke Suppe aus Meeresfrüchten.*

Christ [kraɪst] **I** *s* Christus *m*: ***before*** ~ vor Christi Geburt. **II** *int sl.* verdammt *od.* Herrgott noch mal!

chris·ten ['krɪsn] *v/t j-n, a. Schiff etc* (auf den Namen ...) taufen.

'chris·ten·ing *s* Taufe *f.*

Chris·tian ['krɪstʃən] **I** *adj* □ christlich: ~ ***era*** christliche Zeitrechnung; ~ ***name*** → ***first name.*** **II** *s* Christ(in).

Chris·ti·an·i·ty [ˌkrɪstɪ'ænətɪ] *s* **1.** Christenheit *f.* **2.** Christentum *n.*

Chris·tian·ize ['krɪstjənaɪz] *v/t* christianisieren.

Christ·mas ['krɪsməs] *s* Weihnachten *n u. pl*: ***at*** ~ zu Weihnachten; → ***merry*** 1. ~ **bo·nus** *s* Weihnachtsgratifikation *f*, Weihnachtsgeld *n.* ~ **box** *s Br.* Geldgeschenk *n* zu Weihnachten (*für Briefträger etc*). ~ **car·ol** *s* Weihnachtslied *n.* ~ **Day** *s* erster Weihnachtsfeiertag. ~ **Eve** *s* Heiliger Abend. ~ **pres·ent** *s* Weihnachtsgeschenk *n.* ~ **pud·ding** *s* Plumpudding *m.* **'~·tide, '~·time** *s* Weihnachtszeit *f.* ~ **tree** *s* Christ-, Weihnachtsbaum *m.*

chro·mat·ic [krəʊ'mætɪk] *phys.* **I** *adj* (~***ally***) chromatisch, Farben... **II** *s* ~***s*** *sg* Chromatik *f*, Farbenlehre *f.*

chrome [krəʊm] ⚗ **I** *s* Chrom *n.* **II** *v/t a.* ~***-plate*** verchromen.

chro·mi·um ['krəʊmɪəm] *s* ⚗ Chrom *n.* **ˌ~-'plate** *v/t* verchromen.

chro·mo·some ['krəʊməsəʊm] *s biol.* Chromosom *n.*

chron·ic ['krɒnɪk] *adj* (~***ally***) **1.** ständig, (an)dauernd: ~ ***unemployment*** Dauerarbeitslosigkeit *f.* **2.** eingewurzelt; unverbesserlich. **3.** ⚕ chronisch. **4.** *Br.* F scheußlich, miserabel.

chron·i·cle ['krɒnɪkl] **I** *s* Chronik *f.* **II** *v/t* aufzeichnen.

'chron·i·cler *s* Chronist(in).

chron·o·log·i·cal [ˌkrɒnə'lɒdʒɪkl] *adj* □ chronologisch: ***in*** ~ ***order***, ~***ly*** in chronologischer Reihenfolge.

chro·nol·o·gy [krə'nɒlədʒɪ] *s* **1.** Chronologie *f*, Zeitrechnung *f.* **2.** Zeittafel *f.* **3.** chronologische Aufstellung.

chrys·an·the·mum [krɪ'sænθəməm] *s* ✿ Chrysantheme *f.*

chub·by ['tʃʌbɪ] *adj* **1.** dicklich, rundlich: ~ ***cheeks*** *pl* Pausbacken *pl.* **2.** pausbäckig.

C

chuck¹ [tʃʌk] **I** *s* **1.** F Wurf *m*: ***give s.o. the ~ Br.*** j-n rausschmeißen (*entlassen*). **II** *v/t* **2.** F schmeißen, werfen. **3.** F a) Schluss machen mit (*e-r Freundin etc*): ***~ it!*** lass das!, b) → ***chuck up.*** **4.** ***~ s.o. under the chin*** j-n *od.* j-m zärtlich unters Kinn fassen.
Verbindungen mit Adverbien:
chuck| a·way *v/t* F **1.** wegschmeißen. **2.** *Geld* verschwenden. **3.** *Gelegenheit etc* verpassen, verschenken. **~ in** → ***chuck up.*** **~ out** *v/t* F *j-n* rausschmeißen, *et. Altes etc a.* wegschmeißen. **~ up** *v/t* F *Job* hinschmeißen.
chuck² [~] *s tech.* **1.** Spann-, Klemmfutter *n.* **2.** Spannvorrichtung *f.*
chuck·er-out [ˌtʃʌkər'aʊt] *s* F Rausschmeißer(in).
chuck·le ['tʃʌkl] **I** *v/i* **1.** glucksen: ~ ***(to o.s.)*** (stillvergnügt) in sich hineinlachen. **2.** glucken (*Henne*). **II** *s* **3.** Glucksen *n.*
chuffed [tʃʌft] *adj* F hocherfreut.
chug [tʃʌg] **I** *s* Tuckern *n* (*des Motors*). **II** *v/i* tuckern(d fahren).
chum [tʃʌm] F **I** *s* Kumpel *m*: ***be great ~s*** dicke Freunde sein. **II** *v/i*: ***~ up with s.o.*** enge Freundschaft mit j-m schließen.
chump [tʃʌmp] *s* **1.** Holzklotz *m.* **2.** dickes Ende (*e-r Hammelkeule etc*). **3.** F Trottel *m.* **4.** *Br. sl.* Birne *f* (*Kopf*): ***be off one's ~*** e-n Vogel haben.
chunk [tʃʌŋk] *s* F (Holz)Klotz *m*; (dickes) Stück: ***a ~ of bread*** ein Runken.
'chunk·y *adj* F klobig, klotzig.
Chun·nel ['tʃʌnl] *s* F Eurotunnel *m.*
church [tʃɜːtʃ] **I** *s* Kirche *f*: ***at*** (*od.* ***in***) ~ in der Kirche; ***go to ~*** in die Kirche gehen. **II** *adj* Kirchen..., kirchlich. **'~ˌgo·er** *s* Kirchgänger(in). **~ wed·ding** *s* kirchliche Trauung. **'~·yard** *s* Kirch-, Friedhof *m.*
churl [tʃɜːl] *s* **1.** Flegel *m.* **2.** Geizhals *m.*
churn [tʃɜːn] **I** *s* **1.** Butterfass *n*, -maschine *f.* **2.** *Br.* Milchkanne *f.* **II** *v/t* **3.** zu Butter verarbeiten. **4.** *a.* ***~ up*** *Flüssigkeiten* heftig schütteln, *Wellen* aufwühlen, peitschen. **III** *v/i* **5.** buttern. **6.** sich heftig bewegen.
chute [ʃuːt] *s* **1.** Stromschnelle *f.* **2.** Rutsche *f* (*a. tech.*), Rutschbahn *f.* **3.** Müllschlucker *m.* **4.** F Fallschirm *m.*
chut·ney ['tʃʌtnɪ] *s gastr.* Chutney *n* (*scharf gewürzte Paste aus Früchten*).
CIA [siːaɪ'eɪ] ***Central Intelligence Agency*** CIA *f, m.*
ci·ca·da [sɪ'kɑːdə] *s* Zikade *f.*
CID [siːaɪ'diː] *s* ***Criminal Investigation Department*** Kripo *f.*
ci·der ['saɪdə] *s* (*Am.* ***hard*** ~) Apfelwein *m*: (***sweet***) ~ *Am.* Apfelmost *m*, -saft *m.*
CIF ***cost, insurance and freight*** Kosten, Versicherung und Fracht.
ci·gar [sɪ'gɑː] *s* Zigarre *f.* **~ cut·ter** *s* Zigarrenabschneider *m.*
cig·a·rette, *Am. a.* **cig·a·ret** [ˌsɪgə'ret] *s* Zigarette *f.* **~ case** *s* Zigarettenetui *n.* **~ end** *s* Zigarettenstummel *m.* **~ hold·er** *s* Zigarettenspitze *f.* **~ pa·per** *s* Zigarettenpapier *n.*
cig·a·ril·lo [ˌsɪgə'rɪləʊ] *pl* **-los** *s* Zigarillo *m, n.*
ci·gar light·er *s mot.* Zigarren-, Zigarettenanzünder *m.*
cinch [sɪntʃ] *s sl.* todsichere Sache; Kinderspiel *n.*
cin·der ['sɪndə] *s* **1.** Schlacke *f*: ***burnt to a ~*** verkohlt, verbrannt. **2.** *pl* Asche *f.*
Cin·der·el·la [ˌsɪndə'relə] *s* Aschenbrödel *n*, -puttel *n* (*a. fig.*).
cin·der track *s Sport*: Aschenbahn *f.*
cin·e·cam·er·a ['sɪnɪˌkæmərə] *s* (Schmal-)Filmkamera *f.*
'cin·e·film *s* Schmalfilm *m.*
cin·e·ma ['sɪnəmə] *s* **1.** *bsd. Br.* Kino *n.* **2.** Film(kunst *f*) *m.* **'~ˌgo·er** *s bsd. Br.* Kinobesucher(in).
cin·na·mon ['sɪnəmən] *s* Zimt *m.*
CIP ***carriage and insurance paid to ...*** frachtfrei versichert bis ...
ci·pher ['saɪfə] **I** *s* **1.** ⅍ Null *f* (*Ziffer*). **2.** (arabische) Ziffer, Zahl *f.* **3.** *fig.* Null *f* (*Person*); Nichts *n* (*Sache*). **4.** Chiffre *f*: ***in ~*** chiffriert. **5.** *fig.* Schlüssel *m* (*zu e-r Geheimschrift*). **II** *v/t* **6.** chiffrieren, verschlüsseln.
cir·cle ['sɜːkl] **I** *s* **1.** (*a. Familien-, Freundes- etc*)Kreis *m*: ***go*** (*od.* ***run***) ***round in ~s*** *fig.* sich im Kreis bewegen; → ***vicious circle.*** **2.** *thea.* Rang *m*: ***upper ~*** zweiter Rang; → ***dress circle.*** **3.** *fig.* Kreislauf *m*, Zyklus *m.* **II** *v/t* **4.** umringen. **5.** umkreisen. **6.** einkreisen, umzingeln. **7.** einringeln. **III** *v/i* **8.** kreisen (*a.* ✈), die Runde machen (*a. Pokal etc*).
cir·cuit ['sɜːkɪt] **I** *s* **1.** Umfang *m*, Umkreis *m.* **2.** Runde *f*, Rundreise *f*, -flug *m*: ***make*** (*od.* ***do***) ***the*** (*od.* ***a***) ***~ of*** die Runde *od.* e-e Rundreise machen in (*dat*). **3.** ⚡ Strom-, Schaltkreis *m*; Schaltung *f*, Schaltsystem *n*: → ***closed*** 1, ***integrate*** Ia, ***short circuit.*** **II** *v/t* **4.** umkreisen. **'~·board** *s Computer*: Platine *f.* **~ break·er** *s* ⚡ Unterbrecher *m* (*a. mot.*). **~ di·a·gram** *s* ⚡ Schaltplan *m.*
cir·cu·i·tous [sə'kjuːɪtəs] *adj* ☐ **1.** gewunden (*Flusslauf etc*). **2.** *fig.* weitschweifig, umständlich.
cir·cuit train·ing *s Sport*: Zirkel-, Circuittraining *n.*
cir·cu·lar ['sɜːkjʊlə] **I** *adj* ☐ **1.** (kreis)rund, kreisförmig. **2.** Kreis..., Rund...: ***~ letter*** → 4a; ***~ letter of credit*** Reisekreditbrief *m*; ***~ saw*** *tech.* Kreissäge *f.* **3.** → ***circuitous*** 2. **II** *s* **4.** a) Rundschreiben *n*, -brief *m*, b) Umlauf *m*, c) (Post)Wurfsendung *f.*
cir·cu·late ['sɜːkjʊleɪt] **I** *v/i* zirkulieren: a)

kreisen, b) im Umlauf sein, kursieren (*Geld, Nachricht etc*). **II** *v/t* in Umlauf setzen (*a. fig.*), zirkulieren lassen.
'cir·cu·lat·ing *adj* zirkulierend, kursierend: ~ ***assets*** *pl* Umlaufvermögen *n*; ~ ***capital*** Umlaufvermögen *n*, Betriebskapital *n*; ~ ***library*** Leihbücherei *f*.
ˌcir·cu'la·tion *s* **1.** (*physiol. a.* Blut)Kreislauf *m*, Zirkulation *f*. **2.** *econ.* Umlauf *m*: ***bring*** (*od.* ***put***) ***into*** ~ in Umlauf setzen (*a. fig.*); ***withdraw from*** ~ aus dem Verkehr ziehen; ***out of*** ~ außer Kurs (gesetzt). **3.** Auflage *f* (*e-r Zeitung etc*).
ˌcir·cu'la·to·ry *adj* ⚕, *physiol.* (Blut-)Kreislauf...: ~ ***disturbances*** *pl* Kreislaufstörungen *pl*; ~ ***system*** Kreislauf *m*.
cir·cum·cise ['sɜːkəmsaɪz] *v/t* ⚕, *eccl.* beschneiden.
cir·cum·ci·sion [ˌsɜːkəm'sɪʒn] *s* Beschneidung *f*.
cir·cum·fer·ence [sə'kʌmfərəns] *s* ⩓ Umfang *m*.
cir·cum·lo·cu·tion [ˌsɜːkəmlə'kjuːʃn] *s* **1.** Umschreibung *f*. **2.** Umschweife *pl*; Weitschweifigkeit *f*.
cir·cum·nav·i·gate [ˌsɜːkəm'nævɪgeɪt] *v/t* umschiffen, umsegeln.
'cir·cumˌnav·i'ga·tion *s* Umschiffung *f*, Umseg(e)lung *f*: ~ ***of the globe*** Weltumsegelung.
cir·cum·scribe ['sɜːkəmskraɪb] *v/t* **1.** begrenzen, einschränken. **2.** umschreiben (*a.* ⩓); definieren.
cir·cum·scrip·tion [ˌ~'skrɪpʃn] *s* **1.** Einschränkung *f*. **2.** Umschreibung *f*. **3.** Umschrift *f* (*e-r Münze etc*).
cir·cum·spect ['sɜːkəmspekt] *adj* □ **1.** umsichtig. **2.** vorsichtig.
cir·cum·spec·tion [ˌsɜːkəm'spekʃn] *s* **1.** Umsicht *f*. **2.** Vorsicht *f*.
cir·cum·stance ['sɜːkəmstəns] *s* **1.** Umstand *m*. **2.** *mst pl* (Sach)Lage *f*, Umstände *pl*: ***in*** (*od.* ***under***) ***no*** **~s** unter keinen Umständen, auf keinen Fall; ***in*** (*od.* ***under***) ***the*** **~s** unter diesen Umständen. **3.** *pl* Verhältnisse *pl*: ***live in easy*** **~s** in gesicherten Verhältnissen leben.
cir·cum·stan·tial [ˌsɜːkəm'stænʃl] *adj* □ **1.** umstandsbedingt. **2.** ausführlich. **3.** umständlich. **4.** ~ ***evidence*** ⚖ Indizienbeweis *m*. **5.** nebensächlich.
cir·cus ['sɜːkəs] *s* **1.** Zirkus *m*. **2.** *Br. runder, von Häusern umschlossener Platz.*
cir·rho·sis [sɪ'rəʊsɪs] *s* ⚕ Zirrhose *f*.
cir·rus ['sɪrəs] *pl* **-ri** ['~raɪ] *s meteor.* Zirrus-, Federwolke *f*.
CIS [siːaɪ'es] *abbr.* (= ***Commonwealth of Independant States***) GUS *f*.
cis·sy → ***sissy***.
cis·tern ['sɪstən] *s* **1.** Wasserbehälter *m*, (*in Toilette*) Spülkasten *m*. **2.** Zisterne *f*.
cit·a·del ['sɪtədəl] *s mil.* Zitadelle *f*.
ci·ta·tion [saɪ'teɪʃn] *s* **1.** Zitieren *n*; Zitat *n*. **2.** ⚖ Vorladung *f*. **3.** *mil.* lobende Erwähnung.
cite [saɪt] *v/t* **1.** zitieren. **2.** ⚖ vorladen. **3.** *mil.* lobend erwähnen.
cit·i·zen ['sɪtɪzn] *s* **1.** Bürger(in); **~*s' action group*** Bürgerinitiative *f*. **2.** Städter(in). **3.** Staatsangehörige *m, f*.
'cit·i·zen·ship *s* Staatsangehörigkeit *f*.
cit·ric ac·id ['sɪtrɪk] *s* ⚗ Zitronensäure *f*.
cit·rus ['sɪtrəs] *s* ⚘ Zitrusgewächs *n*. ~ **fruit** *s* Zitrusfrucht *f*.
cit·y ['sɪtɪ] *s* (Groß)Stadt *f*: ***the City*** die (Londoner) City. ~ **cen·tre** *s Br.* Innenstadt *f*, City *f*. ~ **fa·thers** *s pl* Stadtväter *pl*. ~ **hall** *s* Rathaus *n*. ~ **per·son** *s* Stadtmensch *m*. ~ **plan·ning** *s* Stadtplanung *f*. ~ **state** *s* Stadtstaat *m*.
civ·ic ['sɪvɪk] **I** *adj* (**~*ally***) **1.** → ***civil*** 2. **2.** städtisch, Stadt... **II** *s* **~s** *sg* Staatsbürgerkunde *f*.
civ·il ['sɪvl] *adj* □ **1.** staatlich, Staats... **2.** (*a.* staats)bürgerlich, Bürger... **3.** zivil, Zivil... (*Ggs. militärisch, kirchlich etc*): ~ ***aviation*** Zivilluftfahrt *f*; ~ ***marriage*** standesamtliche Trauung. **4.** höflich. **5.** ⚖ zivilrechtlich: ~ ***case*** (*od.* ***suit***) Zivilprozess *m*. ~ **en·gi·neer** *s* Bauingenieur(in). ~ **en·gi·neer·ing** *s* Hoch- und Tiefbau *m*.
ci·vil·ian [sɪ'vɪljən] **I** *s* Zivilist(in). **II** *adj* zivil, Zivil...
civ·i·li·za·tion [ˌsɪvɪlaɪ'zeɪʃn] *s* Zivilisation *f*, Kultur *f*.
'civ·i·lize *v/t* zivilisieren: **~*d nations*** *pl* Kulturvölker *pl*.
civ·il| law *s* **1.** römisches Recht. **2.** Zivilrecht *n*, bürgerliches Recht. ~ **rights** *s pl* bürgerliche Ehrenrechte *pl*, (Staats)Bürgerrechte *pl*: ~ ***activist*** Bürgerrechtler(in); ~ ***movement*** Bürgerrechtsbewegung *f*. ~ **ser·vant** *s* Staatsbeamte *m*, -beamtin *f*. ~ **ser·vice** *s* Staatsdienst *m*. ~ **war** *s* Bürgerkrieg *m*.
CJD [siːdʒeɪ'diː] *s* ***Creutzfeld-Jakob disease*** Creutzfeld-Jakob-Krankheit *f*.
clack [klæk] *v/i* **1.** klappern. **2.** plappern.
clad [klæd] **I** *pret u. pp von* ***clothe***. **II** *adj* gekleidet.
claim [kleɪm] **I** *v/t* **1.** verlangen, *a. Todesopfer etc* fordern: ~ ***back*** zurückfordern. **2.** in Anspruch nehmen, (er)fordern. **3.** behaupten (***s.th.*** et.; ***that*** dass); (von sich) behaupten (***to be*** zu sein), Anspruch erheben auf (*acc*); aufweisen (können), haben; sich bekennen zu (*e-m Terroranschlag etc*). **II** *s* **4.** Forderung *f* (***on, against*** gegen): ***make a*** ~ e-e Forderung erheben; **~*s adjuster*** Schadenssachbearbeiter *m*; **~*s department***

C

Schadensabteilung *f.* **5.** Anrecht *n* (***to*** auf *acc*): ~ ***for damages*** Schadenersatzanspruch *m.* **6.** Behauptung *f.*

'claim·ant *s* **1.** Antragsteller(in): ***rightful*** ~ Anspruchsberechtigte *m,f.* **2.** Anwärter(in) (***to*** auf *acc*).

clair·voy·ance [kleə'vɔɪəns] *s* Hellsehen *n.*

clair'voy·ant I *adj* hellseherisch. **II** *s* Hellseher(in).

clam [klæm] *s zo.* essbare Muschel: ***hard*** (*od.* ***round***) ~ Venusmuschel.

clam·ber ['klæmbə] **I** *v/i* (mühsam) klettern. **II** *v/t* erklettern.

clam·my ['klæmɪ] *adj* □ feuchtkalt.

clam·or·ous ['klæmərəs] *adj* □ **1.** lärmend. **2.** *fig.* lautstark (*Forderungen etc*).

'clam·o(u)r I *s* **1.** Lärm *m*, Geschrei *n.* **2.** *fig.* lautstarker Protest (***against*** gegen), *fordernder* Schrei (***for*** nach). **II** *v/i* **3.** lärmen, schreien. **4.** *fig.* lautstark protestieren (***against*** gegen), lautstark verlangen (***for*** nach).

clamp [klæmp] **I** *s tech.* Klemme *f*, Klammer *f.* **II** *v/t* festklemmen, mit Klammern befestigen. **III** *v/i*: ~ ***down*** F scharf vorgehen (***on*** gegen).

clan [klæn] *s* **1.** Clan *m*: a) *schott.* Stamm *m*, b) *allg.* Sippe *f*, Geschlecht *n.* **2.** Gruppe *f*, *bsd. contp.* Clique *f.*

clan·des·tine [klæn'destɪn] *adj* □ heimlich, verstohlen.

clang [klæŋ] **I** *v/i* klingen, klirren. **II** *v/t* erklingen lassen. **III** *s* Klang *m*, Geklirr *n.*

'clang·er *s*: ***drop a*** ~ *Br.* F ins Fettnäpfchen treten.

clang·or·ous ['klæŋgərəs] *adj* □ klirrend.

clang·o(u)r ['klæŋə] → ***clang*** III.

clank [klæŋk] **I** *v/i u. v/t* klirren *od.* rasseln (mit). **II** *s* Geklirr *n*, Gerassel n.

clap¹ [klæp] **I** *s* **1.** (*a.* Hände-, Beifall)Klatschen *n.* **2.** Klaps *m.* **3.** Krachen *n*: ~ ***of thunder*** Donnerschlag *m.* **II** *v/t* **4.** zs.-schlagen: ~ ***one's hands*** in die Hände klatschen. **5.** *j-m* Beifall klatschen, applaudieren, *a. et.* beklatschen. **6.** *j-m auf die Schulter etc* klopfen. **III** *v/i* **7.** klatschen. **8.** (Beifall) klatschen, applaudieren.

clap² [~] *s* ⚕ *sl.* Tripper *m.*

clap·per ['klæpə] *s* **1.** Klöppel *m* (*e-r Glocke*). **2.** Klapper *f.*

'clap·trap *s* F **1.** Effekthascherei *f.* **2.** Gewäsch *n.*

clar·et ['klærət] *s* roter Bordeaux(wein); *allg.* Rotwein *m.*

clar·i·fi·ca·tion [ˌklærɪfɪ'keɪʃn] *s* **1.** (Auf-) Klärung *f*, Klarstellung *f.* **2.** *tech.* (Abwasser)Klärung *f*, Abklärung *f*: ~ ***plant*** Kläranlage *f.*

clar·i·fy ['klærɪfaɪ] **I** *v/t* **1.** (auf)klären, klarstellen. **2.** *tech.* (ab)klären. **II** *v/i* **3.** sich (auf)klären, klar werden. **4.** sich (ab)klären.

clar·i·net [ˌklærə'net] *s* ♪ Klarinette *f.*

ˌclar·i'net·(t)ist *s* Klarinettist(in).

clar·i·ty ['klærətɪ] *s* Klarheit *f.*

clash [klæʃ] **I** *v/i* **1.** prallen, stoßen (***into*** gegen), (*a. feindlich*) zs.-prallen, -stoßen (***with*** mit). **2.** *fig.* (***with***) kollidieren: a) im Widerspruch stehen (zu), unvereinbar sein (mit), b) (zeitlich) zs.-fallen (mit). **3.** nicht zs.-passen (***with*** mit), (*Farben a.*) sich beißen. **II** *s* **4.** (*a. feindlicher*) Zs.-prall *od.* -stoß, Kollision *f* (*a. fig.*): ~ ***of interests*** Interessenkollision. **5.** *fig.* Widerspruch *m.* **6.** (zeitliches) Zs.-fallen.

clasp [klɑːsp] **I** *v/t* **1.** ein-, zuhaken, zu-, festschnallen. **2.** ergreifen, umklammern: ~ ***s.o.'s hand*** j-m die Hand drücken; j-s Hand umklammern; ~ ***one's hands*** die Hände falten. **II** *s* **3.** Haken *m*, Schnalle *f*; Schloss *n*, Schließe *f* (*e-r Handtasche etc*). **4.** Umklammerung *f*: ***by*** ~ ***of hands*** durch Händedruck *od.* Handschlag. ~ **knife** *s* (*irr* ***knife***) Klapp-, Taschenmesser *n.*

class [klɑːs] **I** *s* **1.** Klasse *f* (*a.* 🚂, *biol. etc*). **2.** (Wert-, Güte)Klasse; *engS.* F Klasse *f* (*Erstklassigkeit*): ***in the same*** ~ ***with*** gleichwertig mit; ***in a*** ~ ***by o.s.*** (*od.* ***of one's own***) e-e Klasse für sich; ***have*** ~ F (große) Klasse sein. **3.** gesellschaftlicher Rang, soziale Stellung; (Gesellschafts)Klasse *f*, (Bevölkerungs)Schicht *f.* **4.** *ped.* (Schul)Klasse *f*; (Unterrichts)Stunde *f*: ***attend*** ~***es*** am Unterricht teilnehmen. **II** *v/t* **5.** klassifizieren: ~ ***with*** gleichstellen mit; ~ ***as*** ansehen *od.* betrachten als. ~ **con·flict** *s* Klassenkonflikt *m.* **'~-ˌcon·scious** *adj* klassenbewusst. ~ **dis·tinc·tion** *s* Klassenunterschied *m.* **'~ˌfel·low** *s* Klassenkamerad(in), Mitschüler(in). ~ **ha·tred** *s* Klassenhass *m.* ~ **hour** *s ped.* Unterrichtsstunde *f.*

clas·sic ['klæsɪk] **I** *adj* (~***ally***) **1.** klassisch, vollendet: ~ ***example*** klassisches Beispiel. **2.** klassisch: a) *das klassische Altertum betreffend*, b) *die klassische Literatur etc betreffend.* **3.** klassisch: a) herkömmlich, b) typisch, c) zeitlos. **II** *s* **4.** Klassiker *m* (*Person u. Werk*). **5.** *pl* Altphilologie *f.*

clas·si·cal ['klæsɪkl] *adj* □ **1.** → ***classic*** I. **2.** klassisch: a) humanistisch (gebildet), b) *die klassische Kunst od. Literatur betreffend*: ~ ***education*** humanistische Bildung; ***the*** ~ ***languages*** die alten Sprachen; ~ ***scholar*** Altphilologe *m*, -login *f.* **3.** klassisch (*Musik*).

clas·si·fi·ca·tion [ˌklæsɪfɪ'keɪʃn] *s* Klassifikation *f*, Klassifizierung *f.*

clas·sified ['klæsɪfaɪd] *adj* **1.** klassifiziert: ~

ad(**vertisement**) Kleinanzeige *f*; ~ (**tele-phone**) **directory** Branchenverzeichnis *n*. **2.** *mil.*, *pol.* geheim.
clas·si·fy ['klæsɪfaɪ] *v/t* **1.** klassifizieren. **2.** *mil.*, *pol.* für geheim erklären.
class|·less ['klɑːslɪs] *adj* klassenlos (*Gesellschaft*). '**~·mate** → **classfellow.** ~ **re·union** *s* Klassentreffen *n*. **~·room** ['~rʊm] *s* Klassenzimmer *n*. ~ **strug·gle,** ~ **war** *s* Klassenkampf *m*.
class·y ['klɑːsɪ] *adj* F klasse, Klasse...
clat·ter ['klætə] **I** *v/i* **1.** klappern, rasseln. **2.** poltern: ~ **about** (*od.* **around**) herumtrampeln. **II** *v/t* **3.** klappern *od.* rasseln mit. **III** *s* **4.** Geklapper *n*.
clause [klɔːz] *s* **1.** *ling.* Satz(teil) *m*. **2.** ⚖ Klausel *f*; Abschnitt *m*, Absatz *m*.
claus·tro·pho·bi·a [ˌklɔːstrə'fəʊbjə] *s* ⚕ Klaustrophobie *f*, Platzangst *f*.
clav·i·cle ['klævɪkl] *s* Schlüsselbein *n*.
claw [klɔː] **I** *s* **1.** Klaue *f*, Kralle *f* (*beide a. tech. u. fig.*), Schere *f* (*e-s Krebses etc*). **II** *v/t* **2.** zerkratzen. **3.** umkrallen, packen: ~ **back** *Geld etc* sich zurückholen. **III** *v/i* **4.** kratzen. **5.** reißen, zerren (**at** an *dat*). **6.** greifen (**at, for** nach).
clay [kleɪ] *s* Ton *m*, Lehm *m*: ~ **pigeon** (*Sport*) Ton-, Wurftaube *f*. ~ **court** *s Tennis*: Sandplatz *m*.
clay·ey ['kleɪɪ] *adj* Ton..., Lehm...
clean [kliːn] **I** *adj* □ **1.** rein, sauber: → **breast** I, **heel²** 1, **sweep** 1. **2.** sauber, frisch (gewaschen). **3.** unvermischt, rein. **4.** makellos (*a. fig.*): ~ **bill of exchange** *econ.* reiner Wechsel; ~ **bill of lading** reines Konnossement; ~ **copy** Reinschrift *f*; ~ **record** tadellose Vergangenheit. **5.** anständig, sauber: ~ **living!** bleib sauber! **6.** glatt (*Schnitt*, *Bruch*). **7.** *sl.* clean (*nicht mehr drogenabhängig*). **8.** *sl.* sauber (*unbewaffnet*). **II** *adv* **9.** rein, sauber: **sweep** ~ rein ausfegen; → **broom. 10.** völlig, total. **III** *v/t* **11.** reinigen, säubern, putzen: ~ **down** (*od.* **up**) gründlich reinigen. ˌ**~-'cut** *adj* klar, deutlich.
clean·er ['kliːnə] *s* **1.** *pl* Reinigung(sanstalt) *f*: **take to the ~s** zur Reinigung bringen; F *j-n* ausnehmen. **2.** Rein(e)machefrau *f*, (*Fenster- etc*)Putzer(in).
'**clean·ing I** *s*: **do the** ~ sauber machen, putzen. **II** *adj* Reinigungs...: ~ **cloth;** ~ **crew** Putzkolonne *f*; ~ **materials** *pl* Putzmaterial *n*; ~ **woman** (*od.* **lady**) Rein(e)machefrau *f*.
clean·li·ness ['klenlɪnɪs] *s* Reinlichkeit *f*.
'**clean·ly** *adj* reinlich: a) sauber, b) sauberkeitsliebend.
clean·ness ['kliːnnɪs] *s* Reinheit *f*, Sauberkeit *f*.
cleanse [klenz] *v/t* reinigen, säubern, rein waschen (**from, of** von) (*alle a. fig.*).
'**cleans·er** *s* Reinigungsmittel *n*.
ˌ**clean-'shav·en** *adj* glatt rasiert.
clear [klɪə] **I** *adj* (□ → **clearly**) **1.** klar, hell. **2.** klar, heiter (*Wetter etc*). **3.** klar, rein, hell (*Stimme etc*). **4.** klar, verständlich, deutlich: **make s.th.** ~ (**to s.o.**) (j-m) et. klarmachen; **make o.s.** ~ sich klar ausdrücken, sich verständlich machen. **5.** klar, unvermischt: ~ **soup** *gastr.* klare Suppe. **6.** deutlich, scharf (*Foto*, *Umrisse etc*). **7.** klar, offensichtlich: **a** ~ **win** ein klarer Sieg; **for no** ~ **reason** ohne ersichtlichen Grund. **8.** klar: a) sicher, b) in Ordnung. **9.** frei (**of** von) (*a. fig.*): ~ **of snow** (**debt**) schneefrei (schuldenfrei); **a** ~ **conscience** ein reines Gewissen. **10.** *econ.* Netto..., Rein...: ~ **gain** (*od.* **profit**) Reingewinn *m*. **II** *adv* **11.** hell, klar. **12.** klar, deutlich: **speak** ~. **13.** los, weg (**of** von): **keep** (*od.* **steer**) ~ **of** sich fern halten von, meiden; **get** ~ **of** loskommen von; **stand** ~ **of** *Tür etc* freihalten. **III** *v/t* **14.** *oft* ~ **away** wegräumen (**from** von), *Geschirr* abräumen. **15.** *Straße etc* frei machen, *Saal etc* räumen. **16.** reinigen, säubern: ~ **one's throat** sich räuspern. **17.** *Computer*: löschen. **18.** frei-, lossprechen (**of** von), *Gewissen* entlasten, *Namen* rein waschen. **19.** *Verbrechen etc* (auf)klären. **IV** *v/i* **20.** klar *od.* hell werden. **21.** aufklaren (*Wetter*). **22.** *oft* ~ **away** sich verziehen (*Nebel etc*).
'**clear·ance** *s* Räumung *f*: ~ **paper** Abfertigungsbescheinigung *f*; ~ **sale** Räumungs-, Ausverkauf *m*.
ˌ**clear|-'cut** *adj* **1.** scharfgeschnitten. **2.** *fig.* klar, deutlich. ˌ**~'head·ed** *adj* klar denkend, intelligent.
clear·ing ['klɪərɪŋ] *s* **1.** *econ.* Abrechnungsverkehr *m*, Clearing *n*: ~ **account** Verrechnungskonto *n*; ~ **house** Clearing-, Abrechnungsstelle *f*. **2.** *im Wald*: Lichtung *f*.
clear·ly ['klɪəlɪ] *adv* **1.** klar, deutlich. **2.** offensichtlich.
'**clear·ness** *s* **1.** Klarheit *f*. **2.** Reinheit *f*. **3.** Schärfe *f*.
clef [klef] *s* ♪ (Noten)Schlüssel *m*.
cleft [kleft] *s* **1.** Spalt *m*, Spalte *f*. **2.** *fig.* Kluft *f*. ~ **pal·ate** *s* ⚕ Wolfsrachen *m*. ~ **stick** *s*: **be in a** ~ in der Klemme sitzen *od.* stecken.
clem·en·cy ['klemənsɪ] *s* Milde *f*, Nachsicht *f*.
'**clem·ent** *adj* □ mild (*a. Wetter*), nachsichtig.
clem·en·tine ['kleməntaɪn] *s* ♧ Klementine *f*.
clench [klentʃ] *v/t* **1.** zs.-pressen, *Faust* ballen, *Zähne* zs.-beißen. **2.** fest packen *od.* anfassen.
cler·gy ['klɜːdʒɪ] *s eccl.* Klerus *m*, *die* Geistlichen *pl*. **~·man** ['~mən] *s* (*irr* **man**) Geistlicher *m*.

C

cler·i·cal ['klerɪkl] *adj* □ **1.** klerikal, geistlich. **2.** Schreib..., Büro...: **~ employees** Büropersonal *n*, -angestellte *pl*; **~ error** Schreibfehler *m*; **~ staff** Büropersonal *n*; **~ work** Büroarbeit *f*; **~ workers** Büropersonal *n*, -angestellte *pl*.

clerk [klɑːk] *s* **1.** Schriftführer(in), Sekretär(in). **2.** (*Büro- etc*)Angestellte *m, f*, (*Bank- etc*)Beamte *m*, (-)Beamtin *f*. **3.** *Am.* Verkäufer(in).

clev·er ['klevə] *adj* □ **1.** clever: a) geschickt, gewandt (**at** in *dat*), b) gerissen, raffiniert (*a. Gerät etc*): **~ dick** *bsd. Br. sl.* Schlaumeier(in). **2.** gescheit: a) clever, klug, b) geistreich (*Bemerkung etc*). **3.** begabt (**at** in *dat*, für).

'clev·er·ness *s* **1.** Cleverness *f*. **2.** Gescheitheit *f*.

cli·ché ['kliːʃeɪ] *s* Klischee *n*, Gemeinplatz *m*.

click [klɪk] **I** *s* **1.** Klicken *n*; *Computer*: Mausklick *m*. **2.** Einschnappen *n*. **3.** *tech.* Sperrklinke *f*, -vorrichtung *f*. **4.** Schnalzer *m*. **II** *v/i* **5.** klicken. **6.** *mit der Zunge* schnalzen. **7.** zu-, einschnappen: **~ shut** ins Schloss fallen. **8.** F einschlagen, Erfolg haben (**with** bei). **9.** F sofort Gefallen aneinander finden; sich sofort ineinander verknallen. **III** *v/t* **10.** klicken *od.* einschnappen lassen: **~ one's heels** die Hacken zs.-schlagen. **11.** *Computer*: anklicken. **12.** mit *der Zunge* schnalzen.

cli·ent ['klaɪənt] *s* **1.** ⚖ Klient(in), Mandant(in). **2.** Kunde *m*, Kundin *f*.

cli·entele [ˌkliːən'tel] *s* **1.** ⚖ Klientel *f*, Klienten *pl*. **2.** Kundschaft *f*, Kunden *pl*.

cliff [klɪf] *s* **1.** Klippe *f*, Felsen *m*. **2.** steiler Abhang. **'~ˌhang·er** *s* **1.** spannender Fortsetzungsroman (*der immer im spannendsten Moment aufhört*); (*Rundfunk, TV*) spannender Mehrteiler. **2.** *fig.* spannende Sache.

cli·mac·ter·ic [klaɪ'mæktərɪk] *s physiol.* Wechseljahre *pl*.

cli·mate ['klaɪmɪt] *s* Klima *n*, *fig. a.* Atmosphäre *f*: **~ change** Klimaveränderung *f*.

cli·mat·ic [klaɪ'mætɪk] *adj* (**~ally**) klimatisch, Klima...

cli·max ['klaɪmæks] **I** *s* Höhepunkt *m*, *physiol. a.* Orgasmus *m*. **II** *v/t* auf den Höhepunkt bringen. **III** *v/i* den Höhepunkt erreichen.

climb [klaɪm] **I** *s* **1.** Aufstieg *m*, Besteigung *f*. **2.** Berg-, Klettertour *f*. **II** *v/i* **3.** klettern: **~ up** (**down**) **a tree** auf e-n Baum klettern (von e-m Baum herunterklettern). **4.** (auf-, empor)steigen. **5.** (an)steigen (*Straße etc*). **III** *v/t* **6.** er-, besteigen, erklettern, klettern auf (*acc*).

clinch [klɪntʃ] **I** *v/t* **1.** *Spiel etc* entscheiden: **that ~ed it** damit war die Sache entschieden. **2.** *tech.* sicher befestigen; (ver)nieten. **3.** *Boxen*: umklammern. **II** *v/i* **4.** *Boxen*: clinchen. **III** *s* **5.** *tech.* Vernietung *f*. **6.** *Boxen*: Clinch *m* (*a. sl. Umarmung*).

cling [klɪŋ] *v/i* (*irr*) **1.** kleben, haften (**to** an *dat*): **~ together** zs.-halten (*a. fig.*). **2.** *a. fig.* (**to**) hängen (an *dat*), anhaften (*dat*). **3.** *a. fig.* (**to**) sich klammern (an *acc*), festhalten (an *dat*). **4.** sich (an)schmiegen (**to** an *acc*). **'~·film** *s* (*TM*) Frischhaltefolie *f*. **~-wrapped** *adj* folienverpackt.

clin·ic ['klɪnɪk] *s* Klinik *f*.

clin·i·cal ['klɪnɪkl] *adj* □ klinisch: **~ death**; **~ thermometer** Fieberthermometer *n*.

clink[1] [klɪŋk] **I** *v/i* klingen, klirren. **II** *v/t* klingen *od.* klirren lassen: **~ glasses** anstoßen. **III** *s* Klingen *n*, Klirren *n*.

clink[2] [~] *s sl.* Kittchen *n*: **in ~** im Knast.

clip[1] [klɪp] **I** *v/t* **1.** (be)schneiden, stutzen (*a. fig.*). **2.** *fig.* kürzen, beschneiden. **3.** *a.* **~ off** abschneiden. **4.** *aus der Zeitung* ausschneiden. **5.** *Haare* schneiden. **6.** *Schaf etc* scheren. **7.** *Fahrschein etc* lochen. **8.** *Silben* verschlucken. **9.** F *j-m* e-n Schlag verpassen. **10.** *sl. j-n* erleichtern (**for** um *Geld*); *j-n* neppen. **II** *s* **11.** Haarschnitt *m*. **12.** Schur *f*.

clip[2] [~] **I** *v/t a.* **~ on** anklammern. **II** *s* (Heft-, Büro- *etc*)Klammer *f*.

clip·|board ['klɪpbɔːd] *s* **1.** Klemmbrett *n*, Konzepthalter *m*. **2.** *Computer*: Zwischenablage *f*. **~ fold·er** *s* Klemmmappe *f*.

clip joint *s sl.* Nepplokal *n*.

clip·pers ['klɪpəz] *s pl*, *a.* **pair of ~** (*Nagel- etc*)Schere *f*, Haarschneidemaschine *f*.

'clip·ping *s* **1.** *bsd. Am.* (Zeitungs)Ausschnitt *m*. **2.** *pl* Schnitzel *pl*, Abfälle *pl*.

clique [kliːk] *s* Clique *f*, Klüngel *m*.

clit·o·ris ['klɪtərɪs] *s anat.* Kitzler *m*.

cloak [kləʊk] **I** *s* (loser) Mantel, Umhang *m*: **under the ~ of** *fig.* unter dem Deckmantel der *Freundschaft etc*, im Schutz der *Dunkelheit etc*. **II** *v/t fig.* bemänteln, verhüllen. **~·room** ['~rʊm] *s* **1.** Garderobe *f*: **~ attendant** Garderobenmann *m*, -frau *f*; **~ ticket** (*bsd. Am.* **check**) Garderobenmarke *f*, -zettel *m*. **2.** *Br.* Toilette *f*.

clob·ber[1] ['klɒbə] *s Br. sl.* Klamotten *pl*; Plunder *m*, Kram *m*.

clob·ber[2] [~] *v/t sl.* **1.** zs.-schlagen. **2.** *Sport*: überfahren (*hoch besiegen*).

clock [klɒk] **I** *s* **1.** (*Wand-, Turm-, Stand*)Uhr *f*: (**a**)**round the ~** rund um die Uhr, 24 Stunden (lang); **five o'~** 5 Uhr; **put** (*od.* **turn**) **the ~ back** *fig.* das Rad der Zeit zurückdrehen. **2.** F Kontroll-, Stoppuhr *f*; Fahrpreisanzeiger *m* (*Taxi*). **II** *v/t* **3.** *bsd. Sport*: (ab)stoppen: **~** (**up**) *Zeit* erreichen (**for** über *e-e Distanz*). **III** *v/i* **4.** **~ in** (**out**)

einstempeln (ausstempeln). ~ **card** *s* Stechkarte *f*. '~**·face** *s* Zifferblatt *n*. ~ **fre·quen·cy** *s* Taktfrequenz *f*.
clock·ing de·vice ['klɒkɪŋ] *s* Taktgeber *m*.
clock| ra·di·o *s* Radiowecker *m*. ~ **rate** *s* Taktrate *f*. '~**·wise** *adj u. adv* im Uhrzeigersinn. '~**·work** *s* Uhrwerk *n*: ***like*** ~ wie am Schnürchen, wie geschmiert.
clod [klɒd] *s* **1.** (Erd)Klumpen *m*. **2.** Trottel *m*.
clog [klɒg] **I** *s* **1.** (Holz)Klotz *m*. **2.** *fig.* Hemmschuh *m*, Klotz *m* am Bein. **3.** Holzschuh *m*. **II** *v/t* **4.** (be)hindern, hemmen. **5.** *a.* ~ ***up*** verstopfen. **III** *v/i* **6.** sich verstopfen.
clois·ter ['klɔɪstə] *s* **1.** Kloster *n*. **2.** ⚠ Kreuzgang *m*.
clone [kləʊn] **I** *s* Klon *m*. **II** *v/t* klonen.
close I *adj* [kləʊs] □ **1.** geschlossen. **2.** verschlossen, verschwiegen. **3.** eng (anliegend). **4.** nah: ~ ***fight*** Handgemenge *n*, *weitS.* zähes Ringen; ~ ***to tears*** den Tränen nahe. **5.** eng (*Freund*); nah (*Verwandter*). **6.** knapp (*Sieg etc*): → ***shave*** 5. **7.** gespannt (*Aufmerksamkeit*). **8.** gründlich (*Untersuchung etc*). **II** *adv* [kləʊs] **9.** eng, nahe, dicht: ~ ***by*** ganz in der Nähe; nahe *od.* dicht bei; ~ ***at hand*** nahe bevorstehend; ***come*** ~ ***to*** fast ... sein; → ***wind***[1] 1. **III** *s* [kləʊz] **10.** Abschluss *m*: ***come*** (*od.* ***draw***) ***to a*** ~ sich dem Ende nähern. **IV** *v/t* [kləʊz] **11.** (ab-, ver-, zu)schließen, zumachen. **12.** *Betrieb etc* schließen; *Straße etc* sperren (***to*** für). **13.** beenden, beschließen. **V** *v/i* [kləʊz] **14.** sich schließen (*a. Wunde etc*). **15.** geschlossen werden. **16.** schließen, zumachen. **17.** enden, aufhören, zu Ende gehen. **18.** schließen (***with the words*** mit den Worten). **19.** sich verringern (*Abstand etc*).
Verbindungen mit Adverbien:
close| down I *v/t* **1.** *Geschäft etc* schließen, *Betrieb* stilllegen: ***be closed down for the holidays*** Betriebsferien haben. **II** *v/i* **2.** schließen, stillgelegt werden. **3.** *fig.* scharf vorgehen (***on*** gegen). ~ **in** *v/i* **1.** sich heranarbeiten (***on*** an *acc*). **2.** kürzer werden (*Tage*). **3.** hereinbrechen (*Dunkelheit, Nacht*). ~ **up I** *v/t* **1.** → ***close*** 11, 12. **2.** abschließen, beenden. **II** *v/i* **3.** → ***close down*** 2. **4.** aufschließen, -rücken (***on*** zu).
closed [kləʊzd] *adj* **1.** geschlossen: ***behind*** ~ ***doors*** hinter verschlossenen Türen; ~ ***circuit*** ⚡ geschlossener Stromkreis; → ***book*** 1. **2.** gesperrt (***to*** für).
'**close-down** *s* Schließung *f*, Stilllegung *f*.
closed shop *s econ.* gewerkschaftspflichtiger Betrieb.
ˌ**close|-'fist·ed** *adj* geizig. ˌ~**-'fit·ting** *adj* eng anliegend. '~**-knit** *adj fig.* eng verbunden.
close·ness ['kləʊsnɪs] *s* **1.** Nähe *f*. **2.** Knappheit *f*. **3.** Gründlichkeit *f*.
close sea·son *s hunt.* Schonzeit *f*.
clos·et ['klɒzɪt] *s* **1.** (Wand-, Einbau-) Schrank *m*. **2.** Klosett *n*.
'**close-up** *s phot., Film*: Nah-, Großaufnahme *f*.
clos·ing| bal·ance ['kləʊzɪŋ] *s* Endsaldo *m*. ~ **date** *s* Abschlusstermin *m*, letzter Termin (***for*** für); Anzeigenschluss *m*. '~**-down sale** *s* Räumungsverkauf *m*. ~ **en·try** *s* Abschlussbuchung *f*. ~ **price** *s econ.* Schlusskurs *m*, -notierung *f*. ~ **time** *s* Laden-, Geschäftsschluss *m*; Ende *n* der Schalterstunden; Polizeistunde *f*.
clo·sure ['kləʊʒə] *s* **1.** Schließung *f* (*e-s Betriebs etc*). **2.** *tech.* Verschluss *m*. **3.** Schluss *m*, Beendigung *f* (*e-r Debatte etc*).
clot [klɒt] **I** *s* **1.** Klumpen *m*, Klümpchen *n*: ~ ***of blood*** ⚕ Blutgerinnsel *n*. **2.** *Br.* F Trottel *m*. **II** *v/i* **3.** gerinnen. **4.** Klumpen bilden.
cloth [klɒθ] *s* **1.** Tuch *n*, Stoff *m*. **2.** Tuch *n*, Lappen *m*.
clothe [kləʊð] *v/t* (*a. irr*) **1.** (an-, be)kleiden. **2.** einkleiden. **3.** *fig.* umhüllen, einhüllen.
clothes [kləʊðz] *s pl* **1.** Kleider *pl*, Kleidung *f*: ***change one's*** ~ sich umziehen. **2.** (*a.* Bett)Wäsche *f*. ~ **bas·ket** *s* Wäschekorb *m*. ~ **brush** *s* Kleiderbürste *f*. ~ **hang·er** *s* Kleiderbügel *m*. '~**·horse** *s* Wäscheständer *m*. '~**·line** *s* Wäscheleine *f*. ~ **peg** *s Br.*, '~**·pin** *s Am.* Wäscheklammer *f*. ~ **tree** *s* Garderoben-, Kleiderständer *m*.
cloth·ing ['kləʊðɪŋ] *s* Kleidung *f*: ~ ***industry*** Bekleidungsindustrie *f*.
cloud [klaʊd] **I** *s* **1.** Wolke *f*: ~ ***of dust*** Staubwolke; ***have one's head in the*** ~***s*** *fig.* in höheren Regionen schweben; in Gedanken vertieft sein; ***be on*** ~ ***nine*** F im siebten Himmel schweben. **2.** *fig.* Schatten *m*: ***cast a*** ~ ***on*** e-n Schatten werfen auf (*acc*). **II** *v/t* **3.** be-, umwölken. **4.** *fig.* verdunkeln, trüben. **III** *v/i a.* ~ ***over*** **5.** sich bewölken. **6.** *fig.* sich trüben. ~ **bank** *s* Wolkenbank *f*. '~**·burst** *s* Wolkenbruch *m*. ˌ~**-'cuck·oo-land** *s* Wolkenkuckucksheim *n*.
cloud·less ['klaʊdlɪs] *adj* □ **1.** wolkenlos. **2.** *fig.* ungetrübt.
'**cloud·y** *adj* □ **1.** wolkig, bewölkt. **2.** *fig.* nebelhaft, unklar.
clout [klaʊt] F **I** *s* **1.** Schlag *m*: ***give s.o. a*** ~ j-m e-e runterhauen. **2.** *bsd. pol. Am.* Einfluss *m* (***with*** auf *acc*). **II** *v/t* **3.** schlagen: ~ ***s.o. one*** j-m e-e runterhauen.
clove[1] [kləʊv] *s* (Gewürz)Nelke *f*.
clove[2] [~] *s*: ~ ***of garlic*** Knoblauchzehe *f*.
clove[3] [~] *pret von* ***cleave***.
clo·ven ['kləʊvn] *pp von* ***cleave***: ***show the*** ~ ***foot*** (*od.* ***hoof***) *fig.* sein wahres Gesicht zeigen.
clo·ver ['kləʊvə] *s* ♀ Klee *m*: ***be*** (*od.* ***live***) ***in*** ~

wie Gott in Frankreich leben. **'~·leaf** *s* (*irr* ***leaf***) **1.** Kleeblatt *n.* **2.** *a.* ***~ intersection*** *mot.* Kleeblatt *n.*

clown [klaʊn] **I** *s* Clown *m* (*a. fig.*). **II** *v/i a.* ***~ about*** (*od.* ***around***) herumkaspern.

'clown·ish *adj* □ clownisch.

club [klʌb] **I** *s* **1.** Keule *f*, Knüppel *m.* **2.** *Sport*: Schlagholz *n*; (*Golf*)Schläger *m.* **3.** Klub *m*, Verein *m*: ***join the ~!*** *bsd. Br.* F du auch? **4.** *Spielkarten*: a) *pl* Kreuz *n*, Eichel *f* (*Farbe*), b) Kreuz(karte *f*) *n.* **II** *v/t* **5.** einknüppeln auf (*acc*), (nieder)knüppeln. **6.** sich teilen in (*acc*); *Geld* zs.-legen. **III** *v/i* **7.** *mst* ***~ together*** sich zs.-tun: a) e-n Verein *etc* bilden, b) (Geld) zs.-legen. **~ chair** *s* Klubsessel *m.* **,~'foot** *s* (*irr* ***foot***) ⚕ Klumpfuß *m.* **'~·house** *s* Klub-, Vereinshaus *n.*

cluck [klʌk] *v/i* gackern; glucken.

clue [kluː] **I** *s* **1.** (***to***) Hinweis *m* (auf *acc*), Anhaltspunkt *m* (für), Fingerzeig *m.* **2.** Schlüssel *m* (***to*** zu *e-m Rätsel etc*): ***I haven't a ~*** F ich hab keinen Schimmer. **II** *v/t* **3.** ***~ in*** *j-m* e-n Hinweis geben. **4.** ***~ up*** informieren (***on, about*** über *acc*): ***all ~d up*** vollkommen im Bild.

clump [klʌmp] **I** *s* **1.** (*Baum-, Häuser*)Gruppe *f.* **2.** (*Holz*)Klotz *m*; (*Erd- etc*)Klumpen *m.* **II** *v/i* **3.** trampeln: ***~ about*** (*od.* ***around***) herumtrampeln. **4.** sich zs.-ballen. **III** *v/t* **5.** zs.-ballen, anhäufen.

clum·si·ness ['klʌmzɪnɪs] *s* Plumpheit *f.*

'clum·sy *adj* □ plump: a) ungeschickt, unbeholfen, b) schwerfällig, c) taktlos, d) unförmig.

clung [klʌŋ] *pret u. pp von* ***cling.***

clus·ter ['klʌstə] **I** *s* **1.** ♣ Büschel *n*, Traube *f.* **2.** Haufen *m*, Schwarm *m*, Gruppe *f*: ***~ controller*** *econ.* Gruppensteuereinheit *f.* **II** *v/i* **3.** e-e Gruppe *od.* Gruppen bilden, sich drängen (***round*** um).

clutch [klʌtʃ] **I** *v/t* **1.** packen, (er)greifen. **2.** umklammern. **II** *v/i* **3.** (gierig) greifen (***at*** nach): → ***straw*** 2. **III** *s* **4.** (gieriger) Griff. **5.** *zo.* Klaue *f*, Kralle *f* (*beide a. fig.*): ***in s.o.'s ~es*** in j-s Klauen *od.* Gewalt. **6.** *tech.* Kupplung *f*: ***~ disk*** Kupplungsscheibe *f*; ***~ facing*** (*od.* ***lining***) Kupplungsbelag *m*; ***~ pedal*** Kupplungspedal *n.*

clut·ter ['klʌtə] **I** *v/t* **1.** *a.* ***~ up*** (unordentlich) voll stopfen. **2.** durcheinander werfen, herumstreuen. **II** *s* **3.** Wirrwarr *m*, Durcheinander *n.* **4.** Unordnung *f*: ***in a ~*** in Unordnung.

cm ***centimetre*** (*Am.* ***centimeter***) cm, Zentimeter *m.*

C/N ***credit note*** Gutschriftanzeige *f.*

Co. ***Company*** *econ.* Gesellschaft *f.*

c/o *abbr.* (= ***care of***) bei.

coach [kəʊtʃ] **I** *s* **1.** Kutsche *f.* **2.** 🚃 *Br.* (Personen)Wagen *m.* **3.** *Br.* Reisebus *m.* **4.** Nachhilfe-, Hauslehrer(in). **5.** *Sport*: Trainer(in). **II** *v/t* **6.** *j-m* Nachhilfeunterricht geben: ***~ s.o. in s.th.*** j-m et. einpauken. **7.** *Sport*: trainieren. **~·man** ['~mən] *s* (*irr* ***man***) Kutscher *m.* **'~·work** *s mot.* Karosserie *f.*

co·ag·u·late [kəʊ'ægjʊleɪt] *v/i u. v/t* gerinnen (lassen).

co,ag·u'la·tion *s* Gerinnung *f.*

coal [kəʊl] *s* Kohle *f*; *engS.* Steinkohle *f*: ***carry*** (*od.* ***take***) ***~s to Newcastle*** *fig.* Eulen nach Athen tragen; ***haul*** (*od.* ***drag***) ***s.o. over the ~s*** *fig.* j-m die Hölle heiß machen.

co·a·li·tion [,kəʊə'lɪʃn] **I** *s* **1.** *pol.* Koalition *f*: ***form a ~*** e-e Koalition eingehen *od.* bilden, koalieren. **2.** Bündnis *n*, Zs.-schluss *m.* **II** *adj* **3.** *pol.* Koalitions...

coal| mine, '~·pit *s* Kohlenbergwerk *n*, -grube *f*, -zeche *f.* **~ pow·er sta·tion** *s* Kohlekraftwerk *n.*

coarse [kɔːs] *adj* □ grob: a) rau, b) grobkörnig, c) *fig.* ungenau, d) *fig.* derb, ungehobelt.

coast [kəʊst] **I** *s* **1.** Küste *f*: ***the ~ is clear*** *fig.* die Luft ist rein. **II** *v/i* **2.** ⚓ die Küste entlangfahren. **3.** im Leerlauf (*Auto*) *od.* im Freilauf (*Fahrrad*) fahren.

coast·al ['kəʊstl] *adj* Küsten...

'coast·er *s* **1.** *Am.* Berg-u.-Tal-Bahn *f* (*im Vergnügungspark*). **2.** *bes. Am.* Untersatz *m* (*für Gläser etc*).

coast guard *s Br.* Küsten(zoll)wache *f.*

coat [kəʊt] **I** *s* **1.** Jacke *f*, Jackett *n.* **2.** Mantel *m*: ***turn one's ~*** *fig.* sein Mäntelchen nach dem Wind hängen. **3.** *zo.* Pelz *m*, Fell *n.* **4.** (*Farb- etc*)Überzug *m*, Anstrich *m*, Schicht *f.* **II** *v/t* **5.** (an)streichen, überstreichen, -ziehen, beschichten. **6.** bedecken, umhüllen, umgeben (***with*** mit).

'coat·ed *adj* **1.** mit ... überzogen *od.* beschichtet: ***sugar-~*** mit Zuckerüberzug; ***~ tablet*** Dragee *n.* **2.** ⚕ belegt (*Zunge*).

coat| hang·er *s* Kleiderbügel *m.* **~ hook** *s* Kleiderhaken *m.*

coat·ing ['kəʊtɪŋ] *s* **1.** Mantelstoff *m.* **2.** → ***coat*** 4.

coat of arms *s* Wappen(schild *m*, *n*) *n.*

coat| rack *s* Kleiderablage *f.* **~ stand** *s* Kleiderständer *m.*

coax [kəʊks] *v/t* überreden, beschwatzen (***to do, into doing*** zu tun): ***~ s.th. out of*** (*od.* ***from***) ***s.o.*** j-m et. abschwatzen.

cob [kɒb] *s* Maiskolben *m.*

co·balt [kəʊ'bɔːlt] *s min.* Kobalt *n*: ***~ (blue)*** Kobaltblau *n.*

cob·ble[1] ['kɒbl] **I** *s* Kopfstein *m*: ***~s*** *pl* Kopfsteinpflaster *n.* **II** *v/t* mit Kopfsteinen pflastern: ***~d street*** Straße *f* mit Kopfsteinpflaster.

cob·ble² [~] *v/t* **1.** *Schuhe* flicken. **2.** *a.* ~ ***up*** zs.-pfuschen, zs.-schustern.
cob·bler ['kɒblə] *s* **1.** (Flick)Schuster(in). **2.** Pfuscher(in).
'**cob·ble·stone** *s* Kopfstein *m*: ~ ***pavement*** Kopfsteinpflaster *n*.
COBOL ['kəʊbɒl] ***common business oriented language*** *Programmiersprache*.
co·bra ['kəʊbrə] *s zo*. Kobra *f*.
'**cob·web** *s* Spinnwebe *f*, Spinnennetz *n*.
co·cain(e) [kəʊ'keɪn] *s* ⚕ Kokain *n*.
cock [kɒk] **I** *s* **1.** *orn*. Hahn *m*. **2.** Männchen *n*, Hahn *m* (*von Vögeln*). **3.** Wetterhahn *m*. **4.** ~ ***of the walk*** (*od*. ***roost***) *oft contp*. der Größte. **5.** *tech*. (*Absperr-*, *Gewehr-* *etc*) Hahn *m*. **6.** V Schwanz *m* (*Penis*). **II** *v/t* **7.** aufrichten: ~ ***one's ears*** die Ohren spitzen; ~ ***one's hat*** den Hut schief aufsetzen; → ***snook***.
Cock·aigne [kɒ'keɪn] *s* Schlaraffenland *n*.
ˌ**cock-and-'bull sto·ry** *s* F Ammenmärchen *n*.
cock·a·too [ˌkɒkə'tuː] *s orn*. Kakadu *m*.
'**cock**ˌ**chaf·er** *s zo*. Maikäfer *m*.
cocked hat [kɒkt] *s* Dreispitz *m*: ***knock*** (*od*. ***beat***) ***into a*** ~ *sl*. *j-n*, *et*. weit in den Schatten stellen; *Plan etc* völlig über den Haufen werfen.
cock·er¹ ['kɒkə] → ***cocker spaniel***.
cock·er² [~] *v/t* verhätscheln, verwöhnen: ~ ***up*** aufpäppeln.
cock·er span·iel *s zo*. Cockerspaniel *m*.
'**cock|·eyed** *adj* F **1.** schielend: ***be*** ~ schielen. **2.** blau (*betrunken*). '**~·fight**, '**~**ˌ**fight·ing** *s* Hahnenkampf *m*.
cock·ney ['kɒknɪ] *s* **1.** Cockney *m*, waschechter Londoner. **2.** Cockney(dialekt *m*) *n*.
'**cock·ney·ism** *s* Cockneyausdruck *m*.
'**cock|·pit** *s* **1.** ✈, ⚓ Cockpit *n* (*a. e-s Rennwagens*). **2.** Hahnenkampfplatz *m*. '**~·roach** *s zo*. (Küchen)Schabe *f*, Kakerlak *m*. ˌ**~'sure** *adj* □ **1.** vollkommen überzeugt (***of***, ***about*** von), ganz sicher. **2.** übertrieben selbstsicher. '**~·tail** *s* Cocktail *m*: ~ ***tomato*** Cocktailtomate *f*.
cock·y ['kɒkɪ] *adj* □ F großspurig.
co·co ['kəʊkəʊ] **I** *pl* **-cos** *s* ⚘ Kokospalme *f*; Kokosnuss *f*. **II** *adj* Kokos...: ~ ***matting*** Kokosmatte *f*.
co·coa ['kəʊkəʊ] *s* Kakao(pulver *n*) *m*.
co·co·nut ['kəʊkənʌt] *s* Kokosnuss *f*. ~ **palm** *s* ⚘ Kokospalme *f*.
co·coon [kə'kuːn] *s zo*. Kokon *m*, Puppe *f* (*der Seidenraupe*).
cod [kɒd] *s ichth*. Kabeljau *m*, Dorsch *m*.
COD *abbr*. (= ***cash on delivery***) per Nachnahme.
cod·dle ['kɒdl] *v/t* verhätscheln, verzärteln: ~ ***up*** aufpäppeln.
code [kəʊd] **I** *s* **1.** Kodex *m*: a) ⚖ Gesetzbuch *n*, b) Regeln *pl*: ~ ***of hono(u)r*** Ehrenkodex; → ***moral*** 4. **2.** (Telegramm)Schlüssel *m*. **3.** Kode *m*; Chiffre *f*; Kode *m*, Schlüssel *m*: ~ ***number*** Kode-, Kennziffer *f*; ~ ***word*** Kode-, Schlüsselwort *n*. **II** *v/t* **4.** verschlüsseln, chiffrieren; kodieren.
co·de·ter·mi·na·tion [ˌkəʊdɪtɜːmɪ'neɪʃn] *s* Mitbestimmung *f*.
'**cod·fish** → ***cod***.
cod·i·cil ['kɒdɪsɪl] *s* Nachtrag *m* (*zum Testament*).
cod·i·fy ['kəʊdɪfaɪ] *v/t* ⚖ kodifizieren.
cod·ing ['kəʊdɪŋ] *s* Kodierung *f*.
'**cod-**ˌ**liv·er oil** *s* Lebertran *m*.
co·ed [ˌkəʊ'ed] *ped*. F **I** *s* **1.** *Am*. Studentin *f* *od*. Schülerin *f* e-r gemischten Schule. **2.** *Br*. gemischte Schule. **II** *adj* **3.** gemischt.
co·ed·u·ca·tion [ˌkəʊedjuː'keɪʃn] *s ped*. Gemeinschaftserziehung *f*.
ˌ**co·ed·u'ca·tion·al** [ˌkəʊedjuː'keɪʃənl] *adj*: ~ ***school*** gemischte Schule; ~ ***teaching*** → ***coeducation***.
co·ef·fi·cient [ˌkəʊɪ'fɪʃnt] *s* ⅍, *phys*. Koeffizient *m*.
co·erce [kəʊ'ɜːs] *v/t* **1.** zwingen (***into*** zu). **2.** erzwingen.
co'er·cion [kəʊ'ɜːʃn] *s* Zwang *m*: ***by*** ~ → ***coercively***.
co'er·cive [kəʊ'ɜːsɪv] *adj* **1.** Zwangs..., zwingend: ~ ***measure*** Zwangsmaßnahme *f*. **2.** überzeugend, zwingend (*Gründe etc*).
co'er·cive·ly *adv* durch Zwang, zwangsweise.
co·ex·ist [ˌkəʊɪg'zɪst] *v/i* gleichzeitig *od*. nebeneinander bestehen *od*. leben.
ˌ**co·ex'ist·ence** *s* Koexistenz *f*: ***peaceful*** ~ *pol*. friedliche Koexistenz.
ˌ**coex'ist·ent** *adj* gleichzeitig *od*. nebeneinander bestehend.
cof·fee ['kɒfɪ] *s* Kaffee *m*. ~ **bar** *s Br*. Café *n*; Imbissstube *f*. ~ **bean** *s* Kaffeebohne *f*. ~ **break** *s* Kaffeepause *f*. ~ **cup** *s* Kaffeetasse *f*. ~ **grind·er** *s* Kaffeemühle *f*. ~ **grounds** *s pl* Kaffeesatz *m*. '**~·house** *s* Kaffeehaus *n*, Café *n*. ~ **ma·chine** *s* Kaffeeautomat *m*. '**~**ˌ**mak·er** *s* Kaffeemaschine *f*. ~ **mill** *s* Kaffeemühle *f*. '**~·pot** *s* Kaffeekanne *f*. ~ **set** *s* Kaffeeservice *n*. ~ **shop** *Am*. → ***coffee bar***. ~ **ta·ble** *s* Couchtisch *m*. '**~-**ˌ**ta·ble book** *s* prächtiger Bildband.
cof·fin ['kɒfɪn] *s* Sarg *m*.
co-found·er *s* Mitbegründer *m*.
cog [kɒg] *s tech*. (Rad)Zahn *m*; Zahnrad *n*: ***be just a*** ~ ***in the machine*** (*od*. ***wheel***) *fig*. nur ein Rädchen im Getriebe sein.
co·gent ['kəʊdʒənt] *adj* □ zwingend, überzeugend (*Gründe etc*).
cog·i·tate ['kɒdʒɪteɪt] **I** *v/t* nachdenken über

C

(*acc*). II *v/i* (nach)denken: ~ **on** (*od.* **about**) → I.

cog·nate ['kɒgneɪt] *adj* **1.** (bluts)verwandt (**with** mit). **2.** *fig.* (art)verwandt (**with** mit).

cog·ni·tion [kɒg'nɪʃn] *s* Erkenntnis *f.*

cog·ni·zance ['kɒgnɪzəns] *s* **1.** Kenntnis *f*: **have** (**take**) ~ **of s.th.** von et. Kenntnis haben (nehmen). **2.** ⚖ Zuständigkeit *f*: **have ~ over** zuständig sein für (*a. weitS.*).

'**cog·ni·zant** *adj* unterrichtet (**of** über *acc od.* von): **be ~ of s.th.** *a.* von et. Kenntnis haben.

cog·no·men [kɒg'nəʊmen] *pl* **-mens, -nom·i·na** [~'nɒmɪnə] *s* **1.** Familien-, Zuname *m.* **2.** Spitz-, Beiname *m.*

'**cog·wheel** *s tech.* Zahnrad *n.*

co·hab·it [kəʊ'hæbɪt] *v/i* (*unverheiratet*) zs.-leben.

ˌ**co·hab·i'ta·tion** *s* Zs.-leben *n.*

co·here [kəʊ'hɪə] *v/i* zs.-hängen (*a. fig.*).

co'her·ence, co'her·en·cy *s* **1.** Zs.-halt *m* (*a. fig.*). **2.** *phys.* Kohärenz *f.* **3.** *fig.* Zs.-hang *m.*

co'her·ent *adj* □ **1.** zs.-hängend (*a. fig.*). **2.** *phys.* kohärent.

co·he·sion [kəʊ'hiːʒn] *s* **1.** Zs.-halt *m* (*a. fig.*). **2.** *phys.* Kohäsion *f.*

co'he·sive *adj* □ **1.** (fest) zs.-haltend (*a. fig.*). **2.** *phys.* Kohäsions..., Binde...

coil [kɔɪl] **I** *v/t* **1.** *a.* ~ **up** aufrollen, (auf)wickeln. **2.** ⚡ wickeln. **II** *v/i* **3.** *a.* ~ **up** sich zs.-rollen. **III** *s* **4.** Spirale *f* (*a. tech. u.* ⚕). **5.** Rolle *f*, Spule *f.*

coin [kɔɪn] **I** *s* Münze *f*: **pay s.o. back in his own** (*od.* **in the same**) ~ *fig.* es j-m mit *od.* in gleicher Münze heimzahlen; **the other side of the** ~ *fig.* die Kehrseite der Medaille. **II** *v/t Münzen, fig. Wort etc* prägen: ~ **money** F Geld wie Heu verdienen.

'**coin·age** *s* **1.** Prägen *n.* **2.** *coll.* Münzen *pl.* **3.** *fig.* Prägung *f* (*e-s Worts etc*); Neuprägung *f* (*Wort etc*).

'**coin-box tel·e·phone** *s* Münzfernsprecher *m.*

co·in·cide [ˌkəʊɪn'saɪd] *v/i* **1.** *örtlich od. zeitlich* zs.-treffen, -fallen (**with** mit). **2.** übereinstimmen, sich decken (**with** mit).

co'in·ci·dence [~sɪdəns] *s* **1.** Zs.-treffen *n*, -fallen *n.* **2.** zufälliges Zs.-treffen, Zufall *m*: **by mere** ~ rein zufällig.

co'in·ci·dent *adj* □ **1.** zs.-fallend, -treffend. **2.** übereinstimmend, sich deckend.

coˌin·ci'den·tal *adj* □ **1.** → **coincident** 2. **2.** zufällig.

coin|-op ['kɔɪnɒp] *s* F **1.** Waschsalon *m.* **2.** Münztankstelle *f.* '**~-ˌop·er·at·ed** *adj* mit Münzbetrieb, Münz...

coke[1] [kəʊk] **I** *s* Koks *m.* **II** *v/t u. v/i* verkoken.

coke[2] [~] *s sl.* Koks *m* (*Kokain*).

co·la ['kəʊlə] *pl von* **colon**[1].

col·an·der ['kʌləndə] **I** *s* Sieb *n*, Seiher *m.* **II** *v/t* durchseihen, (durch)sieben.

cold [kəʊld] **I** *adj* □ **1.** kalt: (**as**) ~ **as ice** eiskalt; **I feel** (*od.* **am**) ~ mir ist kalt, ich friere; **in ~ blood** kaltblütig; ~ **snap** Kälteeinbruch *m*; **get ~ feet** F kalte Füße (*Angst*) bekommen; → **shoulder** 1, **sweat, water** 1. **2.** *fig.* kalt, kühl: a) frostig, unfreundlich (*Empfang etc*), b) nüchtern, sachlich: **the ~ facts** die nackten Tatsachen, c) ruhig, gelassen: **it left me** ~ es ließ mich kalt. **3.** (gefühls)kalt, frigid. **II** *s* **4.** Kälte *f*: **be left out in the** ~ *fig.* kaltgestellt sein, ignoriert werden. **5.** ⚕ Erkältung *f*: (**common**) ~, ~ (**in the head**) Schnupfen *m*; → **catch** 9. ˌ**~-'blood·ed** *adj* □ **1.** *zo.* kaltblütig (*a. fig.*). **2.** F kälteempfindlich: **be ~** *a.* leicht frieren. **~ box** *s* Kühlbox *f.* ˌ**~-'heart·ed** *adj* □ kalt-, hartherzig.

cold·ish ['kəʊldɪʃ] *adj* ziemlich kalt.

'**cold·ness** *s* Kälte *f* (*a. fig.*).

cold| room *s* Kühlraum *m.* ˌ**~-'shoul·der** *v/t* F *j-m* die kalte Schulter zeigen, *j-n* kühl *od.* abweisend behandeln. **~ start** *s Computer u. mot.* Kaltstart *m.* **~ stor·age** *s* Kühlraumlagerung *f*: **put into ~** *fig.* auf Eis legen. **~ tur·key** *s sl.* radikale Entziehungskur: **go ~** e-e radikale Entziehungskur machen. **~ war** *s pol.* kalter Krieg.

cole·slaw ['kəʊlslɔː] *s* Krautsalat *m.*

col·ic ['kɒlɪk] *s* ⚕ Kolik *f.*

col·lab·o·rate [kə'læbəreɪt] *v/i* **1.** zs.-arbeiten (**with** mit; **in, on** bei), mitarbeiten. **2.** *pol.* kollaborieren.

colˌlab·o'ra·tion *s* **1.** Zs.-arbeit *f*: **in ~ with** gemeinsam mit. **2.** *pol.* Kollaboration *f.*

col'lab·o·ra·tor *s* **1.** Mitarbeiter(in). **2.** *pol.* Kollaborateur(in).

col·lage ['kɒlɑːʒ] *s Kunst*: Collage *f.*

col·lapse [kə'læps] **I** *v/i* **1.** zs.-brechen, einfallen, -stürzen. **2.** *fig.* zs.-brechen, scheitern. **3.** *moralisch od. physisch* zs.-brechen. **4.** ⚕ e-n Kollaps erleiden. **5.** zs.-legbar sein, sich zs.-klappen lassen. **II** *v/t* **6.** zum Einsturz bringen. **7.** zs.-legen, -klappen. **III** *s* **8.** Einsturz *m.* **9.** *fig.* Zs.-bruch *m*: **~ of prices** Preisverfall *m.* **10.** ⚕ Kollaps *m*: **nervous ~** Nervenzusammenbruch *m.*

col'laps·i·ble *adj* zs.-klappbar, Klapp...: **~ chair.**

col·lar ['kɒlə] **I** *s* **1.** Kragen *m.* **2.** (*Hunde- etc*)Halsband *n.* **3.** Hals-, Amts-, Ordenskette *f.* **4.** Kollier *n*: **~ of pearls** Perlenkollier. **II** *v/t* **5.** *j-n* beim Kragen packen. **6.** F *j-n* schnappen, verhaften, festnehmen; sich *et.* schnappen; '**~·bone** *s anat.* Schlüsselbein *n.*

col·late [kəˈleɪt] *v/t* sortieren.

col·lat·e·ral [kɒˈlætərəl] **I** *adj* □ **1.** seitlich, Seiten... **2.** parallel (laufend). **3.** begleitend, Neben...: ~ ***circumstances*** *pl* Begleit-, Nebenumstände *pl*; ~ ***loan*** Lombardkredit *m*; ~ ***securities*** *pl* lombardierte (*od.* beliehene) Wertpapiere *pl.* **II** *s* **4.** Sicherheit *f*, Sicherungsgegenstand *m.*

col·league [ˈkɒliːg] *s* Kollege *m*, Kollegin *f.*

col·lect [kəˈlekt] **I** *v/t* **1.** *Briefmarken etc* sammeln. **2.** (ein)sammeln. **3.** auflesen, -sammeln. **4.** *Fakten etc* sammeln, zs.-tragen. **5.** *j-n*, *et.* abholen. **6.** *Geld etc* (ein)kassieren. **7.** *Gedanken etc* sammeln: ~ ***o.s.*** sich sammeln *od.* fassen. **8.** versammeln. **II** *v/i* **9.** sich (ver)sammeln. **10.** sich ansammeln. **III** *adj* **11.** *Am.* Nachnahme...: ~ ***call*** *teleph.* R-Gespräch *n.* **IV** *adv* **12.** *a.* ***pay*** ~ ***on delivery*** *Am.* per Nachnahme bezahlen; ***call*** ~ *teleph.* ein R-Gespräch führen.

colˈlect·ed *adj* □ **1.** gesammelt: ~ ***works.*** **2.** *fig.* gefasst.

col·lect·ing a·gen·cy [kəˈlektɪŋ] *s* Inkassobüro *n*, Inkassostelle *f.*

colˈlec·tion *s* **1.** (Ein)Sammeln *n.* **2.** (*Briefmarken- etc*)Sammlung *f.* **3.** Kollekte *f*, (Geld)Sammlung *f.* **4.** *econ.* Inkasso *n*; *pl* Forderungseingänge *pl*: ~***-only cheque*** Verrechnungsscheck *m.* **5.** *econ.* (Muster)Kollektion *f.* **6.** Abholung *f.* **7.** *fig.* Fassung *f*, Gefasstheit *f.*

colˈlec·tive *adj* **1.** gesammelt, zs.-gefasst. **2.** kollektiv: ~ ***agreement*** *econ.* Tarifabkommen *n*; ~ ***bargaining*** *econ.* Tarifverhandlungen *pl*; ~ ***dismissal*** Massenentlassung *f*; ~ ***envelope*** Sammelumschlag *m*; ~ ***negotiations*** Tarifverhandlungen *pl*; ~ ***noun*** Sammelbegriff *m.*

colˈlec·tive·ly *adv* gemeinsam, gemeinschaftlich.

colˈlec·tor *s* **1.** Sammler(in): ~***'s item*** Sammlerstück *n*; ~***'s price*** Liebhaberpreis *m.* **2.** Kassierer(in). **3.** ⚡ Stromabnehmer *m.*

col·lege [ˈkɒlɪdʒ] *s* **1.** College *n*: ~ ***of education*** *Br.* pädagogische Hochschule. **2.** Akademie *f.* **3.** Kollegium *n* (*a. eccl.*). ~ ***grad·u·ate*** *s* Akademiker(in), Hochschulabsolvent(in).

col·le·gi·ate [kəˈliːdʒɪət] *adj* College..., akademisch.

col·lide [kəˈlaɪd] *v/i* (***with***) kollidieren (mit): a) zs.-stoßen (mit) (*a. fig.*), b) *fig.* im Widerspruch stehen (zu).

col·lie [ˈkɒlɪ] *s zo.* Collie *m* (*langhaariger Schottischer Schäferhund*).

col·li·sion [kəˈlɪʒn] *s* **1.** Kollision *f*, Zs.-stoß *m* (*beide a. fig.*): ***be on a*** ~ ***course*** auf Kollisionskurs sein. **2.** *fig.* Widerspruch *m*: ***bring s.o. into*** ~ ***with the law*** j-n mit dem Gesetz in Konflikt bringen.

col·lo·qui·al [kəˈləʊkwɪəl] *adj* □ umgangssprachlich: ~ ***English*** Umgangsenglisch *n.*

colˈlo·qui·al·ism *s* Ausdruck *m* der Umgangssprache.

col·lu·sion [kəˈluːʒn] *s* ⚖ **1.** geheimes Einverständnis. **2.** Verdunk(e)lung *f*: ***risk of*** ~ Verdunklungsgefahr *f.*

col·lu·sive ten·der·ing [kəˈluːsɪv] *s* Anbieterabsprache *f.*

col·ly·wob·bles [ˈkɒlɪˌwɒblz] *s pl* (*a. sg konstruiert*): ***have the*** ~ F ein flaues Gefühl in der Magengegend haben.

Co·logne [kəˈləʊn] *npr* Köln *n.*

Co·lom·bia [kəˈlɒmbɪə] *npr* Kolumbien *n.*

Co·lom·bo [kəˈlʌmbəʊ] *Hauptstadt von Sri Lanka.*

co·lon[1] [ˈkəʊlən] *pl* **-lons, -la** [~lə] *s anat.* Dickdarm *m.*

co·lon[2] [~] *s ling.* Doppelpunkt *m.*

colo·nel [ˈkɜːnl] *s mil.* Oberst *m.*

co·lo·ni·al [kəˈləʊnjəl] *adj* □ kolonial, Kolonial...: ~ ***masters*** *pl* Kolonialherren *pl.*

coˈlo·ni·al·ism *s pol.* Kolonialismus *m.*

col·o·nist [ˈkɒlənɪst] *s* Kolonist(in), (An)Siedler(in).

col·o·ni·za·tion [ˌkɒlənaɪˈzeɪʃn] *s* Kolonisation *f*, Besiedlung *f.*

ˈcol·o·nize **I** *v/t* **1.** kolonisieren, besiedeln. **2.** ansiedeln. **II** *v/i* **3.** sich ansiedeln. **4.** e-e Kolonie bilden.

col·on·nade [ˌkɒləˈneɪd] *s* ⚠ Säulengang *m*, Kolonnade *f.*

col·o·ny [ˈkɒlənɪ] *s* (*a. Ausländer-, Künstler- etc*)Kolonie *f.*

col·or, *etc Am.* → **colour,** *etc.*

Col·o·ra·do bee·tle [ˌkɒləˈrɑːdəʊ] *s zo.* Kartoffelkäfer *m.*

co·los·sal [kəˈlɒsl] *adj* □ kolossal, riesig, Riesen... (*alle a. fig.* F).

coˈlos·sus [~səs] *pl* **-si** [~saɪ], **-sus·es** *s* Koloss *m.*

col·our [ˈkʌlə] *bsd. Br.* **I** *s* **1.** Farbe *f*: ***what*** ~ ***is ...?*** welche Farbe hat ...?; ***paint in bright*** (***glowing, gloomy***) ~***s*** *et.* in rosigen (glühenden, düsteren) Farben schildern; ***local*** ~ *fig.* Lokalkolorit *n.* **2.** (*a.* gesunde) Gesichtsfarbe: ***lose*** (***all***) ~ (ganz) blass werden. **3.** (*bsd.* dunkle) Hautfarbe: ***people*** *pl* ***of*** ~ Farbige *pl.* **4.** *fig.* Färbung *f*, Ton *m.* **5.** *pl mil.* Fahne *f*: ***call to the*** ~***s*** einberufen; ***pass*** (***fail***) ***an examination with flying*** ~***s*** e-e Prüfung mit Glanz u. Gloria bestehen (mit Pauken u. Trompeten durch e-e Prüfung fallen). **6.** *pl* ⚓ Flagge *f*: ***sail under false*** ~***s*** unter falscher Flagge segeln (*a. fig.*); ***show one's true*** ~***s*** *fig.* sein wahres Gesicht zeigen; Farbe bekennen. **II** *v/t* **7.**

färben (*a. fig.*), kolorieren. **III** *v/i* **8.** sich (ver)färben. **9.** *a.* ~ ***up*** erröten, rot werden (***with*** vor *dat*). ~ **bar** *s* Rassenschranke *f*. '~**-blind** *adj* ⚕ farbenblind. ~ **cop·y** *s* Farbkopie *f*. ~ **dis·play** *s* farbige Anzeige, Farbbildschirm *m*.

col·oured ['kʌləd] *adj bsd. Br.* **1.** farbig, bunt (*beide a. fig.*): ~ ***paper*** Buntpapier *n*; ~ ***pencil*** Bunt-, Farbstift *m*. **2.** farbig: ***a*** ~ ***man*** *neg.!* ein Farbiger. **3.** *fig.* gefärbt.

'col·our|·fast *adj bsd. Br.* farbecht. ~ **film** *s phot.* Farbfilm *m*.

col·our·ful ['kʌləfʊl] *adj* □ *bsd. Br.* **1.** farbenfreudig, -prächtig. **2.** *fig.* farbig, bunt.

'col·our·ing I *s* **1.** Färbung *f* (*a. fig.*), Farbgebung *f*. **2.** Gesichtsfarbe *f*. **II** *adj* **3.** Farb...: ~ ***matter*** Farbstoff *m*; ~ ***book*** Malbuch *n*; ~ ***pencil*** Farbstift *m*.

col·our·less ['kʌləlɪs] *adj* □ *bsd. Br.* **1.** farblos (*a. fig.*). **2.** *fig.* neutral, unparteiisch.

col·our| line *s bsd. Br.* Rassenschranke *f*. ~ **or·gan** *s* Lichtorgel *f*. ~ **print·er** *s Computer*: Farbdrucker *m*. ~ **prob·lem** *s* Rassenproblem *n*. ~ **screen** *s* Farbbildschirm *m*. ~ **set** *s* Farbfernseher *m*. ~ **sup·ple·ment** *s* Farbbeilage *f* (*e-r Zeitung*). ~ **tel·e·vi·sion** *s* Farbfernsehen *n*.

colt [kəʊlt] *s* **1.** Fohlen *n*. **2.** *fig.* Grünschnabel *m*.

col·umn ['kɒləm] *s* **1.** ⚠ (*a. Rauch-, Wasser- etc*)Säule *f*. **2.** *typ.* Spalte *f*: ***in double*** ~***s*** zweispaltig; ~ ***length*** Spaltenhöhe *f*; ~ ***width*** Spaltenbreite *f*. **3.** *Zeitung*: Kolumne *f*. **4.** ⚔, *mil.* Kolonne *f*.

co·lum·nar [kə'lʌmnə] *adj* **1.** säulenartig, -förmig. **2.** Säulen...

col·um·nist ['kɒləmnɪst] *s* Kolumnist(in).

co·ma ['kəʊmə] *s* ⚕ Koma *n*: ***be in a*** ~ im Koma liegen.

comb [kəʊm] **I** *s* **1.** Kamm *m* (*a. des Hahns, e-r Welle etc*). **II** *v/t* **2.** kämmen: ~ ***one's hair*** (*od.* ***o.s.***) sich kämmen. **3.** *fig. Gegend* durchkämmen. **4.** *mst* ~ ***out*** *fig.* sieben, sichten; aussondern, -suchen.

com·bat ['kɒmbæt] **I** *v/t* bekämpfen, kämpfen gegen (*beide a. fig.*). **II** *v/i* kämpfen (***with*** mit) (*a. fig.*). **III** *s* Kampf *m*, *mil. a.* Gefecht *n*. **IV** *adj* Kampf...

com·bi·na·tion [ˌkɒmbɪ'neɪʃn] *s* **1.** Verbindung *f* (*a.* ⚗), Kombination *f*: ~ ***lock*** Kombinationsschloss *n*. **2.** *econ.* Konzern *m*; Kartell *n*, Ring *m*. **3.** Zs.-schluss *m*, Bündnis *n*.

com·bine [kəm'baɪn] **I** *v/t* **1.** verbinden (*a.* ⚗), kombinieren: ~ ***business with pleasure*** das Nützliche mit dem Angenehmen verbinden. **2.** in sich vereinigen. **II** *v/i* **3.** sich verbinden (*a.* ⚗). **4.** zs.-wirken: ***everything*** ~***d against him*** alles verschwor sich gegen ihn. **III** *s* ['kɒmbaɪn] **5.** Verbindung *f*. **6.** *pol.* Interessengemeinschaft *f*; *econ. a.* Verband *m*; Konzern *m*; Kartell *n*.

com'bined [kəm~] *adj* gemeinsam, gemeinschaftlich.

com·bus·ti·ble [kəm'bʌstəbl] **I** *adj* □ **1.** brennbar, (leicht) entzündlich. **2.** *fig.* leicht erregbar. **II** *s* **3.** Brennstoff *m*, -material *n*.

com·bus·tion [kəm'bʌstʃən] *s* Verbrennung *f* (*a. biol.*, ⚗): ~ ***engine*** *tech.* Verbrennungsmotor *m*.

come [kʌm] **I** *v/i* (*irr*) **1.** kommen (*a. sl. e-n Orgasmus haben*): ***s.o. is coming*** es kommt j-d; ***he came to see us*** er besuchte uns. **2.** (dran)kommen, an die Reihe kommen. **3.** kommen, erscheinen: ~ ***and go*** kommen u. gehen; erscheinen u. verschwinden. **4.** kommen, gelangen (***to*** zu). **5.** kommen, abstammen (***of, from*** von). **6.** kommen, herrühren (***of*** von). **7.** kommen, geschehen, sich ereignen: ~ ***what may*** (*od.* ***will***) komme, was da wolle; ***how*** ~***s it that ...?***, F ***how*** ~ ***that ...?*** wie kommt es, dass ...? **8.** sich erweisen: ***it*** ~***s expensive*** es kommt teuer. **9.** *vor inf*: dahin *od.* dazu kommen: ~ ***to know s.o.*** j-n kennen lernen; ~ ***to know s.th.*** et. erfahren; ***I have*** ~ ***to believe that*** ich bin zu der Überzeugung gekommen, dass. **10.** *bsd. vor adj*: werden: ~ ***true*** sich bewahrheiten *od.* erfüllen, eintreffen. **11.** ***to*** ~ (*als adj*) zukünftig, kommend: ***for all time to*** ~ für alle Zukunft. **II** *v/t* (*irr*) **12.** F sich aufspielen als, *j-n*, *et.* spielen. **III** *int* **13.** na!, komm!: ~, ~*!* nicht so wild!, immer langsam!; na komm schon!, auf gehts!

Verbindungen mit Präpositionen:

come| a·cross *v/i* zufällig treffen *od.* finden *od.* sehen, stoßen auf (*acc*). ~ **at** *v/i* **1.** erreichen, bekommen, *Wahrheit etc* herausfinden. **2.** losgehen auf (*acc*). ~ **for** *v/i* **1.** *et.* abholen kommen, kommen wegen. **2.** losgehen auf (*acc*). ~ **in·to** *v/i* **1.** kommen in (*acc*). **2.** ~ ***a fortune*** ein Vermögen erben; → ***fashion*** 1, ***own*** 5, ***use*** 5. ~ **near** *v/i* **1.** *fig.* nahe kommen (*dat*). **2.** ~ ***doing s.th.*** et. beinahe tun. ~ **off** *v/i* **1.** herunterfallen von. **2.** ~ ***it!*** F hör schon auf damit! ~ **on** → ***come upon.*** ~ **o·ver** *v/i* überkommen, befallen: ***what has*** ~ ***you?*** was ist mit dir los? ~ **through** *v/i Krankheit etc* überstehen, -leben. ~ **to** *v/i* **1.** *j-m* (*bsd. durch Erbschaft*) zufallen. **2.** ***when it comes to paying*** wenn es ans Bezahlen geht. **3.** sich belaufen auf (*acc*). ~ **un·der** *v/i* **1.** unter *ein Gesetz etc* fallen. **2.** geraten unter (*acc*). ~ **up·on** *v/i* **1.** → ***come over.*** **2.** → ***come across.***

Verbindungen mit Adverbien:

come| a·bout *v/i* geschehen, passieren. ~ **a·cross** *v/i* **1.** herüberkommen. **2.** verstanden werden; an-, rüberkommen (*Rede etc*). **3.** F damit herausrücken: ~ ***with*** mit *Informationen* herausrücken; *Geld* herausrücken. ~ **a·long** *v/i* **1.** mitkommen, -gehen: ~*!* F dalli! **2.** kommen, sich ergeben (*Chance etc*). ~ **a·part** *v/i* auseinander fallen. ~ **a·way** *v/i* sich lösen, ab-, losgehen (*Knopf etc*). ~ **back** *v/i* **1.** zurückkommen: ~ ***to s.th.*** auf e-e Sache zurückkommen; ***it came back to him*** es fiel ihm wieder ein. **2.** wieder in Mode kommen. **3.** ein Come-back feiern. ~ **by** *v/i* vorbeikommen (*Besucher*). ~ **down** *v/i* **1.** herunterkommen, (*Regen, Schnee*) fallen. **2.** (ein)stürzen, (ein)fallen. **3.** *fig.* herunterkommen (*Person*): ***she has*** ~ ***quite a bit*** sie ist ganz schön tief gesunken. **4.** überliefert werden. **5.** F sinken (*Preise*); billiger werden (*Ware*). **6.** ~ ***on*** sich stürzen auf (*acc*); *j-m* aufs Dach steigen. **7.** ~ ***with*** F *Geld* herausrücken. **8.** ~ ***with*** erkranken an (*dat*). **9.** ~ ***to*** hinauslaufen auf (*acc*). ~ **for·ward** *v/i* sich (freiwillig) melden, sich anbieten. ~ **home** *v/i* **1.** nach Hause kommen, heimkommen. **2.** ~ ***to s.o.*** j-m schmerzlich bewusst werden. ~ **in** *v/i* **1.** hereinkommen: ~*!* herein!; (*Funk*) (bitte) kommen! **2.** eingehen, -treffen (*Nachricht etc*), *Sport*, ⚓ einkommen, 🚂 einlaufen: ~ ***second*** den zweiten Platz belegen. **3.** aufkommen, in Mode kommen. **4.** an die Macht kommen. **5.** sich als *nützlich etc* erweisen: → ***handy*** 4. **6.** Berücksichtigung finden: ***where do I*** ~*?* wo bleibe ich? **7.** ~ ***for*** *Bewunderung etc* erregen, auf *Kritik etc* stoßen. **8.** ~ ***on*** mitmachen bei, sich beteiligen an (*dat*). ~ **off** *v/i* **1.** → ***come away.*** **2.** herunterfallen. **3.** auslaufen (*Stück*), enden (*Ausstellung*). **4.** F stattfinden, über die Bühne gehen. **5.** F abschneiden; erfolgreich verlaufen, glücken. ~ **on** *v/i* **1.** herankommen: ~*!* komm (mit)!; komm her!; los!; F na, na! **2.** an die Reihe kommen. **3.** *thea.* auftreten; aufgeführt werden. ~ **out** *v/i* **1.** herauskommen. **2.** *a.* ~ ***on strike*** *bsd. Br.* streiken. **3.** herauskommen: a) erscheinen (*Buch etc*), b) an den Tag kommen (*Wahrheit etc*). **4.** ausgehen (*Haare, Farbe*), herausgehen (*Fleck etc*). **5.** ausbrechen (*Ausschlag*): ~ ***in a rash*** e-n Ausschlag bekommen. **6.** *phot. etc gut etc* werden (*Bild*); *gut etc* herauskommen (***in*** auf *dat*). **7.** ~ ***with*** F mit *der Wahrheit etc* herausrücken; *Flüche etc* vom Stapel lassen. **8.** ~ ***against*** (***for***) sich aussprechen gegen (für). ~ **o·ver** → ***come across*** 1, 2. ~ **round** *v/i* **1.** vorbeikommen (***to*** bei). **2.** wieder zu sich kommen; sich erholen. ~ **through** *v/i* durchkommen (*Funkspruch, Patient etc*). ~ **to** → ***come round*** 2. ~ **up** *v/i* **1.** heraufkommen. **2.** herankommen: ~ ***to s.o.*** auf j-n zukommen. **3.** ⚖ zur Verhandlung kommen. **4.** *a.* ~ ***for discussion*** zur Sprache kommen. **5.** ~ ***for*** zur *Abstimmung, Entscheidung* kommen. **6.** aufkommen, Mode werden. **7.** ~ ***to*** reichen bis an (*acc*) *od.* zu; erreichen (*acc*); *fig.* heranreichen an (*acc*): → ***expectation.*** **8.** ***his supper came up again*** das Abendessen kam ihm wieder hoch. **9.** ~ ***with*** daherkommen mit, auftischen, präsentieren.

come|-at-a·ble [ˌkʌm'ætəbl] *adj* F erreichbar, zugänglich. '~**·back** *s* Come-back *n*: ***stage*** (*od.* ***make***) ***a*** ~ ein Come-back feiern.

co·me·di·an [kə'miːdjən] *s* **1.** Komödienschauspieler(in); Komiker(in) (*a. contp.*). **2.** Spaßvogel *m*, Witzbold *m* (*beide a. contp.*).

'**come·down** *s fig.* **1.** Niedergang *m*, Abstieg *m*. **2.** F Enttäuschung *f*.

com·e·dy ['kɒmədɪ] *s* **1.** Komödie *f* (*a. fig.*), Lustspiel *n*. **2.** Komik *f*.

come·ly ['kʌmlɪ] *adj* attraktiv, schön.

com·er ['kʌmə] *s* Ankömmling *m*.

com·et ['kɒmɪt] *s ast.* Komet *m*.

com·fort ['kʌmfət] **I** *v/t* **1.** trösten. **2.** beruhigen. **II** *s* **3.** Trost *m*: ***cold*** ~ ein schwacher Trost. **4.** Behaglichkeit *f*: ***to live in*** ~ sorgenfrei leben. **5.** *a. pl* Komfort *m*: ***with every modern*** ~ (*od.* ***all modern*** ~***s***) mit allem Komfort; ~ ***station*** *Am.* öffentliche Bedürfnisanstalt.

'**com·fort·a·ble** *adj* □ **1.** komfortabel, bequem, behaglich: ***make o.s.*** ~ es sich bequem machen; ***are you*** ~*?* haben Sie es bequem?, sitzen *od.* liegen *etc* Sie bequem?; ***feel*** ~ sich wohl fühlen. **2.** bequem, sorgenfrei (*Leben etc*). **3.** ausreichend, recht gut (*Einkommen etc*): ***to be*** ~ (*od.* ***comfortably off***) einigermaßen wohlhabend sein.

'**com·fort·er** *s* **1.** Tröster(in). **2.** *bsd. Br.* Wollschal *m*. **3.** *Am.* Steppdecke *f*. **4.** *bsd. Br.* Schnuller *m*.

'**com·fort·ing** *adj* tröstlich.

'**com·fort·less** *adj* **1.** unbequem. **2.** trostlos.

com·fy ['kʌmfɪ] F → ***comfortable*** 1.

com·ic ['kɒmɪk] **I** *adj* (~***ally***) **1.** Komödien..., Lustspiel...: ~ ***actor*** Komödienschauspieler *m*; Komiker *m*; ~ ***opera*** ♪ komische Oper; ~ ***tragedy*** Tragikomödie *f* (*a. fig.*). **2.** komisch, humoristisch: ~ ***paper*** Witzblatt *n*; ~ ***strips*** *pl* Comics *pl*. **3.** → ***comical*** 1. **II** *s* **4.** → ***comedian*** 1. **5.** F Witzblatt *n*: ~***s*** *pl* Comics *pl*.

'**com·i·cal** *adj* □ **1.** komisch, ulkig, spaßig. **2.** F komisch, sonderbar.

com·ing ['kʌmɪŋ] **I** *adj* kommend: a) zukünftig: ***the*** ~ ***man*** der kommende Mann, b) nächst: ~ ***week*** nächste Woche. **II** *s*

Kommen *n*, Ankunft *f*: ***the ~s and goings*** das Kommen u. Gehen.

com·ma ['kɒmə] *s* Komma *n*, Beistrich *m*.

com·mand [kə'mɑːnd] **I** *v/t* **1.** befehlen (***s.o. to do*** j-m zu tun). **2.** fordern, verlangen: ***~ silence*** sich Ruhe erbitten. **3.** *mil.* kommandieren, befehligen. **4.** *Gefühle, Lage etc* beherrschen. **5.** *Vertrauen etc* einflößen: ***~ (s.o.'s) admiration*** (j-m) Bewunderung abnötigen; ***~ respect*** Achtung gebieten. **6.** zur Verfügung haben, verfügen über (*acc*). **II** *v/i* **7.** befehlen. **8.** *mil.* das Kommando führen, den Befehl haben. **III** *s* **9.** Befehl *m* (*a. Computer*): ***at s.o.'s ~*** auf j-s Befehl; ***~ economy*** *econ.* Kommandowirtschaft *f*. **10.** Verfügung *f*: ***be at s.o.'s ~*** j-m zur Verfügung stehen; ***have at ~*** → 6. **11.** Beherrschung *f* (*e-r Sprache etc*): ***have ~ of*** *Fremdsprache etc* beherrschen; ***his ~ of English*** s-e Englischkenntnisse *pl*. **12.** *mil.* Kommando *n*: a) (Ober)Befehl *m*: ***be in ~*** → 8; ***~ module*** (*Raumfahrt*) Kommandokapsel *f*, b) Befehl *m*.

com·man·dant [ˌkɒmən'dænt] *s mil.* Kommandant(in).

com·mand·er [kə'mɑːndə] *s mil.* Kommandeur(in), Befehlshaber(in); Kommandant(in): ***~ in chief*** Oberbefehlshaber(in).

com'mand·ing *adj* □ **1.** *mil.* kommandierend, befehlshabend. **2.** herrisch, gebieterisch. **3.** *die Gegend* beherrschend. **4.** weit (*Aussicht*).

com·mand| key *s Computer*: Befehlstaste *f*. **~ lan·guage** *s* Befehlssprache *f*. **~ line** *s* Befehlszeile *f*.

com'mand·ment *s* Gebot *n*, Vorschrift *f*: ***the Ten Commandments*** *Bibl.* die Zehn Gebote.

com·mand| men·u *s* Befehlsmenü *n*. **~ mod·ule** *s* (*Raumfahrt*) Kommandokapsel *f*.

com'man·do [~dəʊ] *pl* **-do(e)s** *s mil.* Kommando *n*: ***~ squad*** Kommandotrupp *m*.

com·mem·o·rate [kə'memәreɪt] *v/t* **1.** erinnern an (*acc*). **2.** (ehrend) gedenken (*gen*).

comˌmem·o'ra·tion *s* Gedenk-, Gedächtnisfeier *f*: ***in ~ of*** zum Gedenken *od.* Gedächtnis an (*acc*).

com'mem·o·ra·tive [~rətɪv] *adj* **1.** ***be ~ of*** erinnern an (*acc*). **2.** Gedenk..., Gedächtnis..., Erinnerungs...: ***~ issue*** Gedenkausgabe *f* (*Briefmarken etc*); ***~ plaque*** Gedenktafel *f*.

com·mence [kə'mens] *v/i u. v/t* anfangen, beginnen (***to do, doing*** zu tun).

com'mence·ment *s* Anfang *m*, Beginn *m*.

com·mend [kə'mend] *v/t* **1.** empfehlen. **2.** loben (***on*** wegen). **3.** anvertrauen (***to*** *dat*).

com'mend·a·ble *adj* □ **1.** empfehlenswert. **2.** lobenswert, löblich.

com·men·da·tion [ˌkɒmen'deɪʃn] *s* **1.** Empfehlung *f*. **2.** Lob *n*.

com'men·da·to·ry [~dətərɪ] *adj* **1.** Empfehlungs...: ***~ letter*** Empfehlungsbrief *m*, -schreiben *n*. **2.** lobend, anerkennend.

com·men·su·ra·ble [kə'menʃərəbl] *adj* □ vergleichbar (***to, with*** mit).

com'men·su·rate [~rət] *adj* (***to, with***) im Einklang stehend (mit), entsprechend *od.* angemessen (*dat*).

com·ment ['kɒment] **I** *s* (***on***) Kommentar *m* (zu): a) Bemerkung *f* (zu): ***no ~!*** kein Kommentar!, b) Anmerkung *f* (zu). **II** *v/i*: ***~ on*** e-n Kommentar abgeben zu, *et.* kommentieren. **III** *v/t* bemerken (***that*** dass).

com·men·ta·tor ['kɒmənteɪtə] *s* Kommentator(in).

com·merce ['kɒmɜːs] *s* Handel *m*.

com·mer·cial [kə'mɜːʃl] **I** *adj* □ **1.** Geschäfts..., Handels...: ***~ agency*** Handelsvertretung *f*; Kreditauskunftei *f*; ***~ attaché*** Handelsattaché *m*; ***~ bank*** Geschäftsbank *f*; ***~ bill*** Handelswechsel *m*; ***~ code*** Handelsgesetzbuch *n*; ***~ correspondence*** Geschäfts-, Handelskorrespondenz *f*; ***~ enterprise*** gewerbliches Unternehmen; ***~ letter*** Geschäftsbrief *m*; ***~ papers*** *pl* Handelspapiere *pl*; ***~ practice*** kaufmännische Praxis; ***~ travel(l)er*** Handlungsreisende *m, f*; ***~ vehicle*** Nutzfahrzeug *n*. **2.** handelsüblich (*Qualität etc*). **3.** *Rundfunk, TV*: Werbe..., Reklame...: ***~ art*** Werbegrafik *f*; ***~ artist*** Werbegrafiker(in); ***~ broadcasting*** Werbefunk *m*; kommerzieller Rundfunk; ***~ television*** Werbefernsehen *n*; kommerzielles Fernsehen. **4.** kommerziell: a) auf finanziellen Gewinn abzielend: ***~ station*** kommerzieller Sender, b) finanziell. **II** *s* **5.** *Rundfunk, TV*: Werbespot *m*; von e-m Sponsor finanzierte Sendung.

com'mer·cial·is·m *s* ***pure ~*** reiner Kommerz *m*.

com'mer·cial·ize [~ʃəlaɪz] *v/t* kommerzialisieren, vermarkten.

com·mie ['kɒmɪ] *s* F Kommunist(in).

com·mis·er·ate [kə'mɪzəreɪt] *v/t* (*u. v/i* ***~ with***) bemitleiden.

comˌmis·er'a·tion *s* Mitleid *n*.

com·mis·sion [kə'mɪʃn] **I** *s* **1.** Auftrag *m*. **2.** Kommission *f*, Ausschuss *m*: ***be on the ~*** Mitglied der Kommission sein. **3.** *econ.* a) Kommission *f*: ***on ~*** in Kommission, b) Provision *f*: ***on ~*** gegen Provision; ***on a ~ basis*** auf Provisionsbasis. **4.** Begehung *f*, Verübung *f* (*e-s Verbrechens etc*). **II** *v/t* **5.** beauftragen. **6.** *et.* in Auftrag geben: ***~ed work*** Auftragsarbeit *f*. **~ a·gent** *s* Kommissionär *m*.

C

com·mis·sion·aire [kəˌmɪʃə'neə] *s bsd. Br.* (livrierter) Portier (*Theater, Hotel etc*).
com'mis·sion·er [~ʃnə] *s* Beauftragte *m,f*: ~ ***for data protection*** Datenschutzbeauftragte *m, f*.
com·mit [kə'mɪt] *v/t* **1.** anvertrauen, übergeben (***to*** *dat*): ~ ***to paper*** zu Papier bringen. **2.** ⚖ einweisen (***to*** in *acc*). **3.** *Verbrechen etc* begehen, verüben. **4.** (***to***) verpflichten (zu), festlegen (auf *acc*): ~***ted*** engagiert (*Schriftsteller etc*).
com'mit·ment *s* **1.** Übergabe *f*. **2.** → ***committal*** 2. **3.** Begehung *f*, Verübung *f*. **4.** Verpflichtung *f*, Festlegung *f*, (*a. politisches etc*) Engagement: ***without any*** ~ ganz unverbindlich.
com'mit·tal [~tl] *s* **1.** → ***commitment*** 1, 3, 4. **2.** ⚖ Einweisung *f*.
com'mit·tee [~tɪ] *s* Komitee *n*, Ausschuss *m*: ***be*** (*od.* ***sit***) ***on a*** ~ in e-m Ausschuss sein.
com·mode [kə'məʊd] *s* (Wasch)Kommode *f*.
com'mo·di·ous [~djəs] *adj* □ geräumig.
com·mod·i·ty [kə'mɒdətɪ] *s econ.* Ware *f*, (Handels)Artikel *m*. ~ **ex·change** *s* Warenbörse *f*. ~ **mar·ket** *s* Gütermarkt *m*.
com·mon ['kɒmən] **I** *adj* (□ → ***commonly***) **1.** gemeinsam (*a.* ⩓), gemeinschaftlich: ~ ***to all*** allen gemeinsam; ~ ***room*** Gemeinschaftsraum *m*; → ***cause*** 3, ***denominator***. **2.** allgemein: ***by*** ~ ***consent*** mit allgemeiner Zustimmung. **3.** allgemein (bekannt), alltäglich: ***it is*** ~ ***knowledge*** (***usage***) es ist allgemein bekannt (üblich); ~ ***name*** häufiger Name; ~ ***sight*** alltäglicher *od.* vertrauter Anblick. **4.** *bsd. biol.* gemein: ~ ***or garden*** F Feld-Wald-u.-Wiesen-...; → ***cold*** 5. **5.** gewöhnlich, ohne Rang: ***the*** ~ ***people*** *pl* das einfache Volk; ~ ***soldier*** einfacher Soldat. **II** *s* **6.** Gemeinsamkeit *f*: ***in*** ~ gemeinsam (***with*** mit). **7.** *das* Gewöhnliche: ***out of the*** ~ außergewöhnlich, -ordentlich. **8.** → ***commons***. ~ **car·ri·er** *s* **1.** Frachtführer *m*, Spediteur *m*. **2.** Datenübermittler *m*.
'com·mon·er *s* Bürger(in), Bürgerliche *m,f*.
com·mon| good *s* Gemeinnutz *m*, Gemeinwohl *n*. ~ **law** *s* **1.** *Br.* Gewohnheitsrecht *n*. **2.** *das angloamerikanische Rechtssystem*.
ˌcom·mon-law 'mar·riage *s* eheähnliche Gemeinschaft.
com·mon·ly ['kɒmənlɪ] *adv* gewöhnlich, im Allgemeinen.
Com·mon Mar·ket *s* Gemeinsamer Markt.
'com·mon·place I *s* **1.** Gemeinplatz *m*. **2.** alltägliche Sache. **II** *adj* **3.** alltäglich, abgedroschen.
Com·mon Prayer *s eccl.* anglikanische Liturgie.
com·mon pric·ing *s* Preisabsprache *f*.
com·mons ['kɒmənz] *s pl* **1.** ***the Commons*** *parl. Br.* das Unterhaus. **2.** ***be kept on small*** ~ auf schmale Kost gesetzt sein.
com·mon| sense *s* gesunder Menschenverstand. ~ **stock** *s* Stammaktien *pl*. **'~·wealth** *s*: ***the Commonwealth*** (***of Nations***) das Commonwealth.
com·mo·tion [kə'məʊʃn] *s* **1.** Aufregung *f*. **2.** Aufruhr *m*, Tumult *m*.
com·mu·nal ['kɒmjʊnl] *adj* □ **1.** Gemeinde..., Kommunal... **2.** gemeinschaftlich: ~ ***aerial*** (*bsd. Am.* ***antenna***) *TV* Gemeinschaftsantenne *f*.
com·mune¹ [kə'mjuːn] *v/i* **1.** sich (vertraulich) unterhalten (***with*** mit): ~ ***with o.s.*** mit sich zurate gehen. **2.** *bsd. Am.* → ***communicate*** 6.
com·mune² ['kɒmjuːn] *s* Gemeinde *f*, Kommune *f* (*a. sociol.*).
com·mu·ni·ca·ble [kə'mjuːnɪkəbl] *adj* □ **1.** mitteilbar. **2.** ⚕ übertragbar.
com'mu·ni·cate [~keɪt] **I** *v/t* **1.** mitteilen (***to*** *dat*). **2.** ⚕, *phys.* übertragen (***to*** auf *acc*) (*a. fig.*). **II** *v/i* **3.** kommunizieren, sich besprechen, in Verbindung stehen (***with*** mit). **4.** sich in Verbindung setzen (***with*** mit). **5.** miteinander (durch e-e Tür *etc*) verbunden sein: ***communicating door*** Verbindungstür *f*. **6.** *eccl.* das Abendmahl empfangen, kommunizieren.
comˌmu·ni'ca·tion *s* **1.** Mitteilung *f* (***to*** an *acc*): ~ ***cord*** 🚃 *Br.* Notbremse *f*. **2.** Übertragung *f*: ~ ***of power*** *phys.* Kraftübertragung. **3.** Verbindung *f*: ***be in*** ~ ***with*** in Verbindung stehen mit. **4.** *pl* Informationsaustausch *m*. **5.** *pl bsd. mil.* Fernmeldewesen *n*: ~***s satellite*** Nachrichtensatellit *m*; ~***s system*** Fernmeldenetz *n*.
com'mu·ni·ca·tive [~kətɪv] *adj* □ mitteilsam, gesprächig, kommunikativ.
com·mun·ion [kə'mjuːnjən] *s* **1.** (*eccl.* Religions)Gemeinschaft *f*. **2.** ***Communion*** *eccl.* Abendmahl *n*, Kommunion *f*: ***go to*** ~ zum Abendmahl gehen; ~ ***cup*** Abendmahlskelch *m*.
com·mu·ni·qué [kə'mjuːnɪkeɪ] *s* Kommunikee *n*.
com·mu·nism ['kɒmjʊnɪzəm] *s* Kommunismus *m*.
'com·mu·nist I *s* Kommunist(in). **II** *adj* kommunistisch.
ˌcom·mu'nis·tic *adj* (~***ally***) kommunistisch.
com·mu·ni·ty [kə'mjuːnətɪ] *s* **1.** Gemeinschaft *f*: ~ ***of heirs*** Erbengemeinschaft; ~ ***of interests*** Interessengemeinschaft; ~ ***singing*** gemeinsames Singen; ~ ***spirit*** Gemeinschaftsgeist *m*. **2.** Gemeinde *f*. **3.** Gemeinsamkeit *f*, gemeinsamer Besitz: ~ ***of goods*** (*od.* ***property***) Gütergemeinschaft *f*.

~ **cen·ter,** *bsd. Br.* ~ **cen·tre** *s* Gemeindezentrum *n.* ~ **home** *s Br.* Erziehungsheim *n.*

com·mut·a·ble [kəˈmjuːtəbl] *adj* umwandelbar.

com·mu·ta·tion [ˌkɒmjuːˈteɪʃn] *s* **1.** Umwandlung *f.* **2.** Ablösung *f*; Ablöse(summe) *f.* **3.** ⚖ (Straf)Umwandlung *f.* **4.** 🚂, *etc* Pendeln *n*: ~ ***ticket*** *Am.* Dauer-, Zeitkarte *f.*

commute [kəˈmjuːt] **I** *v/t* **1.** eintauschen (***for*** für). **2.** ⚖ *Strafe* umwandeln (***to, into*** in *acc*). **3.** *Verpflichtung etc* umwandeln (***into*** in *acc*), ablösen (***for, into*** durch). **II** *v/i* **4.** 🚂, *etc* pendeln.

comˈmut·er *s* a) *Am.* Zeitkarteninhaber(in), b) Pendler(in): ~ ***belt*** Einzugsbereich *m*; ~ ***traffic*** Pendlerverkehr *m*; ~ ***train*** Pendler-, Nahverkehrszug *m.*

com·pact [kəmˈpækt] **I** *adj* □ **1.** kompakt: ~ ***camera*** Kompaktkamera *f*; ~ ***cassette*** Kompaktkassette *f*; ~ ***disc*** Compact Disc *f.* **2.** eng, klein (*Wohnung etc*). **3.** gedrungen (*Gestalt*). **4.** knapp, gedrängt (*Stil etc*). **II** *v/t* **5.** zs.-drängen, fest miteinander verbinden. **III** *s* [ˈkɒmpækt] **6.** kompakte Masse. **7.** Puderdose *f.*

com·pan·ion [kəmˈpænjən] *s* **1.** Begleiter(in) (*a. fig.*). **2.** Kamerad(in), Genosse *m*, Genossin *f.* **3.** Gesellschafter(in). **4.** Gegenstück *n*, Pendant *n.* **5.** Handbuch *n*, Leitfaden *m.*

comˈpan·ion·a·ble *adj* □ umgänglich, gesellig.

comˈpan·ion·ship *s* Begleitung *f*, Gesellschaft *f.*

com·pa·ny [ˈkʌmpənɪ] *s* **1.** Gesellschaft *f*: ***in*** ~ (***with***) in Gesellschaft *od.* Begleitung (*gen od.* von); ***be in good*** ~ sich in guter Gesellschaft befinden; ***keep*** (*od.* ***bear***) ***s.o.*** ~ j-m Gesellschaft leisten; ***part*** ~ (***with***) sich trennen (von); *fig.* anderer Meinung sein (als) (***on*** in *dat*). **2.** Gesellschaft *f*; Besuch *m*, Gäste *pl*: ***be fond of*** ~ die Geselligkeit lieben; ***present*** ~ ***excepted!*** Anwesende ausgenommen! **3.** Gesellschaft *f*, Umgang *m*: ***keep good*** ~ guten Umgang pflegen; ***keep*** ~ ***with*** verkehren mit. **4.** *econ.* Gesellschaft *f*, Firma *f*: ~ ***address*** Firmenanschrift *f*; ~ ***assets*** *pl* Betriebsvermögen *n*; ~ ***car*** Firmenwagen *m*; ~ ***do*** Betriebsfest *n*; ~ ***failures*** *pl* Insolvenzen *pl*; ~***'s goal*** Unternehmenszweck *m*; ~ ***group*** Firmengruppe *f*; ~ ***holiday*** Betriebsferien *pl*; ~ ***income tax*** Körperschaftssteuer *f*; ~ ***law*** Gesellschaftsrecht *n*; ~ ***pension*** Betriebsrente *f*; ~ ***pension plan*** (*od.* ***scheme***) betriebliche Altersversorgung; ~ ***planning*** Unternehmensplanung *f*; ~ ***secretary*** oberster Verwaltungsbeamter; ~ ***seniority*** Betriebszugehörigkeit *f*; ~ ***use*** betriebsinterne Verwendung. **5.** *mil.* Kompanie *f.* **6.** *thea.* Truppe *f.*

com·pa·ra·ble [ˈkɒmpərəbl] *adj* □ vergleichbar (***with, to*** mit).

com·par·a·tive [kəmˈpærətɪv] **I** *adj* **1.** vergleichend. **2.** verhältnismäßig, relativ. **3.** ~ ***degree*** → 4. **II** *s* **4.** *ling.* Komparativ *m.*

comˈpar·a·tive·ly *adv* verhältnismäßig: a) vergleichsweise, b) ziemlich.

com·pare [kəmˈpeə] **I** *v/t* **1.** vergleichen (***with, to*** mit): ~***d with*** (*od.* ***to***) im Vergleich zu, gegenüber (*dat*). **2.** vergleichen, gleichsetzen, -stellen: ***not to be*** ~***d with*** (*od.* ***to***) nicht zu vergleichen mit. **3.** *ling.* steigern. **II** *v/i* **4.** sich vergleichen (lassen): ~ ***favo(u)rably with*** den Vergleich mit ... nicht zu scheuen brauchen. **III** *s* **5.** ***beyond*** (*od.* ***past, without***) ~ unvergleichlich.

com·pa·ri·son [kəmˈpærɪsn] *s* **1.** Vergleich *m*: ***by*** ~ vergleichsweise; ***in*** ~ ***with*** im Vergleich mit *od.* zu; ***bear*** (*od.* ***stand***) ~ ***with*** e-n Vergleich aushalten mit; ***without*** ~, ***beyond*** (***all***) ~ unvergleichlich; ~ ***group*** Vergleichsgruppe *f.* **2.** *ling.* Steigerung *f.*

com·part·ment [kəmˈpɑːtmənt] *s* **1.** Fach *n.* **2.** 🚂 Abteil *n.*

com·pass [ˈkʌmpəs] *s* **1.** Kompass *m.* **2.** *pl, a.* ***pair of*** ~***es*** Zirkel *m*; ~ ***set*** Zirkelbesteck *n.*

com·pas·sion [kəmˈpæʃn] *s* Mitleid *n*, -gefühl *n*: ***have*** (*od.* ***take***) ~ ***on*** (*od.* ***for***) Mitleid mit *j-m* haben.

comˈpas·sion·ate [~ʃənət] *adj* □ mitfühlend.

com·pat·i·bil·ity [kəmˌpætəˈbɪlətɪ] *s* Verträglichkeit *f*; *Computer*: Kompatibilität *f.*

com·pat·i·ble [kəmˈpætəbl] *adj* □ **1.** vereinbar (***with*** mit), miteinander vereinbar. **2.** verträglich: ***be*** ~ (***with***) sich vertragen (mit), passen (zu), zs.-passen. **3.** *Computer*: kompatibel.

com·pa·tri·ot [kəmˈpætrɪət] *s* Landsmann *m*, -männin *f.*

com·pel [kəmˈpel] *v/t* **1.** zwingen: ***be*** ~***led to do*** (*od.* ***into doing***) ***s.th.*** gezwungen sein, et. zu tun, et. tun müssen. **2.** *et.* erzwingen. **3.** *a. Bewunderung etc* abnötigen (***from*** *dat*).

com·pen·di·um [kəmˈpendɪəm] *pl* **-ums, -a** [~ə] *s* **1.** Kompendium *n*, Handbuch *n.* **2.** Zs.-fassung *f*, Abriss *m.*

com·pen·sate [ˈkɒmpenseɪt] **I** *v/t* **1.** kompensieren (*a. psych.*), ausgleichen. **2.** *j-n* entschädigen (***for*** für); *et.* ersetzen, vergüten, für *et.* Ersatz leisten (***to*** *dat*). **3.** *Am. j-n* bezahlen, entlohnen. **II** *v/i* **4.** Ersatz leisten (***for*** für). **5.** ~ ***for*** → 1.

ˌcom·penˈsa·tion *s* **1.** Kompensation *f*, Ausgleich *m*: ***in*** ~ ***for*** als Ausgleich für. **2.** (Schaden)Ersatz *m*, Entschädigung *f*; Vergütung *f*: ***pay*** ~ Schadenersatz leisten; ***as***

(*od.* **by way of**) ~ als Ersatz; ~ ***for loss of earnings*** Verdienstausfallentschädigung *f*; ~ ***fund*** *Börse*: Entschädigungsfonds *m*. **3.** *Am.* Bezahlung *f*, Gehalt *n*, Lohn *m*. **4.** *psych.* Kompensation *f*, Ersatzhandlung *f*.
com·pen·sa·to·ry lev·y [ˌkɒmpen'seɪtərɪ] *s EG* Anteilzoll *m*.
com·père, com·pere ['kɒmpeə] *bsd. Br.* **I** *s* Conférencier *m*, Ansager(in). **II** *v/t* konferieren, ansagen. **III** *v/i* konferieren, als Conférencier fungieren.
com·pete [kəm'piːt] *v/i* **1.** sich (mit)bewerben (**for** um). **2.** *econ. u. weitS.* konkurrieren (***with*** mit). **3.** wetteifern, sich messen (***with*** mit). **4.** *Sport*: (am Wettkampf) teilnehmen; *a. weitS.* kämpfen (**for** um; ***against*** gegen).
com·pe·tence, com·pe·ten·cy ['kɒmpɪtəns(ɪ)] *s* **1.** Fähigkeit *f*, Tüchtigkeit *f*. **2.** ⚖ Zuständigkeit *f*, Kompetenz *f* (*beide a. weitS.*); Zulässigkeit *f*.
'com·pe·tent *adj* □ **1.** fähig (***to do*** zu tun), tüchtig. **2.** fach-, sachkundig. **3.** gut (gemacht), gekonnt. **4.** ⚖ zuständig, kompetent (*beide a. weitS.*); zulässig (*Beweise, Zeuge*).
com·pe·ti·tion [ˌkɒmpɪ'tɪʃn] *s* **1.** *allg.* Wettbewerb *m* (**for** um). **2.** Konkurrenz *f*: a) *econ.* Wettbewerb *m*, Konkurrenzkampf *m*: ***cutthroat*** ~ ruinöser Wettbewerb; ***destructive*** ~ ruinöser Wettbewerb; ***unfair*** ~ unlauterer Wettbewerb, b) *econ.* Konkurrenzfirma *f*, -firmen *pl*, c) *weitS.* Gegner *pl*, Rivalen *pl*. **3.** Preisausschreiben *n*.
com·pet·i·tive [kəm'petətɪv] *adj* □ **1.** konkurrierend. **2.** Wettbewerbs..., Konkurrenz..., *econ. a.* konkurrenzfähig, wettbewerbsfähig: ~ ***advantage*** (*od.* ***edge***) Wettbewerbsvorteil *m*; ~ ***pressure*** Wettbewerbsdruck *m*.
com'pet·i·tive·ness *s* Wettbewerbsfähigkeit *f*.
com'pet·i·tor [~tɪtə] *s* **1.** Mitbewerber(in) (**for** um). **2.** *bsd. econ.* Konkurrent(in). **3.** *bsd. Sport*: Teilnehmer(in).
com·pi·la·tion [ˌkɒmpɪ'leɪʃn] *s* Kompilation *f* (*a. Werk*).
com·pile [kəm'paɪl] *v/t Verzeichnis etc* kompilieren, zs.-stellen, *Material* zs.-tragen.
com'pil·er *s* **1.** Kompilator(in). **2.** *Computer*: Compiler *m*, Übersetzer *m*.
com·pla·cence, com·pla·cen·cy [kəm'pleɪsns(ɪ)] *s* Selbstzufriedenheit *f*, -gefälligkeit *f*.
com'pla·cent *adj* □ selbstzufrieden, -gefällig.
com·plain [kəm'pleɪn] *v/i* **1.** sich beklagen *od.* beschweren (***of, about*** über *acc*; **to** bei): ~***ing letter*** Beschwerdebrief *m*. **2.** klagen (**of** über *acc*). **3.** *econ.* reklamieren: ~ ***about*** *et.* reklamieren *od.* beanstanden.
com'plaint *s* **1.** Klage *f*, Beschwerde *f*: ***make*** (*od.* ***lodge***) ***a*** ~ (***about***) → ***complain*** 1; ~ ***book*** Beschwerdebuch *n*. **2.** *econ.* Reklamation *f*, Beanstandung *f*: ~***s department*** Reklamationsabteilung *f*. **3.** ⚕ Leiden *n*, *pl a.* Beschwerden *pl*.
com·ple·ment I *s* ['kɒmplɪmənt] **1.** (***to gen***) Ergänzung *f* (*a. ling.*); Vervollkommnung *f*. **2.** Ergänzungsstück *n*. **II** *v/t* ['~ment] **3.** ergänzen; vervollkommnen.
com·ple·men·ta·ry [ˌkɒmplɪ'mentərɪ] *adj* □ (sich) ergänzend: ***be*** ~ ***to s.th.*** et. ergänzen; ~ ***advertising*** flankierende Werbung; ~ ***colo(u)rs*** *pl* Komplementärfarben *pl*; ~ ***goods*** Komplementärgüter *pl*.
com·plete [kəm'pliːt] **I** *adj* □ **1.** komplett, vollständig. **2.** vollzählig, komplett. **3.** beendet, vollendet. **II** *v/t* **4.** vervollständigen. **5.** vollenden, abschließen. **6.** *fig.* vollenden, vollkommen machen. **7.** *Formular* ausfüllen.
com'plete·ness *s* Vollständigkeit *f*.
com'ple·tion *s* **1.** Vervollständigung *f*. **2.** Vollendung *f*: ***bring to*** ~ zum Abschluss bringen. **3.** Ausfüllung *f*.
com·plex ['kɒmpleks] **I** *adj* □ **1.** zs.-gesetzt (*a. ling.*). **2.** komplex, vielschichtig. **II** *s* **3.** Komplex *m*, *das* Ganze. **4.** (*Gebäude- etc*)Komplex *m*. **5.** *psych.* Komplex *m*.
com·plex·ion [kəm'plekʃn] *s* **1.** Gesichtsfarbe *f*, Teint *m*. **2.** *fig.* Aussehen *n*, Anstrich *m*. **3.** *fig.* Couleur *f*, (politische) Richtung.
com·plex·i·ty [kəm'pleksətɪ] *s* **1.** Komplexität *f*, Vielschichtigkeit *f*. **2.** *et.* Komplexes.
com·pli·ance [kəm'plaɪəns] *s* **1.** (***with***) Einwilligung *f* (in *acc*); Befolgung *f* (*gen*): ***in*** ~ ***with*** *e-r Vorschrift etc* gemäß. **2.** Willfährigkeit *f*.
com'pli·ant *adj* □ willfährig.
com·pli·cate ['kɒmplɪkeɪt] *v/t* komplizieren.
'com·pli·cat·ed *adj* □ kompliziert.
ˌcom·pli'ca·tion *s* **1.** Komplikation *f* (*a.* ⚕). **2.** Kompliziertheit *f*.
com·plic·i·ty [kəm'plɪsətɪ] *s* Mitschuld *f*, Mittäterschaft *f* (***in*** an *dat*): ~ ***in murder*** ⚖ Beihilfe *f* zum Mord.
com·pli·ment I *s* ['kɒmplɪmənt] **1.** Kompliment *n*: ***angle*** (*od.* ***fish***) ***for*** ~***s*** nach Komplimenten fischen; ***pay s.o. a*** ~ j-m ein Kompliment machen. **2.** Empfehlung *f*, Gruß *m*: ***with the*** ~***s of the season*** mit den besten Wünschen zum Fest; ~***s slip*** Beilegezettel *m*; Kurzmitteilung *f*. **II** *v/t* ['~ment] **3.** *j-m* ein Kompliment *od.* Komplimente machen (***on*** wegen).
com·pli·men·ta·ry [ˌkɒmplɪ'mentərɪ] *adj* **1.** höflich, Höflichkeits...: ~ ***close*** Gruß-,

Schlussformel *f* (*in Briefen*). **2.** Ehren..., Frei..., Gratis...: ~ ***ticket*** Ehren-, Freikarte *f*.

com·ply [kəm'plaɪ] *v/i* (***with***) einwilligen (***in*** *acc*); (*e-m Wunsch od. Befehl*) nachkommen *od.* Folge leisten, erfüllen (*acc*); (*e-e Abmachung*) befolgen, einhalten: ~ ***with the law*** sich an die Gesetze halten.

com·po·nent [kəm'pəʊnənt] **I** *adj* Teil...: ~ ***part*** Bestandteil *m*. **II** *s* (Bestand)Teil *m*, *a.* ⚡, *phys.* Komponente *f*: ~***s factory*** Zulieferbetrieb *m*.

com·pose [kəm'pəʊz] **I** *v/t* **1.** zs.-setzen *od.* -stellen: ***be*** ~***d of*** bestehen *od.* sich zs.-setzen aus. **2.** *Satz etc* bilden. **3.** *Gedicht etc* verfassen. **4.** ♪ komponieren. **5.** *Gemälde etc* entwerfen. **6.** *typ.* (ab)setzen. **7.** besänftigen: ~ ***o.s.*** sich beruhigen *od.* fassen. **8.** *Streit etc* beilegen, schlichten. **9.** *Gedanken* sammeln. **II** *v/i* **10.** ♪ komponieren.

com'posed *adj*, **com'pos·ed·ly** [~zɪdlɪ] *adv* ruhig, gelassen.

com'pos·er *s* **1.** ♪ Komponist(in). **2.** Verfasser(in).

com·po·site ['kɒmpəzɪt] *adj* zs.-gesetzt.

ˌcom·po'si·tion *s* **1.** Zs.-setzung *f*. **2.** Verfassen *n*. **3.** Schrift(stück *n*) *f*. **4.** *ped.* Aufsatz *m*. **5.** Komposition *f*: a) Musikstück *n*, b) (künstlerische) Anordnung *od.* Gestaltung, Aufbau *m*. **6.** Beschaffenheit *f*, Art *f*. **7.** *typ.* Setzen *n*, Satz *m*. **8.** *econ.* Vergleich *m*: ***agree to accept a*** ~ sich vergleichen; ~ ***proceedings*** Vergleichsverfahren *n*.

com·pos·i·tor [kəm'pɒzɪtə] *s* (Schrift)Setzer(in).

com·post ['kɒmpɒst] **I** *s* Kompost *m*: ~ ***heap*** Komposthaufen *m*. **II** *v/t* kompostieren.

com·po·sure [kəm'pəʊʒə] *s* (Gemüts)Ruhe *f*, Fassung *f*, Gelassenheit *f*.

com·pote ['kɒmpɒt] *s* Kompott *n*.

com·pound[1] [kəm'paʊnd] **I** *v/t* **1.** zs.-setzen, (ver)mischen. **2.** zs.-setzen, -stellen. **3.** verschlimmern; *Problem* verstärken. **II** *adj* ['kɒmpaʊnd] **5.** zs.-gesetzt: ~ ***interest*** *econ.* Zinseszinsen *pl*; ~ ***statement*** *econ.* Mehrfachanweisung *f*; ~ ***word*** → 11. **6.** ⚕ kompliziert (*Bruch*). **7.** ⚡, *tech.* Verbund... **III** *s* ['kɒmpaʊnd] **8.** Zs.-setzung *f*, Mischung *f*. **9.** Mischung *f*, Masse *f*. **10.** ⚗ Verbindung *f*. **11.** *ling.* Kompositum *n*, zs.-gesetztes Wort.

com·pound[2] ['kɒmpaʊnd] *s* **1.** Lager *n*. **2.** Gefängnishof *m*. **3.** (Tier)Gehege *n*.

com·pre·hend [ˌkɒmprɪ'hend] *v/t* **1.** umfassen, einschließen. **2.** begreifen, verstehen.

ˌcom·pre'hen·si·ble *adj* begreiflich, verständlich.

ˌcom·pre'hensi·bly *adv* verständlicherweise.

ˌcom·pre'hen·sion *s* **1.** Begriffsvermögen *n*, Verstand *m*: ***past*** ~ unfassbar, unfasslich. **2.** (***of***) Begreifen *n* (*gen*), Verständnis *n* (für).

ˌcom·pre'hen·sive **I** *adj* □ **1.** umfassend: ~ ***school*** → 3. **2.** Begriffs...: ~ ***faculty*** Begriffsvermögen *n*. **II** *s* **3.** *Br.* Gesamtschule *f*.

com·press **I** *v/t* [kəm'pres] zs.-drücken, -pressen, *phys.*, *tech.* komprimieren (*a. Computer u. fig.*), verdichten: ~***ed air*** Press-, Druckluft *f*. **II** *s* ['kɒmpres] ⚕ Kompresse *f*.

com·pres·sion [kəm'preʃn] *s* **1.** Zs.-drücken *n*, -pressen *n*. **2.** *phys.*, *tech.* Druck *m*; Kompression *f* (*a. Computer*), Verdichtung *f*.

com'pres·sor [~sə] *s tech.* Kompressor *m*.

com·prise [kəm'praɪz] *v/t* **1.** einschließen, umfassen. **2.** bestehen *od.* sich zs.-setzen aus.

com·pro·mise ['kɒmprəmaɪz] **I** *s* **1.** Kompromiss *m*: ***make a*** ~ e-n Kompromiss schließen; ~ ***settlement*** (*od.* ***solution***) Kompromisslösung *f*. **II** *v/t* **2.** *Ruf*, *Leben etc* gefährden, aufs Spiel setzen. **3.** bloßstellen, kompromittieren. **III** *v/i* **4.** e-n Kompromiss *od.* (*a. fig. contp.*) Kompromisse schließen.

comp·trol·ler [kən'trəʊlə] → controller.

com·pul·sion [kəm'pʌlʃn] *s* Zwang *m* (*a. psych.*): ***under*** ~ unter Zwang, zwangsweise.

com'pul·sive [~sɪv] *adj* □ **1.** zwingend, Zwangs... **2.** *psych.* zwanghaft.

com'pul·so·ry [~sərɪ] *adj* □ **1.** zwangsweise: ~ ***auction*** Zwangsversteigerung *f*; ~ ***composition*** (*od.* ***settlement***) Zwangsvergleich *m*; ~ ***execution*** Zwangsvollstreckung *f*; ~ ***measures*** *pl* Zwangsmaßnahmen *pl*. **2.** obligatorisch, Pflicht...: ~ ***education*** allgemeine Schulpflicht; ~ ***insurance*** Pflichtversicherung *f*; ~ ***military service*** allgemeine Wehrpflicht; ~ ***retirement*** Zwangspensionierung *f*; ~ ***subject*** Pflichtfach *n*.

com·pu·ta·tion [ˌkɒmpjuː'teɪʃn] *s* **1.** Berechnung *f*. **2.** Schätzung *f*.

com·pu·ta·tion·al *adj* Computer...

com·pute [kəm'pjuːt] *v/t* **1.** berechnen. **2.** schätzen, veranschlagen (***at*** auf *acc*).

com'put·er *s* Computer *m*: ~ ***animation*** Computeranimation *f*; ~ ***attachments*** EDV-Zubehör *n*; ~ ***centre*** (*Am.* ***center***) Rechenzentrum *n*; ~***-controlled*** computergesteuert; ~ ***graphics*** *pl* Computergrafik *f*; ~ ***labels*** *pl* Computeretiketten *pl*; ~ ***language*** Computersprache *f*; ~***-literate*** mit Computerkenntnissen; ~ ***printout*** Computerausdruck *m*; ~ ***run*** Computerlauf *m*; ~ ***science*** Informatik *f*; ~ ***scientist*** Informa-

tiker(in); ~ ***tomography*** Computertomographie *f*; ~ ***virus*** Computervirus *m*.
com'put·er-ˌaid·ed| de·sign *s* (*abbr*. ***CAD***) computergestütztes Entwurfszeichnen. ~ **learn·ing** *s* computergestütztes Lernen. ~ **man·u·fac·ture** *s* (*abbr*. ***CAM***) computergestützte Fertigung.
com'put·er-asˌsist·ed com·po·si·tion *s* Computersatz *m*.
com'put·er-based *adj* computergestützt.
com'put·er-conˌtrolled *adj* computergesteuert: ~ ***typesetting*** Computersatz *m*.
com'put·er·ize [~təraɪz] **I** *v/t Werk etc* computerisieren, auf Computer umstellen; *System etc* mit e-m Computer durchführen; computerisieren, mit Hilfe e-s Computers errechnen *od*. zs.-stellen. **II** *v/i* sich auf Computer umstellen.
com·put·ing| cen·tre [kəm'pjuːtɪŋ] *s* Rechenzentrum *n*. ~ **post·al scale** *s* elektronische Postwaage. ~ **speed** *s* Rechengeschwindigkeit *f*.
com·rade ['kɒmreɪd] *s* **1.** Kamerad(in), Gefährte *m*, Gefährtin *f*. **2.** *pol*. (Partei)Genosse *m*, Genossin *f*.
'com·rade·ship *s* Kameradschaft *f*.
con¹ [kɒn] **I** *s* **1.** Neinstimme *f*. **2.** Gegenargument *n*: → ***pro¹***. **II** *adv* **3.** F dagegen: ***be*** ~.
con² [~] *sl*. **I** *adj* betrügerisch: ~ ***man*** Betrüger *m*; Hochstapler *m*; ~ ***game*** aufgelegter Schwindel; Hochstapelei *f*. **II** *v/t* betrügen (***out of*** um), reinlegen.
Con·a·kry ['kɒnəkrɪ] Konakry *n* (*Hauptstadt von Guinea*).
con·cat·e·nate [kən'kætɪneɪt] *v/t* verknüpfen.
conˌcat·e'na·tion *s* **1.** Verkettung *f*. **2.** Kette *f*, Reihe *f*.
con·cave ['kɒŋkeɪv] *adj* □ konkav, hohl: ~ ***mirror*** Hohlspiegel *m*.
con·ceal [kən'siːl] *v/t* (***from*** vor *dat*) verbergen: a) verstecken, b) geheim halten, c) verschweigen, verheimlichen.
con'ceal·ment *s* **1.** Geheimhaltung *f*, Verheimlichung *f*. **2.** Verborgenheit *f*: ***stay in*** ~ sich verborgen halten.
con·cede [kən'siːd] *v/t* zugestehen, einräumen: a) gewähren, bewilligen, b) anerkennen (*a*. ***that*** dass).
con'ced·ed·ly *adv* zugestandenermaßen.
con·ceit [kən'siːt] *s* Einbildung *f*, Dünkel *m*: ***be full of*** ~ völlig von sich eingenommen sein.
con'ceit·ed *adj* □ eingebildet, dünkelhaft.
con·ceiv·a·ble [kən'siːvəbl] *adj* □ denk-, vorstellbar: ***the best plan*** ~ der denkbar beste Plan.
con'ceive I *v/t* **1.** *biol*. *Kind* empfangen. **2.** begreifen. **3.** sich *et*. vorstellen *od*. denken, sich e-n Begriff *od*. e-e Vorstellung machen von. **4.** ersinnen, ausdenken. **II** *v/i* **5.** *biol*. empfangen, schwanger werden (*Mensch*); aufnehmen, trächtig werden (*Tier*). **6.** ~ ***of*** → 3.
con·cen·trate ['kɒnsəntreɪt] **I** *v/t* konzentrieren: a) zs.-ziehen, -ballen, massieren, b) *Gedanken etc* richten (***on*** auf *acc*), c) ⚗ anreichern. **II** *v/i* sich konzentrieren. **III** *s* Konzentrat *n*.
ˌcon·cen'tra·tion *s* Konzentration *f*: a) Zs.-ziehung *f*, -ballung *f*, Massierung *f*: ~ ***camp*** Konzentrationslager *n*, b) gespannte Aufmerksamkeit: ***power of*** ~ Konzentrationsfähigkeit *f*, c) ⚗ Anreicherung *f*.
con·cen·tric [kən'sentrɪk] *adj* (~***ally***) konzentrisch.
con·cept ['kɒnsept] *s* **1.** *phls*. Begriff *m*. **2.** Gedanke *m*, Auffassung *f*.
con·cep·tion [kən'sepʃn] *s* **1.** *biol*. Empfängnis *f*. **2.** Begreifen *n*; Begriffsvermögen *n*; Begriff *m*, Vorstellung *f* (***of*** von); Konzeption *f*, Idee *f*. **3.** Entwurf *m*, Konzept *n*.
con'cep·tu·al [~tʃʊəl] *adj* begrifflich, Begriffs...
con·cern [kən'sɜːn] **I** *v/t* **1.** angehen: a) betreffen, b) von Wichtigkeit *od*. Interesse sein für. **2.** beunruhigen. **3.** ~ ***o.s. with*** sich beschäftigen *od*. befassen mit. **II** *s* **4.** Angelegenheit *f*, Sache *f*: ***that is no*** ~ ***of mine*** das geht mich nichts an. **5.** *econ*. Geschäft *n*, Unternehmen *n*. **6.** Unruhe *f*, Sorge *f* (***at, about, for*** wegen, um). **7.** Wichtigkeit *f*: ***a matter of national*** ~ ein nationales Anliegen. **8.** Beziehung *f* (***with*** zu): ***have no*** ~ ***with*** nichts zu tun haben mit. **9.** (***at, about, for, in, with***) Teilnahme *f* (an *dat*), Rücksicht *f* (auf *acc*), Anteil *m* (an *dat*), Interesse *n* (für). **10.** F Ding *n*, Geschichte *f*.
con'cerned *adj* **1.** betroffen, betreffend. **2.** (***in***) beteiligt, interessiert (an *dat*); verwickelt (in *acc*). **3.** (***with, in***) befasst, beschäftigt (mit); handelnd (von). **4.** (***about, at, for***) besorgt (um), beunruhigt (wegen).
con'cern·ing *prp* betreffend, was ... (an)betrifft.
con·cert *s* **1.** ['kɒnsət] ♪ Konzert *n*: ~ ***hall*** Konzertsaal *m*; ~ ***pianist*** Konzertpianist(in). **2.** ['kɒnsɜːt] ***in*** ~ ***with*** in Übereinstimmung *od*. gemeinsam mit.
con·cert·ed [kən'sɜːtɪd] gemeinsam: ~ ***action*** gemeinsames Vorgehen; *econ*., *pol*. konzertierte Aktion.
con·cer·to [kən'tʃeətəʊ] *pl* **-tos, -ti** [~tɪ] *s* ♪ (Solo)Konzert *n* (*mit Orchesterbegleitung*): ***piano*** ~ Klavierkonzert.
con·ces·sion [kən'seʃn] *s* **1.** Konzession *f*, Zugeständnis *n*. **2.** Genehmigung *f*, Bewilligung *f*; (amtliche *od*. staatliche) Konzession.

C

conch [kɒnʃ] *s zo.* Trompetenschnecke *f*, Tritonshorn *n*.

con·cil·i·ate [kən'sɪlɪeɪt] *v/t* **1.** aus-, versöhnen, versöhnlich stimmen. **2.** *Gunst etc* gewinnen. **3.** in Einklang bringen.

conˌcil·i'a·tion *s* **1.** Aus-, Versöhnung *f*. **2.** *econ.* Schlichtung *f*: ~ ***committee*** Schlichtungsausschuss *m*.

con'cil·i·a·to·ry [~ətərɪ] *adj* □ versöhnlich, vermittelnd.

con·cise [kən'saɪs] *adj* □ kurz, knapp, prägnant.

con'cise·ness *s* Kürze *f*, Prägnanz *f*.

con·clude [kən'klu:d] **I** *v/t* **1.** beenden, (be-, ab)schließen (***with*** mit): ***to be ~d*** Schluss folgt. **2.** *Vertrag etc* abschließen. **3.** *et.* folgern, schließen (***from*** aus): ~ ***that*** zu dem Schluss kommen, dass. **II** *v/i* **4.** enden, schließen (***with*** mit).

con'clud·ing *adj* abschließend, Schluss...

con·clu·sion [kən'klu:ʒn] *s* **1.** (Ab)Schluss *m*, Ende *n*: ***bring to a ~*** zum Abschluss bringen; ***in ~*** zum Schluss. **2.** Abschluss *m* (*e-s Vertrags etc*). **3.** (Schluss)Folgerung *f*: ***come to*** (*od.* ***arrive at***) ***the ~ that*** zu dem Schluss kommen, dass; ***draw a ~*** e-n Schluss ziehen; ***jump at*** (*od.* ***to***) ***~s, leap to ~s, rush at ~s*** voreilig(e) Schlüsse ziehen.

con'clu·sive [~sɪv] *adj* □ **1.** → ***concluding.*** **2.** schlüssig (*Beweis*).

con·coct [kən'kɒkt] *v/t* **1.** (zs.-)brauen. **2.** *fig.* aushecken, -brüten.

con'coc·tion *s* **1.** (Zs.-)Brauen *n*. **2.** Gebräu *n* (*a. contp.*). **3.** *fig.* Ausbrüten *n*, -hecken *n*. **4.** *fig.* Erfindung *f*.

con·com·i·tant [kən'kɒmɪtənt] **I** *adj* zeitgleich. **II** *s* Begleitumstand *m*.

con·cord ['kɒŋkɔ:d] *s* Eintracht *f*.

con·course ['kɒŋkɔ:s] *s* **1.** Zs.-treffen *n*; Zs.-fluss *m*. **2.** (Menschen)Auflauf *m*, (-)Menge *f*. **3.** freier Platz (*für Versammlungen etc*); *Am.* Bahnhofshalle *f*.

con·crete I *v/t* **1.** [kən'kri:t] konkretisieren. **2.** ['kɒŋkri:t] betonieren: ~ ***over*** zubetonieren. **II** *adj* ['kɒŋkri:t] □ **3.** konkret (*a. ling.*, ♪ *etc*). **4.** betoniert, Beton...: ~ ***jungle*** Betonwüste *f*; ~ ***mixer*** Betonmischmaschine *f*; ~ ***pile*** Betonklotz *m*, -silo *m*. **III** *s* ['kɒŋkri:t] **5.** Beton *m*.

con·cur [kən'kɜ:] *v/i* **1.** zs.-fallen, -treffen. **2.** zs.-wirken. **3.** übereinstimmen (***with*** mit; ***in*** in *dat*): ~ ***with s.o.*** *a.* j-m beipflichten.

con·cur·rence [kən'kʌrəns] *s* **1.** Zs.-treffen *n*. **2.** Zs.-wirken *n*. **3.** Übereinstimmung *f*.

con'cur·rent *adj* □ **1.** zs.-treffend. **2.** zs.-wirkend. **3.** übereinstimmend.

con·cuss [kən'kʌs] *v/t* erschüttern: ***be ~ed*** ⚕ e-e Gehirnerschütterung erleiden.

con'cus·sion [~ʃn] *s* Erschütterung *f*: ~ (***of the brain***) ⚕ Gehirnerschütterung.

con·demn [kən'dem] *v/t* **1.** verdammen, verurteilen. **2.** ⚖ verurteilen (***to death*** zum Tode): ***~ed cell*** Todeszelle *f*. **3.** für unbrauchbar *od.* unbewohnbar *od.* gesundheitsschädlich erklären: ***~ed property*** zum Abbruch bestimmtes Gebäude. **4.** *Kranken* aufgeben.

con·dem·na·tion [ˌkɒndem'neɪʃn] *s* Verdammung *f*, Verurteilung *f* (*a.* ⚖).

con·den·sa·tion [ˌkɒnden'seɪʃn] *s* **1.** *phys.* Kondensation *f* (*a.* ⚗), Verflüssigung *f*; Kondensat *n*, Kondenswasser *n*: ~ ***trail*** ✈ Kondensstreifen *m*. **2.** Zs.-fassung *f*.

con·dense [kən'dens] **I** *v/t* **1.** *phys. Gase, Dämpfe* kondensieren, verflüssigen. **2.** ⚗ *Milch etc* eindicken, konzentrieren: ***~d milk*** Kondensmilch *f*. **3.** zs.-fassen, gedrängt darstellen. **II** *v/i* **4.** *phys.* kondensieren, sich verflüssigen.

con'dens·er *s phys.* Kondensator *m* (*a.* ⚡), Verflüssiger *m*.

con·de·scend [ˌkɒndɪ'send] *v/i* **1.** sich herablassen (***to do*** zu tun; ***to*** zu). **2.** herablassend *od.* gönnerhaft sein (***to*** gegen, zu).

ˌcon·de'scend·ing *adj* □ herablassend, gönnerhaft.

con·di·ment ['kɒndɪmənt] *s* Gewürz *n*, Würze *f*.

con·di·tion [kən'dɪʃn] **I** *s* **1.** Bedingung *f*: ***on ~ that*** unter der Bedingung *od.* vorausgesetzt, dass; ***on no ~*** unter keinen Umständen, keinesfalls; ***make s.th. a ~*** et. zur Bedingung machen. **2.** Verfassung *f*: a) Zustand *m*, Beschaffenheit *f*, b) (körperlicher *od.* Gesundheits)Zustand *m*, (*Sport*) Form *f*: ***out of ~*** in schlechter Verfassung, in schlechtem Zustand; ***the ~ of her health*** ihr Gesundheitszustand. **3.** *pl* Bedingungen *pl*, Verhältnisse *pl*: ***~s of employment*** Arbeitsbedingungen *pl*; ***~s for entrance*** (*od.* ***entry***) Zugangsbedingungen *pl*, -voraussetzungen *pl*; ***living ~s*** Lebensbedingungen *pl*, -verhältnisse *pl*; ***weather ~s*** Witterungs-, Wetterverhältnisse *pl*. **II** *v/t* **4.** zur Bedingung machen, die Bedingung stellen (***that*** dass). **5.** *j-n* programmieren (***to, for*** auf *acc*).

con'di·tion·al [~ʃənl] *adj* □ **1.** (***on***) bedingt (durch), abhängig (von): ***be ~ on*** abhängen von; ***make ~ on*** abhängig machen von; ~ ***sale*** Verkauf *m* unter Eigentumsvorbehalt. **2.** *ling.* Konditional...: ~ ***clause*** (*od.* ***sentence***) Konditional-, Bedingungssatz *m*.

con'di·tioned [-ʃnd] *adj* **1.** (***on***) bedingt (durch), abhängig (von): ***be ~ on*** abhängen von; ~ ***response*** (*od.* ***reflex***) *psych.* bedingter Reflex. **2.** beschaffen, geartet.

con'di·tion·er *s* Weichspüler *m* (*für Wäsche*); Spülung *f* (*für Haare*).

con·dole [kən'dəʊl] *v/i* sein Beileid ausdrücken, kondolieren (***with s.o. on s.th.*** j-m zu et.).

con'do·lence *s* Beileid *n*: ***please accept my ~s*** mein herzliches *od.* aufrichtiges Beileid; ***register of ~*** Kondolenzliste *f.*

con·dom ['kɒndəm] *s* Kondom *n, m.*

con·do·min·i·um [ˌkɒndə'mɪnɪəm] *s Am.* Eigentumswohnanlage *f*: ~ (***apartment***) Eigentumswohnung *f.*

con·duce [kən'djuːs] *v/i* (***to, toward***[***s***]) beitragen (zu), dienlich *od.* förderlich sein, dienen (*dat*).

con'du·cive *adj* dienlich, förderlich (***to*** *dat*).

con·duct I *s* ['kɒndʌkt] **1.** Führung *f,* Leitung *f.* **2.** Betragen *n,* Verhalten *n*: → ***certificate*** 1. II *v/t* [kən'dʌkt] **3.** führen, geleiten: ***~ed tour*** Führung *f* (***of*** durch). **4.** *Prozess, Verhandlungen etc* führen, *Geschäft a.* betreiben, leiten. **5.** ♪ leiten, dirigieren. **6.** ~ ***o.s.*** sich betragen *od.* verhalten. **7.** *phys.* leiten.

con·duct·i·ble [kən'dʌktəbl], **con'duc·tive** *adj phys.* leitfähig.

con'duc·tor *s* **1.** Führer(in), Leiter(in). **2.** (*Bus-, Straßenbahn*)Schaffner *m, schweiz.* Kondukteur *m, Am.* Zugbegleiter *m.* **3.** ♪ Dirigent(in). **4.** *phys.* Leiter *m*; ⚡ *a.* Blitzableiter *m.*

con'duc·tress *s* Schaffnerin *f, schweiz.* Kondukteurin *f.*

con·duit ['kɒndɪt] *s* Leitungsrohr *n.*

cone [kəʊn] I *s* **1.** △ *u. fig.* Kegel *m.* **2.** ⚘ (*Tannen- etc*)Zapfen *m.* **3.** *kegelförmiger Gegenstand, z. B.* a) Waffeltüte *f* (*für Speiseeis*), b) Pylon(e *f*) *m,* Leitkegel *m.* II *v/t* **4.** ~ ***off*** mit Leitkegeln absperren.

con·fec·tion [kən'fekʃn] *s* Konfekt *n.*

con'fec·tion·er *s* Konditor(in).

con'fec·tion·er·y *s* **1.** Süßwaren *pl.* **2.** Süßwarengeschäft *n*; Konditorei *f.*

con·fed·er·a·cy [kən'fedərəsɪ] *s* **1.** (Staaten) Bund *m.* **2.** Komplott *n,* Verschwörung *f.*

con'fed·er·ate [~rət] I *adj* verbündet (***with*** mit), Bundes... II *s* Verbündete *m, f,* Bundesgenosse *m,* -genossin *f.* III *v/t u. v/i* [~reɪt] (sich) verbünden *od.* zs.-schließen.

conˌfed·er'a·tion *s* **1.** Bund *m,* Bündnis *n.* **2.** (Staaten)Bund *m.*

con·fer [kən'fɜː] I *v/t Titel etc* verleihen (***on*** *dat*). II *v/i* sich beraten (***with*** mit).

con·fer·ence ['kɒnfərəns] *s* Konferenz *f*: a) Tagung *f,* b) Besprechung *f*: ***be in ~*** in e-r Besprechung sein; ~ ***room*** Besprechungszimmer *n,* Konferenzraum *m.*

con·fess [kən'fes] I *v/t* **1.** bekennen, (ein)gestehen. **2.** zugeben (*a.* ***that*** dass). **3.** *eccl.* beichten; *j-m* die Beichte abnehmen. II *v/i* **4.** (***to***) (ein)gestehen (*acc*), sich schuldig bekennen (*gen od.* an *acc*), sich bekennen (zu): ***~ to doing s.th.*** (ein)gestehen, et. getan zu haben; ***he has ~ed*** ⚖ er hat gestanden, er ist geständig. **5.** *eccl.* beichten (***to*** *dat*).

con'fessed *adj* erklärt.

con'fess·ed·ly [kən'fesɪdlɪ] *adv* zugestandener-, eingestandenermaßen.

con'fes·sion [kən'feʃn] *s* **1.** Geständnis *n* (*a.* ⚖): ***make a full ~*** ein volles Geständnis ablegen. **2.** *eccl.* Beichte *f*: ***go to ~*** zur Beichte gehen; → ***auricular.*** **3.** *eccl.* Konfession *f*: a) Glaubensbekenntnis *n,* b) Glaubensgemeinschaft *f.*

con'fes·sion·al [kən'feʃənl] I *adj* **1.** konfessionell, Konfessions... **2.** Beicht... II *s* **3.** Beichtstuhl *m*: ***secret of the ~*** Beichtgeheimnis *n.*

con'fes·sor [~sə] *s eccl.* Beichtvater *m.*

con·fet·ti [kən'fetɪ] *s sg* Konfetti *n.*

con·fi·dant [ˌkɒnfɪ'dænt] *s* Vertraute *m.*

con·fi·dante [ˌkɒnfɪ'dænt] *s* Vertraute *f.*

con·fide [kən'faɪd] I *v/i* **1.** sich anvertrauen (***in*** *dat*). **2.** vertrauen (***in*** *dat od.* auf *acc*). II *v/t* **3.** ~ ***s.th. to s.o.*** j-m et. anvertrauen.

con·fi·dence ['kɒnfɪdəns] *s* **1.** (***in***) Vertrauen *n* (auf *acc,* zu), Zutrauen *n* (zu): ***have ~ in*** Vertrauen haben zu; ***take s.o. into one's ~*** j-n ins Vertrauen ziehen; ***in ~*** → ***confidentially***; → ***strict.*** **2.** *a.* ***~ in o.s.*** Selbstvertrauen *n.* **3.** vertrauliche Mitteilung, *pl a.* Vertraulichkeiten *pl.* **~ game** *Am.* → ***confidence trick.*** **~ man** *s* (*irr* ***man***) Betrüger *m*; Hochstapler *m.* **~ trick** *s* aufgelegter Schwindel; Hochstapelei *f.* **~ trick·ster** *s* Betrüger(in), Hochstapler(in).

con·fi·dent ['kɒnfɪdənt] *adj* □ **1.** (***of; that***) überzeugt (von; dass), sicher (*gen*; dass). **2.** *a.* ~ ***in o.s.*** selbstsicher.

con·fi·den·tial [ˌkɒnfɪ'denʃl] *adj* **1.** vertraulich, geheim. **2.** vertraut, Vertrauens...: ~ ***clerk*** *econ.* Prokurist(in).

ˌcon·fi'den·tial·ly [~ʃəlɪ] *adv* vertraulich, im Vertrauen.

con·fig·u·ra·tion [kənˌfɪgʊ'reɪʃn] *s Computer*: Konfiguration *f,* Ausstattung *f.*

con·fig·ure [kən'fɪgə] *v/t Computer*: konfigurieren.

con·fine I *s* ['kɒnfaɪn] **1.** *mst pl* Grenze *f,* Grenzgebiet *n, fig.* Rand *m,* Schwelle *f.* II *v/t* [kən'faɪn] **2.** begrenzen, be-, einschränken (***to*** auf *acc*). **3.** einschließen, einsperren: ***~d to bed*** ans Bett gefesselt. **4.** ***be ~d*** (***of***) niederkommen (mit), entbunden werden (von).

con'fine·ment *s* **1.** Be-, Einschränkung *f.* **2.** Haft *f*: ***solitary ~*** Einzelhaft. **3.** Entbindung *f.*

C

con·firm [kən'fɜːm] *v/t* **1.** bestätigen. **2.** *Entschluss* bekräftigen; *j-n* bestärken (**in** in *dat*). **3.** *eccl.* konfirmieren; firmen.

con·fir·ma·tion [ˌkɒnfə'meɪʃn] *s* **1.** Bestätigung *f*: **~ copy** Bestätigungskopie *f*; **~ slip** Bestätigungsschreiben *n*; **~ of order** Auftragsbestätigung *f*. **2.** Bekräftigung *f*; Bestärkung *f*. **3.** *eccl.* Konfirmation *f*; Firmung *f*.

con'firmed *adj* **1.** fest (*Gewohnheit etc*). **2.** erklärt, überzeugt: **~ bachelor** eingefleischter Junggeselle.

con·fis·cate ['kɒnfɪskeɪt] *v/t* beschlagnahmen, konfiszieren.

ˌcon·fis'ca·tion *s* Beschlagnahme *f*, Konfiszierung *f*.

con·fla·gra·tion [ˌkɒnflə'greɪʃn] *s* Feuersbrunst *f*; Großbrand *m*.

con·flict I *s* ['kɒnflɪkt] *s* Konflikt *m*: a) Zs.-stoß *m*: → **armed,** b) Widerstreit *m*: **come into ~ with** in Konflikt geraten mit; **~ of interests** Interessenkonflikt *m*, -kollision *f*. II *v/i* [kən'flɪkt] (**with**) kollidieren (mit), im Widerspruch *od.* Gegensatz stehen (zu).

con'flict·ing *adj* widersprüchlich.

con·form [kən'fɔːm] I *v/t* **1.** anpassen (**to** *dat od.* an *acc*). **2.** in Einklang bringen (**to** mit). II *v/i* **3.** sich anpassen (**to** *dat*). **4.** übereinstimmen (**to** mit).

con'form·i·ty *s* **1.** Übereinstimmung *f*: **be in ~** übereinstimmen (**with** mit); **in ~ with** in Übereinstimmung mit, gemäß (*dat*). **2.** Anpassung *f* (**to** an *acc*).

con·found [kən'faʊnd] *v/t* **1.** verwechseln, durcheinander bringen (**with** mit). **2.** verwirren, durcheinander bringen. **3. ~ it!** verdammt!

con'found·ed *adj* □ F verdammt.

con·front [kən'frʌnt] *v/t* **1.** (*oft feindlich*) gegenübertreten, -stehen (*dat*): **be ~ed with** *Schwierigkeiten etc* gegenüberstehen, sich gegenübersehen (*dat*). **2.** sich *e-r Gefahr etc* stellen. **3.** *a.* ⚖ (**with**) konfrontieren (mit), gegenüberstellen (*dat*): **~ s.o. with s.th.** j-m et. entgegenhalten.

con·fron·ta·tion [ˌkɒnfrʌn'teɪʃn] *s* Konfrontation *f* (*a. pol. etc*).

con·fuse [kən'fjuːz] *v/t* **1.** verwechseln, durcheinander bringen (**with** mit). **2.** verwirren: a) in Unordnung bringen, b) aus der Fassung bringen, verlegen machen.

con'fused *adj* **1.** verwirrt: a) konfus, verworren, wirr, b) verlegen, bestürzt. **2.** undeutlich, verworren.

con'fu·sion [kən'fjuːʒn] *s* **1.** Verwechs(e)lung *f*: **~ of names** Namensverwechslung. **2.** Verwirrung *f*: a) Durcheinander *n*: **cause ~** Verwirrung stiften *od.* anrichten; **throw everything into ~** alles durcheinander bringen, b) Verlegenheit *f*, Bestürzung *f*: **in ~** → **confused** 1b; **put to ~** in Verlegenheit bringen.

con·fute [kən'fjuːt] *v/t* widerlegen.

con·geal [kən'dʒiːl] *v/t u. v/i* gefrieren *od.* gerinnen *od.* erstarren (lassen).

con·gen·ial [kən'dʒiːnjəl] *adj* □ **1.** gleichartig, (geistes)verwandt (**with** mit *od. dat*). **2.** sympathisch, angenehm (**to** *dat*): **be ~ to s.o.** j-m zusagen. **3.** zuträglich (**to** *dat od.* für): **~ to one's health** gesund.

con·gen·i·tal [kən'dʒenɪtl] *adj* angeboren: **~ defect** Geburtsfehler *m*.

con'gen·i·tal·ly [~təlɪ] *adv* **1.** von Geburt (an). **2.** von Natur (aus).

con·gest·ed [kən'dʒestɪd] *adj* **1.** verstopft: **~ streets. 2.** überfüllt (**with** von): **~ area** übervölkertes Gebiet, Ballungsgebiet *n*.

con'ges·tion *s* **1.** Anhäufung *f*: **~ of traffic** Verkehrsstockung *f*, -stauung *f*, -stau *m*. **2.** ⚕ Blutandrang *m* (**of the brain** zum Gehirn).

con·glom·er·ate I *v/t u. v/i* [kən'glɒməreɪt] **1.** (sich) zs.-ballen (**to** zu). II *adj* [~rət] **2.** *fig.* zs.-gewürfelt. III *s* [~rət] **3.** Konglomerat *n*, zs.-gewürfelte Masse, Gemisch *n*. **4.** Mischkonzern *m*.

conˌglom·er'a·tion → **conglomerate** III.

con·grats [kən'græts] *int bsd. Br.* F gratuliere!

con·grat·u·late [kən'grætʃʊleɪt] *v/t j-m* gratulieren, *j-n* beglückwünschen (**on** zu).

conˌgrat·u'la·tion *s* Gratulation *f*, Glückwunsch *m*: **~s!** ich gratuliere!, herzlichen Glückwunsch!

con'grat·u·la·tor *s* Gratulant(in).

con·gre·gate ['kɒŋgrɪgeɪt] *v/t u. v/i* (sich) versammeln.

ˌcon·gre'ga·tion *s* **1.** Versammlung *f*. **2.** (Kirchen)Gemeinde *f*.

ˌcon·gre'ga·tion·al [~ʃənl] *adj eccl.* Gemeinde...

con·gress ['kɒŋgres] *s* **1.** Kongress *m*, Tagung *f*. **2. Congress** *pol. Am.* der Kongress.

Con·gress·|man ['~mən] *s* (*irr* **man**), **'~ˌwom·an** *s* (*irr* **woman**) *pol. Am.* Kongressabgeordnete *m, f*, *bsd.* Mitglied *n* des Repräsentantenhauses.

con·gru·ence ['kɒŋgrʊəns] *s* **1.** Übereinstimmung *f*. **2.** ⩘ Kongruenz *f* (*a. fig.*).

'con·gru·ent *adj* □ **1.** übereinstimmend (**to, with** mit). **2.** ⩘ kongruent (*a. fig.*).

con·gru·i·ty [~'gruːətɪ] → **congruence.**

con·gru·ous ['~grʊəs] → **congruent.**

con·ic, con·i·cal ['kɒnɪk(l)] *adj* □ konisch, kegelförmig: **conic section** ⩘ Kegelschnitt *m*.

co·ni·fer ['kɒnɪfə] *s* ♣ Nadelbaum *m*.

co·nif·er·ous [kəʊ'nɪfərəs] *adj* Zapfen tragend; Nadel...: ~ **tree**.

con·jec·tur·al [kən'dʒektʃərəl] *adj* □ mutmaßlich.

con'jec·ture I *s* Vermutung *f*, Mutmaßung *f*: **be reduced to** ~ auf Vermutungen angewiesen sein. II *v/t* vermuten, mutmaßen. III *v/i* Vermutungen anstellen, mutmaßen (**of, about** über *acc*).

con·ju·gal ['kɒndʒʊgl] *adj* □ ehelich: ~ **life** Eheleben *n*.

con·ju·gate ['kɒndʒʊgeɪt] *ling*. I *v/t* konjugieren, beugen. II *v/i* konjugiert *od*. gebeugt werden.

ˌcon·ju'ga·tion *s ling*. Konjugation *f*, Beugung *f*.

con·junc·tion [kən'dʒʌŋkʃn] *s* **1.** Verbindung *f*: **in** ~ **with** in Verbindung *od*. zusammen mit. **2.** Zs.-treffen *n* (*von Ereignissen etc*). **3.** *ling*. Konjunktion *f*, Bindewort *n*.

con·junc·ti·va [ˌkɒndʒʌŋk'taɪvə] *pl* **-vas, -vae** [~viː] *s anat*. Bindehaut *f*.

con·junc·ti·vi·tis [kənˌdʒʌŋktɪ'vaɪtɪs] *s* ⚕ Bindehautentzündung *f*.

con·jure ['kʌndʒə] I *v/t* **1.** [kən'dʒʊə] beschwören (**to do** zu tun). **2.** *Teufel etc* beschwören, anrufen: ~ **up** heraufbeschwören (*a. fig*.). **3.** ~ **away** wegzaubern; ~ **up** hervorzaubern (*a. fig*.). II *v/i* **4.** zaubern.

'con·jur·er *s* **1.** Zauberer *m*, Zauberin *f*. **2.** Zauberkünstler(in).

'con·jur·ing trick *s* Zauberkunststück *n*, -trick *m*.

'con·jur·or → **conjurer**.

conk[1] [kɒŋk] *s sl*. Riecher *m* (*Nase*); Birne *f* (*Kopf*).

conk[2] [~] *v/i sl. mst* ~ **out** **1.** streiken, den Geist aufgeben (*Fernseher etc*), absterben (*Motor*). **2.** a) umkippen (*ohnmächtig werden*), b) *vor Erschöpfung etc* zs.-klappen, c) *a*. ~ **off** einpennen. **3.** den Löffel weglegen (*sterben*).

con·nect [kə'nekt] I *v/t* **1.** verbinden (**with** mit) (*a. fig*.). **2.** *fig*. in Zs.-hang *od*. Verbindung bringen (**with** mit). **3.** *tech*. (**to**) verbinden (mit), *Wagen etc* anhängen, ankuppeln (an *acc*). **4.** ⚡ (**to**) anschließen (an *acc*), zuschalten (*dat*). **5.** *teleph*. verbinden (**to, with** mit): ~ **s.o. further** j-n weiterverbinden. II *v/i* **6.** 🚂 *etc* Anschluss haben (**with** an *acc*).

con'nect·ed *adj* **1.** verbunden. **2.** (logisch) zs.-hängend. **3.** verwandt: ~ **by marriage** verschwägert; **be well** ~ einflussreiche Verwandte *od*. gute Beziehungen haben. **4.** (**with**) verwickelt (in *acc*), beteiligt (an *dat*).

con'nect·ing *adj* Verbindungs...: ~ **door**; ~ **flight** Anschlussflug *m*; ~ **train** Anschlusszug *m*.

con'nec·tion *s* **1.** Verbindung *f*. **2.** *tech. allg*. Verbindung *f*, Anschluss *m* (*a*. ⚡, 🚂, *teleph. etc*): ~ **fee** Anschlussgebühr *f*. **3.** Zs.-hang *m*: **in this** ~ in diesem Zs.-hang; **in** ~ **with** in Zs.-hang mit; mit Bezug auf (*acc*). **4.** *pl geschäftliche, gute etc* Beziehungen *od*. Verbindungen *pl*; Bekannten-, Kundenkreis *m*.

con'nec·tive I *adj* □ verbindend: ~ **tissue** *anat*. Bindegewebe *n*; ~ **word** →II. II *s ling*. Bindewort *n*.

con·nec·tor [kə'nektə] *s* Steckverbinder *m*.

con·nex·ion *bsd. Br*. → **connection**.

con·nois·seur [ˌkɒnə'sɜː] *s* (*Wein- etc*) Kenner(in).

con·no·ta·tion [ˌkɒnəʊ'teɪʃn] *s* Nebenbedeutung *f*.

con·note [kə'nəʊt] *v/t* (zugleich) bedeuten.

con·quer ['kɒŋkə] *v/t* **1.** erobern (*a. fig*.). **2.** besiegen, *fig. a*. bezwingen.

'con·quer·or *s* Eroberer *m*, Eroberin *f*.

con·quest ['kɒŋkwest] *s* **1.** Eroberung *f* (*a. fig. Person*): **make a** ~ **of s.o.** j-n erobern. **2.** Besiegung *f*, *fig. a*. Bezwingung *f*.

con·san·guin·e·ous [ˌkɒnsæŋ'gwɪnɪəs] *adj* blutsverwandt.

ˌcon·san'guin·i·ty *s* Blutsverwandtschaft *f*.

con·science ['kɒnʃəns] *s* Gewissen *n*: **a good** (**guilty**) ~ ein gutes (schlechtes) Gewissen; **for** ~**'s sake** um das Gewissen zu beruhigen; **act on** ~ nach s-m Gewissen handeln, s-m Gewissen folgen; **have s.th. on one's** ~ Gewissensbisse *od*. ein schlechtes Gewissen haben wegen et.

con·sci·en·tious [ˌkɒnʃɪ'enʃəs] *adj* □ **1.** gewissenhaft. **2.** Gewissens...: ~ **objector** Kriegs-, Wehrdienstverweigerer *m*, -verweigerin *f* (*aus Gewissensgründen*).

ˌcon·sci'en·tious·ness *s* Gewissenhaftigkeit *f*.

con·scious ['kɒnʃəs] *adj* □ **1.** bei Bewusstsein. **2. be** ~ **of** sich bewusst sein (*gen*), sich im Klaren sein über (*acc*). **3.** bewusst, absichtlich.

'con·scious·ness *s* Bewusstsein *n*: **lose** ~ das Bewusstsein verlieren; **regain** ~ wieder zu sich kommen; ~**-expanding** bewusstseinserweiternd.

con·script *mil*. I *v/t* [kən'skrɪpt] **1.** einziehen, -berufen. II *s* ['kɒnskrɪpt] **2.** Wehr(dienst)-pflichtige *m, f*. **3.** Einberufene *m, f*.

con·scrip·tion [kən'skrɪpʃn] *s* **1.** Einziehung *f*, -berufung *f*. **2.** Wehrpflicht *f*.

con·se·crate ['kɒnsɪkreɪt] *v/t* **1.** *eccl*. weihen. **2.** weihen, widmen (**to** *dat*).

ˌcon·se'cra·tion *s* **1.** *eccl*. Weihe *f*, Weihung *f*. **2.** Hingabe *f* (**to** an *acc*).

con·sec·u·tive [kən'sekjʊtɪv] *adj* **1.** aufeinander folgend: **for two** ~ **days** zwei Tage

C

hintereinander. **2.** (fort)laufend (*Nummer*). **3.** ~ ***clause*** *ling.* Konsekutiv-, Folgesatz *m.*
con'sec·u·tive·ly *adv* **1.** nach-, hintereinander. **2.** (fort)laufend.
con·sen·sus [kən'sensəs] *s a.* ~ ***of opinion*** (allgemein) übereinstimmende Meinung, (allgemeine) Übereinstimmung.
con·sent [kən'sent] **I** *v/i* **1.** (***to***) zustimmen (*dat*), einwilligen (in *acc*). **2.** sich bereit erklären (***to do*** zu tun). **II** *s* **3.** (***to***) Zustimmung *f* (zu), Einwilligung *f* (in *acc*): ***with the*** ~ ***of*** mit Zustimmung von (*od. gen*); ***with one*** ~ einstimmig, -mütig.
con·se·quence ['kɒnsɪkwəns] *s* **1.** Folge *f*, Konsequenz *f*: ***in*** ~ folglich, daher; ***in*** (*od.* ***as a***) ~ ***of*** infolge von (*od. gen*); ***take the*** ~***s*** die Folgen tragen; ***with the*** ~ ***that*** mit dem Ergebnis, dass. **2.** Folgerung *f*, Schluss *m.* **3.** Bedeutung *f*, Wichtigkeit *f*: ***of*** (***no***) ~ von (ohne) Bedeutung, (un)bedeutend, (un)wichtig (***to*** für); ***a person of great*** ~ e-e bedeutende *od.* einflussreiche Persönlichkeit.
'con·se·quent *adj* (***on***) folgend (*dat od.* auf *acc*); sich ergebend (aus).
'con·se·quent·ly *adv* folglich, daher.
con·ser·va·tion [ˌkɒnsə'veɪʃn] *s* **1.** Erhaltung *f*, Bewahrung *f*. **2.** Natur- *od.* Umweltschutz *m*: ~ ***area*** Naturschutzgebiet *n.* **3.** Konservieren *n*, Haltbarmachen *n.*
ˌcon·ser'va·tion·ist *s* Natur- *od.* Umweltschützer(in).
con·serv·a·tive [kən'sɜːvətɪv] **I** *adj* □ **1.** konservativ (*pol. mst* ***Conservative***). **2.** vorsichtig (*Schätzung etc*). **II** *s* **3.** *mst* ***Conservative*** *pol.* Konservative *m,f.* **4.** konservativer Mensch.
con'ser·va·toire [~twɑː] *s* Konservatorium *n*, Musik(hoch)schule *f.*
con'serv·a·to·ry [~trɪ] *s* **1.** Treib-, Gewächshaus *n*, *bsd.* Wintergarten *m.* **2.** → ***conservatoire.***
con'serve **I** *v/t* **1.** erhalten, bewahren. **2.** konservieren, haltbar machen, *Obst etc* einmachen. **II** *s* **3.** *mst pl* Eingemachte *n.*
con·sid·er [kən'sɪdə] **I** *v/t* **1.** nachdenken über (*acc*). **2.** betrachten *od.* ansehen als, halten für: ~ ***s.th.*** (***to be***) ***a mistake***; ***be*** ~***ed rich*** als reich gelten. **3.** sich überlegen, erwägen (***doing*** zu tun). **4.** berücksichtigen, in Betracht ziehen. **5.** Rücksicht nehmen auf (*acc*), denken an (*acc*). **6.** finden, meinen, denken (***that*** dass). **II** *v/i* **7.** nachdenken, überlegen.
con'sid·er·a·ble *adj* □ **1.** beachtlich, beträchtlich. **2.** bedeutend, wichtig (*beide a. Person*).
con'sid·er·ate [kən'sɪdərət] *adj* □ aufmerksam, rücksichtsvoll (***to, toward***[***s***] gegen): ***be*** ~ ***of*** Rücksicht nehmen auf (*acc*).
con·sid·e·ra·tion [kənˌsɪdə'reɪʃn] *s* **1.** Erwägung *f*, Überlegung *f*: ***take into*** ~ in Erwägung *od.* Betracht ziehen; ***leave out of*** ~ ausklammern; ***on*** (*od.* ***under***) ***no*** ~ unter keinen Umständen. **2.** Berücksichtigung *f*: ***in*** ~ ***of*** in Anbetracht (*gen*). **3.** Rücksicht(nahme) *f* (***for, of*** auf *acc*): ***lack of*** ~ Rücksichtslosigkeit *f.* **4.** (zu berücksichtigender) Grund: ***money is no*** ~ Geld spielt keine Rolle.
con'sid·er·ing **I** *prp* in Anbetracht (*gen*). **II** *cj*: ~ ***that*** in Anbetracht der Tatsache, dass. **III** *adv* F alles in allem.
con·sign [kən'saɪn] *v/t* **1.** übergeben (***to*** *dat*). **2.** *econ. Waren* übersenden, zusenden (***to*** *dat*).
con·sig·nee [ˌkɒnsaɪ'niː] *s econ.* Empfänger(in).
con·sign·er [kən'saɪnə] → ***consignor.***
con'sign·ment *s econ.* **1.** Übersendung *f*, Zusendung *f*: ~ ***note*** Ladeschein *m*, Frachtbrief *m*; ~ ***notice*** Versandanzeige *f.* **2.** (Waren)Sendung *f.*
con'sign·or *s econ.* Absender *m*; Übersender(in).
con·sist [kən'sɪst] *v/i* **1.** ~ ***of*** bestehen *od.* sich zs.-setzen aus. **2.** ~ ***in*** bestehen in (*dat*).
con'sist·ence, con'sist·en·cy *s* **1.** Konsistenz *f*, Beschaffenheit *f*, (Grad *m* der) Festigkeit *f od.* Dichtigkeit *f.* **2.** *fig.* Konsequenz *f*, Folgerichtigkeit *f.* **3.** *fig.* Übereinstimmung *f*, Einklang *m.*
con'sist·ent *adj* □ **1.** konsistent, fest, dicht. **2.** *fig.* konsequent, folgerichtig. **3.** *fig.* übereinstimmend, vereinbar, in Einklang stehend (***with*** mit). **4.** *fig.* beständig (*Leistung etc*).
con·so·la·tion [ˌkɒnsə'leɪʃn] *s* Trost *m*: ~ ***goal*** (*Sport*) Ehrentor *n*; ~ ***prize*** Trostpreis *m.*
con·sol·a·to·ry [kən'sɒlətərɪ] *adj* tröstend, tröstlich.
con·sole[1] ['kɒnsəʊl] *s* **1.** Konsole *f*: ~ ***table*** Konsoltischchen *n.* **2.** (Fernseh-, Musik-) Truhe *f*, (Radio)Schrank *m.* **3.** ⚡ Schalt-, Steuerpult *n.*
con·sole[2] [kən'səʊl] *v/t* trösten: ~ ***s.o. for s.th.*** j-n über et. hinwegtrösten.
con·sol·i·date [kən'sɒlɪdeɪt] **I** *v/t* **1.** (ver)stärken, festigen (*beide a. fig.*). **2.** *mil. Truppen* zs.-ziehen. **3.** *econ. Gesellschaften* zs.-schließen, -legen: ~***d accounts*** *pl* (*od.* ***statement***) konsolidierte Bilanz; ~***d annuities*** *pl* konsolidierte Staatsanleihen *pl.* **4.** *tech.* verdichten. **II** *v/i* **5.** *econ.* sich zs.-schließen. **6.** *tech.* sich verdichten.
conˌsol·i'da·tion *s* **1.** (Ver)Stärkung *f*, Festigung *f.* **2.** *mil.* Zs.-ziehung *f.* **3.** *econ.*

Zs.-legung *f*; Zs.-schluss *m*. **4.** *tech*. Verdichtung *f*.
con·sols ['kɒnsəlz] *s pl* fundierte Staatsanleihen *pl*.
con·som·mé [kən'sɒmeɪ] *s* Consommé *f* (*klare Kraftbrühe*).
con·so·nant ['kɒnsənənt] **I** *adj* ☐ **1.** gleich lautend. **2.** übereinstimmend (***with*** mit). **II** *s* **3.** *ling*. Konsonant *m*.
con·sort ['kɒnsɔːt] *s* Gemahl(in): ***prince ~*** Prinzgemahl.
con'sor·ti·um [~tjəm] *pl* **-ti·a** [~ə] *s econ*. Konsortium *n*: ***~ of banks*** Bankenkonsortium.
con·spic·u·ous [kən'spɪkjʊəs] *adj* ☐ **1.** deutlich sichtbar: ***be ~*** *a*. in die Augen fallen. **2.** auffallend, -fällig: ***make o.s. ~*** sich auffällig benehmen, auffallen; ***~ consumption*** Prestigekonsum *m*. **3.** bemerkenswert (***for*** wegen): ***be ~ by one's absence*** durch Abwesenheit glänzen; ***render o.s. ~*** sich hervortun.
con·spir·a·cy [kən'spɪrəsɪ] *s* Verschwörung *f*.
con'spir·a·tor *s* Verschwörer(in).
con·spire [kən'spaɪə] *v/i* **1.** sich verschwören (***against*** gegen) (*a. fig.*). **2.** *fig*. zs.-wirken.
con·sta·ble ['kʌnstəbl] *s bsd. Br*. Polizist(in), Wachtmeister(in).
con·stab·u·lar·y [kən'stæbjʊlərɪ] *s bsd. Br*. Polizei *f* (*e-s Bezirks*).
con·stan·cy ['kɒnstənsɪ] *s* **1.** Konstanz *f*, Beständigkeit *f*. **2.** Bestand *m*, Dauer *f*. **3.** *fig*. Standhaftigkeit *f*.
'con·stant **I** *adj* ☐ **1.** konstant (*a. phys.*, ⩚ *etc*), beständig, gleich bleibend: ***~ costs*** *pl* Fixkosten *pl*. **2.** (be)ständig, (an)dauernd: ***~ rain*** anhaltender Regen. **3.** *fig*. standhaft, beharrlich. **II** *s* **4.** *phys*., ⩚ Konstante *f*.
con·stel·la·tion [ˌkɒnstə'leɪʃn] *s ast*. Konstellation *f* (*a. fig.*), Sternbild *n*.
con·ster·na·tion [ˌkɒnstə'neɪʃn] *s* Bestürzung *f*: ***in ~*** konsterniert, bestürzt; ***to my ~*** zu m-r Bestürzung.
con·sti·pate ['kɒnstɪpeɪt] *v/t* ⚕ verstopfen: ***be ~d*** an Verstopfung leiden.
ˌcon·sti'pa·tion *s* Verstopfung *f*.
con·stit·u·en·cy [kən'stɪtjʊənsɪ] *s* **1.** Wählerschaft *f*. **2.** Wahlbezirk *m*, -kreis *m*.
con'stit·u·ent **I** *adj* **1.** e-n (Bestand)Teil bildend: ***~ part*** → 4. **2.** *pol*. Wähler..., Wahl...: ***~ body*** Wählerschaft *f*. **3.** ***~ assembly*** *pol*. verfassunggebende Versammlung. **II** *s* **4.** (wesentlicher) Bestandteil. **5.** *pol*. Wähler(in).
con·sti·tute ['kɒnstɪtjuːt] *v/t* **1.** ernennen, einsetzen: ***~ s.o. a judge*** j-n als Richter einsetzen *od*. zum Richter ernennen. **2.** *Gesetz* erlassen, in Kraft setzen. **3.** einrichten, gründen, *Ausschuss etc* einsetzen. **4.** ausmachen, bilden, darstellen.
ˌcon·sti'tu·tion *s* **1.** Zs.-setzung *f*, (Auf)Bau *m*. **2.** Konstitution *f*, körperliche Veranlagung. **3.** Natur *f*, Wesen *n*: ***by ~*** von Natur (aus). **4.** Einrichtung *f*, Gründung *f*, Einsetzung *f*. **5.** *pol*. Verfassung *f*.
ˌcon·sti'tu·tion·al [~ʃənl] **I** *adj* ☐ **1.** ⚕ konstitutionell, anlagebedingt. **2.** *pol*. a) verfassungsgemäß, Verfassungs...: → ***monarchy***, b) rechtsstaatlich: ***~ state*** Rechtsstaat *m*. **II** *s* **3.** F Gesundheitsspaziergang *m*.
con·strain [kən'streɪn] *v/t* **1.** *j-n* zwingen, nötigen: ***feel ~ed to do s.th.*** sich gezwungen fühlen, et. zu tun. **2.** *et*. erzwingen.
con'straint [kən'streɪnt] *s* Zwang *m*, Nötigung *f*: ***under ~*** unter Zwang, gezwungen.
con·struct [kən'strʌkt] *v/t* **1.** errichten, bauen. **2.** *tech*. konstruieren (*a. ling.*, ⩚), bauen. **3.** *fig*. gestalten, ausarbeiten.
con'struc·tion [kən'strʌkʃn] *s* **1.** Errichtung *f*, Konstruktion *f* (*a. tech.*, ⩚, *ling.*): ***under ~*** im Bau (befindlich); ***~ industry*** Baugewerbe *n*, -wirtschaft *f*; ***~ site*** Baustelle *f*. **2.** Bauweise *f*: ***steel ~*** Stahlkonstruktion *f*; ***~ worker*** Bauarbeiter *m*. **3.** Bau(werk *n*) *m*. **4.** *fig*. Aufbau *m*, Gestaltung *f*.
con'struc·tion·al [~ʃənl] *adj* Konstruktions..., baulich.
con'struc·tive *adj* ☐ **1.** konstruktiv (*a. Kritik*), schöpferisch. **2.** → ***constructional***. ***~ dis·mis·sal*** *s* Kündigung *f* auf Druck des Arbeitgebers.
con'struc·tor *s* Erbauer(in); Konstrukteur(in).
con·strue [kən'struː] *v/t ling*. konstruieren.
con·sul ['kɒnsəl] *s* Konsul(in): ***~ general*** Generalkonsul(in).
con·su·lar ['kɒnsjʊlə] *adj* Konsulats..., Konsular..., konsularisch.
con·su·late ['kɒnsjʊlət] *s* Konsulat *n* (*a. Gebäude*): ***~ general*** Generalkonsulat.
con·sult [kən'sʌlt] **I** *v/t* **1.** um Rat fragen, zurate ziehen, konsultieren (***about*** wegen). **2.** in *e-m Buch* nachschlagen *od*. -sehen. **3.** berücksichtigen. **II** *v/i* **4.** (sich) beraten (***about*** über *acc*).
con·sult·an·cy a·gree·ment [kən'sʌltənsɪ] *s* Beratungsvertrag *m*.
con'sult·ant *s* **1.** (fachmännischer) Berater, (fachmännische) Beraterin; Unternehmensberater *m*. **2.** ⚕ Facharzt *m*, -ärztin *f* (*an e-m Krankenhaus*), *österr*. Primararzt *m*, -ärztin *f*.
con·sul·ta·tion [ˌkɒnsəl'teɪʃn] *s* Beratung *f*, Konsultation *f*: ***on ~ with*** nach Rücksprache mit; ***~ hour*** Sprechstunde *f*.
con'sult·ing *adj* beratend: ***~ firm*** Beraterfirma *f*; ***~ room*** Sprechzimmer *n*.

C

con·sum·a·bles [kən'sju:məblz] *s pl* Verbrauchs-, Konsumgüter *pl.*
con·sume [kən'sju:m] *v/t* **1.** zerstören, vernichten: **be ~d by fire** ein Raub der Flammen werden. **2.** *fig.* verzehren: **be ~d with hatred** von Hass verzehrt werden. **3.** auf-, verzehren. **4.** auf-, verbrauchen, konsumieren. **5.** verschwenden, -geuden (**on** für).
con'sum·er *s* Verbraucher(in), Konsument(in): **~ advice centre** (*Am.* **center**) Verbraucherzentrale *f*; **~ association** Verbraucherverband *m*; **~ behavio(u)r** Verbraucherverhalten *n*; **~ counselling** Verbraucherberatung *f*; **~ credit** Verbraucherkredit *m*; **~ demand** Verbrauchernachfrage *f*; **~ durables** *pl* langlebige Konsumgüter *pl*; **~ expenditure** Verbraucherausgaben *pl*; **~ goods** *pl* Konsumgüter *pl*; **~ goods market** Konsumgütermarkt *m*; **~ market** Konsumenten-, Verbrauchermarkt *m*; **~ organization** Verbraucherverband *m*; **~ protection** Verbraucherschutz *m.*; **~ research** Konsumforschung *f*; **~ resistance** Kaufunlust *f*; **~ society** Konsumgesellschaft *f*; **~ spending** Ausgaben *pl* der Privathaushalte; **~ survey** Konsumentenbefragung *f*; Untersuchung *f* über das Konsumverhalten.
con'sum·er·ism *s* **1.** Konsumdenken *n.* **2.** Verbraucherschutz *m.*
con·sum·mate **I** *v/t* ['kɒnsəmeɪt] **1.** vollenden; *Ehe* vollziehen. **2.** vollkommen machen. **II** *adj* [kən'sʌmɪt] **3.** vollendet, vollkommen.
con·sump·tion [kən'sʌmpʃn] *s* **1.** Verbrauch *m* (**of** an *dat*), *econ. a.* Konsum *m*: **~ pattern** Konsumverhalten *n*; **~ tax** Verbrauchsteuer *f.* **2.** Verzehr *m*: **(un)fit for human ~** für den menschlichen Verzehr (un)geeignet.
con·tact ['kɒntækt] **I** *s* **1.** Kontakt *m* (*a.* ⚡ *u. fig.*), Berührung *f*: **make ~s** Verbindungen anknüpfen *od.* herstellen; **business ~s** *pl* Geschäftsverbindungen *pl*; **~ lens** Haftlinse *f*, -schale *f*, Kontaktlinse *f*, -schale *f.* **2.** ⚕ Kontaktperson *f.* **3.** *a.* **~ man** Verbindungs-, Kontaktmann *m.* **II** *v/t* **4.** Kontakt aufnehmen mit, sich in Verbindung setzen mit.
con·ta·gion [kən'teɪdʒən] *s* ⚕ Ansteckung *f* (*durch Berührung*); ansteckende Krankheit.
con'ta·gious *adj* □ ⚕ ansteckend (*a. fig.*).
con·tain [kən'teɪn] *v/t* **1.** enthalten. **2.** aufnehmen, fassen. **3.** *fig.* zügeln, zurückhalten: **~ o.s.** (an) sich halten, sich beherrschen.
con'tain·er *s* **1.** Behälter *m*, (*Benzin- etc*)Kanister *m.* **2.** *econ.* Container *m*: **~ ship** Containerschiff *n*; **~ terminal** Containerterminal *m.*
con'tain·er·ize *v/t* **1.** auf Containerbetrieb umstellen. **2.** in Containern transportieren.
con·tam·i·nate [kən'tæmɪneɪt] *v/t* **1.** verunreinigen. **2.** infizieren, vergiften (*beide a. fig.*), (*a.* radioaktiv) verseuchen.
conˌtam·i'na·tion *s* **1.** Verunreinigung *f.* **2.** Infizierung *f*, Vergiftung *f* (*beide a. fig.*), (*a.* radioaktive) Verseuchung.
con·tan·go busi·ness *s Börse*: Reportgeschäft *n.*
con·tem·plate ['kɒntempleɪt] **I** *v/t* **1.** (nachdenklich) betrachten. **2.** nachdenken über (*acc*). **3.** erwägen, beabsichtigen (**doing** zu tun). **4.** erwarten, rechnen mit. **II** *v/i* **5.** nachdenken (**about, on** über *acc*).
ˌcon·tem'pla·tion *s* **1.** (nachdenkliche) Betrachtung. **2.** Nachdenken *n.* **3.** Erwägung *f*: **be in ~** erwogen werden.
'con·tem·pla·tive *adj* □ nachdenklich.
con·tem·po·ra·ne·ous [kənˌtempə'reɪnjəs] *adj* □ gleichzeitig: **be ~ with** zeitlich zs.-fallen mit.
con'tem·po·ra·ry **I** *adj* □ **1.** zeitgenössisch. **2.** → **contemporaneous.** **3.** gleichalt(e)rig. **II** *s* **4.** Zeitgenosse *m*, -genossin *f.* **5.** Altersgenosse *m*, -genossin *f.*
con·tempt [kən'tempt] *s* **1.** Verachtung *f*: **~ of death** Todesverachtung; **feel ~ for, hold in ~** verachten; **feel nothing but ~ for** nur Verachtung übrig haben für; **beneath ~** unter aller Kritik; einfach lächerlich. **2.** Missachtung *f*: **~ (of court)** ⚖ Missachtung des Gerichts.
con'tempt·i·ble *adj* □ verächtlich, verachtenswert.
con'temp·tu·ous [~tʃʊəs] *adj* □ verächtlich, geringschätzig: **be ~ of s.th.** et. verachten.
con·tend [kən'tend] **I** *v/i* **1.** kämpfen, ringen (**with** mit; **for** um). **2.** *mit Worten* streiten (**about** über *acc*). **3.** wetteifern, sich bewerben (**for** um). **II** *v/t* **4.** behaupten (**that** dass).
con·tent[1] ['kɒntent] *s* **1.** *e-s Buchs etc*: a) Gehalt *m*, Aussage *f*, b) *pl* Inhalt *m* (*a. e-r Tasche etc*): **(table of) ~s** Inhaltsverzeichnis *n.* **2.** ⚗ Gehalt *m* (**of** an *dat*): **gold ~** Goldgehalt.
con·tent[2] [kən'tent] **I** *adj* zufrieden (**with** mit): **have to be ~ with** sich begnügen müssen mit. **II** *v/t* zufrieden stellen: **~ o.s. with** sich zufrieden geben *od.* begnügen mit. **III** *s* Zufriedenheit *f*: → **heart** 1.
con'tent·ed *adj* □ zufrieden (**with** mit).
con·ten·tion [kən'tenʃn] *s* **1.** Streit *m*, Zank *m*: **bone of ~** *fig.* Zankapfel *m.* **2.** Streitpunkt *m.* **3.** Behauptung *f*: **my ~ is that** ich behaupte, dass.
con'ten·tious *adj* □ **1.** streitsüchtig. **2.** umstritten, strittig: **~ point** Streitpunkt *m.*
con·tent·ment [kən'tentmənt] *s* Zufriedenheit *f.*

C

con·test I *s* ['kɒntest] **1.** (Wett)Kampf *m*; Wettbewerb *m* (***for*** um). II *v/t* [kən'test] **2.** kämpfen um; sich bewerben um. **3.** bestreiten, *a.* ⚖ anfechten: ~ ***s.o.'s right to do s.th.*** j-m das Recht streitig machen, et. zu tun. III *v/i* [kən'test] **4.** wetteifern (***with, against*** mit).

con'test·ant *s* **1.** (Wettkampf)Teilnehmer(in). **2.** (Mit)Bewerber(in).

con'test·ed → ***contentious*** 2.

con·text ['kɒntekst] *s* Zs.-hang *m*, Kontext *m*: ***in this*** ~ in diesem Zs.-hang; ***out of*** ~ aus dem Zs.-hang gerissen.

con·ti·nent ['kɒntɪnənt] *s* **1.** Kontinent *m*, Erdteil *m*. **2.** ***the Continent*** *Br.* das (europäische) Festland.

con·ti·nen·tal [ˌkɒntɪ'nentl] I *adj* **1.** kontinental, Kontinental... **2.** *mst* ***Continental*** *Br.* kontinental(europäisch): ~ ***breakfast*** kleines Frühstück; ~ ***quilt*** Steppdecke *f*. II *s* **3.** ***Continental*** *Br.* Kontinentaleuropäer(in).

con·tin·gen·cy [kən'tɪndʒənsɪ] *s* **1.** Zufälligkeit *f*. **2.** Möglichkeit *f*, Eventualität *f*: ~ ***plan*** Notplan *m*. **3.** *econ.* Eventualverbindlichkeit *f*. ~ **re·serve** *s* Verlustrückstellung *f*, Reservefonds *m*.

con'tin·gent I *adj* □ **1.** (***on***) abhängig (von), bedingt (durch). **2.** möglich, eventuell. **3.** zufällig. II *s* **4.** (*mil.* Truppen)Kontingent *n*, Anteil *m*. ~ **du·ty** *s* Ausgleichsabgabe *f*. ~ **li·a·bil·i·ty** *s* Eventualverbindlichkeit *f*.

con·tin·u·al [kən'tɪnjʊəl] *adj* □ **1.** (an)dauernd, ständig. **2.** immer wiederkehrend, sich wiederholend: ***a*** ~ ***knocking*** ein wiederholtes Klopfen.

con'tin·u·ance → ***continuation.***

conˌtin·u'a·tion *s* **1.** Fortsetzung *f*. **2.** Fortbestand *m*, -dauer *f*. ~ **class·es** *s pl* Fortbildungskurse *pl*.

con'tin·ue [kən'tɪnjuː] I *v/i* **1.** fortfahren, weitermachen. **2.** andauern, anhalten. **3.** (fort)bestehen. **4.** (ver)bleiben: ~ ***in office*** im Amt bleiben. **5.** a) ~ ***to do***, ~ ***doing*** (auch) weiterhin tun: ~ ***to sing*** weitersingen, b) ~ ***to be***, ~ ***being*** weiterhin *od.* noch immer ... sein. II *v/t* **6.** fortsetzen, -führen, -fahren mit: ***to be*** ~***d*** Fortsetzung folgt. **7.** beibehalten, erhalten.

con·ti·nu·i·ty [ˌkɒntɪ'njuːətɪ] *s* **1.** Kontinuität *f*. **2.** *Film*: Drehbuch *n*; *Rundfunk*, *TV*: Manuskript *n*: ~ ***girl*** Scriptgirl *n*; ~ ***writer*** Drehbuch-, Manuskriptautor *m*.

con·tin·u·ous [kən'tɪnjʊəs] *adj* □ **1.** ununterbrochen, unaufhörlich: ~ ***paper*** (*od.* ***stationery***) Endlospapier *n*; ~ ***forms*** *pl* Endlosformulare *pl*. **2.** kontinuierlich: ~ ***current*** ⚡ Gleichstrom *m*. **3.** ~ ***form*** *ling.* Verlaufsform *f*.

con·tort [kən'tɔːt] I *v/t* **1.** *Glieder* verdrehen, verrenken. **2.** *Gesicht* verzerren, -ziehen (***with*** vor *dat*): ~***ed with pain*** schmerzverzerrt. **3.** *fig. Tatsachen etc* verdrehen. II *v/i* **4.** sich verzerren *od.* verziehen (***with*** vor *dat*; ***in a grimace*** zu e-r Grimasse).

con'tor·tion *s* **1.** Verrenkung *f*. **2.** Verzerrung *f*. **3.** *fig.* Verdrehung *f*.

con'tor·tion·ist *s* Schlangenmensch *m*.

con·tour ['kɒnˌtʊə] *s* Kontur *f*, Umriss *m*.

con·tra·band ['kɒntrəbænd] *s* **1.** Schmuggelware *f*. **2.** Schmuggel *m*.

con·tra·cep·tion [ˌkɒntrə'sepʃn] *s* ⚕ Empfängnisverhütung *f*.

ˌcon·tra'cep·tive *adj u. s* empfängnisverhütend(es Mittel).

con·tract I *s* ['kɒntrækt] **1.** Vertrag *m*: ~ ***of carriage*** Fracht-, Transportvertrag; ~ ***of employment*** Arbeitsvertrag; ~ ***of indemnity*** Garantievertrag; ~ ***of sale*** Kaufvertrag; ~ ***of service*** Dienstvertrag; ~ ***penalty*** Konventionalstrafe *f*; ~ ***work*** Auftragsarbeit *f*; ~ ***worker*** freier Mitarbeiter *m*, Vertragsarbeitnehmer *m*; ***enter into*** (*od.* ***make***) ***a*** ~ e-n Vertrag abschließen; ***by*** ~ vertraglich; ***be under*** ~ unter Vertrag stehen (***with, to*** bei); ***put out work to*** ~ Arbeit in Auftrag geben. II *v/t* [kən'trækt] **2.** *Muskel etc* zs.-ziehen, *Stirn* runzeln. **3.** *Gewohnheit* annehmen; sich *e-e Krankheit* zuziehen. **4.** *Schulden* machen. **5.** *Verpflichtung* eingehen; *Ehe etc* schließen. **6.** ~ ***out*** a) freizeichnen, b) *Arbeit etc* vergeben. III *v/i* [kən'trækt] **7.** sich zs.-ziehen. **8.** e-n Vertrag abschließen; sich vertraglich verpflichten (***to do*** zu tun; ***for*** zu): ~ ***for s.th.*** et. vertraglich festsetzen; ~***ing party*** Vertragspartner *m*. **9.** ~ ***out*** sich freizeichnen.

con'trac·tion *s* **1.** Zs.-ziehung *f*: ~ ***of industries*** Schrumpfung *f* der Industrien. **2.** ~***s*** ⚕ Wehen *pl*.

con'trac·tor *s* (*bsd.* Bau)Unternehmer(in); (Vertrags)Lieferant(in).

con'trac·tu·al [~tʃʊəl] *adj* □ vertraglich, Vertrags...: ~ ***obligations*** *pl* Vertragspflichten *pl*; ~ ***penalty*** Vertragsstrafe *f*.

con·tra·dict [ˌkɒntrə'dɪkt] *v/t* **1.** *j-m, e-r Sache* widersprechen, *et.* bestreiten. **2.** widersprechen (*dat*), im Widerspruch stehen zu, unvereinbar sein mit.

ˌcon·tra'dic·tion *s* **1.** Widerspruch *m*, -rede *f*. **2.** Unvereinbarkeit *f*: ***be in*** ~ ***to*** im Widerspruch stehen zu; ~ ***in terms*** Widerspruch *m* in sich selbst.

ˌcon·tra'dic·to·ry *adj* □ **1.** (***to***) widersprechend (*dat*), im Widerspruch stehend (zu), unvereinbar (mit). **2.** sich widersprechend, widersprüchlich.

con·tra en·try *s* Gegenbuchung *f*.

C

con·tra·in·di·ca·tion [ˌkɒntrəˌɪndɪˈkeɪʃn] *s* ⚕ Gegenanzeige *f.*
con·tral·to [kənˈtræltəʊ] *pl* **-tos** *s* ♪ Alt(stimme *f*) *m*; Altistin *f.*
con·trap·tion [kənˈtræpʃn] *s* F (komischer) Apparat.
con·tra·ry [ˈkɒntrərɪ] **I** *adj* **1.** entgegengesetzt (**to** *dat*). **2.** einander entgegengesetzt, gegensätzlich. **3.** widrig, ungünstig (*Wind, Wetter*). **4.** (**to**) verstoßend (gegen), im Widerspruch (zu). **II** *adv* **5.** im Widerspruch (**to** zu): **~ to expectations** wider Erwarten; **act ~ to** zuwiderhandeln (*dat*); → **law** 1. **III** *s* **6.** Gegenteil *n*: **on the ~** im Gegenteil; **be the ~ to** das Gegenteil sein von; **to the ~** gegenteilig; **proof to the ~** Gegenbeweis *m.*
con·trast I *s* [ˈkɒntrɑːst] **1.** Kontrast *m* (*a. TV etc*), Gegensatz *m* (**between** zwischen *dat*): **~ control** Kontrastregler *m*; **form a ~** e-n Kontrast bilden (**to** zu); **by ~ with** im Vergleich mit; **in ~ to** (*od.* **with**) im Gegensatz zu. **II** *v/t* [kənˈtrɑːst] **2.** entgegensetzen, gegenüberstellen (**with** *dat*). **III** *v/i* [kənˈtrɑːst] **3.** sich abheben, abstechen (**with** von, gegen): **~ing colo(u)rs** *pl* Kontrastfarben *pl.* **4.** e-n Gegensatz bilden, im Gegensatz stehen (**with** zu).
con·tra·vene [ˌkɒntrəˈviːn] *v/t* **1.** zuwiderhandeln (*dat*), *Gesetz* übertreten, verstoßen gegen. **2.** im Widerspruch stehen zu.
con·tra·ven·tion [ˌ~ˈvenʃn] *s* (**of**) Zuwiderhandlung *f* (gegen), Übertretung *f* (von *od. gen*): **in ~ to** entgegen (*dat*).
con·trib·ute [kənˈtrɪbjuːt] **I** *v/t* **1.** beitragen, -steuern (**to** zu). **2.** *Artikel etc* beitragen (**to** zu *e-r Zeitung etc*). **3.** spenden (**to** für). **4.** *econ. Kapital* (*in e-e Firma*) einbringen. **II** *v/i* **5.** (**to**) beitragen, -steuern, e-n Beitrag leisten (zu), mitwirken (an *dat*): **~ to** (*od.* **toward**[**s**]) **the expenses** sich an den Unkosten beteiligen; **~ to a newspaper** für e-e Zeitung schreiben. **6.** spenden (**to** für).
con·tri·bu·tion [ˌkɒntrɪˈbjuːʃn] *s* **1.** Beitrag *m* (*a. für Zeitung etc*), Beisteuer *f*: **~ to** (*od.* **toward**[**s**]) **the expenses** Unkostenbeitrag *m.* **2.** Spende *f*: **a small ~, please. 3.** *econ.* Einlage *f*: **~ in cash** Bareinlage. **~ as·sess·ment ceil·ing** *s* Beitragsbemessungsgrenze *f.* **~ cost·ing** *s* Deckungsbeitragsrechnung *f.* **~ lev·el** *s* Beitragshöhe *f.* **~ mar·gin** *s* Deckungsbeitrag *m.* **~ rate** *s* Beitragssatz *m.*
con·trib·u·tor [kənˈtrɪbjʊtə] *s* **1.** Beitragende *m, f*; *econ.* Beitragszahler *m.* **2.** Mitarbeiter(in) (**to a newspaper** bei *od.* an e-r Zeitung).
con·trib·u·to·ry [kənˈtrɪbjʊtərɪ] *adj* beitragend: **~ negligence** Mitverschulden *n*; **~ pension plan** Pensionsplan *m.*
con·triv·ance [kənˈtraɪvns] *s* **1.** *tech.* Vorrichtung *f*; Gerät *n*, Apparat *m.* **2.** Erfindung *f.* **3.** Erfindungsgabe *f.* **4.** Plan *m.* **5.** Kunstgriff *m*, Kniff *m.*
conˈtrive *v/t* **1.** erfinden, sich ausdenken. **2.** *et. Böses* aushecken, *Pläne* schmieden. **3.** zustande bringen; es fertig bringen, es verstehen (**to do** zu tun).
con·trol [kənˈtrəʊl] **I** *v/t* **1.** beherrschen, die Herrschaft *od.* Kontrolle haben über (*acc*). **2.** in Schranken halten, (erfolgreich) bekämpfen: **~ o.s.** sich beherrschen. **3.** kontrollieren: a) überwachen, beaufsichtigen, b) (nach)prüfen. **4.** leiten, führen, verwalten: **~led company** Untergesellschaft *f*; **~led economy** Planwirtschaft *f*; **~ling company** Ober-, Muttergesellschaft *f*; **~ling interest** Mehrheitsbeteiligung *f.* **5.** *econ. Absatz etc* lenken, *Preise* binden. **6.** ⚡, *tech.* steuern, regeln, regulieren. **7.** *Computer*: steuern. **II** *s* **8.** (**of, over**) Beherrschung *f* (*gen*), Macht *f*, Gewalt *f*, Kontrolle *f*, Herrschaft *f* (über *acc*): **bring** (*od.* **get**) **under ~** unter Kontrolle bringen; **get out of ~** außer Kontrolle geraten; **lose ~ of** (*od.* **over**) die Herrschaft *od.* Kontrolle verlieren über (*acc*); **lose ~** (**of o.s.**) die (Selbst)Beherrschung verlieren. **9.** Aufsicht *f*, Kontrolle *f* (**of, over** über *acc*): **be in ~ of** *et.* leiten *od.* unter sich haben; **be under s.o.'s ~** j-m unterstehen *od.* unterstellt sein. **10.** Leitung *f*, Verwaltung *f.* **11.** *mst pl tech.* Steuerung *f*, Steuervorrichtung *f*; Kontroll-, Betätigungshebel *m*: **be at the ~s** *fig.* das Sagen haben; an den (Schalt)Hebeln der Macht sitzen. **12.** ⚡, *tech.* Reg(e)lung *f*, Regulierung *f*; Regler *m.* **13.** *Computer*: Steuerung *f.* **~ ac·count** *s* Sammelkonto *n.* **~ cen·tre** (*Am.* **cen·ter**) *s* Kontrollzentrum *n.* **~ char·ac·ter** *s Computer*: Steuerzeichen *n.* **~ com·mand** *s Computer*: Steuerbefehl *m.* **~ desk** *s* **1.** ⚡ Schaltpult *n.* **2.** *Rundfunk, TV*: Regiepult *n.* **~ key** *s Computer*: Steuerungstaste *f.*
con·trol·la·ble [kənˈtrəʊləbl] *adj* **1.** kontrollierbar. **2.** ⚡, *tech.* steuer-, regel-, regulierbar.
conˈtrol·ler *s* **1.** Kontrolleur(in), Aufseher(in). **2.** *econ.* Controller(in); Rechnungsprüfer(in). **3.** *Computer*: Steuereinheit *f.*
con·trol| le·ver *s* **1.** *tech.* Schalthebel *m.* **2.** ✈ Steuerknüppel *m.* **~ light** *s* Kontrolllampe *f.* **~ room** *s Rundfunk, TV*: Regieraum *m.* **~ tow·er** *s* ✈ Kontrollturm *m*, Tower *m.* **~ u·nit** *s Computer*: Kontroll-, Steuereinheit *f.*
con·tro·ver·sial [ˌkɒntrəˈvɜːʃl] *adj* ☐ **1.** strittig, umstritten. **2.** polemisch. **3.** streitsüchtig.

C

con·tro·ver·sy ['kɒntrəvɜːsɪ] *s* **1.** Kontroverse *f*: ***beyond*** ~ unstreitig. **2.** *a.* ***point in*** ~ Streitfrage *f*, -punkt *m*.

con·tu·sion [kən'tjuːʒn] *s* ⚕ Quetschung *f*.

co·nun·drum [kə'nʌndrəm] *s* Scherzfrage *f*, (Scherz)Rätsel *n*.

con·ur·ba·tion [ˌkɒnɜː'beɪʃn] *s* Ballungsraum *m*, -zentrum *n*.

con·va·lesce [ˌkɒnvə'les] *v/i* gesund werden.

ˌcon·va'les·cence *s* Rekonvaleszenz *f*, Genesung *f*.

ˌcon·va'lescent I *adj* rekonvaleszent, genesend. **II** *s* Rekonvaleszent(in), Genesende *m, f*.

con·vene [kən'viːn] **I** *v/i* zs.-kommen, sich versammeln. **II** *v/t* versammeln, zs.-rufen, *Versammlung* einberufen.

con·ven·ience [kən'viːnjəns] *s* **1.** Annehmlichkeit *f*, Bequemlichkeit *f*: ***all*** (***modern***) ~***s*** aller Komfort; ***at your*** ~ wenn es Ihnen gerade passt; ***at your earliest*** ~ so bald wie möglich. **2.** *bsd. Br.* Toilette *f*. **3.** ***flag of*** ~ *econ.* Billigflagge *f*. ~ ***foods*** *s pl* Fertiggerichte *pl*. ~ ***goods*** *s pl* Waren *pl* des täglichen Bedarfs.

con'ven·ient *adj* □ **1.** bequem, praktisch. **2.** günstig, passend: ***be*** ~ ***for s.o.*** j-m passen.

con·vent ['kɒnvənt] *s* (*bsd.* Nonnen)Kloster *n*.

con·ven·tion [kən'venʃn] *s* **1.** Zs.-kunft *f*, Tagung *f*, Versammlung *f*. **2.** a) *pol. Am.* Parteiversammlung *f*, -tag *m*, b) Kongress *m*: ~ ***centre*** (*Am.* ***center***) Kongresszentrum *n*. **3.** *bilaterales* Abkommen; *multilaterales* Übereinkommen, Konvention *f*. **4.** (gesellschaftliche) Konvention, Sitte *f*.

con'ven·tion·al [~ʃənl] *adj* □ **1.** konventionell, herkömmlich (*beide a. mil.*). **2.** *contp.* schablonenhaft, unoriginell. **3.** konventionell, förmlich.

con·verge [kən'vɜːdʒ] *v/i* zs.-laufen (*Straßen, Flüsse*), ⩘ konvergieren (*a. fig.*), *fig.* sich annähern.

con'ver·gence, con'ver·gen·cy *s* **1.** Zs.-laufen *n*. **2.** ⩘ Konvergenz *f* (*a. fig.*): ***convergence criteria*** *pl econ.* Konvergenzkriterien *pl*.

con'ver·gent *adj* ⩘ konvergent, *fig. a.* sich annähernd.

con·ver·sa·tion [ˌkɒnvə'seɪʃn] *s* Konversation *f*, Unterhaltung *f*, Gespräch *n*: ***in*** ~ ***with*** im Gespräch mit; ***get into*** ~ ***with s.o.*** mit j-m ins Gespräch kommen; ***make*** ~ Konversation machen.

ˌcon·ver'sa·tion·al [~ʃənl] *adj* **1.** gesprächig. **2.** Unterhaltungs..., Gesprächs...: ~ ***English*** Umgangsenglisch *n*; ~ ***tone*** Plauderton *m*.

ˌcon·ver'sa·tion·al·ly [~ʃnəlɪ] *adv* im Plauderton.

con·verse [kən'vɜːs] *v/i* sich unterhalten (***with*** mit; ***on, about*** über *acc*).

con·ver·sion [kən'vɜːʃn] *s* **1.** Um-, Verwandlung *f* (***into, to*** in *acc*). **2.** ⚠, *tech.* Umbau *m* (***into*** zu). **3.** *tech., a. econ.* Umstellung *f* (***to*** auf *acc*). **4.** ⩘ Umrechnung *f* (***into, to*** in *acc*): ~ ***table*** Umrechnungstabelle *f*. **5.** (Daten)Konvertierung *f*. **6.** Bekehrung *f*, *eccl. a.* Konversion *f*, Übertritt *m* (*a. pol. etc*) (***to*** zu).

con·vert I *v/t* [kən'vɜːt] **1.** *allg., a.* ⚗ um-, verwandeln (***into, to*** in *acc*). **2.** ⚠, *tech.* umbauen (***into*** zu). **3.** *tech., a. econ.* umstellen (***to*** auf *acc*). **4.** ⩘ umrechnen (***into, to*** in *acc*). **5.** *Daten* konvertieren. **6.** *eccl. etc* bekehren (***to*** zu). **II** *v/i* [kən'vɜːt] **7.** sich umwandeln *od.* verwandeln (***into, to*** in *acc*). **8.** sich bekehren, *eccl. a.* konvertieren, übertreten (*a. pol. etc*) (***to*** zu). **III** *s* ['kɒnvɜːt] **9.** Bekehrte *m, f*, *eccl. a.* Konvertit(in).

con·vert·er [kən'vɜːtə] *s* Wandler *m*.

con'ver·ti·ble I *adj* □ **1.** um-, verwandelbar; konvertibel: ~ ***bonds*** *pl* Wandelschuldverschreibungen *pl*. **2.** ⩘ umrechenbar. **II** *s* **3.** *mot.* Kabriolett *n*.

con·vex [kɒn'veks] *adj* □ konvex: ~ ***mirror*** Konvex-, Wölbspiegel *m*.

con·vey [kən'veɪ] *v/t* **1.** *Waren etc* befördern, transportieren (*beide a. tech.*). **2.** *Grüße etc* überbringen, -mitteln. **3.** *Ideen etc* mitteilen, vermitteln, *Meinung, Sinn* ausdrücken.

con'vey·ance *s* **1.** Beförderung *f*, Transport *m*. **2.** Transport-, Verkehrsmittel *n*. **3.** Überbringung *f*, -mittlung *f*. **4.** Mitteilung *f*, Vermittlung *f*. **5.** *jur.* a) Eigentumsübertragung *f*, b) *a.* ***deed of*** ~ Abtretungsurkunde *f*.

con'vey·er, con'vey·or *s a.* ~***belt*** *tech.* Förderband *n*.

con·vict I *v/t* [kən'vɪkt] **1.** ⚖ (***of***) überführen, für schuldig erklären (*gen*); verurteilen (wegen). **2.** überzeugen (***of*** von). **II** *s* ['kɒnvɪkt] **3.** Verurteilte *m, f*. **4.** Strafgefangene *m, f*, Sträfling *m*.

con'vic·tion *s* **1.** ⚖ Überführung *f*, Schuldspruch *m*; Verurteilung *f*: → ***previous*** 1. **2.** Überzeugung *f*: ***from*** ~ aus Überzeugung; → ***carry*** 5.

con·vince [kən'vɪns] *v/t* überzeugen (***of*** von; ***that*** dass).

con'vinc·ing *adj* □ überzeugend: ~ ***proof*** schlagender Beweis.

con·voy ['kɒnvɔɪ] *s* **1.** Geleit *n*, Begleitung *f*. **2.** Konvoi *m*: a) *mil., a. allg.* (Wagen)Kolonne *f*, b) ⚓ Geleitzug *m*.

con·vulse [kən'vʌls] **I** *v/t* **1.** in Zuckungen versetzen: ***be*** ~***d with*** → 4. **2.** *Muskeln etc* krampfhaft zs.-ziehen: **~d features** *pl* verzerrte Züge *pl.* **3.** in Lachkrämpfe versetzen. **II** *v/i* **4.** **~ with** sich krümmen vor (*Lachen, Schmerzen etc*).

con'vul·sion *s* **1.** *bsd.* ⚕ Krampf *m*, Zuckung *f*: **nervous ~s** *pl* nervöse Zuckungen *pl.* **2.** *pl* Lachkrampf *m*: **they were in ~s** sie krümmten sich vor Lachen.

con'vul·sive *adj* □ krampfhaft.

coo [ku:] *v/i* gurren (*a. fig.*).

cook [kʊk] **I** *s* **1.** Koch *m*, Köchin *f*: **too many ~s spoil the broth** viele Köche verderben den Brei. **II** *v/t* **2.** kochen. **3.** *a.* **~ up** F *Geschichte etc* erfinden, sich ausdenken. **4.** F *Rechnung etc* frisieren. **III** *v/i* **5.** kochen. **6.** kochen, gekocht werden: **what's ~ing?** F was ist los? **'~·book** *s bsd. Am.* Kochbuch *n*.

cook·er ['kʊkə] *s* Kocher *m*, Kochgerät *n*; *Br.* Herd *m*: **~ hood** *Br.* Abzugshaube *f*.

'cook·er·y *s* Kochen *n*, Kochkunst *f*: **~ book** *bsd. Br.* Kochbuch *n*.

cook·ie ['kʊkɪ] *s Am.* (süßer) Keks, Plätzchen *n*.

'cook·ing I *s* **1.** Kochen *n*. **2.** Küche *f*, Art *f* zu kochen: **Italian ~** die italienische Küche. **II** *adj* **3.** Koch...

'cook·y → **cookie.**

cool [ku:l] **I** *adj* □ **1.** kühl, frisch: **get ~** sich abkühlen. **2.** *fig.* kühl: a) gelassen, kalt(blütig): **keep ~** e-n kühlen Kopf behalten, sich nicht aufregen; → **cucumber,** b) gleichgültig, c) abweisend. **3.** F glatt: **a ~ thousand pounds** glatte *od.* die Kleinigkeit von tausend Pfund. **4.** F klasse, prima, cool. **II** *s* **5.** Kühle *f*, Frische *f* (*der Luft*). **6.** F (Selbst)Beherrschung *f*: **blow** (*od.* **lose**) **one's ~** hochgehen; **keep one's ~** ruhig bleiben. **III** *v/t* **7.** (ab)kühlen, abkühlen lassen: **~ it!** F immer mit der Ruhe!; reg dich ab! **IV** *v/i* **8.** kühl werden, sich abkühlen: **~ down** F sich abregen. **~ bag** *s* Kühltasche *f*. **~ box** *s* Kühlbox *f*.

ˌcool'head·ed *adj* □ besonnen.

cool·ing ['ku:lɪŋ] *adj* **1.** (ab)kühlend. **2.** *tech.* Kühl... **ˌ~-'off pe·ri·od** *s econ.* Friedenspflicht *f*; Überlegungsfrist *f*.

'cool·ness *s* **1.** Kühle *f* (*a. fig.*). **2.** Kaltblütigkeit *f*.

co-op ['kəʊɒp] *s* **1.** F Co-op *m* (*Genossenschaft u. Laden*). **2.** *Am.* a) Apartmenthaus *n* mit Eigentumswohnungen, b) Eigentumswohnung *f*.

co·op·er·ate [kəʊ'ɒpəreɪt] *v/i* **1.** zs.-arbeiten (**with** mit; **in** bei; **to, toward[s]** zu *e-m Zweck*). **2.** (**in**) mitwirken (an *dat*), helfen, behilflich sein (bei).

coˌop·er'a·tion *s* **1.** Zs.-arbeit *f*. **2.** Mitwirkung *f*, Hilfe *f*.

co'op·er·a·tive [~rətɪv] **I** *adj* □ **1.** zs.-arbeitend. **2.** mitwirkend. **3.** kooperativ, hilfsbereit. **4.** *econ.* Gemeinschafts...; Genossenschafts...: **~ bank** Genossenschaftsbank *f*; **~ society** → 5; **~ store** → 6. **II** *s* **5.** Co-op *m*: a) Genossenschaft *f*, b) Konsumverein *m*. **6.** Co-op *m*, Konsumladen *m*.

co·or·di·nate I *v/t* [kəʊ'ɔ:dɪneɪt] koordinieren, beiordnen, aufeinander abstimmen. **II** *adj* [~dnət] □ koordiniert, beigeordnet. **III** *s* [~dnət] 𝔄 Koordinate *f*.

coˌor·di'na·tion *s* Koordinierung *f*, Koordination *f*, Beiordnung *f*, Abstimmung *f*.

ˌco-'own·er *s* Miteigentümer(in), Mitbesitzer(in).

cop [kɒp] *sl.* **I** *v/t* **1.** erwischen (**at** bei): **~ it** sein Fett (ab)kriegen; → **packet** 3. **II** *s* **2.** **no great ~, not much ~** *Br.* nicht so toll. **3.** Bulle *m* (*Polizist*).

co·part·ner [ˌkəʊ'pɑ:tnə] *s* Teilhaber(in), Mitinhaber(in).

ˌco'part·ner·ship *s* **1.** Teilhaberschaft *f*. **2.** *Br.* Gewinn- *od.* Mitbeteiligung *f* (**of labour** der Arbeitnehmer).

cope [kəʊp] *v/i* (**with**) gewachsen sein (*dat*), fertig werden (mit).

Co·pen·ha·gen [ˌkəʊpn'heɪgən] Kopenhagen *n*.

cop·i·er ['kɒpɪə] *s* Kopiergerät *n*, Kopierer *m*: **~ paper** Kopierpapier *n*; **~ transparencies** *pl* Kopierfolien *pl*.

co·pi·lot ['kəʊˌpaɪlət] *s* ✈ Kopilot(in).

co·pi·ous ['kəʊpjəs] *adj* □ **1.** reich(lich), ausgiebig. **2.** wortreich, weitschweifig. **3.** produktiv (*Schriftsteller etc*).

cop·per¹ ['kɒpə] **I** *s* **1.** *min.* Kupfer *n*. **2.** Kupfermünze *f*: **~s** *pl* Kupfergeld *n*. **II** *adj* **3.** kupfern, Kupfer... **4.** kupferrot.

cop·per² [~] *s sl.* Bulle *m* (*Polizist*).

cop·per| ore *s min.* Kupfererz *n*. **'~-plate** *s* Kupferstich(platte *f*) *m*: **like ~** wie gestochen (*Schrift*). **'~·smith** *s* Kupferschmied(in).

cop·u·la ['kɒpjʊlə] *s ling.* Kopula *f*.

cop·u·late ['kɒpjʊleɪt] *v/i* kopulieren: a) koitieren, b) *zo.* sich paaren.

ˌcop·u'la·tion *s* Kopulation *f*: a) Koitus *m*, b) Paarung *f*.

cop·y ['kɒpɪ] **I** *s* **1.** Kopie *f*, Abschrift *f*: **fair** (*od.* **clean**) **~** Reinschrift *f*; **rough** (*od.* **foul**) **~** Rohentwurf *m*, Konzept *n*. **2.** Durchschlag *m*, -schrift *f*. **3.** *phot.* Abzug *m*. **4.** Nachbildung *f*, Kopie *f*. **5.** *typ.* (Satz)Vorlage *f*. **6.** Exemplar *n* (*e-s Buchs etc*). **7.** (Werbe-, Zeitungs- *etc*)Text *m*. **II** *v/t* **8.** abschreiben (**off, from** von), e-e Kopie anfertigen von, *Kassette etc* überspielen. **9.** *Computer*: kopieren. **10.** durch-, abpausen; kopieren. **11.** *phot.* e-n Abzug machen von. **12.** nachbilden. **13.** kopieren, nachahmen, machen. III *v/i* **14.** abschreiben (***from*** von). '**~·cat** F I *s* Nachahmer(in); Abschreiber(in). II *v/t* (*bsd.* sklavisch *od.* gedankenlos) nachahmen *od.* -machen. **~ dead·line** *s* Redaktionsschluss *m.* **~ ed·i·tor** *s* Zeitungsredakteur(in); Lektor(in).

cop·y·ing| ma·chine ['kɒpɪɪŋ] *s* Kopiergerät *n.* **~ pa·per** *s* Kopierpapier *n.*

'**cop·y|-pro,tect·ed** *adj Computer*: kopiergeschützt. **~ pro·tec·tion** *s Computer*: Kopierschutz *m.*

'**cop·y,read·er** *Am.* → ***copy editor.***

'**cop·y·right** ⚖ I *s* Urheberrecht *n*, Copyright *n* (***in, on, of, for*** für, von). II *v/t* das Urheberrecht erwerben für *od.* von; urheberrechtlich schützen. III *adj* urheberrechtlich geschützt.

cop·y| speed *s* Kopiergeschwindigkeit *f.* '**~,writ·er** *s* Werbetexter(in).

cor·al ['kɒrəl] I *s* **1.** *zo.* Koralle *f.* II *adj* **2.** Korallen... **3.** korallenrot.

cord [kɔːd] I *s* **1.** Schnur *f* (*a.* ⚡), Kordel *f*, Strick *m.* **2.** gerippter Stoff, *bsd.* Kordsamt *m.* II *v/t* **3.** festbinden; ver-, zuschnüren.

cor·dial ['kɔːdjəl] I *adj* □ **1.** herzlich. **2.** ✱ belebend, stärkend. II *s* **3.** ✱ Stärkungsmittel *n.* **4.** Fruchtsaftgetränk *n.* **5.** Likör *m.*

cor·dial·i·ty [,kɔːdɪ'ælətɪ] *s* Herzlichkeit *f.*

'**cord·less** *adj* schnurlos (*Telefon*).

cor·don ['kɔːdn] I *s* Kordon *m*, Posten- *od.* Absperrkette *f.* II *v/t a.* **~ *off*** (mit Posten *od.* Seilen) absperren.

cor·du·roy ['kɔːdərɔɪ] *s* **1.** Kordsamt *m.* **2.** *pl*, *a.* ***pair of ~s*** Kord(samt)hose *f.*

core [kɔː] I *s* **1.** ❀ Kerngehäuse *n*; Kern *m.* **2.** Reaktorkern *m.* **3.** *fig.* Kern *m*, *das* Innerste: ***to the ~*** bis ins Innerste; durch u. durch. II *v/t* **4.** *Obst* entkernen. **~ hours** *pl* Kernzeit *f.* **~ mem·o·ry** (*od.* **store**) *s Computer*: Kernspeicher *m.* **~ time** *s* Kernzeit *f.*

cork [kɔːk] I *s* **1.** Kork *m.* **2.** Korken *m*, Pfropfen *m.* II *v/t* **3.** *oft* **~ *up*** zu-, verkorken.

'**cork·screw** *s* Korkenzieher *m.*

corn[1] [kɔːn] I *s* **1.** Korn *n*, Getreide *n*: *bsd.* a) *Br.* Weizen *m*, b) *schott.*, *ir.* Hafer *m.* **2.** *a.* ***Indian ~*** *Am.* Mais *m.* II *v/t* **3.** pökeln: ***~ed beef*** Corned Beef *n*, gepökeltes Rindfleisch.

corn[2] [~] *s* ✱ Hühnerauge *n*: ***tread on s.o.'s ~s*** *fig.* j-m auf die Hühneraugen treten.

corn| bread *s Am.* Maisbrot *n.* '**~·cob** *s Am.* Maiskolben *m.*

cor·ne·a ['kɔːnɪə] *pl* **-as, -ae** [~iː] *s* Hornhaut *f* (*des Auges*).

cor·ner ['kɔːnə] I *s* **1.** Ecke *f*, *bsd. mot.* Kurve *f*: ***take a ~*** → 5; ***turn the ~*** um die Ecke biegen; ***he's turned the ~*** *fig.* er ist über den Berg. **2.** Winkel *m*, Ecke *f*: ***~ of the mouth*** Mundwinkel; ***look at s.o. from the ~ of one's eye*** j-n aus den Augenwinkeln (heraus) ansehen; ***drive*** (*od.* ***force, put***) ***into a ~*** → 4; ***be in a tight ~*** in der Klemme sein *od.* sitzen *od.* stecken. **3.** *Fußball*: Eckball *m*, Ecke *f*, *österr.*, *schweiz.* Corner *m.* II *v/t* **4.** in die Enge treiben: **~ *the market*** *econ.* den Markt beherrschen. III *v/i* **5.** *mot.* e-e Kurve nehmen: **~ *well*** gut in der Kurve liegen, e-e gute Kurvenlage haben. IV *adj* **6.** Eck...: **~ *house*; ~ *seat*** Eckplatz *m*; **~ *shop*** Tante-Emma-Laden *m.*

'**cor·nered** *adj in Zssgn* ...eckig.

cor·ner| kick *s Fußball*: Eckstoß *m.* '**~·stone** *s* **1.** ⚠ Eckstein *m*; Grundstein *m.* **2.** *fig.* Eckpfeiler *m.*

'**corn|·field** *s* **1.** *Br.* Korn-, Getreidefeld *n.* **2.** *Am.* Maisfeld *n.* '**~·flakes** *s pl* Cornflakes *pl.* '**~·flow·er** *s* ❀ Kornblume *f.*

cor·nice ['kɔːnɪs] *s* Sims *m.*

Cor·nish ['kɔːnɪʃ] *adj* kornisch, aus Cornwall.

corn pop·py *s* ❀ Klatschmohn *m.*

Corn·wall ['kɔːnwəl] *npr* Cornwall *n.*

corn·y ['kɔːnɪ] *adj sl.* sentimental, schmalzig; kitschig; abgedroschen: ***a ~ joke*** ein Witz mit Bart.

cor·o·nar·y ['kɒrənərɪ] *adj anat.* Koronar...: **~ *vessel*** (Herz)Kranzgefäß *n.*

cor·o·na·tion [,kɒrə'neɪʃn] *s* Krönung(sfeier) *f.*

cor·o·ner ['kɒrənə] *s* ⚖ Coroner *m* (*richterlicher Beamter zur Untersuchung der Todesursache in Fällen gewaltsamen od. unnatürlichen Todes*): ***~'s inquest*** *gerichtliches Verfahren zur Untersuchung der Todesursache.*

cor·po·ral[1] ['kɔːpərəl] *s mil.* Unteroffizier(in).

cor·po·ral[2] [~] *adj* □ körperlich, leiblich: **~ *punishment*** Prügelstrafe *f.*

cor·po·rate ['kɔːpərət] *adj* □ **1.** a) ⚖ körperschaftlich, Körperschafts...: **~ *body*** → ***corporation*** 1, b) *econ. Am.* Gesellschafts..., Firmen...: **~ *assets*** *pl* Gesellschaftseigentum *n*, -vermögen *n*; **~ *charter*** Gründungsurkunde *f*; **~ *earnings*** *pl* Gesellschaftsgewinne *pl*; **~ *finance*** Unternehmensfinanzierung *f*; **~ *identity*** Erscheinungsbild *n* e-s Unternehmens; **~ *image*** Firmenimage *n*; **~ *income tax*** Körperschaftssteuer *f*; **~ *planning*** Unternehmensplanung *f*; **~ *policy*** Unternehmenspolitik *f*; **~ *purpose*** Gesellschaftszweck *m.* **2.** gemeinsam, kollektiv.

cor·po·ra·tion [,kɔːpə'reɪʃn] *s* **1.** ⚖ Körperschaft *f*, juristische Person: **~ *tax*** Körperschaftssteuer *f.* **2.** *a.* ***stock ~*** *econ. Am.* Kapital- *od.* Aktiengesellschaft *f.* **3.** *Br.* Innung *f.* **4.** *Br.* Stadtverwaltung *f.* **5.** F Schmerbauch *m.*

C

corps [kɔː] *pl* **corps** [~z] *s* **1.** *mil.* Korps *n*, Truppe *f.* **2.** Korps *n*: → ***diplomatic.***
corpse [kɔːps] *s* Leichnam *m*, Leiche *f.*
cor·pu·lence, cor·pu·len·cy ['kɔːpjʊləns(ɪ)] *s* Beleibtheit *f*, Korpulenz *f.*
'cor·pu·lent *adj* □ beleibt, korpulent.
cor·pus ['kɔːpəs] *s* (Text)Korpus *n.*
Cor·pus Chris·ti [ˌkɔːpəs'krɪstɪ] *s eccl.* Fronleichnam(sfest *n*) *m.*
cor·ral [kə'rɑːl] *bsd. Am.* **I** *s* **1.** Pferch *m.* **II** *v/t* **2.** in e-n Pferch treiben. **3.** *fig.* einpferchen. **4.** F sich *et.* schnappen.
cor·rect [kə'rekt] **I** *v/t* **1.** korrigieren, verbessern, berichtigen: ***I stand ~ed*** ich nehme alles zurück. **2.** *Mängel etc* abstellen. **3.** zurechtweisen, tadeln; (be)strafen (***for*** wegen). **II** *adj* **4.** korrekt: a) richtig: ***be ~*** stimmen; Recht haben, b) einwandfrei (*Benehmen*).
cor'rec·tion *s* **1.** Korrektur *f*, Verbesserung *f*, Berichtigung *f.* **2.** Zurechtweisung *f*, Tadel *m*; Bestrafung *f.* **~ flu·id** *s* Korrekturflüssigkeit *f.* **~ key** *s* Korrekturtaste *f.* **~ pen** *s* Korrekturstift *m.* **~ tape** *s* Korrekturband *n.*
cor'rec·tive *adj* □ korrigierend, verbessernd, berichtigend.
cor'rect·ness *s* Korrektheit *f*, Richtigkeit *f.*
cor·re·late ['kɒrəleɪt] **I** *v/t* **1.** in Wechselbeziehung bringen (***with*** mit). **2.** in Übereinstimmung bringen (***with*** mit), aufeinander abstimmen. **II** *v/i* **3.** in Wechselbeziehung stehen (***with*** mit), sich aufeinander beziehen. **4.** übereinstimmen (***with*** mit).
ˌcor·re'la·tion *s* **1.** Wechselbeziehung *f.* **2.** Übereinstimmung *f.*
cor·re·spond [ˌkɒrɪ'spɒnd] *v/i* **1.** (***to, with***) entsprechen (*dat*), übereinstimmen (mit). **2.** (***to***) entsprechen (*dat*), das Gegenstück sein (von). **3.** korrespondieren, in Briefwechsel stehen (***with*** mit).
ˌcor·re'spond·ence *s* **1.** Entsprechung *f*, Übereinstimmung *f.* **2.** Korrespondenz *f*: a) Briefwechsel *m*: ***be in ~*** (***with***) → ***correspond*** 3; ***~ course*** Fernkurs *m*; ***~ school*** Fernlehrinstitut *n*, b) Briefe *pl*; ***~ folder*** Postmappe *f.*
ˌcor·re'spond·ent I *s* **1.** Briefpartner(in): ***be a good*** (***bad***) ***~*** fleißig schreiben (schreibfaul sein). **2.** *econ.* (auswärtiger) Geschäftsfreund, (auswärtige) Geschäftsfreundin. **3.** Korrespondent(in), Berichterstatter(in) (*e-r Zeitung*): ***foreign ~*** Auslandskorrespondent(in). **II** *adj* □ **4.** entsprechend, gemäß (***to*** *dat*).
ˌcor·re'spond·ing → ***correspondent*** 4.
cor·ri·dor ['kɒrɪdɔː] *s* Gang *m.*
cor·ri·gen·da [ˌkɒrɪ'dʒendə] *s pl* Druckfehlerverzeichnis *n.*
cor·rode [kə'rəʊd] **I** *v/t* **1.** ⚗, *tech.* korrodieren, an-, zerfressen, angreifen. **2.** *fig.* zerfressen, untergraben. **II** *v/i* **3.** korrodieren. **4.** rosten: ***~d*** rostig.
cor'ro·sion [kə'rəʊʒn] *s* **1.** ⚗, *tech.* Korrosion *f.* **2.** Rostbildung *f.* **3.** *fig.* Untergrabung *f.*
cor·ru·gat·ed ['kɒrʊgeɪtɪd] *adj* gewellt: ***~ cardboard*** Wellpappe *f*; ***~ iron*** (*od.* ***sheet***) Wellblech *n.*
cor·rupt [kə'rʌpt] **I** *adj* □ **1.** (*moralisch*) verdorben. **2.** unredlich, unlauter. **3.** korrupt: a) bestechlich, b) Bestechungs... **II** *v/t* **4.** (*moralisch*) verderben. **5.** korrumpieren, bestechen. **III** *v/i* **6.** (*moralisch*) verderben, -kommen.
cor'rupt·i·ble → ***corrupt*** 3a.
cor'rup·tion *s* **1.** Verdorbenheit *f.* **2.** Unredlichkeit *f*, Unlauterkeit *f.* **3.** Korruption *f*: a) Bestechlichkeit *f*, b) Bestechung *f.*
cor'rup·tive *adj* verderblich (*Einfluss etc*).
cor·set ['kɔːsɪt] *s a. pl* Korsett *n.*
cor·ti·sone ['kɔːtɪzəʊn] *s* ⚕ Kortison *n.*
cosh [kɒʃ] *s Br.* F Totschläger *m* (*Waffe*).
co·sig·na·to·ry [ˌkəʊ'sɪgnətərɪ] *s* Mitunterzeichner(in).
co·sine ['kəʊsaɪn] *s* ⩓ Kosinus *m.*
co·si·ness ['kəʊzɪnɪs] *s* Behaglichkeit *f*, Gemütlichkeit *f.*
cos·met·ic [kɒz'metɪk] **I** *adj* (***~ally***) kosmetisch (*a. fig.*): ***~ surgery*** Schönheitschirurgie *f.* **II** *s* kosmetisches Mittel.
cos·me·ti·cian [ˌkɒzmə'tɪʃn] *s* Kosmetiker(in).
cos·mic ['kɒzmɪk] *adj* □ kosmisch.
cos·mo·naut ['kɒzmənɔːt] *s* (Welt)Raumfahrer(in), Kosmonaut(in).
cos·mo·pol·i·tan [ˌkɒzmə'pɒlɪtən] **I** *adj* kosmopolitisch, weltbürgerlich, *weitS.* weltoffen. **II** *s* Kosmopolit(in), Weltbürger(in).
cos·mos ['kɒzmɒs] *s* Kosmos *m.*
cost [kɒst] **I** *s* **1.** Kosten *pl*, Aufwand *m*: ***~ of living*** Lebenshaltungskosten. **2.** Kosten *pl*, Schaden *m*: ***at s.o.'s ~*** auf j-s Kosten; ***at the ~ of his health*** auf Kosten s-r Gesundheit. **3.** Opfer *n*, Preis *m*: ***at all ~s, at any ~*** um jeden Preis; ***at a heavy ~*** unter schweren Opfern. **4.** *econ.* (Selbst-, Gestehungs)Kosten *pl*: ***~ abatement*** Kostendämpfung *f*; ***~ accounting*** Kostenrechnung *f*; ***~ allocation*** Kostenumlage *f*; ***~ breakdown*** Kostenaufgliederung *f*; ***~ centre*** (*Am.* ***center***) Kostenstelle *f*; ***~ control*** Kostenkontrolle *f*; ***~ estimate*** Vorkalkulation *f*; ***~ forecast*** Kostenprognose *f*; ***~ increase*** Kostensteigerung *f*; ***~ inflation*** Kosteninflation *f*; ***~ recovery*** Kostendeckung *f*; ***~ saving*** Kostenersparnis *f*; ***~s of production*** *pl* Produktionskosten *pl*; ***at ~*** zum Selbstkostenpreis;

cover the ~s die Kosten decken; ***sell at ~*** zum Selbstkostenpreis verkaufen. **5.** *pl* ⚖ (Gerichts-, Prozess)Kosten *pl*: ***with ~s*** kostenpflichtig. **II** *v/t* (*irr*) **6.** *Preis* kosten: ***it ~ me one pound*** es kostete mich ein Pfund. **7.** kosten, bringen um: ***it ~ him his life*** es kostete ihn das Leben. **8.** *et. Unangenehmes* verursachen: ***it ~ me a lot of trouble*** es verursachte mir *od.* kostete mich große Mühe. **9.** *pret u. pp* **'cost·ed** *econ.* den Preis *od.* die Kosten kalkulieren von (*od. gen*). **III** *v/i* (*irr*) **10.** ***it ~ him dearly*** *bsd. fig.* es kam ihm teuer zu stehen.

co-star ['kəʊstɑː] **I** *v/t*: ***the film ~red X*** X spielte in dem Film e-e der Hauptrollen. **II** *v/i*: ***~ with*** die Hauptrolle spielen neben (*dat*).

Cos·ta Ri·ca [ˌkɒstə'riːkə] *Republik in Mittelamerika.*

'cost|-ˌben·e·fit a·nal·y·sis *s* Kosten-Nutzen-Analyse *f.* **'~-ˌcon·scious** *adj* kostenbewusst. **~ con·scious·ness** *s* Kostenbewusstsein *n.* **'~-ˌcov·er·ing** *adj* kostendeckend. **~ cut·ting** *s* Kostensenkung *f.* **'~-efˌfec·tive** *adj* kostengünstig. **~ ef·fec·tive·ness** *s* Nutzwert *m* von Kosten *od.* Aufwendungen.

cos·ter(·mon·ger) ['kɒstə(ˌmʌŋgə)] *s Br.* Straßenhändler(in) für Obst, Gemüse *etc.*

cost es·ti·mate *s* Kostenvoranschlag *m.*

cost·ing ['kɒstɪŋ] *s* Kostenkalkulation *f.*

cost·ly ['kɒstlɪ] *adj* **1.** kostspielig, teuer. **2.** teuer erkauft (*Sieg etc*). **3.** prächtig.

ˌcost-of-'liv·ing| al·low·ance, ~ bo·nus *s econ.* Teuerungszulage *f.* **~ in·dex** *s* (*a. irr* ***index***) Lebenshaltungs(kosten)index *m.*

cost| per·form·ance ra·ti·o *s* Kosten-Leistungsverhältnis *n.* **~ price** *s* Selbstkostenpreis *m.*

cos·tume ['kɒstjuːm] *s* **1.** Kostüm *n*, Kleidung *f*, Tracht *f.* **2.** *thea. etc* Kostüm *n*: ***~ ball*** Kostümball *m*; ***~ designer*** Kostümbildner(in); ***~ jewel(le)ry*** Modeschmuck *m.*

co·sy ['kəʊzɪ] **I** *adj* □ behaglich, gemütlich. **II** *s* Wärmer *m*: → ***egg cosy, tea cosy.***

cot [kɒt] *s* **1.** Feldbett *n.* **2.** *Br.* Kinderbett(chen) *n.* **~ death** *s* plötzlicher Kindstod, Krippentod *m.*

cot·tage ['kɒtɪdʒ] *s* **1.** Cottage *n*, (kleines) Landhaus. **2.** *Am.* Ferienhaus *n*, -häuschen *n.* **3.** *Am.* Wohngebäude *n*, (*e-s Krankenhauses etc*) Einzelgebäude *n*, (*e-s Hotels*) Dependance *f.* **~ cheese** *s* Hüttenkäse *m.* **~ in·dus·try** *s* Heimgewerbe *n*, -industrie *f.*

cot·ton ['kɒtn] **I** *s* **1.** Baumwolle *f*: → ***absorbent.*** **II** *adj* **2.** baumwollen, Baumwoll... **III** *v/i* **3.** *Am.* F (***with***) gut auskommen (mit); sich anfreunden (mit). **4.** F ***~ to*** *Am.* sich anfreunden mit (*e-r Idee etc*); ***~ on to*** *et.* kapieren. **~ bud** *s* Wattestäbchen *n.* **~ can·dy** *s Am.* Zuckerwatte *f.* **~ pad** *s* Wattepad *m.* **~ wool** *s Br.* (Verband)Watte *f.* **~-wool ball** *s* Wattebausch *m.*

couch [kaʊtʃ] **I** *s* Couch *f*, Liege(sofa *n*) *f.* **II** *v/t* abfassen, formulieren; *Gedanken etc* in Worte fassen, ausdrücken.

cou·chette [kuː'ʃet] *s* 🚂 Platz *m* (im Liegewagen).

couch po·ta·to *pl* **-toes** *s* F Couchpotato *f*, Stubenhocker(in).

cough [kɒf] **I** *s* **1.** Husten *m*: ***have a ~*** Husten haben; ***give a (slight) ~*** hüsteln, sich räuspern. **2.** Husten *n.* **3.** *mot.* Stottern *n.* **II** *v/i* **4.** husten. **5.** *mot.* stottern, husten (*Motor*). **III** *v/t* **6.** *mst* ***~ out, ~ up*** aushusten: ***~ up blood*** Blut husten. **7.** ***~ up*** *sl.* herausrücken mit (*der Wahrheit etc*); *Geld* ausspucken. **~ drop** *s* Hustenbonbon *m, n.*

cough·ing bout ['kɒfɪŋ] *s* Hustenanfall *m.*

cough| loz·enge → ***cough drop.*** **~ syr·up** *s* Hustensaft *m*, -sirup *m.*

could [kʊd] *v/aux* **1.** *pret von* **can¹**. **2.** *konditional, vermutend od. fragend*: könnte *etc*: ***that ~ be right*** das könnte stimmen.

couldn't ['kʊdnt] F *für* ***could not.***

coun·cil ['kaʊnsl] *s* **1.** Rat(sversammlung *f*) *m*: ***be in ~*** zurate sitzen; ***family ~*** Familienrat *m.* **2.** Rat *m* (*Körperschaft*); *engS.* Gemeinderat *m*: ***Council of Europe*** Europarat; ***Council of Ministers*** Ministerrat *m* der Europäischen Union; ***municipal ~*** Stadtrat. **~ es·tate** *s Br.* soziale Wohnsiedlung (*e-r Gemeinde*). **~ flat** *s* Sozialwohnung *f.* **~ house** *s Br.* gemeindeeigenes Wohnhaus (*mit niedrigen Mieten*). **~ hous·ing** *s* sozialer Wohnungsbau.

coun·cil·(l)or ['kaʊnsələ] *s* Ratsmitglied *n*, Stadtrat *m*, -rätin *f.*

coun·sel ['kaʊnsl] **I** *s* **1.** Rat(schlag) *m*: ***take ~ of s.o.*** von j-m (e-n) Rat annehmen. **2.** Beratung *f*: ***hold*** (*od.* ***take***) ***~ with*** sich beraten mit; sich Rat holen bei. **3.** ⚖ *Am.* Rechtsberater(in), -beistand *m*; *Br.* (Rechts)Anwalt *m*, (-)Anwältin *f*: ***~ for the defence*** Verteidiger(in); ***~ for the prosecution*** Anklagevertreter(in). **II** *v/t pret u. pp* **-seled,** *bsd. Br.* **-selled 4.** *j-m* raten, *j-m* e-n Rat geben *od.* erteilen: ***~ s.o. against*** j-m abraten von. **5.** zu *et.* raten: ***~ s.th. to s.o.*** j-m et. raten. **III** *v/i* **6.** ***~ against*** abraten von.

'coun·sel(l)or *s* (*Berufs- etc*)Berater(in).

count¹ ['kaʊnt] **I** *s* **1.** Zählen *n*, (Ab-, Auf-, Aus)Zählung *f*: ***keep ~ of*** *et.* genau zählen; *fig.* die Übersicht behalten über (*acc*); ***lose ~*** sich verzählen; *fig.* die Übersicht verlieren (***of*** über *acc*); ***by this ~*** nach dieser

C

Zählung *od.* Berechnung. **2.** Endzahl *f*, Ergebnis *n*. **3.** ⚖ Anklagepunkt *m*: ***on all ~s*** in allen Anklagepunkten; *fig.* in jeder Hinsicht. **4.** ***take no ~ of*** nicht berücksichtigen. **II** *v/t* **5.** (ab-, auf-, aus-, zs.-)zählen, *Wechselgeld* nachzählen. **6.** aus-, berechnen. **7.** zählen bis: ***~ ten.*** **8.** (mit)zählen, mit einrechnen: (***not***) ***~ing the persons present*** die Anwesenden (nicht) mitgerechnet; ***without*** (*od.* ***not***) ***~ing*** abgesehen von. **9.** halten für, betrachten als, zählen (***among*** zu): ***~ o.s. lucky*** (*od.* ***fortunate***) sich glücklich schätzen. **III** *v/i* **10.** zählen (*fig.* ***among*** zu): ***~ up to ten*** bis 10 zählen; ***~ing from today*** von heute an (gerechnet). **11.** (***on***) zählen, sich verlassen (auf *acc*), sicher rechnen (mit). **12.** zählen: a) von Wert sein, ins Gewicht fallen, b) gelten: ***~ for much*** viel gelten *od.* wert sein; ***~ against*** sprechen gegen; sich nachteilig auswirken auf (*acc*).

Verbindungen mit Adverbien:

count| down *v/t* **1.** *Geld* hinzählen. **2.** den Count-down durchführen für, *a. weitS.* letzte (Start)Vorbereitungen treffen für. **~ in** *v/t* → ***count[1]*** 8: ***count me in!*** ich bin dabei!, ich mache mit! **~ off** *v/t u. v/i bsd. mil.* abzählen. **~ out** *v/t* **1.** *Münzen etc* (langsam) abzählen. **2.** ausschließen, unberücksichtigt lassen: ***count me out!*** ohne mich! **3.** *Boxen*, *Kinderspiel*: auszählen. **~ o·ver** *v/t* nachzählen. **~ up** *v/t* zs.-zählen.

count[2] [~] *s nichtbritischer* Graf.

count·a·ble ['kaʊntəbl] *adj* zählbar (*a. ling.*).

'count·down *s* Count-down *m, n, a. weitS.* letzte (Start)Vorbereitungen *pl.*

coun·te·nance ['kaʊntənəns] *s* **1.** Gesichtsausdruck *m*, Miene *f*: ***change one's ~*** s-n Gesichtsausdruck ändern. **2.** Fassung *f*, Haltung *f*: ***in ~*** gefasst; ***keep one's ~*** die Fassung bewahren; ***put s.o. out of ~*** j-n aus der Fassung bringen.

count·er[1] ['kaʊntə] **I** *s* **1.** Ladentisch *m*: ***under the ~*** unter dem Ladentisch *verkaufen etc*; *fig.* unter der Hand, heimlich. **2.** Theke *f.* **3.** (*Bank-*, *Post*)Schalter *m.* **II** *adj* **4.** rezeptfrei (*Medikament*).

count·er[2] [~] *s* **1.** *tech.* Zähler *m.* **2.** Spielmarke *f*, Jeton *m.*

coun·ter[3] [~] **I** *adv* **1.** in entgegengesetzter Richtung. **2.** ***~ to*** *fig.* wider (*acc*), zuwider (*dat*), entgegen (*dat*): ***run ~ to*** zuwiderlaufen (*dat*). **II** *adj* **3.** Gegen..., entgegengesetzt. **III** *v/t* **4.** entgegenwirken (*dat*). **IV** *v/i* **5.** *bsd. Sport*: kontern.

coun·ter... [kaʊntə] *in Zssgn* Gegen...

ˌcoun·ter'act *v/t* **1.** entgegenwirken (*dat*). **2.** *Wirkung* kompensieren, neutralisieren.

ˌcoun·ter'ac·tive *adj* □ entgegenwirkend, Gegen...

'coun·terˌar·gu·ment *s* Gegenargument *n.*

'coun·ter·atˌtack *s* Gegenangriff *m.*

coun·ter·bal·ance *fig.* **I** *s* ['kaʊntəˌbæləns] Gegengewicht *n* (***to*** zu). **II** *v/t* [ˌ~'bæləns] ein Gegengewicht bilden zu, ausgleichen.

'coun·ter·bid *s* Gegengebot *n.*

'coun·ter·blast *s* heftige Reaktion.

'coun·ter·charge *s* **1.** ⚖ Gegenklage *f.* **2.** *mil.* Gegenangriff *m.*

'coun·ter·check I *s* Gegen-, Nachprüfung *f.* **II** *v/t* gegen-, nachprüfen.

'coun·ter·claim *s econ.*, ⚖ Gegenanspruch *m*, -forderung *f.*

ˌcoun·ter'clock·wise *Am.* → ***anticlockwise.***

'coun·terˌdem·on'stra·tion *s* Gegendemonstration *f.*

ˌcoun·ter'es·pi·o·nage *s* Spionageabwehr *f.*

'coun·ter·exˌam·ple *s* Gegenbeispiel *n.*

coun·ter·feit ['kaʊntəfɪt] **I** *adj* **1.** falsch: a) gefälscht: ***~ money*** Falschgeld *n*, b) vorgetäuscht. **II** *s* **2.** Fälschung *f.* **III** *v/t* **3.** *Geld*, *Unterschrift etc* fälschen. **4.** vortäuschen, simulieren.

'coun·ter·foil *s bsd. Br.* (Kontroll)Abschnitt *m.*

'coun·ter·inˌtel·li·gence *s* Spionageabwehr(dienst *m*) *f.*

coun·ter·mand [ˌkaʊntə'mɑːnd] **I** *v/t* **1.** *Befehl etc* widerrufen, rückgängig machen, *econ. Auftrag* stornieren: ***until ~ed*** bis auf Widerruf. **2.** *Ware* abbestellen. **II** *s* **3.** Widerrufung *f*, *econ.* Stornierung *f.*

'coun·terˌmeas·ure *s* Gegenmaßnahme *f.*

'coun·ter·move *s* Gegenzug *m.*

'coun·ter·ofˌfen·sive *s mil.* Gegenoffensive *f.*

'coun·terˌof·fer *s* Gegenangebot *n.*

'coun·terˌor·der *s bsd. mil.* Gegenbefehl *m.*

'coun·ter·pane *s* Tagesdecke *f.*

'coun·ter·part *s* **1.** Gegenstück *n* (***to*** zu). **2.** Pendant *n*, genaue Entsprechung. **3.** Ebenbild *n* (*Person*).

'coun·ter·point *s* ♪ Kontrapunkt *m.*

'coun·ter·poise *s* Gegengewicht *n* (***to*** zu) (*a. fig.*).

ˌcoun·ter·pro'duc·tive *adj* kontraproduktiv: ***be ~*** nicht zum gewünschten Ziel führen, das Gegenteil bewirken.

'coun·ter·proˌpos·al *s* Gegenvorschlag *m.*

'coun·ter·rev·oˌlu·tion *s pol.* Konter-, Gegenrevolution *f.*

'coun·ter|·sign *v/t* gegenzeichnen. **ˌ~'sig·na·ture** *s* Gegenunterschrift *f.*

'coun·terˌvail·ing du·ty *s* Ausgleichszoll *m.*

'coun·ter·weight *s* Gegengewicht *n* (***to*** zu) (*a. fig.*).

count·ess ['kaʊntɪs] *s* Gräfin *f.*

count·less ['kaʊntlɪs] *adj* unzählig.

coun·try ['kʌntrɪ] **I** *s* **1.** Gegend *f*, Landschaft *f*: ***flat*** ~ Flachland *n*. **2.** Land *n*, Staat *m*: ***in this*** ~ hierzulande; ~ ***of birth*** Geburtsland *n*; ~ ***of emigration*** Auswanderungsland *n*; ~ ***of immigration*** Einwanderungsland *n*; ~ ***of origin*** Herkunftsland *n*. **3.** Land *n* (*Ggs. Stadt*): ***in the*** ~ auf dem Lande. **II** *adj* **4.** ländlich, Land... ~ **code** *s teleph.* internationale Vorwahl. ~ **home,** ~ **house** *s* **1.** Landhaus *n*. **2.** Landsitz *m*. ~**·man** ['~mən] *s* (*irr* ***man***) **1.** Landsmann *m*. **2.** Landbewohner *m*; Bauer *m*. ~ **mu·sic** *s* Countrymusic *f*. ~ **road** *s* Landstraße *f*. ~ **seat** *s* Landsitz *m*. '~**·side** *s* **1.** Landstrich *m*, (ländliche) Gegend. **2.** Landschaft *f*. ˌ~-'**wide** *adj* landesweit. '~ˌ**wom·an** *s* (*irr* ***woman***) **1.** Landsmännin *f*. **2.** Landbewohnerin *f*; Bäuerin *f*.

coun·ty ['kaʊntɪ] *s* **1.** *Br.* Grafschaft *f*. **2.** *Am.* (Land)Kreis *m* (*einzelstaatlicher Verwaltungsbezirk*).

coup [ku:] *s* **1.** Coup *m*: ***make*** (*od.* ***pull off***) ***a*** ~ e-n Coup landen. **2.** Staatsstreich *m*, Putsch *m*. ~ **d'é·tat** [ˌku:deɪ'tɑ:] *pl* **coups d'é·tat** [ˌku:z~] → ***coup*** 2.

cou·pé ['ku:peɪ] *s mot.* Coupé *n*, Kupee *n*.

cou·ple ['kʌpl] **I** *s* **1.** Paar *n*: ***a*** ~ ***of*** zwei; F ein paar; ***in*** ~***s*** paarweise. **2.** (*Ehe-, Liebes- etc*)Paar *n*. **II** *v/t* **3.** (zs.-)koppeln, verbinden (*a. fig.* ***with*** mit). **4.** ⚡ koppeln: ~ ***back*** rückkoppeln.

cou·pon ['ku:pɒn] *s* **1.** Gutschein *m*, Bon *m*; Berechtigungsschein *m*. **2.** Kupon *m*, Bestellzettel *m* (*in Zeitungsinseraten etc*). **3.** *Br.* Tippzettel *m* (*Fußballtoto*).

cour·age ['kʌrɪdʒ] *s* Mut *m*, Tapferkeit *f*: ***lose*** ~ den Mut verlieren; ***muster up*** (*od.* ***pluck up, take***) ~ Mut *od.* sich ein Herz fassen.

cou·ra·geous [kə'reɪdʒəs] *adj* □ mutig, tapfer.

cour·gette [ˌkɔ:'ʒet] *s* ❀ *Br.* Zucchini *f*.

cour·i·er ['kʊrɪə] *s* **1.** Eilbote *m*, -botin *f*, (*a. diplomatischer*) Kurier: ~ ***service*** Kurierdienst *m*, Botendienst *m*. **2.** Reiseleiter(in).

course [kɔ:s] *s* **1.** ✈, ⚓ Kurs *m* (*a. fig.*): ***change one's*** ~ s-n Kurs ändern; ~ ***correction*** Kurskorrektur *f*. **2.** *Sport*: (*Renn*)Bahn *f*, (-)Strecke *f*, (*Golf*)Platz *m*. **3.** (*zeitlicher, natürlicher*) (Ver)Lauf: ***in the*** ~ ***of*** im (Ver)Lauf (*gen*); ***in the*** ~ ***of time*** im Laufe der Zeit; ***of*** ~ natürlich, selbstverständlich; ***the*** ~ ***of events*** der Gang der Ereignisse, der Lauf der Dinge; ***take*** (*od.* ***run***) ***its*** ~ s-n Lauf nehmen; → ***due*** 6, ***matter*** 3. **4.** Gang *m* (*Speisen*): ***a four-***~ ***meal*** e-e Mahlzeit mit 4 Gängen. **5.** Zyklus *m*, Reihe *f*: ~ ***of lectures*** Vortragsreihe. **6.** Kurs *m*, Lehrgang *m*: ***English*** ~ Englischkurs; ~ ***of study*** *univ.* Kurs; Lehrplan *m*; ~ ***fee*** Lehrgangsgebühr *f*.

court [kɔ:t] **I** *s* **1.** Hof *m*: ***in the*** ~ auf dem Hof. **2.** *Sport*: (*Tennis- etc*)Platz *m*; (Spiel)Feld *n*. **3.** (*fürstlicher etc*) Hof: ***at*** ~ bei Hofe. **4.** ***pay*** (***one's***) ~ ***to*** a) → 6, b) *j-m* s-e Aufwartung machen. **5.** ⚖ Gericht *n*: ***in*** ~ vor Gericht; ***bring into*** ~ vor Gericht bringen; ***come to*** ~ vor Gericht *od.* zur Verhandlung kommen; ***go to*** ~ vor Gericht gehen; ***out of*** ~ außergerichtlich; → ***arbitration*** 2. **II** *v/t* **6.** *e-r Dame* den Hof machen. **7.** ~ ***death*** mit s-m Leben spielen; ~ ***disaster*** das Schicksal herausfordern. **III** *v/i* **8.** miteinander gehen: ~***ing couple*** Liebespaar *n*. ~ **card** *s Kartenspiel*: Bild(karte *f*) *n*.

cour·te·ous ['kɜ:tjəs] *adj* □ höflich, liebenswürdig.

cour·te·sy ['kɜ:tɪsɪ] *s* **1.** Höflichkeit *f*, Liebenswürdigkeit *f*: ***by*** ~ aus Höflichkeit; ~ ***light*** *mot.* Innenbeleuchtung *f*. ~ ***visit*** Höflichkeits-, Anstandsbesuch *m*. **2.** Gefälligkeit *f*: ***by*** ~ aus Gefälligkeit; ***by*** ~ ***of*** mit freundlicher Genehmigung von (*od. gen*).

'**court|·house** *s* Gerichtsgebäude *n*. ~ **mar·tial** *pl* **court mar·tials, courts mar·tial** *s* Kriegsgericht *n*. ˌ~-'**mar·tial** *v/t pret u. pp* -'**mar·tialed,** *bsd. Br.* -'**mar·tialled** vor ein Kriegsgericht stellen. ~ **or·der** *s* ⚖ Gerichtsbeschluss *m*, richterliche Verfügung. '~**·room** *s* Gerichtssaal *m*. '~**·yard** → ***court*** 1.

cous·in ['kʌzn] *s* Cousin *m*, Vetter *m*; Cousine *f*.

cov·e·nant ['kʌvənənt] *s* **1.** Vertrag *m*. **2.** Bestimmung *f*, Klausel *f*.

cov·er ['kʌvə] **I** *s* **1.** (*weitS. a. Schnee-, Wolken- etc*)Decke *f*. **2.** Deckel *m*. **3.** (*Buch-*) Deckel *m*, Einband *m*; Umschlag-, Titelseite *f*; (Schutz)Umschlag *m*: ***from*** ~ ***to*** ~ von der ersten bis zur letzten Seite. **4.** Hülle *f*, Futteral *n*. **5.** Überzug *m*, Bezug *m*. **6.** Abdeck-, *tech.* Schutzhaube *f*. **7.** Briefumschlag *m*: ***under separate*** ~ mit getrennter Post; ***under plain*** ~ in neutralem Umschlag. **8.** *mil. u. allg.* Deckung *f* (***from*** vor *dat*): ***take*** ~ in Deckung gehen. **9.** Schutz *m* (***from*** vor *dat*): ***get under*** ~ sich unterstellen; ***under*** (***the***) ~ ***of night*** im Schutze der Nacht. **10.** *fig.* Tarnung *f*: ***under*** ~ ***of*** unter dem Deckmantel (*gen*). **11.** Gedeck *n* (*bei Tisch*). **12.** *econ.* a) Deckung *f*, Sicherheit *f*, b) → ***coverage*** 2. **II** *v/t* **13.** be-, zudecken (***with*** mit), *Dach* decken: ~***ed with*** voll von; ~***ed court*** (*Sport*) Hallenplatz *m*. **14.** *Fläche* bedecken, sich über *e-e Fläche, a. e-n Zeitraum* erstrecken. **15.** *Seite etc* voll schreiben. **16.** einwickeln, -schlagen (***in, with*** in *acc*). **17.** verbergen (*a. fig.*): ~ (**up**) *fig.* verheimlichen, -tuschen. **18.** decken, schützen (**from, against** vor *dat*, gegen) (*beide a. mil. u. fig.*): ~ **o.s.** *fig.* sich absichern. **19.** *econ.* (ab)decken; versichern. **20.** *Thema* erschöpfend behandeln. **21.** *Presse, Rundfunk etc*: berichten über (*acc*). **22.** *Strecke* zurücklegen. **23.** *Sport*: *Gegenspieler* decken. **24.** *j-n* beschatten. **25.** *zo.* decken.

cov·er·age ['kʌvərɪdʒ] *s* **1.** erschöpfende Behandlung (*e-s Themas*). **2.** *econ.* Versicherungsschutz *m*, (Schadens)Deckung *f.* **3.** *Presse, Rundfunk etc*: Berichterstattung *f* (**of** über *acc*). **4.** Anwendungs-, Geltungsbereich *m.*

cov·er| charge *s* pro Gedeck berechneter Betrag. ~ **girl** *s* Covergirl *n*, Titelblattmädchen *n.*

cov·er·ing ['kʌvərɪŋ] *s* **1.** → **cover** 4. **2.** (*Fußboden*)Belag *m.* **3.** Deckungskauf *m*, Kurssicherung *f.* ~ **let·ter** *s* Begleitbrief *m*, -schreiben *n.*

cov·er| note *s* Versicherungsdoppelkarte *f*; Deckungszusage *f.* ~ **sto·ry** *s* Titelgeschichte *f.*

cov·ert ['kʌvət] *adj* □ heimlich, verborgen.

'cov·er-up *s* Vertuschung *f* (**for** *gen*). ~ **tape** *s* Korrekturband *n.*

cov·et·ous ['kʌvɪtəs] *adj* begehrlich.

cow [kaʊ] *s* Kuh *f* (*a. fig. contp.*): ***till the ~s come home*** F bis in alle Ewigkeit.

cow·ard ['kaʊəd] *s* Feigling *m.*

cow·ard·ice ['kaʊədɪs] *s* Feigheit *f.*

'cow·ard·ly *adj* feig.

'cow·boy *s* Cowboy *m.*

cow·er ['kaʊə] *v/i* **1.** kauern, (zs.-gekauert) hocken. **2.** *a.* ~ **down** sich ducken.

'cow|·girl *s* Cowgirl *n.* **~·hide** *s* **1.** Kuhhaut *f.* **2.** Rind(s)leder *n.*

cowl [kaʊl] *s* **1.** Mönchskutte *f.* **2.** Kapuze *f.* **3.** Schornsteinkappe *f.*

'cow|·pat *s* Kuhfladen *m.* **'~·pox** *s* ⚕ Kuh-, Impfpocken *pl.* **'~·shed** *s* Kuhstall *m.* **'~·skin** → ***cowhide.***

cox [kɒks] → ***coxswain.*** **~·swain** ['kɒksn] **I** *s* **1.** *Rudern*: Steuermann *m.* **2.** Boot(s)führer(in). **II** *v/t u. v/i* **3.** steuern.

coy [kɔɪ] *adj* □ **1.** schüchtern, scheu. **2.** neckisch-verschämt.

co·zi·ness, co·zy *Am.* → ***cosiness, cosy.***

CP ***Communist Party*** KP, Kommunistische Partei.

CPA *Am.* ***certified public accountant*** amtlich zugelassener Wirtschaftsprüfer.

CPI ***consumer price index*** Index *m* der Verbraucherpreise.

CPU [siːpiː'uː] ***central processing unit*** *Computer*: Zentraleinheit *f.*

crab¹ [kræb] *s* **1.** *zo.* Krabbe *f*; Taschenkrebs *m*: ***catch a ~*** (*Rudern*) e-n Krebs fangen. **2.** *tech.* Winde *f*; Laufkatze *f.* **3.** → ***crab louse.***

crab² [~] F **I** *s* **1.** Nörgler(in); Nörgelei *f.* **II** *v/i* **2.** nörgeln. **III** *v/t* **3.** (herum)nörgeln an (*dat*). **4.** *Am.* verpatzen.

crab·bed ['kræbɪd] *adj* □ **1.** mürrisch, verdrießlich. **2.** verworren, unklar. **3.** unleserlich.

'crab·by → ***crabbed*** 1.

crab louse *s* (*irr* **louse**) *zo.* Filzlaus *f.*

crack [kræk] **I** *s* **1.** Krach *m*, Knall *m*: ***at the ~ of dawn*** im Morgengrauen, in aller Frühe; ***in a ~*** F im Nu; ***give s.o. a fair ~ of the whip*** F j-m e-e faire Chance geben. **2.** F (heftiger) Schlag. **3.** Sprung *m*, Riss *m.* **4.** Spalt(e *f*) *m*, Ritz(e *f*) *m*: ***be open a ~*** e-n Spalt (breit) offen stehen. **5.** F Knacks *m* (*geistiger Defekt*). **6.** *sl.* Versuch *m*: ***have a ~ at s.th., give s.th. a ~*** es (einmal) mit et. versuchen. **7.** *sl.* a) Witz *m*: ***make ~s about*** Witze machen über (*acc*), b) Seitenhieb *m*, Stichelei *f.* **8.** *Br.* F Crack *m*, Ass *n* (*bsd. Sportler*). **9.** (*Rauschgift*) Crack *n.* **II** *adj* **10.** F erstklassig, großartig: ~ ***shot*** Meisterschütze *m*, -schützin *f.* **III** *v/i* **11.** krachen, knallen. **12.** (zer)springen, (-)platzen, rissig werden, e-n Sprung *od.* Sprünge bekommen. **13.** überschnappen (*Stimme*). **14.** *fig.* (F ~ **up**) zs.-brechen. **15.** ***get ~ing*** F loslegen. **16.** ~ ***down on*** F scharf vorgehen gegen, durchgreifen bei. **IV** *v/t* **17.** knallen mit (*Peitsche*), knacken mit (*Fingern*): → ***joke*** 1. **18.** zerbrechen, *Ei* aufschlagen, *e-r Flasche* den Hals brechen. **19.** e-n Sprung machen in (*dat*); sich *e-e Rippe etc* anbrechen. **20.** F a) schlagen, hauen: ~ ***s.o. over the head*** j-m eins auf den Kopf geben, b) ein-, zerschlagen. **21.** *Nuss*, F *Code, Safe etc* knacken. **22.** ~ ***up*** F hochjubeln. **'~·brained** *adj* F verrückt. **'~·down** *s* F (**on**) scharfes Vorgehen (gegen), Durchgreifen *n* (bei).

cracked [krækt] *adj* **1.** gesprungen, rissig: ***be ~*** e-n Sprung haben. **2.** F verrückt.

crack·er ['krækə] *s* **1.** Cracker *m*, Kräcker *m*: a) *ungesüßtes, keksartiges Kleingebäck*, b) Schwärmer *m*, Frosch *m* (*Feuerwerkskörper*), c) Knallbonbon *m, n.* **2.** *pl* Nussknacker *m.*

crack·ers ['krækəz] *adj* *Br.* F übergeschnappt: ***go ~*** überschnappen.

'crack·jaw I *adj* zungenbrecherisch. **II** *s* Zungenbrecher *m.*

crack·le ['krækl] **I** *v/i* knistern, prasseln, knattern. **II** *s* Knistern *n*, Prasseln *n*, Knattern *n.*

'crack|·pot F **I** *s* Verrückte *m, f*, Spinner(in). **II** *adj* verrückt. **'~-up** *s fig.* F Zs.-bruch *m.*

crack·y ['krækɪ] → ***cracked.***

C

cra·dle ['kreɪdl] **I** *s* **1.** Wiege *f* (*a. fig.*): ***from the ~ to the grave*** von der Wiege bis zur Bahre; ***from the ~*** von Kindheit *od.* von Kindesbeinen an. **2.** *teleph.* Gabel *f*: ***put the receiver in the ~*** den Hörer auf die Gabel legen. **II** *v/t* **3.** wiegen, schaukeln: ***~ to sleep*** in den Schlaf wiegen. **4.** (*zärtlich*) halten. **5.** *teleph. Hörer* auflegen.

craft [krɑːft] *s* **1.** (Hand- *od.* Kunst)Fertigkeit *f*, Geschicklichkeit *f*: → ***art*** 2. **2.** Gewerbe *n*, Beruf *m*, Handwerk *n*: ***~ certificate*** Facharbeiterbrief *m*. **3.** → ***craftiness.*** **4.** Boot(e *pl*) *n*, Schiff(e *pl*) *n*; Flugzeug(e *pl*) *n*.

'craft·i·ness *s* Schlauheit *f*, List *f*.

crafts·man ['krɑːftsmən] *s* (*irr **man***), **crafts·wom·an** *s* (*irr **woman***) Handwerker(in).

'crafts·man·ship *s* Kunstfertigkeit *f*, handwerkliches Können.

craft·y ['krɑːftɪ] *adj* □ schlau, verschlagen, listig.

crag [kræg] *s* Felsenspitze *f*, Klippe *f*.

crag·ged ['krægɪd] *adj Am.*, **'crag·gy** *adj* **1.** felsig, schroff. **2.** runz(e)lig, zerfurcht (*Gesicht*); knorrig, rau (*Person*).

cram [kræm] **I** *v/t* **1.** voll stopfen, *a. fig.* voll packen (***with*** mit). **2.** (hinein)stopfen, (-)zwängen (***into*** in *acc*). **3.** F a) mit *j-m* pauken *od.* büffeln, b) *mst **~ up** Fach* pauken, büffeln. **II** *v/i* **4.** sich voll stopfen. **5.** F pauken, büffeln (***for*** für): ***~ up on*** → 3b. **III** *s* **6.** F Pauken *n*, Büffeln *n*: ***~ course*** Paukkurs *m*. **ˌ~-'full** *adj* voll gestopft (***of*** mit), zum Bersten voll.

cram·mer ['kræmə] *s* F **1.** Paukstudio *n*. **2.** Einpauker(in). **3.** Paukbuch *n*. **4.** *j-d, der für e-e Prüfung paukt.*

cramp¹ [kræmp] *s* ⚕ Krampf *m*.

cramp² [~] **I** *s* **1.** *tech.* Krampe *f*, Klammer *f*. **II** *v/t* **2.** *tech.* ankrampen, anklammern. **3.** *a. **~ up*** einzwängen, -engen: ***be ~ed for space*** (*od.* ***room***) (zu) wenig Platz haben, räumlich beschränkt sein.

cran·ber·ry ['krænbərɪ] *s* ♣ Preiselbeere *f*.

crane [kreɪn] **I** *s* **1.** *orn.* Kranich *m*. **2.** *tech.* Kran *m*. **II** *v/t* **3.** ***~ one's neck*** sich den Hals verrenken (***for*** nach), e-n langen Hals machen, den Hals recken. **III** *v/i* **4.** *a. **~ forward*** den Hals recken. **~ driv·er** *s* Kranführer(in).

crank [kræŋk] **I** *s* **1.** *tech.* Kurbel *f*. **2.** F wunderlicher Kauz, Spinner *m*; *Am.* Miesepeter *m*. **3.** F fixe Idee, Marotte *f*. **II** *v/t* **4.** *oft **~ up*** ankurbeln. **'~·shaft** *s tech.* Kurbelwelle *f*.

crank·y ['kræŋkɪ] *adj* □ F **1.** verschroben, wunderlich. **2.** *Am.* reizbar, schlecht gelaunt. **3.** wack(e)lig, unsicher, baufällig.

cran·nied ['krænɪd] *adj* rissig.

'cran·ny *s* Riss *m*, Ritze *f*, Spalt *m*: → ***nook.***

crape [kreɪp] *s* **1.** Krepp *m*. **2.** Trauerflor *m*.

crash [kræʃ] **I** *v/t* **1.** zertrümmern, -schmettern. **2.** F uneingeladen kommen zu, hineinplatzen in (*acc*): ***~ a party; ~ the gate*** → ***gate-crash.*** **II** *v/i* **3.** (krachend) zerbersten. **4.** krachend einstürzen, zs.-krachen. **5.** *bsd. econ.* zs.-brechen. **6.** krachen (***against, into*** gegen): ***~ open*** krachend auffliegen (*Tür*). **7.** stürmen, platzen: ***~ in(to the room)*** hereinplatzen. **8.** *mot.* zs.-stoßen, verunglücken; ✈ *u. Computer*: abstürzen. **III** *s* **9.** Krach(en *n*) *m*. **10.** *bsd. econ.* Zs.-bruch *m*, (Börsen)Krach *m*. **11.** *mot.* Unfall *m*, Zs.-stoß *m*; ✈ Absturz *m*. **12.** *Computer*: Absturz *m*, Systemabsturz *m*. **~ bar·ri·er** *s Br.* Leitplanke *f*. **~ course** *s* Schnell-, Intensivkurs *m*. **~ di·et** *s* radikale Schlankheitskur. **~ hel·met** *s* Sturzhelm *m*.

crash·ing ['kræʃɪŋ] *adj* F fürchterlich.

'crash|-land *v/i* ✈ Bruch *od.* e-e Bruchlandung machen, bruchlanden. **~ land·ing** *s* ✈ Bruchlandung *f*. **~ pro·gram(me)** *s* Sofortprogramm *n*. **~ test** *s mot.* Crashtest *m*.

crass [kræs] *adj* □ **1.** grob, krass (*Fehler etc*). **2.** derb, unfein (*Benehmen etc*).

crate [kreɪt] *s* **1.** (Latten)Kiste *f*. **2.** (*Bier- etc*)Kasten *m*. **3.** *sl.* Kiste *f* (*Auto, Flugzeug*).

cra·ter ['kreɪtə] *s* **1.** *geol.* Krater *m*: ***~ lake*** Kratersee *m*. **2.** (*Bomben-, Granat*)Trichter *m*.

cra·vat [krə'væt] *s* Halstuch *n*.

crave [kreɪv] **I** *v/t* **1.** *et.* ersehnen. **2.** (inständig) bitten *od.* flehen um. **II** *v/i* **3.** sich sehnen (***for, after*** nach). **4.** ***~ for*** → 2.

'crav·ing *s* Sehnsucht *f* (***for*** nach).

crawl [krɔːl] **I** *v/i* **1.** kriechen: a) krabbeln, b) *fig.* sich dahinschleppen (*Zeit etc*), c) im Schneckentempo gehen *od.* fahren, d) F unterwürfig sein: ***~ to s.o.*** vor j-m kriechen. **2.** wimmeln (***with*** von). **3.** kribbeln: ***the sight made her flesh ~*** bei dem Anblick bekam sie e-e Gänsehaut. **4.** *Schwimmen*: kraulen. **II** *s* **5.** Kriechen *n*: ***go at a ~*** → 1c. **6.** *Schwimmen*: Kraul(en) *n*, Kraulstil *m*.

'crawl·er *s* **1.** Kriechtier *n*. **2.** *Br.* F Kriecher(in). **3.** *Schwimmen*: Krauler(in).

crawl·er lane *s mot.* Kriechspur *f*.

cray·fish ['kreɪfɪʃ] *s zo.* **1.** Flusskrebs *m*. **2.** Languste *f*.

cray·on ['kreɪən] **I** *s* **1.** Zeichenkreide *f*. **2.** Zeichen-, Bunt-, Pastellstift *m*: ***blue ~*** Blaustift *m*. **3.** Kreide-, Pastellzeichnung *f*. **II** *v/t* **4.** mit Kreide *etc* zeichnen.

craze [kreɪz] *s* Manie *f*, Verrücktheit *f*: ***be the ~*** große Mode sein; ***the latest ~*** der letzte Schrei.

'cra·zi·ness *s* Verrücktheit *f*.

'cra·zy *adj* □ **1.** *a. fig.* verrückt, wahnsinnig (***with*** vor *dat*): ***drive s.o.*** ~ j-n wahnsinnig machen; ~ ***bone*** *Am.* Musikantenknochen *m*. **2.** F (***about***) hingerissen (von), vernarrt in (*acc*); versessen, scharf (auf *acc*), wild, verrückt (nach): ***be ~ to do s.th.*** darauf versessen sein, et. zu tun.

creak [kriːk] **I** *v/i* knarren (*Treppe etc*), quietschen (*Bremsen etc*). **II** *s* Knarren *n*, Quietschen *n*.

'creak·y *adj* knarrend, quietschend.

cream [kriːm] **I** *s* **1.** Rahm *m*, Sahne *f*, *österr.* Obers *n*: ***whipped*** ~ Schlagsahne *f*, *österr.* Schlagobers *n*. **2.** Creme(speise) *f*. **3.** (*Haut-, Schuh- etc*)Creme *f*. **4.** *fig.* Creme *f*, Auslese *f*, Elite *f*: ***the ~ of the ~*** die Crème de la Crème. **II** *v/t* **5.** den Rahm abschöpfen von (*a. fig.*): **~ing** *econ.* Abschöpfungsstrategie *f*. **6.** zu Schaum schlagen; schaumig rühren. **7.** sich *das Gesicht etc* eincremen: ~ ***one's face***. **III** *adj* **8.** creme(farben). ~ **cheese** *s* Rahm-, Vollfettkäse *m*. **'~-ˌcolo(u)red** → ***cream*** 8. **~ puff** *s* Windbeutel *m*.

crease [kriːs] **I** *s* **1.** Falte *f*. **2.** Bügelfalte *f*. **3.** Knick *m*, *a.* Eselsohr *n*. **II** *v/t* **4.** falten, knicken. **5.** Falten bügeln in (*e-e Hose*). **6.** zerknittern. **III** *v/i* **7.** knittern. **'~-proof, '~-reˌsist·ant** *adj* knitterfrei.

cre·ate [kriː'eɪt] *v/t* **1.** (er)schaffen. **2.** ins Leben rufen, *Arbeitsplätze* schaffen; hervorrufen, verursachen. **3.** *thea. etc, Mode*: kreieren. **4.** *j-n* machen *od.* ernennen zu.

cre'a·tion *s* **1.** (Er)Schaffung *f*. **2.** Hervorrufung *f*, Verursachung *f*: ~ ***of demand*** *econ.* Bedarfsweckung *f*. **3.** ***the Creation*** *eccl.* die Schöpfung. **4.** *thea. etc, Mode*: Kreierung *f*. **5.** Schöpfung *f*, (*Mode a.*) Kreation *f*. **6.** Ernennung *f*.

cre'a·tive *adj* □ schöpferisch, kreativ.

cre'a·tor *s* Schöpfer(in), Urheber(in): ***the Creator*** *eccl.* der Schöpfer.

crea·ture ['kriːtʃə] *s* **1.** Geschöpf *n*, (Lebe)Wesen *n*, Kreatur *f*: ***dumb*** ~ stumme Kreatur; ***good*** ~ gute Haut; ***lovely*** ~ süßes Geschöpf; ***poor*** (***silly***) ~ armes (dummes) Ding; ~ ***of habit*** Gewohnheitstier *n*. **2.** Produkt *n*: ~ ***of the imagination*** Fantasieprodukt. ~ **com·forts** *s pl* leibliches Wohl.

crèche [kreɪʃ] *s* **1.** (Kinder)Krippe *f*. **2.** *Am.* (Weihnachts)Krippe *f*.

cre·dence ['kriːdəns] *s*: ***give*** (*od.* ***attach***) ~ ***to*** Glauben schenken (*dat*).

cre·den·tials [krɪ'denʃlz] *s pl* **1.** Beglaubigungs- *od.* Empfehlungsschreiben *n*. **2.** (Leumunds)Zeugnis *n*. **3.** Ausweis(papiere *pl*) *m*.

cred·i·bil·i·ty [ˌkredə'bɪlətɪ] *s* Glaubwürdigkeit *f*.

'cred·i·ble *adj* □ glaubwürdig.

cred·it ['kredɪt] **I** *s* **1.** Glaube(n) *m*: ***give ~ to*** Glauben schenken (*dat*). **2.** Ansehen *n*, Achtung *f*: ***be in high ~ with*** in hohem Ansehen stehen bei. **3.** Ehre *f*: ***be a ~ to s.o., be to s.o.'s ~, do s.o.*** ~ j-m Ehre machen *od.* einbringen; ***to his ~ it must be said*** zu s-r Ehre muss man sagen; ~ ***where ~ is due*** Ehre, wem Ehre gebührt. **4.** Anerkennung *f*, Lob *n*: ***get ~ for*** Anerkennung finden für; ***that's very much to his*** ~ das ist sehr anerkennenswert *od.* verdienstvoll von ihm. **5.** Verdienst *n*: ***give s.o.*** (***the***) ~ ***for*** j-m *et.* hoch anrechnen; j-m *et.* zutrauen; j-m *et.* zuschreiben. **6.** *econ.* Kredit *m*: ***on*** ~ auf Kredit; ***give s.o. ~ for £ 1,000*** j-m e-n Kredit von 1000 Pfund geben; ~ ***card*** Kreditkarte *f*. **7.** *econ.* Guthaben *n*, Kredit(seite *f*) *n*, Haben *n*: ***your*** ~ Saldo zu Ihren Gunsten; ***enter*** (*od.* ***place, put***) ***a sum to s.o.'s*** ~ j-m e-n Betrag gutschreiben; ~ ***note*** Gutschrift *f*. **II** *v/t* **8.** Glauben schenken (*dat*), glauben (*dat*). **9.** ~ ***s.o. with*** j-m *et.* zutrauen; j-m *et.* zuschreiben. **10.** *econ. Betrag* zuschreiben (***to s.o.*** j-m): ~ ***an account*** e-m Konto gutschreiben.

'cred·it·a·ble *adj* □ (***to***) anerkennenswert (von).

cred·it| ac·count *s* Kunden(kredit)konto *n*. ~ **a·gen·cy** *s* Kreditauskunftei *f*. ~ **balance** *s* Habensaldo *m*, Guthaben *n*. ~ **card** *s* Kreditkarte *f*. ~ **en·try** *s* Habenbuchung *f*. ~ **ex·pan·sion** *s* Kreditausweitung *f*. ~ **facil·i·ties** *s pl* Kreditmodalitäten *pl*. ~ **freeze** *s* Kreditsperre *f*. ~ **lim·it** *s* Kreditlinie *f*, Kreditlimit *n*. ~ **line** *s* Kreditrahmen *m*. ~ **note** *s* Gutschriftanzeige *f*.

'cred·i·tor *s econ.* Gläubiger(in).

cred·it| pe·ri·od *s* Kreditlaufzeit *f*. ~ **rat·ing** *s* Bonität *f*, Kreditwürdigkeit *f*. ~ **re·view** *s* Prüfung *f* der Kreditwürdigkeit. ~ **side** *s* Plusseite *f*. ~ **squeeze** *s* Einfrieren *n* von Krediten. ~ **stand·ing** → ***credit rating***. ~ **terms** *s pl* Kreditkonditionen *pl*.

'cred·itˌwor·thy *adj econ.* kreditwürdig.

cre·du·li·ty [krɪ'djuːlətɪ] *s* Leichtgläubigkeit *f*.

cred·u·lous ['kredjʊləs] *adj* □ leichtgläubig.

creed [kriːd] *s* **1.** *eccl.* Glaubensbekenntnis *n*; Glaube *m*, Konfession *f*. **2.** *fig.* Überzeugung *f*, Weltanschauung *f*.

creek [kriːk] *s* **1.** *Am.* Bach *m*. **2.** *bsd. Br.* kleine Bucht. **3.** ***be up the*** ~ F in der Klemme sein *od.* sitzen *od.* stecken.

creep [kriːp] **I** *v/i* (*irr*) **1.** kriechen: a) krabbeln, b) *fig.* sich dahinschleppen (*Zeit etc*), c) im Schneckentempo gehen *od.* fahren, d) unterwürfig sein. **2.** schleichen: ~ ***in*** (sich) hinein- *od.* hereinschleichen; *fig.* sich einschleichen (*Fehler etc*). **3.** kribbeln: ***the sight made her flesh ~*** bei dem Anblick bekam sie e-e Gänsehaut. **II** *s* **4.** Kriechen *n*, Schleichen *n*: ***go at a ~*** → 1c. **5.** ***the sight gave her the ~s*** F bei dem Anblick bekam sie e-e Gänsehaut. **6.** F Kriecher(in).

'creep·er *s* **1.** Kriechtier *n*. **2.** Kriech- *od.* Kletterpflanze *f*.

'creep·ing *adj* □ kriechend: ***~ inflation*** *econ.* schleichende Inflation.

'creep·y *adj* grus(e)lig.

cre·mate [krɪ'meɪt] *v/t bsd. Leichen* verbrennen, einäschern.

cre'ma·tion *s* Verbrennung *f*, Einäscherung *f*, Feuerbestattung *f*.

crem·a·to·ri·um [ˌkremə'tɔːrɪəm] *pl* **-ums, -a** [~ə], *bsd. Am.* **cre·ma·to·ry** ['kremətərɪ] *s* Krematorium *n*.

crepe pa·per [kreɪp] *s* Krepppapier *n*.

crept [krept] *pret u. pp von* ***creep.***

cres·cent ['kresnt] *s* Halbmond *m*, Mondsichel *f*.

cress [kres] *s* ⚘ Kresse *f*.

crest [krest] *s* **1.** *orn.* Büschel *n*, Haube *f*; Kamm *m*. **2.** *zo.* Mähne *f*. **3.** Bergrücken *m*, Kamm *m*. **4.** (*Wellen*)Kamm *m*: ***be riding (along) on the ~ of a wave*** *fig.* im Augenblick ganz oben schwimmen. **5.** *fig.* Gipfel *m*, Scheitelpunkt *m*: ***at the ~ of his fame*** auf dem Gipfel s-s Ruhms. **'~ˌfall·en** *adj fig.* niedergeschlagen, geknickt.

Crete [kriːt] *npr* Kreta *n*.

Creutz·feld-Ja·kob dis·ease ['krɔɪtsfeld'jækəb] *s* ⚕ Creutzfeld-Jakob-Krankheit *f*.

cre·vasse [krɪ'væs] *s* **1.** tiefer Spalt *od.* Riss. **2.** Gletscherspalte *f*.

crev·ice ['krevɪs] *s* Riss *m*, Spalt *m*, (Fels-)Spalte *f*.

crew¹ [kruː] *s* **1.** (*Arbeits*)Gruppe *f*, (*Bau-etc*)Trupp *m*, (*Arbeiter*)Kolonne *f*. **2.** *tech.* (*Bedienungs*)Mannschaft *f*. **3.** ✈, ⚓ Besatzung *f*; ⚓ *engS.* Mannschaft *f* (*a. Sport*).

crew² [~] *pret von* ***crow².***

crew cut *s* Bürstenschnitt *m*.

crib [krɪb] **I** *s* **1.** Kinderbettchen *n*. **2.** (Futter)Krippe *f*. **3.** *bsd. Br.* (Weihnachts)Krippe *f*. **4.** F kleiner Diebstahl; Anleihe *f*, Plagiat *n*. **5.** *ped.* F Eselsbrücke *f*, Klatsche *f*; Spickzettel *m*. **II** *v/t u. v/i* **6.** F klauen (*a. fig. plagiieren*). **7.** *ped.* F abschreiben, spicken (***off, from*** von).

crick [krɪk] *s*: ***a ~ in one's neck*** ein steifer Hals.

crick·et¹ ['krɪkɪt] *s zo.* Grille *f*.

crick·et² [~] (*Sport*) **I** *s* Kricket *n*: ***not ~*** F nicht fair. **II** *v/i* Kricket spielen.

'crick·et·er *s* Kricketspieler(in).

crime [kraɪm] *s* **1.** Verbrechen *n*, *coll. a. pl*: ***~ prevention*** Verbrechensverhütung *f*; ***~ syndicate*** Verbrechersyndikat *n*; ***~ wave*** Welle *f* von Verbrechen. **2.** → ***criminality.*** **3.** F Verbrechen *n*; Jammer *m*, Zumutung *f*.

crim·i·nal ['krɪmɪnl] **I** *adj* **1.** kriminell, verbrecherisch (*beide a. fig.* F): ***~ act*** Straftat *f*, strafbare Handlung; ***~ association*** kriminelle Vereinigung; → ***record¹*** 2. **2.** strafrechtlich, Straf..., Kriminal...: ***~ code*** Strafgesetzbuch *n*; ***~ law*** Strafrecht *n*; ***~ proceedings*** *pl* Strafprozess *m*, -verfahren *n*. **II** *s* **3.** Verbrecher(in), Kriminelle *m, f*.

crim·i·nal·i·ty [ˌkrɪmɪ'nælətɪ] *s* Kriminalität *f*, Verbrechertum *n*.

crim·i·nol·o·gy [ˌkrɪmɪ'nɒlədʒɪ] *s* Kriminologie *f*.

crimp [krɪmp] *v/t* **1.** kräuseln. **2.** falteln, fälteln. **3.** *Haar* wellen, locken.

crim·son ['krɪmzn] *adj* **1.** karmin-, karmesinrot. **2.** puterrot (***from*** vor *dat*).

cringe [krɪndʒ] *v/i* **1.** sich ducken *od.* (zs.-)krümmen: ***~ at*** zurückschrecken vor (*dat*). **2.** *fig.* kriechen, katzbuckeln (***to*** vor *dat*).

'cring·ing *adj* □ kriecherisch, unterwürfig.

crin·kle ['krɪŋkl] **I** *v/i* **1.** Falten werfen. **2.** knittern. **3.** rascheln, knistern. **II** *v/t* **4.** zerknittern. **III** *s* **5.** Falte *f*, (*im Gesicht*) Fältchen *n*.

crip·ple ['krɪpl] **I** *s* Krüppel *m* (*a. fig.*). **II** *v/t* zum Krüppel machen; lähmen, *fig. a.* lahm legen.

cri·sis ['kraɪsɪs] *pl* **-ses** ['~siːz] *s* Krise *f* (*a. thea.*, ⚕): ***economic ~*** Wirtschaftskrise; ***~ of confidence*** Vertrauenskrise; ***~ management*** Krisenmanagement *n*; ***~ staff*** Krisenstab *m*. **'~-prone** *adj* krisenanfällig.

crisp [krɪsp] **I** *adj* □ **1.** knusp(e)rig (*Gebäck etc*). **2.** kraus (*Haar*). **3.** frisch, knackig, fest (*Gemüse*). **4.** forsch, schneidig (*Benehmen etc*). **5.** klar (*Stil etc*). **6.** scharf, frisch (*Luft etc*). **II** *s* **7.** *pl bsd. Br.* (*Kartoffel*)Chips *pl*. **III** *v/t* **8.** knusp(e)rig backen *od.* braten. **IV** *v/i* **9.** knusp(e)rig werden. **'~·bread** *s* Knäckebrot *n*.

criss·cross ['krɪskrɒs] **I** *adj* kreuzweise, Kreuz... **II** *adv* kreuzweise, kreuz u. quer. **III** *s* Gewirr *n*. **IV** *v/t* kreuz u. quer ziehen durch. **V** *v/i* kreuz u. quer (ver)laufen.

cri·te·ri·on [kraɪ'tɪərɪən] *pl* **-ri·a** [~ə], **-ri·ons** *s* Kriterium *n*: a) Maßstab *m*, b) (Unterscheidungs)Merkmal *n*.

crit·ic ['krɪtɪk] *s* Kritiker(in): a) Beurteiler(in), b) Rezensent(in), c) Krittler(in).

crit·i·cal ['krɪtɪkl] *adj* □ kritisch: a) anspruchsvoll, b) missbilligend, tadelnd (***of*** *acc*): ***be ~ of*** et. auszusetzen haben an (*dat*), kritisch gegenüberstehen (*dat*), kritisieren (*acc*), c) entscheidend (*Augenblick etc*), d) gefährlich, bedenklich (*Situation etc*): ***he is***

C

in (***a***) ~ ***condition*** ⚕ sein Zustand ist kritisch.
crit·i·cism ['krɪtɪsɪzəm] *s* Kritik *f*: a) kritische Beurteilung, b) Tadel *m*, Vorwurf *m*: ***open to*** ~ anfechtbar; ***above*** ~ über jede Kritik *od.* jeden Tadel erhaben, c) → ***critique*** a.
crit·i·cize ['krɪtɪksaɪz] *v/t* kritisieren: a) kritisch beurteilen, b) Kritik üben an (*dat*), bekritteln, tadeln: ~ ***s.o. for doing s.th.*** j-n kritisieren, weil er et. getan hat, c) besprechen, rezensieren.
cri·tique [krɪ'tiːk] *s* Kritik *f*.
croak [krəʊk] **I** *v/i* **1.** quaken (*Frosch*); krächzen (*Rabe etc, a. Mensch*). **2.** *sl.* abkratzen. **II** *s* **3.** Quaken *n*; Krächzen *n*.
Croat ['krəʊæt] *s* **1.** Kroate *m*, Kroatin *f*. **2.** *ling.* Kroatisch *n*.
Croa·tia [krəʊ'eɪʃə] *npr* Kroatien *n*.
Croa·tian [krəʊ'eɪʃən] *adj* kroatisch.
cro·chet ['krəʊʃeɪ] **I** *s a.* ~ ***work*** Häkelarbeit *f*, Häkelei *f*: ~ ***hook*** Häkelnadel *f*. **II** *v/t u. v/i* häkeln.
crock [krɒk] *s* irdener Topf *od.* Krug.
crock·er·y ['krɒkərɪ] *s* Steingut *n*, Töpferware *f*.
croc·o·dile ['krɒkədaɪl] *s zo.* Krokodil *n*. ~ ***tears*** *s pl* Krokodilstränen *pl*.
cro·cus ['krəʊkəs] *s* ⚘ Krokus *m*.
crook [krʊk] **I** *s* **1.** Haken *m*. **2.** Krümmung *f*, Biegung *f*: ~ ***of one's arm*** Armbeuge *f*. **3.** F Gauner(in); Gaunerei *f*: ***on the*** ~ auf betrügerische Weise. **II** *v/t u. v/i* **4.** (sich) krümmen *od.* biegen.
crook·ed ['krʊkɪd] *adj* □ **1.** gekrümmt, gebogen, krumm. **2.** F betrügerisch.
croon [kruːn] *v/t u. v/i* **1.** schmachtend singen. **2.** leise singen *od.* summen.
'**croon·er** *s* Schnulzensänger(in).
crop [krɒp] **I** *s* **1.** Ernte *f*: ~ ***failure*** Missernte. **2.** *fig.* Ertrag *m*, Ausbeute *f* (***of*** an *dat*); große Menge, Masse *f*. **3.** kurzer Haarschnitt; kurz geschnittenes Haar. **II** *v/t* **4.** stutzen, beschneiden. **5.** *Haar* kurz scheren. **III** *v/i* **6.** *mst* ~ ***up*** (*od.* ***out***) *fig.* plötzlich auftauchen *od.* eintreten.
'**crop·per** *s* F **1.** schwerer Sturz: ***come a*** ~ schwer stürzen. **2.** Misserfolg *m*, Fehlschlag *m*: ***come a*** ~ Schiffbruch erleiden.
cro·quet ['krəʊkeɪ] *s Sport*: Krocket *n*.
cross [krɒs] **I** *s* **1.** *eccl.* Kreuz *n*: ***the Cross*** das Kreuz (Christi), das Kruzifix. **2.** Kreuz(zeichen) *n*: ***make the sign of the*** ~ sich bekreuzigen; ***mark with a*** ~ ankreuzen. **3.** *fig.* Kreuz *n*, Leiden *n*: ***bear*** (*od.* ***carry***) ***one's*** ~ sein Kreuz tragen. **4.** Querstrich *m*. **5.** *biol.* Kreuzung(sprodukt *n*) *f*. **6.** *fig.* Mittel-, Zwischending *n*. **II** *v/t* **7.** das Kreuzzeichen machen auf (*acc*) *od.* über (*dat*): ~ ***o.s.*** sich bekreuzigen. **8.** kreuzen: ~ ***one's arms*** die Arme kreuzen *od.* verschränken; *fig.* die Hände in den Schoß legen; ~ ***one's legs*** die Beine kreuzen *od.* übereinander schlagen; → ***finger*** I, ***sword***. **9.** *Grenze, Meer, Straße etc* überqueren: ~ ***s.o.'s path*** *fig.* j-m in die Quere kommen. **10.** kreuzen, schneiden. **11.** sich kreuzen mit (*Brief*). **12.** ankreuzen. **13.** *oft* ~ ***off*** (*od.* ***out***) aus-, durchstreichen: ~ ***off*** *fig.* abschreiben (***as*** als). **14.** *Plan etc* durchkreuzen, vereiteln. **15.** *biol.* kreuzen. **III** *v/i* **16.** sich kreuzen (*a. Briefe*) *od.* schneiden. **17.** *oft* ~ ***over*** (***to***) hinübergehen, -fahren (nach), übersetzen (nach). **18.** *biol.* sich kreuzen (lassen). **IV** *adj* **19.** schräg, Schräg... **20.** (***to***) entgegengesetzt (*dat*), im Widerspruch (zu). **21.** F böse (***with*** auf *acc*, mit), mürrisch. '~**·bar** *s Sport*: Tor-, Querlatte *f*. '~**·beam** *s tech.* Querträger *m*, -balken *m*. '~**·bones** *s pl* → ***skull***. '~**·bor·der** *adj* grenzüberschreitend. '~**·breed** *biol.* **I** *s* Mischling *m*, Kreuzung *f*. **II** *v/t* (*irr* ***breed***) kreuzen. '~**·check I** *v/t* von verschiedenen Gesichtspunkten aus überprüfen. **II** *s* Überprüfung *f* von verschiedenen Gesichtspunkten aus. ˌ~-'**coun·try** *adj* Querfeldein..., Gelände..., *mot. a.* geländegängig: ~ ***skiing*** Skilanglauf *m*. '~ˌ**cur·rent** *s* Gegenströmung *f* (*a. fig.*). '~-ˌ**dress·ing** *s* Transvestismus *m*.
crossed [krɒst] *adj* gekreuzt: ~ ***cheque*** *econ. Br.* Verrechnungsscheck *m*. ~ **line** *s* ***we've got a*** ~ *teleph.* da ist jemand in der Leitung.
'**cross| en·try** *s econ.* Gegenbuchung *f*. ~**-ex**ˌ**am·i'na·tion** *s* ⚖ Kreuzverhör *n*. ˌ~**-ex'am·ine** *v/t* ⚖ ins Kreuzverhör nehmen. '~**-eyed** *adj* schielend: ***be*** ~ schielen. '~-ˌ**fire** *s mil.* Kreuzfeuer *n* (*a. fig.*). '~**-grained** *adj* **1.** quer gefasert. **2.** *fig.* widerspenstig (*a. Sache*); kratzbürstig.
cross·ing ['krɒsɪŋ] *s* **1.** Überquerung *f*: ~ ***point*** Grenzübergang *m*. **2.** ⚓ Überfahrt *f*: ***rough*** ~ stürmische Überfahrt. **3.** (*Straßen- etc*)Kreuzung *f*. **4.** Straßenübergang *m*; *Br.* Fußgängerüberweg *m*: → ***grade*** 4, ***level*** 5. **5.** *biol.* Kreuzung *f*.
'**cross-legged** *adj u. adv* mit übereinander geschlagenen Beinen, (*am Boden a.*) im Schneidersitz.
cross·ness ['krɒsnɪs] *s* F Mürrischkeit *f*, schlechte Laune.
'**cross|·patch** *s* F Brummbär *m*. ˌ~-'**pur·pos·es** *s pl*: ***talk at*** ~ aneinander vorbeireden. ~ **ref·er·ence** *s* Kreuz-, Querverweis *m*. '~-**road** *s* **1.** *Am.* Quer- *od.* Seitenstraße *f*. **2.** *pl* (*mst sg konstruiert*) (Straßen)Kreuzung *f*; *fig.* Scheideweg *m*. ~ **sec·tion** *s* ✗, *tech. u. fig.* Querschnitt *m* (***of*** durch). '~**·walk** *s Am.* Fußgängerüberweg *m*. '~**·ways**, '~**wise**

adv quer, kreuzweise. **'~·word (puz·zle)** *s* Kreuzworträtsel *n*.

crotch [krɒtʃ] *s* **1.** Gab(e)lung *f*. **2.** Schritt *m* (*der Hose od. des Körpers*).

crotch·et ['krɒtʃɪt] *s* **1.** ♪ *bsd. Br.* Viertelnote *f*. **2.** *fig.* Grille *f*, Marotte *f*.

'crotch·et·y *adj* **1.** grillenhaft. **2.** F mürrisch.

crouch [kraʊtʃ] **I** *v/i* **1.** *a.* **~ *down*** sich bücken *od.* ducken. **2.** hocken; kauern. **II** *s* **3.** Hocke *f*: ***in a ~*** gebückt; in der Hocke.

croup [kru:p] *s* ⚕ Krupp *m*.

crou·pi·er ['kru:pɪə] *s* Croupier *m*.

crow¹ [krəʊ] *s* **1.** *orn.* Krähe *f*: ***as the ~ flies*** (in der) Luftlinie; ***eat ~*** *bsd.Am.* F zu Kreuze kriechen; ***have a ~ to pluck*** (*od.* ***pull, pick***) ***with*** F ein Hühnchen zu rupfen haben mit. **2.** → ***crowbar.***

crow² [~] **I** *v/i pret* **crowed** *u.* (*für* 1) **crew** [kru:], *pp* **crowed** **1.** krähen (*Hahn*). **2.** (*fröhlich*) krähen. **3.** jubeln, frohlocken (***over*** über *acc*). **4.** protzen, prahlen (***over, about*** mit). **II** *s* **5.** Krähen *n*. **6.** Jubel (schrei) *m*.

'crow·bar *s tech.* Brecheisen *n*, -stange *f*.

crowd [kraʊd] **I** *s* **1.** dichte (Menschen)Menge, Masse *f*: ***~s*** *pl* ***of people*** Menschenmassen *pl*. **2.** ***the ~*** die Masse, das (gemeine) Volk: ***one of the ~*** ein Mann aus dem Volk; ***follow*** (*od.* ***move with***) ***the ~*** mit der Masse gehen. **3.** F Gesellschaft *f*, Haufen *m*, Verein *m*. **4.** Ansammlung *f*, Haufen *m*. **II** *v/i* **5.** (zs.-)strömen, sich drängen (***into*** in *acc*; ***round*** um). **III** *v/t* **6.** *Straßen etc* bevölkern. **7.** sich drängen in (*acc od. dat*) *od.* um. **8.** zs.-drängen, -pressen. **9.** hineinpressen, -stopfen (***into*** in *acc*). **10.** voll stopfen (***with*** mit).

'crowd·ed *adj* **1.** (***with***) überfüllt (mit), voll (von): ***~ street*** stark befahrene *od.* verkehrsreiche Straße. **2.** (zs.-)gedrängt. **3.** *fig.* voll ausgefüllt, ereignisreich.

crown [kraʊn] **I** *s* **1.** Krone *f* (*a. fig.*), (*Sport a.*) (Meister)Titel *m*: ***the Crown*** die Krone, der König, die Königin. **2.** Krone *f* (*Währung*). **3.** *Zahnmedizin*: Krone *f*. **4.** *fig.* Krönung *f*, Höhepunkt *m*. **II** *v/t* **5.** *j-n* krönen (***king*** zum König): ***~ed heads*** *pl* gekrönte Häupter *pl*. **6.** *fig.* krönen: a) ehren, auszeichnen, b) schmücken, zieren, c) den Höhepunkt bilden von (*od. gen*): ***~ all*** allem die Krone aufsetzen (*a. iro.*); ***to ~ it all*** zu allem Überfluss *od.* Unglück, d) erfolgreich abschließen: ***~ed with success*** von Erfolg gekrönt. **7.** *Zahn* überkronen. **~ col·o·ny** *s Br.* Kronkolonie *f*.

crown·ing ['kraʊnɪŋ] **I** *adj fig.* krönend. **II** *s* Krönung *f* (*a. fig.*).

crown| jew·els *s pl* Kronjuwelen *pl*. **~ prince** *s* Kronprinz *m* (*a. fig.*). **~ prin·cess** *s* Kronprinzessin *f*. **~ wit·ness** *s* ⚖ *Br.* Belastungszeuge *m*, -zeugin *f*.

'crow's|-feet *s pl* Krähenfüße *pl*, Fältchen *pl*. **~ nest** *s* ⚓ Krähennest *n*.

cru·ces ['kru:si:z] *pl von* **crux.**

cru·cial ['kru:ʃl] *adj* □ kritisch, entscheidend (***to, for*** für): ***~ point*** springender Punkt.

cru·ci·ble ['kru:sɪbl] *s* Schmelztiegel *m*.

cru·ci·fix ['kru:sɪfɪks] *s* Kruzifix *n*.

cru·ci·fix·ion [ˌkru:sɪ'fɪkʃn] *s* Kreuzigung *f*.

cru·ci·fy ['kru:sɪfaɪ] *v/t* kreuzigen.

crude [kru:d] *adj* □ **1.** roh, unver-, unbearbeitet: ***~ oil*** Rohöl *n*. **2.** *fig.* roh, grob. **3.** *fig.* nackt, ungeschminkt.

'crude·ness, cru·di·ty ['kru:dɪtɪ] *s* Rohheit (*a. fig.*).

cru·el ['krʊəl] *adj* □ **1.** grausam (***to*** zu, gegen). **2.** unmenschlich, unbarmherzig. **3.** schrecklich, mörderisch.

'cru·el·ty *s* Grausamkeit *f*: ***~ to animals*** Tierquälerei *f*.

cru·et ['kru:ɪt] *s* **1.** Essig-, Ölfläschchen *n*. **2.** *a.* ***~ stand*** Menage *f*, Gewürzständer *m*.

cruise [kru:z] **I** *v/i* **1.** ⚓ kreuzen, e-e Kreuzfahrt *od.* Seereise machen. **2.** ✈, *mot.* mit Reisegeschwindigkeit fliegen *od.* fahren: ***cruising speed*** Reisegeschwindigkeit *f*. **II** *s* **3.** Kreuzfahrt *f*, Seereise *f*. **~ mis·sile** *s mil.* Marschflugkörper *m*.

cruis·er ['kru:zə] *s* **1.** ⚓ a) *mil.* Kreuzer *m* (*a. allg.*), b) Kreuzfahrtschiff *n*. **2.** *Am.* (Funk)Streifenwagen *m*.

crumb [krʌm] **I** *s* **1.** Krume *f*, Krümel *m*, Brösel *m*. **2.** *fig.* Brocken *m*: ***a few ~s of information*** ein paar Informationsbrocken; ***~ of comfort*** Trostpflaster *n*, -pflästerchen *n*. **II** *v/t* **3.** *gastr.* panieren. **4.** zerkrümeln.

crum·ble ['krʌmbl] **I** *v/t* **1.** zerkrümeln, -bröckeln. **II** *v/i* **2.** *a.* ***~ away*** zerbröckeln, -fallen: ***~ to dust*** (*od.* ***nothing***) *fig.* sich in nichts auflösen. **3.** *econ.* abbröckeln (*Kurse*).

'crum·bling, 'crum·bly *adj* **1.** krüm(e)lig, bröck(e)lig. **2.** zerbröckelnd.

crum·my ['krʌmɪ] *adj sl.* lausig, miserabel.

crum·ple ['krʌmpl] **I** *v/t* **1.** *a.* ***~ up*** zerknittern, -knüllen. **2.** zerdrücken. **II** *v/i* **3.** knittern. **4.** *a.* ***~ up*** zs.-brechen (*a. fig.*). **III** *s* **5.** (Knitter)Falte *f*. **~ zone** *s mot.* Knautschzone *f*.

crunch [krʌntʃ] **I** *v/t* **1.** knirschend (zer-) kauen. **2.** zermalmen. **II** *v/i* **3.** knirschend kauen. **4.** knirschen. **III** *s* **5.** Knirschen *n*. **6.** ***when it comes to the ~, when the ~ comes*** F wenn es hart auf hart geht.

cru·sade [kru:'seɪd] **I** *s hist.* Kreuzzug *m* (*a. fig.*). **II** *v/i hist.* e-n Kreuzzug unternehmen, *fig. a.* zu Felde ziehen (***against*** gegen; ***for*** für).

cru'sad·er *s* **1.** *hist.* Kreuzfahrer *m*, -ritter *m*. **2.** *fig.* Kämpfer(in).

crush [krʌʃ] **I** *s* **1.** Gedränge *n*, Gewühl *n*. **2.** *bsd. Br. Getränk aus ausgepressten Früchten*: ***orange ~*.** **3.** ***have a ~ on s.o.*** F in j-n verknallt sein. **II** *v/t* **4.** zerquetschen, -malmen, -drücken: ***~ out*** *Zigarette etc* ausdrücken. **5.** zerdrücken, -knittern. **6.** *tech.* zerkleinern, -mahlen. **7.** auspressen, -drücken, -quetschen: ***~ the juice from*** *Zitrone etc* auspressen. **8.** *fig.* nieder-, zerschmettern; *Aufstand etc* niederwerfen, unterdrücken: ***~ing blow*** vernichtender Schlag; ***~ing majority*** erdrückende Mehrheit. **III** *v/i* **9.** zerquetscht werden. **10.** sich drängen (***into*** in *acc*). **11.** (zer)knittern.

'crush·a·ble *adj* **1.** knitterfest, -frei. **2.** ***~ zone*** *mot.* Knautschzone *f*.

crush| bar·ri·er *s Br.* Barriere *f*, Absperrung *f*. **'~-re,sist·ant** → ***crushable*** 1.

crust [krʌst] **I** *s* **1.** (Brot)Kruste *f*, (-)Rinde *f*. **2.** Knust *m*, hartes *od.* trockenes Stück Brot. **3.** *geol.* (Erd)Kruste *f*. **4.** ⚕ Kruste *f*, Schorf *m*. **5.** *sl.* Unverschämtheit *f*. **II** *v/i a.* ***~ over*** **6.** verkrusten. **7.** verharschen: ***~ed snow*** Harsch *m*.

'crust·y *adj* □ **1.** verkrustet, krustig. **2.** *fig.* barsch.

crutch [krʌtʃ] *s* **1.** Krücke *f*: ***walk on ~es*** auf *od.* an Krücken gehen. **2.** *fig.* Stütze *f*, Hilfe *f*.

crux [krʌks] *pl* **'crux·es, cru·ces** ['kru:si:z] *s* Crux *f*, Schwierigkeit *f*, Haken *m*; schwieriges Problem, harte Nuss.

cry [kraɪ] **I** *s* **1.** Schrei *m*, Ruf *m* (***for*** nach): ***~ for help*** Hilferuf; ***within ~*** in Rufweite (***of*** von); ***a far*** (*od.* ***long***) ***~ from*** *fig.* (himmel)weit entfernt von; et. ganz anderes als. **2.** Geschrei *n*. **3.** Weinen *n*: ***have a good ~*** sich (richtig) ausweinen. **4.** (Schlacht)Ruf *m*, Schlag-, Losungswort *n*. **II** *v/i* **5.** schreien, rufen (***for*** nach): ***~ for help*** (***vengeance***) um Hilfe rufen (nach Rache schreien). **6.** weinen (***for joy*** vor Freude); heulen, jammern (***over*** wegen, über *acc*; ***for*** um): → ***milk*** I. **III** *v/t* **7.** *et.* schreien, (aus)rufen: → ***wolf*** 1. **8.** *Tränen* weinen: ***~ o.s. to sleep*** sich in den Schlaf weinen; → ***eye*** 1, ***head*** 8, ***heart*** 1.

Verbindungen mit Adverbien:

cry| down *v/t* **1.** heruntersetzen, -machen. **2.** niederschreien. **~ off** *v/t u.* (*bsd. Br.*) *v/i* (plötzlich) absagen, zurücktreten (von). **~ out I** *v/t* ausrufen. **II** *v/i* aufschreien: ***~ against*** heftig protestieren gegen; ***~ (for)*** → ***cry*** 5. **~ up** *v/t* rühmen: ***he's not all he's cried up to be*** so gut ist er auch wieder nicht.

'cry,ba·by *s* Heulsuse *f*.

cry·ing ['kraɪɪŋ] *adj* **1.** (himmel)schreiend: ***it's a ~ shame*** es ist jammerschade *od.* ein Jammer. **2.** dringend (*Bedürfnis etc*).

crypt [krɪpt] *s* ⩓ Krypta *f*.

'cryp·tic *adj* (***~ally***) **1.** geheim, verborgen. **2.** rätselhaft, dunkel.

crys·tal ['krɪstl] **I** *s* **1.** Kristall *m* (*a.* ⚒, *etc*): (***as***) ***clear as ~*** kristallklar; *fig.* sonnenklar. **2.** *a.* ***~ glass*** Kristall(glas) *n*. **3.** Uhrglas *n*. **II** *adj* **4.** kristallen: a) Kristall..., b) kristallklar.

crys·tal·li·za·tion [ˌkrɪstəlaɪ'zeɪʃn] *s* Kristallisation *f*, Kristallbildung *f*.

'crys·tal·lize I *v/t* **1.** kristallisieren. **2.** *fig.* konkrete *od.* feste Form geben (*dat*). **3.** *Früchte* kandieren. **II** *v/i* **4.** kristallisieren. **5.** *fig.* konkrete *od.* feste Form annehmen, sich kristallisieren (***into*** zu): ***~ out*** sich herauskristallisieren.

CS gas [si:'es ~] *s* Reizgas *n*.

Cu·ba ['kju:bə] *npr* Kuba *n*.

cub [kʌb] **I** *s* **1.** *zo.* Junge *n* (*des Fuchses, Bären etc*). **2.** *a.* ***unlicked ~*** grüner Junge. **3.** Anfänger(in). **II** *v/i* **4.** (Junge) werfen.

cube [kju:b] **I** *s* **1.** Würfel *m*: ***~ sugar*** Würfelzucker *m*. **2.** ⅍ Kubikzahl *f*, dritte Potenz: ***~ root*** Kubikwurzel *f*. **II** *v/t* **3.** ⅍ zur dritten Potenz erheben. **4.** würfeln, in Würfel schneiden *od.* pressen.

'cu·bic *adj* (***~ally***) **1.** Kubik..., Raum...: ***~ content*** Rauminhalt *m*; ***~ metre*** (*Am.* ***meter***) Kubikmeter *m*, *n*. **2.** würfelförmig, Würfel... **3.** ⅍ kubisch: ***~ equation*** Gleichung *f* dritten Grades.

cu·bi·cle ['kju:bɪkl] *s* Kabine *f*.

cuck·old ['kʌkəʊld] **I** *s* betrogener Ehemann. **II** *v/t j-m* Hörner aufsetzen.

cuck·oo ['kʊku:] **I** *s orn.* Kuckuck *m*. **II** *adj* F bekloppt, plemplem. **~ clock** *s* Kuckucksuhr *f*.

cu·cum·ber ['kju:kʌmbə] *s* Gurke *f*: (***as***) ***cool as a ~*** F kühl u. gelassen.

cud [kʌd] *s* Klumpen *m* wiedergekäuten Futters: ***chew the ~*** wiederkäuen; *fig.* überlegen, nachdenken.

cud·dle ['kʌdl] **I** *v/t* **1.** an sich drücken, hätscheln. **2.** schmusen mit. **II** *v/i* **3.** ***~ up*** sich kuscheln *od.* schmiegen (***to*** an *acc*): ***~ up together*** sich aneinander kuscheln. **4.** schmusen. **III** *s* **5.** enge Umarmung.

cudg·el ['kʌdʒəl] **I** *s* Knüppel *m*: ***take up the ~s for s.o.*** *fig.* für j-n eintreten. **II** *v/t pret u. pp* **-eled,** *bsd. Br.* **-elled** prügeln: → ***brain*** 2.

cue[1] [kju:] **I** *s* **1.** *thea. etc, a. fig.* Stichwort *n*, ♪ Einsatz *m*. **2.** Wink *m*, Fingerzeig *m*: ***take the ~ from s.o.*** sich nach j-m richten. **II** *v/t* **3.** *a.* ***~ in*** *thea. etc, a. fig. j-m* das Stichwort geben, ♪ *j-m* den Einsatz geben.

cue² [~] *s* Queue *n*, Billardstock *m*.

cuff¹ [kʌf] *s* **1.** (Ärmel-, *Am. a.* Hosen)Aufschlag *m*, Manschette *f* (*a. tech.*): ~ ***link*** Manschettenknopf *m*; ***off the*** ~ F aus dem Stegreif. **2.** *pl* F Manschetten *pl* (*Handschellen*).

cuff² [~] **I** *v/t j-m* e-n Klaps geben. **II** *s* Klaps *m*.

cui·sine [kwɪ'ziːn] → ***cooking*** 2.

cul-de-sac ['kʌldəsæk] *pl* **cul-de-sacs, culs-de-sac** *s* Sackgasse *f* (*a. fig.*).

cu·li·nar·y ['kʌlɪnərɪ] *adj* □ kulinarisch, Koch...: ~ ***art*** Kochkunst *f*; ~ ***herbs*** *pl* Küchenkräuter *pl*.

cull [kʌl] *v/t* **1.** pflücken. **2.** auslesen, -suchen. **3.** *Minderwertiges* aussortieren.

cul·mi·nate ['kʌlmɪneɪt] *v/i* **1.** *ast.* kulminieren: ***culminating point*** Kulminations-, *fig. a.* Höhepunkt *m*. **2.** *fig.* den Höhepunkt erreichen; kulminieren, gipfeln (***in*** in *dat*).

ˌcul·mi'na·tion *s* **1.** *ast.* Kulmination *f*. **2.** *fig.* Gipfel *m*, Höhepunkt *m*.

cu·lottes [kjuː'lɒts] *s pl* Hosenrock *m*.

cul·pa·ble ['kʌlpəbl] *adj* □ **1.** tadelnswert, sträflich. **2.** ⚖ strafbar, schuldhaft.

cul·prit ['kʌlprɪt] *s* **1.** ⚖ Angeklagte *m, f*; Täter(in), Schuldige *m, f*. **2.** Missetäter(in).

cult [kʌlt] *s* **1.** *eccl.* Kult(us) *m*. **2.** *fig.* Kult *m*.

cul·ti·vate ['kʌltɪveɪt] *v/t* **1.** *Boden* bebauen, bestellen. **2.** *Pflanzen* züchten, anbauen. **3.** *fig.* entwickeln, ausbilden; verfeinern. **4.** *fig.* kultivieren: a) fördern, b) *Freundschaft etc* pflegen, c) sich widmen (*dat*). **5.** freundschaftlichen Verkehr pflegen mit.

'cul·ti·vat·ed → ***cultured*** 2.

ˌcul·ti'va·tion *s* **1.** Bebauung *f*, Bestellung *f*. **2.** Züchtung *f*, Anbau *m*. **3.** *fig.* Kultivierung *f*: a) Förderung *f*, b) Pflege *f*. **4.** → ***culture*** 4.

'cul·ti·va·tor *s* Pflanzer(in), Züchter(in).

cul·tur·al ['kʌltʃərəl] *adj* □ kulturell, Kultur...: ~ ***channel*** Kulturkanal *m*; ***Cultural Heritage of the World*** Weltkulturerbe *n*.

cul·ture ['kʌltʃə] *s* **1.** → ***cultivation*** 1, 2. **2.** (*Tier*)Züchtung *f*, (-)Zucht *f*. **3.** *biol.* Kultur *f*. **4.** Kultur *f*: a) (Geistes)Bildung *f*, b) Kultiviertheit *f*. **5.** Kultur *f*: a) Kulturkreis *m*, b) Kulturform *f*, -stufe *f*.

'cul·tured *adj* **1.** gezüchtet: ~ ***pearl*** Zuchtperle *f*. **2.** kultiviert, gebildet.

cum·ber·some ['kʌmbəsəm] *adj* □ **1.** lästig, hinderlich. **2.** klobig, unhandlich, sperrig.

cu·mu·la·tive ['kjuːmjʊlətɪv] *adj* □ **1.** sich (an)häufend, anwachsend. **2.** *econ.* kumulativ: ~ ***interest*** Zins und Zinseszins *m*.

cu·mu·lus ['kjuːmjʊləs] *pl* **-li** ['~laɪ] *s* Haufenwolke *f*.

cun·ning ['kʌnɪŋ] **I** *adj* □ **1.** klug, geschickt; schlau, listig, gerissen. **2.** *Am.* F niedlich, süß; drollig. **II** *s* **3.** Klugheit *f*, Geschicktheit *f*; Schlauheit *f*, List(igkeit) *f*, Gerissenheit *f*.

cunt [kʌnt] *s* V Fotze *f* (*Vagina*).

cup [kʌp] **I** *s* **1.** Tasse *f*: ***that's not my*** ~ ***of tea*** *Br.* F das ist nicht mein Fall. **2.** *Sport*: Cup *m*, Pokal *m*: ~ ***final*** Pokalendspiel *n*; ~ ***tie*** Pokalspiel *n*; ~ ***winner*** Pokalsieger(in). **3.** (*Wein- etc*)Becher *m*. **4.** *eccl.* Kelch *m*, *fig. a.* Becher *m*. **5.** ♀ Blüten-, Fruchtbecher *m*. **II** *v/t* **6.** *Hand* hohl machen: ***~ped hand*** hohle Hand. **~·board** ['kʌbəd] *s* (Geschirr-, Speise-, *bsd. Br. a.* Kleider-, Wäsche-) Schrank *m*, *österr.*, *schweiz.* Kasten *m*. **~·ful** ['~fʊl] *s e-e* Tasse (voll).

cu·po·la ['kjuːpələ] *s* △ Kuppel *f*.

cup·pa ['kʌpə] *s Br.* F Tasse *f* Tee.

cur [kɜː] *s* **1.** Köter *m*. **2.** *fig.* (Schweine-) Hund *m*.

cur·a·ble ['kjʊərəbl] *adj* heilbar.

curb [kɜːb] **I** *s* **1.** Kandare *f*. **2.** *bsd. Am.* Bord-, Randstein *m*. **II** *v/t* **3.** *Pferd* an die Kandare nehmen. **4.** *fig.* zügeln, im Zaum halten. **'~·stone** → ***curb*** 2.

curd [kɜːd] *s oft pl* geronnene *od.* dicke Milch, Quark *m*.

cur·dle ['kɜːdl] **I** *v/t Milch* gerinnen lassen: ~ ***s.o.'s blood*** j-m das Blut in den Adern erstarren lassen. **II** *v/i* gerinnen, dick werden (*Milch*): ***the sight made my blood*** ~ bei dem Anblick erstarrte mir das Blut in den Adern.

cure [kjʊə] **I** *s* **1.** ⚕ Kur *f*, Heilverfahren *n* (***for*** gegen): ***under*** ~ in Behandlung. **2.** ⚕ Heilung *f*: ***past*** ~ unheilbar krank (*Person*); unheilbar (*Krankheit*); *fig.* hoffnungslos (*Lage etc*). **3.** ⚕ (Heil)Mittel *n* (***for*** gegen) (*a. fig.*). **II** *v/t* **4.** ⚕ *j-n* heilen, kurieren, *fig. a.* abbringen (***of*** von); ⚕ *Krankheit* heilen; *fig. Missstände etc* abstellen. **5.** haltbar machen: a) räuchern, b) trocknen, c) einpökeln, -salzen. **III** *v/i* **6.** Heilung bringen, heilen. **'~-all** *s* Allheilmittel *n*.

cur·few ['kɜːfjuː] *s mil.* Ausgangsverbot *n*, -sperre *f*.

cu·ri·o ['kjʊərɪəʊ] *pl* **-os** → ***curiosity*** 2a, c.

cu·ri·os·i·ty [ˌkjʊərɪ'ɒsətɪ] *s* **1.** Neugier *f*; Wissbegierde *f*. **2.** Kuriosität *f*: a) Rarität *f*, b) Sehenswürdigkeit *f*, c) Kuriosum *n*.

'cu·ri·ous *adj* □ **1.** neugierig; wissbegierig: ***I am*** ~ ***to know if*** ich möchte gern wissen, ob. **2.** kurios, seltsam: ***~ly enough*** merkwürdigerweise. **3.** F komisch, wunderlich.

curl [kɜːl] **I** *v/t* **1.** *Haar etc* locken; kräuseln. **II** *v/i* **2.** sich locken *od.* kräuseln: ~ ***up*** in Ringen hochsteigen (*Rauch*); sich zs.-rollen; ~ ***up on the sofa*** es sich auf dem Sofa gemütlich machen. **3.** *Sport*: Curling spielen. **III** *s* **4.** Locke *f*. **5.** (Rauch)Ring *m*.

C

'curl·er *s* **1.** *Sport*: Curlingspieler(in). **2.** Lockenwickel *m*, -wickler *m*.

'curl·ing *s Sport*: Curling *n*: **~ *stone*** Curlingstein *m*.

'curl·y *adj* gelockt, lockig; gekräuselt, kraus: **~ *brackets*** *pl* geschweifte Klammern *pl*.

cur·rant ['kʌrənt] *s* **1.** Korinthe *f*. **2.** ♀ Johannisbeere *f*, *österr*. Ribisel *f*.

cur·ren·cy ['kʌrənsɪ] *s* **1.** Umlauf *m*: ***give ~ to*** *Gerücht etc* in Umlauf setzen. **2.** *econ*. Währung *f*; Zahlungsmittel *pl*: ***foreign ~*** Devisen *pl*; ***hard*** (***soft***) **~** harte (weiche) Währung; **~ *backing*** Stützung *f* der Währung; **~ *crisis*** Währungskrise *f*; **~ *earner*** Devisenbringer *m*; **~ *fluctuations*** *pl* Währungsschwankungen *pl*; **~ *realignments*** *pl* Neuordnung *f* der Währungsparitäten; **~ *reform*** Währungsreform *f*; **~ *snake*** Währungsschlange *f*; **~ *union*** Währungsunion *f*; **~ *upheavals*** *pl* Währungsturbulenzen *pl*. **3.** *econ*., ⚖ Laufzeit *f*.

'cur·rent I *adj* □ **1.** laufend (*Monat*, *Ausgaben etc*): **~ *account*** *econ*. a) Girokonto *n*; b) Leistungsbilanz *f*; **~ *assets*** *pl* Umlaufvermögen *n*; **~ *liabilities*** *pl* kurzfristige Verbindlichkeiten *pl*. **2.** gegenwärtig, augenblicklich, aktuell: **~ *events*** *pl* Tagesereignisse *pl*; **~ *job*** (*od*. ***occupation***) ausgeübter Beruf. **3.** üblich, gebräuchlich: ***not in ~ use*** nicht allgemein üblich. **II** *s* **4.** Strömung *f*, Strom *m* (*beide a. fig*.): ***against the ~*** gegen den Strom; **~ *of air*** Luftstrom, -zug *m*. **5.** ⚡ Strom *m*: **~ *meter*** Stromzähler *m*.

cur·ric·u·lum [kə'rɪkjələm] *pl* **-la** [~lə], **-lums** *s* Lehr-, Studienplan *m*. **~ vi·tae** ['viːtaɪ] *pl* **-la -** *s* Lebenslauf *m*.

cur·ry¹ ['kʌrɪ] **I** *s* Curry *m*, *n*. **II** *v/t* mit Curry zubereiten: ***curried*** Curry...

cur·ry² [~] *v/t* **1.** *Pferd* striegeln. **2.** *Leder* zurichten. **3. ~ *favo(u)r with s.o.***, **~ *s.o.'s favo(u)r*** sich bei j-m lieb Kind machen (wollen).

curse [kɜːs] **I** *s* **1.** Fluch *m*: ***there is a ~ on the house, the house is under a ~*** auf dem Haus lastet *od*. liegt ein Fluch. **2.** Fluch(wort *n*) *m*, Verwünschung *f*. **3.** Fluch *m*, Unglück *n* (***to*** für). **II** *v/t* **4.** verfluchen: a) mit e-m Fluch belegen, b) verwünschen, fluchen auf (*acc*) *od*. über (*acc*). **5. *be ~d with*** bestraft *od*. geplagt sein mit.

curs·ed ['kɜːsɪd] *adj* □ verflucht, F *a*. verdammt.

cur·sor ['kɜːsə] *s Computer*: Cursor *m*, Schreibmarke *f*, Positionsanzeiger *m*: **~ *control*** Cursorsteuerung *f*.

cur·so·ry ['kɜːsərɪ] *adj* □ flüchtig, oberflächlich.

curt [kɜːt] *adj* □ **1.** kurz (gefasst), knapp. **2.** (***with***) barsch, schroff (gegen), kurz angebunden (zu).

cur·tail [kɜː'teɪl] *v/t* **1.** (ab-, ver)kürzen. **2.** beschneiden, stutzen. **3.** *fig*. *Ausgaben etc* kürzen, *Rechte etc* beschneiden, einschränken.

cur·tain ['kɜːtn] **I** *s* **1.** Vorhang *m* (*a*. *thea*. *u*. *fig*.), Gardine *f*: ***draw the ~s*** die Vorhänge auf- *od*. zuziehen; ***the ~ rises*** (***falls***) der Vorhang geht auf (fällt); ***lift the ~*** den Schleier lüften. **2.** *thea*. Hervorruf *m*: ***get*** (*od*. ***take***) ***ten ~s*** zehn Vorhänge haben. **II** *v/t* **3.** mit Vorhängen versehen: **~ *off*** mit Vorhängen abteilen *od*. abschließen. **~ call** → ***curtain*** 2. **~ lec·ture** *s* Gardinenpredigt *f*. **~ rais·er** *s* **1.** *thea*. kurzes Vorspiel. **2.** *fig*. Vorspiel *n*, Ouvertüre *f* (***to*** zu).

curt·s(e)y ['kɜːtsɪ] **I** *s* Knicks *m*: ***drop a ~*** (***to***) → II. **II** *v/i* e-n Knicks machen, knicksen (***to*** vor *dat*).

cur·va·ture ['kɜːvətʃə] *s* Krümmung *f*: **~ *of the earth*** Erdkrümmung.

curve [kɜːv] **I** *s* Kurve *f* (*a*. ✈): a) Krümmung *f*, Biegung *f*, b) (Straßen)Kurve *f*, (-)Biegung *f*, c) Rundung *f* (*pl* F *a*. *e-r Frau*). **II** *v/t u*. *v/i* (sich) krümmen *od*. biegen.

cush·ion ['kʊʃn] **I** *s* **1.** Kissen *n*, Polster *n* (*a*. *fig*.). **2.** *tech*. Puffer *m*, Dämpfer *m*. **II** *v/t* **3.** polstern (*a*. *fig*.). **4.** *Stoß*, *Fall etc* dämpfen, *a*. *fig*. abmildern. **5.** *tech*. abfedern.

cush·y ['kʊʃɪ] *adj* F gemütlich, ruhig (*Job etc*).

cuss [kʌs] *s* F **1.** Fluch *m*. **2.** Kerl *m*: ***queer ~*** komischer Kauz.

cus·tard ['kʌstəd] *s* Vanillesoße *f*.

cus·to·di·an [kʌ'stəʊdjən] *s* **1.** Aufseher(in), Wächter(in). **2.** (*Haus- etc*)Verwalter(in). **3.** ⚖ (Vermögens)Verwalter(in).

cus·to·dy ['kʌstədɪ] *s* **1.** Obhut *f*, Schutz *m*: ***in s.o.'s ~*** in j-s Obhut. **2.** Aufsicht *f* (***of*** über *acc*). **3.** ⚖ (*a*. Untersuchungs)Haft *f*: ***take into ~*** verhaften; → ***remand*** I. **4.** ⚖ Sorgerecht *n*.

cus·tom ['kʌstəm] **I** *s* **1.** Brauch *m*, Gewohnheit *f*, Sitte *f*, *pl a*. Brauchtum *n*. **2.** ⚖ Gewohnheitsrecht *n*. **3.** *econ*. Kundschaft *f*: a) Kunden *pl*, b) Kundesein *n*: ***get s.o.'s ~*** j-n als Kunden gewinnen; ***have withdrawn one's ~ from*** nicht mehr (ein)kaufen bei. **4.** *pl* Zoll *m*: **~*s barrier*** Zollbarriere *f*, -grenze *f*; **~*s clearance*** Zollabfertigung *f*; **~*s documents*** *pl* Zollpapiere *pl*; **~*s drawback*** Zollrückvergütung *f*; **~*s entry*** Zollanmeldung *f*; **~*s examination*** (*od*. ***inspection***) Zollkontrolle *f*; **~*s officer*** (*od*. ***official***) Zollbeamte *m*, -beamtin *f*; **~*s permit*** Zollabfertigungsschein *m*; **~*s regulations*** *pl* Zollvorschriften *pl*; **~*s revenue*** Zolleinnahmen *pl*; **~*s union*** Zollunion *f*. **II** *adj* **5.** → ***custom-made***.

'cus·tom·ar·y *adj* üblich, gebräuchlich.
'cus·tom·er *s* **1.** Kunde *m*, Kundin *f*: **~ *advisory service*** Kundenbetreuung *f*; **~ *allowance*** Kundenrabatt *m*; **~ *complaint*** Kundenbeschwerde *f*, Reklamation *f*; **~ *engineering*** Kundendienst *m*. **2.** F Kerl *m*, Kunde *m*: → ***queer*** 1.
cus·tom·ize ['kʌstəmaɪz] *v/t* individuell anpassen *od*. fertigen lassen: **~*d*** kundengerecht.
ˌcus·tom-'made *adj bsd. Am.* maßgefertigt, Maß..., spezialgefertigt, Sonder...
cut [kʌt] **I** *s* **1.** Schnitt *m*; Schnittwunde *f*. **2.** Haarschnitt *m*. **3.** Schnitte *f*, Stück *n* (*bsd. Fleisch*): ***cold ~s*** *pl bsd. Am.* Aufschnitt *m*. **4.** F Anteil *m* (***of, in*** an *dat*). **5.** (Zu)Schnitt *m* (*von Kleidung*). **6.** Schnitt *m*, Schliff *m* (*von Edelsteinen*). **7.** Kürzung *f*, Senkung *f*: **~ *in expenditure*** (*od.* ***spending***) Ausgabenkürzung *f*; **~ *in salary*** Gehaltskürzung *f*; **~ *in working hours*** Arbeitszeitverkürzung *f*. **8.** *Kartenspiel*: Abheben *n*; abgehobene Karte(n *pl*). **II** *adj* **9.** ge-, beschnitten: **~ *flowers*** *pl* Schnittblumen *pl*. **III** *v/t* (*irr*) **10.** (ab-, be-, durch-, zer)schneiden: **~ *one's finger*** sich in den Finger schneiden; **~ *to pieces*** zerstückeln; **~ *one's teeth*** Zähne bekommen, zahnen; **~ *one's teeth in*** (*od.* ***on***) ***s.th.*** *fig*. s-e ersten Erfahrungen mit et. sammeln; → ***throat***. **11.** *Gras* mähen, *Bäume* fällen, *Holz* hacken. **12.** *Hecke etc* (be)schneiden, stutzen: **~ *s.o.'s hair*** j-m die Haare schneiden. **13.** *Kleid etc* zuschneiden, *et*. zurechtschneiden; *Stein* behauen, *Glas*, *Edelsteine* schleifen. **14.** *mot. Kurve* schneiden. **15.** a) *Löhne etc* kürzen, *Text etc a*. zs.-streichen (***to*** auf *acc*), b) *Film* schneiden. **16.** *Preise* herabsetzen, senken. **17.** (*auf Tonband*) mitschneiden. **18.** *fig*. *j-m* wehtun, *j-n* kränken. **19.** F *j-n* schneiden: **~ *dead*** völlig ignorieren. **20.** *ped. univ*. F *Stunde etc* schwänzen. **21.** *Karten* abheben. **22.** *Tennis etc*: *Ball* (an)schneiden. **23.** F *Gewinne* teilen. **IV** *v/i* (*irr*) **24.** schneiden (***in, into*** in *acc*): **~ *into*** *Kuchen etc* abschneiden; einschneiden in (*acc*) (*a. fig*.); **~ *into s.o.'s time*** j-n Zeit kosten; **~ *into s.o.'s savings*** ein Loch in j-s Ersparnisse reißen; **~ *into a conversation*** sich in ein Gespräch einmischen; ***it ~s both ways*** es ist ein zweischneidiges Schwert. **25.** einschneiden (*Kragen etc*). **26.** sich schneiden lassen. **27.** *fig*. wehtun, kränken. **28.** F abhauen. **29.** *Kartenspiel*: abheben.
Verbindungen mit Adverbien:
cut| back I *v/t* **1.** *Hecke etc* beschneiden, stutzen. **2.** → ***cut*** 15a. **II** *v/i* **3.** *bsd. Am.* (zu)rückblenden (***to*** auf *acc*) (*Film*, *Roman etc*). **4.** **~ *on*** *et*. einschränken. **~ down I** *v/t* **1.** *Bäume* fällen, *Wald* abholzen. **2.** zurechtschneiden, -stutzen (*a. fig*.): → ***size*** 2. **3.** *Ausgaben* verringern, einschränken. **4.** *j-n* herunterhandeln (***by*** um; ***to*** auf *acc*). **II** *v/i* **5.** → ***cut back*** 4. **~ in I** *v/t* **1.** F *j-n* beteiligen (***on*** an *dat*). **II** *v/i* **2.** sich einmischen. **3.** **~ *on s.o.*** *mot*. j-n schneiden. **~ off** *v/t* **1.** abschneiden. **2.** unterbrechen, *Strom etc* absperren, abdrehen, *Verbindung*, *Versorgung*, *Weg etc* abschneiden: ***he had his electricity ~*** ihm wurde der Strom gesperrt. **3.** *teleph*. *Teilnehmer* trennen. **~ out I** *v/t* **1.** (her)ausschneiden. **2.** *Kleid etc* zuschneiden. **3.** ***be ~ for*** wie geschaffen sein für. **4.** *Rivalen* ausstechen, verdrängen. **5.** ***cut it out!*** F hör auf (damit)! **6.** F *j-n* betrügen (***of*** um *s-n Anteil*). **II** *v/i* **7.** *mot*. ausscheren. **~ up** *v/t* zerschneiden.
'cut·a·way *s a.* **~ *coat*** Cut(away) *m*.
'cut·back *s* **1.** Kürzung *f*, Zs.-streichung *f*. **2.** *Film etc*: *bsd. Am.* Rückblende *f*.
cute [kjuːt] *adj* □ F **1.** schlau, clever. **2.** niedlich, süß.
cu·ti·cle ['kjuːtɪkl] *s* Nagelhaut *f*.
cut·ler·y ['kʌtlərɪ] *s* Besteck *n*.
cut·let ['kʌtlɪt] *s* **1.** Schnitzel *n*. **2.** Hacksteak *n*.
'cut|-off date *s* Verfalltag *m*; Inventurtermin *m*. **'~·out** *s* **1.** Ausschnitt *m*. **2.** Ausschneidefigur *f*. **ˌ~-'price** *adj Br.*, **ˌ~-'rate** *adj Am. econ.* ermäßigt, herabgesetzt: **~ *offer*** Billigangebot *n*.
cut·ter ['kʌtə] *s* **1.** Zuschneider(in); (*Glas-*, *Diamant*)Schleifer(in). **2.** *tech*. Schneidemaschine *f*, -werkzeug *n*. **3.** *Film*: Cutter(in). **4.** ⚓ Kutter *m*.
'cut·throat I *s* Mörder(in); Killer(in). **II** *adj* mörderisch, *fig. a.* halsabschneiderisch: **~ *price*** Wucherpreis *m*.
cut·ting ['kʌtɪŋ] **I** *s* **1.** (Ab-, Aus-, Be-, Zu)Schneiden *n*. **2.** *bsd. Br.* (Zeitungs)Ausschnitt *m*. **3.** *pl* (*Hobel- etc*)Späne *pl*; Abfälle *pl*, Schnitzel *pl*. **II** *adj* **4.** schneidend (*a. fig. Schmerz*, *Wind*), Schneid(e)..., Schnitt...: **~ *blowpipe*** (*od.* ***torch***) *tech*. Schneidbrenner *m*; **~ *edge*** Schneide *f*.
CV [siː'viː] ***curriculum vitae*** Lebenslauf *m*.
c.w.o. ***cash with order*** Barzahlung *f* bei Bestellung.
cwt ***hundredweight*** (*etwa 1*) Zentner *m*.
cy·a·nide ['saɪənaɪd] *s*: **~ *of potash*** ⚗ Zyankali *n*.
cy·ber·net·ics [ˌsaɪbə'netɪks] *s sg* Kybernetik *f*.
cy·ber·space ['saɪbəspeɪs] *s* Cyberspace *m*.
cyc·la·men ['sɪkləmən] *s* ⚘ Alpenveilchen *n*.
cy·cle ['saɪkl] **I** *s* **1.** Zyklus *m*, Kreis(lauf) *m*: ***economic*** (*od.* ***trade, business***) **~** Kon-

C

junkturzyklus *m.* **2.** (*Gedicht-, Lieder-*) Zyklus *m.* **3.** a) Fahrrad *n*: ~ ***lane*** (*od.* ***path***) Rad(fahr)weg *m*; ~ ***race*** (*Sport*) Radrennen *n*, b) Motorrad *n.* **4.** *tech.* Arbeitsgang *m*; Takt *m*: ***four-~ engine*** Viertaktmotor *m.* **5.** ⚡, *phys.* (Schwingungs)Periode *f.* **II** *v/i* **6.** Rad fahren, radeln.

'cy·cler *Am.* → ***cyclist.***

'cy·cle·way *s* Rad(fahr)weg *m.*

cy·clic, cy·cli·cal ['saɪklɪk(l)] *adj* □ **1.** zyklisch. **2.** *econ.* konjunkturbedingt, Konjunktur...: ***cyclical development*** konjunkturelle Entwicklung; ***cyclical movement*** Konjunkturbewegung *f*; ***cyclical products*** *pl* konjunkturempfindliche Produkte *pl*; ***cyclical stocks*** *pl* Aktien *pl* zyklusempfindlicher Unternehmen.

cy·cling ['saɪklɪŋ] *s* **1.** Radfahren *n*: ~ ***tour*** Radtour *f.* **2.** Radrennsport *m.*

'cy·clist *s* Rad- *od.* Motorradfahrer(in).

cy·clone ['saɪkləʊn] *s* Wirbelsturm *m.*

cyl·in·der ['sɪlɪndə] *s* ⚙ Zylinder *m*, *tech. a.* Walze *f*, Trommel *f.*

cy'lin·dri·cal [~drɪkl] *adj* □ ⚙ zylindrisch, Zylinder..., *tech. a.* walzenförmig.

cyn·ic ['sɪnɪk] **I** *s* Zyniker(in). **II** *adj* (~***ally***) zynisch.

cyn·i·cal ['sɪnɪkl] → ***cynic*** II.

cyn·i·cism ['sɪnɪsɪzəm] *s* Zynismus *m*, *a.* zynische Bemerkung.

Cyp·ri·ot ['sɪprɪət], **Cyp·ri·ote** ['~əʊt] **I** *s* Zyprer(in), Zypriot(in). **II** *adj* zyprisch, zypriotisch.

Cy·prus ['saɪprəs] *npr* Zypern *n.*

cyst [sɪst] *s* ⚕ Zyste *f.*

czar [zɑː] *s hist.* Zar *m.*

czar·ina [zɑː'riːnə] *s* Zarin *f.*

Czech [tʃek] **I** *s* **1.** Tscheche *m*, Tschechin *f.* **2.** *ling.* Tschechisch *n.* **II** *adj* **3.** tschechisch: ~ ***Republic*** *die* Tschechische Republik, Tschechien *n.*

Czech·o·slo·vak [ˌtʃekəʊ'sləʊvæk] *hist.* **I** *s* Tschechoslowake *m*, -slowakin *f.* **II** *adj* tschechoslowakisch.

Czech·o·slo·va·kia [ˌtʃekəʊsləʊ'vækɪə] *npr hist. die* Tschechoslowakei.

D

D

D [diː] *pl* **D's** *s* D *n.*

'd F *für* ***had, should, would.***

DA *Am.* ***District Attorney*** Staatsanwalt *m.*

D/A, D.A. ***documents against acceptance*** Dokumente gegen Akzept.

dab¹ [dæb] **I** *v/t* **1.** antippen. **2.** be-, abtupfen (***with*** mit). **3.** *Farbe etc* (leicht) auftragen (***on*** auf *acc*). **II** *s* **4.** Klecks *m*, Spritzer *m.*

dab² [~] *s a.* **~*hand*** *bsd. Br.* F Könner(in): ***be a ~ at*** *et.* aus dem Effeff können; **~*at tennis*** Tennisass *n.*

dab·ble ['dæbl] **I** *v/t* **1.** bespritzen. **II** *v/i* **2.** plan(t)schen. **3.** ~ ***at*** (*od.* ***in***) *fig.* sich oberflächlich *od.* aus Liebhaberei *od.* dilettantisch beschäftigen mit: ~***in politics*** ein bisschen in der Politik mitmischen.

Dac·ca ['dækə] Dakka *n* (*Hauptstadt von Bangladesch*).

dachs·hund ['dækshʊnd] *s* Dackel *m.*

dad [dæd] *s* F Vati *m*, Papa *m.*

dad·dy ['dædɪ] → ***dad.*** ~ **long·legs** *pl* **daddy long·legs** *s zo.* F **1.** Schnake *f.* **2.** *Am.* Weberknecht *m.*

DAF ***delivered at frontier*** geliefert frei Grenze.

daf·fo·dil ['dæfədɪl] *s* ⚘ gelbe Narzisse, Osterglocke *f.*

daft [dɑːft] *adj* □ F **1.** doof, dämlich. **2.** ***be ~ about*** verrückt sein nach.

dag·ger ['dægə] *s* Dolch *m*: ***be at ~s drawn*** auf Kriegsfuß stehen (***with*** mit); ***look ~s at s.o.*** j-n mit Blicken durchbohren.

da·go ['deɪgəʊ] *pl* **-go(e)s** *s Schimpfwort für Italiener, Spanier u. Portugiesen.*

dah·li·a ['deɪljə] *s* ⚘ Dahlie *f.*

Da·ho·mey [də'həʊmɪ] *Hauptstadt von Benin.*

dai·ly ['deɪlɪ] **I** *adj* **1.** täglich (*a. adv*), Tage(s)....: ~ ***allowance*** *econ.* Tagegeld *n*; ~ ***help*** → 4; ~ ***newspaper*** → 3; ~ ***press*** Tagespresse *f*; → ***dozen.*** **2.** alltäglich: ***be a ~ occurrence*** an der Tagesordnung sein. **II** *s* **3.** Tageszeitung *f.* **4.** *Br.* Putzmann *m*, -frau *f* (*der, die jeden Tag kommt*).

dain·ty ['deɪntɪ] **I** *adj* □ **1.** zierlich, niedlich, reizend. **2.** wählerisch, verwöhnt (*bsd. im Essen*). **3.** schmackhaft, lecker. **II** *s* **4.** Leckerbissen *m* (*a. fig.*).

dai·ry ['deərɪ] *s* **1.** Molkerei *f.* **2.** Milchgeschäft *n.* ~ **prod·uce** *s* Molkereiprodukte *pl.*

dai·sy ['deɪzɪ] *s* ⚘ Gänseblümchen *n*: ***push up the daisies*** *sl.* sich die Radieschen von unten ansehen *od.* betrachten. ~ **wheel** *s* Typenrad *n.*

Da·kar ['dækə] *Hauptstadt von Senegal.*

dal·ly ['dælɪ] **I** *v/i* **1.** schäkern: ~ ***with*** *a.* spielen mit (*j-s Gefühlen*). **2.** spielen, liebäugeln (***with*** mit *e-r Idee etc*). **3.** *a.* ~ ***about*** (*od.* ***around***) herumtrödeln, bummeln. **II** *v/t* **4.** ~ ***away*** *Zeit* vertrödeln; *Gelegenheit* verspielen.

Dal·ma·tian [dæl'meɪʃn] *s zo.* Dalmatiner *m.*

dam [dæm] **I** *s* **1.** (Stau)Damm *m*, Talsperre *f.* **2.** Stausee *m.* **II** *v/t* **3.** *a.* ~ ***up*** stauen, ab-, eindämmen; *Gefühle* aufstauen: ~ ***back*** *Tränen* zurückhalten.

dam·age ['dæmɪdʒ] **I** *s* **1.** Schaden *m* (***to*** an *dat*): ~ ***in transit*** Transportschaden *m*; ~ ***limitation*** Schadensbegrenzung *f.* **2.** *pl* ⚖ Schadenersatz *m*: ***sue for ~s*** auf Schadenersatz verklagen. **3.** ***what's the ~?*** F was kostet es? **II** *v/t* **4.** beschädigen. **5.** *j-m, j-s Ruf etc* schaden.

Da·mas·cus [də'mɑːskəs] Damaskus *n* (*Hauptstadt von Syrien*).

dam·ask ['dæməsk] *s* Damast *m.*

dame [deɪm] *s* **1.** ***Dame*** *Br. Ordens- od. Adelstitel.* **2.** *bsd. Am. sl.* Weib *n.*

damn [dæm] **I** *v/t* **1.** *eccl. u. weitS.* verdammen. **2.** verurteilen. **3.** verwerfen, ablehnen. **4.** F ~***it!***, ~***me!*** verflucht!, verdammt!; ~ ***you!*** der Teufel soll dich holen!; ***I'll be ~ed if I do that*** ich denk ja gar nicht daran, das zu tun. **II** *s* **5.** F ***I don't care a ~*** das ist mir völlig egal; ***not worth a ~*** keinen Pfifferling wert. **III** *int* **6.** F verflucht!, verdammt! **IV** *adj u. adv* **7.** → ***damned*** 2, 4.

dam'na·tion **I** *s* Verdammung *f*; *eccl.* Verdammnis *f.* **II** *int* → ***damn*** 6.

damned [dæmd] **I** *adj* **1.** verdammt: ***the ~*** *pl eccl.* die Verdammten *pl.* **2.** F verflucht, verdammt: ~ ***fool*** Vollidiot(in). **3.** F *Bekräftigung*: ***a ~ sight better*** viel besser. **II** *adv* **4.** F verdammt: ~ ***cold.*** **5.** F *Bekräftigung*: ***he ~ well ought to know it*** das müsste er wahrhaftig wissen.

Dam·o·cles ['dæməkliːz]: ***sword of ~*** Da-

D

moklesschwert *n*; ***hang over s.o. like a sword of ~*** über j-m wie ein Damoklesschwert hängen.

damp [dæmp] **I** *adj* □ **1.** feucht, (*Raum etc a.*) klamm: **~ *squib*** *Br.* F Pleite *f*, Reinfall *m*. **II** *s* **2.** Feuchtigkeit *f*: **~ *in the air*** Luftfeuchtigkeit. **3.** *fig.* Dämpfer *m*: ***cast*** (*od.* ***strike***) ***a ~ on*** (*od.* ***over***) *et.* dämpfen *od.* lähmen. **III** *v/t* **4.** an-, befeuchten. **5.** *Begeisterung etc* dämpfen; *j-n* entmutigen.

'**damp·en** → ***damp*** III.

'**damp·er** *s* **1.** Anfeuchter *m*. **2.** *fig.* Dämpfer *m*: ***cast*** (*od.* ***put, strike***) ***a ~ on*** *et.* dämpfen *od.* lähmen.

'**damp·ness** *s* Feuchtigkeit *f*.

dance [dɑːns] **I** *v/i* **1.** tanzen: **~ *to*** (*od.* ***after***) ***s.o.'s pipe*** (*od.* ***tune, whistle***) *fig.* nach j-s Pfeife tanzen. **2.** tanzen, hüpfen (***with, for*** vor *dat*). **II** *v/t* **3.** *Tanz* tanzen: **~ *attendance on s.o.*** *fig.* um j-n scharwenzeln. **III** *s* **4.** Tanz *m*: ***lead s.o. a*** (***pretty***) **~** *Br.* j-n zum Narren halten. **5.** Tanz(veranstaltung *f*) *m*. **IV** *adj* **6.** Tanz...: **~ *music.***

'**danc·ing I** *s* Tanzen *n*. **II** *adj* Tanz...: **~ *lesson*** Tanzstunde *f*, *pl a.* Tanzunterricht *m*; **~ *master*** Tanzlehrer *m*; **~ *partner*** Tanzpartner(in); **~ *school*** Tanzschule *f*.

dan·de·li·on ['dændɪlaɪən] *s* ⚘ Löwenzahn *m*.

dan·der ['dændə] *s* F: ***get s.o.'s ~ up*** j-n auf die Palme bringen; ***get one's ~ up*** auf die Palme gehen.

dan·druff ['dændrʌf] *s* (Kopf-, Haar)Schuppen *pl*.

dan·dy ['dændɪ] **I** *s* Dandy *m*. **II** *adj* F prima.

Dane [deɪn] *s* Däne *m*, Dänin *f*.

dan·ger ['deɪndʒə] **I** *s* Gefahr *f* (***to*** für): **~ *of infection*** ⚕ Infektionsgefahr; ***be in ~ of one's life*** in Lebensgefahr sein *od.* schweben; ***without ~*** gefahrlos. **II** *adj* Gefahr...: **~ *area*** (*od.* ***zone***) Gefahrenzone *f*, -bereich *m*; **~ *money*** (*od.* ***pay***) Gefahrenzulage *f*.

'**dan·ger·ous** *adj* □ gefährlich (***to, for*** für): **~ *substance*** Gefahrgut *n*.

dan·gle ['dæŋgl] **I** *v/i* baumeln: ***keep s.o. dangling*** F j-n im Unklaren lassen. **II** *v/t* baumeln lassen: **~ *s.th. before s.o.*** *fig.* j-m et. (verlockend) in Aussicht stellen, j-m mit et. winken.

Dan·ish ['deɪnɪʃ] **I** *adj* **1.** dänisch. **II** *s* **2.** *ling.* Dänisch *n*. **3.** ***the ~*** *pl* die Dänen *pl*.

dank [dæŋk] *adj* □ (*unangenehm*) feucht, nass(kalt).

Dan·ube ['dænjuːb] *npr die* Donau.

dap·per ['dæpə] *adj* □ **1.** adrett, elegant. **2.** flink, (*a. Benehmen*) gewandt.

dare [deə] **I** *v/i* es wagen, sich (ge)trauen: ***who ~s wins*** wer wagt, gewinnt; ***how ~ you!*** untersteh dich!; was fällt dir ein!; ***how ~ you say that?*** wie können Sie das sagen?; ***don't*** (***you***) **~** (***to***) ***touch it!*** rühr es ja nicht an!; ***I ~ say*** ich glaube wohl; allerdings. **II** *v/t et.* wagen, riskieren. '**~ˌdev·il** *s* Draufgänger(in).

dar·ing ['deərɪŋ] **I** *adj* **1.** wagemutig, kühn. **2.** gewagt, verwegen (*beide a. fig.*). **3.** unverschämt, dreist. **II** *s* **4.** Wagemut *m*, Kühnheit *f*.

dark [dɑːk] **I** *adj* **1.** dunkel, finster. **2.** dunkel (*Farbe*). **3.** *fig.* düster, trüb (*Aussichten etc*): ***the ~ side of things*** die Schattenseite der Dinge; ***one's ~est hour*** s-e schwärzeste Stunde. **4.** *fig.* düster, finster (*Blick etc*). **5.** finster, böse (*Gedanken etc*). **6.** *fig.* geheim(nisvoll), verborgen: ***keep s.th. ~*** et. geheim halten. **II** *s* **7.** Dunkel(heit *f*) *n*, Finsternis *f*: ***in the ~*** im Dunkel(n); ***after ~*** nach Einbruch der Dunkelheit. **8.** *fig. das* Ungewisse *od.* Dunkle: ***be in the ~*** im Dunkeln tappen; ***keep s.o. in the ~*** j-n im Ungewissen lassen (***about*** über *acc*).

Dark| Ag·es *s pl das* (frühe *od.* finstere) Mittelalter. **~ Con·ti·nent** *s der* dunkle Erdteil, Afrika *n*.

dark·en ['dɑːkən] **I** *v/t* **1.** verdunkeln, -düstern (*beide a. fig.*). **2.** dunkel *od.* dunkler färben. **II** *v/i* **3.** dunkel werden, sich verdunkeln. **4.** *fig.* sich verdüstern.

dark horse *s* **1.** *Sport*: unbekannte Größe (*Person*). **2.** *pol. Am.* unbeschriebenes Blatt.

dark·ness ['dɑːknɪs] *s* Dunkelheit *f*, Finsternis *f*: ***be in complete ~*** völlig dunkel sein.

'**dark|·room** *s phot.* Dunkelkammer *f*. '**~-skinned** *adj* dunkelhäutig.

dar·ling ['dɑːlɪŋ] **I** *s* Liebling *m*. **II** *adj* reizend, goldig.

darn[1] [dɑːn] → ***damn*** 4–6.

darn[2] [~] *v/t* stopfen.

darned [dɑːnd] → ***damned*** 2–5.

dart [dɑːt] **I** *s* **1.** (Wurf)Pfeil *m*. **2.** Satz *m*, Sprung *m*: ***make a ~ for*** losstürzen auf (*acc*). **3.** **~*s*** *sg* Darts *n* (*Wurfpfeilspiel*). **II** *v/t* **4.** *Speer* werfen, schleudern, *Pfeil* schießen: **~ *a look at s.o.*** j-m e-n Blick zuwerfen. **III** *v/i* **5.** sausen, flitzen: **~ *at*** losstürzen auf (*acc*). **6.** zucken, schnellen (*Schlange, Zunge etc*), huschen (*Augen, Blick*). '**~·board** *s* Dartsscheibe *f*.

dash [dæʃ] **I** *v/t* **1.** schleudern, schmettern: **~ *to pieces*** zerschmettern. **2.** **~ *down*** (*od.* ***off***) *Getränk* hinunterstürzen; *Aufsatz, Zeichnung etc* schnell hinhauen. **3.** *Hoffnungen etc* zerstören, zunichte machen; *j-n* deprimieren. **II** *v/i* **4.** stürmen: **~ *off*** davonstürzen. **III** *s* **5.** Schlag *m*: ***at one ~*** mit 'einem Schlag (*a. fig.*). **6.** Schuss *m* (*Rum etc*), Prise *f* (*Salz etc*). **7.** *fig.* Anflug *m* (***of*** von); Stich *m* (***of green*** ins Grüne). **8.** Gedankenstrich *m*. **9. *make a ~ at*** (*od.* ***for***) losstürzen auf (*acc*). **10.** Schwung *m*, Schmiss *m*, Elan *m*. **'~·board** *s mot.* Armaturen-, ✈ *a.* Instrumentenbrett *n*.

dash·ing ['dæʃɪŋ] *adj* □ schneidig, forsch.

DAT [dæt] ***digital audio tape*** DAT *n*.

da·ta ['deɪtə] *s pl* **1.** (*oft sg konstruiert*) (*a. technische*) Daten *pl od.* Angaben *pl*: **~ *protection*** Datenschutz *m*. **2.** *Computer*: Daten *pl.*: ***personal*** **~** Personalien *pl*. **~ ac·qui·si·tion** *s* Datenerfassung *f*. **~ bank** (*od.* **base**) *s* Datenbank *f*; **~ cap·ture** *s* Datenerfassung *f*. **~ car·ri·er** *s* Datenträger *m*. **~ cod·ing** *s* Datenverschlüsselung *f*. **~ col·lec·tion** *s* Datenerfassung *f*. **~ com·mu·ni·ca·tion** *s* Datenaustausch *m*, -übermittlung *f*. **~ den·si·ty** *s* Datendichte *f*. **~ e·dit·ing** *s* Datenaufbereitung *f*. **~ en·try** *s* Dateneingabe *f*. **~ ex·change** *s* Datenaustausch *m*. **~ file** *s* **1.** Datei *f*. **2.** Schnellhefter *m*. **~ flow** *s* Datenfluss *m*. **~ in·put** *s* Dateneingabe *f*. **~ log·ger** *s* Datenerfassungssystem *n*. **~ man·age·ment** *s* Datenverwaltung *f*. **~ ma·nip·u·la·tion** *s* Datenmanipulation *f*. **~ me·di·um** *s* Datenträger *m*. **~ mis·use** *s* Datenmissbrauch *m*. **~ net·work** *s* Datennetz *n*. **~ out·put** *s* Datenausgabe *f*. **~ prep·a·ra·tion** *s* Datenaufbereitung *f*. **~ pro·cess·ing** *s* Datenverarbeitung *f*; **~ pro·cess·ing e·quip·ment** *s* Datenverarbeitungsanlage *f*. **~ pro·cess·ing pro·gram** *s* Datenverarbeitungsprogramm *n*; **~ pro·tec·tion** *s* Datenschutz *m*. **~ pro·tec·tion of·fi·cer** *s* Datenschutzbeauftragte *m*, *f*. **~ se·cre·cy** *s* Datengeheimnis *n*. **~ se·cu·ri·ty** *s* Datensicherheit *f*. **~ stor·age** *s* Datenspeicherung *f*. **~ tel·e·com·mu·ni·ca·tion** *s* Datenfernübertragung *f*. **~ trans·fer** (*od.* **trans·mis·sion**) *s* Datenübertragung *f*. **~ typ·ist** *s* Datentypistin *f*. **~ us·er** *s* Datennutzer(in).

date¹ [deɪt] *s* ⚘ Dattel *f*.

date² [~] **I** *s* **1.** Datum *n*: a) Tag *m*: ***what is the ~ today?*** der Wievielte ist heute?, welches Datum haben wir heute?; **~ *of birth*** Geburtsdatum *n*; **~ *of invoice*** Rechnungsdatum, b) Zeit(punkt *m*) *f*: ***of recent ~*** neu(eren Datums), c) Datumsangabe *f*, d) *econ.*, ⚖ Tag *m*, Termin *m*: **~ *of delivery*** Liefertermin; **~ *of expiration*** (*od.* ***maturity***) Fälligkeitstag. **2.** heutiges Datum, heutiger Tag: ***to ~*** bis heute; ***out of ~*** veraltet, unmodern; ***go out of ~*** veralten; (***up***) ***to ~*** zeitgemäß, modern, auf dem Laufenden; ***bring up to ~*** auf den neuesten Stand bringen, modernisieren. **3.** Verabredung *f*, Rendezvous *n*: ***have a ~ with s.o.*** mit j-m verabredet sein; ***make a ~*** sich verabreden. **4.** (Verabredungs)Partner(in): ***who is your ~?*** mit wem bist du verabredet? **II** *v/t* **5.** datieren. **6.** sich verabreden mit; gehen mit. **III** *v/i* **7. *~ back to*** a) *a.* **~ *from*** stammen aus, entstanden sein in (*dat*), b) bis in *e-e Zeit* zurückreichen, auf *e-e Zeit* zurückgehen. **8.** veralten.

'dat·ed *adj* **1.** datiert. **2.** veraltet, überholt.

'date·less *adj* **1.** undatiert. **2.** zeitlos.

date line *s geogr.* Datumsgrenze *f*.

dat·er ['deɪtə] *s* Datums-, *a.* Poststempel *m*.

date| rape *s* Vergewaltigung *f* nach e-m Rendezvous. **~ stamp** *s* Datums-, *a.* Poststempel *m*.

da·tive ['deɪtɪv] *s a.* **~ *case*** *ling.* Dativ *m*, 3. Fall.

daub [dɔːb] **I** *v/t* **1.** be-, verschmieren: ***~ed with oil*** ölverschmiert. **2.** schmieren (***on*** auf *acc*). **3.** *contp. Bild* zs.-klecksen. **II** *s* **4.** *paint. contp.* (Farb-) Kleckserei *f*.

daugh·ter ['dɔːtə] *s* Tochter *f*: **~ (*company*)** *econ.* Tochter(gesellschaft) *f*. **'~-in-law** *pl* **'daugh·ters-in-law** *s* Schwiegertochter *f*.

daunt [dɔːnt] *v/t* **1.** einschüchtern, erschrecken. **2.** entmutigen.

'daunt·less *adj* □ unerschrocken.

dav·en·port ['dævnpɔːt] *s* **1.** kleiner Schreibtisch. **2.** *Am.* (Bett)Couch *f*.

daw·dle ['dɔːdl] **I** *v/i* (herum)trödeln, (-)bummeln. **II** *v/t oft* **~ *away*** *Zeit* vertrödeln.

'daw·dler *s* Trödler(in).

dawn [dɔːn] **I** *v/i* **1.** dämmern (*Morgen, Tag*). **2. ~ *on*** *fig. j-m* dämmern, klar werden. **3.** *fig.* sich zu entwickeln beginnen, erwachen. **II** *s* **4.** (Morgen)Dämmerung *f*: ***at ~*** bei Tagesanbruch. **5.** *fig.* Beginn *m*.

day [deɪ] *s* **1.** Tag *m* (*Ggs. Nacht*): ***by ~*** bei Tag(e). **2.** Tag *m* (*Zeitraum*): **~ *after ~*** Tag für Tag; ***the ~ after tomorrow***, *Am.* **~ *after tomorrow*** übermorgen; **~ *in***, **~ *out*** tagaus, tagein; ***let's call it a ~!*** F Feierabend!, Schluss für heute!; ***carry*** (*od.* ***win***) ***the ~*** den Sieg davontragen. **3.** (*bestimmter, festgesetzter*) Tag: **~ *of delivery*** Liefertermin *m*; **~ *release*** *econ.* Freistellung *f* für e-n Tag (zur Fortbildung); ***~s of grace*** *econ.* Respekttage *pl*; **~ *off*** arbeitsfreier Tag. **4.** *oft pl* (Lebens)Zeit *f*, Zeiten *pl*, Tage *pl*: ***in my young ~s*** in m-n Jugendtagen; ***in those ~s*** damals. **5.** *oft pl* (*beste*) Zeit (*des Lebens*), Glanzzeit *f*: ***he has had his ~*** s-e beste Zeit ist vorüber; ***those were the ~s!*** das waren noch Zeiten!

'day|·break *s* Tagesanbruch *m*: ***at ~*** bei Tagesanbruch. **'~·dream I** *s* Tag-, Wachtraum *m*. **II** *v/i* (*a. irr* ***dream***) (mit offenen Augen) träumen. **'~ˌdream·er** *s* Träumer(in). **~ la·bour·er** *s* Tagelöhner *m*. **'~-**

light *s* Tageslicht *n*: ***by*** (*od.* ***in***) ~ bei Tag(eslicht); ***in broad*** ~ am helllichten Tag; ***beat*** (*od.* ***knock***) ***the*** (***living***) ~***s out of s.o.*** F j-n fürchterlich verdreschen; ~ ***robbery*** F Wucher *m*; ~ ***saving time*** Sommerzeit *f*. ~ **nurs·er·y** *s* Kinderkrippe *f*, Kindertagesstätte *f*. ~ **pu·pil** *s* externer Schüler, externe Schülerin (*e-s Internats*). ~ **re·turn (tick·et)** → ***day ticket***. ~ **shift** *s* Tagschicht *f*: ***be*** (*od.* ***work***) ***on*** ~ Tagschicht haben. ~ **tick·et** *s Br.* Tagesrückfahrkarte *f*. '~**·time** *s*: ***in the*** ~ bei Tag(e). ˌ~**-to-'day** *adj* (tag)täglich; ~ ***business*** laufende Geschäfte.

day| trip *s* Tagesausflug *m*. ~ **trip·per** *s* Tagesausflügler(in).

daze [deɪz] **I** *v/t* benommen machen. **II** *s* Benommenheit *f*: ***in a*** ~ benommen.

daz·zle ['dæzl] **I** *v/t* **1.** blenden (*a. fig.*). **II** *s* **2.** Blenden *n*: ***in a*** ~ geblendet. **3.** blendender Glanz.

DC ***direct current*** Gleichstrom *m*.

DCE ***domestic credit expansion*** inländische Kreditausweitung.

DCF ***discounted cash flow*** diskontierter Cash-flow.

DCL ***Doctor of Civil Law*** Dr. jur., Doktor *m* des Zivilrechts.

DCs ***developing countries*** Entwicklungsländer.

DD ***Doctor of Divinity*** Dr. theol., Doktor *m* der Theologie; ***demand draft*** Sichtwechsel *m*; ***direct debit*** Direktabbuchung *f*.

'D-day *s* der Tag X.

DDP ***delivered duty paid*** geliefert verzollt.

DDT ***dichlorodiphenyltrichloroethane*** DDT, Dichlordiphenyltrichloräthan *n*.

DDU ***delivered duty unpaid*** geliefert unverzollt.

dea·con ['diːkən] *s* Diakon *m*.

dea·con·ess [ˌdiːkə'nes] *s* Diakonisse *f*.

dead [ded] **I** *adj* (□ → ***deadly*** II) **1.** tot, gestorben: ***shoot*** ~ erschießen; → ***body*** 2. **2.** *fig.* tot: a) leblos: ~ ***matter*** tote Materie, b) ausgestorben: ~ ***language*** tote Sprache, c) überlebt (*Brauch etc*). **3.** gefühllos, abgestorben (*Finger etc*). **4.** *fig.* (***to***) unempfänglich (für); gleichgültig, abgestumpft (gegen). **5.** *bsd. econ.* flau. **6.** tot (*Kapital, Wissen etc*): ~ ***assets*** *pl* unproduktives Kapital *n*. **7.** ⚡ tot, stromlos. **8.** erloschen (*Vulkan, Gefühle etc*). **9.** matt, stumpf (*Farben, Blick etc*). **10.** völlig, total: ~ ***certainty*** absolute Gewissheit; ~ ***loss*** *econ.* Totalverlust *m*; ~ ***silence*** Totenstille *f*; → ***cert, earnest*** 4. **II** *s* **11.** ***the*** ~ *pl* die Toten *pl*. **12.** ***in the*** ~ ***of night*** mitten in der Nacht; ***in the*** ~ ***of winter*** im tiefsten Winter. **III** *adv* **13.** völlig, total: ***be*** ~ ***asleep*** im tiefsten Schlaf liegen; ~ ***drunk*** sinnlos betrunken; ~ ***slow!*** *mot.* Schritt fahren!; ~ ***straight*** schnurgerade; ~ ***tired*** todmüde; → ***set*** 8. **14.** plötzlich, abrupt: ***stop*** ~ (***in one's tracks***) plötzlich *od.* abrupt stehen bleiben. **15.** genau, direkt: ~ ***against*** genau gegenüber von (*od. dat*). ˌ~**-'beat** *adj* F todmüde. ~ **cen·tre** (*Am.* **cen·ter**) *s* genaue Mitte.

dead·en ['dedn] *v/t* **1.** *Geräusch* abdämpfen, *a. Schlag etc* (ab)schwächen. **2.** *Schmerz* stillen; *Gefühl* abtöten, abstumpfen (***to*** gegen).

dead| end *s* Sackgasse *f* (*a. fig.*): ***come to a*** ~ in e-e Sackgasse geraten. '~**-end** *adj* **1.** ~ ***street*** Sackgasse *f*. **2.** ohne Aufstiegschancen (*Stellung*): ~ ***job*** Beruf *m* ohne Zukunft. ~ **heat** *s Sport*: totes Rennen. '~**·line** *s* **1.** letzter (Ablieferungs)Termin, Anzeigen-, Redaktionsschluss *m*: ~ ***pressure*** Termindruck *m*; ***have a*** ~ termingebunden sein; ***meet the*** ~ den Termin einhalten. **2.** Stichtag *m*. '~**·lock** **I** *s* völliger Stillstand, toter Punkt: ***come to*** (*od.* ***reach***) ***a*** ~ → II. **II** *v/i* sich festfahren, an e-m toten Punkt anlangen (*Verhandlungen etc*). '~**·locked** *adj* festgefahren.

dead·ly ['dedlɪ] **I** *adj* **1.** tödlich; Tod...: ~ ***enemy*** Todfeind(in); ~ ***fight*** mörderischer Kampf; ~ ***sin*** Todsünde *f*. **2.** totenähnlich: ~ ***pallor*** Leichen-, Todesblässe *f*. **3.** F schrecklich, äußerst. **II** *adv* **4.** totenähnlich: ~ ***pale*** leichen-, totenblass. **5.** F schrecklich, äußerst: ***be*** ~ ***afraid of*** e-e Sterbensangst haben vor (*dat*); ~ ***dull*** sterbenslangweilig; ~ ***tired*** todmüde.

dead| march *s* ♪ Trauermarsch *m*. ~ **pan** *s* F ausdrucksloses Gesicht. ˌ~**'pan** *adj* F **1.** ausdruckslos (*Gesicht*); mit ausdruckslosem Gesicht (*Person*). **2.** trocken (*Humor*).

deaf [def] **I** *adj* □ **1.** taub (*a. fig.* ***to*** gegen): ~ ***and dumb*** taubstumm; ~ ***in one ear*** auf einem Ohr taub; → ***ear***[1] 1. **2.** schwerhörig. **II** *s* **3.** ***the*** ~ *pl* die Tauben *pl*. ~ **aid** *s* Hörgerät *n*. ˌ~**-and-'dumb** *adj* **1.** taubstumm. **2.** Taubstummen...: ~ ***language***.

deaf·en ['defn] *v/t* taub machen.

'deaf·en·ing *adj* ohrenbetäubend.

ˌ**deaf-'mute** **I** *adj* taubstumm. **II** *s* Taubstumme *m, f*.

deaf·ness ['defnɪs] *s* **1.** Taubheit *f* (*a. fig.* ***to*** gegen). **2.** Schwerhörigkeit *f*.

deal[1] [diːl] **I** *v/i* (*irr*) **1.** ~ ***with*** sich befassen *od.* beschäftigen mit; handeln von, *et.* behandeln *od.* zum Thema haben; *et.* erledigen, mit *et.*, *j-m* fertig werden. **2.** ~ ***with*** *econ.* Handel treiben *od.* Geschäfte machen mit. **3.** ~ ***in*** *econ.* handeln *od.* Handel treiben mit: ~ ***in paper*** Papier führen. **4.** *sl.* dealen (*mit Drogen handeln*). **5.** *Kartenspiel*: geben. **II** *v/t* **6.** *oft* ~ ***out*** *et.* aus-, verteilen, *Karten a.* geben. **III** *s* **7.** F Handlungsweise *f*, Verfahren *n*. **8.** F Geschäft *n*, Handel *m*, Deal *m*. ***it's a ~!*** abgemacht!; → ***raw*** 6. **9.** Abkommen *n*: ***make a ~*** ein Abkommen treffen. **10.** *Kartenspiel*: Geben *n*: ***it is my ~*** ich muss geben.

deal² [~] *s* Menge *f*: ***a great ~*** sehr viel; ***a good ~*** e-e ganze Menge, ziemlich viel; ***a ~ worse*** F viel schlechter.

deal·er ['di:lə] *s* **1.** Händler(in): ***~ in antiques*** Antiquitätenhändler(in). **2.** *sl.* Dealer(in) (*Drogenhändler*). **3.** *Kartenspiel*: Geber(in).

'deal·ing *s* **1.** *mst pl* Umgang *m*, Beziehungen *pl*: ***have ~s with*** zu tun haben mit. **2.** *econ.* Handel *m* (***in*** in *dat*, mit).

dealt [delt] *pret u. pp* von ***deal¹***.

dean [di:n] *s eccl.*, *univ.* Dekan(in).

dear [dɪə] **I** *adj* **1.** lieb, teuer (***to*** *dat*): ***Dear Sir,*** (*in Briefen*) Sehr geehrter Herr (*Name*); ***run for ~ life*** um sein Leben rennen. **2.** teuer, kostspielig: ***~ money policy*** Hochzinspolitik *f*. **II** *adv* **3.** teuer: ***it cost him ~*** es kam ihm *od.* ihn teuer zu stehen. **III** *s* **4.** Liebste *m, f*, Schatz *m*: ***there's a ~*** sei (so) lieb. **IV** *int* **5.** (***oh***) ***~!***, ***~ me!*** du liebe Zeit!, ach je!

'dear·ly *adv* **1.** innig, herzlich. **2.** teuer: → ***buy*** 4.

'dear·ness *s* hoher Preis.

dearth [dɜ:θ] *s* Mangel *m* (***of*** an *dat*).

death [deθ] *s* **1.** Tod *m*: ***to ~*** zu Tode; (***as***) ***sure as ~*** todsicher; ***catch one's ~*** sich den Tod holen (*engS. durch Erkältung*); ***put to ~*** hinrichten. **2.** Todesfall *m*. ***~ ag·o·ny*** *s* Todeskampf *m*. **'~·bed** *s* Sterbebett *n*. **'~·blow** *s fig.* Todesstoß *m* (***to*** für). ***~ cell*** *s* Todeszelle *f*.

death·less ['deθlɪs] *adj* □ unsterblich (*Ruhm etc*).

'death·like *adj* totenähnlich: ***~ pallor*** Leichen-, Todesblässe *f*; ***~ stillness*** Totenstille *f*.

'death·ly → ***deadly***: ***~ silence*** eisiges Schweigen; ***~ stillness*** Totenstille *f*.

death| mask *s* Totenmaske *f*. ***~ pen·al·ty*** *s* Todesstrafe *f*. ***~ rate*** *s* Sterblichkeitsziffer *f*.

'death's-head *s* Totenkopf *m* (*Symbol*).

death| threat *s* Morddrohung *f*. ***~ toll*** *s* Zahl *f* der Toten: ***the ~ on the roads*** die Zahl der Verkehrstoten. ***~ trap*** *s* Todesfalle *f*. ***~ war·rant*** *s* **1.** ⚖ Hinrichtungsbefehl *m*. **2.** *fig.* Todesurteil *n* (***of*** für): ***sign one's ~*** sein (eigenes) Todesurteil unterschreiben.

de·ba·cle [deɪ'bɑ:kl] *s* Debakel *n*, Zs.-bruch *m*.

de·bar [dɪ'bɑ:] *v/t j-n* ausschließen (***from*** von).

de·base [dɪ'beɪs] *v/t* **1.** entwürdigen. **2.** im Wert mindern; *Wert* mindern.

de·bat·a·ble [dɪ'beɪtəbl] *adj* strittig, umstritten.

de'bate I *v/i* **1.** debattieren, diskutieren (***on, about*** über *acc*). **II** *v/t* **2.** *et.* debattieren, diskutieren. **3.** *et.* erwägen, sich *et.* überlegen. **III** *s* **4.** Debatte *f*, Diskussion *f*: ***be under ~*** zur Debatte stehen.

de·bauch [dɪ'bɔ:tʃ] **I** *v/t sittlich* verderben. **II** *s* Ausschweifung *f*, Orgie *f*.

de'bauch·er·y [~tʃərɪ] *s* Ausschweifung *f*.

de·ben·ture [dɪ'bentʃə] *s* **1.** Schuldschein *m*. **2.** *econ.* a) *Br. a.* ***~ bond*** Obligation *f*, Schuldverschreibung *f*, b) *Br.* Pfandbrief *m*.

de·bil·i·tate [dɪ'bɪlɪteɪt] *v/t* schwächen, entkräften.

de,bil·i'ta·tion *s* Schwächung *f*, Entkräftung *f*.

de'bil·i·ty *s* Schwäche *f*, Kraftlosigkeit *f*.

deb·it ['debɪt] *econ.* **I** *s* **1.** Soll *n*: ***~ and credit*** Soll u. Haben *n*. **2.** Belastung *f*: ***to the ~ of*** zulasten von (*od. gen*); ***charge*** (*od.* ***place***) ***a sum to s.o.'s ~*** j-s Konto mit e-r Summe belasten; ***~ balance*** Sollsaldo *m*; ***~ entry*** Lastschrift *f*, Sollbuchung *f*; ***~ item*** Passivposten *m*; ***~ note*** Lastschriftanzeige *f*; ***~ side*** Sollseite *f*. **II** *v/t* **3.** *j-n*, *Konto* belasten (***with*** mit): ***~ an account*** ein Konto belasten; ***~ £ 100 against s.o.*** (***'s account***) j-n (j-s Konto) mit £ 100 belasten.

de·bouch [dɪ'baʊtʃ] *v/i* sich ergießen, (ein)münden (***into*** in *acc*) (*Fluss*).

de·brief [,di:'bri:f] *v/t* sich informieren lassen von (*e-m Piloten, Diplomaten etc*).

de·bris ['deɪbri:] *s* Trümmer *pl*, Schutt *m*.

debt [det] *s* Schuld *f*: ***bad ~*** uneinbringliche Forderungen *pl*; ***~ of hono(u)r*** Ehrenschuld; ***be in ~*** Schulden haben, verschuldet sein; ***be in ~ to s.o. for £ 100*** j-m £ 100 schulden; ***be in s.o.'s ~*** in j-s Schuld stehen; ***be out of ~*** schuldenfrei sein; ***get into ~*** sich verschulden, Schulden machen; ***~ collecting agency*** Inkassobüro *n*; ***~ collection*** Schuldeneintreibung *f*; ***~ collector*** Inkassobeauftragte *m, f*, -bevollmächtigte *m, f*; ***~ conversion*** Umschuldung *f*; ***~/equity ratio*** Verschuldungs-/Eigenkapital-Kennziffer *f*; ***~ financing*** Fremdfinanzierung *f*; ***~ management*** Umschuldung *f* der Verbindlichkeiten; ***~ overload*** Überschuldung *f*; ***~-paying ability*** Zahlungsfähigkeit *f*; ***~ ratio*** Verschuldungsgrad *m*; ***~ restructuring*** Umschuldung *f*; ***~ servicing*** Schuldendienst *m*.

'debt·or *s* Schuldner(in).

de·bug [,di:'bʌg] *v/t* **1.** entwanzen (*a.* F *von Minispionen befreien*). **2.** *tech.* F Fehler *e-r Maschine* beheben; Fehler *e-s Computerprogramms* beseitigen *od.* korrigieren.

de·bug·ger [dɪ'bʌgə] → ***debug program.***
de·bug·ging [dɪ'bʌgɪŋ] *s Computer*: Fehlerbeseitigung *f.*
de·bug pro·gram *s Computer*: Fehlersuchprogramm *n.*
D
de·bu·reauc·ra·tize [ˌdiːbjʊə'rɒkrətaɪz] *v/t* entbürokratisieren.
de·but ['deɪbjuː] *s* Debüt *n*: ***make one's ~*** sein Debüt geben.
deb·u·tant ['debjuːtɑ̃ːŋ] *s* Debütant *m.*
deb·u·tante ['debjuːtɑːnt] *s* Debütantin *f.*
Dec. ***December*** Dez., Dezember *m.*
dec·ade ['dekeɪd] *s* Jahrzehnt *n.*
de·ca·dence ['dekədəns] *s* Dekadenz *f.*
'de·ca·dent *adj* dekadent.
de·caf ['diːkæf] *s* F koffeinfreier Kaffee.
de·caf·fein·at·ed [ˌdiː'kæfɪneɪtɪd] *adj* koffeinfrei (*Kaffee*).
de·cal ['diːkæl] *s bsd. Am.* Abziehbild *n.*
de·camp [dɪ'kæmp] *v/i* F sich aus dem Staub machen.
de·cant [dɪ'kænt] *v/t* **1.** dekantieren. **2.** ab-, umfüllen.
de'cant·er *s* Karaffe *f.*
de·cap·i·tate [dɪ'kæpɪteɪt] *v/t* enthaupten, köpfen.
de·car·tel·i·za·tion ['diːˌkɑːtəlaɪ'zeɪʃn] *s econ.* Entkartellisierung *f*, Entflechtung *f.*
ˌde'car·tel·ize *v/t* entkartellisieren, entflechten.
de·cath·lete [dɪ'kæθliːt] *s Leichtathletik*: Zehnkämpfer(in).
de'cath·lon [~lɒn] *s* Zehnkampf *m.*
de·cay [dɪ'keɪ] **I** *v/i* **1.** zerfallen (*a. phys.*), vermodern. **2.** verfaulen, -wesen; kariös *od.* schlecht werden (*Zahn*). **3.** abnehmen, schwinden; schwach *od.* kraftlos werden. **4.** zugrunde gehen. **5.** *geol.* verwittern. **II** *s* **6.** Zerfall *m* (*a. phys.*). **7.** Verfaulen *n.* **8.** *geol.* Verwitterung *f.*
de·cease [dɪ'siːs] *s* Ableben *n.*
de·'ceased I *adj* verstorben. **II** *s*: ***the ~*** der *od.* die Verstorbene, die Verstorbenen *pl.*
de·ceit [dɪ'siːt] *s* Betrug *m*, Täuschung *f.*
de'ceit·ful *adj* □ **1.** betrügerisch. **2.** falsch, hinterlistig.
de·ceive [dɪ'siːv] **I** *v/t* täuschen (*Person*), (*Sache a.*) trügen: ***be ~d*** sich täuschen (lassen); ***be ~d in s.o.*** sich in j-m täuschen; ***~ o.s.*** sich et. vormachen. **II** *v/i* täuschen, trügen (*Sache*).
de'ceiv·er *s* Betrüger(in).
de·cel·er·ate [ˌdiː'seləreɪt] **I** *v/t* verlangsamen; die Geschwindigkeit herabsetzen von (*od. gen*). **II** *v/i* sich verlangsamen; s-e Geschwindigkeit verringern.
De·cem·ber [dɪ'sembə] *s* Dezember *m*: ***in ~*** im Dezember.
de·cen·cy ['diːsnsɪ] *s* Anstand *m*, *pl a.* Anstandsformen *pl*: ***for ~'s sake*** anstandshalber.
'de·cent *adj* □ **1.** anständig. **2.** passabel, annehmbar. **3.** F salonfähig (angezogen).
de·cen·tral·i·za·tion [diːˌsentrəlaɪ'zeɪʃn] *s* Dezentralisierung *f.*
de'cen·tral·ize *v/t* dezentralisieren.
de·cep·tion [dɪ'sepʃn] *s* Täuschung *f.*
de'cep·tive *adj* □ täuschend, trügerisch: ***be ~*** → ***deceive*** II; → ***appearance*** 3.
de·cide [dɪ'saɪd] **I** *v/t* **1.** *et.* entscheiden; *et.* bestimmen. **2.** ***~ s.o. to do s.th.*** j-n veranlassen *od.* dazu bringen, et. zu tun. **II** *v/i* **3.** beschließen, sich entscheiden *od.* entschließen (***to do, on doing*** zu tun; ***against doing*** nicht zu tun): ***~ in favo(u)r of*** (*od.* ***on***) (***against***) sich entscheiden für (gegen). **4.** entscheiden, den Ausschlag geben.
de'cid·ed *adj* □ entschieden, entschlossen.
de'cid·ing *adj* entscheidend, ausschlaggebend.
de·cid·u·ous [dɪ'sɪdjʊəs] *adj*: ***~ tree*** Laubbaum *m.*
dec·i·mal ['desɪml] **I** *adj* □ **1.** dezimal, Dezimal...: ***go ~*** das Dezimalsystem einführen; ***~ fraction*** → 2; ***~ point*** Komma *n* (*in GB u. USA Punkt*) vor der ersten Dezimalstelle; ***~ system*** Dezimalsystem *n.* **II** *s* **2.** Dezimalbruch *m.* **3.** Dezimalzahl *f.*
dec·i·mal·ize [''desɪməlaɪz] *v/t* auf das Dezimalsystem umstellen.
dec·i·mate ['desɪmeɪt] *v/t* dezimieren.
de·ci·pher [dɪ'saɪfə] *v/t* entziffern.
de·ci·sion [dɪ'sɪʒn] *s* **1.** Entscheidung *f*: ***make*** (*od.* ***take***) ***a ~*** e-e Entscheidung treffen (***on, over*** über *acc*). **2.** Entschluss *m*: ***arrive at*** (*od.* ***come to***) ***a ~*** zu e-m Entschluss kommen. **3.** Entschlusskraft *f*, Entschlossenheit *f.* **~-ˌmak·er** *s* Entscheidungsträger *m.* **~-ˌmak·ing** *s* Entscheidungsfindung *f*: ***~ level*** Entscheidungsebene *f*; ***~ process*** Entscheidungsprozess *m.*
de·ci·sive [dɪ'saɪsɪv] *adj* □ **1.** → ***deciding***: ***be ~ of*** *et.* entscheiden. **2.** → ***decided.***
deck [dek] **I** *s* **1.** ⚓ Deck *n*: ***on ~*** an Deck; *bsd. Am.* F auf dem Posten. **2.** Stock(werk *n*) *m*, (*e-s Busses a.*) Deck *n.* **3.** *bsd. Am.* Spiel *n*, Pack *m* (Spiel)Karten. **II** *v/t* **4.** *oft* ***~ out*** herausputzen; schmücken. **~ chair** *s* Liegestuhl *m.*
de·claim [dɪ'kleɪm] *v/i* **1.** deklamieren, (*v/t a.*) vortragen. **2.** eifern, wettern (***against*** gegen).
dec·la·ra·tion [ˌdeklə'reɪʃn] *s* **1.** Erklärung *f*: a) Aussage *f*: ***make a ~*** e-e Erklärung abgeben; ***~ of intent*** Absichtserklärung, b) Verkündung *f*: ***~ of income*** Einkommensteuererklärung; ***~ of independence*** Unabhängigkeitserklärung; ***~ of war*** Kriegserklä-

rung. **2.** (Zoll)Deklaration *f*, Zollerklärung *f*.

de·clare [dɪ'kleə] **I** *v/t* **1.** erklären, verkünden: **~ *open*** für eröffnet erklären; **~ *s.o. the winner*** j-n zum Sieger erklären; → ***war*. 2.** deklarieren: ***have you anything to ~?*** haben Sie et. zu verzollen? **II** *v/i* **3.** sich erklären *od.* entscheiden (***for*** für; ***against*** gegen).

de'clared *adj* erklärt.

de·clen·sion [dɪ'klenʃn] *s ling.* Deklination *f*.

de·cline [dɪ'klaɪn] **I** *v/i* **1.** sich neigen *od.* senken. **2.** zur Neige *od.* zu Ende gehen. **3.** abnehmen, zurückgehen; fallen, sinken (*Preise*); verfallen. **4.** (höflich) ablehnen. **II** *v/t* **5.** (höflich) ablehnen: **~ *doing*** (*od.* ***to do***) es ablehnen zu tun. **6.** *ling.* deklinieren. **III** *s* **7.** Neigung *f*, Senkung *f*. **8.** Neige *f*: ***be on the ~*** zur Neige gehen; im Niedergang begriffen sein, sinken. **9.** Abnahme *f*, Rückgang *m*: **~ *in business*** Geschäftsrückgang *m*; **~ *in economic activity*** Konjunkturrückgang *m*; **~ *in orders*** Auftragsrückgang; **~ *in prices*** Preisrückgang *m*; **~ *of*** (*od.* ***in***) ***strength*** Kräfteverfall *m*; **~ *in value*** Wertminderung *f*.

de'cliv·i·ty [dɪ'klɪvətɪ] *s* **1.** Abschüssigkeit *f*. **2.** (Ab)Hang *m*.

de·clutch [ˌdiː'klʌtʃ] *v/i mot.* auskuppeln.

de·code [ˌdiː'kəʊd] *v/t* entschlüsseln.

de·cod·er [ˌdiː'kəʊdə] *s* Decoder *m*.

de·cod·ing [dɪ'kəʊdɪŋ] *s* Dekodierung *f*.

dé·colle·tage [ˌdeɪkɒl'tɑːʒ], **dé'colle·té** [~teɪ] *s* Dekolletee *n*.

de·com·pose [ˌdiːkəm'pəʊz] **I** *v/t* **1.** ⚗, *phys.* zerlegen, spalten. **2.** zersetzen. **II** *v/i* **3.** sich auflösen, zerfallen (***into*** in *acc*). **4.** sich zersetzen.

de·com·po·si·tion [ˌdiːkɒmpə'zɪʃn] *s* **1.** ⚗, *phys.* Zerlegung *f*, Spaltung *f*. **2.** Zersetzung *f*, Zerfall *m*.

de·con·tam·i·nate [ˌdiːkən'tæmɪneɪt] *v/t* entgasen, -seuchen, -strahlen.

'de·conˌtam·i'na·tion *s* Entgasung *f*, -seuchung *f*, -strahlung *f*.

de·con·trol [ˌdiːkən'trəʊl] *econ.* **I** *v/t* freigeben, die Zwangsbewirtschaftung aufheben von (*od. gen*). **II** *s* Freigabe *f*, Aufhebung *f* der Zwangsbewirtschaftung.

dé·cor, de·cor ['deɪkɔː] *s* **1.** Ausstattung *f* (*e-s Raums*). **2.** *thea.* Dekor *m*, *n*, Ausstattung *f*, Dekoration *f*.

dec·o·rate ['dekəreɪt] *v/t* **1.** schmücken, verzieren; ausschmücken, dekorieren. **2.** tapezieren; (an)streichen. **3.** dekorieren, (*mit Orden etc*) auszeichnen.

ˌdec·o'ra·tion *s* **1.** (Aus)Schmückung *f*, Dekorierung *f*. **2.** Schmuck *m*, Dekoration *f*, Verzierung *f*. **3.** Orden *m*, Ehrenzeichen *n*.

dec·o·ra·tive ['dekərətɪv] *adj* dekorativ, Schmuck...: **~ *plant*** Zierpflanze *f*.

dec·o·ra·tor ['dekəreɪtə] *s* **1.** Dekorateur(in): → ***interior*** 1. **2.** Maler(in) u. Tapezierer(in).

dec·o·rous ['dekərəs] *adj* □ anständig, schicklich.

de·co·rum [dɪ'kɔːrəm] *s* Anstand *m*, Schicklichkeit *f*.

de·coy I *s* ['diːkɔɪ] Lockvogel *m*, *fig. a.* Köder *m*. **II** *v/t* [dɪ'kɔɪ] (an)locken, ködern; *fig. a.* verleiten (***into*** zu).

de·crease [diː'kriːs] **I** *v/i* abnehmen, sich vermindern *od.* verringern: **~ *in length*** kürzer werden. **II** *v/t* vermindern, -ringern, herabsetzen. **III** *s* ['diːkriːs] Abnahme *f*, Verminderung *f*, -ringerung *f*: ***be on the ~*** → I; **~ *in business activity*** Konjunkturabschwung *m*; **~ *in demand*** Nachfragerückgang *m*; **~ *in value*** Wertminderung *f*.

de·cree [dɪ'kriː] **I** *s* **1.** Dekret *n*, Erlass *m*, Verfügung *f*. **2.** ⚖ Entscheid *m*, Urteil *n*. **II** *v/t* **3.** verfügen. **~ ni·si** ['naɪsaɪ] *s* ⚖ vorläufiges Scheidungsurteil.

de·crep·it [dɪ'krepɪt] *adj* altersschwach (*Person, Auto etc*).

de·cry [dɪ'kraɪ] *v/t* heruntermachen, herabsetzen, schlecht machen.

ded·i·cate ['dedɪkeɪt] *v/t* **1.** *Buch, Leben, Zeit etc* widmen (***to*** *dat*). **2.** *Am.* feierlich eröffnen *od.* einweihen.

'ded·i·cat·ed *adj* **1.** treu sorgend (*Vater etc*), einsatzfreudig (*Angestellter etc*), engagiert (*Verfechter etc*) **2.** *Computer*: fest zugeordnet, zweckbestimmt.

ˌded·i'ca·tion *s* **1.** Widmung *f*. **2.** Hingabe *f*. **3.** *Am.* feierliche Eröffnung *od.* Einweihung.

de·duce [dɪ'djuːs] *v/t* **1.** folgern, schließen (***from*** aus). **2.** ab-, herleiten (***from*** von).

de·duct [dɪ'dʌkt] *v/t* (***from***) *Betrag* a) abziehen (von): ***after ~ing charges, charges ~ed*** nach Abzug der Kosten, b) einbehalten (von), c) (von *der Steuer*) absetzen.

de'duct·i·ble *adj* (*steuerlich*) absetzbar: ***tax ~*** steuerlich absetzbar.

de'duc·tion *s* **1.** Abzug *m*; Einbehaltung *f*; Absetzung *f*: **~ *of tax at source*** Quellenbesteuerung *f*. **2.** *econ.* Nachlass *m*; steuerlich absetzbare Beträge *pl*. **3.** (Schluss)Folgerung *f*, Schluss *m*.

deed [diːd] *s* **1.** Tat *f*: ***do a good ~*** e-e gute Tat vollbringen; → ***will***[1] 1, ***word*** 1. **2.** Helden-, Großtat *f*. **3.** ⚖ (Übertragungs)Urkunde *f*: **~ *of conveyance*** Grundstücksübertragungsvertrag *m*.

dee·jay ['diːdʒeɪ] *s* F Diskjockey *m*.

deem [diːm] *v/t* halten *od.* erachten für, betrachten als.

D

deep [diːp] I *adj* □ **1.** tief (*a. fig.*): ~ ***breath*** tiefer Atemzug; ~ ***disappointment*** schwere *od.* bittere Enttäuschung; ~***ly disappointed*** schwer *od.* bitter enttäuscht; ~ ***poverty*** tiefste Armut; ~ ***silence*** tiefes *od.* völliges Schweigen; ~ ***sleep*** tiefer Schlaf, Tiefschlaf *m*; ~ ***voice*** tiefe *od.* dunkle Stimme; ***in*** ~ ***water(s)*** in Schwierigkeiten. **2.** schwer verständlich, schwierig: ***that is too*** ~ ***for me*** das ist mir zu hoch. II *adv* **3.** tief (*a. fig.*): ~ ***into the night*** (bis) tief in die Nacht (hinein); ~ ***in thought*** tief in Gedanken (versunken); ~ ***in winter*** im tiefen Winter; → ***water*** 2. III *s* **4.** Tiefe *f*. **5.** ***in the*** ~ ***of night*** mitten in der Nacht; ***in the*** ~ ***of winter*** im tiefen Winter.

'deep·en *v/t u. v/i* (sich) vertiefen, *fig. a.* (sich) steigern *od.* verstärken.

'deep|-felt *adj* tief empfunden. **ˌ~-'freeze** I *s* Tiefkühl-, Gefriergerät *n.* II *adj* Tiefkühl..., Gefrier...: ~ ***cabinet*** Tiefkühl-, Gefriertruhe *f.* III *v/t* (*mst irr* ***freeze***) tiefkühlen, einfrieren: ***deep-frozen food*** Tiefkühlkost *f.* ~ **freez·er** → ***deep-freeze*** I. **ˌ~-'fry** *v/t* frittieren. ~ **fry·er, '~-ˌfry·ing pan** *s* Friteuse *f.*

deep·ness ['diːpnɪs] *s* Tiefe *f* (*a. fig.*).

ˌdeep|-'root·ed *adj* tief verwurzelt (*a. fig.*). **ˌ~-'sea** *adj* Tiefsee...: ~ ***fishing*** Hochseefischerei *f.* **ˌ~-'seat·ed** *adj fig.* tief sitzend. **'~-set** *adj* tief liegend (*Augen*).

deer [dɪə] *pl* **deer(s)** *s zo.* Hirsch *m*; Reh *n.*

de-es·ca·late [ˌdiː'eskəleɪt] I *v/t* **1.** *Krieg etc* deeskalieren. **2.** *Erwartungen etc* herunterschrauben. II *v/i* **3.** deeskalieren.

ˌde-es·ca'la·tion *s* Deeskalation *f.*

de·face [dɪ'feɪs] *v/t* **1.** entstellen, verunstalten. **2.** aus-, durchstreichen, unleserlich machen.

def·a·ma·tion [ˌdefə'meɪʃn] *s* Verleumdung *f*, Diffamierung *f.*

de·fam·a·to·ry [dɪ'fæmətərɪ] *adj* □ verleumderisch, diffamierend.

de·fame [dɪ'feɪm] *v/t* verleumden, diffamieren.

de·fault [dɪ'fɔːlt] I *s* **1.** Unterlassung *f*, (Pflicht)Versäumnis *n.* **2.** *econ.* Nichterfüllung *f*, Verzug *m*: ***be in*** ~ in Verzug sein (***on*** mit); ~ ***interests*** *pl* Verzugszinsen *pl*; ~ ***of delivery*** Lieferverzug; ~ ***of payment*** Nichtzahlung *f*, Zahlungsverzug. **3.** ⚖ Nichterscheinen *n* vor Gericht: ***judg(e)ment by*** ~ Versäumnisurteil *n.* **4.** *Sport*: Nichtantreten *n.* **5.** ***in*** ~ ***of*** in Ermangelung von (*od. gen*), mangels (*gen*). II *v/i* **6.** s-n Verpflichtungen nicht nachkommen, *econ. a.* im Verzug sein: ~ ***on s.th.*** mit et. im Rückstand sein, mit et. in Verzug geraten. **7.** ⚖ nicht vor Gericht erscheinen. **8.** *Sport*: nicht antreten. III *v/t* **9.** *e-r Verpflichtung* nicht nachkommen, in Verzug geraten mit.

de·fault·er [dɪ'fɔːltə] *s* säumiger Schuldner.

de·feat [dɪ'fiːt] I *v/t* **1.** *Gegner* besiegen, schlagen. **2.** *Hoffnung, Plan etc* vereiteln, zunichte machen. II *s* **3.** Besiegung *f.* **4.** Niederlage *f*: ***admit*** ~ sich geschlagen geben. **5.** Vereit(e)lung *f.*

de·fect I *s* ['diːfekt] **1.** Defekt *m*, Fehler *m*: ~ ***in character*** Charakterfehler; ~ ***of vision*** Sehfehler; ~ ***note*** Qualitätsbeanstandung *f.* **2.** Mangel *m* (***of*** an *dat*): ~ ***of memory*** Gedächtnisschwäche *f.* II *v/i* [dɪ'fekt] **3.** abtrünnig werden (***from*** *dat*); übergehen, -laufen (***to*** zu).

de'fec·tion *s* Überlaufen *n.*

de'fec·tive *adj* □ **1.** mangelhaft, unzulänglich: ***he is*** ~ ***in*** es mangelt ihm an (*dat*). **2.** schadhaft, defekt: ***mentally*** ~ schwachsinnig.

de'fec·tor *s* Überläufer(in).

de·fence [dɪ'fens] *s Br.* Verteidigung *f* (*a. mil.*, ⚖, *Sport*), Schutz *m*: ***in*** ~ ***of*** zur Verteidigung *od.* zum Schutz von (*od. gen*); ***come to s.o.'s*** ~ j-m zu Hilfe kommen; → ***counsel*** 3, ***witness*** 1.

de'fence·less *adj* □ schutz-, wehrlos.

de·fend [dɪ'fend] *v/t* **1.** (***from, against***) verteidigen (gegen), schützen (vor *dat*, gegen). **2.** *Meinung etc* verteidigen, rechtfertigen.

de'fend·ant *s* ⚖ Beklagte *m, f*; Angeklagte *m, f.*

de'fend·er *s* **1.** Verteidiger(in). **2.** *Sport*: Abwehrspieler(in).

de·fense, *etc Am.* → ***defence,*** *etc.*

de'fen·sive I *adj* defensiv, Verteidigungs..., Abwehr... II *s* Defensive *f*: ***on the*** ~ in der Defensive.

de·fer¹ [dɪ'fɜː] *v/t* **1.** auf-, verschieben (***to*** auf *acc*): ~***red assets*** *pl* transitorische Passiva *pl* (*noch nicht fällige Posten*); ~***red charges*** *pl* Rechnungsabgrenzungsposten *pl*; ~***red creditor*** nachrangiger Gläubiger; ~***red debit*** transitorische Aktiva *pl*; ~***red items*** *pl* zurückgestellte Posten *pl*; ~***red payments*** *pl* Ratenzahlungen *pl*; ~***red revenue*** Ertragsabgrenzungen *pl.* **2.** hinausschieben, verzögern. **3.** *mil. Am.* (vom Wehrdienst) zurückstellen.

de·fer² [~] *v/i* sich fügen (***to*** *dat*).

def·er·ence ['defərəns] *s* **1.** Ehrerbietung *f*, (Hoch)Achtung *f*: ***in*** (*od.* ***out of***) ~ ***to*** aus Achtung vor (*dat*). **2.** Rücksicht(nahme) *f*: ***in*** (*od.* ***out of***) ~ ***to*** mit *od.* aus Rücksicht auf (*acc*).

def·er·en·tial [ˌdefə'renʃl] *adj* □ **1.** ehrerbietig. **2.** rücksichtsvoll.

de·fer·ment [dɪ'fɜːmənt] *s* **1.** Aufschub *m*,

Verschiebung *f.* **2.** *mil. Am.* Zurückstellung *f* (*vom Wehrdienst*). **3.** *econ.* Stundung *f.*

de·fer·ral [dɪ'fɜːrəl] *s*: ~ ***of debt payment*** Moratorium *n*, Stundung *f.*

de·fi·ance [dɪ'faɪəns] *s* **1.** Trotz *m*: ***in ~ of*** ungeachtet, trotz (*gen*), *e-m Gebot etc* zuwider, *j-m* zum Trotz. **2.** Herausforderung *f.*

de'fi·ant *adj* □ **1.** trotzig. **2.** herausfordernd.

de·fi·cien·cy [dɪ'fɪʃnsɪ] *s* **1.** (***of***) Mangel *m* (an *dat*), Fehlen *n* (von): ~ ***of blood*** Blutarmut *f*; ~ ***disease*** ✱ Mangelkrankheit *f.* **2.** → ***deficit.***

de'fi·cient *adj* □ unzureichend, mangelhaft, ungenügend: ***be ~ in*** Mangel leiden an (*dat*); ***he is ~ in*** ihm fehlt es an (*dat*).

def·i·cit ['defɪsɪt] *s* Defizit *n*, Fehlbetrag *m.*

de·fine [dɪ'faɪn] *v/t* **1.** definieren: a) *Wort etc* erklären, b) *Begriff etc* bestimmen. **2.** abgrenzen. **3.** ~ ***itself against*** sich scharf *od.* deutlich abheben von *od.* gegen.

def·i·nite ['defɪnɪt] *adj* **1.** bestimmt (*a. ling.*). **2.** endgültig, definitiv.

'def·i·nite·ly *adv* → ***definite***: ~ ***not!*** ganz bestimmt nicht!

ˌdef·i'ni·tion *s* Definition *f*: a) Erklärung *f*, b) Bestimmung *f.*

de·fin·i·tive [dɪ'fɪnɪtɪv] *adj* □ **1.** → ***definite*** 2. **2.** maßgeblich.

de·flate [dɪ'fleɪt] *v/t* **1.** (die) Luft ablassen aus. **2.** *econ.* deflationieren.

de'fla·tion *s econ.* Deflation *f.*

de·flect [dɪ'flekt] **I** *v/t* ablenken (***from*** von). **II** *v/i* abweichen (***from*** von) (*a. fig.*).

de'flec·tion *s* **1.** Ablenkung *f.* **2.** Abweichung *f.*

de·fo·li·ant [ˌdiː'fəʊlɪənt] *s* Entlaubungsmittel *n.*

de·fo·li·ate [ˌdiː'fəʊlɪeɪt] *v/t* entlauben.

de·for·est [ˌdiː'fɒrɪst] *v/t* abholzen.

de·form [dɪ'fɔːm] *v/t* **1.** deformieren, verformen (*beide a. phys., tech.*). **2.** verunstalten, entstellen: ~***ed by anger*** wutverzerrt (*Gesicht*).

de·for·ma·tion [ˌdiːfɔː'meɪʃn] *s* **1.** Deformierung *f*, Verformung *f.* **2.** Verunstaltung *f*, Entstellung *f.*

de·form·i·ty [dɪ'fɔːmətɪ] *s* **1.** Entstelltheit *f.* **2.** Missbildung *f.*

de·fraud [dɪ'frɔːd] *v/t* betrügen (***of*** um).

de·fray [dɪ'freɪ] *v/t Kosten* tragen.

de·frost [ˌdiː'frɒst] **I** *v/t* von Eis befreien, *Windschutzscheibe etc* entfrosten, *Kühlschrank etc* abtauen, *Tiefkühlkost etc* auftauen. **II** *v/i* ab-, auftauen.

deft [deft] *adj* □ gewandt, geschickt.

de·fuse [ˌdiː'fjuːz] *v/t Bombe, Lage etc* entschärfen.

de·fy [dɪ'faɪ] *v/t* **1.** trotzen (*dat*); sich widersetzen (*dat*): ~ ***description*** unbeschreiblich sein, jeder Beschreibung spotten. **2.** herausfordern.

de·gen·er·ate **I** *v/i* [dɪ'dʒenəreɪt] degenerieren, entarten (***into*** zu). **II** *adj* [~rət] degeneriert, entartet.

deˌgen·er'a·tion [~'reɪʃn] *s* Degeneration *f*, Entartung *f.*

de·grad·able [dɪ'greɪdəbl] *adj* abbaubar.

deg·ra·da·tion [ˌdegrə'deɪʃn] *s* **1.** Degradierung *f.* **2.** Erniedrigung *f.*

de·grade [dɪ'greɪd] *v/t* **1.** degradieren. **2.** erniedrigen (***into, to*** zu).

de·gree [dɪ'griː] *s* **1.** Grad *m*, Stufe *f*: ***by ~s*** allmählich, nach u. nach; ***by slow ~s*** ganz allmählich; ***to some*** (*od.* ***a certain***) ~ ziemlich, bis zu e-m gewissen Grade; ***to a high ~*** in hohem Maße; ~ ***of comparison*** *ling.* Steigerungsstufe *f*; ~ ***of priority*** Dringlichkeitsstufe *f.* **2.** &, *tech., ast., geogr. etc* Grad *m*: ~ ***of latitude*** (***longitude***) Breiten-(Längen)grad. **3.** *univ.* Grad *m*, Hochschulabschluss *m*: ~ ***holder*** Absolvent *m*; ***take one's ~*** e-n akademischen Grad erwerben; → ***doctor*** 2.

de·hu·man·ize [ˌdiː'hjuːmənaɪz] *v/t* entmenschlichen.

de·hy·drate [ˌdiː'haɪdreɪt] *v/t* das Wasser entziehen (*dat*): ~***d vegetables*** *pl* Trockengemüse *n.*

de·ice [ˌdiː'aɪs] *v/t* enteisen.

deign [deɪn] **I** *v/i* sich herablassen, geruhen (***to do*** zu tun). **II** *v/t* sich herablassen zu.

de·in·dus·tri·al·i·za·tion *s* Deindustrialisierung *f.*

de·i·ty ['diːɪtɪ] *s* Gottheit *f.*

de·ject·ed [dɪ'dʒektɪd] *adj* □ niedergeschlagen.

de'jec·tion *s* Niedergeschlagenheit *f.*

de·lay [dɪ'leɪ] **I** *v/t* **1.** a) ver-, auf-, hinausschieben: ~ ***doing s.th.*** es verschieben, et. zu tun, b) verzögern, -schleppen: ***be ~ed*** sich verzögern. **2.** aufhalten: ***be ~ed*** (***for two hours***) 🚂, *etc* (zwei Stunden) Verspätung haben. **II** *v/i* **3.** zögern. **4.** Zeit zu gewinnen suchen. **III** *s* **5.** Verschiebung *f*, Aufschub *m*; Verzögerung *f*, Verschleppung *f*: ***without ~*** unverzüglich; ~ ***in delivery*** Lieferverzug; ~ ***in performance*** Verzug. **5.** Arbeitsunterbrechung *f.* **6.** 🚂, *etc* Verspätung *f.*

de'lay·ing *adj*: ~ ***tactics*** *pl* Hinhalte-, Verzögerungstaktik *f.*

del·e·gate **I** *s* ['delɪgət] **1.** Delegierte *m, f*, bevollmächtigter Vertreter, bevollmächtigte Vertreterin. **II** *v/t* ['~geɪt] **2.** abordnen, delegieren. **3.** *Vollmachten etc* übertragen (***to*** *dat*).

del·e·ga·tion [ˌdelɪ'geɪʃn] *s* **1.** Übertragung *f.* **2.** Abordnung *f*, Delegation *f.*

D

de·lete [dɪ'liːt] I *v/t* (aus)streichen, *Computer*: löschen. II *v/i*: ~ ***where inapplicable*** Nichtzutreffendes bitte streichen.

de·lete key *s* Entfernungs-, Löschtaste *f*.

de·le·tion [dɪ'liːʃn] *s* Streichung *f*, Löschen *n*.

Del·hi ['delɪ] *Hauptstadt von Indien*.

de·li ['delɪ] *s* F Delikatessengeschäft *n*.

de·lib·er·ate I *adj* [dɪ'lɪbərət] □ **1.** überlegt. **2.** bewusst, absichtlich, vorsätzlich. **3.** bedächtig, besonnen. II *v/t* [~reɪt] **4.** überlegen, erwägen. III *v/i* [~reɪt] **5.** nachdenken (***on*** über *acc*), überlegen. **6.** beratschlagen, sich beraten (***on*** über *acc*).

de͵lib·er'a·tion [~'reɪʃn] *s* **1.** Überlegung *f*. **2.** Beratung *f*. **3.** Bedächtigkeit *f*.

del·i·ca·cy ['delɪkəsɪ] *s* **1.** Zartheit *f*. **2.** Fein-, Zartgefühl *n*, Takt *m*. **3.** Empfindlichkeit *f*. **4.** ***of great*** ~ sehr heikel. **5.** Delikatesse *f*, Leckerbissen *m*.

del·i·cate ['delɪkət] *adj* □ **1.** zart: a) fein (*Farben etc*), b) zierlich (*Figur etc*), c) zerbrechlich: ***of*** (*od.* ***in***) ~ ***health*** von zarter Gesundheit, d) sanft, leise: ~ ***hint*** zarter Wink. **2.** delikat, heikel (*Frage etc*). **3.** fein, empfindlich (*Instrument etc*). **4.** feinfühlig, zart fühlend, taktvoll. **5.** delikat, schmackhaft.

del·i·ca·tes·sen [͵delɪkə'tesn] *s pl* **1.** Delikatessen *pl*, Feinkost *f*. **2.** *sg* Feinkostgeschäft *n*.

de·li·cious [dɪ'lɪʃəs] *adj* □ köstlich.

de·light [dɪ'laɪt] I *s* Vergnügen *n*, Entzücken *n*: ***to my*** ~ zu m-r Freude; ***take*** ~ ***in*** → III. II *v/t* erfreuen, entzücken. III *v/i*: ~ ***in*** (große) Freude haben an (*dat*), sich ein Vergnügen machen aus.

de'light·ful [~fʊl] *adj* □ entzückend, herrlich.

de·lim·it [diː'lɪmɪt], **de'lim·i·tate** [~teɪt] *v/t* abgrenzen.

de·lin·e·ate [dɪ'lɪnɪeɪt] *v/t* **1.** skizzieren, entwerfen. **2.** beschreiben, schildern.

de·lin·quen·cy [dɪ'lɪŋkwənsɪ] *s* Kriminalität *f*: → ***juvenile*** I.

de'lin·quent I *adj* straffällig. II *s* Delinquent(in), Straffällige *m*, *f*: → ***juvenile*** I.

de·lir·i·ous [dɪ'lɪrɪəs] *adj* □ **1.** ⚕ im Delirium, fantasierend. **2.** *fig.* rasend (***with*** vor *dat*): ~ ***with joy*** in e-m Freudentaumel; ~***ly happy*** vor Glück außer sich.

de'lir·i·um [~əm] *pl* **-i·ums, -i·a** [~ɪə] *s* **1.** ⚕ Delirium *n*: ~ ***tremens*** ['triːmenz] Delirium tremens, Säuferwahn(sinn) *m*. **2.** *fig.* Taumel *m*: ~ ***of joy*** Freudentaumel.

de·liv·er [dɪ'lɪvə] *v/t* **1.** *a.* ~ ***up*** (*od.* ***over***) übergeben, ausliefern: ~ ***o.s. up to s.o.*** sich j-m stellen *od.* ergeben. **2.** *Waren* liefern; *Brief etc* zustellen; *Nachricht etc* bestellen. **3.** *Rede etc* halten (***to*** vor *dat*). **4.** befreien, erlösen (***from*** von, aus). **5.** ***be*** ~***ed*** ⚕ entbinden: ***be*** ~***ed of*** entbunden werden von.

de'liv·er·y *s* **1.** *econ.* Lieferung *f*: ***on*** ~ bei Lieferung *od.* Empfang; ***cash*** (*Am.* ***collect***) ***on*** ~ per Nachnahme; ~ ***cost*** Versandkosten *pl*; ~ ***deadline*** Lieferfrist *f*; ~ ***note*** Lieferschein *m*; ~ ***receipt*** Empfangsschein *m*. **2.** 📯 Zustellung *f*: ~ ***charge*** Zustellgebühr *f*; ~ ***service*** Zustelldienst *m*, Auslieferung *f*; ***recorded*** ~ Einschreiben *n*. **3.** Halten *n* (*e-r Rede*); Vortrag(sweise *f*) *m*. **4.** ⚕ Entbindung *f*: ~ ***room*** Kreißsaal *m*.

de·louse [͵diː'laʊs] *v/t* entlausen.

del·ta ['deltə] *s* (Fluss)Delta *n*.

de·lude [dɪ'luːd] *v/t* **1.** täuschen, irreführen: ~ ***o.s.*** sich et. vormachen. **2.** verleiten (***into*** zu).

del·uge ['deljuːdʒ] I *s* **1.** Überschwemmung *f*: ***the Deluge*** *Bibl.* die Sintflut. **2.** *fig.* Flut *f*, (Un)Menge *f*. II *v/t* **3.** überschwemmen, -fluten (*beide a. fig.* ***with*** mit).

de·lu·sion [dɪ'luːʒn] *s* **1.** Täuschung *f*, Irreführung *f*. **2.** Wahn *m* (*a. psych.*): ***be under the*** ~ ***that*** in dem Wahn leben, dass; ~***s*** *pl* ***of grandeur*** Größenwahn.

de'lu·sive [~sɪv] *adj* □ **1.** täuschend, irreführend. **2.** Wahn...

de luxe [də'lʌks] *adj* Luxus..., De-Luxe-...

delve [delv] *v/i* angestrengt suchen (***for*** nach): ~ ***into*** sich vertiefen in (*acc*); erforschen.

dem·a·gog·ic [͵demə'gɒgɪk] *adj* (~***ally***) demagogisch.

dem·a·gogue ['~gɒg] *s* Demagoge *m*, Demagogin *f*.

'dem·a·gog·y *s* Demagogie *f*.

de·mand [dɪ'mɑːnd] I *v/t* **1.** fordern, verlangen (***of, from*** von). **2.** (*fordernd*) fragen nach. **3.** *fig.* erfordern, verlangen. II *s* **4.** Forderung *f* (***for*** nach): ***on*** ~ auf Verlangen; ***make*** ~***s on s.o.*** Forderungen an j-n stellen. **5.** (***on***) Anforderung *f* (an *acc*), Beanspruchung *f* (*gen*): ***make great*** ~***s on*** stark in Anspruch nehmen (*acc*), große Anforderungen stellen an (*acc*). **6.** *econ. u. allg.* (***for***) Nachfrage *f* (nach), Bedarf *m* (an *dat*): ***elastic*** ~ elastische Nachfrage; ***be in great*** ~ sehr gefragt sein; ***investment*** ~ Investitionsnachfrage *f*; ~ ***for labour*** Nachfrage *f* nach Arbeitskräften. ~ **a·nal·y·sis** *s* Bedarfsanalyse *f*. ~ **bill** *s* Sichtwechsel *m*. ~ **cre·a·tion** *s* Bedarfsschaffung *f*. ~ **de·pos·its** *s pl* Sichteinlagen *pl*.

de'mand·ing *adj* anspruchsvoll.

de'mand|-led in·fla·tion *s* Nachfrageinflation *f*. ~**-o·ri͵ent·ed** *adj* bedarfsorientiert.

de·mar·cate ['diːmɑːkeɪt] *v/t* abgrenzen (***from*** gegen, von) (*a. fig.*).

ˌ**de·mar'ca·tion** *s* Abgrenzung *f*: ~ ***line*** Grenz-, *pol.* Demarkationslinie *f*, *fig.* Trennungslinie *f*, -strich *m*; ~ ***dispute*** Kompetenzstreit *m* unter Gewerkschaften.

dem·e·ra·ra sug·ar [ˌdemə'reərə ~] *s* brauner Rohrzucker.

dem·i... [demɪ] *in Zssgn* Halb..., halb...

'**dem·i·god** *s* Halbgott *m* (*a. fig.*).

'**dem·i·john** *s* große Korbflasche.

de·mil·i·ta·rize [ˌdiː'mɪlɪtəraɪz] *v/t* entmilitarisieren.

de·mist [ˌdiː'mɪst] *v/t* *Windschutzscheibe* freimachen.

ˌ**de'mist·er** *s mot.* Gebläse *n*.

dem·o ['deməʊ] *pl* **-os** *s* F Demo *f* (*Demonstration*).

de·moc·ra·cy [dɪ'mɒkrəsɪ] *s* Demokratie *f*.

dem·o·crat, *pol. Am.* ***Democrat*** ['deməkræt] *s* Demokrat(in).

ˌ**dem·o'crat·ic,** *pol. Am.* **Democratic** *adj* (~***ally***) demokratisch.

de·mog·ra·phy [diː'mɒgrəfɪ] *s* Demographie *f*.

de·mol·ish [dɪ'mɒlɪʃ] *v/t* **1.** ab-, ein-, niederreißen, abbrechen. **2.** *fig.* zerstören. **3.** F *Essen* verdrücken.

dem·o·li·tion [ˌdemə'lɪʃn] *s* **1.** Niederreißen *n*, Abbruch *m*. **2.** *fig.* Zerstörung *f*.

de·mon ['diːmən] *s* **1.** Dämon *m*. **2.** ~ ***for work*** Arbeitsfanatiker(in).

de·mon·e·tize [ˌdiː'mʌnɪtaɪz] *v/t* außer Kurs setzen.

de·mo·ni·ac [dɪ'məʊnɪæk], **de·mon·ic** [diː'mɒnɪk] *adj* (~***ally***) dämonisch.

dem·on·strate ['demənstreɪt] **I** *v/t* **1.** demonstrieren: a) beweisen, b) darlegen, veranschaulichen, zeigen. **2.** *Auto etc* vorführen. **II** *v/i* **3.** *pol. etc* demonstrieren.

ˌ**dem·on'stra·tion** *s* **1.** Demonstrierung *f*, Veranschaulichung *f*. **2.** Vorführung *f*: ~ ***car*** Vorführwagen *m*. **3.** Demonstration *f*, Kundgebung *f*.

de·mon·stra·tive [dɪ'mɒnstrətɪv] *adj* □ **1.** anschaulich: ***be*** ~ ***of*** → ***demonstrate*** 1. **2.** ***be*** ~ s-e Gefühle (offen) zeigen. **3.** demonstrativ, betont. **4.** ~ ***pronoun*** *ling.* Demonstrativpronomen *n*, hinweisendes Fürwort.

dem·on·stra·tor ['demənstreɪtə] *s* **1.** Vorführer(in), Propagandist(in). **2.** Demonstrant(in).

de·mor·al·ize [dɪ'mɒrəlaɪz] *v/t* demoralisieren.

de·mote [dɪ'məʊt] *v/t mil.* degradieren; (beruflich) zurückstufen.

de·mo·tion [ˌdiː'məʊʃn] *s econ.* Zurückstufung *f*.

de·mo·ti·vate [ˌdiː'məʊtɪveɪt] *v/t* demotivieren.

de·mur·rage [dɪ'mʌrɪdʒ] *s* Liegegeld *n*.

den [den] *s* **1.** *zo.* Höhle *f* (*a. fig.*): ~ ***of vice*** Lasterhöhle. **2.** F Bude *f*.

de·na·tion·al·i·za·tion ['diːˌnæʃnəlaɪ'zeɪʃn] *s* Reprivatisierung *f*.

de·na·tion·al·ize [ˌdiː'næʃnəlaɪz] *v/t econ.* reprivatisieren, entstaatlichen.

de·ni·al [dɪ'naɪəl] *s* **1.** Ablehnung *f*. **2.** (Ab)Leugnung *f*: ***official*** ~ Dementi *n*.

den·im ['denɪm] *s* **1.** Köper *m*. **2.** *pl* Jeans *pl*.

Den·mark ['denmɑːk] *npr* Dänemark *n*.

de·nom·i·nate [dɪ'nɒmɪneɪt] *v/t* nennen, bezeichnen als.

deˌnom·i'na·tion *s* **1.** Bezeichnung *f*. **2.** *eccl.* Konfession *f*, Bekenntnis *n*. **3.** *econ.* Nennwert *m*, Stückelung *f*.

deˌnom·i'na·tion·al [~'neɪʃənl] *adj* □ konfessionell, Konfessions...

de'nom·i·na·tor *s* ⩲ Nenner *m*: ***common*** ~ gemeinsamer Nenner (*a. fig.*); ***reduce to a common*** ~ auf e-n gemeinsamen Nenner bringen.

de·note [dɪ'nəʊt] *v/t* **1.** bedeuten, anzeigen. **2.** kenn-, bezeichnen.

de·nounce [dɪ'naʊns] *v/t* **1.** anprangern. **2.** *j-n* anzeigen, *contp.* denunzieren (***to*** bei). **3.** *Vertrag* kündigen.

dense [dens] *adj* □ **1.** *allg.* dicht: ~***ly populated*** dicht bevölkert. **2.** *fig.* beschränkt, begriffsstutzig.

'**dense·ness** *s* **1.** → ***density***. **2.** *fig.* Beschränktheit *f*, Begriffsstutzigkeit *f*.

'**den·si·ty** *s* Dichte *f*, Dichtheit *f*: ***double*** (***high***) ~ ***disk*** DD-Diskette (HD-Diskette) *f*; ~ ***of population*** Bevölkerungsdichte; ~ ***of traffic*** Verkehrsdichte.

dent [dent] **I** *s* Beule *f*, Delle *f*, Einbeulung *f*: ***make a*** ~ ***in*** *fig.* ein Loch reißen in (*Ersparnisse etc*); *j-s Stolz etc* verletzen. **II** *v/t* ein-, verbeulen.

den·tal ['dentl] *adj* **1.** Zahn...: ~ ***floss*** Zahnseide *f*; ~ ***hygiene*** Zahnpflege *f*; ~ ***plaque*** Zahnbelag *m*; ~ ***surgeon*** → ***dentist***; ~ ***treatment*** Zahnbehandlung *f*. **2.** Zahnarzt...: ~ ***assistant*** Zahnarzthelfer(in).

'**den·tist** *s* Zahnarzt *m*, -ärztin *f*.

'**den·tist·ry** *s* Zahnmedizin *f*.

den·ture ['dentʃə] *s mst pl* (Zahn)Prothese *f*.

de·nun·ci·a·tion [dɪˌnʌnsɪ'eɪʃn] *s* **1.** (öffentliche) Anprangerung. **2.** Anzeige *f*, *contp.* Denunziation *f*. **3.** Kündigung *f* (***of*** *e-s Vertrags*).

de·ny [dɪ'naɪ] *v/t* **1.** ab-, bestreiten, dementieren, (ab)leugnen: ***it cannot be denied, there is no*** ~***ing*** (***the fact***) es lässt sich nicht bestreiten, es ist nicht zu leugnen (***that*** dass). **2.** *Bitte etc* ablehnen, *j-m et.* abschlagen, verweigern. **3.** *Glauben*, *j-n etc* verleugnen.

de·o·dor·ant [diː'əʊdərənt] **I** *s* De(s)odorant

n, Deo *n*: ***roll-on*** ~ Deoroller *m*; ~ ***spray*** Deospray *m*, *n*. **II** *adj* de(s)odorierend.
de'o·dor·ize *v/t* de(s)odorieren.
de·part [dɪ'pɑːt] *v/i* **1.** abreisen, abfahren (***for*** nach). **2.** 🚗, *etc* abfahren, ✈ abfliegen. **3.** abweichen (***from*** von *e-r Regel*, *der Wahrheit etc*).
de'part·ed I *adj* verstorben. **II** *s*: ***the*** ~ der *od.* die Verstorbene, die Verstorbenen *pl*.
de'part·ment *s* **1.** Fach *n*, Gebiet *n*. **2.** Abteilung *f*, *univ. a.* Fachbereich *m*: ~ ***head*** (*od.* ***manager***) Abteilungsleiter *m*; ~ ***store*** Kaufhaus *n*. **3.** *pol.* Ministerium *n*: ***Department of Defense*** *Am.* Verteidigungsministerium; ***Department of the Interior*** *Am.* Innenministerium; ***Department of State*** *Am.* Außenministerium.
de·part·ment·al [ˌdiːpɑːt'mentl] *adj* Abteilungs...
de·par·ture [dɪ'pɑːtʃə] *s* **1.** Abreise *f*. **2.** 🚗, *etc* Abfahrt *f*, ✈ Abflug *m*: ~***s*** *pl* ‚Abfahrt' (*Fahrplan etc*); ~ ***lounge*** Abflughalle *f*. **3.** Abweichen *n*.
de·pend [dɪ'pend] *v/i* **1.** sich verlassen (***on*** auf *acc*). **2.** (***on***) abhängen, abhängig sein (von): a) angewiesen sein (auf *acc*), b) ankommen (auf *acc*): ***that*** ~***s*** das kommt darauf an, je nachdem; ~***ing on whether*** je nachdem, ob.
de'pend·a·ble *adj* □ verlässlich, zuverlässig.
de·pen·dance *Am.* → ***dependence***.
de'pen·dant I *s* (Familien)Angehörige *m*, *f*. **II** *adj Am.* → ***dependent*** I.
de'pen·dence *s* **1.** Vertrauen *n* (***on*** auf *acc*). **2.** (***on***) Abhängigkeit *f* (von), Angewiesensein *n* (auf *acc*).
de'pen·dent *adj* (***on***) abhängig (von): a) angewiesen (auf *acc*), b) bedingt (durch): ~ ***on weather conditions*** wetter-, witterungsbedingt; ~ ***employment*** abhängige Beschäftigung *f*.
de·pict [dɪ'pɪkt] *v/t* **1.** (bildlich) darstellen. **2.** schildern, beschreiben.
de·pil·a·to·ry [dɪ'pɪlətərɪ] *s* Enthaarungsmittel *n*.
de·plete [dɪ'pliːt] *v/t* **1.** leeren. **2.** *fig.* Raubbau treiben mit, *Kräfte*, *Vorräte etc* erschöpfen, *Bestand etc* dezimieren.
de·ple·tion [dɪ'pliːʃn] *s* Verringerung *f*: ~ ***of the ozone layer*** *etwa* Ozonloch *n*.
de·plor·a·ble [dɪ'plɔːrəbl] *adj* □ **1.** bedauerlich, bedauerns-, beklagenswert. **2.** erbärmlich, kläglich.
de'plore *v/t* bedauern, beklagen.
de·ploy [dɪ'plɔɪ] *v/t* **1.** *mil. u. allg.* verteilen, einsetzen. **2.** *mil. Truppen* stationieren, *Raketen etc a.* aufstellen.
de·pop·u·la·tion *s* Entvölkerung *f*.
de·port [dɪ'pɔːt] *v/t* **1.** des Landes verweisen, ausweisen, *Ausländer a.* abschieben. **2.** deportieren.
de·por·ta·tion [ˌdiːpɔː'teɪʃn] *s* **1.** Ausweisung *f*, Abschiebung *f*. **2.** Deportation *f*.
de·port·ment [dɪ'pɔːtmənt] *s* Auftreten *n*, Benehmen *n*.
de·pose [dɪ'pəʊz] **I** *v/t* **1.** *j-n* absetzen. **2.** ⚖ eidlich bezeugen *od.* erklären. **II** *v/i* **3.** ~ ***to*** → 2.
de·pos·it [dɪ'pɒzɪt] **I** *v/t* **1.** absetzen, abstellen. **2.** ⚗, *geol.* ablagern, absetzen. **3.** deponieren, hinterlegen. **4.** *econ. Betrag* anzahlen. **II** *v/i* **5.** ⚗ sich absetzen *od.* ablagern. **III** *s* **6.** ⚗ Ablagerung *f*, *geol. a.* (*Erz- etc*)Lager *n*. **7.** Deponierung *f*, Hinterlegung *f*: ~***s*** *pl* ***at notice*** Einlagen *pl* mit Kündigungsfrist; ~***s*** *pl* ***on current account*** Kontokorrenteinlagen *pl*. **8.** *econ.* Anzahlung *f*: ***make*** (*od.* ***pay***) ***a*** ~ e-e Anzahlung leisten (***on*** für). **9.** (Flaschen)Pfand *n*, *schweiz.* Depot *n*. ~ **ac·count** *s* Depositenkonto *n*, *bsd. Br.* Sparkonto *n*. ~ **bank·ing** *s* Depositengeschäft *n*. ~ **mon·ey** *s* Buchgeld *n*, Giralgeld *n*.
dep·o·si·tion [ˌdepə'zɪʃn] *s* **1.** Absetzung *f*. **2.** ⚗, *geol.* Ablagerung *f*. **3.** ⚖ eidliche Aussage.
de'pos·it-ˌon·ly *adj* ~ ***check*** *Am.* Verrechnungsscheck *m*.
de·pos·i·tor [dɪ'pɒzɪtə] *s* Einzahler(in).
de·pot *s* **1.** ['depəʊ] Depot *n* (*a. mil.*, 🚂). **2.** ['diːpəʊ] *Am.* Bahnhof *m*.
de·prave [dɪ'preɪv] *v/t moralisch* verderben.
de·prav·i·ty [dɪ'prævətɪ] *s* Verderbtheit *f*.
dep·re·cate ['deprɪkeɪt] *v/t* **1.** missbilligen. **2.** → ***depreciate*** 2.
'dep·re·cat·ing *adj* □ **1.** missbilligend. **2.** entschuldigend.
ˌdep·re'ca·tion *s* Missbilligung *f*.
dep·re·ca·to·ry ['deprɪkətərɪ] → ***deprecating***.
de·pre·ci·ate [dɪ'priːʃɪeɪt] **I** *v/t* **1.** gering schätzen, verachten. **2.** herabsetzen, herunterwürdigen. **3.** *im Preis od. Wert* herabsetzen; *Währung* abwerten: ~ ***on diminishing value*** degressiv abschreiben; ~ ***on a rising scale*** progressiv abschreiben; ~ ***on a straight line basis*** linear abschreiben. **II** *v/i* **4.** an Wert verlieren.
de'pre·ci·at·ing *adj* □ geringschätzig, verächtlich.
deˌpre·ci'a·tion *s* **1.** Geringschätzung *f*, Verachtung *f*. **2.** Herabsetzung *f*. **3.** *econ.* Wertminderung *f*; Abwertung *f*; Abschreibung *f*: ***straight-line*** ~ lineare Abschreibung *f*; ~ ***for tax purposes*** steuerliche Abschreibung. ~ **meth·od** *s* Abschreibungsmethode *f*. ~ **pro·vi·sion** *s* Wertberichti-

gung *f* auf das Anlagevermögen. **~ rate** *s* Abschreibungssatz *m.*
dep·re·da·tion [ˌdeprɪˈdeɪʃn] *s* Verwüstung *f.*
de·press [dɪˈpres] *v/t* **1.** *Pedal, Taste etc* (nieder)drücken. **2.** *j-n* deprimieren, bedrücken. **3.** *Preis, Stimmung etc* drücken.
deˈpres·sant *s* ⚕ Beruhigungsmittel *n.*
deˈpressed *adj* **1.** deprimiert, niedergeschlagen, bedrückt. **2.** gedrückt. **3.** *econ.* flau (*Markt etc*), Not leidend (*Industrie*). **4.** **~ area** Notstandsgebiet *n.*
de·pres·sion [dɪˈpreʃn] *s* **1.** Depression *f*, Niedergeschlagenheit *f.* **2.** Senkung *f*, Vertiefung *f*; *geol.* Landsenke *f.* **3.** *econ.* Depression *f*, Flaute *f.* **4.** *meteor.* Tief(druckgebiet) *n.*
dep·ri·va·tion [ˌdeprɪˈveɪʃn] *s* **1.** Beraubung *f*, Entzug *m.* **2.** (empfindlicher) Verlust.
de·prive [dɪˈpraɪv] *v/t* (**of s.th.**) *j-n od. et.* (e-r Sache) berauben, *j-m* (et.) entziehen *od.* nehmen: **be ~d of s.th.** et. entbehren (müssen).
deˈprived *adj* benachteiligt.
depth [depθ] **I** *s* Tiefe *f* (*a. fig.*): **at a ~ of** in e-r Tiefe von; **five feet in ~** fünf Fuß tief; **in ~** bis in alle Einzelheiten, eingehend; **in the ~(s) of winter** im tiefsten Winter; **be out of one's ~** nicht mehr stehen können; *fig.* ratlos *od.* unsicher sein, schwimmen; **get out of one's ~** den Boden unter den Füßen verlieren (*a. fig.*); **~ (of field** *od.* **focus)** *phot.* Tiefenschärfe *f.* **II** *adj psych. etc* Tiefen...: **~ psychology; ~ interview** Tiefen-, Intensivinterview *n.*
dep·u·tize [ˈdepjʊtaɪz] **I** *v/t* (als Vertreter) ernennen. **II** *v/i*: **~ for** *j-n* vertreten.
ˈdep·u·ty I *s* **1.** (Stell)Vertreter(in). **2.** *parl.* Abgeordnete *m, f.* **3.** *a.* **~ sheriff** *Am.* Hilfssheriff *m.* **II** *adj* **4.** stellvertretend, Vize...
DEQ ***delivered ex quay*** geliefert ab Kai.
de·rail [dɪˈreɪl] **I** *v/t* entgleisen lassen: **be ~ed** → II. **II** *v/i* entgleisen.
de·range [dɪˈreɪndʒ] *v/t* in Unordnung bringen, durcheinander bringen.
deˈranged *adj* **1.** in Unordnung, durcheinander. **2.** *a.* **mentally ~** geistesgestört.
deˈrange·ment *s* **1.** Unordnung *f.* **2.** *a.* **mental ~** Geistesgestörtheit *f.*
der·by [ˈdɑːbɪ] *s* **1.** *Sport*: Derby *n*: → **local** 1. **2.** *a.* **~ hat** *Am.* Melone *f.*
de·reg·u·late [diːˈregjʊleɪt] *v/t econ.* deregulieren, freigeben; entbürokratisieren.
de·reg·u·la·tion [ˈdiːˌregjʊˈleɪʃn] *s econ.* Deregulierung *f*, Aufhebung *f* staatlicher Kontrollen; Entbürokratisierung *f.*
der·e·lict [ˈderəlɪkt] *adj* heruntergekommen, baufällig.
de·ride [dɪˈraɪd] *v/t* verhöhnen, -spotten.
de·ri·sion [dɪˈrɪʒn] *s* Hohn *m*, Spott *m.*
de·ri·sive [dɪˈraɪsɪv] *adj* □, **deˈri·so·ry** [~sərɪ] *adj* **1.** höhnisch, spöttisch: **~ laughter** Hohngelächter *n.* **2.** *fig.* lächerlich.
der·i·va·tion [ˌderɪˈveɪʃn] *s* **1.** Ab-, Herleitung *f.* **2.** Herkunft *f*, Abstammung *f.*
de·riv·a·tive [dɪˈrɪvətɪv] **I** *adj* □ abgeleitet. **II** *s et.* Ab- *od.* Hergeleitetes *n*, *a. ling.* Ableitung *f.*
de·rive [dɪˈraɪv] **I** *v/t* **1.** herleiten (**from** von): **be ~d (from), ~ itself (from)** → 4. **2.** *Nutzen* ziehen, *Gewinn* schöpfen (**from** aus): **~ pleasure from** Freude finden *od.* haben an (*dat*). **3.** *ling.*, ⚗, *etc* ableiten. **II** *v/i* **4.** (**from**) abstammen (von); sich ab- *od.* herleiten (von).
der·ma·tol·o·gist [ˌdɜːməˈtɒlədʒɪst] *s* Dermatologe *m*, -login *f*, Hautarzt *m*, -ärztin *f.*
ˌdermaˈtol·o·gy *s* Dermatologie *f.*
de·rog·a·to·ry [dɪˈrɒgətərɪ] *adj* □ **1.** (**from, to**) nachteilig (für), abträglich (*dat*). **2.** abfällig, geringschätzig.
der·rick [ˈderɪk] *s* **1.** Derrick-, Mastenkran *m.* **2.** Bohrturm *m.*
DES ***delivered ex ship*** geliefert ab Schiff.
de·scend [dɪˈsend] **I** *v/i* **1.** herunter-, hinuntersteigen, -gehen, -kommen, -fahren, -fallen. **2.** ✈ niedergehen; (mit dem Fallschirm) abspringen. **3.** abfallen (*Straße etc*). **4.** abstammen, herkommen (**from** von *j-m*, aus *e-r Familie*). **5.** (**to**) übergehen, sich vererben (auf *acc*), zufallen (*dat*). **6.** (**on**) herfallen (über *acc*), sich stürzen (auf *acc*), *a. fig.* überfallen (*acc*) (*Besuch etc*). **7.** *ast.* sinken. **II** *v/t* **8.** *Treppe etc* herunter-, hinuntersteigen, -gehen. **9.** **be ~ed (from)** → 4.
deˈscend·ant *s* Nachkomme *m*, Abkömmling *m.*
de·scend·er *s* Unterlänge *f.*
de·scent [dɪˈsent] *s* **1.** Herunter-, Hinuntersteigen *n*, -gehen *n*, -fahren *n.* **2.** ✈ Niedergehen *n*; (Fallschirm)Absprung *m.* **3.** Abfallen *n*, Gefälle *n.* **4.** Abstammung *f*, Herkunft *f*: **of French ~** französischer Herkunft. **5.** Vererbung *f* (**to** auf *acc*). **6.** Überfall *m* (**on** auf *acc*) (*a. fig.*).
de·scribe [dɪˈskraɪb] *v/t* **1.** beschreiben, schildern (**s.th. to s.o.** j-m et.). **2.** bezeichnen (**as** als).
de·scrip·tion [dɪˈskrɪpʃn] *s* **1.** Beschreibung *f* (*a. tech.*), Schilderung *f*: **beyond ~** unbeschreiblich; → **beggar** 4. **2.** Art *f*, Sorte *f.*
deˈscrip·tive *adj* □ **1.** beschreibend. **2.** anschaulich.
des·e·crate [ˈdesɪkreɪt] *v/t* entweihen.
de·seg·re·gate [ˌdiːˈsegrɪgeɪt] *v/t* die Rassentrennung aufheben in (*dat*).
ˌde·seg·reˈga·tion *s* Aufhebung *f* der Rassentrennung (**of** in *dat*).

D

de·sen·si·tize [ˌdiːˈsensɪtaɪz] *v/t* ⚕ unempfindlich *od.* immun machen (**to** gegen).
de·sert¹ [dɪˈzɜːt] **I** *v/t* verlassen, im Stich lassen; ⚖ *Ehegatten* (böswillig) verlassen. **II** *v/i mil.* desertieren.
de·sert² [~] *s mst pl* verdienter Lohn (*a. iro. Strafe*).
des·ert³ [ˈdezət] **I** *s* Wüste *f.* **II** *adj* Wüsten...: ~ ***island*** einsame Insel.
de·sert·ed [dɪˈzɜːtɪd] *adj* **1.** verlassen, unbewohnt (*Insel etc*), (wie) ausgestorben, menschenleer (*Straßen etc*). **2.** verlassen, einsam (*Person*).
deˈsert·er *s mil.* Deserteur(in).
deˈser·tion *s* **1.** (*a.* ⚖ böswilliges) Verlassen. **2.** *mil.* Desertion *f*, Fahnenflucht *f.*
de·serve [dɪˈzɜːv] *v/t* verdienen, verdient haben.
deˈserv·ed·ly [~ɪdlɪ] *adv* verdientermaßen.
deˈserv·ing *adj* verdienstvoll.
des·ic·cat·ed [ˈdesɪkeɪtɪd] *adj*: ~ ***fruit*** Dörrobst *n*; ~ ***milk*** Trockenmilch *f.*
de·sign [dɪˈzaɪn] **I** *v/t* **1.** entwerfen, *tech.* konstruieren. **2.** gestalten, anlegen. **3.** ausdenken, ersinnen. **4.** bestimmen, vorsehen (**for** für; **as** als): ~***ed to do s.th.*** dafür bestimmt, et. zu tun. **II** *v/i* **5.** Entwürfe machen (**for** für). **III** *s* **6.** Design *n*, Entwurf *m*, (*tech.* Konstruktions)Zeichnung *f.* **7.** Design *n*, Muster *n.* **8.** Gestaltung *f.* **9.** (*a.* böse) Absicht: ***by*** ~ mit Absicht; ***have*** ~***s on*** (*od.* ***against***) et. im Schilde führen gegen, *a. humor.* e-n Anschlag vorhaben auf (*acc*).
des·ig·nate [ˈdezɪgneɪt] **I** *v/t* **1.** *et.* bestimmen, festlegen. **2.** *j-n* designieren, bestimmen (**to, for** für *ein Amt etc*, zu *e-m Amtsträger etc*). **3.** *et.* bestimmen, vorsehen (**for** für). **II** *adj* **4.** *nachgestellt*: designiert.
de·sign·ed·ly [dɪˈzaɪnɪdlɪ] *adv* absichtlich.
deˈsign·er *s* Designer(in); *tech.* Konstrukteur(in); (Mode)Schöpfer(in).
de·sir·a·ble [dɪˈzaɪərəbl] *adj* □ **1.** wünschenswert, erwünscht. **2.** begehrenswert.
de·sire [dɪˈzaɪə] **I** *v/t* **1.** wünschen: ***if*** ~***d*** auf Wunsch; ***leave much*** (***nothing***) ***to be*** ~***d*** viel (nichts) zu wünschen übrig lassen. **2.** begehren. **II** *s* **3.** Wunsch *m*: ***at his*** ~ auf s-n Wunsch. **4.** Verlangen *n*, Begierde *f* (**for** nach): ~ ***for knowledge*** Wissensdurst *m.*
de·sir·ous [dɪˈzaɪərəs] *adj*: ***be*** ~ ***to know s.th.*** et. (sehr) gern wissen wollen.
de·sist [dɪˈzɪst] *v/i* Abstand nehmen (**from** von).
desk [desk] **I** *s* **1.** Schreibtisch *m.* **2.** (*Schreib-, Noten- etc*)Pult *n.* **3.** Kasse *f* (*im Restaurant etc*). **4.** Empfang *m*, Rezeption *f* (*im Hotel*): ~ ***clerk*** *Am.* Empfangschef *m*, -dame *f.* **II** *adj* **5.** Schreibtisch...; Büro... ~ **cal·en·dar** *s* Tischkalender *m.* ~ **com·put·er** *s* Arbeitsplatzcomputer *m.* ~ **di·a·ry** *s* Tisch-, Terminkalender *m.* ~ **pad** *s* **1.** Schreibunterlage *f.* **2.** Schreibblock *m.* ~ **ti·dy** *s* Schreibtischbutler *m.* ˈ~**·top** *adj*: ~ ***calculator*** Tischrechner *m*; ~ ***computer*** Tischcomputer *m*; ~ ***copier*** Tischkopierer *m*; ~ ***publishing*** Desktop-Publishing *n.* ~ **work** *s* Schreibtischarbeit *f.*
des·o·late [ˈdesələt] *adj* □ **1.** einsam, verlassen. **2.** trostlos.
des·o·la·tion [ˌ~ˈleɪʃn] *s* **1.** Einsamkeit *f*, Verlassenheit *f.* **2.** Trostlosigkeit *f.*
de·spair [dɪˈspeə] **I** *v/i* verzweifeln (**of** an *dat*). **II** *s* Verzweiflung *f* (**at** über *acc*): ***a look of*** ~ ein verzweifelter Blick; ***drive s.o. to*** ~, ***be the*** ~ ***of s.o.*** j-n zur Verzweiflung bringen.
deˈspair·ing *adj* □ verzweifelt.
des·per·ate [ˈdespərət] *adj* □ **1.** verzweifelt (*Mensch, Anstrengung, Lage etc*): ~ ***deed*** Verzweiflungstat *f*; ***be*** ~ ***for s.th.*** et. dringend nötig haben; ***be*** ~ ***to do s.th.*** et. unbedingt tun wollen; → ***strait***. **2.** F hoffnungslos, schrecklich.
des·per·a·tion [ˌdespəˈreɪʃn] *s* Verzweiflung *f*: ***in*** ~ verzweifelt; ***drive s.o. to*** ~ j-n zur Verzweiflung bringen.
des·pi·ca·ble [dɪˈspɪkəbl] *adj* □ verachtenswert, verabscheuungswürdig.
de·spise [dɪˈspaɪz] *v/t* verachten, *Speise etc a.* verschmähen: ***not to be*** ~***d*** nicht zu verachten.
de·spite [dɪˈspaɪt] *prp* trotz (*gen od. dat*).
de·spond·ent [dɪˈspɒndənt] *adj* □ mutlos, verzagt.
des·pot [ˈdespɒt] *s* Despot(in).
desˈpot·ic *adj* (~***ally***) despotisch.
des·pot·ism [ˈdespətɪzəm] *s* Despotismus *m.*
des·sert [dɪˈzɜːt] **I** *s* Dessert *n*, Nachtisch *m.* **II** *adj* Dessert...: ~ ***wine.***
desˈsert·spoon *s* Dessertlöffel *m.*
des·ti·na·tion [ˌdestɪˈneɪʃn] *s* **1.** Bestimmungsort *m*; Reiseziel *n*: ***country of*** ~ Bestimmungsland *n.* **2.** Bestimmung *f*, (End)Zweck *m*, Ziel *n.*
des·tine [ˈdestɪn] *v/t* bestimmen, vorsehen (**for** für): ~***d for*** unterwegs nach (*Schiff etc*); ***be*** ~***d to*** (*inf*) dazu bestimmt *od.* dafür vorgesehen sein zu (*inf*); ***he was*** ~***d to*** (*inf*) er sollte (*früh sterben etc*).
ˈdes·ti·ny *s* Schicksal *n*: ***he met his*** ~ sein Schicksal ereilte ihn.
des·ti·tute [ˈdestɪtjuːt] *adj* **1.** mittellos, (völlig) verarmt. **2.** (**of**) bar (*gen*), ohne (*acc*).
ˌdes·tiˈtu·tion *s* **1.** Mittellosigkeit *f*, (völlige) Armut. **2.** (völliger) Mangel (**of** an *dat*).
de·stock [ˌdiːˈstɒk] *v/t* den Lagerbestand reduzieren.

de·stroy [dɪ'strɔɪ] *v/t* **1.** zerstören, *a. Insekten etc* vernichten. **2.** *Tier* töten, einschläfern. **3.** *j-n, j-s Ruf, Gesundheit etc* ruinieren, *Hoffnungen etc* zunichte machen, zerstören.
de'stroy·er *s* **1.** Zerstörer(in), Vernichter(in). **2.** ⚓, *mil.* Zerstörer *m.*
de·struc·tion [dɪ'strʌkʃn] *s* **1.** Zerstörung *f*, Vernichtung *f.* **2.** Tötung *f*, Einschläferung *f.*
de'struc·tive *adj* □ **1.** zerstörend, vernichtend. **2.** schädlich, verderblich: **~ to health** gesundheitsschädlich. **3.** destruktiv (*Kritik*).
de'struc·tive·ness *s* zerstörende *od.* vernichtende Wirkung.
de·tach [dɪ'tætʃ] *v/t* (ab-, los)trennen, (los)lösen, *a. tech.* abnehmen (**from** von).
de'tached *adj* □ **1.** (ab)getrennt: **become ~** sich (los)lösen. **2.** einzeln, frei, allein stehend: **~ house** Einzelhaus *n.* **3.** separat, gesondert. **4.** *fig.* unvoreingenommen; uninteressiert (**about** an *dat*); distanziert.
de'tach·ment *s* **1.** (Ab)Trennung *f*, (Los)Lösung *f.* **2.** *fig.* Unvoreingenommenheit *f*; Distanz *f.*
de·tail ['diːteɪl] I *s* **1.** Detail *n*, Einzelheit *f*: **~s** *pl* Näheres *n*; (**down**) **to the smallest ~** bis ins kleinste Detail; **in ~** ausführlich, in allen Einzelheiten; **go into ~** ins Einzelne gehen, auf Einzelheiten eingehen. II *v/t* **2.** ausführlich berichten; einzeln aufzählen *od.* -führen. **3.** *mil.* abkommandieren (**for** zu).
'de·tailed *adj* detailliert, ausführlich, eingehend.
de·tain [dɪ'teɪn] *v/t* **1.** *j-n* aufhalten. **2.** *a.* **~ in custody** ⚖ in (Untersuchungs)Haft behalten. **3.** *ped.* nachsitzen lassen.
de·tect [dɪ'tekt] *v/t* **1.** entdecken, (heraus)finden, ermitteln. **2.** wahrnehmen. **3.** *Verbrechen etc* aufdecken.
de'tec·tion *s* **1.** Entdeckung *f*, Ermittlung *f.* **2.** Wahrnehmung *f.* **3.** Aufdeckung *f.*
de'tec·tive I *adj* Detektiv...: **~ story** (*od.* **novel**) Kriminalroman *m.* II *s* Detektiv(in), Kriminalbeamte *m*, -beamtin *f.*
de'tec·tor *s* ⚡ Detektor *m.*
dé·tente [deɪ'tɑ̃ːnt] *s pol.* Entspannung *f.*
de·ten·tion [dɪ'tenʃn] *s* **1.** ⚖ Haft *f*: **~ (pending trial)** Untersuchungshaft. **2.** *ped.* Nachsitzen *n*: **keep in ~** → **detain** 3.
de·ter [dɪ'tɜː] *v/t* abschrecken (**from** von).
de·ter·gent [dɪ'tɜːdʒənt] *s* Reinigungs-, Wasch-, Geschirrspülmittel *n*, *pl* Detergentien *pl.*
de·te·ri·o·rate [dɪ'tɪərɪəreɪt] I *v/i* sich verschlechtern, schlechter werden, (*Material*) verderben. II *v/t* verschlechtern.
de,te·ri·o'ra·tion *s* Verschlechterung *f.*
de·ter·mi·na·ble [dɪ'tɜːmɪnəbl] *adj* □ bestimmbar.
de'ter·mi·nant I *adj* **1.** bestimmend, entscheidend. II *s* **2.** entscheidender Faktor (**in** bei). **3.** *biol.*, ⅌ Determinante *f.*
de'ter·mi·nate [dɪ'tɜːmɪnət] *adj* □ bestimmt, festgelegt.
de,ter·mi'na·tion [~'neɪʃn] *s* **1.** Entschluss *m.* **2.** Bestimmung *f*, Festsetzung *f.* **3.** Feststellung *f*, Ermittlung *f.* **4.** Bestimmtheit *f*, Entschlossenheit *f.*
de'ter·mine I *v/t* **1.** *Streitfrage etc* entscheiden. **2.** *et.* beschließen (*a.* **to do** zu tun), *Zeitpunkt etc* bestimmen, festsetzen. **3.** feststellen, ermitteln, bestimmen. **4.** *j-n* bestimmen, veranlassen (**to do** zu tun). II *v/i* **5.** (**on**) sich entscheiden (für), sich entschließen (zu).
de'ter·mined *adj* □ entschlossen.
de·ter·rence [dɪ'terəns] *s* Abschreckung *f.*
de'ter·rent I *adj* abschreckend, Abschreckungs... II *s* Abschreckungsmittel *n* (**to** für).
de·test [dɪ'test] *v/t* verabscheuen, hassen: **~ having to do s.th.** es hassen, et. tun zu müssen.
de'test·a·ble *adj* □ abscheulich.
,de·tes'ta·tion [,diːte'steɪʃn] *s* (**of**) Verabscheuung *f* (*gen*), Abscheu *m* (vor *dat*, gegen).
de·throne [dɪ'θrəʊn] *v/t* entthronen (*a. fig.*).
det·o·nate ['detəneɪt] I *v/t* zünden. II *v/i* detonieren, explodieren.
,det·o'na·tion *s* Detonation *f*, Explosion *f*; Zündung *f.*
'det·o·na·tor *s* Zünd-, Sprengkapsel *f.*
de·tour ['diː,tʊə] I *s* **1.** Umweg *m*: **make a ~** → 3. **2.** Umleitung *f.* II *v/i* **3.** e-n Umweg machen. III *v/t* **4.** e-n Umweg machen um. **5.** *Verkehr etc* umleiten.
de·tox·i·fi·ca·tion [,diːtɒksɪfɪ'keɪʃn] *s* ⚕ Entgiftung *f*; Entziehungskur *f.*
de·tract [dɪ'trækt] I *v/t Aufmerksamkeit etc* ablenken (**from** von). II *v/i* (**from**) Abbruch tun (*dat*), schmälern (*acc*).
det·ri·ment ['detrɪmənt] *s* Nachteil *m*, Schaden *m* (**to** für): **to the ~ of** zum Nachteil *od.* Schaden (*gen*).
det·ri·men·tal [,detrɪ'mentl] *adj* □ nachteilig, schädlich (**to** für).
deuce [djuːs] *s* **1.** *Kartenspiel, Würfeln*: Zwei *f.* **2.** *Tennis*: Einstand *m.* **3.** F Teufel *m*: **who (what) the ~?** wer (was) zum Teufel?
deutsch·mark ['dɔɪtʃmɑːk] *s* (Deutsche) Mark.
de·val·u·ate [,diː'væljʊeɪt] *v/t econ.* abwerten (**against** gegenüber).
,de·val·u'a·tion *s* Abwertung *f.*
,de'val·ue [,diː'væljuː] → **devaluate.**

D

dev·as·tate ['devəsteɪt] *v/t* verwüsten, -nichten: ***be ~d*** *fig.* am Boden zerstört sein.
'dev·as·tat·ing *adj* □ **1.** verheerend, vernichtend (*a. Kritik etc*). **2.** F toll, fantastisch. **3.** F umwerfend (*Humor etc*).
ˌdev·as'ta·tion *s* Verwüstung *f*.
de·vel·op [dɪ'veləp] **I** *v/t* **1.** *phot. u. fig. allg.* entwickeln. **2.** *Krankheit, Fieber* bekommen. **3.** *Naturschätze, Bauland* erschließen, *Altstadt etc* sanieren. **II** *v/i* **4.** sich entwickeln (***from*** aus; ***into*** zu).
de'vel·op·er *s* **1.** *phot.* Entwickler *m* (*a. Flüssigkeit*). **2.** ***late ~*** *bsd. ped.* Spätentwickler(in). **3.** (Stadt)Planer(in).
de'vel·op·ing *adj* Entwicklungs...: ***~ country.***
de'vel·op·ment *s* **1.** Entwicklung *f*: ***~ aid*** *econ.* Entwicklungshilfe *f*; ***~ area*** Entwicklungsgebiet *n*; ***~ costs*** *pl* Entwicklungskosten *pl*; ***~ country*** *econ.* Entwicklungsland *n*. **2.** Erschließung *f*, Sanierung *f*.
de·vi·ate ['di:vɪeɪt] *v/i* abweichen (***from*** von).
ˌde·vi'a·tion *s* Abweichung *f*.
ˌde·vi'a·tion·ist [~ʃənɪst] *s pol.* Abweichler(in).
de·vice [dɪ'vaɪs] *s* **1.** Vorrichtung *f*, Gerät *n*. **2.** Einfall *m*; Kunstgriff *m*, Trick *m*: ***leave s.o. to his own ~s*** j-n sich selbst überlassen.
dev·il ['devl] **I** *s* **1.** Teufel *m*: ***poor ~*** armer Teufel *od.* Schlucker; ***be between the ~ and the deep blue sea*** sich zwischen zwei Feuern befinden, in e-r bösen Zwickmühle sein *od.* sitzen; ***like the ~*** F wie der Teufel, wie verrückt; ***go to the ~*** F vor die Hunde gehen; ***go to the ~!*** scher dich zum Teufel!; ***speak*** (*od.* ***talk***) ***of the ~!*** wenn man vom Teufel spricht!; ***who*** (***what***) ***the ~?*** F wer (was) zum Teufel? **2.** *a.* ***~ of a fellow*** F Teufelskerl *m*. **II** *v/t pret u. pp* **-iled,** *bsd. Br.* **-illed 3.** F schikanieren, piesacken.
'dev·il·ish *adj* □ **1.** teuflisch. **2.** (*a. adv*) F verteufelt, höllisch.
ˌdev·il-may-'care *adj* leichtsinnig.
dev·il·ry ['devlrɪ] *s* **1.** Teufelei *f*. **2.** Übermut *m*.
de·vi·ous ['di:vjəs] *adj* □ **1.** abwegig, falsch. **2.** gewunden (*a. fig.*): ***~ route*** Umweg *m*. **3.** verschlagen, unaufrichtig: ***by ~ means*** auf krummen Wegen.
de·vise [dɪ'vaɪz] *v/t* (sich) ausdenken, ersinnen.
de·void [dɪ'vɔɪd] *adj*: ***~ of*** ohne (*acc*), bar (*gen*), ...los.
dev·o·lu·tion [ˌdi:və'lu:ʃn] *s* **1.** Übertragung *f*. **2.** *pol.* Dezentralisierung *f*.
de·volve [dɪ'vɒlv] **I** *v/t Rechte etc* übertragen (***on*** *dat od.* auf *acc*). **II** *v/i* (***on, to***) übergehen (auf *acc*), zufallen (*dat*).
de·vote [dɪ'vəʊt] *v/t Zeit etc* widmen (***to*** *dat*): ***~ o.s. to*** sich *j-m* widmen, sich *e-r Sache* widmen *od.* verschreiben.
de'vot·ed *adj* □ hingebungsvoll: a) aufopfernd, b) anhänglich, c) eifrig, begeistert.
de·vo·tion [dɪ'vəʊʃn] *s* **1.** Hingabe *f*: a) Aufopferung *f*, b) Anhänglichkeit *f*. **2.** Frömmigkeit *f*: ***~s*** *pl* Gebet *n*, Andacht *f*.
de·vour [dɪ'vaʊə] *v/t* **1.** *Essen, fig. Buch etc* verschlingen. **2.** *fig. j-n* verzehren (*Leidenschaft etc*).
de·vout [dɪ'vaʊt] *adj* □ **1.** fromm. **2.** innig. **3.** herzlich.
dew [dju:] *s* Tau *m*. **'~·drop** *s* **1.** Tautropfen *m*. **2.** *Br. humor.* Nasentropfen *m*.
dew·y ['dju:ɪ] *adj* □ taufeucht, *a. fig.* taufrisch. **'~-eyed** *adj* blauäugig, naiv.
dex·ter·i·ty [dek'sterətɪ] *s* Gewandtheit *f*, Geschicklichkeit *f*.
dex·ter·ous ['dekstərəs] *adj* □ gewandt, geschickt.
dex·trose ['dekstrəʊs] *s* Traubenzucker *m*.
dex·trous ['dekstrəs] → ***dexterous.***
di·a·be·tes [ˌdaɪə'bi:ti:z] *s* ⚕ Diabetes *m*, Zuckerkrankheit *f*: ***suffer from ~*** Zucker haben.
di·a·bet·ic [ˌdaɪə'betɪk] **I** *adj* diabetisch: a) zuckerkrank, b) Diabetes...: ***~ chocolate*** Diabetikerschokolade *f*. **II** *s* Diabetiker(in).
di·a·bol·ic, di·a·bol·i·cal [ˌdaɪə'bɒlɪk(l)] *adj* □ **1.** diabolisch, teuflisch. **2.** F scheußlich, widerlich.
di·a·crit·ic·al [ˌdaɪə'krɪtɪkl] *adj*: ***~ marks*** diakritische Zeichen *pl*.
di·ag·nose ['daɪəgnəʊz] *v/t* ⚕ diagnostizieren (***as*** als) (*a. fig.*).
ˌdi·ag'no·sis [~sɪs] *pl* **-ses** [~si:z] *s* Diagnose *f* (*a. fig.*): ***give*** (*od.* ***make***) ***a ~*** e-e Diagnose stellen.
di·ag·nos·tic rou·tine [ˌdaɪəg'nɒstɪk] *s Computer*: Fehlersuchprogramm *n*.
di·ag·o·nal [daɪ'ægənl] **I** *adj* □ diagonal. **II** *s* ⩕ Diagonale *f*.
di·a·gram ['daɪəgræm] *s* Diagramm *n*, grafische Darstellung.
di·al ['daɪəl] **I** *s* **1.** *a.* ***~ plate*** Zifferblatt *n* (*Uhr*). **2.** *a.* ***~ plate*** *tech.* Skala *f*, Skalenscheibe *f*. **3.** *teleph.* Wählscheibe *f*. **4.** *Br. sl.* Visage *f* (*Gesicht*). **II** *v/t pret u. pp* **-aled,** *bsd. Br.* **-alled 5.** *teleph. Nummer* wählen, *Stadt* anwählen. **III** *v/i* **6.** *teleph.* wählen: ***~ direct*** durchwählen (***to*** nach).
di·a·lect ['daɪəlekt] *s* Dialekt *m*, Mundart *f*.
ˌdi·a'lec·tal *adj* □ Dialekt..., mundartlich.
di·al·ling| code ['daɪəlɪŋ ~] *s teleph. Br.* Vorwahl(nummer) *f*. **~ tone** *s teleph. Br.* Amtszeichen *n*, Wählton *m*.
di·a·logue, *Am. a. u. Computer*: **di·a·log** ['daɪəlɒg] *s* Dialog *m*.

di·al tone *Am.* → ***dialling tone.***
di·aly·sis [daɪ'æləsɪs] *pl* **-ses** [~siːz] *s* ⚕ Dialyse *f.*
di·am·e·ter [daɪ'æmɪtə] *s* Durchmesser *m*: ***be ... in*** ~ e-n Durchmesser von ... haben.
di·a·met·ri·cal [ˌdaɪə'metrɪkl] *adj* □ **1.** diametrisch. **2.** *fig.* diametral, genau entgegengesetzt.
di·a·mond ['daɪəmənd] *s* **1.** *min.* Diamant *m*: → ***rough*** 4. **2.** ⩟ Raute *f*, Rhombus *m.* **3.** *Kartenspiel*: a) *pl* Karo *n* (*Farbe*), b) Karo(karte *f*) *n.* ~ **cut·ter** *s* Diamantschleifer(in). ~ **wed·ding** *s* diamantene Hochzeit.
di·a·per ['daɪəpə] *s Am.* Windel *f.*
di·a·phragm ['daɪəfræm] *s* **1.** *anat.* Zwerchfell *n.* **2.** *teleph. etc* Membran(e) *f.* **3.** *opt. phot.* Blende *f.* **4.** ⚕ Diaphragma *n*, Pessar *n.*
di·ar·rh(o)e·a [ˌdaɪə'rɪə] *s* ⚕ Durchfall *m.*
di·a·ry ['daɪərɪ] *s* **1.** Tagebuch *n.* **2.** Notizbuch *n*, Taschenkalender *m.* **3.** Terminkalender *m.*
dice [daɪs] **I** *s* **1.** *pl von* **die²**. **2.** *pl* **dice** → **die²**. **II** *v/t* **3.** *gastr.* in Würfel schneiden. **4.** mit *j-m* würfeln *od.* knobeln (***for*** um). **III** *v/i* **5.** würfeln, knobeln (***for*** um): ~ ***with death*** mit s-m Leben spielen. ~ **cup** *s* Würfel-, Knobelbecher *m.*
dic·ey ['daɪsɪ] *adj* F prekär, heikel (*Situation etc*).
dick [dɪk] *s* **1.** *bsd. Br. sl.* Kerl *m*: → ***clever*** 1. **2.** *bsd. Am. sl.* Schnüffler(in) (*Detektiv*). **3.** V Schwanz *m.*
dick·ens ['dɪkɪnz] *s* F Teufel *m*: ***who*** (***what***) ***the*** ~? wer (was) zum Teufel?
dick·er ['dɪkə] *v/i* feilschen, schachern (***with*** mit; ***for*** um).
dick·(e)y ['dɪkɪ] *adj* F schwach (*Herz*), wack(e)lig (*Leiter etc*).
dic·tate [dɪk'teɪt] **I** *v/t* (***to*** *dat*) **1.** *Brief etc* diktieren: ***dictating machine*** Diktiergerät *n.* **2.** diktieren: a) vorschreiben, b) aufzwingen. **II** *v/i* **3.** ~ ***to s.o.*** j-m Vorschriften machen. **III** *s* ['dɪkteɪt] **4.** Gebot *n*, Diktat *n.*
dic'ta·tion *s* Diktat *n.* ~**-trans·crip·tion ma·chine** *s* Tischdiktier- u. Wiedergabegerät *n.*
dic'ta·tor *s* Diktator(in).
dic·ta·to·ri·al [ˌdɪktə'tɔːrɪəl] *adj* □ diktatorisch.
dic'ta·tor·ship *s* Diktatur *f.*
dic·tion ['dɪkʃn] *s* Diktion *f*, Ausdrucksweise *f*, Sprache *f.*
dic·tion·ar·y ['dɪkʃənrɪ] *s* Wörterbuch *n.*
did [dɪd] *pret von* **do.**
di·dac·tic [dɪ'dæktɪk] *adj* (~***ally***) didaktisch.
did·dle ['dɪdl] *v/t* F betrügen (***out of*** um), übers Ohr hauen.
didn't ['dɪdnt] F = ***did not.***

die¹ [daɪ] **I** *v/i* (*pres p* ***dying***) **1.** sterben (***of*** an *dat*): ~ ***of hunger*** (***thirst***) verhungern (verdursten); ***never say*** ~! nur nicht nach- *od.* aufgeben! **2.** eingehen (*Pflanze, Tier*), verenden (*Tier*). **3.** ***be dying*** (***for***; ***to do***) sich sehnen (nach; danach, zu tun), brennen (auf *acc*; darauf, zu tun). **II** *v/t* **4.** *e-s Todes* sterben: → ***natural*** 1, ***violent*** 2.
Verbindungen mit Adverbien:
die| a·way *v/i* sich legen (*Wind*), verhallen, -klingen (*Ton*). ~ **down** *v/i* **1.** → ***die away.*** **2.** sich legen (*Aufregung etc*). ~ **out** *v/i* aussterben (*a. fig.*).
die² [~] *pl* **dice** [daɪs] *s* Würfel *m* (*a. gastr. etc*): ***the*** ~ ***is cast*** *fig.* die Würfel sind gefallen.
die·sel ['diːzl] **I** *s* Diesel *m* (*Motor, Fahrzeug, Kraftstoff*). **II** *adj* Diesel...
die stamp·ing *s* Prägedruck *m.*
di·et ['daɪət] **I** *s* **1.** Nahrung *f*, Ernährung *f*, Kost *f.* **2.** ⚕ Diät *f*: ***be*** (***put***) ***on a*** ~ auf Diät gesetzt sein, Diät leben (müssen). **II** *v/t* **3.** *j-n* auf Diät setzen: ~ ***o.s.*** → 4. **III** *v/i* **4.** Diät halten, Diät leben.
dif·fer ['dɪfə] *v/i* **1.** sich unterscheiden, verschieden sein (***from*** von). **2.** auseinander gehen (*Meinungen*). **3.** (***from, with***) nicht übereinstimmen (mit), anderer Meinung sein (als): → ***agree*** 1. **4.** sich nicht einig sein (***on, about, over*** über *acc*).
dif·fer·ence ['dɪfrəns] *s* **1.** Unterschied *m*: a) Unterscheidung *f*: ***make no*** ~ ***between*** keinen Unterschied machen zwischen (*dat*); ***make no*** ~ nichts ausmachen (***to*** *dat*), b) Verschiedenheit *f*: ~ ***of opinion*** Meinungsverschiedenheit, c) Differenz *f* (*a.* ⩟): ~ ***in price, price*** ~ Preisunterschied; → ***split*** 2. **2.** Differenz *f*, Meinungsverschiedenheit *f.* **3.** Besonderheit *f*: ***with a*** ~ (von) ganz besonderer Art, mit Pfiff.
'dif·fer·ent *adj* □ **1.** verschieden(artig). **2.** (***from***) verschieden (von), anders (als): ***he is*** ~ er ist anders.
dif·fer·en·tial [ˌdɪfə'renʃl] **I** *adj* □ **1.** unterschiedlich. **2.** ⩟, *tech., etc* Differenzial...: ~ ***calculus*** Differenzialrechnung *f*; ~ ***gear*** → 4. **II** *s* **3.** ⩟ Differenzial *n.* **4.** *tech.* Differenzial-, Ausgleichsgetriebe *n.*
dif·fer·en·ti·ate [ˌdɪfə'renʃɪeɪt] **I** *v/t* **1.** unterscheiden (***from*** von); voneinander unterscheiden. **II** *v/i* **2.** sich unterscheiden (***from*** von). **3.** differenzieren, unterscheiden (***between*** zwischen *dat*).
ˌdif·fer·en·ti'a·tion *s* Differenzierung *f*, Unterscheidung *f.*
dif·fi·cult ['dɪfɪkəlt] *adj* schwierig (*a. Person*), schwer: ***it was quite*** ~ ***for me to*** *inf* es fiel mir schwer, zu *inf.*
'dif·fi·cul·ty *s* **1.** Schwierigkeit *f*: a) Mühe *f*:

D

with ~ mühsam, (nur) schwer; ***have ~ (in) doing s.th.*** Mühe haben, et. zu tun, b) schwierige Sache, c) Hindernis *n*, Widerstand *m*: ***make*** (*od.* ***raise***) ***difficulties*** Schwierigkeiten machen. **2.** *oft pl* (*a.* Geld)Schwierigkeiten *pl*, Verlegenheit *f*.

dif·fi·dence ['dɪfɪdəns] *s* Schüchternheit *f*, Mangel *m* an Selbstvertrauen.

'dif·fi·dent *adj* □ schüchtern, ohne Selbstvertrauen: ***be ~ about doing s.th.*** et. nur zögernd *od.* zaghaft tun.

dif·fuse I *v/t u. v/i* [dɪ'fjuːz] **1.** *bsd. fig.* (sich) verbreiten: ***a widely ~d opinion*** e-e weit verbreitete Meinung. **2.** ⚗, *phys.* (sich) zerstreuen. II *adj* [~s] **3.** diffus: a) weitschweifig, langatmig (*Stil, Autor*), b) unklar, ungeordnet (*Gedanken etc*), c) ⚗, *phys.* zerstreut: ***~ light*** diffuses Licht, Streulicht *n*.

dif'fu·sion [dɪ'fjuːʒn] *s* **1.** *bsd. fig.* Verbreitung *f*. **2.** ⚗, *phys.* (Zer)Streuung *f*.

dig [dɪg] I *s* **1.** Puff *m*, Stoß *m*: ***~ in the ribs*** Rippenstoß *m*. **2.** *fig.* (Seiten)Hieb *m* (***at*** auf *acc*). **3.** *pl Br.* F Bude *f*. II *v/t* (*irr*) **4.** *Loch etc* graben: ~ (***up***) umgraben; ~ (***up*** *od.* ***out***) ausgraben (*a. fig.*); → ***grave***². **5.** *j-m* e-n Stoß geben: ***~ s.o. in the ribs*** j-m e-n Rippenstoß geben. **6.** F kapieren. **7.** F stehen *od.* abfahren auf (*acc*). III *v/i* **8.** (***for***) graben (nach); *fig.* forschen (nach). **9.** ~ ***in***(***to***) F reinhauen (in *e-n Kuchen etc*). **10.** *Br.* F s-e Bude haben, wohnen.

di·gest [dɪ'dʒest] I *v/t* verdauen (*a. fig.*). II *v/i* sich verdauen lassen: ***~ well*** leicht verdaulich sein. III *s* ['daɪdʒest] (***of***) Auslese *f* (*a. Zeitschrift*), Auswahl *f* (aus); Abriss *m* (*gen*).

di·gest·i·ble [dɪ'dʒestəbl] *adj* verdaulich.

di'ges·tion *s* Verdauung *f* (*a. fig.*).

di'ges·tive I *adj* □ **1.** verdauungsfördernd. **2.** Verdauungs...: ***~ system*** Verdauungsapparat *m*; ***~ tract*** Verdauungstrakt *m*. II *s* **3.** ⚕ verdauungsförderndes Mittel.

dig·ger ['dɪgə] *s* **1.** (*bsd.* Gold)Gräber(in); Erdarbeiter(in). **2.** Grabmaschine *f*.

dig·it ['dɪdʒɪt] *s* **1.** *anat. zo.* Finger *m*, Zehe *f*. **2.** Ⓐ Ziffer *f*; Stelle *f*.

dig·i·tal ['dɪdʒɪtl] *adj* **1.** Finger...: ***~ telephone*** Tastentelefon *n*. **2.** Digital...: ***~ clock*** (***watch***); ***~ computer*** Digitalrechner *m*; ***~ type*** Digitalschrift *f*; ***~ typesetting*** Lichtsatz *m*.

dig·i·tize ['dɪdʒɪtaɪz] *v/t* digitalisieren.

dig·ni·fied ['dɪgnɪfaɪd] *adj* würdevoll, würdig.

dig·ni·fy ['dɪgnɪfaɪ] *v/t* Würde verleihen (*dat*).

dig·ni·tar·y ['dɪgnɪtərɪ] *s* Würdenträger(in).

'dig·ni·ty *s* **1.** Rang *m*, (hohe) Stellung. **2.** Würde *f*: → ***beneath*** 3.

di·gress [daɪ'gres] *v/i* abschweifen (***from*** von; ***into*** in *acc*).

di'gres·sion *s* Abschweifung *f*.

dike¹ [daɪk] I *s* **1.** Deich *m*, Damm *m*. **2.** Graben *m*. II *v/t* **3.** eindämmen, -deichen.

dike² [~] *s sl.* Lesbe *f* (*Lesbierin*).

di·lap·i·dat·ed [dɪ'læpɪdeɪtɪd] *adj* verfallen, baufällig (*Haus etc*), klapp(e)rig (*Auto etc*).

di·late [daɪ'leɪt] I *v/t u. v/i* (sich) ausdehnen *od.* (-)weiten *od.* erweitern: ***with ~d eyes*** mit aufgerissenen Augen; ***his eyes ~d with terror*** s-e Augen weiteten sich vor Entsetzen. II *v/i*: ***~ on*** *fig.* sich (ausführlich) verbreiten *od.* auslassen über (*acc*).

dil·a·to·ry ['dɪlətərɪ] *adj* □ **1.** verzögernd, hinhaltend: ***~ payer*** säumiger Zahler; ***~ tactics*** *pl* Verzögerungs-, Verschleppungs-, Hinhaltetaktik *f*. **2.** langsam: ***be ~ in doing s.th.*** sich mit et. Zeit lassen.

di·lem·ma [dɪ'lemə] *s* Dilemma *n*, Klemme *f*: ***be on the horns of a ~*** in e-r Zwickmühle sein *od.* sitzen.

dil·et·tante [ˌdɪlɪ'tæntɪ] *mst contp.* I *pl* **-ti** [~tiː], **-tes** Dilettant(in). II *adj* dilettantisch.

dil·i·gence ['dɪlɪdʒəns] *s* **1.** Fleiß *m*. **2.** Sorgfalt *f*.

'dil·i·gent *adj* □ **1.** fleißig. **2.** sorgfältig, gewissenhaft.

dill [dɪl] *s* ♣ Dill *m*.

dil·ly·dal·ly ['dɪlɪdælɪ] *v/i* F (herum)trödeln.

di·lute [daɪ'ljuːt] I *v/t* **1.** verdünnen. **2.** *fig.* verwässern, abschwächen. II *adj* **3.** verdünnt. **4.** *fig.* verwässert, abgeschwächt.

di'lu·tion *s* **1.** Verdünnung *f*. **2.** *fig.* Verwässerung *f*, Abschwächung *f*.

dim [dɪm] I *adj* □ **1.** (halb)dunkel, düster (*a. fig.*): → ***view*** 4. **2.** undeutlich, verschwommen, schwach. **3.** schwach, trüb (*Licht*): ***~ly lit*** schwach erleuchtet. **4.** matt (*Farbe*). **5.** *fig.* schwer von Begriff. II *v/t* **6.** verdunkeln, -düstern. **7.** trüben (*a. fig.*). **8.** *a.* ***~ out*** *Licht* abblenden: ***~ the headlights*** *mot. Am.* abblenden. III *v/i* **9.** sich verdunkeln *od.* -düstern. **10.** undeutlich werden. **11.** sich trüben (*a. fig.*).

dime [daɪm] *s Am.* Zehncentstück *n*: ***~ novel*** Groschenroman *m*.

di·men·sion [dɪ'menʃn] *s* Dimension *f* (*a.* Ⓐ): a) Ausdehnung *f*, Maß *n*, Abmessung *f*, b) *pl oft fig.* Ausmaß *n*, Umfang *m*.

di·men·sion·al [dɪ'menʃənl] *adj* □ *in Zssgn*: ...dimensional.

di·min·ish [dɪ'mɪnɪʃ] *v/t u. v/i* (sich) vermindern *od.* verringern: ***~ in numbers*** weniger werden; ***~ in value*** an Wert verlieren.

dim·i·nu·tion [ˌdɪmɪ'njuːʃn] *s* Verminderung *f*, Verringerung *f*.

di·min·u·tive [dɪ'mɪnjʊtɪv] I *adj* **1.** klein, win-

zig. **2.** *ling.* Diminutiv..., Verkleinerungs... **II** *s* **3.** *ling.* Diminutiv *n*, Verkleinerungsform *f od.* -silbe *f.*
dim·mer ['dɪmə] *s* **1.** Dimmer *m* (*Helligkeitsregler*). **2.** *pl mot. Am.* Abblend- *od.* Standlicht *n.*
'dim·ness *s* **1.** Dunkelheit *f*, Düsterkeit *f.* **2.** Undeutlichkeit *f.* **3.** Mattheit *f.*
dim·ple ['dɪmpl] *s* Grübchen *n.*
'dim-'wit·ted *adj* □ beschränkt.
din [dɪn] **I** *s* Lärm *m*, Getöse *n*: ***kick up*** (*od.* ***make***) ***a*** ~ Krach machen. **II** *v/t*: ~ ***s.th. into s.o.*** j-m et. einhämmern. **III** *v/i* lärmen, (*Motoren etc*) dröhnen (***in s.o.'s ears*** j-m in den Ohren).
dine [daɪn] **I** *v/i* speisen, essen (***off, on*** *acc*): ~ ***in*** (***out***) zu Hause (auswärts) essen. **II** *v/t* bewirten.
'din·er *s* **1.** Speisende *m*, *f.* **2.** Gast *m* (*im Restaurant*). **3.** 🚃 Speisewagen *m.* **4.** *Am.* Ess-, Speiselokal *n.*
din·ghy ['dɪŋgɪ] *s* **1.** ⚓ Ding(h)i *n*; Beiboot *n.* **2.** Schlauchboot *n.*
din·gy ['dɪndʒɪ] *adj* □ schmutzig, schmudd(e)lig.
din·ing| car ['daɪnɪŋ] *s* 🚃 Speisewagen *m.* ~ **room** *s* Speise-, Esszimmer *n.* ~ **ta·ble** *s* Esstisch *m.*
dink·ies ['dɪŋkɪz], **dinks** [dɪŋkz] *s pl* F kinderlose Doppelverdiener *pl.*
dink·y ['dɪŋkɪ] *adj* F **1.** *Br.* niedlich. **2.** *Am.* klein, unbedeutend.
din·ner ['dɪnə] *s* **1.** (Mittag-, Abend-) Essen *n* (*Hauptmahlzeit*), *schweiz.* Nachtessen *n*: ***after*** ~ nach dem Essen, nach Tisch; ***at*** ~ bei Tisch. **2.** Diner *n*, Festessen *n*: ***at a*** ~ auf *od.* bei e-m Diner. ~ **coat** *s bsd. Am.*, ~ **jack·et** *s* Smoking *m.* ~ **par·ty** *s* Diner *n*, Abendgesellschaft *f.* ~ **ser·vice,** ~ **set** *s* Speiseservice *n*, Tafelgeschirr *n.* ~ **ta·ble** *s* Esstisch *m.* **'~·time** *s* Essens-, Tischzeit *f.*
di·no·saur ['daɪnəʊsɔː] *s* Dinosaurier *m.*
di·ode ['daɪəʊd] *s* ⚡ Diode *f.*
di·ox·ide [daɪ'ɒksaɪd] *s* ⚗ Dioxid *n.*
di·ox·in [daɪ'ɒksɪn] *s* ⚗ Dioxin *n.*
dip [dɪp] **I** *v/t* **1.** (ein)tauchen (***in, into*** in *acc*): ~ ***one's hand into one's pocket*** in die Tasche greifen. **2.** ~ ***the headlights*** *mot. bsd. Br.* abblenden. **II** *v/i* **3.** unter-, eintauchen. **4.** ~ ***into*** a) sich flüchtig befassen mit, e-n Blick werfen in (*ein Buch etc*), b) *Reserven etc* angreifen: ~ ***into one's pocket*** (*od.* ***purse***) *fig.* tief in die Tasche greifen. **III** *s* **5.** (Unter-, Ein)Tauchen *n.* **6.** kurzes Bad: ***have a*** ~ mal schnell ins Wasser springen. **7.** *econ.* leichter Rückgang.
diph·the·ri·a [dɪf'θɪərɪə] *s* Diphtherie *f.*
diph·thong ['dɪfθɒŋ] Diphthong *m*, Doppelvokal *m.*
di·plo·ma [dɪ'pləʊmə] *s* Diplom *n*: ~ ***holder*** Absolvent *m.*
di·plo·ma·cy [dɪ'pləʊməsɪ] *s pol.* Diplomatie *f* (*a. fig.*).
dip·lo·mat ['dɪpləmæt] *s* Diplomat(in).
ˌdip·lo'mat·ic *adj* (**~*ally***) diplomatisch: ~ ***bag*** Diplomatengepäck *n*; ~ ***corps*** (*a.* ***body***) diplomatisches Korps; ~ ***relations*** *pl* diplomatische Beziehungen *pl.*
dip·py ['dɪpɪ] *adj* □ F ein bisschen verrückt.
'dip·stick *s* (*Öl- etc*)Messstab *m.*
Dir., dir. ***director*** Dir., Direktor *m.*
dire ['daɪə] *adj* **1.** grässlich, schrecklich. **2.** äußerst, höchst: ***be in*** ~ ***need of s.th.*** et. ganz dringend brauchen; → ***strait.***
di·rect [dɪ'rekt] **I** *v/t* **1.** *Aufmerksamkeit etc* richten, lenken (***to, toward[s]*** auf *acc*): ~ ***away*** *j-n, et.* ablenken (***from*** von). **2.** *Betrieb etc* führen, leiten; Regie führen bei (*e-m Film od. Stück*): **~*ed by*** unter der Regie von. **3.** *Worte* richten, *Brief etc* adressieren, richten (***to*** an *acc*). **4.** anweisen, beauftragen, *j-m* Anweisungen geben (***to do*** zu tun). **5.** anordnen, verfügen: ~ ***s.th. to be done*** anordnen, dass et. geschieht. **6.** (***to***) *j-m* den Weg zeigen (zu, nach); *fig. j-n* verweisen (an *acc*). **II** *adj* □ **7.** direkt, gerade. **8.** direkt, unmittelbar: ~ ***access*** *Computer*: direkter Zugriff; ~ ***current*** ⚡ Gleichstrom *m*; ~ ***debiting*** Abbuchungs-, Einzugsverfahren *n*; ~ ***debit mandate*** Einzugsermächtigung *f*; ~ ***flight*** Direktflug *m*; ~ ***line*** *teleph.* Durchwahl *f*; ~ ***train*** durchgehender Zug. **9.** direkt, genau: ***the*** ~ ***contrary*** das genaue Gegenteil. **10.** *ling.* ~ ***speech*** (*bsd. Am.* ***discourse***) direkte Rede; ~ ***object*** direktes Objekt, Akkusativobjekt *n.* **III** *adv* **11.** direkt, unmittelbar: → ***dial*** 6.
di'rec·tion *s* **1.** Richtung *f*: ***in the*** ~ ***of*** in Richtung auf (*acc*) *od.* nach; ***from*** (***in***) ***all*** **~*s*** aus (nach) allen Richtungen *od.* Seiten; ***sense of*** ~ Orts-, Orientierungssinn *m*; ~ ***indicator*** *mot.* (Fahrt-) Richtungsanzeiger *m*, Blinker *m.* **2.** Führung *f*, Leitung *f*; (*Film etc*) Regie *f.* **3.** Anweisung *f*, Anleitung *f*; *pl* EG-Richtlinien *pl*, EG-Direktiven *pl*: **~*s pl for use*** Gebrauchsanweisung. **4.** Anweisung *f*, Anordnung *f*: ***by*** (*od.* ***at***) ~ ***of*** auf Anweisung von (*od. gen*).
di'rec·tion·al [~ʃənl] *adj* **1.** Richtungs... **2.** ⚡ Peil...; Richt...: ~ ***aerial*** (*bsd. Am.* ***antenna***) Richtantenne *f.*
di'rec·tive *s* Direktive *f*, Anweisung *f*; *pl* Richtlinien *pl.*
di'rec·tor *s* **1.** Direktor *m* (*a. econ.*), Leiter *m*: **~*'s secretary*** Chefsekretär(in); **~*-general*** Generaldirektor(in). **2.** *Film etc*: Regisseur(in).
di·rec·to·rate [dɪ'rektərət] *s* **1.** Direktorat *n*,

Direktor-, Direktorenposten *m*. **2.** Direktorium *n*.

di'rec·tor·ship → ***directorate*** 1.

di'rec·to·ry *s* **1.** Adressbuch *n*; Telefonbuch *n*; Branchenverzeichnis *n*: ~ ***enquiries*** *teleph*. Auskunft *f*. **2.** *Computer*: Dateienverzeichnis *n*.

di'rec·tress *s* Direktorin *f*, Leiterin *f*.

dirt [dɜːt] *s* Schmutz *m* (*a. fig.*), Dreck *m*: ***fling*** (*od.* ***throw***) ~ ***at s.o.*** *fig.* j-n mit Schmutz bewerfen; ***treat s.o. like*** ~ j-n wie (den letzten) Dreck behandeln. ˌ**~-'cheap** *adj u. adv* F spottbillig. ~ **road** *s Am.* unbefestigte Straße.

dirt·y ['dɜːtɪ] **I** *adj* □ **1.** schmutzig (*a. fig.*), dreckig: ~***look*** böser Blick; ~***mind*** schmutzige Gedanken *pl*; schmutzige Fantasie; ~ ***word*** Reizwort *n*; ~ ***work*** Dreck(s)arbeit *f* (*a. fig.*); → ***linen*** 2. **2.** gemein, niederträchtig: → ***trick*** 1. **3.** schlecht, *bsd.* ⚓ stürmisch (*Wetter*). **II** *v/t* **4.** beschmutzen (*a. fig.*): ~ ***one's hands*** sich die Hände schmutzig machen (*a. fig.*). **III** *v/i* **5.** schmutzig werden, schmutzen.

dis·a·bil·i·ty [ˌdɪsə'bɪlətɪ] *s* **1.** Unvermögen *n*, Unfähigkeit *f*. **2.** Arbeits-, Erwerbsunfähigkeit *f*, Invalidität *f*: ~ ***benefit*** (*od.* ***pension***) Invaliditäts-, Erwerbsunfähigkeitsrente *f*. **3.** ⚕ Gebrechen *n*.

dis·a·ble [dɪs'eɪbl] *v/t* **1.** unfähig machen, außerstand setzen (***from doing*** zu tun). **2.** unbrauchbar *od.* untauglich machen (***for*** für, zu). **3.** arbeits- *od.* erwerbsunfähig machen.

dis'a·bled *adj* **1.** arbeits-, erwerbsunfähig, invalid. **2.** kriegsversehrt. **3.** (*körperlich od. geistig*) behindert.

dis'a·ble·ment *s* **1.** → ***disability*** 2. **2.** (*körperliche od. geistige*) Behinderung.

dis·ad·van·tage [ˌdɪsəd'vɑːntɪdʒ] **I** *s* Nachteil *m* (***to*** für): ***to s.o.'s*** ~ zu j-s Nachteil *od.* Schaden; ***be at a*** ~ im Nachteil *od.* benachteiligt sein; ***put at a*** ~ → II; ***sell at a*** ~ mit Verlust verkaufen. **II** *v/t* benachteiligen.

dis·ad·van·ta·geous [ˌdɪsædvɑːn'teɪdʒəs] *adj* □ nachteilig, ungünstig, unvorteilhaft (***to*** für).

dis·af·fect·ed [ˌdɪsə'fektɪd] *adj* □ unzufrieden (***to, toward***[***s***] mit), verdrossen.

ˌ**dis·af'fec·tion** *s* Unzufriedenheit *f*, (*a.* Staats)Verdrossenheit *f*.

dis·agio [dɪs'ædʒɪəʊ] *s* Disagio *n*, Abschlag *m*.

dis·a·gree [ˌdɪsə'griː] *v/i* **1.** (***with***) nicht übereinstimmen (mit), im Widerspruch stehen (zu, mit). **2.** (***with***) anderer Meinung sein (als), nicht zustimmen (*dat*). **3.** (sich) streiten (***on, about*** über *acc*). **4.** nicht einverstanden sein (***with*** mit). **5.** nicht bekommen (***with*** *dat*) (*Essen*).

dis·a·gree·a·ble [ˌdɪsə'grɪəbl] *adj* □ unangenehm.

ˌ**dis·a'gree·ment** *s* **1.** Unstimmigkeit *f*, Verschiedenheit *f*: ***be in*** ~ (***with***) → ***disagree*** 1. **2.** Widerspruch *m* (***between*** zwischen *dat*). **3.** Meinungsverschiedenheit *f* (***over, on*** über *acc*).

dis·al·low [ˌdɪsə'laʊ] *v/t* nicht anerkennen, nicht gelten lassen.

dis·ap·pear [ˌdɪsə'pɪə] *v/i* verschwinden (***from*** von, aus): → ***thin*** 1.

ˌ**dis·ap'pear·ance** *s* Verschwinden *n*.

dis·ap·point [ˌdɪsə'pɔɪnt] *v/t j-n* enttäuschen, *j-s Hoffnungen etc a.* zunichte machen: ***be*** ~***ed*** enttäuscht sein (***in, at*** *s.th.* von, über *acc*; ***in, with*** *s.o.* von).

ˌ**dis·ap'point·ing** *adj* enttäuschend.

ˌ**dis·ap'point·ment** *s* Enttäuschung *f*.

dis·ap·prov·al [ˌdɪsə'pruːvl] *s* (***of***) Missbilligung *f* (*gen*), Missfallen *n* (über *acc*): ***in*** ~ missbilligend.

ˌ**dis·ap'prove** **I** *v/t* missbilligen. **II** *v/i* dagegen sein: ~ ***of*** → I.

dis·arm [dɪs'ɑːm] **I** *v/t* entwaffnen (*a. fig.*). **II** *v/i mil., pol.* abrüsten.

dis'ar·ma·ment *s* **1.** Entwaffnung *f*. **2.** *mil., pol.* Abrüstung *f*.

dis'arm·ing *adj* □ *fig.* entwaffnend.

dis·ar·range [ˌdɪsə'reɪndʒ] *v/t* in Unordnung bringen, durcheinander bringen (*beide a. fig.*).

dis·ar·ray [ˌdɪsə'reɪ] **I** *v/t* in Unordnung bringen (*a. fig.*). **II** *s* Unordnung *f* (*a. fig.*).

dis·as·sem·ble [ˌdɪsə'sembl] *v/t* auseinander nehmen, zerlegen, demontieren.

ˌ**dis·as'sem·bly** *s* **1.** Zerlegung *f*, Demontage *f*. **2.** zerlegter Zustand.

dis·as·ter [dɪ'zɑːstə] *s* **1.** Unglück *n* (***to*** für). **2.** Unglück *n*, Katastrophe *f*: ~ ***area*** Katastrophengebiet *n*.

dis'as·trous *adj* □ katastrophal, verheerend.

dis·be·lief [ˌdɪsbɪ'liːf] *s* **1.** Unglaube *m*. **2.** Zweifel *m* (***in*** an *dat*).

dis·be·lieve [ˌ~'liːv] **I** *v/t et.* nicht glauben, bezweifeln; *j-m* nicht glauben. **II** *v/i* nicht glauben (***in*** an *dat*).

ˌ**dis·be'liev·er** *s* Ungläubige *m, f* (*a. eccl.*).

dis·bur·den [dɪs'bɜːdn] *v/t* entlasten (***of, from*** von): ~ ***one's mind*** sein Herz ausschütten *od.* erleichtern.

dis·burse [dɪs'bɜːs] *v/t* **1.** *Geld* aus(be)zahlen. **2.** *Geld* auslegen, verauslagen.

dis'burse·ment *s* Auszahlung *f*.

disc, *etc* → ***disk,*** *etc.*

dis·card **I** *v/t* [dɪ'skɑːd] **1.** *Spielkarten* ablegen, *Kleidung etc a.* ausrangieren, *Gewohnheit etc a.* aufgeben. **2.** *Freund etc* fallen lassen. **II** *s* ['dɪskɑːd] **3.** abgelegte Karte(n *pl*). **4.** *et.* Abgelegtes.

dis·cern [dɪ'sɜːn] *v/t* wahrnehmen, erkennen.
dis'cern·ing *adj* □ scharfsichtig, kritisch (urteilend).
dis'cern·ment *s* **1.** Wahrnehmen *n*, Erkennen *n*. **2.** Scharfblick *m*.
dis·charge [dɪs'tʃɑːdʒ] **I** *v/t* **1.** ausladen: a) *Schiff etc* entladen, b) *Ladung* löschen, c) *Passagiere* ausschiffen. **2.** *Gewehr*, *Geschoss etc* abfeuern, abschießen. **3. ~ itself** → 9. **4.** ausströmen, -stoßen; ⚕, *physiol.* absondern: **~ matter** eitern. **5.** *Angestellten*, *Patienten*, *Strafgefangenen etc* entlassen (**from** aus); kündigen. **6.** ⚖ freisprechen (**of** von). **7.** befreien, entbinden (**of, from** von; **from doing s.th.** davon, et. zu tun). **8.** *Verpflichtungen etc* erfüllen, nachkommen (*dat*). **II** *v/i* **9.** sich ergießen, münden (**into** in *acc*). **10.** ⚕ eitern. **11.** ⚡ sich entladen. **III** *s* ['~tʃɑːdʒ] **12.** Entladung *f*; Löschung *f*. **13.** Abfeuern *n*. **14.** ⚕, *physiol.* Absonderung *f*. **15.** Entlassung *f*, Kündigung *f*. **16.** ⚖ Freisprechung *f*. **17.** Befreiung *f*, Entbindung *f*. **18.** Erfüllung *f*. **19.** Ablösung *f* (*e-r Schuld*).
dis·ci ['dɪskaɪ] *pl von* **discus**.
dis·ci·ple [dɪ'saɪpl] *s Bibl.* Jünger *m*, *fig. a.* Schüler(in).
dis·ci·pli·na·ry ['dɪsɪplɪnərɪ] *adj* disziplinarisch, Disziplinar...
'dis·ci·pline I *s* **1.** Disziplin *f*: **keep ~** Disziplin halten. **2.** Disziplin *f*, Wissenschaftszweig *m*. **II** *v/t* **3.** disziplinieren, an Disziplin gewöhnen: **badly ~d** disziplinlos, undiszipliniert.
'disc jock·ey *s* Diskjockey *m*.
dis·claim [dɪs'kleɪm] *v/t* **1.** ab-, bestreiten. **2.** jede Verantwortung ablehnen für; *Verantwortung* ablehnen. **3.** widerrufen, dementieren. **4.** ⚖ verzichten *od.* keinen Anspruch erheben auf (*acc*), *Erbschaft* ausschlagen.
dis'claim·er *s* **1.** Widerruf *m*, Dementi *n*. **2.** a) (**of**) Verzicht *m* (auf *acc*), Ausschlagung *f* (*gen*).), b) Verzichterklärung *f*: **~ of responsibility** Ablehnung *f* der Verantwortung.
dis·close [dɪs'kləʊz] *v/t* **1.** bekannt geben *od.* machen: **~d profits** *pl* ausgewiesene Gewinne *pl*. **2.** enthüllen, aufdecken. **3.** zeigen, verraten.
dis'clo·sure [~ʒə] *s* **1.** Bekanntgabe *f*. **2.** Enthüllung *f*.
dis·co ['dɪskəʊ] *pl* **-cos** *s* F Disko *f* (*Diskothek*).
dis·col·o(u)r [dɪs'kʌlə] *v/t u. v/i* (sich) verfärben.
dis·com·fit [dɪs'kʌmfɪt] *v/t* aus der Fassung bringen, verwirren; in Verlegenheit bringen.
dis'com·fi·ture [~tʃə] *s* Verwirrung *f*; Verlegenheit *f*.
dis·com·fort [dɪs'kʌmfət] *s* **1.** Unannehmlichkeit *f*. **2.** Unbehagen *n*.
dis·con·cert [ˌdɪskən'sɜːt] *v/t* **1.** aus der Fassung bringen, verwirren. **2.** beunruhigen.
dis·con·nect [ˌdɪskə'nekt] *v/t* **1.** trennen (**from** von) (*a. teleph. Teilnehmer*). **2.** ⚡ *Gerät*, *Stecker etc* ausstecken. **3.** *Gas*, *Strom*, *Telefon* abstellen: **we have been ~ed** uns ist das Gas *etc* abgestellt worden.
ˌdis·con'nect·ed *adj* □ zs.-hang(s)los.
dis·con·so·late [dɪs'kɒnsələt] *adj* □ untröstlich (**about, at** über *acc*).
dis·con·tent [ˌdɪskən'tent] **I** *adj* → **discontented**. **II** *s* Unzufriedenheit *f*.
ˌdis·con'tent·ed *adj* □ unzufrieden (**with** mit).
dis·con·tin·ue [ˌdɪskən'tɪnjuː] *v/t* **1.** unterbrechen. **2.** einstellen (*a.* ⚖); *Gewohnheit etc* aufgeben; *Beziehungen* abbrechen; *Zeitung etc* abbestellen. **3.** aufhören (**doing** zu tun).
ˌdis·con'tin·u·ous [~jʊəs] *adj* □ **1.** unterbrochen. **2.** zs.-hang(s)los.
dis·cord ['dɪskɔːd] *s* **1.** Uneinigkeit *f*. **2.** Zwietracht *f*, Zwist *m*: → **apple**. **3.** ♪ Missklang *m* (*a. fig.*), Dissonanz *f*.
dis'cord·ant *adj* □ **1.** sich widersprechend. **2.** ♪ misstönend (*a. weitS. u. fig.*).
dis·co·theque ['dɪskəʊtek] *s* Diskothek *f*.
dis·count ['dɪskaʊnt] **I** *s* **1.** *econ.* Preisnachlass *m*, Rabatt *m*, Skonto *m*, *n* (**on** auf *acc*). **2.** *econ.* Diskont *m*: **~ (rate)** Diskontsatz *m*. **3.** *econ.* Abzug *m* (*vom Nominalwert*): **at a ~** unter pari; *fig.* nicht geschätzt *od.* gefragt; **sell at a ~** mit Verlust verkaufen. **II** *v/t* **4.** *econ.* abziehen, abrechnen; e-n Abzug gewähren auf (*acc*). **5.** *econ.* *Wechsel* diskontieren. **6.** *Geschichte etc* mit Vorsicht *od.* Vorbehalt aufnehmen.
dis'count·a·ble *adj* diskontfähig (*Wechsel*).
dis·count| bank *s* Diskontbank *f*. **~ bill** *s* Diskontwechsel *m*. **~ cred·it** *s* Diskontkredit *m*. **~ house** *s* **1.** Diskontbank *f*. **2.** a) Discountladen *m*, b) Discounter *m*. **~ rate** *s* Diskontsatz *m*.
dis·cour·age [dɪ'skʌrɪdʒ] *v/t* **1.** entmutigen. **2.** abschrecken, abhalten, *j-m* abraten (**from** von).
dis'cour·age·ment *s* **1.** Entmutigung *f*. **2.** Abschreckung *f*.
dis·course I *s* ['dɪskɔːs] **1.** Unterhaltung *f*, Gespräch *n*. **2.** Vortrag *m*. **II** *v/i* [dɪ'skɔːs] **3.** sich unterhalten (**on** über *acc*). **4.** e-n Vortrag halten (**on** über *acc*).
dis·cour·te·ous [dɪs'kɜːtjəs] *adj* □ unhöflich.
dis'cour·te·sy [~tɪsɪ] *s* Unhöflichkeit *f*.

dis·cov·er [dɪ'skʌvə] *v/t* entdecken, *fig. a.* ausfindig machen, (heraus)finden.

dis'cov·er·er *s* Entdecker(in).

dis'cov·er·y *s* Entdeckung *f.*

dis·cred·it [dɪs'kredɪt] **I** *v/t* **1.** in Verruf *od.* Misskredit bringen (***with*** bei). **2.** anzweifeln, keinen Glauben schenken (*dat*). **II** *s* **3.** Misskredit *m*: ***bring into ~, bring ~ on*** → 1. **4.** Zweifel *m.*

dis·creet [dɪ'skriːt] *adj* □ **1.** umsichtig, besonnen. **2.** diskret: a) taktvoll, b) verschwiegen, c) dezent, unaufdringlich.

dis·crep·an·cy [dɪ'skrepənsɪ] *s* Diskrepanz *f*, Widerspruch *m.* **~ re·port** *s* Fehlerbericht *m.*

dis·cre·tion [dɪ'skreʃn] *s* **1.** Ermessen *n*, Gutdünken *n*: ***at ~*** nach Belieben; ***it is at*** (*od.* ***within***) ***your ~*** es steht Ihnen frei; ***leave s.th. to s.o.'s ~*** j-m et. anheim stellen. **2.** Umsicht *f*, Besonnenheit *f.* **3.** Diskretion *f.*

dis·cre·tion·ar·y| clause [dɪ'skreʃnərɪ] *s* Kannvorschrift *f.* **~ pow·er** *s* Ermessensbefugnis *f.*

dis·crim·i·nate [dɪ'skrɪmɪneɪt] **I** *v/i* (scharf) unterscheiden, e-n Unterschied machen (***between*** zwischen *dat*): **~ *between*** unterschiedlich behandeln (*acc*); **~ *against*** *j-n* benachteiligen, diskriminieren. **II** *v/t* (scharf) unterscheiden (***from*** von).

dis'crim·i·nat·ing *adj* □ scharfsinnig, urteilsfähig.

dis,crim·i'na·tion *s* **1.** unterschiedliche Behandlung; Diskriminierung *f*: **~ *against s.o.*** Benachteiligung *f* e-r Person. **2.** Scharfsinn *m*, Urteilsfähigkeit *f.*

dis'crim·i·na·tive [~nətɪv], **dis'crim·i·na·to·ry** [~nətərɪ] *adj* diskriminierend.

dis·cur·sive [dɪ'skɜːsɪv] *adj* □ weitschweifig.

dis·cus ['dɪskəs] *pl* **-cus·es, -ci** ['~kaɪ] *s Leichtathletik*: a) Diskus *m*: **~ *throw*** → b; **~ *thrower*** Diskuswerfer(in), b) Diskuswerfen *n.*

dis·cuss [dɪ'skʌs] *v/t* diskutieren, besprechen, erörtern.

dis'cus·sion *s* Diskussion *f*, Besprechung *f*, Erörterung *f*: ***be under ~*** zur Diskussion stehen; ***matter for ~*** Diskussionsgegenstand *m.*

dis·dain [dɪs'deɪn] **I** *v/t* verachten, gering schätzen. **II** *s* Verachtung *f*, Geringschätzung *f.*

dis'dain·ful [~fʊl] *adj* □ verächtlich, geringschätzig: ***be ~ of*** (*od.* ***toward[s]***) → ***disdain*** I.

dis·ease [dɪ'ziːz] *s* Krankheit *f* (*a. fig.*): ***sexually transmitted ~*** Geschlechtskrankheit.

dis'eased *adj* krank.

dis·em·bark [ˌdɪsɪm'bɑːk] **I** *v/t* ✈, ⚓ *Passagiere* von Bord gehen lassen, ⚓ *a.* ausschiffen, *Waren* ausladen. **II** *v/i* ✈, ⚓ von Bord gehen, ⚓ *a.* sich ausschiffen.

ˌdis·em·bar'ka·tion [~em~] *s* Ausschiffung *f*, -ladung *f.*

dis·en·chant [ˌdɪsɪn'tʃɑːnt] *v/t* desillusionieren, ernüchtern.

dis·en·gage [ˌdɪsɪn'geɪdʒ] **I** *v/t* **1.** los-, freimachen, befreien (***from*** von). **2.** *tech.* loskuppeln: **~ *the clutch*** auskuppeln; **~ *the gears*** in den Leergang schalten. **II** *v/i* **3.** sich frei machen, loskommen (***from*** von).

ˌdis·en'gaged *adj* **1.** frei, unbeschäftigt. **2.** ungebunden. **3.** *teleph.* frei (*Anschluss*).

ˌdis·en'gage·ment *s* **1.** Befreiung *f.* **2.** Ungebundenheit *f.* **3.** Muße(stunden *pl*) *f.*

dis·en·tan·gle [ˌdɪsɪn'tæŋgl] *v/t* **1.** entwirren, -flechten (*beide a. fig.*). **2.** befreien (***from*** von, aus).

dis·e·qui·lib·ri·um [ˌdɪsekwɪ'lɪbrɪəm] *s bsd. econ.* Ungleichgewicht *n.*

dis·fa·vo(u)r [ˌdɪs'feɪvə] *s* **1.** Missbilligung *f*, -fallen *n.* **2.** Ungnade *f*: ***be in*** (***fall into***) **~** in Ungnade stehen (fallen) (***with*** bei).

dis·fig·ure [dɪs'fɪgə] *v/t* entstellen, verunstalten (***with*** durch).

dis·gorge [dɪs'gɔːdʒ] **I** *v/t* **1.** *Essen* ausspeien, *Lava* speien. **2.** (widerwillig) wieder herausgeben. **II** *v/i* **3.** sich ergießen, fließen (***into*** in *acc*).

dis·grace [dɪs'greɪs] **I** *s* **1.** Schande *f* (***to*** für): ***bring ~ on*** → 3. **2.** → ***disfavo(u)r*** 2. **II** *v/t* **3.** Schande bringen über (*acc*).

dis'grace·ful [~fʊl] *adj* □ schändlich.

dis·grun·tled [dɪs'grʌntld] *adj* verärgert, -stimmt (***at*** über *acc*).

dis·guise [dɪs'gaɪz] **I** *v/t* **1.** (***o.s.*** sich) verkleiden *od.* maskieren (***as*** als). **2.** *Handschrift, Stimme* verstellen. **3.** *Absichten, Fakten etc* verschleiern, *Gefühle etc* verbergen. **II** *s* **4.** Verkleidung *f*: ***in ~*** verkleidet, maskiert; *fig.* verkappt; ***in the ~ of*** verkleidet als; → ***blessing.*** **5.** Verstellung *f.* **6.** Verschleierung *f*: ***make no ~ of*** kein Hehl machen aus.

dis·gust [dɪs'gʌst] **I** *v/t* **1.** anekeln, anwidern: ***be ~ed with*** (*od.* ***at, by***) Ekel empfinden über (*acc*). **2.** empören, entrüsten: ***be ~ed with*** empört *od.* entrüstet sein über (*acc*). **II** *s* **3.** Ekel *m* (***at, for*** vor *dat*).

dis'gust·ing *adj* □ ekelhaft, widerlich.

dish [dɪʃ] **I** *s* **1.** flache Schüssel; (Servier)Platte *f*; *pl* Geschirr *n*: ***wash*** (*od.* ***do***) ***the ~es*** abspülen. **2.** Gericht *n*, Speise *f.* **II** *v/t* **3.** *oft* **~ *up*** *Speisen* anrichten; auftragen. **4.** *oft* **~ *up*** F *Geschichte etc* auftischen. **5.** **~ *out*** F austeilen.

dis·har·mo·ny [ˌdɪs'hɑːmənɪ] *s* Disharmonie *f.*

'dish·cloth *s* Geschirrtuch *n.*

dis·heart·en [dɪs'hɑːtn] *v/t* entmutigen.

di·shev·el(l)ed [dɪ'ʃevld] *adj* **1.** zerzaust (*Haar*). **2.** unordentlich, ungepflegt.

dis·hon·est [dɪs'ɒnɪst] *adj* □ unehrlich, unredlich.

dis'hon·es·ty *s* Unredlichkeit *f*: a) Unehrlichkeit *f*, b) unredliche Handlung.

dis·hon·o(u)r [dɪs'ɒnə] **I** *s* **1.** Unehre *f*, Schande *f* (**to** für). **II** *v/t* **2.** entehren. **3.** *econ. Wechsel etc* nicht honorieren *od.* einlösen.

dis'hon·o(u)r·a·ble *adj* □ schändlich, unehrenhaft.

'dish|·rag *s Br.*, **~ tow·el** *s bsd. Am.* Geschirrtuch *n.* **'~,wash·er** *s* **1.** Tellerwäscher(in), Spüler(in). **2.** Geschirrspülmaschine *f*, -spüler *m*; ***~-safe*** spülmaschinenfest. **'~,wa·ter** *s* Abwasch-, Spülwasser *n.*

dish·y ['dɪʃɪ] *adj bsd. Br.* F dufte, toll (*Person*).

dis·il·lu·sion [ˌdɪsɪ'luːʒn] **I** *s* Ernüchterung *f*, Desillusion *f*. **II** *v/t* ernüchtern, desillusionieren.

dis·in·cli·na·tion [ˌdɪsɪnklɪ'neɪʃn] *s* Abneigung *f* (**for** gegen; **to do** zu tun).

dis·in·clined [ˌdɪsɪn'klaɪnd] *adj* abgeneigt.

dis·in·fect [ˌdɪsɪn'fekt] *v/t* desinfizieren.

ˌdis·in'fect·ant *s* Desinfektionsmittel *n.*

ˌdis·in'fec·tion *s* Desinfizierung *f*.

dis·in·gen·u·ous [ˌdɪsɪn'dʒenjʊəs] *adj* □ unaufrichtig.

dis·in·her·it [ˌdɪsɪn'herɪt] *v/t* enterben.

dis·in·te·grate [dɪs'ɪntɪgreɪt] **I** *v/t* **1.** auflösen, *fig. a.* zersetzen. **II** *v/i* **2.** sich auflösen (*a. fig.*). **3.** ver-, zerfallen (*a. fig.*). **4.** *geol.* verwittern.

disˌin·te'gra·tion *s* **1.** Auflösung *f*. **2.** Zerfall *m.* **3.** *geol.* Verwitterung *f*.

dis·in·ter·est·ed [dɪs'ɪntrəstɪd] *adj* □ **1.** uneigennützig. **2.** objektiv. **3.** un-, desinteressiert (**in** an *dat*).

ˌdis·in'vest·ment *s* Desinvestition *f*: ***~ in stocks*** Abbau *m* von Lagerbeständen.

dis·joint·ed [dɪs'dʒɔɪntɪd] *adj* □ zs.-hang(s)los.

disk [dɪsk] *s* **1.** *allg.* Scheibe *f*. **2.** (Schall)Platte *f*. **3.** *Computer*: Diskette *f*; *a.* ***hard ~*** Festplatte *f*. **~ back·up** *s* Diskettensicherung. **~ box** *s* Diskettenkasten *m.* **~ brake** *s tech.* Scheibenbremse *f*. **~ con·trol·ler** *s Computer*: Plattencontroller *m*, -steuereinheit *f*. **~ drive** *s Computer*: Laufwerk *n.*

disk·ette [dɪ'sket] *s Computer*: Diskette *f*: ***~ label*** Disketten-Etikett; ***~ mailer*** Diskettenversandtasche *f*.

disk file *s* Plattendatei *f*.

disk jock·ey *s* Diskjockey *m.*

disk| mem·o·ry *s Computer*: (Magnet)Plattenspeicher *m.* **~ 'op·er·at·ing 'sys·tem** *s Computer*: Betriebssystem *n.* **~ pack** *s* Plattenstapel *m.* **~ u·nit** s Platteneinheit *f*.

dis·like [dɪs'laɪk] **I** *v/t* nicht leiden können, nicht mögen: ***~ doing s.th.*** et. nicht gern *od.* (nur) ungern tun; ***get o.s. ~d*** sich unbeliebt machen. **II** *s* Abneigung *f*, Widerwille *m* (***of, for*** gegen): ***take a ~ to*** e-e Abneigung fassen gegen.

dis·lo·cate ['dɪsləʊkeɪt] *v/t* **1.** verrücken. **2.** ⚕ sich *den Arm etc* ver- *od.* ausrenken.

ˌdis·lo'ca·tion *s* **1.** Verrückung *f*. **2.** ⚕ Verrenkung *f*; Dislokation *f*.

dis·loy·al [ˌdɪs'lɔɪəl] *adj* □ (**to**) untreu (*dat*), treulos (gegen).

ˌdis'loy·al·ty *s* Untreue *f*, Treulosigkeit *f*.

dis·mal ['dɪzməl] **I** *adj* □ düster, trüb, trostlos, bedrückend. **II** *s*: ***be in the ~s*** F Trübsal blasen.

dis·man·tle [dɪs'mæntl] *v/t* **1.** demontieren, abbauen; *Gebäude* abbrechen; ⚓ abwracken: ***~ trade barriers*** Handelsschranken abbauen. **2.** zerlegen, auseinander nehmen.

dis·may [dɪs'meɪ] **I** *v/t* erschrecken, bestürzen. **II** *s* Schreck(en) *m*, Bestürzung *f*: ***in*** (*od.* ***with***) ~ bestürzt; ***to one's ~*** zu s-r Bestürzung.

dis·mem·ber [dɪs'membə] *v/t* **1.** zerstückeln; *bsd.* ⚕ zergliedern. **2.** *Land etc* zersplittern, aufteilen.

dis·miss [dɪs'mɪs] *v/t* **1.** entlassen, gehen lassen. **2.** entlassen (**from** aus *e-m Amt etc*). **3.** *Thema etc* fallen lassen; *Frage etc* abtun (**as** als). **4.** *a.* ⚖ abweisen.

dis'miss·al *s* **1.** Entlassung *f*, Kündigung *f*: ***~ pay*** Abfindung *f*; ***~ protection*** Kündigungsschutz *m.* **2.** *a.* ⚖ Abweisung *f*.

dis·mount [ˌdɪs'maʊnt] **I** *v/i* **1.** absteigen, absitzen (**from** von). **II** *v/t* **2.** *Reiter* abwerfen. **3.** abmontieren.

dis·o·be·di·ence [ˌdɪsə'biːdjəns] *s* Ungehorsam *m*: ***civil ~*** ziviler Ungehorsam.

ˌdis·o'be·di·ent *adj* □ ungehorsam (**to** gegen[über]).

dis·o·bey [ˌdɪsə'beɪ] **I** *v/t* **1.** *j-m* nicht gehorchen. **2.** *Gesetz etc* nicht befolgen, missachten. **II** *v/i* **3.** nicht gehorchen, ungehorsam sein.

dis·o·blige [ˌdɪsə'blaɪdʒ] *v/t* ungefällig sein gegen.

ˌdis·o'blig·ing *adj* □ ungefällig, unfreundlich.

dis·or·der [dɪs'ɔːdə] **I** *s* **1.** Unordnung *f*, Durcheinander *n*: ***in ~*** durcheinander; ***throw into ~*** → 4. **2.** Aufruhr *m*, Unruhen *pl.* **3.** ⚕ Störung *f*: ***mental ~*** Geistesstörung. **II** *v/t* **4.** in Unordnung bringen, durcheinander bringen.

dis'or·dered *adj* **1.** unordentlich, durcheinander. **2.** ⚕ gestört.

dis'or·der·ly *adj* **1.** unordentlich. **2.** schlampig, (*a. Leben etc*) liederlich. **3.** ⚖ ordnungswidrig.

dis·or·gan·ize [dɪs'ɔːgənaɪz] → ***disorder*** 4.

dis·own [dɪs'əʊn] *v/t* **1.** nichts zu tun haben wollen mit, ablehnen. **2.** ableugnen.

dis·par·age [dɪ'spærɪdʒ] *v/t* **1.** herabsetzen, verächtlich machen. **2.** verachten, gering schätzen.

dis'par·age·ment *s* **1.** Herabsetzung *f*, Verächtlichmachung *f*. **2.** Verachtung *f*, Geringschätzung *f*.

dis'par·ag·ing *adj* □ herabsetzend, verächtlich, geringschätzig.

dis·pa·rate ['dɪspərət] *adj* □ ungleich(artig), (grund)verschieden.

dis·par·i·ty [dɪ'spærətɪ] *s* Verschiedenheit *f*: ~ ***in*** (*od.* ***of***) ***age*** (zu großer) Altersunterschied.

dis·pas·sion·ate [dɪ'spæʃnət] *adj* □ leidenschaftslos, kühl, sachlich.

dis·patch [dɪ'spætʃ] **I** *v/t* **1.** (ab)senden, (ab)schicken, *Telegramm* aufgeben. **2.** rasch erledigen. **3.** ins Jenseits befördern, töten. **4.** F wegputzen, schnell aufessen. **II** *s* **5.** Absendung *f*, Versand *m*: ~ ***by rail*** Bahnversand; ~ ***department*** Versandabteilung *f*. **6.** rasche Erledigung. **7.** Tötung *f*. ~ **box,** ~ **case** *s bsd. Br.* Aktenkoffer *m*.

dis·patch·er [dɪ'spætʃə] *s* Expedient *m*.

dis·pel [dɪ'spel] *v/t Menge etc, a. fig. Befürchtungen etc* zerstreuen, *Nebel* zerteilen.

dis·pen·sa·ble [dɪ'spensəbl] *adj* □ entbehrlich.

dis'pen·sa·ry *s* Werks-, Krankenhausapotheke *f*.

dis·pen·sa·tion [ˌdɪspen'seɪʃn] *s* **1.** Aus-, Verteilung *f*. **2.** Zuteilung *f*, Gabe *f*. **3.** (göttliche) Fügung. **4.** Verzicht *m* (***with*** auf *acc*).

dis·pense [dɪ'spens] **I** *v/t* **1.** aus-, verteilen; *Sakrament* spenden: ~ ***justice*** Recht sprechen. **2.** *Arzneien* dispensieren, zubereiten u. abgeben. **3.** befreien, entbinden (***from*** von). **II** *v/i* **4.** ~ ***with*** verzichten auf (*acc*); überflüssig machen (*acc*).

dis'pens·er *s* **1.** Aus-, Verteiler(in). **2.** *tech.* Spender *m*, (*für Klebestreifen etc a.*) Abroller *m*, (*Briefmarken- etc*)Automat *m*.

dis'pens·ing *adj*: ~ ***chemist*** *Br.* Apotheker(in).

dis·per·sal [dɪ'spɜːsl] *s* **1.** Zerstreuung *f* (*a. fig.*). **2.** Verbreitung *f*.

dis'perse **I** *v/t* **1.** verstreuen (***over*** über *acc*). **2.** → ***dispel.*** **3.** *Nachrichten etc* verbreiten. **4.** ⚗, *phys.* dispergieren, zerstreuen. **II** *v/i* **5.** sich zerstreuen (*Menge*). **6.** sich verteilen.

dis'per·sion *s* **1.** → ***dispersal.*** **2.** ⚗, *phys.* Dispersion *f*, (Zer-)Streuung *f*.

dis·pir·it·ed [dɪ'spɪrɪtɪd] *adj* mutlos, niedergeschlagen.

dis·place [dɪs'pleɪs] *v/t* **1.** versetzen, -rücken, -schieben. **2.** verdrängen (*a.* ⚓, *phys.*, *Sport*): ~ ***labour*** (*od.* ***workers***) Arbeitskräfte freisetzen. **3.** *j-n* ablösen (***as*** als). **4.** *j-n* verschleppen: ~***d person*** Verschleppte *m, f*, Zwangsumsiedler(in).

dis'place·ment *s* **1.** Versetzung *f*, -schiebung *f*. **2.** Verdrängung *f*: ~ ***of labour*** Freisetzung von Arbeitskräften. **3.** Ablösung *f*. **4.** Verschleppung *f*.

dis·play [dɪ'spleɪ] **I** *v/t* **1.** *Aktivität etc* zeigen, entfalten, an den Tag legen. **2.** *Waren* auslegen, -stellen. **3.** zur Schau stellen, hervorkehren. **II** *s* **4.** Entfaltung *f*. **5.** Ausstellung *f*: ***be on*** ~ ausgestellt sein. **6.** Display *n*: a) (Sichtbild)Anzeige *f*, b) *a.* ~ ***unit*** Bildschirmgerät *n*; ~ ***capacity*** Bildschirmkapazität *f*. **III** *adj* **7.** Ausstellungs..., Schau...: ~ ***ad*** großformatige Anzeige; ~ ***cabinet*** (*od.* ***case***) Schaukasten *m*, Vitrine *f*; ~ ***package*** Schaupackung *f*; ~ ***stand*** Verkaufsständer *m*; ~ ***window*** Auslage(n)-, Schaufenster *n*.

dis·please [dɪs'pliːz] *v/t* **1.** *j-m* missfallen: ***be*** ~***d at*** (*od.* ***with***) unzufrieden sein mit. **2.** *j-n* ärgern, verstimmen.

dis'pleas·ing *adj* □ unangenehm.

dis·pleas·ure [dɪs'pleʒə] *s* Missfallen *n* (***at*** über *acc*).

dis·pos·a·ble [dɪ'spəʊsəbl] *adj* **1.** (frei) verfügbar: ~ ***income*** verfügbares Einkommen *n*. **2.** Einweg..., Wegwerf...: ~ ***goods*** *pl* Wegwerfprodukte *pl*.

dis'pos·al *s* **1.** Erledigung *f*. **2.** Beseitigung *f*. **3.** Übergabe *f*, -tragung *f*: ~ (***by sale***) Veräußerung *f*, Verkauf *m*. **4.** Verfügung(srecht *n*) *f* (***of*** über *acc*): ***be at s.o.'s*** ~ j-m zur Verfügung stehen; ***place*** (*od.* ***put***) ***s.th. at s.o.'s*** ~ j-m et. zur Verfügung stellen; ***have the*** ~ ***of*** verfügen (können) über (*acc*).

dis'pose **I** *v/t* **1.** anordnen, aufstellen. **2.** geneigt machen, bewegen (***to*** zu; ***to do*** zu tun). **II** *v/i* **3.** ~ ***of*** (frei) verfügen über (*acc*); (endgültig) erledigen; wegschaffen, beseitigen; verkaufen, veräußern; übergeben, -tragen.

dis'posed *adj* **1.** ***be well*** ~ ***to***(***ward***[***s***]) *j-m* wohlgesinnt sein, *j-m* wohl wollen; *e-m Plan etc* wohlwollend gegenüberstehen; → ***ill-disposed.*** **2.** geneigt (***to do*** zu tun): ***feel*** ~ ***to do s.th.*** et. tun wollen.

dis·po·si·tion [ˌdɪspə'zɪʃn] *s* **1.** Disposition *f*, Veranlagung *f*; Art *f*. **2.** Neigung *f*, Hang *m* (***to*** zu); ⚕ Anfälligkeit *f* (***to*** für): ***have a*** ~ ***to*** neigen zu; anfällig sein für. **3.** → ***disposal*** 4.

dis·pos·sess [ˌdɪspə'zes] *v/t* enteignen.

dis·pro·por·tion·ate [ˌdɪsprəˈpɔːʃnət] *adj* □ unverhältnismäßig (groß *od.* klein); unangemessen; übertrieben: ***be ~ to*** in keinem Verhältnis stehen zu.
dis·prove [ˌdɪsˈpruːv] *v/t* widerlegen.
dis·pu·ta·ble [dɪˈspjuːtəbl] *adj* □ strittig.
ˌdis·puˈta·tion *s* **1.** Disput *m.* **2.** Disputation *f.*
ˌdis·puˈta·tious *adj* □ streitsüchtig.
disˈpute I *v/i* **1.** streiten (***on, about*** über *acc*). II *v/t* **2.** streiten über (*acc*). **3.** in Zweifel ziehen, bezweifeln: ***~d*** umstritten. **4.** kämpfen um. **5.** (an)kämpfen gegen. III *s* **6.** Disput *m*: ***in*** (*od.* ***under***) ~ umstritten; ***beyond*** (*od.* ***past, without***) ~ fraglos, unbestritten.
dis·qual·i·fi·ca·tion [dɪsˌkwɒlɪfɪˈkeɪʃn] *s* **1.** Disqualifikation *f*, Disqualifizierung *f.* **2.** Untauglichkeit *f* (***for*** für).
disˈqual·i·fy *v/t* **1.** disqualifizieren. **2.** untauglich machen (***for*** für). **3.** für untauglich erklären.
dis·qui·et [dɪsˈkwaɪət] I *v/t* beunruhigen. II *s* Unruhe *f*, Besorgnis *f.*
disˈquiet·ing *adj* □ beunruhigend, Besorgnis erregend.
dis·re·gard [ˌdɪsrɪˈɡɑːd] I *v/t* **1.** nicht beachten, ignorieren. **2.** missachten. II *s* **3.** Nichtbeachtung *f*, Ignorierung *f* (***of, for*** *gen*). **4.** Missachtung *f* (***of, for*** *gen*).
dis·re·pair [ˌdɪsrɪˈpeə] *s* Baufälligkeit *f*: ***be in*** (***a state of***) ~ baufällig sein; ***fall into*** ~ baufällig werden.
dis·rep·u·ta·ble [dɪsˈrepjʊtəbl] *adj* □ verrufen.
dis·re·pute [ˌdɪsrɪˈpjuːt] *s* schlechter Ruf: ***be in*** ~ verrufen sein; ***bring*** (***fall, sink***) ***into*** ~ in Verruf bringen (kommen).
dis·re·spect [ˌdɪsrɪˈspekt] *s* Respektlosigkeit *f.*
ˌdis·reˈspect·ful [~fʊl] *adj* □ respektlos (***to*** gegenüber).
dis·rupt [dɪsˈrʌpt] *v/t* **1.** auseinander reißen, (zer)spalten. **2.** *Gespräch, Verkehr etc* unterbrechen. **3.** *Land etc* zerrütten; *Koalition etc* sprengen.
disˈrup·tion *s* **1.** Spaltung *f.* **2.** Unterbrechung *f.* **3.** Zerrüttung *f*; Sprengung *f.*
dis·sat·is·fac·tion [ˈdɪsˌsætɪsˈfækʃn] *s* Unzufriedenheit *f.*
ˈdisˌsat·isˈfac·to·ry [~tərɪ] *adj* unbefriedigend (***to*** für).
ˌdisˈsat·is·fied [~faɪd] *adj* unzufrieden (***at, with*** mit).
dis·sect [dɪˈsekt] *v/t* **1.** ⚕ sezieren. **2.** *fig.* zergliedern.
dis·sem·ble [dɪˈsembl] *v/t* verbergen, -hehlen, sich *et.* nicht anmerken lassen.
dis·sem·i·nate [dɪˈsemɪneɪt] *v/t* **1.** ausstreuen. **2.** *fig.* verbreiten.
disˌsemiˈna·tion *s* **1.** Ausstreuung *f.* **2.** *fig.* Verbreitung *f.*
dis·sen·sion [dɪˈsenʃn] *s* Meinungsverschiedenheit(en *pl*) *f.*
dis·sent [dɪˈsent] I *v/i* **1.** (***from***) anderer Meinung sein (als), nicht übereinstimmen (mit). **2.** *eccl.* von der Staatskirche abweichen. II *s* **3.** Meinungsverschiedenheit *f.*
disˈsent·er *s* **1.** Andersdenkende *m, f.* **2.** *eccl.* Dissident(in); Dissenter(in).
dis·ser·ta·tion [ˌdɪsəˈteɪʃn] *s* **1.** (wissenschaftliche) Abhandlung. **2.** *univ.* Diplomarbeit *f.*
dis·ser·vice [ˌdɪsˈsɜːvɪs] *s*: ***do s.o. a*** ~ j-m e-n schlechten Dienst erweisen.
dis·si·dent [ˈdɪsɪdənt] I *adj* **1.** (***from***) anders denkend (als), abweichend (von). II *s* **2.** Andersdenkende *m, f.* **3.** *eccl.* Dissident(in), *pol. a.* Regime-, Systemkritiker(in).
dis·sim·i·lar [ˌdɪˈsɪmɪlə] *adj* □ (***to, from***) verschieden (von), unähnlich (*dat*).
dis·sim·i·lar·i·ty [ˌdɪsɪmɪˈlærətɪ] *s* Verschiedenheit *f*, Unähnlichkeit *f.*
dis·sim·u·late [dɪˈsɪmjʊleɪt] → ***dissemble.***
dis·si·pate [ˈdɪsɪpeɪt] I *v/t* **1.** zerstreuen (*a. fig.*); *Nebel* zerteilen. **2.** *Kräfte* verzetteln, -geuden; *Vermögen etc* durchbringen, verschwenden. II *v/i* **3.** sich zerstreuen (*a. fig.*); sich zerteilen.
ˈdis·si·pat·ed *adj* □ ausschweifend: a) zügellos (*Leben*), b) leichtlebig (*Person*).
ˌdis·siˈpa·tion *s* **1.** Zerstreuung *f* (*a. fig.*); Zerteilung *f.* **2.** Vergeudung *f.* **3.** Ausschweifung *f*: ***a life of*** ~ ein ausschweifendes *od.* zügelloses Leben.
dis·so·ci·ate [dɪˈsəʊʃɪeɪt] *v/t* **1.** trennen (***from*** von). **2.** ~ ***o.s.*** sich distanzieren, abrücken (***from*** von).
disˌso·ciˈa·tion [~sɪˈeɪʃn] *s* Trennung *f.*
dis·so·lute [ˈdɪsəluːt] → ***dissipated.***
dis·so·lu·tion [ˌdɪsəˈluːʃn] *s* **1.** Auflösung *f* (*a. fig.*). **2.** ⚖ Annullierung *f*, Aufhebung *f.*
dis·solve [dɪˈzɒlv] I *v/t* **1.** auflösen (*a. fig.*): ~ ***in the mouth*** *Tablette etc* im Mund zergehen lassen; ***~d in tears*** in Tränen aufgelöst. **2.** ⚖ annullieren, aufheben. II *v/i* **3.** sich auflösen (*a. fig.*): ~ ***in the mouth*** im Mund zergehen; ~ ***in***(***to***) ***tears*** in Tränen zerfließen.
dis·so·nance [ˈdɪsənəns] *s* Dissonanz *f*: a) ♪ Missklang *m* (*a. fig.*), b) *fig.* Unstimmigkeit *f.*
ˈdis·so·nant *adj* □ **1.** ♪ dissonant. **2.** misstönend. **3.** *fig.* unstimmig.
dis·suade [dɪˈsweɪd] *v/t* **1.** *j-m* abraten (***from*** von; ***from doing*** [davon,] *et.* zu tun). **2.** abbringen (***from*** von; ***from doing*** davon, *et.* zu tun). **3.** abraten von.

dis·tance ['dɪstəns] **I** *s* **1.** Entfernung *f*: ***at a ~*** in einiger Entfernung; von weitem, von fern; ***from a ~*** aus einiger Entfernung; ***keep one's ~*** Abstand halten (***from*** von); *fig.* Distanz wahren. **2.** Ferne *f*: ***from*** (***in***) ***the ~*** aus (in) der Ferne; ***~ learning*** Fernstudium *n*. **3.** Strecke: a) Entfernung *f*: ***go the ~*** *fig.* durchhalten, über die Runden kommen, b) *Sport*: Distanz *f*: ***~ runner*** (*Leichtathletik*) Langstreckenläufer(in), Langstreckler(in). **4.** (*a. zeitlicher*) Abstand: ***at this ~ of*** (*od.* ***in***) ***time*** nach all dieser Zeit. **II** *v/t* **5.** überholen, (weit) hinter sich lassen, (*Sport a.*) distanzieren. **6.** *fig.* überflügeln, -treffen. **7.** ***~ o.s.*** sich distanzieren (***from*** von).

'dis·tant *adj* □ **1.** entfernt (*a. fig.*). **2.** fern (*a. zeitlich*), Fern...: ***~ heating*** Fernheizung *f*. **3.** (weit) voneinander entfernt. **4.** *fig.* distanziert.

dis·taste [ˌdɪs'teɪst] *s* **1.** Ekel *m* (***for*** vor *dat*). **2.** *fig.* Widerwille *m*, Abneigung *f* (***for*** gegen).

dis'taste·ful [~fʊl] *adj* □ **1.** Ekel erregend. **2.** *fig.* unangenehm: ***be ~ to*** *j-m* zuwider sein.

dis·tend [dɪ'stend] **I** *v/t* **1.** (aus)dehnen. **2.** *Bauch etc* aufblähen. **II** *v/i* **3.** sich (aus)dehnen. **4.** sich aufblähen. **5.** sich weiten (***with*** vor *dat*) (*Augen*).

dis·til(l) [dɪ'stɪl] *v/t* **1.** ⚗ destillieren: ***~ out*** herausdestillieren (***from*** aus) (*a. fig.*). **2.** *Branntwein* brennen (***from*** aus).

dis·til·la·tion [ˌ~'leɪʃn] *s* **1.** ⚗ Destillation *f*. **2.** ⚗ Destillat *n*. **3.** Brennen *n*.

dis'till·er·y *s* (Branntwein)Brennerei *f*.

dis·tinct [dɪ'stɪŋkt] *adj* □ **1.** verschieden (***from*** von): ***as ~ from*** im Unterschied zu. **2.** ausgeprägt, klar, deutlich.

dis'tinc·tion *s* **1.** Unterscheidung *f*. **2.** Unterschied *m*: ***in ~ from*** im Unterschied zu; ***draw*** (*od.* ***make***) ***a ~ between*** e-n Unterschied machen zwischen (*dat*). **3.** Auszeichnung *f*, Ehrung *f*. **4.** (hoher) Rang: ***of ~*** von Rang (u. Namen).

dis'tinc·tive *adj* □ **1.** Unterscheidungs... **2.** kennzeichnend (***of*** für): → ***mark***[2] 3.

dis·tin·guish [dɪ'stɪŋgwɪʃ] **I** *v/t* **1.** unterscheiden (***from*** von), auseinander halten. **2.** wahrnehmen, erkennen. **3.** kennzeichnen: ***~ing mark*** Kennzeichen *n*. **4.** ***~ o.s.*** sich auszeichnen (*a. iro.*). **II** *v/i* **5.** unterscheiden, e-n Unterschied machen (***between*** zwischen *dat*).

dis'tin·guished *adj* **1.** hervorragend, ausgezeichnet. **2.** vornehm.

dis·tort [dɪ'stɔːt] *v/t* **1.** verdrehen. **2.** *Gesicht etc* verzerren: ***~ed with*** (*od.* ***by***) ***pain*** schmerzverzerrt. **3.** *Tatsachen etc* verdrehen, entstellen, verzerren.

dis'tor·tion *s* **1.** Verdrehung *f*. **2.** Verzerrung *f*. **3.** Entstellung *f*.

dis·tract [dɪ'strækt] *v/t Aufmerksamkeit, Person etc* ablenken (***from*** von).

dis'tract·ed *adj* □ **1.** beunruhigt, besorgt. **2.** (***with, by***) außer sich (vor *dat*); wahnsinnig (vor *dat*).

dis'trac·tion *s* **1.** Ablenkung *f*. **2.** *oft pl* Zerstreuung *f*, Ablenkung *f*. **3.** Wahnsinn *m*: ***drive s.o. to ~*** j-n zur Raserei *od.* zum Wahnsinn treiben.

dis·train [dɪ'streɪn] *v/i* ***~ upon*** beschlagnahmen.

dis·traint [dɪ'streɪnt] *s* Beschlagnahme *f*, Pfändung *f*.

dis·traught [dɪ'strɔːt] → ***distracted.***

dis·tress [dɪ'stres] **I** *s* **1.** Leid *n*, Kummer *m*, Sorge *f*. **2.** Not *f*, Elend *n*. **3.** Notlage *f*, -stand *m*: ***~ sale*** Notverkauf *m*. **4.** ⚓ Seenot *f*: ***in ~*** in Seenot; ***~ call*** SOS-Ruf *m*. **II** *v/t* **5.** mit Sorge erfüllen.

dis'tressed *adj* **1.** besorgt (***about*** um). **2.** Not leidend: ***~ area*** *Br.* Notstandsgebiet *n*.

dis'tress·ing *adj* □ Besorgnis erregend.

dis·trib·ute [dɪ'strɪbjuːt] *v/t* **1.** ver-, austeilen (***among*** unter *dat od. acc*; ***to*** an *acc*). **2.** zuteilen (***to*** *dat*). **3.** *econ. Waren* vertreiben, absetzen; *Filme* verleihen; *Dividende, Gewinn* ausschütten.

ˌdis·tri'bu·tion *s* **1.** Ver-, Austeilung *f*: ***~ of income*** Einkommensverteilung *f*; ***~ of profits*** Gewinnausschüttung *f*; ***~ of seats*** *parl.* Sitzverteilung. **2.** Zuteilung *f*; Gabe *f*, Spende *f*. **3.** *econ.* Vertrieb *m*, Absatz *m*; Verleih *m*; Ausschüttung *f*: ***~ area*** Vertriebsgebiet *n*; ***~ list*** Verteiler *m*; ***~ network*** Verteiler-, Vertriebsnetz *n*.

dis·trib·u·tive [dɪ'strɪbjʊtɪv] *adj*: ***~ costs*** *pl* Vertriebskosten *pl*.

dis'trib·u·tor *s* **1.** Verteiler *m* (*a. tech.*). **2.** *econ.* Großhändler(in); Generalvertreter(in); *pl* (Film)Verleih *m*.

dis·trict ['dɪstrɪkt] *s* **1.** Distrikt *m*, (Verwaltungs)Bezirk *m*, Kreis *m*. **2.** (Stadt)Bezirk *m*, (-)Viertel *n*: ***~ nurse*** Gemeindeschwester *f*. **3.** Gegend *f*, Gebiet *n*.

dis·trust [dɪs'trʌst] **I** *s* Misstrauen *n*: ***with ~*** misstrauisch. **II** *v/t* misstrauen (*dat*).

dis'trust·ful [~fʊl] *adj* □ misstrauisch (***of*** gegen).

dis·turb [dɪ'stɜːb] *v/t u. v/i allg.* stören.

dis'turb·ance *s* **1.** Störung *f* (*a. tech. etc*). **2.** *politische etc* Unruhe; Ruhestörung *f*: ***cause*** (*od.* ***create***) ***a ~*** für Unruhe sorgen; ruhestörenden Lärm machen.

dis'turb·er *s* **1.** Störer(in), Störenfried *m*. **2.** Unruhestifter(in).

dis·u·nite [ˌdɪsjuː'naɪt] *v/t u. v/i* (sich) trennen *od.* entzweien.

ˌdis'u·ni·ty [ˌ~nətɪ] *s* Uneinigkeit *f*, Zwietracht *f*.
dis·use [ˌdɪs'ju:s] *s*: ***fall into ~*** ungebräuchlich werden.
ˌdis'used [ˌ~zd] *adj* nicht mehr benutzt (*Maschine etc*), stillgelegt (*Bergwerk etc*), leer stehend (*Haus*).
ditch [dɪtʃ] **I** *s* **1.** Graben *m*. **II** *v/t* **2.** Gräben ziehen durch *od.* in (*dat*). **3.** *Fahrzeug* in den Straßengraben fahren. **4.** *sl. Wagen etc* stehen lassen; *j-m* entwischen; *dem Freund etc* den Laufpass geben; *et.* wegschmeißen; *Am. die Schule* schwänzen.
dith·er ['dɪðə] **I** *v/i* **1.** (*bsd.* vor Kälte) zittern. **2.** schwanken, sich nicht entscheiden können (***between*** zwischen *dat*). **3.** aufgeregt sein. **II** *s* **4.** Schwanken *n*. **5.** Aufregung *f*: ***throw into a ~*** in Aufregung versetzen; ***be all of a ~, be in a ~*** aufgeregt sein.
dit·to ['dɪtəʊ] *adv* genauso, dito.
di·ur·nal [daɪ'ɜ:nl] *adj* □ täglich (wiederkehrend).
div. ***dividend*** Dividende *f*; ***division*** *econ.* Abteilung *f*, *Sport*: Liga *f*.
di·va·gate ['daɪvəgeɪt] *v/i* abschweifen (***from*** von), nicht bei der Sache bleiben.
di·van [dɪ'væn] *s* Diwan *m*: ~ (***bed***) Bettcouch *f*.
dive [daɪv] **I** *v/i* **1.** tauchen (***for*** nach; ***into*** in *acc*). **2.** (unter)tauchen (*a. U-Boot*). **3.** e-n Hecht- *od.* Kopfsprung machen; (*Wasserspringen*) springen; (*bsd. Sport*) sich werfen, hechten (***for the ball*** nach dem Ball): ~ ***for cover*** sich in Deckung werfen. **4.** ✈ e-n Sturzflug machen. **II** *s* **5.** (Unter)Tauchen *n*, ⚓ *a.* Unterwasser-, Tauchfahrt *f*. **6.** Kopfsprung *m*, Hechtsprung *m* (*a. des Tormanns etc*); (*Wasserspringen*) Sprung *m*: ***make a ~ for*** hechten nach; ***make a ~ for cover*** sich in Deckung werfen. **7.** ✈ Sturzflug *m*. **8.** F Spelunke *f*.
'div·er *s* **1.** Taucher(in). **2.** *Sport*: Wasserspringer(in).
di·verge [daɪ'vɜ:dʒ] *v/i* **1.** divergieren (*a.* ⩘, *phys.*), auseinander gehen, auseinander laufen. **2.** abweichen (***from*** von); voneinander abweichen.
di'ver·gent *adj* □ **1.** divergierend (*a.* ⩘, *phys.*). **2.** abweichend (***from*** von).
di·verse [daɪ'vɜ:s] *adj* □ verschieden, ungleich, andersartig.
diˌver·si·fi'ca·tion [daɪˌvɜ:sɪfɪ'keɪʃn] *s* **1.** abwechslungsreiche Gestaltung. **2.** *a.* ~ ***of risk*** Risikoverteilung *f*. **3.** *econ.* Diversifikation *f* (*des Angebots*), Diversifizierung *f*., Streuung *f* (*von Mitteln*): ~ ***of capital*** Anlagenstreuung.
di'ver·si·fy [daɪ'vɜ:sɪfaɪ] *v/t* **1.** abwechslungsreich gestalten. **2.** *Risiko* verteilen. **3.** *econ. Unternehmen* diversifizieren: ***diversified*** breit gefächert.
di'ver·sion [daɪ'vɜ:ʃn] *s* **1.** Ablenkung *f*. **2.** Zerstreuung *f*, Zeitvertreib *m*. **3.** *Br.* (Verkehrs)Umleitung *f*.
di'ver·si·ty [daɪ'vɜ:sətɪ] *s* Verschiedenheit *f*, Ungleichheit *f*.
di'vert *v/t* **1.** ablenken, abwenden (***from*** von), lenken (***to*** auf *acc*). **2.** *Br. Verkehr* umleiten. **3.** zerstreuen, unterhalten (***with*** mit, durch).
di·vide [dɪ'vaɪd] **I** *v/t* **1.** teilen (***s.th. with s.o.*** et. mit j-m): ~ ***in halves*** halbieren. **2.** (zer)teilen, spalten, *fig. a.* entzweien: ***opinion is ~d*** die Meinungen sind geteilt (***on*** über *acc*). **3.** ver-, austeilen (***among, between*** unter *dat od. acc*). **4.** ⩘ dividieren, teilen (***by*** durch): ***20 ~d by 5 is 4*** 20 (geteilt) durch 5 ist 4; ~ ***5 into 20*** 20 durch 5 teilen. **II** *v/i* **5.** sich aufteilen, zerfallen (***into*** in *acc*). **6.** ⩘ sich dividieren *od.* teilen lassen (***by*** durch).
diˌvid·ed 'high·way *s Am.* vierspurige Straße, Schnellstraße *f*.
div·i·dend ['dɪvɪdend] *s* **1.** ⩘ Dividend *m*. **2.** *econ.* Dividende *f*: ~ ***coupon*** (*od.* ***warrant***) Dividendenschein *m*; ~ ***distribution*** (*od.* ***payout***) Dividendenausschüttung *f*; ~ ***yield*** Effektivrendite *f*.
di·vid·ers [dɪ'vaɪdəz] *s pl* **1.** *a.* ***pair of ~*** Stechzirkel *m*. **2.** *in Akte*: Trennblätter *pl*.
di'vid·ing *adj* Trennungs...
div·i·na·tion [ˌdɪvɪ'neɪʃn] *s* Weissagung *f*.
di·vine [dɪ'vaɪn] **I** *adj* □ **1.** göttlich (*a. fig.* F), Gottes... **II** *v/t* **2.** weissagen. **3.** mit der Wünschelrute suchen (nach).
di'vin·er *s* **1.** Wahrsager(in). **2.** (Wünschel)Rutengänger(in).
div·ing ['daɪvɪŋ] *s* **1.** Tauchen *n*. **2.** *Sport*: Wasserspringen *n*. ~ **bell** *s* Taucherglocke *f*. ~ **board** *s* Sprungbrett *n*. ~ **hel·met** *s* Taucherhelm *m*. ~ **suit** *s* Taucheranzug *m*.
di·vin·ing rod [dɪ'vaɪnɪŋ ~] *s* Wünschelrute *f*.
di·vin·i·ty [dɪ'vɪnətɪ] *s* **1.** Göttlichkeit *f*. **2.** Gottheit *f*. **3.** Theologie *f*.
di·vis·i·ble [dɪ'vɪzəbl] *adj* □ teilbar (⩘ ***by*** durch).
di'vi·sion [dɪ'vɪʒn] *s* **1.** (Ver-, Aus)Teilung *f*: ~ ***of labo(u)r*** Arbeitsteilung. **2.** Zerteilung *f*, Spaltung *f*, *fig. a.* Entzweiung *f*. **3.** ⩘ Division *f*: ~ ***sign*** Teilungszeichen *n*. **4.** *parl. Br.* (Abstimmung *f* durch) Hammelsprung *m*. **5.** Abteilung *f*, Geschäfts-, Unternehmensbereich *m*: ~ ***manager*** Bereichsleiter *m*. **6.** *mil.* Division *f*. **7.** *Sport*: Liga *f*.
di·vi·sor [dɪ'vaɪzə] *s* ⩘ Divisor *m*, Teiler *m*.
di·vorce [dɪ'vɔ:s] **I** *s* **1.** ⚖ (Ehe)Scheidung *f*: ***get*** (*od.* ***obtain***) ***a ~*** geschieden werden, sich

scheiden lassen (***from*** von). **2.** *fig.* (völlige) Trennung (***from*** von; ***between*** zwischen *dat*). **II** *v/t* **3.** ⚖ *j-n, Ehe* scheiden: ~ ***s.o.*** j-s Ehe scheiden; ***he has ~d his wife*** er hat sich (von s-r Frau) scheiden lassen.

D

DIY [diːaɪ'waɪ] ***do-it-yourself*** Heimwerken *n*: ~ ***centre*** (*Am.* ***center***) Baumarkt *m*; ~ ***shop*** Heimwerkermarkt *m*.

diz·zi·ness ['dɪzɪnɪs] *s* Schwindel(anfall) *m*.

'diz·zy *adj* □ **1.** schwind(e)lig. **2.** schwindelnd, Schwindel erregend.

DJ ['diː'dʒeɪ] **1.** ***disc jockey.*** **2.** ***dinner jacket.***

Dja·kar·ta [dʒə'kɑːtə] *Hauptstadt von Indonesien.*

DLit(t) ***Doctor of Letters, Doctor of Literature*** Doktor *m* der Literaturwissenschaft.

DNA [ˌdiːen'eɪ] ***deoxyribonucleic acid*** DNS *f*: ~ ***fingerprint*** genetischer Fingerabdruck.

do¹ [duː] (*irr*) **I** *v/t* **1.** tun, machen; ausführen, *Arbeiten* verrichten; anfertigen, herstellen. **2.** *j-m et.* tun, zufügen, erweisen: → ***disservice, favo(u)r*** 4, *etc.* **3.** *Speisen* zubereiten. **4.** *Zimmer* aufräumen, machen. **5.** (her)richten: → ***face*** 1, ***hair.*** **6.** zurücklegen, schaffen: ***the car does 100 m.p.h.*** der Wagen fährt 160 km/h. **7.** F besichtigen, die Sehenswürdigkeiten besichtigen von (*od. gen*). **8.** F betrügen (***out of*** um), übers Ohr hauen. **9.** F *Strafe* abbrummen: → ***time*** 1. **II** *v/i* **10.** handeln, sich verhalten. **11.** weiter-, vorankommen: ~ ***well*** gut abschneiden (***in*** bei, in *dat*); s-e Sache gut machen. **12.** sich befinden: ~ ***well*** gesund sein; in guten Verhältnissen leben; sich gut erholen; ***how ~ you ~?*** guten Tag! (*bei Vorstellung*). **13.** genügen, reichen (***for*** für). **III** *v/t u. v/i* **14.** (*Ersatzverb zur Vermeidung von Wiederholungen*; *mst unübersetzt*) ***you know it as well as I ~*** du weißt es so gut wie ich; ***I take a bath. So ~ I*** Ich nehme ein Bad. Ich auch; ***he works hard, doesn't he?*** er arbeitet viel, nicht wahr?; ***Did he buy it? He did*** Kaufte er es? Ja(wohl); ***He sold his car. Did he?*** Er verkaufte sein Auto. Wirklich?, So? **IV** *v/aux* **15.** *in Fragesätzen*: ~ ***you know him?*** kennst du ihn? **16.** *in verneinten Sätzen*: ***I ~ not believe it*** ich glaube es nicht. **17.** *zur Verstärkung*: ***I did like it*** mir gefiel es wirklich.

Verbindungen mit Präpositionen:

do| by *v/i* behandeln, handeln an (*dat*). ~ **for** *v/i* F **1.** erledigen, ruinieren. **2.** *j-m* den Haushalt führen; putzen bei *od.* für. **3.** → ***do¹*** 13. ~ **with** *v/t u. v/i* **1.** ***I can't do anything with him*** (***it***) ich kann nichts mit ihm (damit) anfangen; ***I won't have anything to ~ it*** ich will nichts damit zu tun *od.* schaffen haben; ***it has nothing to ~ you*** es hat nichts mit dir zu tun. **2.** auskommen *od.* sich begnügen mit. **3.** F ***he could ~ the money*** er kann das Geld (sehr gut) brauchen; ***I could ~ a glass of beer*** ich könnte ein Glas Bier vertragen. ~ **with·out** *v/i* **1.** auskommen *od.* sich behelfen ohne. **2.** verzichten auf (*acc*).

Verbindungen mit Adverbien:

do| a·way with *v/i* **1.** beseitigen: a) wegschaffen, b) abschaffen. **2.** umbringen, töten. ~ **down** *v/t Br.* F heruntermachen, schlecht machen. ~ **in** *v/t* F erledigen: a) erschöpfen: ***I'm done in*** ich bin geschafft, b) zugrunde richten, ruinieren, c) um die Ecke bringen, umbringen. ~ **up** *v/t* **1.** zs.-schnüren; *Päckchen etc* zurechtmachen, verschnüren; einpacken; *Kleid, Reißverschluss etc* zumachen: ***do s.o. up*** j-m das Kleid *etc* zumachen. **2.** ***do o.s. up*** sich zurechtmachen.

do² [~] *pl* **dos, do's** [duːz] *s* **1.** *sl.* Schwindel *m.* **2.** ***fair ~s!*** F gleiches Recht für alle. **3.** ***~s and don'ts*** F Gebote u. Verbote, (Spiel-) Regeln.

do·ber·man ['dəʊbəmən] *s zo.* Dobermann *m.*

doc [dɒk] F → ***doctor*** 1.

doc·ile ['dəʊsaɪl] *adj* □ **1.** fügsam, gefügig. **2.** gelehrig.

do·cil·i·ty [dəʊ'sɪlətɪ] *s* **1.** Fügsamkeit *f.* **2.** Gelehrigkeit *f.*

dock¹ [dɒk] **I** *s* **1.** Dock *n.* **2.** Hafenbecken *n*, Anlegeplatz *m.* **3.** Kai *m*, Pier *m*: ~ ***dues*** *pl* Kaigebühren *pl.* **4.** *pl* Docks *pl*, Hafenanlagen *pl.* **II** *v/t* **5.** *Schiff* (ein)docken. **6.** *Raumschiffe* koppeln. **III** *v/i* **7.** im Hafen anlegen. **8.** andocken (*Raumschiff*).

dock² [~] *v/t* **1.** *Schwanz* stutzen; *e-m Tier* den Schwanz stutzen. **2.** *j-s Lohn etc* kürzen: ~ ***£5 off*** (*od.* ***from***) ***s.o.'s wages*** j-s Lohn um 5 Pfund kürzen.

dock³ [~] *s* ⚖ Anklagebank *f*: ***be in the ~*** auf der Anklagebank sitzen.

dock·er ['dɒkə] *s* Dock-, Hafenarbeiter(in), Schauermann *m.*

dock·et ['dɒkɪt] *s* Warenbegleitschein *m.*

'dock·yard *s* Werft *f.*

doc·tor ['dɒktə] **I** *s* **1.** Doktor(in), Arzt *m*, Ärztin *f*, (*Anrede*) Herr (Frau) Doktor: ***be under the ~*** F in Behandlung sein (***for*** wegen); ***~'s certificate*** ärztliches Attest. **2.** *univ.* Doktor *m*: ***Doctor of Divinity*** (***Laws, Medicine***) Doktor der Theologie (Rechte, Medizin); ***~'s degree*** Doktortitel *m*; ***take one's ~'s degree*** promovieren. **II** *v/t* **3.** (ärztlich) behandeln, verarzten. **4.** zs.-flicken, (notdürftig) ausbessern. **5.** *a.* ~ ***up*** F *Wein etc* (ver)panschen, *Abrechnung etc* frisieren.

'doc·tor·al *adj*: ~ ***thesis*** → ***thesis*** 2.

doc·tor·ate ['dɒktərət] *s* Doktorwürde *f*, -titel *m*.
doc·trine ['dɒktrɪn] *s* Doktrin *f*: a) Lehre *f*, b) *bsd. pol.* Grundsatz *m*: ***party ~*** Parteiprogramm *n*.
doc·u·ment I *s* ['dɒkjʊmənt] *a. Computer*: Dokument *n*: a) Urkunde *f*, b) amtliches Schriftstück, *pl* Akten *pl*: ***~s against acceptance*** Dokumente gegen Akzept. II *v/t* ['~ment] dokumentieren (*a. Computer*), dokumentarisch *od.* urkundlich belegen.
doc·u·men·ta·ry [ˌdɒkjʊ'mentərɪ] I *adj* □ **1.** dokumentarisch, urkundlich: ***~ acceptance credit*** Akzeptkredit *m*; ***~ bill*** Dokumentenwechsel *m*, -tratte *f*; ***~ credit*** Dokumentenakkreditiv *n*; ***~ evidence*** Buchungsbelege *pl*, Urkundenbeweis *m*. **2.** Dokumentar...: ***~ film*** → 3; ***~ novel*** Tatsachenroman *m*. II *s* **3.** Dokumentarfilm *m*.
ˌdoc·u·men'ta·tion *s* Dokumentation *f*.
ˈdoc·ument| feed *s* Vorlageneinzug *m*. **~ read·er** *s* Belegleser *m*. **~ wal·let** *s* Jurismappe *f*.
dod·der ['dɒdə] *v/i* F **1.** (*bsd. vor Altersschwäche*) zittern. **2.** wack(e)lig gehen.
'dod·der·er *s* F Tattergreis(in).
dodge [dɒdʒ] I *v/i* **1.** (rasch) zur Seite springen, ausweichen. **2.** Ausflüchte machen; sich drücken. II *v/t* **3.** ausweichen (*dat*). **4.** sich drücken vor (*dat*). III *s* **5.** Sprung *m* zur Seite. **6.** Kniff *m*, Trick *m*.
dodg·em (car) ['dɒdʒəm] *s* (Auto)Skooter *m*.
'dodg·er *s* **1.** gerissener Kerl. **2.** Gauner(in), Schwindler(in). **3.** Drückeberger(in).
'dodg·y *adj* F **1.** verschlagen, gerissen. **2.** *Br.* unsicher: a) wack(e)lig, b) riskant.
do·do ['dəʊdəʊ] *pl* **-do(e)s** *s* **1.** *orn.* Tronte *f*: ***as dead as a ~*** mausetot. **2.** F Trottel *m*.
Do·do·ma ['dəʊdəmə] *Hauptstadt von Tansania.*
doe [dəʊ] *s zo.* (Reh)Geiß *f*.
do·er ['du:ə] *s* Tatmensch *m*, Macher(in).
does [dʌz] *er, sie, es* tut (→ ***do***[1]).
'doe·skin *s* Rehleder *n*.
doesn't ['dʌznt] F = ***does not*** (→ ***do***[1]).
doff [dɒf] *v/t Hut* ziehen; *Kleidung* ablegen.
dog [dɒg] I *s* **1.** Hund *m*; *engS.* Rüde *m*: ***~ in the manger*** *j-d, der anderen et. missgönnt, womit er selbst gar nichts anfangen kann*; ***go to the ~s*** vor die Hunde gehen; ***lead a ~'s life*** ein Hundeleben führen; ***let sleeping ~s lie*** schlafende Hunde soll man nicht wecken. **2.** *contp.* Schuft *m*: ***dirty ~*** Mistkerl *m*. **3.** F Kerl *m*: ***lazy ~*** fauler Hund; ***lucky ~*** Glückspilz *m*. **4.** ***the ~s*** *pl Br.* F das Windhundrennen. II *v/t* **5.** *j-n* verfolgen (*a. Pech etc*). **~ bis·cuit** *s* Hundekuchen *m*. **~ col·lar** *s* **1.** Hundehalsband *n*. **2.** F steifer, hoher Kragen (*e-s Geistlichen*). **~ days** *s pl* Hundstage *pl*. **'~-ˌeared** *adj* mit Eselohren.
dog·ged ['dɒgɪd] *adj* □ verbissen, hartnäckig.
dog·ger·el ['dɒgrəl] *s* Knittelvers *m*.
dog·gie ['dɒgɪ] → ***doggy***.
dog·go ['dɒgəʊ] *adv*: ***lie ~*** *sl.* sich mäuschenstill verhalten; sich versteckt halten.
'dog·gy *s* Hündchen *n*, (*Kindersprache*) Wauwau *m*: ***~ bag*** *Beutel für Essensreste, die aus e-m Restaurant mit nach Hause genommen werden.*
dog·ma ['dɒgmə] *pl* **-mas, -ma·ta** ['~mətə] *s* Dogma *n*.
dog·mat·ic [dɒg'mætɪk] *adj* (***~ally***) dogmatisch.
do-good·er ['du:'gʊdə] *s contp.* Weltverbesserer *m*, Weltverbesserin *f*.
dogs·bod·y ['dɒgzbɒdɪ] *s* F Mädchen *n* für alles.
ˌdog-'tired *adj* hundemüde.
doi·ly ['dɔɪlɪ] *s* (Zier)Deckchen *n*.
do·ing ['du:ɪŋ] *s* **1.** Tun *n*: ***it was your ~*** du hast es getan, das war dein Werk. **2.** *pl* Taten *pl*, Tätigkeit *f*, Begebenheiten *pl*, Vorfälle *pl*; Treiben *n*.
ˌdo-it-your'self I *s* Heimwerken *n*. II *adj* Heimwerker...: ***~ kit*** Heimwerkerausrüstung *f*; Bausatz *m* (*für Radio etc*); ***~ movement*** Do-it-yourself-Bewegung *f*.
ˌdo-it-your'self·er *s* Heimwerker(in).
dol·drums ['dɒldrəmz] *s pl*: ***be in the ~*** deprimiert *od.* niedergeschlagen sein, Trübsal blasen.
dole [dəʊl] I *s* **1.** milde Gabe. **2.** *a.* ***~ money*** *Br.* F Stütze *f*, Arbeitslosenunterstützung *f*: ***be*** (*od.* ***go, live***) ***on the ~*** Stütze kriegen, von Arbeitslosenunterstützung leben. II *v/t* **3.** ***~ out*** sparsam ver- *od-* austeilen.
dole·ful ['dəʊlfʊl] *adj* □ traurig, (*Gesicht etc a.*) trübselig.
doll [dɒl] I *s* Puppe *f* (*a.* F *hübsches, aber dummes Mädchen*): ***~'s house*** *Br.* Puppenhaus *n*; ***~'s pram*** *bsd. Br.* F Puppenwagen *m*. II *v/t*: ***~ o.s. up*** → III. III *v/i*: ***~ up*** F sich fein machen, sich in Schale werfen.
dol·lar ['dɒlə] *s* Dollar *m*.
doll| bug·gy *s Am.* F, **~ car·riage** *s Am.* Puppenwagen *m*. **'~·house** *s Am.* Puppenhaus *n*.
dol·lop ['dɒləp] *s* F **1.** Klumpen *m*. **2.** Schlag *m* (*Essensportion*); *Am.* Schuss *m* (*Alkohol etc, a. fig. Ironie etc*).
doll·y ['dɒlɪ] *s* **1.** *Kindersprache*: Püppchen *n*. **2.** *Film, TV*: Kamerawagen *m*. **3.** *a.* ***~ bird*** *bsd. Br.* F Püppchen *n* (*hübsches, aber dummes Mädchen*).
dol·phin ['dɒlfɪn] *s zo.* Delfin *m*, Delphin *m*.
dolt [dəʊlt] *s* Dummkopf *m*, Tölpel *m*.

D

do·main [dəʊ'meɪn] *s* Domäne *f*, *fig. a.* Gebiet *n*, Bereich *m*.
dome [dəʊm] *s* ⚠ Kuppel *f*.
do·mes·tic [dəʊ'mestɪk] **I** *adj* (~**ally**) **1.** häuslich, Haus(halts)...: ~ ***appliance*** Haushaltsgerät *n*; ~ ***science*** *ped.* Hauswirtschaftslehre *f*; ~ ***servant*** (*od.* ***help***) → 6. **2.** häuslich (veranlagt). **3.** Haus...: ~ ***animal***. **4.** inländisch, Inlands...: ~ ***currency*** Binnenwährung *f*; ~ ***flight*** Inlandsflug *m*; ~ ***letter*** *Am.* Inlandsbrief *m*; ~ ***market*** Inlands-, Binnenmarkt *m*; ~ ***sales*** Inlandsabsatz *m*; ~ ***products*** → 7; ~ ***trade*** Binnenhandel *m*. **5.** inner, Innen..., innenpolitisch: ~ ***policy*** Innenpolitik *f*. **II** *s* **6.** Hausangestellte *m*, *f*, *pl a.* (Dienst)Personal *n*. **7.** *pl econ.* Landesprodukte *pl*, inländische Erzeugnisse *pl*.
do'mes·ti·cate [~keɪt] *v/t* **1.** an häusliches Leben gewöhnen. **2.** *Tier* zähmen.
dom·i·cile ['dɒmɪsaɪl] **I** *s* **1.** (⚖ ständiger) Wohnsitz. **2.** *econ.* Sitz *m* (*e-r Gesellschaft*); Zahlungsort *m* (*für e-n Wechsel*). **II** *v/t* **3.** ansässig *od.* wohnhaft machen. **4.** *econ. Wechsel* domizilieren: ~ ***bill*** Domizilwechsel *m*.
'**dom·i·ciled** *adj* ansässig, wohnhaft.
dom·i·nance ['dɒmɪnəns] *s* **1.** (Vor-) Herrschaft *f*. **2.** Macht *f*, Einfluss *m*.
'**dom·i·nant** **I** *adj* □ **1.** dominierend, (vor)herrschend. **2.** beherrschend: a) bestimmend, tonangebend, b) emporragend, weithin sichtbar. **II** *s* **3.** ♪ Dominante *f*.
dom·i·nate ['dɒmɪneɪt] **I** *v/t* beherrschen (*a. fig.*): a) herrschen über (*acc*), b) emporragen über (*acc*), c) dominieren *od.* (vor)herrschen in (*dat*). **II** *v/i* dominieren, vorherrschen: ~ ***over*** herrschen über (*acc*).
ˌ**dom·i'na·tion** *s* (Vor)Herrschaft *f*.
dom·i·neer [ˌdɒmɪ'nɪə] *v/i* **1.** (***over***) despotisch herrschen (über *acc*). **2.** anmaßend sein *od.* auftreten.
ˌ**dom·i'neer·ing** *adj* □ **1.** tyrannisch, despotisch. **2.** anmaßend.
do·min·ion [də'mɪnjən] *s* **1.** (Ober)Herrschaft *f*; Regierungsgewalt *f*. **2.** (Herrschafts)Gebiet *n*. **3.** *oft* ***Dominion*** *obs.* Dominion *n* (*im Commonwealth*).
dom·i·no ['dɒmɪnəʊ] *pl* **-no(e)s** *s* a) *pl* (*mst sg konstruiert*) Domino(spiel) *n*, b) Dominostein *m*.
don [dɒn] *v/t* anziehen, *Hut* aufsetzen.
do·nate [dəʊ'neɪt] *v/t* schenken (*a.* ⚖), *a. Blut etc* spenden (***to s.o.*** j-m).
do'na·tion *s* Schenkung *f*, Spende *f*.
done [dʌn] **I** *pp* ***von do***[1]. **II** *adj* **1.** getan: ***it isn't*** ~ (*od.* ***the*** ~ ***thing***) so et. tut man nicht, das gehört sich nicht. **2.** erledigt: ***get*** *s.th.* ~ erledigen (lassen). **3.** *gastr.* gar: ***well*** ~ durchgebraten. **4.** F fertig: ***have*** ~ ***with*** fertig sein mit (*a. fig.*); nichts mehr zu tun haben wollen mit; nicht mehr brauchen. **5.** ~! abgemacht!
don·key ['dɒŋkɪ] *s zo.* Esel(in) (*a. fig. contp.*): ~**'s years** *Br.* F e-e Ewigkeit. '~**-work** *s* F Dreck(s)arbeit *f*.
do·nor ['dəʊnə] *s* Schenker(in) (*a.* ⚖), (*a. Blut- etc*)Spender(in): ~**('s) card** Organspenderausweis *m*.
don't [dəʊnt] F **I** = ***do not*** (→ ***do***[1]). **II** *s pl* → ***do***[2] 3.
doo·dah ['du:dɑ:] *s* Schnickschnack *m*.
doo·dle ['du:dl] **I** *s* Gekritzel *n*, gedankenlos hingekritzelte Figur(en *pl*). **II** *v/i* Männchen malen.
doom [du:m] **I** *s* Schicksal *n*, Geschick *n*, Verhängnis *n*: ***he met his*** ~ sein Schicksal ereilte ihn. **II** *v/t* verurteilen, verdammen (*beide a. fig.*): ~***ed to failure*** (*od.* ***to fail***) zum Scheitern verurteilt.
dooms·day ['du:mzdeɪ] *s* Jüngstes Gericht, Jüngster Tag.
door [dɔ:] *s* **1.** Tür *f*: ***from*** ~ ***to*** ~ von Haus zu Haus; ***out of*** ~***s*** ins Freie, hinaus; im Freien, draußen; ***two*** ~***s down the street*** zwei Häuser weiter; ***bang*** (*od.* ***close, shut***) ***the*** ~ ***on*** *j-n* abweisen; *et.* unmöglich machen; ***lay s.th. at s.o.'s*** ~ j-m et. zur Last legen; ***show s.o. the*** ~ j-m die Tür weisen. **2.** Tor *n*, Pforte *f* (***to*** zu) (*beide a. fig.*). '~**·bell** *s* Türklingel *f*, -glocke *f*: ***ring the*** ~ (an der Tür) klingeln *od.* läuten. ~ **chain** *s* Sicherheitskette *f*. '~**·frame** *s* Türrahmen *m*. ~ **han·dle** *s* Türgriff *m*, -klinke *f*. '~ˌ**keep·er** *s* Pförtner(in). '~ˌ**knock·er** *s* Türklopfer *m*. '~**·man** *s* (*irr* ***man***) (livrierter) Portier. ~ **mat** *s* (Fuß)Abtreter *m*. '~**·plate** *s* Türschild *n*. '~**·post** *s* Türpfosten *m*. '~**·step** *s* Türstufe *f*: ***at*** (*od.* ***on***) ***s.o.'s*** ~ vor j-s Tür (*a. fig.*).
ˌ**door-to-'door** *adj* von Haus zu Haus; *Verkauf* an der Haustür: ~ ***collection*** Haussammlung *f*; ~ ***salesman*** Hausierer *m*; Vertreter *m*; ~ ***selling*** Haustürverkauf *m*.
'**door|·way** *s* **1.** Türöffnung *f*. **2.** *fig.* Weg *m* (***to*** zu). '~**·yard** *s Am.* Vorgarten *m*.
dope [dəʊp] **I** *s* **1.** F Stoff *m* (*Rauschgift*). **2.** a) *Sport*: Dopingmittel *n*, b) Betäubungsmittel *n*. **3.** *sl.* Trottel *m*. **4.** *sl.* a) *oft* ***inside*** ~ (vertrauliche) Informationen *pl*, Geheimtipp(s *pl*) *m*, b) *allg.* Information(en *pl*) *f*, Material *n*. **II** *v/t* **5.** F *j-m* Stoff geben. **6.** a) *Sport*: dopen, b) *Getränk etc* präparieren, ein Betäubungsmittel untermischen (*dat*). ~ **ad·dict,** ~ **fiend** *s* F Rauschgiftsüchtige *m*, *f*. ~ **test** *s Sport*: Dopingkontrolle *f*.
dope·y ['dəʊpɪ] *adj* F **1.** benommen, benebelt. **2.** dämlich, doof.
dorm [dɔ:m] F → ***dormitory***.

dor·mant ['dɔːmənt] *adj* **1.** schlafend. **2.** *fig.* ruhend, (*a. Vulkan*) untätig. **3.** *fig.* verborgen, latent: ***lie ~*** schlummern.
dor·mer ['dɔːmə] *s* a) (Dach)Gaupe *f*, (-)Gaube *f*, b) *a.* ***~ window*** stehendes Dachfenster.
dor·mi·to·ry ['dɔːmətrɪ] *s* **1.** Schlafsaal *m.* **2.** (*bsd.* Studenten)Wohnheim *n.* **~ sub·urb, ~ town** *s* Schlafstadt *f.*
dor·sal ['dɔːsl] *adj* Rücken...: ***~ fin*** Rückenflosse *f.*
DOS [dɒs] ***disk operating system*** *Computer*: Betriebssystem *n.*
dos·age ['dəʊsɪdʒ] *s* **1.** Dosierung *f.* **2.** → ***dose*** 1. **dose** [dəʊs] **I** *s* **1.** ⚕ Dosis *f* (*a. fig.*). **II** *v/t* **2.** *Arznei etc* dosieren. **3.** *j-m* Arznei geben.
doss [dɒs] *bsd. Br. sl.* **I** *s* **1.** Schlafplatz *m.* **2.** Schlaf *m.* **II** *v/i* **3.** *oft* ***~ down*** pennen. **'doss·er** *s bsd. Br. sl.* Pennbruder *m.* **'doss·house** *s bsd. Br. sl.* Penne *f.*
dos·si·er ['dɒsɪeɪ] *s* Dossier *n*, Akten *pl.*
dot [dɒt] **I** *s* **1.** Punkt *m* (*a. in E-Mail-Adressen*), Pünktchen *n*; Tupfen *m*: ***on the ~*** F auf die Sekunde pünktlich; ***at 8 o'clock on the ~*** F Punkt 8 Uhr; → ***year.*** **II** *v/t* **2.** punktieren, pünkteln: ***sign on the ~ted line*** unterschreiben; (formell *od.* bedingungslos) zustimmen. **3.** sprenkeln, übersäen (***with*** mit).
dot·age ['dəʊtɪdʒ] *s* **1.** Senilität *f*: ***be in one's ~*** kindisch *od.* senil sein. **2.** Vernarrtheit *f* (***on*** in *acc*). **dote** [dəʊt] *v/i* vernarrt sein (***on*** in *acc*). **'dot·ing** *adj* □ **1.** vernarrt (***on*** in *acc*). **2.** senil.
dot ma·trix print·er *s* Matrixdrucker *m.*
dou·ble ['dʌbl] **I** *adj* □ **1.** doppelt, Doppel..., zweifach: ***~ agent*** Doppelagent(in); ***~ bottom*** doppelter Boden; ***~ murder*** Doppelmord *m.* **2.** Doppel..., verdoppelt, verstärkt: ***~ beer*** Starkbier *n*; ***~ density*** *Computer*: doppelte (Speicher)Dichte; **3.** Doppel... (*für 2 bestimmt*): ***~ bed*** Doppelbett *n*; ***~ room*** Doppel-, Zweibettzimmer *n.* **4.** zweideutig. **II** *adv* **5.** doppelt: ***~ as long*** noch einmal so lang. **6.** doppelt, zweifach: ***play (at) ~ or quit(s)*** alles riskieren *od.* aufs Spiel setzen; ***see ~*** doppelt sehen. **III** *s* **7.** *das* Doppelte *od.* Zweifache. **8.** Doppel *n*, Duplikat *n.* **9.** Doppelgänger(in). **10.** *Film, TV*: Double *n.* **11.** *mst pl Tennis etc*: Doppel *n*: ***a ~s match*** ein Doppel; ***men's ~s*** Herrendoppel. **IV** *v/t* **12.** verdoppeln. **13.** *oft* ***~ up*** *Papier etc* kniffen, falten, *Bettdecke etc* um-, zurückschlagen; zs.-falten, -legen. **14.** ⚓ umsegeln, umschiffen. **15.** *Film, TV*: *j-n* doubeln. **V** *v/i* **16.** sich verdoppeln. **17.** sich (zs.-)falten (lassen): ***~ up with*** sich krümmen vor (*dat*). **18.** plötzlich kehrtmachen; e-n Haken schlagen.
'dou·ble|-ˌbar·rel(l)ed *adj* **1.** doppelläufig: ***~ gun*** Doppelflinte *f*, Zwilling *m.* **2.** zweifach: ***~ name*** Doppelname *m.* **3.** zweideutig. **~ bass** *s* ♪ Kontrabass *m.* **~ bend** *s* S-Kurve *f.* **ˌ~-'breast·ed** *adj* zweireihig (*Anzug*). **~ check** *s* genaue Nachprüfung. **ˌ~-'check** *v/t u. v/i* genau nachprüfen. **~ chin** *s* Doppelkinn *n.* **~ click** *s Computer*: Doppelklick *m.* **'~-click** *v/t Computer*: doppelklicken. **~ cross** *s* F doppeltes *od.* falsches Spiel. **ˌ~-'cross** *v/t* F ein doppeltes *od.* falsches Spiel treiben mit. **ˌ~-'deal·ing I** *adj* betrügerisch. **II** *s* Betrug *m.* **ˌ~-'deck·er** *s* Doppeldecker *m.* **ˌ~-'den·si·ty 'disk** *s Computer*: DD-Diskette *f.* **~-di·git** *adj* zweistellig. **~ Dutch** *s* F Kauderwelsch *n.* **ˌ~-'edged** *adj* **1.** zweischneidig (*a. fig.*). **2.** *fig.* zweideutig. **~-en·try book·keep·ing** *s* doppelte Buchführung *f.* **'~-faced** *adj* heuchlerisch, unaufrichtig. **~ fea·ture** *s* Doppelprogramm *n* (*2 Spielfilme in jeder Vorstellung*). **'~-glaze** *v/t* mit Doppelfenstern versehen: ***~d windows*** Doppelfenster *pl.* **ˌ~-'glaz·ing** *s* Doppelfenster *pl.* **~ job·hold·ing** *s* Mehrfachbeschäftigung *f.* **~ life** *s* (*irr* ***life***) Doppelleben *n.* **ˌ~-'park** *v/t u. v/i mot.* in zweiter Reihe parken. **ˌ~-'quick I** *s* → ***double time*** 1. **II** *adj*: ***in ~ time*** → III. **III** *adv* F im Eiltempo, fix. **~ spread** *s* doppelseitige Anzeige. **~-take** *s* ***do a ~*** verblüfft sein. **~ talk** *s* hinhaltendes *od.* nichts sagendes Gerede; doppelzüngiges Gerede; Augen(aus)wischerei *f.* **~ tax·a·tion** *s* Doppelbesteuerung *f.* **~ time** *s* doppelter Lohn (*für Feiertagsarbeit etc*). **~ vi·sion** *s* ***suffer from ~*** doppelt sehen.
doubt [daʊt] **I** *v/i* **1.** zweifeln (***of*** an *e-r Sache*). **2.** Bedenken haben. **II** *v/t* **3.** bezweifeln (*a.* ***that*** dass), anzweifeln. **4.** misstrauen (*dat*). **III** *s* **5.** Zweifel *m* (***of*** an *dat*; ***about*** hinsichtlich): ***no*** (*od.* ***without, beyond***) ***~*** zweifellos, fraglos; ***be in ~*** Zweifel haben (***about*** an *dat*); ungewiss sein; unschlüssig sein; ***cast*** (*od.* ***throw***) ***~ on*** *et.* in Zweifel ziehen; ***if*** (*od.* ***when***) ***in ~*** im Zweifelsfall; ***leave no ~s about*** k-n Zweifel lassen an (*dat*).
'doubt·er *s* Zweifler(in).
doubt·ful ['~fʊl] *adj* □ **1.** *allg.* zweifelhaft: ***~ debts*** *pl* zweifelhafte Forderungen *pl*, Dubiosen *pl.* **2.** ***be ~ of*** (*od.* ***about***) zweifeln an (*dat*), im Zweifel sein über (*acc*).
'doubt·less *adv* zweifellos, sicherlich.
dough [dəʊ] *s* **1.** Teig *m.* **2.** *bsd. Am. sl.* Kohlen *pl* (*Geld*). **'~·nut** *s* Krapfen *m*, Berliner (Pfannkuchen).
dough·y ['dəʊɪ] *adj* **1.** teigig. **2.** *fig.* teigig, wächsern (*Gesicht*).
dour [dʊə] *adj* **1.** mürrisch. **2.** hart, streng. **3.** hartnäckig, halsstarrig.

dove [dʌv] *s* **1.** *orn.* Taube *f*: **~ *of peace*** *fig.* Friedenstaube *f.* **2.** *pol.* Taube *f.*

down¹ [daʊn] **I** *adv* **1.** nach unten, her-, hinunter, abwärts, (*in Kreuzworträtseln*) senkrecht. **2.** ***go ~ to the country*** (*von London*) aufs Land fahren. **3.** ***~ with ...!*** nieder mit ...! **4.** (dr)unten: ***~ there*** dort unten; ***~ under*** F in *od.* nach Australien *od.* Neuseeland (→ ***down under***). **5.** untergegangen (*Sonne etc*). **6.** gefallen (*Preise, Thermometer etc*): ***~ by 10 degrees*** um 10 Grad gefallen. **7.** niedergeschlagen, down: → ***mouth*** 1. **8.** bettlägerig: ***be ~ with influenza*** mit Grippe im Bett liegen. **9.** ***they were 2 points*** (***goals***) ***~*** (*Sport*) sie lagen 2 Punkte (Tore) zurück. **II** *adj* **10.** nach unten (gerichtet), Abwärts... **III** *prp* **11.** her-, hinunter: ***~ the river*** flussabwärts. **IV** *s* **12.** ***have a ~ on*** F *j-n* auf dem Kieker haben. **V** *v/t* **13.** zu Fall bringen (*a. Sport u. fig.*). **14.** niederlegen: ***~ tools*** die Arbeit niederlegen. **15.** *Flugzeug* abschießen. **16.** F *Getränk* runterkippen.

down² [~] *s* **1.** *orn.* Daunen *pl*: ***~ quilt*** Daunendecke *f.* **2.** (*a.* Bart)Flaum *m.*

'down|-and-out **I** *adj* heruntergekommen. **II** *s* Penner(in). **~-at-heel** *adj* vergammelt. **~-cast** *adj* niedergeschlagen: a) gesenkt (*Blick*), b) deprimiert.

down·er ['daʊnə] *s* ⚕ Beruhigungsmittel *n*: ***be on a ~*** F down sein.

down|·fall *s* **1.** *fig.* Sturz *m.* **2.** starker Regenguss, Platzregen *m, a.* starker Schneefall. **'~·grade** *v/t* **1.** herunterstufen, niedriger einstufen. **2.** degradieren. **~·grad·ing** *s* Herabstufung *f.* **ˌ~'heart·ed** *adj* □ niedergeschlagen, entmutigt. **ˌ~'hill** **I** *adv* **1.** abwärts, bergab (*beide a. fig.*), den Berg hinunter: ***he is going ~*** es geht bergab mit ihm; ***the rest was ~*** (***all the way***) alles andere ging wie von selbst. **II** *adj* **2.** abschüssig. **3.** *Skisport*: Abfahrts...: ***~ race*** Abfahrtslauf *m.* **~·load** *v/t Computer*: herunterladen; vom Großrechner zum Mikroprozessor übermitteln. **~·mar·ket** *adj* billig, Billig..., Massen... **~·pay·ment** *s* **1.** Barzahlung *f.* **2.** Anzahlung *f.* **'~·play** *v/t* herunterspielen, bagatellisieren. **'~·pour** *s* Platzregen *m.* **'~·right** *adj u. adv* völlig, absolut, ausgesprochen: ***a ~ lie*** e-e glatte Lüge. **'~·side** *s* Kehrseite *f.* **'~·size** *v/t* verkleinern, reduzieren; verschlanken. **'~·slide** *s* Kurseinbruch *m.* **ˌ~'stairs** **I** *adv* **1.** die Treppe her- *od.* hinunter, nach unten. **2.** unten, in e-m unteren Stockwerk. **3.** e-e Treppe tiefer. **II** *adj* ['~steəz] **4.** im unteren Stockwerk (gelegen), unter. **ˌ~'stream** *adv* flussab(wärts). **'~·swing** *s econ.* Abschwung *m*: ***cyclical ~*** Konjunkturabschwung *m.* **'~·time** *s* Ausfallzeit *f.* **ˌ~-to-'earth** *adj* realistisch. **~·town** *Am.* **I** *adv* [ˌ~'taʊn] im *od.* ins Geschäftsviertel. **II** *adj* ['~taʊn] im Geschäftsviertel (gelegen *od.* tätig): ***in ~ Los Angeles*** in der Innenstadt von Los Angeles. **III** *s* ['~taʊn] Geschäftsviertel *n*, Innenstadt *f*, City *f.* **'~·trend** *s* Abwärtstrend *m.* **'~ˌtrod·den** *adj* unterdrückt. **'~·turn** *s* Rückgang *m*, Abflauen *n*, Abschwung *m.* **'~·turn phase** *s* Baisse *f*, Flaute *f.* **~ un·der** *s* F Australien *n*; Neuseeland *n.*

down·ward ['daʊnwəd] **I** *adv* **1.** nach unten: ***face ~*** mit dem Gesicht nach unten. **2.** *fig.* abwärts, bergab: ***he went ~ in life*** es ging bergab mit ihm. **3.** ***from ... ~*** (*zeitlich*) von ... ab, seit. **II** *adj* **4.** Abwärts..., (*Preise*) sinkend: ***~ slide*** Abwärtstrend *m.*

downwards ['daʊnwədz] → ***downward*** I.

dow·ry ['daʊərɪ] *s* Mitgift *f*, Aussteuer *f.*

dowse [daʊz] *v/i* mit der Wünschelrute (Wasser *etc*) suchen.

'dows·er *s* (Wünschel)Rutengänger(in).

'dows·ing rod *s* Wünschelrute *f.*

doze [dəʊz] **I** *v/i* dösen, ein Nickerchen machen *od.* halten: ***~ off*** einnicken, -dösen. **II** *s* Nickerchen *n*: ***have a ~*** → I.

doz·en ['dʌzn] *s* Dutzend *n*: ***~s of times*** F x-mal; ***do one's daily ~*** Früh- *od.* Morgengymnastik machen; ***talk nineteen*** (*od.* ***twenty, forty***) ***to the ~*** *Br.* wie ein Wasserfall reden; → ***baker.***

doz·y ['dəʊzɪ] *adj* □ **1.** schläfrig, verschlafen, dösig. **2.** *Br.* F schwer von Begriff.

DP ***data processing*** Datenverarbeitung *f*; ***documents against payment*** Dokumente gegen Zahlung; ***duty paid*** verzollt.

Dr ***Doctor*** Dr., Doktor *m*; *in Straßennamen*: ***Drive*** *etwa* -straße, -weg.

drab [dræb] *adj* **1.** graubraun. **2.** *fig.* trist: a) grau (*Stadt etc*), b) düster (*Farben etc*), c) langweilig (*Abend etc*), d) freudlos (*Dasein etc*).

Dra·co·ni·an [drə'kəʊnjən] *adj* drakonisch.

draft [drɑːft] **I** *s* **1.** Entwurf *m.* **2.** (Luft- *etc*)Zug *m*: ***feel the draught*** *Br.* F den Wind im Gesicht spüren. **3.** ***make a ~ on*** Geld abheben von; *fig.* in Anspruch nehmen. **4.** *econ.* Tratte *f*, Wechsel *m.* **5.** *mil. Am.* Einberufung *f*, Einziehung *f.* **6.** → ***draught*** I. **II** *v/t* **7.** entwerfen, *Schriftstück* aufsetzen. **8.** *mil. Am.* einziehen (***into*** zu), einberufen.

draft·ee *s Am.* Einberufener *m*, Wehrpflichtiger *m.*

draft·ing ma·chine ['drɑːftɪŋ] *s* Zeichenmaschine *f*, -gerät *n.*

drafts·man ['drɑːftsmən] *s* (*irr* ***man***) **1.** *j-d, der et. entwirft od. aufsetzt.* **2.** *tech.* (Konstruktions)Zeichner *m.*

draft·y ['drɑːftɪ] *adj* zugig.

drag [dræg] I *s* **1.** Schleppen *n*, Zerren *n*. **2.** Hemmschuh *m* (*a. fig.* **on** für). **3.** F a) *et.* Langweiliges *od.* Lästiges: **be a ~** langweilig sein; **what a ~!** so ein Mist!, b) Langweiler(in); lästiger Kerl. **4.** *Am.* F Einfluss *m*: **use one's ~** s-e Beziehungen spielen lassen. **5.** F Zug *m* (**at, on** an *e-r Zigarette etc*): **give me a ~** lass mich mal ziehen. **6.** F (*von Männern, bsd. von Transvestiten, getragene*) Frauenkleidung. II *v/t* **7.** schleppen, zerren, schleifen, ziehen: → **mire, mud** 2. **8.** **~ one's feet** a) schlurfen, b) *a.* **~ one's heels** *fig.* sich Zeit lassen (**over, in, about** mit, bei). **9.** *fig.* hineinziehen (**into** in *acc*). **10.** F *j-n* langweilen; *j-m* lästig sein. III *v/i* **11.** (am Boden) schleppen *od.* schleifen. **12.** → **drag behind.** **13.** zerren (**at** an *dat*). **14.** F ziehen (**at, on** an *e-r Zigarette etc*).

Verbindungen mit Adverbien:

drag| a·long I *v/t* wegschleppen, -zerren. II *v/i* sich dahinschleppen. **~ a·way** *v/t* → **drag along** I: **drag o.s. away from** *fig.* sich losreißen von. **~ be·hind** *v/i* zurückbleiben, nachhinken. **~ down** *v/t* **1.** herunter-, hinunterziehen; *fig.* in den Schmutz ziehen. **2.** *fig.* zermürben (*Krankheit etc*); entmutigen. **~ in** *v/t* **1.** herein-, hineinziehen. **2.** *fig.* (mit) hineinziehen. **~ off** *v/t* → **drag along** I: **drag s.o. off to a party** F j-n auf e-e Party schleppen. **~ on** I *v/t* weiterschleppen. II *v/i* *fig.* sich dahinschleppen; sich in die Länge ziehen: **the speech dragged on for two hours** die Rede zog sich über zwei Stunden hin. **~ out** *v/t* **1.** heraus-, hinausziehen. **2.** *fig.* hinausziehen, in die Länge ziehen. **~ up** *v/t* **1.** hoch ziehen. **2.** F *Kind* lieblos aufziehen. **3.** F *Skandal etc* ausgraben.

dra·gée [dræ'ʒeɪ] *s* Dragee *n* (*a. pharm.*).

'drag|·lift *s* Schlepplift *m*. **'~·net** *s* **1.** Schleppnetz *n*: **~ operation** Schleppnetzfahndung *f*. **2.** *fig.* Netz *n* (*der Polizei etc*).

drag·on ['drægən] *s* Drache *m*. **'~·fly** *s zo.* Libelle *f*.

drain [dreɪn] I *v/t* **1.** *a.* **~ off** (*od.* **away**) *Flüssigkeit* abfließen lassen: **~ off** abtropfen lassen; *Gemüse* abgießen. **2.** ⚕ *Eiter etc* drainieren. **3.** austrinken, leeren: → **dreg** 1. **4.** *Land* entwässern. **5.** *Gebäude etc* kanalisieren. **6.** *j-n, Vorräte etc* erschöpfen. II *v/i* **7.** **~ off** (*od.* **away**) abfließen, ablaufen. **8.** leer laufen. **9.** abtropfen. **10.** *a.* **~ away** *fig.* dahinschwinden . III *s* **11.** → **drainage** 1–3. **12.** Abzugskanal *m*, Entwässerungsgraben *m*. **13.** *pl* Kanalisation *f*. **14.** *fig.* Abfluss *m*. **15.** *fig.* Belastung *f* (**on** *gen*): **~ on the reserves** *econ.* starke Inanspruchnahme der Reserven.

'drain·age *s* **1.** Ableitung *f*. **2.** Abfließen *n*, Ablaufen *n*. **3.** Entwässerung *f*. **4.** Kanalisation *f*. **5.** ⚕ Drainage *f*.

'drain·pipe *s* **1.** Abflussrohr *n*: **~ trousers** → 3. **2.** Fallrohr *n* (*der Dachrinne*). **3.** *pl*, *a.* **pair of ~s** F Röhrenhose(n *pl*) *f*.

drake [dreɪk] *s orn.* Enterich *m*, Erpel *m*.

dram [dræm] *s* F Schluck *m* (*Alkohol*): **be fond of a ~** gern einen trinken.

dra·ma ['drɑːmə] *s* Drama *n* (*a. fig.*): **~ critic** Theaterkritiker(in); **~ school** Schauspielschule *f*.

dra·mat·ic [drə'mætɪk] I *adj* (**~ally**) **1.** dramatisch (*a.* ♪ *u. fig.*), Schauspiel..., Theater...: **~ critic** Theaterkritiker(in). **2.** *fig.* drastisch (*Beispiel, Veränderungen etc*); Aufsehen erregend (*Rede etc*). II *s pl* **3.** (*a. sg konstruiert*) Dramaturgie *f*. **4.** theatralisches Getue.

dram·a·tis per·so·nae [ˌdrɑːmətɪspɜː'səʊnaɪ] *s pl* Personen *pl* der Handlung.

dram·a·tist ['dræmətɪst] *s* Dramatiker(in).

dram·a·tize ['dræmətaɪz] *v/t* dramatisieren: a) für die Bühne bearbeiten, b) *fig.* aufbauschen, (*a. v/i*) übertreiben.

drank [dræŋk] *pret von* **drink.**

drape [dreɪp] *v/t* **1.** drapieren (**with** mit): a) (mit Stoff) behängen, b) in (dekorative) Falten legen. **2.** *Mantel etc* hängen (**over** über *acc*).

'drap·er *s Br.* Textilkaufmann *m*, -kauffrau *f*.

'drap·er·y *s* **1.** Textilien *pl*. **2.** *bsd. Am.* Vorhänge *pl*, Vorhangstoffe *pl*.

dras·tic ['dræstɪk] *adj* (**~ally**) drastisch.

draught [drɑːft] I *s* **1.** Zug *m*, Schluck *m*: **at a ~** in einem Zug. **2.** **beer on ~**, **~ beer** Bier *n* vom Fass, Fassbier. **3.** *Br.* a) **~s** *sg* Dame(spiel *n*) *f*, b) → **draughtsman** 1. **4.** a) *bsd. Br. für* **draft** 2, b) *selten bsd. Br. für* **draft** 1, 4. II *v/t* **5.** *selten bsd. Br. für* **draft** 7. **'~·board** *s Br.* Damebrett *n*.

draughts·man *s* (*irr* **man**) **1.** ['drɑːftsmæn] *Br.* Damestein *m*. **2.** ['drɑːftsmən] *selten bsd. Br. für* **draftsman.**

draught·y ['drɑːftɪ] *bsd. Br. für* **drafty.**

draw [drɔː] I *s* **1.** Ziehen *n*; Zug *m* (*a. an der Pfeife etc*). **2.** Ziehung *f*, Verlosung *f*. **3.** *fig.* Zugkraft *f*. **4.** *fig.* Attraktion *f* (*a. Person*), Zugstück *n*. **5.** *Sport*: Unentschieden *n*: **end in a ~** unentschieden ausgehen. II *v/t* (*irr*) **6.** *Waffe, Zahn etc, fig. Schluss etc* ziehen; *Vorhänge* auf- *od.* zuziehen; *Bogen* spannen: **~ s.o. into** *fig.* j-n hineinziehen in (*acc*). **7.** bringen (**on** über *acc*): **~ s.o's anger on o.s.** sich j-s Zorn zuziehen. **8.** *Atem* holen: **~ a sigh** aufseufzen. **9.** *Tee* ziehen lassen. **10.** auslosen. **11.** *fig.* anziehen: **feel ~n to(ward[s]) s.o.** sich zu j-m hingezogen fühlen. **12.** *Linie, Grenze etc*, *fig. Vergleich etc* ziehen. **13.** zeichnen. **14.** *Schriftstück* abfassen, aufsetzen; *Scheck* ausstellen, *Wechsel a.* ziehen (**on** auf *acc*). **15.** *Geld* abheben (**from** von); *Rente etc* beziehen: ~ ***a pension*** eine Pension beziehen. **16.** entlocken (**from** *dat*): ~ ***applause*** Beifall hervorrufen; ~ (***information from***) ***s.o.*** j-n aushorchen. **17.** entnehmen (**from** *dat*): ~ ***consolation from*** Trost schöpfen aus; ~ ***inspiration from*** sich Anregung holen von *od.* bei *od.* durch. **III** *v/i* (*irr*) **18.** ziehen (*a. Tee, Kamin etc*). **19.** (**to**) sich nähern (*dat*), herankommen (an *acc*): → **end** 8. **20.** (**on**) in Anspruch nehmen (*acc*), Gebrauch machen (*von*), (*Vorräte etc*) angreifen. **21.** *Sport*: unentschieden kämpfen *od.* spielen (**with** gegen), sich unentschieden trennen. **22.** losen (**for** um).

Verbindungen mit Adverbien:

draw| a·part **I** *v/t* auseinander ziehen. **II** *v/i* sich entfernen (**from** von), sich voneinander entfernen, *fig. a.* sich auseinander leben. ~ **a·side** *v/t j-n* beiseite nehmen. ~ **a·way** **I** *v/t* **1.** wegziehen. **2.** *j-s Aufmerksamkeit* ablenken. **II** *v/i* **3.** sich entfernen; (*Sport*) sich lösen (**from** von). ~ **down** *v/t* **1.** herabziehen, *Jalousien* herunterlassen. **2.** → **draw** 7. ~ **in** **I** *v/t* **1.** *Luft* einziehen. **2.** *fig. j-n* (mit) hineinziehen. **II** *v/i* **3.** einfahren (*Zug*), vorfahren (*Wagen etc*). **4.** zu Ende gehen (*Tag*); abnehmen, kürzer werden (*Tage*). ~ **off** *v/t Handschuhe etc* ausziehen. ~ **on** *v/t Handschuhe etc* anziehen. ~ **out** **I** *v/t* **1.** herausziehen. **2.** *fig. Aussage etc* herausholen (**of, from** aus); *j-n* aushorchen. **3.** *fig.* hinausziehen, in die Länge ziehen. **II** *v/i* **4.** länger werden (*Tage*). ~ **up** **I** *v/t* **1.** aufrichten. **2.** *Schriftstück* abfassen, aufsetzen. **II** *v/i* **3.** (an)halten (*Wagen etc*). **4.** vorfahren (**to** vor *dat*).

'draw·back *s* **1.** Nachteil *m* (**to** für). **2.** *econ.* Rückvergütung *f.*

'draw·bridge *s* Zugbrücke *f.*

draw·ee [drɔː'iː] *s econ.* Bezogene *m*, Trassat *m.*

draw·er [*1, 2*: drɔː; *3, 4*: 'drɔːə] *s* **1.** Schublade *f*, -fach *n*. **2.** *pl, a.* ***pair of*** **~s** Unterhose *f.* **3.** Zeichner(in). **4.** *econ.* Aussteller(in), Trassant *m.*

draw·ing ['drɔːɪŋ] *s* **1.** Zeichnen *n*. **2.** Zeichnung *f.* ~ **block** *s* Zeichenblock *m.* ~ **board** *s* Reiß-, Zeichenbrett *n*: ***go back to the*** ~ *fig.* noch einmal von vorne anfangen. ~ **film** *s* Zeichenfolie *f.* ~ **ink** *s* Ausziehtusche *f.* ~ **pin** *s Br.* Reißzwecke *f*, -nagel *m.* ~ **rights** *s pl econ.* Ziehungsrechte *pl.* ~ **room** *s* Gesellschaftszimmer *n*, Salon *m.* ~ **rule** *s* Reißschiene *f.* ~ **set** *s* Reißzeug *n.* ~ **stand** *s* Zeichentisch *m.*

drawl [drɔːl] **I** *v/t u. v/i* gedehnt *od.* schleppend sprechen. **II** *s* gedehntes Sprechen.

drawn [drɔːn] **I** *pp von* ***draw.*** **II** *adj Sport*: unentschieden: ~ ***game*** Unentschieden *n.*

dread [dred] **I** *v/t et., j-n* sehr fürchten, sich fürchten (***to do, doing*** zu tun), (große) Angst haben *od.* sich fürchten vor (*dat*). **II** *s* (große) Angst, Furcht *f* (**of** vor *dat*).

dread·ful ['~fʊl] **I** *adj* □ furchtbar, schrecklich (*beide a. fig.* F). **II** *s* → ***penny dreadful.***

'dread·locks *s pl* Rastalocken *pl.*

dream [driːm] **I** *s* **1.** Traum *m*: ***have a*** ~ ***about*** träumen von; ***pleasant*** **~*s!*** träum was Schönes! **2.** *fig.* Traum *m*: a) Wunschtraum *m*: ***that's beyond my wildest*** **~s** das übertrifft m-e kühnsten Träume, b) Ideal *n*: ***a*** ~ ***of a hat*** ein Gedicht von e-m Hut; ***a perfect*** ~ traumhaft schön. **II** *v/i* (*a. irr*) **3.** träumen (**of, about** von) (*a. fig.*): ~ ***of doing s.th.*** davon träumen, et. zu tun; daran denken, et. zu tun. **III** *v/t* (*a. irr*) **4.** träumen (*a. fig.*): ~ ***away*** verträumen; ~ ***up*** F sich ausdenken *od.* einfallen lassen.

'dream·er *s* Träumer(in) (*a. fig.*).

dreamt [dremt] *pret u. pp von* ***dream.***

dream·y ['driːmɪ] *adj* □ **1.** verträumt (*a. Augen*), träumerisch. **2.** dunkel, verschwommen (*Erinnerung*). **3.** zum Träumen: ~ ***music.***

drear·y ['drɪərɪ] *adj* □ **1.** trübselig (*Ort etc*). **2.** trüb (*Tag etc*). **3.** langweilig (*Person, Arbeit etc*).

dredge[1] [dredʒ] *tech.* **I** *s* Bagger *m.* **II** *v/t* ausbaggern.

dredge[2] [~] *v/t* **1.** bestreuen (**with** mit). **2.** *Mehl etc* streuen (**over** über *acc*).

dredg·er[1] ['dredʒə] *s tech.* Bagger *m.*

dredg·er[2] [~] *s* Streubüchse *f*, Streuer *m.*

dreg [dreg] *s mst pl* **1.** (Boden)Satz *m*: ***drain to the*** **~*s*** bis auf den letzten Tropfen *od.* bis zur Neige leeren. **2.** *fig.* Abschaum *m.*

drench [drentʃ] *v/t* durchnässen: **~*ed in tears*** in Tränen aufgelöst; → ***skin*** 1.

dress [dres] **I** *s* **1.** Kleidung *f.* **2.** (Damen)Kleid *n*. **II** *v/t* **3.** an-, bekleiden, anziehen: ~ ***o.s., get*** **~*ed*** sich anziehen; → ***kill*** 9. **4.** einkleiden. **5.** schmücken, dekorieren. **6.** zurechtmachen, (her)richten, *bsd. Speisen* zubereiten; *Salat* anmachen; *Haar* frisieren. **7.** ⚕ *Wunde etc* verbinden. **III** *v/i* **8.** sich anziehen: ~ ***well*** (***badly***) *weitS.* sich geschmackvoll (geschmacklos) kleiden.

Verbindungen mit Adverbien:

dress| down **I** *v/t* F *j-m* e-e Standpauke halten, *j-m* aufs Dach steigen. **II** *v/i* sich unauffällig kleiden. ~ **up** **I** *v/t* **1.** fein machen; herausputzen. **2.** *Fakten etc* verpacken (***in*** in *acc*); beschönigen; ausschmücken (***with*** mit). **II** *v/i* **3.** sich fein machen;

sich herausputzen. **4.** sich kostümieren *od.* verkleiden (**as** als).
dress| cir·cle *s thea. etc* erster Rang. **~ coat** *s* Frack *m.*
dress·er ['dresə] *s* **1.** *thea.* Garderobier *m,* Garderobiere *f.* **2. be a fashionable ~** immer modisch gekleidet sein. **3.** Küchen-, Geschirrschrank *m.* **4.** → **dressing table.**
dress·ing ['dresɪŋ] *s* **1.** Ankleiden *n.* **2.** Zubereitung *f.* **3.** Dressing *n* (*Salatsoße*). **4.** ⚕ Verband *m.* ˌ**~-'down** *s* F Standpauke *f*: **give** *s.o.* **a ~** → **dress down** I; **get a ~** eins aufs Dach bekommen. **~ gown** *s* Morgenmantel *m,* (*für Damen a.*) Morgenrock *m.* **~ room** *s* Ankleidezimmer *n;* (Künstler)Garderobe *f;* (*Sport*) (Umkleide)Kabine *f.* **~ ta·ble** *s* Frisierkommode *f.*
'**dress|ˌmak·er** *s* (*bsd.* Damen)Schneider(in). **~ re·hears·al** *s thea.* Generalprobe *f* (*a. fig.*); Kostümprobe *f.* **~ shirt** *s* Frackhemd *n.* **~ suit** *s* Abend-, Gesellschaftsanzug *m.*
dress·y ['dresɪ] *adj* □ F **1.** geschniegelt, aufgetakelt. **2.** elegant, schick.
drew [druː] *pret von* **draw.**
drib·ble ['drɪbl] **I** *v/i* **1.** tröpfeln: **~ away** *fig.* allmählich zu Ende gehen (*Geld etc*). **2.** sabbern, geifern. **3.** *Sport*: dribbeln: **~ past** *j-n* umdribbeln. **II** *v/t* **4.** tröpfeln lassen, träufeln. **III** *s* **5.** → **drib(b)let. 6.** *Sport*: Dribbling *n.*
drib·(b)let ['drɪblɪt] *s* kleine Menge *od.* Summe: **in** (*od.* **by**) **~s** in kleinen Mengen *od.* Raten.
dribs and drabs [drɪbz] *s pl*: **in ~** F kleckerweise.
dried [draɪd] *adj* Dörr..., getrocknet: **~ fruit** Dörrobst *n*; **~ milk** Trockenmilch *f.*
dri·er ['draɪə] *s* Trockner *m.*
drift [drɪft] **I** *s* **1.** Treiben *n; fig.* (Sich)Treibenlassen *n,* Ziellosigkeit *f.* **2.** ✈, ⚓ Abdrift *f.* **3.** *fig.* Strömung *f,* Tendenz *f;* Absicht *f;* Gedankengang *m.* **4.** (*Schnee*)Verwehung *f,* (*Schnee-, Sand-*) Wehe *f.* **II** *v/i* **5.** getrieben werden, treiben (*a. fig.* **into** in *e-n Krieg etc*): **let things ~** den Dingen ihren Lauf lassen. **6.** *fig.* sich (willenlos) treiben lassen. **7.** sich häufen (*Sand, Schnee*). **III** *v/t* **8.** (dahin)treiben.
'**drift·er** *s* ziellos herumwandernder Mensch.
drift| ice *s* Treibeis *n.* '**~·wood** *s* Treibholz *n.*
drill[1] [drɪl] **I** *s* **1.** *tech.* Bohrer *m.* **2.** *mil.* Drill *m* (*a. fig.*); Exerzieren *n.* **II** *v/t* **3.** *Loch* bohren (**in** in *acc*). **4.** *mil.* drillen (*a. fig.* **in** in *dat*). **5. ~ s.th. into s.o.** j-m et. eindrillen *od.* einpauken. **III** *v/i* **6.** bohren (**for** nach).
drill[2] [~] *s* Drillich *m.*
drink [drɪŋk] **I** *s* **1.** Getränk *n; coll.* Getränke *pl.* **2.** das Trinken, der Alkohol: **take to ~** sich das Trinken angewöhnen. **3.** Schluck *m.* **II** *v/t* (*irr*) **4.** trinken, (*Tier a.*) saufen: **~ away** *Geld etc* vertrinken; *Sorgen etc* im Alkohol ertränken; **~ down** *j-n* unter den Tisch trinken; **~ in** *fig.* (gierig) in sich aufnehmen, verschlingen; **~ off** (*od.* **up**) austrinken; → **table. 5.** trinken *od.* anstoßen auf (*acc*): → **health** 3. **III** *v/i* (*irr*) **6.** trinken, *weitS. a.* (ein) Trinker sein, (*Tier a.*) saufen: **~ off** (*od.* **up**) austrinken. **7.** trinken, anstoßen (**to** auf *acc*): **~ to s.o.** j-m zuprosten *od.* zutrinken; → **health** 3.
'**drink·a·ble** *adj* trinkbar, Trink...
'**drink·er** *s* Trinker(in).
drink·ing ['drɪŋkɪŋ] **I** *s* Trinken *n.* **II** *adj* Trink...: **~ song** (**water,** *etc*); **~ straw** Trinkhalm *m.*
drip [drɪp] **I** *v/i* **1.** tropfen (*a. Hahn etc*), tröpfeln. **2.** triefen (**with** von, vor *dat*) (*a. fig.*). **II** *v/t* **3.** tropfen *od.* tröpfeln lassen. **4. ~ sweat** vor Schweiß triefen. **III** *s* **5.** → **dripping** 1. **6.** ⚕ Tropf(infusion *f*) *m*: **be on the ~** am Tropf hängen. **7.** F Nulpe *f;* Flasche *f.* ˌ**~-'dry I** *adj* bügelfrei. **II** *v/t* tropfnass aufhängen.
drip·ping ['drɪpɪŋ] **I** *s* **1.** Tropfen *n* (*a. Geräusch*), Tröpfeln *n.* **2.** (abtropfendes) Bratenfett. **II** *adj* **3.** tropfend (*a. Hahn etc*), tröpfelnd. **4.** triefend (**with** von, vor *dat*) (*a. fig.*). **5.** triefend (nass), tropf-, triefnass. **III** *adv* **6. ~ wet** → 5.
drive [draɪv] **I** *s* **1.** Fahrt *f; engS.* Aus-, Spazierfahrt *f*: **an hour's ~** e-e Autostunde. **2.** Fahrweg *m;* Zufahrt(sstraße) *f;* (private) Auffahrt. **3.** *Golf, Tennis*: Drive *m,* Treibschlag *m.* **4.** *fig.* Kampagne *f,* Feldzug *m.* **5.** *fig.* Schwung *m,* Elan *m.* **6.** *psych.* Trieb *m.* **7.** *tech.* Antrieb *m.* **8.** *mot.* (*Links- etc*) Steuerung *f.* **9.** *Computer*: Laufwerk *n.* **II** *v/t* (*irr*) **10.** treiben (*a. fig.*); *Nagel etc* schlagen, *Pfahl* rammen (**into** in *acc*): **~ s.th. into s.o.** j-m et. einbläuen; → **bend** 1, **corner** 2, **home** 9, **wall** 1, *etc.* **11.** *j-n* veranlassen (**to, into** zu; **to do** zu tun), dazu bringen (**to do** zu tun): **driven by hunger** vom Hunger getrieben. **12.** *Auto etc* lenken, steuern, fahren; (im Auto *etc*) fahren, befördern, bringen (**to** nach). **13.** *tech.* (an)treiben. **14.** zielbewusst durchführen: **~ a hard bargain** hart verhandeln; überzogene Forderungen stellen. **III** *v/i* (*irr*) **15.** treiben, getrieben werden. **16.** jagen, stürmen. **17.** (Auto) fahren: **~ into a wall** gegen e-e Mauer fahren. **18.** *fig.* abzielen (**at** auf *acc*): **what is he driving at?** worauf will er hinaus?
Verbindungen mit Adverbien:
drive| a·way *v/t a. fig. Sorgen etc* vertreiben, -jagen; *Bedenken etc* zerstreuen. **~ in** *v/t Nagel etc* einschlagen, *Pfahl* einram-

men. ~ **up** I *v/t Preise etc* in die Höhe treiben. II *v/i* (**to**) vorfahren (vor *dat*); heranfahren (an *acc*).

'**drive-in** I *adj* Auto...: ~ ***cinema*** (*Am.* ***motion-picture theater***) → IIa; ~ ***restaurant*** → IIb; ~ ***window*** → IIc. II *s* a) Autokino *n*, Drive-in-Kino *n*, b) Drive-in-Restaurant *n*, c) Autoschalter *m*, Drive-in-Schalter *m* (*e-r Bank*).

driv·el ['drɪvl] I *v/i pret u. pp* **-eled,** *bsd. Br.* **-elled 1.** sabbern, geifern. **2.** faseln. II *s* **3.** Geifer *m*. **4.** Gefasel *n*.

driv·en ['drɪvn] *pp von* ***drive.***

driv·er ['draɪvə] *s* **1.** (*Auto- etc*)Fahrer(in); (*Kran- etc, Br. Lokomotiv*)Führer(in). **2.** *Computer*: Treiber *m*. **~'s cab** *s* Führerhaus *n* (*e-s Lastwagens od. Krans*), 🚂 *Br.* Führerstand *m*. **~'s li·cense** *s Am.* Führerschein *m*.

'**drive·way** *s* Zufahrt(sstraße) *f*; (private) Auffahrt.

driv·ing ['draɪvɪŋ] I *adj* **1.** (an)treibend: ~ ***force*** treibende Kraft. **2.** *tech.* Treib..., Antriebs... II *s* **3.** Autofahren *n*. **4.** *mot.* Fahrweise *f*, -stil *m*. ~ **in·struc·tor** *s* Fahrlehrer(in). ~ **les·son** *s* Fahrstunde *f*: ***take ~s*** Fahrunterricht nehmen, den Führerschein machen. ~ **li·cence** *s Br.* Führerschein *m*. ~ **school** *s* Fahrschule *f*. ~ **test** *s* Fahrprüfung *f*: ***take one's*** ~ die Fahrprüfung *od.* den Führerschein machen.

driz·zle ['drɪzl] I *v/impers* nieseln. II *s* Sprüh-, Nieselregen *m*.

droll [drəʊl] *adj* □ drollig, spaßig.

drom·e·dar·y ['drɒmədərɪ] *s zo.* Dromedar *n*.

drone¹ [drəʊn] *s zo.* Drohne *f*, *fig. a.* Schmarotzer(in).

drone² [~] I *v/i* brummen, summen. II *v/t* her(unter)leiern. III *s* Brummen *n*, Summen *n*.

drool [dru:l] I *v/i* **1.** → ***drivel*** I. **2.** ~ ***over*** (*od.* ***about***) sich begeistern für, vernarrt sein in (*acc*). II *s* **3.** → ***drivel*** II.

droop [dru:p] I *v/i* **1.** (schlaff) herabhängen *od.* -sinken. **2.** ermatten, erschlaffen (***from, with*** vor *dat*). **3.** sinken (*Mut etc*), erlahmen (*Interesse etc*). **4.** den Kopf hängen lassen (*a. Blume*). II *v/t* **5.** (schlaff) herabhängen lassen. **6.** *Kopf* hängen lassen. III *s* **7.** Herabhängen *n*.

drop [drɒp] I *s* **1.** Tropfen *m*: ***a ~ in the bucket*** (*od.* ***ocean***) *fig.* ein Tropfen auf den heißen Stein; ***empty to the last*** ~ bis auf den letzten Tropfen leeren; ***he has had a ~ too much*** er hat e-n über den Durst getrunken. **2.** Bonbon *m*, *n*: ***fruit*** ~ Drops *m*. **3.** Fall(tiefe *f*) *m*: ***a ~ of ten yards*** ein Fall aus 10 Yards Höhe. **4.** *fig.* (Ab)Fall *m*, Sturz *m*: ~ ***in the inflation rate*** Inflationsrückgang *m*. ~ ***in prices*** *econ.* Preissturz; ~ ***in*** (***the***) ***temperature*** Temperatursturz, -abfall. **5.** Falltür *f*. **6.** *bsd. Am.* (*Brief- etc*)Einwurf *m*. II *v/i* **7.** (herab)tropfen, herabtröpfeln. **8.** (herunter)fallen. ***let s.th.*** ~ et. fallen lassen. **9.** sinken, fallen (*beide a. Preise etc*): ~ ***into a chair*** sich in e-n Sessel fallen lassen. **10.** a) (ohnmächtig) zu Boden sinken, umfallen: ***be fit*** (*od.* ***ready***) ***to*** ~ (***with fatigue***) zum Umfallen müde sein, b) *a.* ~ ***dead*** tot umfallen: ~ ***dead!*** *sl.* geh zum Teufel! **11.** leiser werden (*Stimme*); sich legen (*Wind*). III *v/t* **12.** tropfen *od.* tröpfeln lassen. **13.** fallen lassen: ~ ***everything*** alles liegen u. stehen lassen. **14.** (hinein)werfen (***into*** in *acc*). **15.** *Bemerkung* fallen lassen: ~ ***s.o. a line*** (*od.* ***note***) j-m ein paar Zeilen schreiben. **16.** *j-n, Absicht etc* fallen lassen. **17.** *Tätigkeit* aufgeben, aufhören mit: ~ ***it!*** hör auf damit! **18.** *Last, a. Passagiere* absetzen. **19.** *Buchstaben etc* auslassen: → ***H*** 1. **20.** *Sport*: *Punkt etc* abgeben (***to*** gegen). **21.** *Augen, a. Stimme* senken (***to a whisper*** zu e-m Flüstern).

Verbindungen mit Adverbien:

drop| a·way *v/i* immer weniger werden. ~ **back,** ~ **be·hind** *v/i* **1.** zurückfallen. **2.** sich zurückfallen lassen. ~ **in** *v/i* **1.** hereinkommen (*a. fig. Aufträge etc*). **2.** (kurz) hereinschauen (***on*** bei). ~ **off** I *v/i* **1.** zurückgehen (*Umsatz etc*), nachlassen (*Interesse etc*), abbröckeln (*Kurse*). **2.** einschlafen; -nicken. II *v/t* **3.** → ***drop*** 18. ~ **out** *v/i* **1.** aussteigen (***of*** aus *Politik etc*). **2.** die Schule *od.* das Studium abbrechen.

drop·let ['drɒplɪt] *s* Tröpfchen *n*.

'**drop·out** *s* **1.** Aussteiger(in) (*aus der Gesellschaft*). **2.** (Schul-, Studien)Abbrecher(in): ~ ***rate*** Abbrecherquote *f*.

drop·pings ['drɒpɪŋz] *s pl* (Tier)Kot *m*.

drop·sy ['drɒpsɪ] *s* ⚕ Wassersucht.

drought [draʊt] *s* Trockenheit *f*, Dürre(periode) *f*.

drove¹ [drəʊv] *pret von* ***drive.***

drove² [~] *s* Schar *f* (*Menschen*): ***in ~s*** in (hellen) Scharen, scharenweise.

drown [draʊn] I *v/i* **1.** ertrinken. II *v/t* **2.** ertränken: ***be drowned*** → 1; ~ ***one's sorrows*** s-e Sorgen im Alkohol ertränken. **3.** überschwemmen: ***be ~ed in tears*** in Tränen schwimmen *od.* zerfließen. **4.** *a.* ~ ***out*** *bsd. Stimme* übertönen.

drowse [draʊz] I *v/i* **1.** dösen: ~ ***off*** eindösen. II *v/t* **2.** schläfrig machen. **3.** ~ ***away*** *Zeit* verdösen. III *s* **4.** Dösen *n*.

'**drows·y** *adj* □ **1.** schläfrig; verschlafen. **2.** einschläfernd. **3.** *fig.* verschlafen, -träumt.

drudge [drʌdʒ] I *s* **1.** *fig.* Kuli *m*, Last-,

Packesel *m*; Arbeitstier *n*. **2.** → ***drudgery.*** II *v/i* **3.** sich (ab)placken *od*. (ab)schinden.
'drudg·er·y *s* (stumpfsinnige) Plackerei *od*. Schinderei.
drug [drʌg] I *s* **1.** Arzneimittel *n*, Medikament *n*. **2.** Droge *f* (*a. fig.*), Rauschgift *n*: ***be on*** (***off***) **~*s*** rauschgift- *od*. drogensüchtig (clean) sein. **3.** Betäubungsmittel *n* (*a. fig.*). **4.** **~ *on*** (*Am. a.* ***in***) ***the market*** *econ*. schwer verkäufliche Ware, (*im Laden a.*) Ladenhüter *m*. II *v/t* **5.** *j-m* Medikamente geben. **6.** *j-n* unter Drogen setzen. **7.** ein Betäubungsmittel beimischen (*dat*). **8.** betäuben (*a. fig.*): **~*ged with sleep*** schlaftrunken. **~ a·buse** *s* **1.** Drogenmissbrauch *m*. **2.** Medikamentenmissbrauch *m*. **~ ad·dict** *s* **1.** Drogen-, Rauschgiftsüchtige *m, f*. **2.** Medikamentensüchtige *m, f*. **'~-adˌdict·ed** *adj* **1.** drogen-, rauschgiftsüchtig. **2.** medikamentensüchtig. **~ ad·dic·tion** *s* **1.** Drogen-, Rauschgiftsucht *f*. **2.** Medikamentensucht *f*. **~ clin·ic** *s* Drogenklinik *f*. **~ deal·er** *s* Drogen-, Rauschgifthändler(in). **~ de·pend·ence** *s* **1.** Drogenabhängigkeit *f*. **2.** Medikamentenabhängigkeit *f*.
drug·gist ['drʌgɪst] *s Am*. Inhaber(in) e-s Drugstores.
'drug|ˌpush·er *s* F Pusher(in) (*Rauschgifthändler*). **~ scene** *s* Drogenszene *f*. **~ squad** *s* Rauschgiftdezernat *n*.
drug·ster ['drʌgstə] → ***drug addict*** 1.
'drug·store *s Am*. Drugstore *m*.
drum [drʌm] I *s* **1.** ♪ Trommel *f* (*a.* ⚡, *tech.*): **~*s*** *pl* Schlagzeug *n*. **2.** Trommeln *n* (*a. weitS. des Regens etc*). **3.** *anat*. Mittelohr *n*; Trommelfell *n*. II *v/t* **4.** *Rhythmus* trommeln: **~ *s.th. into s.o.*** *fig*. j-m et. einhämmern. **5.** trommeln auf (*acc*); trommeln mit (***on*** auf *acc*). **6.** **~ *up*** *fig*. zs.-trommeln, (an)werben; *Aufträge etc* hereinholen; sich *et*. ausdenken. III *v/i* **7.** *a. weitS*. trommeln (***at*** an *acc*; ***on*** auf *acc*). **'~·beat** *s* Trommelschlag *m*. **~ brake** *s tech*. Trommelbremse *f*. **'~·head** *s* ♪, *a. anat*. Trommelfell *n*.
drum·mer ['drʌmə] *s* ♪ Trommler(in); Schlagzeuger(in).
'drum·stick *s* **1.** Trommelstock *m*, -schlägel *m*. **2.** Unterschenkel *m* (*von zubereitetem Geflügel*).
drunk [drʌŋk] I *pp von* ***drink.*** II *adj pred* **1.** betrunken: ***get*** **~** sich betrinken; (***as***) **~ *as a lord*** F total blau. **2.** *fig*. berauscht (***with*** von): **~ *with joy*** freudetrunken. III *s* **3.** a) Betrunkene *m, f*, b) → ***drunkard.***
drunk·ard ['drʌŋkəd] *s* (Gewohnheits)Trinker(in), Säufer(in).
'drunk·en *adj attr* **1.** betrunken: ***a*** **~ *man*** ein Betrunkener; **~ *driving*** Trunkenheit *f* am Steuer; → ***stupor.*** **2.** Sauf...: **~ *party.***
'drunk·en·ness *s* **1.** Betrunkenheit *f*. **2.** Trunksucht *f*.
dry [draɪ] I *adj* □ **1.** *allg*. trocken (*a. fig. Humor etc*): ***rub*** **~** trockenreiben. **2.** F durstig. **3.** durstig machend (*Arbeit*). **4.** trocken (*ohne Aufstrich*). **5.** trocken, langweilig: (***as***) **~ *as dust*** F stinklangweilig. **6.** trocken, herb (*Wein etc*). **7.** F trocken, weg vom Alkohol. II *v/t* **8.** trocknen. **9.** **~ *o.s.*** (***one's hands***) sich (sich die Hände) abtrocknen (***on*** an *dat*). **10.** *oft* **~ *up*** *Geschirr* abtrocknen. **11.** *Obst etc* dörren. III *v/i* **12.** trocknen, trocken werden. **13.** **~ *up*** ein-, aus-, vertrocknen; F die Klappe halten; F stecken bleiben (*Schauspieler etc*). **~ bat·ter·y** *s* ⚡ Trockenbatterie *f*. **~ cell** *s* ⚡ Trockenelement *n*. **ˌ~-'clean** *v/t* chemisch reinigen. **~ clean·er('s)** *s* chemische Reinigung(sanstalt). **~ clean·ing** *s* chemische Reinigung.
dry·er → ***drier.***
dry| goods *s pl econ*. Textilien *pl*. **~ ice** *s* ⚗ Trockeneis *n*.
dry·ness ['draɪnɪs] *s* Trockenheit *f*.
dry nurse *s* Säuglingsschwester *f*.
DSS ***Department of Social Security*** Sozialministerium *n*.
DTI ***Department of Trade and Industry*** Wirtschaftsministerium *n*.
DTP [diːtiː'piː] ***desktop publishing*** DTP *n*.
du·al ['djuːəl] *adj* □ doppelt, zweifach: **~ *access*** *econ*. Zweifachkontrolle *f*, -zugriff *m*; **~ *carriageway*** *mot. Br*. Schnellstraße *f*; **~ *jobholding*** Doppelbeschäftigung *f*.
'du·al-ˌin·come couple *s* Doppelverdiener *pl*.
dub[1] [dʌb] *v/t* nennen, *j-m* den (Spitz)Namen ... geben.
dub[2] [~] *v/t Film* synchronisieren.
du·bi·ous ['djuːbjəs] *adj* □ **1.** zweifelhaft: a) unklar, zweideutig, b) ungewiss, unbestimmt, c) fragwürdig, dubios: **~ *pleasure*** zweifelhaftes Vergnügen, d) unzuverlässig. **2.** unschlüssig, schwankend; unsicher, im Zweifel (***of, about*** über *acc*).
Dub·lin ['dʌblɪn] *Hauptstadt von Irland*.
du·cal ['djuːkl] *adj* □ herzoglich, Herzogs...
duch·ess ['dʌtʃɪs] *s* Herzogin *f*.
duch·y ['dʌtʃɪ] *s* Herzogtum *n*.
duck[1] [dʌk] *s* **1.** *orn*. Ente *f*: ***look like a dying*** **~** (***in a thunderstorm***) F dumm aus der Wäsche schauen. **2.** *Br*. F Schatz *m*.
duck[2] [~] I *v/i* **1.** (rasch) (unter)tauchen. **2.** *a. fig*. sich ducken (***to*** vor *dat*). **3.** **~ *out*** F verduften; *fig*. sich drücken (***of*** vor *dat*). II *v/t* **4.** (unter)tauchen. **5.** *Kopf* ducken, einziehen. **6.** F sich drücken vor (*dat*).
duct [dʌkt] *s* **1.** *tech*. Röhre *f*, Rohr *n*, Leitung *f*. **2.** *electr*. Kabelkanal *m*. **3.** *anat*. Gang *m*, Kanal *m*.

D

duc·tile ['dʌktaɪl] *adj* □ **1.** *phys.*, *tech.* dehn-, streckbar. **2.** *fig.* fügsam.
dud [dʌd] *s* F **1.** *mil.* Blindgänger *m* (*a. fig.*). **2.** Niete *f*, Versager(in). **3.** *a.* ~ ***cheque*** (*Am.* ***check***) ungedeckter Scheck.
dude [dju:d] *s Am.* F **1.** Typ *m.* **2.** Stadtmensch *m.*
due [dju:] **I** *adj* (□ → ***duly***) **1.** *econ.* fällig: ***fall*** (*od.* ***become***) ~ fällig werden; ***when*** ~ bei Fälligkeit; ~ ***date*** Fälligkeitstermin *m*, -datum *n.* **2.** *zeitlich* fällig: ***the train is*** ~ ***at ...*** der Zug soll um ... ankommen. **3.** ***be*** ~ ***to*** zuzuschreiben sein (*dat*), zurückzuführen sein auf (*acc*): ***it is*** ~ ***to him*** es ist ihm zu verdanken. **4.** gebührend, geziemend: ***be*** ~ ***to s.o.*** j-m gebühren *od.* zukommen; → ***credit*** 3, ***hono(u)r*** 4. **5.** gebührend, angemessen: ***after*** ~ ***consideration*** nach reiflicher Überlegung; ~ ***diligence*** verkehrsübliche Sorgfalt. **6.** passend, richtig: ***in*** ~ ***course*** zur rechten *od.* gegebenen Zeit; ***in*** ~ ***time*** rechtzeitig, termingerecht; ***in*** ~ ***form*** ordnungsgemäß, vorschriftsmäßig. **7.** ~ ***to*** wegen (*gen*), infolge *od.* auf Grund (*gen od.* von). **II** *s* **8.** *das* Gebührende: ***give s.o. his*** ~ j-m Gerechtigkeit widerfahren lassen. **9.** *pl* Gebühren *pl.*
du·el ['dju:əl] **I** *s* Duell *n* (*a. fig.*). **II** *v/i pret u. pp* **-eled,** *bsd. Br.* **-elled** sich duellieren.
du·et [dju:'et] *s* ♪ **1.** Duett *n.* **2.** Duo *n.*
duf·fle| bag ['dʌfl ~] *s* Matchsack *m.* ~ **coat** *s* Dufflecoat *m.*
dug [dʌg] *pret u. pp von* ***dig.*** '~**·out** *s* **1.** *mil.* Unterstand *m.* **2.** Einbaum *m.*
du·i ['dju:i:] *pl von* ***duo.***
duke [dju:k] *s* Herzog *m.*
dull [dʌl] **I** *adj* □ **1.** schwer von Begriff, dumm. **2.** schwerfällig, träge. **3.** teilnahmslos. **4.** langweilig, fad(e). **5.** *econ.* flau, schleppend. **6.** stumpf (*Klinge etc*). **7.** matt, glanzlos (*Augen*, *Farben*): ~ ***finish*** Mattierung *f.* **8.** dumpf (*Klang*, *Schmerz etc*). **II** *v/t* **9.** abstumpfen. **10.** (ab)schwächen. **11.** mildern, dämpfen. **12.** *Schmerz* betäuben.
dull·ard ['dʌləd] *s* Dummkopf *m.*
'**dull-ˌcoat·ed** *adj* mattiert.
'**dul(l)·ness** *s* **1.** Dummheit *f.* **2.** Trägheit *f.* **3.** Teilnahmslosigkeit *f.* **4.** Langweiligkeit *f.* **5.** *econ.* Flaute *f.* **6.** Stumpfheit *f.* **7.** Mattheit *f.* **8.** Dumpfheit *f.*
du·ly ['dju:lɪ] *adv* **1.** ordnungsgemäß. **2.** rechtzeitig.
dumb [dʌm] *adj* □ **1.** stumm (*a. fig.*): ***strike s.o.*** ~ j-m die Sprache verschlagen *od.* rauben; (***struck***) ~ sprachlos (***with*** vor *dat*); ***the*** ~ ***masses*** *pl* die stumme Masse. **2.** *bsd. Am.* F doof, dumm. '~**·bell** *s* **1.** *Sport*: Hantel *f.* **2.** *bsd. Am. sl.* Trottel *m.* ~'**found** *v/t* verblüffen. ~'**found·ed** *adj* verblüfft, sprachlos. ~ **show** *s* Pantomime *f.* ˌ~'**wait·er** *s* **1.** stummer Diener, Serviertisch *m.* **2.** Speisenaufzug *m.*
dum·found, *etc* → ***dumbfound,*** *etc.*
dum·my ['dʌmɪ] **I** *s* **1.** Attrappe *f*, *econ. a.* Leer-, Schaupackung *f.* **2.** Kleider-, Schaufensterpuppe *f.* **3.** *econ.*, ⚖ Strohmann *m*, -frau *f.* **4.** *Br.* Schnuller *m.* **II** *adj* **5.** Schein...
dump [dʌmp] **I** *v/t* **1.** (hin)plumpsen *od.* (-)fallen lassen, hinwerfen. **2.** *Schutt etc* auskippen, abladen; *Karren etc* (um)kippen, entladen. **3.** *econ.* zu Dumpingpreisen verkaufen. **4.** *Daten* abspeichern (*auf Diskette etc*). **II** *v/i* **5.** plumpsen. **6.** (s-n) Schutt abladen. **III** *s* **7.** a) Schutt-, Abfallhaufen *m*, b) (Schutt-, Müll)Abladeplatz *m*, Müllkippe *f*, -halde *f.* **7.** *Computer*: Speicherauszug *m.*
'**dump·ing** *s* **1.** (Schutt)Abladen *n*: ~ ***ground*** → ***dump*** 6b. **2.** *econ.* Dumping *n.*
dump·ling ['dʌmplɪŋ] *s* **1.** Knödel *m*, Kloß *m.* **2.** F Dickerchen *n.*
dumps [dʌmps] *s pl*: (***down***) ***in the*** ~ F down, niedergeschlagen.
dun [dʌn] *v/t bsd. Schuldner* mahnen: ~***ning letter*** Mahnbrief *m.*
dune [dju:n] *s* Düne *f.* ~ **bug·gy** *s mot.* Strandbuggy *m.*
dung [dʌŋ] *s* Mist *m*, Dung *m.*
dun·ga·rees [ˌdʌŋgə'ri:z] *s pl* (***pair of***) ~ Latzhose *f.*
dun·geon ['dʌndʒən] *s* Verlies *n.*
'**dung·hill** *s* Misthaufen *m.*
dunk [dʌŋk] *v/t Brot etc* eintunken, stippen.
du·o ['dju:əʊ] *pl* **-os, du·i** ['~i:] → ***duet.***
du·o·de·num [ˌdju:əʊ'di:nəm] *pl* **-na** [~nə], **-nums** *s anat.* Zwölffingerdarm *m.*
dupe [dju:p] **I** *s* Betrogene *m, f.* **II** *v/t* betrügen.
du·plex ['dju:pleks] **I** *adj* doppelt, Doppel..., zweifach: ~ ***apartment*** → IIa; ~ ***house*** → IIb. **II** *s Am.* a) Maison(n)ette *f*, b) Doppel-, Zweifamilienhaus *n.*
du·pli·cate ['dju:plɪkət] **I** *adj* **1.** doppelt, Doppel..., zweifach: ~ ***book*** Durchschreibbuch *n.* **2.** genau gleich *od.* entsprechend: ~ ***key*** → 5. **II** *s* **3.** Duplikat *n*, Ab-, Zweitschrift *f*, Kopie *f*: ***in*** ~ in zweifacher Ausfertigung. **4.** (genau gleiches) Seitenstück, Kopie *f.* **5.** Zweit- *od.* Nachschlüssel *m.* **III** *v/t* ['~keɪt] **6.** ein Duplikat anfertigen von, kopieren, vervielfältigen: ***duplicating machine*** Vervielfältigungsmaschine *f*; ***duplicating paper*** Kopierpapier *n.* **7.** *Experiment etc* (beliebig) wiederholen.
du·plica·tor ['dju:plɪkeɪtə] *s* Vervielfältigungsapparat *m.*
du·ra·bil·i·ty [ˌdjʊərə'bɪlətɪ] *s* a) Haltbarkeit *f*, b) Dauerhaftigkeit *f.*

'du·ra·ble I *adj* ☐ a) haltbar, *econ.* langlebig: *~ **goods*** → II, b) dauerhaft. II *s pl econ.* Gebrauchsgüter *pl.*
du·ra·tion [~'reɪʃn] *s* Dauer *f*: ***for the ~ of*** für die Dauer von (*od. gen*); ***~ of employment*** Beschäftigungsdauer *f.*
du·ress [djʊə'res] *s* Zwang *m* (*a.* ⚖).
Du·rex ['djʊəreks] *s* (*TM*) Kondom *n.*
du·ring ['djʊərɪŋ] *prp* während.
dusk [dʌsk] *s* (Abend)Dämmerung *f*: ***at ~*** bei Einbruch der Dunkelheit.
'dusk·y *adj* ☐ dämmerig, düster (*a. fig.*).
dust [dʌst] I *s* **1.** Staub *m*: ***throw*** (*od.* ***cast***) ***~ in s.o.'s eyes*** *fig.* j-m Sand in die Augen streuen; ***raise a ~*** a) e-e Staubwolke aufwirbeln, b) *a.* ***kick up a ~*** *fig.* viel Staub aufwirbeln; ***the ~ has settled*** die Aufregung hat sich gelegt, die Wogen haben sich geglättet; → ***bite*** 1, ***kiss*** 2. II *v/t* **2.** abstauben. **3.** bestreuen, bestäuben. III *v/i* **4.** Staub wischen. **5.** staubig werden, verstauben. **'~·bin** *s Br.* Abfall-, Mülleimer *m*; Abfall-, Mülltonne *f*: ***~ liner*** Müllbeutel *m.* ***~ man*** Müllmann *m.* **'~·cart** *s Br.* Müllwagen *m.* **~ cov·er** *s* Schutzumschlag *m.*
dust·er ['dʌstə] *s* Staubtuch *n.*
dust| jack·et → ***dust cover.*** **~·man** ['~mən] *s* (*irr* ***man***) *Br.* Müllmann *m.* **~ storm** *s* Staubsturm *m.* **~ trap** *s* Staubfänger *m.* **'~-up** *s* F **1.** Krach *m.* **2.** handgreifliche Auseinandersetzung.
dust·y ['dʌstɪ] *adj* staubig: ***not so ~*** *Br.* F gar nicht so übel.
Dutch [dʌtʃ] I *adj* **1.** holländisch, niederländisch. II *adv* **2.** ***go ~*** getrennte Kasse machen. III *s* **3.** *ling.* Holländisch *n*, Niederländisch *n.* **4.** ***the ~*** *pl* die Holländer *pl*, die Niederländer *pl.* **~ cour·age** *s* F angetrunkener Mut. **~·man** ['~mən] *s* (*irr* ***man***) Holländer *m*, Niederländer *m.* **'~ˌwom·an** *s* (*irr* ***woman***) Holländerin *f*, Niederländerin *f.*
du·te·ous ['dju:tjəs] → ***dutiful.***
du·ti·a·ble ['dju:tjəbl] *adj* zollpflichtig.
du·ti·ful ['dju:tɪfʊl] *adj* ☐ pflichtbewusst.
du·ty ['dju:tɪ] I *s* **1.** Pflicht *f*: a) Schuldigkeit *f* (***to, toward***[***s***] gegen[über]), b) Aufgabe *f*: ***do one's ~*** s-e Pflicht tun; ***breach of ~*** Pflichtverletzung *f*; ***~ of care*** Sorgfaltspflicht. **2.** Dienst *m*: ***be on ~*** Dienst haben, im Dienst sein; ***be off ~*** nicht im Dienst sein, dienstfrei haben; ***do ~ for*** benutzt werden *od.* dienen als; *j-n* vertreten. **3.** *econ.* Zoll *m*: ***~ paid*** verzollt. II *adj* **4.** ***~ call*** Höflichkeits-, Pflichtbesuch *m.* **5.** ***~ doctor*** Bereitschaftsarzt *m*, -ärztin *f*; ***~ officer*** *mil.* Offizier *m* vom Dienst; ***~ roster*** Dienstplan *m.* **ˌ~-'free** I *adj u. adv* zollfrei: ***~ shop*** Duty-free-Shop *m.* II *s pl* F zollfreie Ware(n *pl*).
du·vet ['du:veɪ] *s* Federbett *n.*
dwarf [dwɔ:f] I *pl* **dwarfs, dwarves** [~vz] *s* Zwerg(in) (*a. fig.*). II *adj* zwergenhaft, *bsd.* ♣, *zo.* Zwerg... III *v/t* klein erscheinen lassen; *fig.* in den Schatten stellen.
'dwarf·ish *adj* ☐ zwergenhaft.
dwarves [dwɔ:vz] *pl von* ***dwarf.***
dwell [dwel] *v/i* (*mst irr*) **1.** wohnen, leben. **2.** ***~ on*** *fig.* (im Geiste) verweilen bei.
'dwell·er *s mst in Zssgn* Bewohner(in).
'dwell·ing *s* Wohnung *f*: ***~ house*** Wohnhaus *n.*
dwelt [dwelt] *pret u. pp von* ***dwell.***
dwin·dle ['dwɪndl] *v/i* abnehmen: ***dwindling purchasing power*** Kaufkraftschwund *m.*
dye [daɪ] I *s* **1.** Farbstoff *m.* **2.** Färbung *f*: ***of the deepest*** (*od.* ***blackest***) ***~*** *fig.* von der übelsten Sorte. II *v/t* **3.** färben.
ˌdyed-in-the-'wool *adj* eingefleischt, ... durch u. durch.
'dye·works *s sg* Färberei *f.*
dy·ing ['daɪɪŋ] *adj* **1.** sterbend: ***be ~*** im Sterben liegen. **2.** Sterbe...: ***~ hour*** Todesstunde *f*; ***~ wish*** letzter Wunsch.
dyke → ***dike***[1] *u.* [2].
dy·nam·ic [daɪ'næmɪk] I *adj* (***~ally***) dynamisch (*a. fig.*). II *s* **~s** *sg* Dynamik *f* (*a. fig.*).
dy·na·mite ['daɪnəmaɪt] I *s* Dynamit *n.* II *v/t* (*mit Dynamit*) sprengen.
dy·na·mo ['daɪnəməʊ] *pl* **-mos** *s* ⚡ Dynamo *m.*
dy·nas·ty ['dɪnəstɪ] *s* Dynastie *f.*
dys·en·ter·y ['dɪsntrɪ] *s* ⚕ Ruhr *f.*
dys·func·tion [dɪs'fʌŋkʃn] *s* ⚕ Funktionsstörung *f.*
dys·lexia [dɪs'leksɪə] *s* Legasthenie *f.*
dys·lex·ic I *adj* legasthenisch. II *s* Legastheniker(in).

E

E [iː] *pl* **E's** *s* E *n*.
E ***east*** O, Osten *m*; ***eastern*** ö, östlich.
each [iːtʃ] **I** *adj* jede(r, -s): ~ ***one*** jede(r) Einzelne. **II** *pron*: ~ ***of us*** jede(r) von uns; ~ ***other*** einander, sich. **III** *adv* je, pro Person *od.* Stück.
ea·ger ['iːgə] *adj* □ **1.** eifrig: ~ ***beaver*** F Übereifrige *m, f.* **2.** (***for***) begierig (nach), erpicht, gespannt (auf *acc*): ***be ~ to do s.th.*** darauf brennen, et. zu tun. **3.** gespannt (*Aufmerksamkeit, Blick etc*).
'ea·ger·ness *s* **1.** Eifer *m.* **2.** Begierde *f.*
ea·gle ['iːgl] *s orn.* Adler *m.*
e.&o.e. ***errors and omissions excepted*** Irrtümer und Auslassungen vorbehalten.
ear¹ [ɪə] *s* **1.** *anat.* Ohr *n*: ***be all ~s*** ganz Ohr sein; ***be up to the*** (*od.* ***one's***) ***~s in debt*** (***work***) bis über die Ohren in Schulden (Arbeit) sitzen *od.* stecken; ***have*** (*od.* ***keep***) ***an*** (*od.* ***one's***) ***~ to the ground*** die Ohren offen halten; ***turn a deaf ~ to*** die Ohren verschließen vor (*dat*); → ***flea, prick*** 7, ***thick*** 1, ***wet*** 1. **2.** *fig.* Gehör *n*, Ohr *n*: ***play by ~*** nach dem Gehör spielen; *fig.* improvisieren.
ear² [~] *s* (Getreide)Ähre *f.*
ear|·ache ['ɪəreɪk] *s* Ohrenschmerzen *pl.* **~·drum** ['ɪədrʌm] *s anat.* Trommelfell *n.*
earl [ɜːl] *s britischer* Graf.
'ear·lobe *s anat.* Ohrläppchen *n.*
ear·ly ['ɜːlɪ] **I** *adv* **1.** früh(zeitig): ***as ~ as May*** schon im Mai. **2.** bald: ***as ~ as possible*** so bald wie möglich. **3.** zu früh; früher. **II** *adj* **4.** früh(zeitig): ~ ***riser***, *humor.* ~ ***bird*** Frühaufsteher(in); ***the ~ bird catches the worm*** Morgenstunde hat Gold im Munde; ***Thursday is ~ closing*** am Donnerstag schließen die Geschäfte früher; ***in his ~ days*** in s-r Jugend; ***at an ~ hour*** zu früher Stunde; ~ ***warning system*** *mil.* Frühwarnsystem *n*; ***at the*** (***very***) ***earliest*** (aller-)frühestens; → ***convenience*** 1. **5.** vorzeitig: ***his ~ death*** sein früher Tod. **6.** zu früh: ***be ~*** zu früh (daran) sein. **7.** anfänglich, Früh...: ~ ***Christian*** frühchristlich. **8.** baldig.
ear·ly re·tire·ment *s* Vorruhestand *m*: ~ ***allowance*** (*od.* ***benefit***) Vorruhestandsgeld *n*; ~ ***scheme*** Vorruhestandsregelung *f*; ***take ~*** in den Vorruhestand treten.
'ear|·mark I *s* **1.** Ohrmarke *f* (*e-s Haustiers*). **2.** *fig.* Kennzeichen *n.* **II** *v/t* **3.** kennzeichnen. **4.** *bsd. econ.* bestimmen, vorsehen (***for*** für): ***~ed*** zweckbestimmt, -gebunden (*Mittel*). **'~ˌmark·ing** *s* Zweckbindung *f.* **'~·muff** *s* Ohrenschützer *m.*
earn [ɜːn] *v/t* **1.** *Geld etc* verdienen: ***~ed income*** Arbeitseinkommen *n*; ***~ing capacity*** (*od.* ***power***) Arbeits-, Erwerbsfähigkeit *f*; ***~ing potential*** Ertragsfähigkeit *f*; → ***living*** 6. **2.** *Zinsen etc* einbringen. **3.** *fig. j-m et.* einbringen, -tragen.
ear·nest ['ɜːnɪst] **I** *adj* □ **1.** ernst. **2.** ernst-, gewissenhaft. **3.** ernstlich. **II** *s* **4.** ***in ~*** im Ernst; ***in good*** (*od.* ***dead, perfect***) ~ in vollem Ernst; ***are you in ~?*** ist das dein Ernst?; ***be in ~ about*** es ernst meinen mit.
ear·nest mon·ey *s* Handgeld *n*, Draufgeld *n.*
earn·ings ['ɜːnɪŋz] *s pl* **1.** Verdienst *m*, Einkommen *n.*: ~ ***distribution*** Einkommensverteilung *f*; ~ ***gap*** Lohn-, Verdienstschere *f*; ~ ***prospects*** Verdienstaussichten *pl*; ***~-related pension*** dynamische Rente. **2.** Erlös *m*, Ertrag *m*: ~ ***gain*** Ertragszuwachs *m*; ~ ***position*** Ertragslage *f*; ~ ***statement*** Gewinn- u. Verlustrechnung *f*, Erfolgsrechnung *f.*
'ear|·phones *s pl*, *a.* ***pair of ~*** Kopfhörer *m.* **'~·piece** *s teleph.* Hörmuschel *f.* **'~·plug** *s* Wattepfropf *m*, Ohropax *n* (*TM*). **'~·ring** *s* Ohrring *m.* **'~·shot** *s*: ***within*** (***out of***) ~ in (außer) Hörweite. **'~ˌsplit·ting** *adj* ohrenbetäubend.
earth [ɜːθ] **I** *s* **1.** Erde *f*: a) *a.* ***Earth*** Erdball *m*, b) Welt *f*: ***on ~*** auf Erden; ***what*** (***why***) ***on ~?*** warum (was) in aller Welt? **2.** Erde *f*, (Erd)Boden *m*: ***come back*** (*od.* ***down***) ***to ~*** *fig.* auf den Boden der Wirklichkeit zurückkehren. **3.** (Fuchs- *etc*)Bau *m*. **4.** ⚡ *bsd. Br.* Erde *f*, Erdung *f*: ~ ***cable*** Massekabel *n.* **II** *v/t* **5.** ⚡ *bsd. Br.* erden.
'earth·en *adj* irden.
'earthen·ware *s* Steingut(geschirr) *n.*
'earth·ly *adj* **1.** irdisch, weltlich. **2.** F ***there's no ~ reason*** es gibt nicht den geringsten Grund; ***of no ~ use*** völlig unnütz; ***not to have an ~*** (***chance***) nicht die geringste Chance haben.
'earth|·quake *s* Erdbeben *n.* **'~·quake-**

-proof *adj* erdbebensicher. **'~ˌshak·ing, '~ˌshat·ter·ing** *adj fig.* welterschütternd. **~ sta·tion** *s Raumfahrt:* Bodenstation *f.* **~ trem·or** *s* leichtes Erdbeben. **'~·worm** *s zo.* Regenwurm *m.*

earth·y ['ɜːθɪ] *adj* **1.** erdig, Erd... **2.** weltlich *od.* materiell (eingestellt). **3.** derb (*Humor etc*).

'ear|·wax *s physiol.* Ohrenschmalz *n.* **'~·wig** *s zo.* Ohrwurm *m.* **ˌ~'wit·ness** *s* Ohrenzeuge *m*, -zeugin *f.*

ease [iːz] **I** *s* **1.** Bequemlichkeit *f*, Behaglichkeit *f.* **2.** *a.* **~ of mind** (Gemüts)Ruhe *f*, Ausgeglichenheit *f*: **at (one's) ~** ruhig, entspannt; unbefangen; **be** (*od.* **feel**) **at ~** sich wohl fühlen; **ill at ~** unruhig; befangen; **be** (*od.* **feel**) **ill at ~** sich (in s-r Haut) nicht wohl fühlen. **3.** Sorglosigkeit *f*: **live at ~** in guten Verhältnissen leben. **4.** Leichtigkeit *f*, Mühelosigkeit *f*: **with ~** leicht, mühelos. **5.** Erleichterung *f*, Befreiung *f*: **give s.o. ~** j-m Erleichterung verschaffen. **II** *v/t* **6.** erleichtern, beruhigen: **~ one's mind** sich erleichtern. **7.** *Schmerzen* lindern. **III** *v/i* **8.** *mst* **~ off** (*od.* **up**) nachlassen, sich abschwächen; sich entspannen (*Lage*); (bei der Arbeit) kürzer treten; weniger streng sein (**on** zu).

ea·sel ['iːzl] *s paint.* Staffelei *f.*

eas·i·ly ['iːzɪlɪ] *adv* **1.** leicht, mühelos. **2.** ohne Zweifel; mit Abstand, bei weitem.

east [iːst] **I** *s* **1.** Osten *m*: **in the ~ of** im Osten von (*od. gen*); **to the ~ of** → 5. **2.** *a.* **East** Osten, östlicher Landesteil: **the East** *Br.* Ostengland *n*; *Am.* die Oststaaten *pl*; *pol.* der Osten; der Orient. **II** *adj* **3.** Ost..., östlich. **III** *adv* **4.** ostwärts, nach Osten. **5. ~ of** östlich von (*od. gen*). **'~·bound** *adj* nach Osten gehend *od.* fahrend.

East·er ['iːstə] **I** *s* Ostern *n od. pl*, Osterfest *n*: **at ~** zu Ostern; **happy ~** frohe Ostern! **II** *adj* Oster...: **~ egg; ~ Sunday** (*od.* **Day**) Ostersonntag *m.*

east·er·ly ['iːstəlɪ] **I** *adj* östlich, Ost... **II** *adv* von *od.* nach Osten.

east·ern ['iːstən] *adj* östlich, Ost...

'east·ern·er *s* **1.** Bewohner(in) des Ostens (*e-s Landes*). **2. Easterner** *Am.* Oststaatler(in).

east·ern·most ['~məʊst] *adj* östlichst.

east·ward ['iːstwəd] *adj u. adv* östlich, ostwärts, nach Osten: **in an ~ direction** in östlicher Richtung, Richtung Osten.

east·wards ['iːstwədz] *adv* → **eastward.**

eas·y ['iːzɪ] **I** *adj* (□ → **easily**) **1.** leicht, mühelos: **it is ~ for him to talk** er hat gut reden. **2.** leicht, einfach (**for** für): **~ money** leicht verdientes Geld; **~-money policy** Niedrigzinspolitik *f.* **3.** bequem, angenehm: **live in ~ circumstances,** F **be on ~ street** in guten Verhältnissen leben. **4.** gemächlich, gemütlich (*Tempo, Spaziergang etc*): → **stage** 2. **5.** günstig, erträglich, (*Strafe*) leicht: **on ~ terms** auf Raten. **6.** leichtfertig; locker, frei (*Moral etc*). **7.** ungezwungen, natürlich: **be free and ~** sich ganz ungezwungen benehmen. **II** *adv* **8.** leicht, bequem: **go ~, take it ~** sich Zeit lassen; sich nicht aufregen; **take it ~!** immer mit der Ruhe!; keine Bange!; **go ~ on** *j-n, et.* sachte anfassen; schonend *od.* sparsam umgehen mit; **easier said than done** leichter gesagt als getan; **~ come, ~ go** wie gewonnen, so zerronnen. **~ chair** *s* Sessel *m.* **'~ˌgo·ing** *adj* **1.** gelassen. **2.** unbeschwert.

eat [iːt] **I** *s* **1.** *pl* F Fressalien *pl.* **II** *v/t* (*irr*) **2.** essen (*Mensch*), fressen (*Tier*): **~ one's words** alles(, was man gesagt hat,) zurücknehmen; **what's ~ing him?** F was hat er denn?; **~ up** aufessen, -fressen; *Reserven etc* völlig aufbrauchen; **be ~en up with** *fig.* sich verzehren vor (*dat*), zerfressen werden von; → **cake** 1, **dog** 1, **hat, humble** Ia. **3.** zerfressen: **~en by worms** wurmstichig. **4.** *Loch* fressen (**into** in *acc*). **III** *v/i* (*irr*) **5.** essen (*Mensch*), fressen (*Tier*): **~ out** auswärts essen, essen gehen. **6. ~ into** sich (hin)einfressen in (*acc*); *Reserven etc* angreifen.

'eat·a·ble I *adj* ess-, genießbar. **II** *s pl* Esswaren *pl.*

eat-'by 'date *s* Haltbarkeitsdatum *n.*

eat·en ['iːtn] *pp von* **eat. 'eat·er** *s* Esser(in) (*Mensch*), Fresser *m* (*Tier*): → **big** 1d, **small** I.

'eat·ing I *s* Essen *n.* **II** *adj* Ess...: **~ apple** Ess-, Speiseapfel *m.*

eau de Co·logne [ˌəʊdəkə'ləʊn] *s* Kölnischwasser *n.*

eaves [iːvz] *s pl* Traufe *f.* **'~·drop** *v/i* (heimlich) lauschen *od.* horchen: **~ on** belauschen.

ebb [eb] **I** *s* **1.** *a.* **~ tide** Ebbe *f.* **2.** *fig.* Tiefstand *m*: **be at a low ~** auf e-m Tiefpunkt angelangt sein. **II** *v/i* **3.** zurückgehen (*a. fig.*). **4.** *a.* **~ away** *fig.* abnehmen, verebben.

eb·on·y ['ebənɪ] *s* Ebenholz *n.*

e·bul·li·ent [ɪ'bʌljənt] *adj* □ *fig.* sprudelnd, überschäumend (**with** von); überschwänglich.

EC [iː'siː] **European Community** *hist.* EG *f.*

ec·cen·tric [ɪk'sentrɪk] **I** *adj* (**~ally**) ⚗, *tech.* exzentrisch, *fig. a.* überspannt. **II** *s* Exzentriker(in).

ec·cen·tric·i·ty [ˌeksen'trɪsətɪ] *s* ⚗, *tech.* Exzentrizität *f*, *fig. a.* Überspanntheit *f.*

ec·cle·si·as·ti·cal [ɪˌkliːzɪ'æstɪkl] *adj* □ kirchlich: **~ law** Kirchenrecht *n.*

ECG [iːsiː'dʒiː] **electrocardiogram** EGK *n.*

ECGD ***Export Credit Guarantee Department*** staatliche Exportkreditabteilung.

ech·e·lon ['eʃəlɒn] ⚓, *mil.* I *s* Staffelung *f*: ***in ~*** staffelförmig. II *v/t* staffeln.

ech·o ['ekəʊ] I *pl* **-oes** *s* **1.** Echo *n*, Widerhall *m* (*beide a. fig.*). II *v/i* **2.** widerhallen (***with*** von). **3.** nach-, widerhallen, zurückgeworfen werden (*Ton*). III *v/t* **4.** *a.* ***~ back*** *Ton* zurückwerfen. **5.** *Worte* nachbeten; *j-m* alles nachbeten. **~ sound·er** *s* ⚓ Echolot *n*.

e·clipse [ɪ'klɪps] I *s* **1.** *ast.* (*Sonnen-, Mond*)Finsternis *f*. **2.** *fig.* Niedergang *m*: ***be in ~*** im Sinken sein; in der Versenkung verschwunden sein. II *v/t* **3.** *ast.* verfinstern. **4.** *fig.* in den Schatten stellen: ***be ~d by*** verblassen neben.

e·co·cide ['iːkəʊsaɪd] *s* Umweltzerstörung *f*.

e·co·cri·sis ['iːkəʊˌkraɪsɪs] *s* (*irr* ***crisis***) Umweltkrise *f*.

e·co·home ['iːkəʊhəʊm] *s* Ökohaus *n*.

e·co·log·i·cal [ˌiːkə'lɒdʒɪkl] *adj* □ ökologisch, Umwelt...: ***~ balance*** ökologisches Gleichgewicht; ***~ly beneficial*** (***harmful***) umweltfreundlich (umweltfeindlich).

e·col·o·gist [iː'kɒlədʒɪst] *s* Ökologe *m*, -login *f*.

e'col·o·gy *s* Ökologie *f*.

e·co·nom·ic [ˌiːkə'nɒmɪk] I *adj* (***~ally***) **1.** (staats-, volks)wirtschaftlich, Wirtschafts...: ***~ activity*** Wirtschaftstätigkeit *f*, Konjunktur *f*; ***stimulate ~ activity*** die Konjunktur anregen; ***~ aid*** Wirtschaftshilfe *f*; ***Economic and Monetary Union*** Wirtschafts- und Währungsunion *f*; ***~ barometer*** Wirtschaftsbarometer *n*; ***~ bloc*** Wirtschaftsblock *m*; ***~ climate*** Wirtschaftsklima *n*; ***~ crisis*** Wirtschaftskrise *f*; ***~ cycle*** Konjunkturzyklus *m*; ***~ depression*** Rezession *f*; ***~ development*** Wirtschaftsentwicklung *f*; ***~ downswing*** (*od.* ***downturn***) Konjunkturabschwung *m*; ***~ efficiency*** Wirtschaftlichkeit *f*; ***~ forecast*** Wirtschaftsprognose *f*; ***~ growth*** Wirtschaftswachstum *n*; ***~ indicators*** *pl* Konjunkturindikatoren *pl*; ***~ low*** Konjunkturtief *n*; ***~ migrant*** (*od.* ***refugee***) Wirtschaftsflüchtling *m*; ***~ order*** Wirtschaftsordnung *f*; ***~ outlook*** Konjunkturaussichten *pl*; ***~ policy*** Wirtschafts-, Konjunkturpolitik *f*; ***~ prospects*** *pl* Konjunkturaussichten *pl*; ***~ recovery*** konjunktureller Aufschwung; ***~ sanctions*** *pl* Wirtschaftssanktionen *pl*; ***~ science*** Volkswirtschaftslehre *f*; ***~ situation*** Wirtschaftslage *f*; ***~ slowdown*** Konjunkturabschwung *m*; ***~ system*** Wirtschaftsordnung *f*; ***~ trend*** Konjunkturentwicklung *f*; ***~ union*** Wirtschaftsgemeinschaft *f*; ***~ upturn*** Wirtschaftsaufschwung *m*. **2.** rentabel, wirtschaftlich. II *s* ***~s*** *sg* **3.** a) Volkswirtschaft(slehre) *f*, b) Wirtschaftswissenschaft *f*: ***business ~s*** Betriebswirtschaftslehre *f*.

ˌe·co'nom·i·cal [~kl] *adj* □ **1.** wirtschaftlich, sparsam, (*Person a.*) haushälterisch: ***be ~ with*** → ***economize*** I. **2.** Spar... **3.** → ***economic*** I.

e·con·omist [ɪ'kɒnəmɪst] *s* Volkswirt(in), Volkswirtschaftler(in); Wirtschaftswissenschaftler(in).

e'con·o·mize I *v/t* sparsam umgehen *od.* wirtschaften mit, Haus halten mit. II *v/i* sparsam wirtschaften: ***~ on*** → I.

e'con·o·my I *s* **1.** Wirtschaftlichkeit *f*, Sparsamkeit *f*. **2.** Sparmaßnahme *f*; Einsparung *f*. **3.** Wirtschaft(ssystem *n*) *f*: ***free-market ~*** freie Marktwirtschaft *f*; ***market ~*** Marktwirtschaft *f*; ***planned ~*** Planwirtschaft *f*. II *adj* **4.** Spar...: ***~ class*** ✈ Economyklasse *f*; ***~ drive*** Sparmaßnahmen *pl*, Sparkampagne *f*; ***~ measures*** *pl* Sparmaßnahmen *pl*; ***~ price*** günstiger *od.* niedriger Preis; ***~ size*** Sparpackung *f*.

ECOSOC ***Economic and Social Council*** Wirtschafts- u. Sozialrat *m* (*der UN*).

e·co·sys·tem ['iːkəʊˌsɪstəm] *s* Ökosystem *n*.

'e·co·sphere *s* Ökosphäre *f*.

ec·sta·size ['ekstəsaɪz] I *v/t* in Ekstase versetzen. II *v/i* in Ekstase geraten.

'ec·sta·sy *s* **1.** Ekstase *f*: ***be in an ~*** außer sich sein (***of*** vor *dat*); ***in an ~ of joy*** in e-m Freudentaumel; ***go into ecstasies over*** in Verzückung geraten über (*acc*). **2.** (*Droge*) Ecstasy *n*.

ec·stat·ic [ɪk'stætɪk] *adj* (***~ally***) ekstatisch, verzückt.

ECU ['eɪkjuː] ***European Currency Unit*** *hist.* Ecu *m*.

E·cua·dor ['ekwədɔː] *Republik in Südamerika*.

e·cu·men·i·cal [ˌiːkjuː'menɪkl] *adj* □ ökumenisch.

ec·ze·ma ['eksɪmə] *s* ⚕ Ekzem *n*.

ed·dy ['edɪ] *s* Wirbel *m*, Strudel *m*.

edge [edʒ] I *s* **1.** Schneide *f*; Schärfe *f*: ***take the ~ off*** *Klinge* stumpf machen; *fig. e-r Sache* die Schärfe nehmen. **2.** Ecke *f*, scharfe Kante. **3.** (äußerster) Rand, Saum *m*; ***on the ~ of*** *fig.* kurz vor (*dat*); ***be on the ~ of despair*** am Rande der Verzweiflung sein. **4.** Kante *f*, Schmalseite *f*: ***set*** (***up***) ***on ~*** hochkant stellen; ***on ~*** nervös; gereizt; ***set s.o.'s teeth on ~*** j-n nervös machen. **5.** F Vorteil *m*: ***have the ~ on s.o.*** j-m über sein. II *v/t* **6.** schärfen. **7.** umsäumen, einfassen. **8.** schieben, drängen: ***~ on*** antreiben, drängen. III *v/i* **9.** sich schieben *od.* drängen.

edged *adj* **1.** scharf. **2.** *in Zssgn* ...schneidig; ...kantig.

'edge|·ways, ~·wise ['~waɪz] *adv* hochkant:

I could hardly get a word in ~ *fig.* ich bin kaum zu Wort gekommen.

edg·y ['edʒɪ] *adj* □ nervös; gereizt.

ed·i·ble ['edɪbl] **I** *adj* ess-, genießbar: ~ ***oil*** Speiseöl *n.* **II** *s pl* Esswaren *pl.*

ed·i·fice ['edɪfɪs] *s* Gebäude *n* (*a. fig.*).

ed·i·fy ['~faɪ] *v/t fig.* erbauen.

'ed·i·fy·ing *adj* □ erbaulich.

Ed·in·burgh ['edɪnbərə] *Hauptstadt von Schottland.*

ed·it ['edɪt] *v/t* **1.** *Texte etc* a) herausgeben, b) redigieren: ~***ing*** Druckaufbereitung *f*, c) *Computer*: editieren, bearbeiten: ~***ing*** Editieren *n*, Aufbereiten *n*; ~***ing mode*** *Computer*: Editiermodus *m.* **2.** *Film* schneiden. **3.** *Zeitung etc* als Herausgeber leiten.

e·di·tion [ɪ'dɪʃn] *s* **1.** Ausgabe *f*: ***first*** ~ Erstausgabe; ***morning*** ~ Morgenausgabe (*Zeitung*). **2.** Auflage *f.*

ed·i·tor ['edɪtə] *s* **1.** *a.* ~ ***in chief*** Herausgeber(in) (*e-s Buchs etc*). **2.** *Zeitung*: a) *a.* ~ ***in chief*** Chefredakteur(in): → ***letter*** 2, b) Redakteur(in): ***the*** ~***s*** *pl* die Redaktion. **3.** *Film, TV*: Cutter(in). **4.** *Computer*: Editor *m.*

ed·i·to·ri·al [ˌedɪ'tɔːrɪəl] **I** *adj* □ redaktionell, Redaktions...: ~ ***department*** Redaktion *f*; → ***staff*** 1. **II** *s* Leitartikel *m.*

EDP [iːdiː'piː] ***electronic data processing*** EDV *f.*

ed·u·cate ['edʒʊkeɪt] *v/t* **1.** erziehen, (aus)bilden: ***he was*** ~***d at*** er besuchte die (Hoch)Schule in (*dat*). **2.** *weitS.* (***to***) erziehen (zu); gewöhnen (an *acc*).

'ed·u·cat·ed *adj* **1.** gebildet. **2.** ~ ***guess*** mehr als e-e bloße Vermutung.

ˌedu'ca·tion *s* **1.** Erziehung *f*, (Aus)Bildung *f*: ***adult*** ~ Erwachsenenbildung *f*; ***vocational*** ~ Berufsausbildung *f*; ***complete*** (*od.* ***finish***) ***one's*** ~ seine Ausbildung abschließen; → ***compulsory*** 2, ***university*** II. **2.** Bildung(sstand *m*) *f*: → ***general*** 2. **3.** Bildungs-, Schulwesen *n.* **4.** Pädagogik *f.*

ˌed·u'ca·tion·al [~ʃənl] *adj* □ **1.** a) pädagogisch, Unterrichts...: ~ ***film*** Lehrfilm *m*; ~ ***television*** Schulfernsehen *n*, b) lehrreich (*Erfahrung etc*), c) pädagogisch wertvoll (*Spielzeug*). **2.** Bildungs...: ~ ***achievement*** (*od.* ***attainment***) Bildungsabschluss *m*; ~ ***background*** Ausbildungsgang *m*; ~ ***establishment*** (*od.* ***institution***) Bildungseinrichtung *f*, Lehranstalt *f*; ~ ***leave*** Bildungsurlaub *m*; ~ ***level*** (*od.* ***standard***) Bildungsniveau *n.*

EEA ***European Economic Area*** Europäischer Wirtschaftsraum.

EEC ***European Economic Community*** *hist.* EWG, Europäische Wirtschaftsgemeinschaft.

EEG [iːiː'dʒiː] ***electroencephalogram*** EEG *n.*

eel [iːl] *s ichth.* Aal *m*: (***as***) ***slippery as an*** ~ *fig.* aalglatt.

ee·rie, ee·ry ['ɪərɪ] *adj* □ unheimlich, (*Schrei etc*) schaurig.

ef·fect [ɪ'fekt] **I** *s* **1.** Wirkung *f* (***on*** auf *acc*): a) Erfolg *m*: ***of no*** ~, ***without*** ~ erfolg-, wirkungslos, b) Auswirkung *f*, c) Effekt *m*, Eindruck *m*: ***have an*** ~ ***on*** wirken auf (*acc*), e-n Eindruck hinterlassen bei; ***special*** ~***s*** Spezialeffekte *pl.* **2.** Inhalt *m*, Sinn *m*: ***a letter to the*** ~ ***that*** ein Brief des Inhalts, dass; ***inform s.o. to that*** ~ j-n entsprechend informieren. **3.** (Rechts)Wirksamkeit *f*, (-)Kraft *f*: ***be in*** ~ in Kraft sein; ***take*** ~, ***come*** (*od.* ***go***) ***into*** ~ in Kraft treten; ***with*** ~ ***from*** mit Wirkung vom. **4.** ***carry into*** ~, ***give*** ~ ***to*** verwirklichen, ausführen; ***in*** ~ in Wirklichkeit, tatsächlich. **5.** *tech.* (Nutz)Leistung *f.* **6.** *pl econ.* Effekten *pl*; Vermögen(swerte *pl*) *n.* **II** *v/t* **7.** bewirken. **8.** ausführen, tätigen.

ef'fec·tive *adj* □ **1.** wirksam, erfolgreich. **2.** eindrucks-, wirkungs-, effektvoll. **3.** (rechts)wirksam, rechtskräftig: ***be*** ~ in Kraft sein; ***become*** ~ in Kraft treten; ~ ***from*** (*od.* ***as of***) mit Wirkung vom; ~ ***date*** Stichtag *m.* **4.** tatsächlich, effektiv: ~ ***output*** Effektiv-, Nutzleistung *f*; ~ ***salary*** Effektivgehalt *n.*

ef'fec·tive·ness *s* Wirksamkeit *f.*

ef'fec·tu·ate [~tjʊeɪt] *v/t* bewirken.

ef·fem·i·nate [ɪ'femɪnət] *adj* □ **1.** weibisch, unmännlich. **2.** verweichlicht.

ef·fer·vesce [ˌefə'ves] *v/i* **1.** sprudeln, schäumen, moussieren. **2.** *fig.* (über)sprudeln, überschäumen (***with*** vor *dat*).

ˌef·fer'ves·cent [~snt] *adj* □ **1.** sprudelnd, schäumend, moussierend: ~ ***powder*** Brausepulver *n.* **2.** *fig.* (über)sprudelnd, überschäumend.

ef·fi·ca·cious [ˌefɪ'keɪʃəs] *adj* □ wirksam.

ef·fi·ca·cy ['efɪkəsɪ] *s* Wirksamkeit *f.*

ef·fi·cien·cy [ɪ'fɪʃənsɪ] *s* Effizienz *f*: a) Tüchtigkeit *f*, (Leistungs)Fähigkeit *f*: ***operating*** ~ betriebliche Leistungsfähigkeit *f*; ~ ***bonus*** Leistungszulage *f*; ~ ***rating*** Leistungsbewertung *f*; ~ ***wage*** Leistungs-, Effizienzlohn *m*; → ***principle*** 1, b) rationelle Arbeitsweise, Wirtschaftlichkeit *f*: ~ ***expert*** *econ.* Rationalisierungsfachmann *m*, -fachfrau *f*; ~ ***measures*** *pl* Rationalisierungsmaßnahmen *pl.*

ef'fi·cient *adj* □ effizient: a) tüchtig, (leistungs)fähig, b) rationell, wirtschaftlich.

ef·fi·gy ['efɪdʒɪ] *s* **1.** Steinplastik *f*; Bildnis *n* (*auf e-r Münze*). **2.** *Puppe od. bildhafte Darstellung e-r verhassten Person*: ***burn*** (***hang***)

E

s.o. in ~ j-n symbolisch verbrennen (hängen).
ef·fort ['efət] *s* Anstrengung *f*: a) Bemühung *f*, b) Mühe *f*: ***make an*** ~ sich bemühen *od.* anstrengen; ***make every*** ~ sich alle Mühe geben; ***spare no*** ~ keine Mühe scheuen; ***without*** ~ mühelos; ~ ***of will*** Willensanstrengung.

E

'ef·fort·less *adj* □ mühelos.
ef·fron·ter·y [ɪ'frʌntərɪ] *s* Frechheit *f*, Unverschämtheit *f*: ***have the*** ~ die Unverschämtheit haben (***to do*** zu tun).
ef·fu·sive [ɪ'fjuːsɪv] *adj* □ überschwänglich.
EFL [iːef'el] ***English as a Foreign Language*** Englisch *n* für Ausländer.
EFT ***electronic funds transfer*** EDV-Überweisungsverkehr *m*.
EFTA ***European Free Trade Association*** EFTA, Europäische Freihandelsgemeinschaft.
Eftpos ***electronic funds transfer at point of sale*** Zahlungsart *f* „ec-Kasse".
e.g. ***exempli gratia*** z.B., zum Beispiel.
egg[1] [eg] *s* Ei *n*: ***in the*** ~ *fig.* im Anfangsstadium, im Entstehen; (***as***) ***sure as*** ~***s is*** (*od.* ***are***) ~***s*** F so sicher wie das Amen in der Kirche, todsicher; ***have*** ~ ***on one's face*** F *fig.* dumm dastehen; → ***like***[1] 4.
egg[2] [~] *v/t mst* ~ ***on*** anstacheln.
'egg|,beat·er *s* Schneebesen *m*. ~ **co·sy** (*Am.* **co·zy**) *s* Eierwärmer *m*. **'~·cup** *s* Eierbecher *m*. **'~·head** *s* F Eierkopf *m* (*Intellektueller*). **'~·plant** *s* ⚘ Aubergine *f*. **'~-shaped** *adj* eiförmig. **'~·shell** *s* Eierschale *f*. **'~·shell fin·ish** *s* Schleiflack(ausführung *f*) *m*, Mattglanz *m*. ~ **tim·er** *s* Eieruhr *f*. ~ **whisk** *s* Schneebesen *m*. ~ **white** *s* Eiweiß *n*.
EGM ***extraordinary general meeting*** außerordentliche Hauptversammlung.
e·go ['egəʊ] *pl* **-gos** *s phls., psych.* Ich *n*, Ego *n*; *weitS.* Selbst(wert)gefühl *n*: ***boost s.o.'s*** ~, ***give s.o. an*** ~ ***boost*** F j-s Selbstwertgefühl (an)heben.
e·go·cen·tric [ˌegəʊ'sentrɪk] I *adj* (~***ally***) egozentrisch. II *s* Egozentriker(in).
'e·go·ism *s* Egoismus *m*.
'e·go·ist *s* Egoist(in).
ˌe·go'is·tic, ˌe·go'is·ti·cal [~kl] *adj* □ egoistisch.
e·go·tism ['egəʊtɪzəm] *s* **1.** Egotismus *m*, Geltungsbedürfnis *n*, Selbstgefälligkeit *f*. **2.** → ***egoism.***
ˌe·go'tis·tic, ˌe·go'tis·ti·cal [~kl] *adj* □ **1.** egotistisch, geltungsbedürftig, selbstgefällig. **2.** → ***egoistic.***
e·go trip *s* F Egotrip *m*: ***be off on an*** ~ auf e-m Egotrip sein.
E·gypt ['iːdʒɪpt] *npr* Ägypten *n*.
E·gyp·tian [ɪ'dʒɪpʃn] I *adj* ägyptisch. II *s* Ägypter(in).
EIB ***European Investment Bank*** Europäische Investitionsbank.
ei·der ['aɪdə] *s* **1.** Eiderente *f*. **2.** → ***eiderdown*** 1. **'~·down** *s* **1.** *coll.* Eiderdaunen *pl.* **2.** Daunendecke *f*.
eight [eɪt] I *adj* **1.** acht: ~***-hour day*** Achtstundentag *m*. II *s* **2.** Acht *f*: ~ ***of hearts*** Herzacht. **3.** *Rudern*: Achter *m* (*Boot*, *Mannschaft*).
eight·een [ˌeɪ'tiːn] *adj* achtzehn.
ˌeight'eenth [~θ] *adj* achtzehnt.
eight·fold ['eɪtfəʊld] I *adj* achtfach. II *adv* achtfach, um das Achtfache: ***increase*** ~ (sich) verachtfachen.
eighth [eɪtθ] I *adj* **1.** achte(r, -s). II *s* **2.** *der*, *die*, *das* Achte: ***the*** ~ ***of May*** der 8. Mai. **3.** Achtel *n*.
'eighth·ly *adv* achtens.
eight·i·eth ['~ɪəθ] *adj* achtzigst.
eight·y ['eɪtɪ] I *adj* achtzig. II *s* Achtzig *f*: ***be in one's eighties*** in den Achtzigern sein; ***in the eighties*** in den Achtzigerjahren (*e-s Jahrhunderts*).
Ei·re ['eərə] *npr die* Republik Irland.
ei·ther ['aɪðə] I *adj* **1.** jede(r, -s) (*von zweien*): ***on*** ~ ***side*** auf beiden Seiten. **2.** irgendein (*von zweien*): ~ ***way*** auf die e-e od. die andere Art. II *pron* **3.** irgendein (*von zweien*): ***I haven't seen*** ~ ich habe beide nicht gesehen, ich habe keinen (von beiden) gesehen. **4.** beides: ~ ***is possible.*** III *cj* **5.** ~ ***... or*** entweder ... oder. **6.** *neg.*: ~ ***... or*** weder ... noch: ***it isn't enough*** ~ ***for you or for me*** es reicht weder für mich noch für dich. IV *adj* **7.** ***not*** ~ auch nicht.
e·jac·u·late [ɪ'dʒækjʊleɪt] I *v/t* **1.** *physiol. Samen* ausstoßen. **2.** *Worte etc* aus-, hervorstoßen. II *v/i* **3.** *physiol.* ejakulieren, e-n Samenerguss haben.
eˌjac·u'la·tion *s* **1.** *physiol.* Ejakulation *f*, Samenerguss *m*. **2.** Ausruf *m*.
e·ject [ɪ'dʒekt] I *v/t* **1.** (***from***) *j-n* hinauswerfen (aus); vertreiben (aus, von). **2.** entlassen, entfernen (***from*** aus *e-m Amt*). **3.** *tech.* ausstoßen, -werfen. II *v/i* **4.** ✈ den Schleudersitz betätigen.
e'jec·tion *s* **1.** Vertreibung *f*. **2.** Entfernung *f*. **3.** *tech.* Ausstoßen *n*, -werfen *n*: ~ ***seat*** ✈ Schleudersitz *m*.
e'jec·tor *s tech.* Auswerfer *m*: ~ ***seat*** ✈ Schleudersitz *m*.
eke [iːk] *v/t*: ~ ***out*** *Flüssigkeit*, *Vorräte etc* strecken; *Einkommen* aufbessern (***with*** mit): ~ ***out a living*** sich (mühsam) durchschlagen.
e·lab·o·rate I *adj* [ɪ'læbərət] **1.** sorgfältig *od.* kunstvoll gearbeitet *od.* ausgeführt. **2.**

(wohl) durchdacht. **3.** umständlich. **II** *v/t* [~reɪt] **4.** sorgfältig ausarbeiten. **5.** *Theorie etc* entwickeln. **III** *v/i* [~reɪt] **6.** nähere Angaben machen: ~ ***on*** näher eingehen auf (*acc*).

e·lapse [ɪ'læps] *v/i* vergehen, -streichen (*Zeit*), ablaufen (*Frist*).

e·las·tic [ɪ'læstɪk] **I** *adj* (~***ally***) **1.** *allg.* elastisch (*a. fig.*): ~ ***conscience*** weites Gewissen; ~ ***word*** dehnbarer Begriff. **2.** Gummi...: ~ ***band*** Gummiring *m*, -band *n*, (Dichtungs)Gummi *m*; ~ ***stocking*** Gummistrumpf *m*. **II** *s* **3.** *bsd. Am.* Gummiring *m*, -band *n*, (Dichtungs)Gummi *m*.

e·las·tic·i·ty [ˌelæ'stɪsətɪ] *s allg.* Elastizität *f* (*a. fig.*).

e·lat·ed [ɪ'leɪtɪd] *adj* □ begeistert (***at*** von), in Hochstimmung.

e'la·tion *s* Begeisterung *f*, Hochstimmung *f*.

el·bow ['elbəʊ] **I** *s* **1.** Ell(en)bogen *m*: ***at one's*** ~ in Reichweite; *bsd. fig.* an s-r Seite; ***out at*** ~**(*s*)** schäbig, abgetragen (*Kleidung*); schäbig gekleidet; *Am.* knapp bei Kasse. **2.** (scharfe) Biegung *od.* Krümmung. **3.** (Rohr)Krümmer *m*, Kniestück *n*. **II** *v/t* **4.** *mit dem Ellbogen* stoßen, drängen (*a. fig.*): ~ ***out*** hinausdrängen; ~ ***one's way through*** sich e-n Weg bahnen durch. ~ **grease** *s humor.* **1.** Armschmalz *n* (*Kraft*). **2.** Schufterei *f*. ~**·room** ['~rʊm] *s* **1.** Ellbogenfreiheit *f*. **2.** *fig.* Bewegungsfreiheit *f*, Spielraum *m*.

eld·er[1] ['eldə] **I** *adj* **1.** älter (*Bruder*, *Schwester etc*). **2.** ~ **statesman** *Staatsmann im Ruhestand, der die politischen Führer inoffiziell berät*; *weitS.* großer alter Mann (*e-r Berufsgruppe etc*). **II** *s* **3.** ***my*** ~***s*** Leute, die älter sind als ich.

el·der[2] [~] *s* ♧ Holunder *m*. '~ˌ**ber·ry** *s* Holunderbeere *f*.

eld·er·ly ['eldəlɪ] *adj* ältlich, älter.

eld·est ['eldɪst] *adj* ältest (*Bruder*, *Schwester etc*).

e·lect [ɪ'lekt] **I** *v/t j-n* wählen (**[*as, to be*]** ***president*** zum Präsidenten). **II** *adj* (*nachgestellt*) designiert, zukünftig.

e'lec·tion I *s* Wahl *f*: → ***stand for*** 4. **II** *adj* Wahl...: ~ ***campaign*** Wahlkampf *m*.

eˌlec·tion'eer [~ʃə'nɪə] *v/i* Wahlkampf betreiben: ~ ***for*** Wahlpropaganda treiben für.

eˌlec·tion'eer·ing *s* Wahlkampf *m*; -propaganda *f*.

e'lec·tive I *adj* **1.** gewählt, Wahl... **2.** wahlberechtigt. **3.** *ped.*, *univ. bsd. Am.* fakultativ: ~ ***subject*** → 4. **II** *s* **4.** *ped. univ. bsd. Am.* Wahlfach *n*.

e'lec·tor *s* Wähler(in); *Am.* Wahlmann *m*.

e'lec·tor·al *adj* Wähler..., Wahl...: ~ ***college*** *Am.* Wahlmänner *pl*.

e'lec·to·rate [~tərət] *s* Wähler(schaft *f*) *pl*.

e·lec·tric [ɪ'lektrɪk] *adj* (~***ally***) **1.** a) elektrisch: ~ ***blanket*** Heizdecke *f*; ~ ***chair*** elektrischer Stuhl; ~ ***cushion*** Heizkissen *n*; ~ ***shock*** Stromschlag *m*; ⚕ *etc* Elektroschock *m*; ~***-sign advertising*** Leuchtreklame *f*; ~ ***torch*** *bsd. Br.* Taschenlampe *f*, b) Elektro..., c) Elektrizitäts..., d) elektrotechnisch. **2.** *fig.* elektrisierend (*Wirkung etc*); spannungsgeladen (*Atmosphäre*).

e'lec·tri·cal [~kl] *adj* □ → ***electric***: ~ ***engineer*** Elektroingenieur(in); -techniker(in); ~ ***engineering*** Elektrotechnik *f*; ~ ***industry*** Elektroindustrie *f*.

e·lec·tri·cian [ˌɪlek'trɪʃn] *s* Elektrotechniker(in), Elektriker(in).

ˌe·lec'tric·i·ty [~sətɪ] *s* Elektrizität *f*; Strom *m*: ~ ***bill*** Stromrechnung *f*; ~ ***consumption*** Stromverbrauch *m*.

e·lec·tro·car·di·o·gram [ɪˌlektrəʊ'kɑːdɪəʊgræm] *s* ⚕ Elektrokardiogramm *n*.

e·lec·tro·cute [ɪ'lektrəkjuːt] *v/t* **1.** auf dem elektrischen Stuhl hinrichten. **2.** ***be*** ~***d*** e-n tödlichen Stromschlag erhalten.

eˌlec·tro'cu·tion *s* Hinrichtung *f* auf dem elektrischen Stuhl.

e·lec·trode [ɪ'lektrəʊd] *s* ⚡ Elektrode *f*.

e·lec·tron [ɪ'lektrɒn] *phys.* **I** *s* Elektron *n*. **II** *adj* Elektronen...: ~ ***microscope***.

ˌe·lec'tron·ic I *adj* (~***ally***) elektronisch: ~ ***data processing*** elektronische Datenverarbeitung; ~ ***flash*** *phot.* Elektronenblitz *m*; ~ ***funds transfer*** EDV-Überweisungsverkehr *m*; ~ ***index*** Index-Markierung *f*; ~ ***mail*** elektronische Post, E-Mail *f*; ~ ***mailbox*** elektronischer Briefkasten, Mailbox *f*; ~ ***office*** elektronisches (*od.* papierloses) Büro; ~ ***time recording system*** elektronisches Zeiterfassungssystem *n*. **II** *s* ~***s*** *sg* Elektronik *f*.

e·lec·tro·plate [ɪ'lektrəʊpleɪt] *v/t* galvanisieren.

eˌlec·tro'ther·a·py *s* ⚕ Elektrotherapie *f*.

el·e·gance ['elɪgəns] *s* Eleganz *f*.

'el·e·gant *adj* □ elegant.

el·e·ment ['elɪmənt] *s* **1.** *allg.* Element *n*. **2.** *pl* Anfangsgründe *pl*. **3.** grundlegender Umstand, wesentlicher Faktor: ~ ***of uncertainty*** Unsicherheitsfaktor; ~ ***of surprise*** Überraschungselement *n*. **4.** *fig.* Körnchen *n*, Fünkchen *n* (*Wahrheit etc*). **5.** (Lebens)Element *n*: ***be in one's*** ~ in s-m Element sein; ***be out of one's*** ~ sich fehl am Platz fühlen. **6.** *pl* Elemente *pl*, Naturkräfte *pl*.

el·e·men·tal [ˌ~'mentl] *adj* □ **1.** elementar: a) ursprünglich, natürlich, b) urgewaltig, c) wesentlich, grundlegend. **2.** Elementar..., Ur... **3.** → ***elementary*** 2, 3.

ˌel·e'men·ta·ry *adj* □ **1.** → ***elemental*** 1, 2.

2. elementar, Einführungs...: ~ **school** *Am.* Grundschule *f.* 3. ⚗, ⩕, *phys.* Elementar...: ~ **particle** Elementarteilchen *n.*

el·e·phant ['elɪfənt] *s zo.* Elefant *m.*

el·e·phan·tine [ˌelɪ'fæntaɪn] *adj* 1. elefantenartig: **an** ~ **memory** ein Gedächtnis wie ein Elefant. 2. plump, schwerfällig.

E

el·e·vate ['elɪveɪt] *v/t* 1. (hoch-, auf)heben. 2. *j-n* erheben (**to peerage** in den Adelsstand), befördern (**to** zu).

'**el·evat·ed** *adj* 1. erhöht: ~ **railway** (*Am.* **railroad**) Hochbahn *f.* 2. gehoben (*Position, Stil etc*), erhaben (*Gedanken*). 3. übersteigert (*Meinung etc*).

ˌ**el·e'va·tion** *s* 1. (Boden)Erhebung *f*, (An-) Höhe *f.* 2. Erhebung *f*, Beförderung *f.* 3. ⚠, ⩕ Aufriss *m.*

'**el·e·va·tor** *s Am.* Aufzug *m*, Fahrstuhl *m*: ~ **shaft** Aufzugschacht *m.*

e·lev·en [ɪ'levn] I *adj* elf. II *s* Elf *f* (*a. Sport*).

e'lev·en·ses [~zɪz] *s pl Br.* F zweites Frühstück.

e'lev·enth [~θ] *adj* elft: **at the** ~ **hour** *fig.* in letzter Minute.

elf *pl* **elves** [elvz] *s* 1. Elf *m*, Elfe *f.* 2. Kobold *m.*

'**elf·ish** *adj* □ 1. elfenhaft. 2. koboldhaft, schelmisch.

e·lic·it [ɪ'lɪsɪt] *v/t* 1. (**from**) *et.* entlocken (*dat*); *Wahrheit etc* herausholen, -locken (aus). 2. *Applaus, Gelächter etc* hervorrufen.

el·i·gi·bil·i·ty [ˌelɪdʒə'bɪlətɪ] *s* 1. Eignung *f.* 2. Berechtigung *f.* 3. Wählbarkeit *f.*

'**el·i·gi·ble** *adj* □ (**for**) infrage kommend (für): a) geeignet, annehmbar (für): ~ **bachelor** begehrter Junggeselle, b) berechtigt, befähigt (zu), qualifiziert (für): **be** ~ **for** Anspruch haben auf (*acc*); ~ **for tax relief** steuerbegünstigt; ~ **to vote** wahlberechtigt, c) teilnahmeberechtigt (an *dat*), (*Sport a.*) start- *od.* spielberechtigt (für), d) wählbar (für).

e·lim·i·nate [ɪ'lɪmɪneɪt] *v/t* 1. beseitigen, entfernen, eliminieren (**from** aus). 2. ⚗, *physiol.* ausscheiden. 3. *Gegner* ausschalten: **be** ~**d** (*Sport*) ausscheiden.

eˌ**lim·i'na·tion** *s* 1. Beseitigung *f*, Eliminierung *f.* 2. ⚗, *physiol.* Ausscheidung *f* (*a. Sport*): ~ **contest** Ausscheidungswettbewerb *m.* 3. Ausschaltung *f.*

elk [elk] *s zo.* Elch *m*: ~ **test** *mot.* Elchtest *m.*

el·lipse [ɪ'lɪps] *s* ⩕ Ellipse *f.*

el'lip·sis [ɪ'lɪpsɪs] *pl* **-ses** [~siːz] *s ling.* Ellipse *f.*

el'lip·tic, el'lip·ti·cal [~kl] *adj* □ ⩕, *ling.* elliptisch.

elm [elm] *s* ♣ Ulme *f*, Rüster *f.*

el·o·cu·tion [ˌelə'kjuːʃn] *s* 1. Vortrag(sweise *f*) *m.* 2. Vortrags-, Redekunst *f.* 3. Sprechtechnik *f.*

e·lon·gate ['iːlɒŋgeɪt] *v/t* (*u. v/i* sich) verlängern.

e·lope [ɪ'ləʊp] *v/i* 1. (mit s-m *od.* s-r Geliebten) ausreißen *od.* durchbrennen. 2. sich davonmachen.

el·o·quence ['eləkwəns] *s* Beredsamkeit *f*, Redegewandtheit *f.*

'**el·o·quent** *adj* □ beredt, redegewandt.

El Sal·va·dor [el'sælvədɔː] *Republik in Mittelamerika.*

else [els] *adv* 1. (*in Fragen u. Verneinungen*) sonst, weiter, außerdem: **anything** ~**?** sonst noch etwas?; **what** ~ **can we do?** was können wir sonst noch tun?; **no one** ~ sonst *od.* weiter niemand. 2. ander: **that's s.th.** ~ das ist et. anderes; **everybody** ~ alle anderen; **s.o.** ~ j-d anders. 3. *mst* **or** ~ sonst, andernfalls. ˌ~'**where** *adv* 1. sonst-, anderswo. 2. anderswohin.

ELT [iːel'tiː] ***English Language Teaching*** Englischunterricht *m* für Ausländer.

e·lu·ci·date [ɪ'luːsɪdeɪt] *v/t Text, Gründe etc* erklären, *Geheimnis etc* aufklären.

e·lu·sive [ɪ'luːsɪv] *adj* □ 1. schwer fassbar (*Dieb etc*), ausweichend (*Antwort*). 2. schwer (er)fassbar *od.* bestimmbar. 3. unzuverlässig, schlecht (*Gedächtnis*).

elves [elvz] *pl von* **elf.**

EMA ***European Monetary Agreement*** EWA, Europäisches Währungsabkommen.

e·ma·ci·at·ed [ɪ'meɪʃɪeɪtɪd] *adj* abgemagert, ausgemergelt.

e·mail, E-mail ['iːmeɪl] *s* E-Mail *f.*

em·a·nate ['eməneɪt] I *v/i* 1. ausströmen (*Gas etc*), ausstrahlen (*Licht*) (**from** von). 2. stammen, ausgehen (**from** von). II *v/t* 3. ausströmen, -strahlen (*beide a. fig.*).

e·man·ci·pate [ɪ'mænsɪpeɪt] *v/t* emanzipieren, selbstständig *od.* unabhängig machen (**from** von).

e'man·ci·pat·ed *adj* emanzipiert (*Frau etc*), mündig (*Bürger*).

eˌ**man·ci'pa·tion** *s* Emanzipation *f.*

em·balm [ɪm'bɑːm] *v/t* (ein)balsamieren.

em·bank [ɪm'bæŋk] *v/t* eindämmen, -deichen.

em'bank·ment *s* 1. Eindämmung *f*, -deichung *f.* 2. (Erd)Damm *m.* 3. (Bahn-, Straßen)Damm *m.*

em·bar·go [em'bɑːgəʊ] I *pl* **-goes** *s* 1. ⚓ Embargo *n*: **lay** (*od.* **place, put**) **an** ~ **on** → 3. 2. *econ.* a) Handelssperre *f*, -verbot *n*, b) *a. allg.* Sperre *f*, Verbot *n* (**on** auf *dat od. acc*): ~ **on imports** Einfuhrsperre. II *v/t* 3. ein Embargo verhängen über (*acc*).

em·bark [ɪm'bɑːk] I *v/t* 1. ✈, ⚓ *Passagiere*

an Bord nehmen, ⚓ *a.* einschiffen, *Waren a.* verladen (**for** nach). **II** *v/i* **2.** ✈, ⚓ an Bord gehen, ⚓ *a.* sich einschiffen (**for** nach). **3.** unternehmen (**on** *acc*).
em·bar·ka·tion [ˌembɑːˈkeɪʃn] *s* Einschiffung *f*, Verladung *f*.
em·bar·rass [ɪmˈbærəs] *v/t* in (*a.* Geld)Verlegenheit bringen, verlegen machen.
emˈbar·rassed *adj* **1.** verlegen. **2.** in Geldverlegenheit.
emˈbar·rass·ing *adj* □ unangenehm, peinlich (**to** *dat*).
emˈbar·rass·ment *s* (*a.* Geld)Verlegenheit *f*: ***be an ~ to** j-n* in Verlegenheit bringen; *j-m* peinlich sein.
em·bas·sy [ˈembəsɪ] *s pol.* Botschaft *f*.
em·bed [ɪmˈbed] *v/t* **1.** (ein)betten (**in** in *acc*): ***~ded in concrete*** einbetoniert. **2.** verankern (**in** in *acc od. dat*) (*a. fig.*).
em·bel·lish [ɪmˈbelɪʃ] *v/t* **1.** verschöne(r)n, (aus)schmücken. **2.** *Erzählung etc* ausschmücken, *Wahrheit* beschönigen.
em·ber [ˈembə] *s* **1.** glühendes Stück Holz *od.* Kohle. **2.** *pl* Glut(asche) *f*.
em·bez·zle [ɪmˈbezl] *v/t* veruntreuen, unterschlagen.
emˈbez·zle·ment *s* Veruntreuung *f*, Unterschlagung *f*.
emˈbez·zler *s* Veruntreuer(in).
em·bit·ter [ɪmˈbɪtə] *v/t* **1.** *j-n* verbittern. **2.** *Lage etc* (noch) verschlimmern.
em·blem [ˈembləm] *s* **1.** Emblem *n*, Symbol *n*: ***national ~*** Hoheitszeichen *n*. **2.** Kennzeichen *n*.
em·bod·y [ɪmˈbɒdɪ] *v/t* **1.** verkörpern: a) konkrete Form geben (*dat*), b) personifizieren. **2.** umfassen, (in sich) vereinigen: ***be embodied in*** enthalten *od.* vereinigt sein in (*dat*).
em·bo·lism [ˈembəlɪzəm] *s* ⚕ Embolie *f*.
em·boss [ɪmˈbɒs] *v/t tech.* prägen.
em·brace [ɪmˈbreɪs] **I** *v/t* **1.** umarmen. **2.** *fig.* einschließen, umfassen. **3.** *Beruf, Gelegenheit* ergreifen; *Angebot, Religion etc* annehmen. **II** *v/i* **4.** sich umarmen. **III** *s* **5.** Umarmung *f*.
em·broi·der [ɪmˈbrɔɪdə] **I** *v/t* **1.** *Muster* sticken; *Stoff* besticken. **2.** *Bericht etc* ausschmücken. **II** *v/i* **3.** sticken.
emˈbroi·der·y *s* **1.** Sticken *n*: ***~needle*** Sticknadel *f*. **2.** Stickerei(arbeit) *f*: ***do ~*** sticken. **3.** *fig.* Ausschmückung *f*.
em·bry·o [ˈembrɪəʊ] *pl* **-os** *s biol.* Embryo *m*: ***in ~*** *fig.* im Entstehen *od.* Werden.
em·bry·on·ic [ˌ~ˈɒnɪk] *adj* **1.** *biol.* embryonal. **2.** *fig.* (noch) unentwickelt.
em·cee [ˌemˈsiː] *bsd. Am.* F **I** *s* Conférencier *m*. **II** *v/t u. v/i* als Conférencier leiten (fungieren).
em·er·ald [ˈemərəld] **I** *s min.* Smaragd *m*. **II** *adj* smaragdgrün.
e·merge [ɪˈmɜːdʒ] *v/i* **1.** auftauchen (*a. fig.*). **2.** hervorkommen (***from behind*** hinter *den Wolken etc*). **3.** sich herausstellen *od.* ergeben (*Tatsache*).
e·mergence [iːˈm~] *s* Auftauchen *n* (*a. fig.*).
e·mer·gen·cy [ɪˈmɜːdʒənsɪ] *s plötzliche* Notlage, kritische Lage: ***in an ~, in case of ~*** im Ernst- *od.* Notfall; ***state of ~*** Notstand *m*, *pol. a.* Ausnahmezustand *m*. **~ call** *s teleph.* Notruf *m*. **~ doc·tor** *s* Notarzt *m*, -ärztin *f*. **~ door, ~ ex·it** *s* Notausgang *m*. **~ land·ing** *s* ✈ Notlandung *f*: ***make an ~*** notlanden. **~ meet·ing** *s* Dringlichkeitssitzung *f*. **~ num·ber** *s teleph.* Notruf(nummer *f*) *m*. **~ op·er·a·tion** *s* ⚕ Notoperation *f*. **~ ra·tion** *s* eiserne Ration. **~ ser·vices** *s pl* Rettungsdienste *pl*. **~ stop** *s mot.* Vollbremsung *f*: ***do*** (*od.* ***make***) ***an ~*** e-e Vollbremsung machen. **~ tel·e·phone** *s* Notrufsäule *f*.
e·mer·gent [iːˈmɜːdʒənt] *adj* □ **1.** auftauchend (*a. fig.*). **2.** *fig.* (jung u.) aufstrebend: ***~ countries*** *pl* Schwellenländer *pl*.
em·er·y [ˈemərɪ] *adj* Schmirgel...: ***~ paper.***
e·met·ic [ɪˈmetɪk] *s* Brechmittel *n*.
em·i·grant [ˈemɪgrənt] *s* Auswanderer *m*, -wanderin *f*, *bsd. pol.* Emigrant(in).
em·i·grate [ˈemɪgreɪt] *v/i* auswandern, *bsd. pol.* emigrieren (**from** aus, von; **to** nach).
ˌemiˈgra·tion *s* Auswanderung *f*, *bsd. pol.* Emigration *f*; ***~ country*** Auswanderungsland *n*.
em·i·nence [ˈemɪnəns] *s* **1.** (An)Höhe *f*. **2.** Berühmtheit *f*: ***reach*** (*od.* ***win***) ***~*** Bedeutung erlangen (**as** als). **3.** *eccl.* Eminenz *f*.
ˈem·i·nent *adj* **1.** hervorragend, berühmt. **2.** bedeutend. **3.** überragend, außergewöhnlich.
ˈem·i·nent·ly *adv* in hohem Maße, überaus.
e·mis·sion [ɪˈmɪʃn] *s* **1.** Ausstoß *m*, -strahlung *f*, Aus-, Verströmen *n*: ***~ control*** Emissionsschutz *m*; ***~ standards*** *pl* Emissionsnormen *pl*, -grenzwerte *pl*. **2.** *econ.* Ausgabe *f*, Emission *f*. **~-free** *adj mot.* schadstofffrei.
e·mit [ɪˈmɪt] *v/t* **1.** *Lava, Rauch* ausstoßen, *Licht, Wärme* ausstrahlen, *Gas, Wärme* aus-, verströmen. **2.** *Ton, Meinung* von sich geben; *Schrei, Fluch etc* ausstoßen. **3.** *Banknoten* ausgeben, *Wertpapiere a.* emittieren.
e·mol·u·ments [ɪˈmɒljʊmənts] *s pl* Bezüge *pl*, Einkünfte *pl*.
e·mo·tion [ɪˈməʊʃn] *s* **1.** Emotion *f*, Gefühl *n*. **2.** Erregung *f*. **3.** Rührung *f*, Ergriffenheit *f*.
eˈmo·tion·al [~ʃənl] *adj* □ **1.** emotional, emotionell: a) gefühlsmäßig, -bedingt, b)

gefühlsbetont, empfindsam, c) Gemüts..., seelisch: ~ ***balance*** inneres *od.* seelisches Gleichgewicht. **2.** gefühlvoll, rührselig.
e'mo·tion·al·ize [~ʃənlaɪz] *v/t* emotionalisieren.
e'mo·tion·less *adj* gefühllos.
e'mo·tive [~tɪv] *adj* **1.** gefühlvoll. **2.** gefühlsbetont: ~ ***term*** (*od.* ***word***) emotionsgeladenes Wort; Reizwort *n*.
em·pa·thy ['empəθɪ] *s* Einfühlung(svermögen *n*) *f*: ***feel*** ~ ***for*** sich hineinversetzen in (*acc*).
em·per·or ['empərə] *s* Kaiser *m*.
em·pha·sis ['emfəsɪs] *pl* **-ses** [~siːz] *s ling.* Betonung *f*, *fig. a.* Schwerpunkt *m*; Nachdruck *m*: ***lay*** (*od.* ***place, put***) ~ ***on*** → ***emphasize***; ***with*** ~ nachdrücklich, mit Nachdruck.
em·pha·size ['emfəsaɪz] *v/t* (nachdrücklich) betonen, hervorheben, unterstreichen.
em·phat·ic [ɪm'fætɪk] *adj* (~***ally***) nachdrücklich; eindringlich.
em·pire ['empaɪə] *s* **1.** Reich *n*, Imperium *n* (*beide a.econ. u. fig.*). **2.** Kaiserreich *n*.
em·pir·i·cal [em'pɪrɪkl] *adj* ☐ empirisch, Erfahrungs...
em·ploy [ɪm'plɔɪ] **I** *v/t* **1.** *j-n* beschäftigen (***as*** als); an-, einstellen. **2.** *Gewalt etc* anwenden, gebrauchen. **3.** (***in***) *Energie etc* widmen (*dat*), *Zeit* verbringen (mit): ***be*** ~***ed in doing s.th.*** damit beschäftigt sein, et. zu tun; ~***ed person*** Arbeitnehmer(in). **II** *s* **4.** Dienst(e *pl*) *m*, Beschäftigung(sverhältnis *n*) *f*: ***in s.o.'s*** ~ bei j-m beschäftigt.
em·ploy·a·ble *adj* arbeits-, erwerbsfähig.
em·ploy·ee [ˌemplɔɪ'iː] *s* Arbeitnehmer(in), Angestellte *m, f*, Arbeiter(in): ***the*** ~***s*** *pl* die Belegschaft; ~***'s contribution*** Arbeitnehmeranteil *m*; ~ ***roster*** Stellenbesetzungsplan *m*; ***salaried*** ~ Angestellte(r).
em·ploy·er [ɪm'plɔɪə] *s* Arbeitgeber(in); Unternehmer(in): ~***'s association*** Arbeitgeberverband *m*; ~***'s contribution*** Arbeitgeberanteil *m*.
em'ploy·ment *s* **1.** Beschäftigung *f*, Arbeit *f*, (An)Stellung *f*: ***full*** ~ Vollbeschäftigung; ***part-time*** ~ Teilzeitbeschäftigung *f*, -arbeit *f*; ~ ***contract*** Anstellungs-, Arbeitsvertrag *m*; ~***-creating measures*** *pl* Arbeitsbeschaffungsmaßnahmen *pl*; ~ ***figures*** *pl* Beschäftigungszahlen *pl*; ~ ***market*** Arbeits-, Stellenmarkt *m*; ~ ***office*** *Br.* Arbeitsamt *n*; ~ ***permit*** Arbeitserlaubnis *f*; ~ ***policy*** Beschäftigungspolitik *f*; ~ ***prospects*** *pl* Aussichten *pl* auf Anstellung; ~ ***relationship*** Beschäftigungsverhältnis *n*; ~ ***service*** Arbeitsvermittlung *f*; ~ ***service agency*** *Br.* Arbeitsamt *n*; ~ ***situation*** Beschäftigungslage *f*; ~ ***tax*** Lohnsteuer *f*. **2.** An-, Einstellung *f*.
em'ploy·ment a·gen·cy *s* Stellenvermittlung(sbüro *n*) *f*: ***temporary*** ~ Zeitarbeitsfirma *f*, -unternehmen *n*.
em·pow·er [ɪm'paʊə] *v/t* bevollmächtigen, ermächtigen (***to do*** zu tun).
em·press ['emprɪs] *s* Kaiserin *f*.
emp·ti·ness ['emptɪnɪs] *s* Leere *f* (*a. fig.*).
'emp·ty **I** *adj* ☐ **1.** *allg.* leer (*a. fig. Versprechungen, Worte etc*), (*Haus etc a.*) leer stehend: ***feel*** ~ sich (innerlich) leer fühlen; F Kohldampf schieben; ***stand*** ~ leer stehen; ~ ***of*** ohne; ~ ***of meaning*** nichts sagend; ~ ***string*** *Computer*: leere Zeichenkette; → ***stomach*** 1. **II** *v/t* **2.** leeren (***into*** in *acc*), *Fach etc a.* ausräumen, *Glas etc a.* austrinken. **3.** *Haus etc* räumen. **III** *v/i* **4.** sich leeren. **5.** sich ergießen, münden (***into*** in *acc*). **IV** *s* **6.** *pl* Leergut *n*. ˌ~-'**hand·ed** *adj* mit leeren Händen, unverrichteter Dinge.
EMS [iːem'es] ***European Monetary System*** EWS *n*, Europäisches Währungssystem.
EMU [iːem'juː] ***European Monetary Union*** EWU *f*, Europäische Währungsunion.
em·u·late ['emjʊleɪt] *v/t* **1.** wetteifern mit. **2.** nacheifern (*dat*), es gleichtun wollen (*dat*). **3.** *Computer*: emulieren.
e·mul·si·fi·er [ɪ'mʌlsɪfaɪə] *s* Emulgator *m*.
e·mul·sion [ɪ'mʌlʃn] *s* ⚗, *etc* Emulsion *f*.
en·a·ble [ɪ'neɪbl] *v/t* **1.** *j-n* berechtigen, ermächtigen (***to do*** zu tun). **2.** *j-n* befähigen, es *j-m* möglich machen (***to do*** zu tun). **3.** *et.* möglich machen, ermöglichen: ~ ***s.th. to be done*** es ermöglichen, dass et. getan wird.
en·act [ɪ'nækt] *v/t* **1.** ⚖ *Gesetz* erlassen; verfügen, -ordnen. **2.** *thea. etc Stück* aufführen; *Person, Rolle* darstellen, spielen.
en'act·ment *s* Verfügung *f*.
en·am·el [ɪ'næml] **I** *s* **1.** Email(le *f*) *n*. **2.** Glasur *f*. **3.** *anat.* Zahnschmelz *m*. **II** *v/t pret u. pp* **-eled,** *bsd. Br.* **-elled** **4.** emaillieren. **5.** glasieren.
en·am·o(u)r [ɪ'næmə] *v/t*: ***be*** ~***ed of*** (*od.* ***with***) verliebt sein in (*acc*); *fig.* gefesselt *od.* verzaubert sein von.
en·case [ɪn'keɪs] *v/t*: ~***d in*** gehüllt in (*acc*), umhüllt von.
en·cash [ɪn'kæʃ] *v/t Scheck* einlösen.
en·chant [ɪn'tʃɑːnt] *v/t* **1.** verzaubern. **2.** *fig.* bezaubern, entzücken: ***be*** ~***ed*** entzückt sein (***by, with*** von).
en'chant·er *s* Zauberer *m*.
en'chant·ing *adj* ☐ bezaubernd, entzückend.
en'chant·ment *s* **1.** Verzauberung *f*. **2.** Zauber *m* (*a. fig.*). **3.** Zauberei *f*.
en'chant·ress *s* **1.** Zauberin *f*. **2.** *fig.* bezaubernde Frau.
en·ci·pher [ɪn'saɪfə] → ***encode.***
en·cir·cle [ɪn'sɜːkl] *v/t* **1.** umgeben: ~***d by***

(*od.* **with**) umgeben von. **2.** umfassen. **3.** einkreisen, umzingeln, *mil. a.* einkesseln.
en'cir·cle·ment *s* Einkreisung *f*, Umzing(e)lung *f*, *mil. a.* Einkesselung *f*.
en·close [ɪn'kləʊz] *v/t* **1.** (**in**) einschließen (in *acc od. dat*), umgeben (mit). **2.** umringen. **3.** *mit der Hand etc* umfassen. **4.** beilegen, -fügen (**in, with** *dat*): **~d please find** in der Anlage erhalten Sie.
en'clo·sure [~ʒə] *s* Anlage *f* (*zu e-m Brief etc*).
en·code [en'kəʊd] *v/t Text* verschlüsseln, chiffrieren.
en·com·pass [ɪn'kʌmpəs] *v/t* **1.** umgeben (**with** mit). **2.** *fig.* umfassen.
en·core I *int* [ɒŋ'kɔː] **1.** da capo!; Zugabe! II *s* ['ɒŋkɔː] **2.** Dakapo(ruf *m*) *n*. **3.** Wiederholung *f* (*e-r Arie etc*); Zugabe *f*. III *v/t* ['ɒŋkɔː] **4.** die Wiederholung (*gen*) verlangen *od.* erzwingen; von *j-m* e-e Zugabe verlangen *od.* erzwingen.
en·coun·ter [ɪn'kaʊntə] I *v/t* **1.** *j-m*, *e-r Sache* begegnen, *j-n* treffen, auf *j-n*, *Widerstand etc* stoßen. **2.** mit *j-m* (*feindlich*) zs.-stoßen. II *v/i* **3.** sich begegnen *od.* treffen. III *s* **4.** Begegnung *f* (**of, with** mit). **5.** *feindlicher* Zs.-stoß *m*.
en·cour·age [ɪn'kʌrɪdʒ] *v/t* **1.** *j-n* ermutigen, ermuntern (**to** zu), *j-m* Mut machen. **2.** *j-n* unterstützen, bestärken (**in** in *dat*). **3.** *et.* fördern, unterstützen.
en'cour·age·ment *s* **1.** Ermutigung *f*, Ermunterung *f*. **2.** Unterstützung *f*, Bestärkung *f*. **3.** Förderung *f*.
en·croach [ɪn'krəʊtʃ] *v/i* **1.** (**on**) eingreifen (in *j-s Besitz od. Recht*), unberechtigt eindringen (in *acc*), sich Übergriffe leisten (in, auf *acc*). **2.** über Gebühr in Anspruch nehmen, missbrauchen (**on** *acc*).
en'croach·ment *s* Ein-, Übergriff *m*.
en·crust → ***incrust.***
en·cum·ber [ɪn'kʌmbə] *v/t Grundstück etc* belasten: **~ed with mortgages** hypothekarisch belastet.
en'cum·brance *s* Belastung *f*.
en·cy·clo·p(a)e·di·a [enˌsaɪkləʊ'piːdjə] *s* Enzyklopädie *f*.
enˌcy·clo'p(a)e·dic *adj* (**~ally**) enzyklopädisch.
end [end] I *v/t* **1.** beenden, zu Ende bringen *od.* führen. **2.** a) *a.* **~ up** *et.* ab-, beschließen (**with** mit), b) *den Rest s-r Tage* zu-, verbringen, *s-e Tage* beschließen. II *v/i* **3.** enden, aufhören. **4.** *a.* **~ up** enden, ausgehen: **~ happily** gut ausgehen; **~ in disaster** (*od.* **a fiasco**) mit e-m Fiasko enden. **5.** **~ up** a) enden, landen (**in prison** im Gefängnis), b) enden (**as** als). III *s* **6.** (*örtlich*) Ende *n*: **go off** (**at**) **the deep ~** F hochgehen, wütend werden; **make** (**both**) **~s meet** durchkommen, finanziell über die Runden kommen. **7.** Ende *n*, Rest *m*: → **thick** 1, **thin** 1. **8.** (*zeitlich*) Ende *n*: **in the ~** am Ende, schließlich; **at the ~ of May** Ende Mai; **without ~** unaufhörlich; **come** (*od.* **draw**) **to an ~** zu Ende gehen; **make an ~ of, put an ~ to** *e-r Sache* ein Ende setzen. **9.** Tod *m*, Ende *n*. **10.** *oft pl* Absicht *f*, (End)Zweck *m*, Ziel *n*: **the ~ justifies** (*od.* **sanctifies**) **the means** der Zweck heiligt die Mittel; **to this ~** zu diesem Zweck; **to no ~** vergebens.
en·dan·ger [ɪn'deɪndʒə] *v/t* gefährden.
end con·sum·er *s econ.* End-, Letztverbraucher(in).
en·dear·ing [ɪn'dɪərɪŋ] *adj* □ **1.** gewinnend (*Lächeln etc*). **2.** liebenswert (*Eigenschaft etc*).
en'dear·ment *s*: (**term of**) **~** Kosename *m*, -wort *n*; **words** *pl* **of ~, ~s** *pl* liebe *od.* zärtliche Worte *pl*.
en·deav·o(u)r [ɪn'devə] I *v/t* bemüht *od.* bestrebt sein (**to do** zu tun). II *s* Bemühung *f*, Bestrebung *f*: **make every ~** sich nach Kräften bemühen.
end·ing ['endɪŋ] *s* **1.** Ende *n*, Schluss *m*: **happy ~** Happy End *n*. **2.** *ling.* Endung *f*.
en·dive ['endɪv] *s* ♀ (Winter)Endivie *f*.
end·less ['endlɪs] *adj* □ *allg.* endlos.
end-of|-month set·tle·ment *s* Ultimoabrechnung *f*. **~-sea·son sale** *s* Saisonausverkauf *m*.
en·dorse [ɪn'dɔːs] *v/t* **1.** *Erklärung etc* vermerken (**on** auf *dat*); *bsd. Br.* e-e Strafe vermerken auf (*e-m Führerschein*). **2.** *econ. Scheck etc* indossieren, girieren. **3.** *Plan etc* billigen.
en·dor·see [ˌendɔː'siː] *s econ.* Indossatar(in).
en·dorse·ment [ɪn'dɔːsmənt] *s* **1.** Vermerk *m*; *bsd. Br.* Strafvermerk *m* (*auf e-m Führerschein*). **2.** *econ.* Indossament *n*, Giro *n*. **3.** Billigung *f*.
en'dors·er *s econ.* Indossant(in).
en·dow [ɪn'daʊ] *v/t* **1.** e-e Stiftung machen (*dat*). **2.** *et.* stiften: **~ s.o. with s.th.** j-m et. stiften. **3.** *fig.* ausstatten (**with** mit).
en'dow·ment *s* **1.** Stiftung *f*. **2.** Begabung *f*, Talent *n*. **~ in·sur·ance** *s* Versicherung *f* auf den Erlebens- u. Todesfall.
end prod·uct *s* **1.** *econ.*, *tech.* Endprodukt *n*. **2.** *fig.* (End)Produkt *n*.
en·dur·a·ble [ɪn'djʊərəbl] *adj* □ erträglich.
en'dur·ance I *s* **1.** Standhaftigkeit *f*, Ausdauer *f*; Aushalten *n*, Ertragen *n*: **beyond** (*od.* **past**) **~** unerträglich. **2.** *tech.* Dauerleistung *f*. II *adj* **3.** Dauer...: **~ test** *tech.* Belastungsprobe *f*.
en'dure I *v/i* **1.** andauern, Bestand haben. **2.** durchhalten. II *v/t* **3.** aushalten, ertragen, erdulden. **4.** *neg* ausstehen, leiden.

E

end us·er → ***end consumer.***
en·e·ma ['enɪmə] *pl* **-mas, -ma·ta** [~mətə] *s* ⚕ Klistier *n*, Einlauf *m*: ***give s.o. an*** ~ j-m e-n Einlauf machen.
en·e·my ['enəmɪ] **I** *s* ⚔ Feind(in), *weitS. a.* Gegner(in) (***of, to*** *gen*): ~ ***to reform*** Reformgegner(in); ***make an*** ~ ***of s.o.*** sich j-n zum Feind machen. **II** *adj* feindlich, Feind(es)...
en·er·get·ic [ˌenə'dʒetɪk] *adj* (~***ally***) energisch.
'en·er·gy *s* Energie *f* (*a. phys.*): ~***-conscious*** energiebewusst; ~ ***consumption*** Energieverbrauch *m*; ~***-saving*** Energie sparend.
en·er·vate ['enɜːveɪt] *v/t* entkräften, schwächen (*a. fig.*); entnerven.
en·fold [ɪn'fəʊld] *v/t* **1.** einhüllen (***in*** in *acc*), umhüllen (***with*** mit) (*beide a. fig.*). **2.** umfassen: ~ ***s.o. in one's arms*** j-n in die Arme schließen.
en·force [ɪn'fɔːs] *v/t* **1.** *Argument, econ.,* ⚖ *Forderung* geltend machen; *e-r Sache* Geltung verschaffen, *Gesetz etc* durchführen; *Urteil* vollstrecken. **2.** durchsetzen, erzwingen: ~ ***s.th. on s.o.*** et. von j-m erzwingen; j-m et. aufzwingen.
en'force·ment *s* **1.** *econ.,* ⚖ Geltendmachung *f*; ⚖ Vollstreckung *f*. **2.** Durchsetzung *f*, Erzwingung *f*.
en·fran·chise [ɪn'fræntʃaɪz] *v/t* das Wahlrecht verleihen (*dat*).
en·fran·chise·ment [ɪn'fræntʃɪzmənt] *s* Stimmrechtübertragung *f* auf Aktien.
en·gage [ɪn'geɪdʒ] **I** *v/t* **1.** (***o.s.*** sich) verpflichten (***to do*** zu tun). **2.** ***become*** (*od.* ***get***) ~***d*** sich verloben (***to*** mit). **3.** *j-n* ein-, anstellen, *Künstler etc* engagieren (***as*** als). **4.** *fig. j-n* in Anspruch nehmen, *j-s Aufmerksamkeit a.* auf sich ziehen. **5.** *tech.* einrasten lassen, *Kupplung etc* einrücken, *Gang* einlegen. **II** *v/i* **6.** sich verpflichten (***to do*** zu tun). **7.** ~ ***in*** sich einlassen auf (*acc*) *od.* in (*acc*); sich beschäftigen mit. **8.** *tech.* einrasten.
en'gaged *adj* **1.** *a.* ~ ***to be married*** verlobt: ~ ***to*** verlobt mit. **2.** beschäftigt (***in, on*** mit): ***be*** ~ ***in doing s.th.*** damit beschäftigt sein, et. zu tun. **3.** in Anspruch genommen: ***my time is fully*** ~ ich bin zeitlich voll ausgelastet. **4.** *teleph. Br.* besetzt: ~ ***tone*** (*od.* ***signal***) Besetztton *m*, -zeichen *n*. **5.** "~" „besetzt" (*Toilette*).
en'gage·ment *s* **1.** Verpflichtung *f*: ***without*** ~ unverbindlich, *econ. a.* freibleibend. **2.** Verabredung *f*: ***have an*** ~ verabredet sein. **3.** Verlobung *f* (***to*** mit): ~ ***ring*** Verlobungsring *m*. **4.** (An)Stellung *f*, *thea. etc* Engagement *n*.
en'ga·ging *adj* □ einnehmend (*Wesen etc*), gewinnend (*Lächeln etc*).
en·gen·der [ɪn'dʒendə] *v/t Neid etc* erzeugen, hervorrufen (***in*** bei).
en·gine ['endʒɪn] *s* **1.** Motor *m*. **2.** 🚂 Lokomotive *f*. ~ ***block*** *s* Motorblock *m*. ~ ***driver*** *s* 🚂 Lokomotivführer(in).
en·gi·neer [ˌendʒɪ'nɪə] **I** *s* **1.** Ingenieur(in); Techniker(in); Mechaniker(in). **2.** 🚂 *Am.* Lokomotivführer(in). **II** *v/t* **3.** *fig.* (geschickt) in die Wege leiten, organisieren.
ˌen·gi'neer·ing *s allg.* Technik *f*, *engS.* Ingenieurwesen *n*, (*a.* ***mechanical*** ~) Maschinen- u. Gerätebau *m*.
'en·gine| im'mo·bi·lis·er *s mot.* Wegfahrsperre *f*. ~ ***oil*** *s* Motoröl *n*.
Eng·land ['ɪŋglənd] *npr* England *n*.
Eng·lish ['ɪŋglɪʃ] **I** *adj* **1.** englisch: ***the*** ~ ***Channel*** der Ärmelkanal. **II** *s* **2.** ***the*** ~ *pl* die Engländer *pl*. **3.** *ling.* Englisch *n*; ***in*** ~ auf Englisch; ***in plain*** ~ unverblümt; auf gut Deutsch; ***Queen's*** (*od.* ***King's***) ~ hochsprachliches Englisch. ~***·man*** ['~mən] *s* (*irr* ***man***) Engländer *m*. '~ˌ***wom·an*** *s* (*irr* ***woman***) Engländerin *f*.
en·grave [ɪn'greɪv] *v/t* (***on***) (in *Metall, Stein etc*) (ein)gravieren, (-)meißeln, (in *Holz*) einschnitzen: ***it is*** ~***d on*** (*od.* ***in***) ***his memory*** (*od.* ***mind***) es hat sich ihm tief *od.* unauslöschlich eingeprägt.
en'grav·er *s* Graveur(in): ~ ***on copper*** Kupferstecher(in).
en'grav·ing *s* **1.** Gravieren *n*. **2.** Gravierung *f*, (*Kupfer-, Stahl*)Stich *m*, (*Holz*)Schnitt *m*.
en·gross [ɪn'grəʊs] *v/t j-s Aufmerksamkeit etc* in Anspruch nehmen, *Macht, Unterhaltung etc* an sich reißen.
en'grossed *adj* (***in***) (voll) in Anspruch genommen (von), vertieft, versunken (in *acc*).
en·gulf [ɪn'gʌlf] *v/t* verschlingen (*a. fig.*).
en·hance [ɪn'hɑːns] *v/t Wert etc* erhöhen, steigern, heben.
e·nig·ma [ɪ'nɪgmə] *s fig.* Rätsel *n*.
en·ig·mat·ic [ˌenɪg'mætɪk] *adj* (~***ally***) rätselhaft.
en·joy [ɪn'dʒɔɪ] *v/t* **1.** Vergnügen *od.* Gefallen finden *od.* Freude haben an (*dat*): ~ ***doing s.th.*** daran Vergnügen finden, et. zu tun; ***I*** ~ ***dancing*** ich tanze gern, Tanzen macht mir Spaß; ***did you*** ~ ***the play?*** hat dir das Stück gefallen?; ~ ***o.s.*** sich amüsieren *od.* gut unterhalten; ~ ***yourself!*** viel Spaß! **2.** genießen, sich *et.* schmecken lassen. **3.** sich *e-s Besitzes* erfreuen, *j-s Vertrauen etc* genießen: ~ ***good health*** sich e-r guten Gesundheit erfreuen.
en'joy·a·ble *adj* □ angenehm, erfreulich.
en'joy·ment *s* **1.** Vergnügen *n*, Freude *f* (***of*** an *dat*). **2.** Genuss *m*: ***be in the*** ~ ***of*** → ***enjoy*** 3.
en·large [ɪn'lɑːdʒ] **I** *v/t* **1.** vergrößern (*a.*

phot.), *Kenntnisse etc a.* erweitern, *Einfluss etc a.* ausdehnen. **II** *v/i* **2.** sich vergrößern *od.* erweitern *od.* ausdehnen. **3.** sich verbreiten *od.* (weitläufig) auslassen (***on*** über *acc*).

en'large·ment *s* Vergrößerung *f* (*a. phot.*).

en·light·en [ɪn'laɪtn] *v/t* aufklären, belehren (***on, as to*** über *acc*).

en'light·en·ment *s* Aufklärung *f*.

en·list [ɪn'lɪst] **I** *v/t* **1.** *Soldaten* anwerben, *Rekruten* einstellen. **2.** *fig.* heranziehen, *j-s Dienste* in Anspruch nehmen. **II** *v/i* **3.** *mil.* Soldat werden, sich (freiwillig) melden (***to*** zu). **4.** (***in***) mitwirken (bei), sich beteiligen (an *dat*).

en·liv·en [ɪn'laɪvn] *v/t* beleben.

en·mesh [ɪn'meʃ] *v/t*: ***be ~ed in one's own lies*** sich in s-n eigenen Lügen verstrickt *od.* verfangen haben.

en·mi·ty ['enmətɪ] *s* Feindschaft *f*: ***be at ~ with*** verfeindet sein mit.

e·nor·mous [ɪ'nɔːməs] *adj* □ enorm, ungeheuer, gewaltig.

e·nough [ɪ'nʌf] **I** *adj* ausreichend, genug: ***be ~*** (aus)reichen, genügen. **II** *s*: ***I have had ~, thank you*** danke, ich bin satt!; ***~ of that!*** genug davon!, Schluss damit! **III** *adv* genug, genügend: ***be kind*** (*od.* ***good***) ***~ to do this for me*** sei so freundlich *od.* gut u. erledige das für mich; ***curiously*** (*od.* ***strangely***) ***~*** merkwürdigerweise.

en·quire, en·quir·y → ***inquire, inquiry.***

en·rage [ɪn'reɪdʒ] *v/t* wütend machen. **en'raged** *adj* wütend, aufgebracht (***at, by*** über *acc*).

en·rap·ture [ɪn'ræptʃə] *v/t* hinreißen, entzücken.

en'rap·tured *adj* hingerissen, entzückt (***at, by*** von).

en·rich [ɪn'rɪtʃ] *v/t* **1.** bereichern (*a. fig.*). **2.** ⚗, *etc* anreichern.

en·rol(l) [ɪn'rəʊl] **I** *v/t* **1.** *j-n, j-s Namen* einschreiben, -tragen (***in*** in *dat od. acc*), *univ.* *j-n* immatrikulieren: ***~ o.s.*** → 3. **2.** *j-n* aufnehmen (***in*** in *e-n Verein etc*): ***~ o.s. in*** → 4. **II** *v/i* **3.** sich einschreiben (lassen), *univ.* sich immatrikulieren: ***~ for a course*** e-n Kurs belegen. **4.** ***~ in*** beitreten (*dat*).

en'rol(l)·ment *s* **1.** Einschreibung *f*, -tragung *f*, *univ.* Immatrikulation *f*. **2.** (Gesamt)Zahl *f* der Eingetragenen *od. univ.* Immatrikulierten.

en route [ɑ̃ːn'ruːt] *adv* unterwegs.

en·sem·ble [ɑ̃ːn'sɑ̃ːmbl] *s* **1.** *das* Ganze, Gesamteindruck *m*. **2.** ♪, *thea.*, *Mode*: Ensemble *n*.

en·sign ['ensaɪn] *s* ⚓ (*bsd.* National)Flagge *f*.

en·slave [ɪn'sleɪv] *v/t* zum Sklaven machen (*a. fig.*), versklaven.

en·snare [ɪn'sneə] *v/t* **1.** *in e-r Schlinge* fangen. **2.** *fig.* bestricken, umgarnen.

en·sue [ɪn'sjuː] *v/i* **1.** (darauf) folgen, nachfolgen: ***the ensuing years*** die (darauf) folgenden Jahre. **2.** folgen, sich ergeben (***from*** aus).

en·sure [ɪn'ʃɔː] *v/t* **1.** (***against, from***) sichern (vor *dat*, gegen), schützen (vor *dat*). **2.** sicherstellen, garantieren (***s.th.*** et.; ***that*** dass; ***s.o. being*** dass j-d ist). **3.** sorgen für *et.*: ***~ that*** dafür sorgen, dass.

en·tail [ɪn'teɪl] *v/t* mit sich bringen, zur Folge haben, nach sich ziehen, *Kosten etc* verursachen, erfordern.

en·tan·gle [ɪn'tæŋgl] *v/t* **1.** *Haare, Garn etc* verwirren, -filzen. **2.** (***o.s.*** sich) verwickeln, -heddern (***in*** in *dat*). **3.** *fig.* verwickeln, -stricken (***in*** in *acc*).

en·ter ['entə] **I** *v/t* **1.** (hinein-, herein)gehen, (-)kommen, (-)treten in (*acc*), eintreten, -steigen in (*acc*), betreten; einreisen in (*acc*); ⚓, 🚗 einlaufen, -fahren in (*acc*); eindringen in (*acc*): ***it ~ed my mind*** es kam mir in den Sinn. **2.** *fig.* eintreten in (*acc*), beitreten (*dat*). **3.** *Namen etc* eintragen, -schreiben, *j-n* aufnehmen, zulassen: ***~ one's name*** (*od.* ***o.s.***) → 7a. **4.** *Sport*: melden, nennen (***for*** für): ***~ o.s.*** → 7b. **5.** *Vorschlag etc* einreichen, -bringen: ***~ a protest*** Protest erheben *od.* einlegen. **6.** *Computer*: eingeben (*Daten*). **II** *v/i* **7.** eintreten, herein-, hineinkommen, -gehen; *thea.* auftreten: ***Enter Hamlet*** Hamlet tritt auf. **8.** a) sich eintragen *od.* -schreiben *od.* anmelden (***for*** für), b) (*Sport*) melden, nennen (***for*** für). **9.** *Computer*: bestätigen.

Verbindungen mit Präpositionen:

en·ter| in·to *v/i* **1.** → ***enter*** 1, 2. **2.** anfangen, beginnen; sich einlassen auf (*acc*); eingehen auf (*acc*): ***~ into correspondence with*** in Briefwechsel treten mit. **3.** *Verpflichtung*, *Partnerschaft etc* eingehen. **~ on** *v/i* **1.** *Thema* anschneiden; sich in *ein Gespräch etc* einlassen. **2.** *Amt*, *Erbschaft* antreten; *Laufbahn* einschlagen; in *ein neues Stadium etc* treten.

en·ter·i·tis [ˌentə'raɪtɪs] *s* ⚕ Darmkatarr(h) *m*.

en·ter key *s Computer*: Eingabetaste *f*, Enter-Taste *f*.

en·ter·prise ['entəpraɪz] *s* **1.** Unternehmen *n*, -nehmung *f*. **2.** *econ.* a) Unternehmen *n*, Betrieb *m*: ***small and medium-sized ~s*** Klein- u. Mittelbetriebe *pl*, b) Unternehmertum *n*. **3.** Unternehmungsgeist *m*.

'en·ter·pris·ing *adj* □ unternehmungslustig.

en·ter·tain [ˌentə'teɪn] *v/t* **1.** (angenehm) unterhalten. **2.** bewirten. **3.** *Furcht*, *Hoffnung*

etc hegen. **4.** *Vorschlag etc* in Betracht *od.* Erwägung ziehen: **~ *an idea*** sich mit e-m Gedanken tragen.
ˌen·terˈtain·er *s* Entertainer(in).
ˌen·terˈtain·ing *adj* □ unterhaltend, -haltsam.
ˌen·terˈtain·ment *s* **1.** Unterhaltung *f*: ***much*** (*od.* ***greatly***) ***to his*** **~** sehr zu s-r Belustigung. **2.** (*öffentliche*) Unterhaltung, (*professionell dargeboten a.*) Entertainment *n*: **~ *industry*** Unterhaltungsindustrie *f*; **~ *tax*** Vergnügungssteuer *f*. **~ ex·pense** *s* a) Aufwandsentschädigung *f*, b) *pl* Bewirtungsspesen *pl.*
en·thuse [ɪnˈθjuːz] *v/i* F (***about, over***) begeistert sein (von), schwärmen (von, für).
en·thu·si·asm [ɪnˈθjuːzɪæzəm] *s* Enthusiasmus *m*, Begeisterung *f* (***for*** für; ***about*** über *acc*).
enˈthu·si·ast [~æst] *s* Enthusiast(in).
enˌthu·siˈas·tic *adj* (**~*ally***) begeistert (***about, over*** von), enthusiastisch.
en·tice [ɪnˈtaɪs] *v/t* **1.** locken (***into*** in *acc*): **~ *away*** weglocken (***from*** von); *econ.* abwerben; **~ *s.o.'s girlfriend away*** j-m die Freundin abspenstig machen. **2.** verlocken, -leiten, -führen (***into*** zu *et.*): **~ *s.o. to do*** (*od.* ***into doing***) ***s.th.*** j-n dazu verleiten, et. zu tun.
enˈtice·ment *s* **1.** (Ver)Lockung *f*, (An)Reiz *m*. **2.** Verführung *f*, -leitung *f*.
enˈtic·ing *adj* □ verlockend, -führerisch.
en·tire [ɪnˈtaɪə] *adj* **1.** ganz: a) vollzählig, -ständig, b) gesamt, Gesamt..., c) unversehrt, unbeschädigt. **2.** *fig.* voll, uneingeschränkt (*Vertrauen etc*): ***be in*** **~ *agreement with*** voll u. ganz *od.* völlig übereinstimmen mit.
enˈtire·ly *adv* völlig, gänzlich.
enˈtire·ty *s*: ***in its*** **~** in s-r Gesamtheit, als (ein) Ganzes.
en·ti·tle [ɪnˈtaɪtl] *v/t* **1.** *Buch etc* betiteln: **~*d*** ... mit dem Titel ... **2.** *j-n* berechtigen (***to*** zu): ***be*** **~*d to*** ein Anrecht *od.* (e-n) Anspruch haben auf (*acc*); ***be*** **~*d to do s.th.*** (dazu) berechtigt sein *od.* das Recht haben, et. zu tun; **~*d to vote*** wahl-, stimmberechtigt.
en·ti·ty [ˈentətɪ] *s* **1.** Einheit *f*. **2.** ⚖ Rechtspersönlichkeit *f*: ***legal*** **~** juristische Person.
en·trails [ˈentreɪlz] *s pl anat.* Eingeweide *pl.*
en·trance[1] [ˈentrəns] *s* **1.** Eintreten *n*, -tritt *m*; ⚓, 🚂 Einlaufen *n*, -fahrt *f*. **2.** Ein-, Zugang *m* (***to*** zu); Zufahrt *f*: **~ *hall*** (Eingangs-, Vor)Halle *f*, (Haus)Flur *m*. **3.** *fig.* Antritt *m* (***on an inheritance*** e-r Erbschaft): **~ *on an office*** Amtsantritt *m*. **4.** *fig.* Zugang; **~ *examination*** Zugangsprüfung *f*. **5.** Einlass *m*, Ein-, Zutritt *m*: **~ *fee*** Eintritt(sgeld *n*); Aufnahmegebühr *f*; ***no*** **~*!*** Zutritt verboten! **6.** *thea.* Auftritt *m*: ***make one's*** **~** auftreten.
en·trance[2] [ɪnˈtrɑːns] *v/t* entzücken, hinreißen: **~*d*** entzückt, hingerissen (***at, by*** von).
en·trant [ˈentrənt] *s* **1.** (Berufs)Anfänger(in) (***to*** in *dat*). **2.** neues Mitglied. **3.** *Sport*: Teilnehmer(in) (*a. allg. an e-m Wettbewerb*).
en·treat [ɪnˈtriːt] *v/t* **1.** inständig *od.* dringend bitten, anflehen (***for*** um). **2.** *et.* erflehen (***of*** von).
enˈtreat·ing *adj* □ flehentlich.
enˈtreat·y *s* dringende Bitte: ***at s.o.'s*** **~** auf j-s Bitte (hin).
en·trée [ˈɒntreɪ] *s* **1.** *bsd. fig.* Zutritt *m* (***into*** zu). **2.** *gastr.* Zwischen-, *Am.* Hauptgericht *n*.
en·trench [ɪnˈtrentʃ] *v/t mil.* (***o.s.*** sich) verschanzen (***behind*** hinter *dat*) (*a. fig.*).
enˈtrenched *adj fig.* eingewurzelt.
en·tre·pot [ˈɒntrəpəʊ] *s* Zwischenlager *n*.
en·tre·pre·neur [ˌɒntrəprəˈnɜː] *s econ.* Unternehmer(in).
en·tre·pre·neur·i·al [ˌɒntrəprəˈnɜːrɪəl] *adj* unternehmerisch.
en·trust [ɪnˈtrʌst] *v/t* **1.** *et.* anvertrauen (***to s.o.*** j-m). **2.** *j-n* betrauen (***with*** mit).
en·try [ˈentrɪ] *s* **1.** → ***entrance***[1] 1. **2.** Einreise *f*, Zuzug *m*: **~ *visa*** Einreisevisum *n*. **3.** → ***entrance***[1] 6. **4.** Beitritt *m* (***into*** zu). **5.** Einlass *m*, Zutritt *m*: ***gain*** (*od.* ***obtain***) **~** Einlass finden; ***force an*** **~ *into, make a forcible*** **~ *into*** gewaltsam eindringen in (*acc*); ***no*** **~*!*** Zutritt verboten. **6.** *fig.* Zugang *m*: **~ *restriction*** Zugangsbeschränkung *f*. **7.** Zu-, Eingang(stür *f*) *m*, Einfahrt(stor *n*) *f*; (Eingangs-, Vor)Halle *f*, (Haus)Flur *m*. **8.** Eintrag(ung *f*) *m*, *econ. a.* Buchung *f*; Stichwort *n* (*im Lexikon etc*): **~ *adjustment*** Berichtigungsbuchung. **9.** *Sport*: a) Nennung *f*, Meldung *f*, b) → ***entrant*** 3. **ˈ~·phone** *s* Türsprechanlage *f*.
en·twine [ɪnˈtwaɪn] *v/t* schlingen (**[*a*]*round*** um), umwinden (***with*** mit).
e·nu·mer·ate [ɪˈnjuːməreɪt] *v/t* aufzählen.
eˌnu·merˈa·tion *s* Aufzählung *f*.
e·nun·ci·ate [ɪˈnʌnsɪeɪt] **I** *v/t* **1.** ausdrücken, -sprechen. **2.** formulieren. **3.** (*bsd.* deutlich) aussprechen. **II** *v/i* **4.** **~ *clearly*** e-e deutliche Aussprache haben, deutlich sprechen.
en·vel·op [ɪnˈveləp] *v/t* **1.** einschlagen, -wickeln, (ein)hüllen (***in*** in *acc*). **2.** *fig.* ver-, einhüllen: **~*ed in mystery*** geheimnisumhüllt.
en·ve·lope [ˈenvələʊp] *s* **1.** Hülle *f*, Umschlag *m*. **2.** Briefumschlag *m*, Kuvert *n*.
en·vi·a·ble [ˈenvɪəbl] *adj* □ beneidenswert.
ˈen·vi·er *s* Neider(in).
ˈen·vi·ous *adj* □ neidisch (***of*** auf *acc*).

en·vi·ron·ment [ɪnˈvaɪərənmənt] *s* **1.** Umgebung *f*, *sociol. a.* Milieu *n.* **2.** Umwelt *f*.: ***harmful to the ~*** umweltschädlich; ***~ impairment liability*** Umwelthaftung *f*.
en͵vi·ron'men·tal [~ˈmentl] *adj* □ **1.** *sociol.* Milieu... **2.** Umwelt...: ***~ audit*** Umweltaudit *n*; ***~ awareness*** Umweltbewusstsein *n*; ***~ compatibility*** (*od.* ***impact***) ***assessment*** Umweltverträglichkeitsprüfung *f*; ***~ conditions*** *pl* Umweltbedingungen *pl*; ***~ damages*** *pl* Umweltschäden *pl*; ***~ destruction*** Umweltzerstörung *f*; ***~ engineering*** Umwelttechnik *f*; ***~ factors*** *pl* Umweltbedingungen *pl*; ***~ health officer*** Umweltbeauftragte *m, f*; ***~ impact*** Umwelteinfluss *m*; ***~ performance*** Ökobilanz *f*; ***~ pollution*** Umweltverschmutzung *f*; ***~ protection*** Umweltschutz *m*; ***~ protection regulations*** *pl* Umweltschutzbestimmungen *pl*; ***~ summit*** Umweltgipfel *m*; ***~ly beneficial*** (*od.* ***friendly***) umweltfreundlich; ***~ly conscious*** umweltbewusst; ***~ly harmful*** umweltfeindlich.
en͵vi·ron'men·tal·ist [~təlɪst] *s* Umweltschützer(in).
en'vi·rons *s pl* Umgebung *f* (*e-s Ortes etc*).
en·vis·age [ɪnˈvɪzɪdʒ] *v/t* **1.** gedenken (***doing*** zu tun), in Aussicht nehmen, ins Auge fassen. **2.** sich *et.* vorstellen.
en·vi·sion [ɪnˈvɪʒn] → **envisage** 2.
en·voy [ˈenvɔɪ] *s* **1.** *pol.* Gesandte *m, f*. **2.** Abgesandte *m, f*, Bevollmächtigte *m, f*.
en·vy [ˈenvɪ] **I** *s* **1.** Neid *m* (**of** auf *acc*). **2.** Gegenstand *m* des Neides: ***his car is the ~ of everybody*** alle beneiden ihn um s-n Wagen. **II** *v/t* **3.** *j-n* beneiden (***s.th.*** um etwas).
en·zyme [ˈenzaɪm] *s* Enzym *n*.
EOC ***Equal Opportunities Commission*** Gleichstellungskommission *f*.
EOQ ***economic order quantity*** optimale Bestellmenge.
e·phem·er·al [ɪˈfemərəl] *adj* □ flüchtig, kurzlebig.
ep·ic [ˈepɪk] **I** *adj* (***~ally***) **1.** episch. **2.** heldenhaft. **II** *s* **3.** Epos *n*.
ep·i·cure [ˈepɪ͵kjʊə] *s* **1.** Epikureer *m*, Genussmensch *m*. **2.** Feinschmecker(in).
ep·i·dem·ic [͵epɪˈdemɪk] ⚕ **I** *adj* (***~ally***) epidemisch (*a. fig.*). **II** *s* Epidemie *f*, Seuche *f* (*beide a. fig.*).
ep·i·de·mi·ol·o·gist [͵epɪdiːmɪˈɒlədʒɪst] *s* Epidemiologe *m*, -login *f*.
ep·i·der·mis [͵epɪˈdɜːmɪs] *s anat.* Oberhaut *f*.
ep·i·lep·sy [ˈepɪlepsɪ] *s* ⚕ Epilepsie *f*.
͵ep·i'lep·tic **I** *adj* (***~ally***) epileptisch: ***~ fit*** epileptischer Anfall. **II** *s* Epileptiker(in).
ep·i·logue [ˈepɪlɒg] *s* Epilog *m*: a) Nachwort *n* (*e-s Buchs etc*), b) *fig.* Nachspiel *n*, Ausklang *m*.
E·piph·a·ny [ɪˈpɪfənɪ] *s eccl.* Dreikönigsfest *n*.
e·pis·co·pal [ɪˈpɪskəpl] *adj* □ bischöflich, Bischofs...
e'pis·co·pate [~kəʊpət] *s* Episkopat *m, n*, Bistum *n*.
ep·i·sode [ˈepɪsəʊd] *s* **1.** Episode *f*. **2.** *Rundfunk, TV etc*: Folge *f*.
ep·i·sod·ic [͵epɪˈsɒdɪk] *adj* (***~ally***) **1.** episodisch. **2.** episodenhaft.
e·pis·tle [ɪˈpɪsl] *s eccl.* Epistel *f*.
ep·i·taph [ˈepɪtɑːf] *s* Grabschrift *f*.
ep·i·thet [ˈepɪθet] *s* **1.** Beiwort *n*, Attribut *n*. **2.** Beiname *m*.
e·pit·o·me [ɪˈpɪtəmɪ] *s* **1.** Auszug *m*, Abriss *m*; kurze Darstellung: ***in ~*** auszugsweise; in gedrängter Form. **2.** *fig.* Verkörperung *f*, Inbegriff *m*.
e'pit·o·mize *v/t* verkörpern.
ep·och [ˈiːpɒk] *s* Epoche *f*. **'~-͵mak·ing** *adj* Epoche machend.
EPOS ***electronic point of sale*** Datenkasse *f*.
eq·ua·bil·i·ty [͵ekwəˈbɪlətɪ] *s* **1.** Gleichförmigkeit *f*. **2.** Ausgeglichenheit *f*, Gleichmut *m*.
'eq·ua·ble *adj* □ **1.** gleich(förmig). **2.** ausgeglichen (*a. Klima*), gleichmütig.
e·qual [ˈiːkwəl] **I** *adj* (□ → ***equally***) **1.** gleich: ***be ~ to*** gleichen, gleich sein (*dat*); entsprechen, gleichkommen (*dat*); ***~ opportunities*** *pl* Chancengleichheit *f*; ***~ rights*** *pl* ***for women*** Gleichberechtigung *f* der Frau; ***~ in size, of ~ size*** (von) gleicher Größe, gleich groß. **2.** ***be ~ to*** *e-r Aufgabe etc* gewachsen sein. **3.** ebenbürtig (***to*** *dat*), gleichwertig: ***be on ~ terms*** (***with***) auf gleicher Stufe stehen (mit); gleichberechtigt sein (*dat*). **II** *s* **4.** Gleichgestellte *m, f*: ***your ~s*** *pl* deinesgleichen; ***~s*** *pl* ***in age*** Altersgenossen *pl*; ***he has no*** (*od.* ***is without***) ***~*** er hat nicht *od.* sucht seinesgleichen. **III** *v/t pret u. pp* **-qualed,** *bsd. Br.* **-qualled 5.** (*dat*) gleichen, gleichkommen (***in*** an *dat*). **6.** *Sport*: *Rekord* einstellen.
e·qual·i·ty [ɪˈkwɒlətɪ] *s* Gleichheit *f*: ***~*** (***of rights***) Gleichberechtigung *f*; ***~ of opportunity*** (*od.* ***opportunities***) Chancengleichheit.
e·qual·i·za·tion [͵iːkwəlaɪˈzeɪʃn] *s* Gleichstellung *f*.
'e·qual·ize **I** *v/t* **1.** gleichmachen, -setzen, -stellen. **2.** ausgleichen. **II** *v/i* **3.** *Sport*: ausgleichen.
'e·qual·iz·er *s Sport*: Ausgleich(stor *n*) *m*.
'e·qual·ly *adv* gleich (*groß etc*).
e·quals sign *s* Gleichheitszeichen *n*.
e·qua·nim·i·ty [͵ekwəˈnɪmətɪ] *s* Ausgeglichenheit *f*, Gleichmut *m*.
e·quate [ɪˈkweɪt] *v/t* **1.** gleichsetzen, -stellen

E

(**to, with** *dat*). **2.** als gleich(wertig) ansehen *od.* behandeln.
e'qua·tion [~ʒn] *s* **1.** ⩘ Gleichung *f.* **2.** Gleichsetzung *f*, -stellung *f.*
e'qua·tor [~tə] *s* Äquator *m.*
e·qua·to·ri·al [ˌekwə'tɔːrɪəl] *adj* äquatorial, Äquator...
e·ques·tri·an [ɪ'kwestrɪən] **I** *adj* Reit(er)...: **~ sports** *pl* Reit-, Pferdesport *m*; **~ statue** Reiterstatue *f*; -standbild *n.* **II** *s* (*a.* Kunst)Reiter(in).
e·qui·dis·tant [ˌiːkwɪ'dɪstənt] *adj* □ gleich weit entfernt.
e·qui·lat·er·al [ˌ~'lætərəl] *adj* □ *bsd.* ⩘ gleichseitig.
e·qui·lib·ri·um [ˌiːkwɪ'lɪbrɪəm] *pl* **-riums, -ri·a** [~rɪə] *s* Gleichgewicht *n.*
e·qui·nox ['iːkwɪnɒks] *s* Tagundnachtgleiche *f.*
e·quip [ɪ'kwɪp] *v/t* **1.** ausrüsten, -statten (**with** mit), *Krankenhaus etc* einrichten. **2.** *fig. j-m* das (geistige *od.* nötige) Rüstzeug geben (**for** für): **be well ~ped for** das nötige Rüstzeug haben für.
e'quip·ment *s* **1.** a) Ausrüstung *f*, -stattung *f*, b) *mst pl* Ausrüstung(sgegenstände *pl*) *f*, c) *tech.* Einrichtung *f*, Maschine(n *pl*) *f*: **~ records** *pl* Verzeichnis *n* der Einrichtungsgegenstände. **2.** *fig.* (geistiges *od.* nötiges) Rüstzeug.
e·qui·poise ['ekwɪpɔɪz] **I** *s* **1.** Gleichgewicht *n* (*a. fig.*). **2.** *mst fig.* Gegengewicht *n* (**to** zu). **II** *v/t* **3.** im Gleichgewicht halten (*a. fig.*). **4.** *mst fig.* ein Gegengewicht bilden zu.
eq·ui·ta·ble ['ekwɪtəbl] *adj* □ gerecht, (recht u.) billig.
eq·ui·ty ['ekwətɪ] *s* **1.** Gerechtigkeit *f*, Billigkeit *f.* **2.** *a.* **~ law** ⚖ (*ungeschriebenes*) Billigkeitsrecht. **3.** *a.* **~ capital** Eigenkapital *n.* **~ hold·er** *s* Anteilseigner *m*, Aktionär *m.* **~ mar·ket** *s* Aktienmarkt *m.* **~ po·si·tion** *s* Eigenkapitaldecke *f.*
e·quiv·a·lence [ɪ'kwɪvələns] *s* Gleichwertigkeit *f*, ⚗ *etc a.* Äquivalenz *f.*
e'quiv·a·lent **I** *adj* □ **1.** gleichbedeutend (**to** mit). **2.** gleichwertig, ⚗ *etc a.* äquivalent: **be ~ to** gleichkommen, entsprechen (*dat*). **II** *s* **3.** (**of**) Äquivalent *n* (für), (genaue) Entsprechung (zu).
e·quiv·o·cal [ɪ'kwɪvəkl] *adj* □ **1.** zweideutig, doppelsinnig. **2.** unbestimmt, ungewiss, fraglich. **3.** fragwürdig.
e·ra ['ɪərə] *s* Ära *f*, Zeitalter *n.*
e·rad·i·cate [ɪ'rædɪkeɪt] *v/t* ausrotten (*a. fig.*).
e·rase [ɪ'reɪz] *v/t* **1.** *Schrift etc* ausstreichen, -radieren, löschen (**from** von); *Tonband-(aufnahme) etc, ped. Am. a. Tafel* löschen. **2.** *fig.* (aus)löschen (**from** aus).
e'ras·er *s* Radiergummi *m*; *ped. Am.* Tafelwischer *m*: **~ pencil** Radierstift.
e'ra·sure [[ɪ'reɪʒə] *s* **1.** Ausradieren *n*; Löschen *n.* **2.** ausradierte *od.* gelöschte Stelle.
e·rect [ɪ'rekt] **I** *v/t* **1.** aufrichten. **2.** *Gebäude etc* errichten; *Maschine etc* aufstellen. **II** *adj* □ **3.** aufgerichtet, aufrecht: **with head ~** erhobenen Hauptes. **4.** *physiol.* erigiert.
e'rec·tion *s* **1.** Errichtung *f*; Aufstellung *f.* **2.** Bau *m*, Gebäude *n.* **3.** *physiol.* Erektion *f.*
er·e·mite ['erɪmaɪt] *s* Einsiedler(in).
er·go·nom·ic [ˌɜːgəʊ'nɒmɪk] **I** *adj* ergonomisch. **II** *s* **~s** *sg* Ergonomie *f.*
ERM ***exchange rate mechanism*** Wechselkursmechanismus *m.*
er·mine ['ɜːmɪn] *s zo.* Hermelin *n.*
e·rode [ɪ'rəʊd] *v/t* **1.** an-, zer-, wegfressen. **2.** *geol.* erodieren. **3.** *fig.* aushöhlen, untergraben.
e·rog·e·nous [ɪ'rɒdʒɪnəs] *adj physiol.* erogen: **~ zone.**
e·ro·sion [ɪ'rəʊʒn] *s* **1.** *geol.* Erosion *f.* **2.** *fig.* Aushöhlung *f.*
e·rot·ic [ɪ'rɒtɪk] *adj* (**~ally**) erotisch.
e'rot·i·cism [~sɪzəm], *bsd. Am.*
er·o·tism ['erətɪzəm] *s* Erotik *f.*
ERP ***European Recovery Programme*** *hist.* Europäisches Wiederaufbauprogramm.
err [ɜː] *v/i* (sich) irren: **to ~ is human** Irren ist menschlich.
er·rand ['erənd] *s* Botengang *m*, Besorgung *f*: **go on** (*od.* **run**) **an ~** e-n Botengang *od.* e-e Besorgung machen. **~ boy** *s* Laufbursche *f.*
er·ra·ta [e'rɑːtə] *pl von* **erratum**: **~ slip** Druckfehlerzettel *m.*
er·rat·ic [ɪ'rætɪk] *adj* (**~ally**) sprunghaft, unberechenbar.
er·ra·tum [e'rɑːtəm] *pl* **-ta** [~tə] *s* **1.** Druckfehler *m.* **2.** *pl* Errata *pl*, Druckfehlerverzeichnis *n.*
er·ro·ne·ous [ɪ'rəʊnjəs] *adj* irrig, falsch: **~ belief** Irrglaube(n) *m.*
er'ro·ne·ous·ly *adv* irrtümlicher-, fälschlicherweise.
er·ror ['erə] *s* Irrtum *m*, Fehler *m*, Versehen *n*: **in ~** irrtümlicherweise; **be in ~** im Irrtum sein, sich im Irrtum befinden; **~s and omissions** *Buchhaltung*: Restposten *pl*; **~ of judg(e)ment** falsche Beurteilung; **~s and omissions excepted** *econ.* Irrtum vorbehalten; **~ checking** Fehlerprüfung *f*; **~ display** (*od.* **indicator**) Fehleranzeige *f*; **~ list** Fehlerprotokoll *n*; **~ message** *Computer*: Fehlermeldung *f*; **~-prone** fehleranfällig; **~ rate** Fehlerhäufigkeit *f*, -quote *f.*
e·rupt [ɪ'rʌpt] *v/i* ausbrechen (*Ausschlag, Streit, Vulkan etc*).
e'rup·tion *s* **1.** Ausbruch *m*: **angry ~** Wutausbruch. **2.** ⚕ Ausschlag *m.*

ESA ***European Space Agency*** Europäische Weltraumbehörde.

es·ca·late ['eskəleɪt] **I** *v/t* **1.** *Krieg etc* eskalieren. **2.** *Erwartungen etc* höher schrauben. **II** *v/i* **3.** eskalieren. **4.** steigen, in die Höhe gehen (*Preise etc*).

ˌes·ca'la·tion *s* Eskalation *f*.

'es·ca·la·tor *s* Rolltreppe *f*. **~ clause** *s* Preisgleitklausel *f*.

es·ca·lope [e'skælɒp] *s gastr*. (*bsd*. Wiener) Schnitzel *n*.

es·ca·pade [ˌeskə'peɪd] *s* Eskapade *f*.

es·cape [ɪ'skeɪp] **I** *v/t* **1.** *j-m* entfliehen, -kommen; *e-r Sache* entgehen: ***I cannot ~ the impression that*** ich kann mich des Eindrucks nicht erwehren, dass; → ***notice*** 1. **2.** *fig*. *j-m* entgehen, übersehen *od*. nicht verstanden werden von. **3.** *dem Gedächtnis* entfallen: ***his name ~s me*** sein Name ist mir entfallen. **4.** *j-m* entschlüpfen, -fahren (*Fluch etc*). **II** *v/i* **5.** (ent)fliehen, entkommen (***from*** aus, *dat*). **6.** sich retten (***from*** vor *dat*), davonkommen (***with a fright*** mit dem Schrecken; ***with one's life*** mit dem Leben). **7.** ausfließen (*Flüssigkeit*); entweichen, ausströmen (***from*** aus) (*Gas etc*). **III** *s* **8.** Entkommen *n*, Flucht *f*: ***have a narrow*** (*od*. ***near***) **~** mit knapper Not davonkommen *od*. entkommen; ***that was a narrow ~!*** das war knapp! **9.** Entweichen *n*, Ausströmen *n*. **~ chute** *s* ✈ Notrutsche *f*. **~ clause** *s* Rücktrittsklausel *f*. **~ key** *s Computer*: Escape-Taste *f*. **~ route** *s* Fluchtweg *m*.

es·cort I *s* ['eskɔːt] **1.** *mil*. Eskorte *f*, Begleitmannschaft *f*. **2.** ✈, ⚓ Geleit(schutz *m*) *n*; ⚓ Geleitschiff *n*. **3.** Geleit *n*, Schutz *m*; Gefolge *n*, Begleitung *f*; Begleiter(in). **II** *v/t* [ɪ'skɔːt] **4.** *mil*. eskortieren. **5.** ✈, ⚓ *j-m* Geleitschutz geben. **6.** geleiten; begleiten.

es·crow ['eskrəʊ] *s* Treuhandvertrag *m*: ***in ~*** treuhänderisch hinterlegt.

Es·ki·mo ['eskɪməʊ] *pl* **-mos** *s* Eskimo *m*, Eskimofrau *f*.

ESL [iːes'el] ***English as a second language*** Englisch *n* als Fremdsprache.

ESOP ***employee share*** (*Am*. ***stock***) ***ownership plan*** Belegschaftsaktienfonds *m*.

e·soph·a·gus *Am*. → ***oesophagus.***

es·o·ter·ic [ˌesəʊ'terɪk] **I** *adj* (***~ally***) esoterisch. **II** *s* Esoteriker(in).

es·pe·cial [ɪ'speʃl] *adj* besonder.

es'pe·cial·ly [~ʃəlɪ] *adv* besonders, hauptsächlich.

es·pi·o·nage ['espɪənɑːʒ] *s* Spionage *f*.

es·pla·nade [ˌesplə'neɪd] *s* **1.** (*bsd*. Strand-, Ufer)Promenade *f*. **2.** Esplanade *f*.

es·pres·so [e'spresəʊ] *pl* **-sos** *s* **1.** Espresso *m*. **2.** Espressomaschine *f*.

Es·quire [ɪ'skwaɪə]: ***John Smith, Esq.*** *bsd*. *Br*. (*auf Briefen*) Herrn John Smith.

es·say ['eseɪ] *s* Essay *m*, *n*, *a*. *ped*. Aufsatz *m*.

'es·say·ist *s* Essayist(in).

es·sence ['esns] *s* **1.** *das* Wesen(tliche), Kern *m* (*e-r Sache*): ***in ~*** im Wesentlichen; ***~ of a contract*** wesentliche Vertragserfordernis. **2.** Essenz *f*, Extrakt *m*.

es·sen·tial [ɪ'senʃl] **I** *adj* (□ → ***essentially***) **1.** wesentlich: a) grundlegend, b) unentbehrlich, unbedingt erforderlich (***to*** für): **~** (***to life***) lebensnotwendig, -wichtig; ***~ goods*** *pl* Güter *pl* des täglichen Bedarfs. **2.** ⚗ ätherisch: ***~ oil.*** **II** *s mst pl* **3.** *das* Wesentliche, Hauptsache *f*. **4.** (wesentliche) Voraussetzung (***to*** für).

es'sen·tial·ly [~ʃəlɪ] *adv* im Wesentlichen.

es·tab·lish [ɪ'stæblɪʃ] *v/t* **1.** ein-, errichten, *Konto* eröffnen, *Gesetz etc* einführen, erlassen, *Rekord*, *Theorie* aufstellen, *Ausschuss etc* bilden, einsetzen, *Verbindung* herstellen, *diplomatische Beziehungen etc* aufnehmen. **2. ~ *o.s.*** *econ*. sich (*a*. *beruflich*) etablieren *od*. niederlassen. **3.** *Ruhm etc* begründen: ***~ one's reputation as*** sich e-n Namen machen als. **4.** *Ansicht*, *Forderung etc* durchsetzen, *Ordnung* schaffen. **5.** be-, nachweisen.

es'tab·lished *adj* **1.** bestehend. **2.** feststehend, unzweifelhaft. **3.** ***Established Church*** Staatskirche *f*. **~ post** *s* Planstelle *f*.

es'tab·lish·ment *s* **1.** Ein-, Errichtung *f*, Einführung *f*, Aufstellung *f*, Bildung *f*, Herstellung *f*, Aufnahme *f*. **2.** ***the Establishment*** das Establishment. **3.** *econ*. Unternehmen *n*, Firma *f*; Niederlassung *f*. **4.** Anstalt *f*, (öffentliches) Institut.

es·tate [ɪ'steɪt] *s* **1.** *sociol*. Stand *m*. **2.** ⚖ Besitz(tum *n*) *m*; (Erb-, Konkurs)Masse *f*, Nachlass *m*; → ***real*** 3. **3.** Landsitz *m*, Gut *n*. **4.** *Br*. (Wohn)Siedlung *f*; Industriegebiet *n*. **~ a·gent** *s Br*. **1.** Grundstücksverwalter(in). **2.** Grundstücks-, Immobilienmakler(in). **~ car** *s Br*. Kombiwagen *m*.

es·teem [ɪ'stiːm] **I** *v/t* **1.** achten, (hoch) schätzen. **2.** erachten *od*. ansehen als, *et*. halten für. **II** *s* **3.** Achtung *f* (***for, of*** vor *dat*): ***hold in*** (***high***) **~** → 1.

es·thete, *etc*. *Am*. → ***aesthete,*** *etc*.

Es·tho·nia [e'stəʊnjə] *npr* Estland *n*.

es·ti·ma·ble ['estɪməbl] *adj* □ **1.** achtens-, schätzenswert. **2.** (ab)schätzbar.

es·ti·mate ['estɪmeɪt] **I** *v/t* **1.** (ab-, ein)schätzen, veranschlagen (***at*** auf *acc*): ***~d cost*** Schätzkosten *pl*; ***~d useful life*** geschätzte Nutzungsdauer; ***~d value*** Schätzwert *m*; ***an ~d 200 people*** schätzungsweise 200 Leute. **2.** beurteilen, bewerten. **II** *v/i* **3.** schätzen. **4.** e-n Kostenvoranschlag machen (**for** für): ***estimating department*** Kalkulationsabteilung *f.* **III** *s* ['~mət] **5.** Schätzung *f*, Veranschlagung *f*, Kostenvoranschlag *m*: ***rough ~*** grober Überschlag; ***at a conservative ~*** bei vorsichtiger Schätzung; ***at a rough ~*** grob geschätzt. **6.** Bewertung *f.*

es·ti·ma·tion [ˌestɪ'meɪʃn] *s* **1.** Meinung *f*: ***in my ~*** nach m-r Ansicht. **2.** Achtung *f*, Wertschätzung *f.*

Es·to·nia → ***Esthonia.***

es·trange [ɪ'streɪndʒ] *v/t j-n* entfremden (**from** *dat*): ***become ~d*** sich entfremden (**from** *dat*); sich auseinander leben.

es·tro·gen *Am.* → ***oestrogen.***

es·tu·ar·y ['estjʊərɪ] *s* **1.** (*den Gezeiten ausgesetzte*) Flussmündung. **2.** Meeresbucht *f*, -arm *m.*

ETA ***estimated time of arrival*** voraussichtliche Ankunft(szeit).

etc. ***et cet·er·a*** [ɪt'setərə] et cetera, usw., und so weiter.

etch [etʃ] *v/t* **1.** ätzen. **2.** in Kupfer stechen; radieren.

'etch·ing *s* Kupferstich *m*; Radierung *f.*

ETD ***estimated time of departure*** voraussichtliche Abflug- bzw. Abfahrtszeit.

e·ter·nal [ɪ'tɜːnl] *adj* □ **1.** *ohne Ende*: ewig. **2.** F ewig, unaufhörlich.

e'ter·nal·ize [~nəlaɪz] *v/t* verewigen.

e'ter·ni·ty *s* Ewigkeit *f* (*a. fig.*).

e·ther ['iːθə] *s* ⚗ Äther *m.*

e·the·re·al [ɪ'θɪərɪəl] *adj* ätherisch (*a. fig.*).

eth·i·cal ['eθɪkl] *adj* □ **1.** ethisch. **2.** *pharm.* rezeptpflichtig.

'eth·ics *s pl* **1.** *sg* Ethik *f.* **2.** (*Berufs- etc*)Ethos *n.*

E·thi·o·pia [ˌiːθɪ'əʊpjə] *npr* Äthiopien *n.*

eth·nic ['eθnɪk] *adj* (***~ally***) **1.** ethnisch: ***~ Germans*** Deutschstämmige *pl*; ***~ group*** Volksgruppe *f.* **2.** folkloristisch.

et·i·quette ['etɪket] *s* Etikette *f*, Anstands-, Verhaltensregeln *pl.*

et·y·mo·log·i·cal [ˌetɪmə'lɒdʒɪkl] *adj* □ etymologisch.

et·y·mol·o·gy [ˌetɪ'mɒlədʒɪ] *s* Etymologie *f.*

EU [iː'juː] ***European Union*** EU *f.*

eu·ca·lyp·tus [ˌjuːkə'lɪptəs] *pl* **-ti** [~taɪ], **-tuses** *s* ⚘ Eukalyptus *m.*

eu·lo·gy ['juːlədʒɪ] *s* **1.** Lob(preisung *f*) *n.* **2.** Lobrede *f* (**on** auf *acc*).

eu·nuch ['juːnək] *s* Eunuch *m.*

eu·phe·mism ['juːfəmɪzəm] *s* Euphemismus *m.*

ˌeu·phe'mis·tic *adj* (***~ally***) euphemistisch, verhüllend.

eu·phor·ia [juː'fɔːrɪə] *s* Euphorie *f.*

eu·phor·ic [juː'fɒrɪk] *adj* (***~ally***) euphorisch.

EURATOM [jʊər'ætəm] ***European Atomic Energy Commission*** Euratom, Europäische Atomgemeinschaft.

eu·ro ['jʊərəʊ] *pl* **-ros** *s* (*Währung*) Euro *m.*

Eu·ro·cheque ['jʊərəʊtʃek] *s Br.* Eurocheque *m*: ***~ card*** Eurochequekarte *f.*

Eu·ro·crat ['jʊərəkræt] *s* Eurokrat(in).

'Eu·ro|ˌcur·ren·cy *s* Eurowährung *f.* **'~ˌdol·lar** *s* Eurodollar *m.* **'~ˌmar·ket** *s* Euromarkt *m.*

Eu·rope ['jʊərəp] *npr* Europa *n.*

Eu·ro·pe·an [ˌjʊərə'piːən] **I** *adj* europäisch: ***~ (Economic) Community*** *hist.* Europäische (Wirtschafts)Gemeinschaft; ***~ champion*** (*Sport*) Europameister(in); ***~ championship*** (*Sport*) Europameisterschaft *f.* ***~ Cup*** Europapokal *m*; ***~ Monetary System*** Europäisches Währungssystem *n*; ***~ Union*** Europäische Union. **II** *s* Europäer(in).

Eu·ro·vi·sion ['jʊərəʊˌvɪʒn] *TV* **I** *s* Eurovision *f.* **II** *adj* Eurovisions...

eu·tha·na·si·a [ˌjuːθə'neɪzjə] *s* Sterbehilfe *f*: ***active*** (***passive***) ***~.***

e·vac·u·ate [ɪ'vækjʊeɪt] *v/t Personen* evakuieren; *Gebiet etc* evakuieren, *a. Haus etc* räumen.

eˌvac·u'a·tion *s* Evakuierung *f*; Räumung *f.*

eˌvac·u'ee [~juː'iː] *s* Evakuierte *m, f.*

e·vade [ɪ'veɪd] *v/t* **1.** *e-m Schlag etc* ausweichen. **2.** sich *e-r Pflicht etc* entziehen, *et.* umgehen, vermeiden, *Steuern* hinterziehen: ***~*** (***answering***) ***a question*** e-r Frage ausweichen.

e·val·u·ate [ɪ'væljʊeɪt] *v/t* **1.** *Wert etc* schätzen, *Schaden etc* festsetzen (**at** auf *acc*). **2.** abschätzen, bewerten.

eˌval·u'a·tion *s* **1.** Schätzung *f*, Festsetzung *f.* **2.** Abschätzung *f*, Bewertung *f.*

evan·gelist [ɪ'vænʒəlɪst] *s* Prediger(in).

evan·gelize [ɪ'vænʒəlaɪz] *v/t* missionieren, zum Christentum bekehren.

e·vap·o·rate [ɪ'væpəreɪt] **I** *v/t* **1.** verdampfen *od.* verdunsten lassen. **2.** eindampfen: ***~d milk*** Kondensmilch *f.* **II** *v/i* **3.** verdampfen, verdunsten. **4.** *fig.* sich verflüchtigen, verfliegen.

eˌvap·o'ra·tion *s* Verdampfung *f*, Verdunstung *f.*

e·va·sion [ɪ'veɪʒn] *s* **1.** Umgehung *f*, Vermeidung *f*, (*Steuer*)Hinterziehung *f.* **2.** Ausflucht *f*, Ausrede *f.*

e'va·sive [~sɪv] *adj* □ **1.** ausweichend (*Antwort*): ***be ~*** ausweichen. **2.** schwer fassbar.

eve [iːv] *s* **1.** *mst* ***Eve*** Vorabend *m*, -tag *m* (*e-s Festes*). **2.** *fig.* Vorabend *m*: ***on the ~ of*** am Vorabend von (*od. gen*), kurz *od.* unmittelbar vor (*dat*).

e·ven[1] ['iːvn] *adv* **1.** sogar, selbst: ***not ~ he*** nicht einmal er; ***~ if*** selbst wenn; ***~ though*** obwohl; ***~ as a child he was ...*** schon als

Kind war er ... **2.** noch: ~ ***better*** (sogar) noch besser.

e•ven² [~] **I** *adj* **1.** eben, flach, gerade. **2.** auf *od.* in gleicher Höhe (***with*** mit). **3.** waag(e)recht. **4.** *fig.* ausgeglichen: ***of an ~ temper*** ausgeglichen; ~ ***voice*** ruhige Stimme. **5.** gleichmäßig (*Atmen etc*). **6.** *econ.* ausgeglichen (*a. Sport*): ***be ~ with*** quitt sein mit (*a. fig.*). **7.** gleich, identisch. **8.** gerade (*Zahl*). **II** *v/t* **9.** *a.* ~ ***out*** (ein)ebnen, glätten; ausgleichen; (gleichmäßig) verteilen. **10.** ~ ***up*** a) *Rechnung* aus-, begleichen, b) *Börse*: glattstellen: ~ ***things up*** sich revanchieren. **III** *v/i* **11.** *a.* ~ ***out*** eben werden (*Gelände*); sich ausgleichen; sich (gleichmäßig) verteilen. **~-'hand•ed** *adj Am.* fair, gerecht.

eve•ning ['iːvnɪŋ] *s* Abend *m*: ***in the ~*** abends, am Abend; ***on the ~ of*** am Abend (*gen*); ***last*** (***this, tomorrow***) ~ gestern (heute, morgen) Abend. ~ **class•es** *s pl ped.* Abendunterricht *m*. ~ **dress** *s* **1.** Abendkleid *n*. **2.** Frack *m*; Smoking *m*. ~ **pa•per** *s* Abendzeitung *f*. ~ **school** *s* Abendschule *f*. ~ **star** *s ast.* Abendstern *m*.

e•ven•ness ['iːvnnɪs] *s* **1.** Ausgeglichenheit *f*. **2.** Gleichmäßigkeit *f*.

e•vent [ɪ'vent] *s* **1.** Fall *m*: ***at all ~s*** auf alle Fälle; ***in any ~*** in jedem Fall; ***in the ~ of*** im Falle (*gen*). **2.** Ereignis *n*: ***before the ~*** vorher, im Voraus; ***after the ~*** hinterher, im Nachhinein. **3.** *Sport*: Disziplin *f*; Wettbewerb *m*.

ˌe•ven-'tem•pered *adj* ausgeglichen.

e'vent•ful [ɪ'ventfʊl] *adj* □ ereignisreich.

e•ven•tu•al•i•ty [ɪˌventʃʊ'ælətɪ] *s* Möglichkeit *f*, Eventualität *f*.

e'ven•tu•al•ly [~əlɪ] *adv* schließlich.

ev•er ['evə] *adv* **1.** immer (wieder), ständig: ~ ***after***(***wards***) (*od.* ***since***) seit der Zeit, seitdem. **2.** immer (*vor comp*): ~ ***larger***. **3.** je(mals): ***have you ~ been to London?*** bist du schon einmal in London gewesen?; ***hardly ~*** fast nie. **4.** ~ ***so*** *bsd. Br.* F sehr, noch so: ~ ***so simple*** ganz einfach; ~ ***so many*** unendlich viele; ***thank you ~ so much*** tausend Dank! **5.** F denn, überhaupt: ***what ~ does he want?*** was will er denn überhaupt?

'ev•er•green *s* **1.** ⚘ immergrüne Pflanze. **2.** ♪ Evergreen *m, n*.

ˌev•er-'last•ing *adj* □ **1.** ewig. **2.** *fig.* unaufhörlich. **3.** unverwüstlich, unbegrenzt haltbar.

ˌev•er'more *adj*: (***for***) ~ für immer.

ev•er•y ['evrɪ] *adv* **1.** jede(r, -s): ~ ***day*** jeden Tag, alle Tage; → ***now*** 1, ***other*** 4, ***second¹*** 1. **2.** jede(r, -s) (einzelne ... *od.* erdenkliche ...): ***her ~ wish*** jeder ihrer *od.* alle ihre Wünsche; ~ ***bit as much*** F ganz genau so viel; ***have ~ reason*** allen Grund haben. **'~ˌbo•dy** → ***everyone***. **'~•day** *adj* **1.** (all)täglich. **2.** Alltags... **3.** gewöhnlich, Durchschnitts... **'~•one** *pron* jeder(mann): ***in ~'s mouth*** in aller Munde; ***to ~'s amazement*** zum allgemeinen Erstaunen. **'~•thing** *pron* **1.** alles (***that*** was). **2.** F die Hauptsache, alles (***to*** für). **3.** ***and ~*** F und so. **'~•where** *adv* überall(hin): ~ ***he goes*** wo er auch hingeht.

e•vic•tion [ɪ'vɪkʃn] *s* Zwangsräumung *f*: ~ ***order*** Räumungsbefehl *m*.

ev•i•dence ['evɪdəns] *s* **1.** ⚖ Beweis(stück *n*, -material *n*) *m*, Beweise *pl*: ***for lack of ~*** mangels Beweisen. **2.** ⚖ (Zeugen)Aussage *f*: ***give ~*** aussagen (***for*** für; ***against*** gegen); ***give ~ of*** aussagen über (*acc*); *fig.* zeugen von; ***turn queen's*** (*od.* ***king's***, *Am.* ***state's***) ~ als Kronzeuge auftreten. **3.** (An)Zeichen *n*, Spur *f* (***of*** von *od. gen*).

ev•i•dent *adj* □ augenscheinlich, offensichtlich.

e•vil ['iːvl] **I** *adj* □ übel, böse, schlimm: ~ ***day*** Unglückstag *m*; ~ ***eye*** *der* böse Blick. **II** *s* Übel *n*, *das* Böse: ***do ~*** Böses tun; ***the lesser ~*** das kleinere Übel. **ˌ~'do•er** *s* Übeltäter(in). **ˌ~'mind•ed** *adj* □ bösartig.

e•voc•a•tive [ɪ'vɒkətɪv] *adj*: ***be ~ of*** erinnern an (*acc*).

e•voke [ɪ'vəʊk] *v/t* **1.** *Geister* beschwören, herbeirufen. **2.** *Bewunderung etc* hervorrufen; *Erinnerungen* wachrufen.

ev•o•lu•tion [ˌiːvə'luːʃn] *s* **1.** Entfaltung *f*, -wicklung *f*: ***the ~ of events*** die Entwicklung (der Dinge). **2.** *biol.* Evolution *f*.

e•volve [ɪ'vɒlv] *v/t u. v/i* (sich) entfalten *od.* -wickeln (***into*** zu).

ex¹ [eks] *prp econ.* **1.** ab: ~ ***factory*** (*od.* ***works***) ab Werk. **2.** ohne: ~ ***all*** ohne alle Dividendenrechte.

ex² [~] *s* F Verflossene *m, f*.

ex- [eks] *in Zssgn*: Ex..., ehemalig.

ex•ac•er•bate [ɪg'zæsəbeɪt] *v/t* **1.** *j-n* verärgern. **2.** *Krankheit*, *Schmerzen* verschlimmern, *Situation* verschärfen.

ex•act [ɪg'zækt] **I** *adj* (□ → ***exactly***) **1.** exakt, genau. **2.** genau, tatsächlich. **3.** methodisch, gewissenhaft (*Person*). **II** *v/t* **4.** *Gehorsam*, *Geld etc* fordern, verlangen (***from*** von). **5.** *Zahlung* eintreiben, -fordern (***from*** von).

ex'act•ing *adj* □ **1.** streng, genau. **2.** aufreibend, anstrengend. **3.** anspruchsvoll: ***be ~*** hohe Anforderungen stellen.

ex'act•i•tude [~tɪtjuːd] → ***exactness***.

ex'act•ly *adv* **1.** → ***exact***. **2.** *als Antwort*: ganz recht, genau: ***not ~*** nicht ganz *od.* direkt. **3.** *wo, wann etc* eigentlich.

ex'act•ness *s* **1.** Exaktheit *f*, Genauigkeit *f*. **2.** Gewissenhaftigkeit *f*.

ex·ag·ger·ate [ɪɡˈzædʒəreɪt] *v/t u. v/i* übertreiben.
exˌag·gerˈa·tion *s* Übertreibung *f.*
ex·alt [ɪɡˈzɔːlt] *v/t* **1.** *im Rang etc* erheben, erhöhen (***to*** zu). **2.** (lob)preisen: ~ ***to the skies*** in den Himmel heben.
ex·al·ta·tion [ˌeɡzɔːlˈteɪʃn] *s* **1.** Erhebung *f*, Erhöhung *f.* **2.** Begeisterung *f*: ***fill with*** ~ in Begeisterung versetzen.
ex·alt·ed [ɪɡˈzɔːltɪd] *adj* **1.** hoch (*Rang*, *Ideal etc*). **2.** begeistert. **3.** F übertrieben hoch (*Meinung etc*).
ex·am [ɪɡˈzæm] F → ***examination*** 2.
ex·am·i·na·tion [ɪɡˌzæmɪˈneɪʃn] *s* **1.** Untersuchung *f* (*a.* ⚕), Prüfung *f*: ***on*** ~ bei näherer Prüfung; ***be under*** ~ untersucht *od.* geprüft werden. **2.** *ped. etc* Prüfung *f*, *bsd. univ.* Examen *n*: ~ ***paper*** schriftliche Prüfung; Prüfungsarbeit *f.* **3.** ⚖ Vernehmung *f*; Verhör *n.*
exˈam·ine *v/t* **1.** untersuchen (*a.* ⚕), prüfen (***for*** auf *acc*). **2.** *ped. etc* prüfen (***in*** in *dat*; ***on*** über *acc*). **3.** ⚖ vernehmen; verhören.
exˌam·iˈnee *s ped. etc* Prüfling *m*, (Prüfungs-, *bsd. univ.* Examens)Kandidat(in).
exˈam·in·er *s ped. etc* Prüfer(in).
ex·am·ple [ɪɡˈzɑːmpl] *s* **1.** Beispiel *n* (***of*** für): ***for*** ~ zum Beispiel; ***without*** ~ beispiellos. **2.** Vorbild *n*, Beispiel *n*: ***set a good*** ~ ein gutes Beispiel geben, mit gutem Beispiel vorangehen; ***take*** ~ ***by, take as an*** ~ sich ein Beispiel nehmen an (*dat*); → ***hold up*** 2. **3.** (warnendes) Beispiel: ***make an*** ~ (***of s.o.***) (an j-m) ein Exempel statuieren; ***let this be an*** ~ ***to you*** lass dir das e-e Warnung sein.
ex·as·per·ate [ɪɡˈzæspəreɪt] *v/t* aufbringen (***against*** gegen), wütend machen.
exˈas·per·at·ed *adj* wütend, aufgebracht (***at, by*** über *acc*).
exˌas·perˈa·tion *s* Wut *f*: ***in*** ~ wütend, aufgebracht.
ex·ca·vate [ˈekskəveɪt] *v/t* **1.** aushöhlen. **2.** ausgraben, -baggern.
ˌex·caˈva·tion *s* **1.** Aushöhlung *f.* **2.** Ausgrabung *f.*
ˈex·ca·va·tor *s* Bagger *m.*
ex·ceed [ɪkˈsiːd] *v/t* **1.** *Tempolimit etc* überschreiten. **2.** hinausgehen über (*acc*): ~ ***the limit*** den Rahmen sprengen. **3.** *et., j-n* übertreffen (***in*** an *dat*).
exˈceed·ing·ly *adv* überaus, äußerst: ~ ***kind*** überfreundlich.
ex·cel [ɪkˈsel] **I** *v/t* übertreffen (***o.s.*** sich selbst). **II** *v/i* sich auszeichnen *od.* hervortun (***in, at*** in *dat*; ***as*** als).
ex·cel·lence [ˈeksələns] *s* **1.** Vorzüglichkeit *f.* **2.** *pl* Vorzüge *pl.*
ˈEx·cel·len·cy *s* Exzellenz *f* (*Titel*).
ˈex·cel·lent *adj* □ ausgezeichnet, hervorragend, vorzüglich.
ex·cept [ɪkˈsept] **I** *v/t* **1.** ausnehmen, -schließen (***from*** von): ***present company*** ~***ed*** Anwesende ausgenommen; ***nobody*** ~***ed*** ohne Ausnahme. **2.** sich *et.* vorbehalten: ~***ed perils clause*** Freizeichnungsklausel *f*; → ***error.*** **II** *prp* **3.** ausgenommen, außer, mit Ausnahme von (*od. gen*): ~ ***for*** abgesehen von, bis auf (*acc*). **III** *cj* **4.** außer: ~ ***that*** außer, dass.
exˈcept·ing *prp* → ***except*** 3.
exˈcep·tion *s* **1.** Ausnahme *f* (***to the rule*** von der Regel): ***by way of*** ~ ausnahmsweise; ***with the*** ~ ***of*** mit Ausnahme von (*od. gen*); ***without*** ~ ohne Ausnahme, ausnahmslos; ***make an*** ~ (***in s.o.'s case***) (bei j-m *od.* in j-s Fall) e-e Ausnahme machen. **2.** Einwand *m* (***to*** gegen): ***take*** ~ ***to*** Einwendungen machen gegen; Anstoß nehmen an (*dat*).
exˈcep·tion·al [~ʃənl] *adj* **1.** Ausnahme..., Sonder...: ***in*** ~ ***cases*** in Ausnahmefällen. **2.** außer-, ungewöhnlich: ~ ***items*** *pl* außerordentliche Aufwendungen *pl.*
exˈcep·tion·al·ly [~ʃnəlɪ] *adv* **1.** außergewöhnlich. **2.** ausnahmsweise.
ex·cerpt [ˈeksɜːpt] *s* Exzerpt *n*, Auszug *m* (***from*** aus).
ex·cess [ɪkˈses] **I** *s* **1.** Übermaß *n*, -fluss *m* (***of*** an *dat*): ***in*** ~ ***of*** mehr als, über (*acc*) (... hinaus); ***to*** ~ übermäßig; → ***carry*** 7. **2.** *pl* Exzesse *pl*: a) Ausschweifungen *pl*, b) Ausschreitungen *pl.* **3.** Überschuss *m.* **II** *adj* **4.** überschüssig, Über...: ~ ***baggage*** ✈ Übergepäck *n*; ~ ***capacity*** Überkapazität *f*; ~ ***demand*** Nachfrageüberschuss *m*; ~ ***fare*** (Fahrpreis)Zuschlag *m*; ~ ***postage*** Nachporto *n*, -gebühr *f*; ~ ***profits*** *pl* Mehrgewinne *pl*; ~***-profits tax*** Übergewinnsteuer *f.*
exˈcess·ive *adj* □ übermäßig, -trieben: ~ ***prices*** *pl* überhöhte Preise *pl.*
ex·change [ɪksˈtʃeɪndʒ] **I** *v/t* **1.** (***for***) aus-, umtauschen (gegen), vertauschen (mit). **2.** eintauschen, *Geld a.* (um-) wechseln (***for*** gegen). **3.** *Blicke*, *die Plätze etc* tauschen, *Blicke* wechseln, *Gedanken*, *Gefangene etc* austauschen: ~ ***blows*** aufeinander einschlagen; ~ ***words*** e-n Wortwechsel haben. **4.** *tech.* auswechseln. **II** *s* **5.** (Aus-, Um)Tausch *m*: ***in*** ~ als Ersatz, dafür; ***in*** ~ ***for*** (im Austausch) gegen, (als Entgelt) für; ~ ***of letters*** Brief-, Schriftwechsel *m*; ~ ***of shots*** Schusswechsel *m*; ~ ***of views*** Gedanken-, Meinungsaustausch *m.* **6.** *econ.* (Um-) Wechseln *n*: ~ ***control*** Devisenkontrolle *f*; ~ ***loss*** Wechselkursverlust *m*; ~ ***pro-fits*** *pl* Wechselkursgewinn *m*; ***rate of*** ~, ~ ***rate*** Wechselkurs *m*; ~***-rate adjustment*** Wechselkursanpassung *f*; ~***-rate fluctuation***

band Bandbreite *f* der Wechselkurse; **~-rate mechanism** Wechselkursmechanismus *m*; **~ rate parity** Wechselkursparität *f*; **~ risk** Wechselkursrisiko *n*; **~ stabilization fund** Währungsausgleichsfonds *m*; **~ trader** Devisenhändler *m*; → **bill²** 3, **foreign** 1. **7.** *econ.* Börse *f*. **8.** *a.* **~ office** Wechselstube *f*. **9.** (Fernsprech)Amt *n*, Vermittlung *f*.

ex'change·a·ble *adj* **1.** aus-, umtauschbar (**for** gegen). **2.** Tausch...

Ex·cheq·uer [ɪks'tʃekə] *s Br.* Finanzministerium *n*: → **chancellor.**

ex·cise| du·ty, ~ tax ['eksaɪz] *s* Verbrauchssteuer *f*.

ex·cit·a·ble [ɪk'saɪtəbl] *adj* reizbar, (leicht) erregbar.

ex'cite *v/t* **1.** *j-n* er-, aufregen: **get ~d** sich aufregen (**over** über *acc*). **2.** *j-n* (an-, auf)reizen, aufstacheln. **3.** *Interesse etc* erregen, (er)wecken, *Appetit*, *Phantasie* anregen.

ex'cit·ed *adj* □ erregt, aufgeregt.

ex'cite·ment *s* Er-, Aufregung *f*.

ex'cit·ing *adj* □ er-, aufregend, spannend.

ex·claim [ɪk'skleɪm] **I** *v/i* (auf)schreien. **II** *v/t et.* (aus)rufen.

ex·cla·ma·tion [ˌekskləˈmeɪʃn] *s* Ausruf *m*, (Auf)Schrei *m*: **~ of pain** Schmerzensschrei; **~ mark** (*Am. a.* **point**) Ausrufe-, Ausrufungszeichen *n*.

ex·clude [ɪk'skluːd] *v/t j-n*, *Möglichkeit etc* ausschließen (**from** von, aus).

ex'clud·ing *prp* ausgenommen, nicht inbegriffen.

ex·clu·sion [ɪk'skluːʒn] *s* Ausschluss *m* (**from** von, aus): **to the ~ of** unter Ausschluss von (*od. gen*); **~ clause** Ausschlussklausel *f*.

ex'clu·sive I *adj* **1.** ausschließend: **~ of** ausschließlich, abgesehen von, ohne; **be ~ of s.th.** et. ausschließen; **be mutually ~** einander ausschließen. **2.** ausschließlich, Allein...; Exklusiv...: **~ distribution** Alleinvertrieb *m*; **~ right** Exklusivrecht *n*; **~ selling right** Alleinverkaufsrecht *n*. **3.** exklusiv. **II** *s* **4.** Exklusivbericht *m*.

ex·com·mu·ni·cate [ˌekskəˈmjuːnɪkeɪt] *v/t eccl.* exkommunizieren.

'ex·comˌmu·ni'ca·tion *s* Exkommunikation *f*.

ex·cre·ment ['ekskrɪmənt] *s* Kot *m*, Exkremente *pl*.

ex·crete [ɪk'skriːt] *v/t* absondern, ausscheiden.

ex'cre·tion *s* Absonderung *f*, Ausscheidung *f*.

ex·cru·ci·at·ing [ɪk'skruːʃɪeɪtɪŋ] *adj* □ qualvoll (**to** für).

ex·cur·sion [ɪk'skɜːʃn] *s* Ausflug *m*, *fig. a.* Abstecher *m* (**into politics** in die Politik): **go on an ~** e-n Ausflug machen.

ex'cur·sion·ist *s* Ausflügler(in).

ex·cus·a·ble [ɪk'skjuːzəbl] *adj* □ entschuldbar, verzeihlich.

ex·cuse I *v/t* [ɪk'skjuːz] **1.** *j-n*, *et.* entschuldigen, *j-m*, *et.* verzeihen: **~ me** entschuldigen Sie!, Verzeihung!; **~ me for being late, ~ my being late** entschuldige mein Zuspätkommen; **~ o.s.** sich entschuldigen. **2.** für *et.* e-e Entschuldigung finden: **I cannot ~ his conduct** ich kann sein Verhalten nicht gutheißen. **3. ~ s.o. from s.th.** j-n von et. befreien, j-m et. erlassen: **he begs to be ~d** er lässt sich entschuldigen. **II** *s* [ɪk'skjuːs] **4.** Entschuldigung *f*: **offer** (*od.* **make**) **an ~** sich entschuldigen; **in ~ of** als Entschuldigung für. **5.** Entschuldigung(sgrund *m*) *f*, Rechtfertigung *f*: **without** (**good**) **~** unentschuldigt. **6.** Ausrede *f*.

ex·di·rec·to·ry [ˌeksdɪ'rektərɪ] *adj*: **~ number** *teleph. Br.* Geheimnummer *f*.

ex·e·cute ['eksɪkjuːt] *v/t* **1.** *Auftrag*, *Plan etc* aus-, durchführen, *Vertrag* erfüllen. **2.** ♪ vortragen, spielen. **3.** ⚖ *Urteil* vollziehen, -strecken; *j-n* hinrichten (**for** wegen).

ˌex·e'cu·tion *s* **1.** Aus-, Durchführung *f*, Erfüllung *f*: **carry** (*od.* **put**) **into ~** → **execute** 1. **2.** ♪ Vortrag *m*, Spiel *n*. **3.** ⚖ Vollziehung *f*, -streckung *f*; Hinrichtung *f*.

ˌex·e'cu·tion·er *s* Henker *m*, Scharfrichter *m*.

ex·ec·u·tive [ɪg'zekjʊtɪv] **I** *adj* □ **1.** ausübend, vollziehend, *pol.* Exekutiv...: **~ power** (*od.* **authority**) → 3. **2.** *econ.* geschäftsführend, leitend: **~ board** Vorstand *m*; **~ post** (*od.* **position**) leitende Stellung; **~ secretary** Chefsekretärin *f*; **~ staff** leitende Angestellte *pl*. **II** *s* **3.** *pol.* Exekutive *f*. **4.** *a.* **senior ~** *econ.* leitender Angestellter, leitende Angestellte.

ex·e·cu·tor [ɪg'zekjʊtə] *s* Testamentsvollstrecker *m*.

ex·em·pla·ry [ɪg'zemplərɪ] *adj* □ **1.** exemplarisch: a) beispiel-, musterhaft, b) warnend, abschreckend. **2.** typisch, Muster...

ex·em·pli·fy [ɪg'zemplɪfaɪ] *v/t* veranschaulichen: a) durch Beispiele erläutern, b) als Beispiel dienen für.

ex·empt [ɪg'zempt] **I** *v/t j-n* befreien (**from** von *Steuern*, *Verpflichtungen etc*), freistellen (**from military service** vom Wehrdienst): **~ed amount** *econ.* (Steuer)Freibetrag *m*. **II** *adj* befreit, ausgenommen (**from** von): **~ from taxation** steuerfrei.

ex'emp·tion *s* Befreiung *f*, Freistellung *f*: **~ from liability** Haftungsausschluss *m*; **~ from taxes** Steuerfreiheit *f*.

ex·er·cise ['eksəsaɪz] **I** *s* **1.** Ausübung *f*, Geltendmachung *f.* **2.** (*körperliche od. geistige*) Übung, (körperliche) Bewegung: ***do one's ~s*** Gymnastik machen; ***take ~*** sich Bewegung machen; ***~ bicycle*** Zimmerfahrrad *n*; ***~ therapy*** ⚕ Bewegungstherapie *f.* **3.** *mst pl mil.* Übung *f*, Manöver *n.* **4.** Übung(sarbeit) *f*, Schulaufgabe *f*: ***~ book*** Schul-, Schreibheft *n.* **5.** ♪ Übung(sstück *n*) *f.* **II** *v/t* **6.** *Amt, Recht, Macht etc* ausüben, *Einfluss, Macht etc* geltend machen. **7.** *Körper, Geist* üben, trainieren. **8.** *Geduld etc* üben. **III** *v/i* **9.** sich Bewegung machen. **10.** *Sport etc*: üben, trainieren. **11.** *mil.* exerzieren.

'ex·er·cis·er *s* Trainingsgerät *n*, Hometrainer *m.*

ex·ert [ɪg'zɜːt] *v/t* **1.** *Druck, Einfluss etc* ausüben (***on*** auf *acc*), *Autorität* geltend machen. **2.** ***~ o.s.*** sich bemühen (***for*** um; ***to do*** zu tun), sich anstrengen.

ex'er·tion *s* **1.** Ausübung *f*, Geltendmachung *f.* **2.** Anstrengung *f.*

ex·e·unt ['eksɪʌnt] *thea. Bühnenanweisung*: (sie gehen) ab: ***~ omnes*** alle ab.

ex gra·tia [eks'greɪʃjə] *adj* freiwillig: ***~ payment*** Kulanzzahlung *f.*

ex·ha·la·tion [ˌekshə'leɪʃn] *s* **1.** Ausatmen *n.* **2.** Verströmen *n.* **3.** Gas *n*; Rauch *m.*

ex·hale [~'heɪl] *v/t* **1.** (*a. v/i*) ausatmen. **2.** *Gas, Geruch etc* verströmen, *Rauch* ausstoßen.

ex·haust [ɪg'zɔːst] **I** *v/t* erschöpfen: a) *Vorräte* ver-, aufbrauchen, b) *j-n* ermüden, entkräften, c) *j-s Kräfte* strapazieren: ***~ s.o.'s patience*** j-s Geduld erschöpfen, d) *Thema* erschöpfend ab- *od.* behandeln: ***~ all possibilities*** alle Möglichkeiten ausschöpfen. **II** *s tech.* a) *a.* ***~ fumes*** *pl* Auspuff-, Abgase *pl*, b) Auspuff *m*: ***~ pipe*** Auspuffrohr *n.*

ex'haust·ed *adj* **1.** verbraucht, erschöpft, aufgebraucht (*Vorräte*), vergriffen (*Auflage*). **2.** erschöpft, entkräftet.

ex'haust·ing *adj* erschöpfend, strapaziös.

ex'haus·tion *s* Erschöpfung *f*: a) völliger Verbrauch, b) Entkräftung *f.*

ex'haus·tive *adj* □ *fig.* erschöpfend.

ex·hib·it [ɪg'zɪbɪt] **I** *v/t* **1.** *Bilder etc* ausstellen. **2.** *fig.* zeigen, an den Tag legen; zur Schau stellen. **II** *v/i* **3.** ausstellen (***at a fair*** auf e-r Messe). **III** *s* **4.** Ausstellungsstück *n*, Exponat *n.* **5.** ⚖ Beweisstück *n.*

ex·hi·bi·tion [ˌeksɪ'bɪʃn] *s* **1.** Ausstellung *f*: ***be on ~*** ausgestellt *od.* zu sehen sein; ***make an ~ of o.s.*** sich lächerlich *od.* zum Gespött machen. **2.** *fig.* Zurschaustellung *f.* **3.** *univ. Br.* Stipendium *n.*

ˌex·hi'bi·tion·ism *s psych. u. fig.* Exhibitionismus *m.*

ˌex·hi'bi·tion·ist *psych. u. fig.* **I** *s* Exhibitionist(in). **II** *adj* exhibitionistisch.

ex·hib·i·tor [ɪg'zɪbɪtə] *s* Aussteller(in).

ex·hort [ɪg'zɔːt] *v/t* ermahnen (***to*** zu; ***to do*** zu tun).

ex·hor·ta·tion [ˌegzɔː'teɪʃn] *s* Ermahnung *f.*

ex·hu·ma·tion [ˌekshjuː'meɪʃn] *s* Exhumierung *f.*

ex'hume *v/t Leiche* exhumieren.

ex·i·gence, ex·i·gen·cy ['eksɪdʒəns(ɪ)] *s* **1.** Dringlichkeit *f.* **2.** Not(lage) *f.* **3.** *mst pl* Erfordernis *n.*

'ex·i·gent *adj* **1.** dringend, drängend. **2.** anspruchsvoll.

ex·ile ['eksaɪl] **I** *s* **1.** Exil *n*; Verbannung *f*: ***go into ~*** ins Exil gehen; ***live in ~*** im Exil *od.* in der Verbannung leben; ***send into ~*** → 3; ***government in ~*** Exilregierung *f.* **2.** im Exil Lebende *m, f*; Verbannte *m, f.* **II** *v/t* **3.** ins Exil schicken; verbannen (***from*** aus), in die Verbannung schicken.

ex·ist [ɪg'zɪst] *v/i* **1.** existieren, vorkommen: ***do such things ~?*** gibt es so etwas?; ***right to ~*** Existenzberechtigung *f.* **2.** existieren, leben (***on*** von). **3.** existieren, bestehen.

ex'ist·ence *s* **1.** Existenz *f*, Vorkommen *n*: ***call into ~*** ins Leben rufen; ***come into ~*** entstehen; ***be in ~*** → ***exist*** 3; ***remain in ~*** weiter bestehen. **2.** Existenz *f*, Leben *n*, Dasein *n.* **3.** Existenz *f*, Bestand *m.*

ex'ist·ent *adj* **1.** existierend, bestehend, vorhanden. **2.** gegenwärtig, augenblicklich.

ex·is·ten·tial·ism [ˌegzɪ'stenʃəlɪzəm] *s phls.* Existentialismus *m*, Existenzialismus *m.*

ex·it ['eksɪt] **I** *s* **1.** Ausgang *m.* **2.** *thea.* Abgang *m.* **3.** (Autobahn)Ausfahrt *f.* **4.** Ausreise *f*: ***~ visa*** Ausreisevisum *n.* **II** *v/i* **5.** *thea. Bühnenanweisung*: (er, sie, es geht) ab: ***~ Macbeth*** Macbeth ab. **6.** *Computer*: (das Programm) beenden.

ex·o·dus ['eksədəs] *s* Ab-, Auswanderung *f*: ***rural ~*** Landflucht *f.*

ex·on·er·ate [ɪg'zɒnəreɪt] *v/t* **1.** *Angeklagten etc* entlasten (***from*** von). **2.** *j-n* befreien, entbinden (***from*** von *e-r Pflicht etc*).

exˌon·er'a·tion *s* **1.** Entlastung *f.* **2.** Befreiung *f*, Entbindung *f.*

ex·or·bi·tance [ɪg'zɔːbɪtəns] *s* Unverschämtheit *f*, Maßlosigkeit *f.*

ex'or·bi·tant *adj* □ unverschämt: a) astronomisch: ***~ price*** Fantasiepreis *m*, b) übertrieben, maßlos (*Forderung etc*).

ex·or·cism ['eksɔːsɪzəm] *s* Exorzismus *m*, Geisterbeschwörung *f*, Teufelsaustreibung *f.*

'ex·or·cist *s* Exorzist(in), Geisterbeschwörer(in), Teufelsaustreiber(in).

ex·or·cize ['~saɪz] *v/t* **1.** *böse Geister* austreiben, beschwören. **2.** *j-n, e-n Ort* von bösen Geistern befreien, *j-m* den Teufel austreiben.

ex·ot·ic [ɪɡ'zɒtɪk] *adj* (*~ally*) exotisch.

ex·pand [ɪk'spænd] **I** *v/t* **1.** ausbreiten, -spannen. **2.** *econ., phys. etc, a. fig.* ausdehnen, -weiten, erweitern: ***~ed memory*** *Computer*: erweiterter Speicher; ***~ed type*** breiter gesetzte Schrift. **II** *v/i* **3.** *econ., phys. etc, a. fig.* sich ausdehnen *od.* erweitern, *econ. a.* expandieren. **4.** *fig.* (*vor Stolz etc*) aufblühen; aus sich herausgehen. **5.** *fig.* sich auslassen *od.* verbreiten (***on*** über *acc*).

ex'pand·er *s Sport*: Expander *m*.

ex·panse [~'spæns] *s* weite Fläche, Weite *f*.

ex'pan·sion *s* **1.** Ausbreitung *f*. **2.** *econ., phys. etc, a. fig.* Ausdehnung *f*, -weitung *f*, Erweiterung *f*; *pol.* Expansion *f*: ***~ card*** *Computer*: Erweiterungskarte *f*.

ex'pan·sive *adj* □ **1.** ausdehnungsfähig. **2.** ausgedehnt, weit. **3.** *fig.* mitteilsam.

ex·pa·tri·ate [eks'pætrɪeɪt] **I** *v/t* ausbürgern. **II** *adj* [~ət] ausgebürgert. **III** *s* [~ət] Ausgebürgerte *m, f*.

ex͵pa·tri'a·tion *s* Ausbürgerung *f*.

ex·pect [ɪk'spekt] **I** *v/t* **1.** *j-n, et.* erwarten: ***~ s.o. to do s.th.*** erwarten, dass j-d et. tut; ***~ s.th. of*** (*od.* ***from***) ***s.o.*** et. von j-m erwarten: ***~ed useful life*** voraussichtliche Nutzungsdauer; ***~ed profits*** *pl* Gewinnerwartung *f*. **2.** F vermuten, glauben: ***I ~ so*** ich nehme es an. **II** *v/i* **3.** ***be ~ing*** F in anderen Umständen sein.

ex'pec·tan·cy *s* Erwartung *f*: ***look of ~*** erwartungsvoller Blick.

ex'pec·tant *adj* □ **1.** ***~ mother*** werdende Mutter. **2.** erwartungsvoll.

ex·pec·ta·tion [͵ekspek'teɪʃn] *s* Erwartung *f*: ***in ~ of*** in Erwartung (*gen*); ***beyond*** (***all***) ***~(s)*** über Erwarten; ***against all*** (*od.* ***contrary to*** [***all***]) ***~(s)*** wider Erwarten; ***come up to ~s*** den Erwartungen entsprechen; ***fall short of s.o.'s ~s*** hinter j-s Erwartungen zurückbleiben; ***~ of life*** Lebenserwartung.

ex·pe·di·ence, ex·pe·di·en·cy [ɪk'spiːdjəns(ɪ)] *s* **1.** Zweckdienlichkeit *f*, Nützlichkeit *f*. **2.** Eigennutz *m*.

ex'pe·di·ent I *adj* **1.** ratsam, angebracht. **2.** zweckdienlich, -mäßig, nützlich. **3.** eigennützig. **II** *s* **4.** (Hilfs)Mittel *n*, (Not)Behelf *m*.

ex'pe·di·ent·ly *adv* zweckmäßigerweise.

ex·pe·dite ['ekspɪdaɪt] *v/t* beschleunigen.

ex·pe·di·tion [͵~'dɪʃn] *s* **1.** Expedition *f*: ***on an ~*** auf e-r Expedition. **2.** Eile *f*, Schnelligkeit *f*.

͵ex·pe'di·tious *adj* □ schnell, rasch, prompt.

ex·pel [ɪk'spel] *v/t* (***from***) **1.** vertreiben (aus). **2.** ausweisen (aus), verweisen (*des Landes*), *schweiz.* ausschaffen. **3.** ausschließen (aus, von).

ex·pen·di·ture [ɪk'spendɪtʃə] *s* **1.** Aufwand *m*, Verbrauch *m* (***of*** an *dat*). **2.** Ausgaben *pl*, (Kosten)Aufwand *m*; ***~ cut*** Ausgabenkürzung *f*.

ex·pense [ɪk'spens] *s* **1.** → ***expenditure*** 2: ***at s.o.'s ~*** auf j-s Kosten (*a. fig.*); ***spare no ~*** keine Kosten scheuen. **2.** *pl* Aufwendungen *pl*, Unkosten *pl*, Spesen *pl*: ***~s paid*** Kostenrückvergütung *f*; ***legal ~s*** Anwaltskosten *pl*; ***travel(l)ing ~s*** Reisespesen; ***~ account*** Spesenkonto *n*; ***~-account rider*** Spesenritter; ***~ allowance*** Spesensatz *m*; ***~ budgeting*** Kostenplanung *f*; ***~ report*** Spesenabrechnung *f*.

ex'pen·sive *adj* □ teuer, kostspielig.

ex·pe·ri·ence [ɪk'spɪərɪəns] **I** *s* **1.** Erfahrung *f*: a) (Lebens)Praxis *f*: ***by*** (*od.* ***from***) ***~*** aus Erfahrung; ***in my ~*** nach m-r Erfahrung, b) Fach-, Sachkenntnis *f*; Routine *f*. **2.** Erlebnis *n*. **II** *v/t* **3.** erfahren: a) kennen lernen, b) erleben, c) *Schmerzen, Verluste etc* erleiden, *et.* durchmachen, *Vergnügen etc* empfinden.

ex'pe·ri·enced *adj* erfahren; berufserfahren.

ex·per·i·ment I *s* [ɪk'sperɪmənt] Experiment *n*, Versuch *m* (***on*** an *dat*; ***with*** mit): ***~ on animals*** Tierversuch. **II** *v/i* [~ment] experimentieren, Versuche anstellen (***on*** an *dat*; ***with*** mit).

ex·per·i·men·tal [ek͵sperɪ'mentl] *adj* □ experimentell, Versuchs...: ***~ animal*** Versuchstier *n*.

ex͵per·i·men'ta·tion *s* Experimentieren *n*.

ex·pert ['ekspɜːt] **I** *adj* **1.** (***at, in*** in *dat*) erfahren; geschickt: ***be ~ at*** Erfahrung haben in. **2.** fachmännisch, fach-, sachkundig: ***~ knowledge*** Fach-, Sachkenntnis *f*; ***~ opinion*** Gutachten *n*; ***~ system*** *Computer*: Expertensystem *n*. **II** *s* **3.** (***at, in*** in *dat*; ***on*** auf dem Gebiet *gen*) Fachmann *m*, -frau *f*, Experte *m*, Expertin *f*; Sachverständige *m, f*, Gutachter(in): ***~ on disarmament*** Abrüstungsexperte, -expertin.

ex·per·tise [͵~'tiːz] *s* **1.** Expertise *f*, Gutachten *n*. **2.** Fach-, Sachkenntnis *f*.

ex·pi·ate ['ekspɪeɪt] *v/t* sühnen, (ab)büßen.

͵ex·pi'a·tion *s* Sühne *f*, Buße *f*.

ex·pi·ra·tion [͵ekspɪ'reɪʃn] *s* **1.** Ablauf *m*, Erlöschen *n*, Ende *n*: ***at*** (*od.* ***on***) ***the ~ of*** nach Ablauf (*gen*). **2.** Verfall *m*: ***~ date*** Verfallstag *m*, -datum *n*. **3.** *econ.* Fälligwerden *n*.

ex·pire [ɪk'spaɪə] *v/i* **1.** ablaufen (*Frist, Pass etc*), erlöschen (*Konzession, Patent etc*), enden. **2.** ungültig werden, verfallen. **3.** *econ.* fällig werden.

ex'pi·ry → ***expiration*** 1.

ex·plain [ɪk'spleɪn] *v/t* erklären: a) erläutern

E

(***s.th. to s.o.*** j-m et.), b) begründen, rechtfertigen: ~ ***s.th. away*** e-e einleuchtende Erklärung für et. finden; sich aus et. herausreden; ~ ***o.s.*** sich erklären; sich rechtfertigen.

ex·pla·na·tion [ˌekspləˈneɪʃn] *s* Erklärung *f* (***for, of*** für *od. gen*): a) Erläuterung *f*: ***in ~ of*** als Erklärung für, b) Begründung *f*, Rechtfertigung *f*.

E

ex·plan·a·to·ry [ɪkˈsplænətərɪ] *adj* □ erklärend, erläuternd.

ex·ple·tive [ɪkˈspliːtɪv] *s* **1.** *ling*. Füllwort *n*. **2.** Fluch *m*; Kraftausdruck *m*.

ex·pli·ca·ble [ɪkˈsplɪkəbl] *adj* erklärbar, erklärlich.

ex·plic·it [ɪkˈsplɪsɪt] *adj* □ **1.** ausdrücklich, deutlich. **2.** ausführlich. **3.** offen, deutlich (***about, on*** in Bezug auf *acc*): (***sexually***) ~ freizügig (*Film etc*).

ex·plode [ɪkˈspləʊd] **I** *v/t* **1.** zur Explosion bringen; (in die Luft) sprengen. **2.** *Gerüchten etc* den Boden entziehen, *Theorie etc* widerlegen, *Mythos etc* zerstören. **II** *v/i* **3.** explodieren; in die Luft fliegen. **4.** *fig*. ausbrechen (***into, with*** in *acc*), platzen (***with, in*** vor *dat*). **5.** *fig*. sprunghaft ansteigen, sich explosionsartig vermehren (*bsd. Bevölkerung*).

ex·ploit **I** *s* [ˈeksplɔɪt] **1.** (Helden)Tat *f*. **2.** Großtat *f*, große Leistung. **II** *v/t* [ɪkˈsplɔɪt] **3.** *et.* auswerten, *Patent etc* (*kommerziell*) verwerten, *Erzvorkommen etc* ausbeuten, abbauen; *b.s. j-n, et.* ausbeuten.

ˌex·ploiˈta·tion [ˌeks~] *s* Auswertung *f*, Verwertung *f*, Ausbeutung *f*, Abbau *m*.

ex·plo·ra·tion [ˌeksplə'reɪʃn] *s* **1.** Erforschung *f*. **2.** Untersuchung *f*.

ex·plor·a·to·ry [ekˈsplɒrətərɪ] *adj* Forschungs...: ~ ***talks*** *pl* Sondierungsgespräche *pl*.

ex·plore [ɪkˈsplɔː] *v/t* **1.** *Land* erforschen. **2.** erforschen, untersuchen, sondieren.

exˈplor·er *s* Forscher(in), Forschungsreisende *m, f*.

ex·plo·sion [ɪkˈspləʊʒn] *s* **1.** Explosion *f*; Sprengung *f*. **2.** *fig*. Widerlegung *f*, Zerstörung *f*. **3.** *fig*. Ausbruch *m*: ~ ***of loud laughter*** Lachsalve *f*. **4.** *fig*. sprunghafter Anstieg, (*Bevölkerungs*)Explosion *f*.

exˈplo·sive [~sɪv] **I** *adj* □ **1.** explosiv (*a. fig.*), Spreng...: ~ ***problem*** brisantes Problem. **2.** *fig*. aufbrausend (*Temperament*). **II** *s* **3.** Sprengstoff *m*.

ex·po·nent [ɪkˈspəʊnənt] *s* **1.** & Exponent *m*, Hochzahl *f*. **2.** Vertreter(in); Verfechter(in).

ex·port **I** *v/t u. v/i* [ɪkˈspɔːt] **1.** exportieren, ausführen: ~***ing country*** Ausfuhrland *n*; ~***ing firm*** Exportfirma *f*. **II** *s* [ˈekspɔːt] **2.** Export *m*, Ausfuhr *f*. **3.** *pl* (Gesamt)Export *m*, (-)Ausfuhr *f*; Exportgüter *pl*, Ausfuhrware *f*. **III** *adj* [ˈeks~] **4.** Export..., Ausfuhr...: ~ ***credit insurance*** Exportkreditversicherung *f*; ~ ***department*** Exportabteilung *f*; ~***-dependent*** exportabhängig; ~ ***firm*** Exportfirma *f*; ~ ***incentives*** *pl* Exportanreize *pl*; ~***-led expansion*** exportinduziertes Wachstum; ~ ***licence*** (*Am.* ***license***) Exportlizenz *f*; ~ ***promotion*** Exportförderung *f*; ~ ***restriction*** Exportbeschränkung *f*; ~ ***surplus*** Exportüberschuss *m*; ~ ***trade*** Exportgeschäft *n*, Ausfuhrhandel *m*.

exˈport·er [ɪkˈsp~] *s* Exporteur(in).

ex·pose [ɪkˈspəʊz] *v/t* **1.** *Kind* aussetzen. **2.** *Waren* ausstellen (***for sale*** zum Verkauf). **3.** ~ ***to*** *fig. dem Wetter, e-r Gefahr etc* aussetzen, *der Lächerlichkeit etc* preisgeben: ~ ***o.s.*** sich exponieren; ~ ***o.s. to ridicule*** sich zum Gespött (der Leute) machen. **4.** *fig. j-n* bloßstellen; *j-n* entlarven, *Spion a.* enttarnen; *et.* aufdecken, entlarven, enthüllen. **5.** entblößen. **6.** *phot*. belichten.

exˈposed *adj* ungeschützt (*Haus, Lage etc*), (*a. fig. Stellung etc*) exponiert.

ex·po·si·tion [ˌekspəʊˈzɪʃn] *s* **1.** Ausstellung *f*. **2.** Exposition *f* (*e-s Dramas*).

ex·po·sure [ɪkˈspəʊʒə] *s* **1.** (Kindes)Aussetzung *f*. **2.** *fig*. Aussetzen *n*, Preisgabe *f* (***to*** *dat*). **3.** *fig*. Ausgesetztsein *n* (***to*** *dat*): ***die of ~*** an Unterkühlung sterben. **4.** Bloßstellung *f*; Entlarvung *f*, Enttarnung *f*; Aufdeckung *f*, Enthüllung *f*. **5.** Entblößung *f*. **6.** ungeschützte *od.* exponierte Lage. **7.** *phot*. a) Belichtung *f*: ~ ***meter*** Belichtungsmesser *m*, b) Aufnahme *f*. **8.** Lage *f* (*e-s Gebäudes*): ***southern ~*** Südlage.

ex·pound [ɪkˈspaʊnd] *v/t* erklären, erläutern, *Theorie etc* entwickeln (***to s.o.*** j-m).

ex·press [ɪkˈspres] **I** *v/t* **1.** ausdrücken, äußern: ~ ***the hope that*** der Hoffnung Ausdruck geben, dass; ~ ***o.s.*** sich äußern; sich ausdrücken. **2.** bezeichnen, bedeuten. **3.** *Br.* durch Eilboten *od.* als Eilgut schicken. **II** *adj* □ **4.** ausdrücklich. **5.** Express..., Schnell...: ~ ***letter*** *Br.* Eilbrief *m*; ~ ***train*** → 9. **III** *adv* **6.** eigens. **7.** *Br.* durch Eilboten, als Eilgut. **IV** *s* **8.** *Br.* Eilbote *m*; -beförderung *f*. **9.** D-Zug *m*, Schnellzug *m*.

ex·pres·sion [ɪkˈspreʃn] *s* **1.** Ausdruck *m*, Äußerung *f*: ***find ~ in*** sich ausdrücken *od.* äußern in (*dat*); ***give ~ to*** *e-r Sache* Ausdruck verleihen; ***beyond*** (*od.* ***past***) ~ unsagbar. **2.** Ausdruck *m*, Redensart *f*. **3.** (Gesichts)Ausdruck *m*. **4.** Ausdruck(skraft *f*) *m*.

exˈpres·sion·ism *s Kunst*: Expressionismus *m*.

exˈpres·sion·ist (*Kunst*) **I** *s* Expressionist(in). **II** *adj* expressionistisch.

ex'pres·sion·less *adj* ausdruckslos.
ex'pres·sive *adj* □ **1.** ***be ~ of*** *et.* ausdrücken. **2.** ausdrucksvoll.
ex'press·way *s bsd Am.* Schnellstraße *f.*
ex·pro·pri·ate [eks'prəʊprɪeɪt] *v/t* ⚖ enteignen.
ex,pro·pri'a·tion *s* Enteignung *f.*
ex·pul·sion [ɪk'spʌlʃn] *s* (***from***) **1.** Vertreibung *f* (aus). **2.** Ausweisung *f* (aus). **3.** Ausschluss *m* (aus, von).
ex·qui·site ['ekskwɪzɪt] *adj* □ **1.** exquisit, köstlich, erlesen. **2.** gepflegt, erlesen (*Wein etc*). **3.** äußerst fein (*Gehör etc*). **4.** heftig (*Schmerz*), groß (*Vergnügen*).
ex-ser·vice·man [ˌeks'sɜːvɪsmən] *s* (*irr* ***man***) *mil. bsd. Br.* Veteran *m.*
ext. ***extension*** *teleph.* Apparat *m.*
ex·tant [ek'stænt] *adj* noch vorhanden *od.* bestehend.
ex·tem·po·ra·ne·ous [ekˌstempə'reɪnjəs], **ex·tem·po·rar·y** [ɪk'stempərərɪ] *adj* □ improvisiert, aus dem Stegreif, Stegreif...
ex·tem·po·re [ek'stempərɪ] *adj u. adv* improvisiert, aus dem Stegreif.
ex·tem·po·rize [ɪk'stempəraɪz] *v/t* aus dem Stegreif darbieten *od.* vortragen, (*a. v/i*) improvisieren.
ex·tend [ɪk'stend] **I** *v/t* **1.** (aus)dehnen, (-)weiten: ***~ed family*** Großfamilie *f.* **2.** *Betrieb etc* vergrößern, erweitern, ausbauen: ***~ed memory*** *Computer*: Zusatzspeicher *m.* **3.** *Hand etc* ausstrecken. **4.** *Besuch, Macht, Vorsprung etc* ausdehnen (***to*** auf *acc*), *Frist, Pass etc* verlängern, *econ. a.* prolongieren, *Angebot etc* aufrechterhalten. **5. *~ o.s.*** sich völlig verausgaben. **II** *v/i* **6.** sich ausdehnen *od.* erstrecken (***over*** über *acc*; ***to*** bis zu); hinausgehen (***beyond*** über *acc*).
ex·ten·sion [ɪk'stenʃn] *s* **1.** Ausdehnung *f* (*a. fig.*: ***to*** auf *acc*). **2.** Vergrößerung *f*, Erweiterung *f.* **3.** (Frist)Verlängerung *f*, *econ. a.* Stundung *f*, Prolongation *f.* **4.** ⚠ Erweiterung *f*, Anbau *m.* **5.** *teleph.* Nebenanschluss *m*, Apparat *m.* **~ ca·ble** *s* ⚡ *bsd. Br.* Verlängerungsschnur *f.* **~ cord** *Am.* → ***extension cable.*** **~ lad·der** *s* Ausziehleiter *f.* **~ lead** → ***extension cable.*** **~ num·ber** *s teleph.* a) Durchwahl *f*, b) Apparat *m.*
ex·ten·sive [ɪk'stensɪv] *adj* □ **1.** ausgedehnt (*a. fig.*). **2.** *fig.* umfassend; eingehend; beträchtlich.
ex·tent [ɪk'stent] *s* **1.** Ausdehnung *f.* **2.** *fig.* Umfang *m*, (Aus)Maß *n*, Grad *m*: ***to a large ~*** in hohem Maße, weitgehend; ***to some*** (*od.* ***a certain***) ~ bis zu e-m gewissen Grade; ***to such an ~ that*** so sehr, dass.
ex·ten·u·ate [ɪk'stenjʊeɪt] *v/t* abschwächen, mildern: ***extenuating circumstances*** *pl* ⚖ mildernde Umstände *pl.*
ex,ten·u'a·tion *s* Abschwächung *f*, Milderung *f.*
ex·te·ri·or [ɪk'stɪərɪə] **I** *adj* □ **1.** äußer, Außen... **II** *s* **2.** *das* Äußere: a) Außenseite *f*, b) äußere Erscheinung (*e-r Person*). **3.** *Film, TV*: Außenaufnahme *f.*
ex·ter·mi·nate [ɪk'stɜːmɪneɪt] *v/t* ausrotten (*a. fig.*), vernichten, *Ungeziefer, Unkraut etc a.* vertilgen.
ex,ter·mi'na·tion *s* Ausrottung *f*, Vernichtung *f*, Vertilgung *f.*
ex·ter·nal [ɪk'stɜːnl] **I** *adj* □ äußer, äußerlich, Außen...: ***for ~ use*** ⚕ zum äußerlichen Gebrauch; ***~ to*** außerhalb (*gen*); ***~ computer*** externer Rechner; ***~ market*** *EG* Außenmarkt *m*; ***~ memory*** (*od.* ***storage***) *Computer*: externer Speicher; ***~ rate of duty*** *EG* Außenzollsatz *m.* **II** *s pl* Äußerlichkeiten *pl.*
ex·ter·ri·to·ri·al ['eksˌterɪ'tɔːrɪəl] *adj* □ exterritorial.
ex·tinct [ɪk'stɪŋkt] *adj* **1.** erloschen (*Vulkan*) (*a. fig.*). **2.** ausgestorben (*Pflanze, Tier etc*), untergegangen (*Reich etc*): ***become ~*** aussterben.
ex'tinc·tion *s* **1.** Erlöschen *n.* **2.** Aussterben *n*, Untergang *m.*
ex·tin·guish [ɪk'stɪŋgwɪʃ] *v/t* **1.** *Feuer, Licht* (aus)löschen, *Zigarette* ausmachen. **2.** *Leben, Gefühl* auslöschen, ersticken, *Hoffnungen, Pläne etc* zunichte machen. **3.** *Schuld* tilgen.
ex'tin·guish·er *s* (*Feuer*)Löscher *m.*
ex·tol [ɪk'stəʊl] *v/t* (lob)preisen, rühmen: → ***sky.***
ex·tort [ɪk'stɔːt] *v/t Geld, Geständnis etc* erpressen (***from*** von).
ex'tor·tion *s* **1.** Erpressung *f.* **2.** Wucher *m.*
ex'tor·tion·ate [~ʃnət] *adj* □ **1.** erpresserisch. **2.** Wucher...: ***~ price.***
ex'tor·tion·er, ex'tor·tion·ist *s* **1.** Erpresser(in). **2.** Wucherer *m*, Wucherin *f.*
ex·tra ['ekstrə] **I** *adj* **1.** zusätzlich, Extra..., Sonder...: ***be ~*** gesondert berechnet werden; ***~ charge*** Zuschlag *m*; ***~ charges*** *pl* Nebenkosten *pl*; ***~ pay*** Zulage *f*, Sondervergütung *f*; ***~ shift*** Sonderschicht *f*; ***if you pay an ~ two pounds*** wenn Sie noch zwei Pfund dazulegen. **2.** besonder. **II** *adv* **3.** extra, besonders: ***charge ~ for*** *et.* gesondert berechnen. **III** *s* **4.** Sonderleistung *f*; *bsd. mot.* Extra *n*, *pl a.* Sonderausstattung *f*; Zuschlag *m*; *pl* Sonderausgaben *pl*: ***be an ~*** gesondert berechnet werden. **5.** Extrablatt *n*, -ausgabe *f.* **6.** *Film*: Statist(in).
ex·tract I *v/t* [ɪk'strækt] **1.** herausziehen, -holen (***from*** aus). **2.** *Zahn,* ⩚ *Wurzel* ziehen. **3.** *fig.* (***from***) *Geld, Geständnis etc* herausholen (aus), entlocken (*dat*). **II** *s* ['ekstrækt] **4.**

⚗, *gastr.* Extrakt *m*, (**from** aus *e-m Buch etc a.*) Auszug *m.*
ex'trac·tion *s* **1.** ⚕, ⚒ Ziehen *n.* **2.** Herkunft *f*, Abstammung *f.*
ex·tra·cur·ric·u·lar [ˌekstrəkəˈrɪkjələ] *adj* **1.** *ped. univ.* außerhalb des Stunden- *od.* Lehrplans. **2.** außerplanmäßig.
ex·tra·dite [ˈekstrədaɪt] *v/t Verbrecher* ausliefern.
ex·tra·di·tion [ˌ~ˈdɪʃn] *s* Auslieferung *f.*
ˌex·tra'mar·i·tal *adj* außerehelich.
ex·tra·ne·ous [ɪkˈstreɪnjəs] *adj* **1.** fremd (**to** *dat*): **~ to reality** realitätsfremd. **2.** nicht dazugehörig: **be ~ to** nicht gehören zu.
ex·traor·di·nar·y [ɪkˈstrɔːdnrɪ] *adj* □ **1.** außerordentlich, -gewöhnlich. **2.** ungewöhnlich, seltsam.
ˌex·tra|'sen·so·ry *adj*: **~ perception** außersinnliche Wahrnehmung. **ˌ~·ter'res·tri·al** *adj* außerirdisch. **'~ˌter·ri'tori·al** *adj* □ exterritorial. **~ time** *s Sport*: Verlängerung *f*: **after ~** nach Verlängerung; **the game went into ~** das Spiel ging in die Verlängerung.
ex·trav·a·gance [ɪkˈstrævəgəns] *s* **1.** Verschwendung(ssucht) *f.* **2.** Übertriebenheit *f*, Extravaganz *f.* **3.** Ausschweifung *f*, Zügellosigkeit *f.*
ex'trav·a·gant *adj* □ **1.** verschwenderisch. **2.** übertrieben, -spannt, extravagant. **3.** ausschweifend, zügellos.
ex·treme [ɪkˈstriːm] **I** *adj* (□ → **extremely**) **1.** äußerst, extrem. **2.** äußerst, höchst: **~ necessity** zwingende Notwendigkeit; **~ penalty** Höchststrafe *f.* **3.** extrem, radikal. **II** *s* **4.** äußerstes Ende: **at the other ~** am entgegengesetzten Ende. **5.** *das* Äußerste, Extrem *n*: **in the ~** extrem, höchst; **go to ~s** vor nichts zurückschrecken.
ex'treme·ly *adv* äußerst, höchst.
ex'trem·ism *s bsd. pol.* Extremismus *m.*
ex'trem·ist *bsd. pol.* **I** *s* Extremist(in). **II** *adj* extremistisch.
ex·trem·i·ty [ɪkˈstremətɪ] *s* **1.** äußerstes Ende. **2.** *das* Äußerste: **drive s.o. to extremities** j-n bis zum Äußersten treiben. **3. be reduced to extremities** in größter Not sein. **4.** *mst pl* Gliedmaße *f*, Extremität *f.*
ex·tri·cate [ˈekstrɪkeɪt] *v/t* (**from**) herausziehen (aus), befreien (aus, von).
ex·tro·vert [ˈekstrəʊvɜːt] *adj psych.* extra-, extrovertiert.
ex·u·ber·ance [ɪgˈzjuːbərəns] *s* **1.** (**of**) Fülle *f* (von *od. gen*), Reichtum *m* (an *dat*). **2.** *fig.* Überschwang *m.*
ex'u·ber·ant *adj* □ **1.** üppig, (über)reich. **2.** *fig.* überschwänglich; (-)sprudelnd.
ex·ude [ɪgˈzjuːd] *v/t* **1.** ausschwitzen, absondern. **2.** *Duft, Charme etc* verströmen.
ex·ult [ɪgˈzʌlt] *v/i* frohlocken, jubeln (**at, over, in** über *acc*).
ex'ult·ant *adj* □ frohlockend, jubelnd.
ex·ul·ta·tion [ˌegzʌlˈteɪʃn] *s* Frohlocken *n*, Jubel *m.*
EXW ex works ab Werk.
eye [aɪ] **I** *s* **1.** Auge *n*: **before** (*od.* **under**) **s.o.'s ~s** vor j-s Augen; **all ~s** gespannt *warten etc*; **be up to the ~s in work** bis über die Ohren in Arbeit sitzen *od.* stecken; **cry one's ~s out** sich die Augen ausweinen; → **peel** I, **skin** 5. **2.** *fig.* Blick *m*, Auge(nmerk) *n*: **have an ~ for** Sinn *od.* ein (offenes) Auge *od.* e-n Blick haben für; → **catch** 10. **3.** *fig.* Ansicht *f*: **in my ~s** in m-n Augen, m-r Ansicht nach. **4.** (*Nadel*)Öhr *n*; Öse *f.* **5.** ✿ Auge *n.* **II** *v/t* **6.** betrachten; mustern. **'~·ball** *s anat.* Augapfel *m.* **'~·black** *s* Wimperntusche *f.* **'~·brow** *s* (Augen-) Braue *f*: **raise one's ~s** (*od.* **an ~**) die Stirn runzeln (**at** über *acc*). **'~-ˌcatch·er** *s* Blickfang *m.* **~ con·tact** *s* Blickkontakt *m.*
eye·ful [ˈ~fʊl] *s*: **get an ~** F was zu sehen bekommen.
'eye|ˌglass·es *s pl, a.* **pair of ~** *bsd. Am.* Brille *f.* **'~·lash** *s* Augenwimper *f.*
eye·let [ˈaɪlɪt] *s* Öse *f.*
eye| lev·el *s*: **on ~** in Augenhöhe. **'~·lid** *s* Augenlid *n*: → **bat³**. **~ lin·er** *s* Eyeliner *m.* **~ o·pen·er** *s*: **be an ~ to** (*od.* **for**) **s.o.** F j-m die Augen öffnen. **~ shad·ow** *s* Lidschatten *m.* **'~·shot** *s* Sicht-, Sehweite *f*: (**with**)**in** (**beyond, out of**) **~** in (außer) Sichtweite. **'~·sight** *s* Sehkraft *f*: **good** (**poor**) **~** gute (schlechte) Augen *pl.* **'~·sore** *s et.* Unschönes, Schandfleck *m.* **'~·strain** *s* Überanstrengung *f* der Augen. **ˌ~'wit·ness I** *s* Augenzeuge *m*, -zeugin *f* (**to** *gen*): **~ account** Augenzeugenbericht *m.* **II** *v/t* Augenzeuge sein *od.* werden von (*od. gen*).

F

F [ef] *pl* **F's** *s* F *n*.

f ***female, feminine*** weiblich; ***foot*** (***feet***) Fuß *m od. pl* (*30,48 cm*).

F ***Fahrenheit*** F, Fahrenheit.

FA ***Football Association*** Fußballverband *m*.

fab [fæb] *adj* F toll, geil.

fa·ble ['feɪbl] *s* **1.** Fabel *f*; Sage *f*. **2.** *fig*. Märchen *n*.

fab·ric ['fæbrɪk] *s* **1.** Gewebe *n*, Stoff *m*. **2.** *fig*. Gefüge *n*, Struktur *f*.

fab·ri·cate ['~keɪt] *v/t* **1.** fabrizieren (*a. fig.*), herstellen. **2.** *fig*. erfinden.

ˌfab·ri'ca·tion *s* **1.** Fabrikation *f*, Herstellung *f*. **2.** *fig*. Erfindung *f*, Märchen *n*.

fab·u·lous ['fæbjʊləs] *adj* ☐ sagenhaft (*a. fig.*).

fa·çade, fa·cade [fə'sɑːd] *s* ⚠ Fassade *f* (*a. fig.*).

face [feɪs] **I** *s* **1.** Gesicht *n*: ***in*** (***the***) **~** ***of*** angesichts; trotz; **~** ***to*** **~** ***with*** Auge in Auge mit; ***do*** (***up***) ***one's*** **~** sich schminken; ***say s.th. to s.o's*** **~** j-m et. ins Gesicht sagen; → ***stare*** II. **2.** Gesicht(sausdruck *m*) *n*, Miene *f*: ***make*** (*od.* ***pull***) ***a*** **~** ein Gesicht machen *od.* schneiden; ***have the*** **~** ***to*** *inf* die Stirn haben *od.* so unverfroren sein zu *inf*; → ***straight*** 1. **3.** *das* Äußere: ***on the*** **~** ***of it*** oberflächlich (betrachtet). **4.** Ansehen *n*: ***save one's*** **~** das Gesicht wahren; ***lose*** **~** das Gesicht verlieren. **5.** Bildseite *f* (*e-r Spielkarte*). **6.** Zifferblatt *n*. **7.** → ***façade***. **II** *v/t* **8.** ansehen, *j-m* ins Gesicht sehen. **9.** gegenüberstehen, -liegen, -sitzen (*dat*); nach *Osten etc* blicken *od.* liegen (*Raum etc*). **10.** *j-m, e-r Sache* mutig entgegentreten *od.* begegnen, sich stellen: → ***music*** 1. **11.** *oft* ***be*** **~*d with*** sich *e-r Gefahr etc* gegenübersehen, gegenüberstehen: ***be*** **~*d with ruin*** vor dem Ruin stehen. **III** *v/i* **12.** sich wenden: **~** ***about*** kehrtmachen; **~** ***away*** sich abwenden. **13.** blicken, liegen (***to, toward***[***s***] nach; ***south*** nach Süden). **14.** **~** ***up to*** → 10. **~ card** *s Kartenspiel*: Bild(karte *f*) *n*. **'~·cloth** *s* Waschlappen *m*. **~ cream** *s* Gesichtscreme *f*. **~ flan·nel** *s* Waschlappen *m*.

'faceˌlift *s* **1.** *a.* **~*ing*** Facelifting *n*, Gesichtsstraffung *f*: ***have a*** **~** sich das Gesicht liften lassen. **2.** Aufmöbelung *f*.

face pack *s* Gesichtspackung *f*.

fa·ce·tious [fə'siːʃəs] *adj* ☐ spöttisch, witzig, spaßig.

face val·ue *s econ*. Nenn-, Nominalwert *m*: ***take s.th. at*** (***its***) **~** *fig*. et. unbesehen glauben; et. für bare Münze nehmen.

fa·cial ['feɪʃl] *adj* Gesichts...

fa·cil·i·tate [fə'sɪlɪteɪt] *v/t* erleichtern.

fa'cil·i·ty *s* **1.** Leichtigkeit *f*. **2.** (günstige) Gelegenheit, Möglichkeit *f* (***for*** für). **3.** *pl* Einrichtungen *pl*, Anlagen *pl*. **4.** *pl* Erleichterungen *pl*, Vergünstigungen *pl*.

fac·sim·i·le [fæk'sɪmɪlɪ] *s* **1.** Faksimile *n*: **~** ***signature*** Unterschriftsfaksimile. **2.** Telefax *n*, Telekopie *f*. **~ pa·per** *s* Faxpapier *n*.

fact [fækt] *s* Tatsache *f*, Faktum *n*: ***know s.th. for a*** **~** et. (ganz) sicher wissen; ***tell s.o. the*** **~*s of life*** j-n (*sexuell*) aufklären; → ***matter*** 3. **'~-ˌfind·ing** *adj* a) Untersuchungs...: **~** ***committee*** Untersuchungsausschuss *m*, b) Erkundungs...: **~** ***trip*** Erkundungsreise *f*.

fac·tion ['fækʃn] *s bsd. pol.* Splittergruppe *f*.

fac·tor ['fæktə] *s* Faktor *m*.

fac·tor·ing ['fæktərɪŋ] *s* Factoring *n*, Kommissionshandel *m*.

fac·to·ry ['fæktərɪ] *s* Fabrik *f*. **~ farm·ing** *s* Massentierhaltung *f*. **~ hand** *s* Fabrikarbeiter(in). **~ over·heads** *pl* Fertigungsgemeinkosten *pl*. **~-packed** *adj* in Originalverpackung. **~ work** *s* Fabrikarbeit *f*. **~ work·er** *s* Fabrikarbeiter(in).

fac·to·tum [fæk'təʊtəm] *s* Faktotum *n*, Mädchen *n* für alles.

fac·tu·al ['fæktʃʊəl] *adj* ☐ **1.** Tatsachen...: **~** ***report***. **2.** sachlich.

fac·ul·ty ['fæklti] *s* **1.** Fähigkeit *f*, Vermögen *n*: **~** ***of hearing*** Hörvermögen; (***mental***) ***faculties*** *pl* Geisteskräfte *pl*; ***be in possession of one's faculties*** im (Voll)Besitz s-r Kräfte sein. **2.** Gabe *f*, Talent *n*. **3.** *univ.* Fakultät *f*.

fad [fæd] *s* Mode(erscheinung, -torheit) *f*; (vorübergehende) Laune.

fade [feɪd] **I** *v/i* **1.** (ver)welken. **2.** verschießen, -blassen (*Farbe etc*). **3.** *a.* **~** ***away*** sich auflösen (*Menge*), ⚕ immer schwächer werden (*Person*), verklingen (*Lied etc*), verblassen (*Erinnerung*), verrauchen (*Zorn*

F

etc), zerrinnen (*Hoffnungen*). **4.** *Radio*: schwinden (*Ton*, *Sender*). **5.** nachlassen (*Bremsen*), (*Sportler a.*) abbauen. **6.** *a.* ~ ***out*** (*Film*, *Rundfunk*, *TV*) aus- *od.* abgeblendet werden (*Ton*, *Bild*): ~ ***in*** (*od.* ***up***) auf- *od.* eingeblendet werden. **II** *v/t* **7.** (ver)welken lassen. **8.** *Farbe etc* ausbleichen. **9.** *a.* ~ ***out*** *Ton*, *Bild* aus- *od.* abblenden: ~ ***in*** (*od.* ***up***) auf- *od.* einblenden.

'fad·ed *adj* verwelkt, welk.

fae·ces ['fi:si:z] *s pl* Fäkalien *pl*, Kot *m*.

fag¹ [fæg] *s* F Glimmstängel *m*.

fag² [~] F **I** *v/i* sich abarbeiten *od.* (ab)schinden (***at*** mit). **II** *v/t a.* ~ ***out*** ermüden, fertig machen. **III** *s* Schinderei *f*.

fag³ [~] → ***faggot²***.

fag end *s* **1.** letzter *od.* schäbiger Rest. **2.** *Br.* F Kippe *f* (*Zigarettenstummel*).

fag·got¹, *bsd. Am.* **fag·ot** ['fægət] *s gastr.* Frikadelle *f* (*bsd. aus Schweineleber*).

fag·got² [~] *s bsd. Am. sl.* Schwule *m*.

'fag·got·y *adj bsd. Am. sl.* schwul.

Fahr·en·heit ['færənhaɪt]: ***10°*** ~ zehn Grad Fahrenheit.

fail [feɪl] **I** *v/i* **1.** versagen (*a. Stimme*, *Motor etc*); keinen Erfolg haben; *ped.* durchfallen (***in*** in *dat*); *econ.* Bankrott machen: ***he ~ed in his attempt*** sein Versuch schlug fehl. **2.** misslingen, fehlschlagen, scheitern: ***if everything else ~s*** wenn alle Stricke reißen. **3.** nachlassen, schwinden (*Kräfte etc*); ausgehen, zu Ende gehen (*Vorräte etc*); abnehmen, schwächer werden (*Sehkraft etc*). **4.** ~ ***to*** *inf* es unterlassen *od.* versäumen zu *inf*: ~ ***to do s.th.*** *a.* et. nicht tun; ***I ~ to see*** ich sehe nicht ein. **II** *v/t* **5.** *j-m* versagen: ***his courage ~ed him*** ihm sank der Mut; ***words ~ me*** mir fehlen die Worte (***to*** *inf* zu *inf*). **6.** *j-n* im Stich lassen. **7.** *ped. j-n* durchfallen lassen; durchfallen in (*e-r Prüfung*). **III** *s* **8.** ***without*** ~ mit Sicherheit, ganz bestimmt.

'fail·ing *prp* in Ermang(e)lung (*gen*): ~ ***this*** andernfalls.

'fail-safe *adj* störungs-, *a. fig.* pannensicher.

fail·ure ['feɪljə] *s* **1.** Versagen *n*. **2.** Unterlassung *f*, Versäumnis *f*: ~ ***to pay*** Nichtzahlung *f*. **3.** Fehlschlag(en *n*) *m*, Misserfolg *m*. **4.** *ped.* Durchfallen *n* (***in*** in *dat*): ~ ***rate*** Durchfallquote *f*. **5.** *econ.* Bankrott *m*. **6.** Versager(in).

faint [feɪnt] **I** *adj* □ schwach, matt (*Person*, *Farbe etc*; *a. fig.*): ***I haven't the ~est idea*** ich habe nicht die leiseste Ahnung. **II** *s* Ohnmacht *f*: ***in a*** ~ ohnmächtig. **III** *v/i* ohnmächtig werden, in Ohnmacht fallen (***with***, ***from*** vor *dat*). **ˌ~-'heart·ed** *adj* □ zaghaft, furchtsam.

fair¹ [feə] **I** *adj* (□ → ***fairly***) **1.** schön, hübsch: → ***sex*** 1. **2.** hell (*Haut*, *Haar*, *Teint*), blond (*Haar*), zart (*Teint*, *Haut*); hellhäutig. **3.** klar, heiter (*Himmel*), schön, trocken (*Wetter*, *Tag*). **4.** sauber: ~ ***copy*** druckfertiges Manuskript. **5.** reell (*Chance*): ~ ***price*** angemessener Preis; ~ ***return on capital*** angemessene Kapitalverzinsung. **6.** gerecht, fair: → ***play*** 2. **II** *adv* **7.** anständig, fair: ***play*** ~ fair spielen, *a. fig.* sich an die Spielregeln halten. **8.** direkt, genau: ~ ***in the face*** mitten ins Gesicht.

fair² [~] *s* **1.** Jahrmarkt *m*; Volksfest *n*. **2.** Messe *f*. **'~·ground** *s* **1.** Rummelplatz *m*. **2.** Messegelände *n*.

fair·ly ['feəlɪ] *adv* **1.** gerecht(erweise). **2.** ziemlich.

'fair·ness *s* Gerechtigkeit *f*, Anständigkeit *f*, Fairness *f*: ***in ~ to him*** um ihm Gerechtigkeit widerfahren zu lassen.

'fair|·way *s* **1.** ⚓ Fahrwasser *n*, -rinne *f*. **2.** *Golf*: Fairway *n*. **'~-ˌweath·er** *adj*: ~ ***friend*** Freund(in) nur in guten Zeiten.

fair·y ['feərɪ] *s* **1.** Fee *f*: ~ ***godmother*** die gute Fee. **2.** *sl.* Schwule *m*. ~ **sto·ry**, ~ **tale** *s* Märchen *n* (*a. fig.*).

faith [feɪθ] *s* **1.** (***in***) Glaube(n) *m* (an *acc*) (*a. eccl.*), Vertrauen *n* (auf *acc*, zu): ***have ~ in*** *e-r Sache* Glauben schenken, an *et.* glauben; zu *j-m* Vertrauen haben. **2.** Redlichkeit *f*: ***in good*** ~ in gutem Glauben, gutgläubig (*beide a.* ⚖). **~·ful** ['~fʊl] *adj* □ **1.** treu (***to*** *dat*): ***Yours ~ly*** Hochachtungsvoll (*Briefschluss*). **2.** wahrheits- *od.* wortgetreu. **3.** *eccl.* gläubig.

faith heal·ing *s* Gesundbeten *n*.

faith·less ['feɪθlɪs] *adj* □ **1.** treulos (***to*** gegenüber). **2.** *eccl.* ungläubig.

fake [feɪk] **I** *v/t* **1.** *a.* ~ ***up*** *Bilanz etc* frisieren. **2.** *Pass etc* fälschen. **3.** *Interesse etc* vortäuschen, *Krankheit a.* simulieren. **II** *s* **4.** Fälschung *f*. **5.** Schwindel *m*. **6.** Schwindler(in); Simulant(in).

fa·kir ['feɪˌkɪə] *s* Fakir *m*.

fal·con ['fɔ:lkən] *s orn.* Falke *m*.

fall [fɔ:l] **I** *s* **1.** Fall *m*, Sturz *m*: ***have a*** (***bad*** *od.* ***heavy***) ~ (schwer) stürzen. **2.** *bsd. Am.* Herbst *m*: ***in*** (***the***) ~ im Herbst. **3.** (*Regen-*, *Schnee*)Fall *m*. **4.** *fig.* Fallen *n*, Sinken *n*: ~ ***in prices*** Preissturz *m*, -rückgang *m*; ~ ***in temperature*** Temperatursturz *m*. **5.** Gefälle *n* (*des Geländes*). **6.** Fall *m* (*e-r Stadt etc*). **7.** Einbruch *m* (*der Nacht etc*). **8.** *mst pl* Wasserfall *m*. **II** *v/i* (*irr*) **9.** (um-, herunter-, hinunter)fallen; (ab)stürzen; (ab)fallen (*Blätter*): ***he fell to his death*** er stürzte tödlich ab. **10.** *a.* ~ ***apart*** zerfallen. **11.** *fig.* fallen: a) (*im Krieg*) umkommen, b) erobert werden (*Stadt*), c) gestürzt werden (*Regierung*). **12.** *fig.* fallen, sinken (*Preise*, *Temperatur etc*): ***his face fell*** er machte ein langes

Gesicht. **13.** abfallen (*Gelände etc*). **14.** hereinbrechen (*Nacht etc*). **15.** *krank*, *fällig etc* werden: ~ ***due*** fällig werden.
Verbindungen mit Präpositionen:
fall| be·hind *v/i* zurückbleiben hinter (*dat*), zurückfallen hinter (*acc*) (*beide a. fig.*). ~ **down** *v/i die Treppe etc* hinunterfallen. ~ **for** *v/i* **1.** hereinfallen auf (*acc*). **2.** F sich verknallen in (*acc*). ~ **in·to** *v/i* **1.** kommen *od.* geraten in (*acc*): ~ ***difficulties***; → ***line***[1] 11, ***trap*** 2. **2.** sich *et.* angewöhnen: ~ ***a habit*** e-e Gewohnheit annehmen. **3.** fallen in (*ein Gebiet od. Fach*). ~ **on** *v/i* **1.** fallen auf (*acc*) (*a. zeitlich*): ***his glance fell on me; Christmas falls on a Monday this year***; → ***ear***[1] 1. **2.** herfallen über (*acc*). **3.** *j-m* zufallen (***to do*** zu tun). ~ **out of** *v/i* sich *et.* abgewöhnen: ~ ***a habit*** e-e Gewohnheit ablegen. ~ **o·ver** *v/i*: ~ ***o.s. to do s.th.*** F sich fast umbringen, et. zu tun. ~ **to** *v/i* **1.** beginnen mit: ~ ***doing s.th.*** sich daranmachen, et. zu tun. **2.** → ***fall on*** 3. ~ **un·der** *v/i* unter *ein Gesetz etc* fallen.
Verbindungen mit Adverbien:
fall| a·bout *v/i*: ~ (***laughing*** *od.* ***with laughter***) F sich (vor Lachen) kugeln. ~ **a·way** → ***fall off***. ~ **back** *v/i* **1.** zurückweichen. **2.** ~ ***on*** zurückgreifen auf (*acc*). ~ **be·hind** *v/i* zurückbleiben, -fallen (*beide a. fig.*): ~ ***with*** (*od.* ***on***) in Rückstand *od.* Verzug geraten mit. ~ **down** *v/i* **1.** umfallen, einstürzen. **2.** F (***on***) enttäuschen, versagen (bei); Pech haben (mit). ~ **in** *v/i* **1.** einfallen, -stürzen. **2.** ~ ***with*** beipflichten, zustimmen (*dat*); sich anpassen (*dat*); entsprechen (*dat*). ~ **off** *v/i* **1.** zurückgehen (*Geschäfte*, *Zuschauerzahlen etc*), nachlassen (*Begeisterung etc*). **2.** (***from***) abfallen (von), abtrünnig werden (*dat*). ~ **out** *v/i* **1.** *gut etc* ausfallen, -gehen. **2.** sich ereignen, geschehen. **3.** (sich) streiten (***with*** mit; ***over*** über *acc*). ~ **o·ver** *v/i* hinfallen (*Person*), umfallen (*Vase etc*): ~ ***backwards to do s.th.*** F sich fast umbringen, et. zu tun. ~ **through** *v/i* **1.** durchfallen (*a. fig.*). **2.** missglücken, ins Wasser fallen. ~ **to** *v/i* reinhauen, (tüchtig) zugreifen (*beim Essen*).
fal·la·cious [fəˈleɪʃəs] *adj* □ **1.** trügerisch, irreführend. **2.** irrig, falsch.
fal·la·cy [ˈfæləsɪ] *s* Trugschluss *m*, Irrtum *m*.
fall·en [ˈfɔːlən] **I** *pp von* ***fall***. **II** *adj* gefallen (*a. Mädchen*).
fall guy *s bsd. Am.* F **1.** Opfer *n* (*e-s Betrügers*); Gimpel *m* (*leichtgläubiger Mensch*). **2.** Sündenbock *m*.
fal·li·ble [ˈfæləbl] *adj* □ fehlbar.
fall·ing star [ˈfɔːlɪŋ] *s* Sternschnuppe *f*.
ˈfall·out Fall-out *m*, radioaktiver Niederschlag: ~ ***shelter*** Atomschutzraum *m*.
fal·low [ˈfæləʊ] *adj* ↗ brach(liegend) (*a. fig.*): ***lie*** ~ brachliegen.
false [fɔːls] **I** *adj* □ *allg.* falsch: ~ ***alarm*** falscher *od.* blinder Alarm (*a. fig.*); ~ ***bottom*** doppelter Boden; ~ ***key*** Dietrich *m*, Nachschlüssel *m*; ~ ***teeth*** *pl* (*künstliches*) Gebiss; → ***pretence*** 2. **II** *adv*: ***play s.o.*** ~ ein falsches Spiel mit j-m treiben.
false·hood [ˈfɔːlshʊd] *s* **1.** Unwahrheit *f*. **2.** Falschheit *f*.
ˈfalse·ness *s allg.* Falschheit *f*.
fal·si·fi·ca·tion [ˌfɔːlsɪfɪˈkeɪʃn] *s* (Ver)Fälschung *f*.
fal·si·fy [ˈfɔːlsɪfaɪ] *v/t* **1.** fälschen. **2.** verfälschen, falsch darstellen *od.* wiedergeben. **3.** widerlegen.
fal·si·ty [ˈfɔːlsətɪ] → ***falsehood***.
fal·ter [ˈfɔːltə] **I** *v/i* schwanken: a) taumeln, b) zögern, zaudern, c) stocken (*a. Stimme*). **II** *v/t et.* stammeln.
fame [feɪm] *s* Ruhm *m*.
famed *adj* berühmt (***for*** für, wegen).
fa·mil·iar [fəˈmɪljə] **I** *adj* □ **1.** vertraut, bekannt, geläufig (***to*** *dat*): ***a*** ~ ***sight*** ein gewohnter Anblick. **2.** vertraut, bekannt (***with*** mit): ***be*** ~ ***with*** *a.* sich auskennen in (*dat*); ***make o.s.*** ~ ***with*** sich vertraut machen mit. **3.** a) vertraulich, ungezwungen (*Ton etc*), b) plumpvertraulich, aufdringlich. **4.** vertraut, eng (*Freund etc*): ***be on*** ~ ***terms with*** auf vertrautem Fuß stehen mit. **II** *s* **5.** Vertraute *m*, *f*.
faˌmil·iˈar·i·ty [~lɪˈærətɪ] *s* **1.** Vertrautheit *f*. **2.** a) Vertraulichkeit *f*, b) *oft pl* plumpe Vertraulichkeit, Aufdringlichkeit *f*.
faˈmil·iar·ize [~jəraɪz] *v/t* vertraut *od.* bekannt machen (***with*** mit).
fam·i·ly [ˈfæməlɪ] **I** *s* Familie *f*, *fig. a.* Herkunft *f*: ***a*** ~ ***of four*** e-e vierköpfige Familie; ***of good*** ~ aus gutem Haus; → ***run*** 11. **II** *adj* Familien...: ~ ***allowance*** Kindergeld *n*; ~ ***business*** Familienunternehmen *n*, -betrieb *m*; ~ ***doctor*** Hausarzt *m*, -ärztin *f*; ~ ***man*** Familienvater *m*; häuslicher Mensch; ~ ***name*** → ***surname***; ~ ***planning*** Familienplanung *f*; ~ ***problems*** *pl* familiäre Probleme *pl*; ~***-size package*** Haushaltspackung *f*; ~ ***status*** Familienstand *m*; ~ ***tree*** Stammbaum *m*.
fam·ine [ˈfæmɪn] *s* Hungersnot *f*.
fa·mous [ˈfeɪməs] *adj* □ berühmt (***for*** wegen, für).
fan[1] [fæn] **I** *s* **1.** Fächer *m*. **2.** Ventilator *m*: ~ ***belt*** *tech.* Keilriemen *m*. **II** *v/t* **3.** *j-m* Luft zufächeln. **4.** anfachen, *fig. a.* entfachen, -flammen. **III** *v/i* **5.** *oft* ~ ***out*** sich fächerförmig ausbreiten; ausschwärmen.
fan[2] [~] *s* (*Sport- etc*)Fan *m*: ~ ***club*** Fanklub *m*; ~ ***mail*** Verehrerpost *f*.

F

fa·nat·ic [fə'nætɪk] I *s* Fanatiker(in). II *adj* (**~ally**) fanatisch.
fa'nat·i·cism [~sɪzəm] *s* Fanatismus *m.*
fan·ci·er ['fænsɪə] *s* (*Tier-, Blumen- etc*)Liebhaber(in) *od.* (-)Züchter(in).
fan·ci·ful ['fænsɪfʊl] *adj* □ **1.** fantasiereich. **2.** fantastisch, wirklichkeitsfremd.
fan·cy ['fænsɪ] I *s* **1.** Fantasie *f*; Einbildung *f*: → ***tickle*** I. **2.** Idee *f*, plötzlicher Einfall. **3.** Laune *f*, Grille *f*. **4.** (***for***) Neigung *f* (zu), Vorliebe *f* (für), Gefallen *n* (an *dat*): ***have a ~ for*** gern haben; Lust haben auf (*acc*); ***take a ~ to*** (*od.* ***for***) Gefallen finden an (*dat*), sympathisch finden. II *adj* **5.** Fantasie..., fantastisch: ***~ name*** Fantasiename *m*; ***~ price*** Liebhaberpreis *m.* **6.** fantasie-, kunstvoll. III *v/t* **7.** sich *j-n, et.* vorstellen: ***~ that!*** stell dir vor!, denk nur!; sieh mal einer an! **8.** annehmen, glauben. **9.** ***~ o.s.*** sich einbilden (***to be*** zu sein), sich halten ([***as***] für): ***~ o.s.*** (***very important***) sich sehr wichtig vorkommen. **10.** gern haben *od.* mögen. **11.** Lust haben (auf *acc*; ***doing*** zu tun). **12.** *Tiere, Pflanzen* (aus Liebhaberei) züchten. **~ ball** *s* Kostümfest *n*, Maskenball *m.* **~ dress** *s* (Masken)Kostüm *n.* **'~-dress** *adj*: ***~ ball*** → ***fancy ball.*** **,~-'free** *adj* frei u. ungebunden. **~ goods** *s pl* **1.** Modeartikel *pl*; Luxusartikel *pl.* **2.** kleine Geschenkartikel *pl*; Nippes *pl.*
fan·fare ['fænfeə] *s* **1.** Fanfare *f*, Tusch *m.* **2.** *contp.* Trara *n*, Tamtam *n.*
'fan-fold pa·per *s* Endlospapier *n.*
fang [fæŋ] *s* Reiß-, Fangzahn *m*, Fang *m* (*e-s Raubtiers etc*), Hauer *m* (*e-s Ebers*), Giftzahn *m* (*e-r Schlange*).
fan heat·er *s* Heizlüfter *m.*
fan·ny ['fænɪ] *s* F **1.** *Am.* Po *m.* **2.** *Br.* Muschi *f*, Möse *f*.
fan ov·en *s* Heißluftherd *m.*
fan·ta·sia [fæn'teɪzjə] *s* ♪ Fantasie *f*.
fan·tas·tic [~'tæstɪk] *adj* (**~ally**) fantastisch: a) unwirklich, b) absurd, c) F toll.
fan·ta·sy ['fæntəsɪ] *s* Fantasie *f*: a) Einbildungskraft *f*, b) Fantasievorstellung *f*, c) Tag-, Wachtraum *m.*
fan·zine ['fænzi:n] *s* Fan-Magazin *n.*
FAO ***Food and Agriculture Organization*** Organisation *f* für Ernährung und Landwirtschaft (*der UN*).
fao ***for the attention of*** z.Hd. von, zu Händen von.
far [fɑ:] I *adj* **1.** fern, (weit) entfernt, weit: ***the Far East*** der Ferne Osten; → ***cry*** 1. **2.** (*vom Sprecher aus*) entfernter: ***at the ~ end*** am anderen Ende. II *adv* **3.** fern, weit: ***~ away*** (*od.* ***off***) weit weg *od.* entfernt; ***as ~ as*** so weit *od.* so viel (wie); bis (nach); ***so ~ so good*** so weit, so gut. **4.** *fig.* (***from***) weit entfernt (von), alles andere (als): ***~ from completed*** noch lange *od.* längst nicht fertig. **5.** ***~ into*** weit *od.* tief in (*acc*): ***~ into the night*** bis spät *od.* tief in die Nacht (hinein). **6.** *a.* ***by ~*** weit(aus), bei weitem, wesentlich. **'~·a·way** → ***far*** 1.
farce [fɑ:s] *s thea.* Farce *f* (*a. fig.*), Posse *f*, Schwank *m.*
far·ci·cal ['fɑ:sɪkl] *adj* □ **1.** farcen-, possenhaft. **2.** *fig.* absurd.
fare [feə] I *s* **1.** Fahrpreis *m*, -geld *n*; Flugpreis *m*: ***what's the ~?*** was kostet die Fahrt *od.* der Flug?; ***any more ~s, please?*** noch j-d zugestiegen?; ***~ dodger*** (*od.* ***evader***) Schwarzfahrer(in); ***~ stage*** *Br.* Fahrpreiszone *f*, Teilstrecke *f*. **2.** Fahrgast *m* (*bsd. e-s Taxis*). **3.** Kost *f* (*a. fig.*), Nahrung *f*. II *v/i* **4.** (er)gehen: ***how did you ~?*** wie ist es dir ergangen?; ***he ~d ill, it ~d ill with him*** es erging ihm schlecht.
,fare'well I *int* leb(t) wohl. II *s* Lebewohl *n*, Abschied(sgruß) *m*: ***make one's ~s*** sich verabschieden. III *adj* Abschieds...
,far-'fetched *adj fig.* weit hergeholt, an den Haaren herbeigezogen.
farm [fɑ:m] I *s* **1.** (*a. Geflügel- etc*)Farm *f*, Bauernhof *m*; ***~ worker*** Landarbeiter *m.* II *v/t* **2.** *Land* bebauen, bewirtschaften. **3.** *Geflügel etc* züchten. **4.** ***~ out*** *econ. Aufträge, Arbeit* vergeben *od.* weitergeben (***to*** an *acc*). III *v/i* **5.** Landwirtschaft betreiben.
'farm·er *s* **1.** Bauer *m*, Bäuerin *f*, Landwirt(in), Farmer(in). **2.** (*Geflügel- etc*) Züchter(in).
'farm·house *s* Bauernhaus *n.*
farm·ing ['fɑ:mɪŋ] *s* **1.** Landwirtschaft *f*. **2.** (*Geflügel- etc*)Zucht *f*.
farm sub·si·dies *pl* Agrarsubventionen *pl.*
,far|-'off → ***far*** 1. **,~-'out** *adj sl.* **1.** toll, super. **2.** exzentrisch. **,~-'reach·ing** *adj* weit reichend, *fig. a.* folgenschwer. **,~'see·ing** *adj fig.* weit blickend, umsichtig. **,~'sight·ed** *adj* **1.** → ***farseeing.*** **2.** ⚕ weitsichtig.
fart [fɑ:t] V I *s* **1.** Furz *m.* **2.** *fig.* Arschloch *n.* II *v/i* **3.** furzen.
far·ther ['fɑ:ðə] I *adj* **1.** *comp von* ***far.*** **2.** weiter weg liegend, entfernter. **3.** → ***further*** 5. II *adv* **4.** weiter: ***so far and no ~*** bis hierher u. nicht weiter. **5.** → ***further*** 2, 3.
far·thest ['fɑ:ðɪst] I *adj* **1.** *sup von* ***far.*** **2.** weitest, entferntest. **3.** → ***furthest*** 2. II *adv* **4.** am weitesten *od.* entferntesten. **5.** → ***further*** 4.
FAS ***free alongside ship*** frei Längsseite Schiff.
fas·ci·nate ['fæsɪneɪt] *v/t* faszinieren.
,fas·ci'na·tion *s* Faszination *f*.
fas·cism, *oft* **Fas·cism** ['fæʃɪzəm] *s pol.* Faschismus *m.*

'fas·cist, *a.* **Fas·cist** I *s* Faschist(in). II *adj* faschistisch.
fash·ion ['fæʃn] I *s* **1.** Mode *f*: ***come into ~*** in Mode kommen, modern werden; ***go out of ~*** aus der Mode kommen, unmodern werden; ***~ magazine*** Modejournal *n*; ***~ parade*** (*od.* ***show***) Mode(n)schau *f*; ***~ trade*** Modebranche. **2.** Art *f* u. Weise *f*, Stil *m*: ***after*** (*od.* ***in***) ***a ~*** schlecht u. recht, so lala. II *v/t* **3.** formen, gestalten.
'fash·ion·a·ble *adj* □ **1.** modisch, elegant. **2.** a) in Mode: ***be very ~*** große Mode sein (***to do*** zu tun), b) Mode...: ***~ career*** Modeberuf *m*.
fast[1] [fɑːst] I *adj* **1.** schnell: ***~ lane*** Überholspur *f*; ***~-selling*** gut gehend; ***~ train*** Schnell-, D-Zug *m*; ***my watch is*** (***ten minutes***) ***~*** m-e Uhr geht (10 Minuten) vor. **2.** *phot.* hoch empfindlich (*Film*); lichtstark (*Objektiv*). II *adv* **3.** schnell.
fast[2] [~] I *adj* **1.** fest: ***make ~*** festmachen; **2.** widerstandsfähig (***to*** gegen): ***~ colo(u)r*** (wasch)echte Farbe; ***~ to light*** lichtecht. II *adv* **3.** fest: ***be ~ asleep*** fest *od.* tief schlafen; ***play ~ and loose with*** Schindluder treiben mit.
fast[3] [~] I *v/i* **1.** fasten. II *s* **2.** Fasten *n*. **3.** Fastenzeit *f*: ***~*** (***day***) Fastentag *m*.
'fast|·back *s mot.* (Wagen *m* mit) Fließheck *n*. **~ breed·er, ˌ~-'breed·er re·ac·tor** *s phys.* schneller Brüter.
fas·ten ['fɑːsn] I *v/t* **1.** befestigen, festmachen (***to, on*** an *acc*): → ***seat belt***. **2.** *a.* ***~ up*** (ab-, ver)schließen, *Jacke etc* zuknöpfen, *Paket etc* zu-, verschnüren: ***~ s.o. down to*** F j-n festnageln auf (*acc*). **3.** ***~ on*** *fig. Blick, Aufmerksamkeit etc* richten auf (*acc*); *j-m e-e Straftat etc* in die Schuhe schieben, anhängen. II *v/i* **4.** sich festmachen *od.* schließen lassen.
'fas·ten·er *s* Verschluss *m*.
fast food *s* Fast Food *n*.
'fast-food re·stau·rant Schnellimbiss *m*, -gaststätte *f*.
fas·tid·i·ous [fə'stɪdɪəs] *adj* □ anspruchsvoll, wählerisch, heikel (***about*** in *dat*).
fast·ness ['fɑːstnɪs] *s* Widerstandsfähigkeit *f* (***to*** gegen), Echtheit *f* (*von Farben*).
fat [fæt] I *adj* □ **1.** dick (*a. fig. Bankkonto etc*), *contp.* fett. **2.** fett(ig), fetthaltig. II *s* **3.** Fett *n*: ***the ~ is in the fire*** der Teufel ist los; ***chew the ~*** F quatschen, plaudern; ***live on*** (*od.* ***off***) ***the ~ of the land*** in Saus u. Braus *od.* wie Gott in Frankreich leben.
fa·tal ['feɪtl] *adj* □ **1.** tödlich. **2.** fatal, verhängnisvoll (***to*** für).
fa·tal·ism ['feɪtəlɪzəm] *s* Fatalismus *m*.
'fa·ta·list *s* Fatalist(in).
ˌfa·tal'is·tic *adj* (***~ally***) fatalistisch.
fa·tal·i·ty [fə'tælətɪ] *s* **1.** Verhängnis *n*. **2.** tödlicher Unfall; (Todes)Opfer *n*.
fate [feɪt] *s* **1.** Schicksal *n*: ***he met his ~*** das Schicksal ereilte ihn; (***as***) ***sure as ~ is ~*** garantiert, mit Sicherheit; → ***tempt*** 2. **2.** Verhängnis *n*, Verderben *n*.
'fat·ed *adj* **1.** ***he was ~ to*** *inf* es war ihm (vom Schicksal) bestimmt zu *inf*. **2.** → ***fateful*** 2.
fate·ful ['feɪtfʊl] *adj* □ **1.** verhängnisvoll. **2.** schicksalhaft, Schicksals...
fa·ther ['fɑːðə] I *s* **1.** Vater *m*, *fig. a.* Begründer *m*: ***like ~ like son*** der Apfel fällt nicht weit vom Stamm; ***Father's Day*** Vatertag *m*. **2.** *pl* Ahnen *pl*, Vorfahren *pl*, Väter *pl*. **3.** *eccl.* a) Pater *m*, b) ***the Holy Father*** der Heilige Vater. II *v/t* **4.** *et.* ins Leben rufen. **5.** ***~ s.th. on s.o.*** j-m die Schuld für et. zuschreiben.
Fa·ther Christ·mas *s bsd. Br.* der Weihnachtsmann.
fa·ther fig·ure *s psych.* Vaterfigur *f*.
fa·ther·hood ['fɑːðəhʊd] *s* Vaterschaft *f*.
'fa·ther|-in-law *pl* **'fa·thers-in-law** *s* Schwiegervater *m*. **'~·land** *s* Vaterland *n*.
fa·ther·less ['fɑːðəlɪs] *adj* vaterlos.
'fa·ther·ly *adj* väterlich.
fath·om ['fæðəm] *v/t* ⚓ ausloten, *fig. a.* ergründen.
'fath·om·less *adj* □ unergründlich (*a. fig.*).
fa·tigue [fə'tiːg] I *s* **1.** Ermüdung *f* (*a. tech.*). **2.** *pl* Strapazen *pl*. II *v/t u. v/i* **3.** ermüden (*a. tech.*).
fat·less ['fætlɪs] *adj* fettlos.
'fat·ness *s* Dicke *f*, *contp.* Fettheit *f*.
fat·ten ['fætn] I *v/t* **1.** *a.* ***~ up*** dick *od. contp.* fett machen. **2.** *Tier*, F *a. j-n* mästen. II *v/i* **3.** dick *od. contp.* fett werden.
'fat·ty I *adj* fettig, Fett... II *s* F Dickerchen *n*.
fa·tu·i·ty [fə'tjuːətɪ] *s* Albernheit *f*.
fat·u·ous ['fætjʊəs] *adj* □ albern.
fau·cet ['fɔːsɪt] *s Am.* (Wasser)Hahn *m*.
fault [fɔːlt] *s* **1.** Schuld *f*, Verschulden *n*: ***it is my ~*** es ist m-e Schuld; ***be at ~*** schuld sein. **2.** Fehler *m* (*a. Tennis etc*): ***find ~ with*** et. auszusetzen haben an (*dat*); ***be at ~*** sich irren. **3.** *tech.* Defekt *m*.
'fault|ˌclear·ing ser·vice *s* Störungsstelle *f*. **'~ˌfind·er** *s* Nörgler(in), Kritt(e)ler(in). **'~ˌfind·ing** I *s* Nörgelei *f*, Krittelei *f*. II *adj* nörglerisch, kritt(e)lig.
fault·less ['fɔːltlɪs] *adj* □ fehlerfrei, -los.
'fault·y *adj* □ fehlerhaft, *tech. a.* defekt, (*Argumentation etc a.*) falsch.
fau·na ['fɔːnə] *pl* **-nas, -nae** ['~niː] *s* Fauna *f*, Tierwelt *f*.
fa·vo(u)r ['feɪvə] I *v/t* **1.** begünstigen: a) favorisieren, bevorzugen, b) günstig sein für, fördern, c) unterstützen, für *et.* sein. **2.** *bsd. Sport*: favorisieren, zum Favoriten erklä-

F

ren. **II** *s* **3.** Gunst *f*, Wohlwollen *n*: ***in ~ of*** zugunsten von (*od. gen*); ***in my ~*** zu m-n Gunsten; ***be in ~ of*** für *et.* sein; ***be in (out of) s.o.'s ~, be in (out of) ~ with s.o.*** bei j-m gut (schlecht) angeschrieben sein. **4.** Gefallen *m*, Gefälligkeit *f*: ***ask s.o. a ~*** (*od.* ***a ~ of s.o.***) j-n um e-n Gefallen bitten; ***do s.o. a ~*** j-m e-n Gefallen tun.

'fa·vo(u)r·a·ble *adj* □ günstig: a) vorteilhaft (***to, for*** für), b) positiv, zustimmend (*Antwort etc*).

F

fa·vo(u)r·ite ['feɪvərɪt] **I** *s* **1.** Liebling *m*, *contp.* Günstling *m.* **2.** *bsd. Sport*: Favorit(in). **II** *adj* **3.** Lieblings...: ***~ dish*** Lieblingsgericht *n*, Leibspeise *f*.

'fa·vo(u)r·it·ism *s* Günstlings-, Vetternwirtschaft *f*.

fawn [fɔːn] *v/i*: ***~ on*** *fig.* katzbuckeln vor (*dat*).

'fawn·ing *adj* □ kriecherisch.

fax [fæks] **I** *v/t* faxen. **II** *s* Fax *n*. **~ ma·chine** *s* Fax(gerät) *n*. **~ num·ber** *s* Faxnummer *f*.

faze ['feɪz] *v/t* F aus der Fassung bringen.

FBI [efbiː'aɪ] ***Federal Bureau of Investigation*** FBI *n*.

fear [fɪə] **I** *s* **1.** Furcht *f*, Angst *f* (***of*** vor *dat*; ***that*** dass): ***for ~ that*** aus(Furcht, dass; ***be in ~ (of s.o.)*** sich (vor j-m) fürchten, (vor j-m) Angst haben. **2.** Befürchtung *f*, Sorge *f*: ***for ~ of hurting him*** um ihn nicht zu verletzen. **3.** Ehrfurcht *f* (***of*** vor *dat*): ***~ of God*** Gottesfurcht *f*. **II** *v/t* **4.** fürchten, sich fürchten *od.* Angst haben vor (*dat*). **5.** *das Schlimmste etc* (be)fürchten. **6.** *Gott* fürchten. **III** *v/i* **7.** ***~ for*** fürchten um.

fear·ful ['fɪəfʊl] *adj* □ **1.** furchtbar, fürchterlich (*beide a. fig.* F). **2.** ***be ~*** in (großer) Sorge sein, sich ängstigen (***of, for*** um; ***that*** dass). **3.** furchtsam, angsterfüllt: ***be ~ of*** → ***fear*** 4.

'fear·less *adj* □ furchtlos: ***be ~ of*** sich nicht fürchten *od.* keine Angst haben vor (*dat*).

fea·si·bil·i·ty [ˌfiːzə'bɪlətɪ] *s* Machbarkeit *f*, Durchführbarkeit *f*: ***~ study*** Durchführbarkeitsanalyse *f*, Projektstudie *f*, Wirtschaftlichkeitsrechnung *f*.

'fea·si·ble *adj* □ machbar, (*Plan etc*) durchführbar.

feast [fiːst] **I** *s* **1.** *eccl.* Fest *n*, Feiertag *m.* **2.** Festessen *n*, -mahl *n*. **3.** *fig.* (Hoch)Genuss *m*: ***~ for the eyes*** Augenweide *f*. **II** *v/t* **4.** festlich bewirten (***on*** mit). **5.** ergötzen (***on*** mit): ***~ one's eyes on*** s-e Augen weiden an (*dat*). **III** *v/i* **6.** sich gütlich tun (***on*** an *dat*). **7.** sich weiden (***on*** an *dat*).

feat [fiːt] *s* **1.** Helden-, Großtat *f*. **2.** Kunst-, Meisterstück *n*; Kraftakt *m*. **3.** (*technische etc*) Großtat, große Leistung.

feath·er ['feðə] **I** *s* Feder *f*, *pl* Gefieder *n*: ***birds of a ~*** Leute vom gleichen Schlag; ***birds of a ~ flock together*** Gleich u. Gleich gesellt sich gern; ***that is a ~ in his cap*** darauf kann er stolz sein; → ***light***[2] 1. **II** *v/t* mit Federn polstern *od.* schmücken, *Pfeil* fiedern: ***~ one's nest*** *fig.* sein(e) Schäfchen ins Trockene bringen. **~ bed** *s* Matratze *f* mit Feder- *od.* Daunenfüllung. **'~·bed** *v/t* *j-n* verhätscheln. **'~ˌbed·ding** *s econ.* Überbesetzung *f* von Arbeitsplätzen. **'~·brained** *adj* **1.** hohlköpfig. **2.** leichtsinnig. **'~·weight** **I** *s* **1.** *Sport*: Federgewicht *n*. **2.** Leichtgewicht *n* (*Person*). **II** *adj* **3.** *Sport*: Federgewichts... **4.** leichtgewichtig.

fea·ture ['fiːtʃə] **I** *s* **1.** (Gesichts)Zug *m*. **2.** Merkmal *n*, Charakteristikum *n*. **3.** (Haupt)Attraktion *f*. **4.** a) *a.* ***~ program(me)*** (*Rundfunk, TV*) Feature *n*, b) *a.* ***~ article*** (*od.* ***story***) (*Zeitung*) Feature *n*, c) *a.* ***~ film*** Feature *n*, Haupt-, Spielfilm *m*. **II** *v/t* **5.** als (Haupt)Attraktion zeigen *od.* bringen, groß herausbringen *od.* -stellen. **6.** in der Hauptrolle zeigen: ***a film featuring X*** ein Film mit X in der Hauptrolle.

Feb. ***February*** Feb., Februar *m*.

fe·brile ['fiːbraɪl] *adj* ⚕ fieb(e)rig, fieberhaft, Fieber...

Feb·ru·ar·y ['febrʊərɪ] *s* Februar *m*, *österr.* Feber *m*: ***in ~*** im Februar.

fe·ces *bsd. Am.* → ***faeces***.

FED *Am.* ***Federal Reserve Board*** *etwa* Zentralbankrat *m*.

fed [fed] *pret u. pp von* ***feed***.

fed·er·al, *mst* **Fed·er·al** ['fedərəl] *adj pol.* Bundes...: ***Federal Bureau of Investigation*** *Am.* Bundeskriminalpolizei *f*; ***Federal Republic of Germany*** Bundesrepublik *f* Deutschland.

'fed·er·al·ism, *mst* **'Fed·er·al·ism** *s pol.* Föderalismus *m*.

'fed·er·al·ist **I** *adj* föderalistisch. **II** *s mst* ***'Federalist*** Föderalist(in).

ˌfed·er'a·tion *s* **1.** *pol.* Bundesstaat *m*; Föderation *f*, Staatenbund *m*. **2.** (*Sport- etc*)Verband *m*.

fee [fiː] *s* (*Anwalts- etc*)Honorar *n*, (*Mitglieds- etc*)Beitrag *m*, (*Eintritts- etc*)Geld *n*, (*Aufnahme- etc*)Gebühr *f*: ***~ simple*** unbeschränktes Eigentumsrecht (*od.* Grundstückseigentum); ***~ tail*** erblich gebundenes Grundeigentum.

fee·ble ['fiːbl] *adj* □ schwach (*a. fig.*). **ˌ~-'mind·ed** *adj* □ schwachsinnig, geistesschwach.

fee·ble·ness ['fiːblnɪs] *s* Schwäche *f*.

feed [fiːd] **I** *v/t* (*irr*) **1.** *Tier, Kind* füttern (***on, with*** mit): ***be fed up with*** F die Nase voll haben von, *et.* satt haben. **2.** *Familie etc* ernähren, unterhalten. **3.** *tech. Maschine* speisen, beschicken, *a. j-n* versorgen (***with*** mit): ~ ***s.th. into a computer*** et. in e-n Computer eingeben. **4.** ~ ***back*** a) ⚡, *Kybernetik*: rückkoppeln, b) *Informationen etc* zurückleiten (***to*** an *acc*). **5.** *Gefühl* nähren. **II** *v/i* (*irr*) **6.** fressen (*Tier*); F futtern (*Mensch*). **7.** sich ernähren, leben (***on*** von). **III** *s* **8.** Füttern *n*, Fütterung *f*. **9.** F Mahlzeit *f*. **10.** *Computer*: (Papier)Vorschub *m*.

'feed·back *s* **1.** ⚡, *Kybernetik*: Feed-back *n*, Rückkopp(e)lung *f*. **2.** a) *Rundfunk*, *TV*: Feed-back *n*, b) Zurückleitung *f* (*von Informationen*) (***to*** an *acc*). **3.** Resonanz *f*, Reaktion *f*, Rückmeldung *f*.

feed·er ['fi:də] *s* **1.** ***a heavy*** ~ ein starker Fresser (*Tier*) *od.* F Esser (*Mensch*). **2.** → ***feeding bottle***. **3.** *Br.* Lätzchen *n*. ~ ***road*** *s* Zubringerstraße *f*.

feed·ing ['fi:dɪŋ] *s* Füttern *n*, Fütterung *f*. ~ **bot·tle** *s* (Säuglings)Flasche *f*.

feel [fi:l] **I** *v/t* (*irr*) **1.** (an-, be)fühlen: ~ ***one's way*** sich tasten (***through*** durch). **2.** fühlen, (ver)spüren: ***make itself felt*** spürbar werden, sich bemerkbar machen. **3.** *Freude etc* empfinden. **4.** a) finden, glauben (***that*** dass), b) halten für: ***I*** ~ ***it*** (***to be***) ***my duty*** ich halte es für m-e Pflicht. **II** *v/i* (*irr*) **5.** fühlen (***whether, if*** ob; ***how*** wie): ~ ***for*** tasten nach. **6.** sich fühlen: ~ ***ill***; ~ ***up to s.th.*** sich e-r Sache gewachsen fühlen; ~ ***like*** (***doing***) ***s.th.*** Lust haben zu e-r *od.* auf e-e Sache (et. zu tun); → ***cold*** 1, ***warm*** 1. **7.** ***how do you*** ~ ***about it?*** was meinst du dazu? **8.** sich *weich etc* anfühlen. **III** *s* **9.** *klebriges etc* Gefühl. **10.** ***be soft to the*** ~, ***have a soft*** ~ sich weich anfühlen.

'feel·er *s zo.* Fühler *m* (*a. fig.*): ***put out*** ~***s*** (*od.* ***a*** ~) s-e Fühler ausstrecken.

'feel·ing *s* Gefühl *n*: a) Gefühlssinn *m*, b) (Gefühls)Eindruck *m*: ***have a*** ~ ***that*** das Gefühl haben, dass, c) Empfindung *f*: ~***s*** *pl* ***of guilt*** Schuldgefühle *pl*, d) Feingefühl *n*: ***have a*** ~ ***for*** Gefühl haben für.

feet [fi:t] *pl von* ***foot***.

feign [feɪn] **I** *v/t Interesse etc* vortäuschen, *Krankheit a.* simulieren: ~ ***death*** (*od.* ***to be dead***) sich tot stellen. **II** *v/i* sich verstellen, simulieren.

feint [feɪnt] *s Sport*: Finte *f* (*a. fig.*).

fell¹ [fel] *pret von* ***fall***.

fell² [~] *v/t* **1.** *Baum* fällen. **2.** *Gegner etc* fällen, niederstrecken.

fel·low ['feləʊ] **I** *s* **1.** Gefährte *m*, Gefährtin *f*, Genosse *m*, Genossin *f*, Kamerad(in). **2.** Mitmensch *m*, Zeitgenosse *m*, -genossin *f*. **3.** F Kerl *m*: ***old*** ~ alter Knabe; ***a*** ~ man. **II** *adj* **4.** Mit...: ~ ***being*** Mitmensch *m*; ~ ***citizen*** Mitbürger(in); ~ ***countryman*** Landsmann *m*; ~ ***feeling*** Mitgefühl *n*; Zs.-gehörigkeitsgefühl *n*; ~ ***student*** Studienkollege *m*, -kollegin *f*, Kommilitone *m*, Kommilitonin *f*; ~ ***travel***(***l***)***er*** Mitreisende *m*, *f*; *pol.* Mitläufer(in); ~ ***worker*** Arbeits-, Berufskollege *m*.

'fel·low·ship *s* **1.** Kameradschaft *f*. **2.** Gesellschaft *f*, Gruppe *f*.

felt¹ [felt] *pret u. pp von* ***feel***.

felt² [~] **I** *s* Filz *m*. **II** *adj* Filz... ~ **tip,** **'~-tip(ped) pen** *s* Filzschreiber *m*, -stift *m*.

fe·male ['fi:meɪl] **I** *s* **1.** *contp.* Weib(sbild) *n*. **2.** *zo.* Weibchen *n*. **II** *adj* **3.** weiblich: ~ ***dog*** Hündin *f*; ~ ***screw*** Schraubenmutter *f*. **4.** Frauen...

fem·i·nine ['femɪnɪn] *adj* □ **1.** weiblich (*a. ling.*), Frauen... **2.** fraulich. **3.** weibisch, feminin.

ˌfem·i'nin·i·ty *s* **1.** Weiblichkeit *f*. **2.** Fraulichkeit *f*. **3.** weibische *od.* feminine Art.

'fem·i·nism *s* Feminismus *m*, Frauenrechtsbewegung *f*.

'fem·i·nist **I** *s* Feminist(in), Frauenrechtler(in). **II** *adj* feministisch.

fe·mur ['fi:mə] *pl* **-murs, fem·o·ra** ['femərə] *s anat.* Oberschenkel(knochen) *m*.

fen [fen] *s* Fenn *n*, Sumpf-, Marschland *n*.

fence [fens] **I** *s* **1.** Zaun *m*: ***sit on the*** ~ sich neutral verhalten; unentschlossen sein. **2.** *sl.* Hehler(in). **II** *v/t* **3.** *a.* ~ ***in*** einzäunen: ~ ***off*** abzäunen. **III** *v/i* **4.** *Sport*: fechten.

'fenc·er *s Sport*: Fechter(in).

'fenc·ing **I** *s* **1.** Zaun *m*, Einzäunung *f*. **2.** *Sport*: Fechten *n*. **3.** *sl.* Hehlerei *f*. **II** *adj* **4.** *Sport*: Fecht...: ~ ***master*** Fechtmeister *m*.

fend [fend] **I** *v/t oft* ~ ***off*** *Angreifer*, *Fragen etc* abwehren. **II** *v/i*: ~ ***for o.s.*** für sich selbst sorgen.

'fend·er *s mot. Am.* Kotflügel *m*.

fen·nel ['fenl] *s* ♣ Fenchel *m*.

fer·ment [fə'ment] **I** *v/t* **1.** ⚗ in Gärung bringen (*a. fig.*), gären lassen, vergären; *fig.* in Wallung bringen. **II** *v/i* **2.** ⚗ gären, in Gärung sein (*beide a. fig.*). **III** *s* ['fɜ:ment] **3.** ⚗ Gärstoff *m*, Ferment *n*. **4.** a) ⚗ Gärung *f* (*a. fig.*), b) *fig.* innere Unruhe, Aufruhr *m*.

fer·men·ta·tion [ˌfɜ:men'teɪʃn] *s* **1.** ⚗ Gärung *f* (*a. fig.*), Gärungsprozess *m*. **2.** → ***ferment*** 4b.

fern [fɜ:n] *s* ♣ Farn(kraut *n*) *m*.

fe·ro·cious [fə'rəʊʃəs] *adj* □ **1.** wild (*Tier etc*). **2.** wild, grimmig (*Blick etc*), grausam (*Strafe etc*), heftig, scharf (*Auseinandersetzung*).

fer·ret ['ferɪt] **I** *s zo.* Frettchen *n*. **II** *v/t mst* ~ ***out*** *et.* aufspüren, -stöbern, *Wahrheit* herausfinden, hinter *ein Geheimnis* kommen. **III** *v/i mst* ~ ***about*** (*od.* ***around***) herumstöbern (***among*** in *dat*; ***for*** nach).

fer·rous ['ferəs] *adj* eisenhaltig, Eisen...

F

fer·ry ['ferı] **I** *s* **1.** Fähre *f*, Fährschiff *n*, -boot *n*. **2.** Fährdienst *m*, -betrieb *m*. **II** *v/t* **3.** (in e-r Fähre) übersetzen. '**~·boat** → ***ferry*** 1. **~·man** ['~mən] *s* (*irr* ***man***) Fährmann *m*. **~ ser·vice** → ***ferry*** 2.

fer·tile ['fɜːtaıl] *adj* □ fruchtbar, *fig. a.* produktiv, schöpferisch.

fer·til·i·ty [fə'tılətı] *s* Fruchtbarkeit *f*, *fig. a.* Produktivität *f*.

fer·ti·li·za·tion [ˌfɜːtılaı'zeıʃn] *s* **1.** Befruchtung *f* (*a. fig.*). **2.** Düngung *f*.

F

'**fer·ti·lize** *v/t* **1.** befruchten (*a. fig.*). **2.** düngen.

'**fer·ti·liz·er** *s* (*bsd.* Kunst)Dünger *m*.

fer·vent ['fɜːvənt], **fer·vid** ['~vıd] *adj* □ glühend, leidenschaftlich (*Hass, Verehrer etc*), inbrünstig (*Gebet, Verlangen etc*).

'**fer·vo(u)r** *s* Leidenschaft *f*, Inbrunst *f*.

fes·ter ['festə] *v/i* **1.** eitern. **2. ~ *in s.o.'s mind*** an j-m nagen *od.* fressen.

fes·ti·val ['festəvl] *s* **1.** Fest(tag *m*) *n*. **2.** Festival *n*, Festspiele *pl*.

fes·tive ['festıv] *adj* □ festlich, Fest...: **~ *season*** Fest-, *bsd.* Weihnachtszeit *f*.

fes'tiv·i·ty *s oft pl* Festlichkeit *f*.

fes·toon [fe'stuːn] **I** *s* Girlande *f*. **II** *v/t* mit Girlanden schmücken.

fetch [fetʃ] *v/t* **1.** (herbei)holen, (her)bringen: (***go and***) **~ *a doctor*** e-n Arzt holen; **~ *and carry for s.o.*** für j-n Handlangerdienste leisten. **2.** *Seufzer etc* ausstoßen. **3.** *Preis etc* erzielen, einbringen. **4.** F *j-m e-n Schlag od. Tritt* versetzen: **~ *s.o. one*** j-m e-e langen *od.* kleben.

'**fetch·ing** *adj* F bezaubernd: a) reizend, entzückend (*Kleid etc*), b) gewinnend, einnehmend (*Lächeln etc*).

fet·id ['fetıd] *adj* □ stinkend.

fe·tish ['fetıʃ] *s* Fetisch *m* (*a. psych.*).

'**fe·tish·ism** *s* Fetischismus *m*.

'**fe·tish·ist** *s* Fetischist(in).

fet·ter ['fetə] **I** *s* **1.** Fußfessel *f*. **2.** *pl fig.* Fesseln *pl*. **II** *v/t* **3.** *j-m* Fußfesseln anlegen. **4.** *fig.* behindern.

fet·tle ['fetl] *s*: ***in fine*** (*od.* ***good***) **~** (gut) in Form.

fe·tus ['fiːtəs] *s* ⚕ Fötus *m*.

feud [fjuːd] **I** *s* Fehde *f* (*a. fig.*): ***be at* ~** (***with***) → II. **II** *v/i* sich befehden, in Fehde liegen (***with*** mit) (*beide a. fig.*).

feu·dal ['fjuːdl] *adj* □ Feudal..., Lehns...

feu·dal·ism ['fjuːdəlızəm] *s* Feudalismus *m*, Feudal-, Lehnssystem *n*.

fe·ver ['fiːvə] *s* ⚕ Fieber *n* (*a. fig.*): ***have a* ~** Fieber haben; **~ *blister*** Fieberbläschen *n*; **~ *heat*** Fieberhitze *f*; *fig.* fieberhafte Auf- *od.* Erregung; ***be in a* ~** (***of excitement***) in fieberhafter Aufregung sein, vor Aufregung fiebern.

'**fe·ver·ish** *adj* □ **1.** ⚕ a) fieberkrank: ***be* ~** Fieber haben, b) fieb(e)rig, Fieber...: **~ *cold*** fiebrige Erkältung. **2.** *fig.* fieberhaft: ***be* ~ *with excitement*** vor Aufregung fiebern.

few [fjuː] *adj u. pron* **1.** wenige: ***some* ~** einige wenige. **2. *a* ~** einige, ein paar: ***a good* ~, *quite a* ~** ziemlich viele, e-e ganze Menge; ***every* ~ *days*** alle paar Tage.

fi·an·cé [fı'ɑ̃ːŋseı] *s* Verlobte *m*.

fi·an·cée [fı'ɑ̃ːŋseı] *s* Verlobte *f*.

fi·as·co [fı'æskəʊ] *pl* **-cos** *s* Fiasko *n*.

fib [fıb] F **I** *s* Flunkerei *f*, Schwindelei *f*. **II** *v/i* flunkern, schwindeln.

'**fib·ber** *s* F Flunkerer(in), Schwindler(in).

fi·ber, *bsd. Br.* **fi·bre** ['faıbə] *s* **1.** *biol., tech.* Faser *f*; **~-*optic cable*** Glasfaserkabel *n*. **2.** *fig.* Charakter *m*; Kraft *f*: ***moral* ~** Charakterstärke *f*. '**~·glass** *s tech.* Fiberglas *n*.

fib·u·la ['fıbjʊlə] *s anat.* Wadenbein *n*.

fick·le ['fıkl] *adj* launenhaft, launisch, unbeständig (*Wetter*), (*Person a.*) wankelmütig.

fic·tion ['fıkʃn] *s* **1.** (freie) Erfindung, Fiktion *f*. **2.** *coll.* Prosa-, Romanliteratur *f*.

fic·tion·al ['fıkʃənl] *adj* erdichtet, erfunden.

fic·ti·tious [fık'tıʃəs] *adj* □ (frei) erfunden, fiktiv: **~ *assets*** *pl* Scheinaktiva *pl*; **~ *profit*** Scheingewinn *m*.

fid·dle ['fıdl] F **I** *s* **1.** ♪ Fiedel *f*, Geige *f*: ***play first*** (***second***) **~** *fig.* die erste (zweite) Geige spielen; (***as***) ***fit as a* ~** kerngesund. **II** *v/i* **2.** *a.* **~ *away*** fiedeln, geigen. **3. ~ *about*** (*od.* ***around***) herumtrödeln. **4.** *a.* **~ *about*** (*od.* ***around***) (***with***) herumfummeln (an *dat*), spielen (mit). **III** *v/t* **5.** fiedeln. **6.** *Br.* frisieren, manipulieren.

'**fid·dler** *s* F **1.** Fiedler(in), Geiger(in). **2.** *Br.* Schwindler(in), Betrüger(in).

'**fid·dling** *adj* F läppisch, geringfügig.

fi·del·i·ty [fı'delətı] *s* **1.** Treue *f* (***to*** gegenüber, zu). **2.** Genauigkeit *f* (*a. e-r Übersetzung*). **3.** ⚡ Klangtreue *f*.

fidg·et ['fıdʒıt] **I** *s* **1.** *oft pl* nervöse Unruhe, Zappelei *f*: ***give s.o. the* ~*s*** → 3; ***have the* ~*s*** → 4. **2.** Zappelphilipp *m*. **II** *v/t* **3.** *j-n* nervös *od.* zapp(e)lig machen. **III** *v/i* **4.** (herum)zappeln, unruhig *od.* nervös sein.

'**fidg·et·y** *adj* zapp(e)lig, nervös.

fi·du·ci·ar·y [fı'djuːʃjərı] ⚖ **I** *s* Treuhänder(in). **II** *adj* treuhänderisch, Treuhand...: **~ *loan*** *s* ungesichertes Darlehen.

field [fiːld] **I** *s* **1.** ⚒ Feld *n* (*a.* ⚔, *phys. etc*): ***in the* ~** auf dem Feld; **~ *of vision*** Blick-, Gesichtsfeld; *fig.* Gesichtskreis *m*, Horizont *m*. **2.** *fig.* Bereich *m*, (Fach-, Sach)Gebiet *n*: ***in his* ~** auf s-m Gebiet, in s-m Fach; **~ *of application*** Anwendungsbereich; **~ *of study*** Studienfach *n*, -richtung *f*. **3.** *Sport*: Spielfeld *n*, -fläche *f*; Feld *n* (*Läufer etc*). **II** *v/t* **4.** *Sport*: *Spieler* aufs Feld schicken, bringen; *Kandidaten etc* ins Rennen schicken. **~ day** *s*: ***have a ~*** riesigen Spaß haben (***with*** mit); s-n großen Tag haben. **~ en·gi·neer** *s* Außendiensttechniker *m*. **~ e·vents** *s pl Leichtathletik*: Sprung- u. Wurfdisziplinen *pl*. **~ glass·es** *s pl*, *a*. ***pair of ~*** Feldstecher *m*. **~ hock·ey** *s Sport*: *bsd. Am.* (Feld)Hockey *n*. **'~·man** *s* Außendienstler *m*. **~ mar·shal** *s mil*. Feldmarschall *m*. **~ re·search** *s* Feldforschung *f*, primäre Marktforschung. **~ sales·man** *s* Außendienstverkäufer *m*. **~ staff** *s* Personal *n* im Außendienst. **'~·work** *s* **1.** praktische (wissenschaftliche) Arbeit, (*Archäologie etc a.*) Arbeit *f* im Gelände. **2.** *Markt-*, *Meinungsforschung*: Feldarbeit *f*. **3.** Außendienst *m*. **~ work·er** *s Markt-*, *Meinungsforschung*: Befrager(in), Interviewer(in).

fiend [fiːnd] *s* **1.** Satan *m*, Teufel *m*, *fig. a.* Unhold *m*. **2.** F (*Frischluft- etc*)Fanatiker(in).

'fiend·ish *adj* □ **1.** teuflisch, unmenschlich. **2.** F verteufelt, höllisch.

fierce [fɪəs] *adj* □ **1.** wild (*Tier etc*). **2.** böse, grimmig (*Gesicht etc*), wild (*Blick*, *Hass etc*). **3.** scharf (*Rede*, *Wettbewerb etc*); heftig (*Angriff*, *Schmerz etc*).

'fierce·ness *s* **1.** Wildheit *f*. **2.** Schärfe *f*; Heftigkeit *f*.

fi·er·y ['faɪərɪ] *adj* □ **1.** brennend, glühend. **2.** feurig, hitzig (*Person*, *Temperament*). **3.** feurig, scharf (*Gewürz etc*). **4.** leidenschaftlich (*Rede*, *Affäre etc*).

fif·teen [ˌfɪf'tiːn] *adj* fünfzehn.

ˌfif'teenth [~θ] *adj* fünfzehnt.

fifth [fɪfθ] **I** *adj* **1.** fünft: ***~ column*** *pol*. fünfte Kolonne; ***~ wheel*** *fig*. fünftes Rad am Wagen. **II** *s* **2.** *der*, *die*, *das* Fünfte: ***the ~ of May*** der 5. Mai. **3.** Fünftel *n*.

'fifth·ly *adv* fünftens.

fif·ti·eth ['~ɪəθ] *adj* fünfzigst.

fif·ty ['fɪftɪ] **I** *adj* fünfzig. **II** *s* Fünfzig *f*: ***be in one's fifties*** in den Fünfzigern sein; ***in the fifties*** in den Fünfzigerjahren (*e-s Jahrhunderts*). **ˌ~-'fif·ty** *adj u. adv* F fifty-fifty: ***go ~*** (***with***) halbe-halbe machen (mit).

fig [fɪg] *s* ⚘ Feige *f*: ***I don't care a ~*** F das ist mir völlig egal.

fight [faɪt] **I** *s* **1.** Kampf *m* (***for*** um; ***against*** gegen) (*a. fig.*): ***put up a good ~*** sich tapfer schlagen. **2.** a) *Boxen*: Kampf *m*, b) Rauferei *f*, Schlägerei *f*: ***have a ~*** (***with***) → 7. **3.** Kampf(es)lust *f*: ***show ~*** sich zur Wehr setzen. **II** *v/t* (*irr*) **4.** *j-n*, *et.* bekämpfen. **5.** kämpfen gegen *od.* mit: ***~ back*** (*od.* ***down***) *Enttäuschung*, *Tränen etc* unterdrücken; ***~ off*** *j-n*, *et.* abwehren. **III** *v/i* (*irr*) **6.** kämpfen (***for*** um; ***against*** gegen): ***~ back*** sich zur Wehr setzen *od.* wehren, zurückschlagen; → ***shy*** 2. **7.** sich raufen *od.* schlagen *od.* prügeln (***with*** mit).

'fight·er *s* **1.** Kämpfer(in). **2.** *Sport*: Boxer(in). **3.** Schläger(in), Raufbold *m*. **4.** *a.* ***~ plane*** ✈, *mil*. Jagdflugzeug *n*.

'fight·ing **I** *s* Kampf *m*, Kämpfe *pl*. **II** *adj* Kampf...: ***~ chance*** reelle Chance (*wenn man sich anstrengt*); ***~ spirit*** Kampfgeist *m*.

fig·ment ['fɪgmənt] *s oft* ***~ of the imagination*** reine Erfindung.

fig tree *s* Feigenbaum *m*.

fig·u·ra·tive ['fɪgərətɪv] *adj* □ bildlich, übertragen.

fig·ure ['fɪgə] **I** *s* **1.** Zahl *f*, Ziffer *f*: ***run into three ~s*** in die Hunderte gehen; ***five-~ income*** fünfstelliges Einkommen. **2.** Summe *f*, Preis *m*: ***at a high*** (***low***) ~ teuer (billig). **3.** Figur *f* (*a. Sport etc*), Gestalt *f*. **4.** *fig*. Figur *f*, Persönlichkeit *f*: ***~ of fun*** komische Figur, *contp*. Witzfigur; ***cut*** (*od.* ***make***) ***a poor ~*** e-e traurige Figur abgeben. **5.** *a.* ***~ of speech*** (Rede-, Sprach)Figur *f*. **II** *v/t* **6.** *oft* ***~ to o.s.*** sich *et.* vorstellen *od.* ausmalen. **7.** ***~ out*** F ausrechnen; ausknobeln, rauskriegen; kapieren. **8.** *Am.* F meinen, glauben. **III** *v/i* **9.** erscheinen, auftauchen, vorkommen. **10.** ***~ on*** *bsd. Am.* F rechnen mit; sich verlassen auf (*acc*). **'~·head** *s* ⚓ Galionsfigur *f*, *fig. a.* Aushängeschild *n*. **~ skat·ing** *s Sport*: Eiskunstlauf *m*.

filch [fɪltʃ] *v/t* klauen, stibitzen.

file¹ [faɪl] **I** *s* **1.** (Akten- *etc*)Ordner *m*. **2.** a) Akte *f*: ***keep*** (*od.* ***have***) ***a ~ on*** e-e Akte führen über (*acc*); ***~ number*** Aktenzeichen *n*; ***~ strip*** Abheftstreifen *m*; b) Akten *pl*, Ablage *f*: ***on ~*** bei den Akten; ***~ copy*** Akten-, Ablagekopie *f*. **3.** *Computer*: Datei *f*: ***~ access*** Dateizugriff *m*; ***~ identification*** Dateibezeichnung *f*; ***~ maintenance*** (*od.* ***management***) Dateiverwaltung *f*; ***~ server*** Dateiserver *m*. **4.** Reihe *f*: → ***Indian file***, ***single file***. **II** *v/t* **5.** *a.* ***~ away*** *Briefe etc* ablegen, zu den Akten nehmen. **6.** *Antrag etc* einreichen, *Forderung* anmelden: ***~ a petition in bankruptcy*** Konkurs anmelden.

file² [~] **I** *s* **1.** *tech*. Feile *f*. **II** *v/t* **2.** (zu)feilen, sich *die Nägel* feilen: ***~ away*** (*od.* ***down***) abfeilen. **3.** *fig. Stil etc* (zurecht)feilen.

fil·i·al ['fɪljəl] *adj* Kindes...

fil·i·bus·ter ['fɪlɪbʌstə] *parl. bsd. Am.* **I** *s* Obstruktion *f*; Obstruktionspolitiker(in). **II** *v/i* Obstruktion treiben.

fil·i·gree ['fɪlɪgriː] *s* Filigran(arbeit *f*) *n*.

fil·ing| cab·i·net ['faɪlɪŋ] *s* Aktenschrank *m*. **~ de·part·ment** *s* Registratur *f*. **~ jack·et** *s* Archivordner *m*.

fil·ings ['faɪlɪŋz] *s pl* Feilspäne *pl*.

'fil·ing| sys·tem *s* Ablage *f*. **~ tray** *s* Ablagekorb *m*.

F

fill [fɪl] I *s* **1.** ***eat one's ~*** sich satt essen; ***have had one's ~ of*** von *et.*, *j-m* genug haben, *et.*, *j-n* satt haben. **2.** Füllung *f.* II *v/t* **3.** (an-, aus)füllen, voll füllen; *Pfeife* stopfen; *Zahn* füllen, plombieren. **4.** erfüllen (***with*** mit) (*a. fig.*): ***~ed with envy*** neiderfüllt; → ***indignation***. **5.** *Posten*, *Amt* besetzen; bekleiden: ***~ s.o.'s place*** j-s Stelle einnehmen, j-n ersetzen; ***~ a vacancy*** eine freie Stelle besetzen. **6.** *Auftrag*, *Bestellung* ausführen; *Rezept* ausfertigen. III *v/i* **7.** sich füllen.
Verbindungen mit Adverbien:
fill| in I *v/t* **1.** *Loch etc* auf-, ausfüllen. **2.** *Br. Formulare etc* ausfüllen. **3.** *Namen etc* einsetzen; *Fehlendes* ergänzen. **4.** F *j-n* informieren (***on*** über *acc*). II *v/i* **5.** einspringen (***for*** für). **~ out** I *v/t* **1.** *bsd. Am.* → ***fill in*** 2. **2.** *Bericht etc* abrunden. II *v/i* **3.** fülliger werden (*Figur*), (*Person a.*) zunehmen, (*Gesicht etc*) runder *od.* voller werden. **~ up** I *v/t* **1.** voll füllen. **2.** → ***fill in*** 1, 2. II *v/i* **3.** → ***fill*** 7.
fill·er ['fɪlə] *s* **1.** Trichter *m.* **2.** *Zeitungswesen etc*: Füller *m*, Füllsel *n.* **3.** *ling.* Füllwort *n.*
fil·let ['fɪlɪt] *s gastr.* Filet *n.* **~ steak** *s* Filetsteak *n.*
fill·ing ['fɪlɪŋ] I *s* **1.** Füllung *f*, Füllmasse *f.* **2.** *Zahnmedizin*: Füllung *f*, Plombe *f.* II *adj* **3.** sättigend. **~ sta·tion** *s* Tankstelle *f.*
film [fɪlm] I *s* **1.** Film *m* (*a. phot.*): ***~ commercial*** Kinowerbefilm; ***~ library*** Filmarchiv *n.* **2.** (hauch)dünne Schicht, Film *m*; (Plastik)Folie *f.* II *adj* **3.** Film... III *v/t* **4.** *Roman etc* verfilmen; *Szene etc* filmen.
Fi·lo·fax ['faɪləfæks] *s* (*TM*) Terminplaner *m.*
fil·ter ['fɪltə] I *s* **1.** Filter *m*, *tech. etc mst n.* II *v/t* **2.** filtern. III *v/i* **3.** durchsickern (***through*** durch). **4.** **~ *out*** grüppchenweise *od.* e-r nach dem anderen herauskommen (***of*** aus). **5.** ***~ out*** (*od.* ***through***) *fig.* durchsickern (*Nachricht etc*). **6.** *mot. Br.* die Spur wechseln; sich einordnen (***to the left*** links). **~ tip** *s* **1.** Filter *m.* **2.** Filterzigarette *f.* **'~-tipped** *adj* Filter...: ***~ cigarette.***
filth [fɪlθ] *s* **1.** Schmutz *m* (*a. fig.*), Dreck *m.* **2.** unflätige Sprache *od.* Ausdrücke *pl.*
'filth·y *adj* □ **1.** schmutzig (*a. fig.*), dreckig. **2.** *fig.* unflätig. **3.** *bsd. Br.* F ekelhaft, scheußlich: ***~ weather*** Sauwetter *n.*
fin [fɪn] *s* **1.** *ichth.* Flosse *f.* **2.** Schwimmflosse *f.*
fi·nal ['faɪnl] I *adj* (□ → ***finally***) **1.** letzt; End..., Schluss...: ***~ disposal*** Endlagerung *f*; ***~ disposal site*** Endlager *n*; ***~ examination*** (Ab)Schlussprüfung *f*; ***~ product*** Endprodukt *n*; ***~ score*** (*Sport*) Endstand *m*; ***~ whistle*** (*Sport*) Schluss-, Abpfiff *m.* **2.** endgültig. II *s* **3.** *Sport*: Finale *n.* **4.** *mst pl bsd. univ.* (Ab)Schlussexamen *n*, -prüfung *f.* **5.** F Spätausgabe *f* (*e-r Zeitung*).
fi·na·le [fɪ'nɑːlɪ] *s* ♪, *thea.* Finale *n.*
fi·nal·ist ['faɪnəlɪst] *s Sport*: Finalist(in).
fi·nal·i·ty [faɪ'nælətɪ] *s* **1.** Endgültigkeit *f.* **2.** Entschiedenheit *f.*
fi·nal·ize ['faɪnəlaɪz] *v/t* **1.** be-, vollenden, abschließen. **2.** endgültige Form geben (*dat*).
'fi·nal·ly *adv* **1.** endlich, schließlich, zuletzt. **2.** zum (Ab)Schluss. **3.** endgültig.
fi·nance [faɪ'næns] I *s* **1.** Finanz(wesen *n*) *f*: ***~ company*** Finanzierungsgesellschaft *f.* **2.** *pl* Finanzen *pl.* II *v/t* **3.** finanzieren.
fi'nan·cial [~ʃl] *adj* □ finanziell, Finanz..., Geld...: ***~ accounting*** Finanzbuchhaltung *f*; ***~ adjustment*** Finanzausgleich *m*; ***~ backer*** Geldgeber *m*; ***~ budget*** Finanzbudget *n*; ***~ centre*** (*Am.* ***center***) Finanzplatz *m*; ***~ compensation*** Finanzausgleich *m*; ***~ consultant*** Finanzberater *m*; ***~ department*** Finanzabteilung *f*; ***~ disclosure*** Offenlegung *f* der finanziellen Verhältnisse; ***~ investment*** Geldanlage *f*; ***~ lease*** Finanzierungsleasing *n*; ***~ market*** Finanzmarkt *m*; ***~ needs*** *pl* Finanzbedarf *m*; ***~ news*** Finanznachrichten *pl*; ***~ position*** Vermögenslage *f*; ***~ reporting*** Rechnungslegung *f*; ***~ resources*** *pl* finanzielle Mittel *pl*, verfügbare Geldmittel *pl*; ***~ standing*** Kreditfähigkeit *f*, Bonität *f*; ***~ statement*** Finanzbericht *m*; ***~ wizard*** Finanzgenie *n*; ***~ year*** *Br.* Geschäfts-, Haushalts-, Rechnungsjahr *n.*
fin'an·cier [~sɪə] *s* Finanzier *m.*
fi·nanc·ing *s* Finanzierung *f*: ***~ gap*** Finanzierungslücke *f*; ***~ expenses*** *pl* Finanzierungskosten *pl.*
finch [fɪntʃ] *s orn.* Fink *m.*
find [faɪnd] I *s* **1.** Fund *m.* II *v/t* (*irr*) **2.** *allg.* finden. **3.** bemerken, feststellen, (heraus)finden. **4.** ⚖ für *schuldig* erklären *od.* befinden. **5.** ***~ out*** *et.* herausfinden; *j-n* ertappen; *j-n*, *et.* durchschauen. III *v/i* (*irr*) **6.** ***~ out*** es herausfinden. **7.** ***~ against*** (***for***) ***the defendant*** ⚖ den Angeklagten verurteilen (freisprechen).
'find·er *s* Finder(in): ***~'s reward*** Finderlohn *m.*
'find·ing *s* **1.** *mst pl* Befund *m* (*a.* ⚕). **2.** ⚖ Feststellung *f* (*des Gerichts*), (*der Geschworenen a.*) Spruch *m.*
fine[1] [faɪn] I *adj* □ **1.** *allg.* fein: ***~ arts*** *pl die* schönen Künste *pl*; ***one ~ day*** e-s schönen Tages. **2.** großartig, ausgezeichnet. **3.** F fein, schön: ***that's all very ~, but*** das ist ja alles gut u. schön, aber. II *adv* **4.** F sehr gut, bestens: ***that will suit me ~*** das passt mir ausgezeichnet.
fine[2] [~] I *s* Geldstrafe *f*, Bußgeld *n.* II *v/t* mit

e-r Geldstrafe belegen, zu e-r Geldstrafe verurteilen: ***he was ~d £50*** er musste 50 Pfund Strafe bezahlen, er wurde zu e-r Geldstrafe von 50 Pfund verurteilt.

fine·ness ['faɪnnɪs] *s allg.* Feinheit *f.*

fi·nesse [fɪ'nes] *s* **1.** Finesse *f.* **2.** Raffinesse *f*, Schlauheit *f.*

fin·ger ['fɪŋɡə] **I** *s* Finger *m*: ***first*** (***second, third***) ~ Zeige- (Mittel-, Ring)finger; ***fourth*** (*od.* ***little***) ~ kleiner Finger; ***have a*** (*od.* ***one's***) ***~ in the pie*** die Hand im Spiel haben; ***keep one's ~s crossed for s.o.*** j-m die Daumen drücken *od.* halten; ***not to lift*** (*od.* ***raise, stir***) ***a ~*** keinen Finger rühren; → ***burn*** 7, ***twist*** 2. **II** *v/t* betasten, befühlen; herumfingern an (*dat*), spielen mit. **III** *v/i* herumfingern (***at*** an *dat*), spielen (***with*** mit). **~ al·pha·bet** *s* Fingeralphabet *n.* **'~·mark** *s* Fingerabdruck *m* (*Schmutzfleck*). **'~·nail** *s* Fingernagel *m.* **'~·print I** *s* Fingerabdruck *m*: ***take s.o.'s ~s*** → II. **II** *v/t j-m* Fingerabdrücke abnehmen, von *j-m* Fingerabdrücke abnehmen, von *j-m* Fingerabdrücke machen. **'~·tip** *s* Fingerspitze *f*: ***have at one's ~s*** *Kenntnisse* parat haben; *et.* aus dem Effeff beherrschen. **'~·tip mois·ten·er** *s* Anfeuchter *m.*

fin·ick·y ['fɪnɪkɪ] *adj* **1.** pedantisch. **2.** wählerisch (***about*** in *dat*). **3.** geziert, affektiert.

fin·ish ['fɪnɪʃ] **I** *v/t* **1.** beenden, aufhören mit: ***~ reading*** aufhören zu lesen. **2.** *a.* ***~ off*** vollenden, zu Ende führen, erledigen, *Buch etc* auslesen. **3.** *a.* ***~ off*** (*od.* ***up***) *Vorräte* aufbrauchen; aufessen, austrinken. **4.** *a.* ***~ off*** *j-n* erledigen, fertig machen. **5.** *a.* ***~ off*** (*od.* ***up***) vervollkommnen, den letzten Schliff geben (*dat*). **II** *v/i* **6.** *a.* ***~ off*** (*od.* ***up***) enden, aufhören (***with*** mit): ***have you ~ed?*** bist du fertig? **7.** enden, zu Ende gehen. **8.** ***~ with*** mit *j-m*, *et.* Schluss machen, *et.* aufgeben: ***I am ~ed with him*** ich bin mit ihm fertig. **9.** ***~ third*** (*Sport*) Dritter werden; *allg.* als Dritter fertig sein. **III** *s* **10.** Ende *n*, Schluss *m.* **11.** *Sport*: Endspurt *m*, Finish *n*; Ziel *n.* **12.** Vollendung *f*; letzter Schliff.

'fin·ished *adj* **1.** beendet, fertig: ***~ goods*** (*od.* ***products***) *pl* Fertigwaren *pl.* **2.** *fig.* vollendet, vollkommen.

'fin·ish·ing *adj* abschließend: ***~ line*** Ziellinie *f*; → ***touch*** 4.

fink [fɪŋk] *s bsd. Am. sl.* **1.** Streikbrecher(in). **2.** Spitzel *m.*

Fin·land ['fɪnlənd] *npr* Finnland *n.*

Finn [fɪn] *s* Finne *m*, Finnin *f.*

'Finn·ish I *adj* finnisch. **II** *s ling.* Finnisch *n.*

fiord [fjɔːd] *s geogr.* Fjord *m.*

fir [fɜː] *s* ♣ Tanne *f*; Fichte *f.* **~ cone** *s* Tannenzapfen *m.*

fire ['faɪə] **I** *s* **1.** Feuer *n* (*a. mil. u. fig.*), Brand *m*: ***be on ~*** in Flammen stehen, brennen; ***come under ~*** unter Beschuss geraten (*a. fig.*); ***catch*** (*od.* ***take***) ***~*** Feuer fangen, in Brand geraten; ***play with ~*** *fig.* mit dem Feuer spielen; ***set on ~, set ~ to*** → 2; → ***chestnut*** 1, ***Thames.*** **II** *v/t* **2.** anzünden, in Brand stecken. **3.** *Kessel* heizen, *Ofen* (be)feuern, beheizen. **4.** *j-n, j-s Gefühle* entflammen, *j-s Fantasie* beflügeln. **5.** *a.* ***~ off*** *Schusswaffe* abfeuern, abschießen; *Schuss* (ab)feuern, abgeben (***at, on*** auf *acc*). **6.** F feuern, rausschmeißen. **III** *v/i* **7.** feuern, schießen (***at*** auf *acc*). **8.** zünden (*Motor*). **~ a·larm** *s* **1.** Feueralarm *m.* **2.** Feuermelder *m.* **'~·arm** *s* Feuer-, Schusswaffe *f.* **'~·ball** *s* Feuerball *m.* **~ bri·gade** *s Br.* Feuerwehr *f.* **'~·bug** *s* Feuerteufel *m.* **~ de·part·ment** *s Am.* Feuerwehr *f.* **'~-ˌeat·er** *s* **1.** Feuerschlucker(in), -fresser(in). **2.** *fig.* aggressiver Mensch. **~ en·gine** *s* Löschfahrzeug *n.* **~ es·cape** *s* **1.** Feuerleiter *f*, -treppe *f.* **2.** *Br.* Feuerwehrleiter *f.* **~ ex·tin·guish·er** *s* Feuerlöscher *m.* **~ fight·er** *s* Feuerwehrmann *m*, -frau *f.* **'~ˌfight·ing e·quip·ment** *s* Feuerlöschgeräte *pl.* **~ house** *s Am.* Feuerwache *f.* **~ hy·drant** *s Br.* Hydrant *m.* **~·man** ['~mən] *s* (*irr* ***man***) **1.** Feuerwehrmann *m*, *pl a.* Löschtrupp *m.* **2.** Heizer *m.* **'~·place** *s* (offener) Kamin. **'~·plug** *s Am.* Hydrant *m.* **~ pre·ven·tion** *s* Brandverhütung *f.* **'~-proof** *adj* feuerfest, -sicher. **~ pro·tec·tion** *s* Brandschutz *m.* **~ rais·er** *s Br.* Brandstifter(in). **~ rais·ing** *s Br.* Brandstiftung *f.* **~ ser·vice** *s Br.* Feuerwehr *f.* **'~·side** *s* **1.** (offener) Kamin: ***by the ~*** am Kamin. **2.** *fig.* häuslicher Herd. **~ sta·tion** *s* Feuerwache *f.* **'~ˌwa·ter** *s* F Feuerwasser *n.* **'~·wood** *s* Brennholz *n.* **'~·work** *s* **1.** Feuerwerkskörper *m.* **2.** *pl* Feuerwerk *n* (*a. fig.*: *a. sg konstruiert*).

fir·ing ['faɪərɪŋ] *s* **1.** Heizen *n.* **2.** (Ab)Feuern *n*, (Ab)Schießen *n.* **~ line** *s mil.* Feuer-, Frontlinie *f*: ***be in*** (*Am.* ***on***) ***the ~*** *fig.* an vorderster Front stehen; in der Schusslinie stehen. **~ par·ty, ~ squad** *s* Exekutionskommando *n.*

firm¹ [fɜːm] **I** *adj* □ fest: a) hart, *gastr.* steif, b) standhaft, c) sicher (*Beweise etc*), d) *bsd. econ.*, ⚖ bindend: ***~ market*** stabiler Markt; ***~ price*** fester Preis. **II** *adv*: ***stand ~*** *fig.* festbleiben, hart bleiben. **III** *v/i* sich festigen: ***~ up*** sich festigen (*Preise*).

firm² [~] *s* Firma *f*, Unternehmen *n.*

firm·ness ['fɜːmnɪs] *s* Festigkeit *f.*

first [fɜːst] **I** *adj* (□ → ***firstly***) **1.** erst: ***at ~ hand*** aus erster Hand; → ***offender, place*** 6, ***sight*** 2, ***thing*** 2, ***view*** 1. **2.** *fig.* erst, best: → ***fiddle*** 1. **II** *adv* **3.** zuerst: ***go ~*** vorangehen. **4.** (zu)erst (einmal). **5.** als Erste(r, -s), an erster Stelle: ~ ***come***, ~ ***served*** wer zuerst kommt, mahlt zuerst; ~ ***of all*** vor allen Dingen, zu allererst. **III** *s* **6.** *der*, *die*, *das* Erste *od.* (*fig.*) Beste: ***the ~ of May*** der 1. Mai; ***at ~*** (zu)erst, anfangs; ***from the*** (***very***) ~ von (allem) Anfang an. **7.** *mot.* erster Gang.

first| aid *s* erste Hilfe: ***give*** (*od.* ***render***) ***s.o.*** ~ j-m erste Hilfe leisten. **ˌ~-ˈaid** *adj*: ~ ***box*** (*od.* ***kit***) Verband(s)kasten *m*; ~ ***cabinet*** Erste-Hilfe-Schrank *m*; ~ ***post*** (*od.* ***station***) Unfallstation *f.* **ˈ~-born** *adj* erstgeboren. **ˌ~-ˈclass I** *adj* **1.** erstklassig, -rangig. **2.** *etc* erster Klasse. **II** *adv* **3.** *etc* erste(r) Klasse. **ˈ~-day cov·er** *s Philatelie*: Ersttagsbrief *m.* **ˌ~-deˈgree** *adj Verbrennungen* ersten Grades. **ˌ~ˈhand** *adj u. adv* aus erster Hand.

First La·dy *s* First Lady *f*, Präsidentengattin *f.*

first·ly [ˈfɜːstlɪ] *adv* erstens.

first| name *s* Vorname *m*: ***what is his ~?*** wie heißt er mit Vornamen? ~ **night** *s* Premiere *f*, Uraufführung *f.* **ˌ~-ˈrate** → ***first-class*** 1. **ˈ~-time** *adj*: ~ ***voter*** Erstwähler(in).

firth [fɜːθ] *s* Meeresarm *m*, Förde *f.*

fis·cal [ˈfɪskl] *adj* □ fiskalisch, Finanz...: ~ ***year*** *Am.* Geschäfts-, Rechnungsjahr *n*, Steuerjahr *n*.

fish [fɪʃ] **I** *pl* **fish,** (*bsd. Fischarten*) **ˈfish·es** *s* **1.** Fisch *m*: ***drink like a ~*** F saufen wie ein Loch; ***have other ~ to fry*** F Wichtigeres zu tun haben; ***queer ~*** F komischer Kauz; → ***kettle***. **2.** ***Fishes*** *pl ast.* Fische *pl.* **II** *v/t* **3.** fischen, angeln. **4.** *fig.* fischen (***from, out of*** aus): ~ ***out*** herausholen. **III** *v/i* **5.** fischen (*a. fig.*: ***for*** nach), angeln: → ***trouble*** 4. ~ **and chips** *s Br.* paniertes Fischfilet mit Pommes frites. ~ **ball** *s gastr.* Fischfrikadelle *f.* **ˈ~·bone** *s* Gräte *f.* ~ **cake** → ***fish ball.***

fish·er·man [ˈfɪʃəmən] *s* (*irr* ***man***) Fischer *m*, Angler *m*.

fish·er·y [ˈfɪʃərɪ] *s* **1.** Fischerei *f*, Fischfang *m*. **2.** Fischgründe *pl*, Fanggebiet *n*.

fish| fin·ger *s gastr. Br.* Fischstäbchen *n*. **ˈ~·hook** *s* Angelhaken *m*.

fish·ing [ˈfɪʃɪŋ] *s* **1.** Fischen *n*, Angeln *n*. **2.** → ***fishery*** 1. ~ **boat** *s* Fischerboot *n*. ~ **grounds** *s pl* → ***fishery*** 2. ~ **line** *s* Angelschnur *f.* ~ **net** *s* Fisch(er)netz *n*. ~ **rod** *s* Angelrute *f.* ~ **tack·le** *s* Angelgerät(e *pl*) *n*. ~ **vil·lage** *s* Fischerdorf *n*.

ˈfish|ˌmon·ger *s bsd. Br.* Fischhändler(in). ~ **stick** *Am.* → ***fish finger.***

fis·sile [ˈfɪsaɪl] *adj* spaltbar.

fis·sion [ˈfɪʃn] *s* **1.** Spaltung *f* (*a. fig.*): ~ ***material*** Spaltmaterial *n*. **2.** *biol.* (Zell)Teilung *f.*

fis·sure [ˈfɪʃə] *s* Spalt(e *f*) *m*, Riss *m* (*a. fig.*), Ritz(e *f*) *m*.

fist [fɪst] *s* Faust *f.*

fit[1] [fɪt] **I** *adj* □ **1.** passend, geeignet; fähig, tauglich: ~ ***for service*** *bsd. mil.* dienstfähig, (-)tauglich; ~ ***to drink*** trinkbar; ~ ***to eat*** ess-, genießbar; ~ ***to drive*** fahrtüchtig; → ***consumption*** 2, ***drop*** 10a. **2.** angemessen, angebracht: ***see*** (*od.* ***think***) ~ es für richtig *od.* angebracht halten (***to do*** zu tun). **3.** schicklich, geziemend. **4.** fit, (gut) in Form: ***keep ~*** sich fit halten; → ***fiddle*** 1. **II** *s* **5.** Passform *f*, Sitz *m*: ***be a perfect ~*** genau passen, tadellos sitzen; ***be a tight ~*** sehr eng sein. **III** *v/t* **6.** passend machen (***for*** für), anpassen (***to*** *dat*). **7.** *a.* ~ ***up*** ausrüsten, -statten, einrichten (***with*** mit). **8.** *j-m* passen, sitzen (*Kleid etc*). **9.** zutreffen auf (*acc*) (*Beschreibung etc*), passen zu (*Name etc*). **10.** *tech.* einpassen , -bauen (***into*** in *acc*); anbringen (***to*** an *dat*): ~ (***up***) montieren, installieren. **11.** ~ ***in*** *j-m* e-n Termin geben, *j-n*, *et.* einschieben. **IV** *v/i* **12.** passen, sitzen (*Kleid etc*).

fit[2] [~] *s* **1.** Anfall *m*, Ausbruch *m*: ~ ***of coughing*** Hustenanfall; ~ ***of anger*** (*od.* ***temper***) Wutanfall, Zornausbruch; ~ ***of laughter*** Lachkrampf *m*; ***give s.o. a ~*** F j-m e-n Schock verpassen; j-n auf die Palme bringen. **2.** *fig.* (plötzliche) Anwandlung *od.* Laune: ***by*** (*od.* ***in***) ***~s*** (***and starts***) stoß-, ruckweise; dann u. wann, sporadisch.

fit·ful [ˈfɪtfʊl] *adj* □ **1.** unruhig (*Schlaf etc*). **2.** sprung-, launenhaft.

ˈfit·ness *s* **1.** Eignung *f*; Fähigkeit *f*, Tauglichkeit *f*: ~ ***to drive*** Fahrtüchtigkeit *f*; ~ ***test*** Eignungsprüfung *f.* **2.** Fitness *f*, (gute) Form: ~ ***test*** Fitnesstest *m*; ~ ***trail*** *Am.* Trimmpfad *m*.

ˈfit·ted *adj* **1.** zugeschnitten: ~ ***carpet*** Spannteppich *m*, Teppichboden *m*. **2.** Einbau...: ~ ***kitchen.***

ˈfit·ter *s tech.* Monteur(in), Installateur(in).

ˈfit·ting I *adj* **1.** passend, geeignet. **2.** schicklich. **3.** ~ ***room*** Anproberaum *m*; Anprobekabine *f.* **II** *s* **4.** *tech.* Montage *f*, Installation *f.* **5.** Zubehörteil *n*, *pl* Ausstattung *f*, Einrichtung *f.*

five [faɪv] **I** *adj* fünf: ***~-day week*** Fünftagewoche *f.* **II** *s* Fünf *f*: ~ ***of hearts*** Herzfünf.

five·fold [ˈ~fəʊld] **I** *adj* fünffach. **II** *adv* fünffach, um das Fünffache: ***increase ~*** (sich) verfünffachen.

ˈfiv·er *s* F *Br.* Fünfpfundschein *m*, *Am.* Fünfdollarschein *m*.

ˈfive-time *adj* fünfmalig.

fix [fɪks] **I** *v/t* **1.** befestigen, festmachen, anbringen (***to*** an *dat*). **2.** *Preis etc* festsetzen, -legen (***at*** auf *acc*): ~ (***up***) *Termin etc* festsetzen. **3.** *Blick, Aufmerksamkeit etc* richten, heften (**on** auf *acc*). **4.** fixieren, anstarren. **5.** *j-s Aufmerksamkeit etc* fesseln. **6.** *Schuld etc* zuschieben (**on** *dat*). **7.** reparieren. **8.** *bsd. Am. et.* zurechtmachen, *Essen* zubereiten: ~ ***one's face*** sich schminken; ~ ***one's hair*** sich frisieren. **9.** F *Wettkampf etc* manipulieren; *j-n* schmieren. **II** *v/i* **10.** sich entscheiden *od.* entschließen (**on** für, zu). **11.** *sl.* fixen. **III** *s* **12.** F Klemme *f*: ***be in a*** ~ in der Klemme sein *od.* sitzen *od.* stecken. **13.** F abgekartete Sache, Schiebung *f*; Bestechung *f*. **14.** *sl.* Fix *m*: ***give o.s. a*** ~ sich e-n Schuss setzen.

fix·ate ['fɪkseɪt] *v/t*: ***be ~d on*** *psych.* fixiert sein an *od.* auf (*acc*).

fix'a·tion *s psych.* (*Mutter- etc*)Bindung *f*, (-)Fixierung *f*.

fixed [fɪkst] *adj* (□ → ***fixedly***) **1.** *tech.* fest, Fest... **2.** unverwandt, starr (*Blick*). **3.** fest, unveränderlich: ~ ***allowance*** Fixum *n*; ~ ***asset*** Gegenstand *m* des Anlagevermögens; ~ ***capital*** Anlagevermögen *n*; ~ ***charges*** *pl* fixe Gemeinkosten *pl*; ~ ***cost*** Fixkosten *pl*; ~ ***decimal*** *Computer*: Festkomma *n*; ~ ***deposits*** *pl* Festgelder *pl*; ~ ***exchange rate*** fester Wechselkurs; ~ ***idea*** *psych.* fixe Idee; ~***-income investments*** *pl* festverzinsliche Kapitalanlagen *pl*; ~ ***liability*** langfristige Verbindlichkeit; ~ ***price*** Festpreis *m*; ~***-price agreement*** Festpreisvereinbarung *f*; ~ ***star*** *ast.* Fixstern *m*; ~ ***sum*** Pauschalbetrag *m*; ~***-term deposits*** *pl* Festgeld *n*; ~***-term employment contract*** befristeter Arbeitsvertrag *m*.

ˌfixed-'in·ter·est|(-ˌbear·ing) *adj econ.* festverzinslich. ~ **mar·ket** *s* Rentenmarkt *m*. ~ **se·cu·ri·ties** *s pl* Rentenpapiere *pl*.

fix·ed·ly ['fɪksɪdlɪ] *adv* starr, unverwandt.

fix·ing ['fɪksɪŋ] *s* **1.** Festlegung *f*, Festsetzung *f*; Fixing *n*. **3.** Reparatur *f*. **3.** *pl bsd. Am.* Geräte *pl*; Zubehör *n*; *gastr.* Beilagen *pl*.

fix·ture ['fɪkstʃə] *s* **1.** Inventarstück *n*: ***lighting*** ~ Beleuchtungskörper *m*. **2.** *bsd. Sport*: *bsd. Br.* (Termin *m* für e-e) Veranstaltung.

fizz [fɪz] **I** *v/i* **1.** zischen. **2.** sprudeln, moussieren (*Getränk*). **3.** *fig.* sprühen (**with** vor *dat*). **II** *s* **4.** Zischen *n*. **5.** Sprudeln *n*, Moussieren *n*. **6.** Sprudel *m*; Fizz *m*. **7.** F Schampus *m*.

fiz·zle ['fɪzl] **I** *v/i* **1.** → ***fizz*** I. **2.** *a.* ~ ***out*** *fig.* verpuffen, im Sand verlaufen. **II** *s* **3.** → ***fizz*** 4, 5. **4.** F Pleite *f*, Misserfolg *m*.

flab·ber·gast ['flæbəgɑːst] *v/t* F verblüffen: ***be ~ed*** platt sein.

flab·by ['flæbɪ] *adj* □ **1.** schlaff (*Muskeln etc*). **2.** schwammig (*Person etc*). **3.** *fig.* schwach (*Charakter etc*).

flac·cid ['flæksɪd] → ***flabby*** 1.

flag¹ [flæg] **I** *s* **1.** Fahne *f*, Flagge *f*: ~ ***of convenience*** Billigflagge *f*; ***be*** (***like***) ***a red*** ~ ***to a bull to s.o.*** *Am.* F wie ein rotes Tuch für j-n sein *od.* auf j-n wirken; ***keep the*** ~ ***flying*** *fig.* die Fahne hochhalten; ***show the*** ~ *fig.* Flagge zeigen; sich sehen lassen *od.* zeigen. **II** *v/t* **2.** beflaggen. **3.** ~ ***down*** *Fahrzeug* anhalten, *Taxi* herbeiwinken.

flag² [~] **I** *s* (Stein)Platte *f*, Fliese *f*. **II** *v/t* mit (Stein)Platten *od.* Fliesen belegen, fliesen.

flag³ [~] *v/i* **1.** schlaff herabhängen. **2.** *fig.* nachlassen, erlahmen (*Interesse etc*).

F

'flag·pole → ***flagstaff.***

fla·grant ['fleɪgrənt] *adj* □ **1.** schamlos, schändlich. **2.** eklatant, krass.

'flag·staff *s* Fahnenstange *f*.

flail [fleɪl] **I** *v/i* herumfuchteln. **II** *v/t* ~ ***one's arms*** mit den Armen fuchteln. **III** *s* Dreschflegel *m*.

flair [fleə] *s* **1.** Veranlagung *f*: ***have a*** ~ ***for art*** künstlerisch veranlagt sein. **2.** (feines) Gespür (**for** für).

flake [fleɪk] **I** *s* (*Schnee- etc*)Flocke *f*; (Haut-) Schuppe *f*. **II** *v/i* a) *mst* ~ ***off*** abblättern, b) schuppen.

'flak·y *adj* **1.** flockig; schuppig. **2.** blätt(e)rig: ~ ***pastry*** Blätterteig *m*.

flam·boy·ant [flæm'bɔɪənt] *adj* □ **1.** extravagant. **2.** grell, leuchtend. **3.** pompös, bombastisch.

flame [fleɪm] **I** *s* **1.** Flamme *f*: ***be in ~s*** in Flammen stehen; ***an old*** ~ ***of mine*** F e-e alte Flamme von mir. **2.** *fig.* Feuer *n*, Glut *f*. **II** *v/i* **3.** lodern: ~ ***up*** auflodern; in Flammen aufgehen; *fig.* aufbrausen.

'flam·ing *adj* **1.** lodernd, brennend. **2.** *fig.* feurig. **3.** *Br.* F verdammt.

flam·ma·ble ['flæməbl] → ***inflammable.***

flan [flæn] *s* Obst-, Käsekuchen *m*.

flange [flændʒ] *s tech.* **1.** Flansch *m*. **2.** Spurkranz *m* (*e-s Rads*).

flank [flæŋk] **I** *s* **1.** Flanke *f* (*e-s Tiers*); Seite *f* (*e-s Menschen, Gebäudes etc*). **2.** *mil.* Flanke *f*, Flügel *m* (*beide a. Sport*). **II** *v/t* **3.** flankieren (*a. mil.*).

flan·nel ['flænl] *s* **1.** Flanell *m*. **2.** *pl*, *a.* ***pair of ~s*** Flanellhose *f*. **3.** *Br.* Waschlappen *m*. **4.** *Br.* F Schmus *m*.

flap [flæp] **I** *s* **1.** Flattern *n*, (Flügel)Schlag *m*. **2.** Schlag *m*, Klaps *m*. **3.** Klappe *f* (*e-r Tasche etc*). **4.** ***be in a*** ~ F in heller Aufregung sein. **II** *v/t* **5.** mit *den Flügeln etc* schlagen. **III** *v/i* **6.** flattern. **7.** F in heller Aufregung sein; in helle Aufregung geraten. **'~jack** *s bsd. Am.* Pfannkuchen *m*.

flare [fleə] **I** *s* **1.** Flackern *n*, Lodern *n*, Leuchten *n*. **2.** Leuchtfeuer *n*; Licht-, Feuersignal *n*. **3.** → ***flare-up.*** **II** *v/i* **4.** flackern (*Kerze etc*), (*Feuer etc a.*) lodern, (*Licht*) leuchten: ~ ***up*** aufflammen, -flackern, -lodern (*alle a. fig.*); *fig.* aufbrausen; ~ ***up at s.o.*** j-n anfahren. ˌ~-ˈ**up** *s* **1.** Aufflammen *n*, -flackern *n*, -lodern *n* (*alle a fig.*). **2.** *fig.* Ausbruch *m*: ~ ***of fury*** Wutausbruch.

flash [flæʃ] **I** *s* **1.** Aufblitzen *n*, -leuchten *n*, Blitz *m*: ***a ~ of lightning*** ein Blitz; ~ ***of wit*** Geistesblitz; ***give s.o. a ~*** *mot.* j-n anblinken. **2.** Stichflamme *f*: ~ ***in the pan*** *fig.* Eintagsfliege *f*; Strohfeuer *n*. **3.** Augenblick *m*: ***in a ~*** im Nu, sofort. **4.** *Rundfunk etc*: Kurzmeldung *f*. **II** *v/t* **5.** aufleuchten *od.* (auf)blitzen lassen. **III** *v/i* **6.** aufflammen, (auf)blitzen; zucken (*Blitz*). **7.** rasen, flitzen: ***it ~ed into*** (*od.* ***across, through***) ***my mind that*** plötzlich schoss es mir durch den Kopf, dass. **8.** ~ ***back*** (*in e-m Film etc*) zurückblenden (***to*** auf *acc*). ˈ**~·back** *s Film etc*: Rückblende *f*. ~ **bulb** *s phot.* Blitz(licht)lampe *f*. ~ **cube** *s phot.* Blitzwürfel *m*.

flash·er [ˈflæʃə] *s* **1.** *mot.* Blinker *m*. **2.** *Br.* F Exhibitionist(in).

ˈ**flash·light** *s* **1.** *phot.* Blitzlicht *n*: ~ ***photograph*** Blitzlichtaufnahme *f*. **2.** *bsd. Am.* Taschenlampe *f*.

flash·y [ˈflæʃɪ] *adj* □ **1.** prunkvoll, protzig. **2.** auffallend. **3.** aufbrausend (*Temperament*).

flask [flɑːsk] *s* **1.** Taschenflasche *f*. **2.** Thermosflasche *f*.

flat¹ [flæt] **I** *s* **1.** Fläche *f*, Ebene *f*. **2.** flache Seite: ~ ***of the hand*** Handfläche *f*. **3.** Flachland *n*, Niederung *f*. **4.** *mot. bsd. Am.* Reifenpanne *f*. **II** *adj* □ **5.** flach, eben, Flach...: ***~-pack furniture*** Möbel für Selbstabholer. **6.** flach, offen (*Hand*). **7.** *mot.* platt (*Reifen*). **8.** entschieden, kategorisch: ***and that's ~*** u. damit basta! **9.** einheitlich, Einheits...; Pauschal...: ~ ***rate*** Pauschale *f*, Einheitssatz *m*; *Versicherung*: Einheitsprämie *f*; *teleph.* Grundgebühr *f*. **10.** *Börse*: lustlos. **III** *adv* **11.** ***fall ~*** der Länge nach hinfallen; *fig.* F danebengehen, missglücken; durchfallen (*Theaterstück etc*). **12.** ♪ zu tief: ***sing ~***. **13.** ***in five minutes ~*** F in sage u. schreibe fünf Minuten. **14.** ~ ***broke*** F total abgebrannt *od.* pleite.

flat² [~] *s bsd. Br.* Wohnung *f*: → ***block*** 3.

ˈ**flat|·foot** *s* (*irr* ***foot***) **1.** *mst pl* ⚕ Plattfuß *m*. **2.** *pl a.* **-foots** *sl.* Bulle *m* (*Polizist*). ˌ~ˈ**footed** *adj* **1.** ⚕ plattfüßig: ***be ~*** Plattfüße haben. **2.** F entschieden.

flat·let [ˈflætlɪt] *s bsd. Br.* Kleinwohnung *f*.

ˈ**flat·ness** *s* Flachheit *f*.

flat·ten [ˈflætn] **I** *v/t* **1.** (ein)ebnen. **2.** ✈, *tech.* abflachen; *tech.* ausbeulen. **II** *v/i* **3.** *a.* ~ ***out*** flach(er) werden.

flat·ter [ˈflætə] *v/t j-m* schmeicheln (*a. fig. Bild etc*): ***be ~ed*** sich geschmeichelt fühlen (***at, by*** durch).

ˈ**flat·ter·er** *s* Schmeichler(in).

ˈ**flat·ter·ing** *adj* □ **1.** schmeichlerisch. **2.** schmeichelhaft (***to*** für).

ˈ**flat·ter·y** *s* Schmeichelei(en *pl*) *f*: → ***obtain*** I.

flat·u·lence [ˈflætjʊləns] *s* ⚕ Blähung(en *pl*) *f*: ***cause*** (*od.* ***produce***) ~ blähen.

flat·ware [ˈflætweə] *s Am.* Besteck *n*.

flaunt [flɔːnt] *v/t* protzen mit.

flau·tist [ˈflɔːtɪst] *s* ♪ Flötist(in).

fla·vo(u)r [ˈfleɪvə] **I** *s* **1.** Geschmack *m*, Aroma *n*: ~ ***enhancer*** Geschmacksverstärker *m*. **2.** *fig.* Beigeschmack *m*. **II** *v/t* **3.** würzen (*a. fig.*).

ˈ**fla·vo(u)r·ing** *s* Würze *f*, Aroma *n* (*beide a. fig.*).

flaw [flɔː] *s* **1.** (*tech.* Material-, ⚖ Form)Fehler *m*, *tech. a.* Defekt *m*. **2.** *fig.* schwache Stelle.

ˈ**flaw·less** *adj* □ einwandfrei, tadellos.

flax [flæks] *s* ♣ Flachs *m*.

ˈ**flax·en** *adj* **1.** Flachs... **2.** flachsen, flachsfarben.

flay [fleɪ] *v/t Tier* abhäuten: ~ ***s.o. alive*** F kein gutes Haar an j-m lassen, j-m gehörig s-e Meinung sagen.

flea [fliː] *s zo.* Floh *m*: ***send s.o. away with a ~ in his ear*** F j-m heimleuchten. ˈ**~·bite** *s* **1.** Flohbiss *m*. **2.** *fig.* Bagatelle *f*. ~ **cir·cus** *s* Flohzirkus *m*. ~ **mar·ket** *s* Flohmarkt *m*.

fled [fled] *pret u. pp von* ***flee***.

fledged [fledʒd] *adj* flügge.

fledg(e)·ling [ˈ[fledʒlɪŋ] *s* **1.** eben flügge gewordener Vogel. **2.** *fig.* Grünschnabel *m*.

flee [fliː] (*irr*) **I** *v/i* fliehen, flüchten (***from*** vor *dat*; aus). **II** *v/t* fliehen vor (*dat*) *od.* aus.

fleece [fliːs] **I** *s* **1.** Vlies *n*, *bsd.* Schaffell *n*. **II** *v/t* **2.** *Schaf etc* scheren. **3.** F *j-n* schröpfen (***of*** um), ausnehmen.

fleet¹ [fliːt] *s* **1.** ⚓ Flotte *f*. **2.** ~ ***of cars*** Wagenpark *m*.

fleet² [~] *adj* □ schnell, flink.

fleet·ing [ˈfliːtɪŋ] *adj* □ flüchtig, vergänglich.

Fleet Street *s das frühere Londoner Presseviertel*; *fig.* die (Londoner) Presse.

flesh [fleʃ] *s* **1.** Fleisch *n*: ***put on ~*** zunehmen; ***lose ~*** abmagern, abnehmen; → ***creep*** 3. **2.** Körper *m*, Leib *m*: ***my own ~ and blood*** mein eigen Fleisch u. Blut; ***in the ~*** leibhaftig, höchstpersönlich; in natura, in Wirklichkeit. **3.** (Frucht)Fleisch *n*. ˈ**~-ˌcol·o(u)red** *adj* fleischfarben. ˈ**~-ˌeat·ing** *adj* ♣, *zo.* Fleisch fressend. ~ **wound** *s* ⚕ Fleischwunde *f*.

flew [fluː] *pret von* ***fly¹***.

flex [fleks] **I** *v/t bsd. anat.* biegen, beugen. **II** *s* ⚡ *bsd. Br.* (Anschluss-, Verlängerungs)Kabel *n*, (-)Schnur *f*.

flex·i·bil·i·ty *s* Flexibilität *f*.

'flex·i·ble *adj* ☐ flexibel: a) elastisch: ~ ***exchange rate*** flexibler, frei schwankender Wechselkurs; ~ ***working hours*** flexible Arbeitszeit, b) *fig.* anpassungsfähig, beweglich.

flex·i·lamp ['fleksılæmp] *s* Lampe mit flexiblem Arm.

flex·(i·)time ['fleksıtaım] *s Br.* gleitende Arbeitszeit: ***be on*** ~ gleitende Arbeitszeit haben.

flick [flık] **I** *s* **1.** Klaps *m*. **2.** Knall *m*, Schnalzer *m*. **3.** Schnipser *m*. **II** *v/t* **4.** *j-m* e-n Klaps geben. **5.** schnalzen mit (*Fingern*), (*mit Peitsche a.*) knallen mit. **6.** schnippen, schnipsen.

flick·er ['flıkə] **I** *s* **1.** Flackern *n*. **2.** *TV* Flimmern *n*. **II** *v/i* **3.** flackern. **4.** flimmern (*Fernsehbild*). **~-free** *adj* flimmerfrei.

flick·er·ing ['flıkərıŋ] *s TV* Flimmern *n*.

flick knife *s* (*irr* ***knife***) *Br.* Schnappmesser *n*.

flight¹ [flaıt] *s* **1.** (*a. Gedanken- etc*) Flug *m*: ***in*** ~ im Flug. **2.** Schwarm *m* (*Vögel*). **3.** *a.* ~ ***of stairs*** Treppe *f*.

flight² [~] *s* Flucht *f*: ***in his*** ~ auf s-r Flucht; ***put to*** ~ in die Flucht schlagen; ***take*** (***to***) ~ die Flucht ergreifen; ~ ***of capital*** *econ.* Kapitalflucht; ~ ***capital*** Fluchtkapital *n*.

flight| at·tend·ant *s* Flugbegleiter(in). **~ con·trol·ler** *s* Fluglotse *m*, -lotsin *f*. **~en·gi·neer** *s* Bordingenieur(in). **~ re·cord·er** *s* Flug(daten)schreiber *m*.

flight·y ['flaıtı] *adj* ☐ flatterhaft.

flim·sy ['flımzı] **I** *adj* ☐ **1.** dünn, zart. **2.** *fig.* fadenscheinig (*Ausrede*). **II** *s* **3.** Durchschlagpapier *n*.

flinch [flıntʃ] *v/i* **1.** zurückschrecken (***from, at*** vor *dat*). **2.** (zurück)zucken, zs.-fahren: ***without ~ing*** ohne mit der Wimper zu zucken.

fling [flıŋ] **I** *s* **1.** Wurf *m*: (***at***) ***full*** ~ mit voller Wucht. **2.** ***have one's*** (*od.* ***a***) ~ sich austoben. **3.** F Versuch *m*: ***have*** (*od.* ***take***) ***a*** ~ ***at*** es versuchen *od.* probieren mit. **II** *v/t* (*irr*) **4.** werfen, schleudern (***at*** nach): ~ ***open*** (***to***) *Tür etc* aufreißen (zuschlagen); ~ ***away*** wegwerfen; ~ ***o.s.*** sich stürzen (***at s.o.*** auf j-n; ***into s.th.*** in *od.* auf e-e Sache).

flint [flınt] *s* Feuerstein *m*.

flip [flıp] **I** *v/t* **1.** → ***flick*** 6. **2.** *a.* ~ ***over*** *Pfannkuchen, Schallplatte etc* wenden, umdrehen. **II** *v/i* **3.** *a.* ~ ***out*** *bsd. Am. sl.* ausflippen, durchdrehen (***for, over*** bei). **III** *s* **4.** Schnipser *m*. **5.** Flip *m* (*Getränk*). **~ box** *s* Flexibox *f*. **~ chart** *s* Flip-Chart *f*: ~ ***pad*** Flip-Chart-Block *m*; ~ ***pen*** Flip-Chart--Stift *m*. **'~-flop** *s* Zehensandale *f*.

flip·pant ['flıpənt] *adj* ☐ respektlos, schnodd(e)rig.

flip·per ['flıpə] *s* **1.** *zo.* Flosse *f*. **2.** Schwimmflosse *f*.

flip side *s* B-Seite *f* (*e-r Single*).

flirt [flɜːt] **I** *v/i* flirten, *fig. a.* spielen, liebäugeln (***with*** mit). **II** *s*: ***be a*** ~ gern flirten.

flir'ta·tion *s* Flirt *m*, *fig. a.* Spielen *n*, Liebäugeln *n*.

flir'ta·tious *adj* ☐ kokett.

flit [flıt] *v/i* flitzen, huschen.

float [fləʊt] **I** *v/i* **1.** (auf dem Wasser) schwimmen, (im Wasser) treiben. **2.** ⚓ flott sein *od.* werden. **3.** schweben, ziehen. **4.** *a. econ.* in Umlauf sein. **II** *v/t* **5.** schwimmen *od.* treiben lassen. **6.** ⚓ flottmachen. **7.** *econ. Wertpapiere etc* in Umlauf bringen; *Anleihe* auflegen; *Gesellschaft* gründen. **8.** *econ. Währung* floaten, den Wechselkurs (*gen*) freigeben. **9.** *Gerücht etc* in Umlauf setzen. **III** *s* **10.** flacher Plattformwagen, *bsd.* Festwagen *m*.

'float·er *s pol.* Wechselwähler(in).

'float·ing *adj* **1.** treibend, schwimmend: ~ ***decimal point*** Fließkomma *n*; ~ ***ice*** Treibeis *n*. **2.** *econ.* umlaufend (*Geld etc*); frei konvertierbar (*Währung*): ~ ***capital*** Umlaufvermögen *n*; ~ ***currency*** freie, schwankende Währung; ~ ***debt*** kurzfristige Verbindlichkeit; ~ ***point*** Gleitkomma *n*; ~ ***rate note*** Anleihe *f* mit variabler Verzinsung. **3.** ~ ***voter*** → ***floater.***

flock [flɒk] **I** *s* **1.** Herde *f* (*bsd. Schafe od. Ziegen*); Schwarm *m* (*Vögel*). **2.** Menge *f*, Haufen *m*: ***come in ~s*** in (hellen) Scharen herbeiströmen. **3.** *eccl.* Herde *f*, Gemeinde *f*. **II** *v/i* **4.** *fig.* strömen: ~ ***together*** zs.-strömen.

floe [fləʊ] *s* **1.** Treibeis *n*. **2.** Eisscholle *f*.

flog [flɒg] *v/t* **1.** prügeln, schlagen: ~ ***a dead horse*** *fig.* offene Türen einrennen; s-e Zeit verschwenden. **2.** auspeitschen. **3.** *Br.* F verkloppen, -scheuern.

'flog·ging *s* **1.** Tracht *f* Prügel. **2.** ⚖ Prügelstrafe *f*.

flood [flʌd] **I** *s* **1.** *a.* ~ ***tide*** Flut *f*. **2.** Überschwemmung *f* (*a. fig.*), Hochwasser *n*. **3.** *fig.* Flut *f*, Strom *m*, Schwall *m*: ~ ***of tears*** Tränenstrom. **II** *v/t* **4.** überschwemmen, -fluten (*beide a. fig.* ***with*** mit). **5.** unter Wasser setzen. **III** *v/i* **6.** fluten, strömen, sich ergießen (*alle a. fig.*). **7.** anschwellen; über die Ufer treten. **'~·light I** *s* Scheinwerfer-, Flutlicht *n*: ***by*** ~ unter Flutlicht. **II** *v/t* (*irr* ***light¹***) (mit Scheinwerfern) beleuchten *od.* anstrahlen: ***floodlit match*** (*Sport*) Flutlichtspiel *n*.

floor [flɔː] **I** *s* **1.** (Fuß)Boden *m*: → ***wipe*** II. **2.** Tanzfläche *f*: ***take the*** ~ auf die Tanzfläche gehen. **3.** Stock(werk *n*) *m*, Geschoss *n*. **4.** *parl.* Sitzungs-, Plenarsaal *m*: ***take the*** ~

das Wort ergreifen. **5.** Mindestpreis *m*, Untergrenze *f*. II *v/t* **6.** e-n (Fuß)Boden legen in (*dat*). **7.** zu Boden schlagen, (*Boxen a.*) auf die Bretter schicken. **8.** F a) *j-n* umhauen, *j-m* die Sprache verschlagen: ***~ed*** platt, sprachlos, b) *j-n* schaffen (*Problem etc*). **'~·board** *s* Diele *f*. **~ bro·ker** *s* (selbstständiger) Börsenmakler *m*. **~ ex·er·cis·es** *s pl Sport*: Bodenturnen *n*.

floor·ing ['flɔːrɪŋ] *s* (Fuß)Bodenbelag *m*.

floor| lamp *s* Stehlampe *f*. **~ lead·er** *s parl. Am.* Fraktionsführer(in). **~ show** *s* Varieteevorstellung *f* (*in Nachtklub etc*). **~ wait·er** *s* Etagenkellner *m*.

floo·zy ['fluːzɪ] *s sl.* Flittchen *n*.

flop [flɒp] I *v/i* **1.** plumpsen; sich plumpsen lassen (***into*** in *acc*). **2.** F durchfallen (*Prüfling, Theaterstück etc*); *allg.* e-e Pleite *od.* ein Reinfall sein. II *s* **3.** Plumps *m*. **4.** F a) *thea. etc* Flop *m*, Durchfall *m*, b) Reinfall *m*, Pleite *f*, c) Versager(in).

'flop·py *adj* □ **1.** schlaff, schlott(e)rig. **2. ~ *disk*** (*Computer*) Floppy (disk) *f*.

flo·ra ['flɔːrə] *pl* **-ras, -rae** ['-riː] *s* ❦ Flora *f*, Pflanzenwelt *f*.

'flo·ral *adj* Blumen..., Blüten...: ***~ pattern*** Blumenmuster *n*.

Flor·ence ['flɒrəns] *npr* Florenz *n*.

flor·id ['flɒrɪd] *adj* □ **1.** blühend (*Gesichtsfarbe, Gesundheit*). **2.** blumig (*Stil*).

flo·rist ['flɒrɪst] *s* **1.** Blumenhändler(in). **2.** Blumenzüchter(in).

flo·ta·tion [fləʊ'teɪʃn] *s* Kapitalaufnahme *f* durch Emission von Aktien.

flot·sam ['flɒtsəm] *s a. ~ **and jetsam*** ⚓ Treibgut *n*: ***~ and jetsam*** Strandgut *n* (*a. fig.*), Wrackgut *n*.

flounce [flaʊns] *v/i* erregt stürmen *od.* stürzen.

floun·der¹ ['flaʊndə] *s ichth.* Flunder *f*.

floun·der² [~] *v/i* **1.** zappeln; strampeln. **2.** *fig.* sich verhaspeln, ins Schwimmen kommen.

flour ['flaʊə] I *s* Mehl *n*. II *v/t* mit Mehl bestreuen.

flour·ish ['flʌrɪʃ] I *v/i* **1.** gedeihen, *fig. a.* blühen, florieren. **2.** auf der Höhe s-r Macht *od.* s-s Ruhms stehen; s-e Blütezeit haben. II *v/t* **3.** *Fahne etc* schwenken. III *s* **4.** ♪ Tusch *m*. **5.** Schnörkel *m*.

flout [flaʊt] *v/t Befehl etc* missachten.

flow [fləʊ] I *v/i* **1.** fließen, strömen (*beide a. fig.*): ***~ freely*** in Strömen fließen (*Sekt etc*); ***~ over its banks*** über die Ufer treten. **2.** lose herabhängen. II *s* **3.** Fluss *m*, Strom *m* (*beide a. fig.*): ***~ of information*** Informationsfluss; ***~ of tears*** Tränenstrom *m*; ***~ of traffic*** Verkehrsfluss, -strom. **~ chart, ~ di·a·gram** *s* Flussdiagramm *n*.

flow·er ['flaʊə] I *s* **1.** Blume *f*. **2.** Blüte(zeit) *f* (*a. fig.*): ***be in ~*** in Blüte stehen, blühen. II *v/i* **3.** blühen, *fig. a.* in höchster Blüte stehen. **~ bed** *s* Blumenbeet *n*.

flow·ered ['flaʊəd] *adj* **1.** geblümt. **2.** *in Zssgn* ...blütig; ...blühend.

flow·er pot *s* Blumentopf *m*.

flow·er·y ['flaʊərɪ] *adj* **1.** blumen-, blütenreich. **2.** geblümt. **3.** *fig.* blumig (*Stil*).

flown [fləʊn] *pp von* ***fly¹***.

flu [fluː] *s* ⚕ F Grippe *f*: ***he's got (the) ~*** er hat Grippe.

fluc·tu·ate ['flʌktʃʊeɪt] *v/i* schwanken (***between*** zwischen *dat*) (*a. fig.*), fluktuieren: ***fluctuating exchange rate*** frei schwankender Wechselkurs.

ˌfluc·tu'a·tion *s* Schwankung *f*, Fluktuation *f*: ***~ in prices*** *econ.* Preisschwankung; ***~ margin*** Schwankungs-, Bandbreite *f*.

flue gas de·sul·phur·i·za·tion [fluː] *s* Rauchgasentschwefelung *f*.

flu·en·cy ['fluːənsɪ] *s* **1.** Flüssigkeit *f* (*des Stils etc*). **2.** (Rede)Gewandtheit *f*.

'flu·ent *adj* □ **1.** fließend: ***speak ~ German, be ~ in German*** fließend Deutsch sprechen. **2.** flüssig (*Stil etc*). **3.** gewandt (*Redner etc*).

fluff [flʌf] I *s* **1.** Staubflocke *f*, Fussel(n *pl*) *f*. **2.** Flaum *m* (*a. erster Bartwuchs*). **3.** *thea. etc* F Patzer *m*. II *v/t* **4.** *thea. etc* F verpatzen: ***~ one's lines*** stecken bleiben.

'fluff·y *adj* □ flaumig.

flu·id ['fluːɪd] I *s* Flüssigkeit *f*. II *adj* □ flüssig (*a. Stil etc*).

fluke [fluːk] *s* F Dusel *m*: ***by a ~*** mit Dusel.

flung [flʌŋ] *pret u. pp von* ***fling***.

flunk [flʌŋk] *ped. bsd. Am.* F I *v/t* **1.** *Schüler* durchrasseln lassen. **2.** durchrasseln in (*dat*). II *v/i* durchrasseln.

flu·o·res·cent [flɔː'resnt] *adj* ⚗, *phys.* fluoreszierend, Leucht(stoff)...

flur·ry ['flʌrɪ] *s* **1.** Windstoß *m*. **2.** (*Regen-, Schnee*)Schauer *m*. **3.** *fig.* Hagel *m*, Wirbel *m*: ***~ of blows*** Schlaghagel. **4.** *fig.* Aufregung *f*, Unruhe *f*: ***in a ~*** aufgeregt, unruhig.

flush¹ [flʌʃ] I *s* **1.** Erröten *n*; Röte *f*. **2.** (Wasser)Schwall *m*, Strom *m*. II *v/t* **3.** *a.* ***~ out*** (aus)spülen: ***~ down*** hinunterspülen; ***~ the toilet*** spülen. III *v/i* **4.** *a.* ***~ up*** erröten, rot werden. **5.** spülen (*Toilette[nbenutzer]*).

flush² [flʌʃ] *adj* bündig: ***~ left*** linksbündig; ***~ right*** rechtsbündig; ***be ~*** F gut bei Kasse sein.

flus·ter ['flʌstə] I *v/t* nervös machen, durcheinander bringen. II *v/i* nervös werden. III *s* Nervosität *f*: ***get in a ~*** nervös werden; ***all in a ~*** ganz durcheinander.

flute [fluːt] ♪ I *s* Flöte *f*. II *v/i* flöten, Flöte spielen.

'flut·ist *s bsd. Am.* Flötist(in).

flut·ter ['flʌtə] **I** *v/i* **1.** flattern (*a.* ⚕ *Herz, Puls*). **II** *v/t* **2.** wedeln mit. **3.** → ***fluster*** I. **III** *s* **4.** Flattern *n* (*a.* ⚕). **5.** → ***fluster*** III.

flux [flʌks] *s* **1.** Fließen *n*, Fluss *m*. **2.** ⚕ Ausfluss *m*. **3.** ***in*** (***a state of***) ~ *fig.* im Fluss, in Bewegung.

fly[1] [flaɪ] **I** *s* **1.** Hosenschlitz *m*. **II** *v/i* (*irr*) **2.** fliegen: ***the bird is flown*** *fig.* der Vogel ist ausgeflogen; ~ ***open*** auffliegen (*Tür etc*). **3.** fliegen, stieben (*Funken etc*): → ***spark*** I. **4.** stürmen, stürzen: ~ ***at s.o.*** auf j-n losgehen; → ***temper*** 3. **5.** (ver)fliegen (*Zeit*). **6.** flattern, wehen. **III** *v/t* **7.** fliegen lassen: → ***kite.*** **8.** ✈ *Flugzeug, j-n, et., Strecke* fliegen; *Ozean etc* überfliegen; mit *e-r Fluggesellschaft* fliegen: ~ ***in*** (***out***) ein(aus)fliegen. **9.** *Fahne* hissen, wehen lassen.

fly[2] [~] *s zo.* Fliege *f*: ***a ~ in the ointment*** *fig.* ein Haar in der Suppe; ***he would not hurt*** (*od.* ***harm***) ***a*** ~ er tut keiner Fliege et. zu Leide.

fly·ing ['flaɪɪŋ] **I** *adj* **1.** fliegend, Flug...: ~ ***saucer*** fliegende Untertasse; ~ ***squad*** *Br.* Überfallkommando *n*; ~ ***start*** (*Sport*) fliegender Start; → ***colour*** 5. **2.** kurz, flüchtig (*Eindruck etc*): ~ ***visit*** Stippvisite *f*. **II** *s* **3.** Fliegen *n*.

'fly|·leaf *s typ.* Vorsatzblatt *n*. **'~ˌo·ver** *s Br.* (Straßen-, Eisenbahn)Überführung *f*. ~ **sheet** *s* Flugblatt *n*, Reklamezettel *m*. **'~ˌswat·ter** → ***swatter.*** **'~·weight** (*Sport*) **I** *s* Fliegengewicht *n*. **II** *adj* Fliegengewichts...

FM [ef'em] ***frequency modulation*** UKW *n*.

foal [fəʊl] *s zo.* Fohlen *n*, Füllen *n*: ***in*** (*od.* ***with***) ~ trächtig.

foam [fəʊm] **I** *s* Schaum *m*. **II** *v/i* schäumen (*a. fig.* ***with rage*** vor Wut). ~ **rub·ber** *s* Schaumgummi *m, n*.

foam·y ['fəʊmɪ] *adj* schäumend, schaumig.

FOB, f.o.b. ***free on board*** frei an Bord.

fob [fɒb] *v/t* **1.** ~ ***s.th. off on s.o.*** j-m et. andrehen *od.* aufhängen. **2.** ~ ***s.o. off*** j-n abspeisen *od.* abwimmeln (***with*** mit).

fo·cal ['fəʊkl] *adj* ⚕, *tech., phys.* im Brennpunkt stehend (*a. fig.*), Brenn(punkt)...: ~ ***point*** Brennpunkt *m* (*a. fig.*).

fo·cus ['fəʊkəs] **I** *pl* **-cus·es, -ci** ['~saɪ] *s* **1.** ⚕, *tech., phys.* Brenn-, *fig. a.* Mittelpunkt *m*; *opt., phot.* Scharfeinstellung *f*: ***in*** ~ scharf; *fig.* klar u. richtig; ***out of*** ~ unscharf, verschwommen (*a. fig.*); ***be the ~ of attention*** im Mittelpunkt des Interesses stehen; ***bring into*** ~ a) → 2, b) *fig.* in den Brennpunkt rücken. **II** *v/t pret u. pp* **-cus(s)ed 2.** *phys.* im Brennpunkt vereinigen, *Strahlen* bündeln; *opt., phot.* scharf einstellen: ***focus(s)ing*** Fokussierung *f*, Scharfeinstellung *f*. **3.** *fig.* konzentrieren, richten (***on*** auf *acc*). **III** *v/i* **4.** *fig.* sich konzentrieren *od.* richten (***on*** auf *acc*).

fod·der ['fɒdə] *s* (Trocken)Futter *n*.

fog [fɒg] **I** *s* (dichter) Nebel. **II** *v/t* in Nebel hüllen, einnebeln. **III** *v/i a.* ~ ***up*** (sich) beschlagen (*Glas*). ~ **bank** *s* Nebelbank *m*.

fo·gey → ***fogy.***

fog·gy ['fɒgɪ] *adj* □ **1.** neb(e)lig: ~ ***day*** Nebeltag *m*. **2.** *fig.* nebelhaft: ***I haven't got the foggiest*** (***idea***) F ich hab keinen blassen Schimmer.

'fog|·horn *s* Nebelhorn *n*. ~ **lamp,** ~ **light** *s mot.* Nebelscheinwerfer *m*, -lampe *f*: ***rear*** ~ Nebelschlussleuchte *f*.

fo·gy ['fəʊgɪ] *s mst* ***old*** ~ verknöcherter (alter) Kerl.

foi·ble ['fɔɪbl] *s fig.* **1.** (kleine) Schwäche. **2.** (vorübergehende) Laune.

foil[1] [fɔɪl] *v/t Plan etc* vereiteln, durchkreuzen, *j-m* e-n Strich durch die Rechnung machen.

foil[2] [~] *s* **1.** (Metall)Folie *f*. **2.** *fig.* Hintergrund *m* (***to*** für).

foist [fɔɪst] *v/t*: ~ ***s.th.*** (***off***) ***on s.o.*** j-m et. andrehen *od.* aufhängen; ~ ***o.s.*** (*od.* ***one's company***) ***on s.o.*** sich j-m aufdrängen.

fold [fəʊld] **I** *v/t* **1.** *Tuch, Hände* falten, *Arme* verschränken, kreuzen. **2.** *oft* ~ ***up*** zs.-legen, -falten; zs.-klappen: ~ ***away*** zs.-klappen (u. verstauen). **3.** einwickeln, -schlagen (***in*** in *acc*): ~ ***s.o. in one's arms*** j-n in die Arme nehmen *od.* schließen. **II** *v/i* **4.** sich (zs.-)falten *od.* zs.-legen *od.* zs.-klappen (lassen). **5.** *mst* ~ ***up*** F zs.-brechen (***with*** vor *dat*); *econ.* eingehen. **III** *s* **6.** (*anat.* Haut-, *geol.* Boden)Falte *f*.

'fold·er *s* **1.** Faltprospekt *m*, -blatt *n*, Broschüre *f*. **2.** Aktendeckel *m*, (Ablege)Mappe *f*. **3.** Schnellhefter *m*.

'fold·ing *adj* zs.-legbar, -faltbar; zs.-klappbar: ~ ***bed*** Klappbett *n*; ~ ***bicycle*** Klapprad *n*; ~ ***boat*** Faltboot *n*; ~ ***chair*** Klappstuhl *m*; ~ ***door***(***s*** *pl*) Falttür *f*; ~ ***table*** Klapptisch *m*; ~ ***umbrella*** Taschenschirm *m*.

'fold·out key·board *s* Klapptastatur *f*.

fo·li·age ['fəʊlɪɪdʒ] *s* Laub(werk) *n*, Blätter(werk *n*) *pl*: ~ ***plant*** Blattpflanze *f*.

folk [fəʊk] **I** *s pl* **1.** *a.* ***folks*** Leute *pl*. **2.** (*nur* ***folks***) F *m-e etc* Leute *od.* Verwandten *od.* Angehörigen *pl*; (*bsd. als Anrede*) Leute *pl*, Herrschaften *pl*. **II** *adj* **3.** Volks...: ~ ***dance*** (***etymology, music,*** *etc*).

fol·low ['fɒləʊ] **I** *v/t* **1.** folgen (*dat*): a) nachfolgen (*dat*), sich anschließen (*dat*), b) (*zeitlich*) folgen auf (*acc*), nachfolgen (*dat*), c) *Ratschlag etc* befolgen, sich richten nach, d) *Mode etc* mitmachen, e) folgen können (*dat*), verstehen. **2.** *Ziel, Zweck* verfolgen: ~

F

up *e-r Sache* nachgehen; *Sache* weiterverfolgen. **3.** *e-r Beschäftigung etc* nachgehen, *Beruf* ausüben. **II** *v/i* **4.** (*zeitlich od. räumlich*) (nach)folgen: ***letter to ~*** Brief folgt; ***as ~s*** wie folgt, folgendermaßen; → ***footstep*** 2. **5.** *mst impers* folgen, sich ergeben (***from*** aus): ***it ~s from this*** hieraus folgt (***that*** dass).

'fol·low·er *s* Anhänger(in): ***~s*** *pl* → ***following*** 1.

'fol·low·ing **I** *s* **1.** Gefolge *n*, Anhang *m*; Anhänger(schaft *f*) *pl*, Gefolgschaft *f*. **2.** *das* Folgende; *die* Folgenden *pl*. **II** *adj* **3.** folgend: ***~ wind*** Rückenwind *m*. **III** *prp* **4.** im Anschluss an (*acc*).

'fol·low-up *s* **1.** Weiterverfolgen *n* (*e-r Sache*). **2.** ⚕ Nachbehandlung *f*. **II** *adj* weiter(er, e, es), Nach...: ***~ costs*** *pl* Folgekosten *pl*; ***~ financing*** Anschlussfinanzierung *f*; ***~ letter*** Nachfassbrief *m*, Folgeschreiben *n*; ***~ order*** Folgeauftrag *m*; ***~ procedure*** Nachfassaktion *f*.

fol·ly ['fɒlɪ] *s* Torheit *f*.

fond [fɒnd] *adj* □ **1.** ***be ~ of*** mögen, gern haben: ***be ~ of doing s.th.*** et. gern tun. **2.** zärtlich, liebevoll. **3.** allzu nachsichtig (*Mutter etc*).

fon·dle ['fɒndl] *v/t* (liebevoll) streicheln.

fond·ness ['fɒndnɪs] *s* **1.** Zärtlichkeit *f*. **2.** Zuneigung *f* (***of*** zu). **3.** Vorliebe *f* (***for*** für).

font [fɒnt] *s* **1.** *typ*. Schriftart *f*: ***~ cartridge*** Schriftenkassette *f*. **2.** *eccl*. Taufstein *m*, -becken *n*.

food [fu:d] *s* **1.** Nahrung *f* (*a. fig.*), Essen *n*, Verpflegung *f*: ***~ for thought*** (*od.* ***reflection***) Stoff *m* zum Nachdenken; ***~ chemistry*** Lebensmittelchemie *f*. **2.** Nahrungs-, Lebensmittel *pl*. **~ chain** *s* Nahrungskette *f*. **~ la·bel·(l)ing** *s* Kennzeichnung *f od*. Etikettierung *f* von Lebensmitteln. **~ poi·son·ing** *s* ⚕ Lebensmittelvergiftung *f*. **~ pro·ces·sor** *s* Küchenmaschine *f*. **'~·stuff** → ***food*** 2. **~ val·ue** *s* Nährwert *m*.

fool [fu:l] **I** *s* **1.** Narr *m*, Närrin *f*, Dummkopf *m*: ***make a ~ of*** → 2; ***make a ~ of o.s.*** sich lächerlich machen; ***I am a ~ to him*** gegen ihn bin ich ein Waisenknabe. **II** *v/t* **2.** zum Narren halten. **3.** betrügen (***out of*** um); verleiten (***into doing*** zu tun). **4.** ***~ away*** *Zeit, Geld etc* vergeuden. **III** *v/i* **5.** *a.* ***~ about*** (*od.* ***around***) Unsinn machen, herumalbern. **6.** *oft* ***~ about*** (*od.* ***around***) spielen (***with*** mit); sich herumtreiben; herumtrödeln.

'fool·er·y *s* Torheit *f*.

'fool,har·dy *adj* □ tollkühn, verwegen.

fool·ish ['fu:lɪʃ] *adj* □ dumm, töricht.

'fool·proof *adj* **1.** *tech*. betriebssicher. **2.** todsicher (*Plan etc*). **3.** narren-, idiotensicher (*Gerät etc*).

fools·cap ['fu:lzkæp] *s Schreib- u. Druckpapierformat* (*34,2 x 43,1 cm*).

foot [fʊt] **I** *pl* **feet** [fi:t] *s* **1.** Fuß *m*: ***on ~*** zu Fuß; ***be on ~*** im Gange sein; ***set on ~*** in die Wege leiten, in Gang bringen; ***be on one's feet*** (***again***) (wieder) auf den Beinen sein; ***put one's ~ in it*** ins Fettnäpfchen treten; → ***sweep*** 6. **2.** (*pl a.* ***foot***) Fuß *m* (= *0,3048 m*). **3.** Fuß *m* (*e-s Berges, Strumpfes etc*), Fußende *n* (*e-s Bettes etc*): ***at the ~ of*** am Fuß (*gen*), unten an (*dat*). **II** *v/t* **4.** ***~ it*** F zu Fuß gehen. **5.** *Rechnung* bezahlen.

,foot-and-'mouth dis·ease *s vet*. Maul- u. Klauenseuche *f*.

'foot·ball (*Sport*) **I** *s* **1.** *Br*. Fußball(spiel *n*) *m*; *Am*. Football(spiel *n*) *m*. **2.** *Br*. Fußball *m*; *Am*. Football-Ball *m*. **II** *adj* **3.** *Br*. Fußball...; *Am*. Football...: ***~ pools*** *pl* Fußballtoto *n, m*.

'foot|·bridge *s* Fußgängerbrücke *f*. **~ control** *s* Fußschalter *m*.

foot·er ['fʊtə] *s Computer*: Fußzeile *f*.

'foot|·fall *s* Schritt *m*, Tritt *m* (*Geräusch*). **'~·hills** *s pl* Vorgebirge *n*. **'~·hold** *s* Stand *m*: ***safe ~*** fester Stand, sicherer Halt; ***gain*** (*od.* ***get***) ***a ~*** *fig*. (festen) Fuß fassen (***in*** in *dat*; ***as*** als).

foot·ing ['fʊtɪŋ] *s* **1.** Stand *m*: ***lose*** (*od.* ***miss***) ***one's ~*** den Halt verlieren. **2.** *fig*. Basis *f*, Grundlage *f*: ***place on a*** (*od.* ***the same***) ***~*** gleichstellen (***with*** *dat*); ***be on a friendly ~*** auf freundschaftlichem Fuße stehen (***with*** mit).

'foot·lights *s pl thea*. **1.** Rampenlicht(er *pl*) *n*. **2.** *fig*. *die* Bühne, *das* Theater.

foot·ling ['fu:tlɪŋ] *adj* F läppisch (*Sache*), (*a. Person*) albern.

'foot|·loose *adj* frei, ungebunden: ***~ and fancy-free*** frei u. ungebunden. **'~·note** **I** *s* Fußnote *f* (***to*** zu). **II** *v/t* mit Fußnoten versehen. **~ pas·sen·ger** *s Am*. Fußgänger(in). **'~·path** *s* **1.** (Fuß)Pfad *m*, (-)Weg *m*. **2.** *bsd. Br*. Bürgersteig *m*. **'~·print** *s* Fußabdruck *m*.

foot·sie ['fʊtsɪ] *s*: ***play ~*** F füßeln (***with*** mit).

'foot|·slog *v/i* F latschen. **'~·sore** *adj* fußwund, *bsd. mil*. fußkrank. **~ spray** *s* Fußspray *m, n*. **'~·step** *s* **1.** Tritt *m*, Schritt *m*. **2.** Fußstapfe *f*: ***follow in s.o.'s ~s*** *fig*. in j-s Fußstapfen treten. **'~·wear** *s* Schuhwerk *n*; ***~ industry*** Schuhindustrie *f*. **'~·work** *s Sport*: Beinarbeit *f*.

FOR ***free on rail*** frei Waggon.

for [fɔ:] **I** *prp* **1.** für: a) zugunsten von: ***a gift ~ him*** ein Geschenk für ihn, b) (mit der Absicht) zu: ***come ~ dinner*** zum Essen kommen, c) (*passend od. geeignet*) für; (*bestimmt*) für, zu: ***tools*** *pl* ***~ cutting*** Schneidewerkzeuge *pl*; ***the right man ~ the job*** der richtige Mann für diesen Posten, d) (*als

Belohnung od. Entgelt) für, e) (*als Strafe etc*) wegen, f) in Anbetracht (*gen*), im Hinblick auf (*acc*): ***he is tall ~ his age*** er ist groß für sein Alter, g) (*Begabung*, *Neigung*) für, (*Hang*) zu, h) (*zeitlich*) auf (*acc*), für die Dauer von, seit: ***~ hours*** stundenlang; ***he has been here ~ a week*** er ist schon seit e-r Woche hier, i) an Stelle von (*od. gen*), (an)statt; in Vertretung *od.* im Namen von (*od. gen*). **2.** (*Wunsch*, *Ziel*) nach, auf (*acc*). **3.** (*Mittel*) gegen. **4.** dank, wegen: ***if it wasn't ~ him*** wenn er nicht wäre, ohne ihn. **5.** (*Strecke*) weit: ***run ~ a mile*** e-e Meile (weit) laufen. **6.** nach: ***the train ~ London.*** **7.** trotz: ***~ all that*** trotz alledem. **8.** was ... betrifft: ***as ~ me*** was mich betrifft *od.* anbelangt; ***~ all I know*** soviel ich weiß. **9.** *nach adj u. vor inf*: ***it is impossible ~ me to come*** ich kann unmöglich kommen. **10.** *mit s od. pron u. inf*: ***it is time ~ you to go home*** es ist Zeit für dich heimzugehen; ***it is ~ you to decide*** die Entscheidung liegt bei Ihnen. **II** *cj* **11.** denn, weil.

fo·ra ['fɔːrə] *pl von* ***forum.***

for·ay ['fɒreɪ] *s* **1.** Beute-, Raubzug *m.* **2.** *bsd. mil.* Ein-, Überfall *m.*

for·bad(e) [fə'bæd] *pret von* ***forbid.***

for·bear → ***forebear.***

for·bid [fə'bɪd] (*irr*) **I** *v/t* **1.** verbieten, untersagen: ***~ s.o. the house*** j-m das Haus verbieten. **2.** ausschließen, unmöglich machen. **II** *v/i* **3.** ***God*** (*od.* ***heaven***) ***~!*** Gott behüte *od.* bewahre!

for'bid·den [~dn] *pp von* ***forbid.***

for'bid·ding *adj* □ **1.** abstoßend, abschreckend. **2.** bedrohlich.

force [fɔːs] **I** *s* **1.** Stärke *f*, Kraft *f*, Wucht *f* (*a. fig.*): ***~ of gravity*** *phys.* Schwerkraft; ***by ~ of*** kraft, mittels; ***by ~ of arms*** mit Waffengewalt; ***join ~s*** sich zs.-tun (***with*** mit). **2.** *fig.* Kraft *f*: ***~s pl of nature*** Naturkräfte *pl*, -gewalten *pl*; ***~ majeure*** ⚖ höhere Gewalt. **3.** Gewalt *f*: ***by ~*** gewaltsam. **4.** Zwang *m* (*a.* ⚖): ***by ~*** zwangsweise. **5.** (Rechts)Kraft *f*, (-)Gültigkeit *f*: ***come*** (***put***) ***into ~*** in Kraft treten (setzen). **6.** Einfluss *m*, Wirkung *f*: ***~ of habit*** Macht *f* der Gewohnheit. **7.** *pl*, *a.* ***armed ~s*** Streitkräfte *pl.* **II** *v/t* **8.** *j-n* zwingen, nötigen (***to do*** zu tun). **9.** *et.* erzwingen, durchsetzen. **10.** zwängen, drängen: ***~ one's way*** sich (durch)drängen (***through*** durch). **11.** ***~ s.th. on s.o.*** j-m et. aufzwingen *od.* -drängen; ***~ o.s. on s.o.*** sich j-m aufdrängen; → ***throat.*** **12.** *a.* ***~ up*** *Preise* in die Höhe treiben. **13.** *Tempo* beschleunigen, forcieren. **14.** *a.* ***~ open*** *Tür etc* aufbrechen.

forced *adj* **1.** erzwungen, Zwangs...: ***~ landing*** ✈ Notlandung *f*; ***make a ~ landing*** notlanden; ***~ liquidation*** Zwangsauflösung *f*; ***~ sale*** Zwangsversteigerung *f.* **2.** gezwungen, gequält.

forc·ed·ly ['fɔːsɪdlɪ] *adv* **1.** → ***forced*** 2. **2.** gezwungenermaßen.

'force-feed *v/t* (*irr* ***feed***) zwangsernähren.

force·ful ['fɔːsfʊl] *adj* □ **1.** energisch, kraftvoll (*Person*). **2.** eindrucksvoll, -dringlich (*Rede etc*). **3.** zwingend, überzeugend (*Argument etc*).

for·ceps ['fɔːseps] *pl* **-ceps, -ci·pes** ['~sɪpiːz] *s* **1.** ⚕, *zo.* Zange *f*: ***~ delivery*** Zangengeburt *f.* **2.** Pinzette *f.*

for·ci·ble ['fɔːsəbl] *adj* □ **1.** gewaltsam; zwangsweise. **2.** → ***forceful.***

ford [fɔːd] **I** *s* Furt *f.* **II** *v/t* durchwaten.

fore [fɔː] **I** *adj* **1.** vorder, Vorder... **2.** früher. **II** *adv* **3.** ⚓ vorn. **III** *s* **4.** Vorderteil *m*, -seite *f*, Front *f*: ***come to the ~*** *fig.* sich hervortun. **'~·arm** *s* Unterarm *m.* **'~·bear** *s mst pl* Vorfahr(in), Ahn *m*, Ahne *f.* **~'bode** *v/t* **1.** *Schlimmes* ahnen, voraussehen. **2.** ein (böses) Vorzeichen *od.* Omen sein für. **~'bod·ing** *s* **1.** (*böse*) (Vor)Ahnung. **2.** (böses) Vorzeichen *od.* Omen.

'fore·cast **I** *v/t pret u. pp* **-cast(·ed)** **1.** voraussagen, vorhersehen. **2.** *Wetter etc* vorhersagen. **II** *s* **3.** Voraussage *f.* **4.** (Wetter)Vorhersage *f.*

fore·clo·sure [fɔː'kləʊʒə] *s* gerichtliche Verfallserklärung e-r Hypothek.

'fore|ˌfa·ther *s* Ahn *m*, Vorfahr *m.* **'~ˌfin·ger** *s* Zeigefinger *m.* **'~·front** *s* vorderste Reihe (*a. fig.*). **~'go** *v/t u. v/i* (*irr* ***go***) vorangehen (*dat*), (*zeitlich a.*) vorhergehen (*dat*). **'~·gone** *adj*: ***~ conclusion*** ausgemachte Sache; ***be a ~ conclusion*** *a.* von vornherein feststehen.

'fore|·ground *s* Vordergrund *m* (*a. fig.*). **'~·hand** (*Sport*) **I** *s* Vorhand(schlag *m*) *f.* **II** *adj* Vorhand... **~·head** ['fɒrɪd] *s* Stirn *f.*

for·eign ['fɒrən] *adj* **1.** fremd, ausländisch, Auslands...: ***~ affairs*** *pl* Außenpolitik *f*, auswärtige Angelegenheiten *pl*; ***~ bond*** Auslandsanleihe *f*; ***~ borrowing*** Auslandskredite *pl*; ***~ capital*** Auslandskapital *n*; ***~ currency*** (*od.* ***exchange***) *econ.* Devisen *pl*; ***~-currency reserves*** *pl* Devisenreserven *pl*; ***~ debt*** Auslandsschulden *pl*; ***~-exchange control*** Devisenbewirtschaftung *f*; ***~-exchange holdings*** *pl* Devisenbestände *pl*; ***~-exchange restrictions*** *pl* Devisenbeschränkungen *pl*; ***~-exchange trading*** Devisenhandel *m*; ***~ indebtedness*** Auslandsverschuldung *f*; ***~ language*** Fremdsprache *f*; ***Foreign Office*** *pol. Br.* Außenministerium *n*; ***~ policy*** Außenpolitik *f*; ***Foreign Secretary*** *pol. Br.* Außenminister(in); ***~ trade*** Außenhandel *m*; ***~ word*** Fremdwort

n; ~ ***worker*** Gastarbeiter(in); → ***correspondent*** 3. **2.** fremd (**to** *dat*): ***this is ~ to his nature*** das ist ihm wesensfremd; ~ ***body*** (*od.* ***matter***) ⚕ Fremdkörper *m*.
'for·eign·er *s* Ausländer(in).
ˌfore|'knowl·edge *s* Vorherwissen *n*, vorherige Kenntnis. **~·man** ['~mən] *s* (*irr* **man**) **1.** Vorarbeiter *m*, (*am Bau*) Polier *m*. **2.** ⚖ Obmann *m* (*der Geschworenen*). **'~·most I** *adj* **1.** vorderst, erst. **2.** *fig.* herausragendst. **II** *adv* **3.** zuerst. **'~·name** *s* Vorname *m*.

fo·ren·sic [fə'rensɪk] *adj* Gerichts...: ~ ***medicine***.
'fore|·play *s* (*sexuelles*) Vorspiel. **'~ˌrun·ner** *s* *fig.* **1.** Vorläufer(in). **2.** Vorbote *m*; (erstes) Anzeichen. **~'see** *v/t* (*irr* **see¹**) vorher-, voraussehen. **~'see·a·ble** *adj*: ***in the ~ future*** in absehbarer Zeit. **~'shad·ow** *v/t* ahnen lassen, andeuten. **'~·sight** *s* Weitblick *m*; (weise) Voraussicht. **'~·skin** *s anat.* Vorhaut *f*.
for·est ['fɒrɪst] *s* (*a. fig. Antennen- etc*)Wald *m*; Forst *m*.
fore·stall [fɔː'stɔːl] *v/t* **1.** *j-m, e-r Sache* zuvorkommen. **2.** *Einwand etc* vorwegnehmen.
for·est·er ['fɒrɪstə] *s* Förster(in).
'for·est·ry *s* Forstwirtschaft *f*.
'fore|·taste *s* Vorgeschmack *m* (**of** von). **~'tell** *v/t* (*irr* **tell**) vorher-, voraussagen: ~ ***s.o.'s future*** j-m die Zukunft vorhersagen.
for·ev·er, *Br. a.* **for ev·er** [fə'revə] *adv* **1.** für *od.* auf immer. **2.** ständig, (an)dauernd.
fore|'warn *v/t* vorher warnen (**of** vor *dat*). **'~ˌwom·an** *s* (*irr* **woman**) Vorarbeiterin *f*. **'~·word** *s* Vorwort *n* (**to** zu).
for·feit ['fɔːfɪt] **I** *s* **~s** *sg* Pfänderspiel *n*: ***play ~s*** ein Pfänderspiel machen. **II** *v/t* verwirken, verlustig gehen (*gen*); einbüßen. **III** *adj* verwirkt, verfallen.
for·fei·ture ['fɔːfɪtʃə] *s* **1.** Verlust *m*; Einbuße *f*. **2.** Verwirkung *f* von Rechten.
forge¹ [fɔːdʒ] *v/t* fälschen.
forge² [~] *v/i* *mst* ~ ***ahead*** sich (mühsam) vorankämpfen: ~ ***ahead*** *fig.* allmählich Fortschritte machen.
forg·er ['fɔːdʒə] *s* Fälscher(in).
'forg·er·y *s* Fälschen *n*; Fälschung *f*: ~ ***of a document*** ⚖ Urkundenfälschung.
for·get [fə'get] (*irr*) **I** *v/t* **1.** *allg.* vergessen: ***I ~ his name*** sein Name fällt mir im Moment nicht ein. **2.** ~ ***o.s.*** sich vergessen; (nur) an andere denken. **II** *v/i* **3.** *a.* ~ ***about it*** es vergessen.
for'get·ful [~fʊl] *adj* □ vergesslich.
for'get-me-not *s* ♀ Vergissmeinnicht *n*.
for·give [fə'gɪv] *v/t* (*irr* **give**) **1.** *j-m et.* verzeihen, -geben. **2.** *j-m e-e Schuld etc* erlassen.
for'giv·ing *adj* □ **1.** versöhnlich. **2.** verzeihend.
for·go [fɔː'gəʊ] *v/t* (*irr* **go**) verzichten auf (*acc*).
for·got [fə'gɒt] *pret u. pp von* **forget.**
for'got·ten [~tn] *pp von* **forget.**
fork [fɔːk] **I** *s* **1.** Gabel *f*. **2.** Gab(e)lung *f*, Abzweigung *f*. **II** *v/t* **3.** ~ ***out*** (*od.* ***up***) F *Geld* herausrücken, lockermachen. **III** *v/i* **4.** sich gabeln (*Fluss*), (*Straße a.*) abzweigen.
forked *adj* gegabelt, (*Zunge*) gespalten.
'fork·lift (**truck**) *s tech.* Gabel-, Hubstapler *m*.
for·lorn [fə'lɔːn] *adj* **1.** verlassen, einsam. **2.** verzweifelt (*Versuch*): ~ ***hope*** aussichtsloses *od.* verzweifeltes Unternehmen.
form [fɔːm] **I** *s* **1.** Form *f*, Gestalt *f*: ***take ~*** Form *od.* Gestalt annehmen (*a. fig.*); ***in the ~ of*** in Form von (*od. gen*); ***in tablet ~*** in Tablettenform. **2.** *tech.* Form *f*, Schablone *f*. **3.** Form *f*, Art *f*: ~ ***of government*** Regierungsform; → ***due*** 6. **4.** *a.* ***printed ~*** Formular *n*, Vordruck *m*: ~ ***letter*** Schemabrief *m*; ~ ***of proxy*** Vollmachtsformular. **5.** Form *f* (*a. ling.*), Fassung *f* (*e-s Textes etc*). **6.** ***good*** (***bad***) ~ guter (schlechter) Ton: ***it is good*** (***bad***) ~ es gehört sich (nicht). **7.** Formalität *f*: → ***matter*** 3. **8.** Verfassung *f*: ***in*** (***out of, off one's***) ~ (nicht) in Form. **9.** *bsd. Br.* (Schul)Klasse *f*: ~ ***master*** (***mistress***) Klassenlehrer(in). **II** *v/t* **10.** formen, gestalten (***into*** zu; ***after, on*** nach), *Regierung etc* bilden, *Gesellschaft* gründen. **11.** *Charakter etc* formen, bilden. **12.** sich *e-e Meinung* bilden. **III** *v/i* **13.** Form *od.* Gestalt annehmen (*a. fig.*).
for·mal ['fɔːml] *adj* (□ → ***formally***) **1.** förmlich, formell: ~ ***call*** Höflichkeitsbesuch *m*; ~ ***dress*** Gesellschaftskleidung *f*. **2.** formal, formell: ~ ***defect*** ⚖ Formfehler *m*.
for·mal·ism ['fɔːməlɪzəm] *s* Formalismus *m*.
for·mal·i·ty [fɔː'mælətɪ] *s* **1.** Förmlichkeit *f*. **2.** Formalität *f*, Formsache *f*.
for·mal·ize ['fɔːməlaɪz] *v/t* **1.** formalisieren. **2.** e-e feste Form geben (*dat*).
'formal·ly *adv* formell, in aller Form.
for·mat ['fɔːmæt] **I** *s typ.* Aufmachung *f*; Format *n*. **II** *v/t Computer*: formatieren: ***~ting*** Formatieren *n*.
for·ma·tion [fɔː'meɪʃn] *s* **1.** Formung *f*, Gestaltung *f*: ***capital ~*** Kapitalbildung *f*; Investition *f*. **2.** ✈, *mil., geol., Sport*: Formation *f*. **3.** *econ.* Gründung *f*: ~ ***expenses*** *pl* Gründungskosten *pl*.
form·a·tive ['~mətɪv] *adj* formend, gestaltend: ~ ***years*** *pl* Entwicklungsjahre *pl*.
for·mer ['fɔːmə] *adj* **1.** früher, vorig; ehemalig: ***in ~ times*** früher. **2.** ersterwähnt, -genannt: ***the ~, the latter*** Ersterer, Letzterer.

ˈ**for·mer·ly** *adv* früher, ehemals.
For·mi·ca [fɔːˈmaɪkə] *s* (*TM*) Resopal *n* (*TM*).
for·mi·da·ble [ˈfɔːmɪdəbl] *adj* □ **1.** Furcht erregend. **2.** gefährlich (*Gegner etc*), gewaltig, riesig (*Schulden etc*), schwierig (*Frage etc*).
form·less [ˈfɔːmlɪs] *adj* □ formlos.
for·mu·la [ˈfɔːmjʊlə] *pl* **-las, -lae** [ˈ~liː] *s* **1.** ⚗, *mot. etc* Formel *f* (*a. fig.*). **2.** *pharm.* Rezept *n* (*zur Anfertigung*).
for·mu·late [ˈ~leɪt] *v/t* formulieren.
ˌ**for·muˈla·tion** *s* Formulierung *f*.
for·sake [fəˈseɪk] *v/t* (*irr*) **1.** *j-n* verlassen, im Stich lassen. **2.** *et.* aufgeben.
forˈsak·en *pp von* ***forsake.***
for·sook [fəˈsʊk] *pret von* ***forsake.***
for·swear [fɔːˈsweə] *v/t* (*irr* ***swear***) **1.** unter Eid verneinen. **2.** abschwören (*dat*). **3.** ~ ***o.s.*** e-n Meineid leisten.
fort [fɔːt] *s mil.* Fort *n*: ***hold the*** ~ *fig.* die Stellung halten.
for·te [ˈfɔːteɪ] *s j-s* Stärke *f*, starke Seite.
forth [fɔːθ] *adv* **1.** weiter, fort: ***and so*** ~ und so weiter. **2.** (her)vor. ˌ**~ˈcom·ing** *adj* **1.** bevorstehend, kommend. **2.** in Kürze erscheinend (*Buch*) *od.* anlaufend (*Film*).
for·ti·eth [ˈfɔːtɪəθ] *adj* vierzigst.
for·ti·fi·ca·tion [ˌfɔːtɪfɪˈkeɪʃn] *s* **1.** *mil.* Befestigung *f*: **~*s*** *pl* Festungswerk *n*. **2.** Verstärkung *f*; Anreicherung *f*. **3.** *fig.* Untermauerung *f*.
for·ti·fy [ˈfɔːtɪfaɪ] *v/t* **1.** *mil.* befestigen. **2.** *Wein etc* verstärken; *Nahrungsmittel* anreichern. **3.** *Theorie etc* untermauern (***with*** mit).
for·ti·tude [ˈfɔːtɪtjuːd] *s* (innere) Kraft *od.* Stärke.
fort·night [ˈfɔːtnaɪt] *s bsd. Br.* vierzehn Tage: ***in a*** ~ in 14 Tagen.
ˈ**fortˌnight·ly** *bsd. Br.* **I** *adj* vierzehntägig, halbmonatlich. **II** *adv* vierzehntäglich, alle 14 Tage.
FORTRAN ***formula translation*** *Programmiersprache*.
for·tress [ˈfɔːtrɪs] *s mil.* Festung *f*.
for·tu·i·tous [fɔːˈtjuːɪtəs] *adj* □ zufällig.
for·tu·nate [ˈfɔːtʃnət] *adj* glücklich: ***be*** ~ Glück haben; ***be*** ~ ***in having s.th., be*** ~ ***enough to have s.th.*** das Glück haben, et. zu besitzen.
ˈ**for·tu·nate·ly** *adv* glücklicherweise, zum Glück: ~ ***for me*** zu m-m Glück.
for·tune [ˈfɔːtʃuːn] *s* **1.** Vermögen *n*: ***come into a*** ~ ein Vermögen erben; ***make a*** ~ ein Vermögen verdienen; ***marry a*** ~ e-e gute Partie machen, reich heiraten. **2.** (glücklicher) Zufall, Glück(sfall *m*) *n*. **3.** Geschick *n*, Schicksal *n*: ***good*** ~ Glück *n*; ***bad*** (*od.* ***ill***) ~ Unglück *n*; ***tell*** **~*s*** wahrsagen; ***read s.o.'s*** ~ j-m die Karten legen; j-m aus der Hand lesen. **4.** *oft* ***Fortune*** Fortuna *f*, das Glück, die Glücksgöttin. ~ **hunt·er** [ˈ~tʃən] *s* Mitgiftjäger *m*. ~ **tell·er** [ˈ~tʃən] *s* Wahrsager(in).
for·ty [ˈfɔːtɪ] **I** *adj* vierzig: ***have*** ~ ***winks*** F ein Nickerchen machen. **II** *s* Vierzig *f*: ***be in one's forties*** in den Vierzigern sein; ***in the forties*** in den Vierzigerjahren (*e-s Jahrhunderts*).
fo·rum [ˈfɔːrəm] *pl* **-rums, -ra** [ˈ~rə] *s* Forum *n* (*a. fig.*).
for·ward [ˈfɔːwəd] **I** *adv* **1.** nach vorn, vorwärts. **II** *adj* □ **2.** Vorwärts...: ~ ***business*** (*od.* ***deal***) Termingeschäft *n*; ~ ***buying*** Terminkauf *m*; ~ ***contract*** Terminabschluss *m*; ~ ***exchange*** Devisentermingeschäft *n*; ~ ***planning*** Vorausplanung *f*; ~ ***rate*** Terminkurs *m*. **3.** fortschrittlich. **4.** vorlaut, dreist. **III** *s* **5.** *Sport*: Stürmer(in): ~ ***line*** Sturmreihe *f*. **IV** *v/t* **6.** fördern, begünstigen. **7.** (ver)senden, schicken; befördern; *Brief etc* nachsenden.
ˈ**for·ward·er** *s* Spediteur(in).
ˈ**for·ward·ing** *s* Versand *m*; Beförderung *f*; Nachsendung *f*: ~ ***address*** Nachsendeadresse *f*; ~ ***agent*** Spediteur(in); ~ ***charges*** *pl* Versandkosten *pl*; ~ ***order*** Speditionsauftrag *m*.
ˈ**for·ward-ˌlook·ing** *adj* vorausschauend, fortschrittlich.
for·wards [ˈfɔːwədz] → ***forward*** I.
fos·sil [ˈfɒsl] *geol.* **I** *s* Fossil *n* (*a. fig.* F), Versteinerung *f*. **II** *adj* fossil (*a. fig.* F), versteinert: ~ ***fuels*** fossile Brennstoffe.
fos·ter [ˈfɒstə] **I** *v/t* **1.** *Kind* in Pflege haben *od.* nehmen; *bsd. Br.* in Pflege geben (***with*** bei). **2.** *Gefühle, Plan etc* hegen. **II** *adj* **3.** Pflege...: ~ ***mother.***
FOT ***free on truck*** *Br.* frei Waggon, *Am.* frei LKW.
f.o.t. ***free of tax*** steuerfrei.
fought [fɔːt] *pret u. pp von* ***fight.***
foul [faʊl] **I** *adj* □ **1.** stinkend, widerlich. **2.** verpestet, schlecht (*Luft*); verdorben, faul (*Lebensmittel etc*). **3.** schmutzig, verschmutzt. **4.** schlecht, stürmisch (*Wetter*). **5.** *fig.* schmutzig, zotig. **6.** *Sport*: regelwidrig. **II** *adv* **7.** ***fall*** ~ ***of*** ⚓ kollidieren mit, *a. fig.* zs.-stoßen mit: ***fall*** ~ ***of the law*** mit dem Gesetz in Konflikt geraten. **III** *s* **8.** *Sport*: Foul *n*: ***commit a*** ~ ***on*** ein Foul begehen an (*dat*). **IV** *v/t* **9.** *a.* ~ ***up*** beschmutzen (*a. fig.*), verschmutzen: ~ ***one's*** (***own***) ***nest*** das eigene Nest beschmutzen. **10.** *Sport*: foulen. **11.** ~ ***up*** F verpatzen, -sauen. **~-mouthed** [ˈ~maʊðd] *adj* unflätig.
found[1] [faʊnd] *pret u. pp von* ***find.***

found² [~] *v/t* **1.** (be)gründen, *Schule etc* stiften. **2.** gründen, stützen (***on*** auf *acc*): ***be ~ed on*** sich gründen auf (*acc*), beruhen auf (*dat*).

found³ [~] *v/t tech.* gießen.

foun·da·tion [faʊn'deɪʃn] *s* **1.** △ Fundament *n*: ***lay the ~(s) of*** *fig.* den Grund(stock) legen zu. **2.** Gründung *f*. **3.** Stiftung *f*. **4.** Grundlage *f*, Basis *f*. **~ stone** *s* **1.** △ Grundstein *m* (*a. fig.*). **2.** → ***foundation*** 4.

found·er¹ ['faʊndə] *s* (Be)Gründer(in), Stifter(in): ***~ member*** Gründungsmitglied *n*.

found·er² [~] *s tech.* Gießer(in).

found·er³ *v/i* scheitern, (*Koalition etc a.*) zerbrechen, (*Ehe etc a.*) in die Brüche gehen.

found·ry ['faʊndrɪ] *s tech.* Gießerei *f*.

foun·tain ['faʊntɪn] *s* **1.** Quelle *f* (*a. fig.*). **2.** Fontäne *f*: a) (*Wasser- etc*)Strahl *m*, b) Springbrunnen *m*. **3.** Trinkbrunnen *m*. **~ pen** *s* Füll(feder)halter *m*.

four [fɔː] **I** *adj* **1.** vier. **II** *s* **2.** Vier *f*: ***~ of hearts*** Herzvier; ***on all ~s*** auf allen vieren. **3.** *Rudern*: Vierer *m*. **'~-ˌcol·o(u)r pro·cess** *s* Vierfarbendruck *m*.

four·fold ['fɔːfəʊld] **I** *adj* vierfach. **II** *adv* vierfach, um das Vierfache: ***increase ~*** (sich) vervierfachen.

ˌfour|-'hand·ed *adj* □ ♪ vierhändig. **'~leaf clo·ver** *s* ♣ vierblätt(e)riges Kleeblatt. **'~-legged** *adj* vierbeinig. **'~-ˌlet·ter word** *s* unanständiges Wort. **'~·plex** *s Am.* Vierfamilienhaus *n*. **~ star** *s mot. Br.* F Super *n* (*Benzin*). **'~-star** *adj*: ***~ petrol*** *mot. Br.* Superbenzin *n*.

four·teen [ˌfɔː'tiːn] *adj* vierzehn.

ˌfour'teenth [~θ] *adj* vierzehnt.

fourth [fɔːθ] **I** *adj* **1.** viert. **II** *s* **2.** *der, die, das* Vierte: ***the ~ of May*** der 4. Mai. **3.** Viertel *n*.

'fourth·ly *adv* viertens.

'four-time *adj* viermalig.

ˌfour-wheel 'drive *s mot.* Allradantrieb *m*.

fowl [faʊl] *s coll.* Geflügel *n*.

fox [fɒks] **I** *s* **1.** *zo.* Fuchs *m*. **2.** *oft* ***sly old ~*** gerissener Kerl. **II** *v/t* **3.** verblüffen. **4.** täuschen, reinlegen. **~ hunt(·ing)** *s* Fuchsjagd *f*. **~ terri·er** *s zo.* Foxterrier *m*. **'~·trot** *s* ♪ Foxtrott *m*.

fox·y ['fɒksɪ] *adj* □ gerissen, verschlagen.

foy·er ['fɔɪeɪ] *s* Foyer *n*.

Fr ***franc(s)*** Franc(s *pl*), Franken *m od. pl.*

fra·cas ['frækɑː] *pl* **-cas** [-kɑːz], *Am.* **-cas·es** ['freɪkəsɪz] *s* Aufruhr *m*, Tumult *m*.

frac·tion ['frækʃn] *s* **1.** ✚ Bruch *m*: ***~ bar*** (*od.* ***line, stroke***) Bruchstrich *m*. **2.** Bruchteil *m*.

frac·tion·al ['~ʃənl] *adj* □ **1.** ✚ Bruch... **2.** *fig.* minimal, geringfügig.

frac·tious ['frækʃəs] *adj* □ mürrisch, reizbar.

frac·ture ['fræktʃə] **I** *s* Bruch *m*, ⚕ *a.* Fraktur *f*. **II** *v/t* (zer)brechen: ***~ one's arm*** sich den Arm brechen; ***~d skull*** ⚕ Schädelbruch *m*; ***speak ~d English*** *fig.* gebrochen Englisch sprechen. **III** *v/i* (zer)brechen.

frag·ile ['frædʒaɪl] *adj* □ **1.** zerbrechlich (*a. fig.*): ***~ - with care*** Vorsicht - zerbrechlich. **2.** schwach, zart (*Gesundheit*); gebrechlich (*Person*).

fra·gil·i·ty [frə'dʒɪlətɪ] *s* **1.** Zerbrechlichkeit *f*. **2.** Zartheit *f*; Gebrechlichkeit *f*.

frag·ment ['frægmənt] *s* **1.** *literarisches etc* Fragment. **2.** Bruchstück *n*, -teil *m*.

'frag·men·ta·ry *adj* □ fragmentarisch, bruchstückhaft.

fra·grance ['freɪgrəns] *s* Wohlgeruch *m*, Duft *m*.

'fra·grant *adj* □ wohlriechend, duftend.

frail [freɪl] *adj* □ zart, schwach (*Gesundheit, Stimme etc*); gebrechlich (*Person*); (*charakterlich od. moralisch*) schwach.

'frail·ty *s* Zartheit *f*; Gebrechlichkeit *f*; Schwäche *f*.

frame [freɪm] **I** *s* **1.** (*Bilder- etc*)Rahmen *m*. **2.** (*Brillen- etc*)Gestell *n*. **3.** *fig.* Rahmen *m*: ***within the ~ of*** im Rahmen (*gen*). **4.** *bsd.* ***~ of mind*** (Gemüts)Verfassung *f*, (-)Zustand *m*. **II** *v/t* **5.** *Bild etc* (ein)rahmen; *fig.* umrahmen. **6.** *Plan* schmieden, *Politik etc* abstecken. **7.** *a.* ***~ up*** F *Sache* drehen, schaukeln, *Spiel* (vorher) absprechen; *j-m* et. anhängen. **III** *v/i* **8.** sich entwickeln. **'~-up** *s* F **1.** Komplott *n*, Intrige *f*. **2.** abgekartetes Spiel, Schwindel *m*. **'~·work** → ***frame*** 3.

franc [fræŋk] *s* Franc *m*; Franken *m*.

France [frɑːns] *npr* Frankreich *n*.

fran·chise ['fræntʃaɪz] *s* **1.** *pol.* Wahlrecht *n*. **2.** *econ. bsd. Am.* Konzession *f*, Alleinverkaufsrecht *n*, Franchise *f*. **II** *v/t* **3.** auf Franchise-Basis vergeben.

fran·chis·ee *s* Franchisenehmer *m*.

fran·chis·er *s* Franchisegeber *m*.

'fran·chis·ing *s* Franchising *n*.

Fran·co- ['fræŋkəʊ] *in Zssgn* französisch-, franko...

frank [fræŋk] **I** *adj* □ offen(herzig), aufrichtig, frei(mütig): ***to be ~, ~ly (speaking)*** offen gestanden *od.* gesagt; ***be ~ with s.o.*** ehrlich zu j-m sein. **II** *v/t* ✉ frankieren, (*maschinell a.*) freistempeln: ***~ing label*** Frankieretikett *n*; ***~ing machine*** Frankiermaschine *f*, Freistempler *m*.

frank·furt·er ['fræŋkfɜːtə] *s* Frankfurter (Würstchen *n*) *f*.

frank·in·cense ['fræŋkɪnˌsens] *s* Weihrauch *m*.

frank·ness ['fræŋknɪs] *s* Offenheit *f*.

fran·tic ['fræntɪk] *adj* (***~ally***) **1.** außer sich, rasend (***with*** vor *dat*). **2.** verzweifelt. **3.** hektisch.

fra·ter·nal [frəˈtɜːnl] *adj* □ brüderlich: ~ ***twins*** zweieiige Zwillinge.
fra'ter·ni·ty *s* **1.** Brüderlichkeit *f*. **2.** Vereinigung *f*, Zunft *f*: ***the medical*** ~ die Ärzteschaft. **3.** *Am*. (Studenten)Verbindung *f*.
frat·er·ni·za·tion [ˌfrætənaɪˈzeɪʃn] *s* Verbrüderung *f*.
'frat·er·nize *v/i* sich verbrüdern.
fraud [frɔːd] *s* **1.** ⚖ Betrug *m* (**on** an *dat*); arglistige Täuschung: ***obtain by*** ~ sich *et*. erschleichen. **2.** Schwindel *m* (*a. Sache*). **3.** F Betrüger(in), Schwindler(in).
fraud·u·lence [ˈfrɔːdjʊləns] *s* Betrügerei *f*.
'fraud·u·lent *adj* □ betrügerisch: ~ ***bankruptcy*** betrügerischer Konkurs; ~ ***misrepresentation*** arglistige Täuschung, wissentlich falsche Angaben *pl*; ~ ***transaction*** Schwindelgeschäft *n*.
fray[1] [freɪ] **I** *v/t a*. ~ ***out*** ausfransen, durchscheuern: ~***ed nerves*** *pl* strapazierte Nerven *pl*. **II** *v/i a*. ~ ***out*** ausfransen, sich durchscheuern.
fray[2] [~] *s* Rauferei *f*, Schlägerei *f*.
freak [friːk] **I** *s* **1.** Missgeburt *f*, Monstrosität *f*. **2.** Grille *f*, Laune *f*. **3.** *sl*. ...freak *m*, ...fanatiker(in). **4.** *sl*. Freak *m*, irrer Typ. **II** *v/i* **5.** ~ ***out*** *sl*. *allg*. ausflippen (***for, over*** bei).
'freak·y *adj* unheimlich.
freck·le [ˈfrekl] *s* Sommersprosse *f*.
free [friː] **I** *adj* □ **1.** frei: a) unabhängig, b) selbstständig, c) ungebunden, d) ungehindert, e) uneingeschränkt: ~ ***and open market*** Wettbewerbsmarkt *m*; ~ ***collective bargaining*** Tarifautonomie *f*; ~ ***movement of goods*** (***persons***) freier Warenverkehr (Personenverkehr), f) in Freiheit (befindlich): ***he is*** ~ ***to go*** es steht ihm frei zu gehen; ***give s.o. a*** ~ ***hand*** j-m freie Hand lassen; → ***set*** 13, ***will***[1] 1. **2.** frei: a) unbeschäftigt, b) ohne Verpflichtungen, c) unbesetzt. **3.** frei (*nicht wörtlich od. an Regeln gebunden*): ~ ***translation***; ~ ***skating*** (*Eis-, Rollkunstlauf*) Kür(laufen *n*) *f*. **4.** (***from, of***) frei (von), ohne (*acc*): ~ ***from error*** fehlerfrei. **5.** frei, befreit (***from, of*** von): ~ ***from pain*** schmerzfrei; ~ ***of debt*** schuldenfrei; → ***charge*** 9. **6.** ungezwungen, natürlich: → ***easy*** 7. **7.** offen(herzig), freimütig; unverblümt; dreist; plumpvertraulich: ***make*** ~ ***with*** sich Freiheiten herausnehmen gegen *j-n*; sich (ungeniert) gütlich tun an *e-r Sache*. **8.** frei, kostenlos, unentgeltlich: ~ ***copy*** Freiexemplar *n*; ***for*** ~ F umsonst; ~ ***alongside ship*** frei längsseit Schiff; ~ ***on truck*** frei Lkw. **9.** freigebig: ***be*** ~ ***with*** großzügig sein *od*. umgehen mit. **II** *adv* **10.** *allg*. frei. **III** *v/t* **11.** befreien (***from*** von, aus) (*a. fig*.). **12.** freilassen.
'freeˌboot·er *s* Freibeuter(in).
free·dom [ˈfriːdəm] *s* **1.** Freiheit *f*: ~ ***of the press*** Pressefreiheit; ~ ***of establishment*** Niederlassungsfreiheit *f*; ~ ***of establishment for the professions*** freie Berufsausübung, Niederlassungsfreiheit; ~ ***of movement*** Freizügigkeit *f*. **2.** Freisein *n*.
free| en·ter·prise *s* freies Unternehmertum; freie Marktwirtschaft. ~ **fall** *s* ✈, *phys*. freier Fall. **'~·fone ˌnumb·er** *s* gebührenfreie Telefonnummer.
ˌfree'hand·ed *adj* freigebig, großzügig.
'free·hold es·tate *s* Grundbesitz *m*.
free kick *s Fußball*: Freistoß *m*: (***in***)***direct*** ~.
'free|·lance **I** *s* Freiberufler(in), Freischaffende *m, f*; freier Mitarbeiter, freie Mitarbeiterin. **II** *adj* frei(beruflich tätig), freischaffend. **III** *adv* freiberuflich: ***work*** ~ → IV. **IV** *v/i* freiberuflich arbeiten (***for*** für). **'~ˌlanc·er** → ***freelance*** I.
'free|·load *v/i Am*. F schnorren (***off, of*** bei), nassauern. **'~ˌload·er** *s Am*. F Schnorrer(in), Nassauer(in). ~ **mar·ket e·con·o·my** *s* freie Marktwirtschaft.
'Free·ma·son *s* Freimaurer *m*.
'free-of-charge *adj* kostenlos: ~ ***replacement*** kostenlose Ersatzlieferung.
free| port *s* Freihafen *m*. **'~-range** *adj* freilaufend (*Huhn*); Freiland..., aus Bodenhaltung (*Ei*). ~ **sam·ple** *s* Gratisprobe *f*. **ˌ~-'spo·ken** *adj* freimütig, offen. ~ **state** *s* Freistaat *m*. **'~·style** (*Sport*) **I** *s* Freistil *m*. **II** *adj* Freistil... ~ **trade** *s* Freihandel *m*. **ˌ~-'trade a·re·a** *s* Freihandelszone *f*. **'~·way** *s Am*. (gebührenfreie) Autobahn.
freeze [friːz] **I** *v/i* (*irr*) **1.** *impers* frieren: ***it is freezing hard*** es herrscht starker Frost. **2.** frieren: ~ ***to death*** erfrieren; ***I am freezing*** mir ist eiskalt. **3.** (ge)frieren, zu Eis werden; → ***blood*** 1. **4.** *a*. ~ ***up*** (*od*. ***over***) zufrieren (*See etc*), vereisen (*Windschutzscheibe etc*): ~ (***up***) einfrieren (*Türschloss etc*); ~ ***to*** fest- *od*. anfrieren an (*dat*). **5.** *fig*. erstarren. **II** *v/t* (*irr*) **6.** zum Gefrieren bringen. **7.** *Fleisch etc* einfrieren, tiefkühlen. **8.** ⚙ vereisen. **9.** *econ. Preise etc, pol. diplomatische Beziehungen* einfrieren: ***freezing of prices*** Preisstopp *m*. **III** *s* **10.** Frost(periode *f*) *m*. **11.** *econ., pol*. Einfrieren *n*: ~ ***on wages*** Lohnstopp *m*.
'freeze·dried *adj* gefriergetrocknet.
'freez·er *s* a) Tiefkühl-, Gefriergerät *n*, b) Gefrierfach *n* (*e-s Kühlschranks*).
'freez·ing *adj* **1.** Gefrier..., Kälte...: ~ ***compartment*** → ***freezer*** b; ~ ***point*** Gefrierpunkt *m*. **2.** eisig kalt, eiskalt.
freight [freɪt] **I** *s* **1.** Fracht(gebühr) *f*: ~ ***and carriage paid*** frachtfrei; ~ ***collect*** Fracht per Nachnahme. **2.** ⚓ (*Am. a*. ✈, *mot*.)

Fracht *f*, Ladung *f*: ~ ***insurance*** Frachtversicherung *f*. **II** *v/t* **3.** *Schiff*, *Am. a. Güterwagen etc* befrachten, beladen. **4.** *Güter* verfrachten.
freight·age ['freɪtɪdʒ] *s* Frachtkosten *pl*.
freight| bill *s* Frachtbrief *m*. ~ **car** *s rail. Am.* Güterwagen *m*.
freight·er ['freɪtə] *s* Frachter *m*, Frachtschiff *n*; Transportflugzeug *n*.
freight|ˌlin·er *s* Containerzug *m*. ~ **rates** *s pl* Güter-, Frachttarif *m*. ~ **train** *s Am.* Güterzug *m*.
French [frentʃ] **I** *adj* **1.** französisch: ~ ***bread*** Stangenbrot *n*; ~ ***beans pl*** ✿ *bsd. Br.* Grüne Bohnen *pl*; ~ ***fried potatoes***, F ~ ***fries pl bsd. Am.*** Pommes frites *pl*; ~ ***kiss*** Zungenkuss *m*; ***take*** ~ ***leave*** sich auf Französisch empfehlen; ~ ***letter*** *Br.* F Pariser *m* (*Kondom*); ~ ***window***(***s*** *pl*) Terrassen-, Balkontür *f*. **II** *s* **2.** ***the*** ~ *pl* die Franzosen *pl*. **3.** *ling.* Französisch *n*: ***in*** ~ auf Französisch. **~·man** ['~mən] *s* (*irr* ***man***) Franzose *m*. **'~ˌwom·an** *s* (*irr* ***woman***) Französin *f*.
fre·net·ic [frə'netɪk] *adj* (~***ally***) **1.** a) ausgelassen, b) → ***frenzied*** 2. **2.** → ***frenzied*** 3.
fren·zied ['frenzɪd] *adj* **1.** außer sich, rasend (***with*** vor *dat*). **2.** frenetisch (*Geschrei etc*), (*Beifall a.*) rasend. **3.** wild, hektisch.
'fren·zy *s* **1.** helle Aufregung. **2.** wildes *od.* hektisches Treiben. **3.** Wahnsinn *m*, Raserei *f*.
fre·quen·cy ['fri:kwənsɪ] *s* **1.** Häufigkeit *f*. **2.** ⚡, *phys.* Frequenz *f*.
fre·quent I *adj* ['fri:kwənt] häufig. **II** *v/t* [frɪ'kwent] häufig besuchen.
fres·co ['freskəʊ] *pl* **-co(e)s** *s* Fresko *n*.
fresh [freʃ] **I** *adj* □ **1.** *allg.* frisch: ~ ***butter*** ungesalzene Butter; ~ ***meat*** Frischfleisch *n*; ~ ***produce*** Frischwaren *pl*; ~ ***shirt*** sauberes Hemd. **2.** neu: → ***ground²*** 1, ***start*** 9. **3.** grün, unerfahren: ***be*** ~ ***to*** noch keine Erfahrung haben in (*dat*). **4.** F frech (***with*** zu): ***don't get*** ~ ***with me!*** werd bloß nicht pampig! **II** *adv* **5.** frisch: ~ ***from the oven*** ofenfrisch; ~ ***from the press*** druckfrisch; ~***-laid eggs*** *pl* frisch gelegte Eier *pl*.
'fresh·en I *v/t* **1.** *mst* ~ ***up*** erfrischen: ~ ***o.s.*** (***up***) sich frisch machen. **2.** ~ ***s.o.*** (***up***) j-m nachgießen *od.* -schenken. **II** *v/i mst* ~ ***up*** **3.** sich frisch machen. **4.** auffrischen (*Wind*).
'fresh·er *Br.* F → ***freshman.***
fresh·man ['freʃmən] *s* (*irr* ***man***) Student(in) im ersten Jahr.
fresh·ness ['freʃnɪs] *s* Frische *f*.
fret [fret] **I** *v/t* **1.** *j-m* Sorgen machen. **2.** *j-n* ärgern, reizen. **3.** abscheuern, abnutzen; reiben *od.* scheuern an (*dat*): ~ ***s.o.'s nerves*** an j-s Nerven zerren. **II** *v/i* **4.** sich Sorgen machen (***about, at, for, over*** wegen). **5.** sich ärgern (***about, at, for, over*** über *acc*): ~ ***and fume*** vor Wut schäumen. **6.** sich abscheuern *od.* abnutzen. **III** *s* **7.** ***be in a*** ~ → 4, 5.
fret·ful ['fretfʊl] *adj* □ verärgert, gereizt.
Freud·i·an ['frɔɪdɪən] *adj* freudsch: ~ ***slip*** freudsche Fehlleistung.
FRG [efɑ:'dʒi:] ***Federal Republic of Germany*** BRD *f*.
Fri. ***Friday*** Fr., Freitag *m*.
fri·a·ble ['fraɪəbl] *adj* bröck(e)lig, krümelig.
fric·as·see ['frɪkəsi:] *s gastr.* Frikassee *n*: ~ ***of chicken*** Hühnerfrikassee.
fric·tion ['frɪkʃn] *s* **1.** *tech., phys.* Reibung *f*. **2.** *fig.* Reiberei(en *pl*) *f*.
fric·tion·al ['~ʃənl] *adj tech., phys.* Reibungs...
Fri·day ['fraɪdɪ] *s* Freitag *m*: ***on*** ~ (am) Freitag; ***on*** ~***s*** freitags.
fridge [frɪdʒ] *s bsd. Br.* F Kühlschrank *m*. **ˌ~-'freez·er** *s bsd. Br.* F Kühl- u. Gefrierkombination *f*.
friend [frend] *s* **1.** Freund(in): ***be*** ~***s with*** befreundet sein mit; ***make*** ~***s with*** sich anfreunden mit; ***make*** ~***s again*** sich wieder vertragen. **2.** Bekannte *m, f*.
'friend·li·ness *s* Freundlichkeit *f*.
'friend·ly I *adj* **1.** freundlich (*a. fig. Zimmer etc*). **2.** freundschaftlich: ~ ***game*** (*od.* ***match***) (*Sport*) Freundschaftsspiel *n*; → ***term*** 5. **3.** befreundet (***with*** mit). **II** *s* **4.** *Sport*: F Freundschaftsspiel *n*.
'friend·ship *s* Freundschaft *f*.
fries [fraɪz] *s pl* Pommes frites *pl*.
frieze [fri:z] *s* ⚠ Fries *m*.
frig·ate ['frɪgət] *s* ⚓ Fregatte *f*.
fright [fraɪt] *s* **1.** Schreck(en) *m*: ***get*** (*od.* ***have***) ***a*** ~ e-n Schreck bekommen, erschrecken; ***get off with a*** ~ mit dem Schrecken davonkommen; ***give s.o. a*** ~ j-m e-n Schrecken einjagen, j-n erschrecken. **2.** ***look a*** ~ F verboten *od.* zum Abschießen aussehen.
'fright·en I *v/t* **1.** *j-n* erschrecken (***to death*** zu Tode); *j-m* Angst einjagen: ***be*** ~***ed*** erschrecken (***at, by, of*** vor *dat*); Angst haben (***of*** vor *dat*). **2.** *mst* ~ ***away*** (*od.* ***off***) vertreiben, -scheuchen. **II** *v/i* **3.** ~ ***easily*** leicht erschrecken, schreckhaft sein.
fright·ful ['~fʊl] *adj* □ schrecklich, fürchterlich (*beide a.* F).
frig·id ['frɪdʒɪd] *adj* □ **1.** kalt, frostig, eisig (*alle a. fig.*). **2.** *psych.* frigid.
fri'gid·i·ty *s* **1.** Kälte *f*, Frostigkeit *f* (*beide a. fig.*). **2.** *psych.* Frigidität *f*.
frill [frɪl] *s* **1.** Krause *f*, Rüsche *f*. **2.** *pl* Verzierungen *pl*, Kinkerlitzchen *pl*.
fringe [frɪndʒ] **I** *s* **1.** Franse *f*, Besatz *m*. **2.** Rand *m*, Einfassung *f*, Umrandung *f*. **II** *v/t*

3. mit Fransen besetzen. **4.** umsäumen. **~ ben·e·fits** *s pl econ.* (Gehalts-, Lohn)Nebenleistungen *pl.* **~ group** *s sociol.* Randgruppe *f.* **~ the·a·tre** *s Br.* Experimentiertheater *n.*

frisk [frɪsk] **I** *v/i* herumtollen. **II** *v/t* F *j-n* filzen, durchsuchen.

'frisk·y *adj* □ **1.** lebhaft, munter. **2.** ausgelassen.

frit·ter ['frɪtə] *v/t mst* **~ *away*** *Geld, Gelegenheit* vertun, *Zeit a.* vertrödeln, *Geld, Kräfte* vergeuden.

fri·vol·i·ty [frɪ'vɒlətɪ] *s* Frivolität *f*: a) Leichtsinnigkeit *f*, -fertigkeit *f*, Oberflächlichkeit *f*, b) leichtfertige Rede *od.* Handlung.

friv·o·lous ['frɪvələs] *adj* □ **1.** frivol, leichtfertig, -sinnig. **2.** nicht ernst zu nehmen(d).

friz·zy ['frɪzɪ] *adj* gekräuselt, kraus: **~ *hair*** Kraushaar *n.*

fro [frəʊ] *adv*: → ***to.***

frock [frɒk] *s* **1.** (Mönchs)Kutte *f.* **2.** (Kinder-, Arbeits)Kittel *m.* **3.** Kleid *n.*

frog [frɒg] *s zo.* Frosch *m*: ***have a ~ in the*** (*od.* ***one's***) ***throat*** *fig.* e-n Frosch im Hals haben. **~·man** ['~mən] *s* (*irr* ***man***) Froschmann *m.*

frol·ic ['frɒlɪk] *v/i pret u. pp* **-icked** *a.* **~ *about*** (*od.* ***around***) herumtoben, -tollen.

frol·ic·some ['~səm] *adj* □ ausgelassen, übermütig.

from [frɒm] *prp* **1.** von, aus, von ... aus *od.* her: ***he took it ~ me*** er nahm es mir weg; **~ *what he said*** nach dem, was er sagte. **2.** von (... an), seit: **~ *2 to 4 o'clock*** von 2 bis 4 Uhr; **~ *day to day*** von Tag zu Tag. **3.** von ... an: **~ *£ 5*** von 5 Pfund an (aufwärts). **4.** (weg *od.* entfernt) von. **5.** von (*Wandlung*): **~ *dishwasher to millionaire*** vom Tellerwäscher zum Millionär. **6.** von (*Unterscheidung*): ***he does not know black ~ white*** er kann Schwarz u. Weiß nicht auseinander halten. **7.** von (*Geben etc*): ***a letter ~ his son.*** **8.** aus, vor (*dat*), an (*dat*) (*Grund*): ***he died ~ fatigue*** er starb vor Erschöpfung.

front [frʌnt] **I** *s* **1.** *allg.* Vorder-, Stirnseite *f*, Front *f*: ***at the ~*** auf der Vorderseite, vorn. **2.** ⚠ (Vorder)Front *f*, Fassade *f* (*a. fig.* F), *econ.* Tarnung *f*, Strohmann *m*: ***maintain a ~*** den Schein wahren. **3.** *mil.* Front *f*: ***to the ~*** an die Front; ***on all ~s*** an allen Fronten (*a. fig.*). **4.** Vordergrund *m*: ***in ~*** an der *od.* die Spitze, vorn; ***in ~ of*** vor (*dat*); ***to the ~*** nach vorn. **5.** *fig.* Bereich *m*, Sektor *m*: ***on the educational ~*** auf dem Erziehungssektor. **6.** *fig.* Frechheit *f*, Unverschämtheit *f*: ***have the ~ to do s.th.*** die Stirn haben, et. zu tun. **7.** *meteor.* Front *f.* **II** *adj* **8.** Front..., Vorder...: **~ *entrance*** Vordereingang *m*; **~ *row*** vorder(st)e Reihe; **~ *tooth*** Vorderzahn *m.* **III** *v/t* **9.** gegenüberstehen, -liegen: ***the windows ~ the street*** die Fenster gehen auf die Straße (hinaus). **IV** *v/i* **10.** **~ *on*** (*od.* ***to, toward[s]***) → 9.

'front·age *s* ⚠ (Vorder)Front *f.*

'fron·tal *adj* **1.** Frontal... **2.** *anat., tech.* Stirn...

ˌfront|'bench·er *s parl. Br.* führendes Fraktionsmitglied. **~ door** *s* Haus-, Vordertür *f*: ***by*** (*od.* ***through***) ***the ~*** *fig.* direkt, ohne Umschweife; legal.

fron·tier ['frʌnˌtɪə] **I** *s* Grenze *f* (*a. fig.*). **II** *adj* Grenz...: **~ *town.***

front| line *s mil.* Front(linie) *f*: ***be in the ~*** an vorderster Front stehen (*a. fig.*). **~ mon·ey** *s Am.* Vorschuss *m.* **~ page** *s* erste Seite, Titelseite *f* (*e-r Zeitung*): ***hit the ~s*** Schlagzeilen machen. **'~-page** *adj* wichtig, aktuell: **~ *news.*** **~ pas·sen·ger** *s mot.* Beifahrer(in). **'~-ˌpas·sen·ger seat** *s mot.* Beifahrersitz *m.* **~ rank** *s*: ***be in the ~*** *fig.* zur Spitze gehören *od.* zählen. **'~-seat pas·sen·ger** *s mot.* Beifahrer(in). **'~-wheel drive** *s tech.* Vorderrad-, Frontantrieb *m.*

frost [frɒst] **I** *s* **1.** Frost *m.* **2.** Reif *m.* **II** *v/t* **3.** mit Reif überziehen. **4.** *tech. Glas* mattieren: **~*ed glass*** Matt-, Milchglas *n.* **5.** *gastr. bsd. Am.* glasieren, mit Zuckerguss überziehen; mit (Puder)Zucker bestreuen. **'~·bite** *s* Erfrierung *f.* **'~ˌbit·ten** [~tn] *adj* erfroren.

frost·ing ['frɒstɪŋ] *s gastr. bsd. Am.* Zuckerguss *m*, Glasur *f.*

'frost·y *adj* □ **1.** eisig, frostig (*beide a. fig.*). **2.** mit Reif bedeckt. **3.** (eis)grau: **~ *hair.***

froth [frɒθ] **I** *s* Schaum *m.* **II** *v/t a.* **~ *up*** zum Schäumen bringen; zu Schaum schlagen. **III** *v/i* schäumen.

'froth·y *adj* □ **1.** schaumig; schäumend. **2.** *fig.* seicht.

frown [fraʊn] **I** *v/i* die Stirn runzeln (***at*** über *acc*) (*a. fig.*): **~ *on*** *et.* missbilligen. **II** *s* Stirnrunzeln *n*: ***with a ~*** stirnrunzelnd.

frowst [fraʊst] *s bsd. Br.* F Mief *m*: ***there's a ~ in here*** hier mieft es.

'frowst·y *adj bsd. Br.* F miefig, vermieft.

frowz·y ['fraʊzɪ] *adj* **1.** schlampig, ungepflegt. **2.** muffig.

froze [frəʊz] *pret von* ***freeze.***

'fro·zen **I** *pp von* ***freeze.*** **II** *adj* Gefrier...: **~ *meat***; **~ *food*** Tiefkühlkost *f*; **~ *account*** *econ.* gesperrtes Konto; **~ *assets*** *pl econ.* eingefrorene Vermögenswerte *pl.*

FRS ***Federal Reserve System*** US-Reservebankensystem *n.*

fru·gal ['fruːgl] *adj* □ **1.** sparsam: a) haushälterisch (***of*** mit, in *dat*), b) wirtschaftlich (*Auto etc*). **2.** genügsam, bescheiden. **3.** einfach, bescheiden (*Mahlzeit*).

F

fruit [fruːt] *s* **1.** Frucht *f*. **2.** *coll.* a) Früchte *pl*: ***bear*** ~ Früchte tragen (*a. fig.*), b) Obst *n*. **3.** *mst pl fig.* Früchte *pl*. '**~·cake** *s* englischer Kuchen. **~ cock·tail** *s* Frucht-, Früchtecocktail *m*.

fruit·er·er ['fruːtərə] *s bsd. Br.* Obsthändler(in).

fruit·ful ['~fʊl] *adj* □ **1.** fruchtbar (*a. fig.*). **2.** *fig.* erfolgreich.

fru·i·tion [fruː'ɪʃn] *s*: ***bring to*** ~ verwirklichen; ***come to*** ~ sich verwirklichen; Früchte tragen.

fruit knife *s* (*irr* ***knife***) Obstmesser *n*.

fruit·less ['fruːtlɪs] *adj* □ **1.** unfruchtbar. **2.** *fig.* frucht-, erfolglos.

fruit| ma·chine *s Br.* (Geld)Spielautomat *m*. **~ sal·ad** *s* Obstsalat *m*. **~ tree** *s* Obstbaum *m*.

fruit·y ['fruːtɪ] *adj* **1.** fruchtartig. **2.** fruchtig (*Wein*). **3.** *Br.* F saftig, gepfeffert (*Witz etc*). **4.** *Am.* F schmalzig: ~ ***song*** Schnulze *f*.

frump [frʌmp] *s*: ***old*** ~ alte Schachtel.

frus·trate [frʌ'streɪt] *v/t* **1.** *Plan etc* vereiteln, durchkreuzen; *Hoffnungen* zunichte machen. **2.** *j-n* frustrieren.

frus'tra·tion *s* **1.** Vereit(e)lung *f*, Durchkreuzung *f*: ~ ***of contract*** Unmöglichkeit *f* der Vertragserfüllung. **2.** Frustration *f* (*a. psych.*).

fry[1] [fraɪ] *v/t u. v/i* braten: ***fried eggs*** *pl* Spiegeleier *pl*; ***fried potatoes*** *pl* Bratkartoffeln *pl*.

fry[2] [~] *s*: ***small*** ~ ein kleiner Fisch, kleine Fische *pl* (*Person*[*en*]).

fry·ing pan ['fraɪɪŋ] *s* Bratpfanne *f*: ***jump*** (*od.* ***leap***) ***out of the*** ~ ***into the fire*** *fig.* vom Regen in die Traufe kommen.

ft ***foot*** (***feet***) Fuß *m od. pl* (*30,48 cm*).

FTI ***Financial Times Index*** Index *m* der Financial Times.

fuck [fʌk] *v/t u. v/i* V ficken, vögeln: ~ ***off!*** verpiss dich!

'**fuck·ing** *adj* V Scheiß..., verflucht.

fud·dled ['fʌdld] *adj* F **1.** benebelt. **2.** verwirrt, durcheinander.

fuel [fjʊəl] *s* Brennstoff *m*: a) Heiz-, Brennmaterial *n*, b) *mot. etc* Treib-, Kraftstoff *m*: ~ ***element*** Brennelement *n*; ~ ***ga***(***u***)***ge*** Benzinuhr *f*; ~ ***injection engine*** Einspritzmotor *m*; ~ ***rod*** Brennstab *m*; ~ ***tax*** Mineralölsteuer *f*; ***add*** ~ ***to the fire*** (*od.* ***flames***) *fig.* Öl ins Feuer gießen.

fug [fʌg], '**fug·gy** → ***frowst, frowsty.***

fu·gi·tive ['fjuːdʒətɪv] **I** *s* a) Flüchtige *m, f*, b) *pol. etc* Flüchtling *m*, c) Ausreißer(in). **II** *adj* flüchtig: a) entflohen, b) *fig.* vergänglich.

ful·fil, *Am. a.* **ful·fill** [fʊl'fɪl] *v/t Bedingung, Versprechen etc* erfüllen, *Befehl etc* ausführen: ~ ***o.s.*** sich (selbst) verwirklichen; ***be fulfilled*** sich erfüllen.

ful'fil(l)·ment *s* Erfüllung *f*, Ausführung *f*.

full [fʊl] **I** *adj* (□ → ***fully***) **1.** *allg.* voll: ~ ***of*** voll von, voller; → ***stomach*** 1. **2.** voll, ganz: ***a*** ~ ***hour*** e-e volle *od.* geschlagene Stunde; ~ ***employment*** Vollbeschäftigung *f*. **3.** voll (*Gesicht*), vollschlank (*Figur*). **4.** voll, besetzt: ~ (***up***) (voll) besetzt (*Bus etc*); ***house*** ~! *thea.* ausverkauft! **5.** *fig.* (ganz) erfüllt (***of*** von): ~ ***of o.s.*** (ganz) von sich eingenommen. **6.** reichlich (*Mahlzeit*). **7.** voll, unbeschränkt: ~ ***power*** Vollmacht *f*; ***have*** ~ ***power to do s.th.*** bevollmächtigt sein, et. zu tun. **8.** voll (berechtigt): ~ ***member*** Vollmitglied *n*. **9.** *a.* ~ ***up*** F voll, satt. **II** *adv* **10.** völlig, ganz: ***know*** ~ ***well that*** ganz genau wissen, dass. **11.** ~ ***out*** mit Vollgas *fahren*, auf Hochtouren *arbeiten*. **III** *s* **12.** ***in*** ~ vollständig, ganz: ***spell*** (*od.* ***write***) ***in*** ~ ausschreiben; ***to the*** ~ vollständig, bis ins Letzte *od.* Kleinste.

full|·back *s Fußball*: (Außen)Verteidiger(in). ˌ**~-'blood·ed** *adj* **1.** vollblütig, Vollblut... (*beide a. fig.*). **2.** eindringlich (*Argument etc*). ˌ**~-'blown** *adj* **1.** ⚘ ganz aufgeblüht. **2.** voll entwickelt, ausgereift (*Idee etc*). **3.** ausgemacht (*Skandal etc*). ˌ**~-'fledged** *bsd. Am.* → ***fully fledged.*** ˌ**~-'grown** *adj* ausgewachsen. ˌ**~-'length** *adj* **1.** in voller Größe, lebensgroß. **2.** abendfüllend (*Film*); ausgewachsen (*Roman*). **~ moon** *s* Vollmond *m*: ***at*** ~ bei Vollmond.

full·ness ['fʊlnɪs] *s* (♪ Klang)Fülle *f*: ***feeling of*** ~ Völlegefühl *n*.

'**full|-page** *adj* ganzseitig: ~ ***monitor*** Ganzseitenbildschirm *m*. '**~-scale** *adj* **1.** in Originalgröße, im Maßstab 1:1. **2.** *fig.* umfassend, groß angelegt, Groß... **~ stop** *s ling.* Punkt *m*. '**~-time** **I** *adj* ganztägig, Ganztags...: ~ ***employment*** (*od.* ***job, work***) Ganztags-, Vollzeitbeschäftigung *f*; ~ ***school*** Ganztagsschule *f*. **II** *adv* ganztags: ***work*** ~. '**~ˌtim·er** *s* ganztägig Beschäftigte *m, f*.

ful·ly ['fʊlɪ] *adv* voll, völlig, ganz: ~ ***automatic*** vollautomatisch; ~ ***two hours*** volle *od.* geschlagene zwei Stunden. **~ fledged** *adj* **1.** flügge (*Vogel*). **2.** *fig.* richtig, qualifiziert.

ful·mi·nate ['fʌlmɪneɪt] *v/i* donnern, wettern (***against, at*** gegen).

ful·ness *bsd. Am.* → ***fullness.***

ful·some ['fʊlsəm] *adj* □ übertrieben; überschwänglich (*Lob etc*).

fum·ble ['fʌmbl] **I** *v/i a.* ~ ***about*** (*od.* ***around***) herumtappen, -tasten; (herum)fummeln (***at*** an *dat*); ungeschickt umgehen (***with*** mit); tastend suchen (***for, after*** nach): ~ ***in one's pockets*** in s-n Taschen (herum)wühlen; **~ for words** nach Worten suchen. II *v/t* verpatzen.

'**fum·bler** *s* Stümper(in).

fume [fju:m] I *s* **1.** *oft pl* Dampf *m*, Rauch *m*. II *v/i* **2.** dampfen, rauchen. **3.** *fig.* wütend sein (**at** über *acc*).

fu·mi·gate ['fju:mɪgeɪt] *v/t* ausräuchern.

fun [fʌn] *s* Spaß *m*: **for ~** aus *od.* zum Spaß; **in ~** im *od.* zum Scherz; **make ~ of** sich lustig machen über (*acc*); → **poke** 4.

func·tion ['fʌŋkʃn] I *s* **1.** *allg.* Funktion *f*: **~ key** *Computer*: Funktionstaste *f*; **out of ~** *tech.* außer Betrieb. II *v/i* **2.** **~ as** tätig sein *od.* fungieren als; dienen als (*Sache*). **3.** *tech. etc* funktionieren.

'**func·tion·al** *adj* □ **1.** *allg.* funktionell, Funktions...: **~ disorder** ⚕ Funktionsstörung *f*. **2.** zweckbetont, -mäßig, praktisch.

'**func·tion·ar·y** *s bsd. pol.* Funktionär(in).

fund [fʌnd] *s* **1.** *econ.* Kapital *n*, Vermögen *n*; Fonds *m*: **~ raising** Kapitalbeschaffung *f*. **2.** *pl econ.* (Geld-, Finanzierungs)Mittel *pl*: **no ~s** (*Scheck*) keine Deckung; **be in** (**out of**) **~s** (nicht) bei Kasse sein, zahlungs(un)fähig sein; **~s flow statement** Kapitalflussrechnung *f*. **3.** *fig.* Vorrat *m* (**of** an *dat*).

fun·da·men·tal [ˌfʌndə'mentl] I *adj* (□ → **fundamentally**) **1.** grundlegend, wesentlich, fundamental (**to** für). **2.** grundsätzlich, elementar. **3.** Grund..., Fundamental...: **~ research** Grundlagenforschung *f*. II *s* **4.** Grundlage *f*, -prinzip *n*, -begriff *m*.

fun·da·men·tal·ist I *adj* fundamentalistisch. II *s* Fundamentalist(in).

ˌ**fun·da'men·tally** *adv* im Grunde, im Wesentlichen.

fund·ing ['fʌndɪŋ] *s* Finanzierung *f*; Bildung *f* von Rücklagen: **~ needs** *pl* Kapitalbedarf *m*.

fu·ner·al ['fju:nərəl] I *s* Begräbnis *n*, Beerdigung *f*: **that's your ~** F das ist dein Problem. II *adj* Begräbnis...: **~ march** ♪ Trauermarsch *m*; **~ parlo**(**u**)**r** Leichenhalle *f*; **~ service** Trauergottesdienst *m*.

'**fun·fair** *s bsd. Br.* Rummelplatz *m*.

fun·gus ['fʌŋgəs] *pl* **-gi** ['~gaɪ], **-gus·es** *s* ♣ Pilz *m*, Schwamm *m*.

fu·nic·u·lar (**rail·way**) [fju:'nɪkjʊlə] *s* (Draht)Seilbahn *f*.

funk [fʌŋk] F I *s* Schiss *m*, Bammel *m*: **be in a blue ~ of** e-n mächtigen Schiss *od.* Bammel haben vor (*dat*). II *v/t* kneifen *od.* sich drücken vor (*dat*).

fun·nel ['fʌnl] *s* **1.** Trichter *m*. **2.** ⚓, 🚂 Schornstein *m*.

fun·nies ['fʌnɪz] *s pl bsd. Am.* F *Zeitung*: Comics *pl*; Comic-Teil *m*.

fun·ny ['fʌnɪ] *adj* □ komisch: a) spaßig, lustig, b) sonderbar, merkwürdig. **~ bone** *s anat.* Musikantenknochen *m*.

fur [fɜ:] *s* **1.** Pelz *m*, Fell *n*: **make the ~ fly** *fig.* Stunk machen (*Person*), (*a. Sache*) für helle Aufregung sorgen. **2.** a) Pelzfutter *n*, -besatz *m*: **~ collar** Pelzkragen *m*, b) *a.* **~ coat** Pelzmantel *m*.

fur·bish ['fɜ:bɪʃ] *v/t* **1.** polieren, blank reiben. **2.** *oft* **~ up** herrichten, *Gebäude etc a.* renovieren; *fig. Kenntnisse* auffrischen.

fu·ri·ous ['fjʊərɪəs] *adj* □ **1.** wütend, zornig (**with** *s.o.* auf, über *acc*; **at** *s.th.* über *acc*). **2.** wild, heftig (*Kampf etc*).

furl [fɜ:l] *v/t Fahne, Transparent etc* aufrollen, einrollen, *Schirm* zs.-rollen.

fur·nace ['fɜ:nɪs] *s tech.* (Schmelz-, Hoch-)Ofen *m*.

fur·nish ['fɜ:nɪʃ] *v/t* **1.** versorgen, ausrüsten, -statten (**with** mit): **~ s.o. with s.th.** *a.* j-n mit et. beliefern. **2.** *Informationen etc* liefern: **~ proof** den Beweis liefern *od.* erbringen. **3.** *Wohnung etc* einrichten, möblieren: **~ed room** möbliertes Zimmer.

'**fur·nish·ings** *s pl* Einrichtung *f*, Mobiliar *n*.

fur·ni·ture ['fɜ:nɪtʃə] *s* Möbel *pl*: **piece of ~** Möbelstück *n*; **~ and fixtures** *pl* Büromobiliar *n* u. Einbauten *pl*; → **stick**[1] 4.

furred [fɜ:d] *adj* **1.** Pelz... **2.** mit Pelz besetzt. **3.** ⚕ belegt (*Zunge*).

fur·row ['fʌrəʊ] I *s* **1.** (Acker)Furche *f*. **2.** Runzel *f*, Furche *f*. II *v/t* **3.** *Land* furchen; *Wasser* durchfurchen. **4.** *Gesicht, Stirn* furchen, runzeln.

fur·ther ['fɜ:ðə] I *adv* **1.** *comp von* **far**. **2.** *fig.* mehr, weiter. **3.** *fig.* ferner, weiterhin. **4.** → **farther** 4. II *adj* **5.** *fig.* weiter: **~ education** *Br.* Fort-, Weiterbildung *f*; **~ training** (berufliche) Fort-, Weiterbildung *f*; **anything ~?** (sonst) noch etwas? **6.** → **farther** 2. III *v/t* **7.** fördern, unterstützen.

ˌ**fur·ther'more** → **further** 3.

'**fur·ther·most** *adj fig.* äußerst.

fur·thest ['fɜ:ðɪst] I *adj* **1.** *sup von* **far**. **2.** *fig.* weitest, meist: **at** (**the**) **~** höchstens. **3.** → **farthest** 2. II *adv* **4.** *fig.* am weitesten, am meisten. **5.** → **farthest** 4.

fur·tive ['fɜ:tɪv] *adj* □ heimlich, (*Blick a.*) verstohlen.

fu·ry ['fjʊərɪ] *s* Wut *f*, Zorn *m*: **for ~** vor lauter Wut; **fly into a ~** wütend *od.* zornig werden.

fuse [fju:z] I *s* **1.** Zünder *m*. **2.** ⚡ Sicherung *f*: **~ box** Sicherungskasten *m*. II *v/t* **3.** *phys., tech.* schmelzen. **4.** *fig.* verschmelzen, *econ., pol. a.* fusionieren. III *v/i* **5.** *tech.* schmelzen. **6.** *fig.* verschmelzen, *econ., pol. a.* fusionieren.

fu·se·lage ['fju:zəlɑ:ʒ] *s* (Flugzeug)Rumpf *m*.

F

fu·sion ['fju:ʒn] *s* **1.** *phys.*, *tech.* Schmelzen *n.* **2.** *biol.*, *opt.*, *phys.* Fusion *f*: **~ *bomb*** Wasserstoffbombe *f.* **3.** *fig.* Verschmelzung *f*, *econ.*, *pol.* *a.* Fusion *f.*

fuss [fʌs] **I** *s* **1.** (unnötige) Aufregung: ***get into a*** ~ → 3. **2.** Wirbel *m*, Theater *n*: ***make a*** ~ → 4. **II** *v/i* **3.** sich (unnötig) aufregen (***about*** über *acc*): ***don't*** ~***!*** nur keine Aufregung. **4.** viel Wirbel machen (***about, over*** um). **5.** ~ ***about*** (*od.* ***around***) herumfuhrwerken. **'~ˌbudg·et** *s* *Am.* F, **'~·pot** *s* F Kleinlichkeitskrämer(in).

F

fuss·y ['fʌsɪ] *adj* □ **1.** (unnötig) aufgeregt. **2.** kleinlich, pedantisch. **3.** heikel, wählerisch (***about*** in *dat*).

fust·y ['fʌstɪ] *adj* □ **1.** mod(e)rig, muffig. **2.** *fig.* verstaubt, -altet; rückständig.

fu·tile ['fju:taɪl] *adj* □ **1.** nutzlos, vergeblich. **2.** unbedeutend, geringfügig.

futil·i·ty [fju:'tɪlətɪ] *s* **1.** Nutzlosigkeit *f.* **2.** Geringfügigkeit *f.*

fu·ture ['fju:tʃə] **I** *s* **1.** Zukunft *f*: ***in*** ~ in Zukunft. **2.** *ling.* Futur *n*, Zukunft *f.* **3.** *pl econ.* Termingeschäfte *pl*: **~*s market*** Terminmarkt *m*; **~*s price*** Terminkurs *m.* **II** *adj* **4.** (zu)künftig, Zukunfts... **5.** *ling.* futurisch: ~ ***perfect*** Futurum *n* exaktum, zweites Futur; ~ ***tense*** → 2.

fuze *bsd. Am.* → ***fuse.***

fuzz[1] [fʌz] *s* feiner Flaum.

fuzz[2] [~] *s sl.* Bulle *m* (*Polizist*): ***the*** ~ *coll.* die Bullen.

fuzz·y ['fʌzɪ] *adj* □ **1.** flaumig. **2.** kraus, wuschelig. **3.** unscharf, verschwommen.

f.w.h. ***flexible working hours*** flexible Arbeitszeit.

f.w.t. ***fair wear and tear*** normale Abnutzungs- u. Verschleißerscheinungen.

G

G [dʒiː] *pl* **G's** *s* G *n.*

g ***gram(s), grammme(s)*** g, Gramm *n od. pl.*

gab [gæb] *s* F Gequassel *n*, Gequatsche *n*: ***have the gift of the ~*** (*Am.* ***of ~***) ein flottes Mundwerk haben.

gab·ble ['gæbl] **I** *v/i* **1.** *a.* ***~ away*** brabbeln. **2.** schnattern (*Gänse*). **II 3.** Gebrabbel *n.* **4.** Geschnatter *n.*

gab·er·dine [ˌgæbə'diːn] *s* Gabardine *m.*

ga·ble ['geɪbl] *s* Giebel *m*: ***~ window*** Giebelfenster *n.*

'ga·bled *adj* Giebel...

Ga·bon [gæ'bɒn] Gabun *n* (*Republik in Westafrika*).

gad [gæd] *v/i*: ***~ about*** (*od.* ***around***) (viel) unterwegs sein (in *dat*); (viel) herumkommen (in *dat*); sich herumtreiben (in *dat*). **'~·fly** *s* **1.** *zo.* (Vieh)Bremse *f.* **2.** Quertreiber(in).

gadg·et ['gædʒɪt] *s tech.* F Apparat *m*, Gerät *n*; *oft contp.* technische Spielerei.

Gael·ic ['geɪlɪk] **I** *s ling.* Gälisch *n.* **II** *adj* gälisch: ***~ coffee*** Irishcoffee *m.*

gaff [gæf] *s sl.*: ***blow the ~*** alles verraten, plaudern; ***blow the ~ on s.th.*** et. ausplaudern.

gaffe [gæf] *s* Fauxpas *m*, *bsd.* taktlose Bemerkung.

gag [gæg] **I** *v/t* **1.** knebeln (*a. fig.*). **2.** *fig.* mundtot machen. **II** *s* **3.** Knebel *m* (*a. fig.*). **4.** F Gag *m.*

ga·ga ['gɑːgɑː] *adj sl.* verkalkt, -trottelt; plemplem.

gage *Am.* → ***gauge.***

gag·gle ['gægl] **I** *v/i* **1.** schnattern (*Gänse*) (*a. fig.*). **II** *s* **2.** Geschnatter *n* (*a. fig.*). **3.** Gänseherde *f*; F schnatternde Schar.

gai·e·ty ['geɪətɪ] *s* **1.** Fröhlichkeit *f.* **2.** *oft pl* Vergnügung *f.*

gain [geɪn] **I** *v/t* **1.** *Zeit, j-s Vertrauen etc* gewinnen: → ***ground²*** 2, ***upper*** I. **2.** erreichen, erwerben, *Erfahrungen* sammeln: → ***advantage.*** **3.** *j-m et.* einbringen, -tragen. **4.** zunehmen an (*dat*): ***~ speed*** schneller werden; ***he ~ed 10 pounds*** er nahm 10 Pfund zu; → ***weight*** 1. **5.** vorgehen (um) (*Uhr*). **II** *v/i* **6.** Einfluss *od.* Boden gewinnen. **7.** zunehmen (***in*** an *dat*). **8.** vorgehen (***by two minutes*** zwei Minuten) (*Uhr*). **III** *s* **9.** Gewinn (***to*** für) (*a. econ.*). **10.** Zunahme *f* (***in*** an *dat*): ***~ in weight*** Gewichtszunahme.

gain·ful ['~fʊl] *adj* □ einträglich, Gewinn bringend: ***~ employment*** (*od.* ***occupation***) Erwerbstätigkeit *f*; ***~ly employed*** erwerbstätig.

'gain·ings *s pl* Gewinn(e *pl*) *m.*

gait [geɪt] *s* **1.** Gang(art *f*) *m.* **2.** Gangart *f* (*des Pferdes*).

gal [gæl] *s* F Mädchen *n.*

ga·la ['gɑːlə] **I** *adj* **1.** festlich, Gala... **II** *s* **2.** Festlichkeit *f.* **3.** Gala(veranstaltung) *f.*

ga·lac·tic [gə'læktɪk] *adj ast.* Milchstraßen..., galaktisch.

gal·ax·y ['gæləksɪ] *s ast.* Milchstraße *f.*

gale [geɪl] *s* Sturm *m* (*a. fig.* F): ***a ~ of laughter*** e-e Lachsalve, stürmisches Gelächter.

gall¹ [gɔːl] **I** *s* **1.** wund geriebene *od.* gescheuerte Stelle. **II** *v/t* **2.** wund reiben *od.* scheuern. **3.** *fig.* (ver)ärgern.

gall² [~] *s* **1.** Bitterkeit *f*, Erbitterung *f.* **2.** F Frechheit *f.*

gal·lant ['gælənt] *adj* □ **1.** tapfer. **2.** prächtig, stattlich. **3.** galant.

'gal·lant·ry *s* **1.** Tapferkeit *f.* **2.** Galanterie *f.*

gall blad·der *s anat.* Gallenblase *f.*

gal·ler·y ['gælərɪ] *s* **1.** △ Galerie *f*, Empore *f* (*in Kirchen*). **2.** *thea.* Galerie *f* (*a. Publikum*): ***play to the ~*** für die Galerie spielen (*a. weitS.*). **3.** (*Gemälde- etc*)Galerie *f.*

gal·ley ['gælɪ] *s* **1.** ⚓ *hist.* Galeere *f.* **2.** ⚓ Kombüse *f.* **3.** *a.* ***~ proof*** Druckfahne *f.*

Gal·li·cism ['gælɪsɪzəm] *s ling.* Gallizismus *m.*

gal·lon ['gælən] *s* Gallone *f* (*GB: 4,55 l, USA: 3,79 l*).

gal·lop ['gæləp] **I** *v/i* galoppieren (*a. Pferd*), (im) Galopp reiten: ***~ing inflation*** *econ.* galoppierende Inflation. **II** *s* Galopp *m*: ***at a ~*** im Galopp.

gal·lows ['gæləʊz] *pl* **-lows·es, -lows** *s* Galgen *m.* **~ bird** *s* F Galgenvogel *m.* **~ hu·mo(u)r** *s* Galgenhumor *m.*

'gall·stone *s* ⚕ Gallenstein *m.*

Gal·lup poll ['gæləp] *s* Meinungsumfrage *f.*

ga·lore [gə'lɔː] *adv* F in rauen Mengen: ***money ~*** Geld wie Heu.

ga·lumph [gə'lʌmf] *v/i* F stapfen.

gal·va·nize ['gælvənaɪz] *v/t* **1.** *tech.* galvanisieren. **2.** *fig.* elektrisieren.

Gam·bia ['gæmbɪə] Gambia *n* (*Republik in Westafrika*).
gam·ble ['gæmbl] I *v/i* (um Geld) spielen: ~ ***with s.th.*** *fig.* mit et. spielen, et. aufs Spiel setzen. II *v/t mst* ~ ***away*** verspielen (*a. fig.*). III *s* Hasardspiel *n* (*a. fig.*), Glücksspiel *n.*
'**gam·bler** *s* **1.** (Glücks)Spieler(in). **2.** *fig.* Hasardeur(in).
'**gam·bling** I *adj* Spiel...: ~ ***casino;*** ~ ***den*** Spielhölle *f.* II *s econ.* Spekulation *f.*
gam·bol ['gæmbl] I *v/i pret u. pp* **-boled,** *bsd.Br.* **-bolled** (herum)tanzen, (-)hüpfen, Freuden- *od.* Luftsprünge machen. II *s* Freuden-, Luftsprung *m.*
game [geɪm] I *s* **1.** (*Karten-, Ball- etc*)Spiel *n*: ***play the*** ~ sich an die Spielregeln halten (*a. fig.*); → ***chance*** 1, ***skill*** 1. **2.** (*einzelnes*) *Spiel*: ***a*** ~ ***of chess*** e-e Partie Schach. **3.** *fig.* Spiel *n*, Plan *m*: ***the*** ~ ***is up*** das Spiel ist aus; ***play a double*** ~ ein doppeltes Spiel treiben; ***beat s.o. at his own*** ~ j-n mit s-n eigenen Waffen schlagen. **4.** F Branche *f*: ***be in the advertising*** ~ in Werbung machen. **5.** *pl ped.* Sport *m.* **6.** Wild(bret) *n.* II *adj* □ **7.** mutig. **8.** a) aufgelegt (***for*** zu): ***be*** ~ ***to do s.th.*** dazu aufgelegt sein, et. zu tun, b) bereit (***for*** zu; ***to do*** zu tun).
Game Boy *s* (*TM*) Gameboy *m* (*TM*).
'**game|,keep·er** *s bsd. Br.* Wildhüter(in). ~ **park** *s* Wildpark *m.* ~ **pre·serve** *s* Wildgehege *n.*
gam·ma rays ['gæmə] *s pl phys.* Gammastrahlen *pl.*
gam·mon ['gæmən] *s* schwach gepökelter *od.* geräucherter Schinken.
gamp [gæmp] *s Br.* F (*bsd.* großer) Regenschirm.
gam·ut ['gæmət] *s* **1.** ♪ Tonleiter *f.* **2.** *fig.* Skala *f.*
gan·der ['gændə] *s* Gänserich *m.*
gang [gæŋ] I *s* **1.** (Arbeiter)Kolonne *f*, (-)Trupp *m.* **2.** Gang *f*, Bande *f.* **3.** Clique *f* (*a. contp.*). **4.** *contp.* Horde *f.* II *v/i* **5.** *mst* ~ ***up*** sich zs.-tun, *bsd. contp.* sich zs.-rotten: ~ ***up against*** (*od.* ***on***) sich verbünden *od.* verschwören gegen.
gan·grene ['gæŋgriːn] *s* ⚕ Brand *m.*
gang·ster ['gæŋstə] *s* Gangster(in), Verbrecher(in).
'**gang·way** *s* **1.** Durchgang *m*, Passage *f.* **2.** ⚓, ✈ Gangway *f.* **3.** *Br. thea. etc* (Zwischen)Gang *m.*
gaol [dʒeɪl], *etc bsd. Br.* → ***jail, etc.***
gap [gæp] *s* **1.** Lücke *f* (*a. fig.*): ***fill in a*** ~ ***in one's education*** e-e Bildungslücke schließen. **2.** *fig.* Kluft *f.*
gape [geɪp] I *v/i* **1.** den Mund aufreißen (*vor Staunen etc*). **2.** (mit offenem Mund) gaffen *od.* glotzen: ~ ***at s.o.*** j-n angaffen *od.* anglotzen. II *s* **3.** Gaffen *n*, Glotzen *n.* **4.** gähnender Abgrund.
'**gap·ing** *adj* □ **1.** gaffend, glotzend. **2.** klaffend (*Wunde*), gähnend (*Abgrund*).
ga·rage ['gærɑːʒ] I *s* **1.** Garage *f.* **2.** Reparaturwerkstätte *f* (u. Tankstelle *f*). II *v/t* **3.** *Auto* in die Garage fahren.
gar·bage ['gɑːbɪdʒ] *s* **1.** *bsd. Am.* Abfall *m*, Müll *m*: ~ ***bag*** *Am.* Müllbeutel *m*; ~ ***can*** Abfall-, Mülleimer *m*; Abfall-, Mülltonne *f*; ~ ***chute*** Müllschlucker *m*; ~ ***collection*** Müllabfuhr *f*; ~ ***collector*** (*od.* ***man***) Müllmann *m*; ~ ***truck*** Müllwagen *m.* **2.** *fig.* Schund *m*; Unfug *m.*
gar·ble ['gɑːbl] *v/t Text etc* durcheinander bringen; (*durch Auslassungen etc*) verfälschen.
gar·den ['gɑːdn] I *s* **1.** Garten *m.* **2.** *oft pl* Garten(anlagen *pl*) *m*: → ***botanical, zoological.*** II *adj* **3.** Garten...: ~ ***center*** (*bsd. Br.* ***centre***) Gartencenter *n*; ~ ***city*** *Br.* Gartenstadt *f*; ~ ***party*** Gartenfest *n*, -party *f*; ***lead s.o. up the*** ~ ***path*** j-n hinters Licht führen; ~ ***suburb*** *Br.* Gartenvorstadt *f.* III *v/i* **4.** im Garten arbeiten.
'**gar·den·er** *s* Gärtner(in).
'**gar·den·ing** *s* Gartenarbeit *f.*
gar·gan·tu·an [gɑː'gæntjʊən] *adj* riesig, gewaltig.
gar·gle ['gɑːgl] I *v/t* **1.** gurgeln mit. II *v/i* **2.** gurgeln (***with*** mit). III *s* **3.** Gurgeln *n*: ***have a*** ~ gurgeln. **4.** Gurgelmittel *n.*
gar·ish ['geərɪʃ] *adj* □ grell (*Licht*), (*Farben a.*) schreiend, (*Parfüm*) aufdringlich.
gar·land ['gɑːlənd] I *s* Girlande *f*, (*a. Sieges*)Kranz *m.* II *v/t* bekränzen.
gar·lic ['gɑːlɪk] *s* ⚘ Knoblauch *m.*
gar·ment ['gɑːmənt] *s* Kleidungsstück *n*, *pl a.* Kleidung *f.*
gar·net ['gɑːnɪt] *s min.* Granat *m.*
gar·nish ['gɑːnɪʃ] I *v/t* **1.** (***with*** mit) schmücken, verzieren; *fig.* ausschmücken. **2.** *gastr.* garnieren (***with*** mit). II *s* **3.** Verzierung *f*; *fig.* Ausschmückung *f.* **4.** *gastr.* Garnierung *f.*
gar·nish·ee or·der [ˌgɑːnɪ'ʃiː] *s* Pfändungsbeschluss *m.*
gar·nish·ment ['gɑːnɪʃmənt] *s*: ~ ***of wages*** Lohnpfändung *f.*
gar·ret ['gærət] *s* Dachkammer *f.*
gar·ri·son ['gærɪsn] *mil.* I *s* **1.** Garnison *f.* II *v/t* **2.** *Ort* mit e-r Garnison belegen. **3.** *Truppen* in Garnison legen.
gar·ru·li·ty [gæ'ruːlətɪ] *s* Geschwätzigkeit *f.*
gar·ru·lous ['gærələs] *adj* □ geschwätzig.
gar·ter ['gɑːtə] *s* Strumpfband *n*; Sockenhalter *m*; *Am.* Strumpfhalter *m*, Straps *m.*
gas [gæs] I *pl* **-(s)es 1.** Gas *n.* **2.** F a) *Am.* Benzin *n*, Sprit *m*, b) ***step on the*** ~ Gas

geben, auf die Tube drücken (*beide a. fig.*). **3.** F Gewäsch *n*, Blech *n*. **II** *v/t* **4.** vergasen: ***be ~sed*** *a.* e-e Gasvergiftung erleiden. **III** *v/i* **5.** F faseln. **'~·bag** *s* F Quatscher(in). **~ cham·ber** *s* Gaskammer *f*. **~ cook·er** *s* Gasherd *m*.

gas·e·ous ['gæsjəs] *adj* **1.** gasförmig. **2.** Gas...

gash [gæʃ] **I** *s* klaffende Wunde, tiefer Riss *od.* Schnitt. **II** *v/t j-m* e-e klaffende Wunde beibringen, *Haut* aufreißen, -schlitzen.

gas heat·ing *s* Gasheizung *f*.

gas·ket ['gæskɪt] *s tech.* Dichtung(smanschette) *f*.

'gas|·man *s* (*irr* ***man***) Gasmann *m*, -ableser *m*. **~ mask** *s* Gasmaske *f*. **~ me·ter** *s* Gasuhr *f*, -zähler *m*.

gas·o·lene, gas·o·line ['gæsəʊli:n] *s Am.* Benzin *n*: **~ *attendant*** Tankwart(in); **~ *station*** Tankstelle *f*.

gasp [gɑ:sp] **I** *v/i* **1.** keuchen, schwer atmen: **~ *for breath*** nach Luft schnappen. **2.** den Atem anhalten (***with, in*** vor *dat*): ***make s.o. ~*** j-m den Atem nehmen *od.* verschlagen. **II** *v/t* **3.** *mst* **~ *out*** *Worte* keuchen, (keuchend) hervorstoßen. **III** *s* **4.** Keuchen *n*, schweres Atmen: ***be at one's last ~*** in den letzten Zügen liegen; ***to the last ~*** bis zum letzten Atemzug.

gas| pump *s Am.* Zapfsäule *f*. **~ sta·tion** *s Am.* F Tankstelle *f*. **~ stove** *s* Gasofen *m*, -herd *m*.

gas·sy ['gæsɪ] *adj* **1.** gasartig. **2.** kohlensäurehaltig. **3.** F geschwätzig.

gas·tric ['gæstrɪk] *adj* ⚕, *physiol.* Magen...: **~ *acid*** Magensäure *f*; **~ *ulcer*** Magengeschwür *n*.

gas·tri·tis [gæ'straɪtɪs] *s* ⚕ Gastritis *f*, Magenschleimhautentzündung *f*.

gas·tro·nom·ic [ˌgæstrə'nɒmɪk] *adj* (**~*ally***) gastronomisch, feinschmeckerisch.

gas·tron·o·my [~'strɒnəmɪ] *s* **1.** Gastronomie *f* (*feine Kochkunst*). **2.** *fig.* Küche *f*: ***the Italian ~***.

'gas·works *s sg* Gaswerk *n*.

gate [geɪt] *s* **1.** Tor *n* (*a. Skisport*), Pforte *f*. **2.** *fig.* Tor *n*, Zugang *m* (***to*** zu). **3.** 🚂 Sperre *f*, Schranke *f*; ✈ Flugsteig *m*. **4.** *Sport*: a) Zuschauer(zahl *f*) *pl*, b) (Gesamt)Einnahmen *pl*. **'~-crash** *v/i u. v/t* F uneingeladen kommen (zu); sich ohne zu bezahlen hineinschmuggeln (in *acc*). **'~·house** *s* Pförtnerhaus *n*. **'~ˌkeep·er** *s* **1.** Pförtner(in). **2.** Bahn-, Schrankenwärter(in). **'~-leg(ged) ta·ble** *s* Klapptisch *m*. **~·man** ['~mən] *s* (*irr* ***man***) *bsd. Am.* → ***gatekeeper***. **~ mon·ey** → ***gate*** 4b. **'~·post** *s* Torpfosten *m*: → ***between*** 2. **'~·way** *s* **1.** Torweg *m*, Einfahrt *f*. **2.** → ***gate*** 2.

gath·er ['gæðə] **I** *v/t* **1.** *Reichtümer*, *Erfahrungen etc* sammeln, *Informationen* einholen, -ziehen. **2.** *Personen* versammeln. **3.** erwerben, gewinnen: **~ *dust*** verstauben; **~ *speed*** schneller werden. **4.** *a.* **~ *up*** auflesen, (*vom Boden*) aufheben. **5.** *Blumen etc* pflücken. **6.** *fig.* folgen, schließen (***from*** aus). **II** *v/i* **7.** sich (ver)sammeln *od.* scharen (***round s.o.*** um j-n). **8.** sich (an)sammeln.

'gath·er·ing *s* (Menschen)Ansammlung *f*; Versammlung *f*, Zs.-kunft *f*.

GATT [gæt] ***General Agreement on Tariffs and Trade*** Allgemeines Zoll- und Handelsabkommen.

gauche [gəʊʃ] *adj* □ **1.** linkisch. **2.** taktlos.

gaud·y ['gɔ:dɪ] *adj* □ auffällig bunt, (*Farben*) grell, schreiend, (*Einrichtung etc*) protzig.

gauge [geɪdʒ] **I** *v/t* **1.** (ab-, aus)messen. **2.** *tech.* eichen. **3.** *fig.* (ab)schätzen, beurteilen. **II** *s* **4.** *tech.* Eichmaß *n*. **5.** *fig.* Maßstab *m*, Norm *f* (***of*** für). **6.** *tech.* Messgerät *n*, Lehre *f*. **7.** *tech.* Stärke *f*, Dicke *f* (*bsd. von Blech od. Draht*). **8.** 🚂 Spur(weite) *f*.

gaunt [gɔ:nt] *adj* □ hager; ausgemergelt.

gaunt·let ['gɔ:ntlɪt] *s fig.* Fehdehandschuh *m*: ***fling*** (*od.* ***throw***) ***down the ~*** (***to s.o.***) (j-m) den Fehdehandschuh hinwerfen, (j-n) herausfordern; ***pick*** (*od.* ***take***) ***up the ~*** den Fehdehandschuh aufnehmen, die Herausforderung annehmen; ***run the ~*** Spießruten laufen (*a. fig.*).

gauze [gɔ:z] *s* Gaze *f*, ⚕ *a.* (Verband[s])Mull *m*: **~ *bandage*** Mullbinde *f*.

'gauz·y *adj* □ gazeartig, hauchdünn.

gave [geɪv] *pret von* ***give***.

gav·el ['gævl] *s* Hammer *m* (*e-s Auktionators, Vorsitzenden etc*).

gawk [gɔ:k] *v/i* glotzen.

gay [geɪ] **I** *adj* □ **1.** lustig, fröhlich. **2.** bunt, (farben)prächtig; fröhlich, lebhaft (*Farben*). **3.** lebenslustig. **4.** F schwul (*homosexuell*); Schwulen...: **~ *liberation*** Schwulenbewegung *f*. **II** *s* **5.** F Schwule *m*, *f*.

gaze [geɪz] **I** *v/i* starren: **~ *at*** anstarren. **II** *s* starrer Blick, Starren *n*.

ga·zette [gə'zet] *s Br.* Amtsblatt *n*, Staatsanzeiger *m*.

GB [dʒi:'bi:] ***Great Britain.***

GCE ***General Certificate of Education*** *britische Schulabschlussprüfung*.

GCSE [dʒi:si:es'i:] ***General Certificate of Secondary Education*** *etwa* Abitur *n*.

GDP [dʒi:di:'pi:] ***gross domestic product*** Bruttoinlandsprodukt *n*.

gear [gɪə] **I** *s* **1.** *mot.* a) Gang *m*: ***change*** (*bsd. Am.* ***shift***) **~(*s*)** schalten; ***change*** (*bsd. Am.* ***shift***) ***into second ~*** den zweiten Gang einlegen, in den zweiten Gang schalten, b)

G

pl Getriebe *n*. **2.** Vorrichtung *f*, Gerät *n*. **3.** F Kleidung *f*, Aufzug *m*. **II** *v/t* **4.** ~ ***up*** (***down***) *fig*. steigern (drosseln). **5.** *fig*. (***to, for***) anpassen (*dat od*. an *acc*), abstimmen (auf *acc*). '**~·box** *s mot*. Getriebe *n*. ~ **change** *s mot*. *Br*. (Gang)Schaltung *f*.

gear·ing ['gɪərɪŋ] *s* Kapitalstruktur *f*.

gear| le·ver *s mot*. *Br*. Schalthebel *m*. '**~·shift** *s mot*. *Am*. **1.** (Gang)Schaltung *f*. **2.** *a*. ~ ***lever*** Schalthebel *m*. '**~·wheel** *s* Getrieberad *n*, Zahnrad *n*.

gee [dʒiː] *int Am*. F na so was!, Mann!

geese [giːs] *pl von* ***goose***.

Gei·ger count·er ['gaɪgə] *s phys*. Geigerzähler *m*.

gel [dʒel] *s* ⚗ *u. Kosmetik*: Gel *n*.

gel·a·tin ['dʒelətɪn], **gel·a·tine** [ˌ~'tiːn] *s* **1.** Gelatine *f*. **2.** Gallerte *f*.

ge·lat·i·nous [dʒə'lætɪnəs] *adj* □ gallertartig.

gem [dʒem] *s* **1.** Edelstein *m*. **2.** *fig*. Perle *f*, Juwel *n* (*beide a. Person*), Prachtstück *n*.

Gem·i·ni ['dʒemɪnaɪ] *s pl* (*mst sg konstruiert*) *ast*. Zwillinge *pl*: ***be*** (***a***) ~ Zwilling sein.

gen·der ['dʒendə] *s ling*. Genus *n*, Geschlecht *n*: ***what ~ is ...?*** welches Genus hat ...? '**~-ˌbend·er** *s sl*. Transvestit *m*.

gene [dʒiːn] *s biol*. Gen *n*, Erbfaktor *m*: ~ ***bank*** Genbank *f*.

gen·e·a·log·i·cal [ˌdʒiːnjə'lɒdʒɪkl] *adj* □ genealogisch: ~ ***tree*** Stammbaum *m*.

gen·e·al·o·gy [ˌdʒiːnɪ'ælədʒɪ] *s* Genealogie *f*.

gen·er·a ['dʒenərə] *pl von* ***genus***.

gen·er·al ['dʒenərəl] **I** *adj* (□ → ***generally***) **1.** allgemein (gebräuchlich *od*. verbreitet), üblich, gängig: ***as a ~ rule*** meistens, üblicherweise. **2.** allgemein, generell: ~ ***education*** (*od*. ***knowledge***) Allgemeinbildung *f*; ***the ~ public*** die breite Öffentlichkeit; ~ ***term*** Allgemeinbegriff *m*. **3.** allgemein (*nicht spezialisiert*): ***the ~ reader*** der Durchschnittsleser. **4.** allgemein (gehalten); ungefähr: ***a ~ idea*** e-e ungefähre Vorstellung. **5.** Haupt..., General...: ~ ***acceptance*** uneingeschränktes Akzept; ~ ***agency*** Generalvertretung *f*; ~ ***creditor*** nicht bevorrechtigter Gläubiger; ~ ***manager*** Generaldirektor(in); ~ ***meeting of shareholders*** Hauptversammlung *f*; ~ ***partner*** Vollhafter *m*, Komplementär *m*; ~ ***partnership*** allgemeine Personengesellschaft; ~ ***power of attorney*** Generalvollmacht *f*; ~ ***reserves pl*** offene Rücklagen *pl*. **II** *s* **6.** *mil*. General *m*. **7.** ***in*** ~ im Allgemeinen, im Großen u. Ganzen. ~ **e·lec·tion** *s* Parlamentswahlen *pl*.

gen·er·al·i·ty [ˌdʒenə'rælətɪ] *s* **1.** *mst pl* allgemeine Redensart, Gemeinplatz *m*. **2.** Allgemeingültigkeit *f*.

gen·er·al·ize ['dʒenərəlaɪz] *v/t* verallgemeinern.

gen·er·al·ly ['dʒenərəlɪ] *adv a*. ~ ***speaking*** im Allgemeinen, allgemein.

gen·er·al| prac·ti·tion·er *s* praktischer Arzt, praktische Ärztin. ~ **staff** *s mil*. Generalstab *m*. ~ **strike** *s econ*. Generalstreik *m*.

gen·er·ate ['dʒenəreɪt] *v/t* **1.** *Elektrizität etc* erzeugen. **2.** *biol*. zeugen. **3.** *fig*. bewirken, erzeugen, verursachen.

ˌ**gen·er'a·tion** *s* **1.** Generation *f* (*a. tech. etc*). **2.** Erzeugung *f*. **3.** *biol*. Zeugung *f*, Fortpflanzung *f*.

ˌ**gen·er'a·tion·al** [~ʃənl] *adj* Generations...: ~ ***conflict*** (*od*. ***clash***) Generationskonflikt *m*.

gen·er·a·tive ['~rətɪv] *adj biol*. Zeugungs..., Fortpflanzungs...

gen·er·a·tor ['dʒenəreɪtə] *s* ⚡ Generator *m*.

ge·ner·ic [dʒɪ'nerɪk] *adj*: ~ ***product*** generisches Produkt; ~ ***term*** (*od*. ***name***) *biol*. Gattungsname *m*; *allg*. Oberbegriff *m*.

gen·er·os·i·ty [ˌdʒenə'rɒsətɪ] *s* Großzügigkeit *f*, Freigebigkeit *f*.

'**gen·er·ous** *adj* □ **1.** großzügig, freigebig. **2.** reichlich, üppig.

gen·e·sis ['dʒenəsɪs] *pl* **-e·ses** ['~siːz] *s* Entstehung *f*.

ge·net·ic [dʒɪ'netɪk] **I** *adj* (~***ally***) genetisch: ~ ***engineering*** Gentechnologie *f*; ~ ***factor*** Erbfaktor *m*; ~ ***fingerprint***(***ing***) genetischer Fingerabdruck. **II** *s* ~***s*** *sg* Genetik *f*, Vererbungslehre *f*.

Ge·ne·va [dʒɪ'niːvə] *npr* Genf *n*: ***Lake*** ~ der Genfer See.

gen·ial ['dʒiːnjəl] *adj* □ freundlich (*a. fig*. *Klima etc*).

gen·i·tals ['dʒenɪtlz] *s pl* Genitalien *pl*, Geschlechtsteile *pl*.

gen·i·tive ['dʒenɪtɪv] *s a*. ~ ***case*** *ling*. Genitiv *m*, zweiter Fall.

gen·ius ['dʒiːnjəs] *s* **1.** Genie *n*: a) genialer Mensch, b) Genialität *f*. **2.** (natürliche) Begabung: ***have a ~ for languages*** sprachbegabt sein.

gen·o·cide ['dʒenəʊsaɪd] *s* Völkermord *m*.

ge·nome [dʒe'nəʊm] *s* Genom *n*.

gen·o·type ['dʒenəʊtaɪp] *s* Erbgut *n*, Genotyp *m*.

genre ['ʒɑ̃ːŋrə] *s* Genre *n*, Gattung *f*.

gent [dʒent] *s* **1.** F *od. humor. für* ***gentleman***: ~***s' hairdresser*** Herrenfriseur *m*, -friseuse *f*. **2.** ~***s*** *sg Br*. F Herrenklo *n*.

gen·teel [dʒen'tiːl] *adj* □ **1.** vornehm. **2.** vornehm tuend, affektiert.

gen·tian ['dʒenʃɪən] *s* ♣ Enzian *m*.

gen·tle ['dʒentl] *adj* □ **1.** freundlich, liebenswürdig. **2.** sanft, zart: ~ ***hint*** zarter Wink; → ***sex*** 1. '**~·folk**(**s**) *s pl* vornehme *od*. feine Leute *pl*.

gen·tle·man ['dʒentlmən] *s* (*irr* ***man***) **1.**

Gentleman *m*: **~'s** (*od.* **gentlemen's**) **agreement** Gentleman's *od.* Gentlemen's Agreement *n.* **2.** Herr *m*: **gentlemen** (*Anrede*) m-e Herren; (*in Briefen*) Sehr geehrte Herren.
'gen·tle·man·like, 'gen·tle·man·ly *adj* gentlemanlike.
gen·tle·ness ['dʒentlnɪs] *s* **1.** Freundlichkeit *f*, Liebenswürdigkeit *f*. **2.** Sanftheit *f*, Zartheit *f*.
gen·try ['dʒentrɪ] *s* **1.** Oberschicht *f*. **2.** *Br.* niederer Adel.
gen·u·ine ['dʒenjʊɪn] *adj* □ **1.** echt: a) authentisch (*Unterschrift etc*), b) ernsthaft (*Angebot etc*), c) aufrichtig (*Mitgefühl etc*). **2.** natürlich, ungekünstelt (*Lachen, Person*).
ge·nus ['dʒiːnəs] *pl* **gen·er·a** ['dʒenərə] *s* ♣, *zo.* Gattung *f*.
ge·og·ra·pher [dʒɪ'ɒgrəfə] *s* Geograf(in).
ge·o·graph·ic, ge·o·graph·i·cal [~ə'græfɪk(l)] *adj* □ geografisch.
ge·og·ra·phy [dʒɪ'ɒgrəfɪ] *s* Geografie *f*, Erdkunde *f*.
ge·o·log·ic, ge·o·log·i·cal [ˌdʒɪəʊ'lɒdʒɪk(l)] *adj* □ geologisch.
ge·ol·o·gist [dʒɪ'ɒlədʒɪst] *s* Geologe *m*, Geologin *f*.
ge'ol·o·gy *s* Geologie *f*.
ge·o·met·ric, ge·o·met·ri·cal [ˌdʒɪəʊ'metrɪk(l)] *adj* □ geometrisch.
ge·om·e·try [dʒɪ'ɒmətrɪ] *s* Geometrie *f*: **~ set square** Geometrie-Dreieck *n*.
George·town ['dʒɔːdʒtaʊn] *Hauptstadt von Guayana*.
ge·ra·ni·um [dʒɪ'reɪnjəm] *s* ♣ Geranie *f*.
ger·i·at·ric [ˌdʒerɪ'ætrɪk] *adj*: **~ care** Altenpflege *f*; **~ nurse** Altenpfleger *m*.
ger·i·at·rics [ˌdʒerɪ'ætrɪks] *s sg* ⚕ Geriatrie *f*, Altersheilkunde *f*.
germ [dʒɜːm] *s* **1.** *biol.*, ♣ Keim *m* (*a. fig.*): **in ~** im Keim, im Werden. **2.** ⚕ Bakterie *f*, (Krankheits)Erreger *m*.
Ger·man ['dʒɜːmən] **I** *adj* **1.** deutsch: **~ measles** *sg* ⚕ Röteln *pl*; **~ shepherd** *Am.* Schäferhund *m*. **II** *s* **2.** Deutsche *m, f*. **3.** *ling.* Deutsch *n*: **in ~** auf Deutsch.
Ger·man·ic [dʒɜː'mænɪk] *adj* germanisch.
Ger·man·ism ['~mənɪzəm] *s ling.* Germanismus *m*.
Ger·ma·ny ['dʒɜːmənɪ] *npr* Deutschland *n*.
'germ·free *adj* ⚕ keimfrei.
ger·mi·nate ['dʒɜːmɪneɪt] *v/i u. v/t* keimen (lassen) (*a. fig.*).
germ war·fare *s mil.* bakteriologische Kriegführung.
ger·on·tol·o·gy [ˌdʒerɒn'tɒlədʒɪ] *s* ⚕ Gerontologie *f*, Alternsforschung *f*.
ger·und ['dʒerənd] *s ling.* Gerundium *n*.
ges·ta·tion [dʒe'steɪʃn] *s* Schwangerschaft *f*; *zo.* Trächtigkeit *f*: **~ period** Trag(e)zeit *f*.
ges·tic·u·late [dʒe'stɪkjʊleɪt] *v/i* gestikulieren.
gesˌtic·u'la·tion *s* Gestikulation *f*.
ges·ture ['dʒestʃə] *s* Geste *f* (*a. fig.*), Gebärde *f*.
get [get] (*irr*) **I** *v/t* **1.** bekommen, erhalten. **2.** sich *et.* verschaffen *od.* besorgen: **~ s.th. for s.o.** j-m et. besorgen. **3.** erringen, erwerben, sich *Wissen etc* aneignen. **4.** erwischen; (*a. telefonisch*) erreichen. **5.** holen. **6.** schaffen, bringen. **7.** machen: **~ s.th. ready** et. fertig machen. **8.** (*mit pp*) lassen: **~ one's hair cut** sich die Haare schneiden lassen. **9.** *j-n* dazu bringen (**to do** zu tun). **10. ~ going** *Maschine etc, fig. Verhandlungen etc* in Gang bringen; *fig.* Schwung bringen in (*acc*). **11. have got** haben: **have got to** müssen. **12.** F kapieren, (*a. akustisch*) verstehen: **don't ~ me wrong** versteh mich nicht falsch. **II** *v/i* **13.** kommen, gelangen: **~ home** nach Hause kommen. **14.** dahin kommen (**to do** zu tun): **~ to know s.th.** et. erfahren *od.* kennen lernen. **15.** (*mit pp od. adj*) werden: **~ tired** müde werden, ermüden. **16.** beginnen, anfangen (**doing** zu tun): **~ going** in Gang kommen (*Maschine etc, fig. Verhandlungen etc*); *fig.* in Schwung kommen.
Verbindungen mit Präpositionen:
get| at *v/i* **1.** herankommen an (*acc*), erreichen. **2.** an *j-n* herankommen, *j-m* beikommen. **3. what is he getting at?** worauf will er hinaus? **~ off** *v/i* absteigen von; aussteigen aus. **~ o·ver** *v/i* hinwegkommen über (*acc*), *fig. a.* sich erholen von. **~ through** *v/i* **1.** kommen durch (*e-e Prüfung etc*). **2.** *Geld* durchbringen. **~ to** *v/i* **1.** kommen nach, erreichen. **2. ~ talking about** zu sprechen kommen auf (*acc*).
Verbindungen mit Adverbien:
get| a·bout *v/i* **1.** herumkommen. **2.** sich herumsprechen *od.* verbreiten (*Gerücht etc*). **~ a·cross I** *v/t* **1.** verständlich machen; *Idee etc* an den Mann bringen. **II** *v/i* **2.** ankommen; sich verständlich machen. **3.** ankommen, einschlagen; klar werden (**to s.o.** j-m). **~ a·long** *v/i* **1.** vorwärts kommen, weiterkommen (*a. fig.*). **2.** sich vertragen (**with** mit *j-m*). **3.** zurechtkommen (**with** mit *et.*). **~ a·round** *v/i* **1.** → **get about. 2.** → **get round** II. **~ a·way** *v/i* **1.** loskommen, sich losmachen. **2.** entkommen, -wischen: **~ with** davonkommen mit. **~ back I** *v/t* **1.** zurückbekommen: **get one's own back** F sich rächen; **get one's own back on s.o.** → 3; → **breath** 1. **II** *v/i* **2.** zurückkommen. **3. ~ at s.o.** F sich an j-m rächen, es j-m heimzah-

G

len. **~ be·hind** *v/i* in Rückstand kommen (**with** mit). **~ by** *v/i* **1.** aus-, durchkommen (**on** mit). **2.** gerade noch annehmbar sein (*Arbeit etc*), gerade noch ausreichen (*Kenntnisse*). **~ down I** *v/t* **1.** *Essen etc* runterkriegen. **II** *v/i* **2.** aus-, absteigen. **3. ~ to** sich machen an (*acc*): → ***brass tacks, business*** 6. **~ in I** *v/t* **1.** *Bemerkung etc* anbringen. **2.** *Spezialisten etc* (hin)zuziehen. **II** *v/i* **3.** hinein-, hereinkommen. **4.** einsteigen. **5. ~ on** F mitmachen bei. **~ off** *v/i* **1.** (**from**) absteigen (von), aussteigen (aus). **2.** davonkommen (**with** mit). **~ on** *v/i* **1.** vorwärts kommen, vorankommen (*a. fig.*): ***he is getting on for sixty*** er geht auf die Sechzig zu; ***it is getting on for 5 o'clock*** es geht auf 5 Uhr (zu). **2.** → ***get along*** 2, 3. **~ out I** *v/t* **1.** herausbekommen (*a. fig.*). **2.** *Worte etc* herausbringen. **II** *v/i* **3.** aussteigen. **4.** *fig.* herauskommen (*Geheimnis etc*). **~ o·ver** *v/t* hinter sich bringen. **~ round I** *v/t j-n* herumkriegen. **II** *v/i* dazu kommen (**to doing** zu tun). **~ through I** *v/t* **1.** durchbringen, -bekommen (*a. fig.*). **2.** → ***get over.*** **II** *v/i* **3.** durchkommen (*a. fig.*). **~ to·geth·er I** *v/t* **1.** *Menschen etc* zs.-bringen. **2.** zs.-tragen. **II** *v/i* **3.** zs.-kommen. **~ up I** *v/t* **1.** *j-n* herausputzen. **2.** *Buch etc* ausstatten, *Waren* (hübsch) aufmachen. **II** *v/i* **3.** aufstehen, (*von e-m Stuhl etc a.*) sich erheben.

get|-at-a·ble [get'ætəbl] *adj* F **1.** erreichbar (*Ort, Sache*). **2.** zugänglich (*Ort, Person*). **'~-a·way** *s* Flucht *f*: **~ car** Fluchtauto *n*. **'~-to,geth·er** *s* F (zwanglose) Zs.-kunft: ***have a ~*** sich treffen, zs.-kommen. **'~-up** *s* F Aufmachung *f*: a) Ausstattung *f*, b) Aufzug *m* (*Kleidung*).

gey·ser *s* **1.** ['gaɪzə] Geysir *m*. **2.** ['giːzə] *Br.* Durchlauferhitzer *m*.

Gha·na ['gɑːnə] Ghana *n* (*Republik in Westafrika*).

ghast·ly ['gɑːstlɪ] **I** *adj* **1.** grässlich, entsetzlich (*beide a. fig.* F). **2.** gespenstisch. **II** *adv* **3. ~ *pale*** totenblass.

gher·kin ['gɜːkɪn] *s* Gewürz-, Essiggurke *f*.

ghet·to ['getəʊ] *pl* **-to(e)s** *s* G(h)etto *n*. **~ blast·er** *s* F Ghetto-Blaster *m* (*tragbarer Stereo-Kassettenrekorder*). **~ dwell·er** *s* G(h)ettobewohner(in).

ghost [gəʊst] *s* **1.** Geist *m*, Gespenst *n*. **2.** ***give up the ~*** den Geist aufgeben. **3.** *fig.* Spur *f*.

'ghost·ly *adj* geister-, gespensterhaft.

ghost| sto·ry *s* Geister-, Gespenstergeschichte *f*. **~ town** *s* Geisterstadt *f*. **~ train** *s* Geisterbahn *f*: ***go on the ~*** Geisterbahn fahren. **~ writ·er** *s* Ghostwriter(in).

gi·ant ['dʒaɪənt] **I** *s* Riese *m*. **II** *adj* riesig: **~ *slalom*** (*Skisport*) Riesenslalom *m*.

gib·ber ['dʒɪbə] *v/i* schnattern (*Affen, Personen*).

gib·ber·ish ['~rɪʃ] *s* Geschnatter *n*.

gibe [dʒaɪb] **I** *v/i*: **~ *at*** (*od.* ***about***) spotten über (*acc*), verhöhnen, -spotten. **II** *s* höhnische Bemerkung.

gib·lets ['dʒɪblɪts] *s pl* Innereien *pl* (*vom Geflügel*).

gid·di·ness ['gɪdɪnɪs] *s* **1.** Schwindel(gefühl *n*) *m*. **2.** *fig.* Leichtsinn *m*.

'gid·dy *adj* □ **1.** ***I am*** (*od.* ***feel***) **~** mir ist schwind(e)lig. **2.** Schwindel erregend (*a. fig.*). **3.** *fig.* leichtsinnig.

gift [gɪft] **I** *s* **1.** Geschenk *n*: ***I wouldn't have it as a ~*** das möchte ich nicht (mal) geschenkt; ***at £10 it's a ~*** für 10 Pfund ist es geschenkt; **~ *token, voucher*** Geschenkgutschein *m*. **2.** *fig.* Begabung *f*, Talent *n* (**for, of** für): **~ *for languages*** Sprachtalent; → ***gab.*** **II** *adj* **3.** geschenkt, Geschenk...: **~ *coupon*** (*od.* ***token, voucher***) Geschenkgutschein *m*; **~ *shop*** Geschenkladen *m*; **~ *tax*** Schenkungssteuer *f*; ***don't look a ~ horse in the mouth*** e-m geschenkten Gaul schaut man nicht ins Maul.

'gift·ed *adj* begabt, talentiert.

'gift-wrap *v/t* als Geschenk verpacken.

'gift-,wrap·ping *s* **1.** Geschenkpapier *n*. **2.** Geschenkverpackungsdienst *m*.

gi·ga·byte ['gɪgəbaɪt] *s Computer*: Gigabyte *n*.

gi·gan·tic [dʒaɪ'gæntɪk] *adj* (**~*ally***) gigantisch, riesig.

gig·gle ['gɪgl] **I** *v/i* kichern. **II** *s* Gekicher *n*.

gild [gɪld] *v/t* (*a. irr*) **1.** vergolden. **2.** *fig.* versüßen; beschönigen: → ***pill*** 1.

gill [gɪl] *s ichth.* Kieme *f*.

gilt [gɪlt] **I** *pret u. pp von* **gild. II** *s* **1.** Vergoldung *f*: ***take the ~ off the gingerbread*** *fig.* der Sache den Reiz nehmen. **2.** *pl econ.* mündelsichere (Wert)Papiere *pl*. **,~-'edged** *adj* **1.** mit Goldschnitt. **2. ~ *securities*** *pl econ.* mündelsichere (Wert)Papiere *pl*.

gim·crack ['dʒɪmkræk] *adj* **1.** wertlos; kitschig. **2.** wack(e)lig.

gim·mick ['gɪmɪk] *s* F **1.** → ***gadget.*** **2.** Gimmick *m*, Gag *m*, (*bsd.* Reklame)Trick *m*, (-)Dreh *m*.

gin [dʒɪn] *s* Gin *m*.

gin·ger ['dʒɪndʒə] **I** *s* **1.** Ingwer *m*. **2.** F Schmiss *m*, Schwung *m*. **II** *adj* **3.** rötlich *od.* gelblich braun. **III** *v/t* **4.** mit Ingwer würzen. **5.** *mst* **~ *up*** F *j-n* aufmöbeln, -muntern; *et.* ankurbeln, in Schwung bringen. **~ ale** *s* Gingerale *n*. **~ beer** *s* Gingerbeer *n*, Ingwerbier *n*. **'~·bread** *s* Leb-, Pfefferkuchen *m* (*mit Ingwergeschmack*): → ***gilt*** II.

gin·ger·ly ['dʒɪndʒəlɪ] *adj u. adv* **1.** behutsam, vorsichtig. **2.** zimperlich.

gin·gi·vi·tis [ˌdʒɪndʒɪˈvaɪtɪs] *s* ⚕ Zahnfleischentzündung *f*.
gip·sy [ˈdʒɪpsɪ] *s* Zigeuner(in).
gi·raffe [dʒɪˈrɑːf] *pl* **-ˈraffes,** *bsd. coll.* **-ˈraffe** *s zo.* Giraffe *f*.
gird·er [ˈgɜːdə] *s tech.* Balken *m*, Träger *m*.
gir·dle [ˈgɜːdl] *s* **1.** Gürtel *m*, Gurt *m*. **2.** Hüfthalter *m*, -gürtel *m*.
girl [gɜːl] *s* **1.** Mädchen *n*. **2.** (Dienst-)Mädchen *n*. **ˈ~·friend** *s* Freundin *f*. **~ guide** *s Br.* Pfadfinderin *f*.
girl·hood [ˈgɜːlhʊd] *s* Mädchenjahre *pl*, Jugend(zeit) *f*.
girl·ish [ˈgɜːlɪʃ] *adj* □ **1.** mädchenhaft. **2.** Mädchen...: ~ ***games.***
girl scout *s Am.* Pfadfinderin *f*.
gi·ro [ˈdʒaɪərəʊ] *s Br.* Postgirodienst *m*: ~ ***account*** Postgirokonto *n*; ~ ***cheque*** Postscheck *m*.
girth [gɜːθ] *s* **1.** (*a.* Körper)Umfang *m*. **2.** (Sattel-, Pack)Gurt *m*.
gist [dʒɪst] *s das* Wesentliche, Kern *m*.
give [gɪv] (*irr*) **I** *v/t* **1.** geben; schenken; *Blut etc* spenden. **2.** geben, reichen: ~ ***s.o. one's hand*** j-m die Hand geben. **3.** *Auskunft*, *Rat etc* geben, erteilen. **4.** *sein Wort* geben. **5.** *Aufmerksamkeit etc* widmen (***to*** *dat*): → ***attention*** 2. **6.** *sein Leben* hingeben, opfern (***for*** für). **7.** geben, gewähren: ~ ***s.o. until*** j-m bis ... Zeit geben *od.* lassen (***to do*** zu tun). **8.** *Befehl*, *Auftrag etc* geben, erteilen. **9.** *Hilfe* gewähren, leisten, *Schutz* bieten. **10.** *Grüße etc* übermitteln: ~ ***him my love*** bestelle ihm herzliche Grüße von mir. **11.** *j-m e-n Schlag etc* geben, versetzen. **12.** *j-m e-n Blick* zuwerfen. **13.** *Lebenszeichen etc* von sich geben: ~ ***a cry*** (*od.* ***shout***) e-n Schrei ausstoßen, aufschreien; ~ ***a laugh*** auflachen. **14.** *Grund etc* (an)geben. **15.** *Konzert etc* geben, veranstalten, *Theaterstück etc* geben, aufführen, *Vortrag* halten. **16.** *Schmerzen etc* bereiten, verursachen. **17.** *j-m zu tun etc* geben: ***I was ~n to understand*** man gab mir zu verstehen. **II** *v/i* **18.** geben, spenden (***to*** *dat*). **19.** nachgeben (*a. Preise*). **20.** ***what ~s?*** *sl.* was gibts? **21.** führen (***into*** in *acc*; ***on***[***to***] auf *acc*, nach) (*Straße etc*); gehen (***on***[***to***] nach) (*Fenster etc*).
Verbindungen mit Adverbien:
give| a·way *v/t* **1.** her-, weggeben; verschenken: → ***bride.*** **2.** *j-n*, *et.* verraten. **3.** *Chance etc* vertun. **~ back** *v/t* **1.** zurückgeben (*a. fig.*), *Blick* erwidern. **2.** *Schall* zurückwerfen; *Licht etc* reflektieren. **~ in I** *v/t* **1.** *Gesuch etc* einreichen, *Prüfungsarbeit etc* abgeben. **II** *v/i* **2.** (***to***) nachgeben (*dat*); sich anschließen (*dat*). **3.** aufgeben, sich geschlagen geben. **~ off** *v/t Geruch* verbreiten, ausströmen, *Rauch etc* ausstoßen, *Gas*, *Wärme etc* aus-, verströmen. **~ out I** *v/t* **1.** aus-, verteilen. **2.** bekannt geben. **3.** ***give o.s. out to be s.th.*** sich als et. ausgeben. **4.** → ***give off.*** **II** *v/i* **5.** zu Ende gehen (*Kräfte*, *Vorräte*). **6.** versagen (*Maschine*, *Nieren etc*). **~ o·ver I** *v/t* **1.** übergeben (***to*** *dat*). **2.** *et.* aufgeben: ~ ***doing s.th.*** aufhören, et. zu tun. **3.** ***give o.s. over to*** sich hingeben (*dat*). **II** *v/i* **4.** aufhören. **~ up I** *v/t* **1.** aufgeben, aufhören mit: ~ ***smoking*** das Rauchen aufgeben. **2.** *Plan*, *Patienten etc* aufgeben: → ***adoption*** 1. **3.** *j-n* ausliefern: ***give o.s. up*** sich stellen (***to*** *dat*). **4.** (***to***) *Posten etc* abgeben, abtreten (an *acc*); *Sitzplatz etc* freimachen (für). **5.** ***give o.s. up to*** sich hingeben (*dat*); sich widmen (*dat*). **II** *v/i* **6.** → ***give in*** 3. **7.** resignieren.
ˌgive|-and-ˈtake *s* **1.** beiderseitiges Entgegenkommen *od.* Nachgeben, Kompromiss(bereitschaft *f*) *m*. **2.** Meinungs-, Gedankenaustausch *m*. **ˈ~·a·way I** *s bsd. Am.* Werbegeschenk *n*. **II** *adj*: ~ ***price*** Schleuderpreis *m*.
giv·en [ˈgɪvn] **I** *pp von* **give. II** *adj* **1.** gegeben: ~ ***name*** *bsd. Am.* → ***first name; at the ~ time*** zur festgesetzten Zeit; ***within a ~ time*** innerhalb e-r bestimmten Zeit. **2.** ***be ~ to*** neigen zu: ***be ~ to doing s.th.*** die (An)Gewohnheit haben, et. zu tun. **3.** vorausgesetzt. **4.** in Anbetracht (*gen*): ~ ***that*** in Anbetracht der Tatsache, dass.
ˈgiv·er *s* Geber(in), Spender(in).
gla·cé [ˈglæseɪ] *adj* **1.** glasiert; kandiert. **2.** Glacee...
gla·cial [ˈgleɪsjəl] *adj* □ **1.** eiszeitlich: ~ ***epoch*** (*od.* ***era***) Eiszeit *f*. **2.** eisig (*a. fig.*).
gla·cier [ˈglæsjə] *s* Gletscher *m*.
glad [glæd] *adj* (□ → ***gladly***) **1.** froh, erfreut (***of, about, at*** über *acc*): ***be ~ of*** sich freuen über; ***I am ~ to hear*** es freut mich zu hören; ***I am ~ to go*** ich gehe gern. **2.** freudig, froh, erfreulich.
glad·den [ˈglædn] *v/t* erfreuen.
glad·i·a·tor [ˈglædɪeɪtə] *s hist.* Gladiator(in).
glad·i·o·lus [ˌglædɪˈəʊləs] *pl* **-li** [~laɪ], **-lus·es** *s* ⚘ Gladiole *f*.
glad·ly [ˈglædlɪ] *adv* mit Freuden, gern.
ˈglad·ness *s* Freude *f*.
glam·or·ize [ˈglæməraɪz] *v/t* verherrlichen, glorifizieren.
ˈglam·or·ous *adj* □ bezaubernd (schön).
glam·our [ˈglæmə] *s* Zauber *m*, (*contp.* falscher) Glanz: ~ ***girl*** Glamourgirl *n*, Film-, Reklameschönheit *f*.
glance [glɑːns] **I** *v/i* **1.** e-n (schnellen) Blick werfen, (rasch *od.* flüchtig) blicken (***at*** auf *acc*): ~ ***over*** (*od.* ***through***) ***a letter*** e-n Brief überfliegen; ~ ***at a problem*** ein Problem

streifen. **2.** **~ off** abprallen (von) (*Kugel etc*), abgleiten (von) (*Messer etc*). **II** *s* **3.** (schneller *od.* flüchtiger) Blick (**at** auf *acc*): **at a ~** auf 'einen Blick; **at first ~** auf den ersten Blick; **take a ~ at** → 1; → **steal** 1.

gland [glænd] *s anat.* Drüse *f.*

glan·du·lar ['glændjʊlə] *adj* Drüsen...

glare [gleə] **I** *v/i* **1.** grell scheinen (*Sonne etc*), grell leuchten (*Scheinwerfer etc*). **2.** wütend starren: **~ at s.o.** j-n wütend anstarren, j-n anfunkeln. **II** *s* **3.** greller Schein, grelles Leuchten; *Computer*: Spiegelung *f.* **4.** wütender *od.* funkelnder Blick.

G

glar·ing ['gleərɪŋ] *adj* □ **1.** grell. **2.** grell, schreiend (*Farben*). **3.** eklatant, krass (*Fehler*, *Unterschied etc*), (himmel)schreiend (*Unrecht etc*). **4.** wütend, funkelnd (*Blick*).

glass [glɑːs] **I** *s* **1.** Glas *n.* **2.** *coll.* Glas(waren *pl*) *n.* **3.** (Trink)Glas *n*; Glas(gefäß) *n.* **4.** (Fern-, Opern)Glas. **5.** *pl*, *a.* **pair of ~es** Brille *f.* **II** *adj* **6.** Glas...: **~ eye.** **~ blow·er** *s* Glasbläser *m.* **~case** *s* Glaskasten *m*, Vitrine *f.*

glass·ful ['glɑːsfʊl] *s ein* Glas voll.

'**glass**|**·house** *s* **1.** *bsd. Br.* Gewächs-, Glas-, Treibhaus *n.* **2.** **people who live in ~s should not throw stones** wer (selbst) im Glashaus sitzt, soll nicht mit Steinen werfen. '**~·ware** *s* Glaswaren *pl.*

glass·y ['glɑːsɪ] *adj* □ **1.** gläsern. **2.** glasig (*Augen*).

glau·co·ma [glɔː'kəʊmə] *s* ⚕ grüner Star.

glaze [gleɪz] **I** *v/t* **1.** verglasen: **~ in** einglasen; **~d veranda** Glasveranda *f.* **2.** *tech.*, *a. gastr.* glasieren: **~d paper** Glanzpapier *n*; **~d tile** Kachel *f.* **II** *v/i* **3.** *a.* **~ over** glasig werden (*Augen*).

gla·zier ['~jə] *s* Glaser(in).

'**glaz·ing** *s* **1.** Verglasung *f.* **2.** *tech.*, *a. gastr.* Glasur *f.*

gleam [gliːm] **I** *s* schwacher Schein, Schimmer *m* (*a. fig.*): **~ of hope** Hoffnungsschimmer. **II** *v/i* scheinen, schimmern.

glean [gliːn] *v/t fig.* sammeln, zs.-tragen; herausfinden, in Erfahrung bringen: **~ from** schließen *od.* entnehmen aus.

'**glean·ings** *s pl das* Gesammelte.

glee [gliː] *s* **1.** Freude *f.* **2.** Schadenfreude *f.*

glee·ful ['~fʊl] *adj* □ **1.** fröhlich. **2.** schadenfroh.

glen [glen] *s* Tal *n.*

glib [glɪb] *adj* □ **1.** schlagfertig (*a. Antwort etc*). **2.** oberflächlich.

glide [glaɪd] **I** *v/i* **1.** gleiten. **2.** ✈ gleiten, e-n Gleitflug machen; segelfliegen. **II** *s* **3.** Gleiten *n.* **4.** ✈ Gleitflug *m.*

'**glid·er** *s* ✈ a) Segelflugzeug *n*, b) *a.* **~ pilot** Segelflieger(in).

'**glid·ing** *s* ✈ Segelfliegen *n.*

glim·mer ['glɪmə] **I** *v/i* **1.** glimmen. **2.** schimmern. **II** *s* **3.** Glimmen *n.* **4.** Schimmer *m* (*a. fig.*): **~ of hope** Hoffnungsschimmer.

glimpse [glɪmps] **I** *s* flüchtiger Blick: **catch** (*od.* **get**) **a ~ of** → III. **II** *v/i* flüchtig blicken (**at** auf *acc*). **III** *v/t* (nur) flüchtig zu sehen bekommen.

glint [glɪnt] **I** *v/i* glänzen, glitzern. **II** *s* Glanz *m*, Glitzern *n.*

glis·ten ['glɪsn] → **glint.**

glitch [glɪtʃ] *s Am.* F Störung *f*, Macke *f.*

glit·ter ['glɪtə] **I** *v/i* **1.** glitzern, funkeln, glänzen: **all that ~s is not gold, all is not gold that ~s** es ist nicht alles Gold, was glänzt. **II** *s* **2.** Glitzern *n*, Funkeln *n*, Glanz *m.* **3.** *fig.* Glanz *m*, Pracht *f.*

'**glit·ter·ing** *adj* □ **1.** glitzernd, funkelnd, glänzend. **2.** *fig.* prächtig.

glitz [glɪts] *s* F Pomp *m.*

glitz·y ['glɪtsɪ] *adj* F prunkvoll; schick (*Kleidung*).

gloat [gləʊt] *v/i* (**over, at**) sich weiden (an *dat*): a) verzückt betrachten (*acc*), b) sich hämisch *od.* diebisch freuen (über *acc*).

'**gloat·ing** *adj* □ hämisch, schadenfroh.

glob·al ['gləʊbl] *adj* □ global: a) weltumspannend, Welt...: **~ economy** Weltwirtschaft *f*, b) umfassend, Gesamt...: **~ warming** Erwärmung *f* der Erdatmosphäre

glob·al·i·za·tion [ˌgləʊbəlaɪ'zeɪʃn] *s econ.* Globalisierung *f.*

globe [gləʊb] *s* **1.** Kugel *f.* **2.** Erde *f*, Erdball *m*, -kugel *f.* **3.** *geogr.* Globus *m.* '**~ˌtrot·ter** *s* Globetrotter(in), Weltenbummler(in).

glob·u·lar ['glɒbjʊlə] *adj* □ kugelförmig.

glob·ule ['~juːl] *s* **1.** Kügelchen *n.* **2.** Tröpfchen *n.*

gloom [gluːm] *s* **1.** Düsterkeit *f.* **2.** *fig.* düstere *od.* gedrückte Stimmung: **throw a ~ over** e-n Schatten werfen auf (*acc*).

'**gloom·y** *adj* □ **1.** düster (*a. fig.*). **2.** hoffnungslos: **feel ~ about the future** schwarz sehen.

glo·ri·fi·ca·tion [ˌglɔːrɪfɪ'keɪʃn] *s* **1.** Verherrlichung *f.* **2.** *eccl.* Lobpreisung *f.*

glo·ri·fied ['glɔːrɪfaɪd] *adj* F besser.

glo·ri·fy ['glɔːrɪfaɪ] *v/t* **1.** verherrlichen, glorifizieren. **2.** *eccl.* lobpreisen. **3.** F aufmotzen.

'**glo·ri·ous** *adj* □ **1.** ruhm-, glorreich. **2.** herrlich, prächtig. **3.** *iro.* schön, großartig.

glo·ry ['glɔːrɪ] **I** *s* **1.** Ruhm *m.* **2.** Zier(de) *f*, Stolz *m.* **3.** Herrlichkeit *f*, Glanz *m.* **II** *v/i* **4.** sich freuen, glücklich sein (**in** über *acc*). **5.** sich sonnen (**in** in *dat*). **~ hole** *s* F Rumpelkammer *f.*

gloss[1] [glɒs] *s* Glosse *f*, Anmerkung *f.*

gloss[2] [~] **I** *s* **1.** Glanz *m.* **2.** *fig.* (äußerer) Glanz. **II** *v/t* **3.** *mst* **~ over** beschönigen; vertuschen.

glos·sa·ry ['glɒsərɪ] *s* Glossar *n.*
gloss·y ['glɒsɪ] **I** *adj* □ glänzend: ***be ~*** glänzen; ***~ magazine*** Hochglanzmagazin *n.* **II** *s* F Hochglanzmagazin *n.*
glove [glʌv] *s* Handschuh *m*: ***fit (s.o.) like a ~*** (j-m) wie angegossen passen; *fig.* (zu j-m *od.* auf j-n) ganz genau passen. **~ box, ~ com·part·ment** *s mot.* Handschuhfach *n.* **~ pup·pet** *s* Handpuppe *f.*
glow [gləʊ] **I** *v/i* glühen (*a. fig.* ***with*** vor *dat*). **II** *s* Glühen *n*, Glut *f.*
glow·er ['glaʊə] *v/i* finster blicken: ***~ at s.o.*** j-n finster anblicken.
'glow·worm *s zo.* Glühwürmchen *n.*
glu·cose ['glu:kəʊs] *s* ⚗ Glukose *f*, Traubenzucker *m.*
glue [glu:] **I** *s* Leim *m*; Klebstoff *m*: ***~ stick*** Klebestift *m.* **II** *v/t* leimen, kleben (***on*** auf *acc*; ***to*** an *acc*): ***be ~d to*** *fig.* kleben an (*dat*).
'glue-sniff·ing *s* Schnüffeln *n.*
'glue·y *adj* klebrig.
glum [glʌm] *adj* □ bedrückt.
glut [glʌt] **I** *v/t* **1.** übersättigen (*a. fig.*): ***~ o.s. with*** (*od.* ***on***) sich überessen mit *od.* an (*dat*). **2.** *econ. Markt* überschwemmen. **II** *s* **3.** *econ.* Schwemme *f.*
glu·ti·nous ['glu:tɪnəs] *adj* □ klebrig.
glut·ton ['glʌtn] *s* **1.** Vielfraß *m.* **2.** *fig.* Unersättliche *m, f*: ***~ for books*** Leseratte *f*, Bücherwurm *m*; ***~ for punishment*** Masochist(in); ***~ for work*** Arbeitstier *n.*
'glut·ton·ous *adj* □ gefräßig, unersättlich (*a. fig.*).
'glut·ton·y *s* Gefräßigkeit *f*, Unersättlichkeit *f.*
glyc·er·in(e) ['glɪsərɪn('~ri:n)] *s* ⚗ Glyzerin *n.*
GMT [dʒi:em'ti:] ***Greenwich Mean Time*** WEZ.
gnarled [nɑ:ld] *adj* **1.** knorrig. **2.** schwielig (*Hände*).
gnash [næʃ] *v/t*: ***~ one's teeth*** mit den Zähnen knirschen.
gnat [næt] *s zo. Br.* (Stech)Mücke *f.*
gnaw [nɔ:] (*a. irr*) **I** *v/t* **1.** *Loch etc* nagen (***into*** in *acc*). **2.** nagen an (*dat*) (*a. fig.*). **II** *v/i* **3.** nagen (***at*** an *dat*) (*a. fig.*).
gnome [nəʊm] *s* Gnom *m*, Zwerg(in) (*beide a. contp. Mensch*).
GNP [dʒi:en'pi:] ***gross national product*** Bruttosozialprodukt *n.*
go [gəʊ] **I** *s pl* **goes 1.** F Schwung *m*, Schmiss *m.* **2. *be all the ~*** F große Mode sein. **3. *it's a ~!*** F abgemacht! **4.** F Versuch *m*: ***have a ~ at s.th.*** et. probieren; ***at one ~*** auf 'einen Schlag, auf Anhieb. **II** *v/i* (*irr*) **5.** gehen, fahren, reisen (***to*** nach): ***~ on foot*** zu Fuß gehen; ***~ by plane*** (*od.* ***air***) mit dem Flugzeug reisen. **6.** (fort)gehen: ***I must be ~ing*** ich muss gehen *od.* weg. **7.** anfangen: ***~!*** (*Sport*) los! **8.** gehen, führen (***to*** nach) (*Straße etc*). **9.** sich erstrecken, gehen (***to*** bis). **10.** verkehren, fahren (*Bus etc*). **11.** *fig.* gehen: ***let it ~ at that*** lass es dabei bewenden. **12.** gehen, passen (***into*** in *acc*). **13.** (***to***) gehen (an *acc*) (*Preis etc*), zufallen (*dat*) (*Erbe*). **14.** *tech.* gehen, laufen, funktionieren (*alle a. fig.*): ***keep*** (***set***) ***s.th. ~ing*** et. in Gang halten (bringen); → ***get*** 10, 16. **15.** werden: ***~ cold***; ***~ blind*** erblinden. **16.** (***with***) gehen (mit), sich anschließen (an *acc*): → ***tide*** 2. **17.** sich halten (***by, on*** an *acc*), gehen, sich richten (***on*** nach): ***~ing by her clothes*** ihrer Kleidung nach (zu urteilen). **18.** kursieren, im Umlauf sein (*Gerücht etc*): ***the story ~es*** es heißt, man erzählt sich. **19.** vergehen, -streichen: ***one minute to ~*** noch eine Minute. **20.** gelten (***for*** für): ***it ~es without saying*** es versteht sich von selbst. **21.** verkauft werden (***at, for*** für): → ***cake*** 1. **22.** dazu beitragen *od.* dienen (***to do*** zu tun): ***it ~es to show*** dies zeigt, daran erkennt man. **23.** ausgehen, -fallen (*Entscheidung etc*). **24.** (***with***) harmonieren (mit), passen (zu). **25.** lauten (*Worte etc*). **26.** sterben. **27.** (*im pres p mit inf*) *zum Ausdruck e-r Zukunft, bsd.* a) *e-r Absicht*, b) *et. Unabänderlichen*: ***it is ~ing to rain*** es gibt Regen; ***she is ~ing to have a baby*** sie bekommt ein Kind; ***I am ~ing to tell him*** ich werde *od.* will es ihm sagen. **28.** (*mit ger*) gehen: ***~ swimming*** schwimmen gehen. **29.** (daran)gehen (***to do*** zu tun): ***he went to find her*** er ging sie suchen; ***she went to see him*** sie besuchte ihn. **III** *v/t* (*irr*) **30.** *Weg, Strecke etc* gehen: ***~ it alone*** F es ganz allein machen.

Verbindungen mit Präpositionen:

go| a·bout *v/i* in Angriff nehmen, sich machen an (*acc*). **~ af·ter** *v/i* **1.** nachlaufen (*dat*). **2.** sich bemühen um. **~ a·gainst** *v/i* **1.** *j-m* widerstreben. **2.** *e-m Verbot etc* zuwiderhandeln, sich widersetzen (*dat*). **~ at** *v/i* **1.** losgehen auf (*acc*). **2.** → ***go about.*** **~ be·tween** *v/i* vermitteln zwischen (*dat*). **~ be·yond** *v/i fig.* überschreiten, hinausgehen über (*acc*). **~ by** → ***go*** 17. **~ for** *v/i* **1.** holen (gehen). **2.** *Spaziergang etc* machen. **3.** a) gelten als *od.* für, b) → ***go*** 20. **~ in·to** *v/i* **1.** in *die Politik etc* gehen. **2.** geraten in (*acc*). **3.** (genau) untersuchen *od.* prüfen. **~ off** *v/i* aufgeben: ***have gone off*** *j-n, et.* nicht mehr mögen. **~ on** *v/i* **1.** → ***go*** 17. **2.** → ***strike*** 1. **~ o·ver** *v/i* **1.** → ***go into*** 3. **2.** → ***go through*** 1. **~ through** *v/i* **1.** durchgehen, -nehmen, -sprechen. **2.** → ***go into*** 3. **3.** erleiden, durchmachen; erleben. **~ with** *v/i* **1.** begleiten. **2.** mit *e-m Mädchen etc* gehen.

G

3. → ***go*** 24. ~ **with·out** *v/i* **1.** auskommen *od.* sich behelfen ohne. **2.** verzichten auf (*acc*).
Verbindungen mit Adverbien:
go| a·bout *v/i* **1.** herumgehen, -fahren, -reisen. **2.** a) → ***go*** 18, b) umgehen (*Grippe etc*). ~ **a·head** *v/i* **1.** voran-, vorausgehen (***of s.o.*** j-m): *~! fig.* nur zu!; ~ ***with*** *fig.* weitermachen *od.* fortfahren mit. **2.** vorankommen (*Person, Arbeit*). ~ **a·long** *v/i* **1.** weitergehen. **2.** *fig.* weitermachen, fortfahren. **3.** ~ ***with*** einverstanden sein mit; *j-m* beipflichten. ~ **a·round** *v/i* **1.** → ***go about.*** **2.** → ***go round.*** ~ **back** *v/i* **1.** zurückgehen. **2.** (***to***) *fig.* zurückgehen (auf *acc*), zurückreichen (bis). **3.** ~ ***on*** *fig. j-n* im Stich lassen; *sein Wort etc* nicht halten; *Entscheidung* rückgängig machen. ~ **by** *v/i* vorbeigehen (*a. Chance etc*); vergehen (*Zeit*). ~ **down** *v/i* **1.** hinuntergehen. **2.** untergehen, sinken (*Schiff, Sonne etc*). **3.** → ***go back*** 2. **4.** (hinunter)rutschen (*Essen*). **5.** *fig.* (***with***) Anklang finden, ankommen (bei); geschluckt werden (von). **6.** zurückgehen, sinken, fallen (*Fieber, Preise etc*), billiger werden. **7.** ~ ***in history*** in die Geschichte eingehen. **8.** sich im Niedergang befinden. ~ **in** *v/i* **1.** hineingehen. **2.** verschwinden (*Sonne etc*). **3.** ~ ***for*** sich befassen mit, betreiben, *Sport* treiben; mitmachen (bei), sich beteiligen an (*dat*), *Prüfung* machen; sich einsetzen für; sich begeistern für. ~ **off** *v/i* **1.** fort-, weggehen. **2.** losgehen (*Gewehr etc*). **3.** verfallen, geraten (***in, into*** in *acc*): ~ ***in a fit*** e-n Anfall bekommen. **4.** nachlassen (*Schmerz etc*). **5.** *gut etc* verlaufen. **6.** verderben (*Nahrungsmittel*). ~ **on** *v/i* **1.** weitergehen, -fahren. **2.** angehen (*Licht etc*). **3.** weitermachen, fortfahren (***doing*** zu tun; ***with*** mit): ~ ***talking*** weiterreden; ***he went on to say*** darauf sagte er. **4.** weitergehen (*Verhältnisse etc*). **5.** vor sich gehen, passieren, vorgehen. **6.** ***it is going on for 5 o'clock*** es geht auf 5 Uhr zu; ***he is going on for 60*** er geht auf die Sechzig zu. ~ **out** *v/i* **1.** hinausgehen. **2.** ausgehen. **3.** ausgehen, erlöschen (*Licht, Feuer*). **4.** in den Streik treten, streiken: → ***strike*** 1. ~ **o·ver** *v/i* **1.** hinübergehen (***to*** zu). **2.** *fig.* übergehen (***into*** in *acc*). **3.** *fig.* übergehen, -treten (***from*** von; ***to*** zu). ~ **round** *v/i* **1.** herumgehen (*a. fig.*). **2.** (für alle) (aus)reichen: ***there are enough chairs to*** ~ es sind genügend Stühle da. ~ **through** *v/i* **1.** durchgehen, angenommen werden (*Antrag*). **2.** ~ ***with*** durchführen, zu Ende führen. ~ **to·geth·er** *v/i* **1.** zs.-passen (*Farben etc*). **2.** F miteinander gehen (*Liebespaar*). ~ **up** *v/i* **1.** hinaufgehen. **2.** steigen (*Fieber etc*), (*Preise a.*) anziehen. **3.** ~ ***in flames*** in Flammen aufgehen; ~ ***in smoke*** in Rauch (u. Flammen) aufgehen; *fig.* in Rauch aufgehen.

goad [gəʊd] *v/t a.* ~ ***on*** anstacheln (***to do s.th., into doing s.th.*** dazu, et. zu tun).

'go-a·head F **I** *adj* mit Unternehmungsgeist *od.* Initiative. **II** *s*: ***get the*** ~ grünes Licht bekommen (***on*** für).

goal [gəʊl] *s* **1.** Ziel *n* (*a. fig.*). **2.** *Sport*: (*a. erzieltes*) Tor: ***keep*** ~ im Tor stehen, das Tor hüten. ~ **a·re·a** *s Sport*: Torraum *m*. **'~ˌget·ter** *s* Torjäger(in).

goal·ie ['gəʊlɪ] F → ***goalkeeper.***

'goal|ˌkeep·er *s Sport*: Torwart(in), -mann *m*, -frau *f*, -hüter(in). ~ **kick** *s Fußball*: Abstoß *m*. ~ **line** *s Sport*: Torlinie *f*. ~ **post** *s Sport*: Torpfosten *m*.

goat [gəʊt] *s zo.* Ziege *f*: ***act*** (*od.* ***play***) ***the*** (***giddy***) ~ *fig.* herumalbern, -kaspern; ***get s.o.'s*** ~ F j-n auf die Palme bringen.

goat'ee *s* Spitzbart *m*.

gob·ble ['gɒbl] *v/t mst* ~ ***up*** verschlingen (*a. fig. Buch etc*), hinunterschlingen.

'go-beˌtween *s* Vermittler(in): ***act as a*** ~ vermitteln.

gob·lin ['gɒblɪn] *s* Kobold *m*.

'go-cart *s* **1.** *bsd. Am.* Laufstuhl *m* (*für Kinder*). **2.** *bes. Am.* Sportwagen *m* (*für Kinder*). **3.** *Sport*: Gokart *m*.

god [gɒd] *s* **1.** Gott *m*, Gottheit *f*. **2. God** *eccl.* Gott *m*: ***so help me God!*** so wahr mir Gott helfe!; ***thank God*** Gott sei Dank; → ***act*** 1, ***bless*** 1, ***forbid*** 3, ***sake, willing*** 1. **'~-'aw·ful** *adj* F schrecklich. **'~·child** *s* (*irr* ***child***) Patenkind *n*. **'~'dam·mit** *int* F verdammt noch mal. **'~'damned** *adj* F verflucht.

god·dess ['gɒdɪs] *s* Göttin *f* (*a. fig.*).

'godˌfa·ther *s* Pate *m*: ***stand ~ to*** Pate stehen bei (*a. fig.*).

'God-ˌfear·ing *adj* gottesfürchtig.

'god|·forˌsak·en *adj contp.* gottverlassen. **'~·less** *adj* □ gottlos. **'~·like** *adj* gottähnlich, göttergleich.

god·ly ['gɒdlɪ] *adj* fromm.

'god|ˌmoth·er *s* Patin *f*. **'~ˌpar·ent** *s* Pate *m*, Patin *f*. **'~·send** *s* Geschenk *n* des Himmels.

ˌgo-'get·ter *s* F Draufgänger(in).

gog·gle ['gɒgl] **I** *v/i* glotzen: ~ ***at s.o.*** j-n anglotzen. **II** *s pl, a.* ***pair of ~s*** Schutzbrille *f*. **'~·box** *s Br.* F Glotze *f*, Glotzkiste *f* (*Fernseher*).

go·ing ['gəʊɪŋ] **I** *s* **1.** Boden-, Straßenzustand *m*, (*Pferderennsport*) Geläuf *n*; Tempo *n*. **II** *adj* **2.** ~ ***concern*** gut gehendes Geschäft. **3.** ~ ***price*** Marktpreis *m*, *Börse*: Tageskurs *m*; ~ ***rate*** geltender Satz. **4.** ~, ~, ***gone!*** (*bei Versteigerungen*) zum Ersten, zum Zweiten, zum Dritten!

ˌ**go·ings-ˈon** *s pl mst b.s.* Treiben *n*, Vorgänge *pl*: ***there were strange ~*** es passierten merkwürdige Dinge.
goi·ter, *bsd. Br.* **goi·tre** [ˈgɔɪtə] *s* ⚕ Kropf *m*.
go-kart [ˈgəʊkɑːt] *s Sport*: Gokart *m*.
gold [gəʊld] **I** *s* Gold *n*: → ***glitter*** 1. **II** *adj* golden, Gold... **~ dig·ger** *s* **1.** Goldgräber(in). **2.** F *Frau, die nur hinter dem Geld der Männer her ist.*
gold·en [ˈgəʊldən] *adj* **1.** *mst fig.* golden: ***~ days*** *pl* glückliche Tage *pl*; ***~ handcuffs*** *pl* zusätzliche Leistungen *pl* um j-n zu halten; ***~ handshake*** großzügige Abfindung bei Entlassung; ***~ opportunity*** einmalige Möglichkeit; ***~ wedding*** goldene Hochzeit. **2.** golden, goldgelb: ***~ hamster*** *zo.* Goldhamster *m*.
ˈ**gold|·fish** *s* Goldfisch *m*. **~ med·al** *s* Goldmedaille *f*. **~ med·al·(l)ist** *s* Goldmedaillengewinner(in). **~ mine** *s* Goldgrube *f* (*a. fig.*), -mine *f*, -bergwerk *n*. ˌ**~-ˈplat·ed** *adj* vergoldet. ˈ**~·smith** *s* Goldschmied(in).
golf [gɒlf] (*Sport*) **I** *s* Golf(spiel) *n*. **II** *v/i* Golf spielen. **~ ball** *s* **1.** *Sport*: Golfball *m*. **2.** *tech.* Kugel-, Schreibkopf *m* (*der Schreibmaschine*). **~ club** *s* (*Sport*) **1.** Golfschläger *m*. **2.** Golfclub *m*. **~ course** *s Sport*: Golfplatz *m*.
golf·er [ˈgɒlfə] *s Sport*: Golfer(in), Golfspieler(in).
golf links *s pl* (*a. sg konstruiert*) *Sport*: Golfplatz *m*.
Go·li·ath [gəʊˈlaɪəθ] *s fig.* Goliath *m*.
gon·do·la [ˈgɒndələ] *s* Gondel *f*.
gone [gɒn] **I** *pp von* **go. II** *adj* **1.** fort, weg. **2.** F verknallt (***on*** in *acc*). **3.** ***she's six months ~*** F sie ist im 6. Monat (*schwanger*).
gong [gɒŋ] *s* Gong *m*.
gon·or·rh(o)e·a [ˌgɒnəˈrɪə] *s* ⚕ Tripper *m*.
goo [guː] *s* F **1.** Papp *m*, klebriges Zeug. **2.** Schmalz *m*, sentimentales Zeug.
good [gʊd] **I** *s* **1.** Nutzen *m*, Wert *m*: ***for one's own ~*** zu s-m eigenen Vorteil; ***what ~ is it?*** wozu soll das gut sein?; ***it is no ~ trying*** es hat keinen Sinn *od.* Zweck, es zu versuchen. **2.** *das* Gute, Gutes *n*: ***do s.o. ~*** j-m Gutes tun; j-m gut tun; ***be up to no ~*** nichts Gutes im Schilde führen. **3.** *pl* bewegliches Vermögen: ***~s and chattels*** Hab *n* u. Gut *n*; F Siebensachen *pl*. **4.** *pl econ.* Güter *pl*, Ware(n *pl*) *f*: ***~s on commission*** Kommissionsware *f*; ***~s lift*** *Br.* Lastenaufzug *m*; ***~s train*** *Br.* Güterzug *m*. **II** *adj* **5.** *allg.* gut: ***as ~ as*** so gut wie, praktisch; ***have a ~ time*** sich (gut) amüsieren; es sich gut gehen lassen. **6.** gut, lieb: ***be so ~ as to fetch it*** sei so gut u. hol es; → ***enough*** III. **7.** gut, geeignet: ***~ for colds*** gut gegen *od.* für Erkältungen; ***~ for one's health*** gesund. **8.** gut, richtig: ***in ~ time*** zur rechten Zeit, (gerade) rechtzeitig; ***all in ~ time*** alles zu s-r Zeit. **9.** gut, reichlich: ***a ~ hour*** e-e gute Stunde; ***a ~ many*** ziemlich viele. **10.** (*vor adj*) *verstärkend*: ***a ~ long time*** sehr lange (*Zeit*); ***~ and ...*** F ganz schön ..., mordsmäßig ...; ***~ and tired*** F hundemüde. **11.** gut, triftig (*Grund*). **12.** gut, tüchtig (***at*** in *dat*).
ˌ**good|ˈby(e)** **I** *s* Abschiedsgruß *m*: ***wish s.o. ~, say ~ to s.o.*** j-m Auf Wiedersehen sagen, sich von j-m verabschieden. **II** *adj* Abschieds...: ***~ kiss.*** **III** *int* auf Wiedersehen!, *teleph.* auf Wiederhören! ˈ**~-for-ˌnoth·ing** **I** *adj* nichtsnutzig. **II** *s* Nichtsnutz *m*.
Good Fri·day *s eccl.* Karfreitag *m*.
ˌ**good|-ˈhu·mo(u)red** *adj* □ **1.** gut gelaunt. **2.** gutmütig. ˌ**~-ˈlook·ing** *adj* gut aussehend. ˌ**~-ˈna·tured** *adj* □ gutmütig.
good·ness [ˈgʊdnɪs] *s* **1.** Güte *f*. **2.** ***thank ~*** Gott sei Dank; (***my***) ***~!, ~ gracious!*** du m-e Güte!, du lieber Himmel!; → sake.
goods train *s* Güterzug *m*.
ˌ**good|-ˈtem·pered** *adj* □ gutmütig. ˌ**~ˈwill** *s* **1.** gute Absicht, guter Wille: ***~ tour*** *bsd. pol.* Goodwillreise *f*, -tour *f*. **2.** Goodwill *m*: a) guter Ruf (*e-r Institution etc*), b) *econ.* ideeller Firmen- *od.* Geschäftswert.
good·y [ˈgʊdɪ] **I** *s* F **1.** Bonbon *m*, *n*: ***goodies*** *pl* Süßigkeiten *pl*. **2.** *Film, TV etc*: Gute *m*, *f*, Held(in). **3.** Tugendbold *m*. **II** *adj* **4.** F (betont) tugendhaft. **III** *int* **5.** *bsd. Kindersprache*: prima! ˈ**~-ˌgood·y** → ***goody*** 3, 4.
goo·ey [ˈguːɪ] *adj* F **1.** pappig, klebrig. **2.** schmalzig, sentimental: ***~ song*** Schnulze *f*.
goof [guːf] F **I** *s* **1.** Schnitzer *m*. **2.** Trottel *m*. **II** *v/t* **3.** *oft* ***~ up*** vermasseln. **III** *v/i* **4.** Mist bauen.
ˈ**goof·y** *adj* F **1.** vertrottelt. **2.** *Br.* vorstehend (*Zähne*).
goose [guːs] *pl* **geese** [giːs] *s* **1.** *orn.* Gans *f*: ***all his geese are swans*** bei ihm ist immer alles besser als bei anderen; ***cook s.o.'s ~*** F j-m alles kaputtmachen. **2.** *fig.* (dumme) Gans. **~·ber·ry** [ˈgʊzbərɪ] *s* **1.** ♀ Stachelbeere *f*. **2.** ***play ~*** *bsd. Br.* das fünfte Rad am Wagen sein. **~ flesh** *s*, **~ pim·ples** *s pl* Gänsehaut *f*.
goos·(e)y [ˈguːsɪ] *adj* **1.** ***get ~*** e-e Gänsehaut bekommen. **2.** dumm.
Gor·di·an [ˈgɔːdjən] *adj*: ***cut the ~ knot*** *fig.* den gordischen Knoten durchhauen.
gore [gɔː] *s* Zwickel *m*, Keil *m*.
gorge [gɔːdʒ] **I** *s* **1.** enge Schlucht. **2.** ***it makes my ~ rise, my ~ rises at it*** mir wird übel davon *od.* dabei; mir kommt die Galle dabei hoch. **II** *v/i* **3.** schlemmen: ***~ on*** (*od.* ***with***) → 5. **III** *v/t* **4.** gierig verschlingen. **5.** ***~ o.s. on*** (*od.* ***with***) sich voll stopfen mit.
gor·geous [ˈgɔːdʒəs] *adj* □ **1.** prächtig,

G

prachtvoll (*beide a. fig.* F). **2.** F großartig, wunderbar.
go·ril·la [gə'rɪlə] *s zo.* Gorilla *m* (*a. fig.* F *Leibwächter*).
gor·mand·ize ['gɔːməndaɪz] *v/i* schlemmen.
'gor·mand·iz·er *s* Schlemmer(in).
gor·y ['gɔːrɪ] *adj* □ blutrünstig.
gosh [gɒʃ] *int* F Mensch!, Mann!
ˌgo-'slow *s econ. Br.* Bummelstreik *m.*
gos·pel, *mst* **Gos·pel** ['gɒspl] *s* Evangelium *n* (*a. fig.*): ***gospel truth*** reine Wahrheit.
gos·sa·mer ['gɒsəmə] *s* **1.** *Spinnfäden*: Altweibersommer *m.* **2.** feine Gaze.
gos·sip ['gɒsɪp] **I** *s* **1.** Klatsch *m*, Tratsch *m*: ~ ***column*** Klatschspalte *f.* **2.** Plauderei *f*, Schwatz *m*: ***have a*** ~ → 5. **3.** Klatschbase *f*, -maul *n.* **II** *v/i* **4.** klatschen, tratschen. **5.** plaudern, schwatzen (***with*** mit; ***about*** über *acc*).
got [gɒt] *pret u. pp von* **get.**
Goth·ic ['gɒθɪk] **I** *adj* (~***ally***) **1.** gotisch. **2.** ~ ***novel*** Schauerroman *m.* **II** *s* **3.** ⚠ Gotik *f.*
got·ten ['gɒtn] *Am. pp von* **get.**
gou·lash ['guːlæʃ] *s gastr.* Gulasch *n.*
gourd [gʊəd] *s* ⚘ Kürbis *m.*
gour·met ['gʊəmeɪ] *s* Feinschmecker(in).
gout [gaʊt] *s* ⚕ Gicht *f.*
gov·ern ['gʌvn] **I** *v/t* **1.** regieren (*a. ling.*). **2.** leiten, verwalten. **3.** *fig.* bestimmen, regeln: ***be*** ~***ed by*** sich leiten lassen von. **4.** *fig.* zügeln, beherrschen: ~ ***o.s.*** (*od.* ***one's temper***) sich beherrschen. **II** *v/i* **5.** regieren.
'gov·ern·ing *adj* **1.** regierend, Regierungs... **2.** leitend, Vorstands...: ~ ***body*** Leitung *f*, Direktion *f*, Vorstand *m.* **3.** *fig.* leitend, bestimmend: ~ ***idea*** Leitgedanke *m.*
'gov·ern·ment *s* **1.** *oft* ***Government*** Regierung *f*: ~ ***spokesman*** Regierungssprecher *m*; → ***exile*** 1. **2.** Regierung(sform) *f.* **3.** Leitung *f*, Verwaltung *f.* **4.** Staat *m*: ~***-controlled*** unter staatlicher Aufsicht; ~ ***indebtedness*** Staatsverschuldung *f*; ~ ***monopoly*** Staatsmonopol *n.*
gov·ern·men·tal [ˌ~'mentl] *adj* **1.** Regierungs... **2.** Staats..., staatlich.
gov·er·nor ['gʌvənə] *s* **1.** Gouverneur(in). **2.** Direktor(in), Leiter(in). **3.** F *der* Alte: a) alter Herr (*Vater*), b) Chef(in) (*a. Anrede*).
gown [gaʊn] *s* **1.** *mst in Zssgn* Kleid *n.* **2.** ⚖, *eccl., univ.* Talar *m*, Robe *f.*
GP [dʒiː'piː] ***general practitioner*** Arzt *m*, Ärztin *f* für Allgemeinmedizin.
GPO ***general post office*** Hauptpostamt *n.*
grab [græb] **I** *v/t* **1.** (hastig *od.* gierig) ergreifen, packen. **2.** *fig.* an sich reißen; *Gelegenheit* beim Schopf ergreifen. **3.** F *Zuhörer etc* packen, fesseln. **II** *v/i* **4.** ~ ***at*** (gierig *od.* hastig) greifen nach, schnappen nach. **III** *s* **5.** (hastiger *od.* gieriger) Griff: ***make a*** ~ ***at*** → 1, 4. **6.** ***be up for*** ~***s*** F (für jeden) zu haben *od.* zu gewinnen sein.
grace [greɪs] **I** *s* **1.** Anmut *f*, Grazie *f.* **2.** Anstand *m.* **3.** *mst pl* gute Eigenschaft: → ***saving*** 3. **4.** Gunst *f*, Wohlwollen *n*: ***be in s.o.'s good*** (***bad***) ~***s*** in j-s Gunst stehen (bei j-m in Ungnade sein). **5.** (*a. göttliche*) Gnade, Barmherzigkeit *f.* **6.** Tischgebet *n*: ***say*** ~ das Tischgebet sprechen. **II** *v/t* **7.** zieren, schmücken. **8.** (be)ehren.
grace·ful ['~fʊl] *adj* □ **1.** anmutig, graziös. **2.** würde-, taktvoll.
'grace·less *adj* □ ungraziös.
gra·cious ['greɪʃəs] **I** *adj* □ **1.** wohlwollend. **2.** gnädig, barmherzig (*Gott*). **II** *int* **3.** ***good*** ~***!***, ~ ***me!*** du m-e Güte!
gra·da·tion [grə'deɪʃn] *s* Abstufung *f.*
grade [greɪd] **I** *s* **1.** Grad *m*, Stufe *f.* **2.** *mil. bsd. Am.* (Dienst)Grad *m.* **3.** *econ.* Qualität *f*, Handelsklasse *f.* **4.** *bsd. Am.* Steigung *f*, Gefälle *n*: ***make the*** ~ *fig.* es schaffen, Erfolg haben; ~ ***crossing*** schienengleicher (Bahn)Übergang. **5.** *ped. Am.* Klasse *f*; Note *f*, Zensur *f.* **II** *v/t* **6.** sortieren, in Güteklassen einteilen, klassifizieren. **7.** abstufen, staffeln.
grade school *s Am.* Grundschule *f.*
gra·di·ent ['greɪdjənt] *s* Steigung *f*, Gefälle *n.*
grad·u·al ['grædʒʊəl] *adj* □ allmählich, stufen-, schrittweise: ~***ly*** *a.* nach u. nach.
grad·u·ate I *s* ['grædʒʊət] **1.** *univ.* Hochschulabsolvent(in), Akademiker(in); Graduierte *m, f.* **2.** *Am.* Schulabgänger(in). **II** *adj* ['grædʒʊət] **3.** *univ.* Akademiker...; graduiert. **III** *v/i* ['~jʊeɪt] **4.** *univ.* graduieren. **5.** *ped. Am.* die Abschlussprüfung bestehen (***from*** an *dat*): ~ ***from*** *a. Schule* absolvieren. **IV** *v/t* ['~jʊeɪt] **6.** → ***grade*** 7.
grad·u·a·tion [ˌgrædʒʊ'eɪʃn] *s* **1.** Abstufung *f*, Staffelung *f.* **2.** *univ.* Graduierung *f.* **3.** *ped. Am.* Absolvieren *n* (***from*** *e-r Schule*).
graf·fi·ti [grə'fiːtɪ] *s pl* Graffiti *pl*, Wandschmierereien *pl.*
graft¹ [grɑːft] ⚕ **I** *s* Transplantat *n.* **II** *v/t Gewebe* verpflanzen, transplantieren.
graft² [~] F **I** *s* **1.** ***hard*** ~ Schufterei *f.* **2.** *bsd. Am.* Schmiergelder *pl.* **II** *v/i* **3.** ~ ***hard*** schuften. **4.** *bsd. Am.* Schmiergelder zahlen.
grain [greɪn] *s* **1.** ⚘ (Samen-, *bsd.* Getreide)Korn *n.* **2.** *coll.* Getreide *n*, Korn *n.* **3.** (*Sand- etc*)Körnchen *n*, (-)Korn *n*: → ***salt*** 1. **4.** *fig.* Spur *f*: ***not a*** ~ ***of hope*** kein Funke Hoffnung. **5.** Maserung *f* (*vom Holz*): ***it goes*** (*od.* ***is***) ***against the*** ~ (***with*** [*od.* ***for***] ***me***) *fig.* es geht mir gegen den Strich.
gram [græm] *s* Gramm *n.*
gram·mar ['græmə] *s* Grammatik *f*: ***bad*** ~ grammatisch falsch; ~ (***book***) Grammatik;

~ ***checker*** *Computer*: Grammatikprüfprogramm *n*; ~ ***corrector*** Grammatikkorrekturprogramm *n*; ~ ***school*** *etwa*: Gymnasium, Oberschule.
gram·mat·i·cal [grəˈmætɪkl] *adj* □ grammatisch, Grammatik...
gramme [græm] *s bsd. Br.* Gramm *n*.
gram·o·phone [ˈɡræməfəʊn] *s Br.* Plattenspieler *m*.
grand [ɡrænd] **I** *adj* □ **1.** großartig, grandios, prächtig. **2.** groß, bedeutend, wichtig. **3.** Haupt...: ~ ***prize***; ~ ***total*** Gesamt-, Endsumme *f*. **4.** F großartig, glänzend. **II** *s* **5.** ♪ Flügel *m*. **6.** *pl* **grand** *Am. sl.* Riese *m* (*$ 1000*).
gran·dad → ***granddad.***
grand|·child [ˈɡræntʃaɪld] *s* (*irr* ***child***) Enkelkind *n*. ˈ**~·dad** *s* F Opa *m* (*a. alter Mann*), Großpapa *m*. ˈ**~ˌdaugh·ter** *s* Enkelin *f*.
gran·deur [ˈɡrændʒə] *s* **1.** Pracht *f*. **2.** Größe *f*, Wichtigkeit *f*.
ˈ**grandˌfa·ther** *s* Großvater *m*: ~**(ˈs)** ***clock*** Standuhr *f*.
gran·dil·o·quent [ɡrænˈdɪləkwənt] *adj* □ **1.** schwülstig, hochtrabend. **2.** großsprecherisch.
gran·di·ose [ˈɡrændɪəʊs] *adj* □ großartig, grandios.
grand|·ma [ˈɡrænmɑː] *s* F Oma *f*, Großmama *f*. ˈ**~ˌmoth·er** *s* Großmutter *f*. ˈ**~·pa** *s* F Opa *m*, Großpapa *m*. ˈ**~ˌpar·ents** *s pl* Großeltern *pl*. ˈ**~·son** *s* Enkel *m*. **~·stand** [ˈɡrænd~] *s Sport*: Haupttribüne *f*.
gran·ite [ˈɡrænɪt] *s geol.* Granit *m*.
gran·ny [ˈɡrænɪ] *s* F Oma *f*.
grant [ɡrɑːnt] **I** *v/t* **1.** bewilligen, gewähren. **2.** *Erlaubnis etc* geben, erteilen. **3.** *Bitte etc* erfüllen, *a.* ⚖ *e-m Antrag etc* stattgeben. **4.** ⚖ (*bsd.* formell) übertragen, übereignen. **5.** zugeben, zugestehen: ***I ~ you that*** ich gebe zu, dass; ***take s.th. for ~ed*** et. als erwiesen *od.* gegeben ansehen; et. als selbstverständlich betrachten *od.* hinnehmen. **II** *s* **6.** Bewilligung *f*, Gewährung *f*. **7.** Stipendium *n*. **8.** ⚖ Übertragung *f*, Übereignung *f*.
gran·u·lar [ˈɡrænjʊlə] *adj* gekörnt, körnig, granuliert.
gran·u·lat·ed [ˈ~leɪtɪd] *adj* → ***granular***: ~ ***sugar*** Kristallzucker *m*.
gran·ule [ˈ~juːl] *s* Körnchen *n*.
grape [ɡreɪp] *s* Weintraube *f*, -beere *f*. ˈ**~·fruit** *s* ⚘ Grapefruit *f*, Pampelmuse *f*. **~ juice** *s* Traubensaft *m*. **~ sug·ar** *s* Traubenzucker *m*. ˈ**~·vine** *s* **1.** ⚘ Weinstock *m*. **2.** ***I heard on the ~ that*** F mir ist zu Ohren gekommen, dass.
graph [ɡræf] **I** *s* **1.** Diagramm *n*, Schaubild *n*, grafische Darstellung. **2.** *bsd.* ⅍ Kurve *f*: ~ ***paper*** Millimeterpapier *n*, Diagrammpapier *n*; ~ ***plotter*** Kurvenschreiber *m*. **II** *v/t* **3.** grafisch darstellen.
ˈ**graph·ic** *adj* (~***ally***) **1.** anschaulich, plastisch. **2.** grafisch: ~ ***artist*** Grafiker(in); ~ ***arts*** *pl* Grafik *f*.
graph·ics card *s Computer*: Grafikkarte *f*.
graph·ite [ˈɡræfaɪt] *s min.* Graphit *m*.
graph·ol·o·gist [ɡræˈfɒlədʒɪst] *s* Graphologe *m*.
graphˈol·o·gy *s* Graphologie *f*.
grap·ple [ˈɡræpl] *v/i*: ~ ***with*** kämpfen mit, *fig. a.* sich herumschlagen mit.
grasp [ɡrɑːsp] **I** *v/t* **1.** packen, (er)greifen, *Gelegenheit* ergreifen; an sich reißen. **2.** *fig.* verstehen, begreifen. **II** *v/i* **3.** zugreifen, zupacken: ~ ***at*** greifen nach (*a. fig.*). **III** *s* **4.** Griff *m*. **5.** Reichweite *f* (*a. fig.*). **6.** *fig.* Verständnis *n*: ***be beyond s.o.'s ~*** über j-s Verstand gehen.
grass [ɡrɑːs] **I** *s* **1.** ⚘ Gras *n*: ***hear the ~ grow*** *fig.* das Gras wachsen hören; ***not let the ~ grow under one's feet*** *fig.* keine Zeit verschwenden. **2.** Rasen *m*: ***keep off the ~*** Betreten des Rasens verboten! **3.** *sl.* Gras(s) *n* (*Marihuana*). **4.** *Br. sl.* Spitzel *m*. **II** *v/i* **5.** grasen, weiden. **6.** *Br. sl.* singen (***to*** bei): ~ ***on j-n*** verpfeifen. **~ blade** *s* Grashalm *m*. ˈ**~ˌhop·per** *s zo.* Heuschrecke *f*, Grashüpfer *m*. **~ roots** *s pl* (*a. sg konstruiert*) **1.** *fig.* Wurzel *f*: ***attack a problem at the ~*** ein Problem an der Wurzel packen. **2.** *pol.* Basis *f* (*e-r Partei*). **~ snake** *s zo.* Ringelnatter *f*. **~ wid·ow** *s* Strohwitwe *f*. **~ wid·ow·er** *s* Strohwitwer *m*.
grass·y [ˈɡrɑːsɪ] *adj* grasbedeckt, Gras...
grate¹ [ɡreɪt] **I** *s* **1.** Gitter *n*. **2.** (Feuer)Rost *m*. **II** *v/t* **3.** vergittern.
grate² [~] **I** *v/t* **1.** *Käse etc* reiben, *Gemüse etc a.* raspeln. **2.** knirschen *od.* kratzen *od.* quietschen mit. **3.** *et.* krächzen(d sagen). **II** *v/i* **4.** knirschen; kratzen; quietschen. **5.** *fig.* wehtun (***on s.o.*** j-m): ~ ***on s.o.'s ears*** j-m in den Ohren wehtun.
grate·ful [ˈɡreɪtfʊl] *adj* □ dankbar (***to s.o. for s.th.*** j-m für et.).
grat·er [ˈɡreɪtə] *s* Reibe *f*, Raspel *f*.
grat·i·fi·ca·tion [ˌɡrætɪfɪˈkeɪʃn] *s* **1.** Befriedigung *f*, Genugtuung *f* (***at*** über *acc*). **2.** Freude *f*, Genuss *m*.
grat·i·fy [ˈɡrætɪfaɪ] *v/t* **1.** *j-n, Verlangen etc* befriedigen. **2.** erfreuen: ***be gratified*** sich freuen (***at*** über *acc*); ***I am gratified to hear*** ich höre mit Befriedigung *od.* Genugtuung.
ˈ**grat·i·fy·ing** *adj* □ erfreulich (***to*** für).
grat·ing [ˈɡreɪtɪŋ] *s* Gitter(werk) *n*.
gra·tis [ˈɡreɪtɪs] **I** *adv* gratis, umsonst. **II** *adj* unentgeltlich, Gratis...
grat·i·tude [ˈɡrætɪtjuːd] *s* Dankbarkeit *f*: ***in ~ for*** aus Dankbarkeit für.

gra·tu·i·tous [grəˈtjuːɪtəs] *adj* □ **1.** → ***gratis*** II. **2.** freiwillig. **3.** grundlos, unbegründet.

graˈtu·i·ty *s* **1.** Zuwendung *f*, Gratifikation *f*. **2.** Trinkgeld *n*.

grave¹ [greɪv] *adj* □ ernst (*Angelegenheit, Stimme, Zustand etc*).

grave² [~] *s* Grab *n*: ***dig one's own*** ~ sich sein eigenes Grab schaufeln; ***turn*** (***over***) ***in one's*** ~ sich im Grab (her)umdrehen. **ˈ~ˌdig·ger** *s* Totengräber(in) (*a. fig.*).

grav·el [ˈgrævl] **I** *s* Kies *m*. **II** *v/t pret u. pp* **-eled,** *bsd. Br.* **-elled** mit Kies bestreuen: ~***(l)ed path*** Kiesweg *m*. ~ **pit** *s* Kiesgrube *f*.

ˈgrave|·stone *s* Grabstein *m*. **ˈ~·yard** *s* Friedhof *m*.

grav·i·tate [ˈgrævɪteɪt] *v/i*: ~ ***toward***(***s***) sich hingezogen fühlen zu, neigen zu.

ˌgrav·iˈta·tion *s phys.* Gravitation *f*, Schwerkraft *f*.

ˌgrav·iˈta·tion·al *adj phys.* Gravitations...: ~ ***force*** Schwerkraft *f*; ~ ***pull*** Anziehungskraft *f*.

grav·i·ty [ˈgrævətɪ] *s* **1.** Ernst *m*. **2.** *phys.* Gravitation *f*, Schwerkraft *f*.

gra·vy [ˈgreɪvɪ] *s* **1.** Braten-, Fleischsaft *m*. **2.** (Braten)Soße *f*. ~ **boat** *s* Soßenschüssel *f*.

gray, *etc Am.* → ***grey,*** *etc.*

graze¹ [greɪz] *v/i* weiden, grasen.

graze² [~] **I** *v/t* **1.** streifen. **2.** ✗ sich *das Knie etc* (ab-, auf)schürfen *od.* (auf)schrammen. **II** *s* **3.** ✗ Abschürfung *f*. **4.** *a.* ***grazing shot*** Streifschuss *m*.

grease **I** *s* [griːs] **1.** (*zerlassenes*) Fett. **2.** *tech.* Schmierfett *n*, Schmiere *f*. **II** *v/t* [griːz] **3.** (ein)fetten, *tech.* (ab)schmieren: ***like*** ~***d lightning*** F wie ein geölter Blitz.

greas·y [ˈgriːzɪ] *adj* □ fett(ig).

great [greɪt] *adj* (□ → ***greatly***) **1.** groß, beträchtlich: ***a*** ~ ***many*** sehr viele. **2.** groß, bedeutend, wichtig. **3.** ausgezeichnet, großartig. **4.** F ***be*** ~ ***at*** gut *od.* groß sein in (*dat*); ***be*** ~ ***on*** sich begeistern für. **5.** F großartig, herrlich.

Great Brit·ain *npr* Großbritannien *n*.

ˌgreat|-ˈgrand·child *s* (*irr* ***child***) Urenkel(in). **ˌ~-ˈgrandˌdaugh·ter** *s* Urenkelin *f*. **ˌ~-ˈgrandˌfa·ther** *s* Urgroßvater *m*. **ˌ~-ˈgrandˌmoth·er** *s* Urgroßmutter *f*. **ˌ~-ˈgrandˌpar·ents** *s pl* Urgroßeltern *pl*. **ˌ~-ˈgrand·son** *s* Urenkel *m*.

great·ly [ˈgreɪtlɪ] *adv* sehr, überaus.

ˈgreat·ness *s* Größe *f*, Bedeutung *f*.

Greece [griːs] *npr* Griechenland *n*.

greed [griːd] *s* **1.** Gier *f* (***for*** nach): ~ ***for power*** Machtgier. **2.** Habgier *f*, -sucht *f*. **3.** Gefräßigkeit *f*.

ˈgreed·i·ness *s* **1.** Gierigkeit *f*. **2.** Gefräßigkeit *f*.

ˈgreed·y *adj* □ **1.** gierig (***for*** auf *acc*, nach): ~ ***for power*** machtgierig. **2.** habgierig, -süchtig. **3.** gefräßig.

Greek [griːk] **I** *s* **1.** Grieche *m*, Griechin *f*. **2.** *ling.* Griechisch *n*: ***that's*** ~ ***to me*** *fig.* das sind für mich böhmische Dörfer. **II** *adj* **3.** griechisch.

green [griːn] **I** *adj* □ **1.** grün: ***have*** ~ ***fingers*** *fig.* e-n grünen Daumen haben; ***the lights are*** ~ die Ampel steht auf Grün; ***give s.o. the*** ~ ***light*** *fig.* j-m grünes Licht geben (***on, to*** für); ~ ***with envy*** grün *od.* gelb vor Neid. **2.** *fig.* grün, unerfahren. **II** *s* **3.** Grün *n*: ***dressed in*** ~ grün *od.* in Grün gekleidet; ***at*** ~ bei Grün; ***the lights are at*** ~ die Ampel steht auf Grün. **4.** *pl* grünes Gemüse. **ˈ~·back** *s Am.* F Dollar *m*. ~ **card** *s* **1.** *Am.* Aufenthaltsgenehmigung *f*. **2.** *Br. mot.* grüne Versicherungskarte. **ˈ~ˌgro·cer** *s bsd. Br.* Obst- u. Gemüsehändler(in). **ˈ~·horn** *s* F Grünschnabel *m*; Neuling *m*. **ˈ~·house** *s* Gewächs-, Treibhaus *n*: ~ ***effect*** Treibhauseffekt *m*; ~ ***gas*** Treibhausgas *n*.

Green·land [ˈgriːnlənd] *npr* Grönland *n*.

Green·wich (**Mean**) **Time** [ˈgrenɪdʒ] *s* westeuropäische Zeit.

greet [griːt] *v/t* **1.** grüßen. **2.** begrüßen, empfangen. **3.** *Nachricht etc* aufnehmen.

ˈgreet·ing *s* **1.** Gruß *m*, Begrüßung *f*. **2.** *pl* Grüße *pl*; Glückwünsche *pl*: ~***s card*** Glückwunschkarte *f*. **3.** *Am.* Anrede *f* (*im Brief*).

gre·gar·i·ous [grɪˈgeərɪəs] *adj* □ **1.** gesellig. **2.** *zo.* in Herden lebend, Herden...

gre·nade [grəˈneɪd] *s mil.* Granate *f*.

grew [gruː] *pret von* ***grow***.

grey [greɪ] *bsd. Br.* **I** *adj* □ **1.** grau: ~ ***area*** Grauzone *f*; ~ ***eminence*** graue Eminenz; ~ ***matter*** *anat.* graue Substanz; F Grips *m*. **2.** grau(haarig), ergraut. **3.** *fig.* trüb, düster, grau: ~ ***prospects*** *pl* trübe Aussichten *pl*. **II** *s* **4.** Grau *n*: ***dressed in*** ~ grau *od.* in Grau gekleidet. **III** *v/i* **5.** grau werden, ergrauen: ~***ing*** angegraut, grau meliert (*Haare*). **ˌ~-ˈhaired** *adj* grauhaarig. **ˈ~·hound** *s zo.* Windhund *m*.

grey·ish [ˈgreɪɪʃ] *adj* grau-, gräulich.

grid [grɪd] *s* **1.** Gitter *n*, (Eisen)Rost *m*. **2.** ⚡ *etc* Versorgungsnetz *n*. **3.** *geogr.* Gitter(netz) *n* (*auf Karten*). **4.** Bratrost *m*. **5.** Raster *m*.

grid·dle [ˈgrɪdl] *s* (rundes) Backblech.

ˈgridˌi·ron *s* Bratrost *m*.

ˈgrid·lock *s mot.* Verkehrsstau *m*, Verkehrsinfarkt *m*.

grief [griːf] *s* Gram *m*, Kummer *m*: ***come to*** ~ zu Schaden kommen; fehlschlagen, scheitern.

griev·ance [ˈgriːvns] *s* **1.** Beschwerde(grund *m*) *f*; Missstand *m*. **2.** ***nurse a*** ~ ***against*** e-n Groll hegen gegen.

grieve I *v/t* betrüben, bekümmern. II *v/i* bekümmert sein, sich grämen (**at, about, over** über *acc*, wegen): ~ **for** trauern um.

'**griev·ous** *adj* □ **1.** schmerzlich, bitter. **2.** schwer, schlimm (*Fehler*, *Verlust etc*): ~ **bodily harm** ⚖ *Br.* schwere Körperverletzung.

grill [grɪl] I *s* **1.** Grill *m.* **2.** Grillen *n.* **3.** Gegrillte *n.* **4.** Grillroom *m.* II *v/t* **5.** grillen. **6.** ~ **o.s.** → 9. **7.** F *j-n* in die Mangel nehmen (*bsd. Polizei*): ~ **s.o. about** j-n ausquetschen über (*acc*). III *v/i* **8.** gegrillt werden. **9.** sich (*in der Sonne*) grillen (lassen).

'**grill·room** *s* Grillroom *m.*

grim [grɪm] *adj* □ **1.** grimmig. **2.** erbittert, verbissen. **3.** hart, unerbittlich. **4.** grausig.

gri·mace [grɪ'meɪs] I *s* Grimasse *f.* II *v/i* e-e Grimasse *od.* Grimassen schneiden.

grime [graɪm] I *s* (dicker) Schmutz *od.* Ruß. II *v/t* beschmutzen.

'**grim·y** *adj* □ schmutzig, rußig.

grin [grɪn] I *v/i* grinsen: ~ **at s.o.** j-n angrinsen; ~ **and bear it** gute Miene zum bösen Spiel machen. II *s* Grinsen *n.*

grind [graɪnd] I *v/t* (*irr*) **1.** *Messer etc* schleifen: → **ax(e)** 1. **2.** *a.* ~ **down** (zer)mahlen, zerreiben, -kleinern. **3.** *Kaffee etc* mahlen; *Fleisch* durchdrehen. **4.** ~ **one's teeth** mit den Zähnen knirschen. II *v/i* (*irr*) **5.** knirschen. **6.** F schuften; pauken, büffeln (**for** für). III *s* **7.** Knirschen. **8.** F Schufterei *f*; Pauken *n*, Büffeln *n.*

'**grind·er** *s* **1.** (*Messer- etc*)Schleifer *m.* **2.** (*Kaffee*)Mühle *f*; (*Fleisch*)Wolf *m.* **3.** *anat.* Backenzahn *m.*

'**grind·stone** *s* Schleifstein *m*: **keep** (*od.* **have**) **one's nose to the** ~ *fig.* schuften.

grip [grɪp] I *s* **1.** Griff *m*: **come** (*od.* **get**) **to** ~**s with** aneinander geraten mit; *fig.* sich auseinander setzen mit. **2.** *fig.* Herrschaft *f*, Gewalt *f*: **have** (*od.* **keep**) **a** ~ **on** *et.* in der Gewalt haben, *Zuhörer etc* fesseln. **3.** (Hand)Griff *m* (*e-s Koffers etc*). II *v/t* (*Am. a. irr*) **4.** ergreifen, packen. **5.** *fig. j-n* packen (*Furcht etc*), *Zuhörer etc* fesseln.

gripe [graɪp] I *v/t* **1.** *Am.* F ärgern. II *v/i* **2.** Bauchschmerzen haben. **3.** F (**about**) meckern (über *acc*), nörgeln (an *dat*, über *acc*): ~ **at** *j-n* anmeckern. III *s* **4.** *mst pl* Bauchschmerzen *pl.*

grip·ping ['grɪpɪŋ] *adj* □ packend, fesselnd.

gript [grɪpt] *Am. pret u. pp von* **grip.**

gris·ly ['grɪzlɪ] *adj* grässlich, schrecklich.

Gri·sons ['griːzɔ̃ːŋ] *npr* Graubünden *n.*

grist [grɪst] *s* Mahlgut *n*: **all is** ~ **that comes to his mill** *fig.* er weiß aus allem Kapital zu schlagen.

gris·tle ['grɪsl] *s* Knorpel *m.*

'**gris·tly** *adj* knorp(e)lig.

grit [grɪt] I *s* **1.** (grober) Sand, Kies *m.* **2.** Streusand *m.* **3.** *fig.* Mut *m.* II *v/t* **4.** *Straße etc* sanden, streuen. **5.** ~ **one's teeth** die Zähne zs.-beißen (*a. fig.*).

griz·zle ['grɪzl] *v/i Br.* F **1.** quengeln. **2.** sich beklagen (**about** über *acc*).

griz·zly ['grɪzlɪ] I *adj* grau(haarig). II *s a.* ~ **bear** *zo.* Grisly(bär) *m.*

groan [grəʊn] I *v/i* **1.** stöhnen, ächzen (**with** vor *dat*; *fig.* **under** unter *dat*). **2.** ächzen, knarren (**under** unter *dat*) (*Fußboden etc*). II *s* **3.** Stöhnen *n*, Ächzen *n.*

groats [grəʊts] *s pl* Hafergrütze *f.*

gro·cer ['grəʊsə] *s* Lebensmittelhändler(in).

'**gro·cer·y** *s* **1.** Lebensmittelgeschäft *n*: ~ **retailing** Lebensmitteleinzelhandel *m.* **2.** *pl* Lebensmittel *pl.*

grog [grɒg] *s* Grog *m.*

grog·gy ['grɒgɪ] *adj* F **1.** groggy (*a. Boxen*). **2.** wacklig (*Tisch etc*).

groin [grɔɪn] *s anat.* Leiste(ngegend) *f.*

groom [gruːm] I *s* **1.** Pferdepfleger *m*, Stallbursche *m.* **2.** Bräutigam *m.* II *v/t* **3.** *Pferde* versorgen, pflegen. **4.** *Person*, *Kleidung* pflegen.

groove [gruːv] I *s* **1.** Rinne *f*, Furche *f.* **2.** *tech.* Rille *f* (*a. e-r Schallplatte*), Nut *f.* **3.** *fig.* ausgefahrenes Gleis. II *v/t tech.* rillen, nuten.

grope [grəʊp] I *v/i* tasten (**for** nach): ~ **about** (*od.* **around**) herumtappen, -tasten; ~ **in the dark** *fig.* im Dunkeln tappen. II *v/t*: ~ **one's way** sich vorwärts tasten.

gross [grəʊs] I *adj* □ **1.** Brutto...: ~ **domestic product** Bruttoinlandsprodukt *n*; ~ **earnings** *pl* Bruttobezüge *pl*; ~ **income** Bruttoeinkommen *n*; ~ **margin** Bruttogewinn *m*, Gewinnspanne *f*; ~ **national product** Bruttosozialprodukt *n*; ~ **pay** Bruttolohn *m*; ~ **salary** Bruttogehalt *n*; ~ **sales** *pl* Bruttoumsatz *m*; ~ **trading profit** Gewinn *m* vor Abschreibung u. Wertberichtigungen; ~ **turnover** Bruttoumsatz *m*; ~ **wage** Bruttolohn *m*; ~ **yield** Bruttoertrag *m*, -rendite *f.* **2.** schwer, grob (*Fehler etc*), schreiend (*Ungerechtigkeit*), stark, maßlos (*Übertreibung*): ~ **negligence** ⚖ grobe Fahrlässigkeit. **3.** unfein, derb. **4.** dick, feist. II *s* **5.** *das* Ganze: **in** (**the**) ~ im Ganzen. **6.** *pl* **gross** Gros *n* (*12 Dutzend*). III *v/t* **7.** brutto verdienen *od.* einnehmen.

gro·tesque [grəʊ'tesk] *adj* □ grotesk.

grot·to ['grɒtəʊ] *pl* **-to(e)s** *s* Grotte *f.*

grouch [graʊtʃ] F I *v/i* (**about**) meckern (über *acc*). II *s* Nörgler(in).

'**grouch·y** *adj* □ F nörglerisch.

ground[1] [graʊnd] I *pret u. pp von* **grind.** II *adj* gemahlen (*Kaffee etc*): ~ **meat** Hackfleisch *n.*

G

ground² [~] I *s* **1.** (Erd)Boden *m*, Erde *f*: ***above*** ~ oberirdisch; ⚒ über Tage; ***below*** ~ ⚒ unter Tage; ***break new*** (*od.* ***fresh***) ~ Land urbar machen, *a. fig.* Neuland erschließen; ***fall to the*** ~ zu Boden fallen; *fig.* sich zerschlagen, ins Wasser fallen. **2.** Boden *m*, Gebiet *n* (*a. fig.*): ***on German*** ~ auf deutschem Boden; ***gain*** ~ (an) Boden gewinnen, *fig. a.* um sich fassen. **3.** Grundbesitz *m*. **4.** *oft pl Sport*: Platz *m*. **5.** *fig.* Standpunkt *m*: ***hold*** (*od.* ***stand***) ***one's*** ~ sich *od.* s-n Standpunkt behaupten. **6.** *fig.* (Beweg)Grund *m*: ***on the*** ~***(s) of*** auf Grund von (*od. gen*); ***on*** ~***s of age*** aus Altersgründen; ***on the*** ~***(s) that*** mit der Begründung, dass. **7.** *pl* (Boden)Satz *m*. **8.** ⚡ *Am.* Erde *f*, Erdung *f*. II *v/t* **9.** *fig.* gründen, stützen (***on, in*** auf *acc*): ~***ed in fact*** auf Tatsachen beruhend. **10.** ✈ Startverbot erteilen (*dat*). **11.** ⚡ *Am.* erden. III *v/i* **12.** ⚓ auflaufen.

'ground|-ˌbreak·ing *adj* bahnbrechend, wegweisend. ~ **ca·ble** *s* ⚡ *Am.* Massekabel *n*. ~ **crew** *s* ✈ Bodenpersonal *n*. ~ **floor** *s* Erdgeschoss *n*. ~ **fog** *s* Bodennebel *m*. ~ **frost** *s* Bodenfrost *m*.

ground·less ['graʊndlɪs] *adj* □ grundlos, unbegründet.

'ground|·nut *s* ⚘ Erdnuss *f*. ~ **plan** *s* ⚠ Grundriss *m*. ~ **staff** *s* ✈ *Br.* Bodenpersonal *n*. ~ **sta·tion** *s Raumfahrt*: Bodenstation *f*. ~ **wa·ter** *s* Grundwasser *n*. '~-ˌ**wa·ter lev·el** *s* Grundwasserspiegel *m*. '~**·work** *s* ⚠ Fundament *n* (*a. fig.*).

group [gru:p] I *s* **1.** Gruppe *f*: ~ ***of islands*** Inselgruppe; ~ ***piece rate*** Gruppenakkord *m*; ~ ***piecework*** Gruppenakkord *m*. **2.** *econ.* Gruppe *f*, Konzern *m*: ~ (***of companies***) Unternehmensgruppe. II *v/t* **3.** eingruppieren (***into*** in *acc*). **4.** zu e-r Gruppe zs.-stellen. III *v/i* **5.** sich gruppieren. ~ **dy·nam·ics** *s sg Sozialpsychologie*: Gruppendynamik *f*. ~ **sex** *s* Gruppensex *m*. ~ **ther·a·py** *s* ⚕, *psych.* Gruppentherapie *f*.

grouse [graʊs] → ***grouch*** I.

grove [grəʊv] *s* Wäldchen *n*, Gehölz *n*.

grov·el ['grɒvl] *v/i pret u. pp* **-eled,** *bsd. Br.* **-elled:** ~ ***before*** (*od.* ***to***) ***s.o.*** *fig.* vor j-m kriechen.

'grov·el·(l)er *s* Kriecher(in).

'grov·el·(l)ing *adj* □ kriecherisch.

grow [grəʊ] (*irr*) I *v/i* **1.** wachsen: ~ ***up*** auf-, heranwachsen; ~ ***out of*** a) herauswachsen aus (*e-m Kleidungsstück*), b) *e-r Angewohnheit etc* entwachsen. **2.** *fig.* zunehmen (***in*** an *dat*), anwachsen. **3.** *fig.* (*bsd.* allmählich) werden: ~ ***less*** sich vermindern. II *v/t* **4.** *Gemüse etc* anbauen, anpflanzen, *Blumen etc* züchten. **5.** ~ ***a beard*** sich e-n Bart wachsen lassen.

'grow·er *s* Pflanzer(in), Züchter(in), *in Zssgn* ...bauer *m*.

growl [graʊl] I *v/i* **1.** knurren (*Hund*), brummen (*Bär*) (*beide a. Person*): ~ ***at*** *j-n* anknurren. **2.** (g)rollen (*Donner*). II *v/t* **3.** *oft* ~ ***out*** *Worte* knurren, brummen. III *s* **4.** Knurren *n*, Brummen *n*. **5.** (G)Rollen *n*.

grown [grəʊn] *pp von* **grow.** '~**-up** I *adj* [ˌ~'ʌp] **1.** erwachsen. **2.** (nur) für Erwachsene; Erwachsenen... II *s* **3.** Erwachsene *m, f*.

growth [grəʊθ] *s* **1.** Wachsen *n*, Wachstum *n*. **2.** Wuchs *m*, Größe *f*. **3.** *fig.* Zunahme *f*, Anwachsen *n* (***in*** *gen*). **4.** Anbau *m*. **5.** ⚕ Gewächs *n*, Wucherung *f*. ~ **ar·e·a** *s* Wachstumsbereich *m*. ~ **busi·ness** *s* Wachstumsbranche *f*. '~-ˌ**gen·er·at·ing** *adj* wachstumsfördernd. ~ **in·dus·try** *s econ.* Wachstumsindustrie *f*, -branche *f*. ~ **mar·ket** *s* Wachstumsmarkt *m*. ~ **po·ten·tial** *s* Wachstumspotential *n*. ~ **rate** *s econ.* Wachstumsrate *f*. ~**-stim·u·lat·ing** *adj* wachstumsfördernd.

Grozny *capital of Chechenya.*

grub [grʌb] I *v/i* **1.** graben. **2.** stöbern, wühlen (***among, in*** in *dat*; ***for*** nach). II *v/t* **3.** *oft* ~ ***up*** (*od.* ***out***) ausgraben, *fig. a.* aufstöbern. III *s* **4.** *zo.* Made *f*, Larve *f*. **5.** *sl.* Futter *n* (*Essen*).

'grub·by *adj* schmudd(e)lig, schmutzig.

grudge [grʌdʒ] I *v/t* **1.** missgönnen (***s.o. s.th.*** j-m et.). **2.** ~ ***doing s.th.*** et. nur widerwillig *od.* ungern tun. II *s* **3.** Groll *m*: ***bear s.o. a*** ~ e-n Groll auf j-n haben.

'grudg·ing *adj* □ **1.** missgünstig. **2.** widerwillig.

gru·el ['grʊəl] *s* Haferschleim *m*.

'gru·el·(l)ing *adj fig.* aufreibend, zermürbend.

grue·some ['gru:səm] *adj* □ grausig, schauerlich.

gruff [grʌf] *adj* □ **1.** schroff, barsch. **2.** rau (*Stimme*).

grum·ble ['grʌmbl] I *v/i* **1.** murren (***at, about, over*** über *acc*). **2.** → ***growl*** 2. II *v/t* **3.** *oft* ~ ***out*** *et.* murren. III *s* **4.** Murren. **5.** → ***growl*** 5.

grump·y ['grʌmpɪ] *adj* □ mürrisch.

grunt [grʌnt] I *v/i* **1.** grunzen (*Schwein, a. Person*). **2.** murren, brummen (***at*** über *acc*). II *v/t* **3.** *oft* ~ ***out*** *et.* grunzen, murren, brummen. III *s* **4.** Grunzen *n*.

'G-string *s etwa* Tanga(slip) *m*.

guar·an·tee [ˌgærən'ti:] I *s* **1.** Garantie *f* (***on*** auf *acc*, für): ***the watch is still under*** ~ auf der Uhr ist noch Garantie; ~ (***card***) Garantiekarte *f*, -schein *m*. **2.** Kaution *f*, Sicherheit *f*. **3.** Bürge *m*, Bürgin *f*, Garant(in). II *v/t* **4.** (sich ver)bürgen für, Garantie leisten für. **5.** garantieren: ~***d wages*** *pl* garantierter Mindestlohn.

guar·an·tor [ˌ~'tɔː] → ***guarantee*** 3.
guard [gɑːd] **I** *v/t* **1.** bewachen, wachen über (*acc*); behüten, beschützen (***against, from*** vor *dat*): ***a closely ~ed secret*** ein streng gehütetes Geheimnis. **2.** bewachen, beaufsichtigen. **II** *v/i* **3.** sich hüten *od.* in Acht nehmen *od.* schützen (***against*** vor *dat*). **III** *s* **4.** Wache *f*, (Wach)Posten *m*, Wächter(in); Aufseher(in), Wärter(in). **5.** Wache *f*, Bewachung *f*: ***be on ~*** Wache stehen. **6.** 🚂 *Br.* Schaffner(in), *schweiz.* Kondukteur(in); *Am.* Bahnwärter(in). **7.** Garde *f*: ***~ of hono(u)r*** Ehrengarde. **8.** *fig.* Wachsamkeit *f*: ***be on (off) one's ~*** (nicht) auf der Hut sein (***against*** vor *dat*). **9.** *Boxen etc*: Deckung *f*. **~ dog** *s* Wachhund *m*. **~ du·ty** *s* Wachdienst *m*: ***be on ~*** Wache haben.
guard·ed ['gɑːdɪd] *adj* □ vorsichtig, zurückhaltend, (*Optimismus*) verhalten, gedämpft.
guard·i·an ['gɑːdjən] *s* **1.** Hüter(in), Wächter(in): ***~ angel*** Schutzengel *m*. **2.** ⚖ Vormund *m*.
'guard·i·an·ship *s* ⚖ Vormundschaft *f* (***of*** über *acc*, für): ***be (place) under ~*** unter Vormundschaft stehen (stellen).
'guard|·rail *s* **1.** Handlauf *m*. **2.** *mot.* Leitplanke *f*. **~ rope** *s* Absperrseil *n*.
guards·man ['gɑːdzmən] *s* (*irr* ***man***) *mil.* Gardist *m*.
Gua·te·ma·la [ˌgwɑːtə'mɑːlə] Guatemala *n* (*Republik in Mittelamerika*).
gue(r)·ril·la [gə'rɪlə] *s mil.* Guerilla *m*: ***~ war(fare)*** Gurerillakrieg *m*.
guess [ges] **I** *v/t* **1.** schätzen (***at*** auf *acc*). **2.** (er)raten. **3.** ahnen, vermuten. **4.** *bsd. Am.* F glauben, meinen, annehmen. **II** *v/i* **5.** schätzen (***at s.th.*** et.). **6.** raten: ***~ing game*** Ratespiel *n*. **III** *s* **7.** Schätzung *f*, Vermutung *f*: ***at a ~*** schätzungsweise; ***I'll give you three ~es*** dreimal darfst du raten; → ***educated*** 2, ***rough*** 5, ***wild*** 5.
guess·ti·mate *s* grobe Schätzung *f*.
'guess·work *s* (reine) Vermutung(en *pl*).
guest [gest] **I** *s* Gast *m*. **II** *adj* a) Gast...: ***~ speaker*** Gastredner(in), b) Gäste...: ***~ list***. **'~·house** *s* **1.** Gästehaus *n*. **2.** Pension *f*, Fremdenheim *n*. **~ room** *s* Gast-, Gäste-, Fremdenzimmer *n*. **~work·er** *s* Gastarbeiter *m*.
guf·faw [gʌ'fɔː] **I** *s* schallendes Gelächter. **II** *v/i* schallend lachen.
guid·ance ['gaɪdns] *s* **1.** Leitung *f*, Führung *f*. **2.** Anleitung *f*, Unterweisung *f*: ***for your ~*** zu Ihrer Orientierung. **3.** (*Berufs-, Ehe- etc*)Beratung *f*.
guide [gaɪd] **I** *v/t* **1.** *j-n* führen, *j-m* den Weg zeigen. **2.** *fig.* lenken, leiten. **3.** *et., a. j-n* bestimmen: ***be ~d by*** sich leiten lassen von. **4.** anleiten. **II** *s* **5.** (*Reise-, Berg- etc*)Führer(in). **6.** (*Reise- etc*)Führer *m* (***to*** durch, von) (*Buch*): ***~ to London*** London-Führer. **7.** (***to***) Leitfaden *m* (*gen*), Einführung *f* (in *acc*), Handbuch *n* (*gen*). **'~·book** → ***guide*** 7.
guid·ed ['gaɪdɪd] *adj* **1.** ***~ tour*** Führung *f* (***of*** durch). **2.** *mil., tech.* (fern)gelenkt, (-)gesteuert: ***~ missile*** Lenkflugkörper *m*.
guide| dog *s* Blindenhund *m*. **'~·lines** *s pl* Richtlinien *pl* (***on*** *gen*).
guid·ing ['gaɪdɪŋ] *adj* leitend: ***~ principle*** Leitprinzip *n*.
guild [gɪld] *s* **1.** *hist.* Gilde *f*, Zunft *f*. **2.** Vereinigung *f*, Gesellschaft *f*.
guile [gaɪl] *s* (Arg)List *f*, Tücke *f*.
guile·ful ['~fʊl] *adj* □ arglistig, tückisch.
'guile·less *adj* □ arglos.
guil·lo·tine [ˌgɪlə'tiːn] **I** *s* Guillotine *f*, Fallbeil *n*. **II** *v/t* durch die Guillotine *od.* mit dem Fallbeil hinrichten.
guilt [gɪlt] *s* Schuld *f*: ***~ complex*** Schuldkomplex *m*.
'guilt·less *adj* □ schuldlos, unschuldig (***of*** an *dat*).
'guilt·y *adj* □ **1.** schuldig (***of*** *gen*): → ***plea*** 2, ***plead*** 2. **2.** schuldbewusst: ***a ~ conscience*** ein schlechtes Gewissen (***about*** wegen).
Guin·ea ['gɪnɪ] *npr* Guinea *m*.
guin·ea pig ['gɪnɪ] *s* **1.** *zo.* Meerschweinchen *n*. **2.** *fig.* Versuchskaninchen *n*.
guise [gaɪz] *s*: ***in the ~ of*** als ... (verkleidet); ***under*** (*od.* ***in***) ***the ~ of*** *fig.* unter dem Deckmantel (*gen*).
gui·tar [gɪ'tɑː] *s* ♪ Gitarre *f*.
gui'tar·ist *s* Gitarrist(in).
gulch [gʌlʃ] *s bsd. Am.* (Berg)Schlucht *f*.
gulf [gʌlf] *s* **1.** Golf *m*, Meerbusen *m*: ***Gulf States*** Golfstaaten *pl*. **2.** Abgrund *m* (*a. fig.*). **3.** *fig.* Kluft *f*.
gull [gʌl] *s orn.* Möwe *f*.
gul·let ['gʌlɪt] *s* **1.** *anat.* Speiseröhre *f*. **2.** Gurgel *f*, Kehle *f*.
gul·li·ble ['gʌləbl] *adj* □ leichtgläubig.
gul·ly ['gʌlɪ] *s* **1.** (Wasser)Rinne *f*. **2.** *tech.* Gully *m*: ***~ (drain)*** Abzugskanal *m*.
gulp [gʌlp] **I** *v/t* **1.** *oft* ***~ down*** *Getränk* hinunterstürzen, *Speise* hinunterschlingen. **2.** *oft* ***~ back*** *Tränen etc* hinunterschlucken. **II** *s* **3.** (großer) Schluck: ***at one ~*** auf 'einen Zug.
gum¹ [gʌm] *s oft pl anat.* Zahnfleisch *n*.
gum² [~] **I** *s* **1.** Gummi *m, n*, Kautschuk *m*. **2.** Klebstoff *m*, *bsd.* Gummilösung *f*. **II** *v/t* **3.** gummieren: ***~med label*** (Auf)Klebetikett *n*; ***~med paper*** gummiertes Papier. **4.** (an-, ver)kleben.
'gum·my *adj* klebrig.
gump·tion ['gʌmpʃn] *s* F **1.** Grips *m*. **2.** Mumm *m*, Schneid *m*.

gun [gʌn] I *s* **1.** *mil.* Geschütz *n*, Kanone *f*: ***stand*** (*od.* ***stick***) ***to one's ~s*** F festbleiben, nicht nachgeben. **2.** Gewehr *n*; Pistole *f*, Revolver *m*. **3.** *Sport*: Startpistole *f*; Startschuss *m*: → ***jump*** 9. **4.** *Tankstelle*: Zapfpistole *f*. II *v/t* **5.** *a.* ***~ to death*** erschießen: ***~ down*** niederschießen. **~ bat·tle** *s* Feuergefecht *n*, Schießerei *f*, Schusswechsel *m*. **'~-fight** → ***gun battle.*** **~ li·cence** (*Am.* **li·cense**) *s* Waffenschein *m*. **~·man** ['~mən] *s* (*irr* ***man***) **1.** Bewaffnete *m*. **2.** Revolverheld *m*. **'~·point** *s*: ***at ~*** mit vorgehaltener Waffe, mit Waffengewalt. **'~ˌpow·der** *s* Schießpulver *n*. **'~ˌrun·ner** *s* Waffenschmuggler(in). **'~ˌrun·ning** *s* Waffenschmuggel *m*. **'~·shot** *s* **1.** Schuss *m*. **2.** *a.* ***~ wound*** Schusswunde *f*, -verletzung *f*. **3.** Schussweite *f*: ***within*** (***out of***) ***~*** in (außer) Schussweite.

gur·gle ['gɜːgl] *v/i* gurgeln: a) gluckern (*Wasser*), b) glucksen (***with*** vor *dat*) (*Person*, *Stimme*).

gu·ru ['gʊruː] *s* Guru *m*.

gush [gʌʃ] I *v/i* **1.** strömen, schießen (***from*** aus). **2.** F schwärmen (***over*** von). II *s* **3.** Schwall *m*, Strom *m* (*beide a. fig.*). **4.** F Schwärmerei *f*.

'gush·er *s* **1.** F Schwärmer(in). **2.** Springquelle *f* (*Erdöl*).

'gush·ing, 'gush·y *adj* □ F schwärmerisch.

gus·set ['gʌsɪt] *s* *Schneiderei*: Zwickel *m*, Keil *m*.

gust [gʌst] *s* **1.** Windstoß *m*, Bö *f*. **2.** *fig.* (Gefühls)Ausbruch *m*: ***~ of anger*** Wutanfall *m*.

gus·to ['gʌstəʊ] *s* Begeisterung *f*, Genuss *m*.

gus·ty ['gʌstɪ] *adj* □ **1.** böig. **2.** stürmisch (*a. fig.*).

gut [gʌt] I *s* **1.** *pl bsd. zo.* Eingeweide *pl*, Gedärme *pl*: ***hate s.o.'s ~s*** F j-n hassen wie die Pest. **2.** *anat.* Darm *m*. **3.** *oft pl* F Bauch *m*. **4.** *pl* F Mumm *m*, Schneid *m*. II *v/t* **5.** ausweiden, -nehmen.

'gut·less *adj* F ohne Mumm *od.* Schneid.

'guts·y *adj* F **1.** mutig. **2.** verfressen.

gut·ter ['gʌtə] I *s* **1.** Gosse *f* (*a. fig.*), Rinnstein *m*. **2.** Dachrinne *f*. II *v/i* **3.** tropfen (*Kerze*). **~ press** *s* Skandal-, Sensationspresse *f*. **'~·snipe** *s* Gassenkind *n*.

gut·tur·al ['gʌtərəl] I *adj* □ Kehl..., guttural (*beide a. ling.*), kehlig. II *s ling.* Guttural *m*, Kehllaut *m*.

guy [gaɪ] *s* F Kerl *m*, Typ *m*: ***~s*** *Am.* Leute; ***will you ~s go?*** *Am.* geht ihr?

Guy·a·na [gaɪ'ænə] Guayana *n* (*Republik in Südamerika*).

guz·zle ['gʌzl] *v/t* **1.** (*a. v/i*) saufen; fressen. **2.** *oft* ***~ away*** *Geld* verprassen, *bsd.* versaufen.

gym [dʒɪm] F → ***gymnasium***; ***gymnastic***: ***~ shoes*** *pl* Turnschuhe *pl*; ***~ teacher*** Turnlehrer(in).

gym·na·si·um [dʒɪm'neɪzjəm] *pl* **-si·ums, -si·a** [~zɪə] *s* Turn-, Sporthalle *f*.

gym·nast ['dʒɪmnæst] *s* Turner(in).

gym'nas·tic I *adj* (***~ally***) **1.** turnerisch, Turn..., gymnastisch, Gymnastik... II *s* **2.** ***~s*** *sg* Turnen *n*, Gymnastik *f*. **3.** ***mental ~s*** *pl* Gehirnakrobatik *f*.

gyn·(a)e·co·log·i·cal [ˌgaɪnəkə'lɒdʒɪkl] *adj* □ ⚕ gynäkologisch.

gyn·(a)e·col·o·gist [ˌ~'kɒlədʒɪst] *s* Gynäkologe *m*, Gynäkologin *f*, Frauenarzt *m*, -ärztin *f*.

ˌgyn·(a)e'col·o·gy *s* Gynäkologie *f*.

gyp [dʒɪp] *sl.* I *v/t u. v/i* **1.** bescheißen. II *s* **2.** Gauner(in). **3.** Beschiss *m*.

gyp·sum ['dʒɪpsəm] *s min.* Gips *m*.

gyp·sy *bsd. Am.* → ***gipsy.***

gy·rate [ˌdʒaɪə'reɪt] *v/i* kreisen, sich (im Kreis) drehen.

ˌgy'ra·tion *s* Kreisbewegung *f*, Drehung *f*.

gy·ra·to·ry ['~rətərɪ] *adj* kreisend, sich (im Kreis) drehend.

H

H [eɪtʃ] *pl* **H's** ['eɪtʃɪz] *s* **1.** H *n*. **2.** ***drop one's H's*** das H nicht aussprechen (*Zeichen der Unbildung*). **3.** *sl.* H [eɪtʃ] *n* (*Heroin*).

h. ***hour***(***s***) Std., Stunde(n *pl*) *f*, Uhr *f*; ***height*** H., Höhe *f*.

ha 1. ***hectare*** ha, Hektar *m*, *n*. **2.** [hɑː] *int* ha!, ah!

ha·be·as cor·pus [ˌheɪbjəs'kɔːpəs] *s a.* ***writ of ~*** ⚖ gerichtliche Anordnung e-s Haftprüfungstermins.

hab·er·dash·er ['hæbədæʃə] *s* **1.** *Br.* Kurzwarenhändler(in). **2.** *Am.* Herrenausstatter(in).

'hab·er·dash·er·y *s* **1.** *Br.* Kurzwarengeschäft *n*; Kurzwaren *pl*. **2.** *Am.* Herrenmodengeschäft *n*; Herrenbekleidung *f*.

hab·it ['hæbɪt] *s* **1.** (An)Gewohnheit *f*: ***out of*** (*od.* ***by***) ~ aus Gewohnheit; ***get into*** (***out of***) ***a ~*** e-e Gewohnheit annehmen (ablegen); ***get into*** (***out of***) ***the ~ of smoking*** sich das Rauchen angewöhnen (abgewöhnen); ***be in the ~ of doing s.th.*** die (An)Gewohnheit haben, et. zu tun. **2.** (*bsd.* Ordens)Tracht *f*.

hab·it·a·ble ['hæbɪtəbl] □ bewohnbar.

hab·i·tat ['hæbɪtæt] *s* ♣, *zo.* Standort *m*, Heimat *f*.

ha·bit·u·al [hə'bɪtʃʊəl] *adj* □ **1.** gewohnheitsmäßig, Gewohnheits...: ***~ criminal*** Gewohnheitsverbrecher(in). **2.** gewohnt, ständig: ***be ~ly late*** ständig zu spät kommen.

ha'bit·u·ate [~eɪt] *v/t* (***o.s.*** sich) gewöhnen (***to*** an *acc*).

hack¹ [hæk] **I** *v/t* **1.** (zer)hacken: ***~ to pieces*** (*od.* ***bits***) in Stücke hacken; *fig. Ruf etc* zerstören. **II** *v/i* **2.** *a.* ***~ away*** einhauen (auf *acc*). **3.** trocken u. stoßweise husten: ***~ing cough*** → 5. **4.** ***~ into a computer system*** in ein Computersystem eindringen. **III** *s* **5.** Hieb *m*. **6.** trockener, stoßweiser Husten. **7.** *contp.* Journalist(in)

hack² [~] *Am.* F **I** *s* **1.** Taxi *n*. **II** *v/i* **2.** in e-m Taxi fahren. **3.** ein Taxi fahren.

hack·er ['hækə] *s Computer*: Hacker(in).

hack·ie ['hækiː] *s Am.* F Taxifahrer(in).

hack·le ['hækl] *s*: ***get s.o.'s ~ up*** j-n wütend machen.

hack·neyed ['hæknɪd] *adj* abgedroschen.

had [hæd] *pret u. pp von* ***have***.

had·dock ['hædək] *pl* **-docks,** *bsd. coll.* **-dock** *s ichth.* Schellfisch *m*.

hae·mo·glo·bin [ˌhiːməʊ'gləʊbɪn] *s physiol. bsd. Br.* Hämoglobin *n*.

hae·mo·phile ['hiːməʊfaɪl] *s* ⚕ *bsd. Br.* Bluter *m*.

hae·mo·phil·i·a [ˌ~'fɪlɪə] *s bsd. Br.* Bluterkrankheit *f*.

haem·or·rhage ['hemərɪdʒ] *s* ⚕ *bsd. Br.* Blutung *f*.

haem·or·rhoids ['~rɔɪdz] *s pl* ⚕ *bsd. Br.* Hämorr(ho)iden *pl*.

haft [hɑːft] *s* Griff *m*, Heft *n* (*bsd. e-r Stichwaffe*), Stiel *m* (*e-r Axt*).

hag [hæg] *s* hässliches altes Weib, Hexe *f*.

hag·gard ['hægəd] *adj* □ **1.** wild (*Blick*). **2.** abgehärmt; abgespannt; abgezehrt, hager.

hag·gle ['hægl] *v/i* feilschen, handeln, schachern (***about, over*** um).

Hague [heɪg] *npr* ***the ~*** Den Haag.

hail¹ [heɪl] **I** *s* **1.** Hagel *m* (*a. fig. von Flüchen, Fragen etc*). **II** *v/i* **2.** *impers* hageln. **3.** ***~ down*** *fig.* niederhageln, -prasseln (***on*** auf *acc*).

hail² [~] **I** *v/t* **1.** *j-m* zujubeln. **2.** *j-n, Taxi etc* herbeirufen *od.* -winken. **3.** *fig. et.* begrüßen. **II** *s* **4.** (Zu)Ruf *m*: ***within ~*** in Rufweite.

'hail|·stone *s* Hagelkorn *n*, (Hagel)Schloße *f*. **'~·storm** *s* Hagelschauer *m*.

hair [heə] *s* (*einzelnes*) Haar; *coll.* Haar *n*, Haare *pl*: ***to a ~*** aufs Haar, haargenau; ***do one's ~*** sich die Haare richten, sich frisieren; ***keep your ~ on!*** F reg dich ab!; ***let one's ~ down*** sich ungezwungen benehmen; aus sich herausgehen; ***split ~s*** Haarspalterei treiben; ***tear one's ~*** (***out***) sich die Haare raufen; ***without turning a ~*** ohne mit der Wimper zu zucken. **~·breadth** ['~bretθ] *s*: ***by a ~*** um Haaresbreite. **'~·brush** *s* Haarbürste *f*. **'~·cut** *s* Haarschnitt *m*: ***have a ~*** sich die Haare schneiden lassen. **'~·do** *pl* **-dos** *s* F Frisur *f*. **'~ˌdress·er** *s* Friseur *m*, Friseuse *f*. **'~ˌdress·ing** *s* Frisieren *n*: ***~ salon*** Friseur-, Frisiersalon *m*. **'~ˌdri·er** *s* Haartrockner *m*.

haired [heəd] *adj* **1.** behaart. **2.** *in Zssgn* ...haarig.

'hair·less *adj* unbehaart, kahl.

hair| grip *s* (Haar)Klemmchen *n*. **'~·line** *s* **1.**

H

Haaransatz *m.* **2.** *a.* ~ ***crack*** *tech.* Haarriss *m.* '~**·piece** *s* Haarteil *n* (*für Frauen*), Toupet *n* (*für Männer*). '~**·pin** *s* **1.** Haarnadel *f.* **2.** *a.* ~ ***bend*** Haarnadelkurve *f.* '~-ˌ**rais·ing** *adj* haarsträubend. ~ **re·stor·er** *s* Haarwuchsmittel *n.* ~ **slide** *s Br.* Haarspange *f.* '~ˌ**split·ting** I *s* Haarspalterei *f.* II *adj* haarspalterisch. ~ **spray** *s* Haarspray *m, n.* '~**-style** *s* Frisur *f.* ~ **styl·ist** *s* Hairstylist(in).

hair·y ['heərɪ] *adj* **1.** haarig, behaart. **2.** F haarig, schwierig; gefährlich.

Hai·ti ['heɪtɪ] Haiti *n* (*Insel der Großen Antillen u. Republik*).

hale [heɪl] *adj* gesund, kräftig, rüstig: ~ ***and hearty*** gesund u. munter.

half [hɑːf] I *adj* **1.** halb: ~ ***a mile*** e-e halbe Meile; ***two pounds and a*** ~, ***two and a*** ~ ***pounds*** zweieinhalb Pfund; → ***mind*** 5. II *adv* **2.** halb, zur Hälfte: ~ ***as long*** halb so lang; ~ ***past two*** halb drei. **3.** halb(wegs), fast, nahezu: ~ ***dead*** halb tot; ***not*** ~ ***bad*** F gar nicht übel; ***I*** ~ ***suspect*** ich vermute fast. III *pl* ***halves*** [hɑːvz] *s* **4.** Hälfte *f*: ***cut in***(***to***) ***halves*** (*od.* ***in*** ~) halbieren; ***go halves with s.o. in*** (*od.* ***on***) ***s.th.*** et. mit j-m teilen. **5.** *Sport*: a) (Spiel)Hälfte *f*, Halbzeit *f*, b) (*a.* ~ ***of the field*** Spielfeld)Hälfte *f.*

ˌ**half**|-'**baked** *adj* F nicht durchdacht, unausgegoren (*Plan etc*); grün (*Person*). '~**-breed** *s* Mischling *m*, Halbblut *n.* ~ **broth·er** *s* Halbbruder *m.* ~**-caste** ['~kɑːst] → ***half-breed.*** ~ **face** *s paint., phot.* Profil *n.* ˌ~-'**heart·ed** *adj* □ halbherzig. '~**-life** *s* (*irr* ***life***) *phys.* Halbwertzeit *f.* ˌ~-'**mast** *s*: ***fly at*** ~ a) *a.* ***put at*** ~ auf halbmast setzen, b) auf halbmast wehen. ~ **mea·sure** *s* **1.** Halbheit *f*, halbe Sache. **2.** halbe Spaltenbreite. ˌ~-'**mea·sure** *adj* halbspaltig. ~ **moon** *s* Halbmond *m.* ~**·penny** ['heɪpnɪ] *s* **1.** *pl* **half-pence** ['heɪpəns] halber Penny. **2.** *pl* '**half·pen·nies** Halbpennystück *n.* ˌ~-'**price** *adj u. adv* zum halben Preis. '~**-seas o·ver** *adj.* F a) blau (*betrunken*), b) angesäuselt. ~ **sis·ter** *s* Halbschwester *f.* '~-ˌ**tim·ber**(**ed**) *adj* ⚠ Fachwerk... ~ **time** *s Sport*: Halbzeit *f* (*Pause*): ***at*** ~ bei *od.* zur Halbzeit. ˌ~-'**time** I *adj* **1.** Halbtags...: ~ ***employment*** (*od.* ***job, work***) Halbtagsbeschäftigung *f*, Teilzeitarbeit *f.* **2.** *Sport*: Halbzeit...: ~ ***interval*** Halbzeitpause *f*; ~ ***score*** Halbzeitstand *m.* II *adv* **3.** halbtags: ***work*** ~. '~**-truth** *s* Halbwahrheit *f.* ˌ~'**way** I *adj* **1.** auf halbem Weg *od.* in der Mitte (liegend). **2.** *fig.* halb, teilweise: ~ ***measure*** → ***half measure*** 1. II *adv* **3.** auf halbem Weg, in der Mitte: ***meet s.o.*** ~ *bsd. fig.* j-m auf halbem Weg entgegenkommen. **4.** teilweise, halb(wegs). '~**-wit** *s* Schwachkopf *m*, Trottel *m.* ˌ~-'**year·ly** *adj u. adv* halbjährlich.

hal·i·but ['hælɪbət] *pl* **-buts,** *bsd. coll.* **-but** *s ichth.* Heilbutt *m.*

hal·i·to·sis [ˌhælɪ'təʊsɪs] *s* übler Mundgeruch.

hall [hɔːl] *s* **1.** Halle *f*, Saal *m.* **2.** Diele *f*, Flur *m.* **3.** *univ.* a) *a.* ~ ***of residence*** Studentenheim *n*, b) Speisesaal *m.*

hal·le·lu·jah [ˌhælɪ'luːjə] I *s* Halleluja *n.* II *int* halleluja!

'**hall·mark** I *s* **1.** *Br.* Feingehaltsstempel *m.* **2.** *fig.* (Kenn)Zeichen *n*, Merkmal *n*: ~ ***of excellence*** *fig.* Gütesiegel *n.* II *v/t* **3.** *Br.* *Gold, Silber* stempeln. **4.** *fig.* kennzeichnen.

hal·lo *bsd. Br.* → **hello.**

Hal·low·een [ˌhæləʊ'iːn] *s* Abend *m* vor Allerheiligen (*an dem sich Kinder verkleiden und von Tür zu Tür ziehen*).

hall| **por·ter** *s bsd. Br.* Hausdiener(in) (*im Hotel*). '~**·stand** *s* Garderoben-, Kleiderständer *m*; (Flur)Garderobe *f.*

hal·lu·ci·nate [hə'luːsɪneɪt] *v/i* halluzinieren.

halˌ**lu·ci'na·tion** *s* Halluzination *f.*

ha·lo ['heɪləʊ] *pl* **-lo**(**e**)**s** *s* **1.** Heiligenschein *m.* **2.** *ast.* Hof *m.*

hal·o·gen ['hælədʒen] *s* ⚗ Halogen *n.*

halt [hɔːlt] I *s* Halt *m*: ***bring to a*** ~ → II; ***come to a*** ~ → III. II *v/t* anhalten, *a. fig.* zum Stehen *od.* Stillstand bringen. III *v/i* anhalten, *a. fig.* zum Stehen *od.* Stillstand kommen.

hal·ter ['hɔːltə] *s* **1.** Halfter *m, n.* **2.** Strick *m*, Strang *m* (*zum Hängen*).

halve [hɑːv] *v/t* halbieren.

halves [~z] *pl von* **half.**

ham [hæm] *s* **1.** Schinken *m*: ~ ***and eggs*** Schinken mit (Spiegel)Ei. **2.** *a.* ~ ***actor*** F Schmierenkomödiant(in). **3.** F Funkamateur(in), Amateurfunker(in).

ham·burg·er ['hæmbɜːgə] *s gastr.* Hamburger *m.*

ˌ**ham**|-'**fist·ed** *adj bsd. Br.* F, '~-ˌ**hand·ed** *adj* F tollpatschig, ungeschickt.

ham·let ['hæmlɪt] *s* Weiler *m.*

ham·mer ['hæmə] I *s* **1.** Hammer *m*: ***come*** (*od.* ***go***) ***under the*** ~ unter den Hammer kommen; ***go at it*** ~ ***and tongs*** F sich mächtig ins Zeug legen; (sich) streiten, dass die Fetzen fliegen. **2.** *Leichtathletik*: Hammer *m*: ~ ***throw*** Hammerwerfen *n*; ~ ***thrower*** Hammerwerfer(in). II *v/t* **3.** hämmern: ~ ***in*** einhämmern; ~ ***s.th. into s.o.'s head*** *fig.* j-m et. einhämmern *od.* -bläuen. III *v/i* **4.** hämmern (*a. Puls etc*): ~ ***at*** einhämmern auf (*acc*).

ham·mock ['hæmək] *s* Hängematte *f.*

ham·per[1] ['hæmpə] *v/t* (be)hindern.

ham·per[2] [~] *s* **1.** (Deckel)Korb *m.* **2.** Fresskorb *m.* **3.** *Am.* Wäschekorb *m.*

ham·ster ['hæmstə] *s zo.* Hamster *m.*

'ham·string I *s anat.* Kniesehne *f.* II *v/t* (*irr* ***string***) *fig.* vereiteln; lähmen.

hand [hænd] I *s* **1.** Hand *f*: ***at ~*** in Reichweite; nahe (bevorstehend); bei der *od.* zur Hand; ***by ~*** mit der Hand, manuell; ***~s down*** spielend, mühelos (*gewinnen etc*); ***~s off!*** Hände weg!; ***~s up!*** Hände hoch!; ***be ~ in glove*** (***with***) ein Herz u. e-e Seele sein (mit); unter 'einer Decke stecken (mit); ***change ~s*** den Besitzer wechseln; ***give*** (*od.* ***lend***) ***a*** (***helping***) ***~*** mit zugreifen, *j-m* helfen (***with*** bei); ***have a ~ in*** s-e Hand im Spiel haben bei, beteiligt sein an (*dat*); ***hold ~s*** Händchen halten; ***live from ~ to mouth*** von der Hand in den Mund leben; ***shake ~s with*** *j-m* die Hand schütteln *od.* geben; → ***tie*** 7a. **2.** *oft pl* Hand *f*, Macht *f*, Gewalt *f*: ***be entirely in s.o.'s ~s*** ganz in j-s Hand sein; ***fall into s.o.'s ~s*** j-m in die Hände fallen. **3.** *pl* Hände *pl*, Obhut *f*: ***in good ~s.*** **4.** Seite *f*: ***on the right ~*** rechts; ***on the one ~ ..., on the other ~*** *fig.* einerseits ..., andererseits. **5.** *oft in Zssgn* Arbeiter(in). **6.** Fachmann *m*, -frau *f*, Routinier *m*: ***an old ~*** ein alter Hase; ***be a good ~ at*** sehr geschickt *od.* geübt sein in (*dat*). **7.** Hand *f*, Quelle *f*: ***at first ~*** aus erster Hand. **8.** Handschrift *f*. **9.** Unterschrift *f*: ***set one's ~ to*** s-e Unterschrift setzen unter (*acc*), unterschreiben. **10.** Applaus *m*, Beifall *m*: ***get a big ~*** stürmischen Beifall bekommen. **11.** (Uhr)Zeiger *m*. **12.** *Kartenspiel*: Spieler(in); Blatt *n*, Karten *pl*: ***show one's ~*** *fig.* s-e Karten aufdecken. II *v/t* **13.** aushändigen, (über-)geben, (-)reichen.

Verbindungen mit Adverbien:

hand| a·round *v/t* herumreichen, herumgehen lassen. **~ back** *v/t* zurückgeben. **~ down** *v/t* **1.** hinunter-, herunterreichen, -langen (***from*** von; ***to*** *dat*). **2.** (***to***) *Tradition etc* weitergeben (an *acc*), *Bräuche etc* überliefern (*dat*). **~ in** *v/t* **1.** hinein-, hereinreichen, -langen (***to*** *dat*). **2.** *Prüfungsarbeit etc* abgeben, *Gesuch etc* einreichen (***to*** bei): → ***check*** 11. **~ on** *v/t* **1.** weiterreichen, -geben (***to*** *dat*, an *acc*). **2.** → ***hand down*** 2. **~ out** *v/t* **1.** aus-, verteilen (***to*** an *acc*). **2.** *Ratschläge, Komplimente etc* verteilen. **~ o·ver** *v/t* (***to*** *dat*) **1.** übergeben. **2.** geben, aushändigen. **~ round** → ***hand around.*** **~ up** *v/t* hinauf-, heraufreichen, -langen (***to*** *dat*).

'hand|·bag *s* Handtasche *f*. **~ bag·gage** *s bsd. Am.* Handgepäck *n*. **'~·bill** *s* Handzettel *m*, Flugblatt *n*. **'~·book** *s* **1.** Handbuch *n*. **2.** Reiseführer *m* (***of*** durch, von): ***a ~ of London*** ein London-Führer. **~ brake** *s tech.* Handbremse *f*. **~·breadth** ['~bretθ] *s* Handbreit *f*. **'~-carved** *adj* handgeschnitzt. **~ cream** *s* Handcreme *f*. **'~·cuff** I *s mst pl* Handschelle *f*. II *v/t j-m* Handschellen anlegen: ***~ed*** in Handschellen.

hand·ful ['hændfʊl] *s* **1.** *e-e* Hand voll (*a. fig. Personen*). **2.** F Plage *f* (*Person, Sache*), Nervensäge *f*.

hand gre·nade *s mil.* Handgranate *f*.

hand·i·cap ['hændɪkæp] I *s* Handikap *s*: a) Vorgabe(rennen *n*, -spiel *n*) *f*, b) *fig.* Behinderung *f*, Nachteil *m* (***to*** für): → ***mental*** 1, ***physical*** 1. II *v/t* behindern, benachteiligen: → ***mentally*** 1, ***physically.***

hand·i·craft ['hændɪkrɑft] *s* **1.** Handfertigkeit *f*. **2.** (*bsd.* Kunst)Handwerk *n*.

'hand·i͵crafts·man [~mən] *s* (*irr* ***man***) (*bsd.* Kunst)Handwerker *m*.

hand·i·work ['hændɪwɜːk] *s* **1.** Handarbeit *f*. **2.** *fig.* Werk *n*.

hand·ker·chief ['hæŋkətʃɪf] *s* Taschentuch *n*, *schweiz.* Nastuch *n*.

han·dle ['hændl] I *s* **1.** (Hand)Griff *m*; Stiel *m*; Henkel *m*; Klinke *f*, Drücker *m*: ***fly off the ~*** F hochgehen, wütend werden. **2.** *fig.* Handhabe *f* (***against*** gegen). II *v/t* **3.** anfassen, berühren. **4.** hantieren *od.* umgehen mit, *Maschine* bedienen. **5.** *Thema etc* behandeln; *et.* erledigen, durchführen; mit *et.*, *j-m* fertig werden. **6.** *j-n* behandeln, umgehen mit: → ***kid glove.*** III *v/i* **7.** ***glass – ~ with care!*** Vorsicht, Glas! **'~·bar** *s mst pl* Lenkstange *f*.

han·dling charg·es *pl* **1.** Bearbeitungsgebühr *f*. **2.** Umschlagspesen *pl*.

hand| lug·gage *s* Handgepäck *n*. **͵~-'made** *adj* handgearbeitet: ***~ paper*** Büttenpapier *n*. **͵~-'op·er·at·ed** *adj* handbedient, Hand... **'~-out** *s* **1.** Almosen *n*, milde Gabe. **2.** Prospekt *m*, Hand-, Werbezettel *m*. **3.** Hand-out *n* (*für Pressevertreter etc*). **'~·rail** *s* Handlauf *m*. **'~·set** *s teleph.* Hörer *m*.

͵hands-'free *adj* ***~ phone*** Telefon *n* mit Freisprecher u. Lauthören.

'hand·shake *s* Händedruck *m*: ***give s.o. a firm ~*** j-m kräftig die Hand schütteln.

'hand-͵shak·ing *s Computer*: Hand-shaking *n*, Qittungsbetrieb *m*.

hand·some ['hænsəm] *adj* □ **1.** gut aussehend (*bsd. Mann*). **2.** beträchtlich, ansehnlich (*Summe etc*). **3.** großzügig, nobel.

hands-'on *adj* praktisch (*Erfahrung*).

'hand|·stand *s* Handstand *m*: ***do a ~*** e-n Handstand machen. **͵~-to-'mouth** *adj*: ***lead a ~ existence*** von der Hand in den Mund leben. **'~·work** *s* Handarbeit *f*. **'~͵writ·ing** *s* (Hand)Schrift *f*. **'~͵writ·ten** *adj* handgeschrieben.

hand·y ['hændɪ] *adj* □ **1.** zur *od.* bei der Hand: ***keep s.th. ~*** et. griffbereit aufbewahren. **2.** geschickt, gewandt. **3.** handlich, praktisch. **4.** nützlich: ***come in ~*** sich als nützlich erweisen; (sehr) gelegen kommen. '**~·man** *s* (*irr* **man**) Mädchen *n* für alles, Faktotum *n*.

hang [hæŋ] **I** *s* **1.** Sitz *m* (*e-s Kleids etc*). **2.** ***get the ~ of s.th.*** F et. rauskriegen *od.* kapieren. **II** *v/t* (*irr*) **3.** (auf)hängen; *Tür etc* einhängen: ***~ on a hook*** an e-n Haken hängen. **4.** *pret u. pp* **hanged** *j-n* (auf)hängen: ***~ o.s.*** sich erhängen. **5.** *Kopf* hängen lassen *od.* senken. **6.** behängen (***with*** mit). **7.** *Tapeten* ankleben. **III** *v/i* (*irr*) **8.** hängen (***by, on*** an *dat*): ***~ by a thread*** *fig.* an e-m (dünnen *od.* seidenen) Faden hängen; ***~ over*** *fig.* hängen *od.* schweben über (*dat*). **9.** ***~ about*** (*od.* ***around***) herumlungern *od.* sich herumtreiben in (*dat*).

Verbindungen mit Adverbien:

hang| a·bout, ~ a·round *v/i* herumlungern, sich herumtreiben. **~ back** *v/i* zögern (***from doing*** zu tun). **~ down** *v/i* hinunter-, herunterhängen (***from*** von). **~ on** *v/i* **1.** (***to***) sich klammern (an *acc*) (*a. fig.*), festhalten (*acc*). **2.** warten; *teleph.* am Apparat bleiben. **3.** nicht nachlassen (*Krankheit etc*). **~ out I** *v/t* **1.** (hin-, her)aushängen, *Wäsche* (draußen) aufhängen. **II** *v/i* **2.** heraushängen. **3.** aushängen, ausgehängt sein. **~ o·ver I** *v/i* andauern, existieren (***from*** seit). **II** *v/t*: ***be hung over*** F e-n Kater haben. **~ to·geth·er** *v/i* **1.** zs.-halten (*Personen*). **2.** e-n (logischen) Zs.-hang haben, zs.-hängen. **~ up I** *v/t* **1.** aufhängen. **2.** aufschieben. **3.** ***be hung up on*** F e-n Komplex haben wegen; besessen sein von. **II** *v/i* **4.** *teleph.* einhängen, auflegen.

hang·ar ['hæŋə] *s* Hangar *m*, Flugzeughalle *f*.

hang·er ['hæŋə] *s* Kleiderbügel *m*; Schlaufe *f*, Aufhänger *m*.

hang| glid·er *s* (*Sport*) **1.** (Flug)Drachen *m*. **2.** Drachenflieger(in). **~ glid·ing** *s* Drachenfliegen *n*.

hang·ing ['hæŋıŋ] **I** *adj* Hänge...: ***~ bridge.*** **II** *s mst pl* Wandbehang *m*.

hang|·man ['hæŋmən] *s* (*irr* **man**) Henker *m*. '**~·out** *s* F Treff(punkt) *m*. '**~,o·ver** *s* **1.** Überbleibsel *n*, -rest *m*. **2.** F Katzenjammer *m*, Kater *m* (*beide a. fig.*). '**~·up** *s* F **1.** Komplex *m*. **2.** Problem *n*, Schwierigkeit *f*.

han·ker ['hæŋkə] *v/i* sich sehnen, Verlangen haben (***after, for*** nach): ***~ to do s.th.*** sich danach sehnen, et. zu tun.

'**han·ker·ing** *s* Sehnsucht *f*, Verlangen *n*.

han·kie, han·ky ['hæŋkı] *s* F Taschentuch *n*.

han·ky-pan·ky [,hæŋkı'pæŋkı] *s* F **1.** Hokuspokus *m*. **2.** Techtelmechtel *n*.

hap·haz·ard [,hæp'hæzəd] *adj* □ *u. adv* plan-, wahllos, *adv a.* aufs Geratewohl.

hap·pen ['hæpən] *v/i* **1.** geschehen, sich ereignen, passieren: ***it will not ~ again*** es wird nicht wieder vorkommen. **2.** zufällig geschehen, sich zufällig ergeben: ***it ~ed that*** es traf *od.* ergab sich, dass. **3.** ***if you ~ to see it*** wenn du es zufällig siehst *od.* sehen solltest; ***it ~ed to be cold*** zufällig war es kalt. **4.** ***~ to*** geschehen *od.* passieren mit (*od. dat*), zustoßen (*dat*), werden aus. **5.** ***~ on*** zufällig begegnen (*dat*) *od.* treffen (*acc*); zufällig stoßen auf (*acc*).

hap·pen·ing ['hæpnıŋ] *s* **1.** Ereignis *n*. **2.** *Kunst*: Happening *n*.

hap·pi·ly ['hæpılı] *adv* **1.** glücklich. **2.** glücklicherweise, zum Glück.

'**hap·pi·ness** *s* Glück *n*.

hap·py ['hæpı] *adj* (□ → ***happily***) **1.** *allg.* glücklich (***at, about*** über *acc*; ***with*** mit): ***I am ~ to see you*** es freut mich (sehr), Sie zu sehen; → ***birthday*** I, ***Easter*** I, ***new year*** 1. **2.** F beschwipst. **3.** *in Zssgn*: a) ...begeistert: → ***trigger-happy***, b) F ...süchtig. **,~-go-'luck·y** *adj* unbekümmert, sorglos. **~ hour** *s* F *Zeit, in der in Pubs etc alkoholische Getränke verbilligt ausgeschenkt werden.*

Ha·ra·re [hə'rɑːreı] *Hauptstadt von Zimbabwe.*

har·ass ['hærəs] *v/t* **1.** ständig belästigen (***with*** mit). **2.** aufreiben, zermürben. **3.** schikanieren. **~·ment** *s* Belästigung *f*, Schikanieren *n*: ***sexual ~*** sexuelle Belästigung; ***~ at work*** Mobbing *n*.

har·bin·ger ['hɑːbındʒə] *s* Vorläufer *m*; Vorbote *m*; (erstes) Anzeichen.

har·bo(u)r ['hɑːbə] **I** *s* **1.** Hafen *m*. **2.** Zufluchtsort *m*, Unterschlupf *m*. **II** *v/t* **3.** *j-m* Zuflucht *od.* Unterschlupf gewähren. **4.** *Gedanken, Groll etc* hegen.

hard [hɑːd] **I** *adj* **1.** *allg.* hart: ***~ currency*** harte Währung *f*. **2.** schwer, schwierig: ***~ work*** harte Arbeit; ***~ to believe*** kaum zu glauben; ***~ to please*** schwer zufrieden zu stellen; ***~ to imagine*** schwer vorstellbar. **3.** heftig, stark: ***a ~ blow*** ein harter Schlag, *fig. a.* ein schwerer Schlag. **4.** hart (*Winter*), (*a. Frost*) streng, (*Klima*) rau. **5.** hart, streng: ***be ~ on s.o.*** j-n hart *od.* ungerecht behandeln; j-m hart zusetzen. **6.** hart, drückend: ***~ times*** *pl* schwere Zeiten *pl*; ***it is ~ on him*** es ist hart für ihn, es trifft ihn schwer. **7.** hart, nüchtern: ***the ~ facts*** *pl* die nackten Tatsachen *pl*. **8.** hart (*Droge*), (*Getränk a.*) stark. **9.** ***~ of hearing*** schwerhörig. **10.** ***~ up*** F in (Geld)Schwierigkeiten; in Verlegenheit (***for*** um). **II** *adv* **11.** hart, fest: ***frozen ~*** hart gefroren. **12.** hart, schwer: ***work ~; brake ~*** scharf bremsen; ***think ~*** scharf nachdenken; ***try ~*** sich große Mühe geben. **13.** nahe, dicht: ***~ by*** ganz in der Nähe.

'hard|·back *s* gebundene Ausgabe. **ˌ~-'boiled** *adj* **1.** hart (gekocht) (*Ei*). **2.** *fig.* hart, unsentimental; nüchtern, sachlich. **~ cop·y** *s Computer*: Hardcopy *f*, Ausdruck *m*. **~ core** *s* harter Kern (*e-r Bande etc*). **'~-core** *adj* **1.** zum harten Kern gehörend. **2.** hart (*Pornographie*). **'~ˌcov·er** → ***hardback***. **~ disk** *s Computer*: Festplatte *f*: **~ *drive*** Festplattenlaufwerk *n*. **ˌ~-'earned** *adj* hart verdient.

hard·en ['hɑːdn] **I** *v/t* **1.** härten (*a. tech.*), hart machen. **2.** *fig.* hart machen, abstumpfen (***to*** gegen): **~*ed*** verstockt, abgebrüht. **3.** *fig.* abhärten (***to*** gegen). **II** *v/i* **4.** erhärten (*a. tech.*), hart werden. **5.** *fig.* hart werden, abstumpfen (***to*** gegen). **6.** *fig.* sich abhärten (***to*** gegen). **7.** *econ.* anziehen (*Preise*).

hard| hat *s* Schutzhelm *m*. **ˌ~'head·ed** *adj* nüchtern, realistisch. **ˌ~'heart·ed** *adj* □ hartherzig. **~ line** *s* **1.** *bsd. pol.* harter Kurs: ***follow*** (*od.* ***adopt***) ***a ~*** e-n harten Kurs einschlagen. **2.** *pl bsd. Br.* Pech *n* (***on*** für).

hard·ly ['hɑːdlɪ] *adv* **1.** kaum, fast nicht: **~ *ever*** fast nie. **2.** (wohl) kaum, schwerlich. **3.** (*zeitlich*) kaum.

'hard·ness *s* **1.** Härte *f* (*a. fig.*). **2.** Schwierigkeit *f*.

'hard|-nosed *adj* F knallhart. **~ sell** *s* aggressive Verkaufsstrategie *f*. **'~·ship** *s* **1.** Not *f*, Elend *n*. **2.** Härte *f*: **~ *case*** Härtefall *m*. **~ shoul·der** *s mot. Br.* Standspur *f*. **'~·top** *s mot.* Hardtop *n*, *m* (*a. Wagen*). **~-to-place** *adj* schwer vermittelbar. **'~·ware** *s* **1.** Metall-, Eisenwaren *pl*; Haushaltswaren *pl*. **2.** *Computer*: Hardware *f*. **ˌ~-'wear·ing** *adj Br.* strapazierfähig. **ˌ~-'work·ing** *adj* fleißig, arbeitsam.

har·dy ['hɑːdɪ] *adj* □ **1.** zäh, robust; abgehärtet. **2.** ⚘ winterfest.

hare [heə] *s zo.* Hase *m*: (***as***) ***mad as a March ~*** F total verrückt; ***play ~ and hounds*** e-e Schnitzeljagd machen. **'~-bell** *s* ⚘ Glockenblume *f*. **'~·brained** *adj* verrückt. **ˌ~'lip** *s* ⚕ Hasenscharte *f*.

ha·rem ['hɑːriːm] *s* Harem *m*.

harm [hɑːm] **I** *s* Schaden *m*: ***there is no ~ in doing s.th.*** es kann nicht(s) schaden, et. zu tun; ***there is no ~ in trying*** ein Versuch kann nicht schaden; ***come to ~*** zu Schaden kommen; ***do s.o. ~*** j-m schaden *od.* et. antun; → ***bodily*** 1, ***mean³*** 1. **II** *v/t j-n* verletzen (*a. fig.*), *j-m*, *j-s Ruf etc* schaden.

harm·ful ['~fʊl] *adj* □ schädlich (***to*** für): **~ *to one's health*** gesundheitsschädlich.

'harm·less *adj* □ *allg.* harmlos.

har·mon·ic [hɑː'mɒnɪk] *adj* (**~*ally***) harmonisch.

har'mon·i·ca [~kə] *s* ♪ Mundharmonika *f*.

har·mo·ni·ous [hɑː'məʊnjəs] *adj* □ harmonisch.

har·mo·ni·um [hɑː'məʊnjəm] *s* ♪ Harmonium *n*.

har·mo·nize ['hɑːmənaɪz] **I** *v/i* harmonieren, zs.-passen, in Einklang sein (***with*** mit). **II** *v/t* harmonisieren, in Einklang bringen (***with*** mit).

har·mo·ny ['hɑːmənɪ] *s* ♪ Harmonie *f*, *fig. a.* Einklang *m*, Eintracht *f*.

har·ness ['hɑːnɪs] **I** *s* (*Pferde- etc*)Geschirr *n*: ***die in ~*** *fig.* in den Sielen sterben (*bis zuletzt arbeiten*). **II** *v/t Pferd etc* anschirren; anspannen (***to*** an *acc*).

harp [hɑːp] **I** *s* **1.** ♪ Harfe *f*. **II** *v/i* **2.** Harfe spielen. **3.** *fig.* (***on, on about***) herumreiten (auf *dat*), dauernd reden (von).

'harp·ist *s* Harfenist(in).

har·poon [hɑː'puːn] **I** *s* Harpune *f*. **II** *v/t* harpunieren.

harp·si·chord ['hɑːpsɪkɔːd] *s* ♪ Cembalo *n*.

har·row ['hærəʊ] **I** *s* **1.** ⚒ Egge *f*. **II** *v/t* **2.** ⚒ eggen. **3.** *fig.* quälen, peinigen.

harsh [hɑːʃ] *adj* □ rau (*Stoff*, *Stimme*); grell (*Farbe*); barsch, schroff (*Art etc*); streng (*Disziplin etc*), hart (*Worte etc*).

har·um-scar·um [ˌheərəm'skeərəm] *adj* unbesonnen, leichtsinnig.

har·vest ['hɑːvɪst] **I** *s* Ernte *f*: a) Erntezeit *f*, b) Ernten *n*, c) (Ernte)Ertrag *m*. **II** *v/t* ernten, *fig. a.* einheimsen. **~ fes·ti·val** *s* Erntedankfest *n*.

has [hæz] *er*, *sie*, *es* hat. **'~-been** *s* F **1.** *et.* Überholtes. **2.** *j-d, der den Höhepunkt s-r Karriere überschritten hat*. **3.** *pl* alte Zeiten *pl*.

hash¹ [hæʃ] **I** *v/t* **1.** *a.* **~ *up*** *Fleisch* zerhacken, -kleinern. **2.** *a.* **~ *up*** *fig.* durcheinander bringen; verpfuschen. **II** *s* **3.** *gastr.* Haschee *n*. **4.** *fig. et.* Aufgewärmtes. **5.** ***make a ~ of*** → 2.

hash² [~] *s* F Hasch *n* (*Haschisch*).

hash·ish ['hæʃiːʃ] *s* Haschisch *n*.

has·sle ['hæsl] F **I** *s* **1.** Krach *m*, (*a.* handgreifliche) Auseinandersetzung. **2.** Mühe *f*: ***it was quite a ~*** es war ganz schön mühsam (***doing, to do*** zu tun). **II** *v/i* **3.** Krach *od.* e-e (handgreifliche) Auseinandersetzung haben.

haste [heɪst] *s* Hast *f*, Eile *f*: ***make ~*** sich beeilen; ***more ~, less speed*** eile mit Weile.

has·ten ['heɪsn] **I** *v/t j-n* antreiben; *et.* beschleunigen. **II** *v/i* (sich be)eilen, hasten.

hast·y ['heɪstɪ] *adj* □ **1.** eilig, hastig, (*Abreise*) überstürzt. **2.** voreilig, -schnell, übereilt.

hat [hæt] *s* Hut *m*: ***I'll eat my ~ if ...*** F ich fresse e-n Besen, wenn ...; ***talk through one's ~*** F dummes Zeug reden; **~*s off!*** Hut ab!, alle Achtung! (***to*** vor *dat*); **~ *and coat***

stand Kleiderständer *m*; → ***cocked hat, old*** 1.

hatch¹ [hætʃ] *s* **1.** ✈, ⚓ Luke *f*, *allg. a.* Bodentür *f*, -öffnung *f*. **2.** Durchreiche *f*.

hatch² [~] **I** *v/t* **1.** *a.* ~ ***out*** *Eier, Junge* ausbrüten. **2.** *a.* ~ ***out*** (*od.* ***up***) *Racheplan etc* ausbrüten, -hecken; *Programm etc* entwickeln. **II** *v/i* **3.** brüten. **4.** *a.* ~ ***out*** (*aus dem Ei*) ausschlüpfen. **III** *s* **5.** Brut *f*.

hatch³ [~] *v/t* schraffieren: ~***ing*** Schraffieren *n*, Schraffur *f*.

'hatch·back *s mot.* (Wagen *m* mit) Hecktür *f*.

hatch·et ['hætʃɪt] *s* Beil *n*: ***bury*** (***take up***) ***the*** ~ *fig.* das Kriegsbeil begraben (ausgraben). ~ **man** *s* **1.** F Killer *m*. **2.** *econ.* skrupelloser Kostenmanager.

H

hate [heɪt] **I** *v/t* **1.** hassen: ~***d*** verhasst. **2.** nicht ausstehen können: → ***gut*** 1. **3.** nicht wollen *od.* mögen: ~ ***doing*** (*od.* ***to do***) ***s.th.*** et. (nur) äußerst ungern tun. **II** *s* **4.** Hass *m* (***of, for*** auf *acc*, gegen): ***full of*** ~ hasserfüllt. **5.** *et.* Verhasstes: ***... is my pet*** ~ F ... kann ich auf den Tod nicht ausstehen *od.* leiden.

ha·tred ['heɪtrɪd] → ***hate*** 4.

hat·ter ['hætə] *s* Hutmacher(in): (***as***) ***mad as a*** ~ total verrückt.

hat trick *s Sport*: Hattrick *m*.

haugh·ty ['hɔːtɪ] *adj* □ hochmütig, überheblich.

haul [hɔːl] **I** *s* **1.** Ziehen *n*, Zerren *n*; kräftiger Zug. **2.** Fischzug *m*, *fig. a.* Fang *m*, Beute *f*: ***make a big*** ~ e-n guten Fang machen. **3.** a) Beförderung *f*, Transport *m*, b) Transportweg *m*. **II** *v/t* **4.** ziehen, zerren: ~ ***down*** *Flagge etc* ein-, niederholen; ~ ***up*** F sich *j-n* vorknöpfen; *j-n* schleppen (***before*** vor *acc*); → ***coal***. **5.** befördern, transportieren. **III** *v/i* **6.** ~ ***away*** ziehen, zerren (***at, on*** an *dat*).

'haul·age *s* → ***haul*** 3a; ~ ***firm*** (*od.* ***company***) Spedition *f*.

'haul·er, *bsd. Br.*

haul·i·er ['hɔːljə] *s* Transportunternehmer(in).

haulm [hɔːm] *s* Halm *m*, Stängel *m*.

haunch [hɔːntʃ] *s gastr.* Lendenstück *n*, Keule *f*: ~ ***of beef*** Rindslende *f*.

haunt [hɔːnt] **I** *v/t* **1.** spuken *od.* umgehen in (*dat*): ***this room is*** ~***ed*** in diesem Zimmer spukt es; ~***ed castle*** Spukschloss *n*. **2.** *fig.* a) verfolgen, quälen: ~***ed look*** gehetzter Blick, b) *j-m* nicht mehr aus dem Kopf gehen, *j-n* nicht mehr loslassen. **3.** häufig besuchen. **II** *s* **4.** häufig besuchter Ort.

'haunt·ing *adj* □ **1.** quälend. **2.** unvergesslich: ~ ***melody*** (*od.* ***tune***) Ohrwurm *m*.

Ha·van·a [hə'vænə] Havanna *n* (*Hauptstadt von Kuba*).

have [hæv] **I** *v/t* (*irr*) **1.** *allg.* haben: ~ ***on*** *Kleidungsstück* anhaben, *Hut* aufhaben; → ***get*** 11. **2.** haben, erleben. **3.** *Kind* bekommen; *zo. Junge* werfen. **4.** behalten: ***may I*** ~ ***it?*** **5.** *Gefühle, Verdacht etc* haben, hegen. **6.** erhalten, bekommen: ~ ***back*** zurückbekommen. **7.** essen, trinken: → ***breakfast*** I, *etc.* **8.** haben, machen: → ***look*** 1, ***try*** 1, ***walk*** 1, ***wash*** 1. **9.** *a.* ~ ***on*** F *j-n* reinlegen. **10.** ~ ***on*** *et.* vorhaben. **11.** *vor inf*: müssen: ***I*** ~ ***to go now***; → ***get*** 11. **12.** *mit Objekt u. pp*: lassen: ***I had a suit made*** ich ließ mir e-n Anzug machen. **13.** *mit Objekt u. inf*: (veran)lassen: ***I had him sit down*** ich ließ ihn Platz nehmen. **14.** ***I had rather go than stay*** ich möchte lieber gehen als bleiben; ***you had best go*** du tätest am besten daran zu gehen. **II** *v/aux* (*irr*) **15.** haben, (*bei vielen v/i*) sein: ***I have come*** ich bin gekommen. **III** *s* **16.** ***the*** ~***s and the*** ~***-nots*** die Begüterten u. die Habenichtse.

ha·ven ['heɪvn] *s* **1.** *mst fig.* (sicherer) Hafen. **2.** *fig.* Zufluchtsort *m*.

'have-not *s mst pl* Habenichts *m*: → ***have*** 16.

hav·oc ['hævək] *s* Verwüstung *f*, Zerstörung *f*: ***cause*** ~ schwere Zerstörungen *od.* (*a. fig.*) ein Chaos verursachen; ***play*** ~ ***with, make*** ~ ***of*** verwüsten, zerstören; *fig.* verheerend wirken auf (*acc*).

haw [hɔː] *v/i* → ***hem²*** II, ***hum*** 2.

hawk¹ [hɔːk] *s orn.* Falke *m* (*a. pol.*), Habicht *m*.

hawk² [~] *v/t* **1.** hausieren mit; auf der Straße verkaufen. **2.** *a.* ~ ***about*** (*od.* ***around***) *Gerücht etc* verbreiten.

'hawk·er *s* Hausierer(in); Straßenhändler(in).

haw·ser ['hɔːzə] *s* ⚓ Kabeltau *n*, Trosse *f*.

haw·thorn ['hɔːθɔːn] *s* ♣ Weißdorn *m*.

hay [heɪ] *s* Heu *n*: ***make*** ~ ***while the sun shines*** *fig.* das Eisen schmieden, solange es heiß ist; ***hit the*** ~ *sl.* sich in die Falle *od.* Klappe hauen. ~ **fe·ver** *s* ⚕ Heuschnupfen *m*. **'**~**·wire** *adj* F kaputt (*Gerät*); (völlig) durcheinander (*Pläne etc*); übergeschnappt (*Person*): ***go*** ~ kaputtgehen; (völlig) durcheinander geraten; überschnappen.

haz·ard ['hæzəd] **I** *s* **1.** Gefahr *f*, Risiko *n*: ***at all*** ~***s*** unter allen Umständen; ***at the*** ~ ***of one's life*** unter Lebensgefahr, unter Einsatz s-s Lebens; ~ ***to health*** Gesundheitsrisiko; ~ ***warning lights*** *pl mot.* Warnblinkanlage *f*. **2.** Zufall *m*: ***by*** ~ durch Zufall, zufällig. **II** *v/t* **3.** riskieren: a) aufs Spiel setzen, b) (zu sagen) wagen, sich *e-e Bemerkung etc* erlauben.

'haz·ard·ous *adj* □ gewagt, gefährlich, riskant.

haze [heɪz] *s* **1.** Dunst(schleier) *m.* **2.** *fig.* Nebel *m*, Schleier *m.*

ha·zel ['heɪzl] *adj* (hasel)nussbraun. '**~nut** *s* ⚘ Haselnuss *f.*

ha·zy ['heɪzɪ] *adj* □ **1.** dunstig, diesig. **2.** *fig.* verschwommen, nebelhaft (*Vorstellung etc*): ***be rather ~ about*** nur e-e ziemlich verschwommene *od.* vage Vorstellung haben von.

HBM ***His*** (***Her***) ***Britannic Majesty*** Seine (Ihre) Britannische Majestät.

'**H-bomb** *s mil.* H-Bombe *f*, Wasserstoffbombe *f.*

HD dis·kette [eɪtʃ'diː ~] *s Computer*: HD-Diskette *f.*

he [hiː] **I** *pron* er: ***~ who*** wer; derjenige, welcher. **II** *s* Er *m*: a) Junge *m*, Mann *m*, b) *zo.* Männchen *n.* **III** *adj in Zssgn zo.* ...männchen *n*: ***~-goat*** Ziegenbock *m.*

HE ***His*** (***Her***) ***Excellency*** Seine (Ihre) Exzellenz.

head [hed] **I** *v/t* **1.** anführen, an der Spitze stehen von (*od. gen*). **2.** voran-, vorausgehen (*dat*). **3.** (an)führen, leiten: ***~ed by*** unter der Leitung von. **4.** *Fußball*: köpfen. **II** *v/i* **5.** (***for***) gehen, fahren (nach); sich bewegen (auf *acc* ... zu), lossteuern, -gehen (auf *acc*); ⚓ Kurs halten (auf *acc*). **III** *adj* **6.** Kopf... **7.** Chef..., Haupt..., Ober...: ***~ cook*** Chefkoch *m*, -köchin *f*; ***~ nurse*** Oberschwester *f.* **IV** *s* **8.** Kopf *m*: ***from ~ to foot*** von Kopf bis Fuß; ***~ over heels*** kopfüber (*stürzen*); bis über beide Ohren (*verliebt sein*); ***be ~ over heels in debt*** bis über die Ohren in Schulden stecken; ***bury one's ~ in the sand*** den Kopf in den Sand stecken; ***cry one's ~ off*** F sich die Augen ausweinen; ***go to s.o.'s ~*** j-m in den *od.* zu Kopf steigen (*Alkohol, Erfolg etc*); ***keep one's ~ above water*** sich über Wasser halten (*a. fig.*); ***lose one's ~*** den Kopf *od.* die Nerven verlieren; → ***snap*** 5. **9.** (Ober)Haupt *n*: ***~ of the family*** Familienvorstand *m*, -oberhaupt; ***~ of state*** Staatsoberhaupt; → ***crown*** 5. **10.** (An)Führer(in), Leiter(in): ***~ of government*** Regierungschef(in). **11.** Spitze *f*, führende Stellung: ***at the ~ of*** an der Spitze (*gen*). **12.** Kopf(ende *n*) *m* (*e-s Bettes etc*); Kopf *m* (*e-s Briefs, Nagels etc*). **13.** Kopf *m*, (einzelne) Person: ***one pound a ~*** ein Pfund pro Kopf *od.* Person. **14.** *pl* Vorderseite *f* (*e-r Münze*): ***~s or tails?*** Wappen od. Zahl?; ***I cannot make ~ or tail of it*** ich kann daraus nicht schlau werden. **15.** ⚘ (*Salat- etc*)Kopf *m.* **16.** Schaum(krone *f*) *m* (*vom Bier etc*). **17.** Quelle *f* (*e-s Flusses*). **18.** Überschrift *f*, Titelkopf *m.* **19.** *in Zssgn* F ...süchtige *m, f.*

'**head|·ache** *s* Kopfschmerz(en *pl*) *m*, -weh *n*: ***be a bit of a ~ for s.o., give s.o. a ~*** F j-m Kopfschmerzen *od.* Sorgen machen. '**~·band** *s* Kopf-, Stirnband *n.* **~ boy** *s* Schulsprecher *m.*

head·ed 'let·ter-ˌpa·per ['hedɪd] *s* Papier *n* mit Briefkopf.

head·er ['hedə] *s* **1.** Kopfsprung *m.* **2.** *Fußball*: Kopfball *m.* **3.** *Computer*: Kopfzeile *f.*

ˌ**head|'first** → ***headlong.*** **~ girl** *s* Schulsprecherin *f.* '**~·hunt** *v/i. econ.* abwerben. '**~ˌhunt·er** *s* Kopfjäger *m* (*a. fig.*); *econ.* F Headhunter *m*, Abwerber *m.*

head·ing ['hedɪŋ] *s* **1.** Überschrift *f*, Titel(zeile *f*) *m.* **2.** Thema *n*, (Gesprächs)Punkt *m.*

'**head|·lamp** → ***headlight.*** **~·land** ['~lənd] *s* Landspitze *f*, -zunge *f.* '**~·light** *s mot. etc* Scheinwerfer *m*: ***~ flasher*** Lichthupe *f.* '**~·line** *s* **1.** Schlagzeile *f*: ***hit the ~s*** Schlagzeilen machen. **2.** Überschrift *f.* '**~·long I** *adv* **1.** kopfüber, mit dem Kopf voran. **2.** *fig.* a) Hals über Kopf, b) ungestüm, stürmisch. **II** *adj* **3.** mit dem Kopf voran. **4.** *fig.* a) voreilig, -schnell, b) → 2b. ˌ**~'mas·ter** *s ped.* (Di)Rektor *m.* ˌ**~'mis·tress** *s ped.* (Di)Rektorin *f.* **~ of·fice** *s* Hauptbüro *n*, -sitz *m*, Zentrale *f.* ˌ**~-'on** *adj* **1.** frontal (*a. adv*), Frontal... **2.** *fig.* direkt (*Art etc*). '**~·phones** *s pl* Kopfhörer *m.* ˌ**~'quar·ters** *s pl* (*oft sg konstruiert*) **1.** *mil.* Hauptquartier *n.* **2.** (*Polizei*)Präsidium *n.* **3.** → ***head office.*** '**~·rest** *s* Kopfstütze *f.* '**~·scarf** *s* (*irr* ***scarf***) Kopftuch *n.* '**~·set** *s* Kopfhörer *m.* '**~ˌshrink·er** *s sl.* Psychiater(in). **~ start** *s Sport*: Vorsprung *m* (*a. fig.*): ***have a ~ on*** (*od.* ***over***) ***s.o.*** j-m gegenüber im Vorteil sein. '**~-strong** *adj* eigensinnig, halsstarrig. **~ voice** *s* ♪ Kopfstimme *f.* ˌ**~'wait·er** *s* Oberkellner(in). '**~·way** *s*: ***make ~*** (***with***) (gut) vorankommen (mit), Fortschritte machen (bei). **~ wind** *s* ✈, ⚓ Gegenwind *m.* '**~-word** *s* Stichwort *n* (*im Wörterbuch*).

heal [hiːl] **I** *v/t* heilen (***of*** von) (*a. fig.*). **II** *v/i oft* ***~ up*** (*od.* ***over***) (zu)heilen.

'**heal·ing I** *s* Heilung *f.* **II** *adj* heilsam (*a. fig.*), heilend: ***~ process*** Heil(ungs)prozess *m.*

health [helθ] *s* **1.** Gesundheit *f*: ***~ care*** Gesundheitsfürsorge *f*; ***~ certificate*** ärztliches Attest *n*; ***~ club*** Fitnessklub *m*; ***~ food*** Reform- *od.* Biokost *f*; ***on ~ grounds*** aus gesundheitlichen Gründen; ***~ hazard*** Gesundheitsrisiko *n*; ***~ insurance*** Krankenversicherung *f*; ***~ insurance contribution*** Krankenversicherungsbeitrag *m*; ***~ insurance funds*** *pl* Krankenkassen *pl*; ***~ resort*** Kurort *m*; ***~ service*** Gesundheitsdienst *m.* **2.** *a.* ***state of ~*** Gesundheitszustand *m*: ***in good*** (***poor***) ***~*** gesund, bei guter Gesundheit (kränklich, bei schlechter Gesundheit). **3.** Gesundheit *f*, Wohl *n*: ***drink*** (***to***) (*od.* ***propose***) ***s.o.'s*** ~ auf j-s Wohl trinken; ***your*** (***very good***) ~*!* auf Ihr Wohl!

ˌhealth-ˈcon·scious *adj* gesundheitsbewusst.

health farm *s* Gesundheitsfarm *f*.

ˈhealth·y *adj* ☐ **1.** *allg.* gesund (*a. fig.*). **2.** F gesund, kräftig (*Appetit*).

heap [hiːp] **I** *s* **1.** Haufen *m*: ***in*** ~***s*** haufenweise. **2.** F Haufen *m*, Menge *f*: ~***s of time*** e-e Menge Zeit; ~***s of times*** unzählige Male; ~***s better*** sehr viel besser. **II** *v/t* **3.** häufen: ~ ***up*** auf-, *fig. a.* anhäufen. **4.** *fig.* überhäufen (***with*** mit).

hear [hɪə] (*irr*) **I** *v/t* **1.** hören: ***I*** ~***d him laugh***(***ing***) ich hörte ihn lachen; ***make o.s.*** ~***d*** sich Gehör verschaffen. **2.** *et.* hören, erfahren (***about, of*** von, über *acc*). **3.** *j-n* anhören, *j-m* zuhören: ~ ***s.o. out*** j-n ausreden lassen. **4.** (an)hören, sich *et.* anhören. **5.** *Bitte etc* erhören. **6.** *Schüler*, *Gelerntes* abhören. **7.** ⚖ verhören, -nehmen; *Fall* verhandeln. **II** *v/i* **8.** hören: ~ ***say*** sagen hören; ***he would not*** ~ ***of it*** er wollte davon nichts hören *od.* wissen; ~*!* ~*!* bravo!, sehr richtig!, *iro.* hört, hört! **9.** hören, erfahren (***about, of*** von).

heard [hɜːd] *pret u. pp von* ***hear.***

ˈhear·ing *s* **1.** Hören *n*: ***within*** (***out of***) ~ in (außer) Hörweite; ~ ***aid*** Hörgerät *n*. **2.** Gehör(sinn *m*) *n*: → ***hard*** 9. **3.** ***gain*** (*od.* ***get***) ***a*** ~ sich Gehör verschaffen. **4.** ⚖ Verhör *n*, Vernehmung *f*; Verhandlung *f*. **5.** *bsd. pol.* Hearing *n*, Anhörung *f*.

ˈhear·say *s*: ***by*** ~ vom Hörensagen.

hearse [hɜːs] *s* Leichenwagen *m*.

heart [hɑːt] *s* **1.** *anat.* Herz *n* (*a. fig. Gemüt, Mitgefühl, Empfinden etc*): ***by*** ~ auswendig; ***to one's*** ~***'s content*** nach Herzenslust; ***with all one's*** (*od.* ***one's whole***) ~ von ganzem Herzen; ***break s.o.'s*** ~ j-m das Herz brechen; ***cry*** (*od.* ***sob***) ***one's*** ~ ***out*** sich die Augen ausweinen; ***have no*** ~ kein Herz haben, herzlos sein; ***my*** ~ ***sank*** ich wurde deprimiert; ***take s.th. to*** ~ sich et. zu Herzen nehmen; → ***bottom*** 1, ***stone*** 1. **2.** *fig.* Kern *m*. **3.** *Kartenspiel*: a) *pl* Herz *n* (*Farbe*), b) Herz(karte *f*) *n*. **ˈ~·ache** *s* Kummer *m*. ~ **at·tack** *s* ⚕ Herzanfall *m*; Herzinfarkt *m*. **ˈ~·beat** *s physiol.* Herzschlag *m*. **ˈ~ˌbreak·ing** *adj* ☐ herzzerreißend. **ˈ~·burn** *s* ⚕ Sodbrennen *n*. ~ **con·di·tion** *s* ⚕ Herzleiden *n*.

heart·en [ˈhɑːtn] *v/t* ermutigen.

heart| fail·ure *s* ⚕ Herzversagen *n*. **ˈ~·felt** *adj* tief empfunden, aufrichtig.

hearth [hɑːθ] *s* **1.** Kamin *m*. **2.** *a.* ~ ***and home*** *fig.* häuslicher Herd, Heim *n*.

heart·i·ly [ˈhɑːtɪlɪ] *adv* **1.** herzlich, von Herzen. **2.** herzhaft.

heart·less [ˈhɑːtlɪs] *adj* ☐ herzlos.

ˌheart|-ˈlung ma·chine *s* ⚕ Herz-Lungen-Maschine *f*. **ˈ~ˌrend·ing** *adj* ☐ herzzerreißend. **ˌ~-to-ˈ~** *adj* aufrichtig, offen. ~ **trans·plant** *s* ⚕ Herztransplantation *f*.

heart·y [ˈhɑːtɪ] *adj* (☐ → ***heartily***) **1.** herzlich. **2.** → ***hale.*** **3.** herzhaft, kräftig (*Appetit*, *Mahlzeit etc*).

heat [hiːt] **I** *s* **1.** *allg.* Hitze *f*; *a. phys.* Wärme *f*. **2.** *fig.* Ungestüm *n*; Eifer *m*: ***in the*** ~ ***of the moment*** im Eifer *od.* in der Hitze des Gefechts; ***in the*** ~ ***of passion*** ⚖ im Affekt. **3.** *Sport*: (Einzel)Lauf *m*: (***preliminary***) ~ Vorlauf. **4.** ***the*** ~ *Am. coll.* F die Bullen *pl* (*Polizei*). **5.** *zo.* Läufigkeit *f*: ***in*** ~ läufig. **II** *v/t* **6.** *a.* ~ ***up*** erhitzen, *Speisen a.* aufwärmen. **7.** heizen. **8.** ~ ***up*** *Diskussion etc* anheizen. **III** *v/i* **9.** sich erhitzen (*a. fig.*).

ˈheat·ed *adj* **1.** geheizt. **2.** erhitzt, *fig. a.* erregt, hitzig.

ˈheat·er *s* Heizgerät *n*.

heath [hiːθ] *s* **1.** *bsd. Br.* Heide(land *n*) *f*. **2.** ⚘ a) Erika *f*, b) → ***heather.***

hea·then [ˈhiːðn] **I** *s* **1.** Heide *m*, Heidin *f*: ***the*** ~ *coll.* die Heiden *pl*. **2.** Barbar(in). **II** *adj* **3.** heidnisch, Heiden... **4.** unzivilisiert, barbarisch.

hea·then·ish [ˈ~ənɪʃ] → ***heathen*** II.

heath·er [ˈheðə] *s* ⚘ Heidekraut *n*.

heat·ing [ˈhiːtɪŋ] **I** *s* Heizung *f*. **II** *adj* Heiz...: ~ ***costs*** *pl* Heizkosten *pl*; ~ ***pad*** Heizkissen *n*.

heat| light·ning *s* Wetterleuchten *n*. **ˈ~·proof** *adj* hitzebeständig, -fest. ~ **pump** *s tech.* Wärmepumpe *f*. ~ **rash** *s* ⚕ Hitzeausschlag *m*. **ˈ~-reˌsist·ant** → ***heat proof.*** **ˈ~·stroke** *s* ⚕ Hitzschlag *m*. ~ **wave** *s* Hitzewelle *f*.

heave [hiːv] **I** *s* **1.** Hochziehen *n*, -winden *n*. **2.** F Wurf *m*. **3.** Wogen *n*: ~ ***of the sea*** ⚓ Seegang *m*. **II** *v/t* (*bsd.* ⚓ *irr*) **4.** (hoch)stemmen, (-)hieven. **5.** hochziehen, -winden, *Anker* lichten. **6.** F schmeißen, werfen. **7.** *Seufzer etc* ausstoßen: → ***sigh*** II. **8.** F auskotzen. **III** *v/i* (*bsd.* ⚓ *irr*) **9.** sich heben u. senken, wogen. **10.** F würgen, Brechreiz haben: ~ (***up***) kotzen. **11.** ~ ***to*** ⚓ beidrehen.

heav·en [ˈhevn] *s* **1.** Himmel(reich *n*) *m*: ***move*** ~ ***and earth*** *fig.* Himmel u. Hölle in Bewegung setzen; ***in the seventh*** ~ (***of delight***) *fig.* im sieb(en)ten Himmel; ***thank*** ~*!* Gott sei Dank!; ***what in*** ~ ***...?*** was in aller Welt ...?; → ***forbid*** 3, ***sake, stink*** 1. **2.** ***Heaven*** Himmel *m*, Gott *m*.

ˈheav·en·ly *adj* himmlisch (*a. fig.*): ~ ***body*** *ast.* Himmelskörper *m*.

heav·i·ly [ˈhevɪlɪ] *adv* schwer (*a. fig.*): ~ ***armed*** schwer bewaffnet; ~ ***indebted*** überschuldet; ~ ***polluted area*** Belastungsgebiet *n*; ***suffer*** ~ schwere (finanzielle) Verluste erleiden.

heav·y ['hevɪ] **I** *adj* (□ → ***heavily***) **1.** *allg.* schwer. **2.** schwer (*Sturz, Verluste etc*), stark (*Regen, Trinker, Verkehr etc*), wuchtig (*Schlag*), hoch (*Geldstrafe, Steuern etc*): ***~ current*** ⚡ Starkstrom *m.* **3.** schwer (*Wein etc*), (*Nahrung a.*) schwer verdaulich: ***~ beer*** Starkbier *n.* **4.** drückend, lastend (*Stille etc*). **5.** (***with***) (schwer) beladen (mit); *fig.* überladen, voll (von): ***~ with meaning*** bedeutungsvoll, -schwer. **6.** begriffsstutzig, dumm. **7.** benommen (***with*** von): ***~ with sleep*** schlaftrunken. **8.** ***with a ~ heart*** schweren Herzens. **II** *adv* **9.** ***hang ~*** dahinschleichen (*Zeit*); ***lie ~ on s.o.*** schwer auf j-m lasten. **ˌ~-'du·ty** *adj* **1.** *tech.* Hochleistungs... **2.** strapazierfähig. **~ in·dus·try** *s* Schwerindustrie *f.* **'~weight** (*Sport*) **I** *s* Schwergewicht *n.* **II** *adj* Schwergewichts...

Heb·ri·des ['hebrɪdiːz] *npr pl die* Hebriden *pl.*

heck·le ['hekl] *v/t Redner* durch Zwischenrufe *od.* -fragen aus dem Konzept bringen. **'heck·ler** *s* Zwischenrufer(in).

hec·tic ['hektɪk] *adj* (**~ally**) hektisch (*a.* ⚕).

hec·to·li·ter, *bsd. Br.* **hec·to·li·tre** ['hektəʊˌliːtə] *s* Hektoliter *m, n.*

he'd [hiːd] F *für* ***he had; he would.***

hedge [hedʒ] **I** *s* **1.** Hecke *f.* **2.** *fig.* (Ab)Sicherung *f* (***against*** gegen). **3.** *econ.* Deckungs-, Sicherungsgeschäft *n, pl* Termin-, Fixgeschäfte *pl.* **II** *v/t* **3.** *a.* ***~ in*** (*od.* ***round***) mit e-r Hecke einfassen: ***~ off*** mit e-r Hecke abgrenzen *od.* abtrennen. **4.** *fig.* (ab)sichern (***against*** gegen): ***~ against*** *econ.* sich absichern gegen. **III** *v/i* **5.** *fig.* ausweichen, sich nicht festlegen (wollen). **'~hog** *s zo.* Igel *m*; *Am.* Stachelschwein *n.*

hedg·ing ['hedʒɪŋ] *s* Kurssicherung *f*, Hedging *n.*

heed [hiːd] **I** *v/t* beachten, Beachtung schenken (*dat*). **II** *s*: ***give*** (*od.* ***pay***) ***~ to, take ~ of*** → I.

heed·ful ['~fʊl] *adj* □ achtsam: ***be ~ of*** → ***heed*** I.

'heed·less *adj* □ achtlos, unachtsam: ***be ~ of*** nicht beachten, *Warnung etc* in den Wind schlagen.

hee-haw [ˌhiː'hɔː] **I** *s* **1.** Iah *n* (*Eselsschrei*). **2.** *fig.* wieherndes Gelächter, Gewieher *n.* **II** *v/i* **3.** iahen. **4.** *fig.* wiehernd lachen, wiehern.

heel[1] [hiːl] *v/i* ⚓ krängen.

heel[2] [~] **I** *s* **1.** *anat.* Ferse *f* (*a. vom Strumpf etc*); Absatz *m*, Hacken *m* (*vom Schuh*): ***down at ~*** a) mit schiefen Absätzen, b) *a.* ***out at ~s*** *fig.* heruntergekommen (*Hotel etc*), (*Person a.*) abgerissen; ***on the ~s of*** unmittelbar auf (*acc*), gleich nach; ***follow at s.o.'s ~s, follow s.o. at*** (*od.* ***on***) ***his ~s*** j-m auf den Fersen folgen, sich j-m an die Fersen heften; ***show a clean pair of ~s, take to one's ~s*** die Beine in die Hand *od.* unter den Arm nehmen. **II** *v/t* **2.** Absätze machen auf (*acc*). **3.** *Fußball*: *Ball* mit dem Absatz kicken.

heft·y ['heftɪ] *adj* □ **1.** schwer. **2.** kräftig, stämmig. **3.** F mächtig, gewaltig (*Schlag etc*), stattlich (*Mehrheit etc*), saftig (*Preise etc*).

he·gem·o·ny [hɪ'gemənɪ] *s bsd. pol.* Hegemonie *f.*

heif·er ['hefə] *s zo.* Färse *f.*

height [haɪt] *s* **1.** Höhe *f*: ***10 feet in ~*** 10 Fuß hoch. **2.** (Körper)Größe *f*: ***what is your ~?*** wie groß sind Sie? **3.** Anhöhe *f*, Erhebung *f.* **4.** *fig.* Höhe(punkt *m*) *f*, Gipfel *m*: ***at the ~ of one's fame*** auf der Höhe s-s Ruhms; ***at the ~ of summer*** im Hochsommer.

ˌhight-ad'just·a·ble *adj* höhenverstellbar.

'height·en **I** *v/t* **1.** erhöhen (*a. fig.*). **2.** *fig.* vergrößern, steigern. **II** *v/i* **3.** *fig.* sich erhöhen, (an)steigen, zunehmen.

hei·nous ['heɪnəs] *adj* □ abscheulich.

heir [eə] *s* ⚖ Erbe *m* (***to, of*** *gen*): ***~ to the throne*** Thronerbe *m*, -folger *m*; → ***universal*** 1.

'heir·ess *s* Erbin *f.*

held [held] *pret u. pp von* ***hold.***

hel·i·cop·ter ['helɪkɒptə] *s* Hubschrauber *m.*

Hel·i·go·land ['helɪgəʊlænd] *npr* Helgoland *n.*

hel·i·port ['helɪpɔːt] *s* Hubschrauberlandeplatz *m.*

'hel·i·ski·ing *s* Heliskiing *n.*

he·li·um ['hiːlɪəm] *s* ⚗ Helium *n.*

hell [hel] *s* Hölle *f* (*a. fig.*): ***like ~*** F wie verrückt *arbeiten etc*; ***a ~ of a noise*** F ein Höllenlärm; ***what the ~ ...?*** F was zum Teufel ...?; ***give s.o. ~*** F j-m die Hölle heiß machen; ***go to ~!*** F scher dich zum Teufel!; ***raise ~*** F e-n Mordskrach schlagen; ***suffer ~ on earth*** die Hölle auf Erden haben.

he'll [hiːl] F *für* ***he will.***

ˌhell|'bent *adj* F ganz versessen, wie wild (***on, for*** auf *acc*). **'~·cat** *s* Xanthippe *f.*

hell·ish ['helɪʃ] *adj* □ **1.** höllisch (*a. fig.* F). **2.** F verteufelt, scheußlich.

hel·lo [hə'ləʊ] **I** *int* **1.** hallo!, *österr.* servus!, (*überrascht a.*) nanu! **II** *pl* **-los** *s* **2.** Hallo *n.* **3.** Gruß *m*: ***say ~*** (***to s.o.***) (j-m) guten Tag sagen.

helm [helm] *s* ⚓ Ruder *n* (*a. fig.*), Steuer *n*: ***be at the ~*** am Ruder *od.* an der Macht sein; ***take the ~*** das Ruder übernehmen.

helms·man ['helmzmən] *s* (*irr* ***man***) ⚓ Steuermann *m* (*a. fig.*).

help [help] **I** *s* **1.** Hilfe *f* (*a. Computer*): ***~ function*** Hilfefunktion *f*; ***come to s.o.'s ~***

H

j-m zu Hilfe kommen. **2.** Abhilfe *f.* **3.** (*bsd.* Haus)Angestellte *m, f.* **II** *v/t* **4.** *j-m* helfen *od.* behilflich sein (***in*** [*od.* ***with***] bei): **~ *s.o. out*** j-m aushelfen (***with*** mit); → ***god*** 2. **5. ~ *s.o. to s.th.*** j-m zu et. verhelfen; **~ *o.s.*** sich bedienen, zugreifen. **6.** *mit* ***can: I cannot ~ it*** ich kann es nicht ändern; ich kann nichts dafür; ***it cannot be ~ed*** da kann man nichts machen, es ist nicht zu ändern; ***I could not ~ laughing*** ich musste einfach lachen. **III** *v/i* **7.** helfen: **~ *out*** aushelfen (***with*** mit).

'help·er *s* Helfer(in).

help·ful ['~fʊl] *adj* □ **1.** hilfsbereit. **2.** hilfreich.

'help·ing I *adj* hilfreich: → ***hand*** 1. **II** *s* Portion *f* (*Essen*): ***have*** (*od.* ***take***) ***a second ~*** sich nachnehmen.

'help·less *adj* □ hilflos.

help·line *s* Sorgentelefon *n.*

help men·u *s Computer*: Hilfsmenü *n.*

Hel·sin·ki ['helsɪŋkɪ] *Hauptstadt von Finnland.*

hel·ter-skel·ter [ˌheltə'skeltə] **I** *adv* holterdiepolter, Hals über Kopf. **II** *adj* hastig, überstürzt. **III** *s* (wildes) Durcheinander, (wilde) Hast.

hem¹ [hem] **I** *s* **1.** Saum *m.* **2.** Rand *m,* Einfassung *f.* **II** *v/t* **3.** *Kleid etc* (ein)säumen. **4. ~ *in*** a) *a.* **~ *about*** (*od.* ***around***) umranden, einfassen, b) *mil.* einschließen, c) *fig.* einengen.

hem² [~] **I** *int* h(e)m! **II** *v/i* sich (*verlegen*) räuspern: **~ *and haw*** herumdrucksen, nicht recht mit der Sprache herauswollen.

'he-man *s* (*irr* ***man***) F He-man *m* (*bsd. männlich wirkender Mann*).

hem·i·sphere ['hemɪˌsfɪə] *s geogr.* Halbkugel *f,* Hemisphäre *f.*

'hem·line *s* Saum *m*: ***~s are going up again*** die Kleider werden wieder kürzer.

he·mo·glo·bin, hem·or·rhoids *etc bsd. Am.* → ***haemoglobin, haemorrhoids*** *etc.*

hemp [hemp] *s* Hanf *m.*

hen [hen] *s orn.* **1.** Henne *f,* Huhn *n.* **2.** (*Vogel*)Weibchen *n.*

hence [hens] *adv* **1.** ***a week ~*** in e-r Woche. **2.** folglich, daher, deshalb. **3.** hieraus, daraus: **~ *it follows that*** daraus folgt, dass. **ˌ~'forth, ˌ~'for·ward(s)** *adv* von nun an, fortan.

hench·man ['hentʃmən] *s* (*irr* ***man***) *bsd. pol.* Anhänger *m*; *contp.* Handlanger *m.*

hen·na ['henə] *s* ⚘ *u. Kosmetik*: Henna *n.*

hen| par·ty *s* F Damengesellschaft *f,* Kaffeeklatsch *m.* **'~·pecked** *adj* unter dem Pantoffel stehend: **~ *husband*** Pantoffelheld *m.*

hep [hep] → ***hip⁴.***

hep·a·ti·tis [ˌhepə'taɪtɪs] *s* ⚕ Hepatitis *f.*

her [hɜː] **I** *personal pron* **1.** sie (*acc von* ***she***): ***I know ~.*** **2.** ihr (*dat von* ***she***): ***I gave ~ the book.*** **3.** F sie (*nom*): ***he's younger than ~; it's ~*** sie ist es. **II** *possessive pron* **4.** ihr(e). **III** *reflex pron* **5.** sich: ***she looked about ~*** sie sah sich um.

her·ald ['herəld] **I** *s* **1.** *hist.* Herold *m.* **2.** *fig.* Vorbote *m.* **II** *v/t* **3.** ankündigen (*a. fig.*).

he·ral·dic [he'rældɪk] *adj* (***~ally***) heraldisch, Wappen...

her·ald·ry ['herəldrɪ] *s* Heraldik *f,* Wappenkunde *f.*

herb [hɜːb] *s* ⚘ Kraut *n*; *engS.* Heilkraut; Gewürz-, Küchenkraut.

herb·al ['~bl] *adj* Kräuter..., Pflanzen...

her·bar·i·um [~'beərɪəm] *s* Herbarium *n.*

her·biv·o·rous [~'bɪvərəs] *adj* □ *zo.* Pflanzen fressend.

herd [hɜːd] **I** *s* **1.** Herde *f,* (*wild lebender Tiere a.*) Rudel *n* (*a. von Menschen*). **2.** *contp.* Herde *f,* Masse *f* (*Menschen*): ***the*** (***common*** *od.* ***vulgar***) **~** die große *od.* breite Masse. **II** *v/i* **3.** *a.* **~ *together*** in Herden leben; sich zs.-drängen (*a. Menschen*). **4.** sich zs.-tun (***with*** mit). **III** *v/t* **5.** *Vieh* hüten. **6.** *Vieh, a. Menschen* treiben: **~ *together*** zs.-treiben.

herd in·stinct *s zo.* Herdeninstinkt *m,* (*a. bei Menschen*) Herdentrieb *m.*

herds·man ['hɜːdzmən] *s* (*irr* ***man***) *bsd. Br.* Hirt *m.*

here [hɪə] *adv* hier; (hier)her: ***come ~*** komm her; **~ *and there*** hier u. da, da u. dort; hierhin u. dorthin; ***~'s to you!*** auf dein Wohl!; **~ *you*** (*od.* ***we***) ***are!*** hier (bitte)! (*da hast du es*). **'~·aˌbouts** *adv* hierherum, in dieser Gegend. **ˌ~'af·ter I** *adv* **1.** nachstehend, im Folgenden. **2.** künftig, in Zukunft. **II** *s* **3.** Jenseits *n.* **ˌ~'by** *adv* hiermit.

he·red·i·ta·ry [hɪ'redɪtərɪ] *adj* □ **1.** (ver)erblich, Erb...: **~ *disease*** Erbkrankheit *f.* **2.** *fig.* althergebracht, Erb...: **~ *enemy*** Erbfeind(in).

ˌhere|'in *adv* hierin. **ˌ~'of** *adv* hiervon.

her·e·sy ['herəsɪ] *s* Ketzerei *f.*

her·e·tic ['herətɪk] *s* Ketzer(in).

he·re·ti·cal [hɪ'retɪkl] *adj* □ ketzerisch.

ˌhere|·up'on *adv* hierauf, darauf(hin). **ˌ~'with** *adv* hiermit.

her·it·a·ble ['herɪtəbl] *adj* □ erblich, vererbbar.

'her·it·age *s* Erbe *n.*

her·maph·ro·dite [hɜː'mæfrədaɪt] *s biol.* Zwitter *m.*

her·met·ic [hɜː'metɪk] *adj* (***~ally***) hermetisch, *tech.* luftdicht: ***~ally sealed*** luftdicht verschlossen.

her·mit ['hɜːmɪt] *s* Einsiedler(in) (*a. fig.*), Eremit(in).

'her·mit·age *s* Einsiedelei *f.*

her·ni·a ['hɜːnjə] *s* ⚕ Bruch *m.*
he·ro ['hɪərəʊ] *pl* **-roes** *s* Held *m*, *thea. etc a.* Hauptperson *f.*
he·ro·ic [hɪ'rəʊɪk] *adj* (**~ally**) **1.** heroisch, heldenhaft, Helden... **2.** hochtrabend, bombastisch (*Sprache*, *Stil*).
her·o·in ['herəʊɪn] *s* Heroin *n.*
her·o·ine ['herəʊɪn] *s* Heldin *f*, *thea. etc a.* Hauptperson *f.*
'her·o·ism *s* Heldentum *n.*
her·on ['herən] *s orn.* Reiher *m.*
her·pes ['hɜːpiːz] *s* ⚕ Herpes *m.*
her·ring ['herɪŋ] *pl* **-rings,** *bsd. coll.* **-ring** *s ichth.* Hering *m.* **'~·bone** *s a.* **~ design** (*od.* **pattern**) Fischgrätenmuster *n.*
hers [hɜːz] *possessive pron*: ***it is ~*** es gehört ihr; ***a friend of ~*** e-e Freundin von ihr; ***my mother and ~*** m-e u. ihre Mutter.
her'self *pron* **1.** *verstärkend*: sie (*nom od. acc*) selbst, ihr (*dat*) selbst: ***she did it ~, she ~ did it*** sie hat es selbst getan. **2.** *reflex* sich: ***she killed ~.*** **3.** sich (selbst): ***she wants it for ~.***
he's [hiːz] F *für* ***he is; he has.***
hes·i·tate ['hezɪteɪt] *v/i* **1.** zögern, zaudern, Bedenken haben (***to do*** zu tun), unschlüssig sein (***over*** hinsichtlich). **2.** (*beim Sprechen*) stocken.
ˌhes·i'ta·tion *s* **1.** Zögern *n*, Zaudern *n*, Unschlüssigkeit *f*: ***without*** (***any***) **~** ohne zu zögern. **2.** Stocken *n.*
het·er·o·dox ['hetərəʊdɒks] *adj* heterodox, anders-, irrgläubig.
het·er·o·ge·ne·ous [ˌ~'dʒiːnjəs] *adj* □ heterogen, ungleichartig, verschiedenartig.
ˌhet·er·o'sex·u·al I *adj* □ heterosexuell. II *s* Heterosexuelle *m, f.*
het [het] *adj*: ***be ~ up*** F aufgeregt *od.* nervös sein (***about*** wegen).
hew [hjuː] *v/t* (*a. irr*) **1.** hauen, hacken: **~ *down*** umhauen; **~ *off*** abhauen; **~ *up*** zerhauen, -hacken. **2.** *Steine etc* behauen.
hewn [hjuːn] *pp von* ***hew.***
hex·a·dec·i·mal [ˌheksə'desɪml] *adj* ⚗ *u. Computer*: hexadezimal.
hex·a·gon ['heksəgən] *s* Sechseck *n.*
hex·ag·o·nal [~'sægənl] *adj* □ sechseckig.
hey [heɪ] *int* **1.** → ***presto.*** **2.** he!
hey·day ['heɪdeɪ] *s* a) Höhepunkt *m*, Gipfel *m*: ***in the ~ of one's power*** auf dem Gipfel der Macht, b) Blüte(zeit) *f*: ***in one's ~*** in s-r Glanzzeit.
HGV ***heavy goods vehicle*** Schwertransporter *m.*
HH ***His*** (***Her***) ***Highness*** Seine (Ihre) Hoheit; ***His Holiness*** Seine Heiligkeit.
hi [haɪ] *int* F hallo!
hi·ber·nate ['haɪbəneɪt] *v/i* überwintern: a) *zo.* Winterschlaf halten, b) den Winter verbringen.
ˌhi·ber'na·tion *s* Überwinterung *f*, Winterschlaf *m.*
hi·bis·cus [hɪ'bɪskəs] *s* ♣ Hibiskus *m*, Eibisch *m.*
hic·cough, hic·cup ['hɪkʌp] I *s* **1.** ***have*** (***the***) **~*s*** e-n Schluckauf haben. **2.** *fig.* Panne *f.* II *v/i* **3.** hicksen.
hick [hɪk] *bsd. Am.* F I *s* Bauer *m*, Provinzler(in). II *adj* Bauern..., provinziell: **~ *town*** (Provinz)Nest *n*, (Bauern)Kaff *n.*
hick·o·ry ['hɪkərɪ] *s* **1.** ♣ Hickory(baum) *m.* **2.** Hickory(holz) *n.*
hid [hɪd] *pret u. pp von* ***hide².***
'hid·den I *pp von* ***hide².*** II *adj* □ geheim, verborgen: **~ *defect*** verborgener Mangel; **~ *economy*** Schattenwirtschaft *f*; **~ *persuaders*** *pl* heimliche Verführer *pl*; **~ *reserves*** *pl* stille Reserven *pl*; **~ *tax*** verdeckte Steuer.
hide¹ [haɪd] I *s* **1.** Haut *f*, Fell *n* (*beide a. fig.*): ***save one's own ~*** die eigene Haut retten; ***tan s.o.'s ~*** F j-m das Fell gerben. II *v/t* **2.** abhäuten. **3.** F verprügeln.
hide² [~] (*irr*) I *v/t* (***from***) verbergen (vor *dat*): a) verstecken (vor *dat*), b) verheimlichen (*dat od.* vor *dat*), c) verhüllen, -decken. II *v/i a.* **~ *out*** (*bsd. Am.* ***up***) sich verbergen *od.* verstecken. **ˌ~-and-'seek** *s* Versteckspiel *n*: ***play ~*** Versteck spielen. **'~·a·way** *s* **1.** Versteck *n.* **2.** Zufluchtsort *m.*
hid·e·ous ['hɪdɪəs] *adj* □ abscheulich, scheußlich.
'hide·out *s* Versteck *n.*
hid·ing¹ ['haɪdɪŋ] *s* F Tracht *f* Prügel.
hid·ing² [~] *s a.* **~ *place*** Versteck *n*: ***be in ~*** sich versteckt halten; ***go into ~*** untertauchen.
hi·er·arch·y ['haɪərɑːkɪ] *s* Hierarchie *f.*
hi·er·o·glyph ['haɪərəʊglɪf] → ***hieroglyphic.***
ˌhi·er·o'glyph·ic *s* **1.** Hieroglyphe *f.* **2.** *pl* (*mst sg konstruiert*) Hieroglyphenschrift *f.* **3.** *pl humor.* Hieroglyphen *pl*, unleserliches Gekritzel.
hi·fi ['haɪfaɪ] F I *s* **1.** Hi-Fi *n.* **2.** Hi-Fi-Anlage *f*; -Gerät *n.* II *adj* **3.** Hi-Fi-...
hig·gle·dy-pig·gle·dy [ˌhɪgldɪ'pɪgldɪ] F I *adv* drunter u. drüber, (wie Kraut u. Rüben) durcheinander. II *adj* kunterbunt.
high [haɪ] I *adj* (□ → ***highly***) **1.** *allg.* hoch; *engS. a.* hoch gelegen: → ***horse.*** **2.** hoch (*Geschwindigkeit*, *Preise etc*), groß (*Hoffnungen*, *Lob etc*). **3.** (*rang- od. stellungsmäßig*) hoch: **~ *society*** Highsociety *f.* **4.** fortgeschritten (*Zeit*): **~ *season*** Hochsaison *f*; **~ *summer*** Hochsommer *m*; ***it is ~ time*** es ist höchste Zeit. **5.** hoch, erstklassig (*Qualität etc*). **6.** a) gehoben: **~*er education*** Hochschulbildung *f*; → ***spirit*** 4, b) F blau (*betrunken*), c) F high. **7.** F scharf (***on*** auf *acc*).

II *adv* **8.** hoch: ***aim*** ~ *fig.* sich hohe Ziele setzen *od.* stecken; ***search*** ~ ***and low*** überall suchen. **9.** hoch, mit hohem Einsatz (*spielen*). **III** *s* **10.** (An)Höhe *f*: ***on*** ~ hoch oben, droben; im Himmel. **11.** *meteor.* Hoch *n.* **12.** *fig.* Höchststand *m.* **13.** *Am.* F Highschool *f.*

high| al·tar *s* Hochaltar *m.* **ˌ~-ˈal·ti·tude** *adj* Höhen... **~ and dry** *adj*: ***leave s.o.*** ~ j-n im Stich lassen. **~ and might·y** *adj* F anmaßend, arrogant. **ˈ~ball** *s Am.* Highball *m* (*Whiskycocktail*). **~beam** *s mot. Am.* Fernlicht *n.* **ˈ~·brow** *oft contp.* **I** *s* Intellektuelle *m, f.* **II** *adj* (betont) intellektuell. **ˈ~·chair** *s* (Kinder)Hochstuhl *m.*

High Church *s* anglikanische Hochkirche.

ˌhigh|-cir·cuˈla·tion *adj* auflagenstark. **ˌ~-ˈclass** *adj* erstklassig. **ˌ~-ˈdu·ty** *adj tech.* Hochleistungs... **~ fi·del·i·ty** *s* Highfidelity *f.* **ˌ~-fiˈdel·i·ty** *adj* Highfidelity-... **ˈ~ˌfli·er** *s* Senkrechtstarter *m*, schnell steigende Aktie. **ˈ~-flown** *adj* **1.** bombastisch, hochtrabend (*Worte etc*). **2.** (allzu) hoch gesteckt (*Ziele etc*), (allzu) hochfliegend (*Pläne etc*). **ˌ~ˈhand·ed** *adj* □ anmaßend, willkürlich. **ˌ~-ˈheeled** *adj* hochhackig (*Schuhe*). **~-in·come** *adj* einkommensstark: ~ ***earners*** *pl* Besserverdienende *pl.* **~-in·terest pol·i·cy** *s* Hochzinspolitik *f.* **~ jump** *s Leichtathletik*: Hochsprung *m.* **~ jump·er** *s* Hochspringer(in). **ˈ~·lands** *s pl* Hochland *n*: ***the Highlands*** das schottische Hochland. **ˌ~-ˈlev·el** *adj* hoch (*a. fig.*): ~ ***language*** höhere Programmiersprache; ~ ***talks*** *pl* Gespräche *pl* auf höherer Ebene. **ˈ~·light I** *s* Höhe-, Glanzpunkt *m*; *pl* Querschnitt *m* (**of** durch *e-e Oper etc*). **II** *v/t* hervorheben. **ˈ~·light·er** *s* Leuchtstift *m*, Textmarker *m.*

high·ly [ˈhaɪlɪ] *adv* **1.** *fig.* hoch: ~ ***gifted*** hoch begabt; ~ ***interesting*** hochinteressant; ~ ***paid*** hoch bezahlt; teuer bezahlt. **2.** lobend, anerkennend: ***think*** ~ ***of*** viel halten von.

High Mass *s eccl.* Hochamt *n.*

ˌhigh-ˈnecked *adj* hochgeschlossen (*Kleid*).

high·ness [ˈhaɪnɪs] *s* **1.** *mst fig.* Höhe *f.* **2.** ***Highness*** Hoheit *f* (*Titel*).

ˌhigh|-paid *adj* hoch bezahlt. **~-ˈpow·er(ed)** *adj* **1.** *tech.* Hochleistungs... **2.** *fig.* dynamisch, energisch. **ˌ~-ˈpres·sure** *adj tech., meteor.* Hochdruck... **~ priest** *s eccl.* Hohepriester *m* (*a. fig.*). **ˌ~-ˈqual·i·ty** *adj* hochwertig. **ˈ~-ˌrank·ing** *adj* hochrangig: ~ ***officer*** ⚔ hoher Offizier. **ˌ~-res·oˈlu·tion** *adj* hoch auflösend: ~ ***screen*** hoch auflösender Bildschirm. **ˈ~·rise** *s* Hochhaus *n.* **~ school** *s Am.* Highschool *f.* **ˌ~-ˈsea** *adj* Hochsee... **~ sea·son** *s* Hochsaison *f.* **ˈ~-ˌsound·ing** *adj* hochtönend, -trabend. **ˈ~·speed** *adj* schnell, *tech.* Hochgeschwindigkeits...: ~ ***memory*** *Computer*: Schnellspeicher *m*; ~ ***printer*** Schnelldrucker *m*; ~ ***train*** Hochgeschwindigkeitszug *m.* **~ street** *s* Hauptstraße *f.* **~ tea** *s Br.* frühes Abendessen. **~-tech** [ˌ~ˈtek] *adj* F Hightech-...: ~ ***medicine*** Apparatemedizin *f.* **~ tech·nol·o·gy** *s* Hochtechnologie *f.* **~ ten·sion** *s* ⚡ Hochspannung *f.* **ˌ~-ˈten·sion** *adj* Hochspannungs... **~ trea·son** *s* Hochverrat *m.* **~ wa·ter** *s* Hochwasser *n.* **ˈ~·way** *s* Highway *m*, Haupt(verkehrs)straße *f*: ~ ***code*** *Br.* Straßenverkehrsordnung *f.*

hi·jack [ˈhaɪdʒæk] **I** *v/t* **1.** *Flugzeug* entführen. **2.** *j-n, Geldtransport etc* überfallen. **II** *s* **3.** (Flugzeug)Entführung *f.* **4.** Überfall *m.*

ˈhi·jack·er *s* **1.** (Flugzeug)Entführer(in). **2.** Räuber(in).

ˈhi·jack·ing → ***hijack*** II.

hike [haɪk] **I** *v/i* wandern. **II** *s* Wanderung *f*: ***go on a*** ~ e-e Wanderung machen.

ˈhik·er *s* Wanderer *m*, Wand(r)erin *f.*

hi·lar·i·ous [hɪˈleərɪəs] *adj* □ **1.** vergnügt, ausgelassen, übermütig. **2.** lustig (*Geschichte etc*).

hi·lar·i·ty [hɪˈlærətɪ] *s* Vergnügtheit *f*, Ausgelassenheit *f*, Übermütigkeit *f.*

hill [hɪl] *s* Hügel *m*, Anhöhe *f*: (**as**) ***old as the*** ~***s*** uralt, (*Person a.*) steinalt; ***be over the*** ~ F s-e besten Jahre *od.* s-e beste Zeit hinter sich haben; *bsd.* ⚕ über den Berg sein. **ˈ~·bil·ly** *s Am. mst contp.* Hillbilly *m*, Hinterwäldler(in).

hill·ock [ˈhɪlək] *s* kleiner Hügel.

ˌhill|ˈside *s* (Ab)Hang *m.* **ˌ~ˈtop** *s* Hügelspitze *f.* **~ walk** *s* Bergwanderung *f.*

hilt [hɪlt] *s* Heft *n*, Griff *m* (*Schwert, Dolch*).

him [hɪm] **I** *personal pron* **1.** ihn (*acc von* **he**): ***I know*** ~. **2.** ihm (*dat von* **he**): ***I gave*** ~ ***the book.*** **3.** F er (*nom*): ***she's younger than*** ~; ***it's*** ~ er ist es. **II** *reflex pron* **4.** sich: ***he looked about*** ~ er sah sich um.

himˈself *pron* **1.** *verstärkend*: er *od.* ihm *od.* ihn selbst: ***he did it*** ~, ***he*** ~ ***did it*** er hat es selbst getan. **2.** *reflex* sich: ***he killed*** ~. **3.** sich (selbst): ***he wants it for*** ~.

hind [haɪnd] *adj* hinter, Hinter...

hind·er [ˈhɪndə] *v/t* **1.** *j-n, et.* aufhalten (**in** bei); behindern. **2.** (**from**) hindern (an *dat*), abhalten (von).

hind·most [ˈhaɪndməʊst] *sup von* ***hind.***

hin·drance [ˈhɪndrəns] *s* **1.** Behinderung *f*: ***be a*** ~ ***to*** → ***hinder*** 1. **2.** Hindernis *n* (**to** für).

ˈhind·sight *s*: ***with*** ~ im Nachhinein (betrachtet).

Hin·du [ˌhɪnˈduː] *eccl.* **I** *s* Hindu *m.* **II** *adj* Hindu...

ˈHin·du·ism *s* Hinduismus *m.*

hinge [hɪndʒ] **I** *s* **1.** *a.* ~ ***joint*** *tech.* Scharnier *n*, (Tür)Angel *f*. **2.** *fig*. Angelpunkt *m*. **II** *v/t* **3.** *Tür etc* einhängen. **III** *v/i* **4.** (***on***) *fig*. abhängen (von), ankommen (auf *acc*); sich drehen (um).

hint [hɪnt] **I** *s* **1.** Wink *m*, Andeutung *f*: ***drop a ~*** e-e Andeutung machen; ***broad ~*** Wink mit dem Zaunpfahl. **2.** Fingerzeig *m*, Tipp *m* (***on*** für). **3.** Anspielung *f* (***at*** auf *acc*). **4.** Anflug *m*, Spur *f* (***of*** von). **II** *v/t* **5.** andeuten. **III** *v/i* **6.** (***at***) andeuten (*acc*); anspielen (auf *acc*).

hin·ter·land [ˈhɪntəlænd] *s* **1.** Hinterland *n*. **2.** Umland *n*.

hip¹ [hɪp] *s anat*. Hüfte *f*.

hip² [~] *s* ⚘ Hagebutte *f*.

hip³ [~] *int*: ***~, ~, hurrah!*** hipp, hipp, hurra!

hip⁴ [~] *adj sl*. **1.** ***be ~*** alles mitmachen, was gerade in ist. **2.** ***be ~*** auf dem Laufenden sein (***to*** über *acc*).

ˈhip|·bath *s* Sitzbad *n*. **ˈ~·bone** *s anat*. Hüftbein *n*, -knochen *m*. **~ flask** *s* Taschenflasche *f*, Flachmann *m*. **~ joint** *s anat*. Hüftgelenk *n*.

hip·pie [ˈhɪpɪ] *s* Hippie *m*.

hip pock·et *s* Gesäßtasche *f*.

hip·po·pot·a·mus [ˌhɪpəˈpɒtəməs] *pl* **-mus·es, -mi** [~maɪ] *s zo*. Fluss-, Nilpferd *n*.

hip·py → ***hippie***.

hire [ˈhaɪə] **I** *v/t* **1.** *Auto etc* mieten, *Flugzeug etc* chartern: ***~d car*** Leih-, Mietwagen *m*; ***~d plane*** Charterflugzeug *n*. **2.** *a*. ***~ on*** *j-n* ein-, anstellen, ⚓ (an)heuern; *j-n* engagieren; *bsd. b.s.* anheuern: ***~ away*** *Am. Arbeitskräfte* abwerben; ***~d killer*** gekaufter Mörder, gekaufte Mörderin, Killer(in); ***hiring contract*** Anstellungsvertrag *m*. **3.** *mst* ***~ out*** vermieten; ***~ out*** *Arbeitskräfte* verleihen. **II** *s* **4.** Miete *f*: ***~ company*** Verleih(firma *f*) *m*; ***on ~*** mietweise; ***for ~*** zu vermieten; (*Taxi*) frei. **5.** Lohn *m*, Entgelt *n*. **~ pur·chase** *s*: ***on ~*** *bsd. Br*. auf Abzahlung *od*. Raten. **ˈ~-ˌpur·chase** *adj*: ***~ agreement*** Mietkauf-, Teilzahlungsvertrag *m*; ***~ credit*** Teilzahlungskredit *m*.

hi-res [ˌhaɪˈres] → ***high-resolution***.

his [hɪz] *possessive pron*: ***it is ~*** es gehört ihm; ***a friend of ~*** ein Freund von ihm; ***my mother and ~*** m-e u. s-e Mutter.

hiss [hɪs] **I** *v/i* **1.** zischen, (*Katze*) fauchen: ***~ at*** → 2. **II** *v/t* **2.** auszischen. **3.** *et*. zische(l)n. **III** *s* **4.** Zischen *n*, Fauchen *n*.

his·to·ri·an [hɪˈstɔːrɪən] *s* Historiker(in).

his·tor·ic [hɪˈstɒrɪk] *adj* (***~ally***) **1.** historisch, geschichtlich (berühmt *od*. bedeutsam). **2.** → ***historical***.

hisˈtor·i·cal [~kl] *adj* □ **1.** → ***historic*** 1. **2.** historisch: a) geschichtlich (belegt *od*. überliefert), b) Geschichts..., c) geschichtlich(en Inhalts): ***~ novel*** historischer Roman. **3.** ***~ costs*** *pl econ*. Anschaffungs- *od*. Herstellungskosten *pl*.

his·to·ry [ˈhɪstərɪ] *s* **1.** Geschichte *f*: ***contemporary ~*** Zeitgeschichte; ***~ of art*** Kunstgeschichte; ***go down in ~*** in die Geschichte eingehen; ***make ~*** Geschichte machen. **2.** (Entwicklungs)Geschichte *f*, Werdegang *m*. **3.** *allg*., *a*. ⚕ Vorgeschichte *f*: → ***case history***.

hit [hɪt] **I** *s* **1.** Hieb *m* (*a. fig*. ***at*** gegen), Schlag *m*: ***that was a ~ at me*** das ging gegen mich. **2.** Treffer *m* (*a. Sport u. fig*.): ***make*** (*od*. ***score***) ***a ~*** e-n Treffer erzielen; *fig*. gut ankommen (***with*** bei). **3.** Hit *m* (*Buch, Schlager etc*): ***it was a big ~*** es hat groß eingeschlagen. **4.** *sl*. Schuss *m* (*Drogeninjektion*): ***give o.s. a ~*** sich e-n Schuss setzen *od*. drücken. **5.** *bsd. Am. sl*. (*von e-m* ***hit man*** *ausgeführter*) Mord. **II** *v/t* (*irr*) **6.** schlagen. **7.** (*a. fig. seelisch, finanziell etc*) treffen: ***~ the nail on the head*** *fig*. den Nagel auf den Kopf treffen; ***~ the bottle*** F saufen; → ***hay, road, sack¹*** 3. **8.** *mot. etc* *j-n, et*. anfahren, *et*. rammen: ***~ one's head against*** (*od*. ***on***) sich den Kopf anschlagen an (*dat*), mit dem Kopf stoßen gegen. **9.** *et*. erreichen, schaffen: → ***front page, headline*** 1. **10.** *bsd. fig*. stoßen auf (*acc*), finden. **11.** *a*. ***~ up*** *bsd. Am*. F anhauen, anpumpen (***for*** um). **12.** F ankommen in (*dat*), erreichen. **13.** *bsd. Am. sl. j-n* umlegen (***hit man***). **III** *v/i* (*irr*) **14.** treffen. **15.** schlagen (***at*** nach). **16.** stoßen, schlagen (***against*** gegen; ***on*** auf *acc*). **17.** ***~ on*** → 10.

Verbindungen mit Adverbien:

hit| back *v/i* zurückschlagen (*a. fig*.). **~ off** *v/t*: ***hit it off*** F sich gut vertragen (***with*** mit). **~ out** *v/i* **1.** um sich schlagen: ***~ at s.o.*** auf j-n einschlagen. **2.** *fig*. her-, losziehen (***at*** über *acc*).

ˌhit-and-ˈrun *adj*: ***~ accident*** Unfall *m* mit Fahrerflucht; ***~ driver*** (unfall)flüchtiger Fahrer, (-)flüchtige Fahrerin.

hitch [hɪtʃ] **I** *s* **1.** Ruck *m*, Zug *m*. **2.** Schwierigkeit *f*, Haken *m*: ***without a ~*** glatt, reibungslos. **3.** ***get a ~*** F im Auto mitgenommen werden. **II** *v/t* **4.** rücken, ziehen: ***~ up*** hoch ziehen. **5.** befestigen, festhaken (***to*** an *acc*): ***get ~ed*** F heiraten. **6.** ***~ a ride*** → 3. **III** *v/i* **7.** sich festhaken, hängen bleiben (***on*** an *dat*). **8.** F → ***hitchhike***.

ˈhitch·er F → ***hitchhiker***.

ˈhitch|·hike *v/i* per Anhalter fahren, trampen. **ˈ~ˌhik·er** *s* Anhalter(in).

hith·er [ˈhɪðə] *adv* hierher. **ˌ~ˈto** *adv* bisher, bis jetzt.

hit| list *s*: ***be on the ~*** *bsd. Am. sl*. auf der Abschussliste stehen (*a. fig*.). **~ man** *s* (*irr* ***man***) *bsd. Am. sl*. Killer *m* (*e-s Verbrecher-*

syndikats). ~ **or miss** *adv* aufs Geratewohl, auf gut Glück. ~ **pa·rade** *s* Hitparade *f*. ~ **song** *s* Hit *m*.

HIV [eɪtʃaɪ'viː] ***human immunodeficiency virus*** HIV *n*: ~ ***positive*** (***negative***) HIV-positiv (negativ).

hive [haɪv] **I** *s* **1.** Bienenkorb *m*, -stock *m*. **2.** Bienenvolk *n*; *fig*. Schwarm *m* (*Menschen*). **II** *v/t* **3.** ~ ***off*** *econ*. ausgliedern, abspalten. **III** *v/i* **4.** ~ ***off*** *fig*. a) abschwenken (***from*** von), b) sich selbstständig machen, c) *bsd. Br*. F sich aus dem Staub machen.

hives [haɪvz] *s pl* (*a. sg konstruiert*) ⚕ Nesselausschlag *m*.

HM ***His*** (***Her***) ***Majesty*** Seine (Ihre) Majestät.

HMS ***His*** (***Her***) ***Majesty's Ship*** Seiner (Ihrer) Majestät Schiff *n*.

HMSO ***His*** (***Her***) ***Majesty's Stationery Office*** *Staatsdruckerei*.

HO ***head office*** Hauptgeschäftsstelle *f*, Zentrale *f*; *Br*. ***Home Office*** Innenministerium *n*.

hoard [hɔːd] **I** *s* Vorrat *m* (***of*** an *dat*). **II** *v/t a*. ~ ***up*** horten, hamstern. **III** *v/i* hamstern, sich Vorräte anlegen.

hoard·ing ['hɔːdɪŋ] *s* **1.** Bau-, Bretterzaun *m*. **2.** *Br*. Reklametafel *f*.

hoar·frost [ˌhɔː'frɒst] *s* (Rau)Reif *m*.

hoarse [hɔːs] *adj* □ heiser.

'hoarse·ness *s* Heiserkeit *f*.

hoar·y ['hɔːrɪ] *adj* □ **1.** weiß(grau). **2.** (alters)grau.

hoax [həʊks] **I** *s* **1.** (Zeitungs)Ente *f*. **2.** Streich *m*, (übler) Scherz: ***play a*** ~ ***on s.o.*** j-m e-n Streich spielen, sich mit j-m e-n Scherz erlauben. **II** *v/t* **3.** *j-m* e-n Bären aufbinden.

hob [hob] *s* (Keramik)Kochfeld *n*.

hob·by ['hɒbɪ] *s* Hobby *n*, Steckenpferd *n*. ~ **room** *s* Hobbyraum *m*.

hob·gob·lin ['hɒbgɒblɪn] *s* Kobold *m*.

hob·nob ['hɒbnɒb] *v/i* freundschaftlich verkehren, auf Du u. Du sein (***with*** mit).

ho·bo ['həʊbəʊ] *pl* **-bo(e)s** *s Am*. Landstreicher(in), Tippelbruder *m*, -schwester *f*.

Hob·son's choice ['hɒbsnz] *s*: ***it was*** (***a case of***) ~ es gab nur 'eine Möglichkeit.

hock[1] [hɒk] *s* weißer Rheinwein.

hock[2] [~] *bsd. Am*. F **I** *s*: ***be in*** ~ versetzt sein; Schulden haben (***to*** bei); im Kittchen sein *od*. sitzen; ***put into*** ~ → II. **II** *v/t* versetzen, ins Leihhaus tragen.

hock·ey ['hɒkɪ] *s Sport*: *bsd. Br*. Hockey *n*; *bsd. Am*. Eishockey *n*.

ho·cus-po·cus [ˌhəʊkəs'pəʊkəs] *s* Hokuspokus *m*, fauler Zauber.

hodge·podge ['hɒdʒpɒdʒ] → ***hotchpotch***.

hoe [həʊ] **I** *s* Hacke *f*. **II** *v/t Boden* hacken: ~ (***up***) *Unkraut* aushacken.

hog [hɒg] **I** *s* **1.** (Haus-, Schlacht)Schwein *n*: ***go the whole*** ~ F aufs Ganze gehen. **2.** F rücksichtsloser Kerl; gieriger *od*. gefräßiger Kerl; Schmutzfink *m*, Ferkel *n*. **II** *v/t* **3.** F rücksichtslos an sich reißen: ~ ***the road*** *mot*. die ganze Straße für sich brauchen; rücksichtslos fahren.

Hog·ma·nay ['hɒgmənеɪ] *s schott*. Silvester(abend *m*) *m*, *n*.

'hog·wash *s* **1.** Schweinefutter *n*. **2.** *fig*. Spülwasser *n* (*dünner Kaffee etc*). **3.** *fig*. Gewäsch *n*, Geschwätz *n*.

hoi pol·loi [ˌhɔɪ'pɒlɔɪ] *s contp*. breite Masse, Pöbel *m*.

hoist [hɔɪst] **I** *v/t* **1.** hochziehen; *Flagge, Segel* hissen. **II** *s* **2.** Hochziehen *n*. **3.** *tech*. (Lasten)Aufzug *m*.

hoi·ty-toi·ty [ˌhɔɪtɪ'tɔɪtɪ] *adj* hochnäsig, eingebildet.

hold [həʊld] **I** *s* **1.** Griff *m* (*a. Ringen*), Halt *m*: ***catch*** (*od*. ***get, take***) ~ ***of s.th.*** et. ergreifen *od*. zu fassen bekommen; ***get*** ~ ***of s.o.*** j-n erwischen; ***keep*** ~ ***of*** festhalten; ***let go one's*** ~ ***of s.th.*** et. loslassen. **2.** Halt *m*, Stütze *f*: ***lose one's*** ~ den Halt verlieren. **3.** (***on, over, of***) Gewalt *f*, Macht *f* (über *acc*), Einfluss *m* (auf *acc*): ***have a*** (***firm***) ~ ***on s.o.*** j-n in s-r Gewalt haben, j-n beherrschen; ***lose*** ~ ***of o.s.*** die Fassung verlieren. **II** *v/t* (*irr*) **4.** (fest)halten. **5.** sich *die Nase, die Ohren* zuhalten: ~ ***one's nose*** (***ears***). **6.** *Gewicht etc* tragen, (aus)halten. **7.** (*in e-m Zustand*) halten: ~ ***o.s. erect*** sich gerade halten; ~ (***o.s.***) ***ready*** (sich) bereithalten. **8.** zurück-, abhalten (***from*** von): ~ ***s.o. from doing s.th.*** j-n davon abhalten, et. zu tun; ***there was no*** ~***ing him*** er war nicht zu halten. **9.** *Wahlen, Pressekonferenz etc* abhalten; *Fest etc* veranstalten. **10.** *mil. u. fig. Stellung* halten, behaupten: ~ ***one's own*** (***with***) sich behaupten (gegen), bestehen (neben). **11.** *Aktien, Rechte etc* besitzen; *Amt etc* bekleiden. **12.** *Platz etc* (inne)haben; *Rekord* halten; *Titel* führen: ~ ***a job*** *Am*. einen Arbeitsplatz haben. **13.** fassen: a) enthalten, b) Platz bieten für. **14.** *Bewunderung, Sympathie etc* hegen, haben (***for*** für). **15.** der Ansicht sein (***that*** dass). **16.** halten für: ***I*** ~ ***him to be a liar*** ich halte ihn für e-n Lügner. **17.** halten: ~ ***responsible*** verantwortlich machen; → ***contempt*** 1, ***esteem*** 3. **18.** *bsd*. ⚖ entscheiden (***that*** dass). **19.** *Publikum, j-s Aufmerksamkeit* fesseln. **20.** ~ ***s.th. against s.o.*** j-m et. vorhalten *od*. vorwerfen; j-m et. übel nehmen *od*. nachtragen. **III** *v/i* (*irr*) **21.** halten, nicht (zer)reißen *od*. (zer)brechen. **22.** (sich) festhalten (***by, to*** an *dat*). **23.** *a*. ~ ***good*** (weiterhin) gelten, gültig sein *od*. bleiben. **24.** anhalten, andauern.

Verbindungen mit Adverbien:
hold| back I *v/t* **1.** zurückhalten. **2.** → **hold in** I. **3.** *fig.* zurückhalten mit, verschweigen. II *v/i* **4.** *fig.* sich zurückhalten. **5.** nicht mit der Sprache herausrücken. **~ down** *v/t* **1.** niederhalten, *fig.* *a.* unterdrücken. **2.** F *Posten* haben; sich in *e-r Stellung etc* halten. **~ in** I *v/t* zügeln, zurückhalten: **hold o.s. in** a) → II, b) den Bauch einziehen. II *v/i* sich zurückhalten *od.* beherrschen. **~ off** I *v/t* **1.** abhalten, fern halten, abwehren. **2.** *et.* aufschieben, *j-n* hinhalten. II *v/i* **3.** sich fern halten (**from** von). **4.** zögern; warten (**from** mit). **5.** ausbleiben (*Regen etc*). **~ on** *v/i* **1.** festhalten (**to** an *dat*) (*a. fig.*). **2.** sich festhalten (**to** an *dat*). **3.** aus-, durchhalten. **4.** andauern, anhalten. **5.** *teleph.* am Apparat bleiben. **~ out** I *v/t* **1.** *Hand etc* ausstrecken: **hold s.th. out to s.o.** j-m et. hinhalten. II *v/i* **2.** reichen (*Vorräte*). **3.** aus-, durchhalten. **~ o·ver** *v/t* **1.** *Sitzung*, *Entscheidung etc* vertagen, -schieben (**till, until** auf *acc*). **2.** *Film etc* verlängern (**for** um). **~ to·geth·er** *v/t u. v/i* zs.-halten (*a. fig.*). **~ up** I *v/t* **1.** hoch halten. **2.** *fig.* hinstellen (**as an example** als Beispiel). **3.** *j-n*, *et.* aufhalten; *et.* verzögern: **be held up** sich verzögern. **4.** *j-n*, *Bank etc* überfallen. II *v/i* **5.** sich halten (*Preise*, *Wetter etc*): **~ well** sich gut behaupten (*Kurse*).
'hold·all *s bsd. Br.* Reisetasche *f.*
hold·er ['həʊldə] *s* **1.** *oft in Zssgn* Halter(in), *tech.* a. Halterung *f.* **2.** Inhaber(in).
'hold·ing *s oft pl* Besitz *m* (*an Effekten etc*): **~ company** *econ.* Holding-, Dachgesellschaft *f.*
'hold·up *s* (bewaffneter) (Raub)Überfall.
hole [həʊl] I *s* **1.** Loch *n*: **be in a ~** F in der Klemme sein *od.* sitzen *od.* stecken; **make a ~ in** *fig.* ein Loch reißen in (*Vorräte*); **pick** (*od.* **knock**) **~s in** *fig.* an *e-r Sache* herumkritteln, *Argument etc* zerpflücken; *j-m* am Zeug flicken. **2.** Höhle *f*, Bau *m* (*e-s Tiers*), Loch *n* (*e-r Maus*). II *v/t* **3.** ein Loch *od.* Löcher machen in (*acc*). **4.** *Golf*: *Ball* einlochen. III *v/i* **5.** *oft* **~ out** (*Golf*) einlochen.
hol·i·day ['hɒlədeɪ] I *s* **1.** Feiertag *m*: → **public** 3b. **2.** freier Tag: **take a ~** (sich) e-n Tag freinehmen. **3.** *mst pl bsd.Br.* Ferien *pl*, Urlaub *m*: **be on ~** im Urlaub sein, Urlaub machen. II *adj* **4.** *bsd. Br.* Ferien..., Urlaubs...: **~ entitlement** Urlaubsanspruch *m*; **~ pay** Urlaubsgeld *n*; **~ replacement** Urlaubsvertretung *f.* III *v/i* **5.** *bsd. Br.* Urlaub machen , die Ferien verbringen. **~ a·part·ment** *s* Ferienwohnung *f.* **~ camp** *s* Ferienlager *n.* **~ home** *s* Ferienhaus *n.* **~·mak·er** ['~dɪˌ~] *s bsd. Br.* Urlauber(in). **~ trip** *s* Urlaubsreise *f.*

Hol·land ['hɒlənd] *npr* Holland *n.*
hol·ler ['hɒlə] *v/i u. v/t* F schreien, brüllen: **~ for help** um Hilfe schreien; **~ at** *j-n* anbrüllen.
hol·low ['hɒləʊ] I *s* **1.** (Aus)Höhlung *f*, Hohlraum *m*: **~ of the hand** hohle Hand. II *adj* □ **2.** hohl: **beat s.o. ~** *Br.* F j-n haushoch schlagen; **feel ~** Hunger haben. **3.** hohl, dumpf (*Klang*, *Stimme*). **4.** *fig.* hohl, leer; falsch, unaufrichtig: → **ring²** 2, 6. **5.** hohl: a) eingefallen (*Wangen*), b) tief liegend (*Augen*). III *adv* **6.** hohl: **ring ~** *fig.* hohl klingen (*Versprechen etc*), unglaubwürdig klingen (*Protest etc*). IV *v/t* **7.** *oft* **~ out** aushöhlen.
hol·ly ['hɒlɪ] *s* ♣ Stechpalme *f.*
hol·o·caust ['hɒləkɔːst] *s* Massenvernichtung *f*, -sterben *n*, (*bsd.* Brand)Katastrophe *f*: **the Holocaust** *hist.* der Holocaust.
hol·o·gram ['hɒləgræm] *s* Hologramm *n.*
hol·og·ra·phy [hɒ'lɒgrəfɪ] *s* Holographie *f.*
hol·ster ['həʊlstə] *s* (Pistolen)Halfter *f*, *n.*
ho·ly ['həʊlɪ] *adj* heilig, (*Hostie etc*) geweiht.
Ho·ly| Ghost *s der* Heilige Geist. **~ Scrip·ture** *s die* Heilige Schrift. **~ Spir·it** → **Holy Ghost.**
ho·ly| ter·ror *s* F Nervensäge *f.* **~ wa·ter** *s* Weihwasser *n.*
Holy Week *s* Karwoche *f.*
hom·age ['hɒmɪdʒ] *s* Huldigung *f*, Reverenz *f*: **do** (*od.* **pay**) **~ to s.o.** j-m huldigen, j-m (die *od.* s-e) Reverenz erweisen.
home [həʊm] I *s* **1.** Heim *n*: a) Haus *n*, (*eigene*) Wohnung, b) Zuhause *n*, Daheim *n*, c) Elternhaus *n*: **at ~** zu Hause, daheim (*beide a. Sport*); **at ~ in** *fig.* zu Hause in (*dat*), bewandert in (*dat*); **make o.s. at ~** es sich bequem machen; **away from ~** abwesend, verreist, (*bsd. Sport*) auswärts; **his ~ is in London** er ist in London zu Hause. **2.** Heimat *f* (*a. fig.*): **at ~ and abroad** im In- u. Ausland. **3.** Heim *n*: **~ for the aged** Alters-, Altenheim. II *adj* **4.** häuslich, Heim...: **~ address** Privatanschrift *f*; **~ banking** Tele-Bank-Verfahren *n*; **~ life** häusliches Leben, Familienleben *n*; **~ loan** Kredit *m* für Hauskauf; **~ number** *teleph.* Privatnummer *f*; **~ shopping** Teleshopping *n.* **5.** inländisch, Inlands...: **~ affairs** *pl* innere Angelegenheiten *pl*, Innenpolitik *f*; **~ demand** Inlandsnachfrage *f*; **~ market** *econ.* Inlands-, Binnenmarkt *m*; **~-produced goods** *pl* heimische Produkte *pl*, Inlandswaren *pl*; **~ trade** *econ.* Binnenhandel *m.* **6.** Heimat...: **~ town.** **7.** *Sport*: Heim...: **~ match.** III *adv* **8.** heim, nach Hause: **way ~** Heimweg *m*; **that's nothing to write ~ about** F das ist nichts Besonderes; → **come home.** **9.** zu Hause, daheim. **10.** *fig.* ins Ziel: **bring** (*od.

drive) s.th. **~** ***to s.o.*** j-m et. klarmachen; ***the thrust went*** ~ der Hieb saß.

'home|ˌcom·ing *s* Heimkehr *f.* ~ **com·pu·ter** *s* Heimcomputer *m.* ~ **ec·o·nom·ics** *s* Hauswirtschaftslehre *f.* **ˌ~'grown** *adj* selbst angebaut (*Obst*), (*Gemüse a.*) selbst gezogen. **'~·land** *s* Heimatland *n.*

home·less ['həʊmlɪs] *adj* **1.** heimatlos. **2.** obdachlos: ***be left*** ~ heimatlos werden.

'home·like *adj* wie zu Hause, gemütlich.

'home·ly *adj* **1.** einfach (*Mahlzeit, Leute*). **2.** *Am.* unscheinbar.

ˌhome'made *adj* haus-, selbst gemacht, Hausmacher...

homeo... → ***homoeo...***

Home| Of·fice *s Br.* Innenministerium *n.* ~ **page** *s Computer*: Homepage *f.*

home rule *s pol.* Selbstverwaltung *f.*

Home Sec·re·tar·y *s Br.* Innenminister(in).

'home|·sick *adj*: ***be*** ~ Heimweh haben. **'~·sick·ness** *s* Heimweh *n.* **'~·spun** *adj* schlicht, einfach. ~ **truth** *s* unangenehme Wahrheit.

home·ward ['həʊmwəd] **I** *adv* heimwärts, nach Hause. **II** *adj* Heim..., Rück... **'~·wards** → ***homeward*** I.

'home|·work *s* **1.** *econ.* Heimarbeit *f.* **2.** *ped.* Hausaufgabe(n *pl*) *f*: ***do one's*** ~ s-e Hausaufgaben machen (*a. fig.*). **'~ˌwork·er** *s econ.* Heimarbeiter(in). **'~ˌwork·ing** *s* Teleheimarbeit *f.*

hom·i·cide ['hɒmɪsaɪd] *s* ⚖ Mord *m*; Totschlag *m.*

ho·mo ['həʊməʊ] *pl* **-mos** *s* F Homo *m* (*Homosexuelle*).

ho·moe·o·path ['həʊmjəʊpæθ] *s* ⚕ Homöopath(in).

ˌho·moe·o'path·ic *adj* (***~ally***) homöopathisch.

ho·moe·op·a·thy [ˌhəʊmɪ'ɒpəθɪ] *s* Homöopathie *f.*

ho·mo·ge·ne·ous [ˌhɒməʊ'dʒiːnjəs] *adj* □ homogen, gleichartig.

ho·mog·e·nize [hɒ'mɒdʒənaɪz] *v/t* homogenisieren.

hom·o·graph ['hɒməʊgrɑːf] *s ling.* Homograph *n.*

hom·o·nym ['~nɪm] *s ling.* Homonym *n.*

hom·o·phone ['~fəʊn] *s ling.* Homophon *n.*

ho·mo·sex·u·al [ˌhɒməʊ'sekʃʊəl] **I** *adj* □ homosexuell. **II** *s* Homosexuelle *m, f.*

ho·mo·sex·u·al·i·ty [ˌ~ʃʊ'ælətɪ] *s* Homosexualität *f.*

hom·y ['həʊmɪ] *adj* F gemütlich, behaglich.

Hon. ***Honorary*** ehrenamtlich; ***Honourable*** *der od. die* Ehrenwerte (*Anrede u. Titel*).

Hon·du·ras [hɒn'djʊərəs] *Republik in Mittelamerika.*

hon·est ['ɒnɪst] *adj* ehrlich: a) redlich, b) aufrichtig.

'hon·est·ly I *adv* → ***honest.*** **II** *int* F ganz bestimmt!, ehrlich!

'hon·es·ty *s* Ehrlichkeit *f*: a) Redlichkeit *f*, b) Aufrichtigkeit *f.*

hon·ey ['hʌnɪ] *s* **1.** Honig *m*: (***as***) ***sweet as*** ~ honigsüß (*a. fig.*). **2.** *bsd. Am.* F Liebling *m*, Schatz *m.* **'~·bee** *s* Honigbiene *f.* **'~·comb** *s* Bienenwabe *f.* **'~·dew** *s* Honigtau *m*: ~ ***melon*** Honigmelone *f.*

hon·eyed ['hʌnɪd] *adj* honigsüß (*a. fig.*).

'hon·ey|·moon I *s* Flitterwochen *pl*: ~ (***trip***) Hochzeitsreise *f.* **II** *v/i* in den Flitterwochen sein, s-e Flitterwochen verbringen; s-e Hochzeitsreise machen, auf Hochzeitsreise sein. **'~·moon·er** *s* Flitterwöchner(in); Hochzeitsreisende *m, f.*

honk [hɒŋk] *mot.* **I** *s* Hupsignal *n.* **II** *v/i* hupen.

hon·or, *etc Am.* → ***honour,*** *etc.*

hon·or·ar·y ['ɒnərərɪ] *adj* **1.** Ehren... **2.** ehrenamtlich.

hon·our ['ɒnə] *bsd. Br.* **I** *v/t* **1.** ehren. **2.** ehren, auszeichnen: ~ ***s.o. with*** j-m *et.* verleihen; j-n beehren mit. **3.** *econ. Scheck etc* honorieren, einlösen. **II** *s* **4.** Ehre *f*: (***sense of***) ~ Ehrgefühl *n*; ~ ***to whom*** ~ ***is due*** Ehre, wem Ehre gebührt; ***guest of*** ~ Ehrengast *m*; ***do s.o.*** ~ j-m zur Ehre gereichen, j-m Ehre machen; → ***debt.*** **5.** Ehrung *f*, Ehre(n *pl*) *f*: ***in s.o.'s*** ~ zu j-s Ehren, j-m zu Ehren. **6.** ***Your Honour*** *bsd.* ⚖ Euer Gnaden.

'hon·our·a·ble *adj* □ *bsd. Br.* **1.** achtbar, ehrenwert. **2.** ehrenvoll, -haft. **3.** ***Honourable*** *der, die* Ehrenwerte (*Titel*).

hood [hʊd] *s* **1.** Kapuze *f.* **2.** *mot. Br.* Verdeck *n*; *Am.* (Motor)Haube *f.* **3.** *tech.* (Schutz)Haube *f.*

hood·lum ['huːdləm] *s* F **1.** Rowdy *m*; Schläger *m.* **2.** Ganove *m*; Gangster *m.*

'hood·wink *v/t* hinters Licht führen.

hoo·ey ['huːɪ] *s bsd. Am. sl.* Krampf *m*, Quatsch *m.*

hoof [huːf] *pl* **hoofs, hooves** [huːvz] *s zo.* Huf *m.*

hook [hʊk] **I** *s* **1.** Haken *m*: ***by*** ~ ***or*** (***by***) ***crook*** unter allen Umständen, mit allen Mitteln; ***on one's own*** ~ F auf eigene Faust. **2.** Angelhaken *m*: ~, ***line and sinker*** F voll (u. ganz); ***be on the*** ~ F in der Patsche sein *od.* sitzen *od.* stecken. **3.** *Boxen*: Haken *m.* **II** *v/t* **4.** an-, ein-, fest-, zuhaken. **5.** angeln (*a. fig.* F): ~ ***a husband*** sich e-n Mann angeln. **6.** ~ ***it*** F Leine ziehen, verschwinden. **III** *v/i* **7.** sich (zu)haken lassen.

hooked [hʊkt] *adj* **1.** hakenförmig, Haken... **2.** mit (e-m) Haken (versehen). **3.** F süchtig (***on*** nach) (*a. fig.*): ~ ***on TV*** fernsehsüchtig.

'hook·er *s Am. sl.* Nutte *f.*

'hook·y *s*: ***play*** ~ *bsd. Am.* F (die Schule) schwänzen.

hoo·li·gan ['huːlɪgən] *s* Rowdy *m*.
'hoo·li·gan·ism *s* Rowdytum *n*.
hoop [huːp] *s allg*. Reif(en) *m*: ***put through the ~(s)*** *fig*. durch die Mangel drehen, in die Mangel nehmen.
hoo·ray [hʊ'reɪ] → ***hurrah.***
hoot [huːt] **I** *v/i* **1.** (*höhnisch*) johlen: ***~ at s.o.*** j-n verhöhnen. **2.** *bsd. Br*. heulen (*Fabriksirene etc*); *mot*. hupen. **II** *v/t* **3.** auszischen, -pfeifen: ***~ down*** niederschreien. **III** *s* **4.** (*höhnischer, johlender*) Schrei: ***I don't care a ~*** (*od*. ***two ~s***) F das ist mir völlig egal. **5.** *bsd. Br*. Heulen *n*; *mot*. Hupen *n*.
'hoot·er *s bsd. Br*. Sirene *f*; *mot*. Hupe *f*.
Hoo·ver ['huːvə] *TM* **I** *s* Staubsauger *m*. **II** *v/t mst* ***Hoover*** (staub)saugen, *Teppich etc a*. absaugen: ***Hoover up*** aufsaugen. **III** *v/i mst* ***Hoover*** (staub)saugen.
hooves [huːvz] *pl von* ***hoof.***
hop¹ [hɒp] **I** *s* ⚘ Hopfen *m*. **II** *v/t Bier* hopfen.
hop² [~] **I** *v/i* **1.** hüpfen: ***~ off*** *Br*. F abschwirren. **2.** F schwofen, tanzen. **II** *v/t* **3.** hüpfen über (*acc*): ***~ it*** F abschwirren. **III** *s* **4.** Sprung *m*: ***keep s.o. on the ~*** F j-n in Trab halten. **5.** F Schwof *m*, Tanz(veranstaltung *f*) *m*.
hope [həʊp] **I** *s* Hoffnung *f* (***of*** auf *acc*): ***past*** (*od*. ***beyond***) (***all***) ~ hoffnungs-, aussichtslos; ***in the ~*** auf gut Glück; in der Hoffnung (***of getting*** zu bekommen); ***no ~ of success*** keine Aussicht auf Erfolg; ***~s*** *pl* ***of victory*** Siegeshoffnungen *pl*. **II** *v/i* hoffen (***for*** auf *acc*): ***~ for the best*** das Beste hoffen; ***I ~ so*** hoffentlich; ***I ~ not*** hoffentlich nicht. **III** *v/t* hoffen (***that*** dass).
hope·ful ['~fʊl] *adj* hoffnungsvoll: ***be ~ that*** hoffen, dass.
'hope·ful·ly *adv* **1.** → ***hopeful.*** **2.** hoffentlich.
'hope·less *adj* □ hoffnungslos.
hop·ping ['hɒpɪŋ] *adv*: ***be ~ mad*** F e-e Stinkwut (im Bauch) haben.
horde [hɔːd] *s* Horde *f*, (wilder) Haufen.
ho·ri·zon [hə'raɪzn] *s* Horizont *m*: ***appear on the ~*** am Horizont auftauchen, *fig. a*. sich abzeichnen; → ***broaden*** I.
hor·i·zon·tal [ˌhɒrɪ'zɒntl] **I** *adj* □ horizontal, waag(e)recht: ***~ bar*** (*Turnen*) Reck *n*; ***~ line*** → II. **II** *s* Ⱥ Horizontale *f*, Waag(e)rechte *f*.
hor·mone ['hɔːməʊn] *s biol*. Hormon *n*.
horn [hɔːn] **I** *s* **1.** *zo*. Horn *n*, *pl a*. Geweih *n*: ***show one's ~s*** *fig*. die Krallen zeigen; → ***bull*** 1, ***dilemma.*** **2.** *zo*. Fühler *m*, Fühlhorn *n*. **3.** (*Pulver-, Trink*)Horn *n*: ***~ of plenty*** Füllhorn. **4.** Horn *n* (*Substanz*). **5.** ♪ Horn *n*. **6.** *mot*. Hupe *f*. **II** *v/i* **7.** ***~ in*** *sl*. sich eindrängen *od*. einmischen (***on*** in *acc*).
hor·net ['hɔːnɪt] *s zo*. Hornisse *f*: ***stir up a ~'s nest*** *fig*. in ein Wespennest stechen.
'horn-rimmed *adj*: ***~ spectacles*** *pl* Hornbrille *f*.
horn·y ['hɔːnɪ] *adj* **1.** F geil, scharf. **2.** F sexy. **3.** hornartig, schwielig (*Hände*).
hor·o·scope ['hɒrəskəʊp] *s* Horoskop *n*: ***cast a ~*** ein Horoskop stellen.
hor·ren·dous [hɒ'rendəs] → ***horrific.***
hor·ri·ble ['hɒrəbl] *adj* □ schrecklich, furchtbar, scheußlich (*alle a. fig*. F).
hor·rid ['hɒrɪd] → ***horrible.***
hor·rif·ic [hɒ'rɪfɪk] *adj* (***~ally***) schrecklich, entsetzlich.
hor·ri·fy ['~faɪ] *v/t* entsetzen: ***be horrified at*** (*od*. ***by***) entsetzt sein über (*acc*); ***~ing*** → ***horrible.***
hor·ror ['hɒrə] **I** *s* **1.** Entsetzen *n*: ***to one's ~*** zu s-m Entsetzen; ***in ~*** entsetzt. **2.** Abscheu *f*, Horror *m* (***of*** vor *dat*). **3.** Schrecken *m*, Gräuel *m*. **4.** F Gräuel *m* (*Person od. Sache*). **II** *adj* **5.** Horror...: ***~ film.*** **'~-ˌstrick·en, '~-struck** *adj* von Entsetzen gepackt.
horse [hɔːs] *s* Pferd *n* (*a. Turnen*): ***back the wrong ~*** *fig*. aufs falsche Pferd setzen; ***eat like a ~*** wie ein Scheunendrescher essen; ***get*** (*od*. ***come***) ***off one's high ~*** *fig*. von s-m hohen Ross herunterkommen; ***a ~ of another*** (*od*. ***a different***) ***colo(u)r*** *fig*. et. (ganz) anderes; (***straight*** *od*. ***right***) ***from the ~'s mouth*** F aus erster Hand; → ***cart*** 1, ***dark horse, flog*** 1, ***gift*** 3. **'~·back** *s*: ***on ~*** zu Pferd; ***go on ~*** reiten. **~ chest·nut** *s* ⚘ Rosskastanie *f*. **'~·hair** *s* Rosshaar *n*. **'~·laugh** *s* wieherndes Gelächter. **~man** ['~mən] *s* (*irr* ***man***) (geübter) Reiter. **~ op·er·a** *s* F Western *m* (*Film*). **'~ˌpow·er** *s phys*. Pferdestärke *f*. **~ race** *s Sport*: Pferderennen *n*. **'~ˌrad·ish** *s* ⚘ Meerrettich *m*, *österr*. Kren *m*. **~ sense** *s* gesunder Menschenverstand. **~·shoe** ['hɔːʃʃuː] *s* Hufeisen *n*. **~ trad·ing** *s bsd. pol*. F Kuhhandel *m*. **'~ˌwom·an** *s* (*irr* ***woman***) (geübte) Reiterin.
hor·ti·cul·tur·al [ˌhɔːtɪ'kʌltʃərəl] *adj* Garten(bau)...: ***~ show*** Gartenschau *f*.
'hor·ti·cul·ture *s* Gartenbau *m*.
ho·san·na [həʊ'zænə] **I** *int* hos(i)anna! **II** *s* Hos(i)anna *n*.
hose¹ [həʊz] *s* (*pl konstruiert*) Strümpfe *pl*, Strumpfwaren *pl*.
hose² [~] **I** *s* Schlauch *m*. **II** *v/t* spritzen: ***~ down*** abspritzen.
ho·sier·y ['həʊzɪərɪ] *s coll*. Strumpfwaren *pl*.
hos·pice ['hɒspɪs] *s* Sterbeklinik *f*.
hos·pi·ta·ble [hɒ'spɪtəbl] *adj* □ gast(freund)lich (*Person*); gastlich, gastfrei (*Haus etc*).
hos·pi·tal ['hɒspɪtl] *s* Krankenhaus *n*, Klinik *f*, *österr., schweiz*. Spital *n*: ***in*** (*Am*. ***in the***) ***~*** im Krankenhaus.
hos·pi·tal·i·ty [ˌhɒspɪ'tælətɪ] *s* Gastfreundschaft *f*, Gastlichkeit *f*.

H

hos·pi·tal·ize [ˈhɒspɪtlaɪz] *v/t* ins Krankenhaus einliefern *od.* einweisen.

host¹ [həʊst] **I** *s* **1.** Gastgeber *m*: ~ ***country*** Gastland *n*. **2.** *biol.* Wirt *m* (*Tier od. Pflanze*). **3.** *Rundfunk*, *TV*: Talkmaster *m*; Showmaster *m*; Moderator *m*. **II** *v/t* **4.** *Rundfunk*, *TV*: *Sendung* moderieren.

host² [~] *s* Menge *f*, Masse *f*: ***a ~ of questions*** e-e Unmenge Fragen.

Host³ [~] *s eccl.* Hostie *f*.

hos·tage [ˈhɒstɪdʒ] *s* Geisel *f*: ***take s.o. ~*** j-n als Geisel nehmen.

host com·put·er *s* Host-, Hauptrechner *m*.

hos·tel [ˈhɒstl] *s* **1.** *mst* ***youth ~*** Jugendherberge *f*. **2.** *bsd. Br.* (*Studenten-, Arbeiter- etc*)Wohnheim *n*.

host·ess [ˈhəʊstɪs] *s* **1.** Gastgeberin *f*. **2.** Hostess *f* (*Betreuerin auf Messen etc*). **3.** ✈ Hostess *f*, Stewardess *f*. **4.** Animier-, Tischdame *f*.

hos·tile [ˈhɒstaɪl] *adj* □ **1.** feindlich, Feind(es)... **2.** (***to***) feindselig (gegen), feindlich gesinnt (*dat*): ~ ***to foreigners*** ausländerfeindlich.

hos·til·i·ty [hɒˈstɪlətɪ] *s* **1.** Feindschaft *f*, Feindseligkeit *f*: ~ ***to foreigners*** Ausländerfeindlichkeit *f*. **2.** *pl mil.* Feindseligkeiten *pl*.

hot [hɒt] **I** *adj* □ **1.** *allg.* heiß (*a. fig.*): ***I am ~*** mir ist heiß; ***I went ~ and cold*** es überlief mich heiß u. kalt; ~ ***favo(u)rite*** F (*bsd. Sport*) heißer *od.* hoher Favorit; ~ ***music*** *sl.* heiße Musik; ~ ***tip*** F heißer Tip; ***be in ~ water*** F in Schwulitäten sein. **2.** warm, heiß (*Speisen*): ~ ***meal*** warme Mahlzeit; → ***potato***. **3.** scharf (gewürzt). **4.** ***be ~ for*** (*od.* ***on***) F brennen *od.* scharf sein auf (*acc*). **5.** ganz neu *od.* frisch: ~ ***from the press*** frisch aus der Presse (*Nachrichten*), soeben erschienen (*Buch etc*); ~ ***scent*** (*od.* ***trail***) *hunt.* warme *od.* frische Fährte *od.* Spur (*a. fig.*). **6.** F toll, großartig, (*Nachrichten*) sensationell. **7.** F heiß (*gestohlen, geschmuggelt etc*). **II** *adv* **8.** heiß: ***give it s.o. ~*** (***and strong***) F j-m gründlich einheizen; → ***track*** 1, ***trail*** 7. **III** *v/t* **9.** *mst* ~ ***up*** *bsd. Br.* heiß machen, *Speisen a.* warm machen, aufwärmen. **10.** ~ ***up*** *fig.* F an-, aufheizen; Schwung bringen in (*acc*); *Auto, Motor* frisieren. **IV** *v/i* **11.** ~ ***up*** F sich verschärfen; schwungvoller werden.

hot| air *s* **1.** *tech.* Heißluft *f*. **2.** F heiße Luft, leeres Geschwätz. **ˈ~·bed** *s* **1.** ⚘ Frühbeet *n*. **2.** *fig.* Brutstätte *f*. **ˌ~ˈblood·ed** *adj* heißblütig.

hotch·potch [ˈhɒtʃpɒtʃ] *s* **1.** *gastr.* Eintopf *m*, *bsd.* Gemüsesuppe *f* mit Fleisch. **2.** *fig.* Mischmasch *m*.

hot dog *s* Hot Dog *n*, *m*.

ho·tel [həʊˈtel] **I** *s* Hotel *n*. **II** *adj* Hotel...

ho·tel·ier [həʊˈtelɪeɪ], **hoˈtelˌkeep·er** *s* Hotelier *m*.

ˈhot|·foot F **I** *adv* schleunigst, schnell. **II** *v/i u. v/t*: ~ (***it***) rennen. **ˈ~·head** *s* Hitzkopf *m*. **ˌ~ˈhead·ed** *adj* □ hitzköpfig. **ˈ~·house** *s* Treib-, Gewächshaus *n*. ~ **line** *s* **1.** *teleph.* Hotline *f*, Infotelefon *n*. **2.** *bsd. pol.* heißer Draht. ~ **pants** *s pl* Hot Pants *pl*, heiße Höschen *pl*. **ˈ~·plate** *s* **1.** Koch-, Heizplatte *f*. **2.** Warmhalteplatte *f*. ~ **rod** *s bsd. Am. sl.* frisierter Wagen. ~ **spot** *s* **1.** *bsd. pol.* Unruhe-, Krisenherd *m*. **2.** *bsd. Am.* F *Nachtklub od. Amüsierbetrieb, in dem et. los ist.* **ˌ~ˈwa·ter** *adj* Heißwasser...: ~ ***bottle*** Wärmflasche *f*.

hound [haʊnd] **I** *s* **1.** Jagdhund *m*. **2.** *contp.* Hund *m*, gemeiner Kerl. **II** *v/t* **3.** (*bsd. mit Hunden, a. fig. j-n*) jagen, verfolgen.

hour [ˈaʊə] *s* **1.** Stunde *f*: ***by the ~*** stundenweise; ***for ~s*** (***and ~s***) stundenlang; ***on the ~*** (immer) zur vollen Stunde; ***24 ~s a day*** Tag u. Nacht. **2.** (Tages)Zeit *f*, Stunde *f*: ***at all ~s*** zu jeder Zeit, jederzeit; ***at what ~?*** um wie viel Uhr?; → ***early*** 4, ***eleventh*** 1, ***late*** 1, ***small*** I. **3.** Zeitpunkt *m*, Stunde *f*. **4.** Stunde *f*, Tag *m*: ***the man of the ~*** der Mann des Tages. **5.** *pl* (*Arbeits*)Zeit *f*, (*Geschäfts*)Stunden *pl*: ***after ~s*** nach Geschäftsschluss; nach der Polizeistunde; nach der Arbeit; *fig.* zu spät. ~ **hand** *s* Stundenzeiger *m*.

hour·ly [ˈaʊəlɪ] *adj u. adv* stündlich: ~ ***rate of pay*** Stundenlohn *m*.

house I *s* [haʊs] *pl* **hous·es** [ˈhaʊzɪz] **1.** Haus *n* (*a. econ., parl., thea.*): → ***bring down*** 4, ***card*** 1. **2.** Haus(halt *m*) *n*: ***keep ~*** den Haushalt führen (***for s.o.*** j-m); ***put*** (*od.* ***set***) ***one's ~ in order*** *fig.* s-e Angelegenheiten in Ordnung bringen. **3.** Haus *n*, Geschlecht *n*: ***the House of Hanover*** das Haus Hannover. **II** *v/t* [haʊz] **4.** unterbringen; beherbergen (*a. fig. enthalten*). ~ **ad·ver·tis·ing** *s* Eigenwerbung *f*. ~ **a·gent** *s Br.* Häusermakler(in). ~ **ar·rest** *s* Hausarrest *m*: ***be under ~*** unter Hausarrest stehen. **ˈ~·boat** *s* Hausboot *n*. **ˈ~·bound** *adj fig.* ans Haus gefesselt. ~ **brand** *s* Hausmarke *f*. **ˈ~ˌbreak·er** *s* Einbrecher(in). **ˈ~ˌbreak·ing** *s* Einbruch *m*. **ˈ~ˌbro·ken** *adj Am.* stubenrein (*Hund etc*, F *a. Witz ect*). **ˈ~ˌclean·ing** *s* Hausputz *m*. **ˈ~·coat** *s* Morgenrock *m*, -mantel *m*. **ˈ~·fly** *s zo.* Stubenfliege *f*.

house·hold [ˈhaʊshəʊld] **I** *s* **1.** Haushalt *m*: ~ ***articles*** Haushaltsartikel *pl*; ~ ***spending*** Ausgaben *pl* der privaten Haushalte; ~ ***waste*** Haushaltsmüll *m*. **II** *adj* **2.** Haushalts..., häuslich: ~ ***remedy*** Hausmittel *n*. **3.** ~ ***name*** (*od* ***word***) (fester *od.* geläufiger) Begriff.

'house·hold·er *s* Haushaltsvorstand *m.*
'house|-hunt *v/i* auf Haussuche sein: ***go ~ing*** auf Haussuche gehen. **'~-ˌhus·band** *s* Hausmann *m.* **'~ˌkeep·er** *s* Haushälter(in), Wirtschafter(in). **'~ˌkeep·ing** *s* Haushaltung *f*, Haushaltsführung *f*: **~ (*money*)** Haushalts-, Wirtschaftsgeld *n.* **'~·maid** *s* Hausangestellte *f*, -mädchen *n.*
House| of Com·mons *s parl.* Unterhaus *n* (*GB*). **~ of Lords** *s parl.* Oberhaus *n* (*GB*). **~ of Rep·re·sent·a·tives** *s parl.* Repräsentantenhaus *n* (*USA*).
'house|-proud *adj* übertrieben ordentlich (*Hausfrau*). **~ rules** *s pl* Hausordnung *f.* **~ search** *s* ⚖ Haussuchung *f.* **~ style** *s* Hausstil *m.*
ˌhouse-to-'house *adj* von Haus zu Haus: **~ *collection*** Haussammlung *f*; **~ *salesman*** Hausierer *m*; Vertreter *m*; **~ *selling*** Direktverkauf *m*, Haustürverkauf *m.*
'house|·top *s* Dach *n*: ***cry*** (*od.* ***proclaim, shout***) ***from the ~s*** *et.* öffentlich verkünden, *et. Vertrauliches* an die große Glocke hängen. **'~-trained** *adj bsd. Br.* stubenrein (*Hund etc*). **'~ˌwarm·ing (par·ty)** *s* Einzugsparty *f* (*im neuen Haus*). **'~·wife** *s* (*irr* ***wife***) Hausfrau *f.* **'~·work** *s* Hausarbeit *f.*
hous·ing ['haʊzɪŋ] *s* **1.** Wohnung *f*: **~ *development*** *bsd. Am.*, **~ *estate*** *Br.* Wohnsiedlung *f*; **~ *market*** Wohnungsmarkt *m*; **~ *shortage*** Wohnungsnot *f.* **2.** *coll.* Häuser *pl*: **~ *starts*** *pl* Neubauten *pl.* **3.** Wohnen *n*: **~ *allowance*** (*od.* ***benefit***) Wohnbeihilfe *f*, Wohngeld *n.* **~ *conditions*** *pl* Wohnverhältnisse *pl.*
hove [həʊv] *pret u. pp von* ***heave.***
hov·el ['hɒvl] *s contp.* Loch *n.*
hov·er ['hɒvə] *v/i* **1.** schweben (*a. fig.* ***between*** zwischen *Leben u. Tod etc*). **2.** sich herumtreiben (***about*** in der Nähe von). **3.** *fig.* schwanken (***between*** zwischen *dat*). **'~·craft** *pl* **-craft** *s* Luftkissenfahrzeug *n.*
how [haʊ] *adv* **1.** *fragend*: wie: **~ *are you?*** wie geht es dir?; **~ *is your toothache?*** was machen deine Zahnschmerzen?; **~ *about ...?*** wie steht *od.* wäre es mit ...?; **~ *do you know?*** woher wissen Sie das?; **~ *much?*** wie viel?; **~ *many?*** wie viel?, wie viele?; → **be** 7, **come** 7, **do**¹ 12. **2.** *ausrufend u. relativ*: wie: **~ *absurd!*** wie absurd!; ***he knows ~ to ride*** er kann reiten; ***I know ~ to do it*** ich weiß, wie man es macht; ***and ~!*** F u. ob! **~'ev·er** I *adv* wie auch (immer): **~ *it*** (***may***) ***be*** wie dem auch sei; **~ *you do it*** wie du es auch machst. II *cj* jedoch.
howl [haʊl] I *v/i* **1.** heulen (*Wölfe, Wind etc*). **2.** brüllen, schreien (***in agony*** vor Schmerzen. II *v/t* **3.** brüllen, schreien: **~ *down*** *j-n* niederschreien, -brüllen. III *s* **4.** Heulen *n.*
'howl·er *s* F grober Schnitzer.
'howl·ing *adj* **1.** heulend. **2.** F Mords...: **~ *success*** Bombenerfolg *m.*
HP, hp ***horsepower*** PS, Pferdestärke *f*; ***high pressure*** Hochdruck *m*; ***hire purchase*** Ratenkauf *m*: ***buy s.th. on ~*** et. auf Raten kaufen.
HQ [eɪtʃ'kjuː] ***headquarters*** Hauptquartier *n.*
hr ***hour*** Std., Stunde *f.*
HRH ***His*** (***Her***) ***Royal Highness*** Seine (Ihre) Königliche Hoheit.
ht ***height*** H, Höhe *f.*
hub [hʌb] *s* **1.** *tech.* (Rad)Nabe *f.* **2.** *fig.* Mittel-, Angelpunkt *m.*
'hub·cap *s mot.* Radkappe *f.*
huck·le·ber·ry ['hʌklbərɪ] *s* ♀ Amer. Heidelbeere *f.*
hud·dle ['hʌdl] I *v/t* **1.** *mst* **~ *together*** (*od.* ***up***) zs.-werfen, auf e-n Haufen werfen; zs.-drängen: **~ *s.th. into*** *bsd. Br.* et. stopfen in (*acc*). II *v/i* **2.** (sich) kauern: **~ *up*** sich zs.-kauern. **3.** *mst* **~ *together*** (*od.* ***up***) sich zs.-drängen. **4.** **~ (*up*) *against*** (*od.* ***to***) sich kuscheln *od.* schmiegen an (*acc*). III *s* **5.** (wirrer) Haufen; Wirrwarr *m*, Durcheinander *n.* **6.** ***go into a ~*** F die Köpfe zs.-stecken; sich beraten (***with*** mit).
hue¹ [hjuː] *s* **1.** Farbe *f.* **2.** (Farb)Ton *m*, Tönung *f*, *a. fig.* Färbung *f*, Schattierung *f.*
hue² [~] *s*: ***raise a ~ and cry against*** lautstark protestieren gegen.
huff [hʌf] I *v/i* keuchen, schnaufen. II *s*: ***be in a ~*** muffeln; ***go into a ~*** muff(e)lig werden.
'huff·y *adj* □ **1.** muff(e)lig. **2.** übelnehmerisch.
hug [hʌg] I *v/t* **1.** umarmen, (*a.* **~ *to one***) an sich drücken. **2.** *fig.* (zäh) festhalten an (*dat*). II *v/i* **3.** sich umarmen. III *s* **4.** Umarmung *f*: ***give s.o. a ~*** j-n umarmen.
huge [hjuːdʒ] *adj* riesig, riesengroß (*beide a. fig.*).
'huge·ly *adv* ungeheuer, gewaltig.
'huge·ness *s* ungeheure *od.* gewaltige Größe.
hulk [hʌlk] *s* Koloss *m*: a) *Gebilde von gewaltigem Ausmaß*, b) klotziges *od.* sperriges *od.* unhandliches Ding, c) ungeschlachter Kerl, schwerfälliger Riese.
'hulk·ing, 'hulk·y *adj* **1.** klotzig, sperrig, unhandlich. **2.** ungeschlacht, schwerfällig.
hull¹ [hʌl] I *s* ♀ Schale *f*, Hülse *f.* II *v/t* schälen, enthülsen.
hull² [~] *s* ⚓ Rumpf *m.*
hul·la·ba(l)·loo [ˌhʌləbə'luː] *s* Lärm *m*, Getöse *n.*
hum [hʌm] I *v/i* **1.** *allg.* summen: ***my head is ~ming*** mir brummt der Kopf; **~ (*with activity*)** F voller Leben *od.* Aktivität sein. **2.** ~

and haw herumdrucksen, nicht recht mit der Sprache herauswollen. **II** *v/t* **3.** *Lied* summen. **III** *s* **4.** Summen *n.*

hu·man ['hju:mən] **I** *adj* (□ → ***humanly***) menschlich, Menschen...: ~ ***being*** Mensch *m*; ~ ***capital*** Humankapital *n*; ~ ***chain*** Menschenkette *f*; ~ ***dignity*** Menschenwürde *f*; ~ ***engineering*** *Am.* Arbeitsplatz- u. Arbeitsablaufgestaltung *f*; ~ ***medicine*** Humanmedizin *f*; ~ ***race*** Menschengeschlecht *n*; ***department of ~ resources*** Personalabteilung *f*; ~ ***rights*** *pl* Menschenrechte *pl*; → ***err.*** **II** *s* Mensch *m.*

hu·mane [hju:'meɪn] *adj* □ **1.** human, menschlich. **2.** humanistisch.

hu·man·ism ['hju:mənɪzəm] *s* Humanismus *m.*

'hu·man·ist *s* Humanist(in).

ˌhu·man'is·tic *adj* (~***ally***) humanistisch.

hu·man·i·tar·i·an [hju:ˌmænɪ'teərɪən] *adj* humanitär, menschenfreundlich.

hu'man·i·ty *s* **1.** die Menschheit. **2.** Humanität *f*, Menschlichkeit *f*. **3.** *pl* Altphilologie *f*; Geisteswissenschaften *pl.*

hu·man·ize ['hju:mənaɪz] *v/t* **1.** humanisieren, humaner *od.* menschenwürdiger gestalten. **2.** vermenschlichen, personifizieren.

hu·man·kind [ˌ~'kaɪnd] → ***humanity*** 1.

'hu·man·ly *adv*: ***do everything ~ possible*** das Menschenmögliche *od.* sein Menschenmöglichstes tun.

hum·ble ['hʌmbl] **I** *adj* □ bescheiden: a) demütig: ***in my ~ opinion*** m-r unmaßgeblichen Meinung nach; ***eat ~ pie*** *fig.* klein beigeben; → ***self,*** b) anspruchslos, einfach, c) niedrig: ***of ~ birth*** von niederer Geburt. **II** *v/t* demütigen, erniedrigen.

'hum·ble·ness *s* Bescheidenheit *f*, Demut *f.*

hum·bug ['hʌmbʌg] *s* **1.** Humbug *m*: a) Schwindel *m*, Betrug *m*, b) Unsinn *m*, dummes Zeug. **2.** *Br.* Pfefferminzbonbon *m, n.*

hum·ding·er [ˌhʌm'dɪŋə] *s bsd. Am.* F **1.** Mordskerl *m*. **2.** tolles Ding.

hum·drum ['hʌmdrʌm] **I** *adj* **1.** eintönig, langweilig. **II** *s* **2.** Eintönigkeit *f*, Langweiligkeit *f*. **3.** eintönige *od.* langweilige Arbeit; Langweiler(in).

hu·mid ['hju:mɪd] *adj* □ feucht.

hu'mid·i·fi·er [~dɪfaɪə] *s tech.* (Luft)Befeuchter *m.*

hu'mid·i·fy [~faɪ] *v/t* befeuchten.

hu'mid·i·ty *s* Feuchtigkeit *f*: ~ ***of the air*** Luftfeuchtigkeit.

hu·mil·i·ate [hju:'mɪlɪeɪt] *v/t* demütigen, erniedrigen.

huˌmil·i'a·tion *s* Demütigung *f*, Erniedrigung *f.*

hum·ming·bird ['hʌmɪŋbɜ:d] *s orn.* Kolibri *m.*

hum·mock ['hʌmək] *s* Hügel *m.*

hu·mor *Am.* → **humour.**

hu·mor·ist ['hju:mərɪst] *s* **1.** Humorist(in). **2.** Spaßvogel *m.*

ˌhu·mor'is·tic *adj* (~***ally***) humoristisch.

hu·mor·ous ['hju:mərəs] *adj* □ humorvoll, humorig.

hu·mour ['hju:mə] *bsd. Br.* **I** *s* **1.** Humor *m*: (*a.* ***good***) ***sense of ~*** (Sinn *m* für) Humor. **2.** Komik *f*, *das* Komische. **3.** (Gemüts)Verfassung *f*: ***in a good*** (***bad***) ~ (bei) guter (schlechter) Laune; ***out of ~*** schlecht gelaunt. **II** *v/t* **4.** *j-m* s-n Willen tun *od.* lassen; *j-n, et.* hinnehmen.

'hu·mour·less *adj bsd. Br.* humorlos.

hump [hʌmp] **I** *s* **1.** Buckel *m*, (*e-s Kamels*) Höcker *m*. **2.** (kleiner) Hügel: ***be over the ~*** *fig.* über den Berg sein. **II** *v/t* **3.** ~ ***one's back*** e-n Buckel machen. **4.** *bsd. Br.* F auf den Rücken *od.* die Schulter nehmen; tragen. **'~·back** *s* **1.** Buckel *m*. **2.** Buck(e)lige *m, f*. **3.** *zo.* Buckelwal *m*. **'~-backed** *adj* buck(e)lig.

hu·mus ['hju:məs] *s* Humus *m.*

Hun [hʌn] *s* **1.** *hist.* Hunne *m*, Hunnin *f*. **2.** F *contp.* Deutsche *m, f.*

hunch [hʌntʃ] **I** *s* **1.** → ***hump*** 1. **2.** dickes Stück. **3.** (Vor)Ahnung *f*: ***have a ~ that*** das Gefühl *od.* den Verdacht haben, dass. **II** *v/t* **4.** → ***hump*** 3: ~ ***one's shoulders*** die Schultern hochziehen. **'~·back** → ***humpback.*** **'~-backed** → ***humpbacked.***

hun·dred ['hʌndrəd] **I** *adj* **1.** hundert: ***a*** (***one***) ~ (ein)hundert. **II** *s* **2.** Hundert *n*: ~***s of times*** hundertmal; ~***s pl of thousands*** hunderttausende *pl*. **3.** ♣ Hunderter *m.*

hun·dred·fold ['~fəʊld] **I** *adj u. adv* hundertfach. **II** *s das* Hundertfache.

hun·dredth ['~tθ] **I** *adj* **1.** hundertst. **II** *s* **2.** *der, die, das* Hundertste. **3.** Hundertstel *n*: ***a ~ of a second*** e-e Hundertstelsekunde.

hung [hʌŋ] *pret u. pp von* **hang.**

Hun·gar·i·an [hʌŋ'geərɪən] **I** *adj* **1.** ungarisch. **II** *s* **2.** Ungar(in). **3.** *ling.* Ungarisch *n.*

Hun·ga·ry ['hʌŋgərɪ] *npr* Ungarn *n.*

hun·ger ['hʌŋgə] **I** *s* Hunger *m* (*a. fig.* ***for, after*** nach): ~ ***for knowledge*** Wissensdurst *m*. **II** *v/i fig.* hungern (***for, after*** nach). ~ **strike** *s* Hungerstreik *m*: ***go on*** (***a***) ~ in den Hungerstreik treten.

hun·gry ['hʌŋgrɪ] *adj* □ hungrig (*a. fig.* ***for*** nach): ***be*** (*od.* ***feel***) (***very***) ~ (sehr) hungrig sein, (großen) Hunger haben; ***go ~*** hungern; ~ ***for knowledge*** wissensdurstig.

hunk [hʌŋk] *s* großes Stück.

hunt [hʌnt] **I** *s* **1.** Jagd *f*, Jagen *n*. **2.** *fig.* Jagd *f*: a) Verfolgung *f*, b) Suche *f* (***for, after*** nach): ***be on the ~ for*** auf der Jagd sein nach. **II** *v/t* **3.** (*a. fig. j-n*) jagen, Jagd machen auf (*acc*): ~ ***down*** erlegen, zur Strecke bringen (*a. fig.*); ~***ed look*** gehetzter Blick. **4.** verfolgen. **5.** ~ ***away*** (*od.* ***off***) wegjagen, vertreiben. **6.** ~ ***out*** (*od.* ***up***) heraussuchen; aufstöbern, -spüren. **III** *v/i* **7.** jagen: ***go ~ing*** auf die Jagd gehen; ~ ***for*** Jagd machen auf (*acc*) (*a. fig.*). **8.** suchen (***for, after*** nach).

'hunt·er *s* Jäger(in) (*a. fig.*).

'hunt·ing **I** *s* Jagen *n*, Jagd *f*. **II** *adj* Jagd...: ~ ***licence*** (*Am.* ***license***) Jagdschein *m*; ~ ***season*** Jagdzeit *f*.

hur·dle ['hɜːdl] *s* Hürde *f* (*a. Leichtathletik u. fig.*): ~ ***race*** Hürdenlauf *m*.

'hur·dler *m* Hürdenläufer(in).

hur·dy-gur·dy ['hɜːdɪˌgɜːdɪ] *s* Leierkasten *m*.

hurl [hɜːl] *v/t* schleudern: ~ ***down*** zu Boden schleudern; ~ ***o.s.*** sich stürzen (***on, at*** auf *acc*); ~ ***abuse at s.o.*** j-m Beleidigungen ins Gesicht schleudern.

hurl·y-burl·y ['hɜːlɪˌbɜːlɪ] *s* Tumult *m*, Aufruhr *m*.

hur·rah [hʊ'rɑː], **hur·ray** [hʊ'reɪ] **I** *int* hurra! **II** *s* Hurra(ruf *m*) *n*.

hur·ri·cane ['hʌrɪkən] *s* Hurrikan *m*, Wirbelsturm *m*; Orkan *m*, *fig. a.* Sturm *m*: ***rise to a ~*** zum Orkan anschwellen.

hur·ried ['hʌrɪd] *adj* □ eilig, hastig.

hur·ry ['hʌrɪ] **I** *s* **1.** Hast *f*, Eile *f*: ***be in a ~*** es eilig haben (***to do*** zu tun), in Eile sein; ***be in no ~*** es nicht eilig haben; ***do s.th. in a ~*** et. eilig *od.* hastig tun; ***there is no ~*** es eilt nicht. **2.** Hetze *f*. **II** *v/t* **3.** schnell *od.* eilig befördern *od.* bringen. **4.** *oft* ~ ***up*** *j-n* antreiben, hetzen; *et.* beschleunigen. **III** *v/i* **5.** eilen, hasten: ~ (***up***) sich beeilen; ~ ***up!*** (mach) schnell!

hurt [hɜːt] (*irr*) **I** *v/t* **1.** (*a. fig. j-n, j-s Gefühle etc*) verletzen: ~ ***one's knee*** sich das *od.* am Knie verletzen; ***feel ~*** gekränkt sein. **2.** schmerzen, *j-m* wehtun (*beide a. fig.*). **3.** schaden (*dat*). **II** *v/i* **4.** schmerzen, wehtun (*beide a. fig.*).

hurt·ful ['~fʊl] *adj* □ **1.** verletzend. **2.** schmerzlich. **3.** schädlich (***to*** für).

hus·band ['hʌzbənd] **I** *s* (Ehe)Mann *m*, Gatte *m*. **II** *v/t* Haus halten *od.* sparsam umgehen mit.

'hus·band·ry *s* Landwirtschaft *f*.

hush [hʌʃ] **I** *int* **1.** still!, pst! **II** *v/t* **2.** zum Schweigen bringen. **3.** *mst* ~ ***up*** vertuschen. **III** *v/i* **4.** still werden, verstummen. **IV** *s* **5.** Stille *f*, Schweigen *n*: ~ ***money*** Schweigegeld *n*.

husk [hʌsk] **I** *s* ⚘ Hülse *f*, Schale *f*, Schote *f*. **II** *v/t* enthülsen, schälen.

husk·y[1] ['hʌskɪ] *adj* □ **1.** heiser, rau (*Stimme*). **2.** F stämmig, kräftig.

hus·ky[2] [~] *s zo.* Husky *m*, Eskimohund *m*.

hus·sy ['hʌsɪ] *s* **1.** Fratz *m*, Göre *f*. **2.** Flittchen *n*.

hus·tle ['hʌsl] **I** *v/t* **1.** stoßen, drängen; (an)rempeln. **2.** hetzen, (an)treiben; drängen (***into doing*** zu tun). **3.** (*in aller Eile*) *wohin* bringen *od.* schicken. **4.** sich beeilen mit. **5.** *bsd. Am.* F ergattern; (sich) *et.* ergaunern. **II** *v/i* **6.** sich drängen. **7.** hasten, hetzen. **8.** sich beeilen. **III** *s* **9.** *mst* ~ ***and bustle*** Gedränge *n*; Gehetze *n*; Betrieb *m*, Wirbel *m*.

'hus·tler *s bsd. Am.* F Nutte *f*.

hut [hʌt] *s* Hütte *f*.

hy·a·cinth ['haɪəsɪnθ] *s* ⚘ Hyazinthe *f*.

hy·ae·na → ***hyena.***

hy·brid ['haɪbrɪd] *s biol.* Hybride *f, m*, Kreuzung *f*.

hy·dran·gea [haɪ'dreɪndʒə] *s* ⚘ Hortensie *f*.

hy·drant ['haɪdrənt] *s* Hydrant *m*.

hy·drate ['haɪdreɪt] *s* ⚗ Hydrat *n*.

hy·drau·lic [haɪ'drɔːlɪk] **I** *adj* (~***ally***) *phys., tech.* hydraulisch. **II** *s* ~***s*** *sg phys.* Hydraulik *f*.

hy·dro... ['haɪdrəʊ] Wasser...

ˌhy·dro|'car·bon *s* ⚗ Kohlenwasserstoff *m*. **ˌ~'chlo·ric** *adj*: ~ ***acid*** ⚗ Salzsäure *f*. **ˌ~·e'lec·tric** *adj*: ~ ***power station*** Wasserkraftwerk *n*. **'~·foil** *s* Tragflächen-, Tragflügelboot *n*.

hy·dro·gen ['haɪdrədʒən] *s* ⚗ Wasserstoff *m*.

ˌhy·dro|'pho·bi·a *s* **1.** *psych.* Hydrophobie *f*. **2.** *vet.* Tollwut *f*. **'~·plane** *s* Wasserflugzeug *n*. **~·pon·ics** [ˌ~'pɒnɪks] *s sg* Hydrokultur *f*.

hy·e·na [haɪ'iːnə] *s zo.* Hyäne *f* (*a. fig.*).

hy·giene ['haɪdʒiːn] *s* Hygiene *f*, Gesundheitspflege *f*.

hy'gien·ic *adj* (~***ally***) hygienisch.

hy·grom·e·ter [haɪ'grɒmɪtə] *s* Hygrometer *n*, Luftfeuchtigkeitsmesser *m*.

hymn [hɪm] *s* Kirchenlied *n*, Choral *m*.

'hymn·book *s* Gesangbuch *n*.

hype [haɪp] **I** *s* Reklame-, Werberummel *m*. **II** *v/t* e-n Werberummel veranstalten um: ~ ***up*** groß herausbringen; aufmotzen; ***be all ~d up*** total überdreht sein.

hy·per... ['haɪpə] hyper..., übermäßig.

hy·per·bo·la [haɪ'pɜːbələ] *pl* **-las, -lae** [~iː] *s* ⩓ Hyperbel *f*.

hy·per·bol·ic [ˌhaɪpə'bɒlɪk] *adj* (~***ally***) ⩓ hyperbolisch, *rhet. a.* übertreibend.

ˌhy·per|'crit·i·cal *adj* □ hyperkritisch. **'~·link** *s Computer*: Hyperlink *m*. **'~ˌmar·ket** *s Br.* Groß-, Verbrauchermarkt *m*. **ˌ~'sen·si·tive** *adj* □ hypersensibel, *a.* ⚕ überempfindlich (***to*** gegen). **ˌ~'ten·sion** *s* ⚕ erhöhter Blutdruck. **ˌ~'ven·ti·late** *v/i* ⚕ hyperventilieren.

hy·phen ['haɪfn] *s* **1.** Bindestrich *m.* **2.** Trennungszeichen *n.*

hy·phen·ate ['~fəneɪt] *v/t* **1.** mit Bindestrich schreiben. **2.** trennen.

hy·phen·a·tion [ˌhaɪfə'neɪʃn] *s* a) Schreibung *f* mit Bindestrich, b) (Silben)Trennung *f*: ~ ***program*** *Computer*: Trennprogramm *n.*

hyp·no·sis [hɪp'nəʊsɪs] *pl* **-ses** [~siːz] *s* Hypnose *f.*

hyp·not·ic [~'nɒtɪk] *adj* (~***ally***) hypnotisch.

hyp·no·tist ['~nətɪst] *s* Hypnotiseur(in).

hyp·no·tize ['~taɪz] *v/t* hypnotisieren.

hy·po... ['haɪpəʊ] Unter..., Sub...

hy·po·chon·dri·a [ˌhaɪpəʊ'kɒndrɪə] *s* Hypochondrie *f.*

ˌhy·po'chon·dri·ac [~drɪæk] **I** *adj* □ hypochondrisch. **II** *s* Hypochonder *m.*

hy·poc·ri·sy [hɪ'pɒkrəsɪ] *s* Heuchelei *f.*

hyp·o·crite ['hɪpəkrɪt] *s* Heuchler(in).

ˌhyp·o'crit·i·cal *adj* □ heuchlerisch.

hy·po·der·mic [ˌhaɪpəʊ'dɜːmɪk] ⚕ **I** *adj* (~***ally***) subkutan. **II** *s* subkutane Injektion *od.* Einspritzung.

ˌhy·po'ten·sion *s* ⚕ zu niedriger Blutdruck.

hy·pot·e·nuse [haɪ'pɒtənjuːz] *s* Ꭿ Hypotenuse *f.*

hy·po·ther·mi·a [ˌhaɪpəʊ'θɜːmɪə] *s* ⚕ Unterkühlung *f.*

hy·poth·e·sis [haɪ'pɒθɪsɪs] *pl* **-ses** [~siːz] *s* Hypothese *f.*

hy·po·thet·i·cal [ˌ~pəʊ'θetɪkl] *adj* □ hypothetisch.

hys·ter·ec·to·my [ˌhɪstə'rektəmɪ] *s* ⚕ Totaloperation *f*, Entfernung *f* der Gebärmutter.

hys·te·ri·a [hɪ'stɪərɪə] *s* Hysterie *f.*

hys·ter·ic [hɪ'sterɪk] **I** *s* **1.** Hysteriker(in). **2.** *pl* (*mst sg konstruiert*) hysterischer Anfall: ***go*** (***off***) ***into*** ~***s*** hysterisch werden. **II** *adj* **3.** → ***hysterical.***

hys'ter·i·cal *adj* □ hysterisch.

I

I [aɪ] *pl* **I's I** *s* I *n.* **II** *pron* ich: ***it is ~*** ich bin es.
IATA [aɪ'ɑːtə] ***International Air Transport Association*** Internationaler Luftverkehrsverband.
IBA ***Independent Broadcasting Authority*** Dachorganisation der privaten Fernseh- u. Rundfunkanstalten.
ib(d). ***ibidem*** ebd., ebenda.
IBRD ***International Bank for Reconstruction and Development*** Internationale Bank für Wiederaufbau und Entwicklung, Weltbank *f.*
i·bex ['aɪbeks] *pl* **'i·bex·es, ib·i·ces** ['ɪbɪsiːz] *s zo.* Steinbock *m.*
IC ***integrated circuit*** integrierter Schaltkreis.
ICBM ***intercontinental ballistic missile*** Interkontinentalrakete *f.*
ICAO ***International Civil Aviation Organization*** Internationale Zivilluftfahrtsorganisation.
ICC ***International Chamber of Commerce*** Internationale Handelskammer.
ice [aɪs] **I** *s* **1.** Eis *n*: ***be (skating) on thin ~*** *fig.* sich auf gefährlichem Boden bewegen; ***break the ~*** *fig.* das Eis brechen; ***cut no ~ (with)*** F keinen Eindruck machen (auf *acc*), nicht ziehen (bei); ***put on ~*** kalt stellen; *fig.* F auf Eis legen. **2.** a) *Am.* Fruchteis *n*, b) *Br.* → ***ice cream.*** **II** *v/t* **3.** gefrieren lassen. **4.** *Getränk etc* mit *od.* in Eis kühlen. **5.** *gastr.* glasieren. **III** *v/i* **6.** gefrieren. **7.** *mst* ***~ up*** (*od.* ***over***) zufrieren; vereisen. **8.** ***~ out*** auftauen (*Gewässer*).
Ice Age *s geol.* Eiszeit *f.*
ice| ax(e) *s* Eispickel *m.* **~ bag** *s* ⚕ Eisbeutel *m.* **~·berg** ['~bɜːg] *s* Eisberg *m* (*a. fig. Person*): ***the tip of the ~*** die Spitze des Eisbergs (*a. fig.*). **'~bound** *adj* eingefroren (*Schiff*); zugefroren (*Hafen*). **'~·box** *s* **1.** Eisfach *n* (*e-s Kühlschranks*). **2.** *Am.* Eis-, Kühlschrank *m.* **'~ˌbreak·er** *s* ⚓ Eisbrecher *m.* **~ buck·et** *s* Eiskübel *m.* **ˌ~-'cold** *adj* eiskalt. **~ cream** *s* (Speise)Eis *n*, Eiscreme *f*: ***chocolate ~*** Schokoladeneis. **'~-cream** *adj* Eis...: ***~ parlo(u)r*** Eisdiele *f.* **~ cube** *s* Eiswürfel *m.*
iced [aɪst] *adj* **1.** eisgekühlt: ***~ tea*** Eistee *m.* **2.** gefroren. **3.** *gastr.* glasiert, mit Zuckerguss.
ice| floe → ***floe.*** **~ hock·ey** *s Sport*: Eishockey *n.*
Ice·land ['aɪslənd] *npr* Island *n.*
Ice·land·er ['aɪsləndə] *s* Isländer(in).
Ice·lan·dic [~'lændɪk] **I** *adj* isländisch. **II** *s ling.* Isländisch *n.*
ice| lol·ly *s Br.* Eis *n* am Stiel. **'~·man** *s* (*irr man*) *Am.* Eismann *m*, -verkäufer *m.* **~ pack** *s* **1.** Packeis *n.* **2.** ⚕ Eisbeutel *m.* **~ rink** *s* (Kunst)Eisbahn *f.* **~ wa·ter** *s* Eiswasser *n.*
i·ci·cle ['aɪsɪkl] *s* Eiszapfen *m.*
i·ci·ness ['aɪsɪnɪs] *s* eisige Kälte (*a. fig.*).
ic·ing ['aɪsɪŋ] *s gastr.* Glasur *f*, Zuckerguss *m*: ***~ sugar*** Puderzucker *m.*
i·con ['aɪkɒn] *s* Ikone *f.*
ICU ***intensive care unit*** Intensivstation *f.*
i·cy ['aɪsɪ] *adj* eisig (*a. fig.*).
I'd [aɪd] F *für* ***I had; I would.***
ID [aɪ'diː] ***identification*** Ausweis *m.*
id. ***idem*** id., idem, derselbe, dasselbe.
IDD ***international direct dialling*** internationaler Selbstwählferndienst.
i·de·a [aɪ'dɪə] *s* **1.** Idee *f*, Vorstellung *f*, Begriff *m*: ***have no ~*** keine Ahnung haben; ***put ~s into s.o.'s head*** j-m Flausen in den Kopf setzen. **2.** Absicht *f*, Gedanke *m*, Idee *f*: ***the ~ is ...*** der Zweck der Sache ist, ...; es geht darum, ...; ***the ~ entered my mind*** mir kam der Gedanke. **3.** ***I have an ~ that*** ich habe so das Gefühl, dass; es kommt mir (so) vor, als ob.
i·de·al [aɪ'dɪəl] **I** *adj* (☐ → ***ideally***) **1.** ideal. **2.** ideell. **II** *s* **3.** Ideal *n.*
i'de·al·ism *s* Idealismus *m.*
i'de·al·ist *s* Idealist(in).
iˌde·al'is·tic *adj* (***~ally***) idealistisch.
i'de·al·ize *v/t u. v/i* idealisieren.
i'de·al·ly *adv* **1.** → ***ideal*** I. **2.** im Idealfall.
i·den·ti·cal [aɪ'dentɪkl] *adj* ☐ identisch (***to, with*** mit): ***~ twins*** *pl* eineiige Zwillinge *pl.*
i·den·ti·fi·ca·tion [aɪˌdentɪfɪ'keɪʃn] *s* **1.** Identifizierung *f*: ***~ card*** (Personal)Ausweis *m*; ***~ papers*** *pl* Ausweispapiere *pl*; ***~ parade*** ⚖ *Br.* Gegenüberstellung *f.* **2.** Ausweis *m*, Legitimation *f*: ***he didn't have any ~*** er konnte sich nicht ausweisen.
i'den·ti·fy [~faɪ] **I** *v/t* **1.** identifizieren, gleichsetzen (***with*** mit): ***~ o.s. with*** → 4. **2.** identifizieren, erkennen (***as*** als). **3.** ***~ o.s.*** sich ausweisen *od.* legitimieren. **II** *v/i* **4.** ***~ with*** sich identifizieren mit.

I

i·den·ti·kit (pic·ture) [aɪˈdentɪkɪt] *s* ⚖ *Br.* Phantombild *n.*

i·den·ti·ty [aɪˈdentətɪ] *s* Identität *f*: a) (völlige) Gleichheit, b) Persönlichkeit *f*: ***prove one's ~*** → ***identify*** 3; ***loss of ~*** Identitätsverlust *m*; → ***mistaken*** 2. **~ card** *s* (Personal)Ausweis *m*; Betriebsausweis *m.* **~ cri·sis** *s* (*irr **crisis***) Identitätskrise *f.* **~ pa·rade** *s* ⚖ Gegenüberstellung *f.*

i·de·o·log·i·cal [ˌaɪdɪəˈlɒdʒɪkl] *adj* □ ideologisch.

i·de·ol·o·gy [ˌ~ˈɒlədʒɪ] *s* Ideologie *f.*

id·i·o·cy [ˈɪdɪəsɪ] *s* ⚕ Idiotie *f*, *contp. a.* Blödheit *f.*

id·i·om [ˈɪdɪəm] *s ling.* Idiom *n*, idiomatischer Ausdruck, Redewendung *f.*

id·i·o·mat·ic [ˌɪdɪəˈmætɪk] *adj* (*~**ally***) idiomatisch.

id·i·ot [ˈɪdɪət] *s* ⚕ Idiot *m*, *contp. a.* Trottel *m.*

id·i·ot·ic [ˌˈɪdɪˈɒtɪk] *adj* (*~**ally***) *adj* ⚕ idiotisch, *contp. a.* vertrottelt.

i·dle [ˈaɪdl] **I** *adj* □ **1.** untätig, müßig. **2.** ruhig, still: ***~ hours*** *pl* Mußestunden *pl.* **3.** faul, träge. **4.** *tech.* stillstehend, außer Betrieb; leer laufend, im Leerlauf: ***~ capacity*** ungenützte Kapazität; ***~-capacity costs*** *pl* Leerkosten *pl*; ***~ money*** brachliegendes Geld; ***~ time*** Stillstands-, Leerzeit *f*; ***run ~*** → 8. **5.** nutz-, sinn-, zwecklos; vergeblich. **6.** leer, hohl: ***~ gossip*** (*od.* ***talk***) leeres Geschwätz. **II** *v/i* **7.** faulenzen: ***~ about*** (*od.* ***around***) herumtrödeln. **8.** *tech.* leer laufen. **III** *v/t* **9.** *mst* ***~ away*** *Zeit* vertrödeln.

ˈi·dler *s* Müßiggänger(in).

i·dol [ˈaɪdl] *s* Idol *n* (*a. fig.*); Gottesstatue *f*, Götterbild *n*; *contp.* Götze(nbild *n*) *m*: ***make an ~ of*** → ***idolize*** b.

i·dol·a·trous [aɪˈdɒlətrəs] *adj* □ **1.** *contp.* Götzen... **2.** *fig.* abgöttisch.

iˈdol·a·try *s* **1.** *Anbetung e-r kultisch verehrten Figur od. e-s Götterbildes*; *contp.* Götzenanbetung *f*, -dienst *m.* **2.** *fig.* Vergötterung *f.*

i·dol·ize [ˈaɪdəlaɪz] *v/t* a) abgöttisch verehren, vergöttern, b) idolisieren, zum Idol machen.

i·dyll [ˈɪdɪl] *s* Idyll *n.*

i·dyl·lic [ɪˈdɪlɪk] *adj* (*~**ally***) idyllisch.

i.e. ***id est*** d.h.,das heißt.

IEA ***International Energy Agency*** Internationale Energieagentur.

I/F ***insufficient funds*** *auf Scheck*: ungenügende Deckung.

if [ɪf] **I** *cj* **1.** wenn, falls: ***~ I were you*** wenn ich du wäre; ***as ~*** als wenn *od.* ob; ***~ so*** gegebenenfalls; wenn ja. **2.** wenn auch, aber. **3.** *indirekt fragend*: ob: ***try ~ you can do it***; ***and ~!*** F u. ob! **II** *s* **4.** Wenn *n*: ***without ~s and buts*** ohne Wenn u. Aber.

ig·loo [ˈɪgluː] *s* Iglu *m*, *n.*

ig·nite [ɪgˈnaɪt] **I** *v/t* **1.** an-, entzünden. **2.** *fig.* entzünden, -flammen. **II** *v/i* **3.** sich entzünden. **4.** *mot.*, *tech.* zünden.

ig·ni·tion [ɪgˈnɪʃn] **I** *s* **1.** An-, Entzünden *n.* **2.** *mot.*, *tech.* Zündung *f.* **II** *adj* **3.** *mot.*, *tech.* Zünd...: ***~ key***; ***~ coil*** Zündspule *f.*

ig·no·min·i·ous [ˌɪgnəʊˈmɪnɪəs] *adj* □ schändlich, schimpflich.

ig·no·ra·mus [ˌɪgnəˈreɪməs] *s* Ignorant(in).

ˈig·no·rance *s* **1.** Unkenntnis *f* (***of*** *gen*), Unwissenheit *f*: ***from*** (*od.* ***through***) ~ aus Unwissenheit. **2.** *contp.* Ignoranz *f.*

ˈig·no·rant *adj* **1.** ***be ~ of s.th.*** et. nicht wissen *od.* kennen, nichts wissen von et. **2.** *contp.* ignorant; ungebildet.

ˈig·no·rant·ly *adv* unwissentlich.

ig·nore [ɪgˈnɔː] *v/t* ignorieren, nicht beachten, keine Notiz nehmen von.

igua·na [ɪˈgwɑːnə] *s zo.* Leguan *m.*

ill [ɪl] **I** *adj* **1.** *pred* krank: ***be taken*** (*od.* ***fall***) ~ erkranken (***with*** an *dat*), krank werden. **2.** schlecht, schlimm: → ***fortune*** 3, ***luck*** 1, *etc.* **II** *adv* **3.** schlecht: ***speak*** (***think***) ***~ of*** schlecht sprechen (denken) von; → ***ease*** 2. **III** *s* **4.** a) *oft pl* Übel *n*, b) *et.* Übles.

I'll [aɪl] F *für* ***I will.***

ˌill|-adˈvised *adj* **1.** schlecht beraten. **2.** unbesonnen, unklug. **ˌ~-ˈbred** *adj* **1.** schlecht erzogen. **2.** ungezogen. **ˌ~-disˈposed** *adj* übel gesinnt: ***be ~ to(ward[s])*** *j-m* übel gesinnt sein, *j-m* übel wollen; *e-m Plan etc* ablehnend gegenüberstehen.

il·le·gal [ɪˈliːgl] *adj* □ unerlaubt, verboten; illegal, gesetzwidrig, ungesetzlich: ***~ parking*** Falschparken *n.*

il·le·gal·i·ty [ˌɪliːˈgælətɪ] *s* Gesetzwidrigkeit *f*: a) Illegalität *f*, b) gesetzwidrige Handlung.

il·leg·i·ble [ɪˈledʒəbl] *adj* □ unleserlich.

il·le·git·i·mate [ˌɪlɪˈdʒɪtɪmət] *adj* □ **1.** ungesetzlich. **2.** nicht-, unehelich.

ˌill|-ˈfat·ed *adj* unglücklich, Unglücks... **ˌ~-ˈfa·vo(u)red** *adj* □ unschön. **ˌ~-ˈhu·mo(u)red** *adj* schlecht *od.* übel gelaunt.

il·lic·it [ɪˈlɪsɪt] *adj* □ unerlaubt, verboten: ***~ trade*** Schwarzhandel *m.*

il·lit·er·a·cy [ɪˈlɪtərəsɪ] *s* **1.** Unbildung *f.* **2.** Analphabetentum *n.*

ilˈlit·er·ate [~rət] **I** *adj* □ **1.** ungebildet. **2.** analphabetisch. **II** *s* **3.** Ungebildete *m*, *f.* **4.** Analphabet(in).

ˌill|-ˈjudged → ***ill-advised*** 2. **ˌ~-ˈman·nered** *adj* □ ungehobelt, ungezogen. **ˌ~-ˈmatched** *adj* schlecht zs.-passend. **ˌ~-ˈna·tured** *adj* **1.** unfreundlich. **2.** → ***ill-tempered.***

ill·ness [ˈɪlnɪs] *s* Krankheit *f.*

il·log·i·cal [ɪˈlɒdʒɪkl] *adj* □ unlogisch.

ˌill|-ˈtem·pered *adj* schlecht gelaunt, übellaunig. **ˌ~-ˈtimed** *adj* ungelegen, unpassend.
il·lu·mi·nate [ɪˈluːmɪneɪt] *v/t* **1.** be-, erleuchten, erhellen. **2.** illuminieren, festlich beleuchten. **3.** *fig. et.* aufhellen, erläutern; *j-n* erleuchten.
ilˌlu·miˈna·tion *s* **1.** Beleuchtung *f.* **2.** Illumination *f*, Festbeleuchtung *f.* **3.** *fig.* Erläuterung *f*; Erleuchtung *f.*
il·lu·sion [ɪˈluːʒn] *s* Illusion *f*: a) Sinnestäuschung *f*: → ***optical,*** b) Einbildung *f*: ***be under the ~ that*** sich einbilden, dass; ***have no ~s*** sich keine Illusionen machen (***about*** über *acc*).
ilˈlu·sive [~sɪv], **ilˈlu·so·ry** [~sərɪ] *adj* □ illusorisch.
il·lus·trate [ˈɪləstreɪt] *v/t* illustrieren: a) erläutern, veranschaulichen, b) bebildern.
ˌil·lusˈtra·tion *s* Illustration *f*: a) Erläuterung *f*, Veranschaulichung *f*: ***in ~ of*** zur Erläuterung von (*od. gen*); ***by way of ~*** als Beispiel, b) Bebilderung *f*, c) Bild *n*, Abbildung *f.*
il·lus·tra·tive [ˈ~trətɪv] *adj* □ illustrativ, erläuternd, veranschaulichend.
il·lus·tra·tor [ˈ~treɪtə] *s* Illustrator(in).
il·lus·tri·ous [ɪˈlʌstrɪəs] *adj* □ berühmt.
ˌill-ˈwill *s* böses Blut: ***not to bear s.o. ~*** j-m nicht böse sein.
ILO ***International Labour Organization*** IAO, Internationale Arbeitsorganisation.
I'm [aɪm] F *für* ***I am.***
im·age [ˈɪmɪdʒ] *s* **1.** Bild *n* (*a. TV etc*): ***~ definition*** Bildschärfe *f.* **2.** Ab-, Ebenbild *n*: ***he is the very ~ of his father*** er ist s-m Vater wie aus dem Gesicht geschnitten, er ist ganz der Vater; → ***spitting.*** **3.** Image *n*: ***~ building*** Imagepflege *f.* **4.** bildlicher Ausdruck, Metapher *f*: ***speak in ~s*** in Bildern sprechen.
im·ag·i·na·ble [ɪˈmædʒɪnəbl] *adj* □ vorstellbar: ***the greatest difficulty ~*** die denkbar größte Schwierigkeit.
imˈag·i·na·ry *adj* imaginär (*a.* ⅍), eingebildet.
imˌag·iˈna·tion [~ˈneɪʃn] *s* **1.** Fantasie *f.* **2.** Vorstellung *f*, Einbildung *f*: ***pure ~*** reine Einbildung.
imˈag·i·na·tive [~ətɪv] *adj* □ **1.** fantasie-, einfallsreich. **2.** fantasievoll.
imˈag·ine I *v/t* **1.** sich *j-n, et.* vorstellen: ***I ~ him as a tall man*** ich stelle ihn mir groß vor; ***can you ~ him becoming famous?*** kannst du dir vorstellen, dass er einmal berühmt wird? **2.** sich *et.* einbilden: ***don't ~ that*** bilde dir nur nicht ein, dass. **II** *v/i* **3.** ***just ~!*** *iro.* stell dir vor!, denk dir nur!
im·bal·ance [ˌɪmˈbæləns] *s* **1.** Unausgewogenheit *f*, Unausgeglichenheit *f.* **2.** *pol. etc* Ungleichgewicht *n.*
im·be·cile [ˈɪmbɪsiːl] **I** *adj* idiotisch, vertrottelt. **II** *s* Idiot(in), Trottel *m.*
im·be·cil·i·ty [ˌ~ˈsɪlətɪ] *s* Idiotie *f*, Blödheit *f.*
im·bibe [ɪmˈbaɪb] *v/t* **1.** *Feuchtigkeit etc* aufsaugen. **2.** *Wissen etc* einsaugen, in sich aufnehmen.
im·bue [ɪmˈbjuː] *v/t fig.* erfüllen (***with*** mit): ***~d with hatred*** hasserfüllt.
IMF [aɪemˈef] ***International Monetary Fund*** IWF *m.*
im·i·tate [ˈɪmɪteɪt] *v/t* **1.** nachahmen, -machen, imitieren. **2.** fälschen.
ˌim·iˈta·tion I *s* **1.** Nachahmung *f*, Imitation *f*: ***in ~ of*** nach dem Muster von (*od. gen*). **2.** Fälschung *f.* **II** *adj* **3.** unecht, künstlich: ***~ leather*** Kunstleder *n.*
im·i·ta·tive [ˈɪmɪtətɪv] *adj* □ nachahmend, imitierend: ***be ~ of*** → ***imitate*** 1.
im·i·ta·tor [ˈɪmɪteɪtə] *s* Nachahmer(in), Imitator(in).
im·mac·u·late [ɪˈmækjʊlət] *adj* □ **1.** *fig.* unbefleckt, makellos. **2.** tadel-, fehlerlos.
im·ma·nent [ˈɪmənənt] *adj* innewohnend (***in*** *dat*).
im·ma·te·ri·al [ˌɪməˈtɪərɪəl] *adj* □ **1.** unkörperlich, unstofflich. **2.** unwesentlich, unerheblich (***to*** für).
im·ma·ture [ˌɪməˈtjʊə] *adj* □ unreif, unausgereift (*beide a. fig.*).
ˌim·maˈtu·ri·ty *s* Unreife *f.*
im·meas·ur·a·ble [ɪˈmeʒərəbl] *adj* □ unermesslich, grenzenlos.
im·me·di·ate [ɪˈmiːdjət] *adj* **1.** (*räumlich, zeitlich*) unmittelbar: ***in the ~ vicinity*** in unmittelbarer Nähe, in der nächsten Umgebung; ***in the ~ future*** in nächster Zukunft. **2.** sofortig, umgehend: ***~ access*** *Computer*: Direktzugriff *m.* **3.** nächst (*Verwandtschaft*): ***my ~ family*** m-e nächsten Angehörigen *pl.*
imˈme·di·ate·ly *adv* **1.** unmittelbar, direkt. **2.** sofort, umgehend.
im·me·mo·ri·al [ˌɪmɪˈmɔːrɪəl] *adj*: ***from*** (*od.* ***since***) ***time ~*** seit undenklichen Zeiten.
im·mense [ɪˈmens] *adj* □ riesig, *fig. a.* enorm, immens.
im·merse [ɪˈmɜːs] *v/t* **1.** (ein)tauchen (***in*** in *acc*). **2.** ***~ o.s. in*** *fig.* sich vertiefen in (*acc*): ***~d in*** vertieft in; ***~d in thought*** gedankenversunken.
imˈmer·sion *s* **1.** Eintauchen *n*: ***~ heater*** Tauchsieder *m.* **2.** *fig.* Versunkenheit *f*, Vertiefung *f.*
im·mi·grant [ˈɪmɪgrənt] *s* Einwanderer *m*, Einwanderin *f*, Immigrant(in).
im·mi·grate [ˈ~greɪt] *v/i* einwandern, immigrieren (***into*** in *acc*).

ˌim·mi'gra·tion *s* Einwanderung *f*, Immigration *f*: ~ ***country*** Einwanderungsland *n*.

im·mi·nence ['ɪmɪnəns] *s* nahes Bevorstehen.

'im·mi·nent *adj* □ **1.** nahe bevorstehend: ***his*** ~ ***death*** sein naher Tod. **2.** drohend (*Gefahr etc*).

im·mo·bile [ɪ'məʊbaɪl] *adj* unbeweglich.

im'mo·bi·lis·er *s mot.* Wegfahrsperre *f*.

im·mo·bil·i·ty [ˌ~'bɪlətɪ] *s* Unbeweglichkeit *f*.

im'mo·bi·lize [~bɪlaɪz] *v/t* unbeweglich machen; ⚕ ruhig stellen: ~***d*** bewegungsunfähig.

im·mod·er·ate [ɪ'mɒdərət] *adj* □ unmäßig, maßlos.

im·mod·est [ɪ'mɒdɪst] *adj* □ **1.** unbescheiden. **2.** schamlos.

im·mo·late ['ɪməʊleɪt] *v/t* opfern.

im·mor·al [ɪ'mɒrəl] *adj* □ unmoralisch, unsittlich.

im·mor·tal [ɪ'mɔːtl] *adj* □ unsterblich, *fig. a.* unvergänglich.

im·mor·tal·i·ty [ˌ~'tælətɪ] *s* Unsterblichkeit *f*, *fig. a.* Unvergänglichkeit *f*.

im'mor·tal·ize [~təlaɪz] *v/t* unsterblich machen, verewigen.

im·mov·a·ble [ɪ'muːvəbl] *adj* □ **1.** unbeweglich. **2.** *fig.* fest, unerschütterlich; hart, unnachgiebig. **3.** (*zeitlich*) unveränderlich: ~ ***feast*** *eccl.* unbeweglicher Feiertag.

im·mune [ɪ'mjuːn] *adj* **1.** ⚕ *u. fig.* (***against, from, to***) immun (gegen), unempfänglich (für): ~ ***deficiency syndrome*** Immunschwächekrankheit *f*; ~ ***system*** Immunsystem *n*. **2.** geschützt, gefeit (***against, from, to*** gegen). **3.** befreit, ausgenommen (***from*** von).

im'mu·ni·ty *s* ⚕, ⚖ *u. fig.* Immunität *f*: ***diplomatic*** ~.

im·mu·nize ['~naɪz] *v/t* immunisieren, immun machen (***against*** gegen) (*a. fig.*).

imp [ɪmp] *s* **1.** Kobold *m*. **2.** F Racker *m*.

im·pact ['ɪmpækt] *s* **1.** Zs-, Anprall *m*; Aufprall *m*; *mil.* Auf-, Einschlag *m*. **2.** *fig.* (Ein)Wirkung *f*, (starker) Einfluss (***on*** auf *acc*).

im·pair [ɪm'peə] *v/t* beeinträchtigen.

im·pale [ɪm'peɪl] *v/t* aufspießen (***on*** auf *acc*), durchbohren.

im·pal·pa·ble [ɪm'pælpəbl] *adj* □ **1.** unfühlbar. **2.** äußerst fein. **3.** *fig.* kaum (er)fassbar *od.* greifbar.

im·part [ɪm'pɑːt] *v/t* (***to*** *dat*) **1.** *Eigenschaft etc* verleihen. **2.** mitteilen; *Kenntnisse etc* vermitteln.

im·par·tial [ɪm'pɑːʃl] *adj* □ unparteiisch, unvoreingenommen.

'imˌpar·ti'al·i·ty [~ʃɪ'ælətɪ] *s* Unparteilichkeit *f*, Unvoreingenommenheit *f*.

im·pass·a·ble [ɪm'pɑːsəbl] *adj* □ **1.** unpassierbar. **2.** *bsd. fig.* unüberwindbar (*Hindernis etc*).

im·passe ['æmpɑːs] *s fig.* Sackgasse *f*: ***reach an*** ~ in e-e Sackgasse geraten.

im·pas·sioned [ɪm'pæʃnd] *adj* leidenschaftlich.

im·pas·sive [ɪm'pæsɪv] *adj* □ **1.** teilnahmslos; ungerührt. **2.** gelassen.

im·pa·tience [ɪm'peɪʃns] *s* **1.** Ungeduld *f*. **2.** Unduldsamkeit *f*.

im'pa·tient *adj* □ **1.** ungeduldig: ***be*** ~ ***with*** keine Geduld haben mit. **2.** ***be*** ~ ***for*** *et.* nicht erwarten können; ***be*** ~ ***to do s.th.*** es nicht erwarten können, et. zu tun. **3.** unduldsam (***of*** gegenüber).

im·peach [ɪm'piːtʃ] *v/t* **1.** ⚖ anklagen (***for, of, with*** *gen*); *Am. bsd. Präsidenten* unter Amtsanklage stellen. **2.** ⚖ anfechten. **3.** infrage stellen, in Zweifel ziehen.

im'peach·ment *s* **1.** ⚖ Anklage *f*; *Am.* Impeachment *n*. **2.** ⚖ Anfechtung *f*. **3.** Infragestellung *f*.

im·pec·ca·ble [ɪm'pekəbl] *adj* □ untadelig, einwandfrei.

im·pede [ɪm'piːd] *v/t* **1.** *j-n*, *et.* (be)hindern: ~ ***s.o.'s doing s.th.*** j-n daran hindern, et. zu tun. **2.** *et.* erschweren.

im·ped·i·ment [ɪm'pedɪmənt] *s* **1.** Behinderung *f*. **2.** Hindernis *n* (***to*** für). **3.** ⚕ (*bsd.* angeborener) Fehler: → ***speech*** 1.

im·pel [ɪm'pel] *v/t* **1.** antreiben (*a. fig.*). **2.** zwingen: ***I felt*** ~***led*** ich sah mich gezwungen *od.* fühlte mich genötigt (***to do*** zu tun).

im·pend·ing [ɪm'pendɪŋ] *adj* **1.** nahe bevorstehend: ***his*** ~ ***death*** sein naher Tod. **2.** drohend (*Gefahr etc*).

im·pen·e·tra·ble [ɪm'penɪtrəbl] *adj* □ **1.** undurchdringlich (***by*** für) (*a. fig.*). **2.** *fig.* unergründlich, unerforschlich.

im·pen·i·tent [ɪm'penɪtənt] *adj* □ verstockt; *eccl.* unbußfertig.

im·per·a·tive [ɪm'perətɪv] **I** *adj* □ **1.** gebieterisch. **2.** unumgänglich, unbedingt erforderlich. **3.** *ling.* Imperativ..., Befehls...: ~ ***mood*** → 4. **II** *s* **4.** *ling.* Imperativ *m*, Befehlsform *f*.

im·per·cep·ti·ble [ˌɪmpə'septəbl] *adj* □ **1.** nicht wahrnehmbar, unmerklich. **2.** verschwindend klein.

im·per·fect [ɪm'pɜːfɪkt] **I** *adj* □ **1.** unvollkommen: a) unvollständig, b) mangel-, fehlerhaft. **2.** ~ ***tense*** → 3. **II** *s* **3.** *ling.* Imperfekt *n*, unvollendete Vergangenheit.

im·per·fec·tion [ˌ~pə'fekʃn] *s* **1.** Unvollkommenheit *f*. **2.** Mangel *m*, Fehler *m*.

im·pe·ri·al [ɪm'pɪərɪəl] *adj* □ **1.** kaiserlich, Kaiser... **2.** *Br.* gesetzlich (*Maße u. Gewichte*).

im'pe·ri·al·ism *s pol.* Imperialismus *m.*

im'pe·ri·al·ist I *s* Imperialist(in). **II** *adj* imperialistisch.

imˌpe·ri·al'is·tic *adj* (**~*ally***) imperialistisch.

im·per·il [ɪm'perəl] *v/t* gefährden.

im·pe·ri·ous [ɪm'pɪərɪəs] *adj* □ **1.** gebieterisch. **2.** dringend: **~ *necessity*** zwingende Notwendigkeit.

im·per·ish·a·ble [ɪm'perɪʃəbl] *adj* □ **1.** unverderblich. **2.** *fig.* unvergänglich.

im·per·ma·nent [ˌɪm'pɜːmənənt] *adj* □ vorübergehend, nicht von Dauer.

im·per·me·a·ble [ɪm'pɜːmjəbl] *adj* □ undurchlässig (***to*** für): **~*to water*** wasserdicht.

im·per·son·al [ɪm'pɜːsnl] *adj* □ unpersönlich (*a. ling.*).

im·per·son·ate [ɪm'pɜːsəneɪt] *v/t* **1.** *thea. etc* verkörpern, darstellen. **2.** *j-n* imitieren, nachahmen.

im·per·ti·nence [ɪm'pɜːtɪnəns] *s* **1.** Unverschämtheit *f*, Frechheit *f.* **2.** Belanglosigkeit *f.*

im'per·ti·nent *adj* □ **1.** unverschämt, frech. **2.** belanglos (***to*** für).

im·per·turb·a·ble [ˌɪmpə'tɜːbəbl] *adj* □ unerschütterlich.

im·per·vi·ous [ɪm'pɜːvjəs] *adj* □ **1.** → ***impermeable.*** **2.** *fig.* unzugänglich (***to*** für *od. dat*).

im·pet·u·ous [ɪm'petʃʊəs] *adj* □ **1.** heftig, ungestüm. **2.** impulsiv. **3.** übereilt, vorschnell.

im·pe·tus ['ɪmpɪtəs] *s* **1.** *phys.* Triebkraft *f*, Schwung *m* (*a. fig.*). **2.** *fig.* Antrieb *m*, Impuls *m*: ***give an ~ to*** Auftrieb *od.* Schwung verleihen (*dat*).

im·pi·e·ty [ɪm'paɪətɪ] *s* **1.** Gottlosigkeit *f.* **2.** (***to*** gegenüber) Pietätlosigkeit *f*; Respektlosigkeit *f.*

im·pinge [ɪm'pɪndʒ] *v/i* **1.** auftreffen (***on*** auf *acc*). **2.** *fig.* (***on***) sich auswirken (auf *acc*), beeinflussen (*acc*).

im·pi·ous ['ɪmpɪəs] *adj* □ **1.** gottlos. **2.** (***to*** gegenüber) pietätlos; respektlos.

imp·ish ['ɪmpɪʃ] *adj* □ schelmisch, spitzbübisch.

im·plac·a·ble [ɪm'plækəbl] *adj* □ unversöhnlich, unnachgiebig.

im·plant I *v/t* [ɪm'plɑːnt] **1.** ⚕ implantieren, einpflanzen (***in, into*** *dat*). **2.** *fig.* einprägen (***in, into*** *dat*): ***deeply ~ed hatred*** tief verwurzelter Hass. **II** *s* ['ɪmplɑːnt] **3.** ⚕ Implantat *n.*

im·plau·si·ble [ˌɪm'plɔːzəbl] *adj* □ unglaubwürdig.

im·ple·ment I *s* ['ɪmplɪmənt] Werkzeug *n* (*a. fig.*), Gerät *n.* **II** *v/t* ['~ment] aus-, durchführen.

im·ple·men·ta·tion [ˌ~men'teɪʃn] *s* Aus-, Durchführung *f.*

im·pli·cate ['ɪmplɪkeɪt] *v/t* **1.** *j-n* verwickeln, hineinziehen (***in*** in *acc*). **2.** → ***imply*** 1, 3.

ˌim·pli'ca·tion *s* **1.** Verwicklung *f.* **2.** Folgerung *f.* **3.** Folge *f*, Auswirkung *f.* **4.** Andeutung *f.*

im·plic·it [ɪm'plɪsɪt] *adj* **1.** → ***implied.*** **2.** vorbehalt-, bedingungslos: **~ *faith*** (***obedience***) blinder Glaube (Gehorsam).

im'plic·it·ly *adv* **1.** stillschweigend. **2.** → ***implicit*** 2.

im·plied [ɪm'plaɪd] *adj* impliziert, (stillschweigend *od.* mit) inbegriffen.

im·plode [ɪm'pləʊd] *v/i phys.* implodieren.

im·plore [ɪm'plɔː] *v/t* **1.** *j-n* anflehen. **2.** *et.* erflehen, flehen um.

im·plo·sion [ɪm'pləʊʒn] *s phys.* Implosion *f.*

im·ply [ɪm'plaɪ] *v/t* **1.** implizieren, (sinngemäß *od.* stillschweigend) beinhalten. **2.** andeuten, zu verstehen geben. **3.** mit sich bringen, zur Folge haben.

im·po·lite [ˌɪmpə'laɪt] *adj* □ unhöflich.

im·pol·i·tic [ɪm'pɒlətɪk] *adj* □ undiplomatisch, unklug.

im·pon·der·a·ble [ɪm'pɒndərəbl] **I** *adj* unwägbar. **II** *s pl* Imponderabilien *pl*, Unwägbarkeiten *pl.*

im·port I *v/t u. v/i* [ɪm'pɔːt] **1.** importieren (*a. Daten*), einführen: ***~ing country*** Einfuhrland *n*; ***~ing firm*** Importfirma *f.* **II** *s* ['ɪmpɔːt] **2.** Import *m*, Einfuhr *f.* **3.** *pl* (Gesamt)Import *m*, (-)Einfuhr *f*; Importgüter *pl*, Einfuhrware *f.* **III** *adj* ['ɪmpɔːt] **4.** Import..., Einfuhr...: **~ *ban*** Einfuhrverbot *n*; **~ *duty*** Einfuhrzoll *m*; **~ *levy*** *EG*: Abschöpfung *f*; **~ *licence*** (*Am.* ***license***) Einfuhrlizenz *f*; **~ *quota*** Importkontingent *n*; **~ *restrictions*** *pl* Einfuhrbeschränkungen *pl*; **~ *surcharge*** Importabgabe *f*; **~ *trade*** Importgeschäft *n*, Einfuhrhandel *m.*

im·por·tance [ɪm'pɔːtns] *s* Bedeutung *f*: a) Wichtigkeit *f*: ***attach ~ to*** Bedeutung beimessen (*dat*); ***be of no ~*** unwichtig *od.* belanglos sein (***to*** für), b) Ansehen *n*, Gewicht *n*: ***a person of ~*** e-e gewichtige Persönlichkeit.

im'por·tant *adj* □ bedeutend: a) wichtig, von Belang (***to*** für), b) angesehen, gewichtig.

im·port·er [ɪm'pɔːtə] *s* Importeur(in).

im·por·tu·nate [ɪm'pɔːtjʊnət] *adj* □ lästig, zu-, aufdringlich.

im'por·tune [~tjuːn] *v/t* belästigen, dauernd (*bsd.* mit Bitten) behelligen.

im·pose [ɪm'pəʊz] **I** *v/t* **1.** (***on***) *et.* auferlegen, -bürden (*dat*); *Strafe* verhängen (gegen). **2.** (***on***) a) *et.* aufdrängen, -zwingen (*dat*): **~ *o.s.*** (*od.* ***one's presence***) ***on s.o.*** sich j-m aufdrängen; **~ *one's will on s.o.*** j-m s-n Willen aufzwingen, b) *et.* (*mit Gewalt*) einführen *od.* durchsetzen (bei). **II** *v/i* **3.** ausnutzen, *b.s. a.* missbrauchen (***on*** *acc*). **4.** (***on*** *dat*) sich aufdrängen; zur Last fallen.

im'pos·ing *adj* ☐ imponierend, imposant.

im·po·si·tion [ˌɪmpə'zɪʃn] *s* **1.** Auferlegung *f*, -bürdung *f*; Verhängung *f*. **2.** Auflage *f*, Pflicht *f*. **3.** Abgabe *f*, Steuer *f*. **4.** Ausnutzung *f*, *b.s. a.* Missbrauch *m* (***on*** *gen*).

im·pos·si·bil·i·ty [ɪmˌpɒsə'bɪlətɪ] *s* Unmöglichkeit *f*.

im'pos·si·ble *adj* unmöglich (*a.* F *unglaublich, unerträglich etc*): ***it is ~ for me to come*** ich kann unmöglich kommen.

im'pos·si·bly *adv* unglaublich.

im·post·er, im·post·or [ɪm'pɒstə] *s* Betrüger(in), *bsd.* Hochstapler(in).

im·po·tence ['ɪmpətəns] *s* **1.** Unvermögen *n*, Unfähigkeit *f*; Hilflosigkeit *f*, Ohnmacht *f*. **2.** ⚕ Impotenz *f*.

'im·po·tent *adj* ☐ **1.** unfähig (***in doing, to do*** zu tun); hilflos, ohnmächtig. **2.** ⚕ impotent.

im·pound [ɪm'paʊnd] *v/t* beschlagnahmen.

im·pov·er·ish [ɪm'pɒvərɪʃ] *v/t* arm machen: ***be ~ed*** verarmen; verarmt sein.

im·prac·ti·ca·ble [ɪm'præktɪkəbl] *adj* ☐ **1.** undurchführbar. **2.** unpassierbar (*Straße etc*).

im·prac·ti·cal [ɪm'præktɪkl] *adj* ☐ **1.** unpraktisch (*Person*). **2.** undurchführbar.

im·preg·nate ['ɪmpregneɪt] *v/t* **1.** *biol.* schwängern; befruchten (*a. fig.*). **2.** ⚗, *tech.* imprägnieren, tränken. **3.** *fig.* durchdringen, erfüllen (***with*** mit).

im·pre·sa·ri·o [ˌɪmprɪ'sɑːrɪəʊ] *pl* **-os** *s* Impresario *m*, Theater-, Konzertagent(in).

im·press **I** *v/t* [ɪm'pres] **1.** beeindrucken, Eindruck machen auf (*acc*), imponieren (*dat*). **2.** (auf)drücken (***on*** auf *acc*), (ein)drucken (***in, into*** in *acc*). **II** *s* ['ɪmpres] **3.** Ab-, Eindruck *m*.

im'pres·sion [~ʃn] *s* **1.** Eindruck *m* (***of*** von): ***give s.o. a wrong ~*** bei j-m e-n falschen Eindruck erwecken; ***make a good*** (***bad***) ***~*** e-n guten (schlechten) Eindruck machen. **2.** Eindruck *m*, Vermutung *f*: ***I have an*** (*od.* ***the***) ***~*** (*od.* ***I am under the ~***) ***that*** ich habe den Eindruck, dass; ***under the ~ that*** in der Annahme, dass. **3.** Abdruck *m* (*a.* ⚕). **4.** *typ.* (*bsd.* unveränderte) Auflage, Nachdruck *m*.

im'pres·sion·a·ble *adj* leicht zu beeinflussen(d).

im'pres·sion·ism *s* Impressionismus *m*.

im'pres·sion·ist **I** *s* Impressionist(in). **II** *adj* impressionistisch.

imˌpres·sion'is·tic [~ʃə'n~] *adj* (***~ally***) impressionistisch.

im'pres·sive [~sɪv] *adj* ☐ eindrucksvoll.

im·print **I** *s* ['ɪmprɪnt] **1.** Ab-, Eindruck *m*. **2.** *fig.* Stempel *m*, Gepräge *n*. **3.** *typ.* Impressum *n*. **II** *v/t* [ɪm'prɪnt] **4.** (auf)drücken (***on*** auf *acc*). **5.** ***~ s.th. on*** (*od.* ***in***) ***s.o.'s memory*** j-m et. ins Gedächtnis einprägen.

im·pris·on [ɪm'prɪzn] *v/t* ⚖ inhaftieren, *a. weitS.* einsperren.

im'pris·on·ment *s* a) Freiheitsstrafe *f*, Gefängnis(strafe *f*) *n*, Haft *f*: ***he was given 10 years ~*** er wurde zu e-r zehnjährigen Freiheitsstrafe verurteilt, b) Inhaftierung *f*.

im·prob·a·bil·i·ty [ɪmˌprɒbə'bɪlətɪ] *s* Unwahrscheinlichkeit *f*.

im'prob·a·ble *adj* ☐ unwahrscheinlich.

im·promp·tu [ɪm'prɒmptjuː] **I** *s* ♪ Impromptu *n*. **II** *adj u. adv* aus dem Stegreif, Stegreif...

im·prop·er [ɪm'prɒpə] *adj* ☐ **1.** ungeeignet, unpassend. **2.** unanständig, unschicklich. **3.** unrichtig. **4.** 𝔄 unecht (*Bruch*).

im·pro·pri·e·ty [ˌɪmprə'praɪətɪ] *s* **1.** Unschicklichkeit *f*. **2.** Unrichtigkeit *f*.

im·prove [ɪm'pruːv] **I** *v/t* **1.** verbessern. **2.** *Wert etc* erhöhen, steigern. **II** *v/i* **3.** sich (ver)bessern, besser werden, Fortschritte machen (*a. Patient*), sich erholen (*gesundheitlich od. econ. Preise etc*): ***he is improving*** (***in health***) es geht ihm besser; ***~ in strength*** kräftiger werden.

im'prove·ment *s* **1.** (Ver)Besserung *f* (***in*** *gen*; ***on*** gegenüber, im Vergleich zu): ***~ in the weather*** Wetterbesserung. **2.** Erhöhung *f*, Steigerung *f*.

im·prov·i·dent [ɪm'prɒvɪdənt] *adj* ☐ **1.** sorglos: ***be ~ of*** nicht vorsorgen für. **2.** verschwenderisch.

im·pro·vi·sa·tion [ˌɪmprəvaɪ'zeɪʃn] *s* Improvisation *f*.

im·pro·vise ['~vaɪz] *v/t u. v/i* improvisieren.

im·pru·dence [ɪm'pruːdəns] *s* **1.** Unklugheit *f*. **2.** Unvorsichtigkeit *f*.

im'pru·dent *adj* ☐ **1.** unklug. **2.** unvorsichtig.

im·pu·dence ['ɪmpjʊdəns] *s* Unverschämtheit *f*.

'im·pu·dent *adj* ☐ unverschämt.

im·pugn [ɪm'pjuːn] *v/t* bestreiten; anfechten.

im·pulse ['ɪmpʌls] *s* **1.** *phys.*, ⚕, ⚡ *etc* Impuls *m*. **2.** *fig.* Impuls *m*: a) Anstoß *m*, Anreiz *m*, b) plötzliche Regung *od.* Eingebung: ***act on ~*** impulsiv *od.* spontan handeln; ***on the ~ of the moment, on ~*** e-r plötzlichen Eingebung folgend; ***~ buying*** Impulskäufe *pl*.

im'pul·sion *s* **1.** Triebkraft *f* (*a. fig.*). **2.** *psych.* Zwang *m*.

im'pul·sive *adj* ☐ *fig.* impulsiv.

im·pu·ni·ty [ɪm'pjuːnətɪ] *s* Straflosigkeit *f*: ***with ~*** straflos.

im·pure [ɪm'pjʊə] *adj* ☐ **1.** unrein (*a. eccl.*), unsauber. **2.** *fig.* schlecht, unmoralisch.

im'pur·i·ty *s* **1.** Unreinheit *f*. **2.** *fig*. Schlechtheit *f*.
im·pu·ta·tion [ˌɪmpjuːˈteɪʃn] *s* Bezichtigung *f*.
im'pute *v/t* zuschreiben (**to** *dat*): a) beimessen, b) anlasten: **~ s.th. to s.o.** j-n e-r Sache bezichtigen; **~ed costs** *pl* kalkulatorische Kosten *pl*.
in [ɪn] **I** *prp* **1.** *räumlich*: a) (*wo?*) in (*dat*), an (*dat*), auf (*dat*): **~ London** in London; → **country** 3, **field** 1, **sky, street,** *etc*, b) (*wohin?*) in (*acc*): **put it ~ your pocket** steck es in die Tasche. **2.** *zeitlich*: in (*dat*), an (*dat*): **~ 1988** 1988; **~ two hours** in zwei Stunden; → **April, beginning** 1, **evening,** *etc*. **3.** *Zustand, Beschaffenheit, Art u. Weise*: in (*dat*), auf (*acc*), mit: → **brief** 4, **cash** 2, **English** 3, *etc*. **4.** *Tätigkeit, Beschäftigung*: in (*dat*), bei, auf (*dat*): **~ crossing the river** beim Überqueren des Flusses; → **accident** 2, **search** 4. **5.** bei (*Schriftstellern*): **~ Shakespeare. 6.** *Richtung*: in (*acc, dat*), auf (*acc*), zu: → **confidence** 1, *etc*. **7.** *Zweck*: in (*dat*), zu, als: → **answer** 1, **defence,** *etc*. **8.** *Grund*: in (*dat*), aus, zu: → **honour** 5, **sport** 3, *etc*. **9.** *Hinsicht, Beziehung*: in (*dat*), an (*dat*): **the latest thing ~** das Neueste auf dem Gebiet (*gen*); → **equal** 1, **number** 3, *etc*. **10.** nach, gemäß: → **opinion** 1, **probability,** *etc*. **11.** *Material*: in (*dat*), aus, mit: → **black** 3, **oil** 3, *etc*. **12.** *Zahl, Betrag*: in (*dat*), von, aus, zu: **five ~ all** insgesamt *od*. im Ganzen fünf; **one ~ ten Americans** einer von zehn Amerikanern; → **all** 4, **two,** *etc*. **II** *adv* **13.** (dr)innen: **be ~ for s.th.** et. zu erwarten haben; **be ~ on** eingeweiht sein in (*acc*); beteiligt sein an (*dat*); **know ~ and out** in- u. auswendig kennen. **14.** hinein; herein: → **come in** 1, *etc*. **15.** da, (an)gekommen. **16.** da, zu Hause. **17.** *pol*. an der Macht, an der Regierung. **III** *adj* **18. ~ party** *pol*. Regierungspartei *f*. **19. ~ restaurant** Restaurant, das gerade in ist. **IV** *s* **20. know the ~s and outs of** in- u. auswendig kennen.
in·a·bil·i·ty [ˌɪnəˈbɪlətɪ] *s* Unfähigkeit *f*, Unvermögen *n*: **~ to pay** *econ*. Zahlungsunfähigkeit.
in·ac·ces·si·ble [ˌɪnækˈsesəbl] *adj* □ unzugänglich (**to** für *od*. *dat*) (*a. fig.*).
in·ac·cu·ra·cy [ɪnˈækjʊrəsɪ] *s* Ungenauigkeit *f*.
in'ac·cu·rate [~rət] *adj* □ ungenau: **be ~** falsch gehen (*Uhr*).
in·ac·tion [ɪnˈækʃn] *s* **1.** Untätigkeit *f*. **2.** Trägheit *f*, Faulheit *f*.
in·ac·tive [ɪnˈæktɪv] *adj* □ **1.** untätig. **2.** träge (*a. phys.*), faul. **3.** *econ*. lustlos, flau.
ˌin·ac'tiv·i·ty *s* **1.** → **inaction. 2.** *econ*. Lustlosigkeit *f*, Flauheit *f*.
in·ad·e·quate [ɪnˈædɪkwət] *adj* □ **1.** unzulänglich, ungenügend: **be ~ for** nicht reichen für. **2.** unangemessen (**to** *dat*): **feel ~ to the occasion** sich der Situation nicht gewachsen fühlen.
in·ad·mis·si·ble [ˌɪnədˈmɪsəbl] *adj* □ unzulässig, unstatthaft.
in·ad·vert·ent [ˌɪnədˈvɜːtənt] *adj* □ unabsichtlich, versehentlich: **~ly** *a*. aus Versehen.
in·ad·vis·a·ble [ˌɪnədˈvaɪzəbl] *adj* nicht ratsam *od*. empfehlenswert.
in·al·ien·a·ble [ɪnˈeɪljənəbl] *adj* □ unveräußerlich.
in·ane [ɪˈneɪn] *adj* □ geistlos, albern.
in·an·i·mate [ɪnˈænɪmət] *adj* □ **1.** leblos, unbelebt. **2.** *fig*. schwunglos, langweilig.
in·ap·pli·ca·ble [ɪnˈæplɪkəbl] *adj* □ nicht anwendbar *od*. zutreffend (**to** auf *acc*): → **delete** II.
in·ap·pre·ci·a·ble [ˌɪnəˈpriːʃəbl] *adj* □ unmerklich.
in·ap·pro·pri·ate [ˌɪnəˈprəʊprɪət] *adj* □ unpassend, ungeeignet (**to, for** für).
in·apt [ɪnˈæpt] *adj* □ **1.** unpassend, ungeeignet. **2.** ungeschickt. **3.** unfähig, außerstande (**to do** zu tun).
in'apt·i·tude [~tɪtjuːd] *s* **1.** Ungeschicktheit *f*. **2.** Unfähigkeit *f*.
in·ar·tic·u·late [ˌɪnɑːˈtɪkjʊlət] *adj* □ **1.** undeutlich (ausgesprochen), unverständlich. **2.** unfähig(, deutlich) zu sprechen. **3.** unfähig, sich klar auszudrücken. **4.** sprachlos (**with** vor *dat*).
in·as·much as [ˌɪnəzˈmʌtʃ] *cj* da (ja).
in·at·ten·tion [ˌɪnəˈtenʃn] *s* Unaufmerksamkeit *f*.
ˌin·at'ten·tive [~tɪv] *adj* □ unaufmerksam (**to** gegen).
in·au·di·ble [ɪnˈɔːdəbl] *adj* □ unhörbar.
in·au·gu·ral [ɪˈnɔːgjʊrəl] **I** *adj* Einweihungs..., Eröffnungs...: **~ speech** → II. **II** *s* Antrittsrede *f*.
in'au·gu·rate [~reɪt] *v/t* **1.** *j-n* (feierlich) (in sein Amt) einführen *od*. einsetzen. **2.** einweihen, eröffnen. **3.** *Ära etc* einleiten.
inˌau·gu'ra·tion *s* **1.** (feierliche) Amtseinsetzung *od*. -einführung: **Inauguration Day** *pol. Am*. Tag *m* des Amtsantritts des Präsidenten (*20. Januar*). **2.** Einweihung *f*, Eröffnung *f*. **3.** Beginn *m*.
in·aus·pi·cious [ˌɪnɔːˈspɪʃəs] *adj* □ ungünstig: **be ~** unter e-m ungünstigen Stern stehen.
in·board [ˈɪnbɔːd] ⚓ **I** *adj* **1.** Innenbord...: **~ motor. II** *adv* **2.** binnenbords. **III** *s* **3.** Innenbordmotor *m*. **4.** Innenborder *m* (*Boot*).
in·born [ˌɪnˈbɔːn] *adj* angeboren.
in·bred [ˌɪnˈbred] *adj* **1.** angeboren. **2.** durch Inzucht erzeugt.

in·breed·ing ['ɪnˌbriːdɪŋ] *s* Inzucht *f* (*a. fig.*).

inc., Inc. *incorporated* (→ ***incorporate*** 3).

in·cal·cul·a·ble [ɪn'kælkjʊləbl] *adj* □ **1.** unberechenbar (*a. Person etc*). **2.** unermesslich.

in·can·des·cent [ˌɪnkæn'desnt] *adj* □ **1.** (weiß) glühend: ~ ***lamp*** Glühlampe *f*. **2.** *fig.* leuchtend, strahlend.

in·can·ta·tion [ˌɪnkæn'teɪʃn] *s* **1.** Beschwörung *f*. **2.** Zauberformel *f*, -spruch *m*.

in·ca·pa·bil·i·ty [ɪnˌkeɪpə'bɪlətɪ] *s* Unfähigkeit *f*.

in'ca·pa·ble *adj* □ **1.** unfähig (***of*** zu *od. gen*; ***of doing*** zu tun), nicht imstande (***of doing*** zu tun). **2.** nicht zulassend (***of*** *acc*): ***a problem*** ~ ***of solution*** ein unlösbares Problem; ~ ***of being misunderstood*** unmissverständlich.

in·ca·pac·i·tate [ˌɪnkə'pæsɪteɪt] *v/t* **1.** unfähig *od.* untauglich machen (***for s.th.*** für et.; ***for*** [*od.* ***from***] ***doing*** zu tun). **2.** ⚖ für rechts- *od.* geschäftsunfähig erklären.

ˌin·ca'pac·i·tat·ed *adj* **1.** *a.* ~ ***for work*** arbeits- *od.* erwerbsunfähig. **2.** *körperlich, geistig* behindert. **3.** *a.* ***legally*** ~ rechts-, geschäftsunfähig.

ˌin·ca'pac·i·ty [~ətɪ] *s* **1.** Unfähigkeit *f*, Untauglichkeit *f*: ~ ***for work*** Arbeits- *od.* Erwerbsunfähigkeit *f*. **2.** *a.* ***legal*** ~ Rechts-, Geschäftsunfähigkeit *f*.

in·car·cer·ate [ɪn'kɑːsəreɪt] *v/t* einkerkern.

in·car·nate [ɪn'kɑːneɪt] *adj* a) leibhaftig, *ein Teufel etc* in Menschengestalt, b) personifiziert, *die Unschuld etc* in Person.

ˌin·car'na·tion *s* Verkörperung *f*, Inbegriff *m*.

in·cen·di·ar·y [ɪn'sendjərɪ] **I** *adj* **1.** Brand...: ~ ***bomb***. **2.** *fig.* aufwiegelnd: ~ ***speech*** Hetzrede *f*. **II** *s* **3.** Brandstifter(in). **4.** *fig.* Aufwiegler(in).

in·cense¹ ['ɪnsens] **I** *s* Weihrauch *m*. **II** *v/t* beweihräuchern.

in·cense² [ɪn'sens] *v/t* erzürnen, erbosen: ~***d*** zornig (***at*** über *acc*).

in·cen·tive [ɪn'sentɪv] *s* Ansporn *m*, Anreiz *m* (***to*** zu): ~ ***to buy*** Kaufanreiz; ~ ***bonus*** (*od.* ***payment***) Anreizprämie *f*; ~ ***measure*** Fördermaßnahme *f*; ~ ***pay*** (*od.* ***wage***) Bezahlung *f* nach Leistung; ~***-payments scheme*** Anreizsystem *n*.

in·cer·ti·tude [ɪn'sɜːtɪtjuːd] *s* Unsicherheit *f*, Ungewissheit *f*.

in·ces·sant [ɪn'sesnt] *adj* □ unaufhörlich, unablässig.

in·cest ['ɪnsest] *s* Blutschande *f*, Inzest *m*.

inch [ɪntʃ] **I** *s* Inch *m*, Zoll *m* (*a. fig.*): ***by*** ~***es***, ~ ***by*** ~ Zentimeter um Zentimeter; *fig.* allmählich, ganz langsam; ***every*** ~ *fig.* jeder Zoll, *ein Gentleman etc* vom Scheitel bis zur Sohle; ***come within an*** ~ ***of death*** beinahe *od.* um Haaresbreite sterben. **II** *v/t u. v/i* (sich) zentimeterweise *od.* sehr langsam bewegen.

in·ci·dence ['ɪnsɪdəns] *s* Auftreten *n*, Vorkommen *n*, Häufigkeit *f*: ***have a high*** ~ häufig vorkommen.

'in·ci·dent **I** *adj* verbunden (***to*** mit). **II** *s* Vorfall *m*, Ereignis *n*, *a. pol.* Zwischenfall *m*: ***full of*** ~***s*** ereignisreich.

in·ci·den·tal [ˌ~'dentl] **I** *adj* □ **1.** nebensächlich, Neben...: ~ ***earnings*** *pl* Nebenverdienst *m*; ~ ***expenses*** *pl* Nebenausgaben *pl*, -kosten *pl*; ~ ***rental expenses*** *pl* Mietnebenkosten *pl*; ~ ***wage costs*** *pl* Lohnnebenkosten *pl*. **2.** beiläufig. **3.** gelegentlich. **4.** zufällig. **II** *s* **5.** Nebensächlichkeit *f*. **6.** *pl econ.* Nebenausgaben *pl*, Nebenkosten *pl*.

ˌin·ci'den·tal·ly [~tlɪ] *adv* nebenbei bemerkt, übrigens.

in·cin·er·ate [ɪn'sɪnəreɪt] *v/t u. v/i* verbrennen.

in'cin·er·a·tor *s* Verbrennungsofen *m od.* -anlage *f*.

in·cise [ɪn'saɪz] *v/t* **1.** ein-, aufschneiden (*a.* ✂). **2.** *Muster etc* einritzen, -schnitzen, -kerben (***on*** in *acc*): ~ ***s.th. with a pattern*** ein Muster in et. einritzen *od.* -schnitzen *od.* -kerben.

in·ci·sion [~'sɪʒn] *s* (Ein)Schnitt *m* (*a.* ✂).

in·ci·sive [~'saɪsɪv] *adj* □ **1.** (ein)schneidend. **2.** *fig.* scharf (*Verstand, Ton etc*). **3.** *fig.* prägnant, treffend.

in·ci·sor [ɪn'saɪzə] *s anat.* Schneidezahn *m*.

in·cite [ɪn'saɪt] *v/t* **1.** aufwiegeln, -hetzen, ⚖ anstiften (***to*** zu). **2.** *Zorn etc* erregen.

in'cite·ment *s* Aufwieg(e)lung *f*, -hetzung *f*, ⚖ Anstiftung *f*.

in·ci·vil·i·ty [ˌɪnsɪ'vɪlətɪ] *s* Unhöflichkeit *f* (*a. Bemerkung etc*).

in·clem·ent [ɪn'klemənt] *adj* □ **1.** rau, unfreundlich (*Klima*). **2.** hart, unerbittlich.

in·cli·na·tion [ˌɪnklɪ'neɪʃn] *s* **1.** Neigung *f*, *fig. a.* Hang *m*. **2.** *fig.* Zuneigung *f* (***for*** zu). **3.** Gefälle *n*.

in·cline [ɪn'klaɪn] **I** *v/i* **1.** sich neigen (***to, toward***[***s***] nach). **2.** *fig.* neigen (***to, toward***[***s***] zu): ~ ***to do s.th.*** dazu neigen, et. zu tun. **II** *v/t* **3.** *Kopf etc* neigen. **4.** *fig.* veranlassen, bewegen (***to*** zu; ***to do*** zu tun). **III** *s* **5.** Gefälle *n*. **6.** (Ab)Hang *m*.

in'clined *adj* geneigt (*a. fig.*): ***be*** ~ ***to do s.th.*** dazu neigen, et. zu tun; ~ ***plane*** ⩘, *phys.* schiefe Ebene.

in·close, in·clo·sure → ***enclose, enclosure***.

in·clude [ɪn'kluːd] *v/t* **1.** einschließen, -beziehen, -rechnen (***in*** in *acc*): ***tax*** ~***d*** einschließlich *od.* inklusive Steuer. **2.** erfassen, aufnehmen: ***be ~d on the list*** auf der Liste stehen.

in'clud·ing *prp* einschließlich.

in·clu·sion [ɪn'klu:ʒn] *s* Einschluss *m*, Einbeziehung *f* (***in*** in *acc*).

in'clu·sive [~sɪv] *adj* □ **1.** einschließlich, inklusive (***of*** *gen*): ***be ~ of*** einschließen (*acc*). **2.** Pauschal...: ***~ price.***

in·cog·ni·to [ˌɪnkɒg'ni:təʊ] **I** *adv* inkognito. **II** *pl* **-tos** *s* Inkognito *n*: ***preserve*** (***disclose, reveal***) ***one's ~*** sein Inkognito wahren (lüften).

in·co·her·ent [ˌɪnkəʊ'hɪərənt] *adj* □ (logisch) unzusammenhängend.

in·come ['ɪŋkʌm] *s* Einkommen *n* (***from*** aus): ***live within*** (***beyond***) ***one's ~*** s-n Verhältnissen entsprechend (über s-e Verhältnisse) leben; ***~s development*** Einkommensentwicklung *f*; ***~ gap*** Einkommensschere *f*; ***~ support*** *Br.* Sozialhilfe *f*; → ***earned, unearned.*** **~ brack·et, ~ group** *s* Einkommensgruppe *f*. **~ sit·u·a·tion** *s* Ertragslage *f*. **~ state·ment** *s* Erfolgsrechnung *f*. **~ tax** *s* Einkommenssteuer *f*.

'in·come-tax| dec·la·ra·tion *s* Einkommensteuererklärung *f*. **~ re·lief** *s* Einkommensteuererleichterung *f*. **~ re·turn** *s* Einkommensteuererklärung *f*.

in·com·ing ['ɪnˌkʌmɪŋ] *adj* **1.** hereinkommend. **2.** ankommend (*Telefongespräch etc*), nachfolgend, neu (*Mieter, Regierung etc*). **3.** *econ.* eingehend, -laufend: ***~ orders*** *pl* Auftragseingänge *pl*; ***~ mail*** Posteingang *m*.

in·com·men·su·ra·ble [ˌɪnkə'menʃərəbl] *adj* □ **1.** nicht vergleichbar (***with*** mit). **2.** unangemessen, unverhältnismäßig.

ˌin·com'men·su·rate [~rət] *adj* □ **1.** unangemessen, nicht entsprechend (***with, to*** *dat*). **2.** → ***incommensurable.***

in·com·mu·ni·ca·tive [ˌɪnkə'mju:nɪkətɪv] *adj* □ nicht mitteilsam, verschlossen.

in-'com·pa·ny *adj*: ***~ training*** innerbetriebliche Ausbildung.

in·com·pa·ra·ble [ɪn'kɒmpərəbl] *adj* □ **1.** unvergleichlich. **2.** unvergleichbar (***with, to*** mit).

in·com·pat·i·ble [ˌɪnkəm'pætəbl] *adj* □ **1.** unvereinbar. **2.** unverträglich, ⚕ *a.* inkompatibel: ***be ~*** (***with***) sich nicht vertragen (mit), nicht zs.-passen (mit). **3.** *Computer*: inkompatibel.

in·com·pe·tence, in·com·pe·ten·cy [ɪn'kɒmpɪtəns(ɪ)] *s* **1.** Unfähigkeit *f*. **2.** ⚖, *a. weitS.* Nichtzuständigkeit *f*, Inkompetenz *f*.

in'com·pe·tent *adj* □ **1.** unfähig (***to do*** zu tun). **2.** ⚖, *a. weitS.* unzuständig, inkompetent.

in·com·plete [ˌɪnkəm'pli:t] *adj* □ **1.** unvollständig. **2.** unvollzählig. **3.** unvollendet.

in·com·pre·hen·si·ble [ɪnˌkɒmprɪ'hensəbl] *adj* unbegreiflich, unverständlich.

inˌcom·pre'hen·si·bly *adv* unverständlicherweise.

inˌcom·pre'hen·sion *s* Unverständnis *n* (***of*** für).

in·con·ceiv·a·ble [ˌɪnkən'si:vəbl] *adj* □ **1.** unbegreiflich, unfassbar. **2.** undenkbar, unvorstellbar (***to*** für): ***it is ~ to me that*** ich kann mir nicht vorstellen, dass.

in·con·clu·sive [ˌɪnkən'klu:sɪv] *adj* □ **1.** nicht überzeugend *od.* schlüssig. **2.** ergebnis-, erfolglos.

in·con·gru·i·ty [ˌɪnkɒŋ'gru:ətɪ] *s* **1.** Nichtübereinstimmung *f*. **2.** Unvereinbarkeit *f*.

in'con·gru·ous [~grʊəs] *adj* □ **1.** nicht übereinstimmend (***to, with*** mit). **2.** unvereinbar (***to, with*** mit).

in·con·se·quent [ɪn'kɒnsɪkwənt] *adj* □ **1.** inkonsequent, unlogisch. **2.** belanglos.

in·con·sid·er·a·ble [ˌɪnkən'sɪdərəbl] *adj* □ **1.** gering(fügig). **2.** unbedeutend, unwichtig (*a. Person*).

in·con·sid·er·ate [ˌɪnkən'sɪdərət] *adj* □ **1.** rücksichtslos (***to, toward***[***s***] gegen). **2.** unbesonnen, (*Handlung a.*) unüberlegt.

in·con·sist·ent [ˌɪnkən'sɪstənt] *adj* □ **1.** inkonsequent. **2.** unvereinbar (***with*** mit). **3.** widersprüchlich.

in·con·sol·a·ble [ˌɪnkən'səʊləbl] *adj* □ untröstlich.

in·con·spic·u·ous [ˌɪnkən'spɪkjʊəs] *adj* □ unauffällig.

in·con·stant [ɪn'kɒnstənt] *adj* □ **1.** unbeständig. **2.** wankelmütig.

in·con·test·a·ble [ˌɪnkən'testəbl] *adj* □ unanfechtbar.

in·con·ti·nent [ɪn'kɒntɪnənt] *adj* ⚕ inkontinent (*unfähig, Harn- od. Kotausscheidung zu kontollieren*): ***be ~*** an Inkontinenz leiden.

in·con·tro·vert·i·ble [ˌɪnkɒntrə'vɜ:təbl] *adj* □ **1.** unbestreitbar, unstreitig. **2.** unanfechtbar.

in·con·ven·ience [ˌɪnkən'vi:njəns] **I** *s* **1.** Unbequemlichkeit *f*. **2.** Ungelegenheit *f*; Unannehmlichkeit *f*: ***put to ~*** → 4. **II** *v/t* **3.** *j-m* lästig sein *od.* zur Last fallen. **4.** *j-m* Ungelegenheiten bereiten *od.* Umstände machen.

ˌin·con'ven·ient *adj* □ **1.** unbequem (***to*** für). **2.** ungelegen, lästig (***to*** für): ***at an ~ time*** ungelegen.

in·con·vert·i·ble [ˌɪnkən'vɜ:təbl] *adj* nicht konvertierbar.

in·con·vin·ci·ble [ˌɪnkən'vɪnsəbl] *adj* nicht zu überzeugen(d).

in·cor·po·rate [ɪn'kɔ:pəreɪt] **I** *v/t* **1.** vereinigen, zs.-schließen. **2.** *Staatsgebiet* eingliedern; *Ort* eingemeinden. **3.** *econ.*, ⚖ als (*Am.* Aktien)Gesellschaft eintragen (lassen): ***~d company*** rechtsfähige Gesellschaft, *Am.* Aktiengesellschaft *f*; ***~d society*** eingetragener Verein. **4.** in sich schließen, enthalten. **II** *v/i* **5.** sich zs.-schließen (***with*** mit).

in͵cor·po'ra·tion *s* **1.** Vereinigung *f*, Zs.-schluss *m.* **2.** Eingliederung *f*; Eingemeindung *f.* **3.** *econ.*, ⚖ Eintragung *f* als (*Am.* Aktien)Gesellschaft: → ***article*** 4.

in·cor·rect [͵ınkə'rekt] *adj* □ inkorrekt: a) unrichtig, b) ungehörig.

in·cor·ri·gi·ble [ın'kɒrıdʒəbl] *adj* □ unverbesserlich.

in·cor·rupt·i·ble [͵ınkə'rʌptəbl] *adj* □ **1.** unbestechlich. **2.** unverderblich (*Speisen*).

Incoterms ***International Commercial Terms*** Incoterms *pl.*

in·crease [ın'kri:s] **I** *v/i* zunehmen, (an)wachsen, (*Preise*) steigen, anziehen: ***~ in price*** (***value***) teurer (wertvoller) werden; → ***threefold*** II, ***fourfold*** II, *etc.* **II** *v/t* vergrößern, -mehren, erhöhen: → ***threefold*** II, ***fourfold*** II, *etc.* **III** *s* ['ınkri:s] Vergrößerung *f*, -mehrung *f*, Erhöhung *f*, Zunahme *f*, (An)Wachsen *n*: ***be on the ~*** zunehmen; ***~ in population*** Bevölkerungszunahme, -zuwachs *m*; ***~ in profitability*** Rentabilitätssteigerung *f*; ***~ in value*** Wertsteigerung *f*, -zuwachs *m.*

in'creas·ing·ly *adv* immer mehr: ***~ clear*** immer klarer.

in·cred·i·ble [ın'kredəbl] *adj* □ **1.** unglaublich (*a.* F *unerhört etc*). **2.** unglaubwürdig.

in·cred·u·lous [ın'kredjʊləs] *adj* □ ungläubig: ***be ~ of s.th.*** e-r Sache skeptisch gegenüberstehen.

in·cre·ment ['ınkrımənt] *s* (*econ.* Gewinn-)Zuwachs *m*, Zunahme *f*; Gehaltserhöhung *f.*

in·cre·men·tal [͵ınkrı'mentl] *adj* Zuwachs...: ***~ costs*** *pl* Grenzkosten *pl.*

in·crim·i·nate [ın'krımıneıt] *v/t* belasten.

in'crim·i·nat·ing, in'crim·i·na·to·ry [~nətərı] *adj* belastend, Belastungs...

in·crust [ın'krʌst] *v/i* **1.** sich ver- *od.* überkrusten. **2.** e-e Kruste bilden.

in·cu·ba·tor ['ınkjʊbeıtə] *s* ⚕ Brutkasten *m.*

in·cul·cate ['ınkʌlkeıt] *v/t*: ***~ s.th. in***(***to***) (*od.* ***on***) ***s.o.***, ***~ s.o. with s.th.*** j-m et. einschärfen.

in·cur [ın'kɜ:] *v/t* sich *et.* zuziehen, auf sich laden: ***~ debts*** Schulden machen; ***~ losses*** Verluste erleiden.

in·cur·a·ble [ın'kjʊərəbl] *adj* □ ⚕ unheilbar, *fig. a.* unverbesserlich.

in·cur·sion [ın'kɜ:ʃn] *s* **1.** (feindlicher) Einfall: ***make an ~ on*** einfallen in (*acc*, *dat*). **2.** Eindringen *n* (***into*** in *acc*) (*a. fig.*).

in·debt·ed [ın'detıd] *adj* **1.** verschuldet (***to*** bei): ***be ~ to s.o.*** *a.* bei j-m Schulden haben, j-m Geld schulden. **2.** (zu Dank) verpflichtet (***to s.o.*** j-m): ***I am greatly ~ to you for*** ich bin Ihnen zu großem Dank verpflichtet für, ich stehe tief in Ihrer Schuld wegen.

in'debt·ed·ness *s* **1.** Verschuldung *f.* **2.** Dankesschuld *f* (***to*** gegenüber).

in·de·cen·cy [ın'di:snsı] *s* **1.** Unanständigkeit *f*, Anstößigkeit *f*, ⚖ Unzucht *f* (***with children*** mit Kindern). **2.** Zote *f.* **3.** Unschicklichkeit *f.*

in'de·cent *adj* □ **1.** unanständig, anstößig, ⚖ unzüchtig: → ***assault*** 3. **2.** unschicklich, ungehörig. **3.** ungebührlich: ***~ haste*** unziemliche Hast.

in·de·ci·pher·a·ble [͵ındı'saıfərəbl] *adj* □ nicht zu entziffern(d), unentzifferbar.

in·de·ci·sion [͵ındı'sıʒn] *s* Unentschlossenheit *f*, Unschlüssigkeit *f.*

in·de·ci·sive [͵~'saısıv] *adj* □ **1.** nicht entscheidend; noch nicht entschieden, unentschieden. **2.** unentschlossen, unschlüssig. **3.** unbestimmt, ungewiss.

in·dec·o·rous [ın'dekərəs] *adj* □ unschicklich, ungehörig.

in·deed [ın'di:d] **I** *adv* **1.** in der Tat, tatsächlich, wirklich: ***thank you very much ~*** vielen herzlichen Dank. **2.** *fragend*: wirklich?, tatsächlich?: *I saw him yesterday.* ***did you ~?*** tatsächlich? **3.** allerdings, freilich; zwar. **II** *int* **4.** ach wirklich?, was Sie nicht sagen!

in·de·fat·i·ga·ble [͵ındı'fætıgəbl] *adj* □ unermüdlich.

in·de·fen·si·ble [͵ındı'fensəbl] *adj* □ **1.** *mil.* unhaltbar (*a. fig.*). **2.** nicht zu rechtfertigen(d), unentschuldbar.

in·de·fin·a·ble [͵ındı'faınəbl] *adj* □ unbestimmbar, undefinierbar.

in·def·i·nite [ın'defınət] *adj* □ **1.** unbestimmt (*a. ling.*): ***~ article; ~ pronoun*** Indefinitivpronomen *n*, unbestimmtes Fürwort. **2.** unbegrenzt, unbeschränkt: ***~ly*** *a.* auf unbestimmte Zeit.

in·del·i·ble [ın'deləbl] *adj* □ unauslöschlich (*a. fig.*): ***~ ink*** Zeichen-, Kopiertinte *f*; ***~ pencil*** Kopier-, Tintenstift *m.*

in·del·i·cate [ın'delıkət] *adj* □ **1.** taktlos. **2.** unanständig, anstößig. **3.** unfein, grob.

in·dem·ni·fi·ca·tion *s* Entschädigung *f.*

in·dem·ni·fy [ın'demnıfaı] *v/t* **1.** entschädigen, *j-m* Schadenersatz leisten (***for*** für). **2.** absichern (***from, against*** gegen).

in'dem·ni·ty *s* **1.** Entschädigung *f*: ***letter of ~*** Garantieerklärung *f* über Schadloshaltung. **2.** Absicherung *f*: ***~ against liability*** Haftungsausschluss *m.*

in·dent I *v/t* [ɪn'dent] **1.** (ein)kerben, auszacken. **2.** *Zeile* einrücken, -ziehen. II *s* ['ɪndent] **3.** Kerbe *f*, Auszackung *f*. **4.** Einrückung *f*, -zug *m*. **5.** *econ.* Indentgeschäft *n*, Auslandsauftrag *m*.

in·den·tures [ɪn'dentʃəz] *s pl* Ausbildungs-, Lehrvertrag *m*.

in·de·pend·ence [ˌɪndɪ'pendəns] *s* Unabhängigkeit *f* (***from, of*** von) (*a. pol.*), Selbstständigkeit *f*: ***Independence Day*** *Am.* Unabhängigkeitstag *m* (*4. Juli*).

ˌin·de'pend·ent *adj* □ **1.** unabhängig (***of*** von) (*a. pol.*), selbstständig. **2.** finanziell unabhängig: ***be ~*** auf eigenen Füßen stehen. **3.** *parl.* partei-, fraktionslos.

ˌin-'depth *adj* tief schürfend, gründlich.

in·de·scrib·a·ble [ˌɪndɪ'skraɪbəbl] *adj* □ unbeschreiblich.

in·de·struct·i·ble [ˌɪndɪ'strʌktəbl] *adj* □ unzerstörbar.

in·de·ter·mi·na·ble [ˌɪndɪ'tɜːmɪnəbl] *adj* □ unbestimmbar.

ˌin·de'ter·mi·nate [~nət] *adj* □ **1.** unbestimmt (*a.* ⩓). **2.** ungewiss, unsicher.

in·dex ['ɪndeks] I *pl* **'in·dex·es, in·di·ces** ['~dɪsiːz] *s* **1.** Index *m*, (Stichwort- *etc*)Verzeichnis *n*, (Sach)Register *n*. **2.** *a.* ***~ file*** Kartei *f*. **3.** *econ.* Index *m*: ***~ pay*** Indexlohn *m*. **4.** ⩓ Exponent *m*; Index *m*, Kennziffer *f*. **5.** *fig.* (***of, to***) (An)Zeichen *n* (von *od.* für *od. gen*); Hinweis *m* (auf *acc*); Gradmesser *m* (für *od. gen*): ***be an ~ of*** (*od.* ***to***) *a. et.* aufzeigen, hinweisen *od.* -deuten auf (*acc*). II *v/t* **6.** in e-m Verzeichnis aufführen. **7.** karteimäßig erfassen. **8.** *econ.* indexieren.

in·dex·a·tion [ɪndek'seɪʃn] *s econ.* Indexierung *f*: ***~ of pensions*** Rentenanpassung *f*.

index| card *s* Karteikarte *f*. **~ed** → ***index-linked***. **~ fin·ger** *s* Zeigefinger *m*. **ˌ~-'linked** *adj econ.* indexgebunden, Index...

In·dia ['ɪndjə] *npr* Indien *n*.

In·di·an ['ɪndjən] I *adj* **1.** indisch. **2.** indianisch, Indianer... II *s* **3.** Inder(in). **4.** Indianer(in). **~ club** *s Sport*: Keule *f*. **~ corn** *s* Mais *m*. **~ file** I *s*: ***in ~*** → II. II *adv* im Gänsemarsch. **~ sum·mer** *s* Altweiber-, Nachsommer *m*.

In·di·a| pa·per *s* Dünndruckpapier *n*. **~ rub·ber** ['ɪndjə] *s* **1.** Kautschuk *m*, Gummi *n*, *m*. **2.** Radiergummi *m*.

in·di·cate ['ɪndɪkeɪt] *v/t* **1.** deuten *od.* zeigen auf (*acc*). **2.** *fig.* hinweisen *od.* -deuten auf (*acc*); zu erkennen *od.* verstehen geben. **3.** ***be ~d*** angebracht *od.* angezeigt sein. **4.** *tech.* anzeigen.

ˌin·di'ca·tion *s* **1.** (***of***) (An)Zeichen *n* (für); Hinweis *m* (auf *acc*); Andeutung *f* (*gen*): ***there is every ~ that*** alles deutet darauf hin, dass. **2.** ⚕ Indikation *f*. **3.** *tech.* Anzeige *f*.

in·dic·a·tive [ɪn'dɪkətɪv] I *adj* □ **1.** ***be ~ of*** → ***indicate*** 2. **2.** *ling.* indikativisch: ***~ mood*** → 3. II *s* **3.** *ling.* Indikativ *m*.

in·di·ca·tor ['ɪndɪkeɪtə] *s* **1.** *Statistik etc*: Indikator *m*. **2.** *tech.* Anzeiger *m*. **3.** *mot.* Blinker *m*.

in·di·ces ['ɪndɪsiːz] *pl von* ***index***.

in·dict [ɪn'daɪt] *v/t* ⚖ anklagen (***for*** wegen).

in'dict·ment *s* **1.** Anklage *f*. **2.** *a.* ***bill of ~*** Anklageschrift *f*.

in·dif·fer·ence [ɪn'dɪfrəns] *s* **1.** Gleichgültigkeit *f*, Indifferenz *f*. **2.** Mittelmäßigkeit *f*.

in'dif·fer·ent *adj* □ **1.** gleichgültig, indifferent (***to*** gegen[über]): ***he is ~ to it*** es ist ihm gleichgültig. **2.** mittelmäßig.

in·dig·e·nous [ɪn'dɪdʒɪnəs] *adj* □ **1.** einheimisch (***to*** in *dat*) (*a.* ⚘, *zo.*). **2.** *fig.* angeboren (***to*** *dat*).

in·di·gest·i·ble [ˌɪndɪ'dʒestəbl] *adj* □ unverdaulich, schwer verdaulich (*a. fig.*).

ˌin·di'ges·tion *s* ⚕ Magenverstimmung *f*, verdorbener Magen.

in·dig·nant [ɪn'dɪgnənt] *adj* □ entrüstet, empört (***at*** *s.th.*, ***with*** *s.o.* über *acc*): ***become ~*** sich entrüsten.

ˌin·dig'na·tion *s* Entrüstung *f*, Empörung *f*: ***fill with ~*** entrüsten; ***to my ~*** zu m-r Entrüstung; ***fill with ~*** entrüsten.

in·di·rect [ˌɪndɪ'rekt] *adj* □ *allg.* indirekt: ***by ~ means*** *fig.* auf Umwegen; ***~ expenses*** (*od.* ***costs***) *pl* Gemeinkosten *pl*; ***~ labo(u)r costs*** *pl* Lohngemeinkosten *pl*; ***~ object*** *ling.* Dativobjekt *n*; ***~ speech*** (*bsd. Am.* ***discourse***) *ling.* indirekte Rede; ***~ tax*** indirekte Steuer *f*; ***~ taxation*** indirekte Besteuerung.

in·dis·cern·i·ble [ˌɪndɪ'sɜːnəbl] *adj* □ nicht wahrnehmbar, unmerklich.

in·dis·creet [ˌɪndɪ'skriːt] *adj* □ **1.** unbesonnen, unbedacht. **2.** indiskret.

in·dis·cre·tion [ˌ~'skreʃn] *s* **1.** Unbesonnenheit *f*. **2.** Indiskretion *f*.

in·dis·crim·i·nate [ˌɪndɪ'skrɪmɪnət] *adj* □ **1.** nicht wählerisch; kritiklos. **2.** wahl-, unterschiedslos; ungeordnet.

in·dis·pen·sa·ble [ˌɪndɪ'spensəbl] *adj* □ unentbehrlich (*a. Person*), unerlässlich (***to*** für).

in·dis·posed [ˌɪndɪ'spəʊzd] *adj* **1.** indisponiert, unpässlich. **2.** abgeneigt (***for*** *dat*; ***to do*** zu tun): ***be ~ to do s.th.*** *a. et.* nicht tun wollen.

in·dis·po·si·tion [ˌɪndɪspə'zɪʃn] *s* **1.** Unpässlichkeit *f*. **2.** Abgeneigtheit *f* (***for*** gegenüber; ***to do*** zu tun).

in·dis·pu·ta·ble [ˌɪndɪ'spjuːtəbl] *adj* □ unstrittig, unstreitig.

in·dis·so·lu·ble [ˌɪndɪˈsɒljʊbl] *adj* □ **1.** unlöslich. **2.** *fig.* unauflösbar.
in·dis·tinct [ˌɪndɪˈstɪŋkt] *adj* □ **1.** undeutlich; unscharf. **2.** verschwommen (*Erinnerung etc*).
in·dis·tin·guish·a·ble [ˌɪndɪˈstɪŋgwɪʃəbl] *adj* □ nicht zu unterscheiden(d) (***from*** von).
in·di·vid·u·al [ˌɪndɪˈvɪdʒʊəl] **I** *adj* (□ → ***individually***) **1.** individuell, einzeln, Einzel...: ~ ***case*** Einzelfall *m*; ~ ***traffic*** Individualverkehr *m*. **2.** individuell, persönlich (*Stil etc*): ~ ***software*** Individualsoftware *f*. **II** *s* **3.** Individuum *n* (*a. contp.*), Einzelne *m, f*.
ˌin·diˈvid·u·al·ism *s* Individualismus *m*.
ˌin·diˈvid·u·a·list **I** *s* Individualist(in). **II** *adj* individualistisch.
ˈin·diˌvid·u·a·lˈis·tic *adj* (~***ally***) individualistisch.
ˈin·diˌvid·u·ˈal·i·ty [~ˈæləti] *s* Individualität *f*.
ˌin·diˈvid·u·al·ize [~əlaɪz] *v/t* **1.** individualisieren. **2.** individuell gestalten.
ˌin·diˈvid·u·al·ly *adv* **1.** individuell. **2.** einzeln, jede(r, -s) für sich.
in·di·vis·i·ble [ˌɪndɪˈvɪzəbl] *adj* □ unteilbar.
in·doc·tri·nate [ɪnˈdɒktrɪneɪt] *v/t* **1.** *contp. bsd. pol.* indoktrinieren. **2.** unterweisen, schulen (***in*** in *dat*).
inˌdoc·triˈna·tion *s* **1.** Indoktrination *f*. **2.** Unterweisung *f*, Schulung *f*.
in·do·lence [ˈɪndələns] *s* Trägheit *f*.
ˈin·do·lent *adj* □ träg.
in·dom·i·ta·ble [ɪnˈdɒmɪtəbl] *adj* □ **1.** unbezähmbar, nicht unterzukriegen(d). **2.** unbeugsam.
In·do·ne·sia [ˌɪndəʊˈniːzjə] *npr* Indonesien *n*.
in·door [ˈɪndɔː] *adj* Haus..., Zimmer..., (*Sport*) Hallen...: ~ ***aerial*** (*bsd. Am.* ***antenna***) Zimmerantenne *f*; ~ ***dress*** Hauskleid *n*; ~ ***plant*** Zimmerpflanze *f*; ~ ***shot*** *phot.* Innenaufnahme *f*; ~ ***swimming pool*** Hallenbad *n*; ~ ***tournament*** Hallenturnier *n*.
ˌinˈdoors *adv* **1.** im Haus, drinnen. **2.** ins Haus (hinein). **3.** *Sport*: in der Halle.
in·dorse [ɪnˈdɔːs] *v/t Wechsel* indossieren.
in·du·bi·ta·ble [ɪnˈdjuːbɪtəbl] *adj* □ unzweifelhaft, *adv a.* zweifel-, fraglos.
in·duce [ɪnˈdjuːs] *v/t* **1.** *j-n* veranlassen, bewegen (***to do*** zu tun). **2.** herbeiführen, verursachen, auslösen: ~ ***labo***(***u***)***r*** ⚕ die Geburt einleiten. **3.** ⚡ *etc* induzieren: ~***d current*** Induktionsstrom *m*.
inˈduce·ment *s* Veranlassung *f*; Anreiz *m*: ~ ***to buy*** Kaufanreiz.
in·duc·tion [ɪnˈdʌkʃn] *s* **1.** Auslösung *f*. **2.** ⚡ *etc* Induktion *f*.
in·dulge [ɪnˈdʌldʒ] **I** *v/t* **1.** nachsichtig sein gegen: ~ ***o.s. in s.th.*** → 4. **2.** *Kinder* verwöhnen. **3.** *e-r Neigung etc* nachgeben, frönen. **II** *v/i* **4.** ~ ***in s.th.*** sich et. gönnen *od.* leisten. **5.** (***in***) schwelgen (in *dat*), frönen (*dat*).
inˈdul·gence *s* **1.** Nachsicht *f*. **2.** Verwöhnung *f*. **3.** Schwelgen *n* (***in*** in *dat*). **4.** Luxus *m*; Genuss *m*.
inˈdul·gent *adj* □ nachsichtig (***to*** gegen).
in·dus·tri·al [ɪnˈdʌstrɪəl] **I** *adj* □ **1.** industriell, Industrie...: ~ ***accident*** (*od.* ***injury***) Betriebs-, Arbeitsunfall *m*; ~ ***action*** *Br.* Arbeitskampf *m*; ~ ***decline*** industrieller Niedergang; ~ ***design*** Industriedesign *n*; ~ ***disease*** Berufskrankheit *f*; ~ ***espionage*** Industrie-, Werkspionage *f*; ~ ***estate*** Industriegebiet *n*; ~ ***leader*** Branchenführer *m*; ~ ***park*** Industriepark *m*; ~ ***relations*** *pl* Arbeitgeber-Arbeitnehmer-Beziehungen *pl*; ~ ***spying*** Wirtschaftsspionage *f*; ~ ***standard*** Industrienorm *f*; ~ ***tribunal*** Arbeitsgericht *n*. **2.** industrialisiert, Industrie... **3.** Betriebs...: ~ ***management*** Betriebsführung *f*. **4.** industriell erzeugt, Industrie...: ~ ***goods*** *pl* Industriegüter *pl*, -waren *pl*; ~ ***products*** *pl* gewerbliche Erzeugnisse *pl*; ~ ***sewage*** (*od.* ***effluent***) Industrieabwässer *pl*; ~ ***waste*** Industrieabfälle *pl*, Industriemüll *m*. **II** *s pl* Industriewerte *pl*.
inˈdus·tri·al·ist *s* Industrielle *m, f*.
in·dus·tri·al·i·za·tion *s* Industrialisierung *f*.
inˈdus·tri·al·ize *v/t* industrialisieren.
in·dus·tri·ous [ɪnˈdʌstrɪəs] *adj* □ fleißig.
in·dus·try [ˈɪndəstrɪ] *s* **1.** Industrie *f*; Industrie(zweig *m*) *f*: ***steel*** ~ Stahlindustrie. **2.** Fleiß *m*.
in·ed·i·ble [ɪnˈedəbl] *adj* ungenießbar.
in·ef·face·a·ble [ˌɪnɪˈfeɪsəbl] *adj* □ **1.** unlöschbar. **2.** *fig.* unauslöschlich.
in·ef·fec·tive [ˌɪnɪˈfektɪv], **in·ef·fec·tu·al** [ˌ~ˈfektʃʊəl] *adj* □ **1.** unwirksam, wirkungslos. **2.** unfähig, untauglich.
in·ef·fi·cient [ˌɪnɪˈfɪʃnt] *adj* □ ineffizient: a) untüchtig, b) unrationell, unwirtschaftlich.
in·el·e·gant [ɪnˈelɪgənt] *adj* □ unelegant.
in·el·i·gi·ble [ɪnˈelɪdʒəbl] *adj* □ (***for***) nicht infrage kommend (für): a) ungeeignet, unannehmbar (für), b) nicht berechtigt *od.* befähigt (zu): ***be*** ~ ***for*** keinen Anspruch haben auf (*acc*), c) nicht teilnahmeberechtigt (an *dat*), (*Sport a.*) nicht start- *od.* spielberechtigt (für).
in·ept [ɪˈnept] *adj* □ **1.** unpassend. **2.** ungeschickt, unbeholfen; unfähig.
in·e·qual·i·ty [ˌɪnɪˈkwɒlətɪ] *s* Ungleichheit *f*, Verschiedenheit *f*.
in·eq·ui·ta·ble [ɪnˈekwɪtəbl] *adj* □ ungerecht.
inˈeq·ui·ty [~wətɪ] *s* Ungerechtigkeit *f*.
in·e·rad·i·ca·ble [ˌɪnɪˈrædɪkəbl] *adj* □ unausrottbar (*a. fig.*).
in·ert [ɪˈnɜːt] *adj* □ *phys.* träg (*a. fig.*).

in·er·tia [ɪ'nɜːʃə] *s* Trägheit *f*.
in·es·cap·a·ble [ˌɪnɪ'skeɪpəbl] *adj* □ unvermeidlich: a) unabwendbar, b) unweigerlich.
in·es·sen·tial [ˌɪnɪ'senʃl] **I** *adj* unwesentlich. **II** *s et*. Unwesentliches, Nebensache *f*.
in·es·ti·ma·ble [ɪn'estɪməbl] *adj* □ unschätzbar.
in·ev·i·ta·ble [ɪn'evɪtəbl] **I** *adj* □ unvermeidlich. **II** *s das* Unvermeidliche.
in·ex·act [ˌɪnɪg'zækt] *adj* □ ungenau.
in·ex·cus·a·ble [ˌɪnɪk'skjuːzəbl] *adj* □ unverzeihlich, unentschuldbar.
in·ex·haust·i·ble [ˌɪnɪg'zɔːstəbl] *adj* □ unerschöpflich (*Thema etc*).
in·ex·o·ra·ble [ɪn'eksərəbl] *adj* □ unerbittlich.
in·ex·pe·di·ent [ˌɪnɪk'spiːdjənt] *adj* □ **1.** nicht ratsam, unangebracht. **2.** unzweckmäßig.
in·ex·pen·sive [ˌɪnɪk'spensɪv] *adj* □ billig, nicht teuer.
in·ex·pe·ri·ence [ˌɪnɪk'spɪərɪəns] *s* Unerfahrenheit *f*.
ˌin·ex'pe·ri·enced *adj* unerfahren.
in·ex·pert [ɪn'ekspɜːt] *adj* □ **1.** unerfahren (**at, in** in *dat*). **2.** unfachmännisch. **3.** ungeschickt, unbeholfen (**at, in** in *dat*).
in·ex·pli·ca·ble [ˌɪnɪk'splɪkəbl] *adj* □ unerklärlich.
in·ex·press·i·ble [ˌɪnɪk'spresəbl] *adj* □ unaussprechlich, unsäglich.
in·ex·tin·guish·able [ˌɪnɪk'stɪŋgwɪʃəbl] *adj* □ **1.** unlöschbar. **2.** *fig*. unauslöschlich.
in·ex·tri·ca·ble [ɪn'ekstrɪkəbl] *adj* □ **1.** unentwirrbar (*a. fig.*). **2.** *fig*. ausweglos.
in·fal·li·bil·i·ty [ɪnˌfælə'bɪlətɪ] *s* Unfehlbarkeit *f* (*a. eccl.*).
in'fal·li·ble *adj* unfehlbar.
in'fal·li·bly *adv* **1.** unfehlbar. **2.** F todsicher, ganz bestimmt.
in·fa·mous ['ɪnfəməs] *adj* □ **1.** verrufen, berüchtigt (**for** wegen). **2.** infam, niederträchtig.
'in·fa·my *s* **1.** Verrufenheit *f*. **2.** Infamie *f*: a) Niedertracht *f*, b) niederträchtige Handlung.
in·fan·cy ['ɪnfənsɪ] *s* frühe Kindheit, *bsd*. Säuglingsalter *n*: **be still in its ~** *fig*. noch in den Anfängen *od*. Kinderschuhen stecken.
'in·fant I *s* Säugling *m*; kleines Kind. **II** *adj* Säuglings...: **~ mortality** Säuglingssterblichkeit *f*; **~ prodigy** Wunderkind *n*.
in·fan·ti·cide [ɪn'fæntɪsaɪd] *s* **1.** Kind(e)stötung *f*. **2.** Kind(e)s-, Kindermörder(in).
in·fan·tile ['ɪnfəntaɪl] *adj* **1.** infantil, kindisch. **2.** kindlich. **3.** Kinder..., Kindes...
in·fan·try ['ɪnfəntrɪ] *s mil*. Infanterie *f*. **~·man** ['~mən] *s* (*irr* **man**) Infanterist *m*.
in·farct [ɪn'fɑːkt] *s* ⚕ Infarkt *m*.
in·fat·u·at·ed [ɪn'fætjʊeɪtɪd] *adj* vernarrt (**with** in *acc*).
in·fect [ɪn'fekt] *v/t* **1.** ⚕ infizieren, anstecken (**with** mit; **by** durch): **become ~ed** sich anstecken. **2.** *Luft* verpesten; *fig. Atmosphäre* vergiften. **3.** *fig*. anstecken (**with** mit).
in'fec·tion *s* **1.** ⚕ Infektion *f*, Ansteckung *f*. **2.** Verpestung *f*; *fig*. Vergiftung *f*.
in'fec·tious *adj* □ ⚕ ansteckend (*a. fig. Lachen etc*), infektiös: **~ disease** Infektionskrankheit *f*; **be ~** *fig*. anstecken.
in·fe·lic·i·tous [ˌɪnfɪ'lɪsɪtəs] *adj* □ unglücklich (*a. fig. Ausdruck etc*).
in·fer [ɪn'fɜː] *v/t* schließen, folgern (**from** aus).
in·fer·ence ['ɪnfərəns] *s* (Schluss)Folgerung *f*, (Rück)Schluss *m*.
in·fe·ri·or [ɪn'fɪərɪə] **I** *adj* **1.** (**to**) untergeordnet (*dat*), niedriger (als): **be ~ to s.o.** j-m untergeordnet sein; j-m unterlegen sein. **2.** weniger wert (**to** als). **3.** minderwertig, mittelmäßig. **II** *s* **4.** Untergebene *m, f*.
inˌfe·ri'or·i·ty [~'ɒrətɪ] *s* **1.** Unterlegenheit *f*. **2.** Minderwertigkeit *f*, Mittelmäßigkeit *f*: **~ complex** *psych*. Minderwertigkeitskomplex *m*.
in·fer·nal [ɪn'fɜːnl] *adj* □ **1.** höllisch, Höllen..., infernalisch. **2.** teuflisch.
in'fer·no [~nəʊ] *pl* **-nos** *s* Inferno *n*, Hölle *f*.
in·fer·tile [ɪn'fɜːtaɪl] *adj* unfruchtbar.
in·fer·til·i·ty [ˌɪnfə'tɪlətɪ] *s* Unfruchtbarkeit *f*.
in·fest [ɪn'fest] *v/t* **1.** verseuchen, befallen (*Parasiten etc*): **~ed with lice** verlaust. **2.** *fig*. überschwemmen, -laufen: **be ~ed with** wimmeln von.
in·fi·del ['ɪnfɪdəl] *eccl.* **I** *s* Ungläubige *m, f*. **II** *adj* ungläubig.
in·fi·del·i·ty [ˌ~'delətɪ] *s* **1.** *eccl*. Ungläubigkeit *f*. **2.** (*bsd. eheliche*) Untreue.
in·fight·ing ['ɪnˌfaɪtɪŋ] *s* **1.** *Boxen*: Infight *m*, Nahkampf *m*. **2.** (partei- *etc*) interne Kämpfe *pl od*. Streitereien *pl*.
in·fil·trate ['ɪnfɪltreɪt] **I** *v/t* **1.** einsickern in (*acc*). **2.** einschleusen, -schmuggeln (**into** in *acc*). **3.** *pol*. unterwandern. **II** *v/i* **4.** einsickern (**into** in *acc*).
ˌin·fil'tra·tion *s* **1.** Einsickern *n*. **2.** *pol*. Unterwanderung *f*.
in·fi·nite ['ɪnfɪnət] *adj* □ **1.** unendlich (*a.* ⩘), grenzenlos (*beide a. fig.*). **2.** gewaltig, ungeheuer.
in·fin·i·tes·i·mal [ˌ~nɪ'tesɪml] *adj* □ **1.** unendlich klein. **2.** ⩘ infinitesimal: **~ calculus** Infinitesimalrechnung *f*.
in'fin·i·tive [~ətɪv] *s ling*. Infinitiv *m*.
in'fin·i·ty *s* **1.** Unendlichkeit *f*, Grenzenlosigkeit *f* (*beide a. fig.*). **2.** unendliche Menge *od*. Größe (*a.* ⩘): **an ~ of people** unendlich viele Leute.

in·firm [ɪn'fɜːm] *adj* □ schwach, gebrechlich.
in'fir·ma·ry *s* **1.** Krankenhaus *n.* **2.** Krankenzimmer *n*, -stube *f* (*in Internat etc*).
in'fir·mi·ty *s* Schwäche *f*, Gebrechlichkeit *f*; Gebrechen *n.*
in·flame [ɪn'fleɪm] **I** *v/t* **1.** entzünden (*a.* ⚕): ***become ~d*** → 3. **2.** *fig. Gefühle etc* entfachen, -flammen; *j-n* entflammen, erregen: ***~d with rage*** wutentbrannt. **II** *v/i* **3.** sich entzünden (*a.* ⚕). **4.** *fig.* entbrennen (***with*** vor *dat*); in Wut geraten.
in·flam·ma·ble [ɪn'flæməbl] *adj* □ **1.** brennbar, leicht entzündlich; feuergefährlich. **2.** *fig.* reizbar, leicht erregbar.
in·flam·ma·tion [ˌɪnflə'meɪʃn] *s* ⚕ Entzündung *f.*
in·flam·ma·to·ry [ɪn'flæmətərɪ] *adj* **1.** ⚕ entzündlich. **2.** *fig.* aufrührerisch, Hetz...
in·flate [ɪn'fleɪt] *v/t* aufblasen, *Reifen etc* aufpumpen.
in'flat·ed *adj* **1.** aufgeblasen: ***~ price*** überhöhter Preis; ***~ with pride*** *fig.* stolzgeschwellt. **2.** *fig.* schwülstig, bombastisch.
in'fla·tion [~ʃn] *s* **1.** Aufblasen *n*, -pumpen *n.* **2.** *econ.* Inflation *f*: ***~ rate*** Inflationsrate *f*; ***creeping ~*** schleichende Inflation *f*; ***galloping*** (*od.* ***runaway***) ***~*** galoppierende Inflation *f.*
in'fla·tion·ar·y *adj econ.* Inflations..., inflationär: ***~ spiral*** Inflationsspirale *f.*
in·flect [ɪn'flekt] *v/t* **1.** beugen. **2.** *ling.* flektieren, beugen.
in'flec·tion *s* **1.** Beugung *f.* **2.** *ling.* Flexion *f*, Beugung *f.*
in·flex·i·ble [ɪn'fleksəbl] *adj* □ inflexibel: a) unbiegsam, b) *fig.* unbeweglich.
in·flex·ion *bsd. Br.* → ***inflection.***
in·flict [ɪn'flɪkt] *v/t* (***on***) **1.** *Leid, Schaden etc* zufügen (*dat*), *Niederlage, Wunde etc* beibringen (*dat*); *Strafe* auferlegen (*dat*), verhängen (über *acc*). **2.** aufbürden (*dat*): ***~ o.s. on s.o.*** sich j-m aufdrängen.
in'flic·tion *s* **1.** Zufügung *f*; Auferlegung *f.* **2.** Plage *f*, Last *f.*
'in-flight *adj* ✈ **1.** Bord...: ***~ fare*** Bordverpflegung *f.* **2.** während des Flugs.
in·flow ['ɪnfləʊ] → ***influx.***
in·flu·ence ['ɪnflʊəns] **I** *s* Einfluss *m* (***on, over*** auf *acc*; ***with*** bei): ***be under s.o.'s ~*** unter j-s Einfluss stehen; ***under the ~ of drink*** (*od.* ***alcohol***) unter Alkoholeinfluss; ***under the ~*** F alkoholisiert. **II** *v/t* beeinflussen.
in·flu·en·tial [ˌ~'enʃl] *adj* □ einflussreich.
in·flu·en·za [ˌɪnflʊ'enzə] *s* ⚕ Grippe *f.*
in·flux ['ɪnflʌks] *s* Zustrom *m* (*a. fig.*), (*econ. Kapital- etc*) Zufluss *m.*
in·fo ['ɪnfəʊ] F → ***information.***
in·form [ɪn'fɔːm] **I** *v/t* (***of, about***) benachrichtigen, unterrichten (von), informieren (über *acc*): ***keep s.o. ~ed*** j-n auf dem Laufenden halten; ***~ s.o. that*** j-n davon in Kenntnis setzen, dass. **II** *v/i*: ***~ against*** (*od.* ***on***) ***s.o.*** j-n anzeigen; *b.s.* j-n denunzieren.
in·for·mal [ɪn'fɔːml] *adj* □ **1.** formlos, ⚖ *a.* formfrei. **2.** zwanglos, ungezwungen. **3.** inoffiziell.
in·form·ant [ɪn'fɔːmənt] *s* **1.** Informant(in), Gewährsmann *m.* **2.** → ***informer.***
in·for·mat·ics [ˌɪnfə'mætɪks] *s sg* Informatik *f.*
in·for·ma·tion [ˌɪnfə'meɪʃn] *s* **1.** Benachrichtigung *f*, Unterrichtung *f*; Nachricht *f*, Mitteilung *f*, Bescheid *m.* **2.** Auskünfte *pl*, Auskunft *f*, Information *f*: ***for your ~*** zu Ihrer Information *od.* Kenntnisnahme. **3.** *coll.* Nachrichten *pl*, Informationen *pl*: ***bit*** (*od.* ***piece***) ***of ~*** Nachricht *f*, Information *f.* **4.** *coll.* Erkundigungen *pl*: ***gather ~*** Erkundigungen einziehen. **~ ac·cess** *s* Informationszugriff *m.* **~ cen·tre** (*Am.* **cen·ter**) *s* Informationszentrum *n.* **~ desk** *s* Auskunftsschalter *m.* **~ gap** *s* Informationslücke *f.* **~ high·way** *s* Datenautobahn *f.* **~ net·work** *s* Informationsnetz *n.* **~ of·fi·cer** *s* Pressereferent *m.* **~ pro·cess·ing** *s Computer*: Informationsverarbeitung *f.* **~ re·triev·al** *s Computer*: Informationswiedergewinnung *f.* **~ sci·ence** *s* Informatik *f.* **~ sci·en·tist** *s* Informatiker(in). **~ tech·nol·o·gy** *s* Informationstechnik *f*, -technologie *f.*
in·form·a·tive [ɪn'fɔːmətɪv] *adj* □ informativ, aufschlussreich.
in'form·er *s* **1.** Denunziant(in). **2.** Spitzel *m.*
in·fo·tain·ment [ˌɪnfə'teɪnmənt] *s* Infotainment *n.*
in·fra| dig [ˌɪnfrə'dɪg] *adj*: ***it is ~ for him*** F es ist unter s-r Würde (***to do*** zu tun). **ˌ~'red** *adj phys.* infrarot. **'~ˌstruc·ture** *s* Infrastruktur *f.*
in·fre·quent [ɪn'friːkwənt] *adj* □ **1.** selten. **2.** spärlich.
in·fringe [ɪn'frɪndʒ] *v/t u. v/i* (***~ on***) *Gesetz, Vertrag etc* brechen, verletzen, verstoßen gegen.
in'fringe·ment *s* Verletzung *f*; Verstoß *m* (***of*** gegen).
in·fu·ri·ate [ɪn'fjʊərɪeɪt] *v/t* wütend machen.
in·fuse [ɪn'fjuːz] *v/t* **1.** *Tee etc* aufgießen; ziehen lassen. **2.** *fig. Mut etc* einflößen (***into*** *dat*); *j-n* erfüllen (***with*** mit).
in'fu·sion [~ʒn] *s* **1.** ⚕ Infusion *f.* **2.** Aufguss *m.* **3.** *fig.* Einflößung *f.*
in·gen·ious [ɪn'dʒiːnjəs] *adj* □ genial: a) erfinderisch, einfallsreich, b) sinnreich, raffiniert.

in·ge·nu·i·ty [ˌɪndʒɪˈnjuːətɪ] *s* Genialität *f*, Einfallsreichtum *m*.
in·gen·u·ous [ɪnˈdʒenjʊəs] *adj* □ **1.** offen(herzig), aufrichtig. **2.** naiv, kindlich-unbefangen.
in·gle·nook [ˈɪŋglnʊk] *s Br.* Kaminecke *f*.
in·glo·ri·ous [ɪnˈglɔːrɪəs] *adj* □ unrühmlich, schmählich.
in·go·ing [ˈɪnˌgəʊɪŋ] *adj* **1.** nachfolgend, neu (*Mieter etc*). **2.** ~ ***mail*** Posteingang *m*.
in·got [ˈɪŋgət] *s* (*Gold- etc*)Barren *m*.
in·gra·ti·ate [ɪnˈgreɪʃɪeɪt] *v/t*: ~ ***o.s. with s.o.*** sich bei j-m einschmeicheln.
in·grat·i·tude [ɪnˈgrætɪtjuːd] *s* Undank(barkeit *f*) *m*.
in·gre·di·ent [ɪnˈgriːdjənt] *s* **1.** Bestandteil *m* (*a. fig.*). **2.** *gastr.* Zutat *f*.
in·hab·it [ɪnˈhæbɪt] *v/t* bewohnen.
inˈhab·it·a·ble *adj* bewohnbar.
inˈhab·it·ant *s* Einwohner(in) (*e-s Orts, Landes*), Bewohner(in) (*bsd. e-s Hauses*).
in·hale [ɪnˈheɪl] **I** *v/t* **1.** einatmen, ⚕ *a.* inhalieren. **II** *v/i* **2.** einatmen. **3.** inhalieren, Lungenzüge machen.
in·har·mo·ni·ous [ˌɪnhɑːˈməʊnjəs] *adj* □ unharmonisch.
in·here [ɪnˈhɪə] *v/i* innewohnen (***in*** *dat*).
inˈher·ent *adj* innewohnend.
in·her·it [ɪnˈherɪt] *v/t* erben (***from*** von) (*a. fig.*).
inˈher·i·tance *s* Erbe *n* (*a. fig.*): ~ ***tax*** Erbschaftssteuer *f*.
in·hib·it [ɪnˈhɪbɪt] *v/t* **1.** hemmen (*a. psych.*), (ver)hindern. **2.** *j-n* hindern (***from*** an *dat*): ~ ***s.o. from doing s.th.*** j-n daran hindern, et. zu tun.
in·hi·bi·tion [ˌɪnhɪˈbɪʃn] *s psych.* Hemmung *f*: ~ ***threshold*** Hemmschwelle *f*.
in·hos·pi·ta·ble [ˌɪnhɒˈspɪtəbl] *adj* □ wenig gastfreundlich; ungastlich.
ˌin-ˈhouse *adj* betriebsintern, innerbetrieblich: ~ ***consumption*** Eigenverbrauch *m*.
in·hu·man [ɪnˈhjuːmən], **in·hu·mane** [ˌ~ˈmeɪn] *adj* □ inhuman, unmenschlich.
in·hu·man·i·ty [ˌ~ˈmænətɪ] *s* Unmenschlichkeit *f*.
in·im·i·cal [ɪˈnɪmɪkl] *adj* □ **1.** feindselig (***to*** gegen). **2.** (***to***) nachteilig (für), abträglich (*dat*).
in·im·i·ta·ble [ɪˈnɪmɪtəbl] *adj* □ unnachahmlich.
in·iq·ui·tous [ɪˈnɪkwɪtəs] *adj* □ **1.** ungerecht. **2.** schändlich.
inˈiq·ui·ty *s* **1.** Ungerechtigkeit *f*. **2.** Schändlichkeit *f*; Schandtat *f*.
in·i·tial [ɪˈnɪʃl] **I** *adj* anfänglich, Anfangs...: ~ ***circulation*** Startauflage *f*; ~ ***cost*** Anschaffungskosten *pl*; ~ ***phase*** Anlaufphase *f*. **II** *s* Initiale *f*, (großer) Anfangsbuchstabe. **III** *v/t pret u. pp* **-tialed,** *bsd. Br.* **-tialled** abzeichnen, *pol.* paraphieren.
in·i·tial·ize [ɪˈnɪʃəlaɪz] *v/t* initialisieren, vorbereiten.
inˈi·tial·ly [~ʃəlɪ] *adv* anfänglich, am Anfang.
in·i·ti·ate I *v/t* [ɪˈnɪʃɪeɪt] **1.** einleiten, ins Leben rufen. **2.** *j-n* einführen (***into*** in *acc*): a) einweihen, b) aufnehmen, c) einarbeiten. **II** *s* [~ʃɪət] **3.** Eingeweihte *m, f*.
inˌi·tiˈa·tion *s* **1.** Einleitung *f*. **2.** Einführung *f*: a) Einweihung *f*, b) Aufnahme *f*, c) Einarbeitung *f*.
inˈi·ti·a·tive [~ətɪv] *s* Initiative *f*: ***take the*** ~ die Initiative ergreifen; ***on one's own*** ~ aus eigenem Antrieb.
inˈi·ti·a·tor [~eɪtə] *s* Initiator(in), Urheber(in).
in·ject [ɪnˈdʒekt] *v/t* ⚕ injizieren, einspritzen (*a. tech.*): ~ ***s.th. into s.o.,*** ~ ***s.o. with s.th.*** j-m et. spritzen; *fig.* j-m et. einflößen.
inˈjec·tion *s* ⚕ Injektion *f*: a) Einspritzung *f* (*a. tech.*), Spritze *f*, b) eingespritztes Medikament: ~ ***of capital*** *econ.* Kapitalspritze *f*.
in·junc·tion [ɪnˈdʒʌŋkʃn] *s* **1.** ⚖ gerichtliches Verbot: (***interim***) ~ einstweilige Verfügung. **2.** ausdrücklicher Befehl.
in·jure [ˈɪndʒə] *v/t* **1.** verletzen: ~ ***one's leg*** sich am Bein verletzen. **2.** *fig.* kränken, verletzen. **3.** *fig.* schaden (*dat*), schädigen.
in·ju·ri·ous [ɪnˈdʒʊərɪəs] *adj* □ (***to***) schädlich (für), abträglich (*dat*): ***be*** ~ (***to***) *a.* schaden (*dat*).
in·ju·ry [ˈɪndʒərɪ] *s* **1.** ⚕ Verletzung *f* (***to*** an *dat*): ~ ***to the head*** Kopfverletzung, -wunde *f*. **2.** *fig.* Kränkung *f*, Verletzung *f* (***to*** *gen*).
in·ju·ry time *s Sport*: Nachspielzeit *f*.
in·jus·tice [ɪnˈdʒʌstɪs] *s* Unrecht *n*, Ungerechtigkeit *f*: ***do s.o. an*** ~ j-m unrecht tun; ***suffer an*** ~ ungerecht behandelt werden.
ink [ɪŋk] *s* **1.** Tinte *f*: ~ ***cartridge*** Tintenpatrone *f*. **2.** Tusche *f*. **3.** *typ.* (*Drucker*)Schwärze *f*: ~ ***pad*** Stempelkissen *n*; ~ ***ribbon*** Farbband *n*.
ink·jet print·er *s Computer*: Tintenstrahldrucker *m*.
ink·ling [ˈɪŋklɪŋ] *s* **1.** Andeutung *f*, Wink *m*. **2.** dunkle Ahnung: ***give s.o. an*** ~ ***of*** (*od.* ***as to***) j-m e-e ungefähre Vorstellung geben von.
ˈink|·pad *s* Stempelkissen *n*. ~ **stain** *s* Tintenklecks *m*, -fleck *m*.
ink·y [ˈɪŋkɪ] *adj* **1.** tinten-, pechschwarz. **2.** tintig, voller Tinte.
in·land I *adj* [ˈɪnlənd] **1.** binnenländisch, Binnen... **2.** inländisch, einheimisch: ~ ***letter*** *Br.* Inlandsbrief *m*; ~ ***phone call*** Inlandsgespräch *n*; ~ ***postage*** Inlandsporto *n*; ~ ***rate*** Inlandstarif *m*; ***Inland Revenue***

Br. F Finanzamt *n.* II *adv* [ɪn'lænd] **3.** landeinwärts.
in-laws ['ɪnlɔːz] *s pl* angeheiratete Verwandte *pl*, *engS.* Schwiegereltern *pl.*
in·lay I *v/t* (*irr* ***lay***) [ˌɪn'leɪ] **1.** einlegen (***with*** mit): ***inlaid work*** → 3. **2.** parkettieren: ***inlaid floor*** Parkett(fußboden *m*) *n.* II *s* ['ɪnleɪ] **3.** Einlegearbeit *f.*
in·let ['ɪnlet] *s* **1.** Eingang *m.* **2.** Einlass *m* (*a. tech.*). **3.** schmale Bucht; Meeresarm *m.*
in·line skates ['ɪnlaɪn ~] *s pl* Inliner *pl*, Inline Skates *pl.*
in·mate ['ɪnmeɪt] *s* Insasse *m*, Insassin *f* (*e-r Anstalt, e-s Gefängnisses etc*).
in·most ['ɪnməʊst] *adj* innerst.
inn [ɪn] *s* Gasthaus *n*, -hof *m*, Wirtshaus *n*: ***The Duck Inn*** Gasthaus zur Ente.
in·nards ['ɪnədz] *s pl* F Eingeweide *pl*: ***his ~ were rumbling*** es rumorte in s-m Bauch.
in·nate [ˌɪ'neɪt] *adj* angeboren (***in*** *dat*).
in·ner ['ɪnə] *adj* **1.** inner, Innen...: ***~ door*** Innentür *f*; ***~ life*** Innen-, Seelenleben *n*; ***~ man*** Seele *f*; Geist *m*; *humor.* Magen *m.* **2.** *fig.* tiefer, verborgen (*Sinn etc*).
in·ner·most ['~məʊst] → ***inmost.***
'**innˌkeep·er** *s* (Gast)Wirt(in).
in·no·cence ['ɪnəsəns] *s* Unschuld *f*: a) Schuldlosigkeit *f*, b) Unberührtheit *f*: ***lose one's ~*** s-e Unschuld verlieren, c) Harmlosigkeit *f*, d) Arglosigkeit *f*, Naivität *f.*
in·no·cent ['~snt] *adj* □ unschuldig: a) schuldlos (***of*** an *dat*), b) sittlich rein, (*Mädchen a.*) unberührt: (***as***) ***~ as a newborn babe*** so unschuldig wie ein neugeborenes Kind, c) harmlos: ***~ air*** Unschuldsmiene *f*, d) arglos, naiv: ***~ purchaser*** gutgläubiger Erwerber.
in·noc·u·ous [ɪ'nɒkjʊəs] *adj* □ harmlos.
in·no·vate ['ɪnəʊveɪt] *v/i* Neuerungen einführen (***on, in*** bei, in *dat*).
ˌ**in·no'va·tion** *s* Neuerung *f*, Innovation *f.*
in·no·va·tive [ˌɪnəʊ'veɪtɪv] *adj* innovatorisch, innovationsfreudig: ***~ advance*** Innovationsschub *m.*
in·nu·en·do [ˌɪnjuː'endəʊ] *pl* **-do(e)s** *s* (***about, at***) versteckte Andeutung (über *acc*) *od.* Anspielung (auf *acc*).
in·nu·mer·a·ble [ɪ'njuːmərəbl] *adj* □ unzählig, zahllos.
in·oc·u·late [ɪ'nɒkjʊleɪt] *v/t* ⚕ impfen (***against*** gegen): ***~ s.o. with s.th.*** *fig.* j-m et. einimpfen.
inˌoc·u'la·tion *s* ⚕ Impfung *f.*
in·o·dor·ous [ɪn'əʊdərəs] *adj* geruchlos.
in·of·fen·sive [ˌɪnə'fensɪv] *adj* □ harmlos.
in·op·er·a·ble [ɪn'ɒpərəbl] *adj* **1.** undurchführbar. **2.** ⚕ inoperabel.
in·op·er·a·tive [ɪn'ɒpərətɪv] *adj* unwirksam: a) wirkungslos, b) ⚖ ungültig.
in·op·por·tune [ɪn'ɒpətjuːn] *adj* □ ungünstig, unpassend.
in·or·di·nate [ɪn'ɔːdɪnət] *adj* □ un-, übermäßig, (*Forderung etc a.*) überzogen.
in·or·gan·ic [ˌɪnɔː'gænɪk] *adj* (***~ally***) **1.** unorganisch. **2.** ⚗ anorganisch.
in·pa·tient ['ɪnˌpeɪʃnt] *s* stationärer Patient: ***~ treatment*** stationäre Behandlung.
in-plant train·ing *s* betriebliche Ausbildung *f.*
in·put ['ɪnpʊt] I *s* Input *m*: a) *econ.* eingesetzte Produktionsmittel *pl*: ***~ tax*** Vorsteuer *f*, b) ⚡ Eingangsleistung *f*, c) *tech.* eingespeiste Menge, d) *Computer*: (Daten)Eingabe *f*: ***~ data*** *pl* Eingabedaten *pl*; ***~ error*** Eingabefehler *m*; ***~ instruction*** Eingabebefehl *m.* II *v/t Computer*: eingeben.
in·quest ['ɪnkwest] *s* ⚖ gerichtliche Untersuchung: → ***coroner.***
in·qui·e·tude [ɪn'kwaɪətjuːd] *s* Unruhe *f*, Besorgnis *f.*
in·quire [ɪn'kwaɪə] I *v/t* **1.** ***~ s.th.*** (***of s.o.***) sich (bei j-m) nach et. erkundigen. II *v/i* **2.** (nach)fragen, sich erkundigen (***of s.o.*** bei j-m; ***after, for*** nach; ***about*** wegen): ***~ within*** Näheres im Hause (zu erfragen). **3.** ***~ into*** *et.* untersuchen, prüfen.
in'quir·y *s* **1.** Erkundigung *f*, (An-, Nach-) Frage *f*: ***on ~*** auf An- *od.* Nachfrage; ***make inquiries*** Erkundigungen einziehen (***of s.o.*** bei j-m; ***about, after*** über *acc*, wegen). **2.** Untersuchung *f*, Prüfung *f* (***of, into*** *gen*), Nachforschung *f*, Ermittlung *f*, Recherche *f.* **3.** *pl* 🚆 *etc* Auskunft *f* (*Büro, Schalter*).
in·qui·si·tion [ˌɪnkwɪ'zɪʃn] *s* **1.** (*a.* gerichtliche *od.* amtliche) Untersuchung (***into*** *gen*). **2.** ***Inquisition*** *eccl. hist.* Inquisition *f.*
in·quis·i·tive [ɪn'kwɪzətɪv] *adj* □ **1.** wissbegierig. **2.** neugierig.
in·quo·rate [ɪn'kwɔːrət] *adj* beschlussunfähig.
in·road ['ɪnrəʊd] *s bsd. pl* **1.** *bsd. mil.* Einfall *m* (***in, into, on*** in *acc*). **2.** *fig.* (***in, into, on***) Eingriff *m* in (*acc*), Übergriff *m* (auf *acc*). **3.** *a.* ***heavy ~*** *fig.* übermäßige Inanspruchnahme (***in, into, on*** *gen*): ***make ~s on s.o.'s free time*** j-s Freizeit stark einschränken; ***make ~s into s.o.'s savings*** ein großes Loch in j-s Ersparnisse reißen.
in·sa·lu·bri·ous [ˌɪnsə'luːbrɪəs] *adj* □ ungesund.
in·sane [ɪn'seɪn] *adj* □ wahn-, irrsinnig, ⚕ *a.* geisteskrank.
in·san·i·tar·y [ɪn'sænɪtərɪ] *adj* unhygienisch, gesundheitsschädlich.
in·san·i·ty [ɪn'sænətɪ] *s* Wahn-, Irrsinn *m*, ⚕ *a.* Geisteskrankheit *f.*
in·sa·ti·a·ble [ɪn'seɪʃəbl] *adj* □ unersättlich (*Person*), unstillbar (*Durst etc*) (*beide a. fig.*).

in·scrip·tion [ɪn'skrɪpʃn] *s* **1.** In- *od.* Aufschrift *f.* **2.** (persönliche) Widmung.
in·scru·ta·ble [ɪn'skruːtəbl] *adj* □ unerforschlich, unergründlich.
in·sect ['ɪnsekt] *s zo.* Insekt *n*: ~ ***repellent*** Insektenschutzmittel *n*; ~ ***spray*** Insektenspray *n.*
in'sec·ti·cide [~tɪsaɪd] *s* Insektizid *n*, Insektenvernichtungsmittel *n.*
in·se·cure [ˌɪnsɪ'kjʊə] *adj* □ **1.** ungesichert, nicht fest. **2.** *fig.* unsicher.
ˌ**in·se'cu·ri·ty** [~rətɪ] *s* Unsicherheit *f.*
in·sem·i·nate [ɪn'semɪneɪt] *v/t biol.* befruchten, *zo. a.* besamen.
inˌsem·i'na·tion *s* Befruchtung *f*, Besamung *f.*
in·sen·si·ble [ɪn'sensəbl] *adj* □ **1.** unempfindlich (***to*** gegen): ~ ***to pain*** schmerzunempfindlich. **2.** bewusstlos. **3.** *fig.* (***of, to***) unempfänglich (für), gleichgültig (gegen). **4.** unmerklich.
in·sen·si·tive [ɪn'sensətɪv] *adj* □ **1.** *a. phys., tech.* unempfindlich (***to*** gegen): ~ ***to light*** lichtunempfindlich. **2.** → ***insensible*** 1, 3.
in·sep·a·ra·ble [ɪn'sepərəbl] *adj* □ **1.** untrennbar (*a. ling.*). **2.** unzertrennlich (***from*** von).
in·sert I *v/t* [ɪn'sɜːt] **1.** einfügen, -setzen, -schieben, *Instrument etc* einführen, *Schlüssel etc* (hinein)stecken, *Münze etc* einwerfen (***in, into*** in *acc*). **2.** ~ ***an advertisement in(to) a newspaper*** e-e Anzeige in e-e Zeitung setzen, in e-r Zeitung inserieren. **II** *s* ['ɪnsɜːt] **3.** → ***insertion*** 2-4: ~ ***key*** *Computer*: Einfügetaste *f*; ~ ***mode*** *Computer*: Einfügemodus *m.*
in'ser·tion *s* **1.** Einsetzen *n*, Einführung *f*, Einwurf *m.* **2.** Einsatz(stück *n*) *m.* **3.** Anzeige *f*, Inserat *n.* **4.** (Zeitungs)Beilage *f*, (Buch)Einlage *f.*
in-'ser·vice *adj*: ~ ***training*** innerbetriebliche Weiterbildung.
in·shore [ˌɪn'ʃɔː] *adj* an *od.* nahe der Küste: ~ ***fishing*** Küstenfischerei *f.*
in·side I *s* [ˌɪn'saɪd] **1.** Innenseite *f*; *das* Innere: ***on the*** ~ innen; ***from the*** ~ von innen; ***turn*** ~ ***out*** umdrehen, umstülpen; *fig.* (völlig) umkrempeln; ***know*** ~ ***out*** in- u. auswendig kennen. **II** *adj* ['ɪnsaɪd] **2.** inner, Innen...: ~ ***lane*** (*Sport*) Innenbahn *f*; *mot. Br.* äußere Fahrspur; ***overtake s.o. on the*** ~ ***lane*** (*in GB etc*) j-n links überholen, (*in Deutschland etc*) j-n rechts überholen. **3.** ~ ***information*** (F ***stuff***) Insiderinformationen *pl.* **III** *adv* [ˌɪn'saɪd] **4.** im Inner(e)n, (dr)innen. **5.** hinein, herein. **6.** ~ ***of*** a) *zeitlich*: innerhalb (*gen*), b) *Am.* → 7. **IV** *prp* [ˌɪn'saɪd] **7.** innerhalb, im Inner(e)n (*gen*): ~ ***the house*** im Hause.
ˌ**in'sid·er** *s* Insider(in), Eingeweihte *m, f*: ~ ***dealing*** *econ.* Insidergeschäfte *pl.*
in·sid·i·ous [ɪn'sɪdɪəs] *adj* □ hinterhältig, heimtückisch.
in·sight ['ɪnsaɪt] *s* **1.** (***into***) Einblick *m* (in *acc*); Verständnis *n* (für). **2.** Einsicht *f.*
in·sig·ni·a [ɪn'sɪgnɪə] *pl* **-a(s)** *s* **1.** Insignie *f*, Amts-, Ehrenzeichen *n.* **2.** *mil.* Abzeichen *n.*
in·sig·nif·i·cant [ˌɪnsɪg'nɪfɪkənt] *adj* □ **1.** bedeutungslos. **2.** geringfügig, unerheblich (*Betrag*). **3.** unbedeutend (*Person*).
in·sin·cere [ˌɪnsɪn'sɪə] *adj* □ unaufrichtig, falsch.
in·sin·u·ate [ɪn'sɪnjʊeɪt] *v/t* andeuten, anspielen auf (*acc*): ***are you insinuating that ...?*** wollen Sie damit sagen, dass ...?
inˌsin·u'a·tion *s* (***about***) Anspielung *f* (auf *acc*), Andeutung *f* (über *acc*): ***by*** ~ andeutungsweise.
in·sip·id [ɪn'sɪpɪd] *adj* □ fad (*a. fig.*).
in·sist [ɪn'sɪst] **I** *v/i* **1.** darauf bestehen: ~ ***on*** bestehen auf (*dat*), verlangen (*acc*); ~ ***on doing s.th.*** darauf bestehen, et. zu tun; et. unbedingt tun wollen. **2.** (***on***) beharren (auf *dat*), bleiben bei. **3.** (***on***) Gewicht legen (auf *acc*), (nachdrücklich) betonen (*acc*). **II** *v/t* **4.** darauf bestehen (***that*** dass). **5.** darauf beharren, dabei bleiben (***that*** dass).
in'sist·ence *s* **1.** Bestehen *n*, Beharren *n* (***on*** auf *dat*). **2.** Betonung *f* (***on*** *gen*): ***with great*** ~ mit großem Nachdruck. **3.** Beharrlichkeit *f*, Hartnäckigkeit *f.*
in'sist·ent *adj* □ **1.** beharrlich, hartnäckig: ***be*** ~ (***on***) → ***insist*** I; ***be*** ~ ***that*** darauf bestehen, dass. **2.** eindringlich, nachdrücklich.
ˌ**in·so'far** *adv*: ~ ***as*** soweit.
in·sole ['ɪnsəʊl] *s* **1.** Brandsohle *f.* **2.** Einlegesohle *f.*
in·so·lence ['ɪnsələns] *s* Unverschämtheit *f*, Frechheit *f.*
'**in·so·lent** *adj* □ unverschämt, frech.
in·sol·u·ble [ɪn'sɒljʊbl] *adj* □ **1.** ⚗ un(auf)löslich. **2.** *fig.* unlösbar.
in·sol·ven·cy [ɪn'sɒlvənsɪ] *s econ.* Zahlungsunfähigkeit *f*, Insolvenz *f*: ~ ***insurance*** Insolvenzversicherung *f.*
in'sol·vent *adj* zahlungsunfähig, insolvent.
in·som·ni·a [ɪn'sɒmnɪə] *s* Schlaflosigkeit *f.*
in·spect [ɪn'spekt] *v/t* **1.** untersuchen, prüfen (***for*** auf *acc*). **2.** besichtigen, inspizieren.
in'spec·tion *s* **1.** Untersuchung *f*, Prüfung *f*: ***on*** ~ bei näherer Prüfung; ***for*** ~ *econ.* zur Ansicht; ~ ***specimen*** Ansichtsexemplar *n.* **2.** Besichtigung *f*, Inspektion *f.*
in'spec·tor *s* **1.** Inspektor(in), Aufsichtsbeamte *m*, -beamtin *f*, Kontrolleur(in) (*a.* 🚌 *etc*). **2.** ***police*** ~ *Br.* Polizeiinspektor(in), -kommissar(in).

in·spi·ra·tion [ˌɪnspəˈreɪʃn] *s* Inspiration *f*: a) (*eccl.* göttliche) Eingebung, (plötzlicher) Einfall, b) Anregung *f*: ***be s.o.'s ~, be an ~ to*** (*od.* ***for***) ***s.o.*** j-n inspirieren.

in·spire [ɪnˈspaɪə] *v/t* **1.** inspirieren, anregen (***to*** zu; ***to do*** zu tun). **2.** *Gefühl etc* erwecken, auslösen (***in*** in *dat*). **3.** erfüllen (***with*** mit).

inst. ***instant*** d.M., dieses Monats.

in·sta·bil·i·ty [ˌɪnstəˈbɪlətɪ] *s* **1.** mangelnde Festigkeit *od.* Stabilität. **2.** *bsd.* ⚗, *tech.* Instabilität *f*. **3.** *fig.* Unbeständigkeit *f*. **4.** (***emotional***) ~ *fig.* Labilität *f*.

in·stall [ɪnˈstɔːl] *v/t* **1.** *tech. u. Computer*: installieren: a) *Bad etc* einbauen, b) *Leitung etc* legen, c) *Telefon etc* anschließen. **2.** *j-n* einsetzen (***interim president***) als Interimspräsidenten).

I

in·stal·la·tion [ˌɪnstəˈleɪʃn] *s* **1.** *tech.* Installation *f*, Einbau *m*, Anschluss *m*. **2.** *tech.* Anlage *f*, Einrichtung *f*. **3.** (Amts)Einsetzung *f*.

in·stall·ment, *bsd. Br.* **in·stal·ment** [ɪnˈstɔːlmənt] *s* **1.** *econ.* Rate *f*: ***by*** (*od.* ***in***) **~s** in Raten, ratenweise; ***first*** ~ Anzahlung *f* (***toward[s]*** auf *acc*); ***monthly*** ~ Monatsrate *f*; ***buy on*** (*od.* ***by***) ***the ~ plan*** *Am.* auf Raten kaufen; ***~ plan*** (*od.* ***system***) Teilzahlungssystem *n*; ***~ terms*** *pl* Teilzahlungsbedingungen *pl*. **2.** (Teil)Lieferung *f* (*e-s Buchs etc*). **3.** a) Fortsetzung *f*: ***novel by*** (*od.* ***in***) **~s** Fortsetzungsroman *m*, b) *Rundfunk, TV*: Folge *f*.

in·stance [ˈɪnstəns] *s* **1.** (*einzelner*) Fall: ***in this*** ~ in diesem (besonderen) Fall. **2.** Beispiel *n*: ***for*** ~ zum Beispiel; ***as an ~ of*** als Beispiel für. **3.** ***at s.o.'s*** ~ auf j-s Veranlassung (hin), auf j-s Betreiben *od.* Drängen. **4.** ⚖ Instanz *f*: ***in the last*** ~ in letzter Instanz; *fig.* letztlich; ***in the first*** ~ *fig.* in erster Linie; zuerst.

in·stant [ˈɪnstənt] **I** *s* **1.** Moment *n*, Augenblick *m*: ***in an ~, on the*** ~ sofort, augenblicklich; ***at this*** ~ in diesem Augenblick. **II** *adj* (□ → ***instantly***) **2.** sofortig, augenblicklich: ***~ camera*** *phot.* Sofortbildkamera *f*; ***~ coffee*** Pulverkaffee *m*; ***~ glue*** Sekundenkleber *m*; ***~ meal*** Fertig-, Schnellgericht *n*. **3.** ***the 10th*** ~ *econ.* der 10. dieses Monats. **4.** dringend: ***be in ~ need of*** *et.* dringend brauchen.

in·stan·ta·ne·ous [ˌɪnstənˈteɪnjəs] *adj* sofortig, augenblicklich: ***his death was*** ~ er war auf der Stelle tot.

ˌin·stanˈta·ne·ous·ly *adv* sofort, auf der Stelle.

in·stant·ly [ˈɪnstəntlɪ] *adv* sofort, augenblicklich.

in·stead [ɪnˈsted] *adv* **1.** ***~ of*** an Stelle von (*od. gen*), (an)statt (*gen*): ***~ of me*** an m-r Stelle; ***~ of going*** (an)statt zu gehen. **2.** stattdessen, dafür.

in·step [ˈɪnstep] *s anat.* Rist *m*, Spann *m*.

in·sti·gate [ˈɪnstɪgeɪt] *v/t* **1.** *j-n* aufhetzen, *a.* ⚖ anstiften (***to*** zu; ***to do*** zu tun). **2.** *et. Böses* anstiften, anzetteln; *et.* in Gang setzen, in die Wege leiten.

ˌin·stiˈga·tion *s* **1.** Aufhetzung *f*, Anstiftung *f*. **2.** ***at s.o.'s*** ~ → ***instance*** 3.

in·stil(l) [ɪnˈstɪl] *v/t* **1.** einträufeln (***into*** *dat*). **2.** *fig.* einflößen (***into*** *dat*).

in·stinct [ˈɪnstɪŋkt] *s* Instinkt *m*: ***by*** (*od.* ***from***) ~ instinktiv; ***~ for self-preservation*** Selbsterhaltungstrieb *m*.

inˈstinc·tive *adj* □ instinktiv.

in·sti·tute [ˈɪnstɪtjuːt] **I** *v/t* **1.** gründen, ins Leben rufen. **2.** in Gang setzen, in die Wege leiten. **II** *s* **3.** Institut *n*.

ˌin·stiˈtu·tion *s* **1.** Institution *f*, Einrichtung *f* (*beide a. sociol.*); Institut *n*; Anstalt *f*. **2.** Sitte *f*, Brauch *m*. **3.** Gründung *f*.

ˌin·stiˈtu·tion·al [~ʃənl] *adj* **1.** Instituts...; Anstalts... **2.** *bsd. contp.* Einheits...

ˌin·stiˈtu·tion·al·ize *v/t* **1.** institutionalisieren. **2.** in e-e Anstalt einweisen.

in·struct [ɪnˈstrʌkt] *v/t* **1.** (***in*** in *dat*) unterrichten; ausbilden, schulen. **2.** informieren, unterrichten. **3.** instruieren, anweisen, beauftragen (***to do*** zu tun).

inˈstruc·tion *s* **1.** Unterricht *m*; Ausbildung *f*, Schulung *f*. **2.** Informierung *f*, Unterrichtung *f*. **3.** Instruktion *f*, Anweisung *f*, (*Computer*) Befehl *m*: ***according to ~s*** auftragsgemäß; vorschriftsmäßig; ***~s*** *pl* ***for use*** Gebrauchsanweisung, -anleitung *f*; ***~ address*** Befehlsadresse *f*.

inˈstruc·tive *adj* □ instruktiv, lehrreich.

inˈstruc·tor *s* Lehrer *m*; Ausbilder *m*.

inˈstruc·tress *s* Lehrerin *f*.

in·stru·ment [ˈɪnstrʊmənt] **I** *s* **1.** *tech.* Instrument *n* (*a.* ♪): a) Werkzeug *n*: ***~ of torture*** Foltergerät *n*, -instrument, -werkzeug, b) (*bsd.* Mess)Gerät *n*. **2.** ♪ Instrument *n*. **3.** *econ.*, ⚖ Dokument *n*, Urkunde *f*: ***~ made out to bearer*** Inhaberpapier *n*; ***~ made out to order*** Orderpapier *n*. **4.** *fig.* Werkzeug *n*: a) (Hilfs)Mittel *n*, Instrument *n*, b) Handlanger(in). **II** *v/t* **5.** ♪ instrumentieren.

in·stru·men·tal [ˌ~ˈmentl] *adj* □ **1.** *tech.* Instrumenten... **2.** ♪ Instrumental...: ***~ music.*** **3.** behilflich, förderlich: ***be ~ in*** beitragen zu.

in·sub·or·di·nate [ˌɪnsəˈbɔːdnət] *adj* □ aufsässig.

in·sub·stan·tial [ˌɪnsəbˈstænʃl] *adj* □ **1.** unkörperlich. **2.** unwirklich. **3.** wenig *od.* nicht gehaltvoll (*Essen etc*). **4.** nicht *od.* wenig stichhaltig (*Argument etc*); gegenstandslos (*Befürchtung etc*).

in·suf·fer·a·ble [ɪn'sʌfərəbl] *adj* □ unerträglich, unausstehlich.
in·suf·fi·cien·cy [ˌɪnsə'fɪʃnsɪ] *s* **1.** Unzulänglichkeit *f.* **2.** Untauglich-, Unfähigkeit *f.* **3.** ⚕ Insuffizienz *f.*
ˌ**in·suf'fi·cient** *adj* □ **1.** unzulänglich, ungenügend: ~ ***funds*** *pl econ.* ungenügende Deckung. **2.** untauglich, unfähig (***to do*** zu tun).
in·su·lar ['ɪnsjʊlə] *adj* □ **1.** Insel... **2.** *fig.* engstirnig.
in·su·late ['ɪnsjʊleɪt] *v/t* ⚡, *tech.* isolieren (*a. fig.* ***from*** von): ***insulating tape*** *Br.* Isolierband *n.*
ˌ**in·su'la·tion** *s* Isolierung *f.*
in·su·lin ['ɪnsjʊlɪn] *s* ⚕ Insulin *n.*
in·sult **I** *v/t* [ɪn'sʌlt] beleidigen. **II** *s* ['ɪnsʌlt] Beleidigung *f* (***to*** für *od. gen*).
in·su·per·a·ble [ɪn'su:pərəbl] *adj* □ unüberwindlich (*a. fig.*).
in·sup·port·a·ble [ˌɪnsə'pɔ:təbl] *adj* □ unerträglich, unausstehlich.
in·sur·ance [ɪn'ʃɔ:rəns] *s* **1.** *econ.* Versicherung *f*: ~ ***agent*** Versicherungsvertreter(in); ~ ***benefit*** Versicherungsleistung *f*; ~ ***broker*** Versicherungsmakler *m*; ~ ***company*** Versicherung(sgesellschaft *f*); ~ ***cover*** Versicherungsschutz *m*; ~ ***fraud*** Versicherungsbetrug *m*; ~ ***holder*** Versicherungsnehmer(in); ~ ***policy*** Versicherungspolice *f*, -schein *m*; ~ ***premium*** Versicherungsprämie *f.* **2.** *econ.* Versicherungssumme *f*; -prämie *f.* **3.** *fig.* (Ab)Sicherung *f* (***against*** gegen).
in'sure *v/t econ.* versichern (***against*** gegen; ***for*** mit *e-r Summe*): ~***d letter*** Wertbrief *m.*
in'sured *s* Versicherte *m, f*, Versicherungsnehmer(in).
in'sur·er *s* Versicherer *m*, Versicherungsträger(in): ~***s*** *pl* Versicherung(sgesellschaft) *f.*
in·sur·mount·a·ble [ˌɪnsə'maʊntəbl] *adj* □ *fig.* unüberwindlich.
in·sur·rec·tion [ˌɪnsə'rekʃn] *s* Aufstand *m*, Revolte *f.*
in·sus·cep·ti·ble [ˌɪnsə'septəbl] *adj* □ **1.** unempfindlich (***to*** gegen): ~ ***to pain*** schmerzunempfindlich. **2.** unempfänglich (***to*** für).
in·tact [ɪn'tækt] *adj* intakt: a) unversehrt, unbeschädigt, b) ganz, vollständig.
in·take ['ɪnteɪk] *s* **1.** *tech.* Einlass(öffnung *f*) *m.* **2.** (*Nahrungs- etc*)Aufnahme *f.* **3.** aufgenommene Menge, Zufuhr *f*; (Neu)Aufnahme(n *pl*) *f*, (Neu)Zugänge *pl.*
in·tan·gi·ble [ɪn'tændʒəbl] *adj* □ **1.** nicht greifbar: ~ ***assets*** *pl* immaterielle Aktiva *pl.* **2.** *fig.* unbestimmt, vage.
in·te·ger ['ɪntɪdʒə] *s* ⅍ ganze Zahl.
in·te·gral ['ɪntɪgrəl] *adj* □ **1.** integral (*Bestandteil etc*). **2.** ganz, vollständig. **3.** ⅍ Integral...: ~ ***calculus*** Integralrechnung *f.*
in·te·grate ['ɪntɪgreɪt] **I** *v/t* integrieren: a) zs.-schließen (***into*** zu): ~***d circuit*** ⚡ integrierter Schaltkreis, b) eingliedern (***into*** in *acc*), c) einbeziehen, einbauen (***into, with*** in *acc*). **II** *v/i* sich integrieren (→ Ia, b); sich einbeziehen *od.* einbauen lassen.
ˌ**in·te'gra·tion** *s* Integration *f*, Integrierung *f.*
in·teg·ri·ty [ɪn'tegrətɪ] *s* **1.** Integrität *f.* **2.** Vollständigkeit *f*; Einheit *f.*
in·tel·lect ['ɪntəlekt] *s* Intellekt *m*, Verstand *m.*
ˌ**in·tel'lec·tu·al** [~tjʊəl] **I** *adj* □ intellektuell: a) geistig, Geistes...: ~ ***property*** geistiges Eigentum, b) verstandesbetont. **II** *s* Intellektuelle *m, f.*
in·tel·li·gence [ɪn'telɪdʒəns] *s* **1.** Intelligenz *f*: ~ ***quotient*** Intelligenzquotient *m*; ~ ***test*** Intelligenztest *m.* **2.** nachrichtendienstliche Informationen *pl.* **3.** *a.* ~ ***service*** Nachrichten-, Geheimdienst *m.*
in'tel·li·gent *adj* □ **1.** intelligent. **2.** vernünftig.
inˌ**tel·li'gent·si·a** [~'dʒentsɪə] *s* (*pl konstruiert*) *coll. die* Intelligenz, *die* Intellektuellen *pl.*
in·tel·li·gi·ble [ɪn'telɪdʒəbl] *adj* □ verständlich (***to*** für *od. dat*).
in·tem·per·ate [ɪn'tempərət] *adj* □ unmäßig.
in·tend [ɪn'tend] *v/t* **1.** beabsichtigen, vorhaben (***s.th.*** et.; ***doing, to do*** zu tun): ***was this*** ~***ed?*** war das Absicht? **2.** bestimmen (***for*** für, zu): ***it was*** ~***ed for you*** es war für dich (bestimmt *od.* gedacht). **3.** sagen wollen, meinen (***by*** mit). **4.** bedeuten, sein wollen: ***it was*** ~***ed for*** (*od.* ***as, to be***) ***a compliment*** es sollte ein Kompliment sein.
in'tend·ed *adj* **1.** beabsichtigt. **2.** absichtlich. **3.** ***her*** ~ ***husband*** F ihr Zukünftiger.
in·tense [ɪn'tens] *adj* □ intensiv: a) stark, heftig: ~ ***heat*** starke Hitze, b) hell, grell (*Licht*), c) satt (*Farben*), d) durchdringend (*Geräusch, Geruch*), e) angestrengt, f) sehnlich, dringend.
in'tense·ness *s* Intensität *f.*
in·ten·si·fi·ca·tion [ɪnˌtensɪfɪ'keɪʃn] *s* Verstärkung *f*, Intensivierung *f.*
in'ten·si·fy [~ faɪ] *v/t* (*a. v/i* sich) verstärken, intensivieren.
in·ten·sive [ɪn'tensɪv] *adj* □ intensiv: a) → ***intense*** a, b) gründlich, erschöpfend: ~ ***course*** Intensivkurs *m*; ***be in*** (*od.* ***at***) ***the*** ~ ***care unit*** ⚕ auf der Intensivstation liegen.
in·tent [ɪn'tent] **I** *s* **1.** Absicht *f*, Vorsatz *m* (*a.* ⚖): ***with*** ~ absichtlich, mit Absicht, *bsd.* ⚖ vorsätzlich. **II** *adj* □ **2.** ***be*** ~ ***on doing s.th.*** fest entschlossen sein, et. zu tun; et. unbedingt tun wollen. **3.** aufmerksam, gespannt (*Blick etc*).

I

in'ten·tion *s* Absicht *f*, Vorsatz *m* (**of doing, to do** zu tun): **with the best (of) ~s** in bester Absicht; **good ~s** *pl* gute Vorsätze *pl*.
in'ten·tion·al [~ʃənl] *adj* absichtlich, *bsd.* ⚖ vorsätzlich: **~ly** *a.* mit Absicht.
in·ter... ['ɪntə] Zwischen...; Wechsel...
ˌin·ter'act *v/i* aufeinander (ein)wirken.
ˌin·ter'ac·tion *s* Wechselwirkung *f*.
ˌin·ter'ac·tive *adj Computer*: interaktiv: **~ facility** Dialogfähigkeit *f*; **~ mode** Dialogbetrieb *m*; **~ office** interaktives Büro; **~ program** Dialogprogramm *n*.
ˌin·ter'breed *v/t u. v/i* (*irr* **breed**) *biol.* (sich) kreuzen.
in·ter·ca·lar·y [ɪn'tɜːkələrɪ] *adj* Schalt...: **~ day; ~ year.**
in·ter·cede [ˌɪntə'siːd] *v/i* sich verwenden *od.* einsetzen (**with** bei; **for, on behalf of** für).
in·ter·cept [ˌɪntə'sept] *v/t Brief, Boten, Funkspruch etc* abfangen.
ˌin·ter'cep·tion *s* Abfangen *n*.
ˌin·ter'cep·tor *s a.* **~ plane** ✈, *mil.* Abfangjäger *m*.
in·ter·ces·sion [ˌɪntə'seʃn] *s* Fürsprache *f*.
in·ter·change I *v/t* [ˌ~'tʃ~] **1.** gegen- *od.* untereinander austauschen, auswechseln. **2.** *Geschenke, Meinungen etc* austauschen, *Briefe* wechseln (**with** mit). **II** *s* ['~tʃ~] **3.** Austausch *m*: **~ of ideas** Gedankenaustausch. **4.** *mot.* Autobahnkreuz *n*. **5.** *a.* **~ station** Umsteig(e)bahnhof *m*, -station *f*.
ˌin·ter-'cit·y *s* 🚂 *Br.* Intercity *m*: **~ train** Intercityzug *m*.
in·ter·com ['ɪntəkɒm] *s* (Gegen-, Haus-, ⚓, ✈ Bord)Sprechanlage *f*.
ˌin·ter·com'mu·ni·cate *v/i* **1.** miteinander in Verbindung stehen. **2.** miteinander (durch e-e Tür *etc*) verbunden sein.
ˌin·ter-'com·pa·ny *adj* zwischenbetrieblich.
'in·terˌcon·ti'nen·tal *adj* interkontinental, Interkontinental...: **~ ballistic missile** *mil.* Interkontinentalrakete *f*.
'in·ter·course *s* **1.** Verkehr *m*, Umgang *m* (**with** mit): **commercial ~** Geschäfts-, Handelsverkehr. **2.** (Geschlechts)Verkehr *m*.
'in·ter·deˌnom·i'na·tion·al *adj* interkonfessionell, konfessionsübergreifend.
ˌin·ter·de'pend·ence *s* gegenseitige Abhängigkeit.
ˌin·ter·de'pen·dent *adj* voneinander abhängig.
in·ter·dict I *s* ['ɪntədɪkt] (amtliches) Verbot. **II** *v/t* [ˌɪntə'dɪkt] (amtlich) verbieten.
in·ter·est ['ɪntrəst] **I** *s* **1.** Interesse *n* (**in** an *dat*, für): **take** (*od.* **have**) **an ~ in** sich interessieren für. **2.** Reiz *m*, Interesse *n*: **be of ~** (**to**) reizvoll sein (für), interessieren (*acc*). **3.** Wichtigkeit *f*, Bedeutung *f*: **of great** (**little**) **~** von großer Wichtigkeit (von geringer Bedeutung). **4.** *bsd. econ.* Beteiligung *f*, Anteil *m* (**in** an *dat*): **have an ~ in s.th.** an *od.* bei et. beteiligt sein. **5.** Interesse *n*, Vorteil *m*, Nutzen *m*: **be in** (*od.* **to**) **s.o.'s ~** in j-s Interesse liegen; **in your** (**own**) **~** zu Ihrem (eigenen) Vorteil. **6.** *econ.* Zins(en *pl*) *m*: **bear** (*od.* **carry**) **~** Zinsen tragen, sich verzinsen (**at 4%** mit 4%); **~ charges** *pl* Zinsaufwand *m*; **~ load** Zinsbelastung *f*; **~ rate, rate of ~** Zinssatz *m*. **II** *v/t* **7.** interessieren (**in** für).
'in·ter·est·ed *adj* interessiert (**in** an *dat*): **be ~ in** sich interessieren für.
ˌin·ter·est-'free *adj* unverzinslich: **~ loan** zinsloses Darlehen.
'in·ter·est·ing *adj* □ interessant.
'in·ter·face *s* ⚡ Schnittstelle *f*, (*Computer a.*) Interface *n*.
in·ter·fere [ˌɪntə'fɪə] *v/i* **1.** (**in** in *acc*) eingreifen; sich einmischen. **2. ~ with** *j-n, et.* stören, behindern; sich zu schaffen machen an (*dat*).
ˌin·ter'fer·ence *s* **1.** Eingriff *m*; Einmischung *f*. **2.** Störung *f*, Behinderung *f* (**with** *gen*).
in·ter·im ['ɪntərɪm] **I** *s*: **in the ~** in der Zwischenzeit, inzwischen. **II** *adj* Interims..., Zwischen...: **~ accounts** *pl* Zwischenabschluss *m*; **~ aid** Überbrückungshilfe *f*; **~ balance sheet** Zwischenbilanz *f*; **~ dividend** Abschlagsdividende *f*; **~ financing** Zwischenfinanzierung *f*; **~ government** Interims-, Übergangsregierung *f*; **~ report** Zwischenbericht *m*.
in·te·ri·or [ɪn'tɪərɪə] **I** *adj* **1.** inner..., Innen...: **~ decorator** a) Innenausstatter(in), b) *a.* **~ designer** Innenarchitekt(in). **2.** binnenländisch, Binnen...; inländisch, Inlands... **II** *s* **3.** *oft pl das* Innere. **4.** Innenraum *m*, -seite *f*. **5.** *phot.* Innenaufnahme *f*, (*Film, TV a.*) Studioaufnahme *f*. **6.** Binnenland *n*, *das* Innere. **7.** *pol.* innere Angelegenheiten *pl*: → **department** 3.
in·ter·ject [ˌɪntə'dʒekt] *v/t Bemerkung etc* dazwischen-, einwerfen.
ˌin·ter'jec·tion *s ling.* Interjektion *f*.
ˌin·ter'lace I *v/t* **1.** verflechten, -schlingen, *a. fig.* verweben. **2.** durchflechten (**with** mit) (*a. fig.*). **II** *v/i* **3.** sich verflechten.
ˌin·ter'lin·e·ar *adj*: **~ space** Zeilenabstand *m*, Durchschuss *m*.
ˌin·ter'locked *adj*: **~ network** Verbundnetz *n*.
in·ter·loc·u·tor [ˌɪntə'lɒkjʊtə] *s* Gesprächspartner(in).
in·ter·lop·er ['ɪntələʊpə] *s* Eindringling *m*.
in·ter·lude ['ɪntəluːd] *s* **1.** (*kurze*) Zeit, Periode *f*. **2.** Unterbrechung *f* (**in** *gen*). **3.** *thea.*, ♪ Zwischenspiel *n*, Intermezzo *n* (*beide a. fig.*).

ˌ**in·ter'mar·riage** *s* **1.** Mischehe *f.* **2.** Heirat *f* innerhalb der Familie *od.* zwischen Blutsverwandten.

ˌ**in·ter'mar·ry** *v/i* **1.** e-e Mischehe eingehen; untereinander heiraten. **2.** innerhalb der Familie heiraten.

in·ter·me·di·ar·y [ˌɪntə'miːdjərɪ] **I** *adj* **1.** → ***intermediate.*** **2.** vermittelnd. **II** *s* **3.** Vermittler(in), Mittelsmann *m.* **4.** *econ.* Zwischenhändler(in).

ˌ**in·ter'me·di·ate** [~djət] *adj* ☐ **1.** Zwischen...: ~ ***costing*** Zwischenkalkulation *f*; ~ ***examination*** Zwischenprüfung *f*, Vordiplom *n*; ~ ***memory*** (*od.* ***storage***) *Computer*: Zwischenspeicher *m.* **2.** *ped.* für fortgeschrittene Anfänger.

in·ter·mi·na·ble [ɪn'tɜːmɪnəbl] *adj* ☐ endlos.

ˌ**in·ter'min·gle** *v/t u. v/i* (sich) vermischen.

ˌ**in·ter'mis·sion** *s* Pause *f* (*a. thea. etc*), Unterbrechung *f*: ***without*** ~ pausenlos.

in·ter·mit·tent [ˌɪntə'mɪtənt] *adj* ☐ mit Unterbrechungen, periodisch (auftretend), ⚕ *etc* intermittierend.

in·tern [ɪn'tɜːn] *v/t* internieren.

in·ter·nal [ɪn'tɜːnl] *adj* ☐ **1.** inner, Innen...: ~ ***injury*** (***medicine***) innere Verletzung (Medizin); ***he was bleeding ~ly*** er hatte innere Blutungen. **2.** ⚕, *pharm.* innerlich anzuwenden(d). **3.** einheimisch, Inlands...: ~ ***market*** Binnenmarkt *m*; ~ ***trade*** Binnenhandel *m.* **4.** *pol.* innenpolitisch, Innen...: ~ ***affairs*** *pl* innere Angelegenheiten *pl.* **5.** intern, *econ.* betriebsintern, innerbetrieblich.

inˌ**ter·nal-com'bus·tion en·gine** *s tech.* Verbrennungsmotor *m.*

in·ter·nal·ize [ɪn'tɜːnəlaɪz] *v/t* verinnerlichen.

ˌ**in·ter'na·tion·al I** *adj* ☐ **1.** international: ~ ***law*** Völkerrecht *n*; ***International Monetary Fund*** Internationaler Währungsfonds; ~ ***reply coupon*** 📯 internationaler Antwortschein. **2.** Auslands...: ~ ***call*** *teleph.* Auslandsgespräch *n*; ~ ***dial(l)ing call*** *teleph.* Auslandsvorwahl *f*; ~ ***flight*** Auslandsflug *m.* **II** *s* **3.** *Sport*: Internationale *m, f*, Nationalspieler(in); Länderkampf *m*, -spiel *n.*

ˌ**in·ter'na·tion·al·ize** *v/t* internationalisieren.

in·tern·ee [ˌɪntɜː'niː] *s* Internierte *m, f.*

In·ter·net ['ɪntənet] *s Computer*: Internet *n*: ~ ***provider*** Online-Dienst *m*, Internet Provider *m.*

in·tern·ment [ɪn'tɜːnmənt] *s* Internierung *f*: ~ ***camp*** Internierungslager *n.*

'**in·ter·phone** → ***intercom.***

ˌ**in·ter'plan·e·ta·ry** *adj* interplanetar(isch).

'**in·ter·play** *s* Wechselspiel *n.*

in·ter·pret [ɪn'tɜːprɪt] **I** *v/t* **1.** auslegen, interpretieren (**as** als). **2.** dolmetschen. **3.** *Daten etc* auswerten. **II** *v/i* **4.** dolmetschen (***for s.o.*** j-m).

inˌ**ter·pre'ta·tion** *s* **1.** Auslegung *f*, Interpretation *f.* **2.** Dolmetschen *n.* **3.** Auswertung *f.*

in'ter·pret·er *s* Dolmetscher(in).

in·ter·rail tick·et ['ɪntəreɪ] ~] *s* 🚆 Interrailkarte *f.*

ˌ**in·ter·re'lat·ed** *adj* in Wechselbeziehung stehend, zs.-hängend.

ˌ**in·ter·re'la·tion** *s* Wechselbeziehung *f.*

in·ter·ro·gate [ɪn'terəʊgeɪt] *v/t* verhören, -nehmen.

inˌ**ter·ro'ga·tion** *s* **1.** Verhör *n*, Vernehmung *f.* **2.** Frage *f* (*a. ling.*): ~ ***mark*** (*od.* ***point***) Fragezeichen *n.*

in·ter·rog·a·tive [ˌɪntə'rɒgətɪv] *adj* ☐ **1.** fragend. **2.** *ling.* Interrogativ..., Frage...: ~ ***pronoun*** Interrogativpronomen *n*, Fragefürwort *n.*

ˌ**in·ter'rog·a·to·ry** [~tərɪ] *adj* fragend.

in·ter·rupt [ˌɪntə'rʌpt] **I** *v/t* unterbrechen (*a.* ⚡), *j-m* ins Wort fallen. **II** *v/i*: ***don't ~!*** unterbrich mich *etc* nicht! **III** *s Computer*: Programmunterbrechung *f.*

ˌ**in·ter'rupt·ed·ly** *adv* mit Unterbrechungen.

ˌ**in·ter'rupt·er** *s* ⚡ Unterbrecher *m.*

ˌ**in·ter'rup·tion** *s* Unterbrechung *f*: ***without*** ~ ununterbrochen.

in·ter·sect [ˌɪntə'sekt] **I** *v/t* (durch)schneiden, (-)kreuzen. **II** *v/i* sich schneiden *od.* kreuzen.

ˌ**in·ter'sec·tion** *s* **1.** ⩘ Schnitt *m*: (***point of***) ~ Schnittpunkt *m.* **2.** (Straßen)Kreuzung *f.*

in·ter·sperse [ˌɪntə'spɜːs] *v/t* **1.** einstreuen. **2.** durchsetzen (***with*** mit).

'**in·ter·state** *adj Am.* zwischenstaatlich: ~ ***highway*** (*zwei od. mehrere Bundesstaaten verbindende*) Autobahn.

in·ter·stice [ɪn'tɜːstɪs] *s* **1.** Zwischenraum *m.* **2.** Lücke *f*, Spalt *m.*

ˌ**in·ter'twine,** ˌ**in·ter'twist** *v/t u. v/i* (sich) verflechten *od.* verschlingen.

ˌ**in·ter'ur·ban** *adj* zwischen mehreren Städten (bestehend *od.* verkehrend): ~ ***traffic*** Überlandverkehr *m.*

in·ter·val ['ɪntəvl] *s* **1.** (*zeitlicher od. räumlicher*) Abstand, (*zeitlich a.*) Intervall *n*: ***at regular ~s*** in regelmäßigen Abständen. **2.** *Br.* Pause *f* (*a. thea. etc*), Unterbrechung *f*: ~ ***signal*** (*Rundfunk*, *TV*) Pausenzeichen *n.* **3.** ♪, ⩘ Intervall *n.*

in·ter·vene [ˌɪntə'viːn] *v/i* **1.** eingreifen, -schreiten, *bsd. mil., pol.* intervenieren. **2.** (*zeitlich*) dazwischenliegen. **3.** sich inzwischen ereignen; dazwischenkommen: ***if nothing ~s*** wenn nichts dazwischenkommt.

in·ter·ven·tion [ˌ~'venʃn] *s* Eingreifen *n*, -schreiten *n*, Intervention *f*: ~ ***point*** Interventionspunkt *m*; ~ ***price*** Interventionspreis *m*.

in·ter·view ['ɪntəvju:] **I** *s* **1.** Interview *n*: ***give s.o. an*** ~. **2.** Einstellungsgespräch *n*. **II** *v/t* **3.** interviewen. **4.** ein Einstellungsgespräch führen mit.

in·ter·view·ee [ˌ~'i:] *s* Interviewte *m, f*.

'in·terˌview·er *s* Interviewer(in).

ˌin·ter'weave *v/t* (*irr* ***weave***) **1.** (miteinander) verweben *od.* verflechten (*a. fig.*). **2.** vermengen, -mischen (***with*** mit) (*beide a. fig.*).

in·tes·tate [ɪn'testeɪt] *adj*: ***die*** ~ ⚖ ohne Hinterlassung e-s Testaments sterben.

in·tes·tine [ɪn'testɪn] *s anat.* Darm *m*: ~***s*** *pl* Gedärme *pl*; ***large*** ~ Dickdarm; ***small*** ~ Dünndarm.

in·ti·ma·cy ['ɪntɪməsɪ] *s* Intimität *f*: a) Vertrautheit *f*, b) (*a. contp. plumpe*) Vertraulichkeit, c) intime (*sexuelle*) Beziehungen *pl*, d) Gemütlichkeit *f*.

in·ti·mate¹ ['ɪntɪmət] *adj* □ intim: a) vertraut, eng (*Freund etc*), b) vertraulich (*Mitteilung etc*), *contp. a.* plumpvertraulich, c) in sexuellen Beziehungen stehend (***with*** mit), d) anheimelnd, gemütlich (*Atmosphäre etc*), e) innerst (*Wünsche etc*), f) gründlich, genau (*Kenntnisse etc*): ***be on*** ~ ***terms*** (***with***) auf vertrautem Fuße stehen (mit); intime Beziehungen haben (zu).

in·ti·mate² ['ɪntɪmeɪt] *v/t* **1.** andeuten: ~ ***to s.o. that*** j-m zu verstehen geben, dass. **2.** ankündigen; mitteilen.

in·tim·i·date [ɪn'tɪmɪdeɪt] *v/t* einschüchtern: ~ ***s.o. into doing s.th.*** j-n nötigen, et. zu tun.

inˌtim·i'da·tion *s* Einschüchterung *f*.

in·to ['ɪntʊ] *prp* **1.** in (*acc*), in (*acc*) ... hinein. **2.** gegen: → ***crash*** 6, *etc.* **3.** *Zustandsänderung*: zu: ***make water*** ~ ***ice***. **4.** ℞ in (*acc*): → ***divide*** 4. **5.** ***be*** ~ F stehen auf (*acc*).

in·tol·er·a·ble [ɪn'tɒlərəbl] *adj* □ unerträglich.

in'tol·er·ance *s* Intoleranz *f*.

in'tol·er·ant *adj* □ intolerant (***of*** gegenüber): ***be*** ~ ***of s.th.*** et. nicht dulden *od.* tolerieren.

in·to·na·tion [ˌɪntəʊ'neɪʃn] *s* **1.** *ling.* Intonation *f*, Satzmelodie *f*. **2.** Tonfall *m*. **3.** ♪ Intonation *f*.

in'tone *v/t* ♪ intonieren: a) *Lied etc* anstimmen, b) *Ton* angeben.

in·tox·i·cant [ɪn'tɒksɪkənt] **I** *adj* berauschend (*a. fig.*). **II** *s* Rauschmittel *n*.

in'tox·i·cate [~keɪt] *v/t* berauschen.

inˌtox·i'ca·tion *s* Rausch *m*.

in·tra-com·pa·ny [ˌɪntrə'kʌmpənɪ] *adj* innerbetrieblich.

in·trac·ta·ble [ɪn'træktəbl] *adj* □ **1.** eigensinnig. **2.** hartnäckig (*Krankheit, Problem etc*).

in·tran·si·gent [ɪn'trænsɪdʒənt] *adj* □ unnachgiebig.

in·tran·si·tive [ɪn'trænsətɪv] *adj* □ *ling.* intransitiv.

in·tra·ute·rine de·vice [ˌɪntrə'ju:tərаɪn ~] *s* ⚕ Spirale *f*.

in·tra·ve·nous [ˌɪntrə'vi:nəs] *adj* □ *anat.*, ⚕ intravenös.

in-tray [ˌɪntreɪ] *s* Ablagekorb *m* für eingehende Post.

in·tre·pid [ɪn'trepɪd] *adj* □ unerschrocken.

in·tri·ca·cy ['ɪntrɪkəsɪ] *s* **1.** Kompliziertheit *f*. **2.** Verworrenheit *f*.

in·tri·cate ['~kət] *adj* □ **1.** verwickelt, kompliziert. **2.** verworren.

in·trigue [ɪn'tri:g] **I** *v/t* faszinieren; interessieren; neugierig machen. **II** *v/i* intrigieren (***against*** gegen). **III** *s* Intrige *f*.

in'tri·guing *adj* □ **1.** faszinierend; interessant. **2.** intrigant.

in·trin·sic [ɪn'trɪnsɪk] *adj* **1.** inner: ~ ***value*** Eigenwert *m*. **2.** wesentlich.

in·tro·duce [ˌɪntrə'dju:s] *v/t* **1.** *neue Methode etc* einführen. **2.** (***to***) *j-n* bekannt machen (mit), vorstellen (*dat*). **3.** (***to***) *j-n* einführen (in *ein Fach etc*), bekannt machen (mit). **4.** *Redner, Programm etc* ankündigen. **5.** *Gedanken, Gesetzesvorlage etc* einbringen (***into*** in *acc*). **6.** (***into*** in *acc*) einfügen; (hinein)stecken, einführen.

in·tro·duc·tion [ˌ~'dʌkʃn] *s* **1.** Einführung *f*. **2.** Vorstellung *f*. **3.** Einleitung *f*, Vorwort *n*. **4.** Leitfaden *m* (***to*** *gen*). **5.** Einbringung *f*.

ˌin·tro'duc·to·ry [~tərɪ] *adj* **1.** Einführungs...: ~ ***offer*** (*od.* ***price***). **2.** einleitend, Einleitungs...

in·tro·spec·tion [ˌɪntrəʊ'spekʃn] *s* Selbstbeobachtung *f*.

ˌin·tro'spec·tive [~tɪv] *adj* □ introspektiv.

in·tro·vert ['ɪntrəʊvɜ:t] *adj psych.* introvertiert.

in·trude [ɪn'tru:d] **I** *v/t* **1.** ~ ***o.s.*** → 3. **2.** aufdrängen (***s.th. on s.o.*** j-m et.; ***o.s. on s.o.*** sich j-m). **II** *v/i* **3.** sich eindrängen (***into*** in *acc*) (*a. fig.*). **4.** sich aufdrängen (***on*** *dat*). **5.** stören (***on s.o.*** j-n).

in'trud·er *s* **1.** Eindringling *m*. **2.** Störenfried *m*.

in·tru·sion [ɪn'tru:ʒn] *s* Störung *f* (***on*** *gen*).

in'tru·sive [~sɪv] *adj* □ aufdringlich.

in·tu·i·tion [ˌɪntju:'ɪʃn] *s* Intuition *f*.

in'tu·i·tive [~tɪv] *adj* □ intuitiv.

in·un·date ['ɪnʌndeɪt] *v/t* überschwemmen, -fluten (*beide a. fig.*).

ˌin·un'da·tion *s* Überschwemmung *f*, -flutung *f*.

in·ure [ɪ'njʊə] *v/t* (***to***) abhärten (gegen), *fig. a.* gewöhnen (an *acc*).

in·vade [ɪnˈveɪd] *v/t* **1.** einfallen *od.* eindringen in (*acc*), *mil. a.* einmarschieren in (*acc*). **2.** sich ausbreiten über (*acc*) *od.* in (*dat*), erfüllen. **3.** *fig.* überlaufen, -schwemmen. **4.** *j-s Privatsphäre etc* verletzen, in *j-s Rechte* eingreifen.

inˈvad·er *s* **1.** Eindringling *m.* **2.** *pl mil.* Invasoren *pl.*

in·va·lid¹ [ˈɪnvəlɪd] **I** *adj* **1.** krank, gebrechlich; invalid, arbeits-, erwerbsunfähig; kriegsbeschädigt. **2.** Kranken... **II** *s* **3.** Kranke *m, f*; Invalide *m*, Invalidin *f*, Arbeits-, Erwerbsunfähige *m, f*; Pflegefall *m.* **III** *v/t* [ˈɪnvəliːd] **4.** zum Invaliden machen.

in·val·id² [ɪnˈvælɪd] *adj* □ (rechts)ungültig, unwirksam.

inˈval·i·date [~deɪt] *v/t* für ungültig erklären.

inˌval·iˈda·tion *s* Ungültigkeitserklärung *f.*

in·va·lid·i·ty¹ [ˌɪnvəˈlɪdətɪ] *s* Invalidität *f*, Arbeits-, Erwerbsunfähigkeit *f.*

in·va·lid·i·ty² [~] *s* (Rechts)Ungültigkeit *f.*

in·val·u·a·ble [ɪnˈvæljʊəbl] *adj* □ unschätzbar, von unschätzbarem Wert (*beide a. fig.*): ***be ~ to s.o.*** für j-n von unschätzbarem Wert sein.

in·var·i·a·ble [ɪnˈveərɪəbl] *adj* □ unveränderlich, gleich bleibend.

in·va·sion [ɪnˈveɪʒn] *s* **1.** (***of***) Einfall *m* (in *acc*), Eindringen *n* (in *acc*), *mil. a.* Invasion *f* (*gen*), Einmarsch *m* (in *acc*): ***~ of tourists*** Touristeninvasion. **2.** *fig.* (***of***) Verletzung *f* (*gen*), Eingriff *m* (in *acc*).

in·vec·tive [ɪnˈvektɪv] *s* Beschimpfung(en *pl*) *f*, Schmähung(en *pl*) *f.*

in·veigh [ɪnˈveɪ] *v/i* (***against***) schimpfen (über *od.* auf *acc*), herziehen (über *acc*).

in·vei·gle [ɪnˈveɪgl] *v/t* verleiten, -führen (***into*** zu; ***into doing s.th.*** dazu, et. zu tun).

in·vent [ɪnˈvent] *v/t* erfinden, *et. Unwahres a.* erdichten.

inˈven·tion *s* Erfindung *f.*

inˈven·tive [~tɪv] *adj* □ **1.** erfinderisch. **2.** einfallsreich.

inˈven·tor *s* Erfinder(in).

in·ven·to·ry [ˈɪnvəntrɪ] *econ.* **I** *s* **1.** Inventar *n*: a) Bestandsliste *f*: ***make*** (*od.* ***take***) ***an ~ of*** → 3, b) (Waren-, Lager)Bestand *m*, betriebliche Vorräte *pl*: ***~ turnover*** Lagerumschlag *m.* **2.** Inventur *f.* **II** *v/t* **3.** e-e Bestandsliste machen von.

in·verse [ˌɪnˈvɜːs] *adj* □ umgekehrt: ***in ~ order*** in umgekehrter Reihenfolge.

inˈver·sion *s* **1.** Umkehrung *f.* **2.** 🜲, *ling. etc* Inversion *f.*

in·vert [ɪnˈvɜːt] *v/t* **1.** umkehren: ***~ed commas*** *pl bsd. Br.* Anführungszeichen *pl.* **2.** umwenden, umstülpen.

in·ver·te·brate [ɪnˈvɜːtɪbreɪt] *zo.* **I** *adj* wirbellos. **II** *s* wirbelloses Tier.

in·vest [ɪnˈvest] **I** *v/t* **1.** *econ.* (***in***) investieren (in *acc od. dat*), anlegen (in *dat*): ***~ pay*** Investivlohn *m.* **2.** ***~ s.o. with*** j-m *et.* verleihen; j-n mit *Befugnissen etc* ausstatten. **II** *v/i* **3.** ***~ in*** a) *econ.* investieren in (*acc od. dat*).

in·ves·ti·gate [ɪnˈvestɪgeɪt] **I** *v/t Verbrechen etc* untersuchen, *Fall* recherchieren, *j-n, Anspruch etc* überprüfen, *e-r Beschwerde etc* nachgehen, *Gebiet etc* (*wissenschaftlich*) erforschen. **II** *v/i* ermitteln, recherchieren, Ermittlungen *od.* Nachforschungen anstellen (***into*** über *acc*): ***investigating committee*** Untersuchungsausschuss *m.*

inˌves·tiˈga·tion *s* Untersuchung *f* (***into, of*** *gen*), Nachforschung *f*, Recherche *f*, Überprüfung *f*: ***be under ~*** untersucht werden.

inˈves·ti·ga·tor *s* Ermittler(in).

in·vest·ment [ɪnˈvestmənt] *s econ.* Investition *f*, (Kapital)Anlage *f*; Anlagekapital *n*: ***~ adviser*** (*od.* ***consultant***) Anlageberater(in); ***~ confidence*** Investitionsbereitschaft *f*; ***~ counselling*** Anlageberatung *f*; ***~ earnings*** *pl* Beteiligungsgewinne *pl*; ***~ fund*** Anlage-, Investmentfonds *m*; ***~ goods*** *pl* Investitionsgüter *pl*; ***~ grants*** *pl* Investitionsbeihilfen *pl*, -zuschüsse *pl*; ***~ incentive*** Investitionsanreiz *m*; ***~ income tax*** Kapitalertragssteuer *f*; ***~ portfolio*** Wertpapierbestand *m*, Effektenportefeuille *n*; ***~ premium*** Investitionszulage *f*; ***~ trust*** Kapitalanlagegesellschaft *f*; ***~ wage*** Investivlohn *m.*

inˈvest·or *s* Investor(in), Kapitalanleger(in).

in·vet·er·ate [ɪnˈvetərət] *adj* □ **1.** eingewurzelt, unausrottbar. **2.** ⚕ hartnäckig; chronisch. **3.** unverbesserlich.

in·vid·i·ous [ɪnˈvɪdɪəs] *adj* □ gehässig.

in·vigi·late [ɪnˈvɪdʒɪleɪt] *v/i Br.* die Aufsicht führen.

in·vig·or·ate [ɪnˈvɪgəreɪt] *v/t* stärken, kräftigen; beleben, anregen; er-, aufmuntern.

in·vin·ci·ble [ɪnˈvɪnsəbl] *adj* □ **1.** *mil.*, *Sport*: unbesiegbar. **2.** *fig.* unüberwindlich.

in·vis·i·ble [ɪnˈvɪzəbl] *adj* □ unsichtbar (***to*** für).

in·vi·ta·tion [ˌɪnvɪˈteɪʃn] *s* **1.** Einladung *f* (***to*** an *acc*; zu): ***at the ~ of*** auf Einladung von (*od. gen*). **2.** (höfliche) Aufforderung, Ersuchen *n*: ***~ to tender*** Ausschreibung *f.* **3.** Herausforderung *f*: ***be an ~ for*** → ***invite*** 4.

inˈvite *v/t* **1.** einladen (***to dinner*** zum Essen). **2.** (höflich) auffordern, ersuchen (***to do*** zu tun). **3.** bitten um, erbitten. **4.** herausfordern (zu), einladen zu.

in·vo·ca·tion [ˌɪnvəʊˈkeɪʃn] *s* **1.** Anrufung *f* (***to*** *gen*). **2.** Beschwörung *f.*

in·voice [ˈɪnvɔɪs] *econ.* **I** *s* (Waren)Rechnung *f*, Faktura *f*: ***~ book*** Rechnungsbuch *n*; ***~***

pad Rechnungsblock *m*. **II** *v/t* fakturieren, in Rechnung stellen: ***invoicing department*** Fakturier-, Rechnungs-, Kreditorenabteilung *f*. **~ clerk** *s* Fakturist(in).
in·voic·ing *s* Fakturierung *f*.
in·voke [ɪn'vəʊk] *v/t* **1.** erflehen. **2.** *Gott* anrufen. **3.** *Geist* beschwören.
in·vol·un·tar·y [ɪn'vɒləntərɪ] *adj* □ **1.** unfreiwillig. **2.** unabsichtlich. **3.** unwillkürlich.
in·volve [ɪn'vɒlv] *v/t* **1.** a) *j-n* verwickeln, hineinziehen (***in*** in *acc*): ***~d in an accident*** in e-n Unfall verwickelt, b) *j-n, et.* angehen, betreffen: ***the persons ~d*** die Betroffenen. **2.** ***be ~d*** zu tun haben (***with*** mit). **3.** zur Folge haben, nach sich ziehen; verbunden sein mit; erfordern, nötig machen.
in'volved *adj* kompliziert; verworren.
in·vul·ner·a·ble [ɪn'vʌlnərəbl] *adj* □ **1.** unverwundbar (*a. fig.*). **2.** *fig.* unanfechtbar, hieb- u. stichfest.
in·ward ['ɪnwəd] **I** *adv* **1.** einwärts, nach innen. **2.** → ***inwardly*** 1, 2. **II** *adj* **3.** innerlich, inner (*beide a. fig.*), Innen...
'in·ward·ly *adv* **1.** innerlich, im Inner(e)n (*beide a. fig.*). **2.** *fig.* im Stillen, insgeheim.
in·wards ['~z] → ***inward*** I.
I/O ***input/output*** Eingabe/Ausgabe.
IOC ***International Olympic Committee*** IOK, Internationales Olympisches Komitee.
i·o·dine ['aɪəʊdiːn] *s* Jod *n*.
i·on ['aɪən] *s*, *phys.* Ion *n*.
i·on·ic [aɪ'ɒnɪk] *adj* Ionen...
i·o·ta [aɪ'əʊtə] *s fig.* Jota *n*: ***not an ~ of truth*** kein Körnchen Wahrheit.
IOU [ˌaɪəʊ'juː] ***I owe you*** Schuldschein *m*.
IQ [aɪ'kjuː] ***intelligence quotient*** IQ *m*.
IR ***inland revenue*** Finanzbehörde *f*.
IRA ***Irish Republican Army*** Irisch-Republikanische Armee.
I·ran [ɪ'rɑːn] *npr der* Iran.
Ira·nian [ɪ'reɪnɪən] **I** *adj* iranisch. **II** *s* Iraner(in).
I·raq [ɪ'rɑːk] *npr der* Irak.
Ira·qi [ɪ'rɑːkɪ] **I** *adj* irakisch. **II** *s* Iraker(in).
i·ras·ci·ble [ɪ'ræsəbl] *adj* □ jähzornig.
i·rate [aɪ'reɪt] *adj* zornig, wütend.
IRBM ***intermediate-range ballistic missile*** Mittelstreckenrakete *f*.
IRC ***International Red Cross*** IRK, *das* Internationale Rote Kreuz.
Ire·land ['aɪələnd] *npr* Irland *n*.
ir·i·des ['aɪrɪdiːz] *pl von* ***iris***.
ir·i·des·cent [ˌɪrɪ'desnt] *adj* □ (*in den Regenbogenfarben*) schillernd.
i·ris ['aɪərɪs] *pl* **'i·ris·es, ir·i·des** ['aɪrɪdiːz] *s* **1.** *anat.* Iris *f*, Regenbogenhaut *f*. **2.** Iris *f*, Schwertlilie *f*.
I·rish ['aɪərɪʃ] **I** *adj* **1.** irisch: **~ *coffee*** Irishcoffee *m*. **II** *s* **2.** ***the ~*** *pl* die Iren *pl*. **3.** *ling.* Irisch *n*. **~·man** ['~mən] *s* (*irr* ***man***) Ire *m*. **'~ˌwom·an** *s* (*irr* ***woman***) Irin *f*.
irk [ɜːk] *v/t* **1.** ärgern, verdrießen. **2.** ermüden, langweilen.
irk·some ['ɜːksəm] *adj* □ **1.** ärgerlich, verdrießlich. **2.** ermüdend, langweilig.
i·ron ['aɪən] **I** *s* **1.** Eisen *n*: ***have several ~s in the fire*** *fig.* mehrere Eisen im Feuer haben; ***strike while the ~ is hot*** *fig.* das Eisen schmieden, solange es heiß ist; ***will of ~*** eiserner Wille. **2.** Bügeleisen *n*. **II** *adj* **3.** eisern (*a. fig.*), Eisen...: ***Iron Curtain*** *pol.* Eiserner Vorhang; **~ *lung*** eiserne Lunge; **~ *ore*** *min.* Eisenerz *n*. **III** *v/t* **4.** bügeln, *schweiz.* glätten: **~ *out*** ausbügeln; *fig. Meinungsverschiedenheiten etc* beseitigen.
i·ron·ic, i·ron·i·cal [aɪ'rɒnɪk(l)] *adj* □ ironisch.
i·ron·ing board ['aɪənɪŋ] *s* Bügelbrett *n*.
'i·ron·work *s* **1.** Eisenbeschläge *pl*. **2.** *pl* (*oft sg konstruiert*) Eisenhütte *f*.
i·ro·ny ['aɪərənɪ] *s* Ironie *f*: **~ *of fate*** Ironie des Schicksals.
ir·ra·tion·al [ɪ'ræʃənl] *adj* □ **1.** irrational, unvernünftig. **2.** irrational.
ir·rec·og·niz·a·ble [ɪ'rekəgnaɪzəbl] *adj* □ nicht zu erkennen(d) *od.* wieder zu erkennen(d), unkenntlich.
ir·rec·on·cil·a·ble [ɪ'rekənsaɪləbl] *adj* □ **1.** unvereinbar (***with*** mit). **2.** unversöhnlich.
ir·re·cov·er·a·ble [ˌɪrɪ'kʌvərəbl] *adj* □ nicht wieder gutzumachen(d), unersetzlich, -bar (*Verlust etc*): **~ *debts*** *pl* uneinbringliche Forderungen *pl*.
ir·re·deem·a·ble [ˌɪrɪ'diːməbl] *adj* □ **1.** *econ.* unkündbar (*Obligation etc*). **2.** nicht wieder gutzumachen(d) (*Verlust etc*).
ir·ref·u·ta·ble [ɪ'refjʊtəbl] *adj* □ unwiderlegbar.
ir·reg·u·lar [ɪ'regjʊlə] *adj* □ **1.** unregelmäßig (*a. ling.*). **2.** regel- *od.* vorschriftswidrig.
irˌreg·u'lar·i·ty [~'lærətɪ] *s* **1.** Unregelmäßigkeit *f*. **2.** Regel- *od.* Vorschriftswidrigkeit *f*.
ir·rel·e·vance, ir·rel·e·van·cy [ɪ'reləvəns(ɪ)] *s* Irrelevanz *f*, Belanglosigkeit *f*.
ir'rel·e·vant *adj* □ irrelevant, unerheblich, belanglos (***to*** für).
ir·re·me·di·a·ble [ˌɪrɪ'miːdjəbl] *adj* □ nicht behebbar *od.* abstellbar.
ir·re·mov·a·ble [ˌɪrɪ'muːvəbl] *adj* □ unabsetzbar.
ir·rep·a·ra·ble [ɪ'repərəbl] *adj* □ irreparabel, nicht wieder gutzumachen(d).
ir·re·place·a·ble [ˌɪrɪ'pleɪsəbl] *adj* □ unersetzlich, -bar.
ir·re·press·i·ble [ˌɪrɪ'presəbl] *adj* □ un(be)zähmbar.
ir·re·proach·a·ble [ˌɪrɪ'prəʊtʃəbl] *adj* □ untadelig, tadellos.

ir·re·sist·i·ble [ˌɪrɪˈzɪstəbl] *adj* ☐ unwiderstehlich.
ir·res·o·lute [ɪˈrezəluːt] *adj* ☐ unentschlossen, unschlüssig.
ir·re·spec·tive [ˌɪrɪˈspektɪv] *adj* ☐: **~ of** ohne Rücksicht auf (*acc*).
ir·re·spon·si·ble [ˌɪrɪˈspɒnsəbl] *adj* ☐ **1.** verantwortungslos: a) unzuverlässig, b) unverantwortlich. **2.** ⚖ unzurechnungsfähig; nicht haftbar (**for** für).
ir·re·triev·a·ble [ˌɪrɪˈtriːvəbl] *adj* ☐ unersetzlich, -bar.
ir·rev·er·ence [ɪˈrevərəns] *s* Respektlosigkeit *f*.
irˈrev·er·ent *adj* ☐ respektlos.
ir·re·vers·i·ble [ˌɪrɪˈvɜːsəbl] → ***irrevocable.***
ir·rev·o·ca·ble [ɪˈrevəkəbl] *adj* ☐ unwiderruflich, unumstößlich.
ir·ri·gate [ˈɪrɪgeɪt] *v/t* **1.** ⚒ bewässern. **2.** ⚕ *Wunde etc* ausspülen.
ˌir·riˈga·tion *s* **1.** ⚒ Bewässerung *f*: **~ *ditch*** Bewässerungsgraben *m*. **2.** ⚕ Ausspülung *f*.
ir·ri·ta·ble [ˈɪrɪtəbl] *adj* ☐ reizbar.
ir·ri·tate [ˈ~teɪt] *v/t* reizen, (ver)ärgern: **~*d at*** (***by, with***) verärgert *od*. ärgerlich über (*acc*).
ˈir·ri·tat·ing *adj* ☐ ärgerlich.
ˌir·riˈta·tion *s* Verärgerung *f*; Ärger *m* (**at** über *acc*).
is [ɪz] *er, sie, es* ist.
ISBN ***international standard book number*** ISBN *f*, internationale Standardbuchnummer.
Is·lam [ˈɪzlɑːm] *s* Islam *m*.
Is·lam·ic [ɪzˈlæmɪk] *adj* islamisch.
is·land [ˈaɪlənd] *s* **1.** Insel *f*. **2.** Verkehrsinsel *f*.
ˈis·land·er *s* Inselbewohner(in).
isn't [ˈɪznt] F *für* ***is not.***
ISO ***International Organization for Standardization*** ISO, Internationale Organisation für Standardisierung.
i·so·late [ˈaɪsəleɪt] *v/t* **1.** *a.* ⚕ isolieren, absondern (**from** von). **2.** ⚡ *etc* isolieren. **3.** *fig*. a) isoliert *od*. einzeln betrachten, b) trennen (**from** von).
ˈi·so·lat·ed *adj* **1.** isoliert, abgesondert. **2.** einzeln, vereinzelt: **~ *case*** Einzelfall *m*. **3.** abgeschieden.
ˌi·soˈla·tion *s* **1.** Isolierung *f*, Absonderung *f*: **~ *ward*** ⚕ Isolierstation *f*. **2.** ***consider in ~*** → ***isolate*** 3a. **3.** Abgeschiedenheit *f*: ***live in ~*** zurückgezogen leben.
i·sos·ce·les [aɪˈsɒsɪliːz] *adj* △ gleichschenk(e)lig (*Dreieck*).
i·so·tope [ˈaɪsəʊtəʊp] *s phys*. Isotop *n*.
Is·ra·el [ˈɪzreɪ] *npr* Israel *n*.
Is·rae·li [ɪzˈreɪlɪ] **I** *adj* israelisch. **II** *s* Israeli *m, f*.
is·sue [ˈɪʃuː] **I** *s* **1.** Ausgabe *f*, Erlass *m*. **2.** *econ*. Ausgabe *f*, Emission *f*, Begebung *f*, Auflegung *f*, Ausstellung *f*: **~ *at a discount*** Unterpari-Emission; **~ *above par*** Überpari-Emission; **~ *price*** Emissionskurs *m*, Ausgabepreis *m*. **3.** Ausgabe *f* (*e-r Zeitung etc*). **4.** Streitfrage *f*, -punkt *m*: ***be at ~*** zur Debatte stehen; ***point at ~*** strittige Frage. **5.** Ausgang *m*, Ergebnis *n*: ***bring to an ~*** zur Entscheidung bringen; ***force an ~*** e-e Entscheidung erzwingen. **6.** ⚖ Nachkommen(schaft *f*) *pl*: ***die without ~*** kinderlos sterben. **II** *v/t* **7.** *Befehle etc* ausgeben, *a.* ⚖ *Haftbefehl* erlassen. **8.** *econ*. *Banknoten, Wertpapiere etc* ausgeben, *Anleihe* begeben, auflegen, *Dokument, Wechsel etc* ausstellen. **9.** *Zeitung etc* herausgeben. **10.** *bsd. mil. Munition etc* ausgeben. **III** *v/i* **11.** heraus-, hervorkommen. **12.** herausfließen, -strömen. **13.** herrühren (**from** von).
isth·mus [ˈɪsməs] *pl* **-mus·es, -mi** [ˈ~maɪ] *s* Landenge *f*, Isthmus *m*.
IT ***information technology*** Informationstechnik *f*.
it [ɪt] *pron* **1.** es (*nom od. acc*). **2.** *auf schon Genanntes bezogen*: es, er, ihn, sie. **3.** *unpersönliches od. grammatisches Subjekt*: es: **~ *is raining*; *oh, ~ was you*** oh, Sie waren es *od*. das. **4.** *unbestimmtes Objekt* (*oft unübersetzt*) es: → ***foot*** 4, *etc*. **5.** *verstärkend*: **~ *is to him that you should turn*** an ihn solltest du dich wenden.
I·tal·ian [ɪˈtæljən] **I** *adj* **1.** italienisch. **II** *s* **2.** Italiener(in). **3.** *ling*. Italienisch *n*.
i·tal·ic [ɪˈtælɪk] *typ*. **I** *adj* kursiv. **II** *s oft pl* Kursivschrift *f*: ***in ~s*** kursiv.
iˈtal·i·cize [~saɪz] *v/t* kursiv drucken.
It·a·ly [ˈɪtəlɪ] *npr* Italien *n*.
itch [ɪtʃ] **I** *s* **1.** Jucken *n*, Juckreiz *m*. **2.** ⚕ Krätze *f*. **3.** *fig*. Verlangen *n* (**for** nach): ***have*** (*od*. ***feel***) ***an ~ to do s.th.*** große Lust haben *od*. darauf brennen, et. zu tun. **II** *v/i* **4.** jucken, (*Pullover etc a.*) kratzen. **5.** *fig*. F ***be ~ing for s.th.*** et. unbedingt (haben) wollen; ***he's ~ing to try it*** es reizt *od*. juckt ihn, es zu versuchen. **III** *v/t* **6.** *j-n* jucken, kratzen.
ˈitch·y *adj* juckend; kratzend.
i·tem [ˈaɪtəm] *s* **1.** Punkt *m* (*der Tagesordnung etc*), (*Bilanz- etc*)Posten *m*. **2.** (Waren)Artikel *m*; *weitS*. Gegenstand *m*, Ding *m*. **3.** (*Presse-, Zeitungs*)Notiz *f*, (*a. Rundfunk, TV*) Nachricht *f*, Meldung *f*.
i·tem·ize [ˈ~maɪz] *v/t Rechnungsposten* einzeln aufführen, *a. Rechnung* spezifizieren, *Kosten etc* aufgliedern.
i·tin·er·ant [ɪˈtɪnərənt] *adj* ☐ (*beruflich*) reisend, Reise..., Wander...
i·tin·er·ar·y [aɪˈtɪnərərɪ] *s* **1.** Reiseweg *m*,

-route *f*; Reiseplan *m*. **2.** Reiseführer *m* (*Buch*).
i·tin·er·ate [ɪ'tɪnəreɪt] *v/i* (herum)reisen.
it'll ['ɪtl] F *für* ***it will.***
its [ɪts] *pron* sein, s-e, ihr, ihre.
it's [ɪts] F *für* ***it is; it has.***
it·self [ɪt'self] *pron* **1.** *reflex* sich. **2.** sich selbst. **3.** *verstärkend*: selbst: ***by ~*** (für sich) allein; von allein *od.* selbst.
ITV ***Independent Television*** *unabhängige britische kommerzielle Fernsehanstalten.*
IUD [aɪjuː'diː] ***intra-uterine device*** Spirale *f.*
I've [aɪv] F *für* ***I have.***
i·vo·ry ['aɪvərɪ] **I** *s* **1.** Elfenbein *n*. **2.** *pl sl.* (*bsd.* Klavier)Tasten *pl*: ***tickle the ivories*** (auf dem Klavier) klimpern. **II** *adj* **3.** elfenbeinern, Elfenbein...: ***Ivory Coast*** Elfenbeinküste *f*; ***live in an ~ tower*** *fig.* in e-m Elfenbeinturm leben *od.* sitzen.
i·vy ['aɪvɪ] *s* ⚘ Efeu *m*: ***Ivy League*** *Eliteuniversitäten im Osten der USA.*
IYHF ***International Youth Hostel Federation*** Internationaler Jugendherbergsverband.

J

J [dʒeɪ] *pl* **J's** *s* J *n.*
J ***joule(s)*** J, Joule *n od. pl.*
jab [dʒæb] **I** *v/t* **1.** (hinein)stechen, (-)stoßen (***into*** in *acc*). **II** *v/i* **2.** stechen, stoßen (***at*** nach; ***with*** mit). **III** *s* **3.** Stich *m*, Stoß *m.* **4.** *Boxen*: Jab *m.* **5.** ⚕ F Spritze *f.*
jab·ber ['dʒæbə] **I** *v/t a.* ~ ***out*** (daher)plappern, *Gebet etc* herunterrasseln. **II** *v/i a.* ~ ***away*** plappern, schwatzen. **III** *s* Geplapper *n.*
jack [dʒæk] **I** *s* **1.** ***Jack*** F *für* ***John***: ***before you could say Jack Robinson*** im Nu, im Handumdrehen; ***every man*** ~ jeder, alle. **2.** *Kartenspiel*: Bube *m*: ~ ***of hearts*** Herzbube *m.* **3.** *tech.* Hebevorrichtung *f*: (***car***) ~ Wagenheber *m.* **II** *v/t* **4.** hochheben, *Auto* aufbocken.
jack·al ['dʒækɔːl] *s zo.* Schakal *m.*
'jack|·ass *s* **1.** (männlicher) Esel. **2.** *fig.* Esel *m*, Dummkopf *m.* **'~·boot** *s* **1.** Stulp(en)stiefel *m.* **2.** Wasserstiefel *m.* **~·daw** ['~dɔː] *s orn.* Dohle *f.*
jack·et ['dʒækɪt] *s* **1.** Jacke *f*, Jackett *n.* **2.** *tech.* Mantel *m.* **3.** (Schutz)Umschlag *m*, (*Buch-*, *Am. a. Schallplatten*)Hülle *f.* **4.** Schale *f*: ***potatoes*** *pl* (***baked***) ***in their*** ~***s***, ~ ***potatoes*** *pl* gebackene Kartoffeln *pl.* ~ ***crown*** *s* ⚕ Jacketkrone *f.*
'jack|-in-the-box *pl* **'~-in-the-ˌbox·es, '~s-in-the-box** *s* Schachtelmännchen *n*, -teufel *m.* **'~·knife** *s* (*irr* ***knife***) Klappmesser *n.* **ˌ~-of-'all-trades** *s a. contp.* Hansdampf *m* in allen Gassen. **~ plug** *s* ⚡ Bananenstecker *m.* **'~·pot** *s Poker etc*: Jackpot *m*: ***hit the*** ~ F den Jackpot gewinnen; *fig.* das große Los ziehen (***with*** mit).
ja·cuz·zi [dʒə'kuːzɪ] *s* (*TM*) Whirlpool *m.*
jad·ed ['dʒeɪdɪd] *adj* **1.** erschöpft, ermattet. **2.** abgestumpft, übersättigt. **3.** schal, reizlos geworden.
jag [dʒæg] **I** *s* **1.** Zacke *f.* **2.** Loch *n*, Riss *m.* **II** *v/t* **3.** auszacken. **4.** ein Loch reißen in (*acc*).
jag·ged ['dʒægɪd], **'jag·gy** *adj* □ **1.** (aus)gezackt, zackig. **2.** zerklüftet (*Steilküste etc*).
jag·uar ['dʒægjʊə] *s zo.* Jaguar *m.*
jail [dʒeɪl] **I** *s* Gefängnis *n*: ***in*** ~ im Gefängnis; ***put in*** ~ → II. **II** *v/t* einsperren. **'~·bird** *s* F Knastbruder *m*, Knacki *m.* **'~·break** *s* Ausbruch *m* (aus dem Gefängnis). **'~ˌbreak·er** *s* Ausbrecher(in).
jail·er ['dʒeɪlə] *s* Gefängniswärter(in), -aufseher(in).
ja·lop·(p)y [dʒə'lɒpɪ] *s* F alte Kiste *od.* Mühle (*Auto*, *Flugzeug*).
jam¹ [dʒæm] *s* Marmelade *f.*
jam² [~] **I** *v/t* **1.** (hinein)pressen, (-)quetschen, (-)zwängen, *Menschen a.* (-)pferchen (***into*** in *acc*): ~ ***in*** hineinpressen *etc.* **2.** (ein)klemmen, (-)quetschen: ***he*** ~***med his finger*** (*od.* ***got his finger*** ~***med***) ***in the door*** er quetschte sich den Finger in der Tür; ***be*** ~***med in*** eingekeilt sein (***between*** zwischen *dat*). **3.** *a.* ~ ***up*** blockieren, verstopfen. **4.** *a.* ~ ***up*** (*Funk etc*) *Empfang* (*durch Störsender*) stören. **5.** ~ ***on the brakes*** *mot.* voll auf die Bremse treten. **II** *v/i* **6.** sich (hinein)drängen *od.* (-)quetschen *od.* (-)zwängen (***into*** in *acc*): ~ ***in*** sich hineindrängen *etc.* **7.** *tech.* sich verklemmen, (*Bremsen*) blockieren; Ladehemmung haben (*Pistole etc*). **III** *s* **8.** Gedränge *n.* **9.** Verstopfung *f*: → ***traffic jam.*** **10.** *tech.* Verklemmung *f*, Blockierung *f*; Ladehemmung *f.* **11.** F Klemme *f*: ***be in a*** ~ in der Klemme sein *od.* sitzen *od.* stecken.
Ja·mai·ca [dʒə'meɪkə] *s* Jamaika *n*: ~ (***rum***) Jamaikarum *m.*
jamb [dʒæm] *s* (Tür-, Fenster)Pfosten *m.*
jam·bo·ree [ˌdʒæmbə'riː] *s* **1.** Jamboree *n*, (internationales) Pfadfindertreffen. **2.** große (Partei- *etc*)Veranstaltung. **3.** F ausgelassene Feier.
jam·my ['dʒæmɪ] *adj Br. sl.* **1.** (kinder)leicht. **2.** Glücks...: ~ ***fellow*** Glückspilz *m.*
ˌjam-'packed *adj* F voll gestopft (***with*** mit), (*Stadion etc*) bis auf den letzten Platz besetzt.
Jan. ***January*** Jan., Januar *m.*
jan·gle ['dʒæŋgl] **I** *v/i* klimpern (*Münzen etc*), klirren, rasseln (*Ketten etc*). **II** *v/t* klimpern *od.* klirren mit. **III** *s* Klimpern *n*, Klirren *n.*
jan·i·tor ['dʒænɪtə] *s* **1.** Pförtner(in). **2.** *bsd. Am.* Hausmeister(in).
Jan·u·ar·y ['dʒænjʊərɪ] *s* Januar *m*, *österr.* Jänner *m*: ***in*** ~ im Januar.
Ja·pan [dʒə'pæn] *npr* Japan *n.*
Jap·a·nese [ˌdʒæpə'niːz] **I** *s* **1.** *pl* **-nese** Japaner(in). **2.** *ling.* Japanisch *n.* **II** *adj* **3.** japanisch.

jar¹ [dʒɑː] *s* **1.** (*irdenes od. gläsernes*) Gefäß, Krug *m*. **2.** (*Marmelade-, Einmach*)Glas *n*. **3.** *Br.* F Glas *n* Bier.

jar² [~] **I** *v/i* **1.** kratzen, kreischen, quietschen (**on** auf *dat*). **2.** sich beißen (*Farben*); sich widersprechen (*Meinungen etc*); ♪ dissonieren: **~ring tone** Misston *m* (*a. fig.*). **3.** **~ on** weh tun (*dat*) (*Farbe, Geräusch etc*), *Auge etc* beleidigen. **4.** wackeln: **~ loose** sich lockern. **II** *v/t* **5.** kratzen *od.* quietschen mit. **6.** erschüttern, *fig. a.* er-, aufregen. **7.** → 3. **III** *s* **8.** Kratzen *n etc* (→ 1). **9.** Erschütterung *f* (*a. fig.*); Stoß *m*. **10.** ♪ Missklang *m*, Dissonanz *f* (*beide a. fig.*).

jar·gon [ˈdʒɑːgən] *s* Jargon *m*.

jas·mine [ˈdʒæsmɪn] *s* ✿ Jasmin *m*.

jaun·dice [ˈdʒɔːndɪs] *s* **1.** ⚕ Gelbsucht *f*. **2.** *fig.* Neid *m*, Eifersucht *f*.

ˈjaun·diced *adj* **1.** ⚕ gelbsüchtig. **2.** *fig.* neidisch, eifersüchtig.

jaunt [dʒɔːnt] **I** *v/i* e-n Ausflug *od.* e-e Spritztour machen. **II** *s* Ausflug *m*, *mot.* Spritztour *f*: **go for** (*od.* **on**) **a ~** → I.

jaun·ty [ˈdʒɔːntɪ] *adj* □ **1.** fesch, flott (*Hut etc*). **2.** unbeschwert, unbekümmert (*Einstellung, Person*). **3.** flott, schwungvoll (*Melodie*).

jave·lin [ˈdʒævlɪn] *s Leichtathletik*: Speer *m*: **~ throw** Speerwerfen *n*; **~ thrower** Speerwerfer(in).

jaw [dʒɔː] **I** *s* **1.** *anat.* Kiefer *m*: **lower ~** Unterkiefer; **upper ~** Oberkiefer. **2.** *mst pl* Mund *m*; *zo.* Rachen *m* (*a. fig.*), Maul *n*. **3.** *tech.* (Klemm)Backe *f*; Klaue *f*. **4.** F Geschwätz *n*. **II** *v/i* **5.** F schwatzen. **ˈ~·bone** *s anat.* Kieferknochen *m*. **ˈ~ˌbreak·er** *s* F Zungenbrecher *m*.

jay [dʒeɪ] *s orn.* Eichelhäher *m*. **ˈ~ˌwalk·er** *s* unachtsamer Fußgänger, unachtsame Fußgängerin.

jazz [dʒæz] **I** *s* **1.** ♪ Jazz *m*. **2.** **and all that ~** F u. so ein Zeug(s). **II** *adj* **3.** ♪ Jazz... **III** *v/t* **4.** *oft* **~ up** ♪ verjazzen. **5.** *mst* **~ up** F Schmiss *od.* Schwung bringen in (*acc*); *j-n, et.* aufmöbeln.

ˈjaz·zy *adj* □ **1.** jazzartig. **2.** F knallig (*Farben*), (*a. Kleidung etc*) poppig.

JC ***Jesus Christ*** Jesus Christus *m*.

JCD ***juris civilis doctor*** Doktor *m* des Zivilrechts.

jeal·ous [ˈdʒeləs] *adj* □ **1.** eifersüchtig (**of** auf *acc*). **2.** neidisch (**of** auf *acc*): **be ~ of s.o.'s success** j-m s-n Erfolg missgönnen. **3.** eifersüchtig besorgt (**of** um).

ˈjeal·ous·y *s* **1.** Eifersucht *f*; *pl* Eifersüchteleien *pl*. **2.** Neid *m*.

jeans [dʒiːnz] *s pl* Jeans *pl*.

jeep [dʒiːp] *s* (*TM*) *mot.* Jeep *m*.

jeer [dʒɪə] **I** *v/i* (**at**) höhnische Bemerkungen machen (über *acc*); höhnisch lachen (über *acc*): **~ at** → *a.* II. **II** *v/t* verhöhnen. **III** *s* höhnische Bemerkung; Hohngelächter *n*.

ˈjeer·ing *adj* □ höhnisch: **~ laughter** Hohngelächter *n*.

Je·ho·va's Wit·ness [dʒɪˈhəʊvəz] *s eccl.* Zeuge *m*, Zeugin *f* Jehovas.

jell [dʒel] **I** *v/i* **1.** gelieren. **2.** *fig.* Gestalt annehmen. **II** *v/t* **3.** gelieren lassen, zum Gelieren bringen.

jel·lied [ˈdʒelɪd] *adj* in Aspik *od.* Sülze.

jel·ly [ˈdʒelɪ] **I** *s* Gallert(e *f*) *n*; Gelee *n*; Aspik *n*, Sülze *f*; Götterspeise *f*. **II** *v/i* → **jell** I. **III** *v/t* → **jell** II. **~ ba·by** *s Br.* Gummibärchen *n*. **ˈ~·fish** *s* **1.** *zo.* Qualle *f*. **2.** *fig.* F Waschlappen *m*.

jem·my [ˈdʒemɪ] *Br.* **I** *s* Brech-, Stemmeisen *n*. **II** *v/t a.* **~ open** aufbrechen, -stemmen.

jeop·ard·ize [ˈdʒepədaɪz] *v/t j-n, et.* gefährden, in Gefahr bringen, *et.* infrage stellen.

ˈjeop·ard·y *s* Gefahr *f*: **put** (*od.* **place**) **in ~** → **jeopardize**.

jerk [dʒɜːk] **I** *s* **1.** Ruck *m*; Sprung *m*, Satz *m*: **by ~s** sprung-, ruckweise; **give a ~** rucken, e-n Satz machen (*Auto etc*), zs.-zucken (*Person*). **2.** ⚕ Zuckung *f*; (*bsd.* Knie)Reflex *m*. **3.** *Am. sl.* Trottel *m*. **II** *v/t* **4.** ruckartig ziehen an (*dat*): **~ o.s. free** sich losreißen. **III** *v/i* **5.** sich ruckartig *od.* ruckweise bewegen: **~ to a stop** ruckweise *od.* mit e-m Ruck stehen bleiben. **6.** (zs.-)zucken.

ˈjerk·y *adj* □ **1.** ruckartig, (*Bewegungen*) fahrig; stoß-, ruckweise. **2.** *Am. sl.* blöd.

jer·ry [ˈdʒerɪ] *s Br.* F Pott *m* (*Nachttopf*). **ˈ~-built** *adj* schlampig gebaut: **~ house** Bruchbude *f*.

jer·sey [ˈdʒɜːzɪ] *s* **1.** Pullover *m*. **2.** *Sport*: Trikot *n*. **3.** Jersey *m* (*Stoff*).

Je·ru·sa·lem [dʒəˈruːsələm] *Hauptstadt Israels.*

jest [dʒest] **I** *s* Spaß *m*: **in ~** im *od.* zum Scherz. **II** *v/i* spaßen: **~ with** (s-n) Spaß treiben mit.

ˈjest·er *s* **1.** Spaßvogel *m*. **2.** *hist.* (Hof-)Narr *m*.

ˈjest·ing *adj* spaßend; spaßhaft.

ˈjest·ing·ly *adv* im *od.* zum Scherz.

Jes·u·it [ˈdʒezjʊɪt] *s eccl.* Jesuit *m*.

ˌJes·uˈit·ic, ˌJes·uˈit·i·cal *adj* □ jesuitisch, Jesuiten...

jet [dʒet] **I** *s* **1.** (*Feuer-, Wasser- etc*)Strahl *m*. **2.** *tech.* Düse *f*. **3.** ✈ Jet *m*. **II** *v/i* **4.** (heraus-, hervor)schießen (**from** aus). **5.** ✈ jetten. **~ en·gine** *s* Strahlmotor *m*, -triebwerk *n*. **~ fight·er** *s* ✈, *mil.* Düsenjäger *m*. **~ lag** *s Störung des gewohnten Alltagsrhythmus durch die Zeitverschiebung bei Langstreckenflügen.* **~ plane** *s* Düsenflugzeug *n*. **ˈ~-proˌpelled** *adj bsd.* ✈ mit Düsen- *od.*

Strahlantrieb. **~ pro·pul·sion** *s bsd.* ✈ Düsenantrieb *m.*
jet·sam ['dʒetsəm] *s* ⚓ **1.** Seewurfgut *n.* **2.** Strandgut *n*: → ***flotsam.***
jet| set *s* Jet-set *m.* **'~,set·ter** *s* Angehörige *m, f* des Jet-set.
jet·ti·son ['dʒetɪsn] *v/t* **1.** ⚓ über Bord werfen (*a. fig.*). **2.** ✈ (im Notwurf) abwerfen, *Treibstoff* ablassen. **3.** *ausgebrannte Raketenstufe* absprengen.
jet·ty ['dʒetɪ] *s* ⚓ **1.** Hafendamm *m*, Mole *f.* **2.** Strombrecher *m* (*an Brücken*).
Jew [dʒuː] *s* Jude *m*, Jüdin *f.*
jew·el ['dʒuːəl] **I** *s* **1.** Juwel *n* (*a. fig.*), Edelstein *m*: ~ ***box*** Schmuckkassette *f.* **2.** *tech.* Stein *m* (*e-r Uhr*). **II** *v/t pret u. pp* **-eled,** *bsd. Br.* **-elled 3.** mit Juwelen schmücken *od.* besetzen.
'jew·el·(l)er *s* Juwelier(in).
'jew·el·ry, *bsd. Br.*
jew·el·le·ry ['~əlrɪ] *s* Juwelen *pl, weitS.* Schmuck *m*: ***piece of ~*** Schmuckstück *n.*
Jew·ish ['dʒuːɪʃ] *adj* jüdisch, Juden...
jib¹ [dʒɪb] *s* **1.** ⚓ Klüver *m.* **2.** *tech.* Ausleger *m* (*e-s Krans*).
jib² [~] *v/i* **1.** scheuen, bocken (**at** vor *dat*). **2.** *fig.* störrisch *od.* bockig sein: ~ ***at*** sich sträuben gegen; streiken bei.
jif·fy ['dʒɪfɪ] *s* F Augenblick *m*: ***in a ~*** im Nu, im Handumdrehen.
jig·gered ['dʒɪgəd] *adj* F **1.** ***I'm ~ if*** der Teufel soll mich holen, wenn. **2.** ***be ~*** *Br.* baff *od.* platt sein: ***well, I'm ~!*** da bin ich aber baff!
jig·gle ['dʒɪgl] **I** *v/t* wackeln mit; schütteln; rütteln an (*dat*). **II** *v/i* wackeln.
jig·saw (puz·zle) ['dʒɪgsɔː] *s* Puzzle(spiel) *n.*
jilt [dʒɪlt] *v/t Mädchen* sitzen lassen (**for** wegen *e-s anderen Mädchens*); *e-m Liebhaber, e-m Mädchen* den Laufpass geben.
jim·my ['dʒɪmɪ] *Am.* → ***jemmy.***
jin·gle ['dʒɪŋgl] **I** *v/i* **1.** klimpern (*Münzen etc*), bimmeln (*Glöckchen etc*). **II** *v/t* **2.** klimpern mit, bimmeln lassen. **III** *s* **3.** Klimpern *n*, Bimmeln *n.* **4.** Werbemelodie *f.*
jin·go ['dʒɪŋgəʊ] *pl* **-goes** *s* Chauvinist(in).
'jin·go·ism *s* Chauvinismus *m.*
,jin·go'is·tic *adj* (**~ally**) chauvinistisch.
jinks [dʒɪŋks] *s pl*: ***high ~*** Ausgelassenheit *f*; ***they were having high ~*** bei ihnen ging es hoch her.
jinx [dʒɪŋks] F **I** *s* **1.** Unglücksbringer(in). **2.** Unglück *n*: ***put a ~ on*** → 3. **II** *v/t* **3.** Unglück bringen (*dat*); verhexen.
jit·ter ['dʒɪtə] F **I** *s*: ***the ~s pl*** Bammel *m*, e-e Heidenangst (**about** vor *dat*): ***have the ~s*** → II. **II** *v/i* Bammel *od.* e-e Heidenangst haben; furchtbar nervös sein.
'jit·ter·y *adj* F furchtbar nervös.
Jnr ***Junior*** jr., jun., junior, der Jüngere.
job¹ [dʒɒb] **I** *s* **1.** (einzelne) Arbeit: ***make a good (bad) ~ of s.th.*** et. gut (schlecht) machen; → ***odd*** 5. **2.** *a.* ~ ***work*** Akkordarbeit *f*: ***by the ~*** im Akkord. **3.** Stellung *f*, Tätigkeit *f*, Arbeit *f*, Job *m*; Arbeitsplatz *m*: ***be out of a ~*** arbeitslos sein; ***know one's ~*** s-e Sache verstehen; ~ ***ad*** (*od.* ***advertisement***) Stellenanzeige *f*, -ausschreibung *f*; ~ ***analysis*** Arbeitsplatzanalyse *f*; ~ ***applicant*** Stellenbewerber(in); ~ ***center*** *Br.* Arbeitsamt *n*; **~-*cost estimate*** Auftragskalkulation *f*; **~-*creating measures*** Arbeitsbeschaffungsmaßnahmen *pl*; ~ ***creation*** Arbeits(platz)beschaffung *f*; **~-*creation scheme*** Arbeitsbeschaffungsmaßnahmen *pl*; ~ ***cuts pl*** Stellenabbau *m*; ~ ***description*** Arbeits(platz)beschreibung *f*; ~ ***enlargement*** Erweiterung *f* der Arbeitsaufgaben; ~ ***evaluation*** Arbeitsplatzbewertung *f*; ~ ***expectations pl*** Aufstiegsmöglichkeiten *pl*; ~ ***freeze*** Einstellungssperre *f*; ~ ***grading*** Tarifgruppen *pl*; ~ ***hopping*** häufiger Arbeitsplatzwechsel; ~ ***interview*** Einstellungs-, Vorstellungsgespräch *n*; ***computers are ~ killers*** Computer vernichten Arbeitsplätze; ~ ***loss*** Arbeitsplatzverlust *m*; ~ ***market*** Arbeits-, Stellenmarkt *m*; ~ ***offer*** Stellenangebot *n*; ~ ***on the side*** Nebentätigkeit *f*; ~ ***opening*** offene (*od.* freie) Stelle; ~ ***order*** Arbeitsauftrag *m*; ~ ***placement*** Stellenvermittlung *f*; ~ ***profile*** Anforderungs-, Arbeitsplatzprofil *n*; ~ ***prospects pl*** Berufsaussichten *pl*; ~ ***retraining*** Umschulung *f*; ~ ***rotation*** a) planmäßiger Arbeitsplatzwechsel, b) Stellentausch *m*; ~ ***satisfaction*** Zufriedenheit *f* am Arbeitsplatz; ~ ***search*** Stellensuche *f*; ~ ***security*** Sicherheit *f* des Arbeitsplatzes; ~ ***seeking*** Stellensuche *f*; ~ ***sharing*** Jobsharing *n*; ~ ***specification*** Stellenbeschreibung *f*; ~ ***title*** Berufs-, Stellenbezeichnung *f*; ~ ***vacancies pl*** offene Stellen *pl.* **4.** Sache *f*: a) Aufgabe *f*, Pflicht *f*, b) Geschmack *m*: ***this is not everybody's ~*** das ist nicht jedermanns Sache, das liegt nicht jedem. **5.** F Sache *f*, Angelegenheit *f*: ***make the best of a bad ~*** gute Miene zum bösen Spiel machen; das Beste daraus machen. **6.** F Ding *n*, krumme Sache: ***pull a ~*** ein Ding drehen. **II** *v/i* **7.** Gelegenheitsarbeiten machen, jobben. **8.** (im) Akkord arbeiten. **III** *v/t* **9.** *a.* ~ ***out*** *Arbeit* in Auftrag geben; im Akkord vergeben.
Job² [dʒəʊb] *npr Bibl.* Hiob *m*: ***have the patience of ~, be (as) patient as ~*** e-e Engelsgeduld haben; **~*'s comforter*** *j-d, der durch s-n Trost alles nur noch schlimmer macht.*
job·ber ['dʒɒbə] *s* **1.** Gelegenheitsarbeiter(in), Jobber(in). **2.** Akkordarbeiter(in). **3.** *Börse*: *Br.* Jobber(in).

'job·hunt *v/i* auf Arbeitssuche sein: ***go ~ing*** auf Arbeitssuche gehen.

'job·less I *adj* arbeitslos. II *s* ***the ~*** die Arbeitslosen *pl*: ***~ rate*** Arbeitslosenquote *f*.

job·less·ness *s* Arbeitslosigkeit *f*.

job| print·ing *s* Akzidenzdruck *m*. **~ seek·er** *s* Arbeitssuchende *m, f*: ***~'s allowance*** Arbeitslosenunterstützung *f*. **~ shop** *s* Betrieb *m* mit Kundenauftragsfertigung.

jock·ey ['dʒɒkɪ] I *s* **1.** *Pferderennsport*: Jockey *m*. II *v/t* **2.** *Pferd* (*als Jockey*) reiten. **3.** manövrieren (*a. fig.*): ***~ out of*** *j-n* hinausbugsieren aus (*e-r Stellung etc*); *j-n* betrügen um. III *v/i* **4.** ***~ for*** rangeln um (*a. fig.*): ***~ for position*** (*Sport etc, a. fig.*) sich e-e günstige Position zu verschaffen suchen.

jock·strap ['dʒɒkstræp] *s* Suspensorium *n*.

jo·cose [dʒəʊ'kəʊs], **joc·u·lar** ['dʒɒkjʊlə] *adj* □ **1.** ausgelassen (*Person*). **2.** witzig, spaßig (*Bemerkung etc*).

jog [dʒɒg] I *v/t* **1.** stoßen an (*acc*) *od.* gegen, *j-n* anstoßen, stupsen: ***~ s.o.'s memory*** *fig.* j-s Gedächtnis nachhelfen. II *v/i* **2.** trotten (*Person, Tier*), zuckeln (*Bus etc*); (*Sport*) joggen. III *s* **3.** Stoß *m*, Stups *m*. **4.** Trott *m*; (*Sport*) Trimmtrab *m*.

'jog·ger *s Sport*: Jogger(in).

'jog·ging *s Sport*: Joggen *n*, Jogging *n*: ***~ suit*** Jogginganzug *m*.

jog·gle ['dʒɒgl] *v/t* (leicht) schütteln, rütteln an (*dat*).

jog| trot *s* gemächlicher Trab, Trott *m* (*a. fig.*). **'~-trot** *v/i* gemächlich traben (*bsd. Pferd*), trotten (*Person, Tier*).

john [dʒɒn] *s Am.* F Klo *n*: ***in the ~*** auf dem *od.* im Klo.

John| Bull *s* England *n*, die Engländer *pl*; ein typischer Engländer. **~ Han·cock** ['hænkɒk] *s Am.* F Friedrich Wilhelm *m* (*Unterschrift*).

join [dʒɔɪn] I *v/t* **1.** *et.* verbinden, -einigen, zs.-fügen (***to*** mit): ***~ hands*** die Hände falten; sich die Hand *od.* die Hände reichen; *fig.* sich zs.-tun (***with*** mit). **2.** *Personen* vereinigen, zs.-bringen (***with, to*** mit). **3.** sich anschließen (*dat od.* an *acc*), stoßen *od.* sich gesellen zu: ***I'll ~ you later*** ich komme später nach. **4.** eintreten in (*e-e Firma, e-n Verein etc*). **5.** teilnehmen *od.* sich beteiligen an (*dat*), mitmachen bei. **6.** einmünden in (*acc*) (*Fluss, Straße*). II *v/i* **7.** sich vereinigen *od.* verbinden (***with*** mit). **8.** ***~ in*** a) teilnehmen, sich beteiligen, mitmachen, b) → 5. **9.** zs.-kommen (*Straßen*), (*Flüsse a.*) zs.-fließen.

'join·er *s* Tischler(in), Schreiner(in): ***~'s bench*** Hobelbank *f*.

'join·er·y *s* **1.** Tischler-, Schreinerhandwerk *n*. **2.** Tischler-, Schreinerarbeit *f*.

joint [dʒɔɪnt] I *s* **1.** Verbindung(sstelle) *f*, *bsd.* a) (Löt)Naht *f*, Nahtstelle *f*, b) *anat.*, *tech.* Gelenk *n*: ***out of ~*** ausgerenkt, *fig.* aus den Fugen; ***put out of ~*** sich *et.* ausrenken; → ***nose*** 1. **2.** *gastr.* Braten(stück *n*) *m*. **3.** *sl.* Laden *m*, Bude *f* (*Lokal, Firma etc*): → ***clip joint*****.** **4.** *sl.* Joint *m* (*Haschisch- od. Marihuanazigarette*). II *adj* □ **5.** gemeinsam, gemeinschaftlich: ***take ~ action*** gemeinsam vorgehen; ***~ account*** gemeinsames Konto; ***~ liability*** Gesamtschuld *f*; ***~ owner*** Miteigentümer(in); ***~ property*** Gütergemeinschaft *f*; ***~ signatory*** Mitunterzeichner(in); ***~ venture*** *econ.* Gemeinschaftsunternehmen *n*, Joint Venture *n*.

ˌjoint-'stock com·pa·ny *s* **1.** *Br.* Kapital- *od.* Aktiengesellschaft *f*. **2.** *Am.* offene Handelsgesellschaft auf Aktien.

joist [dʒɔɪst] *s* ⚠ **1.** Deckenträger *m*, -balken *m*. **2.** I-Träger *m*.

joke [dʒəʊk] I *s* **1.** Witz *m*: ***crack ~s*** Witze reißen. **2.** a) Scherz *m*, Spaß *m*: ***in*** (*od.* ***for a***) ***~*** im *od.* zum Spaß; ***that's going beyond a ~*** das ist kein Spaß mehr, das ist nicht mehr lustig; ***he can't take a ~*** er versteht keinen Spaß, b) *mst* ***practical ~*** Streich *m*: ***play a ~ on s.o.*** j-m e-n Streich spielen. II *v/i* **3.** scherzen, Witze *od.* Spaß machen: ***I'm not joking*** ich meine das ernst; ***you must be joking, are you joking?*** das ist doch nicht dein Ernst!

'jok·er *s* **1.** Spaßvogel *m*, Witzbold *m*. **2.** Joker *m* (*Spielkarte*). **3.** *sl.* Typ *m*, Kerl *m*.

'jok·ing I *adj* □ scherzhaft, spaßend: ***~ly*** *a.* im Spaß. II *s* Witze *pl*: ***~ apart*** Scherz *od.* Spaß beiseite!

jol·li·fi·ca·tion [ˌdʒɒlɪfɪ'keɪʃn] *s* F (feucht-)fröhliches Fest, Festivität *f*.

jol·ly¹ ['dʒɒlɪ] I *adj* □ **1.** lustig, fröhlich, vergnügt. **2.** F angeheitert: ***be ~*** e-n Schwips haben. II *adv* **3.** *Br.* F ganz schön, ziemlich: ***a ~ good fellow*** ein prima Kerl.

jol·ly² [~], **~ boat** *s* ⚓ Jolle *f*.

Jol·ly Rog·er [ˌdʒɒlɪ'rɒdʒə] *s* Totenkopf-, Piratenflagge *f*.

jolt [dʒəʊlt] I *v/t* **1.** e-n Ruck *od.* Stoß geben (*dat*); *Passagiere* durchrütteln, -schütteln. **2.** *fig.* *j-m* e-n Schock versetzen; *j-n* auf- *od.* wachrütteln: ***~ s.o. out of*** *a.* j-n reißen aus. II *v/i* **3.** e-n Ruck machen; rütteln, holpern (*Fahrzeug*). III *s* **4.** Ruck *m*, Stoß *m*. **5.** *fig.* Schock *m*: ***give s.o. a ~*** j-m e-n Schock versetzen.

Jor·dan ['dʒɔːdn] *npr* **1.** Jordanien *n*. **2.** *der* Jordan.

Jor·da·ni·an [dʒɔː'deɪnjən] I *adj* jordanisch. II *s* Jordanier(in).

josh [dʒɒʃ] *v/t Am.* F *j-n* veräppeln.

joss stick [dʒɒs] *s* Räucherstäbchen *n*.

jos·tle ['dʒɒsl] I *v/t* **1.** anrempeln. **2.** dränge(l)n: ~ ***one's way through*** sich (durch-) drängen durch. II *v/i* **3.** ~ ***against*** rempeln gegen, anrempeln (*acc*). **4.** (sich) dränge(l)n.
jot [dʒɒt] I *s fig.* Spur *f*: ***not a ~ of truth*** kein Funke *od.* Körnchen Wahrheit. II *v/t mst* ~ ***down*** sich *et.* notieren. ~ **box** *s* Zettelkasten *m.*
'**jot·ter** *s* Notizbuch *n*, -block *m.*
joule [dʒu:l] *s phys.* Joule *n.*
jour·nal ['dʒɜ:nl] *s* **1.** Journal *n*, Zeitschrift *f*. **2.** Tagebuch *n.* **3.** *Buchhaltung*: Journal *n*: ***cash*** ~ Kassenbuch *n.* **4.** ⚓ Logbuch *n.* **5.** (*Fax*)Sendebericht *m.*
jour·nal·ese [ˌdʒɜ:nə'li:z] *s* Zeitungsstil *m.*
'**jour·nal·ism** *s* Journalismus *m.*
'**jour·nal·ist** *s* Journalist(in).
ˌ**jour·nal'is·tic** *adj* (~***ally***) journalistisch.
jour·ney ['dʒɜ:nɪ] *s* **1.** Reise *f*: ***go on a*** ~ verreisen. **2.** Reise *f*, Entfernung *f*: ***a two days'*** ~ zwei Tagesreisen (***to*** nach). ~**·man** ['~mən] *s* (*irr* ***man***) Geselle *m*: ~ ***tailor*** Schneidergeselle.
jo·vi·al ['dʒəʊvjəl] *adj* □ lustig, fröhlich, vergnügt.
jo·vi·al·i·ty [ˌ~vɪ'ælətɪ] *s* Lustigkeit *f*, Fröhlichkeit *f.*
jowl [dʒaʊl] *s* **1.** (Unter)Kiefer *m.* **2.** Wange *f*, Backe *f*; Hängebacke *f.*
joy [dʒɔɪ] *s* **1.** Freude *f* (***at*** über *acc*; ***in*** an *dat*): ***for*** ~ vor Freude *weinen etc*; ***tears pl of*** ~ Freudentränen *pl*; ***to s.o.'s*** ~ zu j-s Freude. **2.** *Br.* F Erfolg *m*: ***I didn't have any*** ~ ich hatte kein Glück.
joy·ful ['~fʊl] *adj* □ **1.** freudig, erfreut: ***be*** ~ sich freuen, froh sein. **2.** erfreulich, freudig (*Ereignis etc*).
'**joy·less** *adj* □ **1.** freudlos. **2.** unerfreulich.
'**joy·ous** → ***joyful.***
joy| ride *s* F Spritztour *f* (*bsd. in e-m gestohlenen Wagen*): ***go on a*** ~ e-e Spritztour machen. ~ **stick** *s* F **1.** ✈ Steuerknüppel *m.* **2.** *Computer*: Joystick *m.*
JP ***Justice of the Peace*** Friedensrichter *m.*
ju·bi·lant ['dʒu:bɪlənt] *adj* □ **1.** überglücklich. **2.** jubelnd: ~ ***shout*** Jubelschrei *m.*
ju·bi·late ['~leɪt] *v/i* jubilieren, jubeln.
ˌ**ju·bi'la·tion** *s* Jubel *m.*
ju·bi·lee ['~li:] *s* Jubiläum *n.*
judge [dʒʌdʒ] I *s* **1.** ⚖ Richter(in): → ***sober*** I. **2.** Schiedsrichter(in); Preisrichter(in); (*Sport a.*) Kampfrichter(in), (*Boxen*) Punktrichter(in). **3.** Kenner(in): ***a*** (***good***) ~ ***of wine*** ein(e) Weinkenner(in). II *v/t* **4.** ⚖ *Fall* verhandeln; die Verhandlung führen gegen. **5.** *Wettbewerbsteilnehmer*, *Leistungen etc* beurteilen (***on*** nach); als Schiedsrichter(in) (*etc*, → 2) fungieren bei. **6.** entscheiden (***s.th.*** et; ***that*** dass). **7.** beurteilen, einschätzen (***by*** nach). III *v/i* **8.** als Schiedsrichter(in) (*etc*, → 2) fungieren (***at*** bei). **9.** urteilen (***of*** über *acc*): ***judging by his words*** s-n Worten nach zu urteilen.
judg(e)·ment ['dʒʌdʒmənt] *s* **1.** ⚖ Urteil *n.* **2.** Urteilsvermögen *n*: ***against*** (***one's***) ***better*** ~ wider bessere Einsicht. **3.** Meinung *f*, Ansicht *f*, Urteil *n* (***on*** über *acc*): ***in my*** ~ m-s Erachtens; ***form a*** (***final***) ~ ***on*** sich ein (abschließendes *od.* endgültiges) Urteil bilden über. **4.** göttliches (Straf)Gericht: ***the Last Judg(e)ment*** das Jüngste Gericht; ***Day of Judg(e)ment, Judg(e)ment Day*** Jüngster Tag. ~ **cred·i·tor** *s* Vollstreckungsgläubiger *m.* ~ **debt** *s* vollstreckbare Forderung. ~ **debt·or** *s* Vollstreckungsschuldner *m.*
ju·di·ca·ture ['dʒu:dɪkətʃə] *s* ⚖ **1.** Rechtsprechung *f*, Rechtspflege *f.* **2.** Gerichtswesen *n.* **3.** → ***judiciary*** 3.
ju·di·cial [dʒu:'dɪʃl] *adj* □ **1.** ⚖ gerichtlich, Gerichts...: ~ ***error*** Justizirrtum *m*; ~ ***murder*** Justizmord *m.* **2.** ⚖ richterlich. **3.** kritisch.
ju·di·ci·a·ry [dʒu:'dɪʃərɪ] ⚖ I *adj* **1.** → ***judicial*** 1, 2. II *s* **2.** → ***judicature*** 2. **3.** *coll.* Richter(schaft *f*) *pl.*
ju·di·cious [dʒu:'dɪʃəs] *adj* □ **1.** vernünftig, umsichtig. **2.** wohl überlegt.
ju·do ['dʒu:dəʊ] *s Sport*: Judo *n.*
ju·do·ka ['~kɑ:] *s* Judoka *m.*
jug [dʒʌg] I *s* **1.** Krug *m*; *bsd. Br.* Kanne *f*; Kännchen *n.* **2.** *sl.* Knast *m* (*Gefängnis*). II *v/t* **3.** *sl.* einlochen.
jug·ger·naut ['dʒʌgənɔ:t] *s* **1.** *mot. Br.* Schwerlastzug *m.* **2.** *fig.* Moloch *m.*
jug·gins ['dʒʌgɪnz] *s bsd. Br.* F Trottel *m.*
jug·gle ['dʒʌgl] I *v/t* **1.** jonglieren (mit). **2.** *fig.* jonglieren mit (*Fakten*, *Worten etc*); *Fakten*, *Worte etc* verdrehen; *Konten etc* fälschen, frisieren. II *v/i* **3.** jonglieren. **4.** ~ ***with*** → 2.
'**jug·gler** *s* **1.** Jongleur(in). **2.** ~ ***of words*** Wortverdreher(in). **3.** Schwindler(in).
Ju·go·slav → ***Yugoslav.***
juice [dʒu:s] I *s* **1.** Saft *m*: ***let s.o. stew in his own*** ~ F j-n im eigenen Saft schmoren lassen. **2.** *sl.* ⚡ Saft *m*; *mot.* Sprit *m.* II *v/t* **3.** entsaften.
'**juic·y** *adj* □ **1.** saftig. **2.** F knackig (*Mädchen*); saftig (*Gewinn etc*); lukrativ (*Vertrag etc*); pikant (*Einzelheiten etc*).
ju·jit·su [dʒu:'dʒɪtsu:] *s Sport*: Jiu-Jitsu *n.*
juke·box ['dʒu:kbɒks] *s* Jukebox *f*, Musikautomat *m.*
Ju·ly [dʒu:'laɪ] *s* Juli *m*: ***in*** ~ im Juli.
jum·ble ['dʒʌmbl] I *v/t a.* ~ ***together*** (*od.* ***up***) *Sachen* durcheinander werfen; *Fakten etc*

J

durcheinander bringen. **II** *s* Durcheinander *n.* **~ sale** *s Br.* Wohltätigkeitsbasar *m.*

jum·bo ['dʒʌmbəʊ] **I** *pl* **-bos** *s* **1.** Koloss *m* (*Sache, Person*). **2.** ✈ Jumbo *m.* **II** *adj* **3.** riesig, Riesen...: **~ *jet*** ✈ Jumbojet *m.* **'~-sized** → ***jumbo*** 3.

jump [dʒʌmp] **I** *s* **1.** Sprung *m*; *econ.* sprunghafter Anstieg *m*: ***make*** (*od.* ***take***) ***a ~*** e-n Sprung machen; ***have the ~ on s.o.*** F j-m voraus sein. **2.** *Sport*: (*Hoch-, Ski- etc*)Sprung *m.* **3.** ***give a ~*** → 6; ***it gives me the ~s*** F es macht mich ganz nervös *od.* unruhig; ***have the ~s*** F ganz nervös *od.* aufgeregt sein. **II** *v/i* **4.** springen: **~ *at*** *fig.* sich stürzen auf (*acc*); **~ *off*** abspringen (von); **~ *out of one's skin*** *fig.* erschreckt zusammenfahren; **~ *to one's feet*** aufspringen; → ***conclusion*** 3. **5.** hüpfen, springen: **~ *for joy*** Freudensprünge machen. **6.** zs.-zucken, auf-, zs.-fahren (***at*** bei). **7.** *fig.* abrupt übergehen, überspringen, -wechseln (***to*** zu). **III** *v/t* **8.** springen über (*acc*). **9.** *fig.* überspringen, auslassen: **~ *the gun*** (*Sport*) e-n Fehlstart verursachen; *fig.* voreilig sein *od.* handeln; **~ *the line*** (*bsd. Br.* ***queue***) sich vordränge(l)n (*beim Schlangestehen u. fig.*); *mot.* aus e-r Kolonne ausscheren u. überholen; → ***light***[1] 3. **10.** (heraus)springen aus: → ***rail***[1] 3, ***track*** 3.

jump·er[1] ['dʒʌmpə] *s Sport*: (*Hoch- etc*)-Springer(in).

jump·er[2] [~] *s* **1.** *bsd. Br.* Pullover *m.* **2.** *Am.* Trägerrock *m,* -kleid *n.*

jump·er ca·bles *s pl Am.* → ***jump leads.***

jump| leads [li:dz] *s pl Br. mot.* Starthilfekabel *n.* **~ rope** *s Am.* Spring-, Sprungseil *n.* **~ seat** *s* Klapp-, Notsitz *m.* **~ suit** *s* Overall *m.*

jump·y ['dʒʌmpɪ] *adj* □ nervös; schreckhaft.

junc·tion ['dʒʌŋkʃn] *s* **1.** Verbindung *f,* -einigung *f.* **2.** 🚂 Knotenpunkt *m.* **3.** (Straßen)Kreuzung *f,* (-)Einmündung *f.*

junc·ture ['dʒʌŋktʃə] *s*: ***at this ~*** in diesem Augenblick, zu diesem Zeitpunkt.

June [dʒu:n] *s* Juni *m*: ***in ~*** im Juni.

jun·gle ['dʒʌŋgl] *s* Dschungel *m* (*a. fig.*).

jun·ior ['dʒu:njə] **I** *adj* **1.** junior. **2.** (***to***) jünger (als); untergeordnet (*dat*): **~ *partner*** *econ.* Junior(partner) *m*; → ***management*** 2. **3.** *ped.* **~ *high*** (***school***) *Am. die unteren Klassen der Highschool*; **~ *school*** *Br.* Grundschule *f* (*für Kinder von 7-11*). **4.** *Sport*: Junioren... **II** *s* **5.** Jüngere *m, f*: ***he is my ~ by two years, he is two years my ~*** er ist 2 Jahre jünger als ich. **6.** *Sport*: Junior(in).

ju·ni·per ['dʒu:nɪpə] *s* ♣ Wacholder *m.*

junk[1] [dʒʌŋk] *s* ⚓ Dschunke *f.*

junk[2] [~] **I** *s* **1.** Trödel *m*; Altmaterial *n*; Schrott *m.* **2.** Gerümpel *n,* Abfall *m.* **3.** *contp.* Schund *m,* Mist *m.* **4.** *sl.* Stoff *m, bsd.* Heroin *n.* **II** *v/t* **5.** *et. unbrauchbar Gewordenes* ausrangieren, *Auto etc* verschrotten.

jun·ket ['dʒʌŋkɪt] *s* (Sahne)Quark *m*; Dickmilch *f.*

junk food *s* Junkfood *m* (*kalorienreiche Nahrung von geringem Nährwert*).

junk·ie ['dʒʌŋkɪ] *s sl.* Junkie *m* (*Rauschgiftsüchtiger*), *bsd.* H-Fixer(in).

'junk| mail *s* Papierkorb-Post *f,* unerwünschte Reklame. **~ shop** *s* Ramschladen *m.* **'~·yard** *s* Schuttabladeplatz *m*; Schrottplatz *m.*

jun·ta ['dʒʌntə] *s pol.* Junta *f.*

ju·rid·i·cal [ˌdʒʊə'rɪdɪkl] *adj* □ **1.** gerichtlich, Gerichts... **2.** juristisch, Rechts...

ju·ris·dic·tion [ˌdʒʊərɪs'dɪkʃn] *s* Gerichtsbarkeit *f*; (*örtliche u. sachliche*) Zuständigkeit (***of, over*** für): ***come*** (*od.* ***fall***) ***under*** (*od.* ***within***) ***the ~ of*** unter die Zuständigkeit fallen von (*od. gen*); ***have ~ over*** zuständig sein für; **~ *in tax matters*** Steuerhoheit *f.*

ju·ris·pru·dence [ˌdʒʊərɪs'pru:dəns] *s* Rechtswissenschaft *f.*

ju·rist ['dʒʊərɪst] *s* **1.** Jurist(in), Rechtsgelehrte *m, f.* **2.** *Br.* Rechtsstudent(in). **3.** *Am.* Rechtsanwalt *m,* -anwältin *f.*

ju·ror ['dʒʊərə] *s* **1.** ⚖ Geschworene *m, f.* **2.** Preisrichter(in).

ju·ry ['dʒʊərɪ] *s* **1.** ⚖ *die* Geschworenen *pl*: → ***trial*** 1. **2.** Jury *f,* Preis-, (*Sport a.*) Kampfgericht *n.* **~ box** *s* ⚖ Geschworenenbank *f.* **~·man** ['~mən] *s* (*irr* ***man***) ⚖ Geschworene *m.* **'~ˌwom·an** *s* (*irr* ***woman***) Geschworene *f.*

just [dʒʌst] **I** *adj* (□ → ***justly***) **1.** gerecht (***to*** gegen). **2.** gerecht, angemessen: ***it was only ~*** es war nur recht u. billig. **3.** rechtmäßig (*Anspruch etc*); berechtigt, gerechtfertigt (*Zorn etc*). **II** *adv* **4.** gerade, (so)eben: → ***now*** 3. **5.** gerade, genau, eben: **~ *as*** gerade als; ***that is ~ like you*** das sieht dir ähnlich; → ***well***[1] 1. **6.** gerade (noch), ganz knapp. **7.** nur, lediglich, bloß: → ***moment*** 1, *etc* **8.** **~ *about*** ungefähr, etwa; gerade noch.

jus·tice ['dʒʌstɪs] *s* **1.** Gerechtigkeit *f* (***to*** gegen): ***do ~ to*** gerecht werden (*dat*); *et.* richtig würdigen. **2.** ⚖ Gerechtigkeit *f,* Recht *n*: ***do ~*** der Gerechtigkeit Genüge tun; ***bring to ~*** vor den Richter bringen. **3.** ⚖ Richter(in): **~ *of the peace*** Friedensrichter(in).

jus·ti·fi·a·ble ['dʒʌstɪfaɪəbl] *adj* zu rechtfertigen(d), berechtigt, vertretbar.

'jus·ti·fi·a·bly *adv* berechtigterweise, mit gutem Grund, mit Recht.

jus·ti·fi·ca·tion [ˌdʒʌstɪfɪ'keɪʃn] *s* **1.** Rechtfertigung *f*: ***in ~ of*** zur Rechtfertigung von (*od. gen*). **2.** Blocksatz *m.*

jus·ti·fy ['dʒʌstɪfaɪ] *v/t* **1.** rechtfertigen (***before, to*** vor *dat*, gegenüber): ***be justified in doing s.th.*** et. mit gutem Recht tun; berechtigt sein, et. zu tun. **2.** *typ.* justieren: ***justified lines*** *pl* Blocksatz *m*; ***left*** (***right***) ***justified*** linksbündig (rechtsbündig); ***justified print*** (*od.* ***output***) Blocksatz *m*.

ˌ**just-in-'time** *adj*: ~ ***production*** Produktion *f* auf Abruf.

just·ly ['dʒʌstlɪ] *adv* mit *od.* zu Recht.

jute [dʒuːt] *s* Jute(faser) *f*.

ju·ven·ile ['dʒuːvənaɪl] **I** *adj* jugendlich; Jugend...: ~ ***court*** Jugendgericht *n*; ~ ***delinquency*** Jugendkriminalität *f*; ~ ***delinquent*** (*od.* ***offender***) straffällige(r) Jugendliche(r). **II** *s* Jugendliche *m, f*.

jux·ta·pose [ˌdʒʌkstə'pəʊz] *v/t* nebeneinander stellen (*a. fig.*).

jux·ta·po·si·tion [ˌ~pə'zɪʃn] *s* **1.** Nebeneinanderstellung *f*. **2.** Nebeneinanderstehen *n*: ***be in*** ~ nebeneinander stehen.

K

K [keɪ] *pl* **K's** *s* K *n.*
K, k ***kilobyte*** Kilobyte *n.*
Ka·bul [kɑːbl] *Hauptstadt von Afghanistan.*
kale [keɪl] *s* ❀ Grün-, Braunkohl *m.*
ka·lei·do·scope [kəˈlaɪdəskəʊp] *s* Kaleidoskop *n* (*a. fig.*).
Kam·pa·la [kæmˈpɑːlə] *Hauptstadt von Uganda.*
kan·ga·roo [ˌkæŋgəˈruː] *s zo.* Känguru *n.*
Ka·po·si's sar·co·ma [kæˈpəʊsɪz sɑːˈkəʊmə] *s* ⚕ Kaposisarkom *n.*
ka·put [kæˈpʊt] *adj pred* F kaputt.
Ka·ra·chi [kəˈrɑːtʃɪ] Karatschi *n* (*Hauptstadt von Pakistan*).
ka·ra·o·ke [kærəˈəʊkɪ] *s* Karaoke *n.*
ka·ra·te [kəˈrɑːtɪ] *s* Karate *n*: ***~ chop*** Karateschlag *m.*
Kar·ri·mat [ˈkærɪmæt] *s* (*TM*) Isomatte *f.*
Kat·man·du [kætmænˈduː] *Hauptstadt von Nepal.*
Ka·zakh·stan [kɑːzɑːkˈstæn] Kasachstan *n* (*Republik in Mittelasien*).
ka·yak [ˈkaɪæk] *s* Kajak *m, n* (*a. Sport*).
KB [keɪˈbiː] ***kilobyte*** KB *n*, Kbyte *n.*
KC *Br.* ***Knight Commander*** *etwa*: Großoffizier *m* (*e-s Ordens*); *Br.* ***King's Counsel*** Kronanwalt *m.*
keel [kiːl] ⚓ **I** *s* Kiel *m*: ***on an even ~*** *fig.* gleichmäßig, ruhig. **II** *v/i mst* ***~ over*** (*od.* ***up***) umschlagen, kentern.
keen [kiːn] *adj* □ **1.** scharf (geschliffen). **2.** schneidend (*Kälte*), scharf (*Wind*). **3.** scharf (*Sinne, Verstand etc*). **4.** *econ.* scharf (*Wettbewerb*); lebhaft, stark (*Nachfrage*); günstig (*Preis*). **5.** heftig, stark (*Gefühl*): ***~ interest*** starkes *od.* lebhaftes Interesse. **6.** begeistert, leidenschaftlich (*Schwimmer etc*). **7.** versessen, scharf (***on, about*** auf *acc*): ***be ~ on*** *a.* begeistert sein von; ***be ~ on doing*** (*od.* ***to do***) ***s.th.*** et. unbedingt tun wollen.
keep [kiːp] **I** *s* **1.** (Lebens)Unterhalt *m.* **2.** ***for ~s*** F für *od.* auf immer, endgültig: ***it's yours for ~s*** du kannst *od.* darfst es behalten. **II** *v/t* (*irr*) **3.** (be)halten. **4.** *j-n, et.* lassen, (*in e-m bestimmten Zustand*) (er)halten: ***~ closed*** *Tür etc* geschlossen halten; ***~ s.th. a secret*** et. geheim halten (***from*** vor *dat*); → ***wait*** 1, *etc.* **5.** (*im Besitz*) behalten: ***~ the change*** der Rest (*des Geldes*) ist für Sie; ***~ your seat, please*** bitte behalten Sie Platz. **6.** *j-n* aufhalten: ***don't let me ~ you*** lass dich nicht aufhalten. **7.** aufheben, -bewahren: ***can you ~ a secret?*** kannst du schweigen? **8.** *Beziehungen etc* unterhalten (***with*** zu). **9.** *Ware* führen. **10.** *Laden etc* haben, betreiben. **11.** *Versprechen, Wort* halten. **12.** *Bett, Haus, Zimmer* hüten. **13.** ernähren, er-, unterhalten: ***have a family to ~*** e-e Familie ernähren müssen. **14.** *Tiere* halten; sich *ein Auto etc* halten. **III** *v/i* (*irr*) **15.** bleiben: ***~ in sight*** in Sicht(weite) bleiben; ***~ still*** stillhalten. **16.** sich halten, (*in e-m bestimmten Zustand*) bleiben: ***~ friends*** (weiterhin) Freunde bleiben. **17.** *mit ger* weiter...: ***~ smiling!*** immer nur lächeln!; ***~ (on) trying*** es weiter versuchen, es immer wieder versuchen.
Verbindungen mit Präpositionen:
keep| at *v/i* **1.** weitermachen mit. **2.** *j-m* zusetzen (***to do*** zu tun). **~ from I** *v/t* **1.** abhalten von: ***keep s.o. from doing s.th.*** j-n davon abhalten, et. zu tun. **2.** bewahren vor (*dat*). **3.** *j-m et.* vorenthalten, verschweigen. **II** *v/i* **4.** vermeiden (*acc*): ***~ doing s.th.*** es vermeiden *od.* sich davor hüten, et. zu tun; ***I could hardly ~ laughing*** ich konnte mir kaum das Lachen verkneifen. **~ off** *v/t u. v/i* (sich) fern halten von: ***keep your hands off it!*** Hände weg (davon)!; → ***grass*** 2. **~ on** *v/i* leben *od.* sich ernähren von. **~ to I** *v/i* **1.** bleiben in (*dat*): → ***left***[2] 3, ***right*** 9. **2.** *fig.* festhalten an (*dat*), bleiben bei. **II** *v/t* **3.** ***keep s.th. to a*** (*od.* ***the***) ***minimum*** et. auf ein Minimum beschränken. **4.** ***keep s.th. to o.s.*** et. für sich behalten.
Verbindungen mit Adverbien:
keep| a·way *v/t u. v/i* (sich) fern halten (***from*** von). **~ back** *v/t* **1.** zurückhalten: ***keep s.o. back from doing s.th.*** j-n davon abhalten *od.* daran hindern, et. zu tun. **2.** *fig.* zurückhalten: a) *Lohn etc* einbehalten, b) *Tränen etc* unterdrücken, c) *et.* verschweigen. **~ down I** *v/t* **1.** *Kopf etc* unten behalten. **2.** *Kosten etc* niedrig halten. **3.** unter Kontrolle halten, *Volk, Gefühle etc a.* unterdrücken. **4.** *Nahrung etc* bei sich be-

halten. II *v/i* **5.** unten bleiben; sich geduckt halten. **~ in I** *v/t* **1.** nicht heraus- *od.* hinauslassen; *ped.* nachsitzen lassen. **2.** *Atem* anhalten. **3.** *Gefühle* zurückhalten, unterdrücken. II *v/i* **4.** drin bleiben, nicht herauskommen. **5.** ~ ***with*** sich mit *j-m* gut stellen. ~ **off** *v/t u. v/i* (sich) fern halten: ***keep your hands off!*** Hände weg!; ~***!*** Berühren verboten!; Betreten verboten! **~ on I** *v/t* **1.** *Kleidungsstück* anbehalten, anlassen, *Hut* aufbehalten: → ***shirt.*** **2.** *Licht* brennen lassen, anlassen. II *v/i* **3.** a) weitermachen, b) nicht lockerlassen, c) → ***keep*** 17. **4.** ~ ***at*** → ***keep at*** 2. **~ out I** *v/t* **1.** (***of***) nicht hinein- *od.* hereinlassen (in *acc*), fern halten, abhalten (von). **2.** *fig.* heraushalten (***of*** aus). II *v/i* **3.** draußen bleiben: ~***!*** Zutritt verboten! **4.** *fig.* sich heraushalten (***of*** aus): ~ ***of sight*** sich nicht blicken lassen. **~ to·geth·er I** *v/t Dinge, fig. Mannschaft etc* zs.-halten. II *v/i* zs.-bleiben (*a. fig. Mannschaft etc*), zs.-halten (*a. fig. Freunde etc*). **~ up I** *v/t* **1.** oben halten, hochhalten: → ***chin*** I. **2.** *fig.* aufrechterhalten, *Brauch etc a.* weiterpflegen, *Tempo* halten, *Preise etc* (hoch)halten, *Mut* nicht sinken lassen: → ***appearance*** 3. **3.** in gutem Zustand *od.* in Ordnung halten. II *v/i* **4.** oben bleiben. **5.** *fig.* sich halten, (*Preise etc a.*) sich behaupten; andauern, nicht nachlassen. **6.** ~ ***with*** a) Schritt halten mit (*a. fig.*): ~ ***with the Joneses*** es den Nachbarn gleichtun (wollen); → ***time*** 1, b) sich auf dem Laufenden halten über (*acc*), c) in Kontakt bleiben mit.

keep·er ['ki:pə] *s* **1.** Wächter(in), Aufseher(in). **2.** *mst in Zssgn* Inhaber(in), Besitzer(in); Halter(in), Züchter(in). **3.** Betreuer(in), Verwalter(in). **4.** Tierpfleger(in).

ˌkeep-'fit *s* Gymnastik *f.*

keep·ing ['ki:pɪŋ] *s* **1.** Verwahrung *f*: ***put in s.o.'s*** ~ *j-n* in j-s Obhut geben; j-m *et.* zur Aufbewahrung geben. **2.** ***be in*** (***out of***) ~ ***with*** (nicht) übereinstimmen mit; (nicht) passen zu; (nicht) entsprechen (*dat*).

keep·sake ['ki:pseɪk] *s* (*Geschenk zum*) Andenken *n*: ***as*** (*od.* ***for***) ***a*** ~ als *od.* zum Andenken.

keg [keg] *s* Fässchen *n.*

ken [ken] *s*: ***this is beyond*** (*od.* ***outside***) ***my*** ~ das entzieht sich m-r Kenntnis.

ken·nel ['kenl] *s* **1.** Hundehütte *f.* **2.** ~***s*** *sg* Hundezwinger *m*; Hundeheim *n.*

Ken·ya ['kenjə] *npr* Kenia *n.*

Ken·yan ['kenjən] I *adj* kenianisch. II *s* Kenianer(in).

kept [kept] *pret u. pp von* ***keep.***

kerb [kɜ:b], **'~·stone** *s Br.* Bord-, Randstein *m.*

ker·chief ['kɜ:tʃɪf] *s* Hals-, Kopftuch *n.*

ker·nel ['kɜ:nl] *s* **1.** Kern *m* (*a. fig.*). **2.** (*Hafer-, Mais- etc*)Korn *n.*

ker·o·sene ['kerəsi:n] *s* ⚗ Kerosin *n.*

ketch·up ['ketʃəp] *s* Ket(s)chup *m, n.*

ket·tle ['ketl] *s* Kessel *m*: ***a pretty*** (*od.* ***fine***) ~ ***of fish*** *iro.* e-e schöne Bescherung; ***that's a different*** ~ ***of fish*** das ist et. ganz anderes; ***keep the*** ~ ***boiling*** sich über Wasser halten; die Sache in Schwung halten. **~·drum** *s* ♪ Pauke *f.*

key [ki:] I *s* **1.** Schlüssel *m* (*a. fig.* ***to*** zu). **2.** Taste *f* (*e-s Klaviers, e-r Schreibmaschine etc*). **3.** ♪ Tonart *f*: ***major*** (***minor***) ~ Dur *n* (Moll *n*); ***off*** (*od.* ***out of***) ~ falsch *singen etc.* II *adj* **4.** Schlüssel... (*a. fig.*): ~ ***currency*** Leitwährung *f*; ~ ***interest rate*** Leitzins *m.* III *v/t* **5.** ♪ stimmen. **6.** ~ ***in*** (*Computer*) *Daten* eintasten, -tippen. **7.** ~ (***up***) ***to,*** ~ ***in with*** *fig.* abstimmen auf (*acc*). **8.** ~ ***up*** *j-n* in nervöse Spannung versetzen: ~***ed up*** nervös, aufgeregt (***about*** wegen).

'key|·board *s* **1.** Tastatur *f* (*e-s Klaviers, e-r Schreibmaschine etc*): ~ ***design*** Tastaturgestaltung *f*; ~ ***driver*** *Computer*: Tastaturtreiber *m*; ~ ***instrument*** Tasteninstrument *n*; ~ ***layout*** *Computer*: Tastaturbelegung *f*; ~ ***slideaway*** Tastaturfach *n.* **2.** ~***s*** *pl* (*Instrument*) Keyboard *n.* **'~·board·er** *s typ.* Setzer(in), Datentypist(in). **'~ˌboard·ing** *s* Eingabe *f* (*od.* Eingeben *n*) über die Tastatur. **'~·hole** *s* Schlüsselloch *n*: ~ ***surgery*** Schlüssellochchirurgie *f*, endoskopische Chirurgie. **'~·note** *s* **1.** ♪ Grundton *m.* **2.** *fig.* Grund-, Leitgedanke *m*: ~ ***address*** (*od.* ***speech***) *pol.* programmatische Rede. **'~·pad** *s* Tastenfeld *n.* **'~·phone** *s Br.* Tastentelefon *n.* **~ sig·na·ture** *s* ♪ Vorzeichen *n u. pl* **'~·stone** *s* **1.** ⚠ Schlussstein *m.* **2.** *fig.* Grundpfeiler *m.*

kg ***kilogram***(***s***), ***kilogrammme***(***s***) kg, Kilogramm *n od. pl.*

khak·i ['kɑ:kɪ] I *s* **1.** Khaki *n* (*Farbe*). **2.** Khaki *m* (*Stoff*); *mst pl* Khakiuniform *f.* II *adj* **3.** Khaki...: a) khakifarben, b) aus Khaki.

Khar·t(o)um [kɑ:'tu:m] Khartum *n* (*Hauptstadt des Sudan*).

kick [kɪk] I *s* **1.** (Fuß)Tritt *m*, Stoß *m*: ***give s.o. a*** ~ j-m e-n Tritt geben *od.* versetzen; ***get the*** ~ F (raus)fliegen (*entlassen werden*). **2.** *Fußball*: Schuss *m.* **3.** *Schwimmen*: Beinschlag *m.* **4.** F Schwung *m*: ***give s.th. a*** ~ et. in Schwung bringen. **5.** F ***for*** ~***s*** zum Spaß; ***he gets a*** ~ ***out of it*** es macht ihm e-n Riesenspaß. II *v/t* **6.** (mit dem Fuß) stoßen, treten, e-n Tritt geben *od.* versetzen (*dat*): ***I could have*** ~***ed myself*** ich hätte mich ohrfeigen *od.* mir in den Hintern beißen kön-

nen; → ***bucket*** I. **7.** loskommen von (*e-r Droge, Gewohnheit etc*). **III** *v/i* **8.** (mit dem Fuß) stoßen, treten (***at*** nach); strampeln; ausschlagen (*Pferd etc*): → ***trace²***. **9.** ~ ***about*** (*od.* ***around***) F sich herumtreiben in (*dat*). **10.** F meutern, rebellieren (***against, at*** gegen).
Verbindungen mit Adverbien:
kick| a·bout, ~ a·round F **I** *v/t* **1.** *j-n* herumkommandieren. **2.** *j-n, et.* herumstoßen, -schubsen. **II** *v/i* **3.** sich herumtreiben. ~ **back** *v/i* **1.** zurücktreten. **2.** *fig.* unangenehme Folgen haben (***at*** für); zurückschlagen. ~ **in** *v/t* **1.** *Tür* eintreten. **2.** *Am.* F *et.* beisteuern (***for*** zu). ~ **off I** *v/i* **1.** *Fußball*: anstoßen. **2.** F anfangen. **II** *v/t* **3.** *et.* wegtreten, *Schuhe* wegschleudern. ~ **out I** *v/i* um sich treten; ausschlagen (*Pferd etc*). **II** *v/t* F *j-n* rausschmeißen (***of*** aus) (*a. fig.*). ~ **o·ver** *v/t* mit dem Fuß umstoßen. ~ **up** *v/t* mit dem Fuß hochschleudern, *Staub* aufwirbeln: → ***din*** I, ***dust*** 1, ***row³*** I, *etc.*
'kick|·back *s* **1.** unangenehme Folge(n *pl*). **2.** Schmiergeld *n.* **'~·off** *s Fußball*: Anstoß *m.* **'~·out** *s* F Rausschmiss *m* (*a. fig.*). **~ start·er** *s* Kickstarter *m* (*e-s Motorrads*).
kid¹ [kɪd] *s* **1.** Zicklein *n*, Kitz *n*. **2.** *a.* ~ ***leather*** Ziegen-, Glaceeleder *n*. **3.** F a) Kind *n*: ***my ~ brother*** mein kleiner Bruder, b) *bsd. Am.* Jugendliche *m, f.*
kid² [~] F **I** *v/t j-n* auf den Arm nehmen. **II** *v/i* albern; Spaß machen; schwindeln: ***he was only ~ding*** er hat nur Spaß gemacht, er hat es nicht ernst gemeint; ***no ~ding?*** im Ernst?, ehrlich?
kid glove *s* Glaceehandschuh *m*: ***handle s.o. with ~s*** *fig.* j-n mit Samt- *od.* Glaceehandschuhen anfassen.
kid·nap ['kɪdnæp] *v/t pret u. pp* **-naped,** *bsd. Br.* **-napped** kidnappen, entführen.
'kid·nap·(p)er *s* Kidnapper(in), Entführer(in).
'kid·nap·(p)ing *s* Kidnapping *n*, Entführung *f.*
kid·ney ['kɪdnɪ] *s* **1.** *anat.* Niere *f.* **2.** *fig.* Art *f*, Schlag *m.* ~ **bean** *s* ⚘ Kidney-Bohne. ~ **ma·chine** *s* ⚕ künstliche Niere: ***put on a ~*** *j-n* an e-e künstliche Niere anschließen. ~ **stone** *s* ⚕ Nierenstein *m.* ~ **trans·plant** *s* ⚕ Nierenverpflanzung *f.*
kill [kɪl] **I** *v/t* **1.** töten, umbringen, ermorden: ~ ***two birds with one stone*** *fig.* zwei Fliegen mit 'einer Klappe schlagen; ***be ~ed*** *a.* ums Leben kommen, umkommen; → ***accident*** 2, ***action*** 6. **2.** *Tier* schlachten. **3.** (fast) umbringen: ***my feet are ~ing me*** m-e Füße bringen mich (noch) um. **4.** *a.* ~ ***off*** *Knospen, Rost etc* vernichten. **5.** *Gefühle* (ab)töten, ersticken; *Schmerzen* stillen. **6.** *Zeit* totschlagen. **7.** F *Flasche etc* vernichten, austrinken. **II** *v/i* **8.** töten. **9.** ***dressed to ~*** F todschick gekleidet, *contp.* aufgedonnert.
'kill·er I *s* **1.** Mörder(in), (*kaltblütiger, professioneller*) Killer(in). **2.** *bsd. in Zssgn* Vertilgungs- *od.* Vernichtungsmittel *n.* **II** *adj* **3.** tödlich: ~ ***whale*** *zo.* Schwert-, Mordwal *m.*
'kill·ing I *adj* □ **1.** tödlich. **2.** vernichtend (*a. fig. Blick*), mörderisch (*a. fig. Tempo etc*). **3.** F umwerfend. **II** *s* **4.** F Reibach *m.*
'kill·joy *s* Spielverderber(in), Miesmacher(in).
kiln [kɪln] *s* Brenn- *od.* Trockenofen *m.*
ki·lo ['kiːləʊ] *pl* **-los** *s* Kilo *n.*
ki·lo|·byte ['kɪləʊbaɪt] *s* Kilobyte *n.* **~·gram(me)** *s* Kilogramm *n.* **'~ˌme·ter,** *bsd. Br.* **'~ˌme·tre** *s* Kilometer *m.* **'~watt** *s* ⚡ Kilowatt *n.*
kilt [kɪlt] *s* Kilt *m*, Schottenrock *m.*
ki·mo·no [kɪ'məʊnəʊ] *pl* **-nos** *s* Kimono *m.*
kin [kɪn] *s coll.* (*pl konstruiert*) Blutsverwandtschaft *f*, Verwandte *pl*: ***be of no ~ to*** nicht verwandt sein mit; → ***next*** 5.
kind¹ [kaɪnd] *s* **1.** Art *f*, Sorte *f*: ***all ~s of*** alle möglichen ..., allerlei; ***nothing of the ~*** nichts dergleichen. **2.** Art *f*, Wesen *n*: ***different in ~*** der Art *od.* dem Wesen nach verschieden. **3.** ~ ***of*** F ein bisschen, irgendwie: ***I've ~ of promised it*** ich habe es halb u. halb versprochen. **4.** ***in ~*** in Naturalien *zahlen.*
kind² [~] *adj* (□ → ***kindly*** II) **1.** freundlich, liebenswürdig, nett (***to*** zu): ~ ***to animals*** tierlieb; ***would you be so ~ as to do this for me?*** sei so gut *od.* freundlich u. erledige das für mich, erledige das doch bitte für mich; → ***enough*** III. **2.** herzlich: → ***regard*** 4.
kin·der·gar·ten ['kɪndəˌgɑːtn] *s* Kindergarten *m*: ~ ***teacher*** Kindergärtner(in).
ˌkind'heart·ed *adj* □ gütig, gutherzig.
kin·dle ['kɪndl] **I** *v/t* **1.** an-, entzünden. **2.** *Hass etc* entfachen, -flammen, *Interesse etc* wecken. **II** *v/i* **3.** sich entzünden, Feuer fangen. **4.** *fig.* entbrennen, -flammen.
kin·dling ['kɪndlɪŋ] *s* Anzündmaterial *n.*
kind·ly ['kaɪndlɪ] **I** *adj* **1.** freundlich, liebenswürdig. **II** *adv* **2.** → ***kind²*** 1. **3.** freundlicher-, liebenswürdiger-, netterweise: ~ ***tell me*** sagen Sie mir bitte. **4.** ***take ~ to*** sich mit *et.* an- *od.* befreunden.
kind·ness]'kaɪndnɪs] *s* **1.** Freundlichkeit *f*, Liebenswürdigkeit *f.* **2.** Gefälligkeit *f*: ***do s.o. a ~*** j-m e-e Gefälligkeit erweisen.
kin·dred ['kɪndrɪd] **I** *s* **1.** (Bluts)Verwandtschaft *f.* **2.** *coll.* (*pl konstruiert*) Verwandte *pl*, Verwandtschaft *f.* **II** *adj* **3.** (bluts)verwandt. **4.** *fig.* verwandt, ähnlich.
ki·net·ic [kɪ'netɪk] *phys.* **I** *adj* (**~ally**) kinetisch. **II** *s* **~s** *sg* Kinetik *f.*

king [kɪŋ] *s* **1.** König *m* (*a. Schach u. Kartenspiel*): ~ **of hearts** Herzkönig; → **English** 3, **evidence** 2. **2.** *Damespiel*: Dame *f*.
'**king·dom** *s* **1.** Königreich *n*. **2.** *a.* **Kingdom** *eccl.* Reich *n* (Gottes). **3.** *fig.* Reich *n*: **animal** (**mineral, vegetable** *od.* **plant**) ~ Tier-(Mineral-, Pflanzen)reich.
'**king·ly** *adj* königlich.
'**king|·pin** *s* F wichtigste Person; Dreh- u. Angelpunkt *m*. ~ **prawn** *s zo.* Hummerkrabbe *f*. '~**-size**(**d**) *adj* großformatig, Riesen...: ~ **cigarettes** *pl* Kingsize-Zigaretten *pl*.
kink [kɪŋk] *s* **1.** Knick *m* (*in Draht etc*). **2.** *fig.* Spleen *m*, Tick *m*. **3. have a ~ in one's back** (**neck**) e-n steifen Rücken (Hals) haben.
'**kink·y** *adj* **1.** kraus (*Haar*). **2.** *fig.* spleenig. **3.** F abartig, pervers.
kins·folk ['kɪnzfəʊk] *s pl* Verwandtschaft *f*, (Bluts)Verwandte *pl*.
Kin·sha·sa [kɪn'ʃɑːzə] *Hauptstadt von Zaire*.
kin·ship ['kɪnʃɪp] *s* (Bluts)Verwandtschaft *f*.
kins·man ['kɪnzmən] *s* (*irr* **man**) (Bluts)Verwandte *m*.
'**kins**ˌ**wom·an** *s* (*irr* **woman**) (Bluts)Verwandte *f*.
ki·osk ['kiːɒsk] *s* **1.** Kiosk *m*. **2.** *Br.* Telefonzelle *f*.
kip [kɪp] *sl.* **I** *s* **1.** Schlaf *m*: **have a ~** pennen. **2.** Schlafstelle *f*. **II** *v/i* **3.** pennen. **4.** ~ **down** sich hinhauen.
kip·per ['kɪpə] *s* Kipper *m* (*Räucherhering*).
kiss [kɪs] **I** *s* **1.** Kuss *m*: ~ **of life** *Br.* Mund-zu-Mund-Beatmung *f*. **II** *v/t* **2.** küssen: ~ **s.o. good night** j-m e-n Gutenachtkuss geben; ~ **the dust** F ins Gras beißen. **3.** leicht berühren. **III** *v/i* **4.** sich küssen. **5.** sich leicht berühren.
'**kiss·er** *s sl.* Schnauze *f*, Fresse *f*; Visage *f*.
'**kiss·proof** *adj* kussecht.
kit [kɪt] **I** *s* **1.** (*Reise-, Reit- etc*)Ausrüstung *f*, (-)Sachen *pl*. **2.** *mil.* Montur *f*; Gepäck *n*. **3.** Arbeitsgerät *n*, Werkzeug(e *pl*) *n*; Werkzeugtasche *f*, -kasten *m*. **4.** Baukasten *m*; Bastelsatz *m*. **5.** *a.* **press ~** Pressemappe *f*. **II** *v/t* **6.** *oft* ~ **out** (*od.* **up**) ausstatten (**with** mit). ~ **bag** *s* **1.** *mil.* Kleider-, Seesack *m*. **2.** Reisetasche *f*.
kitch·en ['kɪtʃɪn] **I** *s* Küche *f*. **II** *adj* Küchen...: ~ **knife** (**table,** *etc*); ~ **foil** Alufolie *f*; ~ **garden** (Obst- u.) Gemüsegarten *m*; ~ **help** Küchenhilfe *f*; ~ **sink** Ausguss *m*, Spüle *f*; **with everything but the ~ sink** mit Sack u. Pack.
kitch·en·et(te) [ˌ~'net] *s* Kochnische *f*.
kite [kaɪt] *s* Drachen *m*: **fly a ~** e-n Drachen *od. fig.* e-n Versuchsballon steigen lassen. ~ **fly·ing** *s econ.* Wechselreiterei *f*.
Kite·mark *s etwa* TÜV-Plakette *f*.
kith [kɪθ] *s*: **with ~ and kin** mit Kind u. Kegel.
kit·ten ['kɪtn] *s* Kätzchen *n*: **have ~s** *Br.* F Zustände kriegen.
'**kit·ten·ish** *adj* **1.** (kindlich) verspielt *od.* ausgelassen. **2.** kokett.
kit·ty ['kɪtɪ] *s* Kätzchen *n*.
ki·wi ['kiːwiː] **I** *s* **1.** *orn.* Kiwi *m*. **2.** ♀ Kiwi *f*. **3.** *mst* **Kiwi** F Neuseeländer(in). **II** *adj* **4.** *mst* **Kiwi** F neuseeländisch.
klax·on ['klæksn] *s mot.* Hupe *f*.
Kleen·ex ['kliːneks] *s* (*TM*) Papiertaschentuch *n*.
klep·to·ma·ni·a [ˌkleptəʊ'meɪnjə] *s psych.* Kleptomanie *f*.
ˌ**klep·to'ma·ni·ac** [~nɪæk] *s* Kleptomane *m*, -manin *f*.
km **kilometre**(**s**), *Am.* **kilometer**(**s**) km, Kilometer *m od. pl.*
kn **knot**(**s**) kn, Knoten *m od. pl.*
knack [næk] *s* **1.** Kniff *m*, Trick *m*: **get the ~ of doing s.th.** dahinter kommen *od.* herausbekommen, wie man et. tut; **have the ~ of s.th.** den Dreh von *od.* bei et. heraushaben. **2.** Geschick *n*: **have the** (*od.* **a**) ~ **of doing s.th.** Geschick *od.* das Talent haben, et. zu tun.
knack·er ['nækə] *s Br.* **1.** Abdecker(in): ~**'s yard** Abdeckerei *f*. **2.** Abbruchunternehmer(in).
'**knack·ered** *adj Br.* F geschlaucht, kaputt.
'**knack·er·y** *s Br.* Abdeckerei *f*.
knap·sack ['næpsæk] *s* **1.** *mil.* Tornister *m*. **2.** Rucksack *m*.
knave [neɪv] *s* **1.** *obs.* Schurke *m*. **2.** *Kartenspiel*: Bube *m*: ~ **of hearts** Herzbube *m*.
knead [niːd] *v/t Teig etc* (durch)kneten, *Muskeln a.* massieren.
knee [niː] *s* **1.** Knie *n*: **on one's ~s** kniefällig, auf Knien; **bring s.o. to his ~s** j-n auf *od.* in die Knie zwingen; **go** (**down**) (*od.* **fall**) **on one's ~s to** niederknien vor (*dat*), *fig. a.* in die Knie gehen vor (*dat*). **2.** *tech.* Knie(stück) *n*; (Rohr)Krümmer *m*. ~ **bend** *s* Kniebeuge *f*. '~**·cap** *s anat.* Kniescheibe *f*. ˌ~-'**deep,** ˌ~-'**high** *adj* knietief, -hoch. ~ **joint** *s anat., tech.* Kniegelenk *n*.
kneel [niːl] *v/i* (*mst irr*) **1.** *a.* ~ **down** (sich) hinknien, niederknien (**to** vor *dat*). **2.** knien, auf den Knien liegen (**before** vor *dat*).
'**knee|·pad** *s* Knieschützer *m*. '~**·pan** → **kneecap.** '~**·room** *s* ✈, *mot.* Kniefreiheit *f*.
knelt [nelt] *pret u. pp von* **kneel.**
knew [njuː] *pret von* **know.**
knick·er·bock·ers ['nɪkəbɒkəz] *s pl, a.* **pair of ~** Knickerbocker *pl*.
knick·ers ['nɪkəz] *s pl, a.* **pair of ~** **1.** → **knickerbockers.** **2.** *bsd. Br.* (Damen-)

Schlüpfer *m*: ***get one's ~ in a twist*** F, *oft humor*. sich ins Hemd machen.

knick·knack ['nɪknæk] *s* **1.** Nippsache *f*. **2.** billiges Schmuckstück. **3.** Spielerei *f*, Schnickschnack *m*.

knife [naɪf] **I** *pl* **knives** [naɪvz] *s* Messer *n*: ***before you can say ~*** *bsd. Br*. F im Nu, im Handumdrehen; ***to the ~*** bis aufs Messer, bis zum Äußersten; ***have one's ~ into s.o.*** j-n auf dem Kieker haben; ***go under the ~*** ⚕ unters Messer kommen. **II** *v/t* mit e-m Messer stechen *od*. verletzen: ~ (***to death***) erstechen. **~ blade** *s* Messerklinge *f*. **~ edge** *s* Messerschneide *f*: ***be balanced on a ~*** *fig*. auf des Messers Schneide stehen. **~ point** *s* Messerspitze *f*: ***at ~*** mit vorgehaltenem Messer.

knight [naɪt] **I** *s* **1.** *hist*. Ritter *m* (*Br. a. Adelsstufe*). **2.** *Schach*: Springer *m*, Pferd *n*. **II** *v/t* **3.** zum Ritter schlagen.

'**knight·ly** *adj u. adv* ritterlich.

knit [nɪt] (*a. irr*) **I** *v/t* **1.** stricken. **2.** *a.* ~ ***together*** zs.-fügen, verbinden (*a. fig*.). **3.** *fig*. verknüpfen. **4.** *Stirn* runzeln; *Augenbrauen* zs.-ziehen. **II** *v/i* **5.** stricken.

'**knit·ting** **I** *s* **1.** Stricken *n*. **2.** Strickarbeit *f*, -zeug *n*. **II** *adj* **3.** Strick...: ~ ***needle***.

'**knit·wear** *s* Strickwaren *pl*.

knives [naɪvz] *pl von* **knife**.

knob [nɒb] *s* (*runder*) Kniff, Knauf *m*.

knock [nɒk] **I** *s* **1.** Schlag *m*, Stoß *m*. **2.** Klopfen *n* (*a. mot*.): ***there is a ~*** (***at*** [*Am*. ***on***] ***the door***) es klopft. **II** *v/t* **3.** schlagen, stoßen: ~ ***one's head against*** sich den Kopf anschlagen an (*dat*); ~ ***one's head against a brick wall*** *fig*. mit dem Kopf gegen die Wand rennen. **III** *v/i* **4.** schlagen, klopfen: ~ ***at*** (*Am*. ***on***) ***the door*** an die Tür klopfen. **5.** schlagen, prallen, stoßen (***against, into*** gegen; ***on*** auf *acc*). **6.** *tech*. klopfen (*Motor, Brennstoff*). **7.** ~ ***about*** (*od*. ***around***) F sich herumtreiben in (*dat*); herumliegen in (*dat*) (*Gegenstand*). **8.** ~ ***off*** e-n Preisnachlass gewähren.

Verbindungen mit Adverbien:

knock| a·bout, ~ a·round **I** *v/t* **1.** herumstoßen. **II** *v/i* **2.** F sich herumtreiben: ~ ***with*** *a*. gehen mit (*e-m Mädchen etc*). **3.** F herumliegen (*Gegenstand*). **~ back** *v/t* **1.** *Stuhl* zurückstoßen. **2.** *bsd. Br*. F *Getränk* runterkippen. **~ down** *v/t* **1.** a) umstoßen, umwerfen, b) niederschlagen, c) an-, umfahren; überfahren, d) F umhauen, sprachlos machen. **2.** *Gebäude etc* abreißen, abbrechen. **3.** (***to*** auf *acc*; ***£2*** um 2 Pfund) *j-n, Preis* herunterhandeln; mit *dem Preis* heruntergehen. **~ in** *v/t Nagel* einschlagen. **~ off** **I** *v/t* **1.** abschlagen. **2.** F aufhören mit: ***knock it off!*** hör auf (damit)!; ~ ***work***(***ing***) → 6b.; ***knocking-off time*** Arbeitsschluss *m*. **3.** F *Arbeit* erledigen. **4.** F *j-n* umlegen. **5.** F *Essen* wegputzen. **II** *v/i* **6.** F a) *allg*. aufhören, b) Feierabend *od*. Schluss machen. **~ out** *v/t* **1.** herausschlagen, -klopfen (***of*** aus), *Pfeife* ausklopfen: → ***bottom*** 3. **2.** a) bewusstlos schlagen, b) *Boxen*: k.o. schlagen, ausknocken, c) betäuben (*Droge etc*), d) F umhauen (*sprachlos machen, hinreißen*). **~ to·geth·er** *v/t* **1.** (*a. v/i*) aneinander stoßen. **2.** F *et*. schnell zs.-zimmern, *Essen etc* (her-)zaubern. **~ o·ver** *v/t* **1.** umwerfen, umstoßen. **2.** überfahren. **~ up** **I** *v/t* **1.** hochschlagen, in die Höhe schlagen. **2.** *Br*. F herausklopfen, (*durch Klopfen*) wecken. **3.** *Br*. F *Geld* verdienen. **4.** *sl. Mädchen* bumsen; schwängern. **II** *v/i* **5.** *Tennis etc*: sich einspielen.

'**knock|·a·bout** *adj* **1.** strapazierfähig (*Kleidung etc*). **2.** *thea. etc* Klamauk...: ~ ***comedy*** Klamaukstück *n*. '**~·down** **I** *adj* **1.** niederschmetternd (*a. fig*.). **2.** ~ ***price*** Schleuderpreis *m*: ***at a ~*** spottbillig. **II** *s* **3.** *Boxen*: Niederschlag *m*.

knock·er ['nɒkə] *s* **1.** (Tür)Klopfer *m*. **2.** *pl sl*. Titten *pl*.

ˌ**knock|-'kneed** *adj* x-beinig: ***be ~*** X-Beine haben. ˌ**~-'knees** *s pl* X-Beine *pl*. '**~-on** *adj* ~ ***effect*** Schneeballeffekt *m*, Anstoßwirkung *f*. '**~·out** **I** *s* **1.** *Boxen*: K. o. *m*: ***win by a ~*** durch K. o. gewinnen. **2.** F tolle Person *od*. Sache; Attraktion *f*; Bombenerfolg *m*. **II** *adj* **3.** *Boxen*: K.-o.-...

knot [nɒt] **I** *s* **1.** Knoten *m*: ***make*** (*od*. ***tie***) ***a ~*** e-n Knoten machen; ***tie s.o.*** (***up***) ***in ~s*** F j-n völlig durcheinander bringen. **2.** Astknoten *m*, Knorren *m*. **3.** ⚓ Knoten *m*, Seemeile *f*. **4.** *fig*. Knoten *m*, Schwierigkeit *f*: ***cut the ~*** den Knoten durchhauen. **II** *v/t* **5.** (e-n) Knoten machen in (*acc*). **6.** (ver)knoten, (-)knüpfen. **III** *v/i* **7.** sich verknoten.

know [nəʊ] **I** *v/t* (*irr*) **1.** *allg*. wissen. **2.** können: ~ ***how to do s.th.*** et. tun können. **3.** kennen: a) sich auskennen in (*dat*), b) vertraut sein mit, c) bekannt sein mit. **4.** erfahren, erleben: ***he has ~n better days*** er hat schon bessere Tage gesehen. **5.** (wieder)erkennen (***by*** an *dat*); unterscheiden (können) (***from*** von): ~ ***apart*** auseinander halten. **II** *v/i* (*irr*) **6.** wissen (***of*** von, um), Bescheid wissen (***about*** über *acc*): ***you never ~*** man kann nie wissen; ~ ***better than to do s.th.*** sich davor hüten, et. zu tun. **III** *s* **7.** ***be in the ~*** Bescheid wissen. '**~-all** *s* Besserwisser(in). '**~-how** *s* Know-how *n* (*a. econ*.): ***industrial ~*** praktische Betriebserfahrung.

know·ing ['nəʊɪŋ] *adj* **1.** klug, gescheit. **2.** schlau, durchtrieben. **3.** verständnisvoll, wissend (*Blick*).

'**know·ing·ly** *adv* **1.** → ***knowing.*** **2.** wissentlich, bewusst.

knowl·edge ['nɒlɪdʒ] *s* **1.** Kenntnis *f*: ***bring s.th. to s.o.'s*** ~ j-n von et. in Kenntnis setzen; ***it has come to my*** ~ ich habe erfahren (***that*** dass); (***not***) ***to my*** ~ m-s Wissens (nicht); ***without my*** ~ ohne mein Wissen. **2.** Wissen *n*, Kenntnisse *pl*: ***have a good*** ~ ***of*** viel verstehen von, sich gut auskennen in (*dat*).

known [nəʊn] **I** *pp von* ***know.*** **II** *adj* bekannt (***as*** als; ***for*** für; ***to s.o.*** j-m): ~ ***to the police*** polizeibekannt; ***make*** ~ bekannt machen; ***make o.s.*** ~ ***to s.o.*** sich j-m vorstellen.

knuck·le ['nʌkl] **I** *s* **1.** *anat.* (Finger)Knöchel *m*: → ***rap***¹ 1, 3. **2.** (*Kalbs-*, *Schweins*)Haxe *f*, (-)Hachse *f*: ***near the*** ~ F reichlich gewagt (*Witz etc*). **II** *v/i* **3.** ~ ***down*** sich anstrengen *od.* dahinter klemmen: ~ ***down to work*** sich an die Arbeit machen, sich hinter die Arbeit klemmen. **4.** ~ ***under*** sich unterwerfen *od.* beugen (***to*** *dat*), klein beigeben. '~-ˌ**dust·er** *s* Schlagring *m*.

KO [keɪ'əʊ] ***knockout*** K. o. *m*.

koa·la (**bear**) [kəʊ'ɑːlə ~] *s zo.* Koala(bär) *m*.

kohl [kəʊl] *s Kosmetik*: Kajal *n*.

kook [kuːk] *s Am.* F Spinner *m*.

Ko·ran [kɒ'rɑːn] *s eccl.* Koran *m*.

Ko·rea [kə'rɪə] *npr* Korea *n*.

Ko·rean [kə'rɪən] **I** *adj* koreanisch. **II** *s* Koreaner(in).

ko·sher ['kəʊʃə] *adj* koscher (*Essen*).

kph ***kilometres per hour*** km/h.

kraut [kraʊt] *s contp.* Deutsche *m, f*.

Krem·lin ['kremlɪn] *npr* Kreml *m*.

Kua·la Lum·pur [ˌkwɑːlə'lʊmˌpʊə] *Hauptstadt von Malaysia*.

Ku·wait [kʊ'weɪt] *npr* Kuwait *n*.

Ku·wai·ti [kʊ'weɪtɪ] **I** *adj* kuwaitisch. **II** *s* Kuwaiter(in).

kW, kw ***kilowatt***(**s**) kW, Kilowatt *n od. pl*.

Kyr·gyz·stan ['kɜːdʒɪstæn] Kirgistan *n* (*Republik in Mittelasien*).

K

L

L [el] *pl* **L's** *s* L *n.*
L *Br.* ***Learner*** (***driver***) Fahrschüler(in) (*Plakette am Auto*).
l ***litre***(**s**), *Am.* ***liter***(**s**) l, Liter *m, n od. pl*; ***left*** links; ***line*** Zeile *f.*
£ ***pound***(**s**) ***sterling*** Pfund *n od. pl* Sterling.
LA ***Los Angeles*** LA, Los Angeles.
Lab. *Br. pol.* ***Labour*** (die) Labour Party.
lab [læb] *s* F Labor *n.*
la·bel ['leɪbl] **I** *s* **1.** Etikett *n*, (Klebe-, Anhänge)Zettel *m*, (-)Schild(chen) *n.* **II** *v/t pret u. pp* **-beled,** *bsd. Br.* **-belled 2.** etikettieren, beschriften. **3.** als ... bezeichnen, zu ... stempeln: ***be ~(l)ed a criminal*** zum Verbrecher gestempelt werden.
la·bi·al ['leɪbjəl] *s ling.* Lippen-, Labiallaut *m.*
la·bor ['leɪbə] *Am.* **I** → ***labour,*** *etc.* **II** *adj* **1.** Gewerkschafts... **2.** ~ ***union*** Gewerkschaft *f.*
la·bor·a·to·ry [lə'bɒrətərɪ] *s* Labor(atorium) *n*: ~ ***assistant*** Laborant(in).
la·bo·ri·ous [lə'bɔːrɪəs] *adj* □ **1.** mühsam. **2.** schwerfällig (*Stil*). **3.** arbeitsam, fleißig.
la·bour ['leɪbə] *bsd. Br.* **I** *s* **1.** (schwere) Arbeit. **2.** Mühe *f*, Plage *f*: ***lost*** ~ vergebliche Mühe. **3.** *econ.* Arbeiterschaft *f*; Arbeiter *pl*, Arbeitskräfte *pl.* **4.** ***Labour*** *pol.* die Labour Party (*Großbritanniens etc*). **5.** ⚕ Wehen *pl*: ***be in*** ~ in den Wehen liegen. **II** *v/i* **6.** (schwer) arbeiten (***at*** an *dat*), sich bemühen (***for*** um), sich anstrengen *od.* abmühen (***to do*** zu tun). **7.** *a.* ~ ***along*** sich mühsam fortbewegen: ~ ***through*** sich kämpfen durch (*Schlamm, Buch etc*). **8.** (***under***) zu leiden haben (unter *dat*), zu kämpfen haben (mit); befangen sein (in *dat*). **III** *v/t* **9.** ausführlich *od.* umständlich behandeln. **IV** *adj* **10.** Arbeits...; Arbeiter...: ~ ***cost*** Lohn-, Arbeitskosten *pl*; ~ ***dispute*** Arbeitskampf *m*; ~ ***law*** Arbeitsrecht *n*; ~ ***legislation*** Arbeitsgesetzgebung *f*; ~ ***market*** Arbeitsmarkt *m.* **11.** ***Labour*** *pol.* Labour...: ~ ***Party*** Labour Party *f.*
la·bour| **a·gree·ment** *s* Tarifvertrag *m.* ~ **con·tract** *s Am.* Tarifabkommen *n*, -abschluss *m.*
'**la·bour·er** *s bsd. Br.* (*bsd.* Hilfs)Arbeiter(in).
'**la·bour**| **force** *s* erwerbstätige Bevölkerung *f.* **~-in,ten·sive** *adj* □ *bsd. Br.* arbeitsintensiv. '**~-,sav·ing** *adj bsd. Br.* arbeitssparend. ~ **short·age** *s* Arbeitskräftemangel *m.* ~ **sur·plus** *s* Überangebot an Arbeitskräften. ~ **turn·o·ver** *s* Personalfluktuation *f.* ~ **u·nion** *s Am.* Gewerkschaft *f.* ~ **wast·age** *s* Arbeitskräfteabgang *m.*
lab·ra·dor ['læbrədɔː] *s zo.* Labrador *m.*
la·bur·num [lə'bɜːnəm] *s* ♀ Goldregen *m.*
lab·y·rinth ['læbərɪnθ] *s* Labyrinth *n.*
lace [leɪs] **I** *s* **1.** *Textilwesen*: Spitze *f.* **2.** Litze *f*, Tresse *f*, Borte *f.* **3.** Schnürband *n*, -senkel *m.* **4.** Schuss *m* Alkohol (*in Getränken*): ***with a ~ of rum*** mit e-m Schuss Rum. **II** *v/t* **5.** *a.* ~ ***up*** (zu-, zs.-)schnüren. **6.** mit Spitzen *od.* Litzen besetzen. **7.** ~ ***one's tea with rum*** sich e-n Schuss Rum in den Tee geben; ~ ***s.o.'s beer with vodka*** j-m heimlich Wodka ins Bier schütten; ***tea ~d with rum*** Tee *m* mit e-m Schuss Rum. **III** *v/i* **8.** ~ ***into s.o.*** F über j-n herfallen.
lac·er·ate ['læsəreɪt] *v/t Gesicht etc* aufreißen; zerschneiden; zerkratzen.
,**lac·er'a·tion** *s* Riss-; Schnitt-, Kratzwunde *f.*
lach·ry·mal ['lækrɪml] *adj* **1.** Tränen...: ~ ***gland*** *anat.* Tränendrüse *f.* **2.** → ***lachrymose*** 1, 2.
lach·ry·mose ['~məʊs] *adj* □ **1.** tränenreich. **2.** weinerlich. **3.** traurig, ergreifend.
lack [læk] **I** *s* **1.** Mangel *m* (***of*** an *dat*): ~ ***of sleep*** fehlender Schlaf; ***for*** (*od.* ***through***) ~ ***of time*** aus Zeitmangel. **II** *v/t* **2.** nicht haben, Mangel haben *od.* leiden an (*dat*): ***we ~ coal*** es fehlt uns an Kohle. **3.** es fehlen lassen an (*dat*). **III** *v/i* **4.** a) ***be ~ing*** fehlen, b) ~ ***in*** Mangel haben *od.* leiden an (*dat*): ***he is ~ing in courage*** ihm fehlt der Mut. **5.** ~ ***for nothing*** von allem genug haben: ***he ~s for nothing*** es fehlt ihm an nichts.
lack·a·dai·si·cal [,lækə'deɪzɪkl] *adj* □ **1.** lustlos. **2.** nachlässig (***about*** in *dat*).
lack·ey ['lækɪ] *s* Lakai *m* (*a. fig. contp.*).
lack·ing ['lækɪŋ] *adj* **1.** ***be found*** ~ sich nicht bewähren. **2.** *Br.* F beschränkt, dumm.
'**lack**|,**lus·ter** *adj Am.*, '**~,lus·tre** *adj bsd. Br.* glanzlos, matt.
la·con·ic [lə'kɒnɪk] *adj* (**~ally**) **1.** lakonisch. **2.** wortkarg.

lac·quer ['lækə] I *s* **1.** (Farb)Lack *m.* **2.** (*Haar*)Festiger *m.* II *v/t* **3.** lackieren.
la·crosse [lə'krɒs] *s Sport*: Lacrosse *n* (*Ballspiel*).
lad [læd] *s* **1.** junger Kerl *od.* Bursche. **2.** ***a bit of a ~*** *Br.* F ein ziemlicher Draufgänger.
lad·der ['lædə] I *s* **1.** Leiter *f* (*a. fig.*). **2.** *bsd. Br.* Laufmasche *f.* II *v/i* **3.** *bsd. Br.* Laufmaschen bekommen. '**~·proof** *adj* maschenfest.
lad·en ['leɪdn] *adj* **1.** (schwer) beladen (***with*** mit). **2.** *fig.* bedrückt (***with*** von): ***~ with guilt*** schuldbeladen.
la-di-da [ˌlɑːdɪ'dɑː] *adj* F affektiert, affig.
la·dies'| choice *s* Damenwahl *f.* **~ man** *s* (*irr man*) Frauenheld *m.* **~ room** *s* Damentoilette *f.*
la·dle ['leɪdl] I *s* **1.** Schöpflöffel *m*, -kelle *f.* **2.** *tech.* Schaufel *f* (*e-s Baggers etc*). II *v/t* **3.** *a.* ***~ out*** (aus)schöpfen. **4.** *a.* ***~ out*** austeilen (*a. fig.*).
la·dy ['leɪdɪ] I *s* **1.** Dame *f*: ***ladies and gentlemen*** m-e Damen u. Herren. **2.** ***Lady*** Lady *f* (*Titel*). **3.** ***Our Lady*** *eccl.* Unsere Liebe Frau, die Mutter Gottes. **4.** ***Ladies*** *sg* Damentoilette *f.* II *adj* **5.** weiblich: ***~ doctor*** Ärztin *f.* '**~·bird,** *Am. a.* '**~·bug** *s zo.* Marienkäfer *m.* ˌ**~-in-'wait·ing** *pl* ˌ**la·dies-in-'wait·ing** *s* Hofdame *f.* '**~-ˌkill·er** *s* F Ladykiller *m*, Herzensbrecher *m.* '**~-like** *adj* damenhaft.
la·dy's man → ***ladies' man.***
lag[1] [læg] I *v/i* **1.** *mst* ***~ behind*** zurückbleiben, nicht mitkommen (*beide a. fig.*): ***~ behind s.o.*** hinter j-m zurückbleiben. **2.** *mst* ***~ behind*** sich verzögern. II *s* **3.** → ***time lag.***
lag[2] [~] *v/t tech.* verschalen; isolieren, ummanteln.
la·ger ['lɑːgə] *s* Lagerbier *n.*
lag·ging ['lægɪŋ] *s tech.* Wärmeschutz *m.*
la·goon [lə'guːn] *s* Lagune *f.*
laid [leɪd] *pret u. pp von* ***lay***[1].
laid-'back *adj* F cool.
lain [leɪn] *pp von* ***lie***[2].
lair [leə] *s zo.* Lager *n*; Bau *m*; Höhle *f.*
la·i·ty ['leɪətɪ] *s* Laien *pl.*
lake [leɪk] *s* See *m*: ***Lake Constance*** der Bodensee. **~ dwell·ings** *s pl* Pfahlbauten *pl.*
lam [læm] *sl.* I *v/t* verdreschen, -möbeln. II *v/i*: ***~ into s.o.*** auf j-n eindreschen; über j-n herfallen (*a. mit Worten*).
lamb [læm] I *s* **1.** Lamm *n*: (***as***) ***gentle*** (*od.* ***meek***) ***as a ~*** lammfromm. **2.** Lamm *n*: a) *gastr.* Lammfleisch *n*: ***~ chop*** Lammkotelett *n*, b) → ***lambskin.*** II *v/i* **3.** lammen.
lam·baste [læm'beɪst] *v/t sl.* **1.** → ***lam*** I. **2.** *fig.* herunterputzen, zs.-stauchen.
'**lamb|·like** *adj* lammfromm. '**~·skin** *s* **1.** Lammfell *n.* **2.** Schafleder *n.*
lamb's wool *s* Lambswool *f*, Lammwolle *f.*
lame [leɪm] I *adj* □ **1.** a) lahm: ***walk ~ly*** hinken, (*Tier a.*) lahmen, b) gelähmt. **2.** *fig.* lahm: a) faul (*Ausrede*), b) schwach (*Argument*), c) matt, schwach (*Anstrengungen*). II *v/t* **3.** lähmen (*a. fig.*). **~ duck** *s* F **1.** Niete *f*, Versager(in) (*a. Sache*). **2.** *pol. Am. nicht wiedergewähltes Kongressmitglied bis zum Ablauf s-r Amtszeit.* **3.** *econ.* unrentables Unternehmen.
la·mel·la [lə'melə] *pl* **-lae** [~liː], **-las** *s* Lamelle *f.*
lame·ness ['leɪmnɪs] *s* Lahmheit *f.*
la·ment [lə'ment] I *v/i* **1.** jammern, (weh)klagen, *contp.* lamentieren (***for, over*** um). **2.** trauern (***for, over*** um). II *v/t* **3.** beklagen: a) bejammern, bedauern, b) betrauern. III *s* **4.** Jammer *m*, (Weh)Klage *f.* **5.** Klagelied *n.*
lam·en·ta·ble ['læməntəbl] *adj* □ **1.** beklagenswert, bedauerlich. **2.** *contp.* erbärmlich, kläglich.
lam·en·ta·tion [ˌ~men'teɪʃn] *s* **1.** (Weh)Klage *f.* **2.** *contp.* Lamento *n*, Lamentieren *n.*
lam·i·nat·ed ['læmɪneɪtɪd] *adj tech.* laminiert, geschichtet: ***~ glass*** Verbundglas *n.*
lamp [læmp] *s* Lampe *f*, (*Straßen*)Laterne *f.*
lam·poon [læm'puːn] I *s* Spott-, Schmähschrift *f.* II *v/t* (*schriftlich*) verspotten.
'**lamp·post** *s* Laternenpfahl *m*: → ***between*** 2.
'**lamp·shade** *s* Lampenschirm *m.*
LAN ***local area network*** Ortsnetz *n.*
lance [lɑːns] I *s* Lanze *f.* II *v/t* ⚕ *Geschwür etc* (mit e-r Lanzette) öffnen.
lan·cet ['lɑːnsɪt] *s* **1.** ⚕ Lanzette *f.* **2.** △ a) *a.* ***~ arch*** Spitzbogen *m*, b) *a.* ***~ window*** Spitzbogenfenster *n.*
land [lænd] I *s* **1.** Land *n* (*Ggs. Wasser, Luft*): ***by ~*** auf dem Landweg; ***by ~ and sea*** zu Wasser u. zu Lande; ***see*** (*od.* ***find out***) ***how the ~ lies*** *fig.* die Lage peilen; sich e-n Überblick verschaffen. **2.** Land *n*, Boden *m*: ***ploughed ~*** Ackerland; ***~ and buildings*** Grundstücke u. Gebäude *pl*; ***~ agent*** Grundstücksmakler *m*; ***~ set aside*** *EG* Flächenstilllegung *f*; ***~ speculation*** Bodenspekulation *f.* **3.** Land *n*, Staat *m.* **4.** *fig.* Land *n*, Reich *n*: → ***milk*** I. II *v/i* **5.** ✈ landen, ⚓ *a.* anlegen. **6.** *oft* ***~ up*** landen, (an)kommen: ***~ up in prison*** im Gefängnis landen. III *v/t* **7.** *Personen, Güter, Flugzeug* landen, *Güter* ausladen, ⚓ *a.* löschen. **8.** *j-n* bringen: ***~ o.s.*** (*od.* ***be ~ed***) ***in trouble*** in Schwierigkeiten geraten *od.* kommen. **9.** F *Schlag, Treffer* landen, anbringen: ***he ~ed him one*** er knallte ihm eine. **10.** F *j-n, et.* kriegen, erwischen, *Preis* ergattern. **11.** ***~ s.o. s.th.*** F j-m et. einbringen. **~ charge** *s* Grundschuld *f.*

L

land·ed ['lændɪd] *adj* Land..., Grund...: ~ ***property*** Land-, Grundbesitz *m*.
land forc·es *s pl mil*. Landstreitkräfte *pl*.
land·ing ['lændɪŋ] *s* **1.** ✈ Landung *f*, Landen *n*, ⚓ *a*. Anlegen *n*. **2.** (Treppen)Absatz *m*. ~ **ap·proach** *s* ✈ Landeanflug *m*. ~ **clear·ance** *s* ✈ Landeerlaubnis *f*. ~ **field** *s* ✈ Landeplatz *m*. ~ **gear** *s* ✈ Fahrgestell *n*, -werk *n*.
land|·la·dy ['læn,leɪdɪ] *s* (Haus-, Gast-, Pensions)Wirtin *f*. **~·lord** ['læn~] *s* **1.** Grundeigentümer *m*, -besitzer *m*. **2.** (Haus-, Gast-, Pensions)Wirt *m*. **~·lub·ber** ['lænd,~] *s* ⚓ Landratte *f*. **'~·mark** *s* **1.** Grenzstein *m*, -zeichen *n*. **2.** ⚓ Landmarke *f*, Seezeichen *n*. **3.** Wahrzeichen *n* (*e-r Stadt etc*). **4.** *fig*. Mark-, Meilenstein *m*. ~ **of·fice** *s Am*. Grundbuchamt *n*. **'~,own·er** *s* Grundbesitzer(in), -eigentümer(in). ~ **reg·is·ter** *s Br*. Grundbuch *n*. ~ **reg·is·try** *s Br*. Grundbuchamt *n*.
land·scape ['lænskeɪp] **I** *s* **1.** Landschaft *f* (*a. paint*.): ~ ***architect*** Landschaftsarchitekt(in); ~ ***gardener*** Landschaftsgärtner(in); ~ ***painter*** Landschaftsmaler(in). **2.** Querformat *n*. **II** *v/t* **3.** landschaftsgärtnerisch gestalten: ***~d office*** Bürolandschaft *f*.
'land|·slide *s* **1.** Erdrutsch *m*. **2.** *a*. ~ ***victory*** (*od*. ***win***) *pol*. überwältigender Wahlsieg. ~ **tax** *s* Grundsteuer *f*.
land·ward(s) ['lændwəd(z)] *adv* land(ein)wärts.
lane [leɪn] *s* **1.** (Feld)Weg *m*. **2.** Gasse *f*: a) Sträßchen *n*, b) Durchgang *m* (*zwischen Menschenreihen etc*): ***form a*** ~ Spalier stehen, e-e Gasse bilden. **3.** Schneise *f*. **4.** ⚓ Fahrrinne *f*. **5.** ✈ Flugschneise *f*. **6.** *mot*. (Fahr)Spur *f*: ***change ~s*** die Spur wechseln; ***get in*** ~ sich einordnen. **7.** *Sport*: (*einzelne*) Bahn.
lan·guage ['læŋgwɪdʒ] *s* **1.** Sprache *f*. **2.** Sprache *f*, Ausdrucks-, Redeweise *f*: → ***bad*** 3, ***strong*** 7. **3.** (Fach)Sprache *f*. ~ **course** *s* Sprachkurs *m*. ~ **la·bor·a·to·ry** *s* Sprachlabor *n*. ~ **school** *s* Sprachenschule *f*.
lan·guid ['læŋgwɪd] *adj* □ **1.** schwach, matt. **2.** *fig*. lau, interesselos.
lan·guish ['læŋgwɪʃ] *v/i* **1.** ermatten, erschlaffen. **2.** erlahmen (*Interesse etc*). **3.** sich sehnen, schmachten (***for*** nach).
'lan·guish·ing *adj* □ sehnsüchtig, schmachtend (*Blick etc*).
lan·guor ['læŋgə] *s* **1.** Schwachheit *f*, Mattigkeit *f*. **2.** *fig*. Lauheit *f*, Interesselosigkeit *f*. **3.** einschläfernde Schwüle.
'lan·guor·ous *adj* □ **1.** → ***languid***. **2.** einschläfernd schwül.
lank [læŋk] *adj* □ **1.** hager, mager. **2.** glatt (*Haar*).
'lank·y *adj* □ schlaksig.
lan·tern ['læntən] *s* Laterne *f*.
La·os ['lɑːɒs, laʊs] *npr* Laos *n*.
lap[1] [læp] *s* Schoß *m* (*a. fig*.): ***drop into s.o.'s*** ~ j-m in den Schoß fallen.
lap[2] [~] **I** *v/t* **1.** wickeln ([***a***]***round*** um). **2.** einschlagen, -wickeln (***in*** in *acc*). **3.** hinausragen über (*acc*). **4.** *Sport*: überrunden. **II** *v/i* **5.** überstehen, hinausragen (***over*** über *acc*). **6.** sich überlappen. **III** *s* **7.** *Sport*: Runde *f*: ~ ***of hono***(***u***)***r*** Ehrenrunde.
lap[3] [~] **I** *v/t* **1.** (sch)lecken: ~ ***up*** a) auf(sch)lecken, b) *fig*. F fressen, schlucken (*kritiklos glauben*), c) *fig*. F *Komplimente etc* gierig aufnehmen. **II** *v/i* **2.** plätschern (***against*** gegen, an *acc*). **III** *s* **3.** (Sch)Lecken *n*: ***take a*** ~ ***at*** (sch)lecken an (*dat*). **4.** Plätschern *n*.
lap belt *s* ✈, *mot*. Beckengurt *m*.
la·pel [lə'pel] *s* Aufschlag *m*, Revers *n*, *m*.
Lap·land ['læplænd] Lappland *n*.
lapse [læps] **I** *s* **1.** Versehen *n*, (kleiner) Fehler *od*. Irrtum. **2.** Vergehen *n*, Entgleisung *f*. **3.** Zeitspanne *f*: ~ ***of time*** Fristablauf *m*. **4.** ⚖ Verfall *m*, Erlöschen *n*. **II** *v/i* **5.** vergehen, -streichen (*Zeit*); ablaufen (*Frist*). **6.** verfallen, -sinken (***into*** in *acc*). **7.** ⚖ verfallen, erlöschen (*Anspruch etc*).
lap·top ['læptɒp] *s Computer*: Laptop *m*.
lap·wing ['læpwɪŋ] *s orn*. Kiebitz *m*.
lar·ce·ny ['lɑːsənɪ] *s* ⚖ Diebstahl *m*: ***grand*** (***petty***) ~ schwerer (einfacher) Diebstahl.
larch [lɑːtʃ] *s* ♣ Lärche *f*.
lard [lɑːd] **I** *s* **1.** Schweinefett *n*, -schmalz *n*. **II** *v/t* **2.** einfetten. **3.** *Fleisch* spicken: ***~ing needle*** (*od*. ***pin***) Spicknadel *f*. **4.** *fig*. spicken, (aus)schmücken (***with*** mit).
lard·er ['lɑːdə] *s* **1.** Speisekammer *f*. **2.** Speiseschrank *m*.
large [lɑːdʒ] **I** *adj* (□ → ***largely***) **1.** *allg*. groß: (***as***) ~ ***as life*** in voller Lebensgröße; ***~r than life*** überlebensgroß. **2.** groß (*Familie etc*), (*Einkommen etc a*.) beträchtlich, (*Mahlzeit*) ausgiebig, reichlich. **3.** umfassend, weitgehend (*Vollmachten etc*). **4.** Groß...: ~ ***consumer*** Großverbraucher(in). **5.** F großspurig. **II** *adv* **6.** ***talk*** ~ F große Töne spucken. **III** *s* **7.** ***at*** ~ a) in Freiheit, auf freiem Fuß: ***set at*** ~ auf freien Fuß setzen, b) (sehr) ausführlich, c) in der Gesamtheit: ***the nation at*** ~ die ganze Nation.
'large·ly *adv* **1.** großen-, größtenteils. **2.** allgemein.
large·ness ['lɑːdʒnɪs] *s* **1.** Größe *f*. **2.** F Großspurigkeit *f*.
'large-,quan·ti·ty re·bate *s* Mengenrabatt *m*.
'large-scale *adj* groß (angelegt), Groß...: ~ ***animal husbandry*** Massentierhaltung *f*; ~

enterprise Großbetrieb *m*, -unternehmen *n*; ~ ***experiment*** Großversuch *m*; ~ ***order*** Großauftrag *m*; ~ ***producer*** Großerzeuger *m*; ~ ***production*** Massenproduktion *f*, Serienfertigung *f*; ~ ***redundancies*** *pl* Massenentlassungen *pl*; ~ ***unemployment*** Massenarbeitslosigkeit *f*.

lar·gess(e) [lɑːˈdʒes] *s* Freigebigkeit *f*, Großzügigkeit *f*.

lar·go [ˈlɑːgəʊ] *pl* **-gos** *s* ♪ Largo *n*.

lar·i·at [ˈlærɪət] *s bsd. Am.* Lasso *n, m*.

lark[1] [lɑːk] *s orn.* Lerche *f*.

lark[2] [~] F **I** *s* Jux *m*, Ulk *m*: ***for a*** ~ zum Spaß, aus Jux. **II** *v/i mst* ~ ***about*** (*od.* ***around***) Blödsinn machen, herumalbern.

lark·spur [ˈlɑːkspɜː] *s* ⚘ Rittersporn *m*.

lar·va [ˈlɑːvə] *pl* **-vae** [ˈ~viː] *s zo.* Larve *f*.

lar·yn·gi·tis [ˌlærɪnˈdʒaɪtɪs] *s* ⚕ Kehlkopfentzündung *f*.

lar·ynx [ˈlærɪŋks] *pl* **la·ryn·ges** [ləˈrɪndʒiːz], **ˈlar·ynx·es** *s anat.* Kehlkopf *m*.

las·civ·ious [ləˈsɪvɪəs] *adj* ☐ **1.** geil, lüstern. **2.** lasziv, schlüpfrig.

la·ser [ˈleɪzə] *s phys.* Laser *m*. ~ **beam** *s* Laserstrahl *m*. ~ **gun** *s* Laserpistole *f*. ~ **med·i·cine** *s* Lasermedizin *f*. ~ **print·er** *s Computer*: Laserdrucker *m*. ~ **scan·ner** *s* Lesegerät *n*.

lash[1] [læʃ] **I** *s* **1.** Peitschenschnur *f*. **2.** Peitschenhieb *m*. **3.** *fig.* (Peitschen)Hieb *m* (***at*** gegen). **4.** Peitschen *n* (*a. fig.*). **5.** (Augen)Wimper *f*. **II** *v/t* **6.** (aus)peitschen. **7.** *fig.* a) peitschen, b) peitschen an (*acc*) *od.* gegen. **8.** peitschen mit: ~ ***its tail*** mit dem Schwanz um sich schlagen. **9.** *fig.* aufpeitschen (***into*** zu). **10.** *fig.* geißeln, vom Leder ziehen gegen. **III** *v/i* **11.** ~ ***against*** → 7b; ~ ***down*** niederprasseln (*Regen*). **12.** schlagen (***at*** nach): ~ ***about*** (*od.* ***around***) (wild) um sich schlagen; ~ ***into*** a) einschlagen auf (*acc*), b) *fig. j-n* zs.-stauchen; ~ ***out*** (wild) um sich schlagen; ausschlagen (*Pferd*); ~ ***out at*** a) einschlagen auf (*acc*), b) *a.* ~ ***out against*** → 10.

lash[2] [~] *v/t* **1.** *a.* ~ ***down*** (fest)binden (***to, on*** an *dat*). **2.** ⚓ (fest)zurren.

lash·ing [ˈlæʃɪŋ] *s* **1.** Auspeitschung *f*. **2.** *pl bsd. Br.* F e-e Unmenge (***of*** von, an *dat*): ~***s of*** (*od.* ***to***) ***drink*** jede Menge zu trinken.

lass [læs], **las·sie** [ˈlæsɪ] *s* **1.** Mädchen *n*. **2.** Freundin *f*, Schatz *m*.

las·si·tude [ˈlæsɪtjuːd] *s* Mattigkeit *f*.

las·so [læˈsuː] **I** *pl* **-so(e)s** *s* Lasso *n, m*. **II** *v/t* mit e-m Lasso (ein)fangen.

last[1] [lɑːst] **I** *adj* (☐ → ***lastly***) **1.** letzt: ~ ***but one*** vorletzt; ~ ***but two*** drittletzt. **2.** letzt, vorig: ~ ***Monday*** (am) letzten *od.* vorigen Montag; ~ ***night*** gestern Abend; letzte Nacht. **3.** letzt (*allein übrig bleibend*): ***my*** ~ ***hope***. **4.** letzt (*am wenigsten erwartet od. geeignet*): ***the*** ~ ***thing I would do*** das Letzte, was ich tun würde. **II** *adv* **5.** zuletzt, an letzter Stelle: ***he came*** ~ er kam als Letzter; ~ ***but not least*** nicht zuletzt, nicht zu vergessen. **6.** zuletzt, zum letzten Mal. **7.** *in Zssgn*: ~***-mentioned*** letztgenannt, -erwähnt. **III** *s* **8.** ***at*** ~ endlich, schließlich, zuletzt. **9.** *der, die, das* Letzte: ***the*** ~ ***to arrive*** der Letzte, der ankam; ***to the*** ~ bis zum Äußersten; bis zum Ende *od.* Schluss.

last[2] **I** *v/i* **1.** (an-, fort)dauern. **2.** *a.* ~ ***out*** durch-, aushalten. **3.** (sich) halten. **4.** *a.* ~ ***out*** (aus)reichen (*Geld etc*). **II** *v/t* **5.** *j-m* reichen (*Geld etc*). **6.** *mst* ~ ***out*** überdauern, -leben.

last[3] [~] *s* Leisten *m*: ***stick to one's*** ~ *fig.* bei s-m Leisten bleiben.

ˈlast-ditch *adj* allerletzt: ~ ***attempt*** *a.* letzter verzweifelter Versuch.

last·ing [ˈlɑːstɪŋ] *adj* ☐ **1.** dauerhaft: a) andauernd, beständig: ~ ***peace*** dauerhafter Friede; ~ ***effect*** anhaltende Wirkung; ~ ***memories*** *pl* bleibende Erinnerungen *pl*, b) haltbar. **2.** nachhaltig (*Eindruck etc*).

last·ly [ˈlɑːstlɪ] *adv* zuletzt, zum Schluss.

last|-ˈmin·ute ˈflight *s* Last-Minute-Flug *m*. ~ **num·ber re·dial** *s* Anrufwiederholung *f*.

latch [lætʃ] **I** *s* **1.** Schnappriegel *m*. **2.** Schnappschloss *n*. **II** *v/t* **3.** ein-, zuklinken. **III** *v/i* **4.** einschnappen. **5.** ~ ***on*** F kapieren: ~ ***on to*** (*od.* ***onto***) ***s.th.*** et. kapieren. **ˈ~·key** *s* Haus-, Wohnungsschlüssel *m*: ~ ***child*** Schlüsselkind *n*.

late [leɪt] **I** *adj* (☐ → ***lately***) **1.** spät: ***at a*** ~ ***hour*** spät (*a. fig.*), zu später Stunde; ~ ***shift*** *econ.* Spätschicht *f*; ***it's getting*** ~ es ist schon spät. **2.** vorgerückt, Spät...: ~ ***summer*** Spätsommer *m*. **3.** verspätet: ***be*** ~ zu spät kommen (***for dinner*** zum Essen), sich verspäten; Verspätung haben (*Zug etc*). **4.** ***the latest fashion*** die neueste Mode. **5.** letzt, früher, ehemalig; verstorben. **II** *adv* **6.** spät: ***as*** ~ ***as last year*** erst *od.* noch letztes Jahr; ***see you*** ~***r*** auf bald, bis später; ~***r on*** später; → ***sleep*** II. **7.** zu spät: ***the train came*** ~ der Zug hatte Verspätung.

ˈlateˌcom·er *s* Zuspätkommende *m, f*; Zuspätgekommene *m, f*.

late·ly [ˈleɪtlɪ] *adv* **1.** vor kurzem, kürzlich. **2.** in letzter Zeit, neuerdings.

ˈlate·ness *s* **1.** späte Zeit: ***the*** ~ ***of his arrival*** s-e späte Ankunft. **2.** Verspätung *f*, Zuspätkommen *n*.

la·tent [ˈleɪtənt] *adj* ☐ latent (*a.* ⚕ *etc*), verborgen.

lat·er·al [ˈlætərəl] *adj* seitlich, Seiten...: ~ ***thinking*** unorthodoxe Denkweise.

L

'lat·er·al·ly *adv* **1.** seitlich, seitwärts. **2.** von der Seite.
la·test ['leɪtɪst] **I** *adj u. adv sup von* **late. II** *s* **at the ~** spätestens.
lathe [leɪð] *s tech.* Drehbank *f.*
lath·er ['lɑːðə] **I** *s* **1.** (Seifen)Schaum *m.* **2. get in a ~, work o.s. up into a ~** F außer sich geraten (**over** wegen). **II** *v/t* **3.** einseifen. **4.** F verprügeln. **III** *v/i* **5.** schäumen.
Lat·in ['lætɪn] *ling.* **I** *adj* lateinisch. **II** *s* Latein(isch) *n.* **~ A·mer·i·can I** *adj* lateinamerikanisch. **II** *s* Lateinamerikaner(in).
Lat·in·ism ['lætɪnɪzəm] *s ling.* Latinismus *m.*
lat·i·tude ['lætɪtjuːd] *s* **1.** *geogr.* Breite *f*: **in these ~s** in diesen Breiten *od.* Gegenden; → **degree** 2, **parallel** 3. **2.** *fig.* Spielraum *m*, (Bewegungs)Freiheit *f.*
la·trine [lə'triːn] *s* Latrine *f.*
lat·ter ['lætə] *adj* **1.** letzterwähnt, -genannt (*von zweien*): → **former** 2. **2.** letzt, später: **the ~ half of June** die zweite Junihälfte.
lat·tice ['lætɪs] **I** *s* Gitter(werk) *n.* **II** *v/t* vergittern.
Lat·via ['lætvɪə] *npr* Lettland *n.*
Lat·vi·an ['lætvɪən] **I** *adj* lettisch. **II** *s* Lette *m*, Lettin *f.*
laud·a·ble ['lɔːdəbl] *adj* □ löblich, lobenswert.
laud·a·to·ry ['~dətərɪ] *s* lobend: **~ speech** Lobrede *f*, Laudatio *f.*
laugh [lɑːf] **I** *s* Lachen *n*, Gelächter *n*: **with a ~** lachend; **have a good ~** herzlich lachen; **have the last ~** am Ende Recht haben. **II** *v/i* lachen (**at** über *acc*): **~ at s.o.** *a.* j-n auslachen; **~ to o.s.** in sich hineinlachen; **~ out** auf- *od.* herauslachen; → **beard, sleeve** 1. **III** *v/t*: **~ away** (*od.* **off**) *et.* lachend *od.* mit e-m Scherz abtun.
'laugh·a·ble *adj* □ lächerlich, lachhaft.
'laugh·er *s* Lacher(in).
laugh·ing ['lɑːfɪŋ] **I** *s* **1.** Lachen *n*, Gelächter *n.* **II** *adj* □ **2.** lachend. **3.** lustig: **it is no ~ matter** es ist nicht(s) zum Lachen. **~ gas** *s* ⚗ Lachgas *n.* **'~·stock** *s* Zielscheibe *f* des Spotts: **make s.o. the ~ of** j-n zum Gespött (*gen*) machen.
laugh·ter ['lɑːftə] *s* Lachen *n*, Gelächter *n.*
launch¹ [lɔːntʃ] **I** *v/t* **1.** *Boot* zu Wasser lassen; *Schiff* vom Stapel lassen: **be ~ed** vom Stapel laufen. **2.** *Geschoss, Torpedo* abschießen, *Rakete, Raumfahrzeug a., Computer*: starten. **3.** *Rede, Kritik etc* vom Stapel lassen; *Drohungen etc* ausstoßen. **4.** *Projekt etc* in Gang setzen, starten; *Produkt* einführen, herausbringen, auf den Markt bringen. **5. ~ o.s. on a task** (**into work**) sich auf e-e Aufgabe (in die Arbeit) stürzen. **II** *v/i* **6. ~ out** *fig.* sich stürzen (**into** in *acc*). **III** *s* **7.** ⚓ Stapellauf *m.* **8.** Abschuss *m*, Start *m.*
launch² [~] *s* ⚓ Barkasse *f.*
launch·ing ['lɔːntʃɪŋ] → **launch** III. **~ pad** *s* Abschussrampe *f.* **~ site** *s* Abschussbasis *f.*
laun·der ['lɔːndə] **I** *v/t Wäsche* waschen (u. bügeln); *fig. Geld* waschen. **II** *v/i* sich waschen (lassen).
laun·der·ette [ˌ~'ret] *s* Waschsalon *m.*
laun·dro·mat ['lɔːndrəmæt] *s bsd. Am.* Waschsalon *m.*
laun·dry ['lɔːndrɪ] *s* **1.** Wäscherei *f.* **2.** Wäsche *f.* **3.** *fig.* Geldwaschanlage *f.* **~ bas·ket** *s* Wäschekorb *m.*
lau·rel ['lɒrəl] *s* **1.** ⚘ Lorbeer(baum) *m.* **2.** Lorbeerkranz *m.* **3. rest on one's ~s** *fig.* (sich) auf s-n Lorbeeren ausruhen.
la·va ['lɑːvə] *s* Lava *f.*
lav·a·to·ry ['lævətərɪ] *s* **1.** Waschraum *m.* **2.** Toilette *f*, Klosett *n*: **in the ~** in *od.* auf der Toilette. **~ at·tend·ant** *s* Toilettenmann *m*, -frau *f.* **~ pa·per** *s Br.* Toiletten-, Klosettpapier *n.*
lav·en·der ['lævəndə] *s* ⚘ Lavendel *m.*
lav·ish ['lævɪʃ] **I** *adj* □ **1.** sehr freigebig, verschwenderisch (**of** mit; **in** in *dat*): **be ~ of** *a.* verschwenderisch umgehen mit. **2.** überschwänglich (*Lob etc*), großzügig (*Geschenk etc*), luxuriös, aufwendig (*Einrichtung etc*). **II** *v/t* **3.** verschwenden: **~ s.th. on s.o.** j-n mit et. überhäufen.
law [lɔː] *s* **1.** (*objektives*) Recht, Gesetz(e *pl*) *n*: **contrary to ~, against the ~** gesetz-, rechtswidrig; **under German ~** nach deutschem Recht; **~ and order** Recht *od.* Ruhe u. Ordnung. **2.** (*einzelnes*) Gesetz. **3.** Recht *n*: a) Rechtssystem *n*, b) (*einzelnes*) Rechtsgebiet: → **international** 1. **4.** Rechtswissenschaft *f*, Jura *pl*: **read** (*od.* **study**) **~** Jura studieren. **5.** Gericht *n*, Rechtsweg *m*: **at ~** vor Gericht; **go to ~** vor Gericht gehen, prozessieren; **go to ~ with** *j-n* verklagen, belangen. **6.** F Bullen *pl* (*Polizei*); Bulle *m* (*Polizist*). **7.** *allg.* Gesetz *n*, Vorschrift *f.* **8.** a) *a.* **~ of nature, natural ~** Naturgesetz *n*, b) (wissenschaftliches) Gesetz, c) (Lehr-)Satz *m.* **'~-aˌbid·ing** *adj* gesetzestreu. **'~-ˌbreak·er** *s* Gesetzesübertreter(in), Rechtsbrecher(in). **~ court** *s* Gerichtshof *m.*
law·ful ['lɔːfʊl] *adj* □ **1.** gesetzlich, legal. **2.** rechtmäßig, legitim. **3.** gesetzlich anerkannt, rechtsgültig.
'law·less *adj* □ **1.** gesetzlos. **2.** rechts-, gesetzwidrig. **3.** zügellos.
lawn [lɔːn] *s* Rasen *m.* **~ chair** *s Am.* Liegestuhl *m.* **~ mow·er** *s* Rasenmäher *m.*
'law·suit *s* ⚖ (Zivil)Prozess *m*, Verfahren *n.*
law·yer ['lɔːjə] *s* **1.** (Rechts)Anwalt *m*, (-)Anwältin *f.* **2.** Jurist(in).
lax [læks] *adj* □ **1.** schlaff, lose, locker. **2.** *fig.* lax, lasch (*Einstellung etc*), locker (*Sitten*

etc). **3.** *fig*. unklar, verschwommen (*Vorstellung etc*).
lax·a·tive ['~ətɪv] *s pharm*. mildes Abführmittel.
'lax·i·ty, 'lax·ness *s* **1.** Schlaffheit *f*. **2.** Laxheit *f*, Laschheit *f*.
lay¹ [leɪ] (*irr*) I *v/t* **1.** legen, *Teppich* verlegen. **2.** *Eier* legen: **~ing battery** Legebatterie *f*. **3.** *fig*. *Hinterhalt etc* legen, *Hoffnungen etc* setzen (**on** auf *acc*). **4.** (her)richten, *Tisch* decken. **5.** be-, auslegen (**with** mit). **6.** (**before**) vorlegen (*dat*), bringen (vor *dat*). **7.** *Anspruch etc* geltend machen. **8.** *Schuld etc* zuschreiben, zur Last legen (**to** *dat*). II *v/i* **9.** (Eier) legen. **10. ~ about one → lay about; ~ into s.o.** über j-n herfallen (*a. mit Worten*). **11. ~ off** F *j-n, et*. in Ruhe lassen; aufhören mit: **~ off it!** hör auf (damit)!
Verbindungen mit Adverbien:
lay| a·bout *v/i* (wild) um sich schlagen (**with** mit). **~ a·side** *v/t* **1.** beiseite legen, weglegen. **2.** *Angewohnheit etc* ablegen, aufgeben. **3.** (*für die Zukunft*) beiseite *od*. auf die Seite legen, zurücklegen. **~ a·way** *v/t* **1. → lay aside** 3. **2.** *angezahlte Ware* zurücklegen. **~ down** *v/t* **1.** hinlegen. **2.** *Amt, Waffen etc* niederlegen. **3.** *sein Leben* hingeben, opfern. **4.** planen, entwerfen; *Straße etc* anlegen. **5.** *Grundsatz etc* aufstellen, *Regeln etc* festlegen, -setzen, *Bedingungen* (*in e-m Vertrag*) niederlegen, verankern. **~ in** *v/t* sich eindecken mit; einlagern. **~ off** I *v/t* **1.** *Arbeiter* (*bsd*. vorübergehend) entlassen. **2.** *Arbeit* einstellen. **3.** F aufhören mit: **~ smoking** *a*. das Rauchen aufgeben. II *v/i* **4.** F Feierabend machen; Ferien machen, ausspannen; aufhören; e-e Pause machen. **~ on** *v/t* **1.** *Farbe etc* auftragen: **lay it on** F dick auftragen; → **thick** 6, **trowel. 2.** *Br. Gas etc* installieren. **3.** *Br. Busse etc* einsetzen. **~ o·pen** *v/t* **1.** bloß-, freilegen. **2.** *fig*. offen darlegen; aufdecken, enthüllen. **~ out** *v/t* **1.** ausbreiten, -legen. **2.** ausstellen. **3.** *Toten* aufbahren. **4.** planen, entwerfen. **5.** *typ*. aufmachen, das Layout (*gen*) machen. **6. lay o.s. out** F sich mächtig anstrengen. **~ o·ver** *Am*. I *v/i* Zwischenstation machen. II *v/t* verschieben, -tagen (**until** auf *acc*, bis). **~ to** *v/i* ⚓ beidrehen. **~ up** *v/t* **1.** anhäufen, (an)sammeln: **~ trouble for o.s.** sich Schwierigkeiten einbrocken *od*. einhandeln. **2. be laid up** das Bett hüten müssen, bettlägerig sein: **be laid up with influenza** mit Grippe im Bett liegen.
lay² [~] *pret von* **lie²**.
lay³ [~] *adj* Laien...: a) *eccl*. weltlich: **~ preacher** Laienprediger(in), b) laienhaft, nicht fachmännisch.
'lay|·a,bout *s bsd. Br*. F Faulenzer(in), Tagedieb(in). **'~·a,way** *s* angezahlte u. zurückgelegte Ware. **'~-by** *s mot. Br*. Park-, Rastplatz *m* (*Autobahn*), Parkbucht *f* (*Landstraße*).
'lay·days *s pl* Liegetage *pl*.
lay·er ['leɪə] I *s* **1.** Schicht *f* (*a. geol*.), Lage *f*: **in ~s** schicht-, lagenweise. **2.** *in Zssgn* ...leger(in). **3.** ⚘, ⚘ Ableger *m*. II *v/t* **4.** schicht- *od*. lagenweise anordnen, schichten.
lay·ette [leɪ'et] *s* Babyausstattung *f*.
lay|·man ['leɪmən] *s* (*irr* **man**) Laie *m*. **'~·off** *s* **1.** (*bsd*. vorübergehende) Entlassung. **2.** F Pause *f*. **'~·out** *s* **1.** Grundriss *m*, Lageplan *m*. **2.** *typ*. Lay-out *n*: **~ man** Layouter *m*. **'~,o·ver** *s Am*. Zwischenstation *f*.
laze [leɪz] I *v/i* faulenzen. II *v/t mst* **~ away** *Zeit* vertrödeln.
'la·zi·ness *s* Faulheit *f*; Trägheit *f*.
la·zy ['leɪzɪ] *adj* □ **1.** faul; träg(e). **2.** träg(e), langsam. **'~,bones** *s sg* F Faulpelz *m*.
lb., lb pound(s) Pfund *n od. pl* (*Gewicht*).
lbs pounds Pfund *pl*.
L/C letter of credit Kreditbrief *m*.
LCC London Chamber of Commerce Londoner Handelskammer.
LCD [elsiː'diː] **liquid crystal diode** Flüssigkristalldiode *f*: **~ display** Flüssigkristallanzeige *f*.
LCE London Commodity Exchange Londoner Warenbörse.
LDN less developed nation unterentwickeltes Land.
LEA Local Education Authority Schulamt *n*.
lead¹ [led] I *s* **1.** ⚒ Blei *n*. **2.** ⚓ Senkblei *n*, Lot *n*. **3.** (Bleistift)Mine *f*. **4.** Blei *n*, Kugeln *pl*. II *v/t* **5.** verbleien: **~ed** verbleit. **6.** mit Blei beschweren.
lead² [liːd] I *s* **1.** Führung *f*: a) Leitung *f*: **under s.o.'s ~**, b) führende Stelle, Spitze *f*: **be in the ~** an der Spitze stehen, führend sein, (*Sport etc*) in Führung liegen, führen; **take the ~** die Führung übernehmen, sich an die Spitze setzen (**from** vor *dat*) (*beide a. Sport*). **2.** Vorsprung *m* (**over** vor *dat*) (*a. Sport*). **3.** Vorbild *n*, Beispiel *n*: **follow s.o.'s ~** j-s Beispiel folgen. **4.** Hinweis *m*, Wink *m*; Anhaltspunkt *m*. **5.** *thea. etc* Hauptrolle *f*; Hauptdarsteller(in). **6.** (Hunde)Leine *f*: **keep on the ~** an der Leine führen *od*. halten. II *adj* **7.** Leit..., Führungs...: **~ guitarist** ♪ Leadgitarrist(in). III *v/t* (*irr*) **8.** führen: **~ the way** vorangehen; → **garden** 3, **nose** 1. **9.** führen, bringen (*a. Straße etc*). **10.** dazu bringen, veranlassen (**to do** zu tun). **11.** (an)führen, leiten. **12.** *Leben* führen. IV *v/i* (*irr*) **13.** führen: a) vorangehen, b) die erste Stelle einnehmen, c) (*Sport*) an der Spitze *od*. in Führung liegen. **14.** führen (*Straße etc*): **~ to** *fig*. führen zu.

Verbindungen mit Adverbien:
lead| a·stray *v/t fig.* irreführen; verführen. **~ a·way** *v/t* **1.** wegführen, *Verhafteten etc* abführen. **2.** *fig.* abbringen (***from*** von). **~ off I** *v/t* **1.** → ***lead away.*** **2.** einleiten, beginnen (***with*** mit). **II** *v/i* **3.** anfangen, beginnen. **~ on** *v/t j-m* et. vor- *od.* weismachen: ***lead s.o. on to think that*** j-n glauben machen, dass. **~ up** *v/i fig.* (***to***) (allmählich) führen (zu); hinauswollen (auf *acc*).
lead·en ['ledn] *adj* □ bleiern: a) Blei..., b) bleigrau, c) *fig.* schwer: **~ *limbs*** *pl* bleischwere Glieder *pl*; **~ *sleep*** bleierner Schlaf.
lead·er ['li:də] *s* **1.** Führer(in). **2.** (An)Führer(in), (*Delegations-, Oppositions- etc*) Führer(in). **3.** ♪ a) *bsd. Am.* Leiter(in), Dirigent(in), b) *bsd. Br.* Konzertmeister(in), c) (*Band*)Leader(in). **4.** *bsd. Br.* Leitartikel *m.* **5.** *Sport etc*: Spitzenreiter *m.* **6.** *econ.* Zug-, Lockartikel *m.* **7.** *econ.* Spitzenwert *m.*
'lead·er·ship *s* **1.** Führung *f*, Leitung *f.* **2.** *a.* **~ *qualities*** *pl* Führungsqualitäten *pl.*
lead-free ['led~] *adj* bleifrei (*Benzin*).
lead·ing ['li:dɪŋ] *adj* **1.** führend: a) Leit..., leitend, b) Haupt..., erst. **2.** erst. **~ ar·ti·cle** → ***leader*** 4. **'~-ˌedge tech'nol·o·gy** *s* Spitzentechnik *f.* **~ la·dy** *s thea. etc* Hauptdarstellerin *f.* **~ light** *s* führende *od.* wichtige Persönlichkeit. **~ man** *s* (*irr* ***man***) *thea. etc* Hauptdarsteller *m.* **~ ques·tion** *s* Suggestivfrage *f.* **~ strings** *s pl Am.* Gängelband *n* (*a. fig.*): ***keep s.o. in ~*** j-n am Gängelband führen *od.* haben *od.* halten.
leaf [li:f] **I** *pl* **leaves** [li:vz] *s* **1.** ♣ Blatt *n*: ***come into ~*** ausschlagen. **2.** Blatt *n* (*Buch*): ***take a ~ out of s.o.'s book*** *fig.* sich an j-m ein Beispiel nehmen; ***turn over a new ~*** *fig.* ein neues Leben beginnen. **3.** (*Fenster-, Tür*)Flügel *m*; (*Tisch*)Klappe *f*; Ausziehplatte *f* (*e-s Tischs*): ***pull out the leaves*** den Tisch ausziehen. **II** *v/t* **4.** *Am.* durchblättern. **III** *v/i* **5.** **~ *through*** durchblättern.
leaf·let ['li:flɪt] *s* Flugblatt *n*, Hand-, Reklamezettel *m*; Prospekt *m.*
league [li:g] *s* **1.** Liga *f*, Bund *m.* **2.** Bündnis *n*, Bund *m*: ***be in ~ with*** gemeinsame Sache machen mit. **3.** *Sport*: Liga *f*: **~ *game*** Punktspiel *n.*
leak [li:k] **I** *s* **1.** a) ⚓ Leck *n* (*a. in Tank etc*): ***spring a ~*** ein Leck bekommen, b) undichte Stelle (*a. fig.*). **2.** Auslaufen *n*; *fig.* Durchsickern *n.* **II** *v/i* **3.** lecken, leck sein. **4.** tropfen (*Wasserhahn*). **5.** **~ *out*** auslaufen, -treten; *fig.* durchsickern. **III** *v/t* **6.** *fig.* durchsickern lassen.
'leak·age *s* **1.** → ***leak*** 2. **2.** *econ.* Leckage *f.*
'leak·y *adj* leck, undicht (*a. fig.*).
lean¹ [li:n] **I** *adj* □ mager (*a. tech. u. fig.*); schlank (*Produktion, Management*). **II** *s das* Magere (*des Fleisches*).
lean² [~] **I** *v/i* (*bsd. Br. a. irr*) **1.** sich neigen, schief sein *od.* stehen. **2.** sich beugen (***over*** über *acc*): **~ *back*** sich zurücklehnen; **~ *forward*** sich vorbeugen; **~ *over backward(s)*** F sich fast umbringen (***to do*** zu tun). **3.** (***against***) sich lehnen (an *acc*, gegen); lehnen (an *dat*). **4.** (***on***) sich stützen (auf *acc*); *fig.* sich verlassen (auf *acc*). **5.** **~ *to(ward[s])*** *fig.* (hin)neigen *od.* tendieren zu. **II** *v/t* (*bsd. Br. a. irr*) **6.** lehnen (***against*** an *acc*, gegen). **III** *s* **7.** Neigung *f.*
'lean·ing I *adj* schräg, schief. **II** *s fig.* Neigung *f*, Tendenz *f* (***to, toward[s]*** zu).
leant [lent] *bsd. Br. pret u. pp von* ***lean²***.
leap [li:p] **I** *v/i* (*a. irr*) springen: **~ *at*** *fig.* sich stürzen auf (*ein Angebot etc*); **~ *for joy*** Freudensprünge machen; **~ *out*** ins Auge springen (***to s.o.*** j-m); **~ *up*** aufspringen; *fig.* sprunghaft anwachsen; → ***conclusion*** 3. **II** *v/t* (*a. irr*) überspringen (*a. fig.*), springen über (*acc*). **III** *s* Sprung *m* (*a. fig.*): ***take a ~*** e-n Sprung machen; ***by*** (*od.* ***in***) ***~s and bounds*** *fig.* sprunghaft. **IV** *adj* Schalt...: **~ *year.*** **'~·frog I** *s* Bockspringen. **II** *v/i* Bock springen.
leapt [lept] *pret u. pp von* ***leap.***
learn [lɜ:n] (*a. irr*) **I** *v/t* **1.** (er)lernen: **~ (*how*) *to swim*** schwimmen lernen. **2.** (***from***) erfahren, hören (von); ersehen, entnehmen (aus *e-m Brief etc*). **II** *v/i* **3.** lernen. **4.** hören, erfahren (***about, of*** von).
learn·ed ['lɜ:nɪd] *adj* gelehrt (*Mensch*), (*Abhandlung etc a.*) wissenschaftlich.
'learn·er *s* **1.** Anfänger(in). **2.** Lernende *m, f*: ***be a fast*** (***slow***) **~** schnell (langsam) lernen; **~ *driver*** Fahrschüler(in).
learnt [lɜ:nt] *pret u. pp von* ***learn.***
lease [li:s] **I** *s* **1.** Pacht-, Mietvertrag *m.* **2.** Verpachtung *f*, Vermietung *f* (***to*** an *acc*); Pacht *f*, Miete *f*: ***put out to*** (*od.* ***let out on***) **~** → 4; ***take on ~*** → 5. **3.** Pacht-, Mietzeit *f.* **II** *v/t* **4.** **~ *out*** verpachten, -mieten (***to*** an *acc*). **5.** pachten, mieten; leasen. **'~·back** *s* Verkauf *m* mit gleichzeitiger Rückmiete.
'lease·hold *s* gemietete *od.* gepachtete Sache. **~ es·tate** *s* Pachtland *n.*
leash [li:ʃ] *s* (Hunde)Leine *f*: ***keep on the ~*** an der Leine halten *od.* führen.
leas·ing| com·pa·ny ['li:zɪŋ] *s* Leasing-Gesellschaft *f.* **~ rate** *s* Leasing-, Mietrate *f.* **~ trans·ac·tion** *s* Leasinggeschäft *n.*
least [li:st] **I** *adj* (*sup von* ***little***) **1.** geringst, mindest, wenigst: → ***resistance*** 1. **2.** geringst, unbedeutendst: ***at the ~ thing*** bei der geringsten Kleinigkeit. **II** *s* **3.** *das* Mindeste, *das* wenigste: ***at ~*** wenigstens, zumin-

dest; **at** (**the**) ~ mindestens; **not in the** ~ nicht im Geringsten *od.* Mindesten; **to say the** ~ (**of it**) gelinde gesagt. **III** *adv* **4.** am wenigsten: ~ **of all** am allerwenigsten.

leath·er ['leðə] **I** *s* Leder *n* (*a. humor. Haut; a. Sport: Ball*): → **tough** 1. **II** *v/t* F versohlen. ~ **belt** *s* Ledergürtel *m.* ~ **jack·et** *s* Lederjacke *f.* '~**·neck** *s mil. Am. sl.* Ledernacken *m.*

leath·er·y ['leðərɪ] *adj* lederartig, zäh.

leave[1] [liːv] (*irr*) **I** *v/t* **1.** verlassen: a) von *j-m, e-m Ort etc* fort-, weggehen, b) abreisen, abfahren *etc* von, c) von *der Schule* abgehen, d) *j-n, et.* im Stich lassen, *et.* aufgeben: **she left him for another man** sie verließ ihn wegen e-s anderen Mannes. **2.** lassen: ~ **alone** allein lassen; *j-n, et.* in Ruhe lassen; ~ **it at that** es dabei belassen *od.* (bewenden) lassen; ~ **s.o. to himself** j-n sich selbst überlassen; → **cold** 4, **lurch**[2]. **3.** übrig lassen: **be left** übrig bleiben *od.* übrig sein. **4.** *Narbe etc* zurücklassen, *Nachricht, Spur etc* hinterlassen. **5.** hängen, liegen, stehen lassen, vergessen. **6.** überlassen, anheim stellen (**to s.o.** j-m). **7.** vermachen, -erben. **II** *v/i* **8.** (fort-, weg)gehen, abreisen, abfahren (**for** nach). **9.** gehen (*die Stellung aufgeben*).

Verbindungen mit Adverbien:

leave| be·hind *v/t* **1.** zurücklassen. **2.** → **leave**[1] 4, 5. **3.** *Gegner etc* hinter sich lassen (*a. fig.*). ~ **on** *v/t Radio etc* anlassen, *Kleidungsstück a.* anbehalten. ~ **out** *v/t* aus-, weglassen (**of** von, bei). ~ **o·ver** *v/t Br.* **1.** → **leave**[1] 3. **2.** verschieben (**until** auf *acc*, bis).

leave[2] [~] *s* **1.** Erlaubnis *f*, Genehmigung *f*: **ask** ~ **of s.o., ask s.o.'s** ~ j-n um Erlaubnis bitten. **2.** Urlaub *m*: **on** ~ auf Urlaub; ~ **with**(**out**) **pay** (un)bezahlter Urlaub; ~ **entitlement** Urlaubsanspruch *m*; ~ **pay** Urlaubsgeld *n.* **3.** Abschied *m*: **take** (**one's**) ~ Abschied nehmen (**of** von).

leav·en ['levn] **I** *s* **1.** Sauerteig *m*; Treibmittel *n.* **II** *v/t* **2.** *Teig* säuern; (auf)gehen lassen. **3.** *fig.* auflockern (**with** mit, durch).

leaves [liːvz] *pl von* **leaf.**

Leb·a·nese [ˌlebə'niːz] **I** *adj* libanesisch. **II** *s* Libanese *m*, Libanesin *f.*

Leb·a·non ['lebənən] *npr der* Libanon.

lech·er ['letʃə] *s* Lüstling *m.*

'**lech·er·ous** *adj* □ geil, lüstern.

lec·ture ['lektʃə] **I** *s* **1.** (**on** über *acc*; **to** vor *dat*) Vortrag *m*; *univ.* Vorlesung *f*: ~ **hall** (*od.* **theater,** *bsd. Br.* **theatre**) Hörsaal *m.* **2.** Strafpredigt *f*: **give** (*od.* **read**) *s.o.* **a** ~ → 4. **II** *v/i* **3.** (**on** über *acc*; **to** vor *dat*) e-n Vortrag *od.* Vorträge halten; *univ.* e-e Vorlesung *od.* Vorlesungen halten. **III** *v/t* **4.** *j-m* e-e Strafpredigt halten.

'**lec·tur·er** *s* **1.** Vortragende *m, f.* **2.** *univ.* Dozent(in).

led [led] *pret u. pp von* **lead**[2].

LED [eliː'diː] **light-emitting diode** Leuchtdiode *f.*

ledg·er ['ledʒə] *s econ.* Hauptbuch *n.*

lee [liː] *s* ⚓ Lee(seite) *f.*

leech [liːtʃ] *s* **1.** *zo.* Blutegel *m.* **2.** *fig.* Klette *f*; Blutsauger *m.*

leek [liːk] *s* ♣ Lauch *m*, Porree *m.*

leer [lɪə] **I** *s* höhnisches *od.* boshaftes *od.* anzügliches Grinsen; lüsterner Seitenblick. **II** *v/i* höhnisch *od.* boshaft *od.* anzüglich grinsen; lüstern schielen (**at** nach).

lees [liːz] *s pl* Bodensatz *m.*

lee·ward ['liːwəd] *adv* ⚓ leewärts.

'**lee·way** *s* **1.** ✈, ⚓ Abdrift *f.* **2.** *fig.* Rückstand *m*, Zeitverlust *m*: **make up** ~ (den Rückstand *od.* Zeitverlust) aufholen. **3.** *fig.* Spielraum *m.*

left[1] [left] *pret u. pp von* **leave**[1].

left[2] [~] **I** *adj* **1.** link, Links... **II** *s* **2.** *die* Linke, linke Seite: **on** (*od.* **at, to**) **the** ~ (**of**) links (von), linker Hand (von); **on our** ~ zu unserer Linken; **the second turning to** (*od.* **on**) **the** ~ die zweite Querstraße links; **keep to the** ~ sich links halten; *mot.* links fahren. **3. the** ~ *pol.* die Linke. **III** *adv* **4.** links (**of** von): **turn** ~ (sich) nach links wenden; *mot.* links abbiegen. '~**-hand** *adj* **1.** link: ~ **bend** Linkskurve *f.* **2.** *tech.* linksgängig, -läufig: ~ **drive** Linkssteuerung *f.* ˌ~**-'hand·ed** *adj* □ **1.** linkshändig: **be** ~ Linkshänder(in) sein. **2.** linkisch, ungeschickt. **3.** zweifelhaft (*Kompliment etc*). ˌ~**-'hand·er** *s* Linkshänder(in).

left·ist ['leftɪst] *adj pol.* linksgerichtet, links stehend.

ˌ**left-'jus·ti·fied** *adj* linksbündig.

ˌ**left|-'lug·gage lock·er** *s* 🚂 *Br.* (Gepäck-)Schließfach *n.* ˌ~**-'lug·gage of·fice** *s* 🚂 *Br.* Gepäckaufbewahrung(sstelle) *f.* '~ˌ**o·ver** *s mst pl* Überbleibsel *n*, Rest *m.*

'**left-wing** *adj pol.* dem linken Flügel angehörend, links...

leg [leg] **I** *s* **1.** (*a. Hosen-, Stuhl- etc*)Bein *n*: **be on one's last** ~ auf dem letzten Loch pfeifen; **give s.o. a** ~ **up** j-m (hin)aufhelfen; *fig.* j-m unter die Arme greifen; **pull s.o.'s** ~ F j-n auf den Arm nehmen; **stretch one's** ~**s** sich die Beine vertreten; → **shake** 7. **2.** (*Hammel- etc*)Keule *f*: ~ **of mutton. 3.** ⩓ Kathete *f*, Schenkel *m* (*e-s Dreiecks*). **4.** Etappe *f*, Abschnitt *m* (*e-r Reise etc*). **II** *v/i* **5.** *mst* ~ **it** F zu Fuß gehen.

leg·a·cy ['legəsɪ] *s* ⚖ Vermächtnis *n, fig. a.* Erbe *n.*

le·gal ['liːgl] *adj* □ **1.** gesetzlich, rechtlich: ~ **holiday** *Am.* gesetzlicher Feiertag; → **ten-**

L

der² 4. **2.** legal, gesetzmäßig, rechtsgültig: ***~ly binding*** rechtsverbindlich; ***~ly responsible*** juristisch verantwortlich. **3.** Rechts..., juristisch: ***~ and professional fees*** *pl* Rechts- u. Beratungskosten *pl*; ***~ adviser*** Rechtsberater(in); ***~ aid*** Prozesskostenhilfe *f*; ***~ charges*** *pl* Gerichtskosten *pl*; ***~ claim*** Rechtsanspruch *m*; ***~ department*** Rechtsabteilung *f*; ***~ person*** juristische Person; ***~ reserve*** gesetzliche Rücklage. **4.** gerichtlich: ***take ~ action*** (*od.* ***steps***) ***against s.o.*** gerichtlich gegen j-n vorgehen.

le·gal·i·ty [liːˈgæləti] *s* Legalität *f*.

le·gal·i·za·tion [ˌliːgəlaɪˈzeɪʃn] *s* Legalisierung *f*.

ˈle·g·al·ize *v/t* legalisieren.

le·ga·tion [lɪˈgeɪʃn] *s* Gesandtschaft *f*.

leg·end [ˈledʒənd] *s* **1.** Legende *f* (*a. fig.*), Sage *f*. **2.** Legende *f*: a) erläuternder Text, Bildunterschrift *f*, b) Zeichenerklärung *f* (*auf Karten etc*), c) Inschrift *f* (*auf Münzen etc*).

leg·gings [ˈlegɪnz] *s pl* **1.** Leggins *pl*. **2.** Überhose *f*.

leg·gy [ˈlegɪ] *adj* langbeinig.

leg·i·ble [ˈledʒəbl] *adj* □ leserlich, lesbar.

le·gion [ˈliːdʒən] *s* Legion *f*.

ˈle·gion·ar·y *s* Legionär *m*.

leg·is·late [ˈledʒɪsleɪt] *v/i* Gesetze erlassen.

ˌleg·isˈla·tion *s* Gesetzgebung *f*.

leg·is·la·tive [ˈ~lətɪv] **I** *adj* □ **1.** gesetzgebend, legislativ: ***~ assembly*** gesetzgebende Versammlung; ***~ body*** → 3b; ***~ power*** → 3a. **2.** gesetzgeberisch, Legislatur...: ***~ period*** Legislaturperiode *f*. **II** *s* **3.** Legislative *f*: a) gesetzgebende Gewalt, b) gesetzgebende Körperschaft.

leg·is·la·tor [ˈ~leɪtə] *s* Gesetzgeber(in).

leg·is·la·ture [ˈ~leɪtʃə] → ***legislative*** 3b.

le·git·i·ma·cy [lɪˈdʒɪtɪməsɪ] *s* Legitimität *f*: a) Gesetzmäßigkeit *f*, Gesetzlichkeit *f*, b) Rechtmäßigkeit *f*, Berechtigung *f*, c) Ehelichkeit *f*.

leˈgit·i·mate [~mət] *adj* □ legitim: a) gesetzmäßig, gesetzlich, b) rechtmäßig, berechtigt, c) ehelich.

leˈgit·i·mize *v/t* legitimieren.

leg·room [ˈlegrʊm] *s* ✈, *mot.* Beinfreiheit *f*.

leg·ume [ˈlegjuːm] *s* ♣ Hülsenfrucht *f*.

lei·sure [ˈleʒə] **I** *s* freie Zeit: ***at ~*** mit Muße, in (aller) Ruhe; frei, unbeschäftigt; ***at your ~*** wenn es Ihnen (gerade) passt, bei Gelegenheit. **II** *adj* Freizeit...: ***~ activities*** *pl* Freizeitgestaltung *f*; ***~ facilities*** *pl* Freizeiteinrichtungen *pl*; ***~ hours*** *pl* Mußestunden *pl*; ***~ occupation*** Freizeitbeschäftigung *f*; ***~ park*** Freizeitpark *m*. ***~ time*** Freizeit *f*; ***~ wear*** Freizeitkleidung *f*.

ˈlei·sure·ly *adj u. adv* gemächlich, gemütlich.

lem·ming [ˈlemɪŋ] *s zo.* Lemming *m*.

lem·on [ˈlemən] **I** *s* **1.** Zitrone *f*. **2.** *sl.* Niete *f* (*Sache, Person*). **II** *adj* **3.** Zitronen...: ***~ juice***; ***~ soda*** *Am.* Zitronenlimonade *f*; ***~ squash*** *Br. Getränk aus Zitronenkonzentrat u. Wasser*; ***~ squeezer*** Zitronenpresse *f*. **4.** zitronengelb.

lend [lend] *v/t* (*irr*) **1.** (ver-, aus)leihen. **2.** *fig. Nachdruck, Würde etc* verleihen (***to*** *dat*). **3.** *fig.* leihen, gewähren: ***~ o.s. to s.th.*** sich zu et. hergeben; ***~ itself to s.th.*** sich für *od.* zu et. eignen; → ***hand*** 1.

ˈlend·er *s* **1.** Aus-, Verleiher(in). **2.** *econ.* Darlehensgeber *m*.

lend·ing| li·bra·ry [ˈlendɪŋ] *s* Leihbücherei *f*. **~ rate** *s* Kreditzins *m*. **~ vol·ume** *s* Kreditvolumen *n*.

length [leŋθ] *s* **1.** Länge *f*: a) *Dimension*: ***two feet in ~*** 2 Fuß lang; ***what ~ is it?*** wie lang ist es?, b) Strecke *f*: ***go to great ~s*** sich sehr bemühen, c) Umfang *m* (*e-s Buchs etc*), d) Dauer *f*: ***at ~*** ausführlich; ***at full ~*** in allen Einzelheiten. **2.** Bahn *f* (*Stoff etc*). **3.** *Sport*: Länge *f* (Vorsprung).

ˈlength·en **I** *v/t* verlängern, länger machen. **II** *v/i* sich verlängern, länger werden.

ˈlength·ways, length·wise [ˈ~waɪz] *adv* der Länge nach, längs.

ˈlength·y *adj* □ ermüdend lang, langatmig.

le·ni·ence, le·ni·en·cy [ˈliːnjəns(ɪ)] *s* Milde *f*, Nachsicht *f*.

ˈle·ni·ent *adj* □ mild, nachsichtig (***to, toward[s]*** gegenüber).

lens [lenz] *s* **1.** *anat., phot., phys.* Linse *f*: ***~ aperture*** *phot.* Blende *f*. **2.** *phot., phys.* Objektiv *n*. **3.** (*einzelnes*) Glas (*e-r Brille*).

lent¹ [lent] *pret u. pp von* ***lend***.

Lent² [~] *s* Fastenzeit *f*.

len·til [ˈlentɪl] *s* ♣ Linse *f*.

Leo [ˈliːəʊ] *s ast.* Löwe *m*: ***be*** (***a***) ***~*** Löwe sein.

leop·ard [ˈlepəd] *s zo.* Leopard *m*.

le·o·tard [ˈliːəʊtɑːd] *s* **1.** Trikot *n*. **2.** Gymnastikanzug *m*.

lep·er [ˈlepə] *s* Leprakranke *m, f*; *fig.* Aussätzige *m, f*.

lep·ro·sy [ˈleprəsɪ] *s* ⚕ Lepra *f*.

les·bi·an [ˈlezbɪən] **I** *adj* lesbisch. **II** *s* Lesbierin *f*.

lese maj·es·ty [ˌliːzˈmædʒɪstɪ] *s* **1.** Majestätsbeleidigung *f* (*a. fig.*). **2.** Hochverrat *m*.

le·sion [ˈliːʒn] *s* Verletzung *f*, Wunde *f*.

less [les] **I** *adv* (*comp von* ***little***) weniger: ***~ and ~*** immer weniger; ***the ~ so as*** (dies) umso weniger, als. **II** *adj* (*comp von* ***little***) geringer, kleiner, weniger: ***in ~ time*** in kürzerer Zeit; ***no ~ a man than*** kein Geringerer als. **III** *s* weniger, e-e kleinere Menge *od.* Zahl: ***little ~ than*** so gut wie, schon fast; ***no***

~ ***than*** nicht weniger als. IV *prp* weniger, minus, abzüglich.
les·see [le'siː] *s* Mieter(in), Pächter(in); Leasingnehmer(in).
less·en ['lesn] I *v/i* **1.** sich vermindern *od.* verringern, abnehmen. II *v/t* **2.** vermindern, verringern. **3.** *fig.* herabsetzen, schmälern; bagatellisieren.
less·er ['lesə] *adj* kleiner, geringer.
les·son ['lesn] *s* **1.** Lektion *f* (*a. fig.*): → ***teach*** 2. **2.** (Lehr-, Unterrichts)Stunde *f*; *pl* Unterricht *m*, Stunden *pl*: ***give ~s*** Unterricht erteilen, unterrichten; ***take ~s from*** Stunden *od.* Unterricht nehmen bei. **3.** *fig.* Lehre *f*: ***this was a ~ to me*** das war mir e-e Lehre.
les·sor [le'sɔː] *s* Vermieter(in), Verpächter(in); Leasinggeber(in).
lest [lest] *cj* **1.** (*mst mit folgendem* **should**) dass *od.* damit nicht: ***he ran away ~ he should be seen*** er lief weg, um nicht gesehen zu werden. **2.** (*nach Ausdrücken des Befürchtens*) dass.
let[1] [let] (*irr*) I *v/t* **1.** lassen: ~ ***alone*** *et.* sein lassen; *j-n, et.* in Ruhe lassen; geschweige denn, ganz zu schweigen von; ~ ***s.th. go*** et. loslassen; ~ ***o.s. go*** sich gehen lassen; aus sich herausgehen; ~ ***it go at that*** lass es dabei bewenden; ***~'s go*** gehen wir!; ~ ***s.o. know*** j-n wissen lassen, j-m Bescheid geben; ~ ***into*** (her-, hin)einlassen in (*acc*); *j-n* einweihen in (*ein Geheimnis*). **2.** *bsd. Br.* vermieten, -pachten (***to*** an *acc*): ***"to ~"*** „zu vermieten“. II *v/i* **3.** ~ ***go*** loslassen (***of s.th.*** et.). **4.** ~ ***into*** über *j-n* herfallen.
Verbindungen mit Adverbien:
let| by *v/t* vorbeilassen. ~ **down** *v/t* **1.** hinunter-, herunterlassen: → ***hair.*** **2.** im Stich lassen; enttäuschen. ~ **in** *v/t* **1.** (her-, hin)einlassen. **2.** *Stück etc* einlassen, -setzen. **3.** *j-n* einweihen (***on*** in *ein Geheimnis*). **4.** ***let o.s. in for s.th.*** sich et. einbrocken, sich auf et. einlassen. ~ **off** *v/t* **1.** *Feuerwerk* abbrennen, *Gewehr etc* abfeuern. **2.** *Gas etc* ablassen: → ***steam*** 1. ~ **on** F I *v/i* **1.** sich et. anmerken lassen (***about*** von). II *v/t* **2.** zugeben (***that*** dass). **3.** vorgeben. ~ **out** I *v/t* **1.** heraus-, hinauslassen (***of*** aus): ***let the air out of*** die Luft lassen aus. **2.** *Kleidungsstück* auslassen. **3.** *Schrei etc* ausstoßen. **4.** *Geheimnis* ausplaudern, verraten. **5.** → ***let***[1] 2. II *v/i* **6.** herfallen (***at*** über *acc*) (*a. mit Worten*). ~ **through** *v/t* durchlassen. ~ **up** *v/i* F nachlassen; aufhören.
let[2] [~] *s Tennis*: Netzaufschlag *m*: ***~!*** Netz!
'let·down *s* Enttäuschung *f*.
le·thal ['liːθl] *adj* □ tödlich; Todes...
le·thar·gic [lə'θɑːdʒɪk] *adj* (***~ally***) lethargisch, teilnahmslos.
leth·ar·gy ['leθədʒɪ] *s* Lethargie *f*, Teilnahmslosigkeit *f*.
'let-out clause *s* Rücktrittsklausel *f*.
let's [lets] F *für* ***let us.***
let·ter ['letə] I *s* **1.** Buchstabe *m*: ***to the ~*** wortwörtlich, buchstäblich; *fig.* peinlich genau. **2.** Brief *m*, Schreiben *n* (***to*** an *acc*): ***by ~*** brieflich; ***~s abroad*** *pl* Auslandsbriefe *pl*; ~ ***of acknowledgement*** Bestätigungsschreiben *n*; ~ ***of advice*** Avis *n*, Versandanzeige *f*; ~ ***of application*** Bewerbungsschreiben *n*; ~ ***of appointment*** Anstellungsschreiben *n*; ~ ***of complaint*** Beschwerdebrief *m*; Mängelrüge *f*; ~ ***of consignment*** Frachtbrief *m*; ~ ***of credit*** Akkreditiv *n*; ~ ***of dismissal*** Entlassungsschreiben *n*; ~ ***of intent*** schriftliche Absichtserklärung *f*; ~ ***of introduction*** Empfehlungsschreiben *n*; ***~s patent*** Patenturkunde *f*; ~ ***of recommendation*** (*od.* ***reference***) Empfehlungsschreiben *n*; ~ ***to the editor*** Leserbrief *m*. **3.** *typ.* Letter *f*, Type *f*. **4.** *pl* (*a. sg konstruiert*) (schöne) Literatur *f*; Bildung *f*. II *v/t* **5.** beschriften: ***~ing stencils*** *pl* Schriftschablone *f*; ***~ing/numbering set*** Anreibeschriften *pl*.
let·ter| bomb *s* Briefbombe *f*. ~ **box** *s bsd. Br.* Briefkasten *m*. ~ **file** *s* Briefordner *m*. **'~·head** *s* (gedruckter) Briefkopf *m*. ~ **o·pen·er** *s* Brieföffner *m*. ~ **pa·per** *s* Briefpapier *n*. ~ **scales** *s pl* Briefwaage *f*. ~ **tel·e·gram** *s* Brieftelegramm *n*. ~ **tray** *s* Briefablage *f*. **'~·weight** *s* Briefbeschwerer *m*.
let·tuce ['letɪs] *s* ♀ (*bsd.* Kopf)Salat *m*, *österr.* Häuptelsalat *m*.
'let·up *s* F Nachlassen *n*; Aufhören *n*.
leu·co·cyte ['luːkəʊsaɪt] *s* ⚕ Leukozyt *m*, weißes Blutkörperchen.
leu·k(a)e·mi·a [luː'kiːmɪə] *s* ⚕ Leukämie *f*.
lev·el ['levl] I *s* **1.** *tech.* Libelle *f*, Wasserwaage *f*. **2.** Ebene *f* (*a. fig.*), ebene Fläche: ***A ~s*** *pl etwa* Abitur *n*; ***O ~s*** *pl* mittlere Reife; ***at government ~*** auf Regierungsebene; ~ ***of management*** Führungsebene *f*. **3.** Höhe *f* (*a. geogr.*), (*Wasser- etc*)Spiegel *m*, (-)Stand *m*, (-)Pegel *m*; *fig.* (*a. geistiges*) Niveau, Stand *m*, Stufe *f*: ~ ***of sound*** Geräuschpegel, Tonstärke *f*; ***be on a ~ with*** auf gleicher Höhe sein mit; genauso hoch sein wie; *fig.* auf dem gleichen Niveau *od.* auf der gleichen Stufe stehen wie. **4.** *econ.* Höhe *f*, Stand *m*, Niveau *n*: ~ ***of employment*** Beschäftigungsgrad *m*; ~ ***of indebtedness*** Verschuldungsgrad *m*; ~ ***of interest rates*** Zinsniveau *n*; ~ ***of orders*** Auftragsbestand *m*; ~ ***of prices*** Preis-, Kursniveau *n*. II *adj* □ **5.** eben (*Straße etc*): ***a ~ teaspoon*** ein gestrichener Teelöffel (voll). **6.** gleich (*a. fig.*): ~ ***crossing*** *Br.* schienen-

L

gleicher (Bahn)Übergang; ***be ~ on points*** (*Sport*) punktgleich sein; ***be ~ with*** auf gleicher Höhe sein mit; genauso hoch sein wie; *fig.* auf dem gleichen Niveau *od.* auf der gleichen Stufe stehen wie; ***draw ~*** (*Sport*) ausgleichen; ***draw ~ with*** *j-n* einholen; ***make ~ with the ground*** → 9b. **7.** a) gleichmäßig: ***~ stress*** *ling.* schwebende Betonung, b) ausgeglichen (*Rennen etc*). **8.** ***do one's ~ best*** sein Möglichstes tun. **9.** ***have*** (***keep***) ***a ~ head*** e-n kühlen Kopf haben (bewahren), sich nicht aus der Ruhe bringen lassen; ***give s.o. a ~ look*** j-n ruhig *od.* fest anschauen. **III** *v/t pret u. pp* **-eled,** *bsd. Br.* **-elled 10.** a) (ein)ebnen, planieren, b) *a.* ***~ to*** (*od.* ***with***) ***the ground*** dem Erdboden gleichmachen. **11.** *fig.* gleichmachen, nivellieren; *Unterschiede* beseitigen, ausgleichen.

Verbindungen mit Adverbien:

lev·el| down *v/t Preise, Löhne etc* drücken, herabsetzen. **~ off I** *v/t* **1.** → ***level*** 9a, 10. **2.** *Flugzeug* abfangen. **II** *v/i* **3.** flach werden *od.* auslaufen (*Gelände etc*). **4.** *fig.* sich stabilisieren *od.* einpendeln (***at*** bei). **5.** *econ.* sich abschwächen (*Nachfrage*). **~ out I** *v/t* **1.** → ***level*** 10. **2.** → ***level off*** 2. **II** *v/i* **3.** → ***level off*** II. **~ up** *v/t Preise, Löhne etc* hinaufschrauben.

ˌlev·el-ˈhead·ed *adj* □ vernünftig.

le·ver [ˈliːvə] **I** *s* **1.** *phys., tech.* Hebel *m.* **2.** Brechstange *f.* **3.** Anker *m* (*e-r Uhr*). **4.** *fig.* Druckmittel *n.* **II** *v/t* **5.** ***~ out*** (***of***) herausstemmen (aus); *fig. j-n* verdrängen (aus).

lev·er·age [ˈliːvərɪdʒ] *s* **1.** Hebelwirkung *f,* Hebelkraft *f.* **2.** Einfluss *m.* **3.** Verschuldungsgrad *m.*

lev·er·aged buy·out *s* fremdfinanzierte Übernahme.

lev·i·ty [ˈlevətɪ] *s* Leichtfertigkeit *f.*

lev·y [ˈlevɪ] **I** *s* **1.** *econ.* Erhebung *f.* **2.** *econ.* Steuer *f,* Abgabe *f.* **3.** *mil.* Aushebung *f.* **II** *v/t* **4.** *Steuern etc* a) erheben, b) (***on***) legen (auf *acc*), auferlegen (*dat*). **5.** *mil. Truppen* ausheben.

lewd [ljuːd] *adj* □ **1.** geil, lüstern. **2.** unanständig, obszön.

ˈlewd·ness *s* **1.** Geilheit *f,* Lüsternheit *f.* **2.** Unanständigkeit *f,* Obszönität *f.*

lex·i·cog·ra·pher [ˌleksɪˈkɒɡrəfə] *s* Lexikograph(in).

lex·i·co·graph·ic [ˌ~kəʊˈɡræfɪk] *adj* (***~ally***) lexikographisch.

lex·i·cog·ra·phy [ˌ~ˈkɒɡrəfɪ] *s* Lexikographie *f.*

li·a·bil·i·ty [ˌlaɪəˈbɪlətɪ] *s* **1.** *econ.,* ⚖ Verpflichtung *f,* Verbindlichkeit *f;* Haftung *f,* Haftpflicht *f:* ***~ insurance*** Haftpflichtversicherung *f;* → ***limit*** 4. **2.** *pl econ.* Passiva *pl.* **3.** *allg.* Verantwortung *f,* Verantwortlichkeit *f.* **4.** ***~ to penalty*** Strafbarkeit *f;* ***~ to taxation*** Steuerpflicht *f.* **5.** (***to***) Hang *m,* Neigung *f* (zu), Anfälligkeit *f* (für).

li·a·ble [ˈlaɪəbl] *adj* **1.** *econ.,* ⚖ haftbar, -pflichtig (***for*** für): ***be ~ for*** *a.* haften für. **2.** unterworfen (***to s.th.*** e-r Sache): ***be ~ to s.th.*** *a.* e-r Sache unterliegen; ***~ to penalty*** strafbar; ***~ to taxation*** steuerpflichtig. **3.** ***be ~ to*** neigen zu, anfällig sein für. **4.** ***be ~ to do s.th.*** et. gern *od.* leicht tun; et. wahrscheinlich tun: ***he is ~ to come*** er kommt wahrscheinlich; ***that is ~ to happen*** das kann durchaus *od.* leicht passieren.

li·aise [lɪˈeɪz] *v/i* **1.** Verbindung aufnehmen (***with*** mit). **2.** sich verbünden (***with*** mit). **3.** zs.-arbeiten (***with*** mit).

li·ai·son [lɪˈeɪzən] *s* **1.** Verbindung *f:* ***~ man*** Verbindungsmann *m.* **2.** Bündnis *n.* **3.** Zs.-arbeit *f.* **4.** Liaison *f.*

li·ar [ˈlaɪə] *s* Lügner(in).

Lib. *Br. pol.* ***Liberal*** Liberale *m, f.*

li·bel [ˈlaɪbl] ⚖ **I** *s* (*schriftliche*) Verleumdung *od.* Beleidigung (***of, on*** *gen*). **II** *v/t pret u. pp* **-beled,** *bsd. Br.* **-belled** (*schriftlich*) verleumden *od.* beleidigen.

ˈli·bel·(l)ous *adj* □ verleumderisch.

lib·er·al [ˈlɪbərəl] **I** *adj* □ **1.** liberal, aufgeschlossen. **2.** *mst* ***Liberal*** *pol.* liberal. **3.** großzügig: a) freigebig (***of*** mit), b) reichlich (bemessen): ***~ gift*** großzügiges Geschenk. **4.** ***~ arts*** *pl* Geisteswissenschaften *pl.* **II** *s* **5.** *mst* ***Liberal*** *pol.* Liberale *m, f.*

ˈlib·er·al·ism *s* Liberalismus *m.*

lib·er·al·i·ty [ˌ~ˈrælətɪ] *s* **1.** Liberalität *f.* **2.** Großzügigkeit *f.*

lib·er·al·ize [ˈlɪbərəlaɪz] *v/t* liberalisieren.

lib·er·ate [ˈlɪbəreɪt] *v/t* **1.** befreien (***from*** von, aus) (*a. fig.*); *Sklaven etc* freilassen. **2.** *Gase etc, fig. Kräfte etc* freisetzen: ***be ~d*** *a.* frei werden.

ˌlib·erˈa·tion *s* **1.** Befreiung *f;* Freilassung *f.* **2.** Freisetzung *f.*

Li·be·ri·a [laɪˈbɪərɪə] *Republik in Westafrika.*

lib·er·tine [ˈlɪbətiːn] *s* Wüstling *m.*

lib·er·ty [ˈlɪbətɪ] *s* **1.** Freiheit *f:* a) persönliche *etc* Freiheit *f:* ***religious ~*** Religionsfreiheit; ***~ of the press*** Pressefreiheit; ***~ of speech*** Redefreiheit; ***at ~*** frei, in Freiheit, auf freiem Fuß, b) freie Wahl, Erlaubnis *f:* ***be at ~ to do s.th.*** et. tun dürfen, c) *mst pl* Privileg *n,* Vorrecht *n.* **2.** Dreistigkeit *f,* (plumpe) Vertraulichkeit *f:* ***take liberties with*** sich Freiheiten gegen *j-n* herausnehmen; willkürlich mit *et.* umgehen.

li·bid·i·nous [lɪˈbɪdɪnəs] *adj* □ libidinös, triebhaft.

li·bi·do [lɪˈbiːdəʊ] *s* Libido *f,* Geschlechtstrieb *m.*

Li·bra ['li:brə] *s ast.* Waage *f*: **be (a) ~** Waage sein.
li·brar·i·an [laɪ'breərɪən] *s* Bibliothekar(in).
li·brar·y ['~brərɪ] *s* **1.** Bibliothek *f*: a) *öffentliche* Bücherei: **~ ticket** Leserausweis *m*, b) *private* Büchersammlung, c) Bibliothekszimmer *n*. **2.** (*Bild-*, *Zeitungs*)Archiv *n*.
li·bret·tist [lɪ'bretɪst] *s* Librettist(in), Textdichter(in).
li'bret·to [~təʊ] *pl* **-tos, -ti** [~tɪ] *s* Libretto *n*: a) Textbuch *n*, b) (*Opern-* *etc*)Text *m*.
Lib·ya ['lɪbɪə] *npr* Libyen *n*.
lice [laɪs] *pl von* **louse** 1.
li·cence ['laɪsəns] **I** *s* **1.** Lizenz *f*, Konzession *f*, *behördliche* Genehmigung; (*Führer-*, *Jagd-*, *Waffen-* *etc*)Schein *m*: **~ fee** Lizenzgebühr *f*; **~ holder** Lizenzinhaber *m*; Kommissionär *m*; **~ number** *mot.* Kennzeichen *n*. **2.** *dichterische* Freiheit. **3.** Zügellosigkeit *f*. **II** *v/t* **4.** *Am.* → **license** I.
li·cense ['laɪsəns] **I** *v/t* **1.** lizensieren, konzessionieren, *behördlich* genehmigen: **fully ~d** mit voller Schankkonzession; **licensing hours** *pl* Ausschankzeiten *pl*; **licensing procedure** Genehmigungsverfahren *n*. **2.** *j-m* e-e Lizenz *od.* Konzession erteilen; (es) *j-m* (*offiziell*) erlauben (**to do** zu tun). **II** *s* **3.** *Am.* → **licence** I: **~ plate** *mot.* Nummernschild *n*.
li·cen·see [ˌlaɪsən'si:] *s* Lizenznehmer *m*.
li·cen·sor [ˌlaɪsən'sɔ:] *s* Lizenzgeber *m*.
li·cen·tious [laɪ'senʃəs] *adj* □ ausschweifend, zügellos.
li·chen ['laɪkən] *s* **1.** ♣ Flechte *f*. **2.** ⚕ Knötchenflechte *f*.
lick [lɪk] **I** *v/t* **1.** (ab)lecken: **~ up (out)** auf-(aus)lecken; **~ s.o.'s boots** *fig.* vor j-m kriechen; **~ one's lips** sich die Lippen lecken (*a. fig.*). **2.** F verprügeln, -dreschen; übertreffen: **this ~s me** das geht über m-n Horizont. **II** *v/i* **3.** lecken (**at** an *dat*). **III** *s* **4.** Lecken *n*: **give s.th. a ~** an etwas lecken. **5.** F Tempo *n*: **at full ~** mit voller Geschwindigkeit.
'lick·ing *s* F Prügel *pl*, Dresche *f*.
lic·o·rice ['lɪkərɪs] *s* ♣ Lakritze *f*.
lid [lɪd] *s* **1.** Deckel *m*: **put the ~ on** *Br.* F *e-r Sache* die Krone aufsetzen; *e-r Sache* ein Ende machen. **2.** (*Augen*)Lid *n*.
li·do ['li:dəʊ] *pl* **-dos** *s Br.* Frei- *od.* Strandbad *n*.
lie¹ [laɪ] **I** *s* Lüge *f*: **tell ~s** (*od.* **a ~**) lügen; **give the ~ to** *et.*, *j-n* Lügen strafen; → **white** 1. **II** *v/i* lügen: **~ to s.o.** j-n be- *od.* anlügen.
lie² [~] **I** *s* **1.** Lage *f* (*a. fig.*): **the ~ of the land** *fig. Br.* die Lage (der Dinge). **II** *v/i* (*irr*) **2.** liegen: a) *allg. im Bett*, *im Hinterhalt etc* liegen; *ausgebreitet*, *tot etc* daliegen, b) begraben sein, ruhen, c) gelegen sein, sich befinden: **the town ~s on a river** die Stadt liegt an e-m Fluss; **~ second** (*Sport etc*) an zweiter Stelle liegen, d) begründet liegen (**in** in *dat*). **3.** a) **~ heavy on s.o.'s stomach** j-m schwer im Magen liegen, b) *fig.* lasten (**on** auf *der Seele etc*). **4.** *fig.* stecken (**behind** hinter *dat*).
Verbindungen mit Adverbien:
lie| a·bout *v/i* herumliegen. **~ a·head** *v/i*: **what lies ahead of us** was vor uns liegt, was uns bevorsteht. **~ a·round** → **lie about.** **~ back** *v/i* sich zurücklegen *od.* -lehnen; *fig.* sich ausruhen. **~ down** *v/i* **1.** sich hin- *od.* niederlegen: **~ on** sich legen auf (*acc*). **2. take lying down** *Beleidigung etc* widerspruchslos hinnehmen, sich *e-e Beleidigung etc* gefallen lassen. **~ in** *v/i Br.* (*morgens*) lang im Bett bleiben. **~ low** *v/i* sich verstecken *od.* versteckt halten; sich ruhig verhalten. **~ o·ver** *v/i* liegen bleiben, unerledigt bleiben; aufgeschoben *od.* zurückgestellt werden. **~ up** *v/i* **1.** das Bett *od.* das Zimmer hüten (müssen). **2.** nicht benutzt werden, (*Maschine etc*) außer Betrieb sein.
'lie-a·bed *s* Langschläfer(in).
Liech·ten·stein ['lɪktənstaɪn] Liechtenstein *n*.
lie de·tec·tor *s* Lügendetektor *m*.
'lie|-down *s* F Schläfchen *n*: **have a ~** ein Schläfchen machen; sich (kurz) hinlegen. **'~-in** *s*: **have** (*od.* **take**) **a ~** F → **lie in.**
lieu [lju:] *s*: **in ~** stattdessen; **in ~ of** an Stelle von (*od. gen*), (an)statt (*gen*); → **oath** 1.
lieu·ten·ant [lef'tenənt] *s* ⚔ a) Leutnant *m*, b) *Br.* (*Am.* **first ~**) Oberleutnant *m*.
life [laɪf] *pl* **lives** [laɪvz] *s* **1.** Leben *n*: a) organisches Leben, b) Lebenskraft *f*, c) Lebewesen *pl*, d) Menschenleben *n*: **they lost their lives** sie kamen ums Leben; **a matter of ~ and death** e-e lebenswichtige Angelegenheit; **early in ~** in jungen Jahren; **late in ~** in vorgerücktem Alter, e) Lebenszeit *f*, -dauer *f*: **all his ~** sein ganzes Leben lang; **for ~** fürs (ganze) Leben, für den Rest s-s Lebens; *bsd.* ⚖, *pol.* lebenslänglich, auf Lebenszeit, f) menschliches Tun u. Treiben, g) Lebensweise *f*, -wandel *m*, h) Schwung *m*: **full of ~** voller Leben. **2.** ⚖ Laufzeit *f* (*e-s Wechsels*, *Vertrags etc*); *econ.* Haltbarkeit *f*, Lagerfähigkeit *f*. **3.** ⚖ F lebenslängliche Freiheitsstrafe: **he is doing ~** er sitzt lebenslänglich; **he got ~** er bekam lebenslänglich. **~ an·nu·i·ty** *s* Leibrente *f*. **~ as·sur·ance** *s bsd. Br.* Lebensversicherung *f*. **'~·belt** *s* ⚓ Rettungsring *m*, -gürtel *m*. **'~·boat** *s* ⚓ Rettungsboot *n*. **~ ex·pect·an·cy** *s* **1.** Lebenserwartung *f*. **2.** geschätzte Nutzungsdauer *f*. **'~·guard** *s* Rettungsschwimmer(in); Bademeister(in).

~ **im·pris·on·ment** *s* ⚖ lebenslängliche Freiheitsstrafe. ~ **in·sur·ance** *s* Lebensversicherung *f*. ~ **jack·et** *s* ⚓ Rettungs-, Schwimmweste *f*.

life·less ['laɪflɪs] *adj* □ **1.** leblos: a) tot, b) unbelebt. **2.** *fig*. matt, schwunglos.

'**life|·like** *adj* lebensecht, naturgetreu. '~**line** *s* **1.** ⚓ Rettungsleine *f*. **2.** *fig*. Rettungsanker *m*. **3.** Lebenslinie *f* (*in der Hand*). '~**long** *adj* lebenslang. ~ **mem·ber** *s* Mitglied *n* auf Lebenszeit. ~ **peer** *s* Peer *m* auf Lebenszeit. ~ **pre·serv·er** *s* **1.** ⚓ *Am*. Rettungs-, Schwimmweste *f*; Rettungsgürtel *m*. **2.** *bsd*. *Br*. Totschläger *m* (*Waffe*).

lif·er ['laɪfə] *s* ⚖ F Lebenslängliche *m*, *f*.

life| raft *s* ⚓ Rettungsfloß *n*. '~ˌ**sav·er** *s* **1.** Lebensretter(in). **2.** → ***lifeguard***. **3.** F rettender Engel; Rettung *f*. '~ˌ**sav·ing** *adj* lebensrettend. ~ **sen·tence** *s* ⚖ lebenslängliche Freiheitsstrafe. '~**size(d)** *adj* lebensgroß, in Lebensgröße. '~**·time** I *s* Lebenszeit *f*: ***once in a*** ~ sehr selten, einmal im Leben; ***during*** (*od*. ***in***) ***s.o.'s*** ~ zu j-s Lebzeiten *od*. Zeit; in j-s Leben. II *adj* auf Lebenszeit, lebenslang: ~ ***post*** Lebensstellung *f*. '~**work** *s* Lebenswerk *n*.

lift [lɪft] I *s* **1.** (Hoch-, Auf)Heben *n*. **2.** *tech*. Hub(höhe *f*) *m*. **3.** Luftbrücke *f*. **4.** ✈, *phys*. Auftrieb *m*, *fig*. *a*. Aufschwung *m*: ***give s.o. a*** ~ → 10. **5.** ***give s.o. a*** ~ j-n (im Auto) mitnehmen; ***get a*** ~ ***from s.o.*** von j-m mitgenommen werden; → ***thumb*** II. **6.** *bsd*. *Br*. Lift *m*, Aufzug *m*, Fahrstuhl *m*. **7.** (*Ski- etc*)Lift *m*. **8.** ⚕ Lift *m*, *n*, Lifting *n*: ***have a*** ~ sich liften lassen. II *v*/*t* **9.** *a*. ~ ***up*** (hoch-, auf)heben; *Stimme etc* erheben: ~ ***one's eyes*** aufschauen, -blicken; → ***finger*** I, ***hand*** 1. **10.** *a*. ~ ***up*** *j-n* aufmuntern, *j-m* Auftrieb *od*. Aufschwung geben. **11.** F klauen (*a*. *plagiieren*). **12.** *Gesicht etc* liften, straffen. **13.** *Embargo*, *Verbot etc* aufheben. III *v*/*i* **14.** sich heben, steigen (*a*. *Nebel*): ~ ***off*** starten (*Rakete*); abheben (*Flugzeug*). **15.** sich (hoch)heben lassen. '~**·boy** *s* *bsd*. *Br*. Liftboy *m*. '~**·man** *s* (*irr* ***man***) *bsd*. *Br*. Fahrstuhlführer *m*. '~**·off** *s* Start *m* (*e-r Rakete*); Abheben *n* (*e-s Flugzeugs*).

lig·a·ment ['lɪgəmənt] *s* *anat*. Band *n*.

lig·a·ture ['lɪgətʃə] *s* *typ*., ♪ Ligatur *f*.

light¹ [laɪt] I *s* **1.** Licht *n*: a) Helligkeit *f*: ***stand*** (*od*. ***be***) ***in s.o.'s*** ~ j-m im Licht (*fig*. im Weg) stehen, b) Beleuchtung *f*: ***in subdued*** ~ bei gedämpftem Licht, c) Schein *m*: ***by the*** ~ ***of a candle*** bei Kerzenschein, d) Lichtquelle *f*: ***hide one's*** ~ ***under a bushel*** sein Licht unter den Scheffel stellen, e) Sonnen-, Tageslicht *n*: ***bring*** (***come***) ***to*** ~ *fig*. ans Licht bringen (kommen); ***see the*** ~ (***of day***) das Licht der Welt erblicken; *fig*. herauskommen, auf den Markt kommen; *fig*. bekannt- *od*. veröffentlicht werden, f) *fig*. Aspekt *m*: ***in the*** ~ ***of*** unter dem Aspekt *od*. in Anbetracht (*gen*), g) *fig*. Erleuchtung *f*: ***cast*** (*od*. ***shed, throw***) ~ ***on*** Licht auf *e-e Sache* werfen; zur Lösung *od*. Aufklärung *e-r Sache* beitragen; ***I see the*** ~ mir geht ein Licht auf. **2.** *mot*. Scheinwerfer *m*. **3.** *Br*. *mst pl* (Verkehrs)Ampel *f*: ***jump*** (*od*. ***shoot***) ***the*** ~***s*** bei Rot über die Kreuzung fahren; → ***amber*** 2, 5, ***green*** 1, 3, ***red*** 1, 3, ***yellow*** 3. **4.** Feuer *n* (*zum Anzünden*), *bsd*. Streichholz *n*: ***have you got a*** ~***?*** haben Sie Feuer? **5.** *a*. ***shining*** ~ *fig*. Leuchte *f*, großes Licht (*Person*): → ***leading light***. II *adj* **6.** hell, licht: ~ ***red*** Hellrot *n*. III *v*/*t* (*a*. *irr*) **7.** *a*. ~ ***up*** anzünden: ~ ***a cigarette*** sich e-e Zigarette anzünden. **8.** be-, erleuchten, erhellen: ~ ***up*** hell beleuchten. **9.** *j-m* leuchten. IV *v*/*i* (*a*. *irr*) **10.** *a*. ~ ***up*** sich entzünden. **11.** *mst* ~ ***up*** *fig*. aufleuchten (*Augen etc*). **12.** ~ ***up*** Licht machen; *mot*. die Scheinwerfer einschalten; F sich e-e (*Zigarette etc*) anzünden.

light² [~] I *adj* (□ → ***lightly***) **1.** *allg*. leicht (*z. B. Last*; *Kleidung*; *Mahlzeit*, *Wein*; *Schlaf*; *Fehler*, *Strafe*): (***as***) ~ ***as air*** (*od*. ***a feather***) federleicht; ***no*** ~ ***matter*** keine Kleinigkeit; ~ ***metal*** Leichtmetall *n*; ~ ***reading*** Unterhaltungslektüre *f*; ~ ***trading*** *econ*. geringe Umsatztätigkeit; ***make*** ~ ***of*** auf die leichte Schulter nehmen; verharmlosen, bagatellisieren. **2.** locker (*Erde*, *Schnee*), locker gebacken (*Brot etc*). **3.** *Sport*: Halb...: ~ ***heavyweight*** Halb-, Leichtschwergewicht *n*. II *adv* **4.** ***travel*** ~ mit leichtem Gepäck reisen.

light| bar·ri·er *s* ⚡ Lichtschranke *f*. ~ **bulb** *s* ⚡ Glühbirne *f*. '~**-e**ˌ**mit·ting** '**di·ode** *s* Leuchtdiode *f*.

light·en¹ ['laɪtn] I *v*/*i* **1.** sich aufhellen, hell(er) werden. **2.** *impers* blitzen. II *v*/*t* **3.** (*a*. blitzartig) erhellen.

light·en² [~] I *v*/*t* **1.** leichter machen, erleichtern (*beide a*. *fig*.): ~ ***s.o.'s heart*** j-m das Herz leichter machen. **2.** *j-n* aufheitern. II *v*/*i* **3.** leichter werden: ***her heart*** ~***ed*** *fig*. ihr wurde leichter ums Herz.

light·er ['laɪtə] *s* **1.** Anzünder *m* (*a*. *Gerät*). **2.** Feuerzeug *n*.

'**light|-**ˌ**fin·gered** *adj* **1.** fingerfertig, geschickt. **2.** langfing(e)rig, diebisch. '~-ˌ**foot·ed** *adj* □ leichtfüßig. '~-ˌ**head·ed** *adj* □ **1.** leichtsinnig, -fertig. **2.** ***feel*** ~ (leicht) benommen sein; wie auf Wolken schweben. '~-ˌ**heart·ed** *adj* □ unbeschwert. '~**·house** *s* Leuchtturm *m*.

light·ing ['laɪtɪŋ] *s* Beleuchtung *f*: ~ ***engineering*** Beleuchtungstechnik *f*.

light·ly ['laɪtlɪ] *adv* **1.** leicht. **2.** wenig: ***eat ~.*** **3.** leichthin. **4.** geringschätzig.

ˌlight-'mind·ed *adj* □ leichtfertig, -sinnig; unbeständig, flatterhaft.

light·ness¹ ['laɪtnɪs] *s* Helligkeit *f.*

light·ness² [~] *s* **1.** Leichtheit *f*, Leichtigkeit *f* (*a. fig.*). **2.** Lockerheit *f.*

light·ning ['laɪtnɪŋ] **I** *s* Blitz *m*: (***as***) ***quick as ~*** blitzschnell; ***struck by ~*** vom Blitz getroffen; ***like ~*** wie der Blitz; → ***flash*** 1, ***grease*** 3, ***streak*** 1, ***stroke*** 2. **II** *adj* blitzschnell, Blitz...: ***with ~ speed*** mit Blitzesschnelle. **~ con·duc·tor, ~ rod** *s* ⚡ Blitzableiter *m.*

light| pen *s Computer*: Lichtstift *m.* **'~proof** *adj* lichtundurchlässig.

lights [laɪts] *s pl zo.* Lunge *f.*

'light|·ship *s* ⚓ Feuer-, Leuchtschiff *n.* **'~·weight I** *adj* leicht(gewichtig). **II** *s Sport*: Leichtgewicht *n.* **~ year** *s ast.* Lichtjahr *n.*

lig·ne·ous ['lɪgnɪəs] *adj* holzig, holzartig.

lik·a·ble ['laɪkəbl] *adj* liebenswert, -würdig, sympathisch.

like¹ [laɪk] **I** *adj u. prp* **1.** gleich (*dat*), wie (*a. adv*): ***a man ~ you*** ein Mann wie du; ***what is he ~?*** wie ist er?; ***what does it look ~?*** wie sieht es aus?; → ***feel*** 6. **2.** ähnlich (*dat*), bezeichnend für: ***that is just ~ him!*** das sieht ihm ähnlich. **3.** gleich (*Menge etc*): ***in ~ manner*** auf gleiche Weise; gleichermaßen. **4.** ähnlich: ***they are*** (***as***) ***~ as two eggs*** sie gleichen sich wie ein Ei dem anderen. **5.** ähnlich, gleich-, derartig. **II** *s* **6.** *der, die, das* Gleiche: ***his ~*** seinesgleichen; ***the ~*** dergleichen; ***the ~s*** *pl* ***of me*** F meinesgleichen, Leute *pl* wie ich.

like² [~] **I** *v/t* gern haben, mögen: ***I ~ it*** es gefällt mir; ***I ~ him*** ich kann ihn gut leiden, er ist mir sympathisch; ***how do you ~ it?*** wie gefällt es dir?, wie findest du es?; ***what do you ~ better?*** was hast du lieber?, was gefällt dir besser?; ***~ doing*** (*bsd. Am. a.* ***to do***) ***s.th.*** et. gern tun; ***I should*** (*od.* ***would***) ***~ to know*** ich möchte gern wissen. **II** *v/i* wollen: (***just***) ***as you ~*** (ganz) wie du willst; ***do as you ~*** mach, was du willst; ***if you ~*** wenn du willst. **III** *s* Neigung *f*, Vorliebe *f*: ***~s*** *pl* ***and dislikes*** *pl* Neigungen *pl* u. Abneigungen *pl.*

like·a·ble → ***likable.***

like·li·hood ['laɪklɪhʊd] *s* Wahrscheinlichkeit *f*: ***in all ~*** aller Wahrscheinlichkeit nach, höchstwahrscheinlich.

'like·ly I *adj* **1.** wahrscheinlich, voraussichtlich: ***he is*** (***not***) ***~ to come*** er kommt wahrscheinlich (es ist unwahrscheinlich, dass er kommt). **2.** glaubhaft: ***a ~ story!*** *iro.* das soll glauben, wer mag! **3.** infrage kommend, geeignet. **II** *adv* **4.** wahrscheinlich: ***most ~*** höchstwahrscheinlich; (***as***) ***~ as not*** (sehr) wahrscheinlich; ***not ~!*** F wohl kaum!

ˌlike-'mind·ed *adj* □ gleich gesinnt.

lik·en ['laɪkən] *v/t* vergleichen (***to*** mit).

like·ness ['laɪknɪs] *s* **1.** Ähnlichkeit *f* (***between*** zwischen *dat*; ***to*** mit). **2.** Abbild *n* (***of*** *gen*).

like·wise ['laɪkwaɪz] *adv* desgleichen, ebenso.

lik·ing ['laɪkɪŋ] *s* Vorliebe *f* (***for*** für): ***this is not*** (***to***) ***my ~*** das ist nicht nach m-m Geschmack.

li·lac ['laɪlək] **I** *s* ⚘ Flieder *m.* **II** *adj* lila(farben).

Lil·li·pu·tian [ˌlɪlɪ'pjuːʃn] **I** *adj* winzig, zwergenhaft; Liliput..., Klein(st)... **II** *s* Liliputaner(in).

li·lo ['laɪləʊ] *pl* **-los** *s Br.* F Luftmatratze *f.*

lilt [lɪlt] *s* flotter Rhythmus; flotte *od.* schwungvolle Melodie.

lil·y ['lɪlɪ] *s* ⚘ Lilie *f*: ***~ of the valley*** Maiglöckchen *n.* **ˌ~-'liv·ered** *adj* feig.

limb [lɪm] *s* **1.** (*Körper*)Glied *n*, *pl a.* Gliedmaßen *pl.* **2.** Hauptast *m* (*e-s Baums*): ***be out on a ~*** F in e-r gefährlichen Lage sein; *Br.* allein (da)stehen.

lim·ber ['lɪmbə] **I** *adj* **1.** biegsam, geschmeidig. **2.** beweglich, gelenkig. **II** *v/t* **3.** *mst* ***~ up*** biegsam *od.* geschmeidig machen, *Muskeln a.* auflockern: ***~ o.s. up*** → 4. **III** *v/i* **4.** *mst* ***~ up*** sich auflockern, Lockerungsübungen machen.

lime¹ [laɪm] **I** *s* ⚗ Kalk *m.* **II** *v/t* kalken.

lime² [~] *s* ⚘ Linde *f.*

lime³ [~] *s* ⚘ Limonelle *f* (*Baum*); Limone *f*, Limonelle *f* (*Frucht*).

lime·light *s*: ***be in the ~*** im Rampenlicht *od.* im Licht der Öffentlichkeit stehen.

lim·er·ick ['lɪmərɪk] *s* Limerick *m.*

'lime|·stone *s geol.* Kalkstein *m.* **'~·wash I** *v/t* kalken, weißen, tünchen. **II** *s* (Kalk-)Tünche *f.*

lim·it ['lɪmɪt] **I** *s* **1.** *fig.* Grenze *f*, Beschränkung *f*, (*Zeit- etc*)Limit *n*: ***to the ~*** bis zum Äußersten *od.* Letzten; ***within ~s*** in (gewissen) Grenzen; ***there is a ~ to everything*** alles hat s-e Grenzen; ***off ~s*** Zutritt verboten (***to*** für); ***that's the ~!*** F das ist (doch) die Höhe! **2.** ⩓, *tech.* Grenzwert *m.* **3.** *econ.* Limit *n*, Preisgrenze *f.* **II** *v/t* **4.** beschränken, begrenzen (***to*** auf *acc*); *Auflage*, *Preise etc* limitieren: ***~ed in time*** befristet; ***~ed*** (***liability***) ***company*** *econ. Br.* Aktiengesellschaft *f*; ***~ed partnership*** Kommanditgesellschaft.

ˌlim·i'ta·tion *s* **1.** *fig.* Grenze *f*: ***know one's*** (***own***) ***~s*** s-e Grenzen kennen. **2.** Begrenzung *f*, Beschränkung *f*: ***~ of liability*** ⚖ Haftungsbeschränkung. **3.** ⚖ Verjährung *f*: ~ (***period***) Verjährungsfrist *f*; ***barred by*** ~ verjährt.

lim·ou·sine ['lɪməziːn] *s mot.* **1.** *Br.* Luxuslimousine *f.* **2.** *Am.* Kleinbus *m.*

limp¹ [lɪmp] **I** *v/i* hinken (*a. fig. Vers etc*), humpeln. **II** *s* Hinken *n*: ***walk with a*** ~ hinken, humpeln.

limp² [~] *adj* schlaff, schlapp: ***go*** ~ erschlaffen.

lim·pet ['lɪmpɪt] *s zo.* Napfschnecke *f*: ***hold on*** (*od.* ***hang on, cling***) ***to s.o. like a*** ~ *fig.* wie e-e Klette an j-m hängen.

lim·pid ['lɪmpɪd] *adj* □ klar (*a. fig. Stil etc*), durchsichtig.

lim·y ['laɪmɪ] *adj* kalkig, Kalk...

lin·age ['laɪnɪdʒ] *s* **1.** Zeilenzahl *f.* **2.** Zeilenhonorar *n.*

linch·pin ['lɪntʃpɪn] *s* **1.** *tech.* Achsnagel *m.* **2.** *fig.* Stütze *f.*

lin·den ['lɪndən] *s* ♣ Linde *f.*

line¹ [laɪn] **I** *s* **1.** Linie *f* (*a. Sport*), Strich *m*: → ***toe*** II. **2.** a) (*Hand- etc*)Linie *f*, b) Falte *f*, Runzel *f*: ~***s*** *pl* ***of worry*** Sorgenfalten *pl*, c) Zug *m* (*im Gesicht*). **3.** Zeile *f* (*a. TV*): ***read between the*** ~***s*** *fig.* zwischen den Zeilen lesen; → ***drop*** 15. **4.** *pl thea. etc* Rolle *f*, Text *m.* **5.** *pl* (*mst sg konstruiert*) *bsd. Br.* F Trauschein *m.* **6.** Linie *f*, Richtung *f*: ~ ***of sight*** Blickrichtung. **7.** *pl* Grundsätze *pl*, Richtlinien *pl*: ***along these*** ~***s*** nach diesen Grundsätzen; folgendermaßen. **8.** Art *f* u. Weise *f*, Methode *f*: ~ ***of thought*** Auffassung *f*; Gedankengang *m*; ***take a strong*** ~ energisch auftreten *od.* werden (***with s.o.*** gegenüber j-m). **9.** Grenze *f* (*a. fig.*), Grenzlinie *f*: ***draw the*** ~ die Grenze ziehen, Halt machen (***at*** bei); ~ ***of credit*** Kreditlinie *f.* **10.** Reihe *f*, Kette *f*; *bsd. Am.* (Menschen-, *a.* Auto)Schlange *f*: ***stand in*** ~ anstehen, Schlange stehen (***for*** um, nach); ***drive in*** ~ *mot.* Kolonne fahren. **11.** Reihe *f*, Linie *f*: ***be in*** (***out of***) ~ *fig.* (nicht) übereinstimmen (***with*** mit); ***bring*** (*od.* ***get***) ***into*** ~ *fig.* in Einklang bringen (***with*** mit); auf Vordermann bringen; ***fall into*** ~ sich einordnen; *fig.* sich anschließen (***with*** *dat*); ***keep s.o. in*** ~ *fig.* j-n bei der Stange halten. **12.** (Abstammungs)Linie *f*: ***in the direct*** ~ in direkter Linie. **13.** Fach *n*, Gebiet *n*: ~ (***of business***) Wirtschaftszweig *m*, Branche *f*; ***that's not in my*** ~ das schlägt nicht in mein Fach; das liegt mir nicht. **14.** (*Verkehrs-, Eisenbahn- etc*)Linie *f*, Strecke *f*, Route *f*, *engS.* 🚂 Gleis *n*: ***the end of the*** ~ *fig.* das (bittere) Ende. **15.** (*Flug- etc*)Gesellschaft *f.* **16.** *bsd. teleph.* Leitung *f*: ***have you got a direct*** ~? sind Sie direkt zu erreichen?; ***the*** ~ ***is bad*** die Verbindung ist schlecht; ***the*** ~ ***is busy*** (*Br.* ***engaged***) die Leitung ist besetzt; ***hold the*** ~ bleiben Sie am Apparat; → ***hot line***. **17.** *tech.* (Rohr)Leitung *f.* **18.** *mil.* a) Linie: ***behind the enemy*** ~***s*** hinter den feindlichen Linien, b) Front *f*: ***all along the*** ~, ***down the*** ~ *fig.* auf der ganzen Linie. **19.** *geogr.* Längen- *od.* Breitenkreis *m*: ***the Line*** der Äquator. **20.** Leine *f*; Schnur *f*; Seil *n.* **21.** *econ.* Sortiment *n*, Lieferprogramm *n.* **II** *v/i* **22.** → ***line up*** I. **III** *v/t* **23.** lini(i)eren. **24.** zeichnen; skizzieren. **25.** *Gesicht* (zer)furchen. **26.** *Straße etc* säumen.
Verbindungen mit Adverbien:

line| off *v/t* abgrenzen. ~ **up I** *v/i* **1.** sich in e-r Reihe *od.* Linie aufstellen, (*Sport*) sich aufstellen. **2.** *bsd. Am.* sich anstellen (***for*** um, nach). **II** *v/t* **3.** in e-r Reihe *od.* Linie aufstellen. **4.** F auf die Beine stellen, organisieren.

line² [~] *v/t* **1.** *Kleid etc* füttern. **2.** *bsd. tech.* auskleiden, -schlagen (***with*** mit), *Bremsen, Kupplung* belegen. **3.** (an)füllen: ~ ***one's pocket***(***s***) (*od.* ***purse***) sich bereichern.

lin·e·age¹ ['lɪnɪɪdʒ] *s* **1.** geradlinige Abstammung. **2.** Stammbaum *m.* **3.** Geschlecht *n.*

line·age² → ***linage***.

lin·e·al ['lɪnɪəl] *adj* □ geradlinig, direkt (*Nachkomme etc*).

lin·e·a·ment ['lɪnɪəmənt] *s mst pl* (Gesichts)Zug *m.*

lin·e·ar ['lɪnɪə] *adj* □ **1.** ⩫, *tech. etc* linear. **2.** Längen...

line| chart, ~ **graph** *s* Linien-, Strichdiagramm *n.* ~ **feed** *s* Zeilenvorschub *m.* ~ **length** *s* Zeilenlänge *f*

lin·en ['lɪnɪn] **I** *s* **1.** Leinen *n.* **2.** (*Bett-, Unter- etc*)Wäsche *f*: ***wash one's dirty*** ~ ***in public*** *fig.* s-e schmutzige Wäsche in der Öffentlichkeit waschen. **II** *adj* **3.** Leinen... ~ **bas·ket** *s bsd. Br.* Wäschekorb *m.* '~-ˌ**fin·ish** *adj* ~ ***paper*** Leinenpapier *n.*

line| print·er *s* Zeilendrucker *m.* ~ **skip·ping** *s* Zeilenvorschub *m.* ~ **spac·ing** *s* Zeilenvorschub *m*; Zeilenabstand *m.*

lin·er ['laɪnə] *s* **1.** ⚓ Linienschiff *n.* **2.** ✈ Verkehrsflugzeug *n.* **3.** → ***eye liner***.

lines|·man ['laɪnzmən] *s* (*irr* ***man***) *Sport*: Linienrichter *m.* '~ˌ**wom·an** *s* (*irr* ***woman***) Linienrichterin *f.*

'**line-up** *s* **1.** *Sport*: Aufstellung *f.* **2.** *bsd. Am.* (Menschen)Schlange *f.*

lin·ger ['lɪŋgə] *v/i* **1.** verweilen, sich aufhalten (*beide a. fig.* ***over, on*** bei *e-m Thema etc*): ~ ***on*** noch dableiben; nachklingen (*Ton*); *fig.* fortleben, -bestehen (*Tradition etc*). **2.** *fig.* (zurück)bleiben (*Verdacht etc*). **3.** trödeln: ~ ***about*** (*od.* ***around***) herumtrödeln.

'**lin·ger·ing** *adj* □ **1.** nachklingend. **2.** schleichend (*Krankheit*).

lin·go ['lɪŋgəʊ] *pl* **-goes** *s* F **1.** Kauderwelsch *n.* **2.** (Fach)Jargon *m.*
lin·gual ['lɪŋgwəl] *adj* Zungen...
lin·guist ['lɪŋgwɪst] *s* **1.** Linguist(in), Sprachwissenschaftler(in). **2.** Sprachkundige *m, f*: ***be a good ~*** (sehr) sprachbegabt sein.
lin'guist·ic I *adj* (***~ally***) **1.** linguistisch, sprachwissenschaftlich. **2.** Sprach(en)... II *s pl* (*mst sg konstruiert*) **3.** Linguistik *f*, Sprachwissenschaft *f.*
lin·i·ment ['lɪnɪmənt] *s* ⚕ Einreibemittel *n.*
lin·ing ['laɪnɪŋ] *s* **1.** Futter(stoff *m*) *n.* **2.** *bsd. tech.* Auskleidung *f*, (*Brems-*, *Kupplungs-*) Belag *m.*
link [lɪŋk] I *s* **1.** (Ketten)Glied *n*; *fig.* Glied *n* (*in e-r Kette von Ereignissen etc*); Bindeglied *n*; Verbindung *f*, Zs.-hang *m.* **2.** Manschettenknopf *m.* II *v/t* **3.** *a.* ***~ up*** verketten, -binden (***to, with*** mit): ***~ arms*** sich unter- *od.* einhaken (***with*** bei). **4.** *a.* ***~ up*** *fig.* in Verbindung *od.* Zs.-hang bringen (***with*** mit), e-n Zs.-hang herstellen zwischen (*dat*). III *v/i* **5.** *a.* ***~ up*** sich verketten *od.* verbinden (***to, with*** mit). **6.** *a.* ***~ up*** *fig.* sich zs.-fügen.
links [lɪŋks] → ***golf links.***
'link·up *s* Verbindung *f*, Zs.-hang *m.*
li·no·le·um [lɪ'nəʊljəm] *s* Linoleum *n.*
lin·seed ['lɪnsiːd] *s* ♀ Leinsamen *m.* **~ oil** *s* Leinöl *n.*
lin·tel ['lɪntl] *s* ⚠ Oberschwelle *f*, (Tür-, Fenster)Sturz *m.*
li·on ['laɪən] *s* **1.** *zo.* Löwe *m* (*a. ast.* ***Lion***): ***go into the ~'s den*** *fig.* sich in die Höhle des Löwen wagen; ***the ~'s share*** der Löwenanteil; → ***beard*** II. **2.** *fig.* Größe *f*, Berühmtheit *f* (*Person*).
li·on·ess ['~es] *s* Löwin *f.*
lip [lɪp] *s* **1.** *anat.* Lippe *f*: ***lower*** (***upper***) ***~*** Unter-(Ober)lippe; ***keep a stiff upper ~*** *fig.* Haltung bewahren; sich nichts anmerken lassen; ***bite one's ~*** *fig.* sich auf die Lippen beißen; → ***smack***[2] 2. **2.** F Unverschämtheit *f*: ***none of your ~!*** sei nicht so unverschämt *od.* frech! **3.** Rand *m* (*e-r Wunde, e-s Kraters etc*). **'~-read** *v/t u. v/i* (*irr* ***read***) von den Lippen ablesen. **~ salve** *s* Lippenpflegestift *m.* **~ ser·vice** *s* Lippenbekenntnis *n.* **'~·stick** *s* Lippenstift *m*: ***put on ~*** sich die Lippen schminken.
liq·ue·fy ['lɪkwɪfaɪ] *v/t u. v/i* **1.** (sich) verflüssigen. **2.** schmelzen.
li·queur [lɪ'kjʊə] *s* Likör *m.*
liq·uid ['lɪkwɪd] I *adj* □ **1.** flüssig: ***~ crystal diode*** Flüssigkristalldiode *f*; ***~ crystal display*** Flüssigkristallanzeige *f*; ***~ waste*** wassergefährdende Stoffe *pl.* **2.** Flüssigkeits...: ***~ measure*** Flüssigkeitsmaß *n.* **3.** *econ.* liquid, flüssig: ***~ assets*** *pl* flüssige Mittel *pl.* II *s* **4.** Flüssigkeit *f.*
liq·ui·date ['lɪkwɪdeɪt] *v/t* **1.** *econ.* liquidieren: a) *Gesellschaft* auflösen, b) *Sachwerte etc* realisieren, zu Geld machen, c) *Schulden etc* tilgen. **2.** *fig.* *j-n* liquidieren, beseitigen.
ˌliq·ui'da·tion *s* **1.** *econ.* Liquidation *f*: a) Auflösung *f*, b) Realisierung *f*, c) Tilgung *f.* **2.** *fig.* Liquidierung *f*, Beseitigung.
li·quid·i·ty [lɪ'kwɪdətɪ] *s* **1.** flüssiger Zustand. **2.** *econ.* Liquidität *f*: ***~ ratio*** Liquiditätsgrad *m*; ***~ squeeze*** Liquiditätsengpass *m.*
liq·ui·dize ['lɪkwɪdaɪz] *v/t* **1.** (*v/i* sich) verflüssigen. **2.** (im Mixer) zerkleinern *od.* pürieren.
'liq·ui·diz·er *s* Mixer *m.*
liq·uor ['lɪkə] *s* a) *Br.* alkoholische Getränke *pl*, Alkohol *m*: ***hard ~*** → b, b) *Am.* Schnaps *m*, Spirituosen *pl*: ***~ cabinet*** Hausbar *f.*
liq·uo·rice → ***licorice.***
li·ra ['lɪərə] *pl* **-re** ['~rɪ], **-ras** *s* Lira *f.*
Lis·bon ['lɪzbən] Lissabon *n.*
lisp [lɪsp] I *v/i* lispeln (*a. v/t*), mit der Zunge anstoßen. II *s* Lispeln *n*: ***speak with a ~*** → I.
list[1] [lɪst] I *s* **1.** Liste *f*, Verzeichnis *n*: ***be on the ~*** auf der Liste stehen; ***~ price*** Listenpreis *m.* II *v/t* **2.** (in e-r Liste) verzeichnen, erfassen, registrieren: ***~ed building*** *Br.* Gebäude *n* unter Denkmalschutz; ***~ed securities*** *pl* amtlich notierte Wertpapiere *pl.* **3.** in e-e Liste eintragen.
list[2] [~] ⚓ I *s* Schlagseite *f.* II *v/i* Schlagseite haben *od.* bekommen.
list·en ['lɪsn] *v/i* **1.** hören, horchen (***to*** auf *acc*): ***~ to*** a) *j-m* zuhören, *j-n* anhören: ***~!*** hör mal!, b) auf *j-n, j-s Rat* hören, c) *e-m Rat etc* folgen; → ***reason*** 3. **2.** ***~ in*** Radio hören: ***~ in to a concert*** sich ein Konzert im Radio anhören.
'lis·ten·er *s* **1.** Horcher(in). **2.** Zuhörer(in): ***be a good ~*** (gut) zuhören können. **3.** *Radio*: Hörer(in).
list·ing ['lɪstɪŋ] *s* **1.** Auflistung *f*, Verzeichnis *n.* **2.** Notierung *f*, Zulassung *f.*
list·less ['lɪstlɪs] *adj* □ lust-, teilnahmslos.
lit [lɪt] *pret u. pp von* ***light***[1]***.***
lit·a·ny ['lɪtənɪ] *s eccl.* Litanei *f* (*a. fig.*).
li·ter *Am.* → ***litre.***
lit·er·a·cy ['lɪtərəsɪ] *s* **1.** Fähigkeit *f* zu lesen u. zu schreiben. **2.** (literarische) Bildung, Belesenheit *f.*
lit·er·al ['lɪtərəl] *adj* □ **1.** wörtlich (*Übersetzung etc*): ***take s.th. ~ly*** et. wörtlich nehmen. **2.** genau, wahrheitsgetreu. **3.** nüchtern, prosaisch. **4.** wörtlich, eigentlich (*Bedeutung e-s Worts etc*). **5.** buchstäblich: ***he did ~ly nothing.***

L

lit·er·ar·y ['lɪtərərɪ] *adj* □ **1.** literarisch, Literatur...: ~ **critic** Literaturkritiker(in); ~ **history** Literaturgeschichte *f.* **2.** gewählt, hochgestochen (*Ausdruck*).

lit·er·ate ['lɪtərət] *adj* □ **1. be** ~ lesen u. schreiben können. **2.** (literarisch) gebildet, belesen.

lit·er·a·ture ['~ətʃə] *s* **1.** Literatur *f.* **2.** F Informationsmaterial *n.*

lith·o·graph ['lɪθəʊgrɑːf] *s* Lithographie *f,* Steindruck *m.*

Lith·u·a·nia [ˌlɪθjuː'eɪnjə] *npr* Litauen *n.*

Lith·u·a·ni·an [ˌlɪθjuː'eɪnjən] **I** *adj* litauisch. **II** *s* Litauer(in).

lit·i·gant ['lɪtɪgənt] ⚖ **I** *adj* streitend, prozessführend. **II** *s* Prozessführende *m, f,* streitende Partei.

lit·i·gate ['~geɪt] *v/i* (*u. v/t*) prozessieren *od.* streiten (um).

ˌlit·i'ga·tion *s* Rechtsstreit *m,* Prozess *m.*

li·tre ['liːtə] *s bsd. Br.* Liter *m, a. n.*

Litt D ***litteratum doctor*** Doktor *m* der Literaturwissenschaft (*über dem* **PhD**).

lit·ter ['lɪtə] **I** *s* **1.** (herumliegender) Abfall. **2.** Streu *f* (*für Tiere*), (*a. für Pflanzen*) Stroh *n.* **3.** *zo.* Wurf *m.* **4.** Trage *f;* Sänfte *f.* **II** *v/t* **5.** Abfall herumliegen lassen in (*dat*) *od.* auf (*dat*); *Park etc* verschandeln (**with** mit). **6.** *mst* ~ **down** Streu legen für; *Stall* einstreuen. **7.** *Pflanzen* mit Stroh abdecken. **8.** *zo. Junge* werfen. **III** *v/i* **9.** *zo.* (Junge) werfen. '~**·bin** *s* Abfallkorb *m.* '~**·bug** *s bsd. Am.* F, ~ **lout** *s bsd. Br.* F *j-d, der Straßen etc mit Abfall verschandelt.*

lit·tle ['lɪtl] **I** *adj* **1.** klein (*Kind etc*): **the** ~ **ones** *pl* die Kleinen *pl;* → **finger** I. **2.** kurz (*Strecke od. Zeit*). **3.** wenig (*Hoffnung etc*): **a** ~ **jam** ein wenig *od.* ein bisschen Marmelade. **4.** klein, gering(fügig). **II** *adv* **5.** wenig, kaum: **think** ~ **of** wenig halten von; **for as** ~ **as £ 10** für nur 10 Pfund. **6.** wenig, selten: **I see him very** ~. **III** *s* **7.** Kleinigkeit *f, das* wenige, *das* bisschen: **a** ~ ein wenig, ein bisschen; ~ **by** ~ (ganz) allmählich, nach u. nach. **8. in** ~ im Kleinen, in kleinem Maßstab.

lit·ur·gy ['lɪtədʒɪ] *s eccl.* Liturgie *f.*

liv·a·ble ['lɪvəbl] *adj* **1.** wohnlich, bewohnbar. **2.** lebenswert (*Leben*). **3.** *a.* ~ **with** erträglich (*Schmerzen etc*): **not** ~ (**with**) unerträglich. **4.** ~ **with** umgänglich (*Person*).

live[1] [lɪv] **I** *v/i* leben: a) am Leben sein, b) am Leben bleiben: ~ **through the night** die Nacht überleben; **you** ~ **and learn** man lernt nie aus; ~ **on** *bsd. fig.* weiter-, fortleben, c) sich ernähren (**on** von): **he** ~**s on his wife** er lebt auf Kosten *od.* von (den Einkünften) s-r Frau, d) ein *ehrliches etc* Leben führen: ~ **honestly**; ~ **up to** *s-n Grundsätzen etc* gemäß leben, *s-m Ruf etc* gerecht werden, *den Erwartungen etc* entsprechen, e) wohnen (**with** bei): ~ **with** zs.-leben mit; ~ **together** zs.-leben, f) das Leben genießen: ~ **and let** ~ leben u. leben lassen. **II** *v/t ein bestimmtes Leben* führen.

live[2] [laɪv] **I** *adj* **1.** lebend, lebendig: ~ **weight** Lebendgewicht *n;* **a real** ~ **lord** F ein richtiger *od.* echter Lord. **2.** aktuell (*Frage etc*). **3.** scharf (*Munition etc*). **4.** ⚡ stromführend: ~ **wire** F Energiebündel *n.* **5.** *Rundfunk, TV:* Direkt..., Original..., Live-...: ~ **broadcast** Direktübertragung *f.* **II** *adv* **6.** direkt, original, live.

live·a·ble → **livable.**

live·li·hood ['laɪvlɪhʊd] *s* Lebensunterhalt *m:* **earn** (*od.* **gain, make**) **a** (*od.* **one's**) ~ s-n Lebensunterhalt verdienen.

live·li·ness ['laɪvlɪnɪs] *s* **1.** Lebhaftigkeit *f.* **2.** Lebendigkeit *f.*

'live·ly *adj* □ **1.** lebhaft (*Interesse, Person, Fantasie etc*). **2.** lebendig (*Schilderung etc*). **3.** aufregend (*Zeiten*): **make it** (*od.* **things**) ~ **for s.o., give s.o. a** ~ **time** j-m (kräftig) einheizen. **4.** schnell, flott (*Tempo etc*).

liv·en ['laɪvn] *mst* ~ **up I** *v/t* beleben. **II** *v/i* in Schwung kommen.

liv·er[1] ['lɪvə] *s anat.* Leber *f* (*a. gastr.*).

liv·er[2] [~] *s:* **be a fast** ~ ein flottes Leben führen; **loose** ~ liederlicher Mensch.

liv·er·ied ['lɪvərɪd] *adj* livriert.

liv·er·ish ['lɪvərɪʃ] *adj* **1. be** ~ F es mit der Leber haben. **2.** mürrisch.

liv·er| sau·sage *s* Leberwurst *f.* ~ **spot** *s* Leberfleck *m.* ~**·wurst** ['~wɜːst] *s bsd. Am.* Leberwurst *f.*

liv·er·y ['lɪvərɪ] *s* Livree *f:* **in** ~ in Livree.

lives [laɪvz] *pl von* **life.**

live·stock ['laɪvstɒk] *s* Vieh(bestand *m*) *n.*

liv·id ['lɪvɪd] *adj* □ **1.** blau, bläulich (verfärbt). **2.** bleifarben, graublau. **3.** fahl, aschgrau, bleich (**with** vor *dat*). **4.** F fuchsteufelswild.

liv·ing ['lɪvɪŋ] **I** *adj* **1.** lebend (*a. Sprache*): **while** ~ bei *od.* zu Lebzeiten; **within** ~ **memory** seit Menschengedenken; → **daylight. 2.** Lebens...: ~ **conditions** *pl* Lebensbedingungen *pl;* ~ **standard** Lebensstandard *m.* **II** *s* **3. the** ~ *pl* die Lebenden *pl.* **4.** das Leben: → **cost** 1. **5.** Leben(sweise *f*) *n:* **loose** ~ lockerer Lebenswandel; → **clean** 5. **6.** Lebensunterhalt *m:* **earn** (*od.* **gain, get, make**) **a** ~ s-n Lebensunterhalt verdienen (**as** als; **out of** durch, mit). ~ **room** *s* Wohnzimmer *n.* ~ **space** *s* Wohnfläche *f,* -raum *m.*

liz·ard ['lɪzəd] *s zo.* Eidechse *f.*

Lju·blja·na [luː'bljɑːnə] *Hauptstadt von Slowenien.*

lla·ma ['lɑːmə] *s zo.* Lama *n.*
LL D ***legum doctor*** Dr. jur., Doktor *m* der Rechte.
LMT ***local mean time*** mittlere Ortszeit (*in USA*).
load [ləʊd] **I** *s* **1.** Last *f*, *fig. a.* Bürde *f*: ***his decision took a ~ off my mind*** bei s-r Entscheidung fiel mir ein Stein vom Herzen. **2.** Ladung *f* (*a. e-r Schusswaffe*): ***get a ~ of*** F sich *et.* ansehen *od.* anhören; *et.* zu sehen *od.* zu hören bekommen; ***get a ~ of this!*** F hör *od.* schau dir das mal an! **3.** *pl* F (***of***) Massen *pl* (von *Geld etc*), e-e Unmasse (*Leute etc*): ***there were ~s to eat*** es gab massenhaft zu essen. **4.** ⚡, *tech.* Belastung *f.* **II** *v/t* **5.** *a.* ***~ up*** *Fahrzeug etc* beladen (***with*** mit). **6.** *Gegenstand etc* laden (***into*** in *acc*; ***onto*** auf *acc*), *Güter* verladen. **7.** *Waffe*, *Programm* laden: ***~ the camera*** e-n Film (in die Kamera) einlegen. **8.** *Computer*: laden. **9.** *j-n* überhäufen (***with*** mit *Arbeit*, *Vorwürfen etc*). **10.** beschweren, schwerer machen, *engS. Würfel* einseitig beschweren, präparieren. **III** *v/i* **11.** *mst* ***~ up*** (auf-, ein)laden. **12.** (das Gewehr *etc*) laden, *phot.* e-n Film einlegen. **~ com·mand** *s Computer*: Ladebefehl *m.*
'**load·ed** *adj* **1.** be-, geladen *etc*, → ***load*** II. **2.** ***~ question*** Fang- *od.* Suggestivfrage *f*; ***~ word*** emotionsgeladenes Wort; vorbelastetes Wort; Reizwort *n.* **3.** F stinkreich: ***be ~ a.*** Geld wie Heu haben.
load·er ['ləʊdə] *s Computer*: Ladeprogramm *n.*
load fac·tor *s* Kapazitätsauslastung *f.*
load·ing| area ['ləʊdɪŋ] *s* Ladezone *f.* **~ bay** *s* Ladeplatz *m.* **~ ramp** *s* Laderampe *f.*
loaf¹ [ləʊf] *pl* **loaves** [ləʊvz] *s* **1.** Laib *m* (Brot); *weitS.* Brot *n.* **2.** *a.* ***meat ~*** *gastr.* Hackbraten *m.* **3.** ***use one's ~*** *Br. sl.* sein Hirn anstrengen, (nach)denken.
loaf² [~] F **I** *v/i* **1.** *a.* ***~ about*** (*od.* ***around***) herumlungern: ***~ about*** (*od.* ***around***) ***the streets*** auf den Straßen herumlungern. **2.** faulenzen. **II** *v/t* **3.** ***~ away*** *Zeit* verbummeln.
'**loaf·er** *s* F **1.** Müßiggänger(in). **2.** Faulenzer(in). **3.** *bsd. Am.* leichter Slipper.
loam [ləʊm] *s* Lehm *m.*
'**loam·y** *adj* lehmig, Lehm...
loan [ləʊn] **I** *s* **1.** (Ver)Leihen *n*: ***on ~*** leihweise; ***a book on ~*** ein geliehenes Buch; ***may I have the ~ of ...?*** darf ich (mir) ... (aus)leihen? **2.** *econ.* Anleihe *f* (*a. fig.*): ***take up a ~*** e-e Anleihe aufnehmen (***on*** auf *acc*). **3.** *econ.* Darlehen *n*, Kredit *m.* **4.** Leihgabe *f* (*für e-e Ausstellung*). **II** *v/t* **5.** *bsd. Am.* (***to***) (aus)leihen (*dat*), ver-, ausleihen (an *acc*). **~ ac·count** *s* Darlehenskonto *n.* **~ cap·i·tal** *s* Fremdkapital *n.* **~ fi·nanc·ing** *s* Fremdfinanzierung *f.* **~ re·demp·tion** *s* Anleihetilgung *f.* **~ shark** *s* F Kredithai *m.* **~ trans·ac·tion** *s* Kreditgeschäft *n.* '**~·word** *s ling.* Lehnwort *n.*
loath [ləʊθ] *adj*: ***be ~ to do s.th.*** et. nur (sehr) ungern *od.* widerwillig tun.
loathe [ləʊð] *v/t* verabscheuen, hassen: ***~ doing s.th.*** es hassen, et. zu tun.
'**loath·ing** *s* Abscheu *m.*
loath·some ['~səm] *adj* □ widerlich, abscheulich.
loaves [ləʊvz] *pl von* ***loaf¹***.
lob [lɒb] (*bsd. Tennis*) **I** *s* Lob *m.* **II** *v/t* a) ***~ a ball*** → III, b) *Gegner* überlobben. **III** *v/i* lobben, e-n Lob spielen *od.* schlagen.
lob·by ['lɒbɪ] **I** *s* **1.** Vor-, Eingangshalle *f*; Wandelhalle *f*; *thea.* Foyer *n.* **2.** *pol.* Lobby *f*, Interessengruppe *f*, -verband *m.* **II** *v/t* **3.** *a.* ***~ through*** *Gesetzesvorlage* mit Hilfe e-r Lobby durchbringen. **4.** *Abgeordnete* beeinflussen.
'**lob·by·ist** *s* Lobbyist(in).
lobe [ləʊb] *s* ⚘, *anat.* Lappen *m*: ***~ (of the ear)*** Ohrläppchen *n.*
lob·ster ['lɒbstə] *s zo.* Hummer *m*: (***as***) ***red as a ~*** krebsrot.
lo·cal ['ləʊkl] **I** *adj* □ **1.** lokal, örtlich: ***~ area network*** *teleph.* Ortsnetz *n*; ***~ authority*** Kommunalbehörde *f*; ***~ bill*** *econ.* Platzwechsel *m*; ***~ call*** *teleph.* Ortsgespräch *n*; ***~ derby*** (*Sport*) Lokalderby *n*; ***~ elections*** *pl* Kommunalwahlen *pl*; ***~ hero*** (*bsd. Sport*) Lokalmatador(in); ***~ news*** Lokalnachrichten *pl*; ***~ rates*** *pl* kommunale Abgaben *pl*; ***~ time*** Ortszeit *f*; ***~ traffic*** Lokal-, Orts-, Nahverkehr *m*; ***~ union*** Ortsverband einer Gewerkschaft; → ***colour*** 1. **2.** Orts..., ansässig, hiesig. **3.** lokal, örtlich (beschränkt): ***~ an(a)esthesia*** örtliche Betäubung; ***~ custom*** ortsüblicher Brauch. **II** *s* **4.** *mst pl* Ortsansässige *m, f*, Einheimische *m, f.* **5.** *Br.* F (nächstgelegene) Kneipe, *bsd.* Stammkneipe *f.*
lo·cal·i·ty [ləʊ'kælətɪ] *s* **1.** a) Örtlichkeit *f*, Ort *m*: ***sense of ~*** Ortssinn *m*, b) Gegend *f.* **2.** (*örtliche*) Lage.
lo·cal·ize ['ləʊkəlaɪz] *v/t* lokalisieren (***to*** auf *acc*).
lo·cate [ləʊ'keɪt] **I** *v/t* **1.** ausfindig machen, aufspüren; ⚓ *etc* orten; *mil. Ziel* ausmachen. **2.** *Büro etc* errichten. **3.** (*an e-m bestimmten Ort*) an- *od.* unterbringen; (*an e-n Ort*) verlegen: ***be ~d*** gelegen sein, liegen, sich befinden. **II** *v/i* **4.** *Am.* sich niederlassen.
lo'ca·tion *s* **1.** Ausfindigmachen *n*; ⚓ *etc* Ortung *f*; *mil.* Ausmachen *n.* **2.** Stelle *f*, Platz *m*; Lage *f*, Standort *m*: ***~ choice***

Standortwahl *f*; ~ ***factor*** Standortfaktor *m*; ~ ***of industry*** Industriestandort. **3.** *Film, TV*: Gelände *n* für Außenaufnahmen: ~ ***shooting, shooting on*** ~ Außenaufnahmen *pl*.

loc. cit. ***loco citato*** a.a.O., am angeführten Ort.

loch [lɒx] *s schott.* **1.** See *m*. **2.** Bucht *f*.

lock[1] [lɒk] **I** *s* **1.** (*Tür-, Gewehr- etc*)Schloss *n*: ***under*** ~ ***and key*** hinter Schloss u. Riegel; unter Verschluss; ~, ***stock and barrel*** *fig.* mit allem Drum u. Dran; mit Stumpf u. Stiel; mit Sack u. Pack. **2.** Verschluss *m*; Sperrvorrichtung *f*. **3.** Schleuse(nkammer) *f*. **II** *v/t* **4.** *a.* ~ ***up*** zu-, verschließen, zu-, versperren. **5.** *a.* ~ ***up*** einschließen, (ein)sperren (***in, into*** in *acc*): ~ ***away*** wegschließen; ~ ***out*** ausschließen, *econ.* aussperren. **6.** umschlingen, umfassen, *in die Arme* schließen. **7.** *tech.* sperren. **III** *v/i* **8.** schließen: ~ ***up*** abschließen. **9.** ab- *od.* verschließbar sein. **10.** *mot. etc* blockieren (*Räder*).

lock[2] [~] *s* (Haar)Locke *f*, (-)Strähne *f*.

lock·a·ble ['lɒkəbl] *adj* ab-, verschließbar: ~ ***castor*** feststellbare Rolle.

lock·er ['lɒkə] *s* **1.** Schließfach *n*. **2.** Spind *m, n*.

lock·et ['lɒkɪt] *s* Medaillon *n*.

'lock|·jaw *s* ⚕ **1.** Kiefersperre *f*. **2.** Wundstarrkrampf *m*. ~ **keep·er** *s* Schleusenwärter(in). **'~·out** *s econ.* Aussperrung *f*. **'~·smith** *s* Schlosser(in). **'~·up** *s* **1.** Arrestzelle *f*; F Kittchen *n*. **2.** *bsd. Br.* (Einzel)Garage *f*.

lo·co ['ləʊkəʊ] *bes. Am. sl.* verrückt.

lo·co·mo·tion [ˌləʊkə'məʊʃn] *s* Fortbewegungs...

'lo·coˌmo·tive [~tɪv] **I** *adj* Fortbewegungs... **II** *s* 🚂 Lokomotive *f*.

lo·cum ['ləʊkəm] *s* Vertreter(in).

lo·cust ['ləʊkəst] *s zo.* Heuschrecke *f*.

lo·cu·tion [ləʊ'kjuːʃn] *s* **1.** Ausdrucks-, Redeweise *f*. **2.** Redewendung *f*, Ausdruck *m*.

lodge [lɒdʒ] **I** *s* **1.** Sommer-, Gartenhaus *n*; (*Jagd- etc*)Hütte *f*; Gärtner-, Pförtnerhaus *n*. **2.** Portier-, Pförtnerloge *f*. **II** *v/i* **3.** logieren, (*bsd.* vorübergehend *od.* in Untermiete) wohnen. **4.** übernachten. **5.** stecken (bleiben) (*Kugel, Bissen etc*). **III** *v/t* **6.** aufnehmen, beherbergen, (für die Nacht) unterbringen. **7.** *Antrag, Beschwerde etc* einreichen, *Anzeige* erstatten, *Berufung, Protest* einlegen (***with*** bei).

'lodg·er *s* Untermieter(in): ***take*** ~***s*** Zimmer vermieten.

'lodg·ing *s* **1.** Wohnen *n*. **2.** *a. pl* Unterkunft *f*: ***night's*** ~, ~ ***for the night*** Nachtquartier *n*; → ***board*** 4. **3.** *pl* möbliertes Zimmer: ***live in*** ~***s*** möbliert wohnen.

loft [lɒft] *s* **1.** Dachboden *m*; Speicher *m*: ***in the*** ~ auf dem Dachboden. **2.** ⛪ Empore *f*, (*Orgel*)Chor *m*.

'loft·y *adj* □ **1.** hoch(ragend). **2.** hochfliegend (*Pläne etc*), hoch gesteckt (*Ziele etc*), erhaben (*Gedanken, Stil etc*). **3.** stolz, hochmütig.

log [lɒg] **I** *s* **1.** (Holz)Klotz *m*; (*gefällter*) Baumstamm; (*großes*) (Holz)Scheit: → ***sleep*** II. **2.** → ***logbook***. **3.** *Computer*: Protokoll *n*. **II** *v/t* **4.** *a.* ~ ***up*** in das Logbuch *etc* eintragen; *allg. Ereignisse etc* aufzeichnen, festhalten. **5.** *Computer*: ~ ***in*** (*od.* ***on***) einloggen; ~ ***out*** (*od.* ***off***) ausloggen.

log·a·rithm ['lɒgərɪðəm] *s* ⚘ Logarithmus *m*.

'log|·book *s* **1.** ⚓ Logbuch *n*. **2.** ✈ Flugbuch *n*. **3.** *mot.* Bord-, Fahrtenbuch *n*. ~ **cab·in** *s* Blockhaus *n*, -hütte *f*.

log·ger·heads ['lɒgəhedz] *s pl*: ***be at*** ~ Streit haben (***with*** mit), sich in den Haaren liegen.

log·ic ['lɒdʒɪk] *s phls. u. allg.* Logik *f*.

'log·i·cal *adj* □ logisch.

lo·gis·tics [ləʊ'dʒɪstɪks] *s pl* (*oft sg konstruiert*) *mil., econ.* Logistik *f*.

lo·go ['ləʊgəʊ] *pl* **-gos** *s* (Firmen)Logo *n*.

loin [lɔɪn] *s* **1.** *mst pl anat.* Lende *f*. **2.** *gastr.* Lende(nstück *n*) *f*. **'~·cloth** *s* Lendenschurz *m*.

loi·ter ['lɔɪtə] **I** *v/i* **1.** bummeln: a) schlendern, b) trödeln. **2.** *a.* ~ ***about*** (*od.* ***around***) herumlungern. **II** *v/t* **3.** ~ ***away*** *Zeit* vertrödeln.

'loi·ter·er *s* Bummler(in).

loll [lɒl] **I** *v/i* **1.** sich rekeln *od.* räkeln: ~ ***about*** (*od.* ***around***) herumlümmeln. **2.** ~ ***out*** heraushängen (*Zunge*). **II** *v/t* **3.** ~ ***out*** *Zunge* heraushängen lassen.

lol·li·pop ['lɒlɪpɒp] *s* **1.** Lutscher *m*. **2.** *Br.* Eis *n* am Stiel. ~ **man** *s* (*irr* ***man***) *Br.* F (*etwa*) Schülerlotse *m*. ~ **wom·an** *s* (*irr* ***woman***) *Br.* F (*etwa*) Schülerlotsin *f*.

lol·lop ['lɒləp] *v/i* hoppeln (*Hase, Fahrzeug*), latschen (*Person*).

lol·ly ['lɒlɪ] *s* **1.** F → ***lollipop*** 1. **2.** → ***lollipop*** 2. **3.** *Br. sl.* Kies *n* (*Geld*).

Lon·don ['lʌndən] **I** *s* London *n*. **II** *adj* Londoner; ***London Underground*** die Londoner U-Bahn.

Lon·don·er ['lʌndənə] *s* Londoner(in).

lone [ləʊn] *adj* **1.** einzeln: ***play a*** ~ ***hand*** *fig.* e-n Alleingang machen; → ***wolf*** 1. **2.** allein stehend, einzeln (*Haus etc*).

lone·li·ness ['ləʊnlɪnɪs] *s* Einsamkeit *f*.

'lone·ly *adj* einsam.

'lon·er *s* Einzelgänger(in) (*a. zo.*).

lone·some ['ləʊnsəm] *adj* □ *bsd. Am.* einsam.

long[1] [lɒŋ] **I** *adj* **1.** *allg.* lang (*a. fig.*): → ***run*** 1. **2.** weit, lang (*Weg*), weit (*Entfernung*). **3.**

zu lang: ***the coat is ~ on him*** der Mantel ist ihm zu lang. **4.** weit reichend (*Gedanken*), gut (*Gedächtnis*). **5.** *econ.* langfristig. **6.** ***be ~ on*** F e-e Menge ... haben. **II** *adv* **7.** lang(e): ***~ dead*** schon lange tot; ***as*** (*od.* ***so***) ***~ as*** solange wie; vorausgesetzt, dass; falls; ***~ after*** lange danach; ***as ~ ago as 1900*** schon 1900; ***so ~!*** F bis dann!; → ***ago, all*** 1. **III** *s* **8.** (e-e) lange Zeit: ***at*** (***the***) ***~est*** längstens; ***for ~*** lange (Zeit); ***take ~*** (***to do s.th.***) lange brauchen(, um et. zu tun); → ***before*** 5.

long² [~] *v/i* sich sehnen (***for*** nach): ***~ to do s.th.*** sich danach sehnen, et. zu tun.

long. ***longitude*** geographische Länge.

ˌlong|-'dis·tance *adj* **1.** Fern...: ***~ call*** *teleph.* Ferngespräch *n*; ***~ driver*** Fernfahrer(in). **2.** ✈, *Sport*: Langstrecken... **~ drink** *s* Longdrink *m*. **ˌ~-'haired** *adj* langhaarig. **ˌ~-'haul** *adj* Fern..., Langstrecken...: ***~ transportation*** Güterfernverkehr *m*; ***~ flight.***

long·ing ['lɒŋɪŋ] **I** *adj* □ sehnsüchtig. **II** *s* Sehnsucht *f* (***for*** nach).

long·ish ['lɒŋɪʃ] *adj* **1.** ziemlich lang. **2.** länglich.

lon·gi·tude ['lɒndʒɪtjuːd] *s geogr.* Länge *f*: → ***degree*** 2.

long| johns *s pl* F lange Unterhose. **~ jump** *s Leichtathletik*: *bsd. Br.* Weitsprung *m*. **~ jump·er** *s Leichtathletik*: *bsd. Br.* Weitspringer(in). **ˌ~-'life milk** *s* H-Milch *f*. **ˌ~-'lived** *adj* **1.** langlebig. **2.** dauerhaft. **'~-ˌplay·ing rec·ord** *s* Langspielplatte *f*. **ˌ~-'range** *adj* **1.** *mil.*, ✈ Fern...; Langstrecken... **2.** langfristig, auf lange Sicht. **~-run** *adj* langfristig, auf lange Sicht. **~ shot** *s* **1.** *Sport*: Weitschuss *m*. **2.** *fig.* riskante Angelegenheit. **3.** ***not by a ~*** *fig.* bei weitem nicht, nicht im Entferntesten. **ˌ~-'sight·ed** *adj* □ ⚕ weitsichtig, *fig. a.* weit blickend. **ˌ~-'stand·ing** *adj* seit langer Zeit bestehend, alt. **'~-term** *adj* langfristig, auf lange Sicht: ***~ memory*** Langzeitgedächtnis *n*; ***~ unemployed*** Langzeitsarbeitslose *m, f*. **'~-time** → ***long-standing.*** **~ wave** *s* ⚡, *phys.* Langwelle *f*. **'~-wave** *adj* ⚡, *phys.* Langwellen... **~-wind·ed** [ˌ~'wɪndɪd] *adj* □ **1.** ausdauernd (*Person*). **2.** langatmig, weitschweifig (*Erzählung etc*), (*a. Person*) umständlich.

loo [luː] *s bsd. Br.* F Klo *n*: ***in the ~*** auf dem *od.* im Klo; ***~ attendant*** Klomann *m*, -frau *f*; ***~ paper*** Klopapier *n*.

look [lʊk] **I** *s* **1.** Blick *m* (***at*** auf *acc*): ***cast*** (*od.* ***throw***) ***a ~ at*** e-n Blick werfen auf; ***give s.o. an angry ~*** j-m e-n wütenden Blick zuwerfen, j-n wütend ansehen; ***have a ~ at s.th.*** (sich) et. ansehen; ***have a ~ round*** sich umschauen in (*dat*). **2.** Miene *f*, (Gesichts)Ausdruck *m*: ***the ~ on his face*** sein Gesichtsausdruck. **3.** *oft pl* Aussehen *n*: ***have the ~ of*** aussehen wie. **II** *v/i* **4.** schauen: ***don't ~!*** nicht hersehen!; ***~ who is coming!*** schau (mal), wer da kommt. **5.** (nach)schauen, nachsehen. **6.** ausschauen, -sehen (*beide a. fig.*): ***~ well on s.o.*** j-m stehen (*Hut etc*); ***it ~s like snow***(***ing***) es sieht nach Schnee aus. **7.** liegen *od.* (hinaus)gehen nach: ***my room ~s north.*** **III** *v/t* **8.** *j-m* (*in die Augen etc*) sehen *od.* schauen *od.* blicken: ***~ s.o. in the eyes.*** **9.** aussehen wie: ***she does not ~ her age*** man sieht ihr ihr Alter nicht an; ***~ an idiot*** *fig.* wie ein Idiot dastehen. **10.** durch Blicke ausdrücken: ***~ one's surprise*** überrascht blicken *od.* dreinschauen; → ***dagger.***

Verbindungen mit Präpositionen:

look| a·bout → ***look around.*** **~ af·ter** *v/i* **1.** nachblicken, -schauen, -sehen (*dat*). **2.** aufpassen auf (*acc*), sich kümmern um. **~ a·round** *v/i* **1.** sich umschauen *od.* umsehen in (*dat*). **2.** ***~ one*** sich umsehen *od.* umblicken. **~ at** *v/i* **1.** ansehen, anschauen, betrachten: ***~ one's watch*** auf die Uhr schauen; ***to ~ him*** wenn man ihn (so) ansieht. **2.** sich *et.* anschauen, *et.* prüfen. **~ for** *v/i* suchen (nach). **~ in·to** *v/i* **1.** (hinein)schauen *od.* (-)sehen in (*acc*): ***~ the mirror*** in den Spiegel schauen; ***~ s.o.'s eyes*** j-m in die Augen schauen. **2.** untersuchen, prüfen. **~ on** *v/i* ansehen, betrachten (***as*** als). **~ on·to** *v/i* (hinaus)gehen auf (*acc*) *od.* nach: ***my room looks onto the garden.*** **~ o·ver** *v/i* **1.** schauen *od.* blicken über (*acc*). **2.** (sich) *et.* (flüchtig) ansehen *od.* anschauen, *et.* (flüchtig) überprüfen. **~ round** → ***look around.*** **~ through** *v/i* **1.** blicken durch. **2.** (hin)durchsehen *od.* (-)durchschauen durch. **3.** *fig. j-n, et.* durchschauen. **4.** *et.* (flüchtig) durchsehen *od.* -schauen. **~ to** *v/i* **1.** achten *od.* Acht geben auf (*acc*): ***~ it that*** achte darauf, dass; sieh zu, dass. **2.** ***~ s.o. to do s.th.*** von j-m erwarten, dass er et. tut: ***I ~ you to help me*** (*od.* ***for help***) ich erwarte Hilfe von dir. **~ to·ward(s)** → ***look*** 7.

Verbindungen mit Adverbien:

look| a·bout → ***look around.*** **~ a·head** *v/i* **1.** nach vorne sehen *od.* blicken *od.* schauen. **2.** *fig.* vorausschauen (***two years*** um zwei Jahre). **~ a·round** *v/i* sich umblicken *od.* -sehen *od.* -schauen (***for*** nach). **~ a·way** *v/i* wegblicken, -sehen, -schauen. **~ back** *v/i* **1.** sich umsehen. **2.** *a. fig.* zurückblicken, -schauen (***on, to*** auf *acc*). **~ down** *v/i* **1.** hinunterblicken, -sehen, -schauen, herunterblicken, -sehen, -schauen (***on*** auf *acc*): ***~ on*** *fig.* a) herabschauen auf (*acc*), b) → ***look onto.*** **2.** zu Boden blicken. **~ for·ward** *v/i* sich freuen (***to*** auf *acc*): ***~ to doing s.th.***

L

sich darauf freuen, et. zu tun. ~ **in** *v/i* **1.** hineinsehen, -schauen, hereinsehen, -schauen. **2.** e-n kurzen Besuch machen, vorbeischauen (**on** bei). ~ **on** *v/i* zusehen, zuschauen. ~ **out** I *v/i* **1.** hinausblicken, -sehen, -schauen, herausblicken, -sehen, -schauen (**of** zu): ~ ***of the window*** aus dem Fenster blicken. **2.** (**for**) aufpassen (auf *acc*), auf der Hut sein (vor *dat*): ~! pass auf!, Vorsicht! **3.** Ausschau halten (**for** nach). **4.** ~ ***on*** (*od.* ***over***) → ***look onto.*** II *v/t* **5.** *bsd. Br. et.* heraussuchen; sich *et.* aussuchen: ***look s.th. out for s.o.*** j-m et. aussuchen. ~ **o·ver** *v/t* (sich) *et.* (flüchtig) ansehen *et.* (flüchtig) (über)prüfen. ~ **through** *v/t et.* (flüchtig) durchsehen *od.* -schauen. ~ **up** I *v/i* **1.** hinaufblicken, -sehen, -schauen, heraufblicken, -sehen, -schauen. **2.** aufblicken, -sehen, -schauen (**from** von; *fig.* **to** zu). II *v/t* **3.** *Wort etc* nachschlagen (**in** in *dat*). **4.** ***look s.o. up and down*** j-n von oben bis unten mustern.

'look·aˌlike *s* **1.** Doppelgänger(in). **2.** (genaues) Gegenstück.

look·er ['lʊkə] *s*: ***she's a real*** ~ F sie sieht einfach klasse aus. **ˌ~-'on** *pl* **ˌlook·ers-'on** *s* Zuschauer(in).

'look-in *s* **1.** kurzer Besuch. **2.** F (Erfolgs-*etc*)Chance *f*: ***I don't get a*** ~ ich hab keine Chance.

look·ing glass ['lʊkɪŋ] *s* Spiegel *m*.

'look|·out *s* **1.** ***be on the*** ~ (***for***) → ***look out*** 3. **2.** Wache *f*, Beobachtungsposten *m*: ***act as*** ~ Schmiere stehen. **3.** a) *bsd. mil.* Beobachtungsstand *m*: ~ ***tower*** Wachturm *m*, b) ⚓ Krähennest *n*. **4.** F Angelegenheit *f*, Sache *f*. **'~-ˌo·ver** *s*: ***give s.th. a*** ~ → ***look over*** (*adv*). **'~·through** *s*: ***give s.th. a*** ~ → ***look through*** (*adv*).

loom¹ [luːm] *s* Webstuhl *m*.

loom² [~] *v/i* **1.** *a.* ~ ***up*** undeutlich *od.* drohend sichtbar werden; *fig.* bedrohlich näher rücken. **2.** *a.* ~ ***up*** (drohend) aufragen: ~ ***large*** *fig.* sich auftürmen (*Schwierigkeiten etc*); e-e große Rolle spielen.

loon·y ['luːnɪ] *sl.* I *adj* bekloppt, verrückt. II *s* Verrückte *m, f*. ~ **bin** *s sl.* Klapsmühle *f*.

loop [luːp] I *s* **1.** Schlinge *f*, Schleife *f*. **2.** Schleife *f*, Windung *f* (*e-s Flusses etc*). **3.** Schlaufe *f*; Öse *f*. **4.** ✈ Looping *m, a. n*. **5.** *Computer*: (Programm)Schleife *f*. **6.** ⚘ Spirale *f*. II *v/t* **7.** *Schnur etc* schlingen ([***a***]***round*** um). **8.** ~ ***the*** ~ ✈ loopen, e-n Looping fliegen *od.* ausführen. III *v/i* **9.** sich schlingen ([***a***]***round*** um). **10.** → 6. **'~·hole** *s* **1.** *mil.* Schießscharte *f*. **2.** *fig.* Schlupfloch *n*, Hintertürchen *n*: ~ ***in the law, legal*** ~ Gesetzeslücke *f*.

loose [luːs] I *adj* ☐ **1.** los(e), locker; frei, nicht angebunden *od.* eingesperrt: ***break*** ~ sich losreißen (***from*** von); ***come*** (*od.* ***get***) ~ abgehen (*Knopf etc*), sich lockern (*Schraube etc*), sich ablösen, abblättern (*Farbe etc*); ***let*** ~ *Hund* von der Leine lassen, *a. Flüche etc* loslassen, *s-m Ärger etc* Luft machen, freien Lauf lassen; ~ ***connection*** ⚡ Wackelkontakt *m*; → ***screw*** 1. **2.** a) lose (*Haar, Geldscheine etc*): ~ ***insert*** lose Beilage *f*; ~ ***money*** Kleingeld *n*, Münzen *pl*, b) offen, lose, unverpackt (*Ware*). **3.** lose sitzend, weit (*Kleidungsstück*). **4.** *fig.* lose (*Abmachung, Zs.-hang etc*); frei, ungenau (*Übersetzung etc*); unkonzentriert, nachlässig (*Spielweise etc*); unkontrolliert: ***have a*** ~ ***tongue*** den Mund nicht halten können. **5.** locker (*Moral, Lebenswandel etc*): → ***liver²***, ***living*** 5. II *s* **6.** ***be on the*** ~ a) auf freiem Fuß sein, b) *a.* ***go on the*** ~ F auf den Putz hauen. **'~-ˌfit·ting** → ***loose*** 3. **'~-leaf** *adj* Loseblatt...: ~ ***binder*** Schnellhefter *m*.

'loos·en I *v/t* **1.** *Knoten, Fesseln etc, a.* ⚘ *Husten, fig. Zunge* lösen: ~ ***s.o.'s tongue*** j-m die Zunge lösen. **2.** *Schraube, Griff etc, a. fig. Disziplin etc* lockern: ~ ***one's hold of*** *et.* loslassen. **3.** *a.* ~ ***up*** *Muskeln etc, a. fig. j-n* auflockern. II *v/i* **4.** sich lösen *od.* lockern. **5.** ~ ***up*** (*bsd. Sport*) sich auflockern.

loot [luːt] I *s* (Kriegs-, Diebes)Beute *f*. II *v/t u. v/i* plündern.

lop [lɒp] *v/t* **1.** *Baum etc* beschneiden, (zu)stutzen. **2.** *oft* ~ ***off*** abhauen, abhacken. **ˌ~'sid·ed** *adj* **1.** schief, nach 'einer Seite hängend, ⚓ mit Schlagseite. **2.** *fig.* einseitig.

lo·qua·cious [ləʊ'kweɪʃəs] *adj* ☐ geschwätzig, redselig.

lord [lɔːd] I *s* **1.** Herr *m*, Gebieter *m* (**of** über *acc*). **2.** *fig.* Magnat *m*. **3.** ***the Lord*** a) *a.* ***Lord God*** Gott *m* (der Herr): ***Lord*** (***only***) ***knows where ...*** Gott *od.* der Himmel weiß, wo ..., b) *a.* ***our Lord*** (Christus *m*) der Herr: ***Lord's Prayer*** Vaterunser *m*; ***Lord's Supper*** (heiliges) Abendmahl. **4.** *Br.* Lord *m*: ***the Lords*** das Oberhaus; → ***drunk*** 1. II *v/t* **5.** ~ ***it*** den Herren spielen (***over s.o.*** j-m gegenüber).

Lord| Chan·cel·lor *s Br.* Lordkanzler *m*. ~ **May·or** *s Br.* Oberbürgermeister *m*.

lor·ry ['lɒrɪ] *s Br.* Last(kraft)wagen *m*, Lastauto *m*.

lose [luːz] (*irr*) I *v/t* **1.** *Sache, Interesse etc* verlieren, *Geld, Stellung etc a.* einbüßen: ~ ***o.s.*** sich verirren; ~ ***10 pounds*** 10 Pfund abnehmen; → ***life*** 1d, ***sight*** 2, *etc.* **2.** *Spiel, Prozess etc* verlieren. **3.** *Zug etc, fig. Chance etc* versäumen, -passen. **4.** *Gelerntes* vergessen. **5.** *5 Minuten etc* nachgehen (*Uhr*). **6.** *Gewohnheit, Krankheit etc* loswerden,

Verfolger a. abschütteln. **7.** ~ ***s.o. s.th.*** j-n et. kosten, j-n um et. bringen. **II** *v/i* **8.** *a.* ~ ***out*** (***to***) verlieren (gegen), unterliegen (*dat*). **9.** *a.* ~ ***out*** verlieren, draufzahlen (***on*** bei). **10.** nachgehen (*Uhr*).

'los·er *s* Verlierer(in): ***good*** (***bad***) ~; ***be a bad*** ~ *a.* nicht verlieren können; ***be a born*** ~ der geborene Verlierer sein.

'los·ing *adj* **1.** Verlust bringend, Verlust... **2.** verloren, aussichtslos: ***fight a*** ~ ***battle*** *fig.* auf verlorenem Posten stehen.

loss [lɒs] *s* **1.** Verlust *m*: a) Einbuße *f*: ~ ***of blood*** (***memory, time***) Blut-(Gedächtnis-, Zeit)verlust; ***dead*** ~ Totalverlust; *fig.* hoffnungsloser Fall (*Person*); ***sell s.th. at a*** ~ et. mit Verlust verkaufen; ***work at a*** ~ mit Verlust arbeiten; ~ ***carryback*** Verlustrücktrag *m*; ~ ***carryforward*** Verlustvortrag *m*; ~ ***on interest*** Zinsverlust *m*; ~ ***in transport*** Transportverlust; ~ ***of wage***(***s***) Lohnausfall *m*; ~ ***in weight*** Gewichtsverlust, -abnahme *f*; ~ ***of working hours*** Arbeitsausfall *m*; → ***identity,*** b) Schaden *m*, c) *verlorene Sache od. Person*, d) Abnahme *f*, Schwund *m*: ~ ***in weight*** Gewichtsverlust, -abnahme. **2.** *pl mil.* Verluste *pl*, Ausfälle *pl.* **3.** ***be at a*** ~ in Verlegenheit sein (***for*** um): ***be at a*** ~ ***for words*** keine Worte finden.

loss lead·er *s econ.* Lockangebot *n*.

loss-mak·ing *adj* Verlust bringend: ~ ***concern*** Verlustbetrieb *m*.

lost [lɒst] **I** *pret u. pp von* ***lose.*** **II** *adj* **1.** verloren: ~ ***cause*** *fig.* aussichtslose Sache; ***be a*** ~ ***cause*** *a.* aussichtslos sein. **2.** verloren (gegangen): ***be*** ~ verloren gehen (*a. fig. Arbeitsplätze etc*); ***give up for*** (*od.* ***as***) ~ verloren geben; → ***property*** 1. **3.** verirrt: ***be*** ~ sich verirrt haben, sich nicht mehr zurechtfinden (*a. fig.*); ***get*** ~ sich verirren; ***get*** ~***!*** F hau ab! **4.** ***be*** ~ ***on s.o.*** keinen Eindruck auf j-n machen, j-n kalt lassen. **5.** ~ ***in*** vertieft *od.* versunken in (*acc*): ~ ***in thought*** in Gedanken versunken, *bsd. adv a.* gedankenversunken, -verloren. **ˌ~-and-'found** (**of·fice**) *s Am.* Fundbüro *n*.

lot [lɒt] *s* **1.** Los *n*: ***cast*** (*od.* ***draw***) ~***s*** losen (***for*** um); ***the*** ~ ***fell on*** (*od.* ***to***) ***me*** das Los fiel auf mich. **2.** Los *n*, Schicksal *n*. **3.** Anteil *m*. **4.** Parzelle *f*; Grundstück *n*. **5.** *econ.* Partie *f*, Posten *m*. **6.** Gruppe *f*, Gesellschaft *f*: ***the whole*** ~ a) die ganze Gesellschaft, b) → 7. **7.** ***the*** ~ alles, das Ganze. **8.** F Menge *f*, Haufen *m*: ***a*** ~ ***of,*** ~***s of*** viel ..., e-e Menge ...; ***a*** ~ (*od.* ~***s***) ***better*** (sehr) viel besser. **9.** ***a bad*** ~ F ein mieser Typ; ein mieses Pack.

loth → ***loath.***

lo·tion ['ləʊʃn] *s* Lotion *f*, (*Haut-*, *Rasier-*) Wasser *n*.

lot·ter·y ['lɒtərɪ] *s* **1.** Lotterie *f*: ~ ***ticket*** Lotterielos *n*. **2.** *fig.* Glückssache *f*, Lotteriespiel *n*.

lo·tus ['ləʊtəs] *s* ⚘ Lotos(blume *f*) *m*.

loud [laʊd] *adj* □ **1.** (*a. adv*) laut. **2.** *fig.* grell, schreiend (*Farben*), auffallend (*Kleidung, Benehmen*). **'~·mouth** *s* F Großmaul *n*. **ˌ~'speak·er** *s* Lautsprecher *m*.

lounge [laʊndʒ] **I** *s* **1.** Wohnzimmer *n*. **2.** Gesellschaftsraum *m*, Salon *m* (*e-s Hotels, Schiffs*). **3.** Foyer *n* (*e-s Theaters*). **4.** Wartehalle *f* (*e-s Flughafens*). **5.** *Br. vornehmerer u. teurerer Teil e-s Lokals.* **II** *v/i* **6.** → ***loll*** 1. **III** *v/t* **7.** *mst* ~ ***away*** *Zeit* vertrödeln, -bummeln. ~ ***bar*** → ***lounge*** 5. ~ ***chair*** *s* Klubsessel *m*. ~ ***suit*** *s bsd. Br.* Straßenanzug *m*.

lour → ***lower***[1].

louse I *s* [laʊs] **1.** *pl* **lice** [laɪs] *zo.* Laus *f*. **2.** *pl* **'lous·es** *sl.* Scheißkerl *m*. **II** *v/t* [laʊz] **3.** ~ ***up*** *sl.* versauen, -murksen.

lous·y ['laʊzɪ] *adj* □ **1.** verlaust. **2.** *sl.* fies, hundsgemein; lausig, mies. **3.** ***be*** ~ ***with*** *sl.* wimmeln von; strotzen vor (*dat*) *od.* von: ***be*** ~ ***with money*** vor Geld stinken.

lout [laʊt] *s* Flegel *m*, Rüpel *m*.

'lout·ish *adj* □ flegel-, rüpelhaft.

lov·a·ble ['lʌvəbl] *adj* □ liebenswert, reizend.

love [lʌv] **I** *s* **1.** Liebe *f* (***of, for, to toward***[***s***] zu): ~ herzliche Grüße (*Briefschluss*); ***be in*** ~ verliebt sein (***with*** in *acc*); ***fall in*** ~ sich verlieben (***with*** in *acc*); ***not for*** ~ ***or money*** nicht für Geld u. gute Worte; um nichts in der Welt; ***make*** ~ sich (*körperlich*) lieben; ***make*** ~ ***to s.o.*** j-n (*körperlich*) lieben; ***there is no*** ~ ***lost between them*** sie können sich nicht leiden; ~ ***of adventure*** Abenteuerlust *f*; ~ ***of one's country*** Vaterlandsliebe; → ***give*** 10. **2.** F a) (*Anrede, oft unübersetzt*) Schatz, b) Schatz *m*: ***he's a real*** ~ er ist ein richtiger Schatz; ***a*** ~ ***of a car*** ein süßer Wagen. **3.** *bsd. Tennis*: null. **II** *v/t* **4.** *j-n* (*a. körperlich*) lieben, lieb haben. **5.** *et.* lieben, gerne mögen: ~ ***doing*** (*bsd. Am. a.* ***to do***) ***s.th.*** et. sehr gern tun.

love·a·ble → ***lovable.***

love| af·fair *s* (Liebes)Affäre *f*, (-)Verhältnis *n*. ~ ***bite*** *s* F Knutschfleck *m*. ~ ***du·et*** *s* ♪ Liebesduett *n*. **ˌ~-'hate** (**re·la·tion·ship**) *s* Hassliebe *f*.

love·less ['lʌvlɪs] *adj* □ **1.** lieblos. **2.** ungeliebt.

love| let·ter *s* Liebesbrief *m*. ~ ***life*** *s* (*irr* ***life***) Liebesleben *n*.

love·ly ['lʌvlɪ] *adj* □ **1.** (wunder)schön. **2.** nett, reizend. **3.** F prima, großartig.

'love|ˌmak·ing *s* **1.** (*körperliche*) Liebe. **2.** Liebeskunst *f*. ~ ***match*** *s* Liebesheirat *f*. ~ ***po·em*** *s* Liebesgedicht *n*.

lov·er ['lʌvə] *s* **1.** Liebhaber(in), Geliebte *m*; Geliebte *f*. **2.** *pl* Liebende *pl*, Liebespaar *n*: ***they are ~s*** sie lieben sich. **3.** (*Musik- etc*)Liebhaber(in), (-)Freund(in): *~ **of music, music ~***.

love| scene *s thea. etc* Liebesszene *f*. **'~·sick** *adj* liebeskrank: ***be ~*** Liebeskummer haben. **~ song** *s* Liebeslied *n*. **~ sto·ry** *s* Liebesgeschichte *f*, (*bsd. rührselige a.*) Lovestory *f*. **~ tri·an·gle** *s* Dreiecksverhältnis *n*.

lov·ing ['lʌvɪŋ] *adj* □ liebevoll, zärtlich: ***your ~ father*** dein dich liebender Vater (*Briefschluss*).

low¹ [ləʊ] **I** *adj u. adv* **1.** *allg.* niedrig (*a. fig. Löhne etc*): *~ **in fat*** fettarm; → ***lie low, profile*** 1. **2.** tief (*a. fig.*): ***a ~ bow*** e-e tiefe Verbeugung; *~ **shot*** (*Sport*) Flachschuss *m*; ***the sun is ~*** die Sonne steht tief; ***sunk thus ~*** *fig.* so tief gesunken. **3.** tief gelegen. **4.** knapp (*Vorrat etc*): ***get*** (*od.* ***run***) *~* knapp werden, zur Neige gehen; ***we are getting*** (*od.* ***running***) *~ **on money*** uns geht allmählich das Geld aus; *~ **on funds*** knapp bei Kasse. **5.** schwach (*a. Puls*); niedergeschlagen, deprimiert: ***feel ~*** in gedrückter Stimmung sein; sich elend fühlen; → ***spirit*** 4. **6.** gering(schätzig): → ***opinion*** 2. **7.** ordinär, vulgär (*Ausdruck etc*); gemein, niederträchtig (*Trick etc*): ***feel ~*** sich gemein vorkommen. **8.** tief (*Ton etc*); leise (*Ton, Stimme etc*): ***in a ~ voice*** leise. **II** *s* **9.** *meteor.* Tief *n*. **10.** *fig.* Tief(punkt *m*, -stand *m*) *n*: ***be at a new ~*** e-n neuen Tiefpunkt erreicht haben.

low² [~] *v/i* brüllen, muhen (*Rind*).

ˌlow|'bred *adj* ungebildet, gewöhnlich. **'~-brow I** *s* geistig Anspruchslose *m, f*, Unbedarfte *m, f*. **II** *adj* geistig anspruchslos, unbedarft. **ˌ~-'cal·o·rie** *adj* kalorienarm. **~ com·e·dy** *s* Posse *f*, (derber) Schwank. **'~-cost** *adj* kostengünstig. **'~-down** *adj* F fies, hundsgemein. **'~·down** *s* F: ***give s.o. the ~*** j-n aufklären (***on*** über *acc*); ***get the ~*** aufgeklärt werden (***on*** über *acc*). **ˌ~-e'mis·sion** *adj mot.* schadstoffarm.

low·er¹ ['laʊə] *v/i* **1.** finster *od.* drohend blicken: *~ **at s.o.*** j-n finster *od.* drohend ansehen. **2.** sich auftürmen (*Wolken*).

low·er² ['ləʊə] **I** *v/t* **1.** niedriger machen. **2.** *Augen, Preis, Stimme etc* senken. **3.** *fig.* erniedrigen: *~ **o.s.*** sich herablassen. **4.** herunter-, herablassen, *Fahne, Segel* niederholen, streichen. **II** *v/i* **5.** niedriger werden. **6.** *fig.* sinken, fallen.

low·er³ ['ləʊə] **I** *comp. von* ***low¹***. **II** *adj* **1.** niedriger (*a. fig.*): *~ **case*** *typ.* kleingeschrieben. **2.** unter, Unter...: ***the ~ class(es*** *pl*) *sociol.* die Unterschicht; *~ **court*** ⚖ untergeordnetes Gericht; *~ **deck*** ⚓ Unterdeck *n*; *~ **limit*** Untergrenze *f*; → ***jaw*** 1, ***lip*** 1.

low·est ['ləʊɪst] **I** *sup von* ***low¹***. **II** *adj* **1.** niedrigst (*a. fig.*): *~ **bid*** *econ.* Mindestgebot *n*. **2.** unterst. **III** *s* **3.** ***at the ~*** wenigstens, mindestens.

'low|-fat *adj* fettarm. **'~-grade** *adj* von minderer Qualität, minderwertig. **ˌ~-'in·come** *adj* einkommensschwach. **ˌ~-'key(ed)** *adj* **1.** gedämpft (*Farbe*), (*Ton a.*) leise. **2.** zurückhaltend (*Empfang etc*). **~·land** ['~lənd] *s* Tief-, Flachland *n*.

'low-ˌlev·el *adj* niedrig (*a. fig.*): *~ **language*** niedrige Programmiersprache.

Low Mass *s eccl.* Stille Messe.

ˌlow|-'necked *adj* tief ausgeschnitten, mit tiefem Ausschnitt (*Kleid*). **ˌ~-'noise** *adj* rauscharm (*Tonband etc*). **ˌ~-'pres·sure** *adj*: *~ **area*** Tiefdruckgebiet *n*. **'~-ˌres·o'lu·tion** *adj* niedrigauflösend. **'~·rise** *s* Flachbau *m*. **~ sea·son** *s* Vor- *od.* Nachsaison *f*. **~ shoe** *s* Halbschuh *m*. **ˌ~-'spir·it·ed** *adj* □ niedergeschlagen, deprimiert. **ˌ~-'val·ue** *adj* geringwertig: *~ **assets*** *pl* geringwertige Wirtschaftsgüter *pl*. **ˌ~-'val·ued** *adj* geringwertig.

low-wage| coun·try *s* Niedriglohnland *n*. **~ group** *s* Niedriglohngruppe *f*. **~ job** *s* Niedriglohnarbeitsplatz *m*.

loy·al ['lɔɪəl] *adj* □ **1.** loyal (***to*** gegenüber). **2.** (ge)treu (***to*** *dat*).

'loy·al·ty *s* Loyalität *f* (***to*** zu).

loz·enge ['lɒzɪndʒ] *s* **1.** ⩓ Raute *f*, Rhombus *m*. **2.** *pharm.* Pastille *f*.

LP [el'piː] ***long-playing record*** LP *f*.; *Br.* ***Labour Party*** *Arbeiterpartei*.

'L-plate *s Schild mit einem roten L an Privatwagen, das darauf hinweist, dass ein Fahrschüler fährt.*

LPO ***London Philharmonic Orchestra*** *das* Londoner Philharmonische Orchester.

LSD [eles'diː] ***lysergic acid diethylamide*** LSD *n*.

LSE ***London School of Economics*** Londoner Wirtschaftshochschule.

Lt. ***lieutenant*** Lt., Leutnant *m*.

Lt.-Col. ***lieutenant-colonel*** Oberstleutnant *m*.

Ltd. ***limited*** mbH.

Lt.-Gen. ***lieutenant-general*** Generalleutnant *m*.

lub·ber ['lʌbə] *s* Flegel *m*, Rüpel *m*; Trottel *m*; Tolpatsch *m*.

lu·bri·cant ['luːbrɪkənt] *s tech.* Schmiermittel *n*.

lu·bri·cate ['~keɪt] *v/t* schmieren.

ˌlu·bri'ca·tion *s* Schmieren *n*.

lu·cid ['luːsɪd] *adj* □ klar (*Auskunft, Gedanke, Verstand etc*); hell, (*geistig*) klar: *~ **interval*** (*od.* ***moment***) *bsd. psych.* heller *od.* lichter Augenblick.

luck [lʌk] *s* **1.** Schicksal *n*, Zufall *m*: ***as ~ would have it*** wie es der Zufall wollte, (un)glücklicherweise; ***bad*** (*od.* ***hard, ill***) ~ Pech *n* (**on** für), Unglück *n*; ***good ~*** Glück *n*; ***good ~!*** viel Glück! **2.** Glück *n*: ***for ~*** als Glücksbringer; ***be in*** (***out of***) ~ (kein) Glück haben; ***try one's ~*** sein Glück versuchen.

ˈ**luck·i·ly** *adv* zum Glück, glücklicherweise: ***~ for me*** zu m-m Glück.

ˈ**luck·less** *adj* □ glück-, erfolglos.

ˈ**luck·y** *adj* (□ → ***luckily***) **1.** Glücks..., glücklich: ***be*** (***very***) ~ (großes) Glück haben; ***~ day*** Glückstag *m*; ***~ fellow*** Glückspilz *m*. **2.** Glück bringend, Glücks...: ***be ~*** Glück bringen; ***~ penny*** Glückspfennig *m*; → ***star*** 1.

lu·cra·tive [ˈluːkrətɪv] *adj* □ einträglich, lukrativ.

lu·cre [ˈluːkə] *s*: ***filthy ~*** *oft humor.* schnöder Mammon.

Lud·dite [ˈlʌdaɪt] *s* Maschinenstürmer(in).

lu·di·crous [ˈluːdɪkrəs] *adj* □ absurd.

lu·do [ˈluːdəʊ] *s Br.* Mensch, ärgere dich nicht *n* (*Spiel*).

lug [lʌg] *v/t* zerren, schleifen; schleppen.

lug·gage [ˈlʌgɪdʒ] *s* (Reise)Gepäck *n*. **~ al·low·ance** *s* ✈ Freigepäck *n*. **~ in·sur·ance** *s* Reisegepäckversicherung *f*. **~ lock·er** *s* Gepäckschließfach *n*. **~ re·claim** *s* ✈ Gepäckausgabe *f*. **~trol·ley** *s* Kofferkuli *m*.

luke·warm [ˌluːkˈwɔːm] *adj* □ lau(warm) (*a. fig. Zustimmung etc*), (*Unterstützung etc a.*) halbherzig, (*Applaus etc*) lau, mäßig.

lull [lʌl] **I** *v/t* **1.** *mst* ***~ to sleep*** einlullen. **2.** *fig. j-n* beruhigen, beschwichtigen, *j-s Argwohn* zerstreuen: ***~ s.o. into*** (***a false sense of***) ***security*** j-n in Sicherheit wiegen. **II** *v/i* **3.** sich legen, nachlassen (*Sturm*). **III** *s* **4.** (Ruhe)Pause *f* (**in** in *dat*): ***~ (in the wind)*** Flaute *f*; ***the ~ before the storm*** die Ruhe vor dem Sturm (*a. fig.*).

lull·a·by [ˈlʌləbaɪ] *s* Wiegenlied *n*.

lum·ba·go [lʌmˈbeɪgəʊ] *s* ⚕ Hexenschuss *m*.

lum·ber¹ [ˈlʌmbə] **I** *s* **1.** *bsd. Am.* Bau-, Nutzholz *n*. **2.** Gerümpel *n*. **II** *v/t* **3.** *a.* ***~ up*** *Zimmer etc* voll stopfen, *a. Erzählung etc* überladen (**with** mit). **4.** ***~ s.o. with s.th.*** *Br.* F j-m et. aufhalsen.

lum·ber² [~] *v/i* schwerfällig gehen; (dahin-)rumpeln (*Wagen*).

ˈ**lum·ber|·jack** *s bsd. Am.* Holzfäller *m*, -arbeiter *m*. **~ mill** *s bsd. Am.* Sägewerk *n*. **~ room** *s* Rumpelkammer *f*.

lu·mi·nar·y [ˈluːmɪnərɪ] *s fig.* Leuchte *f*.

lu·mi·nos·i·ty [ˌ~ˈnɒsətɪ] *s* **1.** Leuchtkraft *f*; *ast., phys.* Lichtstärke *f*, Helligkeit *f*. **2.** *fig.* Brillanz *f*.

ˈ**lu·mi·nous** *adj* □ **1.** leuchtend: ***~ paint*** Leuchtfarbe *f*. **2.** *fig.* intelligent, brillant; klar, einleuchtend.

lump¹ [lʌmp] **I** *s* **1.** Klumpen *m*: ***have a ~ in one's*** (*od.* ***the***) ***throat*** *fig.* e-n Kloß im Hals haben. **2.** Schwellung *f*, Beule *f*; ⚕ Geschwulst *f*, (*in der Brust*) Knoten *m*. **3.** Stück *n Zucker etc.* **4.** *fig.* Gesamtheit *f*, Masse *f*: ***in the ~*** in Bausch u. Bogen, pauschal; im Großen u. Ganzen. **5.** F Klotz *m* (*ungeschlachter, dummer Mensch*). **II** *adj* **6.** Stück...: ***~ sugar*** Würfelzucker *m*. **7.** Pauschal...: ***~ sum*** Pauschale *f*. **III** *v/t* **8.** *oft* ***~ together*** zs.-ballen; *fig.* zs.-werfen, in ˈeinen Topf werfen (**with** mit). **IV** *v/i* **9.** Klumpen bilden, klumpen.

lump² [~] *v/t*: ***~ it*** F sich damit abfinden.

ˈ**lump-sum| tax** *s* Steuerpauschale *f*. **~ tax·a·tion** *s* Pauschalbesteuerung *f*.

lu·na·cy [ˈluːnəsɪ] *s* ⚕ Wahnsinn *m* (*a. fig.*).

lu·nar [ˈluːnə] *adj* Mond...: ***~ eclipse*** *ast.* Mondfinsternis *f*; ***~ landing*** Mondlandung *f*; ***~ module*** Mond(lande)fähre *f*.

lu·na·tic [ˈluːnətɪk] **I** *adj* a) ⚕ wahnsinnig, geistesgestört: ***~ asylum*** *contp.* Irrenanstalt *f*, b) *fig.* verrückt. **II** *s* a) ⚕ Wahnsinnige *m, f*, Geistesgestörte *m, f*, b) *fig.* Verrückte *m, f*.

lunch [lʌntʃ] **I** *s* Mittagessen *n*: ***have ~*** → II; ***~ hour*** a) *a.* ***~ break*** Mittagspause *f*, b) → ***lunchtime***. **II** *v/i* (zu) Mittag essen: ***~ out*** auswärts *od.* im Restaurant zu Mittag essen.

lunch·eon| meat [ˈlʌntʃən] *s* Frühstücksfleisch *n*. **~ vouch·er** *s* Essen(s)bon *m*.

ˈ**lunch·time** *s* Mittagszeit *f*: ***at ~*** zur Mittagszeit; ***~ train*** Mittagszug *m*.

lung [lʌŋ] *s anat.* Lungenflügel *m*: ***~s*** *pl* Lunge *f*.

lunge [lʌndʒ] **I** *s* a) *bsd. fenc.* Ausfall *m*, b) Sprung *m* vorwärts, Satz *m*: ***make a ~*** → II. **II** *v/i* a) *a.* ***~ out*** *bsd. fenc.* e-n Ausfall machen, b) *a.* ***~ out*** e-n Sprung vorwärts *od.* e-n Satz machen, c) sich stürzen (**at** auf *acc*).

lurch¹ [lɜːtʃ] **I** *s* **1.** Taumeln *n*, Torkeln *n*. **2.** ⚓ Schlingern *n*. **3.** Ruck *m*: ***give a ~*** → 6. **II** *v/i* **4.** taumeln, torkeln. **5.** ⚓ schlingern. **6.** e-n Ruck machen.

lurch² [~] *s*: ***leave in the ~*** im Stich lassen.

lure [lʊə] **I** *s* **1.** Köder *m* (**to** für) (*a. fig.*). **2.** *fig.* Lockung *f*, Reiz *m*. **II** *v/t* **3.** (an)locken, ködern (*beide a. fig.*): ***~ away*** weglocken; ***~ into*** locken in (*acc*); verlocken *od.* -führen zu.

lu·rid [ˈlʊərɪd] *adj* □ **1.** fahl, gespenstisch (*Beleuchtung etc*). **2.** grell (*Farben*). **3.** grässlich, schauerlich.

lurk [lɜːk] *v/i* **1.** lauern (*a. fig.*): ***~ for s.o.*** j-m auflauern. **2.** schleichen: ***~ about*** (*od.* ***around***) herumschleichen.

lus·cious ['lʌʃəs] *adj* □ **1.** köstlich, lecker; süß (u. saftig). **2.** sinnlich (*Lippen etc*), üppig (*Figur, Frau etc*), knackig (*Mädchen*).
lush [lʌʃ] *adj* □ saftig (*Gras etc*), üppig (*Vegetation*).
lust [lʌst] **I** *s* **1.** sinnliche Begierde. **2.** Gier *f* (***of, for*** nach): ~ ***for power*** Machtgier. **II** *v/i* **3.** gieren (***for, after*** nach).
lus·ter *Am.* → ***lustre.***
lust·ful ['lʌstfʊl] *adj* □ lüstern.
lus·tre ['lʌstə] *s bsd. Br.* **1.** Glanz *m* (*a. fig.*). **2.** Kronleuchter *m.*
lus·trous ['lʌstrəs] *adj* □ **1.** glänzend (*a. fig.*). **2.** *fig.* illuster.
lust·y ['lʌstɪ] *adj* □ **1.** kräftig, robust. **2.** tatkräftig.
lute [luːt] *s* ♪ Laute *f.*
lux·ate ['lʌkseɪt] *v/t* ⚕ sich *die Schulter etc* aus- *od.* verrenken: ***he ~d his left shoulder.***
lux'a·tion *s* Luxation *f,* Aus-, Verrenkung *f.*
Lux·em·bourg ['lʌksəmbɜːg] *npr* Luxemburg *n.*
lux·u·ri·ant [lʌg'ʒʊərɪənt] *adj* □ **1.** üppig (*Vegetation*) (*a. fig.*). **2.** *fig.* (über)reich, verschwenderisch, (*Fantasie*) blühend.
lux'u·ri·ate [~eɪt] *v/i* schwelgen (***in*** in *dat*).
lux'u·ri·ous *adj* □ **1.** luxuriös, Luxus... **2.** verschwenderisch, genusssüchtig.
lux·u·ry ['lʌkʃərɪ] **I** *s* **1.** *allg.* Luxus *m.* **2.** Luxusartikel *m.* **II** *adj* **3.** Luxus..., der Luxusklasse: ~ ***hotel*** Luxushotel *n*; ~ ***tax*** Luxussteuer *f.*
LV ***luncheon voucher*** Essenmarke *f.*
LW ***long wave*** Langwelle *f.*
ly·chee ['laɪtʃɪ] *s* ⚘ Litschi *f.*
lye [laɪ] *s* ⚗ Lauge *f.*
ly·ing ['laɪɪŋ] **I** *pres p von* ***lie***[1]. **II** *adj* lügnerisch, verlogen.
lymph [lɪmf] *s physiol.* Lymphe *f.* ~ **gland,** ~ **node** *s anat.* Lymphknoten *m.*
lynch [lɪntʃ] *v/t* lynchen. ~ **law** *s* Lynchjustiz *f.*
lynx [lɪŋks] *s zo.* Luchs *m.* '**~-eyed** *adj fig.* mit Augen wie ein Luchs.
lyr·ic ['lɪrɪk] **I** *adj* (***~ally***) **1.** lyrisch (*a. fig. gefühlvoll*). **II** *s* **2.** lyrisches Gedicht: ***~s*** *pl* Lyrik *f.* **3.** *pl* (Lied)Text *m.*
lyr·i·cal *adj* □ **1.** → ***lyric*** 1. **2.** schwärmerisch: ***get*** ~ ins Schwärmen geraten.
lyr·i·cist [''lɪrɪsɪst] *s* **1.** Lyriker(in). **2.** Texter(in), Textdichter(in).

L

M

M [em] *pl* **M's** *s* M *n*.
M *Br.* ***motorway*** Autobahn *f*; ***medium*** (***size***) mittelgroß.
m ***metre***(***s***), *Am.* ***meter***(***s***) m, Meter *m od. pl*; ***mile***(***s***) Meile(n *pl*); ***married*** verh., verheiratet; ***male, masculine*** männlich; ***million***(***s***) Mio., Mill., Million(en *pl*) *f*; ***minute***(***s***) min., Min., Minute(n *pl*) *f*.
MA ***Master of Arts*** Magister *m* der Philosophie.
ma [mɑː] *s* F Mama *f*, Mutti *f*.
ma'am [mæm] F → ***madam.***
mac [mæk] F → ***mackintosh.***
ma·ca·bre [mə'kɑːbrə] *adj* □ makaber.
mac·(c)a·ro·ni [ˌmækə'rəʊnɪ] *s sg* Makkaroni *pl*: ~ ***cheese*** mit Käse überbackene Makkaroni.
mace[1] [meɪs] *s* Amtsstab *m*.
mace[2] [~] *s* Muskatblüte *f*.
Mach [mæk] *s*: ***fly at*** ~ ***two*** ✈, *phys.* mit e-r Geschwindigkeit von zwei Mach fliegen.
ma·che·te [mə'tʃetɪ] *s* Machete *f*, Buschmesser *n*.
ma·chine [mə'ʃiːn] **I** *s* **1.** Maschine *f* (F *a. Flugzeug, Motorrad etc*). **2.** Apparat *m*; Automat *m*. **3.** *pol.* (*Partei- etc*)Apparat *m*. **II** *v/t* **4.** maschinell herstellen. ~ **gun** *s* Maschinengewehr *n*. ~ **lan·guage** *s Computer*: Maschinensprache *f*.
ma'chine|-made *adj* maschinell hergestellt. ~ˌ**read·a·ble** *adj* maschinell lesbar, maschinenlesbar.
ma·chin·er·y [mə'ʃiːnərɪ] *s* **1.** Maschinen *pl*; Maschinerie *f*. **2.** *fig.* a) Maschinerie *f*, Räderwerk *n*, b) → ***machine*** 3.
ma·chine| tool *s tech.* Werkzeugmaschine *f*. ~ **trans·la·tion** *s* maschinelle Übersetzung.
ma·chis·mo [mə'tʃɪzməʊ] *s* Machismo *m*, Männlichkeitswahn *m*. **ma·cho** ['mætʃəʊ] *pl* **-chos** *s* Macho *m*.
mack·er·el ['mækrəl] *pl* **-el** *s ichth.* Makrele *f*.
mack·in·tosh ['mækɪntɒʃ] *s bsd. Br.* Regenmantel *m*.
mac·ro ['mækrəʊ] *pl* **-ros** *s Computer*: Makro *n*.
mac·ro·bi·ot·ic ['mækrəʊ'baɪɒtɪk] *adj* makrobiotisch.
mac·ro·cosm ['mækrəʊkɒzəm] *s* Makrokosmos *m*, Weltall *n*.
mad [mæd] *adj* (□ → ***madly***) **1.** wahnsinnig, verrückt (*beide a. fig.*): ***go*** ~ verrückt werden; ***drive s.o.*** ~ j-n verrückt machen; ***like*** ~ wie verrückt. **2.** (***after, about, for, on***) wild, versessen (auf *acc*), verrückt (nach), vernarrt (in *acc*). **3.** F außer sich, verrückt (***with*** vor *dat*). **4.** *bsd. Am.* F wütend (***at, about*** über *acc*, auf *acc*). **5.** wild (geworden) (*Stier etc*). **6.** *vet.* tollwütig.
Mad·a·gas·car [ˌmædə'gæskə] Madagaskar *n* (*Insel u. Republik*).
mad·am ['mædəm] *s* gnädige Frau (*Anrede, oft unübersetzt*).
'mad·cap *adj* verrückt.
ˌ**mad 'cow disˌease** *s vet.* Rinderwahn (-sinn) *m*.
mad·den ['mædn] *v/t* verrückt machen (*a. fig.*).
'mad·den·ing *adj* □ unerträglich: ***it is*** ~ es ist zum Verrücktwerden.
made [meɪd] **I** *pret u. pp von* **make. II** *adj*: ***a*** ~ ***man*** ein gemachter Mann. ˌ**~-to-'mea·sure** *adj* **1.** nach Maß angefertigt, Maß...: ~ ***suit*** maßgeschneiderter Anzug, Maßanzug *m*. ˌ**~-to-'or·der** *adj* **1.** → ***made-to-measure.*** **2.** *fig.* maßgeschneidert, nach Maß. **'~-up** *adj* **1.** (frei) erfunden. **2.** geschminkt.
'mad·house *s* Irrenhaus *n*, *fig. a.* Tollhaus *n*.
mad·ly ['mædlɪ] *adv* **1.** wie verrückt. **2.** F wahnsinnig, schrecklich.
mad·man ['mædmən] *s* (*irr* ***man***) Verrückte *m*.
mad·ness ['mædnɪs] *s* **1.** Wahnsinn *m* (*a. fig.*): ***sheer*** ~ heller *od.* blanker Wahnsinn. **2.** *bsd. Am.* F Wut *f*.
Ma·drid [mə'drɪd] Madrid *n*.
'madˌwom·an *s* (*irr* ***woman***) Verrückte *f*.
mael·strom ['meɪlstrɒm] *s* Strudel *m*, Sog *m* (*beide a. fig.*).
Ma·fi·a ['mæfɪə] *s* Mafia *f* (*a. fig.*).
ma·fi·o·so [ˌ~'əʊsəʊ] *pl* **-sos, -si** [~sɪ] *s* Mafioso *m* (*a. fig.*).
mag [mæg] F → ***magazine*** 3.
mag·a·zine [ˌmægə'ziːn] *s* **1.** Magazin *n* (*e-r Feuerwaffe, e-s Fotoapparats*). **2.** Magazin *n*, Lagerhaus *n*. **3.** Magazin *n*, Zeitschrift *f*. ~ **rack** *s* Zeitungsständer *m*, Stehsammler *m*.
ma·gen·ta [mə'dʒentə] *adj* dunkelrot.

mag·got ['mægət] *s zo.* Made *f.*
'mag·got·y *adj* madig.
Ma·gi ['meɪdʒaɪ] *s pl*: ***the*** (***three***) ~ die Heiligen Drei Könige.
mag·ic ['mædʒɪk] **I** *s* **1.** Magie *f*, Zauberei *f*: ***as if by*** ~, ***like*** ~ wie durch Zauberei. **2.** Zauber(kraft *f*) *m*, magische Kraft (*a. fig.*). **II** *adj* (~***ally***) **3.** magisch, Zauber...: ~ ***carpet*** fliegender Teppich; ~ ***eye*** *Radio etc.* magisches Auge; ~ ***tape*** Abdeckband *n*; ~ ***trick*** Zaubertrick *m*, -kunststück *n*; ~ ***wand*** Zauberstab *m*. **4.** zauberhaft.
ma·gi·cian [mə'dʒɪʃn] *s* **1.** Magier(in), Zauberer *m*, Zauberin *f*. **2.** Zauberkünstler(in).
mag·is·trate ['mædʒɪstreɪt] *s* ⚖ Richter(in) (*an e-m* ***magistrates' court***): ~***s' court*** *Br.*, ~***'s court*** *Am. erstinstanzliches Gericht für Straf- u. Zivilsachen niederer Ordnung.*
mag·lev ['mæglev] *s* Magnetbahn *f.*
mag·na·nim·i·ty [ˌmægnə'nɪmətɪ] *s* Großmut *f.*
mag·nan·i·mous [~'nænɪməs] *adj* □ großmütig.
mag·ne·sia [mæg'ni:ʃə] *s* ⚗ Magnesia *f.*
mag·ne·si·um [~'ni:zɪəm] *s* ⚗ Magnesium *n.*
mag·net ['mægnɪt] *s* Magnet *m* (*a. fig.*).
mag·net·ic [~'netɪk] *adj* (~***ally***) **1.** magnetisch, Magnet...: ~ ***board*** Magnettafel *f*; ~ ***field*** *phys.* Magnetfeld *n*; ~ ***holder*** Magnethalter *m*; ~ ***pole*** *phys.* magnetischer Pol, Magnetpol *m*; ~ ***strip*** Magnetleiste *f*; ~ ***tape*** Magnetband *n*. **2.** *fig.* magnetisch, faszinierend.
mag·net·ism ['~nɪtɪzəm] *s* **1.** *phys.* Magnetismus *m*. **2.** *fig.* Anziehungskraft *f.*
'mag·ne·tize *v/t* **1.** magnetisieren. **2.** *fig.* anziehen, fesseln.
mag·nif·i·cence [mæg'nɪfɪsns] *s* Großartigkeit *f*, Herrlichkeit *f.*
mag'nif·icent *adj* □ großartig, prächtig, herrlich (*alle a. fig.* F).
mag·ni·fy ['mægnɪfaɪ] *v/t* **1.** (*a. v/i*) vergrößern: ~***ing glass*** Vergrößerungsglas *n*, Lupe *f*. **2.** *fig.* aufbauschen.
mag·ni·tude ['mægnɪtju:d] *s* Größe(nordnung) *f*, *fig. a.* Ausmaß *n*: ***of the first*** ~ von äußerster Wichtigkeit.
mag·no·lia [mæg'nəʊljə] *s* ⚘ Magnolie *f.*
mag·pie ['mægpaɪ] *s orn.* Elster *f.*
ma·hog·a·ny [mə'hɒgənɪ] *s* Mahagoni(holz) *n.*
maid [meɪd] *s* **1.** ***old*** ~ alte Jungfer; ~ ***of hono***(***u***)***r*** Hofdame *f*; *Am.* (erste) Brautjungfer. **2.** (Dienst)Mädchen *n*, Hausangestellte *f.*
maid·en ['meɪdn] *adj* **1.** ~ ***name*** Mädchenname *m* (*e-r Frau*). **2.** unverheiratet. **3.** Jungfern...: ~ ***flight*** ✈ Jungfernflug *m*; ~ ***speech*** *parl.* Jungfernrede *f.*
mail [meɪl] **I** *s* Post(sendung) *f*: ***by*** ~ *bsd. Am.* mit der Post; → ***incoming*** 3, ***outgoing*** 2. **II** *v/t bsd. Am.* aufgeben, *Brief* einwerfen; (zu)schicken (***to*** *dat*): ~***ing list*** Adressenliste *f*; Verteiler *m*. '~***·box*** *s bsd. Am.* Briefkasten *m*; *Computer*: Mailbox *f*, elektronischer Briefkasten. ~***car·ri·er*** *s bsd. Am.* Postbote *m*, Briefträger *m.*
mail·er *s* Versandtasche *f.*
mail| list *s* Adressenliste *f*. ~**·man** *s* (*irr* ***man***) *bsd. Am.* Postbote *m*, Briefträger *m.*
'mail-ˌor·der| cat·a·log(**ue**) Versandhauskatalog *m*; ~ **firm,** ~ **house** Versandhaus *n*. ~ **trade** *s* Versandhaushandel *m.*
'mail| room *s* Poststelle *f*. ~**·shot** *s* Mailing *n*, Briefaktion *f.*
main [meɪn] **I** *adj* (□ → ***mainly***) **1.** Haupt..., wichtigst: ~ ***clause*** *ling.* Hauptsatz *m*; ~ ***memory*** *Computer*: Arbeits-, Hauptspeicher *m*; ~ ***office*** Hauptbüro *n*, Zentrale *f*; ~ ***reason*** Hauptgrund *m*; ~ ***thing*** Hauptsache *f*. **II** *s* **2.** *mst pl* Haupt(gas-, -wasser)leitung *f*; (Strom)Netz *n*: ~***s appliance*** Netzgerät *n*; ~***s cable*** Netzkabel *n*. **3.** ***in*** (*Am. a.* ***for***) ***the*** ~ hauptsächlich, in der Hauptsache.
'main|·frame *s Computer*: Groß-, Zentralrechner *m*. ~**·land** ['~lənd] *s* Festland *n*. '~**·line I** *s* 🚂 Hauptstrecke *f*. **II** *adj* traditionell. **III** *v/t* F drücken, spritzen, fixen.
main·ly ['meɪnlɪ] *adv* hauptsächlich.
'main|·spring *s fig.* (Haupt)Triebfeder *f*. '~**·stay** *s fig.* Hauptstütze *f.*
main·tain [meɪn'teɪn] *v/t* **1.** *Zustand* (aufrecht)erhalten, beibehalten, (be)wahren; *econ. Preis* halten. **2.** instand halten, pflegen, *tech. a.* warten. **3.** (*in e-m bestimmten Zustand*) lassen. **4.** *Familie etc* unterhalten, versorgen. **5.** behaupten (***that*** dass; ***to*** *inf* zu *inf*). **6.** *Meinung*, *Recht etc* verfechten; auf *e-r Forderung* bestehen: ~ ***one's ground*** *bsd. fig.* sich behaupten.
main·te·nance ['meɪntənəns] *s* **1.** (Aufrecht)Erhaltung *f*, Beibehaltung *f*. **2.** Instandhaltung *f*, Pflege *f*, *tech. a.* Wartung *f*: ~ ***agreement*** Wartungsvertrag *m*; ~ ***costs*** *pl* Instandhaltungskosten *pl*; ~***-free*** wartungsfrei; ~ ***man*** Wartungsmonteur *m*; ~ ***work*** Wartungsarbeiten *pl*. **3.** Unterhalt *m*, Unterhaltszahlung *f*: ~ ***grant*** Unterhaltszuschuss *m.*
mai·son·(**n**)**ette** [ˌmeɪzə'net] *s* **1.** Maison(n)ette *f*. **2.** Einliegerwohnung *f.*
maize [meɪz] *s* ⚘ *bsd. Br.* Mais *m.*
Maj. ***major*** Major *m.*
Maj.-Gen. ***major-general*** Generalmajor *m.*
ma·jes·tic [mə'dʒestɪk] *adj* (~***ally***) majestätisch.
maj·es·ty ['mædʒəstɪ] *s* Majestät *f* (*a. fig.*): ***His*** (***Her***) ***Majesty*** Seine (Ihre) Majestät.

ma·jor ['meɪdʒə] **I** *s* **1.** *mil.* Major(in). **2.** *univ. Am.* Hauptfach *n.* **3.** ⚖ Volljährige *m, f*: ***become a ~*** volljährig werden. **4.** ♪ Dur *n.* **II** *adj* **5.** größer, *fig. a.* bedeutend, wichtig. **6.** ⚖ volljährig. **III** *v/i* **7.** ***~ in*** *univ. Am.* als *od.* im Hauptfach studieren.

Ma·jor·ca [mə'dʒɔːkə] *npr* Mallorca *n.*

ma·jor·ette [ˌmeɪdʒə'ret] *s* Majorette *f.*

ma·jor·i·ty [mə'dʒɒrətɪ] *s* **1.** Mehrheit *f*: ***by a large ~*** mit großer Mehrheit; ***in the ~ of cases*** in der Mehrzahl der Fälle; ***~ of votes*** Stimmenmehrheit; ***be in the*** (*od.* ***a***) ***~*** in der Mehrzahl sein; ***~ decision*** Mehrheitsbeschluss *m*; ***~ holding*** (*od.* ***interest***) Mehrheitsbeteiligung *f*; ***~ shareholder*** Mehrheits-, Hauptaktionär *m*; ***~ of stock*** Aktienmehrheit *f.* **2.** ⚖ Volljährigkeit *f*: ***reach one's ~*** volljährig werden.

make [meɪk] **I** *s* **1.** Machart *f*, Ausführung *f*; Erzeugnis *n*, Fabrikat *n*, Produkt *n*: ***standard ~*** Normalausführung. **II** *v/t* (*irr*) **2.** *allg. z.B. Reise, Versuch* machen: ***~ a speech*** e-e Rede halten. **3.** machen: a) anfertigen, herstellen, erzeugen (***from, of, out of*** von, aus), b) verarbeiten, formen (***to, into*** in *acc*, zu), c) *Tee etc* zubereiten. **4.** (er)schaffen: ***he is made for this job*** er ist für diese Arbeit wie geschaffen. **5.** ergeben, bilden. **6.** verursachen: a) *Geräusch, Schwierigkeiten etc* machen, b) bewirken, (mit sich) bringen. **7.** machen *od.* ernennen zu: ***~ s.o.*** (***a***) ***general*** j-n zum General ernennen. **8.** *mit adj, pp etc*: machen: ***~ angry*** zornig machen, erzürnen. **9.** sich erweisen als (*Person*): ***he would ~ a good teacher*** er würde e-n guten Lehrer abgeben. **10.** *mit inf*: *j-n* lassen, veranlassen *od.* bringen zu: ***~ s.o. wait*** j-n warten lassen; ***~ s.o. talk*** j-n zum Sprechen bringen; ***~ s.th. do, ~ do with s.th.*** mit et. auskommen, sich mit et. behelfen. **11.** ***~ much of*** viel Wesens machen um; viel halten von. **12.** sich e-e Vorstellung machen von, halten für: ***what do you ~ of it?*** was halten Sie davon? **13.** schätzen auf (*acc*). **14.** sich *Vermögen etc* erwerben, *Geld, Profit* machen, *Gewinn* erzielen. **15.** schaffen: a) *Strecke* zurücklegen, b) *Geschwindigkeit* erreichen, machen. **16.** F *Zug* erwischen: ***~ it*** es schaffen. **17.** sich belaufen auf (*acc*), ergeben: ***two and two ~ four*** 2 u. 2 macht *od.* ist 4. **III** *v/i* (*irr*) **18.** ***~ as if*** (*od.* ***as though***) so tun, als ob *od.* als wenn; ***~ believe*** (***that; to do***) vorgeben (dass; zu tun).

Verbindungen mit Präpositionen:

make| at *v/i* losgehen *od.* sich stürzen auf (*acc*). **~ for** *v/i* **1.** zugehen *od.* lossteuern auf (*acc*); sich aufmachen nach; sich stürzen auf (*acc*). **2.** förderlich sein, dienen (*dat*), beitragen zu.

Verbindungen mit Adverbien:

make| a·way *v/i* sich davonmachen (***with*** mit). **~ off** → ***make away.*** **~ out I** *v/t* **1.** *Scheck etc* ausstellen; *Urkunde etc* ausfertigen; *Liste etc* aufstellen. **2.** ausmachen, erkennen. **3.** aus *j-m, e-r Sache* klug werden. **4.** ***make s.o. out to be bad*** (***a liar***) j-n als schlecht (als Lügner) hinstellen. **II** *v/i* **5.** *bsd. Am.* auskommen (***with*** mit *j-m*). **6.** *bsd. Am.* F *gut etc* zurechtkommen. **~ o·ver** *v/t* **1.** *Eigentum* übertragen, vermachen (***to*** *dat*). **2.** umarbeiten; umbauen (***into*** zu). **~ up I** *v/t* **1.** bilden: ***be made up of*** bestehen *od.* sich zs.-setzen aus. **2.** *Schriftstück etc* abfassen, aufsetzen, *Liste etc* anfertigen, *Tabelle* aufstellen, *Arznei, Bericht etc* zs.-stellen, *Bilanz* erstellen. **3.** sich *e-e Geschichte etc* ausdenken, *a. b.s.* erfinden. **4.** *Paket etc* (ver)packen, (-)schnüren. **5.** → ***mind*** 5. **6.** *Versäumtes* nachholen, wettmachen. **7.** ***make it up*** sich versöhnen *od.* wieder vertragen (***with*** mit). **II** *v/i* **8.** sich schminken. **9.** ***~ for*** wieder gutmachen, wettmachen. **10.** → 7. **11.** ***~ to s.o.*** F j-m schöntun; sich an j-n heranmachen.

'make-beˌlieve *adj* Fantasie..., Schein...: ***~ world.***

mak·er ['meɪkə] *s* **1.** *econ.* Hersteller(in), Erzeuger(in). **2.** ***the Maker*** *eccl.* der Schöpfer.

'make|·shift I *s* Notbehelf *m.* **II** *adj* behelfsmäßig, provisorisch, Behelfs... **'~-up** *s* **1.** Make-up *n*: ***without ~*** *a.* ungeschminkt. **2.** Aufmachung *f*, (Ver)Kleidung *f.* **3.** *Film etc*: Maske *f.* **4.** Zs.-setzung *f.* **5.** *typ.* Umbruch *m.*

mak·ing ['meɪkɪŋ] *s* **1.** Erzeugung *f*, Herstellung *f*, Fabrikation *f*: ***be in the ~*** im Werden sein; noch in Arbeit sein. **2.** ***have the ~s of*** das Zeug haben zu.

mal·ad·just·ed [ˌmælə'dʒʌstɪd] *adj psych.* verhaltensgestört.

mal·a·droit [ˌmælə'drɔɪt] *adj* □ **1.** ungeschickt. **2.** taktlos.

ma·laise [mæ'leɪz] *s* **1.** Unpässlichkeit *f*, Unwohlsein *n.* **2.** *fig.* Unbehagen *n.*

ma·lar·i·a [mə'leərɪə] *s* ⚕ Malaria *f.*

Ma·la·wi [mə'lɑːwɪ] Malawi *n* (*Republik in Südostafrika*).

Ma·lay·si·a [mə'leɪzɪə] Malaysia *n* (*Südostasien*).

mal·con·tent ['mælkənˌtent] **I** *adj* unzufrieden. **II** *s* Unzufriedene *m, f.*

Mal·dives ['mɔːldaɪvz] *npr pl die* Malediven *pl.*

male [meɪl] **I** *adj* männlich: ***~ choir*** Männerchor *m*; ***~ cousin*** Vetter *m*; ***~ model*** Dressman *m*; ***~ nurse*** (Kranken)Pfleger *m*; ***~ prostitute*** Strichjunge *m*; → ***chauvinism, chauvinist.*** **II** *s* Mann *m*; *zo.* Männchen *n.*

M

mal·e·dic·tion [ˌmælɪˈdɪkʃn] *s* Fluch *m*, Verwünschung *f*.
ma·lev·o·lence [məˈlevələns] *s* Böswilligkeit *f*.
maˈlev·o·lent *adj* □ übel wollend (*to dat*), böswillig.
mal·for·ma·tion [ˌmælfɔːˈmeɪʃn] *s bsd.* ⚕ Missbildung *f*.
mal·func·tion [ˌmælˈfʌŋkʃn] **I** *s* **1.** ⚕ Funktionsstörung *f*. **2.** *tech.* schlechtes Funktionieren *od.* Arbeiten; Versagen *n*. **II** *v/i* **3.** *tech.* schlecht funktionieren *od.* arbeiten; versagen.
Ma·li [ˈmɑːlɪ] Mali *n* (*Republik in Westafrika*).
mal·ice [ˈmælɪs] *s* **1.** Böswilligkeit *f*. **2.** Groll *m*: ***bear s.o.*** ~ e-n Groll auf j-n haben *od.* gegen j-n hegen, j-m grollen. **3.** ⚖ böse Absicht, Vorsatz *m*: ***with*** ~ (***aforethought***) vorsätzlich.
ma·li·cious [məˈlɪʃəs] *adj* □ **1.** böswillig, ⚖ *a.* vorsätzlich. **2.** arglistig.
ma·lig·nant [məˈlɪgnənt] *adj* □ **1.** bösartig (*a.* ⚕), böswillig. **2.** arglistig.
ma·lin·ger [məˈlɪŋgə] *v/i* sich krank stellen, simulieren.
maˈlin·ger·er *s* Simulant(in).
mall [mɔːl] *s* **1.** Allee *f*. **2.** *Am.* Einkaufszentrum *n*.
mal·lard [ˈmælɑːd] *s orn.* Stockente *f*.
mal·le·a·ble [ˈmælɪəbl] *adj* **1.** *tech.* verformbar. **2.** *fig.* formbar.
mal·let [ˈmælɪt] *s* Holzhammer *m*.
mal·low [ˈmæləʊ] *s* ⚘ Malve *f*.
mal·nu·tri·tion [ˌmælnjuːˈtrɪʃn] *s* **1.** Unterernährung *f*. **2.** Fehlernährung *f*.
mal·o·dor·ous [mælˈəʊdərəs] *adj* □ übel riechend.
mal·prac·tice [ˌmælˈpræktɪs] *s* Vernachlässigung *f* der beruflichen Sorgfalt; (ärztlicher) Kunstfehler.
malt [mɔːlt] **I** *s* Malz *n*. **II** *v/t* mälzen.
Mal·ta [ˈmɔːltə] *npr* Malta *n*.
Mal·tese [ˌmɔːlˈtiːz] **I** *s* Malteser(in): ***the*** ~ *pl* die Malteser *pl*. **II** *adj* maltesisch.
mal·treat [ˌmælˈtriːt] *v/t* **1.** schlecht behandeln. **2.** misshandeln.
ˌ**malˈtreat·ment** *s* **1.** schlechte Behandlung. **2.** Misshandlung *f*.
mam·mal [ˈmæml] *s zo.* Säugetier *f*.
mam·mon [ˈmæmən] *s* Mammon *m*.
mam·moth [ˈmæməθ] **I** *s zo.* Mammut *n*. **II** *adj* Mammut..., Riesen...
man [mæn] **I** *pl* **men** [men] *s* **1.** Mensch *m*. **2.** *oft* ***Man*** *coll.* der Mensch, die Menschen *pl*. **3.** Mann *m*: ***the*** ~ ***in*** (*Am. a.* ***on***) ***the street*** der Mann auf der Straße; ~ ***of straw*** *fig.* Strohmann; ***be one's own*** ~ sein eigener Herr sein. **4.** *weitS.* Mann *m*, Person *f*; jemand; man: ***every*** ~ jeder(mann); ***no*** ~ niemand; ~ ***by*** ~ Mann für Mann; ***to a*** ~ bis auf den letzten Mann; → ***jack*** 1. **5.** (*Dame*)Stein *m*, (*Schach*)Figur *f*. **II** *v/t* **6.** (*Raum*)*Schiff etc* bemannen.
man·age [ˈmænɪdʒ] **I** *v/t* **1.** *Betrieb etc* leiten, führen. **2.** *Künstler, Sportler etc* managen. **3.** *et.* zustande bringen, bewerkstelligen; es fertig bringen (***to do*** zu tun). **4.** umgehen (können) mit (*Werkzeug, Tieren etc*); mit *j-m, et.* fertig werden, *j-n* zu nehmen wissen. **5.** F *Arbeit, Essen etc* bewältigen, schaffen. **II** *v/i* **6.** auskommen (***with*** mit; ***without*** ohne). **7.** F es schaffen, zurechtkommen; es einrichten *od.* ermöglichen.
ˈ**man·age·a·ble** *adj* □ **1.** lenk-, fügsam. **2.** handlich.
ˈ**man·age·ment** *s* **1.** (*Haus- etc*)Verwaltung *f*. **2.** *econ.* Management *n*, Unternehmensführung *f*: ***junior*** (***middle, top***) ~ untere (mittlere, obere) Führungskräfte *pl*; ~ ***board*** Vorstand *m*; ~ ***consultant*** Betriebs-, Unternehmensberater(in); ~ ***function*** Führungsfunktion *f*; ~ ***training*** Management-Ausbildung *f*. **3.** *econ.* Geschäftsleitung *f*, Direktion *f*: ***under new*** ~ unter neuer Leitung, (*Geschäft etc*) neu eröffnet.
ˈ**man·ag·er** *s* **1.** (*Haus- etc*)Verwalter *m*. **2.** *econ.* Manager *m*; Führungskraft *f*; Geschäftsführer *m*, Leiter *m*, Direktor *m*. **3.** Manager *m* (*e-s Schauspielers etc*). **4.** ***be a good*** ~ gut *od.* sparsam wirtschaften können. **5.** *Fußball*: (Chef)Trainer *m*.
man·ag·er·ess [ˌ~ˈres] *s* **1.** (*Haus- etc*)Verwalterin *f*. **2.** *econ.* Managerin *f*; Geschäftsführerin *f*, Leiterin *f*, Direktorin *f*. **3.** Managerin *f* (*e-s Schauspielers etc*).
man·a·ger·i·al [ˌ~əˈdʒɪərɪəl] *adj econ.* geschäftsführend, leitend: ~ ***position*** leitende Stellung; ~ ***staff*** leitende Angestellte *pl*.
man·ag·ing [ˈ~ɪdʒɪŋ] *adj econ.* geschäftsführend, leitend: ~ ***director*** Generaldirektor(in), leitender Direktor, leitende Direktorin.
man·da·rin(**e**) [ˈmændərɪn] *s* ⚘ Mandarine *f*.
man·date [ˈmændeɪt] *s* **1.** ⚖ Mandat *n*, (Prozess)Vollmacht *f*. **2.** *parl.* Mandat *n*, Auftrag *m*.
man·da·to·ry [ˈ~dətərɪ] *adj* □ obligatorisch, zwingend, verbindlich.
man·di·ble [ˈmændɪbl] *s anat.* Unterkiefer(knochen) *m*.
man·do·lin [ˈmændəlɪn], **man·do·line** [ˌ~ˈliːn] *s* ♪ Mandoline *f*.
mane [meɪn] *s* Mähne *f* (*a. fig. e-s Menschen*).
ˈ**man-ˌeat·er** *s* **1.** Menschenfresser(in). **2.** Menschen fressendes Tier. **3.** F männermordendes Wesen (*Frau*).

ma·neu·ver, *etc Am.* → ***manoeuvre***, *etc.*
man·ga·nese ['mæŋgəniːz] *s* ⚗ Mangan *n.*
mange [meɪndʒ] *s vet.* Räude *f.*
man·ger ['meɪndʒə] *s* Krippe *f*, Futtertrog *m*: → ***dog*** 1.
man·gle¹ ['mæŋgl] **I** *s* (Wäsche)Mangel *f.* **II** *v/t* mangeln.
man·gle² [~] *v/t* **1.** zerfleischen, -reißen, -fetzen. **2.** *fig. Text* verstümmeln.
man·go ['mæŋgəʊ] *pl* **-go(e)s** *s* ⚘ **1.** Mango(frucht, -pflaume) *f.* **2.** Mangobaum *m.*
man·gy ['meɪndʒɪ] *adj* □ **1.** *vet.* räudig. **2.** *fig.* schmutzig, eklig. **3.** *fig.* schäbig, heruntergekommen.
'man|ˌhan·dle *v/t* **1.** misshandeln. **2.** mit Menschenkraft bewegen. **'~·hole** *s* Kanal-, Einsteigeschacht *m*: **~ *cover*** Schachtdeckel *m.*
man·hood ['mænhʊd] *s* **1.** Mannesalter *n*: ***reach* ~** ins Mannesalter kommen. **2.** *euphem.* Manneskraft *f.*
'man|-hour *s* Arbeitsstunde *f.* **'~·hunt** *s* (Groß)Fahndung *f.*
ma·ni·a ['meɪnjə] *s* **1.** ⚕ Manie *f*, Wahn(sinn) *m*: → ***persecution*** 1. **2.** *fig.* (***for***) Sucht *f* (nach), Leidenschaft *f* (für), Manie *f*, Fimmel *m*: ***collector's* ~** Sammelwut *f*, -leidenschaft; **~ *for cleanliness*** Sauberkeitsfimmel *m*; ***have a* ~ *for*** verrückt sein nach.
ma·ni·ac ['~nɪæk] **I** *s* **1.** ⚕ Wahnsinnige *m, f*, Verrückte *m, f.* **2.** *fig.* (*Sport- etc*)Fanatiker(in): ***car* ~** Autonarr *m*, -närrin *f.* **II** *adj* (**~*ally***) **3.** ⚕ wahnsinnig, verrückt.
man·ic-de·pres·sive [ˌmænɪkdɪ'presɪv] *psych.* **I** *adj* manisch-depressiv. **II** *s* Manisch-Depressive *m, f*: ***be a* ~** manisch-depressiv sein.
man·i·cure ['mænɪˌkjʊə] **I** *s* Maniküre *f.* **II** *v/t* maniküren.
man·i·fest ['mænɪfest] **I** *adj* □ offenkundig, augenscheinlich. **II** *v/t* offenbaren, manifestieren. **III** *s* a) ✈ *bsd. Am.* Passagierliste *f*, b) *econ.* Ladeliste *f.*
ˌman·i·fes'ta·tion *s* **1.** Offenbarung *f*, Manifestation *f.* **2.** Anzeichen *n*, Symptom *n.*
ˌman·i'fes·to [~təʊ] *pl* **-tos** *s* Manifest *n.*
man·i·fold ['mænɪfəʊld] **I** *adj* □ **1.** mannigfaltig, vielfältig. **2.** *tech.* Mehr-, Vielfach...; Kombinations... **II** *s* **3.** *tech.* Verteiler *m.* **III** *v/t* **4.** vervielfältigen.
ma·nip·u·late [mə'nɪpjʊleɪt] *v/t* **1.** *j-n, Preise etc* manipulieren. **2.** *tech.* bedienen, betätigen. **3.** *Konten etc* frisieren.
maˌnip·u'la·tion *s* **1.** Manipulation *f.* **2.** *tech.* Bedienung *f*, Betätigung *f.* **3.** Frisieren *n.*
man·kind [mæn'kaɪnd] *s* die Menschheit, die Menschen *pl.*
'man·ly *adj* männlich; Männer...
'man-made *adj* vom Menschen geschaffen *od.* verursacht; künstlich: **~ *fibers*** (*bsd. Br.* ***fibres***) *pl* Kunst-, Chemiefasern *pl.*
man·ne·quin ['mænɪkɪn] *s* **1.** Mannequin *n.* **2.** Kleider- *od.* Schaufensterpuppe *f.*
man·ner ['mænə] *s* **1.** Art *f* (u. Weise *f*): ***in this* ~** auf diese Art *od.* Weise, so; ***in such a* ~ (*that*)** so *od.* derart(, dass); ***adverb of* ~** Umstandswort *n* der Art u. Weise, Modaladverb *n*; ***in a* ~ *of speaking*** sozusagen. **2.** Betragen *n*, Auftreten *n*: ***it's just his* ~** das ist so s-e Art. **3.** *pl* Benehmen *n*, Umgangsformen *pl*, Manieren *pl*: ***it is bad* ~*s*** es gehört *od.* schickt sich nicht (***to do*** zu tun). **4.** *pl* Sitten *pl* (u. Gebräuche *pl*).
'man·ner·ism *s* **1.** *paint. etc* Manierismus *m.* **2.** Manieriertheit *f.* **3.** manierierte Wendung (*in Rede etc*).
man·ning ta·ble *s* Stellenbesetzungsplan *m.*
ma·noeu·vra·ble [mə'nuːvrəbl] *adj bsd. Br.* manövrierfähig; lenk-, steuerbar; *weitS.* wendig (*Fahrzeug*).
ma'noeu·vre [~və] **I** *s* **1.** *a. pl* ⚓, *mil.* Manöver *n*: ***be on* ~*s*** im Manöver sein; ***room for* ~** *fig.* Handlungsspielraum *m.* **2** *fig.* Manöver *n*, Schachzug *m*, List *f.* **II** *v/i* **3.** ⚓, *mil.* manövrieren (*a. fig.*). **III** *v/t* **4.** manövrieren (*a. fig.*): **~ *s.o. into s.th.*** j-n in et. hineinmanövrieren.
man·or ['mænə] *s Br.* (Land)Gut *n*: **~ (*house*)** Herrenhaus *n.*
'manˌpow·er *s* **1.** menschliche Arbeitskraft *od.* -leistung. **2.** (verfügbare) Arbeitskräfte *pl*, Personalbestand *m*: **~ *policy*** Arbeitsmarktpolitik *f*; **~ *potential*** Arbeitskräftepotential *n*; **~ *requirements*** Arbeitskräftebedarf *m*; **~ *shortage*** Arbeitskräftemangel *m*; **~ *surplus*** Überangebot an Arbeitskräften; **~ *turnover*** Fluktuation *f.*
'manˌser·vant *pl* **'menˌser·vants** *s* Diener *m.*
man·sion ['mænʃn] *s* **1.** herrschaftliches Wohnhaus. **2.** *pl bsd. Br.* (großes) Mietshaus.
'manˌslaugh·ter *s* ⚖ Totschlag *m.*
man·tel|·piece ['mæntl~] *s*, **'~·shelf** *s* (*irr* ***shelf***) Kaminsims *m.*
ˌman|-to-'man *adj* von Mann zu Mann. **'~-trap** *s* Fußangel *f.*
man·u·al ['mænjʊəl] **I** *adj* □ **1.** Hand..., manuell: **~ *work*** körperliche Arbeit; **~ *worker*** (Hand)Arbeiter(in). **2.** handschriftlich. **II** *s* **3.** Handbuch *n*, Leitfaden *m*; *Computer*: (Benutzer)Handbuch *n.*
man·u·fac·ture [ˌmænjʊ'fæktʃə] **I** *s* **1.** Fertigung *f*, Erzeugung *f*, Herstellung *f*: ***year of* ~** Herstellungs-, Baujahr *n.* **2.** Erzeugnis *n*, Fabrikat *n.* **II** *v/t* **3.** erzeugen, herstellen. **4.**

M

verarbeiten (***into*** zu): ***~d goods*** *pl* Industriegüter *pl*, -waren *pl*. **5.** *fig. Ausrede etc* erfinden.

ˌman·uˈfac·tur·er *s* Hersteller(in), Erzeuger(in): ***~'s liability*** Produzentenhaftung *f*; ***~'s recommended price*** unverbindliche Preisempfehlung.

ˌman·uˈfac·tur·ing *adj* Herstellungs...: ***~ cost*** Herstellungskosten *pl*; ***~ facilities*** *pl* Fertigungseinrichtungen *pl*; ***~ industry*** verarbeitende Industrie *f*.

ma·nure [məˈnjʊə] **I** *s* (*bsd. natürlicher*) Dünger. **II** *v/t* düngen.

man·u·script [ˈmænjʊskrɪpt] *s* Manuskript *n*.

Manx [mæŋks] *adj* der Insel Man.

man·y [ˈmenɪ] **I** *adj* **1.** viel(e): ***~ times*** oft; ***as ~ as forty*** nicht weniger als vierzig; ***we had one chair too ~*** wir hatten e-n Stuhl zu viel. **2.** ***~ a*** manch (ein): ***~ a time*** so manches Mal. **II** *s* **3.** viele: ***~ of us*** viele von uns; ***a good ~*** ziemlich viel(e); ***a great ~*** sehr viele. **ˌ~-ˈsid·ed** *adj* **1.** vielseitig (*a. fig.*). **2.** *fig.* vielschichtig (*Problem etc*).

map [mæp] **I** *s* **1.** (Land- *etc*)Karte *f*; (*Stadt- etc*)Plan *m*: ***put on the ~*** F *Stadt etc* bekannt machen. **II** *v/t* **2.** e-e Karte machen von, *Gebiet* kartographisch erfassen; in e-e Karte eintragen. **3.** *mst* ***~ out*** *fig.* (bis in die Einzelheiten) (voraus)planen.

ma·ple [ˈmeɪpl] *s* ⚘ Ahorn *m*.

mar [mɑː] *v/t* **1.** beschädigen; verunstalten. **2.** *fig. Pläne etc* stören, beeinträchtigen; *Spaß etc* verderben.

mar·a·thon [ˈmærəθn] (*Leichtathletik*) **I** *s a.* ***~ race*** Marathonlauf *m*. **II** *adj* Marathon..., *fig. a.* Dauer...

ma·raud [məˈrɔːd] **I** *v/i* plündern. **II** *v/t* (aus)plündern.

maˈraud·er *s* Plünderer *m*, Plünderin *f*.

mar·ble [ˈmɑːbl] **I** *s* **1.** Marmor *m*. **2.** a) Murmel *f*, b) ***~s*** *sg* Murmelspiel *n*: ***play ~s*** (mit) Murmeln spielen. **II** *adj* **3.** marmorn (*a. fig.*).

March¹ [mɑːtʃ] *s* März *m*: ***in ~*** im März.

march² [~] **I** *v/i* **1.** *mil. etc* marschieren: ***~ off*** abrücken; ***~ past*** (***s.o.***) (an j-m) vorbeiziehen *od.* -marschieren; ***time is ~ing on*** es ist schon spät; → ***time*** 1. **II** *v/t* **2.** *Strecke* marschieren, zurücklegen. **3.** ***~ s.o. off*** j-n abführen. **III** *s* **4.** *mil.* Marsch *m* (*a.* ♪); *allg.* (Fuß)Marsch *m*. **5.** Marsch(strecke *f*) *m*: ***a day's ~*** ein Tage(s)marsch; ***steal a ~ on s.o.*** *fig.* j-m zuvorkommen. **6.** *fig.* (Ab)Lauf *m*, (Fort)Gang *m*.

march·ing or·ders [ˈmɑːtʃɪŋ] *s pl mil.* Marschbefehl *m*: ***get one's ~*** *fig.* F den Laufpass bekommen (*von Firma od. Freundin*); (*Sport*) vom Platz fliegen.

mare [meə] *s zo.* Stute *f*: ***~'s nest*** *fig.* Windei *n*, *a.* (Zeitungs)Ente *f*.

mar·ga·rine [ˌmɑːdʒəˈriːn] *s*, **marge** [mɑːdʒ] *s Br.* F Margarine *f*.

mar·gin [ˈmɑːdʒɪn] *s* **1.** Rand *m* (*a. fig.*): ***~ release*** Randlöser *m*; ***~ stop*** Randsteller *m*. **2.** (Seiten)Rand *m*: ***in the ~*** am Rand. **3.** Grenze *f* (*a. fig.*). **4.** *fig.* Spielraum *m*: ***allow*** (*od.* ***leave***) ***a ~ for*** Spielraum lassen für; ***~ of error*** Fehlerspielraum. **5.** *econ.* (*Gewinn-, Verdienst*)Spanne *f*. **6.** *Sport*: Abstand *m*, (*a.* Punkt)Vorsprung *m*: ***by a wide ~*** mit großem Vorsprung.

mar·gin·al [ˈ~nl] *adj* **1.** Rand...: ***~ note*** Randbemerkung *f*. **2.** Grenz... (*a. fig.*): ***~ cost*** Grenzkosten *pl*; ***~ costing*** Teilkostenrechnung *f*; ***~ tax rate*** Grenz-, Spitzensteuersatz *m*. **3.** *fig.* geringfügig.

mar·gin·al·ly [ˈ~əlɪ] *adv fig.* **1.** geringfügig. **2.** (nur) am Rand.

mar·gue·rite [ˌmɑːgəˈriːt] *s* ⚘ **1.** Gänseblümchen *n*. **2.** Margerite *f*.

mar·i·hua·na, mar·i·jua·na [ˌmærjuːˈɑːnə] *s* Marihuana *n*.

ma·ri·na [məˈriːnə] *s* Jachthafen *m*.

ma·ri·nade [ˌmærɪˈneɪd] *s* Marinade *f*.

mar·i·nate [ˈ~neɪt] *v/t* marinieren.

ma·rine [məˈriːn] **I** *adj* **1.** a) See...: ***~ chart*** Seekarte *f*, b) Meeres...: ***~ animal.*** **II** *s* **2.** Marine *f*. **3.** *mil.* Marineinfanterist(in): ***tell that to the ~s!*** F das kannst du deiner Großmutter erzählen!

mar·i·o·nette [ˌmærɪəˈnet] *s* Marionette *f*: ***~ play*** Puppenspiel *n*.

mar·i·tal [ˈmærɪtl] *adj* □ ehelich, Ehe...: ***~ duties*** *pl* (***rights*** *pl*) eheliche Pflichten *pl* (Rechte *pl*); ***~ status*** Familienstand *m*.

mar·i·time [ˈmærɪtaɪm] *adj* **1.** See...: ***~ blockade*** Seeblockade *f*. **2.** seefahrend. **3.** Küsten...

mar·jo·ram [ˈmɑːdʒərəm] *s* ⚘ Majoran *m*.

mark¹ [mɑːk] *s* (deutsche) Mark.

mark² [~] **I** *s* **1.** Markierung *f*, *bsd. tech.* Marke *f*: ***~ of origin*** Herkunftsbezeichnung *f*. **2.** *fig.* Zeichen *n*: ***~ of confidence*** Vertrauensbeweis *m*; ***~ of respect*** Zeichen der Hochachtung. **3.** (Kenn)Zeichen *n*, Merkmal *n*: ***distinctive ~*** Kennzeichen. **4.** Narbe *f* (*a. tech.*); Kerbe *f*, Einschnitt *m*. **5.** Ziel *n* (*a. fig.*): ***hit the ~*** (das Ziel) treffen; *fig.* ins Schwarze treffen; ***miss the ~*** das Ziel verfehlen, danebenschießen (*a. fig.*); ***be off*** (***wide of***) ***the ~*** (weit) danebenschießen; *fig.* sich (gewaltig) irren; (weit) danebenliegen (*Schätzung etc*). **6.** *fig.* Norm *f*: ***be up to the ~*** den Anforderungen gewachsen sein (*Person*) *od.* genügen (*Leistungen etc*); *gesundheitlich* auf der Höhe sein. **7.** a) (*Fuß-, Brems- etc*)Spur *f* (*a. fig.*): ***leave one's ~ on***

s-n Stempel aufdrücken (*dat*); bei *j-m* s-e Spuren hinterlassen, b) Fleck *m.* **8.** *econ.* (*Fabrik-, Waren*)Zeichen *n*, (*Schutz-, Handels*)Marke *f.* **9.** *ped.* Note *f* (*a. Sport*), Zensur *f*: ***get*** (*od.* ***obtain***) ***full ~s*** die beste Note bekommen, die höchste Punktzahl erreichen. **10.** a) *Fußball*: Elfmeterpunkt *m*, b) *Laufsport*: Startlinie *f*: ***on your ~s!*** auf die Plätze!; ***be quick*** (***slow***) ***off the ~*** e-n guten (schlechten) Start haben; *fig.* schnell (langsam) schalten *od.* reagieren. **II** *v/t* **11.** markieren, anzeichnen, *a. fig.* kennzeichnen; *Wäsche* zeichnen; *Waren* auszeichnen; *Preis* festsetzen; *Temperatur etc* anzeigen; *fig.* ein Zeichen sein für: ***to ~ the occasion*** zur Feier des Tages, aus diesem Anlass; ***~ time*** *mil.* auf der Stelle treten (*a. fig.*); *fig.* abwarten. **12.** Spuren hinterlassen auf (*dat*); *fig. j-n* zeichnen (*Krankheit etc*). **13.** bestimmen (***for*** für). **14.** *ped.* benoten, zensieren, (*Sport*) bewerten. **15.** *Sport*: *Gegenspieler* decken, markieren. **III** *v/i* **16.** ***~ easily*** leicht schmutzen.

Verbindungen mit Adverbien:

mark| down *v/t* **1.** *econ.* (*im Preis*) herunter-, herabsetzen. **2.** bestimmen, vormerken (***for*** für). **~ off** *v/t* **1.** abgrenzen, abstecken. **2.** (*auf e-r Liste*) abhaken. **~ out** *v/t* **1.** → ***mark***[2] 13. **2.** abgrenzen, markieren. **~ up** *v/t econ.* (*im Preis*) hinauf-, heraufsetzen.

'mark·down *s econ.* a) Preissenkung *f* (***of*** um), b) Kurs-, Preisabschlag *m.*

marked [mɑːkt] *adj* deutlich, merklich, ausgeprägt.

mark·ed·ly ['~kɪdlɪ] *adv* deutlich, ausgesprochen.

mark·er ['mɑːkə] *s* **1.** Markierstift *m*, Marker *m.* **2.** Lesezeichen *n.* **3.** *Sport*: Bewacher(in).

mar·ket ['mɑːkɪt] *econ.* **I** *s* **1.** Markt *m*: a) *Handel*: ***be on the ~*** auf dem Markt *od.* im Handel sein; ***put*** (*od.* ***place***) ***on the ~*** auf den Markt *od.* in den Handel bringen; zum Verkauf anbieten, b) *Handelszweig*, c) Marktplatz *m*: ***in the ~*** auf dem Markt, d) Wochen-, Jahrmarkt *m*, e) *Absatzgebiet*: ***hold the ~*** den Markt beherrschen, f) Absatz *m*, Verkauf *m*: ***fluid ~*** flüssiger Markt; ***viscous ~*** zähflüssiger Markt; ***meet with a ready ~*** schnellen Absatz finden; ***there is no ~ for*** ... lassen sich nicht absetzen. **2.** *Am.* (Lebensmittel)Geschäft *n*, Laden *m.* **II** *v/t* **3.** auf den Markt *od.* in den Handel bringen. **4.** vertreiben. **III** *adj* **5.** Markt...: ***~ assessment*** Markteinschätzung *f*; ***~ capacity*** Aufnahmefähigkeit des Marktes; ***~ control*** Marktbeherrschung *f*; ***~ fluctuations*** *pl* Marktschwankungen *pl*; ***~ forces*** *pl* Marktkräfte *pl*; ***~ leader*** Marktführer *m*; ***~ maturity*** Marktreife *f*; ***~ niche*** Marktnische *f*; ***~ opportunities*** *pl* Absatzmöglichkeiten *pl*; ***~ penetration*** Marktdurchdringung *f*; ***~ potential*** Markt-, Absatzpotential *n*; ***~ saturation*** Marktsättigung *f*; ***~ situation*** Marktlage *f*; ***~ target*** Absatz-, Zielgruppe *f*; ***~ trend*** Marktentwicklung *f.*

mar·ket·a·ble ['mɑːkɪtəbl] *adj* marktgängig, -fähig, verkäuflich: ***~ securities*** *pl* börsengängige Papiere *pl.*

mar·ket| a·nal·y·sis *s* (*irr* ***analysis***) Marktanalyse *f.* **~ day** *s* Markttag *m.* **'~-ˌdom·i·nat·ing** *adj* marktbeherrschend. **~ e·con·o·my** *s*: ***free*** (***social***) ***~*** freie (soziale) Marktwirtschaft.

mar·ket·ing ['mɑːkɪtɪŋ] *s econ.* Marketing *n*: ***~ agreement*** Vertriebsvereinbarung *f*; ***~ chain*** Handelskette *f*; ***~ concept*** Marketingkonzept *n*; ***~ cost*** Vertriebskosten *pl*; ***~ efforts*** *pl* Absatzbemühungen *pl*; ***~ network*** Vertriebsnetz *n*; ***~ policy*** Absatzpolitik *f*; ***~ research*** Absatz-, Marktforschung *f.*

'mar·ket-o·riˌent·ed *adj* marktorientiert.

mar·ket| place *s* Marktplatz *m.* **~ re·search** *s* Marktforschung *f.* **~ re·search·er** *s* Marktforscher *m.* **~ share** *s* Marktanteil *m.*

mark·ing ['mɑːkɪŋ] *s* **1.** Markierung *f*, *a. fig.* Kennzeichnung *f.* **2.** *zo.* Musterung *f*, Zeichnung *f.* **3.** *ped.* Benotung *f*, Zensierung *f*, (*Sport*) Bewertung *f.* **4.** *Sport*: Deckung *f.*

marks·man ['mɑːksmən] *s* (*irr* ***man***) guter Schütze.

'mark·up *s econ.* a) Preiserhöhung *f* (***of*** um), b) Handelsspanne *f.*

mar·ma·lade ['mɑːməleɪd] *s* (*bsd.* Orangen-) Marmelade *f.*

mar·mot ['mɑːmət] *s zo.* Murmeltier *n.*

ma·roon [mə'ruːn] *adj* kastanienbraun.

mar·quee [mɑː'kiː] *s* großes Zelt.

mar·riage ['mærɪdʒ] *s* **1.** Heirat *f*, Vermählung *f*, Hochzeit *f* (***to*** mit). **2.** Ehe *f*: ***by ~*** angeheiratet; ***related by ~*** verschwägert. **~ cer·tif·i·cate** *s* Trauschein *m*, Heiratsurkunde *f.* **~ guid·ance cen·ter** (*Br.* **cen·tre**) *s* Eheberatungsstelle *f.*

mar·ried ['mærɪd] *adj* verheiratet, ehelich, Ehe...: ***~ couple*** Ehepaar *n*; ***~ life*** Eheleben *n.*

mar·row ['mærəʊ] *s* **1.** *anat.* (Knochen-) Mark *n*: ***be frozen to the ~*** völlig durchgefroren sein. **2.** *fig.* Mark *n*, Kern *m*, *das* Innerste.

mar·ry ['mærɪ] **I** *v/t* **1.** heiraten: ***be married*** verheiratet sein (***to*** mit); ***get married*** heiraten. **2.** *a.* ***~ off*** *Tochter etc* verheiraten (***to*** an *acc*, mit). **3.** *Paar* trauen. **II** *v/i* **4.** heiraten: ***~ into*** einheiraten in (*acc*).

Mars [mɑːz] *s ast.* Mars *m.*
marsh [mɑːʃ] *s* Sumpf(land *n*) *m*, Marsch *f.*
mar·shal ['mɑːʃl] **I** *s* **1.** *mil.* Marschall(in). **2.** *Am.* Bezirkspolizeichef(in). **II** *v/t pret u. pp* **-shaled,** *bsd. Br.* **-shalled 3.** (an)ordnen, arrangieren.
marsh·y ['mɑːʃɪ] *adj* sumpfig, Sumpf...
mar·su·pial [mɑː'suːpɪəl] *s* Beuteltier *n.*
mar·ten ['mɑːtɪn] *s zo.* Marder *m.*
mar·tial ['mɑːʃl] *adj* □ **1.** kriegerisch. **2.** Kriegs..., Militär...: ~ ***law*** Kriegsrecht *n.* **3.** ~ ***arts*** *pl* asiatische Kampfsportarten *pl.*
Mar·tian ['mɑːʃn] *s* Marsmensch *m.*
mar·ti·ni [mɑː'tiːnɪ] *s* Martini *m* (*Cocktail*).
Mar·tin·mas ['mɑːtɪnməs] *s* Martinstag *m* (*11. November*).
mar·tyr ['mɑːtə] **I** *s* **1.** Märtyrer(in): ***make a ~ of o.s.*** sich (auf)opfern; *iro.* den Märtyrer spielen. **II** *v/t* **2.** zum Märtyrer machen. **3.** zu Tode martern.
'**mar·tyr·dom** *s* Martyrium *n* (*a. fig.*).
mar·vel ['mɑːvl] **I** *s* Wunder *n* (***of*** an *dat*): ***work*** (*od.* ***do***) ~***s*** Wunder wirken. **II** *v/i pret u. pp* **-veled,** *bsd. Br.* **-velled** sich wundern, staunen (***at*** über *acc*).
mar·vel·(l)ous ['mɑːvələs] *adj* □ **1.** erstaunlich, wunderbar. **2.** F fabelhaft, fantastisch.
Marx·ism ['mɑːksɪzəm] *s* Marxismus *m.*
'**Marx·ist I** *s* Marxist(in). **II** *adj* marxistisch.
M
mar·zi·pan [ˌmɑːzɪ'pæn] *s* Marzipan *n, m.*
mas·ca·ra [mæ'skɑːrə] *s* Wimperntusche *f.*
mas·cot ['mæskət] *s* Maskottchen *n*: a) Glücksbringer(in), b) Talisman *m.*
mas·cu·line ['mæskjʊlɪn] *adj* □ **1.** männlich (*a. ling.*), Männer... **2.** unfraulich, maskulin.
mash [mæʃ] **I** *s* **1.** breiige Masse, Brei *m.* **2.** *Br.* F Kartoffelbrei *m.* **II** *v/t* **3.** zerdrücken, -quetschen: ~***ed potatoes*** *pl* Kartoffelbrei *m*, *schweiz.* Kartoffelstock *m.*
mask [mɑːsk] **I** *s* **1.** *allg.* Maske *f* (*a. fig.*): ***throw off the*** ~ die Maske fallen lassen, sein wahres Gesicht zeigen. **II** *v/t* **2.** maskieren: ~***ed ball*** Maskenball *m.* **3.** *fig.* verschleiern: ~***ed advertising*** *econ.* Schleichwerbung *f.*
mas·o·chism ['mæsəʊkɪzəm] *s psych.* Masochismus *m.*
'**mas·o·chist** *s* Masochist(in).
ˌ**mas·o'chis·tic** *adj* (~***ally***) masochistisch.
ma·son ['meɪsn] *s* **1.** Steinmetz(in). **2.** *oft* ***Mason*** Freimaurer *m.*
mas·quer·ade [ˌmæskə'reɪd] *s* Maskerade *f* (*a. fig.*).
mass¹ [mæs] *s eccl.* Messe *f*: ***go to*** ~ zur Messe gehen.
mass² [~] **I** *s* **1.** *allg.* Masse *f* (*a. phys.*): ***a ~ of errors*** e-e (Un)Menge Fehler; ~***es*** *pl* ***of ice*** Eismassen *pl*; ***the*** ~***es*** *pl* die (breite) Masse. **2.** Mehrzahl *f*, überwiegender Teil. **II** *v/t u. v/i* **3.** (sich) (an)sammeln *od.* (an)häufen. **III** *adj* **4.** Massen...: ~ ***appeal*** Massenwirkung *f*; ~ ***demonstration*** Massendemonstration *f*; ~ ***dismissal*** Massenentlassung *f.*
mas·sa·cre ['mæsəkə] **I** *s* Massaker *n.* **II** *v/t* niedermetzeln.
mas·sage ['mæsɑːʒ] **I** *s* Massage *f.* **II** *v/t* massieren.
mas·seur [mæ'sɜː] *s* Masseur *m.*
masseuse [mæ'sɜːz] *s* Masseurin *f*, Masseuse *f.*
mas·sive ['mæsɪv] *adj* □ *allg.* massiv (*a. fig.*): ***on a ~ scale*** in ganz großem Rahmen.
mass| me·di·a *s pl* (*a. sg konstruiert*) Massenmedien *pl.* '~**-proˌduce** *v/t* serienmäßig herstellen: ~***d goods*** *pl* Massenware *f.* ~ **pro·duc·tion** *s* Massen-, Serienproduktion *f.* ~ **un·em·ploy·ment** *s* Massenarbeitslosigkeit *f.*
mast¹ [mɑːst] *s* ⚓ (*a. Antennen- etc*)Mast *m.*
mast² [~] *s* Mast(futter *n*) *f.*
mas·ter ['mɑːstə] **I** *s* **1.** Meister *m*, Herr *m*: ***be ~ of s.th.*** et. (*a. e-e Sprache etc*) beherrschen; ***be ~ of the situation*** Herr der Lage sein; ***be one's own*** ~ sein eigener Herr sein; ***find one's*** ~ s-n Meister finden (***in s.o.*** in j-m). **2.** *econ.* Lehrherr *m*, Meister *m*; (Handwerks)Meister *m*: ~ ***tailor*** Schneidermeister *m.* **3.** *bsd. Br.* Lehrer *m.* **4.** *paint. etc* Meister *m*: ***an old*** ~ ein alter Meister. **5.** *univ.* Magister *m*: ***Master of Arts*** Magister Artium *od.* der Geisteswissenschaften; ***Master of Science*** Magister der Naturwissenschaften. **6.** → ***ceremony*** 1. **II** *v/t* **7.** Herr sein über (*acc*), *a. Sprache etc* beherrschen. **8.** *Aufgabe, Schwierigkeit etc* meistern, *Temperament etc* zügeln. **III** *adj* **9.** meisterhaft, -lich, Meister... **10.** Haupt... ~ **cop·y** *s* **1.** Originalkopie *f.* **2.** *Computer*: Stammdatei *f.* ~ **file** *s Computer*: Stammdatei *f.*
mas·ter·ful ['mɑːstəfʊl] *adj* □ **1.** herrisch, gebieterisch. **2.** → ***master*** 9.
mas·ter| fuse *s* ⚡ Hauptsicherung *f.* ~ **key** *s* Hauptschlüssel *m.*
mas·ter·ly ['mɑːstəlɪ] → ***master*** 9.
'**mas·ter|·mind I** *s* **1.** überragender Geist, Genie *n.* **2.** (führender) Kopf: ***be the ~ behind*** stecken hinter (*dat*). **II** *v/t* **3.** der Kopf (*gen*) sein, stecken hinter (*dat*). '~**-piece** *s* **1.** Haupt-, Meisterwerk *n.* **2.** Meisterstück *n.* ~ **plan** *s* Gesamtplan *m.* '~**-stroke** *s* Meisterstück *n*, -leistung *f.*
mas·ter·y ['mɑːstərɪ] *s* **1.** Herrschaft *f*, Gewalt *f* (***of, over*** über *acc*): ***gain the ~ over*** die Oberhand gewinnen über (*acc*). **2.** Beherrschung *f* (*e-r Sprache etc*).
mas·ti·cate ['mæstɪkeɪt] *v/t* (zer)kauen.
ˌ**mas·ti'ca·tion** *s* (Zer)Kauen *n.*

mas·tiff ['mæstɪf] *s zo.* Bulldogge *f.*
mas·tur·bate ['mæstəbeɪt] *v/i* masturbieren, onanieren.
ˌ**mas·tur'ba·tion** *s* Masturbation *f*, Onanie *f.*
mat¹ [mæt] **I** *s* **1.** Matte *f* (*a. Ringen etc*). **2.** Untersetzer *m*, -satz *m*. **3.** Vorleger *m*, Abtreter *m*. **4.** verfilzte Masse. **II** *v/i* **5.** sich verfilzen.
mat² [~] **I** *adj* matt (*a. phot.*), mattiert. **II** *v/t* mattieren.
match¹ [mætʃ] *s* Streich-, Zündholz *n.*
match² [~] **I** *s* **1.** *der, die, das* Gleiche *od.* Ebenbürtige: ***his*** ~ seinesgleichen; sein Ebenbild; j-d, der es mit ihm aufnehmen kann; ***be a*** (***no***) ~ ***for s.o.*** j-m (nicht) gewachsen sein; ***find*** (*od.* ***meet***) ***one's*** ~ s-n Meister finden (***in s.o.*** in j-m). **2.** (dazu) passende Sache *od.* Person, Gegenstück *n.* **3.** (zs.-passendes) Paar, Gespann *n* (*a. fig.*): ***they are an excellent*** ~ sie passen ausgezeichnet zueinander. **4.** (*Fußball- etc*)Spiel *n*, (*Box- etc*)Kampf *m*. **5.** Heirat *f*; *gute etc* Partie (*Person*). **II** *v/t* **6.** *j-m, e-r Sache* ebenbürtig *od.* gewachsen sein, gleichkommen: ***no one can*** ~ ***her in cooking*** niemand kann so gut kochen wie sie; ***... cannot be*** ~***ed*** ... ist unerreicht *od.* nicht zu überbieten. **7.** *j-m, e-r Sache* (*a. farblich etc*) entsprechen, passen zu. **8.** *j-n, et.* vergleichen (***with*** mit): ~ ***one's strength against s.o.*** (***'s***) s-e Kräfte mit j-m messen. **III** *v/i* **9.** zs.-passen, übereinstimmen (***with*** mit), entsprechen (***to*** *dat*).
'**match·box** *s* Streich-, Zündholzschachtel *f.*
match·ing ['mætʃɪŋ] *adj* (dazu) passend.
'**match·less** *adj* □ unvergleichlich, einzigartig.
'**match**|ˌ**mak·er** *s* **1.** Ehestifter(in). **2.** *b.s.* Kuppler(in). ~ **point** *s Tennis etc*: Matchball *m.*
mate¹ [meɪt] → ***checkmate.***
mate² [~] **I** *s* **1.** (Arbeits)Kamerad(in), (-)Kollege *m*, (-)Kollegin *f*; (*Anrede*) Kamerad!, Kumpel!: ~***'s rate*** F Freundschaftspreis *m*. **2.** *zo., bsd. orn.* Männchen *n od.* Weibchen *n*. **3.** ⚓ Maat *m*. **II** *v/t* **4.** *Tiere* paaren. **III** *v/i* **5.** *zo.* sich paaren.
ma·te·ri·al [mə'tɪərɪəl] **I** *adj* □ **1.** materiell, physisch; Material...: ~ ***costs*** *pl* Materialkosten *pl*; ~ ***damage*** Sachschaden *m*; ~ ***defect*** Materialfehler *m*, -schaden *m*. **2.** materiell: a) leiblich (*Wohlergehen*), b) wirtschaftlich: ~ ***wealth*** materieller Wohlstand. **3.** wesentlich, ausschlaggebend (***to*** für); ⚖ erheblich, relevant. **II** *s* **4.** Material *n*, Stoff *m* (*beide a. fig.* **for** zu *e-m Buch etc*): ~***s accounting*** Materialabrechnung *f*; ~***s handling*** Transport- u. Lagerwesen *n*; ~***s management*** Steuerung *f* des Materialdurchlaufs; ~***s tester*** Werkstoffprüfer *m.*
ma'te·ri·al·ism *s* Materialismus *m.*
ma'te·ri·al·ist *s* Materialist(in).
maˌ**te·ri·al'is·tic** *adj* (~***ally***) materialistisch.
ma'te·ri·al·ize **I** *v/t* **1.** *et.* verwirklichen. **II** *v/i* **2.** sich verwirklichen. **3.** erscheinen, sich materialisieren (*Geist*).
ma·ter·nal [mə'tɜːnl] *adj* □ **1.** mütterlich, Mutter... **2.** *Großvater etc* mütterlicherseits.
ma·ter·ni·ty [mə'tɜːnətɪ] **I** *s* Mutterschaft *f*. **II** *adj*: ~ ***allowance*** (*od.* ***benefit, pay***) Mutterschaftsgeld *n*, -beihilfe *f*; ~ ***dress*** Umstandskleid *n*; ~ ***leave*** Mutterschaftsurlaub *m*; ~ ***protection*** Mutterschutz *m*; ~ ***ward*** Entbindungsstation *f.*
mat·ey ['meɪtɪ] *adj* kameradschaftlich: ***be*** ~ ***with s.o.*** mit j-m auf Du u. Du stehen.
math [mæθ] *s Am.* F Mathe *f.*
math·e·mat·i·cal [ˌmæθə'mætɪkl] *adj* □ mathematisch; Mathematik...
math·ema·ti·cian [ˌ~mə'tɪʃn] *s* Mathematiker(in).
math·e·mat·ics [ˌ~'mætɪks] *s pl* (*mst sg konstruiert*) Mathematik *f.*
maths [mæθs] *s pl* (*mst sg konstruiert*) *Br.* F Mathe *f.*
mat·i·née ['mætɪneɪ] *s thea.* Nachmittagsvorstellung *f.*
mat·ing ['meɪtɪŋ] *s zo.* Paarung *f*: ~ ***season*** Paarungszeit *f.*
ma·tri·arch·y ['meɪtrɪɑːkɪ] *s sociol.* Matriarchat *n.*
ma·tri·ces ['meɪtrɪsiːz] *pl von* ***matrix.***
ma·tric·u·late **I** *v/t u. v/i* [mə'trɪkjʊleɪt] (sich) immatrikulieren. **II** *s* [~lət] Immatrikulierte *m, f.*
maˌ**tric·u'la·tion** *s* Immatrikulation *f.*
mat·ri·mo·ni·al [ˌmætrɪ'məʊnjəl] *adj* □ ehelich, Ehe...: ~ ***agency*** Heiratsinstitut *n.*
mat·ri·mo·ny ['~mənɪ] *s* Ehe(stand *m*) *f.*
ma·trix ['meɪtrɪks] *pl* **ma·tri·ces** ['~trɪsiːz], '**ma·trix·es** *s* **1.** *tech.* Matrize *f*. **2.** 𝔄 Matrix *f*. ~ **print·er** *s* Matrixdrucker *m.*
ma·tron ['meɪtrən] *s* **1.** Matrone *f*. **2.** *Br.* Oberschwester *f*, Oberin *f.*
mat·ter ['mætə] **I** *s* **1.** Materie *f* (*a. phys.*), Substanz *f*, Stoff *m*. **2.** ⚕ Eiter *m*. **3.** Sache *f*, Angelegenheit *f*: ***this is an entirely different*** ~ das ist et. ganz anderes; ***a*** ~ ***of course*** e-e Selbstverständlichkeit; ***as a*** ~ ***of course*** selbstverständlich, natürlich; ***a*** ~ ***of fact*** e-e Tatsache; ***as a*** ~ ***of fact*** tatsächlich, eigentlich; ***a*** ~ ***of form*** e-e Formsache; ***as a*** ~ ***of form*** der Form halber; ***a*** ~ ***of taste*** (e-e) Geschmackssache; ***a*** ~ ***of time*** e-e Frage der Zeit; ***it is a*** ~ ***of life and death*** es geht um Leben u. Tod; → ***laughing*** 3. **4.** *pl* die

M

Sache, die Dinge *pl*: ***to make ~s worse*** was die Sache noch schlimmer macht; ***as ~s stand*** wie die Dinge liegen. **5.** ***what's the ~ (with him)?*** was ist los (mit ihm)?; ***it's no ~ whether*** es spielt keine Rolle, ob; ***no ~ what he says*** ganz gleich, was er sagt; ***no ~ who*** gleichgültig, wer. **II** *v/i* **6.** von Bedeutung sein (***to*** für): ***it doesn't ~*** es macht nichts; ***it hardly ~s to me*** es macht mir nicht viel aus; ***it little ~s*** es spielt kaum e-e Rolle. **7.** ⚕ eitern. **ˌ~-of-ˈcourse** *adj* selbstverständlich, natürlich. **ˌ~-of-ˈfact** *adj* sachlich, nüchtern.

mat·tress [ˈmætrɪs] *s* Matratze *f*.

ma·ture [məˈtjʊə] **I** *adj* □ **1.** *allg.* reif (*a. fig.*). **2.** *fig.* ausgereift (*Pläne etc*): ***after ~ reflection*** nach reiflicher Überlegung. **3.** *econ.* fällig (*Wechsel*). **II** *v/t* **4.** reifen lassen (*a. fig.*). **III** *v/i* **5.** (heran)reifen (***into*** zu), reif werden (*beide a. fig.*). **6.** *econ.* fällig werden: ***~d liability*** fällige Schuld.

maˈtur·i·ty *s* **1.** Reife *f* (*a. fig.*). **2.** *econ.* Fälligkeit *f*: ***~ date*** Fälligkeitstermin *m*.

maud·lin [ˈmɔːdlɪn] *adj* **1.** weinerlich (*Stimme*). **2.** rührselig.

maul [mɔːl] *v/t* **1.** *j-n*, *et.* übel zurichten. **2.** verreißen (*Kritiker*).

Maun·dy Thurs·day [ˈmɔːndɪ] *s* Gründonnerstag *m*.

Mau·re·ta·nia [ˌmɒrɪˈteɪnjə] Mauretanien *n* (*Republik in Westafrika*).

Mau·ri·tius [məˈrɪʃəs] Mauritius *n* (*Insel im Indischen Ozean*).

mau·so·le·um [ˌmɔːsəˈlɪəm] *pl* **-le·ums, -le·a** [ˌ~ˈlɪə] *s* Mausoleum *n*.

mauve [məʊv] *adj* malvenfarbig, mauve.

mawk·ish [ˈmɔːkɪʃ] *adj* □ **1.** (unangenehm) süßlich. **2.** *fig.* rührselig, süßlich.

max·im [ˈmæksɪm] *s* Maxime *f*, Grundsatz *m*.

max·i·ma [ˈmæksɪmə] *pl von* ***maximum.***

max·i·mal [ˈ~ml] *adj* □ → ***maximum*** II.

ˈmax·i·mize *v/t econ.*, *tech.* maximieren.

max·i·mum [ˈ~məm] **I** *pl* **-ma** [ˈ~mə], **-mums** *s* Maximum *n*. **II** *adj* maximal, Maximal…, Höchst…: ***~ (permissible) speed*** (zulässige) Höchstgeschwindigkeit; ***~ tax rate*** Spitzensteuersatz *m*.

May[1] [meɪ] *s* Mai *m*: ***in ~*** im Mai.

may[2] [~] *v/aux* (*irr*) **1.** *Möglichkeit, Gelegenheit*: *ich* kann, *du* kannst *etc*, *ich* mag, *du* magst *etc*: ***it ~ happen any time*** es kann jederzeit geschehen; ***it might happen*** es könnte geschehen; ***you ~ be right*** du magst Recht haben, vielleicht hast du Recht. **2.** *Erlaubnis*: *ich* kann, *du* kannst *etc*, *ich* darf, *du* darfst *etc*. **3.** ***you ~ well say so*** das kann man wohl sagen; ***we might as well go*** da könnten wir (auch) ebenso gut gehen. **4.** *ungewisse Frage*: ***how old ~ she be?*** wie alt mag sie wohl sein? **5.** *Aufforderung*: ***you might help me*** du könntest mir (eigentlich) helfen.

may·be [ˈmeɪbiː] *adv* vielleicht.

May| bee·tle, ~ bug *s zo.* Maikäfer *m*. **~ Day** *s* der 1. Mai.

ˈmay·day *int* ✈, ⚓ Mayday! (*internationaler Funknotruf*).

may·hem [ˈmeɪhem] *s* **1.** ⚖ *bsd. Am.* schwere Körperverletzung. **2.** *fig.* Chaos *n*: ***cause*** (*od.* ***create***) ***~*** ein Chaos auslösen.

mayo [ˈmeəʊ] *pl* **mayos** *s* F Majo *f*.

may·on·naise [ˌmeɪəˈneɪz] *s* Majonäse *f*.

may·or [meə] *s* Bürgermeister(in).

ˈmay·pole *s* Maibaum *m*.

maze [meɪz] *s* Irrgarten *m*, Labyrinth *n* (*a. fig.*): ***~ of streets*** Straßengewirr *n*; ***be in a ~*** verwirrt sein.

MB [emˈbiː] ***megabyte*** MB *n*, Mbyte *n*.

MBA ***Master of Business Administration*** Magister *m* der Betriebswirtschaftslehre.

MBE ***Member (of the Order) of the British Empire*** Angehörige(r) des Ordens des Britischen Weltreichs (*englischer Ehrentitel*).

MC [emˈsiː] ***master of ceremonies*** Conférencier *m*; *Am. pol.* ***Member of Congress*** Mitglied *n* des Repräsentantenhauses.

MCA [emsiːˈeɪ] ***maximum credible accident*** GAU *m*.

McCoy [məˈkɔɪ] *s* ***the real ~*** das einzig Wahre.

MCP ***male chauvinist pig*** F *contp.* Chauvischwein *n*, *humor.* Chauvi *m*.

MD ***medicinae doctor*** Dr. med., Doktor *m* der Medizin; ***managing director*** Generaldirektor *m*, leitender Direktor.

me [miː] **I** *personal pron* **1.** mich (*acc von* ***I***): ***he knows ~.*** **2.** mir (*dat von* ***I***): ***he gave ~ the book.*** **3.** F ich (*nom*): ***he's younger than ~; it's ~*** ich bins. **II** *reflex pron* **4.** mich: ***I looked about ~*** ich sah mich um.

mead·ow [ˈmedəʊ] *s* Wiese *f*, Weide *f*: ***in the ~*** auf der Wiese *od.* Weide.

mea·ger *Am.*, **mea·gre** *bsd. Br.* [ˈmiːgə] *adj* □ **1.** mager, dürr, (*Gesicht*) hager. **2.** *fig.* dürftig, kärglich: ***~ attendance*** spärlicher Besuch.

meal[1] [miːl] *s* Mahl(zeit *f*) *n*, Essen *n*: ***~s pl on wheels*** Essen auf Rädern.

meal[2] [~] *s* Schrotmehl *n*.

ˈmeal·time *s* Essenszeit *f*.

meal·y [ˈmiːlɪ] *adj* mehlig. **~-mouthed** [ˈ~maʊðd] *adj* schönfärberisch, heuchlerisch (*Person*), (*Äußerung etc a.*) verschlüsselt.

mean[1] [miːn] *adj* □ **1.** gemein, niederträchtig. **2.** schäbig, geizig. **3.** F (*charakterlich*) schäbig: ***feel ~*** sich schäbig *od.* gemein vorkommen (***about*** wegen).

mean² [~] I *adj* 1. mittler, Mittel..., durchschnittlich, Durchschnitts... II *s* 2. Mitte *f*, Mittel(weg *m*) *n*, Durchschnitt *m*. 3. *pl* (*a. sg konstruiert*) Mittel *n od. pl*, Weg *m*: ***by all ~s*** auf alle Fälle, unbedingt; ***by no ~s*** keineswegs, auf keinen Fall; ***by ~s of*** mittels, durch, mit; ***find the ~s*** Mittel u. Wege finden; ***a ~s of communication*** ein Kommunikationsmittel; ***~s of production*** Produktionsmittel *pl*; → ***end*** 10. 4. *pl* Mittel *pl*, Vermögen *n*: ***live within*** (***beyond***) ***one's ~s*** s-n Verhältnissen entsprechend (über s-e Verhältnisse) leben; ***within everybody's ~s*** für jeden Geldbeutel; ***~s test*** Bedürftigkeitsprüfung *f*.

mean³ [~] (*irr*) I *v/t* 1. beabsichtigen, vorhaben: ***~ to do s.th.*** et. tun wollen; ***I ~ it*** es ist mir ernst damit; ***~ business*** es ernst meinen; ***~ no harm*** es nicht böse meinen; ***no harm ~t!*** nichts für ungut! 2. ***be ~t for*** bestimmt sein für, (*Bemerkung etc*) gemünzt sein auf (*acc*). 3. meinen, sagen wollen: ***what do you ~ by this?*** was wollen Sie damit sagen?; was verstehen Sie darunter? 4. *e-e Menge Arbeit etc* bedeuten. 5. bedeuten, heißen (*Wort etc*): ***does this ~ anything to you?*** ist Ihnen das ein Begriff?, sagt Ihnen das et.? II *v/i* 6. ***~ well*** (***ill***) ***by*** (*od.* ***to***) ***s.o.*** j-m wohlgesinnt (übel gesinnt) sein. 7. ***~ everything*** (***little***) ***to s.o.*** j-m alles (wenig) bedeuten.

me·an·der [mɪ'ændə] *v/i* sich winden *od.* schlängeln.

mean·ing ['miːnɪŋ] I *s* 1. Sinn *m*, Bedeutung *f*: ***full of ~*** → 3; ***do you get*** (*od.* ***take***) ***my ~?*** verstehst du, was ich meine? 2. Sinn *m*, Inhalt *m*: ***give one's life a new ~*** s-m Leben e-n neuen Sinn geben. II *adj* □ 3. bedeutungsvoll, bedeutsam (*Blick etc*).

mean·ing·ful ['~fʊl] *adj* □ 1. bedeutungsvoll (*Blick*, *Ereignis etc*). 2. sinnvoll (*Arbeit etc*).

'mean·ing·less *adj* □ sinnlos.

mean·ness ['miːnnɪs] *s* 1. Gemeinheit *f*, Niederträchtigkeit *f*. 2. Schäbigkeit *f*, Geiz *m*.

meant [ment] *pret u. pp von* ***mean³***.

ˌmean|'time I *adv* inzwischen, unterdessen, in der Zwischenzeit. II *s*: ***in the ~*** → I.

ˌ~'while → ***meantime*** I.

mea·sles ['miːzlz] *s pl* (*mst sg konstruiert*) ⚕ Masern *pl*: → ***German*** 1.

meas·ur·a·ble ['meʒərəbl] *adj* □ 1. messbar. 2. merklich.

meas·ure ['meʒə] I *s* 1. Maß(einheit *f*) *n*: ***~ of capacity*** Hohlmaß; ***~ of length*** Längenmaß. 2. *fig.* (richtiges *od.* vernünftiges) Maß, Ausmaß *n*: ***set ~s to*** Grenzen setzen (*dat*); ***know no ~*** kein Maß kennen; ***beyond*** (***all***) ***~*** über alle Maßen, grenzenlos; ***in a great*** (*od.* ***large***) ***~*** in großem Maße; großenteils; ***in some ~, in a*** (***certain***) ***~*** bis zu e-m gewissen Grade. 3. Maß *n*, Messgerät *n*: 4. ♪ Takt *m*. 5. *Metrik*: Versmaß *n*. 6. Maßnahme *f*: ***take ~s*** Maßnahmen treffen *od.* ergreifen. II *v/t* 7. (ver)messen, ab-, ausmessen: ***~ s.o.*** j-m Maß nehmen (***for*** für); ***~ one's length*** *fig.* der Länge nach hinfallen. 8. *fig.* messen (***by*** an *dat*). 9. *fig.* vergleichen, messen (***against, with*** mit): ***~ one's strength with*** s-e Kräfte messen mit. III *v/i* 10. messen, groß sein: ***it ~s 7 inches*** es misst 7 Zoll, es ist 7 Zoll lang.

'meas·ure·ment *s* 1. (Ver)Messung *f*. 2. Maß *n*; *pl a.* Abmessungen *pl*: ***take s.o.'s ~s*** j-m Maß nehmen (***for*** für).

'meas·ur·ing *adj* Mess...: ***~ instrument*** Messgerät *n*; ***~ tape*** Maßband *n*.

meat [miːt] *s* 1. Fleisch *n*: ***cold ~*** kalter Braten. 2. *fig.* Substanz *f*, Gehalt *m*. **'~·ball** *s* Fleischklößchen *n*.

me·chan·ic [mɪ'kænɪk] *s* Mechaniker(in).

me'chan·i·cal *adj* □ mechanisch (*a. fig.*): ***~ engineering*** Maschinenbau *m*; ***~ pencil*** *Am.* Drehbleistift *m*.

mech·a·nism ['mekənɪzəm] *s* Mechanismus *m* (*a. fig.*).

med·al ['medl] *s* 1. Medaille *f*. 2. Orden *m*.

med·al·ist *Am.* → ***medallist.***

me·dal·lion [mɪ'dæljən] *s* Medaillon *n*.

med·al·list ['medlɪst] *s bsd. Br.* Medaillengewinner(in).

med·dle ['medl] *v/i* sich einmischen (***with, in*** in *acc*).

med·dle·some ['~səm] *adj* aufdringlich.

me·di·a ['miːdjə] I *pl von* ***medium.*** II *s pl* (*a. sg konstruiert*) Medien *pl*: ***~ analysis*** Werbeträger-, Medienanalyse *f*; ***~ event*** Medienereignis *s*; ***~ hype*** Medienrummel *m*; ***~ research*** Medienforschung *f*; ***~-shy*** medienscheu.

me·di·ae·val → ***medieval.***

me·dian strip ['miːdjən ~] *s Am.* Mittelstreifen *m*.

me·di·ate ['miːdɪeɪt] I *v/i* vermitteln (***between*** zwischen *dat*). II *v/t* (durch Vermittlung) zustande bringen *od.* beilegen.

ˌme·di'a·tion *s* Vermittlung *f*, Schlichtung *f*.

'me·di·a·tor *s* Vermittler(in).

med·ic ['medɪk] → ***medico.***

med·i·cal ['medɪkl] I *adj* □ 1. medizinisch, ärztlich, Kranken...: ***~ certificate*** ärztliches Attest; ***~ examination*** ärztliche Untersuchung; ***on ~ grounds*** aus gesundheitlichen Gründen; ***~ insurance*** Krankenversicherung *f*; ***~ rep*** (*od.* ***representative***) Pharmareferent *m*; ***~ student*** Medizinstudent(in). 2. internistisch: ***~ ward*** inne-

M

re Abteilung. II *s* **3.** F ärztliche Untersuchung.

Me·di·care ['medɪkeə] *s Am.* Krankenkasse *f.*

med·i·cate ['medɪkeɪt] *v/t* medizinisch *od.* medikamentös behandeln: ***~d shampoo, soap*** medizinisches Haarwaschmittel, medizinische Seife.

ˌmed·iˈca·tion *s* medizinische *od.* medikamentöse Behandlung.

me·dic·i·nal [məˈdɪsɪnl] *adj* □ heilkräftig, Heil...: ***~ herbs*** *pl* Heilkräuter *pl.*

med·i·cine ['medsɪn] *s* **1.** Medizin *f,* Arznei *f*: ***give s.o. a dose*** (*od.* ***taste***) ***of his own ~*** *fig.* es j-m in *od.* mit gleicher Münze heimzahlen. **2.** Medizin *f,* Heilkunde *f*; innere Medizin. **~ ball** *s Sport*: Medizinball *m.* **~ chest** *s* Hausapotheke *f.* **~ man** *s* (*irr* ***man***) Medizinmann *m.*

med·i·co ['medɪkəʊ] *pl* **-cos** *s* F Mediziner(in) (*Arzt u. Student*).

me·di·e·val [ˌmedɪˈiːvl] *adj* □ mittelalterlich.

me·di·o·cre [ˌmiːdɪˈəʊkə] *adj* mittelmäßig.

me·di·oc·ri·ty [ˌ~ˈɒkrətɪ] *s* Mittelmäßigkeit *f.*

med·i·tate ['medɪteɪt] I *v/i* (**on**) nachdenken (über *acc*), grübeln (über *acc, dat*), *a. engS.* meditieren (über *acc*). II *v/t* erwägen: ***~ revenge*** auf Rache sinnen.

ˌmed·iˈta·tion *s* Nachdenken *n,* Grübeln *n*; *engS.* Meditation *f.*

Med·i·ter·ra·ne·an (**Sea**) [ˌmedɪtəˈreɪnjən(siː)] *npr das* Mittelmeer.

me·di·um ['miːdjəm] I *pl* **-di·a** ['~djə], **-di·ums** *s* **1.** *fig.* Mitte *f,* Mittelweg *m.* **2.** *biol. etc* Medium *n,* Träger *m.* **3.** *econ.* (*a. künstlerisches etc*) Medium *n,* Mittel *n*: → ***advertising*** II. **4.** *Hypnose, Parapsychologie*: Medium *n.* II *adj* **5.** mittler, Mittel..., *a.* mittelmäßig. **6.** *gastr.* englisch (*Steak*). **ˈ~-priced** *adj* der mittleren Preislage. **ˈ~-range** *adj*: ***~ missile*** *mil.* Mittelstreckenrakete *f.* **ˈ~-size(d)** *adj* mittelgroß: ***~ car*** *mot.* Mittelklassewagen *m.* **ˈ~-term** *adj* mittelfristig (*Planung etc*). **~ wave** *s* ⚡ Mittelwelle *f*: ***on ~*** auf Mittelwelle.

med·ley ['medlɪ] *s* **1.** Gemisch *n, contp.* Mischmasch *m.* **2.** ♪ Potpourri *n.*

meek [miːk] *adj* □ **1.** sanft(mütig). **2.** bescheiden; *contp.* unterwürfig: ***be ~ and mild*** sich alles gefallen lassen.

meet [miːt] (*irr*) I *v/t* **1.** begegnen (*dat*); treffen, sich treffen mit. **2.** *j-n* kennen lernen: ***when I first met him*** als ich s-e Bekanntschaft machte; ***pleased to ~ you*** F sehr erfreut(, Sie kennen zu lernen). **3.** *j-n* abholen (***at the station*** von der Bahn). **4.** → ***halfway*** 3. **5.** (*feindlich*) zs.-treffen mit, (*Sport a.*) treffen auf (*acc*): → ***fate*** 1. **6.** *fig.* entgegentreten (*dat*). **7.** münden in (*acc*) (*Straße acc*); stoßen *od.* treffen auf (*acc*): ***there is more to it than ~s the eye*** da steckt mehr dahinter. **8.** *j-s Wünschen* entgegenkommen, entsprechen, *e-r Forderung, Verpflichtung* nachkommen, *Unkosten* bestreiten, decken. II *v/i* **9.** zs.-kommen, -treten. **10.** sich begegnen, sich (*a. verabredungsgemäß*) treffen: ***~ again*** sich wieder sehen; ***our eyes met*** unsere Blicke trafen sich. **11.** (*feindlich*) zs.-stoßen, (*Sport*) aufeinander treffen. **12.** sich kennen lernen: ***we have met before*** wir kennen uns schon. **13.** sich vereinigen (*Straßen etc*); sich berühren (*a. Interessen etc*). **14.** genau zs.-passen, sich decken: → ***end*** 6. **15.** ***~ with*** zs.-treffen mit; sich treffen mit; erleben, erleiden: ***~ with an accident*** e-n Unfall erleiden, verunglücken; ***~ with a refusal*** auf Ablehnung stoßen; → ***approval*** 2.

meet·ing ['miːtɪŋ] *s* **1.** Begegnung *f,* Zs.-treffen *n,* -kunft *f.* **2.** Versammlung *f,* Konferenz *f,* Tagung *f*: ***at a ~*** auf e-r Versammlung; ***~ of members*** Mitgliederversammlung. **3.** *Sport*: Veranstaltung *f.* **~ place** *s* **1.** Tagungs-, Versammlungsort *m.* **2.** Treffpunkt *m.*

mega·byte ['megəbaɪt] *s* Megabyte *n.*

meg·a·lo·ma·ni·a [ˌmegələʊˈmeɪnjə] *s* Größenwahn *m.*

ˌmeg·a·loˈma·ni·ac [~nɪæk] *adj* größenwahnsinnig.

meg·a·phone ['megəfəʊn] *s* Megafon *f.*

mel·a·no·ma [meləˈnəʊmə] *s* ⚕ Melanom *n.*

mel·an·chol·y ['melənkəlɪ] I *s* **1.** Melancholie *f,* Schwermut *f.* II *adj* **2.** melancholisch, schwermütig. **3.** traurig, schmerzlich (*Pflicht etc*).

mel·low ['meləʊ] I *adj* □ **1.** reif, weich (*Obst*). **2.** ausgereift, lieblich (*Wein*). **3.** sanft, mild (*Licht*), zart (*Farbton*). **4.** *fig.* gereift, abgeklärt (*Person*). **5.** angeheitert, beschwipst. II *v/t* **6.** reifen lassen (*a. fig.*). III *v/i* **7.** reifen (*a. fig.*).

me·lo·di·ous [mɪˈləʊdjəs] *adj* □ melodisch, melodiös.

mel·o·dra·ma ['meləʊˌdrɑːmə] *s* Melodram(a) *n* (*a. fig.*).

mel·o·dra·mat·ic [ˌ~drəˈmætɪk] *adj* (***~ally***) melodramatisch.

mel·o·dy ['melədɪ] *s* Melodie *f.*

mel·on ['melən] *s* ♀ Melone *f.*

melt [melt] (*a. irr*) I *v/i* **1.** (zer)schmelzen, sich auflösen: ***~ in the mouth*** auf der Zunge zergehen; ***~ away*** *fig.* sich auflösen (*Menge*); dahinschmelzen (*Geld*); ***~ into tears*** *fig.* in Tränen zerfließen; → ***butter*** 1. **2.** verschmelzen (*Farben, Ränder etc*): ***~ into***

übergehen in (*acc*). **II** *v/t* **3.** schmelzen, *Butter* zerlassen: ~ ***down*** einschmelzen. **4.** *fig. j-s Herz* erweichen. **'~·down** *s* **1.** Kernschmelze *f* (*im Reaktor*). **2.** *fig.* Gau *m*.

melt·ing ['meltɪŋ] *adj* weich, angenehm (*Stimme*). ~ **fur·nace** *s tech.* Schmelzofen *m*. ~ **point** *s phys.* Schmelzpunkt *m*. ~ **pot** *s* Schmelztiegel *m* (*a. fig.*).

mem·ber ['membə] *s* **1.** Mitglied *n*, Angehörige *m, f*: ~ ***of the family*** Familienmitglied; ***Member of Parliament*** *Br.* Unterhausabgeordnete *m, f*; ***Member of Congress*** *Am.* → ***Congressman***; **~*s only*** (Zutritt) nur für Mitglieder; ~ ***country*** Mitgliedsland *n*. **2.** *anat.* Glied(maße *f*) *n*; (männliches) Glied.

'mem·ber·ship *s* **1.** (***of***) Mitgliedschaft *f* (bei), Zugehörigkeit *f* (zu): ~ ***card*** Mitgliedsausweis *m*; ~ ***fee*** Mitgliedsbeitrag *m*. **2.** Mitgliederzahl *f*: ***have a ~ of 200*** 200 Mitglieder haben.

mem·brane ['membreɪn] *s* Membran *f*.

mem·o ['meməʊ] *pl* **-os** *s* F Memo *n*, Aktenvermerk *m*: ~ **block** *s* Notizblock *m*, Zettelblock *m*. ~ **hold·er** *s* Zettelbox *f*. ~ **pad** Notizblock *m*.

mem·oirs ['memwɑːz] *s pl* Memoiren *pl*.

mem·o·ra·ble ['memərəbl] *adj* □ **1.** denkwürdig. **2.** einprägsam. **3.** unvergesslich.

mem·o·ran·dum [ˌmemə'rændəm] *pl* **-da** [~də], **-dums** *s* **1.** (*a.* Akten)Vermerk *m*, (-)Notiz *f*; (*geschäftliche*) Kurzmitteilung. **2.** *pol.* Memorandum *n*, Denkschrift *f*. **3.** ~ ***of association*** *econ.* Gründungsurkunde *f*.

me·mo·ri·al [mə'mɔːrɪəl] **I** *adj* **1.** Gedenk..., Gedächtnis...: ***Memorial Day*** *Am.* Gedenktag *m* für die Gefallenen (*30. Mai*); ~ ***service*** Gedenkgottesdienst *m*. **II** *s* **2.** Denk-, Ehrenmal *n*, Gedenkstätte *f* (***to*** für). **3.** Gedenkfeier *f* (***to*** für).

mem·o·rize ['meməraɪz] *v/t* auswendig lernen, sich *et.* einprägen.

mem·o·ry ['memərɪ] *s* **1.** Gedächtnis *n*: ***from*** (*od.* ***by***) ~ aus dem Gedächtnis, auswendig; ~ ***for names*** Namensgedächtnis; ***to the best of my*** ~ soweit ich mich erinnern kann; ***call to*** ~ sich *et.* ins Gedächtnis zurückrufen; → ***sieve*** I. **2.** Andenken *n*, Erinnerung *f* (***of*** an *acc*): ***in ~ of*** zum Andenken an. **3.** *mst pl* Erinnerung *f*: ***childhood memories*** Kindheitserinnerungen. **4.** *Computer*: Hauptspeicher *m*: ~ ***access*** Speicherzugriff *m*; ~ ***address*** Speicheradresse *f*; ~ ***capacity*** Speicherkapazität *f*; ~ ***dump*** Speicherauszug *m*; ~ ***expansion*** Speichererweiterung *f*; ~ ***location*** Speicherplatz *m*; ~ ***protection*** Speicherschutz *m*.

men [men] *pl von* **man**: **~*'s magazine*** Herrenmagazin *n*; **~*'s room*** *Am.* Herrentoilette *f*.

men·ace ['menəs] **I** *v/t* bedrohen. **II** *s* Drohung *f*; Bedrohung *f* (***to*** *gen*).

mend [mend] **I** *v/t* **1.** ausbessern, reparieren, flicken, *Strümpfe etc* flicken; *fig. Freundschaft etc* kitten. **2.** (ver)bessern: ~ ***one's ways*** sich bessern. **II** *v/i* **3.** sich bessern (*a. Person*). **4.** ***be ~ing*** auf dem Weg der Besserung sein.

men·da·cious [men'deɪʃəs] *adj* □ lügnerisch, verlogen.

men·dac·i·ty [~'dæsətɪ] *s* Verlogenheit *f*.

me·ni·al ['miːnjəl] *adj* □ untergeordnet, niedrig (*Arbeit*).

men·in·gi·tis [ˌmenɪn'dʒaɪtɪs] *s* ⚕ Hirnhautentzündung *f*.

men·o·pause ['menəʊpɔːz] *s physiol.* Wechseljahre *pl*: ***go through the*** ~ in den Wechseljahren sein.

men·stru·ate ['menstrʊeɪt] *v/i physiol.* menstruieren.

ˌmen·stru'a·tion *s* Menstruation *f*.

men·tal ['mentl] *adj* (□ → ***mentally***) **1.** geistig, Geistes...: ~ ***arithmetic*** Kopfrechnen *n*; ~ ***deficiency*** (*od.* ***derangement***) Geistesstörung *f*; ~ ***disease*** (*od.* ***illness***) Geisteskrankheit *f*; ~ ***handicap*** geistige Behinderung; ~ ***hospital*** psychiatrische Klinik, Nervenheilanstalt *f*; ***make a ~ note of s.th.*** sich et. (vor)merken; ~ ***state*** Geisteszustand *m*. **2.** seelisch, psychisch: ~ ***cruelty*** ⚖ seelische Grausamkeit.

men·tal·i·ty [~'tælətɪ] *s* Mentalität *f*.

men·tal·ly ['~təlɪ] *adv* **1.** geistig, geistes...: ~ ***deficient*** (*od.* ***deranged***) geistesgestört; ~ ***handicapped*** geistig behindert; ~ ***ill*** geisteskrank. **2.** im Geist, in Gedanken.

men·thol ['menθɒl] *s* ⚗ Menthol *n*.

men·tion ['menʃn] **I** *s* Erwähnung *f*: ***get*** (*od.* ***be given***) ***a*** ~ erwähnt werden. **II** *v/t* erwähnen (***to*** gegenüber); ***don't ~ it!*** bitte (sehr)!, gern geschehen!; ***not to*** ~ ganz abgesehen *od.* zu schweigen von; nicht zu vergessen; → ***worth*** I.

men·u ['menjuː] *s* **1.** Speise(n)karte *f*. **2.** *Computer*: Menü *n*: **~*-driven*** menügesteuert.

MEP [emiː'piː] ***Member of the European Parliament*** Europaabgeordnete *m, f*.

mer·can·tile ['mɜːkəntaɪl] *adj* Handels...: ~ ***law*** Handelsrecht *n*.

mer·ce·nar·y ['mɜːsɪnərɪ] *s mil.* Söldner *m*.

mer·chan·dise ['mɜːtʃəndaɪz] **I** *s* Ware(n *pl*) *f*. **II** *v/t* Verkaufsförderung betreiben: ***merchandising*** verkaufsfördernde Maßnahmen *pl*, Merchandising *n*.

mer·chant ['mɜːtʃənt] **I** *s* (Groß)Händler(in). **II** *adj* Handels...: ~ ***ship***.

mer·chant·a·ble ['mɜːtʃəntəbl] *adj* handelsüblich, marktgängig: ~ ***quality***.

M

mer·ci·ful ['mɜːsɪfʊl] *adj* □ (**to**) barmherzig (gegen), gnädig (*dat*).
'mer·ci·less *adj* □ unbarmherzig.
mer·cu·ri·al [mɜː'kjʊərɪəl] *adj* □ **1.** Quecksilber... **2.** *fig.* quecksilb(e)rig, quicklebendig; sprunghaft.
mer·cu·ry ['mɜːkjʊrɪ] *s* **1.** ***Mercury*** *ast.*, *myth.* Merkur *m.* **2.** ⚗ Quecksilber *n.*
mer·cy ['mɜːsɪ] *s* **1.** Barmherzigkeit *f*, Erbarmen *n*, Gnade *f*: ***without ~*** → ***merciless; be at s.o.'s ~*** j-m (auf Gedeih u. Verderb) ausgeliefert sein; ***have ~ on*** Mitleid *od.* Erbarmen haben mit. **2.** (wahres) Glück, (wahrer) Segen. **~ kill·ing** *s* Sterbehilfe *f.*
mere [mɪə] *adj* bloß, nichts als: ***a ~ excuse*** nur e-e Ausrede; ***~ imagination*** bloße *od.* reine Einbildung.
'mere·ly *adv* bloß, nur, lediglich.
merge [mɜːdʒ] **I** *v/i* **1.** (**in, into**) verschmelzen (mit), aufgehen (in *dat*). **2.** zs.-laufen (*Straßen etc*). **3.** *mot.* sich einfädeln. **4.** *econ.* fusionieren. **II** *v/t* **5.** verschmelzen (**in, into** mit). **6.** *econ.* fusionieren.
'merg·er *s econ.* Fusion *f.*
me·rid·i·an [mə'rɪdɪən] *s* **1.** *geogr.* Meridian *m*, Längenkreis *m.* **2.** *ast.* Kulminationspunkt *m*; *fig.* Höhepunkt *m.*
mer·it ['merɪt] **I** *s* **1.** Verdienst *n*: ***a man of ~*** ein verdienter *od.* verdienstvoller Mann. **2.** Wert *m*; Vorzug *m*: ***work of ~*** bedeutendes Werk; ***of artistic ~*** von künstlerischem Wert. **II** *v/t* **3.** *Lohn, Strafe etc* verdienen. **~ bo·nus** *s* Leistungszulage *f.*
mer·i·toc·ra·cy [ˌ~'tɒkrəsɪ] *s* Leistungsgesellschaft *f.*
mer·it rat·ing *s* Leistungsbewertung *f.*
mer·maid ['mɜːmeɪd] *s* Meerjungfrau *f.*
mer·ri·ment ['merɪmənt] *s* **1.** Fröhlichkeit *f*, Lustigkeit *f*, Ausgelassenheit *f.* **2.** Gelächter *n*, Heiterkeit *f.*
mer·ry ['merɪ] *adj* □ **1.** lustig (*a. Streich etc*), fröhlich, ausgelassen: ***~ Christmas!*** fröhliche *od.* frohe Weihnachten! **2.** F beschwipst, angeheitert: ***get ~*** sich e-n andudeln. **'~-go-round** *pl* **merry-go-rounds** *s* Karussell *n*, *österr.* Ringelspiel *n.*
mesh [meʃ] **I** *s* **1.** Masche *f.* **2.** *mst pl fig.* Netz *n*, Schlingen *pl*: ***~ of lies*** Lügennetz, -gespinst *n*; ***be caught in the ~es of the law*** sich in den Schlingen des Gesetzes verfangen (haben). **II** *v/t* **3.** in e-m Netz fangen. **III** *v/i* **4.** ineinander greifen (*Zahnräder*; *a. fig.*). **5.** *fig.* passen (**with** zu), zs.-passen.
mess [mes] **I** *s* **1.** Unordnung *f*, *a. fig.* Durcheinander *n*; Schmutz *m*; *fig.* Patsche *f*, Klemme *f*: ***in a ~*** in Unordnung; schmutzig; ***be in a nice ~*** ganz schön in der Klemme sein *od.* sitzen *od.* stecken; ***make a ~ of*** → 3. **2.** *mil.* Messe *f*: ***officers' ~*** Offiziersmesse, -kasino *n.* **II** *v/t* **3.** *a.* ***~ up*** in Unordnung bringen, *a. fig.* durcheinander bringen; schmutzig machen; *fig.* verpfuschen, *Pläne etc* über den Haufen werfen. **III** *v/i* **4.** ***~ about*** (*od.* ***around***) herumspielen, *b.s. a.* herumbasteln (***with*** an *dat*).
mes·sage ['mesɪdʒ] *s* **1.** Mitteilung *f*, Nachricht *f*: ***can I give him a ~?*** kann ich ihm et. ausrichten?; ***leave a ~*** (***for s.o.***) (j-m) e-e Nachricht hinterlassen; ***can I take a ~?*** kann ich et. ausrichten?; ***get the ~*** F kapieren. **2.** *Computer*: Meldung *f.* **3.** *fig.* Anliegen *n* (*e-s Künstlers etc*); Aussage *f* (*e-s Romans etc*).
mes·sag·ing ['mesɪdʒɪŋ] *s* Nachrichtenübermittlung *f.*
mes·sen·ger ['mesɪndʒə] *s* **1.** Bote *m*, Botin *f*: ***by ~*** durch Boten. **2.** *fig.* (Vor)Bote *m.* **~ boy** *s* Laufbursche *m*, Botenjunge *m.*
Mes·si·ah [mɪ'saɪə] *s eccl.* der Messias.
Messrs. ['mesəz] ***Messieurs*** Herren *pl* (*in Adressen*).
'mess-up *s* Durcheinander *n* (*a. fig.*).
mess·y ['mesɪ] *adj* □ **1.** schmutzig (*a. fig.*). **2.** *fig.* verfahren.
met [met] *pret u. pp von* ***meet.***
met·a·bol·ic [ˌmetə'bɒlɪk] *adj physiol.* Stoffwechsel...
me·tab·o·lism [me'tæbəlɪzəm] *s* Stoffwechsel *m.*
met·al ['metl] **I** *s* Metall *n.* **II** *adj* → ***metallic*** 1.
me·tal·lic [mɪ'tælɪk] *adj* (**~ally**) **1.** metallen, Metall... **2.** metallisch (glänzend *od.* klingend).
met·al·lur·gy [me'tælədʒɪ] *s* Metallurgie *f*, Hüttenkunde *f.*
'met·al|-ˌpro·cess·ing *adj* Metall verarbeitend. **~-work·ing** *adj*: ***~ industry*** Metall verarbeitende Industrie *f.*
met·a·mor·pho·sis [ˌmetə'mɔːfəsɪs] *pl* **-ses** [~siːz] *s* Metamorphose *f*, Verwandlung *f.*
met·a·phor ['metəfə] *s* Metapher *f.*
met·a·phor·i·cal [ˌ~'fɒrɪkl] *adj* □ metaphorisch, bildlich.
met·a·phys·i·cal [ˌmetə'fɪzɪkl] *adj* □ **1.** metaphysisch. **2.** übersinnlich.
ˌmet·a'phys·ics *s sg* Metaphysik *f.*
me·tas·ta·sis [mə'tæstəsɪs] *pl* **-ses** [~siːz] *s* ⚕ Metastase *f*; Metastasenbildung *f.*
me·te·or ['miːtɪɔː] *s ast.* Meteor *m.*
mete·or·ic [ˌmiːtɪ'ɒrɪk] *adj* (**~ally**) **1.** *ast.* meteorisch, Meteor... **2.** *fig.* kometenhaft (*Aufstieg etc*).
me·te·or·ite ['miːtjəraɪt] *s ast.* Meteorit *m.*
me·te·or·o·log·i·cal [ˌmiːtjərə'lɒdʒɪkl] *adj* □ meteorologisch, Wetter..., Witterungs...: ***~ office*** Wetteramt *n.*
me·teor·ol·o·gist [ˌ~'rɒlədʒɪst] *s* Meteorologe *m*, -login *f.*

ˌ**me·te·or'ol·o·gy** [~dʒɪ] *s* Meteorologie *f*.
me·ter¹ ['miːtə] *Am*. → **metre.**
me·ter² [~] *s tech*. Messgerät *n*, Zähler *m*: ~ **maid** *bsd. Am*. F Politesse *f*; ~ **reader** Gas- *od*. Stromableser *m*.
meth·a·done ['meθədəʊn] *s* ⚕ Methadon *n*.
meth·od ['meθəd] *s* **1.** Methode *f*, Verfahren *n*: **the ~ of doing s.th.** die Art u. Weise, et. zu tun; ~ **of payment** Zahlungsmodus *m*. **2.** Methode *f*, System *n*, Planmäßigkeit *f*: **work with ~** methodisch arbeiten.
me·thod·i·cal [mɪ'θɒdɪkl] *adj* □ methodisch, systematisch, planmäßig.
Meth·od·ist ['meθədɪst] **I** *adj* methodistisch. **II** *s* Methodist(in).
meth·ods en·gi·neer *s* Verfahrensingenieur *m*.
meth·yl ['meθɪl] *s* ⚗ Methyl *n*: ~ **alcohol** Methylalkohol *m*.
me·tic·u·lous [mɪ'tɪkjʊləs] *adj* □ peinlich genau, akribisch.
me·tre ['miːtə] *s bsd. Br*. **1.** Meter *m, n*. **2.** Versmaß *n*.
met·ric ['metrɪk] **I** *adj* (~**ally**) metrisch: ~ **system** metrisches (Maß- u. Gewichts)System. **II** *s sg* Metrik *f*, Verslehre *f*.
me·trop·o·lis [mɪ'trɒpəlɪs] *s* Metropole *f*, Hauptstadt *f*.
met·ro·pol·i·tan [ˌmetrə'pɒlɪtən] **I** *adj* ... der Hauptstadt. **II** *s* Bewohner(in) der Hauptstadt.
mew [mjuː] *v/i* miauen.
Mex·i·can ['meksɪkən] **I** *adj* mexikanisch: ~ **wave** La-Ola-Welle *f*. **II** *s* Mexikaner(in).
Mex·i·co ['meksɪkəʊ] *npr* Mexiko *n*.
mez·za·nine ['metsəniːn] *s* ⚠ Zwischen-, Halbgeschoss *n*.
MFN ***most-favoured nation*** meistbegünstigtes Land.
mg ***milligram(s)***, ***milligramme(s)*** mg, Milligramm *n od pl*.
mi·aow [miː'aʊ] *v/i* miauen.
mice [maɪs] *pl von* **mouse.**
mick·ey ['mɪkɪ] *s*: **take the ~ out of s.o.** *bsd. Br*. F j-n auf den Arm nehmen.
mi·cro... ['maɪkrəʊ] *in Zssgn* Mikro..., (sehr) klein.
mi·crobe ['maɪkrəʊb] *s biol*. Mikrobe *f*.
'**mi·cro|·chip** *s* ⚡ Mikrochip *m*. '**~·comˌput·er** *s* Mikrocomputer *m*. **~·fiche** ['~fiːʃ] *s* Mikrofiche *m*. '**~·film I** *s* Mikrofilm *m*. **II** *v/t* auf Mikrofilm aufnehmen. ˌ**~'or·gan·ism** *s biol*. Mikroorganismus *m*.
mi·cro·phone ['maɪkrəfəʊn] *s* Mikrofon *f*: **at the ~** am Mikrofon.
ˌ**mi·cro·'pro·ces·sor** *s* Mikroprozessor *m*.
mi·cro·scope ['maɪkrəskəʊp] **I** *s* Mikroskop *n*. **II** *v/t* mikroskopisch untersuchen.
mi·cro·scop·ic [ˌ~'skɒpɪk] *adj* (~**ally**) **1.** mikroskopisch. **2.** mikroskopisch klein.
mi·cro·wave ['maɪkrəweɪv] *s* ⚡ Mikrowelle *f*: ~ **oven** Mikrowellenherd *m*.
mid [mɪd] *adj attr. od. in Zssgn* mittler..., Mittel...: **in ~-April** Mitte April; **be in one's ~-forties** Mitte Vierzig sein. ˌ**~'air** *s*: **in ~** in der Luft; ~ **collision** Zs.-stoß *m* in der Luft. '**~·day I** *s* Mittag *m*. **II** *adj* mittägig, Mittag(s)...
mid·dle ['mɪdl] **I** *adj* **1.** mittler, Mittel...: ~ **classes** *pl* Mittelstand *m*; ~ **ear** *anat*. Mittelohr *n*; ~ **finger** Mittelfinger *m*; ~ **market price** *econ*. Mittelkurs *m*; ~ **name** zweiter Vorname; → **management** 2. **II** *s* **2.** Mitte *f*: **in the ~** in der Mitte; **in the ~ of** in der Mitte (*gen*), mitten in (*dat*); **in the ~ of July** Mitte Juli; **in the ~ of the street** mitten auf der Straße. **3.** Taille *f*. **4.** mittlerer Teil, Mittelstück *n*. **~ age** *s* mittleres Alter: **be in ~** mittleren Alters sein. ˌ**~-'aged** *adj* mittleren Alters.
Mid·dle Ag·es *s pl das* Mittelalter *n*.
ˌ**mid·dle-'dis·tance** *adj Sport*: Mittelstrecken...
Mid·dle East *s der* Nahe Osten.
'**mid·dle-ˌin·come** *adj* mit mittlerem Einkommen: ~ **bracket** mittlere Einkommensstufe.
'**mid·dle|·man** *s* (*irr* **man**) *s* **1.** Mittelsmann *m*. **2.** *econ*. Zwischenhändler *m*. ˌ**~-of--the-'road** *adj* gemäßigt. '**~weight** *s Sport*: Mittelgewicht *n*.
mid·dling ['mɪdlɪŋ] **I** *adj* von mittlerer Größe *od*. Güte, mittelmäßig (*a. contp*.): *how are you?* **fair to ~** so einigermaßen, mittelprächtig. **II** *adv* F leidlich, einigermaßen.
ˌ**mid'field** *s bsd. Fußball*: Mittelfeld *n*: **in ~** im Mittelfeld; ~ **man** (*od*. **player**) Mittelfeldspieler *m*.
midge [mɪdʒ] *s zo*. Mücke *f*.
midg·et ['mɪdʒɪt] **I** *s* Zwerg(in), Knirps *m*. **II** *adj* Zwerg..., Miniatur..., Kleinst...
mid|·land ['mɪdlənd] *s*: **the Midlands** *pl* Mittelengland *n*. '**~·life cri·sis** *s* (*irr* **crisis**) *psych*. Midlife-Crisis *f*. '**~·night I** *s* Mitternacht *f*: **at ~** um Mitternacht. **II** *adj* Mitternachts...: ~ **sun**; **burn the ~ oil** bis spät in die Nacht arbeiten *od*. aufbleiben. '**~·point** *s*: **be at ~** die Hälfte hinter sich haben. '**~ˌsum·mer I** *s* **1.** Hochsommer *m*. **2.** *ast*. Sommersonnenwende *f*. **II** *adj* **3.** hochsommerlich, Hochsommer... ˌ**~'way** *adj a. fig*. auf halbem Weg (**between** zwischen *dat*). '**~·wife** *s* (*irr* **wife**) Hebamme *f*. ˌ**~'win·ter** *s* **1.** Mitte *f* des Winters. **2.** *ast*. Wintersonnenwende *f*.
might¹ [maɪt] *s*: **with ~ and main** mit aller Kraft *od*. Gewalt.
might² [~] *pret von* **may²**.
might·y ['maɪtɪ] **I** *adj* □ mächtig, gewaltig

M

(*beide a. fig.*). II *adv* F ungeheuer: ~ ***easy*** kinderleicht; ~ ***fine*** prima.
mi·graine ['mi:greɪn] *s* ⚕ Migräne *f*.
mi·grant ['maɪgrənt] → ***migratory***.
mi·grate [maɪ'greɪt] *v/i* (ab-, aus)wandern, (*a. orn.* fort)ziehen.
mi'gra·tion *s* **1.** Migration *f*, Wanderung *f* (*a.* ⚗, *zo.*). **2.** Abwandern *n*, Fortziehen *n*.
mi·gra·to·ry ['~grətərɪ] *adj* Wander..., Zug...: ~ ***bird*** Zugvogel *m*; ~ ***worker*** Wanderarbeiter(in).
mike [maɪk] *s* F Mikro *n* (*Mikrofon*).
Mi·lan [mɪ'læn] *npr* Mailand *n*.
mild [maɪld] *adj* □ mild (*Strafe, Wein, Wetter etc*), (*Licht etc a.*) sanft, (*Fieber, Zigarre etc a.*) leicht: ***to put it*** **~*ly*** gelinde gesagt; ***that's putting it*** **~*ly*** das ist gar kein Ausdruck.
mil·dew ['mɪldju:] I *s* **1.** ♧ Mehltau *m*. **2.** Schimmel *m*, Moder *m*. II *v/i* **3.** schimm(e)lig *od.* mod(e)rig werden.
mild·ness ['maɪldnɪs] *s* Milde *f*.
mile [maɪl] *s* Meile *f*: **~*s apart*** meilenweit auseinander; *fig.* himmelweit (voneinander) entfernt; **~*s better*** F wesentlich besser; ***for*** **~*s*** meilenweit; ***it sticks out a*** ~ F das sieht ja ein Blinder.
mile·age ['maɪlɪdʒ] *s* **1.** zurückgelegte Meilenzahl *od.* Fahrtstrecke, Meilenstand *m*: ~ ***indicator*** (*od.* ***recorder***) *mot.* Meilenzähler *m*. **2.** *a.* ~ ***allowance*** Kilometergeld *n*.
mile·om·e·ter [maɪ'lɒmɪtə] *s mot.* Meilenzähler *m*.
'mile·stone *s* Meilenstein *m* (*a. fig.*).
mil·i·tant ['mɪlɪtənt] I *adj* □ **1.** Krieg führend. **2.** militant. II *s* **3.** militante Person, militantes Mitglied.
mil·i·ta·rism ['~tərɪzəm] *s* Militarismus *m*.
'mil·i·ta·rist *s* Militarist(in).
ˌmil·i·ta'ris·tic *adj* (**~*ally***) militaristisch.
'mil·i·tar·y I *adj* □ militärisch, Militär...: ~ ***academy*** Militärakademie *f*; ***of*** ~ ***age*** in wehrpflichtigem Alter; ~ ***cemetery*** Soldatenfriedhof *m*; ~ ***dictatorship*** Militärdiktatur *f*; ~ ***government*** Militärregierung *f*; ~ ***police*** Militärpolizei *f*; ***do one's*** ~ ***service*** s-n Militärdienst ableisten. II *s* (*pl konstruiert*): ***the*** ~ das Militär.
mi·li·tia [mɪ'lɪʃə] *s* Miliz *f*, Bürgerwehr *f*.
mi'li·tia·man [~mən] *s* (*irr* ***man***) Milizsoldat *m*.
milk [mɪlk] I *s* Milch *f* (*a.* ♧, ⚗): ***land of*** ~ ***and honey*** *fig.* Schlaraffenland *n*; ***it's no use crying over spilt*** ~ geschehen ist geschehen. II *v/t* melken (*a. fig.*). III *v/i* Milch geben. ~ **bar** *s* Milchbar *f*. ~ **choc·o·late** *s* Vollmilchschokolade *f*. ~ **float** *s Br.* Milchwagen *m*. ~ **glass** *s* Milchglas *n*. **~·man** ['~mən] *s* (*irr* ***man***) Milchmann *m*. ~ **pow·der** *s* Milchpulver *n*, Trockenmilch *f*. ~ **shake** *s* Milchshake *m*. **'~·sop** *s* Weichling *m*, Muttersöhnchen *n*. ~ **tooth** *s* (*irr* ***tooth***) Milchzahn *m*.
milk·y ['mɪlkɪ] *adj* □ **1.** milchig. **2.** mit (viel) Milch (*Kaffee etc*).
Milk·y Way *s ast.* Milchstraße *f*.
mill [mɪl] I *s* **1.** *allg.* Mühle *f*: ***go through the*** ~ *fig.* e-e harte Schule durchmachen; ***put s.o. through the*** ~ *fig.* j-n hart rannehmen. **2.** Fabrik *f*, Werk *n*: → ***rolling mill, spinning mill***. II *v/t* **3.** *Korn etc* mahlen. **4.** *tech. allg.* verarbeiten. III *v/i* **5.** *a.* ~ ***about*** (*od.* ***around***) herumlaufen: **~*ing crowd*** wogende Menge, (Menschen)Gewühl *n*.
mil·len·ni·um [mɪ'lenɪəm] *pl* **-ums, -a** [~ə] *s* Jahrtausend *n*.
mil·le·pede ['mɪlɪpi:d] *s zo.* Tausendfüßer *m*.
mill·er ['mɪlə] *s* Müller(in).
mil·let ['mɪlɪt] *s* ♧ Hirse *f*.
mil·li·gram(**me**) ['mɪlɪgræm] *s* Milligramm *n*.
mil·li·me·ter *Am.*, **mil·li·me·tre** *bsd. Br.* ['mɪlɪˌmi:tə] *s* Millimeter *m, n*.
mil·lion ['mɪljən] *s* Million *f*: ***feel like a*** ~ ***dollars*** F sich ganz prächtig fühlen.
mil·lion·aire [ˌ~'neə] *s* Millionär(in).
'mill|·pond *s* Mühlteich *m*: (***as***) ***smooth as a*** ~ spiegelglatt (*Meer etc*). **'~·stone** *s* Mühlstein *m*: ***be a*** ~ ***round s.o.'s neck*** *fig.* j-m ein Klotz am Bein sein.
mime [maɪm] I *s* **1.** Pantomime *f*. **2.** Pantomime *m*, -mimin *f*. II *v/t* **3.** (panto)mimisch darstellen. **4.** mimen, nachahmen. III *v/i* **5.** *TV etc* Play-back singen *od.* spielen.
mim·ic ['mɪmɪk] I *adj* **1.** mimisch. **2.** nachgeahmt. II *s* **3.** Nachahmer(in), Imitator(in). III *v/t pret u. pp* **-icked** **4.** nachahmen (*a. biol.*).
'mim·ic·ry *s* **1.** Nachahmung *f*. **2.** *zo.* Mimikry *f*.
mim·ing ['maɪmɪŋ] *s TV etc* Play-back *n*.
mi·mo·sa [mɪ'məʊzə] *s* ♧ Mimose *f*.
min. ***minute***(**s**) Min., min., Minute(n *pl*) *f*; ***Minimum*** min., Minimum *n*.
min·a·ret ['mɪnəret] *s* ⚠ Minarett *n*.
mince [mɪns] I *v/t* zerhacken, (zer)schneiden: ~ ***meat*** Fleisch durchdrehen, Hackfleisch machen; **~*d meat*** Hackfleisch *n*, *österr.* Faschierte *n*; ***not to*** ~ ***matters*** (*od.* ***one's words***) *fig.* kein Blatt vor den Mund nehmen. II *v/i* geziert *od.* affektiert sprechen; tänzeln, trippeln. III *s bsd. Br.* Hackfleisch *n*, *österr.* Faschierte *n*. **'~·meat** *s* **1.** Hackfleisch *n*, *österr.* Faschierte *n*: ***make*** ~ ***of*** *fig.* aus *j-m* Hackfleisch machen; *Argument etc* (in der Luft) zerreißen. **2.** Pastetenfüllung *f*. ~ **pie** *s* gefüllte Pastete.

minc·er ['mɪnsə] *s* Fleischwolf *m*.
'minc·ing *adj* □ geziert, affektiert; tänzelnd, trippelnd.
mind [maɪnd] **I** *s* **1.** Sinn *m*, Gemüt *n*, Herz *n*: ***have s.th. on one's ~*** et. auf dem Herzen haben. **2.** Verstand *m*, Geist *m*: ***before one's ~'s eye*** vor s-m geistigen Auge; ***be out of one's ~*** nicht (recht) bei Sinnen sein; ***enter s.o.'s ~*** j-m in den Sinn kommen; ***lose one's ~*** den Verstand verlieren; ***put s.th. out of one's ~*** sich et. aus dem Kopf schlagen; ***read s.o.'s ~*** j-s Gedanken lesen; → ***presence.*** **3.** Kopf *m*, Geist *m* (*Person*). **4.** Ansicht *f*, Meinung *f*: ***to my ~*** m-r Ansicht nach, m-s Erachtens; ***change one's ~*** es sich anders überlegen, s-e Meinung ändern; ***give s.o. a piece of one's ~*** j-m gründlich die Meinung sagen; ***speak one's ~*** (***to s.o.***) (j-m) s-e Meinung sagen. **5.** Neigung *f*, Lust *f*, Absicht *f*: ***have s.th. in ~*** et. im Sinn haben; ***have a good*** (***half a***) ***~ to do s.th.*** gute (nicht übel) Lust haben, et. zu tun; ***make up one's ~*** sich entschließen, e-n Entschluss fassen; zu der Überzeugung kommen (***that*** dass), sich klar werden (***about*** über *acc*). **6.** Erinnerung *f*, Gedächtnis *n*: ***bear*** (*od.* ***keep***) ***in ~*** (immer) denken an (*acc*), *et.* nicht vergessen; → ***stick***[2] 7. **II** *v/t* **7.** Acht geben auf (*acc*): ***~ the step!*** Vorsicht, Stufe!; ***~ your head!*** stoß dir den Kopf nicht an! **8.** sehen nach, aufpassen auf (*acc*): ***~ your own business!*** kümmere dich um deine eigenen Dinge! **9.** et. haben gegen: ***do you ~ my smoking*** (*od.* ***if I smoke***)***?*** haben Sie et. dagegen *od.* stört es Sie, wenn ich rauche?; ***would you ~ coming?*** würden Sie so freundlich sein zu kommen? **III** *v/i* **10.** aufpassen: ***~*** (***you***) wohlgemerkt; allerdings; ***never ~!*** macht nichts!, ist schon gut! **11.** et. dagegen haben: ***I don't ~*** meinetwegen, von mir aus (gern). **'~-ˌbend·ing** *adj* F (nahezu) unfassbar *od.* unverständlich. **'~-ˌblow·ing, '~-ˌbog·gling** *adj* F irr(e).
mind·ed ['maɪndɪd] *adj in Zssgn* ...gesinnt; *religiös, technisch etc* veranlagt; ...begeistert.
'mind·er *s* Aufseher(in); Aufpasser(in).
'mind-exˌpand·ing *adj* bewusstseinserweiternd.
mind·ful ['maɪndfʊl] *adj* □ **1.** aufmerksam, achtsam: ***be ~ of*** achten auf (*acc*). **2.** eingedenk (***of*** *gen*): ***be ~ of*** denken an (*acc*), bedenken.
'mind·less *adj* □ **1.** (***of***) unbekümmert (um), ohne Rücksicht (auf *acc*). **2.** gedankenlos, blind.
mind read·er *s* Gedankenleser(in).
mine[1] [maɪn] *possessive pron*: ***it is ~*** es gehört mir; ***a friend of ~*** ein Freund von mir; ***his mother and ~*** s-e u. m-e Mutter.
mine[2] [~] **I** *v/i* **1.** schürfen, graben (***for*** nach). **II** *v/t* **2.** *Erz*, *Kohle* abbauen, gewinnen. **3.** ⚓, *mil.* verminen. **4.** *fig.* untergraben, -minieren. **III** *s* **5.** Bergwerk *n*, Zeche *f*, Grube *f*. **6.** ⚓, *mil.* Mine *f*. **7.** *fig.* Fundgrube *f* (***of*** an *dat*): ***he is a ~ of information*** er ist e-e gute *od.* reiche Informationsquelle. **~ de·tec·tor** *s mil.* Minensuchgerät *n*.
min·er ['maɪnə] *s* Bergmann *m*.
min·er·al ['mɪnərəl] **I** *s* **1.** Mineral *n*. **2.** *mst pl Br.* Mineralwasser *n*. **II** *adj* **3.** Mineral...: ***~ oil***; ***~ water***; ***~ coal*** Steinkohle *f*; ***~ deposits*** (*od.* ***resources***) *pl* Bodenschätze *pl*.
min·er·al·og·i·cal [ˌmɪnərə'lɒdʒɪkl] *adj* □ mineralogisch.
min·er·al·o·gist [ˌ~'rælədʒɪst] *s* Mineraloge *m*, -login *f*.
ˌmin·er'al·o·gy [~dʒɪ] *s* Mineralogie *f*.
min·gle ['mɪŋgl] **I** *v/i* **1.** sich (ver)mischen (***with*** mit). **2.** sich (ein)mischen (***in*** in *acc*); sich mischen (***among, with*** unter *acc*). **II** *v/t* **3.** (ver)mischen (***with*** mit).
min·i... ['mɪnɪ] *in Zssgn* Mini...
min·i·a·ture ['mɪnətʃə] **I** *s* **1.** Miniatur(gemälde *n*) *f*. **2.** *fig.* Miniaturausgabe *f*: ***in ~*** en miniature, im Kleinen. **II** *adj* **3.** Miniatur...
min·i·a·tur·i·za·tion [ˌmɪnətʃəraɪ'zeɪʃn] *s* Miniaturisierung *f*.
'min·i|·bar *s* Minibar *f*. **~·bus** *s* Kleinbus *m*. **'~·dress** *s* Minikleid *n*.
min·im ['mɪnɪm] *s* ♪ halbe Note.
min·i·ma ['mɪnɪmə] *pl von* ***minimum.***
min·i·mal ['~ml] *adj* □ **1.** minimal. **2.** → ***minimum*** II.
min·i·mi·za·tion [ˌmɪnɪmaɪ'zeɪʃn] *s* Minimierung *f*.
'min·i·mize *v/t* **1.** auf ein Minimum herabsetzen, möglichst gering halten. **2.** bagatellisieren, herunterspielen.
min·i·mum ['~məm] **I** *pl* **-ma** ['~mə] *s* Minimum *n*: ***with a ~ of*** mit e-m Minimum an (*dat*); → ***keep to*** 3. **II** *adj* Minimal..., Mindest...: ***~ charge*** Mindestgebühr *f*; ***~ down payment*** Mindestanzahlung *f*; ***~ order*** Mindestauftrag *m*; ***~ price*** Mindestpreis *m*; ***~ rate*** Mindestlohn *m*; ***~ reserve requirements*** *pl* Mindestreserven *pl*; ***~ wage*** (garantierter) Mindestlohn.
min·ing ['maɪnɪŋ] **I** *s* Bergbau *m*. **II** *adj* Bergwerks..., Berg(bau)...: ***~ disaster*** Grubenunglück *n*.
'min·i|-quake *s* Erdstoß *m*. **~·skirt** *s* Minirock *m*.
min·is·ter ['mɪnɪstə] **I** *s* **1.** *eccl.* Geistliche *m*, *f*, Pfarrer(in). **2.** *pol. bsd. Br.* Minister(in): ***Minister of Defence*** Verteidigungsminis-

M

ter(in). II *v/i* **3. ~ *to s.o.*** sich um j-n kümmern, für j-n sorgen.

min·is·te·ri·al [ˌ~ˈstɪərɪəl] *adj* □ **1.** *eccl.* geistlich. **2.** *pol. bsd. Br.* ministeriell, Minister...

min·is·tra·tion [ˌmɪnɪˈstreɪʃn] *s mst pl* Dienst *m* (***to*** an *dat*).

min·is·try [ˈmɪnɪstrɪ] *s* **1.** *eccl.* geistliches Amt. **2.** *pol. bsd. Br.* Ministerium *n*: ***Ministry of Defence*** Verteidigungsministerium.

mink [mɪŋk] *s zo.* Nerz *m*.

mi·nor [ˈmaɪnə] **I** *s* **1.** *univ. Am.* Nebenfach *n*. **2.** ⚖ Minderjährige *m,f*. **3.** ♪ Moll *n*. **II** *adj* **4.** kleiner, *fig. a.* unbedeutend, unwichtig. **5.** ⚖ minderjährig. **III** *v/i* **6. ~ *in*** *univ. Am.* als *od.* im Nebenfach studieren.

mi·nor·i·ty [maɪˈnɒrətɪ] *s* **1.** Minderheit *f*: ***be in the*** (*od.* ***a***) **~** in der Minderheit sein; **~ *government*** *pol.* Minderheitsregierung *f*; **~ *shareholder*** Minderheitsaktionär *m*. **2.** ⚖ Minderjährigkeit *f*. **~ in·ter·est** *s econ.* Minderheitsbeteiligung *f*.

mint¹ [mɪnt] *s* **1.** ♀ Minze *f*: **~ *sauce*** Minzsoße *f*. **2.** Pfefferminz *n* (*Bonbon*).

mint² [~] **I** *s* **1.** Münze *f*, Münzanstalt *f*. **2. *a* ~** (***of money***) F ein Heidengeld. **II** *adj* **3.** ungebraucht (*Münze*), postfrisch (*Briefmarke*); ***in* ~ *condition*** in einwandfreiem *od.* tadellosem Zustand. **III** *v/t* **4.** *Geld, a. fig. Wort etc* prägen.

mi·nus [ˈmaɪnəs] **I** *prp* **1.** ⅍ minus, weniger. **2.** F ohne. **II** *adj* **3.** Minus...: **~ *amount*** → 5a; **~ *sign*** → 4. **III** *s* **4.** Minus(zeichen) *n*. **5.** Minus *n*: a) Fehlbetrag *m*, b) Nachteil *m*, c) Mangel *m* (***of*** an *dat*).

min·ute¹ [ˈmɪnɪt] **I** *s* **1.** Minute *f*: ***to the* ~** auf die Minute (genau); ***I won't be a* ~** ich bin gleich wieder da; ich bin gleich fertig; ***ten-*~** zehnminütig; → ***silence*** I. **2.** Augenblick *m*: ***at the last* ~** in letzter Minute; ***in a* ~** sofort; ***just a* ~!** Moment mal! **3.** *pl* (Sitzungs)Protokoll *n*: ***keep the* ~s** das Protokoll führen; **~*-taker*** Protokollant *m*. **II** *v/t* **4.** protokollieren.

mi·nute² [maɪˈnjuːt] *adj* □ **1.** winzig. **2.** peinlich genau, minuziös.

min·ute| hand *s* Minutenzeiger *m* (*e-r Uhr*). **~ steak** *s gastr.* Minutensteak *n*.

minx [mɪŋks] *s* (kleines) Biest.

mir·a·cle [ˈmɪrəkl] *s* Wunder *n* (*a. fig.* ***of*** an *dat*): ***as if by*** (***a***) **~** wie durch ein Wunder; ***work*** (***perform***) **~s** Wunder tun (vollbringen).

mi·rac·u·lous [mɪˈrækjʊləs] *adj* wunderbar (*a. fig.*), Wunder...

miˈrac·u·lous·ly *adv* wie durch ein Wunder.

mi·rage [ˈmɪrɑːʒ] *s* **1.** *phys.* Luftspieg(e)lung *f*, Fata Morgana *f* (*a. fig.*). **2.** *fig.* Illusion *f*.

mire [ˈmaɪə] *s* Schlamm *m*: ***drag through the* ~** *fig.* in den Schmutz ziehen.

mir·ror [ˈmɪrə] **I** *s* **1.** Spiegel *m*: ***hold up the* ~ *to s.o.*** *fig.* j-m den Spiegel vorhalten. **2.** *fig.* Spiegel(bild *n*) *m*. **II** *v/t* **3.** (wider)spiegeln (*a. fig.*): ***be* ~*ed*** sich spiegeln (***in*** in *dat*). **~ im·age** *s* Spiegelbild *n*. **ˈ~-inˌvert·ed** *adj* seitenverkehrt. **~ writ·ing** *s* Spiegelschrift *f*.

mirth [mɜːθ] *s* Fröhlichkeit *f*, Heiterkeit *f*, Freude *f*.

mirth·ful [ˈ~fʊl] *adj* □ fröhlich, heiter, lustig.

ˈmirth·less *adj* □ freudlos.

MIS ***management information system*** Management-Informationssystem *n*.

mis... [mɪs] *in Zssgn* miss..., falsch.

ˌmis·adˈven·ture *s* **1.** Unfall *m*, Unglück(sfall *m*) *n*. **2.** Missgeschick *n*: ***he's had a* ~** ihm ist ein Missgeschick passiert.

mis·an·thrope [ˈmɪsənθrəʊp] *s* Menschenfeind(in), -hasser(in).

mis·an·thr·op·ic [ˌ~ˈθrɒpɪk] *adj* (**~*ally***) menschenfeindlich.

mis·an·thro·py [mɪˈsænθrəpɪ] *s* Menschenfeindlichkeit *f*, -hass *m*.

ˌmis·apˈply *v/t* **1.** falsch verwenden. **2.** → ***misappropriate*** 1.

ˈmisˌap·preˈhend *v/t* missverstehen.

ˈmisˌap·preˈhen·sion *s* Missverständnis *n*: ***be*** (*od.* ***labo***[***u***]***r***) ***under a* ~** sich in e-m Irrtum befinden.

ˌmis·apˈpro·pri·ate *v/t* **1.** unterschlagen, veruntreuen. **2.** zweckentfremden.

ˈmis·apˌpro·pri·ˈa·tion *s* **1.** Unterschlagung *f*, Veruntreuung *f*. **2.** Zweckentfremdung *f*.

ˌmis·beˈhave *v/i* sich schlecht benehmen, sich danebenbenehmen, (*Kind*) ungezogen sein.

ˌmis·beˈhav·io(u)r *s* schlechtes Benehmen, Ungezogenheit *f*.

ˌmisˈcal·cu·late **I** *v/t* falsch berechnen, sich verrechnen in (*dat*). **II** *v/i* sich verrechnen *od.* verkalkulieren.

ˈmisˌcal·cuˈla·tion *s* Rechenfehler *m*, Fehlkalkulation *f*.

ˌmisˈcar·riage *s* **1.** Fehlschlag(en *n*) *m*, Misslingen *n*: **~ *of justice*** ⚖ Fehlurteil *n*, Justizirrtum *m*. **2.** ⚕ Fehlgeburt *f*.

ˌmisˈcar·ry *v/i* **1.** fehlschlagen, misslingen. **2.** ⚕ e-e Fehlgeburt haben.

mis·cel·la·ne·ous [ˌmɪsəˈleɪnjəs] *adj* □ ge-, vermischt; verschiedenartig: **~ *expense*** sonstige Aufwendungen *pl*.

mis·cel·la·ny [mɪˈselənɪ] *s* **1.** Gemisch *n*. **2.** Sammlung *f*, Sammelband *m*.

ˌmisˈchance *s*: ***by* ~** durch e-n unglücklichen Zufall.

mis·chief [ˈmɪstʃɪf] *s* **1.** Unheil *n*, Schaden *m*: ***do* ~** Unheil *od.* Schaden anrichten; ***make* ~** Unfrieden stiften (***between*** zwischen *dat*); ***mean* ~** Böses im Schilde führen. **2.** Unfug *m*, Dummheiten *pl*: ***be up to* ~** et. aushe-

cken. **3.** Übermut *m*, Ausgelassenheit *f*: ***be full of ~*** immer zu Dummheiten aufgelegt sein. **'~-ˌmak·er** *s* Unruhestifter(in).
mis·chie·vous ['mɪstʃɪvəs] *adj* □ **1.** boshaft, mutwillig. **2.** schelmisch.
ˌmis·con'ceive *v/t* falsch auffassen, missverstehen.
ˌmis·con'cep·tion *s* Missverständnis *n*.
mis·con·duct I *v/t* [ˌmɪskən'dʌkt] **1.** schlecht führen. **2.** ~ ***o.s.*** sich schlecht benehmen. **II** *s* [ˌmɪs'kɒndʌkt] **3.** schlechte Führung. **4.** schlechtes Benehmen. **5.** Verfehlung *f*.
ˌmis·con'struc·tion *s* Missdeutung *f*, falsche Auslegung.
ˌmis·con'strue *v/t* missdeuten, falsch auslegen.
ˌmis'count I *v/t* falsch (aus)zählen. **II** *v/i* sich verzählen.
ˌmis'deal *v/t u. v/i* (*irr* ***deal***): ~ (***the cards***) (*Kartenspiel*) sich vergeben.
ˌmis'deed *s* Missetat *f*.
mis·de·mean·o(u)r [ˌmɪsdɪ'miːnə] *s* ⚖ Vergehen *n*.
ˌmis·di'rect *v/t* **1.** *j-n*, *et*. fehl-, irreleiten (*a. fig.*), *j-m* den falschen Weg zeigen. **2.** *Brief etc* falsch adressieren.
mi·ser ['maɪzə] *s* Geizhals *m*.
mis·er·a·ble ['mɪzərəbl] *adj* □ **1.** jämmerlich, erbärmlich, kläglich, *contp. a.* miserabel. **2.** traurig, unglücklich.
mi·ser·ly ['maɪzəlɪ] *adj* geizig.
mis·er·y ['mɪzərɪ] *s* **1.** Elend *n*, Not *f*. **2.** Trübsal *f*, Jammer *m*.
ˌmis'fire I *v/i* **1.** versagen (*Schusswaffe*). **2.** *mot.* fehlzünden, aussetzen. **3.** *fig.* danebengehen (*Witz etc*), fehlschlagen (*Plan etc*). **II** *s* **4.** *mot.* Fehlzündung *f*.
'mis·fit *s* **1.** schlecht sitzendes Kleidungsstück. **2.** Außenseiter(in).
mis'for·tune *s* **1.** schweres Schicksal, Unglück *n*. **2.** Unglücksfall *m*; Missgeschick *n*.
mis'giv·ing *s* Befürchtung *f*, Zweifel *m*.
ˌmis'gov·ern *v/t* schlecht regieren *od.* verwalten.
ˌmis'guid·ed *adj* irrig (*Entscheidung etc*), unangebracht (*Optimismus etc*).
ˌmis'han·dle *v/t* **1.** *et*. falsch behandeln *od.* handhaben. **2.** *fig.* falsch anpacken.
mis·hap ['mɪshæp] *s* Unglück(sfall *m*) *n*; Missgeschick *n*: ***he's had a ~*** ihm ist ein Missgeschick passiert; ***without ~*** ohne Zwischenfälle.
ˌmis'hear (*irr* ***hear***) **I** *v/t* falsch hören. **II** *v/i* sich verhören.
mish·mash ['mɪʃmæʃ] *s* Mischmasch *m*.
ˌmis·in'form *v/t* *j-n* falsch informieren (***about*** über *acc*).
ˌmis·in·for'ma·tion *s* Fehlinformation *f*.
ˌmis·in'ter·pret *v/t* missdeuten, falsch auffassen *od.* auslegen.
'mis·inˌter·pre'ta·tion *s* Missdeutung *f*, falsche Auslegung.
ˌmis'judge *v/t* **1.** falsch beurteilen, verkennen. **2.** falsch einschätzen.
ˌmis'lay *v/t* (*irr* ***lay***) *et*. verlegen.
ˌmis'lead *v/t* (*irr* ***lead***) **1.** irreführen, täuschen: ***be misled*** sich täuschen lassen. **2.** verführen, -leiten (***into doing*** zu tun).
ˌmis'man·age *v/t* schlecht verwalten *od.* führen.
ˌmis'man·age·ment *s* Misswirtschaft *f*, Missmanagement *n*.
mis·match *s* Ungleichgewicht *n*, Unausgeglichenheit *f*.
mis·no·mer [ˌmɪs'nəʊmə] *s* falsche Benennung *od.* Bezeichnung.
mi·sog·a·mist [mɪ'sɒgəmɪst] *s* Ehefeind(in).
mi·sog·y·nist [mɪ'sɒdʒɪnɪst] *s* Frauenfeind *m*.
ˌmis'place *v/t* **1.** *et*. verlegen. **2.** *et*. an e-e falsche Stelle legen *od.* setzen: ***~d*** *fig.* unangebracht, deplatziert.
mis·print I *v/t* [ˌmɪs'prɪnt] verdrucken. **II** *s* ['mɪsprɪnt] Druckfehler *m*.
ˌmis·pro'nounce *v/t* falsch aussprechen.
'mis·proˌnun·ci'a·tion *s* falsche Aussprache.
ˌmis·quo'ta·tion *s* falsches Zitat.
ˌmis'quote *v/t* falsch zitieren.
ˌmis'read *v/t* (*irr* ***read***) **1.** falsch lesen. **2.** missdeuten.
'misˌrep·re'sent *v/t* **1.** falsch darstellen. **2.** entstellen, verdrehen.
'misˌrep·re·sen'ta·tion *s* **1.** falsche Darstellung, Vorspiegelung falscher Tatsachen. **2.** Entstellung *f*, Verdrehung *f*.
miss¹ [mɪs] *s* **1. *Miss*** (*mit folgendem Namen*) Fräulein *n*: ***Miss Smith***; ***Miss America*** Miss *f* Amerika. **2.** (*ohne folgenden Namen*) Fräulein *n* (*Anrede*).
miss² [~] **I** *v/t* **1.** *Chance*, *Zug etc* verpassen, *Beruf*, *Ziel etc* verfehlen, sich *et*. entgehen lassen: ~ ***the boat*** (*od.* ***bus***) F den Anschluss *od.* s-e Chance verpassen; ~ ***doing s.th.*** versäumen, et. zu tun. **2.** *a.* ~ ***out*** auslassen, übergehen, -springen. **3.** überhören; übersehen, nicht bemerken; nicht verstehen *od.* begreifen. **4.** vermissen: ***we ~ her very much*** sie fehlt uns sehr. **II** *v/i* **5.** nicht treffen: a) danebenschlagen *etc*, b) danebengehen (*Schuss etc*). **6.** missglücken, -lingen. **7.** ~ ***out on*** *et*. verpassen; *et*. weglassen *od.* nicht berücksichtigen. **III** *s* **8.** Fehlschuss *m*, -wurf *m etc*. **9.** Verpassen *n*, Verfehlen *n*: → ***near*** 9.
ˌmis'shap·en *adj* missgebildet, ungestalt.
mis·sile ['mɪsaɪl] *s* **1.** (Wurf)Geschoss *n*. **2.**

M

mil. Rakete *f*: **~ base** (*od.* **site**) Raketen(abschuss)basis *f*.

miss·ing ['mɪsɪŋ] *adj* **1.** fehlend: **be ~** fehlen; verschwunden *od.* weg sein. **2.** (*mil. a.* **~ in action**) vermisst: **be ~** vermisst sein *od.* werden.

mis·sion ['mɪʃn] *s* **1.** (*Militär- etc*)Mission *f*. **2.** *bsd. pol.* Auftrag *m*, Mission *f*. **3.** *eccl.* Mission *f*. **4.** (innere) Berufung: **~ in life** Lebensaufgabe *f*; **sense of ~** Sendungsbewusstsein *n*. **5.** ✈, *mil.* Einsatz *m*. **~ control** *s* Kontrollzentrum *n*.

ˌmis'spell *v/t* (*a. irr* **spell**) falsch schreiben.

ˌmis'spell·ing *s* Rechtschreibfehler *m*.

ˌmis'state *v/t* falsch angeben.

ˌmis'state·ment *s* falsche Angabe.

mist [mɪst] **I** *s* **1.** (feiner) Nebel. **2.** *fig.* Nebel *m*, Schleier *m*: **see things through a ~** alles wie durch e-n Schleier sehen; **through a ~ of tears** durch e-n Tränenschleier. **3.** Beschlag *m* (*auf Glas*). **II** *v/i* **4.** *a.* **~ up** (*od.* **over**) (sich) beschlagen (*Glas*).

mis·tak·a·ble [mɪ'steɪkəbl] *adj* **1.** leicht zu verwechseln(d). **2.** missverständlich.

mis'take I *v/t* (*irr* **take**) **1.** verwechseln (**for** mit); verkennen, sich irren in (*dat*). **2.** falsch verstehen, missverstehen. **II** *s* **3.** Irrtum *m*, Versehen *n*, Fehler *m*: **by ~** irrtümlich, aus Versehen; **make a ~** einen Fehler machen; sich irren. **4.** (*Rechen- etc*)Fehler *m*.

M

mis'tak·en I *pp von* **mistake. II** *adj* **1. be ~** sich irren: **be ~ in s.o.** sich in j-m täuschen; **unless I am very much ~** wenn mich nicht alles täuscht. **2.** irrig, falsch (*Meinung etc*), unangebracht (*Freundlichkeit etc*): **a case of ~ identity** e-e (Personen)Verwechslung.

ˌmis'time *v/t* e-n schlechten Zeitpunkt wählen für.

mis·tle·toe ['mɪsltəʊ] *s* ♀ **1.** Mistel *f*. **2.** Mistelzweig *m*.

ˌmis·trans'late *v/t* falsch übersetzen.

ˌmis·trans'la·tion *s* Übersetzungsfehler *m*.

mis·tress ['mɪstrɪs] *s* **1.** Herrin *f* (*a. fig.*). **2.** *bsd. Br.* Lehrerin *f*. **3.** Mätresse *f*, Geliebte *f*.

ˌmis'trust I *s* Misstrauen *n* (**of** gegen). **II** *v/t* misstrauen (*dat*).

mis'trust·ful [~fʊl] *adj* □ misstrauisch (**of** gegen).

mist·y ['mɪstɪ] *adj* □ **1.** (leicht) neb(e)lig. **2.** *fig.* unklar, verschwommen (*Vorstellung etc*): **have only ~ memories of s.th.** sich nur schwach *od.* undeutlich an et. erinnern können. **3.** beschlagen (*Glas*).

ˌmis·un·der'stand *v/t* (*irr* **stand**) **1.** missverstehen: **don't ~ me** versteh mich nicht falsch. **2.** *j-n* nicht verstehen: **his wife ~s him.**

ˌmis·un·der'stand·ing *s* Missverständnis *n*, *weitS. a.* Meinungsverschiedenheit *f*, Differenz *f*.

mis·use I *s* [ˌmɪs'juːs] **1.** Missbrauch *m*: **~ of power** Machtmissbrauch. **2.** falscher Gebrauch. **II** *v/t* [ˌ~'juːz] **3.** missbrauchen. **4.** falsch *od.* zu unrechten Zwecken gebrauchen.

mite¹ [maɪt] *s zo.* Milbe *f*.

mite² [~] *s* **1** kleines Ding, Würmchen *n*. **2. a ~** F ein bisschen.

mit·i·gate ['mɪtɪgeɪt] *v/t Schmerzen etc* lindern, *Strafe etc* mildern, *Zorn etc* besänftigen: **mitigating circumstances** *pl* ⚖ mildernde Umstände *pl*.

mitt [mɪt] *s* **1.** Halbhandschuh *m*. **2.** *Baseball*: Fanghandschuh *m*. **3.** → **mitten** 1. **4.** *sl.* Flosse *f*, Pfote *f* (*Hand*). **5.** *sl.* Boxhandschuh *m*.

mit·ten ['mɪtn] *s* **1.** Fausthandschuh *m*, Fäustling *m*. **2.** → **mitt** 5.

mix [mɪks] **I** *v/t* **1.** (ver)mischen, vermengen (**with** mit), *Cocktail etc* mixen, *Teig* anrühren: **~ into** mischen in (*acc*), beimischen (*dat*): **~ up** zs.-, durcheinander mischen; gründlich mischen; (völlig) durcheinander bringen; verwechseln (**with** mit); **be ~ed up** verwickelt sein *od.* werden (**in** in *acc*); (*geistig*) ganz durcheinander sein. **2.** *fig.* verbinden: **~ business with pleasure** das Angenehme mit dem Nützlichen verbinden. **II** *v/i* **3.** sich (ver)mischen. **4.** sich mischen lassen. **5. ~ well** kontaktfreudig sein: **~ well with s.o.** gut mit j-m auskommen. **6.** verkehren (**with** mit; **in** in *dat*). **III** *s* **7.** (*a. Back- etc*)Mischung *f*. **8.** F Durcheinander *n*.

mixed [mɪkst] *adj* gemischt (*a. fig. Gefühle etc*); vermischt, Misch...: **~ blessing** zweifelhaftes Vergnügen; **~ double**(**s** *pl*) (*Tennis etc*) gemischtes Doppel, Mixed *n*; **a ~ doubles match** ein gemischtes Doppel; **~ financing** Mischfinanzierung *f*; **~ grill** Mixedgrill *m*; **~ media** Medienkombination *f*; **~ pickles** *pl* Mixedpickles *pl*, Mixpickles *pl*.

'mix·er *s* **1.** Mixer *m* (*a. Küchengerät*). **2.** *tech.* Mischmaschine *f*. **3.** *TV etc* Mischpult *n*. **4. be a good** (**bad**) **~** F kontaktfreudig (kontaktarm) sein. **~ tap** *s* Mischbatterie *f*.

mix·ture ['~tʃə] *s* Mischung *f*, *a.* ⚗ Gemisch *n* (**of ... and** aus ... u.).

'mix-up *s* F **1.** Durcheinander *n*. **2.** Verwechslung *f*. **3.** Handgemenge *n*.

ml millilitre, *Am.* **milliliter** ml, Milliliter *m*, *n od. pl*.

MLR minimum lending rate Mindestzins *m* (*der Bank von England*).

mm millimetre, *Am.* **millimeter** mm, Millimeter *m*, *n od. pl*.

MMC ***Monopolies and Mergers Commission*** *etwa* Kartellamt *n.*
mne·mon·ic [niː'mɒnɪk] *s* Gedächtnishilfe *f*, -stütze *f.*
mo [məʊ] *pl* **mos** *s* F Moment *m*, Augenblick *m.*
moan [məʊn] **I** *v/i* stöhnen, ächzen. **II** *s* Stöhnen *n*, Ächzen *n.*
moat [məʊt] *s* (Burg-, Stadt)Graben *m.*
mob [mɒb] **I** *s* **1.** Mob *m.* **2.** Pöbel *m*, Gesindel *n.* **3.** *sl.* (Verbrecher)Bande *f.* **II** *v/t* **4.** herfallen über (*acc*); *Filmstar etc* bedrängen, belagern.
mo·bile ['məʊbaɪl] **I** *adj allg.* beweglich, *tech. a.* fahrbar, *mil. a.* motorisiert: **~ *home*** Wohnwagen *m*; **~ *library*** Fahrbücherei *f*, Bücherbus *m*; **~ *phone*** Mobiltelefon *n*, Handy *n*; **~ *phone system*** Mobilfunk *m.* **II** *s* F Handy *n.*
mo·bil·i·ty [~'bɪlətɪ] *s* Beweglichkeit *f*: **~ *of labo(u)r, labo(u)r ~*** Mobilität *f* der Arbeitskräfte; ***occupational ~*** berufliche Mobilität *f.*
mo·bi·li·za·tion [ˌ~bɪlaɪ'zeɪʃn] *s* Mobilisierung *f*, *mil. a.* Mobilmachung *f.*
'mo·bi·lize **I** *v/t* mobilisieren, *mil. a.* mobil machen. **II** *v/i mil.* mobil machen.
mo·cha ['mɒkə] *s* Mokka *m.*
mock [mɒk] **I** *v/t* **1.** verspotten, lächerlich machen. **2.** nachäffen. **II** *v/i* **3.** sich lustig machen, spotten (***at*** über *acc*). **III** *adj* **4.** nachgemacht, Schein...
'mock·er *s* **1.** Spötter(in). **2.** Nachäffer(in).
'mock·er·y *s* **1.** Spott *m*, Hohn *m*: ***hold up to ~ j-n*** lächerlich machen; *et.* ins Lächerliche ziehen. **2.** *fig.* Hohn *m* (***of*** auf *acc*). **3.** Gespött *n*: ***make a ~ of*** zum Gespött (der Leute) machen; ad absurdum führen.
'mock·ing *adj* □ spöttisch.
'mock-up *s* Modell *n* (in natürlicher Größe), Attrappe *f.*
mod·al ['məʊdl] **I** *adj* □ *ling. etc* modal: **~ *auxiliary*** modales Hilfsverb. **II** *s ling.* F modales Hilfsverb.
mo·dal·i·ty [~'dælətɪ] *s* Modalität *f.*
mod cons ['mɒd'kɒnz] *pl* ***modern conveniences*** moderner Komfort.
mode [məʊd] *s* **1.** (Art *f* u.) Weise *f*: **~ *of address*** Anrede *f*; **~ *of life*** Lebensweise. **2.** *ling.* Modus *m*, Aussageweise *f.* **3.** *Computer*: Modus *m*, Betriebsart *f.*
mod·el ['mɒdl] **I** *s* **1.** Muster *n*, Vorbild *n* (***for*** für): ***after*** (*od.* ***on***) ***the ~ of*** nach dem Muster von (*od. gen*); ***he is a ~ of self-control*** er ist ein Muster an Selbstbeherrschung. **2.** (*fig.* Denk)Modell *n.* **3.** Muster *n*, Vorlage *f.* **4.** *paint. etc* Modell *n.* **5.** *Mode*: Mannequin *n.* **6.** *tech.* Modell *n*, Typ(e *f*) *m.* **II** *adj* **7.** vorbildlich, musterhaft: **~ *husband*** Mustergatte *m.* **8.** Modell...: **~ *builder*** Modellbauer(in). **III** *v/t pret u. pp* **-eled,** *bsd. Br.* **-elled** **9.** modellieren. **10.** *fig.* formen (***after, on*** nach [dem Vorbild *gen*]): **~ *o.s. on*** sich *j-n* zum Vorbild nehmen. **11.** *Kleider etc* vorführen. **IV** *v/i* **12.** Modell stehen *od.* sitzen (***for*** *dat*). **13.** als Mannequin *od.* Dressman arbeiten.
mo·dem ['məʊdem] *s Computer*: Modem *n.*
mod·er·ate ['mɒdərət] **I** *adj* □ **1.** mäßig: a) gemäßigt (*a. pol.*), maßvoll, b) mittelmäßig, c) gering: ***~ly successful*** mäßig erfolgreich, d) vernünftig, angemessen: **~ *demands pl*** maßvolle Forderungen *pl.* **2.** mild (*Strafe, Winter etc*). **II** *s* **3.** *bsd. pol.* Gemäßigte *m,f.* **III** *v/t* ['~reɪt] **4.** mäßigen: **~ *one's language*** sich mäßigen.
mod·er·a·tion [ˌ~'reɪʃn] *s* Mäßigung *f*: ***in ~*** in *od.* mit Maßen, maßvoll.
mod·ern ['mɒdən] *adj* □ modern.
'mod·ern·ize *v/t* modernisieren.
mod·est ['mɒdɪst] *adj* □ bescheiden: a) zurückhaltend, b) anspruchslos, c) maßvoll, vernünftig.
'mod·es·ty *s* Bescheidenheit *f*: a) Zurückhaltung *f*: ***in all ~*** bei aller Bescheidenheit, b) Anspruchslosigkeit *f.*
mod·i·cum ['mɒdɪkəm] *s* kleine Menge: ***a ~ of sense*** ein Funke Verstand.
mod·i·fi·a·ble ['mɒdɪfaɪəbl] *adj* modifizierbar.
mod·i·fi·ca·tion [ˌmɒdɪfɪ'keɪʃn] *s* Modifikation *f*, (Ab-, Ver)Änderung *f.*
mod·i·fy ['mɒdɪfaɪ] *v/t* **1.** (ab-, ver)ändern, modifizieren. **2.** *ling.* näher bestimmen.
mod·u·lar ['mɒdjʊlə] *adj tech.* Modul...
mod·u·late ['mɒdjʊleɪt] *v/t u. v/i* ♪ *etc* modulieren.
ˌmod·u'la·tion *s* Modulation *f.*
mod·ule ['mɒdjuːl] *s* **1.** *tech.* Modul *n*, ⚡ *a.* Baustein *m.* **2.** *Raumfahrt*: Kapsel *f.*
Mog·a·dish·u [ˌmɒgə'dɪʃuː] Mogadischu *n* (*Hauptstadt von Somalia*).
MOH ***medical officer of health*** Amtsarzt *m*, -ärztin *f.*
Mo·ham·med·an [məʊ'hæmɪdən] *neg!* **I** *adj* mohammedanisch. **II** *s* Mohammedaner(in).
moist [mɔɪst] *adj* □ feucht (***with*** von): **~ *with tears*** tränenfeucht.
mois·ten ['mɔɪsn] **I** *v/t* an-, befeuchten. **II** *v/i* feucht werden.
mois·ture ['mɔɪstʃə] *s* Feuchtigkeit *f.*
mois·tur·iz·er ['mɔɪstʃəraɪzə] *s* Feuchtigkeitscreme *f.*
mo·lar ['məʊlə] **I** *adj*: **~ *tooth*** → II. **II** *s* Backenzahn *m.*
mo·las·ses [məʊ'læsɪz] *s pl Am.* Sirup *m.*
mold, *etc Am.* → ***mould,*** *etc.*

M

Mol·da·via [mɒlˈdeɪvjə] Moldau *f* (*Fluss*); Moldavien *n* (*Republik*).
mole[1] [məʊl] *s zo.* Maulwurf *m* (F *a. Spionage*), *schweiz.* Schermaus *f.*
mole[2] [~] *s* Muttermal *n*, Leberfleck *m.*
mole[3] [~] *s* Mole *f*, Hafendamm *m.*
mo·lec·u·lar [məʊˈlekjʊlə] *s* ⚗, *phys.* Molekular...
mol·e·cule [ˈmɒlɪkjuːl] *s* Molekül *n.*
ˈmole·hill *s* Maulwurfshügel *m*: → ***mountain*** I.
mo·lest [məʊˈlest] *v/t* (*a. unsittlich*) belästigen.
mo·les·ta·tion [ˌ~leˈsteɪʃn] *s* Belästigung *f.*
moll [mɒl] *s sl.* Gangsterbraut *f.*
mol·li·fy [ˈmɒlɪfaɪ] *v/t* besänftigen, beschwichtigen.
mol·lusc, mol·lusk [ˈmɒləsk] *s zo.* Molluske *f*, Weichtier *n.*
mol·ly·cod·dle [ˈmɒlɪˌkɒdl] **I** *s* Weichling *m.* **II** *v/t* verhätscheln.
Mol·o·tov cock·tail [ˈmɒlətɒf] *s* Molotowcocktail *m.*
mol·ten [ˈməʊltən] *pp von* ***melt.***
mom [mɒm] *s bsd. Am.* F Mami *f*, Mutti *f.* **ˌ~-and-ˈpop store** *s Am.* F Tante-Emma-Laden *m.*
mo·ment [ˈməʊmənt] *s* **1.** Moment *m*, Augenblick *m*: ***at the*** ~ im Augenblick; ***at the last*** ~ im letzten Augenblick; (***not***) ***for a*** ~ (k)einen Augenblick (lang); ***just a*** ~! a) *a.* ***wait a*** ~! Moment mal!, b) Augenblick!; ***the*** ~ ***of truth*** die Stunde der Wahrheit. **2.** Bedeutung *f*, Belang *m* (***to*** für): ***of great*** (***little***) ~ von großer (geringer) Bedeutung; ***of no*** ~ bedeutungs-, belanglos. **3.** *phys.* Moment *n*: ~ ***of inertia*** Trägheitsmoment.
mo·men·tar·i·ly [ˈ~tərəlɪ] *adv* **1.** momentan, e-n Augenblick (lang). **2.** jeden Augenblick.
ˈmo·men·tar·y *adj* momentan.
mo·men·tous [~ˈmentəs] *adj* □ bedeutsam, folgenschwer.
moˈmen·tum [~təm] *s* **1.** *phys.* Moment *n*, Impuls *m.* **2.** Wucht *f*, Schwung *m*: ***gather*** (*od.* ***gain***) ~ in Fahrt kommen; *fig. a.* an Boden gewinnen (*Bewegung etc*); ***lose*** ~ an Schwung verlieren (*a. fig.*).
Mon. ***Monday*** Mo., Montag *m.*
Mo·na·co [ˈmɒnəkəʊ] *npr* Monaco *n.*
mon·arch [ˈmɒnək] *s* Monarch(in), Herrscher(in).
mo·nar·chic [mɒˈnɑːkɪk] *adj* (~***ally***) **1.** monarchisch. **2.** monarchistisch.
mon·arch·ism [ˈmɒnəkɪzəm] *s* Monarchismus *m.*
ˈmon·arch·ist I *s* Monarchist(in). **II** *adj* monarchistisch.
ˈmon·arch·y *s* Monarchie *f*: ***constitutional*** ~ konstitutionelle Monarchie.
mon·as·ter·y [ˈmɒnəstərɪ] *s* (Mönchs)Kloster *n.*
mo·nas·tic [məˈnæstɪk] *adj* (~***ally***) **1.** klösterlich, Kloster... **2.** mönchisch, Mönchs...
Mon·day [ˈmʌndɪ] *s* Montag *m*: ***on*** ~ (am) Montag; ***on*** ~***s*** montags.
mon·e·tar·ism [ˈmɒnɪtərɪzəm] *s* Monetarismus *m.*
mon·e·tar·y [ˈmʌnɪtərɪ] *adj* □ **1.** Währungs...: ~ ***crisis*** Währungskrise *f*; ~ ***reform*** Währungsreform *f*; ~ ***union*** Währungsunion *f.* **2.** Geld..., finanziell: ~ ***expansion*** Ausweitung *f* der Geldmenge; ~ ***policy*** Geldmengenpolitik *f*; ~ ***restraint*** restriktive Geldpolitik; ~ ***stability*** Geldwertstabilität *f.*
mon·ey [ˈmʌnɪ] *s* Geld *n*: ***be out of*** ~ kein Geld (mehr) haben; ***be in the*** ~ F reich *od.* vermögend sein; ***be short of*** ~ knapp bei Kasse sein; ***I'll bet you any*** ~ ***that*** F ich wette mit dir um jeden Betrag, dass; ***get one's money's worth*** et. für sein Geld bekommen; ***have*** ~ ***to burn*** F Geld wie Heu haben; ***for*** ~ ***reasons*** aus finanziellen Gründen; ~***-back guarantee*** Rückerstattungsgarantie *f*, bei Nichtgefallen Geld zurück; ~ ***laundering*** Geldwäsche *f*; ~ ***market*** Geldmarkt *m*; ~ ***supply*** Geldmenge *f*; ~***-off coupon*** Gutschein *m* für Preisnachlass; → ***roll*** 7. **ˈ~·bags** *s sg* Geldsack *m* (*reiche Person*). **~ box** *s* Sparbüchse *f.* **ˈ~ˌchang·er** *s* **1.** (Geld)Wechsler *m.* **2.** *bsd. Am.* Wechselautomat *m.*
mon·eyed [ˈmʌnɪd] *adj* wohlhabend, vermögend.
ˈmon·ey|ˌlend·er *s* Geldverleiher(in). **ˈ~ˌmak·er** *s* **1.** guter Geschäftsmann, gute Geschäftsfrau. **2.** gutes Geschäft, einträgliche Sache. **~ or·der** *s* Post- *od.* Zahlungsanweisung *f.* **~ spin·ner** F *bsd. Br.* Kassenschlager *m.*
mon·ger [ˈmʌŋgə] *s in Zssgn* **1.** ...händler(in). **2.** *fig. contp.* → ***scandalmonger, scaremonger****, etc.*
Mon·go·lia [mɒŋˈgəʊljə] Mongolei *f.*
mon·go·li·an [mɒŋˈgəʊljən] *adj* ⚕ mongoloid.
mon·gol·ism [ˈmɒŋgəlɪzəm] *s* ⚕ Mongolismus *m.*
ˈmon·gol·oid *adj* ⚕ mongoloid.
mon·grel [ˈmʌŋgrəl] *s biol.* Bastard *m*, *bsd.* Promenadenmischung *f.*
mon·i·tor [ˈmɒnɪtə] **I** *s* **1.** Monitor *m*: a) Abhörgerät *n*, b) Kontrollgerät *n*, c) Bildschirm *m*: ~ ***display*** Bildschirmanzeige *f.* **II** *v/t* **2.** abhören. **3.** überwachen.
monk [mʌŋk] *s* Mönch *m.*
mon·key [ˈmʌŋkɪ] **I** *s* **1.** *zo.* Affe *m*: ***make a*** ~ (***out***) ***of s.o.*** F j-n zum Deppen machen. **2.**

(kleiner) Schlingel. II *v/i* 3. ~ ***about*** (*od.* ***around***) herumalbern. 4. *a.* ~ ***about*** (*od.* ***around***) (***with***) F herumspielen (mit), herumpfuschen an (*dat*). ~ **busi·ness** *s* F 1. krumme Tour. 2. Blödsinn *m*, Unfug *m*. ~ **wrench** *s tech.* Engländer *m*: ***throw a ~ into s.th.*** *Am.* F et. behindern *od.* beeinträchtigen.

mon·o ['mɒnəʊ] I *pl* **-os** *s* 1. Mono *n*. 2. F Monogerät *n od.* -schallplatte *f*. II *adj* 3. Mono...

mon·o... [~] *in Zssgn* ein..., mono...

mon·o·chrome ['mɒnəkrəʊm] *adj* monochrom, einfarbig: ~ ***screen*** Monochrombildschirm *m*.

mon·o·cle ['mɒnəkl] *s* Monokel *n*.

mo·nog·a·mous [mɒ'nɒgəməs] *adj* □ monogam(isch).

mo'nog·a·my *s* Monogamie *f*, Einehe *f*.

mon·o·gram ['mɒnəgræm] *s* Monogramm *n*.

mon·o·lith ['mɒnəʊlɪθ] *s* Monolith *m*.

ˌmon·o'lith·ic *adj* (**~ally**) 1. monolithisch (*a. fig.*). 2. *fig.* gigantisch.

mon·o·logue ['mɒnəlɒg] *s* Monolog *m*, Selbstgespräch *n*.

mo·nop·o·lize [mə'nɒpəlaɪz] *v/t* 1. *econ.* monopolisieren. 2. *fig.* a) an sich reißen, *Unterhaltung a.* ganz allein bestreiten, b) *j-n, et.* mit Beschlag belegen.

mo'nop·o·ly *s econ.* Monopol *n* (**of** auf *acc*) (*a. fig.*): ***absolute*** ~ uneingeschränktes Monopol; ~ ***agreement*** Monopolabsprache *f*; ***Monopolies and Mergers Commission*** *Br.* Kartellamt *n*.

mo·nop·so·ny [mə'nɒpsənɪ] *s* Angebotsmonopol *n*.

ˌmon·o·syl'lab·ic *adj* (**~ally**) *ling.* einsilbig (*a. fig. Antworten etc*).

mo·not·o·nous [mə'nɒtnəs] *adj* □ monoton, eintönig, *fig. a.* einförmig.

mo'not·o·ny [~tnɪ] *s* Monotonie *f*, Eintönigkeit *f*, *fig. a.* Einförmigkeit *f*, (ewiges) Einerlei.

mon·ox·ide [mɒ'nɒksaɪd] *s* ⚗ Monoxid *n*.

mon·soon [ˌmɒn'suːn] *s* Monsun *m*.

mon·ster ['mɒnstə] I *s* 1. Monster *n*, Ungeheuer *n* (*beide a. fig.*). 2. Monstrum *n* (*a. fig.*). II *adj* 3. Riesen..., Monster...: ~ ***film*** Monsterfilm *m*.

mon·strance ['mɒnstrəns] *s eccl.* Monstranz *f*.

mon·stros·i·ty [mɒn'strɒsətɪ] *s* 1. Ungeheuerlichkeit *f*. 2. → ***monster*** 2.

mon·strous ['~strəs] *adj* □ monströs: a) ungeheuer, riesig, b) unförmig, ungestalt, c) *fig.* ungeheuerlich, scheußlich.

month [mʌnθ] *s* Monat *m*: ***we haven't seen each other in a ~ of Sundays*** F wir haben uns schon seit einer Ewigkeit nicht mehr gesehen.

'month·ly I *adj* 1. (*a. adv*) monatlich. 2. Monats...: ~ ***line rental*** *teleph.* monatliche Grundgebühr; ~ ***report*** Monatsbericht *m*; ~ ***season ticket*** Monatskarte *f*; ~ ***subscription*** *teleph.* Grundgebühr *f*. II *s* 3. Monatsschrift *f*.

mon·u·ment ['mɒnjʊmənt] *s a. fig.* Monument *n*, Denkmal *n* (**to** für *od. gen*).

mon·u·men·tal [ˌ~'mentl] *adj* □ 1. monumental (*a. fig.*). 2. F kolossal: ~ ***stupidity*** Riesendummheit *f*.

moo [muː] I *v/i* muhen. II *s* Muhen *n*.

mood¹ [muːd] *s ling.* Modus *m*.

mood² [~] *s* 1. Stimmung *f*, Laune *f*: ***be in a good*** (***bad***) ~ gute (schlechte) Laune haben, gut (schlecht) aufgelegt sein; ***be in the*** (***in no***) ~ ***to do*** (nicht) dazu aufgelegt sein zu tun, (keine) Lust haben zu tun; ***be in the ~ for*** aufgelegt sein zu; ***I am in no laughing ~*** (*od.* ~ ***for laughing***) mir ist nicht nach *od.* zum Lachen zumute. 2. ***be in a ~*** schlechte Laune haben, schlecht aufgelegt sein; ***he is in one of his ~s again*** er hat wieder einmal schlechte Laune.

mood·y ['muːdɪ] *adj* □ 1. launisch, launenhaft. 2. schlecht gelaunt.

moon [muːn] I *s* Mond *m*: ***there is a*** (***no***) ~ der Mond scheint (nicht); ***be over the ~*** F überglücklich sein (***about, at*** über *acc*); ***cry for the ~*** nach et. Unmöglichem verlangen; ***promise s.o. the ~*** j-m das Blaue vom Himmel (herunter) versprechen; ***once in a blue ~*** F alle Jubeljahre (einmal). II *v/i*: ~ ***about*** (*od.* ***around***) herumtrödeln; ziellos herumstreichen. III *v/t*: ~ ***away*** *Zeit* vertrödeln, -träumen. '**~·beam** *s* Mondstrahl *m*. '**~·light** I *s* Mondlicht *n*, -schein *m*: ~ ***walk*** Mondscheinspaziergang *m*. II *v/i* F schwarzarbeiten, *österr.* pfuschen. '**~ˌlight·er** *s* F Schwarzarbeiter(in), *österr.* Pfuscher(in). '**~ˌlight·ing** *s* F Schwarzarbeit *f*, *österr.* Pfusch *m*. '**~·lit** *adj* mondhell: ~ ***night*** Mondnacht *f*. '**~·shine** *s* 1. Mondschein *m*. 2. F Unsinn *m*.

moon·y ['muːnɪ] *adj* □ F verträumt.

moor¹ [mɔː] *s* (Hoch)Moor *n*.

moor² [~] *v/t* ⚓ vertäuen, festmachen.

moo·rings ['mɔːrɪŋz] *s pl* ⚓ 1. Vertäuung *f*. 2. Liegeplatz *m*.

moose [muːs] *pl* **moose** *s zo.* Elch *m*.

moot [muːt] *adj* strittig (*Punkt*): ~ ***question*** Streitfrage *f*.

mop [mɒp] I *s* 1. Mopp *m*. 2. (Haar)Wust *m*. II *v/t* 3. wischen: ~ ***up*** aufwischen; ~ ***one's face*** sich das Gesicht (ab)wischen. 4. *Blut etc* abtupfen (***from*** von).

mope [məʊp] *v/i* den Kopf hängen lassen: ~

about (*od.* ***around***) mit e-r Leichenbittermiene herumlaufen.
mo·ped ['məʊped] *s Br.* Moped *n.*
mo·raine [mɒ'reɪn] *s geol.* Moräne *f.*
mor·al ['mɒrəl] **I** *adj* □ **1.** moralisch: a) sittlich, b) geistig, innerlich: ~ ***obligation*** moralische Verpflichtung; ~ ***support*** moralische Unterstützung; ~ ***victory*** moralischer Sieg, c) sittenstreng, tugendhaft. **2.** Moral..., Sitten... **II** *s* **3.** Moral *f* (*e-r Geschichte etc*): ***draw the ~ from*** die Lehre ziehen aus. **4.** *pl* Moral *f*, Sitten *pl*: ***code of ~s*** Sittenkodex *m.*
mo·rale [mɒ'rɑːl] *s* Moral *f*, Stimmung *f*: ***raise*** (***lower***) ***the ~*** die Moral heben (senken).
mor·al·ist ['mɒrəlɪst] *s* Moralist(in).
mo·ral·i·ty [mə'rælətɪ] *s* **1.** Moral *f*, Tugend(haftigkeit) *f.* **2.** Ethik *f*, Moral *f.*
mor·al·ize ['mɒrəlaɪz] *v/i* moralisieren (***about, on*** über *acc*).
mor·al·iz·er *s* Moralapostel *m.*
mor·a·to·ri·um [ˌmɒrə'tɔːrɪəm] *pl* **-ri·a** [~rɪə], **-ri·ums** *s econ., mil., pol.* Moratorium *n.*
mor·bid ['mɔːbɪd] *adj* □ **1.** morbid, krankhaft (*beide a. fig.*). **2.** grässlich, Grauen erregend. **3.** trübsinnig; pessimistisch.
mor'bid·i·ty *s* **1.** Morbidität *f*, Krankhaftigkeit *f* (*beide a. fig.*). **2.** Trübsinn *m*; Pessimismus *m.*
mor·dant ['mɔːdənt] *adj* □ *fig.* ätzend, beißend.
more [mɔː] **I** *adj* **1.** mehr: ***they are ~ than we are*** sie sind zahlreicher als wir. **2.** mehr, noch (mehr): ***some ~ tea*** noch et. Tee; ***two ~ miles*** noch zwei Meilen. **II** *adv* **3.** mehr: ~ ***and ~*** immer mehr; ~ ***and ~ difficult*** immer schwieriger; ~ ***or less*** mehr *od.* weniger; ungefähr; ***the ~ so because*** umso mehr, da. **4.** *zur Bildung des comp*: ~ ***important*** wichtiger; ~ ***often*** öfter. **5.** noch: ***once ~*** noch einmal. **III** *s* **6.** Mehr *n* (***of*** an *dat*). **7.** ***some ~*** noch et. (mehr); ***a little ~*** et. mehr; ***what ~ do you want?*** was willst du denn noch?
mo·rel [mɒ'rel] *s* ♣ Morchel *f.*
mo·rel·lo [mə'reləʊ] *pl* **-los** *s a.* ~ ***cherry*** ♣ Morelle *f.*
more·o·ver [mɔː'rəʊvə] *adv* außerdem, überdies, weiter, ferner.
morgue [mɔːg] *s* **1.** Leichenschauhaus *n.* **2.** F Archiv *n* (*e-s Zeitungsverlags etc*).
Mor·mon ['mɔːmən] **I** *s* Mormone *m*, Mormonin *f.* **II** *adj* mormonisch.
morn·ing ['mɔːnɪŋ] **I** *s* Morgen *m*; Vormittag *m*: ***in the ~*** morgens, am Morgen; vormittags, am Vormittag; ***early in the ~*** frühmorgens, früh am Morgen; ***this ~*** heute Morgen *od.* Vormittag; ***tomorrow ~*** morgen früh *od.* Vormittag. **II** *adj* Morgen...; Vormittags...; Früh... ~ ***coat*** *s* Cut(away) *m.* ~ ***pa·per*** *s* Morgenzeitung *f.* ~ ***sick·ness*** *s* ⚕ Übelkeit *f* während der Schwangerschaft. ~ ***star*** *s ast.* Morgenstern *m.*
Mo·roc·co [mə'rɒkəʊ] *npr* Marokko *n.*
mo·rose [mə'rəʊs] *adj* □ mürrisch.
mor·pheme ['mɔːfiːm] *s ling.* Morphem *n.*
mor·phi·a ['mɔːfjə], **mor·phine** ['mɔːfiːn] *s* Morphium *n.*
mor·pho·log·i·cal [ˌmɔːfə'lɒdʒɪkl] *adj* □ *biol., ling.* morphologisch.
mor·phol·o·gy [~'fɒlədʒɪ] *s* Morphologie *f.*
Morse code [mɔːs] *s* Morsealphabet *n.*
mor·sel ['mɔːsl] *s* **1.** Bissen *m*, Happen *m.* **2.** ***a ~ of*** ein bisschen ...: ***a ~ of sense*** ein Funke Verstand.
mor·tal ['mɔːtl] **I** *adj* □ **1.** sterblich. **2.** tödlich (***to*** für). **3.** Tod(es)...: ~ ***fear*** Todesangst *f*; ~ ***hour*** Todesstunde *f*; ~ ***sin*** Todsünde *f.* **4.** auf Leben u. Tod: ~ ***enemy*** Todfeind(in); ~ ***hatred*** tödlicher Hass. **5.** F ***of no ~ use*** absolut zwecklos; ***every ~ thing*** alles Menschenmögliche; **6.** F ewig (lang): ***three ~ hours*** *pl* drei endlose Stunden *pl.* **II** *s* **7.** Sterbliche *m, f*: ***an ordinary ~*** ein gewöhnlicher Sterblicher.
mor·tal·i·ty [~'tælətɪ] *s* **1.** Sterblichkeit *f.* **2.** *a.* ~ ***rate*** Sterblichkeit(sziffer) *f.*
mor·tar[1] ['mɔːtə] *s* **1.** Mörser *m.* **2.** *mil.* Granatwerfer *m.*
mor·tar[2] [~] *s* Mörtel *m.*
mort·gage ['mɔːgɪdʒ] **I** *s* **1.** Hypothek *f*: ***raise a ~*** e-e Hypothek aufnehmen (***on*** auf *acc*); ~ ***bond*** hypothekarisch gesicherte Schuldverschreibung. **2.** Pfandrecht *n* an fremden Sachen u. immateriellen Gegenständen. **II** *v/t* mit e-r Hypothek belasten, e-e Hypothek aufnehmen auf (*acc*).
mort·ga·gee [ˌmɔːgɪ'dʒiː] *s* Hypothekengläubiger(in).
mort·ga·ger ['mɔːgɪdʒə] *s* Hypothekenschuldner(in).
mor·ti·cian [mɔː'tɪʃən] *s Am.* Leichenbestatter(in).
mor·ti·fi·ca·tion [ˌmɔːtɪfɪ'keɪʃn] *s* **1.** Demütigung *f*, Kränkung *f.* **2.** Ärger *m*, Verdruss *m*: ***to one's ~*** zu s-m Verdruss. **3.** Kasteiung *f.* **4.** Abtötung *f.* **5.** ⚕ Absterben *n.*
mor·ti·fy ['~faɪ] **I** *v/t* **1.** demütigen, kränken. **2.** ärgern, verdrießen. **3.** *Fleisch etc* kasteien. **4.** *Leidenschaften* abtöten. **II** *v/i* **5.** ⚕ absterben (*Gewebe*).
mor·tu·ar·y ['mɔːtʃʊərɪ] **I** *s* Leichenhalle *f.* **II** *adj* Begräbnis..., Leichen...
mo·sa·ic [məʊ'zeɪɪk] *s* Mosaik *n.*
Mos·cow ['mɒskəʊ] *npr* Moskau *n.*
Mo·selle [məʊ'zel] *npr die* Mosel.

M

Mos·lem ['mɒzləm] *neg!* → ***Muslim.***
mosque [mɒsk] *s* Moschee *f.*
mos·qui·to [mə'skiːtəʊ] *pl* **-to(e)s** *s zo.* Moskito *m*; *allg.* Stechmücke *f.* ~ **net** *s* Moskitonetz *n.*
moss [mɒs] *s* Moos *n.*
'moss·y *adj* moosig, bemoost.
most [məʊst] **I** *adj* **1.** meist, größt: ***for the ~ part*** größten-, meistenteils. **2.** (*vor e-m s im pl, mst ohne Artikel*) die meisten: ***~ people*** die meisten Leute. **II** *s* **3.** *das* meiste, *das* Höchste: ***at*** (***the***) ~ höchstens, bestenfalls; ***make the ~ of*** *et.* nach Kräften ausnützen, das Beste herausholen aus. **4.** das meiste, der größte Teil: ***he spent ~ of his time there*** er verbrachte die meiste Zeit dort. **5.** die meisten *pl*: ***better than ~*** besser als die meisten; ***~ of my friends*** die meisten m-r Freunde. **III** *adv* **6.** am meisten: ***~ of all*** am allermeisten. **7.** *zur Bildung des sup*: ***the ~ important point*** der wichtigste Punkt. **8.** (*vor adj*) höchst, äußerst: ***~ agreeable*** äußerst angenehm; ***he is ~ likely to come*** er kommt höchstwahrscheinlich.
'most-ˌfa·vo(u)red-'na·tion clause *s* Meistbegünstigungsklausel *f.*
'most·ly *adv* **1.** größtenteils. **2.** meist(ens).
MOT [ˌeməʊ'tiː] *s Br.* a) *a.* ~ ***test*** (*etwa*) TÜV-Prüfung *f*: ***my car has failed*** (*od.* ***hasn't got through***) ***its*** (*od.* ***the***) ~ mein Wagen ist nicht durch den TÜV gekommen, b) *a.* ~ ***certificate*** (*etwa*) TÜV-Bescheinigung *f.*
mo·tel [məʊ'tel] *s* Motel *n.*
moth [mɒθ] *s zo.* **1.** Nachtfalter *m.* **2.** Motte *f.* **'~·ball** *s* Mottenkugel *f*: ***put in ~s*** einmotten (*a. fig.*). **'~-ˌeat·en** *adj* **1.** mottenzerfressen. **2.** *fig.* veraltet.
moth·er ['mʌðə] **I** *s* Mutter *f* (*a. fig.*): ***Mother's Day*** Muttertag *m*; ***~'s milk*** Muttermilch *f*; ***a ~ of four*** e-e Mutter von vier Kindern. **II** *adj* Mutter...: ~ ***ship.*** **III** *v/t* bemuttern. **'~·board** *s Computer*: Motherboard *n*, Hauptplatine *f.* ~ **coun·try** *s* **1.** Mutterland *n.* **2.** Vater-, Heimatland *n.*
Moth·er Earth *s* Mutter Erde.
moth·er·hood ['mʌðəhʊd] *s* Mutterschaft *f.*
'moth·er|-in-law *pl* **'moth·ers-in-law** *s* Schwiegermutter *f.*
moth·er·less ['mʌðəlɪs] *adj* mutterlos.
'moth·er·ly *adj* mütterlich.
ˌmoth·er|-of-'pearl *s* Perlmutter *f, n*, Perlmutt *n.* **ˌ~-to-'be** *pl* **ˌmoth·ers-to-'be** *s* werdende Mutter. ~ **tongue** *s* Muttersprache *f.* ~ **wit** *s* Mutterwitz *m.*
mo·tif [məʊ'tiːf] *s Kunst*: Motiv *n.*
mo·tion ['məʊʃn] **I** *s* **1.** Bewegung *f* (*a. phys. etc*): ***be in ~*** in Gang sein (*a. fig.*), in Bewegung sein; ***put*** (*od.* ***set***) ***in ~*** in Gang bringen (*a. fig.*), in Bewegung setzen; ***go through the ~s of doing s.th.*** *fig.* et. mechanisch *od.* pro forma tun. **2.** Bewegung *f*, Geste *f*, Wink *m*: ***~ of the head*** Kopfbewegung; ***make a ~ with one's hand*** e-e Handbewegung machen. **3.** *parl. etc* Antrag *m*: ***on the ~ of*** auf Antrag von (*od. gen*). **II** *v/i* **4.** winken (***with*** mit; ***to, at*** *dat*). **III** *v/t* **5.** *j-n* durch e-n Wink auffordern, *j-m* ein Zeichen geben (***to do*** zu tun): ~ ***s.o. into the room*** j-n ins Zimmer winken.
'mo·tion·less *adj* □ bewegungs-, regungslos.
mo·tion| pic·ture *s Am.* Film *m.* ~ **ther·a·py** *s* ⚕ Bewegungstherapie *f.*
mo·ti·vate ['məʊtɪveɪt] *v/t* motivieren, anspornen.
ˌmo·ti'va·tion *s* Motivation *f*, Ansporn *m*, Antrieb *m.*
mo·ti·va·tion·al [ˌməʊtɪ'veɪʃənl] *adj* Motiv...: ~ ***research.***
mo·tive ['məʊtɪv] **I** *s* Motiv *n*, Beweggrund *m* (***for*** zu). **II** *adj* treibend (*a. fig.*): ~ ***power*** Antriebskraft *f*, *bsd. fig.* Triebkraft *f.*
mot·ley ['mɒtlɪ] *adj* (kunter)bunt (*a. fig.*).
mo·tor ['məʊtə] **I** *s* **1.** *tech.* Motor *m*, *fig. a.* treibende Kraft. **II** *adj* **2.** Motor... **3.** *physiol.* motorisch, Bewegungs...: ~ ***nerve.*** **'~·bike** *s* F Motorrad *n*, *schweiz.* Töff *n.* **'~·boat** *s* Motorboot *n.* **'~·car** *s* Kraftfahrzeug *n.* ~ **car·a·van** *s Br.* Wohnmobil *n.* **'~ˌcy·cle** *s* Motorrad *n*, *schweiz.* Töff *n.* **'~ˌcy·clist** *s* Motorradfahrer(in). ~ **in·dus·try** *s* Autoindustrie *f.*
mo·tor·ing ['məʊtərɪŋ] **I** *s* Autofahren *n*: ***school of ~*** Fahrschule *f.* **II** *adj* Verkehrs..., Auto...
'mo·tor·ist *s* Autofahrer(in).
mo·tor·i·za·tion [ˌməʊtəraɪ'zeɪʃn] *s* Motorisierung *f.*
'mo·tor·ize *v/t* motorisieren.
mo·tor| scoot·er *s* Motorroller *m.* **'~·way** *s Br.* Autobahn *f*: ~ ***junction*** Autobahndreieck *n.*
mot·tled ['mɒtld] *adj* gesprenkelt.
mot·to ['mɒtəʊ] *pl* **-to(e)s** *s* Motto *n.*
mould¹ [məʊld] *bsd. Br.* **I** *s* **1.** *tech.* (Gieß-, Guss-, Press)Form *f*: ***be cast*** (*od.* ***made***) ***in the same*** (***a different***) ~ *fig.* aus demselben (e-m anderen) Holz geschnitzt sein. **II** *v/t* **2.** *tech.* gießen. **3.** formen (*a. fig. Charakter etc*), bilden (***out of*** aus), gestalten (***on*** nach dem Muster *gen*); formen (***into*** zu).
mould² [~] *s bsd. Br.* Schimmel *m.*
mould·er ['məʊldə] *v/i a.* ~ ***away*** *bsd. Br.* vermodern; zerfallen.
mould·y ['məʊldɪ] *adj bsd. Br.* **1.** a) verschimmelt, schimm(e)lig: ***get*** (*od.* ***go***) ~ (ver)schimmeln, b) mod(e)rig: ~ ***smell*** Mo-

M

dergeruch *m.* **2.** *sl.* schäbig (*Person, Summe etc*).

mound [maʊnd] *s* Erdwall *m*, -hügel *m*: ~ ***of work*** *fig.* Berg *m* Arbeit.

mount¹ [maʊnt] **I** *v/t* **1.** *Pferd etc, fig. Thron* besteigen; *Treppen* hinaufgehen. **2.** *Kind etc* setzen (**on** auf *ein Pferd etc*). **3.** errichten, *a. Maschine* aufstellen. **4.** anbringen, befestigen; *Bild etc* aufkleben; *Edelstein* fassen. **II** *v/i* **5.** aufsitzen (*Reiter*). **6.** steigen, *fig. a.* (an)wachsen. **7.** *oft* ~ ***up*** *fig.* sich belaufen (***to*** auf *acc*). **III** *s* **8.** Gestell *n*; Fassung *f.* **9.** Reittier *n.*

Mount² [~] *s in Eigennamen*: a) Berg *m*: ~ ***Sinai***, b) Mount *m*: ~ ***Everest.***

moun·tain ['maʊntɪn] **I** *s* Berg *m* (*a. fig.*), *pl a.* Gebirge *n*: ***in the ~s*** im Gebirge; ***make a ~ out of a molehill*** aus e-r Mücke e-n Elefanten machen. **II** *adj* Berg..., Gebirgs... ~ **bike** *s* Mountainbike *n.* ~ **chain** *s* Berg-, Gebirgskette *f.* ~ **crys·tal** *s min.* Bergkristall *m.*

moun·tain·eer [ˌmaʊntɪ'nɪə] *s* Bergsteiger(in).

ˌ**moun·tain'eer·ing** *s* Bergsteigen *n.*

'**moun·tain·ous** *adj* □ **1.** bergig, gebirgig. **2.** *fig.* riesig, (*Wellen a.*) haushoch.

moun·tain range *s* Gebirgszug *m.*

mount·ed ['maʊntɪd] *adj* beritten.

mourn [mɔːn] **I** *v/i* **1.** trauern (***at, over*** über *acc*; ***for, over*** um). **2.** Trauer(kleidung) tragen. **II** *v/t* **3.** betrauern, trauern um.

'**mourn·er** *s* Trauernde *m, f.*

mourn·ful ['~fʊl] *adj* □ traurig.

'**mourn·ing** *s* **1.** Trauer *f*: ~ ***band*** Trauerband *n*, -flor *m.* **2.** Trauer(kleidung) *f*: ***go into*** ~ Trauerkleidung anlegen.

mouse [maʊs] *pl* **mice** [maɪs] *s* **1.** *zo. u. Computer*: Maus *f*; ***~-controlled*** mausgesteuert. **2.** *fig.* schüchterne *od.* ängstliche Person. ~ **click** *s Computer*: Mausklick *m.* '**~·hole** *s* Mauseloch *n.* ~ **pad** *s Computer*: Mausmatte *f.* '**~·trap** *s* Mausefalle *f.*

mousse [muːs] *s* **1.** *gastr.* Creme *f.* **2.** *a.* ***styling*** ~ Schaum(festiger) *m.*

mous·tache [mə'stɑːʃ] *s* Schnurrbart *m.*

mous·y ['maʊsɪ] *adj* □ **1.** mausgrau. **2.** schüchtern; ängstlich.

mouth I *s* [maʊθ] *pl* **mouths** [maʊðz] **1.** Mund *m*: ***down in the*** ~ F deprimiert; ***keep one's ~ shut*** F den Mund halten; ***take the words out of s.o.'s*** ~ j-m das Wort aus dem Mund nehmen; → ***stop*** 12, ***word*** 1. **2.** *zo.* Maul *n*, Schnauze *f*: → ***horse.*** **3.** Mündung *f* (*e-s Flusses etc*); Öffnung *f* (*e-r Flasche etc*), Ein-, Ausfahrt *f* (*e-s Hafens etc*). **II** *v/t* [maʊð] **4.** *Worte* (*unhörbar*) mit den Lippen formen.

mouth·ful ['~fʊl] *s* **1.** *ein* Mund *m* voll, Bissen *m.* **2.** *fig.* ellenlanges Wort; Zungenbrecher *m.*

mouth| or·gan *s* ♪ Mundharmonika *f.* '**~·piece** *s* **1.** Mundstück *n* (*e-s Blasinstruments, e-r Pfeife etc*). **2.** *fig.* Sprachrohr *n* (*a. Person*). ˌ**~-to-'~ res·pi·ra·tion** *s* ⚕ Mund-zu-Mund-Beatmung *f.* '**~wash** *s* ⚕ Mundwasser *n.* '**~ˌwa·tering** *adj* appetitlich, lecker.

mov·a·ble ['muːvəbl] **I** *adj* beweglich; transportierbar. **II** *s pl* Mobilien *pl*, bewegliches Vermögen.

move [muːv] **I** *v/t* **1.** (von der Stelle) bewegen, rücken; transportieren; *Körperteil* bewegen, rühren: ~ ***one's car*** s-n Wagen wegfahren; → ***heaven*** 1. **2.** a) *Wohnsitz etc* verlegen (***to*** nach): ~ ***house*** umziehen, *schweiz.* zügeln, b) *Angestellten etc* versetzen (***to*** nach). **3.** *Computer*: verschieben. **4.** ~ ***on*** vorwärts treiben; *j-n* auffordern weiterzugehen. **5.** *fig.* bewegen, rühren: ***be ~d to tears*** zu Tränen gerührt sein. **6.** bewegen, veranlassen (***to*** zu): ***feel ~d to say s.th.*** sich veranlasst fühlen, et. zu sagen. **7.** *Schach etc*: ziehen *od.* e-n Zug machen mit. **8.** *parl. etc* beantragen (*a.* ***that*** dass). **II** *v/i* **9.** sich bewegen *od.* rühren; *fig.* sich ändern (*Ansichten etc*): ***begin to ~, ~ off*** sich in Bewegung setzen; ~ ***on*** weitergehen; → ***time*** 1. **10.** umziehen, *schweiz.* zügeln: ~ ***to*** *a.* ziehen nach; ~ ***in*** (***out, away***) ein- (aus-, weg)ziehen. **11.** handeln, et. unternehmen. **12.** (***in*** in *guter Gesellschaft etc*) verkehren (*a.* ***with*** mit), sich bewegen. **13.** *Schach etc*: e-n Zug machen, ziehen. **III** *s* **14.** Bewegung *f*: ***on the*** ~ in Bewegung; auf den Beinen; ***get a ~ on!*** F Tempo!, mach(t) schon! **15.** Umzug *m, schweiz.* Zügelte *f.* **16.** a) *Schach etc*: Zug *m*: ***it is your*** ~ Sie sind am Zug, b) *fig.* Schritt *m*: ***a clever*** ~ ein kluger Schachzug; ***make the first*** ~ den ersten Schritt tun. **17.** *Sport*: Kombination *f*; Spielzug *m.*

'**move·ment** *s* **1.** Bewegung *f* (*a. fig.*): ***without*** ~ bewegungslos. **2.** ♪ Satz *m.*

mov·ie ['muːvɪ] *bsd. Am.* F **I** *s* **1.** Film *m.* **2.** Kino *n.* **3.** ***go to the ~s*** ins Kino gehen. **II** *adj* **4.** Film..., Kino...: ~ ***camera*** Filmkamera *f*; ~ ***star*** Filmstar *m.*

mov·ing ['muːvɪŋ] *adj* □ **1.** beweglich, (*Verkehr*) fließend: ~ ***staircase*** Rolltreppe *f.* **2.** *fig.* bewegend, rührend.

mow [məʊ] *v/t u. v/i* (*a. irr*) mähen.

'**mow·er** *s* Mähmaschine *f*, Rasenmäher *m.*

mown *pp von* ***mow.***

Mo·zam·bique [ˌməʊzəm'biːk] Mosambik *n* (*Republik in Südostafrika*).

MP [em'piː] **1.** ***Member of Parliament.*** *in GB*: Unterhausabgeordnete *m, f.* **2.** ***Military Police*** Militärpolizei *f.*

mpg ***miles per gallon*** *Benzinverbrauch in Meilen pro Gallone.*
mph ***miles per hour*** Stundengeschwindigkeit *f* (*in Meilen pro Stunde*).
Mr ***mister*** Herr.
MRP ***manufacturer's recommended price*** unverbindliche Preisempfehlung.
Mrs Frau.
Ms Frau (*auch für Unverheiratete*).
MSc ***Master of Science*** Magister *m* der Naturwissenschaften.
MSS ***manuscripts*** Manuskripte *pl.*
Mt. ***Mount*** Berg *m.*
much [mʌtʃ] **I** *adj* **1.** viel: ***as ~ again*** noch einmal so viel. **II** *adv* **2.** sehr: ***~ to my regret*** sehr zu m-m Bedauern; ***~ to my surprise*** zu m-r großen Überraschung; ***I thought as ~*** das habe ich mir gedacht. **3.** (*in Zssgn*) viel...: ***~-admired*** viel bewundert. **4.** (*vor comp*) viel: ***~ better.*** **5.** fast, mehr od. weniger: ***~ the same.*** **III** *s* **6.** große Sache: ***nothing ~*** nichts Besonderes; ***think ~ of*** viel halten von; ***he is not ~ of a dancer*** er ist kein großer Tänzer; → ***make*** 11.
muck [mʌk] **I** *s* **1.** Mist *m*, Dung *m.* **2.** Kot *m*, Dreck *m*, Schmutz *m.* **3.** ***make a ~ of*** → 6b. **II** *v/t* **4.** düngen. **5.** *a.* ***~ out*** ausmisten. **6.** *oft* ***~ up*** a) schmutzig machen, b) *bsd. Br.* F verpfuschen, -masseln. **III** *v/i* **7.** *mst* ***~ about*** (*od.* ***around***) *bsd. Br.* F a) herumgammeln, b) herumpfuschen (***with*** an *dat*), c) herumalbern. **'~·rake** *v/i* Skandale aufdecken; im Schmutz wühlen.
muck·y ['mʌkɪ] *adj* □ schmutzig.
mu·cous ['mju:kəs] *adj* schleimig: ***~ membrane*** *anat.* Schleimhaut *f.*
mu·cus ['~kəs] *s* Schleim *m.*
mud [mʌd] *s* **1.** Schlamm *m*, Matsch *m.* **2.** Schmutz *m* (*a. fig.*): ***drag through the ~*** *fig.* in den Schmutz ziehen *od.* zerren; ***sling*** (*od.* ***throw***) ***~ at s.o.*** *fig.* j-n mit Schmutz bewerfen.
mud·dle ['mʌdl] **I** *s* Durcheinander *n*, Unordnung *f*; Verwirrung *f*: ***be in a ~*** durcheinander sein (*Dinge*), (*Person a.*) konfus sein; ***get in(to) a ~*** durcheinander geraten (*Dinge*); konfus werden (*Person*); ***make a ~ of*** → IIa. **II** *v/t* durcheinander bringen: a) in Unordnung bringen, b) konfus machen, c) verwechseln (***with*** mit). **III** *v/i*: ***~ through*** sich durchwursteln.
mud·dy ['mʌdɪ] *adj* □ **1.** schlammig, trüb. **2.** schmutzig. **3.** *fig.* wirr; unklar.
'mud|·guard *s mot.* Kotflügel *m*; Schutzblech *n* (*e-s Fahrrads*). **~ pack** *s* ⚕ Fango-, Schlammpackung *f.* **'~ˌsling·ing** *s* Verleumdung *f.*
muf·fin ['mʌfɪn] *s* Muffin *n*: a) *Br.* Hefeteigsemmel *f*, b) *Am. kleine süße Semmel.*
muf·fle ['mʌfl] *v/t* **1.** *oft* ***~ up*** einhüllen, -wickeln. **2.** *Ton etc* dämpfen: ***~d voices*** *pl* gedämpfte Stimmen *pl.*
'muf·fler *s* **1.** dicker Schal. **2.** *mot. Am.* Auspufftopf *m.*
muf·ti ['mʌftɪ] *s*: ***in ~*** in Zivil.
mug [mʌg] **I** *s* **1.** Krug *m*; Becher *m*; große Tasse. **2.** *sl.* Visage *f* (*Gesicht*); Fresse *f* (*Mund*). **II** *v/t* F **3.** (*bsd. auf der Straße*) überfallen u. ausrauben. **4.** *a.* ***~ up*** *Br. et.* büffeln. **III** *v/i* **5.** *Br.* F büffeln.
'mug·ger *s* F (*bsd.* Straßen)Räuber(in).
'mug·ging *s* F Raubüberfall *m*, *bsd.* Straßenraub *m.*
mug·gy ['mʌgɪ] *adj* □ schwül.
mule [mju:l] *s zo.* Maultier *n*; Maulesel *m*: (***as***) ***stubborn*** (*od.* ***obstinate***) ***as a ~*** (so) störrisch wie ein Maulesel.
mul·ish ['mju:lɪʃ] *adj* □ störrisch, stur.
mull [mʌl] *v/i u. v/t*: ***~ over*** *s.th.*, ***~*** *s.th.* ***over*** nachdenken über (*acc*).
mulled [mʌld] *adj*: ***~ wine*** Glühwein *m.*
mul·ti... ['mʌltɪ] *in Zssgn* viel..., mehr..., Mehrfach..., Multi... **ˌ~'cul·tur·al** *adj* □ multikulturell.
mul·ti·far·i·ous [ˌmʌltɪ'feərɪəs] *adj* □ mannigfaltig, vielfältig.
ˌmul·ti'func·tion·al *adj* □ multifunktional: ***~ keyboard*** Multifunktionstastatur *f.*
ˌmul·ti'lat·er·al *adj* □ **1.** vielseitig. **2.** *pol.* multilateral, mehrseitig.
ˌmul·ti'lin·gual *adj* mehrsprachig.
ˌmul·ti'me·di·a *adj* Multimedia...: ***~ group*** Medienkonzern *m.*
ˌmul·ti·mil·lion'aire *s* Multimillionär(in).
ˌmul·ti'na·tion·al *econ.* **I** *adj* multinational (*Konzern*); ***~ corporation*** Konzernmulti. **II** *s* F Multi *m.*
'mul·ti·pack *s* Mehrfachpackung *f.*
mul·ti·ple ['mʌltɪpl] **I** *adj* □ **1.** viel-, mehrfach: ***~ sclerosis*** ⚕ multiple Sklerose. **2.** mannigfaltig, vielfältig. **3.** ⚡, *tech.* Mehr(fach)..., Vielfach...: ***~ access*** Mehrfachzugriff *m.* **II** *s* **4.** *das* Vielfache (*a.* ⅍). **~ job·hold·ing** *s* Mehrfachbeschäftigung *f.*
mul·ti·plex ['mʌltɪpleks] *adj* mehrfach, vielfach: ***~ mode*** Multiplexbetrieb *m.*
mul·ti·pli·ca·tion [ˌmʌltɪplɪ'keɪʃn] *s* **1.** Vermehrung *f* (*a. biol.*). **2.** ⅍ Multiplikation *f*: ***~ sign*** Mal-, Multiplikationszeichen *n*; ***~ table*** Einmaleins *n.*
mul·ti·plic·i·ty [ˌ~'plɪsətɪ] *s* **1.** Vielfalt *f.* **2.** Vielzahl *f.*
mul·ti·pli·er ['~plaɪə] *s* ⅍ Multiplikator *m.*
mul·ti·ply ['~plaɪ] **I** *v/t* **1.** vermehren, -vielfachen. **2.** ⅍ multiplizieren, malnehmen (***by*** mit): ***6 multiplied by 5 is 30*** 6 mal 5 ist 30. **II** *v/i* **3.** sich vermehren (*a. biol.*), sich vervielfachen.

M

'**mul·ti|pro·cess·ing** *s* Gleichzeitverarbeitung *f*. ~,**pro·gram·ming** *s Computer*: Multiprogramming *n*, Mehrprogrammbetrieb *m*.
,**mul·ti'pur·pose** *adj* Mehrzweck...
,**mul·ti'sto·r(e)y** *adj* vielstöckig: ~ ***car park*** Park(hoch)haus *n*.
,**mul·ti-'task·ing** *s Computer*: Multitasking *n*, Mehrprogrammbetrieb *m*.
mul·ti·tude ['mʌltɪtjuːd] *s* **1.** große Zahl, Vielzahl *f*: ***for a ~ of reasons*** aus vielerlei Gründen. **2.** ***the*** ~(***s*** *pl*) die Masse.
mum¹ [mʌm] **I** *int*: ***~'s the word*** Mund halten!, kein Wort darüber! **II** *adj*: ***keep ~*** nichts verraten (***about, on*** von).
mum² [~] *s bsd. Br.* F Mami *f*, Mutti *f*.
mum·ble ['mʌmbl] *v/t u. v/i* (vor sich hin) murmeln.
mum·bo jum·bo [ˌmʌmbəʊ'dʒʌmbəʊ] *s* **1.** Hokuspokus *m*, fauler Zauber. **2.** Kauderwelsch *n*.
mum·mi·fi·ca·tion [ˌmʌmɪfɪ'keɪʃn] *s* Mumifizierung *f*.
mum·mi·fy ['~faɪ] **I** *v/t* mumifizieren. **II** *v/i* vertrocknen.
mum·my¹ ['mʌmɪ] *s* Mumie *f*.
mum·my² [~] → ***mum².***
mumps [mʌmps] *s sg* ⚕ Mumps *m*, Ziegenpeter *m*.
munch [mʌntʃ] *v/t u. v/i* mampfen: ~ ***away at*** *et.* mampfen.
mun·dane [ˌmʌn'deɪn] *adj* □ **1.** weltlich. **2.** alltäglich, profan; prosaisch, sachlich-nüchtern.
Mu·nich ['mjuːnɪk] *npr* München *n*.
mu·nic·i·pal [mjuː'nɪsɪpl] *adj* □ städtisch, Stadt..., kommunal, Gemeinde...: ~ ***council*** Stadt-, Gemeinderat *m*; ~ ***elections*** *pl* Kommunalwahlen *pl*.
muˌnic·i'pal·i·ty [~'pælətɪ] *s* **1.** Gemeinde *f*. **2.** Kommunalbehörde *f*, -verwaltung *f*.
mu·ral ['mjʊərəl] **I** *adj* Mauer..., Wand...: ~ ***painting*** → II. **II** *s* Wandgemälde *n*.
mur·der ['mɜːdə] **I** *s* **1.** (***of***) Mord *m* (an *dat*), Ermordung *f* (*gen*): ***cry*** (*od.* ***scream***) ***blue ~*** F zetermordio schreien; ***get away with ~*** F sich alles erlauben können. **II** *adj* **2.** Mord...: ~ ***trial*** Mordprozess *m*; ~ ***victim*** Mordopfer *n*; ~ ***weapon*** Mordwaffe *f*. **III** *v/t* **3.** ermorden. **4.** *fig.* verschandeln, verhunzen.
'**mur·der·er** *s* Mörder *m*.
'**mur·der·ess** *s* Mörderin *f*.
'**mur·der·ous** *adj* □ mörderisch (*a. fig.*).
murk·y ['mɜːkɪ] *adj* □ dunkel, finster.
mur·mur ['mɜːmə] **I** *s* **1.** Murmeln *n*. **2.** Murren *n*: ***without a ~*** ohne zu murren. **II** *v/i* **3.** murmeln. **4.** murren (***at, against*** gegen). **III** *v/t* **5.** *et.* murmeln.
mus·cle ['mʌsl] **I** *s anat.* Muskel *m*: ***not to move a ~*** *fig.* nicht mit der Wimper zucken. **II** *v/i*: ~ ***in on*** *fig.* F sich eindrängen in (*acc*). '**~·man** *s* (*irr* ***man***) Muskelmann *m*, -paket *n*.
mus·cu·lar ['mʌskjʊlə] *adj* □ **1.** Muskel...: ~ ***atrophy*** ⚕ Muskelschwund *m*. **2.** muskulös.
muse [mjuːz] *v/i* (nach)sinnen, (-)grübeln (***on, over*** über *acc*).
mu·se·um [mjuː'zɪəm] *s* Museum *n*.
mush [mʌʃ] *s* **1.** Brei *m*, Mus *n*. **2.** *Am.* Maisbrei *m*.
mush·room ['mʌʃrʊm] **I** *s* **1.** ♣ (essbarer) Pilz, *österr.* Schwammerl *n*, *engS.* Champignon *m*. **II** *adj* **2.** Pilz...; pilzförmig: ~ ***cloud*** Atompilz *m*. **III** *v/i* **3.** Pilze sammeln: ***go ~ing*** in die Pilze gehen. **4.** *oft* ~ ***up*** *fig.* wie Pilze aus dem Boden schießen.
mush·y ['mʌʃɪ] *adj* □ **1.** breiig, weich. **2.** F rührselig.
mu·sic ['mjuːzɪk] *s* **1.** Musik *f*: ***that's ~ to my ears*** das ist Musik in m-n Ohren; ***face the ~*** F dafür geradestehen; ***put*** (*od.* ***set***) ***to ~*** vertonen. **2.** Noten *pl*.
'**mu·si·cal** **I** *adj* □ **1.** Musik... **2.** musikalisch. **II** *s* **3.** Musical *n*.
mu·sic| book *s* Notenheft *n*, -buch *n*. ~ **centre** (*Am.* **cen·ter**) *s* Kompaktanlage *f*. ~ **hall** *s bsd. Br.* Varietee(theater) *n*.
mu·si·cian [mjuː'zɪʃn] *s* Musiker(in).
mu·sic| pa·per *s* Notenpapier *n*. ~ **stand** *s* Notenständer *m*. ~ **stool** *s* Klavierstuhl *m*.
musk [mʌsk] *s Kosmetik*: Moschus *m*.
Mus·lim ['mʊzlɪm] **I** *s* Muslim *m*, Muslime *f*. **II** *adj* muslimisch.
muss [mʌs] *Am.* F **I** *s* Durcheinander *n*, Verhau *m*. **II** *v/t oft* ~ ***up*** durcheinander bringen, *Haar* zerwühlen.
mus·sel ['mʌsl] *s* (Mies)Muschel *f*.
must¹ [mʌst] **I** *v/aux ich* muss, *du* musst *etc*: ***you ~ not smoke here*** du darfst hier nicht rauchen. **II** *s* Muss *n*: ***this book is a*** (***n absolute***) ~ dieses Buch muss man (unbedingt) gelesen haben.
must² [~] *s* Most *m*.
mus·tache *Am.* → ***moustache.***
mus·tard ['mʌstəd] *s* Senf *m*.
mus·ter ['mʌstə] **I** *v/t* **1.** *mil.* (zum Appell) antreten lassen; *allg.* zs.-rufen, versammeln. **2.** *j-n*, *et.* auftreiben. **3.** *a.* ~ ***up*** *fig.* *s-e Kraft etc* aufbieten: → ***courage.*** **II** *v/i* **4.** *mil.* (zum Appell) antreten; *allg.* sich versammeln. **III** *s* **5.** *mil.* (Antreten *n* zum) Appell: ***pass ~*** *fig.* durchgehen (***with*** bei); ganz passabel sein, den Anforderungen genügen.
mustn't ['mʌsnt] F *für* ***must not.***
mus·ty ['mʌstɪ] *adj* □ muffig, mod(e)rig.

M

mu·tate [mjuːˈteɪt] *v/i* **1.** sich ändern. **2.** *ling.* umlauten: **~d vowel** Umlaut *m.* **3.** *biol.* mutieren.
mu·ta·tion [mjuːˈteɪʃn] *s* **1.** (Ver)Änderung *f.* **2.** Umwandlung *f.* **3.** *biol.* Mutation *f.*
mute [mjuːt] **I** *adj* □ **1.** stumm (*a. ling.*), *weitS. a.* sprachlos. **II** *s* **2.** Stumme *m, f.* **3.** ♪ Dämpfer *m.* **II** *v/t* **4.** ♪ dämpfen.
mu·ti·late [ˈmjuːtɪleɪt] *v/t* verstümmeln (*a. fig.*).
ˌmu·tiˈla·tion *s* Verstümm(e)lung *f.*
mu·ti·neer [ˌmjuːtɪˈnɪə] **I** *s* Meuterer *m.* **II** *v/i* meutern.
ˈmu·ti·nous *adj* □ **1.** meuternd. **2.** meuterisch.
ˈmu·ti·ny **I** *s* Meuterei *f.* **II** *v/i* meutern.
mut·ter [ˈmʌtə] **I** *v/i* **1.** murmeln: **~ (away) to o.s.** vor sich hin murmeln. **2.** murren (**about** über *acc*). **II** *v/t* **3.** murmeln. **III** *s* **4.** Murmeln *n.* **5.** Murren *n.*
mut·ton [ˈmʌtn] *s* Hammelfleisch *n*: **(as) dead as ~** F mausetot. **~ chop** *s* Hammelkotelett *n.* **ˌ~ˈchops** *s pl* Koteletten *pl.*
mu·tu·al [ˈmjuːtʃʊəl] *adj* □ **1.** gegen-, wechselseitig: **be ~** auf Gegenseitigkeit beruhen; **by ~ consent** in gegenseitigem Einvernehmen. **2.** gemeinsam.
mu·zak [ˈmjuːzæk] *s* (*TM*) Musikberieselung *f.*
muz·zle [ˈmʌzl] **I** *s* **1.** *zo.* Maul *n*, Schnauze *f.* **2.** Maulkorb *m* (*a. fig.*). **3.** Mündung *f* (*e-r Feuerwaffe*). **II** *v/t* **4.** e-n Maulkorb anlegen (*dat*), *fig. a.* mundtot machen.
MW ***medium wave*** MW, Mittelwelle *f.*
my [maɪ] *possessive pron* mein(e).
my·co·sis [maɪˈkəʊsɪs] *pl* **-ses** [~siːz] *s* ⚕ Pilzkrankheit *f.*
my·o·pi·a [maɪˈəʊpjə] *s* ⚕ Kurzsichtigkeit *f* (*a. fig.*).
my·op·ic [~ˈɒpɪk] *adj* (**~ally**) ⚕ kurzsichtig (*a. fig.*).
myr·i·ad [ˈmɪrɪəd] **I** *s* Myriade *f, fig. a.* Unzahl *f*: **a ~ of** → II. **II** *adj*: **a ~** unzählige, zahllose.
myrrh [mɜː] *s* ⚘ Myrre *f.*
myr·tle [ˈmɜːtl] *s* ⚘ Myrte *f.*
my·self [maɪˈself] *pron* **1.** *verstärkend*: ich, mich *od.* mir selbst: ***I did it ~, I ~ did it*** ich habe es selbst getan. **2.** *reflex* mich: ***I cut ~.*** **3.** mich (selbst): ***I want it for ~.***
mys·te·ri·ous [mɪˈstɪərɪəs] *adj* mysteriös: a) geheimnisvoll: ***be very ~ about*** ein großes Geheimnis machen aus, b) rätsel-, schleierhaft, unerklärlich.
mysˈte·ri·ous·ly *adv* auf mysteriöse Weise, unter mysteriösen Umständen.
mys·ter·y [ˈmɪstərɪ] *s* **1.** Geheimnis *n*, Rätsel *n* (**to** für *od. dat*): ***it is a (complete) ~ to me*** es ist mir (völlig) schleierhaft; ***make a ~ of*** ein Geheimnis machen aus; ***wrapped in ~*** in geheimnisvolles Dunkel gehüllt. **2.** *eccl.* Mysterium *n.*
mys·tic [ˈmɪstɪk] **I** *adj* (**~ally**) mystisch. **II** *s* Mystiker(in).
ˈmys·ti·cal → ***mystic*** I.
mys·ti·fy [ˈmɪstɪfaɪ] *v/t* verwirren, vor ein Rätsel stellen: ***be mystified*** vor e-m Rätsel stehen.
myth [mɪθ] *s* Mythos *m*, Mythus *m, fig. a.* Märchen *n.*
myth·i·cal [ˈmɪθɪkl] *adj* □ mythisch, sagenhaft, *fig. a.* erdichtet.
myth·o·log·i·cal [ˌmɪθəˈlɒdʒɪkl] *adj* □ mythologisch.
my·thol·o·gy [mɪˈθɒlədʒɪ] *s* Mythologie *f.*

N

N [en] *pl* **N's** *s* N *n.*
N ***north*** N, Nord(en *m*); ***north*(*ern*)** n, nördlich.
n ***name*** Name *m*; ***noun*** Subst., Substantiv *n*; ***neuter*** Neutrum *n*, sächlich.
N/A ***not applicable*** nicht zutreffend; ***non-acceptance*** Annahmeverweigerung *f*; ***not available*** nicht verfügbar.
nab [næb] *v/t* F **1.** schnappen, erwischen. **2.** sich *et.* schnappen.
na·dir ['neɪˌdɪə] *s* **1.** *ast.* Nadir *m*, Fußpunkt *m.* **2.** *fig.* Tief-, Nullpunkt *m*: ***reach its ~*** den Nullpunkt erreichen.
naff [næf] **I** *adj* F altmodisch, out, **II** *v/i* F ***~ off!*** zieh Leine!
NAFTA ***North American Free Trade Agreement*** Nordamerikanisches Freihandelsabkommen.
nag [næg] **I** *v/t* **1.** herumnörgeln an (*dat*). **2.** ***~ s.o. for s.th.*** j-m wegen et. in den Ohren liegen; ***~ s.o. into doing s.th.*** j-m so lange zusetzen, bis er et. tut; ***~ s.o. to do s.th.*** j-m zusetzen, damit er et. tut. **II** *v/i* **3.** nörgeln: ***~ at*** → 1. **III** *s* **4.** Nörgler(in).
'nag·ger *s* Nörgler(in).
'nag·ging I *s* **1.** Nörgelei *f.* **II** *adj* □ **2.** nörgelnd. **3.** *fig.* nagend, bohrend (*Schmerzen etc*).
nail [neɪl] **I** *s* **1.** (*Finger-, Zehen*)Nagel *m.* **2.** *tech.* Nagel *m*: (***as***) ***hard as ~s*** eisern, unerbittlich; → ***hit*** 7. **II** *v/t* **3.** (an)nageln (***on*** auf *acc*; ***to*** an *acc*): ***~ed to the spot*** *fig.* wie angenagelt; ***~ down*** ver-, zunageln; *fig. j-n* festnageln (***to*** auf *acc*). **~bed** *s anat.* Nagelbett *n.* **ˌ~'bit·ing I** *adj* aufregend. **II** *s* Nägelkauen *n.* **~ brush** *s* Nagelbürste *f.* **~ file** *s* Nagelfeile *f.* **~ pol·ish** *s* Nagellack *m*: ***~ remover*** Nagellackentferner *m.* **~ scis·sors** *s pl*, *a.* ***pair of ~*** Nagelschere *f.* **~ var·nish** *s bsd. Br.* Nagellack *m.*
na·ive, na·ïve [naɪ'iːv] *adj* □ naiv (*a. Kunst*).
na'ive·ty *s* Naivität *f.*
na·ked ['neɪkɪd] *adj* □ *allg.* nackt (*a. fig. Wahrheit etc*), (*Wand etc a.*) kahl: ***with the ~ eye*** mit bloßem Auge.
name [neɪm] **I** *v/t* **1.** (be)nennen (***after,*** *Am. a.* ***for*** nach): ***~d*** genannt, namens. **2.** beim Namen nennen. **3.** nennen, erwähnen. **4.** ernennen zu; nominieren, vorschlagen (***for*** für); wählen zu; benennen, bekannt geben. **5.** *Datum etc* festsetzen, bestimmen. **II** *s* **6.** Name *m*: ***what is your ~?*** wie heißen Sie?; ***by ~*** mit Namen, namentlich; dem Namen nach; ***in the ~ of*** im Namen *des Gesetzes etc*; auf *j-s* Namen *bestellen etc*; ***put one's ~ down for*** kandidieren für; sich anmelden für; sich vormerken lassen für. **7.** Name *m*, Bezeichnung *f.* **8.** Schimpfname *m*: ***call s.o. ~s*** j-n beschimpfen *od.* verspotten. **9.** Name *m*, Ruf *m*: ***get a bad ~*** in Verruf kommen; ***have a bad ~*** in schlechtem Ruf stehen. **10.** (berühmter) Name, (guter) Ruf: ***have a ~ for being ...*** im Rufe stehen, ... zu sein; ***make a ~ for o.s.*** sich e-n Namen machen (***as*** als). **~ day** *s* Namenstag *m.* **'~-ˌdrop·per** *s* F *j-d, der dadurch Eindruck schindet, dass er ständig prominente Bekannte erwähnt.*
name·less ['neɪmlɪs] *adj* □ **1.** namenlos, unbekannt. **2.** ungenannt, unerwähnt. **3.** *fig.* unbeschreiblich.
name·ly ['neɪmlɪ] *adv* nämlich.
name| plate *s* Namensschild *n.* **'~·sake** *s* Namensvetter *m*, -schwester *f.* **~ tag** *s* (*am Revers etc getragenes*) Namensschild.
Na·mib·ia [nə'mɪbɪə] Namibia *n* (*Republik in Südwestafrika*).
nan·ny ['nænɪ] *s bsd. Br.* **1.** Kindermädchen *n.* **2.** Oma *f*, Omi *f.* **~ goat** *s* Geiß *f*, Ziege *f.* **~ state** *s* Versorgerstaat *m.*
nap [næp] **I** *v/i* ein Schläfchen *od.* Nickerchen machen: ***catch s.o. ~ping*** j-n überrumpeln *od.* -raschen. **II** *s* Schläfchen *n*, Nickerchen *n*: ***have*** (*od.* ***take***) ***a ~*** → I.
na·palm ['neɪpɑːm] *s* Napalm *n*: ***~ bomb*** *mil.* Napalmbombe *f.*
nape [neɪp] *s mst* ***~ of the neck*** Genick *n.*
nap·kin ['næpkɪn] *s* **1.** Serviette *f*: ***~ ring*** Serviettenring *m.* **2.** *bsd. Br.* Windel *f.*
Na·ples ['neɪplz] *npr* Neapel *n.*
nap·py ['næpɪ] *s bsd. Br.* F Windel *f.*
nar·cis·si [nɑː'sɪsaɪ] *pl von* **narcissus.**
nar·cis·sism ['nɑːsɪsɪzəm] *s psych.* Narzissmus *m.*
'nar·cis·sist *s* Narzisst(in).
ˌnar·cis'sis·tic *adj* (***~ally***) narzisstisch.
nar·cis·sus [nɑː'sɪsəs] *pl* **-'cis·sus·es, -'cis·si** [~saɪ] *s* ⚘ Narzisse *f.*

N

nar·co·sis [nɑːˈkəʊsɪs] *pl* **-ses** [~siːz] *s* ⚕ Narkose *f*.
nar·cot·ic [nɑːˈkɒtɪk] **I** *adj* (~**ally**) **1.** narkotisch, betäubend, einschläfernd (*a. fig.*). **2.** Rauschgift...: ~ **addiction** Rauschgiftsucht *f*. **II** *s* **3.** Betäubungsmittel *n*. **4.** *oft pl* Rauschgift *n*.
nark [nɑːk] *Br. sl.* **I** *s* (Polizei)Spitzel *m*. **II** *v/t* ärgern.
nar·rate [nəˈreɪt] *v/t* **1.** erzählen. **2.** berichten, schildern.
narˈra·tion *s* Erzählung *f*.
nar·ra·tive [ˈnærətɪv] **I** *s* **1.** Erzählung *f*. **2.** Bericht *m*, Schilderung *f*. **II** *adj* **3.** erzählend: ~ **perspective** Erzählperspektive *f*. **4.** Erzählungs...
nar·row [ˈnærəʊ] **I** *adj* (□ → *a.* **narrowly**) **1.** eng, schmal: ~**-spaced** engzeilig. **2.** eng (*a. fig.*), (*räumlich*) beschränkt: **in the ~est sense** im engsten Sinne. **3.** zs.-gekniffen (*Augen*). **4.** *fig.* eingeschränkt, beschränkt. **5.** *fig.* knapp, dürftig (*Einkommen etc*). **6.** *fig.* knapp (*Mehrheit*, *Sieg etc*): **by a ~ margin** knapp, mit knappem Vorsprung; **win by a ~ majority** knapp gewinnen; → **escape** 8, **squeak** 6. **7.** *fig.* gründlich, eingehend (*Untersuchung etc*). **II** *v/i* **8.** enger *od.* schmäler werden, sich verengen ([**in**]**to** zu). **9.** *fig.* knapp(er) werden, zs.-schrumpfen (**to** auf *acc*). **10.** *fig.* sich annähern (*Standpunkte etc*). **III** *v/t* **11.** enger *od.* schmäler machen, verenge(r)n. **12.** *a.* ~ **down** *fig.* be-, einschränken (**to** auf *acc*); eingrenzen.
ˈnar·row·ly *adv* mit knapper Not: **he ~ escaped death** er ist gerade noch mit dem Leben davongekommen; **he ~ escaped drowning** er wäre beinahe *od.* um ein Haar ertrunken.
NASA [ˈnæsə] ***National Aeronautics and Space Administration*** NASA *f*.
na·sal [ˈneɪzl] **I** *adj* □ **1.** *anat.* Nasen...: ~ **bone** Nasenbein *n*. **2.** a) näselnd (*Stimme*): → **twang**, b) *ling.* nasal, Nasal... **II** *s* **3.** *ling.* Nasal(laut) *m*.
nas·ty [ˈnɑːstɪ] **I** *adj* □ **1.** ekelhaft, eklig, widerlich (*Geschmack etc*); abscheulich (*Verbrechen*, *Wetter etc*). **2.** schmutzig, zotig (*Buch etc*). **3.** bös, schlimm (*Unfall etc*). **4.** a) hässlich (*Charakter*, *Benehmen etc*), b) gemein, fies (*Person*, *Trick etc*), c) übel gelaunt: **turn ~** unangenehm werden. **II** *s* **5.** *Br.* F *pornographische od. gewaltverherrlichende Videokassette.*
na·tion [ˈneɪʃn] *s* Nation *f*: a) Volk *n*, b) Staat *m*.
na·tion·al [ˈnæʃənl] **I** *adj* □ **1.** national, National..., Landes..., Volks...: ~ **advertising** überregionale Werbung; ~ **anthem** Nationalhymne *f*; ~ **championship** (*Sport*) Landesmeisterschaft *f*; ~ **costume** Nationaltracht *f*; ~ **currency** *econ.* Landeswährung *f*; ~ **dish** Nationalgericht *n*; ~ **economy** Volkswirtschaft *f*; **National Guard** *Am.* Nationalgarde *f*; ~ **income** Volkseinkommen *n*; ~ **language** Landessprache *f*; ~ **park** Nationalpark *m*; ~ **product** Sozialprodukt *n*; ~ **service** Wehrdienst *m*; ~ **team** (*Sport*) Nationalmannschaft *f*. **2.** staatlich, öffentlich, Staats...: ~ **debt** Staatsverschuldung *f*; **National Health Service** *Br.* staatlicher Gesundheitsdienst; ~ **insurance** Sozialversicherung *f*; ~**-insurance contributions** *pl* Sozialversicherungsbeiträge *pl*. **3.** landesweit (*Streik etc*), überregional (*Sender*, *Zeitung etc*); inländisch: ~ **call** *teleph.* Inlandsgespräch *n*. **II** *s* **4.** Staatsangehörige *m, f*.
na·tion·al·ism [ˈnæʃnəlɪzəm] *s* Nationalismus *m*.
ˈna·tion·al·ist **I** *s* Nationalist(in). **II** *adj* nationalistisch.
ˌna·tion·alˈis·tic *adj* (~**ally**) nationalistisch.
na·tion·al·i·ty [ˌnæʃəˈnælətɪ] *s* Nationalität *f*, Staatsangehörigkeit *f*: **have French ~** die französische Staatsangehörigkeit besitzen *od.* haben.
na·tion·al·i·za·tion [ˌnæʃnəlaɪˈzeɪʃn] *s* Verstaatlichung *f*.
ˈna·tion·al·ize *v/t econ.* verstaatlichen.
ˈna·tion-wide *adj u. adv* landesweit.
na·tive [ˈneɪtɪv] **I** *adj* □ **1.** eingeboren, Eingeborenen...: **Native American** Indianer(in). **2.** einheimisch, inländisch, Landes...: **go ~** sich den Einheimischen anpassen. **3.** heimatlich, Heimat...: ~ **country** Heimat *f*, Vaterland *n*; ~ **language** Muttersprache *f*; ~ **speaker** Muttersprachler(in); ~ **speaker of English** englischer Muttersprachler; ~ **town** Heimat-, Vaterstadt *f*. **II** *s* **4.** Eingeborene *m, f*. **5.** Einheimische *m, f*: **a ~ of London** ein gebürtiger Londoner.
Na·tiv·i·ty [nəˈtɪvətɪ] *s die* Geburt Christi (*a. Kunst*): ~ **play** Krippenspiel *n*.
NATO [ˈneɪtəʊ] ***North Atlantic Treaty Organization*** Nato *f*.
nat·ter [ˈnætə] *bsd. Br.* F **I** *v/i a.* ~ **away** plaudern. **II** *s* Schwatz *m*, Plausch *m*: **have a ~** e-n Schwatz halten.
nat·u·ral [ˈnætʃrəl] **I** *adj* (□ → **naturally**) **1.** natürlich, Natur...: ~ **blonde** echte Blondine; **die a ~ death** e-s natürlichen Todes sterben; ~ **disaster** Naturkatastrophe *f*; ~ **gas** Erdgas *n*; ~ **resources** *pl* natürliche Ressourcen *pl*, Naturschätze *pl*; ~ **science** Naturwissenschaft *f*; ~ **scientist** Naturwissenschaftler(in); ~ **wastage** *econ.* natürliche Abgänge *pl*. **2.** naturgemäß, -bedingt. **3.** angeboren, eigen (**to** *dat*): ~ **talent** natür-

N

liche Begabung. **4.** natürlich, selbstverständlich. **5.** natürlich, ungekünstelt (*Benehmen etc*). **6.** naturgetreu, natürlich wirkend. **7.** Natur..., Roh..., (*Lebensmittel*) naturbelassen. **8.** leiblich (*Eltern etc*). **II** *s* **9.** ♪ Auflösungszeichen *n*. **10.** F Naturtalent *n* (*Person*).

ˌnat·u·ral'is·tic *adj* (**~ally**) naturalistisch.

nat·u·ral·i·za·tion [ˌ~laɪ'zeɪʃn] *s* Naturalisierung *f*, Einbürgerung *f*.

'nat·u·ral·ize *v/t* **1.** naturalisieren, einbürgern: ***become ~d*** *fig*. sich einbürgern (*Wort etc*). **2.** ⚘, *zo*. heimisch machen: ***become ~d*** heimisch werden.

'nat·u·ral·ly *adv* **1.** *a. int* natürlich. **2.** von Natur (aus). **3.** instinktiv, spontan: ***learning comes ~ to him*** das Lernen fällt ihm leicht. **4.** auf natürlichem Wege.

na·ture ['neɪtʃə] *s* **1.** *allg*. Natur *f*: ***back to ~*** zurück zur Natur. **2.** Natur *f*, Wesen *n*, Veranlagung *f*: ***by ~*** von Natur (aus); ***it is (in) her ~*** es liegt in ihrem Wesen; → ***alien*** 3, ***second***¹ 1. **3.** Art *f*, Sorte *f*: ***of a grave ~*** ernster Natur. **4.** (natürliche) Beschaffenheit. **~ trail** *s* Naturlehrpfad *m*.

naught·y ['nɔːtɪ] *adj* ☐ **1.** ungezogen, unartig. **2.** unanständig (*Witz etc*).

nau·se·a ['nɔːsjə] *s* Übelkeit *f*, Brechreiz *m*.

nau·se·ate ['nɔːsɪeɪt] *v/t* Übelkeit erregen in (*dat*); *fig*. anwidern.

nau·ti·cal ['nɔːtɪkl] *adj* ☐ nautisch, See(-fahrts)...: ***~ mile*** Seemeile *f*.

NAV ***net asset value*** Reinvermögen *n*.

na·val ['neɪvl] *adj* **1.** Flotten..., Marine...: ***~ base*** Flottenstützpunkt *m*; ***~ officer*** Marineoffizier(in); ***~ power*** Seemacht *f*; ***~ review*** Flottenparade *f*. **2.** See..., Schiffs...: ***~ battle*** Seeschlacht *f*.

nave [neɪv] *s* ⚠ Mittel-, Hauptschiff *n*.

na·vel ['neɪvl] *s anat*. Nabel *m*, *fig*. *a*. Mittelpunkt *m*. **~ or·ange** *s* Navelorange *f*.

nav·i·ga·ble ['nævɪgəbl] *adj* ⚓ schiffbar.

nav·i·gate ['~geɪt] *v/t* **1.** ⚓ befahren; durchfahren. **2.** ✈, ⚓ steuern, lenken.

ˌnav·i'ga·tion *s* **1.** Schifffahrt *f*, Seefahrt *f*. **2.** ✈, ⚓ Navigation *f*.

'nav·i·ga·tor *s* ✈, ⚓ Navigator(in).

nav·vy ['nævɪ] *s* Erd- *od*. Bauarbeiter(in).

na·vy ['neɪvɪ] *s* **1.** (Kriegs)Marine *f*. **2.** Kriegsflotte *f*. **~ blue** *s* Marineblau *n*.

nay [neɪ] *s parl*. Gegen-, Neinstimme *f*: ***the ~s have it*** die Mehrheit ist dagegen.

Na·zi ['nɑːtsɪ] **I** *adj* Nazi... **II** *s* Nazi *m*.

Na·zism ['nɑːtsɪzm] *s* Nationalsozialismus *m*.

NB, n.B. ***nota bene*** NB, notabene.

NBC ***National Broadcasting Company*** *amerikanische Rundfunkgesellschaft*.

NCR-pa·per [ˌensiː'ɑː] (***no-carbon-required paper***) *s* selbstdurchschreibendes Papier.

n.d. ***no date*** ohne Datum.

near [nɪə] **I** *adv* **1.** *a*. ***~ at hand*** nahe, (ganz) in der Nähe. **2.** *a*. ***~ at hand*** nahe (bevorstehend) (*Zeitpunkt etc*). **3.** nahezu, beinahe, fast: ***~ impossible; she came ~ to tears*** sie war den Tränen nahe; → ***nowhere*** 1. **II** *adj* (☐ → ***nearly***) **4.** nahe (gelegen): ***Near East*** *geogr*. *der* Nahe u. Mittlere Osten. **5.** kurz, nahe (*Weg*). **6.** nahe (*Zukunft etc*). **7.** nahe (verwandt): ***the ~est relations*** *pl* die nächsten Verwandten *pl*. **8.** eng (befreundet): ***a ~ friend*** ein guter *od*. enger Freund. **9.** knapp: ***~ miss*** ✈ Beinahezusammenstoß *m*; ***be a ~ miss*** knapp scheitern; ***that was a ~ thing*** F das hätte ins Auge gehen können, das ist gerade noch einmal gut gegangen. **10.** genau, wörtlich (*Übersetzung etc*). **III** *prp* **11.** nahe (*dat*), in der Nähe von (*od. gen*): ***~ here*** nicht weit von hier; hier in der Nähe. **IV** *v/t u. v/i* **12.** sich nähern, näher kommen (*dat*): ***be ~ing completion*** der Vollendung entgegengehen. **~·by I** *adv* [ˌnɪə'baɪ] in der Nähe. **II** *adj* ['nɪəbaɪ] nahe (gelegen).

near·ly ['nɪəlɪ] *adv* **1.** beinahe, fast. **2.** annähernd: ***not ~*** bei weitem nicht, nicht annähernd.

ˌnear|'sight·ed *adj* ☐ ⚕ kurzsichtig. **ˌ~'sight·ed·ness** *s* Kurzsichtigkeit *f*.

neat [niːt] *adj* ☐ **1.** sauber: a) ordentlich, reinlich: ***keep ~*** *et*. sauber halten, b) übersichtlich, c) geschickt: ***a ~ solution*** e-e saubere *od*. elegante Lösung. **2.** pur: ***drink one's whisky ~; two ~ whiskies*** zwei Whisky pur.

nec·es·sar·i·ly ['nesəsərəlɪ] *adv* **1.** notwendigerweise. **2.** ***not ~*** nicht unbedingt.

'nec·es·sar·y I *adj* **1.** notwendig, nötig, erforderlich (***to, for*** für): ***it is ~ for me to do it*** ich muss es tun; ***a ~ evil*** ein notwendiges Übel; ***if ~*** nötigenfalls. **2.** unvermeidlich, zwangsläufig, notwendig (*Konsequenz etc*). **II** *s* **3.** ***necessaries*** *pl* Güter *pl* des täglichen Bedarfs.

ne·ces·si·tate [nɪ'sesɪteɪt] *v/t et*. notwendig *od*. erforderlich machen, erfordern: ***~ doing s.th.*** es notwendig machen, et. zu tun.

ne'ces·si·ty *s* **1.** Notwendigkeit *f*: ***of*** (*od*. ***by***) ***~*** notgedrungen; ***be under the ~ of doing s.th.*** gezwungen sein, et. zu tun. **2.** (dringendes) Bedürfnis: ***necessities*** *pl* ***of life*** lebensnotwendiger Bedarf; ***be a ~ of life*** lebensnotwendig sein. **3.** Not *f*: ***~ is the mother of invention*** Not macht erfinderisch; ***in case of ~*** im Notfall; → ***virtue*** 2.

neck [nek] **I** *s* **1.** Hals *m* (*a. e-r Flasche etc*): ***be ~ and ~*** Kopf an Kopf liegen (*a. fig.*); ***be up to one's ~ in debt*** bis an den Hals in

N

Schulden stecken; ***it is ~ or nothing*** es geht um alles od. nichts; ***risk one's ~*** Kopf u. Kragen riskieren; ***save one's ~*** den Kopf aus der Schlinge ziehen; ***stick out one's ~*** einiges riskieren. **2.** Genick *n*: ***break one's ~*** sich das Genick brechen; ***get it in the ~*** F eins aufs Dach bekommen. **3.** → ***neckline.*** **4.** *gastr.* Halsstück *n* (***of lamb*** vom Lamm). **II** *v/i* **5.** F knutschen, schmusen. ˌ**~-and-'~** *adj*: **~ *race*** Kopf-an-Kopf-Rennen *n* (*a. fig.*).
neck·lace ['neklɪs] *s* Halskette *f*.
neck·let ['neklɪt] *s* Halskettchen *n*.
'neck|·line *s* Ausschnitt *m* (*e-s Kleids etc*): ***with a low*** (*od.* ***plunging***) **~** tief ausgeschnitten. **'~·tie** *s* Krawatte *f*, Schlips *m*.
nec·tar ['nektə] *s* ♉ Nektar *m*.
nec·tar·ine ['nektərɪn] *s* ♉ Nektarine *f*.
née, nee [neɪ] *adj bei Frauennamen*: geborene.
need [ni:d] **I** *s* **1.** (***of, for***) (dringendes) Bedürfnis (nach), Bedarf *m* (an *dat*): ***in ~ of help*** hilfs-, hilfebedürftig; ***in ~ of repair*** reparaturbedürftig; ***be in ~ of s.th.*** et. dringend brauchen. **2.** Mangel *m* (***of, for*** an *dat*). **3.** dringende Notwendigkeit: ***there is no ~ for you to come*** du brauchst nicht zu kommen. **4.** Not(lage) *f*: ***if ~ be*** nötigen-, notfalls. **5.** Armut *f*, Not *f*: ***in ~*** in Not. **6.** *pl* Bedürfnisse *pl*, Erfordernisse *pl*. **II** *v/t* **7.** benötigen, brauchen: ***your hair ~s cutting*** du musst dir wieder einmal die Haare schneiden lassen. **8.** erfordern. **III** *v/aux* **9.** brauchen, müssen: ***she ~ not do it*** sie braucht es nicht zu tun; ***you ~ not have come*** du hättest nicht zu kommen brauchen.
nee·dle ['ni:dl] **I** *s* **1.** *allg.* Nadel *f*, *tech. a.* Zeiger *m*: ***a ~ in a haystack*** *fig.* e-e Stecknadel im Heuhaufen. **II** *v/t* **2.** F *j-n* aufziehen, hänseln (***about*** wegen).
need·less ['ni:dlɪs] *adj* unnötig, überflüssig: ***~ to say*** selbstverständlich, natürlich.
'need·less·ly *adv* unnötig(erweise).
'nee·dle·work *s* Hand-, Nadelarbeit *f*: ***do ~*** handarbeiten.
needy ['ni:dɪ] *adj* □ bedürftig.
neg [neg] *s phot.* F Negativ *n*.
ne·gate [nɪ'geɪt] *v/t* **1.** verneinen. **2.** *Wirkung etc* neutralisieren, aufheben.
ne'ga·tion *s* **1.** Verneinung *f*. **2.** Neutralisierung *f*, Aufhebung *f*.
neg·a·tive ['negətɪv] **I** *adj* □ **1.** negativ (*a.* ⚡, ⅍, ⚕ *etc*): a) verneinend: ***he was ~*** ⚕ sein Befund war negativ; **~ *pole*** ⚡ Minuspol *m*, b) abschlägig, ablehnend. **II** *s* **2.** Verneinung *f* (*a. ling.*): ***answer in the ~*** verneinen; ***his answer was in the ~*** s-e Antwort fiel negativ aus. **3.** abschlägige Antwort. **4.** negative Eigenschaft. **5.** *phot.* Negativ *n*.
ne·glect [nɪ'glekt] **I** *v/t* **1.** vernachlässigen: **~*ed*** ungepflegt (*Erscheinung etc*), verwahrlost (*Kind etc*). **2.** es versäumen *od.* unterlassen (***doing, to do*** zu tun). **II** *s* **3.** Vernachlässigung *f*: ***be in a state of ~*** vernachlässigt *od.* verwahrlost sein. **4.** Versäumnis *n*, Unterlassung *f*: ***~ of duty*** Pflichtversäumnis.
ne'glect·ful [~fʊl] → ***negligent*** 1.
neg·li·gee, neg·li·gé(e) ['neglɪʒeɪ] *s* Negligee *n*.
neg·li·gence ['neglɪdʒəns] *s* **1.** Nachlässigkeit *f*, Unachtsamkeit *f*. **2.** ⚖ Fahrlässigkeit *f*.
'neg·li·gent *adj* □ **1.** nachlässig, unachtsam: ***be ~ of*** *j-n, et.* vernachlässigen, *et.* außer Acht lassen. **2.** ⚖ fahrlässig. **3.** lässig, salopp.
neg·li·gi·ble ['neglɪdʒəbl] *adj* □ **1.** nebensächlich, unwesentlich. **2.** geringfügig, unbedeutend, nicht der Rede wert.
ne·go·ti·a·ble [nɪ'gəʊʃjəbl] *adj* □ **1.** *econ.* verkäuflich; übertragbar, begebbar: ***~ instrument*** begebbares Papier. **2.** passier-, befahrbar (*Straße etc*).
ne·go·ti·ate [nɪ'gəʊʃɪeɪt] **I** *v/i* **1.** verhandeln (***with*** mit; ***for, about, on*** über *acc*): ***negotiating skills*** *pl* Verhandlungsgeschick *n*; ***negotiating table*** Verhandlungstisch *m*; **~*d wage*(*s*)** Tariflohn *m*. **II** *v/t* **2.** *Vertrag etc* aushandeln (***with*** mit). **3.** verhandeln über (*acc*). **4.** *econ.* verkaufen; *Wechsel* begeben. **5.** *Straße etc* passieren, *Hindernis etc* überwinden, *Steigung etc* schaffen; *Musikstück etc* meistern.
neˌgo·ti'a·tion *s* **1.** Verhandlung *f*: ***by way of ~*** auf dem Verhandlungsweg; ***it is still under ~*** darüber wird noch verhandelt. **2.** Aushandeln *n*. **3.** *econ.* Verkauf *m*; Begebung *f*. **4.** Passieren *n*, Überwindung *f*.
Ne·gress ['ni:grɪs] *s neg!* Negerin *f*.
Ne·gro ['~grəʊ] *pl* **-groes** *s neg!* Neger *m*.
neigh [neɪ] **I** *v/i* wiehern. **II** *s* Wiehern *n*.
neigh·bo(u)r ['neɪbə] **I** *s* Nachbar(in): ***~ at table*** Tischnachbar(in). **II** *v/t* (*a. v/i* ***~ on***) (an)grenzen an (*acc*).
neigh·bo(u)r·hood ['~hʊd] *s* **1.** Nachbarschaft *f*, *coll. a.* Nachbarn *pl*: ***in the ~ of*** in der Umgebung *od.* Gegend von (*od. gen*); *fig.* um (... herum). **2.** Gegend *f*, Viertel *n*.
'neigh·bo(u)r·ing *adj* benachbart, angrenzend; Nachbar...
'neigh·bo(u)r·ly *adj* **1.** (gut)nachbarlich. **2.** Nachbarschafts...: ***~ help.***
nei·ther ['naɪðə] **I** *adj u. pron* **1.** kein (von beiden): ***~ of you*** keiner von euch (beiden). **II** *cj* **2.** ***~ ... nor*** weder ... noch. **3.** auch nicht: ***he does not know, ~ do I*** er weiß es nicht, u. ich auch nicht.

ne·ol·o·gism [niːˈɒlədʒɪzəm] *s ling.* Neologismus *m*, Neuwort *n*.
ne·on [ˈniːən] *s* ⚗ Neon *n*: ~ ***lamp*** Neonlampe *f*; ~ ***sign*** Leuchtreklame *f*; ~ ***tube*** Neonröhre *f*.
neo-na·zi [ˌniːəʊˈnɑːtsɪ] **I** *adj* neonazistisch. **II** *s* Neonazi *m*.
Ne·pal [nɪˈpɔːl] *npr* Nepal *n*.
neph·ew [ˈnevjuː] *s* Neffe *m*.
ne·phri·tis [nɪˈfraɪtɪs] *s* ⚕ Nierenentzündung *f*.
nep·o·tism [ˈnepətɪzəm] *s* Vetternwirtschaft *f*.
nerd [nɜːd] *n* F **1.** Schwachkopf *m*. **2.** langweiliger Computerfreak.
nerve [nɜːv] **I** *s* **1.** Nerv *m*: ***get on s.o.'s*** ~***s*** j-m auf die Nerven gehen *od.* fallen; ***he's got a*** ~ F der hat vielleicht Nerven!; ***have*** ~***s of iron*** (***steel***) eiserne Nerven (Nerven aus Stahl) haben; ***hit*** (*od.* ***touch***) ***a*** ~ e-n wunden Punkt treffen; ***bag*** (*od.* ***bundle***) ***of*** ~***s*** F Nervenbündel *n*. **2.** *fig.* Stärke *f*, Energie *f*; Mut *m*; Selbstbeherrschung *f*; F Frechheit *f*: ***have the*** ~ ***to do s.th.*** den Nerv haben, et. zu tun; ***lose one's*** ~ den Mut *od.* die Nerven verlieren. **II** *v/t* **3.** ~ ***o.s.*** sich moralisch *od.* seelisch vorbereiten (***for*** auf *acc*). ~ **cell** *s* Nervenzelle *f*. ~ **cen·tre** (*Am.* **cen·ter**) *s* **1.** Nervenzentrum *n*. **2.** *fig.* Schaltzentrale *f*. ~ **gas** *s* Nervengas *n*. ˈ~-ˌ**rack·ing** *adj* nervenaufreibend.
nerv·ous [ˈnɜːvəs] *adj* □ **1.** Nerven..., nervös: ~ ***system*** Nervensystem *n*; → ***breakdown*** 1, ***collapse*** 10. **2.** nervös: ***a*** ~ ***wreck*** ein Nervenbündel; ***make s.o.*** ~ j-n nervös machen (***with*** mit).
ˈ**nerv·ous·ness** *s* Nervosität *f*.
nest [nest] **I** *s* **1.** *orn., zo.* Nest *n*: → ***feather*** II, ***foul*** 9. **2.** *fig.* Brutstätte *f*. **3.** Serie *f*, Satz *m* (*ineinander passender Dinge*). **II** *v/i* **4.** nisten. **5.** *Computer*: verschachteln: ~***ed program*** verschachteltes Programm *n*. ~ **egg** *s* **1.** Nestei *n*. **2.** *fig.* Spar-, Notgroschen *m*.
nes·tle [ˈnesl] **I** *v/i* **1.** *a.* ~ ***down*** sich behaglich niederlassen, es sich bequem machen (***in*** in *dat*). **2.** sich schmiegen *od.* kuscheln (***against, to*** an *acc*). **II** *v/t* **3.** schmiegen, kuscheln (***against, to*** an *acc*).
net¹ [net] **I** *s* **1.** Netz *n* (*a. fig.*): ~ ***curtain*** Store *m*. **II** *v/t* **2.** mit e-m Netz fangen. **3.** *fig.* einfangen. **4.** mit e-m Netz abdecken.
net² [~] *econ.* **I** *adj* **1.** netto, Netto..., Rein...: ~ ***assets*** *pl* Reinvermögen *n*; ~ ***borrowings*** *pl* Nettokreditaufnahme *f*; ~ ***contributor*** Nettozahler *m*; ~ ***contribution*** Nettobeitrag *m*; ~ ***earnings*** *pl* (*od.* ***income***) Nettoeinkommen *n*; ~ ***margin*** Nettomarge *f*; ~ ***pay*** Nettolohn *m*, -gehalt *n*; ~ ***price*** Nettopreis *m*; ~ ***profits*** *pl* (*od.* ***income***) Netto-, Reingewinn *m*; ~ ***salary*** Nettogehalt *n*; ~ ***sales*** *pl* Nettoumsatz *m*; ~ ***turnover*** Nettoumsatzerlöse *pl*; ~ ***wage*** Nettolohn *m*, -gehalt *n*; ~ ***yield*** effektive Verzinsung (*od.* Rendite). **II** *v/t* **2.** netto einbringen. **3.** netto verdienen *od.* einnehmen.
Neth·er·lands [ˈneðələndz] *npr pl die* Niederlande *pl*.
net·tle [ˈnetl] **I** *s* ⚘ Nessel *f*: ***grasp the*** ~ *fig.* den Stier bei den Hörnern packen. **II** *v/t* ärgern, reizen (***with*** mit). ~ **rash** *s* ⚕ Nesselausschlag *m*.
ˈ**net·work I** *s* **1.** Netz(werk) *n*, Geflecht *n*. **2.** *fig.* (*Händler-, Straßen- etc*)Netz *n*: ***social*** ~ soziales Netz. **3.** *Rundfunk, TV*: Sendernetz *n*. **4.** *Computer*: Netz(werk) *n*. **II** *v/t* **5.** vernetzen: ~***ing*** Vernetzung *f*. ~ **fail·ure** *s* Netzausfall *m*. ~ **plan·ning tech·nique** *s* Netzplantechnik *f*. ~ **print·er** *s* Netzdrucker *m*.
neu·ral·gia [ˌnjʊəˈrældʒə] *s* ⚕ Neuralgie *f*.
ˌ**neuˈral·gic** *adj* (~***ally***) neuralgisch.
neu·ri·tis [ˌnjʊəˈraɪtɪs] *s* ⚕ Nervenentzündung *f*.
neu·ro·log·i·cal [ˌnjʊərəˈlɒdʒɪkl] *adj* ⚕ neurologisch.
neu·rol·o·gist [ˌ~ˈrɒlədʒɪst] *s* Neurologe *m*, -login *f*, Nervenarzt *m*, -ärztin *f*.
ˌ**neuˈrol·o·gy** *s* Neurologie *f*.
neu·ro·sis [ˌnjʊəˈrəʊsɪs] *pl* **-ses** [~siːz] *s* ⚕ Neurose *f*.
neu·rot·ic [ˌ~ˈrɒtɪk] **I** *adj* (~***ally***) neurotisch (*a. contp.*). **II** *s* Neurotiker(in).
neu·ter [ˈnjuːtə] **I** *adj* **1.** *ling.* neutral, sächlich. **2.** *biol.* geschlechtslos, ungeschlechtlich. **II** *s* **3.** *ling.* Neutrum *n*. **III** *v/t* **4.** *zo.* kastrieren.
neu·tral [ˈnjuːtrəl] **I** *adj* □ **1.** *allg.* neutral. **II** *s* **2.** Neutrale *m, f*. **3.** *mot.* Leerlaufstellung *f*: ***the car is in*** ~ es ist kein Gang eingelegt; ***put the car in*** ~ den Gang herausnehmen.
neu·tral·i·ty [~ˈtrælətɪ] *s* Neutralität *f*.
ˈ**neu·tral·ize** *v/t* neutralisieren: ~ ***each other*** sich gegenseitig aufheben.
neu·tron [ˈnjuːtrɒn] *s phys.* Neutron *n*.
nev·er [ˈnevə] *adv* **1.** nie(mals): ~ ***ever*** garantiert nie; ***well I*** ~***!*** F na so was!; → ***die¹*** 1. **2.** durchaus nicht, ganz u. gar nicht: → ***mind*** 10. ˈ~-ˌ**end·ing** *adj* endlos, nicht enden wollend. ˌ~-ˈ**nev·er** *s*: ***buy s.th. on the*** ~ *Br.* F et. auf Pump *od.* Stottern kaufen.
ˌ**nev·er·theˈless** *adv* nichtsdestoweniger, dennoch, trotzdem.
new [njuː] *adj* (□ → ***newly***) *allg.* neu: ***nothing*** ~ nichts Neues; ***this is not*** ~ ***to me*** das ist mir nichts Neues; ***be*** ~ ***to s.o.*** j-m neu *od.* ungewohnt sein; ***be*** ~ ***to s.th.*** (noch) nicht vertraut sein mit et.; ***feel a*** ~ ***man*** sich

wie neugeboren fühlen; ~ ***borrowings*** *pl* Neuverschuldung *f*; ~ ***entrant*** Neuzugang *m*; ~ ***moon*** Neumond *m*; ~ ***publications*** *pl* Neuerscheinungen *pl*; ~ ***snow*** Neuschnee *m*; ***New Testament*** *das* Neue Testament; ***New World*** *die* Neue Welt; → ***broom, leaf*** 2. **'~·born** *adj* neugeboren. **'~ˌcom·er** *s* **1.** Neuankömmling *m*. **2.** Neuling *m* (***to*** auf *e-m Gebiet*). **~·fan·gled** ['~ˌfæŋgld] *adj contp*. neumodisch.

New|'found·land *npr* Neufundland *n*. **~ Guin·ea** *npr* Neuguinea *n*.

new·ly ['nju:lɪ] *adv* **1.** kürzlich, jüngst: ~ ***married*** jungverheiratet, -vermählt. **2.** neu. **'~·weds** *s pl die* Jungverheirateten *pl od*. -vermählten *pl*.

news [nju:z] *s sg* Neuigkeit(en *pl*) *f*, Nachricht(en *pl*) *f*: ***this is good*** (***bad***) ~ das ist erfreulich (unerfreulich); ***a bit*** (*od*. ***piece***) ***of*** ~ e-e Neuigkeit *od*. Nachricht; ***what's the ~?*** was gibt es Neues?; ***this is ~ to me*** das ist mir (ganz) neu; ***have ~ from s.o.*** Nachricht von j-m haben; ***I haven't had any ~ from her for two months*** ich habe schon seit zwei Monaten nichts mehr von ihr gehört; ***I heard it on the ~*** ich hörte es in den Nachrichten.

news| a·gen·cy *s* Nachrichtenagentur *f*. **'~ˌa·gent** *s* Zeitungshändler(in). **~ black·out** *s* Nachrichtensperre *f*. **'~·boy** *s* Zeitungsjunge *m*. **'~·cast** *s Rundfunk*, *TV*: Nachrichtensendung *f*. **~ deal·er** *s Am*. Zeitungshändler(in). **~ flash** *s Rundfunk*, *TV*: Kurzmeldung *f*. **'~ˌlet·ter** *s* Rundschreiben *n*, Mitteilungsblatt *n*. **~·pa·per** ['nju:sˌpeɪpə] *s* Zeitung *f*: ~ ***pub·lisher*** Zeitungsverleger(in); ~ **re·lease** *s* Pressemitteilung *f*. **'~·sheet** *s* Informationsblatt *n*. **'~·stand** *s* Zeitungskiosk *m*, -stand *m*. **~ ven·dor** *s* Zeitungsverkäufer(in). **'~ˌwor·thy** *adj* schlagzeilenträchtig.

newt [nju:t] *s zo*. Molch *m*: ***as drunk as a ~*** stockbesoffen.

new year *s oft* ***New Year*** *das* neue Jahr: ***happy New Year!*** gutes neues Jahr!, Prosit Neujahr!

New| Year's Day *s* Neujahr(stag *m*) *n*. **~ Year's Eve** *s* Silvester(abend *m*) *m*, *n*. **~ Zea·land** [ˌ~'zi:lənd] **I** *npr* Neuseeland *n*. **II** *adj* neuseeländisch. **ˌ~ 'Zea·land·er** *s* Neuseeländer(in).

next [nekst] **I** *adj* **1.** *allg*. nächst: (***the***) ~ ***day*** am nächsten Tag; ~ ***door*** nebenan, im nächsten Raum *od*. Haus; ***be ~ door to*** *fig*. grenzen an (*acc*); ~ ***month*** nächsten Monat; ~ ***time*** das nächste Mal; ~ ***but one*** übernächst; ~ ***to*** gleich neben (*dat od. acc*); gleich nach (*Rang*, *Reihenfolge*); beinahe, fast *unmöglich etc*, so gut wie *nichts etc*, praktisch *zwecklos etc*. **II** *adv* **2.** als Nächste(r, -s): ***you will be ~*** du wirst der Nächste sein. **3.** demnächst, das nächste Mal. **4.** dann, darauf. **III** *s* **5.** *der*, *die*, *das* Nächste: ***the next*** *pl* ***of kin*** die nächsten Angehörigen *pl od*. Verwandten *pl*. **ˌ~-'door** *adj* (von) nebenan: ***we are ~ neighbo(u)rs*** wir wohnen Tür an Tür.

NHS [ˌeneɪtʃ'es] ***National Health Service*** *Br*. **I** *s* staatlicher Gesundheitsdienst: ***get s.th. on the ~*** et. auf Krankenschein *od*. Rezept bekommen. **II** *adj* a) Kassen...: ~ ***glasses***, b) *Behandlung etc* auf Krankenschein.

NI ***National Insurance*** Sozialversicherung *f*.

nib·ble ['nɪbl] **I** *v/t* **1.** knabbern an (*dat*). **2.** *Loch etc* knabbern, nagen (***in*** in *acc*). **II** *v/i* **3.** knabbern (***at*** an *dat*): ~ ***at one's food*** im Essen herumstochern. **III** *s* **4.** Knabbern *n*.

NIC ***national insurance contributions*** Sozialversicherungsbeiträge *pl*.

Nic·a·ra·gua [ˌnɪkə'rægjʊə] *npr* Nicaragua *n*.

nice [naɪs] *adj* **1.** fein (*Unterschied etc*). **2.** fein, lecker (*Speise etc*). **3.** nett, freundlich (***to*** zu *j-m*). **4.** nett, hübsch, schön: ~ ***and warm*** schön warm; → ***mess*** 1.

'nice·ly *adv* **1.** gut, fein: ***that will do ~*** das genügt vollauf; das passt ausgezeichnet; ***she is doing ~*** es geht ihr gut *od*. besser, sie macht gute Fortschritte. **2.** genau, sorgfältig.

ni·ce·ty ['naɪsətɪ] *s* **1.** Feinheit *f*. **2.** *pl* feine Unterschiede *pl*, Feinheiten *pl*.

niche [nɪtʃ] *s* **1.** Nische *f*. **2.** *fig*. Platz *m*, wo man hingehört: ***he has finally found his ~ in life*** er hat endlich s-n Platz im Leben gefunden.

nick [nɪk] **I** *s* **1.** Kerbe *f*, Einkerbung *f*. **2.** ***in the ~ of time*** gerade noch rechtzeitig, im letzten Moment. **3.** *Br*. F Kittchen *n*: ***in the ~*** im Kittchen. **4.** ***be in good ~*** *Br*. F gut in Schuss sein. **II** *v/t* **5.** a) (ein)kerben: ~ ***o.s. while shaving*** sich beim Rasieren schneiden, b) *j-n* streifen (*Kugel*). **6.** *Br*. F klauen. **7.** *Br*. F *j-n* schnappen. **8.** ~ ***s.o.*** (***for***) ***$ 100*** *Am*. F j-m 100 Dollar abknöpfen.

nick·el ['nɪkl] **I** *s* **1.** ⚗, *min*. Nickel *n*. **2.** *Am*. Fünfcentstück *n*. **II** *v/t pret u. pp* **-eled,** *bsd. Br*. **-elled 3.** vernickeln. **'~-plate** *v/t* vernickeln.

nick·name ['nɪkneɪm] **I** *s* Spitzname *m*. **II** *v/t j-m* den Spitznamen ... geben.

nic·o·tine ['nɪkəti:n] *s* Nikotin *n*.

niece [ni:s] *s* Nichte *f*.

niff [nɪf] *s Br*. F Gestank *m*.

'niff·y *adj Br*. F stinkend: ***be ~*** stinken.

nif·ty ['nɪftɪ] *adj* ☐ F **1.** flott, fesch (*Kleidung*, *Person*). **2.** praktisch (*Gerät*).

Ni·ger ['naɪdʒə] Niger *m* (*Fluss in Afrika*); [ni:'ʒeə] *Republik in Zentralafrika*.

N

Ni·ge·ria [naɪˈdʒɪərɪə] *npr* Nigeria *n*.
Ni·ger·ian [naɪˈdʒɪərɪən] **I** *adj* nigerianisch. **II** *s* Nigerianer(in).
nig·gle [ˈnɪgl] *v/i* **1.** herumnörgeln (***about, over*** an *dat*). **2.** ~ ***at*** *fig*. nagen an (*dat*), plagen, quälen.
night [naɪt] *s* **1.** Nacht *f*: ***at*** (*od*. ***by, in the***) ~ in der *od*. bei Nacht, nachts; ~ ***and day*** Tag u. Nacht; ***have a good*** (***bad***) ~ gut (schlecht) schlafen; ***make a*** ~ ***of it*** bis zum Morgen feiern, durchmachen; ***stay the*** ~ übernachten (***at*** in *dat*; ***at s.o.'s*** bei j-m). **2.** Abend *m*: ***last*** ~ gestern Abend; ***the*** ~ ***before last*** vorgestern Nacht; ***on the*** ~ ***of May 5th*** am Abend des 5. Mai. **3.** Nacht *f*, Dunkelheit *f*. ~ **bird** *s* **1.** *orn*. Nachtvogel *m*. **2.** *fig*. Nachtmensch *m*; Nachtschwärmer(in). **ˈ~-blind** *adj* ⚕ nachtblind. ~ **blind·ness** *s* ⚕ Nachtblindheit *f*. **ˈ~·cap** *s* Schlummertrunk *m*. **ˈ~·club** *s* Nachtklub *m*, -lokal *n*. **ˈ~·dress** *s* Nachthemd *n*. **ˈ~·fall** *s*: ***at*** ~ bei Einbruch der Dunkelheit. ~ **flight** *s* Nachtflug *m*. **ˈ~·gown** *s* Nachthemd *n*.
night·ie [ˈnaɪtɪ] *s* F Nachthemd *n*.
night·in·gale [ˈnaɪtɪŋgeɪl] *s orn*. Nachtigall *f*.
night life *s* Nachtleben *n*.
night·ly [ˈnaɪtlɪ] **I** *adj* (all)nächtlich; (all-)abendlich. **II** *adv* jede Nacht; jeden Abend.
night·mare [ˈnaɪtmeə] *s* Albtraum *m* (*a*. *fig*.).
night| nurse *s* Nachtschwester *f*. ~ **owl** *s* F Nachteule *f*, -mensch *m*; Nachtschwärmer(in). ~ **por·ter** *s* Nachtportier(in). ~ **rate** *s* Nachttarif *m*. ~ **school** *s* Abendschule *f*. ~ **shift** *s* Nachtschicht *f*: ***be*** (*od*. ***work***) ***on*** ~ Nachtschicht haben. **ˈ~·shirt** *s* Nachthemd *n*. **ˈ~·spot** F → ***nightclub***. **ˈ~·time** *s*: ***in the*** (*od*. ***at***) ~ zur Nachtzeit, nachts. ~ **watch·man** *s* (*irr* ***man***) Nachtwächter *m*. ~ **work** *s* Nachtarbeit *f*: ~ ***allowance*** Nachtarbeitszuschlag *m*.
ni·hil·ism [ˈnaɪɪlɪzəm] *s* Nihilismus *m*.
ˈni·hil·ist **I** *s* Nihilist(in). **II** *adj* nihilistisch.
ˌni·hilˈis·tic *adj* (~***ally***) nihilistisch.
nil [nɪl] *s*: ***our team won three to*** ~ (*od*. ***by three goals to*** ~) (***3-0***) unsere Mannschaft gewann drei zu null (3 : 0).
Nile [naɪl] *npr der* Nil.
nim·ble [ˈnɪmbl] *adj* □ **1.** flink, gewandt. **2.** *fig*. geistig beweglich: ~ ***mind*** beweglicher Geist.
nim·by [ˈnɪmbɪ] *adj* □ F ablehnend: ***a*** ~ ***attitude*** e-e Ohne-mich-Haltung.
nin·com·poop [ˈnɪnkəmpuːp] *s* Einfaltspinsel *m*, Trottel *m*.
nine [naɪn] **I** *adj* neun: ~ ***times out of ten*** in neun von zehn Fällen, fast immer; → ***wonder*** 5. **II** *s* Neun *f*: ~ ***of hearts*** Herzneun; ***be dressed*** (***up***) ***to the*** ~***s*** F in Schale sein.
nine·fold [ˈ~fəʊld] **I** *adj* neunfach. **II** *adv* neunfach, um das Neunfache: ***increase*** ~ (sich) verneunfachen.
nine·teen [ˌ~ˈtiːn] *adj* neunzehn: → ***dozen***.
ˌnineˈteenth [~θ] *adj* neunzehnt.
nine·ti·eth [ˈ~tɪəθ] *adj* neunzigst.
ˈnine-time *adj* neunmalig.
nine·ty [ˈnaɪntɪ] **I** *adj* neunzig. **II** *s* Neunzig *f*: ***be in one's nineties*** in den Neunzigern sein; ***in the nineties*** in den Neunzigerjahren (*e-s Jahrhunderts*).
nin·ny [ˈnɪnɪ] *s* F Dussel *m*, Dummkopf *m*.
ninth [naɪnθ] **I** *adj* **1.** neunt. **II** *s* **2.** *der, die, das* Neunte: ***the*** ~ ***of May*** der 9. Mai. **3.** Neuntel *n*.
ˈninth·ly *adv* neuntens.
nip¹ [nɪp] **I** *v/t* **1.** kneifen, zwicken: ~ ***off*** abzwicken; ~ ***one's finger in the door*** sich den Finger in der Tür einklemmen. **2.** *Pflanzen* schädigen (*Frost etc*): → ***bud*** I. **II** *v/i* **3.** *bsd. Br*. F sausen, flitzen: ~ ***in*** *mot*. einscheren. **III** *s* **4.** ***there's a*** ~ ***in the air today*** heute ist es ganz schön kalt. **5.** Kniff *m*.
nip² [~] *s* Schlückchen *n* (*Whisky etc*).
nip·pers [ˈnɪpəz] *s pl*, *a*. ***pair of*** ~ (Kneif-)Zange *f*.
nip·ple [ˈnɪpl] *s* **1.** *anat*. Brustwarze *f*. **2.** (Gummi)Sauger *m* (*e-r Saugflasche*). **3.** *tech*. (*Schmier*)Nippel *m*.
nip·py [ˈnɪpɪ] *adj* □ **1.** frisch, kühl, kalt. **2.** ***be*** ~ *bsd. Br*. F sich beeilen.
nit [nɪt] *s* **1.** *zo*. Nisse *f*. **2.** F Blödmann *m*.
ni·ter *Am*. → ***nitre***.
ˈnitˌpick·er *s* F pingeliger *od*. kleinlicher Mensch.
ˈnitˌpick·ing **I** *adj* F pingelig, kleinlich. **II** *s* Erbsenzählerei *f*.
ni·trate [ˈnaɪtreɪt] *s* ⚗ Nitrat *n*.
ni·tre [ˈnaɪtə] *s bsd. Br*. ⚗ Salpeter *m*.
ni·tric ac·id [ˈnaɪtrɪk] *s* ⚗ Salpetersäure *f*.
ni·tro·gen [ˈnaɪtrədʒən] *s* ⚗ Stickstoff *m*.
ni·trog·e·nous [~ˈtrɒdʒɪnəs] *adj* stickstoffhaltig.
ni·tro·glyc·er·in(e) [ˌnaɪtrəʊˈglɪsəriːn] *s* ⚗ Nitroglyzerin *n*.
nit·ty-grit·ty [ˌnɪtɪˈgrɪtɪ] *s*: ***get down*** (*od*. ***come***) ***to the*** ~ *sl*. zur Sache kommen.
nit·wit [ˈnɪtwɪt] *s* Schwachkopf *m*.
No. ***north*** N, Nord(en *m*); ***numero*** Nr., Nummer *f*.
no. ***numero*** Nr., Nummer *f*.
no [nəʊ] **I** *adv* **1.** nein: ***say*** ~ ***to*** Nein sagen zu. **2.** *beim comp*: um nichts, nicht: ***they*** ~ ***longer live here*** sie wohnen nicht mehr hier; ~ ***longer ago than yesterday*** erst gestern. **II** *adj* **3.** kein: ~ ***funds*** *econ*. keine Deckung; ~ ***one*** keiner, niemand; ***in*** ~ ***time*** im Nu *od*. Handumdrehen. **4.** *vor ger*: →

deny 1, ***please*** 4. **III** *pl* **noes** *s* **5.** Nein *n*: ***a clear*** ~ ein klares Nein (***to*** auf *acc*). **6.** *parl.* Gegen-, Neinstimme *f*: ***the*** ~***es have it*** der Antrag ist abgelehnt.
No·bel| peace prize [nəʊ'bel] *s* Friedensnobelpreis *m*. ~ **prize** *s* Nobelpreis *m*: ~ ***winner*** Nobelpreisträger(in).
no·bil·i·ty [nəʊ'bɪlətɪ] *s* **1.** (Hoch)Adel *m*. **2.** *fig.* Adel *m*.
no·ble ['nəʊbl] *adj* □ **1.** adlig, von Adel. **2.** *fig.* edel, nobel. **3.** prächtig, stattlich (*Gebäude etc*). **4.** Edel...: ~ ***metal.*** ~**·man** ['~mən] *s* (*irr* ***man***) (hoher) Adliger. '~**,wom·an** *s* (*irr* ***woman***) (hohe) Adlige.
no·bod·y ['nəʊbədɪ] **I** *pron* keiner, niemand. **II** *s fig.* Niemand *m*, Null *f*.
no-'claims ,bo·nus *s* Schadenfreiheitsrabatt *m*.
noc·tur·nal [nɒk'tɜːnl] *adj* □ nächtlich, Nacht...
nod [nɒd] **I** *v/i* **1.** nicken: ~ ***at*** (*od.* ***to***) ***s.o.*** j-m zunicken; ***have a*** ~***ding acquaintance with s.o.*** j-n flüchtig kennen. **2.** ~ ***off*** einnicken. **II** *v/t* **3.** ~ ***one's head*** mit dem Kopf nicken. **III** *s* **4.** Nicken *n*: ***give a*** ~ nicken; ***give s.o. a*** ~ j-m zunicken.
node [nəʊd] *s* Knoten *m* (*a.* ⚘). **2.** *Computer*: Netzknoten *m*.
nod·ule ['nɒdjuːl] *s* ⚕, ⚘ Knötchen *n*.
noise [nɔɪz] *s* **1.** Krach *m*, Lärm *m*: ***not to make any*** ~ keinen Krach machen; ***make a lot of*** ~ ***about s.th.*** *fig.* viel Tamtam um et. machen. **2.** Geräusch *n*: ***what's that*** ~**?** was ist das für ein Geräusch? **3.** *Radio etc*: Rauschen *n*.
noise bar·ri·er *s* Lärmschutzwall *m*.
'noise·less *adj* □ geräuschlos.
noise pro·tec·tion *s* Schallschutz *m*.
nois·y ['nɔɪzɪ] *adj* □ laut.
no·mad ['nəʊmæd] *s* Nomade *m*, Nomadin *f*.
no'mad·ic *adj* (~***ally***) nomadisch, Nomaden...
'no-man's-land *s* Niemandsland *n* (*a. fig.*).
no·men·cla·ture [nəʊ'menklətʃə] *s* **1.** Nomenklatur *f*. **2.** (Fach)Terminologie *f*.
nom·i·nal ['nɒmɪnl] *adj* □ **1.** nominal, nominell (*beide a. econ.*): ~ ***income*** Nominaleinkommen *n*; ~ ***value*** Nominalwert *m*; ~ ***wage*** Nominallohn *m*. **2.** *ling.* nominal, Nominal...
nom·i·nate ['nɒmɪneɪt] *v/t* **1.** (***to***) ernennen (zu), einsetzen (in *acc*): ***be*** ~***d*** (***as*** *od.* ***to be***) ***...*** als ... eingesetzt werden. **2.** (***for***) nominieren (für), vorschlagen (als), als Kandidaten aufstellen (für).
,nom·i'na·tion *s* **1.** Ernennung *f*, Einsetzung *f*. **2.** Nominierung *f*: ***place s.o.'s name in*** ~ j-n vorschlagen.
nom·i·na·tive ['nɒmɪnətɪv] *s a.* ~ ***case*** *ling.* Nominativ *m*, erster Fall.
non... [nɒn] nicht..., Nicht..., un...
,non·ac'cept·ance *s* Annahmeverweigerung *f*, Nichtannahme *f*.
,non·ag'gres·sion pact *s pol.* Nichtangriffspakt *m*.
,non·al·co'hol·ic *adj* alkoholfrei.
,non·a'ligned *adj pol.* blockfrei.
,non·ap'pear·ance *s* Nichterscheinen *n* (*vor Gericht etc*).
,non·at'tend·ance *s* Nichtteilnahme *f*.
,non'busi·ness *adj* gemeinnützig.
non-cash *adj* unbar: ~ ***benefit*** Sachleistung *f*.
non·cha·lance ['nɒnʃələns] *s* Nonchalance *f*, Lässigkeit *f*, Unbekümmertheit *f*.
'non·cha·lant *adj* □ nonchalant, lässig, unbekümmert.
non-chlo·rine bleached *adj* chlorfrei (*Papier*).
,non·com'mis·sioned *adj*: ~ ***officer*** *mil.* Unteroffizier(in).
,non·com'mit·tal [~tl] *adj* □ zurückhaltend, (*Antwort etc*) unverbindlich: ***be*** ~ sich nicht festlegen wollen.
,non·com'pli·ance *s* (***with***) Zuwiderhandlung *f* (gegen), Nichtbefolgung *f* (*gen*).
non com·pos men·tis [,nɒn'kɒmpəs'mentɪs] *adj* ⚖ unzurechnungsfähig.
,non·con'form·ing *adj*: ~ ***goods*** *pl* nicht vertragsgemäße Ware.
,non·con'form·ist I *s* Nonkonformist(in). **II** *adj* nonkonformistisch.
,non·con'form·i·ty *s* mangelnde Übereinstimmung (***with*** mit).
non·de·script ['nɒndɪskrɪpt] *adj* unbestimmbar; unauffällig.
,non'du·ra·bles *s pl* kurzlebige Konsumgüter *pl*.
none [nʌn] **I** *pron u. s* (*mst pl konstruiert*) kein, niemand: ~ ***of them are*** (*od.* ***is***) ***here*** keiner von ihnen ist hier; ~ ***of your tricks!*** lass deine Späße!; ~ ***but*** niemand *od.* nichts außer, nur; → ***business*** 6. **II** *adv* in keiner Weise, nicht im Geringsten: ~ ***too high*** keineswegs zu hoch; ~ ***too soon*** kein bisschen zu früh.
non·en·ti·ty [nɒ'nentətɪ] *s contp.* Null *f* (*Person*).
,non·es'sen·tial *adj* unwesentlich (***to*** für).
,none·the'less *adv* nichtsdestoweniger, dennoch, trotzdem.
,non·ex'ist·ence *s* Nichtvorhandensein *n*, Fehlen *n*.
,non·ex'ist·ent *adj* nicht existierend.
,non-'fat *adj* fettarm, Mager...
,non'fic·tion *s* Sachbücher *pl*.
,non·fi'nan·cial as·sets *s pl* Sachvermögen *n*.

N

ˌ**non·ful'fil(l)·ment** *s* Nichterfüllung *f.*
ˌ**non'glar·ing** *adj* blendfrei.
ˌ**non'in·ter·est-ˌbear·ing** *adj* unverzinslich.
'**nonˌin·ter'fer·ence, 'nonˌin·ter'ven·tion** *s pol.* Nichteinmischung *f.*
ˌ**non'i·ron** *adj* bügelfrei.
ˌ**non'man·u·al work·er** *s* Angestellte *m, f.*
'**nonˌmem·ber** *s* Nichtmitglied *n.*
ˌ**non·ne'go·ti·a·ble** *adj* nicht begebbar: ~ ***cheque*** (*Am.* ***check***) Verrechnungsscheck *m.*
no-no ['nəʊnəʊ] *s* ***be a*** ~ F absolut nicht okay sein.
ˌ**non·ob'serv·ance** *s* Nichtbefolgung *f*, -beachtung *f.*
ˌ**no-'non·sense** *adj* nüchtern, sachlich, (*Warnung*) unmissverständlich.
ˌ**non'op·erˌat·ing in·come** *s* außerordentlicher Ertrag.
ˌ**non·par·ti'san** *adj* **1.** *pol.* überparteilich. **2.** unparteiisch.
ˌ**non'pay·ment** *s bsd. econ.* Nicht(be)zahlung *f.*
non-per·form·ing *adj* Not leidend (*Kredit*).
non-per·ish·a·ble *adj* unverderblich.
ˌ**non'plus** *v/t pret u. pp* **-'plused,** *bsd. Br.* **-'plussed** verblüffen.
ˌ**non·pol'lut·ing** *adj* umweltfreundlich.
ˌ**non'prof·it** *adj Am.*, ˌ**non-'prof·it-ˌmak·ing** *adj* gemeinnützig.
'**non·proˌlif·er'a·tion** *s pol.* Nichtweitergabe *f* von Atomwaffen. ~ ***treaty*** Atomsperrvertrag *m.*
ˌ**non'res·i·dent I** *adj* **1.** nicht (orts)ansässig. **2.** nicht im Hause wohnend. **II** *s* **3.** Nichtansässige *m, f.* **4.** nicht im Hause Wohnende *m, f.*
ˌ**non·re'turn·a·ble** *adj* Einweg...: ~ ***bottle.***
non·sense ['nɒnsəns] *s* Unsinn *m*, dummes Zeug: ***make*** (***a***) ~ ***of*** ad absurdum führen; illusorisch machen; ***stand no*** ~ sich nichts gefallen lassen, nicht mit sich spaßen lassen.
non·sen·si·cal [~'sensɪkl] *adj* □ unsinnig.
ˌ**non'slip** *adj* rutschfest.
ˌ**non'smok·er** *s* **1.** Nichtraucher(in). **2.** 🚃 *Br.* Nichtraucherwagen *m.*
ˌ**non'smok·ing** *adj* Nichtraucher...: ~ ***area*** Nichtraucherzone *f*; ~ ***compartment*** 🚃 Nichtraucher(abteil *n*) *m.*
ˌ**non'stan·dard** *adj ling.* nicht hochsprachlich.
ˌ**non'start·er** *s*: ***be a*** ~ keine *od.* kaum e-e Chance haben (*Person, Sache*).
ˌ**non'stick** *adj* mit Antihaftbeschichtung (*Pfanne etc*).
ˌ**non'stop I** *adj* durchgehend (*Zug etc*), ohne Unterbrechung (*Reise etc*), ohne Zwischenlandung (*Flug*): ~ ***flight*** *a.* Non-Stop-Flug *m.* **II** *adv* nonstop, ohne Unterbrechung *od.* Zwischenlandung: ***talk*** ~ ununterbrochen reden.
non-trans·fer·a·ble *adj* nicht übertragbar, personengebunden.
ˌ**non'un·ion** *adj econ.* nicht organisiert.
ˌ**non'vi·o·lent** *adj* □ gewaltlos.
ˌ**non'vot·ing** *adj* ~ ***shares*** *pl* stimmrechtslose Aktien *pl.*
non-wage| in·comes *pl* Einkommen aus Unternehmertätigkeit und Vermögen. ~ **la·bour costs** *pl* Lohnnebenkosten *pl.*
noo·dle ['nu:dl] *s* Nudel *f.*
nook [nʊk] *s* Winkel *m*, Ecke *f*: ***search for s.th. in every*** ~ ***and cranny*** nach et. in jedem Winkel suchen.
noo·kie ['nʊkɪ] *s* F Nümmerchen *n.*
noon [nu:n] **I** *s* Mittag(szeit *f*) *m*: ***at*** ~ am *od.* zu Mittag, *engS.* um 12 Uhr (mittags). **II** *adj* mittägig, Mittags...
no one → ***nobody.***
noose [nu:s] *s* Schlinge *f*: ***put one's head in***(***to***) ***the*** ~ *fig.* den Kopf in die Schlinge stecken.
NOP ***national opinion poll*** landesweite Meinungsumfrage.
nope [nəʊp] *adv* F nein.
nor [nɔ:] *cj* **1.** → ***neither*** 2. **2.** auch nicht: ***he does not know,*** ~ ***do I*** er weiß es nicht, u. ich auch nicht.
norm [nɔ:m] *s* Norm *f.*
nor·mal ['nɔ:ml] **I** *adj* (□ → ***normally***) normal, Normal... **II** *s* Normalzustand *m*: ***be back to*** ~ sich normalisiert haben, wieder normal sein; ***go back*** (*od.* ***return***) ***to*** ~ sich normalisieren; ***be above*** (***below***) ~ über (unter) dem Durchschnitt *od.* Normalwert liegen.
nor·mal·ize ['nɔ:məlaɪz] **I** *v/t* **1.** normalisieren. **2.** normen, vereinheitlichen. **II** *v/i* **3.** sich normalisieren.
nor·mal·ly ['nɔ:məlɪ] *adv* normalerweise, (für) gewöhnlich.
Nor·man ['nɔ:mən] **I** *s hist.* Normanne *m*, Normannin *f.* **II** *adj* normannisch.
north [nɔ:θ] **I** *s* **1.** Norden *m*: ***in the*** ~ ***of*** im Norden von (*od. gen*); ***to the*** ~ ***of*** → 5. **2.** *a.* ***North*** Norden *m*, nördlicher Landesteil: ***the North*** *Br.* Nordengland *n*; *Am.* die Nordstaaten *pl.* **II** *adj* **3.** Nord..., nördlich: ***North Pole*** Nordpol *m*; ***North Sea*** Nordsee *f*; ***North Star*** *ast.* Polarstern *m.* **III** *adv* **4.** nordwärts, nach Norden. **5.** ~ ***of*** nördlich von (*od. gen*). '**~·bound** *adj* nach Norden gehend *od.* fahrend. ˌ**~'east I** *s* Nordosten *m.* **II** *adj* nordöstlich, Nordost... **III** *adv* nordöstlich, nach Nordosten.
north·er·ly ['nɔ:ðəlɪ] **I** *adj* nördlich, Nord... **II** *adv* von *od.* nach Norden.

north·ern ['~ðn] *adj* nördlich, Nord...: ***Northern Ireland*** Nordirland *n.*
north·ern·er ['nɔːðənə] *s* **1.** Bewohner(in) des Nordens (*e-s Landes*). **2.** ***Northerner*** *Am.* Nordstaatler(in).
north·ern·most ['nɔːðnməʊst] *adj* nördlichst.
north·ward ['nɔːðwəd] *adj u. adv* nördlich, nordwärts, nach Norden: ***in a ~ direction*** in nördlicher Richtung, Richtung Norden.
'north·wards *adv* → ***northward.***
ˌnorth'west **I** *s* Nordwesten *m.* **II** *adj* nordwestlich, Nordwest... **III** *adv* nordwestlich, nach Nordwesten.
Nor·way ['nɔːweɪ] *npr* Norwegen *n.*
Nor·we·gian [nɔː'wiːdʒən] **I** *adj* **1.** norwegisch. **II** *s* **2.** Norweger(in). **3.** *ling.* Norwegisch *n.*
nose [nəʊz] **I** *s* **1.** Nase *f*: ***bite*** (*od.* ***snap***) ***s.o.'s ~ off*** j-n anschnauzen; ***cut off one's ~ to spite one's face*** sich ins eigene Fleisch schneiden; ***follow one's ~*** immer der Nase nach gehen; s-m Instinkt folgen; ***lead s.o. by the ~*** j-n unter s-r Fuchtel haben; ***look down one's ~ at*** die Nase rümpfen über (*acc*), auf *j-n, et.* herabblicken; ***poke*** (*od.* ***put, stick, thrust***) ***one's ~ into*** s-e Nase stecken in (*acc*); ***put s.o.'s ~ out of joint*** j-n ausstechen; j-n vor den Kopf stoßen; ***under s.o.'s*** (***very***) ***~*** direkt vor j-s Nase; vor j-s Augen; → ***grindstone, pick*** 7, ***rub*** 3. **2.** *fig.* Nase *f*, Riecher *m* (***for*** für). **3.** *bsd. tech.* Nase *f*, Vorsprung *m*; ⚓ Bug *m*; ✈ Nase *f.* **II** *v/t* **4.** *Auto etc* vorsichtig fahren. **5.** ***~ out*** *fig.* ausschnüffeln. **III** *v/i* **6.** *a.* ***~ about*** (*od.* ***around***) *fig.* herumschnüffeln (in *dat*) (***for*** nach). **'~·bleed** *s* Nasenbluten *n*: ***have a ~*** Nasenbluten haben. **~ dive** *s* ✈ Sturzflug *m.* **'~-dive** *v/i* **1.** ✈ e-n Sturzflug machen. **2.** F purzeln (*Preise etc*). **~ drops** *s pl* ⚕ Nasentropfen *pl.*
nosh [nɒʃ] *sl.* **I** *s* **1.** *bsd. Br.* Essen *n*: ***have a ~*** (et.) essen; ***have a quick ~*** schnell et. essen. **2.** *Am.* Bissen *m*, Happen *m*: ***have a ~*** e-n Happen essen. **II** *v/i* **3.** *bsd. Br.* essen. **4.** *Am.* e-n Bissen *od.* Happen essen.
ˌno-'smok·ing *adj* → ***non-smoking.***
nos·tal·gia [nɒ'stældʒə] *s* Nostalgie *f*; *weitS.* Sehnsucht *f* (***for*** nach).
nos'tal·gic [~dʒɪk] *adj* (***~ally***) nostalgisch.
nos·tril ['nɒstrəl] *s* Nasenloch *n*, *bsd. zo.* Nüster *f.*
nos·y ['nəʊzɪ] *adj* □ F neugierig: ***~ parker*** *bsd. Br.* neugierige Person, Schnüffler(in).
not [nɒt] *adv* **1.** nicht: ***~ even*** nicht einmal; ***~ at all*** überhaupt nicht; ***thank you! – ~ at all*** danke! – bitte!; ***~ that*** nicht, dass; ***it is wrong, is it ~*** (F ***isn't it***)***?*** es ist falsch, nicht wahr?; → ***yet*** 2. **2.** ***~ a*** kein(e).
no·ta·ble ['nəʊtəbl] **I** *adj* **1.** beachtens-, bemerkenswert. **2.** beträchtlich (*Unterschied etc*). **3.** angesehen, bedeutend. **II** *s* **4.** bedeutende Persönlichkeit.
'no·ta·bly *adv* besonders, vor allem.
no·ta·ry ['nəʊtərɪ] *s mst* ***~ public*** Notar(in).
no·ta·tion [nəʊ'teɪʃn] *s* ♪ Notenschrift *f.*
notch [nɒtʃ] **I** *s* **1.** Kerbe *f.* **2.** *Am.* Engpass *m.* **3.** *fig.* Grad *m*: ***be a ~ above*** e-e Klasse besser sein als. **4.** *a.* ***~ for tabs*** Lochreihe *f.* **II** *v/t* **5.** (ein)kerben. **6.** *oft* ***~ up*** F *Sieg, Einnahmen etc* erzielen: ***~ s.o. s.th.*** j-m et. einbringen.
note [nəʊt] **I** *s* **1.** Bedeutung *f.* **2.** ***take ~ of s.th.*** von et. Notiz *od.* et. zur Kenntnis nehmen; et. beachten. **3.** *mst pl* Notiz *f*, Aufzeichnung *f*: ***make a ~ of s.th.*** sich et. notieren *od.* vormerken; ***take ~s*** (***of***) sich Notizen machen (über *acc*); ***speak without ~s*** frei sprechen; → ***mental*** 1. **4.** (diplomatische) Note. **5.** Briefchen *n*, Zettel *m.* **6.** Anmerkung *f*; Vermerk *m*, Notiz *f.* **7.** Banknote *f*, Geldschein *m.* **8.** ♪ Note *f.* **9.** *fig.* Ton(art *f*) *m*: ***strike the right*** (***a false***) ***~*** den richtigen Ton treffen (sich im Ton vergreifen) **10.** Zahlungsversprechen *n.* **II** *v/t* **11.** (besonders) beachten *od.* achten auf (*acc*). **12.** bemerken. **13.** *oft* ***~ down*** (sich) *et.* aufschreiben *od.* notieren. **'~·book** *s* **1.** Notizbuch *n.* **2.** *Computer*: Notebook *m.* **~ box** *s* Zettelbox *f.*
not·ed ['nəʊtɪd] *adj* bekannt, berühmt (***for*** wegen).
'note|ˌpa·per *s* Briefpapier *n.* **'~ˌwor·thy** *adj* □ bemerkenswert.
noth·ing ['nʌθɪŋ] **I** *pron* nichts (***of*** von): ***as if ~ had happened*** als ob nichts passiert sei; ***~ doing*** F das kommt nicht infrage; nichts zu machen; ***~ much*** nicht (sehr) viel; ***that's ~ to*** das ist nichts gegen *od.* im Vergleich zu; ***that's ~ to me*** das bedeutet mir nichts; ***there is ~ like*** es geht nichts über (*acc*); ***there is ~ to*** (*od.* ***in***) ***it*** da ist nichts dabei; an der Sache ist nichts dran; ***I can make ~ of*** ich werde nicht schlau aus; ***to say ~ of*** ganz zu schweigen von; ***think ~ of*** nichts halten von; sich nichts machen aus; → ***but*** 4. **II** *s* Nichts *n*: ***for ~*** umsonst; ***end in ~*** sich in nichts auflösen. **III** *adv* durchaus nicht, keineswegs: ***~ like complete*** alles andere als *od.* längst nicht vollständig. **~·ness** *s* Nichts *n.*
no·tice ['nəʊtɪs] **I** *s* **1.** Beachtung *f*, Wahrnehmung *f*: ***bring s.th. to s.o.'s ~*** j-m et. zur Kenntnis bringen; ***escape ~*** unbemerkt bleiben; ***escape s.o.'s ~*** j-m *od.* j-s Aufmerksamkeit entgehen; ***take*** (***no***) ***~ of*** (keine) Notiz nehmen von, (nicht) beachten. **2.** Ankündigung *f*, Bekanntgabe *f*, Mitteilung

N

f: ***give s.o. ~ of s.th.*** j-n von et. benachrichtigen; ***~ of acceptance*** Annahmeerklärung *f*; ***~ of defect*** Mängelrüge *f*. **3.** Kündigung(sfrist) *f*: ***give s.o.*** (***his***) ***~*** (***for Easter***) j-m (zu Ostern) kündigen; ***give the company one's ~*** kündigen; ***at short ~*** kurzfristig; ***till*** (*od.* ***until***) ***further ~*** bis auf weiteres; ***without ~*** fristlos; ***~ period*** Kündigungsfrist *f*. **II** *v/t* **4.** bemerken: ***~ s.o. do***(***ing***) ***s.th.*** bemerken, dass j-d et. tut. **5.** (besonders) beachten *od.* achten auf (*acc*). **III** *v/i* **6.** es bemerken.

'no·tice·a·ble *adj* □ **1.** erkennbar, wahrnehmbar. **2.** beachtlich.

no·tice board *s bsd. Br.* Anschlagtafel *f*, schwarzes Brett.

no·ti·fi·a·ble ['nəʊtɪfaɪəbl] *adj* meldepflichtig (*bsd. Krankheit*).

no·ti·fi·ca·tion [ˌ~fɪ'keɪʃn] *s* Meldung *f*, Mitteilung *f*, Benachrichtigung *f*: ***~ of illness*** (*od.* ***sickness***) Krankmeldung *f*.

no·ti·fy ['~faɪ] *v/t* **1.** melden, mitteilen (***s.th. to s.o.*** j-m et.). **2.** *j-n* benachrichtigen (***of*** von, ***that*** dass).

no·tion ['nəʊʃn] *s* **1.** Begriff *m* (*a.* ♪, *phls.*), Vorstellung *f*: ***not to have the faintest*** (*od.* ***vaguest***) ***~ of*** nicht die leiseste Ahnung haben von. **2.** Idee *f*: ***take*** (***have***) ***a ~ to do s.th.*** Lust bekommen (haben), et. zu tun.

no·tion·al ['~ʃənl] *adj* □ fiktiv, angenommen.

no·to·ri·e·ty [ˌnəʊtə'raɪətɪ] *s* traurige Berühmtheit.

no·to·ri·ous [~'tɔːrɪəs] *adj* □ berüchtigt (***for*** für).

not·with·stand·ing [ˌnɒtwɪθ'stændɪŋ] **I** *prp* ungeachtet, trotz. **II** *adv* nichtsdestoweniger, dennoch.

nou·gat ['nuːgɑː] *s* (*etwa*) türkischer Honig.

nought [nɔːt] *s* Null *f*: ***bring*** (***come***) ***to ~*** zunichte machen (werden).

noun [naʊn] *s ling.* Substantiv *n*, Hauptwort *n*.

nour·ish ['nʌrɪʃ] *v/t* **1.** (er)nähren (***on*** von). **2.** *Gefühl* nähren, hegen.

'nour·ish·ing *adj* □ nahrhaft.

'nour·ish·ment *s* **1.** Ernährung *f*. **2.** Nahrung *f*: ***take ~*** Nahrung zu sich nehmen.

Nov. ***November*** Nov., November *m*.

nov·el ['nɒvl] **I** *adj* (ganz) neu(artig). **II** *s* Roman *m*.

'nov·el·ist *s* Romanschriftsteller(in).

no·vel·la [nəʊ'velə] *pl* **-las, -le** [~liː] *s* Novelle *f*.

nov·el·ty ['nɒvltɪ] *s* **1.** Neuheit *f*: a) *das* Neue, *weitS. der* Reiz des Neuen, b) *et.* Neues. **2.** *pl* (billige) Neuheiten *pl*.

No·vem·ber [nəʊ'vembə] *s* November *m*: ***in ~*** im November.

nov·ice ['nɒvɪs] *s* **1.** *eccl.* Novize *m*, Novizin *f*. **2.** Anfänger(in), Neuling *m* (***at*** auf *e-m Gebiet*).

now [naʊ] **I** *adv* **1.** nun, jetzt: ***~ and again,*** (***every***) ***~ and then*** von Zeit zu Zeit, dann u. wann; ***by ~*** mittlerweile, inzwischen; ***from ~*** (***on***) von jetzt an; ***up to ~*** bis jetzt. **2.** sofort. **3.** ***just ~*** gerade eben. **II** *cj* **4.** *a.* ***~ that*** nun, da; jetzt, wo.

now·a·days ['naʊədeɪz] *adv* heutzutage.

no·where ['nəʊweə] *adv* **1.** nirgends, nirgendwo: ***have ~ to live*** kein Zuhause haben; ***~ near*** bei weitem nicht, auch nicht annähernd. **2.** nirgendwohin: ***get ~*** (***fast***) überhaupt nicht weiterkommen, überhaupt keine Fortschritte machen; ***this will get us ~*** damit *od.* so kommen wir auch nicht weiter, das bringt uns auch nicht weiter.

ˌno-'win sit·u'a·tion *s* ausweglose Situation.

nox·ious ['nɒkʃəs] *adj* □ schädlich (***to*** für): ***~ substance*** Schadstoff *m*.

noz·zle ['nɒzl] *s tech.* Schnauze *f*; Stutzen *m*; Düse *f*; Zapfpistole *f*.

n. p. or d. ***no place or date*** ohne Ort oder Datum.

NPV ***net present value*** Kapitalwert *m*.

nu·ance ['njuːɑːns] *s* Nuance *f*.

nu·cle·ar ['njuːklɪə] *adj* **1.** *biol. etc* Kern... **2.** *phys.* Kern..., Atom...: ***~ energy*** Atom-, Kernenergie *f*; ***~ fission*** Kernspaltung *f*; ***~-free*** atomwaffenfrei; ***~ fusion*** Kernfusion *f*, -verschmelzung *f*; ***~ physics*** *sg* Kernphysik *f*; ***~ power*** Atom-, Kernkraft *f*; *pol.* Atommacht *f*; ***~ power plant*** Atom-, Kernkraftwerk *n*; ***~ reactor*** Atom-, Kernreaktor *m*; ***~ scientist*** Atomwissenschaftler(in); ***~ test*** Atomtest *m*; ***~ war***(***fare***) Atomkrieg(führung *f*) *m*; ***~ warhead*** Atomsprengkopf *m*; ***~ weapons*** *pl* Atom-, Kernwaffen *pl*; ***~ winter*** nuklearer Winter. **3.** *a.* ***~-powered*** atomgetrieben: ***~ submarine*** Atom-U-Boot *n*.

ˌnu·cle·ar-'free *adj* atomwaffenfrei.

nu·cle·us ['~klɪəs] *pl* **-cle·i** [~aɪ] *s* **1.** (*Atom-, Zell- etc*)Kern *m*. **2.** *fig.* Kern *m*.

nude [njuːd] **I** *adj* **1.** nackt: ***~ beach*** FKK-Strand *m*; ***~ model*** Aktmodell *n*; ***~ photograph*** Aktaufnahme *f*; ***~ swimming*** Nacktbaden *n*. **II** *s* **2.** *Kunst*: Akt *m*. **3.** ***in the ~*** nackt.

nudge [nʌdʒ] **I** *v/t j-n* anstoßen, stupsen. **II** *s* Stups *m*.

nud·ism ['njuːdɪzəm] *s* Nudismus *m*, Freikörper-, Nacktkultur *f*.

'nud·ist *s* Nudist(in), Anhänger(in) der Freikörperkultur, FKK-Anhänger(in): ***~ beach*** Nacktbadestrand *m*, FKK Strand *m*.

'nu·di·ty *s* Nacktheit *f*.

nug·get ['nʌgɪt] *s* Nugget *n*: **~s** *pl* ***of information*** *fig*. bruchstückhafte Information(en *pl*).

nui·sance ['nju:sns] *s* **1.** Plage *f*, Belästigung *f*, Missstand *m*: ***what a ~!*** wie ärgerlich!; ***public ~*** ⚖ öffentliches Ärgernis (*a. fig.*). **2.** Landplage *f*, Nervensäge *f*, Quälgeist *m*: ***be a ~ to s.o.*** j-m lästig fallen, j-n nerven; ***make a ~ of o.s.*** den Leuten auf die Nerven gehen.

nuke [nju:k] *s* **I** *s* Atom-, Kernwaffe *f*. **II** *v/t* mit Atomwaffen angreifen.

null [nʌl] *adj*: ***~ and void*** *bsd.* ⚖ null u. nichtig.

nul·li·fy ['nʌlɪfaɪ] *v/t* **1.** *bsd.* ⚖ für null u. nichtig erklären. **2.** aufheben.

NUM ***National Union of Mineworkers*** Bergarbeitergewerkschaft *f*.

numb [nʌm] **I** *adj* □ **1.** starr (**with** vor *Kälte etc*), taub (*empfindungslos*). **2.** *fig.* wie betäubt (**with** vor *Schmerz etc*). **II** *v/t* **3.** starr *od.* taub machen. **4.** *fig.* betäuben.

num·ber ['nʌmbə] **I** *s* **1.** Zahl *f*; Ziffer *f*: ***be good at ~s*** gut rechnen können; ***~ crunching*** *Computer*: Zahlenverarbeitung *f*. **2.** (*Haus-*, *Telefon- etc*)Nummer *f*: ***be ~ one*** *fig.* die Nummer eins sein; ***look after*** (*od.* ***take care of***) ***~ one*** F (vor allem) an sich selbst denken; ***Number Ten*** Downing Street 10 (*der Regierungssitz des Premierministers*); ***have s.o.'s ~*** F j-n durchschaut haben; ***his ~ is*** (*od.* ***has come***) ***up*** F jetzt ist er dran; ***~ no longer in use*** kein Anschluss unter dieser Nummer; ***sorry, wrong ~*** falsch verbunden. **3.** (An)Zahl *f*: ***a*** (***great***) ***~ of people*** mehrere (sehr viele) Leute; ***five in ~*** fünf an der Zahl; ***~s of times*** zu wiederholten Malen; ***in large ~s*** in großen Mengen, in großer Zahl. **4.** Nummer *f*, Ausgabe *f* (*e-r Zeitschrift etc*): → ***back number***. **5.** *thea. etc* (Programm)Nummer *f*; ♪ Nummer *f*, Stück *n*. **II** *v/t* **6.** ***his days are ~ed*** s-e Tage sind gezählt. **7.** nummerieren: ***~ed account*** *econ.* Nummernkonto *n*. **8.** ***~ s.o. among*** (*od.* ***with***) *fig.* j-n zählen *od.* rechnen zu. **9.** sich belaufen auf (*acc*). **III** *v/i* **10.** ***~ in*** sich belaufen auf (*acc*). **11.** ***~ among*** (*od.* ***with***) *fig.* zählen zu.

num·ber block *s* *Computer*: Nummernblock *m*.

'num·ber·ing *s* Nummerierung *f*.

'num·ber·less *adj* unzählig, zahllos.

'num·ber·pad *s* Zehnerblock *m*.

'num·ber·plate *s* *mot. Br.* Nummern-, Kennzeichenschild *n*.

numb·ness ['nʌmnɪs] *s* **1.** Starr-, Taubheit *f*. **2.** *fig.* Betäubung *f*.

numb·skull ['nʌmskʌl] *s* F Dummkopf *m*.

nu·mer·al ['nju:mərəl] *s* **1.** Ziffer *f*. **2.** *ling.* Zahlwort *n*.

nu·mer·ate ['nju:mərɪt] *adj* ***be ~*** rechnen können.

nu·mer·ic [nju:'merɪk] *adj* numerisch: ***~ character*** numerisches Zeichen; ***~ keypad*** numerisches Tastenfeld, Zehnertastatur *f*.

nu·mer·i·cal [nju:'merɪkl] *adj* □ numerisch: a) Zahlen..., b) zahlenmäßig: ***~ control*** numerische Steuerung.

nu·mer·ous ['nju:mərəs] *adj* □ zahlreich.

nun [nʌn] *s eccl.* Nonne *f*.

NUPE ***National Union of Public Employees*** Gewerkschaft der Angestellten im öffentlichen Dienst.

nup·tial ['nʌpʃl] **I** *adj* Hochzeits... **II** *s pl* Trauung *f*.

nurse [nɜ:s] **I** *s* **1.** (Kranken)Schwester *f*: → ***male*** I. **2.** Kindermädchen *n*. **II** *v/t* **3.** *Baby* säugen, stillen, *e-m Baby* die Brust geben. **4.** *Kranke* pflegen: ***~ s.o. back to health*** j-n gesund pflegen. **5.** *Krankheit* auskurieren. **6.** *Stimme etc* schonen. **7.** *fig. Gefühl* hegen, nähren.

nurs·er·y ['nɜ:sərɪ] *s* **1.** Tagesheim *n*, -stätte *f*; ***day ~*** Kinderkrippe *f*, -tagesstätte *f*. **2.** Pflanz-, Baumschule *f*. **3.** Kinderzimmer *n*. **~ rhyme** *s* Kinderreim *m*, -vers *m*. **~ school** *s* Kindergarten *m*: ***~ teacher*** Kindergärtner(in).

nurs·ing ['nɜ:sɪŋ] *s* **1.** Stillen *n*. **2.** Krankenpflege *f*. **~ al·low·ance** *s* Pflegegeld *n*. **~ bot·tle** *s bsd. Am.* Saugflasche *f*. **~ home** *s* **1.** Pflegeheim *n*. **2.** *bsd. Br.* Privatklinik *f*.

NUT ***National Union of Teachers*** Lehrergewerkschaft *f*.

nut [nʌt] *s* **1.** ✿ Nuss *f*: ***a hard*** (*od.* ***tough***) ***~ to crack*** *fig.* e-e harte Nuss. **2.** *tech.* (Schrauben)Mutter *f*. **3.** F Fan *m*: ***be a ~ on s.th.*** total auf et. abfahren. **4.** F Spinner(in). **5.** F Birne *f* (*Kopf*): ***be*** (***go***) ***off one's ~*** (anfangen zu) spinnen; ***do one's ~*** ausrasten. **6.** *pl* V Eier *pl* (*Hoden*). **'~·case** *s* F Spinner(in). **'~,crack·er** *s a. pl* Nussknacker *m*: ***a*** (***pair of***) ***~(s)*** ein Nussknacker. **'~·house** *s bsd. Br. sl.* Klapsmühle *f*.

nut·meg ['nʌtmeg] *s* ✿ Muskatnuss *f*.

nu·tra·sweet ['nju:trəswi:t] *s* (*TM*) Süßstoff *m*.

nu·tri·ent ['nju:trɪənt] **I** *adj* nahrhaft. **II** *s* Nährstoff *m*.

nu·tri·tion [nju:'trɪʃn] *s* Ernährung *f*.

nu·tri·tion·al [~nl] *adj* Nähr...: ***~ value*** Nährwert *m*.

nu·tri·tion·ist *s* Ernährungsberater(in).

nu'tri·tious *adj* □ nahrhaft.

nuts [nʌts] *adj* F: ***be ~*** spinnen; ***be ~ about*** (*od.* ***on***) verrückt sein nach, wild *od.* scharf sein auf (*acc*).

N

'nut·shell *s* ⚘ Nussschale *f*: (***to put it***) ***in a*** ~ *fig*. kurz gesagt, mit einem Wort.
nut·ter ['nʌtə] *s* F Spinner(in).
nut·ty ['nʌtɪ] *adj* **1.** Nuss... **2.** F verrückt (*a. Idee etc*): ***be*** ~ spinnen; ***be*** ~ ***about*** (*od.* ***on***) scharf sein auf (*acc*).
NYC, N.Y.C. ***New York City*** New York *n.*
ny·lon ['naɪlɒn] *s* Nylon *n.*
nymph [nɪmf] *s* Nymphe *f.*
nym·pho·ma·ni·ac [ˌnɪmfəʊ'meɪnɪæk] **I** *adj* nymphoman, mannstoll. **II** *s* Nymphomanin *f.*
NYSE ***New York Stock Exchange*** New Yorker Börse.
NZ ***New Zealand*** Neuseeland *n.*

O

O [əʊ] *pl* **O's** *s* **1.** O *n* (*Buchstabe*). **2.** Null *f* (*Ziffer, a. teleph.*).

OA ***office automation*** Büroautomatisierung *f*.

oaf [əʊf] *s* Lümmel *m*, Flegel *m*.

'oaf·ish *adj* □ lümmel-, flegelhaft.

oak [əʊk] *s* ♀ Eiche *f*.

oak·en ['~ən] *adj* eichen, Eichen...

O & M ***organization and methods*** Organisation *f* u. Verfahren *pl*.

OAP [əʊeɪ'piː] ***old age pensioner*** Senior(in).

oar [ɔː] *s* Ruder *n*, Riemen *m*: ***put*** (*od.* ***shove, stick***) ***one's ~s in*** F sich einmischen, s-n Senf dazugeben; ***rest on one's ~s*** *fig.* ausspannen.

oars|·man ['ɔːzmən] *s* (*irr* ***man***) *Sport*: Ruderer *m*. **'~ˌwom·an** *s* (*irr* ***woman***) *Sport*: Ruderin *f*.

OAS ***Organization of American States*** Organisation *f* amerikanischer Staaten.

o·a·sis [əʊ'eɪsɪs] *pl* **-ses** [~siːz] *s* Oase *f*.

oath [əʊθ] *pl* **oaths** [əʊðz] *s* **1.** Eid *m*, Schwur *m*: ***~ of office*** Amts-, Diensteid; ***on*** (*od.* ***under***) ***~*** unter Eid, eidlich; ***be on*** (*od.* ***under***) ***~*** unter Eid stehen; ***swear*** (*od.* ***take***) ***an ~*** e-n Eid leisten *od.* ablegen, schwören (***on, to*** auf *acc*); ***in lieu of an ~*** an Eides statt. **2.** Fluch *m*.

oat·meal ['əʊtmiːl] *s* Hafermehl *n*.

oats [əʊts] *s pl* ♀ Hafer *m*: ***he feels his ~*** F ihn sticht der Hafer; ***be off one's ~*** F keinen Appetit haben; ***he's gone off his ~*** F ihm ist der Appetit vergangen; ***sow one's wild ~*** sich die Hörner abstoßen.

ob·du·ra·cy ['ɒbdjʊrəsɪ] *s* Starrsinn *m*, Verstocktheit *f*.

ob·du·rate ['~rət] *adj* □ starrsinnig, verstockt.

o·be·di·ence [ə'biːdjəns] *s* Gehorsam *m* (***to*** gegen[über]), Folgsamkeit *f*.

o'be·di·ent *adj* □ gehorsam (***to*** *dat*), folgsam: ***be ~ to s.o.*** *a.* j-m folgen.

ob·e·lisk ['ɒbəlɪsk] *s* Obelisk *m*.

o·bese [əʊ'biːs] *adj* fettleibig.

o'bes·i·ty *s* Fettleibigkeit *f*.

o·bey [ə'beɪ] **I** *v/t* **1.** *j-m* gehorchen, folgen. **2.** *Befehl etc* befolgen. **II** *v/i* **3.** gehorchen, folgen.

ob·fus·cate ['ɒbfʌskeɪt] *v/t fig.* **1.** verwirren. **2.** vernebeln.

o·bit·u·ar·y [ə'bɪtʃʊərɪ] *s* **1.** Nachruf *m*. **2.** *a.* ***~ notice*** Todesanzeige *f*.

ob·ject¹ [əb'dʒekt] **I** *v/t* **1.** einwenden (***that*** dass). **II** *v/i* **2.** Einspruch erheben (***to*** gegen). **3.** et. dagegen haben: ***if you don't ~*** wenn du nichts dagegen hast; ***~ to s.th.*** et. beanstanden; ***do you ~ to my smoking?*** haben Sie et. dagegen, wenn ich rauche?

ob·ject² ['ɒbdʒɪkt] *s* **1.** Objekt *n*, Gegenstand *m* (*a. fig. des Mitleids etc*): ***money*** (***is***) ***no ~*** Geld *od.* der Preis spielt keine Rolle; ***~ language*** Objektsprache *f*. **2.** Ziel *n*, Zweck *m*, Absicht *f*: ***with the ~ of doing s.th.*** mit der Absicht, et. zu tun. **3.** *ling.* Objekt *n*.

ob·jec·tion [əb'dʒekʃn] *s* Einspruch *m* (*a.* ⚖), Einwand *m* (***to*** gegen); Abneigung *f* (***to*** gegen): ***if you have no ~s*** wenn du nichts dagegen hast; ***I have no ~ to him*** ich habe nichts an ihm auszusetzen; ***raise an ~ to s.th.*** gegen et. e-n Einwand erheben.

ob'jec·tion·a·ble *adj* □ **1.** unangenehm. **2.** anstößig.

ob·jec·tive [əb'dʒektɪv] **I** *adj* □ **1.** objektiv, sachlich. **2.** objektiv, tatsächlich. **II** *s* **3.** *opt.* Objektiv *n*. **4.** Ziel *n*.

ob·jec·tiv·i·ty [ˌɒbdʒek'tɪvətɪ] *s* Objektivität *f*.

'ob·ject les·son *s* **1.** *ped.* Anschauungsunterricht *m*. **2.** *fig.* Parade-, Schulbeispiel *n* (***in*** für).

ob·jec·tor [əb'dʒektə] *s* Gegner(in) (***to*** *gen*): → ***conscientious*** 2.

ob·li·gate ['ɒblɪgeɪt] *v/t*: ***feel ~d to do s.th.*** sich verpflichtet fühlen, et. zu tun.

ˌob·li'ga·tion *s* Verpflichtung *f*: ***~ to buy*** Kaufzwang *m*; ***without ~*** unverbindlich; ***be under an ~ to do s.th.*** verpflichtet sein, et. zu tun.

ob·lig·a·tory [ə'blɪgətərɪ] *adj* □ verpflichtend, verbindlich, obligatorisch (***on*** für): ***attendance is ~*** Anwesenheit ist Pflicht.

o·blige [ə'blaɪdʒ] *v/t* **1.** nötigen, zwingen: ***be ~d to do s.th.*** *a.* et. tun müssen. **2.** *fig.* (*a.* zu Dank) verpflichten: ***feel ~d to do s.th.*** sich verpflichtet fühlen, et. zu tun; (***I am***) ***much ~d*** (***to you***) ich bin Ihnen sehr zu Dank

verpflichtet, besten Dank; ***would you ~ me by*** (*ger*)? wären Sie so freundlich, zu (*inf*)? **3.** *j-m* gefällig sein, *j-m* e-n Gefallen tun.
o'blig·ing *adj* □ entgegenkommend, gefällig.
ob·lique [ə'bliːk] *adj* □ **1.** *bsd.* ⩓ schief, schiefwink(e)lig, schräg: ***at an ~ angle to*** im spitzen Winkel zu. **2.** *fig.* indirekt.
ob·lit·er·ate [ə'blɪtəreɪt] *v/t* **1.** unkenntlich *od.* unleserlich machen. **2.** vernichten, völlig zerstören. **3.** *Sonne etc* verdecken.
ob,lit·er'a·tion *s* **1.** Unkenntlichmachung *f.* **2.** Vernichtung *f.*
o·bliv·i·on [ə'blɪvɪən] *s*: ***fall*** (*od.* ***sink***) ***into ~*** in Vergessenheit geraten.
o'bliv·i·ous *adj*: ***be ~ to*** (*od.* ***of***) ***s.th.*** sich e-r Sache nicht bewusst sein; et. nicht bemerken *od.* wahrnehmen.
ob·long ['ɒblɒŋ] **I** *adj* rechteckig. **II** *s* Rechteck *n.*
ob·nox·ious [əb'nɒkʃəs] *adj* □ widerwärtig, widerlich.
o·boe ['əʊbəʊ] *s* ♪ Oboe *f.*
'o·bo·ist *s* Oboist(in).
ob·scene [əb'siːn] *adj* □ obszön, unanständig, unzüchtig.
ob·scen·i·ty [əb'senətɪ] *s* Obszönität *f* (*a. Wort etc*), Unanständigkeit *f*, Unzüchtigkeit *f.*
ob·scure [əb'skjʊə] **I** *adj* □ **1.** a) dunkel, unklar, (*Motive etc a.*) undurchsichtig: ***for some ~ reason*** aus e-m unerfindlichen Grund, b) unbestimmt, undeutlich (*Gefühl*). **2.** obskur, unbekannt, unbedeutend. **II** *v/t* **3.** *Sonne etc* verdecken. **4.** nicht klarmachen.
ob'scu·ri·ty *s* **1.** Unklarheit *f.* **2.** Unbekanntheit *f.*
ob·se·quies ['ɒbsɪkwɪz] *s* Trauerfeierlichkeit(en *pl*) *f.*
ob·se·qui·ous [əb'siːkwɪəs] *adj* □ unterwürfig.
ob'se·qui·ous·ness *s* Unterwürfigkeit *f.*
ob·serv·a·ble [əb'zɜːvəbl] *adj* □ wahrnehmbar, merklich.
ob'ser·vance *s* Beachtung *f*, Befolgung *f*, Einhaltung *f.*
ob'ser·vant *adj* □ aufmerksam, achtsam.
ob·ser·va·tion [,ɒbsə'veɪʃn] *s* **1.** Beobachtung *f*, Überwachung *f*: ***keep s.o. under ~*** j-n beobachten (lassen). **2.** Bemerkung *f* (***on*** über *acc*).
ob·ser·va·to·ry [əb'zɜːvətrɪ] *s* Observatorium *n.*
ob'serve *v/t* **1.** beobachten: a) überwachen, b) studieren, c) bemerken: ***he was ~d entering the house*** er wurde beim Betreten des Hauses beobachtet. **2.** *Vorschrift etc* beachten, befolgen, einhalten; *Fest* feiern, begehen. **3.** bemerken, äußern (***that*** dass).
ob'serv·er *s* Beobachter(in).
ob'serv·ing → ***observant.***
ob·sess [əb'ses] *v/t*: ***be ~ed by*** (*od.* ***with***) besessen sein von.
ob·ses·sion [əb'seʃn] *s* **1.** Besessenheit *f*: ***have an ~ with*** → ***obsess.*** **2.** fixe Idee, *psych.* Zwangsvorstellung *f.*
ob'ses·sion·al [~ʃnl] *adj* □ *psych.* zwanghaft: ***~ neurosis*** Zwangsneurose *f.*
ob·so·les·cence [,ɒbsəʊ'lesns] *s* Veralten *n*, Obsoleszenz *f*: ***artificial*** (***built-in***) ~ künstliche (eingebaute) Obsoleszenz.
ob·so·les·cent [,ɒbsəʊ'lesnt] *adj* □ veraltend: ***be ~*** veralten.
ob·so·lete ['ɒbsəliːt] *adj* □ veraltet.
ob·sta·cle ['ɒbstəkl] *s* Hindernis *n* (***to*** für) (*a. fig.*): ***be an ~ to s.th.*** et. behindern, e-r Sache im Weg stehen; ***put ~s in s.o.'s way*** j-m Steine in den Weg legen. ***~ race*** *s Sport*: Hindernisrennen *n.*
ob·ste·tri·cian [,ɒbstə'trɪʃn] *s* ⚕ Geburtshelfer(in).
ob·stet·rics [ɒb'stetrɪks] *s pl* (*mst sg konstruiert*) Geburtshilfe *f.*
ob·sti·na·cy ['ɒbstɪnəsɪ] *s* Hartnäckigkeit *f* (*a. fig.*), Halsstarrigkeit *f.*
ob·sti·nate ['ɒbstənət] *adj* □ hartnäckig (*a. fig.*), halsstarrig.
ob·strep·er·ous [əb'strepərəs] *adj* □ **1.** lärmend. **2.** aufsässig.
ob·struct [əb'strʌkt] *v/t* **1.** *Straße etc* blockieren, versperren, *a. Röhre*, *Arterie etc* verstopfen. **2.** *Aussicht etc* versperren, die Sicht versperren auf (*acc*): ***~ s.o.'s view*** j-m die Sicht nehmen. **3.** *Straßenverkehr*, *fig. Fortschritt etc* behindern, aufhalten, *Gesetzesvorlage etc* blockieren, sich *e-m Plan etc* in den Weg stellen.
ob'struc·tion *s* **1.** Blockierung *f*, Versperrung *f*, Verstopfung *f.* **2.** Behinderung *f.* **3.** *pol.* Obstruktion *f.*
ob'struc·tion·ism [~ʃənɪzəm] *s pol.* Obstruktionspolitik *f.*
ob'struc·tive [~tɪv] *adj* □ hinderlich (***to*** für): ***be ~ to s.th.*** *a.* et. behindern.
ob·tain [əb'teɪn] **I** *v/t* erhalten, bekommen, sich *et.* verschaffen: ***~ by flattery*** sich *et.* erschmeicheln; ***~ s.th. for s.o.*** j-m et. beschaffen *od.* besorgen. **II** *v/i* bestehen; Geltung haben.
ob'tain·a·ble *adj* erhältlich: ***no longer ~*** nicht mehr lieferbar, vergriffen.
ob·trude [əb'truːd] **I** *v/t* aufdrängen (***on*** *dat*): ***~ o.s.*** → II. **II** *v/i* sich aufdrängen (***on*** *dat*).
ob'tru·sive [~sɪv] *adj* □ aufdringlich.
ob·tuse [əb'tjuːs] *adj* □ **1.** ⩓ stumpf (*Winkel*). **2.** *fig.* begriffsstutzig, beschränkt.
ob·vi·ous ['ɒbvɪəs] *adj* □ offensichtlich,

klar, einleuchtend: ***it is (very) ~ that*** es liegt (klar) auf der Hand, dass.
oc·ca·sion [ə'keɪʒn] **I** *s* **1.** (günstige) Gelegenheit, richtiger Zeitpunkt (***for*** für): ***take the ~ to do s.th.*** die Gelegenheit ergreifen, et. zu tun. **2.** (besondere) Gelegenheit, Anlass *m*: ***on this ~*** bei dieser Gelegenheit; ***on the ~ of*** anlässlich (*gen*); ***for the ~*** eigens zu diesem Zweck *od.* Anlass. **3.** (*bsd.* festliches) Ereignis: ***to celebrate the ~*** zur Feier des Tages; ***rise to the ~*** sich der Lage gewachsen zeigen; → ***mark²*** 11. **4.** Anlass *m*, Anstoß *m*: ***give ~ to*** Anlass *od.* den Anstoß geben zu. **5.** Grund *m*, Veranlassung *f* (***for*** zu). **II** *v/t* **6.** veranlassen, verursachen.
oc'ca·sion·al [~ʒənl] *adj* gelegentlich, Gelegenheits...; vereinzelt: ***smoke an ~ cigarette*** gelegentlich *od.* hin u. wieder e-e Zigarette rauchen; ***~ customers*** *pl* Laufkundschaft *f*.
oc'ca·sion·al·ly [~ʒnəlɪ] *adv* gelegentlich, hin u. wieder.
Oc·ci·dent ['ɒksɪdənt] *s der* Westen, *poet. das* Abendland.
oc·ci·den·tal [ˌ~'dentl] *adj* □ abendländisch, westlich.
oc·cult [ɒ'kʌlt] **I** *adj* □ okkult: a) geheimnisvoll, verborgen, b) übersinnlich, c) geheim, Geheim... **II** *s*: ***the ~*** das Okkulte.
oc·cult·ism ['ɒkəltɪzəm] *s* Okkultismus *m*.
oc·cu·pant ['ɒkjʊpənt] *s* **1.** Bewohner(in): ***the ~s*** *pl* ***of the house*** die Hausbewohner *pl*. **2.** Insasse *m*, Insassin *f*: ***the ~s*** *pl* ***of the car*** die Autoinsassen *pl*.
ˌoc·cu'pa·tion *s* **1.** Besitznahme *f*, -ergreifung *f*. **2.** *mil.*, *pol.* Besetzung *f*: ***~ troops*** *pl* Besatzungstruppen *pl*. **3.** Beschäftigung *f*. **4.** Beruf *m*: ***by ~*** von Beruf; ***~ group*** Berufsgruppe *f*; ***shortage ~*** Mangelberuf *m*.
ˌoc·cu'pa·tion·al [~ʃənl] *adj* **1.** Berufs...: ***~ accident*** (*od.* ***injury***) Arbeitsunfall *m*; ***~ advancement*** beruflicher Aufstieg; ***~ change*** Berufswechsel *m*; ***~ counselling*** (*od.* ***guidance***) Berufsberatung *f*; ***~ disability*** (*od.* ***invalidity***) Berufsunfähigkeit *f*; ***~ disease*** (*od.* ***illness***) Berufskrankheit *f*; ***~ group*** Berufsgruppe *f*; ***~ hazard*** Berufsrisiko *n*; ***~ pension*** Betriebsrente *f*; ***~ pension scheme*** betriebliche Pensionskasse, betriebliche Altersversorgung; ***~ test*** Eignungsprüfung *f*. **2.** Beschäftigungs...: ***~ therapy.***
oc·cu·pi·er ['~paɪə] → ***occupant*** 1.
oc·cu·py ['~paɪ] *v/t* **1.** in Besitz nehmen, Besitz ergreifen von; *mil.*, *pol.* besetzen. **2.** ***be occupied*** bewohnt sein; besetzt sein (*Platz*). **3.** *Amt* bekleiden, innehaben. **4.** *Raum* einnehmen; *Zeit* in Anspruch nehmen. **5.** *j-n* beschäftigen: ***~ o.s. with*** (*od.* ***in***) ***s.th.*** sich mit et. beschäftigen.
oc·cur [ə'kɜː] *v/i* **1.** sich ereignen, vorkommen. **2.** vorkommen (***in*** bei *Shakespeare etc*). **3.** zustoßen (***to*** *dat*). **4.** einfallen, in den Sinn kommen (***to*** *dat*): ***it ~red to me that*** es fiel mir ein *od.* mir kam der Gedanke, dass.
oc·cur·rence [ə'kʌrəns] *s* **1.** Vorkommen *n*. **2.** Ereignis *n*, Vorfall *m*, Vorkommnis *n*: ***be an everyday ~*** et. (ganz) Alltägliches sein.
o·cean ['əʊʃn] *s* **1.** Ozean *m*, Meer *n*: ***~ climate*** Meeres-, Seeklima *n*; ***~ liner*** Ozeandampfer *m*. **2.** ***~s*** *pl* ***of*** F e-e Unmenge von. **'~ˌgo·ing** *adj* hochseetüchtig, Hochsee...
o·cher *Am.*, **o·chre** *bsd. Br.* ['əʊkə] **I** *s min.* Ocker *m*, *n*. **II** *adj* ockerfarben, -gelb.
o'clock [ə'klɒk] *adv* ... Uhr: ***five ~.***
OCR ***optical character recognition*** *Computer*: optische Zeichenerkennung.
Oct. ***October*** Okt., Oktober *m*.
oc·ta·gon ['ɒktəgən] *s* Achteck *n*.
oc·tag·o·nal [ɒk'tægənl] *adj* □ achteckig.
oc·tane ['ɒkteɪn] *s* ⚗ Oktan *n*: ***~ number*** (*od.* ***rating***) Oktanzahl *f*.
oc·tave ['ɒktɪv] *s* ♪ Oktave *f*.
Oc·to·ber [ɒk'təʊbə] *s* Oktober *m*: ***in ~*** im Oktober.
oc·to·pus ['ɒktəpəs] *pl* **-pus·es, -pi** [~paɪ] *s zo.* Krake *m*.
oc·u·lar ['ɒkjʊlə] *adj* Augen...
'oc·u·list *s* Augenarzt *m*, -ärztin *f*.
OD [əʊ'diː] ***overdose*** **I** *v/i* e-e Überdosis nehmen. **II** *s* Überdosis *f*.
odd [ɒd] *adj* (□ → ***oddly***) **1.** sonderbar, seltsam, merkwürdig: ***~ size*** *econ.* keine gängige Größe. **2.** *nach Zahlen*: ***50 ~*** (et.) über 50, einige 50. **3.** ungerade (*Zahl*). **4.** Einzel..., einzeln (*Schuh etc*). **5.** gelegentlich, Gelegenheits...: ***~ jobs*** *pl* Gelegenheitsarbeiten *pl*. **'~ball** *s bsd. Am.* F komischer Kauz.
odd·i·ty ['ɒdɪtɪ] *s* **1.** Merkwürdigkeit *f*. **2.** komische Person *od.* Sache.
ˌodd-'job man *s* (*irr* ***man***) Mädchen *n* für alles.
odd·ly ['ɒdlɪ] *adv* **1.** → ***odd*** 1. **2.** *a.* ***~ enough*** merkwürdigerweise.
odd·ments ['ɒdmənts] *s pl* Restbestände *pl*, Ramschware *f*.
odds [ɒdz] *s pl* **1.** (Gewinn)Chancen *pl*: ***the ~ are 10 to 1*** die Chancen stehen 10 zu 1; ***the ~ are that he will come*** er kommt wahrscheinlich; ***the ~ are in our favo(u)r*** (*od.* ***on us***) (***against us***) unsere Chancen stehen gut (schlecht); ***against all ~*** wider Erwarten, entgegen allen Erwartungen; → ***stack*** 6. **2.** ***be at ~*** uneins sein (***with*** mit): ***be at ~ with*** *a.* im Widerspruch stehen zu. **3.** ***it makes no ~*** *Br.* es spielt keine Rolle, es macht keinen Unterschied. **4.** ***~ and ends*** Krimskrams *m*. **ˌ~-'on** *adj* aussichtsreichst (*Kan-*

O

didat etc), hoch, klar (*Favorit*): ***it's ~ that he will come*** er kommt höchstwahrscheinlich.

o·di·ous ['əʊdjəs] *adj* □ **1.** abscheulich. **2.** widerlich, ekelhaft.

o·dom·e·ter [əʊ'dɒmɪtə] *s mot. Am.* Meilenzähler *m*.

o·dor, *etc Am.* → ***odour,*** *etc.*

o·dor·if·er·ous [ˌəʊdə'rɪfərəs] *adj* □ duftend.

o·dour ['əʊdə] *s bsd. Br.* **1.** Geruch *m*, *bsd.* Duft *m*. **2.** ***be in bad ~ with*** *fig.* schlecht angeschrieben sein bei.

'**o·dour·less** *adj bsd. Br.* geruchlos.

od·ys·sey ['ɒdɪsɪ] *s* Odyssee *f*.

OECD ***Organization for Economic Cooperation and Development*** Organisation *f* für wirtschaftliche Zusammenarbeit und Entwicklung.

oec·u·men·i·cal → ***ecumenical.***

oe·de·ma [iː'diːmə] *pl* **-ma·ta** [~mətə] *s* ⚕ Ödem *n*.

Oe·di·pus com·plex ['iːdɪpəs] *s psych.* Ödipuskomplex *m*.

oe·soph·a·gus [ɪ'sɒfəgəs] *pl* **-gi** [~gaɪ], **-gus·es** *s anat. bsd. Br.* Speiseröhre *f*.

oes·tro·gen ['iːstrəʊdʒən] *s biol. bsd. Br.* Östrogen *n*.

of [ɒv] *prp* **1.** *allg.* von. **2.** *zur Bezeichnung des Genitivs*: ***the tail ~ the dog*** der Schwanz des Hundes. **3.** *Ort*: bei: ***the Battle ~ Hastings*** die Schlacht bei Hastings. **4.** *Entfernung, Trennung, Befreiung*: a) von: ***south ~ London*** südlich von London; → ***cure*** 4, *etc*, b) *gen*: → ***rob,*** *etc*, c) um: → ***cheat*** 3, *etc*. **5.** *Herkunft*: von, aus: ***Mr X ~ London*** Mr X aus London; → ***family*** I, *etc*. **6.** *Eigenschaft*: von, mit: ***a man ~ courage*** ein mutiger Mann, ein Mann mit Mut; → ***importance,*** *etc*. **7.** *Stoff*: aus, von: ***a dress ~ silk*** ein Kleid aus Seide, ein Seidenkleid; (***made***) ***~ steel*** aus Stahl (hergestellt). **8.** *Urheberschaft, Art u. Weise*: von: ***the works ~ Shakespeare; it was clever ~ him.*** **9.** *Ursache, Grund*: a) an (*dat*): → ***die*** 1, *etc*, b) auf (*acc*): → ***proud*** 1, *etc*, c) vor (*dat*): → ***afraid,*** *etc*, d) nach: → ***smell*** 2, *etc*. **10.** *Thema*: an (*acc*): → ***think*** 6, *etc*. **11.** *Apposition, unübersetzt*: a) ***the city ~ London*** die Stadt London; ***the month ~ April*** der Monat April, b) *Maß*: ***a glass ~ wine*** ein Glas Wein; ***a piece ~ meat*** ein Stück Fleisch. **12.** *Zeit*: a) von: ***your letter ~ March 3rd*** Ihr Schreiben vom 3. März, b) *Am.* vor: ***ten ~ three.***

off [ɒf] I *adv* **1.** fort(...), weg(...): ***be ~*** (*Sport*) gestartet sein; ***I must be ~*** ich muss gehen *od.* weg; ***~ with you!*** fort mit dir!; → ***go off*** 1, *etc*. **2.** ab(...): → ***cut off, hat,*** *etc*. **3.** weg, entfernt: ***three miles ~.*** **4.** ***~ and on*** ab u. zu, hin u. wieder. **5.** ***5 % ~*** *econ.* 5 % Nachlass; → ***take off*** 5. **6.** aus(...), aus-, abgeschaltet: → ***switch*** 5, 6, *etc*. **7.** ***be ~*** ausfallen, nicht stattfinden: ***their engagement is ~*** sie haben ihre Verlobung gelöst. **8.** aus(gegangen), alle. **9.** ***she is ~ today*** sie hat heute ihren freien Tag; ***give s.o. the afternoon ~*** j-m den Nachmittag freigeben; ***take a day ~*** sich e-n Tag freinehmen. **10.** nicht mehr frisch, verdorben (*Nahrungsmittel*): → ***go off*** 6. **11.** ***well*** (***badly***) ***~*** gut (schlecht) d(a)ran *od.* gestellt *od.* situiert: ***how are you ~ for ...?*** wie sieht es bei dir mit ... aus? II *prp* **12.** weg von, von (... weg *od.* ab *od.* herunter): ***jump ~ the bus*** vom Bus abspringen; → ***get off, grass*** 2, *etc*. **13.** abseits von (*od. gen*), von ... weg: ***a street ~ Piccadilly*** e-e Seitenstraße von Piccadilly. **14.** ***be ~ duty*** nicht im Dienst sein, dienstfrei haben. **15.** ***be ~ s.th.*** et. nicht mehr mögen; von et. kuriert sein: → ***drug*** 2. **16.** ⚓ vor *der Küste etc*. III *adj* **17.** (arbeits-, dienst)frei. **18.** schlecht (*Tag etc*): ***this is an ~ day for me*** heute geht mir alles schief, das ist heute nicht mein Tag; ***an ~ year for fruit*** ein schlechtes Obstjahr. **19.** ***on the ~ chance*** auf gut Glück; in der Hoffnung (***of getting*** zu bekommen); ***~ season*** Nebensaison *f*.

'**off|·beat** *adj* F ausgefallen, unkonventionell. ˌ**~-'col·o(u)r** *adj* **1.** ***be*** (*od.* ***feel***) ***~*** sich nicht wohl fühlen. **2.** gewagt (*Witz etc*).

of·fence [ə'fens] *s* **1.** *allg.* Vergehen *n*, Verstoß *m* (***against*** gegen). **2.** ⚖ Straftat *f*; Vergehen *n*. **3.** Beleidigung *f*, Kränkung *f*: ***give*** (*od.* ***cause***) ***~*** Anstoß *od.* Ärgernis erregen (***to*** bei); ***take ~*** Anstoß nehmen (***at*** an *dat*); ***be quick*** (*od.* ***swift***) ***to take ~*** schnell beleidigt sein; ***no ~*** (***meant*** *od.* ***intended***) nichts für ungut!; ***no ~*** (***taken***) (es) ist schon gut! **4.** Angriff *m*.

of·fend [ə'fend] I *v/t* beleidigen, kränken: ***be ~ed at*** (*od.* ***by***) sich beleidigt fühlen durch. II *v/i* verstoßen (***against*** gegen).

of'fend·er *s* (Übel-, Misse)Täter(in): ***first ~*** ⚖ nicht Vorbestrafte *m, f*, Ersttäter(in).

of·fense *Am.* → ***offence.***

of·fen·sive [ə'fensɪv] I *adj* □ **1.** beleidigend, anstößig: ***get ~*** ausfallend werden. **2.** widerlich (*Geruch etc*). **3.** *mil., Sport*: Angriffs..., Offensiv... II *s* **4.** *allg.* Offensive *f*: ***take the ~*** die Offensive ergreifen.

of·fer ['ɒfə] I *v/t* **1.** anbieten: → ***resistance*** 1. **2.** a) *econ. Ware* anbieten (***for sale*** zum Verkauf), offerieren, b) *econ. Preis, Summe* bieten, c) *Preis, Belohnung* aussetzen. **3.** *Entschuldigung etc* vorbringen, *Vorschlag* machen. **4.** sich bereit erklären (***to do*** zu tun): ~ ***to help*** s-e Hilfe anbieten. II *v/i* **5.** es *od.* sich anbieten. III *s* **6.** Angebot *n*: ***make s.o. an ~ of s.th.*** j-m et. anbieten; ***his ~ of help*** sein Angebot zu helfen, s-e angebotene Hilfe. **7.** *econ.* (An)Gebot *n*, Offerte *f* (***of*** über *acc*): ***on ~*** zu verkaufen; im Angebot; ***or near ~*** Verhandlungsbasis; ***special ~*** Sonderangebot *n*.

ˌoff-'floor trad·ing *s* Freiverkehr *m*.

ˌoff'hand I *adv* **1.** auf Anhieb, so ohne weiteres. II *adj* **2.** improvisiert, Stegreif... **3.** lässig (*Art etc*), hingeworfen (*Bemerkung*).

of·fice ['ɒfɪs] *s* **1.** Büro *n*, (*e-r Institution*) Geschäftsstelle *f*, (*Anwalts*)Kanzlei *f*: ***at the ~*** im Büro. **2.** *mst* ***Office*** *bsd. Br.* Ministerium *n*: → ***foreign*** 1, ***Home Office.*** **3.** (*bsd.* öffentliches) Amt, Posten *m*: ***be in*** (***out of***) ~ (nicht mehr) im Amt sein; (nicht mehr) an der Macht sein. **~ au·to·ma·tion** *s* Büro-Automation *f*. **~ block** *s* Bürogebäude *n*. **~ boy** *s* Bürogehilfe *m*, -bote *m*. **~ cli·mate** *s* Betriebsklima *n*. **~ com·plex** *s* Büroblock *m*. **~ de·sign** *s* Bürogestaltung *f*. **~ em·ploy·ees** *pl* Büroangestellte *pl*, -personal *n*. **~ e·quip·ment** *s* Büroeinrichtung *f*. **~ fur·ni·ture** *s* Büromöbel *pl*. **~ girl** *s* Bürogehilfin *f*. **'~ˌhold·er** *s* Amtsinhaber(in). **~ hours** *s pl* Dienstzeit *f*; Geschäfts-, Öffnungszeiten *pl*. **~ lay·out** *s* Raumverteilung *f* e-s Büros. **~ num·ber** *s* Büronummer *f*. **~ prem·is·es** *s pl* Büroräume *pl*.

of·fi·cer ['ɒfɪsə] *s* **1.** *mil.* Offizier(in). **2.** (*Polizei- etc*)Beamte *m*, (-)Beamtin *f*.

of·fice| sta·tion·a·ry *s* Büropapier *n*. **~ tech·nol·o·gy** *s* Bürotechnik *f*. **~ sup·plies** *s pl* Bürobedarf *m*. **~ work** *s* Bürotätigkeit *f*. **~ work·er** *s* Büroangestellte *m, f*.

of·fi·cial [ə'fɪʃl] I *adj* □ **1.** offiziell, amtlich, dienstlich: ~ ***duties*** *pl* Amtspflichten *pl*; ~ ***holiday*** gesetzlicher Feiertag *m*; ~ ***language*** Amtssprache *f*; ~ ***receiver*** Konkursverwalter *m*; ~ ***secret*** Amts-, Dienstgeheimnis *n*; ~ ***spread*** Bandbreite *f* der Wechselkurse; ~ ***trip*** Dienstreise *f*; ~ ***wage***(***s***) Tariflohn *m*; → ***channel, residence*** 1. II *s* **2.** Beamte *m*, Beamtin *f*. **3.** (*Gewerkschafts- etc*)Funktionär(in).

of'fi·cial·dom *s* Beamtentum *n*, *die* Beamten *pl*.

ofˌfi·cial'ese [~ʃə'liːz] *s* Amtsenglisch *n*, Behördensprache *f*.

off·ing ['ɒfɪŋ] *s*: ***be in the ~*** sich abzeichnen, in Sicht sein.

'off|-ˌli·cence *s* **1.** *Br.* Wein- u. Spirituosenhandlung *f*. **2.** Lizenz *f* für Verkauf über die Straße. **'~·line** *adj u. adv Computer*: offline: ~ ***mode*** (*od.* ***operation***) Offline-Betrieb *m*. **'~-peak** *adj*: ~ ***charge*** Billigtarif *m*; ~ ***electricity*** Nachtstrom *m*; ~ ***hours*** *pl* verkehrsschwache Stunden *pl*. **'~-ˌput·ting** *adj Br.* F unangenehm, störend; unsympathisch (*Person, Wesen*). **'~-road·er** *s mot.* Geländefahrzeug *n*. **~-sea·son** *s* Sauregurkenzeit *f*; Vor- und Nachsaison *f*.

off·set I *s* ['ɒfset] **1.** Ausgleich *m*: ***as an ~*** als Ausgleich (***to*** für). **2.** *typ.* Offsetdruck *m*. II *v/t* [ɒf'set] (*irr* ***set***) **3.** ausgleichen: ***~ting agreement*** Kompensationsabkommen *n*; ***~ting entry*** Gegenbuchung *f*. **~ ac·count** *s* Verrechnungskonto *n*.

'off|·shoot *s* ♀ Ableger *m* (*a. fig.*), Sprössling *m*. **ˌ~'shore** I *adv* vor der Küste. II *adj* küstennah: ~ ***boring*** Offshore-Bohrung *f*; ~ ***fishing*** Küstenfischerei *f*. **ˌ~'side** *adj u. adv Sport*: abseits: ***be ~*** abseits *od.* im Abseits stehen; ~ ***position*** Abseitsposition *f*, -stellung *f*; ~ ***trap*** Abseitsfalle *f*. **'~·spring** *s* **1.** Nachkommen(schaft *f*) *pl*. **2.** *pl* ***offspring*** Abkömmling *m*, Nachkomme *m*.

ˌoff-the-'job train·ing *s* außerbetriebliche Weiterbildung.

ˌoff-the-'rec·ord *adj u. adv* nicht für die Öffentlichkeit bestimmt, inoffiziell.

OFT ***Office of Fair Trading*** Amt *n* für Verbraucherschutz.

of·ten ['ɒfn] *adv* oft(mals), häufig: ***more ~*** öfters; ***as ~ as*** jedes Mal, wenn; ***as ~ as*** (*od.* ***more ~ than***) ***not*** sehr oft; ***ever so ~*** öfters, von Zeit zu Zeit.

o·gle ['əʊgl] *v/t* (*a. v/i*: ~ ***at***) *j-m* (schöne) Augen machen; *contp.* begaffen.

oh [əʊ] *int.* oh!: → ***dear*** 5, ***yes*** I.

OHP [əʊeɪtʃ'piː] ***overhead projector***; ~ ***pen*** OHP-Schreibstift *m*; ~ ***write-on-film*** OHP--Folie *f*.

oik [ɔɪk] *s* F Prolo *m*.

oil [ɔɪl] I *s* **1.** Öl *n*: ***pour ~ on troubled waters*** *fig.* Öl auf die Wogen gießen; → ***midnight*** II. **2.** (Erd)Öl *n*: ***strike ~*** auf Öl stoßen; *fig.* Glück *od.* Erfolg haben, *a.* fündig werden. **3.** *mst pl* Ölfarbe *f*: ***paint in ~s*** in Öl malen. II *v/t* **4.** (ein)ölen, schmieren: ~ ***the wheels*** *fig.* für e-n reibungslosen Ablauf sorgen; → ***palm***[1] 1. **~ change** *s mot.* Ölwechsel *m*: ***do an ~*** e-n Ölwechsel machen. **~ col·o(u)r** *s* Ölfarbe *f*. **~ com·pa·ny** *s* Erdölgesellschaft *f*; **~ cri·sis** *s* (*irr* ***crisis***) Ölkrise *f*. **~ dip·stick** *s mot.* Ölmessstab *m*. **'~·field** *s* Ölfeld *n*. **'~ˌfired** *adj*: ~ ***central heating*** Ölzentralheizung *f*. **~ lamp** *s* Öl-, Petroleumlampe *f*. **~ lev·el** *s mot.* Ölstand *m*. **~ paint** *s* Ölfarbe *f*. **~ paint·ing** *s* **1.** Ölmalerei *f*. **2.** Ölgemälde *n*: ***she's no ~*** F sie ist keine strahlende Schönheit. **'~-proˌduc·ing coun·try** *s* Ölförderland *n*. **~ rig** *s* (Öl)Bohrinsel *f*. **~ sheik**(**h**) *s* Ölscheich *m*. **~ slick** *s* Ölteppich *m*. **~ well** *s* Ölquelle *f*.

oil·y ['ɔɪlɪ] *adj* **1.** ölig. **2.** *fig.* schleimig.
oint·ment ['ɔɪntmənt] *s* Salbe *f.*
OK, o·kay [ˌəʊ'keɪ] F **I** *adj u. int* okay(!), o. k.(!), in Ordnung(!). **II** *v/t* genehmigen, *e-r Sache* zustimmen. **III** *s* Okay *n*, O. K. *n*, Genehmigung *f*, Zustimmung *f.*
old [əʊld] **I** *adj* **1.** *allg.* alt: ***grow*** ~ alt werden, altern; ***I'm getting*** ~**!** ich werde alt!; ***ten years*** ~ zehn Jahre alt; ***a ten-year-~ boy*** ein zehnjähriger Junge; ~ ***boy*** *Br.* ehemaliger Schüler, Ehemalige *m*; ~ ***girl*** *Br.* ehemalige Schülerin, Ehemalige *f*; ***be*** ~ ***hat*** F ein alter Hut sein; ***the*** (*od.* ***his***) ~ ***lady*** (*od.* ***woman***) F s-e Alte; s-e alte Dame; ***the*** (*od.* ***her***) ~ ***man*** F ihr Alter; ihr alter Herr; ~ ***people's home*** Alten-, Altersheim *n*; ***of the*** ~ ***school*** *Gentleman etc* der alten Schule; ***Old Testament*** *das* Alte Testament; ~ ***wives' tale*** Ammenmärchen *n*; ***Old World*** *die* Alte Welt; → ***flame*** 1, ***hand*** 6, ***maid*** 1. **2.** *sl.* (*verstärkend*) ***have a fine*** ~ ***time*** sich köstlich amüsieren; ***I can use any*** ~ ***thing*** ich hab für alles Verwendung; ***come any*** ~ ***time*** komm, wann es dir gerade passt. **II** *s* **3.** ***the*** ~ *pl* die Alten *pl.* ~ **age** *s* (hohes) Alter: ***in one's*** ~ im Alter; ***die of*** (*od.* ***from***) ~ an Altersschwäche sterben.
'old-age *adj* Alters...: ~ ***insurance*** Altersversicherung *f*; ~ ***pension*** Rente *f*, Pension *f*, Altersruhegeld *n*; ~ ***pensioner*** Rentner(in), Pensionär(in); ~ ***pension scheme*** Alters-, Rentenversicherung *f.*
ˌold|-es'tab·lished *adj* alteingesessen (*Firma etc*), alt (*Brauch etc*). **ˌ~-'fash·ioned** *adj* **1.** altmodisch. **2.** *Br.* F missbilligend (*Blick etc*). **ˌ~'maid·ish** *adj* □ altjüngferlich.
old·ster ['əʊldstə] *s* F ältere Person.
o·le·an·der [ˌəʊlɪ'ændə] *s* ♀ Oleander *m.*
ol·fac·to·ry [ɒl'fæktərɪ] *adj* Geruchs...
ol·i·garch·y ['ɒlɪgɑːkɪ] *s* Oligarchie *f.*
ol·ive ['ɒlɪv] **I** *s* **1.** *a.* ~ ***tree*** Oliven-, Ölbaum *m.* **2.** Olive *f*: ~ ***oil*** Olivenöl *n.* **II** *adj* **3.** olivgrün.
O·lym·pi·ad [əʊ'lɪmpɪæd] *s* Olympiade *f.*
O'lym·pic **I** *adj* olympisch: ~ ***champion*** Olympiasieger(in); ~ ***Games*** → II; ***Summer*** (***Winter***) ~ ***Games*** *pl* Olympische Sommer-(Winter)spiele *pl.* **II** *s pl* Olympische Spiele *pl.*
OM *Br.* (***member of the***) ***Order of Merit*** (Inhaber[in] des) Verdienstorden(s) *m.*
om·buds·man ['ɒmbʊdzmən] *s* (*irr* ***man***) *s pol.* Ombudsmann *m.*
om·buds·wom·an *s* (*irr* ***woman***) Ombudsfrau *f.*
om·e·lett *s Am.*, **om·e·lette** *s bsd. Br.* ['ɒmlɪt] Omelett *n.*
o·men ['əʊmen] *s* Omen *n*, Vorzeichen *n.*
om·i·nous ['ɒmɪnəs] *adj* □ ominös, unheilvoll: ***that's*** ~ das lässt nichts Gutes ahnen.
o·mis·sion [ə'mɪʃn] *s* **1.** Aus-, Weglassung *f.* **2.** Unterlassung *f*, Versäumnis *n*: ***sin of*** ~ Unterlassungssünde *f.*
o·mit [ə'mɪt] *v/t* **1.** aus-, weglassen (***from*** aus). **2.** ~ ***doing*** (*od.* ***to do***) ***s.th.*** versäumen *od.* es unterlassen, et. zu tun.
om·ni·bus ['ɒmnɪbəs] *s* Sammelband *m.*
om·nis·ci·ent [ɒm'nɪsɪənt] *adj* □ allwissend.
on [ɒn] **I** *prp* **1.** auf (*acc od. dat*). **2.** *getragen von*: auf (*dat*), an (*dat*), in (*dat*): ***find s.th.*** ~ ***s.o.*** et. bei j-m finden; ***have you got some money*** ~ ***you?*** hast du Geld bei dir?; → ***foot*** 1, *etc.* **3.** *festgemacht od. sehr nahe*: an (*dat*): ***the dog is*** ~ ***the chain***; ~ ***the Thames.*** **4.** *Richtung, Ziel*: auf (*acc*) ... (hin), an (*acc*): ***drop s.th.*** ~ ***the floor*** et. zu Boden fallen lassen; ***hang s.th.*** ~ ***a peg*** et. an e-n Haken hängen; → ***board*** 6, *etc.* **5.** *fig. auf der Grundlage von*: auf (*acc*) ... (hin): ~ ***this theory*** nach dieser Theorie; → ***condition*** 1, *etc.* **6.** *aufeinander folgend*: auf (*acc*), über (*acc*): ***loss*** ~ ***loss*** Verlust auf *od.* über Verlust; ***be*** ~ ***one's second glass*** beim zweiten Glas sein. **7.** (*gehörig*) zu, (*beschäftigt*) bei: ***be*** ~ ***a committee*** zu e-m Ausschuss gehören. **8.** *Zustand*: in (*dat*), auf (*dat*): ***be*** ~ *Medikament etc* ständig nehmen; *b.s.* ...abhängig *od.* ...süchtig sein; → ***duty*** 2, *etc.* **9.** *gerichtet*: auf (*acc*): ***a joke*** ~ ***s.o.*** ein Spaß auf j-s Kosten; ***the next round is*** ~ ***me*** F die nächste Runde geht auf m-e Rechnung. **10.** *Thema*: über (*acc*): ***talk*** ~ ***a subject.*** **11.** *Zeitpunkt*: an (*dat*): ~ ***June 3rd*** am 3. Juni; ~ ***the morning of July 1st*** am Morgen des 1. Juli. **II** *adv* **12.** an..., auf...: → ***put on*** 1, ***keep on*** 1, *etc.* **13.** weiter(...): ***and so*** ~ u. so weiter; ~ ***and*** ~ immer weiter; ~ ***and off*** ab u. zu, hin u. wieder; ***from that day*** ~ von dem Tage an. **III** *adj* **14.** ***be*** ~ a) vor sich gehen: ***what's*** ~**?** was ist los?, b) an sein (*Licht*, *Radio etc*), c) *thea.* gegeben werden (*Stück*), laufen (*Film*), (*Rundfunk*, *TV*) gesendet werden. **15.** ***be always*** ~ ***at s.o.*** F j-m dauernd in den Ohren liegen (***about*** wegen).
once [wʌns] **I** *adv* **1.** einmal: ~ ***again*** (*od.* ***more***) noch einmal; ~ ***or twice*** ein paarmal; ~ ***in a while*** ab u. zu, hin u. wieder; ~ ***and for all*** ein für alle Mal; ***not*** ~ kein einziges Mal; → ***lifetime*** I, ***moon*** I. **2.** einmal, einst: ~ ***upon a time there was*** es war einmal. **II** *s* **3.** ***the*** ~ einmal, ein einziges Mal; ***this*** ~ dieses 'eine Mal. **4.** ***at*** ~ a) auf einmal, gleichzeitig, b) sofort: ***all at*** ~ mit 'einem Mal. **III** *cj* **5.** sobald *od.* wenn (einmal).
on·com·ing ['ɒnˌkʌmɪŋ] *adj* entgegenkommend: ~ ***traffic*** Gegenverkehr *m.*
one [wʌn] **I** *adj* **1.** ein(e): → ***hundred*** 1,

thousand 1. **2.** *betont*: einzig: ***they were all of ~ mind*** sie waren alle 'einer Meinung; ***his ~ thought*** sein einziger Gedanke; ***my ~ and only hope*** m-e einzige Hoffnung; ***the ~ and only ...*** der einzigartige *od.* unvergleichliche ... **3.** ein gewisser ..., e-e gewisse ..., ein gewisses ...: ***~ day*** e-s Tages; ***~ John Smith*** ein gewisser John Smith. **II** *s* **4.** Eins *f*, eins: ***at ~*** um eins; ***be ~ up on s.o.*** j-m voraus sein; → ***number*** 2. **5.** *der*, *die*, *das* Einzelne: ***~ by ~, ~ after the other*** e-r nach dem andern; ***I for ~*** ich zum Beispiel; → ***another*** 1. **III** *pron* **6.** ein(e): ***the ~ who*** der(jenige), welcher; ***~ another*** sich (gegenseitig), einander. **7.** *Stützwort*, *mst unübersetzt*: ***the little ~s*** die Kleinen; ***a red pencil and a blue ~*** ein roter Bleistift u. ein blauer. **8.** man. **9.** ***~'s*** sein: ***break ~'s leg*** sich das Bein brechen.

ˌone|-'armed *adj*: ***~ bandit*** F einarmiger Bandit. **ˌ~-'horse** *adj* einspännig: ***~ town*** F Nest *n*, Kaff *n*. **ˌ~-'legged** *adj* einbeinig. **'~-man** *adj* Einmann...: ***~ band*** Einmannkapelle *f*; ***~ play*** *thea.* Einpersonenstück *n*; ***~ show*** One-Man-Show *f*. **'~-night** *adj*: ***~ stand*** *thea. etc* einmaliges Gastspiel; *fig.* Sex *m* für e-e Nacht. **'~-off** *adj* ***~ production*** *econ.* Einmalfertigung *f*. **ˌ~-'par·ent fam·i·ly** *s* Einelternteilfamilie *f*. **ˌ~'per·son house·hold** *s* Single-Haushalt *m*. **'~-piece** *adj* einteilig.

on·er·ous ['ɒnərəs] *adj* □ lästig, beschwerlich (**to** für).

one'self *pron* **1.** *reflex* sich (selbst *od.* selber): ***(all) by ~*** ganz allein; ***cut ~*** sich schneiden. **2.** sich selbst *od.* selber. **3.** man selbst *od.* selber: ***be ~*** sich normal *od.* natürlich benehmen *od.* geben; ***not to be ~*** nicht auf der Höhe sein; nicht ganz bei Verstand sein; ***be ~ again*** wieder ganz der Alte sein.

ˌone|-'sid·ed *adj* □ einseitig (*a. fig.*). **'~·time** *adj* ehemalig, früher. **'~-track** *adj* 🚂 eingleisig: ***have a ~ mind*** *fig.* immer nur dasselbe im Kopf haben. **'~-way** *adj* **1.** Einbahn...: ***~ street.*** **2.** *tech.* Einweg... **3.** ***~ ticket*** *Am.* einfache Fahrkarte, ✈ einfaches Ticket. **4.** *fig.* einseitig.

'onˌgo·ing *adj* laufend.

on-hook dial·ling *s* Wählen *n* mit aufgelegtem Hörer.

on·ion ['ʌnjən] *s* ♀ Zwiebel *f*: ***know one's ~s*** F sein Geschäft verstehen.

'on·line *adj u. adv Computer*: online: ***~ mode*** Online-Betrieb *m*.

'onˌlook·er *s* Zuschauer(in).

on·ly ['əʊnlɪ] **I** *adj* **1.** einzig: ***~ child*** Einzelkind *n*; → ***one*** 2. **II** *adv* **2.** nur, bloß: ***if ~ he would leave!*** wenn er doch nur endlich ginge!; → ***but*** 2. **3.** erst: ***~ yesterday***; ***~ just*** eben erst, gerade. **III** *cj* **4.** nur, bloß.

o.n.o. ***or nearest offer £50 ~*** Verhandlungsbasis 50 Pfund.

'on|·rush *s* Ansturm *m*. **'~·set** *s* Einbruch *m*, Beginn *m* (*des Winters*); Ausbruch *m* (*e-r Krankheit*). **~·slaught** ['~slɔːt] *s* (heftiger) Angriff (*a. fig.*).

ˌon-the-'job *adj* praktisch (*Ausbildung*): ***~ training*** Ausbildung *f* am Arbeitsplatz.

on·to ['ɒntʊ] *prp* **1.** auf (*acc*). **2.** ***be ~ s.o.*** F j-m auf die Schliche gekommen sein.

o·nus ['əʊnəs] *s a.* ***~ of proof*** *jur.* Beweislast *f*.

on·ward(s) ['ɒnwəd(z)] *adv* vorwärts, weiter: ***from today ~*** von heute an.

ooze [uːz] **I** *v/i* (*ein-*, *durch*)sickern, (-)dringen (*a. Licht*, *Geräusch etc*): ***~ away*** versickern; *fig.* schwinden (*Mut etc*); ***~ out*** aussickern; entweichen (*Luft*, *Gas*); *fig.* durchsickern (*Geheimnis etc*). **II** *v/t* absondern; *fig. Charme* ausstrahlen, *Optimismus*, *gute Laune etc a.* verströmen; von *Sarkasmus etc* triefen.

o·paque [əʊ'peɪk] *adj* □ **1.** undurchsichtig. **2.** *fig.* unverständlich.

OPEC ['əʊpek] ***Organization of Petrol-Exporting Countries*** OPEC *f*.

o·pen ['əʊpən] **I** *adj* □ **1.** *allg.* offen (*Buch*, *Fenster*, *Flasche etc*): ***the door is ~*** die Tür ist *od.* steht offen; ***hold the door ~ for s.o.*** j-m die Tür aufhalten; ***keep one's eyes ~*** *fig.* die Augen offen halten; → ***arm***[1] 1, ***book*** 1. **2.** offen (*Gelände*, *Meer*), frei (*Feld*): → ***air***[1] 1. **3.** geöffnet, offen (*Laden etc*). **4.** *fig.* offen (**to** für), öffentlich: ***~ letter*** offener Brief; ***~ tournament*** → 13. **5.** *fig.* zugänglich, aufgeschlossen (**to** für *od. dat*). **6.** *fig.* ausgesetzt, unterworfen (**to** *dat*): ***~ to question*** anfechtbar; ***that is ~ to argument*** darüber lässt sich streiten. **7.** *fig.* offen, unentschieden (*Frage etc*). **8.** *fig.* a) offen, freimütig: ***be ~ with s.o.*** offen mit j-m reden, b) offen(kundig), unverhüllt: ***~ secret*** offenes Geheimnis. **9.** ***~ cheque*** *econ. Br.* Barscheck *m*; ***~ credit*** Blankokredit *m*; ***~ market*** freier Markt; ***~ order*** unerledigter Auftrag. **10.** ***~ season*** Jagdzeit *f*. **11.** *ling.* offen (*Vokal*). **II** *s* **12.** ***in the ~*** im Freien: ***bring into the ~*** *fig.* an die Öffentlichkeit bringen; ***come into the ~*** Farbe bekennen; an die Öffentlichkeit treten (***with*** mit). **13.** *Golf*, *Tennis*: offenes Turnier. **III** *v/t* **14.** *allg.* öffnen, aufmachen, *Buch etc a.* aufschlagen. **15.** *Debatte*, *Feuer*, *Konto etc* eröffnen, *neuen Markt etc* erschließen: ***~ to traffic*** *Straße etc* dem Verkehr übergeben. **16.** *fig. Gefühle*, *Gedanken* enthüllen: ***~ o.s. to s.o.*** sich j-m mitteilen. **IV** *v/i* **17.** sich öffnen, aufgehen. **18.** öffnen, aufmachen

O

(*Laden etc*). **19.** führen, gehen (**onto** auf *acc* [... hinaus]) (*Tür*, *Fenster*). **20.** beginnen; anlaufen (*Film*).
Verbindungen mit Adverbien:
o·pen| out I *v/t* ausbreiten, *Stadtplan etc* auseinander falten. **II** *v/i* auftauen, mitteilsam werden. **~ up I** *v/t* **1.** aufmachen, -schließen. **2.** *neuen Markt etc* erschließen, *Möglichkeiten etc* eröffnen. **II** *v/i* **3.** aufmachen, -schließen. **4.** *fig*. a) loslegen (***with*** mit), b) → ***open out*** II.
ˌo·pen|-'air *adj* im Freien: **~ *festival*** Open-Air-Festival *n*; **~ *swimming pool*** Freibad *n*; **~ *theater*** (*bsd. Br.* ***theatre***) Freilichttheater *n*.
'o·pen-cast min·ing *s* Tagebau *m*.
ˌo·pen-'end·ed *adj* offen, unbeschränkt, zeitlich unbegrenzt: **~ *discussion*** Open-End-Diskussion *f*.
o·pen·er ['əʊpnə] *s* **1.** (*Dosen-*, *Flaschen-*) Öffner *m*. **2.** *Am*. Eröffnungsnummer *f* (*e-r Show etc*).
ˌo·pen|-'eyed *adj* mit großen Augen, staunend. **ˌ~-'hand·ed** *adj* □ freigebig.
o·pen·ing ['əʊpnɪŋ] **I** *s* **1.** Öffnung *f*. **2.** *econ*. freie Stelle. **3.** Eröffnung *f* (*e-r Debatte*, *des Feuers*, *e-s Kontos etc*), Erschließung *f* (*e-s neuen Markts etc*): **~ *of the stock market*** Börsenbeginn *m*. **4.** Briefanfang *m*. **II** *adj* **5.** Eröffnungs...: **~ *balance*** Eröffnungsbestand *m*; **~ *balance*** (***sheet***) Eröffnungsbilanz *f*; **~ *ceremony***; **~ *night*** *thea*. Eröffnungsvorstellung *f*; **~ *quotation*** Eröffnungskurs *m*. **6.** Öffnungs...: **~ *time***; **~ *hours*** *pl* Öffnungszeit *f*; **~ *time is at ...*** das Geschäft *etc* ist ab ... geöffnet.
ˌo·pen|-'mind·ed *adj* □ aufgeschlossen. **ˌ~-'mouthed** *adj* mit offenem Mund. **ˌ~-'plan** *adj*: **~ *office*** Großraumbüro *n*. **~ shop** *s econ. Betrieb, der auch Nichtgewerkschaftsmitglieder beschäftigt*.
O·pen U·ni·ver·si·ty *s Br*. Fern(seh)universität *f* (*deren Kurse a. ohne entsprechenden Schulabschluss belegt werden können*).
op·er·a¹ ['ɒpərə] *s* ♪ Oper *f*: ***go to the ~*** in die Oper gehen.
op·er·a² [~] *pl von* ***opus***.
op·e·ra·ble ['ɒpərəbl] *adj* □ **1.** durchführbar. **2.** *tech*. betriebsfähig. **3.** ⚕ operabel, operierbar.
op·er·a| glass·es *s pl*, *a*. ***pair of ~*** Opernglas *n*. **~ house** *s* Opernhaus *n*, Oper *f*.
op·er·ate ['ɒpəreɪt] **I** *v/i* **1.** *bsd. tech*. arbeiten, in Betrieb sein, laufen (*Maschine etc*). **2.** wirksam sein *od*. werden; sich auswirken (***against*** gegen; ***in s.o.'s favo[u]r*** zu j-s Gunsten). **3.** ⚕ operieren (***on s.o.*** j-n): **~ *on s.o. for appendicitis*** j-n am Blinddarm operieren. **4.** *econ*. tätig sein. **5.** *mil*. operieren. **II** *v/t* **6.** *tech*. *Maschine* bedienen, *Schalter*, *Bremse etc* betätigen. **7.** *Unternehmen*, *Geschäft* betreiben, führen.
op·er·at·ic [ˌɒpə'rætɪk] *adj* ♪ Opern...
op·er·at·ing ['ɒpəreɪtɪŋ] *adj* **1.** *bsd. tech*. Betriebs..., Arbeits...: **~ *code*** *Computer*: Befehlscode *m*; **~ *error*** Bedienungsfehler *m*; **~ *instructions*** *pl* Bedienungs-, Betriebsanleitung *f*; **~ *manual*** *Computer*: Benutzerhandbuch *n*; **~ *performance*** Auslastungsgrad *m*; **~ *system*** *Computer*: Betriebssystem *n*; **~*-system software*** Betriebssoftware *f*; **~ *time*** Betriebszeit *f*. **2.** *econ*. betrieblich, Betriebs...: **~ *budget*** Betriebswirtschaftsplan *m*; **~ *capital*** Betriebskapital *n*; **~ *cash reserve*** Betriebsmittelrücklage *f*; **~ *costs*** (*od*. ***expenses***) *pl* Betriebskosten *pl*, betriebliche Aufwendungen *pl*; **~ *income*** Betriebsgewinn *m*; **~ *loss*** Betriebsverlust *m*; **~ *margin*** Gewinnspanne *f*; **~ *profit*** Betriebsgewinn *m*; **~ *statement*** Gewinn- u. Verlustrechnung *f*. **3.** ⚕ Operations...: **~ *room*** *Am*., **~ *theatre*** *Br*. Operationssaal *m*; **~ *table*** Operationstisch *m*.
ˌop·er'a·tion *s* **1.** *bsd*. ⚖ Wirksamkeit *f*, Geltung *f*: ***be in ~*** in Kraft sein; ***come into ~*** in Kraft treten. **2.** *bsd. tech*. Betrieb *m*, Lauf *m* (*e-r Maschine etc*): ***in ~*** in Betrieb; ***put*** (*od*. ***set***) ***in*** (***out of***) **~** in (außer) Betrieb setzen. **3.** *tech*. Bedienung *f*, Betätigung *f*. **4.** *tech. etc* Wirkungs-, Arbeitsweise *f*; Arbeitsgang *m*. **5.** *econ*. Geschäft *n*; Tätigkeit *f*; Bereich *m*; (*Börse*) Transaktion *f*: **~*s*** *pl* Geschäftstätigkeit *f*; **~*s planning*** Ablaufplanung *f*; **~*s research*** Operations Research, Unternehmensforschung *f*. **6.** ⚕ Operation *f*: **~ *for appendicitis*** Blinddarmoperation *f*; ***have an ~ on one's arm*** am Arm operiert werden. **7.** *mil*. Operation *f*, Unternehmen *n*.
ˌop·er'a·tion·al [~ʃənl] *adj* **1.** *bsd. tech*. Betriebs..., Arbeits...; *tech*. betriebsbereit. **2.** *econ*. betrieblich, Betriebs... **3.** *mil*. Operations..., Einsatz...
op·er·a·tive ['ɒpərətɪv] **I** *adj* **1.** wirksam: ***become ~*** *bsd*. ⚖ in Kraft treten: ***the ~ word*** genau das richtige Wort. **2.** ⚕ operativ. **II** *s* **3.** angelernter Arbeiter *m*. **~ man·age·ment** *s* Projektleitung *f*.
op·er·a·tor ['ɒpəreɪtə] *s* **1.** (Maschinen)Arbeiter(in), (*Kran- etc*)Führer(in); (*Computer*) Operator *m*. **2.** *teleph*. Vermittlung *f*. **3.** (*Reise*)Veranstalter(in). **4.** Betriebsinhaber *m*, Betreiber *m*; (*Börse*) Spekulant *m*. **5.** ***a clever*** (*od*. ***smooth***) **~** F ein raffinierter Kerl.
op·er·et·ta [ˌɒpə'retə] *s* ♪ Operette *f*.
oph·thal·mic [ɒf'θælmɪk] *adj* Augen...
o·pi·ate ['əʊpɪət] *s pharm*. **1.** Opiat *n*, Opium-

präparat *n.* **2.** Schlaf- *od.* Beruhigungsmittel *n.*

o·pin·ion [ə'pɪnjən] *s* **1.** Meinung *f*, Ansicht *f*: ***in my ~*** m-s Erachtens, m-r Meinung *od.* Ansicht nach; ***be of the ~ that*** der Meinung *od.* Ansicht sein, dass; ***be of s.o.'s ~*** j-s Meinung *od.* Ansicht sein; ***that is a matter of ~*** das ist Ansichtssache; ***public ~*** die öffentliche Meinung. **2.** Meinung *f*: ***have a good*** (*od.* ***high***) (***bad, low***) ***~ of*** e-e (keine) hohe Meinung haben von. **3.** Gutachten *n* (***on*** über *acc*), *pl EG*: Stellungnahmen *pl.*

o'pin·ion·at·ed [~eɪtɪd] *adj* □ starr-, eigensinnig.

o·pin·ion| poll *s* Meinungsumfrage *f*. **~ poll·ster** *s* Meinungsforscher(in). **~ rat·ing** *s* Meinungsbewertung *f*. **~ re·search** *s* Meinungsforschung *f*.

o·pi·um ['əʊpjəm] *s* Opium *n.*

o·pos·sum [ə'pɒsəm] *s zo.* Opossum *n*, Beutelratte *f*.

op·po·nent [ə'pəʊnənt] *s* Gegner(in), Gegenspieler(in) (*beide a. Sport*).

op·por·tune ['ɒpətjuːn] *adj* □ **1.** günstig, passend. **2.** rechtzeitig.

'op·por·tun·ism *s* Opportunismus *m.*

'op·por·tun·ist **I** *s* Opportunist(in). **II** *adj* opportunistisch.

ˌop·por'tu·ni·ty *s* Gelegenheit *f*, Möglichkeit *f*, Chance *f* (***of doing, to do*** zu tun; ***for s.th.*** für *od.* zu et.): ***at the first*** (*od.* ***earliest***) ***~*** bei der erstbesten Gelegenheit; → ***equal*** 1, ***equality.***

op·pose [ə'pəʊz] *v/t* sich widersetzen (*dat*), angehen gegen.

op'posed *adj* **1.** entgegengesetzt: ***as ~ to*** im Gegensatz zu. **2.** ***be ~ to*** ablehnend gegenüberstehen (*dat*), gegen ... sein.

op'pos·ing *adj Sport*: gegnerisch (*Mannschaft*).

op·po·site ['ɒpəzɪt] **I** *adj* □ **1.** gegenüberliegend. **2.** entgegengesetzt (*Richtung*). **3.** gegensätzlich, entgegengesetzt: → ***sex*** 1. **4.** gegnerisch, Gegen...: ***~ number*** (Amts-) Kollege *m*, -Kollegin *f*. **II** *s* **5.** Gegenteil *n*, -satz *m*: ***be completely*** (*od.* ***just***) ***the ~*** genau das Gegenteil sein. **III** *adv* **6.** gegenüber (***to*** *dat*). **IV** *prp* **7.** gegenüber (*dat*).

ˌop·po'si·tion *s* **1.** Widerstand *m*, Opposition *f* (***to*** gegen). **2.** Gegensatz *m*: ***be in ~ to*** im Gegensatz stehen zu. **3.** *oft* ***Opposition*** *parl.* Opposition *f*: ***be in ~*** in der Opposition sein; ***~ politician*** Oppositionspolitiker(in).

op·press [ə'pres] *v/t* **1.** bedrücken, (*a. Hitze etc*) lasten auf (*dat*). **2.** unterdrücken, tyrannisieren.

op·pres·sion [ə'preʃn] *s* **1.** Bedrücktheit *f*. **2.** Unterdrückung *f*, Tyrannisierung *f*.

op'pres·sive [~sɪv] *adj* □ **1.** bedrückend. **2.** drückend (*Hitze, Steuern etc*). **3.** tyrannisch.

op'pres·sor *s* Unterdrücker(in), Tyrann(in).

opt [ɒpt] *v/i* sich entscheiden (***for*** für; ***against*** gegen; ***to do*** zu tun): ***~ out*** sich dagegen entscheiden; abspringen, zurücktreten (***of*** von).

op·tic ['ɒptɪk] **I** *adj* (***~ally***) Augen..., Seh...: ***~ nerve*** Sehnerv *m*. **II** *s* ***~s*** *sg* Optik *f*.

'op·ti·cal *adj* □ optisch: ***~ illusion*** optische Täuschung; ***~ character reader*** *Computer*: Klarschriftleser *m*; ***~ character recognition*** optische Zeichenerkennung; ***~ mark reader*** Markierungsleser *m.*

op'ti·cian [~ʃn] *s* Optiker(in).

op·ti·ma ['ɒptɪmə] *pl von* ***optimum.***

op·ti·mal ['~ml] *adj* □ → ***optimum*** II.

op·ti·mism ['ɒptɪmɪzəm] *s* Optimismus *m.*

'op·ti·mist *s* Optimist(in).

ˌop·ti'mis·tic *adj* (***~ally***) optimistisch.

'op·ti·mize *v/t* optimieren.

op·ti·mum ['ɒptɪməm] **I** *pl* **-ma** [~mə], **-mums** *s* Optimum *n*. **II** *adj* optimal, bestmöglich: ***in ~ condition*** im Bestzustand.

op·tion ['ɒpʃn] *s* **1.** Wahl *f*: ***I had no ~ but to*** ich hatte keine andere Wahl, als zu; mir blieb nichts anderes übrig, als zu; ***leave one's ~s open*** sich alle Möglichkeiten offen lassen. **2.** Option *f*, Vorkaufsrecht *n* (***on*** auf *acc*), (*Börse*) Bezugsrecht *n*: ***~ dealing*** Optionshandel *m*. **3.** *bsd. mot.* Extra *n*, *pl a.* Sonderausstattung *f*.

op·tion·al ['~ʃənl] *adj* □ freiwillig, fakultativ: ***be an ~ extra*** *bsd. mot.* gegen Aufpreis erhältlich sein; ***~ extras*** Sonderausstattung *f*. ***~ subject*** *ped.* Wahlfach *n.*

op·u·lence ['ɒpjʊləns] *s* Reichtum *m*: ***live in ~*** im Überfluss leben.

'op·u·lent *adj* □ **1.** wohlhabend, reich. **2.** üppig, (*Mahlzeit a.*) opulent.

o·pus ['əʊpəs] *pl* **op·er·a** ['ɒpərə] *s bsd.* ♪ Opus *n*, Werk *n.*

or [ɔː] *cj* **1.** oder: ***in a day ~ two*** in ein bis zwei Tagen; ***~ so I believe*** glaube ich zumindest; → ***either*** 5, 6, ***else*** 3, ***so*** 3. **2.** *nach neg*: noch, u. auch nicht.

or·a·cle ['ɒrəkl] *s* Orakel *n.*

o·rac·u·lar [ɒ'rækjʊlə] *adj* □ orakelhaft.

o·ral ['ɔːrəl] **I** *adj* □ **1.** mündlich. **2.** Mund...: ***~ cavity*** *anat.* Mundhöhle *f*. **II** *s* **3.** *ped.* mündliche Prüfung, *das* Mündliche.

or·ange ['ɒrɪndʒ] **I** *s* ♀ Orange *f*, Apfelsine *f*: ***~ squash*** *Br. Getränk aus Orangenkonzentrat u. Wasser.* **II** *adj* orange, orange(n)farben.

or·ange·ade [ˌ~'eɪd] *s* Orangeade *f*, (*mit Kohlensäure a.*) Orangenlimonade *f*.

o·rang-ou·tan [ɔːˌræŋuːˈtæn] *s zo.* Orang-Utan *m.*

o·ra·tion [ɔːˈreɪʃn] *s* Rede *f*, Ansprache *f.*

or·a·tor [ˈɒrətə] *s* Redner(in).

or·a·tor·i·cal [ˌ~ˈtɒrɪkl] *adj* ☐ rednerisch.

or·a·to·ri·o [ˌɒrəˈtɔːrɪəʊ] *pl* **-os** *s* ♪ Oratorium *n.*

or·bit [ˈɔːbɪt] **I** *s* **1.** *ast.* Kreis-, Umlaufbahn *f*: ***put into*** ~ → 4. **2.** *fig.* (Macht)Bereich *m*, Einflusssphäre *f.* **II** *v/t* **3.** *Erde etc* umkreisen. **4.** *Satelliten etc* in e-e Umlaufbahn bringen.

or·chard [ˈɔːtʃəd] *s* Obstgarten *m*; Obstplantage *f.*

or·ches·tra [ˈɔːkɪstrə] *s* ♪ Orchester *n*: ~ ***pit*** *thea.* Orchestergraben *m.*

or·ches·tral [ɔːˈkestrəl] *adj* Orchester...

or·ches·trate [ˈɔːkɪstreɪt] *v/t* orchestrieren.

or·chid [ˈɔːkɪd] *s* ⚘ Orchidee *f.*

or·dain [ɔːˈdeɪn] *v/t*: ~ ***s.o.*** (***priest***) *eccl.* j-n ordinieren *od.* zum Priester weihen.

or·deal [ɔːˈdiːl] *s* **1.** *hist.* Gottesurteil *n.* **2.** *fig.* Martyrium *n*, Tortur *f.*

or·der [ˈɔːdə] **I** *s* **1.** Ordnung *f*: ***in*** ~ in Ordnung (*a. fig.*); ***put in*** ~ in Ordnung bringen. **2.** (öffentliche) Ordnung: → ***law*** 1. **3.** Ordnung *f*, System *n.* **4.** (An)Ordnung *f*, Reihenfolge *f*: ***in*** ~ ***of importance*** nach Wichtigkeit; → ***alphabetic.*** **5.** Ordnung *f*, Aufstellung *f.* **6.** *parl. etc* (Geschäfts)Ordnung *f*: ***be the*** ~ ***of the day*** auf der Tagesordnung stehen (*a. fig.*). **7.** Befehl *m*, Anordnung *f*: ***by*** ~ ***of*** auf Befehl von; ***be under*** (*od.* ***have***) ~***s to do s.th.*** Befehl haben, et. zu tun; → ***marching orders.*** **8.** *econ.* Bestellung *f* (*a. im Restaurant*), Auftrag *m* (***for*** für): ***back*** ~ unerledigter Auftrag; ***on*** ~ bestellt; ***make to*** ~ auf Bestellung *od.* nach Maß anfertigen; ***last*** ~***s, please*** Polizeistunde!; ~ ***acknowledgement*** Auftragsbestätigung *f*; ~ ***book*** Auftragsbuch *n*; ~ ***bookings*** *pl* Auftragseingang *m*; ~ ***cheque*** (*Am.* ***check***) Orderscheck *m*; ~ ***form*** Bestellschein *m*, -formular *n*; ~ ***inflow*** Auftragseingang *m*; ~ ***pad*** Bestellblock *m*; ~ ***processing*** (*od.* ***servicing***) Auftragsabwicklung *f*; ~ ***volume*** Auftragsvolumen *n.* **9.** ***in*** ~ ***to*** um zu. **10.** ***out of*** ~ nicht in Ordnung, defekt. **11.** (Größen)Ordnung *f*: ***of*** (*od.* ***in***) (*Am.* ***on***) ***the*** ~ ***of*** in der Größenordnung von. **12.** *eccl. etc* Orden *m.* **II** *v/t* **13.** *j-m* befehlen (***to do*** zu tun), *et.* befehlen, anordnen: ~ ***about*** (*od.* ***around***) *j-n* herumkommandieren. **14.** *j-n* schicken, beordern (***to*** nach): ~ ***back*** zurückbeordern; ~ ***in*** hinein- *od.* hereinkommen lassen; ~ ***off*** (*Sport*) vom Platz stellen; ~ ***out*** hinausweisen. **15.** ⚕ *j-m et.* verordnen: ~ ***s.o. to*** (***stay in***) ***bed*** j-m Bettruhe verordnen. **16.** *econ.* bestellen (*a. im Restaurant*). **17.** *fig.* ordnen, in Ordnung bringen: ~***ed life*** geordnetes Leben. **III** *v/i* **18.** bestellen (*im Restaurant*): ***are you ready to*** ~***?*** haben Sie schon gewählt?

ˈ**or·der·ly** **I** *adj* **1.** ordentlich, geordnet. **2.** *fig.* gesittet, friedlich (*Menge etc*). **II** *s* **3.** ⚕ Hilfspfleger *m.* **4.** *mil.* (Offiziers)Bursche *m.*

or·di·nal (**num·ber**) [ˈɔːdɪnl] *s* 𝔄 Ordnungszahl *f.*

or·di·nar·i·ly [ˈɔːdnrəlɪ] *adv* **1.** normalerweise, gewöhnlich. **2.** wie gewöhnlich *od.* üblich, normal.

or·di·nar·y [ˈɔːdnrɪ] **I** *adj* **1.** üblich, gewöhnlich, normal: ~ ***wear and tear*** Gebrauchsverschleiß *m*; ***in the*** ~ ***way*** → ***ordinarily*** 1. **2.** alltäglich, mittelmäßig, Durchschnitts... **3.** ordentlich (*Gericht, Mitglied*). **II** *s* **4.** ***out of the*** ~ ungewöhnlich, unüblich: ***nothing out of the*** ~ nichts Ungewöhnliches.

ore [ɔː] *s min.* Erz *n.*

or·gan [ˈɔːgən] *s* **1.** *anat.* Organ *n*: ~***s*** *pl* ***of speech*** Sprechwerkzeuge *pl.* **2.** *fig.* Organ *n*: a) Werkzeug *n*, Instrument *n*, b) Sprachrohr *n*: ***party*** ~ Parteiorgan. **3.** ♪ Orgel *f.* ~ ***grind·er*** *s* Leierkastenmann *m*, -frau *f.*

or·gan·ic [ɔːˈgænɪk] *adj* (~***ally***) organisch (*a. fig.*): ~ ***chemistry*** organische Chemie; ~ ***waste*** Biomüll *m.*

or·gan·ism [ˈɔːgənɪzəm] *s biol.* Organismus *m* (*a. fig.*).

or·gan·ist [ˈɔːgənɪst] *s* ♪ Organist(in).

or·gan·i·za·tion [ˌɔːgənaɪˈzeɪʃn] *s allg.* Organisation *f*: ~ ***chart*** Organisationsplan *m.*

ˌ**or·gan·iˈza·tion·al** *adj* ☐ organisatorisch, Organisations...

ˈ**or·gan·ize** **I** *v/t allg.* organisieren: ~***d crime*** das organisierte Verbrechen; ~***d tour*** Gesellschaftsreise *f.* **II** *v/i* sich (gewerkschaftlich) organisieren.

ˈ**or·gan·iz·er** *s* Organisator(in).

or·gasm [ˈɔːgæzəm] *s* Orgasmus *m.*

or·gy [ˈɔːdʒɪ] *s* Orgie *f* (*a. fig.*).

o·ri·ent **I** *s* [ˈɔːrɪənt] ***Orient*** *der* Orient, *poet. das* Morgenland. **II** *v/t* [ˈ~ent] *fig. et.* ausrichten (***toward***[***s***] auf *acc*): ~ ***o.s.*** sich orientieren (***by*** an *dat*, nach) (*a. fig.*); ~ ***o.s. to a new situation*** sich auf e-e neue Situation einstellen.

o·ri·en·tal [ˌ~ˈentl] **I** *adj* ☐ orientalisch, *poet.* morgenländisch: ~ ***carpet*** (*od.* ***rug***) Orientteppich *m.* **II** *s* Orientale *m*, Orientalin *f.*

o·ri·en·tate [ˈ~enteɪt] → ***orient*** II.

ˌ**o·ri·enˈta·tion** *s* Orientierung *f*, *fig. a.* Ausrichtung *f.*

or·i·fice [ˈɒrɪfɪs] *s* Öffnung *f.*

or·i·gin [ˈɒrɪdʒɪn] *s* Ursprung *m*, Abstammung *f*, Herkunft *f*: ***country of*** ~ Ursprungsland *n*; ***have its ~ in*** zurückgehen auf (*acc*); stammen von *od.* aus.

o·rig·i·nal [ə'rɪdʒənl] **I** *adj* (□ → ***originally***) **1.** Original..., Ur...: ***~ cost*** Anschaffungs-, Herstellungskosten *pl*; ***~ text*** Ur- *od.* Originaltext *m.* **2.** originell. **II** *s* **3.** Original *n*: ***in the ~*** im Original *od.* Urtext. **4.** Original *n* (*Person*).

o͵rig·i'nal·i·ty [~'nælətɪ] *s* Originalität *f.*

o'rig·i·nal·ly [~nəlɪ] *adv* **1.** ursprünglich. **2.** originell.

o·rig·i·nate [ə'rɪdʒəneɪt] **I** *v/i* **1.** (***from***) zurückgehen (auf *acc*), (her)stammen (von *od.* aus). **2.** ausgehen (***from, with*** von *j-m*). **II** *v/t* **3.** schaffen, ins Leben rufen.

o'rig·i·na·tor *s* Urheber(in).

Ork·neys ['ɔːknɪz] *npr pl die* Orkneyinseln *pl.*

or·na·ment I *s* ['ɔːnəmənt] **1.** Ornament(e *pl*) *n*, Verzierung(en *pl*) *f*, Schmuck *m.* **2.** *fig.* Zier(de) *f* (***to*** für *od. gen*). **II** *v/t* ['~ment] **3.** verzieren, schmücken (***with*** mit).

or·na·men·tal [͵~'mentl] *adj* □ dekorativ, schmückend, Zier...: ***~ plant*** Zierpflanze *f.*

͵or·na·men'ta·tion [~men~] *s* Ausschmückung *f*, Verzierung *f.*

or·nate [ɔː'neɪt] *adj* □ **1.** reich verziert *od.* geschmückt. **2.** *fig.* überladen (*Stil etc*).

or·ni·thol·o·gist [͵ɔːnɪ'θɒlədʒɪst] *s* Ornithologe *m*, Ornithologin *f.*

͵or·ni'thol·o·gy *s* Ornithologie *f*, Vogelkunde *f.*

or·phan ['ɔːfn] **I** *s* Waise(nkind *n*) *f.* **II** *adj* Waisen... **III** *v/t*: ***be ~ed*** verwaisen, Waise werden.

or·phan·age ['ɔːfənɪdʒ] *s* Waisenhaus *n.*

or·tho·dox ['ɔːθədɒks] *adj* □ *eccl. u. allg.* orthodox: ***Orthodox Church*** griechisch-orthodoxe Kirche.

or·tho·graph·ic, or·tho·graph·i·cal [͵ɔːθəʊ'græfɪk(l)] *adj* □ orthografisch.

or·thog·ra·phy [ɔː'θɒgrəfɪ] *s* Orthografie *f*, Rechtschreibung *f.*

or·tho·pae·dic *bsd. Br.*, **or·tho·pe·dic** *Am.* [͵ɔːθəʊ'piːdɪk] ⚕ **I** *adj* (***~ally***) orthopädisch. **II** *s pl* (*oft sg konstruiert*) Orthopädie *f.*

͵or·tho'p(a)e·dist *s* Orthopäde *m*, Orthopädin *f.*

OS ***outsize*** Übergröße *f.*

O/S ***outstanding*** ausstehend; ***out of stock*** vergriffen.

Os·car ['ɒskə] *s* Oscar *m* (*amerikanischer Filmpreis*).

os·cil·late ['ɒsɪleɪt] *v/i* **1.** *bsd. phys.* oszillieren, schwingen. **2.** *fig.* schwanken (***between*** zwischen *dat*).

͵os·cil'la·tion *s* **1.** *bsd. phys.* Oszillation *f*, Schwingung *f.* **2.** *fig.* Schwanken *n.*

os·si·fy ['ɒsɪfaɪ] *v/i* verknöchern (*a. fig.*).

os·ten·si·ble [ɒ'stensəbl] *adj* □ **1.** scheinbar. **2.** an-, vorgeblich.

os·ten·ta·tion [͵ɒsten'teɪʃn] *s* **1.** (protzige) Zurschaustellung. **2.** Protzerei *f*, Prahlerei *f.*

͵os·ten'ta·tious *adj* □ **1.** protzend, prahlerisch: ***be ~ about s.th.*** mit et. protzen *od.* prahlen. **2.** ostentativ, demonstrativ.

os·tra·cism ['ɒstrəsɪzəm] *s* Ächtung *f.*

os·tra·cize ['~saɪz] *v/t* ächten.

os·trich ['ɒstrɪtʃ] *s orn.* Strauß *m.*

OTC ***over the counter*** im Freiverkehr.

oth·er ['ʌðə] **I** *adj* **1.** ander. **2.** *vor s im pl*: andere, übrige: ***the ~ guests.*** **3.** ander, weiter, sonstig: ***the ~ two*** die anderen beiden, die beiden anderen; ***any ~ questions?*** sonst noch Fragen?; ***~ income*** sonstige Erträge *pl.* **4.** zweit (*nur in*): ***every ~*** jeder (jede, jedes) Zweite; ***every ~ day*** jeden zweiten Tag, alle zwei Tage. **5. *the ~ day*** neulich, kürzlich; ***the ~ night*** neulich Abend. **II** *pron* **6.** ander: ***the ~*** der (die, das) andere; ***the two ~s*** die anderen beiden, die beiden anderen; → ***each*** II. **III** *adv* **7.** anders (***than*** als).

oth·er·wise ['~waɪz] *adv* **1.** *a. cj* sonst, andernfalls. **2.** sonst, im Übrigen. **3.** anderweitig: ***be ~ engaged*** anderweitig beschäftigt sein; ***unless you are ~ engaged*** wenn Sie nichts anderes vorhaben. **4.** anders (***than*** als): ***think ~*** anderer Meinung sein; ***X, ~ (called) Y*** X, a. Y genannt; ***or ~*** od. sonst irgendwie; od. nicht.

ot·ter ['ɒtə] *s zo.* Otter *m.*

ought [ɔːt] *v/aux ich* sollte, *du* solltest *etc*: ***he ~ to do it*** er sollte es (eigentlich) tun.

ounce [aʊns] *s* **1.** Unze *f.* **2.** *fig.* Körnchen *n* (*Wahrheit*), Funke *m* (*Verstand*).

our ['aʊə] *possessive pron* unser: ***Our Father*** *eccl.* Vaterunser *n.*

ours ['aʊəz] *possessive pron*: ***it is ~*** es gehört uns; ***a friend of ~*** ein Freund von uns; ***their children and ~*** ihre Kinder u. unsere.

our·selves [͵~'selvz] *pron* **1.** *verstärkend*: wir *od.* uns selbst: ***we did it ~, we ~ did it*** wir haben es selbst getan. **2.** *reflex* uns: ***we cut ~.*** **3.** uns (selbst): ***we want it for ~.***

oust [aʊst] *v/t fig.* verdrängen (***from*** aus).

out [aʊt] **I** *adv* **1.** hinaus(...), heraus(...); aus(...): ***way ~*** Ausgang *m*; ***on the way ~*** beim Hinausgehen; ***have a tooth ~*** e-n Zahn gezogen bekommen. **2.** außen, draußen. **3.** nicht zu Hause, ausgegangen. **4. *be ~*** *econ.* streiken; → ***come out*** 2, ***go out*** 4. **5.** ins Freie; draußen, im Freien. **6.** (*aus dem Gefängnis etc*) entlassen. **7.** heraus: a) erschienen (*Buch etc*), b) enthüllt (*Geheimnis*): ***~ with it!*** F heraus damit!, heraus mit der Sprache! **8.** *pol.* nicht (mehr) im Amt *od.* an der Macht. **9.** aus der Mode, out. **10.**

O

weit u. breit: ~ ***and away*** bei weitem. **11.** aus, vorbei, vorüber: ***before the week is*** ~ vor Ende der Woche. **12.** aus, erloschen: → ***go out*** 3. **13.** aus(verkauft). **14.** ***be*** ~ ***for*** aus sein auf (*acc*): ***be*** ~ ***to do s.th.*** darauf aus sein, et. zu tun. **15.** ~ ***of*** a) aus (... heraus); zu ... hinaus, b) aus, von: ***two*** ~ ***of three Americans*** zwei von drei Amerikanern, c) außer *Reichweite etc*, d) außer *Atem*, *Übung etc*: ***be*** ~ ***of*** kein ... mehr haben; ***we are*** ~ ***of oil*** uns ist das Öl ausgegangen; ~ ***of work*** ohne Arbeit, arbeitslos, e) aus *der Mode etc*, f) außerhalb von (*od. gen*), g) um *et. betrügen*, h) aus *Bosheit*, *Mitleid etc*. **II** *prp* **16.** → 15a. **III** *v/t* outen.

ˌ**out|-and-'out** *adj* absolut: ***an*** ~ ***lie*** e-e faustdicke Lüge. ˌ**~'bal·ance** *v/t* überwiegen. ˌ**~'bid** *v/t* (*irr* ***bid***) überbieten. '**~·board** ⚓ **I** *adj* **1.** Außenbord... **II** *adv* **2.** außenbords. **III** *s* **3.** Außenbordmotor *m*. **4.** Außenborder *m* (*Boot*). '**~·break** *s* Ausbruch *m*: ~ ***of anger*** Zornausbruch; ***at the*** ~ ***of war*** bei Kriegsausbruch. '**~ˌbuild·ing** *s* Nebengebäude *n*. '**~·burst** *s* (*Zorn- etc*)Ausbruch *m*. '**~·cast I** *adj* ausgestoßen, verstoßen. **II** *s* Ausgestoßene *m, f,* Verstoßene *m, f.* ˌ**~'class** *v/t* weit überlegen sein (*dat*), (*Sport a.*) deklassieren. '**~·come** *s* Ergebnis *n*, Resultat *n*: ***what was the*** ~ ***of the talks?*** was ist bei den Gesprächen herausgekommen? '**~·cry** *s fig.* Aufschrei *m*, Schrei *m* der Entrüstung. ˌ**~'dat·ed** *adj* überholt, veraltet. ˌ**~'dis·tance** *v/t* hinter sich lassen. ˌ**~'do** *v/t* (*irr* ***do***) **1.** (***in***) übertreffen (an *od.* in *dat*), ausstechen (in *dat*). **2.** schlagen, besiegen (***in*** in *dat*). '**~·door** *adj*: ~ ***games*** *pl* Spiele *pl* für draußen; ~ ***season*** (*Sport*) Freiluftsaison *f*; ~ ***shoes*** *pl* Straßenschuhe *pl*; ~ ***shot*** *phot.* Außenaufnahme *f.* ˌ**~'doors** *adv* draußen, im Freien; hinaus, ins Freie.

out·er ['aʊtə] *adj* äußer, Außen...: ~ ***garments*** *pl* Oberbekleidung *f*; ~ ***space*** Weltraum *m*; ~ ***wall*** Außenwand *f.* **~·most** ['~məʊst] *adj* äußerst.

'**out|·fit** *s* **1.** Ausrüstung *f*, Ausstattung *f*, *tech. a.* Gerät(e *pl*) *n*, Werkzeug(e *pl*) *n*. **2.** F Verein *m*, Laden *m*. '**~ˌfit·ter** *s* Ausrüster(in): (***men's***) ~ Herrenausstatter(in). '**~·flow** *s* Ausfluss *m*, *bsd. econ.* Abfluss *m*. ˌ**~'fox** *v/t* überlisten. '**~ˌgo·ing I** *adj* **1.** scheidend, aus dem Amt scheidend. **2.** ~ ***mail*** Postausgang *m*. **II** *s pl* **3.** Ausgaben *pl*. ˌ**~'grow** *v/t* (*irr* ***grow***) **1.** *j-m* über den Kopf wachsen. **2.** herauswachsen aus (*e-m Kleidungsstück*); *e-r Angewohnheit etc* entwachsen. '**~house** *s* Nebengebäude *n*.

out·ing ['aʊtɪŋ] *s* Ausflug *m*: ***go for an*** ~ e-n Ausflug machen.

out|'land·ish *adj* □ befremdend, befremdlich. ˌ**~'last** *v/t* überdauern, -leben. '**~·law I** *s* **1.** *hist.* Geächtete *m,f.* **2.** Bandit(in). **II** *v/t* **3.** *hist.* ächten, für vogelfrei erklären. **4.** für ungesetzlich erklären, verbieten. '**~·lay** *s* Auslagen *pl*, Ausgaben *pl* (***on, for*** für). '**~·let** *s* **1.** Abfluss(öffnung *f*) *m*, Abzug(söffnung *f*) *m*. **2.** *econ.* Verkaufsstelle *f*. **3.** ***seek an*** ~ ***for*** *fig.* ein Ventil suchen für. '**~·line I** *s* **1.** Umriss *m*, Kontur *f*, *pl a.* Silhouette *f*. **2.** *fig.* Ab-, Grundriss *m*. **II** *v/t* **3.** umreißen, *fig. a.* in Umrissen darlegen. ˌ**~'live** *v/t* überleben: ***have*** **~*d its usefulness*** ausgedient haben (*Maschine etc*). '**~·look** *s* **1.** (Aus)Blick *m*, (Aus)Sicht *f* (***from*** von; ***onto*** auf *acc*). **2.** *fig.* (Zukunfts)Aussichten *pl* (***for*** für). **3.** *fig.* Einstellung *f* (***on*** zu): ~ ***on life*** Lebensauffassung *f*. '**~ˌly·ing** *adj* abgelegen, entlegen. ˌ**~·ma'neu·ver** *Am.*, ˌ**~·ma'noeu·vre** *bsd. Br. v/t mil.* ausmanövrieren (*a. fig.*). **~·mod·ed** [ˌ~'məʊdɪd] *adj* veraltet, überholt. **~·most** ['~məʊst] *adj* äußerst. ˌ**~'num·ber** *v/t j-m* zahlenmäßig überlegen sein: ***be*** **~*ed by s.o.*** j-m zahlenmäßig unterlegen sein.

ˌ**out-of-'date** *adj* veraltet, überholt.

ˌ**out-of-'pock·et** *adj* ~ ***expenses*** *pl* Barauslagen *pl*, Baraufwendungen *pl*.

ˌ**out-of-the-'way** *adj* **1.** abgelegen, entlegen. **2.** *fig.* ungewöhnlich, ausgefallen; wenig bekannt.

'**out|ˌpa·tient** *s* ambulanter Patient: **~*s' department*** Ambulanz *f*; ~ ***treatment*** ambulante Behandlung. **~·pay·ment** *s* Zahlungsausgang *m*. ˌ**~'play** *v/t Sport*: *j-m* spielerisch überlegen sein. '**~·post** *s mil.* Vorposten *m* (*a. fig.*). '**~ˌpour·ing** *s* (Gefühls)Erguss *m*.

'**out·put I** *s* Output *m*: a) *econ., tech.* Arbeitsertrag *m*, -leistung *f*, b) *econ.* Ausstoß *m*, Ertrag *m*, Produktion *f*, c) ⚡ Ausgangsleistung *f*, d) *Computer*: (Daten)Ausgabe *f*: ~ ***data*** Ausgabe-, Ausgangsdaten *pl*; ~ ***error*** Ausgabefehler *m*; ~ ***instruction*** Ausgabebefehl *m*; ~ ***mode*** Ausgabemodus *m*. **II** *v/t Computer*: ausgeben.

out·rage ['aʊtreɪdʒ] **I** *s* **1.** Gräueltat *f*: ***an*** ~ ***against*** ein Verbrechen an (*dat*) *od.* gegen; *fig.* e-e grobe Verletzung (*gen*). **2.** *a.* ***sense of*** ~ Empörung *f*, Entrüstung *f* (***at*** über *acc*). **II** *v/t* **3.** *Gefühle*, *Anstand etc* grob verletzen, mit Füßen treten. **4.** *j-n* empören, schockieren.

out'ra·geous *adj* □ **1.** abscheulich, verbrecherisch. **2.** empörend, unerhört.

'**out|ˌrig·ger** *s* ⚓ Ausleger *m*; Auslegerboot *n*. **~·right I** *adj* ['~raɪt] **1.** völlig, gänzlich, total, (*Lüge etc*) glatt. **II** *adv* [~'raɪt] **2.** ohne Umschweife, unumwunden. **3.** auf der Stelle, sofort. ˌ**~'ri·val** *v/t* übertreffen, -bieten

O

(***in*** an *od.* in *dat*), ausstechen. ˌ**~'run** *v/t* (*irr* ***run***) **1.** schneller laufen als; *j-m* davonlaufen. **2.** *fig.* übersteigen. **~·sell** *v/t* im Verkauf übertreffen. '**~·set** *s* Anfang *m*, Beginn *m*: ***at the ~*** am Anfang; ***from the ~*** (gleich) von Anfang an. ˌ**~'shine** *v/t* (*irr* ***shine***) überstrahlen, *fig. a.* in den Schatten stellen.

ˌ**out'side** I *s* **1.** Außenseite *f*: ***from the ~*** von außen; ***on the ~*** auf der Außenseite, außen. **2.** ***at the*** (***very***) ***~*** (aller)höchstens, äußerstenfalls. **3.** *Sport*: Außenstürmer(in): ***~ right*** Rechtsaußen *m.* II *adj* **4.** äußer, Außen...: ***~ broadcast*** (*Rundfunk, TV*) Außenübertragung *f*; ***~ lane*** (*Sport*) Außenbahn *f*; *mot. Br.* innere Fahrspur. **5.** ***~ chance*** kleine *od.* geringe Chance; (*Sport*) Außenseiterchance *f.* III *adv* **6.** draußen. **7.** heraus, hinaus. **8.** ***~ of*** a) → 9, b) *Am.* F außer. IV *prp* **9.** außerhalb (*a. fig.*). **~·cap·i·tal** *s* Fremdkapital *n.*

ˌ**out|'sid·er** *s allg.* Außenseiter(in). '**~·size** I *s* Übergröße *f.* II *adj* übergroß. '**~·skirts** *s pl* Stadtrand *m*, Peripherie *f*: ***on the ~ of London*** am Stadtrand von London. ˌ**~'smart** F → ***outwit.*** '**~·source** *v/t* nach außen vergeben, outsourcen. ˌ**~'spo·ken** *adj* □ **1.** offen(herzig), freimütig: ***be ~*** kein Blatt vor den Mund nehmen. **2.** unverblümt. ˌ**~'stand·ing** *adj* □ **1.** hervorragend. **2.** *bsd. econ.* unerledigt, rückständig, (*Forderungen etc*) ausstehend: ***~ accounts*** *pl* Forderungen *pl*; ***~ capital stock*** nicht einbezahltes Grundkapital. ˌ**~'stay** *v/t* länger bleiben als: → ***welcome*** 6. ˌ**~'stretched** *adj* ausgestreckt. ˌ**~'strip** *v/t* **1.** überholen. **2.** *fig.* übertreffen (***in*** an *dat*). '**~-tray** *s* Ablagekorb *m* für ausgehende Post. ˌ**~'vote** *v/t* überstimmen: ***be ~d*** e-e Abstimmungsniederlage erleiden.

out·ward ['aʊtwəd] I *adj* **1.** äußerlich, äußer (*beide a. fig.*), Außen...: ***his ~ cheerfulness*** s-e zur Schau getragene Fröhlichkeit. II *adv* **2.** auswärts, nach außen. **3.** → ***outwardly.***

'**out·ward·ly** *adv* äußerlich (*a. fig.*).

out·wards ['~z] → ***outward*** II.

ˌ**out|'weigh** *v/t* überwiegen, (ge)wichtiger sein als. ˌ**~'wit** *v/t* überlisten, reinlegen. '**~-work** *s econ.* Heimarbeit *f.* '**~ˌwork·er** *s econ.* Heimarbeiter(in). '**~·worn** *adj* veraltet, überholt.

o·va ['əʊvə] *pl von* ***ovum.***

o·val ['əʊvl] I *adj* □ oval. II *s* Oval *n.*

o·va·ry ['əʊvərɪ] *s* **1.** *anat.* Eierstock *m.* **2.** ⚘ Fruchtknoten *m.*

o·va·tion [əʊ'veɪʃn] *s* Ovation *f*: ***give s.o. a standing ~*** j-m stehend e-e Ovation bereiten.

ov·en ['ʌvn] *s* Backofen *m*, Bratofen *m*, -röhre *f.* **~ cloth** *s* Topflappen *m.* **~ glove, ~ mitt** *s* Topfhandschuh *m.* '**~-ˌread·y** *adj* brat-, backfertig.

o·ver ['əʊvə] I *prp* **1.** *Lage*: über (*dat*): ***the lamp ~ his head.*** **2.** *Richtung, Bewegung*: über (*acc*), über (*acc*) ... (hin)weg: ***he jumped ~ the fence***; → ***get over***, *etc.* **3.** über (*dat*), auf der anderen Seite von (*od. gen*): ***~ the street*** auf der anderen (Straßen)Seite. **4.** über *s-r Arbeit einschlafen etc*, bei *e-m Glas Wein etc.* **5.** *Herrschaft, Rang*: über (*acc od. dat*): ***be ~ s.o.*** über j-m stehen. **6.** über (*acc*), mehr als: ***~ a mile***; ***~ 10 dollars***; ***~ a week*** über *od.* länger als e-e Woche. **7.** *zeitlich*: über (*acc*), während: ***~ many years*** viele Jahre hindurch. II *adv* **8.** hinüber, herüber (***to*** zu). **9.** drüben: ***~ there*** da drüben. **10.** *allg.* über...: → ***hand over*** 1, ***think*** 2, *etc.* **11.** um...: → ***fall over, turn over***, *etc.* **12.** (***all***) ***~ again*** noch einmal; ***~ and ~*** immer wieder. **13.** darüber, mehr: ***children of 10 years and ~*** Kinder von 10 Jahren u. darüber; ***5 ounces and ~*** 5 Unzen u. mehr; ***~ and above*** obendrein, überdies. **14.** zu Ende, vorüber, vorbei: ***get s.th. ~*** (***with***) F et. hinter sich bringen.

ˌ**o·ver|'act** *thea. etc* I *v/t Rolle* überziehen. II *v/i* übertreiben (*a. weitS.*). ˌ**~'age** *adj* zu alt.

o·ver·all I *adj* ['~rɔːl] **1.** gesamt, Gesamt...: ***~ economic*** gesamtwirtschaftlich; ***~ economy*** Gesamtwirtschaft *f*; ***~ length*** Gesamtlänge *f.* II *adv* [ˌ~r'ɔːl] **2.** allgemein. **3.** insgesamt. III *s* ['~rɔːl] **4.** *Br.* Arbeitsmantel *m*, Kittel *m.* **5.** *Am.* Overall *m.* **6.** *pl* a) *Br.* Overall *m*, b) *Am.* → ***dungarees.***

ˌ**o·ver|'bal·ance** I *v/t* umstoßen, umkippen. II *v/i* Übergewicht bekommen, das Gleichgewicht verlieren, umkippen. ˌ**~'bear·ing** *adj* □ anmaßend. ˌ**~'bid** *v/t* (*irr* ***bid***) überbieten. '**~·board** *adv* ⚓ über Bord: ***fall ~*** über Bord gehen; ***throw ~*** über Bord werfen (*a. fig.*). ˌ**~'book** *v/t Flug, Hotel etc* überbuchen. **~·caˌpac·i·ty** *s* Überkapazität *f.* **~·cap·i·tal·ized** *adj* überkapitalisiert. '**~-cast** *adj* bewölkt, bedeckt.

ˌ**o·ver'charge** I *v/t* **1.** *j-m* zu viel berechnen *od.* abverlangen: ***~ s.o.*** (***by***) ***£10*** j-m 10 Pfund zu viel berechnen. **2.** *Betrag* zu viel verlangen. **3.** überlasten, ⚡ *a.* überladen (*a. fig.*). II *v/i* **4.** zu viel berechnen *od.* verlangen (***for*** für).

'**o·ver|·coat** *s* Mantel *m.* ˌ**~'come** (*irr* ***come***) I *v/t* überwältigen, -winden (*beide a. fig.*), *Gefahren* bestehen: ***be ~ with emotion*** von s-n Gefühlen übermannt werden. II *v/i* siegen. ˌ**~'crowd·ed** *adj* überfüllt; überlaufen (*a. Beruf*). ˌ**~'do** *v/t* (*irr* ***do***) **1.** übertreiben: ***~ it*** (*od.* ***things***) zu weit gehen, des Guten zu viel tun. **2.** zu lange braten *od.* kochen:

O

overdone *a.* übergar. **'~·dose I** *s* Überdosis *f.* **II** *v/i* e-e Überdosis nehmen.
'o·ver·draft *s econ.* (Konto)Überziehung *f*, Kreditüberziehung *f*: ***have an ~ of £100*** sein Konto um 100 Pfund überzogen haben; ***~ facilities*** *pl* Überziehungskredit *m.*
ˌo·ver|'draw *v/t* (*irr* **draw**) *econ. Konto* überziehen (***by*** um): ***be ~n*** sein Konto überzogen haben. **ˌ~'dress** *v/t u. v/i* (sich) zu vornehm anziehen: ***~ed*** *a.* overdressed. **ˌ~'due** *adj* überfällig (*a. Rechnung, Zahlung*): ***she is ~*** sie müsste (schon) längst hier sein. **'~·emˌploy·ment** *s* Überbeschäftigung *f.* **ˌ~'es·ti·mate** *v/t* **1.** zu hoch schätzen *od.* veranschlagen. **2.** *fig.* überschätzen, überbewerten. **ˌ~·ex'pose** *v/t phot.* überbelichten. **ˌ~'fish·ing** *s* Überfischung *f.*
ˌo·ver'flow I *v/i* **1.** überlaufen, -fließen, (*Fluss etc*) über die Ufer treten: ***full to ~ing*** zum Überlaufen voll; (*Raum*) überfüllt. **2.** überquellen (***with*** von) (*a. fig.*). **II** *v/t* **3.** ***~ its banks*** über die Ufer treten. **III** *s* ['~fləʊ] **4.** Überlaufen *n*, -fließen *n.* **5.** *tech.* Überlauf *m*: ***~ valve*** Überlaufventil *n.*
ˌo·ver|'grown *adj* **1.** überwachsen, -wuchert (***with*** von). **2.** übergroß, (*Junge etc*) hoch aufgeschossen.
o·ver·haul I *v/t* [ˌ~'hɔːl] **1.** *tech.* überholen: ***~ completely*** generalüberholen. **2.** *fig. Pläne etc* überprüfen. **3.** *j-n, Fahrzeug etc* überholen. **II** *s* ['~hɔːl] **4.** *tech.* Überholung *f*: ***complete ~*** Generalüberholung. **5.** *fig.* Überprüfung *f.*
'o·ver·head I *adj* **1.** oberirdisch, Frei..., Hoch...: ***~ line*** ⚡ Oberleitung *f*; ***~ projector*** Overhead-, Tageslichtprojektor *m*; ***~ transparency*** Folie *f.* **2.** allgemein: ***~ costs*** (*od.* ***expenses***) *pl* → 4. **3.** *Sport*: Überkopf...: ***~ kick*** (*Fußball*) (Fall)Rückzieher *m*; ***~ stroke*** → 5. **II** *s* **4.** ~(***s*** *pl Br.*) *Am. econ.* laufende (Geschäfts)Kosten *pl*, Gemeinkosten *pl.* **5.** *Tennis*: Überkopfball *m.* **III** *adv* [ˌ~'hed] **6.** (dr)oben; über uns.
ˌo·ver|'hear *v/t* (*irr* **hear**) zufällig hören. **ˌ~'heat I** *v/t Motor* überhitzen, *Raum* überheizen. **II** *v/i tech.* heiß laufen.
ˌo·ver·in'dulge I *v/t* **1.** zu nachsichtig behandeln, *j-m* zu viel durchgehen lassen. **2.** *e-r Leidenschaft etc* übermäßig frönen. **II** *v/i* **3.** ***~ in television*** zu viel fernsehen.
o·ver|in·sured *adj* überversichert. **~·joyed** [ˌ~'dʒɔɪd] *adj* überglücklich. **'~·kill** *s mil. u. fig.* Overkill *m.* **~·land I** *adv* [ˌ~'lænd] über Land, auf dem Landweg. **II** *adj* ['~lænd] (Über)Land... **ˌ~'lap** *v/i* **1.** (sich) überlappen. **2.** *fig.* sich überschneiden. **ˌ~'leaf** *adv* umseitig, umstehend. **ˌ~'load** *v/t* überlasten (*a.* ⚡), -laden.

o·ver·ly ['əʊvəlɪ] *adv* übermäßig, allzu: ***he wasn't ~ enthusiastic*** s-e Begeisterung hielt sich in Grenzen.
ˌo·ver|'manned *adj* (personell) überbesetzt. **~·man·ning** *s* (personelle) Überbesetzung *f.* **ˌ~'much I** *adj* (all)zu viel. **II** *adv* übermäßig: ***I don't like him ~*** ich mag ihn nicht besonders.
ˌo·ver'night I *adv* über Nacht (*a. fig.*): ***stay ~*** über Nacht bleiben; ***stay ~ with s.o.*** (*od.* ***at s.o.'s place***) bei j-m übernachten. **II** *adj* Nacht...: ***~ bag*** Reisetasche *f*; ***~ stay*** (*od.* ***stop***) Übernachtung *f.*
'o·ver|·pass *s bsd. Am.* (Straßen-, Eisenbahn)Überführung *f.* **ˌ~'pay** *v/t* (*irr* **pay**) **1.** zu teuer bezahlen, zu viel bezahlen für. **2.** *j-m* zu viel zahlen, *j-n* überbezahlen. **ˌ~'play** *v/t* **1.** a) → ***overact*** I, b) hochspielen. **2.** ***~ one's hand*** sich überreizen *od.* übernehmen. **ˌ~'pop·u·lat·ed** *adj* übervölkert. **'~ˌpop·u'la·tion** *s* **1.** Übervölkerung *f.* **2.** Überbevölkerung *f.* **ˌ~'pow·er** *v/t* überwältigen, -mannen (*beide a. fig.*): ***~ing*** *fig.* überwältigend, (*Geruch*) aufdringlich, penetrant.
'o·ver·proˌduc·tion *s* Überproduktion *f.*
ˌo·ver|'rate *v/t* überbewerten (*a. Sport*), -schätzen. **ˌ~'reach** *v/t*: ***~ o.s.*** sich übernehmen. **ˌ~·re'act** *v/i* überreagieren, überzogen reagieren (***to*** auf *acc*). **ˌ~·re'ac·tion** *s* Überreaktion *f*, überzogene Reaktion. **ˌ~'ride** *v/t* (*irr* **ride**) sich hinwegsetzen über (*acc*). **ˌ~'rid·ing** *adj* vordringlich, -rangig: ***his ~ concern was*** es ging ihm vor allem darum (***to do*** zu tun). **ˌ~'rule** *v/t Entscheidung etc* aufheben, *Einspruch etc* abweisen.
ˌo·ver'run (*irr* **run**) **I** *v/t* **1. *be ~ with*** überlaufen sein von. **2.** 🚂 *Signal* überfahren. **II** *v/i* **3.** länger dauern als vorgesehen. **III** *s* **4.** *econ.* Kostenüberschreitung *f.*
ˌo·ver|'seas I *adv* **1.** nach *od.* in Übersee. **II** *adj* **2.** überseeisch, Übersee..., aus Übersee. **3.** ausländisch.
ˌo·ver|'see *v/t* (*irr* **see**) beaufsichtigen, überwachen. **'~·sexed** *adj* sexbesessen. **ˌ~'shad·ow** *v/t fig.* **1.** in den Schatten stellen. **2.** überschatten, e-n Schatten werfen auf (*acc*). **ˌ~'shoot** *v/t* (*irr* **shoot**) hinausschießen über (*ein Ziel*) (*a. fig.*). **'~·sight** *s* Versehen *n*: ***by*** (*od.* ***through an***) ***~*** aus Versehen. **ˌ~'sim·pli·fy** *v/t* (zu) grob vereinfachen, vergröbern. **ˌ~'size(d)** *adj* übergroß, mit Übergröße. **ˌ~'sleep** *v/i* (*irr* **sleep**) verschlafen. **ˌ~'staffed** *adj* (personell) überbesetzt. **~·staf·fing** *s* (personelle) Überbesetzung *f.* **ˌ~'state** *v/t* übertreiben, übertrieben darstellen. **ˌ~'state·ment** *s* Übertreibung *f.* **ˌ~'stay** *v/t* länger bleiben als: → ***welcome*** 6. **ˌ~'step** *v/t fig.* überschreiten.

ˌ**o·verˈstock·ing** *s* zu hohe Lager- *od.* Vorratshaltung.
ˌ**o·ver·subˈscribe** *v/t* überzeichnen (*Anleihe*).
ˌ**o·verˈtake** *v/t* (*irr* **take**) **1.** einholen (*a. fig.*). **2.** (*a. v/i*) *bsd. Br.* überholen. **3.** *fig.* überraschen.
ˌ**o·verˈtax** *v/t* **1.** zu hoch besteuern. **2.** überbeanspruchen, *Geduld etc* strapazieren: ~ ***one's strength*** (*od.* **o.s.**) sich übernehmen.
o·ver·throw I *v/t* [ˌ~ˈθrəʊ] (*irr* **throw**) **1.** *Regierung etc* stürzen. **2.** besiegen. II *s* [ˈ~θrəʊ] **3.** Sturz *m.* **4.** Niederlage *f.*
ˈ**o·ver·time** I *s* **1.** *econ.* a) Überstunden *pl*: ***be on*** (*od.* **do**) ~ Überstunden machen; ~ ***ban*** Überstundenverbot *n*, b) *a.* ~ ***pay*** Überstundenlohn *m*, -bezahlung *f.* **2.** *Sport*: *Am.* Verlängerung *f*: ***after*** ~ nach Verlängerung; ***the game went into*** ~ das Spiel ging in die Verlängerung. II *adv* **3.** ***work*** ~ *econ.* Überstunden machen.
o·ver·ture [ˈəʊvəˌtjʊə] *s* ♪ Ouvertüre *f* (**to** zu).
ˌ**o·ver|ˈturn** I *v/t* **1.** umwerfen, -stoßen, -kippen. **2.** *fig.* *Regierung etc* stürzen. II *v/i* **3.** umkippen, ⚓ kentern. ˈ**~·view** *s fig.* Überblick *m* (**of** über *acc*). **~·weight** I *s* [ˈ~weɪt] Übergewicht *n* (*a. fig.*). II *adj* [ˌ~ˈweɪt] übergewichtig (*Person*), zu schwer (**by** um) (*Gegenstand*): ***be*** ~ ***by five kilos, be five kilos*** ~ fünf Kilo Übergewicht haben. **~·whelm** [ˌ~ˈwelm] *v/t* **1.** überwältigen (*a. fig.*). **2.** *fig.* überhäufen, -schütten (**with** mit). ˌ**~ˈwhelm·ing** *adj* überwältigend: **~*ly*** mit überwältigender Mehrheit. ˌ**~ˈwork** I *v/t* überstrapazieren (*a. fig.*), überanstrengen: **~*ed*** *a.* gestresst; ~ **o.s.** → II. II *v/i* sich überarbeiten.
o·vi·duct [ˈəʊvɪdʌkt] *s anat.* Eileiter *m.*
o·vip·a·rous [əʊˈvɪpərəs] *adj* □ *zo.* Eier legend.
o·vu·la·tion [ˌɒvjʊˈleɪʃn] *s biol.* Eisprung *m.*
o·vum [ˈəʊvəm] *pl* **o·va** [ˈəʊvə] *s biol.* Ei(zelle *f*) *n.*

owe [əʊ] *v/t* **1.** *j-m et.* schulden, schuldig sein (**for** für). **2.** bei *j-m* Schulden haben, *j-m* Geld schulden. **3.** *et.* verdanken, zu verdanken haben.
ow·ing [ˈəʊɪŋ] *adj* **1.** unbezahlt: ***how much is still*** ~ ***to you?*** wie viel bekommst du noch?; ***there is still £1,000*** ~ es stehen noch 1000 Pfund aus. **2.** ~ ***to*** infolge, wegen.
owl [aʊl] *s orn.* Eule *f.*
ˈ**owl·ish** *adj* □ eulenhaft (*Aussehen etc*).
own [əʊn] I *v/t* **1.** besitzen: ***who*** **~*s this car?*** wem gehört dieser Wagen? **2.** zugeben, (ein)gestehen (**that** dass). II *v/i* **3.** ~ ***up*** es zugeben: ~ (***up***) ***to s.th.*** et. zugeben *od.* (ein)gestehen; ~ (***up***) ***to doing s.th.*** zugeben *od.* (ein)gestehen, et. getan zu haben. III *adj* **4.** eigen: ~ ***funds*** *pl* eigene Mittel *pl*; ~ ***goal*** (*Sport*) Eigentor *n* (*a. fig.*). IV *s* **5.** ***my*** ~ mein Eigentum: ***a car of one's*** ~ ein eigenes Auto; ***on one's*** ~ allein; ***come into one's*** ~ zur Geltung kommen; → ***get back*** 1, ***hold*** 10.
own·er [ˈəʊnə] *s* Eigentümer(in), Besitzer(in). ˌ**~-ˈoc·cu·pied** *adj* eigengenutzt (*Haus, Wohnung*).
own·er·ship [ˈəʊnəʃɪp] *s* Besitz *m.*
ox [ɒks] *pl* **ox·en** [ˈ~n] *s zo.* Ochse *m.*
Ox·bridge [ˈɒksbrɪdʒ] *s* (die Universitäten) Oxford u. Cambridge *pl.*
ox·en [ˈɒksn] *pl von* **ox.**
ox·ide [ˈɒksaɪd] *s* ⚗ Oxid *n.*
ox·i·dize [ˈɒksɪdaɪz] *v/t u. v/i* oxidieren.
ˈ**ox·tail** *s* Ochsenschwanz *m*: ~ ***soup.***
ox·y·gen [ˈɒksɪdʒən] *s* ⚗ Sauerstoff *m.* ~ **mask** *s* ⚕ Sauerstoffmaske *f.* ~ **tent** *s* ⚕ Sauerstoffzelt *n.*
oys·ter [ˈɔɪstə] *s zo.* Auster *f.* ~ **bed** *s* Austernbank *f.*
oz. ***ounce***(**s**) Unze(n *pl*) *f* (*28,35 g*).
o·zone [ˈəʊzəʊn] *s* ⚗ Ozon *n.* ~ **a·lert** *s* Ozonalarm *m.* ˈ**~-deˌplet·ing** *adj* ozonschädlich. ˈ**~-ˌfriend·ly** *adj* ozonfreundlich. ~ **lay·er,** ~ **shield** *s* Ozonschicht *f* (*der Atmosphäre*).

O

P

P [piː] *pl* **P's** *s* P *n*: ***mind one's p's and q's*** F sich anständig aufführen.

p *Br.* ***penny, pence*** *Währungseinheit.*

p. ***page*** S., Seite *f*; ***part*** T., Teil *m*.

PA ***Personal Assistant*** persönlicher Assistent.

p.a. ***per annum*** pro Jahr.

pace [peɪs] **I** *s* **1.** Tempo *n* (*a. fig.*), Geschwindigkeit *f*: ***at a*** (***very***) ***slow*** ~ (ganz) langsam; ***keep*** ~ ***with*** Schritt halten *od.* mitkommen mit (*a. fig.*); ***keep*** ~ ***with the times*** mit der Zeit gehen; ***set the*** ~ das Tempo angeben (*a. fig.*), (*Sport*) das Tempo machen. **2.** Schritt *m*. **3.** Gangart *f* (*e-s Pferdes*): ***put s.o. through his*** ~***s*** *fig.* j-n auf Herz u. Nieren prüfen; ***show one's*** ~***s*** *fig.* zeigen, was man kann. **II** *v/t* **4.** *Sport*: *j-m* Schrittmacherdienste leisten. **5.** *a.* ~ ***out*** (*od.* ***off***) ab-, ausschreiten. **6.** *Zimmer etc* durchschreiten. **III** *v/i* **7.** ~ ***about*** (*od.* ***around***) hin u. her laufen; ~ ***up and down*** auf u. ab gehen. **'~ˌmak·er** *s* **1.** *Sport*: Schrittmacher(in) (*a. fig.*). **2.** ⚕ (*Herz-*)Schrittmacher *m*.

pach·y·derm ['pækɪdɜːm] *s zo.* Dickhäuter *m*.

pa·cif·ic [pə'sɪfɪk] *adj* (~***ally***) friedlich, friedfertig, friedliebend: ***Pacific Ocean*** Pazifik *m*.

pac·i·fi·er ['pæsɪfaɪə] *s* **1.** Friedensstifter(in). **2.** *Am.* Schnuller *m*.

pac·i·fism ['pæsɪfɪzəm] *s* Pazifismus *m*.

'pac·i·fist **I** *s* Pazifist(in). **II** *adj* pazifistisch.

pac·i·fy ['pæsɪfaɪ] *v/t* **1.** *Land* befrieden. **2.** besänftigen, beschwichtigen.

pack [pæk] **I** *s* **1.** Pack(en) *m*, Bündel *n*. **2.** Paket *n* (*Waschpulver etc*), *bsd. Am.* Packung *f*, Schachtel *f* (*Zigaretten*): ***display*** ~ Präsentationspackung; ***dummy*** ~ Attrappe *f*, Leerpackung. **3.** Rudel *n* (*Wölfe etc*); *hunt.* Meute *f*. **4.** *contp.* Pack *n*, Bande *f*: ~ ***of thieves*** Diebesbande; ***a*** ~ ***of lies*** ein Sack voll Lügen. **5.** (Karten)Spiel *n*. **6.** ⚕, *Kosmetik*: Packung *f*. **II** *v/t* **7.** *oft* ~ ***up*** ein-, zs.-, ab-, verpacken: ~ ***s.o. s.th.*** j-m et. einpacken. **8.** *a.* ~ ***together*** zs.-pferchen: → ***sardine.*** **9.** voll stopfen: ~***ed,*** *Br.* F ~***ed out*** bis auf den letzten Platz gefüllt, brechend voll. **10.** *Koffer etc* packen: ***be*** ~***ed*** gepackt haben. **11.** *mst* ~ ***off*** F fort-, wegschicken. **12.** *mst* ~ ***up*** (*od.* ***in***) F aufhören *od.* Schluss machen mit: ~ ***it in!*** hör endlich auf (damit)! **III** *v/i* **13.** packen: ~ ***up*** zs.-packen. **14.** (sich) drängen (***into*** in *acc*). **15.** *mst* ~ ***off*** F sich packen *od.* davonmachen: ***send s.o.*** ~***ing*** j-n fort- *od.* wegjagen. **16.** fest werden. **17.** F a) *mst* ~ ***up*** (*od.* ***in***) aufhören, Feierabend machen, b) ~ ***up*** absterben (***on s.o.*** j-m) (*Motor*), s-n Geist aufgeben (*Waschmaschine etc*).

pack·age ['pækɪdʒ] **I** *s* **1.** Paket *n* (*a. fig.*). **2.** Packung *f* (*Spaghetti etc*). **II** *v/t* **3.** verpacken; zu e-m Paket abpacken. ~ **deal** *s* **1.** Pauschalarrangement *n*. **2.** *econ.* Verhandlungspaket *n*. ~ **hol·i·day** *s* Pauschalurlaub *m*. ~ **in·sert** *s Am.* Packungsbeilage *f*, Beipackzettel *m*. ~ **in·sur·ance** *s* Pauschalversicherung *f*. ~ **tour** *s* Pauschalreise *f*.

pack·ag·ing ['pækədʒɪŋ] *s* a) Verpacken *n*, b) Verpackung *f*, c) *a.* ~ ***material*** Verpackungsmaterial *n*. ~ **in·dus·try** *s* Verpackungsindustrie *f*. ~ **waste** *s* Verpackungsmüll *m*.

pack an·i·mal *s* Pack-, Lasttier *n*.

pack·et ['pækɪt] *s* **1.** Päckchen *n*: ***a*** ~ ***of cigarettes*** e-e Packung *od.* Schachtel Zigaretten. **2.** *Br. sl.* ***cost a*** ~ ein Heidengeld kosten; ***make a*** ~ ein Schweinegeld verdienen. **3.** ***catch*** (*od.* ***cop, get, stop***) ***a*** ~ *Br. sl.* in Schwulitäten kommen; eins aufs Dach kriegen (***from*** von).

pack ice *s* Packeis *n*.

pack·ing ['pækɪŋ] *s* **1.** Packen *n*: ***do one's*** ~ packen. **2.** Verpackung *f*: ~ ***expenses*** *pl* Verpackungskosten *pl*; ~ ***paper*** Packpapier *n*; ~ ***string*** Packschnur *f*.

pact [pækt] *s* Pakt *m*: ***make a*** ~ ***with s.o.*** mit j-m e-n Pakt schließen.

pad¹ [pæd] *v/i* trotten.

pad² [~] **I** *s* **1.** Polster *n*. **2.** *Sport*: (*Knie- etc*)Schützer *m*. **3.** (*Schreib- etc*)Block *m*. **4.** (*Stempel*)Kissen *n*: ***mouse*** ~ Mausmatte *f*. **5.** *zo.* Ballen *m*. **6.** (*Abschuss*)Rampe *f*. **7.** *sl.* Bude *f* (*Wohnung, Zimmer*). **II** *v/t* **8.** *a.* ~ ***out*** (aus)polstern: ~***ded bag*** Luftpolstertasche *f*; ~***ded cell*** Gummizelle *f*. **9.** *oft* ~ ***out*** *Rede etc* aufblähen (***with*** mit).

'pad·ding *s* **1.** Polsterung *f*. **2.** *fig.* Füllsel *pl*.

P

pad·dle¹ ['pædl] I *s* **1.** Paddel *n*. **2.** ⚓ Schaufel *f*; Schaufelrad *n*. II *v/i* **3.** paddeln (*a. schwimmen*). III *v/t* **4.** paddeln: → ***canoe*** I.
pad·dle² [~] *v/i* (herum)plan(t)schen (***in*** in *dat*).
pad·dle steam·er *s* Raddampfer *m*.
pad·dling pool ['pædlıŋ] *s* Plan(t)schbecken *n*.
pad·dock ['pædək] *s* **1.** (Pferde)Koppel *f*; (*Pferderennsport*) Sattelplatz *m*. **2.** *Motorsport*: Fahrerlager *n*.
pad·dy¹ ['pædı] *s a*. ~ ***field*** Reisfeld *n*.
pad·dy² [~] *s Br*. F Koller *m*: ***be in a*** ~ e-n Koller haben.
Pad·dy³ [~] *s* F Paddy *m*, Ire *m*.
pad·dy wag·on ['pædı] *s Am*. F grüne Minna.
pad·lock ['pædlɒk] I *s* Vorhängeschloss *n*. II *v/t* mit e-m Vorhängeschloss verschließen.
pae·di·a·tri·cian [ˌpiːdıə'trıʃn] *s bsd. Br*. Kinderarzt *m*, -ärztin *f*.
pae·di·at·rics [ˌ~'ætrıks] *s sg* Kinderheilkunde *f*.
pa·gan ['peıgən] I *s* Heide *m*, Heidin *f*. II *adj* heidnisch.
'pa·gan·ism *s* Heidentum *n*.
page¹ [peıdʒ] I *s* **1.** Page *m*, *hist. a*. Edelknabe *m*. II *v/t* **2.** *j-n* ausrufen (lassen): ***paging Mr X*** Herr X, bitte! **3.** mit *j-m* über Funkrufempfänger Kontakt aufnehmen, *j-n* anpiepsen.
page² [~] I *s* Seite *f* (*e-s Buchs etc*): ***be on*** ~ ***10*** auf Seite 10 stehen; ***four-***~ vierseitig. II *v/t* paginieren.
'page·boy *s* **1.** Page *m*. **2.** Pagenkopf *m* (*Frisur*).
page| feed *s* Seitenvorschub *m*. ~ **for·mat** *s* Seitenformat *n*. ~ **make·up** *s* Seitenumbruch *m*. ~ **print·er** *s* Seitendrucker *m*. ~ **proof** *s* Seitenabzug *m*.
pag·er ['peıdʒə] *s* Funkrufempfänger *m*, Piepser *m*.
pag·i·nate ['pædʒıneıt] *v/t* paginieren.
ˌpag·i'na·tion *s* Paginierung *f*.
pa·go·da [pə'gəʊdə] *s* Pagode *f*.
paid [peıd] I *pret u. pp von* ***pay***. II *adj*: ***put*** ~ ***to*** *bsd. Br*. F ein Ende machen (*dat*), *Hoffnungen etc* zunichte machen. ~ **em·ploy·ment** *s* abhängige Beschäftigung *f*. ~ **hol·i·days** *s pl* bezahlter Urlaub. ~ **leave** *s* bezahlter Urlaub *m*.
ˌpaid-'up *adj* ~ ***capital*** voll einbezahltes Kapital; ~ ***shares*** *pl* voll bezahlte Aktien *pl*.
pail [peıl] *s* Eimer *m*, Kübel *m*.
pain [peın] I *s* **1.** Schmerz(en *pl*) *m*: ***be in*** ~ Schmerzen haben; ***I have a*** ~ ***in my back*** mir tut der Rücken weh; ***be a*** ~ (***in the neck***) F e-m auf den Wecker gehen. **2.** Schmerz *m*, Kummer *m*: ***cause*** (*od*. ***give***) ***s.o.*** ~ j-m Kummer machen. **3.** *pl* Mühe *f*, Bemühungen *pl*: ***be at*** (***great***) ~***s to do s.th.*** sich (große) Mühe geben, et. zu tun; ***spare no*** ~***s*** keine Mühe scheuen; ***take*** ~***s*** sich Mühe geben (***over, with*** mit; ***to do*** zu tun). II *v/t* **4.** *bsd. fig*. schmerzen.
pain·ful ['~fʊl] *adj* □ **1.** schmerzend, schmerzhaft. **2.** *fig*. schmerzlich; unangenehm; peinlich.
'painˌkill·er *s* Schmerzmittel *n*.
pain·less ['peınlıs] *adj* □ **1.** schmerzlos. **2.** F leicht, einfach.
pain thresh·old *s* Schmerzschwelle *f*.
'painsˌtak·ing *adj* □ sorgfältig, gewissenhaft.
paint [peınt] I *v/t* **1.** *Bild*, *j-n* malen: ~ ***a gloomy*** (***vivid***) ***picture of s.th.*** *fig*. et. in düsteren (glühenden) Farben malen *od*. schildern; → ***black*** I. **2.** anmalen, bemalen; (an)streichen, *Auto etc* lackieren: ~ ***out*** (*od*. ***over***) übermalen; ~ ***one's face*** *contp*. sich anmalen; ~ ***the town red*** F e-n draufmachen. **3.** ⚕ (aus)pinseln (***with*** mit). II *v/i* **4.** malen. III *s* **5.** Farbe *f*; Lack *m*; *contp*. Schminke *f*: ***wet*** ~ frisch gestrichen! **'~·box** *s* Malkasten *m*. **'~·brush** *s* Pinsel *m*.
paint·er ['peıntə] *s* **1.** (*a*. Kunst)Maler(in), Anstreicher(in). **2.** (*Auto- etc*)Lackierer(in).
'paint·ing *s* **1.** Malerei *f*. **2.** Gemälde *n*, Bild *n*.
'paint·work *s* Lack *m* (*e-s Autos etc*).
pair [peə] I *s* **1.** Paar *n* (*Stiefel etc*): ***in*** ~***s*** paarweise. **2.** *et. Zweiteiliges, mst unübersetzt*: ***a*** ~ ***of trousers*** e-e Hose. **3.** Paar *n*, Pärchen *n* (*Mann u. Frau, zo. Männchen u. Weibchen*): ~ ***skating*** (*Eis-, Rollkunstlauf*) Paarlauf(en *n*) *m*. **4.** ***where is the*** ~ ***to this shoe?*** wo ist der andere *od*. zweite Schuh? **5.** *Rudern*: Zweier *m*. II *v/t* **6.** *a*. ~ ***off*** (*od*. ***up***) paarweise anordnen, in Zweiergruppen einteilen: ~ ***off*** *zwei* (*junge*) *Leute* zs.bringen, verkuppeln. III *v/i* **7.** *zo*. sich paaren. **8.** *a*. ~ ***off*** (*od*. ***up***) Paare bilden.
pa·ja·mas *Am*. → ***pyjamas***.
Pa·ki·stan ['pɑːkıstɑːn] *npr* Pakistan *n*.
Pa·ki·stan·i [ˌpɑːkı'stɑːnı] I *s* Pakistani *m*, *f*, Pakistaner(in). II *adj* pakistanisch.
pal [pæl] F I *s* Kumpel *m*: ***listen***, ~, ***...*** *bsd. Am*. hör mal, Freundchen, ... II *v/i mst* ~ ***up*** sich anfreunden (***with*** mit).
pal·ace ['pælıs] *s* Palast *m* (*a. weitS.*).
pal·at·a·ble ['pælətəbl] *adj* □ schmackhaft (*a. fig.*): ***make s.th.*** ~ ***to s.o.***
pal·a·tal ['pælətl] *s ling*. Gaumenlaut *m*.
pal·ate ['pælət] *s* **1.** *anat*. Gaumen *m*. **2.** *fig*. ***for s.o.'s*** ~ für j-s Geschmack; ***have no*** ~ ***for*** keinen Sinn haben für.
pa·la·tial [pə'leıʃl] *adj* □ palastartig.

P

pa·lav·er [pəˈlɑːvə] *s* F **1.** Palaver *n*, endloses Gerede. **2.** Theater *n*.
pale¹ [peɪl] **I** *adj* □ **1.** blass, bleich: ***turn*** ~ → 3. **2.** hell, blass (*Farbe*). **II** *v/i* **3.** blass *od.* bleich werden. **4.** *fig.* verblassen (***before, beside*** neben *dat*).
pale² [~] *s* Pfahl *m*: ***go beyond the*** ~ *fig.* die Grenzen des Anstandes überschreiten.
pale·ness [ˈpeɪlnɪs] *s* Blässe *f*.
Pal·es·tine [ˈpæləstaɪn] *npr* Palästina *n*.
Pal·es·tin·i·an [ˌpæləˈstɪnɪən] **I** *s* Palästinenser(in). **II** *adj* palästinensisch.
pall¹ [pɔːl] *s* **1.** Sargtuch *n*; Sarg *m*. **2.** *fig.* (*Dunst- etc*)Glocke *f*.
pall² [~] *v/i* s-n Reiz verlieren (***on*** für): ~ ***on s.o.*** *a.* j-n langweilen.
ˈpallˌbear·er *s* Sargträger(in).
pal·let [ˈpælɪt] *s tech.* Palette *f*.
pal·let·ize [ˈpælɪtaɪz] *v/t* palettieren.
pal·let truck *s* Gabelstapler *m*.
pal·li·ate [ˈpælɪeɪt] *v/t* **1.** ⚕ lindern. **2.** *fig.* bemänteln, beschönigen.
pal·li·a·tive [ˈ~ətɪv] **I** *adj* □ **1.** ⚕ lindernd. **2.** *fig.* beschönigend. **II** *s* **3.** ⚕ Linderungsmittel *n*.
pal·lid [ˈpælɪd] *adj* □ blass (*a. fig.*), bleich.
pal·lor [ˈpælə] *s* Blässe *f*.
pal·ly [ˈpælɪ] *adj* F befreundet (***with*** mit): ***they are very*** ~ sie sind dicke Freunde.
palm¹ [pɑːm] **I** *s* **1.** Handfläche *f*, -teller *m*: ***grease*** (*od.* ***oil***) ***s.o.'s*** ~ F j-n schmieren (***with*** mit); ***have an itching*** (*od.* ***itchy***) ~ F e-e offene Hand haben (*bestechlich sein*); ***have*** (*od.* ***hold***) ***s.o. in the*** ~ ***of one's hand*** j-n völlig in der Hand *od.* in s-r Gewalt haben. **II** *v/t* **2.** *et.* in der Hand verschwinden lassen (*Zauberkünstler*). **3.** F ~ ***s.th. off as*** et. an den Mann bringen als; ~ ***s.th. off on***(***to***) ***s.o.*** j-m et. andrehen; ~ ***s.o. off with s.th.*** j-n mit et. abspeisen.
palm² [~] *s* ⚘ Palme *f*.
palm grease *s* F Schmiergeld *n*.
palm·ist [ˈpɑːmɪst] *s* Handleser(in).
ˈpalm·is·try *s* Handlesekunst *f*.
Palm Sun·day *s eccl.* Palmsonntag *m*.
palm tree *s* ⚘ Palme *f*.
pal·pa·ble [ˈpælpəbl] *adj* □ **1.** fühl-, greif-, tastbar. **2.** *fig.* augenfällig, deutlich; offensichtlich.
pal·pi·tate [ˈpælpɪteɪt] *v/i* **1.** klopfen, pochen (*Herz*). **2.** zittern (***with*** vor *dat*).
ˌpal·piˈta·tion *s a. pl* Herzklopfen *n*.
pal·sy [ˈpɔːlzɪ] *s* ⚕ Lähmung *f*.
pal·try [ˈpɔːltrɪ] *adj* □ armselig, schäbig: ***a*** ~ ***£10*** lumpige 10 Pfund.
pam·per [ˈpæmpə] *v/t* verwöhnen, *Kind a.* verhätscheln.
pam·phlet [ˈpæmflɪt] *s* **1.** Broschüre *f*, Druckschrift *f*. **2.** Flugblatt *n*, -schrift *f*.
pan¹ [pæn] **I** *s* **1.** Pfanne *f*; Topf *m*. **2.** (Waag)Schale *f*. **3.** *bsd. Br.* (Klosett)Schüssel *f*. **II** *v/t* **4.** F *Theaterstück etc* verreißen. **III** *v/i* **5.** ~ ***out*** F klappen: ~ ***out well*** hinhauen.
pan² [~] **I** *s* (Kamera)Schwenk *m*. **II** *v/t Kamera* schwenken. **III** *v/i* schwenken.
pan·a·ce·a [ˌpænəˈsɪə] *s* Allheilmittel *n*, *fig. a.* Patentrezept *n*.
Pan·a·ma [ˈpænəmɑː] *npr* Panama *n*.
ˌPan-Aˈmer·i·can *adj* panamerikanisch.
ˈpan·cake *s* Pfannkuchen *m*. ~ **roll** *s* Frühlingsrolle *f*.
pan·cre·as [ˈpæŋkrɪəs] *s anat.* Bauchspeicheldrüse *f*.
pan·da [ˈpændə] *s zo.* Panda *m*.
Pan·da car *s Br.* (Funk)Streifenwagen *m*.
pan·de·mo·ni·um [ˌpændɪˈməʊnjəm] *s* Chaos *n*, Tumult *m*.
pan·der [ˈpændə] *v/i*: ~ ***to*** *e-m Laster etc* Vorschub leisten, *j-s Bedürfnisse etc* befriedigen.
p & p ***postage and packing*** Porto und Verpackung.
P & L ***profit and loss*** Gewinn u. Verlust.
pane [peɪn] *s* (*Fenster*)Scheibe *f*.
pan·el [ˈpænl] **I** *s* **1.** Tafel *f*, Platte *f*; (vertieftes) Feld. **2.** ⚡, *tech.* (*Schalt-*, *Kontroll- etc*)Tafel *f*. **3.** ⚖ Liste *f* der Geschworenen. **4.** Diskussionsteilnehmer *pl*, -runde *f*; Rateteam *n*: ~ ***of experts*** Sachverständigenausschuss *m*. **II** *v/t pret u. pp* **-eled,** *bsd. Br.* **-elled 5.** täfeln. ~ **dis·cus·sion** *s* Podiumsdiskussion *f*. ~ **game** *s Rundfunk*, *TV*: Ratespiel *n*.
pan·el·(l)ing [ˈpænlɪŋ] *s* Täfelung *f*.
pan·el·(l)ist [ˈ~əlɪst] *s* Diskussionsteilnehmer(in).
pang [pæŋ] *s* stechender Schmerz: ~***s*** *pl* ***of hunger*** nagender Hunger; ***feel a*** ~ ***of conscience*** Gewissensbisse haben.
pan·ic [ˈpænɪk] **I** *adj* **1.** panisch: ~ ***buying*** Angst-, Panikkäufe *pl*; ***be at*** ~ ***stations*** rotieren; ***push the*** ~ ***button*** F panisch reagieren. **II** *s* **2.** Panik *f*: ***be in a*** ~ in Panik sein; ***get into a*** ~ → 5; ***throw into a*** ~ → 4. **3.** ***be a*** ~ *Am.* F zum Totlachen sein. **III** *v/t pret u. pp* **-icked 4.** in Panik versetzen, e-e Panik auslösen unter (*dat*). **IV** *v/i* **5.** in Panik geraten: ***don't*** ~***!*** nur keine Panik!
ˈpan·ick·y *adj* F **1.** überängstlich. **2.** ***get*** ~ → ***panic*** 5.
ˈpan·ic-ˌstrick·en *adj* von panischem Schrecken erfasst *od.* ergriffen.
pan·o·ra·ma [ˌpænəˈrɑːmə] *s* **1.** Panorama *n*. **2.** *fig.* (allgemeiner) Überblick (***of*** über *acc*).
pan·o·ram·ic [ˌpænəˈræmɪk] *adj* (~***ally***) panoramisch, Panorama...: ~ ***view*** a) Rundblick *m* (***of*** über *acc*), b) → ***panorama*** 2.

P

pan·sy ['pænzɪ] *s* **1.** ⚘ Stiefmütterchen *n.* **2.** F Weichling *m.*
pant [pænt] **I** *v/i* **1.** keuchen: *~ **for breath*** nach Luft schnappen. **2.** ***be ~ing*** *fig.* lechzen (***after, for*** nach; ***to do s.th.*** danach, et. zu tun). **II** *v/t* **3.** *~ **out*** *Worte* (hervor)keuchen. **III** *s* **4.** Atemstoß *m.*
pan·the·ism ['pænθiːɪzəm] *s* Pantheismus *m.*
'pan·the·ist I *s* Pantheist(in). **II** *adj* pantheistisch.
ˌpan·the'is·tic *adj* (***~ally***) pantheistisch.
pan·ther ['pænθə] *s zo.* Pant(h)er *m.*
pant·ies ['pæntɪz] *s pl, a.* ***pair of ~*** Höschen *n* (*für Kinder*), (*für Damen a.*) Schlüpfer *m*, Slip *m.*
pan·to·mime ['pæntəmaɪm] *s* **1.** *Br.* Weihnachtsspiel *n* (*für Kinder*). **2.** *thea.* Pantomime *f.*
pan·try ['pæntrɪ] *s* Speise-, Vorratskammer *f.*
pants [pænts] *s pl, a.* ***pair of ~*** **1.** *Br.* Unterhose *f.* **2.** *bsd. Am.* Hose *f*: ***catch s.o. with his ~ down*** F j-n überrumpeln; ***talk the ~ off s.o.*** F j-m ein Loch *od.* Löcher in den Bauch reden; → ***wear*** 3.
pant·suit ['pæntsuːt] *s bsd. Am.* Hosenanzug *m.*
pan·ty| hose ['pæntɪ] *s bsd. Am.* Strumpfhose *f.* *~* **lin·er** *s* Slipeinlage *f.*
pap [pæp] *s* Brei *m.*
pa·pal ['peɪpl] *adj* □ päpstlich.
pa·pa·ya [pə'paɪə] *s* ⚘ Papaya *f.*
pa·per ['peɪpə] **I** *s* **1.** Papier *n*: ***on ~*** *fig.* auf dem Papier. **2.** Tapete *f.* **3.** Zeitung *f*: ***be in the ~s*** in der Zeitung stehen. **4.** *econ.* Wertpapier *n.* **5.** *pl* (*Ausweis*)Papiere *pl*; Akten *pl*, Unterlagen *pl.* **6.** *ped.* Arbeit *f*, *univ.* Klausur(arbeit) *f.* **7.** Referat *n*: ***give*** (*od.* ***read***) ***a ~*** ein Referat halten, referieren (***to*** vor *dat*; ***on*** über *acc*). **II** *v/t* **8.** tapezieren. **9.** *~ **over*** (*od.* ***up***) *fig. Differenzen etc* (notdürftig) übertünchen.
'pa·per|·back *s* Paperback *n*, Taschenbuch *n*: ***in ~*** als Taschenbuch. *~* **bag** *s* (Papier)Tüte *f.* **'~·bound** *adj* kartoniert. **'~·boy** *s* Zeitungsjunge *m.* **~·catch bas·ket** *s* Endlosformularkorb *m.* *~* **chase** *s* Schnitzeljagd *f.* *~* **clip** *s* Büro-, Heftklammer *f*: *~ **dispenser*** Büroklammernspender *m.* *~* **cup** *s* Pappbecher *m.* *~* **feed** *s* Papiereinzug *m*, -zuführung *f*; Papiervorschub *m.* *~* **girl** *s* Zeitungsmädchen *n.* *~* **guide** *s* Papierführung *f.* *~* **hand·ker·chief** *s* Papiertaschentuch *n.* *~* **jam** *s* Papierstau *m.* *~* **knife** *s* (*irr **knife***) Brieföffner *m.* *~* **mon·ey** *s* Papiergeld *n.* *~* **plate** *s* Pappteller *m.* **~-pro·ces·sing** *adj* Papier verarbeitend. *~* **prof·it** *s* Buchgewinn *m*, nicht realisierter Gewinn. *~* **re·in·force·ment** *s* Lochverstärker *m.* *~* **roll** *s* Additionsrolle *f.* *~* **round** *s* ***do a ~*** Zeitungen austragen. *~* **size** *s* Papierformat *n.* *~* **tape** *s* Lochstreifen *m.* **'~-thin** *adj* hauchdünn (*a. fig.*), papierdünn. *~* **ti·ger** *s fig.* Papiertiger *m.* *~* **tis·sue** *s* Papiertuch *n.* *~* **tow·el** *s* Papierhandtuch *n.* *~* **trac·tion** *s* Papierführung *f.* *~* **trim·mer** *s* Papierbeschneidemaschine *f.* **'~·weight** *s* Briefbeschwerer *m.* **'~·work** *s* Schreibarbeit *f*, F Papierkram *m.*
pa·pier-mâ·ché [ˌpæpjeɪ'mæʃeɪ] *s* Pappmaschee *n.*
pap·ri·ka ['pæprɪkə] *s* Paprika *m.*
pa·py·rus [pə'paɪərəs] *pl* **-ri** [~raɪ], **-ruses** *s* **1.** ⚘ Papyrus(staude *f*) *m.* **2.** *antiq.* Papyrus(rolle *f*) *m.*
par [pɑː] **I** *s* **1.** *econ.* Nennwert *m*: ***at ~*** zum Nennwert, al pari. **2.** ***be on a ~*** auf gleicher Stufe stehen (***with*** wie): ***be on a ~ with*** *a.* *j-m* ebenbürtig sein; ***I'm feeling below*** (*od.* ***under***) ***~ today*** F ich bin heute nicht (ganz) auf dem Posten. **3.** *Golf*: Par *n*: ***that's ~ for the course*** F das ist ganz normal (***for*** für). **II** *adj* **4.** *~ **value*** *econ.* Nennwert *m*, Nominalwert *m.*
par·a·ble ['pærəbl] *s* Parabel *f.*
pa·rab·o·la [pə'ræbələ] *s* ⩓ Parabel *f.*
par·a·bol·ic [ˌpærə'bɒlɪk] *adj* (***~ally***) **1.** ⩓ parabolisch, Parabel... **2.** *~ **mirror*** *tech.* Parabolspiegel *m.*
par·a·chute ['pærəʃuːt] **I** *s* Fallschirm *m*: *~ **jump*** Fallschirmabsprung *m.* **II** *v/t* mit dem Fallschirm absetzen *od.* abwerfen. **III** *v/i* abspringen.
'par·a·chut·ist *s* Fallschirmspringer(in); *mil.* Fallschirmjäger(in).
pa·rade [pə'reɪd] **I** *s* **1.** Umzug *m*, *bsd. mil.* Parade *f*: ***be on ~*** e-e Parade abhalten. **2.** *fig.* Zurschaustellung *f*: ***make a ~ of*** → 4. **II** *v/t* **3.** stolzieren durch. **4.** *fig.* zur Schau stellen. **III** *v/i* **5.** ziehen (***through*** durch), *bsd. mil.* paradieren. **6.** stolzieren (***through*** durch). *~* **ground** *s mil.* Exerzierplatz *m.*
par·a·digm ['pærədaɪm] *s* **1.** Musterbeispiel *n* (***of*** für). **2.** *ling.* Paradigma *n.*
par·a·dise, *eccl. mst* **Par·a·dise** ['pærədaɪs] *s* Paradies *n* (*a. fig.*).
par·a·dox ['pærədɒks] *s* Paradox(on) *n.*
ˌpar·a'dox·i·cal *adj* □ paradox: ***~ly*** (***enough***) paradoxerweise.
par·af·fin ['pærəfɪn] *s* **1.** *Br.* Petroleum *n.* **2.** *a.* *~ **wax*** Paraffin *n.*
pa·ra·glid·er ['pærəglaɪdə] *s* **1.** Gleitschirm *m.* **2.** Gleitschirmflieger(in).
pa·ra·glid·ing *s* Gleitschirmfliegen *n.*
par·a·gon ['pærəgən] *s* Muster *n* (***of*** an *dat*): *~ **of virtue*** *bsd. iro.* Ausbund *m* an Tugend.
par·a·graph ['pærəgrɑːf] *s* **1.** Absatz *m*, Abschnitt *m.* **2.** (Zeitungs)Notiz *f.*

P

par·al·lel ['pærəlel] **I** *adj* **1.** parallel (***to, with*** zu) (*a. fig.*): ***~ bars*** *pl* (*Turnen*) Barren *m*; ***~ case*** Parallelfall *m*; ***~ processing*** *Computer*: Parallelverarbeitung *f*. **II** *s* **2.** Ⱥ Parallele *f* (***to, with*** zu) (*a. fig.*): ***without ~*** ohne Parallele, ohnegleichen; ***draw a ~ between*** e-e Parallele ziehen zwischen (*dat*); ***have close ~s*** e-e starke Ähnlichkeit haben (***with*** mit). **3.** *a.* ***~ of latitude*** *geogr.* Breitenkreis *m*. **III** *v/t pret u. pp* **-leled,** *Br. a.* **-lelled 4.** gleichkommen (*dat*), entsprechen (*dat*).

'par·al·lel·ism *s* **1.** Ⱥ Parallelität *f* (*a. fig.*). **2.** *ling.* Parallelismus *m*.

ˌpar·al'lel·o·gram [~əʊgræm] *s* Ⱥ Parallelogramm *n*.

Par·a·lym·pics [ˌpærə'lɪmpɪks] *s pl Sport*: Paralympics *pl*.

par·a·lyse ['pærəlaɪz] *v/t bsd. Br.* ⚕ lähmen, *fig. a.* lahm legen, zum Erliegen bringen: ***~d with*** *fig.* starr *od.* wie gelähmt vor (*dat*).

pa·ral·y·sis [pə'rælɪsɪs] *pl* **-ses** [~si:z] *s* ⚕ Lähmung *f*, *fig. a.* Lahmlegung *f*.

par·a·lyt·ic [ˌpærə'lɪtɪk] **I** *adj* (***~ally***) **1.** ⚕ Lähmungs...; gelähmt. **2.** *Br.* F sternhagelvoll. **II** *s* **3.** ⚕ Gelähmte *m, f*.

par·a·lyze *Am.* → ***paralyse***.

pa·ram·e·ter [pə'ræmɪtə] *s* **1.** Ⱥ Parameter *m*. **2.** *mst pl fig.* Rahmen *m*: ***within the ~s of*** im Rahmen (*gen*).

par·a·mil·i·tar·y [ˌpærə'mɪlɪtərɪ] *adj* paramilitärisch.

par·a·mount ['pærəmaʊnt] *adj*: ***of ~ importance*** von größter Bedeutung.

par·a·noi·a [ˌpærə'nɔɪə] *s* ⚕ Paranoia *f*.

ˌpar·a'noi·ac [~æk] **I** *adj* (***~ally***) paranoisch. **II** *s* Paranoiker(in).

'par·a·noid *adj* paranoid: ***be ~ about*** ständig Angst haben vor (*dat*).

par·a·pet ['pærəpɪt] *s* Brüstung *f*.

par·a·pher·na·li·a [ˌpærəfə'neɪljə] *s pl* (*a. sg konstruiert*) **1.** (persönliche) Sachen *pl*. **2.** F *bsd. Br.* Scherereien *pl*.

par·a·phrase ['pærəfreɪz] **I** *s* Paraphrase *f*, Umschreibung *f*. **II** *v/t* paraphrasieren, umschreiben.

par·a·ple·gi·a [ˌpærə'pli:dʒə] *s* ⚕ Querschnitt(s)lähmung *f*.

ˌpar·a'ple·gic I *adj* querschnitt(s)gelähmt. **II** *s* Querschnitt(s)gelähmte *m, f*.

par·a·psy·chol·o·gy [ˌpærəsaɪ'kɒlədʒɪ] *s* Parapsychologie *f*.

par·a·site ['pærəsaɪt] *s biol.* Schmarotzer(in), Parasit *m* (*beide a. fig.*).

par·a·sit·ic [ˌ~'sɪtɪk] *adj* (***~ally***) *biol.* parasitär, parasitisch, *fig. a.* schmarotzerhaft: ***be ~ on*** schmarotzen von.

para·sol ['pærəsɒl] *s* Sonnenschirm *m*.

par·a·troop·er ['pærəˌtru:pə] *s mil.* Fallschirmjäger(in).

par·boil ['pɑ:bɔɪl] *v/t* halb gar kochen, ankochen.

par·cel ['pɑ:sl] **I** *s* **1.** Paket *n*: ***~ mailing form*** Paketkarte *f*; ***~ rates*** *pl* Paketgebühren *pl*; ***~ scale*** Paketwaage *f*. **2.** Parzelle *f*. **II** *v/t pret u. pp* **-celed,** *bsd. Br.* **-celled 3.** *mst* ***~ up*** (als Paket) verpacken. **4.** *mst* ***~ out*** aufteilen, *Land* parzellieren. **~ bomb** *s* Paketbombe *f*.

parch [pɑ:tʃ] *v/t u. v/i* ausdörren, -trocknen, *v/i a.* verdörren, -trocknen.

parch·ment ['pɑ:tʃmənt] *s* Pergament *n*.

par·don ['pɑ:dn] **I** *v/t* **1.** *et.* verzeihen: ***~ s.o.*** (***for***) ***s.th.*** j-m et. vergeben *od.* verzeihen; ***~ me*** a) → 3a, c, b) *Am.* → 3b; ***~ me for interrupting you*** verzeihen *od.* entschuldigen Sie, wenn ich Sie unterbreche; ***if you'll ~ the expression*** wenn ich so sagen darf. **2.** ⚖ begnadigen. **II** *s* **3.** ***I beg your ~*** a) Entschuldigung!, Verzeihung!, b) *a.* F ***~?*** (wie) bitte?, c) erlauben Sie mal!, ich muss doch sehr bitten! **4.** ⚖ Begnadigung *f*.

'par·don·a·ble *adj* □ verzeihlich.

pare [peə] *v/t* **1.** sich *die Nägel* schneiden: ***~ down*** *fig.* einschränken. **2.** *Apfel etc* schälen.

par·ent ['peərənt] **I** *s* Elternteil *n*: ***~s*** *pl* Eltern *pl*. **II** *adj*: ***~ company*** *econ.* Muttergesellschaft *f*; ***~ holiday*** (*od.* ***leave***) *s* Elternurlaub *m*.

'par·ent·age *s* Abstammung *f*, Herkunft *f*.

pa·ren·tal [pə'rentl] *adj* □ elterlich, Eltern...

pa·ren·the·sis [pə'renθɪsɪs] *pl* **-ses** [~si:z] *s* **1.** *ling.* Parenthese *f*, Einschaltung *f*. **2.** *mst pl* (runde) Klammer: ***put in parentheses*** einklammern.

par·ent·hood ['peərənthʊd] *s* Elternschaft *f*.

'par·ent·less *adj* elternlos.

'par·ents-in-law *s pl* Schwiegereltern *pl*.

Par·is ['pærɪs] *npr* Paris *n*.

par·ish ['pærɪʃ] *s* **1.** *eccl.* Pfarrbezirk *m*, *a. coll.* Gemeinde *f*: ***~ church*** Pfarrkirche *f*; ***~ register*** Kirchenbuch *n*, -register *n*. **2.** *a.* ***civil ~*** *pol. Br.* Gemeinde *f*: ***~ council*** Gemeinderat *m*.

pa·rish·ion·er [pə'rɪʃənə] *s eccl.* Gemeinde(mit)glied *n*.

par·i·ty ['pærətɪ] *s* **1.** Gleichheit *f* (***with*** mit). **2.** *Computer*: Parität *f*: ***~ check*** Plausibilitätskontrolle *f*.

park [pɑ:k] **I** *s* **1.** Park *m*. **II** *v/t* **2.** *mot.* parken, abstellen: ***a ~ed car*** ein parkender Wagen; ***he's ~ed over there*** er parkt dort drüben; ***~ o.s.*** F sich hinhocken *od.* pflanzen. **3.** F abstellen, lassen. **III** *v/i* **4.** parken: ***a place to ~*** ein Parkplatz. **5.** einparken.

par·ka ['pɑ:kə] *s* Parka *m, f*.

ˌpark-and-'ride *s* Park-and-ride-System *n*.

park·ing ['pɑ:kɪŋ] *s* **1.** Parken *n*: ***"no ~"***

„Parken verboten". **2.** Einparken *n.* **3.** Parkplätze *pl*, -fläche *f.* **~ disc** *s* Parkscheibe *f.* **~ fee** *s* Parkgebühr *f.* **~ ga·rage** *s bsd. Am.* Park(hoch)haus *n.* **~ lot** *s Am.* Parkplatz *m.* **~ me·ter** *s* Parkuhr *f.* **~ of·fend·er** *s* Falschparker(in). **~ place** *s* Parkplatz *m*, -lücke *f.* **~ space** *s* **1.** Parklücke *f.* **2.** Abstellfläche *f.* **~ tick·et** *s* Strafzettel *m* (*wegen Falschparkens*).

Par·kin·son's dis·ease ['pɑːkɪnsnz] *s* ⚕ parkinsonsche Krankheit.

'park͵keep·er *s* Parkwächter(in).

par·ky ['pɑːkɪ] *adj Br.* F kühl, frisch.

par·lance ['pɑːləns] *s*: ***in common ~*** einfach *od.* verständlich ausgedrückt; ***in legal ~*** in der Rechtssprache.

par·lia·ment ['pɑːləmənt] *s* Parlament *n.*

par·lia·men·tar·i·an [͵~men'teərɪən] *s* Parlamentarier(in).

par·lia·men·ta·ry [͵~'mentərɪ] *adj* parlamentarisch.

par·lor *Am.*, **par·lour** *bsd. Br.* ['pɑːlə] *s mst in Zssgn* Salon *m.* **~ game** *s* Gesellschaftsspiel *n.*

pa·ro·chi·al [pə'rəʊkjəl] *adj* ☐ **1.** Pfarr..., Gemeinde... **2.** *fig.* beschränkt, engstirnig.

par·o·dist ['pærədɪst] *s* Parodist(in).

'par·o·dy I *s* **1.** Parodie *f* (***of, on*** auf *acc*). **2.** *fig.* Abklatsch *m* (***of, on*** *gen*). **II** *v/t* **3.** parodieren.

pa·role [pə'rəʊl] ⚖ **I** *s* bedingte (Haft)Entlassung; Hafturlaub *m*: ***put*** *s.o.* ***on ~*** → II. **II** *v/t j-n* bedingt entlassen; *j-m* Hafturlaub gewähren.

par·quet ['pɑːkeɪ] *s* **1.** Parkett *n.* **2.** *thea. Am.* Parkett *n.* **~ floor** *s* Parkett(fuß)boden *m.*

par·rot ['pærət] **I** *s orn.* Papagei *m* (*a. fig.*). **II** *v/t et.* (wie ein Papagei) nachplappern. **'~-͵fash·ion** *adv*: ***learn ~*** *et.* stur *od.* mechanisch lernen; ***repeat ~*** → ***parrot*** II.

par·ry ['pærɪ] **I** *v/t Frage* parieren, *Schlag, Stoß a.* abwehren. **II** *s fenc.* Parade *f.*

par·si·mo·ni·ous [͵pɑːsɪ'məʊnjəs] *adj* ☐ geizig.

par·si·mo·ny ['~mənɪ] *s* Geiz *m.*

pars·ing ['pɑːsɪŋ] *s Computer*: Parsing *n.*

pars·ley ['pɑːslɪ] *s* ♀ Petersilie *f.*

pars·nip ['pɑːsnɪp] *s* ♀ Pastinake *f*, Pastinak *m.*

par·son ['pɑːsn] *s* Pastor(in), Pfarrer(in): ***~'s nose*** F Bürzel *m.*

'par·son·age *s* Pfarrhaus *n.*

part [pɑːt] **I** *s* **1.** *allg.* Teil *m*: (**a**) ***~ of his money*** ein Teil s-s Geldes; ***it is good in ~(s), ~s of it are good, ~ of it is good*** es ist zum Teil *od.* teilweise gut; ***for the most ~*** größtenteils; meistens; ***be ~ of s.th.*** zu et. gehören; ***be ~ and parcel of*** e-n wesentlichen Bestandteil bilden von (*od. gen*); ***~ of the body*** Körperteil; ***~ of speech*** *ling.* Wortart *f*; ***three-~*** dreiteilig. **2.** *tech.* (Bau-, Ersatz)Teil *n.* **3.** Teil *m*, Folge *f*, Fortsetzung *f* (*e-s Romans, e-r Fernsehserie etc*); Lieferung *f* (*e-s Buchs etc*). **4.** Anteil *m*: ***take ~*** teilnehmen, sich beteiligen (***in*** an *dat*). **5.** *fig.* Teil *m*, Seite *f*: ***on the ~ of*** vonseiten, seitens (*gen*); ***on my ~*** von m-r Seite, von mir; ***take s.th. in good ~*** et. nicht übel nehmen. **6.** *fig.* Seite *f*, Partei *f*: ***take s.o.'s ~, take ~ with s.o.*** für j-n *od.* j-s Partei ergreifen. **7.** *thea. etc* Rolle *f* (*a. fig.*): ***act*** (*od.* ***play***) ***the ~ of*** die Rolle (*gen*) spielen; ***play a ~ in*** e-e Rolle spielen bei *od.* in (*dat*). **8.** ♪ (Sing- *od.* Instrumental)Stimme *f*, Partie *f*: ***for*** (*od.* ***in***) ***several ~s*** mehrstimmig. **9.** Gegend *f*, Teil *m* (*e-s Landes etc*): ***in these ~s*** hier(zulande). **10.** *Am.* (Haar-)Scheitel *m.* **II** *v/t* **11.** trennen (***from***); *Streitende* trennen; *Vorhang* aufziehen; *Haar* scheiteln: → ***company*** 1. **III** *v/i* **12.** sich trennen (***from*** von): ***~*** (***as***) ***friends*** in Freundschaft auseinander gehen; ***~ with*** *et.* aufgeben, sich von *j-m, et.* trennen. **13.** sich zerteilen, aufreißen (*Wolken*). **IV** *adj* **14.** Teil...: ***give s.th. in ~ exchange*** et. in Zahlung geben; ***~ owner*** Miteigentümer(in); ***give s.o. £100 in ~ payment*** j-m 100 Pfund als Abschlagszahlung geben. **V** *adv* **15. ~ ..., ~** teils ..., teils.

par·tial ['pɑːʃl] *adj* (☐ → ***partially***) **1.** teilweise, Teil...: ***~ success*** Teilerfolg *m.* **2.** parteiisch, voreingenommen: ***be ~ to s.th.*** F e-e Schwäche *od.* besondere Vorliebe für et. haben.

par·ti·al·i·ty [͵pɑːʃɪ'ælətɪ] *s* **1.** Parteilichkeit *f*, Voreingenommenheit *f.* **2.** F Schwäche *f*, besondere Vorliebe (***for*** für).

par·tial·ly ['pɑːʃəlɪ] *adv* teilweise, zum Teil: ***be ~ to blame for*** mit schuld sein an (*dat*); ***~ sighted*** sehbehindert.

par·tic·i·pant [pɑː'tɪsɪpənt] *s* Teilnehmer(in).

par'tic·i·pate [~peɪt] *v/i* teilnehmen, sich beteiligen (***in*** an *dat*): ***participating share*** Stammaktie *f.*

par͵tic·i'pa·tion *s* Teilnahme *f*, Beteiligung *f.*

par·ti·ci·ple ['pɑːtɪsɪpl] *s ling.* Partizip *n*, Mittelwort *n*: → ***past*** 2, ***present*** 3.

par·ti·cle ['pɑːtɪkl] *s* **1.** Teilchen *n*, *phys. a.* Partikel *f*: ***there is not a ~ of truth in it*** *fig.* daran ist nicht ein einziges Wort wahr. **2.** *ling.* Partikel *f.*

par·tic·u·lar [pə'tɪkjʊlə] **I** *adj* (☐ → ***particularly***) **1.** besonder, speziell: ***this ~ case*** dieser spezielle Fall; ***be of no ~ importance*** nicht besonders wichtig sein; ***for no ~ reason*** aus keinem besonderen Grund. **2.**

be very ~ about (*od.* ***over***) es sehr genau nehmen mit; sehr heikel *od.* wählerisch sein in (*dat*). **II** *s* **3.** Einzelheit *f*: ***~s*** *pl* nähere Umstände *pl od.* Angaben *pl*; ***in ~*** insbesondere; ***in every ~, in all ~s*** in allen Einzelheiten; ***enter*** (*od.* ***go***) ***into ~s*** ins Einzelne gehen; ***further ~s from*** Näheres bei. **4.** *pl* Personalien *pl*.

par'tic·u·lar·ize *v/t* spezifizieren, einzeln aufführen.

par'tic·u·lar·ly *adv* besonders: ***not ~*** *a.* nicht sonderlich.

part·ing ['pɑːtɪŋ] **I** *adj* **1.** Abschieds...: ***~ kiss.*** **II** *s* **2.** Abschied *m*. **3.** *bsd. Br.* (Haar)Scheitel *m*.

par·ti·san [ˌpɑːtɪ'zæn] **I** *s* **1.** Parteigänger(in). **2.** *mil.* Partisan(in). **II** *adj* **3.** parteiisch. **4.** *mil.* Partisanen...

par·ti·tion [pɑː'tɪʃn] **I** *s* **1.** Teilung *f*. **2.** *a.* ***~ wall*** Trennwand *f*. **II** *v/t* **3.** *Land etc* teilen: ***~ off*** abteilen, abtrennen.

part·ly ['pɑːtlɪ] → ***partially.***

part·ner ['pɑːtnə] **I** *s* **1.** *allg.* Partner(in). **2.** *econ.* Gesellschafter(in), Partner(in), Teilhaber(in): ***active*** (***dormant***) ~ aktiver (stiller) Teilhaber; ***general ~*** Komplementär *m*, Vollhafter *m*; ***limited ~*** Teilhafter *m*, Kommanditist *m*. **II** *v/t* **3.** *j-n* zum Partner haben, *j-s* Partner sein. **4.** *oft* ***~ up*** (als Partner) zs.-bringen (***with*** mit). **III** *v/i* **5.** *oft* ***~ up*** sich (als Partner) zs.-tun (***with*** mit).

'part·ner·ship *s* **1.** Partnerschaft *f*: ***go into ~*** sich (als Partner) zs.-tun (***with*** mit). **2.** *econ.* Personen-, Personalgesellschaft *f*: (***general*** *od.* ***ordinary***) ~ offene Handelsgesellschaft; ***limited*** (*Am.* ***special***) ~ Kommanditgesellschaft *f*.

P

par·tridge ['pɑːtrɪdʒ] *s orn.* Rebhuhn *n*.

ˌpart|-'time I *adj* Teilzeit..., Halbtags...: ***~ employee*** (*od.* ***worker***) Teilzeitbeschäftigte *m, f*; ***~ employment*** (*od.* ***job, work***) Teilzeitarbeit *f*, -beschäftigung *f*; ***~ farmer*** Nebenerwerbslandwirt *m*; ***~ worker*** Teilzeitbeschäftigte *m, f*, Halbtagskraft *f*. **II** *adv* halbtags. **~-tim·er** *s* Teilzeitbeschäftigte *m, f*.

par·ty ['pɑːtɪ] *s* **1.** *pol.* Partei *f*: ***within the ~*** innerparteilich, parteiintern. **2.** Gesellschaft, Gruppe *f*: ***we were a ~ of three*** wir waren zu dritt. **3.** (*Rettungs- etc*)Mannschaft *f*; *mil.* Kommando *n*, Trupp *m*. **4.** Gesellschaft *f*, Party *f*: ***give a ~.*** **5.** ⚖ (*Prozess-, Vertrags*)Partei *f*: ***a third ~*** ein Dritter. **6.** Teilnehmer(in), Beteiligte *m, f*: ***be a ~ to*** beteiligt sein an (*dat*), *et.* mitmachen. **~ line** *s pol.* Parteilinie *f*: ***follow the ~*** linientreu sein. **~ poop·er** *s* Spaßverderber(in).

par·ve·nu ['pɑːvənjuː] *s* Emporkömmling *m*, Parvenu *m*.

pass [pɑːs] **I** *s* **1.** (*Gebirgs*)Pass *m*. **2.** Passierschein *m*: ***free ~*** (Dauer)Freikarte *f*, 🚗 *etc* (Dauer)Freifahrkarte *f*, -schein *m*. **3.** ***get a ~ in physics*** *ped.* die Physikprüfung bestehen. **4.** ***things have come to such a ~ that*** die Dinge haben sich derart zugespitzt, dass. **5.** *Sport*: Pass *m*, Zuspiel *n*. **6.** ***make a ~ at*** F Annäherungsversuche machen bei. **II** *v/t* **7.** vorbeigehen, -fahren an (*dat*). **8.** überholen. **9.** *Prüfung* bestehen; *Prüfling* durchkommen lassen. **10.** *fig.* hinausgehen über (*acc*), übersteigen, -treffen: ***~ s.o.'s comprehension*** (*od.* ***understanding***) über j-s Verstand *od.* Horizont gehen. **11.** ***~ one's hand over*** (sich) mit der Hand fahren über (*acc*). **12.** *j-m et.* reichen, geben, *et.* weiter- geben: → ***buck*** 2. **13.** *Sport*: *Ball* abspielen, passen (***to*** zu). **14.** *Gesetz* verabschieden. **15.** *Zeit* ver-, zubringen: ***~ the time reading*** sich die Zeit mit Lesen vertreiben. **16.** *Urteil* abgeben, fällen, ⚖ *a.* sprechen (***on*** über *acc*). **III** *v/i* **17.** vorbeigehen, -fahren (***by*** an *dat*): ***let s.o. ~*** j-n vorbeilassen. **18.** (***to***) übergehen (auf *acc*), fallen (an *acc*). **19.** vergehen (*Schmerz etc*), (*Zeit a.*) verstreichen. **20.** durchkommen, (die Prüfung) bestehen. **21.** (***as, for***) gelten (als), gehalten *od.* angesehen werden (für). **22.** durchgehen, unbeanstandet bleiben: ***let s.th. ~*** et. durchgehen lassen. **23.** *Sport*: (den Ball) abspielen *od.* passen (***to*** zu). **24.** *Kartenspiel*: passen (*a. fig.*): ***I ~ on that*** da muss ich passen. **25.** ***~ over s.th.*** et. übergehen *od.* ignorieren (***in silence*** stillschweigend).

Verbindungen mit Adverbien:

pass| a·way I *v/t* **1.** → ***pass*** 15. **II** *v/i* **2.** → ***pass*** 19. **3.** verscheiden, sterben. **~ by I** *v/i* **1.** vorbeigehen, -fahren. **2.** → ***pass*** 19. **II** *v/t* **3.** *et., j-n* übergehen. **~ down** *v/t* (***to***) *Tradition etc* weitergeben (*dat od.* an *acc*), *Bräuche etc* überliefern (*dat*). **~ off I** *v/t* **1.** *j-n, et.* ausgeben (***as*** als). **II** *v/i* **2.** *gut etc* vorübergehen, verlaufen. **3.** vergehen (*Schmerz etc*). **~ on I** *v/t* **1.** weitergeben (***to*** *dat od.* an *acc*) (*a. fig.*); *Krankheit* übertragen. **II** *v/i* **2.** übergehen (***to*** zu *e-m anderen Thema etc*). **3.** → ***pass away*** 3. **~ o·ver** → ***pass by*** 3. **~ round I** *v/t* herumreichen, *Gerücht etc* in Umlauf setzen: ***be passed round*** *a.* die Runde machen. **II** *v/i* herumgereicht werden, *a. fig.* die Runde machen. **~ up** *v/t* sich *e-e Chance etc* entgehen lassen.

pass·a·ble ['pɑːsəbl] *adj* □ **1.** passierbar, befahrbar. **2.** *fig.* passabel.

pas·sage ['pæsɪdʒ] *s* **1.** Durchfahrt *f*, -reise *f*: → ***bird*** 1. **2.** Passage *f*, (Durch-, Verbindungs)Gang *m*. **3.** (See-, Flug)Reise *f*: → ***rough*** 2. **4.** ***with the ~ of time*** mit der Zeit.

5. Verabschiedung *f* (*e-s Gesetzes*). **6.** Passage *f*, Stelle *f* (*e-s Texts*). **'~·way** → ***passage*** 2.
pas·sen·ger ['pæsɪndʒə] *s* Passagier(in), Fahr-, Fluggast *m*, (*Auto- etc*)Insasse *m*, Insassin *f*. **~ train** *s* Personenzug *m*.
ˌpass·er-'by *pl* **ˌpass·ers-'by** *s* Passant(in).
pass·ing ['pɑːsɪŋ] **I** *s* **1.** ***with the ~ of time*** mit der Zeit. **2.** → ***passage*** 5. **3.** ***in ~*** beiläufig, nebenbei. **II** *adj* **4.** flüchtig (*Blick*, *Gedanke etc*).
pas·sion ['pæʃn] *s* **1.** Leidenschaft *f*, *weitS. a.* Passion *f*: ***be a ~ with s.o.*** j-s Leidenschaft sein; ***have a ~ for s.th.*** e-e Leidenschaft für et. haben; ***~s ran high*** die Erregung schlug hohe Wellen. **2.** ***fly into a ~*** e-n Wutanfall bekommen. **3.** ***Passion*** *eccl.* Passion *f*: ***Passion play*** Passionsspiel *n*.
pas·sion·ate ['~ʃənət] *adj* □ leidenschaftlich.
pas·sion fruit *s* ♃ Passionsfrucht *f*.
pas·sive ['pæsɪv] **I** *adj* □ **1.** passiv: ***~ resistance*** passiver Widerstand; ***~ smoking*** passives Rauchen, Passivrauchen *n*; ***~ vocabulary*** passiver Wortschatz. **2.** *ling.* passivisch: ***~ voice*** → 3. **II** *s* **3.** *ling.* Passiv *n*, Leideform *f*.
pas'siv·i·ty *s* Passivität *f*.
'pass·key *s* Hauptschlüssel *m*.
Pass·o·ver ['pɑːsˌəʊvə] *s eccl.* Passah *n*.
pass·port ['pɑːspɔːt] *s* **1.** (Reise)Pass *m*: ***hold a British ~*** e-n britischen Pass haben; ***~ checks*** *pl* Passkontrollen *pl*; ***~ picture*** Passbild *n*; ***~ scanner*** Passlesegerät *n*. **2.** *fig.* Schlüssel *m* (***to*** zu).
'pass·word *s* Kenn-, Passwort *n*.
past [pɑːst] **I** *adj* **1.** vergangen: ***be ~*** vorüber *od.* vorbei sein; ***for some time ~*** seit einiger Zeit; ***learn from ~ mistakes*** aus Fehlern in der Vergangenheit lernen. **2.** *ling.* ***~ participle*** Partizip *n* Perfekt, Mittelwort *n* der Vergangenheit; ***~ perfect*** Plusquamperfekt *n*, Vorvergangenheit *f*; ***~ tense*** Vergangenheit *f*, Präteritum *n*. **3.** früher, ehemalig. **II** *s* **4.** Vergangenheit *f* (*a. ling.*): ***in the ~*** in der Vergangenheit, früher. **III** *adv* **5.** vorbei, vorüber: ***run ~*** vorbeilaufen. **IV** *prp* **6.** *Zeit*: nach, über (*acc*): ***half ~ seven*** halb acht; ***she is ~ forty*** sie ist über vierzig; ***~ due*** überfällig. **7.** an ... (*dat*) vorbei *od.* vorüber. **8.** über ... (*acc*) hinaus: ***I'm ~ caring*** das kümmert mich nicht mehr; ***be ~ it*** F es nicht mehr bringen; ***I wouldn't put it ~ him*** F das traue ich ihm glatt *od.* ohne weiteres zu; → ***cure*** 2, ***hope*** I, *etc*.
pas·ta ['pæstə] *s* Teigwaren *pl*.
paste [peɪst] **I** *s* **1.** (*Fisch-*, *Zahn- etc*)Paste *f*. **2.** Kleister *m*. **3.** *Am.* → ***pastry***. **II** *v/t* **4.** kleben (***to, on*** an *acc*): ***~ up*** ankleben. **'~·board** *s* Karton *m*, Pappe *f*.
pas·tel **I** *s* [pæ'stel] **1.** Pastellstift *m*. **2.** Pastell(zeichnung *f*) *n*. **3.** Pastellfarbe *f*, -ton *m*. **II** *adj* ['pæstl] **4.** Pastell... **5.** pastellfarben.
'paste-up *s* Klebeumbruch *m*.
pas·teur·ize ['pɑːstʃəraɪz] *v/t* pasteurisieren, keimfrei machen.
pas·time ['pɑːstaɪm] *s* Zeitvertreib *m*, Freizeitbeschäftigung *f*: ***as a ~*** zum Zeitvertreib.
pas·tor ['pɑːstə] *s* Pastor(in), Pfarrer(in).
'pas·to·ral **I** *adj* □ **1.** pastoral, ländlich, idyllisch. **2.** pastoral, seelsorgerisch: ***~ letter*** → 4. **II** *s* **3.** ♪ Pastorale *n*, *f*. **4.** *eccl.* Hirtenbrief *m*.
pas·try ['peɪstrɪ] *s* **1.** (*Blätter-*, *Mürbe- etc*)Teig *m*. **2.** *Br. oft pl* (Fein)Gebäck *n*.
pas·ture ['pɑːstʃə] **I** *s* Weide(land *n*) *f*. **II** *v/t* weiden (lassen). **III** *v/i* grasen, weiden.
past·y[1] ['peɪstɪ] *adj* blass, käsig.
past·y[2] ['pæstɪ] *s bsd. Br.* (Fleisch)Pastete *f*.
pat[1] [pæt] **I** *s* **1.** Klaps *m*: ***give s.o.*** (***o.s.***) ***a ~ on the back*** *fig.* F j-m (sich selbst) auf die Schulter klopfen. **2.** Portion *f* (*bsd. Butter*). **3.** (*Kuh*)Fladen *m*. **4.** Trappeln *n*. **II** *v/t* **5.** tätscheln; abtupfen (***with*** mit): ***~ s.o. on the head*** (***shoulder***) j-m den Kopf tätscheln (auf die Schulter klopfen); ***~ s.o.*** (***o.s.***) ***on the back*** *fig.* F j-m (sich selbst) auf die Schulter klopfen; ***~ down*** *Haar etc* an-, festdrücken, *Erde etc* festklopfen. **III** *v/i* **6.** trappeln.
pat[2] [~] **I** *adv* **1.** ***have*** (*od.* ***know***) ***s.th.*** (***off***) ***~*** et. aus dem Effeff *od.* wie am Schnürchen können. **2.** wie aus der Pistole geschossen: ***answer ~; the answer came ~.*** **II** *adj* **3.** glatt (*Antwort etc*).
patch [pætʃ] **I** *s* **1.** Fleck *m*; Flicken *m*: ***~es*** *pl* ***of mist*** Nebelschwaden *pl*; ***in ~es*** *fig.* stellenweise; ***not to be a ~ on*** *Br.* F nichts sein gegen. **2.** Beet *n*. **3.** ***go through a bad*** (***difficult***) ***~*** e-e Pechsträhne haben (e-e schwierige Zeit durchmachen). **II** *v/t* **4.** flicken: ***~ up*** zs.-flicken (*a. fig.*); *fig. Streit* beilegen; ***~ things up*** sich zs.-raufen. **~ pock·et** *s* aufgesetzte Tasche. **'~·work** *s* Patchwork *n*: ***~ blanket*** Flickendecke *f*.
patch·y ['pætʃɪ] *adj* □ **1.** fleckig. **2.** *fig.* lückenhaft; unterschiedlich.
pat·ent ['peɪtənt] **I** *adj* □ **1.** offenkundig, -sichtlich. **2.** patentiert; Patent...: ***~ agent*** Patentanwalt *m*; ***~ application*** Patentanmeldung *f*; ***~ infringement*** Patentverletzung *f*; ***~ office*** Patentamt *n*. **3.** *Br.* F patent (*Methode etc*). **II** *s* **4.** Patent *n*: ***~ applied for, ~ pending*** Patent angemeldet; ***protected by ~*** patentrechtlich geschützt; ***take out a ~ on*** → 5. **III** *v/t* **5.** *et.* patentieren lassen.
pat·en·tee [ˌpeɪtən'tiː] *s* Patentinhaber(in).

P

pat·ent leath·er *s* Lackleder *n.*

pa·ter·nal [pə'tɜːnl] *adj* ☐ **1.** väterlich, Vater... **2.** *Großvater etc* väterlicherseits.

pa·ter·ni·ty [pə'tɜːnətɪ] *s* Vaterschaft *f*: ~ ***leave*** Vaterschaftsurlaub *m*; ~ ***suit*** ⚖ Vaterschaftsprozess *m.*

path [pɑːθ] *pl* **paths** [pɑːðz] *s* **1.** Weg *m* (*a. fig.* ***to*** zu), Pfad *m*: ***stand in s.o.'s*** ~ j-m im Weg stehen; → ***cross*** 9. **2.** *phys., tech.* Bahn *f.* **3.** *Computer*: Pfad *m.*

pa·thet·ic [pə'θetɪk] *adj* (~***ally***) **1.** Mitleid erregend: ~ ***sight*** Bild *n* des Jammers. **2.** *Br.* kläglich (*Versuch etc*), erbärmlich, miserabel (*Leistung etc*).

patho·gen ['pæθədʒɪn] *s* ⚕ Erreger *m.*

path·o·log·i·cal [ˌpæθə'lɒdʒɪkl] *adj* ☐ pathologisch, krankhaft.

pa·thol·o·gist [pə'θɒlədʒɪst] *s* Pathologe *m*, -login *f.*

pa'thol·o·gy *s* Pathologie *f.*

pa·thos ['peɪθɒs] *s das* Mitleiderregende.

pa·tience ['peɪʃns] *s* **1.** Geduld *f*: ***lose one's*** ~ die Geduld verlieren (***with*** mit); → ***saint*** 1. **2.** *bsd. Br.* Patience *f* (*Kartenspiel*): ***play*** ~ Patiencen *od.* e-e Patience legen.

'pa·tient I *adj* ☐ geduldig (***with*** mit). II *s* Patient(in).

pat·i·na ['pætɪnə] *s* Patina *f.*

pa·ti·o ['pætɪəʊ] *pl* **-os** *s* **1.** Patio *m*, Innenhof *m.* **2.** Veranda *f*, Terrasse *f.*

pa·tri·arch ['peɪtrɪɑːk] *s* Patriarch *m.*

ˌpa·tri'ar·chal [~kl] *adj* ☐ patriarchalisch.

pa·tri·arch·ate ['~kɪt] *s* Patriarchat *n.*

pa·tri·ot ['pætrɪət] *s* Patriot(in).

pa·tri·ot·ic [ˌ~'ɒtɪk] *adj* (~***ally***) patriotisch.

pa·tri·ot·ism ['~ətɪzəm] *s* Patriotismus *m.*

pa·trol [pə'trəʊl] I *s* **1.** *mil.* Patrouille *f*, (*Polizei*)Streife *f.* **2.** Patrouille *f*, Streife *f*, Runde *f*: ***on*** ~ auf Patrouille *od.* Streife; ~ ***car*** (Funk)Streifenwagen *m*; ~ ***wagon*** *Am.* (Polizei)Gefangenenwagen *m.* II *v/t* **3.** abpatrouillieren (*Soldaten*), auf Streife sein in (*dat*) (*Polizist*), s-e Runde machen in (*dat*) (*Wachmann*).

pa'trol·man *s* (*irr* ***man***) **1.** *Am.* Streifenpolizist *m.* **2.** *Br.* motorisierter Pannenhelfer.

pa·tron ['peɪtrən] *s* **1.** Schirmherr *m.* **2.** Gönner *m*, Förderer *m.* **3.** (Stamm)Kunde *m*; Stammgast *m.*

pa·tron·age ['pætrənɪdʒ] *s* **1.** Schirmherrschaft *f*: ***under the*** ~ ***of*** unter der Schirmherrschaft von (*od. gen*). **2.** Förderung *f.*

pa·tron·ess ['peɪtrənɪs] *s* **1.** Schirmherrin *f.* **2.** Gönnerin *f*, Förderin *f.*

pa·tron·ize ['pætrənaɪz] *v/t* **1.** fördern. **2.** (Stamm)Kunde *od.* Stammgast sein in (*dat*). **3.** gönnerhaft *od.* herablassend behandeln.

'pa·tron·iz·ing *adj* ☐ gönnerhaft, herablassend.

pa·tron saint *s* Schutzheilige *m, f.*

pat·ter¹ ['pætə] I *v/i* **1.** prasseln (*Regen etc*). **2.** trappeln. II *s* **3.** Prasseln *n.* **4.** Trappeln *n.*

pat·ter² [~] *s* **1.** Sprüche *pl* (*e-s Vertreters etc*). **2.** Jargon *m*: ***thieves'*** ~ Gaunersprache *f.*

pat·tern ['pætən] I *s* **1.** (*a. Schnitt-, Strick-*) Muster *n*; *fig.* Muster *n*, Vorbild *n.* **2.** *econ.* Muster *n*, (Waren)Probe *f.* **3.** (*Stoff- etc*)Muster *n.* **4.** *fig.* Muster *n*, Schema *n*: ***follow its usual*** ~ nach dem üblichen Schema *od.* wie üblich verlaufen. II *v/t* **5.** mustern. **6.** bilden, gestalten (***after, on*** nach): ~ ***o.s. on s.o.*** sich j-n zum Vorbild nehmen.

paunch [pɔːntʃ] (dicker) Bauch, Wanst *m.*

'paunch·y *adj* dickbäuchig.

pau·per ['pɔːpə] *s* Arme *m, f.*

pause [pɔːz] I *s* Pause *f*: ***without a*** ~ ohne Pause. II *v/i* innehalten.

pave [peɪv] *v/t* pflastern: ~ ***the way for*** *fig.* den Weg ebnen (*dat*).

'pave·ment *s* **1.** (Straßen)Pflaster *n.* **2.** *Br.* Bürger-, Gehsteig *m*: ~ ***artist*** Pflastermaler(in); ~ ***café*** Straßencafé *n.* **3.** *Am.* Fahrbahn *f.*

'pav·ing stone *s* Pflasterstein *m.*

paw [pɔː] I *s* **1.** Pfote *f* (*a.* F *Hand*), Tatze *f.* II *v/t* **2.** *Boden* scharren, scharren an (*der Tür etc*). **3.** F betatschen. III *v/i* **4.** scharren (***at*** an *dat*).

pawn¹ [pɔːn] *s* **1.** *Schach*: Bauer *m.* **2.** *fig.* Schachfigur *f.*

pawn² [~] I *s*: ***be in*** ~ verpfändet *od.* versetzt sein. II *v/t* verpfänden, versetzen. **'~ˌbrok·er** *s* Pfandleiher(in). **'~-shop** *s* Leih-, Pfandhaus *n.* ~ **tick·et** *s* Pfandschein *m.*

pay [peɪ] I *s* **1.** Bezahlung *f*, Gehalt *n*, Lohn *m*: ***take-home*** ~ Nettoverdienst *m.* II *v/t* (*irr*) **2.** *Betrag* zahlen, entrichten, *Rechnung* (be)zahlen, begleichen: ~ ***into*** einzahlen auf (*ein Konto*). **3.** *j-n* bezahlen. **4.** *fig. Aufmerksamkeit* schenken, *Besuch* abstatten, *Kompliment* machen: → ***attention*** 1, *etc.* III *v/i* (*irr*) **5.** zahlen: ~ ***for*** *et.* bezahlen (*a. fig.*); ***he had to*** ~ ***dearly for it*** *fig.* er musste teuer dafür bezahlen. **6.** *fig.* sich lohnen, sich bezahlt machen.

Verbindungen mit Adverbien:

pay| back → ***repay***: → ***coin*** I. ~ **in** *v/t* einzahlen. ~ **off** I *v/t* **1.** *j-n* auszahlen. **2.** *et.* ab(be)zahlen, tilgen. II *v/i* **3.** → ***pay*** 6. ~ **out** *v/t* ausgeben, bezahlen (***for*** für). ~ **up** I *v/t* *j-n, et.* voll *od.* sofort bezahlen. II *v/i* zahlen.

pay·a·ble ['peɪəbl] *adj* zahlbar, fällig: ***be*** ~ ***to*** ausgestellt sein auf (*acc*); ~ ***in advance*** im Voraus zahlbar; ~ ***on delivery*** zahlbar bei Lieferung; ~ ***to bearer*** zahlbar an Überbringer.

ˌpay-as-you-'earn sys·tem *s* Quellenbesteuerung *f*.

'pay|·back *s* Rendite *f*. **~ bed** *s Br*. Privatbett *n* (*in Klinik*). **'~·cheque** *s Br*., **'~·check** *s Am*. Lohn-, Gehaltsscheck *m*. **'~·day** *s* Zahltag *m*. **~ dif·fer·en·tial** *s* Lohngefälle *n*. **~ di·spute** *s* Tarifauseinandersetzung *f*.

PAYE *Br*. ***pay as you earn*** Quellenbesteuerung *f*.

pay·ee [peɪ'iː] *s* **1.** Zahlungsempfänger(in). **2.** Wechselnehmer(in).

pay| en·ve·lope *s Am*. Lohntüte *f*. **~ freeze** *s* Lohnstopp *m*. **~ in·crease** *s* Lohnsteigerung *f*, -erhöhung *f*.

pay·ing ['peɪɪŋ] *adj* **1.** ***~ guest*** zahlender Gast. **2.** lohnend, rentabel: ***~ concern*** rentables Unternehmen. **~ hab·its** *pl* Zahlungsmoral *f*. **ˌ~-'in slip** *s* Einzahlungsschein *m*.

pay·ment ['peɪmənt] *s* (Be)Zahlung *f*: ***in ~ of*** als Bezahlung für; ***on ~ of*** gegen Zahlung von (*od. gen*); ***~ by piece rates*** Akkordlohn *m*; ***~ by results*** Leistungslohn *m*; ***~ in advance*** Vorauszahlung; ***~ in kind*** Sachleistungen *pl*; ***~ on account*** Abschlags-, Akontozahlung; ***~ on delivery*** Zahlung gegen Nachnahme; ***~s** pl **made*** Zahlungsausgang *m*; ***~s** pl **received*** Zahlungseingang *m*. **~ be·hav·io(u)r** *s* Zahlungsverhalten *n*. **~ bill** *s* zur Zahlung vorgelegter Wechsel. **~ pat·tern** *s* Zahlungsmoral *f*. **~ terms** *s pl* Zahlungsbedingungen *pl*. **~ trans·ac·tions** *s pl* Zahlungsverkehr *m*.

'pay| ne·go·ti·a·tions *s pl* Lohnverhandlungen *pl*. **'~·off** *s* **1.** F Pointe *f*. **2.** *econ*. a) Ergebnis *n*, b) Auszahlung *f*, c) Tilgungssumme *f*, d) Bestechungsgeld *n*, F Schmiergeld *n*. **'~·out** *s* Dividendenzahlung *f*. **~ pack·age** *s* Gehalt *n* u. Nebenleistungen *pl*, Gesamtvergütung *f*. **~ pack·et** *s Br*. Lohntüte *f*. **ˌ~-per-'view TV** *s* Pay-TV *n*. **~ phone** *s* Münzfernsprecher *m*. **~ pol·i·cy** *s* Lohnpolitik *f*. **~ raise** *Am*. → ***pay rise***. **~ rate** *s* Stundenlohnsatz *m*. **~ rise** *s* Lohn-, Gehaltserhöhung *f*.

'pay·roll *s* **1.** Lohnliste *f*: ***be on s.o.'s ~*** bei j-m beschäftigt sein. **2.** Lohnsumme *f*. **~ ac·count·ing** *s* Lohn- u. Gehaltsabrechnung *f*. **~ costs** *pl* Personalkosten *pl*. **~ cuts** *pl* Personalkostensenkung *f*. **~ reg·is·ter** *s* Lohnliste *f*. **~ tax** *s Am*. Arbeitgeberanteil *m* zur Sozialversicherung.

pay| round *s* Tarif-, Lohnrunde *f*. **~ scale** *s* Lohn- u. Gehaltstarif *m*. **~ set·tle·ment** *s* Lohnabschluss *m*: ***imposed ~*** Lohndiktat *n*. **~ slip** *s* Lohn-, Gehaltsabrechnung *f*. **~ sta·tion** *s Am*. Münzfernsprecher *m*. **~ struc·ture** *s* Lohn- u. Gehaltsstruktur *f*. **~ TV** *s* Pay-TV *n*, Münzfernsehen *n*.

PC [piː'siː] *Br*. ***police constable*** Polizist *m*; ***personal computer*** PC *m*.

p.c., pc ***percent*** Prozent *n od. pl*.

PD *Am*. ***police department*** Polizeibehörde *f*.

pd ***paid*** bez., bezahlt.

p.d. ***per diem*** pro Tag.

PE [piː'iː] ***physical education*** Sport *m*.

pea [piː] *s* ⚘ Erbse *f*: ***they are (as) like as two ~s (in a pod)*** sie gleichen sich wie ein Ei dem anderen.

peace [piːs] **I** *s* **1.** Friede(n) *m*: ***the two countries are at ~*** zwischen den beiden Ländern herrscht Frieden; ***make one's ~ with*** sich aus- *od*. versöhnen mit. **2.** ⚖ öffentliche Ruhe u. Ordnung: ***keep the ~*** die öffentliche Ordnung aufrechterhalten; → ***breach*** 1. **3.** Ruhe *f*: ***~ of mind*** Seelenfrieden *m*; ***in ~ and quiet*** in Ruhe u. Frieden. **II** *adj* **4.** Friedens...: ***~ conference*** Friedenskonferenz *f*; ***~ movement*** Friedensbewegung *f*; ***~ pipe*** Friedenspfeife *f*; ***~ studies*** Friedensforschung *f*; ***~ treaty*** Friedensvertrag *m*.

'peace·a·ble *adj* □ friedlich (*Diskussion etc*), (*Person a.*) friedfertig.

Peace Corps *s Am*. Entwicklungsdienst *m*.

peace·ful ['~fʊl] *adj* □ friedlich.

'peace|-ˌlov·ing *adj* friedliebend. **'~·time I** *s* Friedenszeiten *pl*. **II** *adj* in Friedenszeiten.

peach [piːtʃ] *s* **1.** ⚘ Pfirsich *m*; Pfirsichbaum *m*. **2.** F prima Person *od*. Sache: ***a ~ of a girl*** ein süßes Mädchen; ***a ~ of a hat*** ein Gedicht von e-m Hut.

pea·cock ['piːkɒk] *s orn*. Pfau *m*: ***(as) proud as a ~*** stolz wie ein Pfau.

peak [piːk] **I** *s* **1.** Spitze *f*, (*e-s Bergs a.*) Gipfel *m*. **2.** Schirm *m* (*e-r Mütze*). **3.** *fig*. Höhepunkt *m*, Höchststand *m*: ***be at its ~*** am höchsten sein. **II** *v/i* **4.** e-n Höchststand erreichen. **III** *adj* **5.** Höchst..., Spitzen...: ***~ hours*** *pl* Hauptverkehrs-, Stoßzeit *f*; ⚡ Hauptbelastungszeit *f*; ***~ operating rate*** maximale Kapazitätsauslastung; ***~-period business*** Stoßgeschäft *n*; ***~-rate charge*** Normaltarif *m*; ***~ season*** Hochsaison *f*; ***~ time*** *TV* Hauptsendezeit *f*; ***~ year*** Spitzenjahr *n*.

peaked [piːkt] *adj*: ***~ cap*** Schirmmütze *f*.

'peak·y *adj* F blass, kränklich.

peal [piːl] **I** *s* **1.** (*Glocken*)Läuten *n*. **2.** (*Donner*)Schlag *m*: ***~s** pl **of laughter*** schallendes *od*. dröhnendes Gelächter. **II** *v/i a*. ***~ out*** **3.** läuten. **4.** krachen (*Donner*).

'pea·nut *s* ⚘ Erdnuss *f*: ***~s*** *pl* F lächerliche Summe. **~ but·ter** *s* Erdnussbutter *f*.

pear [peə] *s* ⚘ a) Birne *f*, b) *a*. ***~ tree*** Birnbaum *m*.

pearl [pɜːl] **I** *s* **1.** Perle *f*. **2.** Perlmutter *f*, *n*, Perlmutt *n*. **II** *adj* **3.** Perlen... **4.** Perlmutt(er)...

P

peas·ant ['peznt] *s* **1.** Kleinbauer *m*, -bäuerin *f*. **2.** *fig*. F Bauer *m*.

pea·soup·er [ˌpiː'suːpə] *s* F Waschküche *f* (*dicker, gelber Nebel*).

peat [piːt] *s* Torf *m*: ***cut*** (*od.* ***dig***) ~ Torf stechen.

peb·ble ['pebl] *s* Kiesel(stein) *m*: ***you are not the only ~ on the beach*** F ich *etc* kann auch ohne dich auskommen.

'peb·bly *adj* Kiesel...: ~ ***beach.***

pec·ca·dil·lo [ˌpekə'dɪləʊ] *pl* **-lo(e)s** *s* **1.** kleine Sünde. **2.** Kavaliersdelikt *n*.

peck [pek] **I** *v/t* **1.** picken. **2.** F *j-m* e-n flüchtigen Kuss geben (***on*** auf *acc*). **II** *v/i* **3.** picken, hacken (***at*** nach): ~ ***at one's food*** im Essen herumstochern. **III** *s* **4.** F flüchtiger Kuss.

'peck·er *s* **1.** *Am. sl.* Schwanz *m* (*Penis*). **2.** ***keep one's ~ up*** F die Ohren steif halten.

'peck·ing *adj*: ~ ***order*** *orn.* Hackordnung *f* (*a. fig.*).

pec·to·ral ['pektərəl] *adj* Brust...

pe·cul·iar [pɪ'kjuːljə] *adj* (□ → ***peculiarly***) **1.** eigen(tümlich) (***to*** *dat*): ***be ~ to*** *a.* typisch sein für. **2.** eigenartig, seltsam.

peˌcu·li'ar·i·ty [~lɪ'ærətɪ] *s* **1.** Eigenheit *f*, Eigentümlichkeit *f*: ***be a ~ of*** *a.* typisch sein für. **2.** Eigenartigkeit *f*, Seltsamkeit *f*.

pe'cul·iar·ly *adv* **1.** → ***peculiar*** 2. **2.** besonders.

pe·cu·ni·ar·y [pɪ'kjuːnjərɪ] *adj* geldlich, Geld...: ~ ***difficulties*** *pl* finanzielle Schwierigkeiten *pl*.

ped·a·gog·ic, ped·a·gog·i·cal [ˌpedə'gɒdʒɪk(l)] *adj* □ pädagogisch.

ped·a·gogue ['~gɒg] *s contp.* Schulmeister(in), Pedant(in).

ped·a·go·gy ['~gɒdʒɪ] *s* Pädagogik *f*.

ped·al ['pedl] **I** *s* **1.** Pedal *n*. **II** *v/i pret u. pp* **-aled,** *bsd. Br.* **-alled 2.** das Pedal treten. **3.** (mit dem Rad) fahren, strampeln. ~ **bin** *s* Treteimer *m*. ~ **boat** *s* Tretboot *n*.

ped·ant ['pedənt] *s* Pedant(in).

pe·dan·tic [pɪ'dæntɪk] *adj* (~***ally***) pedantisch (***about*** wenn es um ... geht).

ped·ant·ry ['pedəntrɪ] *s* Pedanterie *f*.

ped·dle ['pedl] *v/t* hausieren (gehen) mit (*a. fig.*): ~ ***drugs*** mit Drogen handeln.

'ped·dler *s* **1.** Drogenhändler(in). **2.** *Am.* → ***pedlar.***

ped·es·tal ['pedɪstl] *s* Sockel *m*: ***place*** (*od.* ***put, set***) ***s.o. on a ~*** *fig.* j-n aufs Podest erheben; ***knock s.o. off his ~*** *fig.* j-n von s-m Sockel stoßen.

pe·des·tri·an [pɪ'destrɪən] **I** *adj* **1.** Fußgänger...: ~ ***crossing*** *Br.* Fußgängerüberweg *m*; ~ ***precinct*** (*od.* ***zone***) Fußgängerzone *f*. **2.** *fig.* prosaisch, trocken; fantasielos. **II** *s* **3.** Fußgänger(in).

pe·di·a·tri·cian, pe·di·at·rics *Am.* → ***paediatrician, paediatrics.***

ped·i·cure ['pedɪˌkjʊə] *s* Pediküre *f*.

ped·i·gree ['pedɪgriː] **I** *s* **1.** Stammbaum *m*. **2.** Ab-, Herkunft *f*. **II** *adj* **3.** *zo.* reinrassig.

ped·lar ['pedlə] *s* Hausierer(in).

pee [piː] F **I** *v/i* pinkeln. **II** *s*: ***have*** (***go for***) ***a ~*** pinkeln (gehen).

peek [piːk] **I** *v/i* kurz *od.* verstohlen gucken (***at*** auf *acc*). **II** *s*: ***have*** (*od.* ***take***) ***a ~ at*** e-n kurzen *od.* verstohlenen Blick werfen auf (*acc*).

peel [piːl] **I** *v/t Kartoffeln etc* schälen: ~ (***off***) *Tapete etc* abziehen, ablösen; *Kleider* abstreifen; ***keep one's eyes ~ed*** F die Augen offen halten. **II** *v/i a.* ~ ***off*** sich lösen (*Tapete etc*), abblättern (*Farbe etc*), sich schälen (*Haut*). **III** *s* Schale *f*.

'peel·er *s* (*Kartoffel- etc*)Schäler *m*.

'peel·ings *s pl* (*Kartoffel- etc*)Schalen *pl*.

peep¹ [piːp] **I** *v/i* **1.** piep(s)en. **II** *s* **2.** Piep(s)en *n*. **3.** F Piepser *m* (*Ton*).

peep² [~] **I** *v/i* **1.** → ***peek*** I. **2.** *mst* ~ ***out*** vorschauen (***from under*** unter *dat*). **II** *s* **3.** → ***peek*** II.

'peep·er *s mst pl* F Gucker *m* (*Auge*).

'peep·hole *s* Guckloch *n*, (*in Tür*) Spion *m*.

Peep·ing Tom ['piːpɪŋ] *s* Spanner *m*, Voyeur *m*.

peep show *s* Peepshow *f*.

peer¹ [pɪə] *v/i* angestrengt schauen, spähen: ~ ***at s.o.*** j-n anstarren.

peer² [~] *s* **1.** *Br.* Peer *m*. **2.** Gleichgestellte *m, f*, Ebenbürtige *m, f*, Altersgenosse *m*, -genossin *f*: ***one's ~s*** *pl* seinesgleichen.

'peer·age *s Br.* Peerage *f*: ***raise to the ~*** in den Adelsstand erheben.

'peer·ess *s Br.* Peeress *f*.

'peer·less *adj* □ unvergleichlich, einzigartig.

peeved [piːvd] *adj* F sauer (***about, at*** über *acc*).

pee·vish ['piːvɪʃ] *adj* □ gereizt; reizbar.

peg [peg] **I** *s* **1.** Pflock *m*; (*Holz*)Nagel *m*, (-)Stift *m*; (*Zelt*)Hering *m*: ***be a square ~ in a round hole*** *fig.* am falschen Platz sein; ***take s.o. down a ~*** (***or two***) F j-m e-n Dämpfer aufsetzen. **2.** (Kleider)Haken *m*: ***off the ~*** von der Stange (*Anzug*). **3.** *Br.* (*Wäsche*)Klammer *f*. **II** *v/t* **4.** anpflocken. **5.** *a.* ~ ***out*** (*od.* ***up***) *Br. Wäsche* (an der Leine) anklammern. **6.** *econ. Preise etc* stützen, halten: ~***ging*** Preis-, Kursstützung *f*. **III** *v/i* **7.** ~ ***away at*** F dranbleiben an (*e-r Arbeit*). **8.** ~ ***out*** *bsd. Br.* F den Löffel weglegen (*sterben*).

pe·jo·ra·tive [pɪ'dʒɒrətɪv] *adj* □ pejorativ, abschätzig, herabsetzend.

pe·kin·ese [ˌpiːkɪ'niːz] *pl* **-ese** *s zo.* Pekinese *m*.

P

pel·i·can ['pelɪkən] *s orn.* Pelikan *m.* **~ cross·ing** *s Br.* Ampelübergang *m.*
pel·let ['pelɪt] *s* **1.** Kügelchen *n.* **2.** Schrotkorn *n.*
pelt[1] [pelt] *s* Fell *n*, Pelz *m.*
pelt[2] [~] **I** *v/t* **1.** bewerfen, *a. fig.* bombardieren (**with** mit). **II** *v/i* **2.** ***it is ~ing (down), it is ~ing with rain*** es gießt in Strömen. **3.** stürmen, stürzen. **III** *s* **4.** (***at***) ***full ~*** mit voller Geschwindigkeit.
pel·vic ['pelvɪk] *adj anat.*, ⚕ Becken...: ***~ fin*** *ichth.* Bauchflosse *f.*
pel·vis ['pelvɪs] *pl* **-ves** ['~vi:z] *s anat.* Becken *n.*
P.E.N., PEN [pen], *mst* **PEN club** (***International Association of***) ***Poets, Playwrights, Editors, Essayists, and Novelists*** PEN-Klub *m* (*internationaler Verband von Dichtern, Dramatikern, Redakteuren, Essayisten und Romanschriftstellern*).
pen[1] [pen] *s* (*Schreib*)Feder *f*; Füller *m*; Kugelschreiber *m.*
pen[2] [~] **I** *s* **1.** Pferch *m*, (*Schaf*)Hürde *f.* **2.** (*Lauf*)Gitter *n*, (-)Stall *m.* **II** *v/t* (*a. irr*) *a.* **~ in** (*od.* **up**) **3.** *Tiere* einpferchen. **4.** *Personen* zs.-pferchen.
pe·nal ['pi:nl] *adj* ☐ **1.** Straf...: ***~ code*** Strafgesetzbuch *n*; ***~ colony*** Strafkolonie *f*; ***~ law*** Strafrecht *n*; ***~ reform*** Strafrechtsreform *f.* **2.** strafbar: ***~ act*** strafbare Handlung.
pe·nal·ize ['pi:nəlaɪz] *v/t* **1.** bestrafen, *weitS. a.* benachteiligen. **2.** *et.* unter Strafe stellen.
pen·al·ty ['penltɪ] *s* **1.** Strafe *f*: ***pay the ~ for s.th.*** et. bezahlen *od.* büßen (***with*** mit); ***~ clause*** Vertragsstrafe. **2.** Nachteil *m.* **3.** *Fußball*: Elfmeter *m*, *österr.*, *schweiz.* Penalty *n*: ***~ area*** (*od.* ***box***) Strafraum *m*; ***~ kick*** Strafstoß *m*; ***~ shoot-out*** Elfmeterschießen *n.*
pen·ance ['penəns] *s eccl.* Buße *f.*
ˌpen-and-ˈink draw·ing *s* Federzeichnung *f.*
pence [pens] *pl von* ***penny.***
pen·chant ['pɑ̃:ŋʃɑ̃:ŋ] *s* (***for***) Neigung *f*, Hang *m* (zu), Vorliebe *f* (für).
pen·cil ['pensl] **I** *s* **1.** Bleistift *m*: ***~ cup*** Schreibgeräteköcher *m*; ***~ eraser*** Bleiradierer *m*, Radierstift *m.* **2.** ⩚, *phys.* (*Strahlen- etc*)Bündel *n.* **II** *v/t pret u. pp* **-ciled,** *bsd. Br.* **-cilled 3.** mit Bleistift markieren *od.* schreiben *od.* zeichnen. **4.** *Augenbrauen etc* nachziehen. **~ case** *s* Federmäppchen *n.* **~ sharp·en·er** *s* Anspitzer *m*, (Blei-stift)Spitzer *m.*
pen·dant ['pendənt] *s* Anhänger *m* (*Schmuckstück*).
pen·dent ['pendənt] *adj* **1.** Hänge...: ***~ lamp.*** **2.** überhängend (*Felsen etc*).
pend·ing ['pendɪŋ] **I** *adj* **1.** *bsd.* ⚖ schwebend, anhängig. **2.** bevorstehend. **II** *prp* **3.** bis zu.
pen·du·lum ['pendjʊləm] *s* Pendel *n* (*a. fig.*).
pen·e·trate ['penɪtreɪt] **I** *v/t* eindringen in (*acc*) (*a. fig.*); durchdringen, dringen durch. **II** *v/i* eindringen (***into*** in *acc*) (*a. fig.*); durchdringen: ***~ through*** *a.* dringen durch.
ˈpen·e·trat·ing *adj* ☐ **1.** durchdringend; (*Verstand*) scharf. **2.** scharfsinnig.
ˌpen·eˈtra·tion *s* **1.** Ein-, Durchdringen *n.* **2.** Scharfsinn *m.*
pen friend *s* Brieffreund(in).
pen·guin ['peŋgwɪn] *s orn.* Pinguin *m.*
pen·i·cil·lin [ˌpenɪ'sɪlɪn] *s* ⚕ Penicillin *n.*
pen·in·su·la [pə'nɪnsjʊlə] *s* Halbinsel *f.*
penˈin·su·lar *adj* Halbinsel...; halbinselförmig.
pe·nis ['pi:nɪs] *pl* **-nis·es, -nes** ['~ni:z] *s anat.* Penis *m.*
pen·i·tence ['penɪtəns] *s* Buße *f*: a) *eccl.* Bußfertigkeit *f*, b) Reue *f.*
ˈpen·i·tent, pen·i·ten·tial [ˌ~'tenʃl] *adj* ☐ a) *eccl.* bußfertig, b) reuig.
pen·i·ten·tia·ry [ˌ~'tenʃərɪ] *s Am.* (Staats-) Gefängnis *n.*
ˈpen|·knife *s* (*irr* ***knife***) Taschenmesser *n.* **~ name** *s* Schriftstellername *m.*
pen·nant ['penənt] *s* Wimpel *m.*
pen·ni·less ['penɪlɪs] *adj* ☐ (völlig) mittellos: ***be ~*** *a.* keinen Pfennig Geld haben.
pen·ny ['penɪ] *pl* **-nies,** *coll.* **pence** [pens] *s Br.* Penny *m*: ***in for a ~, in for a pound*** wer A sagt, muss auch B sagen; ***a pretty ~*** F ein hübsches Sümmchen; ***count*** (***the***) ***pennies*** jeden Pfennig umdrehen; ***the ~('s) dropped*** F der Groschen ist gefallen; ***spend a ~*** F mal verschwinden. **~ dread·ful** *pl* **-fuls** *s Br.* F Groschenroman *m.* **~ pinch·er** *s* F Pfennigfuchser(in). **ˈ~-ˌpinch·ing** *adj* F knick(e)rig.
pen pal F → ***pen friend.***
pen·sion ['penʃn] **I** *s* Rente *f*, Pension *f*: ***old-age ~*** Rente *f*, Pension *f*; ***draw a ~*** eine Pension beziehen; ***~ and retirement plan*** Rentenplan *m*; ***~ claim right*** Pensionsanspruch *m*; ***~ contributions*** *pl* Rentenversicherungsbeiträge *pl*; ***~ entitlement*** Rentenanspruch *m*; ***~ fund*** Pensionsfonds *m*, Rentenversicherung *f*; ***~ insurance*** Rentenversicherung *f*; ***~ provision*** (*od.* ***reserve***) Pensionsrückstellungen *pl*; ***~ scheme*** Rentenversicherung *f.* **II** *v/t*: ***~ off*** *j-n* pensionieren, in den Ruhestand versetzen; *fig.* F *Maschine etc* ausrangieren.
ˈpen·sion·a·ble *adj*: ***of ~ age*** im Renten- *od.* Pensionsalter.
pen·sion·er ['~ʃənə] *s* Rentner(in), Pensionär(in).

P

pen·sive ['pensɪv] *adj* ☐ **1.** nachdenklich. **2.** trübsinnig.
pent [pent] *pret u. pp von* **pen²**.
pen·ta·gon ['pentəgən] *s* Fünfeck *n*: ***the Pentagon*** das Pentagon.
pen·tag·o·nal [~'tægənl] *adj* ☐ fünfeckig.
pen·tath·lete [pen'tæθliːt] *s Sport*: Fünfkämpfer(in).
pen'tath·lon [~lɒn] *s* Fünfkampf *m*.
Pen·te·cost ['pentɪkɒst] *s eccl*. Pfingsten *n*, *a. pl*.
pent·house ['penthaʊs] *s* Penthouse *n*, -haus *n*.
ˌpent-'up *adj* an-, aufgestaut (*Gefühle*): ~ ***demand*** *econ*. Nachholbedarf *m*.
pe·nul·ti·mate [pe'nʌltɪmət] *adj* vorletzt.
pe·o·ny ['pɪənɪ] *s* ⚘ Pfingstrose *f*.
peo·ple ['piːpl] **I** *s* **1.** (*pl konstruiert*) die Menschen *pl*, die Leute *pl*; Leute *pl*, Personen *pl*: ***my*** ~ F m-e Angehörigen *pl od*. Leute. **2.** (*pl konstruiert*) man: ~ ***say that*** man sagt, dass. **3.** (*pl konstruiert*) ***the*** ~ a) das (*gemeine*) Volk: ***a man of the*** (***common***) ~ ein Mann des Volks, b) die Bürger *pl od*. Wähler *pl*, die Bevölkerung: ~***'s front*** Volksfront *f*; ~***'s republic*** Volksrepublik *f*. **4.** Volk *n*, Nation *f*. **II** *v/t* **5.** besiedeln, bevölkern (***with*** mit).
pep [pep] F **I** *s* Pep *m*, Schwung *m*. **II** *v/t*: ~ ***up*** *j-n* aufmöbeln: ~ ***things up*** Schwung in den Laden bringen.
pep·per ['pepə] **I** *s* Pfeffer *m*; Paprikaschote *f*. **II** *v/t* pfeffern, *fig*. *a*. spicken (***with*** mit). '~**·box** *Am*. → ***pepper pot***. '~**·corn** *s* Pfefferkorn *n*. ~ **mill** *s* Pfeffermühle *f*. '~**·mint I** *s* **1.** ⚘ Pfefferminze *f*. **2.** Pfefferminz *n* (*Bonbon*). **II** *adj* **3.** Pfefferminz... ~ **pot** *s* Pfefferstreuer *m*.
pep·per·y ['pepərɪ] *adj* ☐ **1.** pfeff(e)rig. **2.** *fig*. hitzig (*Person*).
pep| pill *s* F Aufputschpille *f*. ~ **talk** *s* F aufmunternde Worte *pl*: ***give s.o. a*** ~ j-m ein paar aufmunternde Worte sagen.
pep·tic ['peptɪk] *adj*: ~ ***ulcer*** ⚕ Magengeschwür *n*.
PER ***price-earnings ratio*** Kurs-Gewinn-Verhältnis *n*.
per [pɜː] *prp* **1.** per, durch. **2.** pro, je: ~ ***annum*** im Jahr, pro Jahr; ~ ***capita*** pro Kopf; ~***-capita income*** Pro-Kopf-Einkommen *n*; ~ ***pro*** F per Prokura, im Auftrag. **3.** *mst* ***as*** ~ laut, gemäß.
per cap·i·ta [pə'kæpɪtə] **I** *adj* Pro-Kopf-... **II** *adv* pro Kopf.
per·ceive [pə'siːv] *v/t* **1.** wahrnehmen. **2.** begreifen, erkennen.
per cent *Br*., **per·cent** *bsd. Am*. [pə'sent] **I** *adj u. adv* ...prozentig. **II** *s* Prozent *n*.
per'cent·age *s* **1.** Prozentsatz *m*; Teil *m*: ***what*** ~ ***of ...?*** wie viel Prozent von ...?; ***in*** ~ ***terms*** prozentual (ausgedrückt). **2.** ***there's no*** ~ ***in doing s.th.*** F es bringt nichts, et. zu tun.
per·cep·ti·ble [pə'septəbl] *adj* ☐ wahrnehmbar, merklich.
per'cep·tion *s* **1.** Wahrnehmung *f*. **2.** Auffassung(sgabe) *f*.
per'cep·tive *adj* ☐ scharfsinnig.
perch¹ [pɜːtʃ] *s ichth*. Flussbarsch *m*.
perch² [~] **I** *s* **1.** (Sitz)Stange *f* (*für Vögel*): ***knock s.o. off his*** ~ F j-n von s-m Sockel stoßen. **2.** F hoch gelegener Platz *od*. Standort. **II** *v/i* **3.** (***on***) sich niederlassen (auf *acc*, *dat*), sich setzen (auf *acc*) (*Vogel*). **4.** F hocken (***on*** auf *dat*). **III** *v/t* **5.** ~ ***o.s.*** F sich hocken (***on*** auf *acc*).
per·co·late ['pɜːkəleɪt] **I** *v/t Kaffee* filtern, *weitS*. kochen, machen. **II** *v/i* durchsickern (*a. fig*.), (*Kaffee*) durchlaufen.
'per·co·la·tor *s* Kaffeemaschine *f*.
per·cus·sion [pə'kʌʃn] **I** *s* **1.** Schlag *m*, Stoß *m*; Erschütterung *f*. **2.** ♪ Schlagzeug *n*. **II** *adj* **3.** ~ ***drill*** *tech*. Schlagbohrmaschine *f*; ~ ***instrument*** ♪ Schlaginstrument *n*; ~ ***section*** → 2.
per'cus·sion·ist *s* Schlagzeuger(in).
per·emp·to·ry [pə'remptərɪ] *adj* ☐ **1.** gebieterisch, herrisch. **2.** kategorisch (*Befehl etc*).
per·en·ni·al [pə'renjəl] *adj* ☐ **1.** ewig, immer während. **2.** ⚘ mehrjährig.
pe·re·stroi·ka [pere'strɔɪkə] *s pol*. Perestroika *f*.
per·fect ['pɜːfɪkt] **I** *adj* ☐ **1.** perfekt: a) vollkommen, vollendet: ~ ***crime*** perfektes Verbrechen, b) fehler-, makellos. **2.** gänzlich, vollständig: ~ ***fool*** ausgemachter Narr; ~ ***nonsense*** kompletter Unsinn; ~ ***strangers*** *pl* wildfremde Leute *pl*. **3.** ~ ***tense*** → 4. **II** *s* **4.** *ling*. Perfekt *n*: → ***future*** 4, ***past*** 2, ***present*** 3. **III** *v/t* [pə'fekt] **5.** vervollkommnen, perfektionieren.
per·fec·tion [pə'fekʃn] *s* **1.** Vervollkommnung *f*, Vollendung *f*. **2.** Vollkommenheit *f*, Perfektion *f*: ***bring to*** ~ vervollkommnen; ***to*** ~ vollkommen, perfekt.
per'fec·tion·ism *s* Perfektionismus *m*.
per'fec·tion·ist I Perfektionist(in). **II** *adj* perfektionistisch.
per·fid·i·ous [pə'fɪdɪəs] *adj* ☐ treulos, verräterisch.
per·fi·dy ['pɜːfɪdɪ] *s* Treulosigkeit *f*.
per·fo·rate ['pɜːfəreɪt] *v/t* **1.** durchbohren, -löchern. **2.** perforieren, lochen.
ˌper·fo'ra·tion *s* **1.** Durchbohrung *f*, -löcherung *f*. **2.** Perforation *f*.
per·form [pə'fɔːm] **I** *v/t* **1.** *Arbeit*, *Dienst etc* verrichten, *Pflicht*, *a. Vertrag* erfüllen, ⚕

Operation durchführen. **2.** *Theaterstück etc* aufführen, spielen, *a. Konzert* geben, *Musikstück, Lied etc* vortragen, *Kunststück etc* vorführen, *Rolle* spielen. **II** *v/i* **3. ~ well** (*bsd. Sport*) e-e gute Leistung zeigen; *ped.* gut abschneiden. **4.** *tech.* funktionieren, arbeiten (*Maschine etc*). **5.** *thea. etc* e-e Vorstellung geben, auftreten, spielen.

per'form·ance *s* **1.** Verrichtung *f*, Erfüllung *f*, Durchführung *f*. **2.** ♪, *thea.* Aufführung *f*, Vorstellung *f*, Vortrag *m*. **3.** Leistung *f* (*a. tech.*): **~ appraisal** *econ.* Leistungsbewertung *f*; **~ characteristics** *pl* Leistungsmerkmale *pl*; **~-oriented** leistungsorientiert; **~ principle** *sociol.* Leistungsprinzip *n*; **~-related pay** leistungsbezogene Bezahlung *f*; **~ review** Leistungsbeurteilung *f*; **~ society** Leistungsgesellschaft *f*; **~ test** Leistungstest *m*.

per'form·er *s* Darsteller(in), Künstler(in).

per'form·ing *adj* dressiert (*Tier*).

per·fume I *s* ['pɜːfjuːm] **1.** Duft *m*. **2.** Parfüm *n*. **II** *v/t* [pə'fjuːm] **3.** parfümieren.

per·func·to·ry [pə'fʌŋktərɪ] *adj* □ flüchtig (*Blick etc*), (*a. Person*) oberflächlich.

per·haps [pə'hæps] *adv* vielleicht.

per·il ['perəl] *s* Gefahr *f*: **be in ~ of one's life** sich in Lebensgefahr befinden; **at one's ~** auf eigene Gefahr.

'per·il·ous *adj* □ gefährlich.

pe·rim·e·ter board ad·ver·tis·ing *s* Bandenwerbung *f*.

pe·ri·od ['pɪərɪəd] **I** *s* **1.** Periode *f*, Zeit(dauer *f*, -raum *m*, -spanne *f*) *f*, Frist *f*: **for a ~ of** für die Dauer von; **~ of acceptance** Annahmefrist *f*; **~ of contraction** *econ.* Schrumpfungsprozess *m*; **~ of delivery** Lieferzeit; **~ of employment** Betriebszugehörigkeit *f*; **~ of notice** Kündigungsfrist; **~ of probation** Probezeit *f*; **~ of training** Ausbildung *f*, Ausbildungszeit *f*. **2.** Zeit(alter *n*) *f*, Epoche *f*. **3.** *physiol.* Periode *f*. **4.** *ped.* (Unterrichts)Stunde *f*. **5.** *ling. bsd. Am.* Punkt *m*. **II** *adj* **6.** zeitgenössisch, historisch; Stil...: **~ furniture** Stilmöbel *pl*.

pe·ri·od·ic [ˌ~'ɒdɪk] *adj* (**~ally**) periodisch, regelmäßig wiederkehrend.

ˌpe·ri'od·i·cal I *adj* → **periodic. II** *s* Zeitschrift *f*.

pe·riph·er·al [pə'rɪfərl] *s Computer*: Peripheriegerät *n*.

pe·riph·er·y [pə'rɪfərɪ] *s* Peripherie *f*, *a. fig.* Rand *m*: **on the ~ of the town** am Stadtrand.

per·i·scope ['perɪskəʊp] *s* Periskop *n*, Sehrohr *n*.

per·ish ['perɪʃ] **I** *v/i* **1.** umkommen: **be ~ing (with cold)** F vor Kälte umkommen. **2.** brüchig werden, verschleißen (*Material*), schlecht werden, verderben (*Lebensmittel*). **II** *v/t* **3. be ~ed (with cold)** F ganz durchgefroren sein.

'per·ish·a·ble I *adj* leicht verderblich. **II** *s pl* leicht verderbliche Waren *pl*.

'per·ish·ing *bsd. Br.* F **I** *adj* saukalt. **II** *adv*: **~ly cold** → I.

per·i·to·ni·tis [ˌperɪtəʊ'naɪtɪs] *s* ⚕ Bauchfellentzündung *f*.

per·jure ['pɜːdʒə] *v/t*: **~ o.s.** e-n Meineid leisten.

'per·ju·ry *s* Meineid *m*: **commit ~** → **perjure.**

perk[1] [pɜːk] F **I** *v/t* → **percolate** I. **II** *v/i* durchlaufen (*Kaffee*).

perk[2] [~] F **I** *v/t*: **~ up** *j-n* aufmöbeln. **II** *v/i*: **~ up** aufleben, neuen Schwung bekommen, b) *econ.* fester tendieren (*Kurse*).

perk[3] [~] *s mst pl* F Leistungsanreize *pl*; → **perquisite.**

perk·y ['pɜːkɪ] *adj* □ F **1.** munter, lebhaft. **2.** keck, selbstbewusst.

perm [pɜːm] F **I** *s* Dauerwelle *f*: **give s.o. a ~** → II. **II** *v/t*: **~ s.o.'s hair** j-m e-e Dauerwelle machen.

per·ma·nence ['pɜːmənəns], **'per·manen·cy** *s* Beständigkeit *f*, Dauerhaftigkeit *f*.

'per·ma·nent I *adj* □ beständig, dauerhaft, Dauer...: **~ address** ständiger Wohnsitz; **~ contract** unbefristeter Vertrag *m*; **~ staff** Stammbelegschaft *f*; **~ wave** Dauerwelle *f*. **II** *s Am.* Dauerwelle *f*.

per·me·a·ble ['pɜːmjəbl] *adj* □ durchlässig (**to** für).

per·me·ate ['~mɪeɪt] **I** *v/t* durchdringen (*a. fig.*). **II** *v/i* dringen (**into** in *acc*; **through** durch).

per·mis·si·ble [pə'mɪsəbl] *adj* □ zulässig, statthaft, erlaubt.

per·mis·sion [pə'mɪʃn] *s* Erlaubnis *f*: **by ~ of** mit Genehmigung (*gen*); **without ~** unerlaubt, unbefugt; **ask s.o.'s ~, ask s.o. for ~** j-n um Erlaubnis bitten; **give s.o. ~ to do s.th.** j-m die Erlaubnis geben *od.* j-m erlauben, et. zu tun.

per'mis·sive [~sɪv] *adj* □ liberal; (sexuell) freizügig: **~ society** tabufreie Gesellschaft.

per·mit [pə'mɪt] **I** *v/t* **1.** *et.* erlauben, gestatten: **not ~ted** *a.* verboten; **~ s.o. to do s.th.** j-m erlauben, et. zu tun. **II** *v/i* **2.** es erlauben *od.* gestatten: **weather ~ting** wenn es das Wetter erlaubt. **3. ~ of** *et.* zulassen. **III** *s* ['pɜːmɪt] **4.** Genehmigung *f*, Lizenz *f*.

perms [pɜːms] *s pl* F Vollzeitarbeitskräfte *pl*.

per·ni·cious [pə'nɪʃəs] *adj* □ schädlich.

per·nick·et·y [pə'nɪkətɪ] *adj* F **1.** pingelig, pedantisch. **2.** kitz(e)lig (*Angelegenheit etc*).

per·pen·dic·u·lar [ˌpɜːpən'dɪkjʊlə] **I** *adj* □

P

senkrecht, rechtwink(e)lig (**to** zu). **II** *s* Senkrechte *f.*

per·pe·trate ['pɜːpɪtreɪt] *v/t Verbrechen etc* begehen, verüben; *humor. Buch etc* verbrechen.

'per·pe·tra·tor *s* Täter(in); Verursacher(in).

per·pet·u·al [pə'petʃʊəl] *adj* □ fortwährend, ständig, ewig.

per'pet·u·ate [~eɪt] *v/t* verewigen.

per·pe·tu·i·ty [ˌpɜːpɪ'tjuːətɪ] *s*: ***in*** ~ auf ewig.

per·plex [pə'pleks] *v/t* verwirren, verblüffen: ~***ed*** *a.* perplex.

per'plex·i·ty *s* Verwirrung *f*, Verblüffung *f.*

per pro(c). ***per procurationem*** pp., ppa., per Prokura.

per·qui·site ['pɜːkwɪzɪt] *s mst pl* Vergünstigung *f.*

per·se·cute ['pɜːsɪkjuːt] *v/t* **1.** *bsd. pol., eccl.* verfolgen. **2.** belästigen.

ˌper·se'cu·tion *s* **1.** Verfolgung *f*: ~ ***complex*** (*od.* ***mania***) *psych.* Verfolgungswahn *m.* **2.** Belästigung *f.*

per·se·ver·ance [ˌpɜːsɪ'vɪərəns] *s* Ausdauer *f*, Beharrlichkeit *f.*

per·se·vere [ˌ~'vɪə] *v/i* beharrlich weitermachen (***at, in, with*** mit).

ˌper·se'ver·ing *adj* □ ausdauernd, beharrlich.

Per·sian ['pɜːʃn] **I** *adj* **1.** persisch: ~ ***carpet*** Perser(teppich) *m*; ***the Persian Gulf*** der Persische Golf. **II** *s* **2.** Perser(in). **3.** *ling.* Persisch *n.*

per·sist [pə'sɪst] *v/i* **1.** ~ ***in doing s.th.*** et. unbedingt tun wollen; darauf bestehen, et. zu tun; et. auch *od.* noch weiterhin tun. **2.** ~ ***with*** hartnäckig *od.* unbeirrt fortfahren mit. **3.** anhalten, fortdauern.

per'sist·ence *s* **1.** Hartnäckigkeit *f*, Unbeirrtheit *f.* **2.** Fortdauer *f.*

per'sist·ent *adj* □ **1.** unbeirrt (*Person*), (*a. Gerücht etc*) hartnäckig. **2.** anhaltend, fortdauernd.

per·snick·e·ty [pə'snɪkətɪ] *Am.* → ***pernickety.***

per·son ['pɜːsn] *s* Person *f* (*a. ling.*), Mensch *m*: ***in*** ~ persönlich.

'per·son·a·ble *adj* von sympathischem *od.* angenehmem Äußeren.

'per·son·age *s* (bedeutende *od.* prominente) Persönlichkeit.

'per·son·al *adj* □ **1.** persönlich, Personal...: ~ ***allowance*** Grundfreibetrag *m*, persönlicher Steuerfreibetrag; ~ ***column*** (*Zeitung*) Persönliches *n*; ~ ***computer*** Personal Computer *m*, Personalcomputer *m*; ~ ***data*** *pl* personenbezogene Daten *pl*; ~ ***file*** Personalakte *f*; ~ ***pronoun*** *ling.* Personalpronomen *n*, persönliches Fürwort; ~ ***record*** Personalakte *f*; ~ ***stereo*** Walkman *m* (*TM*). **2.** persönlich, privat (*Angelegenheit etc*): ~ ***call*** *teleph.* Privatgespräch *n*; ~ ***pension plan*** private Rentenversicherung; ~ ***property*** Privateigentum *n.* **3.** äußer, körperlich: ~ ***hygiene*** Körperpflege *f.* **4.** persönlich, anzüglich (*Bemerkung etc*): ***get*** ~ persönlich werden.

per·son·al·i·ty [ˌpɜːsə'nælətɪ] *s* **1.** Persönlichkeit *f* (*a. e-s Menschen*): ~ ***cult*** Personenkult *m.* **2.** *pl* persönliche *od.* anzügliche Bemerkungen *pl*, Persönliches *n.*

per·son·i·fi·ca·tion [pəˌsɒnɪfɪ'keɪʃn] *s* Personifizierung *f.*

per'son·i·fy [~faɪ] *v/t* personifizieren: ***be avarice personified*** die Habgier in Person sein.

per·son·nel [ˌpɜːsə'nel] *s* **1.** Personal *n*, Belegschaft *f*: ~ ***accounting*** Lohn- u. Gehaltsbuchhaltung *f*; ~ ***costs*** *pl* Personalkosten *pl*; ~ ***department*** Personalabteilung *f*; ~ ***manager*** Personalchef(in); ~ ***office*** Personalbüro *n*; ~ ***records*** *pl* Personalakten *pl*; ~ ***turnover*** Fluktuation *f.* **2.** die Personalabteilung.

per·spec·tive [pə'spektɪv] *s* Perspektive *f* (*a. fig.*): ***in*** ~ perspektivisch richtig; *fig.* in *od.* aus der richtigen Perspektive; ***the houses are out of*** ~ bei den Häusern stimmt die Perspektive nicht.

per·spex ['pɜːspeks] (*TM*) *s Br.* Plexiglas *n* (*TM*).

per·spi·ra·tion [ˌpɜːspə'reɪʃn] *s* **1.** Transpirieren *n*, Schwitzen *n.* **2.** Schweiß *m.*

per·spire [pə'spaɪə] *v/i* transpirieren, schwitzen.

per·suade [pə'sweɪd] *v/t* **1.** *j-n* überreden (***into doing, to do*** zu tun): ~ ***s.o. out of s.th.*** j-m et. ausreden. **2.** *j-n* überzeugen (***of*** von; ***that*** [davon,] dass).

per·sua·sion [pə'sweɪʒn] *s* **1.** Überredung *f.* **2.** *a.* ***powers*** *pl* ***of*** ~ Überredungskunst *f.* **3.** Überzeugung *f*: ***be of the*** ~ ***that*** der Überzeugung sein, dass.

per'sua·sive [~sɪv] *adj* □ überzeugend.

pert [pɜːt] *adj* □ keck (*a. Hut etc*), kess.

per·tain [pə'teɪn] *v/i*: ~ ***to s.th.*** et. betreffen; zu et. gehören.

per·ti·na·cious [ˌpɜːtɪ'neɪʃəs] *adj* □ **1.** hartnäckig, zäh. **2.** beharrlich.

per·ti·nent ['pɜːtɪnənt] *adj* □ relevant (***to*** für); sachdienlich.

pert·ness ['pɜːtnɪs] *s* Keckheit *f*, Kessheit *f.*

per·turb [pə'tɜːb] *v/t* beunruhigen.

Pe·ru [pə'ruː] *npr* Peru *n.*

pe·ruse [pə'ruːz] *v/t* sorgfältig durchlesen.

Pe·ru·vian [pə'ruːvjən] **I** *adj* peruanisch. **II** *s* Peruaner(in).

per·vade [pə'veɪd] *v/t* durchdringen, erfüllen.

per·verse [pə'vɜːs] *adj* □ **1.** eigensinnig, querköpfig. **2.** pervers, widernatürlich.
per'ver·sion *s* **1.** Pervertierung *f*; Verdrehung *f*, Entstellung *f*. **2.** Perversion *f*.
per'ver·si·ty *s* **1.** Eigensinn *m*, Querköpfigkeit *f*. **2.** Perversität *f*.
per·vert I *v/t* [pə'vɜːt] pervertieren; verdrehen, entstellen: ~ ***the course of justice*** das Recht beugen. **II** *s* ['pɜːvɜːt] perverser Mensch.
pes·ky ['peskɪ] *adj* □ *bsd. Am.* F lästig.
pes·sa·ry ['pesərɪ] *s* ⚕ Pessar *n*.
pes·si·mism ['pesɪmɪzəm] *s* Pessimismus *m*.
'pes·si·mist *s* Pessimist(in).
ˌpes·si'mis·tic *adj* (~***ally***) pessimistisch.
pest [pest] *s* **1.** Schädling *m*: ~ ***control*** Schädlingsbekämpfung *f*. **2.** F Nervensäge *f*; Plage *f*.
'pes·ter *v/t* F *j-n* belästigen (***with*** mit), *j-m* keine Ruhe lassen (***for*** wegen), *j-n* drängeln (***to do*** zu tun): ~ ***s.o. into doing s.th.*** j-n so lange quälen, bis er et. tut.
pest·i·cide ['pestɪsaɪd] *s* Schädlingsbekämpfungsmittel *n*.
pet [pet] **I** *s* **1.** Heimtier *n*. **2.** a) *oft contp.* Liebling *m*, b) Schatz *m*. **II** *adj* **3.** Lieblings...: ~ ***name*** Kosename *m*; → ***hate*** 5. **4.** Tier...: ~ ***food*** Tiernahrung *f*; ~ ***shop*** Tierhandlung *f*, Zoogeschäft *n*, -handlung *f*. **III** *v/t* **5.** streicheln. **IV** *v/i* **6.** F Petting machen.
pet·al ['petl] *s* ♣ Blütenblatt *n*.
pe·ter ['piːtə] *v/i*: ~ ***out*** versickern (*Bach etc*), allmählich zu Ende gehen (*Vorräte etc*), versanden (*Unterhaltung etc*), sich verlieren (*Erinnerung etc*), sich totlaufen (*Verhandlungen*).
pe·tite [pə'tiːt] *adj* zierlich (*Frau*).
pe·ti·tion [pə'tɪʃn] **I** *s* Eingabe *f*, Gesuch *n*, (schriftlicher) Antrag: ~ ***for divorce*** ⚖ Scheidungsklage *f*; ~ ***for winding up*** Konkursanmeldung *f*. **II** *v/t* ersuchen (***for*** um; ***to do*** zu tun). **III** *v/i* einkommen, nachsuchen (***for*** um): ~ ***for divorce*** ⚖ die Scheidung einreichen.
pe'ti·tion·er *s* Antragsteller(in), ⚖ Kläger(in) (*im Scheidungsprozess*).
pet·ri·fy ['petrɪfaɪ] **I** *v/t*: ***petrified with horror*** vor Entsetzen wie versteinert, starr *od.* wie gelähmt vor Entsetzen; ***be petrified of*** panische Angst haben vor (*dat*). **II** *v/i* versteinern, *fig. a.* sich versteinern.
pet·ro·dol·lar ['petrəʊdɒlə] *s* Petrodollar *m*.
pet·rol ['petrəl] *Br.* **I** *s* Benzin *n*. **II** *adj* Benzin...: ~ ***bomb*** Molotowcocktail *m*; ~ ***coupon*** Benzingutschein *m*; ~ ***pump*** Benzinpumpe *f*; Tank-, Zapfsäule *f*; ~ ***station*** Tankstelle *f*.
pe·tro·le·um [pə'trəʊljəm] *s* Erdöl *n*: ~ ***products*** *pl* Mineralölprodukte *pl*.
pet·ti·coat ['petɪkəʊt] *s* Unterrock *m*.
pet·ti·fog·ging ['petɪfɒgɪŋ] *adj* **1.** kleinlich, pedantisch. **2.** belanglos, unwichtig.
pet·ting ['petɪŋ] *s* F Petting *n*.
pet·tish ['petɪʃ] *adj* □: ***be*** ~ sich wegen jeder Kleinigkeit aufregen; ***don't be so*** ~**!** sei doch nicht so kindisch.
pet·ty ['petɪ] *adj* □ **1.** belanglos, unbedeutend, (*Vergehen*) geringfügig: ~ ***cash*** Portokasse *f*. **2.** engstirnig.
pet·u·lant ['petjʊlənt] → ***pettish.***
pew [pjuː] *s* **1.** (Kirchen)Bank *f*. **2.** *Br.* F (Sitz)Platz *m*: ***take a*** ~ sich setzen.
pew·ter ['pjuːtə] *s* Zinn *n*.
pha·lanx ['fælæŋks] *pl* **-lanx·es, -langes** [fæ'lændʒiːz] *s* **1.** Phalanx *f*. **2.** *anat.* Finger- *od.* Zehenglied *n*.
phal·li ['fælaɪ] *pl von* ***phallus.***
phal·lic ['fælɪk] *adj* phallisch: ~ ***symbol*** Phallussymbol *n*.
phal·lus ['fæləs] *pl* **-li** ['~laɪ] *s* Phallus *m*.
phan·tom ['fæntəm] **I** *s* **1.** Phantom *n*, Trugbild *n*. **2.** Geist *m* (*e-s Verstorbenen*). **II** *adj* **3.** ~ (***limb***) ***pain*** Phantomschmerz *m*.
phar·i·sa·ic [ˌfærɪ'seɪɪk] *adj* (~***ally***) pharisäerhaft, pharisäisch.
phar·i·see ['~siː] *s* Pharisäer(in).
phar·ma·ceu·ti·cal [ˌfɑːmə'sjuːtɪkl] *adj* □ pharmazeutisch: ~ ***industry*** Pharmaindustrie *f*.
phar·ma·cist ['~sɪst] *s* **1.** Pharmazeut(in). **2.** Apotheker(in).
'phar·ma·cy *s* **1.** Pharmazeutik *f*, Pharmazie *f*. **2.** Apotheke *f*.
phar·yn·gi·tis [ˌfærɪn'dʒaɪtɪs] *s* ⚕ Rachenkatarr(h) *m*.
phase [feɪz] **I** *s* **1.** *allg.* Phase *f*: ~***s*** *pl* ***of the moon*** Mondphasen *pl*. **II** *v/t* **2.** schritt- *od.* stufenweise planen *od.* durchführen: ~***d*** schritt-, stufenweise; ~ ***in*** schritt- *od.* stufenweise einführen; ~ ***out*** auslaufen lassen. **'~-in** *s* Anlaufen *n*. **'~-out** *s* Auslaufen *n*.
ˌpH-'bal·anced [ˌpiːeɪtʃ] *adj* pH-neutral.
PhD [piːeɪtʃ'diː] ***Doctor of Philosophy*** Dr.
pheas·ant ['feznt] *s orn.* Fasan *m*.
phe·nom·e·na [fə'nɒmɪnə] *pl von* ***phenomenon.***
phe'nom·e·nal [~nl] *adj* □ phänomenal.
phe'nom·e·non [~nən] *pl* **-na** [~nə] *s allg.* Phänomen *n*.
phew [fjuː] *int* puh!
ˌpH 'fac·tor [ˌpiːeɪtʃ] *s* pH-Wert *m*.
phi·al ['faɪəl] *s* (Arznei)Fläschchen *n*.
phil·an·throp·ic [ˌfɪlən'θrɒpɪk] *adj* (~***ally***) philanthropisch, menschenfreundlich.
phi·lan·thro·pist [fɪ'lænθrəpɪst] *s* Philanthrop(in), Menschenfreund(in).
phi'lan·thro·py *s* Philanthropie *f*, Menschenfreundlichkeit *f*.

P

phil·a·tel·ic [ˌfɪlə'telɪk] *adj* (**~ally**) philatelistisch.
phi·lat·e·list [fɪ'lætəlɪst] *s* Philatelist(in).
phil·har·mon·ic [ˌfɪlɑː'mɒnɪk] *adj* philharmonisch.
Phil·ip·pines ['fɪlɪpiːnz] *npr pl die* Philippinen *pl*.
Phil·lips screw·driv·er ['fɪlɪps] *s tech.* Kreuzschlitzschraubenzieher *m*.
phi·lis·tine ['fɪlɪstaɪn] *s* Spießer(in), Banause *m*, Banausin *f*.
phil·o·log·i·cal [ˌfɪlə'lɒdʒɪkl] *adj* □ philologisch.
phi·lol·o·gist [fɪ'lɒlədʒɪst] *s* Philologe *m*, -login *f*.
phi'lol·o·gy *s* Philologie *f*.
phi·los·o·pher [fɪ'lɒsəfə] *s* Philosoph(in).
phil·o·soph·i·cal [ˌfɪlə'sɒfɪkl] *adj* □ philosophisch, *fig. a.* abgeklärt, gelassen.
phi·los·o·phize [fɪ'lɒsəfaɪz] *v/i* philosophieren (**about, on** über *acc*).
phi'los·o·phy *s* Philosophie *f*, *fig. a.* (Welt-)Anschauung *f*.
phlegm [flem] *s* **1.** *physiol.* Schleim *m*. **2.** *fig.* Phlegma *n*.
phleg·mat·ic [fleg'mætɪk] *adj* (**~ally**) phlegmatisch.
pho·bi·a ['fəʊbjə] *s psych.* Phobie *f*, krankhafte Angst (**about** vor *dat*).
phone [fəʊn] **I** *s* **1.** Telefon *n*: **by ~** telefonisch; **be on the ~** Telefon(anschluss) haben; am Telefon sein. **2.** Hörer *m*. **II** *v/i* **3.** telefonieren, anrufen: **~ back** zurückrufen. **III** *v/t* **4.** *a.* **~ up** anrufen: **~ back** zurückrufen; **~ s.th. to s.o.** j-m et. telefonisch durchgeben. **IV** *adj* **5.** Telefon...: **~ book** Telefonbuch *n*; **~ booth** (*Br.* **box**) Telefonzelle *f*; **~ call** Anruf *m*, Gespräch *n*; **'~·card** *s* Telefonkarte *f*. **~ number** Telefonnummer *f*. **'~-in** *s Rundfunk, TV: Br.* Sendung *f* mit telefonischer Zuhörer- *od.* Zuschauerbeteiligung.
pho·neme ['fəʊniːm] *s ling.* Phonem *n*.
pho·net·ic [fəʊ'netɪk] **I** *adj* (**~ally**) phonetisch: **~ alphabet** Buchstabieralphabet *n*; **~ character** (*od.* **symbol**) Lautzeichen *n*; **~ transcription** Lautschrift *f*. **II** *s* **~s** *sg* Phonetik *f*.
pho·n(e)y ['fəʊnɪ] F **I** *adj* □ **1.** falsch: a) gefälscht (*Geld, Pass etc*), b) unecht (*Schmuck, Gefühle etc*), c) erfunden (*Geschichte etc*), faul (*Sache, Entschuldigung etc*), Schein..., Schwindel...(*-firma etc*), d) verlogen (*Moral etc*). **II** *s* **2.** Fälschung *f*. **3.** Schwindler(in).
phos·phate ['fɒsfeɪt] *s* ⚗ Phosphat *n*. **~-free** *adj* phosphatfrei.
phos·pho·res·cent [ˌfɒsfə'resnt] *adj* □ phosphoreszierend.
phos·pho·rus ['fɒsfərəs] *s* ⚗ Phosphor *m*.
pho·to ['fəʊtəʊ] *pl* **-tos** *s* F Foto *n*, Bild *n*: **in the ~** auf dem Foto; **take a ~** ein Foto machen (**of** von); **~ album** Fotoalbum *n*; **~ safari** Fotosafari *f*. **'~·cell** *s* ⚡ Photozelle *f*, Fotozelle *f*. **~ com·po·si·tion** *s* Licht-, Fotosatz *m*. **'~ˌcop·i·er** *s* Fotokopierer *m*, -kopiergerät *n*. **'~ˌcop·y I** *s* Fotokopie *f*: **make** (*od.* **take**) **a ~ of** e-e Fotokopie machen von. **II** *v/t* fotokopieren. **~ fin·ish** *s Sport*: Fotofinish *n*.
Pho·to·fit *s* (*TM*) Phantombild *n*.
pho·to·gen·ic [ˌfəʊtəʊ'dʒenɪk] *adj* (**~ally**) fotogen.
pho·to·graph ['fəʊtəgrɑːf] **I** *s* Fotografie *f*, Aufnahme *f*: **in the ~** auf der Fotografie; **take a ~** e-e Aufnahme machen (**of** von). **II** *v/t* fotografieren. **III** *v/i* sich *gut etc* fotografieren (lassen).
pho·tog·ra·pher [fə'tɒgrəfə] *s* Fotograf(in).
pho·to·graph·ic [ˌfəʊtə'græfɪk] *adj* (**~ally**) fotografisch: **~ studio** Fotostudio *n*.
pho·tog·ra·phy [fə'tɒgrəfɪ] *s* Fotografie *f* (*Verfahren etc*).
ˌpho·to|'sen·si·tive *adj* lichtempfindlich. **ˌ~'syn·the·sis** *s biol.* Photosynthese *f*, Fotosynthese *f*. **~'typeˌset·ting** *s* Fotosatz *m*.
phras·al ['freɪzl] *adj*: **~ verb** *ling. Verb in Verbindung mit e-m Adverb u./od. e-r Präposition.*
phrase [freɪz] **I** *s* **1.** *ling.* Phrase *f*, Satzteil *m*. **2.** (Rede)Wendung *f*, Redensart *f*. **3.** *contp.* Phrase *f*: **empty ~s** *pl* leere Phrasen *pl*. **II** *v/t* **4.** ausdrücken, formulieren. **'~·book** *s* Sprachführer *m*.
phra·se·ol·o·gy [ˌfreɪzɪ'ɒlədʒɪ] *s* Ausdrucksweise *f*, Sprache *f*; Jargon *m*.
phut [fʌt] *adv*: **go ~** F kaputtgehen (*a. fig. Ehe etc*); *fig.* platzen (*Pläne etc*).
phys·i·cal ['fɪzɪkl] **I** *adj* (□ → **physically**) **1.** physisch, körperlich: **~ education** Sport *m*; **~ examination** → 3; **~ handicap** Körperbehinderung *f*; **~ jerks** *pl Br.* F Gymnastik *f*; **~ strength** Körperkraft *f*. **2.** physikalisch. **II** *s* **3.** ärztliche Untersuchung.
phys·i·cal·ly ['~kəlɪ] *adv* → **physical**: **~ handicapped** körperbehindert; **~ impossible** F völlig unmöglich.
phy·si·cian [fɪ'zɪʃn] *s* Arzt *m*, Ärztin *f*.
phys·i·cist ['~sɪst] *s* Physiker(in).
phys·ics ['fɪzɪks] *s pl* (*mst sg konstruiert*) Physik *f*.
phys·i·og·no·my [ˌfɪzɪ'ɒnəmɪ] *s* Physiognomie *f*, Gesichtsausdruck *m*.
phys·i·o·log·i·cal [ˌfɪzɪə'lɒdʒɪkl] *adj* □ physiologisch.
phys·i·ol·o·gy [ˌ~'ɒlədʒɪ] *s* Physiologie *f*.
phys·i·o·ther·a·py [ˌfɪzɪəʊ'θerəpɪ] *s* Physiotherapie *f*.

phy·sique [fɪ'ziːk] *s* Körperbau *m*, Statur *f*.

pi·an·ist ['pɪənɪst] *s* Pianist(in).

pi·an·o [pɪ'ænəʊ] *pl* **-os** *s* ♪ Klavier *n*.

pick [pɪk] **I** *s* **1.** (Spitz)Hacke *f*, Pickel *m*. **2.** (*Zahn*)Stocher *m*. **3.** (Aus)Wahl *f*: ***have one's ~ of*** auswählen können aus; ***take one's ~*** sich et. aussuchen; ***the ~ of the bunch*** das (Aller)Beste, das Beste vom Besten. **II** *v/t* **4.** (auf)hacken, (-)picken: → ***hole*** 1. **5.** *Körner* aufpicken; auflesen, (auf)sammeln; *Blumen*, *Obst* pflücken. **6.** *Knochen* abnagen; *Am. Hühner etc* rupfen: → ***bone*** 1. **7.** ***~ one's nose*** in der Nase bohren, popeln; ***~ one's teeth*** in den Zähnen (herum)stochern. **8.** *Schloss* mit e-m Dietrich *etc* öffnen, knacken. **9.** *Streit* vom Zaun brechen (***with*** mit). **10.** (aus)wählen, aussuchen: ***~ one's way*** (*od.* ***steps***) sich s-n Weg suchen, mit vorsichtigen Schritten gehen (***through*** durch); ***~ a winner*** *fig.* das große Los ziehen; ***~ one's words*** s-e Worte genau wählen. **11.** zerpflücken, -reißen: → ***piece*** 1. **III** *v/i* **12.** ***~ and choose*** wählerisch sein; sich bei der Auswahl Zeit lassen.

Verbindungen mit Präpositionen:

pick| at *v/i* **1.** ***~ one's food*** im Essen herumstochern. **2.** herumnörgeln an (*dat*); herumhacken auf (*dat*). **~ on** *v/i* **1.** → ***pick at*** 2. **2.** *j-n* (*für et. Unangenehmes*) aussuchen.

Verbindungen mit Adverbien:

pick| out *v/t* **1.** (sich) *et.* auswählen. **2.** ausmachen, erkennen. **~ up I** *v/t* **1.** aufheben, -lesen: ***pick o.s. up*** sich aufrappeln (*a. fig.*); → ***gauntlet***[1], ***thread*** 1. **2.** F *Passagiere* aufnehmen; *j-n* abholen. **3.** F *Mädchen* aufgabeln, -lesen; *Anhalter* mitnehmen; sich *e-e Krankheit* holen *od.* einfangen. **4.** *Funkspruch etc* auffangen. **5.** *Kenntnisse*, *Informationen etc* aufschnappen. **6.** zunehmen an (*dat*): ***~ speed*** schneller werden. **II** *v/i* **7.** sich (wieder) erholen (*a. econ.*). **8.** stärker werden (*Wind etc*).

pick·a·back ['pɪkəbæk] **I** *adv* huckepack: ***carry s.o. ~*** → II. **II** *s*: ***give s.o. a ~*** j-n huckepack tragen.

'pick·ax(e) → ***pick*** 1.

pick·er ['pɪkə] *s* Pflücker(in).

pick·et ['pɪkɪt] **I** *s* **1.** Pfahl *m*. **2.** Streikposten *m*: ***~ line*** Streikpostenkette *f*. **II** *v/t* **3.** Streikposten aufstellen vor (*dat*), durch Streikposten blockieren. **III** *v/i* **4.** Streikposten stehen.

pick·ings ['pɪkɪŋz] *s pl* Ausbeute *f*: ***there are easy ~ in this job*** bei diesem Job kann man leicht ein paar Mark (dazu)verdienen.

pick·le ['pɪkl] **I** *s* **1.** Salzlake *f*; Essigsoße *f*. **2.** a) *Am.* Essig-, Gewürzgurke *f*, b) *mst pl* Pickles *pl*: → ***mixed***. **3.** ***be in a*** (***pretty***) ~ F (ganz schön) in der Patsche sein *od.* stecken. **II** *v/t* **4.** *gastr.* einlegen.

'pick·led *adj* **1.** eingelegt. **2.** F blau (*betrunken*).

'pick|·lock *s* **1.** Einbrecher(in). **2.** Dietrich *m*. **'~-me-up** *s* F Muntermacher *m*, Anregungsmittel *n*. **'~ˌpock·et** *s* Taschendieb(in).

'pick|·up *s* **1.** Tonabnehmer *m*, Pick-up *m* (*am Plattenspieler*): ***~ arm*** Tonarm *m*. **2.** *a.* ***~ truck*** kleiner Lieferwagen, Kleintransporter *m*. **3.** F (Zufalls)Bekanntschaft *f*. **4.** *mot.* F Beschleunigung(svermögen *n*) *f*: ***have good ~*** gut beschleunigen. **5.** *econ.* Erholung *f*: ***~ in prices*** Kurserholung; ***~ in profits*** Anstieg *m* der Gewinne. **~-up service** *s* Abholdienst *m*.

pick·y ['pɪkɪ] *adj* □ F heikel, wählerisch: ***be a very ~ eater*** im Essen sehr heikel sein.

pic·nic ['pɪknɪk] **I** *s* Picknick *n*: ***go on*** (*od.* ***for***) ***a ~ in the country*** zum Picknick aufs Land fahren; ***have a ~*** Picknick machen; ***it's no ~*** F es ist kein Honiglecken (***doing*** zu tun). **II** *v/i pret u. pp* **-nicked** picknicken.

pic·to·gram ['pɪktəgræm] *s* Piktogramm *n*.

pic·to·ri·al [pɪk'tɔːrɪəl] **I** *adj* □ **1.** bebildert, illustriert: ***~ report*** Bildbericht *m*. **2.** bildhaft (*Sprache etc*). **II** *s* **3.** Illustrierte *f*.

pic·ture ['pɪktʃə] **I** *s* **1.** Bild *n* (*a. TV*): a) Abbildung *f*, Illustration *f*: ***in the ~*** auf dem Bild, b) Gemälde *n*: (***as***) ***pretty as a ~*** sehr hübsch; ***be a ~*** e-e Pracht *od.* ein Gedicht sein; ***be the ~ of health*** aussehen wie das blühende Leben; ***his face was a ~*** du hättest sein Gesicht sehen sollen; → ***paint*** 1, c) *phot.* Aufnahme *f*: ***take a ~*** e-e Aufnahme machen (***of*** von), d) *fig.* Vorstellung *f*: ***be in*** (***out of***) ***the ~*** (nicht) im Bild sein; ***put in the ~*** ins Bild setzen; ***get the ~?*** F kapiert? **2.** a) Film *m*, b) *pl bsd. Br.* Kino *n*: ***go to the ~s*** ins Kino gehen. **II** *v/t* **3.** darstellen, malen. **4.** *fig.* sich *j-n*, *et.* vorstellen (***as*** als). **~ book** *s* Bilderbuch *n*. **~ card** *s Kartenspiel*: Bild(karte *f*) *n*. **~ de·fi·ni·tion** *s phot.*, *TV* Bildschärfe *f*. **~ frame** *s* Bilderrahmen *m*. **~ gal·ler·y** *s* Gemäldegalerie *f*. **~ post·card** *s* Ansichtskarte *f*.

pic·tur·esque [ˌpɪktʃə'resk] *adj* □ malerisch.

pid·dle ['pɪdl] F **I** *v/i* pinkeln, (*Kind*) Pipi machen. **II** *v/t*: ***~ away*** *Zeit* vertrödeln.

'pid·dling *adj* F unwichtig.

pidg·in Eng·lish ['pɪdʒɪn] *s* Pidginenglisch *n*.

pie [paɪ] *s gastr.* Pie *f*: a) (*Fleisch- etc*)Pastete *f*, b) (*mst* gedeckter) (*Apfel- etc*)Kuchen: (***as***) ***easy as ~*** F kinderleicht; → ***finger*** I, ***humble*** I.

piece [piːs] **I** *s* **1.** Stück *n*: ***~ of cake*** Stück Kuchen; *fig.* F Kinderspiel *n*; ***a ~*** das Stück;

P

~ **by** ~ Stück für Stück; **by the** ~ stückweise; **in** ~**s** entzwei, kaputt; (**all**) **in one** ~ F ganz, unbeschädigt; heil, unverletzt; **break** (*od.* **fall**) **to** ~**s** zerbrechen, entzweigehen; **go to** ~**s** F zs.-brechen (*Person*); **pull** (*od.* **pick, tear**) **to** ~**s** in Stücke reißen; *fig. Äußerung etc* zerpflücken; → **advice** 1, **furniture, mind** 4, **news. 2.** Teil *n* (*e-r Maschine etc*): **take to** ~**s** auseinander nehmen, zerlegen. **3.** Teil *m* (*e-s Services etc*): **a 30-**~ **service** ein 30-teiliges Service. **4.** (Geld)Stück *n*, Münze *f*. **5.** (*Schach*) Figur *f*; (*Dame etc*) Stein *m*. **6.** (Zeitungs)Artikel *m*. **II** *v/t* **7.** ~ **together** zs.-stücke(l)n; *fig.* zs.-fügen.

'piece|·meal I *adv* **1.** schrittweise. **II** *adj* **2.** schrittweise. **3.** unsystematisch. ~ **rate** *s* Stücklohn *m*, Akkordlohn *m*. **'**~**·work** *s* Akkordarbeit *f*: **be on** (*od.* **do**) ~ im Akkord arbeiten; **group** ~ Gruppenakkord *m*; ~ **rate** Akkordlohn *m*, Stücklohn *m*. ~ **work·er** *s* Akkordarbeiter *m*.

pie| chart *s Computer*: Torten-, Kreisdiagramm *n*. **ˌ**~**-'eyed** *adj* F blau (*betrunken*).

pier [pɪə] *s* **1.** Pier *m*, ⚓ *a. f*, Landungsbrücke *f*, -steg *m*. **2.** (*Brücken- etc*)Pfeiler *m*.

pierce [pɪəs] *v/t* **1.** durchbohren, -stoßen: ~ **s.o.'s ears** j-m die Ohren durchstechen. **2.** *fig.* durchdringen: **a cry** ~**d the silence** ein Schrei zerriss die Stille.

'pierc·ing *adj* □ durchdringend, (*Kälte etc a.*) schneidend, (*Blick, Schmerz etc a.*) stechend, (*Schrei a.*) gellend.

pi·e·ty ['paɪətɪ] *s* Frömmigkeit *f*.

pif·fle ['pɪfl] *s* F Quatsch *m*.

'pif·fling *adj* F albern.

pig [pɪg] *s* **1.** Schwein *n*: **buy a** ~ **in a poke** *fig.* die Katze im Sack kaufen; **make a** ~**'s ear of s.th.** *Br. sl.* et. vermasseln. **2.** F *contp.* Schwein *n*; Fresssack *m*. **3.** *sl.* Bulle *m* (*Polizist*).

pi·geon ['pɪdʒɪn] *s orn.* Taube *f*: **that's not my** ~ *fig.* F das ist nicht mein Bier. **'**~**·hole I** *s* **1.** (Ablege)Fach *n*: **put in** ~**s** → 3. **II** *v/t* **2.** (in Fächern) ablegen. **3.** *fig.* einordnen, klassifizieren. **4.** *fig.* zurückstellen. **'**~**-toed** *adv*: **walk** ~ über den großen Onkel gehen.

pig·gish ['pɪgɪʃ] *adj* □ schweinisch; gefräßig.

pig·gy ['pɪgɪ] **I** *s* **1.** *Kindersprache*: Schweinchen *n*. **II** *adj* **2.** Schweins...: ~ **eyes. 3.** gefräßig (*bsd. Kind*). **'**~**·back** → **pickaback.** ~ **bank** *s* Sparschwein *n*.

ˌpig|'head·ed *adj* □ dickköpfig, stur. ~ **i·ron** *s* Roheisen *n*.

pig·let ['pɪglɪt] *s* Ferkel *n*, Schweinchen *n*.

pig·ment ['pɪgmənt] *s* Pigment *n*.

pig·my → **pygmy.**

'pig|·pen *bsd. Am.* → **pigsty. '**~**·skin** *s* Schweinsleder *n*. **'**~**·sty** *s* Schweinestall *m*, *fig. a.* Saustall *m*. **'**~**·tail** *s* Zopf *m*.

pike[1] [paɪk] *pl* **pikes,** *bsd. coll.* **pike** *s ichth.* Hecht *m*.

pike[2] [~] → **turnpike.**

'pike·staff *s*: (**as**) **plain as a** ~ deutlich sichtbar; *fig.* sonnenklar.

pile[1] [paɪl] **I** *s* **1.** Stapel *m*, Stoß *m*. **2.** Scheiterhaufen *m*. **3.** Gebäude(komplex *m*) *n*. **4.** (*Atom*)Reaktor *m*. **5.** ~**s** (*od.* **a** ~) **of ...** F ein Haufen ..., e-e *od.* jede Menge ... **6. a** ~ (**of money**) F e-e Menge Geld: **make a** (*od.* **one's**) ~ (**from**) e-e Menge Geld machen (bei), sich gesundstoßen (an *dat*, mit). **II** *v/t* **7.** *a.* ~ **up** (an-, auf)häufen, (auf)stapeln: ~ **it on** F dick auftragen. **8.** laden, aufhäufen (**on, onto** auf *acc*); überhäufen, -laden (**with** mit). **III** *v/i* **9.** *mst* ~ **up** sich (auf- *od.* an)häufen, sich ansammeln (*beide a. fig.*). **10.** F (sich) drängen (**into** in *acc*): ~ **in** (sich) hinein- *od.* hereindrängen. **11.** ~ **up** *mot.* F aufeinander auffahren.

pile[2] [~] *s* Pfahl *m*.

piles [paɪlz] *s pl* ⚕ Hämorr(ho)iden *pl*.

'pile-up *s mot.* F Massenkarambolage *f*.

pil·fer ['pɪlfə] *v/t u. v/i* stehlen, klauen.

'pil·fer·er *s* Dieb(in).

pil·grim ['pɪlgrɪm] *s* Pilger(in), Wallfahrer(in): **the Pilgrim Fathers** *pl hist.* die Pilgerväter *pl*.

'pil·grim·age I *s* Pilger-, Wallfahrt *f*: **go on** (*od.* **make**) **a** ~ e-e Pilger- *od.* Wallfahrt machen. **II** *v/i* pilgern, wallfahr(t)en.

pill [pɪl] *s* **1.** Pille *f*, Tablette *f*: **a bitter** ~ (**for s.o.**) **to swallow** *fig.* e-e bittere Pille (für j-n); **gild** (*od.* **sugar, sweeten**) **the** ~ *fig.* die bittere Pille versüßen. **2. the** ~ F die (*Antibaby*)Pille: **be on the** ~ die Pille nehmen.

pil·lage ['pɪlɪdʒ] **I** *v/t u. v/i* plündern. **II** *s* Plünderung *f*.

pil·lar ['pɪlə] *s* Pfeiler *m*; Säule *f* (*a. fig.*): **from** ~ **to post** *fig.* von Pontius zu Pilatus. ~ **box** *s Br.* Briefkasten *m*.

pil·lion ['pɪljən] **I** *s mot.* Sozius(sitz) *m*. **II** *adv*: **ride** ~ auf dem Sozius(sitz) (mit)fahren.

pil·lo·ry ['pɪlərɪ] **I** *s hist.* Pranger *m*: **be in the** ~ am Pranger stehen. **II** *v/t hist.* an den Pranger stellen; *fig.* anprangern.

pil·low ['pɪləʊ] **I** *s* (Kopf)Kissen *n*. **II** *v/t bsd. Kopf* betten (**on** auf *acc*). **'**~**·case** *s* (Kopf)Kissenbezug *m*. ~ **fight** *s* Kissenschlacht *f*. ~ **slip** → **pillowcase.** ~ **talk** *s* Bettgeflüster *n*.

pi·lot ['paɪlət] **I** *s* **1.** ✈ Pilot(in): **automatic** ~ Autopilot *m*; ~**'s licence** (*Am.* **license**) Flug-, Pilotenschein *m*. **2.** ⚓ Lotse *m*, Lotsin *f*. **II** *v/t* **3.** ✈ steuern, fliegen. **4.** ⚓ lotsen, *fig. a.* führen, leiten. **III** *adj* **5.** Versuchs..., Probe...: ~ **experiment** Modellversuch *m*; ~ **film** *TV* Pilotfilm *m*; ~ **project** (*od.* **scheme**) Versuchs-, Pilotprojekt *n*; ~

P

run Probelauf *m*; **~ *study*** Pilot-, Leitstudie *f*; **~ *survey*** Probeerhebung *f*. **6.** **~ *lamp*** Kontrolllampe *f*; **~ *light*** Zündflamme *f*.
pi·men·to [pɪ'mentəʊ] *pl* **-tos** *s* rote Paprikaschote.
pimp [pɪmp] **I** *s* Zuhälter(in). **II** *v/i* von Zuhälterei leben: **~ *for s.o.*** j-s Zuhälter(in) sein.
pim·ple ['pɪmpl] *s* Pickel *m*, Pustel *f*.
'pim·pled *adj* pick(e)lig.
pin [pɪn] **I** *s* **1.** (Steck)Nadel *f*: ***I have ~s and needles in my leg*** mir ist das Bein eingeschlafen. **2.** (*Haar-*, *Krawatten- etc*)Nadel *f*. **3.** *bsd. Am.* Brosche *f*; (Ansteck)Nadel *f*. **4.** *tech.* Bolzen *m*, Stift *m*; ⚙ Nagel *m*. **5.** (*Reiß*)Nagel *m*, (-)Zwecke *f*. **6.** *Am.* (*Wäsche*)Klammer *f*. **7.** *pl* F Gestell *n* (*Beine*). **8.** *Bowling*: Kegel *m*. **II** *v/t* **9.** *a.* **~ *up*** (***to, on***) heften, stecken (an *acc*), festmachen, befestigen (an *dat*): **~ *s.th. on s.o.*** *fig.* j-m et. in die Schuhe schieben; j-m et. anhängen; **~ *one's hopes on*** s-e Hoffnung setzen auf (*acc*). **10.** **~ *down*** zu Boden drücken; *fig. j-n* festlegen, -nageln (***to*** auf *acc*).
PIN [pɪn] ***personal identification number*** PIN, Geheimzahl *f*.
pin·a·fore ['pɪnəfɔː] *s* **1.** Schürze *f*. **2.** *a.* **~ *dress*** Trägerkleid *n*, Kleiderrock *m*.
'pin·ball *s* Flippern *n*: ***play ~*** flippern. **~ *machine*** *s* Flipper *m*.
pin·cers ['pɪnsəz] *s pl*, *a.* ***pair of ~*** Kneifzange *f*.
pinch [pɪntʃ] **I** *v/t* **1.** kneifen, zwicken: **~ *s.o.'s*** (*od.* ***s.o. on the***) ***arm*** j-n in den Arm zwicken; **~ *one's fingers in the door*** sich die Finger in der Tür (ein)klemmen. **2.** ***be ~ed for money*** (***time***) knapp bei Kasse sein (wenig Zeit haben). **3.** F klauen. **4.** F *j-n* hopsnehmen (***for*** wegen). **II** *v/i* **5.** drücken (*Schuh*): → ***shoe*** 1. **6.** **~ *and scrape*** (*od.* ***save***) *fig.* sich sehr einschränken, sich nichts gönnen. **III** *s* **7.** Kneifen *n*, Zwicken *n*: ***give s.o. a ~*** j-n kneifen *od.* zwicken. **8.** Prise *f* (*Salz etc*): → ***salt*** 1. **9.** *fig.* Not(lage) *f*: ***at*** (*Am.* ***in***) ***a ~*** zur Not, notfalls.
'pin,cush·ion *s* Nadelkissen *n*.
pine¹ [paɪn] *s* ♀ Kiefer *f*.
pine² [~] *v/i* **1.** sich sehnen (***for*** nach). **2.** *mst* **~ *away*** vor Gram vergehen.
'pine|,ap·ple *s* ♀ Ananas *f*. **~ *tree*** → ***pine¹***.
ping-pong ['pɪŋpɒŋ] *s* F Pingpong *n*.
pin·ion ['pɪnjən] *s tech.* Ritzel *n*.
pink [pɪŋk] **I** *s* **1.** ♀ Nelke *f*. **2.** Rosa *n*. **3.** ***be in the ~*** vor Gesundheit strotzen. **II** *adj* **4.** rosa: ***see ~ elephants*** weiße Mäuse sehen; → ***tickle*** I. **5.** *pol.* rot angehaucht.
pin·na·cle ['pɪnəkl] *s* (Fels)Gipfel *m*; *fig.* Gipfel *m*, Höhepunkt *m*.
'pin|·point **I** *s* **1.** Nadelspitze *f*. **2.** (winziger) Punkt: **~ *of light*** Lichtpunkt. **II** *v/t* **3.** genau zeigen. **4.** *fig.* genau festlegen *od.* bestimmen. **III** *adj* **5.** (haar)genau. **'~·prick** *s* **1.** Nadelstich *m*. **2.** *fig.* Stichelei *f*. **'~·stripe(d)** *adj*: **~ *suit*** Nadelstreifenanzug *m*.
pint [paɪnt] *s* **1.** Pint *n*. **2.** *Br.* F Halbe *f* (Bier): ***meet for a ~*** sich auf ein Bier treffen.
pin| ta·ble *s* Flipper *m*. **'~·up** *s* **1.** *a.* **~ *girl*** Pin-up-Girl *n*. **2.** Pin-up-Foto *n*.
pi·o·neer [ˌpaɪə'nɪə] **I** *s* Pionier(in), *fig. a.* Bahnbrecher(in), Wegbereiter(in). **II** *v/i u. v/t fig.* den Weg bahnen (für), Pionierarbeit leisten (für): ***~ing advertising*** Initialwerbung *f*.
pi·ous ['paɪəs] *adj* □ fromm: **~ *hope*** frommer Wunsch.
pip¹ [pɪp] *s*: ***give s.o. the ~*** *Br.* F j-m auf die Nerven gehen, j-n nerven.
pip² [~] *s* **1.** (*Apfel- etc*)Kern *m*. **2.** Auge *n* (*auf Spielkarten*), Punkt *m* (*auf Würfeln etc*). **3.** Ton *m* (*e-s Zeitzeichens*).
pip³ [~] *v/t Br.* F knapp besiegen *od.* schlagen: **~ *s.o. at the post*** (*Sport*) j-n im Ziel abfangen; *fig.* j-m um Haaresbreite zuvorkommen.
pipe [paɪp] **I** *s* **1.** *tech.* Rohr *n*, Röhre *f*. **2.** (*Tabaks*)Pfeife *f*. **3.** (*Orgel*)Pfeife *f*. **4.** *pl* Dudelsack *m*. **II** *v/t* **5.** (durch Rohre *od.* Kabel) leiten: ***~d music*** *contp.* Musikberies(e)lung *f*; ***~d water*** Leitungswasser *n*. **6.** *Torte etc* spritzen. **III** *v/i* **7.** F **~ *down*** die Luft anhalten, den Mund halten; **~ *up*** loslegen (*Sänger*, *Band etc*); den Mund aufmachen, losreden.
pipe| clean·er *s* Pfeifenreiniger *m*. **~ *dream*** *s* Hirngespinst *n*, Luftschloss *n*. **'~·line** *s* **1.** Rohrleitung *f*, (*für Erdöl*, *Erdgas*) Pipeline *f*: ***in the ~*** *fig.* in Vorbereitung (*Pläne etc*), im Kommen (*Entwicklung etc*), im Anrollen (*Aktion etc*). **2.** *econ.* Absatzweg *m*.
pip·er ['paɪpə] *s* Dudelsackpfeifer(in): ***pay the ~*** *fig.* für die Kosten aufkommen.
pipe smok·er *s* Pfeifenraucher(in).
pip·ing ['paɪpɪŋ] **I** *s* **1.** Rohrleitung *f*, -netz *n*. **2.** *gastr.* Spritzguss *m*. **II** *adv* **3.** **~ *hot*** kochend heiß.
pi·quant ['piːkənt] *adj* □ pikant (*a. fig.*).
pique [piːk] **I** *v/t* kränken, verletzen: ***be ~d*** pikiert sein (***at*** über *acc*). **II** *s*: ***in a fit of ~*** gekränkt, verletzt, pikiert.
pi·ra·cy ['paɪərəsɪ] *s* **1.** Seeräuberei *f*, Piraterie *f*. **2.** Raubdruck *m*; Raubpressung *f*; Produktpiraterie *f*.
pi·rate ['paɪərət] **I** *s* **1.** Pirat(in), Seeräuber(in). **II** *adj* **2.** Piraten..., Seeräuber...: **~ *ship*.** **3.** **~ *copy*** Raubkopie *f*; **~ *edition*** Raubdruck *m*; **~ *record*** Raubpressung *f*; **~ (*radio*) *station*** Piraten-, Schwarzsender *m*. **III** *v/t* **4.** unerlaubt kopieren *od.* nachdru-

cken *od.* nachpressen: ***~d copy*** (***edition, record***) → 3.
pir·ou·ette [ˌpɪrʊ'et] *s* Pirouette *f*: ***do a ~*** e-e Pirouette drehen.
Pis·ces ['paɪsiːz] *s sg ast.* Fische *pl*: ***be*** (***a***) ***~*** Fisch sein.
piss [pɪs] V **I** *v/i* **1.** pissen: ***it is ~ing down*** *bsd. Br.* es schifft. **2.** ***~ off!*** verpiss dich! **II** *v/t* **3.** anpissen, pissen in (*acc*). **4.** ***~ off*** ankotzen: ***be ~ed off with*** die Schnauze voll haben von. **III** *s* **5.** Pisse *f*: ***take the ~ out of s.o.*** j-n verarschen. **6.** Pissen *n*: ***have*** (***go for***) ***a ~*** pissen (gehen).
pissed *adj* V **1.** *Br.* blau (*betrunken*). **2.** *Am.* (stock)sauer (***at*** auf *acc*).
pis·ta·chi·o [pɪ'stɑːʃɪəʊ] *pl* **-os** *s* ⚘ Pistazie *f*.
piste [piːst] *s* (Ski)Piste *f*.
pis·til ['pɪstɪl] *s* ⚘ Stempel *m*.
pis·tol ['pɪstl] *s* Pistole *f*.
pis·ton ['pɪstən] *s tech.* Kolben *m.* **~ ring** *s* Kolbenring *m.* **~ rod** *s* Kolbenstange *f.* **~ stroke** *s* Kolbenhub *m*.
pit¹ [pɪt] **I** *s* **1.** Grube *f*: ***~ of the stomach*** *anat.* Magengrube. **2.** Grube *f*, Zeche *f*: ***~ closure*** Zechenstilllegung *f*; ***~ disaster*** Grubenunglück *n*. **3.** *thea.* a) *bsd. Br.* Parkett *n*, b) (*Orchester*)Graben *m*. **4.** *mst pl Motorsport*: Box *f*: ***~ stop*** Boxenstopp *m*. **5.** (*bsd. Pocken*)Narbe *f*. **II** *v/t* **6.** ***~ted with smallpox*** pockennarbig. **7.** ***~ one's wits*** (***strength***) ***against*** sich (geistig) (s-e Kräfte) messen an (*dat*).
pit² [~] *Am.* → ***stone*** 2, 6.
pitch¹ [pɪtʃ] *s* Pech *n*.
pitch² [~] **I** *v/t* **1.** *Lager, Zelt etc* aufschlagen. **2.** werfen, schleudern. **II** *v/i* **3.** stürzen, fallen. **4.** ⚓ stampfen. **5.** sich neigen (*Dach etc*). **6.** ***~ in*** F sich ins Zeug legen; kräftig zulangen (*beim Essen*); zu Hilfe kommen, aushelfen (***with*** mit). **III** *s* **7.** *Sport*: *Br.* (Spiel)Feld *n*. **8.** ♪ Tonhöhe *f*. **9.** *fig.* Grad *m*, Stufe *f*. **10.** *bsd. Br.* (Verkaufs)Stand *m*: ***queer s.o.'s ~*** *fig.* F j-m die Tour vermasseln, j-m e-n Strich durch die Rechnung machen. **11.** ⚓ Stampfen *n*. **12.** Neigung *f* (*e-s Dachs etc*). **13.** → ***sales pitch.***

P

ˌ**pitch|-'black,** ˌ**~-'dark** *adj* pechschwarz; stockdunkel.
pitch·er¹ ['pɪtʃə] *s Baseball*: Werfer(in).
pitch·er² [~] *s* Krug *m*.
'**pitch·fork I** *s* **1.** Heugabel *f*. **II** *v/t* **2.** *Heu* gabeln. **3.** *fig. j-n* (*unversehens od. gegen s-n Willen*) (hinein)drängen (***into*** in *acc*).
'**pit·fall** *s fig.* Falle *f*, Fallstrick *m*.
pith [pɪθ] *s* **1.** ⚘ Mark *n*. **2.** weiße Haut (*e-r Orange etc*). **3.** *fig.* Kern *m.* **~ hel·met** *s* Tropenhelm *m*.
pith·y ['pɪθɪ] *adj* □ markig, prägnant.
pit·i·a·ble ['pɪtɪəbl] → ***pitiful.***
pit·i·ful ['~fʊl] *adj* □ **1.** Mitleid erregend (*Anblick etc*), bemitleidenswert (*Person, Zustand etc*). **2.** erbärmlich, jämmerlich, kläglich.
'**pit·i·less** *adj* □ unbarmherzig, mitleid(s)los.
pit·man ['pɪtmən] *s* (*irr* ***man***) Bergmann *m*.
pit·ta bread ['pɪtə] *s* Fladenbrot *n*.
pit·tance ['pɪtəns] *s* Hungerlohn *m*.
pi·tu·i·tar·y (**gland**) [pɪ'tjʊɪtərɪ] *s anat.* Hirnanhang(drüse *f*) *m*.
pit·y ['pɪtɪ] **I** *s* **1.** Mitleid *n*: ***out of ~*** aus Mitleid; ***feel ~ for, have ~ on*** Mitleid haben mit; ***take ~ on*** Mitleid bekommen mit. **2.** ***it is a*** (***great***) ***~*** es ist (sehr) schade; ***it is a thousand pities*** es ist jammerschade; ***what a ~!*** wie schade! **II** *v/t* **3.** bemitleiden, bedauern: ***I ~ him*** er tut mir Leid.
'**pit·y·ing** *adj* □ mitleid(s)voll, mitleidig.
piv·ot ['pɪvət] **I** *s* **1.** *tech.* Drehzapfen *m*. **2.** *fig.* Dreh- u. Angelpunkt *m*. **II** *v/i* **3.** sich drehen: ***~ on*** *fig.* abhängen von.
pix·el ['pɪksl] *s typ. u. Computer*: Pixel *n*, Bildpunkt *m*.
pix·ie, pix·y ['pɪksɪ] *s* Elf(e *f*) *m*; Kobold *m*.
piz·za ['piːtsə] *s* Pizza *f*.
piz·ze·ri·a [ˌpiːtsə'riːə] *s* Pizzeria *f*.
Pl. ***Place*** Pl., Platz *m*.
pl ***plural*** Pl., pl., Plural *m*.
P/L ***profit and loss*** Gewinn u. Verlust.
PLA ***Port of London Authority*** Londoner Hafenbehörde.
pla·card ['plækɑːd] **I** *s* **1.** Plakat *n*; Transparent *n*. **II** *v/t* **2.** mit Plakaten bekleben. **3.** Plakatwerbung machen für.
pla·cate [plə'keɪt] *v/t* beschwichtigen, besänftigen.
place [pleɪs] **I** *s* **1.** Ort *f*, Stelle *f*, Platz *m*: ***from ~ to ~*** von Ort zu Ort; ***in ~s*** stellenweise; ***in ~ of*** anstelle von (*od. gen*); ***in ~*** an s-m (richtigen) Platz; ***out of ~*** nicht an s-m (richtigen) Platz; fehl am Platz; unangebracht; ***if I were in your ~ I would ...*** an Ihrer Stelle würde ich ...; ***put o.s. in s.o.'s ~*** sich in j-s Lage versetzen; ***put s.o. back in his ~*** j-n in die *od.* s-e Schranken verweisen; ***take ~*** stattfinden; ***take s.o.'s ~*** j-s Stelle einnehmen. **2.** Ort *m*, Stätte *f*: ***~ of birth*** Geburtsort; ***~ of business*** Sitz *m* e-s Unternehmens; ***~ of destination*** Bestimmungsort; ***~ of fulfil(l)ment*** (*od.* ***performance***) Erfüllungsort; ***~ of jurisdiction*** Gerichtsstand *m*; ***~ of posting*** Aufgabeort *m*; ***~ of residence*** Wohnort *m*; ***~ of work*** Arbeitsstätte. **3.** Haus *n*, Wohnung *f*: ***at his ~*** bei ihm (zu Hause). **4.** Wohnort *m*, Ort(schaft *f*) *m*: ***in this ~*** hier. **5.** Stelle *f* (*in e-m Buch etc*): ***lose one's ~*** die Stelle verblättern; die Zeile verlieren. **6.** *Reihenfolge*: Platz *m*,

Stelle *f*: ***in the first ~*** erstens; in erster Linie; überhaupt (erst). **7.** *Sport*: Platz *m*: ***in third ~*** auf dem dritten Platz. **8.** (*Arbeits-, Lehr*)Stelle *f*; Platz *m* (*in e-m Heim etc*); (*Studien- etc*)Platz *m*. **II** *v/t* **9.** stellen, setzen, legen: ***~ in*** in *e-e Lage etc* versetzen. **10.** (***with***) *Auftrag* erteilen (*dat*), vergeben (an *acc*), *Bestellung* aufgeben (bei). **11.** *Arbeitskräfte* vermitteln. **12.** ***I can't ~ him*** ich weiß nicht, wo ich ihn unterbringen *od.* wohin ich ihn tun soll (*woher ich ihn kenne*). **13.** ***be ~d*** (*Sport*) sich platzieren (***third*** an dritter Stelle), platziert sein.

pla·ce·bo [plə'siːbəʊ] *pl* **-bo(e)s** *s* ⚕ Placebo *n*.

place| card *s* Tischkarte *f*. **~ mat** *s* Set *n*, *m*, Platzdeckchen *n*.

place·ment *s* Vermittlung *f* von Arbeitskräften: ***~ rate*** Vermittlungsquote *f*; ***~ service*** Arbeits-, Stellenvermittlung *f*.

place| name *s* Ortsname *m*. **~ set·ting** *s* Gedeck *n*.

plac·id ['plæsɪd] *adj* □ **1.** ruhig, gelassen. **2.** ruhig, friedlich.

plac·ing *s* Vermittlung *f* von Arbeitskräften: ***~ service*** Arbeits-, Stellenvermittlung *f*.

pla·gia·rism ['pleɪdʒjərɪzəm] *s* Plagiat *n*.

'pla·gia·rist *s* Plagiator(in).

'pla·gia·rize *v/t u. v/i* plagiieren (***from*** von).

plague [pleɪg] **I** *s* **1.** ⚕ Seuche *f*; Pest *f*. **2.** (*Insekten- etc*)Plage *f*: ***~ of insects.*** **II** *v/t* **3.** plagen (***with*** mit): ***be ~d by*** geplagt werden von.

plaice [pleɪs] *pl* **plaice** *s ichth.* Scholle *f*.

plaid [plæd] *s* Plaid *n*.

plain [pleɪn] **I** *adj* □ **1.** einfach, schlicht: ***~ clothes*** *pl* Zivil(kleidung *f*) *n*; ***in ~ clothes*** in Zivil; ***~ chocolate*** zartbittere Schokolade; ***~ cooking*** gutbürgerliche Küche; ***~ cover*** neutraler Umschlag. **2.** unscheinbar, reizlos. **3.** klar (u. deutlich), unmissverständlich: ***the ~ truth*** die nackte Wahrheit; ***make s.th. ~*** et. klarstellen; ***make s.th. ~ to s.o.*** j-m et. klarmachen. **4.** offen (u. ehrlich): ***be ~ with s.o.*** j-m gegenüber offen sein. **5.** ausgesprochen, rein, völlig: ***~ nonsense*** barer Unsinn. **II** *adv* **6.** F (ganz) einfach. **III** *s* **7.** Ebene *f*, Flachland *n*. **'~-clothes** *adj* in Zivil.

plain·ness ['pleɪnnɪs] *s* **1.** Einfachheit *f*, Schlichtheit *f*. **2.** Unscheinbarkeit *f*. **3.** Klarheit *f*. **4.** Offenheit *f*.

ˌplain-'spo·ken *adj* offen, freimütig: ***be ~*** *a.* sagen, was man denkt.

plain·tiff ['pleɪntɪf] *s* ⚖ Kläger(in).

plain·tive ['~tɪv] *adj* □ klagend, kläglich; (*Lied etc*) schwermütig.

plait [plæt] **I** *s* Zopf *m*. **II** *v/t* flechten.

plan [plæn] **I** *s* **1.** (*Arbeits- etc*)Plan *m*: ***according to ~*** planmäßig, -gemäß; ***make ~s*** (***for the future***) (Zukunfts)Pläne machen. **2.** Plan *m*, Absicht *f*: ***change one's ~s*** umdisponieren. **3.** (*Stadt-, Sitz- etc*)Plan *m*. **4.** *tech.* Grundriss *m*. **II** *v/t* **5.** planen: ***~ned economy*** Planwirtschaft *f*. **6.** planen, beabsichtigen (***to do*** zu tun). **III** *v/i* **7.** planen: ***~ ahead*** vorausplanen; ***~ for*** (*od.* ***on***) einplanen, rechnen mit; ***~ning department*** Planungsabteilung *f*. **8.** ***~ on doing s.th.*** planen *od.* beabsichtigen, et. zu tun.

plane[1] [pleɪn] **I** *adj* **1.** eben (*a.* ⩚); *tech.* plan, Plan... **II** *s* **2.** ⩚ Ebene *f*: → ***inclined.*** **3.** *fig.* Ebene *f*, Stufe *f*: ***on the same ~ as*** auf dem gleichen Niveau wie. **4.** Hobel *m*. **III** *v/t* **5.** hobeln: ***~ down*** abhobeln.

plane[2] [~] *s* Flugzeug *n*: ***by ~*** mit dem Flugzeug; ***go by ~*** fliegen.

plan·et ['plænɪt] *s ast.* Planet *m*.

plan·e·tar·i·um [ˌplænɪ'teərɪəm] *pl* **-iums, -i·a** [~ɪə] *s* Planetarium.

plan·e·tar·y ['~tərɪ] *adj* planetarisch, Planeten...

plank [plæŋk] *s* **1.** Planke *f*, Bohle *f*, Brett *n*: (***as***) ***thick as two*** (***short***) ***~s*** *Br.* F strohdumm. **2.** *pol.* Schwerpunkt *m* (*e-s Parteiprogramms*).

'plank·ing *s* Planken *pl*.

plank·ton ['plæŋtən] *s zo.* Plankton *n*.

plant [plɑːnt] **I** *s* **1.** Pflanze *f*: ***~ louse*** *zo.* Blattlaus *f*. **2.** Werk *n*, Betrieb *m*: ***~ closure*** Betriebsschließung *f*; ***~ maintenance*** Wartung *f* von Anlagen u. Einrichtungen; ***~ manager*** Werksleiter *m*; ***~ shutdown*** Werksschließung *f*. **II** *v/t* **3.** (an-, ein)pflanzen; *Land* bepflanzen (***with*** mit). **4.** *Garten etc* anlegen. **5.** *Polizisten etc* aufstellen, postieren; *Bombe* legen. **6.** *Fuß etc* setzen (***on*** auf *acc*); *Messer etc* stoßen (***into*** in *acc*): ***~ a kiss on s.o.'s lips*** j-m e-n Kuss auf die Lippen drücken. **7.** ***~ s.th. on s.o.*** F j-m et. (*Belastendes*) unterschieben *od.* -jubeln.

plan·ta·tion [plæn'teɪʃn] *s* **1.** Plantage *f*, Pflanzung *f*. **2.** Schonung *f*.

plant·er ['plɑːntə] *s* **1.** Plantagenbesitzer(in), Pflanzer(in). **2.** Pflanzmaschine *f*. **3.** Übertopf *m*.

plaque [plɑːk] *s* **1.** Gedenktafel *f*. **2.** ⚕ (*Zahn*)Belag *m*.

plas·ma ['plæzmə] *s* Plasma *n*.

plas·ter ['plɑːstə] **I** *s* **1.** ⚕ Pflaster *n*. **2.** (Ver)Putz *m*. **3.** *a.* ***~ of Paris*** Gips *m*: ***have one's arm in ~*** ⚕ den Arm in Gips haben; ***put in ~*** ⚕ eingipsen; ***~ cast*** Gipsabguss *m*, -modell *n*; ⚕ Gipsverband *m*. **II** *v/t* **4.** verputzen; (ver)gipsen: ***~ over*** *fig.* übertünchen. **5.** bekleben (***with*** mit); *Plakate etc* kleben (***on*** an *od.* auf *acc*).

P

'plas·tered *adj sl.* blau (*betrunken*): ***get ~*** sich voll laufen lassen.

plas·tic ['plæstɪk] **I** *adj* (**~*ally***) **1.** plastisch: **~ *surgery*** ⚕ plastische Chirurgie. **2.** plastisch, formbar: **~ *bomb*** Plastikbombe *f.* **3.** Plastik..., Kunststoff...: **~ *bag*** Plastikbeutel *m*, -tüte *f*; **~ *binding*** Kunststoff-, Plastikeinband *m*; **~ *bullet*** Plastikgeschoss *n*; **~ *film*** Kunststofffolie *f*; **~ *waste products*** *pl* Plastikmüll *m*; **~ *money*** → 5. **II** *s* **4.** Plastik *n*, Kunststoff *m.* **5.** Kreditkarten *pl*, Plastikgeld *n.*

'plas·tics I *s pl* Kunststoffe *pl.* **II** *adj* Plastik..., Kunststoff...: **~ *film*** Kunststofffolie *f*; **~ *industry*** Kunststoffindustrie *f.*

plate [pleɪt] **I** *s* **1.** Teller *m*: ***hand s.o. s.th. on a ~*** F j-m et. auf dem Tablett servieren; ***have a lot on one's ~*** viel am Hals haben. **2.** Platte *f.* **3.** (*Namens-*, *Tür- etc*)Schild *n.* **4.** (Bild)Tafel *f* (*in e-m Buch etc*). **5.** Gegenstände *pl* aus Edelmetall. **6.** Doublé *n*, Dublee *n.* **II** *v/t* **7.** panzern. **8.** d(o)ublieren, plattieren: **~*d with gold*** vergoldet.

pla·teau ['plætəʊ] *pl* **-teaux, -teaus** ['~təʊz] *s* Plateau *n*, Hochebene *f.*

plate rack *s* Geschirrständer *m.*

plat·form ['plætfɔːm] *s* **1.** Plattform *f*; Podium *n*, Tribüne *f.* **2.** 🚂 Bahnsteig *m.* **3.** *pol.* Plattform *f.*

plat·i·num ['plætɪnəm] *s chem.* Platin *n.*

plat·i·tude ['plætɪtjuːd] *s* Plattitüde *f*, Plattheit *f.*

pla·ton·ic [plə'tɒnɪk] *adj* (**~*ally***) platonisch: **~ *love.***

pla·toon [plə'tuːn] *s mil.* Zug *m.*

plat·ter ['plætə] *s* Servierplatte *f.*

plau·si·bil·i·ty [ˌplɔːzə'bɪlɪtɪ] *s* Plausibilität *f*: **~ *check*** Plausibilitätskontrolle *f.*

plau·si·ble ['plɔːzəbl] *adj* □ **1.** plausibel, glaubhaft. **2.** geschickt (*Lügner*).

play [pleɪ] **I** *s* **1.** Spiel *n*: ***at ~*** beim Spiel(en), spielend (*Kinder etc*); ***be at ~*** spielen; ***in*** (***out of***) **~** im Spiel (im Aus) (*Ball*). **2.** Spiel(weise *f*) *n*: ***fair ~*** (*Sport*) Fair Play *n*, Fairness *f* (*beide a. fig.*). **3.** *fig.* Spiel *n*: ***bring into ~*** ins Spiel bringen, *Routine etc* aufbieten; ***come into ~*** ins Spiel kommen. **4.** *fig.* Spiel(erei *f*) *n*: **~ *on words*** Wortspiel; ***in ~*** im Scherz. **5.** *thea.* Schauspiel *n*, (Theater)Stück *n.* **6.** *tech.* Spiel *n*; *fig.* Spielraum *m*: ***allow*** (*od.* ***give***) ***full*** (*od.* ***free***) **~ *to*** freien Lauf lassen (*dat*). **II** *v/i* **7.** spielen (*a. Sport, thea. etc*): **~ *at*** *Karten, Indianer etc* spielen; *fig.* sich nur so nebenbei beschäftigen mit; **~ *for money*** um Geld spielen; **~ *for time*** Zeit zu gewinnen suchen; (*Sport*) auf Zeit spielen; **~ *with*** spielen mit (*a. fig.*); **~ *safe*** F auf Nummer Sicher gehen. **III** *v/t* **8.** *Karten, Rolle, Stück etc* spielen, (*Sport*) *Spiel* austragen: **~** (***s.th. on***) ***the piano*** (et. auf dem) Klavier spielen; **~ *it safe*** F auf Nummer Sicher gehen; → ***trick*** 2, *etc.* **9.** *Sport*: spielen gegen: **~ *s.o. at chess*** gegen j-n Schach spielen. **10.** *Karte* ausspielen: → ***trump***[1] I. **11.** *thea. etc* spielen *od.* Vorstellungen geben in (*dat*).

Verbindungen mit Adverbien:

play| back *v/t Tonband etc* abspielen: ***play s.th. back to s.o.*** j-m et. vorspielen. **~ down** *v/t* herunterspielen, bagatellisieren. **~ off I** *v/t j-n* ausspielen (***against*** gegen). **II** *v/i Sport*: ein Entscheidungsspiel austragen (***for*** um). **~ up I** *v/i* **1.** *Br.* F verrückt spielen, Schwierigkeiten machen (*Auto, Bein etc*). **2.** **~ *to*** *j-m* schöntun. **II** *v/t* **3.** hochspielen, aufbauschen. **4.** *Br.* F *j-n* auf die Palme bringen; *j-m* Schwierigkeiten machen (*Bein etc*).

play·a·ble ['pleɪəbl] *adj Sport*: bespielbar (*Platz*).

'play|·act *v/i contp.* schauspielern. **'~back** *s* Wiedergabe *f*, Abspielen *n.* **'~·boy** *s* Playboy *m.*

play·er ['pleɪə] *s* **1.** ♪, *Sport*: Spieler(in). **2.** (*Platten*)Spieler *m.*

'playˌfel·low → ***playmate.***

play·ful ['pleɪfʊl] *adj* □ **1.** verspielt. **2.** schelmisch, neckisch.

'play|ˌgo·er *s* Theaterbesucher(in). **'~ground** *s* **1.** Schulhof *m.* **2.** Spielplatz *m.* **3.** *fig.* Tummelplatz *m.* **~ group** *s bsd. Br.* Spielgruppe *f.* **'~·house** *s* **1.** Schauspielhaus *n.* **2.** Spielhaus *n.*

play·ing| card ['pleɪɪŋ] *s* Spielkarte *f.* **~ field** *s* Sportplatz *m.*

'play|ˌmak·er *s Sport*: Spielmacher(in). **'~mate** *s* Spielkamerad(in). **'~off** *s Sport*: Entscheidungsspiel *n.* **'~·pen** *s* Laufgitter *n*, -stall *m.* **~·room** ['~rʊm] *s* Spielzimmer *n.* **'~·school** → ***play group.*** **'~·thing** *s* Spielzeug *n* (*a. fig.*): **~*s*** *pl* Spielsachen *pl*, -zeug *n.* **'~·time** *s ped.* große Pause. **~·wright** ['~raɪt] *s* Dramatiker(in).

plc ***public limited company*** AG *f*, Aktiengesellschaft *f.*

plea [pliː] *s* **1.** (dringende) Bitte, Gesuch *n* (***for*** um): ***make a ~ for mercy*** um Gnade bitten. **2.** ⚖ ***enter a ~ of*** (***not***) ***guilty*** sich schuldig bekennen (s-e Unschuld erklären); ***make a ~ of s.th.*** et. geltend machen.

plead [pliːd] (*bsd. schott. u. Am. irr*) **I** *v/i* **1.** (dringend) bitten (***for*** um): **~ *with s.o.*** j-n bitten (***to do*** zu tun). **2.** ⚖ **~ *guilty*** sich schuldig bekennen (***to doing s.th.*** et. getan zu haben); **~ *not guilty*** s-e Unschuld erklären. **II** *v/t* **3.** ⚖ *u. allg.* zu s-r Verteidigung *od.* Entschuldigung anführen, geltend machen. **4. ~ s.o.'s case** ⚖ j-n vertreten; *allg.* sich für j-n einsetzen.

pleas·ant ['pleznt] *adj* □ **1.** angenehm, (*Nachricht etc a.*) erfreulich: → ***dream*** 1. **2.** freundlich.

please [pli:z] **I** *v/i* **1.** gefallen. **2. *as you ~*** wie Sie wünschen; ***if you ~*** wenn ich bitten darf, *iro. a.* gefälligst. **II** *v/t* **3.** *j-m* gefallen *od.* zusagen, *j-n* erfreuen: ***be ~d about*** (*od.* ***at***) sich freuen über (*acc*); ***I am ~d with it*** es gefällt mir; ***I am ~d to hear*** es freut mich zu hören. **4.** zufrieden stellen: (***only***) ***to ~ you*** (nur) dir zuliebe; ***there is no pleasing him, you can't ~ him*** man kann es ihm nicht recht machen; ***~ o.s.*** tun, was man will; ***~ yourself!*** mach, was du willst!; ***be ~d with*** zufrieden sein mit; → ***hard*** 2. **III** *int* **5.** bitte.

'pleas·ing *adj* □ angenehm.

pleas·ur·a·ble ['pleʒərəbl] *adj* □ angenehm.

pleas·ure ['pleʒə] *s* **1.** Vergnügen *n*: ***for ~*** zum Vergnügen; ***with ~*** mit Vergnügen; ***give s.o. ~*** j-m Vergnügen *od.* Freude *od.* Spaß machen; ***have the ~ of doing s.th.*** das Vergnügen haben, et. zu tun; ***take ~ in*** Vergnügen *od.* Freude finden an (*dat*); ***he takes no ~ in it*** es macht ihm keinen Spaß. **2. *at*** (***one's***) ***~*** nach Belieben.

pleat [pli:t] *s* Falte *f*.

'pleat·ed *adj*: ***~ skirt*** Faltenrock *m*.

pleb [pleb] *s* F *contp.* Prolet(in).

ple·be·ian [plɪ'bi:ən] *contp.* **I** *adj* proletenhaft. **II** *s* Prolet(in).

pleb·i·scite ['plebɪsɪt] *s* Volksabstimmung *f*, -entscheid *m*.

pled [pled] *bsd. schott. u. Am. pret u. pp von* ***plead.***

pledge [pledʒ] **I** *s* **1.** Pfand *n*: ***as a ~*** als Pfand. **2.** *fig.* Unterpfand *n*: ***as a ~ of*** zum Zeichen (*gen*). **3.** Versprechen *n*, Zusicherung *f*: ***make a*** (***firm***) ***~*** (fest) versprechen *od.* zusichern (***to do*** zu tun). **II** *v/t* **4.** verpfänden: ***~ one's word*** *fig.* sein (Ehren)Wort geben. **5.** versprechen, zusichern (***to do*** zu tun, ***that*** dass). **6. *~ s.o. to s.th.*** j-n zu et. verpflichten, j-m et. auferlegen; ***~ o.s.*** sich verpflichten (***to do*** zu tun).

ple·na·ry ['pli:nərɪ] *adj* **1. *~ session*** Plenarsitzung *f*, Vollversammlung *f*. **2. *~ powers*** *pl* unbeschränkte Vollmacht.

plen·i·po·ten·ti·ar·y [ˌplenɪpəʊ'tenʃərɪ] **I** *s* **1.** (General)Bevollmächtigte *m, f*. **II** *adj* **2.** (general)bevollmächtigt. **3. *~ powers*** *pl* Generalvollmacht *f*.

plen·ti·ful ['plentɪfʊl] *adj* □ reichlich.

plen·ty ['plentɪ] **I** *s* **1.** Überfluss *m*: ***live in ~*** im Überfluss leben; ***... in ~*** ... im Überfluss, ... in Hülle u. Fülle; → ***horn*** 3. **2.** e-e Menge: ***that is ~*** das ist reichlich; ***there are ~ more*** es gibt noch viel mehr; ***~ of ...*** e-e Menge ..., viel(e) ... **II** *adv* **3.** F ganz schön.

ple·o·nasm ['plɪəʊnæzəm] *s ling.* Pleonasmus *m*.

ple·o·nas·tic [ˌ~'næstɪk] *adj* (***~ally***) pleonastisch.

pleu·ri·sy ['plʊərəsɪ] *s* ⚕ Brustfell-, Rippenfellentzündung *f*.

pli·a·ble ['plaɪəbl], **pli·ant** ['~ənt] *adj* □ **1.** biegsam. **2.** *fig.* flexibel. **3.** *fig.* leicht beeinflussbar.

pli·ers ['plaɪəz] *s pl, a.* ***pair of ~*** Beißzange *f*.

plight [plaɪt] *s* Not(lage) *f*.

plim·soll ['plɪmsəl] *s Br.* Turnschuh *m*.

plod [plɒd] *v/i* **1.** trotten. **2.** *mst* ***~ away*** *fig.* sich abmühen *od.* abplagen (***at*** mit), schuften.

'plod·der *s fig.* Arbeitstier *n*.

plonk [plɒŋk] *v/t* F schmeißen, knallen: ***~ down*** hinschmeißen.

plop [plɒp] F **I** *v/i* plumpsen, (*ins Wasser*) platschen: ***~ into a chair*** sich in e-n Sessel plumpsen lassen. **II** *s* Plumps *m*, Platsch *m*.

plot [plɒt] **I** *s* **1.** Grundstück *n*; Parzelle *f*; Beet *n*. **2.** ⚠ *bsd. Am.* Grundriss *m*. **3.** Handlung *f* (*e-s Films etc*). **4.** Komplott *n*, Verschwörung *f*. **II** *v/i* **5.** sich verschwören (***against*** gegen). **III** *v/t* **6.** aushecken, planen. **7.** (*in e-e Karte etc*) einzeichnen.

'plot·ter *s* **1.** Verschwörer(in). **2.** *Computer*: Plotter *m*, Zeichengerät *n*: ***~ pen*** Zeichenstift *m*.

plough [plaʊ] **I** *s* Pflug *m*. **II** *v/t a.* ***~ up*** (um)pflügen: ***~ back*** *Gewinne* reinvestieren (***into*** in *acc*). **III** *v/i* pflügen: ***~ through*** sich e-n Weg bahnen durch; ⚓ sich pflügen durch; ***~ through a book*** F ein Buch durchackern.

plow *Am.* → ***plough.***

ploy [plɔɪ] *s* Masche *f*, Tour *f*.

pluck [plʌk] **I** *s* **1.** Ruck *m*. **2.** Innereien *pl*. **3.** *fig.* Mut *m*. **II** *v/t* **4.** *Geflügel* rupfen. **5.** *mst* ***~ out*** ausreißen, -rupfen, -zupfen: → ***courage.*** **III** *v/i* **6.** zupfen (***at*** an *dat*): ***~ at s.o.'s sleeve*** j-n am Ärmel zupfen.

'pluck·y *adj* □ mutig.

plug [plʌg] **I** *s* **1.** Stöpsel *m*. **2.** ⚡ Stecker *m*; Steckdose *f*. **3.** *mot.* (*Zünd*)Kerze *f*. **4.** Schleichwerbung *f*. **II** *v/t* **5.** *a.* ***~ up*** zustöpseln; zu-, verstopfen. **6. *~ in*** ⚡ anschließen, einstecken. **III** *v/i* **7. *~ away at*** F sich abschuften mit. **8.** Schleichwerbung machen.

'plug·hole *s* Abfluss(loch *n*) *m*.

'plug-in *adj* Einsteck...: ***~ board*** Steckkarte *f*; ***~ telephone*** umsteckbares Telefon.

plum [plʌm] *s* **1.** Pflaume *f*; Zwetsch(g)e *f*, *österr.* Zwetschke *f*. **2.** *fig.* F a) Rosine *f*, b) *a.* ***~ job*** Bombenjob *m*. **~ to·ma·to** *pl* **-toes** *s* Flaschentomate *f*.

P

plum·age ['plu:mɪdʒ] *s* Gefieder *n.*
plumb [plʌm] **I** *s* **1.** (Blei)Lot *n*, Senklot *n*: ***out of*** ~ aus dem Lot, nicht senkrecht. **II** *adj* **2.** lot-, senkrecht. **III** *adv* F **3.** (haar)genau. **4.** *bsd. Am.* komplett, total. **IV** *v/t* **5.** ⚓ ausloten, *fig. a.* ergründen. **6.** ~ ***in*** *bsd. Br. Waschmaschine etc* anschließen.
'**plumb·er** *s* Installateur(in).
'**plumb·ing** *s* **1.** Installateurarbeit *f.* **2.** Rohre *pl*, Rohrleitungen *pl.*
plumb| line *s* **1.** ⚓ Lotschnur *f*, -leine *f.* **2.** → ***plumb rule.*** ~ **rule** *s* ⚠ Setzlatte *f*, Richtscheit *n.*
plume [plu:m] **I** *s* **1.** (Schmuck)Feder *f*; Federbusch *m.* **2.** (*Rauch*)Fahne *f.* **II** *v/t* **3.** ~ ***its feathers*** sich *od.* sein Gefieder putzen.
plum·my ['plʌmɪ] *adj* **1.** affektiert (*Stimme*). **2.** F prima, toll.
plump[1] [plʌmp] **I** *adj* drall, mollig, rund (-lich). **II** *v/t*: ~ ***up*** *Kissen* aufschütteln.
plump[2] [~] **I** *v/i* **1.** *mst* ~ ***down*** fallen, plumpsen (***on*** auf *acc*): ~ ***down into a chair*** sich in e-n Sessel fallen lassen. **2.** ~ ***for*** *bsd. Br.* sich entscheiden für. **II** *v/t* **3.** fallen lassen (***on*** auf *acc*).
plum pud·ding *s* Plumpudding *m.*
plun·der ['plʌndə] **I** *v/t* **1.** (aus)plündern. **2.** *et.* rauben. **II** *v/i* **3.** plündern. **III** *s* **4.** Plünderung *f.* **5.** Beute *f.*
'**plun·der·er** *s* Plünderer *m*, Plünderin *f.*
plunge [plʌndʒ] **I** *v/t* **1.** ~ ***a knife into s.o.'s back*** j-m ein Messer in den Rücken stoßen. **2.** ~ ***into*** in *Schulden*, *e-n Krieg etc* stürzen: ***be*** ~***d into darkness*** in Dunkel gehüllt sein; ~ ***into the red*** *econ.* in rote Zahlen (*od.* in die Verlustzone) rutschen. **II** *v/i* **3.** ~ ***into*** ins *Zimmer etc* stürzen; sich ins *Wasser*, in *e-e Tätigkeit*, in *Schulden etc* stürzen. **4.** stürzen (*Preise*, *Kurse*). **5.** ⚓ stampfen. **III** *s* **6.** (Kopf)Sprung *m*: ***take the*** ~ *fig.* den Sprung *od.* den entscheidenden Schritt wagen.
'**plung·ing** *adj* tief (*Ausschnitt*): ***with a*** ~ ***neckline*** tief ausgeschnitten.
plu·per·fect [ˌplu:'pɜ:fɪkt] *s a.* ~ ***tense*** *ling.* Plusquamperfekt *n.*
plu·ral ['plʊərəl] *ling.* **I** *adj* Plural..., Mehrzahl... **II** *s* Plural *m*, Mehrzahl *f.*
'**plu·ral·ism** *s sociol.* Pluralismus *m.*
ˌ**plu·ral'is·tic** *adj* (~***ally***) pluralistisch.
plus [plʌs] **I** *prp* **1.** Ꞩ plus, und, *bsd. econ.* zuzüglich. **II** *adj* **2.** Plus...: ~ ***sign*** → 3. **III** *s* **3.** Plus(zeichen) *n.* **4.** *fig.* Plus *n*, Vorteil *m.*
plush [plʌʃ] **I** *s* **1.** Plüsch *m.* **II** *adj* **2.** Plüsch... **3.** F feudal: ~ ***restaurant*** Nobelrestaurant *n.*
plu·to·ni·um [plu:'təʊnɪəm] *s* ⚗ Plutonium *n.*
ply[1] [plaɪ] **I** *v/i* **1.** verkehren (***between*** zwischen *dat*). **II** *v/t* **2.** verkehren auf (*dat*), befahren. **3.** *fig. j-n* überhäufen (***with*** mit *Fragen*).
ply[2] [~] *s* Lage *f*, Schicht *f.* '~**·wood** *s* Sperrholz *n.*
p.m. [pi:'em] nachmittags.
PM [pi:'em] ***Prime Minister.***
PN ***promissory note*** Schuldschein *m.*
pneu·mat·ic [nju:'mætɪk] *adj* (~***ally***) pneumatisch, Luft...; *tech.* Druck-, Pressluft...: ~ ***brake*** Druckluftbremse *f*; ~ ***drill*** Pressluftbohrer *m*; ~ ***hammer*** Presslufthammer *m.*
pneu·mo·ni·a [nju:'məʊnjə] *s* ⚕ Lungenentzündung *f.*
PO ***postal order*** Postanweisung *f*; ***post office*** Postamt *n.*
poach[1] [pəʊtʃ] **I** *v/t* **1.** wildern. **2.** *Arbeitskräfte* abwerben (***from*** *dat*). **II** *v/i* **3.** wildern.
poach[2] [~] *v/t Eier* pochieren: ~***ed eggs*** *pl a.* verlorene Eier *pl.*
poach·er ['pəʊtʃə] *s* Wilderer *m*, Wilderin *f.*
POB ***post office box*** Postfach *n.*
PO Box [ˌpi:'əʊ] *s* Postfach *n.*
p.o.c. ***port of call*** Anlaufhafen *m.*
pock [pɒk] *s* ⚕ **1.** Pocke *f*, Blatter *f.* **2.** → ***pockmark.***
pocked → ***pockmarked.***
pock·et ['pɒkɪt] **I** *s* **1.** (*Hosen- etc*)Tasche *f*: ***with nothing in one's*** ~ ***except*** mit nichts in der Tasche als; ***have in one's*** ~ *fig. j-n, et.* in der Tasche haben. **2.** *fig.* Geldbeutel *m*: ***pay for s.th. out of one's own*** ~ et. aus eigener Tasche bezahlen; ***to suit every*** ~ für jeden Geldbeutel. **3.** (*Nebel*)Bank *f*; (*Widerstands- etc*)Nest *n.* **4.** *Billard*: Loch *n*; ✈ (*Luft*)Loch *n.* **II** *adj* **5.** Taschen...: ~ ***calculator*** Taschenrechner *m*; ~ ***diary*** Taschenkalender *m*; ~ ***edition*** Taschenausgabe *f*; ~ ***memo*** Handdiktiergerät; ~ ***money*** Taschengeld *n.* **III** *v/t* **6.** einstecken, in die Tasche stecken; *fig.* in die eigene Tasche stecken. **7.** *Billard*: einlochen. '~**·book** *s* **1.** *Br.* Notizbuch *n.* **2.** Brieftasche *f.* **3.** *Am.* Handtasche *f.* **4.** *Am.* Taschenbuch *n.* ~ **en·ve·lope** *s* Versandtasche *f.* '~**·knife** *s* (*irr* ***knife***) Taschenmesser *n.*
'**pock|·mark** *s* Pockennarbe *f.* '~**·marked** *adj* pockennarbig; *fig.* übersät (***with*** mit).
POD ***pay on delivery*** per Nachnahme.
pod [pɒd] **I** *s* ❦ Hülse *f*, Schote *f.* **II** *v/t* aus-, enthülsen.
po·di·um ['pəʊdɪəm] *pl* **-di·ums, -di·a** ['~dɪə] *s* Podium *n*, Podest *n.*
po·em ['pəʊɪm] *s* Gedicht *n.*
po·et ['pəʊɪt] *s* Dichter *m.*
'**po·et·ess** *s* Dichterin *f.*
po·et·ic [pəʊ'etɪk] *adj* (~***ally***) dichterisch: ~

justice *fig.* ausgleichende Gerechtigkeit; ***~ licence*** (*Am.* ***license***) dichterische Freiheit.
po'et·i·cal → ***poetic.***
po·et·ry ['pəʊɪtrɪ] *s* Dichtung *f*; Gedichte *pl.*
poin·set·tia [pɔɪn'setɪə] *s* ⚘ Weihnachtsstern *m.*
point [pɔɪnt] **I** *s* **1.** (*Messer-, Nadel- etc-*) Spitze *f.* **2.** *geogr.* Landspitze *f.* **3.** *ling. Am.* Punkt *m.* **4.** ***four ~ three*** (***4.3***) 4,3. **5.** Punkt *m* (*a.* ♪); Grad *m* (*e-r Skala*): ***~ of contact*** Berührungspunkt (*a. fig.*); ***~ of intersection*** Schnittpunkt; → ***freezing*** 1, *etc.* **6.** Punkt *m*, Stelle *f*, Ort *m*: ***up to a ~*** *fig.* bis zu e-m gewissen Punkt *od.* Grad; ***~ of view*** *fig.* Gesichts-, Standpunkt. **7.** ⚡ *Br.* Steckdose *f.* **8.** *Sport etc*: Punkt *m*: ***win on ~s*** nach Punkten gewinnen; ***winner on ~s*** Punktsieger(in). **9.** *a.* ***~ of time*** Zeitpunkt *m*, Augenblick *m*: ***be on the ~ of doing s.th.*** im Begriff sein, et. zu tun. **10.** Punkt *m* (*e-r Tagesordnung etc*), (Einzel-, Teil)Frage *f*: ***~ of interest*** interessante Einzelheit. **11.** Kernpunkt *m*, -frage *f*, springender Punkt: ***be to*** (***beside***) ***the ~*** (nicht) zur Sache gehören; ***come to the ~*** zur Sache kommen; ***keep*** (*od.* ***stick***) ***to the ~*** bei der Sache bleiben; ***make a ~ of doing s.th.*** Wert darauf legen, et. zu tun; ***get*** (*od.* ***see, take***) ***s.o.'s ~*** verstehen, was j-d meint; ***miss the ~*** nicht verstehen, worum es geht; ***that's not the ~*** darum geht es nicht; ***that's the*** (***whole***) ***~!*** genau (das ist es)! **12.** Ziel *n*, Absicht *f*: ***carry*** (*od.* ***gain***) ***one's ~*** sich *od.* s-e Absicht durchsetzen. **13.** Sinn *m*, Zweck *m*: ***what's the ~?*** wozu?; ***what's the ~ of*** (*od.* ***in***) ***waiting?*** was hat es für e-n Sinn zu warten?; ***there's no ~ in that*** das hat keinen Zweck. **14.** (hervorstechende) Eigenschaft, (Vor)Zug *m*: ***strong*** (***weak***) ***~*** starke (schwache) Seite; ***it has its ~s*** es hat s-e Vorzüge. **II** *v/t* **15.** (an-, zu)spitzen. **16.** *Waffe etc* richten (***at*** auf *acc*): ***~ one's finger at s.o.*** (mit dem Finger) auf j-n deuten *od.* zeigen. **17.** zeigen: ***~ the way*** den Weg weisen (*a. fig.*); ***~ out*** zeigen; *fig.* hinweisen *od.* aufmerksam machen auf (*acc*); ***~ out to s.o. that*** j-n darauf aufmerksam machen, dass. **III** *v/i* **18.** (mit dem Finger) deuten *od.* zeigen (***at, to*** auf *acc*): ***~ to*** nach *e-r Richtung* weisen *od.* liegen (*Haus etc*); *fig.* hinweisen *od.* -deuten auf (*acc*).
ˌpoint-'blank *adj u. adv* **1.** *a.* ***at ~ range*** aus kürzester Entfernung. **2.** *fig.* unverblümt.
point·ed ['pɔɪntɪd] *adj* □ **1.** spitz: ***~ arch*** ⚠ Spitzbogen *m.* **2.** *fig.* scharf (*Bemerkung etc*). **3.** *fig.* ostentativ.
'point·er *s* **1.** Zeiger *m* (*e-s Messgeräts*). **2.** Zeigestock *m.* **3.** F Fingerzeig *m*, Tipp *m.*
'point·less *adj* □ sinn-, zwecklos.
poise [pɔɪz] **I** *s* **1.** (Körper)Haltung *f.* **2.** *fig.* Gelassenheit *f*; (Selbst)Sicherheit *f.* **II** *v/t* **3.** balancieren: ***be ~d*** *fig.* schweben (***between*** zwischen *dat*).
poised *adj* gelassen; (selbst)sicher.
poi·son ['pɔɪzn] **I** *s* Gift *n* (***to*** für) (*a. fig.*): ***hate like ~*** wie die Pest hassen; ***what's your ~?*** F was willst du trinken? **II** *v/t* vergiften (*a. fig.*). **III** *adj* Gift...: ***~ gas***; ***~ fang*** *zo.* Giftzahn *m.*
'poi·son·ing *s* Vergiftung *f.*
'poi·son·ous *adj* □ giftig (*a. fig.*), Gift...
poke [pəʊk] **I** *v/t* **1.** *j-n* (an)stoßen: ***~ s.o. in the ribs*** j-m e-n Rippenstoß geben. **2.** *a.* ***~ up*** *Feuer* schüren. **3.** *et.* stecken, *Kopf etc a.* strecken: → ***nose*** 1. **4.** ***~ fun at*** sich lustig machen über (*acc*). **II** *v/i* **5.** ***~ about*** (*od.* ***around***) (herum)stöbern, (-)wühlen (***in*** in *dat*). **III** *s* **6.** Stoß *m*: ***~ in the ribs*** Rippenstoß.
pok·er¹ ['pəʊkə] *s* Feuerhaken *m.*
po·ker² [~] *s* Poker(spiel) *n.* ***~ face*** *s* Pokergesicht *n*, Pokerface *n.*
pok·y ['pəʊkɪ] *adj* winzig (*Zimmer etc*).
Po·land ['pəʊlənd] *npr* Polen *n.*
po·lar ['pəʊlə] *adj* □ polar (*a. fig.*), Polar...: ***~ bear*** *zo.* Eisbär *m*; ***~ circle*** *geogr.* Polarkreis *m.*
'po·lar·ize *v/t* ⚡, *phys.* polarisieren (*a. fig.*).
Pole¹ [pəʊl] *s* Pole *m*, Polin *f.*
pole² [~] *s geogr.*, ⚡, *etc* Pol *m*: ***the North*** (***South***) ***Pole*** der Nordpol (Südpol); ***they are ~s apart*** *fig.* zwischen ihnen liegen Welten.
pole³ [~] *s* Pfosten *m*; (*Fahnen-, Leitungs-*) Mast *m*; (*Bohnen- etc*)Stange *f*; (*Leichtathletik*) (Sprung)Stab *m.* **'~·cat** *s zo.* Iltis *m.*
po·lem·ic [pə'lemɪk] **I** *adj* (***~ally***) **1.** polemisch. **II** *s* **2.** *a. pl* (*sg konstruiert*) Polemik *f.* **3.** polemische Äußerung.
po'lem·i·cal → ***polemic*** 1.
pole star *s ast.* Polarstern *m.*
pole vault *s Leichtathletik*: Stabhochsprung *m.* **~ vault·er** *s* Stabhochspringer(in).
po·lice [pə'liːs] **I** *s* (*pl konstruiert*) Polizei *f.* **II** *v/t* (polizeilich) überwachen. **III** *adj* polizeilich, Polizei...: ***~ car*** Polizeiauto *n*; ***~ constable*** → ***constable***; ***~ force*** Polizei *f*; ***~ officer*** Polizeibeamte *m*, -beamtin *f*; ***~ protection*** Polizeischutz *m*; ***~ record*** Strafregister *n*; ***have a ~ record*** vorbestraft sein; ***~ state*** Polizeistaat *m*; ***~ station*** Polizeirevier *n*, -wache *f.*
po'lice·man [~mən] *s* (*irr* ***man***) Polizist *m.*
po'liceˌwom·an *s* (*irr* ***woman***) Polizistin *f.*
pol·i·cy¹ ['pɒləsɪ] *s* **1.** Verfahren(sweise *f*) *n*, Taktik *f*, Politik *f*: ***it is our ~*** es ist unser Grundsatz (***to do*** zu tun). **2.** (*Außen-, Wirt-*

P

schafts- etc)Politik *f*. **3.** Klugheit *f*: ***be good*** (***bad***) ~ (un)klug *od.* (un)vernünftig sein.
pol·i·cy[2] *s* (*Versicherungs*)Police *f*: ***take out a*** ~ e-e Versicherung abschließen.
po·li·o ['pəʊlɪəʊ] *s* ⚕ F Polio *f*.
po·li·o·my·e·li·tis [ˌ~maɪə'laɪtɪs] *s* ⚕ (spinale) Kinderlähmung.
Pol·ish[1] ['pəʊlɪʃ] **I** *adj* polnisch. **II** *s ling.* Polnisch *n*.
pol·ish[2] ['pɒlɪʃ] **I** *v/t* **1.** polieren, *tech. etc a.* (ab)schleifen, *Fußboden* bohnern: ~ ***off*** F *Arbeit* wegschaffen; *Essen* wegputzen; ~ ***up*** aufpolieren (*a. fig.*). **II** *s* **2.** Politur *f*, Glanz *m*. **3.** (*Möbel*)Politur *f*; (*Schuh*)Creme *f*; Bohnerwachs *n*; (*Nagel*)Lack *m*. **4.** *fig.* Schliff *m*.
po·lite [pə'laɪt] *adj* □ höflich: ***to be*** ~ aus Höflichkeit.
po'lite·ness *s* Höflichkeit *f*.
po·lit·i·cal [pə'lɪtɪkl] *adj* □ politisch: ~ ***economy*** Volkswirtschaft *f*; ~ ***science*** Politologie *f*; ~ ***scientist*** Politologe *m*, -login *f*; ~***ly correct*** politisch korrekt.
pol·i·ti·cian [ˌpɒlɪ'tɪʃn] *s* Politiker(in).
pol·i·tics ['pɒlətɪks] *s pl* (*mst sg konstruiert*) Politik *f*: ***what are his*** ~***?*** wo steht er politisch?; ***go into*** ~ in die Politik gehen; ***talk*** ~ über Politik reden, politisieren.
pol·ka ['pɒlkə] *s* ♪ Polka *f*. '~**-dot** *adj* gepunktet, getupft (*Kleid etc*).
poll [pəʊl] **I** *s* **1.** (*Meinungs*)Umfrage *f*. **2.** *a. pl* Stimmabgabe *f*, Wahl *f*: ***be defeated at the*** ~***s*** e-e Wahlniederlage erleiden; ***go to the*** ~***s*** zur Wahl gehen. **3.** Wahlbeteiligung *f*. **II** *v/t* **4.** befragen: ***65 % of those*** ~***ed*** 65 % der Befragten. **5.** *Stimmen* erhalten.
pol·len ['pɒlən] *s* ♧ Pollen *m*, Blütenstaub *m*. ~ **count** *s* Pollenflug *m*.
poll·ing ['pəʊlɪŋ] **I** *s* → ***poll*** 2, 3. **II** *adj* Wahl...: ~ ***booth*** Wahlkabine *f*, -zelle *f*; ~ ***day*** Wahltag *m*; ~ ***place*** *Am.*, ~ ***station*** *bsd. Br.* Wahllokal *n*.
poll·ster ['pəʊlstə] *s* Meinungsforscher(in).
pol·lut·ant [pə'luːtənt] *s* Schadstoff *m*.
pol·lute [pə'luːt] *v/t* **1.** *Umwelt* verschmutzen, *Flüsse etc a.* verunreinigen: ~***d area*** Belastungsgebiet *n*. **2.** (*moralisch*) verderben.
pol'lut·er *s* (*Umwelt*)Verschmutzer(in): ~ ***pays principle*** Verursacherprinzip *n*.
pol'lu·tion *s* (*Umwelt*)Verschmutzung *f*, Verunreinigung *f*: ~ ***level*** Schadstoffbelastung *f*.
po·lo ['pəʊləʊ] *s Sport*: Polo *n*. ~ **neck** *s* Rollkragen(pullover) *m*. '~**-neck** *adj* Rollkragen... ~ **shirt** *s* Polohemd *n*.
po'lyg·a·mous [pə'lɪgəməs] *adj* □ polygam (*a.* ♧, *zo.*).
po'lyg·a·my *s* Polygamie *f* (*a.* ♧, *zo.*).
pol·y·glot ['pɒlɪglɒt] *adj* polyglott, viel-, mehrsprachig.
pol·y·gon ['pɒlɪgən] *s* 𝔄 Vieleck *n*.
Poly·nesia [ˌpɒlɪ'niːzjə] *npr* Polynesien *n*.
pol·yp ['pɒlɪp] *s* ⚕, *zo.* Polyp *m*.
poly·sty·rene [ˌpɒlɪ'staɪriːn] *s* Styropor *n* (*TM*).
pol·y·syl·lab·ic [ˌpɒlɪsɪ'læbɪk] *adj* (~***ally***) *ling.* viel-, mehrsilbig.
pol·y·tech·nic [ˌpɒlɪ'teknɪk] *s* (*etwa*) technische Hochschule.
poly·thene ['pɒlɪθiːn] *s* ⚗ Polyäthylen *n*; Plastik *n*: ~ ***bag*** Plastikbeutel *m*.
pol·y·va·lent [ˌpɒlɪ'veɪlənt] *adj* ⚗ mehrwertig.
po·made [pə'meɪd] *s* Pomade *f*.
pome·gran·ate ['pɒmɪˌgrænɪt] *s* ♧ Granatapfel *m*.
pomp [pɒmp] *s* Pomp *m*.
'**pomp·ous** *adj* □ **1.** aufgeblasen, wichtigtuerisch. **2.** bombastisch, schwülstig (*Sprache*).
ponce [pɒns] *s Br. sl.* **1.** Zuhälter(in). **2.** Tunte *f*.
pond [pɒnd] *s* Teich *m*, Weiher *m*.
pon·der ['pɒndə] **I** *v/i* nachdenken (***on, over*** über *acc*). **II** *v/t* überlegen, nachdenken über (*acc*): ~ ***doing s.th.*** erwägen, et. zu tun.
'**pon·der·ous** *adj* □ **1.** massig, schwer. **2.** *fig.* schwerfällig.
pong [pɒŋ] *Br.* F **I** *s* Gestank *m*. **II** *v/i* stinken.
'**pong·y** *adj Br.* F stinkend, stinkig.
pon·toon [pɒn'tuːn] *s* Ponton *m*. ~ **bridge** *s* Ponton-, Schiffsbrücke *f*.
po·ny ['pəʊnɪ] *s zo.* Pony *n*. '~**·tail** *s* Pferdeschwanz *m* (*Frisur*).
poo·dle ['puːdl] *s zo.* Pudel *m*.
poof [puːf] *s Br. sl.* Schwule *m*.
pooh [puː] *int* pah!
ˌ**pooh-'pooh** *v/t* geringschätzig abtun.
pool[1] [puːl] *s* **1.** Teich *m*, Tümpel *m*. **2.** Pfütze *f*, (*Blut- etc*)Lache *f*. **3.** (*Schwimm*)Becken *n*, (*Swimming*)Pool *m*.
pool[2] [~] **I** *s* **1.** (gemeinsame) Kasse, (*Kartenspiel a.*) Pot *m*. **2.** *pl Br.* (*Fußball*)Toto *n*, *m*: ***win*** (***on***) ***the*** ~***s*** im Toto gewinnen; ***win on the*** ~***s*** Totogewinn *m*. **3.** *Am.* Poolbillard *n*: ***shoot*** ~ Poolbillard spielen. **4.** *econ. bsd. Am.* Pool *m*, Kartell *n*. **5.** (*Arbeits-, Fahr*)Gemeinschaft *f*; (*Mitarbeiter- etc*) Stab *m*; (*Fuhr*)Park *m*; (*Schreib*)Pool *m*: ***typing*** ~ Schreibsaal *m*. **II** *v/t* **6.** *Geld etc* zs.-legen; *fig. Kräfte etc* vereinen.
poop [puːp] *s* ⚓ **1.** Heck *n*. **2.** *a.* ~ ***deck*** (erhöhtes) Achter- *od.* Hinterdeck.
pooped (**out**) [puːpt] *adj Am.* F erledigt, kaputt.
poor [pɔː] **I** *adj* (□ → ***poorly*** II) **1.** arm,

mittellos. **2.** arm, bedauernswert. **3.** *fig.* arm (***in*** an *dat*); dürftig, mangelhaft, schwach: ~ ***consolation*** ein schwacher Trost; → ***health*** 2. **II** *s* **4.** ***the*** ~ *pl* die Armen *pl.*

'**poor·ly I** *adj* **1.** F unpässlich, kränklich. **II** *adv* **2.** ärmlich: ***he is*** ~ ***off*** es geht ihm schlecht. **3.** *fig.* dürftig, mangelhaft, schwach: ~ ***gifted*** schwach begabt; ~ ***paid*** schlecht bezahlt; ***be*** ~ ***off for*** knapp sein an (*dat*); ***do*** ~ ***in*** schlecht abschneiden bei; ***think*** ~ ***of*** nicht viel halten von.

'**poor·ness** *s* **1.** Armut *f.* **2.** *fig.* Dürftigkeit *f*, Mangelhaftigkeit *f.*

pop¹ [pɒp] **I** *v/i* **1.** knallen. **2.** (zer)platzen: ~ ***open*** aufplatzen, -springen. **3.** F ballern, schießen (***at*** auf *acc*). **4.** F sausen: ~ ***in*** auf e-n Sprung vorbeikommen; ~ ***off*** den Löffel weglegen (*sterben*); ~ ***up*** (plötzlich) auftauchen (*a. fig.*). **II** *v/t* **5.** zerknallen. **6.** F (schnell) stecken: ~ ***on*** *Hut* aufstülpen. **7.** ***he's*** ~***ped the question*** F er hat ihr e-n (Heirats)Antrag gemacht. **III** *s* **8.** Knall *m.* **9.** F Limo *f.*

pop² [~] **I** *s* Pop *m.* **II** *adj* a) Schlager...: ~ ***singer***; ~ ***song*** Schlager *m*, b) Pop...: ~ ***concert*** (***group, singer,*** *etc*).

pop³ [~] *s bsd. Am.* Papa *m*, Vati *m.*

'**pop·corn** *s* Popcorn *n.*

pope [pəʊp] *s eccl.* Papst *m*, Päpstin *f*: ~***'s nose*** *Am.* F Bürzel *m.*

'**pop|-eyed** *adj* F glotzäugig. '~**·gun** *s* Spielzeuggewehr *n*, -pistole *f.*

pop·lar ['pɒplə] *s* ⚘ Pappel *f.*

pop·lin ['pɒplɪn] *s* Popelin *m.*

pop·per ['pɒpə] *s bsd. Br.* F Druckknopf *m.*

pop·py ['pɒpɪ] *s* ⚘ Mohn *m.* '~**·cock** *s* F Quatsch *m.*

pop·u·lar ['pɒpjʊlə] *adj* (□ → ***popularly***) **1.** populär, beliebt: ***make o.s.*** ~ ***with*** sich bei *j-m* beliebt machen. **2.** weit verbreitet. **3.** populär, volkstümlich; allgemein *od.* leicht verständlich: ~ ***etymology*** *ling.* Volksetymologie *f*; ~ ***music*** volkstümliche Musik; ~ ***press*** Boulevardpresse *f.* **4.** volkstümlich (*Preise*): ~ ***edition*** Volksausgabe *f.* **5.** *bsd. pol.* Volks...: ~ ***front*** Volksfront *f.*

pop·u·lar·i·ty [ˌ~'lærətɪ] *s* Popularität *f*: a) Beliebtheit *f*, b) Volkstümlichkeit *f.*

pop·u·lar·ize ['~ləraɪz] *v/t* **1.** populär machen. **2.** allgemein verständlich darstellen.

'**pop·u·lar·ly** *adv* allgemein.

pop·u·late ['pɒpjʊleɪt] *v/t* bevölkern, besiedeln.

ˌ**pop·u'la·tion** *s* **1.** Bevölkerung *f*; Einwohnerschaft *f*: ~ ***density*** Bevölkerungsdichte *f*; ~ ***explosion*** Bevölkerungsexplosion *f*; ~ ***growth*** Bevölkerungswachstum *n.* **2.** (Gesamt)Bestand *m* (*an Tieren etc*).

pop·u·lous ['pɒpjʊləs] *adj* □ dicht besiedelt, bevölkert, (*Stadt*) einwohnerstark.

por·ce·lain ['pɔːsəlɪn] *s* Porzellan *n.*

porch [pɔːtʃ] *s* **1.** überdachter Vorbau, Vordach *n*, (*e-r Kirche etc*) Portal *n.* **2.** *Am.* Veranda *f.*

por·cu·pine ['pɔːkjʊpaɪn] *s zo.* Stachelschwein *n.*

pore¹ [pɔː] *s* Pore *f.*

pore² [~] *v/i*: ~ ***over*** vertieft sein in (*acc*), über *s-n Büchern etc* hocken.

pork [pɔːk] *s* Schweinefleisch *n.* ~ **chop** *s* Schweinekotelett *n.* ~ **cut·let** *s* Schweineschnitzel *n.*

pork·y ['pɔːkɪ] *adj* F fett, dick.

porn [pɔːn] → ***porno.***

por·no ['pɔːnəʊ] **I** *pl* **-nos** *s* **1.** Porno *m.* **2.** Porno(film) *m.* **II** *adj* **3.** Porno...

por·no·graph·ic [ˌpɔːnəʊ'græfɪk] *adj* (~***ally***) pornographisch.

por·nog·ra·phy [~'nɒgrəfɪ] *s* Pornographie *f.*

po·rous ['pɔːrəs] *adj* □ porös.

por·poise ['pɔːpəs] *s zo.* Tümmler *m.*

por·ridge ['pɒrɪdʒ] *s* Porridge *n, m*, Haferbrei *m.*

port¹ [pɔːt] *s* **1.** Hafen *m*: ***come into*** ~ einlaufen; ***leave*** ~ auslaufen; ***any*** ~ ***in a storm*** *fig.* in der Not frisst der Teufel Fliegen; ~ ***of call*** Anlaufhafen; ~ ***of discharge*** Ausladehafen *m*; ~ ***rates*** *pl* Hafengebühren *pl.* **2.** *a.* ~ ***city*** Hafenstadt *f.*

port² [~] *s* ✈, ⚓ Backbord *n.*

port³ [~] *s* Portwein *m.*

port⁴ [pɔːt] *s Computer*: Anschluss *m.*

port·a·ble ['pɔːtəbl] **I** *adj* tragbar: ~ ***PC*** portabler PC; ~ ***radio*** (***set***) → IIa; ~ ***television set*** → IIb; ~ ***typewriter*** → IIc. **II** *s* a) Kofferradio *n*, b) Portable *n*, tragbares Fernsehgerät, c) Koffer-, Reiseschreibmaschine *f.* ~ **pen·sion** *s* übertragbarer Rentenanspruch.

por·tal ['pɔːtl] *s* Portal *n.*

por·tend [pɔː'tend] *v/t* bedeuten, ankündigen.

por·ter¹ ['pɔːtə] *s* a) Pförtner(in): ~***'s lodge*** Pförtnerloge *f*, b) *bsd. Br.* Portier *m.*

por·ter² [~] *s* **1.** (Gepäck)Träger *m.* **2.** 🚂 *Am.* Schlafwagenschaffner(in).

'**por·ter·house (steak)** *s* Porterhousesteak *n.*

port·fo·li·o [ˌpɔːt'fəʊljəʊ] *pl* **-os** *s* **1.** (Akten-, Dokumenten)Mappe *f.* **2.** *pol.* Portefeuille *n*, Geschäftsbereich *m.* **3.** a) Portfolio *n* (*an Produkten etc*), b) Wertpapierbestand *m*, Portefeuille *n.*

'**port·hole** *s* ⚓ Bullauge *n.*

por·ti·co ['pɔːtɪkəʊ] *pl* **-co(e)s** *s* Säulenhalle *f.*

P

por·tion ['pɔːʃn] **I** *s* **1.** Teil *m*. **2.** Anteil *m* (**of** an *dat*). **3.** Portion *f* (*Essen*). **II** *v/t* **4.** ~ **out** auf-, verteilen (**among, between** unter *acc*).
port·ly ['pɔːtlɪ] *adj* beleibt, korpulent.
por·trait ['pɔːtreɪt] *s* **1.** *paint.* Porträt *n*, *phot. a.* Porträtaufnahme *f*: ~ **painter** Porträtmaler(in). **2.** Hochformat *n*.
'**por·trait·ist** *s* Porträtist(in), Porträtmaler(in) *od.* -fotograf(in).
por·trai·ture ['pɔːtrɪtʃə] *s* Porträtmalerei *f od.* -fotografie *f*.
por·tray [pɔː'treɪ] *v/t* **1.** porträtieren. **2.** *fig.* schildern, darstellen (**as** als). **3.** *thea. etc* darstellen, verkörpern.
por'tray·al *s* **1.** Schilderung *f*, Darstellung *f*. **2.** *thea. etc* Verkörperung *f*.
Por·tu·gal ['pɔːtʃʊgl] *npr* Portugal *n*.
Por·tu·guese [ˌpɔːtʃʊ'giːz] **I** *adj* **1.** portugiesisch. **II** *s* **2.** Portugiese *m*, Portugiesin *f*: **the** ~ *pl* die Portugiesen *pl*. **3.** *ling.* Portugiesisch *n*.
POS point of sale Verkaufsstelle *f*.
pose [pəʊz] **I** *s* **1.** Pose *f* (*a. fig.*), Positur *f*. **II** *v/t* **2.** aufstellen, in Positur stellen *od.* setzen. **3.** *fig. Problem, Frage* aufwerfen, *Bedrohung, Gefahr etc* darstellen (**for, to** für). **III** *v/i* **4.** sich aufstellen, sich in Positur stellen *od.* setzen. **5.** *paint.* Modell stehen *od.* sitzen (**for** *dat*); als (Maler- *od.* Foto)Modell arbeiten. **6.** sich ausgeben (**as** als).
posed *adj* gestellt (*Aufnahme*).
'**pos·er** *s* **1.** F harte Nuss. **2.** Wichtigtuer(in).
posh [pɒʃ] *adj* F piekfein, feudal: ~ **hotel** Nobelhotel *n*.
po·si·tion [pə'zɪʃn] **I** *s* **1.** Position *f*, Lage *f*, Standort *m*: ~ **of the sun** *ast.* Sonnenstand *m*; **in** (**out of**) ~ an der richtigen (falschen) Stelle. **2.** (*Körper*)Stellung *f*, Position *f*. **3.** Stelle *f*, Stellung *f* (**with, in** bei). **4.** a) Position *f* (*in e-m Beruf, Wettbewerb etc*), (Rang)Stellung *f*: **be in third** ~ in dritter Position *od.* auf dem dritten Platz liegen, b) (gesellschaftliche *od.* soziale) Stellung: **people** *pl* **of** ~ Leute *pl* von Rang. **5.** *fig.* Lage *f*, Situation *f*: **be in a** ~ **to do s.th.** in der Lage sein, et. zu tun. **6.** *fig.* (Sach)Lage *f*, Stand *m* (der Dinge): **legal** ~ Rechtslage. **7.** *fig.* Einstellung *f* (**on** zu): **what is your** ~ **on ...?** wie stehen Sie zu ...?; **take the** ~ **that** den Standpunkt vertreten, dass. **II** *v/t* **8.** (auf)stellen; *Polizisten etc* postieren. **9.** *Computer*: positionieren.
pos·i·tive ['pɒzətɪv] **I** *adj* □ **1.** *allg.* positiv: **he was** ~ ⚕ sein Befund war positiv; ~ **pole** ⚡ Pluspol *m*. **2.** ausdrücklich (*Befehl etc*), definitiv, fest (*Versprechen etc*). **3.** sicher, eindeutig (*Beweis etc*). **4.** greifbar, konkret; konstruktiv. **5. be** ~ sicher sein (**that** dass); **be** ~ **about** sich sicher sein (*gen*). **6.** F ausgesprochen, absolut. **II** *s* **7.** *phot.* Positiv *n*. **8.** *ling.* Positiv *m*.
pos·sess [pə'zes] *v/t* **1.** besitzen (*a. fig.*). **2.** *fig.* beherrschen (*Gedanke, Gefühl etc*): ~**ed with** (*od.* **by**) beherrscht *od.* erfüllt von; besessen von; **like a man** ~**ed** wie ein Besessener.
pos·ses·sion [pə'zeʃn] *s* **1.** Besitz *m*: **be in s.o.'s** ~ in j-s Besitz sein; **be in** (*od.* **have**) ~ **of** im Besitz sein von (*od. gen*); **come** (*od.* **get**) **into** ~ **of** in den Besitz gelangen von (*od. gen*); **take** ~ **of** Besitz ergreifen von, in Besitz nehmen. **2.** Besitz(tum *n*) *m*. **3.** *fig.* Besessenheit *f*.
pos'ses·sive [~sɪv] *adj* □ **1.** besitzgierig; (*Mutter etc*) Besitz ergreifend. **2.** *ling.* ~ **case** Genitiv *m*, zweiter Fall; ~ **adjective** attributives Possessivpronomen (*z.B.* **my** *car*); ~ **pronoun** substantivisches Possessivpronomen (*z.B. it is* **mine**).
pos'ses·sor *s* Besitzer(in).
pos·si·bil·i·ty [ˌpɒsə'bɪlətɪ] *s* Möglichkeit *f* (**of doing** zu tun).
'**pos·si·ble** *adj* möglich: **do everything** ~ alles tun, was e-m möglich ist; **make s.th.** ~ **for s.o.** j-m et. möglich machen *od.* ermöglichen; **if** ~ falls möglich.
'**pos·si·bly** *adv* **1.** möglicherweise, vielleicht. **2. when I** ~ **can** wenn ich irgend kann; **I can't** ~ **do this** ich kann das unmöglich tun; **how can I** ~ **do it?** wie kann ich es nur *od.* bloß machen?
pos·sum ['pɒsəm] F → **opossum**: **play** ~ sich tot *od.* schlafend *od.* dumm stellen.
post[1] [pəʊst] **I** *s* **1.** (*Tür-, Tor-, Ziel- etc*)Pfosten *m*, (*Laternen*)Pfahl *m*, (*Telegrafen- etc*)Mast *m*: → **pip**[3]. **II** *v/t* **2.** *a.* ~ **up** *Plakat etc* anschlagen, ankleben. **3.** *et.* durch Aushang bekannt geben: ~ (**as**) **missing** ✈, ⚓ als vermisst melden.
post[2] [~] **I** *s* **1.** *mil.* Posten *m*; Standort *m*, Garnison *f*. **2.** Posten *m*, Platz *m*: **at one's** ~ auf s-m Posten. **3.** Posten *m*, Stelle *f*. **II** *v/t* **4.** *Polizisten etc* aufstellen, postieren. **5.** *bsd. Br.* versetzen, *mil.* abkommandieren (**to** nach).
post[3] [~] **I** *s* **1.** *bsd. Br.* Post *f*: **by** ~ mit der *od.* per Post; **has the** ~ **been yet?** ist die Post schon da? **II** *v/t* **2.** *bsd. Br.* aufgeben; einwerfen; mit der Post (zu)senden. **3. keep s.o.** ~**ed** j-n auf dem Laufenden halten. **4.** (ver)buchen.
post·age ['pəʊstɪdʒ] *s* Porto *n*: **what is the** ~ **for a letter to ...?** wie viel kostet ein Brief nach ...?; ~**-paid envelope** Freiumschlag *m*. ~ **stamp** *s* Postwertzeichen *n*, Briefmarke *f*.
post·al ['pəʊstəl] **I** *adj* postalisch, Post...: ~

P

card *Am.* Postkarte *f*; **~ *charges*** *pl* Postgebühren *pl*; **~ *code*** Postleitzahl *f*; **~ *delivery zone*** Postzustellbezirk *m*; **~ *giro service*** Postscheckverkehr *m*; **~ *order*** Postanweisung *f*; **~ *scale*** Briefwaage *f*; **~ *service*** Postdienst *m*; **~ *transfer*** Postüberweisung *f*. **II** *s Am.* F Postkarte *f*.

'post|·box *s bsd. Br.* Briefkasten *m*. **'~card** *s* Postkarte *f*. **'~·code** *s Br. etwa* Postleitzahl *f*.

post·er ['pəʊstə] *s* Plakat *n*; Poster *m, n*: **~ *advertising*** Plakatwerbung *f*; **~ *design*** Plakatentwurf *m*; **~ *designer*** Plakatmaler(in).

poste res·tante [ˌpəʊst'restɑːnt] *bsd. Br.* **I** *s* Abteilung *f* für postlagernde Sendungen. **II** *adv* postlagernd.

pos·te·ri·or [pɒ'stɪərɪə] *s humor.* Allerwerteste *m*.

pos·ter·i·ty [pɒ'sterətɪ] *s* die Nachwelt.

ˌpost|-'free *adj u. adv bsd. Br.* portofrei, gebührenfrei. **~ horn** *s hist.* Posthorn *n*.

post·hu·mous ['pɒstjʊməs] *adj* □ post(h)um.

pos·til·(l)ion [pə'stɪljən] *s hist.* Postillion *m*.

post·ing ['pəʊstɪŋ] *s* Versetzung *f*.

post|·man ['pəʊstmən] *s* (*irr* ***man***) *bsd. Br.* Briefträger *m*, Postbote *m*. **'~·mark I** *s* Poststempel *m*. **II** *v/t* (ab)stempeln: ***be ~ed London*** in London abgestempelt sein. **'~ˌmas·ter** *s* Postamtsvorsteher *m*: ***Postmaster General*** Postminister(in).

post| me·rid·i·em [ˌpəʊstmə'rɪdɪəm] *adv* nachmittags (*abbr.* ***p.m.***): ***3 p.m.*** 15 Uhr. **ˌ~-'mod·ern** *adj* postmodern. **~-mor·tem** [ˌ~'mɔːtem] *s a.* **~ *examination*** Autopsie *f*, Obduktion *f*.

post| of·fice *s* Post(amt *n*) *f*: **~ *box*** Postfach *n*. **ˌ~'paid** → ***post-free.***

post·pone [ˌpəʊst'pəʊn] *v/t* verschieben (***to*** auf *acc*), aufschieben (***to*** auf *acc*; ***till, until*** bis): ***he ~ed seeing his doctor*** er verschob s-n Arztbesuch.

ˌpost'pone·ment *s* Aufschub *m*.

post·script ['pəʊsskrɪpt] *s* **1.** Postskript(um) *n*, Nachschrift *f*. **2.** Nachbemerkung *f* (*zu e-r Rede etc*).

pos·tu·late I *v/t* ['pɒstjʊleɪt] postulieren, (als gegeben) voraussetzen. **II** *s* ['~lət] Postulat *n*, Voraussetzung *f*.

pos·ture ['pɒstʃə] **I** *s* **1.** (Körper)Haltung *f*; Positur *f*, Stellung *f*. **2.** *fig.* Haltung *f* (***on*** in *dat*, zu). **II** *v/i* **3.** sich in Positur stellen *od.* setzen. **4.** *fig.* sich aufspielen.

post·war [ˌpəʊst'wɔː] *adj* Nachkriegs...

pot [pɒt] **I** *s* **1.** (*Blumen-, Koch- etc*)Topf *m*: ***big ~*** F großes *od.* hohes Tier; ***a ~ of money*** F e-e Menge Geld; ***he's got ~s of money*** F er hat Geld wie Heu; ***go to ~*** F auf den Hund kommen (*Person etc*); immer schlechter werden (*Sprachkenntnisse etc*); ins Wasser fallen (*Pläne etc*); ***keep the ~ boiling*** *fig.* sich über Wasser halten; die Sache in Schwung halten. **2.** (*Kaffee-, Tee*)Kanne *f*; Kännchen *n*, Portion *f* (*Tee etc*). **3.** *Sport*: F Pokal *m*. **4.** *Poker*: Pot *m*, Kasse *f*. **5.** F → ***potbelly.*** **6.** *sl.* Pot *n* (*Marihuana*). **II** *v/t* **7.** *Pflanze* eintopfen: ***~ted plant*** Topfpflanze *f*. **8.** *Fleisch* einmachen, *Fisch* einlegen. **9.** *Billard*: *Br.* einlochen. **10.** F *Kind* aufs Töpfchen setzen.

po·ta·ble ['pəʊtəbl] *adj* trinkbar.

po·tas·si·um [pə'tæsɪəm] *s* ⚗ Kalium *n*. **~ cy·a·nide** *s* Zyankali *n*.

po·ta·to [pə'teɪtəʊ] *pl* **-toes** *s* Kartoffel *f*, *österr.* Erdapfel *m*: ***hot ~*** F heißes Eisen. **~ bee·tle,** *bsd. Am.* **~ bug** *s zo.* Kartoffelkäfer *m*. **~ chips** *s pl Am.*, **~ crisps** *s pl Br.* Kartoffelchips *pl*. **~ peel·er** *s* Kartoffelschäler *m*. **~ sal·ad** *s* Kartoffelsalat *m*.

'pot|ˌbel·ly *s* Schmerbauch *m*. **'~ˌboil·er** *s contp.* rein kommerzielle Arbeit (*Buch etc*).

po·ten·cy ['pəʊtənsɪ] *s* **1.** Stärke *f*; Wirksamkeit *f*, Wirkung *f*. **2.** *physiol.* Potenz *f*.

'po·tent *adj* □ **1.** stark (*Medikament etc*). **2.** *fig.* überzeugend, zwingend (*Argument etc*). **3.** *physiol.* potent.

po·ten·tate ['~teɪt] *s* Potentat *m*.

po·ten·tial [~'tenʃl] **I** *adj* **1.** potenziell, möglich. **II** *s* **2.** Potenzial *n*, Leistungsfähigkeit *f*: ***have the ~ to be a top manager*** das Zeug zu e-m Spitzenmanager haben; **~ *for growth*** Wachstumspotential. **3.** ⚡ Spannung *f*.

po·ten·tial·ly [~'tenʃəlɪ] *adv* potenziell, möglicherweise.

'pot|·hole *s mot.* Schlagloch *n*. **'~·holed** *adj* voller Schlaglöcher.

po·tion ['pəʊʃn] *s* Trank *m*.

ˌpot|'luck *s*: ***take ~*** mit dem vorlieb nehmen, was es gerade (*zu essen*) gibt; *fig.* es probieren. **~ plant** *s* Topfpflanze *f*.

pot·pour·ri [ˌpəʊ'pʊərɪ] *s* ♪ Potpourri *n*, *fig. a.* Allerlei *n*, Kunterbunt *n*.

pot·ter¹ ['pɒtə] *v/i* **1.** schlendern. **2.** *a.* **~ *about*** (*od.* ***around***) herumwerkeln.

pot·ter² [~] *s* Töpfer(in): ***~'s wheel*** Töpferscheibe *f*.

'pot·ter·y *s* **1.** Töpferei *f*. **2.** Töpferware(n *pl*) *f*.

pot·ty¹ ['pɒtɪ] *adj bsd. Br.* F verrückt (***about*** nach).

pot·ty² [~] *s* Töpfchen *n*. **'~-trained** *adj* sauber.

pouch [paʊtʃ] *s* Beutel *m* (*a. zo.*); *anat.* (*Tränen*)Sack *m*; *zo.* (*Backen*)Tasche *f*.

poul·tice ['pəʊltɪs] *s* ⚕ (warmer) (*Senf- etc*)Umschlag *od.* (-)Wickel.

P

poul·try ['pəʊltrɪ] *s* Geflügel *n*.
pounce [paʊns] **I** *v/i* sich stürzen (***on*** auf *acc*) (*a. fig.*). **II** *s* Sprung *m*, Satz *m*.
pound[1] [paʊnd] *s* Pfund *n* (*Gewichts- u. Währungseinheit*): ***by the ~*** pfundweise; ***five-~ note*** Fünfpfundschein *m*.
pound[2] [~] *s* **1.** Tierheim *n*. **2.** Abstellplatz *m* für abgeschleppte Fahrzeuge.
pound[3] [~] **I** *v/t* **1.** zerstoßen, -stampfen (***to*** zu). **2.** trommeln *od.* hämmern auf (*acc*) *od.* an (*acc*) *od.* gegen. **II** *v/i* **3.** hämmern (***with*** vor *dat*) (*Herz*): ***~ at*** (*od.* ***on***) → 2. **4.** stampfen.
pour [pɔː] **I** *v/t* **1.** gießen, schütten: ***~ s.th. on o.s.*** sich mit et. übergießen; ***~ s.o. a cup of tea*** j-m e-e Tasse Tee eingießen; ***~ out*** ausgießen-, -schütten; *Getränke* eingießen, -schenken; *fig. Sorgen etc* ausbreiten (***to*** vor *dat*), *Herz* ausschütten (***to*** *dat*). **II** *v/i* **2.** strömen (*a. fig.*). **3.** ***it is ~ing down*** (*od.* ***~ing with rain***) es gießt in Strömen; ***in the ~ing rain*** im strömenden Regen.
pout [paʊt] **I** *v/i* e-n Schmollmund machen *od.* ziehen; schmollen. **II** *v/t Lippen* schürzen. **III** *s* Schmollmund *m*; Schmollen *n*: ***with a ~*** schmollend; ***be in a ~, have the ~s*** schmollen.
pov·er·ty ['pɒvətɪ] *s* Armut *f* (*a. fig.* ***of*** an *dat*): ***~ of ideas*** Ideenarmut. **~ line** *s* Armutsgrenze *f*. **'~-ˌstrick·en** *adj* arm, Not leidend.
POW [piːəʊ'dʌbljuː] ***prisoner of war*** Kriegsgefangene *m, f*.
pow·der ['paʊdə] **I** *s* **1.** (*Back-, Schieß- etc*)Pulver *n*. **2.** (*Gesichts- etc*)Puder *m*. **II** *v/t* **3.** pulverisieren: ***~ed milk*** Milchpulver *n*, Trockenmilch *f*; ***~ed sugar*** *Am.* Puderzucker *m*. **4.** *Baby etc* (ein-) pudern, sich *die Nase etc* pudern: ***~ one's nose*** *a. euphem.* mal verschwinden. **~ keg** *s fig.* Pulverfass *n*. **~ puff** *s* Puderquaste *f*.
pow·der·y ['paʊdərɪ] *adj* **1.** pulv(e)rig: ***~ snow*** Pulverschnee *m*. **2.** (ein)gepudert.
pow·er ['paʊə] **I** *s* **1.** Kraft *f*, Macht *f*, Vermögen *n*: ***do all in one's ~*** alles tun, was in s-r Macht steht; ***it was out of*** (*od.* ***not*** [***with***]***in, beyond***) ***his ~*** es stand nicht in s-r Macht (***to do*** zu tun). **2.** Kraft *f*, Energie *f*; *weitS.* Wucht *f*, Gewalt *f*. **3.** *mst pl hypnotische etc* Kräfte *pl*, *geistige etc* Fähigkeiten *pl*, (*Denk-, Konzentrations- etc*)Vermögen *n*. **4.** Macht *f*, Gewalt *f* (***over*** über *acc*): ***be in ~*** *pol.* an der Macht sein; ***be in s.o.'s ~*** in j-s Gewalt sein; ***come into ~*** *pol.* an die Macht kommen. **5.** *pol.* Gewalt *f* (*als Staatsfunktion*): → ***separation*** 2. **6.** *pol.*, ⚖ *etc* (Amts)Gewalt *f*; Befugnis *f*: ***give*** (***have***) ***full ~s*** Vollmacht geben (haben); ***~ of attorney*** Vollmacht *f*; ***~ of procuration*** Prokura *f*. **7.** *mst pl pol.* Macht *f* (*Staat*). **8.** Macht(faktor *m*) *f*, einflussreiche Stelle *od.* Person: ***the ~s*** *pl* ***that be*** F die *pl* da oben. **9.** 𝔄 Potenz *f*: ***raise to the third ~*** in die dritte Potenz erheben. **10.** ⚡ Strom *m*: ***~ failure*** Stromausfall *m*; ***~-fail protection*** Netzausfallschutz *m*. **II** *v/t* **11.** *tech.* antreiben. **'~-asˌsist·ed** *adj mot.* Servo... **'~·boat** *s* Rennboot *n*. **~ brake** *s mot.* Servobremse *f*. **'~-dress·ing** *s* Karrierelook *m*, durchgestyltes Outfit
pow·er·ful ['paʊəfʊl] *adj* □ **1.** stark (*a. fig.*), kräftig. **2.** mächtig, einflussreich.
'pow·er·less *adj* □ **1.** kraftlos. **2.** machtlos: ***be ~ to do s.th.*** nicht in der Lage sein, et. zu tun; ***be ~ to prevent s.th.*** nichts tun können, um et. zu verhindern.
pow·er| pack *s* ⚡ Netzteil *n*. **~ plant** → ***power station***. **~ point** *s* ⚡ *Br.* Steckdose *f*. **~ serve** *s Tennis*: Kanonenaufschlag *m*. **~ sta·tion** *s* Kraftswerk *n*. **~ steer·ing** *s mot.* Servolenkung *f*. **~ switch** *s electr.* Netzschalter *m*.
pow·wow ['paʊwaʊ] *s* F Besprechung *f*.
pox [pɒks] *s* ⚕ F Syph *f* (*Syphilis*).
pp. ***pages*** Seiten *pl*.
p.p. → ***per pro***(***c***).
PR [piː'ɑː] ***public relations*** PR *f*; ***~ department*** PR-Abteilung *f*.
prac·ti·ca·ble ['præktɪkəbl] *adj* □ **1.** durchführbar. **2.** passierbar (*Straße*).
prac·ti·cal ['præktɪkl] *adj* **1.** *allg.* praktisch: → ***purpose*** 1. **2.** praktisch denkend *od.* veranlagt. **3.** ***~ joke*** Streich *m*: ***play a ~ joke on s.o.*** j-m e-n Streich spielen.
prac·ti·cal·ly ['~klɪ] *adv* praktisch, so gut wie.
prac·tice ['præktɪs] **I** *s* **1.** Praxis *f*: ***in ~*** in der Praxis; ***put in***(***to***) ***~*** in die Praxis umsetzen. **2.** Übung *f*: ***in*** (***out of***) ***~*** in (aus) der Übung; ***keep in ~*** in der Übung bleiben; ***~ makes perfect*** Übung macht den Meister. **3.** (*Arzt- etc*)Praxis *f*. **4.** Brauch *m*, Gewohnheit *f*: ***~s*** *pl contp.* Praktiken *pl*; ***it is common ~*** es ist allgemein üblich; ***make it a ~*** es sich zur Gewohnheit machen (***to do*** zu tun). **II** *adj* **5.** Übungs..., Probe... **III** *v/t u. v/i* **6.** *Am.* → ***practise***.
prac·tise ['præktɪs] *bsd. Br.* **I** *v/t* **1.** *als Beruf* ausüben: ***~ law*** (***medicine***) als Anwalt (Arzt) praktizieren. **2.** (ein)üben. **3.** *Grundsätze etc* praktizieren, *Geduld etc* üben. **II** *v/i* **4.** (*als Anwalt od. Arzt*) praktizieren: ***practising Catholic*** praktizierender Katholik, praktizierende Katholikin. **5.** üben.
'prac·tised *adj* **1.** geübt (***at, in*** in *dat*): ***be ~ at doing s.th.*** darin geübt sein, et. zu tun. **2.** eingeübt, *contp. a.* gekünstelt.
prac·ti·tion·er [præk'tɪʃnə] *s*: ***medical ~*** → ***general practitioner***.

P

prag·mat·ic [præg'mætɪk] *adj* (*~ally*) pragmatisch.
prag·ma·tist ['~mətɪst] *s* Pragmatiker(in).
Prague [prɑːg] *npr* Prag *n*.
prai·rie ['preərɪ] *s* Prärie *f*. ~ **schoon·er** *s hist. Am.* Planwagen *m*.
praise [preɪz] **I** *v/t* loben (**for** wegen): → **sky**. **II** *s* Lob *n*. '~ˌ**wor·thy** *adj* □ lobenswert, löblich.
pram [præm] *s bsd. Br.* F Kinderwagen *m*.
prance [prɑːns] *v/i* **1.** tänzeln (*Pferd, Person*). **2.** stolzieren.
prank [præŋk] *s* Streich *m*: **play a ~ on s.o.** j-m e-n Streich spielen.
prat·tle ['prætl] *v/i a.* ~ **on** plappern (**about** von).
prawn [prɔːn] *s zo.* Garnele *f*.
pray [preɪ] *v/i* beten (**to** zu; **for** für, um). **prayer** [preə] *s* **1.** Gebet *n*: ~ **book** Gebetbuch *n*; ~ **mat** (*od.* **rug**) Gebetteppich *m*. **2.** *oft pl* Andacht *f*.
preach [priːtʃ] **I** *v/i* predigen (**to** zu, vor *dat*): ~ **to the converted** *fig.* offene Türen einrennen; ~ **at** (*od.* **to**) **s.o.** *fig.* j-m e-e Predigt halten (**about** wegen). **II** *v/t* predigen (*a. fig.*); *Predigt* halten.
'**preach·er** *s* Prediger(in).
pre·am·ble [priː'æmbl] *s* Einleitung *f*, ⚖ Präambel *f* (**to** zu).
pre·ar·range [ˌpriːə'reɪndʒ] *v/t* vorher abmachen *od.* vereinbaren.
pre·car·i·ous [prɪ'keərɪəs] *adj* □ prekär, unsicher.
pre·cau·tion [prɪ'kɔːʃn] *s* Vorkehrung *f*, Vorsichtsmaßnahme *f* (**against** gegen): **as a** ~ zur Vorsicht, vorsichtshalber.
pre'cau·tion·ar·y *adj* vorbeugend, Vorsichts...
pre·cede [ˌpriː'siːd] *v/t* **1.** voraus-, vorangehen (*dat*). **2.** (den) Vorrang haben vor (*dat*). **3.** ~ **s.th. with** (*od.* **by**) **s.th.** et. mit et. einleiten, et. e-r Sache vorausschicken.
prec·e·dence ['presɪdəns] *s* Vorrang *m*: **have** (*od.* **take**) ~ **over** → **precede** 2; **give** ~ **to** (den) Vorrang geben (*dat*).
prec·e·dent ['presɪdənt] *s* ⚖ Präzedenzfall *m* (*a. fig.*): **without** ~ ohne Beispiel, noch nie da gewesen; **set a** ~ e-n Präzedenzfall schaffen.
pre·cept ['priːsept] *s* Regel *f*, Richtlinie *f*.
pre·cinct ['priːsɪŋkt] *s* **1.** *pl* Gelände *n*; Umgebung *f*. **2.** (*Fußgänger*)Zone *f*, (*Einkaufs*)Viertel *n*. **3.** *Am.* (*Polizei*)Revier *n*; (*Wahl*)Bezirk *m*.
pre·cious ['preʃəs] **I** *adj* □ **1.** kostbar, wertvoll (*beide a. fig.*). **2.** Edel...: ~ **stone**; ~ **metals**. **II** *adv* **3.** ~ **little** F herzlich wenig.
prec·i·pice ['presɪpɪs] *s* Abgrund *m* (*a. fig.*).
pre·cip·i·tate [prɪ'sɪpɪteɪt] **I** *v/t* **1.** (hinunter-, herunter)schleudern; *fig.* stürzen (**into** in *acc*). **2.** *fig. Ereignis* beschleunigen. **3.** ⚗ ausfällen. **II** *v/i* **4.** ⚗ ausfallen. **III** *adj* [~tət] **5.** überstürzt. **IV** *s* **6.** ⚗ Niederschlag *m*.
preˌcip·i'ta·tion *s* **1.** Überstürzung *f*. **2.** *meteor.* Niederschlag *m*. **3.** ⚗ Ausfällung *f*.
pre'cip·i·tous *adj* □ **1.** steil (abfallend). **2.** *fig.* überstürzt.
pré·cis ['preɪsiː] **I** *pl* **-cis** ['~siːz] *s* Zs.-fassung *f*. **II** *v/t* zs.-fassen.
pre·cise [prɪ'saɪs] *adj* **1.** genau, präzis: **to be** ~ genau gesagt. **2.** gewissenhaft.
pre'cise·ly *adv* **1.** → **precise**. **2.** ~! genau!
pre·ci·sion [~'sɪʒn] **I** *s* Genauigkeit *f*, *a. tech.* Präzision *f*. **II** *adj tech.* Präzisions..., Fein...: ~ **instrument** Präzisionsinstrument *n*.
pre·clude [prɪ'kluːd] *v/t* **1.** *et.* ausschließen. **2.** ~ **s.o. from doing s.th.** j-n (daran) hindern, et. zu tun.
pre·co·cious [prɪ'kəʊʃəs] *adj* □ frühreif.
pre'co·cious·ness, pre·coc·i·ty [~'kɒsətɪ] *s* Frühreife *f*.
pre·con·ceived [ˌpriːkən'siːvd] *adj* vorgefasst.
pre·con·cep·tion [ˌ~'sepʃn] *s* vorgefasste Meinung (**about** über *acc*).
pre·con·di·tion [ˌpriːkən'dɪʃn] *s* Vorausbedingung *f*, Voraussetzung *f*.
pre·cook [ˌpriː'kʊk] *v/t* vorkochen.
pre·cur·sor [ˌpriː'kɜːsə] *s* (**of, to** *gen*) **1.** Vorläufer(in). **2.** Vorbote *m*, -botin *f*.
pre·date [priː'deɪt] *v/t Brief etc* zurückdatieren.
pred·a·to·ry ['predətərɪ] *adj* räuberisch: ~ **animal** Raubtier *n*.
pre·de·ces·sor ['priːdɪsesə] *s* Vorgänger(in): ~ **in office** Amtsvorgänger(in).
pre·des·ti·na·tion [priːˌdestɪ'neɪʃn] *s eccl. u. weitS.* Prädestination *f*, Vorherbestimmung *f*.
ˌ**pre'des·tined** *adj* prädestiniert, vorherbestimmt (**to** für, zu): **be ~ to failure** (*od.* **fail**) (von vornherein) zum Scheitern verurteilt sein; **he was ~ to do s.th.** es war ihm vorherbestimmt, et. zu tun.
pre·de·ter·mine [ˌpriːdɪ'tɜːmɪn] *v/t* **1.** vorherbestimmen. **2.** → **prearrange**.
pre·dic·a·ment [prɪ'dɪkəmənt] *s* missliche Lage, Zwangslage *f*.
pred·i·cate ['predɪkət] *s ling.* Prädikat *n*, Satzaussage *f*.
pre·dic·a·tive [prɪ'dɪkətɪv] *adj* □ prädikativ.
pre·dict [prɪ'dɪkt] *v/t* vorher-, voraussagen.
pre'dic·tion *s* Vorher-, Voraussage *f*: **against all ~s** entgegen allen Voraussagen.
pre·di·lec·tion [ˌpriːdɪ'lekʃn] *s* Vorliebe *f* (**for** für).

pre·dis·pose [ˌpriːdɪˈspəʊz] *v/t* **1.** geneigt machen, einnehmen (***in favo[u]r of*** für). **2.** *bsd.* ⚕ anfällig machen (***to*** für).

ˈpreˌdis·poˈsi·tion [~pəˈzɪʃn] *s* (***to***) Neigung *f* (zu), *bsd.* ⚕ *a.* Anfälligkeit *f* (für).

pre·dom·i·nant [prɪˈdɒmɪnənt] *adj* □ (vor)herrschend, überwiegend.

preˈdom·i·nate [~neɪt] *v/i* **1.** vorherrschen, -wiegen, überwiegen. **2.** überlegen sein; die Oberhand *od.* das Übergewicht haben (***over*** über *acc*).

pre·em·i·nent [ˌpriːˈemɪnənt] *adj* □ hervor-, überragend.

pre·emp·tion [ˌpriːˈempʃn] *s a.* ~ ***right*** Vorkaufsrecht *n*.

pre·emp·tive [ˌpriːˈemptɪv] *adj* **1.** ~ ***right*** Vorkaufsrecht *n*. **2.** ~ ***strike*** *mil.* Präventivschlag *m*.

preen [priːn] *v/t sich, das Gefieder* putzen (*Vogel*): ~ ***o.s.*** sich herrichten (*Person*).

pre·fab [ˈpriːfæb] *s* F Fertighaus *n*.

ˌpreˈfab·ri·cate [~rɪkeɪt] *v/t* vorfabrizieren, -fertigen: **~*d house*** Fertighaus *n*.

pref·ace [ˈprefɪs] **I** *s* Vorwort *n* (***to*** zu). **II** *v/t Rede, Buch etc* einleiten (***with*** mit).

pre·fer [prɪˈfɜː] *v/t* vorziehen (***to*** *dat*), lieber mögen (***to*** als), bevorzugen: ***I ~ meat to fish*** Fleisch ist mir lieber als Fisch; ~ ***listening to talking*** lieber zuhören als reden; ***I'd ~ to stay at home*** ich bliebe lieber zu Hause; ***I'd ~ you not to go*** es wäre mir lieber, wenn du nicht gingst; **~*red creditor*** bevorrechtigter Gläubiger; **~*red debt*** bevorrechtigte Forderung.

pref·er·a·ble [ˈprefərəbl] *adj*: ***be ~*** (***to***) vorzuziehen sein (*dat*), besser sein (als).

ˈpref·er·a·bly *adv* vorzugsweise, lieber, am liebsten.

ˈpref·er·ence *s* **1.** Bevorzugung *f*, Vorzug *m*: ***give s.o. ~*** (***over***) j-m den Vorzug geben (gegenüber); ***what is your ~?*** was möchtest du lieber? **2.** Vorliebe *f* (***for*** für).

pref·er·en·tial [ˌ~ˈrenʃl] *adj* □ bevorzugt, Vorzugs...: ~ ***creditor*** bevorrechtigter Gläubiger; ~ ***debt*** bevorrechtigte Forderung; ~ ***duty*** Präferenzzollsatz *m*; ~ ***tariff*** Präferenz-, Vorzugszoll *m*.

pre·fix I *s* [ˈpriːfɪks] **1.** *ling.* Präfix *n*, Vorsilbe *f*. **2.** *Am. teleph.* Vorwahl *f*. **II** *v/t* [ˌpriːˈːfɪks] **3.** *ling. e-m Wort* e-e Vorsilbe voranstellen. **4.** *Bemerkung etc* voranstellen (***to*** *dat*).

pre-for·mat·ted *adj* vorformatiert: ~ ***diskette*** vorformatierte Diskette.

preg·nan·cy [ˈpregnənsɪ] *s* Schwangerschaft *f*; *zo.* Trächtigkeit *f*: ~ ***test*** Schwangerschaftstest *m*.

ˈpreg·nant *adj* □ schwanger; *zo.* trächtig: ***she's four months ~*** sie ist im vierten Monat schwanger; ~ ***with meaning*** *fig.* bedeutungsschwer, -voll.

pre·heat [ˌpriːˈhiːt] *v/t* vorheizen.

pre·his·tor·ic [ˌpriːhɪˈstɒrɪk] *adj* (**~*ally***) prähistorisch, vorgeschichtlich.

pre·judge [ˌpriːˈdʒʌdʒ] *v/t j-n* vorverurteilen: ~ ***the issue*** sich vorschnell e-e Meinung bilden.

prej·u·dice [ˈpredʒʊdɪs] **I** *s* **1.** Vorurteil *n*, Voreingenommenheit *f*, *bsd.* ⚖ Befangenheit *f*: ***have a ~ against*** Vorurteile haben *od.* voreingenommen sein gegen. **2.** ***to the ~ of*** zum Nachteil *od.* Schaden (*gen*); ***without ~ to*** *bsd.* ⚖ unbeschadet. **II** *v/t* **3.** einnehmen (***in favo[u]r of*** für; ***against*** gegen): **~*d*** (vor)eingenommen, *bsd.* ⚖ befangen. **4.** schaden (*dat*), beeinträchtigen.

prej·u·di·cial [ˌ~ˈdɪʃl] *adj* □ (***to***) abträglich (*dat*), schädlich (für): ***be ~ to*** → ***prejudice*** 4; ~ ***to health*** gesundheitsschädlich.

pre·lim·i·nar·y [prɪˈlɪmɪnərɪ] **I** *adj* Vor...: ~ ***costing*** Vorkalkulation *f*; ~ ***discussion*** Vorbesprechung *f*; ~ ***estimate*** Kostenvoranschlag *m*; ~ ***measures*** *pl* vorbereitende Maßnahmen *pl*; ~ ***round*** (*Sport*) Vorrunde *f*. **II** *s pl* Vorbereitungen *pl*, vorbereitende Maßnahmen *pl*.

prel·ude [ˈpreljuːd] *s* ♪ Vorspiel *n* (***to*** zu) (*a. fig.*); Präludium *n*.

pre·mar·i·tal [ˌpriːˈmærɪtl] *adj* □ vorehelich.

pre·ma·ture [ˈpreməˌtjʊə] *adj* □ **1.** vorzeitig, verfrüht: ***be four weeks ~*** vier Wochen zu früh auf die Welt kommen; ~ ***baby*** Frühgeburt *f*; ~ ***retirement*** vorzeitige Pensionierung. **2.** *fig.* voreilig.

pre·med·i·tat·ed [ˌpriːˈmedɪteɪtɪd] *adj* vorsätzlich.

preˌmed·iˈta·tion *s* Vorsatz *m*: ***with ~*** vorsätzlich.

pre·mi·er [ˈpremjə] *s* Premier(minister) *m*, -ministerin *f*.

prem·i·ere, prem·i·ère [ˈpremɪeə] **I** *s* Premiere *f*, Ur-, Erstaufführung *f*. **II** *v/t* ur-, erstaufführen.

prem·is·es [ˈpremɪsɪz] *s pl* Gelände *n*, Grundstück *n*; Räumlichkeiten *pl*, (*Geschäfts*)Räume *pl*: ***on the ~*** an Ort u. Stelle, im Haus *od.* Lokal.

pre·mi·um [ˈpriːmjəm] *s* **1.** Prämie *f*, Bonus *m*: ~ ***bond*** Sparprämienanleihe *f*; ~ ***pay*** Lohnzuschlag *m*, Prämienzahlung *f*; ***be at a ~*** über pari stehen, *fig.* hoch im Kurs stehen; ***put a ~ on*** *fig.* sehr viel Wert legen auf (*acc*); fördern. **2.** *econ.* Agio *n*, Aufgeld *n*. **3.** *mot. Am.* F Super *n*. **~ brand** *s* Marke *f* bester Qualität. **~ gas·o·line** *s mot. Am.* Superbenzin *n*.

pre·mo·ni·tion [ˌpreməˈnɪʃn] *s* (böse) Vorahnung.

pre·na·tal [ˌpriːˈneɪtl] → ***antenatal.***
pre·oc·cu·pa·tion [priːˌɒkjʊˈpeɪʃn] *s* Beschäftigung *f* (***with*** mit): ***he's got so many ~s that*** er hat so viele Dinge im Kopf, dass.
ˌpreˈoc·cu·pied [~paɪd] *adj* gedankenverloren, geistesabwesend.
ˌpreˈoc·cu·py [~paɪ] *v/t* (stark) beschäftigen.
pre·or·dain [ˌpriːɔːˈdeɪn] *v/t* vorherbestimmen: ***his success was ~ed, he was ~ed to succeed*** sein Erfolg war ihm vorherbestimmt.
prep [prep] *s Br.* F Hausaufgabe(n *pl*) *f*: ***do one's ~*** s-e Hausaufgaben machen.
pre·paid [ˌpriːˈpeɪd] *adj* ✉ frankiert, freigemacht: ***~ envelope*** Freiumschlag *m*; ***~ expenses*** *pl* Vorauszahlungen *pl.*
prep·a·ra·tion [ˌprepəˈreɪʃn] *s* **1.** Vorbereitung *f* (***for*** auf *acc*, für): ***be in ~*** in Vorbereitung sein; ***make ~s*** Vorbereitungen treffen. **2.** Zubereitung *f*. **3.** ⚗, ⚕ Präparat *n*.
pre·par·a·to·ry [prɪˈpærətərɪ] *adj* □ **1.** vorbereitend, Vor(bereitungs)... **2.** ***~ to*** vor (*dat*): ***~ to doing s.th.*** bevor *od.* ehe man et. tut. ***~ school*** *s Br. private Vorbereitungsschule auf das College*; *Am. private Vorbereitungsschule auf die High-School.*
pre·pare [prɪˈpeə] **I** *v/t* **1.** *Fest, Rede etc* vorbereiten; *j-n* (*a. seelich*) vorbereiten (***for*** auf *acc*): ***~ o.s. for*** sich gefasst machen auf. **2.** anfertigen; *Speise etc* zubereiten. **II** *v/i* **3.** ***~ for*** sich vorbereiten auf (*acc*); Vorbereitungen treffen für; sich gefasst machen auf (*acc*).
preˈpared *adj* **1.** vorbereitet (*Erklärung etc*). **2.** bereit, gewillt (***to do*** zu tun). **3.** gefasst, vorbereitet (***for*** auf *acc*; ***to do*** darauf, zu tun).
preˈpared·ness *s* Bereitschaft *f*.
pre·pay·ment [ˌpriːˈpeɪmənt] *s* Vorauszahlung *f*: ***~ of taxes*** Steuervorauszahlung.
pre·pon·der·ance [prɪˈpɒndərəns] *s fig.* Übergewicht *n*.
preˈpon·der·ant *adj* □ überwiegend: ***be ~ → preponderate.***
preˈpon·der·ate [~reɪt] *v/i* überwiegen; überlegen sein (***over*** *dat*).
prep·o·si·tion [ˌprepəˈzɪʃn] *s ling.* Präposition *f*, Verhältniswort *n*.
pre·pos·sess [ˌpriːpəˈzes] *v/t*: ***be ~ed by*** eingenommen sein von.
ˌpre·posˈsess·ing *adj* □ einnehmend.
pre·pos·ter·ous [prɪˈpɒstərəs] *adj* □ **1.** absurd. **2.** lächerlich, lachhaft.
prep·py [ˈprepɪ] *adj* □ adrett.
prep school F → ***preparatory school.***
pre·puce [ˈpriːpjuːs] *s anat.* Vorhaut *f*.
pre·re·cord·ed [ˌpriːrɪˈkɔːdɪd] *adj* bespielt (*Musik-, Videokassette*).
pre·req·ui·site [ˌpriːˈrekwɪzɪt] *s* Voraussetzung *f* (***for, of, to*** für).
pre·re·tire·ment *s* Vorruhestand *m*, vorzeitige Pensionierung *f*.
pre·rog·a·tive [prɪˈrɒgətɪv] *s* Vorrecht *n*.
Pres. ***president*** Präsident(in).
Pres·by·te·ri·an [ˌprezbɪˈtɪərɪən] **I** *adj* presbyterianisch. **II** *s* Presbyterianer(in).
pre·school [ˌpriːˈskuːl] *adj* vorschulisch: ***of ~ age*** im Vorschulalter; ***~ child*** Vorschulkind *n*.
pre·scribe [prɪˈskraɪb] *v/t* **1.** *et.* vorschreiben. **2.** ⚕ *j-m et.* verschreiben, -ordnen (***for*** gegen).
pre·scrip·tion [prɪˈskrɪpʃn] *s* **1.** Vorschrift *f*. **2.** ⚕ verordnete Medizin; Rezept *n*: ***available only on ~*** rezeptpflichtig. ***~ charge*** *s* Rezeptgebühr *f*.
pre·sea·son *s* Vorsaison *f*.
pres·ence [ˈprezns] *s* Gegenwart *f*, Anwesenheit *f*: ***in the ~ of*** in Gegenwart *od.* in Anwesenheit *od.* im Beisein von (*od. gen*), vor *Zeugen*; ***make one's ~ felt*** *fig.* sich bemerkbar *od.* auf sich aufmerksam machen; ***~ of mind*** Geistesgegenwart *f*.
pres·ent¹ [ˈpreznt] **I** *adj* (□ → ***presently***) **1.** anwesend (***at*** bei); vorhanden: → ***company*** 2. **2.** gegenwärtig, jetzig, derzeitig: ***at the ~ moment*** zum gegenwärtigen Zeitpunkt; ***in the ~ case*** im vorliegenden Fall. **3.** *ling.* ***~ participle*** Partizip *n* Präsens, Mittelwort *n* der Gegenwart; ***~ perfect*** Perfekt *n*, zweite Vergangenheit; ***~ tense*** Präsens *n*, Gegenwart *f*. **II** *s* **4.** Gegenwart *f*, *ling. a.* Präsens *n*: ***at ~*** gegenwärtig, zurzeit; ***for the ~*** vorerst, -läufig, einstweilen.
pre·sent² [prɪˈzent] *v/t* **1.** präsentieren (***to*** *dat*): a) (über)reichen, (-)bringen, (-)geben: ***~ s.th. to s.o., ~ s.o. with s.th.*** *a.* j-m et. schenken, b) vorbringen, -legen, unterbreiten, c) zeigen, vorführen, *thea. etc* aufführen, d) schildern, darstellen, e) *j-n, Produkt etc* vorstellen, f) *Programm etc* moderieren. **2.** *Sicht, Ziel, Möglichkeit etc* bieten, *Schwierigkeit etc* darstellen, bieten: ***if the chance ~s itself*** wenn sich die Chance bietet; ***this ~s no problem*** (***to him***) das ist kein Problem (für ihn). **3.** ***~ o.s.*** sich einfinden (*Person*); ***~ itself*** sich einstellen (*Gedanke etc*).
pres·ent³ [ˈpreznt] *s* Geschenk *n*: ***make s.o. a ~ of s.th.*** j-m et. schenken (*a. fig.*).
pre·sent·a·ble [prɪˈzentəbl] *adj* □ vorzeigbar (*Person*): ***be ~*** sich sehen lassen können (*a. Sache*); ***make o.s. ~*** sich zurechtmachen.
pres·en·ta·tion [ˌprezənˈteɪʃn] *s* Präsentation *f*: a) Überreichung *f*, -gabe *f*, b) Unterbreitung *f*, c) Vorführung *f*, *thea. etc* Aufführung *f*, d) Schilderung *f*, Darstellung *f*, e) Vorstellung *f*, f) *Rundfunk, TV*: Moderation *f*.

P

ˌ**pres·ent-'day** *adj* heutig, gegenwärtig.

pre·sent·er [prɪ'zentə] *s Rundfunk, TV*: *Br*. Moderator(in).

pre·sen·ti·ment [prɪ'zentɪmənt] *s* (böse) Vorahnung.

pres·ent·ly ['prezntlɪ] *adv* **1.** in Kürze, bald. **2.** *bsd. Am.* gegenwärtig, derzeit.

pres·er·va·tion [ˌprezə'veɪʃn] *s* **1.** Bewahrung *f*; Erhaltung *f*: ***in a good state of ~*** gut erhalten; ***there is a ~ order on this building*** *bsd. Br.* dieses Gebäude steht unter Denkmalschutz. **2.** Konservierung *f*.

pre·serv·a·tive [prɪ'zɜːvətɪv] *s* Konservierungsmittel *n*.

pre·serve [prɪ'zɜːv] **I** *v/t* **1.** bewahren, (be)schützen (***from*** vor *dat*). **2.** bewahren, erhalten. **3.** konservieren, *Obst etc* einmachen, -kochen. **II** *s* **4.** *mst pl* Eingemachte *n*: ***strawberry ~s*** eingemachte Erdbeeren *pl*. **5.** (*Jagd*)Revier *n*. **6.** *fig.* Revier *n*, Ressort *n*.

pre·side [prɪ'zaɪd] *v/i* den Vorsitz führen *od.* haben (***at, over*** bei): ***~ at a meeting*** *a.* e-e Versammlung leiten.

pres·i·den·cy ['prezɪdənsɪ] *s pol.* Präsidentschaft *f*; Amtszeit *f* (*e-s Präsidenten*).

'**pres·i·dent** *s* **1.** Präsident(in) (*a. pol.*). **2.** Vorsitzende *m, f*. **3.** *univ. bsd. Am.* Rektor(in).

pres·i·den·tial [ˌ~'denʃl] *adj pol.* Präsidenten..., Präsidentschafts...

press [pres] **I** *v/t* **1.** drücken, pressen: ***~ s.o.'s hand*** j-m die Hand drücken. **2.** drücken auf (*e-n Knopf etc*), *Pedal etc* niederdrücken. **3.** *Frucht* (aus)pressen. **4.** *Schallplatte* pressen. **5.** bügeln; *Blumen* pressen. **6.** (*zurück- etc*)drängen: ***~ back.*** **7.** *j-n* (be)drängen (***to do*** zu tun): ***be ~ed for time*** unter Zeitdruck stehen, in Zeitnot sein. **8.** ***~ s.th. on s.o.*** j-m et. aufdrängen *od.* -nötigen. **9.** bestehen auf (*dat*): ***~ the point*** darauf bestehen; ***~ home*** *Forderung etc* durchsetzen; *Vorteil* ausnützen. **II** *v/i* **10.** drücken. **11.** drängen (*Zeit etc*): ***~ for*** drängen auf (*acc*). **12.** (sich) (*vorwärts etc*)drängen: ***~ forward; ~ on*** (*od.* ***ahead***) *fig.* weitermachen (***with*** mit). **III** *s* **13.** (*Frucht- etc*)Presse *f*; Spanner *m* (*für Tennisschläger etc*). **14.** (*Drucker*)Presse *f*: ***be in*** (***the***) ~ in Druck sein; ***go to ~*** in Druck gehen; ***pass s.th for ~*** das Imprimatur erteilen für. **15.** ***give s.th. a ~*** et. drücken. **16.** Presse *f*: ***have a good*** (***bad***) ***~*** e-e gute (schlechte) Presse haben.

press| a·gen·cy *s* Presseagentur *f*. **~ box** *s* Pressetribüne *f*: ***in the ~*** auf der Pressetribüne. **~ card** *s* Presseausweis *m*. **~ clip·ping** *s bsd. Am.* Zeitungsausschnitt *m*. **~ con·fer·ence** *s* Pressekonferenz *f*: ***at a ~*** auf e-r Pressekonferenz. **~ cut·ting** *s bsd. Br.* Zeitungsausschnitt *m*. **~ gal·ler·y** *s parl.* Pressetribüne *f*: ***in the ~*** auf der Pressetribüne.

press·ing ['presɪŋ] *adj* □ **1.** dringend. **2.** eindringlich.

press| pho·tog·ra·pher *s* Pressefotograf(in). **~ re·lease** *s* Pressemitteilung *f*. **~ stud** *s bsd. Br.* Druckknopf *m*. '**~-up** *s Br.* Liegestütz *m*: ***do a ~*** e-n Liegestütz machen.

pres·sure ['preʃə] **I** *s phys., tech., etc* Druck *m*: ***~ on costs*** *econ.* Kostendruck; ***under ~*** *fig.* unter Druck; ***bring ~ to bear on, put ~ on*** *fig.* Druck ausüben auf (*acc*); ***work at high ~*** *fig.* mit Hochdruck arbeiten. **II** *v/t bsd. Am.* → ***pressurize*** 2. **~ cab·in** *s* ✈ Druck(ausgleichs)kabine *f*. **~ cook·er** *s* Schnellkochtopf *m*. **~ group** *s pol.* Interessengruppe *f*. '**~-ˌsen·si·tive** *adj* □ ⚘ *etc* druckempfindlich.

pres·sur·ize ['preʃəraɪz] *v/t* **1.** ***~d cabin*** → ***pressure cabin.*** **2.** *fig. bsd. Br. j-n* unter Druck setzen (***to do s.th.*** damit er et. tut): ***~ s.o. into doing s.th.*** j-n so lange unter Druck setzen, bis er et. tut.

pres·tige [pre'stiːʒ] *s* Prestige *n*, Ansehen *n*.

pres·tig·ious [pre'stɪdʒəs] *adj* □ renommiert.

pres·to ['prestəʊ] *adv*: ***hey ~*** Hokuspokus (Fidibus).

pre·sum·a·ble [prɪ'zjuːməbl] *adj* □ vermutlich.

pre'sume **I** *v/t* **1.** annehmen, vermuten. **2.** sich erdreisten *od.* anmaßen (***to do*** zu tun). **II** *v/i* **3.** → 1. **4.** anmaßend *od.* aufdringlich sein: ***~ on*** *et.* ausnützen *od.* missbrauchen.

pre'sum·ing *adj* □ anmaßend.

pre·sump·tion [prɪ'zʌmpʃn] *s* **1.** Annahme *f*, Vermutung *f*. **2.** Anmaßung *f*.

pre'sump·tu·ous [~tʃʊəs] *adj* □ anmaßend.

pre·sup·pose [ˌpriːsə'pəʊz] *v/t* voraussetzen (***that*** dass).

pre·sup·po·si·tion [ˌ~sʌpə'zɪʃn] *s* Voraussetzung *f*.

ˌ**pre'tax** *adj* vor Abzug der Steuern, Brutto...: ***~ profit*** Gewinn *m* vor Steuern.

pre·tence [prɪ'tens] *s* **1.** Heuchelei *f*, Verstellung *f*: ***his friendliness is only ~*** s-e Freundlichkeit ist nur gespielt; ***make a ~ of doing s.th.*** so tun, als tue man et. **2.** ***under false ~s*** unter falschen Voraussetzungen. **3.** Anspruch *m* (***to*** auf *acc*): ***make no ~ to*** keinen Anspruch erheben auf.

pre·tend [prɪ'tend] **I** *v/t* **1.** vorgeben, -schützen, -täuschen: ***~ sleep*** (*od.* ***to be asleep***) sich schlafend stellen. **2.** behaupten (***to do*** zu tun). **II** *v/i* **3.** sich verstellen: ***he's only ~ing*** er tut nur so. **4.** Anspruch erheben (***to*** auf *acc*).

pre'tend·ed *adj* vorgetäuscht, gespielt.

pre·tense *Am.* → ***pretence.***
pre·ten·sion [prɪ'tenʃn] *s* **1.** *oft pl* Anspruch *m* (**to** auf *acc*): ***make no ~s to*** keinen Anspruch erheben auf. **2.** Anmaßung *f.*
pre·ten·tious [prɪ'tenʃəs] *adj* □ anmaßend.
pre'ten·tious·ness *s* Anmaßung *f.*
pret·er·ite ['pretərət] *s ling.* Präteritum *n*, (erste) Vergangenheit.
pre·text ['priːtekst] *s* Vorwand *m*: ***on*** (*od.* ***under***) ***the ~*** unter dem Vorwand (***of doing*** zu tun).
pret·ty ['prɪtɪ] **I** *adj* □ hübsch, *iro. a.* schön: → ***penny.*** **II** *adv* F ziemlich, ganz schön: ***~ cold***; ***~ good*** recht *od.* ganz gut; ***~ much the same thing*** so ziemlich dasselbe; ***be sitting ~*** F (*finanziell etc*) gut dastehen.
pre·vail [prɪ'veɪl] *v/i* **1.** vorherrschen, weit verbreitet sein. **2.** (***over, against***) siegen (über *acc*), sich durchsetzen (gegen). **3.** ***~ on s.o. to do s.th.*** j-n dazu bewegen, et. zu tun.
pre'vail·ing *adj* (vor)herrschend.
prev·a·lence ['prevələns] *s* Vorherrschen *n*, weite Verbreitung.
'prev·a·lent *adj* □ vorherrschend, weit verbreitet.
pre·var·i·cate [prɪ'værɪkeɪt] *v/i* Ausflüchte machen.
pre͵var·i'ca·tion *s* Ausflucht *f.*
pre·vent [prɪ'vent] *v/t* **1.** verhindern, -hüten, *e-r Sache* vorbeugen. **2.** (***from***) *j-n* hindern (an *dat*), abhalten (von): ***~ s.o.*** (***from***) ***doing s.th.*** j-n (daran) hindern *od.* davon abhalten, et. zu tun.
pre'ven·tion *s* (***of***) Verhinderung *f*, -hütung *f* (von), Vorbeugung *f* (gegen): ***~ of accidents*** Unfallverhütung; ***~ is better than cure*** Vorbeugen ist besser als Heilen.
pre'ven·tive *adj* vorbeugend.
pre·view ['priːvjuː] *s* **1.** *Film, TV*: Voraufführung *f*; Vorbesichtigung *f* (*e-r Ausstellung etc*), *paint.* Vernissage *f.* **2.** *Film, TV, a. allg.* Vorschau *f* (***of*** auf *acc*).
pre·vi·ous ['priːvjəs] *adj* **1.** vorher-, vorausgehend, vorherig: ***~ conviction*** ⚖ Vorstrafe *f*; ***have a ~ conviction*** vorbestraft sein; ***on the ~ day*** am Tag davor, am Vortag; ***on a ~ occasion*** bei e-r früheren Gelegenheit; ***~ owner*** Vorbesitzer(in). **2.** ***~ to*** vor (*dat*): ***~ to doing s.th.*** bevor man et. tut.
'pre·vi·ous·ly *adv* früher, vorher.
pre·war [͵priː'wɔː] *adj* Vorkriegs...
prey [preɪ] **I** *s* Beute *f*, Opfer *n* (*e-s Raubtiers*; *a. fig.*): ***be easy ~ for*** (*od.* ***to***) e-e leichte Beute sein für; → ***beast*** 1, ***bird*** 1. **II** *v/i*: ***~ on*** a) *zo.* Jagd machen auf (*acc*), b) *fig.* nagen an (*dat*): ***~ on s.o.'s mind*** j-m keine Ruhe lassen, c) *fig. j-n* ausnehmen.
price [praɪs] **I** *s* **1.** Preis *m* (*a. fig.*), (*Börse*) Kurs *m*: ***what is the ~ of ...?*** was *od.* wie viel kostet ...?; ***at the ~ of*** zum Preis von; ***at a ... price*** zu e-m *günstigen etc* Preis; ***at a ~*** für entsprechendes Geld; (***not***) ***at any ~*** *bsd. fig.* um jeden (keinen) Preis; ***be above*** (*od.* ***beyond, without***) ***~*** *fig.* unbezahlbar sein; ***pay a high ~ for*** *fig.* e-n hohen Preis bezahlen für; ***put a ~ on s.o.'s head*** e-n Preis auf j-s Kopf aussetzen; ***~s and wages spiral*** Lohn-Preisspirale *f*; ***fall in ~s*** Preissturz *m*, -rückgang *m*; ***retail ~*** Einzelhandelspreis *m*; ***wholesale ~*** Großhandelspreis *m.* **2.** *Wetten*: Quote *f.* **II** *v/t* **3.** den Preis festsetzen für; auszeichnen (**at** mit). **4.** F nach dem Preis (*gen*) fragen.
'price| ad·just·ment lev·y *s* Abschöpfungsbetrag *m.* **~ ceil·ing** *s* Höchstpreis *m*, oberste Preisgrenze. **~ col·lapse** *s Börse*: Preisverfall *m.* **'~-͵con·scious** *adj* □ preisbewusst. **~ con·trol** *s* Preisüberwachung *f.* **'~-con͵trolled** *adj* preisgebunden. **~ cut** *s* Preissenkung *f.* **~ dif·fer·en·tial** *s* Preisunterschied *m*, Preisgefälle *n.* **'~-͵earn·ings ra·ti·o** *s* Kurs-Gewinn-Verhältnis *n.* **~ fix·ing** *s* Preisabsprache *f*, -bindung *f.* **'~-͵fix·ing car·tel** *s* Preiskartell *n.* **~ floor** *s* Mindestpreis *m.* **~ freeze** *s* Preisstopp *m.* **~ in·crease** *s* Preissteigerung *f*, -erhöhung *f.* **~ in·dex** *s* Preisindex *m.* **~ la·bel** *s* Preisschild *n.*
price·less ['praɪslɪs] *adj* unbezahlbar (*a. fig.*).
price| lev·el *s* Preisniveau *n.* **~ list** *s* Preisliste *f.* **~ main·te·nance** *s* Preisbindung *f* der zweiten Hand. **~ mark·er** *s* Auszeichner *m.* **~ peg·ging** *s* Preisstützung *f.* **~ range** *s* Preisklasse *f*, -kategorie *f.* **~ rec·om·men·da·tion** *s* Preisempfehlung *f.* **~ re·duc·tion** *s* Preissenkung *f.* **~ rise** *s* Preissteigerung *f*, -erhöhung *f.* **~ sta·bil·i·ty** *s* Preisstabilität *f.* **~ struc·ture** *s* Preisgefüge *n.* **~ sup·port** *s* (*Börse*) Kurspflege *f.* **~ tag, ~ tick·et** *s* Preisschild *n.* **~ trend** *s* Preisentwicklung *f.*
price·y ['praɪsɪ] *adj* F teuer.
pric·ing ['praɪsɪŋ] *s* Preisfestsetzung *f*, Preiskalkulation *f.* **~ pol·i·cy** *s* Preispolitik *f.*
prick [prɪk] **I** *s* **1.** (*Insekten-, Nadel- etc-*) Stich *m*; Einstich *m.* **2.** stechender Schmerz, Stich *m*: ***~s pl of conscience*** *fig.* Gewissensbisse *pl.* **3.** V Schwanz *m* (*Penis*). **4.** *fig.* V Arschloch *n.* **II** *v/t* **5.** (an-, auf-, durch)stechen, stechen in (*acc*): ***~ one's finger*** sich in den Finger stechen (***on*** an *dat*; ***with*** mit); ***his conscience ~ed him*** *fig.* er hatte Gewissensbisse. **6.** prickeln auf *od.* in (*dat*). **7.** ***~ up one's ears*** die Ohren spitzen (*a. fig.*). **III** *v/i* **8.** stechen (*a. schmerzen*).
prick·le ['prɪkl] **I** *s* **1.** Stachel *m*, ⚘ *a.* Dorn *m.* **2.** Prickeln *n*, Kribbeln *n.* **II** *v/i* **3.** prickeln, kribbeln.

P

'**prick·ly** *adj* **1.** stach(e)lig, ⚘ *a.* dornig. **2.** prickelnd, kribbelnd. **3.** *fig.* unangenehm.
'**pric·y** → ***pricey.***
pride [praɪd] **I** *s* Stolz *m* (*a. Gegenstand des Stolzes*); *b.s.* Hochmut *m*: ***take*** (***a***) ~ ***in*** → II. **II** *v/t*: ~ ***o.s. on*** stolz sein auf (*acc*).
priest ['priːst] *s eccl.* Priester *m.*
'**priest·ess** *s* Priesterin *f.*
priest·hood ['~hʊd] *s* **1.** Priesteramt *n*, -würde *f.* **2.** *coll.* Priesterschaft *f.*
'**priest·ly** *adj* priesterlich.
prig [prɪg] *s* Tugendbold *m.*
'**prig·gish** *adj* □ tugendhaft.
prim [prɪm] *adj* □ *a.* ~ ***and proper*** etepetete; prüde.
pri·ma·cy ['praɪməsɪ] *s* Vorrang *m* (***over*** vor *dat*); Vorrangstellung *f.*
pri·mae·val *bsd. Br.* → ***primeval.***
pri·mal ['praɪml] *adj* **1.** ursprünglich, Ur... **2.** → ***primary*** 1.
pri·ma·ri·ly ['praɪmərəlɪ] *adv* in erster Linie, vor allem.
'**pri·ma·ry I** *adj* **1.** wichtigst, Haupt...: ~ ***accent*** (*od.* ***stress***) *ling.* Hauptakzent *m*; ***of*** ~ ***importance*** von höchster Wichtigkeit. **2.** Anfangs..., Ur... **3.** grundlegend, elementar, Grund...: ~ ***colo***(***u***)***r*** Grundfarbe *f.* **II** *s* **4.** *pol. Am.* Vorwahl *f.*
prime [praɪm] **I** *adj* □ **1.** wichtigst, Haupt...: ***of*** ~ ***importance*** von höchster Wichtigkeit; ~ ***minister*** Premierminister(in), Ministerpräsident(in); ~ ***mover*** *tech.* Kraft-, Antriebsmaschine *f*; *fig.* treibende Kraft; ~ ***suspect*** Hauptverdächtige *m,f*; ~ ***time*** *TV* Haupteinschaltzeit *f.* **2.** erstklassig: ***in*** ~ ***condition*** in Bestzustand; ~ ***bill*** erstklassiger Wechsel. **3.** ~ ***number*** → 5. **II** *s* **4.** ***in the*** ~ ***of life*** in der Blüte s-r Jahre; ***be past one's*** ~ s-e besten Jahre hinter sich haben; (*Künstler etc*) den Zenit überschritten haben. **5.** ✍ Primzahl *f.* **III** *v/t* **6.** grundieren. **7.** *j-n* instruieren, vorbereiten. ~ ***cost*** *s* Gestehungs-, Herstellungskosten *pl.*
prim·er[1] ['praɪmə] *s* **1.** Grundierfarbe *f*, -lack *m.* **2.** *mil. etc* Zünder *m.*
prim·er[2] [~] *s* Fibel *f.*
prime rate *s* Vorzugszins *m* (für erste Adressen), Leitzins *m.*
pri·me·val [praɪ'miːvl] *adj* □ urzeitlich, Ur...: ~ ***forest*** Urwald *m.*
prim·i·tive ['prɪmɪtɪv] *adj* □ primitiv.
pri·mor·di·al [praɪ'mɔːdjəl] *adj* □ uranfänglich, ursprünglich.
prim·rose *s* ⚘ Primel *f*, *bsd.* Schlüsselblume *f.*
prim·u·la ['prɪmjʊlə] *s* ⚘ Primel *f.*
prince [prɪns] *s* **1.** Fürst *m.* **2.** Prinz *m*: ***Prince Charming*** *fig.* Märchenprinz; → ***consort.***

'**prince·ly** *adj* fürstlich (*a. fig.*).
prin·cess [prɪn'ses, *vor npr* 'prɪnses] *s* **1.** Fürstin *f.* **2.** Prinzessin *f.*
prin·ci·pal ['prɪnsəpl] **I** *adj* (□ → ***principally***) **1.** wichtigst, hauptsächlich, Haupt...: ~ ***character*** Hauptfigur *f*, -person *f* (*e-s Romans etc*); ~ ***creditor*** Hauptgläubiger(in); ~ ***parts*** *pl ling.* Stammformen *pl* (*e-s Verbs*). **II** *s* **2.** *ped.* Rektor(in). **3.** *thea.* Hauptdarsteller(in); ♪ Solist(in). **4.** (Grund)Kapital: ~ ***and interest*** Kapital u. Zinsen.
prin·ci·pal·i·ty [ˌprɪnsɪ'pælətɪ] *s* Fürstentum *n.*
prin·ci·pal·ly ['prɪnsəplɪ] *adv* in erster Linie, hauptsächlich.
prin·ci·ple ['prɪnsəpl] *s* **1.** Prinzip *n*, Grundsatz *m*: ***man of*** ~***s*** Mann *m* mit Grundsätzen; ***in*** ~ im Prinzip, an sich; ***on*** ~ prinzipiell, grundsätzlich; ~ ***of efficiency*** Leistungsprinzip. **2.** *phys. etc* Prinzip *n*, (Natur)Gesetz *n.*
print [prɪnt] **I** *v/t* **1.** *typ.* drucken: ~***ed matter*** ✉ Drucksache *f.* **2.** *Rede etc* abdrucken. **3.** *Stoff etc* bedrucken. **4.** in Druckbuchstaben schreiben: ~***ed characters*** *pl* Druckbuchstaben *pl.* **5.** *a.* ~ ***off*** *phot.* abziehen; ~ ***out*** ausdrucken (*Computer*). **II** *v/i* **6.** *typ.* drucken. **7.** ***be*** ~***ing*** im Druck sein. **III** *s* **8.** (*Finger- etc*)Abdruck *m.* **9.** *typ.* Druck *m*: ***out of*** ~ vergriffen; ***in*** ~ gedruckt; ~ ***run*** Auflage *f.* **10.** Gedruckte *n*: → ***small*** I. **11.** *Kunst*: Druck *m*; *phot.* Abzug *m.*
'**print·a·ble** *adj* druckfähig, -reif.
print com·mand *s Computer*: Druckbefehl *m.*
'**print·er** *s* **1.** Drucker(in): ~***'s error*** Druckfehler *m*; ~***'s ink*** Druckerschwärze *f*; ~ ***table*** Druckertisch *m.* **2.** Drucker *m* (*Gerät*).
'**print·ing** *s* **1.** *typ.* Drucken *n*: ~ ***costs*** *pl* Druckkosten *pl*; ~ ***ink*** Druckerschwärze *f*; ~ ***press*** Druckpresse *f*; ~ ***works*** *pl* (*oft sg konstruiert*) Druckerei *f.* **2.** Auflage *f.*
print me·di·a *s pl* Druckmedien *pl.*
'**print·out** *s Computer*: Ausdruck *m.* ~ **bind·er** *s* EDV-Hängeordner *m*, Endlosformularmappe *f.* ~ **catch·er** *s* Auffang-, Endlosformularkorb *m.* ~ **pa·per** *s* EDV-Papier *n*, Computer-Papier *n.*
print space *s* Satzspiegel *m.*
'**print·wheel** *s* Typenrad *n.*
pri·or ['praɪə] *adj* **1.** vorherig, früher: ~ ***tax*** Vorsteuer *f*; ~ ***tax deduction*** Vorsteuerabzug *m.* **2.** vorrangig. **3.** ~ ***to*** vor (*dat*).
pri·or·i·tize [praɪ'ɒrətaɪz] *v/t* den Vorrang geben (*dat*), vorrangig behandeln.
pri'or·i·ty *s* **1.** Priorität *f*, Vorrang *m*: ***give*** ~ ***to*** → ***prioritize***; ***have*** (*od.* ***take***) ~ den Vorrang haben (***over*** vor *dat*), vorgehen. **2.**

vordringliche *od.* vorrangige Sache: ***a top ~*** e-e Angelegenheit von äußerster Dringlichkeit. **3.** *mot.* Vorfahrt *f*: ***have ~.*** **~ group** *s* Zielgruppe *f*.
prise *bsd. Br.* → ***prize²***.
prism ['prɪzəm] *s* ⩓, *phys. etc* Prisma *n*.
pris·mat·ic [~'mætɪk] *adj* (***~ally***) prismatisch, Prismen...
pris·on ['prɪzn] *s* Gefängnis *n*: ***be in ~*** im Gefängnis sein *od.* sitzen, einsitzen; **~ *cell*** Gefängniszelle *f*; **~ *sentence*** Gefängnis-, Freiheitsstrafe *f*.
'**pris·on·er** *s* Gefangene *m, f*, Häftling *m*: ***hold*** (*od.* ***keep***) **~** gefangen halten; ***take ~*** gefangen nehmen; **~ *of war*** Kriegsgefangene *m, f*; → ***bar*** 8.
pris·sy ['prɪsɪ] *adj* □ F etepetete, zimperlich.
pri·va·cy ['prɪvəsɪ] *s* **1.** Ungestörtheit *f*: ***there is no ~ here*** hier ist man nie ungestört. **2.** Geheimhaltung *f*: ***in strict ~*** streng vertraulich.
pri·vate ['praɪvɪt] **I** *adj* □ **1.** privat, Privat...: **~ *branch exchange*** *teleph.* private Vermittlungsanlage; **~ (*limited*) *company*** *econon. Br.* Gesellschaft *f* mit beschränkter Haftung; **~ *detective*** Privatdetektiv(in); ***~-enterprise*** privatwirtschaftlich; **~ *household*** Privathaushalt *m*; **~ *investor*** Privatanleger *m*; **~ *lessons*** *pl* Privatunterricht *m*; **~ *life*** Privatleben *n*; **~ *matter*** Privatangelegenheit *f*; **~ *patient*** *Br.* Privatpatient(in); **~ *property*** a) Privatbesitz, b) Privatgrundstück *n*; **~ *school*** Privatschule *f*; **~ *sector*** Privatsektor *m*; ***~ly owned*** in Privatbesitz. **2.** ungestört (*Ort*): ***be a very ~ person*** sehr zurückgezogen leben. **3.** geheim; vertraulich: ***keep s.th. ~*** et. geheim halten *od.* vertraulich behandeln. **4. ~ *soldier*** → 6. **II** *s* **5.** ***in ~*** privat; unter vier Augen. **6.** *mil.* Gefreite *m, f*.
pri·va·tion [praɪ'veɪʃn] *s* Entbehrung *f*.
pri·vat·ize ['praɪvɪtaɪz] *v/t staatlichen Betrieb etc* privatisieren.
priv·i·lege ['prɪvɪlɪdʒ] **I** *s* Privileg *n*, Vorrecht *n*; (besondere) Ehre. **II** *v/t* privilegieren, bevorrechtigen: ***be ~d*** den Vorzug genießen (***to do*** zu tun).
priv·y ['prɪvɪ] *adj*: ***be ~ to*** eingeweiht sein in (*acc*).
prize¹ [praɪz] **I** *s* **1.** (Sieger-, Sieges)Preis *m*; (*Lotterie- etc*)Gewinn *m*. **II** *adj* **2.** preisgekrönt. **3.** F *contp.* Riesen...: **~ *idiot*** Vollidiot(in). **III** *v/t* **4.** (hoch)schätzen.
prize² [~] *v/t*: **~ *open*** aufbrechen, -stemmen.
'**prize**|ˌ**win·ner** *s* Preisträger(in); Gewinner(in). '**~**ˌ**win·ning** *adj* preisgekrönt: **~ *ticket*** Gewinnlos *n*.
PRO ***public relations officer*** Beauftragte *m, f* für Öffentlichkeitsarbeit.
pro¹ [prəʊ] *pl* **pros** *s* **1.** Jastimme *f*. **2.** ***the ~s and cons*** *pl* das Für u. Wider, das Pro u. Kontra.
pro² [~] F **I** *pl* **pros** *s* Profi *m*. **II** *adj* Profi...
prob·a·bil·i·ty [ˌprɒbə'bɪlətɪ] *s* Wahrscheinlichkeit *f*: ***in all ~*** aller Wahrscheinlichkeit nach, höchstwahrscheinlich.
'**prob·a·ble** *adj* □ wahrscheinlich.
pro·bate ['prəʊbeɪt] *s* gerichtliche Testamentsbestätigung. **~ court** *s* Nachlassgericht *n*.
pro·ba·tion [prə'beɪʃn] *s* Probe(zeit) *f*; ⚖ Bewährung(sfrist) *f*: ***he's still on ~*** er ist noch in der Probezeit; ***put s.o. on ~*** (***for two years***) j-s (Rest)Strafe (auf zwei Jahre) zur Bewährung aussetzen; **~ *officer*** Bewährungshelfer(in).
pro'ba·tion·ar·y *adj*: **~ *period*** Probezeit *f*; ⚖ Bewährungsfrist *f*.
pro'ba·tion·er *s* **1.** Lernschwester *f*. **2.** ⚖ *j-d, dessen (Rest)Strafe zur Bewährung ausgesetzt wurde.*
probe [prəʊb] **I** *s* **1.** ⚕, *tech.* Sonde *f*. **2.** *fig.* Untersuchung *f* (***into*** *gen*). **II** *v/t* **3.** ⚕ sondieren. **4.** *fig.* erforschen, (gründlich) untersuchen. **III** *v/i* **5. ~ *into*** → II.
prob·lem ['prɒbləm] *s* **1.** Problem *n*: ***without any ~*** (völlig) problemlos; **~ *area*** Problembereich *m*; **~ *child*** Problemkind *n*; **~ *drinker*** *euphem.* Alkoholiker(in). **2.** ⩓ *etc* Aufgabe *f*: ***do a ~*** e-e Aufgabe lösen.
prob·lem·at·ic [ˌ~blə'mætɪk] *adj* (***~ally***) problematisch.
pro·ce·dur·al [prə'siːdʒərəl] *adj* □ Verfahrens..., verfahrenstechnisch; ⚖ verfahrensrechtlich.
pro'ce·dure *s* Verfahren(sweise *f*) *n*, Vorgehen *n*.
pro·ceed [prə'siːd] *v/i* **1.** (weiter)gehen, (-)fahren; sich begeben (***to*** nach, zu). **2.** *fig.* weitergehen (*Handlung etc*). **3.** *fig.* fortfahren (***with*** mit): **~ *with one's work*** s-e Arbeit fortsetzen. **4.** *fig.* vorgehen, verfahren: **~ *with*** *et.* durchführen; **~ *to do s.th.*** sich anschicken *od.* daranmachen, et. zu tun. **5. ~ *from*** herrühren *od.* kommen von. **6. ~ *against*** ⚖ (gerichtlich) vorgehen gegen.
pro'ceed·ing *s* **1.** → ***procedure***. **2.** *pl* Vorgänge *pl*, Geschehnisse *pl*. **3.** ***start*** (*od.* ***take***) ***~s against*** → ***proceed*** 6.
pro·ceeds ['prəʊsiːdz] *s pl* Erlös *m*, Ertrag *m*, Einnahmen *pl*.
pro·cess ['prəʊses] **I** *s* Prozess *m*: a) Verfahren *n*, b) Vorgang *m*: ***in the ~*** dabei; ***be in ~*** im Gange sein; ***be in the ~ of doing s.th.*** (gerade) dabei sein, et. zu tun; **~ *of thinking*** Denkprozess. **II** *v/t tech., a. Anträge etc* bearbeiten; *Daten* verarbeiten; *Zahlen* aufbereiten; (*chemisch etc*) behandeln; *Film*

P

entwickeln; *Lebensmittel* haltbar machen, *Milch etc* sterilisieren: ~ ***into*** verarbeiten zu. ~ **com·put·er** *s* Prozessrechner *m*. ~ **con·trol** *s* Prozesssteuerung *f*. ~ **en·gi·neer·ing** *s* Verfahrenstechnik *f*.
'pro·cess·ing *s* Be-, Verarbeitung *f*: ~ ***industry*** verarbeitende Industrie.
pro·ces·sion [prəˈseʃn] *s* Prozession *f*; (Um)Zug *m*.
pro·ces·sor [ˈprəʊsesə] *s Computer*: Prozessor *m*; (*Wort-*, *Text*)Verarbeitungsgerät *n*.
pro·claim [prəˈkleɪm] *v/t* proklamieren, verkünd(ig)en: ~ ***s.o. king*** j-n zum König ausrufen.
proc·la·ma·tion [ˌprɒkləˈmeɪʃn] *s* Proklamation *f*, Verkünd(ig)ung *f*.
pro·cliv·i·ty [prəˈklɪvətɪ] *s* Neigung *f*, Hang *m* (***to, toward***[***s***] zu).
pro·cras·ti·nate [prəʊˈkræstɪneɪt] *v/i* zaudern, zögern.
pro·cre·ate [ˈprəʊkrɪeɪt] *biol*. **I** *v/t* zeugen. **II** *v/i* sich fortpflanzen.
ˌpro·creˈa·tion *s* Zeugung *f*; Fortpflanzung *f*.
proc·u·ra·tion [ˌprɒkjʊˈreɪʃn] *s* **1.** Vollmacht *f*. **2.** Vertretung *f*: ***per*** ~ in Vertretung.
pro·cure [prəˈkjʊə] *v/t* **1.** (sich) *et.* beschaffen *od.* besorgen: ~ ***s.o. s.th.*** j-m et. beschaffen. **2.** verkuppeln (***for*** *dat*).
proˈcure·ment *s* **1.** a) Beschaffung *f*, Besorgung *f*, b) Beschaffungswesen *n*. **2.** Verkupplung *f*.
proˈcur·er *s* Kuppler *m*.
proˈcur·ess *s* Kupplerin *f*.
prod [prɒd] **I** *v/t* **1.** stoßen: ~ ***s.o. in the ribs*** j-m e-n Rippenstoß geben. **2.** *fig*. anspornen, anstacheln (***into*** zu). **II** *v/i* **3.** stoßen (***at*** nach). **III** *s* **4.** Stoß *m*: ~ ***in the ribs*** Rippenstoß.
P
prod·i·gal [ˈprɒdɪgl] **I** *adj* □ verschwenderisch: ***be*** ~ ***of*** verschwenderisch umgehen mit. **II** *s* Verschwender(in).
pro·di·gious [prəˈdɪdʒəs] *adj* □ erstaunlich, großartig, wunderbar.
prod·i·gy [ˈprɒdɪdʒɪ] *s* Wunder *n*: → ***child prodigy, infant*** II.
pro·duce¹ [prəˈdjuːs] **I** *v/t* **1.** *allg*. erzeugen; *econ. Waren* produzieren, herstellen, erzeugen; *Theaterstück etc* inszenieren; *Film* produzieren. **2.** *econ. Gewinn etc* (ein)bringen, abwerfen. **3.** *fig*. erzeugen, hervorrufen, *Wirkung* erzielen. **4.** hervorholen (***from*** aus *der Tasche etc*); *Ausweis etc* (vor)zeigen, vorlegen; *Beweise, Zeugen etc* beibringen. **II** *v/i* **5.** produzieren: ***begin to*** ~ die Produktion aufnehmen.
prod·uce² [ˈprɒdjuːs] *s* (*bsd. Agrar*)Produkt(e *pl*) *n*, (-)Erzeugnis(se *pl*) *n*.
pro·duc·er [prəˈdjuːsə] *s* **1.** Produzent (-in), Hersteller(in): ~ ***price*** Erzeugerpreis *m*. **2.** *thea*. Regisseur(in); (*Film*) Produzent(in). ~ **goods** *pl* Investitions-, Kapitalgüter *pl*.
prod·uct [ˈprɒdʌkt] *s* Produkt *n* (*a*. ⚗, 📐, *fig*.), Erzeugnis *n*: ~ ***acceptance*** Produktakzeptanz *f*; ~ ***advertising*** Produktwerbung *f*; ~ ***design*** Produktgestaltung *f*; ~ ***development*** Produktentwicklung *f*; ~ ***diversification*** Sortimentserweiterung *f*, Produktdiversifikation *f*; ~ ***engineering*** Entwicklung *f* von Erzeugnissen; ~ ***innovation*** Produktinnovation *f*; ~ ***liability*** Produkthaftung *f*; ~***s liability insurance*** Produkthaftpflichtversicherung *f*; ~ ***line*** Produktlinie *f*; ~ ***manager*** Produktmanager *m*; ~ ***pioneering*** Einführung *f* neuer Produkte; ~ ***range*** Produktpalette *f*; ~ ***test*** Warentest *m*.
pro·duc·tion [prəˈdʌkʃn] *s* **1.** *allg*. Erzeugung *f*; *econ*. Produktion *f*, Herstellung *f*, Erzeugung *f*; *thea*. Inszenierung *f*; (*Film*) Produktion *f*: ***go into*** ~ *econ*. die Produktion aufnehmen; in Produktion gehen; ~ ***control*** Fertigungssteuerung *f*; ~ ***cost*** Fertigungs-, Produktions-, Herstellungskosten *pl*; ~ ***department*** Produktionsabteilung *f*; ~ ***engineering*** Fertigungstechnik *f*; ~ ***facilities*** *pl* Fertigungsanlagen *pl*; ~ ***firm*** Herstellungsbetrieb *m*; ~ ***line*** Fertigungsstraße *f*, Fließband *n*; ~ ***location*** Produktionsstandort *m*; ~ ***man*** Hersteller (*im Verlag*); ~ ***sequencing*** Produktionsablaufplanung *f*; ~ ***under licence*** Lizenzproduktion *f*. **2.** *fig*. Erzeugung *f*, Bewirkung *f*. **3.** Vorzeigen, -legen *n* (*e-s Ausweises etc*); Beibringung *f* (*von Beweisen, Zeugen etc*).
proˈduc·tive *adj* □ produktiv (*a. fig*.), ergiebig, rentabel; *fig*. schöpferisch.
pro·duc·tiv·i·ty [ˌprɒdʌkˈtɪvətɪ] *s* Produktivität *f* (*a. fig*.), Ergiebigkeit *f*, Rentabilität *f*: ~ ***growth*** Produktivitätszuwachs *m*; ~ ***increase*** Produktivitätszunahme *f*, -zuwachs *m*.
Prof. *Professor* Prof., Professor *m*.
prof [prɒf] *s* F Prof *m* (*Professor*).
prof·a·na·tion [ˌprɒfəˈneɪʃn] *s* Entweihung *f*.
pro·fane [prəˈfeɪn] **I** *adj* □ **1.** weltlich, profan, Profan... **2.** (gottes)lästerlich. **II** *v/t* **3.** entweihen.
pro·fess [prəˈfes] *v/t* **1.** vorgeben, -täuschen; behaupten (***to be*** zu sein). **2.** erklären, bekunden: ~ ***o.s.*** (***to be***) ***satisfied*** s-e Zufriedenheit bekunden.
proˈfessed *adj* **1.** erklärt (*Gegner etc*). **2.** angeblich.
proˈfess·ed·ly [~sɪdlɪ] *adv* **1.** erklärtermaßen. **2.** angeblich.
pro·fes·sion [prəˈfeʃn] *s* **1.** (*bsd. akademi-*

scher) Beruf: **by ~** von Beruf. **2.** Berufsstand *m*: **the medical ~** die Ärzteschaft, die Mediziner *pl*.
pro'fes·sion·al [~ʃənl] **I** *adj* □ **1.** Berufs..., beruflich: **~ experience** Berufserfahrung *f*; **~ fees** *pl* Honorare *pl*; **~ indemnity** (*od.* **liability**) **insurance** Berufshaftpflichtversicherung *f*. **2.** Fach..., fachlich: **~ paper** Fachzeitschrift *f*. **3.** professionell, Berufs... (*beide a. Sport*): **turn ~** ins Profilager überwechseln. **4.** fachmännisch, gekonnt. **II** *s* **5.** Berufssportler(in), -spieler(in), Profi *m*. **6.** Fachmann *m*, -frau *f*, Profi *m*.
pro'fes·sion·al·ism [~ʃnəlɪzəm] *s Sport*: Professionalismus *m* (*a. allg.*), Profitum *n*.
pro·fes·sor [prə'fesə] *s* Professor(in).
pro'fes·sor·ship *s* Professur *f*.
prof·fer ['prɒfə] *v/t*: **~ s.o. s.th.** j-m et. anbieten.
pro·fi·cien·cy [prə'fɪʃnsɪ] *s* Können *n*, Tüchtigkeit *f*.
pro'fi·cient *adj* □ tüchtig (**at, in** in *dat*).
pro·file ['prəʊfaɪl] **I** *s* **1.** *allg*. Profil *n*: **in ~** im Profil; **keep a low ~** *fig*. Zurückhaltung üben. **2.** *fig*. Porträt *n*. **II** *v/t* **3.** im Profil darstellen. **4.** *fig*. porträtieren.
prof·it ['prɒfɪt] **I** *s* **1.** Gewinn *m*, Profit *m*: **~ carried forward** Gewinnvortrag *m*; **clear ~** Reingewinn; **~ drawn** entnommener Gewinn; **lost ~** entgangener Gewinn; **sell at a ~** mit Gewinn verkaufen; **~ and loss account** Gewinn- u. Verlustrechnung *f*; **~ margin** Gewinnspanne *f*; **~ mark-up** Gewinnzuschlag *m*; **~ maximization** Gewinnmaximierung *f*; **~ rate** Gewinnrate *f*; **~ sharing** Gewinnbeteiligung *f*; **~-sharing scheme** Gewinnbeteiligungsplan *m*; **~s shortfall** Gewinnrückgang *m*, Gewinnausfall *m*; **~ situation** Ertragslage *f*; **~ taking** Gewinnrealisierung *f*. **2.** *fig*. Nutzen *m*, Vorteil *m*: **turn s.th. to ~** aus et. Nutzen ziehen. **II** *v/i* **3.** (**by, from**) Nutzen *od.* Gewinn ziehen (aus), profitieren (von).
prof·it·a·bil·i·ty [ˌprɒfɪtə'bɪlətɪ] *s* Rentabilität *f*; Wirtschaftlichkeit *f*; **~ calculation** (*od.* **estimate**) Rentabilitäts-, Wirtschaftlichkeitsrechnung *f*.
'prof·it·a·ble *adj* □ **1.** gewinnbringend, Gewinn bringend, einträglich, rentabel. **2.** *fig*. vorteilhaft, nützlich.
prof·it·eer [ˌ~'tɪə] *s* Profitmacher(in), (*Kriegs*)Gewinnler (-in).
ˌprof·it'eer·ing *s* Wuchergeschäfte *pl*.
prof·it-mak·ing *adj* Gewinn bringend.
prof·li·gate ['prɒflɪgət] *adj* □ **1.** lasterhaft, verworfen. **2.** verschwenderisch.
pro for·ma [ˌprəʊ'fɔːmə] *adj* Proforma...: **~ invoice** Proformarechnung *f*.
pro·found [prə'faʊnd] *adj* □ **1.** *fig*. tief (*Eindruck, Schweigen etc*). **2.** tiefgründig, -sinnig. **3.** völlig (*Blindheit etc*).
pro·fuse [prə'fjuːs] *adj* □ **1.** üppig, (*Blutung*) stark. **2.** (*oft* allzu) freigebig, verschwenderisch (**in, of** mit).
pro·fu·sion [~'fjuːʒn] *s* Überfülle *f* (**of** an *dat*): **in ~** in Hülle u. Fülle.
prog·no·sis [prɒg'nəʊsɪs] *pl* **-ses** [~siːz] *s* ⚕, *a. allg*. Prognose *f*.
prog·nos·ti·cate [prɒg'nɒstɪkeɪt] *v/t* voraus-, vorhersagen, *bsd.* ⚕ prognostizieren.
pro·gram ['prəʊgræm] **I** *s* **1.** *Computer*: Programm *n*: **~ error** Programmfehler *m*; **~ loop** Programmschleife *f*; **~ step** Programmschritt *m*. **2.** *Am.* → **programme** 1. **II** *pret u. pp* **-grammed,** *Am. a.* **-gramed 3.** *Computer* programmieren. **4.** *Am.* → **programme** 3.
pro·gram·er, pro·gram·ing *Am.* → **programmer, programming.**
pro·gramme ['prəʊgræm] **I** *s* **1.** *allg*. Programm *n*, (*Rundfunk, TV a.*) Sendung *f*: **be on the ~** auf dem Programm stehen; **~ rating** Einschaltquote *f* e-r Sendung. **2.** *Br.* → **program** 1. **II** *v/t* **3.** ein Programm aufstellen für. **4.** *Br.* → **program** 3.
pro·gram·mer ['prəʊgræmə] *s Computer*: Programmierer(in).
'pro·gram·ming *adj*: **~ language** Programmiersprache *f*.
pro·gress I *s* ['prəʊgres] **1. make slow ~** (nur) langsam vorankommen. **2.** *fig*. Fortschritt(e *pl*) *m*: **~ control** Terminüberwachung *f*; **~ report** Zwischenbericht *m*; **make ~** → 6. **3. be in ~** im Gange sein. **II** *v/i* [prəʊ'gres] **4.** sich vorwärts bewegen. **5.** *fig*. fortschreiten: **as the day ~ed** im Laufe des Tages. **6.** *fig*. Fortschritte machen.
pro·gres·sion [prəʊ'greʃn] *s Steuer*: Progression *f*, ⚘ *a.* Reihe *f*.
pro'gres·sive [~sɪv] *adj* □ **1.** progressiv, fortschrittlich. **2.** fortschreitend, ⚕ *a.* progressiv. **3.** *ling., econ.* progressiv (*a. Steuern*): **~ form** Verlaufsform *f*; **~ tax** progressive Steuer.
pro·hib·it [prə'hɪbɪt] *v/t* **1.** *et.* verbieten, untersagen: **~ s.o. from doing s.th.** j-m verbieten *od.* untersagen, et. zu tun. **2.** *et.* verhindern: **~ s.o. from doing s.th.** j-n daran hindern, et. zu tun.
pro·hi·bi·tion [ˌprəʊɪ'bɪʃn] *s* Verbot *n*: **~ of smoking** Rauchverbot; **the Prohibition** *hist. Am.* die Prohibition.
pro·hib·i·tive [prə'hɪbətɪv] *adj* □ unerschwinglich (*Preis*): **~ duty** Prohibitivzoll *m*.
proj·ect[1] ['prɒdʒekt] *s* Projekt *n*, Vorhaben *n*: **~ analysis** Projektanalyse *f*; **~ engineer** Projektingenieur *m*; **~ manager** Projektleiter *m*.

P

pro·ject² [prəˈdʒekt] **I** *v/t* **1.** werfen, schleudern: ~ ***into space*** in den Weltraum schießen. **2.** planen, in Aussicht nehmen: ***~ed sale*** erwarteter Absatz. **3.** *Bild etc* projizieren, werfen (***onto*** auf *acc*). **II** *v/i* **4.** vorspringen, -stehen, (*Ohren*) abstehen.

pro·jec·tile [prəʊˈdʒektaɪl] *s* Projektil *n*, Geschoss *n*.

pro·jec·tion [prəˈdʒekʃn] *s* **1.** Vorsprung *m*, vorspringender Teil. **2.** Werfen *n*, Schleudern *n*. **3.** Planung *f*. **4.** Projektion *f*: ~ ***screen*** Projektionswand *f*. **5.** Vorausschätzung *f*, -berechnung *f*.

proˈjec·tion·ist *s* Filmvorführer(in).

proˈjec·tor *s* Projektor *m*.

pro·le·tar·i·an [ˌprəʊlɪˈteərɪən] **I** *adj* proletarisch, Proletarier... **II** *s* Proletarier(in).

pro·leˈtar·i·at [~rɪət] *s* Proletariat *n*.

pro·lif·e·rate [prəʊˈlɪfəreɪt] *v/i* sich stark *od.* schnell vermehren.

proˌlif·erˈa·tion *s* starke *od.* schnelle Vermehrung.

pro·lif·ic [prəʊˈlɪfɪk] *adj* (***~ally***) *biol.* fruchtbar, (*Schriftsteller etc a.*) (sehr) produktiv.

pro·lix [ˈprəʊlɪks] *adj* □ weitschweifig.

pro·log *Am.* → ***prologue.***

pro·logue [ˈprəʊlɒg] *s* Prolog *m*; *fig.* Auftakt *m* (***to*** zu).

pro·long [prəʊˈlɒŋ] *v/t Aufenthalt etc* verlängern (***by*** um), *Diskussion etc* in die Länge ziehen, *econ. Wechsel* prolongieren.

proˈlonged *adj* anhaltend (*Applaus etc*), länger (*Abwesenheit etc*).

pro·lon·ga·tion [ˌ~ˈgeɪʃn] *s* Verlängerung *f*, *econ.* Prolongierung *f*.

prom [prɒm] *bsd. Br.* F → ***promenade*** I, ***promenade concert.***

prom·e·nade [ˌprɒməˈnɑːd] **I** *s* (Strand)Promenade *f*. **II** *v/i u. v/t* promenieren (auf *dat*). **~ con·cert** *s Konzert in ungezwungener Atmosphäre.* **~ deck** *s* ⚓ Promenadendeck *n*.

prom·i·nence [ˈprɒmɪnəns] *s* **1.** Vorsprung *m*, vorstehender Teil. **2.** *fig.* Prominenz *f*, Bekannt-, Berühmtheit *f*: ***come into*** (*od.* ***rise to***) ~ bekannt *od.* berühmt werden.

ˈprom·i·nent *adj* □ **1.** vorspringend, (*a. Zähne etc*) vorstehend. **2.** *fig.* prominent, bekannt.

prom·is·cu·i·ty [ˌprɒmɪˈskjuːətɪ] *s* häufiger Partnerwechsel.

pro·mis·cu·ous [prəˈmɪskjʊəs] *adj* □ (sexuell) ausschweifend (*Leben*): ~ ***girl*** Mädchen, das häufig den Partner wechselt; ***be*** ~ häufig den Partner wechseln.

prom·ise [ˈprɒmɪs] **I** *s* **1.** Versprechen *n*: ***a*** ~ ***is a*** ~ versprochen ist versprochen; ***make a*** ~ ein Versprechen geben; ***breach of*** ~ Wortbruch *m*. **2.** *fig.* Hoffnung *f*, Aussicht *f* (***of*** auf *acc*): ***show great*** ~ zu den besten Hoffnungen berechtigen. **II** *v/t* **3.** versprechen (*a. fig.*): ***I*** ~ ***you*** ich warne dich; → ***moon*** I. **III** *v/i* **4.** es versprechen.

ˈprom·is·ing *adj* □ viel versprechend.

prom·is·so·ry note [ˈprɒmɪsərɪ ˈ~] *s* Schuldschein *m*, Solawechsel *m*.

prom·on·to·ry [ˈprɒməntrɪ] *s* Vorgebirge *n*.

pro·mote [prəˈməʊt] *v/t* **1.** *j-n* befördern, *ped.* versetzen: ***be ~d*** (*Sport*) aufsteigen (***to*** in *acc*); ***be ~d to*** (***the rank of***) ***general, be ~d general*** zum General befördert werden. **2.** *Boxkampf, Konzert etc* veranstalten. **3.** *econ.* werben für. **4.** *et.* fördern: ~ ***health*** gesundheitsförderlich sein.

proˈmot·er *s* **1.** Promoter(in), Veranstalter(in). **2.** → ***sales promoter.***

proˈmo·tion *s* **1.** Beförderung *f*, *ped.* Versetzung *f*, (*Sport*) Aufstieg *m*: ***get*** ~ befördert werden; ***chances*** *pl* ***of*** ~, ~ ***prospects*** *pl* Aufstiegschancen *pl*. **2.** Veranstaltung *f*. **3.** *econ.* Werbung *f*, Verkaufsförderung *f*: → ***sales promotion.***

prompt [prɒmpt] **I** *adj* □ **1.** prompt, unverzüglich, umgehend: ***be*** ~ ***to do*** (*od.* ***in doing***) ***s.th.*** et. schnell tun. **2.** pünktlich: ~ ***payer*** pünktlicher Zahler *m*. **II** *adv* **3.** ***at two o'clock*** ~ F pünktlich um *od.* Punkt zwei Uhr. **III** *v/t* **4.** führen zu, *Gefühle etc* wecken. **5.** *j-n* veranlassen (***to do*** zu tun). **6.** *j-m* ein-, vorsagen; *thea. j-m* soufflieren. **IV** *s* **7.** *thea.* Soufflieren *n*: ~ ***box*** Souffleurkasten *m*. **8.** *Computer*: Befehlszeile *f*.

ˈprompt·er *s thea.* Souffleur *m*, Souffleuse *f*.

promp·ti·tude [ˈ~tɪtjuːd], **ˈprompt·ness** *s* **1.** Promptheit *f*. **2.** Pünktlichkeit *f*.

pro·mul·gate [ˈprɒmlgeɪt] *v/t* **1.** *Gesetz etc* verkünd(ig)en. **2.** *Lehre etc* verbreiten.

ˌpro·mulˈga·tion *s* **1.** Verkünd(ig)ung *f*. **2.** Verbreitung *f*.

prone [prəʊn] *adj* □ **1.** auf dem Bauch *od.* mit dem Gesicht nach unten liegend: ~ ***position*** Bauchlage *f*. **2.** ***be*** ~ ***to*** *fig.* neigen zu, anfällig sein für: ***be*** ~ ***to colds*** erkältungsanfällig sein; ***be*** ~ ***to do s.th.*** dazu neigen, et. zu tun.

ˈprone·ness *s* (***to***) Neigung *f* (zu), Anfälligkeit *f* (für).

prong [prɒŋ] *s* Zacke *f*, Zinke *f* (*e-r Gabel*); (*Geweih*)Sprosse *f*.

pro·noun [ˈprəʊnaʊn] *s ling.* Pronomen *n*, Fürwort *n*.

pro·nounce [prəˈnaʊns] **I** *v/t* **1.** aussprechen. **2.** erklären für *od.* zu. **3.** *Urteil* verkünden. **II** *v/i* **4.** Stellung nehmen (***on*** zu): ~ ***in favo(u)r of*** (*od.* ***for***) (***against***) ***s.th.*** sich für (gegen) et. aussprechen.

proˈnounced *adj* **1.** bestimmt, entschieden (*Ansicht etc*). **2.** ausgesprochen, -geprägt, deutlich.

pro'nounce·ment *s* **1.** Erklärung *f.* **2.** (*Urteils*)Verkündung *f.*
pron·to ['prɒntəʊ] *adv* F fix, schnell.
pro·nun·ci·a·tion [prəˌnʌnsɪ'eɪʃn] *s* Aussprache *f.*
proof [pruːf] **I** *s* **1.** Beweis(e *pl*) *m*, Nachweis *m*: ***as*** (*od.* ***in***) **~ *of*** als *od.* zum Beweis für (*od. gen*); ***give* ~ *of*** *et.* be- *od.* nachweisen; **~ *of age*** Altersnachweis; → ***contrary*** 6. **2.** Probe *f* (*a.* 𝔄), Prüfung *f*: ***put to the* ~** auf die Probe stellen. **3.** Korrekturbogen *m.* **II** *adj* **4.** (***against***) geschützt (vor *dat*), undurchlässig (für); *fig.* unempfindlich (gegen), unempfänglich (für): → ***heatproof, waterproof*** I, *etc.* **III** *v/t* **5.** imprägnieren. **'~ˌread·er** *s* Korrektor(in).
prop¹ [prɒp] **I** *s* Stütze *f* (*a. fig.*): ***be a* ~ *to s.o.*** j-m e-e Stütze *od.* ein Halt sein. **II** *v/t a.* **~ *up*** (ab)stützen: **~ *up*** *fig.* stützen; **~ *against*** lehnen gegen *od.* an (*acc*).
prop² [~] *s thea. etc* Requisit *n.*
prop·a·gan·da [ˌprɒpə'gændə] *s* Propaganda *f.*
ˌprop·a'gan·dist *s* Propagandist(in).
prop·a·gate ['prɒpəgeɪt] **I** *v/i biol.* sich fortpflanzen *od.* vermehren. **II** *v/t* verbreiten, propagieren.
ˌprop·a'ga·tion *s* **1.** Fortpflanzung *f*, Vermehrung *f.* **2.** Verbreitung *f*, Propagierung *f.*
pro·pane ['prəʊpeɪn] *s* ⚗ Propan(gas) *n.*
pro·pel [prə'pel] *v/t* (an)treiben.
pro'pel·lant, pro'pel·lent *s* Treibstoff *m*; Treibgas *n.*
pro'pel·ler *s* ✈ Propeller *m*, ⚓ *a.* Schraube *f.*
pro'pel·ling *adj*: **~ *pencil*** *Br.* Drehbleistift *m.*
pro·pen·si·ty [prə'pensətɪ] *s* Hang *m*, Neigung *f* (***for, to*** zu): ***have a* ~ *for doing*** (*od.* ***to do***) ***s.th.*** dazu neigen, et. zu tun.
prop·er ['prɒpə] *adj* **1.** richtig, passend, geeignet: ***in* ~ *form*** in gebührender *od.* angemessener Form; ***in the* ~ *place*** am rechten Platz; ***in* ~ *time*** rechtzeitig. **2.** echt, wirklich, richtig: **~ *fraction*** 𝔄 echter Bruch. **3.** anständig, schicklich (*Benehmen etc*). **4.** *oft nachgestellt*: eigentlich. **5.** eigen(tümlich) (***to*** *dat*). **6.** **~ *noun*** (*od.* ***name***) *ling.* Eigenname *m.* **7.** F richtig (*Feigling etc*), anständig, gehörig (*Tracht Prügel etc*).
'prop·er·ly *adv* richtig (*etc*, → ***proper***): **~ *speaking*** eigentlich, genau, streng genommen.
prop·er·ty ['prɒpətɪ] *s* **1.** Eigentum *n*, Besitz *m*: ***be s.o.'s* ~** j-m gehören; ***intellectual* ~** geistiges Eigentum; ***lost* ~** Fundsachen *pl*; ***lost* ~ *office*** *Br.* Fundbüro *n.* **2.** Land-, Grundbesitz *m*; Grundstück *n.* **3.** *phys. etc* Eigenschaft *f.* **4.** *thea. etc* Requisit *n.* **~ *de·vel·op·er*** *s* Bauunternehmer *m.* **~ *in·sur·ance*** *s* Sachversicherung *f.* **~ *tax*** *s* Grundsteuer *f*; Vermögenssteuer *f.*
proph·e·cy ['prɒfɪsɪ] *s* Prophezeiung *f.*
proph·e·sy ['~saɪ] *v/t* prophezeien.
proph·et ['prɒfɪt] *s* Prophet *m*: **~ *of doom*** Schwarzseher *m.*
'proph·et·ess *s* Prophetin *f.*
pro·phet·ic [prə'fetɪk] *adj* (**~*ally***) prophetisch.
pro·phy·lac·tic [ˌprɒfɪ'læktɪk] **I** *adj* (**~*ally***) **1.** *bsd.* ☤ prophylaktisch, vorbeugend. **II** *s* **2.** ☤ Prophylaktikum *n*, vorbeugendes Mittel. **3.** Präservativ *n.*
ˌpro·phy'lax·is [~ksɪs] *s* Prophylaxe *f.*
pro·po·nent [prə'pəʊnənt] *s* Befürworter(in).
pro·por·tion [prə'pɔːʃn] **I** *s* **1.** Verhältnis *n* (***of ... to*** von ... zu); *pl* Größenverhältnisse *pl*, Proportionen *pl*: ***in* ~ *to*** im Verhältnis zu; ***out of all* ~** unverhältnismäßig; ***be out of all* ~ *to*** in keinem Verhältnis stehen zu; ***the painting is out of* ~** die Proportionen des Bildes stimmen nicht. **2.** (An)Teil *m*: ***in* ~** anteilig. **II** *v/t* **3.** (***to***) in das richtige Verhältnis bringen (mit, zu), anpassen (*dat*). **4.** anteilmäßig verteilen.
pro'por·tion·al [~ʃənl] **I** *adj* □ **1.** → ***proportionate.*** **2.** proportional, verhältnismäßig. **3.** anteilmäßig: **~ *representation*** *pol.* Verhältniswahl(system *n*) *f.* **4.** *typ.* **~ *spacing*** Proportionalschrift *f.* **II** *s* **5.** 𝔄 Proportionale *f.*
pro'por·tion·ate [~ʃnət] *adj* □ (***to***) im richtigen Verhältnis (stehend) (zu), entsprechend (*dat*).
pro·pos·al [prə'pəʊzl] *s* **1.** Vorschlag *m*: ***make s.o. a* ~** j-m e-n Vorschlag machen. **2.** (Heirats)Antrag *m*: ***she had a* ~** sie bekam e-n Heiratsantrag; ***make s.o. a* ~** j-m e-n Antrag machen. **~ *form*** *s* Antrag(sformular *n*) *m.*
pro·pose [prə'pəʊz] **I** *v/t* **1.** vorschlagen (***s.th. to s.o.*** j-m et; ***s.o. for*** j-n für *od.* als; ***that*** dass; ***doing*** zu tun): **~ *marriage to*** → 4. **2.** beabsichtigen, vorhaben (***to do*** zu tun). **3.** *Toast* ausbringen (***to*** auf *acc*): → ***health*** 3. **II** *v/i* **4.** **~ *to*** *j-m* e-n (Heirats)Antrag machen.
prop·o·si·tion [ˌprɒpə'zɪʃn] *s* **1.** Behauptung *f.* **2.** Vorschlag *m*: ***make s.o. a* ~** j-m e-n Vorschlag machen; j-m ein eindeutiges Angebot machen. **3.** 𝔄 (Lehr)Satz *m.* **4.** F Sache *f*: ***an easy* ~** e-e Kleinigkeit.
pro·pound [prə'paʊnd] *v/t Theorie etc* vertreten; *Problem etc* zur Debatte stellen.
pro·pri·e·tar·y [prə'praɪətərɪ] *adj* **1.** gesetzlich *od.* patentrechtlich geschützt: **~ *article***

P

Markenartikel *m*; ~ ***software*** lizenzgeschützte Software. **2.** *fig.* Besitz ergreifend.

pro'pri·e·tor *s* Eigentümer *m*, Besitzer *m*.

pro'pri·e·tress [~trɪs] *s* Eigentümerin *f*, Besitzerin *f*.

pro·pri·e·ty [prə'praɪətɪ] *s* **1.** Anstand *m*. **2.** *pl* Anstandsformen *pl*, -regeln *pl*. **3.** Richtigkeit *f*.

pro·pul·sion [prə'pʌlʃn] *s tech.* Antrieb *m*.

pro ra·ta [ˌprəʊ'rɑːtə] *adj u. adv* anteilmäßig, anteilig.

pro·ro·ga·tion [ˌprəʊrə'geɪʃn] *s parl.* Vertagung *f*.

pro·rogue [prə'rəʊg] *v/t u. v/i* (sich) vertagen.

pro·sa·ic [prəʊ'zeɪɪk] *adj* (~***ally***) prosaisch, nüchtern, sachlich.

pro·scribe [prəʊ'skraɪb] *v/t* **1.** *bsd.* ⚖ verbieten. **2.** *hist.* ächten.

pro·scrip·tion [prəʊ'skrɪpʃn] *s* **1.** *bsd.* ⚖ Verbot *m*. **2.** *hist.* Ächtung *f*.

prose [prəʊz] *s* **1.** Prosa *f*. **2.** *ped. bsd. Br.* Übersetzung *f* in e-e Fremdsprache, Hinübersetzung: ***an Italian*** ~ e-e Übersetzung ins Italienische; ***do a*** ~ e-e Hinübersetzung machen.

pros·e·cute ['prɒsɪkjuːt] **I** *v/t* **1.** ⚖ strafrechtlich verfolgen, (gerichtlich) belangen (***for*** wegen). **2.** *Untersuchung etc* durchführen. **II** *v/i* **3.** ⚖ die Anklage vertreten: ***Mr X, prosecuting, ...*** Mr X, der Vertreter der Anklage, ...

ˌpros·e'cu·tion *s* **1.** ⚖ strafrechtliche Verfolgung, Strafverfolgung *f*. **2.** ***the*** ~ ⚖ die Staatsanwaltschaft, die Anklage(behörde) *f*: → ***witness*** 1. **3.** Durchführung *f*.

'pros·e·cu·tor *s a.* ***public*** ~ Staatsanwalt *m*, -anwältin *f*.

pros·e·ly·tize ['prɒsəlɪtaɪz] *v/t* bekehren.

pros·pect **I** *s* ['prɒspekt] **1.** (Aus)Sicht *f*, (-)Blick *m* (***of*** auf *acc*; ***over*** über *acc*). **2.** *fig.* Aussicht *f* (***of*** auf *acc*): ***have s.th. in*** ~ et. in Aussicht haben. **3.** Interessent(in), *econ.* möglicher Kunde, mögliche Kundin, potenzieller Käufer, potenzielle Käuferin. **II** *v/t* [prə'spekt] **4.** *Gebiet* untersuchen (***for*** nach *Gold etc*). **III** *v/i* [prə'spekt] **5.** suchen, bohren (***for*** nach).

pro'spec·tive *adj* □ voraussichtlich: ~ ***buyer*** Kaufinteressent(in), potenzieller Käufer, potenzielle Käuferin; ~ ***market*** potenzieller Markt.

pro'spec·tus [~təs] *s* Prospekt *m*.

pros·per ['prɒspə] *v/i* gedeihen; *econ.* blühen, florieren.

pros·per·i·ty [prɒ'sperətɪ] *s* Wohlstand *m*.

pros·per·ous ['prɒspərəs] *adj* □ **1.** gedeihend; *econ.* blühend, florierend. **2.** wohlhabend.

pros·tate ['prɒsteɪt] *s a.* ~ ***gland*** *anat.* Prostata *f*, Vorsteherdrüse *f*.

pros·ti·tute ['prɒstɪtjuːt] **I** *s* Prostituierte *m*, *f*, Dirne *f*: → ***male*** I. **II** *v/t*: ~ ***o.s.*** sich prostituieren (*a. fig.*).

ˌpros·ti'tu·tion *s* Prostitution *f*.

pros·trate **I** *adj* ['prɒstreɪt] *adj* **1.** hingestreckt. **2.** *fig.* am Boden liegend; erschöpft: ~ ***with grief*** gramgebeugt. **II** *v/t* [prɒ'streɪt] **3.** niederwerfen. **4.** *fig.* erschöpfen.

pros'tra·tion *s* **1.** Fußfall *m*. **2.** *fig.* Erschöpfung *f*.

prot [prɒt] *s* F Doofkopf *m*.

pro·tag·o·nist [prəʊ'tægənɪst] *s* **1.** *thea. etc* Hauptfigur *f*, Held(in). **2.** *fig.* Vorkämpfer(in).

pro·tect [prə'tekt] *v/t* (be)schützen (***from*** vor *dat*; ***against*** gegen), *Interessen etc* wahren, *Daten* sichern.

pro'tec·tion *s* **1.** Schutz *m*: ~ ***factor*** *Kosmetik*: Lichtschutzfaktor *m*. **2.** *a.* ~ ***money*** Schutzgeld *n*; ~ ***racket*** Schutzgelderpressung *f*.

pro'tec·tion·ism [~ʃənɪzəm] *s econ.* Protektionismus *m*.

pro'tec·tive *adj* □ **1.** Schutz...: ~ ***clothing*** Schutzkleidung *f*; ~ ***custody*** ⚖ Schutzhaft *f*; ***take into*** ~ ***custody*** in Schutzhaft nehmen; ~ ***duty*** (*od.* ***tariff***) *econ.* Schutzzoll *m*. **2.** fürsorglich (***toward[s]*** gegenüber).

pro'tec·tor *s* **1.** Beschützer(in). **2.** Schutz *m*, (*Knie- etc*)Schützer *m*, (-)Schoner *m*.

pro'tec·to·rate [~rət] *s pol.* Protektorat *n*.

pro·tein ['prəʊtiːn] *s* Protein *n*.

pro·test **I** *s* ['prəʊtest] **1.** Protest *m*: ***in*** (*od.* ***as a***) ~ aus Protest (***against*** gegen); ***under*** ~ unter Protest; ***without*** ~ ohne Protest, widerspruchslos; ***make a*** ~ Protest einlegen *od.* erheben (***to*** bei); ~ ***march*** Protestmarsch *m*. **2.** *econ.* Wechselprotest *m*. **II** *v/i* [prə'test] **3.** protestieren (***against, about*** gegen; ***to*** bei). **III** *v/t* [prə'test] **4.** ~ ***against*** (*od.* ***about***) ***a bill*** Wechselprotest einlegen. **5.** *Am.* protestieren gegen. **6.** beteuern.

Prot·es·tant ['prɒtɪstənt] **I** *s* Protestant(in). **II** *adj* protestantisch, evangelisch.

'Prot·es·tant·ism *s* Protestantismus *m*.

prot·es·ta·tion [ˌprɒte'steɪʃn] *s* **1.** Beteuerung *f*: ~***s*** *pl* ***of innocence*** Unschuldsbeteuerungen *pl*. **2.** Protest *m* (***against*** gegen).

pro·to·col ['prəʊtəkɒl] *s* Protokoll *n*: ~ ***demands that*** das Protokoll verlangt, dass.

pro·ton ['prəʊtɒn] *s phys.* Proton *n*.

pro·to·plasm ['prəʊtəʊplæzəm] *s biol.* Protoplasma *n*.

pro·to·type ['prəʊtəʊtaɪp] *s* Prototyp *m*.

pro·tract [prə'trækt] *v/t* in die Länge ziehen, hinausziehen.

pro'tract·ed *adj* länger, langwierig.
pro'trac·tor *s* ∡ Winkelmesser *m*.
pro·trude [prə'truːd] *v/i* herausragen, vorstehen (***from*** aus).
pro'trud·ing *adj* vorstehend (*a. Zähne etc*), vorspringend (*Kinn*).
pro'tru·sion [~ʒn] *s* **1.** Herausragen *n*, Vorstehen *n*. **2.** Vorsprung *m*, vorstehender Teil.
pro·tu·ber·ance [prə'tjuːbərəns] *s* Vorsprung *m*; Schwellung *f*.
pro'tu·ber·ant *adj* □ vorstehend, -tretend.
proud [praʊd] **I** *adj* □ **1.** *allg.* stolz (***of*** auf *acc*): ***be too ~ to do s.th.*** zu stolz sein, um et. zu tun. **2.** hochmütig. **II** *adv* **3.** ***do s.o. ~*** j-n fürstlich bewirten.
prov·a·ble ['pruːvəbl] *adj* □ be-, nachweisbar.
prove [pruːv] (*a. irr*) **I** *v/t* be-, nachweisen; unter Beweis stellen: ***~ o.s.*** (***to be***) → II. **II** *v/i*: ***~*** (***to be***) sich erweisen *od.* herausstellen als.
prov·en ['~vn] **I** *pp von* ***prove.*** **II** *adj* bewährt.
prov·e·nance ['prɒvənəns] *s* Herkunft *f*.
pro·verb ['prɒvɜːb] *s* Sprichwort *n*.
pro·ver·bi·al [prə'vɜːbjəl] *adj* □ sprichwörtlich (*a. fig.*).
pro·vide [prə'vaɪd] **I** *v/t* **1.** versehen, -sorgen, beliefern (***with*** mit). **2.** zur Verfügung stellen, bereitstellen (***for s.o.*** j-m). **3.** vorsehen, -schreiben (***that*** dass) (*Gesetz etc*). **II** *v/i* **4.** ***~ against*** a) Vorkehrungen *od.* Vorsorge treffen gegen, b) verbieten (*Gesetz etc*); ***~ for*** a) sorgen für: ***she has two children to ~ for*** sie hat zwei Kinder zu versorgen, b) vorsorgen für, c) *et.* vorsehen (*Gesetz etc*); ***~ for an accrual*** *econ.* e-e Rückstellung bilden.
pro'vid·ed *cj a.* ***~ that*** vorausgesetzt(, dass).
prov·i·dence ['prɒvɪdəns] *s* Vorsehung *f*: → ***tempt*** 2.
'prov·i·dent *adj* □ vorausblickend, vorsorglich.
prov·i·den·tial [ˌ~'denʃl] *adj* glücklich (*Geschick etc*).
ˌprov·i'den·tial·ly [~ʃəlɪ] *adv* glücklicherweise.
pro·vid·er [prə'vaɪdə] *s* **1.** Ernährer(in). **2.** (Internet)Provider *m*.
prov·ince ['prɒvɪns] *s* **1.** Provinz *f* (*Verwaltungseinheit*). **2.** ***the ~s*** *pl* die Provinz (*Ggs. Stadt*). **3.** *fig.* (Aufgaben-, Wissens)Bereich *m*, (-)Gebiet *n*: ***this is outside*** (*od.* ***not within***) ***my ~*** dafür bin ich nicht zuständig.
pro·vin·cial [prə'vɪnʃl] **I** *adj* □ **1.** Provinz... **2.** *contp.* provinziell, provinzlerisch. **II** *s* **3.** Provinzbewohner(in). **4.** *contp.* Provinzler(in).
pro·vi·sion [prə'vɪʒn] **I** *s* **1.** Vorkehrung *f*: ***make ~s*** Vorkehrungen *od.* Vorsorge treffen (***against*** gegen; ***for*** für). **2.** Bestimmung *f*, Vorschrift *f*: ***with the ~ that*** unter der Bedingung, dass. **3.** Bereitstellung *f*; *econ.* Rückstellung *f*: ***~ for bad debts*** Risikovorsorge *f*; ***~ for one's old age*** Alterssicherung *f*; ***~ for pensions*** Pensionsrückstellung; ***~ for taxation*** Steuerrückstellung. **4.** *pl* Proviant *m*, Verpflegung *f*. **II** *v/t* **5.** verproviantieren (***for*** für).
pro'vi·sion·al [~ʒənl] *adj* □ provisorisch, vorläufig: ***~ appointment*** vorläufiger Termin.
pro·vi·so [prə'vaɪzəʊ] *pl* **-sos** *s* Vorbehalt *m*, Bedingung *f*: ***with the ~ that*** unter der Bedingung, dass.
prov·o·ca·tion [ˌprɒvə'keɪʃn] *s* Provokation *f*: ***at the slightest ~*** beim geringsten Anlass.
pro·voc·a·tive [prə'vɒkətɪv] *adj* □ provozierend, (*sexuell a.*) aufreizend.
pro·voke [prə'vəʊk] *v/t j-n, et.* provozieren, *j-n, Tier* reizen: ***~ s.o. into doing*** (*od.* ***to do***) ***s.th.*** j-n so provozieren, dass er et. tut.
pro'vok·ing → ***provocative.***
prowl [praʊl] **I** *v/i a.* ***~ about*** (*od.* ***around***) herumschleichen, -streifen. **II** *v/t* durchstreifen. **III** *s* Herumstreifen *n*: ***be on the ~*** → I; ***~ car*** *Am.* (Funk)Streifenwagen *m*.
prox·im·i·ty [prɒk'sɪmətɪ] *s* Nähe *f*: ***in the ~ of*** in der Nähe von (*od. gen*).
prox·y ['prɒksɪ] *s* **1.** (Handlungs)Vollmacht *f*. **2.** (Stell)Vertreter(in), Bevollmächtigte *m, f*: ***by ~*** durch e-n Bevollmächtigten.
prude [pruːd] *s* prüder Mensch: ***be a ~*** prüde sein.
pru·dence ['pruːdns] *s* **1.** Klugheit *f*, Vernunft *f*. **2.** Umsicht *f*, Besonnenheit *f*.
'pru·dent *adj* □ **1.** klug, vernünftig. **2.** umsichtig, besonnen.
prud·er·y ['pruːdərɪ] *s* Prüderie *f*.
'prud·ish *adj* □ prüde.
prune[1] [pruːn] *s* Backpflaume *f*.
prune[2] [~] *v/t* **1.** *a.* ***~ back*** *Hecke etc* (be)schneiden. **2.** *a.* ***~ away*** *Äste etc* wegschneiden. **3.** *econ.* streichen, rationalisieren: *a.* ***~ down*** *fig. Text etc* zs.-streichen.
pru·ri·ence ['prʊərɪəns] *s* Lüsternheit *f*.
'pru·ri·ent *adj* □ lüstern.
prus·sic ac·id ['prʌsɪk] *s* ⚗ Blausäure *f*.
pry[1] [praɪ] *bsd. Am.* → ***prize***[2].
pry[2] [~] *v/i* neugierig sein: ***~ into*** s-e Nase stecken in (*acc*).
'pry·ing *adj* □ neugierig.
PS ***postscript*** PS, Postkript(um) *n*.
psalm [sɑːm] *s* Psalm *m*.
PSBR ***public sector borrowing requirement*** Kreditaufnahme *f* der öffentlichen Hand.
pseu·do·nym ['sjuːdənɪm] *s* Pseudonym *n*:

under the ~ of XY unter dem Pseudonym XY.
psych [saɪk] *v/t* F **1.** ***~ out*** *j-n, et.* durchschauen; *j-n* psychologisch fertig machen. **2.** ***~ up*** auf-, hochputschen.
psy·che ['saɪkɪ] *s* Psyche *f*, Seele *f*.
psy·chi·at·ric [ˌsaɪkɪ'ætrɪk] *adj* (***~ally***) psychiatrisch (*Behandlung etc*); psychisch (*Störung etc*).
psy·chi·a·trist [~'kaɪətrɪst] *s* Psychiater(in).
psy'chi·a·try *s* Psychiatrie *f*.
psy·chic ['saɪkɪk] **I** *adj* (***~ally***) **1.** psychisch, seelisch. **2.** übersinnlich. **3.** ***~ research*** Parapsychologie *f*. **4.** medial (begabt *od.* veranlagt): ***~ healer*** Geistheiler(in). **II** *s* **5.** medial veranlagte Person, Medium *n*.
'psy·chi·cal → ***psychic*** I.
psy·cho·a·nal·y·sis [ˌsaɪkəʊə'næləsɪs] *s* Psychoanalyse *f*.
psy·cho·an·a·lyst [ˌ~'ænəlɪst] *s* Psychoanalytiker(in).
psy·cho·bab·ble ['saɪkəʊˌbæbl] *s* F Psychologenjargon *m*.
psy·cho·log·i·cal [ˌsaɪkə'lɒdʒɪkl] *adj* □ psychologisch: ***~ moment*** (psychologisch) richtiger Augenblick; ***~ terror*** Psychoterror *m*; ***~ warfare*** psychologische Kriegführung.
psy·chol·o·gist [~'kɒlədʒɪst] *s* Psychologe *m*, Psychologin *f*.
psy'chol·o·gy *s* **1.** Psychologie *f*. **2.** psychologisches Geschick.
psy·cho·path ['saɪkəʊpæθ] *s* Psychopath(in).
psy·cho·sis [saɪ'kəʊsɪs] *pl* **-ses** [~siːz] *s* ⚕ Psychose *f*.
psy·cho·so·mat·ic [ˌsaɪkəʊsəʊ'mætɪk] *adj* (***~ally***) psychosomatisch.
psy·cho·ther·a·pist [ˌsaɪkəʊ'θerəpɪst] *s* Psychotherapeut(in).
ˌpsy·cho'ther·a·py *s* Psychotherapie *f*.
pt ***part*** T., Teil *m*; ***payment*** Zahlung *f*.
PTA [piːtiː'eɪ] ***parent-teacher association*** Elternbeirat *m*.
Pte *Br.* ***Private*** Soldat *m* (*Dienstgrad*).
PTO ***please turn over*** b. w.
pub [pʌb] *s bsd. Br.* Pub *n*, Kneipe *f*. **~ crawl** *s bsd. Br.* F Kneipenbummel *m*: ***go on a ~*** e-n Kneipenbummel machen.
pu·ber·ty ['pjuːbətɪ] *s* Pubertät *f*: ***be going through ~*** in der Pubertät sein.
pu·bic ['pjuːbɪk] *adj anat.* Scham...
pub·lic ['pʌblɪk] **I** *adj* □ **1.** öffentlich (*Versammlung etc*). **2.** öffentlich, allgemein bekannt: ***~ figure*** Persönlichkeit *f* des öffentlichen Lebens; ***go ~*** a) sich an die Öffentlichkeit wenden, b) Aktien öffentlich anbieten; ***make ~*** bekannt machen, publik machen. **3.** a) öffentlich (*Einrichtung, Sicherheit, Verkehrsmittel etc*): ***~ bar*** *Br.* Ausschank *m*, Schenke *f*, Schänke *f*; ***~ (limited) company*** *econ. Br.* Aktiengesellschaft *f*; ***~ convenience*** *Br.* öffentliche Bedürfnisanstalt; ***~ expenditure*** öffentliche Ausgaben *pl*; ***~ health*** öffentliches Gesundheitswesen *n*; ***~ house*** *bsd. Br.* Gaststätte *f*; ***~ liability insurance*** Haftpflichtversicherung *f*; ***~ ownership*** Gemeineigentum *n*; ***~ purchasing*** öffentliches Beschaffungswesen; ***~ relations*** *pl* Public Relations *pl*, Öffentlichkeitsarbeit *f*; ***~ school*** *Br.* Public School *f*; *Am.* staatliche Schule; ***~ sector spending*** öffentliche Ausgaben *pl*; ***~ servant*** Beschäftigter im öffentlichen Dienst; ***~ utility*** öffentlicher Versorgungsbetrieb; → ***nuisance*** 1, b) Staats..., staatlich: ***~ borrowing*** staatliche Kreditaufnahme; ***~ finance*** Staatsfinanzen *pl*; ***~ holiday*** gesetzlicher Feiertag; ***~ revenue*** Staatseinnahmen *pl*; → ***prosecutor***, c) Volks...: ***~ library*** Volksbücherei *f*. **II** *s* **4.** Öffentlichkeit *f*: ***in ~*** in der Öffentlichkeit, öffentlich. **5.** Publikum *n*, Öffentlichkeit *f*: ***exclude the ~*** ⚖ die Öffentlichkeit ausschließen. **ˌ~-ad'dress sys·tem** *s* Lautsprecheranlage *f*.
pub·li·can ['pʌblɪkən] *s bsd. Br.* (Gast-) Wirt(in).
pub·li·ca·tion [ˌpʌblɪ'keɪʃn] *s* **1.** Bekanntgabe *f*, -machung *f*. **2.** Publikation *f*, Veröffentlichung *f* (*beide a. Werk*).
pub·li·cist ['pʌblɪsɪst] *s* **1.** Publizist(in). **2.** Werbeagent(in).
pub·lic·i·ty [~'lɪsətɪ] *s* **1.** Publicity *f*, Bekanntheit *f*. **2.** Publicity *f*, Reklame *f*, Werbung *f*: ***~ campaign*** Werbefeldzug *m*; ***~ gimmick*** Reklame-, Werbegag *m*; ***~ stunt*** Werbegag *m*.
pub·li·cize ['~saɪz] *v/t* **1.** bekannt machen, publik machen. **2.** Reklame machen für.
pub·lish ['pʌblɪʃ] *v/t* **1.** bekannt geben, machen. **2.** publizieren, veröffentlichen, *Leserbrief a.* abdrucken. **3.** *Buch etc* verlegen, herausbringen: ***~ed weekly*** erscheint wöchentlich; ***~ing trade*** Verlagsgewerbe *n*, -branche *f*.
'pub·lish·er *s* **1.** Verleger(in), Herausgeber(in). **2.** *pl* Verlag(shaus *n*) *m*.
puck [pʌk] *s Eishockey*: Puck *m*.
puck·er ['pʌkə] **I** *v/t* **1.** *a.* ***~ up*** *Gesicht, Mund* verziehen, *Stirn* runzeln. **II** *v/i a.* ***~ up*** **2.** sich verziehen, sich runzeln. **3.** Falten werfen. **III** *s* **4.** Falte *f*.
pud [pʊd] *Br.* F → ***pudding.***
pud·ding ['pʊdɪŋ] *s* a) *Br.* Nachspeise *f*, -tisch *m*, b) (*Reis- etc*)Auflauf *m*, c) Pudding *m* (*im Wasserbad gekochte Mehlspeise*), d) (*Blut*)Wurst *f*.
pud·dle ['pʌdl] *s* Pfütze *f*.

pu·er·ile ['pjʊəraɪl] *adj* □ infantil.

puff [pʌf] **I** *s* **1.** *Rauchen*: Zug *m*: ***take a ~ at*** ziehen an (*dat*). **2.** (*Luft-*, *Wind*)Hauch *m*, (-)Stoß *m*: ***~ of air***. **3.** *gastr.* (*Wind*)Beutel *m*. **4.** F Puste *f*: ***out of ~*** aus der *od.* außer Puste. **5.** (*Puder*)Quaste *f*. **6.** F Anpreisung *f*: ***give s.th. a ~*** et. hochjubeln. **II** *v/t* **7.** *Rauch* blasen (***in s.o.'s face*** j-m ins Gesicht): **~ *out*** *Kerze etc* ausblasen; *Rauch etc* ausstoßen; *Brust* herausdrücken; *Gefieder* aufplustern; ***be ~ed up*** (***with pride***) aufgeblasen sein. **III** *v/i* **8.** schnaufen (*a. Lokomotive etc*), keuchen. **9.** *a.* **~ *away*** paffen (***at*** an *e-r Zigarette etc*). **10.** **~ *up*** (an)schwellen.

puffed *adj* F aus der *od.* außer Puste.

puf·fin ['pʌfɪn] *s orn.* Papageientaucher *m*.

puff| paste *s Am.*, **~ pas·try** *s* Blätterteig *m*. **~ sleeve** *s* Puffärmel *m*.

puff·y ['pʌfɪ] *adj* (an)geschwollen, verschwollen.

pug [pʌg] *s zo.* Mops *m*.

pug·na·cious [pʌg'neɪʃəs] *adj* □ kampf(es)lustig; streitsüchtig.

pug·nac·i·ty [pʌg'næsətɪ] *s* Kampf(es)lust *f*; Streitsucht *f*.

puke [pju:k] *sl.* **I** *v/i* kotzen. **II** *v/t* auskotzen. **III** *s* Kotze *f*.

pull [pʊl] **I** *s* **1.** Ziehen *n*; Zug *m*, Ruck *m*: ***give the rope a*** (***good***) **~** (kräftig) am Seil ziehen. **2.** Anziehungskraft *f* (*a. fig.*). **3.** Anstieg *m*, Steigung *f*. **4.** Zug(griff *m*, -leine *f*) *m*. **5.** F Beziehungen *pl* (***with*** zu). **II** *v/t* **6.** ziehen: → ***string*** 1. **7.** ziehen an (*dat*): **~ *s.o.'s hair*** j-n an den Haaren ziehen; **~ *a muscle*** sich e-e Muskelzerrung zuziehen, sich et. zerren; → ***face*** 2, ***leg*** 1, *etc.* **8.** reißen: → ***piece*** 1. **9.** a) *Zahn* ziehen, *Pflanze* ausreißen, b) *Messer*, *Pistole* ziehen: **~ *a gun on s.o.*** j-n mit der Pistole bedrohen, c) *bsd. Br. Bier* zapfen. **10.** *fig.* anziehen. **11.** **~ *one's punches*** (*Boxen*) verhalten schlagen; *fig.* sich zurückhalten; ***not to ~ one's punches***, **~ *no punches*** kein Blatt vor den Mund nehmen. **12.** F *Banküberfall etc* machen: **~ *a big one*** ein großes Ding drehen; → ***job***¹ 6. **III** *v/i* **13.** ziehen (***at***, ***on*** an *dat*).

Verbindungen mit Adverbien:

pull| a·head *v/i* vorbeiziehen (***of*** an *dat*) (*Auto etc*) (*a. fig.*). **~ a·way** *v/i* **1.** anfahren (*Bus etc*). **2.** sich absetzen (***from*** von), (*Sport a.*) sich freimachen. **~ down** *v/t* **1.** *Gebäude* abreißen. **2.** *j-n* mitnehmen, schwächen. **~ in** **I** *v/t* **1.** *Bauch etc* einziehen. **2.** → ***pull*** 10. **3.** *bsd. Br.* F *j-n* einkassieren. **4.** F kassieren: ***he's pulling in quite a bit*** er verdient ganz schön. **II** *v/i* **5.** einfahren (*Zug*). **6.** anhalten. **~ off** *v/t* **1.** *Schuhe etc* ausziehen; sich *die Kleider* vom Leib reißen. **2.** F *et.* schaffen, schaukeln. **~ on** *v/t* *Kleid etc* anziehen, (sich) überziehen. **~ out** **I** *v/t* **1.** a) herausziehen (***of*** aus): → ***chestnut*** 1, ***stop*** 4, b) → ***pull*** 9a, c) *Tisch* ausziehen. **II** *v/i* **2.** abfahren (*Zug*). **3.** ausscheren (*Fahrzeug*). **4.** *fig.* sich zurückziehen, (*a. Sport*) aussteigen (***of*** aus). **~ through** **I** *v/t* **1.** durchziehen. **2.** *fig. Kranken*, *Kandidaten etc* durchbringen. **II** *v/i* **3.** *fig.* durchkommen. **~ to·geth·er** **I** *v/t* **1.** ***pull o.s. together*** sich zs.-reißen. **2.** *Partei etc* zs.-schweißen. **II** *v/i* **3.** an 'einem Strang ziehen. **~ up** **I** *v/t* **1.** hoch ziehen. **2.** *Fahrzeug* anhalten. **3.** *j-n* korrigieren; zurechtweisen (***for*** wegen). **II** *v/i* **4.** (an)halten. **5.** **~ *to*** (*od.* ***with***) (*Sport*) *j-n* einholen.

pul·ley ['pʊlɪ] *s tech.* Flaschenzug *m*.

'**pull|-in** *s Br.* Rasthaus *n*, -stätte *f*. '**~-out** *adj* ausziehbar: **~ *table*** Ausziehtisch *m*. '**~ˌo·ver** *s* Pullover *m*. '**~-up** *s* Klimmzug *m*: ***do a ~*** e-n Klimmzug machen.

pul·mo·nar·y ['pʌlmənərɪ] *adj anat.*, ⚕ Lungen...

pulp [pʌlp] **I** *s* **1.** Fruchtfleisch *n*. **2.** Brei *m*, breiige Masse: ***beat to a ~*** *fig. j-n* zu Brei schlagen. **II** *adj* **3.** Schund...: **~ *novel*** Schundroman *m*. **III** *v/t* **4.** *Bücher etc* einstampfen.

pul·pit ['pʊlpɪt] *s* Kanzel *f*: ***in the ~*** auf der Kanzel.

pulp·y ['pʌlpɪ] *adj* □ breiig.

pul·sate [pʌl'seɪt] *v/i* pulsieren, *a. fig.* vibrieren (***with*** vor *dat*).

pulse¹ [pʌls] **I** *s* **1.** Puls(schlag) *m*: ***feel*** (*od.* ***take***) ***s.o.'s ~*** j-m den Puls fühlen. **2.** ⚡, *phys.* Impuls *m*. **II** *v/i* **3.** pulsieren (***through*** durch) (*a. fig.*).

pulse² [~] *mst pl s* Hülsenfrüchte *pl*.

pul·ver·ize ['pʌlvəraɪz] *v/t* **1.** pulverisieren. **2.** *fig.* F *j-n* auseinander nehmen.

pu·ma ['pju:mə] *s zo.* Puma *m*.

pum·ice ['pʌmɪs] *s a.* **~ *stone*** Bimsstein *m*.

pum·mel ['pʌml] *v/t pret u. pp* **-meled**, *bsd. Br.* **-melled** eintrommeln auf (*acc*).

pump [pʌmp] **I** *s* **1.** Pumpe *f*; (*Zapf*)Säule. **II** *v/t* **2.** pumpen: **~ *up*** aufpumpen; **~ *s.o.'s stomach*** ⚕ j-m den Magen auspumpen; **~ *money into*** *fig.* Geld hineinpumpen in (*acc*). **3.** F *j-n* ausholen (***for*** über *acc*). **III** *v/i* **4.** pumpen (*a. Herz*). **5.** herausschießen (***from*** aus) (*Blut etc*). **~ at·tend·ant** *s* Tankwart(in).

pump·kin ['pʌmpkɪn] *s* ✿ Kürbis *m*.

pump prim·ing *s* staatliche Investitionen *pl* zur Konjunkturbelebung.

pun [pʌn] **I** *s* Wortspiel *n*. **II** *v/i* Wortspiele *od.* ein Wortspiel machen.

Punch¹ [pʌntʃ] *s* Kasper *m*, Kasperle *n*, *m*: ***be*** (***as***) ***pleased as ~*** F sich freuen wie ein Schneekönig.

punch² [~] **I** *s* **1.** (Faust)Schlag *m*: ***give s.o. a ~*** j-m e-n Schlag versetzen; → ***pull*** 11. **2.** *fig.* Schwung *m.* **II** *v/t* **3.** (mit der Faust) schlagen.

punch³ [~] *tech.* **I** *s* Locher *m*; Lochzange *f*; Locheisen *n.* **II** *v/t* lochen; *Loch* stanzen (***in*** in *acc*): ***~ed card*** Lochkarte *f*; ***~ed pocket*** Ösenhefter *m*; ***~ed tape*** Lochstreifen *m.*

punch⁴ [~] *s* Punsch *m.*

ˌPunch-and-ˈJu·dy show [ˈdʒuːdɪ] *s* Kasperletheater *n.*

punch| card *s* Lochkarte *f.* **~ line** *s* Pointe *f.* **ˈ~-up** *s Br.* F Schlägerei *f.*

punc·til·i·ous [pʌŋkˈtɪlɪəs] *adj* □ peinlich genau.

punc·tu·al [ˈpʌŋktʃʊəl] *adj* □ pünktlich: ***be ~*** pünktlich kommen (***for*** zu).

punc·tu·al·i·ty [ˌ~ˈælətɪ] *s* Pünktlichkeit *f.*

punc·tu·ate [ˈpʌŋktʃʊeɪt] *v/t* **1.** interpunktieren. **2.** *fig.* (***with***) unterbrechen (durch, mit); durchsetzen (mit). **3.** *fig.* unterstreichen, betonen.

ˌpunc·tuˈa·tion *s* **1.** Interpunktion *f*: **~ *mark*** Satzzeichen *n.* **2.** *fig.* Unterbrechung *f*; Durchsetzung *f.* **3.** *fig.* Unterstreichung *f*, Betonung *f.*

punc·ture [ˈpʌŋktʃə] **I** *v/t* **1.** durchstechen, -bohren. **2.** ⚕ punktieren. **II** *v/i* **3.** ein Loch bekommen, platzen. **III** *s* **4.** (Ein)Stich *m*; Loch *n.* **5.** *mot.* Reifenpanne *f.* **6.** ⚕ Punktion *f.*

pun·dit [ˈpʌndɪt] *s oft humor.* Weise *m, f.*

pun·gen·cy [ˈpʌndʒənsɪ] *s* Schärfe *f* (*a. fig.*).

ˈpun·gent *adj* □ scharf (*Geschmack, Geruch*), (*Bemerkung etc a.*) bissig.

pun·ish [ˈpʌnɪʃ] *v/t* **1.** *j-n* (be)strafen (***for*** für, wegen). **2.** *et.* bestrafen.

ˈpun·ish·a·ble *adj* □ strafbar: **~ *act*** (*od.* ***offence***, *Am.* ***offense***) strafbare Handlung; ***murder is ~ by death*** auf Mord steht die Todesstrafe.

ˈpun·ish·ing *adj* □ vernichtend (*Kritik etc*), mörderisch, zermürbend (*Rennen etc*).

ˈpun·ish·ment *s* **1.** Bestrafung *f.* **2.** Strafe *f*: ***as a ~*** als *od.* zur Strafe (***for*** für).

pu·ni·tive [ˈpjuːnətɪv] *adj* □ **1.** Straf... **2.** extrem hoch (*Steuern etc*).

punk [pʌŋk] *s* **1.** Punk *m* (*Bewegung u. Anhänger*). **2.** ♪ Punk *m*; Punker(in). **~ rock** *s* ♪ Punkrock *m.* **~ rock·er** *s* ♪ Punkrocker(in).

punt [pʌnt] **I** *s* Stechkahn *m.* **II** *v/t u. v/i* staken.

pu·ny [ˈpjuːnɪ] *adj* □ schwächlich.

pup [pʌp] → ***puppy.***

pu·pa [ˈpjuːpə] *pl* **-pae** [ˈ~piː], **-pas** *s zo.* Puppe *f.*

pu·pil¹ [ˈpjuːpl] *s* Schüler(in).

pu·pil² [~] *s anat.* Pupille *f.*

pup·pet [ˈpʌpɪt] *s* Puppe *f*: a) Handpuppe *f*, b) Marionette *f* (*a. fig.*): **~ *government*** *fig.* Marionettenregierung *f*; **~ *show*** Marionettentheater *n*, Puppenspiel *n.*

pup·pet·eer [ˌ~ˈtɪə] *s* Puppenspieler(in).

pup·py [ˈpʌpɪ] *s* Welpe *m*, junger Hund. **~ fat** *s Br.* F Babyspeck *m.* **~ love** *s* F jugendliche Schwärmerei.

pur·chas·a·ble [ˈpɜːtʃəsəbl] *adj* käuflich.

ˈpur·chase I *v/t* **1.** kaufen, erstehen: ***~d service*** fremde Dienstleistungen *pl.* **2.** *fig.* erkaufen (***at the expense of*** auf Kosten *gen*). **II** *s* **3.** Kauf *m*: **~ *option*** Kaufoption *f*; **~ *price*** Kaufpreis *m.* **4.** *pl* Einkäufe *pl*: ***make ~s*** Einkäufe machen.

ˈpur·chas·er *s* Käufer(in).

ˈpur·chas·ing| de·part·ment [ˈpɜːtʃəsɪŋ] *s* Einkaufsabteilung *f.* **~ hab·it** *s* Kaufgewohnheit *f.* **~ man·ag·er** *s* Einkaufsleiter *m.* **~ pow·er** *s econ.* Kaufkraft *f.*

pure [pjʊə] *adj* □ **1.** rein: a) pur, unvermischt, b) sauber, c) akzentfrei, fehlerlos, d) pur, völlig (*Unsinn etc*): ***by ~ accident*** rein zufällig. **2.** ehrlich (*Absicht*). **ˈ~·bred I** *adj* reinrassig, rasserein. **II** *s* reinrassiges Tier.

pu·ree [ˈpjʊəreɪ] **I** *s* Püree *n.* **II** *v/t* pürieren.

pur·ga·tive [ˈpɜːgətɪv] ⚕ **I** *adj* □ abführend. **II** *s* Abführmittel *n.*

pur·ga·to·ry [ˈpɜːgətərɪ] *s eccl.* Fegefeuer *n*: ***it is ~ having to do s.th.*** es ist die Hölle, et. tun zu müssen.

purge [pɜːdʒ] **I** *v/t Partei etc* säubern (***of*** von). **II** *s pol.* Säuberung(saktion) *f.*

pu·ri·fi·ca·tion [ˌpjʊərɪfɪˈkeɪʃn] *s* Reinigung *f.*

pu·ri·fi·er [ˈpjʊərɪfaɪə] *s tech.* Reiniger *m.*

pu·ri·fy [ˈpjʊərɪfaɪ] *v/t* reinigen.

pur·ism [ˈpjʊərɪzəm] *s* Purismus *m.*

ˈpur·ist *s* Purist(in).

Pu·ri·tan [ˈpjʊərɪtən] *hist., fig. mst* **pu·ri·tan** **I** *s* Puritaner(in). **II** *adj* puritanisch.

pu·ritan·i·cal [ˌ~ˈtænɪkl] *adj* □ *fig.* puritanisch.

Pu·ri·tan·ism [ˈ~tənɪzəm] *s hist., fig. mst* **puritan·ism** Puritanismus *m.*

pu·ri·ty [ˈpjʊərətɪ] *s* **1.** Reinheit *f.* **2.** Ehrlichkeit *f.*

pur·loin [pɜːˈlɔɪn] *v/t oft humor.* entwenden.

pur·ple [ˈpɜːpl] *adj* lila: ***his face turned ~*** sein Gesicht verfärbte sich blau; **~ *heart*** *bsd. Br.* F Amphetamintablette *f*; ***Purple Heart*** *mil. Am.* Verwundetenabzeichen *n.*

pur·port [ˈpɜːpət] **I** *s* Tenor *m.* **II** *v/t*: **~ *to be s.th.*** vorgeben, et. zu sein; et. sein sollen.

pur·pose [ˈpɜːpəs] **I** *s* **1.** Zweck *m*, Ziel *n*; Absicht *f*, Vorsatz *m*: ***for all practical ~s*** praktisch; ***on ~*** absichtlich; mit der Absicht (***to do*** zu tun); ***answer*** (*od.* ***serve***) ***the***

same ~ denselben Zweck erfüllen; ***put to a good*** ~ gut anwenden *od.* nützen. **2.** ***to no*** ~ vergeblich, umsonst. **3.** Entschlossenheit *f*, Zielstrebigkeit *f*. **II** *v/t* **4.** beabsichtigen, vorhaben (***doing, to do*** zu tun). **'~-built** *adj* speziell angefertigt, Spezial...

pur·pose·ful ['~fʊl] *adj* □ entschlossen, zielstrebig.

'pur·pose·less *adj* □ **1.** zwecklos. **2.** ziel-, planlos.

'pur·pose·ly *adv* absichtlich.

purr [pɜː] **I** *v/i* schnurren (*Katze*); surren (*Motor etc*). **II** *s* Schnurren *n*; Surren *n*.

purse [pɜːs] **I** *s* **1.** a) Geldbeutel *m*, Portemonnaie *n*, Portmonee *n*: ***be beyond s.o.'s*** ~ *fig.* j-s Finanzen übersteigen; ***hold the*** ~ ***strings*** *fig.* die Finanzen verwalten, b) *Am.* Handtasche *f*. **2.** *Sport*: Siegprämie *f*; (*Boxen*) Börse *f*. **II** *v/t* **3.** *a.* ~ ***up*** *Lippen* schürzen.

'purs·er *s* **1.** ⚓ Proviant- *od.* Zahlmeister(in). **2.** ✈ Purser *m* (*leitender Steward*).

pur·su·ance [pə'sjʊəns] *s*: ***in*** (***the***) ~ ***of one's duty*** in Ausübung s-r Pflicht.

pur·sue [pə'sjuː] *v/t* **1.** verfolgen: ***be ~d by bad luck*** vom Pech verfolgt werden. **2.** *fig. s-m Studium etc* nachgehen; *Absicht, Politik etc* verfolgen; *Angelegenheit etc* weiterführen.

pur'su·er *s* Verfolger(in).

pur·suit [pə'sjuːt] *s* **1.** Verfolgung *f*: ***be in*** ~ ***of s.o.*** j-n verfolgen. **2.** *fig.* Verfolgung *f*; Weiterführung *f*: ***in*** (***the***) ~ ***of*** im *od.* in Verfolg (*gen*). **3.** Beschäftigung *f*.

pu·ru·lent ['pjʊərʊlənt] *adj* □ eiternd, eit(e)rig.

pur·vey·or [pə'veɪə] *s* Lieferant *m*.

pus [pʌs] *s* ⚕ Eiter *m*.

push [pʊʃ] **I** *s* **1.** Stoß *m*: ***give s.o. a*** ~ j-m e-n Stoß versetzen; ***give s.o. the*** ~ *Br.* F j-n rausschmeißen (*entlassen*); ***get the*** ~ *Br.* F fliegen; ***at a*** ~ F im Notfall, notfalls; ***if*** (*od.* ***when***) ***it comes to the*** ~ F wenn es darauf ankommt. **2.** (*Werbe*)Kampagne *f*. **3.** F Draufgängertum *n*. **II** *v/t* **4.** stoßen, schubsen; schieben; *Taste etc* drücken: ~ ***one's way*** sich drängen (***through*** durch); ***he's ~ing 70*** er geht auf die 70 zu. **5.** *fig. j-n* drängen (***to do*** zu tun): ***be ~ed*** (***for time***) F es eilig haben; in Zeitnot sein; ***be ~ed for money*** F knapp bei Kasse sein. **6.** *fig.* Reklame machen *od.* die Trommel rühren für. **7.** F *Heroin etc* pushen. **III** *v/i* **8.** stoßen, schubsen; schieben, drücken: ~ ***past s.o.*** sich an j-m vorbeidrängen. **9.** ~ ***for*** *fig.* drängen auf (*acc*).

Verbindungen mit Adverbien:

push| a·bout → ***push around.*** ~ **a·head** *v/i*: ~ ***with*** *Plan etc* vorantreiben. ~ **a·long** *v/i* F sich auf die Socken machen. ~ **a·round** *v/t* herumschubsen (*a. fig.* F). ~ **for·ward I** *v/t*: ***push o.s. forward*** *fig.* sich in den Vordergrund drängen *od.* schieben. **II** *v/i* → ***push ahead.*** ~ **in** *v/i* F sich vordrängeln. ~ **off** *v/i* **1.** sich abstoßen (***from*** von). **2.** *mst imp* abhauen, Leine ziehen. ~ **on** → ***push ahead.*** ~ **out** *v/t fig. j-n* hinausdrängen. ~ **up** *v/t* **1.** → ***daisy.*** **2.** *Preise etc* hoch treiben.

'push|·bike *s Br.* F Fahrrad *n*. ~ **but·ton** *s* Druckknopf *m*, -taste *f*. **'~-ˌbut·ton** *adj* Druckknopf...: ~ ***pencil*** Druckbleistift *m*; ~ ***telephone*** Tastentelefon *n*. **'~·cart** *s* **1.** (Hand)Karren *m*. **2.** *Am.* Einkaufswagen *m*. **'~·chair** *s Br.* Sportwagen *m* (*für Kinder*).

push·er ['pʊʃə] *s* F **1.** Draufgänger(in). **2.** Pusher *m* (*Rauschgifthändler*).

'push·ing → ***pushy.***

'push|ˌo·ver *s* F **1.** *fig.* Kinderspiel *n*. **2.** ***be a*** ~ ***for*** nicht widerstehen können (*dat*); immer wieder hereinfallen auf (*acc*). **'~-up** *s Am.* Liegestütz *m*: ***do a*** ~ e-n Liegestütz machen.

push·y ['pʊʃɪ] *adj* □ draufgängerisch.

pu·sil·lan·i·mous [ˌpjuːsɪ'lænɪməs] *adj* □ kleinmütig, verzagt.

puss [pʊs] *s* F Mieze *f*.

puss·y ['pʊsɪ] *s Kindersprache*: Miezekatze *f*. **'~·cat** → ***pussy.*** **'~·foot** *v/i a.* ~ ***about*** (*od.* ***around***) F um den (heißen) Brei herumreden; sich nicht festlegen wollen.

pus·tule ['pʌstjuːl] *s* ⚕ Pustel *f*.

put [pʊt] **I** *adj* **1.** ***stay*** ~ sich nicht (vom Fleck) rühren. **II** *v/t* (*irr*) **2.** legen, setzen, stellen, tun: ~ ***s.th. before s.o.*** *fig.* j-m et. vorlegen; ~ ***a tax on s.th.*** et. besteuern. **3.** *Hand etc, fig. Geld, Zeit* stecken (***in***[***to***]) in *acc*). **4.** *j-n in e-e unangenehme Lage etc, et. auf den Markt, in Ordnung etc* bringen. **5.** *et. in Kraft, in Umlauf etc* setzen. **6.** unterwerfen, -ziehen (***to*** *dat*). **7.** übersetzen (***into French*** ins Französische). **8.** *et.* ausdrücken, *in Worte* fassen: → ***mild.*** **9.** schätzen (***at*** auf *acc*). **10.** *Geld* setzen (***on*** auf *acc*). **11.** *Schuld* geben (***on*** *dat*). **III** *v/i* (*irr*) **12.** ~ ***to sea*** ⚓ in See stechen. **13.** ~ ***upon s.o.*** *bsd. Br.* j-m Ungelegenheiten bereiten.

Verbindungen mit Adverbien:

put| a·bout I *v/t Gerücht* verbreiten, in Umlauf setzen. **II** *v/i* ⚓ den Kurs ändern. ~ **a·cross** *v/t et.* verständlich machen (***to*** *dat*). ~ **a·head** *v/t Sport*: in Führung bringen. ~ **a·side** *v/t* **1.** beiseite legen. **2.** *Ware* zurücklegen. **3.** *fig.* beiseite schieben. **4.** → ***put away*** 3. ~ **a·way** *v/t* **1.** weglegen, -stecken, -tun. **2.** auf-, wegräumen. **3.** → ***put by.*** **4.** F *Speisen* verdrücken, *Getränke*

P

schlucken. **~ back** *v/t* **1.** zurücklegen, -stellen, -tun. **2.** *Uhr* zurückstellen (***by*** um): → ***clock*** 1. **3.** *fig.* verschieben (***two days*** um zwei Tage; ***to*** auf *acc*). **~ by** *v/t Geld* zurücklegen, auf die hohe Kante legen. **~ down I** *v/t* **1.** hin-, niederlegen, -stellen, -setzen. **2.** *Aufstand etc* niederwerfen. **3.** *Fahrgast* absetzen. **4.** *et.* aufschreiben: ***put s.o.***(***'s name***) ***down for*** j-n anmelden *od.* eintragen für. **5.** *Betrag* anzahlen. **6.** *Flugzeug* landen. **7.** *j-n* halten (***as*** für). **8.** *et.* zuschreiben (***to*** *dat*). **II** *v/i* **9.** ✈ landen. **~ for·ward** *v/t* **1.** *Plan etc* vorlegen: ***put s.o.***(***'s name***) ***forward as*** j-n vorschlagen als. **2.** *Uhr* vorstellen (***by*** um). **3.** *fig.* vorverlegen (***two days*** um zwei Tage; ***to*** auf *acc*). **~ in I** *v/t* **1.** herein-, hineinlegen, -stecken, -stellen, *Kassette etc* einlegen. **2.** *Gesuch etc* einreichen, *Forderung etc a.* geltend machen. **3.** *Arbeit*, *Zeit* verbringen (***on*** mit). **4.** *Bemerkung* einwerfen; *ein gutes Wort* einlegen (***for*** für). **II** *v/i* **5.** ⚓ einlaufen (***at*** in *acc*): **~ *at*** *a.* anlaufen (*acc*). **6.** sich bewerben (***for*** um). **~ off** *v/t* **1.** *et.* verschieben (***till, until*** auf *acc*); *j-m* absagen. **2.** *j-n* hinhalten (***with*** mit). **3.** *j-n* aus dem Konzept bringen; *j-m* den Appetit *od.* die Lust *od.* die Laune verderben. **4.** → ***put down*** 3. **~ on** *v/t* **1.** *Mantel etc* anziehen, *Hut*, *Brille* aufsetzen; *Rouge etc* auflegen: → ***lipstick.*** **2.** *Licht*, *Radio etc* anmachen, einschalten. **3.** *einige Pfund* zunehmen: → ***weight*** 1. **4.** *Sonderzug etc* einsetzen. **5.** *thea. Stück etc* herausbringen. **6.** *Bremse* anziehen. **7.** *Essen*, *Topf etc* aufsetzen. **8.** *Schallplatte etc* auflegen, *Kassette etc* einlegen. **9.** vortäuschen, heucheln: ***put it on*** so tun als ob. **10.** F *j-n* auf den Arm nehmen. **~ out I** *v/t* **1.** heraus-, hinauslegen, -stellen: ***put work out to contract*** Unteraufträge vergeben. **2.** *Hand etc* ausstrecken: → ***feeler, tongue*** 1. **3.** *Feuer* löschen; *Licht*, *Radio*, *Zigarette etc* ausmachen, abschalten. **4.** veröffentlichen, herausgeben; (*Rundfunk*, *TV*) bringen, senden. **5.** aus der Fassung bringen; verstimmen, -ärgern; *j-m* Ungelegenheiten bereiten. **6.** ⚕ sich *den Arm etc* ver- *od.* ausrenken. **II** *v/i* **7.** ⚓ auslaufen: **~ *to sea*** in See stechen. **~ o·ver** → ***put across.*** **~ through** *v/t* **1.** *teleph. j-n* verbinden (***to*** mit). **2.** durch-, ausführen. **~ to·geth·er** *v/t* **1.** zs.-setzen, *Gerät etc* zs.-bauen; *Mannschaft*, *Rede etc* zs.-stellen. **2.** ***he is cleverer than all his friends*** **~** er ist cleverer als alle s-e Freunde zusammen. **~ up I** *v/t* **1.** herauf-, hinauflegen, -stellen. **2.** *Hand* (hoch)heben. **3.** *Bild etc* aufhängen; *Plakat*, *Bekanntmachung etc* anschlagen. **4.** *Schirm* aufspannen. **5.** *Zelt etc* aufstellen, *Gebäude* errichten. **6.** *j-n* unterbringen. **7.** *Widerstand* leisten: → ***fight*** 1. **8.** *Preis etc* erhöhen. **9.** *j-n* anstiften (***to*** zu). **II** *v/i* **10.** absteigen (***at*** in *dat*). **11. ~ *with*** sich abfinden mit; sich gefallen lassen.

put and call op·tion *s Börse*: Stellagegeschäft *n*.

pu·ta·tive ['pju:tətɪv] *adj* □ mutmaßlich.

'put|·off *s bsd. Am.* F (faule) Ausrede. **'~-on** *s Am.* F Bluff *m*, Schwindel *m*.

put op·tion *s* Rückprämiengeschäft *n*.

pu·tre·fy ['pju:trɪfaɪ] *v/i* (ver)faulen, verwesen.

pu·trid ['pju:trɪd] *adj* □ **1.** verfault, -west; (*Geruch*) faulig. **2.** F miserabel, saumäßig.

putsch [pʊtʃ] *s pol.* Putsch *m*.

putt [pʌt] *v/t u. v/i Golf*: putten.

putt·er ['pʌtə] *Am.* → ***potter***[1].

put·ty ['pʌtɪ] **I** *s* Kitt *m*: ***he was*** (***like***) **~ *in her hands*** *fig.* er war Wachs in ihren Händen. **II** *v/t* kitten.

'put-up job *s* F abgekartetes Spiel.

puz·zle ['pʌzl] **I** *s* **1.** Rätsel *n* (*a. fig.*); Geduld(s)spiel *n*: ***it is a*** **~ *to me*** es ist mir ein Rätsel *od.* rätselhaft; → ***jigsaw*** (***puzzle***). **II** *v/t* **2.** vor ein Rätsel stellen; verdutzen, -blüffen: ***be*** **~*d*** vor e-m Rätsel stehen. **3. ~ *out*** *et.* ausknobeln, herausbringen. **III** *v/i* **4.** sich den Kopf zerbrechen (***about, over*** über *dat*).

'puz·zler *s* F harte Nuss.

Pvt. *Am.* ***Private*** Soldat *m* (*Dienstgrad*).

PX ***post exchange*** *Verkaufsladen für Angehörige der US-Streitkräfte.*

pyg·my ['pɪgmɪ] **I** *s* **1.** ***Pygmy*** Pygmäe *m*, Pygmäin *f*. **2.** Zwerg(in) (*a. fig. contp.*). **II** *adj* **3.** *bsd. zo.* Zwerg...

py·ja·mas [pə'dʒɑ:məz] *s pl*, *a.* ***pair of*** **~** Schlafanzug *m*, Pyjama *m*.

py·lon ['paɪlən] *s* Hochspannungsmast *m*.

pyr·a·mid ['pɪrəmɪd] *s* Pyramide *f*: **~ *of ages*** Alterspyramide. **~ sell·ing** *s* (Verkauf *m* nach) Schneeballsystem.

pyre ['paɪə] *s* Scheiterhaufen *m*.

py·ro·ma·ni·a [ˌpaɪrəʊ'meɪnɪə] *s* Pyromanie *f*.

ˌpy·ro'ma·ni·ac [~æk] *s* Pyromane *m*, -manin *f*.

Pyr·rhic vic·to·ry ['pɪrɪk] *s* Pyrrhussieg *m*.

py·thon ['paɪθn] *s zo.* Python(schlange) *f*.

pyx [pɪks] *s eccl.* Pyxis *f*, Hostienbehälter *m*.

Q

Q [kjuː] *pl* **Q's** *s* Q *n.*
QC ***Queen's Counsel*** Kronanwalt *m.*
quack¹ [kwæk] **I** *v/i* quaken (*Ente*). **II** *s* Quaken *n.*
quack² [~] *s a.* **~ *doctor*** Quacksalber(in), Kurpfuscher(in).
quack·er·y ['~ərɪ] *s* Quacksalberei *f*, Kurpfuscherei *f.*
quad [kwɒd] *s* F Vierling *m.*
quad·ran·gle ['kwɒdræŋgl] *s* Viereck *n.*
quad'ran·gu·lar [~gjʊlə] *adj* □ viereckig.
quad·ra·phon·ic [ˌkwɒdrə'fɒnɪk] *adj* (**~*ally***) ♪, *phys.* quadrophon(isch), quadrofon(isch).
quad·ri·lat·er·al [ˌkwɒdrɪ'lætərəl] **I** *adj* vierseitig. **II** *s* Viereck *n.*
quad·ro·phon·ic → ***quadraphonic.***
quad·ru·ped ['kwɒdrʊped] *s zo.* Vierfüß(l)er *m.*
quad·ru·ple ['kwɒdrʊpl] **I** *adj* □ vierfach. **II** *v/t u. v/i* (sich) vervierfachen.
quad·ru·plet ['~plɪt] *s* Vierling *m.*
quail [kweɪl] *pl* **quails,** *bsd. coll.* **quail** *s orn.* Wachtel *f.*
quaint [kweɪnt] *adj* □ idyllisch, malerisch.
quake [kweɪk] **I** *v/i* zittern, beben (***with*** vor *dat*; ***at*** bei *e-m Gedanken*). **II** *s* F Erdbeben *n.*
Quak·er ['kweɪkə] *s eccl.* Quäker(in).
qual·i·fi·ca·tion [ˌkwɒlɪfɪ'keɪʃn] *s* **1.** Qualifikation *f*, Befähigung *f*, Eignung *f* (***for*** für, zu). **2.** Vorbedingung *f*, Voraussetzung *f* (***of, for*** für). **3.** Abschluss(zeugnis *n*) *m.* **4.** Einschränkung *f*, Vorbehalt *m.* **5.** *ling.* nähere Bestimmung.
qual·i·fied ['~faɪd] *adj* **1.** qualifiziert, geeignet, befähigt (***for*** für): ***be fully ~*** e-e abgeschlossene Ausbildung haben; **~ *employees*** *pl* Fachkräfte *pl*; **~ *job*** Ausbildungsberuf *m*; **~ *personnel*** Fachkräfte *pl*, qualifiziertes Personal *n.* **2.** berechtigt: **~ *to vote*** wahlberechtigt. **3.** bedingt, eingeschränkt: **~ *acceptance*** Annahme *f* unter Vorbehalt.
qual·i·fy ['~faɪ] **I** *v/t* **1.** qualifizieren, befähigen (***for*** für, zu). **2.** berechtigen (***to do*** zu tun). **3.** *ling.* näher bestimmen. **II** *v/i* **4.** sich qualifizieren *od.* eignen, die Bedingungen erfüllen (***for*** für; ***as*** als). **5.** *Sport*: sich qualifizieren (***for*** für). **6.** s-e Ausbildung abschließen (***as*** als).
qual·i·ta·tive ['kwɒlɪtətɪv] *adj* □ qualitativ.
qual·i·ty ['kwɒlətɪ] *s* **1.** Qualität *f*, *econ. a.* Güteklasse *f*: **~ *of life*** Lebensqualität; **~ *of sound*** *TV etc* Tonqualität; **~ *assurance*** (*od.* ***control***) Qualitätssicherung *f*; **~ *goods*** *pl* Qualitätswaren *pl*; **~ *label*** Gütezeichen *n*; **~ *management*** Qualitätsmanagement *n*; **~ *newspaper*** seriöse Zeitung; **~ *stamp*** Gütestempel *m*; **~ *standards*** *pl* Qualitäts-, Gütenormen *pl.* **2.** Eigenschaft *f*: → ***leadership*** 2.
qualms [kwɑːmz] *s pl* Bedenken *pl*, Skrupel *pl*: ***have no ~ about doing s.th.*** keine Bedenken haben, et. zu tun.
quan·da·ry ['kwɒndərɪ] *s* Dilemma *n*, Verlegenheit *f*: ***be in a ~ about what to do*** nicht wissen, was man tun soll.
quan·ta ['kwɒntə] *pl von* ***quantum.***
quan·ti·fi·a·ble ['kwɒntɪfaɪəbl] *adj* messbar.
quan·ti·fy ['kwɒntɪfaɪ] *v/t* in Zahlen ausdrücken.
quan·ti·ta·tive ['kwɒntɪtətɪv] *adj* □ quantitativ: **~ *restriction*** *EG* mengenmäßige Beschränkung.
quan·ti·ty ['kwɒntətɪ] *s* **1.** Quantität *f*; Menge *f*: ***in small quantities*** in kleinen Mengen; **~ *buyer*** Großabnehmer *m*; **~ *discount*** (*od.* ***allowance***) *econ.* Mengenrabatt *m*; **~ *survey*** Baukostenschätzung *f*; **~ *surveyor*** Baukostensachverständige *m.* **2.** ⩘ Größe *f*: → ***unknown.***
quan·tum ['kwɒntəm] *phys.* **I** *pl* **-ta** ['~tə] *s* Quant *n.* **II** *adj* Quanten...
quar·an·tine ['kwɒrəntiːn] **I** *s* Quarantäne *f.* **II** *v/t* unter Quarantäne stellen.
quar·rel ['kwɒrəl] **I** *s* **1.** Streit *m*, Auseinandersetzung *f* (***with*** mit). **2.** ***have no ~ with*** nichts auszusetzen haben an (*dat*). **II** *v/i pret u. pp* **-reled**, *bsd. Br.* **-relled 3.** (sich) streiten (***with*** mit; ***about, over*** über *acc*). **4.** **~ *with*** et. auszusetzen haben an (*dat*).
quar·rel·some ['~səm] *adj* □ streitsüchtig.
quar·ry¹ ['kwɒrɪ] *s* Steinbruch *m.*
quar·ry² [~] *s hunt.* Beute *f*, *a. fig.* Opfer *n.*
quart [kwɔːt] *s* Quart *n* (*Hohlmaß*): ***you can't put a ~ into a pint pot*** F das geht einfach nicht.

quar·ter ['kwɔːtə] I *s* **1.** Viertel *n*: ***a ~ of an hour*** e-e Viertelstunde. **2.** ***it's*** (***a***) ***~ to*** (*Am. a.* ***of***) ***six*** es ist Viertel vor sechs *od.* drei viertel sechs; ***at*** (***a***) ***~ past*** (*Am. a.* ***after***) ***six*** um Viertel nach sechs *od.* viertel sieben. **3.** Quartal *n*, Vierteljahr *n*: ***by the ~*** vierteljährlich. **4.** *Am.* Vierteldollar *m.* **5.** (Himmels)Richtung *f*; Gegend *f*, Teil *m* (*e-s Landes etc*): ***from all ~s*** von überall(her). **6.** (Stadt)Viertel *n.* **7.** *pl* Quartier *n*, Unterkunft *f* (*beide a. mil.*). **8.** *fig.* Seite *f*, Stelle *f*: ***in the highest ~s*** an höchster Stelle; ***from official ~s*** von amtlicher Seite. II *v/t* **9.** vierteln. **10.** *bsd. mil.* einquartieren (***on*** bei). **'~·deck** *s* ⚓ Achterdeck *n.* **,~'fi·nals** *s pl Sport*: Viertelfinale *n.*

quar·ter·ly ['kwɔːtəlɪ] *adj u. adv* vierteljährlich.

quar·ter note *s* ♪ *bsd. Am.* Viertelnote *f.*

quar·tet(**te**) [kwɔː'tet] *s* ♪ Quartett *n.*

quartz [kwɔːts] *s min.* Quarz *m.* **~ clock, ~ watch** *s* Quarzuhr *f.*

quash [kwɒʃ] *v/t* **1.** ⚖ *Urteil etc* annullieren, aufheben. **2.** *Aufstand etc* niederschlagen, unterdrücken.

qua·ver ['kweɪvə] I *v/i* **1.** zittern (*Stimme*). **2.** ♪ tremolieren. II *v/t* **3.** *et.* mit zitternder Stimme sagen. III *s* **4.** Zittern *n.* **5.** ♪ Tremolo *n.* **6.** ♪ *Br.* Achtelnote *f.*

quay [kiː] *s* ⚓ Kai *m.*

quea·sy ['kwiːzɪ] *adj*: ***I feel ~*** mir ist übel.

queen [kwiːn] I *s* **1.** (*a. Schönheits- etc*)Königin *f*: **~ *bee*** *zo.* Bienenkönigin; **~ *mother*** Königinmutter *f*; → ***English*** 3, ***evidence*** 2. **2.** *Kartenspiel, Schach*: Dame *f*: ***~ of hearts*** Herzdame. **3.** F Schwule *m.* II *v/t* **4.** *Schach*: *Bauern* in e-e Dame verwandeln. **5.** ***~ it*** F die große Dame spielen.

'queen·ly *adj* königlich.

queer [kwɪə] I *adj* ☐ **1.** komisch, seltsam: ***~ customer*** F komischer Kauz; ***be a bit ~ in the head*** F sie nicht alle haben. **2.** F schwul. II *s* **3.** F Schwule *m, f.* III *v/t* **4.** → ***pitch***² 10.

quell [kwel] *v/t Aufstand etc* niederschlagen, unterdrücken; *Zweifel etc* beseitigen.

quench [kwentʃ] *v/t Durst* löschen, stillen.

quer·u·lous ['kwerʊləs] *adj* ☐ nörglerisch.

que·ry ['kwɪərɪ] I *s* Frage *f.* II *v/t* infrage stellen, in Zweifel ziehen.

quest [kwest] I *s* Suche *f* (***for*** nach): ***in ~ of*** auf der Suche nach. II *v/i* suchen (***after, for*** nach).

ques·tion ['kwestʃən] I *s* **1.** Frage *f*: **~ *mark*** Fragezeichen *n*; **~ *master*** *Br.* Quizmaster *n*; → ***ask*** 1, ***pop***¹ 7. **2.** Frage *f*, Problem *n*: ***this is not the point in ~*** darum geht es nicht. **3.** Frage *f*, Sache *f*: ***only a ~ of time*** nur e-e Frage der Zeit. **4.** Frage *f*, Zweifel *m*: ***there is no ~ that, it is beyond ~ that*** es steht außer Frage, dass; ***there is no ~ about this*** daran besteht kein Zweifel; ***be out of the ~*** nicht infrage kommen; ***call into ~*** → 6. II *v/t* **5.** (***about***) befragen (über *acc*), ⚖ verhören, -nehmen (zu). **6.** bezweifeln, in Zweifel ziehen, infrage stellen.

'ques·tion·a·ble *adj* ☐ **1.** fraglich, zweifelhaft. **2.** fragwürdig.

'ques·tion·er *s* Fragesteller(in).

'ques·tion·ing I *adj* ☐ fragend (*Blick etc*). II *s* Befragung *f*, ⚖ Verhör *n*, Vernehmung *f.*

ques·tion·naire [ˌkwestʃə'neə] *s* Fragebogen *m.*

queue [kjuː] *bsd. Br.* I *s* Schlange *f*: ***stand in a ~*** → IIa; → ***jump*** 9. II *v/i mst* **~ *up*** (***for*** nach, um) a) Schlange stehen, anstehen, b) sich anstellen. **'~-ˌjump·er** *s j-d, der sich vordräng*(*el*)*t*; *mot.* Kolonnenspringer(in).

quib·ble ['kwɪbl] I *v/i* sich herumstreiten (***with*** mit; ***about, over*** wegen). II *s* kleinliche Beschwerde, Kleinigkeit *f.*

quick [kwɪk] I *adj* ☐ **1.** schnell, rasch: ***be ~!*** mach schnell!, beeil dich!; ***be ~ to learn*** (*od.* ***at learning***) schnell lernen; ***a ~ one*** F ein Gläschen auf die Schnelle; → ***offence*** 3, ***uptake***. **2.** kurz (*Reise etc*). **3.** aufbrausend, hitzig (*Temperament*). II *adv* **4.** schnell, rasch. III *s* **5.** ***cut s.o. to the ~*** *fig.* j-n tief treffen (***with*** mit). **'~-ˌact·ing** *adj* schnell wirkend (*Medikament*). **'~-change** *adj*: **~ *artist*** *thea.* Verwandlungskünstler(in).

quick·en ['kwɪkən] *v/t u. v/i* (sich) beschleunigen, *v/i a.* schneller werden.

quick·ie ['kwɪkɪ] *s* F *et. Schnelles od. Kurzes, z.B.* Gläschen *n* auf die Schnelle, kurze Frage.

'quick|·sand *s* Treibsand *m.* **ˌ~-'tem·pered** *adj* aufbrausend, hitzig. **ˌ~-'wit·ted** *adj* ☐ aufgeweckt; schlagfertig; geistesgegenwärtig.

quid [kwɪd] *pl* **quid** *s Br.* F Pfund *n* (*Währung*).

qui·et ['kwaɪət] I *adj* ☐ **1.** ruhig, still: ***~, please*** Ruhe, bitte. **2.** ruhig (*Leben etc*). **3.** geheim, heimlich: ***keep s.th. ~*** et. für sich behalten. II *s* **4.** Ruhe *f*, Stille *f*: → ***peace*** 3. **5.** ***on the ~*** F heimlich. III *v/t u. v/i* **6.** → ***quieten***.

'qui·et·en I *v/t* **1.** *a.* **~ *down*** *j-n* beruhigen. **2.** *Befürchtungen etc* zerstreuen. II *v/i* **3.** *a.* **~ *down*** sich beruhigen.

quill [kwɪl] *s* **1.** *orn.* (Schwanz-, Schwung-) Feder *f.* **2.** *a.* **~ *pen*** *hist.* Federkiel *m.* **3.** *zo.* Stachel *m.*

quilt [kwɪlt] *s* Steppdecke *f.*

'quilt·ed *adj* Stepp...

quin [kwɪn] *s Br.* F Fünfling *m.*

quince [kwɪns] *s* ⚘ Quitte *f.*

qui·nine [kwɪ'niːn] *s pharm.* Chinin *n.*

Q

quint [kwɪnt] *s Am.* F Fünfling *m.*
quint·es·sence [kwɪn'tesns] *s* **1.** Quintessenz *f.* **2.** Inbegriff *m.*
quin·tet(te) [kwɪn'tet] *s* ♪ Quintett *n.*
quin·tu·plet ['kwɪntjʊplɪt] *s* Fünfling *m.*
quip [kwɪp] **I** *s* geistreiche *od.* witzige Bemerkung. **II** *v/i* witzeln.
quirk [kwɜːk] *s* **1.** Eigenart *f*, Schrulle *f.* **2.** ***by some ~ of fate*** durch e-n verrückten Zufall.
quit [kwɪt] (*mst irr*) F **I** *v/t* **1.** aufhören mit: ***~ doing s.th.*** aufhören, et. zu tun; ***~ one's job*** kündigen; ***~ smoking*** das Rauchen aufgeben. **II** *v/i* **2.** aufhören. **3.** kündigen. **III** *s* Kündigung (*durch den Arbeitnehmer*).
quite [kwaɪt] *adv* **1.** ganz, völlig: ***be ~ right*** völlig Recht haben; ***~*** (***so***) *bsd. Br.* genau, ganz Recht. **2.** ziemlich: ***~ a disappointment*** e-e ziemliche Enttäuschung; ***~ a few*** ziemlich viele; ***~ good*** ganz *od.* recht gut. **3.** ***it was ~ a*** (*od.* ***some***) ***sight*** das war vielleicht ein Anblick; ***she's ~ a girl*** sie ist ein tolles Mädchen.
quits [kwɪts] *adj* quitt (***with*** mit): ***call it ~*** F es gut sein lassen.
quit·ter ['kwɪtə] *s*: ***he's a*** (***no***) ***~*** F er gibt (nicht so) schnell auf.
quit·ting *s* Kündigung (*duch den Arbeitnehmer*).
quiv·er¹ ['kwɪvə] **I** *v/i* zittern (***with*** vor *dat*; ***at*** bei *e-m Gedanken etc*). **II** *s* Zittern *n.*
quiv·er² [~] *s* Köcher *m.*
quix·ot·ic [kwɪk'sɒtɪk] *adj* (***~ally***) weltfremd-idealistisch.
quiz [kwɪz] **I** *pl* '**quiz·zes** *s* Quiz *n.* **II** *v/t* ausfragen (***about*** über *acc*). '**~ˌmas·ter** *s* Quizmaster *m.*
quiz·zi·cal ['kwɪzɪkl] *adj* □ wissend (*Blick etc*).
quoit [kɔɪt] *s* **1.** Wurfring *m.* **2.** **~s** *sg* Wurfringspiel *n.*
quo·rate ['kwɔːreɪt] *adj* beschlussfähig.
quo·rum ['kwɔːrəm] *s zur Beschlussfähigkeit erforderliche Teilnehmerzahl.*
quo·ta ['kwəʊtə] *s* Kontingent *n*, Quote *f*, *econ. a.* Soll *n*: ***~ adjustment*** Quotenangleichung *f*; ***~ setting*** Kontingentierung *f*; ***~ system*** *Am.* Quotenregelung *f.*
quo·ta·tion [kwəʊ'teɪʃn] *s* **1.** Zitat *n* (***from*** aus): ***~ from the Bible*** Bibelzitat *n.* **2.** *econ.* Preisangabe *f*, Notierung *f.* **3.** *econ.* (*verbindlicher*) Kosten(vor)anschlag: ***get a ~*** e-n Kostenvoranschlag einholen. **~ marks** *s pl* Anführungszeichen *pl*: ***put in ~*** in Anführungszeichen setzen.
quote [kwəʊt] **I** *v/t* **1.** zitieren (***from*** aus); *Beispiel etc* anführen: ***he was ~d as saying that*** er soll gesagt haben, dass. **2.** ***be ~d at*** *econ.* notieren mit. **II** *v/i* **3.** ***~ from*** zitieren. **III** *s* F **4.** → ***quotation*** 1, 2. **5.** *pl* Gänsefüßchen *pl*: ***put*** (*od.* ***place***) ***in ~s*** in Gänsefüßchen setzen. **IV** *adv* **6.** ***~ ... unquote*** Zitat ... Zitat Ende.
quo·tient ['kwəʊʃnt] *s* A Quotient *m.*
qv ***quod vide, which see*** siehe dort.
QWERTY key·board ['kwɜːtɪ] *s* englische Tastatur.

Q

R

R [ɑː] *pl* **R's** *s* R *n*: ***the three R's*** (= ***reading, writing, arithmetic***) Lesen *n*, Schreiben *n* u. Rechnen *n*.
rab·bi ['ræbaɪ] *s eccl.* Rabbiner *m*.
rab·bit ['ræbɪt] *s* Kaninchen *n*. ~ **punch** *s* Genickschlag *m*.
rab·ble ['ræbl] *s* **1.** Pöbel *m*, Mob *m*. **2.** *sociol. contp.* Pöbel *m*. '~-ˌ**rous·ing** *adj* aufwieglerisch, Hetz...
rab·id ['ræbɪd] *adj* ☐ **1.** *vet.* tollwütig. **2.** fanatisch.
ra·bies ['reɪbiːz] *s vet.* Tollwut *f*.
RAC *Br.* ***Royal Automobile Club*** *der* Königliche Automobilklub.
rac·coon → ***racoon.***
race¹ [reɪs] *s* **1.** Rasse *f*. **2.** Rasse(nzugehörigkeit) *f*. **3.** (*Menschen*)Geschlecht *n*.
race² [~] **I** *s* **1.** *Sport*: Rennen *n* (*a. fig.* ***for*** um), Lauf *m*: ~ ***against time*** *fig.* Wettlauf mit der Zeit. **II** *v/i* **2.** an (e-m) Rennen teilnehmen; um die Wette laufen *od.* fahren (***against, with*** mit). **3.** rasen, rennen. **4.** durchdrehen (*Motor*). **III** *v/t* **5.** um die Wette laufen *od.* fahren mit. **6.** rasen mit: ~ ***s.o. to hospital*** mit j-m ins Krankenhaus rasen.
'**race|·course** *s Pferdesport*: Rennbahn *f*. '~**·horse** *s* Rennpferd *n*. ~ **meet·ing** *s Pferdesport*: Rennveranstaltung *f*.
rac·er ['reɪsə] *s* **1.** Rennpferd *n*. **2.** Rennrad *n*, -wagen *m*.
'**race·track** *s* **1.** *Automobilsport etc*: Rennstrecke *f*. **2.** *bsd. Am.* → ***racecourse.***
ra·cial ['reɪʃl] *adj* ☐ rassisch, Rassen...: ~ ***discrimination*** Rassendiskriminierung *f*; ~ ***segregation*** Rassentrennung *f*.
ra·cial·ism ['reɪʃəlɪzəm], '**ra·cial·ist** → ***racism, racist.***
rac·ing ['reɪsɪŋ] *adj* Renn...: ~ ***bicycle*** Rennrad *n*; ~ ***car*** Rennwagen *m*; ~ ***cyclist*** Radrennfahrer(in); ~ ***driver*** Rennfahrer(in).
ra·cism ['reɪsɪzəm] *s* Rassismus *m*.
'**ra·cist** **I** *s* Rassist(in). **II** *adj* rassistisch.
rack¹ [ræk] **I** *s* **1.** Gestell *n*, (*Geschirr-, Zeitungs- etc*)Ständer, 🚂 (*Gepäck*)Netz *n*, *mot.* (*Dach*)Gepäckträger *m*. **2.** *hist.* Folter(bank) *f*: ***put s.o. on the*** ~ j-n auf die Folter spannen (*a. fig.*). **II** *v/t* **3.** ***be ~ed by*** (*od.* ***with***) geplagt *od.* gequält werden von. **4.** → ***brain*** 2.

rack² [~] *s*: ***go to ~ and ruin*** verfallen (*Gebäude, Person*), dem Ruin entgegentreiben (*Land, Wirtschaft*).
rack·et¹ ['rækɪt] *s Tennis etc*: Schläger *m*.
rack·et² [~] *s* F **1.** Krach *m*, Lärm *m*: ***make a*** ~ Krach machen. **2.** Schwindel *m*, Gaunerei *f*; (*Drogen- etc*)Geschäft *n*; organisierte Erpressung; Beruf *m*, Branche *f*: ***what's his ~?*** was macht er beruflich?
rack·et·eer [ˌrækə'tɪə] *s* F Gauner(in); Erpresser(in).
ra·coon [rə'kuːn] *s zo.* Waschbär *m*.
rac·y ['reɪsɪ] *adj* ☐ **1.** spritzig (*Geschichte etc*). **2.** gewagt.
ra·dar ['reɪdɑː] **I** *s* Radar *m*, *n*. **II** *adj* Radar...: ~ ***screen*** Radarschirm *m*; ~ (***speed***) ***trap*** Radarkontrolle *f*; ~ ***station*** Radarstation *f*.
ra·di·al ['reɪdjəl] **I** *adj* ☐ radial, Radial..., strahlenförmig: ~ ***tire*** (*bsd. Br.* ***tyre***) → II. **II** *s mot.* Gürtelreifen *m*.
ra·di·ant ['reɪdjənt] *adj* ☐ strahlend (*a. fig.* ***with*** vor *dat*): ***be ~ with joy*** vor Freude strahlen.
ra·di·ate ['reɪdɪeɪt] **I** *v/t Licht, Wärme etc* ausstrahlen, *Optimismus etc a.* verströmen. **II** *v/i* strahlenförmig ausgehen (***from*** von).
ˌ**ra·di'a·tion** *s* **1.** Ausstrahlung *f*, *fig. a.* Verströmen *n*. **2.** *phys.* (*engS.* radioaktive) Strahlung: ~ ***level*** Strahlenbelastung *f*; ~ ***sickness*** ⚕ Strahlenkrankheit *f*.
ra·di·a·tor ['~eɪtə] *s* **1.** Heizkörper *m*. **2.** *mot.* Kühler *m*: ~ ***grill*** Kühlergrill *m*.
rad·i·cal ['rædɪkl] **I** *adj* ☐ **1.** radikal (*a. pol.*). **2.** A Wurzel...: ~ ***sign*** Wurzelzeichen *n*. **II** *s* **3.** *pol.* Radikale *m*, *f*. **4.** A, *ling.* Wurzel *f*.
rad·i·cal·ism ['~kəlɪzəm] *s bsd. pol.* Radikalismus *m*.
'**rad·i·cal·ize** *v/t* radikalisieren.
ra·dic·chio [ræ'dɪkjəʊ] *s* 🌿 Radicchio *m*.
ra·di·i ['reɪdɪaɪ] *pl von* ***radius.***
ra·di·o ['reɪdɪəʊ] **I** *pl* **-os** *s* **1.** Radio *n*, Rundfunkgerät *n*; Funkgerät *n*. **2.** Radio *n*, Rundfunk *m*: ***on the ~*** im Radio; ***be in ~*** beim Rundfunk sein. **3.** Funk *m*: ***by ~*** per *od.* über Funk. **II** *v/t* **4.** *Nachricht etc* funken, durchgeben. **5.** *j-n, Ort* anfunken. **III** *v/i* **6.** ~ ***for help*** per *od.* über Funk um Hilfe

bitten. ˌ~'**ac·tive** *adj* □ radioaktiv: ~ ***waste*** Atommüll *m*, radioaktiver Abfall. ˌ~**ac'tiv·i·ty** *s* Radioaktivität *f*. ~ **a·larm** *s* Radiowecker *m*. ~ **cab** *s* Funktaxi *n*. ~ **car** *s* *Am*. Funk(streifen)wagen *m*. ~ **cas·sette** *s* Kassettenrekorder *m*. ~ **con·tact** *s* Funkkontakt *m*, -verbindung *f*: ***be in*** ~ ***with*** in Funkkontakt stehen mit. ˌ~-**con'trolled** *adj* funkgesteuert.

ra·di·o·gram ['reɪdɪəʊɡræm] *s* **1.** Funkspruch *m*. **2.** → ***radiograph***.

ra·di·ograph ['~ɡrɑːf] *s* ⚕ Röntgenbild *n*.

ra·di·o| ham → ***ham*** 3. ~ **mes·sage** *s* Funkspruch *m*. ~ **op·er·a·tor** *s* Funker(in). ~ **set** → ***radio*** 1. ~ **sig·nal** *s* Funksignal *n*. ~ **sta·tion** *s* Rundfunksender *m*, -station *f*. ~ **tax·i** *s* Funktaxi *n*. ~ **tel·e·phone** *s* Funktelefon *n*. ˌ~'**ther·a·py** *s* ⚕ Strahlen-, Röntgentherapie *f*. ~ **traf·fic** *s* Funkverkehr *m*.

rad·ish ['rædɪʃ] *s* ♀ **1.** Rettich *m*. **2.** Radieschen *n*.

ra·di·us ['reɪdɪəs] *pl* **-di·i** ['~dɪaɪ] *s* **1.** ⩟ Radius *m*, Halbmesser *m*. **2.** ***within a three-mile*** ~ im Umkreis von drei Meilen (**of** um).

RAF ***Royal Air Force*** *die* Königlich-Britische Luftwaffe.

raf·fle ['ræfl] **I** *s* Tombola *f*. **II** *v/t oft* ~ ***off*** verlosen.

raft [rɑːft] *s* Floß *n*.

raft·er ['rɑːftə] *s* (Dach)Sparren *m*.

rag [ræɡ] *s* **1.** Fetzen *m*, Lumpen *m*; Lappen *m*: ***in*** ~***s*** in Fetzen (*Stoff etc*); zerlumpt (*Person*); ***be*** (***like***) ***a red*** ~ ***to a bull to s.o.*** *Br*. F wie ein rotes Tuch für j-n sein; ***feel like a wet*** ~ F total k. o. sein. **2.** F *contp*. Käseblatt *n*. '~**·bag** *s* Sammelsurium *n* (**of** von).

rage [reɪdʒ] **I** *s* **1.** Wut *f*, Zorn *m*: ***be in a*** ~ wütend sein; ***fly into a*** ~ wütend werden. **2.** F ***the latest*** ~ der letzte Schrei; ***be all the*** ~ große Mode sein. **II** *v/i* **3.** wettern (***against, at*** gegen); *fig*. wüten (*Krankheit, Sturm*), toben (*Meer, Sturm*): ***a raging headache*** rasende Kopfschmerzen *pl*.

rag·ged ['ræɡɪd] *adj* □ **1.** zerlumpt (*Kleidung, Person*). **2.** struppig, zottig (*Bart etc*). **3.** *fig*. stümperhaft.

raid [reɪd] **I** *s* **1.** (**on**) Überfall *m* (auf *acc*), *mil*. *a*. Angriff *m* (gegen). **2.** Razzia *f* (**on** in *dat*): ***make a*** ~ ***on*** → 4. **II** *v/t* **3.** überfallen, *mil*. *a*. angreifen. **4.** e-e Razzia machen in (*dat*).

rail¹ [reɪl] **I** *s* **1.** Geländer *n*. **2.** (*Handtuch*)Halter *m*. **3.** 🚂 Schiene *f*, *pl a*. Gleis *n*: ***go off the*** ~***s*** a) *a*. ***jump the*** ~***s*** entgleisen, b) *fig*. auf die schiefe Bahn geraten. **4.** (Eisen)Bahn *f*: ***by*** ~ mit der Bahn; ~ ***transport*** Bahntransport *m*. **II** *v/t* **5.** ~ ***in*** einzäunen; ~ ***off*** abzäunen.

rail² [~] *v/i* schimpfen (***against, at*** über *acc*).

rail·ing ['reɪlɪŋ] *s oft pl* (Gitter)Zaun *m*.

rail·road ['reɪlrəʊd] **I** *s* **1.** *Am*. → ***railway***. **II** *v/t* F **2.** *Gesetzesvorlage etc* durchpeitschen (***through*** in *dat*). **3.** ~ ***s.o. into doing s.th.*** j-n rücksichtslos drängen, et. zu tun.

rail·way ['reɪlweɪ] *s bsd. Br*. Eisenbahn *f*: ~ ***station*** Bahnhof *m*.

rain [reɪn] **I** *s* **1.** Regen *m*: ***in the*** ~ im Regen; ***the*** ~***s*** *pl* die Regenzeit (*in den Tropen*); → ***pour*** 3. **2.** *fig*. (*Schlag- etc*)Hagel *m*, (*Funken*)Regen *m*. **II** *v/i* **3.** *impers* regnen: ***it is*** ~***ing***. **4.** ~ ***down on*** *fig*. niederprasseln auf (*acc*) (*Schläge etc*). **III** *v/t* **5.** → ***cat*** 1. **6.** *fig*. ~ ***blows on s.o.*** j-n mit Schlägen eindecken; ~ ***abuse on s.o.*** j-n mit Beschimpfungen überschütten. **7.** ***be*** ~***ed off*** (*Am*. ***out***) wegen Regens abgesagt *od*. abgebrochen werden. '~**·bow** *s* Regenbogen *m*. ~ **check** *s* ***take a*** ~ ***on s.th.*** später auf et. zurückkommen. '~**·coat** *s* Regenmantel *m*. '~**·drop** *s* Regentropfen *m*. '~**·fall** *s* Niederschlag(smenge *f*) *m*. ~ **for·est** *s* Regenwald *m*. '~**-proof** *adj* regen-, wasserdicht. '~**·storm** *s* heftiger Regenguss. '~ˌ**wa·ter** *s* Regenwasser *n*.

rain·y ['reɪnɪ] *adj* regnerisch, verregnet, Regen...: ***the*** ~ ***season*** die Regenzeit (*in den Tropen*); ***put away*** (*od*. ***save***) ***s.th. for a*** ~ ***day*** et. für schlechte Zeiten zurücklegen.

raise [reɪz] **I** *v/t* **1.** *Arm, gesunkenes Schiff etc* heben; *Vorhang etc* hochziehen: ~ ***one's hat*** den Hut ziehen (***to s.o.*** vor j-m; *a*. *fig*.) *od*. lüften; → ***eyebrow***. **2.** *Denkmal etc* errichten. **3.** a) *Protest etc* hervorrufen: ~ ***a laugh*** Gelächter ernten, b) *Erwartungen* (er)wecken: ~ ***s.o.'s hopes*** in j-m Hoffnung erwecken; ~ ***a suspicion*** Verdacht erregen, c) *Gerücht etc* aufkommen lassen, d) *Schwierigkeiten* machen. **4.** *Staub etc* aufwirbeln: → ***dust*** 1. **5.** *Frage* aufwerfen, *et*. zur Sprache bringen. **6.** *Anspruch* geltend machen, *Forderung* stellen. **7.** *Kinder* auf-, großziehen; *Tiere* züchten; *Getreide etc* anbauen. **8.** *Moral, Stimmung* heben. **9.** *Gehalt etc* erhöhen, *Geschwindigkeit etc a*. steigern: → ***power*** 9. **10.** *Hypothek etc* aufnehmen (**on** auf *acc*); *Geld* zs.-bringen, beschaffen. **11.** *Blockade etc, a*. *Verbot* aufheben. **II** *s* **12.** *bsd. Am*. Lohn- *od*. Gehaltserhöhung *f*.

rai·sin ['reɪzn] *s* Rosine *f*.

rake [reɪk] **I** *s* **1.** Rechen *m*, Harke *f*. **II** *v/t* **2.** rechen, harken: ~ ***in*** F *Geld* kassieren; ~ ***it in*** F das Geld nur so scheffeln; ~ ***out*** F *et*. herausfinden; ~ ***up*** *Laub etc* zs.-rechen, -harken; F *Leute* auftreiben, *Geld a*. zs.-kratzen; F *alte Geschichten etc* aufwärmen. **3.** *Gelände etc* absuchen (***with*** mit

R

Fernglas etc). **III** *v/i* **4.** *a.* ~ ***about*** (*od.* ***around***) herumstöbern (***in*** in *dat*). **'~-off** *s* F (Gewinn)Anteil *m*, Prozente *pl.*

rak·ish ['reɪkɪʃ] *adj* □ flott, verwegen.

ral·ly ['rælɪ] **I** *s* **1.** Kundgebung *f*, (Massen)Versammlung *f.* **2.** *Motorsport*: Rallye *f.* **3.** *Tennis etc*: Ballwechsel *m.* **4.** ~ ***in prices*** Kurserholung *f.* **II** *v/t* **5.** *Truppen etc* (wieder) sammeln. **III** *v/i* **6.** sich (wieder) sammeln: ~ ***round*** *fig.* sich zs.-tun; ~ ***round s.o.*** *fig.* sich um j-n scharen. **7.** sich erholen (***from*** von) (*a. econ.*).

ram [ræm] **I** *s* **1.** *zo.* Widder *m*, Schafbock *m.* **2.** *tech.* Ramme *f.* **II** *v/t* **3.** *Fahrzeug etc* rammen. **4.** *Pfosten etc* rammen (***into*** in *acc*): ~ ***down*** *Erde etc* feststampfen, -treten; → ***throat.***

RAM [ræm] ***random access memory*** Arbeitsspeicher *m.*

ram·ble ['ræmbl] **I** *v/i* **1.** wandern. **2.** *a.* ~ ***on*** *contp.* faseln (***about*** von, über *acc*). **II** *s* **3.** Wanderung *f*: ***go for*** (*od.* ***on***) ***a*** ~ e-e Wanderung machen.

'ram·bling *adj* □ **1.** ⚘ Kletter...: ~ ***rose.*** **2.** *fig.* weitschweifig, unzusammenhängend. **3.** weitläufig (*Gebäude*).

ram·i·fi·ca·tion [ˌræmɪfɪ'keɪʃn] *s* Verzweigung *f*, -ästelung *f* (*beide a. fig.*).

ram·i·fy ['~faɪ] *v/i* sich verzweigen.

ramp [ræmp] *s* Rampe *f.*

ram·page [ræm'peɪdʒ] **I** *v/i*: ~ ***through*** a) (wild *od.* aufgeregt) trampeln durch (*Elefant etc*), b) randalierend ziehen durch. **II** *s*: ***go on the*** ~ randalieren; ***go on the*** ~ ***through*** → Ib.

ramp·ant ['ræmpənt] *adj* □ **1.** wuchernd (*Pflanze*): ***be*** ~ wuchern. **2.** *fig.* grassierend: ***be*** ~ ***in*** grassieren in (*dat*).

ram·part ['ræmpɑːt] *s* Wall *m.*

ram·shack·le ['ræmʃækl] *adj* baufällig; klapp(e)rig (*Fahrzeug*).

ran [ræn] *pret von* ***run.***

ranch [rɑːntʃ] *s* **1.** Ranch *f.* **2.** (*Geflügel-etc*)Farm *f.*

'ranch·er *s* **1.** Rancher(in). **2.** (*Geflügel-etc*)Züchter(in). **3.** Rancharbeiter(in).

ran·cid ['rænsɪd] *adj* □ ranzig: ***go*** ~ ranzig werden.

ran·cor *Am.* → ***rancour.***

ran·cor·ous ['ræŋkərəs] *adj* □ voller Groll (***toward***[***s***] gegen).

ran·cour ['ræŋkə] *s bsd. Br.* Groll *m*, Erbitterung *f.*

R&D ***Research and Development*** Forschung und Entwicklung (F&E).

ran·dom ['rændəm] **I** *adj* aufs Geratewohl, zufällig, Zufalls...: ~ ***access*** *Computer*: direkter Zugriff; ~***-access memory*** (*abbr.* ***RAM***) Schreib-Lese-Speicher *m*; ~ ***sample*** Stichprobe *f*; ***take*** ~ ***samples*** Stichproben machen. **II** *s*: ***at*** ~ aufs Geratewohl.

rand·y ['rændɪ] *adj Br.* F scharf, geil.

rang [ræŋ] *pret von* ***ring²***.

range [reɪndʒ] **I** *s* **1.** (*Berg*)Kette *f.* **2.** (*Koch-, Küchen*)Herd *m.* **3.** (*Schieß*)Stand *m*, (-)Platz *m.* **4.** Entfernung *f*: ***at close*** (*od.* ***short***) ~ aus kurzer *od.* kürzester Entfernung, aus nächster Nähe. **5.** Reich-, Schuss-, Tragweite *f.* **6.** *fig.* Bereich *m*, Spielraum *m*, Grenzen *pl.* **7.** *econ.* Angebot *n*, Auswahl *f*, Kollektion *f*, Sortiment *n*: ~ ***of goods*** Sortiment *n*; ~ ***of products*** Produktpalette *f*, b) Preislage *f*, Preisklasse *f.* **8.** *fig.* Bereich *m*, Gebiet *n*; Variationsbreite *f.* **II** *v/i* **9.** schwanken, sich bewegen (***from ... to, between ... and*** zwischen ... u.). **III** *v/t* **10.** aufstellen, anordnen. ~ **find·er** *s phot. etc* Entfernungsmesser *m.*

rang·er ['reɪndʒə] *s* **1.** Förster(in). **2.** *Am.* Ranger(in).

Ran·goon [ræŋ'guːn] Rangun *n* (*Hauptstadt von Myanmar*).

rank¹ [ræŋk] **I** *s* **1.** Reihe *f*; *mil.* Glied *n*: ***close the*** ~***s*** die Reihen schließen; *fig.* sich zs.-schließen. **2.** *bsd. mil.* Rang *m*: ***in*** ~ im Rang, rangmäßig; ***he is above me in*** ~ er ist ranghöher als ich; ***of the first*** (*od.* ***front, top***) ~ *fig.* erstklassig; ***the*** ~***s*** *pl* (Unteroffiziere *pl* u.) Mannschaften *pl*; *fig.* das Heer, die Masse (*der Arbeitslosen etc*); ***the*** ~ ***and file*** der Mannschaftsstand; *fig.* die Basis (*e-r Partei etc*); ***pull*** ~ F den Vorgesetzten herauskehren (***on*** gegenüber); ***rise from the*** ~***s*** vom Mannschaftsrang zum Offizier aufsteigen; *fig.* sich hocharbeiten. **3.** Rang *m*, (soziale) Stellung. **II** *v/t* **4.** rechnen, zählen (***among*** zu); stellen (***above*** über *acc*): ***be*** ~***ed 2nd in the world*** an 2. Stelle der Weltrangliste stehen. **5.** *mil. Am.* ranghöher sein als. **III** *v/i* **6.** zählen, gehören (***among*** zu); gelten (***as*** als); rangieren (***above*** über *dat*).

rank² [~] *adj* □ **1.** (üppig) wuchernd. **2.** übel (riechend *od.* schmeckend). **3.** *fig.* krass (*Außenseiter*), blutig (*Anfänger*), blühend (*Unsinn*).

rank·ing ['ræŋkɪŋ] *adj* **1.** *mil. Am.* ranghöchst (*Offizier*). **2.** ~ ***list*** (*Sport*) Rangliste *f.*

ran·sack ['rænsæk] *v/t* **1.** durchwühlen. **2.** plündern.

ran·som ['rænsəm] **I** *s* Lösegeld *n*: ***hold s.o. to*** ~ j-n bis zur Zahlung e-s Lösegelds gefangen halten; *fig.* j-n erpressen; ~ ***demand*** Lösegeldforderung *f.* **II** *v/t* auslösen, freikaufen.

rant [rænt] *v/i a.* ~ ***on,*** ~ ***and rave*** (***about***) eifern (gegen), sich in Tiraden ergehen (über *acc*).

rap[1] [ræp] I *s* **1.** Klopfen *n*; Klaps *m*: ***give s.o. a ~ over the knuckles*** j-m auf die Finger klopfen (*a. fig.*). **2. *take the ~*** F den Kopf hinhalten (***for*** für). **3.** ♪ Rap *m*. II *v/t* **4.** klopfen an (*acc*) *od.* auf (*acc*): ***~ s.o. over the knuckles*** j-m auf die Finger klopfen (*a. fig.*). **5.** *mst* ***~ out*** *Befehl etc* bellen, *Fluch etc* ausstoßen. III *v/i* **6.** klopfen (***at*** an *acc*; ***on*** auf *acc*). **7.** ♪ rappen.

rap[2] [~] *s*: ***I don't care a ~*** (***for it***) das ist mir völlig egal.

ra·pa·cious [rə'peɪʃəs] *adj* □ **1.** habgierig. **2.** räuberisch. **3.** *orn., zo.* Raub...

ra·pac·i·ty [rə'pæsətɪ] *s* Habgier *f*.

rape[1] [reɪp] I *s* Vergewaltigung *f*, ⚖ Notzucht *f*. II *v/t* vergewaltigen.

rape[2] [~] *s* ⚘ Raps *m*: ***~ oil*** Rapsöl *n*.

rap·id ['ræpɪd] I *adj* □ schnell, rasch: ***~-access storage*** *Computer*: Schnellspeicher *m*; ***~ reaction force*** Eingreiftruppe *f*. II *s pl* Stromschnellen *pl*. '***~-fire*** *adj* **1.** *mil.* Schnellfeuer... **2.** *fig.* schnell (aufeinander folgend).

ra·pid·i·ty [rə'pɪdətɪ] *s* Schnelligkeit *f*.

rap·ist ['reɪpɪst] *s* Vergewaltiger *m*.

rap·port [ræ'pɔː] *s* harmonisches Verhältnis (***between*** zwischen *dat*; ***with*** zu).

rap·proche·ment [ræ'prɒʃmɑ̃ːŋ] *s bsd. pol.* (Wieder)Annäherung *f* (***between*** zwischen *dat*).

rapt [ræpt] *adj*: ***with ~ attention*** mit gespannter Aufmerksamkeit.

rap·ture ['ræptʃə] *s, a. pl* Entzücken *n*, Verzückung *f*: ***be in ~s*** entzückt *od.* hingerissen sein (***about, at, over*** von); ***go into ~s*** in Verzückung geraten (***about, at, over*** über *acc*).

rare[1] [reə] *adj* □ **1.** selten, rar. **2.** dünn (*Luft*). **3.** F Mords...: ***give s.o. a ~ fright*** j-m e-n Mordsschreck(en) einjagen.

rare[2] [~] *adj* blutig (*Steak*).

rar·e·fied ['reərɪfaɪd] *adj* **1.** dünn (*Luft*). **2.** *fig.* exklusiv.

rar·ing ['reərɪŋ] *adj*: ***be ~ to do s.th.*** F es kaum mehr erwarten können *od.* ganz wild darauf sein, et. zu tun.

rar·i·ty ['reərətɪ] *s* Seltenheit *f*, (*Briefmarke etc a.*) Rarität *f*.

ras·cal ['rɑːskəl] *s* **1.** Gauner(in). **2.** *humor.* Schlingel *m*.

rash[1] [ræʃ] *adj* □ voreilig, -schnell.

rash[2] [~] *s* **1.** ⚕ (Haut)Ausschlag *m*: → ***come out*** 5. **2.** *fig.* Flut *f*.

rash·er ['ræʃə] *s* dünne Scheibe (*Frühstücksspeck etc*).

rasp [rɑːsp] I *s* **1.** Raspel *f*. **2.** Kratzen *n*. II *v/t* **3.** raspeln: ***~ off*** abraspeln.

rasp·ber·ry ['rɑːzbərɪ] *s* ⚘ Himbeere *f*.

rasp·ing ['rɑːspɪŋ] *adj* □ kratzend (*Geräusch*); krächzend (*Stimme*).

rat [ræt] I *s zo.* Ratte *f* (*a.* F *contp.*): ***smell a ~*** *fig.* Lunte *od.* den Braten riechen; ***~s!*** F Mist! II *v/i*: ***~ on*** F *j-n* im Stich lassen; *j-n* verpfeifen; aussteigen aus (*e-m Projekt etc*).

rate [reɪt] I *s* **1.** Quote *f*, (*Inflations- etc*)Rate *f*, (*Geburten-, Sterbe*)Ziffer *f*: ***~ of assessment*** Hebesatz *m*, Steuersatz *m*; ***~ of capacity utilization*** Auslastungsgrad *m*. **2.** (*Steuer-, Zins- etc*)Satz *m*, (*Wechsel*)Kurs *m*: ***~ of exchange*** Wechselkurs *m*; ***~ of return*** Rendite *f*, Ertragsrate *f*; ***going ~*** üblicher Satz; ***at any ~*** *fig.* auf jeden Fall. **3.** *mst pl Br.* Gemeinde-, Kommunalsteuer *f*. **4.** Geschwindigkeit *f*, Tempo *n*. II *v/t* **5.** einschätzen (***highly*** hoch), halten (***as*** für): ***be ~d as*** gelten als; ***~d output*** Nennleistung *f*. **6.** *Lob etc* verdienen.

rate·a·ble val·ue ['reɪtəbl] *s* Einheitswert *m* (*von Grundbesitz*).

rath·er ['rɑːðə] I *adv* **1.** ziemlich: ***~ a success*** ein ziemlicher Erfolg; ***~ a cold night, a ~ cold night*** e-e ziemlich kalte Nacht. **2. *I would*** (*od.* ***had***) ***~ stay at home*** ich möchte lieber zu Hause bleiben. **3. *or ~*** (od.) vielmehr. II *int* **4.** *bsd. Br.* F freilich!, und ob!

rat·i·fi·ca·tion [ˌrætɪfɪ'keɪʃn] *s pol.* Ratifizierung *f*.

rat·i·fy ['rætɪfaɪ] *v/t* ratifizieren.

rat·ing ['reɪtɪŋ] *s* **1.** Einschätzung *f*, Leistungsbewertung *f*; Kreditwürdigkeit *f*. **2.** *Rundfunk, TV*: Einschaltquote *f*.

ra·ti·o ['reɪʃɪəʊ] *pl* **-os** *s* **1.** ℞ *etc* Verhältnis *n* (***of ... to*** von ... zu). **2.** betriebswirtschaftliche Kennziffer: ***~ analysis*** Kennzifferanalyse *f*.

ra·tion ['ræʃn] I *s* **1.** Ration *f*. II *v/t* **2.** *et.* rationieren. **3.** ***~ out*** zuteilen (***to*** *dat*).

ra·tion·al ['ræʃənl] *adj* □ rational: a) vernunftbegabt, b) vernünftig.

ra·tion·al·ism ['ræʃnəlɪzəm] *s* Rationalismus *m*.

'ra·tion·al·ist I *s* Rationalist(in). II *adj* rationalistisch.

ˌra·tion·al'is·tic *adj* (***~ally***) rationalistisch.

ˌra·tion·al·i'za·tion *s econ.* Rationalisierung *f*.

'ra·tion·al·ize *v/t* **1.** rational erklären. **2.** *econ.* rationalisieren.

rat| poi·son *s* Rattengift *n*. **~ race** *s* F endloser Konkurrenzkampf.

rat·tle ['rætl] I *v/i* **1.** klappern (*Fenster etc*); rasseln, klirren (*Ketten*); klimpern (*Münzen etc*); prasseln (***on*** auf *acc*) (*Regen etc*); knattern (*Fahrzeug*): ***~ at*** rütteln an (*dat*); ***~ on*** F quasseln (***about*** über *acc*); ***~ through*** *Rede etc* herunterrasseln; *Arbeit* in Windeseile erledigen. II *v/t* **2.** rasseln *od.* klimpern mit; rütteln an (*dat*): ***~ off*** *Gedicht etc* herunterrasseln. **3.** F *j-n* verunsichern. **III** *s* **4.** Klappern *n* (*etc*, → 1). **5.** Rassel *f*, Klapper *f* (*Spielzeug*), Knarre *f*, Schnarre *f* (*Lärminstrument*). '**~·snake** *s zo.* Klapperschlange *f.* '**~·trap** *s* F Klapperkasten *m* (*Auto*).

'**rat·trap** *s Am.* F Bruchbude *f*, Hundehütte *f.*

rat·ty ['rætɪ] *adj* F **1.** *Am.* schäbig (*Kleidungsstück*). **2.** gereizt: ***there's no need to be ~*** sei doch nicht gleich so gereizt.

rau·cous ['rɔːkəs] *adj* □ heiser, rau.

rav·age ['rævɪdʒ] **I** *v/t* verwüsten. **II** *s pl* Verwüstungen *pl*, *a. fig.* verheerende Auswirkungen *pl.*

rave [reɪv] **I** *v/i* **1.** fantasieren, irrereden. **2.** toben; wettern (***against, at*** gegen). **3.** schwärmen (***about*** von). **II** *s* F Raveparty *f.*

rav·el ['rævl] *pret u. pp* **-eled,** *bsd. Br.* **-elled** **I** *v/t* **1.** *a.* **~ *up*** verwickeln, -wirren. **2.** *oft* **~ *out*** ausfransen; auftrennen; *a. fig.* entwirren. **II** *v/i* **3.** *a.* **~ *up*** sich verwickeln *od.* -wirren. **4.** *oft* **~ *out*** ausfransen; auftrennen.

ra·ven ['reɪvn] *s orn.* Rabe *m.*

rav·en·ous ['rævənəs] *adj* □ **1.** ausgehungert, heißhungrig. **2.** **~ *hunger*** Bären-, Wolfshunger *m.*

ra·vine [rə'viːn] *s* Schlucht *f*, Klamm *f.*

rav·ing ['reɪvɪŋ] **I** *adj* □ **1.** tobend. **2.** fantasierend. **3.** F toll (*Erfolg*), hinreißend (*Schönheit*). **II** *adv* **4.** **~ *mad*** F völlig *od.* total übergeschnappt. **III** *s pl* **5.** Fantasien *pl*, irres Gerede.

rav·i·o·li [ˌrævɪ'əʊlɪ] *s sg* Ravioli *pl.*

rav·ish ['rævɪʃ] *v/t* hinreißen.

'**rav·ish·ing** *adj* □ hinreißend.

raw [rɔː] **I** *adj* □ **1.** roh (*Gemüse etc*). **2.** *econ., tech.* roh, Roh...: **~ *data*** *pl* Ausgangsdaten *pl*; **~ *material*** Rohstoff *m.* **3.** unerfahren, grün. **4.** wund (*Haut*). **5.** nasskalt (*Wetter, Tag etc*). **6.** ***get a ~ deal*** F benachteiligt *od.* ungerecht behandelt werden. **II** *s* **7.** ***in the ~*** im Natur- *od.* Urzustand; F nackt. ˌ**~'boned** *adj* hager, knochig.

ray¹ [reɪ] *s* Strahl *m*: ***sun's ~s*** *pl* Sonnenstrahlen *pl*; **~ *of light*** Lichtstrahl; **~ *of hope*** Hoffnungsstrahl, -schimmer *m.*

ray² [~] *s ichth.* Rochen *m.*

ray·on ['reɪɒn] *s* Kunstseide *f.*

raze [reɪz] *v/t*: **~ *to the ground*** dem Erdboden gleichmachen.

ra·zor ['reɪzə] *s* Rasiermesser *n*; -apparat *m*: ***be on a ~'s edge*** → ***razor edge.*** **~ *blade*** *s* Rasierklinge *f.* **~ *edge*** *s*: ***be on a ~*** *fig.* auf des Messers Schneide stehen. ˌ**~-'sharp** *adj* messerscharf (*a. fig. Verstand*).

raz·zle ['ræzl] *s*: ***go on the ~*** F auf den Putz hauen.

RC ***Roman Catholic*** r.-k., römisch-katholisch.

RD. ***Road*** Str., Straße.

R|D ***refer to drawer*** vorgelegt und nicht eingelöst.

RE ***with reference*** Betrifft.

re [riː] *prp*: **~ *your letter of ...*** *econ.* Betr.: Ihr Schreiben vom ...

reach [riːtʃ] **I** *v/t* **1.** *j-n, et., Ort, Alter etc* erreichen. **2.** **~ *out*** *Arm etc* ausstrecken. **3.** **~ *down*** herunter-, hinunterreichen (***from*** von). **4.** reichen *od.* gehen bis an (*acc*) *od.* zu. **II** *v/i* **5.** *a.* **~ *out*** greifen, langen (***for*** nach) (*beide a. fig.*). **6.** **~ *out*** die Hand ausstrecken. **7.** reichen, gehen, sich erstrecken (***as far as, to*** bis an *acc od.* zu): ***as far as the eye can ~*** so weit das Auge reicht. **III** *s* **8.** Reichweite *f* (*a. Boxen*): ***within*** (***out of***) ***s.o.'s ~*** in (außer) j-s Reichweite; ***be within easy ~*** leicht zu erreichen sein (*Instrument etc*); ***she lives within easy ~ of the shops*** (*bsd. Am.* ***stores***) von ihrer Wohnung aus sind die Geschäfte leicht zu erreichen.

re·act [rɪ'ækt] *v/i* **1.** reagieren (***to*** auf *acc*): **~ *against*** sich wehren gegen. **2.** ⚗ reagieren (***with*** mit).

re·ac·tion [rɪ'ækʃn] *s* Reaktion *f* (*a.* ⚗, *pol. etc*).

re'ac·tion·ar·y *pol.* **I** *adj* reaktionär. **II** *s* Reaktionär(in).

re·ac·ti·vate [rɪ'æktɪveɪt] *v/t* reaktivieren.

re·ac·tive [rɪ'æktɪv] *adj* ⚗ reaktiv, reaktionsfähig.

re'ac·tor *s phys.* Reaktor *m*: **~ *block*** Reaktorblock *m*; **~ *core*** Reaktorkern *m.*

read¹ [riːd] **I** *v/t* (*irr*) **1.** lesen: **~ *only memory*** (*abbr.* ***ROM***) *Computer*: Festwertspeicher *m*; **~*-write head*** *Computer*: Lese-Schreib-Kopf *m*; **~ *in*** (*Computer*) einlesen; **~ *s.th. into*** et. hineinlesen in (*acc*); **~ *out*** verlesen; **~ *s.th. to s.o.,* ~ *s.o. s.th.*** j-m et. vorlesen; ***read over*** (*od.* ***through***) (sich) *et.* durchlesen; **~ *up*** nachlesen; ***we can take it as ~ that*** wir können davon ausgehen, dass. **2.** *Zähler etc* ablesen. **3.** (an)zeigen, stehen auf (*dat*) (*Thermometer etc*). **4.** *univ.* studieren. **5.** deuten, verstehen (***as*** als). **II** *v/i* (*irr*) **6.** lesen: ***I've ~ about it*** ich habe darüber *od.* davon gelesen; **~ *to s.o.*** j-m (et.) vorlesen (***from*** aus); → ***line¹*** 3. **7.** **~ *as follows*** folgendermaßen lauten. **8.** sich *gut etc* lesen. **9.** sich vorbereiten (***for*** auf *e-e Prüfung*): **~ *up on*** *et.* nachlesen; → ***bar*** 9. **III** *s* **10.** ***be a good ~*** *bsd. Br.* sich gut lesen.

read² [red] *pret u. pp von* ***read¹.***

read·a·ble ['riːdəbl] *adj* □ lesbar: a) lesenswert, b) leserlich.

re·ad·dress [ˌriːə'dres] *v/t Brief etc* umadressieren.

read•er ['ri:də] *s* **1.** Leser(in). **2.** Lektor(in). **3.** *ped.* Lesebuch *n.*
'read•er•ship *s* Leser(kreis *m*, -schaft *f*) *pl.*
read•i•ly ['redılı] *adv* **1.** bereitwillig. **2.** leicht, ohne weiteres.
'read•i•ness *s* **1.** Bereitschaft *f*: **~ *to help*** Hilfsbereitschaft. **2.** Gewandtheit *f.*
read•ing ['ri:dıŋ] **I** *s* **1.** Lesen *n.* **2.** Lesung *f* (*a. parl.*). **3.** ***be*** (*od.* ***make***) ***good* ~** sich gut lesen. **4.** Deutung *f*, Auslegung *f.* **5.** *tech.* Anzeige *f*, (*Barometer- etc*)Stand *m.* **II** *adj* **6.** Lese...: **~ *glasses*** *pl* Lesebrille *f*; **~ *lamp*** Leselampe *f*; **~ *matter*** Lesestoff *m*, Lektüre *f*; **~ *room*** Lesezimmer *n*, -saal *m.*
re•ad•just [ˌri:ə'dʒʌst] **I** *v/t tech.* nachstellen, korrigieren: **~ *o.s.*** → II. **II** *v/i* (***to***) sich wieder anpassen (*dat od.* an *acc*), sich wieder einstellen (auf *acc*).
ˌre•ad'just•ment *s* **1.** Nachstellung *f*, Korrektur *f.* **2.** (***to***) Wiederanpassung *f* (an *acc*), Wiedereinstellung *f* (auf *acc*).
read on•ly ['ri:dˌəʊnlı] *adj Computer*: schreibgeschützt: **~ *memory*** Lesespeicher *m.*
read•y ['redı] **I** *adj* (☐ → ***readily***) **1.** bereit, fertig (***for s.th.*** für et.; ***to do*** zu tun): **~ *for takeoff*** ✈ startbereit, -klar; ***get*** (*od.* ***make***) **~** (sich) bereitmachen *od.* fertig machen; ***get* ~ *for an examination*** sich auf e-e Prüfung vorbereiten; **~ *market*** aufnahmefähiger Markt; ***find a* ~ *market*** schnellen Absatz finden; **~ *sale*** schneller Absatz. **2.** ***be* ~ *to do s.th.*** bereit *od.* willens sein, et. zu tun; schnell bei der Hand sein, et. zu tun: **~ *to help*** hilfsbereit, -willig. **3.** schnell, schlagfertig: **~ *wit*** Schlagfertigkeit *f.* **4.** im Begriff, nahe daran (***to do*** zu tun): → ***drop*** 10. **5.** **~ *money*** (*od.* ***cash***) Bargeld *n.* **II** *s* **6.** ***the* ~** F Bargeld *n*: ***be a bit short of the* ~** knapp bei Kasse sein. **'~-*made*** *adj* **1.** Konfektions...: **~ *suit*** Konfektionsanzug *m.* **2.** *fig.* passend, geeignet (*Entschuldigung etc*): **~ *solution*** Patentlösung *f.*
re•af•firm [ˌri:ə'fɜ:m] *v/t* nochmals versichern *od.* bestätigen.
re•af•for•est [ˌri:ə'fɒrıst] *v/t* wieder aufforsten.
're•afˌfor•es'ta•tion *s* Wiederaufforstung *f.*
re•a•gent [ri:'eıdʒənt] *s* ⚗ Reagens *n.*
re•al [rıəl] **I** *adj* (☐ → ***really***) **1.** echt (*Gold, Gefühl etc*): **~ *time*** *Computer*: Echtzeit *f.* **2.** real, tatsächlich, wirklich: **~ *assets*** *pl* Barvermögen *n*; **~ *costs*** *pl* Realkosten *pl*; **~ *earnings*** (*od.* ***income***) *pl* Realeinkommen *n*; **~ *growth*** reales Wachstum; **~ *interest rate*** Realzinssatz *m*; **~ *wage*** Reallohn *m*; ***taken from* ~ *life*** aus dem Leben gegriffen; ***his* ~ *name*** sein richtiger Name; ***the* ~ *reason*** der wahre Grund. **3.** **~ *estate*** Grundeigentum *n*, Immobilien *pl*; **~ *estate tax*** Grundsteuer *f*; **~ *estate agent*** *Am.* → ***estate agent.*** **II** *adv* **4.** *bsd. Am.* F sehr: ***I'm* ~ *sorry*** tut mir echt leid. **III** *s* **5.** ***for* ~** F echt, im Ernst: ***be for* ~** ernst gemeint sein.
re•a•lign•ment [ˌri:ə'laınmənt] *s*: **~ *of currency parities*** Neufestsetzung *f* der Währungsparitäten.
re•al•ism ['rıəlızəm] *s* Realismus *m.*
're•al•ist *s* Realist(in).
ˌre•al'is•tic *adj* (**~*ally***) realistisch.
re•al•i•ty [rı'ælətı] *s* Realität *f*, Wirklichkeit *f*: ***in* ~** in Wirklichkeit; ***become*** (***a***) **~** wahr werden.
re•al•i•za•tion [ˌrıəlaı'zeıʃn] *s* **1.** Erkenntnis *f.* **2.** Realisation *f* (*a. econ.*), Realisierung *f*, Verwirklichung *f*: **~ *of profits*** Gewinnerzielung *f.*
're•al•ize *v/t* **1.** erkennen, begreifen, einsehen: ***he* ~*d that*** *a.* ihm wurde klar, dass. **2.** realisieren, verwirklichen. **3.** *econ.* realisieren, zu Geld machen: **~*d gain*** realisierter Gewinn.
re•al•lo•ca•tion ['ri:ˌæləʊ'keıʃn] *s econ.* Umschichtung *f.*
re•al•ly ['rıəlı] *adv* **1.** wirklich, tatsächlich: **~*?*** *a.* im Ernst? **2.** eigentlich: ***not* ~** eigentlich nicht. **3.** ***well, ~!*** ich muss schon sagen! **4.** ***you* ~ *must come*** du musst unbedingt kommen.
realm [relm] *s*, *a. pl fig.* Reich *n*: ***be within the* ~*s of possibility*** im Bereich des Möglichen liegen.
'real-time *adj Computer*: Echtzeit...: **~ *clock*** Echtzeituhr *f.*
re•al•tor ['rıəltə] *s Am.* Immobilienmakler(in).
re•an•i•mate [ˌri:'ænımeıt] *v/t* **1.** ⚕ wieder beleben. **2.** *fig.* neu beleben.
ˌre•an•i'ma•tion *s* **1.** ⚕ Wiederbelebung *f.* **2.** *fig.* Neubelebung *f.*
reap [ri:p] *v/t Getreide etc* schneiden, ernten; *Feld* abernten: **~ *the benefit*(*s*) *of*** *fig.* die Früchte (*gen*) ernten.
re•ap•pear [ˌri:ə'pıə] *v/i* wieder erscheinen *od.* auftauchen.
re•ap•prais•al [ˌri:ə'preızl] *s* Neubewertung *f*, -beurteilung *f.*
rear[1] [rıə] **I** *v/t* **1.** *Kind, Tier* auf-, großziehen. **2.** *Kopf* heben, aufwerfen. **II** *v/i* **3.** sich aufbäumen (*Pferd*).
rear[2] [~] **I** *s* **1.** Hinter-, Rückseite *f*, *mot.* Heck *n*: ***at*** (*Am.* ***in***) ***the* ~ *of*** hinter (*dat*); ***in the* ~** hinten, im Heck. **2.** F Hintern *m.* **3.** ***bring up the* ~** die Nachhut bilden. **II** *adj* **4.** hinter, Hinter..., Rück..., *mot. a.* Heck...: **~ *axle*** Hinterachse *f*; **~ *exit*** Hinterausgang *m*; **~ *window*** Heckscheibe *f*; **~ *wiper*** Heckscheibenwischer *m.* **'~•*guard*** *s mil.* Nachhut *f.*

R

re·arm [ˌriː'ɑːm] *v/i mil.* wieder aufrüsten.
re·ar·ma·ment [rɪ'ɑːməmənt] *s* Wiederaufrüstung *f.*
rear·most ['rɪəməʊst] *adj* hinterst.
re·ar·range [ˌriːə'reɪndʒ] *v/t Pläne etc* ändern; *Möbel etc* umstellen; die Möbel umstellen in (*dat*).
'**rear-view mir·ror** *s mot.* Innen-, Rückspiegel *m.*
rear·ward ['rɪəwəd] **I** *adj* hinter, rückwärtig. **II** *adv* rückwärts.
'**rear·wards** → ***rearward*** II.
rea·son ['riːzn] **I** *s* **1.** Grund *m* (***for*** für): ***by ~ of*** wegen; ***for ~s of health*** aus Gesundheitsgründen; ***with ~*** zu Recht; ***without any ~, for no ~*** ohne Grund, grundlos; ***there is every ~ to believe that*** alles spricht dafür, dass; ***have every ~*** guten Grund haben (***to do*** zu tun). **2.** Verstand *m.* **3.** Vernunft *f*: ***listen to ~*** Vernunft annehmen. **II** *v/i* **4.** logisch denken. **5.** vernünftig reden (***with*** mit). **III** *v/t* **6.** folgern (***that*** dass). **7.** ***~ s.o. into*** (***out of***) ***s.th.*** j-m et. ein- (aus)reden.
'**rea·son·a·ble** *adj* **1.** vernünftig. **2.** ganz gut, nicht schlecht. **3.** F billig, günstig.
'**rea·son·a·bly** *adv* **1.** vernünftig. **2.** ziemlich, einigermaßen.
'**rea·son·ing** *s* **1.** logisches Denken. **2.** Gedankengang *m*; Argumentation *f.*
re·as·semble [ˌriːə'sembl] *v/t tech.* wieder zs.-bauen.
re·as·sur·ance [ˌriːə'ʃɔːrəns] *s* Beruhigung *f.*
ˌ**re·as'sure** *v/t* beruhigen.
re·bate ['riːbeɪt] *s* **1.** Rabatt *m*, (Preis)Nachlass *m.* **2.** Rückzahlung *f*, -vergütung *f.*
reb·el[1] ['rebl] **I** *s* Rebell(in). **II** *adj* a) → ***rebellious***, b) Rebellen...
re·bel[2] [rɪ'bel] *v/i* rebellieren, sich auflehnen (***against*** gegen).
re'bel·lion [~jən] *s* Rebellion *f*, Aufstand *m.*
re'bel·lious [~jəs] *adj* □ rebellisch (*a. Jugendlicher etc*), aufständisch.
re·birth [ˌriː'bɜːθ] *s* Wiedergeburt *f* (*a. fig.*).
re·bound I *v/i* [rɪ'baʊnd] **1.** ab-, zurückprallen (***from*** von). **2.** *fig.* zurückfallen (***on*** auf *acc*). **II** *s* ['riːbaʊnd] **3.** *Sport*: Abpraller *m*, (*Basketball*) Rebound *m.*
re·buff [rɪ'bʌf] **I** *v/t* schroff abweisen. **II** *s* schroffe Abweisung: ***meet with a ~*** schroff abgewiesen werden.
re·build [ˌriː'bɪld] *v/t* (*irr* ***build***) **1.** wieder aufbauen. **2.** umbauen. **3.** *fig.* wieder aufbauen.
re·buke [rɪ'bjuːk] **I** *v/t* rügen, tadeln (***for*** wegen). **II** *s* Rüge *f*, Tadel *m.*
re·bus ['riːbəs] *s* Rebus *m*, *n*, Bilderrätsel *n.*
re·cal·ci·trant [rɪ'kælsɪtrənt] *adj* □ aufsässig.
re·call [rɪ'kɔːl] **I** *v/t* **1.** *j-n* zurückrufen, *Botschafter etc a.* abberufen; *defekte Autos etc* (in die Werkstatt) zurückrufen. **2.** a) sich erinnern an (*acc*): ***I can't ~ seeing her*** ich kann mich nicht daran erinnern, sie gesehen zu haben, b) erinnern an (*acc*). **II** *s* **3.** Zurückrufung *f*, Abberufung *f*; Rückruf(aktion *f*) *m.* **4.** Gedächtnis *n*: ***have total ~*** das absolute Gedächtnis haben. **5.** ***be beyond*** (*od.* ***past***) ***~*** für immer vorbei sein; ***be lost beyond*** (*od.* ***past***) ***~*** unwiederbringlich verloren sein.
re·cap[1] ['riːkæp] F → ***recapitulate, recapitulation.***
re·cap[2] [ˌriː'kæp] *v/t Am. Reifen* runderneuern.
re·ca·pit·u·late [ˌriːkə'pɪtjʊleɪt] *v/t u. v/i* rekapitulieren, (kurz) zs.-fassen.
'**re·caˌpit·u'la·tion** *s* Rekapitulation *f*, (kurze) Zs.-fassung.
re·cap·ture [ˌriː'kæptʃə] **I** *v/t* **1.** *Tier* wieder einfangen, *ausgebrochenen Häftling a.* wieder fassen. **2.** *mil.* zurückerobern. **II** *s* **3.** Wiedereinfangen *n*, Wiederergreifung *f.* **4.** *mil.* Zurückeroberung *f.*
re·cast [ˌriː'kɑːst] *v/t* (*irr* ***cast***) **1.** umformen (*a. fig.*); *tech.* umgießen. **2.** *thea. etc* neu besetzen, umbesetzen.
recd ***received*** erhalten.
re·cede [rɪ'siːd] *v/i* schwinden (*Hoffnung etc*).
re'ced·ing *adj* fliehend (*Kinn*, *Stirn*).
re·ceipt [rɪ'siːt] *s* **1.** *bsd. econ.* Empfang *m*, Erhalt *m*, (*a. von Waren*) Eingang *m*; Bezug *m* (*von Leistungen*): ***on ~ of*** nach Empfang (*gen*). **2.** *bsd. econ.* Empfangsbescheinigung *f*, -bestätigung *f*, Quittung *f.* **3.** *pl econ.* Einnahmen *pl.*
re·ceiv·a·ble [rɪ'siːvəbl] **I** *adj* ausstehend, offen (*Forderung etc*). **II** *s pl* Außenstände *pl*, Forderungen *pl.*
re·ceive [rɪ'siːv] *v/t* **1.** bekommen, empfangen, erhalten; *Aufmerksamkeit* finden. **2.** *j-n* empfangen; *Vorschlag etc* aufnehmen. **3.** *j-n* aufnehmen (***into*** in *acc*). **4.** *Funkverkehr*, *Rundfunk*, *TV*: empfangen: ***are you receiving me?*** hören Sie mich?; ***~ mode*** Empfangsbetrieb *m.*
re'ceiv·er *s* **1.** Empfänger(in). **2.** *teleph.* Hörer *m.* **3.** *a.* ***official ~*** ⚖ *Br.* Konkursverwalter(in). **4.** Hehler(in).
re'ceiv·er·ship *s* Konkursverwaltung *f.*
re'ceiv·ing I *s* Hehlerei *f.* **II** *adj*: ***be on the ~ end of*** F derjenige sein, der *et.* ausbaden muss; *et.* abkriegen.
re·cent ['riːsnt] *adj* jüngst (*Ereignisse etc*); neuer (*Foto etc*).
'**re·cent·ly** *adv* kürzlich, vor kurzem; in letzter Zeit.

R

re·cep·ta·cle [rɪ'septəkl] *s* Behälter *m*.

re·cep·tion [rɪ'sepʃn] *s* **1.** (*a. offizieller*) Empfang: ***give*** (*od.* ***hold***) ***a*** ~ e-n Empfang geben; ***give s.o. an enthusiastic*** ~ j-m e-n begeisterten Empfang bereiten. **2.** *Hotel*: Rezeption *f*: a) *a.* ~ ***desk*** Empfang *m*: ***at*** ~ am *od.* beim Empfang, b) Empfangshalle *f*: ***in*** ~ in der Empfangshalle. **3.** Aufnahme *f* (***into*** in *acc*). **4.** *Funkverkehr*, *Rundfunk*, *TV*: Empfang *m*.

re'cep·tion·ist [~ʃənɪst] *s* **1.** Empfangsdame *f*, -chef *m*. **2.** ⚕ Sprechstundenhilfe *f*.

re·cep·tive [rɪ'septɪv] *adj* □ aufnahmefähig; empfänglich (***to*** für).

re·cess [rɪ'ses] **I** *s* **1.** Pause *f* (*Am. a. ped.*), Unterbrechung *f*, *parl.* Ferien *pl*. **2.** Nische *f*. **II** *v/t* **3.** in e-e Nische stellen. **4.** einbauen: ~***ed*** Einbau...

re·ces·sion [rɪ'seʃn] *s econ.* Rezession *f*.

re·cid·i·vist [rɪ'sɪdɪvɪst] *s* Rückfalltäter(in).

rec·ipe ['resɪpɪ] *s gastr.* Rezept *n* (***for*** für) (*a. fig.*). ~ **book** *s* Kochbuch *n*.

re·cip·i·ent [rɪ'sɪpɪənt] *s* Empfänger(in); Bezieher(in).

re·cip·ro·cal [rɪ'sɪprəkl] *adj* □ wechsel-, gegenseitig; *ling.*, A reziprok.

re'cip·ro·cate [~keɪt] **I** *v/t Einladung*, *Gefühle etc* erwidern. **II** *v/i* sich revanchieren (***for*** für).

re,cip·ro'ca·tion *s* Erwiderung *f*.

re·cit·al [rɪ'saɪtl] *s* **1.** Vortrag *m*, (*Klavier- etc*)Konzert *n*, (*Lieder*)Abend *m*. **2.** Schilderung *f*.

rec·i·ta·tion [ˌresɪ'teɪʃn] *s* **1.** Auf-, Hersagen *n*. **2.** Rezitation *f*, Vortrag *m*.

rec·i·ta·tive [ˌ~tə'tiːv] *s* ♪ Rezitativ *n*.

re·cite [rɪ'saɪt] *v/t* **1.** auf-, hersagen. **2.** rezitieren, vortragen. **3.** aufzählen.

reck·less ['reklɪs] *adj* □ rücksichtslos.

'reck·less·ness *s* Rücksichtslosigkeit *f*.

reck·on ['rekən] **I** *v/t* **1.** aus-, berechnen: ~ ***in*** ein-, mitrechnen; ~ ***up*** zs.-rechnen. **2.** ~ ***s.o.*** (***to be***) ***clever*** j-n für clever halten: ***he is*** ~***ed*** (***to be***) ***clever*** er gilt als clever. **3.** rechnen, zählen (***among*** zu). **4.** glauben, schätzen (***that*** dass). **II** *v/i* **5.** ~ ***on*** rechnen auf (*acc*) *od.* mit; ~ ***with*** rechnen mit; ***he's a man to be*** ~***ed with*** mit ihm muss man rechnen; ***you'll have me to*** ~ ***with*** du wirst es mit mir zu tun bekommen; ~ ***without*** nicht rechnen mit.

'reck·on·ing *s* Berechnung *f*: ***by my*** ~ nach m-r (Be)Rechnung; ***be out in one's*** ~ sich verrechnet haben.

re·claim [rɪ'kleɪm] *v/t* **1.** zurückfordern, -verlangen (***from*** von); *Gepäck etc* abholen. **2.** ~ ***land from the sea*** dem Meer Land abgewinnen. **3.** *tech.*, ⚗ wiedergewinnen (***from*** aus).

rec·la·ma·tion [ˌreklə'meɪʃn] *s* **1.** Rückforderung *f*. **2.** *tech.*, ⚗ Wiedergewinnung *f*.

re·cline [rɪ'klaɪn] *v/i* sich zurücklehnen: ~***ing seat*** *mot. etc* Ruhesitz *m*.

re·cluse [rɪ'kluːs] *s* Einsiedler(in).

rec·og·ni·tion [ˌrekəg'nɪʃn] *s* **1.** (Wieder)Erkennen *n*: ***be burnt beyond*** (*od.* ***out of all***) ~ bis zur Unkenntlichkeit verbrennen; ***the town has changed beyond*** ~ die Stadt ist nicht wieder zu erkennen. **2.** Anerkennung *f*: ***in*** (*od.* ***as a***) ~ ***of*** als Anerkennung für, in Anerkennung (*gen*); ***gain*** (*od.* ***get, win***) ~ Anerkennung finden.

rec·og·niz·a·ble ['~naɪzəbl] *adj* □ (wieder) erkennbar: ***be hardly*** ~ kaum zu erkennen sein.

re·cog·nize ['~naɪz] *v/t* **1.** (wieder) erkennen (***by*** an *dat*). **2.** anerkennen (*a. pol.*). **3.** eingestehen, zugeben (***that*** dass).

re·coil **I** *v/i* [rɪ'kɔɪl] **1.** zurückschrecken (***from*** vor *dat*) (*a. fig.*): ~ ***from doing s.th.*** davor zurückschrecken, et. zu tun. **2.** zurückstoßen (*Gewehr etc*). **3.** ~ ***on*** *fig.* zurückfallen auf (*acc*). **II** *s* ['riːkɔɪl] **4.** Rückstoß *m*.

rec·ol·lect [ˌrekə'lekt] **I** *v/t* sich erinnern an (*acc*): ~ ***doing s.th.*** sich daran erinnern, et. getan zu haben. **II** *v/i*: ***as far as I*** (***can***) ~ soweit ich mich erinnere.

ˌrec·ol'lec·tion *s* Erinnerung *f* (***of*** an *acc*): ***to the best of my*** ~ soweit ich mich erinnere.

rec·om·mend [ˌrekə'mend] *v/t* **1.** empfehlen (***as*** als; ***for*** für): ~ ***doing s.th.*** empfehlen *od.* raten, et. zu tun; ~***ed retail price*** unverbindliche Preisempfehlung. **2.** sprechen für: ***he has little to*** ~ ***him*** es spricht wenig für ihn.

ˌrec·om'mend·a·ble *adj* empfehlenswert; ratsam.

rec·om·men·da·tion [ˌ~men'deɪʃn] *s* Empfehlung *f*: ***on s.o.'s*** ~ auf j-s Empfehlung.

rec·om·pense ['rekəmpens] **I** *v/t* entschädigen (***for*** für). **II** *s* Entschädigung *f*: ***as a*** (*od.* ***in***) ~ als Entschädigung (***for*** für).

rec·on·cile ['rekənsaɪl] *v/t* **1.** ver-, aussöhnen (***with*** mit): ***they are*** ~***d again*** sie haben sich wieder versöhnt; ***become*** ~***d to s.th.*** *fig.* sich mit et. abfinden. **2.** in Einklang bringen (***with*** mit); *econ.* abstimmen.

rec·on·cil·i·a·tion [ˌ~sɪlɪ'eɪʃn] *s* **1.** Ver-, Aussöhnung *f* (***between*** zwischen *dat*; ***with*** mit). **2.** Einklang *m*; *econ.* Abstimmung *f*: ~ ***of accounts*** Kontenabstimmung.

rec·on·dite ['rekəndaɪt] *adj* □ abstrus, schwer verständlich.

re·con·di·tion [ˌriːkən'dɪʃn] *v/t tech.* (general)überholen: ~***ed engine*** Austauschmotor *m*.

re·con·nais·sance [rɪ'kɒnɪsəns] *s mil.* Auf-

klärung *f*, Erkundung *f*. ~ **flight** *s* Aufklärungsflug *m*. ~ **plane** *s* Aufklärungsflugzeug *n*, Aufklärer *m*.
rec·on·noi·ter *Am.*, *bsd. Br.*. **rec·on·noi·tre** [ˌrekəˈnɔɪtə] *v/t mil.* erkunden, auskundschaften.
re·con·quer [ˌriːˈkɒŋkə] *v/t* zurückerobern.
ˌreˈcon·quest [~kwest] *s* Zurückeroberung *f*.
re·con·sid·er [ˌriːkənˈsɪdə] *v/t* noch einmal überdenken.
ˈre·conˌsid·erˈa·tion *s* nochmaliges Überdenken.
re·con·struct [ˌriːkənˈstrʌkt] *v/t* **1.** *a. fig.* wieder aufbauen. **2.** *fig. Fall etc* rekonstruieren.
ˌre·conˈstruc·tion *s* **1.** Wiederaufbau *m*. **2.** *fig.* Rekonstruktion *f*.
rec·ord¹ [ˈrekɔːd] **I** *s* **1.** Aufzeichnung *f*, Niederschrift *f*; ⚖ Protokoll *n*: ***off the ~*** inoffiziell; ***on ~*** aktenkundig; geschichtlich verzeichnet, schriftlich belegt; *fig.* aller Zeiten; ***he is*** (*od.* ***went***) ***on ~ as having said that*** er hat sich offiziell dahin gehend geäußert, dass; ***keep a ~ of*** Buch führen über (*acc*); ***to set the ~ straight*** um das klarzustellen. **2.** Vergangenheit *f*; *gute etc* Leistungen *pl* (*in der Vergangenheit*): ***have a criminal ~*** vorbestraft sein. **3.** (Schall)Platte *f*: ***make a ~*** e-e Platte aufnehmen. **4.** *Sport etc*: Rekord *m*. **II** *adj* **5.** (Schall)Platten...: ***~ player*** Plattenspieler *m*. **6.** *Sport etc*: Rekord...: ***~ holder*** Rekordhalter(in), -inhaber(in); ***~ surplus*** Rekordgewinn *m*; ***in ~ time*** in Rekordzeit.
re·cord² [rɪˈkɔːd] *v/t* **1.** schriftlich niederlegen, aufzeichnen, -schreiben; ⚖ protokollieren, zu Protokoll *od.* zu den Akten nehmen: ***~ed delivery*** per Einschreiben. **2.** (*auf Tonband etc*) aufnehmen, *Programm a.* aufzeichnen, mitschneiden: ***~ed broadcast*** (*Rundfunk*, *TV*) Aufzeichnung *f*. **3.** *Messwerte* registrieren.
ˈrec·ord-ˌbreak·ing *adj Sport etc*: Rekord...
rec·ord card *s* Karteikarte *f*.
re·cord·er [rɪˈkɔːdə] *s* **1.** (*Kassetten*)Rekorder *m*, (*Tonband*)Gerät *n*. **2.** ♪ Blockflöte *f*.
reˈcord·ing *s* Aufnahme *f*, Aufzeichnung *f*, Mitschnitt *m*: ***~ studio*** Aufnahme-, Tonstudio *n*.
re·count¹ [rɪˈkaʊnt] *v/t* erzählen.
re·count² **I** *v/t* [ˌriːˈkaʊnt] nachzählen. **II** *s* [ˈriːkaʊnt] Nachzählung *f*.
re·coup [rɪˈkuːp] *v/t* **1.** *Verlust etc* wiedereinbringen, sich *Ausgaben etc* zurückholen (***from*** von): ***~ early losses*** Anfangsverluste wieder wettmachen. **2.** *j-n* entschädigen (***for*** für).
re·course [rɪˈkɔːs] *s* **1.** Regress *m*, Ersatzanspruch *m*: ***have ~ against s.o.*** gegen j-n Regress nehmen; ***~ against third parties*** Rückgriff *m* gegenüber Dritten; ***~ claim*** Regressanspruch *m*. **2.** ***have ~ to*** greifen *od.* Zuflucht nehmen zu.
re·cov·er [rɪˈkʌvə] **I** *v/t et. Verlorenes* wiederfinden; *Bewusstsein etc* wiedererlangen; *Kosten etc* wiedereinbringen; *Fahrzeug*, *Verunglückten etc* bergen: ***~ one's composure*** sich wieder fangen *od.* fassen; ***~ consciousness*** *a.* wieder zu sich kommen. **II** *v/i* sich erholen (***from*** von) (*a. fig.*): ***he has fully ~ed*** er ist wieder ganz gesund.
re·cov·er·a·ble *adj* eintreibbar (*Schulden*).
reˈcov·er·y *s* **1.** Wiederfinden *n*; Wiedererlangen *n*; Wiedereinbringung *f*; Bergung *f*: ***~ of damages*** Erlangung *f* von Schadenersatz; ***~ of debts*** Einziehung *f* von Forderungen. **2.** Erholung *f* (*a. fig.*): ***make a complete ~*** völlig gesund werden; ***make a quick*** (*od.* ***speedy***) ***~*** sich schnell erholen; ***wish s.o. a speedy ~*** j-m gute Besserung wünschen. **3.** Belebung *f*, Aufschwung *m*: ***~ in business activity*** Konjunkturbelebung.
rec·re·a·tion [ˌrekrɪˈeɪʃn] *s* Entspannung *f*, Erholung *f*; Unterhaltung *f*, Freizeitbeschäftigung *f*: ***~ ground*** Spielplatz *m*.
ˌrec·reˈa·tion·al [~ʃənl] *adj* Erholungs...; Freizeit...: ***~ activities*** *pl* Freizeitgestaltung *f*; ***~ value*** Freizeitwert *m*; ***~ vehicle*** *Am.* Wohnmobil *n*.
re·crim·i·nate [rɪˈkrɪmɪneɪt] *v/i* Gegenbeschuldigungen vorbringen (***against*** gegen).
reˌcrim·iˈna·tion *s* Gegenbeschuldigung *f*: ***their ~*(*s*** *pl*) ihre gegenseitigen Beschuldigungen *pl*.
re·cruit [rɪˈkruːt] **I** *s* **1.** *mil.* Rekrut(in). **2.** (***to***) Neue *m, f* (in *dat*); neues Mitglied (*gen od.* in *dat*). **II** *v/t* **3.** *mil.* rekrutieren; *Personal* einstellen; *Mitglieder* werben.
reˈcruit·ment *s mil.* Rekrutierung *f*; (Neu)Einstellung *f*; Personalwerbung *f*.
rec·ta [ˈrektə] *pl von* ***rectum.***
rec·tan·gle [ˈrekˌtæŋgl] *s* △ Rechteck *n*.
recˈtan·gu·lar [~gjʊlə] *adj* □ rechteckig; rechtwink(e)lig.
rec·ti·fi·ca·tion [ˌrektɪfɪˈkeɪʃn] *s* **1.** Berichtigung *f*, Korrektur *f*. **2.** ⚗ Rektifikation *f*. **3.** ⚡ Gleichrichtung *f*.
rec·ti·fy [ˈ~faɪ] *v/t* **1.** berichtigen, korrigieren. **2.** ⚗ rektifizieren. **3.** ⚡ gleichrichten.
rec·ti·lin·e·ar [ˌrektɪˈlɪnɪə] *adj* □ geradlinig.
rec·ti·tude [ˈrektɪtjuːd] *s* Redlichkeit *f*, Rechtschaffenheit *f*.
rec·tor [ˈrektə] *s* Pfarrer(in).
ˈrec·to·ry *s* Pfarrhaus *n*.
rec·tum [ˈrektəm] *pl* **-tums, -ta** [ˈ~tə] *s anat.* Mastdarm *m*.
re·cu·per·ate [rɪˈkuːpəreɪt] **I** *v/i* sich erholen

(***from*** von) (*a. fig.*). **II** *v/t Verluste etc* wettmachen.

re·cur [rɪ'kɜː] *v/i* wiederkehren, wieder auftreten (*Problem*, *Symptom etc*), (*Schmerz a.*) wieder einsetzen: ~ ***to s.o.*** j-m wiederkommen (*Erinnerung etc*).

re·cur·rence [rɪ'kʌrəns] *s* Wiederkehr *f*, Wiederauftreten *n*, Wiedereinsetzen *n*.

re'cur·rent *adj* □ wiederkehrend, wieder auftretend, wieder einsetzend.

re·cy·cle [ˌriː'saɪkl] *v/t* wieder verwerten: ~***d paper*** Recycling-Papier *n*.

ˌre'cy·cling *s* Recycling *n*, Wiederverwertung *f*.

red [red] **I** *adj* **1.** rot: ***the lights are*** ~ die Ampel steht auf Rot; ***go*** (*od.* ***turn***) ~ rot werden; → ***flag***[1] 1, ***paint*** 2, ***rag*** 1. **2.** *oft* ***Red*** *pol.* rot. **II** *s* **3.** Rot *n*: ***at*** ~ bei Rot; ***the lights are at*** ~ die Ampel steht auf Rot; ***lights are at*** ~ die Ampel steht auf Rot; ***dressed in*** ~ rot *od.* in Rot gekleidet; ***see*** ~ *fig.* rotsehen; ***be in the*** ~ *econ.* in den roten Zahlen sein, rote Zahlen schreiben. **4.** *oft* ***Red*** *pol.* Rote *m, f*. ~ **car·pet** *s* roter Teppich. **ˌ~-'car·pet** *adj*: ***give s.o. the*** ~ ***treatment*** j-n mit großem Bahnhof empfangen.

Red Cross *s* Rotes Kreuz.

ˌred'cur·rant *s* ⚘ Rote Johannisbeere.

red·den ['redn] **I** *v/t* röten, rot färben. **II** *v/i* rot werden (***with*** vor *dat*).

'red·dish *adj* □ rötlich.

re·dec·o·rate [ˌriː'dekəreɪt] *v/t Zimmer etc* neu streichen *od.* tapezieren.

re·deem [rɪ'diːm] *v/t* **1.** *Pfand*, *Versprechen etc* einlösen. **2.** *Ruf etc* wiederherstellen: ~ ***o.s.*** sich rehabilitieren. **3.** *Gefangene etc* los-, freikaufen. **4.** *Hypothek*, *Schulden* abzahlen, tilgen. **5.** *schlechte Eigenschaft etc* ausgleichen, wettmachen. **6.** *bsd. eccl.* erlösen (***from*** von).

re·deem·a·ble [rɪ'diːməbl] *adj* einlösbar, rückzahlbar: ~ ***bond*** Tilgungsanleihe *f*.

Re'deem·er *s eccl.* Erlöser *m*, Heiland *m*.

re·demp·tion [rɪ'dempʃn] *s* **1.** Einlösung *f*. **2.** Wiederherstellung *f*. **3.** Los-, Freikauf *m*. **4.** Abzahlung *f*, Tilgung *f*: ~ ***date*** Rückzahlungstermin *m*; ~ ***reserve*** Tilgungsrücklage *f*; ~ ***table*** Tilgungsplan *m*. **5.** Ausgleich *m*. **6.** *bsd. eccl.* Erlösung *f* (***from*** von). **7.** ***beyond*** (*od.* ***past***) ~ hoffnungslos.

re·de·ploy [ˌriːdɪ'plɔɪ] *v/t* versetzen, anderswo einsetzen.

re·de·vel·op [ˌriːdɪ'veləp] *v/t Gebäude*, *Stadtteil* sanieren.

ˌre·de'vel·op·ment *s* Sanierung *f*.

ˌred|-'hand·ed *adj*: ***catch s.o.*** ~ j-n auf frischer Tat ertappen. **ˌ~-'head·ed** *adj* rothaarig. ~ **her·ring** *s* **1.** Bückling *m*. **2.** *fig.* Ablenkungsmanöver *n*; falsche Fährte *od.* Spur. **ˌ~-'hot** *adj* **1.** rot glühend (*Metall*); glühend heiß. **2.** *fig.* glühend, überschwänglich (*Begeisterung*). **3.** *fig.* brandaktuell (*Nachricht etc*).

Red In·di·an *s* Indianer(in).

re·di·rect [ˌriːdɪ'rekt] *v/t Brief etc* nachschicken, -senden (***to s.o.*** j-m; ***to a new address*** an e-e neue Adresse).

re·dis·count [ˌriː'dɪskaʊnt] *s* Rediskont *m*: ~ ***rate*** Rediskontsatz *m*.

re·dis·cov·er [ˌriːdɪ'skʌvə] *v/t* wieder entdecken.

ˌre·dis'cov·er·y *s* Wiederentdeckung *f*.

re·dis·trib·ute [ˌriːdɪ'strɪbjuːt] *v/t* neu verteilen, umverteilen.

'reˌdis·tri'bu·tion [~'bjuːʃn] *s* Neu-, Umverteilung *f*.

ˌred|-'let·ter day *s* Freuden-, Glückstag *m* (***for*** für). ~ **light** *s* **1.** rotes Licht (*Warnsignal etc*): ***see the*** ~ *fig.* die Gefahr erkennen. **2.** Rotlicht *n*: ***go through the*** ~***s*** bei Rot über die Kreuzung fahren. **ˌ~-'light district** *s* Rotlichtbezirk *m*, Bordellviertel *n*.

red·ness ['rednɪs] *s* Röte *f*.

re·do [ˌriː'duː] *v/t* (*irr* ***do***) **1.** nochmals tun *od.* machen: ~ ***one's hair*** sich die Haare in Ordnung bringen. **2.** → ***redecorate.***

re·dou·ble [ˌriː'dʌbl] *v/t bsd. Anstrengungen* verdoppeln.

re·draft [ˌriː'drɑːft] *v/t* umformulieren.

re·dress [rɪ'dres] **I** *v/t Unrecht* wieder gutmachen; *Missstand etc* abstellen, beseitigen; *Gleichgewicht* wieder herstellen. **II** *s* Wiedergutmachung *f*; Abstellung *f*, Beseitigung *f*: ***seek*** ~ ***for*** Wiedergutmachung verlangen für.

red tape *s* Amtsschimmel *m*, Bürokratismus *m*.

re·duce [rɪ'djuːs] *v/t* **1.** *Foto etc* verkleinern. **2.** *Steuern etc* senken, *Geschwindigkeit*, *Risiko etc* verringern, *Preis*, *Waren* herabsetzen, reduzieren (***from ... to*** von ... auf *acc*), *Gehalt etc* kürzen. **3.** (***to***) verwandeln (in *acc*), machen (zu): ~ ***to a nervous wreck*** aus *j-m* ein Nervenbündel machen. **4.** ~ ***s.o. to silence*** (***tears***) j-n zum Schweigen (Weinen) bringen. **5.** reduzieren, zurückführen (***to*** auf *acc*). **6.** ⚗ reduzieren. **7.** → ***denominator.***

re·duced-e·mis·sion *adj mot.* abgasreduziert.

re·duc·tion [rɪ'dʌkʃn] *s* **1.** Verkleinerung *f*. **2.** Senkung *f*, Verringerung *f*, Herabsetzung *f*, Reduzierung *f*, Kürzung *f*: ~ ***in staff***(***ing levels***) Personalkürzung *f*, -reduzierung *f*; ~ ***in working hours*** Arbeitszeitverkürzung *f*. **3.** ⚗ Reduktion *f*.

re·dun·dan·cy [rɪ'dʌndənsɪ] *s* **1.** *econ.* Freistellung *f*, -setzung *f*: ***redundancies*** *pl* Ent-

R

lassungen *pl*; ~ ***pay*** (*od.* ***payment***) Abfindung *f.* **2.** *ling.* Redundanz *f.*
re'dun·dant *adj* □ **1.** *econ.* freigestellt, -gesetzt: ***be made*** ~ freigestellt *od.* -gesetzt werden. **2.** *ling.* redundant.
re·du·pli·cate [rɪ'dju:plɪkeɪt] *v/t* wiederholen.
red wine *s* Rotwein *m.*
re-ech·o [ri:'ekəʊ] *v/i* widerhallen (***with*** von).
reed [ri:d] *s* Schilf(rohr) *n*, Ried *n*; (*einzelnes*) Schilfrohr.
re-ed·u·cate [ˌri:'edʃʊkeɪt] *v/t* umerziehen.
reed·y ['ri:dɪ] *adj* □ **1.** schilfig. **2.** piepsig (*Stimme*).
reef[1] [ri:f] *s* (Felsen)Riff *n.*
reef[2] [~] *v/t* ⚓ *Segel* reffen. ~ **knot** *s* Kreuz-, Weberknoten *m.*
reek [ri:k] **I** *s* Gestank *m*: ***there was a*** ~ ***of garlic*** es stank nach Knoblauch. **II** *v/i* stinken (***of*** nach).
reel[1] [ri:l] **I** *s* (*Kabel-*, *Schlauch- etc*)Rolle *f*, (*Film-*, *Garn- etc*)Spule *f.* **II** *v/t*: ~ ***off*** abrollen, abspulen; *fig.* herunterrasseln; ~ ***up*** aufrollen, -spulen.
reel[2] [~] *v/i* **1.** sich drehen: ***my head*** ~***ed*** mir drehte sich alles, mir wurde schwindlig; ***the room*** ~***ed before my eyes*** das Zimmer drehte sich vor m-n Augen. **2.** wanken, taumeln, (*Betrunkener a.*) torkeln.
re-e·lect [ˌri:ɪ'lekt] *v/t* wieder wählen.
ˌre-e'lec·tion *s* Wiederwahl *f*: ***seek*** ~ sich erneut zur Wahl stellen.
re-em·ploy·ment *s* Wiederbeschäftigung *f.*
re-en·ter [ˌri:'entə] *v/t* wieder eintreten in (*acc*) (*a. Raumfahrt*), wieder betreten.
re-'en·try *s* Wiedereintreten *n*, -eintritt *m* (***into*** in *acc*).
re-es·ti·mate *s* Nachkalkulation *f.*
ref [ref] *s Sport*: F Schiri *m*; (*Boxen*) Ringrichter(in).
ref. ***in*** *od.* ***with reference to*** betr.
re·fec·to·ry [rɪ'fektərɪ] *s univ.* Mensa *f.*
re·fer [rɪ'fɜ:] **I** *v/t* **1.** *j-n* ver-, hinweisen (***to*** auf *acc*). **2.** *j-n* (*um Auskunft etc*) verweisen (***to*** an *acc*). **3.** (***to***) *et.* übergeben (*dat*), *a. Patienten* überweisen (an *acc*): ~ ***back*** zurückverweisen. **II** *v/i* **4.** ver-, hinweisen (***to*** auf *acc*). **5.** (***to***) sich berufen *od.* beziehen (auf *acc*); anspielen (auf *acc*); erwähnen (*acc*). **6.** (***to***) nachschlagen (in *dat*), konsultieren (*acc*).
ref·er·ee [ˌrefə'ri:] **I** *s* **1.** ⚖, *Sport*: Schiedsrichter(in), (*Boxen*) Ringrichter(in). **2.** *Br.* → ***reference*** 6b. **II** *v/i* **3.** ⚖, *Sport*: als Schiedsrichter fungieren, (*Sport a.*) pfeifen, (*Boxen*) als Ringrichter fungieren. **III** *v/t* **4.** ⚖, *Sport*: als Schiedsrichter fungieren bei, (*Sport a.*) *Spiel* pfeifen, (*Boxen*) *Kampf* leiten.

ref·er·ence ['refrəns] *s* **1.** Verweis *m*, Hinweis *m* (***to*** auf *acc*): (***list of***) ~***s*** *pl* Quellenangabe *f.* **2.** Verweisstelle *f*; Beleg *m*, Unterlage *f.* **3.** Akten-, Geschäftszeichen *n*: ~ ***number*** Aktenzeichen *n.* **4.** (***to***) Bezugnahme *f* (auf *acc*); Anspielung *f* (auf *acc*); Erwähnung *f* (*gen*): ***make*** (***a***) ~ (***to***) → ***refer*** 5. **5.** (***to***) Nachschlagen *n* (in *dat*), Konsultieren *n* (*gen*): ~ ***book*** Nachschlagewerk *n*; ~ ***library*** Handbibliothek *f.* **6.** Referenz *f*: a) Empfehlung *f*: ***letter of*** ~ Zeugnis *n*, Referenz, b) Auskunftgeber(in): ***act as a*** ~ ***for s.o.*** j-m als Referenz dienen. **7.** ***terms*** *pl* ***of*** ~ Aufgabenbereich *m.* ~ **price** *s* Mindestpreis *m.*
ref·er·en·dum [ˌrefə'rendəm] *pl* **-dums, -da** [~də] *s pol.* Referendum *n*, Volksabstimmung *f*, -entscheid *m.*
re·fill I *v/t* [ˌri:'fɪl] **1.** wieder füllen, nach-, auffüllen: ~ ***shelves*** Regale auffüllen. **II** *s* ['ri:fɪl] **2.** (*Füller*)Patrone *f*, (*Kugelschreiber- etc*)Mine *f.* **3.** ***would you like a*** ~***?*** F darf ich nachschenken? ~ **pack** *s* Nachfüllpackung *f.*
re·fi·nanc·ing [ˌri:faɪ'nænsɪŋ] *s* Refinanzierung *f*; Sanierung *f.*
re·fine [rɪ'faɪn] **I** *v/t* **1.** *Öl*, *Zucker* raffinieren. **2.** *fig.* verfeinern, kultivieren. **II** *v/i* **3.** ~ ***on*** *fig.* verbessern, -feinern.
re'fined *adj* **1.** raffiniert: ~ ***sugar*** Raffinade *f.* **2.** *fig.* kultiviert, vornehm.
re'fine·ment *s* **1.** Raffination *f*, Raffinierung *f.* **2.** Verbesserung *f*, -feinerung *f.* **3.** *fig.* Kultiviertheit *f*, Vornehmheit *f.*
re'fin·er·y *s* Raffinerie *f.*
re·flate [rɪ'fleɪt] *v/t* ~ ***the economy*** die Wirtschaft (durch Geldvermehrung) ankurbeln.
re·fla·tion [rɪ'fleɪʃn] *s econ.* Reflation *f.*
re·flect [rɪ'flekt] **I** *v/t* **1.** *Strahlen etc* reflektieren, zurückwerfen, -strahlen, *Bild etc* reflektieren, (wider)spiegeln (*a. acc*): ***be*** ~***ed in*** sich (wider)spiegeln in (*dat*) (*a. fig.*); ~ (***dis***)***credit on*** *fig.* ein gutes (schlechtes) Licht werfen auf (*acc*); ~***ing telescope*** Spiegelteleskop *n.* **II** *v/i fig.* **2.** nachdenken (***on*** über *acc*). **3.** ~ (***badly***) ***on*** sich nachteilig auswirken auf (*acc*); ein schlechtes Licht werfen auf (*acc*).
re'flec·tion *s* **1.** Reflexion *f*, Zurückwerfung *f*, -strahlung *f*, (Wider)Spieg(e)lung *f* (*a. fig.*). **2.** Spiegelbild *n.* **3.** *fig.* Überlegung *f*: ***on*** ~ nach einigem Nachdenken; wenn ich *etc* es mir recht überlege. **4.** *mst pl fig.* Betrachtung *f* (***on*** über *acc*).
re'flec·tive *adj* □ **1.** reflektierend, (wider)spiegelnd. **2.** *fig.* nachdenklich.
re'flec·tor *s* **1.** Reflektor *m.* **2.** Rückstrahler *m.*
re·flex ['ri:fleks] *s a.* ~ ***action*** Reflex *m.* ~ **cam·er·a** *s* Spiegelreflexkamera *f.*

R

re·flex·ive [rɪ'fleksɪv] *adj* □ *ling*. reflexiv, rückbezüglich: ~ ***pronoun*** Reflexivpronomen *n*, rückbezügliches Fürwort; ~ ***verb*** reflexives Verb, rückbezügliches Zeitwort.
re·flex·ol·o·gy [rɪflek'sɒlədʒɪ] *s* ⚕ Reflexzonenmassage *f*.
re·for·est [ˌriː'fɒrɪst] → ***reafforest.***
re·form [rɪ'fɔːm] **I** *s* **1.** *pol. etc* Reform *f*. **2.** Besserung *f*. **II** *v/t* **3.** *j-n* bessern.
re·for·mat *v/t Computer*: umformatieren.
ref·or·ma·tion [ˌrefə'meɪʃn] *s* **1.** Reformierung *f*: ***the Reformation*** *eccl*. die Reformation. **2.** Besserung *f*.
re·form·a·to·ry [rɪ'fɔːmətərɪ] *adj* Reform...
re'form·er *s* **1.** *pol. etc* Reformer(in). **2.** *eccl*. Reformator *m*.
re·fract [rɪ'frækt] *v/t phys. Strahlen, Wellen* brechen.
re'frac·tion *s* Refraktion *f*, Brechung *f*.
re·frac·to·ry [rɪ'fræktərɪ] *adj* □ **1.** eigensinnig, störrisch. **2.** ⚕ hartnäckig.
re·frain¹ [rɪ'freɪn] *v/i* (***from***) absehen (von), sich enthalten (*gen*), unterlassen (*acc*): ~ ***from doing s.th.*** es unterlassen, et. zu tun.
re·frain² [~] *s* Kehrreim *m*, Refrain *m*.
re·fresh [rɪ'freʃ] *v/t* (**o.s.** sich) erfrischen; *fig. Gedächtnis* auffrischen.
re'fresh·er *s* **1.** Erfrischung *f* (*Getränk etc*). **2.** ~ ***course*** Auffrischungskurs *m*.
re'fresh·ing *adj* □ erfrischend (*a. fig.*).
re'fresh·ment *s* Erfrischung *f* (*a. Getränk etc*).
re·frig·er·ate [rɪ'frɪdʒəreɪt] *v/t tech*. kühlen.
reˌfrig·er'a·tion *s* Kühlung *f*.
re'frig·er·a·tor *s* Kühlschrank *m*: ~***-freezer*** Kühl- u. Gefrierkombination *f*.
re·fu·el [ˌriː'fjʊəl] *v/t u. v/i pret u. pp* **-eled,** *bsd. Br*. **-elled** ✈, *mot*. auftanken.
ref·uge ['refjuːdʒ] *s* Zuflucht *f* (***from*** vor *dat*) (*a. fig.*): ***place of*** ~ Zufluchtsort *m*; ***seek*** ~ Zuflucht suchen; ***take*** ~ ***in*** Zuflucht nehmen zu, sich flüchten in (*acc*).
ref·u·gee [ˌrefjʊ'dʒiː] *s* Flüchtling *m*: ~ ***camp*** Flüchtlingslager *n*.
re·fund I *v/t* [riː'fʌnd] *Geld* zurückzahlen, -erstatten, *Auslagen* ersetzen: ~ ***s.o. his money*** j-m sein Geld zurückzahlen. **II** *s* ['riːfʌnd] Rückzahlung *f*, -erstattung *f*.
re·fur·bish [ˌriː'fɜːbɪʃ] *v/t* **1.** aufpolieren (*a. fig.*). **2.** renovieren.
re·fus·al [rɪ'fjuːzl] *s* **1.** Ablehnung *f*; Verweigerung *f*: → ***meet*** 15. **2.** Weigerung *f* (***to do*** zu tun): ~ ***of acceptance*** Annahmeverweigerung.
re·fuse¹ [rɪ'fjuːz] **I** *v/t* **1.** *Kandidaten etc* ablehnen, *Angebot a*. ausschlagen: ~ ***s.o. s.th.*** j-m et. ausschlagen *od*. verweigern. **2.** sich weigern, es ablehnen (***to do*** zu tun). **II** *v/i* **3.** ablehnen. **4.** sich weigern.
ref·use² ['refjuːs] *s* Abfall *m*, Abfälle *pl*, Müll *m*. ~ ***dump*** *s* Müllabladeplatz *m*, -deponie *f*. ~ ***skip*** *s* Müllcontainer *m*.
ref·u·ta·ble ['refjʊtəbl] *adj* □ widerlegbar.
ref·u·ta·tion [ˌ~juː'teɪʃn] *s* Widerlegung *f*.
re·fute [rɪ'fjuːt] *v/t* widerlegen.
re·gain [rɪ'geɪn] *v/t* wieder-, zurückgewinnen: ~ ***one's health*** (***strength***) wieder gesund werden (wieder zu Kräften kommen).
re·gal ['riːgl] *adj* □ **1.** königlich. **2.** *fig*. hoheits-, würdevoll.
re·gale [rɪ'geɪl] *v/t* **1.** fürstlich bewirten (***with*** mit). **2.** erfreuen, ergötzen (***with*** mit).
re·ga·li·a [rɪ'geɪljə] *s pl* Insignien *pl*.
re·gard [rɪ'gɑːd] **I** *s* **1.** Achtung *f*: ***hold s.o. in high*** (***low***) ~ j-n hoch achten (gering achten). **2.** Rücksicht *f*: ***without*** ~ ***to*** (*od*. ***for***) ohne Rücksicht auf (*acc*); ***have no*** ~ ***for, pay no*** ~ ***to*** keine Rücksicht nehmen auf (*acc*). **3.** ***in this*** ~ in dieser Hinsicht; ***with*** ~ ***to*** im Hinblick auf (*acc*). **4.** ***give him my*** (***best***) ~***s*** grüße ihn (herzlich) von mir; ***with kind*** ~***s*** mit freundlichen Grüßen. **II** *v/t* **5.** betrachten, ansehen. **6.** *fig*. betrachten (***with*** mit): ~ ***as*** betrachten als, halten für; ***be*** ~***ed as*** gelten als. **7.** ***as*** ~***s ...*** was ... betrifft.
re'gard·ing *prp* bezüglich, hinsichtlich.
re'gard·less I *adj*: ~ ***of*** ohne Rücksicht auf (*acc*). **II** *adv* F trotzdem.
re·gat·ta [rɪ'gætə] *s Sport*: Regatta *f*.
re·gen·cy ['riːdʒənsɪ] *s* Regentschaft *f*.
re·gen·er·ate [rɪ'dʒenəreɪt] *v/t u. v/i* (sich) regenerieren *od*. erneuern.
reˌgen·er'a·tion *s* Regenerierung *f*, Erneuerung *f*.
re·gent ['riːdʒənt] *s* Regent(in).
reg·gae ['regeɪ] *s* ♪ Reggae *m*.
re·gime [reɪ'ʒiːm] *s* **1.** *pol*. Regime *n*. **2.** → ***regimen.***
reg·i·men ['redʒɪmen] *s* Lebensweise *f*; *engS*. Diät *f*.
reg·i·ment I *s* ['redʒɪmənt] **1.** *mil*. Regiment *n*. **2.** *fig*. Schar *f*. **II** *v/t* ['~ment] **3.** reglementieren, gängeln, bevormunden.
reg·i·men·tal [ˌ~'mentl] *adj mil*. Regiments...
ˌreg·i·men'ta·tion *s* Reglementierung *f*, Bevormundung *f*.
re·gion ['riːdʒən] *s* Gebiet *n*, Gegend *f*, Region *f*: ***in the*** ~ ***of the heart*** in der Herzgegend; ***in the*** ~ ***of £50*** um die *od*. ungefähr 50 Pfund.
re·gion·al ['~dʒənl] *adj* □ regional.
reg·is·ter ['redʒɪstə] **I** *s* **1.** Register *n*, Verzeichnis *n*, (*Wähler- etc*)Liste *f*: ***keep a*** ~ ***of*** Buch führen über (*acc*). **2.** *tech*. Registriergerät *n*. **3.** Sprach-, Stilebene *f*. **II** *v/t* **4.** registrieren, eintragen (lassen): ~***ed bond***

Namensobligation *f*; **~*ed capital*** Grund-, Nominalkapital *n*; **~*ed design*** Gebrauchs-, Geschmacksmuster *n*; **~*ed office*** Gesellschaftssitz *m*; **~*ed security*** a) Namenspapier *n* (*Wechsel*), b) Namensaktie *f*; **~*ed share*** Namensaktie *f*; **~*ed trademark*** eingetragenes Warenzeichen. **5.** *Messwerte* registrieren, anzeigen; *fig. Empfindung* zeigen. **6.** *Brief etc* einschreiben lassen: **~*ed letter*** Einschreib(e)brief *m*, Einschreiben *n*; ***send s.th. by ~ed mail*** (*bsd. Br.* ***post***) et. eingeschrieben schicken. **III** *v/i* **7.** sich eintragen (lassen). **8.** *he told me who he was* ***but it didn't ~*** F aber ich habe es nicht registriert *od.* zur Kenntnis genommen. **~ of·fice** *s bsd. Br.* Standesamt *n*.

reg·is·trar [ˌredʒɪˈstrɑː] *s bsd. Br.* Standesbeamter *m*, -beamtin *f*.

reg·is·tra·tion [ˌ~ˈstreɪʃn] *s* Registrierung *f*, Eintragung *f*: **~ *document*** *mot. Br.* (*etwa*) Kraftfahrzeugbrief *m*; **~ *number*** *mot.* (polizeiliches) Kennzeichen.

ˈreg·is·try *s* Registratur *f*: **~ *office*** *bsd. Br.* Standesamt *n*.

re·gress [rɪˈgres] *v/i* **1.** sich rückläufig entwickeln (*Gesellschaft*). **2.** *biol., psych.* sich zurückentwickeln.

re·gres·sion [rɪˈgreʃn] *s* **1.** rückläufige Entwicklung. **2.** *biol., psych.* Regression *f*, Rückentwicklung *f*.

reˈgres·sive [~sɪv] *adj* □ regressiv, rückläufig.

re·gret [rɪˈgret] **I** *v/t* **1.** bedauern; bereuen: **~ *doing s.th.*** es bedauern *od.* bereuen, et. getan zu haben; ***we ~ to inform you that*** wir müssen Ihnen leider mitteilen, dass. **2.** *j-m, e-r Sache* nachtrauern. **II** *s* **3.** Bedauern *n* (***at*** über *acc*); Reue *f*: ***with great ~*** mit großem Bedauern; ***have no ~s*** nichts bereuen; ***have no ~s about doing s.th.*** es nicht bedauern *od.* bereuen, et. getan zu haben.

reˈgret·ful [~fʊl] *adj* bedauernd: **~*ly*** *a.* mit Bedauern.

reˈgret·ta·ble *adj* bedauerlich.

reˈgret·ta·bly *adv* bedauerlicherweise.

re·group [ˌriːˈgruːp] *v/t u. v/i* (sich) umgruppieren.

reg·u·lar [ˈregjʊlə] **I** *adj* □ **1.** (*zeitlich*) regelmäßig: **~ *customer*** Stammkunde *m*, -kundin *f*; Stammgast *m*; **~ *dividend*** laufende Dividende; **~ *hours*** *pl* Normalarbeitszeit *f*; ***at ~ intervals*** in regelmäßigen Abständen (*a. örtlich*). **2.** regelmäßig (*in Form od. Anordnung*): **~ *size*** Standardgröße *f*, Normalformat *n*. **3.** regelmäßig (*Atmen etc*): ***at ~ speed*** mit gleich bleibender Geschwindigkeit. **4.** geregelt, geordnet (*Leben etc*): **~ *employment*** feste Anstellung; ***be in ~ employment*** fest angestellt sein; **~ *income*** festes Einkommen; **~ *staff*** fest angestelltes Personal. **5.** *ling.* regelmäßig. **6.** *Sport*: Stamm...: **~ *player*.** **7.** **~ *gasoline*** *mot.* Normalbenzin *n*. **II** *s* F **8.** Stammkunde *m*, -kundin *f*; Stammgast *m*. **9.** *Sport*: Stammspieler(in). **10.** *mot.* Normalbenzin *n*.

reg·u·lar·i·ty [ˌ~ˈlærətɪ] *s* Regelmäßigkeit *f*.

reg·u·lar·ize [ˈ~ləraɪz] *v/t* regulieren.

reg·u·late [ˈregjʊleɪt] *v/t* **1.** regeln, regulieren. **2.** *tech.* einstellen, regulieren.

ˌreg·uˈla·tion *s* **1.** Reg(e)lung *f*, Regulierung *f*. **2.** *tech.* Einstellung *f*. **3.** Vorschrift *f*, *pl EG* Verordnungen *pl*.

ˈreg·u·la·tor *s tech.* Regler *m*.

re·ha·bil·i·tate [ˌriːəˈbɪlɪteɪt] *v/t* **1.** *Schwerbehinderte* rehabilitieren. **2.** *Strafentlassene* resozialisieren. **3.** *j-s Ruf etc* wieder herstellen: ***be ~d*** rehabilitiert werden (*Person*).

ˈre·haˌbil·iˈta·tion *s* **1.** Rehabilitation *f*: **~ *center*** (*bsd. Br.* ***centre***) Rehabilitationszentrum *n*. **2.** Resozialisierung *f*. **3.** Wiederherstellung *f*.

re·hash **I** *v/t* [ˌriːˈhæʃ] *alte Fakten etc* neu auftischen. **II** *s* [ˈriːhæʃ] Neuauftischung *f*.

re·hears·al [rɪˈhɜːsl] *s* ♪, *thea.* Probe *f*.

reˈhearse *v/t u. v/i* proben.

reign [reɪn] **I** *s* Herrschaft *f* (*a. fig.*): **~ *of terror*** Schreckensherrschaft. **II** *v/i* herrschen (***over*** über *acc*) (*a. fig.*): ***silence ~ed*** es herrschte Schweigen; ***the ~ing world champion*** (*Sport etc*) der amtierende Weltmeister.

re·im·burse [ˌriːɪmˈbɜːs] *v/t Auslagen* erstatten, vergüten: **~ *s.o.* (*for*) *s.th.*** j-m et. erstatten.

ˌre·imˈburse·ment *s* Erstattung *f*, Vergütung *f*.

rein [reɪn] **I** *s* Zügel *m*: ***give free ~ to one's imagination*** s-r Fantasie freien Lauf *od.* die Zügel schießen lassen; ***keep a tight ~ on*** *fig. j-n, et.* streng kontrollieren; ***take the ~s*** *fig.* die Zügel *od.* das Heft in die Hand nehmen. **II** *v/t*: **~ *in*** *Pferd etc* zügeln; *fig.* bremsen.

re·in·car·nate [riːˈɪnkɑːneɪt] *v/t*: ***be ~ed*** wieder geboren werden (***as*** als).

ˌre·in·carˈna·tion *s* Reinkarnation *f*, Wiedergeburt *f*.

rein·deer [ˈreɪnˌdɪə] *pl* **-deers,** *bsd. coll.* **-deer** *s zo.* Ren(tier) *n*.

re·in·force [ˌriːɪnˈfɔːs] *v/t allg.* verstärken, *fig. a.* untermauern: **~*d concrete*** *tech.* Stahlbeton *m*.

ˌre·inˈforce·ment *s* Verstärkung *f*, *fig. a.* Untermauerung *f*: **~*s*** *pl mil.* Verstärkung *f*; **~ *rings*** Verstärkungsringe *pl*.

re·in·state [ˌriːɪnˈsteɪt] *v/t j-n* wieder einstellen (***as*** als; ***in*** in *dat*).

R

re·in·sur·ance [ˌriːɪnˈʃɔːrəns] *s econ.* Rückversicherung *f.*

ˌ**re·inˈsure** *v/t* rückversichern.

re·in·vest·ment [ˌriːɪnˈvestmənt] *s* Reinvestition *f.*

re·is·sue [ˌriːˈɪʃuː] **I** *v/t* **1.** *Buch* neu auflegen. **2.** *Briefmarken etc* neu herausgeben. **II** *s* **3.** Neuauflage *f.* **4.** Neuausgabe *f.*

re·it·er·ate [riːˈɪtəreɪt] *v/t* (ständig) wiederholen.

reˌit·erˈa·tion *s* (ständige) Wiederholung.

re·ject I *v/t* [rɪˈdʒekt] **1.** *j-n, et.* ablehnen, *Angebot a.* ausschlagen, *Bitte* abschlagen, *Plan etc* verwerfen. **2.** *verpflanztes Organ etc* abstoßen. **II** *s* [ˈriːdʒekt] **3.** Ausschuss(ware *f*) *m*, zweite Wahl: **~s** *pl* Ausschussstücke *pl.*

reˈjec·tion *s* **1.** Ablehnung *f*, Ausschlagung *f*, Abschlagen *n*, Verwerfung *f.* **2.** ⚕ Abstoßung *f.*

re·joice [rɪˈdʒɔɪs] *v/i* (hoch) erfreut sein; jubeln (***at, over*** über *acc*).

reˈjoic·ing *s, a. pl* Jubel *m.*

re·join¹ [ˌriːˈdʒɔɪn] *v/t* sich wieder anschließen (*dat*) *od.* an (*acc*), wieder eintreten in (*acc*).

re·join² [rɪˈdʒɔɪn] *v/t* erwidern.

reˈjoin·der *s* Erwiderung *f.*

re·ju·ve·nate [rɪˈdʒuːvəneɪt] *v/t* verjüngen.

reˌju·veˈna·tion *s* Verjüngung *f.*

re·kin·dle [ˌriːˈkɪndl] *v/t* **1.** wieder anzünden. **2.** *fig.* wieder entfachen.

re·lapse [rɪˈlæps] **I** *v/i* **1.** zurückfallen, wieder verfallen (***into*** in *acc*). **2.** a) rückfällig werden, b) ⚕ e-n Rückfall bekommen *od.* erleiden. **II** *s* **3.** Rückfall *m*: ***have a ~*** → 2b.

re·late [rɪˈleɪt] **I** *v/t* **1.** erzählen, berichten (***to s.o.*** j-m): ***strange to ~*** so seltsam es klingt. **2.** in Verbindung *od.* Zs.-hang bringen (***to*** mit). **II** *v/i* **3.** sich beziehen (***to*** auf *acc*). **4.** zs.-hängen (***to*** mit).

reˈlat·ed *adj* **1.** verwandt (***to*** mit): → ***marriage*** 2. **2.** *fig.* verwandt: ***be ~ to*** zs.-hängen mit.

re·la·tion [rɪˈleɪʃn] *s* **1.** Verwandte *m, f.* **2.** Beziehung *f* (***between*** zwischen *dat*; ***to*** zu): ***bear no ~ to*** in keiner Beziehung stehen zu; ***in*** (*od.* ***with***) ***~ to*** in Bezug auf (*acc*). **3.** *pl diplomatische, geschäftliche etc* Beziehungen *pl* (***between*** zwischen *dat*; ***with*** zu). **4.** Erzählung *f*, Bericht *m.*

reˈla·tion·al *adj Computer*: relational.

reˈla·tion·ship *s* **1.** Verwandtschaft *f*: ***there is no ~ between them*** sie sind nicht miteinander verwandt. **2.** Beziehung *f*, Verhältnis *n* (***between*** zwischen *dat*; ***to*** zu): ***have a ~ with s.o.*** ein Verhältnis mit j-m haben.

rel·a·tive [ˈrelətɪv] **I** *adj* **1.** relativ: **~*ly*** *a.* verhältnismäßig. **2.** ***~ to*** bezüglich, hinsichtlich. **3.** *ling.* relativ, Relativ...: ***~ clause*** Relativsatz *m*; ***~ pronoun*** Relativpronomen *n*, bezügliches Fürwort. **II** *s* **4.** Verwandte *m, f.*

ˌ**rel·aˈtiv·i·ty** *s* Relativität *f*: ***theory of ~*** *phys.* Relativitätstheorie *f.*

re·lax [rɪˈlæks] **I** *v/t* **1.** *j-n, Muskeln etc* entspannen. **2.** *Griff, Bestimmungen etc* lockern. **3.** *fig.* nachlassen in (*dat*). **II** *v/i* **4.** sich entspannen, *fig. a.* ausspannen. **5.** sich lockern.

ˌ**re·laxˈa·tion** [ˌriː~] *s* **1.** Entspannung *f.* **2.** Lockerung *f.*

reˈlaxed *adj* entspannt, (*Atmosphäre a.*) zwanglos.

re·lay I *s* [ˈriːleɪ] **1.** [*a.* ˌriːˈleɪ] ⚡ Relais *n.* **2.** Ablösung *f* (*Arbeiter etc*): ***work in ~s*** in Schichten arbeiten. **3.** *a.* ***~ race*** (*Sport*) Staffel(lauf *m*) *f*: ***~*** (***team***) Staffel *f.* **4.** *Rundfunk, TV*: Übertragung *f.* **II** *v/t* [riːˈleɪ] **5.** (***to***) *Nachricht* ausrichten (*dat*), weitergeben (an *acc*). **6.** *Rundfunk, TV*: übertragen.

re-lay [ˌriːˈleɪ] *v/t* (*irr* ***lay***) *Kabel, Teppich* neu verlegen.

re·lease [rɪˈliːs] **I** *v/t* **1.** entlassen (***from*** aus), freilassen: ***~*** (***one's hold on***) *j-n, et.* loslassen. **2.** *fig.* (***from***) befreien, erlösen (von); entbinden (von): ***~ s.o. from a contract*** j-n aus e-m Vertrag entlassen; ***~ from work*** von der Arbeit freistellen. **3.** *Film, Leiche etc* freigeben; *Schallplatte* herausbringen; *Statistik etc* veröffentlichen. **4.** *mot. Handbremse* lösen. **II** *s* **5.** Entlassung *f*, Freilassung *f.* **6.** Befreiung *f*, Erlösung *f*; Entbindung *f*; Freistellung *f* (*von Arbeit*). **7.** Freigabe *f*; Veröffentlichung *f*: ***be on general ~*** überall zu sehen sein (*Film*).

rel·e·gate [ˈrelɪgeɪt] *v/t et.* verbannen (***to*** in *acc*): ***be ~d*** (*Sport*) absteigen (***to*** in *acc*).

ˌ**rel·eˈga·tion** *s* Verbannung *f*; (*Sport*) Abstieg *m.*

re·lent [rɪˈlent] *v/i* **1.** nachgeben (*Person*). **2.** nachlassen (*Schmerz, Wind etc*).

reˈlent·less *adj* □ **1.** unnachgiebig. **2.** anhaltend (*Wind, Schmerz etc*).

rel·e·vant [ˈreləvənt] *adj* □ **1.** relevant, bedeutsam, wichtig (***to*** für). **2.** sachbezogen, sach-, zweckdienlich.

re·li·a·bil·i·ty [rɪˌlaɪəˈbɪlətɪ] *s* Zuverlässigkeit *f*, Verlässlichkeit *f*; Vertrauenswürdigkeit *f.*

reˈli·a·ble *adj* □ zuverlässig, verlässlich; vertrauenswürdig.

re·li·ance [rɪˈlaɪəns] *s* **1.** Vertrauen *n*: ***place complete ~ on*** volles Vertrauen setzen in (*acc*). **2.** Abhängigkeit (***on*** von).

reˈli·ant *adj*: ***be ~ on*** abhängig sein von, angewiesen sein auf (*acc*).

rel·ic [ˈrelɪk] *s* **1.** Relikt *n*, Überbleibsel *n.* **2.** *eccl.* Reliquie *f.*

R

re·lief [rɪˈliːf] *s* **1.** Erleichterung *f* (*a.* ⚕): ***give*** (*od.* ***bring***) ***s.o. some ~*** ⚕ j-m Erleichterung verschaffen; ***~ of pain*** Schmerzlinderung *f*; ***to my great ~*** zu m-r großen Erleichterung; ***in*** (*od.* ***with***) ***~*** erleichtert; → ***sigh*** I, II. **2.** Unterstützung *f*, Hilfe *f*; *Am.* Sozialhilfe *f*: ***be on ~*** Sozialhilfe beziehen. **3.** *Br.* (*Steuer*)Erleichterung *f*. **4.** Ablösung *f* (*Person*[*en*]): ***~ shift*** Ablösungsschicht *f*. **5.** Entlastung *f*. **6.** Relief *n*: ***stand out in bold*** (*od.* ***sharp***) ***~ against*** sich deutlich abheben gegen. **~ bus** *s* Einsatzbus *m*. **~ fund** *s* Hilfsfonds *m*. **~ map** *s* Reliefkarte *f*. **~ road** *s* Entlastungsstraße *f*.

re·lieve [rɪˈliːv] *v/t* **1.** *Schmerzen*, *Not* lindern, *j-n*, *Gewissen* erleichtern: ***~ one's feelings*** s-n Gefühlen Luft machen; ***she was ~d to hear that*** sie war erleichtert, als sie hörte, dass; ***~ o.s.*** *euphem.* sich erleichtern. **2.** ***~ s.o. of*** j-m *ein schweres Gepäckstück*, *e-e Arbeit etc* abnehmen; *humor.* j-n um *s-e Brieftasche etc* erleichtern. **3.** *j-n* ablösen.

re·li·gion [rɪˈlɪdʒən] *s* Religion *f*: ***soccer is a ~ with him, he makes a ~ of soccer*** für ihn gibt es nur Fußball, Fußball ist sein Ein u. Alles.

re·li·gious [rɪˈlɪdʒəs] *adj* □ **1.** religiös, Religions...: ***~ instruction*** *ped.* Religion(sunterricht *m*) *f*; ***~ liberty*** Religionsfreiheit *f*. **2.** religiös, fromm. **3.** *fig.* gewissenhaft: ***with ~ care*** mit peinlicher Sorgfalt.

re·lin·quish [rɪˈlɪŋkwɪʃ] *v/t* **1.** aufgeben, verzichten auf (*acc*). **2.** (***to***) *Besitz*, *Recht* abtreten (*dat od.* an *acc*), überlassen (*dat*).

rel·ish [ˈrelɪʃ] **I** *v/t* **1.** genießen, sich *et.* schmecken lassen. **2.** *fig.* Gefallen *od.* Geschmack finden an (*dat*): ***not to ~ the idea*** nicht begeistert sein von der Aussicht (***of doing*** zu tun); ***not to ~ having to do s.th.*** nicht davon begeistert sein, et. tun zu müssen. **II** *s* **3.** ***with ~*** mit Genuss. **4.** *fig.* Gefallen *m*, Geschmack *m* (***for*** an *dat*). **5.** *gastr.* Würze *f*; Soße *f*.

re·lo·cate [ˌriːləʊˈkeɪt] *v/t* umsiedeln (*a. v/i*), verlegen.

ˌre·loˈca·tion *s* Umsiedlung *f*, Verlegung *f*.

re·luc·tance [rɪˈlʌktəns] *s* Widerwillen *m*: ***with ~*** widerwillig, ungern.

reˈluc·tant *adj* widerwillig: ***~ly*** *a.* ungern; ***be ~ to do s.th.*** et. nur ungern tun.

re·ly [rɪˈlaɪ] *v/i*: ***~ on*** sich verlassen auf (*acc*); ***~ on s.o. to do s.th.*** sich darauf verlassen, dass j-d et. tut; ***have to ~ on*** abhängig sein von, angewiesen sein auf (*acc*).

re·main [rɪˈmeɪn] **I** *v/i* **1.** *allg.* bleiben. **2.** (übrig) bleiben: ***a lot ~s to be done*** es bleibt noch viel zu tun; ***it ~s to be seen whether*** es bleibt abzuwarten, ob. **II** *s pl* **3.** (Über)Reste *pl*.

reˈmain·der [~də] *s* Rest *m* (*a.* Ⓐ): ***~s*** *pl* Restposten *pl*.

reˈmain·ing *adj* übrig, restlich.

re·make **I** *v/t* (*irr* ***make***) [ˌriːˈmeɪk] wieder *od.* neu machen. **II** *s* [ˈriːmeɪk] Remake *n*, Neuverfilmung *f*.

re·mand [rɪˈmɑːnd] ⚖ **I** *v/t*: ***be ~ed in custody*** in Untersuchungshaft bleiben. **II** *s*: ***be on ~*** in Untersuchungshaft sein; ***prisoner on ~***, ***~ prisoner*** Untersuchungsgefangene *m*, *f*, -häftling *m*.

re·mark [rɪˈmɑːk] **I** *v/t* **1.** bemerken, äußern (***that*** dass). **II** *v/i* **2.** ***~ on*** sich äußern über *j-n*, *et. od.* zu *et.* **III** *s* **3.** Bemerkung *f* (***about***, ***on*** über *acc*): ***make a ~*** e-e Bemerkung machen. **4.** ***worthy of ~*** bemerkenswert.

reˈmark·a·ble *adj* □ bemerkenswert, beachtlich.

re·mar·riage [ˌriːˈmærɪdʒ] *s* Wiederverheiratung *f*, -heirat *f*.

ˌreˈmar·ry *v/i* wieder heiraten.

re·me·di·a·ble [rɪˈmiːdjəbl] *adj* □ behebbar, abstellbar.

reˈme·di·al *adj*: ***~ exercises*** *pl* Heilgymnastik *f*.

rem·e·dy [ˈremədɪ] **I** *s* **1.** ⚕ (Heil)Mittel *n* (***for***, ***against*** gegen). **2.** *fig.* (Gegen)Mittel *n* (***for***, ***against*** gegen): ***be beyond*** (*od.* ***past***) ***~*** hoffnungslos *od.* nicht mehr zu beheben sein. **II** *v/t* **3.** *Mangel*, *Schaden* beheben; *Situation* bereinigen; *Missstand* abstellen.

re·mem·ber [rɪˈmembə] **I** *v/t* **1.** sich erinnern an (*acc*): ***~ doing s.th.*** sich daran erinnern, et. getan zu haben; ***suddenly he ~ed that*** plötzlich fiel ihm ein, dass. **2.** denken an (*acc*): ***~ to do s.th.*** daran denken, et. zu tun; ***I must ~ this*** das muss ich mir merken. **3.** ***~ s.o. in one's will*** j-n in s-m Testament bedenken. **4.** ***please ~ me to your wife*** grüßen Sie bitte Ihre Frau von mir; ***he asked to be ~ed to you*** er lässt Sie grüßen. **II** *v/i* **5.** ***I can't ~*** ich kann mich nicht erinnern; ***if I ~ right***(***ly***) wenn ich mich recht erinnere *od.* entsinne.

reˈmem·brance *s* Erinnerung *f* (***of*** an *acc*): ***in ~ of*** zur Erinnerung an; ***Remembrance Day*** (*od.* ***Sunday***) *Br.* Volkstrauertag *m*.

re·mind [rɪˈmaɪnd] *v/t j-n* erinnern (***of*** an *acc*; ***that*** daran, dass): ***~ s.o. to do s.th.*** j-n daran erinnern, dass er et. tut.

reˈmind·er *s* Mahnung *f*, Mahnbrief *m*.

rem·i·nisce [ˌremɪˈnɪs] *v/i* in Erinnerungen schwelgen, sich in Erinnerungen ergehen (***about***, ***on*** an *acc*).

rem·i·nis·cence [ˌ~ˈnɪsns] *s mst pl* Erinnerung *f* (***of*** an *acc*).

ˌrem·iˈnis·cent *adj*: ***be ~ of*** erinnern an (*acc*).

re·miss [rɪˈmɪs] *adj* nachlässig: ***be ~ in one's duties*** s-e Pflichten vernachlässigen.
re·mis·sion [rɪˈmɪʃn] *s* **1.** (⚖ *a.* Straf)Erlass *m*: ***he was given three months' ~*** ihm wurden drei Monate (von s-r Strafe) erlassen (***for*** wegen); ***~ of debt*** Schuldenerlass. **2.** Vergebung *f* (*der Sünden*). **3.** ⚕ vorübergehende Besserung.
re·mit [rɪˈmɪt] *v/t* **1.** *Schulden*, *Strafe* erlassen; *Sünden* vergeben. **2.** *Geld* überweisen (***to*** *dat od.* an *acc*). **3.** *bsd.* ⚖ zurückverweisen (***to*** an *acc*).
reˈmit·tance *s* Überweisung *f* (***to*** an *acc*).
rem·nant [ˈremnənt] *s* **1.** (Über)Rest *m* (*a. fig.*). **2.** *econ.* (Stoff)Rest *m*: ***~ sale*** Resteverkauf *m*.
re·mod·el [ˌriːˈmɒdl] *v/t pret u. pp* **-eled,** *bsd. Br.* **-elled** umgestalten.
re·mold *Am.* → ***remould.***
re·mon·strance [rɪˈmɒnstrəns] *s* Protest *m*, Beschwerde *f*.
re·mon·strate [ˈremənstreɪt] *v/i* protestieren (***with*** bei; ***against*** gegen), sich beschweren (***with*** bei; ***about*** über *acc*).
re·morse [rɪˈmɔːs] *s* Gewissensbisse *pl*, Reue *f*: ***feel ~*** Gewissensbisse haben.
reˈmorse·ful [~fʊl] *adj* □ reumütig, reuig.
reˈmorse·less *adj* □ unbarmherzig (*a. fig.*).
re·mote [rɪˈməʊt] *adj* **1.** *räumlich*: fern, (weit) entfernt; abgelegen, entlegen: ***~ data processing*** Datenfernverarbeitung *f*. **2.** *zeitlich*: fern: ***in the ~ future*** in ferner Zukunft. **3.** *fig.* entfernt (*Zs.-hang*), (*Verwandte a.*) weitläufig. **4.** *fig.* entfernt (*Möglichkeit*), gering (*Chance*): ***I haven't got the ~st idea*** ich habe keine blasse *od.* nicht die geringste Ahnung. **5.** *fig.* distanziert, unnahbar. **~ con·trol** *s tech.* **1.** Fernlenkung *f*, -steuerung *f*. **2.** Fernbedienung *f*.
reˌmote-conˈtrolled *adj* **1.** ferngelenkt, -gesteuert. **2.** mit Fernbedienung.
re·mould *bsd. Br.* **I** *v/t* [ˌriːˈməʊld] *Reifen* runderneuern. **II** *s* [ˈriːməʊld] runderneuerter Reifen.
re·mount [ˌriːˈmaʊnt] **I** *v/t Pferd etc* wieder besteigen; *Treppen* wieder hinaufgehen: ***~ one's bicycle*** wieder auf sein Fahrrad steigen. **II** *v/i* wieder aufsitzen.
re·mov·a·ble [rɪˈmuːvəbl] *adj* abnehmbar.
reˈmov·al [~vl] *s* **1.** Entfernung *f*; Abnahme *f*; ***~ from office*** Amtsenthebung *f*, Zwangspensionierung *f*. **2.** Umzug *m*: ***~ allowance*** Umzugsbeihilfe *f*; ***~ man*** Möbelpacker *m*; ***~ van*** Möbelwagen *m*.
reˈmove **I** *v/t* **1.** entfernen (***from*** von); *Deckel*, *Hut etc* abnehmen; *Kleidung* ablegen. **2.** *fig. Schwierigkeiten etc* beseitigen, *Hindernisse* aus dem Weg räumen; *Zweifel etc* zerstreuen. **II** *v/i* **3.** (um)ziehen (***from*** von; ***to*** nach).
reˈmov·er *s* (*Flecken*)Entferner *m*.
re·mu·ner·ate [rɪˈmjuːnəreɪt] *v/t* **1.** *j-n* entlohnen (***for*** für). **2.** *j-n* entschädigen (***for*** für).
reˌmu·nerˈa·tion *s* **1.** Entlohnung *f*. **2.** Entschädigung *f*.
reˈmu·ner·a·tive [~rətɪv] *adj* □ einträglich, lohnend.
Ren·ais·sance [rəˈneɪsəns] *s hist.* Renaissance *f*.
re·nal [ˈriːnl] *adj anat.* Nieren...: ***~ failure*** ⚕ Nierenversagen *n*.
re·name [ˌriːˈneɪm] *v/t* umbenennen (in *acc*).
ren·der [ˈrendə] *v/t* **1.** *berühmt etc* machen: ***~ s.o. unable to do s.th.*** es j-m unmöglich machen, et. zu tun. **2.** *Hilfe* leisten, *Dienst a.* erweisen. **3.** *Gedicht etc* vortragen. **4.** übersetzen, -tragen (***into*** in *acc*). **5.** *mst* ***~ down*** *Fett* auslassen.
ˈren·der·ing *s* **1.** Vortrag *m*. **2.** Übersetzung *f*, -tragung *f*.
ren·dez·vous [ˈrɒndɪvuː] **I** *pl* **-vous** [ˈ~vuːz] *s* **1.** Rendezvous *n*, Verabredung *f*; Treffen *n*, Zs.-kunft *f*. **2.** Treffpunkt *m*. **II** *v/i pret u. pp* **-voused** [ˈ~vuːd] **3.** sich treffen (***with*** mit).
ren·di·tion [renˈdɪʃn] *bsd. Am.* → ***rendering.***
ren·egade [ˈrenɪgeɪd] **I** *s* Abtrünnige *m*, *f*. **II** *adj* wild geworden.
re·new [rɪˈnjuː] *v/t* erneuern: ***~ one's efforts*** erneute Anstrengungen machen; ***~ one's visa*** sein Visum erneuern lassen; ***give s.o. ~ed hope*** j-m neue Hoffnung geben; ***with ~ed strength*** mit neuen Kräften.
reˈnew·a·ble *adj*: ***~ resources*** erneuerbare Energien; ***be ~*** erneuert werden können *od.* müssen.
reˈnew·al *s* **1.** Erneuerung *f*. **2.** (Wechsel)Prolongation *f*: ***~ bill*** Prolongationswechsel *m*.
re·nounce [rɪˈnaʊns] *v/t* **1.** verzichten auf (*acc*). **2.** *s-m Glauben etc* abschwören.
ren·o·vate [ˈrenəʊveɪt] *v/t* renovieren.
ˌren·oˈva·tion *s* Renovierung *f*.
re·nown [rɪˈnaʊn] *s* Berühmtheit *f*, Ruhm *m*: ***win ~*** berühmt werden.
reˈnowned *adj* berühmt (***for*** wegen, für).
rent¹ [rent] **I** *s* **1.** Miete *f*, *österr.*, *schweiz.* (Miet)Zins *m*; Pacht *f*: ***for ~*** *bsd. Am.* zu vermieten *od.* verpachten; ***~ allowance*** (*od.* ***subsidy***) Mietzuschuss *m*; ***~ arrears*** *pl* Mietrückstände *pl*; ***~ increase*** Mieterhöhung *f*; ***~ review*** Neufestsetzung *f* der Miete. **2.** *bsd. Am.* Leihgebühr *f*: ***for ~*** zu vermieten *od.* verleihen. **II** *v/t* **3.** mieten; pachten (***from*** von). **4.** *a.* ***~ out*** *bsd. Am.* vermieten; verpachten (***to*** an *acc*). **5.** *bsd. Am. Auto etc* mieten: ***~ed car*** Leih-, Mietwagen *m*.

rent² [~] *s* Riss *m* (*a. fig.*).
'rent-a-ˌcar (ser·vice) *s bsd. Am.* Autoverleih *m.*
rent·al ['rentl] *s* **1.** a) Miete *f*; Pacht *f*, b) *pl* Miet- u. Pachteinnahmen *pl.* **2.** *bsd. Am.* Leihgebühr *f.* ~ **ar·range·ments** *s pl* Mietvereinbarungen *pl.* ~ **con·tract** *s* Mietvertrag *m.* ~ **ex·pense** *s* Mietaufwand *m.* ~ **in·come** *s* Mieteinkommen *n.*
rent·er ['rentə] *s* **1.** Mieter(in); Pächter(in). **2.** *bsd. Am.* Vermieter(in); Verpächter(in).
ˌrent-'free *adj* miet- *od.* pachtfrei.
re·nun·ci·a·tion [rɪˌnʌnsɪ'eɪʃn] *s* **1.** Verzicht *m* (***of*** auf *acc*). **2.** Abschwören *n.*
re·o·pen [ˌriː'əʊpən] **I** *v/t* **1.** *Geschäft etc* wieder eröffnen. **2.** *Verhandlungen etc* wieder aufnehmen; *Fall* wieder aufrollen. **II** *v/i* **3.** wieder eröffnen. **4.** wieder aufgenommen *od.* aufgerollt werden.
re·or·der [ˌriː'ɔːdə] *s* Nachbestellung *f.*
re·or·ga·ni·za·tion ['riːˌɔːgənaɪ'zeɪʃn] *s* Umorganisation *f*, Umstrukturierung *f*; Umstellung *f.*
ˌre'or·gan·ize *v/t* umorganisieren; *Möbel* umstellen; die Möbel umstellen in.
rep [rep] → ***representative.***
re·pair [rɪ'peə] **I** *v/t* **1.** reparieren; ausbessern. **2.** *fig.* wieder gutmachen. **II** *s* **3.** Reparatur *f*; Ausbesserung *f*: ***beyond*** ~ nicht mehr zu reparieren(d); ***be under*** ~ in Reparatur sein; ~ ***and maintenance costs*** *pl* Instandhaltungskosten *pl.* **4.** ***be in good*** (***bad***) ~ in gutem (schlechtem) Zustand sein. **5.** *fig.* Wiedergutmachung *f.*
rep·a·ra·ble ['repərəbl] *adj* □ reparabel, wieder gutzumachen(d).
ˌrep·a'ra·tion *s* **1.** Wiedergutmachung *f*: ***make*** ~ ***for*** *et.* wieder gutmachen. **2.** *pl pol.* Reparationen *pl.*
rep·ar·tee [ˌrepɑː'tiː] *s* Schlagfertigkeit *f*; schlagfertige Antwort(en *pl*): ***be good at*** ~ schlagfertig sein.
re·pa·tri·ate [riː'pætrɪeɪt] *v/t* repatriieren, in den Heimatstaat zurückführen.
ˌre·pa·tri'a·tion *s* Repatriierung *f.*
re·pay [riː'peɪ] *v/t* (*irr.* ***pay***) **1.** *Geld etc* zurückzahlen: ~ ***s.o.'s expenses*** j-m s-e Auslagen erstatten; ***I'll*** ~ ***you some time*** ich gebe dir das Geld irgendwann einmal zurück; *fig.* ich werde mich irgendwann einmal erkenntlich zeigen; das zahle ich dir schon noch heim. **2.** *Besuch etc* erwidern. **3.** a) (*positiv*) sich für *et.* erkenntlich zeigen: ~ ***s.o. for his help*** j-n für s-e Hilfe belohnen *od.* entschädigen, b) (*negativ*) *et.* vergelten, lohnen (***with*** mit): ~ ***s.o.'s meanness,*** ~ ***s.o. for his meanness*** j-m s-e Gemeinheit heimzahlen.
re'pay·a·ble *adj* rückzahlbar: ***be*** ~ zurückgezahlt werden können *od.* müssen (***over two years*** in e-m Zeitraum von zwei Jahren).
re'pay·ment *s* **1.** Rückzahlung *f*, Tilgung *f*; Amortisation *f.* **2.** Erwiderung *f.* **3.** Vergeltung *f.*
re·peal [rɪ'piːl] **I** *v/t Gesetz etc* aufheben. **II** *s* Aufhebung *f.*
re·peat [rɪ'piːt] **I** *v/t* **1.** wiederholen: ~ ***o.s.*** sich wiederholen; ~ ***s.th. after s.o.*** j-m et. nachsprechen; ***his answer doesn't bear*** ~***ing*** s-e Antwort lässt sich nicht wiederholen. **2.** *et.* weitererzählen, -sagen. **II** *v/i* **3.** aufstoßen (***on s.o.*** j-m) (*Speise*). **III** *s* **4.** *Rundfunk*, *TV*: Wiederholung *f.* **5.** ♪ Wiederholungszeichen *n.*
re'peat·ed *adj* □ wiederholt.
re·peat or·der *s* Nachorder *f.*
re·pel [rɪ'pel] *v/t* **1.** *Angriff*, *Feind* zurückschlagen. **2.** *Wasser etc*, *fig. j-n* abstoßen.
re'pel·lent *adj* □ *fig.* abstoßend: ***be*** ~ ***to*** abstoßend wirken auf (*acc*).
re·pent [rɪ'pent] *v/t* bereuen: ~ ***having done s.th.*** es bereuen, et. getan zu haben.
re·per·cus·sion [ˌriːpə'kʌʃn] *s mst pl* Auswirkung *f* (***on*** auf *acc*).
rep·er·toire ['repətwɑː] *s thea. etc* Repertoire *n*: ***have a large*** ~ ***of jokes*** viele Witze auf Lager haben.
rep·e·ti·tion [ˌrepɪ'tɪʃn] *s* Wiederholung *f*: ***his answer doesn't bear*** ~ s-e Antwort lässt sich nicht wiederholen.
re·place [rɪ'pleɪs] *v/t* **1.** zurücklegen, -stellen: ~ ***the receiver*** *teleph.* (den Hörer) auflegen. **2.** *j-n*, *et.* ersetzen (***with, by*** durch); *j-n* vertreten. **3.** *tech.* austauschen, ersetzen; *Computer*: ersetzen.
re'place·ment *s* **1.** Ersatz *m*; Wiederbeschaffung *f*: ~ ***costs*** *pl* Wiederbeschaffungskosten *pl*; ~ ***value*** Wiederbeschaffungswert *m.* **2.** Vertretung *f.* **3.** *tech.* Ersatz *m*, Austausch *m*: ~ ***part*** Ersatzteil *m*, *n.*
re·plant [ˌriː'plɑːnt] *v/t* **1.** umpflanzen. **2.** neu bepflanzen.
re·play (*Sport*) **I** *s* ['riːpleɪ] **1.** Wiederholungsspiel *n.* **2.** → ***action replay.*** **II** *v/t* [ˌriː'pleɪ] **3.** *Spiel* wiederholen.
re·plen·ish [rɪ'plenɪʃ] *v/t* (wieder) auffüllen.
re·plete [rɪ'pliːt] *adj* **1.** gesättigt, satt. **2.** angefüllt (***with*** mit).
rep·li·ca ['replɪkə] *s* **1.** *Kunst*: Replik *f*, Originalkopie *f.* **2.** Kopie *f*, Nachbildung *f.*
re·ply [rɪ'plaɪ] **I** *v/t* antworten, erwidern (***that*** dass). **II** *v/i* antworten (***to*** auf *e-n Brief etc*; ***to s.o.*** j-m): ~ ***to a letter*** *a.* e-n Brief beantworten. **III** *s* Antwort *f*, Erwiderung *f* (***to*** auf *acc*): ***in*** ~ ***to*** (als Antwort) auf; ***give no*** ~ keine Antwort geben, nicht antworten; ~ ***letter*** Antwortschreiben *n*; ~ ***mail*** Ant-

wortpost *f.* **~-paid en·ve·lope** *s* Freiumschlag *m.*
re·port [rɪ'pɔːt] **I** *s* **1.** *allg.* Bericht *m* (**on** über *acc*). **2.** Gerücht *n*: **~ *has it that*** es geht das Gerücht, dass. **3.** *ped. Br.* Zeugnis *n.* **4.** Knall *m.* **II** *v/t* **5.** berichten (**to s.o.** j-m); berichten über (*acc*): ***it is ~ed that*** es heißt, dass; ***he is ~ed to have said*** er soll gesagt haben; ***~ed speech*** *ling.* indirekte Rede. **6.** *j-n, Unfall, Verbrechen etc* melden (**to s.o.** j-m): **~ s.o.** (**to the police**) j-n anzeigen (**for** wegen); ***the car is ~ed stolen*** der Wagen ist als gestohlen gemeldet. **III** *v/i* **7.** berichten, Bericht erstatten (**on** über *acc*). **8.** sich melden (**to** bei): **~ *to s.o.*** j-m unterstehen; **~ *sick*** sich krank melden; **~ *for work*** sich zur Arbeit melden. **~ card** *Am.* → ***report*** 3.
re·port·er [rɪ'pɔːtə] *s* Reporter(in), Berichterstatter(in).
re·port·ing pe·ri·od [rɪ'pɔːtɪŋ] *s* Berichtszeitraum *m.*
re·pose [rɪ'pəʊz] *s* **1.** Ruhe *f.* **2.** *fig.* Gelassenheit *f.*
rep·re·hen·si·ble [ˌreprɪ'hensəbl] *adj* □ tadelnswert, verwerflich.
rep·re·sent [ˌreprɪ'zent] *v/t* **1.** *j-n, Br. a. Wahlbezirk* vertreten. **2.** darstellen (*a. fig.*). **3.** dar-, hinstellen (**as, to be** als): **~ *o.s. as*** (*od.* ***to be***) sich ausgeben für. **4.** *Beschwerden etc* vorbringen (**to** bei).
ˌrep·re·sen'ta·tion *s* **1.** Vertretung *f.* **2.** Darstellung *f*: ***be a ~ of s.th.*** et. darstellen. **3.** ***make ~s to*** vorstellig werden bei (**about** wegen).
ˌrep·re·sen'ta·tion·al [~ʃənl] *adj* gegenständlich (*Kunst*).
rep·re·sen·ta·tion al·low·ance *s* Aufwandsentschädigung *f.*
ˌrep·re'sent·a·tive [~tətɪv] **I** *s* **1.** (Stell)Vertreter(in); (Handels)Vertreter(in). **2.** *parl.* Abgeordnete *m, f*: → ***House of Representatives.*** **II** *adj* □ **3.** repräsentativ (**of** für): **~ *sample*** Durchschnittsmuster *n*; **~ *sampling*** (*od.* ***survey***) Repräsentativerhebung *f.* **4.** *pol.* repräsentativ: **~ *government*** Repräsentativsystem *n.*
re·press [rɪ'pres] *v/t* **1.** *Volk, Gefühle etc* unterdrücken. **2.** *psych.* verdrängen.
re'pres·sion [~ʃn] *s* **1.** Unterdrückung *f.* **2.** *psych.* Verdrängung *f.*
re'pres·sive *adj* □ repressiv.
re·prieve [rɪ'priːv] ⚖ **I** *s* Begnadigung *f*; Vollstreckungsaufschub *m.* **II** *v/t*: ***he was ~d*** er wurde begnadigt; s-e Urteilsvollstreckung wurde ausgesetzt.
rep·ri·mand ['reprɪmɑːnd] **I** *v/t* rügen, tadeln (**for** wegen). **II** *s* Rüge *f*, Tadel *m.*
re·print **I** *v/t* [ˌriː'prɪnt] neu auflegen, nachdrucken. **II** *s* ['riːprɪnt] Neuauflage *f*, Nachdruck *m.*
re·pris·al [rɪ'praɪzl] *s bsd. mil., pol.* Repressalie *f*, Vergeltungsmaßnahme *f*: ***in*** (*od.* ***as a***) **~ *for*** als Vergeltung für; ***take ~s*** Repressalien ergreifen (***against*** gegen).
re·proach [rɪ'prəʊtʃ] **I** *s* **1.** Vorwurf *m*: ***above*** (*od.* ***beyond***) **~** über jeden Tadel erhaben; ***look of ~*** vorwurfsvoller Blick. **2.** *fig.* Schande *f* (**to** für). **II** *v/t* **3.** *j-m* Vorwürfe machen (**for** wegen).
rep·ro·bate ['reprəʊbeɪt] *s* verkommenes Subjekt.
re·pro·cess [ˌriː'prəʊses] *v/t Kernbrennstoffe* wieder aufbereiten.
ˌre'pro·cess·ing plant *s* Wiederaufbereitungsanlage *f.*
re·pro·duce [ˌriːprə'djuːs] **I** *v/t* **1.** **~ o.s.** → 4. **2.** *Bild etc* reproduzieren. **3.** *Ton etc* wiedergeben. **II** *v/i* **4.** *biol.* sich fortpflanzen *od.* vermehren.
re·pro·duc·tion [ˌ~'dʌkʃn] *s* **1.** *biol.* Fortpflanzung *f.* **2.** Reproduktion *f.* **3.** Wiedergabe *f.*
ˌre·pro'duc·tive *adj biol.* Fortpflanzungs...
re·proof [rɪ'pruːf] *s* Rüge *f*, Tadel *m.*
re·prove [rɪ'pruːv] *v/t* rügen, tadeln (**for** wegen).
rep·tile ['reptaɪl] *s zo.* Reptil *n*, Kriechtier *n.*
re·pub·lic [rɪ'pʌblɪk] *s pol.* Republik *f.*
re'pub·li·can, *pol. Am.* **Re·pub·li·can** **I** *adj* republikanisch. **II** *s* Republikaner(in).
re·pu·di·ate [rɪ'pjuːdɪeɪt] *v/t* **1.** *Angebot, Behauptung etc* zurückweisen. **2.** *Schuld etc* nicht anerkennen.
reˌpu·di'a·tion *s* **1.** Zurückweisung *f.* **2.** Nichtanerkennung *f.*
re·pug·nance [rɪ'pʌgnəns] *s*: ***in*** (*od.* ***with***) **~** angewidert.
re'pug·nant *adj* □ widerlich, widerwärtig.
re·pulse [rɪ'pʌls] **I** *v/t* **1.** *Angriff, Feind* zurückschlagen. **2.** *j-n, Angebot etc* ab-, zurückweisen. **II** *s* **3.** Zurückschlagen *n.* **4.** Ab-, Zurückweisung *f.*
re'pul·sion *s* **1.** Abscheu *m, f*: ***with ~*** voller Abscheu. **2.** *phys.* Abstoßung *f.*
re'pul·sive *adj* □ *phys.* abstoßend, *fig. a.* widerlich, widerwärtig.
re·pur·chase [ˌriː'pɜːtʃəs] **I** *v/t* zurückkaufen. **II** *s* Rückkauf *m.*
rep·u·ta·ble ['repjʊtəbl] *adj* □ angesehen.
ˌrep·u'ta·tion *s* (*engS.* guter) Ruf: ***have the*** (*od.* ***a***) **~ *of being*** im Ruf stehen, *et.* zu sein; ***make o.s. a ~ as*** sich e-n Namen machen als.
re·pute [rɪ'pjuːt] **I** *s* (*engS.* guter) Ruf: ***of ~*** angesehen; ***be held in high ~*** hohes Ansehen genießen. **II** *v/t*: ***be ~d to be*** gelten als.

R

re'put·ed·ly *adv* angeblich, dem Vernehmen nach.
re·quest [rɪ'kwest] I *s* **1.** (*for*) Bitte *f* (um), Wunsch *m* (nach): ***at s.o.'s ~*** auf j-s Bitte hin; ***on ~*** auf Wunsch; ***make a ~ for s.th.*** um et. bitten; ***~ for bids*** *econ.* Ausschreibung *f*. II *v/t* **2.** bitten *od.* ersuchen um. **3.** *j-n* bitten, ersuchen (***to do*** zu tun). **~ stop** *s Br.* Bedarfshaltestelle *f*.
re·qui·em ['rekwɪəm] *s* Requiem *n*.
re·quire [rɪ'kwaɪə] *v/t* **1.** erfordern: ***be ~d*** erforderlich sein; ***if ~d*** wenn nötig. **2.** benötigen, brauchen. **3.** verlangen (***that*** dass; ***s.th. of s.o.*** et. von j-m): ***~ s.o. to do s.th.*** von j-m verlangen, dass er et. tut; ***be ~d to do s.th.*** et. tun müssen.
re'quired *adj* erforderlich, notwendig: ***~ reading*** *ped., univ.* Pflichtlektüre *f*.
re'quire·ment *s* **1.** Anforderung *f*: ***meet the ~s*** den Anforderungen entsprechen. **2.** Erfordernis *n*, Bedürfnis *n*.
req·ui·site ['rekwɪzɪt] I *adj* erforderlich, notwendig (***for*** für). II *s mst pl* Artikel *m*: ***camping ~s*** *pl* Campingzubehör *n*.
ˌreq·ui'si·tion I *s* **1.** Anforderung *f*: ***make a ~ for*** *et.* anfordern. **2.** *mil.* Requisition *f*, Beschlagnahme *f*. II *v/t* **3.** anfordern. **4.** *mil.* requirieren, beschlagnahmen.
re·quit·al [rɪ'kwaɪtl] *s* Vergeltung *f*.
re·quite [rɪ'kwaɪt] *v/t et.* vergelten (***with*** mit).
re·route [ˌriː'ruːt] *v/t* umleiten.
re·run I *v/t* (*irr* ***run***) [ˌriː'rʌn] **1.** *TV* wiederholen. **2.** ***be ~*** (*Sport*) wiederholt werden (*Lauf*). II *s* ['riːrʌn] **3.** *TV* Wiederholung *f* (*a. allg.*). **4.** Wiederholungslauf *m*.
re·sale ['riːseɪl] *s* Wiederverkauf *m*: ***~ price maintenance*** Preisbindung *f* der zweiten Hand; ***~ value*** Wiederverkaufswert *m*.
re·sched·ul·ing [ˌriː'ʃedjuːlɪŋ] *s* ***~ of loans*** Kreditumschuldung *f*.
re·scind [rɪ'sɪnd] *v/t* ⚖ *Gesetz, Urteil etc* aufheben.
re·scis·sion [rɪ'sɪʒn] *s* Aufhebung *f*.
res·cue ['reskjuː] I *v/t* retten (***from*** aus, vor *dat*). II *s* Rettung *f*: ***come to s.o.'s ~*** j-m zu Hilfe kommen; ***~ operations*** *pl* Rettungsarbeiten *pl*; ***~ package*** (*od.* ***scheme***) Sanierungskonzept *n*; ***~ party*** (*od.* ***squad, team***) Rettungsmannschaft *f*.
res·cu·er ['~kjʊə] *s* Retter(in).
re·search [rɪ'sɜːtʃ] I *s* Forschung *f* (***on*** auf dem Gebiet *gen*): ***carry out*** (*od.* ***do***) ***~ into*** *et.* erforschen; ***~ and development*** Forschung *f* u. Entwicklung *f*. II *v/i* forschen (***on*** auf dem Gebiet *gen*): ***~ into*** *et.* erforschen. III *v/t et.* erforschen. IV *adj* Forschungs...: ***~ department*** Forschungsabteilung *f*; ***~ expenditure*** Forschungsaufwand *m*; ***~ project*** Forschungsprojekt *n*; ***~ team*** Forscherteam *n*; ***~ unit*** Forschungsgruppe *f*; ***~ worker*** Forscher(in).
re'search·er *s* Forscher(in).
re·sem·blance [rɪ'zembləns] *s* Ähnlichkeit *f* (***to*** mit; ***between*** zwischen *dat*): ***there is a strong ~ between them*** sie sind sich sehr ähnlich; ***bear a strong ~ to*** starke Ähnlichkeit haben mit.
re'sem·ble [~bl] *v/t* ähnlich sein, ähneln (*dat*).
re·sent [rɪ'zent] *v/t* übel nehmen, sich ärgern über (*acc*).
re'sent·ful [~fʊl] *adj* □ ärgerlich.
re'sent·ment *s* Ärger *m* (***against, at*** über *acc*).
res·er·va·tion [ˌrezə'veɪʃn] *s* **1.** *bsd. Am.* (*Wild*)Reservat *n*; *Am.* (*Indianer*)Reservat *n*, (-)Reservation *f*. **2.** Reservierung *f*, Vorbestellung *f*: ***make a ~*** ein Zimmer *etc* bestellen. **3.** Vorbehalt *m*: ***with ~(s)*** unter Vorbehalt; ***without ~*** vorbehaltlos; ***~ of ownership*** Eigentumsvorbehalt. **~ wage** *s* Akzeptanzlohnsatz *m*, Schwellenlohn *m*.
re·serve [rɪ'zɜːv] I *s* **1.** Reserve *f* (***of*** an *dat*): ***hidden ~s*** *pl* stille Reserven *pl*; ***keep s.th. in ~*** et. in Reserve halten; ***~ for pensions*** Pensionsrückstellung *f*; ***~ currency*** Reservewährung *f*. **2.** *a. pl mil.* Reserve *f*. **3.** *Sport*: Reservespieler(in). **4.** (*Naturschutz-, Wild*)Reservat *n*. **5.** Reserviertheit *f*, Zurückhaltung *f*. **6.** ***without ~*** vorbehaltlos. II *v/t* **7.** (sich) *et.* aufsparen (***for*** für). **8.** ***~ the right to do s.th.*** sich (das Recht) vorbehalten, et. zu tun. **9.** reservieren (lassen), vorbestellen. **~ ac·count** *s* einbehaltene Gewinne *pl*; Rückstellungskonto *n*.
re'served *adj* reserviert, zurückhaltend.
re·serve| fund *s* Rücklage *f*. **~ hold·ings** *s pl* Währungsreserven *pl*.
re·serv·ist [rɪ'zɜːvɪst] *s mil.* Reservist(in).
res·er·voir ['rezəvwɑː] *s* Reservoir *n* (*a. fig.* ***of*** an *dat*).
re·set [ˌriː'set] *v/t* (*irr* ***set***) **1.** *Edelstein* neu fassen. **2.** *Uhr* umstellen; *Zeiger etc* zurückstellen (***to*** auf *acc*).
re·set·tle [ˌriː'setl] *v/t* umsiedeln.
ˌre'set·tle·ment *s* Umsiedlung *f*.
re·shuf·fle I *v/t* [ˌriː'ʃʌfl] **1.** *Karten* neu mischen. **2.** *Kabinett etc* umbilden. II *s* ['riːʃʌfl] **3.** Umbildung *f*.
re·side [rɪ'zaɪd] *v/i* **1.** wohnen, s-n Wohnsitz haben; residieren. **2.** ***~ in*** *fig.* liegen *od.* ruhen bei *j-m*.
res·i·dence ['rezɪdəns] *s* **1.** Wohnsitz *m*; Residenz *f*: ***official ~*** Amtssitz *m*; ***take up ~*** sich niederlassen. **2.** Aufenthalt *m*: ***~ permit*** Aufenthaltsgenehmigung *f*, -erlaubnis *f*.

R

'res·i·dent I *adj* **1.** ansässig, wohnhaft: ***be ~ abroad*** *a.* im Ausland wohnen. **2.** *Computer*: resident: ***~ program.*** **II** *s* **3.** Bewohner(in) (*e-s Hauses*), (*e-r Stadt etc a.*) Einwohner(in), *mot.* Anlieger(in); (Hotel)Gast *m.*

res·i·den·tial [ˌ~'denʃl] *adj* Wohn...

re·sid·u·al [rɪ'zɪdjʊəl] *adj* übrig (geblieben), restlich, Rest...: ***~ holiday entitlement*** Resturlaub *m*; ***~ leave*** Resturlaub *m*; ***~ value*** Restwert *m.*

res·i·due ['rezɪdjuː] *s bsd.* ⚗ Rest *m*, Rückstand *m.*

re·sign [rɪ'zaɪn] **I** *v/t* **1.** aufgeben; verzichten auf (*acc*). **2.** *Amt etc* niederlegen. **3.** ***~ o.s. to*** sich fügen in (*acc*), sich abfinden mit; ***be ~ed to*** sich abgefunden haben mit. **II** *v/i* **4.** zurücktreten (***from*** von), sein Amt niederlegen.

res·ig·na·tion [ˌrezɪg'neɪʃn] *s* **1.** Rücktritt *m*, Amtsniederlegung *f*: ***hand in*** (*od.* ***send in, submit, tender***) ***one's ~*** s-n Rücktritt einreichen. **2.** Ergebenheit *f*; Resignation *f.*

re·sil·i·ence [rɪ'zɪlɪəns] *s* **1.** Elastizität *f*; Strapazierfähigkeit *f.* **2.** *fig.* Zähigkeit *f.*

re'sil·i·ent *adj* ☐ **1.** elastisch; strapazierfähig. **2.** *fig.* zäh: ***be ~*** nicht unterzukriegen sein.

res·in ['rezɪn] *s* Harz *n.*

'res·in·ous *adj* ☐ harzig; Harz...

re·sist [rɪ'zɪst] **I** *v/t* **1.** *j-m, e-r Sache* widerstehen: ***I could not ~ doing it*** ich musste es einfach tun. **2.** Widerstand leisten (*dat od.* gegen), sich widersetzen (*dat*). **II** *v/i* **3.** Widerstand leisten, sich widersetzen.

re'sist·ance *s* **1.** Widerstand *m* (***to*** gegen): ***offer*** (*od.* ***put up***) (***a***) ***stubborn ~*** hartnäckig(en) Widerstand leisten (***to*** *dat*); ***without offering ~*** widerstandslos; ***take the line of least ~*** den Weg des geringsten Widerstandes gehen. **2.** *a.* ***power of ~*** Widerstandskraft *f* (***to*** gegen) (*a.* ⚕). **3.** (*Hitze- etc*)Beständigkeit *f*, (*Stoß- etc*)Festigkeit *f.* **4.** ⚡ Widerstand *m* (*a. Bauteil*).

re'sist·ant *adj* ☐ (*hitze- etc*)beständig, (*stoß- etc*)fest.

re'sis·tor *s* ⚡ Widerstand *m* (*Bauteil*).

re·sit *ped., univ. Br.* **I** *v/t* (*irr* ***sit***) [ˌriː'sɪt] *Prüfung* wiederholen. **II** *s* ['riːsɪt] Wiederholungsprüfung *f.*

re·sole [ˌriː'səʊl] *v/t* neu besohlen.

res·o·lute ['rezəluːt] *adj* ☐ resolut, entschlossen.

'res·o·lute·ness → ***resolution*** 3.

res·o·lu·tion [ˌrezə'luːʃn] *s* **1.** Beschluss *m*, *parl. etc a.* Resolution *f.* **2.** Vorsatz *m*: ***make good ~s*** gute Vorsätze fassen. **3.** Resolutheit *f*, Entschlossenheit *f.* **4.** Lösung *f*, Überwindung *f.* **5.** ⚗ *etc* Auflösung *f*, Zerlegung *f* (***into*** in *acc*).

re·solve [rɪ'zɒlv] **I** *v/t* **1.** beschließen (***that*** dass; ***to do*** zu tun). **2.** *Problem etc* lösen, *Schwierigkeit etc* überwinden. **3.** ⚗ *etc* auflösen, zerlegen (***into*** in *acc*). **II** *v/i* **4.** (***into*** in *acc*) ⚗ *etc* sich auflösen; *fig.* zerfallen. **III** *s* **5.** → ***resolution*** 2, 3.

res·o·nance ['rezənəns] *s* **1.** *phys.* Resonanz *f.* **2.** voller Klang.

'res·o·nant *adj* ☐ **1.** *phys.* Resonanz... **2.** voll (*Klang*), volltönend, sonor (*Stimme*). **3.** ***be ~ with*** widerhallen von.

re·sort [rɪ'zɔːt] **I** *s* **1.** Urlaubsort *m*: → ***health*** 1, ***seaside.*** **2.** ***have ~ to*** → 3; ***as a last ~*** notfalls, wenn alle Stricke reißen; ***as a last ~ he went ...*** als er nicht mehr weiterwusste, ging er ... **II** *v/i* **3.** ***~ to*** greifen *od.* Zuflucht nehmen zu.

re·sound [rɪ'zaʊnd] *v/i* widerhallen (***with*** von).

re·source [rɪ'sɔːs] *s* **1.** *pl* a) (Geld)Mittel *pl*, Betriebsmittel *pl*, Ressourcen *pl*, b) (*Boden-, Natur*)Schätze *pl.* **2.** Mittel *n*, Zuflucht *f*; Ausweg *m*: ***leave s.o. to his own ~s*** j-n sich selbst überlassen. **3.** Einfallsreichtum *m*, Findigkeit *f.*

re'source·ful [~fʊl] *adj* ☐ einfallsreich, findig.

re·spect [rɪ'spekt] **I** *s* **1.** Achtung *f*, Respekt *f* (***for*** vor *dat*): ***have ~ for*** Respekt haben vor. **2.** Rücksicht *f* (***for*** auf *acc*): ***out of ~ for*** aus Rücksicht auf; ***have no ~ for*** keine Rücksicht nehmen auf; ***without ~ to*** ohne Rücksicht auf (*acc*); ungeachtet (*gen*). **3.** Beziehung *f*, Hinsicht *f*: ***in many ~s*** in vieler Hinsicht; ***in some ~*** in gewisser Hinsicht; ***with ~ to*** was ... anbelangt *od.* betrifft. **4.** *pl* Empfehlungen *pl*: ***give my ~s to your wife*** e-e Empfehlung an Ihre Gemahlin. **5.** ***pay one's ~s to*** *j-m* s-e Aufwartung machen; ***pay one's last ~s to*** *j-m* die letzte Ehre erweisen. **II** *v/t* **6.** respektieren, achten. **7.** respektieren, berücksichtigen.

re'spect·a·ble *adj* ☐ **1.** ehrbar, geachtet. **2.** gesellschaftsfähig (*Person*), (*Kleidung, Benehmen a.*) korrekt: ***it is not ~*** es gehört sich nicht (***to do*** zu tun). **3.** respektabel, beachtlich.

re'spect·ful [~fʊl] *adj* ☐ respektvoll.

re'spect·ing *prp* bezüglich (*gen*).

re'spec·tive *adj* jeweilig: ***they went to their ~ places*** jeder von ihnen ging zu s-m Platz.

re'spec·tive·ly *adv* beziehungsweise.

res·pi·ra·tion [ˌrespə'reɪʃn] *s* Atmung *f.*

res·pi·ra·tor ['respəreɪtə] *s* Atemschutzgerät *n.*

re·spir·a·to·ry [rɪ'spaɪərətərɪ] *adj* Atem..., Atmungs...: ***~ arrest*** ⚕ Atemstillstand *m*; ***~ disease*** ⚕ Erkrankung *f* der Atemwege; ***~ passages*** *pl* (*od.* ***tract***) *anat.* Atemwege *pl*; ***~ system*** Atmungsorgane *pl.*

res·pite ['respaɪt] *s* **1.** Aufschub *m.* **2.** Pause *f*: ***without*** ~ ohne Pause *od.* Unterbrechung.
re·splend·ent [rɪ'splendənt] *adj* □ glänzend, strahlend.
re·spond [rɪ'spɒnd] **I** *v/i* **1.** antworten (***to*** auf *acc*): ~ ***to a letter*** *a.* e-n Brief beantworten. **2.** *fig.* reagieren (***to*** auf *acc*; ***with*** mit), ⚕ *etc a.* ansprechen (***to*** auf *acc*). **II** *v/t* **3.** antworten (***that*** dass).
re'spond·ent *s* **1.** ⚖ Beklagte *m, f* (*in e-m Scheidungsprozess*). **2.** Befragte *m, f.*
re·sponse [rɪ'spɒns] *s* **1.** Antwort *f* (***to*** auf *acc*): ***give no*** ~ keine Antwort geben, nicht antworten; ~ ***mode*** *Computer*: Antwortmodus *m*; ~ ***time*** Antwortzeit *f.* **2.** *fig.* Reaktion *f* (***to*** auf *acc*).
re·spon·si·bil·i·ty [rɪˌspɒnsə'bɪlətɪ] *s* **1.** Verantwortung *f*: ***a position of great*** ~ e-e verantwortungsvolle Position; ***on one's own*** ~ auf eigene Verantwortung; ***claim*** ~ ***for*** die Verantwortung übernehmen für (*e-n Terroranschlag etc*); ***have*** ~ ***for*** die Verantwortung haben für; ***take*** (***full***) ~ ***for*** die (volle) Verantwortung übernehmen für; ***take no*** ~ ***for*** nicht haften für. **2.** *oft pl* Verpflichtung *f*, Pflicht *f.* **3.** Aufgabenbereich *m.*
re'spon·si·ble *adj* □ **1.** verantwortlich (***for*** für): ***be*** ~ ***to s.o. for s.th.*** j-m (gegenüber) für et. verantwortlich sein; ***not to be*** ~ ***for*** nicht haften für. **2.** (***for***) verantwortlich (für), schuld (an *dat*): ***hold s.o.*** ~ ***for*** j-n verantwortlich machen für. **3.** verantwortungsbewusst. **4.** verantwortungsvoll (*Position*).
re'spon·sive *adj* □ **1.** leichtgängig (*Kupplung etc*), elastisch (*Motor*): ***be*** ~ ***to*** reagieren auf (*acc*), ⚕ *etc a.* ansprechen auf (*acc*); empfänglich sein für. **2.** mitteilsam: ***he wasn't very*** ~ *a.* aus ihm war nicht viel herauszuholen.
rest¹ [rest] **I** *s* **1.** Ruhe(pause) *f*; Erholung *f*: ***have*** (*od.* ***take***) ***a*** ~ sich ausruhen; ***have a good night's*** ~ gut schlafen; ***lay to*** ~ zur letzten Ruhe betten; *fig.* ad acta legen; ***set s.o.'s mind at*** ~ j-n beruhigen; ~ ***periods*** *pl* Erholungszeiten *pl.* **2.** *tech.* Auflage *f*, Stütze *f*; *teleph.* Gabel *f.* **II** *v/i* **3.** (sich aus)ruhen: ***let s.th.*** ~ *fig.* et. auf sich beruhen lassen; ***he will not*** ~ ***until*** *fig.* er wird nicht eher ruhen, bis; → ***laurel*** 3. **4.** lehnen (***against, on*** an *dat*): ~ ***on*** *bsd. tech.* ruhen auf (*dat*) (*a. fig. Blick*); *fig.* beruhen auf (*dat*), sich stützen auf (*acc*); ~ ***with*** *fig.* bei *j-m* liegen. **III** *v/t* **5.** ausruhen (lassen). **6.** lehnen (***against*** gegen; ***on*** an *acc*).
rest² [~] *s* Rest *m*: ***the*** ~ ***of us*** wir Übrigen; ***all the*** ~ ***of them*** alle Übrigen; ***for the*** ~ im Übrigen.
res·tau·rant ['restərɔ̃ːŋ] *s* Restaurant *n*, Gaststätte *f.* ~ ***car*** *s* 🚂 *Br.* Speisewagen *m.*
rest·ful ['restfʊl] *adj* □ **1.** ruhig, friedlich. **2.** erholsam.
rest home *s* Alten-, Alters- *od.* Pflegeheim *n.*
rest·ing place ['restɪŋ] *s*: (***last***) ~ (letzte) Ruhestätte.
res·ti·tu·tion [ˌrestɪ'tjuːʃn] *s* Rückgabe *f*, (*von Geld a.*) Rückerstattung *f* (***to*** an *acc*): ***make*** ~ ***of s.th. to s.o.*** j-m et. zurückgeben *od.* -erstatten.
res·tive ['restɪv] *adj* □ unruhig, nervös.
'res·tive·ness *s* Unruhe *f*, Nervosität *f.*
rest·less ['restlɪs] *adj* □ **1.** ruhe-, rastlos. **2.** unruhig (*Person, Nacht*): ***I had a*** ~ ***night*** ich habe nicht gut geschlafen.
re·stock [ˌriː'stɒk] *v/t Regal etc* wieder auffüllen.
res·to·ra·tion [ˌrestə'reɪʃn] *s* **1.** Wiederherstellung *f.* **2.** Restaurierung *f.* **3.** Rückgabe *f*, Rückerstattung *f* (***to*** an *acc*).
re·store [rɪ'stɔː] *v/t* **1.** *Ordnung etc* wieder herstellen: ***be*** ~***d*** (***to health***) wiederhergestellt *od.* wieder gesund sein. **2.** *Gemälde etc* restaurieren. **3.** zurückgeben, *Geld a.* zurückerstatten (***to*** *dat*).
re'stor·er *s* **1.** Restaurator(in). **2.** → ***hair restorer.***
re·strain [rɪ'streɪn] *v/t* (***from***) zurückhalten (von), hindern an (*dat*): ~ ***s.o. from doing s.th.*** j-n davon zurückhalten *od.* daran hindern, et. zu tun; ***I had to*** ~ ***myself*** ich musste mich beherrschen (***from doing s.th.*** um nicht et. zu tun).
re'strained *adj* **1.** beherrscht. **2.** dezent (*Farbe etc*).
re·straint [rɪ'streɪnt] *s* **1.** Beherrschung *f.* **2.** Be-, Einschränkung *f* (***on*** *gen*): ~ ***of competition*** *econ.* Wettbewerbsbeschränkung.
re·strict [rɪ'strɪkt] *v/t* beschränken (***to*** auf *acc*), einschränken.
re'stric·tion *s* Be-, Einschränkung *f*: ***without*** ~***s*** uneingeschränkt.
re'stric·tive *adj* □ restriktiv, be-, einschränkend: ~ ***clause*** Einschränkungsklausel *f*; ~ ***practices*** *pl* wettbewerbsbeschränkende Praktiken *pl.*
rest room *s Am.* Toilette *f* (*in Restaurant etc*).
re·struc·ture [ˌriː'strʌktʃə] *v/t* umstrukturieren: ***restructuring*** (***process***) Umstrukturierung *f.*
re·sult [rɪ'zʌlt] **I** *s* **1.** Ergebnis *n*, Resultat *n*: ***without*** ~ ergebnislos. **2.** Erfolg *m.* **3.** Folge *f*: ***as a*** ~ ***of*** als Folge von (*od. gen*). **II** *v/i* **4.** resultieren, sich ergeben (***from*** aus): ~ ***in*** zur Folge haben (*acc*), führen zu; ~***ing*** → ***resultant.***

re'sult·ant *adj* daraus resultierend.
ré·su·mé ['rezju:meɪ] *s* **1.** Resümee *n*, Zs.-fassung *f*. **2.** *Am.* (*bsd.* tabellarischer) Lebenslauf.
re·sume [rɪ'zju:m] **I** *v/t* **1.** *Arbeit* wieder aufnehmen, *Diskussion*, *Reise etc* fortsetzen. **2.** *Platz* wieder einnehmen; *Mädchenname etc* wieder annehmen. **II** *v/i* **3.** weitermachen, fortfahren.
re·sump·tion [rɪ'zʌmpʃn] *s* Wiederaufnahme *f*, Fortsetzung *f*.
re·sur·face [ˌri:'sɜ:fɪs] **I** *v/t* **1.** *Straße* neu belegen. **II** *v/i* **2.** wieder auftauchen (*U-Boot*). **3.** *fig.* wieder aufleben.
re·sur·gence [rɪ'sɜ:dʒəns] *s* Wiederaufleben *n*.
re'sur·gent *adj* wieder auflebend.
res·ur·rect [ˌrezə'rekt] *v/t Brauch etc* wieder aufleben lassen, *Gesetz etc* wieder einführen.
ˌres·ur'rec·tion *s* **1.** Wiedereinführung *f*. **2.** ***Resurrection*** *eccl.* Auferstehung *f*.
re·sus·ci·tate [rɪ'sʌsɪteɪt] *v/t* ⚕ wieder beleben.
reˌsus·ci'ta·tion *s* Wiederbelebung *f*.
ret., retd ***retired*** i.R., im Ruhestand, a.D., außer Dienst.
re·tail ['ri:teɪl] **I** *s* **1.** Einzelhandel *m*: ***by*** (*Am.* ***at***) ~ → III. **II** *adj* **2.** Einzelhandels...: ~ ***customer*** Endverbraucher(in); Einzelhandelskunde *m*; ~ ***price*** Einzelhandelspreis *m*; ~ ***shop*** (*od.* ***outlet***) Einzelhandelsgeschäft *n*; ~ ***trade*** Einzelhandel *m*; ~ ***dealer*** → ***retailer***. **III** *adv* **3.** im Einzelhandel, einzeln. **IV** *v/t* [ri:'teɪl] **4.** im Einzelhandel verkaufen (***at, for*** für). **5.** *fig. Gerücht etc* verbreiten. **V** *v/i* [ri:'teɪl] **6.** im Einzelhandel verkauft werden (***at, for*** für): ***it ~s at £ 2*** *a.* es kostet im Einzelhandel zwei Pfund.
re'tail·er *s* Einzelhändler(in).
re·tail·ing chain *s* Einzelhandelskette *f*.
re·tain [rɪ'teɪn] *v/t* **1.** *Gleichgewicht* halten; *Eigenschaft*, *Fassung etc* behalten, bewahren: ***~ed earnings*** *pl econ.* unverteilte Gewinne *pl*. **2.** *Wasser* stauen (*Damm*), speichern (*Boden*); *Wärme* speichern.
re'tain·er, re'tain·ing fee *s* (Honorar)Vorschuss *m* (*für Anwalt*).
re·take [ˌri:'teɪk] *v/t* (*irr* ***take***) **1.** *mil.* zurückerobern. **2.** *Film*, *TV*: *Szene etc* nochmals drehen.
re·tal·i·ate [rɪ'tælɪeɪt] *v/i* **1.** Vergeltung üben, sich revanchieren (***against*** an *dat*); *engS.* zurückschlagen, -treten. **2.** *Sport*, *a. in Diskussion etc*: kontern (***with*** mit).
reˌtal·i'a·tion *s* Vergeltung(smaßnahmen *pl*) *f*, Revanche *f*: ***in ~ for*** als Vergeltung für.
re'tal·i·a·to·ry [~ətərɪ] *adj* Vergeltungs..., Revanche...
re·tard [rɪ'tɑ:d] *v/t* verzögern, hemmen.
re'tard·ed *adj*: (***mentally***) ~ (geistig) zurückgeblieben.
re·tar·da·tion [ˌri:tɑ:'deɪʃn] *s* Verzögerung *f*.
retch [retʃ] *v/i* würgen.
re·ten·tion [rɪ'tenʃn] *s* **1.** Bewahrung *f*. **2.** Stauung *f*; Speicherung *f*.
re'ten·tive *adj* gut (*Gedächtnis*).
re·think [ˌri:'θɪŋk] *v/t* (*irr* ***think***) noch einmal überdenken.
ret·i·cence ['retɪsəns] *s* Schweigsamkeit *f*.
'ret·i·cent *adj* □ schweigsam: ***he was very ~ about it*** von ihm war nur sehr wenig darüber zu erfahren.
ret·i·na ['retɪnə] *pl* **-nas, -nae** ['~ni:] *s anat.* Netzhaut *f*.
ret·i·nue ['retɪnju:] *s* Gefolge *n*.
re·tire [rɪ'taɪə] **I** *v/i* **1.** *allg.* sich zurückziehen (*a. fig.* ***from business*** aus dem Geschäftsleben; ***from competition*** vom aktiven Sport): ~ ***from business*** *a.* sich zur Ruhe setzen. **2.** in Rente *od.* Pension gehen, sich pensionieren lassen. **3.** *Sport*: aufgeben. **II** *v/t* **4.** in den Ruhestand versetzen, pensionieren.
re'tired *adj* pensioniert, im Ruhestand (lebend): ***be ~*** *a.* in Pension *od.* Rente sein; ~ ***general*** General *m* außer Dienst.
re'tire·ment *s* **1.** Rückzug *m*. **2.** Pensionierung *f*; Ruhestand *m*: ~ ***age*** Rentenalter *n*; ~ ***fund*** Pensionsfonds *m*; ~ ***pay*** (*od.* ***pension***) Altersruhegeld *n*, Rente *f*; ~ ***plan*** Pensionsplan *m*; ***early ~*** Vorruhestand *m*, vorzeitige Pensionierung *f*. **3.** *Sport*: Aufgabe *f*.
re'tir·ing *adj* □ zurückhaltend.
re·tort[1] [rɪ'tɔ:t] **I** *s* (scharfe) Entgegnung. **II** *v/t* (scharf) entgegnen.
re·tort[2] [~] *s* ⚗ Retorte *f*.
re·touch [ˌri:'tʌtʃ] *v/t phot.* retuschieren.
re·trace [rɪ'treɪs] *v/t Tathergang etc* rekonstruieren: ~ ***one's steps*** denselben Weg zurückgehen.
re·tract [rɪ'trækt] *v/t* **1.** *Krallen etc*, ✈ *Fahrgestell* einziehen. **2.** *Angebot etc* zurückziehen, *Behauptung etc* zurücknehmen, *Geständnis etc* widerrufen.
re'tract·a·ble *adj* einziehbar; einschiebbar (*Tastatur*).
re'trac·tion *s* **1.** Einziehen *n*. **2.** Zurücknahme *f*, Widerruf *m*.
re·train [ˌri:'treɪn] **I** *v/t* umschulen. **II** *v/i* umschulen, sich umschulen lassen.
ˌre'train·ing *s* Umschulung *f*: ~ ***course*** Umschulung(skurs *m*) *f*; ~ ***programme*** Umschulungsprogramm *n*.
re·trans·fer [ˌri:'trænsfɜ:] *s* ~ ***to private ownership*** Reprivatisierung *f*.
re·tread **I** *v/t* [ˌri:'tred] *Reifen* runderneuern. **II** *s* ['ri:tred] runderneuerter Reifen.

R

re·treat [rɪ'triːt] **I** *s* **1.** *mil.* Rückzug *m*: ***beat a (hasty)*** *~ fig.* abhauen. **2.** Zufluchtsort *m.* **II** *v/i* **3.** *mil.* sich zurückziehen. **4.** zurückweichen (***from*** vor *dat*).
re·trench·ment [rɪ'trentʃmənt] *s* Einschränkung *f*; Verkleinerung *f*: ***policy of ~*** Sparpolitik *f*; ***~ of staff*** Personalabbau *m.*
re·tri·al [ˌriː'traɪəl] *s* ⚖ Wiederaufnahmeverfahren *n.*
ret·ri·bu·tion [ˌretrɪ'bjuːʃn] *s* Vergeltung *f.*
re·trib·u·tive [rɪ'trɪbjʊtɪv] *adj* Vergeltungs...
re·triev·al [rɪ'triːvl] *s* **1.** Zurückholen *n.* **2.** Wiedergutmachen *n*, Wettmachen *n*; Rettung *f*: ***beyond*** (*od.* ***past***) *~* hoffnungslos (*Situation*). **3.** *hunt.* Apportieren *n.*
re·trieve [rɪ'triːv] *v/t* **1.** zurückholen. **2.** *Fehler* wieder gutmachen, *Verlust a.* wettmachen; *Situation* retten. **3.** (*a. v/i*) *hunt.* apportieren.
ret·ro·ac·tive [ˌretrəʊ'æktɪv] *adj* □ rückwirkend.
ret·ro·grade ['retrəʊgreɪd] *adj* rückschrittlich: *~* ***step*** Rückschritt *m.*
ret·ro·gres·sive [ˌretrəʊ'gresɪv] *adj* □ rückschrittlich.
ret·ro·spect ['retrəʊspekt] *s*: ***in ~*** rückschauend, im Rückblick.
ˌret·roˈspec·tion *s* Rückblick *m*, -schau *f.*
ˌret·roˈspec·tive *adj* □ **1.** rückblickend, -schauend. **2.** rückwirkend.
ret·ro·vi·rus ['retrəʊˌvaɪrəs] *s* ⚕ Retrovirus *n*, *a. m.*
re·try [ˌriː'traɪ] *v/t* ⚖ **1.** *Fall* erneut verhandeln. **2.** neu verhandeln gegen *j-n.*
re·turn [rɪ'tɜːn] **I** *v/i* **1.** zurückkehren, -kommen; zurückgehen; *fig.* wieder auftreten: *~* ***to*** *fig.* auf *ein Thema, Vorhaben* zurückkommen; in *e-e Gewohnheit etc* zurückfallen; in *e-n Zustand* zurückkehren; *~* ***to the black*** *econ.* wieder schwarze Zahlen schreiben; → ***normal*** II. **2.** *~* ***to sender*** ✉ zurück an Absender. **II** *v/t* **3.** (***to***) zurückgeben (*dat*); zurückbringen (*dat*); zurückschicken, -senden (*dat od.* an *acc*). **4.** zurücklegen, -stellen. **5.** *Besuch, Kompliment etc* erwidern. **6.** *Gewinn, Zinsen* abwerfen. **7.** ***be ~ed*** (***to Parliament***) *Br.* gewählt werden. **8.** → ***verdict*** 1. **III** *s* **9.** Rückkehr *f*; *fig.* Wiederauftreten *n*: ***on one's ~*** bei s-r Rückkehr; ***by ~*** (***of post***) *Br.* postwendend, umgehend; ***many happy ~s*** (***of the day***) herzlichen Glückwunsch zum Geburtstag. **10.** Rückgabe *f*; Zurückbringen *n*; Zurückschicken *n*, -senden *n.* **11.** Zurücklegen *n*, -stellen *n.* **12.** Erwiderung *f.* **13.** *a. pl econ.* Gewinn *m*: *~* ***on capital*** Rendite *f*; *~* ***on investment*** Kapitalrendite *f.* **14.** b) *pl* Retouren *pl*, Remittenden *pl.* **15.** ***in ~*** als Gegenleistung (***for*** für): ***expect nothing in ~*** keine Gegenleistung erwarten. **16.** (*Steuer*)Erklärung *f.* **17.** *Tennis etc*: Return *m*, Rückschlag *m.* **IV** *adj* **18.** Rück...: *~* ***copy*** Remittende *f*; *~* ***game*** (*Sport*) Rückspiel *n*; *~* ***journey*** Rückreise *f*; ***by ~ mail*** *Am.* postwendend, umgehend; *~* ***postage*** Rückporto *n*; *~* ***ticket*** *Br.* Rückfahrkarte *f*; Rückflugticket *n.* **V** *adv* **19.** ***the price is £10 ~*** *Br.* der Preis beträgt 10 Pfund hin u. zurück.
reˈturn·a·ble *adj* **1.** Mehrweg...: *~* ***bottle*** Pfandflasche *f.* **2.** ***be ~*** zurückgegeben *od.* zurückgeschickt werden müssen.
reˈturn key *s Computer*: Eingabetaste *f.*
re·un·ion [ˌriː'juːnjən] *s* **1.** Treffen *n*, Wiedersehensfeier *f.* **2.** Wiedervereinigung *f.*
re·u·nite [ˌriːjuː'naɪt] *v/t Land* wieder vereinigen, *Familie etc* wieder vereinigen.
re·us·a·ble [ˌriː'juːzəbl] *adj* wieder verwendbar.
rev [rev] *mot.* F **I** *s* Umdrehung *f*: ***number of ~s*** Drehzahl *f*; *~* ***counter*** Drehzahlmesser *m.* **II** *v/t a.* *~* ***up*** *Motor* aufheulen lassen. **III** *v/i a.* *~* ***up*** aufheulen.
Rev., Revd ***Reverend*** Hochwürden.
re·val·u·a·tion ['riːˌvæljʊ'eɪʃn] *s* Aufwertung *f.*
ˌreˈval·ue [~juː] *v/t Dollar etc* aufwerten.
re·vamp [riː'væmp] *v/t* F *Haus etc* aufmöbeln, *Theaterstück etc* aufpolieren, *Firma etc* auf Vordermann bringen.
re·veal [rɪ'viːl] *v/t* **1.** den Blick freigeben auf (*acc*); zeigen. **2.** *Geheimnis etc* enthüllen, aufdecken.
reˈveal·ing *adj* □ **1.** offenherzig (*Kleid etc*). **2.** *fig.* aufschlussreich.
rev·el ['revl] *v/i pret u. pp* **-eled,** *bsd. Br.* **-elled 1.** (lärmend *od.* ausgelassen) feiern. **2.** (***in***) schwelgen (in *dat*); *b. s.* sich weiden (an *dat*).
rev·e·la·tion [ˌrevə'leɪʃn] *s* **1.** Enthüllung *f*, Aufdeckung *f.* **2.** *eccl.* Offenbarung *f.*
rev·el·ry ['revlərɪ] *s* (lärmendes *od.* ausgelassenes) Feiern.
re·venge [rɪ'vendʒ] **I** *s* **1.** Rache *f*: ***in ~*** aus Rache (***for*** für); ***take*** (***one's***) *~* ***on s.o.*** (***for s.th.***) → 4; → ***sweet*** 1. **2.** *Spiel, Sport*: Revanche *f*: ***give s.o. a chance to get his ~*** j-m Revanche geben. **II** *v/t* **3.** *j-n, et.* rächen. **4.** *~* ***o.s. on s.o.*** (***for s.th.***) sich an j-m (für et.) rächen.
re·ˈvenge·ful [~fʊl] *adj* □ rachsüchtig.
rev·e·nue ['revənjuː] *s* Einnahme *f*, Ertrag *m*, *a. pl* Staatseinnahmen *pl*, -einkünfte *pl*: *~* ***account*** Ertragskonto *n*; *~* ***stamp*** Steuerstempel *m*; → ***inland*** 2.
re·ver·ber·ate [rɪ'vɜːbəreɪt] **I** *v/i* nach-, widerhallen. **II** *v/t Schall* zurückwerfen.
reˌver·berˈa·tion *s* **1.** Nach-, Widerhall *m.* **2.** Zurückwerfen *n.*

R

re·vere [rɪ'vɪə] *v/t* verehren; *Andenken* hochhalten.
rev·er·ence ['revərəns] *s* Verehrung *f*; Ehrfurcht *f* (**for** vor *dat*): **with ~** ehrfürchtig; **hold in ~** verehren.
'Rev·er·end *s eccl.* Hochwürden *m*.
rev·er·ent ['revərənt], **rev·er·en·tial** [ˌ~'renʃl] *adj* □ ehrfurchtsvoll.
rev·er·ie ['revərɪ] *s* (Tag)Träumerei *f*: **fall into a ~** ins Träumen kommen.
re·ver·sal [rɪ'vɜːsl] *s* **1.** Umstoßung *f*; ⚖ Aufhebung *f*. **2.** Rückschlag *m*.
re'verse I *s* **1.** Gegenteil *n*: **quite the ~** ganz im Gegenteil. **2.** Rückschlag *m*. **3.** Kehr-, Rückseite *f* (*e-r Münze*). **4.** *mot.* Rückwärtsgang *m*: **put the car into ~** den Rückwärtsgang einlegen. **II** *adj* □ **5.** umgekehrt; (*Richtung*) entgegengesetzt: **~ gear** → 4; **in ~ order** in umgekehrter Reihenfolge; **~ side** linke (*Stoff*)Seite. **III** *v/t* **6.** *Wagen* im Rückwärtsgang *od.* rückwärts fahren: **~ one's car out of the garage** *a.* rückwärts aus der Garage fahren. **7.** *Reihenfolge etc* umkehren: **~ the charges** *teleph. Br.* ein R-Gespräch führen. **8.** *Entscheidung etc* umstoßen; ⚖ *Urteil* aufheben. **9.** *Blatt etc* umdrehen; *Mantel etc* wenden. **IV** *v/i* **10.** *mot.* im Rückwärtsgang *od.* rückwärts fahren. **~ charge call** *s teleph.* R-Gespräch *n*.
re·vert [rɪ'vɜːt] *v/i*: **~ to** auf *ein Thema* zurückkommen; in *e-e Gewohnheit etc* zurückfallen; in *e-n Zustand* zurückkehren.
re·view [rɪ'vjuː] **I** *s* **1.** Überprüfung *f*: **be under ~** überprüft werden. **2.** Besprechung *f*, Kritik *f*, Rezension *f*: **~ copy** Rezensionsexemplar *n*. **3.** *mil.* Parade *f*. **4.** → **revue**. **5.** *ped. Am.* (Stoff)Wiederholung *f* (**for** für *e-e Prüfung*). **II** *v/t* **6.** überprüfen. **7.** besprechen, rezensieren. **8.** *mil.* besichtigen, inspizieren. **9.** *ped. Am. Stoff* wiederholen (**for** für *e-e Prüfung*).
re·view·al [rɪ'vjuːəl] *s* Revision *f* (*e-s Vertrags*).
re'view·er *s* Kritiker(in), Rezensent(in).
re·vise [rɪ'vaɪz] *v/t* **1.** revidieren: a) *Ansicht* ändern, b) *Buch etc* überarbeiten. **2.** *Br.* → **review** 9.
re·vi·sion [rɪ'vɪʒn] *s* **1.** Revidierung *f*, Änderung *f*; Revision *f*, Überarbeitung *f*. **2.** überarbeitete Ausgabe. **3.** *Br.* → **review** 5.
re·vi·tal·ize [ˌriː'vaɪtəlaɪz] *v/t* neu beleben.
re·viv·al [rɪ'vaɪvl] *s* **1.** Wiederbelebung *f* (*a. fig.*). **2.** *thea.* Wiederaufnahme *f*. **3.** Wiederaufleben *n* (*a. fig.*).
re'vive I *v/t* **1.** *j-n* wieder beleben; beleben. **2.** *Brauch etc* wieder beleben, wieder aufleben lassen; *Erinnerungen* wachrufen. **3.** *thea. Stück* wieder aufnehmen. **II** *v/i* **4.** wieder zu sich kommen; wieder aufleben. **5.** wieder aufleben (*Brauch etc*).
rev·o·ca·tion [ˌrevə'keɪʃn] *s* Aufhebung *f*, Rückgängigmachung *f*, Widerruf *m*.
re·voke [rɪ'vəʊk] *v/t Gesetz etc* aufheben, *Entscheidung*, *Erlaubnis etc* rückgängig machen, widerrufen.
re·volt [rɪ'vəʊlt] **I** *s* **1.** Revolte *f*, Aufstand *m*: **be in ~** (**against**) → 3. **2.** → **revulsion**. **II** *v/i* **3.** revoltieren (**against** gegen). **4.** *fig.* Abscheu empfinden, empört sein (**against, at, from** über *acc*). **III** *v/t* **5.** mit Abscheu erfüllen, abstoßen.
re'volt·ing *adj* □ abscheulich, abstoßend.
rev·o·lu·tion [ˌrevə'luːʃn] *s* **1.** Umdrehung *f*: **number of ~s** *mot.* Drehzahl *f*; **~ counter** *mot.* Drehzahlmesser *m*. **2.** *ast.* Umlauf *m* (**round** um). **3.** *pol.* Revolution *f*, *fig. a.* Umwälzung *f*.
ˌrev·o'lu·tion·ar·y I *adj* □ *pol.* revolutionär, *fig. a.* umwälzend. **II** *s pol.* Revolutionär(in) (*a. fig.*).
ˌrev·o'lu·tion·ize *v/t fig.* revolutionieren.
re·volve [rɪ'vɒlv] *v/i* sich drehen (**on an axis** um e-e Achse; **round the Earth** um die Erde): **~ around** *fig.* sich drehen um; **he thinks the whole world ~s around him** er glaubt, alles dreht sich nur um ihn.
re'volv·er *s* Revolver *m*.
re'volv·ing *adj* Dreh...: **~ credit** revolvierender Kredit; **~ door**(**s** *pl*) Drehtür *f*; **~ stage** *thea.* Drehbühne *f*.
re·vue [rɪ'vjuː] *s thea.* Revue *f*; Kabarett *n*.
re·vul·sion [rɪ'vʌlʃn] *s* Abscheu *f*: **in ~** angewidert.
re·ward [rɪ'wɔːd] **I** *s* (*a. ausgesetzte*) Belohnung: **as a ~** (**for**) als Belohnung (für); → **finder**. **II** *v/t* belohnen.
re'ward·ing *adj* lohnend, (*Aufgabe etc a.*) dankbar.
re·word [ˌriː'wɜːd] *v/t* umformulieren.
re·write [ˌriː'raɪt] *v/t* (*irr* **write**) umschreiben.
rhap·so·dize ['ræpsədaɪz] *v/i* schwärmen (**about, over** von).
'rhap·so·dy *s* **1.** ♪ Rhapsodie *f*. **2.** *fig.* Schwärmerei *f*: **go into rhapsodies** ins Schwärmen geraten (**about, over** von).
rhe·sus fac·tor ['riːsəs] *s* ⚕ Rhesusfaktor *m*.
rhet·o·ric ['retərɪk] *s* **1.** Rhetorik *f*. **2.** *contp.* Phrasendrescherei *f*.
rhe·tor·i·cal [rɪ'tɒrɪkl] *adj* □ rhetorisch: **~ question** rhetorische Frage.
rheu·mat·ic [ruː'mætɪk] ⚕ **I** *adj* (**~ally**) **1.** rheumatisch: **~ fever** rheumatisches Fieber. **II** *s* **2.** Rheumatiker(in). **3.** **~s** *sg bsd. Br.* F Rheuma *n*.
rheu·ma·tism ['ruːmətɪzəm] *s* Rheuma(tismus *m*) *n*.

Rhine [raɪn] *npr der* Rhein.
rhi·no ['raɪnəʊ] *pl* **-nos** *s zo.* F, **rhi·noc·er·os** [~'nɒsərəs] *s zo.* Rhinozeros *n*, Nashorn *n*.
Rhodes [rəʊdz] *npr* Rhodos *n*.
rho·do·den·dron [ˌrəʊdə'dendrən] *s* ♣ Rhododendron *m, n*.
rhom·bus ['rɒmbəs] *pl* **-bus·es, -bi** ['~baɪ] *s* ♣ Rhombus *m*, Raute *f*.
rhu·barb ['ruːbɑːb] *s* **1.** ♣ Rhabarber *m*. **2.** *bsd. Am.* F Krach *m*, Streit *m*.
rhyme [raɪm] **I** *s* **1.** Reim *m* (**for** auf *acc*): ***do s.th. without ~ or reason*** et. aus unerklärlichen Gründen tun. **2.** Reim *m*, Vers *m*. **II** *v/i* **3.** sich reimen (**with** auf *acc*). **III** *v/t* **4.** reimen (**with** auf *acc*, mit).
rhythm ['rɪðəm] *s* Rhythmus *m*: ***break s.o.'s ~*** j-n aus dem Rhythmus bringen; ***~ method*** ♣ Knaus-Ogino-Methode *f*.
rhyth·mic, rhyth·mi·cal ['rɪðmɪk(l)] *adj* □ rhythmisch, (*Atmen etc*) gleichmäßig.
rib [rɪb] **I** *s* **1.** *anat.* Rippe *f* (*a.* ♣ *etc*): → **dig** 1, 5, **poke** 1, 6. **2.** Speiche *f* (*e-s Regenschirms*). **II** *v/t* **3.** F aufziehen, hänseln (**for** wegen).
rib·bon ['rɪbən] *s* **1.** (*a.* Farb-, Ordens)Band *n*. **2.** Streifen *m*; Fetzen *m*: ***tear to ~s*** zerfetzen. **~ cart·ridge** *s* Farbbandkassette *f*.
rib cage *s anat.* Brustkorb *m*.
rice [raɪs] *s* ♣ Reis *m*. **~ pad·dy** *s* Reisfeld *n*. **~ pud·ding** *s* Milchreis *m*. **~ wine** *s* Reiswein *m*.
rich [rɪtʃ] **I** *adj* □ **1.** reich (*a. fig.*): ***~ in*** reich an (*dat*); ***~ in contrasts*** kontrastreich. **2.** prächtig, kostbar (*Schmuck etc*). **3.** schwer (*Speise*). **4.** ertragreich, fett (*Boden*). **5.** voll (*Töne*), (*Farben a.*) satt. **6.** ***that's ~!*** F *iro.* na prima! **II** *s* **7.** ***the ~*** *pl* die Reichen *pl*.
rich·es ['~ɪz] *s pl* Reichtümer *pl*.
'**rich·ness** *s* **1.** Reichtum *m* (*a. fig.*). **2.** Prächtigkeit *f*, Kostbarkeit *f*. **3.** Schwere *f*. **4.** Fettheit *f*. **5.** Fülle *f*, Sattheit *f*.
rick·ets ['rɪkɪts] *s sg* ♣ Rachitis *f*.
rick·et·y ['~ətɪ] *adj* **1.** ♣ rachitisch. **2.** schwach (auf den Beinen); gebrechlich. **3.** wack(e)lig (*Möbelstück etc*).
rick·shaw ['rɪkʃɔː] *s* Rikscha *f*.
ric·o·chet ['rɪkəʃeɪ] **I** *s* Querschläger *m*. **II** *v/i* abprallen (**off** von).
rid [rɪd] *v/t* (*mst irr*) befreien (**of** von): ***get ~ of*** loswerden.
'**rid·dance** *s*: ***good ~ (to him)!*** F den sind wir Gott sei Dank los!; ***get out and good ~*** auf Nimmerwiedersehen.
rid·den ['rɪdn] **I** *pp von* **ride**. **II** *adj in Zssgn* geplagt *od.* heimgesucht von.
rid·dle[1] ['rɪdl] *s* Rätsel *n* (*a. fig.*): ***speak*** (*od.* ***talk***) ***in ~s*** in Rätseln sprechen.
rid·dle[2] [~] **I** *s* **1.** (Schüttel)Sieb *n*. **II** *v/t* **2.** sieben. **3.** ***~ with bullets*** mit Kugeln durchlöchern *od.* -sieben; ***~d with holes (mistakes)*** voller Löcher (Fehler).
ride [raɪd] **I** *s* **1.** Ritt *m*: ***give s.o. a ~ on one's shoulders*** j-n auf s-n Schultern reiten lassen. **2.** Fahrt *f*: ***give s.o. a ~*** j-n (*im Auto etc*) mitnehmen; ***go for a ~ in the car*** e-e Autofahrt machen; ***take s.o. for a ~*** F j-n reinlegen *od.* übers Ohr hauen. **II** *v/i* (*irr*) **3.** reiten (*a. rittlings sitzen*) (**on** auf *dat*): → **roughshod**. **4.** fahren (**on** auf *e-m Fahrrad etc*, in *e-m Bus etc*). **5.** ***~ up*** hochrutschen (*Rock etc*). **III** *v/t* **6.** reiten (auf *dat*). **7.** *Fahr-, Motorrad* fahren, fahren auf (*dat*): ***can you ~ a bicycle?*** kannst du Rad fahren?
'**rid·er** *s* **1.** Reiter(in). **2.** (*Motorrad-, Rad*)Fahrer(in). **3.** Zusatzklausel *f*, Zusatzvereinbarungen *pl*.
ridge [rɪdʒ] *s* **1.** (*Gebirgs*)Kamm *m*, (-)Grat *m*. **2.** (*Dach*)First *m*.
rid·i·cule ['rɪdɪkjuːl] **I** *s* Spott *m*: ***for fear of ~*** aus Angst, sich lächerlich zu machen; ***hold up to ~*** → II. **II** *v/t* lächerlich machen, spotten über (*acc*).
ri'dic·u·lous [~jʊləs] *adj* □ lächerlich: ***don't be ~*** mach dich nicht lächerlich.
rid·ing ['raɪdɪŋ] *adj* Reit...: ***~ school; ~ breeches*** Reithose *f*.
rife [raɪf] *adj*: ***~ with*** voll von, voller.
rif·fle ['rɪfl] *v/i*: ***~ through s.th.*** et. durchblättern.
riff·raff ['rɪfræf] *s* Gesindel *n*, Pack *n*.
ri·fle[1] ['raɪfl] *v/t* durchwühlen.
ri·fle[2] [~] *s* Gewehr *n*. **~ range** *s* Schießstand *m*.
rift [rɪft] *s* **1.** Spalt(e *f*) *m*. **2.** *fig.* Riss *m*.
rig[1] [rɪg] *v/t Wahl etc* manipulieren.
rig[2] [~] **I** *s* **1.** ⚓ Takelage *f*, Takelung *f*. **2.** Bohrinsel *f*. **3.** F Aufmachung *f*: ***in full ~*** in voller Montur. **4.** *Am.* F Sattelschlepper *m*. **II** *v/t* **5.** *Schiff* auftakeln. **6.** ***~ out*** F *j-n* ausstaffieren (**as** als); auftakeln. **7.** ***~ up*** F provisorisch zs.bauen (**from** aus).
right [raɪt] **I** *adj* (□ → ***rightly***) **1.** richtig, recht: ***the ~ thing*** das Richtige; → ***all*** 3. **2.** richtig: a) korrekt, b) wahr: ***is your watch ~?*** geht deine Uhr richtig?; ***be ~*** Recht haben. **3.** richtig, geeignet: ***the ~ man in the ~ place*** der rechte Mann am rechten Platz. **4.** richtig, in Ordnung: ***put*** (*od.* ***set***) ***~*** in Ordnung bringen; *j-n* aufklären (**on** über *acc*); *Irrtum* richtig stellen. **5.** recht, Rechts...: ***~ justified*** rechtsbündig. **6.** ***~ angle*** ♣ rechter Winkel. **II** *s* **7.** Recht *n*: ***know ~ from wrong*** Recht von Unrecht unterscheiden können. **8.** Recht *n*; Anrecht *n* (**to** auf *acc*): ***~ of access*** Umgangsrecht *n*; ***by ~s*** von Rechts wegen; ***it is my ~ of way*** *mot.* ich habe Vorfahrt; ***know one's ~s*** s-e

Rechte kennen; **~s issue** Bezugsrechtemission *f*. **9.** *die* Rechte, rechte Seite: **on** (*od.* **at, to**) **the ~** (**of**) rechts (von), rechter Hand (von); **on our ~** zu unserer Rechten; **the second turning to** (*od.* **on**) **the ~** die zweite Querstraße rechts; **keep to the ~** sich rechts halten; *mot.* rechts fahren. **10. the ~** *pol.* die Rechte. **III** *adv* **11.** richtig, recht: **if I get you ~** wenn ich Sie richtig verstehe; **guess ~** richtig (er)raten; → **serve** 8. **12.** genau, direkt. **13. ~ away** (*od.* **off**) sofort; **~ now** im Moment; sofort. **14.** ganz, völlig. **15.** rechts (**of** von): **turn ~** (sich) nach rechts wenden; *mot.* rechts abbiegen; **~ and left; ~, left and center** (*bsd. Br.* **centre**) *fig.* F überall; in jeder Hinsicht. **IV** *v/t* **16.** aufrichten. **17.** *Unrecht* wieder gutmachen.

'right-ˌan·gled *adj* ⩘ rechtwink(e)lig.

right·eous ['raɪtʃəs] *adj* gerecht (*Zorn etc*).

right|·ful ['raɪtfʊl] *adj* □ rechtmäßig. **'~-hand** *adj* **1.** recht: **~ bend** Rechtskurve *f*; **~ man** *fig. j-s* rechte Hand. **2.** *tech.* rechtsgängig, -läufig: **~ drive** Rechtssteuerung *f*. **ˌ~-'hand·ed** *adj* □ rechtshändig: **be ~** Rechtshänder(in) sein. **ˌ~-'hand·er** *s* Rechtshänder(in).

right·ist ['raɪtɪst] *adj pol.* rechtsgerichtet, rechts stehend.

'right·ly *adv* **1.** richtig. **2.** mit Recht: **~ or wrongly** zu Recht od. Unrecht. **3.** F **I don't ~ know** ich weiß nicht sicher; **I can't ~ say** ich kann nicht mit Sicherheit sagen.

'right-wing *adj pol.* dem rechten Flügel angehörend, Rechts...: **~ extremism** Rechtsextremismus *m*.

rig·id ['rɪdʒɪd] *adj* □ **1.** starr (*a. Person*: **with** vor *dat*), steif. **2.** *fig.* streng (*Disziplin etc*); starr (*Prinzipien etc*); genau, strikt (*Kontrolle etc*).

ri'gid·i·ty *s* **1.** Starre *f*, Starrheit *f*, Steifheit *f*. **2.** *fig.* Strenge *f*; Genauigkeit *f*, Striktheit *f*.

rig·ma·role ['rɪgmərəʊl] *s* F **1.** Geschwätz *n*. **2.** Theater *n*, Zirkus *m*.

rig·or *Am.* → **rigour.**

ri·gor mor·tis [ˌraɪgɔː'mɔːtɪs] *s* ⚕ Leichenstarre *f*.

rig·or·ous ['rɪgərəs] *adj* □ **1.** streng (*Kontrolle etc*). **2.** (peinlich) genau.

rig·our ['rɪgə] *s bsd. Br.* **1.** Strenge *f*: **the full ~ of the law** die volle Härte des Gesetzes. **2.** *pl* Unbilden *pl*.

'rig-out *s Br.* F Aufmachung *f*.

rile [raɪl] *v/t* F ärgern, reizen.

rim [rɪm] *s* **1.** Rand *m* (*e-r Tasse etc*), (*e-s Huts a.*) Krempe *f*. **2.** *tech.* Felge *f*.

rind [raɪnd] *s* (*Zitronen- etc*)Schale *f*; (*Käse*)Rinde *f*; (*Speck- etc*)Schwarte *f*.

ring¹ [rɪŋ] **I** *s* **1.** *allg.* Ring *m*: **at the ~s** (*Turnen*) an den Ringen; **form a ~** e-n Kreis bilden; **he's got ~s round his eyes** er hat Ringe unter den Augen; **make** (*od.* **run**) **~s round s.o.** *fig.* j-n in die Tasche stecken. **2.** (*Zirkus*) Manege *f*; (*Boxen*) Ring *m*. **3.** *econ.* Ring *m*, Kartell *n*; (*Spionage- etc*)Ring *m*. **II** *v/t* **4.** *Vogel etc* beringen. **5.** umringen, (*Polizei etc*) umstellen; *Stelle in e-m Buch etc* einkreisen.

ring² [~] **I** *s* **1.** Läuten *n*; Klingeln *n*. **2.** *fig.* **that has a familiar ~ to me** das kommt mir (irgendwie) bekannt vor; **have a hollow ~** hohl klingen (*Versprechen etc*), unglaubwürdig klingen (*Protest etc*). **3.** *teleph. bsd. Br.* Anruf *m*: **give s.o. a ~** j-n anrufen. **II** *v/i* (*irr*) **4.** läuten; klingeln: **the bell is ~ing** es läutet *od.* klingelt; **~ for** nach *j-m*, *et.* läuten. **5.** *teleph. bsd. Br.* anrufen: **~ for** *Arzt etc* rufen; **~ing tone** *teleph.* Rufzeichen *n*, Freizeichen *n*. **6.** klingen (*a. fig.*): **~ in s.o.'s ears** j-m im Ohr klingen; **~ hollow** hohl klingen (*Versprechen etc*), unglaubwürdig klingen (*Protest etc*). **III** *v/t* (*irr*) **7.** läuten: → **bell** 1, **doorbell. 8.** *teleph. bsd. Br. j-n* anrufen.

Verbindungen mit Adverbien:

ring| back *v/t u. v/i teleph. bsd. Br.* zurückrufen. **~ in** *v/i* **1.** *bsd. Br.* sich telefonisch melden (**to** bei). **2.** *Am.* (*bei Arbeitsbeginn*) einstempeln. **~ off** *v/i teleph. bsd. Br.* (den Hörer) auflegen, Schluss machen. **~ out** *v/i* **1.** erklingen, ertönen. **2.** *Am.* (*bei Arbeitsende*) ausstempeln. **~ round** *v/i bsd. Br.* herumtelefonieren. **~ up** *v/t* **1.** → **ring²** 8. **2.** *Preis, Ware* (*in die Kasse*) eintippen.

ring| bind·er *s* Ringbuch *n*, Ringordner *m*. **~ fin·ger** *s* Ringfinger *m*. **'~ˌlead·er** *s* Rädelsführer(in). **~ road** *s bsd. Br.* Umgehungsstraße *f*. **'~·side** *s*: **at the ~** (*Boxen*) am Ring; **~ seat** (*Boxen*) Ringplatz *m*; (*Zirkus*) Manegenplatz *m*.

rink [rɪŋk] *s* (Kunst)Eisbahn *f*; Rollschuhbahn *f*.

rinse [rɪns] **I** *v/t* **1.** *a.* **~ out** (aus)spülen, *Wäsche* spülen: **~ one's mouth out** sich den Mund ausspülen (**with** mit); **~ the soap out of one's hair** sich die Seife aus dem Haar spülen. **2.** sich *das Haar* tönen. **II** *s* **3.** Spülung *f*: **give** *s.th.* **a ~** → 1. **4.** Tönung(smittel *n*) *f*.

ri·ot ['raɪət] **I** *s* **1.** Aufruhr *m*; Krawall *m*, Tumult *m*: **run ~** randalieren, randalierend ziehen (**through** durch); **his imagination ran ~** s-e Fantasie ging mit ihm durch; **read s.o. the ~ act** *oft humor.* j-m die Leviten lesen; **~ police** Bereitschaftspolizei *f*; **~ squad** Überfallkommando *n*; **~ shield** Schutzschild *m*. **2. ~ of colo(u)r** Sinfonie *f* von *od.* Orgie *f* in Farben. **3. be a ~** F zum

R

Schreien (komisch) sein. **II** *v/i* **4.** an e-m Aufruhr teilnehmen; randalieren.
'ri·ot·er *s* Aufrührer(in); Randalierer(in).
'ri·ot·ous *adj* □ **1.** aufrührerisch; randalierend. **2.** ausgelassen, wild.
rip [rɪp] **I** *v/t* **1.** *a.* ~ ***up*** zerreißen: ~ ***s.th.*** sich et. zerreißen (**on** an *dat*); ~ ***s.th. from s.o.'s hand*** j-m et. aus der Hand reißen; ~ ***off one's shirt*** sich das Hemd herunter- *od.* vom Leib reißen; ~ ***open*** aufreißen. **2.** ~ ***off*** F neppen; mitgehen lassen, klauen. **II** *v/i* **3.** (zer)reißen. **4.** ***let her*** ~***!*** *mot.* F volle Pulle! **III** *s* **5.** Riss *m.*
'rip·cord *s* Reißleine *f* (*am Fallschirm*).
ripe [raɪp] *adj* □ reif (*a. fig.*): ***live to a*** ~ ***old age*** ein hohes Alter erreichen; ***the time is*** ~ ***for*** die Zeit ist reif für; ~ ***for development*** baureif.
rip·en ['raɪpən] **I** *v/i* reifen. **II** *v/t* reifen lassen.
'rip-off *s* F Nepp *m*; Diebstahl *m.*
ri·poste [rɪ'pɒst] **I** *s* **1.** *fenc.* Riposte *f.* **2.** (schlagfertige *od.* scharfe) Entgegnung. **II** *v/t* **3.** (schlagfertig *od.* scharf) entgegnen.
rip·ple ['rɪpl] **I** *s* **1.** kleine Welle. **2.** Plätschern *n.* **II** *v/t* **3.** *Wasser* kräuseln. **III** *v/i* **4.** sich kräuseln. **5.** plätschern.
'rip-ˌroar·ing *adj* F **1.** ausgelassen (*Party etc*). **2.** toll (*Erfolg etc*).
rise [raɪz] **I** *v/i* (*irr*) **1.** aufstehen (*a. am Morgen*), sich erheben. **2.** aufsteigen (*Rauch etc*); sich heben (*Vorhang*): ***his spirits rose*** s-e Stimmung hob sich. **3.** ansteigen (*Straße, Wasser etc*), anschwellen (*Fluss etc*). **4.** (an)steigen (**by** um) (*Temperatur etc*), (*Preise etc a.*) anziehen. **5.** aufgehen (*Sonne, Teig etc*). **6.** entspringen (*Fluss etc*); *fig.* entstehen (***from, out of*** aus). **7.** *a.* ~ ***up*** sich erheben (***against*** gegen). **8.** (***above***) erhaben sein (über *acc*), stehen (über *dat*): → ***occasion*** 3. **9.** (*beruflich od. gesellschaftlich*) aufsteigen: → ***rank***[1] 2. **II** *s* **10.** Steigung *f*; Anhöhe *f.* **11.** *ast.* Aufgang *m.* **12.** *fig.* Anstieg *m* (**in** *gen*): ~ ***in population*** Bevölkerungszunahme *f*; ~ ***in value*** Wertsteigerung *f*; ***the*** ~ ***and fall*** das Auf u. Ab. **13.** *fig.* Aufstieg *m* (**to** zu): ***the*** ~ ***and fall*** der Aufstieg u. Fall. **14.** *bsd. Br.* Lohn- *od.* Gehaltserhöhung *f.* **15.** ***give*** ~ ***to*** verursachen, führen zu; Anlass geben zu.
ris·en ['rɪzn] *pp von* ***rise.***
'ris·er *s*: ***early*** ~ Frühaufsteher(in); ***late*** ~ Langschläfer(in).
'ris·ing I *s* **1.** Aufstand *m*, Erhebung *f.* **II** *adj* **2.** heranwachsend, kommend (*Generation*). **3.** aufstrebend (*Politiker etc*).
risk [rɪsk] **I** *s* Gefahr *f*, Risiko *n*: ***at one's own*** ~ auf eigene Gefahr, auf eigenes Risiko; ***at the*** ~ ***of*** (*ger*) auf die Gefahr hin zu (*inf*); ***be at*** ~ gefährdet sein; ***put at*** ~ gefährden; ***run*** (*od.* ***take***) ***a*** ~ ein Risiko eingehen; ***run the*** ~ ***of doing s.th.*** Gefahr laufen, et. zu tun; ~ ***capital*** Risikokapital *n*; ~ ***group*** Risikogruppe *f*; ~ ***management*** Absicherung *f* von Risiken; ~ ***spreading*** Risikostreuung *f.* **II** *v/t* riskieren: a) *sein Leben etc* aufs Spiel setzen, b) *Sprung etc* wagen, c) es ankommen lassen auf *e-e Verletzung etc*; ~ ***doing s.th.*** es wagen *od.* riskieren, et. zu tun; → ***neck*** 1.
'risk·y *adj* □ riskant.
ri·sot·to [rɪ'zɒtəʊ] *pl* **-tos** *s gastr.* Risotto *m.*
ris·qué ['riːskeɪ] *adj* gewagt (*Witz etc*).
ris·sole ['rɪsəʊl] *s gastr.* Frikadelle *f.*
rite [raɪt] *s* Ritus *m*: ***perform the last*** ~***s over*** *eccl. j-m* die Sterbesakramente spenden.
rit·u·al ['rɪtʃʊəl] **I** *s* **1.** Ritual *n.* **II** *adj* □ **2.** Ritual...: ~ ***murder*** Ritualmord *m.* **3.** rituell.
ritz·y ['rɪtsɪ] *adj* F stinkvornehm, feudal.
ri·val ['raɪvl] **I** *s* **1.** Rivale *m*, Rivalin *f*, Konkurrent(in): ~ (***in love***) Nebenbuhler(in). **II** *adj* **2.** rivalisierend, konkurrierend: ~ ***firm*** Konkurrenzfirma *f*; ~ ***products*** *pl* Konkurrenzprodukte *pl.* **III** *v/t pret u. pp* **-valed,** *bsd. Br.* **-valled 3.** rivalisieren *od.* konkurrieren mit. **4.** es aufnehmen mit (**for** an *dat*).
'ri·val·ry *s* Rivalität *f*; Konkurrenz(kampf *m*) *f.*
riv·er ['rɪvə] *s* Fluss *m*; Strom *m*: ***down the*** ~ flussabwärts; ***up the*** ~ flussaufwärts; ***sell s.o. down the*** ~ F j-n verraten u. verkaufen; ~***s*** *pl* ***of blood*** Blutströme *pl.* **'~·bed** *s* Flussbett *n.* **'~·side** *s* Flussufer *n*: ***by the*** ~ am Fluss.
riv·et ['rɪvɪt] **I** *s* **1.** *tech.* Niet *m.* **II** *v/t* **2.** *tech.* (ver)nieten: ***stand*** ~***ed to the spot*** *fig.* wie festgenagelt stehen (bleiben). **3.** *fig. Aufmerksamkeit* richten, *Augen, Blick a.* heften (**on** auf *acc*); *j-s Aufmerksamkeit* fesseln.
RN ***Royal Navy*** *die* Königlich-Britische Marine.
RNA [ɑːren'eɪ] ***ribonucleic acid*** RNS *f.*
roach [rəʊtʃ] *s Am.* Küchenschabe *f.*
road [rəʊd] *s* (Land)Straße *f*: ***on the*** ~ auf der Straße; ***be on the*** ~ mit dem Auto unterwegs sein; *thea. etc* auf Tournee sein; ***be on the right*** ~ *fig.* auf dem richtigen Weg sein; ***hit the*** ~ F sich auf den Weg machen, aufbrechen; ***one for the*** ~ F e-n (*Schnaps etc*) zum Abschied *od.* für unterwegs; → ***Rome.*** ~ **ac·ci·dent** *s* Verkehrsunfall *m.* **'~-block** *s* Straßensperre *f.* ~ **haul·age** *s* Güterkraftverkehr *m.* ~ **haul·i·er** *s bsd. Br.* Transportunternehmen *n.* ~ **hog** *s* F Verkehrsrowdy *m.* **'~ˌhold·ing** *s mot.* Straßenlage *f.* **'~·house** *s* Rasthaus *n.* ~ **map** *s*

Straßenkarte *f.* ~ **roll·er** *s tech.* Straßenwalze *f.* ~ **safe·ty** *s* Verkehrssicherheit *f.* '~**·side** *s* Straßenrand *m*: ***at*** (*od.* ***by***) ***the*** ~ am Straßenrand. ~ **tax** *s etwa* Kfz-Steuer *f.* ~ **test** *s mot.* Probefahrt *f*: ***do a*** ~ e-e Probefahrt machen. '~**-test** *v/t Auto* Probe fahren, e-e Probefahrt machen mit. ~ **toll** *s* Straßenbenutzungsgebühr *f.* ~ **us·er** *s* Verkehrsteilnehmer(in). '~**·way** *s* Fahrbahn *f.* ~ **works** *s pl* Straßenbauarbeiten *pl.* '~ˌ**wor·thy** *adj* verkehrssicher.

roam [rəʊm] **I** *v/i* wandern. **II** *v/t* wandern durch.

roar [rɔː] **I** *v/i* **1.** brüllen (***with*** vor *dat*): ~ (***with laughter***) vor Lachen brüllen; ~ ***at s.o.*** j-n anbrüllen. **2.** donnern (*Fahrzeug, Geschütz*). **II** *v/t* **3.** *a.* ~ ***out*** *et.* brüllen. **III** *s* **4.** Brüllen *n*, Gebrüll *n*: ~***s pl of laughter*** brüllendes Gelächter. **5.** Donnern *n.*

'**roar·ing I** *adj* □ **1.** brüllend. **2.** donnernd. **3.** ~ ***success*** F Bombenerfolg *m.* **II** *adv* **4.** ~ ***drunk*** F sternhagelvoll. **III** *s* **5.** → ***roar*** 4, 5.

roast [rəʊst] **I** *v/t Fleisch* braten; *Kaffee etc* rösten. **II** *v/i* braten: ***I'm*** ~***ing*** ich komme vor Hitze fast um. **III** *s* Braten *m.* **IV** *adj* gebraten: ~ ***beef*** Rinder-, Rindsbraten *m*; ~ ***chicken*** Brathuhn *n*, -hühnchen *n*; ~ ***pork*** Schweine-, Schweinsbraten *m*; ~ ***veal*** Kalbsbraten *m.*

'**roast·ing** F **I** *adj* glühend heiß, knallheiß (*Tag etc*). **II** *adv*: ~ ***hot*** → I.

rob [rɒb] *v/t Bank etc* überfallen; *j-n* berauben: ~ ***s.o. of s.th.*** j-m et. rauben.

'**rob·ber** *s* Räuber(in).

'**rob·ber·y** *s* Raub(überfall) *m*, (*Bank*)Raub *m*, (-)Überfall *m.*

robe [rəʊb] *s a. pl* Robe *f*, Talar *m.*

rob·in ['rɒbɪn] *s orn.* Rotkehlchen *n.*

ro·bot ['rəʊbɒt] *s tech.* Roboter *m* (*a. fig.*).

ro·bust [rəʊ'bʌst] *adj* □ **1.** robust (*Person, Gesundheit, Material etc*); *fig.* gesund (*Firma etc*). **2.** *fig.* nachdrücklich.

rock[1] [rɒk] *s* **1.** Fels(en) *m*; *coll.* Felsen *pl*; *geol.* Gestein *n.* **2.** Felsbrocken *m*; *Am.* Stein *m.* **3.** *pl* Klippen *pl*: ***on the*** ~***s*** on the rocks, mit Eis (*bsd. Whisky*); in ernsten Schwierigkeiten (*Firma etc*); ***their marriage is on the*** ~***s*** in ihrer Ehe kriselt es gewaltig.

rock[2] [~] **I** *v/t* **1.** wiegen, schaukeln: ~ ***a child to sleep*** ein Kind in den Schlaf wiegen. **2.** erschüttern (*a. fig.*): ~ ***the boat*** *fig.* alles kaputtmachen. **II** *v/i* **3.** schaukeln. **4.** schwanken. **5.** ♪ rocken. **III** *s* **6.** → ***rock 'n' roll.*** **7.** *a.* ~ ***music*** Rock(musik *f*) *m*: ~ ***group*** Rockgruppe *f*; ~ ***singer*** Rocksänger(in).

rock| and roll *s* ♪ Rock and Roll *m.* ~ **bottom** *s*: ***fall to*** (*od.* ***hit, reach***) ~ e-n *od.* s-n Tiefpunkt erreichen. ˌ~-'**bot·tom** *adj* allerniedrigst, äußerst (*Preise*). ~ **crys·tal** *s min.* Bergkristall *m.*

rock·er ['rɒkə] *s* **1.** Kufe *f* (*e-s Schaukelstuhls etc*): ***off one's*** ~ F übergeschnappt. **2.** *Am.* Schaukelstuhl *m.* **3.** *Br.* Rocker(in). ~ **blotter** *s* Wiegelöscher *m.* ~ **switch** *s* Kippschalter *m.*

rock·er·y ['rɒkərɪ] *s* Steingarten *m.*

rock·et ['rɒkɪt] **I** *s* **1.** Rakete *f.* **2.** ***give s.o. a*** ~ *bsd. Br.* F j-m e-e Zigarre verpassen. **II** *v/i* **3.** *a.* ~ ***up*** hochschnellen, in die Höhe schießen (*Preise*). **4.** rasen, schießen.

'**rock|·fall** *s* Steinschlag *m.* ~ **gar·den** *s* Steingarten *m.*

rock·ing| chair ['rɒkɪŋ] *s* Schaukelstuhl *m.* ~ **horse** *s* Schaukelpferd *n.*

'**rock 'lob·ster** *s zo.* Languste *f.*

rock 'n' roll [ˌrɒkən'rəʊl] *s* ♪ Rock 'n' Roll *m.*

rock·y[1] ['rɒkɪ] *adj* □ **1.** felsig. **2.** steinhart.

rock·y[2] [~] *adj* □ F wack(e)lig.

ro·co·co [rəʊ'kəʊkəʊ] *s* Rokoko *n.*

rod [rɒd] *s* **1.** (*a. Angel*)Rute *f.* **2.** *tech.* Stab *m*, Stange *f.* **3.** ***rule with a*** ~ ***of iron*** mit eiserner Faust regieren. **4.** *Am. sl.* Schießeisen *n*, Kanone *f.*

rode [rəʊd] *pret von* ***ride.***

ro·dent ['rəʊdənt] *s* Nagetier *n.*

ro·de·o [rəʊ'deɪəʊ] *pl* **-os** *s* Rodeo *m, n.*

roe[1] [rəʊ] *s a.* ***hard*** ~ *ichth.* Rogen *m*; ***soft*** ~ Milch *f.*

roe[2] [~] *s zo.* Reh *n.* '~**·buck** *s* Rehbock *m.* ~ **deer** *s* Reh *n.*

rog·er ['rɒdʒə] *int Funkverkehr*: roger!, verstanden!

rogue [rəʊg] *s* **1.** Gauner(in): ~***s' gallery*** Verbrecheralbum *n.* **2.** *oft humor.* Schlingel *m*, Spitzbube *m*

'**ro·guish** *adj* □ schelmisch.

ROI ***return on investment*** Ertrag des investierten Kapitals.

role [rəʊl] *s thea. etc* Rolle *f* (*a. fig.*). ~ **play** *s* Rollenspiel *n.* ~**-schwap·ping** *s* Rollentausch *m.*

roll [rəʊl] **I** *s* **1.** Rolle *f*; (*Fett*)Wulst *f.* **2.** Anwesenheits-, Namenliste *f.* **3.** Brötchen *n*, Semmel *f.* **4.** *Würfeln*: Wurf *m.* **5.** ⚓ Schlingern *n.* **6.** (G)Rollen *n* (*des Donners*); (*Trommel*)Wirbel *m.* **II** *v/i* **7.** rollen; sich wälzen: ***tears were*** ~***ing down her cheeks*** Tränen rollten ihr über die Wangen; ***heads will*** ~ *fig.* es werden einige Köpfe rollen; ***be*** ~***ing in money*** (*od.* ***it***) F im Geld schwimmen; → ***ball***[1] 1. **8.** rollen, fahren. **9.** würfeln. **10.** (sch)wanken (*Person*); ⚓ schlingern. **11.** (g)rollen (*Donner*). **III** *v/t* **12.** *et.* rollen: ~ ***the dice*** würfeln; ~ ***one's eyes*** die Augen rollen *od.* verdrehen. **13.** auf-, zs.-rollen: ~ ***itself into*** sich zs.-rollen zu (*Tier*); ~ ***a cigarette*** sich e-e Zigarette drehen. **14.** *Rasen etc* walzen; *Teig* ausrollen. *Verbindungen mit Adverbien*:

roll| down *v/t* **1.** *Ärmel* herunterkrempeln. **2.** *mot. Fenster* herunterkurbeln. **3.** zurückrollen. ~ **in** *v/i* hereinströmen (*Angebote etc*). ~ **out** *v/t Teig*, *Teppich* ausrollen. ~ **up** I *v/t* **1.** auf-, zs.-rollen. **2.** *Ärmel* hoch-, aufkrempeln (*a. fig.*). **3.** *mot. Fenster* hochkurbeln. **4.** vorrollen. II *v/i* **5.** sich zs.-rollen (***into*** zu) (*Tier*). **6.** F antanzen. **7.** *~!* (*Rummelplatz etc*) hereinspaziert!

'roll|·back *s* **1.** Rückgang *m* (*Steuern*). **2.** Umkehr *f* (*Reformen*). ~ **bar** *s mot.* Überrollbügel *m*. ~ **call** *s* Namensaufruf *m*: ***have a*** ~ die Namen aufrufen.

roll·er ['rəʊlə] *s* **1.** *tech.* Rolle *f*; Walze *f*. **2.** Lockenwickler *m*. ~ **blind** *s* Rollladen *m*, Rollo *n*. **'~-blind cab·i·net** (*od.* **cup·board**) *s* Rollschrank *m*. ~ **blot·ter** *s* Löschroller *m*. ~ **coast·er** *s* Achterbahn *f*. ~ **skate** *s* Rollschuh *m*. **'~-skate** *v/i* Rollschuh laufen. ~ **skat·er** *s* Rollschuhläufer(in). ~ **skat·ing** *s* Rollschuhlaufen *n*. ~ **tow·el** *s* Rollhandtuch *n*.

roll-front cab·i·net *s* Rollschrank *m*.

roll·ing ['rəʊlɪŋ] *s* Bilddurchlauf *m*. ~ **mill** *s tech.* Walzwerk *n*. ~ **pin** *s* Nudelholz *n*, -rolle *f*, Teigrolle *f*.

'roll-on *s* Deoroller *m*.

'roll-o·ver cred·it *s* Verlängerungskredit *m*.

ro·ly-po·ly [ˌrəʊlɪ'pəʊlɪ] F I *s* Dickerchen *n*. II *adj* dick u. rund.

ROM [rɒm] ***read only memory*** Lesespeicher *m*.

Ro·man ['rəʊmən] I *adj* römisch: ~ ***numeral*** römische Ziffer. II *s* Römer(in). ~ **Cath·o·lic** I *adj* (römisch-)katholisch. II *s* Katholik(in).

ro·mance¹ [rəʊ'mæns] *s* **1.** Liebes- *od.* Abenteuerroman *m*. **2.** Romanze *f*, Liebesverhältnis *n*. **3.** Romantik *f*.

Ro·mance² [~] *adj* romanisch (*Sprache*).

Ro·man·esque [ˌrəʊmə'nesk] *adj* romanisch (*Baustil*).

Ro·ma·nia [ruː'meɪnjə] *npr* Rumänien *n*.

Ro·ma·nian [ruː'meɪnjən] I *adj* **1.** rumänisch. II *s* **2.** Rumäne *m*, Rumänin *f*. **3.** *ling.* Rumänisch *n*.

ro·man·tic [rəʊ'mæntɪk] I *adj* (**~ally**) (*Kunst etc oft* **Romantic**) romantisch. II *s* (*Kunst etc oft* **Romantic**) Romantiker(in).

ro'man·ti·cism [~sɪzəm] *s* **1.** *oft* ***Romanticism*** *Kunst etc*: Romantik *f*. **2.** romantische Vorstellungen *pl*.

ro'man·ti·cist → ***romantic*** II.

ro'man·ti·cize *v/t* romantisieren.

Ro·ma·ny ['rɒmənɪ] *s* **1.** Zigeuner(in). **2.** Romani *n*, Zigeunersprache *f*.

Rome [rəʊm] *npr* Rom *n*: ~ ***was not built in a day*** Rom ist nicht an *od.* in 'einem Tag erbaut worden; ***all roads lead to*** ~ alle Wege führen nach Rom.

romp [rɒmp] *v/i* **1.** *a.* ~ ***about*** (*od.* ***around***) herumtollen. **2.** ~ ***through*** F *et.* spielend schaffen.

roof [ruːf] I *s* Dach *n*; *mot.* Verdeck *n*: ***go through the*** ~ F an die Decke gehen (*Person*); ins Unermessliche steigen (*Kosten etc*); ***have no*** ~ ***over one's head*** kein Dach über dem Kopf haben; ***live under the same*** ~ unter 'einem Dach leben *od.* wohnen (***as*** mit). II *v/t* bedachen: ~ ***in*** (*od.* ***over***) überdachen. ~ **gar·den** *s* Dachgarten *m*. ~ **rack** *s mot.* Dachgepäckträger *m*. **'~·top** *s*: ***scream*** (*od.* ***shout***) ***s.th. from the ~s*** *fig.* et. ausposaunen *od.* an die große Glocke hängen.

rook¹ [rʊk] *v/t* F *j-n* betrügen (***of*** um).

rook² [~] *s Schach*: Turm *m*.

room [ruːm] I *s* **1.** Raum *m*, Zimmer *n*. **2.** Raum *m*, Platz *m*: ***make*** ~ ***for s.o.*** j-m Platz machen. **3.** *fig.* Spielraum *m*: ***there is*** ~ ***for improvement*** es ließe sich noch manches besser machen; ***leave little*** ~ ***for doubt as to*** kaum e-n Zweifel übrig lassen an (*dat*). II *v/i* **4.** *Am.* → ***lodge*** 3.

'room·er *Am.* → ***lodger***.

'room·ing *adj*: ~ ***house*** *Am.* Fremdenheim *n*, Pension *f*.

'room|·mate *s* Zimmergenosse *m*, -genossin *f*. ~ **ser·vice** *s* Zimmerservice *m*: ***ring for*** ~ nach dem Zimmerkellner klingeln.

room·y ['ruːmɪ] *adj* □ geräumig.

roost [ruːst] I *s* (Hühner)Stange *f*: ***come home to*** ~ *fig.* sich rächen (*Fehler etc*); → ***rule*** 5. II *v/i* auf der Stange sitzen *od.* schlafen.

'roost·er *s bsd. Am.* Hahn *m*.

root¹ [ruːt] I *s anat.*, ⚘, A̷ Wurzel *f* (*a. fig.*): ~ ***and branch*** *fig.* mit Stumpf u. Stiel; ***get to the*** ~ ***of*** *fig. e-r Sache* auf den Grund gehen; ***have its ~s in*** *fig.* wurzeln in (*dat*), s-n Ursprung haben in (*dat*); ***pull out by the*** ~ mit der Wurzel ausreißen *od.* (*fig.*) ausrotten; ***put down*** (***new***) ***~s*** *fig.* Fuß fassen; ***take*** ~ Wurzeln schlagen (*a. fig.*). II *v/i* Wurzeln schlagen (*a. fig.*). III *v/t*: ~ ***up*** mit der Wurzel ausreißen; ~ ***out*** *fig.* (mit der Wurzel) ausrotten.

root² [~] I *v/i a.* ~ ***about*** (*od.* ***around***) herumwühlen (***among*** in *dat*). II *v/t*: ~ ***out*** aufstöbern.

root³ [~] *v/i*: ~ ***for*** *bsd. Am.* F a) *Sport*: *j-n* anfeuern, b) *fig. j-m* den Daumen drücken; *j-n* (tatkräftig) unterstützen.

R

root| beer *s Am. Limonade aus Wurzelextrakten.* **~di·rec·to·ry** *s Computer*: Haupt-, Stamm-, Wurzelverzeichnis *n*.
root·ed ['ru:tɪd] *adj*: ***be ~ in*** *fig.* wurzeln in (*dat*), s-n Ursprung haben in (*dat*); ***stand ~ to the spot*** wie angewurzelt dastehen.
rope [rəʊp] **I** *s* **1.** Seil *n*, ⚓ Tau *n*; Strick *m*: ***give s.o. plenty of ~*** *fig.* j-m viel Freiheit *od.* Spielraum lassen; ***know the ~s*** F sich auskennen; ***jump ~*** *Am.* seilhüpfen, -springen; ***show s.o. the ~s*** F j-n anlernen *od.* einarbeiten *od.* einweihen. **2.** (*Perlen- etc*)Schnur *f*. **II** *v/t* **3.** festbinden (***to*** an *dat*, *a. acc*). **4.** ***~ off*** (durch ein Seil) abgrenzen *od.* absperren. **~ lad·der** *s* Strickleiter *f*.
rop·(e)y ['rəʊpɪ] *adj* □ F miserabel.
ro·sa·ry ['rəʊzərɪ] *s* (*Gebete oft* **Rosary**) *eccl.* Rosenkranz *m*.
rose¹ [rəʊz] **I** *s* **1.** ✿ Rose *f*: ***life is not all ~s*** das Leben hat nicht nur angenehme Seiten. **2.** Brause *f* (*e-r Gießkanne etc*). **II** *adj* **3.** rosa-, rosenrot.
rose² [~] *pret von* ***rise***.
ro·sé ['rəʊzeɪ] *s* Rosé *m* (*Wein*).
'rose|·bush *s* ✿ Rosenstock *m*, -strauch *m*. **'~,col·o(u)red** *adj* rosa-, rosenrot: ***see things through ~ glasses*** (*od.* ***spectacles***) *fig.* die Dinge durch e-e rosa(rote) Brille sehen. **'~·hip** *s* ✿ Hagebutte *f*.
rose·mar·y ['rəʊzmərɪ] *s* ✿ Rosmarin *m*.
ro·sette [rəʊ'zet] *s* Rosette *f* (*a.* △).
ros·in ['rɒzɪn] **I** *s* Kolophonium *n*, Geigenharz *n*. **II** *v/t* mit Kolophonium einreiben.
ros·ter ['rɒstə] *s* Dienstplan *m*.
ros·trum ['rɒstrəm] *pl* **-tra** ['~trə], **-trums** *s* Redner-, Dirigentenpult *n*.
ros·y ['rəʊzɪ] *adj* □ rosig (*a. fig.*).
rot [rɒt] **I** *v/i a.* ***~ away*** (ver)faulen, (*bsd. Holz a.*) verrotten, morsch werden. **II** *v/t* (ver)faulen *od.* verrotten lassen, morsch machen. **III** *s* Fäulnis(prozess *m*) *f*.
ro·ta ['rəʊtə] *s bsd. Br.* Dienstplan *m*.
ro·ta·ry ['rəʊtərɪ] **I** *adj* rotierend, Rotations..., Dreh...: ***~ file*** Rotationskartei *f*. **II** *s Am.* Kreisverkehr *m*.
ro·tate [~'teɪt] **I** *v/i* **1.** rotieren, sich drehen. **2.** turnusmäßig wechseln. **II** *v/t* **3.** rotieren lassen, drehen. **4.** *Personal* turnusmäßig auswechseln.
ro'ta·tion *s* **1.** Rotation *f*, Drehung *f*. **2.** ***in ~*** der Reihe nach, nacheinander.
rote [rəʊt] *s*: ***learn s.th. by ~*** et. (mechanisch) auswendig lernen.
ro·tor ['rəʊtə] *s tech.*, ⚡ Rotor *m*.
rot·ten ['rɒtn] *adj* □ **1.** verfault, faul, (*bsd. Holz a.*) verrottet, morsch. **2.** F miserabel: ***feel ~*** sich mies fühlen (*a. fig.*).
ro·tund [rəʊ'tʌnd] *adj* □ rund u. dick.
rouge [ru:ʒ] *s* Rouge *n*.
rough [rʌf] **I** *adj* (□ → ***roughly***) **1.** uneben (*Straße etc*), rau (*Haut etc, a. Stimme*). **2.** stürmisch (*Meer, Überfahrt, Wetter*): ***he had a ~ passage*** *fig.* ihm ist es (e-e Zeit lang) nicht gut gegangen. **3.** a) grob (*Person, Behandlung etc*): ***be ~ with*** grob umgehen mit, b) *Sport*: hart (*Spielweise etc*). **4.** roh, Roh...: ***~ diamond*** Rohdiamant *m*; ***be a ~ diamond*** *fig.* e-e raue Schale haben; ***~ draft*** Rohfassung *f*; → ***copy*** 1. **5.** *fig.* grob, ungefähr: ***at a ~ guess*** grob geschätzt; ***I have a ~ idea where it is*** ich kann mir ungefähr vorstellen, wo es ist; → ***estimate*** 5. **6.** ***feel ~*** *Br.* F sich mies fühlen. **II** *s* **7.** *Golf*: Rough *n*. **8.** Rowdy *m*. **9.** ***take the ~ with the smooth*** die Dinge nehmen, wie sie kommen. **III** *adv* **10.** ***sleep ~*** im Freien übernachten. **11.** ***play*** (***it***) ***~*** (*Sport*) hart spielen. **IV** *v/t* **12.** ***~ it*** F primitiv leben. **13.** ***~ out*** entwerfen, skizzieren. **14.** ***~ up*** F *j-n* zs.-schlagen.
'rough·age *s biol.* Ballaststoffe *pl*.
,rough|-and-'tum·ble *s* Balgerei *f*: ***have a ~*** sich balgen. **'~·cast** *s* △ Rauputz *m*.
rough·en ['rʌfn] **I** *v/t Haut etc* rau machen. **II** *v/i* rau werden.
'rough·ly *adv* **1.** grob (*a. fig.*). **2.** *fig.* ungefähr: ***~ speaking*** grob geschätzt, über den Daumen gepeilt.
'rough·neck *s bsd. Am.* F Grobian *m*; Schläger *m*.
rough·ness ['rʌfnɪs] *s* **1.** Unebenheit *f*, Rauheit *f*. **2.** Grobheit *f*.
'rough·shod *adv*: ***ride ~ over*** sich rücksichtslos hinwegsetzen über (*acc*).
rou·lette [ru:'let] *s* Roulett(e) *n*.
round [raʊnd] **I** *adj* (□ → ***roundly***) **1.** *allg.* rund. **2.** rund(lich), dick(lich) (*Körperteil*). **3.** rund: a) voll, ganz: ***a ~ dozen*** ein rundes Dutzend, b) ab- *od.* aufgerundet: ***the house cost £100,000 in ~ figures*** das Haus kostete rund(e) 100 000 Pfund. **II** *adv* (→ *Verben, z.B.* ***turn round***) **4.** → ***all*** 3. **5.** ***all*** (***the***) ***year ~*** das ganze Jahr lang *od.* hindurch *od.* über. **6.** ***~ about*** F ungefähr. **7.** ***be three yards ~*** e-n Umfang von drei Yards haben. **III** *prp* **8.** (rund) um, um (... herum): ***trip ~ the world*** Weltreise *f*; ***do you live ~ here?*** wohnen Sie hier in der Gegend?; → ***bend*** 1, ***clock*** 1, ***look*** 1. **9.** ungefähr. **IV** *s* **10.** Runde *f*, Rundgang *m*: ***do*** (*od.* ***be out on***) ***one's ~s*** s-e Runde machen, (*Arzt*) Hausbesuche machen; ***go the ~s*** *fig.* umgehen (*Gerücht etc*), (*Krankheit a.*) grassieren (***of*** in *dat*); ***the daily ~*** *fig.* der tägliche Trott. **11.** Lage *f*, Runde *f* (*Bier etc*): ***it's my ~*** die Runde geht auf mich. **12.** *Boxen, Turnier, Verhandlungen etc*: Runde *f*. **13.** *mil. etc* Schuss *m*. **14.** ♪ Kanon *m*. **V** *v/t* **15.** rund

R

machen, (ab)runden, *Lippen* spitzen. **16.** umfahren, fahren um, *Kurve* nehmen.
Verbindungen mit Adverbien:
round| down *v/t Preis etc* abrunden (***to*** auf *acc*). **~ off** *v/t* **1.** *Mahlzeit etc* abrunden, beschließen (***with*** mit). **2.** *Preis etc* auf- *od.* abrunden (***to*** auf *acc*). **~ out I** *v/t Ausbildung etc* abrunden (***with*** mit, durch). **II** *v/i* rundlich werden (*Person*). **~ up** *v/t* **1.** *Vieh* zs.-treiben. **2.** F *Verbrecher* hochnehmen; *Leute* zs.-trommeln, *a. et.* auftreiben. **3.** *Preis etc* aufrunden (***to*** auf *acc*).
'round·a·bout I *s* **1.** *Br.* Kreisverkehr *m.* **2.** *Br.* Karussell *n*, *österr.* Ringelspiel *n*: ***go on the ~*** Karussell fahren. **II** *adj* **3.** ***take a ~ route*** e-n Umweg machen; ***in a ~ way*** *fig.* auf Umwegen.
round·ly ['raʊndlɪ] *adv* **1.** gründlich, gehörig. **2.** rundweg, -heraus.
round rob·in *s* **1.** Petition *f*, Denkschrift *f* (*bsd. e-e mit im Kreis herum geschriebenen Unterschriften*). **2.** *Sport: Am. Turnier, in dem jeder gegen jeden antritt.*
rounds·man ['raʊndzmən] *s* (*irr* ***man***) *Br.* Ausfahrer *m*, Austräger *m.*
'round|-ˌta·ble *adj*: **~ *conference*** Round-Table-Konferenz *f*, Konferenz *f* am runden Tisch. **'~-the-clock** *adj* 24-stündig, rund um die Uhr. **~ trip** *s* Hin- u. Rückfahrt *f*, ✈ Hin- u. Rückflug *m.* **'~-trip** *adj*: **~ *ticket*** *Am.* Rückfahrkarte *f*, ✈ Rückflugticket *n.*
rouse [raʊz] *v/t* **1.** *j-n* wecken (***from, out of*** aus). **2.** *fig. j-n* auf-, wachrütteln (***from, out of*** aus): **~ *s.o. to action*** j-n so weit bringen, dass er (endlich) et. tut *od.* unternimmt. **3.** *a.* **~ *to anger*** *j-n* erzürnen, reizen.
'rous·ing *adj* □ mitreißend, zündend (*Rede etc*).
rout [raʊt] **I** *s*: ***put to ~*** → II. **II** *v/t mil.* in die Flucht schlagen.
route [ru:t] *s* Route *f*, Strecke *f*, Weg *m*, (*Bus*)Linie *f.*
rou·tine [ru:'ti:n] **I** *s* Routine *f*, *Computer a.*: Programmablauf *m.* **II** *adj* Routine..., routinemäßig.
roux [ru:] *pl* **roux** [ru:z] *s gastr.* Mehlschwitze *f*, Einbrenne *f.*
row¹ [rəʊ] *s* Reihe *f*: ***four times in a ~*** viermal nach- *od.* hintereinander; **~ *house*** *Am.* Reihenhaus *n.*
row² [~] **I** *v/i u. v/t* rudern. **II** *s* Kahnfahrt *f*: ***go for a ~*** rudern gehen.
row³ [raʊ] F **I** *s* Krach *m*: a) Krawall *m*: ***kick up*** (*od.* ***make***) ***a ~*** Krach schlagen, b) Streit *m*: ***have a ~ with*** Krach haben mit. **II** *v/i* (sich) streiten (***with*** mit; ***about*** über *acc*).
row·boat ['rəʊbəʊt] *s Am.* Ruderboot *n.*
row·dy ['raʊdɪ] *adj* □ **1.** rowdyhaft. **2.** ausgelassen, laut (*Party*).
row·er ['rəʊə] *s* Ruderer *m*, Ruderin *f.*
'row·ing *adj* Ruder...: **~ *boat*** *bsd. Br.* Ruderboot *n.*
roy·al ['rɔɪəl] **I** *adj* □ **1.** königlich, Königs...: ***Her Royal Highness*** Ihre Königliche Hoheit; **~ *road*** *fig.* bequemer *od.* leichter Weg (***to*** zu). **2.** *fig.* großartig, prächtig. **II** *s* **3.** F Mitglied *n* des Königshauses.
'roy·al·ist I *adj* royalistisch. **II** *s* Royalist(in).
'roy·al·ty *s* **1.** die königliche Familie. **2.** *mst pl* Tantieme *f* (***on*** auf *acc*).
R/P ***reprint*** Nachdruck *m*, Neuauflage *f*, Reprint *m.*
RPI ***retail price index*** Index *m* der Einzelhandelspreise.
RPM ***retail price maintenance*** Preisbindung *f* der zweiten Hand.
r.p.m. ***revolutions per minute*** U/min., Umdrehungen pro Minute.
RRP ***recommended retail price*** unverbindliche Preisempfehlung.
RS *Br.* ***Royal Society*** Königliche Gesellschaft (traditionsreicher naturissenschaftlicher Verein).
RSCPA ***Royal Society for the Prevention of Cruelty to Animals*** *britischer Tierschutzverein.*
RSVP ***répondez s'il vous plaît*** UAwg.
rub [rʌb] **I** *s* **1.** ***give s.th. a ~*** et. abreiben *od.* polieren. **2.** ***there's the ~*** F da liegt der Hase im Pfeffer. **II** *v/t* **3.** reiben: **~ *dry*** trockenreiben; **~ *s.th. into*** et. einreiben in (*acc*); **~ *one's hands*** (***together***) sich die Hände reiben (***with*** vor *dat*); **~ *s.o.'s nose in s.th.*** F j-m et. unter die Nase reiben; **~ *salt into s.o.'s wound*(*s*)** *fig.* j-m Salz auf *od.* in die Wunde streuen; **~ *shoulders with*** F verkehren mit (*Prominenten etc*). **4.** abreiben; polieren. **III** *v/i* **5.** reiben, scheuern (***against, on*** an *dat*): **~ *against s.th.*** *a.* et. streifen.
Verbindungen mit Adverbien:
rub| a·long *v/i Br.* F **1.** sich durchschlagen. **2.** *a.* **~ *together*** recht gut miteinander auskommen: **~ *with*** recht gut auskommen mit. **~ down** *v/t* **1.** ab-, trockenreiben. **2.** abschmirgeln, abschleifen. **~ in** *v/t* abreiben: ***rub*** (***it***) ***in that*** F darauf herumreiten, dass. **~ off I** *v/t* abreiben. **II** *v/i* abgehen (*Farbe, Schmutz etc*): **~ *on*(*to*)** *fig.* abfärben auf (*acc*). **~ out** *v/t* **1.** *Br.* ausradieren. **2.** *Am. sl.* umlegen (*töten*). **~ up** *v/t*: ***rub s.o. up the wrong way*** F j-n verschnupfen.
rub·ber ['rʌbə] *s* **1.** Gummi *n*, *m*; Kautschuk *m.* **2.** *Br.* Radiergummi *m.* **3.** Wischtuch *n.* **4.** F Gummi *m* (*Kondom*). **~ band** *s* Gummiband *n*, -ring *m*, (Dichtungs)Gummi *m.* **~ coat·ing** *s* Gummierung *f.* **~ din·ghy** *s* Schlauchboot *n.* **'~·neck** *bsd. Am.* F **I** *s*

Gaffer(in), Schaulustige *m, f.* **II** *v/i* neugierig gaffen, sich den Hals verrenken. **~ plant** *s* ⚘ Gummibaum *m.* **~ stamp** *s* Stempel *m.* **ˌ~-ˈstamp** *v/t* **1.** (ab)stempeln. **2.** F (automatisch) genehmigen.

rub·bish [ˈrʌbɪʃ] *s* **1.** Abfall *m*, Abfälle *pl*, Müll *m*: **~ bin → dustbin; ~ skip** Müllcontainer *m*; **~ tip** Mülldeponie *f*, -halde *f.* **2.** *fig.* Blödsinn *m*, Quatsch *m*, *österr.* Schmarrn *m.*

ˈrub·bish·y *adj* F blödsinnig.

rub·ble [ˈrʌbl] *s* Schutt *m*; Trümmer *pl.*

ru·bel·la [rʊˈbelə] *s* ⚕ Röteln *pl.*

ru·by [ˈruːbɪ] **I** *s min.* Rubin *m.* **II** *adj* rubinrot.

ruck¹ [rʌk] *s*: ***get out of the (common) ~*** sich über den Durchschnitt erheben.

ruck² [~] *v/i*: ***~ up*** Falten werfen.

ruck·sack [ˈrʌksæk] *s* Rucksack *m.*

ruc·tion [ˈrʌkʃn] *s oft pl* F Krach *m.*

rud·der [ˈrʌdə] *s* ✈, ⚓ Ruder *n.*

rud·dy [ˈrʌdɪ] **I** *adj* ☐ **1.** frisch, gesund (*Gesichtsfarbe*), rot (*Backen*). **2.** *Br. sl.* verdammt. **II** *adv* **3.** → 2.

rude [ruːd] *adj* ☐ **1.** unhöflich; grob (**to** zu). **2.** unanständig (*Witz etc*). **3.** bös (*Schock etc*): → ***awakening.*** **4.** ***be in ~ health*** vor Gesundheit strotzen.

ru·di·men·ta·ry [ˌruːdɪˈmentərɪ] *adj* ☐ **1.** elementar, Anfangs... **2.** primitiv. **3.** rudimentär (*a. biol.*).

ru·di·ments [ˈ~mənts] *s pl* Anfangsgründe *pl*, Grundlagen *pl*: ***learn the ~ of*** sich Grundkenntnisse aneignen in (*dat*).

rue [ruː] *v/t*: ***~ the day ...*** den Tag verwünschen, an dem ...

rue·ful [ˈ~fʊl] *adj* ☐ reuevoll, reumütig.

ruff [rʌf] *s* Halskrause *f* (*a. orn.*).

ruf·fle [ˈrʌfl] **I** *s* **1.** Rüsche *f.* **II** *v/t* **2.** *Wasser* kräuseln; *Haar* zerzausen: ***~ (up) its feathers*** *orn.* sich aufplustern. **3.** *Seiten* (rasch) durchblättern. **4.** *j-n* verärgern: ***~ s.o.'s composure*** j-n aus der Fassung bringen.

rug [rʌg] *s* **1.** Brücke *f*, (*Bett*)Vorleger *m*: ***pull the ~ (out) from under s.o.*** *fig.* j-m den Boden unter den Füßen wegziehen; ***sweep under the ~*** *Am. fig. et.* unter den Teppich kehren. **2.** *bsd. Br.* dicke Wolldecke.

rug·by [ˈrʌgbɪ] *s a.* ***~ football*** (*Sport*) Rugby *n.*

rug·ged [ˈrʌgɪd] *adj* ☐ **1.** zerklüftet (*Felsen*), felsig (*Landschaft*). **2.** zerfurcht (*Gesicht*). **3.** robust, stabil (*Gerät etc*). **4.** *fig.* rau (*Sitten etc*).

ru·in [ˈrʊɪn] **I** *s* **1.** Ruine *f*: ***~s*** *pl* Ruinen *pl*, Trümmer *pl*; ***a castle in ~s*** e-e Burgruine; ***be (od. lie) in ~s*** in Trümmern liegen; *fig.* zerstört *od.* ruiniert sein. **2.** Verfall *m*: ***fall into ~*** verfallen. **3.** Ruin *m*; Ende *n* (*von Hoffnungen etc*). **II** *v/t* **4.** *Gebäude, Gesundheit, Hoffnungen, Leben etc* zerstören, *j-n, Kleidung, Gesundheit, Ruf etc* ruinieren: ***~ one's eyes*** sich die Augen verderben.

ru·inˈa·tion *s*: ***be the ~ of s.o.*** j-s Ruin sein.

ˈru·in·ous *adj* ruinös.

ˈru·in·ous·ly *adv*: ***~ expensive*** sündhaft teuer.

rule [ruːl] **I** *s* **1.** Regel *f*, Normalfall *m*: ***as a ~*** in der Regel; ***make it a ~*** es sich zur Regel machen *od.* gemacht haben (***to do*** zu tun); → ***exception*** 1. **2.** Regel *f*; Bestimmung *f*, Vorschrift *f*: ***against the ~s*** regelwidrig; verboten; ***as a ~ of thumb*** als Faustregel; ***do s.th. by ~ of thumb*** et. nach Gefühl tun; ***bend (od. stretch) the ~s*** es (mit den Vorschriften) nicht so genau nehmen; ***work to ~*** Dienst nach Vorschrift tun. **3.** Herrschaft *f.* **4.** Maßstab *m.* **II** *v/t* **5.** herrschen über (*acc*): ***~ the roost*** *fig.* das Regiment führen; ***be ~d by*** *fig.* sich leiten lassen von; beherrscht werden von. **6.** *bsd.* ⚖ entscheiden (***that*** dass). **7.** ***~ out*** *et.* ausschließen; *et.* unmöglich machen. **8.** *Papier* lin(i)ieren; *Linie* ziehen: ***~d paper*** Millimeterpapier *n.* **III** *v/i* **9.** herrschen (***over*** über *acc*). **10.** *bsd.* ⚖ entscheiden (***against*** gegen; ***in favo[u]r of*** für; ***on*** in *dat*).

ˈrul·er *s* **1.** Herrscher(in). **2.** Lineal *n*; Maßstab *m.*

ˈrul·ing I *adj* herrschend; *fig.* vorherrschend. **II** *s bsd.* ⚖ Entscheidung *f*; Verfügung *f*: ***give a ~ that*** entscheiden, dass.

rum [rʌm] *s* Rum *m.*

Ru·ma·nia *etc* → ***Romania.***

rum·ble [ˈrʌmbl] **I** *v/i* **1.** (g)rollen (*Donner*); rumpeln (*Fahrzeug*); knurren (*Magen*). **II** *v/t* **2.** F *j-n, et.* durchschauen. **III** *s* **3.** (G)Rollen *n*; Rumpeln *n*; Knurren *n.* **4.** *Am. sl.* Straßenschlacht *f.*

rum·bus·tious [rʌmˈbʌstɪəs] *adj* ☐ F wild, ausgelassen.

ru·mi·nant [ˈruːmɪnənt] *s zo.* Wiederkäuer *m.*

ru·mi·nate [ˈ~neɪt] *v/i* **1.** *zo.* wiederkäuen. **2.** *fig.* grübeln (***on, over*** über *acc, dat*).

ru·mi·na·tive [ˈ~nətɪv] *adj* ☐ grüblerisch.

rum·mage [ˈrʌmɪdʒ] **I** *v/i a.* ***~ about (od. around)*** herumstöbern, -wühlen (***among, in, through*** in *dat*). **II** *s* Ramsch *m.* **~ sale** *s Am.* Wohltätigkeitsbasar *m.*

rum·my [ˈrʌmɪ] *s* Rommé *n*, Rommee *n* (*Kartenspiel*).

ru·mo(u)r [ˈruːmə] **I** *s* Gerücht(e *pl*) *n*: ***~ has it that*** es geht das Gerücht, dass. **II** *v/t*: ***it is ~ed that*** es geht das Gerücht, dass; ***he is ~ed to be*** man munkelt, er sei. **ˈ~ˌmon·ger** *s* Gerüchtemacher(in).

R

rump [rʌmp] *s* **1.** *zo.* Hinterbacken *pl*; *orn.* Bürzel *m.* **2.** *humor.* Hinterteil *n.* **3.** *fig.* (kümmerlicher) Rest.

rum·ple [ˈrʌmpl] *v/t* zerknittern, -knüllen; *Haar* zerzausen.

rump steak *s gastr.* Rumpsteak *n.*

rum·pus [ˈrʌmpəs] → ***row³*** I. **~ room** *s Am.* F Hobby- *od.* Partyraum *m.*

run [rʌn] **I** *s* **1.** Lauf *m* (*a. Sport*): ***at a ~*** im Laufschritt; ***in the long ~*** *fig.* auf (die) Dauer; auf lange *od.* weite Sicht, langfristig; ***in the short ~*** *fig.* zunächst; auf kurze Sicht, kurzfristig; ***on the ~*** auf der Flucht (***from the police*** vor der Polizei); ***~ of good*** (***bad***) ***luck*** Glückssträhne *f* (Pechsträhne *f*). **2.** Fahrt *f*: ***go for a ~ in the car*** e-e Spazierfahrt machen. **3.** *thea. etc* Laufzeit *f*: ***the play had a ~ of six months*** das Stück lief ein halbes Jahr lang. **4.** Ansturm *m*, *econ. a.* Run *m* (***on*** auf *acc*). **5.** ***have the ~ of*** *et.* benutzen dürfen. **6.** *Am.* Laufmasche *f.* **7.** Auflage *f* (*e-r Zeitung etc*). **8.** ***have the ~s*** *bsd. Br.* F den flotten Otto haben. **II** *v/i* (*irr*) **9.** laufen (*a. Sport*), rennen. **10.** fahren (*Fahrzeug*); fahren, verkehren (*Bus etc*). **11.** laufen, fließen: ***tears were ~ning down her face*** Tränen liefen ihr übers Gesicht; ***his nose was ~ning*** ihm lief die Nase; ***it ~s in the family*** *fig.* das liegt bei ihm *etc* in der Familie; → ***cold*** 1. **12.** zerfließen, -laufen (*Butter*, *Farbe etc*). **13.** *tech.* laufen (*a. fig.*): ***with the engine ~ning*** mit laufendem Motor. **14.** (ver)laufen (*Straße etc*). **15.** *bsd.* ⚖ gelten, laufen (***for two years*** zwei Jahre). **16.** *thea. etc* laufen (***for six months*** ein halbes Jahr lang). **17.** *mit Adjektiven*: → ***low¹*** 4. **18.** *pol. bsd. Am.* kandidieren. **19.** gehen, lauten (*Vers etc*). **III** *v/t* (*irr*) **20.** *Strecke*, *Rennen* laufen: → ***course*** 3, ***errand, temperature.*** **21.** *j-n*, *et.* fahren, bringen. **22.** *Wasser etc* laufen lassen: ***~ s.o. a bath*** j-m ein Bad einlaufen lassen. **23.** *Geschäft* führen, *Hotel etc a.* leiten. **24.** *tech. Maschine*, *Computerprogramm etc* laufen lassen. **25.** abdrucken, bringen (*Zeitung etc*). **26.** schmuggeln.

Verbindungen mit Präpositionen:

run| a·cross *v/i* **1.** *j-n* zufällig treffen. **2.** stoßen auf (*acc*). **~ af·ter** *v/i* nachlaufen (*dat*) (*a. fig.*). **~ a·gainst** *v/i pol. bsd. Am.* kandidieren gegen. **~ for** *v/i* **1.** ***~ it!*** lauf, was du kannst!; ***~ one's life*** um sein Leben laufen. **2.** *pol. bsd. Am.* kandidieren für. **~ in** *v/t Br. mot.* einfahren. **~ in·to I** *v/i* **1.** laufen *od.* fahren gegen. **2.** *j-n* zufällig treffen. **3.** *fig.* geraten in (*acc*). **4.** *fig.* sich belaufen auf (*acc*), gehen in (*acc*). **II** *v/t* **5.** ***run a knife into s.o.'s back*** j-m ein Messer in den Rücken stoßen *od.* rennen. **~ off** *v/i*: ***~ the road*** von der Straße abkommen (*Wagen etc*). **~ on** *v/i tech.* fahren mit: ***~ electricity*** elektrisch betrieben werden. **~ through** *v/i* **1.** *Szene etc* durchspielen. **2.** *Notizen etc* durchgehen. **3.** *Vermögen etc* durchbringen. **4.** *j-n* durchlaufen (*Schauder etc*): ***~ s.o.'s mind*** j-m durch den Kopf gehen. **~ to** *v/i bsd. Br.* (aus)reichen für.

Verbindungen mit Adverbien:

run| a·bout → ***run around.*** **~ a·long** *v/i*: ***~!*** ab mit dir! **~ a·round** *v/i* sich herumtreiben (***with*** mit). **~ a·way** *v/i* davonlaufen (***from*** vor *dat*) (*a. fig.*): ***~ from home*** von zu Hause ausreißen; ***~ with*** durchbrennen mit; *fig.* durchgehen mit (*Fantasie etc*); ***don't ~ with the idea that*** glaube bloß nicht, dass. **~ back** *v/t Band*, *Film* zurückspulen. **~ down I** *v/t* **1.** *mot.* an-, umfahren. **2.** schlecht machen. **3.** ausfindig machen. **4.** *Lagerbestände* abbauen. **II** *v/i* **5.** ablaufen (*Uhr*), leer werden (*Batterie*). **~ in** *v/t* **1.** *Wagen etc* einfahren. **2.** F *Verbrecher etc* schnappen. **~ on** *v/i* **1.** weitergehen, sich hinziehen (***until*** bis). **2.** unaufhörlich reden (***about*** über *acc*, von). **~ out** *v/i* ablaufen (*Vertrag*, *Zeit etc*), ausgehen, zu Ende gehen (*Vorräte etc*): ***I've ~ of money*** mir ist das Geld ausgegangen; → ***steam*** 1. **~ o·ver I** *v/t mot.* überfahren. **II** *v/i* überlaufen. **~ up I** *v/t* **1.** *Flagge etc* aufziehen, hissen. **2.** *hohe Rechnung*, *Schulden* machen. **II** *v/i* **3.** ***~ against*** stoßen auf (*starken Widerstand etc*).

ˈrun|·a·bout *s mot.* Stadtwagen *m.* **ˈ~-a·round** *s*: ***give s.o. the ~*** F j-n hinhalten; j-n an der Nase herumführen. **ˈ~·a·way I** *s* **1.** Ausreißer(in). **II** *adj* **2.** ausgerissen: ***~ child*** (kleiner) Ausreißer. **3.** außer Kontrolle geraten: ***~ inflation*** *econ.* galoppierende Inflation. **ˈ~down I** *adj* **1.** abgespannt. **2.** baufällig; heruntergekommen. **3.** abgelaufen (*Uhr*), leer (*Batterie*). **II** *s* **4.** F (genauer) Bericht (***on*** über *acc*), detaillierte Übersicht *f.*

rung¹ [rʌŋ] *pp von* ***ring².***

rung² *s* Sprosse *f* (*e-r Leiter*): ***start on the bottom*** (*od.* ***first***) ***~ of the ladder*** *fig.* ganz unten *od.* klein anfangen.

ˈrun-in *s*: ***have a ~ with*** F in Konflikt kommen mit (*dem Gesetz etc*).

run·ner [ˈrʌnə] *s* **1.** *Sport*: Läufer(in); Rennpferd *n.* **2.** *mst in Zssgn* Schmuggler(in). **3.** (*Schlitten- etc*)Kufe *f.* **4.** F Verkaufsschlager *m.* **~ bean** *s* ♀ *Br.* grüne Bohne.

ˌrun·ner-ˈup *pl* **ˌrun·ners-ˈup** *s* Zweite *m, f*, (*Sport a.*) Vizemeister(in) (***to*** hinter *dat*).

run·ning [ˈrʌnɪŋ] **I** *s* **1.** Laufen *n*, Rennen *n*: ***be still in the ~*** *fig.* noch gut im Rennen liegen (***for*** um); ***be out of the ~*** *fig.* aus dem Rennen sein (***for*** um); ***make the ~*** (*Sport*)

R

das Rennen machen (*a. fig.*). **2.** Führung *f*, Leitung *f*. **II** *adj* **3.** *Sport*: Lauf...: ***~ shoes***; ***~ track*** Laufbahn *f*. **4.** fließend (*Wasser*); ⚕ eiternd (*Wunde*). **5.** ***four times*** (***for three days***) **~** viermal (drei Tage) hinter- *od.* nacheinander. **6.** ***~ costs*** *pl* Betriebskosten *pl*, laufende Kosten *pl*. **7.** ***~ mate*** *pol. Am.* Kandidat(in) für die Vizepräsidentschaft.

run·ny ['rʌnɪ] *adj* **1.** flüssig. **2.** laufend (*Nase*), tränend (*Augen*).

ˌrun|-of-the-'mill *adj mst contp.* durchschnittlich, mittelmäßig. **'~-up** *s* **1.** *Sport*: Anlauf *m*. **2.** ***in the ~ to*** *fig.* im Vorfeld (*gen*). **'~·way** *s* ✈ Start- und Landebahn *f*, Rollbahn *f*, Piste *f*.

rup·ture ['rʌptʃə] **I** *s* Bruch *m* (*a.* ⚕ *u. fig.*), Riss *m*. **II** *v/i* zerspringen, (-)reißen, platzen. **III** *v/t* zersprengen, -reißen: ***~ o.s.*** ⚕ sich e-n Bruch heben.

ru·ral ['rʊərəl] *adj* □ ländlich: ***~ population*** Landbevölkerung *f*; → ***exodus***.

ruse [ruːz] *s* List *f*.

rush¹ [rʌʃ] *s* ⚘ Binse *f*.

rush² [~] **I** *v/i* **1.** hasten, hetzen, stürmen, (*a. Fahrzeug*) rasen: ***~ at*** losstürzen *od.* sich stürzen auf (*acc*); ***~ into*** *fig.* sich stürzen in (*acc*); *et.* überstürzen; ***the blood ~ed to his face*** das Blut schoss ihm ins Gesicht; → ***conclusion*** 3. **II** *v/t* **2.** antreiben, drängen, hetzen: ***be ~ed*** (***off one's feet***) auf Trab sein. **3.** auf dem schnellsten Weg *wohin* bringen *od.* schaffen. **4.** schnell erledigen; *Essen* hinunterschlingen: ***don't ~ it*** lass dir Zeit dabei; ***~ a bill*** (***through***) e-e Gesetzesvorlage durchpeitschen. **5.** losstürmen auf (*acc*). **III** *s* **6.** Ansturm *m* (***for*** auf *acc*, nach): ***there was a ~ for the door*** alles drängte zur Tür. **7.** Hast *f*, Hetze *f*: ***what's all the ~?*** wozu diese Hast?

rush| hour *s* Rushhour *f*, Hauptverkehrs-, Stoßzeit *f*. **'~-hour** *adj*: ***~ traffic*** Stoßverkehr *m*. **~ or·der** *s* Eilauftrag *m*.

rusk [rʌsk] *s* Zwieback *m*.

Rus·sia ['rʌʃə] *npr* Russland *n*.

Rus·sian ['rʌʃn] **I** *s* **1.** Russe *m*, Russin *f*. **2.** *ling.* Russisch *n*. **II** *adj* **3.** russisch: ***~ roulette*** russisches Roulett(e).

rust [rʌst] **I** *s* Rost *m*. **II** *v/i* (ein-, ver)rosten.

rus·tic ['rʌstɪk] *adj* (***~ally***) **1.** ländlich, bäuerlich. **2.** rustikal (*Möbel*): ***~ furniture*** *a.* Bauernmöbel *pl*.

rus·tle ['rʌsl] **I** *v/i* **1.** rascheln (*Papier etc*), (*a. Seide*) knistern. **II** *v/t* **2.** rascheln mit. **3.** ***~ up*** F *Geld, Hilfe etc* auftreiben; *Essen* zaubern.

'rust·proof *adj* rostfrei, nicht rostend.

rust·y ['rʌstɪ] *adj* □ **1.** rostig. **2.** *fig.* eingerostet (*Kenntnisse*): ***I'm very ~*** ich bin ganz aus der Übung.

rut¹ [rʌt] *zo.* **I** *s* Brunft *f*. **II** *v/i* brunften.

rut² [~] **I** *s* **1.** (Rad)Spur *f*, Furche *f*. **2.** *fig.* (alter) Trott: ***get into a ~*** in e-n Trott verfallen. **II** *v/t* **3.** furchen: ***~ted*** ausgefahren.

ruth·less ['ruːθlɪs] *adj* □ unbarmherzig; rücksichtslos; hart.

RV [ɑː'viː] ***recreational vehicle*** *Am.* Wohnmobil *n*.

Rwan·da [rʊ'ændə] Ru'anda *n* (*Republik in Zentralafrika*).

rye [raɪ] *s* ⚘ Roggen *m*. **~ bread** *s* Roggenbrot *n*. **~ whis·ky** *s* Roggenwhisky *m*.

S

S [es] *pl* **S's** ['esɪz] *s* S *n.*
S ***south*** S, Süd(en *m*); ***south*(*ern*)** s, südlich; ***small* (*size*)** klein.
s ***second*(*s*)** Sek., sek., s., Sekunde(n *pl*).
SA ***Salvation Army*** Heilsarmee *f*; ***South Africa*** Südafrika *n.*
S/A ***subject to acceptance*** vorbehaltlich Akzept.
Sab·bath ['sæbəθ] *s eccl.* Sabbat *m.*
sa·ber *Am.* → ***sabre.***
sa·ble ['seɪbl] *s zo.* Zobel *m.*
sab·o·tage ['sæbətɑːʒ] **I** *s* Sabotage *f*: ***act of ~*** Sabotageakt *m.* **II** *v/t* e-n Sabotageakt verüben gegen; sabotieren.
sabo·teur [ˌ~'tɜː] *s* Saboteur(in).
sa·bre ['seɪbə] *s bsd. Br.* Säbel *m* (*a. fenc.*). **~ rat·tling** *s fig.* Säbelrasseln *n.*
sac·cha·rin ['sækərɪn] *s* ⚗ Sac(c)harin *n.*
sac·cha·rine ['~raɪn] *adj* **1.** unangenehm süß. **2.** *fig.* honig-, zuckersüß.
sa·chet ['sæʃeɪ] *s* Päckchen *n*, Kissen *n.*
sack¹ [sæk] **I** *s* **1.** Sack *m.* **2.** F ***get the ~*** rausgeschmissen (*entlassen*) werden; ***give*** *s.o.* ***the ~*** → 5. **3. *hit the ~*** F sich in die Falle *od.* Klappe hauen. **II** *v/t* **4.** einsacken, in Säcke abfüllen. **5.** F *j-n* rausschmeißen (*entlassen*).
sack² [~] **I** *v/t* plündern. **II** *s* Plünderung *f.*
'sack·cloth *s* Sackleinen *n*: ***in*** (*od.* ***wearing***) ***~ and ashes*** *fig.* in Sack u. Asche.
sack·ing ['sækɪŋ] *s* **1.** Sackleinen *n.* **2.** Entlassung (*wegen Verschulden*).
sack rac·ing *s* Sackhüpfen *n.*
sac·ra·ment ['sækrəmənt] *s eccl.* Sakrament *n.*
sa·cred ['seɪkrɪd] *adj* □ **1.** geistlich (*Musik etc*). **2.** heilig (***to*** *dat*) (*a. fig.*): ***~ cow*** heilige Kuh (*a. fig.*).
sac·ri·fice ['sækrɪfaɪs] **I** *s* Opfer *n* (*a. fig.*): ***make a ~ of*** *j-n, et.* opfern; ***make great ~s*** große Opfer bringen. **II** *v/t* opfern (***to*** *dat*) (*a. fig.*).
sac·ri·fi·cial [ˌ~'fɪʃl] *adj* Opfer...
sac·ri·lege ['sækrɪlɪdʒ] *s* Sakrileg *n*; *allg.* Frevel *m.*
sac·ri·le·gious [ˌ~'lɪdʒəs] *adj* □ sakrilegisch; *allg.* frevlerisch.
sac·ris·ty ['sækrɪstɪ] *s eccl.* Sakristei *f.*
sad [sæd] *adj* (□ → ***sadly***) *allg.* traurig; schmerzlich (*Verlust*); bedauerlich (*Irrtum etc*): ***~ to say*** bedauerlicherweise, leider; ***be ~der but wiser*** um e-e schmerzliche Erfahrung reicher sein.
sad·den ['sædn] *v/t* traurig machen *od.* stimmen, betrüben.
sad·dle ['sædl] **I** *s* (*Reit-, Fahrrad- etc*)Sattel *m*: ***be in the ~*** im Sattel sitzen; *fig.* im Amt *od.* an der Macht sein. **II** *v/t* satteln: ***~ up*** aufsatteln; ***~ s.o. with s.th.*** *fig.* j-m et. aufhalsen *od.* -bürden; ***be ~d with s.th.*** *fig.* et. am Hals haben. **III** *v/i*: ***~ up*** aufsatteln. **'~-bag** *s* Satteltasche *f.*
sad·ism ['seɪdɪzəm] *s* Sadismus *m.*
'sad·ist *s* Sadist(in).
sa·dis·tic [sə'dɪstɪk] *adj* (***~ally***) sadistisch.
sad·ly ['sædlɪ] *adv* **1.** traurig; schmerzlich: ***be ~ mistaken*** e-m bedauerlichen Irrtum unterliegen. **2.** bedauerlicherweise, leider.
'sad·ness *s* Traurigkeit *f.*
s.a.e. ***stamped addressed envelope*** frankierter Rückumschlag.
sa·fa·ri [sə'fɑːrɪ] *s* Safari *f.* **~ park** *s* Safaripark *m.*
safe [seɪf] **I** *adj* □ *allg.* sicher (***from*** vor *dat*): ***be ~*** in Sicherheit sein; ***be ~ with s.o.*** sicher bei j-m aufgehoben sein; ***be in ~ hands*** in sicheren Händen sein; ***~r sex*** geschützter Verkehr; ***to be on the ~ side, just to be ~*** um ganz sicher zu gehen; ***it is ~ to say*** man kann mit Sicherheit sagen; ***keep s.th. in a ~ place*** et. an e-m sicheren Ort aufbewahren; ***he has ~ly arrived*** er ist gut angekommen; → ***play*** 7, 8. **II** *s* Safe *m*, Tresor *m*, Geld-, Panzerschrank *m.* **'~ˌblow·er, '~ˌbreak·er, '~ˌcrack·er** *s* Geldschrankknacker(in). **ˌ~-de'pos·it box** *s* Bankschließfach *n*, (*a. in Hotel etc*) Tresorfach *n.*
'safe·guard I *s* Schutz *m* (***against*** gegen, vor *dat*). **II** *v/t* schützen (***against, from*** gegen, vor *dat*); *Interessen* wahren: ***~ing program*** *Computer*: Sicherungsprogramm *n.* **~ clause** *s* Schutzklausel *f.*
ˌsafe'keep·ing *s* sichere Verwahrung: ***give s.o. s.th. for ~*** j-m et. zur Verwahrung geben.
safe·ty ['seɪftɪ] *s allg.* Sicherheit *f*: ***jump*** (***swim***) ***to ~*** sich durch e-n Sprung (schwimmend) in Sicherheit bringen. **~ belt** → ***seat***

S

belt. ~ **cur·tain** *s thea.* eiserner Vorhang. ~ **glass** *s* Sicherheitsglas *n.* ~ **is·land** *s Am.* Verkehrsinsel *f.* ~ **lock** *s* Sicherheitsschloss *n.* ~ **meas·ure** *s* Sicherheitsmaßnahme *f.* ~ **net** *s Zirkus etc*: Fangnetz *n.* ~ **pin** *s* Sicherheitsnadel *f.* ~ **pre·cau·tion** *s* Sicherheitsvorkehrung *f.* ~ **ra·zor** *s* Rasierapparat *m.* ~ **reg·u·la·tions** *pl* Sicherheitsbestimmungen *pl.* ~ **valve** *s* **1.** *tech.* Sicherheitsventil *n.* **2.** *fig.* Ventil *n* (**for** für).

saf·fron ['sæfrən] *s* Safran *m.*

sag [sæg] **I** *v/i* **1.** sich senken, absacken; durchhängen (*Leitung etc*). **2.** (herab)hängen. **3.** *fig.* sinken, nachlassen (*Interesse etc*); *econ.* nachgeben (*Preise etc*). **II** *s* **4.** Durchhängen *n*: ***there is a ~ in the ceiling*** die Decke hängt durch. **5.** *econ.* Nachgeben *n* (**in** *gen*).

sa·ga ['sɑːgə] *s* **1.** Saga *f.* **2.** *a.* ***family ~*** Familienroman *m.* **3.** *contp.* Geschichte *f.*

sa·ga·cious [sə'geɪʃəs] *adj* □ scharfsinnig, klug.

sa·gac·i·ty [sə'gæsətɪ] *s* Scharfsinn *m*, Klugheit *f.*

sage [seɪdʒ] *s* ⚘ Salbei *m.*

Sa·git·tar·i·us [ˌsædʒɪ'teərɪəs] *s ast.* Schütze *m*: **be** (**a**) ~ Schütze sein.

Sa·ha·ra [sə'hɑːrə] *npr die* Sahara.

said [sed] *pret u. pp von* **say.**

sail [seɪl] **I** *s* **1.** Segel *n*: **set** ~ auslaufen (**for** nach). **2.** Segelfahrt *f*, -partie *f*: ***go for a ~*** segeln gehen. **II** *v/i* **3.** ⚓ fahren; segeln (*a. fig.*): ***go ~ing*** segeln gehen. **4.** ⚓ auslaufen (**for** nach). **5.** gleiten: ***she ~ed into the room*** sie schwebte ins Zimmer; ***~ through an examination*** e-e Prüfung spielend schaffen. **6.** ***~ into s.o.*** F über j-n herfallen (*a. mit Worten*). **III** *v/t* **7.** *Boot* segeln, *Schiff* steuern. **8.** durchsegeln; befahren. '**~·boat** *s Am.* Segelboot *n.*

sail·ing ['seɪlɪŋ] *s* **1.** Segeln *n*; Segelsport *m*: ***everything was plain ~*** *fig.* es ging alles glatt. **2.** ***when is the next ~ to ...?*** wann fährt das nächste Schiff nach ...? ~ **boat** *s bsd. Br.* Segelboot *n.* ~ **ship** *s* Segelschiff *n.*

sail·or ['seɪlə] *s* **1.** Seemann *m*; Matrose *m*, Matrosin *f.* **2.** Segler(in). **3.** ***be a good*** (***bad***) ~ seefest sein (leicht seekrank werden). ~ **suit** *s* Matrosenanzug *m.*

'**sail·plane** *s* Segelflugzeug *n.*

saint [seɪnt] *s* **1.** Heilige *m, f*: ***you need the patience of a ~*** man braucht e-e Engelsgeduld. **2.** *vor Eigennamen* **Saint,** *abbr.* **St** [snt]: ***St Andrew*** der heilige Andreas.

'**saint·ly** *adj* heiligmäßig.

sake [seɪk] *s*: ***for the ~ of*** um ... willen, *j-m, e-r Sache* zuliebe; ***for your ~*** dir zuliebe, deinetwegen; ***for God's*** (***goodness, heaven's***) ~ F um Gottes willen; Herrgott noch mal; ***for the ~ of peace*** um des lieben Friedens willen; ***for the ~ of simplicity*** der Einfachheit halber.

sal·a·ble *bsd. Am.* → ***saleable.***

sal·ad ['sæləd] *s* Salat *m.* ~ **cream** *s* Salatmajonäse *f.* ~ **dress·ing** *s* Dressing *n*, Salatsoße *f.*

sal·a·man·der ['sæləˌmændə] *s zo.* Salamander *m.*

sa·la·mi [sə'lɑːmɪ] *s* Salami *f.*

sal·a·ried ['sælərɪd] *adj*: ***~ employee*** Gehaltsempfänger(in), Angestellte *m, f.*

'**sal·a·ry** *s* Gehalt *n*: ***~ earner*** Angestellte *m, f*; ***~ increase*** Gehaltserhöhung *f*; ***~ review*** Gehaltsaufbesserung *f*; ***~ scale*** Gehaltsskala *f*, -tabelle *f*; ***beginning*** (*od.* ***starting***) ~ Anfangsgehalt *n.*

sale [seɪl] *s* **1.** Verkauf *m*: **for** ~ zu verkaufen; ***not for ~*** unverkäuflich; ***be on ~*** verkauft werden, erhältlich sein; *bsd. Am.* im Angebot sein; ***be up for ~*** zum Verkauf stehen. **2.** *a. pl econ.* Umsatz *m*: ***large ~*** großer Umsatz; ***cost of ~s*** Verkaufskosten *pl.* **3.** *econ.* Schlussverkauf *m.* **4.** Auktion *f*, Versteigerung *f.*

'**sale·a·ble** *adj bsd. Br.* **1.** verkäuflich. **2.** *econ.* absatzfähig.

'**sales**| **ap·peal** *s* Kaufanreiz *m.* ~ **call** *s* Verkaufsbesuch *m.* ~ **cam·paign** *s* Verkaufsaktion *f.* ~ **chart** *s* Absatzdiagramm *m.* '**~·clerk** *s Am.* (Laden)Verkäufer(in). ~ **com·mis·sion** *s* Verkaufsprovision *f.* ~ **con·sul·tant** *s* Verkaufsberater *m.* ~ **con·tract** *s* Kaufvertrag *m.* ~ **costs** *s pl* Vertriebskosten *pl.* ~ **de·vel·op·ment** *s* Absatzentwicklung *f.* ~ **drive** *s* Verkaufskampagne *f.* ~ **fig·ures** *s pl* Verkaufszahlen *pl.* ~ **fore·cast** *s* Absatzprognose *f.* ~ **force** *s* Verkaufspersonal *n*; Verkaufsaußendienst *m.* ~ **gim·mick** *s* Werbegag *m.* '**~·girl** *s* (Laden)Verkäuferin *f.* ~ **ledg·er** *s* Warenausgangsbuch *n*, Debitorenbuch *n.* ~ **loss·es** *pl* Umsatzverluste *pl.*

sales·man ['~mən] *s* (*irr* **man**) **1.** Verkäufer *m.* **2.** (Handels)Vertreter *m.*

sales man·ag·er *s* Verkaufsleiter *m.*

'**sales·man·ship** *s* **1.** *econ.* Verkaufstechnik *f*; Verkaufsgeschick *n.* **2.** *fig.* Überzeugungskunst *f.*

sales| **op·por·tu·ni·ties** *pl* Absatz-, Marktchancen *pl.* ~ **or·der** *s* Bestellung *f*, Auftrag *m.* '**~-ˌor·der pro·cess·ing** *s* Auftragsbearbeitung *f.* ~ **or·gan·i·za·tion** *s* Verkaufsorganisation *f.* ~ **pitch** *s econ.* F Verkaufsmasche *f.* ~ **po·ten·tial** *s* Absatzmöglichkeiten *pl.* ~ **pro·mot·er** *s econ.* Salespromoter(in), Verkaufsförderer *m*, -förd(r)erin *f.* ~ **pro·mo·tion** *s econ.* Salespromotion *f*, Absatz-, Verkaufsförderung *f.* ~ **re·ceipts** *s pl* Ver-

S

kaufserlöse *pl.* ~ **re·sist·ance** *s* Kaufunlust *f.* ~ **rev·e·nue** *s pl* Verkaufserlöse *pl.* ~ **slip** *s Am.* Kassenbeleg *m*, -zettel *m.* ~ **staff** *s* Verkaufspersonal *n.* ~ **talk** *s econ.* Verkaufsgespräch *n.* ~ **tax** *s Am.* Verkaufssteuer *f.* '~ˌ**wom·an** *s* (*irr* ***woman***) **1.** Verkäuferin *f.* **2.** (Handels)Vertreterin *f.*
sa·li·ent ['seɪljənt] *adj* □ *fig.* hervorstechend, wichtigst.
sa·line ['seɪlaɪn] *adj* salzig, Salz...: ~ ***solution*** Salzlösung *f.*
sa·li·va [sə'laɪvə] *s physiol.* Speichel *m.*
sal·i·var·y ['sælɪvərɪ] *adj* Speichel...: ~ ***gland*** Speicheldrüse *f.*
sal·low ['sæləʊ] *adj* □ (ungesund) gelblich (*Gesichtsfarbe etc*).
salm·on ['sæmən] I *pl* **-ons,** *bsd. coll.* **-on** *s ichth.* Lachs *m.* II *adj* lachsfarben.
sal·mo·nel·la [ˌsælmə'nelə] *n sg* ⚕ Salmonellen *pl*: ~ ***poisoning*** Salmonellenvergiftung *f*, Salmonellose *f.*
sal·on ['sælɔ̃ːŋ] *s* (*Friseur-, Schönheits- etc*) Salon *m.*
sa·loon [sə'luːn] *s* **1.** *mot. Br.* Limousine *f.* **2.** → ***saloon bar.*** **3.** *hist. Am.* Saloon *m.* **4.** ⚓ Salon *m.* ~ **bar** *s Br. vornehmerer u. teurerer Teil e-s Pubs.* ~ **car** → ***saloon*** 1.
Salop ['sæləp] ***Shropshire.***
sal·sa ['sælsə] *s* **1.** ♪ Salsa *m*, Salsamusik *f.* **2.** *gastr.* Salsasoße *f.*
salt [sɔːlt] I *s* **1.** Salz *n*: ***take s.th. with a grain*** (*od.* ***pinch***) ***of*** ~ *fig.* et. nicht ganz für bare Münze nehmen; ***no composer worth his*** ~ kein Komponist, der et. taugt *od.* der diesen Namen verdient; → ***rub*** 3. II *v/t* **2.** salzen. **3.** *a.* ~ ***down*** (ein)pökeln, einsalzen. **4.** *Straße etc* (mit Salz) streuen. **5.** ~ ***away*** F *Geld* auf die hohe Kante legen, *b.s.* auf die Seite schaffen. III *adj* **6.** gepökelt, Salz... '~ˌ**cel·lar** *s Br.* Salzstreuer *m.* '~**-free** *adj* salzlos. ~ **lake** *s* Salzsee *m.* ~**·pe·ter** *s Am.*, ~**·pe·tre** *s bsd. Br.* [ˌ~'piːtə] *s* ⚗ Salpeter *m.* ~ **shak·er** *Am.* → ***saltcellar.*** ~ **wa·ter** *s* Salzwasser *n.* '~ˌ**wa·ter** *adj* Salzwasser..., Meeres...
salt·y ['sɔːltɪ] *adj* salzig.
sa·lu·bri·ous [sə'luːbrɪəs] *adj* □ **1.** gesund (*Klima etc*). **2.** vornehm (*Wohngegend etc*).
sal·u·tar·y ['sæljʊtərɪ] *adj* gesund; *fig.* heilsam, lehrreich.
sal·u·ta·tion [ˌsæljuː'teɪʃn] *s* **1.** Begrüßung *f*, Gruß *m*: ***in*** ~ zum Gruß. **2.** Anrede *f* (*im Brief*).
sa·lute [sə'luːt] I *v/t* **1.** *mil.* salutieren vor (*dat*). **2.** (be)grüßen. II *v/i* **3.** *mil.* salutieren. III *s* **4.** *mil.* a) Ehrenbezeigung *f*: ***give a smart*** ~ zackig salutieren; ***take the*** ~ die Parade abnehmen, b) Salut *m*: ***a 21-gun*** ~ 21 Salutschüsse.

sal·vage ['sælvɪdʒ] I *v/t* **1.** bergen (***from*** aus). II *s* **2.** Bergung *f.* **3.** Bergungsgut *n.*
sal·va·tion [sæl'veɪʃn] *s* **1.** Rettung *f.* **2.** *eccl.* (Seelen)Heil *n*; Erlösung *f*: ***Salvation Army*** Heilsarmee *f.*
Sal'va·tion·ist *s* Mitglied *n* der Heilsarmee.
sal·ver ['sælvə] *s* Tablett *n*, Präsentierteller *m.*
Sa·mar·i·tan [sə'mærɪtən] *s* Samariter(in): ***good*** ~ *Bibl.* barmherziger Samariter (*a. fig.*).
sam·ba ['sæmbə] *s* ♪ Samba *m.*
same [seɪm] I *adj*: ***the*** ~ ***...*** der-, die-, dasselbe ..., der *od.* die *od.* das gleiche ...: ***the film with the*** ~ ***name*** der gleichnamige Film; ***amount*** (*od.* ***come***) ***to the*** ~ ***thing*** auf dasselbe hinauslaufen; → ***story*** 1, ***time*** 1. II *pron*: ***the*** ~ der-, die-, dasselbe, der *od.* die *od.* das Gleiche: ***it is all the*** ~ ***to me*** es ist mir ganz egal; (***the***) ~ ***again*** noch mal das Gleiche; ~ ***to you*** (danke,) gleichfalls!; ***all*** (*od.* ***just***) ***the*** ~ dennoch, trotzdem. III *adv*: ***the*** ~ gleich; ~ ***as*** F genauso wie.
'**same·y** *adj Br.* F eintönig.
sam·ple ['sɑːmpl] I *s* **1.** *econ.* Muster *n*, (*a. Blut- etc*)Probe *f*: ***random*** ~ Stichprobe; ~ ***on approval*** Ansichtssendung *f*; ~ ***book*** Musterbuch *n*; ~ ***bottle*** Probe-, Probierfläschchen *n.* **2.** (***of***) Kostprobe *f* (*gen*), *fig. a.* (typisches) Beispiel (für). II *v/t* **3.** kosten (*a. fig.*), probieren.
san·a·to·ri·um [ˌsænə'tɔːrɪəm] *pl* **-ri·ums, -ri·a** [~rɪə] *s* Sanatorium *n.*
sanc·ti·mo·ni·ous [ˌsæŋktɪ'məʊnjəs] *adj* □ frömmelnd, frömmlerisch.
sanc·tion ['sæŋkʃn] I *s* **1.** Billigung *f*, Zustimmung *f.* **2.** *mst pl* Sanktion *f*: ***take*** ~***s against, impose*** ~***s on*** Sanktionen verhängen über (*acc*). II *v/t* **3.** sanktionieren.
sanc·ti·ty ['sæŋktətɪ] *s* Heiligkeit *f.*
sanc·tu·ar·y ['sæŋktʃʊərɪ] *s* **1.** (*Vogel- etc*)Schutzgebiet *n.* **2.** Zuflucht *f*: ***seek*** ~ ***with*** Zuflucht suchen bei.
sand [sænd] I *s* **1.** Sand *m.* **2.** *pl* Sand(fläche *f*) *m.* II *v/t* **3.** *Weg etc* sanden, mit Sand streuen. **4.** schmirgeln: ~ ***down*** abschmirgeln.
san·dal ['sændl] *s* Sandale *f.*
san·dal·wood ['sændlwʊd] *s* ⚘ *u. Kosmetik*: Sandelholz *n.*
'**sand|·bag** I *s* Sandsack *m.* II *v/t* mit Sandsäcken befestigen *od.* schützen. '~**·bank** *s* Sandbank *f.* '~**·blast** *v/t tech.* sandstrahlen. '~**·box** *s Am.* Sandkasten *m.* '~ˌ**cas·tle** *s* Sandburg *f.* ~ **dune** *s* Sanddüne *f.* '~**·man** *s* (*irr* ***man***) Sandmännchen *n.* '~ˌ**pa·per** I *s* Sand-, Schmirgelpapier *n.* II *v/t* (ab-) schmirgeln. '~**·pit** *s* **1.** *bsd. Br.* Sandkasten *m.* **2.** Sandgrube *f.* '~**·stone** *s geol.* Sandstein *m.* '~**·storm** *s* Sandsturm *m.*

S

sand·wich ['sænwɪdʒ] I *s* Sandwich *n*. II *v/t*: ***be ~ed between*** eingekeilt sein zwischen (*dat*); **~ *s.th. in between*** *fig*. et. einschieben zwischen (*acc*, *a. dat*). **~ course** *s ped. etc Kurs, bei dem sich theoretische u. praktische Ausbildung abwechseln*. **~ man** *s* (*irr* ***man***) Sandwichman *m*.

sand·y ['sændɪ] *adj* **1.** sandig, *pred a.* voller Sand: **~ *beach*** Sandstrand *m*. **2.** rotblond (*Haar*).

sane [seɪn] *adj* □ **1.** geistig gesund, ⚖ zurechnungsfähig. **2.** vernünftig.

sang [sæŋ] *pret von* ***sing.***

san·guine ['sæŋgwɪn] *adj* □ zuversichtlich, optimistisch.

san·i·tar·i·um [ˌsænɪ'teərɪəm] *Am*. → ***sanatorium.***

san·i·tar·y ['~tərɪ] *adj* □ **1.** hygienisch, Gesundheits...: **~ *facilities*** *pl* sanitäre Einrichtungen *pl*. **~ *napkin*** *Am*., **~ *towel*** *Br*. (Damen)Binde *f*. **2.** hygienisch (einwandfrei), gesund.

san·i·tor·i·um [ˌsænɪ'tɔːrɪəm] *Am*. → ***sanatorium.***

san·i·ty ['sænətɪ] *s* geistige Gesundheit, ⚖ Zurechnungsfähigkeit *f*.

sank [sæŋk] *pret von* ***sink.***

San·ta Claus ['sæntəklɔːz] *s* der Weihnachtsmann, der Nikolaus.

sap[1] [sæp] *s* **1.** ⚘ Saft *m*. **2.** F Einfaltspinsel *m*, Trottel *m*.

sap[2] [~] *v/t* schwächen.

sap·ling ['sæplɪŋ] *s* ⚘ Schössling *m*.

sap·phire ['sæfaɪə] *s min*. Saphir *m*.

sar·casm ['sɑːkæzəm] *s* Sarkasmus *m*.

sar'cas·tic *adj* (**~*ally***) sarkastisch.

sar·co·ma [sɑː'kəʊmə] *pl* **-mas, -mata** *s* ⚕ Sarkom *n*.

sar·coph·a·gus [sɑː'kɒfəgəs] *pl* **-gi** [~gaɪ], **-gus·es** *s* Sarkophag *m*.

sar·dine [sɑː'diːn] *s ichth*. Sardine *f*: ***be packed like ~s*** wie die Sardinen sitzen *od*. stehen.

Sar·din·i·a [sɑː'dɪnjə] *npl* Sardinien *n*.

sar·don·ic [sɑː'dɒnɪk] *adj* (**~*ally***) boshaft, höhnisch (*Lachen etc*).

sark·y ['sɑːkɪ] *Br*. F → ***sarcastic.***

sash[1] [sæʃ] *s* Fensterrahmen *m* (*e-s Schiebefensters*).

sash[2] [~] *s* Schärpe *f*.

sash win·dow *s* Schiebefenster *n*.

sass·y ['sæsɪ] *Am*. F ***saucy.***

Sat. ***Saturday*** Sa., Samstag *m*, Sonnabend *m*.

sat [sæt] *pret u. pp von* ***sit.***

SAT [eseɪ'tiː] **1.** *Am*. ***scholastic aptitude test*** Aufnahmeprüfung *f*. **2.** *Br*. ***standard assessment task*** Einstufungstest *m*.

Sa·tan ['seɪtən] *s* der Satan.

sa·tan·ic [sə'tænɪk] *adj* (**~*ally***) satanisch.

satch·el ['sætʃəl] *s* (Schul)Ranzen *m*.

sat·el·lite ['sætəlaɪt] *s* **1.** *ast*. (*a. künstlicher*) Satellit: **~ *dish*** Satellitenschüssel *f*; **~ *picture*** Satellitenbild *n*; **~ *transmission*** *TV* Satellitenübertragung *f*; **~ *TV*** Satellitenfernsehen *n*. **2.** a) *a*. **~ *nation*** (*od*. ***state***) Satellit(enstaat) *m*, b) *a*. **~ *town*** Satellitenstadt *f*.

sa·ti·ate ['seɪʃɪeɪt] *v/t* (über)sättigen.

sat·ire ['sætaɪə] *s* Satire *f* (***on*** auf *acc*).

sa·tir·i·cal [sə'tɪrəkl] *adj* □ satirisch.

'sat·i·rize *v/t* satirisch darstellen.

sat·is·fac·tion [ˌsætɪs'fækʃn] *s* **1.** Befriedigung *f*. **2.** (***at, with***) Zufriedenheit *f* (mit), Genugtuung *f* (über *acc*): ***to s.o.'s ~*** zu j-s Zufriedenheit.

sat·is·fac·to·ry [ˌsætɪs'fæktərɪ] *adj* □ befriedigend, zufrieden stellend.

sat·is·fy ['sætɪsfaɪ] *v/t* **1.** *j-n* befriedigen, zufrieden stellen: ***be satisfied with*** zufrieden sein mit; ***a satisfied smile*** ein zufriedenes Lächeln. **2.** *Bedürfnis, Neugier etc* befriedigen; *Bedingungen etc* erfüllen. **3.** *j-n* überzeugen (***of*** von): ***be satisfied that*** davon überzeugt sein, dass.

sat·u·rate ['sætʃəreɪt] *v/t* **1.** (durch)tränken (***with*** mit): **~*d with*** (*od*. ***in***) ***blood*** blutgetränkt. **2.** ⚗ sättigen (*a. fig*.).

ˌsat·u'ra·tion *s* Sättigung *f*: **~ *point*** ⚗ Sättigungspunkt *m*; ***reach ~ point*** *fig*. s-n Sättigungsgrad erreichen.

Sat·ur·day ['sætədɪ] *s* Sonnabend *m*, Samstag *m*: ***on ~*** (am) Samstag; ***on ~s*** samstags.

Sat·urn ['sætən] *s ast*. Saturn *m*.

sauce [sɔːs] *s* **1.** Soße *f*. **2.** F Frechheit *f*: **'~·pan** *s* Kochtopf *m*.

sauc·er ['sɔːsə] *s* Untertasse *f*.

sau·ci·ness ['sɔːsɪnɪs] *s* F Frechheit *f*.

'sau·cy *adj* □ F frech.

Sau·di ['saʊdɪ] *s* F Saudi *m, f*. **'~ A'ra·bia** *npr* Saudi-Arabien *n*. **'~ A'ra·bian** I *adj* saudi-arabisch. II *s* Saudi-Araber(in).

sau·er·kraut ['saʊəkraʊt] *s* Sauerkraut *n*.

sau·na ['sɔːnə] *s* Sauna *f*: ***have a ~*** in die Sauna gehen.

saun·ter ['sɔːntə] I *v/i* bummeln, schlendern. II *s* Bummel *m*.

sau·sage ['sɒsɪdʒ] *s* Wurst *f*.

sav·age ['sævɪdʒ] I *adj* □ wild: a) unzivilisiert, b) gefährlich (*Tier*), c) brutal, d) schonungslos. II *s* Wilde *m, f*. III *v/t* anfallen (*Tier*).

save [seɪv] I *v/t* **1.** retten (***from*** vor *dat*): **~ *s.o.'s life*** j-m das Leben retten; → ***bacon, face*** 4, ***neck*** 1, ***skin*** 1. **2.** *Geld, Zeit etc* (ein)sparen; *et*. aufheben, (***for*** für): **~ *s.th. for s.o.*** j-m et. aufheben; **~ *one's strength*** s-e Kräfte schonen. **3.** *j-m et*. ersparen: ***you***

S

can ~ your excuses du kannst dir d-e Ausreden sparen; **~ s.o. doing s.th.** es j-m ersparen, et. zu tun. **4.** *Sport*: *Schuss* halten, *a. Matchball etc* abwehren; *Tor* verhindern. **5.** *Computer*: speichern. **II** *v/i* **6.** *a.* **~ up** sparen (**for** für, auf *acc*). **7. ~ on** *et.* (ein)sparen. **III** *s* **8.** *Sport*: Parade *f.*

'sav·er *s* **1.** Retter(in). **2.** Sparer(in). **3.** *in Zssgn*: **be a real time ~** e-e Menge Zeit sparen.

'sav·ing I *s* **1.** Ersparnis *f* (**on** gegenüber): **~ on working hours** Arbeitseinsparung *f.* **2.** *pl* Ersparnisse *pl*: **~s account** *Am.* Sparkonto *n*; **~s and loan association** *Am.* Bausparkasse *f*; **~s bank** Sparkasse *f*; **~ bond** *Br.* Sparbond *m*; **~s incentive scheme** Sparförderungsmaßnahmen *pl*; **~s premium** Sparprämie *f.* **II** *adj* **3. his** (**only**) **~ grace** das einzig Gute an ihm.

sav·io(u)r ['~jə] *s* Retter(in): **the Savio(u)r** *eccl.* der Heiland *od.* Erlöser.

sa·vo(u)r ['seɪvə] **I** *s* **1.** (**of**) Geruch *m* (nach, von), Geschmack *m* (nach): **~ of garlic** Knoblauchgeruch. **2.** *fig.* Reiz *m.* **II** *v/t* **3.** mit Genuss essen *od.* trinken. **III** *v/i* **4. ~ of** *fig.* e-n Beigeschmack haben von.

'sa·vo(u)r·y *adj* □ schmackhaft.

sa·voy [sə'vɔɪ] *s* ♀ Wirsing(kohl) *m.*

sav·vy ['sævɪ] *s sl.* Grips *m*, Köpfchen *n.*

saw¹ [sɔː] *pret von* **see.**

saw² [~] **I** *s* Säge *f.* **II** *v/t* (*mst irr*) sägen: **~ off** absägen; **~ up** zersägen. **'~·dust** *s* Sägespäne *pl.* **'~·mill** *s* Sägewerk *n.*

sawn [sɔːn] *pp von* **saw².**

Sax·on ['sæksn] *hist.* **I** *s* (Angel)Sachse *m*, (-)Sächsin *f.* **II** *adj* (angel)sächsisch.

sax·o·phone ['sæksəfəʊn] *s* ♪ Saxophon *n.*

sax·o·phon·ist [~'sɒfənɪst] *s* Saxophonist(in).

say [seɪ] **I** *v/t* (*irr*) **1.** sagen (**to** zu): **they ~ he is rich, he is said to be ~** man sagt, er sei reich; er soll reich sein; **what does your watch ~?** wie spät ist es auf deiner Uhr?; **you can ~ that again!** das kannst du laut sagen!; **~, haven't I ...?** *Am.* F sag mal, habe ich nicht ...?; → **easy** 8, **jack** 1, **knife** I, **nothing** I, **when** 5. **2.** *Gebet* sprechen, *Vaterunser etc* beten: → **grace** 6. **3.** annehmen: (**let's**) **~ this happens** angenommen *od.* nehmen wir einmal an, das geschieht; **a sum of, ~, £500** e-e Summe von, sagen wir, 500 Pfund. **4.** (be)sagen, bedeuten: **that is to ~** das heißt. **II** *v/i* (*irr*) **5.** es sagen: **I can't ~** das kann ich nicht sagen; **you don't ~ (so)!** was du nicht sagst!; **it goes without ~ing** es versteht sich von selbst (**that** dass). **III** *s* **6.** Mitspracherecht *n* (**in** bei). **7. have one's ~** s-e Meinung äußern, zu Wort kommen: **he always has to have his ~** er muss immer mitreden.

SAYE ***save as you earn*** steuerfreies Sparen durch Abzug vom Lohn.

'say·ing *s* Sprichwort *n*, Redensart *f*: **as the ~ goes** wie man (so) sagt.

'say-so *s* F **1. just on his ~** auf s-e bloße Behauptung hin, nur weil er es sagt. **2. on his ~** mit s-r Erlaubnis.

s/c, s.c. ***self-contained*** abgeschlossen.

scab [skæb] *s* **1.** ⚕ Grind *m*, Schorf *m.* **2.** *vet.* Räude *f.* **3.** *sl.* Streikbrecher(in).

'scab·by *adj* **1.** grindig, schorfig. **2.** ⚕ krätzig; *vet.* räudig.

sca·bi·es ['skeɪbiːz] *s* ⚕ Krätze *f.*

scaf·fold ['skæfəʊld] *s* **1.** (Bau)Gerüst *n.* **2.** Schafott *n.*

scaf·fold·ing ['~fəldɪŋ] → **scaffold** 1.

scal·a·wag ['skæləwæg] *bsd. Am.* → **scallywag.**

scald [skɔːld] **I** *v/t* **1.** sich *die Finger etc* verbrühen (**on, with** mit): **be ~ed to death** tödliche Verbrühungen erleiden (**by** durch). **2.** *bsd. Milch* abkochen. **II** *s* **3.** Verbrühung *f.*

'scald·ing *adj u. adv*: **~ (hot)** kochend heiß.

scale¹ [skeɪl] **I** *s* **1.** *zo.* (*a. Haut*)Schuppe *f*: **the ~s fell from my eyes** *fig.* es fiel mir wie Schuppen von den Augen. **2.** Kesselstein *m.* **II** *v/t* **3.** *Fisch* (ab)schuppen.

scale² [~] *s* **1.** Waagschale *f.* **2.** *mst pl*, *a.* **pair of ~s** Waage *f*: **tip the ~s** *fig.* den Ausschlag geben (**in favo[u]r of** für). **3. Scales** *sg ast.* Waage *f.*

scale³ [~] **I** *s* **1.** Skala *f* (*a. fig.*), Grad- *od.* Maßeinteilung *f.* **2.** ⚒, *tech.* Maßstab *m*: **to ~** maßstab(s)gerecht, -getreu; **~ model** maßstab(s)gerechtes *od.* -getreues Modell. **3.** ♪ Skala *f*, Tonleiter *f.* **4.** *fig.* Ausmaß *n*, Maßstab *m*, Umfang *m*: **on a large ~** in großem Umfang. **II** *v/t* **5.** erklettern. **6. ~ down (up)** *fig.* verringern (erhöhen).

scal·lop ['skɒləp] *s zo.* Kammmuschel *f.*

scal·ly·wag ['skælɪwæg] *s bsd. Br.* Schlingel *m*, (kleiner) Strolch.

scalp [skælp] **I** *s* **1.** *anat.* Kopfhaut *f.* **2.** Skalp *m*: **be out for s.o.'s ~** *fig.* auf j-s Skalp aus sein. **II** *v/t* **3.** skalpieren.

scal·pel ['skælpəl] *s* ⚕ Skalpell *n.*

scamp [skæmp] *s* Schlingel *m.*

scam·per ['skæmpə] *v/i* trippeln (*Kind etc*); huschen (*Maus etc*).

scan [skæn] **I** *v/t* **1.** *et.* absuchen (**for** nach). **2.** *Zeitung etc* überfliegen. **3.** *Metrik*: skandieren. **4.** *Radar, TV*: abtasten. **5.** *a.* **~ in** *Computer*: (ein)scannen. **II** *s* **6.** ⚕ *etc* Scanning *n*; *Br.* Ultraschallaufnahme *f.*

scan·dal ['skændl] *s* **1.** Skandal *m.* **2.** Skandalgeschichten *pl*, Klatsch(geschichten *pl*) *m.*

scan·dal·ize ['~dəlaɪz] *v/t*: **he was ~d** er war

S

empört *od.* entrüstet (**by, at** über *acc*; **to hear** als er hörte).
'scan·dal,mon·ger *s* Klatschmaul *n.*
scan·dal·ous ['skændələs] *adj* □ **1.** skandalös: **be ~** *a.* ein Skandal sein (**that** dass). **2.** Skandal...
Scan·di·na·via [,skændɪ'neɪvjə] *npr* Skandinavien *n.*
Scan·di·na·vi·an [,skændɪ'neɪvjən] **I** *s* Skandinavier(in). **II** *adj* skandinavisch.
scan·ner ['skænə] *s Computer*: Scanner *m*, Bildabtaster *m.*
scant [skænt] *adj* □ dürftig, gering.
scant·y ['skæntɪ] *adj* □ dürftig, kärglich (*Mahlzeit*); knapp (*Bikini etc*).
scape·goat ['skeɪpgəʊt] *s* Sündenbock *m.*
scar [skɑː] **I** *s* Narbe *f*; Schramme *f*, Kratzer *m.* **II** *v/t* Narben *od.* e-e Narbe hinterlassen auf (*dat*); *fig. j-n* zeichnen.
scarce [skeəs] *adj* **1.** knapp (*Ware*): **make o.s. ~** F sich dünn machen. **2.** selten.
'scarce·ly *adv* **1.** kaum. **2.** kaum, schwerlich.
'scarce·ness, 'scar·ci·ty *s* **1.** Knappheit *f*, Mangel *m* (**of** an *dat*). **2.** Seltenheit *f.*
scar·ci·ty val·ue *s* Seltenheitswert *m.*
scare [skeə] **I** *v/t* **1.** erschrecken, *j-m* e-n Schreck(en) einjagen: **be ~d** Angst haben (**of** vor *dat*). **2. ~ away** (*od.* **off**) verjagen, -scheuchen; *fig. j-n* ab-, verschrecken. **II** *v/i* **3. ~ easily** schreckhaft sein. **III** *s* **4.** Schreck(en) *m*: **give s.o. a ~** → 1. **5.** Panik *f.* **'~·crow** *s* Vogelscheuche *f* (*a. fig.*). **'~,mon·ger** *s* Panikmacher(in).
scarf [skɑːf] *pl* **scarfs, scarves** [skɑːvz] *s* Schal *m*; Hals-, Kopftuch *n.*
scar·let ['skɑːlət] *adj* scharlachrot: **~ fever** ⚕ Scharlach *m.*
scar·per ['skɑːpə] *v/i Br. sl.* abhauen.
scarred [skɑːd] *adj* narbig.
scarves [skɑːvz] *pl von* **scarf.**
scar·y ['skeərɪ] *adj* F **1.** unheimlich (*Gegend etc*); grus(e)lig (*Geschichte etc*): **~ film** Gruselfilm *m.* **2.** furchtsam; schreckhaft.
scath·ing ['skeɪðɪŋ] *adj* □ ätzend, vernichtend (*Kritik etc*).
scat·ter ['skætə] **I** *v/t* **1.** *a.* **~ about** (*od.* **around**) ver-, ausstreuen: **be ~ed all over the place** überall herumliegen; **~ money about** *fig.* mit dem Geld um sich werfen. **2.** *Menge etc* zerstreuen, *Vögel etc* auseinander scheuchen. **II** *v/i* **3.** sich zerstreuen (*Menge etc*), auseinander stieben (*Vögel etc*), sich zerteilen (*Nebel etc*). **'~·brain** *s* F Schussel *m.* **'~·brained** *adj* F schusselig, schusslig.
scat·tered ['skætəd] *adj* **1.** ver- *od.* zerstreut (liegend) (*Häuser etc*). **2.** vereinzelt (*Schauer etc*).
scav·enge ['skævɪndʒ] **I** *v/i* **1. ~ on** *zo.* leben von (*Abfällen, Aas*). **2.** *a.* **~ for food** (nach) Nahrung suchen: **~ in** herumwühlen in (*dat*). **II** *v/t* **3.** → 1. **4.** *et.* ergattern.
'scav·en·ger *s zo.* Aasfresser *m.*
sce·nar·i·o [sɪ'nɑːrɪəʊ] *pl* **-os** *s Film, thea., TV*: Szenario *n* (*a. fig.*), Szenarium *n.*
scene [siːn] *s* **1.** *thea. etc* a) Szene *f*: **change of ~** Szenenwechsel *m*; *fig.* Tapetenwechsel *m*, b) Bühnenbild *n*, Kulissen *pl*: **behind the ~s** hinter den Kulissen (*a. fig.*), c) Ort *m* der Handlung, Schauplatz *m* (*a. e-s Romans etc*). **2.** Schauplatz *m*: **~ of accident** (**crime, crash**) Unfallort *m* (Tatort *m*, Absturzstelle *f*); **be on the ~** zur Stelle sein; **come on(to) the ~** auf der Bildfläche erscheinen, auftauchen. **3.** Szene *f*, Anblick *m*: **~ of destruction** Bild *n* der Zerstörung. **4.** Szene *f*, (heftiger) Auftritt: **make a ~** (j-m) e-e Szene machen. **5.** F (*Drogen-, Pop- etc*)Szene *f.* **6. ... is not my ~** F ... ist nicht mein Fall.
scen·er·y ['siːnərɪ] *s* **1.** Landschaft *f*, Gegend *f.* **2.** *thea.* Bühnenbild *n*, Kulissen *pl.*
sce·nic ['siːnɪk] *adj* (**~ally**) **1.** landschaftlich, Landschafts... **2.** landschaftlich schön, malerisch: **~ road** landschaftlich schöne Strecke. **3.** *thea.* Bühnen...
scent [sent] **I** *s* **1.** Duft *m*, Geruch *m.* **2.** *bsd. Br.* Parfüm *n.* **3.** *hunt.* Witterung *f*: **be on the ~ of** *fig. e-r Sache* auf der Spur sein; **follow a wrong ~** *fig.* e-e falsche Spur verfolgen. **II** *v/t* **4.** wittern (*a. fig.*). **5. be ~ed with** vom Duft (*gen*) erfüllt sein. **6.** *bsd. Br.* parfümieren.
scep·ter *Am.* → **sceptre.**
scep·tic ['skeptɪk] *s Br.* Skeptiker(in).
'scep·ti·cal *adj* □ skeptisch: **be ~ about** (*od.* **of**) **s.th.** e-r Sache skeptisch gegenüberstehen.
scep·ti·cism ['skeptɪsɪzəm] *s* Skepsis *f.*
scep·tre ['septə] *s bsd. Br.* Zepter *n.*
sched·ule ['ʃedjuːl] **I** *s* **1.** Aufstellung *f*, Verzeichnis *n.* **2.** (*Arbeits-, Stunden-, Zeit- etc*)Plan *m*; Programm *n*; Fahr-, Flugplan *m*: **three months ahead of ~** drei Monate früher als vorgesehen; **be behind ~** Verspätung haben, *weitS.* im Verzug *od.* Rückstand sein; **on ~** (fahr)planmäßig, pünktlich; **~ diary** Zeitplaner *m.* **II** *v/t* **3.** *et.* ansetzen (**for** auf *acc*, für); **it is ~d to take place tomorrow** es soll mor- gen stattfinden; **~d departure** (fahr)planmäßige Abfahrt; **~d flight** Linienflug *m.*
sche·mat·ic [skɪ'mætɪk] *adj* (**~ally**) schematisch.
scheme [skiːm] **I** *s* **1.** Schema *n*, System *n.* **2.** *bsd. Br.* Programm *n*, Projekt *n.* **3.** Intrige *f*, *pl a.* Machenschaften *pl.* **II** *v/i* **4.** intrigieren (**against** gegen): **~ for** hinarbeiten auf (*acc*).

S

'schem·er *s* Intrigant(in).
'schem·ing *adj* □ intrigant.
schiz·o·phre·ni·a [ˌskɪtsəʊ'friːnjə] *s psych.* Schizophrenie *f.*
schiz·o·phren·ic [ˌ~'frenɪk] **I** *adj* (~**ally**) schizophren. **II** *s* Schizophrene *m, f.*
schlep [ʃlep] *Am.* F **I** *v/t* schleppen. **II** *v/i* latschen.
schmal(t)z [ʃmɒlts] *s bsd.* ♪ F Schmalz *m.*
'schmal(t)z·y *adj* F schmalzig.
schmooze [ʃmuːz] *v/i Am.* F plaudern.
schnapps [ʃnæps] *s* Schnaps.
schnit·zel ['ʃnɪtsl] *s gastr.* Wiener Schnitzel *n.*
schol·ar ['skɒlə] *s* **1.** Gelehrte *m, f, bsd.* Geisteswissenschaftler(in). **2.** *univ.* Stipendiat(in).
'schol·ar·ly *adj* **1.** gelehrt. **2.** wissenschaftlich.
'schol·ar·ship *s* **1.** Gelehrsamkeit *f.* **2.** *univ.* Stipendium *n.*
school¹ [skuːl] *s* Schule *f,* Schwarm *m* (*Delfine, Heringe etc*).
school² [~] **I** *s* **1.** *allg.* Schule *f* (*a. fig.*): ***at*** (*Am.* ***in***) ~ auf *od.* in der Schule; ***go to*** ~ in die *od.* zur Schule gehen; ***there is no ~ today*** heute ist schulfrei *od.* kein Unterricht; → ***old*** 1. **2.** *Am.* Hochschule *f.* **3.** *univ.* Fakultät *f;* Fachbereich *m.* **II** *v/t* **4.** *j-n* schulen, unterrichten (***in*** in *dat*); *Tier* dressieren: ~ ***o.s. to do s.th.*** es sich angewöhnen, et. zu tun. ~ **age** *s* schulpflichtiges Alter: ***be of*** ~ schulpflichtig *od.* im schulpflichtigen Alter sein. '~**-age** *adj* schulpflichtig, im schulpflichtigen Alter. '~**·bag** *s* Schultasche *f.* '~**·boy** *s* Schuljunge *m,* Schüler *m.* ~ **bus** *s* Schulbus *m.* '~**·child** *s* (*irr* ***child***) Schulkind *n.* ~ **days** *s pl* Schulzeit *f.* '~**·girl** *s* Schulmädchen *n,* Schülerin *f.*
school·ing ['skuːlɪŋ] *s* Ausbildung *f,* Schulung *f.*
school| leav·er *s bsd. Br.* Schulabgänger(in). '~**·mate** *s* Schulkamerad(in), Mitschüler(in). ~ **per·form·ance** *s* schulische Leistungen *pl.* ~ **ship** *s* Schulschiff *n.* '~ˌ**teach·er** *s* (Schul)Lehrer(in). '~**·work** *s* Schulaufgaben *pl.* '~**·yard** *s* Schulhof *m.* ~ **year** *s* Schuljahr *n.*
schoon·er ['skuːnə] *s* **1.** ⚓ Schoner *m.* **2.** *Br.* großes Sherryglas; *Am.* großes Bierglas.
sci·at·ic [saɪ'ætɪk] *adj* ⚕ Ischias...
sci'at·i·ca [~kə] *s* ⚕ Ischias *m, n, f.*
sci·ence ['saɪəns] *s* **1.** Wissenschaft *f.* **2.** *a.* ***natural*** ~ Naturwissenschaft(en *pl*) *f.* **3.** *fig.* Kunst *f,* Lehre *f.* ~ **fic·tion** *s* Sciencefiction *f.* ~ **park** *s* Technologiepark *m.*
sci·en·tif·ic [ˌsaɪən'tɪfɪk] *adj* (~**ally**) **1.** (*engS.* natur)wissenschaftlich. **2.** *fig.* systematisch.
'sci·en·tist *s* (*engS.* Natur)Wissenschaftler(in): ***natural*** ~ Naturwissenschaftler(in).
sci-fi [ˌsaɪ'faɪ] *s* F Sciencefiction *f.*
scin·til·lat·ing ['sɪntɪleɪtɪŋ] *adj* sprühend (*Geist, Witz*), geistsprühend (*Unterhaltung etc*).
scis·sors ['sɪzəz] *s pl, a.* ***pair of*** ~ Schere *f.*
scle·ro·sis [ˌsklɪə'rəʊsɪs] *s* ⚕ Sklerose *f.*
scoff¹ [skɒf] **I** *v/i* spotten (***at*** über *acc*). **II** *s* spöttische Bemerkung.
scoff² [~] *v/t* F *Kuchen etc* verdrücken.
scold [skəʊld] *v/t* ausschelten, -schimpfen, schimpfen mit (***for*** wegen).
'scold·ing *s* Schelte *f*: ***give*** *s.o.* ***a*** ~ → ***scold.***
scol·lop ['skɒləp] → ***scallop.***
sconce [skɒns] *s* Wandleuchte *f.*
scone [skɒn] *s kleiner runder Kuchen, mit Butter serviert.*
scoop [skuːp] **I** *s* **1.** Schöpfkelle *f,* Schöpfer *m;* (*Mehl- etc*)Schaufel *f;* (*Eis*)Portionierer *m.* **2.** Kugel *f* (*Eis*). **3.** *Presse, Rundfunk, TV*: (sensationelle) Erstmeldung. **II** *v/t* **4.** schöpfen; schaufeln.
scoot [skuːt] *v/i* F abhauen; rennen.
scoot·er ['skuːtə] *s* **1.** (Kinder)Roller *m.* **2.** (*Motor*)Roller *m.*
scope [skəʊp] *s* **1.** Bereich *m*: ***be within*** (***beyond***) ***the*** ~ ***of*** sich im Rahmen (*gen*) halten (den Rahmen [*gen*] sprengen). **2.** (Spiel)Raum *m,* (Entfaltungs)Möglichkeit(en *pl*) *f* (***for*** für).
scorch [skɔːtʃ] **I** *v/t* **1.** an-, versengen, verbrennen. **2.** ausdörren. **II** *v/i* **3.** *mot.* F rasen. **III** *s* **4.** *a.* ~ ***mark*** angesengte Stelle, Brandfleck *m.*
'scorch·er *s* F glühend heißer Tag.
'scorch·ing *adj* F glühend heiß, sengend (*Hitze*).
score [skɔː] **I** *s* **1.** (Spiel)Stand *m;* (Spiel)Ergebnis *n*: ***what is the*** ~**?** wie steht es *od.* das Spiel?; ***the*** ~ ***stood at*** (*od.* ***was***) **2–1** das Spiel stand 2:1; ***keep*** (***the***) ~ anschreiben. **2.** *Sport*: Torerfolg *m.* **3.** ♪ Partitur *f;* Musik *f* (*zu e-m Film etc*). **4. *on that*** ~ deshalb, in dieser Hinsicht. **5. *have a*** ~ ***to settle with s.o.*** e-e alte Rechnung mit j-m zu begleichen haben. **6.** ~***s*** *pl* ***of*** e-e Menge ... **7.** *a.* ~ ***mark*** Kerbe *f,* Rille *f.* **II** *v/t* **8.** *Sport*: *Treffer etc* erzielen, *Tor a.* schießen; *a. allg. Erfolg, Sieg* erringen. **9.** *Sport*: *j-m Punkte, Note* geben. **10.** ♪ in Partitur setzen; instrumentieren, setzen (***for*** für); die Musik schreiben zu *od.* für. **11.** einkerben. **12.** ~ ***out*** (*od.* ***through***) aus-, durchstreichen. **III** *v/i* **13.** *Sport*: e-n Treffer *etc* erzielen, ein Tor schießen: ***he*** ~***d twice*** er war zweimal erfolgreich. **14.** erfolgreich sein, Erfolg haben (***with*** mit): ~ ***off s.o.*** j-n als dumm hinstellen *od.* lächerlich machen; ~ ***with a***

S

girl *sl.* ein Mädchen ins Bett kriegen. **'~board** *s Sport*: Anzeigetafel *f.* **'~line** *s Sport*: Endstand *m.*

scor·er ['skɔːrə] *s* (*Sport*) **1.** Torschütze *m*, -schützin *f.* **2.** Anschreiber(in).

scorn [skɔːn] *s* Verachtung *f* (***for*** für, gegen): ***pour ~ on*** *et.* verächtlich abtun.

scorn·ful ['~fʊl] *adj* □ verächtlich.

Scor·pi·o ['skɔːpɪəʊ] *s ast.* Skorpion *m*: ***be*** (***a***) ~ Skorpion sein.

scor·pi·on ['skɔːpjən] *s zo.* Skorpion *m.*

Scot [skɒt] *s* Schotte *m*, Schottin *f.*

Scotch [skɒtʃ] **I** *adj* schottisch (*Whisky etc*). **II** *s* Scotch *m* (*schottischer Whisky*). **~tape** *s* (*TM*) *Am.* Klebestreifen *m.*

scot-free [ˌskɒt'friː] *adj*: ***get off ~*** ungeschoren davonkommen.

Scot·land ['skɒtlənd] *npr* Schottland *n.*

Scots [skɒts] *adj* schottisch. **~·man** ['~mən] *s* (*irr* ***man***) Schotte *m.* **'~ˌwom·an** *s* (*irr* ***woman***) Schottin *f.*

Scot·tish ['skɒtɪʃ] *adj* schottisch.

scoun·drel ['skaʊndrəl] *s* Schurke *m*, Schurkin *f*, Schuft *m.*

scour¹ ['skaʊə] *v/t Topf etc* scheuern, *Fußboden etc a.* schrubben.

scour² *v/t Gegend etc* absuchen, abkämmen (***for*** nach).

scourge [skɜːdʒ] **I** *s* Geißel *f* (*a. fig.*). **II** *v/t* geißeln, *fig. a.* heimsuchen.

scout [skaʊt] **I** *s* **1.** *oft* ***Scout*** Pfadfinder *m*; *Am.* Pfadfinderin *f.* **2.** *mil.* Kundschafter(in), Späher(in). **3.** *Br.* motorisierter Pannenhelfer (*e-s Automobilklubs*). **4.** *bsd. Sport*: Talentsucher(in). **II** *v/i* **5.** ***~ about*** (*od.* ***around***) sich umsehen (***for*** nach). **III** *v/t* **6.** *a.* ***~ out*** *mil.* auskundschaften, erkunden.

scowl [skaʊl] **I** *v/i* ein böses Gesicht machen: ***~ at*** *j-n* bös anschauen. **II** *s* böses Gesicht.

scrab·ble ['skræbl] *v/i mst* ***~ about*** (*od.* ***around***) herumwühlen (***for*** nach).

scrag·gy ['skrægɪ] *adj* □ dürr, knochig.

scram [skræm] *v/i* F *oft imp* abhauen, Leine ziehen.

scram·ble ['skræmbl] **I** *v/i* **1.** klettern; krabbeln. **2.** sich raufen (*a. fig.*), (*bsd. Kinder*) sich balgen (***for*** um); sich drängeln (***for*** zu). **II** *v/t* **3.** *Ei* verrühren: ***~d eggs*** *pl* Rührei(er *pl*) *n.* **4.** *Funkspruch etc* zerhacken. **III** *s* **5.** Kletterei *f.* **6.** Rauferei *f*, Balgerei *f*; Drängelei *f.*

'scram·bler *s tech.* Zerhacker *m.*

scrap¹ [skræp] **I** *s* **1.** Stückchen *n*; Fetzen *m*: ***there is not a ~ of evidence*** es gibt nicht den geringsten Beweis; ***there is not a ~ of truth in it*** daran ist kein Wort wahr. **2.** *pl* (Speise)Reste *pl.* **3.** Altmaterial *n*; Altmetall *n*, Schrott *m*: ***sell s.th. for ~*** et. als Schrott verkaufen. **II** *v/t* **4.** *unbrauchbar Gewordenes* ausrangieren; *Plan etc* aufgeben, fallen lassen, *Methode etc a.* zum alten Eisen werfen. **5.** verschrotten.

scrap² [~] F **I** *v/i* sich streiten; sich balgen. **II** *s* Streiterei *f*; Balgerei *f.*

'scrap·book *s* Sammelalbum *n.*

scrape [skreɪp] **I** *v/t* **1.** (ab)kratzen, (ab-)schaben (***from*** von); *Schuhe etc* abkratzen; *Karotten etc* schaben: ***~ off*** abkratzen *od.* abschaben (von); ***~ together*** (*od.* ***up***) *Geld* zs.-kratzen; ***~ a living*** *fig.* sich gerade so über Wasser halten. **2.** sich *die Knie etc* ab- *od.* aufschürfen (***on*** auf *dat*); *Wagen etc* ankratzen. **II** *v/i* **3.** scheuern (***against*** an *dat*): ***~ along the ground*** am Boden schleifen. **4.** *fig.* ***~ along*** (*od.* ***by***) über die Runden kommen (***on*** mit); ***~ through an examination*** mit Ach u. Krach durch e-e Prüfung kommen. **III** *s* **5.** Kratzen *n.* **6.** Aufschürfung *f*, Schürfwunde *f.* **7.** ***be in a ~*** F in Schwulitäten sein.

'scrap·er *s tech.* Kratzer *m*, Schaber *m.*

scrap| heap *s* Schrotthaufen *m*: ***be on the ~*** *fig.* zum alten Eisen gehören. **~ met·al** *s* Altmetall *n*, Schrott *m.* **~ pa·per** *s bsd. Br.* Schmierpapier *n.*

scrap·py ['skræpɪ] *adj* zs.-gestoppelt.

scrap| val·ue *s* Schrottwert *m.* **'~·yard** *s* Schrottplatz *m.*

scratch [skrætʃ] **I** *v/t* **1.** (zer)kratzen, *Wagen etc* ankratzen: ***~ one's arm on a nail*** sich den Arm an e-m Nagel aufreißen. **2.** a) (ab)kratzen (***from*** von): ***~ off*** abkratzen (von), b) *s-n Namen etc* einkratzen (***on*** in *acc*). **3.** *j-n, sich* kratzen: ***~ one's nose*** sich an der Nase kratzen; ***~ one's head*** sich den Kopf kratzen (*vor Verlegenheit etc*). **II** *v/i* **4.** kratzen (***at*** an *dat*). **5.** sich kratzen. **III** *s* **6.** Kratzer *m.* **7.** *fig.* ***start from ~*** ganz von vorn anfangen; ***be*** (*od.* ***come***) ***up to ~*** den Anforderungen *od.* Erwartungen entsprechen. **IV** *adj* **8.** (bunt) zs.-gewürfelt (*Mannschaft etc*). **'~·pad** *s* **1.** *bsd. Am.* Schmierblock *m.* **2.** *Computer*: Notizblockspeicher *m.* **~ pa·per** *s Am.* Schmierpapier *n.*

scratch·y ['skrætʃɪ] *adj* □ **1.** kratzend (*Geräusch*). **2.** zerkratzt (*Schallplatte*). **3.** kratzig (*Pullover etc*).

scrawl [skrɔːl] **I** *v/t* **1.** (hin)kritzeln. **II** *s* **2.** Gekritzel *n.* **3.** Klaue *f.*

scraw·ny ['skrɔːnɪ] *adj* □ dürr.

scream [skriːm] **I** *v/i* **1.** schreien (***with*** vor *dat*): ***~ with laughter*** vor Lachen brüllen. **II** *v/t* **2.** *a.* ***~ out*** schreien: ***~ o.s. hoarse*** sich heiser schreien; ***~ the place down*** F zetermordio schreien; → ***rooftop.*** **III** *s* **3.** Schrei *m*: ***~s*** *pl* ***of laughter*** brüllendes Gelächter. **4.** ***be a ~*** F zum Schreien (komisch) sein.

scree [skriː] *s* Geröll *n.*

S

screech [skriːtʃ] I *v/i u. v/t* kreischen (*a. Bremsen etc*), (gellend) schreien. II *s* Kreischen *n*; (gellender) Schrei.
screed [skriːd] *s* langatmige Rede *etc*, Roman *m*.
screen [skriːn] I *s* **1.** Wandschirm *m*. **2.** *Film*: Leinwand *f*: ***adapt for the ~*** für den Film bearbeiten. **3.** *Radar, TV etc*: (Bild)Schirm *m*: ***~ filter*** Bildschirmfilter *m, n*; ***~ flicker*** Bildschirmflimmern; ***~ resolution*** Bildschirmauflösung *f*. **4.** *fig*. Tarnung *f*. II *v/t* **5.** abschirmen. **6.** ***~ off*** abtrennen. **7.** *Film* zeigen, *Fernsehprogramm a.* senden. **8.** *fig. j-n* überprüfen. '**~·play** *s Film*: Drehbuch *n*. '**~-sav·er** *s Computer*: Bildschirmschoner *m*. **~ test** *s Film*: Probeaufnahmen *pl*. '**~-writ·er** *s Film*: Drehbuchautor(in).
screw [skruː] I *s* **1.** *tech*. Schraube *f*: ***he has a ~ loose*** F bei ihm ist e-e Schraube locker; ***put the ~s on s.o.*** *fig*. j-m (die) Daumenschrauben anlegen *od.* ansetzen. II *v/t* **2.** (an)schrauben (***to*** an *acc*): ***~ together*** zs.-, verschrauben. **3.** *a.* ***~ up*** *Papier etc* zs.-, zerknüllen. **4.** ***~ up*** a) *Augen* zs.-kneifen, *Gesicht* verziehen, b) F *Plan etc* vermasseln. **5.** ***~ s.th. out of s.o.*** et. aus j-m herauspressen. **6.** (*a. v/i*) V bumsen, vögeln. '**~·ball** *s bsd. Am.* F Spinner(in). '**~ˌdriv·er** *s tech*. Schraubenzieher *m*. **~ top** *s* Schraubverschluss *m*.
screw·y ['skruːɪ] *adj* F verrückt.
scrib·ble ['skrɪbl] I *v/t* (hin)kritzeln. II *s* Gekritzel *n*.
'**scrib·bler** *s humor. od. contp.* Schreiberling *m*.
scrimp [skrɪmp] *v/i* den Gürtel enger schnallen: ***~ and scrape*** jeden Pfennig zweimal umdrehen.
scrip [skrɪp] *s* Interimsschein *m*: ***~ issue*** Ausgabe *f* von Gratisaktien.
script [skrɪpt] *s* **1.** Manuskript *n* (*e-r Rede etc*); (*Film, TV*) Drehbuch *n*, Skript *n*; *thea.* Text(buch *n*) *m*. **2.** Schrift(zeichen *pl*) *f*. **3.** Schreibschrift *f*. **4.** *ped. univ. Br.* (schriftliche) Prüfungsarbeit.
Scrip·ture ['skrɪptʃə] *s, a.* ***the ~s*** *pl* die (Heilige) Schrift.
'**scriptˌwrit·er** *s Film, TV*: Drehbuchautor(in).
scroll [skrəʊl] I *s* Schriftrolle *f*. II *v/t* abrollen lassen. III *v/i Computer*: blättern; rollen.
scrooge [skruːdʒ] *s* Geizhals *m*.
scro·tum ['skrəʊtəm] *pl* **-tums, -ta** ['~tə] *s anat.* Hodensack *m*.
scrounge [skraʊndʒ] F I *v/i* schnorren (***off*** bei). II *v/t et.* schnorren (***off*** von, bei).
'**scroung·er** *s* F Schnorrer(in).
scrub[1] [skrʌb] *s* Gebüsch *n*, Gestrüpp *n*.
scrub[2] [~] I *v/t* **1.** *et.* schrubben, scheuern, *schweiz.* fegen. **2.** F streichen, ausfallen lassen. II *s* **3.** Schrubben *n*, Scheuern *n*, *schweiz.* Fegen *n*: ***give s.th. a ~*** → 1.
scrub·bing brush ['skrʌbɪŋ] *s, Am. a.* **scrub brush** *s* Scheuerbürste *f*.
scrub·by ['skrʌbɪ] *adj* gestrüppreich.
scruff [skrʌf] *s*: ***~ of the neck*** Genick *n*.
scruff·y ['skrʌfɪ] *adj* □ F schmudd(e)lig.
scrump·tious ['skrʌmpʃəs] *adj* □ F fabelhaft, lecker (*Speise*).
scrunch [skrʌntʃ] I *v/t a.* ***~ up*** *Papier etc* zs.-knüllen. II *v/i* knirschen.
scrup·le ['skruːpl] I *s* Skrupel *m*: ***have no ~s about doing s.th.*** → II; ***without ~*** skrupellos. II *v/i*: ***not to ~ to do s.th.*** keine Skrupel haben, et. zu tun.
scru·pu·lous ['~pjʊləs] *adj* □ gewissenhaft.
scru·ti·nize ['skruːtɪnaɪz] *v/t* **1.** genau prüfen. **2.** mustern.
'**scru·ti·ny** *s* **1.** genaue Prüfung. **2.** musternder *od.* prüfender Blick.
scu·ba ['skuːbə] *s* Tauchgerät *n*: ***~ diving*** (Sport)Tauchen *n*.
scuff [skʌf] *v/t* **1.** ***~ one's feet*** schlurfen. **2.** abwetzen.
scuf·fle ['skʌfl] I *v/i* (sich) raufen (***for*** um). II *s* Rauferei *f*, Handgemenge *n*.
scull [skʌl] (*Rudersport*) I *s* **1.** Skull *n*. **2.** Skullboot *n*, Skuller *m*. II *v/t u. v/i* **3.** skullen.
'**scull·er** *s* Skuller(in).
sculp·tor ['skʌlptə] *s* Bildhauer(in).
sculp·ture ['skʌlptʃə] I *s* Skulptur *f*, Plastik *f*, (*Kunst a.*) Bildhauerei *f*. II *v/t Figur etc* hauen (***in*** in *dat*, aus).
scum [skʌm] *s* **1.** Schaum *m*. **2.** *fig.* Abschaum *m*: ***the ~ of the earth*** der Abschaum der Menschheit.
scurf [skɜːf] *s* (Kopf)Schuppen *pl*.
'**scurf·y** *adj* schuppig.
scur·ril·ous ['skʌrələs] *adj* □ **1.** beleidigend; verleumderisch. **2.** derb (*Witz etc*).
scur·ry ['skʌrɪ] I *v/i* **1.** huschen. **2.** trippeln. II *s* **3.** Getrippel *n*.
scut·tle ['skʌtl] → ***scurry*** I.
scythe [saɪð] I *s* Sense *f*. II *v/t a.* ***~ down*** *Wiese etc* mähen.
S.D. ***short delivery*** unvollständige Lieferung.
s.d. ***sine die*** auf unbestimmte Zeit.
SDP *Br.* ***Social Democratic Party*** Sozialdemokratische Partei.
SDR ***special drawing rights*** Sonderziehungsrechte *pl*.
SE ***southeast*** SO, Südost(en *m*); ***southeast(ern)*** sö., südöstlich; ***Stock Exchange*** Börse *f*.
sea [siː] *s* Meer *n* (*a. fig.*), See *f*: ***at ~*** auf See; ***be all at ~*** *fig.* völlig ratlos sein; ***by ~*** auf

S

dem Seeweg; ***by the ~*** am Meer; ***go to ~*** zur See gehen; → ***put*** 12. **~ an·i·mal** *s* Meerestier *n.* **'~·bed** *s* Meeresboden *m*, -grund *m.* **'~·board** *s* Küste *f.* **'~·food** *s* Meeresfrüchte *pl.* **'~ˌgo·ing** *adj* hochseetüchtig, Hochsee... **'~·gull** *s orn.* Seemöwe *f.* **'~·horse** *s zo.* Seepferdchen *n.*

seal¹ [siːl] *pl* **~s,** *bsd. coll.* **~** *s zo.* Seehund *m*, Robbe *f.*

seal² [~] **I** *s* **1.** Siegel *n.* **2.** Siegel *n*, Versieg(e)lung *f*; Plombe *f.* **3.** *tech.* Dichtung *f.* **4.** ✆ Aufkleber *m.* **II** *v/t* **5.** siegeln. **6.** versiegeln; plombieren; *Briefumschlag etc* zukleben: ***~ed envelope*** verschlossener Briefumschlag *m.* **7.** *tech.* abdichten. **8.** **~ *off*** *Gegend etc* abriegeln. **9.** *fig.* besiegeln: ***~ s.o.'s fate*** j-s Schicksal besiegeln.

sea lev·el *s*: ***above*** (***below***) **~** über (unter) dem Meeresspiegel, über (unter) Meereshöhe.

seal·ing wax ['siːlɪŋ] *s* Siegelwachs *n.*

sea li·on *s zo.* Seelöwe *m.*

seam [siːm] *s* **1.** Saum *m*: ***burst at the ~s*** *bsd. fig.* aus allen Nähten platzen. **2.** Fuge *f.* **3.** *geol.* Flöz *n.*

sea|·man ['siːmən] *s* (*irr* ***man***) Seemann *m.* **~ mile** *s* Seemeile *f.*

seam·stress ['semstrɪs] *s* Näherin *f.*

seam·y ['siːmɪ] *adj*: **~ *side*** *fig.* Schattenseite(n *pl*) *f.*

'sea|·plane *s* See-, Wasserflugzeug *n.* **'~·port** *s* Seehafen *m*, Hafenstadt *f.* **~ pow·er** *s* Seemacht *f.*

sear [sɪə] *v/t* **1.** *Fleisch* rasch anbraten. **2.** brennen in (*dat*) (*Geruch etc*). **3.** *Pflanzen* vertrocknen lassen.

search [sɜːtʃ] **I** *v/i* **1.** suchen (***for*** nach): **~ *through*** durchsuchen; → ***high*** 7. **II** *v/t* **2.** *j-n, et.* durchsuchen (***for*** nach): **~ *me!*** F keine Ahnung! **3.** **~ *out*** *j-n* ausfindig machen; *et.* herausfinden. **III** *s* **4.** Suche *f* (***for*** nach): ***in ~ of*** auf der Suche nach. **5.** Durchsuchung *f.*

'search 'func·tion *s Computer*: Suchfunktion *f.* **~ in·struc·tion** *s* Suchbefehl *m.* **'~ op·er'a·tion** *s Computer*: Suchlauf *m.*

'search·ing *adj* ☐ forschend, prüfend (*Blick*); bohrend (*Frage*).

'search|·light *s* (Such)Scheinwerfer *m.* **~ par·ty** *s* Suchmannschaft *f*, -trupp *m.* **~ run** *s Computer*: Suchlauf *m.* **~ war·rant** *s* ⚖ Haussuchungs-, Durchsuchungsbefehl *m.*

'sea|·sick *adj* seekrank. **'~ˌsick·ness** *s* Seekrankheit *f.* **'~·side** *s*: ***at*** (*od.* ***by***) ***the ~*** am Meer; ***go to the ~*** ans Meer fahren; **~ *resort*** Seebad *n.*

sea·son ['siːzn] **I** *s* **1.** Jahreszeit *f*: → ***rainy.*** **2.** *allg.* Saison *f*, *thea. a.* Spielzeit *f*, (*Jagd-, Urlaubs- etc*)Zeit *f*: ***in*** (***out of***) **~** in (außerhalb der) (Hoch)Saison; ***Season's Greetings!*** Frohe Weihnachten!; → ***close season, compliment*** 2, ***high*** 4, ***low season, open*** 10, ***silly*** I. **3.** F → ***season ticket.*** **II** *v/t* **4.** *Speise* würzen. **5.** *Holz* ablagern.

sea·son·al ['~zənl] *adj* ☐ saisonbedingt; Saison...; *econ.* saisonbereinigt: **~ *adjustments*** *pl* Saisonbereinigungen *pl*; **~ *charge*** Saisonaufschlag *m*; **~ *employment*** Saisonbeschäftigung *f*; **~ *variation*** saisonale Schwankung; **~ *worker*** Saisonarbeiter *m*; ***~ly adjusted*** saisonbereinigt.

'sea·soned *adj* erfahren, routiniert.

'sea·son·ing *s* Gewürz *n.*

sea·son tick·et *s* **1.** 🚂 *etc* Dauer-, Zeitkarte *f.* **2.** *thea.* Abonnement *n.*

seat [siːt] **I** *s* **1.** Sitz(gelegenheit *f*) *m*; (Sitz)Platz *m*: ***take a ~*** Platz nehmen; ***take one's ~*** s-n Platz einnehmen. **2.** Sitz(fläche *f*) *m* (*e-s Stuhls etc*); Hosenboden *m*; Hinterteil *n*: ***do s.th. by the ~ of one's pants*** F et. nach Gefühl u. Wellenschlag tun. **3.** (*Geschäfts-, Regierungs- etc*)Sitz *m.* **II** *v/t* **4.** *j-n* setzen: ***be ~ed*** sitzen; ***please be ~ed*** bitte nehmen Sie Platz; ***remain ~ed*** sitzen bleiben. **5.** Sitzplätze bieten für, Platz bieten (*dat*): **~ *500 persons*** *a.* 500 Sitzplätze haben. **~ belt** *s* ✈, *mot.* Sicherheitsgurt *m*: ***fasten one's ~*** sich anschnallen; ***wear a ~*** angegurtet *od.* angeschnallt sein; **~ *tensioner*** Gurtstraffer *m.*

seat·er ['siːtə] *s* ✈, *mot. in Zssgn* ...sitzer *m.*

'seat·ing **I** *s* Sitzgelegenheit(en *pl*) *f.* **II** *adj*: ***a ~ capacity of 200*** 200 Sitzplätze.

sea| ur·chin ['ɜːtʃɪn] *s zo.* Seeigel *m.* **'~·weed** *s* ♣ (See)Tang *m.* **'~ˌworth·y** *adj* seetüchtig.

SEC *Am.* ***Securities and Exchange Commission*** Börsenaufsichtsbehörde *f.*

SEC. ***Secretary*** Sekr., Sekretär(in); Minister(in).

sec [sek] F → ***second²*** 2.

sec. ***second***(***s***) Sek., sek., s, Sekunde(n *pl*); ***secretary*** Sekr., Sekretär(in).

sec·a·teurs [ˌsekə'tɜːz] *s pl*, *a.* ***pair of ~*** *Br.* Gartenschere *f.*

se·ces·sion [sɪ'seʃn] *s pol. etc* Abspaltung *f* (***from*** von).

se·clud·ed [sɪ'kluːdɪd] *adj* abgelegen, abgeschieden (*Haus etc*); zurückgezogen (*Leben*).

se'clu·sion [~ʒn] *s* Abgelegenheit *f*, Abgeschiedenheit *f*; Zurückgezogenheit *f.*

sec·ond¹ ['sekənd] **I** *adj* (☐ → ***secondly***) **1.** zweit: ***he is going through his ~ childhood*** er fühlt sich wieder wie ein (richtiges) Kind; ***at ~ hand*** aus zweiter Hand; **~ *home*** Zweitwohnung *f*; ***it has become ~ nature for*** (*od.* ***to***) ***him*** es ist ihm in Fleisch u. Blut übergegangen; ***a ~ Shakespeare*** ein zweiter

S

Shakespeare; ***a ~ time*** noch einmal; ***every ~ day*** jeden zweiten Tag, alle zwei Tage; ***be ~ to none*** unübertroffen sein (***as*** als); → ***fiddle*** 1, ***thought²*** 2, ***wind¹*** 2. **II** *s* **2.** *der, die, das* Zweite: ***the ~ of May*** der 2. Mai. **3.** *mot.* zweiter Gang. **4.** *Boxen, Duell*: Sekundant *m*: ***~s out*** Ring frei. **5.** *pl econ.* Waren *pl* zweiter Wahl, zweite Wahl. **6.** *pl* F Nachschlag *m* (*zweite Portion*). **III** *adv* **7.** als Zweit(er, e, es). **IV** *v/t* **8.** *Antrag etc* unterstützen.

sec·ond² [~] *s* **1.** Sekunde *f* (*a.* △, ♪). **2.** *fig.* Augenblick *m*, Sekunde *f*: ***just a ~*** Augenblick(, bitte)!; ***I won't be a ~*** ich komme gleich (wieder); ***have you got a ~?*** hast du e-n Moment Zeit (für mich)?

se·cond³ [sɪˈkɒnd] *v/t Br. j-n* (*bsd.* vorübergehend) versetzen (***to*** in *acc*); *Arbeiter* abstellen, ausleihen.

sec·ond·ar·y [ˈsekəndərɪ] *adj* □ **1.** sekundär, zweitrangig, nebensächlich. **2.** ↯ *etc* sekundär, Sekundär... **3.** *ped.* höher (*Schule etc*).

ˌsec·ond|-ˈbest **I** *adj* zweitbest. **II** *adv*: ***come off ~*** den Kürzeren ziehen. **~-chance ed·u·ca·tion** *s* zweiter Bildungsweg *m*. **ˌ~-ˈclass** **I** *adj* **1.** zweitklassig, -rangig. **2.** 🚂 *etc* zweiter Klasse. **II** *adv* **3.** 🚂 *etc* zweite(r) Klasse. **ˌ~-deˈgree** *adj Verbrennungen* zweiten Grades. **~ hand** *s* Sekundenzeiger *m*. **ˌ~-ˈhand** *adj* **1.** (*a. adv*) aus zweiter Hand. **2.** gebraucht, Gebraucht..., (*Kleidung a.*) getragen, (*Bücher*) antiquarisch: ***~ bookshop*** Antiquariat *n*; ***~ shop*** Secondhandladen *m*; ***~ trade*** Gebrauchtwarenhandel *m*. ***~ job*** *m* Nebenerwerb *m*, -tätigkeit *f*.

sec·ond·ly [ˈsekəndlɪ] *adv* zweitens.

ˌsec·ond-ˈrate → ***second-class*** 1.

se·cre·cy [ˈsiːkrəsɪ] *s* **1.** Geheimhaltung *f*: ***in*** (*od.* ***amid***) ***great ~*** unter großer Geheimhaltung. **2.** Verschwiegenheit *f*.

se·cret [ˈsiːkrɪt] **I** *adj* □ **1.** geheim, Geheim...: ***keep s.th. ~*** et. geheim halten (***from*** vor *dat*); ***~ agent*** Geheimagent(in); ***~ police*** Geheimpolizei *f*; ***~ service*** Geheimdienst *m*. **2.** heimlich (*Bewunderer etc*). **3.** verschwiegen. **II** *s* **4.** Geheimnis *n*: ***in ~*** a) im Vertrauen, b) ***have no ~s from s.o.*** keine Geheimnisse vor j-m haben; ***make no ~ of*** kein Geheimnis *od.* Hehl machen aus; → ***keep*** 4, 7.

sec·re·tar·y [ˈsekrətrɪ] *s* **1.** Sekretär(in) (***to*** *gen*). **2.** *pol.* Minister(in): ***Secretary of State*** *Br.* Minister(in); *Am.* Außenminister (-in). **ˌ~-ˈgen·er·al** *pl* **ˌsec·re·tar·ies-ˈgen·er·al** *s* Generalsekretär(in).

se·crete [sɪˈkriːt] *v/t physiol.* absondern.

seˈcre·tion *s* Absonderung *f*; Sekret *n*.

se·cre·tive [ˈsiːkrətɪv] *adj* □ heimlichtuerisch: ***be ~ about s.th.*** mit et. geheim tun.

sect [sekt] *s* Sekte *f*.

sec·tar·i·an [~ˈteərɪən] *adj* konfessionsbedingt, Konfessions...

sec·tion [ˈsekʃn] **I** *s* **1.** Teil *m*. **2.** Abschnitt *m* (*e-s Buchs etc*); ⚖ Paragraph *m*. **3.** Abteilung *f*. **4.** △, *tech.* Schnitt *m*: ***in ~*** im Schnitt. **II** *v/t* **5.** teilen.

sec·tion·al [ˈ~ʃənl] *adj* △, *tech.* Schnitt...

sec·tor [ˈsektə] *s allg.* Sektor *m*.

sec·u·lar [ˈsekjʊlə] *adj* □ weltlich, profan.

ˈsec·u·lar·ize *v/t* säkularisieren, verweltlichen.

se·cure [sɪˈkjʊə] **I** *adj* □ **1.** *allg.* sicher (***against, from*** vor *dat*): ***feel ~*** sich sicher fühlen; ***financially ~*** finanziell abgesichert. **II** *v/t* **2.** *Tür etc* fest verschließen; sichern. **3.** sichern (***against, from*** vor *dat*). **4.** sich *et.* sichern *od.* beschaffen; *et.* erreichen.

se·cu·ri·ty [sɪˈkjʊərətɪ] *s* **1.** *allg.* Sicherheit *f*: ***Security Council*** Sicherheitsrat *m* (*der UNO*); ***for ~ reasons*** aus Sicherheitsgründen; ***~ risk*** Sicherheitsrisiko *n*; ***~ software*** Sicherungssoftware *f*; ***~ of tenure*** Kündigungsschutz *m*; ***~ van*** Geldtransport *m*. **2.** *pl econ.* Effekten *pl*, Wertpapiere *pl*: ***~ flotation*** Wertpapieremission *f*; ***~ holdings*** *pl* Wertpapierbestand *m*; ***securities market*** Wertpapiermarkt *m*; ***securities portfolio*** Wertpapierbestand *m*.

se·dan [sɪˈdæn] *s mot. Am.* Limousine *f*.

se·date [sɪˈdeɪt] **I** *adj* □ ruhig, gelassen; (*Tempo*) gemütlich. **II** *v/t j-m* ein Beruhigungsmittel geben.

seˈda·tion *s*: ***be under ~*** unter dem Einfluss von Beruhigungsmitteln stehen; ***put under ~*** → ***sedate*** II.

sed·a·tive [ˈsedətɪv] **I** *adj* beruhigend: ***~ shot*** Beruhigungsspritze *f*. **II** *s* Beruhigungsmittel *n*.

sed·en·tar·y [ˈsedntərɪ] *adj* □ **1.** sitzend (*Beschäftigung etc*). **2.** sesshaft.

sed·i·ment [ˈsedɪmənt] *s* (Boden)Satz *m*.

se·duce [sɪˈdjuːs] *v/t* verführen, *weitS. a.* verleiten (***into*** zu; ***into doing s.th.*** dazu, et. zu tun).

seˈduc·er *s* Verführer(in).

se·duc·tion [sɪˈdʌkʃn] *s* **1.** Verführung *f*. **2.** *mst pl* Verlockung *f*.

seˈduc·tive *adj* □ verführerisch, *weitS. a.* verlockend.

see¹ [siː] (*irr*) **I** *v/t* **1.** sehen: ***I saw him come*** (*od.* ***coming***) ich sah ihn kommen. **2.** (ab)sehen, erkennen. **3.** ersehen, entnehmen (***from*** aus *der Zeitung etc*). **4.** (ein)sehen, verstehen: ***as I ~ it*** wie ich es sehe, in m-n Augen. **5.** sich *et.* ansehen, besuchen. **6.** a) *j-n* besuchen: ***go*** (***come***) ***to ~ s.o.*** j-n

S

besuchen (gehen *od.* kommen), b) *Anwalt etc* aufsuchen, c) zum *Arzt* gehen, d) *j-n* sprechen (***on business*** geschäftlich). **7.** *j-n* empfangen. **8.** *j-n* begleiten, bringen (***to the station*** zum Bahnhof). **II** *v/i* **9.** sehen: ***you'll*** ~ du wirst schon sehen. **10.** verstehen: ***I*** ~ (ich) verstehe!, aha!, ach so!; ***you*** ~ weißt du. **11.** nachsehen. **12.** ***let me*** ~ warte mal!, lass mich überlegen!; ***we'll*** ~ mal sehen.

Verbindungen mit Präpositionen:

see| a·bout *v/i* sehen nach, sich kümmern um: ***I'll*** ~ ***it*** ich werde mich darum kümmern; ich will mal sehen; ***we'll*** (***soon***) ~ ***that!*** F das wollen wir mal sehen! ~ **o·ver,** ~ **round** *v/i* sich *ein Haus etc* ansehen. ~ **through I** *v/i j-n, et.* durchschauen. **II** *v/t j-m* hinweghelfen über (*acc*). ~ **to** *v/i*: ~ ***it that*** dafür sorgen, dass.

Verbindungen mit Adverbien:

see| off *v/t* **1.** *j-n* verabschieden (***at*** am *Bahnhof etc*). **2.** verjagen, -scheuchen. ~ **out** *v/t* **1.** *j-n* hinausbringen, -begleiten. **2.** bis zum Ende (*gen*) reichen (*Vorräte*).

see² [~] *s* **1.** Bistum *n*, Diözese *f*. **2.** ***Holy See*** *der* Heilige Stuhl.

seed [siːd] **I** *s* **1.** ⚘ Same(n) *m*; ⚒ Saat(gut *n*) *f*: ***go*** (*od.* ***run***) ***to*** ~ schießen; *fig.* herunterkommen (*Person*); → ***sow*** 1. **2.** (*Orangen- etc*)Kern *m*. **3.** *Sport*: gesetzter Spieler, gesetzte Spielerin. **II** *v/t* **4.** besäen. **5.** *Sport*: *Spieler* setzen. **III** *v/i* **6.** ⚘ schießen. **'~·bed** *s* **1.** Saatbeet *n*. **2.** *fig.* Brutstätte *f*.

seed·less ['siːdlɪs] *adj* kernlos.

'seed·y *adj* □ vergammelt.

see·ing ['siːɪŋ] *cj a.* ~ ***that*** da.

seek [siːk] (*irr*) **I** *v/t* **1.** *Schutz, Zuflucht, Wahrheit etc* suchen: ~ ***s.o.'s advice,*** ~ ***advice from s.o.*** j-n um Rat bitten, Rat bei j-m suchen. **2.** streben nach. **3.** (ver)suchen (***to do*** zu tun). **II** *v/i* **4.** ~ ***after*** (*od.* ***for***) suchen (nach).

seem [siːm] *v/i* **1.** scheinen: ***it*** ~***s impossible to me*** das (er)scheint mir unmöglich. **2.** *impers* ***it*** ~***s that*** es scheint, dass; anscheinend; ***it*** ~***s as if*** (*od.* ***though***) es sieht so aus *od.* scheint so, als ob.

'seem·ing *adj* scheinbar.

'seem·ing·ly *adv* **1.** scheinbar. **2.** anscheinend.

seen [siːn] *pp von* ***see¹***.

seep [siːp] *v/i* sickern.

see·saw ['siːsɔː] *s* Wippe *f*.

seethe [siːð] *v/i fig.* kochen: ***he was seething with rage*** er kochte *od.* schäumte vor Wut.

'see-through *adj* durchsichtig.

seg·ment I *s* ['segmənt] Teil *m, n*; Stück *n*; *biol.*, ⩓ *etc* Segment *n*. **II** *v/t* [seg'ment] zerlegen, -teilen.

seg·re·gate ['segrɪgeɪt] *v/t* (*a. nach Rassen, Geschlechtern*) trennen.

ˌseg·re'ga·tion *s* Trennung *f*: → ***racial.***

seis·mic ['saɪzmɪk] *adj* seismisch, Erdbeben...

seis·mo·graph ['saɪzməgrɑːf] *s* Seismograph *m*, Erdbebenmesser *m*.

seis·mol·o·gist [~'mɒlədʒɪst] *s* Seismologe *m*, Seismologin *f*.

seis'mol·o·gy *s* Seismologie *f*, Seismik *f*, Erdbebenkunde *f*.

seize [siːz] **I** *v/t* **1.** *j-n, et.* packen (***by*** an *dat*); *Gelegenheit* ergreifen; *Macht etc* an sich reißen. **2.** *j-n* festnehmen; *et.* beschlagnahmen. **3.** belegen. **II** *v/i* **4.** ~ ***up*** *tech.* sich festfressen; (*Verkehr*) zum Erliegen kommen.

sei·zure ['siːʒə] *s* **1.** Festnahme *f*; Beschlagnahme *f*. **2.** ⚕ Anfall *m*.

sel·dom ['seldəm] *adv* selten: ~, ***if ever*** (nur) äußerst selten, kaum jemals.

se·lect [sɪ'lekt] **I** *v/t* **1.** (aus)wählen (***from*** aus). **II** *adj* **2.** ausgewählt: ~ ***menu*** *Computer*: Auswahlmenü *n*. **3.** exklusiv.

se'lec·tion *s* **1.** (Aus)Wahl *f*: ~ ***procedure*** Auswahlverfahren *n*. **2.** *econ. etc* Auswahl *f* (***of*** an *dat*).

se'lec·tive *adj* □ wählerisch (***in*** in *dat*): ~ ***demand*** selektive Nachfrage; ~ ***service*** *Am.* (Grund)Wehrdienst *m*; ~ ***strike*** Schwerpunktstreik *m*.

self [self] *pl* **selves** [selvz] *s* Ich *n*, Selbst *n*: ***my humble*** ~ m-e Wenigkeit; ***one's true*** ~ sein wahres Wesen; ***he is back to his old*** ~ er ist wieder (ganz) der Alte. **ˌ~-ab'sorbed** *adj* mit sich selbst beschäftigt. **ˌ~-ad'dressed** *adj*: ~ ***envelope*** Rückumschlag *m*. **ˌ~-ad'he·sive** *adj* selbstklebend. **ˌ~-ap'point·ed** *adj* selbsternannt. **ˌ~-as'sured** *adj* selbstbewusst. **ˌ~-'ca·ter·ing** *adj* für Selbstversorger, mit Selbstverpflegung. **ˌ~-'cen·tered** *adj Am.*, **ˌ~-'cen·tred** *adj bsd. Br.* ichbezogen, egozentrisch. **ˌ~-'con·fi·dence** *s* Selbstbewusstsein *n*, -vertrauen *n*. **ˌ~-'con·fi·dent** *adj* □ selbstbewusst. **ˌ~-'con·scious** *adj* □ befangen, gehemmt. **ˌ~-con'tained** abgeschlossen (*Wohnung, Folge e-r Fernsehserie etc*). **ˌ~-con'trol** *s* Selbstbeherrschung *f*: ***lose one's*** ~ die Beherrschung verlieren. **ˌ~-'crit·i·cal** *adj* □ selbstkritisch. **ˌ~-'crit·i·cism** *s* Selbstkritik *f*. **ˌ~-de'fence** *s Br.*, **ˌ~-'de·fense** *s Am.* Selbstverteidigung *f*; ⚖ Notwehr *f*: ***in*** ~ in *od.* aus Notwehr. **ˌ~-de'lu·sion** *s* Selbsttäuschung *f*. **ˌ~-de'struct** *v/i* sich selbst zerstören. **'~-deˌter·mi'na·tion** *s pol.* Selbstbestimmung *f*. **ˌ~-'ed·u·cat·ed** *adj*: ~ ***person*** Autodidakt(in). **ˌ~-ef'fac·ing** *adj* □ zurück-

S

haltend. ˌ**~-em'ployed** *adj* (*beruflich*) selbstständig. ˌ**~-es'teem** *s* Selbstachtung *f*. ˌ**~-'ev·i·dent** *adj* □ **1.** selbstverständlich: ***be ~*** sich von selbst verstehen. **2.** offensichtlich. ˌ**~-'gov·ern·ment** *s pol.* Selbstverwaltung *f*. ˌ**~-'help** *s* Selbsthilfe *f*: ***~ group*** Selbsthilfegruppe *f*. ˌ**~-im'por·tance** *s* Eigendünkel *m*, Überheblichkeit *f*. ˌ**~-im'por·tant** *adj* □ dünkelhaft, überheblich. ˌ**~-in'vit·ed** *adj* ungebeten (*Gast*).

self·ish ['selfɪʃ] *adj* □ selbstsüchtig, egoistisch.

self·less ['selflɪs] *adj* □ selbstlos.

ˌ**self|-'made** *adj*: ***~ man*** Selfmademan *m*. ˌ**~-med·i'ca·tion** *s* ⚕ Selbstmedikation *f*. ˌ**~-'pit·y** *s* Selbstmitleid *n*. ˌ**~-pos'sessed** *adj* □ selbstbeherrscht. ˌ**~-pos'ses·sion** *s* Selbstbeherrschung *f*. ˌ**~-'praise** *s* Eigenlob *n*. '**~-ˌpres·er'va·tion** *s* Selbsterhaltung *f*: → ***instinct***. '**~-rais·ing** *adj Br.* ***~ flour*** Mehl *n* mit Backpulver. ˌ**~-re'li·ant** *adj* □ selbstständig. ˌ**~-re'spect** *s* Selbstachtung *f*. ˌ**~-re'spect·ing** *adj*: ***no ~ businessman*** kein Geschäftsmann, der et. auf sich hält. ˌ**~-'right·eous** *adj* □ selbstgerecht. '**~-ris·ing** *am.* → ***self-raising***. ˌ**~-'sat·is·fied** *adj* selbstzufrieden. ˌ**~-'seal·ing** *adj* selbstklebend (*Briefumschlag*). ˌ**~-'ser·vice I** *s* Selbstbedienung *f*. **II** *adj* Selbstbedienungs..., mit Selbstbedienung. ˌ**~-suf'fi·cient** *adj* □ *econ.* autark. ˌ**~-sup'port·ing** *adj* **1.** finanziell unabhängig: ***be ~*** *a.* sich selbst tragen. **2.** *tech.* freitragend (*Mast*); selbsttragend (*Mauer*). ˌ**~-'willed** *adj* eigensinnig, -willig.

sell [sel] (*irr*) **I** *v/t* **1.** verkaufen (***to*** an *acc*; ***for*** für), *econ. a.* a) absetzen, b) führen, vertreiben: ***~ o.s.*** sich verkaufen (*a. contp.*); ***~ for future dealings*** auf Termin verkaufen; → ***river***. **2.** verkaufen, e-n guten Absatz sichern (*dat*). **3.** F *et.* schmackhaft machen (***to s.o.*** j-m); *j-n* begeistern, erwärmen (***on s.th.*** für et.): ***be sold on*** begeistert sein von. **II** *v/i* **4.** verkaufen: ***~ by ...*** mindestens haltbar bis ... **5.** verkauft werden (***at, for*** für): ***~ at £5*** *a.* 5 Pfund kosten. **6.** sich *gut etc* verkaufen (lassen), gehen: → ***cake*** 1. **III** *s* **7.** Verkauf *m*, Verkaufsstrategie *f*: ***hard ~*** aggressive Verkaufsmethode; ***soft ~*** argumentative Verkaufsmethode.

Verbindungen mit Adverbien:

sell| off *v/t* (*bsd.* billig) abstoßen. **~ out I** *v/t* **1.** ausverkaufen: ***be sold out*** ausverkauft sein (*a. Stadion etc*); ***we are sold out of umbrellas*** Schirme sind ausverkauft. **II** *v/i* **2.** ***the umbrellas sold out in two days*** die Schirme waren in zwei Tagen ausverkauft. **3.** F *contp.* sich verkaufen (***to*** an *acc*). **~ up** *Br.* **I** *v/t sein Geschäft etc* verkaufen. **II** *v/i* sein Geschäft *etc* verkaufen.

'**sell-by date** *s* Mindesthaltbarkeitsdatum *n*.

sell·er ['selə] *s* **1.** Verkäufer(in): ***~'s market*** Verkäufermarkt *m*; ***~'s rate*** Briefkurs *m*. **2.** ***be a good ~*** sich gut verkaufen, gut gehen.

sell·ing ['selɪŋ] *adj* Verkaufs..., Vertriebs...: ***~ commission*** Verkaufsprovision *f*; ***~ expenses*** *pl* Verkaufskosten *pl*; ***~ rate*** *Börse*: Briefkurs *m*.

Sel·lo·tape ['seləteɪp] *s* (*TM*) *Br.* Klebestreifen *m*.

'**sell-out** *s* **1.** a) ausverkaufte Veranstaltung, b) ausverkaufter Artikel. **2.** *fig.* Ausverkauf *m*.

selves [selvz] *pl von* ***self***.

se·man·tic [sɪ'mæntɪk] *ling.* **I** *adj* (***~ally***) semantisch. **II** *s* ***~s*** *sg* Semantik *f*.

sem·blance ['sembləns] *s* Anschein *m*.

se·mes·ter [sɪ'mestə] *s univ.* Semester *n*.

sem·i... ['semɪ] halb..., Halb...

sem·i ['semɪ] *s* F **1.** *Br.* → ***semidetached*** II. **2.** *Am.* → ***semitrailer***.

sem·i|-an·nu·al re·port *s* Halbjahresbericht *m*. **~·breve** ['semɪbriːv] *s* ♪ *Br.* ganze Note. '**~ˌcir·cle** *s* Halbkreis *m*. ˌ**~'cir·cu·lar** *adj* □ halbkreisförmig. ˌ**~'col·on** *s ling.* Semikolon *n*, Strichpunkt *m*. ˌ**~·con'duc·tor** *s* ⚡ Halbleiter *m*. ˌ**~de'tached I** *adj*: ***~ house*** → II. **II** *s* Doppelhaushälfte *f*.

ˌ**sem·i-dis'play ad·ver·tise·ment** *s* Kleinanzeigenbox *f*.

ˌ**sem·i'fi·nals** *s pl Sport*: Semi-, Halbfinale *n*.

'**sem·i-ˌman·u'fac·tured goods** *s pl* Halbfabrikate *pl*.

sem·i·nar·y ['semɪnərɪ] *s* Priesterseminar *n*.

ˌ**sem·i|·of'fi·cial** *adj* □ halbamtlich, offiziös. '**~ˌpre·cious** *adj*: ***~ stone*** Halbedelstein *m*. ˌ**~'skilled** *adj* angelernt (*Arbeiter*): ***~ job*** (*od.* ***occupation***) Anlernberuf *m*. ˌ**~-'skimmed 'milk** *s* Halbfettmilch *f*.

Sem·ite ['siːmaɪt] *s* Semit(in).

Se·mit·ic [sɪ'mɪtɪk] *adj* semitisch.

'**sem·iˌtrail·er** *s mot. Am.* Sattelschlepper *m*.

sem·o·li·na [ˌsemə'liːnə] *s* Grieß *m*.

Sen., sen. ***Senior*** sen., der Ältere.

sen·ate ['senɪt] *s* Senat *m*.

sen·a·tor ['senətə] *s* Senator(in).

send [send] (*irr*) **I** *v/t* **1.** *j-n* schicken (***to bed*** ins Bett; ***to prison*** ins Gefängnis): ***~ s.o. after s.o.*** j-n j-m nachschicken. **2.** (***to***) *et., a. Grüße, Hilfe etc* senden, schicken (*dat od.* an *acc*), *Ware etc* versenden, -schicken (an *acc*). **3.** *mit adj od. pres p*: machen: ***~ s.o. mad*** j-n wahnsinnig machen; → ***pack*** 15. **II** *v/i* **4.** ***~ for*** a) *j-n* kommen lassen, b) sich *et.* kommen lassen, *et.* anfordern.

Verbindungen mit Adverbien:

send| a·way I *v/t* **1.** fort-, wegschicken. **2.** *Brief etc* absenden, abschicken. **II** *v/i* **3.** ~

S

for → ***send*** 4b. ~ **back** *v/t j-n, et.* zurückschicken, *Speise a.* zurückgehen lassen. ~ **down** *v/t* **1.** hinunter-, herunterschicken. **2.** *univ. Br.* relegieren. **3.** *fig. Preise, Temperatur etc* fallen lassen. ~ **off I** *v/t* **1.** → ***send away*** I. **2.** *j-n* verabschieden. **3.** *Sport*: vom Platz stellen. **II** *v/i* **4.** → ***send away*** II. ~ **on** *v/t* **1.** *Gepäck etc* vorausschicken. **2.** *Brief etc* nachschicken, -senden (***to*** an *e-e Adresse*). ~ **out I** *v/t* **1.** hinausschicken. **2.** *Wärme etc* ausstrahlen. **3.** *Einladungen, Prospekte etc* verschicken. **II** *v/i* **4.** ~ ***for s.th.*** et. holen lassen. ~ **up** *v/t* **1.** hinauf-, heraufschicken. **2.** *fig. Preise, Temperatur etc* steigen lassen. **3.** *Br.* F parodieren, verulken.

send·er ['sendə] *s* Absender(in).

'send|-off *s* F Verabschiedung *f*. **'~-up** *s Br.* F (***of***) Parodie *f* (auf *acc*), Verulkung *f* (*gen*): ***do a ~ of*** → ***send up*** 3.

Sen·e·gal [ˌsenɪ'gɔːl] Senegal *m* (*Republik in Westafrika*).

se·nile ['siːnaɪl] *adj* senil.

se·nil·i·ty [sɪ'nɪlətɪ] *s* Senilität *f*.

sen·ior ['siːnjə] **I** *adj* **1.** senior. **2.** älter (***to*** als): ~ ***citizens*** *pl* Senioren *pl*. **3.** dienstälter; ranghöher (***to*** als): ~ ***partner*** *econ.* Senior(partner) *m*, -partnerin *f*. **4.** ~ ***high*** (***school***) *Am. die oberen Klassen der High-school*. **II** *s* **5.** Ältere *m, f*: ***he is my ~ by two years, he is two years my ~*** er ist zwei Jahre älter als ich. **6.** *Am.* Student(in) im letzten Jahr.

sen·ior·i·ty [ˌsiːnɪ'ɒrətɪ] *s* **1.** (höheres) Alter. **2.** (höheres) Dienstalter; (höherer) Rang.

sen·sa·tion [sen'seɪʃn] *s* **1.** Empfindung *f*; Gefühl *n*: ~ ***of thirst*** Durstgefühl. **2.** Sensation *f*: ***cause*** (*od.* ***create***) ***a ~*** großes Aufsehen erregen.

sen'sa·tion·al [~ʃənl] *adj* □ **1.** sensationell, Sensations... **2.** F fantastisch, sagenhaft.

sen'sa·tion·al·ism [~ʃnəlɪzəm] *s* **1.** Sensationsgier *f*. **2.** Sensationsmache *f*.

sense [sens] **I** *s* **1.** *physiol.* Sinn *m*: ~ ***of hearing*** (***sight, smell, taste, touch***) Gehör-(Gesichts-, Geruchs-, Geschmacks-, Tast)sinn; ~ ***of direction*** Orientierungssinn; → ***sixth*** 1. **2.** *pl* (klarer) Verstand: ***bring s.o. to his ~s*** j-n zur Vernunft bringen; ***come to one's ~s*** zur Vernunft kommen. **3.** Vernunft *f*, Verstand *m*: ***have the ~ to do s.th.*** so klug sein, et. zu tun; → ***common sense, horse sense.*** **4.** Gefühl *n*, Empfindung *f*: ~ ***of security*** Gefühl der Sicherheit. **5.** Sinn *m*, Gefühl *n* (***of*** für): ~ ***of duty*** Pflichtgefühl; → ***humour*** 1. **6.** Sinn *m*, Bedeutung *f*: ***in a ~*** in gewisser Hinsicht. **7.** Sinn *m* (*et. Vernünftiges*): ***make ~*** e-n Sinn ergeben; vernünftig sein; ***I could make no ~ of it*** ich konnte mir darauf keinen Reim machen. **II** *v/t* **8.** fühlen, spüren.

'sense·less *adj* □ **1.** besinnungs-, bewusstlos. **2.** sinnlos, unsinnig.

sense or·gan *s* Sinnesorgan *n*.

sen·si·bil·i·ty [ˌsensɪ'bɪlətɪ] *s* **1.** Empfindlichkeit *f*: ~ ***to pain*** Schmerzempfindlichkeit. **2.** *a. pl* Fein-, Zartgefühl *n*.

sen·si·ble ['sensəbl] *adj* □ **1.** vernünftig. **2.** spürbar, merklich. **3.** praktisch (*Kleidungsstück*).

sen·si·tive ['sensɪtɪv] *adj* □ **1.** sensibel, empfindsam; empfindlich: ***be ~ to*** empfindlich reagieren auf (*acc*). **2.** einfühlsam. **3.** empfindlich (*a. tech.*): ~ ***to pain*** schmerzempfindlich. **4.** heikel (*Thema etc*).

sen·si·tize ['sensɪtaɪz] *v/t* sensibilisieren.

sen·sor ['sensə] *s* ⚡, *tech.* Sensor *m*.

sen·so·ry ['sensərɪ] *adj* sensorisch, Sinnes...

sen·su·al ['sensjʊəl] *adj* □ sinnlich.

'sen·su·al·ist *s* sinnlicher Mensch.

sen·su·al·i·ty [ˌ~'ælətɪ] *s* Sinnlichkeit *f*.

sen·su·ous ['sensjʊəs] *adj* □ sinnlich.

sent [sent] *pret u. pp von* ***send.***

sen·tence ['sentəns] **I** *s* **1.** *ling.* Satz *m*. **2.** ⚖ Strafe *f*; Urteil *n*: ***pass ~*** das Urteil fällen (***on*** über *acc*). **II** *v/t* **3.** ⚖ verurteilen (***to*** zu).

sen·ten·tious [sen'tenʃəs] *adj* □ moralisierend.

sen·ti·ment ['sentɪmənt] *s* **1.** Gefühle *pl*; Sentimentalität *f*. **2.** *a. pl* Ansicht *f*, Meinung *f*.

sen·ti·men·tal [ˌ~'mentl] *adj* □ gefühlvoll, gefühlsbetont; sentimental: ***for ~ reasons*** aus Sentimentalität; ~ ***value*** Erinnerungswert *m*.

sen·ti·men·tal·i·ty [ˌ~men'tælətɪ] *s* Sentimentalität *f*.

sen·try ['sentrɪ] *s mil.* Wache *f*, (Wach[t]-)Posten *m*. ~ **box** *s* Wachhäuschen *n*.

Se·oul [səʊl] Seoul *n*, Söul *n* (*Hauptstadt von Südkorea*).

sep·a·ra·ble ['sepərəbl] *adj* □ trennbar.

sep·a·rate I *v/t* ['sepəreɪt] **1.** *allg.* trennen (***from*** von): ***be ~d*** getrennt leben (***from*** von). **2.** (auf-, ein-, zer)teilen (***into*** in *acc*). **II** *v/i* ['sepəreɪt] **3.** sich trennen (*a. Ehepaar*). **III** *adj* □ ['seprət] **4.** getrennt, separat. **5.** einzeln, gesondert, Einzel...: ***charge s.th. ~ly*** et. extra berechnen. **6.** verschieden.

sep·a·ra·tion [ˌsepə'reɪʃn] *s* **1.** Trennung *f*. **2.** (Auf-, Ein-, Zer)Teilung *f*: ~ ***of powers*** *pol.* Gewaltenteilung *f*.

sep·a·ra·tism ['~rətɪzəm] *s pol.* Separatismus *m*.

'sep·a·ra·tist *pol.* **I** *s* Separatist(in). **II** *adj* separatistisch.

Sep·tem·ber [sep'tembə] *s* September *m*: ***in ~*** im September.

S

se·quel ['siːkwəl] *s* **1.** Nachfolgefilm *m*, -roman *m*. **2.** *fig.* Folge *f* (**to** von *od. gen*); Nachspiel *n*.

se·quence ['siːkwəns] *s* **1.** (Aufeinander)Folge *f*: ***the ~ of events*** der Ablauf der Ereignisse; ***~ of tenses*** Zeitenfolge. **2.** (Reihen)Folge *f*: ***in ~*** der Reihe nach. **3.** Folge *f*, Reihe *f*, Serie *f*: ***~ of wins*** Siegesserie. **4.** *Film, TV*: Sequenz *f*, Take *m, n*.

se·quen·tial [sɪ'kwenʃl] *adj Computer*: sequenziell: ***~ access*** *Computer*: sequentieller Zugriff.

se·ques·ter [sɪ'kwestə] *v/t* konfiszieren.

se·quoi·a [sɪ'kwɔɪə] *s* ♀ Mammutbaum *m*.

Ser·bia ['sɜːbjə] *npr* Serbien *n*.

Ser·bian ['sɜːbjən] **I** *adj* serbisch. **II** *s* Serbe *m*, Serbin *f*.

ser·e·nade [ˌserə'neɪd] ♪ **I** *s* Serenade *f*; Ständchen *n*. **II** *v/t j-m* ein Ständchen bringen.

se·rene [sɪ'riːn] *adj* □ **1.** heiter, klar (*Himmel, Wetter etc*). **2.** heiter, gelassen (*Person, Gemüt etc*). **3. *His Serene Highness*** S-e Durchlaucht.

se·ren·i·ty [sɪ'renətɪ] *s* Heiterkeit *f*; Gelassenheit *f*.

serf [sɜːf] *s hist.* Leibeigene *m, f*.

ser·geant ['sɑːdʒənt] *s* **1.** *mil.* Feldwebel(in). **2.** Wachtmeister(in).

se·ri·al ['sɪərɪəl] **I** *s* **1.** (*Rundfunk-, Fernseh*)Serie *f*; Fortsetzungsroman *m*. **II** *adj* □ **2.** Serien...: ***~ novel*** Fortsetzungsroman *m*. **3.** serienmäßig, Serien...: ***~ letter*** Serienbrief *m*; ***~ number*** Seriennummer *f*; *econ.* Fabrikationsnummer *f*. **4.** *Computer*: seriell *f*: ***~ access*** *Computer*: serieller Zugriff; ***~ printer*** Seriendrucker *m*; ***~ processing*** *Computer*: serielle Verarbeitung.

'**se·ri·al·ize** *v/t* in Fortsetzungen veröffentlichen *od.* senden.

se·ries ['sɪəriːz] *pl* **-ries** *s* **1.** Serie *f*, Reihe *f*, Folge *f*. **2.** (*Rundfunk-, Fernseh- etc*)Serie *f*, (*Buch-, Vortrags- etc-*) Reihe *f*.

se·ri·ous ['sɪərɪəs] *adj* **1.** ernst. **2.** ernsthaft, (*Angebot etc a.*) seriös; (*Ratschlag etc*) ernst gemeint: ***are you ~?*** ist das dein Ernst?; meinst du das im Ernst?; ***be ~ about doing s.th.*** et. wirklich tun wollen. **3.** ernsthaft, ernstlich (*Schwierigkeiten*), schwer (*Krankheit, Schaden, Verbrechen etc*), schwer, ernstlich (*Bedenken*); ernst zu nehmend (*Rivale etc*).

'**se·ri·ous·ly** *adv* ernst(haft, -lich); im Ernst: ***~ ill*** ernstlich *od.* schwer krank; ***take ~*** *j-n, et.* ernst nehmen.

'**se·ri·ous·ness** *s* **1.** Ernst *m*. **2.** Ernsthaftigkeit *f*, Seriosität *f*. **3.** Schwere *f*.

ser·mon ['sɜːmən] *s* **1.** *eccl.* Predigt *f*. **2.** (Moral-, Straf)Predigt *f*.

'**ser·mon·ize** *v/i* Moralpredigten halten.

ser·rat·ed [sɪ'reɪtɪd] *adj* gezackt.

ser·vant ['sɜːvənt] *s* Diener(in) (*a. fig.*); Dienstbote *m*, -mädchen *n*: → ***civil servant.***

serve [sɜːv] **I** *v/t* **1.** *j-m, s-m Land etc* dienen. **2.** *j-n, et.* versorgen (***with*** mit). **3.** *a.* ***~ up*** *Essen* servieren; *Alkohol* ausschenken: ***~ s.o.*** (***with***) ***s.th.*** j-m et. servieren. **4.** *j-n* (*im Laden*) bedienen: ***are you being ~d?*** werden Sie schon bedient? **5.** *Amtszeit etc* durchlaufen; ⚖ *Strafe* verbüßen. **6.** *e-m Zweck* dienen, *Zweck* erfüllen. **7.** ⚖ *Vorladung etc* zustellen (***on s.o.*** j-m). **8.** ***~ s.o. right*** F j-m (ganz) recht geschehen. **II** *v/i* **9.** *bsd. mil.* dienen (***under*** unter *dat*): ***~ on a committee*** e-m Ausschuss angehören. **10.** servieren. **11.** dienen (***as, for*** als): ***~ to do s.th.*** dazu dienen, et. zu tun. **12.** *eccl.* ministrieren. **13.** *Tennis etc*: aufschlagen: ***XY to ~*** Aufschlag XY. **III** *s* **14.** *Tennis etc*: Aufschlag *m*.

'**serv·er** *s* **1.** Servierlöffel *m*: (***pair of***) ***salad ~s*** *pl* Salatbesteck *n*. **2.** *eccl.* Messdiener(in); Ministrant(in). **3.** *Tennis etc*: Aufschläger(in). **4.** *Computer*: Server *m*.

ser·vice ['sɜːvɪs] **I** *s* **1.** a) Dienst *m* (***to*** an *dat*): ***can I be of any ~ to you?*** kann ich Ihnen irgendwie helfen?; ***do s.o. a ~*** j-m e-n Dienst erweisen; ***give good ~*** gute Dienste leisten; ***public ~*** öffentlicher Dienst *m*, b) Dienstleistung *f* (*a. econ.*). **2.** Service *m*; Bedienung *f*. **3.** (*Post-, Staats-, Telefon- etc*)Dienst *m*: ***answering ~*** Fernsprechauftragsdienst; → ***civil service, secret*** 1. **4.** *pl mil.* Streitkräfte *pl*. **5.** Betrieb *m*: ***be out of ~*** außer Betrieb sein. **6.** *eccl.* Gottesdienst *m*. **7.** (*Kaffee- etc*)Service *n*. **8.** *tech.* Wartung *f*, *mot.* Inspektion *f*: ***put one's car in for a ~*** s-n Wagen zur Inspektion bringen. **9.** ⚖ Zustellung *f* (*e-r Vorladung etc*). **10.** *Tennis etc*: Aufschlag *m*. **II** *v/t* **11.** *tech.* warten: ***my car is being ~d*** mein Wagen ist bei der Inspektion.

'**ser·vice·a·ble** *adj* □ **1.** brauchbar. **2.** strapazierfähig.

ser·vice| a·re·a *s Br.* (Autobahn)Raststätte *f*. **~ cen·ter** (*bsd. Br.* **cen·tre**) *s* Reparaturwerkstatt *f*. **~ charge** *s* Bedienung(szuschlag *m*) *f*; Bearbeitungs-, Kontoführungsgebühr *f*. **~ com·pa·ny** *s* Dienstleistungsbetrieb *m*. **~ con·tract** *s* Wartungsvertrag *m*. **~ de·part·ment** *s* allgemeiner Kundendienst. **~ en·gi·neer** *s* Kundendienstmechaniker *m*. **~ en·ter·prise** *s* Dienstleistungsunternehmen *n*. **~ hand·book** *s* Wartungshandbuch *n*. **~ in·dus·try** *s* Dienstleistungsgewerbe *n*. **~ life** *s* Nutzungs-, Lebensdauer *f*. **~·man** ['~mən] *s* (*irr* ***man***) **1.**

Militärangehörige *m.* **2.** Wartungstechniker *m.* **~ pro·vid·er** *s* Dienstleistungsunternehmen *n.* **~ sta·tion** *s* **1.** (Reparatur)Werkstatt *f.* **2.** Tankstelle *f.* **'~ˌwom·an** *s* (*irr* ***woman***) Militärangehörige *f.*

ser·vi·ette [ˌsɜːvɪ'et] *s bsd. Br.* Serviette *f.*

ser·vile ['sɜːvaɪl] *adj* □ servil, unterwürfig; (*Gehorsam*) sklavisch.

serv·ing ['sɜːvɪŋ] *s* Portion *f.*

ser·vi·tude ['sɜːvɪtjuːd] *s* Knechtschaft *f.*

ses·a·me ['sesəmɪ] *s* ⚘ Sesam *m.*

ses·sion ['seʃn] *s* **1.** ⚖, *parl.* a) Sitzung *f*: ***be in ~*** tagen, b) Sitzungsperiode *f.* **2.** (*einzelne*) Sitzung, ⚕ *a.* Behandlung.

set [set] **I** *s* **1.** Satz *m* (*Briefmarken, Werkzeuge etc*), (*Möbel- etc*)Garnitur *f*, (*Tee- etc*)Service *n.* **2.** (*Fernseh-, Rundfunk*)Apparat *m*, (-)Gerät *n.* **3.** *thea.* Bühnenbild *n*: ***~ designer*** Bühnenbildner(in). **4.** *Tennis etc*: Satz *m*: ***~ point*** Satzball *m.* **5.** (Personen)Kreis *m.* **6.** (*Kopf- etc*)Haltung *f.* **II** *adj* **7.** festgesetzt, -gelegt: ***~ books*** *pl* (*od.* ***reading***) *ped.* Pflichtlektüre *f*; ***~ lunch*** (*od.* ***meal***) *Br.* Menü *n.* **8.** ***be ~ on doing s.th.*** (fest) entschlossen sein, et. zu tun; ***be dead ~ against s.th.*** strikt gegen et. sein. **9.** bereit, fertig: ***be all ~*** startklar sein; ***be all ~ for the journey*** reisefertig sein. **10.** starr (*Ansichten, Lächeln etc*). **III** *v/t* (*irr*) **11.** stellen, setzen, legen: → ***fire*** 1, ***music*** 1, ***trap*** 1. **12.** ***the novel is ~ in*** der Roman spielt in (*dat*). **13.** *in e-n Zustand* versetzen: ***~ s.o. free*** j-n auf freien Fuß setzen, j-n freilassen; → ***right*** 4, *etc.* **14.** veranlassen (***doing*** zu tun): ***~ going*** in Gang setzen; ***~ s.o. thinking*** j-m zu denken geben; j-m e-n Denkanstoß *od.* Denkanstöße geben; → ***ball***[1] 1. **15.** *tech.* einstellen, *Uhr* stellen (***by*** nach), *Wecker* stellen (***for*** auf *acc*). **16.** *Tisch* decken. **17.** *Preis, Termin etc* festsetzen, -legen; *Rekord* aufstellen; *Präzedenzfall* schaffen: → ***example*** 1. **18.** *Edelstein* fassen (***in*** in *dat*); *Ring etc* besetzen (***with*** mit). **19.** ⚕ *Knochen* einrichten. **20.** *Aufgabe, Frage* stellen. **IV** *v/i* (*irr*) **21.** untergehen (*Sonne etc*). **22.** fest werden (*Flüssiges*), (*Zement etc a.*) erstarren.

Verbindungen mit Präpositionen:

set| a·bout *v/i* **1.** sich machen an (*acc*), *et.* in Angriff nehmen: ***~ doing s.th.*** sich daranmachen, et. zu tun. **2.** F herfallen über (*acc*). **~ a·gainst** *v/t* **1.** ***set one's face*** (*od.* ***o.s.***) ***against s.th.*** sich e-r Sache widersetzen. **2.** *j-n* aufhetzen gegen. **3.** *fig. et.* gegenüberstellen (*dat*): **~** im Vergleich zu. **~ on** *v/t Hund, Polizei* hetzen auf (*acc*).

Verbindungen mit Adverbien:

set| a·part *v/t j-n* unterscheiden, abheben (***from*** von). **~ a·side** *v/t* **1.** *Geld* beiseite legen; *Zeit* reservieren, einplanen. **2.** *Plan etc* fallen lassen. **3.** ⚖ *Urteil etc* aufheben. **~ back** *v/t* **1.** verzögern; *j-n, et.* zurückwerfen (***by two months*** um zwei Monate). **2.** ***the car set me back £500*** F der Wagen hat mich 500 Pfund gekostet *od.* um 500 Pfund ärmer gemacht. **~ by** → ***set aside*** 1. **~ down** *v/t* **1.** *Last* absetzen, abstellen, *Fahrgast* absetzen, aussteigen lassen. **2.** (schriftlich) niederlegen. **~ in** *v/i* einsetzen (*Winter etc*). **~ off I** *v/t* **1.** hervorheben, betonen, besser zur Geltung bringen. **2.** *econ.* aufrechnen (***against*** mit). **3.** *Alarm, Lawine, Streik etc* auslösen. **4.** *Sprengladung* zur Explosion bringen; *Feuerwerk* abbrennen. **II** *v/i* **5.** → ***set out*** 3. **~ out I** *v/t* **1.** arrangieren, herrichten, *a. Schachfiguren etc* aufstellen. **2.** (schriftlich) darstellen. **II** *v/i* **3.** aufbrechen, sich aufmachen. **4. *~ to do s.th.*** sich daranmachen, et. zu tun. **~ up I** *v/t* **1.** *Denkmal, Straßensperren etc* errichten; *Gerät etc* aufbauen. **2.** *Firma etc* gründen: → ***shop*** 1. **3.** *et.* auslösen, verursachen. **4.** *j-n* versorgen (***with*** mit): ***be well ~ with*** (*od.* ***for***) ***reading*** mit Lektüre eingedeckt sein. **5.** *Rekord* aufstellen. **6.** F in e-e Falle locken, reinlegen. **7.** ***set o.s. up*** → 9. **8.** ***set o.s. up as*** sich ausgeben für *od.* als; sich aufspielen als. **II** *v/i* **9.** sich niederlassen (***as*** als).

'set|·back *s* Rückschlag *m* (***to*** für). **~ square** *s* Winkel *m*, Zeichendreieck *n.*

set·tee [se'tiː] *s* Sofa *n.*

set·ting ['setɪŋ] *s* **1.** (*Gold- etc*)Fassung *f.* **2.** Untergang *m* (*der Sonne etc*). **3.** Umgebung *f*; Schauplatz *m* (*e-s Films etc*): ***the novel has its ~ in*** → ***set*** 12.

ˌset·ting-'in pe·ri·od *s* Einarbeitungszeit *f.*

ˌset·ting-'up costs *s pl* Rüstkosten *pl.*

set·tle ['setl] **I** *v/i* **1.** (***on***) sich niederlassen (auf *acc, dat*) *od.* setzen (auf *acc*). **2.** sich beruhigen (*Person, Magen etc*), sich legen (*Aufregung etc*): → ***dust*** 1. **3.** sich niederlassen (***in*** in *e-r Stadt etc*). **4.** sich einigen. **5.** sich setzen (*Kaffee etc*); sich senken (*Boden etc*). **6.** ***~ for*** sich zufrieden geben *od.* begnügen mit. **7.** ***~ into*** sich eingewöhnen in (*dat*). **8.** ***~ on*** sich einigen auf (*acc*). **II** *v/t* **9.** ***~ o.s.*** → 1. **10.** *j-n, Nerven etc* beruhigen. **11.** vereinbaren; *Frage etc* klären, entscheiden: ***that ~s it*** damit ist der Fall erledigt. **12.** *Streit etc* beilegen. **13.** *Land* besiedeln; *Leute* ansiedeln. **14.** *Rechnung* begleichen, bezahlen; *Konto* ausgleichen; *Schaden* regulieren: → ***account*** 5. **15.** *s-e Angelegenheiten* in Ordnung bringen.

Verbindungen mit Adverbien:

set·tle| back *v/i* sich (gemütlich) zurücklehnen. **~ down I** *v/i* **1.** → ***settle*** 1, 2. **2.**

S

sesshaft werden. **3.** ~ ***in*** → ***settle*** 7. II *v/t* **4.** → ***settle*** 10. **5.** ***settle o.s. down*** → ***settle*** 1. ~ **in** *v/i* sich eingewöhnen; sich einleben. ~ **up** *v/i* **1.** (be)zahlen. **2.** abrechnen (***with*** mit) (*a. fig.*).

set·tled ['setld] *adj* **1.** beständig (*Wetter*). **2.** fest (*Ansichten etc*).

set·tle·ment ['setlmənt] *s* **1.** Vereinbarung *f*; Klärung *f.* **2.** Beilegung *f.* **3.** Einigung *f*: ***reach a*** ~ sich einigen (***with*** mit). **4.** Siedlung *f*; Besiedlung *f.* **5.** Begleichung *f*, Bezahlung *f*; Ausgleich *m*; Regulierung *f.*

set·tler ['setlə] *s* Siedler(in).

'set-up *s* **1.** Aufbau *m*, Organisation *f.* **2.** *Computer*: Setup *n.* **3.** Zustände *pl.* **4.** F abgekartete Sache; Falle *f.* ~ **time** *s* Rüstzeit *f.*

sev·en ['sevn] I *adj* sieben. II *s* Sieben *f*: ~ ***of hearts*** Herzsieben.

sev·en·fold ['~fəʊld] I *adj* siebenfach. II *adv* siebenfach, um das Siebenfache: ***increase*** ~ (sich) versiebenfachen.

sev·en·teen [ˌ~'tiːn] *adj* siebzehn.

ˌ**sev·en'teenth** [~θ] *adj* siebzehnt.

sev·enth ['sevnθ] I *adj* **1.** siebente(r, -s), siebte(r, -s). II *s* **2.** *der, die, das* Sieb(en)te: ***the*** ~ ***of May*** der 7. Mai. **3.** Sieb(en)tel *n.*

'sev·enth·ly *adv* sieb(en)tens.

sev·en·ti·eth ['~tɪəθ] *adj* siebzigst.

'sev·en-time *adj* siebenfach.

sev·en·ty ['sevntɪ] I *adj* siebzig. II *s* Siebzig *f*: ***be in one's seventies*** in den Siebzigern sein; ***in the seventies*** in den Siebzigerjahren (*e-s Jahrhunderts*).

sev·er ['sevə] I *v/t* **1.** durchtrennen; abtrennen (***from*** von). **2.** *Beziehungen etc* abbrechen. II *v/i* **3.** (zer)reißen.

sev·er·al ['sevrəl] I *adj* mehrere. II *s* mehrere *pl*: ~ ***of you.***

sev·er·ance ['sevərəns] *s* **1.** Durch-, Abtrennung *f.* **2.** *fig.* Abbruch *m.* ~ **pay** *s econ.* Abfindung *f.*

se·vere [sɪ'vɪə] *adj* □ **1.** schwer (*Verletzung, Rückschlag etc*), stark (*Schmerzen*), hart, streng (*Winter*). **2.** streng (*Person, Disziplin etc*). **3.** scharf (*Kritik*): ***his*** ~***st critic*** *a.* sein ärgster Kritiker.

se·ver·i·ty [sɪ'verətɪ] *s* **1.** Schwere *f*, Stärke *f*, Härte *f*, Strenge *f.* **2.** Schärfe *f.*

sew [səʊ] (*mst irr*) I *v/t* nähen: ~ ***on*** annähen; ~ ***up*** ver-, zunähen; F *Handel etc* perfekt machen. II *v/i* nähen.

sew·age ['suːɪdʒ] *s* Abwasser *m*: ~ ***treatment plant*** Kläranlage *f.*

sew·er [sʊə] *s* Abwasserkanal *m*, Kloake *f.*

'sew·er·age *s* Kanalisation *f.*

sew·ing ['səʊɪŋ] I *s* **1.** Nähen *n.* **2.** Näharbeit *f*, Näherei *f.* II *adj* **3.** Näh...

sewn [səʊn] *pp von* ***sew.***

sex [seks] I *s* **1.** Geschlecht *n*: ***of both*** ~***es*** beiderlei Geschlechts; ***the fair*** (***gentle*** *od.* ***weaker, opposite, stronger***) ~ das schöne (schwache *od.* zarte, andere, starke) Geschlecht. **2.** Sex *m*: a) Sexualität *f*, b) Sexappeal *m*, c) Geschlechtsverkehr *m*: ***have*** ~ ***with*** schlafen mit. II *adj* **3.** a) Sexual...: ~ ***crime*** (***life,*** *etc*); ~ ***object*** Sexual-, Lustobjekt *n*, b) Geschlechts...: ~ ***organ,*** *etc*, c) Sex...: ~ ***bomb*** (***film,*** *etc*); ~ ***appeal*** Sexappeal *m.*

sex·ism ['seksɪzəm] *s* Sexismus *m.*

'sex·ist I *s* Sexist(in). II *adj* sexistisch.

sex·ton ['sekstən] *s eccl.* Küster(in) (u. Totengräber(in)).

sex·u·al ['sekʃʊəl] *adj* □ sexuell, Sexual..., geschlechtlich, Geschlechts...: ~ ***abuse*** sexueller Missbrauch; ~ ***harassment*** sexuelle Belästigung; ~ ***intercourse*** Geschlechtsverkehr *m.*

sex·u·al·i·ty [ˌ~'ælətɪ] *s* Sexualität *f.*

sex·y ['seksɪ] *adj* □ F sexy, (*a. Gang etc*) aufreizend.

SF [es'ef] ***science fiction.***

shab·by ['ʃæbɪ] *adj* □ *allg.* schäbig.

shack [ʃæk] I *s* Hütte *f*, Baracke *f.* II *v/i*: ~ ***up*** F zs.-leben (***with*** mit).

shack·les ['ʃæklz] *s pl* Fesseln *pl*, Ketten *pl* (*beide a. fig.*).

shade [ʃeɪd] I *s* **1.** Schatten *m*: ***put in***(***to***) ***the*** ~ *fig.* in den Schatten stellen. **2.** (*Lampen*)Schirm *m.* **3.** *pl*, *a.* ***pair of*** ~***s*** F Sonnenbrille *f.* **4.** (Farb)Ton *m.* **5.** *fig.* Nuance *f*: ~ ***of meaning*** Bedeutungsnuance *f.* **6.** ***a*** ~ *fig.* ein kleines bisschen: ***a*** ~ (***too***) ***loud*** e-e Spur zu laut. II *v/t* **7.** abschirmen (***from*** gegen *Licht etc*). III *v/i* **8.** *a.* ~ ***off*** (allmählich) übergehen (***into*** in *acc*).

shad·ow ['ʃædəʊ] I *s* **1.** Schatten *m*: ***be in s.o.'s*** ~ *fig.* in j-s Schatten stehen; ***be only a*** ~ ***of one's former self*** *fig.* nur noch ein Schatten s-r selbst sein; ***cast a*** ~ ***over*** (*od.* ***on***) *fig.* e-n Schatten werfen auf (*acc*). **2.** *fig.* Schatten *m* (*Person*). **3.** ***there's not a*** (*od.* ***the***) ~ ***of doubt about it*** *fig.* daran besteht nicht der geringste Zweifel. II *v/t* **4.** *j-n* beschatten. ~ **cab·i·net** *s pol.* Schattenkabinett *n.* ~ **e·con·o·my** *s* Schattenwirtschaft *f.*

shad·ow·y ['ʃædəʊɪ] *adj* **1.** schattig, dunkel. **2.** *fig.* geheimnisvoll, -umwittert.

shad·y ['ʃeɪdɪ] *adj* **1.** schattig; Schatten spendend. **2.** F zwielichtig (*Person*), zweifelhaft (*Geschäft etc*).

shaft [ʃɑːft] *s* **1.** (*Pfeil- etc*)Schaft *m.* **2.** (*Hammer- etc*)Stiel *m.* **3.** (*Aufzugs-, Bergwerks- etc*)Schacht *m.*

shag·gy ['ʃægɪ] *adj* □ zottig, zott(e)lig.

shake [ʃeɪk] I *s* **1.** Schütteln *n*: ***with a*** ~ ***of one's head*** mit e-m Kopfschütteln; ***give***

s.th. a good ~ et. gut durchschütteln; ***in two ~s, in half a ~*** F sofort. **2.** Shake *m*, Mixgetränk *n*. **3.** ***he's got the ~s*** F er hat den *od*. e-n Tatterich. **4.** ***be no great ~s*** F nicht gerade umwerfend sein (***at*** in *dat*; ***as*** als). **II** *v/i* (*irr*) **5.** wackeln; zittern (***with*** vor *dat*): ***~ with laughter*** sich vor Lachen schütteln. **6.** ***let's ~ on it*** F Hand drauf! **III** *v/t* (*irr*) **7.** schütteln: ***~ one's head*** den Kopf schütteln; ***~ one's fist at s.o.*** j-m mit der Faust drohen; ***~ a leg*** F Dampf *od*. Tempo machen; → ***hand*** 1. **8.** *fig*. a) *j-n* erschüttern: ***he was badly ~n by the accident*** der Unfall hat ihn arg mitgenommen, b) *j-s Glauben etc* erschüttern.

Verbindungen mit Adverbien:

shake| down F **I** *v/i* **1.** sich eingewöhnen *od*. einleben. **2.** kampieren (***on the floor*** auf dem Fußboden). **II** *v/t* **3.** *bsd. Am. j-n* ausnehmen *od*. erpressen. **4.** *Am. j-n* filzen, durchsuchen (***for*** nach). **~ off** *v/t Staub, Verfolger etc* abschütteln, *Besucher, Erkältung etc* loswerden. **~ out** *v/t* ausschütteln. **~ up** *v/t* **1.** *Kissen etc* aufschütteln. **2.** *Flasche etc* durchschütteln. **3.** → ***shake*** 8a.

'shake·down *s* F **1.** (Not)Lager *n*. **2.** *bsd. Am.* Gaunerei *f*; Erpressung *f*. **3.** *Am.* Filzung *f*, Durchsuchung *f*.

shak·en ['ʃeɪkən] *pp von* ***shake***.

'shake·out *s* **1.** Gesundschrumpfung *f*. **2.** Personalabbau *m*: ***~ of jobs*** Stellenabbau.

'shak·er *s* Shaker *m*, Mixbecher *m*; *Am.* (*Salz*)Streuer *m*.

'shake·up *s* Umorganisation *f*: ***there's been a big ~ in our firm*** F in unserer Firma ist kräftig aufgeräumt worden.

shak·y ['ʃeɪkɪ] *adj* □ wack(e)lig (*Person, Stuhl etc*).

shale [ʃeɪl] *s geol.* Schiefer *m*.

shall [ʃæl] *v/aux* (*irr*) **1.** *Futur*: *ich* werde, *wir* werden. **2.** *in* (*Entscheidungs*)*Fragen*: soll *ich* ....?, sollen *wir* ...?: ***~ we go?*** gehen wir?

shal·lot [ʃə'lɒt] *s* ♃ Schalotte *f*.

shal·low ['ʃæləʊ] **I** *adj* □ seicht, flach (*beide a. fig.*). **II** *s, oft pl* seichte *od*. flache Stelle, Untiefe *f*.

sham [ʃæm] **I** *s* **1.** Farce *f*. **2.** Heuchelei *f*. **II** *adj* **3.** unecht, falsch (*Juwelen etc*), vorgetäuscht, geheuchelt (*Mitgefühl etc*): ***~ boom*** Scheinblüte *f*, -konjunktur *f*; ***~ transaction*** Scheingeschäft *n*. **III** *v/t* **4.** *Mitgefühl etc* vortäuschen, heucheln, *Krankheit etc* simulieren. **IV** *v/i* **5.** sich verstellen, heucheln: ***he's only ~ming*** er tut nur so.

sha·man ['ʃeɪmən] *s* Schamane *m*, Schamanin *f*.

sham·bles ['ʃæmblz] *s pl* (*mst sg konstruiert*): ***the room was*** (***in***) ***a ~*** F das Zimmer war das reinste Schlachtfeld.

shame [ʃeɪm] **I** *s* **1.** Scham(gefühl *n*) *f*: ***have you got no ~?*** schämst du dich vor gar nichts? **2.** Schande *f*: ***~!*** pfui!; ***~ on you!*** schäm dich!; pfui!; ***put to ~*** → 4, 5. **3.** ***what a ~!*** (wie) schade!; ***it's a ~*** (es ist) schade; → ***crying*** 1. **II** *v/t* **4.** Schande machen (*dat*). **5.** beschämen. **ˌ~'faced** *adj* □ betreten, verlegen.

shame·ful ['ʃeɪmfʊl] *adj* □ **1.** beschämend. **2.** schändlich.

'shame·less *adj* □ **1.** schamlos. **2.** unverschämt.

sham·poo [ʃæm'puː] **I** *s* Shampoo(n) *n*, Schampon *n*, Schampun *n* (*alle a. für Teppiche etc*), Haarwaschmittel *n*. **II** *v/t Teppich etc* shampoonieren, schamponieren, schampunieren: ***~ one's hair*** sich den Kopf *od*. die Haare waschen.

sham·rock ['ʃæmrɒk] *s* Shamrock *m*, Kleeblatt *n* (*Wahrzeichen Irlands*).

shan·dy ['ʃændɪ] *s* Bier *n* mit Zitronenlimonade.

shang·hai [ˌʃæŋ'haɪ] *v/t*: ***~ s.o. into doing s.th.*** F j-n zwingen *od*. mit e-m Trick dazu bringen, et. zu tun.

shank [ʃæŋk] *s* **1.** *tech.* Schaft *m* (*e-s Bohrers etc*). **2.** Hachse *f* (*beim Schlachttier*).

shan't [ʃɑːnt] F *für* ***shall not***.

shan·ty¹ ['ʃæntɪ] *s* Hütte *f*, Baracke *f*.

shan·ty² [~] *s* Shanty *n*, Seemannslied *n*.

'shan·ty·town *s* Bidonville *n* (*Slumviertel*).

shape [ʃeɪp] **I** *s* **1.** Form *f*: ***in the ~ of*** in Form (*gen*) (*a. fig.*); ***triangular in ~*** dreieckig; ***take ~*** *fig.* Gestalt annehmen. **2.** Gestalt *f* (*Person*). **3.** ***be in good*** (***bad***) ***~*** (*körperlich, geistig*) in guter (schlechter) Verfassung sein; in gutem (schlechtem) Zustand sein (*Gebäude etc*). **II** *v/t* **4.** *Ton etc* formen (***into*** zu); *et.* formen (***from*** aus); *fig. j-n, j-s Charakter etc* formen, prägen: ***~d like*** (***a***) ***...*** ...förmig. **III** *v/i* **5.** *mst* ***~ up*** F sich *gut etc* machen (*Person*): ***things are shaping up nicely*** es sieht nicht schlecht aus.

shaped *adj* geformt, ...förmig.

'shape·less *adj* □ **1.** weit; ausgebeult (*Kleidungsstück*). **2.** unförmig (*Person, Gegenstand*).

'shape·ly *adj* wohlgeformt (*Beine etc*), wohlproportioniert (*Figur*).

shard [ʃɑːd] *s* Scherbe *f*.

share [ʃeə] **I** *s* **1.** Anteil *m* (***in, of*** an *dat*): ***go ~s*** F teilen; ***have a*** (***no***) ***~ in*** (nicht) beteiligt sein an (*dat*); ***~ of the market*** Marktanteil *m*. **2.** *econ. bsd. Br.* Aktie *f*: ***~ certificate*** Aktienzertifikat *n*; ***~ denomination*** Aktienstückelung *f*; ***~ portfolio*** Aktienportefeuille *n*, -bestand *m*; ***~ price*** Aktienkurs *m*; ***~ pushing*** Kurstreiberei *f*. **II** *v/t* **3.** *et.* teilen (*a. fig.*), sich *et.* teilen (***with*** mit): ***we ~ an***

S

apartment (*bsd. Br.* ***a flat***) wir leben in e-r Wohngemeinschaft; ***they ~d second place*** sie kamen gemeinsam auf den zweiten Platz. **4.** *mst* ~ ***out*** verteilen (***among, between*** an *acc*, unter *acc*). **III** *v/i* **5.** teilen: ~ ***in*** sich teilen in (*acc*).

shared *adj* gemeinsam, Gemeinschafts...

'share|ˌhold·er *s econ. bsd. Br.* Aktionär(in): ***~s' meeting*** Aktionärsversammlung *f.* **'~-out** *s* Verteilung *f.* **'~·ware** *s Computer*: Shareware *f* (*Computerprogramme, die ausprobiert werden können, bevor man für sie bezahlt*).

shark [ʃɑːk] *s* **1.** *ichth.* Hai(fisch) *m.* **2.** F (*Kredit- etc*)Hai *m.*

sharp [ʃɑːp] **I** *adj* □ **1.** scharf (*Messer etc, a. Gesichtszüge, Kurve etc*); spitz (*Nadel, Nase etc*). **2.** *fig.* scharf: a) deutlich (*Gegensatz, Umrisse etc*), b) herb (*Geschmack*), c) schneidend (*Befehl, Stimme*), d) heftig (*Schmerz etc*), (*a. Frost, Wind*) schneidend, e) spitz (*Bemerkung, Zunge*), f) schnell (*Tempo etc*), g) jäh, plötzlich: ***brake ~ly*** scharf bremsen; ~ ***rally*** *econ.* kräftige Erholung; ~ ***upward trend*** starke Aufwärtsentwicklung. **3.** *fig.* scharf (*Augen, Verstand etc*); scharfsinnig, gescheit (*Person*). **4.** ~ ***practice*** unsaubere Geschäfte *pl.* **II** *adv* **5.** ***at three o'clock*** ~ Punkt 3 (Uhr). **6.** ♪ zu hoch: ***sing ~.*** **7.** ***look*** ~ F sich beeilen: ***look ~!*** Tempo!

sharp·en ['~ən] *v/t* **1.** *Messer etc* schärfen, schleifen. **2.** *Bleistift etc* spitzen.

'sharp·en·er *s* (*Bleistift*)Spitzer *m.*

'sharp·ness *s* **1.** Schärfe *f* (*a. fig.*). **2.** *fig.* Scharfsinn *m.*

'sharpˌshoot·er *s* Scharfschütze *m*, -schützin *f.*

shat [ʃæt] *pret u. pp von* ***shit.***

shat·ter ['ʃætə] **I** *v/t* **1.** zerschmettern, -schlagen, -trümmern. **2.** *fig. Hoffnungen, Träume etc* zerstören. **3.** F *j-n* schocken. **4.** F *j-n* schlauchen. **II** *v/i* **5.** zerspringen, (*Glas a.*) zersplittern. **'~·proof** *adj* splitterfrei, -sicher.

shave [ʃeɪv] **I** *v/i* **1.** sich rasieren. **II** *v/t* **2.** *j-n* rasieren. **3.** sich *die Beine etc* rasieren: ~ ***off*** sich *den Bart* abrasieren; *Holz* abhobeln. **4.** *j-n, et.* streifen. **III** *s* **5.** Rasur *f*: ***have a*** ~ → 1; ***that was a close*** ~ das war knapp, das hätte ins Auge gehen können.

'shav·en *adj* kahl geschoren.

'shav·er *s* (*bsd.* elektrischer) Rasierapparat.

'shav·ing I *s* **1.** Rasieren *n.* **2.** *pl* Späne *pl.* **II** *adj* **3.** Rasier...: ~ ***brush*** Rasierpinsel *m*; ~ ***cream*** Rasiercreme *f*; ~ ***foam*** Rasierschaum *m*; ~ ***soap*** Rasierseife *f.*

shawl [ʃɔːl] *s* **1.** Umhängetuch *n.* **2.** Kopftuch *n.*

S/HE ***Sundays and holidays excepted*** ausgenommen an Sonn- u. Feiertagen.

she [ʃiː] **I** *pron* sie. **II** *s* Sie *f*: a) Mädchen *n*, Frau *f*, b) *zo.* Weibchen *n.* **III** *adj in Zssgn zo.* ...weibchen *n*: ***~-bear*** Bärin *f.*

sheaf [ʃiːf] *pl* ***sheaves*** [ʃiːvz] *s* **1.** ⸙ Garbe *f.* **2.** (*Papier- etc*)Bündel *n.*

shear [ʃɪə] **I** *v/t* (*mst irr*) *Schaf* scheren. **II** *s pl, a.* ***pair of ~s*** (große) Schere.

sheath [ʃiːθ] *pl* **sheaths** [ʃiːðz] *s* **1.** (*Schwert- etc*)Scheide *f.* **2.** Kondom *n, m.* **3.** → ***sheathing.***

sheathe [ʃiːð] *v/t* **1.** *Schwert etc* in die Scheide stecken. **2.** *tech.* umhüllen, verkleiden, *Kabel, Rohr* ummanteln.

sheath knife *s* (*irr* ***knife***) Fahrtenmesser *n.*

sheaves [ʃiːvz] *pl von* ***sheaf.***

she·bang [ʃɪ'bæŋ] *s*: ***the whole*** ~ *bsd. Am.* F der ganze Laden; die ganze Chose.

shed[1] [ʃed] *v/t* (*irr*) **1.** *Blut, Tränen etc* vergießen. **2.** → ***light***[1] 1. **3.** *biol. Blätter etc* verlieren, *a. Geweih* abwerfen: ~ ***its skin*** sich häuten; ~ ***a few pounds*** ein paar Pfund abnehmen. **4.** *fig. Gewohnheit, Hemmungen etc* ablegen.

shed[2] [~] *s* (*Geräte etc*)Schuppen *m*; (*Kuh- etc*)Stall *m.*

she'd [ʃiːd] F *für* ***she had; she would.***

sheen [ʃiːn] *s* Glanz *m.*

sheep [ʃiːp] *pl* **sheep** *s zo.* Schaf *n* (*a. fig. Person*): ***make ~'s eyes at s.o.*** j-n anschmachten. **'~·dog** *s* Schäferhund *m.*

sheep·ish ['ʃiːpɪʃ] *adj* □ verlegen.

'sheep·skin *s* Schaffell *n.*

sheer [ʃɪə] **I** *adj* **1.** bloß, rein: ***by ~ coincidence*** rein zufällig. **2.** steil, (fast) senkrecht. **3.** hauchdünn (*Stoff*). **II** *adv* **4.** → 2.

sheet [ʃiːt] *s* **1.** Betttuch *n*, (Bett)Laken *n*, Leintuch *n*: (***as***) ***white as a*** ~ kreidebleich. **2.** Bogen *m*, Blatt *n* (*Papier*): ~ ***calendar*** Abreißkalender *m*; ~ ***feed*** Einzelblatteinzug *m*; ~ ***feeder*** Blattzufuhr *f*; ~ ***of stamps*** Briefmarkenbogen *m.* **3.** (*Glas*)Scheibe *f.* **4.** ***the rain was coming down in ~s*** es regnete in Strömen. **5.** weite (*Eis- etc*)Fläche. ~ **light·ning** *s* Wetterleuchten *n.* ~ **mu·sic** *s* Notenblätter *pl.*

sheik(h) [ʃeɪk] *s* Scheich *m.*

'sheik(h)·dom *s* Scheichtum *n.*

shelf [ʃelf] *pl* **shelves** [ʃelvz] *s* (*Bücher- etc*)Brett *n*, (-)Bord *n*: ***shelves*** *pl* Regal *n*; ~ ***filler*** Regalauffüller *m*; ***she has been left on the*** ~ *fig.* F sie ist sitzen geblieben. ~ **life** *s econ.* Haltbarkeit *f*, Lagerfähigkeit *f.* ~ **warm·er** *s* Ladenhüter *m.*

shell [ʃel] **I** *s* **1.** (*Austern-, Eier- etc*)Schale *f*, (*Erbsen- etc*)Hülse *f*, Muschel(schale) *f*, (*Schnecken*)Haus *n*, (*Schildkröten- etc*) Panzer *m*: ***come out of one's*** ~ *fig.* aus sich herausgehen. **2.** *mil.* Granate *f.* **3.** ✈, ⚓ Rumpf *m.* **4.** Rohbau *m*; Gemäuer *n*, Außenmauern *pl.* **II** *v/t* **5.** schälen, enthülsen. **6.** *mil.* mit Granaten beschießen. **7.** (*a. v/i*) ~ ***out*** F blechen.

she'll [ʃi:l] F *für* ***she will.***

'shell·fish *pl* **-fish** *s zo.* Schal(en)tier *n.*

'shell suit *s* Jogginganzug *m* aus Ballonseide.

shel·ter ['ʃeltə] **I** *s* **1.** Unterstand *m*; *mil.* Bunker *m*; Wartehäuschen *n* (*an Bushaltestelle etc*); (*Obdachlosen- etc*)Unterkunft *f*: → ***air-raid.*** **2.** Schutz *m*; Unterkunft *f*: ***provide ~ for*** Obdach bieten *od.* gewähren (*dat*); ***run for ~*** Schutz suchen; ***take ~*** sich unterstellen (***under*** unter *dat*). **II** *v/t* **3.** schützen (***from*** vor *dat*): ***a ~ed life*** ein behütetes Leben. **III** *v/i* **4.** sich unterstellen.

shelve [ʃelv] *v/t* **1.** *Bücher* (in ein Regal) einstellen. **2.** *fig. Plan etc* aufschieben, zurückstellen.

shelves [ʃelvz] *pl von* ***shelf.***

shelv·ing ['ʃelvɪŋ] *s* Regale *pl.*

shep·herd ['ʃepəd] **I** *s* Schäfer *m.* **II** *v/t j-n* führen.

'shep·herd·ess *s* Schäferin *f.*

sher·iff ['ʃerɪf] *s* Sheriff *m.*

sher·ry ['ʃerɪ] *s* Sherry *m.*

Shet·lands ['ʃetləndz] *npr pl die* Shetlandinseln *pl.*

shield [ʃi:ld] **I** *s* Schild *m.* **II** *v/t j-n* schützen (***from*** vor *dat*); *b.s. j-n* decken.

shift [ʃɪft] **I** *v/i* **1.** sich bewegen: ***~ on one's chair*** (*ungeduldig etc*) auf s-m Stuhl hin u. her rutschen. **2.** umspringen (*Wind*). **3.** *fig.* sich verlagern *od.* verschieben *od.* wandeln. **4.** F rasen. **5.** → ***gear*** 1. **II** *v/t* **6.** *et.* bewegen, schieben, *Möbelstück a.* (ver)rücken. **7.** *Schuld, Verantwortung* (ab)schieben, abwälzen (***onto*** auf *acc*). **8.** *Fleck etc* entfernen; *et.* loswerden. **9.** → ***gear*** 1. **III** *s* **10.** *fig.* Verlagerung *f*, Verschiebung *f*, Wandel *m.* **11.** *econ.* Schicht *f* (*Zeit u. Arbeiter*): ***work in ~s*** im Schichtbetrieb arbeiten; ***~ work*** (*od.* ***working***) Schichtarbeit *f.* **~ key** *s* Umschalttaste *f* (*e-r Schreibmaschine*). **~ lock** *s* Feststelltaste *f*, Umschaltsperre *f.* **~ work·er** *s* Schichtarbeiter(in).

shift·y ['ʃɪftɪ] *adj* □ verschlagen (*Blick etc*); zwielichtig (*Charakter*).

shil·ling ['ʃɪlɪŋ] *s Br. hist.* Schilling *m.*

shil·ly-shal·ly ['ʃɪlɪˌʃælɪ] *v/i* F sich nicht entscheiden können.

shim·mer ['ʃɪmə] **I** *v/i* schimmern; (*Luft*) flimmern. **II** *s* Schimmer *m*; Flimmern *n.*

shin [ʃɪn] **I** *s anat.* Schienbein *n.* **II** *v/i*: ***~ up*** (***down***) *Baum etc* hinauf-(herunter)klettern. **'~·bone** → ***shin*** I.

shine [ʃaɪn] **I** *v/i* (*irr*) **1.** scheinen (*Sonne etc*), leuchten (*Lampe etc*). **2.** glänzen (***with*** vor *dat*; *fig.* ***at*** in *dat*). **II** *v/t* (*irr*) **3.** *pret u. pp* ***shined*** *Schuhe etc* polieren. **4.** ***~ a torch*** (*bsd. Am.* ***flashlight***) ***into*** mit e-r Taschenlampe leuchten in (*acc*). **III** *s* **5.** Glanz *m*: ***give one's shoes a ~*** s-e Schuhe polieren; ***take a ~ to s.o.*** F j-n sofort mögen.

shin·gle¹ ['ʃɪŋgl] **I** *s* (Dach)Schindel *f.* **II** *v/t* mit Schindeln decken.

shin·gle² [~] *s* grobe Kieselsteine *pl*: ***~ beach*** Kieselstrand *m.*

shin·gles ['ʃɪŋglz] *s sg* ⚕ Gürtelrose *f.*

shin·gly ['ʃɪŋglɪ] *adj* kieselig: ***~ beach*** Kieselstrand *m.*

shin·y ['ʃaɪnɪ] *adj* glänzend, (*Ärmel etc a.*) abgewetzt, blank.

ship [ʃɪp] **I** *s* (*a. Raum*)Schiff *n*: ***~'s manifest*** Schiffsmanifest *n*; ***when my ~ comes home*** (*od.* ***in***) *fig.* wenn ich das Große Los ziehe. **II** *v/t* verschiffen; *allg.* verfrachten, -senden. **'~·board** *s*: ***on ~*** an Bord. **'~ˌbuild·er** *s* Schiff(s)bauer(in).

ship·ment *s* **1.** Ladung *f.* **2.** Verschiffung *f*; *allg.* Verfrachtung *f*, Versand *m.*

'shipˌown·er *s* Reeder(in), (*bsd. Binnenschifffahrt a.*) Schiffseigner(in).

ship·per ['ʃɪpə] *s* Spediteur(in).

'ship·ping *s* **1.** → ***shipment*** 2. **2.** a) Schifffahrt *f*: ***~ forecast*** Seewetterbericht *m*, b) *coll.* Schiffsbestand *m* (*e-s Landes*). **~ a·gent** *s* Schiffsmakler *m.*

'ship|·shape *adj* tadellos in Ordnung. **'~·wreck** **I** *s* a) Schiffbruch *m*: ***in a ~*** bei e-m Schiffbruch; ***suffer ~*** Schiffbruch erleiden (*a. fig.*), b) Wrack *n.* **II** *v/t*: ***be ~ed*** Schiffbruch erleiden; ***~ed*** schiffbrüchig. **'~·yard** *s* (Schiffs)Werft *f.*

shirk [ʃɜ:k] *v/i u. v/t* sich drücken (vor *dat*).

'shirk·er *s* Drückeberger(in).

'shirk·ing *s* Bummeln *n* am Arbeitsplatz.

shirt [ʃɜ:t] *s* Hemd *n*: ***keep one's ~ on*** F sich nicht aufregen; → ***bet*** 4. **'~·sleeve** **I** *adj* hemdsärmelig. **II** *s pl*: ***in one's ~s*** in Hemdsärmeln, hemdsärmelig.

shirt·y ['ʃɜ:tɪ] *adj* F: ***get ~ with s.o.*** j-n anschnauzen; ***there's no need to get ~*** du musst mich nicht gleich anschnauzen.

shit [ʃɪt] **I** *s* **1.** V Scheiße *f*: ***be in the ~*** *fig.* in der Scheiße sitzen. **2.** ***have*** (***go for***) ***a ~*** V scheißen (gehen). **3.** ***he's got the ~s*** V er hat Dünnschiss *od.* die Scheißerei. **4.** *fig.* V Scheiß *m*: ***talk ~*** Scheiß reden. **5.** *fig.* V Arschloch *n.* **6.** *sl.* Shit *n* (*Haschisch*). **II** *v/i* (*mst irr*) **7.** V scheißen. **III** *v/t* (*mst irr*) **8.** V voll scheißen, scheißen in (*acc*): ***~ o.s.*** sich voll scheißen; *fig.* sich vor Angst fast in die Hosen scheißen.

shiv·er ['ʃɪvə] **I** *v/i* zittern (***with*** vor *dat*). **II** *s* Schauer *m*: ***the sight sent ~s*** (***up and***)

S

down my spine bei dem Anblick überlief es mich eiskalt; ***he's got the ~s*** er hat Schüttelfrost; ***spiders give me the ~s*** F ich hab e-n Horror vor Spinnen.

shoal¹ [ʃəʊl] *s* Schwarm *m* (*Fische*): ***~s*** *pl* ***of*** Schwärme *pl* von (*Touristen etc*).

shoal² [~] *s* Untiefe *f*; Sandbank *f*.

shock¹ [ʃɒk] **I** *s* **1.** Wucht *f* (*e-r Explosion, e-s Schlags etc*). **2.** Schock *m* (*a.* ⚕): ***be in a state of*** (*od.* ***suffer from***) ~ unter Schock stehen; ***come as*** (*od.* ***be***) ***a ~ to s.o.*** ein Schock für j-n sein. **3.** ⚡ Schlag *m*, (*a.* ⚕ Elektro)Schock *m*. **II** *v/t* **4.** schockieren, empören. **5.** *j-m* e-n Schock versetzen: ***be ~ed at*** (*od.* ***by***) erschüttert sein über (*acc*).

shock² [~] *s* (~ ***of hair*** Haar)Schopf *m*.

shock ab·sorb·er *s mot.* Stoßdämpfer *m*.

shock·er ['ʃɒkə] *s* F Schocker *m* (*Film, Person etc*).

'shock·ing *adj* □ **1.** schockierend, anstößig. **2.** erschütternd. **3.** F scheußlich. **4.** ~ ***pink*** pink(farben).

'shock|·proof *adj* stoßfest, -sicher. ~ **ther·a·py,** ~ **treat·ment** *s* ⚕ Schocktherapie *f*, -behandlung *f*. ~ **wave** *s* Druckwelle *f*: ***send ~s through*** *fig.* erschüttern.

shod [ʃɒd] *pret u. pp von* ***shoe.***

shod·dy ['ʃɒdɪ] *adj* □ **1.** minderwertig (*Ware*), schlampig (*Arbeit*). **2.** gemein, schäbig (*Trick etc*).

shoe [ʃuː] **I** *s* **1.** Schuh *m*: ***be in s.o.'s ~s*** *fig.* in j-s Haut stecken; ***know where the ~ pinches*** *fig.* wissen, wo der Schuh drückt; ***step into*** (*od.* ***fill***) ***s.o.'s ~s*** *fig.* j-s Stelle einnehmen. **2.** (Huf)Eisen *n*. **II** *v/t* (*mst irr*) **3.** *Pferd* beschlagen. **'~·black** *s* Schuhputzer(in). **'~·box** *s* Schuhkarton *m*, -schachtel *f*. **'~·horn** *s* Schuhlöffel *m*. **'~·lace** *s* Schnürsenkel *m*. **'~ˌmak·er** *s* Schuhmacher(in), Schuster(in). **'~·string** *s* Schnürsenkel *m*: ***start on a ~*** *fig.* praktisch mit nichts anfangen; ***run a firm on a ~*** e-e Firma mit sehr wenig Geld führen; ~ ***company*** finanzschwaches Unternehmen. **'~·tree** *s* Schuhspanner *m*.

shone [ʃɒn] *pret u. pp von* ***shine.***

shoo [ʃuː] *v/t* (ver)scheuchen.

shook [ʃʊk] *pret von* ***shake.***

shoot [ʃuːt] **I** *s* **1.** ⚘ Trieb *m*. **2.** Jagd *f*; Jagd(revier *n*) *f*. **II** *v/t* (*irr*) **3.** schießen mit (*e-m Gewehr etc*). **4.** *Pfeil etc* abfeuern, abschießen (***at*** auf *acc*): ~ ***a glance at*** e-n schnellen Blick werfen auf (*acc*); ~ ***questions at s.o.*** j-n mit Fragen bombardieren; → ***bolt¹*** 1. **5.** a) *hunt.* schießen, erlegen: ~ ***the bull*** *Am.* F plaudern, plauschen, b) anschießen, c) niederschießen, d) *a.* ~ ***dead*** erschießen: ~ ***o.s.*** sich erschießen. **6.** *Riegel* vorschieben. **7.** *Film etc* drehen, *a. phot. j-n* aufnehmen. **8.** → ***light¹*** 3. **III** *v/i* (*irr*) **9.** schießen (***at*** auf *acc*): ~ ***at goal*** (*Sport*) aufs Tor schießen. **10.** ***go*** *somewhere* ***to*** ~ *wohin* auf die Jagd gehen. **11.** schießen, rasen. **12.** drehen, filmen. **13.** ⚘ treiben. **14.** *sl.* fixen.

Verbindungen mit Adverbien:

shoot| down *v/t* **1.** *j-n* niederschießen. **2.** *j-n, Flugzeug etc* abschießen. **3.** F *Antrag etc* abschmettern, *j-n a.* abfahren lassen. ~ **off** *v/t Waffe* abfeuern, -schießen: ~ ***one's mouth*** F quatschen (*Geheimnisse verraten*); blöd daherreden. ~ **out** *v/t*: ***shoot it out*** sich e-e Schießerei liefern (***with*** mit). ~ **up** *v/i* in die Höhe schießen (*Flammen, Kind etc*), in die Höhe schnellen (*Preise*).

shoot·er ['ʃuːtə] *s bsd. Br. sl.* Schießeisen *n*.

shoot·ing ['ʃuːtɪŋ] **I** *s* **1.** Schießen *n*; Schießerei *f*. **2.** Erschießung *f*; Anschlag *m*. **3.** *Film, TV*: Dreharbeiten *pl*, Aufnahmen *pl*. **II** *adj* **4.** stechend (*Schmerz*). ~ **gal·ler·y** *s* Schießbude *f*. ~ **range** *s* Schießstand *m*. ~ **star** *s ast.* Sternschnuppe *f*.

'shoot-out *s* **1.** Schießerei *f*. **2.** *Sport*: Elfmeterschießen *n*.

shop [ʃɒp] **I** *s* **1.** Laden *m*, Geschäft *n*: ~ ***fittings*** *pl* Ladeneinrichtung *f*; ~ ***opening hours*** Ladenöffnungszeiten *pl*; ***set up ~ as*** F sich niederlassen als; ***shut up ~*** F (den Laden) dichtmachen. **2.** Werkstatt *f*. **3.** Betrieb *m*, Werk *n*: ***talk ~*** fachsimpeln; → ***closed*** (***open***) ***shop.*** **II** *v/i* **4.** ***go ~ping*** einkaufen gehen; ~ ***around*** sich informieren, die Preise vergleichen; ~ ***for*** sich umsehen nach; ~ ***for quality*** qualitätsbewusst einkaufen. **III** *v/t* **5.** *bsd. Br. sl. j-n* verpfeifen. ~ **as·sist·ant** *s Br.* Verkäufer(in). **~·break·ing** *s* Ladeneinbruch *m*. ~ **floor** *s* **1.** Arbeiter *pl* (*Ggs. Management*): ***rise from the ~*** sich von unten hocharbeiten. **2.** a) Verkaufsfläche *f*, b) Produktionsfläche *f*. ~ **front** *s* Ladenfront *f*. **'~ˌkeep·er** *s* Ladenbesitzer(in), -inhaber(in). **'~ˌlift·er** *s* Ladendieb(in). **'~ˌlift·ing** *s* Ladendiebstahl *m*: ***two cases of ~*** zwei Ladendiebstähle.

shop·per ['ʃɒpə] *s* Käufer(in).

'shop·ping **I** *s* **1.** Einkaufen *n*: ***do one's ~*** einkaufen, (s-e) Einkäufe machen. **2.** Einkäufe *pl* (*Sachen*). **II** *adj* **3.** Einkaufs...: ~ ***bag*** Einkaufsbeutel *m*, -tasche *f*; ~ ***basket*** Einkaufskorb *m*; ~ ***behavio(u)r*** Kaufverhalten *n*; ~ ***cart*** *Am.* Einkaufswagen *m*; ~ ***center*** (*bsd. Br.* ***centre***) Einkaufszentrum *n*; ~ ***list*** Einkaufsliste *f*, -zettel *m*; ~ ***mall*** *Am.* Einkaufszentrum *n*; ~ ***street*** Geschäfts-, Ladenstraße *f*; ~ ***trolley*** *Br.* Einkaufswagen *m*; → ***spree.***

ˌshop|-'soiled *adj bsd. Br. Ware*: angestaubt (*a. fig. Ansichten etc*); angestoßen. ~ **stew-**

ard *s econ.* gewerkschaftlicher Vertrauensmann. **'~·talk** *s* Fachsimpelei *f.* **~ thief** *s* Ladendieb(in). **'~,walk·er** *s Br.* Abteilungsleiter(in). **~ win·dow** *s* Schaufenster *n*, Auslage *f.* **'~·worn** *Am.* → ***shop-soiled.***

shore[1] [ʃɔː] *s* Küste *f*; (*See*)Ufer *n*: ***on ~*** ⚓ an Land; ***~ leave*** Landurlaub *m.*

shore[2] [~] **I** *s* Stützbalken *m*, Strebe(balken *m*) *f.* **II** *v/t mst* ***~ up*** (ab)stützen; *fig. Währung etc* stützen.

shorn [ʃɔːn] *pp von* ***shear.***

short [ʃɔːt] **I** *adj* (□ → ***shortly***) **1.** *räumlich, zeitlich*: kurz: ***a ~ time ago*** vor kurzer Zeit, vor kurzem; ***~ and sweet*** F kurz u. bündig; ***~ holiday*** (*bsd. Am.* ***vacation***) Kurzurlaub *m*; ***~ story*** Short Story *f*, Kurzgeschichte *f*; Novelle *f*; ***be ~ for*** die Kurzform sein von; ***cut ~*** *Urlaub etc* abbrechen; → ***notice*** 3, ***run*** 1, ***shrift, story***[1] 1, ***work*** 1. **2.** klein (*Person*). **3.** ***be ~ of*** nicht genügend ... haben; ***be in ~ supply*** *econ.* knapp sein; → ***cash*** 2, ***money.*** **4.** barsch (***with*** zu), kurz angebunden. **II** *adv* **5.** plötzlich, abrupt: ***be caught*** (*od.* ***taken***) ***~*** *bsd. Br.* F dringend mal (verschwinden) müssen; ***stop ~ of*** (*od.* ***at***) zurückschrecken vor (*dat*); ***stop ~ of doing s.th.*** davor zurückschrecken, et. zu tun. **6.** ***fall ~ of*** *et.* nicht erreichen, *den Anforderungen etc* nicht entsprechen; ***run ~*** knapp werden, zur Neige gehen; ***we are running ~ of bread*** uns geht das Brot aus. ***sell ~*** *j-n, et.* unterschätzen. **7.** ***~ of*** a) *räumlich* vor (*dat*): ***three miles ~ of London,*** b) *fig.* außer. **III** *s* **8.** ***he is called Bill for ~*** er wird kurz Bill genannt; ***in ~*** kurz(um). **9.** *pl, a.* ***pair of ~s*** Shorts *pl*; *bsd. Am.* (Herren)Unterhose *f.* **10.** *Br.* F Kurze *m*, Schnaps *m.* **11.** ⚡ F Kurze *m.* **12.** F Kurzfilm *m.* **13.** *Börse*: Leerverkauf *m.* **IV** *v/t* **14.** ⚡ F e-n Kurzen verursachen in (*dat*); kurzschließen. **V** *v/i* **15.** ⚡ F e-n Kurzen haben.

'short·age *s* Knappheit *f*, Mangel *m* (***of*** an *dat*); Mangelsituation *f*: ***~ of work*** Arbeitsmangel *m.*

,short|-'call de·pos·its *s pl* kurzfristig kündbare Gelder *pl.* **,~-'change** *v/t* **1.** *j-m* zu wenig (Wechselgeld) herausgeben. **2.** F *j-n* übers Ohr hauen. **~ cir·cuit** *s* ⚡ Kurzschluss *m.* **,~-'cir·cuit I** *v/t* **1.** ⚡ e-n Kurzschluss verursachen in (*dat*); kurzschließen. **2.** *fig. et.* umgehen. **II** *v/i* **3.** ⚡ e-n Kurzschluss haben. **,~'com·ings** *s pl* Unzulänglichkeiten *pl*, Mängel *pl*, (*a. e-r Person*) Fehler *pl.* **~ cut** *s* **1.** Abkürzung(sweg *m*) *f*: ***take a ~*** abkürzen. **2.** *fig.* abgekürztes Verfahren.

short·en ['ʃɔːtn] **I** *v/t* kürzen, *Kleidungsstück a.* kürzer machen, *Text a.* zs.-streichen, *Leben etc* verkürzen. **II** *v/i* kürzer werden.

'short|·fall *s* Defizit *n*: ***~ in receipts*** Mindereinnahmen *pl.* **,~'haired** *adj* kurzhaarig. **'~·hand** *s* Kurzschrift *f*, Stenografie *f*: ***do ~*** stenografieren; ***take down in ~*** *et.* (mit)stenografieren; ***~ pad*** Stenoblock *m*; ***~ typist*** Stenotypist(in). **,~'hand·ed** *adj* knapp an Personal.

short| list *s*: ***be on the ~*** *Br.* in der engeren Wahl sein. **'~-list** *v/t Br.* in die engere Wahl ziehen. **,~-'lived** *adj* kurzlebig, *fig. a.* von kurzer Dauer.

short·ly ['ʃɔːtlɪ] *adv* **1.** bald: ***~ after*** kurz danach. **2.** in kurzen Worten. **3.** barsch.

'short·ness *s* **1.** Kürze *f.* **2.** Barschheit *f.* **3.** → ***shortage.***

,short|-'range *adj* **1.** ⚔, ✈ Nah..., Kurzstrecken... **2.** kurzfristig. **~-run** *adj* kurzfristig. **,~'sight·ed** *adj* □ ⚕ kurzsichtig (*a. fig.*). **,~-'sleeved** *adj* kurzärm(e)lig. **,~'staffed** → ***shorthanded.*** **,~-'tem·pered** *adj* aufbrausend, hitzig. **'~-term** *adj* kurzfristig, -zeitig: ***~ contract*** befristeter Vertrag *m*, Zeitvertrag *m*; ***~ memory*** Kurzzeitgedächtnis *n.* **~ time** *s econ.* Kurzarbeit *f*: ***be on*** (*od.* ***work***) ***~*** auf Kurzarbeit gesetzt sein, kurzarbeiten. **'~-time** *adj* Kurzzeit...: ***~ work*** (*od.* ***working***) Kurzarbeit *f*; ***~ working allowance*** (*od.* ***benefit, compensation***) Kurzarbeitergeld *n.* **~ wave** *s* ⚡, *phys.* Kurzwelle *f.* **'~-wave** *adj* Kurzwellen... **~-wind·ed** [,~'wɪndɪd] *adj* □ kurzatmig.

shot[1] [ʃɒt] **I** *pret u. pp von* ***shoot.*** **II** *adj*: ***be*** (*od.* ***get***) ***~ of*** F *j-n, et.* los sein (loswerden).

shot[2] [~] *s* **1.** Schuss *m*: ***like a ~*** blitzschnell; sofort; ***~ across the bows*** Schuss vor den Bug (*a. fig.*); ***~ in the dark*** *fig.* Schuss ins Blaue; ***~ in the leg*** Beinschuss; ***call the ~s*** F das Sagen haben. **2.** (*Fußball etc*) Schuss *m*, (*Basketball etc*) Wurf *m*, (*Tennis etc*) Schlag *m.* **3.** *guter etc* Schütze, *gute* Schützin: ***big ~*** F hohes Tier. **4.** Schrot *m, n.* **5.** *Kugelstoßen*: Kugel *f.* **6.** F Versuch *m*: ***at the first ~*** beim ersten Versuch; ***I'll have a ~ at it*** ich probiers mal. **7.** a) *Film, TV*: Aufnahme *f*; Einstellung *f*, b) *phot.* F Schnappschuss *m*, Aufnahme *f.* **8.** ⚕ F Spritze *f.* **'~·gun** *s* Schrotflinte *f*: ***~ wedding*** F Mussheirat *f.* **~ put** *s Leichtathletik*: Kugelstoßen *n.* **'~-,put·ter** *s* Kugelstoßer(in).

should [ʃʊd] **1.** *pret von* ***shall,*** *a. allg. ich* sollte, *du* solltest *etc*: ***he ~ be home by then*** er müsste bis dahin wieder zu Hause sein. **2.** *konditional*: *ich* würde, *wir* würden: ***I ~ go if ...***; → ***like***[2] 1.

shoul·der ['ʃəʊldə] **I** *s* **1.** Schulter *f*: ***~ to ~*** Schulter an Schulter (*a. fig.*); ***a ~ to cry on*** e-e Schulter zum Ausweinen; ***give s.o. the cold ~*** j-m die kalte Schulter zeigen; ***put one's ~ to the wheel*** *fig.* sich mächtig ins Zeug legen; → ***chip*** 1, ***rub*** 3. **II** *v/t* **2.** schultern; *fig. Kosten, Verantwortung etc* übernehmen. **3.** (mit der Schulter) stoßen: **~ one's way through** sich e-n Weg bahnen durch. **~ bag** *s* Schulter-, Umhängetasche *f.* **~ blade** *s anat.* Schulterblatt *n.* **~ strap** *s* Träger *m* (*e-s Kleids etc*); Tragriemen *m.*

shouldn't ['ʃʊdnt] F *für* **should not.**

shout [ʃaʊt] **I** *v/i* rufen, schreien (**for** nach; **for help** um Hilfe): **~ at s.o.** j-n anschreien. **II** *v/t* rufen, schreien: **~ down** *j-n* niederbrüllen; **~ o.s. hoarse** sich heiser schreien; → **rooftop. III** *s* Ruf *m*, Schrei *m*: **~s** *pl* **of joy** Freudengeschrei *n*; **it's my ~** *Br.* F das ist m-e Runde, ich bin dran.

'shout·ing *s* Schreien *n*, Geschrei *n*: **it's all over bar the ~** *Br.* F die Sache ist so gut wie gelaufen.

shove [ʃʌv] **I** *v/t* **1.** stoßen, schubsen: **~ about** (*od.* **around**) *j-n* herumschubsen (*a. fig.*). **2.** *et.* schieben, stopfen (**into** in *acc*). **II** *v/i* **3.** stoßen, schubsen: **~ off** (vom Ufer) abstoßen; **~ off!** F schieb ab!; **~ over** *bsd. Br.* F rutschen. **III** *s* **4.** Stoß *m*, Schubs *m.*

shov·el ['ʃʌvl] **I** *s* Schaufel *f.* **II** *v/t pret u. pp* **-eled,** *bsd. Br.* **-elled** schaufeln: **~ food into one's mouth** Essen in sich hineinschaufeln.

show [ʃəʊ] **I** *s* **1.** *thea. etc* Vorstellung *f*; Show *f*; (*Rundfunk, TV*) Sendung *f*: **steal the ~ from s.o.** *fig.* j-m die Schau stehlen. **2.** Ausstellung *f*: **be on ~** ausgestellt *od.* zu besichtigen sein. **3.** Zurschaustellung *f*, Demonstration *f.* **4. by ~ of hands** durch Handzeichen. **5.** Schau *f*: **make a ~ of** *Anteilnahme etc* heucheln; **make a ~ of interest** *a.* sich interessiert geben. **6.** F *gute etc* Leistung: **put up a poor ~** e-e schwache Leistung zeigen. **7.** F Laden *m*: **run the ~** den Laden schmeißen. **II** *adj* **8.** Muster...: **~ flat** Musterwohnung *f*; **~ house** Musterhaus *n.* **III** *v/t* (*mst irr*) **9.** *a. fig. Gefühle etc* zeigen, *Fahrkarte etc a.* vorzeigen, *Zeit etc* anzeigen (*Uhr etc*): **~ s.o. how to do s.th.** j-m zeigen, wie man et. macht; **~ o.s.** sich erweisen als; **~ on the books** *econ.* ausweisen; → **door** 1, *etc.* **10.** *j-n* bringen, führen (**to** zu): **~ s.o.** (**a**)**round** (*od.* **over**) **the house** j-n durchs Haus führen, j-m das Haus zeigen. **11.** ausstellen, zeigen. **12.** zeigen: a) *thea. etc* vorführen, b) *TV* bringen. **IV** *v/i* (*mst irr*) **13.** zu sehen sein: **it ~s** man sieht es. **14. be ~ing** gezeigt werden, laufen.
Verbindungen mit Adverbien:

show| a·round *v/t* herumführen. **~ in** *v/t* herein-, hineinführen, -bringen. **~ off I** *v/t* **1.** angeben *od.* protzen mit (**to** vor *dat*). **2.** *Figur etc* vorteilhaft zur Geltung bringen. **II** *v/i* **3.** angeben, protzen. **~ out** *v/t* heraus-, hinausführen, -bringen. **~ round** → **show around. ~ up I** *v/t* **1.** herauf-, hinaufführen, -bringen. **2.** sichtbar machen. **3.** *j-n* entlarven; *et.* aufdecken. **4.** *bsd. Br. j-n* in Verlegenheit bringen. **II** *v/i* **5.** zu sehen sein. **6.** F kommen; aufkreuzen, -tauchen.

show| biz *s* F, **~ busi·ness** *s* Showbusiness *n*, -geschäft *n.* **'~·case** *s* Schaukasten *m*, Vitrine *f.* **'~·down** *s* Kraft-, Machtprobe *f.*

show·er ['ʃaʊə] **I** *s* **1.** (*Regen- etc*)Schauer *m*; (*Funken-, Kugel- etc*)Regen *m*; (*Geschoss-, Stein*)Hagel *m*; (*Wasser-, Wort- etc*) Schwall *m.* **2.** Dusche *f*: **have** (*od.* **take**) **a ~** duschen. **II** *v/i* **3.** duschen. **III** *v/t* **4. ~ s.o. with s.th., ~ s.th. on s.o.** j-n mit et. überschütten, *fig. a.* j-n mit et. überhäufen. **~ cab·i·net** *s* Duschkabine *f.* **~ cur·tain** *s* Duschvorhang *m.*

'show|·girl *s* Revuegirl *n.* **~ jump·er** *s Sport:* Springreiter(in). **~ jump·ing** *s* Springreiten *n.* **~·man** ['~mən] *s* (*irr* **man**) **1.** *thea. etc* Produzent *m.* **2.** Schausteller *m.* **3.** *fig.* Showman *m.*

shown [ʃəʊn] *pp von* **show.**

'show|-off *s* F Angeber(in). **'~·piece** *s* **1.** Ausstellungsstück *n.* **2.** Parade-, Prunkstück *n.* **~·room** ['~rʊm] *s* Ausstellungsraum *m.*

show·y ['ʃəʊɪ] *adj* □ auffallend (*Person*), (*Farben, Kleidung etc a.*) auffällig.

shrank [ʃræŋk] *pret von* **shrink.**

shred [ʃred] **I** *s* **1.** Fetzen *m*: **be in ~s** zerfetzt sein; *fig.* ruiniert sein (*Ruf etc*); **tear to ~s** zerfetzen; *fig. Argument etc* zerpflücken, -reißen; *Stück etc* verreißen. **2.** Schnitzel *n, m*, Stückchen *n.* **3.** *fig.* **not a ~ of doubt** nicht der geringste Zweifel; **there is not a ~ of truth in this story** an dieser Geschichte ist kein Wort wahr. **II** *v/t* (*a. irr*) **4.** zerfetzen; in den Papier- *od.* Reißwolf geben. **5.** in (schmale) Streifen schneiden, *Gemüse a.* schnitzeln, *Fleisch a.* schnetzeln.

'shred·der *s* **1.** Papier-, Reißwolf *m*; Aktenvernichter *m.* **2.** Schnitzelmaschine *f*; Schnitzelwerk *n.*

shrewd [ʃruːd] *adj* □ scharfsinnig, klug, (*Beobachter*) scharf: **that was a ~ guess** das war gut geraten.

shriek [ʃriːk] **I** *s* (schriller) Schrei: **~ of terror** Entsetzensschrei; **~s** *pl* **of laughter** kreischendes Gelächter. **II** *v/i* (gellend) aufschreien (**with** vor *dat*): **~ with laughter** vor Lachen kreischen.

shrift [ʃrɪft] *s*: **give s.o. short ~** kurzen Prozess mit j-m machen.

shrill [ʃrɪl] *adj* □ **1.** schrill. **2.** *fig.* heftig, scharf (*Kritik etc*).

shrimp [ʃrɪmp] *s* **1.** *zo.* Garnele *f.* **2.** *fig. contp.* Knirps *m.*

shrine [ʃraɪn] *s* (Reliquien)Schrein *m.*

shrink [ʃrɪŋk] **I** *v/i* (*irr*) **1.** (zs.-, ein)schrump-

S

fen (*a. fig.*), (*Stoff etc a.*) einlaufen, -gehen. **2.** *fig.* abnehmen. **3.** *fig.* zurückschrecken (**from** vor *dat*): ~ **from doing s.th.** davor zurückschrecken, et. zu tun. **II** *v/t* (*irr*) **4.** (zs.-, ein)schrumpfen lassen, *Stoff etc a.* einlaufen *od.* -gehen lassen. **III** *s* **5.** F Klapsdoktor(in).

'shrink·age *s* **1.** Schrumpfung *f* (*a. fig.*), Schwund *m*, Einlaufen *n*, -gehen *n*. **2.** *fig.* Abnahme *f*.

'shrink·ing *adj*: ~ **violet** F schüchternes Pflänzchen.

'shrink-wrap *v/t Buch etc.* einschweißen.

shriv·el ['ʃrɪvl] *v/i u. v/t pret u. pp* **-eled,** *bsd. Br.* **-elled** runz(e)lig werden (lassen): ~**(l)ed** runz(e)lig.

shroud [ʃraʊd] **I** *s* **1.** Leichentuch *n*. **2.** *fig.* Schleier *m* (**of secrecy** des Geheimnisses). **II** *v/t* **3. be ~ed in** in *Nebel etc* gehüllt sein: **be ~ed in mystery** geheimnisumwittert sein.

Shrove Tues·day [ʃrəʊv] *s* Faschings-, Fastnachtsdienstag *m*.

shrub [ʃrʌb] *s* Busch *m*, Strauch *m*.

'shrub·ber·y *s* Busch-, Strauchwerk *n*.

shrug [ʃrʌg] **I** *v/t* **1.** ~ **one's shoulders** → 3. **2.** ~ **off** *fig. et.* mit e-m Achsel- *od.* Schulterzucken abtun, achselzuckend hinweggehen über (*acc*). **II** *v/i* **3.** mit den Achseln *od.* Schultern zucken. **III** *s* **4.** *a.* ~ **of one's shoulders** Achsel-, Schulterzucken *n*: **give a** ~ → 3.

shrunk [ʃrʌŋk] *pret u. pp von* **shrink.**

shuck [ʃʌk] *bsd. Am.* **I** *s* Hülse *f*, Schote *f*; Schale *f*. **II** *v/t* enthülsen; schälen. **III** *s*: ~**s!** F Quatsch!; Mist!

shud·der ['ʃʌdə] **I** *v/i* schaudern (**at** bei): ~ **to think of** mit Schaudern denken an (*acc*). **II** *s* Schauder *m*.

shuf·fle ['ʃʌfl] **I** *v/t* **1.** ~ **one's feet** → 3. **2.** *Karten* mischen. **II** *v/i* **3.** schlurfen. **4.** *Kartenspiel*: mischen. **III** *s* **5.** Schlurfen *n*, schlurfender Gang. **6.** Mischen *n*. **'~·board** *s* Shuffleboard *n* (*Spiel*).

shun [ʃʌn] *v/t j-n, et.* meiden.

shunt [ʃʌnt] *v/t* **1.** *Zug etc* rangieren, verschieben. **2.** ~ **off** F *j-n* abschieben (**to** in *acc*, nach).

shut [ʃʌt] (*irr*) **I** *v/t* **1.** *Fenster*, *Tür etc* zumachen, *a. Fabrik etc* schließen: → **mouth** 1, **trap** 2. **2.** *j-n* einschließen (**in** in *acc*, *dat*): ~ **one's finger in the door** sich den Finger in der Tür einklemmen. **II** *v/i* **3.** schließen (*a. Laden etc*), zugehen.

Verbindungen mit Adverbien:

shut| a·way *v/t* **1.** *et.* wegschließen. **2. shut o.s. away** sich einigeln (**in** in *dat*). ~ **down I** *v/t Fabrik etc* schließen, (*für immer a.*) stilllegen. **II** *v/i* schließen (*Fabrik etc*). ~ **off I** *v/t* **1.** *Gas*, *Maschine etc* abstellen. **2.** abtrennen; fern halten (**from** von). **II** *v/i* **3.** (sich) abschalten. ~ **out** *v/t Gedanken*, *Schmerz etc* verdrängen. ~ **up I** *v/t* **1.** *Geschäft* schließen: → **shop** 1. **2.** *j-n* einsperren (**in** in *acc*, *dat*). **3.** F *j-m* den Mund stopfen. **II** *v/i* **4.** ~**!** F halt die Klappe!

'shut|·down *s* Schließung *f*, (*für immer a.*) Stilllegung *f*. **'~-eye** *s* F Schlaf *m*: **get some** ~ ein paar Stunden schlafen.

shut·ter ['ʃʌtə] *s* **1.** Fensterladen *m*. **2.** *phot.* Verschluss *m*: ~ **speed** Belichtung(szeit) *f*.

'shut·tered *adj*: ~ **windows** *pl* Fenster *pl* mit Fensterläden; geschlossene Fensterläden; ~ **room** Zimmer *n* mit geschlossenen Fensterläden.

shut·tle ['ʃʌtl] **I** *s* **1.** → **shuttle bus** (**service, train**). **2.** (*Raum*)Fähre *f*, (-)Transporter *m*. **3.** → **shuttlecock. II** *v/t* **4.** hin u. her befördern. ~ **bus** *s* im Pendelverkehr eingesetzter Bus. **'~·cock** *s* Federball *m*. ~ **ser·vice** *s* Pendelverkehr *m*. ~ **train** *s* Pendelzug *m*.

shy [ʃaɪ] **I** *adj* □ **1.** scheu (*Tier*), (*Lächeln*, *Mensch a.*) schüchtern (**of** gegenüber): **fight** ~ **of** *e-r Sache* aus dem Weg gehen; **fight ~ of doing s.th.** sich hüten, et. zu tun. **II** *v/i* **2.** scheuen (**at** vor *dat*) (*Pferd etc*). **3.** ~ **away** *fig.* zurückschrecken (**from** vor *dat*): ~ **away from doing s.th.** davor zurückschrecken, et. zu tun.

'shy·ness *s* Scheu *f*, Schüchternheit *f*.

shy·ster ['ʃaɪstə] *s Am.* F Winkeladvokat(in).

s.i. **sum insured** Versicherungssumme *f*.

Si·a·mese twins [ˌsaɪə'miːz] *s pl* siamesische Zwillinge *pl*.

Si·be·ria [saɪ'bɪərɪə] *npr* Sibirien *n*.

sib·lings ['sɪblɪŋz] *s pl* Geschwister *pl*.

Sic·i·ly ['sɪsɪlɪ] *npr* Sizilien *n*.

sick [sɪk] **I** *adj* **1.** krank: **be off** ~ krank(-geschrieben) sein; **report** ~ sich krankmelden. **2. be** ~ *bsd. Br.* sich übergeben; **he was** (*od.* **felt**) ~ ihm war schlecht; **be** ~ **of s.th.** F et. satt haben; **be** ~ (**and tired**) **of doing s.th.** F es (gründlich) satt haben, et. zu tun; **it makes me** ~ mir wird schlecht davon, *a. fig.* es ekelt *od.* widert mich an. **3.** makaber (*Witz etc*), abartig (*Person etc*). **II** *s* **4. the** ~ *pl* die Kranken *pl*. **5.** *Br.* F Kotze *f*. ~ **bag** *s* ✈ Spucktüte *f*. ~ **bay** *s* Krankenzimmer *n* (*e-r Schule etc*), ⚓ (Schiffs)Lazarett *n*. **'~·bed** *s* Krankenbett *n*.

sick·en ['sɪkən] **I** *v/t j-n* anekeln, anwidern (*beide a. fig.*). **II** *v/i* krank werden: **be ~ing for s.th.** et. ausbrüten.

sick·le ['sɪkl] *s* ✓ Sichel *f*.

sick leave *s*: **be on** ~ krank(geschrieben) sein.

sick·ly ['sɪklɪ] *adj* **1.** kränklich. **2.** matt (*Lächeln*). **3.** widerwärtig (*Geruch etc*).

S

'sick·ness *s* **1.** Krankheit *f*: **~ *benefit*** Krankengeld *n*; **~ *insurance*** Krankenversicherung *f*; **~ *insurance contribution*** Krankenversicherungsbeitrag *m*. **2.** Übelkeit *f*.

sick pay *s* Krankengeld *n*.

'sick·room *s* Krankenzimmer *n*.

side [saɪd] **I** *s* **1.** *allg*. Seite *f* (*a. fig.*): ***at the ~ of the road*** am Straßenrand; ***at*** (*od.* ***by***) ***s.o.'s ~*** an j-s Seite; **~ *by* ~** nebeneinander; ***on the ~*** nebenbei *verdienen etc*; ***his ~ of the story*** s-e Version der Geschichte; ***be on s.o.'s ~*** auf j-s Seite sein *od.* stehen; ***be on the right*** (***wrong***) **~ *of 50*** noch nicht (über) 50 sein; ***put to one ~*** *Geld* auf die Seite legen; ***take ~s*** → 4; ***take to one ~*** *j-n* beiseite nehmen; → ***safe*** I, ***seamy, split*** 1, ***sunny.*** **2.** *Sport*: Mannschaft *f*. **II** *adj* **3.** Seiten...: **~ *door*** (***road,*** *etc*). **III** *v/i* **4.** Partei ergreifen (***with*** für; ***against*** gegen). **'~·board** *s* **1.** Sideboard *n*. **2.** *pl Br.* Koteletten *pl*. **'~·burns** *Am.* → **sideboard** 2. **'~·car** *s* Bei-, Seitenwagen *m*. **~ dish** *s* Beilage *f*. **~ ef·fect** *s* Nebenwirkung *f*. **~ im·pact pro·tec·tion** *s mot.* Seitenaufprallschutz *m*. **~ is·sue** *s* Randproblem *n*. **'~·line** *s* **1.** Nebenbeschäftigung *f*. **2.** *Sport*: Seitenlinie *f*. **'~·long** *adj u. adv*: **~ *glance*** Seitenblick *m*; ***look at s.o.*** **~** j-n von der Seite anschauen. **'~ˌsad·dle I** *s* Damensattel *m*. **II** *adv* im Damensitz. **'~ˌsplit·ting** *adj* zwerchfellerschütternd. **~ step** *s* Seitenschritt *m*, (*Boxen*) Seitschritt *m*, Sidestep *m*. **'~·step I** *v/t* **1.** *e-m Schlag* (durch e-n Seit[en]schritt) ausweichen. **2.** *fig. e-r Frage etc* ausweichen. **II** *v/i* **3.** e-n Seit(en)schritt machen. **'~·swipe I** *s*: ***take a ~ at*** F *j-m* e-n Seitenhieb versetzen. **II** *v/t mot. Am. geparktes Fahrzeug etc* streifen. **'~·track** *v/t j-n* ablenken; *et.* abbiegen. **'~·walk** *bsd. Am.* → ***pavement*** 2.

side·ward ['saɪdwəd] **I** *adj* seitlich: **~ *jump*** Sprung *m* zur Seite. **II** *adv* seitwärts, nach der *od.* zur Seite.

side·wards ['~dz] → ***sideward*** II. **'~·ways** → ***sideward.***

si·dle ['saɪdl] *v/i* (sich) schleichen (***out of*** aus): **~ *up to s.o.*** sich an j-n heranschleichen.

siege [siːdʒ] *s mil.* Belagerung *f*: ***lay ~ to*** belagern (*a. fig.*).

si·es·ta [sɪ'estə] *s* Siesta *f*: ***have*** (*od.* ***take***) ***a ~*** Siesta halten.

sieve [sɪv] **I** *s* Sieb *n*: ***put through a ~*** (durch)sieben; ***he's got a memory like a ~*** F er hat ein Gedächtnis wie ein Sieb. **II** *v/t* (durch)sieben: **~ *out*** aussieben (***from*** aus).

sift [sɪft] **I** *v/t* **1.** (durch)sieben: **~ *out*** *fig.* herausfinden (***from*** aus). **2.** *fig. Material etc* sichten, durchsehen. **II** *v/i* **3.** **~ *through*** → 2.

sigh [saɪ] **I** *v/i* (auf)seufzen: **~ *with relief*** erleichtert aufatmen. **II** *s* Seufzer *m*: **~ *of relief*** Seufzer der Erleichterung; ***breathe*** (*od.* ***heave***) ***a ~ of relief*** erleichtert aufatmen.

sight [saɪt] **I** *s* **1.** Sehvermögen *n*: ***have good ~*** gute Augen haben, gut sehen; ***lose one's ~*** das Augenlicht verlieren. **2.** (An)Blick *m*: ***at the ~ of*** beim Anblick von (*od. gen*); ***at first ~*** auf den ersten Blick; ***a ~ for sore eyes*** F e-e Augenweide; ***you're a ~ for sore eyes*** F schön, dich zu sehen; ***be*** (*od.* ***look***) ***a ~*** F verboten *od.* zum Abschießen aussehen; ***buy ~ unseen*** *et.* unbesehen kaufen; ***catch ~ of*** erblicken; ***know by ~*** *j-n* vom Sehen kennen; ***lose ~ of*** aus den Augen verlieren. **3.** Sicht(weite) *f*: ***be*** (***with***)***in ~*** in Sicht sein (*a. fig.*); ***come into ~*** in Sicht kommen; ***keep out of ~!*** pass auf, dass dich niemand sieht!; ***let out of one's ~*** *j-n, et.* aus den Augen lassen. **4.** *mst pl* Sehenswürdigkeit *f*. **5.** *oft pl* Visier *n*: ***set one's ~s on*** *fig. et.* ins Auge fassen. **6. *a ~*** F um einiges, viel *besser etc*. **II** *v/t* **7.** sichten. **~ de·pos·its** *s pl econ.* Sichteinlagen *pl*. **~ draft** *s* Sichttratte *f*.

'sight·ed *adj* sehend.

'sight|-read *v/t u. v/i* (*irr* ***read***) ♪ vom Blatt singen *od.* spielen. **'~·see** *v/i*: ***go ~ing*** sich die Sehenswürdigkeiten anschauen. **'~ˌsee·ing** *s* Sightseeing *n*, Besichtigung *f* von Sehenswürdigkeiten: **~ *bus*** Sightseeing-Bus *m*; **~ *tour*** Sightseeing-Tour *f*, (Stadt)Rundfahrt *f*.

sign [saɪn] **I** *s* **1.** *allg*. Zeichen *n*, ℞, ♪ *a.* Vorzeichen *n*, *fig. a.* Anzeichen *n*: **~ *of equality*** Gleichheitszeichen; ***~s*** *pl* ***of fatigue*** Ermüdungserscheinungen *pl*; ***all the ~s are that*** alles deutet darauf hin, dass; ***there was no ~ of him*** von ihm war keine Spur zu sehen; ***show ~s of*** Anzeichen zeigen von (*od. gen*); ***show only faint ~s of life*** nur schwache Lebenszeichen von sich geben. **2.** (*Hinweis-*, *Warn- etc*)Schild *n*. **3.** (*Stern-*, *Tierkreis*)Zeichen *n*. **II** *v/t* **4.** unterschreiben, -zeichnen, *Bild*, *Buch* signieren; *Scheck* ausstellen; sich eintragen in (*acc*): → ***autograph*** I. **5.** *Sport*: *Spieler* verpflichten, unter Vertrag nehmen. **III** *v/i* **6.** unterschreiben, -zeichnen: **~ *for*** den Empfang (*gen*) (*durch s-e Unterschrift*) bestätigen; → ***dot*** 2. **7.** *Sport*: (e-n Vertrag) unterschreiben (***for, with*** bei).

Verbindungen mit Adverbien:

sign| a·way *v/t* (schriftlich) verzichten auf (*acc*). **~ in** *v/i* sich (in e-e Anwesenheitsliste *etc*) eintragen. **~ off** *v/i* **1.** *Rundfunk*, *TV*: sein Programm beenden. **2.** Schluss machen (*im Brief*, *a. allg.*). **~ on I** *v/t* **1.** a) →

S

sign 5, b) *j-n* an-, einstellen, ⚓ anheuern. **II** *v/i* **2.** a) → ***sign*** 7, b) (e-n Arbeitsvertrag) unterschreiben, ⚓ anheuern. **3.** sich arbeitslos melden. **4.** *Rundfunk, TV*: sein Programm beginnen. **~ out** *v/i* sich (aus e-r Anwesenheitsliste *etc*) austragen. **~ o·ver** *v/t et.* überschreiben (***to*** *dat*). **~ up** → ***sign on*** 1, 2.

sig·nal ['sɪgnl] **I** *s* **1.** Signal *n*, Zeichen *n* (*beide a. fig.*): → ***busy*** 6. **II** *adj* □ **2.** beachtlich, un-, außergewöhnlich. **III** *v/t pret u. pp* **-naled,** *bsd. Br.* **-nalled 3.** ***~ s.o. to do s.th.*** j-m (ein) Zeichen geben, et. zu tun. **4.** *fig. Bereitschaft etc* signalisieren. **IV** *v/i* **5.** ***~ for a taxi*** e-m Taxi winken.

sig·na·to·ry ['sɪgnətərɪ] *s pol.* Unterzeichner(in).

sig·na·ture ['sɪgnətʃə] *s* Unterschrift *f*, (*e-s Bildes, Buchs*) Signatur *f*. **~ book** *s* Unterschriftsmappe *f*. **~ tune** *s Rundfunk, TV*: Erkennungsmelodie *f*.

'sign·board *s* (Aushänge)Schild *n*.

sign·er ['saɪnə] *s* Unterzeichnete *m, f*.

sig·net ring ['sɪgnɪt] *s* Siegelring *m*.

sig·nif·i·cance [sɪg'nɪfɪkəns] *s* Bedeutung *f*, Wichtigkeit *f*: ***be of great ~ to*** von großer Bedeutung sein für.

sig'nif·i·cant *adj* □ **1.** bedeutend, bedeutsam, wichtig. **2.** viel sagend; bezeichnend.

sig·ni·fy ['sɪgnɪfaɪ] *v/t* **1.** bedeuten. **2.** *Meinung etc* kundtun.

sign| lan·guage *s* Zeichensprache *f*. **'~·post** *s* Wegweiser *m*.

si·lage ['saɪlɪdʒ] *s* ⚘ Silofutter *n*.

si·lence ['saɪləns] **I** *s* Stille *f*; Schweigen *n*: ***~!*** Ruhe!; ***in ~*** schweigend; ***a one-minute ~*** e-e Schweigeminute. **II** *v/t* zum Schweigen bringen (*a. fig.*).

'si·lenc·er *s* **1.** Schalldämpfer *m*. **2.** *mot. Br.* Auspufftopf *m*.

si·lent ['saɪlənt] *adj* □ still, (*Gebet, a. ling. Buchstabe*) stumm; ruhig; schweigsam: ***~ film*** Stummfilm *m*; ***the ~ majority*** die schweigende Mehrheit; ***~ partner*** *econ. Am.* stiller Teilhaber, stille Teilhaberin. ***be ~ on*** sich ausschweigen über (*acc*); ***remain ~*** schweigen.

Si·le·sia [saɪ'li:zjə] *npr* Schlesien *n*.

sil·hou·ette [ˌsɪlu:'et] **I** *s* Silhouette *f*. **II** *v/t*: ***be ~d against*** sich (als Silhouette) abheben gegen.

sil·i·con ['sɪlɪkən] *s* ⚗ Silizium *n*.

sil·i·cone ['~kəʊn] *s* ⚗ Silikon *n*.

sil·i·co·sis [ˌsɪlɪ'kəʊsɪs] *s* ⚕ Staublunge *f*.

silk [sɪlk] **I** *s* Seide *f*. **II** *adj* Seiden... **'~·worm** *s zo.* Seidenraupe *f*.

silk·y ['sɪlkɪ] *adj* □ seidig (*Fell, Haare etc*), samtig (*Stimme*).

sill [sɪl] *s* (*Fenster*)Bank *f*, (-)Brett *n*.

sil·li·ness ['sɪlɪnɪs] *s* Albernheit *f*, Dummheit *f*.

sil·ly ['sɪlɪ] **I** *adj* albern, dumm: ***don't be ~!*** red doch keinen Unsinn!; ***~ billy*** → II; ***~ season*** (*Journalismus*) Saure-Gurken-Zeit *f*. **II** *s* F Dummkopf *m*, Dummerchen *n*.

si·lo ['saɪləʊ] *pl* **-los** *s* **1.** Silo *m, n*. **2.** *mil.* Startsilo *m, n*.

sil·ver ['sɪlvə] **I** *s* **1.** ⚗ Silber *n* (*a. Besteck, Geschirr*). **2.** Silber(geld *n*, -münzen *pl*) *n*: ***three pounds in ~*** drei Pfund in Silber. **II** *adj* **3.** silbern, Silber... **III** *v/t* **4.** versilbern. **'~·fish** *s zo.* Silberfischchen *n*. **~ foil** *s* Silber-, Alu(minium)folie *f*; Silberpapier *n*. **'~-haired** *adj* silberhaarig. **~ ju·bi·lee** *s* 25-jähriges Jubiläum. **~ med·al** *s* Silbermedaille *f*. **~ med·al·(l)ist** *s* Silbermedaillengewinner(in). **~ mine** *s* Silberbergwerk *n*, -mine *f*. **~ pa·per** *s* Silberpapier *n*. **ˌ~-'plat·ed** *adj* versilbert. **~ screen** *s* Leinwand *f*; Kino *n*. **'~·smith** *s* Silberschmied(in). **'~·ware** *s* Silber(besteck, -geschirr) *n*. **~ wed·ding** *s* silberne Hochzeit.

sim·i·lar ['sɪmɪlə] *adj* ähnlich (***to*** *dat*).

sim·i·lar·i·ty [ˌ~'lærətɪ] *s* Ähnlichkeit *f* (***to*** mit).

'sim·i·lar·ly *adv* **1.** ähnlich. **2.** entsprechend.

sim·i·le ['sɪmɪlɪ] *s* Simile *n*, Vergleich *m*.

sim·mer ['sɪmə] **I** *v/i* **1.** köcheln, leicht kochen: ***~ with*** *fig.* kochen vor (*Zorn etc*), fiebern vor (*Aufregung etc*); ***~ down*** F sich abregen. **2.** *fig.* gären, schwelen. **II** *s* **3.** Köcheln *n*: ***bring to a ~*** zum Köcheln bringen.

sim·per ['sɪmpə] **I** *v/i* albern *od.* affektiert lächeln. **II** *s* albernes *od.* affektiertes Lächeln.

sim·ple ['sɪmpl] *adj* (□ → ***simply***) **1.** *allg.* einfach, (*Aufgabe etc a.*) simpel, leicht, (*Lebensweise, Person, Stil etc a.*) schlicht, (⚕ *Bruch a.*) glatt: ***for the ~ reason that*** aus dem einfachen Grund, weil. **2.** einfältig; naiv, leichtgläubig. **ˌ~-'mind·ed** *adj* □ → ***simple*** 2.

sim·plic·i·ty [sɪm'plɪsətɪ] *s* **1.** Einfachheit *f*, Schlichtheit *f*: ***be ~ itself*** die einfachste Sache der Welt sein. **2.** Einfältigkeit *f*; Naivität *f*, Leichtgläubigkeit *f*.

sim·pli·fi·ca·tion [ˌsɪmplɪfɪ'keɪʃn] *s* Vereinfachung *f*.

sim·pli·fy ['~faɪ] *v/t* vereinfachen.

sim·plis·tic [sɪm'plɪstɪk] *adj* (***~ally***) stark vereinfachend.

sim·ply ['sɪmplɪ] *adv* **1.** einfach (*etc*, → ***simple*** 1): ***to put it ~*** in einfachen Worten. **2.** bloß, nur. **3.** F einfach *großartig*.

sim·u·late ['sɪmjʊleɪt] *v/t* **1.** vortäuschen, heucheln, *bsd. Krankheit* simulieren. **2.** *tech. etc* simulieren.

ˌsim·u'la·tion *s* **1.** Vortäuschung *f*, Simu-

S

lieren *n*; Heuchelei *f*. **2.** *tech. etc* Simulierung *f*.
'sim·u·la·tor *s* **1.** Heuchler(in), Simulant(in). **2.** *tech.* Simulator *m*.
si·mul·ta·ne·ous [ˌsɪməl'teɪnjəs] *adj* □ simultan, gleichzeitig: ~ ***interpreter*** Simultandolmetscher(in).
sin [sɪn] **I** *s* Sünde *f*: ***live in*** ~ *humor.* in Sünde leben; (***as***) ***ugly as*** ~ hässlich wie die Nacht; → ***deadly*** 1, ***mortal*** 3, **II** *v/i* sündigen.
since [sɪns] **I** *adv* **1.** *a.* ***ever*** ~ seitdem, -her. **2.** inzwischen. **II** *prp* **3.** seit. **III** *cj* **4.** seit(dem). **5.** da.
sin·cere [sɪn'sɪə] *adj* □ aufrichtig: ***Yours*** ~***ly*** Mit freundlichen Grüßen (*Briefschluss*).
sin·cer·i·ty [~'serətɪ] *s* Aufrichtigkeit *f*: ***in all*** ~ in aller Offenheit.
sine [saɪn] *s* ⩓ Sinus *m*.
sine qua non [ˌsɪnɪkwɑː'nəʊn] *s* unbedingte Voraussetzung.
sin·ew ['sɪnjuː] *s anat.* Sehne *f*.
'sin·ew·y *adj* sehnig, (*Fleisch a.*) flechsig.
sin·ful ['sɪnfʊl] *adj* □ sündig, sündhaft.
sing [sɪŋ] (*irr*) **I** *v/i* **1.** singen. **2.** pfeifen (*Kugel, Wind etc*). **II** *v/t* **3.** *et.* singen: ~ ***s.o. s.th.*** j-m et. (vor)singen; ~ ***a baby to sleep*** ein Baby in den Schlaf singen.
Sin·ga·pore [ˌsɪŋə'pɔː] Singapur *n*.
singe [sɪndʒ] **I** *v/t* (sich *et.*) an- *od.* versengen. **II** *s* ange- *od.* versengte Stelle.
sing·er ['sɪŋə] *s* Sänger(in).
sing·er-song·writ·er *s* Liedermacher(in).
'sing·ing **I** *s* Singen *n*, Gesang *m*. **II** *adj*: ~ ***lesson*** Sing-, Gesangsstunde *f*; ~ ***voice*** Singstimme *f*.
sin·gle ['sɪŋgl] **I** *adj* □ **1.** einzig: ***not a*** ~ ***one*** kein Einziger. **2.** einfach; einzeln, Einzel...: ~ ***room*** Einzelzimmer *n*; ~ ***ticket*** → 6. **3.** allein stehend, unverheiratet, ledig: ~ ***mother*** allein erziehende Mutter; ~ ***parent family*** Einelternteilfamilie *f*; ~ ***parents*** allein erziehende Eltern. **II** *s* **4.** Single *f* (*Schallplatte*). **5.** Single *m* (*Person*). **6.** *Br.* einfache Fahrkarte, ✈ einfaches Ticket. **7.** *mst pl Tennis etc*: Einzel *n*: ***a*** ~***s match*** ein Einzel; ***men's*** ~***s*** Herreneinzel. **III** *v/t* **8.** ~ ***out*** sich *j-n* herausgreifen.
ˌ**sin·gle|-'breast·ed** *adj* einreihig (*Anzug*). ˌ**~-'en·try book·keep·ing** *s* einfache Buchführung. **~ file** *s u. adv*: (***in***) ~ im Gänsemarsch. ˌ**~-'hand·ed** *adj u. adv* eigenhändig, (ganz) allein. ˌ**~-'mind·ed** *adj* □ zielstrebig, -bewusst.
'sing·song *s* Singsang *m*.
sin·gu·lar ['sɪŋgjʊlə] **I** *adj* □ **1.** *ling.* Singular..., Einzahl... **2.** *fig.* einzigartig, einmalig. **II** *s* **3.** *ling.* Singular *m*, Einzahl *f*.
sin·is·ter ['sɪnɪstə] *adj* □ finster, unheimlich.
sink [sɪŋk] **I** *v/i* (*irr*) **1.** sinken, untergehen: ***leave s.o. to*** ~ ***or swim*** j-n sich selbst überlassen. **2.** sich senken (*Gebäude etc*); sinken, zurückgehen (*Hochwasser etc, fig. Zahl etc*): → ***heart*** 1, ***spirit*** 4. **3.** sinken (***into a chair*** in e-n Sessel; ***to the ground*** zu Boden; ***to the knees*** auf die Knie; ***into a deep sleep*** in e-n tiefen Schlaf): → ***oblivion.*** **4.** ~ ***in*** eindringen (*Flüssigkeit, a. fig. Nachricht etc*). **II** *v/t* (*irr*) **5.** *Schiff etc* versenken. **6.** *Graben etc* ausheben, *Brunnen etc* bohren. **7.** *Zähne etc* vergraben, -senken (***into*** in *acc*). **8.** *Pläne etc* zunichte machen. **9.** *Streit etc* beilegen, begraben. **10.** *Geld, Arbeit etc* investieren (***in, into*** in *acc*): ~***ing fund*** Tilgungsfonds *m*. **III** *s* **11.** Spülbecken *n*, Spüle *f*; *bsd. Am.* Waschbecken *n*.
'sink·er *s* Grundgewicht *n* (*e-s Fischnetzes*).
'sink·ing *adj*: ***I got that*** ~ ***feeling when*** F mir wurde ganz anders, als.
sin·ner ['sɪnə] *s* Sünder(in).
si·nus ['saɪnəs] *s anat.* (Nasen)Nebenhöhle *f*.
si·nus·i·tis [ˌ~'saɪtɪs] *s* ⚕ (Nasen)Nebenhöhlenentzündung *f*.
Sioux [suː] *pl* **Sioux** [suːz] *s* Sioux *m, f*.
sip [sɪp] **I** *s* Schlückchen *n*: ***take a*** ~ ***of*** → IIa. **II** *v/t* a) nippen an (*dat*) *od.* von, b) schlückchenweise trinken. **III** *v/i*: ~ ***at*** → IIa.
si·phon ['saɪfn] **I** *s* **1.** Siphon(flasche *f*) *m*. **2.** ⚗ Saugheber *m*. **II** *v/t* **3.** *a.* ~ ***off*** absaugen, *Benzin* abzapfen; *fig. Geld, Personal etc* abziehen.
sir [sɜː] *s* **1.** mein Herr (*Anrede, oft unübersetzt*): ***Dear Sirs*** Sehr geehrte Herren (*Anrede in Briefen*). **2. *Sir*** *Br.* (*Adelstitel*): ***Sir Winston*** (***Churchill***).
si·ren ['saɪərən] *s* Sirene *f*.
sir·loin steak ['sɜːlɔɪn] *s* Lendensteak *n*.
sis·sy ['sɪsɪ] *s* F Weichling *m*.
sis·ter ['sɪstə] **I** *s* **1.** Schwester *f*. **2.** *eccl.* (Ordens)Schwester *f*: ***Sister Mary*** Schwester Mary. **3.** ⚕ *Br.* Oberschwester *f*. **4.** *econ.* Schwester(gesellschaft) *f*. **II** *adj* **5.** Schwester...: ~ ***ship, etc.*** ~**·hood** ['~hʊd] *s eccl.* Schwesternschaft *f*.
'sis·ter-in-law *pl* **'sis·ters-in-law** *s* Schwägerin *f*.
sis·ter·ly ['sɪstəlɪ] *adj* schwesterlich.
sit [sɪt] (*irr*) **I** *v/i* **1.** sitzen: → ***fence*** 1, ***pretty*** II, ***tight*** 8. **2.** sich setzen. **3.** babysitten. **4.** tagen. **II** *v/t* **5.** *j-n* setzen. **6.** *Br.* → ***sit for*** 1.
Verbindungen mit Präpositionen:
sit| for *v/i* **1.** *Prüfung* ablegen, machen. **2.** *j-m* (*Modell*) sitzen: ~ ***one's portrait*** sich porträtieren lassen. **~ on** *v/i* **1.** ~ ***a committee*** e-m Ausschuss angehören. **2.** *fig.* sitzen auf (*dat*). **3.** F *j-n* unterbuttern.
Verbindungen mit Adverbien:
sit| a·bout, ~ a·round *v/i* herumsitzen. ~

S

back *v/i* sich zurücklehnen, *fig. a.* die Hände in den Schoß legen. **~ down** I *v/i* sich setzen; sitzen: ***sitting down*** im Sitzen. II *v/t* *j-n* absetzen. **~ in** *v/i* **1.** ***~ for*** *j-n* vertreten. **2.** ***~ on*** als Zuhörer teilnehmen an (*dat*). **3.** ein Sit-in veranstalten; an e-m Sit-in teilnehmen. **~ out** *v/t* **1.** *Tanz* auslassen. **2.** bis zum Ende *e-r Veranstaltung etc* bleiben. **3.** das Ende (*gen*) abwarten; *Krise etc* aussitzen. **~ up** I *v/i* **1.** sich aufrichten *od.* -setzen; aufrecht sitzen: ***make s.o. ~*** (***and take notice***) F j-n aufhorchen lassen. **2.** aufbleiben. **3.** ~ (***at*** *od.* ***to table*** bei Tisch) Platz nehmen. II *v/t* **4.** *j-n* aufrichten *od.* -setzen.

sit|·com ['sɪtkɒm] F → ***situation comedy.*** **'~-down** *s* **1.** *a.* ***~ strike*** → ***sit-in.*** **2.** *a.* ***~ demonstration*** Sitzblockade *f.* **3.** F Verschnaufpause *f*: ***have a ~*** e-e Verschnaufpause einlegen.

site [saɪt] I *s* **1.** Platz *m*, Ort *m*, Stelle *f*; *engS.* Standort *m*; (*Ausgrabungs*)Stätte *f*. **2.** Baustelle *f*. II *v/t* **3.** platzieren, *mil. Raketen etc* stationieren: ***be ~d*** gelegen sein, liegen.

'sit-in *s* Sit-in *n*, Sitzstreik *m*: ***stage a ~ in*** *Gebäude etc* besetzen.

SITPRO ***Simplification of International Trade Procedures Board*** Behörde *f* für die Vereinfachung internationaler Handelsverfahren.

sit·ter ['sɪtə] *s* **1.** *paint. etc* Modell *n*. **2.** Babysitter(in).

'sit·ting I *s* **1.** Sitzung *f* (*a. paint. etc*). **2.** ***read s.th. at one*** (*od.* ***a single***) ***~*** et. in 'einem Zug durchlesen. II *adj* **3.** ***~ duck*** *fig.* leichte Beute; ***~ room*** Wohnzimmer *n*.

sit·u·at·ed ['sɪtjʊeɪtɪd] *adj* **1.** ***be ~*** gelegen sein, liegen. **2.** *fig.* ***be badly ~*** in e-r schwierigen Lage sein; ***be well ~*** gut situiert sein; ohne weiteres in der Lage sein (***to do*** zu tun).

sit·u·a·tion [ˌsɪtjʊ'eɪʃn] *s* **1.** *fig.* Lage *f*, Situation *f*. **2.** Lage *f* (*e-s Hauses etc*). **3.** ***~s*** *pl* ***vacant*** (***wanted***) Stellenangebote *pl* (Stellengesuche *pl*). ***~ com·e·dy*** *s* *Rundfunk, TV*: humorvolle Serie.

six [sɪks] I *adj* sechs. II *s* Sechs *f*: ***~ of hearts*** Herzsechs; ***be all at ~es and sevens*** F nicht mehr wissen, wo e-m der Kopf steht.

six·fold ['~fəʊld] I *adj* sechsfach. II *adv* sechsfach, um das Sechsfache: ***increase ~*** (sich) versechsfachen.

'six-pack *s* Sechserpackung *f*.

six·teen [ˌsɪks'tiːn] *adj* sechzehn.

ˌsix'teenth [~θ] *adj* sechzehnt.

sixth [~θ] I *adj* **1.** sechste(r, -s): ***~ sense*** *fig.* sechster Sinn. II *s* **2.** *der, die, das* Sechste: ***the ~ of May*** der 6. Mai. **3.** Sechstel *n*.

'sixth·ly *adv* sechstens.

six·ti·eth ['~tɪəθ] *adj* sechzigst.

'six-time *adj* sechsmalig.

six·ty ['sɪkstɪ] I *adj* sechzig. II *s* Sechzig *f*: ***be in one's sixties*** in den Sechzigern sein; ***in the sixties*** in den Sechzigerjahren (*e-s Jahrhunderts*).

size [saɪz] I *s* **1.** Größe *f*, *fig. a.* Ausmaß *n*, Umfang *m*: ***what is the ~ of ...?*** wie groß ist ...? **2.** (*Kleider-, Schuh- etc*)Größe *f*, Nummer *f*: ***what ~ do you take?*** welche Größe tragen Sie?; ***I'll cut him down to ~*** F dem werd ichs zeigen. II *v/t* **3.** *mst* ***~ up*** *j-n, et.* abschätzen.

size·a·ble ['saɪzəbl] *adj* beträchtlich (*Summe etc*).

siz·zle ['sɪzl] I *v/i* brutzeln. II *s* Brutzeln *n*.

'siz·zler *s* F glühend heißer Tag.

skate [skeɪt] I *s* Schlittschuh *m*; Rollschuh *m*. II *v/i* Schlittschuh laufen, Eis laufen; Rollschuh laufen: ***~ over*** (*od.* ***round***) *s.th.* *fig.* hinweggehen über (*acc*); → ***ice*** 1. **'~·board** *s* Skateboard *n*. **'~·board·er** *s* Skateboardfahrer(in). **'~·park** *s* Skateboardanlage *f*.

skat·er ['skeɪtə] *s* Eis-, Schlittschuhläufer(in); Rollschuhläufer(in).

'skat·ing *adj*: ***~ rink*** (Kunst)Eisbahn *f*; Rollschuhbahn *f*.

ske·dad·dle [skɪ'dædl] *v/i* F türmen.

skel·e·ton ['skelɪtn] I *s* **1.** Skelett *n*, Gerippe *n* (*beide a. fig. Person etc*): ***~ in the cupboard*** (*Am.* ***closet***) *fig.* dunkler Punkt (*in j-s Vergangenheit etc*); ***have a ~ in the cupboard*** e-e Leiche im Keller haben. **2.** ⚠, ✈, ⚓ Skelett *n*. **3.** *fig.* Entwurf *m*; Rahmen *m*. II *adj* **4.** Rahmen...: ***~ agreement*** Rahmenvertrag *m*. ***~ plan, etc.*** **5.** Not...: ***~ service*** Notdienst *m*; ***~ staff*** Rumpfbelegschaft *f*. **6.** ***~ key*** Hauptschlüssel *m*.

skep·tic, *etc bsd. Am.* → ***sceptic, etc.***

sketch [sketʃ] I *s* **1.** *Kunst etc*: Skizze *f*. **2.** *thea. etc* Sketch *m*. II *v/t* **3.** skizzieren. **4.** *oft* ***~ in*** (*od.* ***out***) *fig.* skizzieren. **~ pad** *s* Skizzenblock *m*.

'sketch·y *adj* □ flüchtig, oberflächlich, (*Erinnerung etc*) bruchstückhaft.

skew [skjuː] I *s*: ***on the ~*** schief; schräg. II *v/t* *fig.* verzerren.

skew·er [skjʊə] I *s* (Fleisch)Spieß *m*. II *v/t* *Fleisch* aufspießen.

ski [skiː] I *s* Ski *m*. II *adj* Ski...: ***~ lift, etc.*** III *v/i* Ski fahren *od.* laufen.

skid [skɪd] I *v/i* **1.** *mot.* schleudern. II *s* **2.** ***go into a ~*** *mot.* ins Schleudern kommen. **3.** *tech.* Rolle *f*: ***he's on the ~s*** F mit ihm geht es abwärts.

ski·er ['skiːə] *s* Skifahrer(in), -läufer(in).

skiff [skɪf] *s* ⚓ Skiff *n*, (*Rudersport a.*) Einer *m*.

ski·ing ['skiːɪŋ] *s* Skifahren *n*, -laufen *n*, -sport *m*: ***~ goggles*** Skibrille *f*.

ski jump *s* Ski-, Sprungschanze *f.*
skil·ful ['skɪlfʊl] *adj* □ geschickt.
skill [skɪl] *s* **1.** Geschick *n*: ***game of ~*** Geschicklichkeitsspiel *n.* **2.** Fertigkeit *f*; berufliche Qualifikation *f.*
skilled [~ld] *adj* **1.** geschickt (**at, in** in *dat*). **2.** Fach...: ***~ labour*** Facharbeiter *m*; ***~ staff*** Fachkräfte *pl*; ***~ trades*** *pl* Fachberufe *pl*; ***~ worker*** Facharbeiter(in).
skil·let ['skɪlɪt] *s bsd. Am.* Bratpfanne *f.*
skill·ful *Am.* → ***skilful.***
skim [skɪm] **I** *v/t* **1.** *a.* ***~ off*** *Fett etc* abschöpfen (***from*** von). **2.** *Milch* entrahmen: ***~med milk*** Magermilch *f.* **3.** *Bericht etc* überfliegen. **II** *v/i* **4.** ***~ over*** (*od.* ***through***) → 3. ***~ milk*** *s* Magermilch *f.*
skimp [skɪmp] **I** *v/t* sparen an (*dat*). **II** *v/i*: ***~ on*** → I.
'**skimp·y** *adj* dürftig (*Mahlzeit, Beweise etc*); knapp (*Kleidungsstück*).
skin [skɪn] **I** *s* **1.** Haut *f* (*a. e-r Wurst, auf Milch etc*): ***by the ~ of one's teeth*** F mit Ach u. Krach, gerade noch; ***be all ~ and bone(s)*** nur noch Haut u. Knochen sein; ***that's no ~ off my nose*** F das juckt mich nicht; ***be drenched*** (*od.* ***soaked***) ***to the ~*** bis auf die Haut durchnässt *od.* nass sein; ***get under s.o.'s ~*** F j-m unter die Haut gehen; j-m auf den Wecker fallen; ***save one's ~*** F s-e Haut retten. **2.** Haut *f*; Fell *n.* **3.** (*Bananen-, Zwiebel- etc*)Schale *f.* **4.** F → ***skinhead.*** **II** *v/t* **5.** *Tier* abhäuten: ***~ s.o. alive*** F j-n zur Schnecke machen. **6.** *Zwiebel etc* schälen: ***keep one's eyes ~ned*** *Br.* F die Augen offen halten. **7.** sich *das Knie etc* aufschürfen. ˌ**~-'deep** *adj fig.* oberflächlich. **~ div·ing** *s* Sporttauchen *n.* **~ flick** *s* F Sexfilm *m.* '**~·flint** *s* Geizhals *m.* **~-food** *s* Nährcreme *f.*
skin·ful ['skɪnfʊl] *s*: ***he's had a ~*** F er hat schwer geladen (*ist betrunken*).
skin| graft *s* Hauttransplantation *f*, -verpflanzung *f.* '**~·head** *s bsd. Br.* Skinhead *m.*
skin·ny ['skɪnɪ] *adj* dürr.
skint [skɪnt] *adj Br.* F blank, pleite.
ˌ**skin-'tight** *adj* hauteng.
skip [skɪp] **I** *v/i* **1.** hüpfen. **2.** *Br.* seilhüpfen, -springen. **3.** *fig.* springen (***from one subject to another*** von 'einem Thema zum andern): ***~ over*** *et.* überspringen, auslassen. **4.** *a.* ***~ off*** F abhauen, türmen. **II** *v/t* **5.** *et.* überspringen, auslassen; *Vorlesung etc* schwänzen; *Mahlzeit* ausfallen lassen. **III** *s* **6.** Hüpfer *m.* **7.** Müllcontainer *m.*
skip·per ['skɪpə] *s* **1.** ⚓ Kapitän(in). **2.** *Sport*: Mannschaftsführer(in).
skip·ping rope ['skɪpɪŋ] *s Br.* Spring-, Sprungseil *n.*
skir·mish ['skɜːmɪʃ] *s mil.* Geplänkel *n* (*a. fig.*).
skirt [skɜːt] **I** *s* Rock *m*, *schweiz.* Jupe *m.* **II** *v/t* → III. **III** *v/i*: ***~ (a)round*** *fig.* umgehen.
'**skirt·ing** *adj*: ***~ board*** *Br.* Fuß(boden)-, Scheuerleiste *f.*
skit [skɪt] *s* Parodie *f* (**on** auf *acc*): ***do a ~ on*** *j-n, et.* parodieren.
skive [skaɪv] *v/i Br.* F blaumachen.
skul·dug·ger·y [skʌl'dʌgərɪ] *s* F fauler Zauber.
skulk [skʌlk] *v/i* sich herumdrücken, herumschleichen.
skull [skʌl] *s anat.* Schädel *m*: ***~ and crossbones*** Totenkopf *m* (*Symbol*); ***can't you get it into that thick ~ of yours that ...?*** F will es denn nicht in deinen Schädel, dass ...?
skunk [skʌŋk] *s* **1.** *zo.* Skunk *m*, Stinktier *n.* **2.** F Saukerl *m.*
sky [skaɪ] *s*, *a. pl* Himmel *m*: ***in the ~*** am Himmel; ***the ~'s the limit*** F nach oben sind keine Grenzen gesetzt; ***extol*** (*od.* ***praise***) ***to the skies*** *j-n, et.* in den Himmel heben. ˌ**~-'blue** *adj* himmelblau. '**~ˌdiv·er** *s Sport*: Fallschirmspringer(in). '**~ˌdiv·ing** *s* Fallschirmspringen *n.* ˌ**~-'high** *adj u. adv* himmelhoch: ***blow ~*** in die Luft jagen; *fig. Theorie etc* über den Haufen werfen, *Argument etc* widerlegen, *Mythos* zerstören. '**~-jack** → ***hijack*** 1, 3. '**~ˌjack·er** → ***hijacker*** 1. '**~ˌjack·ing** → ***hijack*** 3. '**~·light** *s* Dachfenster *n.* '**~·line** *s* Skyline *f*, Silhouette *f* (*e-r Stadt*). '**~ˌrock·et** → ***rocket*** 3. '**~ˌscrap·er** *s* Wolkenkratzer *m.*
slab [slæb] *s* **1.** (*Stein- etc*)Platte *f.* **2.** dickes Stück (*Kuchen etc*).
slack [slæk] **I** *adj* □ **1.** locker (*Seil etc*). **2.** *fig.* lax (*Disziplin etc*). **3.** *fig.* lasch, nachlässig. **4.** *econ.* flau: ***~ period*** Konjunkturflaute *f.* **II** *v/i* **5.** bummeln. **6.** ***~ off*** (*od.* ***up***) → ***slacken*** 4.
'**slack·en I** *v/t* **1.** lockern. **2.** *fig.* verringern: ***~ speed*** langsamer werden. **II** *v/i* **3.** locker werden. **4.** *a.* ***~ off*** *fig.* nachlassen, (*Person a.*) abbauen.
slag [slæg] *s* **1.** Schlacke *f.* **2.** *Br. sl.* Schlampe *f.*
slain [sleɪn] *pp von* ***slay.***
slake [sleɪk] *v/t Kalk* löschen: ***~d lime*** Löschkalk *m.*
sla·lom ['slɑːləm] *s Sport*: Slalom *m.*
slam [slæm] **I** *v/t* **1.** *a.* ***~ shut*** *Tür etc* zuknallen, zuschlagen. **2.** *a.* ***~ down*** F *et.* knallen (**on** auf *acc*): ***~ the brakes on*** *mot.* auf die Bremse steigen. **3.** *fig.* scharf kritisieren. **II** *v/i* **4.** *a.* ***~ shut*** zuknallen, zuschlagen.
slan·der ['slɑːndə] **I** *s* Verleumdung *f.* **II** *v/t* verleumden.

S

'slan·der·er *s* Verleumder(in).
'slan·der·ous *adj* □ verleumderisch.
slang [slæŋ] **I** *s* Slang *m*; Jargon *m*. **II** *v/t bsd. Br.* F *j-n* wüst beschimpfen.
'slang·ing *adj*: ***they had a ~ match*** *bsd. Br.* F sie beschimpften sich wüst.
slant [slɑːnt] **I** *v/t* **1.** ***be ~ed toward(s)*** (*od.* ***in favo[u]r of***) *fig.* (einseitig) ausgerichtet sein auf (*acc*). **II** *s* **2. at** (*od.* **on**) **a ~** schräg. **3.** *fig.* Einstellung *f* (**on** zu); Ausrichtung *f*.
'slant·ing *adj* schräg.
slap [slæp] **I** *s* **1.** Schlag *m*, Klaps *m*: ***a ~ in the face*** e-e Ohrfeige, *österr.* e-e Watsche, *bsd. fig.* ein Schlag ins Gesicht (**for** für). **II** *v/t* **2.** schlagen: ***~ s.o.'s face*** j-n ohrfeigen. **3.** *a.* ***~ down*** *et.* klatschen (**on** auf *acc*). **III** *v/i* **4.** klatschen (***against*** gegen) (*Wellen etc*). **IV** *adv* **5.** F direkt, genau. **ˌ~-'bang** → ***slap*** 5. **'~·dash** *adj* schlampig, schlud(e)rig. **'~·stick** *s thea. etc* Slapstick *m*, Klamauk *m*: ***~ comedy*** Slapstickkomödie *f*. **'~-up** *adj Br.* F toll (*Essen*).
slash [slæʃ] **I** *v/t* **1.** auf-, zerschlitzen: ***~ one's wrists*** sich die Pulsadern aufschneiden. **2.** *fig. Preise* drastisch herabsetzen; *Ausgaben etc* drastisch kürzen. **II** *v/i* **3.** ***~ at*** schlagen nach. **4.** peitschen (***against*** an *acc*, gegen) (*Regen*). **III** *s* **5.** Hieb *m*. **6.** Schlitz *m* (*in Kleid etc*). **7.** *a.* ***~ mark*** Schrägstrich *m*. **8.** ***have*** (***go for***) ***a ~*** *Br. sl.* schiffen (gehen).
slate¹ [sleɪt] **I** *s* **1.** *geol.* Schiefer *m*. **2.** Schieferplatte *f*. **3.** Schiefertafel *f*: ***put on the ~*** *fig. et.* anschreiben; ***wipe the ~ clean*** *fig.* reinen Tisch machen. **4.** *pol. Am.* Kandidatenliste *f*. **II** *v/t* **5.** *Dach* mit Schiefer decken. **6.** *Am. j-n* vorschlagen (***for, to be*** als). **7.** *Am. et.* ansetzen, planen (**for** für).
slate² [~] *v/t bsd. Br.* F *Theaterstück etc* verreißen.
slaugh·ter ['slɔːtə] **I** *s* **1.** Schlachten *n*: ***ready for ~*** schlachtreif. **2.** Gemetzel *n*. **II** *v/t* **3.** *Tier* schlachten. **4.** *Menschen* niedermetzeln. **'~·house** *s* Schlachthaus *n*, -hof *m*.
slave [sleɪv] **I** *s* Sklave *m*, Sklavin *f* (*beide a. fig.* ***of, to*** *gen*). **II** *v/i a.* ***~ away*** sich abplagen. **~ driv·er** *s* F Sklaventreiber(in), Leuteschinder(in). **~ la·bo(u)r** *s* Sklavenarbeit *f* (*a. fig.*).
slav·er ['slævə] *v/i* geifern.
slav·er·y ['sleɪvərɪ] *s* Sklaverei *f*.
slave| trade, ~ traf·fic *s* Sklavenhandel *m*.
slav·ish ['sleɪvɪʃ] *adj* □ sklavisch.
slaw [slɔː] *s bsd. Am.* Krautsalat *m*.
slay [sleɪ] *v/t Am.* ermorden, umbringen.
'slay·er *s* Mörder(in).
slea·zy ['sliːzɪ] *adj* □ schäbig, heruntergekommen; anrüchig.
sled [sled] → ***sledge***.
sledge [sledʒ] **I** *s* (*a.* Rodel)Schlitten *m*. **II** *v/i* Schlitten fahren, rodeln.
'slegdeˌham·mer *s tech.* Vorschlaghammer *m*.
sleek [sliːk] *adj* □ **1.** geschmeidig (*Haar etc*). **2.** schnittig (*Auto*).
sleep [sliːp] **I** *s* Schlaf *m*: ***in one's ~*** im Schlaf; ***I couldn't get to ~*** ich konnte nicht einschlafen; ***go to ~*** einschlafen (F *a. Bein etc*); ***put to ~*** *Tier* einschläfern (F *a. j-n narkotisieren*). **II** *v/i* (*irr*) schlafen: ***~ late*** lang *od.* länger schlafen; ***~ like a log*** (*od.* ***top***) F wie ein Murmeltier schlafen; ***~ on*** *Problem etc* überschlafen; ***~ through*** *Gewitter etc* verschlafen; ***~ with s.o.*** mit j-m schlafen. **III** *v/t* (*irr*) Schlafgelegenheit bieten für: ***this tent ~s four people*** in diesem Zelt können vier Leute schlafen.
Verbindungen mit Adverbien:
sleep| a·round *v/i* F rumbumsen. **~ in** *v/i* lang *od.* länger schlafen. **~ off** *v/t*: ***sleep it off*** F s-n Rausch ausschlafen. **~ to·geth·er** *v/i* miteinander schlafen.
sleep·er ['sliːpə] *s* **1.** Schlafende *m, f*, Schläfer(in): ***be a light*** (***heavy*** *od.* ***sound***) ***~*** e-n leichten (festen) Schlaf haben. **2.** 🚂 *Br.* Schwelle *f*. **3.** 🚂 Schlafwagen *m*; Schlafwagenplatz *m*. **4.** *econ.* potentieller Verkaufsschlager.
sleep·ing| bag ['sliːpɪŋ] *s* Schlafsack *m*. **~ car** *s* 🚂 Schlafwagen *m*. **~ part·ner** *s econ. Br.* stiller Teilhaber, stille Teilhaberin. **~ pill** *s* Schlaftablette *f*. **~ po·lice·man** *s* (*irr* ***man***) *mot. Br.* Rüttelschwelle *f*. **~ sick·ness** *s* ⚕ Schlafkrankheit *f*. **~ tab·let** *s* Schlaftablette *f*.
sleep·less ['sliːplɪs] *adj* □ schlaflos (*Nacht etc*).
'sleep|·walk *v/i* schlaf-, nachtwandeln. **'~ˌwalk·er** *s* Schlaf-, Nachtwandler(in).
sleep·y ['sliːpɪ] *adj* □ **1.** schläfrig, müde. **2.** *fig.* verschlafen, verträumt (*Städtchen etc*). **'~·head** *s* F Schlafmütze *f*.
sleet [sliːt] *s* Schneeregen *m*.
sleeve [sliːv] *s* **1.** Ärmel *m*: ***have*** (*od.* ***keep***) ***s.th. up one's ~*** *fig. et.* auf Lager *od.* in petto haben; ***laugh up one's ~*** *fig.* sich ins Fäustchen lachen. **2.** *tech.* Manschette *f*, Muffe *f*. **3.** *bsd. Br.* (*Platten*)Hülle *f*.
'sleeve·less *adj* ärmellos.
sleeve note *s* Plattencovertext *m*.
sleigh [sleɪ] *s* (*bsd.* Pferde)Schlitten *m*.
sleight of hand [slaɪt] *s* **1.** Fingerfertigkeit *f*. **2.** *fig.* Taschenspielertrick *m*.
slen·der ['slendə] *adj* □ **1.** schlank. **2.** *fig.* mager (*Aussichten, Einkommen etc*).
slept [slept] *pret u. pp von* ***sleep***.
sleuth [sluːθ] *s* F Detektiv(in).
slew [sluː] *pret von* ***slay***.
slice [slaɪs] **I** *s* **1.** Scheibe *f* (*Brot etc*), Stück (*Kuchen etc*); *fig.* Anteil *m* (**of** an *dat*). **2.** *Br.*

S

(*Braten*)Wender *m*. **3.** *Golf*, *Tennis*: Slice *m*. **II** *v/t* **4.** *a*. ~ **up** in Scheiben *od*. Stücke schneiden: ~ **off** *Stück* abschneiden (**from** von). **5.** *Golf*, *Tennis*: *Ball* slicen.

slick [slɪk] **I** *adj* □ **1.** gekonnt (*Vorstellung etc*). **2.** geschickt, raffiniert. **3.** glatt (*Straße etc*). **II** *s* **4.** (*Öl*)Teppich *m*. **5.** *Motorsport*: Slick *m* (*Trockenreifen*). **6.** *Am*. F Hochglanzmagazin *n*.

'slick·er *s Am*. Regenmantel *m*.

slid [slɪd] *pret u. pp von* **slide.**

slide [slaɪd] **I** *v/i* (*irr*) **1.** gleiten; rutschen: ~ ***into recession*** *econ*. in die Rezession gleiten; ***let things*** ~ *fig*. die Dinge schleifen lassen. **2.** schleichen. **II** *v/t* (*irr*) **3.** schieben; gleiten lassen. **III** *s* **4.** Rutsche *f*, Rutschbahn *f*. **5.** (*Erd- etc*)Rutsch *m*. **6.** *Br*. (*Haar*)Spange *f*. **7.** Dia *n*: ~ ***show*** Diavortrag *m*; ~ ***tray*** Diamagazin *n*. ~ **lec·ture** *s* Lichtbildervortrag *m*. ~ **pro·jec·tor** *s* Diaprojektor *m*. ~ **rule** *s* Rechenschieber *m*, -stab *m*.

slid·ing| door ['slaɪdɪŋ] *s* Schiebetür *f*. ~ **wage scale** *s* gleitende Lohnskala.

slight [slaɪt] **I** *adj* □ leicht (*Schmerz etc*), geringfügig (*Änderung etc*): ***I haven't got the ~est idea*** ich habe nicht die geringste Ahnung; ***not in the ~est*** nicht im Geringsten. **II** *v/t j-n* beleidigen, kränken. **III** *s* Beleidigung *f* (***on, to*** *gen*).

slim [slɪm] **I** *adj* □ **1.** schlank. **2.** *fig*. gering (*Chance*, *Hoffnung etc*). **II** *v/i* **3.** e-e Schlankheitskur machen. **III** *v/t* **4.** *a*. ~ ***down*** *fig*. verringern.

slime [slaɪm] *s* Schleim *m*.

slim·ming ['slɪmɪŋ] **I** *s* Abnehmen *n*. **II** *adj* Schlankheits...: ***be on a ~ diet*** → ***slim*** 3.

slim·y ['slaɪmɪ] *adj* □ schleimig (*a. fig.*).

sling¹ [slɪŋ] **I** *s* **1.** ⚕ Schlinge *f*: ***have one's arm in a*** ~ den Arm in der Schlinge tragen. **2.** Trag(e)riemen *m* (*für Gewehr*); Trag(e)tuch *n* (*für Baby*). **II** *v/t* (*irr*) **3.** aufhängen.

sling² [~] *v/t* (*irr*) schleudern: → ***mud*** 2.

slink [slɪŋk] *v/i* (*irr*) (sich) schleichen.

slip¹ [slɪp] **I** *s* **1.** Versehen *n*: ~ ***of the tongue*** Versprecher *m*. **2.** Unterkleid *n*, -rock *m*. **3.** (*Kissen*)Bezug *m*. **4.** ***give s.o. the*** ~ F j-m entwischen. **II** *v/i* **5.** rutschen, (*auf Eis a.*) schlittern: ~ ***out of s.o.'s hand*** j-m aus der Hand rutschen; ***he let ~ that*** *fig*. ihm ist herausgerutscht, dass; ***let an opportunity*** ~ (***through one's fingers***) sich e-e Gelegenheit entgehen lassen. **6.** ausrutschen. **7.** *allg*. schlüpfen. **8.** sich vertun. **9.** *fig*. nachlassen, (*Gewinne etc*) zurückgehen. **III** *v/t* **10.** ~ ***s.th. into s.o.'s hand*** j-m et. in die Hand schieben; ~ ***s.o. s.th.*** j-m et. zuschieben. **11.** sich losreißen von. **12.** ~ ***s.o.'s attention*** j-m *od*. j-s Aufmerksamkeit entgehen; ~ ***s.o.'s memory*** (*od*. ***mind***) j-m entfallen. **13.** ***he has ~ped a disc, he has a ~ped disc*** ⚕ er hat e-n Bandscheibenvorfall. *Verbindungen mit Adverbien*:

slip| by *v/i* verstreichen (*Zeit*). ~ **off** *v/t* schlüpfen aus (*e-m Kleidungsstück*). ~ **on** *v/t Kleidungsstück* überstreifen, schlüpfen in (*acc*). ~ **out** *v/i*: ***it just slipped out*** es ist mir *etc* so herausgerutscht. ~ **past** → ***slip by***. ~ **up** → ***slip¹*** 8.

slip² [~] *s* Beleg *m*: ~ (***of paper***) Zettel *m*.

'slip|·case *s* Schuber *m*. **'~ˌcov·er** *s Am*. Schonbezug *m*. **'~-on I** *adj*: ~ ***shoe*** → II. **II** *s* Slipper *m*.

slip·per ['slɪpə] *s* Hausschuh *m*, Pantoffel *m*.

slip·per·y ['slɪpərɪ] *adj* **1.** glatt, rutschig, (*a. Fisch*, *Seife etc*) glitschig. **2.** *fig*. zwielichtig.

slip·py *adj*: ***look ~!*** *Br*. F mach fix!

slip| road *s Br*. *Autobahn*: Ausfahrt *f*; Einfahrt *f*. **'~·shod** *adj* schlampig, schlud(e)rig. **'~·stream** (*Sport*) **I** *s* Windschatten *m*. **II** *v/i* im Windschatten fahren. **'~-up** → ***slip¹*** 1.

slit [slɪt] **I** *s* Schlitz *m* (*a. im Rock etc*). **II** *v/t* (*irr*) schlitzen: ~ (***open***) aufschlitzen.

sliv·er ['slɪvə] *s* (*Glas- etc*)Splitter *m*.

slob·ber ['slɒbə] *v/i* sabbern.

slog [slɒg] F **I** *v/i* **1.** ~ ***away at*** sich abschuften mit. **2.** sich schleppen (***through*** durch). **II** *s* **3.** Schufterei *f*.

slo·gan ['sləʊgən] *s* Slogan *m*.

slop [slɒp] **I** *v/t* **1.** verschütten: ~ ***s.th. over one's trousers*** sich et. über die Hose schütten. **II** *v/i* **2.** überschwappen; schwappen (***over*** über *acc*). **3.** ~ ***about*** (*od*. ***around***) F herumhängen.

slope [sləʊp] **I** *s* **1.** (Ab)Hang *m*. **2.** Neigung *f*, Gefälle *n*. **II** *v/i* **3.** sich neigen, abfallen. **4.** ~ ***off*** *Br*. F abhauen.

slop·py ['slɒpɪ] *adj* □ **1.** schlampig, schlud(e)rig. **2.** F vergammelt (*Kleidungsstück*). **3.** F schmalzig.

slosh [slɒʃ] F **I** *v/i* **1.** ~ ***about*** (*od*. ***around***) herumschwappen. **2.** ~ ***about*** (*od*. ***around***) (herum)plan(t)schen (***in*** in *dat*). **II** *v/t* **3.** *Wasser etc* verspritzen.

sloshed [slɒʃt] *adj* F blau (*betrunken*).

slot [slɒt] *s* **1.** Schlitz *m*, (*e-s Automaten etc a.*) Einwurf *m*. **2.** Werbesendezeit *f*. ~ **machine** *s* (Waren-, Spiel)Automat *m*.

slouch [slaʊtʃ] **I** *s* **1.** krumme Haltung; latschiger Gang. **2.** F ***be no ~ at*** nicht schlecht sein in (*dat*); ***be no ~ at doing s.th.*** et. nicht ungern tun. **II** *v/i* **3.** krumm dasitzen *od*. dastehen; latschen. ~ **hat** *s* Schlapphut *m*.

slough [slʌf] *v/t Haut* abstreifen.

Slo·vak ['sləʊvæk] **I** *adj* slowakisch. **II** *s* Slowake *m*, Slowakin *f*.

S

Slo·va·kia [slə'vækɪə] *npr die* Slowakei *f*.
Slo·vene ['sləʊviːn] → ***Slovenian.***
Slo·ve·nia [sləʊ'viːnjə] *npr* Slowenien *n*.
Slo·ve·ni·an [sləʊ'viːnjən] **I** *adj* slowenisch. **II** *s* Slowene *m*, Slowenin *f*.
slov·en·ly ['slʌvnlɪ] *adj* schlampig.
slow [sləʊ] **I** *adj* ☐ **1.** *allg.* langsam, (*Person a.*) begriffsstutzig: ***be ~ to do s.th.*** sich mit et. Zeit lassen; ***be (five minutes) ~*** (fünf Minuten) nachgehen (*Uhr*); ***~ lane*** *mot.* Kriechspur *f*; ***in ~ motion*** in Zeitlupe; ***~ poison*** langsam wirkendes Gift; ***~ly but surely*** langsam, aber sicher; → ***uptake.*** **2.** *econ.* schleppend. **II** *v/t* **3.** *oft* ***~ down*** (*od.* ***up***) *Geschwindigkeit* verringern; *Projekt etc* verzögern: ***~ the car down*** langsamer fahren. **III** *v/i* **4.** *oft* ***~ down*** (*od.* ***up***) langsamer fahren *od.* gehen *od.* werden. **'~·coach** *s* F Langweiler(in). **'~·down** *s econ.* **1.** Verlangsamung *f*: ***~ in economic activity*** Konjunkturrückgang *m*. **2.** *Am.* Bummelstreik *m*. **'~-ˌmov·ing** *adj* kriechend (*Verkehr*): ***~ item*** *econ.* Ladenhüter *m*.
slow·ness ['sləʊnɪs] *s* Langsamkeit *f*, (*e-r Person a.*) Begriffsstutzigkeit *f*.
'slow|·poke *Am.* → ***slowcoach.*** **'~worm** *s zo.* Blindschleiche *f*.
sludge [slʌdʒ] *s* Schlamm *m*.
slug¹ [slʌg] *s bsd. Am.* F **1.** *mil. etc* Kugel *f*. **2.** Schluck *m* (*Whisky etc*).
slug² [~] *s zo.* Nacktschnecke *f*.
slug³ [~] *bsd. Am.* **I** *v/t j-m* e-n Faustschlag versetzen. **II** *s* Faustschlag *m*.
slug·gish ['slʌgɪʃ] *adj* ☐ **1.** träge (*Person*), träge fließend (*Fluss etc*). **2.** *econ.* schleppend.
sluice [sluːs] **I** *s* Schleuse *f*. **II** *v/t*: ***~ down*** abspritzen; ***~ out*** ausspritzen. **III** *v/i*: ***~ out*** herausschießen (*Wasser*). **~ gate** *s* Schleusentor *n*.
slum [slʌm] *s*, *mst pl* Slums *pl*, Elendsviertel *n*.
slump [slʌmp] **I** *v/i* **1.** ***~ into a chair*** sich in e-n Sessel plumpsen lassen; ***sit ~ed over*** zs.-gesunken sitzen über (*dat*). **2.** *econ.* stürzen (*Preise*), stark zurückgehen (*Umsatz etc*). **II** *s* **3.** *econ.* starker Konjunkturrückgang, Rezession *f*: ***~ in prices*** Preissturz *m*, Kurssturz *m*.
slung [slʌŋ] *pret u. pp von* ***sling¹*** *u.* **²**.
slunk [slʌŋk] *pret u. pp von* ***slink.***
slur¹ [slɜː] *s*: ***~ on s.o.'s reputation*** Rufschädigung *f*.
slur² [~] *v/t* **1.** ***~ one's speech*** undeutlich sprechen, (*Betrunkener a.*) lallen. **2.** ♪ *Töne* binden.
slurp [slɜːp] *v/t u. v/i* F schlürfen.
slush [slʌʃ] *s* **1.** Schneematsch *m*. **2.** F rührseliges Zeug.
'slush·y *adj* ☐ **1.** matschig (*Schnee*). **2.** F rührselig.
slut [slʌt] *s* Schlampe *f*.
sly [slaɪ] **I** *adj* ☐ **1.** gerissen, schlau: ***you're a ~ one!*** du bist mir vielleicht einer! **2.** verschmitzt (*Lächeln etc*). **II** *s* **3.** ***on the ~*** heimlich.
smack¹ [smæk] *v/i*: ***~ of*** *fig.* schmecken *od.* riechen nach.
smack² [~] **I** *v/t* **1.** *j-m* e-n Klaps geben: ***~ s.o.'s bottom, ~ s.o. on the bottom*** j-m eins hinten draufgeben; ***~ s.o.'s face*** F j-m e-e runterhauen. **2.** ***~ one's lips*** sich die Lippen lecken. **3.** ***~ down*** *et.* hinklatschen. **II** *s* **4.** Klaps *m*: ***give s.o. a ~ in the face*** F j-m e-e runterhauen. **5.** klatschendes Geräusch. **6.** F Schmatz *m*. **7.** ***have a ~ at*** F es mit *et.* versuchen. **III** *adv* **8.** F genau, direkt.
smack·er ['smækə] *s* F **1.** Schmatz *m*. **2.** *Br.* Pfund *n*, *Am.* Dollar *m*.
'smack·ing *s* F Tracht *f* Prügel.
small [smɔːl] **I** *adj allg.* klein: ***~ ad*** *Br.* Kleinanzeige *f*; ***~ arms*** *pl* Handfeuerwaffen *pl*; ***~ beer*** F ein kleiner Fisch, kleine Fische *pl*; ***~ business*** (*od.* ***firm***) Kleinbetrieb *m*; ***~ change*** Kleingeld *n*; ***that's ~ change to him*** *fig.* das ist ein Taschengeld für ihn; ***~ eater*** schlechter Esser, schlechte Esserin; ***in the ~ hours*** in den frühen Morgenstunden; ***~ investor*** Kleinanleger *m*; ***~ print*** *das* Kleingedruckte (*e-s Vertrags etc*); ***~ talk*** Small Talk *m*, *n*, Geplauder *n*; ***make ~ talk*** plaudern; ***~ town*** Kleinstadt *f*; ***feel ~*** sich klein (u. hässlich) vorkommen; → ***wonder*** 5. **II** *adv* klein. **III** *s*: ***~ of the back*** *anat.* Kreuz *n*. **ˌ~-'mind·ed** *adj* ☐ **1.** engstirnig. **2.** kleinlich. **'~·pox** *s* ⚕ Pocken *pl*. **ˌ~-'time** *adj fig.* klein, Klein...
smarm·y ['smɑːmɪ] *adj* F schmierig, schmeichlerisch.
smart [smɑːt] **I** *adj* ☐ **1.** smart (*Person*), (*a. Auto, Kleidung etc*) schick. **2.** smart, schlau, clever. **3.** vornehm (*Restaurant, Wohngegend etc*). **II** *v/i* **4.** wehtun; brennen. **III** *s* **5.** (brennender) Schmerz. **~ al·eck** ['ælɪk] *s* F Besserwisser(in). **~ ass** *s Am.* V Klugscheißer(in). **~ card** *s econ.* Chipkarte *f*.
smart·en ['smɑːtn] **I** *v/t mst* ***~ up*** *et.* verschönern: ***~ o.s. up*** → II. **II** *v/i mst* ***~ up*** sich schick machen; sich et. Anständiges anziehen.
'smart·ness *s* **1.** Schick *m*. **2.** Schlauheit *f*, Cleverness *f*.
smash [smæʃ] **I** *v/t* **1.** *a.* ***~ up*** zerschlagen; *Wagen* zu Schrott fahren; → ***smithereens.*** **2.** schmettern (*a. Tennis etc*): ***~ one's fist down on the table*** mit der Faust auf den Tisch hauen. **3.** *fig. Aufstand etc* nieder-

schlagen, *Spionagering etc* zerschlagen. **II** *v/i* **4.** zerspringen: → ***smithereens.*** **5.** ~ ***into*** prallen an (*acc*) *od.* gegen, krachen gegen. **III** *s* **6.** Schlag *m*; (*Tennis etc*) Schmetterball *m*. **7.** → ***smash-up.*** **8.** Hit *m* (*Buch*, *Theaterstück etc*).

smashed [smæʃt] *adj* F blau (*betrunken*): ***get ~ on*** sich voll laufen lassen mit.

'smash·er *s* F Klassefrau *f*, toller Typ; tolles Ding.

smash hit → ***smash*** 8.

smash·ing ['smæʃɪŋ] *adj* F toll.

'smash-up *s* **1.** *mot.* schwerer Unfall. **2.** Bankrott *m*.

smat·ter·ing ['smætərɪŋ] *s*: ***a ~ of English*** ein paar Brocken Englisch.

smear [smɪə] **I** *s* **1.** Fleck *m*. **2.** ⚕ (*entnommener*) Abstrich. **3.** Verleumdung *f*. **II** *v/t* **4.** *Farbe etc* verschmieren, *Schrift a.* verwischen. **5.** *Creme etc* schmieren (***on, over*** auf *acc*); *Haut etc* einschmieren (***with*** mit). **6.** *Glas etc* be-, verschmieren (***with*** mit): ***~ed with blood*** blutbeschmiert, -verschmiert. **7.** verleumden. **III** *v/i* **8.** schmieren (*Farbe etc*), sich verwischen (*Schrift*). **~ cam·paign** *s* Verleumdungskampagne *f*. **~ test** *s* ⚕ Abstrich *m*.

smell [smel] **I** *v/i* (*mst irr*) **1.** riechen (***at*** an *dat*). **2.** riechen, *b.s.* stinken (***of*** nach) (*beide a. fig.*): ***his breath ~s*** er riecht aus dem Mund. **II** *v/t* (*mst irr*) **3.** *et.* riechen; *fig.* wittern: **~ *out*** *hunt.* aufspüren (*a. fig.*); *Zimmer etc* verpesten. **4.** riechen an (*dat*). **III** *s* **5.** Geruch *m*, *b.s.* Gestank *m*: ***~ of gas*** Gasgeruch; ***there's a ~ of garlic in here*** hier stinkt es nach Knoblauch. **6.** ***have*** (*od.* ***take***) ***a ~ at*** riechen an (*dat*).

'smell·ing *adj*: ***~ salts*** *pl* Riechsalz *n*.

'smell·y *adj* stinkend: ***~ feet*** *pl* Schweißfüße *pl*.

smelt¹ [smelt] *pret u. pp von* ***smell.***

smelt² [~] *v/t Erz* schmelzen.

smile [smaɪl] **I** *v/i* lächeln (***about*** über *acc*): **~ *at*** *j-n* anlächeln, *j-m* zulächeln; *j-n*, *et.* belächeln, lächeln über (*acc*); → ***keep*** 17. **II** *v/t*: ***~ one's approval*** beifällig *od.* zustimmend lächeln. **III** *s* Lächeln *n*: ***with a ~*** lächelnd; ***be all ~s*** (übers ganze Gesicht) strahlen; ***give a ~*** lächeln; ***give s.o. a ~*** j-n anlächeln, j-m zulächeln.

smirk [smɜːk] *v/i* (selbstgefällig *od.* schadenfroh) grinsen.

smite [smaɪt] *v/t* (*irr*): ***be smitten by*** (*od.* ***with***) *fig.* gepackt werden von.

smith [smɪθ] *s* Schmied(in).

smith·er·eens [ˌsmɪðə'riːnz] *s pl*: ***smash to ~*** in tausend Stücke schlagen *od.* zerspringen.

smith·y ['smɪðɪ] *s* Schmiede *f*.

smit·ten ['smɪtn] *pp von* ***smite.***

smock [smɒk] *s* Kittel *m*.

smog [smɒg] *s* Smog *m*. **~ a·lert** *s* Smogalarm *m*.

smoke [sməʊk] **I** *v/i* **1.** rauchen. **II** *v/t* **2.** rauchen. **3.** *Fisch*, *Fleisch etc* räuchern: **~ *out*** ausräuchern. **III** *s* **4.** Rauch *m*: ***there's no ~ without fire*** *fig.* kein Rauch ohne Flamme; → ***go up*** 3. **5.** ***have a ~*** eine rauchen. **6.** F Glimmstängel *m*, Zigarette *f*. **~ bomb** *s* Rauchbombe *f*. **~ de·tec·tor** *s* Rauchmelder *m*.

smoked [sməʊkt] *adj* **1.** geräuchert, Räucher... **2.** ***~ glass*** Rauchglas *n*.

'smok·er *s* **1.** Raucher(in): ***~'s cough*** Raucherhusten *m*. **2.** 🚃 Raucherwagen *m*.

'smoke·stack *s* Schornstein *m*.

smok·ing ['sməʊkɪŋ] **I** *s* Rauchen *n*: ***no ~*** Rauchen verboten. **II** *adj*: ***~ compartment*** Raucher(abteil *n*) *m*.

'smok·y *adj* **1.** rauchig, verräuchert. **2.** rauchig (*Geschmack etc*). **3.** rauchfarben, -farbig.

smol·der *Am.* → ***smoulder.***

smooch [smuːtʃ] *v/i* F knutschen, schmusen (***with*** mit).

smooth [smuːð] **I** *adj* □ **1.** glatt (*Fläche*, *Haut etc*). **2.** ruhig (*Flug etc*). **3.** *fig.* glatt, reibungslos. **4.** *fig.* (aal)glatt. **II** *v/t* **5.** *a.* **~ *out*** glätten, *Tischtuch etc a.* glatt streichen: ***~ away*** *Falten etc* glätten; *fig. Schwierigkeiten etc* aus dem Weg räumen; **~ *over*** *fig. Spannungen etc* ausgleichen. **III** *s* **6.** → ***rough*** 9.

smote [sməʊt] *pret von* ***smite.***

smoth·er ['smʌðə] *v/t* **1.** *j-n*, *Aufstand*, *Feuer etc* ersticken. **2.** *Gähnen etc* unterdrücken. **3.** *fig. j-n* überschütten (***with*** mit *Zuneigung etc*).

smoul·der ['sməʊldə] *v/i bsd. Br.* glimmen, schwelen (*beide a. fig.*).

smudge [smʌdʒ] **I** *s* **1.** Fleck *m*. **II** *v/t* **2.** *Farbe etc* verschmieren, *Schrift a.* verwischen. **3.** *Glas etc* be-, verschmieren (***with*** mit). **III** *v/i* **4.** schmieren (*Farbe etc*), sich verwischen (*Schrift*).

'smudg·y *adj* verschmiert, -wischt.

smug [smʌg] *adj* □ selbstgefällig.

smug·gle ['smʌgl] **I** *v/t* schmuggeln (***into*** nach *Deutschland etc*; in *acc*): **~ *in*** (***out***) ein-(heraus)schmuggeln. **II** *v/i* schmuggeln.

'smug·gler *s* Schmuggler(in).

'smug·gling *s* Schmuggel *m*.

smut [smʌt] *s* **1.** Rußflocke *f*. **2.** *fig.* Schmutz *m*.

'smut·ty *adj* schmutzig.

snack [snæk] *s* Snack *m*, Imbiss *m*: ***have a ~*** e-e Kleinigkeit essen. **~ bar** *s* Snackbar *f*, Imbissstube *f*.

snaf·fle ['snæfl] *v/t bsd. Br. et.* mitgehen lassen.

S

snag [snæg] I *s fig.* Haken *m.* II *v/t* mit *et.* hängen bleiben (**on** an *dat*).
snail [sneɪl] *s zo.* Schnecke *f*: ***at a ~'s pace*** im Schneckentempo. **~ shell** *s* Schneckenhaus *n.*
snake [sneɪk] I *s zo.* Schlange *f*: ***~ in the grass*** *fig.* falsche Schlange (*Frau*); hinterlistiger Kerl (*Mann*). II *v/t u. v/i*: **~ (*one's way*) *through*** sich schlängeln durch. **'~-bite** *s* Schlangenbiss *m.* **~ charm·er** *s* Schlangenbeschwörer(in). **'~·skin** *s* Schlangenhaut *f*; -leder *n.*
snak·y ['sneɪkɪ] *adj* gewunden (*Straße etc*).
snap [snæp] I *v/i* **1.** (zer)brechen, (-)reißen: ***my patience ~ped*** mir riss die Geduld *od.* der Geduldsfaden. **2.** *a.* **~ *shut*** zuschnappen. **3.** **~ *at*** schnappen nach (*a. fig.*); *j-n* anfahren. **4.** F **~ *out of it!*** Kopf hoch!; **~ *to it!*** mach fix! II *v/t* **5.** zerbrechen: **~ *off*** abbrechen; **~ *s.o.'s head off*** F j-m ins Gesicht springen. **6.** mit *den Fingern* schnalzen: **~ *one's fingers at*** *fig.* keinen Respekt haben vor (*dat*), sich hinwegsetzen über (*acc*). **7.** *phot.* F knipsen. **8.** **~ *up*** *et.* schnell entschlossen kaufen; *fig. Gelegenheit* beim Schopf ergreifen: **~ *it up!*** *Am.* F mach fix! III *s* **9.** *phot.* F Schnappschuss *m.* **10.** *Am.* Druckknopf *m.* **11.** (*Kälte*)Einbruch *m.* **12.** F Schwung *m*: ***come on, put some ~ in it!*** häng dich mal ein bisschen rein! IV *adj* **13.** spontan. **'~ˌdrag·on** *s* ⚘ Löwenmaul *n.* **~ fas·ten·er** *s Am.* Druckknopf *m.*
snap·pish ['snæpɪʃ] *adj* □ *fig.* bissig.
'snap·py *adj* □ F **1.** modisch, schick. **2.** ***make it ~!, Br. a. look ~!*** F mach fix!
'snap·shot *s phot.* Schnappschuss *m.*
snare [sneə] I *s* **1.** Falle *f*, Schlinge *f*, *fig. a.* Fallstrick *m.* II *v/t* **2.** in der Schlinge fangen. **3.** F *et.* ergattern.
snarl¹ [snɑːl] I *v/i* knurren (*Hund, a. Person*): **~ *at s.o.*** j-n anknurren. II *v/t et.* knurren. III *s* Knurren *n.*
snarl² [~] *v/t*: ***the traffic was ~ed (up)*** es entstand ein Verkehrschaos. **'~-up** *s* Verkehrschaos *n.*
snatch [snætʃ] I *v/t* **1.** *et.* packen: **~ *s.o.'s handbag*** j-m die Handtasche entreißen; **~ *s.th. from s.o.'s hand*** j-m et. aus der Hand reißen. **2.** *fig. Gelegenheit* ergreifen; *ein paar Stunden Schlaf etc* ergattern. II *v/i* **3.** **~ *at*** greifen nach; *fig. Gelegenheit* ergreifen. III *s* **4.** ***make a ~ at*** greifen nach. **5.** (*Gesprächs*)Fetzen *m*: **~ *of conversation.***
snaz·zy ['snæzɪ] *adj* □ F schick; *contp.* protzig.
sneak [sniːk] I *v/i* **1.** (sich) schleichen, sich stehlen: **~ *up on s.o.*** (sich) an j-n heranschleichen. **2.** *Br.* F petzen: **~ *on s.o.*** j-n verpetzen. II *v/t* **3.** F stibitzen: **~ *a look at*** heimlich e-n Blick werfen auf (*acc*). III *s* **4.** *Br.* F Petzer(in), Petze *f.*
'sneak·er *s Am.* Turn- *od.* Wanderschuh *m.*
'sneak·ing *adj* heimlich, (*Verdacht a.*) leise.
'sneak·y *adj* □ **1.** heimlich. **2.** gerissen.
sneer [snɪə] I *v/i* **1.** höhnisch *od.* spöttisch grinsen (**at** über *acc*). **2.** spotten (**at** über *acc*). II *s* **3.** höhnisches *od.* spöttisches Grinsen. **4.** höhnische *od.* spöttische Bemerkung.
sneeze [sniːz] I *v/i* niesen: ***not to be ~d at*** F nicht zu verachten. II *s* Niesen *n*; Nieser *m.*
snick·er ['snɪkə] *bsd. Am.* → ***snigger.***
snide [snaɪd] *adj* □ abfällig.
sniff [snɪf] I *v/i* **1.** schniefen, die Nase hochziehen. **2.** schnüffeln (**at** an *dat*). **3.** **~ *at*** *fig.* die Nase rümpfen über (*acc*): ***not to be ~ed at*** nicht zu verachten. II *v/t* **4.** durch die Nase einziehen; *Klebstoff etc* schnüffeln, *Kokain etc* schnupfen. **5.** **~ *out*** aufspüren (*a. fig.*).
snif·fle ['snɪfl] I *v/i* → ***sniff*** 1. II *s* Schniefen *n*: ***he's got the ~s*** F ihm läuft dauernd die Nase.
snif·ter ['snɪftə] *s Am.* Kognakschwenker *m.*
snig·ger ['snɪgə] *bsd. Br.* I *v/i* kichern (**at** über *acc*). II *s* Kichern *n.*
snip [snɪp] I *v/t* **1.** durchschnippeln: **~ *off*** abschnippeln. II *s* **2.** Schnitt *m.* **3.** *Br.* F Gelegenheitskauf *m*, Schnäppchen *n.*
snipe [snaɪp] I *pl* **snipes,** *bsd. coll.* **snipe** *s orn.* Schnepfe *f.* II *v/i*: **~ *at*** aus dem Hinterhalt schießen auf (*acc*); *fig.* aus dem Hinterhalt angreifen (*acc*).
'snip·er *s* Heckenschütze *m*, -schützin *f.*
snip·pet ['snɪpɪt] *s*: **~ *of conversation*** Gesprächsfetzen *m*; **~*s pl of information*** bruchstückhafte Informationen *pl.*
snitch [snɪtʃ] *v/i*: **~ *on s.o.*** F j-n verpetzen.
sniv·el ['snɪvl] *v/i pret u. pp* **-eled,** *bsd. Br.* **-elled** greinen, jammern.
snob [snɒb] *s* Snob *m.*
'snob·ber·y *s* Snobismus *m.*
'snob·bish *adj* □ snobistisch, versnobt.
snog [snɒg] *v/i Br.* F knutschen, schmusen (***with*** mit).
snook [snuːk] *s*: ***cock a ~ at*** *Br.* F *j-m* zeigen, was man von ihm hält.
snook·er ['snuːkə] I *s Billard*: Snooker Pool. II *v/t*: ***be ~ed*** F völlig machtlos sein.
snoop [snuːp] *v/i*: **~ *about*** (*od.* ***around***) F herumschnüffeln (***in*** in *dat*).
'snoop·er *s* F Schnüffler(in).
snoot·y ['snuːtɪ] *adj* □ F hochnäsig.
snooze [snuːz] F I *v/i* ein Nickerchen machen. II *s* Nickerchen *n.*
snore [snɔː] I *v/i* schnarchen. II *s* Schnarchen *n.*
'snor·er *s* Schnarcher(in).

snor·kel ['snɔːkl] I *s* Schnorchel *m*. II *v/i* schnorcheln.
snort [snɔːt] I *v/i* (*a.* verächtlich *od.* wütend) schnauben. II *v/t* schnauben. III *s* Schnauben *n*: ***give a ~ of derision*** verächtlich schnauben.
snot [snɒt] *s* F Rotz *m*
'snot·ty *adj* F **1.** Rotz...: ***~ nose.*** **2.** *fig.* aufgeblasen.
snout [snaʊt] *s zo.* Schnauze *f*, (*e-s Schweins etc a.*) Rüssel *m*.
snow [snəʊ] I *s* **1.** Schnee *m* (*a. sl. Kokain, Heroin*): (***as***) ***white as ~*** schneeweiß. **2.** Schneefall *m*. II *v/impers* **3.** schneien. III *v/t* **4.** ***be ~ed in*** (*od.* ***up***) eingeschneit sein; ***be ~ed under with work*** mit Arbeit überhäuft sein. **'~·ball** *s* Schneeball *m*: ***~ fight*** Schneeballschlacht *f*; ***~ system*** Schneeballsystem *n*. **'~·board** *s* Snowboard *n*. **'~board·er** *s* Snowboardfahrer(in). **'~-capped** *adj* schneebedeckt (*Berggipfel*). **'~·drift** *s* Schneewehe *f*. **'~·drop** *s* ⚘ Schneeglöckchen *n*. **'~·fall** *s* Schneefall *m*. **'~·flake** *s* Schneeflocke *f*. **'~·line** *s* Schneegrenze *f*. **'~·man** *s* (*irr* ***man***) Schneemann *m*: → ***abominable.*** **'~·mo·bile** *s* Schneemobil *n*, -bob *m*. **'~plough** *s*, **'~·plow** *s Am.* Schneepflug *m* (*a. beim Skifahren*). **'~·shoe** *s* Schneeschuh *m*. **'~·storm** *s* Schneesturm *m*. **,~-'white** *adj* schneeweiß.
snow·y ['snəʊɪ] *adj* schneereich (*Tag etc*), (*Gegend a.*) verschneit.
snub[1] [snʌb] *v/t j-n* brüskieren, *j-m* über den Mund fahren.
snub[2] [~] *adj* Stups...: ***~ nose.*** **'~-nosed** *adj* stupsnasig.
snuff[1] [snʌf] *s* Schnupftabak *m*.
snuff[2] [~] *v/t Kerze* ausdrücken: ***~ out*** *fig. Leben* auslöschen; ***~ it*** *Br.* F den Löffel weglegen (*sterben*).
snuf·fle ['snʌfl] → ***sniffle.***
snug [snʌg] I *adj* □ **1.** behaglich, gemütlich. **2.** gut sitzend (*Kleidungsstück*): ***be a ~ fit*** gut passen. II *s* **3.** *Br.* kleines Nebenzimmer (*e-s Pubs*).
snug·gle ['snʌgl] *v/i*: ***~ up to s.o.*** sich an j-n kuscheln; ***~ down in bed*** sich ins Bett kuscheln.
so [səʊ] I *adv* **1.** so, dermaßen: ***he is ~ stupid*** (***that***) ***he ...*** er ist so dumm, dass er ... **2.** (ja) so: ***I am ~ glad.*** **3.** so, in dieser Weise: ***is that ~?*** wirklich?; ***~ as to*** sodass, um zu; ***a mile or ~*** etwa e-e Meile; → ***forth*** 1, ***if*** 1, ***on*** 13. **4.** *verkürzend*: *He is tired.* ***So am I*** Ich auch; → ***hope*** II, ***think*** 6, *etc.* II *cj* **5.** deshalb. **6.** ***~ what?*** F na und?
soak [səʊk] I *v/t* **1.** *et.* einweichen (***in*** in *dat*). **2.** ***~ up*** *Flüssigkeit* aufsaugen; *fig. Neuigkeiten etc* in sich aufsaugen. **3.** durchnässen: → ***skin*** 1. **4.** F *j-n* ausnehmen, neppen. II *v/i* **5.** sickern.
'soak·ing *adj u. adv*: ***~*** (***wet***) tropfnass.
'so-and-so *pl* **-sos** *s* F **1.** Herr *od.* Frau *od.* Frl. Soundso *od.* Sowieso: ***a Mr ~*** ein Herr Soundso. **2.** *euphem.* blöder Hund.
soap [səʊp] I *s* **1.** Seife *f*. **2.** F → ***soap opera.*** II *v/t* **3.** (sich) *et.* einseifen. **~ bub·ble** *s* Seifenblase *f*. **~ dish** *s* Seifenschale *f*. **~ op·er·a** *s Rundfunk, TV*: Seifenoper *f*. **'~·suds** *s pl* Seifenschaum *m*.
soap·y ['səʊpɪ] *adj* □ **1.** Seifen...: ***~ water.*** **2.** seifig. **3.** F schmeichlerisch.
soar [sɔː] *v/i* **1.** aufsteigen: ***~ into the sky*** zum Himmel emporsteigen. **2.** hochragen. **3.** *fig.* in die Höhe schnellen (*Preise etc*).
sob [sɒb] I *v/i* schluchzen. II *v/t* schluchzen: ***~ out*** schluchzend erzählen. III *s* Schluchzen *n*; Schluchzer *m*.
so·ber ['səʊbə] I *adj* □ nüchtern (*a. fig.*): (***as***) ***~ as a judge*** stocknüchtern. II *v/t mst* ***~ up*** ausnüchtern, wieder nüchtern machen. III *v/i mst* ***~ up*** (sich) ausnüchtern, wieder nüchtern werden: ***have a ~ing effect on s.o.*** *fig.* auf j-n ernüchternd wirken.
sob sto·ry *s* F rührselige Geschichte.
,so-'called *adj* so genannt.
soc·cer ['sɒkə] *s* Fußball *m* (*Spiel*).
so·cia·ble ['səʊʃəbl] *adj* □ gesellig (*Person, a. Abend etc*); zutraulich (*Tier*).
so·cial ['səʊʃl] *adj* □ **1.** gesellschaftlich, Gesellschafts..., sozial, Sozial...: ***have a busy ~ life*** oft ausgehen *od.* Besuch haben; ***~ accounting*** volkswirtschaftliche Gesamtrechnung; ***~ science*** Sozialwissenschaft *f*. **2.** sozial, Sozial...: ***~ assistance office*** Sozialamt *n*; ***~ benefit expenses*** *pl* soziale Aufwendungen *pl*; ***~ costs*** *pl* soziale Kosten *pl*; ***~ dumping*** Sozialdumping *n*; ***~ facilities*** *pl* soziale Einrichtungen *pl*; ***~ insurance*** Sozialversicherung *f*; ***~ plan*** Sozialplan *m*; ***~ protection*** soziale Sicherung; ***~ security*** *Br.* Sozialhilfe *f*; ***be on ~ security*** Sozialhilfe beziehen; ***~ security benefits*** *pl* Sozialleistungen *pl*; ***~ security contributions*** *pl* Sozialversicherungsbeiträge *pl*; ***~ security system*** Sozialversicherungssystem *n*; ***~ spending*** Sozialausgaben *pl*; ***~ welfare*** Sozialfürsorge *f*; ***~ welfare expenditure*** Sozialkosten *pl*; ***~ worker*** Sozialarbeiter(in). **3.** *pol.* Sozial...: ***~ democrat*** Sozialdemokrat(in). **4.** *biol.* gesellig (*Wesen*). **5.** F gesellig (*Person*).
so·cial·ism ['səʊʃəlɪzəm] *s* Sozialismus *m*.
'so·cial·ist I *s* Sozialist(in). II *adj* sozialistisch.
so·cial·ize ['səʊʃəlaɪz] *v/i*: ***I don't ~ much*** ich gehe nicht oft aus; ***~ with*** (gesellschaftlich) verkehren mit.

so·ci·e·ty [sə'saɪətɪ] *s allg.* Gesellschaft *f.*
so·ci·o·e·co·nom·ic [ˌsəʊsjəʊˌiːkə'nɒmɪk] *adj* sozialökonomisch.
so·ci·o·log·i·cal [ˌsəʊsjə'lɒdʒɪkl] *adj* □ soziologisch.
so·ci·ol·o·gist [ˌ~sɪ'ɒlədʒɪst] *s* Soziologe *m*, Soziologin *f.*
ˌ**so·ci'ol·o·gy** *s* Soziologie *f.*
sock¹ [sɒk] *s* Socke(n *m*) *f*: ***pull one's ~s up*** *Br.* F sich am Riemen reißen.
sock² [~] ~ ***s.o. on the jaw*** j-m e-n Kinnhaken verpassen.
sock·et ['sɒkɪt] *s* **1.** *anat.* (*Augen*)Höhle *f.* **2.** ⚡ Steckdose *f*; Fassung *f* (*e-r Glühbirne*); (*Kopfhörer- etc*)Anschluss *m.*
sod [sɒd] *bsd. Br. sl.* **I** *s* blöder Hund: ***poor ~*** armes Schwein. **II** *v/t*: ***~ it!*** Scheiße! **III** *v/i*: ***~ off!*** verpiss dich!
so·da ['səʊdə] *s* **1.** Soda *n*: ***two whisky and ~s*** zwei Whisky mit Soda. **2.** *bsd. Am.* (*Orangen- etc*)Limonade *f.*
sod·den ['sɒdn] *adj* durchnässt, (*Boden*) aufgeweicht.
so·di·um ['səʊdɪəm] *s* ⚗ Natrium *n.*
sodo·my ['sɒdəmɪ] *s* Analverkehr *m.*
so·fa ['səʊfə] *s* Sofa *n.* '**~-bed** *s* Bettcouch *f.*
soft [sɒft] *adj* □ **1.** *allg.* weich: ***~ currency*** *econ.* weiche Währung; ***be ~ in the head*** F e-e weiche Birne haben; → ***spot*** 4. **2.** leise (*Stimme, Musik etc*); gedämpft, dezent (*Beleuchtung, Farbe, Musik*). **3.** sanft (*Berührung, Brise etc*). **4.** gutmütig; nachsichtig (***with*** gegen *j-n*). **5.** F ruhig (*Job etc*). **6.** verweichlicht: ***get ~*** verweichlichen. **7.** weich (*Droge*): ***~ drink*** Soft Drink *m*, alkoholfreies Getränk. ˌ**~-'boiled** *adj* weich (gekocht) (*Ei*). **~ cop·y** *s* Bildschirmaufzeichnung *f.*
soft·en ['sɒfn] **I** *v/t* **1.** weich machen; *Wasser* enthärten. **2.** *Ton, Licht etc* dämpfen. **3.** ***~ up*** F *j-n* weich machen. **II** *v/i* **4.** weich werden.
'**soft·en·er** *s* (*Wasser*)Enthärter *m.*
ˌ**soft'heart·ed** *adj* □ weichherzig.
ˌ**soft|-'ped·al** *v/t* F *et.* herunterspielen. **~sell** *s* zurückhaltende Verkaufsstrategie. '**~-soap** *v/t* F *j-m* um den Bart gehen. **~ toy** *s* Stofftier *n.*
'**soft·ware** *s Computer*: Software *f*: ***~ engineering*** Software-Entwicklung *f*; ***~ provider*** Softwareanbieter *m.*
soft·y ['sɒftɪ] *s* F Softie *m.*
sog·gy ['sɒgɪ] *adj* □ aufgeweicht (*Boden etc*), (*a. Gemüse etc*) matschig, (*Brot etc*) teigig, glitschig.
soil¹ [sɔɪl] *s* Boden *m*, Erde *f.*
soil² [~] *v/t* schmutzig machen.
so·journ ['sɒdʒɜːn] *s poet.* Aufenthalt *m.*
sol·ace ['sɒləs] *s* Trost *m*: ***be a ~ to s.o.*** j-m ein Trost sein.

so·lar ['səʊlə] *adj* Sonnen...: ***~ cell*** Solarzelle *f*; ***~ eclipse*** *ast.* Sonnenfinsternis *f*; ***~ energy*** Sonnen-, Solarenergie *f*; ***~ panel*** Sonnenkollektor *m*; ***~ system*** Sonnensystem *n.*
so·lar·i·um [səʊ'leərɪəm] *pl* **-i·a** [~ɪə], **-iums** *s* Solarium *n.*
so·lar plex·us ['pleksəs] *s anat.* Solarplexus *m*; Magengrube *f.*
sold [səʊld] *pret u. pp von* **sell.**
sol·der ['sɒldə] *v/t* (ver)löten.
'**sol·der·ing** *adj*: ***~ iron*** Lötkolben *m.*
sol·dier ['səʊldʒə] **I** *s* Soldat(in). **II** *v/i*: ***~ on*** *bsd. Br.* (unermüdlich) weitermachen.
sole¹ [səʊl] *adj* (□ → ***solely***) einzig; alleinig, Allein...: ***~ agency*** Alleinvertretung *f*, Alleinvertrieb *m*; ***~ distributor*** Alleinvertrieb *m*; ***~ owner*** (*od.* ***proprietor***) Alleineigentümer *m*; ***~ trader*** Einzelhändler *m.*
sole² [~] **I** *s* (*Fuß-, Schuh*)Sohle *f.* **II** *v/t Schuh* besohlen.
sole³ [~] *s ichth.* Seezunge *f.*
sole·ly ['səʊllɪ] *adv* (einzig u.) allein, ausschließlich.
sol·emn ['sɒləm] *adj* □ **1.** feierlich: ***give s.o. one's ~ pledge*** (*od.* ***word***) ***that*** *a.* j-m hoch u. heilig versprechen, dass. **2.** ernst.
so·lic·it [sə'lɪsɪt] **I** *v/t et.* erbitten, bitten um: ***~ s.o.'s help*** j-n um Hilfe bitten; ***~ customers*** Kunden werben; ***~ offers*** Angebote einholen. **II** *v/i* Männer ansprechen (*Prostituierte*).
so·lic·i·tor [sə'lɪsɪtə] *s* **1.** ⚖ *Br.* Solicitor *m.* **2.** *econ.* Akquisiteur *m*, Werber *m.*
so·lic·it·ous [sə'lɪsɪtəs] *adj* □ **1.** dienstbeflissen. **2.** besorgt (***about, for*** um).
sol·id ['sɒlɪd] **I** *adj* □ **1.** *allg.* fest. **2.** stabil, massiv. **3.** massiv: ***a ~ gold watch*** e-e Uhr aus massivem Gold. **4.** *fig.* einmütig, geschlossen (***for*** für; ***against*** gegen). **5.** *fig.* gewichtig, triftig (*Grund etc*), stichhaltig (*Argument etc*). **6.** ***I waited for a ~ hour*** F ich wartete e-e geschlagene Stunde. **II** *s* **7.** ✎ Körper *m.* **8.** *pl* feste Nahrung.
sol·i·dar·i·ty [ˌsɒlɪ'dærətɪ] *s* Solidarität *f*: ***in ~ with*** aus Solidarität mit; ***declare one's ~ with*** sich solidarisch erklären mit.
so·lid·i·fy [sə'lɪdɪfaɪ] **I** *v/t* **1.** fest werden lassen. **2.** *fig.* festigen. **II** *v/i* **3.** fest werden. **4.** *fig.* sich festigen.
sol·i·dus ['sɒlɪdəs] *s* Schrägstrich *m.*
so·lil·o·quy [sə'lɪləkwɪ] *s* **1.** *thea.* Monolog *m.* **2.** Selbstgespräch *n.*
sol·i·taire [ˌsɒlɪ'teə] *s* **1.** Solitär *m.* **2.** *bsd. Am.* → ***patience*** 2.
sol·i·tar·y ['sɒlɪtərɪ] **I** *adj* □ **1.** einsam, (*Leben a.*) zurückgezogen, (*Ort etc a.*) abgelegen: → ***confinement*** 2. **2.** einzig. **II** *s* **3.** F Einzelhaft *f.*

S

so·lo ['səʊləʊ] **I** *pl* **-los** *s* ♪ Solo *n*. **II** *adj* ♪ Solo...: ~ ***flight*** ✈ Alleinflug *m*. **III** *adv* ♪ solo: ***fly*** ~ ✈ e-n Alleinflug machen.
'so·lo·ist *s* ♪ Solist(in).
sol·stice ['sɒlstɪs] *s ast*. Sonnenwende *f*.
sol·u·ble ['sɒljʊbl] *adj* **1.** ⚗ löslich: ~ ***in water*** wasserlöslich. **2.** *fig*. lösbar.
so·lu·tion [sə'luːʃn] *s* **1.** *fig*. Lösung *f* (***to*** *gen*). **2.** ⚗ Lösung *f*; Auflösung *f*.
solv·a·ble ['sɒlvəbl] *adj fig*. lösbar.
solve [sɒlv] *v/t Fall, Rätsel etc* lösen.
sol·ven·cy ['sɒlvənsɪ] *s econ*. Solvenz *f*, Zahlungsfähigkeit *f*.
'sol·vent I *adj* □ *econ*. solvent, zahlungsfähig. **II** *s* ⚗ Lösungsmittel *n*: ~ ***abuse*** Schnüffeln *n*; ~***-free*** lösungsmittelfrei.
So·ma·li·a [səʊ'mɑːlɪə] Somalia *n* (*Republik in Ostafrika*).
som·ber *Am*. → ***sombre***.
som·bre ['sɒmbə] *adj* □ düster (*Farben, Raum etc, fig. Miene etc*).
som·bre·ro [sɒm'breərəʊ] *pl* **-ros** *s* Sombrero *m*.
some [sʌm] **I** *adj* **1.** (irgend)ein: ~ ***day*** eines Tages; ~ ***day*** (***or other***) irgendwann (einmal). **2.** *vor pl*: einige, ein paar: → ***few*** 1. **3.** manche. **4.** gewiss: → ***extent*** 2. **5.** etwas, ein wenig *od*. bisschen: ***take*** ~ ***more*** nimm noch et.; ***would you like*** ~ ***more cake?*** möchtest du noch ein Stück Kuchen? **6.** ungefähr: ~ ***30 people***. **II** *pron* **7.** (irgend)ein. **8.** etwas. **9.** einige, ein paar. ~**·bod·y** ['~bədɪ] **I** *pron* jemand. **II** *s*: ***be*** ~ et. vorstellen, j-d sein. **'~·day** *adv* eines Tages. **'~·how** *adv* irgendwie. **'~·one** → ***somebody***. **'~·place** *Am*. → ***somewhere*** 1.
som·er·sault ['sʌməsɔːlt] *s* Salto *m*; Purzelbaum *m*: ***do*** (*od*. ***turn***) ***a*** ~ e-n Salto machen; e-n Purzelbaum schlagen.
'some|·thing I *pron* **1.** etwas: ***or*** ~ F od. so. **II** *adv* **2.** ~ ***like*** F ungefähr; ***look*** ~ ***like*** so ähnlich aussehen wie; ~ ***over £200*** et. mehr als 200 Pfund. **3.** ***be*** ~ ***of a pianist*** so et. wie ein Pianist sein. **III** *s* **4.** ***a little*** ~ e-e Kleinigkeit (*Geschenk*); ***a certain*** ~ ein gewisses Etwas. **'~·time** *adv* irgendwann. **'~·times** *adv* manchmal. **'~·way** *adv Am*. irgendwie. **'~·what** *adv* ein bisschen *od*. wenig: ~ ***of a shock*** ein ziemlicher Schock. **'~·where** *adv* **1.** irgendwo; irgendwohin. **2.** *fig*. ~ ***between 30 and 40 people*** so zwischen 30 u. 40 Leute; ~ ***in the region of £100*** um 100 Pfund herum.
som·nam·bu·list [sɒm'næmbjʊlɪst] *s* Nacht-, Schlafwandler(in).
som·no·lent ['sɒmnələnt] *adj* □ **1.** schläfrig. **2.** einschläfernd.
son [sʌn] *s* **1.** Sohn *m*: ~ ***of a bitch*** *bsd. Am. sl.* Scheißkerl *m*. **2.** *Anrede*: F junger Mann.
so·na·ta [sə'nɑːtə] *s* ♪ Sonate *f*.
song [sɒŋ] *s* **1.** Lied *n*: ***buy s.th. for a*** ~ F et. für ein Butterbrot kaufen; ***make a*** ~ ***and dance about*** F ein furchtbares Theater machen wegen. **2.** Gesang *m* (*a. von Vögeln*): ***burst into*** ~ zu singen anfangen. **'~·bird** *s* Singvogel *m*. **'~book** *s* Liederbuch *n*.
son·ic ['sɒnɪk] *adj phys*. Schall...: ~ ***bang*** (*od*. ***boom***) ✈ Überschallknall *m*.
'son-in-law *pl* **'sons-in-law** *s* Schwiegersohn *m*.
son·net ['sɒnɪt] *s* Sonett *n*.
so·no·rous ['sɒnərəs] *adj* □ sonor, klangvoll, volltönend.
soon [suːn] *adv* bald: ***as*** ~ ***as*** sobald; ***as*** ~ ***as possible*** so bald wie möglich; ***at the*** ~***est*** frühestens; ***I don't want to speak too*** ~ ich will es nicht berufen.
'soon·er *adv* **1.** eher, früher: ***the*** ~ ***the better*** je früher, desto besser *od*. lieber; ~ ***or later*** früher od. später; ***no*** ~ ***said than done*** gesagt, getan. **2.** ***I would*** ~ ***... than*** ich würde lieber ... als.
soot [sʊt] *s* Ruß *m*.
soothe [suːð] *v/t* **1.** *a*. ~ ***down*** *j-n* beschwichtigen, *a. j-s Nerven* beruhigen. **2.** *Schmerzen* lindern, mildern.
sooth·say·er ['suːθseɪə] *s* Wahrsager(in).
soot·y ['sʊtɪ] *adj* rußig, Ruß...
sop [sɒp] **I** *s* Beschwichtigungsmittel *n* (***to*** für). **II** *v/t*: ~ ***up*** aufsaugen.
soph·ism ['sɒfɪzəm] *s* Sophismus *m*, Scheinbeweis *m*, Trugschluss *m*.
so·phis·ti·cat·ed [sə'fɪstɪkeɪtɪd] *adj* □ **1.** kultiviert. **2.** *tech*. hoch entwickelt. **3.** *contp*. intellektuell.
soph·o·more ['sɒfəmɔː] *s Am*. Student(in) im zweiten Jahr.
so·po·rif·ic [ˌsɒpə'rɪfɪk] **I** *adj* (~***ally***) einschläfernd: ~ ***drug*** → II. **II** *s* Schlafmittel *n*.
sop·ping ['sɒpɪŋ] *adj u. adv*: ~ (***wet***) F patschnass.
'sop·py *adj* □ *Br*. F schmalzig, rührselig.
so·pra·no [sə'prɑːnəʊ] *pl* **-nos** *s* Sopran *m* (*Tonlage, Stimme*), (*Sängerin a.*) Sopranistin *f*.
sor·bet ['sɔːbeɪ] *s bsd. Br*. Fruchteis *n*.
sor·cer·er ['sɔːsərə] *s* Zauberer *m*, Hexenmeister *m*, Hexer *m*.
'sor·cer·ess *s* Zauberin *f*, Hexe *f*.
'sor·cer·y *s* Zauberei *f*, Hexerei *f*.
sor·did ['sɔːdɪd] *adj* □ schmutzig (*a. fig.*).
sore [sɔː] **I** *adj* **1.** weh, wund; entzündet: ***he is*** ~ ***all over*** ihm tut alles weh; ***my legs are*** ~ mir tun die Beine weh; ~ ***throat*** Angina *f*, Halsentzündung *f*; ***have a*** ~ ***throat*** *a*. Halsschmerzen haben; → ***sight*** 2, ***thumb*** I. **2.** *fig*. wund (*Punkt*). **3.** *bsd. Am*. F sauer (***about*** wegen). **II** *s* **4.** wunde Stelle, Wunde *f*.

S

'**sore·ly** *adv*: **~ *missed*** schmerzlich vermisst; **~ *needed*** dringend gebraucht.

so·ror·i·ty [sə'rɒrətɪ] *s Am.* Studentinnenverbindung *f*.

sor·rel ['sɒrəl] *s* ⚘ Sauerampfer *m*.

sor·row ['sɒrəʊ] *s* **1.** (***at, over***) Kummer *m* (über *acc*, um), Trauer *f* (um); Traurigkeit *f*. **2.** Sorge *f*: → ***drown*** 2.

sor·row·ful ['~fʊl] *adj* □ traurig, kummervoll.

sor·ry ['sɒrɪ] **I** *adj* **1. *be*** (*od.* ***feel***) **~ *for s.o.*** j-n bedauern *od.* bemitleiden: ***I'm ~ for him*** er tut mir Leid; ***I'm ~*** → 3; ***I am ~ to say*** ich muss leider sagen. **2.** traurig, jämmerlich. **II** *int* **3.** a) (es) tut mir Leid, b) Entschuldigung!, Verzeihung!: ***say ~*** sich entschuldigen (***to s.o.*** bei j-m; ***for s.th.*** für et.). **4.** *bsd. Br.* wie bitte?

sort [sɔːt] **I** *s* **1.** Sorte *f*, Art *f*, *econ. a.* Marke *f*: ***all ~s of things*** alles Mögliche. **2.** Art *f*: ***nothing of the ~*** nichts dergleichen; ***what ~ of (a) man is he?*** wie ist er?; ***I had a ~ of (a) feeling that*** ich hatte das unbestimmte Gefühl, dass; ***I ~ of expected it*** F ich habe es irgendwie *od.* beinahe erwartet. **3. *of a ~, of ~s*** *contp.* so et. Ähnliches wie. **4. *be out of ~s*** F nicht auf der Höhe *od.* auf dem Damm sein. **5.** F *guter etc* Kerl. **II** *v/t* **6.** sortieren: ***~ing function*** *Computer*: Sortierfunktion *f*; **~ *out*** aussortieren; *Problem etc* lösen, *Frage etc* klären; *Br.* F *j-n* zur Schnecke machen. **III** *v/i* **7. ~ *through*** *et.* durchsehen.

sor·tie ['sɔːtiː] *s* **1.** *mil.* Ausfall *m*; ✈ Einsatz *m*. **2.** *fig.* Ausflug *m* (***into*** in *acc*).

SOS [ˌesəʊ'es] *s* ⚓ SOS *n*: **~ *message*** SOS-Ruf *m*.

'**so·so** *adj u. adv* F so lala.

souf·flé ['suːfleɪ] *s gastr.* Soufflé *n*, Soufflee *n*, Auflauf *m*.

sought [sɔːt] *pret u. pp von* ***seek***. '**~-ˌaf·ter** *adj* begehrt (*Person*), (*Sache a.*) gesucht.

soul [səʊl] *s* **1.** Seele *f* (*a. fig.*). **2.** Gefühl *n*; (künstlerischer) Ausdruck. **3. *be the ~ of generosity*** die Großzügigkeit selbst *od.* in Person sein. **4.** ♪ Soul *m*. '**~-deˌstroy·ing** *adj* geisttötend (*Arbeit etc*).

soul·ful ['səʊlfʊl] *adj* □ gefühlvoll (*Musik etc*), seelenvoll (*Blick*).

soul| mu·sic *s* Soulmusik *f*. '**~-ˌsearch·ing** *s* Gewissensprüfung *f*.

sound¹ [saʊnd] **I** *s* **1.** Geräusch *n*; *phys.* Schall *m*; (*Radio, TV etc*) Ton *m*; ♪ Klang *m*, (*Rockmusik etc a.*) Sound *m*; *ling.* Laut *m*: ***I don't like the ~ of it*** *fig.* die Sache gefällt mir nicht. **II** *v/i* **2.** erklingen, ertönen: ***the bell ~ed for lunch*** es klingelte zum Mittagessen. **3.** *fig.* klingen. **4. ~ *off*** F tönen (***about, on*** von). **III** *v/t* **5. ~ *one's horn*** *mot.* hupen; → ***alarm*** 1. **6.** *ling.* (aus)sprechen.

sound² [~] **I** *adj* □ **1.** gesund; intakt, in Ordnung. **2.** *fig.* klug, vernünftig (*Person, Rat etc*). **3.** *fig.* gründlich (*Ausbildung etc*). **4.** *fig.* gehörig (*Tracht Prügel*); vernichtend (*Niederlage*). **5.** *fig.* fest, tief (*Schlaf*): → ***sleeper*** 1. **II** *adv* **6. *be ~ asleep*** fest *od.* tief schlafen.

sound³ [~] *v/t* **1.** ⚓ (aus)loten. **2. ~ *out*** *j-n* ausholen (***about, on*** über *acc*); *j-s Ansichten etc* herausfinden.

sound| bar·ri·er *s phys.* Schallmauer *f*, -grenze *f*. **~ *card*** *s Computer*: Soundkarte *f*. **~ *film*** *s* Tonfilm *m*. **~ *in·su·la·tion*** *s* Schalldämmung *f*.

sound·less ['saʊndlɪs] *adj* □ lautlos.

'**sound·ness** *s* **1.** Gesundheit *f*; Intaktheit *f*. **2.** *fig.* Klugheit *f*, Vernünftigkeit *f*. **3.** *fig.* Gründlichkeit *f*.

'**sound|·proof** **I** *adj* schalldicht: **~ *barrier*** Lärmschutzwall *m*. **II** *v/t* schalldicht machen. **~ *track*** *s* **1.** *Film*: Tonspur *f*. **2.** Filmmusik *f*.

soup [suːp] **I** *s* Suppe *f*: ***be in the ~*** F in der Patsche *od.* Tinte sitzen. **II** *v/t*: **~ *up*** F *Auto, Motor* frisieren. **~ *plate*** *s* Suppenteller *m*. **~ *spoon*** *s* Suppenlöffel *m*.

sour ['saʊə] **I** *adj* □ **1.** sauer: **~ *cream*** Sauerrahm *m*, saure Sahne; ***go ~*** sauer werden. **2.** *fig.* mürrisch. **II** *v/i* **3.** sauer werden. **III** *v/t* **4.** sauer werden lassen; säuern: ***~ed cream*** *Br.* Sauerrahm *m*.

source [sɔːs] *s* Quelle *f*, *fig. a.* Ursache *f*, Ursprung *m*: ***from a reliable ~*** aus zuverlässiger Quelle. **~ *dates*** *s pl Computer*: Grund-, Ausgangsdaten *pl*. **~ *file*** *s Computer*: Quelldatei *f*. **~ *lan·guage*** *s* **1.** *ling.* Ausgangssprache *f*. **2.** *Computer*: Quellsprache *f*.

sour·puss ['saʊəpʊs] *s* F Miesepeter *m*.

south [saʊθ] **I** *s* **1.** Süden *m*: ***in the ~ of*** im Süden von (*od. gen*); ***to the ~ of*** → 5. **2.** *a.* ***South*** Süden *m*, südlicher Landesteil: ***the South*** *Br.* Südengland *n*; *Am.* die Südstaaten *pl*. **II** *adj* **3.** Süd..., südlich: ***South Pole*** Südpol *m*. **III** *adv* **4.** südwärts, nach Süden. **5. ~ *of*** südlich von (*od. gen*).

South Af·ri·ca Südafrika *n*.

South Af·ri·can **I** *adj* südafrikanisch. **II** *s* Südafrikaner(in).

South A·mer·i·ca Südamerika *n*.

South A·mer·i·can **I** *adj* südamerikanisch. **II** *s* Südamerikaner(in).

'**south|·bound** *adj* nach Süden gehend *od.* fahrend. ˌ**~'east** **I** *s* Südosten *m*. **II** *adj* südöstlich, Südost... **III** *adv* südöstlich, nach Südosten.

south·er·ly ['sʌðəlɪ] **I** *adj* südlich, Süd... **II** *adv* von *od.* nach Süden.

south·ern ['sʌðən] *adj* südlich, Süd...

S

'**south·ern·er** *s* **1.** Bewohner(in) des Südens (*e-s Landes*). **2.** ***Southerner*** *Am.* Südstaatler(in).
south·ern·most ['~məʊst] *adj* südlichst.
south·ward ['saʊθwəd] *adj u. adv* südlich, südwärts, nach Süden: ***in a ~ direction*** in südlicher Richtung, Richtung Süden.
'**south·wards** *adv* → ***southward.***
ˌ**south'west** I *s* Südwesten *m.* II *adj* südwestlich, Südwest... III *adv* südwestlich, nach Südwesten.
sou·ve·nir [ˌsuːvə'nɪə] *s* Andenken *n* (***of*** an *acc*), Souvenir *n.*
sov·er·eign ['sɒvrɪn] I *s* Landesherr(in), Monarch(in). II *adj* souverän (*Staat*).
sov·er·eign·ty ['~rəntɪ] *s* Souveränität *f.*
So·vi·et ['səʊvɪət] I *s*: ***the ~s*** *pl* die Sowjets *pl.* II *adj* sowjetisch, Sowjet...
sow[1] [saʊ] *s zo.* Sau *f.*
sow[2] [səʊ] *v/t* (*mst irr*) **1.** *Getreide etc* säen, *Samen* aussäen: ***~ the seeds of discord*** *fig.* Zwietracht säen; → ***oats.*** **2.** *Feld etc* besäen (***with*** mit).
so·ya bean ['sɔɪə] *s* ⚘ Sojabohne *f.*
spa [spɑː] *s* (Heil)Bad *n.*
space [speɪs] I *s* **1.** Raum *m*: ***stare into ~*** ins Leere starren. **2.** Platz *m*, Raum *m.* **3.** (Welt)Raum *m.* **4.** Lücke *f*, Platz *m*, Stelle *f.* **5.** Zwischenraum *m*; Leertaste *f.* **6.** *typ.* Leerzeile *f.* **7.** Zeitraum *m.* II *v/t* **8.** *a.* ***~ out*** in Abständen anordnen: ***~ the chairs two feet apart*** die Stühle im Abstand von zwei Fuß aufstellen; ***~d writing*** Sperrschrift *f.* ***~ bar*** *s* Leertaste *f* (*e-r Schreibmaschine*). '**~craft** *s* (*irr* ***craft***) (Welt)Raumfahrzeug *n.* **~ de·bris** *s* Weltraummüll *m.* **~ flight** *s* (Welt)Raumflug *m.* **~ heat·er** *s* Heizapparat *m*, -gerät *n.* '**~lab** *s* Raumlabor *n.* '**~man** *s* (*irr* ***man***) **1.** Raumfahrer *m.* **2.** Außerirdische *m.* **~ mod·ule** *s* Kommandokapsel *f.* **~ probe** *s* Raumsonde *f.* '**~ship** *s* Raumschiff *n.* **~ shut·tle** *s* Raumfähre *f*, -transporter *m.* **~ sta·tion** *s* (Welt)Raumstation *f.* **~ suit** *s* Raumanzug *m.* **~ trav·el** *s* (Welt)Raumfahrt *f.* **~ walk** *s* Spaziergang *m* im All. '**~ˌwom·an** *s* (*irr* ***woman***) **1.** Raumfahrerin *f.* **2.** Außerirdische *f.*
spac·ing ['speɪsɪŋ] *s* Zeilenabstand *m*, -vorschub *m*: ***type s.th. in*** (*od.* ***with***) ***single*** (***double***) ***~*** et. mit einzeiligem (zweizeiligem) Abstand tippen.
spa·cious ['speɪʃəs] *adj* □ geräumig (*Zimmer etc*), weiträumig angelegt, weitläufig (*Garten etc*).
spade[1] [speɪd] *s* Spaten *m*: ***call a ~ a ~*** *fig.* das Kind beim Namen nennen.
spade[2] [~] *s Kartenspiel*: a) *pl* Pik *n* (*Farbe*), b) Pik(karte *f*) *n.*
'**spade·work** *s fig.* (mühevolle) Vorarbeit.
spa·ghet·ti [spə'getɪ] *s sg* Spag(h)etti *pl.*
Spain [speɪn] *npr* Spanien *n.*
span [spæn] I *s* **1.** ✈, *orn.* (*Flügel*)Spannweite *f.* **2.** Zeitspanne *f.* **3.** (*Lebens*)Spanne *f*, (*Gedächtnis*)Umfang *m.* II *v/t* **4.** *Fluss etc* überspannen (*Brücke*). **5.** *fig.* sich erstrecken über (*acc*).
span·gle ['spæŋgl] I *s* Paillette *f.* II *v/t* mit Pailletten besetzen; *fig.* übersäen (***with*** mit).
Span·iard ['spænjəd] *s* Spanier(in).
span·iel ['spænjəl] *s zo.* Spaniel *m.*
Span·ish ['spænɪʃ] I *adj* **1.** spanisch. II *s* **2.** ***the ~*** *pl* die Spanier *pl.* **3.** *ling.* Spanisch *n.*
spank [spæŋk] *v/t j-m* den Hintern versohlen.
'**spank·ing** I *adj* flott, scharf (*Tempo*). II *adv* F: ***~ clean*** blitzsauber; ***~ new*** funkelnagelneu. III *s*: ***give s.o. a ~*** → ***spank.***
span·ner ['spænə] *s tech. bsd. Br.* Schraubenschlüssel *m*: ***put*** (*od.* ***throw***) ***a ~ in the works*** F j-m in die Quere kommen.
spar [spɑː] *v/i* **1.** *Boxen*: sparren (***with*** mit). **2.** sich ein Wortgefecht liefern.
spare [speə] I *v/t* **1.** *j-n, et.* entbehren. **2.** *Geld, Zeit etc* übrig haben: ***can you ~ me a cigarette*** (***10 minutes***)***?*** hast du e-e Zigarette (10 Minuten Zeit) für mich (übrig)? **3.** *keine Kosten, Mühen etc* scheuen. **4.** ***~ s.o. s.th.*** j-m et. ersparen, j-n mit et. verschonen. II *adj* **5.** Ersatz...: ***~ part*** *tech.* Ersatzteil *n, m*; ***~ tire*** (*bsd. Br.* ***tyre***) *mot.* Ersatz-, Reservereifen *m*; *Br. fig. humor.* Rettungsring *m.* **6.** überschüssig: ***~ bedroom*** Gästezimmer *n*; ***~ time*** Freizeit *f*; ***have you got 10 ~ minutes?*** hast du 10 Minuten Zeit (übrig)? III *s* **7.** *mot.* Ersatz-, Reservereifen *m.* **8.** *tech. bsd. Br.* Ersatzteil *n, m.* '**~ribs** *s pl gastr.* Spareribs *pl* (*gegrillte Rippenstücke vom Schwein*).
spar·ing ['speərɪŋ] *adj* □ sparsam: ***be ~ with s.th., use s.th. ~ly*** sparsam mit et. umgehen.
spark [spɑːk] I *s* Funke(n) *m* (*a. fig.*): ***whenever they meet the ~s fly*** immer wenn sie zs.-kommen, fliegen die Fetzen. II *v/i* Funken sprühen: ***~ing plug*** *mot. Br.* Zündkerze *f.* III *v/t* a) *a.* ***~ off*** *Krawalle etc* auslösen, b) *bsd. Am. j-s Interesse etc* wecken.
spar·kle ['spɑːkl] I *v/i* funkeln, (*Augen a.*) blitzen (***with*** vor *dat*). II *s* Funkeln *n*, Blitzen *n.*
spar·kling ['spɑːklɪŋ] *adj* **1.** funkelnd, blitzend. **2.** ***~ wine*** Perl- *od.* Schaumwein *m*; Sekt *m.* **3.** *fig.* sprühend (*Witz*); geistsprühend (*Dialog etc*); schwungvoll (*Vortrag etc*).
spark plug *s mot.* Zündkerze *f.*
spar·ring ['spɑːrɪŋ] *adj*: ***~ partner*** (*Boxen*) Sparringspartner(in).

S

spar·row ['spærəʊ] *s orn.* Spatz *m*, Sperling *m*.
sparse [spɑːs] *adj* □ spärlich: **~ly populated** dünn besiedelt *od.* bevölkert.
spar·tan ['spɑːtən] *adj* spartanisch (*Lebensweise etc*).
spasm ['spæzəm] *s* **1.** ⚕ Krampf *m*. **2.** (*Husten-, Lach- etc*)Anfall *m*.
spas·mod·ic [~'mɒdɪk] *adj* (**~ally**) **1.** ⚕ krampfartig. **2.** *fig.* sporadisch, unregelmäßig.
spas·tic ['spæstɪk] ⚕ I *adj* (**~ally**) spastisch. II *s* Spastiker(in).
spat [spæt] *pret u. pp von* **spit²**.
spate [speɪt] *s* **1. be** (*od.* **run**) **in ~** Hochwasser führen. **2.** *fig.* Flut *f*, (*von Unfällen etc*) Serie *f*.
spa·tial ['speɪʃl] *adj* □ räumlich: **~ ability** räumliches Vorstellungsvermögen.
spat·ter ['spætə] I *v/t* **1.** *j-n, et.* bespritzen (**with** mit). **2.** *et.* spritzen (**in s.o.'s face** j-m ins Gesicht; **over** über *acc*). II *v/i* **3.** spritzen. III *s* **4.** Spritzer *m*. **5. a ~ of applause** kurzer Beifall; **there was a ~ of rain** es spritzte, es regnete ein paar Tropfen.
spat·u·la ['spætjʊlə] *s* Spachtel *m, f, bsd.* ⚕ Spatel *m, f*.
spawn [spɔːn] I *s zo.* Laich *m*. II *v/i zo.* laichen. III *v/t fig.* hervorbringen, produzieren.
spay [speɪ] *v/t weibliches Tier* sterilisieren.
speak [spiːk] (*irr*) I *v/i* **1.** sprechen, reden (**to, with** mit; **about** über *acc*): **~ing!** *teleph.* am Apparat!; **~ for** sprechen für; **this ~s for itself** das spricht für sich selbst; **~ of** *fig.* hindeuten auf (*acc*); zeugen von; **we don't ~** (**to each other**) wir sprechen *od.* reden nicht miteinander; **so to ~** sozusagen; → **devil** 1, **generally, ill** 3, **roughly** 2, **soon, strict. 2.** sprechen (**to** vor *dat*; **about, on** über *acc*). **3.** sich aussprechen (**in favo**[**u**]**r of** für; **against** gegen). II *v/t* **4.** sprechen, sagen: → **mind** 4, **volume** 1. **5.** *Sprache* sprechen.
Verbindungen mit Adverbien:
speak| out *v/i*: **~ against** sich klar u. deutlich aussprechen gegen. **~ up** *v/i* **1.** lauter sprechen. **2. ~ for** sich klar u. deutlich aussprechen für.
speak·er ['spiːkə] *s* **1.** Sprecher(in), Redner(in). **2. Speaker** *parl.* Speaker(in), Präsident(in). **3. a ~ of English** j-d, der Englisch spricht. **4.** ⚡ Lautsprecher *m*.
'**speak·ing** I *s*: → **manner** 1. II *adj*: **~ clock** *teleph. Br.* Zeitansage *f*; **we are not on ~ terms** wir sprechen *od.* reden nicht miteinander.
spear [spɪə] I *s* Speer *m*. II *v/t* aufspießen; durchbohren. '**~·head** I *s* **1.** Speerspitze *f*. **2.** *mil.* Angriffsspitze *f*; (*Sport*) (Sturm-, Angriffs)Spitze *f*. **3.** *fig.* Anführer(in). II *v/t* **4.** *fig.* anführen. '**~·mint** *s* ♀ Grüne Minze.
spec [spek] *s*: **on ~** *Br.* F auf gut Glück.
spe·cial ['speʃl] I *adj* (□ → **specially**) **1.** speziell, besonder. **2.** speziell, Spezial...: **~ knowledge** Fachkenntnisse *pl*, -wissen *n*; → **effect. 3.** Sonder...: **~ bonus** Sonderprämie *f*; **~ character** Sonderzeichen *n*; **~ depreciation allowance** Sonderabschreibung *f*; **~ drawing rights** *pl* Sonderziehungsrechte *pl*; **~ levy** *EG* Sonderabschöpfung *f*; **~ rebate** Sonderrabatt *m*; **~ reduction** Sonderermäßigung *f*; **~ school** Sonderschule *f*; **~ terms and conditions** *pl* Sonderkonditionen *pl*; **~ train** Sonderzug *m*; **~ waste dump** Sonderdeponie *f*. **4.** speziell, bestimmt. II *s* **5.** Sonderbus *m od.* -zug *m*; (*Rundfunk, TV*) Sondersendung *f*; *econ.* Sonderangebot *n*: **be on ~** *Am.* im Angebot sein.
spe·cial·ist ['~ʃəlɪst] I *s* Spezialist(in), ⚕ *a.* Facharzt *m*, -ärztin *f* (**in** für). II *adj* Fach...
spe·ci·al·i·ty [ˌ~ʃɪ'ælətɪ] *s* **1.** Spezialität *f*: **~ of the house** Spezialität des Hauses. **2.** Spezialgebiet *f*.
spe·cial·i·za·tion [ˌ~ʃəlaɪ'zeɪʃn] *s* Spezialisierung *f*.
'**spe·cial·ize** *v/i* sich spezialisieren, spezialisiert sein (**in** auf *acc*).
'**spe·cial·ly** *adv* **1.** besonders. **2.** speziell, extra.
spe·cial·ty ['~ʃltɪ] *Am.* → **speciality.**
spe·cies ['spiːʃiːz] *pl* **-cies** *s biol.* Spezies *f*, Art *f* (*beide a. allg.*).
spe·cif·ic [spə'sɪfɪk] I *adj* **1.** spezifisch (*a. phys.*), speziell, besonder: **~ capital** zweckgebundenes Kapital; **~ gravity** spezifisches Gewicht. **2.** konkret, präzis. **3.** eigen (**to** *dat*). II *s pl* **4.** Einzelheiten *pl*.
spe'cif·i·cal·ly *adv* **1.** speziell, besonders. **2.** ausdrücklich.
spec·i·fi·ca·tion [ˌspesɪfɪ'keɪʃn] *s* genaue Angabe *od.* Beschreibung.
spec·i·fy ['~faɪ] *v/t* genau angeben.
spec·i·men ['spesɪmən] *s* **1.** Exemplar *n*. **2.** Muster *n*; Probe *f*: **~ copy** Ansichtsexemplar *n*; **~ invoice** Musterrechnung *f*; **~ letter** Musterbrief *m*. **3.** F *contp.* Typ *m* (*Person*).
spe·cious ['spiːʃəs] *adj* □ trügerisch: **~ argument** Scheinargument *n*.
speck [spek] *s* kleiner Fleck, (*Staub-*)Korn *n*; Punkt *m* (**on the horizon** am Horizont).
speck·led ['spekld] *adj* gesprenkelt.
specs [speks] → **spectacle** 3.
spec·ta·cle ['spektəkl] *s* **1.** Schauspiel *n* (*a. fig.*): **make a ~ of o.s.** sich lächerlich machen. **2.** Anblick *m*. **3.** *pl, a.* **pair of ~s** Brille *f*.

spec·tac·u·lar [spek'tækjʊlə] I *adj* □ spektakulär. II *s* Show *f* der Superlative.
spec·ta·tor [spek'teɪtə] *s* Zuschauer(in).
spec·ter *Am.* → ***spectre.***
spec·tra ['spektrə] *pl von* ***spectrum.***
spec·tral ['spektrəl] *adj* □ **1.** geisterhaft, gespenstisch. **2.** *phys.* Spektral...
spec·tre ['spektə] *s bsd. Br.* (*fig. a.* Schreck-) Gespenst *n.*
spec·trum ['spektrəm] *pl* **-tra** ['~trə] *s phys.* Spektrum *n* (*a. fig.*): ***a wide ~ of opinion(s)*** ein breites Meinungsspektrum.
spec·u·late ['spekjʊleɪt] *v/i* **1.** spekulieren, Vermutungen anstellen (***about, on*** über *acc*): ***~ that*** vermuten, dass. **2.** *econ.* spekulieren (***in*** mit).
ˌspec·u'la·tion *s* Spekulation *f* (*a. econ.*), Vermutung *f.*
spec·u·la·tive ['~lətɪv] *adj* □ spekulativ, *econ. a.* Spekulations...: ***~ trading*** Spekulationshandel *m.*
spec·u·la·tor ['~leɪtə] *s econ.* Spekulant(in).
sped [sped] *pret u. pp von* ***speed.***
speech [spiːtʃ] *s* **1.** Sprache *f* (*Sprechvermögen, Ausdrucksweise*): ***~ defect*** (*od.* ***impediment***) Sprachfehler *m*; ***~ processing*** *Computer*: Sprachverarbeitung *f*; ***~ recognition*** *Computer*: Spracherkennung *f*; ***~ therapist*** Logopäde *m*, Logopädin *f.* **2.** Rede *f*, Ansprache *f* (***to*** vor *dat*), ⚖ Plädoyer *n.*
speech·i·fy ['~ɪfaɪ] *v/i contp.* Reden *od.* e-e Rede schwingen.
'speech·less *adj* □ sprachlos (***with*** vor *dat*).
speed [spiːd] I *s* **1.** Geschwindigkeit *f*, Schnelligkeit *f*, Tempo *n*: ***at a ~ of*** mit e-r Geschwindigkeit von; ***at full*** (*od.* ***top***) ***speed*** mit Höchstgeschwindigkeit. **2.** *mot. etc* Gang *m*: ***five-~ gearbox*** Fünfganggetriebe *f.* **3.** *phot.* Lichtempfindlichkeit *f.* II *v/t* (*irr*) **4.** rasch bringen *od.* befördern. **5.** ***~ up*** (*pret u. pp* ***-ed***) beschleunigen. III *v/i* **6.** rasen: ***~ by*** wie im Flug vergehen (*Zeit*); ***be ~ing*** *mot.* zu schnell fahren, die Geschwindigkeitsbegrenzung überschreiten. **7.** ***~ up*** (*pret u. pp* ***-ed***) beschleunigen (*Fahrer etc*), (*a. Wachstum etc*) schneller werden. **~ boat** *s* Renn-, Schnellboot *n.* **~ bump** *s mot.* Rüttelschwelle *f.*
speed·ing ['spiːdɪŋ] *s mot.* zu schnelles Fahren, Geschwindigkeitsüberschreitung *f.*
speed lim·it *s mot.* Geschwindigkeitsbegrenzung *f*, Tempolimit *n.*
speed·om·e·ter [spɪ'dɒmɪtə] *s mot.* Tachometer *m, n.*
'speed trap *s* Radarfalle *f.*
speed·y ['spiːdɪ] *adj* □ schnell, (*Antwort etc a.*) prompt: → ***recovery*** 2.
spell¹ [spel] (*mst irr*) I *v/t* **1.** a) *a.* ***~ out*** buchstabieren: ***~ out*** klarmachen (***for s.o.*** j-m), b) (*orthografisch richtig*) schreiben. **2.** *Unglück etc* bedeuten. II *v/i* **3.** (richtig) schreiben.
spell² [~] *s* **1.** Weile *f*: ***for a ~*** e-e Zeit lang; ***cold ~*** *meteor.* Kälteperiode *f.* **2.** (*Husten- etc*)Anfall *m.*
spell³ [~] *s* **1.** Zauber(spruch) *m.* **2.** Zauber *m* (*a. fig.*): ***be under s.o.'s ~*** in j-s Bann stehen; ***cast a ~ over s.o.*** j-n verzaubern, *fig. a.* j-n in s-n Bann ziehen.
spell aid *s* Rechtschreibhilfe *f.*
'spell|ˌbind·ing *adj* fesselnd. **'~·bound** *adj u. adv* wie gebannt: ***hold s.o. ~*** j-n fesseln. **'~·check** *s* Rechtschreibprüfung *f.* **'~·check·er** *s Computer*: Rechtschreibhilfe *f*, Rechtschreibprogramm *n.*
spell·er ['spelə] *s* **1.** ***be a good*** (***bad***) ***~*** gut (schlecht) in Rechtschreibung sein. **2.** *Computer*: Speller *m*, Rechtschreibsystem *n.*
'spell·ing *s* **1.** Rechtschreibung *f*: ***~ checker*** Rechtschreibhilfeprogramm *n*; ***~ mistake*** (Recht)Schreibfehler *m.* **2.** Schreibung *f*, Schreibweise *f.*
spelt [spelt] *pret u. pp von* ***spell¹.***
spend [spend] *v/t* (*irr*) **1.** *Geld* ausgeben (***on*** für): → ***penny.*** **2.** *Urlaub, Zeit* verbringen: ***~ an hour doing s.th.*** e-e Stunde damit verbringen, et. zu tun.
'spend·er *s*: ***he's a big ~*** ihm sitzt das Geld locker.
'spend·ing I *s* Ausgaben *pl.* II *adj*: ***~ limitation*** Ausgabenbegrenzung *f*; ***~ money*** Taschengeld *n*; ***~ power*** Kaufkraft *f* → ***spree.***
spend·thrift ['spendθrɪft] I *s* Verschwender(in). II *adj* verschwenderisch.
spent [spent] I *pret u. pp von* ***spend.*** II *adj* verbraucht.
sperm [spɜːm] *s biol.* Sperma *n*, Samen(flüssigkeit *f*) *m.*
spew [spjuː] I *v/t* **1.** *a.* ***~ out*** *Rauch etc* ausstoßen, *Lava etc* spucken. **2.** *a.* ***~ up*** *sl.* auskotzen. II *v/i* **3.** *a.* ***~ out*** hervorquellen (***from*** aus). **4.** *sl.* kotzen.
sphere [sfɪə] *s* **1.** Kugel *f.* **2.** *fig.* (*Einfluss- etc*)Sphäre *f*, (-)Bereich *m*: ***in the ~ of*** auf dem Gebiet (*gen*); ***~ of activity*** Aufgaben-, Geschäftsbereich *m.*
spher·i·cal ['sferɪkl] *adj* □ **1.** kugelförmig. **2.** ⩚ Kugel..., sphärisch.
sphinc·ter ['sfɪŋktə] *s anat.* Schließmuskel *m.*
spice [spaɪs] I *s* **1.** Gewürz *n.* **2.** *fig.* Würze *f.* II *v/t* **3.** würzen (***with*** mit) (*a. fig.*). **~ rack** *s* Gewürzständer *m.*
spick-and-span [ˌspɪkən'spæn] *adj* blitzsauber.
spic·y ['spaɪsɪ] *adj* □ **1.** gut gewürzt, würzig. **2.** *fig.* pikant.

S

spi·der ['spaɪdə] *s zo.* Spinne *f.* ~ **web** *s Am.* Spinnwebe *f*, Spinnennetz *n.*
spiel [ʃpi:l] *s* F *mst contp.* Masche *f.*
spike [spaɪk] **I** *s* **1.** Spitze *f*; Dorn *m*; Stachel *m*: ~ ***heel*** Pfennigabsatz *m.* **2.** *Sport*: a) Spike *m*, Dorn *m*, b) *pl* Spikes *pl*, Rennschuhe *pl.* **II** *v/t* **3.** aufspießen. **4.** → ***lace*** 7.
'**spik·y** *adj* □ **1.** spitz(ig); stach(e)lig. **2.** *Br.* F leicht eingeschnappt.
spill [spɪl] **I** *v/t* (*mst irr*) *a.* ~ ***out*** aus-, verschütten: ***I've spilt my coffee over my trousers*** ich habe mir m-n Kaffee über die Hose geschüttet; → ***bean*** 1, ***milk*** I. **II** *v/i* (*mst irr*) verschüttet werden; sich ergießen (***over*** über *acc*); strömen (***out of*** aus) (*Menschen*): ~ ***over*** überlaufen; *fig.* übergreifen (***into*** auf *acc*). **III** *s bsd. Sport*: F Sturz *m* (*vom Pferd*, [*Motor*]*Rad*): ***have a*** ~ stürzen.
spilt [spɪlt] *pret u. pp von* ***spill.***
spin [spɪn] **I** *v/t* (*irr*) **1.** drehen; *Wäsche* schleudern; *Münze* hochwerfen. **2.** *Fäden, Wolle etc* spinnen: → ***yarn*** 2. **3.** ~ ***out*** *Arbeit etc* in die Länge ziehen, *Geld etc* strecken. **II** *v/i* (*irr*) **4.** sich drehen: ~ ***round*** herumwirbeln; ***my head was*** ~***ning*** mir drehte sich alles. **5.** *mst* ~ ***along*** *mot.* F (dahin)rasen. **III** *s* **6.** *Sport*: Effet *m*: ***put*** ~ ***on a ball*** e-m Ball Effet geben. **7.** *mot.* F Spritztour *f*: ***go for a*** ~ e-e Spritztour machen. **8.** *bsd. Br.* F ***be in a*** (***flat***) ~ am Rotieren sein; ***send*** (*od.* ***throw***) ***s.o. in a*** (***flat***) ~ j-n zum Rotieren bringen.
spin·ach ['spɪnɪdʒ] *s* ⚘ Spinat *m.*
spi·nal ['spaɪnl] *adj*: ~ ***column*** Rückgrat *n*, Wirbelsäule *f*; ~ ***cord*** Rückenmark *n.*
spin·dle ['spɪndl] *s tech.* Spindel *f.*
'**spin·dly** *adj* spindeldürr.
ˌ**spin**|-'**dri·er** *s* (Wäsche)Schleuder *f.* ˌ~-'**dry** *v/t Wäsche* schleudern. ˌ~-'**dry·er** → ***spin-drier.***
spine [spaɪn] *s* **1.** *anat.* Rückgrat *n*, Wirbelsäule *f.* **2.** *zo.* Stachel *m*, ⚘ *a.* Dorn *m.* **3.** (*Buch*)Rücken *m*: ~ ***label*** Rückenschild *n.*
'**spine·less** *adj* □ *fig.* rückgratlos.
spin·na·ker ['spɪnəkə] *s* ⚓ Spinnaker *m.*
spin·ney ['spɪnɪ] *s Br.* Dickicht *n.*
spin·ning| **mill** ['spɪnɪŋ] *s* Spinnerei *f.* ~ **wheel** *s* Spinnrad *n.*
'**spin-off** *s* **1.** *econ.* Neben-, Abfallprodukt *n.* **2.** *fig.* (positiver) Nebeneffekt.
spin·ster ['spɪnstə] *s* ältere unverheiratete Frau, *contp.* alte Jungfer, spätes Mädchen.
'**spin·ster·ish** *adj* altjüngferlich.
spin·y ['spaɪnɪ] *adj zo.* stach(e)lig, ⚘ *a.* dornig.
spi·ral ['spaɪərəl] **I** *adj* □ spiralenförmig, spiralig, Spiral...: ~ ***binding*** Spiralheftung *f*; ~ ***staircase*** Wendeltreppe *f.* **II** *v/i* spiralförmig aufsteigen, (*Flugzeug*) sich in die Höhe schrauben, (*Preise etc*) nach oben klettern: ~***ling costs*** Kostenlawine *f*; ~ ***inflation*** schnell wachsende Inflation. **III** *s* (*a. econ. Preis- etc*)Spirale *f.*
spire ['spaɪə] *s* (*Kirch*)Turmspitze *f.*
spir·it ['spɪrɪt] *s* **1.** *allg.* Geist *m*: ***in*** ~ im Geiste; ~ ***of the age*** (*od.* ***times***) Zeitgeist. **2.** Stimmung *f*, Einstellung *f.* **3.** Schwung *m*, Elan *m.* **4.** *pl* Laune *f*, Stimmung *f*: ***be in high*** ~***s*** in Hochstimmung sein; ausgelassen *od.* übermütig sein; ***be in low*** ~***s*** niedergeschlagen sein; ***lift*** (*od.* ***raise***) ***s.o.'s*** ~***s*** j-s Stimmung heben; ***my*** ~***s sank*** ich wurde deprimiert. **5.** *mst pl* Spirituose *f.* **6.** ⚗ Spiritus *m.*
'**spir·it·ed** *adj* □ beherzt (*Versuch etc*); erregt (*Auseinandersetzung*).
spir·it lev·el *s tech.* Wasserwaage *f.*
spir·it·u·al ['spɪrɪtʃʊəl] **I** *adj* □ **1.** geistig. **2.** geistlich. **II** *s* **3.** ♪ Spiritual *n.*
'**spir·it·u·al·ism** *s* Spiritismus *m.*
'**spir·it·u·al·ist** *s* Spiritist(in).
ˌ**spir·it·u·al'is·tic** *adj* (~***ally***) spiritistisch.
spit[1] [spɪt] **I** *v/i* (*irr*) **1.** a) spucken: ~ ***at s.o.*** j-n anspucken, b) ausspucken. **2.** ***it is*** ~***ting*** (***with rain***) es sprüht. **3.** knistern (*Feuer*), brutzeln (*Fleisch etc*). **II** *v/t* (*irr*) **4.** *Blut etc* spucken: ~ ***out*** ausspucken; ~ ***it out!*** *fig.* F spucks aus! **5.** *a.* ~ ***out*** *et.* fauchen. **III** *s* **6.** Spucke *f.*
spit[2] [~] *s* **1.** (Brat)Spieß *m.* **2.** *geogr.* Landzunge *f.*
spite [spaɪt] **I** *s* **1.** Boshaftigkeit *f*, Gehässigkeit *f*: ***out of*** (*od.* ***from***) ***pure*** ~ aus reiner Bosheit. **2.** ***in*** ~ ***of*** trotz. **II** *v/t* **3.** ärgern.
spite·ful ['~fʊl] *adj* □ boshaft, gehässig.
spit·ting ['spɪtɪŋ] *adj*: ***the bus stop is within*** ~ ***distance*** F bis zur Bushaltestelle ist es nur ein Katzensprung; ***she is the*** ~ ***image of her mother*** sie ist ganz die Mutter, sie ist ihrer Mutter wie aus dem Gesicht geschnitten.
spit·tle ['spɪtl] *s* Spucke *f.*
splash [splæʃ] **I** *v/i* **1.** spritzen; (*Regen*) klatschen (***against*** gegen). **2.** a) plan(t)schen (***in*** in *dat*), b) platschen (***through*** durch): ~ ***down*** wassern (*Raumkapsel*). **3.** ~ ***out on*** *bsd. Br.* F tief in die Tasche greifen für. **II** *v/t* **4.** bespritzen (***with*** mit): ~ ***one's face with cold water*** sich kaltes Wasser ins Gesicht schütten. **5.** *Wasser etc* spritzen (***on*** auf *acc*; ***over*** über *acc*): ~ ***one's money about*** *bsd. Br.* F mit Geld um sich werfen. **6.** F in großer Aufmachung bringen (*Zeitung etc*). **III** *s* **7.** Spritzer *m*, Spritzfleck *m*: ~ ***of paint*** Farbspritzer. **8.** *bsd. Br.* Spritzer *m*, Schuss *m* (*Soda etc*). **9.** ***make*** (***quite***) ***a*** ~ F Furore machen. '~·**down** *s* Wasserung *f.*
splat [splæt] *v/i* F klatschen (***against*** gegen).

splat·ter ['splætə] → ***spatter*** 1–3.
splay [spleɪ] *v/t a.* ~ ***out*** *Finger, Zehen* spreizen.
spleen [spli:n] *s anat.* Milz *f.*
splen·did ['splendɪd] *adj* □ großartig, herrlich, prächtig.
'**splen·do(u)r** *s* Pracht *f.*
splice [splaɪs] *v/t* miteinander verbinden, *Film, Tonband etc* (zs-)kleben: ***get ~d*** F heiraten.
splint [splɪnt] ⚕ **I** *s* Schiene *f.* **II** *v/t* schienen.
splin·ter ['splɪntə] **I** *s* Splitter *m.* **II** *v/t* zersplittern. **III** *v/i* (zer)splittern: ~ ***off*** absplittern; *fig.* sich absplittern *od.* abspalten (***from*** von). ~ **group** *s* Splittergruppe *f.*
split [splɪt] **I** *v/t* (*irr*) **1.** (zer)spalten; zerreißen: ~ ***one's sides*** F sich vor Lachen biegen; ***be*** ~ *fig.* gespalten sein (***on an issue*** in e-r Frage); ~ ***ends*** *pl* Haarspliss *m*; ~ ***personality*** *psych.* gespaltene Persönlichkeit; ~ ***second*** Bruchteil *m* e-r Sekunde; → ***hair.*** **2.** *a.* ~ ***up*** aufteilen (***between*** unter *acc*; ***into*** in *acc*); sich *et.* teilen: ~ ***three ways*** dritteln; ~ ***the difference*** *fig.* sich auf halbem Wege einigen, sich auf e-n Kompromiss einigen. **II** *v/i* (*irr*) **3.** sich spalten; zerreißen. **4.** sich teilen (***into*** in *acc*). **5.** *a.* ~ ***up*** (***with***) Schluss machen (mit), sich trennen (von). **III** *s* **6.** Riss *m*; Spalt *m.* **7.** *fig.* Bruch *m*; Spaltung *f.* **8.** Aufteilung *f.* **9.** *pl* Spagat *m*: ***do the ~s*** (e-n) Spagat machen. **10.** (*Bananen-*)Split *m.*
'**split·ting** *adj* rasend (*Kopfschmerzen*).
ˌ**split-'screen** *s Computer*: geteilter Bildschirm.
splodge [splɒdʒ] *s bsd. Br.*, **splotch** [splɒtʃ] *s bsd. Am.* Fleck *m*, Klecks *m.*
splurge [splɜ:dʒ] F **I** *v/i*: ~ ***on*** tief in die Tasche greifen für. **II** *v/t Geld* verschwenden (***on*** für). **III** *s*: ***have a*** ~ tief in die Tasche greifen, im Kaufrausch sein.
splut·ter ['splʌtə] **I** *v/i* **1.** stottern (*a. mot.*). **2.** zischen (*Feuer etc*). **3.** prusten. **II** *v/t* **4.** stottern.
spoil [spɔɪl] **I** *v/t* (*a. irr*) **1.** verderben. **2.** *j-n* verwöhnen, *Kind a.* verziehen: ***be ~t for choice*** die Qual der Wahl haben. **II** *v/i* (*a. irr*) **3.** verderben, schlecht werden. **4.** ***be ~ing for a fight*** Streit suchen. **III** *s* **5.** *mst pl* Beute *f.*
spoil·age ['spɔɪlɪdʒ] *econ.* Ausschuss *m*, Makulatur *f.*
'**spoil·er** *s mot.* Spoiler *m.*
'**spoil·sport** *s* Spielverderber(in).
spoilt [spɔɪlt] *pret u. pp von* ***spoil.***
spoke[1] [spəʊk] *pret von* ***speak.***
spoke[2] [~] *s* Speiche *f*: ***put a ~ in s.o.'s wheel*** *fig.* j-m (e-n) Knüppel zwischen die Beine werfen.
spo·ken ['spəʊkən] *pp von* ***speak.***
spokes|·man ['spəʊksmən] *s* (*irr* ***man***) Sprecher *m.* '~ˌ**per·son** *s* Sprecher(in). '~ˌ**wom·an** *s* (*irr* ***woman***) Sprecherin *f.*
sponge [spʌndʒ] **I** *s* **1.** Schwamm *m*: ***throw in the*** ~ *fig.* das Handtuch werfen. **2.** → ***sponge cake.*** **3.** *fig.* Schnorrer(in). **II** *v/t* **4.** *a.* ~ ***down*** (mit e-m Schwamm) abwaschen; ~ (***up***) aufwischen (***from*** von). **5.** *fig.* schnorren (***from, off, on*** von, bei). **III** *v/i* **6.** *fig.* schnorren (***from, off, on*** bei): ~ ***off s.o.*** *a.* j-m auf der Tasche liegen. ~ **bag** *s Br.* Kulturbeutel *m*, Toilettentasche *f.* ~ **cake** *s* Biskuitkuchen *m.*
spong·er ['spʌndʒə] → ***sponge*** 3.
'**spong·y** *adj* □ **1.** schwammartig. **2.** weich, *b.s.* teigig (*Brot etc*). **3.** nachgiebig (*Boden etc*).
spon·sor ['spɒnsə] **I** *s* **1.** Sponsor(in) (*a. Rundfunk, TV*), Geldgeber(in). **2.** Spender(in). **3.** Bürge *m*, Bürgin *f.* **II** *v/t* **4.** sponsern: ***~ed television*** Sponsorenfernsehen *n.* **5.** bürgen für.
spon·sor·ship ['spɒnsəʃɪp] *s* Sponsoring, finanzielle Förderung, (*von Veranstaltung a.*) Schirmherrschaft.
spon·ta·ne·ous [spɒn'teɪnjəs] *adj* □ spontan.
spoof [spu:f] *s* F Parodie *f* (***of, on*** auf *acc*).
spook [spu:k] F **I** *s* Gespenst *n.* **II** *v/t Am. j-m* e-n Schrecken einjagen.
'**spook·y** *adj* □ F unheimlich.
spool [spu:l] *s* Spule *f.*
spoon [spu:n] *s* Löffel *m.* '**~-feed** *v/t* (*irr* ***feed***) **1.** *Kind etc* füttern. **2.** *fig. j-m* alles vorkauen: ~ ***s.o. with s.th.***, ~ ***s.th. to s.o.*** j-m et. vorkauen.
spoon·ful ['spu:nfʊl] *s ein* Löffel (voll).
spo·rad·ic [spə'rædɪk] *adj* (***~ally***) sporadisch, gelegentlich.
spore [spɔ:] *s biol.* Spore *f.*
spor·ran ['spɒrən] *s Schottentracht*: Felltasche *f.*
sport [spɔ:t] **I** *s* **1.** a) Sport(art *f*) *m*, b) *oft pl allg.* Sport *m.* **2.** *a.* ***good*** ~ F feiner *od.* anständiger Kerl: ***be a*** ~ sei kein Spielverderber. **3.** ***in*** ~ zum Scherz, im Spaß. **II** *adj* **4.** *Am.* Sport... **III** *v/t* **5.** protzen mit; mit *e-m blauen Auge* herumlaufen.
'**sport·ing** *adj* □ **1.** Sport... **2.** fair (*a. Chance*), anständig, sportlich.
sports [spɔ:ts] *adj* Sport...: ~ ***car*** Sportwagen *m*; ~ ***centre*** (*Am.* ***center***) Sportzentrum *n*; ~ ***jacket*** Sakko *m, n.* **~·man** ['~mən] *s* (*irr* ***man***) **1.** Sportler *m.* **2.** feiner *od.* anständiger Kerl. '**~·man·like** *adj* sportlich, fair, anständig. '**~·man·ship** *s* Sportlichkeit *f*, Fairness *f*, Anständigkeit *f.* '~ˌ**wom·an** *s* (*irr* ***woman***) Sportlerin *f.*

sport·y ['spɔːtɪ] *adj* □ F **1.** sportlich; sportbegeistert. **2.** flott (*Kleidung*).

spot [spɒt] I *s* **1.** Punkt *m*, Tupfen *m*; Fleck *m*. **2.** ⚕ Pickel *m*. **3.** Ort *m*, Platz *m*, Stelle *f*: ***on the*** ~ zur Stelle; an Ort u. Stelle, vor Ort; auf der Stelle, sofort; ***put on the*** ~ *j-n* in die Enge treiben; *j-n* in Verlegenheit bringen; ***be in a*** ~ F in Schwulitäten sein; → ***rooted.*** **4.** *fig.* ***soft*** ~ Schwäche *f* (***for*** für); ***tender*** ~ empfindliche Stelle; ***weak*** ~ schwacher Punkt; Schwäche *f*. **5.** ***a*** ~ ***of*** *Br.* F ein bisschen. **6.** *Rundfunk*, *TV*: (Werbe)Spot *m*. **7.** F Spot *m* (*Spotlight*). II *v/t* **8.** entdecken, sehen. III *v/i* **9.** ***it is*** ~***ting*** (***with rain***) *Br.* es tröpfelt. ~ **check** *s* Stichprobe *f*. ˌ~-'**check** *v/t* stichprobenweise überprüfen (***for*** auf *acc*).

spot·less ['spɒtlɪs] *adj* □ **1.** tadellos sauber. **2.** *fig.* untad(e)lig.

'**spot|·light** I *s* Spotlight *n*, Scheinwerfer(licht *n*) *m*: ***be in the*** (***political***) ~ im Brennpunkt des (politischen) Interesses stehen. II *v/t* (*a. irr* ***light***) anstrahlen; *fig.* aufmerksam machen auf (*acc*).

spot| busi·ness *s* Lokogeschäft *n*; ~ **cred·it** *s* Sofortkredit *m*; ~ **mar·ket** *s* Kassa-, Lokomarkt *m*.

ˌ**spot-'on** *adj u. adv Br.* F genau richtig.

spot| price *s* Lokopreis *m*. ~ **rate** *s* **1.** Lokopreis *m*. **2.** Kassakurs *m*.

spot·ted ['spɒtɪd] *adj* getüpfelt; fleckig.

ˌ**spot trans'ac·tion** *s* Kassageschäft *n*.

spot·ty ['spɒtɪ] *adj* □ **1.** pick(e)lig. **2.** *fig.* uneinheitlich, unterschiedlich.

spouse [spaʊz] *s* Gatte *m*, Gattin *f*.

spout [spaʊt] I *v/t* **1.** *Wasser etc* (heraus)spritzen. II *v/i* **2.** spritzen (***from*** aus). III *s* **3.** (*Wasser- etc*)Strahl *m*. **4.** Schnauze *f*, Tülle *f*. **5.** ***be up the*** ~ F im Eimer sein (*Wagen etc*); in Schwulitäten sein (*Person*): ***she's up the*** ~ bei ihr ist was unterwegs.

sprain [spreɪn] ⚕ I *v/t* sich *den Knöchel etc* verstauchen: ~ ***one's ankle.*** II *s* Verstauchung *f*.

sprang [spræŋ] *pret von* ***spring.***

sprat [spræt] *s ichth.* Sprotte *f*.

sprawl [sprɔːl] I *v/i* **1.** *a.* ~ ***out*** ausgestreckt liegen *od.* sitzen. **2.** *b.s.* sich ausbreiten (*Stadt etc*). II *v/t* **3.** ***be*** ~***ed*** (***out***) → 1.

spray [spreɪ] I *v/i* **1.** sprühen, spritzen. II *v/t* **2.** besprühen, spritzen (***with*** mit); sich *die Haare* sprayen; *et.* sprühen, spritzen (***on*** auf *acc*); *Parfüm etc* versprühen, zerstäuben. III *s* **3.** Sprühnebel *m*; Gischt *f*. **4.** Spray *m*, *n*. **5.** Sprüh-, Spraydose *f*; Zerstäuber *m*.

'**spray·er** → ***spray*** 5.

spray gun *s tech.* Spritzpistole *f*.

spread [spred] I *v/t* (*irr*) **1.** *a.* ~ ***out*** ausbreiten, *Arme a.* ausstrecken; *Finger etc* spreizen. **2.** *Butter etc* streichen (***on*** auf *acc*); *Brot etc* (be)streichen (***with*** mit). **3.** *Furcht*, *Krankheit*, *Nachricht etc* verbreiten, *Gerücht a.* ausstreuen. II *v/i* (*irr*) **4.** *a.* ~ ***out*** sich ausbreiten. **5.** sich (*räumlich od. zeitlich*) erstrecken (***over*** über *acc*). **6.** sich streichen lassen (*Butter etc*). **7.** sich verbreiten (*Furcht*, *Krankheit*, *Nachricht etc*), übergreifen (***to*** auf *acc*) (*Feuer*, *Epidemie etc*): → ***wildfire.*** III *s* **8.** ✈, *orn.* Spannweite *f*. **9.** (Brot)Aufstrich *m*, Paste *f*. **10.** Verbreitung *f*, Ausstreuung *f*. **11.** *fig.* Spektrum *n*. **12.** F Festessen *n*. '~·**sheet** *s Computer*: Tabellenkalkulation *f*, Bildschirmtabelle *f*, elektronisches Arbeitsblatt.

spree [spriː] *s* F: ***go*** (***out***) ***on a*** ~ e-n draufmachen; e-e Sauftour machen; ***go on a buying*** (*od.* ***shopping, spending***) ~ wie verrückt einkaufen.

sprig [sprɪg] *s* Zweig *m*.

spright·ly ['spraɪtlɪ] *adj* rüstig.

spring [sprɪŋ] I *v/i* (*irr*) **1.** springen: ~ ***at*** sich stürzen auf (*acc*); ~ ***to one's feet*** aufspringen. **2.** springen, schnellen: ~ ***back*** zurückschnellen; ~ ***open*** aufspringen (*Deckel etc*). **3.** ~ ***up*** aufkommen (*Wind*); aus dem Boden schießen (*Gebäude etc*). **4.** ~ ***from*** herrühren von. II *v/t* (*irr*) **5.** ~ ***s.th. on s.o.*** j-n mit et. überraschen. **6.** → ***leak*** 1a. III *s* **7.** Frühling *m*, Frühjahr *n*: ***in*** (***the***) ~ im Frühling. **8.** Quelle *f*. **9.** Sprung *m*: ***make a*** ~ ***at*** sich stürzen auf (*acc*). **10.** *tech.* Feder *f*. **11.** Elastizität *f*; Federung *f*. IV *adj* **12.** Frühlings...: ~ ***flowers.***

'**spring-back file** *s* Klemmordner *m*, Klemmhefter *m*.

'**spring·board** *s* Sprungbrett *n* (*a. fig.* ***for, to*** für).

spring| chick·en *s*: ***he's no*** ~ F er ist nicht mehr der Jüngste. ˌ~-'**clean** *v/t u. v/i* gründlich putzen, *engS.* Frühjahrsputz machen (in *dat*). ~ **fe·ver** *s* Frühjahrsmüdigkeit *f*; Frühlingsgefühle *pl.* ~ **on·ion** *s* Frühlingszwiebel *f*. ~ **roll** *s gastr.* Frühlingsrolle *f*.

spring 'tide *s* Springflut *f*, -tide *f*.

'**spring·time** *s* Frühling *m*, Frühlingszeit *f*, Frühjahr *n*.

spring·y ['sprɪŋɪ] *adj* □ elastisch, federnd.

sprin·kle ['sprɪŋkl] I *v/t* **1.** *Wasser etc* sprengen (***on*** auf *acc*); *Salz etc* streuen (***on*** auf *acc*); *et.* (be)sprengen *od.* bestreuen (***with*** mit). II *v/i* **2.** ***it is sprinkling*** es sprüht (*regnet fein*). III *s* **3.** (Be)Sprengen *n*; (Be)Streuen *n*. **4.** Sprühregen *m*.

'**sprin·kler** *s* **1.** (*Rasen*)Sprenger *m*; Sprinkler *m*, Berieselungsanlage *f*. **2.** *eccl.* Weihwasserwedel *m*.

'**sprin·kling** *s*: ***a*** ~ ***of*** ein bisschen ..., ein paar ...

S

sprint [sprɪnt] (*Sport*) **I** *v/i* **1.** sprinten; *a. allg.* sprinten, spurten. **II** *s* **2.** *a.* ~ ***race*** Sprint *m.* **3.** Sprint *m*, Spurt *m* (*beide a. allg.*): ***make*** (*od.* ***put on***) ***a*** ~ e-n Spurt hinlegen.

ˈ**sprint·er** *s Sport*: Sprinter(in).

sprite [spraɪt] *s* Geist *m*, Kobold *m.*

spritz·er [ˈsprɪtsə] *s bsd. Am.* Weinschorle *f*, Gespritzte *m.*

sprout [spraʊt] **I** *v/i* **1.** sprießen (*Knospen etc*), keimen (*Kartoffeln, Saat etc*). **II** *v/t* **2.** ~ ***a beard*** sich e-n Bart wachsen lassen. **III** *s* **3.** Spross *m*; Trieb *m*; Keim *m.* **4.** *pl* Rosenkohl *m.*

spruce¹ [spruːs] **I** *adj* □ adrett. **II** *v/t u. v/i*: ~ (***o.s.***) ***up*** F sich fein machen.

spruce² [~] *s* ⚘ Fichte *f.*

sprung [sprʌŋ] *pp u. Am. pret von* ***spring.***

spud [spʌd] *s* F Kartoffel *f.*

spun [spʌn] *pret u. pp von* ***spin.***

spunk [spʌŋk] *s* F Mumm *m.*

ˈ**spunk·y** *adj* □ F mutig.

spur [spɜː] **I** *s* **1.** Sporn *m* (*a. zo.*). **2.** *fig.* Ansporn *m* (***to*** zu): ***on the*** ~ ***of the moment*** spontan. **II** *v/t* **3.** *e-m Pferd* die Sporen geben. **4.** *oft* ~ ***on*** *fig.* anspornen (***to*** zu).

spu·ri·ous [ˈspjʊərɪəs] *adj* □ **1.** Pseudo..., Schein... **2.** geheuchelt, unecht.

spurn [spɜːn] *v/t Rat* missachten: ***a*** ~***ed lover*** ein verschmähter Liebhaber.

ˌ**spur-of-the-ˈmo·ment** *adj* spontan.

spurt¹ [spɜːt] **I** *s* **1.** *Sport*: Spurt *m*, Sprint *m* (*beide a. allg.*): ***put on a*** ~ e-n Spurt hinlegen. **2.** (*Arbeits*)Anfall *m*, (*Gefühls*)Aufwallung *f.* **II** *v/i* **3.** *Sport*: spurten, sprinten (*beide a. allg.*).

spurt² [~] *v/i* spritzen (***from*** aus).

sput·ter [ˈspʌtə] **I** *v/i* **1.** stottern (*a. mot.*). **2.** zischen (*Feuer etc*). **II** *v/t* **3.** stottern.

spy [spaɪ] **I** *v/i* spionieren, Spionage treiben (***for*** für): ~ ***into*** *fig.* herumspionieren in (*dat*); ~ ***on*** *j-m* nachspionieren. **II** *v/t*: ~ ***out*** ausspionieren; ausfindig machen: ~ ***out the land*** *fig.* die Lage peilen. **III** *s* Spion(in).

Sq. ***Square*** Pl., Platz *m.*

s.q. ***square*** Quadrat...

S

squab·ble [ˈskwɒbl] **I** *v/i* (sich) streiten (***about, over*** um, wegen). **II** *s* Streit *m.*

squad [skwɒd] *s* **1.** Mannschaft *f*, Trupp *m.* **2.** (*Überfall- etc*)Kommando *n* (*der Polizei*); Dezernat *n.* **3.** *Sport*: Kader *m.* ~ ***car*** *s bsd. Am.* Streifenwagen *m.*

squad·ron [ˈskwɒdrən] *s mil.*, ✈ Staffel *f*; ⚓ Geschwader *n.*

squal·id [ˈskwɒlɪd] *adj* □ **1.** verwahrlost (*Gebäude etc*); erbärmlich (*Verhältnisse etc*). **2.** *fig.* schmutzig (*Geschichte*).

squall¹ [skwɔːl] **I** *v/i* schreien. **II** *s* Schrei *m.*

squall² [~] *s* Bö *f.*

ˈ**squall·y** *adj* böig.

squal·or [ˈskwɒlə] *s* Verwahrlosung *f*: ***live in*** ~ in erbärmlichen Verhältnissen leben.

squan·der [ˈskwɒndə] *v/t Geld, Zeit etc* verschwenden (***on*** an *acc*, auf *acc*, für, mit), *Chance* vertun.

square [skweə] **I** *s* **1.** Quadrat *n.* **2.** Feld *n* (*e-s Brettspiels*): ***be back to*** ~ ***one*** *fig.* wieder ganz am Anfang stehen. **3.** (*öffentlicher*) Platz. **4.** ⅌ Quadrat(zahl *f*) *n.* **5.** *tech.* Winkel(maß *n*) *m.* **II** *adj* **6.** quadratisch; Quadrat...: ***three yards*** ~ drei Yards im Quadrat; ~ ***root*** ⅌ Quadratwurzel *f*; → ***peg*** 1. **7.** rechtwink(e)lig; eckig (*Schultern etc*): ~ ***brackets*** eckige Klammern. **8.** fair, gerecht. **9.** ***be*** (***all***) ~ quitt sein. **10.** F anständig, ordentlich (*Mahlzeit*). **III** *adv* **11.** → ***squarely.*** **IV** *v/t* **12.** *a.* ~ ***off*** (*od.* ***up***) quadratisch *od.* rechtwink(e)lig machen. **13.** *a.* ~ ***off*** in Quadrate einteilen: ~***d paper*** kariertes Papier. **14.** ⅌ *Zahl* quadrieren, ins Quadrat erheben: ***4*** ~***d equals 16*** 4 hoch 2 ist 16. **15.** *Konto* ausgleichen; *Schulden* begleichen: → ***account*** 5. **16.** ~ ***s.th. with one's conscience*** et. mit s-m Gewissen vereinbaren *od.* in Einklang bringen. **V** *v/i* **17.** übereinstimmen, in Einklang stehen (***with*** mit). **18.** ~ ***up*** abrechnen. **19.** ~ ***up to*** sich *j-m, e-m Problem etc* stellen.

square·ly [ˈskweəlɪ] *adv* **1.** → ***square*** 6–8. **2.** direkt, genau.

Square Mile [ˈskweəmaɪl] *s Londons Banken- und Börsenviertel.*

squash [skwɒʃ] **I** *v/t* **1.** zerdrücken, -quetschen: ~ ***flat*** flach drücken. **2.** quetschen, zwängen (***into*** in *acc*). **3.** *j-n* zum Schweigen bringen (***with*** mit); *Gerücht etc* ersticken. **II** *v/i* **4.** sich quetschen *od.* zwängen (***into*** in *acc*). **III** *s* **5.** Gedränge *n.* **6.** → ***lemon*** 3, ***orange*** I. **7.** *Sport*: Squash *n*: ~ ***court*** Squashcourt *m*; ~ ***courts*** *pl* Squashhalle *f*; ~ ***racket*** Squashschläger *m.*

ˈ**squash·y** *adj* □ **1.** weich (*Frucht*). **2.** aufgeweicht (*Boden*).

squat [skwɒt] **I** *v/i* **1.** hocken, kauern: ~ ***down*** sich (hin)hocken *od.* (-)kauern. **2.** ~ ***in a house*** ein Haus besetzt haben. **II** *adj* **3.** gedrungen, untersetzt. **III** *s* **4.** Hocke *f.* **5.** besetztes Haus.

ˈ**squat·ter** *s* Hausbesetzer(in).

squaw [skwɔː] *s* Squaw *f* (*Indianerfrau*).

squawk [skwɔːk] *v/i* F lautstark protestieren (***about*** gegen).

squeak [skwiːk] **I** *v/i* **1.** piep(s)en (*Maus etc*). **2.** quietschen (*Tür etc*). **3.** ~ ***through*** F es gerade noch schaffen. **II** *s* **4.** Piep(s)en *n*; Piep(s) *m*, Piepser *m*; *fig.* F Piep *m.* **5.** Quietschen *n.* **6.** ***that was a narrow*** ~ F das war knapp.

'squeak·y *adj* □ **1.** piepsig: ~ ***voice*** *a.* Piepsstimme *f.* **2.** quietschend.
squeal [skwi:l] *v/i* **1.** kreischen (***with*** vor *dat*). **2.** *fig.* F singen: ~ ***on s.o.*** j-n verpfeifen.
squeam·ish ['skwi:mɪʃ] *adj* □ empfindlich, zart besaitet.
squeeze [skwi:z] **I** *v/t* **1.** drücken; *Orangen etc* auspressen, -quetschen: ~ ***out*** *Schwamm etc* ausdrücken; *Saft etc* auspressen (***of*** aus). **2.** quetschen, zwängen (***into*** in *acc*). **II** *v/i* **3.** sich quetschen *od.* zwängen (***into*** in *acc*). **III** *s* **4.** ***give s.th. a*** ~ et. drücken; ***put the*** ~ ***on s.o.*** F j-n unter Druck setzen. **5.** Gedränge *n.* **6.** Restriktion *f*, Geldverknappung *f*: ***credit*** ~ Kreditrestriktion; ***pay*** ~ Einschränkung *f* der Lohnerhöhungen.
squeez·er ['skwi:zə] *s* Presse *f.*
squelch [skweltʃ] *v/i* p(l)atschen.
squib [skwɪb] *s* Knallfrosch *m*: → ***damp*** 1.
squint [skwɪnt] **I** *v/i* **1.** schielen. **2.** blinzeln. **II** *s* **3.** Schielen *n*: ***have a*** ~ schielen.
squirm [skwɜ:m] *v/i* sich winden (***with*** vor *dat*) (*a. fig.*).
squir·rel ['skwɪrəl] *s zo.* Eichhörnchen *n.*
squirt [skwɜ:t] **I** *v/i* spritzen (***from*** aus). **II** *v/t* bespritzen (***with*** mit). **III** *s* Strahl *m.*
Sri Lan·ka [ˌsri:'læŋkə] *npr* Sri Lanka *n.*
SRP ***suggested retail price*** unverbindliche Preisempfehlung.
SS ***steamship*** Dampfer *m*; ***Saints*** *die* Heiligen *pl.*
St. ***Saint*** St. ..., Sankt ...; ***Street*** Str., Straße *f.*
st. ***stone*** *Gewichtseinheit von 6,35 kg.*
STA ***scheduled time of arrival*** planmäßige Ankunft(szeit).
Sta. ***Station*** B(h)f., Bahnhof *m.*
stab [stæb] **I** *v/t* **1.** *j-m* e-n Stich versetzen; *j-n* niederstechen: ~ (***to death***) erstechen; ***he was*** ~***bed in the stomach*** er bekam e-n Stich in den Bauch; ~ ***s.o. in the back*** *fig.* j-m in den Rücken fallen. **2.** ~ ***one's finger at*** mit dem Finger stoßen nach (*od.* auf *acc*). **II** *v/i* **3.** stechen (***at*** nach; ***with*** mit). **III** *s* **4.** Stich *m*: ~ (***wound***) Stichverletzung *f*, -wunde *f*; ~ ***in the back*** *fig.* Dolchstoß *m.* **5.** ***feel a*** ~ ***of pain*** (***remorse***) e-n stechenden Schmerz verspüren (Gewissensbisse fühlen). **6.** ***have*** (*od.* ***make***) ***a*** ~ ***at s.th.*** F et. probieren.
stab·bing ['stæbɪŋ] *adj* stechend (*Schmerz*).
sta·bil·i·ty [stə'bɪlətɪ] *s* **1.** Stabilität *f* (*a. fig.*). **2.** *fig.* Dauerhaftigkeit *f.* **3.** *fig.* Ausgeglichenheit *f.*
sta·bi·li·za·tion [ˌsteɪbəlaɪ'zeɪʃn] *s* Stabilisierung *f* (*a. fig.*).
sta·bi·lize ['steɪbəlaɪz] *v/t u. v/i* (sich) stabilisieren (*a. fig.*): ~***d currency / price*** stabilisierter Wechselkurs / Preis.
'sta·bi·liz·er *s tech.* Stabilisator *m.*
sta·ble[1] ['steɪbl] *adj* □ **1.** stabil (*a. fig.*). **2.** *fig.* dauerhaft (*Beziehung etc*). **3.** *fig.* ausgeglichen (*Person*).
sta·ble[2] [~] *s* Stall *m* (*a. fig.*).
stack [stæk] **I** *s* **1.** Stapel *m*, Stoß *m.* **2.** ~***s*** (*od.* ***a*** ~) ***of*** F jede Menge *Zeit etc.* **3.** → ***blow***[1] 11. **II** *v/t* **4.** stapeln: ~ ***up*** aufstapeln. **5.** voll stapeln (***with*** mit). **6.** ***the cards*** (*od.* ***odds***) ***are*** ~***ed against us*** unsere Chancen sind gleich Null. **III** *v/i* **7.** ~ ***up against*** *bsd. Am.* F sich halten gegen.
sta·di·um ['steɪdjəm] *s Sport*: Stadion *n.*
staff [stɑ:f] **I** *s* **1.** Mitarbeiter(stab *m*) *pl*; Personal *n*, Belegschaft *f*; Lehrkörper *m*, Kollegium *n*; *mil.* Stab *m*: ***editorial*** ~ Redaktion *f*; ***be on the*** ~ zur Belegschaft gehören. **2.** (*Amts*)Stab *m*; (*Fahnen*)Stange *f.* **II** *v/t* **3.** besetzen (***with*** mit): ~***ing level*** Personaldecke *f*; ~***ing schedule*** Stellenbesetzungsplan *m.* **4.** *a.* ~ ***up*** den Personalstand erhöhen.
staff| discount *s* Belegschaftsrabatt *m.* ~ **man·a·ger** *s* Personalchef(in). ~ **mo·ti·va·tion** *s* Mitarbeitermotivation *f.* ~ **of·fi·cer** *s mil.* Stabsoffizier(in). ~ **re·duc·tion** *s* Personalabbau *m.* ~ **room** *s* Lehrerzimmer *n.* ~ **train·ing** *s* Mitarbeiterschulung *f.* ~ **turn·o·ver** *s* Fluktuation *f.*
stag [stæg] *s* **1.** *zo.* Hirsch *m.* **2.** *econ.* Börsenspekulant *m.*
stage [steɪdʒ] **I** *s* **1.** *thea.* Bühne *f* (*a. fig.*): ***go on the*** ~ zum Theater gehen; ***set the*** ~ ***for*** die Voraussetzungen schaffen für. **2.** Etappe *f* (*a. Radsport u. fig.*), (Reise)Abschnitt *m*: ***by*** (***easy***) ~***s*** etappenweise, *fig. a.* Schritt für Schritt. **3.** *von Projekt, Produktentwicklung etc*: Stadium *n*, Stufe *f*, Phase *f*: ~ ***of transition*** Übergangsstadium *n.* **4.** *tech.* Stufe *f* (*e-r Rakete*). **II** *v/t* **5.** *thea.* auf die Bühne bringen. **6.** *Ausstellung, Demonstration etc* veranstalten: ~ ***a go-slow*** e-n Bummelstreik machen; → ***comeback.*** **'**~**·coach** *s hist.* Postkutsche *f.* ~ **di·rec·tion** *s* Bühnen-, Regieanweisung *f.* ~ **door** *s* Bühneneingang *m.* ~ **fright** *s* Lampenfieber *n.* ~ **name** *s* Künstlername *m.*
stage·y → ***stagy.***
stag·fla·tion [stæg'fleɪʃn] *s* Stagflation *f.*
stag·ger ['stægə] **I** *v/i* **1.** (sch)wanken, taumeln, (*Betrunkener a.*) torkeln. **II** *v/t* **2.** *j-n* sprachlos machen, umwerfen. **3.** *Arbeitszeit etc* staffeln: ~***ed working hours*** gestaffelte Arbeitszeit.
'stag·ger·ing *adj* □ umwerfend (*Nachricht etc*), Schwindel erregend (*Preis etc*).

stag·nant ['stægnənt] *adj* □ **1.** stehend (*Gewässer*). **2.** *bsd. econ.* stagnierend.
stag·nate [~'neɪt] *v/i bsd. econ.* stagnieren.
stag'na·tion *s* Stagnation *f.*
stag par·ty *s* F (*mst feuchtfröhlicher*) Herrenabend.
stag·y ['steɪdʒɪ] *adj* □ theatralisch.
staid [steɪd] *adj* □ **1.** gesetzt, seriös, *contp.* verknöchert (*Person*). **2.** altbacken (*Ansichten*).
stain [steɪn] **I** *s* **1.** Fleck *m.* **2.** *fig.* Makel *m.* **3.** *tech.* Färbemittel *n*; (*Holz*)Beize *f.* **II** *v/t* **4.** beflecken. **5.** (ein)färben; *Holz* beizen: **~ed glass** Farbglass *n.* **III** *v/i* **6.** flecken.
stain·less ['steɪnlɪs] *adj* nicht rostend, rostfrei (*Stahl*).
'stain-re,sist·ant *adj* schmutzabweisend.
stair [steə] *s* **1.** (Treppen)Stufe *f.* **2.** *pl* Treppe *f.* **~ car·pet** *s* Treppenläufer *m.* **'~·case** *s*, **'~·way** *s* Treppe *f*, *österr. südd.* Stiege *f*; Treppenhaus *n.*
stake¹ [steɪk] **I** *s* **1.** Pfahl *m*, Pfosten *m.* **2.** *hist.* Marterpfahl *m*; Scheiterhaufen *m.* **II** *v/t* **3.** *oft* **~ off** (*od.* **out**) abstecken: **~ (out) a** (*od.* **one's**) **claim** *fig.* Ansprüche anmelden (**to** auf *acc*). **4.** *mst* **~ out** *bsd. Am.* F überwachen (*Polizei*).
stake² [~] **I** *s* **1.** Einsatz *m*: **be at ~** *fig.* auf dem Spiel stehen; **play for high ~s** hoch *od.* um hohe Einsätze spielen. **2.** *bes. econ.* Anteil *m*, Beteiligung *f* (**in** an *dat*): **have a ~ in** beteiligt sein an (*dat*); **take a ~ in** sich beteiligen an (*dat*). **II** *v/t* **3.** *Geld, Hoffnung* setzen (**on** auf *acc*); *Ruf etc* riskieren, aufs Spiel setzen.
'stake·out *s bsd. Am.* F (polizeiliche) Überwachung.
stal·ac·tite ['stæləktaɪt] *s geol.* Stalaktit *m.*
stal·ag·mite ['stæləgmaɪt] *s geol.* Stalagmit *m.*
stale [steɪl] *adj* □ alt(backen) (*Brot etc*); abgestanden (*Luft etc*), (*Bier etc a.*) schal; *fig.* abgedroschen (*Witz etc*).
stale·mate ['steɪlmeɪt] **I** *s* **1.** *Schach*: Patt *n.* **2.** *fig.* Patt(situation *f*) *n*, Sackgasse *f*: **end in (a) ~** in e-r Sackgasse enden. **II** *v/t* **3.** *Schach*: patt setzen. **4.** *fig.* in e-e Sackgasse führen.
stalk¹ [stɔːk] *s* Stängel *m*, Stiel *m*; Halm *m.*
stalk² [~] *v/i* stolzieren; staksen, steif(beinig) gehen.
stall¹ [stɔːl] **I** *s* **1.** (*Obst- etc*)Stand *m.* **2.** *pl thea. Br.* Parkett *n.* **3.** *pl eccl.* Chorgestühl *n.* **4.** Box *f* (*im Stall*). **II** *v/t* **5.** *Motor* abwürgen. **III** *v/i* **6.** absterben (*Motor*).
stall² [~] **I** *v/i* Ausflüchte machen; Zeit schinden. **II** *v/t j-n* hinhalten; *et.* hinauszögern.
stal·lion ['stæljən] *s* (Zucht)Hengst *m.*
stal·wart ['stɔːlwət] *adj* □ **1.** kräftig, robust. **2.** *bsd. pol.* treu (*Anhänger*).

S

stam·i·na ['stæmɪnə] *s* Stehvermögen *n*, (*physisch a.*) Kondition *f.*
stam·mer ['stæmə] **I** *v/i* ⚕ stottern. **II** *v/t a.* **~ out** stottern, stammeln. **III** *s* ⚕ Stottern *n*: **have** (*od.* **speak with**) **a ~** stottern.
'stam·mer·er *s* ⚕ Stotterer *m*, Stottrerin *f.*
stamp [stæmp] **I** *v/t* **1. ~ one's foot** aufstampfen; **~ out** *Feuer* austreten; *Übel* ausrotten. **2.** *Pass etc* (ab)stempeln; *Datum etc* aufstempeln (**on** auf *acc*): **~ s.o. as** *fig.* j-n abstempeln als *od.* zu. **3.** *Brief etc* frankieren: **~ed envelope** Freiumschlag *m*; **~ed addressed envelope** frankierter Rückumschlag. **4. ~ out** *tech.* ausstanzen. **II** *v/i* **5.** sta(m)pfen, trampeln. **III** *s* **6.** (Brief)Marke *f*; (*Rabatt-, Steuer- etc-*) Marke *f.* **7.** Stempel *m* (*a. Abdruck*): **date ~** Tagesstempel; **signature ~** Unterschriftsstempel; **~ pad** Stempelkissen *n*; **~ rack** Stempelhalter *m.*
'stamp| al·bum *s* (Brief)Markenalbum *n.* **'~ col·lec·tion** *s* (Brief)Markensammlung *f.* **'~ col·lec·tor** *s* (Brief)Markensammler(in).
stam·pede [stæm'piːd] **I** *s* **1.** wilde Flucht (*von Tieren*); wilder Ansturm (**for** auf *acc*): **there was a ~ for the door** alles stürzte zur Tür. **2.** *fig.* (Massen)Ansturm *m* (**for** auf *acc*). **II** *v/t* **3.** in wilde Flucht jagen. **4. ~ s.o. into doing s.th.** j-n so überrumpeln, dass er et. tut. **III** *v/i* **5.** durchgehen.
stamp·ing ground ['stæmpɪŋ] *s fig.* F Tummelplatz *m*; Jagdrevier *n.*
stance [stæns] *s* **1.** *bsd. Sport*: Stellung *f.* **2.** *fig.* Einstellung *f*, Haltung *f* (**on** zu).
stand [stænd] **I** *s* **1.** (*Obst-, Messe- etc-*)Stand *m.* **2.** (*Kleider-, Noten- etc*)Ständer *m.* **3.** *Sport etc*: Tribüne *f*: **in the ~** auf der Tribüne. **4.** ⚖ *Am.* Zeugenstand *m*: **take the ~** in den Zeugenstand treten. **5.** (*Taxi*) Stand(platz) *m.* **6.** *fig.* Einstellung *f* (**on** zu): **take a ~** Position beziehen (**on** zu). **II** *v/i* (*irr*) **7.** *allg.* stehen: **~ still** still stehen; **as matters** (*od.* **things**) **~** nach Lage der Dinge, so wie die Dinge stehen; **my offer still ~s** mein Angebot steht *od.* gilt noch; **~ or fall by** *fig.* stehen u. fallen mit; → **awe** I, **correct** 1, **clear** 14, **firm¹** II. **8.** aufstehen. **III** *v/t* (*irr*) **9.** stellen (**on** auf *acc*): **~ s.th. on its head** *fig.* et. auf den Kopf stellen. **10.** *Beanspruchung, Hitze etc* aushalten, ertragen; *e-r Prüfung etc* standhalten. **11. I can't ~ him (it)** ich kann ihn (das) nicht ausstehen *od.* leiden. **12. ~ s.o. a drink** F j-m e-n Drink spendieren. **13.** *Chance* haben. **14.** → **trial** 1. **15.** → **bail¹** 2, **surety.**
Verbindungen mit Präpositionen:
stand| by *v/i* **1.** zu *j-m* halten. **2.** zu *s-m Wort etc* stehen, *s-n Prinzipien etc* treu bleiben. **~ for** *v/i* **1.** stehen für, bedeuten. **2.** eintreten für, vertreten. **3.** sich *et.* gefallen

lassen, dulden. **4.** *bsd. Br.* kandidieren für: **~ *election*** kandidieren, sich zur Wahl stellen. **~ on** *v/i* **1.** stehen auf (*dat*): **~ *one's hands*** (***head***) e-n Handstand (Kopfstand) machen; ***standing on one's head*** F mit links. **2. ~ *ceremony*** förmlich sein. **~ o·ver** *v/i* überwachen, aufpassen auf (*acc*).
Verbindungen mit Adverbien:
stand| a·bout, ~ a·round *v/i* herumstehen. **~ back** *v/i* zurücktreten. **~ by** *v/i* daneben stehen: ***stand idly by*** tatenlos zusehen (*a. fig.*). **~ down** *v/i* **1.** ⚖ den Zeugenstand verlassen. **2.** verzichten; zurücktreten (***in favo[u]r of*** zugunsten). **~ in** *v/i* einspringen (***for*** für): **~ *for s.o.*** *a.* j-n vertreten. **~ out** *v/i* **1.** hervorstechen: **~ *against*** (*od.* ***from***) sich abheben von. **2.** sich hartnäckig wehren (***against*** gegen). **~ to·geth·er** *v/i* zs.-halten, -stehen. **~ up I** *v/i* **1.** aufstehen; stehen: ***standing up*** im Stehen. **2. ~ *for*** eintreten für. **3. ~ *to*** *Beanspruchung etc* aushalten; *j-m* die Stirn bieten. **II** *v/t* **4.** F *j-n* versetzen.
stand-alone ['stændələʊn] *adj Computer*: selbständig, unabhängig, nicht vernetzt.
stand·ard¹ ['stændəd] **I** *s* **1.** Norm *f*; Maßstab *m*: ***set high ~s*** (***for***) viel verlangen (von), hohe Anforderungen stellen (an *acc*); ***be up to*** (***below***) **~** den Anforderungen (nicht) genügen *od.* entsprechen; ***by present-day ~s*** nach heutigen Begriffen. **2.** Standard *m*, Niveau *n*: **~ *of living*** Lebensstandard. **II** *adj* **3.** normal, Normal...; durchschnittlich, Durchschnitts...; Standard..., *tech. a.* Serien..., serienmäßig: **~ *contract*** Mustervertrag *m*; **~ *costs*** *pl* Normalkosten *pl*; **~ *form*** Standardformular *n*; **~ *format*** Standardformat *n*; **~ *letter*** Standardbrief *m*, Serienbrief *m*; **~ *rate*** Einheitssteuersatz *m*; **~ *type*** Standardausführung *f*. **4.** maßgebend, Standard...: **~ *English*** korrektes Englisch.
stand·ard² [~] **I** *s* Standarte *f*, (*an Wagen*) Stander *m*; *mil. hist.* Banner *n*. **II** *adj*: **~ *lamp*** *Br.* Stehlampe *f*.
stand·ard·i·za·tion [ˌstændədaɪ'zeɪʃn] *s* Standardisierung *f*, Normung *f*, Vereinheitlichung *f*.
'stand·ard·ize *v/t bsd. tech.* standardisieren, normen, *a. allg.* vereinheitlichen.
'stand|-by I *pl* **-bys** *s* **1.** Reserve *f*. **2. *be on ~*** in Bereitschaft stehen. **II** *adj* **3.** Reserve..., Not..., Bereitschafts...: **~ *computer*** Reserve-, Bereitschaftsrechner *m*; **~ *credit*** Bereitschaftskredit *m*; **~ *duty*** Bereitschaftsdienst *m*. **4.** ✈ Stand-by-... **'~-in** *s* **1.** *Film, TV*: Double *n*. **2.** Ersatzmann *m*, -frau *f*; Vertreter(in).
stand·ing ['stændɪŋ] **I** *adj* **1.** stehend: **~ *room only*** nur (noch) Stehplätze; → ***ovation*. 2.** *fig.* ständig: **~ *order*** *econ.* Dauerauftrag *m*. **II** *s* **3.** Rang *m*, Stellung *f*; Ansehen *n*, Ruf *m*: ***of high ~*** hoch angesehen, von hohem Ansehen. **4.** Dauer *f*: ***of long ~*** seit langem bestehend, alt. **5.** *econ.* Bonität *f*, Kreditwürdigkeit *f*.
stand|·off·ish [ˌstænd'ɒfɪʃ] *adj* □ F hochnäsig. **'~·point** *s fig.* Standpunkt *m*: ***from my ~*** von m-m Standpunkt aus.
'stand·still *s* Stillstand *m* (*a. fig.*): ***be at a ~*** stehen (*Auto etc*); ruhen (*Produktion etc*); ***bring to a ~*** *Auto etc* zum Stehen bringen; *Produktion etc* zum Erliegen bringen. **~ a·gree·ment** *s* Stillhalteabkommen *n*, Moratorium *n*.
'stand-up *adj* **1.** a) Steh...: **~ *bar*** Stehausschank *m*; **~ *collar*** Stehkragen *m*, b) im Stehen (eingenommen) (*Mahlzeit*). **2. ~ *fight*** wüste Schlägerei.
stank [stæŋk] *pret von* ***stink***.
stan·za ['stænzə] *s* Strophe *f*.
sta·ple¹ ['steɪpl] **I** *s* Heftklammer *f*; Krampe *f*. **II** *v/t* heften: **~ *together*** zs.-heften; **~ *remover*** Enthefter *m*, Entklammerer *m*; (***a pair of***) ***stapling pliers*** Heftzange *f*.
sta·ple² [~] **I** *s* **1.** *econ.* Haupterzeugnis *n* (*e-s Landes etc*). **2.** Hauptnahrungsmittel *n*. **II** *adj* **3.** Haupt... **4.** üblich.
sta·pler ['steɪplə] *s* (Draht)Hefter *m*.
star [stɑː] **I** *s* **1.** Stern *m*: ***Stars and Stripes*** *sg das* Sternenbanner (*Staatsflagge der USA*); ***see ~s*** Sterne sehen; ***you can thank your lucky ~s that*** du kannst vom Glück reden *od.* sagen, dass. **2.** *typ.* Sternchen *n*. **3.** Star *m* (*Person*). **II** *adj* **4.** Haupt...; Star... **III** *v/t* **5.** *Wort etc* mit e-m Sternchen kennzeichnen. **6. *a film ~ring ...*** ein Film mit ... in der Hauptrolle *od.* den Hauptrollen; ***~ring ...*** in der Hauptrolle *od.* den Hauptrollen ... **IV** *v/i* **7.** die *od.* e-e Hauptrolle spielen (***in*** in *dat*). **~·board** ['~bəd] *s* ✈, ⚓ Steuerbord *n*.
starch [stɑːtʃ] **I** *s* **1.** (*Kartoffel-, Wäsche- etc*)Stärke *f*. **2.** *pl* stärkereiche Nahrungsmittel *pl*; *engS.* Kohle(n)hydrate *pl*. **II** *v/t* **3.** *Wäsche* stärken.
'starch·y *adj* □ **1.** stärkehaltig, -reich. **2.** *fig.* F steif.
star·dom ['stɑːdəm] *s* (Star)Ruhm *m*.
stare [steə] **I** *v/i* starren; große Augen machen: **~ *after*** *j-m* nachstarren; **~ *at*** *j-n* anstarren; → ***space*** 1. **II** *v/t*: **~ *s.o. out*** (*od.* ***down***) j-n so lange anstarren, bis er verlegen wird; **~ *s.o. in the face*** j-m ins Gesicht starren; vor j-s Augen liegen; *fig.* klar auf der Hand liegen. **III** *s* (starrer) Blick, Starren *n*.
'star·fish *s zo.* Seestern *m*.
stark [stɑːk] **I** *adj* nackt (*Tatsachen etc*): ***be in ~ contrast to*** in krassem Gegensatz ste-

S

hen zu. II *adv* F: ~ ***naked*** splitternackt; ~ ***staring*** (*od.* ***raving***) ***mad*** total verrückt.

stark·ers ['stɑːkəz] *adj Br.* F splitternackt.

star·let ['stɑːlɪt] *s* Starlet *n*, Filmsternchen *n*.

'star·light *s* Sternenlicht *n*.

star·ling ['stɑːlɪŋ] *s orn.* Star *m*.

'star·lit *adj* stern(en)klar.

star·ry ['stɑːrɪ] *adj* Stern(en)... ˌ**~-'eyed** *adj* blauäugig, naiv.

'Star-ˌSpan·gled Ban·ner *s* **1.** *die* Nationalhymne (*der USA*). **2.** *das* Sternenbanner (*Staatsflagge der USA*).

start [stɑːt] **I** *v/i* **1.** *a.* ~ ***off*** anfangen, beginnen: ~ ***doing*** (*od.* ***to do***) ***s.th.*** anfangen, et. zu tun; ~ (***in***) ***on doing s.th.*** damit anfangen, et. zu tun; ***to ~ with*** anfangs, zunächst; erstens; → ***scratch*** 7. **2.** *a.* ~ ***off*** (*od.* ***out***) aufbrechen (***for*** nach): ~ ***back for home*** sich auf den Heimweg machen. **3.** abfahren (*Bus, Zug*), ablegen (*Boot*), ✈ abfliegen, starten; (*Sport*) starten: ***~ing from Monday*** ab Montag. **4.** *a.* ~ ***up*** anspringen (*Motor etc*). **5.** zs.-fahren, -zucken (***at*** bei). **II** *v/t* **6.** *a.* ~ ***off*** anfangen, beginnen: ~ ***work*** e-e Arbeit beginnen *od.* (erstmals) aufnehmen. **7.** *a.* ~ ***up*** *Aktion* starten, *Geschäft, Familie etc* gründen, *Gerücht* in Umlauf setzen, *Computer* starten. **8.** *Motor etc* anlassen, starten. **III** *s* **9.** Anfang *m*, Beginn *m*, (*bsd. Sport*) Start***course*** (*Sport*) durchhalten (*a. fig.*). *m*: ***at the*** ~ am Anfang; (*Sport*) am Start; ***for a*** ~ erstens; ***from ~ to finish*** von Anfang bis Ende; (*Sport*) vom Start bis zum Ziel; ***make a fresh*** ~ (***in life***) noch einmal von vorn anfangen; ***make a ~ on s.th.*** mit et. anfangen. **10.** Aufbruch *m*. **11.** ***give a*** ~ → 5; ***wake up with a*** ~ aus dem Schlaf aufschrecken. **12.** Vorsprung *m* (***on, over*** vor *dat*). **'start·er** *s* **1.** *Sport*: Starter(in) (*Kampfrichter*[*in*] *u. Wettkampfteilnehmer*[*in*]). **2.** *mot.* Starter *m*, Anlasser *m*. **3.** F Vorspeise *f*: ***as a*** ~ als Vorspeise. **4.** ***for ~s*** F zunächst einmal: ***that's just for ~s*** das ist nur der Anfang.

'start·ing *adj bsd. Sport*: Start...: ~ ***point*** Ausgangspunkt *m* (*a. fig.*); ~ ***salary*** Anfangsgehalt *n*; ~ ***signal*** Startsignal *n*; ~ ***wage*** Anfangslohn *f*.

ˌ**start·ing-'up time** *s* Anlaufzeit *f*.

star·tle ['stɑːtl] *v/t* **1.** erschrecken. **2.** *fig.* überraschen, bestürzen.

'start-up *s* Neugründung *f* (*e-r Firma*); Einführung *f* (*e-s Produkts*). ~ ***costs*** *s pl* Anlaufkosten *pl*. ~ ***disk*** *s* Startdiskette *f*. ~ ***time*** *s* Anlaufzeit *f*.

star·va·tion [stɑː'veɪʃn] *s* Hungern *n*: ***die of*** ~ verhungern; ~ ***diet*** F Hungerkur *f*; ~ ***wages*** *pl* Hungerlohn *m*.

starve [stɑːv] **I** *v/i* **1.** hungern: ~ (***to death***) verhungern; ***I'm starving*** F ich komme fast um vor Hunger. **II** *v/t* **2.** hungern lassen: ~ (***to death***) verhungern lassen; ~ (***out***) aushungern. **3.** ***be ~d of*** knapp sein an (*dat*).

star wars *s pl mil.* F Krieg *m* der Sterne.

state [steɪt] **I** *s* **1.** *oft* ***State*** *pol.* Staat *m*. **2.** *pol. Am.* (Bundes-, Einzel)Staat *m*: ***the States*** *pl* F die (*Vereinigten*) Staaten *pl*; → ***evidence*** 2. **3.** Zustand *m*: ~ ***of mind*** (Geistes-, Gemüts)Verfassung *f*, (-)Zustand *m*; ***be in a ~ of war with*** sich im Kriegszustand befinden mit; ***get in***(***to***) ***a*** ~ *bsd. Br.* F sich aufregen; nervös werden; → ***emergency, health*** 2. **4.** Stand *m*, Lage *f*. **II** *adj* **5.** staatlich, Staats...: ~ ***aid*** staatliche Hilfe; ~ ***borrowing*** staatliche Kreditaufnahme; ***State Department*** *pol. Am.* Außenministerium *n*; ~ ***funding*** staatliche Finanzierung; ~ ***intrusion*** staatliche Einmischung; ~ ***ownership*** Staatsbesitz. **III** *v/t* **6.** angeben, nennen. **7.** erklären, ⚖ aussagen (***that*** dass). **8.** festlegen, -setzen: ***on the ~d date*** zum festgesetzten Termin.

'state·less *adj pol.* staatenlos; ~ (***person***) Staatenlose *m, f*.

'state·ly *adj* **1.** gemessen (*Tempo etc*). **2.** prächtig.

'state·ment *s* **1.** Statement *n*, Erklärung *f*; Angabe *f*; ⚖ Aussage *f*: ***make a*** ~ e-e Erklärung abgeben (***to*** vor *dat*); ~ ***of damages*** Schadenrechnung *f*. **2.** *econ.* (*Bank-, Konto*)Auszug *m*: ~ (***of account***) Kontoauszug; ***annual ~ of accounts*** Jahresabschluss *m*; ~ ***of charges*** Kostenfeststellung *f*; ~ ***of expenses*** Spesenaufstellung *f*.

ˌ**state-of-the-'art** *adj* neuest, auf dem neuesten Stand der Technik stehend.

ˌ**state-owned 'en·ter·prise** *s* Staatsunternehmen *n*.

states·man ['steɪtsmən] *s* (*irr* ***man***) Staatsmann *m*. **'states·man·like** *adj* staatsmännisch.

stat·ic ['stætɪk] **I** *adj* (***~ally***) **1.** *phys.* statisch (*a. fig.*). **2.** *fig.* gleich bleibend, konstant. **II** *s* **3.** *Radio, TV*: atmosphärische Störungen *pl*. **4.** ***~s*** *sg phys.* Statik *f*.

sta·tion ['steɪʃn] **I** *s* **1.** (*a. Bus-, U-*)Bahnhof *m*, Station *f*. **2.** (*Forschungs-, Unfall- etc*)Station *f*, Tankstelle *f*, (*Feuer-*)Wache *f*, (*Polizei*)Revier *n*, (-)Wache *f*, (*Wahl*)Lokal *n*. **3.** *Rundfunk, TV*: Station *f*, Sender *m*. **II** *v/t* **4.** aufstellen, postieren; *mil.* stationieren.

sta·tion·ar·y ['steɪʃnərɪ] *adj* stehend (*Fahrzeug etc*): ***be*** ~ stehen.

sta·tion·er ['steɪʃnə] *s* Schreibwarenhändler(in).

'sta·tion·er·y *s* Schreibwaren *pl*; Briefpapier *n*.

S

sta·tion| house *s Am.* (Polizei)Revier *n,* (-)Wache *f.* **'~,mas·ter** *s* Bahnhofsvorsteher(in). **~ wag·on** *s mot. Am.* Kombiwagen *m.*
sta·tis·ti·cal [stə'tɪstɪkl] *adj* □ statistisch; **~ *series*** Datenreihe *f,* Zahlenreihe *f.*
sta'tis·tics *s pl* **1.** Statistik(en *pl*) *f*: → ***vital*** 2. **2.** *sg* Statistik *f* (*Wissenschaft, Methode*).
stat·ue ['stætʃu:] *s* Statue *f,* Standbild *n.*
stat·ure ['stætʃə] *s* **1.** Statur *f,* Wuchs *m.* **2.** *fig.* Format *n.*
sta·tus ['steɪtəs] *s* **1.** Status *m,* Rechtsstellung *f*; ***employment*** **~** Stellung *f* im Erwerbsleben; ***occupational*** (*od.* ***professional***) **~** Stellung *f* im Beruf. **2.** → ***marital.*** **3.** Status *m,* Stellung *f*; Prestige *n.* **~ bar** *s Computer*: Statuszeile *f.* **~ in·quir·y** *s* Kreditauskunft *f.* **~ line** *s Computer*: Statuszeile *f.* **~ quo** [kwəʊ] *s* Status *m* quo. **~ re·port** *s* Lage-, Fortschrittsbericht *m.* **~ sym·bol** *s* Statussymbol *n.*
stat·ute ['stætju:t] *s* **1.** Gesetz *n*: ***by*** **~** gesetzlich. **2.** Statut *n, pl a.* Satzung *f.* **~ book** *s* Gesetzbuch *n.* **~ law** *s* Gesetzesrecht *n.*
stat·u·to·ry ['stætjʊtərɪ] *adj* □ **1.** gesetzlich (garantiert *od.* vorgeschrieben). **2.** satzungsgemäß: **~ *reserve*** satzungsgemäße Rücklage; **~ *retirement age*** gesetzliches Rentenalter.
staunch[1] [stɔ:ntʃ] *v/t Blut* stillen.
staunch[2] [~] *adj* □ **1.** treu, zuverlässig. **2.** standhaft, fest.
stay [steɪ] **I** *s* **1.** Aufenthalt *m*: **~ *in hospital*** Krankenhausaufenthalt. **2.** ⚖ Aussetzung *f,* Aufschub *m*: **~ *of execution*** Vollstreckungsaufschub; ***he was given*** (*od.* ***granted***) (***a***) **~ *of execution*** s-e Hinrichtung wurde aufgeschoben. **II** *v/i* **3.** bleiben (***for*** *od.* ***to lunch*** zum Mittagessen). **4.** wohnen (***with friends*** bei Freunden): **~ *the night at a hotel*** im Hotel übernachten. **III** *v/t* **5.** **~ *the course*** F durchhalten (*a. fig.*).
Verbindungen mit Adverbien:
stay| a·way *v/i* wegbleiben, sich fern halten (***from*** von). **~ down** *v/i* unten bleiben (*a. fig.*). **~ in** *v/i* zu Hause *od.* drinnen bleiben. **~ on** *v/i*: **~ *as chairman*** (weiterhin) Vorsitzender bleiben; **~ *at school*** (mit der Schule) weitermachen. **~ out** *v/i* draußen bleiben: **~** (***on strike***) streiken. **~ up** *v/i* aufbleiben.
'stay-at-home *s* Stubenhocker(in).
stay·ing pow·er ['steɪɪŋ] *s* Ausdauer *f.*
STD [esti:'di:] **1.** ***sexually transmitted disease*** Geschlechtskrankheit *f.* **2.** ***subscriber trunk dialling*** *Br.* Selbstwählferndienst *m.*
stead [sted] *s*: ***in s.o.'s*** **~** an j-s Stelle.
stead·fast ['stedfɑ:st] *adj* □ **1.** treu, zuverlässig. **2.** fest, unverwandt (*Blick*).
stead·y ['stedɪ] **I** *adj* □ **1.** (stand)fest, stabil. **2.** ruhig (*Auge, Hand*), gut (*Nerven*). **3.** gleichmäßig, *econ.* gleichbleibend (*Nachfrage*). **4.** fest (*Arbeitsplatz, Freundin etc*). **II** *v/t* **5.** *j-n, Nerven* beruhigen. **III** *v/i* **6.** sich beruhigen. **IV** *int* **7.** *a.* **~ *on!*** *Br.* F Vorsicht!
steak [steɪk] *s* Steak *n*; (*Fisch*)Filet *n.*
steal [sti:l] (*irr*) **I** *v/t* **1.** stehlen (*a. fig.*), *Gemälde etc* rauben: **~ *s.o.'s girlfriend*** j-m die Freundin ausspannen; **~ *a glance at*** e-n verstohlenen Blick werfen auf (*acc*); → ***march***[2] 5, ***show*** 1, ***thunder*** I. **II** *v/i* **2.** stehlen. **3.** sich stehlen, (sich) schleichen (***out of*** aus).
stealth [stelθ] *s*: ***by*** **~** → ***stealthy.*** **'stealth·y** *adj* □ heimlich, verstohlen.
steam [sti:m] **I** *s* **1.** Dampf *m*: ***full*** **~ *ahead!*** ⚓ volle Kraft *od.* Volldampf voraus!; ***under one's own*** **~** *fig.* auf eigene Faust; ***let off*** **~** Dampf ablassen, *fig. a.* sich Luft machen; ***run out of*** **~** *fig.* s-n Schwung verlieren; ***he ran out of*** **~** *a.* ihm ging die Puste aus. **2.** Dampf *m,* Dunst *m.* **II** *v/i* **3.** dampfen (*a.* ⚓, 🚂): **~*ing hot*** dampfend heiß. **4.** **~ *up*** beschlagen. **III** *v/t* **5.** *gastr.* dämpfen, dünsten. **6.** **~ *open*** *Brief* über Dampf öffnen. **7.** ***get*** **~*ed up*** beschlagen; *fig.* F sich aufregen (***about*** über *acc*).
steam·er ['sti:mə] *s* **1.** Dampfer *m,* Dampfschiff *n.* **2.** Dampf(koch)-, Schnellkochtopf *m.*
steam| i·ron *s* Dampfbügeleisen *n.* **'~,roll·er** *s* Dampfwalze *f.* **'~·ship** → ***steamer*** 1.
steel [sti:l] **I** *s* Stahl *m*: → ***nerve*** 1. **II** *v/t*: **~ *o.s. for*** sich wappnen gegen, sich gefasst machen auf (*acc*). **~ wool** *s* Stahlwolle *f.* **'~,work·er** *s* Stahlarbeiter(in). **'~·works** *s pl* (*oft sg konstruiert*) Stahlwerk *n.*
steel·y ['sti:lɪ] *adj* **1.** **~ *blue*** stahlblau. **2.** *fig.* hart (*Blick*); eisern (*Entschlossenheit*).
steep[1] [sti:p] *adj* □ **1.** steil. **2.** *fig.* stark (*Preisanstieg etc*). **3.** F happig (*Forderung*), (*Preis a.*) gepfeffert, gesalzen.
steep[2] [~] **I** *v/t* eintauchen (***in*** in *acc*); *Wäsche* einweichen: **~*ed in history*** geschichtsträchtig. **II** *v/i* weichen.
steep·en ['sti:pən] *v/i* steiler werden.
stee·ple ['sti:pl] *s* Kirchturm *m.* **'~·chase** *s Pferdesport*: Hindernis-, Jagdrennen *n*; *Leichtathletik*: Hindernislauf *m.*
steer[1] [stɪə] *s* (junger) Ochse.
steer[2] [~] **I** *v/t* **1.** steuern, lenken. **2.** *Kurs* steuern (*a. fig.*). **3.** *j-n* lotsen, bugsieren. **II** *v/i* **4.** **~ *for*** ⚓ ansteuern, Kurs nehmen auf (*acc*); *fig.* zusteuern auf (*acc*); → ***clear*** 13.
'steer·ing **I** *s* Steuerung *f,* Lenkung *f.* **II** *adj*: **~ *column*** *mot.* Lenksäule *f*; **~ *wheel*** *mot.* Lenk-, *a.* ⚓ Steuerrad *n.*
stein [staɪn] *s* Maßkrug *m.*
stel·lar ['stelə] *adj* Stern(en)...

S

stem¹ [stem] I *s* **1.** ✿ Stiel *m* (*a. e-s Sektglases etc*), Stängel *m*. **2.** *ling*. Stamm *m*. II *v/i* **3.** ~ **from** stammen *od*. herrühren von.
stem² [~] *v/t Blutung* stillen; *fig*. eindämmen, stoppen.
stench [stentʃ] *s* Gestank *m*.
sten·cil ['stensl] *s* Schablone *f*; *typ*. Matrize *f*.
ste·nog·ra·pher [stə'nɒgrəfə] *s Am*. Stenotypist(in).
step [step] I *s* **1.** Schritt *m* (*a. Geräusch*): ~ **by** ~ Schritt für Schritt (*a. fig*.); **take a** ~ e-n Schritt machen; **it's just a** ~ (*od*. **a few** ~**s**) **to the shop** es sind nur ein paar Schritte bis zum Laden; → **watch** 4. **2.** Stufe *f*; Sprosse *f*: (**pair of**) ~**s** *pl* → **stepladder**; → **mind** 7. **3. be in** (**out of**) ~ *bsd. mil*. im Gleichschritt *od*. Tritt (aus dem Tritt) sein; (*beim Tanzen*) im (aus dem) Takt sein; **be out of** ~ **with** *fig*. nachhinken (*dat*), zurück sein hinter (*dat*); **keep** (**in**) ~ **with** *fig*. sich richten nach. **4.** *fig*. Schritt *m*: **take** ~**s** Schritte *od*. et. unternehmen; **a** ~ **in the right direction** ein Schritt in die richtige Richtung; → **legal** 4. **5.** *fig*. Schritt *m*, Stufe *f*: **three-**~ **plan** Dreistufenplan *m*. II *v/i* **6.** gehen; treten (**in** in *acc*; **on** auf *acc*): ~ **on it** *mot*. F Gas geben, auf die Tube drücken (*beide a. fig*.).
Verbindungen mit Adverbien:
step| a·side *v/i* **1.** zur Seite treten. **2.** *fig*. Platz machen (**in favo[u]r of** für), zurücktreten (**as** als; **in favo[u]r of** zugunsten). ~ **back** *v/i* zurücktreten. ~ **down** *v/i* **1.** herunter-, hinuntersteigen. **2.** → **step aside** 2. ~ **for·ward** *v/i* **1.** vortreten, nach vorne treten. **2.** *fig*. sich melden (*Zeugen etc*). ~ **in** *v/i* **1.** eintreten. **2.** *fig*. einschreiten; sich einmischen. ~ **out** *v/i* **1.** heraus-, hinaustreten; *bsd. Am*. weggehen. **2.** ~ **on** *Am*. F *Ehepartner* betrügen. ~ **up** I *v/i* herauf-, hinaufsteigen. II *v/t Produktion etc* steigern.
step... ['step] Stief...: ~**father**, ~**mother**, *etc*.
ˌ**step|-by-'step** *adj fig*. schrittweise. '~ˌ**ladder** *s* Tritt- *od*. Stufenleiter *f*.
steppe [step] *s*, *oft pl geogr*. Steppe *f*.
step·ping stone ['stepɪŋ] *s* Trittstein *m*; *fig*. Sprungbrett *n* (**to** für).
ster·e·o ['sterɪəʊ] I *s* **1.** Stereo *n*: **in** ~. **2.** Stereogerät *n*, -anlage *f*. II *adj* **3.** Stereo...: ~ **unit** Stereoanlage *f*.
ster·e·o·type ['stɪrɪətaɪp] *s* Klischee(vorstellung *f*) *n*.
'**ster·e·o·typed** *adj* klischeehaft; stereotyp.
ster·ile ['steraɪl] *adj* **1.** ⚕ steril, keimfrei. **2.** *biol*. steril, (*a. Boden*) unfruchtbar. **3.** *fig*. steril, unoriginell.
ste·ril·i·ty [stə'rɪlətɪ] *s* Sterilität *f* (*a. fig*.); Unfruchtbarkeit *f*.
ster·i·li·za·tion [ˌsterəlaɪ'zeɪʃn] *s* ⚕ Sterilisation *f*, Sterilisierung *f*.
'**ster·i·lize** *v/t* sterilisieren.
ster·ling ['stɜːlɪŋ] I *s* das Pfund Sterling. II *adj*: ~ **silver** Sterlingsilber *n*.
stern¹ [stɜːn] *adj* □ streng (*Person, Blick, Disziplin etc*).
stern² [~] *s* ⚓ Heck *n*.
ster·num ['stɜːnəm] *pl* **-na** ['~nə], **-nums** *s anat*. Brustbein *n*.
ster·oid ['stɪərɔɪd] *s* ⚕ Steroid *n*.
steth·o·scope ['steθəskəʊp] *s* ⚕ Stethoskop *n*.
stet·son ['stetsn] *s* Stetson *m*, Cowboyhut *m*.
ste·ve·dore ['stiːvədɔː] *s* ⚓ *bsd. Am*. Schauermann *m*, Stauer *m*.
stew [stjuː] I *v/t Fleisch, Gemüse* schmoren, *Obst* dünsten: ~**ed apples** *pl* Apfelkompott *n*. II *v/i* schmoren, dünsten: → **juice** 1. III *s* Eintopf *m*.
stew·ard [stjʊəd] *s* **1.** ✈, ⚓ Steward *m*. **2.** Ordner *m*.
stew·ard·ess *s* ✈, ⚓ Stewardess *f*.
stewed [stjuːd] *adj* F blau (*betrunken*).
stick¹ [stɪk] *s* **1.** Stock *m*, ([*Eis*]*Hockey a*.) Schläger *m*; (*Besen- etc*)Stiel *m*; (*a*. ✈ *Steuer*)Knüppel *m*: **walk with a** ~ am Stock gehen; **get** (**hold of**) **the wrong end of the** ~ F die Sache in den falschen *od*. verkehrten Hals bekommen; → **cleft stick**. **2.** (trockener) Zweig, *pl a*. Brennholz *n*. **3.** Stück *n* (*Kreide etc*), Stange *f* (*Dynamit, Sellerie etc*), (*Lippen*)Stift *m*, (*Räucher*)Stäbchen *n*, Streifen *m* (*Kaugummi*). **4.** *a*. ~ **of furniture** F Möbelstück *n*. **5. live out in the** ~**s** F in der finstersten Provinz leben.
stick² [~] (*irr*) I *v/t* **1.** mit *e-r Nadel etc* stechen (**into** in *acc*). **2.** *et*. kleben (**on** auf *acc*, an *acc*); an-, festkleben (**with** mit). **3.** stecken: → **nose** 1. **4.** F tun, stellen, setzen, legen. **5.** *bsd. Br*. F → **stand** 11. II *v/i* **6.** kleben, halten; kleben bleiben (**to** an *dat*). **7.** stecken bleiben: ~ **in s.o.'s mind** *fig*. j-m im Gedächtnis bleiben. **8.** ~ **at nothing** vor nichts zurückschrecken. **9.** ~ **to** (F **by**) bei *s-r Ansicht etc* bleiben, zu *s-m Wort etc* stehen; ~ **to** (F **by, with**) zu *j-m* halten; → **gun** 1, **point** 11.
Verbindungen mit Adverbien:
stick| out I *v/i* **1.** vorstehen, (*Ohren etc*) abstehen. **2.** *fig*. auffallen: → **mile, thumb** I. **3.** ~ **for** bestehen auf (*dat*). II *v/t* **4.** aus-, vorstrecken: **stick one's tongue out at s.o.** j-m die Zunge herausstrecken; → **neck** 1. **5.** durchhalten, -stehen. ~ **to·geth·er** *v/i* **1.** (*a. v/t*) zs.kleben. **2.** *fig*. zs.-halten. ~ **up** I *v/t* **1.** F *j-n, Bank etc* überfallen. **2. stick 'em up!** F Hände hoch! II *v/i* **3.** ~ **for** *j-n* verteidigen (*a. mit Worten*).
stick·er ['stɪkə] *s* Aufkleber *m*.
'**stick·ing** *adj*: ~ **plaster** Heftpflaster *n*; ~

point *fig.* unüberwindliches Hindernis (*bei Verhandlungen etc*).

ˈstick-in-the-mud *s* F Rückschrittler(in).

stick·ler [ˈstɪklə] *s*: ***be a ~ for*** es ganz genau nehmen mit, großen Wert legen auf (*acc*).

stick note *s* Haftzettel *m*.

ˈstick|-on *adj*: ***~ label*** (Auf)Klebeetikett *n*. **ˈ~·pin** *s Am.* Krawattennadel *f*. **ˈ~-up** *s* F (Raub)Überfall *m*.

stick·y [ˈstɪkɪ] *adj* □ **1.** a) klebrig (***with*** von), b) → ***stick-on.*** **2.** schwül, drückend (*Wetter*). **3.** F heikel, unangenehm (*Lage*): ***he'll come to*** (*od.* ***meet***) ***a ~ end*** mit ihm wird es ein böses Ende nehmen. **4.** ***be ~ about doing s.th.*** F et. nur ungern tun.

stiff [stɪf] **I** *adj* □ **1.** *allg.* steif: ***beat until ~*** steif schlagen; → ***bore²***, ***lip*** 1. **2.** *fig.* stark (*alkoholisches Getränk*, *Medizin*). **3.** *fig.* schwer, schwierig (*Aufgabe*); hart (*Strafe*); scharf (*Konkurrenz*); hartnäckig (*Widerstand*). **4.** F happig, gepfeffert, gesalzen (*Preis*). **II** *s* **5.** *sl.* Leiche *f*.

ˈstiff·en I *v/t* **1.** *Wäsche* stärken, steifen. **2.** *fig.* verschärfen. **II** *v/i* **3.** steif werden. **4.** *fig.* sich verschärfen.

sti·fle [ˈstaɪfl] **I** *v/t* ersticken, *fig. a.* unterdrücken. **II** *v/i* ersticken.

stig·ma [ˈstɪgmə] *s* **1.** *fig.* Stigma *n*. **2.** *pl* **-ta** [ˈ~tə] *eccl.* Stigma *n*, Wundmal *n*.

ˈstig·ma·tize *v/t fig.* brandmarken (***as*** als).

sti·let·to [stɪˈletəʊ] *pl* **-tos** *s* Stilett *n*. **~ heel** *s* Bleistift-, Pfennigabsatz *m*.

still¹ [stɪl] **I** *adj* **1.** *allg.* still: → ***keep*** 15, ***stand*** 7, ***water*** 2. **2.** ohne Kohlensäure (*Getränk*). **II** *s* **3.** *Film, TV*: Standfoto *n*.

still² [~] **I** *adv* **1.** (immer) noch, noch immer. **2.** *beim comp*: noch. **II** *cj* **3.** dennoch, trotzdem.

still³ [~] *s* ⚗ Destillationsapparat *m*; Destillierkolben *m*.

ˈstill|·birth *s* Totgeburt *f*. **ˈ~·born** *adj* tot geboren. **~ life** *pl* **lifes** *s paint.* Stillleben *n*.

stilt [stɪlt] *s* **1.** Stelze *f*. **2.** ⚠ Pfahl *m*.

ˈstilt·ed *adj* □ gestelzt, gespreizt, geschraubt.

stim·u·lant [ˈstɪmjʊlənt] *s* ⚕ Stimulans *n*, Anregungsmittel *n*; *fig.* Anreiz *m*, Ansporn *m* (***to*** für).

stim·u·late [ˈ~leɪt] *v/t* **1.** ⚕ *j-n, Kreislauf etc* stimulieren, anregen, *fig. a. j-n* anspornen (***to do*** zu tun); *physiol.* reizen. **2.** *Produktion etc* ankurbeln.

stim·u·lus [ˈ~ləs] *pl* **-li** [ˈ~laɪ] *s* **1.** *physiol.* Reiz *m*. **2.** *fig.* Anreiz *m*, Ansporn *m* (***to*** für).

sting [stɪŋ] **I** *v/t* (*irr*) **1.** *j-n* stechen (*Biene etc*). **2.** brennen auf (*dat*) *od.* in (*dat*): ***~ s.o. into action*** *fig.* j-n aktiv werden lassen. **3.** F *j-n* neppen (***for*** um). **II** *v/i* **4.** stechen (*Bienen etc*). **5.** brennen (***from*** von) (*Augen etc*). **III** *s* **6.** Stachel *m*. **7.** Stich *m*. **8.** Brennen *n*, brennender Schmerz: ***take the ~ out of s.th.*** *fig.* e-r Sache den Stachel nehmen.

ˈsting·ing *adj*: ***~ nettle*** ⚘ Brennnessel *f*.

stin·gy [ˈstɪndʒɪ] *adj* □ F knick(e)rig (*Person*), mick(e)rig (*Mahlzeit etc*): ***be ~ with*** knickern mit.

stink [stɪŋk] **I** *v/i* (*irr*) **1.** stinken (***of*** nach): ***~ to high heaven*** wie die Pest stinken; *fig.* zum Himmel stinken. **2.** F hundsmiserabel sein. **II** *v/t* **3.** ***~ out*** F *Zimmer etc* verstänkern. **III** *s* **4.** Gestank *m*: ***there's a ~ of garlic in here*** hier stinkt es nach Knoblauch. **5.** ***cause*** (*od.* ***kick up, raise***) ***a ~*** F Stunk machen (***about*** wegen). **~ bomb** *s* Stinkbombe *f*.

stink·ing [ˈstɪŋkɪŋ] **I** *adj* **1.** stinkend. **2.** F scheußlich; blöd. **II** *adv* **3.** ***~ rich*** F stinkreich.

stint [stɪnt] *s* a) Pensum *n*, b) Zeit *f*: ***he did a three-year ~ in the army*** er war drei Jahre lang beim Militär.

stip·u·late [ˈstɪpjʊleɪt] *v/t* **1.** zur Auflage *od.* Bedingung machen. **2.** festsetzen, vereinbaren.

ˌstip·uˈla·tion *s* **1.** Auflage *f*, Bedingung *f*. **2.** Festsetzung *f*, Vereinbarung *f*.

stir [stɜː] **I** *v/t* **1.** (um)rühren: ***~ up*** *Staub* aufwirbeln, *Schlamm* aufwühlen. **2.** *Glied etc* bewegen, rühren: ***~ o.s.*** sich beeilen; → ***finger*** I, ***stump*** 1. **3.** *Blätter etc* leicht bewegen, *Wasser* kräuseln (*Wind*). **4.** *fig. j-n* aufwühlen, bewegen. **5.** ***~ up*** *fig. Unruhe* stiften, *Streit* entfachen; *Erinnerungen* wachrufen. **II** *v/i* **6.** sich rühren: ***~ from*** sich fort- *od.* wegrühren von. **7.** *fig.* sich rühren, wach werden. **III** *s* **8.** ***give s.th. a ~*** et. (um-) rühren. **9.** ***cause*** (*od.* ***create***) ***a ~*** *fig.* für Aufsehen sorgen.

ˈstir·ring *adj* □ aufwühlend, bewegend.

stir·rup [ˈstɪrəp] *s* Steigbügel *m*.

stitch [stɪtʃ] **I** *s* **1.** *Nähen etc*: Stich *m*: ***the wound needed eight ~es*** die Wunde musste mit acht Stichen genäht werden; ***he had his ~es out yesterday*** ihm wurden gestern die Fäden gezogen. **2.** *Stricken etc*: Masche *f*: ***drop a ~*** e-e Masche fallen lassen. **3.** ***have a*** (*od.* ***the***) ***~*** Seitenstechen haben; ***be in ~es*** F sich kaputtlachen. **4.** ***he hadn't got a ~ on*** F er war splitterfasernackt. **II** *v/t* **5.** *a.* ***~ up*** zunähen, *Wunde* nähen: ***~ on*** (***to***) *Knopf etc* annähen (an *acc*). **6.** *Buch* broschieren, heften.

stock [stɒk] **I** *s* **1.** Vorrat *m* (***of*** an *dat*): ***have s.th. in ~*** et. vorrätig *od.* auf Lager haben; ***out of ~*** nicht vorrätig; ***take ~*** *econ.* Inventur machen; ***take ~ of*** *fig.* sich klar werden über (*acc*); ***~ in hand*** Lager-, Warenbestand *m*; ***~ clearance*** Lagerräumung *f*; ~

S

turnover Lagerumschlag *m*. **2.** *econ*. a) *bsd. Am*. Aktie(n *pl*) *f*, b) *pl* Aktien *pl*, c) *pl* Wertpapiere *pl*. **3.** *gastr*. Brühe *f*. **4.** Viehbestand *m*. **5.** (*Gewehr*)Schaft *m*. **6.** *fig*. Abstammung *f*, Herkunft *f*. II *v/t* **7.** *econ*. *Ware* vorrätig haben, führen. **8.** ***be well ~ed*** (***up***) ***with*** gut versorgt sein mit. III *v/i* **9.** ***~ up*** sich eindecken (***on, with*** mit). IV *adj* **10.** *econ*. ***~ model*** Serienmodell *n*; ***~ size*** gängige Größe, Standardgröße *f*. **11.** *contp*. Standard..., stereotyp (*Ausrede etc*). **'~ˌbreed·er** *s* Viehzüchter(in). **'~ˌbreed·ing** *s* Viehzucht *f*. **'~ˌbrok·er** *s econ*. Börsenmakler(in). **~ cor·po·ra·tion** *s econ. Am*. Kapital- *od*. Aktiengesellschaft *f*. **~ cube** *s* Brühwürfel *m*. **~ ex·change** *s econ*. Börse *f*: ***~ authorities*** *pl* Börsenaufsichtsbehörde *f*. **'~ˌhold·er** *s econ. bsd. Am*. Aktionär(in): ***stockholders' meeting*** Aktionärsversammlung *f*.

Stock·holm ['stɒkhəʊm] *Hauptstadt von Schweden*.

stock·ing ['stɒkɪŋ] *s* Strumpf *m*. **~ mask** *s* Strumpfmaske *f*.

ˌstock-in-'trade *s*: ***be part of s.o.'s ~*** *fig*. zu j-s Rüstzeug gehören.

stock·ist ['stɒkɪst] *s* Fachhändler(in *f*) *m*.

'stock·keep·er *s* Lagerist(in *f*) *m*.

'stock·keep·ing *s* Lagerhaltung: ***~ costs*** Lagerkosten.

stock lev·el *s* Lagerbestand *m*.

'stock·list *s* Lagerbestandsverzeichnis *n*.

stock| mar·ket *s econ*. Börse *f*. **'~·pile** I *s* Vorrat *m* (***of*** an *dat*). II *v/t* e-n Vorrat anlegen an (*dat*); *Lebensmittel etc* hamstern, horten. **'~·room** *s* Lager(raum *m*) *n*. **ˌ~-'still** *adv* regungslos. **'~ˌtak·ing** *s econ*. Inventur *f*; *fig*. Bestandsaufnahme *f*: ***~ sale*** Inventurausverkauf *m*.

stock·y ['stɒkɪ] *adj* □ stämmig, untersetzt.

sto·i·cal ['stəʊɪkl] *adj* □ stoisch, gelassen.

sto·i·cism ['~sɪzəm] *s* Gelassenheit *f*.

stoke [stəʊk] I *v/t a*. ***~ up*** *Feuer*, *Hass etc* schüren. II *v/i*: ***~ up*** F sich voll stopfen (***on, with*** mit). **'stok·er** *s* Heizer(in).

stole¹ [stəʊl] *pret von* ***steal***.

stole² [~] *s* Stola *f*.

sto·len ['stəʊlən] *pp von* ***steal***.

stol·id ['stɒlɪd] *adj* □ phlegmatisch.

stom·ach ['stʌmək] I *s* **1.** Magen *m*: ***on an empty ~*** auf leeren *od*. nüchternen Magen *rauchen etc*, mit leerem *od*. nüchternem Magen *schwimmen gehen etc*; ***on a full ~*** mit vollem Magen; ***turn s.o.'s ~*** j-m den Magen umdrehen. **2.** Bauch *m*. **3.** (***for***) Appetit *m* (auf *acc*); *fig*. Lust *f* (auf *acc*, zu). II *v/t* **4.** vertragen (*a. fig*.). **~·ache** ['~eɪk] *s* **1.** Magenschmerzen *pl*. **2.** Bauchschmerzen *pl*, -weh *n*. **~ up·set** *s* Magenverstimmung *f*.

stomp [stɒmp] *v/i* sta(m)pfen, trampeln.

stone [stəʊn] I *s* **1.** (*a. Edel-*, ⚕ *Gallen- etc*)Stein *m*: ***it's only a ~'s throw*** (***away***) ***from*** es ist nur e-n Katzensprung entfernt von; ***have a heart of ~*** ein Herz aus Stein haben; ***leave no ~ unturned*** *fig*. nichts unversucht lassen. **2.** ♀ Kern *m*, Stein *m*. **3.** (*Hagel*)Korn *n*. **4.** *pl* **stone**(**s**) *Br. Gewichtseinheit* (= *6,35 kg*). II *v/t* **5.** mit Steinen bewerfen: ***~*** (***to death***) steinigen. **6.** entkernen, -steinen.

Stone Age *s* Steinzeit *f*. **ˌ~-'broke** *Am*. → ***stony-broke***. **ˌ~-'cold** I *adj* eiskalt. II *adv*: ***~ sober*** F stocknüchtern.

stoned [stəʊnd] *adj sl*. **1.** stinkbesoffen. **2.** stoned (*unter Drogeneinwirkung*).

ˌstone|-'dead *adj* mausetot. **ˌ~-'deaf** *adj* stocktaub. **~ e·ro·sion** *s* Steinfraß *m*. **~ fruit** *s* Steinfrucht *f*, *coll*. Steinobst *n*. **'~ˌma·son** *s* Steinmetz(in). **'~·ware** *s* Steingut *n*.

ston·y ['stəʊnɪ] *adj* □ **1.** steinig. **2.** *fig*. steinern (*Gesicht, Herz etc*), eisig (*Schweigen*). **ˌ~-'broke** *adj bsd. Br*. F total abgebrannt *od*. pleite.

stood [stʊd] *pret u. pp von* ***stand***.

stooge [stu:dʒ] *s* F *contp*. Handlanger(in).

stool [stu:l] *s* **1.** (*Bar-, Klavier- etc*)Hocker *m*, (*Klavier- etc*)Stuhl *m*, (-)Schemel *m*: ***fall between two ~s*** *fig*. sich zwischen zwei Stühle setzen. **2.** *physiol*. Stuhl *m*.

stoop [stu:p] I *v/i* **1.** *a*. ***~ down*** sich bücken. **2.** gebeugt gehen. **3.** ***~ to*** *fig*. sich herablassen *od*. hergeben zu: ***~ to doing s.th***. sich dazu herablassen *od*. hergeben, et. zu tun. II *s* **4.** gebeugte Haltung: ***walk with a ~*** → 2.

stop [stɒp] I *s* **1.** Halt *m*: ***come to a ~*** anhalten, stoppen, *weitS*. aufhören; ***put a ~ to*** *e-r Sache* ein Ende machen *od*. setzen. **2.** (*Bus*)Haltestelle *f*. **3.** *ling. bsd. Br*. Punkt *m*. **4.** *econ*. Sperrung *f*: ***account on ~*** gesperrtes Konto. **5.** ***pull out all the ~s*** *fig*. alle Register ziehen. II *v/i* **6.** stehen bleiben (*a. Uhr etc*), (an)halten, stoppen: ***~ by s.o.'s place*** bei j-m vorbeischauen; → ***dead*** 14, ***thief***. **7.** aufhören: ***~ at nothing*** vor nichts zurückschrecken (***to get s.th***. um et. zu bekommen); → ***short*** 5. **8.** *bsd. Br*. bleiben (***for supper*** zum Abendessen). III *v/t* **9.** anhalten, stoppen; *Maschine etc* abstellen. **10.** aufhören mit: ***~ doing s.th***. aufhören, et. zu tun. **11.** ein Ende machen *od*. setzen (*dat*); *Blutung* stillen; *Arbeiten, Verkehr etc* zum Erliegen bringen; (*Boxen*) *Kampf* abbrechen. **12.** *et*. verhindern; *j-n* abhalten (***from*** von), hindern (***from*** an *dat*): ***~ s.o.*** (***from***) ***doing s.th***. j-n davon abhalten *od*. daran hindern, et. zu tun. **13.** *Rohr etc* verstopfen; *Zahn* füllen, plombieren: ***~***

s.o.'s mouth F j-m den Mund stopfen. **14.** *econ.* sperren (lassen): ~ ***an account*** ein Konto sperren; ~ ***a cheque*** (*Am.* ***check***) e-n Scheck sperren; ~ ***payments*** die Zahlungen einstellen.
Verbindungen mit Adverbien:
stop| by *v/i* vorbeischauen. ~ **in** *v/i* **1.** vorbeischauen (***at*** bei). **2.** *bsd. Br.* zu Hause bleiben. ~ **off** *v/i* F → ***stop over***. ~ **out** *v/i Am.* unterbrechen, abbrechen (***of s.th.*** et.). ~ **o·ver** *v/i* Zwischenstation machen (***in*** in *dat*). ~ **round** *v/i bsd. Am.* F vorbeischauen. ~ **up I** *v/t Leitung etc* verstopfen. **II** *v/i bsd. Br.* aufbleiben.
'stop|·cock *s tech.* Absperrhahn *m.* **'~·gap I** *s* Notbehelf *m*, Übergangslösung *f*; (*Person*) Aushilfe *f*, *contp.* Lückenbüßer(in). **II** *adj*: ~ ***measure*** Überbrückungsmaßnahme *f*; ~ ***secretary*** Aushilfssekretär(in). **'~ˌo·ver** *s* Zwischenstation *f*; ✈ Zwischenlandung *f*.
stop·page ['stɒpɪdʒ] *s* **1.** Arbeitseinstellung *f*. **2.** *tech.* Verstopfung *f* (*a.* ⚕). **3.** *bsd. Br.* (Gehalts-, Lohn)Abzug *m.*
'stop·per I *s* Stöpsel *m.* **II** *v/t a.* ~ ***up*** ver-, zustöpseln.
stopping out *s Am.* (freiwillige) Unterbrechung.
stop| press *s bsd. Br.* letzte Meldungen *pl.* **'~·watch** *s* Stoppuhr *f*.
stor·age ['stɔːrɪdʒ] *s* **1.** (Ein)Lagerung *f*. **2.** Lager(raum *m*) *n*: ***be in*** ~ eingelagert sein. **3.** Lagergeld *n.* ~ **ad·dress** *s Computer*: Speicheradresse *f*. ~ **ca·pac·i·ty** *s Computer*: Speicherkapazität *f*. ~ **heat·er** *s* Speicherofen *m.*
store ['stɔː] **I** *s* **1.** Vorrat *m*, *pl a.* Bestände *pl* (***of*** an *dat*): ~***s requisition*** Materialanforderung *f*; ***have s.th. in*** ~ et. vorrätig *od.* auf Lager haben; ***have a surprise in*** ~ ***for s.o.*** e-e Überraschung für j-n haben; ***there's a shock in*** ~ ***for you*** auf dich wartet e-e unangenehme Überraschung. **2.** *bsd. Am.* Laden *m*, Geschäft *n*; *bsd. Br.* Kauf-, Warenhaus *n.* **3.** Lager(halle *f*, -haus *n*) *n*: ***be in*** ~ *Br.* eingelagert sein. **4.** ***set great*** (***little***) ~ ***by*** *fig.* großen (wenig) Wert legen auf (*acc*). **II** *v/t* **5.** *a.* ~ ***up*** sich e-n Vorrat anlegen an (*dat*). **6.** *Kohle etc* lagern; *Möbel etc* einlagern; *Daten, Energie etc* speichern. **'~·card** *s* Kundenkreditkarte *f*. ~ **de·tec·tive** *s* Kaufhausdetektiv(in). **'~·house** *s* **1.** Lagerhaus *n.* **2.** *fig.* Fundgrube *f* (***of*** von): ***be a*** ~ ***of good ideas*** voller guter Ideen stecken. **'~ˌkeep·er** *s* **1.** *bsd. Am.* Ladenbesitzer(in) **2.** Lagerverwalter *m*, Lagerist *m.* **~·room** ['~rʊm] *s* Lagerraum *m.*
sto·rey ['stɔːrɪ] *s bsd. Br.* Stock(werk *n*) *m*, Etage *f*: ***a six-***~ ***building*** → ***storeyed.***
'sto·reyed *adj bsd. Br.*, **'sto·ried** *adj Am.*: ***a six-***~ ***building*** ein sechsstöckiges Gebäude.
stork [stɔːk] *s orn.* Storch *m.*
storm [stɔːm] **I** *s* **1.** Unwetter *n*; (*a. fig. Protest- etc*)Sturm *m*: ***a*** ~ ***in a teacup*** *Br. fig.* ein Sturm im Wasserglas. **2.** ***take by*** ~ *mil.* im Sturm nehmen *od.* (*a. fig.*) erobern. **II** *v/t* **3.** *mil. etc* stürmen. **III** *v/i* **4.** stürmen, stürzen. ~ **cloud** *s* Gewitterwolke *f*: ***the*** ~***s are gathering*** *fig.* es braut sich et. zusammen.
storm·y ['stɔːmɪ] *adj* □ stürmisch (*a. fig.*).
sto·ry¹ ['stɔːrɪ] *s* **1.** Geschichte *f*; Märchen *n* (*a. fig.* F): ***his side of the*** ~ s-e Version; ***it's the same old*** ~ es ist das alte Lied; ***to cut a long*** ~ ***short*** um es kurz zu machen, kurz u. gut; → ***go*** 18. **2.** Story *f*, (Lebens-, Entwicklungs)Geschichte *f*. **3.** Story *f*, Handlung *f*. **4.** *Journalismus*: Story *f*, Bericht *m* (***on*** über *acc*).
sto·ry² [~] *Am.* → ***storey.***
'sto·ry|·book *adj* ... wie im Märchen. ~ **line** → ***story¹*** 3.
stoup [stuːp] *s eccl.* Weihwasserbecken *n.*
stout [staʊt] **I** *adj* □ **1.** korpulent, (*Frau a.*) vollschlank. **2.** *fig.* hartnäckig. **II** *s* **3.** Stout *m* (*dunkles Bier mit starkem Hopfengeschmack*).
stove [stəʊv] *s* Ofen *m*, (*zum Kochen a.*) Herd *m.*
stow [stəʊ] *v/t a.* ~ ***away*** verstauen.
'stow·age *s* **1.** Stauraum *m*, Laderaum *m* **2.** Ladung *f* **3.** Beladen **4.** Staugeld *n.*
'stow·a·way *s* ✈, ⚓ blinder Passagier.
strad·dle ['strædl] *v/t* breitbeinig *od.* mit gespreizten Beinen stehen über (*dat*); rittlings sitzen auf (*dat*).
strag·gle ['strægl] *v/i*: ~ ***in*** einzeln eintrudeln.
'strag·gler *s* Nachzügler(in).
'strag·gly *adj* struppig (*Haar*).
straight [streɪt] **I** *adj* **1.** gerade, (*Haar*) glatt: ~ ***line*** gerade Linie, A Gerade *f*; ***keep one's face*** ~ ernst bleiben. **2.** ***get*** (*od.* ***put***) ***s.th.*** ~ et. in Ordnung bringen, *Zimmer etc a.* aufräumen; ***set s.o.*** ~ ***about s.th.*** *fig.* j-m et. klarmachen. **3.** offen, ehrlich (***with*** zu). **4.** ohne Unterbrechung: ***in*** ~ ***sets*** (*Tennis etc*) ohne Satzverlust; ***his third*** ~ ***win*** (*Sport*) sein dritter Sieg hintereinander *od.* in Folge. **5.** pur: ***drink one's whisky*** ~; ***two*** ~ ***whiskies*** zwei Whisky pur. **6.** *sl.* a) hetero (*heterosexuell*), b) clean, sauber (*nicht mehr drogenabhängig*): ***I'm*** ~ ich nehm grundsätzlich keine Drogen. **II** *adv* **7.** gerade: ~ ***ahead*** geradeaus. **8.** genau, direkt. **9.** *a.* ~ ***off*** sofort. **10.** klar *sehen, denken.* **11.** F *a.* ~ ***out*** offen, ehrlich. **12.** ~ ***up?*** *Br.* F ehrlich? **III** *s* **13.** *Sport*: (*Gegen-, Ziel*)Gerade *f*. **ˌ~·a'way** *adv* sofort.

S

straight·en [ˈstreɪtn] **I** *v/t* **1.** *a.* **~ *up*** gerade hängen, legen *etc*, *Krawatte etc* gerade rücken. **2. ~ *out*** *fig. Angelegenheit etc* in Ordnung bringen, *Missverständnis* klären; F *j-m* (wieder) auf die Beine helfen; *j-n* (wieder) auf die richtige Bahn bringen. **3. ~ *up*** in Ordnung bringen, aufräumen. **II** *v/i* **4.** *a.* **~ *out*** gerade werden (*Straße etc*). **5. ~ *up*** sich aufrichten.

ˌ**straight**ˈ**for·ward** *adj* □ **1.** aufrichtig. **2.** einfach, unkompliziert. **3.** glatt (*Absage etc*).

ˈ**straight-line de·pre·ci·a·tion** *s* lineare Abschreibung.

ˌ**straight-**ˈ**out** *adj bsd. Am.* F offen, ehrlich.

strain [streɪn] **I** *v/t* **1.** *Seil etc* (an)spannen: **~ *one's ears*** (***eyes***) die Ohren spitzen (genau hinschauen). **2.** *sich, Augen etc* überanstrengen; sich *e-n Muskel etc* zerren: **~ *a muscle*** *a.* sich e-e Muskelzerrung zuziehen. **3.** *Gemüse, Tee etc* abgießen. **II** *v/i* **4.** sich anstrengen. **5. ~ *at*** zerren *od.* ziehen an (*dat*): **~ *at the leash*** an der Leine zerren (*Hund*); *fig.* es nicht mehr erwarten können. **III** *s* **6.** Spannung *f* (*a. tech. u. pol. etc*). **7.** *fig.* Belastung *f* (***on*** für): ***put a great ~ on s.o.*** j-n stark belasten.

strained *adj* **1.** gezerrt: **~ *muscle*** *a.* Muskelzerrung *f.* **2.** gezwungen (*Lächeln etc*). **3.** gespannt (*Beziehungen*). **4. *look* ~** abgespannt aussehen.

ˈ**strainer** *s* Sieb *n.*

strait [streɪt] *s a. pl* Meerenge *f*, Straße *f*: ***be in desperate*** (*od.* ***dire***) **~*s*** *fig.* in e-r ernsten Notlage sein.

ˈ**strait·ened** *adj*: ***live in ~ circumstances*** in beschränkten Verhältnissen leben.

ˈ**strait**|ˌ**jack·et** *s* Zwangsjacke *f*: ***put in a ~*** *j-n* in e-e Zwangsjacke stecken. ˌ**~-**ˈ**laced** *adj* prüde.

strand [strænd] *s* (*Haar*)Strähne *f*; (*Woll-etc*)Faden *m*, (*Kabel*)Draht *m*; *fig.* Faden *m* (*e-r Handlung etc*).

strand·ed [ˈstrændɪd] *adj*: ***be ~*** ⚓ gestrandet sein; ***be*** (***left***) **~** *fig.* festsitzen (***in*** in *dat*) (*Person*).

strange [streɪndʒ] *adj* □ **1.** merkwürdig, seltsam, sonderbar: **~ *to say*** so merkwürdig es auch klingen mag; **~*ly*** (***enough***) merkwürdiger-, seltsamer-, sonderbarerweise. **2.** fremd (***to s.o.*** j-m). **3. *be ~ to*** nicht vertraut sein mit.

ˈ**stran·ger** *s* **1.** Fremde *m, f*: ***I'm a ~ here*** ich bin hier fremd; → ***perfect*** 2. **2. *be a ~ to*** → ***strange*** 3.

stran·gle [ˈstræŋgl] *v/t* erwürgen, erdrosseln; *fig.* abwürgen, ersticken. ˈ**~·hold** *s* Würgegriff *m*: ***have a ~ on*** *fig. j-n, et.* vollkommen beherrschen.

stran·gu·late [ˈstræŋgjʊleɪt] *v/t* ⚕ abschnüren, abbinden.

ˌ**stran·gu**ˈ**la·tion** *s* **1.** Erwürgung *f*, Erdrosselung *f.* **2.** ⚕ Abschnürung *f*, Abbindung *f.*

strap [stræp] **I** *s* **1.** Riemen *m*, Gurt *m*; Haltegriff *m*, Schlaufe *f* (*in Bus etc*); Träger *m* (*an Kleid etc*); (*Uhr*)(Arm)Band *n.* **II** *v/t* **2.** festschnallen (***to*** an *dat*): ***be ~ped in*** ✈, *mot.* angeschnallt sein. **3.** *a.* **~ *up*** *Br. Bein etc* bandagieren. **4. *be ~ped*** (***for cash***) F knapp bei Kasse sein; abgebrannt *od.* pleite sein. ˈ**~**ˌ**hang·er** *s* F **1.** Stehplatzinhaber(in) (*in Bus etc*). **2.** Pendler(in).

strap·less [ˈstræplɪs] *adj* schulterfrei (*Kleid*), (*a. Badeanzug*) trägerlos.

stra·ta [ˈstrɑːtə] *pl von* ***stratum.***

strat·a·gem [ˈstrætədʒəm] *s* (*mil.* Kriegs-)List *f.*

stra·te·gic [strəˈtiːdʒɪk] *adj* (**~*ally***) strategisch; strategisch wichtig.

strat·e·gist [ˈstrætɪdʒɪst] *s* Stratege *m*, Strategin *f.*

strat·egy [ˈ~dʒɪ] *s* Strategie *f.*

strat·i·fied [ˈstrætɪfaɪd] *adj* vielschichtig (*Gesellschaft*).

strat·o·sphere [ˈstrætəʊˌsfɪə] *s meteor.* Stratosphäre *f.*

stra·tum [ˈstrɑːtəm] *pl* **-ta** [ˈ~tə] *s geol., sociol.* Schicht *f.*

straw [strɔː] *s* **1.** Stroh *n*: → ***man*** 3. **2.** Stroh-, *a.* Trinkhalm *m*: ***the ~ that breaks the camel's back, the last ~*** *fig.* der Tropfen, der das Fass zum Überlaufen bringt; ***clutch at ~s*** *fig.* sich an e-n Strohhalm klammern. **~·ber·ry** [ˈ~bərɪ] *s* ⚘ Erdbeere *f.* **~ hat** *s* Strohhut *m.* **~ man** *s* (*irr* ***man***) Strohmann *m.* **~ poll, ~ vote** *s pol.* Probeabstimmung *f.*

stray [streɪ] **I** *v/i* **1.** sich verirren. **2.** *fig.* abschweifen (***from*** von) (*Gedanken etc*). **II** *adj* **3.** verirrt (*Kugel, Tier*); streunend (*Tier*). **4.** vereinzelt. **III** *s* **5.** verirrtes *od.* streunendes Tier.

streak [striːk] *s* **1.** Streifen *m*; Strähne *f* (*im Haar*): ***a ~ of lightning*** ein Blitz *m*; ***like a ~ of lightning*** wie der Blitz. **2.** *fig.* (Charakter)Zug *m.* **3.** *fig.* (***un***)***lucky ~*** Glückssträhne (Pechsträhne) *f*; ***winning*** (***losing***) **~** (*a. Sport*) Siegesserie (Niederlagenserie) *f*; ***be on a lucky ~*** e-e Glückssträhne haben.

ˈ**streak·y** *adj* streifig; durchwachsen (*Speck*).

stream [striːm] **I** *s* **1.** Bach *m.* **2.** Strömung *f*: ***go against the ~*** *fig.* gegen den Strom schwimmen. **3.** (*Besucher-, Blut-, Verkehrs-etc*)Strom *m*; *fig.* Flut *f*, Schwall *m* (*von Verwünschungen etc*). **4.** *ped. Br.* Leistungsgruppe *f.* **II** *v/i* **5.** strömen (*Besucher, Blut, Licht etc*): ***tears were ~ing down her face***

Tränen liefen ihr übers Gesicht; ***his face was ~ing with sweat*** sein Gesicht war schweißüberströmt. **6.** wehen, flattern (***in the wind*** im Wind). **III** *v/t* **7.** *ped. Br. Klasse* in Leistungsgruppen einteilen.

'stream·er *s* **1.** Luft-, Papierschlange *f*. **2.** *Computer*: Bandlaufwerk *n*, Streamer *m*.

'stream·ing *adj*: ***he's got a ~ cold*** er hat e-n fürchterlichen Schnupfen.

'stream|·line *v/t* rationalisieren. **'~-lined** *adj* stromlinienförmig, windschnittig, -schlüpfig. **'~,lin·ing** *s* Rationalisierung *f*.

street [striːt] *s* Straße *f*: ***in*** (*bsd. Am.* ***on***) ***the ~*** auf der Straße; ***be*** (***right***) ***up s.o.'s ~*** *fig.* j-m zusagen; ***he's not in the same ~ as me, I'm ~s ahead of him*** F ich bin ihm haushoch überlegen; ***walk the ~s*** durch die Straßen laufen; auf den Strich gehen; → ***man*** 3. **~ bat·tle** *s* Straßenschlacht *f*. **'~·car** *s Am.* Straßenbahn *f*. **~ lamp, ~ light** *s* Straßenlaterne *f*. **~ map** *s* Stadtplan *m*. **~ val·ue** *s* (Straßen)Verkaufswert *m* (*von Drogen*). **~ vend·er, ~ vend·or** *s* Straßenhändler(in). **'~,walk·er** *s* Straßen-, Strichmädchen *n*. **'~,wise** *adj* lebenstüchtig, clever. **~ work·er** Streetworker(in).

strength [streŋθ] *s* **1.** Stärke *f* (*a. fig.*), Kraft *f*, Kräfte *pl*: ***~ of character*** Charakterfestigkeit *f*, -stärke; ***~ of will*** Willenskraft, -stärke; ***on the ~ of*** auf *j-s Rat etc* hin; ***he hasn't got enough ~*** er ist nicht kräftig genug; ***go from ~ to ~*** von Erfolg zu Erfolg eilen. **2.** Macht *f*. **3.** (An)Zahl *f*: ***in ~*** in großer Zahl, zahlreich; ***at full ~*** vollzählig; ***below*** (*od.* ***under***) ***~*** nicht vollzählig; unterbesetzt.

'strength·en I *v/t* **1.** verstärken. **2.** *fig.* stärken: ***~ s.o.'s resolve*** j-n in s-m Vorsatz bestärken. **II** *v/i* **3.** stärker werden, sich verstärken (*Wind etc*).

stren·u·ous ['strenjʊəs] *adj* □ **1.** anstrengend. **2.** unermüdlich.

stress [stres] **I** *s* **1.** *fig.* Stress *m*: ***~ of examinations*** Prüfungsstress; ***be under ~*** unter Stress stehen, im Stress sein; ***~ disease*** Stress-, Managerkrankheit *f*. **2.** *ling.* Betonung *f*: ***lay ~ on*** *fig.* → 5; ***~ mark*** Akzent *m*, Betonungszeichen *n*. **3.** *phys., tech.* Beanspruchung *f*, Belastung *f*; (mechanische) Spannung. **II** *v/t* **4.** stressen: ***be ~ed*** gestresst sein. **5.** *ling.* betonen, *fig. a.* Wert legen auf (*acc*).

,stressed-'out *adj* stressgeplagt.

'stress-free *adj* stressfrei.

stress·ful ['~fʊl] *adj* stressig, aufreibend.

stretch [stretʃ] **I** *v/t* **1.** ***~ out*** *Arm etc* ausstrecken; → ***leg*** 1. **2.** *Seil etc* spannen: ***be fully ~ed*** *fig.* richtig gefordert werden. **3.** *Schuhe etc* (aus)weiten. **4.** *fig.* es nicht so genau nehmen mit: ***~ a point*** ein Auge zudrücken. **II** *v/i* **5.** sich dehnen, *a.* länger *od.* weiter werden. **6.** sich dehnen *od.* strecken: ***~ out*** sich ausstrecken. **7.** sich (*räumlich*) erstrecken (***to*** bis zu), sich hinziehen (*räumlich*: ***to*** bis zu; *zeitlich*: ***into*** bis in *acc*); *fig.* reichen (***to*** für) (*Vorräte etc*). **III** *s* **8.** ***have a ~*** → 6; ***be at full ~*** *fig.* sich sehr viel Mühe geben müssen; ***not by any ~ of the imagination*** nie u. nimmer. **9.** Dehnbarkeit *f*, Elastizität *f*. **10.** Strecke *f* (*e-r Straße*); (*Sport*) (*Gegen-, Ziel*)Gerade *f*. **11.** Zeit(raum *m*, -spanne *f*) *f*: ***at a ~*** hintereinander; ***do a three-year ~*** F drei Jahre absitzen. **IV** *adj* **12.** → ***stretchy***.

'stretch·er *s* Trage *f*.

stretch marks *s pl* Schwangerschaftsstreifen *pl*.

'stretch·y *adj* dehnbar, elastisch.

stri·at·ed [straɪ'eɪtɪd] *adj* gestreift.

strick·en ['strɪkən] *adj* **1.** leidgeprüft (*Person*), schwer betroffen (*Gegend etc*). **2.** ***~ with*** befallen *od.* ergriffen von: → ***panic-stricken***.

strict [strɪkt] *adj* □ streng (*Person, Disziplin, Gesetze etc*), (*Anweisungen etc a.*) strikt: ***be ~ with*** streng sein mit *od.* zu *od.* gegen; ***in ~ confidence*** streng vertraulich; ***~ly*** (***speaking***) streng genommen, genau genommen.

strid·den ['strɪdn] *pp von* ***stride***.

stride [straɪd] **I** *v/i* (*irr*) **1.** schreiten, mit großen Schritten gehen. **II** *s* **2.** (großer) Schritt: ***get into one's ~*** *fig.* (richtig) in Fahrt *od.* Schwung kommen; ***take s.th. in one's ~*** *fig.* et. mühelos verkraften. **3.** *fig.* Fortschritt *m*.

stri·dent ['straɪdnt] *adj* □ schrill.

strife [straɪf] *s* Streit *m*.

strike [straɪk] **I** *s* **1.** *econ.* Streik *m*: ***be*** (***out***) ***on ~*** streiken, im Streik stehen; ***go*** (***out***) ***on ~*** streiken, in den Streik treten; ***go-slow ~*** Bummelstreik *m*. **2.** (*Öl- etc*)Fund *m*. **3.** *mil.* Angriff *m*. **II** *v/i* (*irr*) **4.** ***~ at s.o.*** → ***strike out*** 2. **5.** einschlagen (*Blitz*). **6.** schlagen (*Uhr*): ***two o'clock has just struck*** es hat gerade zwei Uhr geschlagen. **7.** *econ.* streiken (***for*** für). **8.** ***~ on*** *fig.* kommen auf *e-n Plan etc*. **III** *v/t* (*irr*) **9.** schlagen: ***~ s.o. a blow*** j-m e-n Schlag versetzen; → ***dumb*** 1. **10.** treffen; einschlagen in (*acc*) (*Blitz*): → ***lightning*** I. **11.** *Streichholz* anzünden. **12.** ⚓ auflaufen auf (*acc*). **13.** streichen (***from, off*** aus *e-m Verzeichnis etc*, von *e-r Liste etc*). **14.** *fig.* stoßen auf (*Öl, e-e Straße, Schwierigkeiten etc*): → ***oil*** 2. **15.** → ***balance*** 1, ***bargain*** 1. **16.** ***be struck by*** beeindruckt sein von; ***how does the house ~ you?*** wie findest du das Haus?; ***it struck me as rather strange that*** es kam mir ziemlich

seltsam vor, dass. **17.** *j-m* einfallen, in den Sinn kommen. **18.** *Münze etc* prägen. **19.** *Saite etc* anschlagen: → ***chord*** [1], ***note*** 9. **20.** *Lager, Zelt* abbrechen.
Verbindungen mit Adverbien:
strike| back *v/i* zurückschlagen (*a. fig.*). **~ down** *v/t* **1.** niederschlagen. **2.** *fig.* niederwerfen (*Krankheit*); dahinraffen. **~ off** *v/t* **1.** abschlagen. **2.** *Br. Solicitor* von der Anwaltsliste streichen, *e-m Arzt* die Approbation entziehen. **~ out** I *v/t* **1.** (aus)streichen. II *v/i* **2.** ***~ at s.o.*** auf j-n einschlagen. **3.** ***~ on one's own*** *fig.* s-e eigenen Wege gehen, *econ.* sich selbstständig machen. **~ through** *v/t* durchstreichen. **~ up** I *v/t* **1.** *Lied etc* anstimmen. **2.** *Bekanntschaft, Freundschaft* schließen, *Gespräch* anknüpfen (***with*** mit). II *v/i* **3.** ♪ einsetzen.

strike| bal·lot *s econ.* Urabstimmung *f.* **'~-bound** *adj* bestreikt; vom Streik lahm gelegt. **'~ˌbreak·er** *s econ.* Streikbrecher(in). **~ call** *s econ.* Streikaufruf *m.* **~ pay** *s econ.* Streikgeld(er *pl*) *n.* **'~-prone** *adj* streikanfällig.

'strik·er *s* **1.** *econ.* Streikende *m, f.* **2.** *Fußball*: Stürmer(in).

'strik·ing *adj* ☐ **1.** auffallend, (*Ähnlichkeit, Vorschlag etc*) verblüffend. **2.** ***be within ~ distance of*** *fig.* kurz vor *e-m Erfolg etc* stehen.

string [strɪŋ] I *s* **1.** Schnur *f*, Bindfaden *m*; (*Schürzen-, Schuh- etc*)Band *n*; (*Puppenspiel*) Faden *m*, Draht *m*: ***with no ~s attached*** *fig.* ohne Bedingungen; ***have s.o. on a ~*** *fig.* j-n am Gängelband führen *od.* haben; ***pull the ~s*** *fig.* die Fäden ziehen; ***pull a few ~s*** *fig.* ein paar Beziehungen spielen lassen. **2.** (*Perlen- etc*)Schnur *f.* **3.** a) Saite *f* (*e-r Gitarre, e-s Tennisschlägers etc*); (*Bogen*)Sehne *f*: ***have two ~s*** (*od.* ***a second ~, another ~***) ***to one's bow*** *fig.* zwei *od.* mehrere Eisen im Feuer haben, b) ***the ~s*** *pl* ♪ die Streichinstrumente *pl*; die Streicher *pl.* **4.** *fig.* Reihe *f*, Serie *f*; *Computer*: Zeichenfolge *f.* II *adj* **5.** ♪ Streich... III *v/t* **6.** *Perlen etc* aufreihen. **7.** *Gitarre etc* besaiten, *Tennisschläger etc* bespannen.
Verbindungen mit Adverbien:
string| a·long F I *v/t j-n* hinhalten. II *v/i* sich anschließen (***with s.o.*** j-m). **~ up** *v/t* **1.** aufhängen. **2.** F *j-n* aufknüpfen.

string bean *s* 🌱 *bsd. Am.* grüne Bohne.

stringed in·stru·ment [strɪŋd] *s* Saiten-, Streichinstrument *n.*

strin·gent ['strɪndʒənt] *adj* ☐ streng.

string tag *s* Anhänge-Etikett *n.*

string·y ['strɪŋɪ] *adj* **1.** fas(e)rig (*Bohnen, Fleisch etc*). **2.** sehnig (*Arm etc*).

strip [strɪp] I *v/i* **1.** *a.* ***~ off*** sich ausziehen (***to*** bis auf *acc*), (*beim Arzt*) sich frei machen; strippen: ***~ to the waist*** den Oberkörper frei machen. II *v/t* **2.** *Farbe etc* abkratzen, *Tapete etc* abreißen (***from, off*** von). **3.** ***~ s.o. of s.th.*** j-m et. rauben *od.* wegnehmen: ***he was ~ped of his title*** ihm wurde sein Titel aberkannt. **4.** a) *a.* ***~ down*** *Motor etc* auseinander nehmen, zerlegen, b) *Wagen etc* ausschlachten. III *s* **5.** (*Land-, Papier- etc*)Streifen. **6.** Strip *m*: ***do a ~*** strippen. **7.** *Fußball*: *Br.* Dress *m.* **~ car·toons** *s pl Br.* Comics *pl.*

stripe [straɪp] *s* **1.** Streifen *m.* **2.** *mil.* (Ärmel)Streifen *m*, Winkel *m.*

striped *adj* gestreift: ***~ pattern*** Streifenmuster *n.*

strip light·ing *s* Neonlicht *n.*

strip·per ['strɪpə] *s* Stripper(in).

'strip·tease *s* Striptease *m, n*: ***do a ~*** e-n Striptease vorführen, strippen.

strive [straɪv] *v/i* (*irr*) **1.** sich bemühen (***to do*** zu tun). **2.** streben (***for, after*** nach). **3.** (an)kämpfen (***against*** gegen).

striv·en ['strɪvn] *pp von* ***strive.***

strobe light ['strəʊb] *s* Stroboskoplicht *n.*

strode [strəʊd] *pret von* ***stride.***

stroke [strəʊk] I *v/t* **1.** streicheln: ***~ s.o.'s hair*** j-m übers Haar streichen. II *s* **2.** Schlag *m* (*a. Tennis, e-r Uhr etc*), Hieb *m*: ***a ~ of lightning*** ein Blitz *m*; ***a ~ of genius*** *fig.* ein glänzender Einfall; ***a ~ of luck*** *fig.* ein glücklicher Zufall; ***at a ~*** *fig.* auf 'einen Schlag; ***on the ~ of ten*** Punkt *od.* Schlag zehn (Uhr). **3.** ***give s.o. a ~*** j-n streicheln. **4.** ⚕ Schlag(anfall) *m.* **5.** (*Pinsel*)Strich *m*: ***with a ~ of the pen*** mit e-m Federstrich (*a. fig.*); ***he hasn't done a ~*** (***of work***) ***yet*** *fig.* er hat noch keinen Strich getan. **6.** *Schwimmen*: Zug *m*; Stil(art *f*) *m*: → ***backstroke, breaststroke.*** **7.** *tech.* (*Kolben*)Hub *m*; Takt *m*: ***four-~ engine*** Viertaktmotor *m.* **8.** *Rudern*: Schlagmann *m*, -frau *f.*

stroll [strəʊl] I *v/i* bummeln, spazieren. II *s* Bummel *m*, Spaziergang *m*: ***go for a ~*** e-n Bummel *od.* Spaziergang machen.

'stroll·er *s* **1.** Bummler(in), Spaziergänger(in). **2.** *bsd. Am.* Sportwagen *m* (*für Kinder*).

strong [strɒŋ] I *adj* ☐ (→ *a.* ***strongly***) **1.** stark, kräftig (*Person, Arme etc*); *fig.* mächtig (*Land etc*), stark (*Persönlichkeit etc*): → ***sex*** 1. **2.** stabil (*Möbel etc*), (*Schuhe etc a.*) fest; robust (*Person, Gesundheit*), (*Konstitution a.*) kräftig, (*Herz, Nerven*) stark; *fig.* unerschütterlich (*Beweise*), stark (*Verdacht*): → ***point*** 14. **3.** stark (*Strömung*), (*Wind etc a.*) kräftig. **4.** kräftig (*Geruch, Geschmack*), (*a. Eindruck, Ähnlichkeit etc*) stark. **5.** überzeugt (*Anhänger etc*).

S

6. stark (*Getränk, Medikament etc*). 7. ~ ***language*** Kraftausdrücke *pl*. 8. groß, hoch (*Chance etc*), aussichtsreich (*Kandidat etc*). 9. ***a nine-~ team*** ein neun Mann starkes Team; ***an 8,000-~ community*** e-e 8000-Seelen-Gemeinde; ***our club is 500 ~*** unser Klub hat 500 Mitglieder. II *adv* 10. ***be still going ~*** noch gut in Schuss sein (*alte Person, altes Gerät etc*). **'~·box** *s* (Geld-, Stahl)Kassette *f*. **'~hold** *s* 1. *mil*. Festung *f*; Stützpunkt *m*. 2. *fig*. Hochburg *f*.

strong·ly ['strɒŋlɪ] *adv*: ***I ~ advised him against it*** ich riet ihm dringend davon ab.

ˌstrong|-'mind·ed *adj* □ willensstark. **~ room** *s* Tresor(raum) *m*.

stron·tium ['strɒntɪəm] *s* ⚗ Strontium *n*.

strove [strəʊv] *pret von* ***strive***.

struck [strʌk] *pret u. pp von* ***strike***.

struc·tur·al ['strʌktʃərəl] *adj* □ 1. strukturell (bedingt), Struktur...: ***~ change*** Strukturwandel *m*; ***~ crisis*** Strukturkrise *f*; ***~ fund*** Strukturfonds *m*; ***~ unemployment*** strukturell bedingte Arbeitslosigkeit.; ***~ly weak*** strukturschwach. 2. *tech*. Bau..., Konstruktions...

'struc·ture I *s* 1. Struktur *f*; (Auf)Bau *m*, Gliederung *f*. 2. Bau *m*, Konstruktion *f*. II *v/t* 3. strukturieren; *Aufsatz etc* aufbauen, gliedern.

strug·gle ['strʌgl] I *v/i* 1. kämpfen (***with*** mit; ***for*** um), *fig. a.* sich abmühen (***with*** mit; ***to do*** zu tun): ***~ for words*** um Worte ringen. 2. zappeln; um sich schlagen *od.* treten. 3. sich quälen: ***~ to one's feet*** mühsam aufstehen, sich aufrappeln. II *s* 4. Kampf *m* (*a. fig.*), Handgemenge *n*: ***~ for survival*** Überlebenskampf, Kampf ums Überleben.

strum [strʌm] *v/t* a) klimpern auf *e-r Gitarre etc*, b) *Melodie* klimpern.

strung [strʌŋ] *pret u. pp von* ***string***.

strut¹ [strʌt] *v/i* stolzieren.

strut² [~] *tech*. I *s* Strebe *f*; Stütze *f*. II *v/t* verstreben; (ab)stützen.

strych·nine ['strɪkniːn] *s* ⚗, *pharm*. Strychnin *n*.

stub [stʌb] I *s* 1. (*Bleistift-, Zigaretten-etc*)Stummel *m*. 2. Kontrollabschnitt *m* (*e-r Eintrittskarte etc*). II *v/t* 3. sich *die Zehe*(*n*) anstoßen (***against, on*** an *dat*). 4. ***~ out*** *Zigarette* ausdrücken.

stub·ble ['stʌbl] *s* Stoppeln *pl*.

'stub·bly *adj* stopp(e)lig, Stoppel...

stub·born ['stʌbən] *adj* □ 1. eigensinnig, stur. 2. hartnäckig (*Fleck, Widerstand*).

stub·by ['stʌbɪ] *adj*: ***~ fingers*** *pl* Wurstfinger *pl*.

stuc·co ['stʌkəʊ] *s* ⚠ Stuck *m*.

'stuccoed *adj* Stuck...

stuck [stʌk] I *pret u. pp von* ***stick²***. II *adj* 1. ***be ~*** klemmen; *fig*. F hängen, nicht weiterkommen: ***I was really ~*** ich war total aufgeschmissen; ***be ~ with*** F *j-n, et.* am Hals haben. 2. ***be ~ on*** F verknallt sein in (*acc*). 3. *Br*. F ***get ~ in*** reinhauen (*beim Essen*); ***get ~ into*** sich stürzen auf (*ein Essen*) *od.* in (*e-e Arbeit*). **ˌ~-'up** *adj* F hochnäsig.

stud¹ [stʌd] I *s* 1. Beschlag- *od.* Ziernagel *m*. 2. (*Kragen-, Manschetten*)Knopf *m*. 3. Stollen *m* (*e-s Fußballschuhs etc*). II *v/t* 4. ***be ~ded with*** besetzt sein mit; übersät sein mit.

stud² [~] *s* Gestüt *n* (*Pferde*).

stu·dent ['stjuːdnt] *s* Student(in), *ped. bsd. Am. u. allg.* Schüler(in): ***~ driver*** *Am.* Fahrschüler(in).

stud farm *s* Gestüt *n*.

stud·ied ['stʌdɪd] *adj* □ wohl überlegt, *b.s.* wohl berechnet (*Antwort etc*).

stu·di·o ['stjuːdɪəʊ] *pl* **-os** *s* 1. *allg*. Studio *n*, (*e-s Künstlers etc a.*) Atelier *n*. 2. Studio *n*, Einzimmerappartement *n*. **~ a·part·ment** *bsd. Am.* → ***studio*** 2. **~ couch** *s* Schlafcouch *f*. **~ flat** *bsd. Br.* → ***studio*** 2.

stu·di·ous ['stjuːdjəs] *adj* □ fleißig.

stud·y ['stʌdɪ] I *s* 1. *a. pl* Studium *n*: ***be in a brown ~*** in Gedanken versunken *od.* geistesabwesend sein. 2. Studie *f*, Untersuchung *f* (***of*** über *acc*): ***make a ~ of*** *et.* untersuchen. 3. *bsd. paint*. Studie *f* (***of*** zu). 4. ♪ Etüde *f*. 5. Arbeitszimmer *n*. II *v/t* 6. *Medizin etc, weitS. Landkarte, j-s Gesicht etc* studieren. III *v/i* 7. studieren (***under s.o.*** bei j-m), *weitS.* lernen (***for*** für *e-e Prüfung*): ***~ to be a doctor*** Medizin studieren.

stuff [stʌf] I *s* 1. F *allg*. Zeug *n*: ***be good ~*** *et.* Gutes sein; ***that's the ~!*** so ists richtig!; genau!; ***do one's ~*** zeigen, was man kann; ***know one's ~*** sich gut auskennen. II *v/t* 2. (***with*** mit) *Hohlraum, Tier* ausstopfen; *Kissen etc* stopfen, füllen; sich *die Taschen* voll stopfen: ***~ed full of*** gestopft voll von; ***~ o.s.*** F sich voll stopfen. 3. *et.* stopfen (***into*** in *acc*). 4. *gastr. Ente etc* füllen: ***get ~ed!*** *Br. sl.* du kannst mich mal! 5. ***~ up*** *Loch etc* ver-, zustopfen (***with*** mit): ***my nose is ~ed up*** m-e Nase ist verstopft *od.* zu.

stuffed *adj*: ***~ shirt*** F Fatzke *m*.

'stuff·ing *s* Füllung *f* (*a. gastr.*): ***knock the ~ out of s.o.*** F j-n schaffen.

'stuff·y *adj* □ 1. stickig. 2. *fig*. prüde; spießig.

stum·ble ['stʌmbl] *v/i* stolpern (***on, over***, *fig.* ***at, over*** über *acc*): ***~ across*** (*od.* ***on***) *fig*. stoßen auf (*acc*); ***~ through*** *Rede etc* herunterstottern.

'stum·bling *adj*: ***~ block*** *fig*. Hindernis *n* (***to*** für).

stump [stʌmp] I *s* 1. (*Baum-, Bein-, Kerzen-*

S

etc)Stumpf *m*, (*Bleistift-*, *Kerzen-*, *Zahn-*, *Zigarren- etc*)Stummel *m*: ***stir one's ~s*** F Tempo machen. **II** *v/t* **2. *I'm ~ed, you've got me ~ed there*** F da bin ich überfragt. **3. *~ up*** F *Geld* herausrücken. **III** *v/i* **4.** sta(m)pfen.

'stump·y *adj* □ kurz u. dick (*Arme etc*).

stun [stʌn] *v/t* betäuben; *fig.* sprachlos machen: ***he was ~ned by the news*** die Nachricht hat ihm die Sprache verschlagen.

stung [stʌŋ] *pret u. pp von* ***sting.***

stunk [stʌŋk] *pret u. pp von* ***stink.***

stun·ner ['stʌnə] *s*: ***she's a real ~*** F sie ist e-e klasse Frau.

'stun·ning *adj* □ **1.** fantastisch. **2.** unglaublich (*Nachricht*).

stunt¹ [stʌnt] *s* **1.** (*gefährliches*) Kunststück; (*Film*) Stunt *m* (*gefährliche Szene, in der ein Stuntman die Rolle des Darstellers übernimmt*): ***do a ~*** ein Kunststück vorführen *od.* zeigen; e-n Stunt ausführen. **2.** (*Werbe*)Gag *m*.

stunt² [~] *v/t Wachstum* hemmen; das Wachstum (*gen*) hemmen: ***~ed*** verkümmert.

stunt| fly·ing *s* Kunstflug *m*. **~ man** *s* (*irr* ***man***) *Film*: Stuntman *m*, Double *n*. **~ wom·an** *s* (*irr* ***woman***) *Film*: Stuntwoman *n*, Double *n*.

stu·pen·dous [stjuː'pendəs] *adj* □ fantastisch.

stu·pid ['stjuːpɪd] *adj* □ **1.** dumm. **2.** *fig.* F blöd.

stu'pid·i·ty *s* Dummheit *f*.

stu·por ['stjuːpə] *s*: ***in a drunken ~*** im Vollrausch.

stur·dy ['stɜːdɪ] *adj* □ **1.** stämmig (*Beine etc*). **2.** *fig.* hartnäckig (*Widerstand*).

stur·geon ['stɜːdʒən] *s ichth.* Stör *m*.

stut·ter ['stʌtə] **I** *v/i* ⚕ stottern (*a. Motor*). **II** *v/t* → ***stammer*** II. **III** *s* → ***stammer*** III.

'stut·ter·er → ***stammerer.***

style [staɪl] **I** *s* **1.** *allg.* Stil *m*: ***~ of leadership*** Führungsstil; ***in ~*** in großem Stil; ***that's not my ~*** F das ist nicht m-e Art. **2.** Ausführung *f*, Modell *n*. **II** *v/t* **3.** entwerfen; gestalten: ***styling mousse*** *Kosmetik*: Schaumfestiger *m*.

sty·li ['staɪlaɪ] *pl von* ***stylus.***

styl·ish ['staɪlɪʃ] *adj* □ **1.** stilvoll. **2.** modisch, elegant.

styl·ist ['staɪlɪst] *s* **1.** Stilist(in). **2.** a) Modeschöpfer(in), b) → ***hair stylist.***

sty'lis·tic *adj* (***~ally***) stilistisch, Stil...

styl·ize ['staɪlaɪz] *v/t* stilisieren.

sty·lus ['staɪləs] *pl* **-li** ['~laɪ], **-lus·es** *s* Nadel *f* (*e-s Plattenspielers*). **~ print·er** *s* Nadeldrucker *m*.

sty·mie ['staɪmɪ] *v/t* F *Gegner* matt setzen; *Plan etc* vereiteln.

styp·tic ['stɪptɪk] ⚕ **I** *adj* blutstillend. **II** *s* blutstillendes Mittel.

Styr·ia ['stɪrɪə] *npr die* Steiermark.

sty·ro·foam ['staɪrəfəʊm] *s Am.* Styropor *n* (*TM*).

suave [swɑːv] *adj* □ verbindlich, *contp.* aalglatt.

sub [sʌb] F **I** *s* **1.** → ***subeditor, submarine*** I, ***subscription*** 1. **2.** *Sport*: Auswechselspieler(in). **3.** *Br.* Vorschuss *m*. **II** *v/i* **4.** → ***substitute*** IV. **III** *v/t* **5.** → ***subedit.*** **6.** *Br. j-m* e-n Vorschuss geben.

'sub,a·gent *s* Substitut(in).

'sub·com,mand *s Computer*: Unterbefehl *m*.

'sub·com,mit·tee *s* Unterausschuss *m*.

,sub'con·scious **I** *adj* unterbewusst: ***~ly*** im Unterbewusstsein; F unbewusst. **II** *s* Unterbewusstsein *n*: ***in one's ~*** im Unterbewusstsein.

,sub'con·ti·nent *s* Subkontinent *m*.

,sub'con·tract *s* Zuliefererverttrag *m*.

,sub·con'tract *v/t* Unteraufträge vergeben.

,sub·con'trac·tor *s* Subunternehmer *m*, Zulieferer *m*.

'sub,cul·ture *s sociol.* Subkultur *f*.

sub·cu·ta·ne·ous [,sʌbkjuː'teɪnjəs] *adj* □ subkutan, unter der *od.* die Haut.

'sub·di,rec·to·ry *s Computer*: Unterverzeichnis *n*.

,sub·di'vide *v/t* unterteilen.

'sub·di,vision *s* **1.** Unterteilung *f*. **2.** Unterabteilung *f*.

sub·due [səb'djuː] *v/t Land etc* unterwerfen; *Ärger etc* unterdrücken.

sub'dued *adj* **1.** gedämpft (*Stimme*), (*Farben, Licht a.*) dezent. **2.** (merkwürdig) ruhig *od.* still (*Person*).

,sub'ed·it *v/t* redigieren.

,sub'ed·i·tor *s* Redakteur(in).

'sub·file *s Computer*: Unterdatei *f*.

'sub,head·ing *s* Untertitel *m*.

,sub'hu·man *adj* unmenschlich.

sub·ject ['sʌbdʒɪkt] **I** *s* **1.** Thema *n*: ***on the ~ of*** über (*acc*); ***be the ~ of much criticism*** von verschiedenen Seiten kritisiert werden; ***change the ~*** das Thema wechseln, von et. anderem reden. **2.** *ped., univ.* Fach *n*: ***main ~*** Hauptfach *n*; ***subsidiary*** (*Am.* ***minor***) ***~*** Nebenfach *n*. **3.** *ling.* Subjekt *n*, Satzgegenstand *m*. **4. *be the ~ of, be a ~ for*** Anlass *od.* Grund geben zu. **5.** Untertan(in); Staatsangehörige *m, f*, -bürger(in). **6.** Versuchsperson *f*, -tier *n*. **II** *adj* **7. *~ to*** anfällig für: ***be ~ to*** *a.* neigen zu. **8. *be ~ to*** unterliegen (*dat*); abhängen von: ***be ~ to the approval of*** (erst noch) genehmigt werden müssen von; ***prices ~ to change*** Preisänderungen vorbehalten; ***~ to tax*** zu versteuern(d), steuerpflichtig. **III** *v/t* [səb'dʒekt] **9.** *Land*

S

etc unterwerfen. **10.** **~ to** *e-m Test etc* unterziehen; *der Kritik etc* aussetzen.
sub·jec·tion [səb'dʒekʃn] *s* **1.** Unterwerfung *f.* **2.** Abhängigkeit *f* (**to** von).
sub·ject| area *s* Sachgebiet *n*, Fachgebiet *n*. **~ di·vid·ers** *s pl* Trennblätter *pl*. **~ in·dex** *s* Sachregister *n*.
sub'jec·tive *adj* □ subjektiv.
sub·ject mat·ter *s* Stoff *m*; Inhalt *m*.
sub·ju·gate ['sʌbdʒʊgeɪt] *v/t* unterjochen, -werfen.
sub·junc·tive (mood) [səb'dʒʌŋktɪv] *s ling.* Konjunktiv *m*.
ˌ**sub'lease** *v/t* unter-, weitervermieten, unter-, weiterverpachten (**to** an *dat*).
ˌ**sub'let** *v/t* (*irr* **let**) unter-, weitervermieten (**to** an *dat*).
sub·li·mate ⚗ **I** *v/t* ['sʌblɪmeɪt] sublimieren. **II** *s* ['~mət] Sublimat *n*.
sub·lime [sə'blaɪm] *adj* □ **1.** großartig. **2.** *iro.* großzügig (*Missachtung*), allumfassend (*Unkenntnis*).
sub·lim·i·nal [ˌsʌb'lɪmɪnl] *adj* □ *psych.* unterschwellig: **~ *advertising*.**
ˌ**sub·ma'chine gun** *s* Maschinenpistole *f*.
ˌ**sub·ma'rine I** *s* Unterseeboot *n*, U-Boot *n*. **II** *adj* untermeerisch, -seeisch.
sub·merge [səb'mɜːdʒ] **I** *v/t* (ein)tauchen (**in** in *acc*): ***be ~d in work*** bis über die Ohren in Arbeit stecken. **II** *v/i* tauchen (*U-Boot*).
sub·mis·sion [səb'mɪʃn] *s* **1.** Einreichung *f*. **2.** *Boxen etc*: Aufgabe *f*.
sub·mis·sive [səb'mɪsɪv] *adj* □ unterwürfig.
sub·mit [səb'mɪt] **I** *v/t* **1.** *Gesuch etc* einreichen (**to** *dat od.* bei). **2.** **~ o.s.** sich fügen (**to** *dat od.* in *acc*). **II** *v/i* **3.** *Boxen etc*: aufgeben.
ˌ**sub'nor·mal** *adj* □ **1.** unterdurchschnittlich. **2.** unterdurchschnittlich intelligent.
sub·or·di·nate [sə'bɔːdnət] **I** *adj* □ untergeordnet (**to** *dat*): ***be ~ to** a.* zurückstehen hinter (*dat*); **~ *clause*** *ling.* Nebensatz *m*. **II** *s* Untergebene *m,f*. **III** *v/t* [~dɪneɪt] (**to**) unterordnen (*dat*), zurückstellen (hinter *acc*).
'**sub·plot** *s* Nebenhandlung *f*.
sub·poe·na [səb'piːnə] ⚖ **I** *s* Vorladung *f*. **II** *v/t Zeugen* vorladen.
'**subˌpro·gram,** '**sub·rouˌtine** *s Computer*: Unterprogramm *n*.
sub·scribe [səb'skraɪb] **I** *v/i* **1.** **~ to** *Zeitschrift etc* abonnieren; abonniert haben. **2.** **~ to** *karitative Organisation etc* regelmäßig unterstützen. **3.** **~ to** *Ansicht etc* billigen. **II** *v/t* **4.** *Geld* geben, spenden (**to** für), *econ.* zeichnen.
sub'scrib·er *s* Abonnent(in); (*Fernsprech*)Teilnehmer(in). **~ trunk dial·ling** *s Br.* Selbstwählferndienst *m*.
sub·scrip·tion [səb'skrɪpʃn] *s* **1.** (Mitglieds)Beitrag *m*. **2.** Abonnement *n*: ***take out a ~ to*** *Zeitschrift etc* abonnieren; **~ *salesman*** Abo-Werber *m*. **3.** *econ.* Zeichnung *f*. **~ right** *s econ.* Bezugsrecht (*auf Aktien*).
'**subˌsec·tion** *s* Unterabteilung *f*.
sub·se·quent ['sʌbsɪkwənt] *adj* □ später.
sub·ser·vi·ent [səb'sɜːvjənt] *adj* □ **1.** unterwürfig. **2.** untergeordnet (**to** *dat*): ***be ~ to** a.* zurückstehen hinter (*dat*).
sub·side [səb'saɪd] *v/i* **1.** sich senken (*Gebäude, Straße etc*): **~ *into a chair*** in e-n Sessel sinken. **2.** zurückgehen (*Überschwemmung, Nachfrage etc*), sich legen (*Sturm, Zorn etc*).
sub·sid·i·ar·y [səb'sɪdjərɪ] **I** *adj* Neben...: **~ *agreement*** Nebenabrede *f*; **~ *company*** → II; **~ *question*** Zusatzfrage *f*; **~ *subject*** *ped., univ.* Nebenfach *n*. **II** *s econ.* Tochtergesellschaft *f*.
sub·si·di·za·tion [ˌsʌbsɪdaɪ'zeɪʃn] *s* Subventionierung *f*.
sub·si·dize ['sʌbsɪdaɪz] *v/t* subventionieren.
sub·si·dy ['~dɪ] *s* Subvention *f*; **~ *cuts*** Subventionskürzungen *pl*.
sub·sist [səb'sɪst] *v/i* existieren, leben (**on** von).
sub'sist·ence *s* Existenz *f*, Lebensunterhalt *m*: ***live at ~ level*** am Existenzminimum leben; **~ *allowance*** Unterhaltszuschuss *m*.
ˌ**sub'son·ic** *adj* ✈, *phys.* Unterschall...: ***at ~ speed*** mit Unterschallgeschwindigkeit.
sub·stance ['sʌbstəns] *s* **1.** Substanz *f*, Stoff *m*, Masse *f*. **2.** *fig.* Substanz *f*: ***in ~*** im Wesentlichen.
ˌ**sub'stand·ard** *adj* **1.** minderwertig: **~ *goods*** *pl* Ausschussware *f*. **2.** *ling.* umgangssprachlich, inkorrekt.
sub·stan·tial [səb'stænʃl] *adj* □ **1.** solid (*Schrank etc*). **2.** *fig.* beträchtlich (*Gehalt etc*), (*Änderungen etc a.*) wesentlich: **~*ly*** *a.* im Wesentlichen. **3.** *fig.* kräftig (*Mahlzeit*).
sub·stan·ti·ate [səb'stænʃɪeɪt] *v/t* beweisen, erhärten.
sub·stan·tive ['sʌbstəntɪv] *s ling.* Substantiv *n*, Hauptwort *n*.
sub·sti·tute ['sʌbstɪtjuːt] **I** *s* Ersatz *m*; Ersatz(mann) *m*, Vertretung *f*, (*Sport*) Auswechselspieler(in): **~*s' bench*** Auswechselbank *f*. **II** *adj* Ersatz... **~ *teacher*** *Am.* Aushilfslehrer(in). **III** *v/t*: **~ *A for B*** B durch A ersetzen, B gegen A austauschen *od.* auswechseln. **IV** *v/i*: **~ *for*** einspringen für, *j-n* vertreten.
'**subˌstruc·ture** *s* ⚠ Fundament *n*, Unterbau *m* (*beide a. fig.*).
ˌ**sub'ten·ant** *s* Untermieter(in).
sub·ter·fuge ['sʌbtəfjuːdʒ] *s* List *f*.
sub·ter·ra·ne·an [ˌsʌbtə'reɪnjən] *adj* □ unterirdisch.

S

'sub,ti·tle *s* Untertitel *m*.
sub·tle ['sʌtl] *adj* □ **1.** fein (*Unterschied etc*), (*Aroma etc a.*) zart. **2.** raffiniert (*Plan etc*). **3.** scharf (*Verstand*), scharfsinnig (*Person*).
'sub,to·tal *s* Zwischen-, Teilsumme *f*.
sub·tract [səb'trækt] *v/t* ⩲ abziehen, subtrahieren (***from*** von).
sub'trac·tion *s* Abziehen *n*, Subtraktion *f*.
,sub'trop·i·cal *adj* subtropisch.
sub·urb ['sʌbɜːb] *s* Vorort *m*: ***live in the ~s*** am Stadtrand wohnen.
sub·ur·ban [sə'bɜːbən] *adj* Vorort..., vorstädtisch, Vorstadt...
sub'ur·bi·a [~bɪə] *s* **1.** Vorstadt *f*: ***live in ~*** am Stadtrand wohnen. **2.** Vorstadtleben *n*.
sub·ver·sion [səb'vɜːʃn] *s pol.* Subversion *f*.
sub'ver·sive [~sɪv] **I** *adj* □ subversiv, umstürzlerisch. **II** *s* Umstürzler(in).
sub·vert [sʌb'vɜːt] *v/t* *Regierung* zu stürzen versuchen.
'sub·way *s* **1.** Unterführung *f*. **2.** *Am.* U-Bahn *f*.
suc·ceed [sək'siːd] **I** *v/i* **1.** Erfolg haben, erfolgreich sein (*Person*), (*Plan etc a.*) gelingen: ***he ~ed in doing it*** es gelang ihm, es zu tun. **2.** ***~ to*** in *e-m Amt* nachfolgen: ***~ to the throne*** auf dem Thron folgen. **II** *v/t* **3.** *j-m* nachfolgen, *j-m od.* auf *j-n* folgen: ***~ s.o. as*** j-s Nachfolger werden als.
suc·cess [sək'ses] *s* Erfolg *m*: ***without ~*** ohne Erfolg, erfolglos.
suc'cess·ful [~fʊl] *adj* □ erfolgreich: ***be ~*** → ***succeed*** 1; ***he was ~ in doing it*** es gelang ihm, es zu tun.
suc·ces·sion [sək'seʃn] *s* **1.** Folge *f*: ***three times in ~*** dreimal nach- *od.* hintereinander; ***in quick ~*** in rascher Folge. **2.** Nachfolge *f*: ***~ to the throne*** Thronfolge.
suc'ces·sive [~sɪv] *adj* □ aufeinander folgend: ***on three ~ days*** *a.* drei Tage nach- *od.* hintereinander.
suc'ces·sor [~sə] *s* Nachfolger(in) (***to*** in *e-m Amt*): ***~ in office*** Amtsnachfolger(in); ***~ to the throne*** Thronfolger(in).
suc·cinct [sək'sɪŋkt] *adj* □ kurz (u. bündig), knapp.
suc·cu·lent ['sʌkjʊlənt] *adj* □ saftig.
suc·cumb [sə'kʌm] *v/i*: ***~ to*** *e-r Krankheit, der Versuchung etc* erliegen.
such [sʌtʃ] **I** *adj* solch, derartig: ***~ a man*** ein solcher *od.* so ein Mann; ***no ~ thing*** nichts dergleichen. **II** *adv* so, derart: ***~ a nice day*** so ein schöner Tag; ***~ a long time*** e-e so lange Zeit; ***~ is life*** so ist das Leben. **III** *pron* solch: ***~ as*** wie (zum Beispiel); ***man as ~*** der Mensch als solcher. **'~·like** **I** *adj* solche. **II** *pron* dergleichen.
suck [sʌk] **I** *v/t* **1.** saugen. **2.** lutschen (an *dat*). **3.** ***~ under*** hinunterziehen (*Strudel etc*). **II** *v/i* **4.** saugen (***at*** an *dat*). **5.** ***~ away at*** *et.* lutschen. **6.** ***~ up to s.o.*** *Br.* F sich bei j-m lieb Kind machen wollen. **III** *s* **7.** ***take a ~ at*** saugen *od.* ziehen an (*dat*); lutschen an (*dat*).
'suck·er *s* **1.** *zo.* Saugnapf *m*, -organ *n*. **2.** *tech.* Saugfuß *m*. **3.** *Am.* Lutscher *m*. **4.** F Gimpel *m*, leichtgläubiger Kerl: ***be a ~ for*** immer wieder reinfallen auf (*acc*); verrückt sein nach.
'suck·ing *adj*: ***~ pig*** Spanferkel *n*.
suck·le ['sʌkl] *v/t* säugen (*a. zo.*), stillen.
suc·tion ['sʌkʃn] *s* Saugwirkung *f*. **~ pump** *s* *tech.* Saugpumpe *f*.
Su·dan [suː'dɑːn] *npr der* Sudan.
sud·den ['sʌdn] **I** *adj* □ plötzlich: ***be very ~*** sehr plötzlich kommen. **II** *s*: ***all of a ~*** ganz plötzlich, auf einmal.
suds [sʌdz] *s pl* Seifenschaum *m*.
sue [suː] ⚖ **I** *v/t* *j-n* verklagen (***for*** auf *acc*, wegen). **II** *v/i* klagen (***for*** auf *acc*).
suede, suède [sweɪd] *s* Wildleder *n*; Veloursleder *n*.
su·et ['sʊɪt] *s* Nierenfett *n*, Talg *m*.
suf·fer ['sʌfə] **I** *v/i* **1.** leiden (***from*** an *dat*; *weitS.* unter *dat*). **2.** darunter leiden. **II** *v/t* **3.** *Niederlage, Rückschlag, Verlust etc* erleiden; *Folgen* tragen.
'suf·fer·er *s*: ***a cancer ~*** ein Krebskranker; ***a headache ~*** j-d, der an Kopfschmerzen leidet.
'suf·fer·ing *s* Leiden *n*; Leid *n*.
suf·fice [sə'faɪs] **I** *v/i* genügen, (aus)reichen (***for*** für). **II** *v/t* *j-m* genügen, reichen.
suf·fi·cient [sə'fɪʃnt] *adj* □ genügend, genug, ausreichend: ***be ~*** → ***suffice*** I.
suf·fix ['sʌfɪks] *s ling.* Suffix *n*, Nachsilbe *f*.
suf·fo·cate ['sʌfəkeɪt] *v/i u. v/t* ersticken.
suf·frage ['sʌfrɪdʒ] *s pol.* Wahl-, Stimmrecht *n*.
suf·fuse [sə'fjuːz] *v/t*: ***be ~d with*** durchdrungen sein von.
sug·ar ['ʃʊgə] **I** *s* **1.** Zucker *m*. **2.** *bsd. Am.* F Schatz (*Anrede*). **II** *v/t* **3.** zuckern: → ***pill*** 1. **~ beet** *s* ♀ Zuckerrübe *f*. **~ bowl** *s* Zuckerdose *f*. **~ cane** *s* ♀ Zuckerrohr *n*. **~ dad·dy** *s* F *alter Knacker, der ein junges Mädchen aushält*.
sug·ar·y ['ʃʊgərɪ] *adj* **1.** zuck(e)rig, Zucker... **2.** *fig.* zuckersüß.
sug·gest [sə'dʒest] *v/t* **1.** *j-n* vorschlagen (***as*** als), *et. a.* anregen: ***I ~ going*** (*od.* ***that we go***) ***home*** ich schlage vor heimzugehen; ***~ed price*** Richtpreis *m*. **2.** hindeuten *od.* -weisen auf (*acc*), schließen lassen auf (*acc*): ***~ that*** darauf hindeuten *od.* -weisen, dass; darauf schließen lassen, dass. **3.** andeuten: ***I am not ~ing that*** ich will damit nicht sagen, dass.

S

sug'gest·i·ble *adj* beeinflussbar.
sug'ges·tion *s* **1.** Vorschlag *m*, Anregung *f*: ***at s.o.'s ~*** auf j-s Vorschlag hin; ***make*** (*od.* ***offer***) ***a ~*** e-n Vorschlag machen. **2.** Anflug *m*, Spur *f*. **3.** Andeutung *f*. **4.** *psych.* Suggestion *f*.
sug'ges·tive *adj* ☐ **1.** ***be ~ of*** → ***suggest*** 2. **2.** zweideutig (*Bemerkung etc*), viel sagend (*Blick etc*).
su·i·cid·al [sʊɪ'saɪdl] *adj* ☐ **1.** selbstmörderisch (*a. fig.*): ***~ thoughts*** *pl* Selbstmordgedanken *pl.* **2.** selbstmordgefährdet.
su·i·cide ['~saɪd] *s* **1.** Selbstmord *m* (*a. fig.*): ***commit ~*** Selbstmord begehen; ***he tried to commit ~*** er unternahm e-n Selbstmordversuch; ***~ attempt*** Selbstmordversuch *m*; → ***attempt*** 1. **2.** Selbstmörder(in).
suit [suːt] **I** *s* **1.** Anzug *m*; Kostüm *n*. **2.** *Kartenspiel*: Farbe *f*: ***follow ~*** (Farbe) bedienen; *fig.* dasselbe tun, nachziehen. **3.** → ***lawsuit.*** **II** *v/t* **4.** *j-m* stehen (*Farbe etc*). **5.** *j-m* passen (*Termin etc*): ***that ~s me fine*** das passt mir gut, das ist mir sehr recht; ***~ s.o.'s book*** F j-m ins Zeug passen. **6.** ***~ s.th., be ~ed to s.th.*** geeignet sein *od.* sich eignen für et.: ***they are well ~ed*** (***to each other***) sie passen gut zusammen. **7.** ***~ yourself!*** mach, was du willst! **8.** *et.* anpassen (***to*** *dat*).
'suit·a·ble *adj* ☐ passend, geeignet (***for, to*** für).
'suit·case *s* Koffer *m*.
suite [swiːt] *s* **1.** (*Möbel*)Garnitur *f*. **2.** Zimmerflucht *f*. **3.** ♪ Suite *f*.
suit·or ['suːtə] *s* **1.** Verehrer *m*. **2.** *econ.* Übernahmeinteressent(in).
sul·fa drug, sul·fate, sul·fide, sul·fonamide, sul·fur *Am.* → ***sulpha drug, sulphate, sulphide, sulphonamide, sulphur.***
sulk [sʌlk] **I** *v/i* schmollen. **II** *s*: ***have the ~s*** → I.
'sulk·y I *adj* ☐ **1.** schmollend. **2.** schnell schmollend. **II** *s* **3.** *Trabrennen*: Sulky *n*.
sul·len ['sʌlən] *adj* ☐ mürrisch.
sul·pha drug ['sʌlfə] *s bsd. Br. pharm.* Sulfonamid *n*.
sul·phate ['sʌlfeɪt] *s* ⚗ *bsd. Br.* Sulfat *n*.
sul·phide ['sʌlfaɪd] *s* ⚗ *bsd. Br.* Sulfid *n*.
sul·phon·a·mide [sʌl'fɒnəmaɪd] → ***sulpha drug.***
sul·phur ['sʌlfə] *s* ⚗, *min. bsd. Br.* Schwefel *m*.
sul·phu·ric [~'fjʊərɪk] *adj*: ***~ acid*** Schwefelsäure *f*.
sulphur·ous ['~fərəs] *adj* schwef(e)lig, Schwefel...
sul·tan ['sʌltən] *s* Sultan *m*.
sul·try ['sʌltrɪ] *adj* ☐ **1.** schwül. **2.** aufreizend (*Blick etc*).
sum [sʌm] **I** *s* **1.** Summe *f* (*a. fig.*), Betrag *m*: ***~-of-the-year digits method*** *econ.* Digitalabschreibung *f*; ***in ~*** *fig.* mit 'einem Wort. **2.** (einfache) Rechenaufgabe: ***do ~s*** rechnen. **II** *v/t* **3.** ***~ up*** zs.-fassen. **4.** ***~ up*** *j-n, et.* abschätzen. **III** *v/i* **5.** ***~ up*** zs.-fassen: ***to ~ up*** zs.-fassend.
sum·ma·rize ['sʌməraɪz] *v/t u. v/i* zs.-fassen.
'sum·mar·y I *s* Zs.-fassung *f*. **II** *adj* summarisch (*a.* ⚖); fristlos (*Entlassung*).
sum·mer ['sʌmə] **I** *s* Sommer *m*: ***in*** (***the***) ***~*** im Sommer. **II** *adj* Sommer... ***~ camp*** *s* Ferienlager *n*. **'~·house** *s* Gartenhaus *n*. ***~ sales*** *s pl* Sommerschlussverkauf *m*. **'~·time** *s* Sommer(szeit *f*) *m*: ***in*** (***the***) ***~*** im Sommer. ***~ time*** *s bsd. Br.* Sommerzeit *f* (*Uhrzeit*).
sum·mer·y ['sʌmərɪ] *adj* sommerlich, Sommer...
sum·mit ['sʌmɪt] **I** *s* Gipfel *m* (*a. econ., pol.*), *fig. a.* Höhepunkt *m*. **II** *adj bsd. econ., pol.* Gipfel...: ***~ conference.***
sum·mon ['sʌmən] *v/t* **1.** *j-n* zitieren (***to*** in *acc*); auffordern (***to do*** zu tun). **2.** *Versammlung etc* einberufen. **3.** ***~ up*** *Kraft, Mut etc* zs.-nehmen.
sum·mons ['~z] ⚖ **I** *s* Vorladung *f*. **II** *v/t j-n* vorladen.
sump [sʌmp] *s tech. bsd. Br.* Ölwanne *f*.
sump·tu·ous ['sʌmptʃʊəs] *adj* ☐ luxuriös.
sun [sʌn] **I** *s* Sonne *f*. **II** *v/t*: ***~ o.s.*** sich sonnen. **'~·bathe** *v/i* sonnenbaden, sich sonnen. **'~·beam** *s* Sonnenstrahl *m*. **'~·block** *s* Sonnenschutzmittel *n*. **'~·burn** *s* Sonnenbrand *m*. **'~·burned, '~·burnt** *adj*: ***be ~*** e-n Sonnenbrand haben.
sun·dae ['sʌndeɪ] *s* Eisbecher *m*.
Sun·day ['sʌndɪ] *s* Sonntag *m*: ***on ~*** (am) Sonntag; ***on ~s*** sonntags. ***~ best*** *s* Sonntagsstaat *m*. ***~ school*** *s* Sonntagsschule *f*.
'sun|·di·al *s* Sonnenuhr *f*. **'~·down** → ***sunset.*** **'~ˌdown·er** *s bsd. Br.* F Dämmerschoppen *m*.
sun·dries ['sʌndrɪz] *s pl* Diverses *n*, Verschiedenes *n*.
sun·dry ['~drɪ] *adj* diverse, verschiedene: ***~ creditors*** *pl* sonstige Verbindlichkeiten *pl*; ***~ debtors*** *pl* sonstige Forderungen *pl*; ***all and ~*** jedermann, *contp.* Hinz u. Kunz.
'sunˌflow·er *s* ⚘ Sonnenblume *f*.
sung [sʌŋ] *pp von* ***sing.***
'sun|ˌglass·es *s pl*, *a.* ***pair of ~*** Sonnenbrille *f*. ***~ god*** *s* Sonnengott *m*. ***~ hel·met*** *s* Tropenhelm *m*.
sunk [sʌŋk] *pret u. pp von* ***sink.***
sunk·en ['sʌŋkən] *adj* **1.** ge-, versunken; versenkt. **2.** eingefallen (*Wangen*), (*a. Augen*) eingesunken.
sun| lamp *s* Höhensonne *f*, Quarzlampe *f*. **'~·light** *s* Sonnenlicht *n*. **'~·lit** *adj* sonnenbeschienen.

S

sun·ny ['sʌnɪ] *adj* □ sonnig (*a. fig. Wesen etc*), *fig.* fröhlich (*Lächeln etc*): ~ ***side*** Sonnenseite *f* (*a. fig.*); ~***-side up*** nur auf 'einer Seite gebraten (*Ei*).

'**sun|·rise** *s* Sonnenaufgang *m*: ***at*** ~ bei Sonnenaufgang. '~**·roof** *s* **1.** *mot.* Schiebedach *n.* **2.** Dachterrasse *f.* '~**·screen** *s* Sonnenschutzcreme *f.* '~**·set** *s* Sonnenuntergang *m*: ***at*** ~ bei Sonnenuntergang. '~**·shade** *s* Sonnenschirm *m.* '~**·shine** *s* Sonnenschein *m.* '~**·stroke** *s* ⚕ Sonnenstich *m.* '~**·tan** *s* (Sonnen)Bräune *f*: ~ ***lotion*** (*od.* ***oil***) Sonnenöl *n.* '~**·tanned** *adj* braun gebrannt. '~**·up** → ***sunrise.*** ~ **vi·sor** *s mot.* Sonnenblende *f.*

su·per ['su:pə] *adj* F super, klasse.

su·per... ['su:pə] Über..., über...

ˌ**su·per·a'bun·dant** *adj* □ überreichlich.

su·per·an·nu·at·ed [ˌsu:pə'rænjʊeɪtɪd] *adj* **1.** pensioniert, im Ruhestand. **2.** *fig.* überholt, veraltet.

su·per·an·nu·a·tion ['su:pəˌrænjʊ'eɪʃn] *s* a) Pensionierung *f*, b) Pension *f*: ~ ***provision*** Pensionsrückstellung *f.*

su·perb [su:'pɜ:b] *adj* □ ausgezeichnet.

su·per·cil·i·ous [ˌsu:pə'sɪlɪəs] *adj* □ hochnäsig.

su·per·fi·cial [ˌsu:pə'fɪʃl] *adj* □ oberflächlich (*a. fig.*).

su·per·fi·ci·al·i·ty ['~ˌfɪʃɪ'ælətɪ] *s* Oberflächlichkeit *f.*

su·per·flu·ous [su:'pɜ:flʊəs] *adj* □ überflüssig.

'**su·per·glue** *s* Sekundenkleber *m.*

ˌ**su·per|'hu·man** *adj* □ übermenschlich. ˌ~**·im'pose** *v/t Bild etc* einblenden (***on*** in *acc*).

su·per·in·tend·ent [ˌsu:pərɪn'tendənt] *s* **1.** Aufsicht(sbeamte *m*, -beamtin *f*) *f.* **2.** *Br.* Kriminalrat *m*, -rätin *f.*

su·pe·ri·or [su:'pɪərɪə] **I** *adj* □ **1.** (***to***) überlegen (*dat*), besser (als): ***be*** ~ ***in number***(***s***) ***to*** *j-m* zahlenmäßig überlegen sein. **2.** ranghöher (***to*** als): ***be*** ~ ***to*** *a.* höher stehen als. **3.** ausgezeichnet, hervorragend. **4.** *b.s.* überheblich, -legen. **II** *s* **5.** Vorgesetzte *m, f.*

suˌ**pe·ri'or·i·ty** [~'ɒrətɪ] *s* **1.** Überlegenheit *f* (***over*** gegenüber): ~ ***in number***(***s***) zahlenmäßige Überlegenheit. **2.** Überheblichkeit *f.*

su·per·la·tive [su:'pɜ:lətɪv] **I** *adj* □ **1.** unübertrefflich, überragend: ~***ly happy*** unsagbar glücklich. **2.** ~ ***degree*** → 3. **II** *s* **3.** *ling.* Superlativ *m.*

'**su·per|·man** *s* (*irr* ***man***) Supermann *m.* '~ˌ**mar·ket** *s* Supermarkt *m*: ~ ***trolley*** *Br.* Einkaufswagen *m.* ˌ~'**natu·ral** **I** *adj* □ übernatürlich. **II** *s*: ***the*** ~ das Übernatürliche.

su·per·nu·mer·ar·y [ˌsu:pə'nju:mərərɪ] *adj* überzählig.

'**su·per|**ˌ**pow·er** *s pol.* Supermacht *f.* '~ˌ**sav·er** *s* Supersparpreis *m.*

su·per·sede [ˌsu:pə'si:d] *v/t et.* ablösen, ersetzen.

ˌ**su·per|'son·ic** *adj* ✈, *phys.* Überschall...: ***at*** ~ ***speed*** mit Überschallgeschwindigkeit. '~**·star** *s Sport etc*: Superstar *m.*

su·per·sti·tion [ˌsu:pə'stɪʃn] *s* Aberglaube *m, pl* abergläubische Vorstellungen *pl.*

su·per·sti·tious [ˌ~'stɪʃəs] *adj* □ abergläubisch.

'**su·per·store** *s* Einkaufsmarkt *m.*

'**su·per|**ˌ**struc·ture** *s* △ Oberbau *m*, ⚓ (Deck)Aufbauten *pl*; *fig.* Überbau *m.* '~ˌ**tank·er** *s* ⚓ Supertanker *m.*

su·per·vene [ˌsu:pə'vi:n] *v/i* dazwischenkommen.

su·per·vise ['su:pəvaɪz] *v/t* beaufsichtigen.

su·per·vi·sion [ˌ~'vɪʒn] *s* Beaufsichtigung *f*: ***under s.o.'s*** ~ unter j-s Aufsicht.

su·per·vi·sor ['~vaɪzə] *s* Aufseher(in), Aufsicht *f.*

ˌ**su·per'vi·so·ry board** *s econ.* Aufsichtsrat *m.*

sup·per ['sʌpə] *s* Abendessen *n, österr.* Nachtmahl *n, schweiz.* Nachtessen *n*: ***have*** ~ zu Abend essen; → ***lord*** 3.

sup·plant [sə'plɑ:nt] *v/t* verdrängen.

sup·ple ['sʌpl] *adj* □ gelenkig (*Körper etc*), (*a. Material*) geschmeidig, (*Material*) biegsam, elastisch.

sup·ple·ment **I** *s* ['sʌplɪmənt] **1.** Ergänzung *f* (***to*** *gen od.* zu). **2.** Nachtrag *m*, Anhang *m* (***to*** zu *e-m Buch*); Ergänzungsband *m.* **3.** Beilage *f* (*zu e-r Zeitung*). **II** *v/t* ['~ment] **4.** ergänzen, *Einkommen* aufbessern (***with*** mit).

supple·men·ta·ry [ˌ~'mentərɪ] *adj* ergänzend, zusätzlich: ~ ***benefit*** *Br.* Sozialhilfe *f.*

sup·pli·ca·tion [ˌsʌplɪ'keɪʃn] *s* Flehen *n.*

sup·pli·er [sə'plaɪə] *s* a) Lieferant(in), *a. pl* Lieferfirma *f*, b) Zulieferer *m*, Zulieferbetrieb *m*, c) Anbieter *m.*

sup·ply [sə'plaɪ] **I** *v/t* **1.** liefern; stellen, sorgen für. **2.** *j-n, et.* versorgen, *econ.* beliefern (***with*** mit). **3.** *e-m Bedürfnis etc* abhelfen. **II** *s* **4.** Lieferung *f* (***to*** an *acc*): ~ ***contract*** Liefervertrag *m.* **5.** Versorgung *f.* **6.** *econ.* Angebot *n*: ***aggregate*** ~ Gesamtangebot *n*; ~ ***and demand*** Angebot u. Nachfrage; → ***short*** 2. **7.** *mst pl* Vorrat *m* (***of*** an *dat*), *pl a.* Proviant *m, mil.* Nachschub *m.* **8.** *pl* (*Büroetc*)Bedarf *m.* ~ **short·age** *s* Lieferengpass *m.* ~ **teach·er** *s* Aushilfslehrer(in).

sup·port [sə'pɔ:t] **I** *v/t* **1.** (ab)stützen; *Gewicht etc* tragen; *fig. Währung* stützen. **2.** *j-n* (*a. finanziell*), *Forderung etc* unterstützen, *Familie* unterhalten: ~ ***Tottenham*** ein Tottenham-Anhänger sein. **3.** *Hobby etc*

finanzieren. **4.** *Theorie etc* beweisen, erhärten. **5.** *et.* aushalten, ertragen. **II** *s* **6.** Stütze *f*, *tech. a.* Stützbalken *m*, -pfeiler *m*. **7.** *fig.* Unterstützung *f*: ***in ~ of*** zur Unterstützung (*gen*); ***~ buying*** Stützkäufe *pl.*
sup'port·a·ble *adj* □ erträglich.
sup'port·er *s* Anhänger(in) (*a. Sport*), Befürworter(in).
sup'porting *adj* **1.** ***~ wall*** tragende Wand. **2.** *fig.* unterstützend: ***~ materials*** *pl ped.* Begleitmaterial *n*; ***~ part*** (*od.* ***role***) *thea. etc* Nebenrolle *f*; ***~ program(me)*** (*Film*) Beiprogramm *n*.
sup'port·ive *adj*: ***he was very ~ when I ...*** er war mir e-e große Stütze, als ich ...
sup·pose [sə'pəʊz] **I** *v/t* **1.** annehmen, vermuten: ***I ~ I must have fallen asleep*** ich muss wohl eingeschlafen sein. **2.** ***he is ~d (to be) rich*** er soll reich sein; ***you are not ~d to smoke here*** du darfst hier nicht rauchen; ***aren't you ~d to be at work?*** solltest du nicht (eigentlich) in der Arbeit sein?; ***what is that ~d to mean?*** was soll denn das? **3.** *et.* voraussetzen. **II** *v/i* **4.** ***I ~ so*** ich nehme es an, wahrscheinlich, vermutlich. **III** *cj* **5.** angenommen. **6.** wie wäre es, wenn: ***~ we went home?*** wie wäre es, wenn wir nach Hause gingen?
sup'posed *adj* □ angeblich.
sup'pos·ing *cj* **1.** → ***suppose*** 5, 6. **2.** vorausgesetzt.
sup·po·si·tion [ˌsʌpə'zɪʃn] *s* Annahme *f*, Vermutung *f*.
sup·pos·i·to·ry [sə'pɒzɪtərɪ] *s* ⚕ Zäpfchen *n*.
sup·press [sə'pres] *v/t* **1.** unterdrücken. **2.** ⚡ entstören.
sup·pu·rate ['sʌpjʊəreɪt] *v/i* eitern.
su·prem·a·cy [sʊ'preməsɪ] *s* Vormachtstellung *f*.
su·preme [sʊ'priːm] *adj* **1.** höchst, oberst. **2.** höchst, größt.
su'preme·ly *adv* höchst, absolut.
sur·charge I *s* ['sɜːtʃɑːdʒ] Auf-, Zuschlag *m* (***on*** auf *acc*); ✆ Nach-, Strafporto *n* (***on*** auf *acc*). **II** *v/t* [sɜː'tʃɑːdʒ] Nachporto *od.* e-n Zuschlag erheben auf (*acc*).
sure [ʃɔː] **I** *adj* (□ → ***surely***) **1.** *allg.* sicher: ***~ of o.s.*** selbstsicher; ***~ of victory*** (*od.* ***winning***) siegessicher; ***for ~*** ganz sicher *od.* bestimmt; ***~ thing!*** *bsd. Am.* F (aber) klar!; ***be*** (*od.* ***feel***) ***~*** sicher sein; ***you are ~ to like this play*** dir wird das Stück sicher *od.* bestimmt gefallen; ***be ~ to lock the door*** vergiss nicht abzuschließen; ***to be ~*** sicher(lich); ***make ~ that*** sich (davon) überzeugen, dass; dafür sorgen, dass; ***make ~ of s.th.*** sich von et. überzeugen; sich et. sichern. **II** *adv* **2.** F sicher, klar. **3.** ***~ enough*** tatsächlich. **'~ˌfire** *adj* F (tod)sicher.
sure·ly ['ʃɔːlɪ] *adv* **1.** sicher: → ***slow*** 1. **2.** sicher(lich), bestimmt.
sure·ty ['ʃɔːrətɪ] *s bsd.* ⚖ Bürgschaft *f*, Sicherheit *f*; Bürge *m*, Bürgin *f*: ***stand ~ for s.o.*** für j-n bürgen.
surf [sɜːf] **I** *s* Brandung *f*. **II** *v/i* surfen. **III** *v/t* ***~ the Internet*** im Internet surfen.
sur·face ['sɜːfɪs] **I** *s* **1.** Oberfläche *f* (*a. fig.*): ***on the ~*** äußerlich; vordergründig; oberflächlich betrachtet. **2.** (*Straßen*)Belag *m*, (-)Decke *f*. **II** *adj* **3.** Oberflächen...: ***~ mail*** gewöhnliche Post (*Ggs. Luftpost*); ***~ tension*** *phys.* Oberflächenspannung *f*. **4.** *fig.* oberflächlich. **III** *v/i* **5.** auftauchen (*a. fig.*). **IV** *v/t* **6.** *Straße* mit e-m Belag versehen.
sur·fact·ant [sɜː'fæktənt] *s* ⚗ Tensid *n*.
'surf·board *s* Surfboard *n*, -brett *n*.
sur·feit ['sɜːfɪt] **I** *s* Überangebot *n* (***of*** an *dat*). **II** *v/t*: ***~ o.s. with*** sich übersättigen an (*dat*).
surf·er ['sɜːfə] *s* Surfer(in).
'surf·ing *s* Surfen *n*.
surge [sɜːdʒ] **I** *s* **1.** ***a ~ of people*** e-e wogende Menschenmenge; ***there was a sudden ~ forward*** plötzlich drängte alles nach vorn. **2.** *fig.* Welle *f*, Woge *f* (*der Begeisterung*); (*Gefühls*)Aufwallung *f*, Anwandlung *f*. **3.** *electr.* Überspannung *f*, Spannungsspitze *f*: ***~ protector*** *Computer*: Überspannungsschutz *m*. **II** *v/i* **4.** drängen, strömen (*Menschenmenge*). **5.** *mst* ***~ up*** *fig.* aufwallen (***in*** in *dat*) (*Zorn etc*).
sur·geon ['sɜːdʒən] *s* Chirurg(in).
surger·y ['sɜːdʒərɪ] *s* **1.** Chirurgie *f*. **2.** ***he needs ~*** er muss operiert werden; ***remove by ~*** operativ entfernen. **3.** *Br.* Sprechzimmer *n*; Sprechstunde *f*: ***~ hours*** *pl* Sprechstunden *pl*.
sur·gi·cal ['~ɪkl] *adj* □ **1.** chirurgisch; operativ; Operations...: ***~ spirit*** *Br.* Wundbenzin *n*. **2.** ***~ stocking*** Stützstrumpf *m*.
'sur·gi·cen·ter *s Am.* Poliklinik *f*.
sur·ly ['sɜːlɪ] *adj* □ griesgrämig.
sur·mise I *s* ['sɜːmaɪz] Vermutung *f*. **II** *v/t* [sɜː'maɪz] vermuten.
sur·mount [sɜː'maʊnt] *v/t Schwierigkeit etc* überwinden.
sur'mount·a·ble *adj* überwindbar.
sur·name ['sɜːneɪm] *s* Familien-, Nach-, Zuname *m*: ***what is his ~?*** wie heißt er mit Familiennamen?
sur·pass [sə'pɑːs] *v/t* übertreffen.
sur·plus ['sɜːpləs] **I** *s* Überschuss *m* (***of*** an *dat*); *econ.* Reingewinn *m*; nicht ausgeschüttete Gewinne *pl*. **II** *adj* überschüssig: ***be ~ to requirements*** zu viel sein; ***~ capacity*** Überkapazität *f*; ***~ dividend*** Überschussdividende *f*.
sur·prise [sə'praɪz] **I** *s* Überraschung *f*: ***in ~*** überrascht; ***take by ~*** überraschen; →

much 2. **II** *adj* überraschend, Überraschungs... **III** *v/t* überraschen: ***be ~d at*** (*od.* ***by***) überrascht sein über (*acc*); ***I wouldn't be ~d if*** es würde mich nicht wundern, wenn.

sur'pris·ing *adj* □ überraschend: ***~ly*** (***enough***) überraschenderweise.

sur·re·al·ism [sə'rɪəlɪzəm] *s Kunst*: Surrealismus *m.*

sur're·al·ist **I** *s* Surrealist(in). **II** *adj* surrealistisch.

sur,real'is·tic *adj* (***~ally***) surrealistisch.

sur·ren·der [sə'rendə] **I** *v/i* **1.** (***to***) *mil.* sich ergeben (*dat*), kapitulieren (vor *dat*) (*beide a. fig.*): ***~ to the police*** sich der Polizei stellen. **II** *v/t* **2.** *et.* übergeben, ausliefern (***to*** *dat*): ***~ o.s. to the police*** sich der Polizei stellen. **3.** *Anspruch etc* aufgeben, verzichten auf (*acc*). **III** *s* **4.** *mil.* Kapitulation *f* (***to*** vor *dat*) (*a. fig.*). **5.** (***of***) Aufgabe *f* (*gen*), Verzicht *m* (auf *acc*).

sur·rep·ti·tious [ˌsʌrəp'tɪʃəs] *adj* □ heimlich, verstohlen.

sur·ro·gate ['sʌrəgeɪt] *adj*: ***~ mother*** Leihmutter *f.*

sur·round [sə'raʊnd] *v/t* **1.** umgeben. **2.** *Haus etc* umstellen.

sur'round·ing **I** *adj* umliegend. **II** *s pl* Umgebung *f.*

sur·tax ['sɜːtæks] *s* Steuerzuschlag *m*, Zusatzsteuer *f.*

sur·veil·lance [sɜː'veɪləns] *s* Überwachung *f*: ***be*** (***keep***) ***under ~*** überwacht werden (überwachen).

sur·vey **I** *v/t* [sə'veɪ] **1.** (sich) *et.* betrachten (*a. fig.*). **2.** *Land* vermessen. **3.** *Haus etc* begutachten. **II** *s* ['sɜːveɪ] **4.** Umfrage *f*, Befragung *f*, Studie *f*, Datenerhebung *f*: ***~ period*** Erhebungszeitraum *m.* **5.** Überblick *m* (***of*** über *acc*). **6.** Vermessung *f.* **7.** Begutachtung *f.*

sur'vey·or *s* **1.** Land(ver)messer(in). **2.** Gutachter(in).

sur·viv·al [sə'vaɪvl] *s* **1.** Überleben *n* (*a. fig.*): ***~ training*** Überlebenstraining *n.* **2.** Überbleibsel *n* (***from*** aus *e-r Zeit*).

sur'vive **I** *v/t* **1.** *j-n, et.* überleben; *Erdbeben etc* überstehen (*Haus etc*); *Jahrhundert etc* überdauern (*Brauch etc*). **II** *v/i* **2.** überleben (*a. fig.*), am Leben bleiben. **3.** erhalten bleiben *od.* sein.

sur'vi·vor *s* Überlebende *m, f* (***from, of*** *gen*).

sur·vi·vor's pension *s* Hinterbliebenenrente *f.*

sus·cep·ti·ble [sə'septəbl] *adj* □ **1.** empfänglich (***to*** für). **2.** anfällig (***to*** für). **3.** leicht zu beeindrucken(d).

sus·pect **I** *v/t* [sə'spekt] **1.** *j-n* verdächtigen (***of*** *gen*): ***~ s.o. of doing s.th.*** j-n im *od.* in Verdacht haben, et. zu tun; ***be ~ed of doing s.th.*** im *od.* unter dem Verdacht stehen, et. zu tun. **2.** *et.* vermuten. **3.** *et.* an-, bezweifeln. **II** *s* ['sʌspekt] **4.** Verdächtige *m, f.* **III** *adj* ['sʌspekt] **5.** verdächtig, suspekt.

sus·pend [sə'spend] *v/t* **1.** aufhängen (***from*** an *dat*). **2.** *Verkauf, Zahlungen etc* (vorübergehend) einstellen; ⚖ *Strafe* zur Bewährung aussetzen: ***he was given a two-year ~ed sentence*** er bekam zwei Jahre mit Bewährung. **3.** *j-n* suspendieren (***from duty*** vom Dienst); vorübergehend ausschließen (***from*** aus); (*Sport*) sperren (***for two games*** für zwei Spiele).

sus'pend·er *s* **1.** *Br.* Strumpfhalter *m*, Straps *m*: ***~ belt*** Strumpf(halter)-, Strapsgürtel *m.* **2.** *pl*, *a.* ***pair of ~s*** *Am.* Hosenträger *pl.*

sus·pense [sə'spens] *s* Spannung *f*: ***in ~*** gespannt, voller Spannung; ***full of ~*** spannend; ***keep s.o. in ~*** j-n auf die Folter spannen. ***~*** **ac·count** *s econ.* Interimskonto *n.*

sus'pen·sion *s* **1.** *mot. etc* Aufhängung *f*: ***~ bridge*** Hängebrücke *f*; ***~ file*** Hängeordner *m*; ***~ filing system*** Hängeregistratur *f*; ***~ handle*** Hängerahmen *m*; ***~ pocket*** Hängemappe *f*, -tasche *f*, -sammler *m*; ***~ trolley*** EDV-Hänge-Muli *m.* **2.** (vorübergehende) Einstellung: ***~ of payments*** Zahlungseinstellung *f.* **3.** Suspendierung *f*; vorübergehender Ausschluss; (*Sport*) Sperre *f*: ***he received a two-game ~*** er wurde für zwei Spiele gesperrt.

sus·pi·cion [sə'spɪʃn] *s* **1.** Verdacht *m* (***of*** gegen): ***be above*** (*od.* ***beyond***) ***~*** über jeden Verdacht erhaben sein; ***be under ~ of murder*** unter Mordverdacht stehen. **2.** *a. pl* Verdacht *m*, Argwohn *m*, Misstrauen *n* (***of*** gegen): ***with ~*** argwöhnisch, misstrauisch. **3.** Verdacht *m*, Vermutung *f.* **4.** *fig.* Hauch *m*, Spur *f.*

sus'pi·cious *adj* □ **1.** verdächtig. **2.** argwöhnisch, misstrauisch (***of*** gegen): ***become ~*** *a.* Verdacht schöpfen.

sus·tain [sə'steɪn] *v/t* **1.** *j-n* (*a. moralisch*) stärken. **2.** *Interesse etc* aufrechterhalten. **3.** *Schaden, Verlust* erleiden. **4.** ♪ *Ton* (aus)halten. **5.** ⚖ *e-m Einspruch etc* stattgeben. **6.** *Gewicht* aushalten, tragen.

sus'tained *adj* anhaltend.

su·ture ['suːtʃə] ⚕ **I** *s* Naht *f.* **II** *v/t Wunde* nähen.

svelte [svelt] *adj* gertenschlank (*Frau*).

SW ***southwest*** SW, Südwest(en *m*); ***southwestern*** sw., südwestlich.

swab [swɒb] ⚕ **I** *s* **1.** Tupfer *m.* **2.** Abstrich *m*: ***take a ~*** e-n Abstrich machen. **II** *v/t* **3.** *Wunde* abtupfen.

swad·dle ['swɒdl] *v/t Baby* wickeln.

swag·ger ['swægə] **I** *v/i* stolzieren. **II** *s*: ***walk with a*** ~ → I.

swal·low[1] ['swɒləʊ] *s orn.* Schwalbe *f.*

swal·low[2] [~] **I** *v/t* **1.** schlucken (*a. fig.* F *glauben, hinnehmen*): ~ ***one's words*** zugeben, dass man sich geirrt hat; ~ ***up*** *Betrieb, Gewinn etc* schlucken, verschlingen. **2.** *Ärger, Tränen etc* hinunterschlucken, *s-n Stolz* vergessen. **II** *v/i* **3.** schlucken: ~ ***hard*** *fig.* kräftig schlucken. **III** *s* **4.** Schluck *m.*

swam [swæm] *pret von* ***swim.***

swamp [swɒmp] **I** *s* Sumpf *m.* **II** *v/t* überschwemmen: ***be*** ~***ed with*** *fig.* überschwemmt werden mit.

'swamp·y *adj* sumpfig.

swan [swɒn] *s orn.* Schwan *m.*

swank [swæŋk] F **I** *v/i* **1.** angeben. **II** *s* **2.** Angeber(in). **3.** Angabe *f.*

'swank·y *adj* □ F **1.** piekfein. **2.** angeberisch.

'swan·song *s fig.* Schwanengesang *m.*

swap [swɒp] F **I** *v/t* **1.** *et.* tauschen (***with*** mit), (ein)tauschen (***for*** für, gegen): ~ ***places*** die Plätze tauschen. **II** *v/i* **2.** tauschen: ~ ***over*** (*od.* ***round***) die Plätze tauschen. **III** *s* **3.** Tausch *m*: ***do a*** ~ tauschen; ***do*** (*od.* ***get***) ***a good*** (***bad***) ~ e-n guten (schlechten) Tausch machen. **4.** Tauschobjekt *n.* ~ ***meet*** *s Am. etwa* Flohmarkt *m.* ~ **trans·ac·tion** *s econ.* Swap-Geschäft *n.*

swarm [swɔːm] **I** *s* **1.** Schwarm *m* (*Bienen, Touristen etc*). **II** *v/i* **2.** schwärmen (*Bienen*), (*Menschen a.*) strömen. **3.** ~ ***with*** wimmeln von: ***the square was*** ~***ing with people*** auf dem Platz wimmelte es von Menschen.

swarth·y ['swɔːðɪ] *adj* dunkel (*Haut*), dunkelhäutig (*Person*).

swash·buck·ling ['swɒʃˌbʌklɪŋ] *adj* verwegen (*Person*), abenteuerlich (*Film*).

swas·ti·ka ['swɒstɪkə] *s* Hakenkreuz *n.*

swat [swɒt] **I** *v/t Fliege etc* totschlagen. **II** *s* → ***swatter.***

'swat·ter *s* Fliegenklappe *f*, -klatsche *f.*

sway [sweɪ] **I** *v/i* **1.** sich wiegen (***in the wind*** im Wind) (*Bäume etc*), schaukeln (*Schiff etc*): ~ ***between*** *fig.* schwanken zwischen (*dat*). **II** *v/t* **2.** hin u. her bewegen, *s-n Körper* wiegen, *Fahne etc* schwenken. **3.** *j-n* beeinflussen; umstimmen. **III** *s* **4.** Schaukeln *n.*

swear [sweə] (*irr*) **I** *v/i* **1.** schwören (***on the Bible*** auf die Bibel; ***to God*** bei Gott): ~ ***by*** *fig.* F schwören auf (*acc*); ***I couldn't*** ~ ***to it*** ich kann es nicht beschwören. **2.** fluchen: ~ ***at s.o.*** j-n wüst beschimpfen. **II** *v/t* **3.** schwören (***to do*** zu tun; ***that*** dass): ~ ***s.th. to s.o.*** j-m et. schwören; → ***oath*** 1. **4.** ~ ***in*** *Minister, Zeugen etc* vereidigen; ***I was sworn to secrecy*** ich musste hoch u. heilig versprechen, kein Wort darüber zu sagen. **'~·word** *s* Fluch *m*; Kraftausdruck *m.*

sweat [swet] **I** *v/i* (*Am. a. irr*) **1.** schwitzen (***with*** vor *dat*) (*a. fig.* F). **II** *v/t* (*Am. a. irr*) **2.** ~ ***out*** *Krankheit* ausschwitzen: ~ ***it out*** F durchhalten; ~ ***blood*** F sich abrackern (***over*** mit). **III** *s* **3.** Schweiß *m*: ***cold*** ~ kalter Schweiß, Angstschweiß; ***no*** ~***!*** F kein Problem!; ***get in***(***to***) ***a*** ~ *fig.* F ins Schwitzen geraten (***about*** wegen). **4.** F Schufterei *f.* **'~·band** *s Sport*: Schweißband *n.*

sweat·er ['swetə] *s* Pullover *m.*

sweat| gland *s anat.* Schweißdrüse *f.* **'~-shirt** *s* Sweatshirt *n* (*weiter Baumwollpullover*). **'~·shop** *s* F Ausbeutungsbetrieb *m*, Ausbeuterfirma *f.*

sweat·y ['swetɪ] *adj* □ **1.** schweißig, verschwitzt. **2.** nach Schweiß riechend, Schweiß... **3.** schweißtreibend.

Swede [swiːd] *s* Schwede *m*, Schwedin *f.*

Swe·den ['swiːdn] *npr* Schweden *n.*

Swed·ish ['swiːdɪʃ] **I** *adj* **1.** schwedisch. **II** *s* **2.** *ling.* Schwedisch *n.* **3.** ***the*** ~ *pl* die Schweden *pl.*

sweep [swiːp] **I** *s* **1.** ***give the floor a*** ~ den Boden kehren *od.* fegen *od. schweiz.* wischen; ***make a clean*** ~ *fig.* gründlich aufräumen; (*Sport etc*) gründlich abräumen. **2.** Hieb *m*, Schlag *m.* **3.** Schornsteinfeger(in), Kaminkehrer(in). **II** *v/t* (*irr*) **4.** *Fußboden, Krümel etc* kehren, fegen, *schweiz.* wischen: ~ ***the board*** (*Sport etc*) gründlich abräumen; → ***carpet*** 1, ***rug*** 1. **5.** fegen über (*acc*) (*Sturm etc*); *fig. Land etc* überschwemmen (*Protestwelle etc*). **6.** ~ ***along*** mitreißen; ~ ***s.o. off his feet*** *fig.* j-s Herz im Sturm erobern. **7.** *Horizont etc* absuchen (***for*** nach). **III** *v/i* (*irr*) **8.** kehren, fegen: → ***broom.*** **9.** rauschen (*Person*): ~ ***past s.o.*** an j-m vorbeirauschen.

Verbindungen mit Adverbien:

sweep| a·side *v/t Einwände etc* beiseite schieben. ~ **a·way** *v/t* **1.** aufräumen mit. **2.** ***be swept away by*** *fig.* mitgerissen werden von. ~ **up** *v/t* **1.** (*a. v/i*) zs.-kehren, -fegen. **2.** *j-n* hochreißen.

sweep·er ['swiːpə] *s* **1.** (*Straßen*)Kehrer(in). **2.** Kehrmaschine *f.* **3.** *Fußball*: Libero *m.*

'sweep·ing I *adj* □ **1.** durchgreifend (*Änderung etc*). **2.** pauschal. **II** *s pl* **3.** Kehricht *m.*

sweet [swiːt] **I** *adj* □ **1.** süß (*a. fig.*): ~ ***nothings*** *pl* Zärtlichkeiten *pl*; ~ ***potato*** ♀ Batate *f*, Süßkartoffel *f*; ***revenge is*** ~ Rache ist süß; ~ ***talk*** F Schmeichelei(en *pl*) *f*; ***have a*** ~ ***tooth*** gern naschen. **2.** lieblich (*Musik etc*). **3.** lieb. **II** *s* **4.** *Br.* Bonbon *m, n*, Süßigkeit *f*, *österr.* Zuckerl *n.* **5.** *Br.* Nachtisch *m*: ***for*** ~ als *od.* zum Nachtisch. **ˌ~-and-'sour** *adj gastr.* süßsauer.

sweet·en ['swi:tn] I *v/t* **1.** süßen. **2.** *fig.* besänftigen; freundlicher stimmen. **3.** *a.* ~ **up** F *j-n* schmieren. II *v/i* **4.** süß(er) werden.
'**sweet·en·er** *s* **1.** Süßstoff *m.* **2.** F Schmiergeld *n.*
'**sweet·heart** *s* Schatz *m* (*Anrede*).
sweet·ie ['swi:tɪ] *s* F **1.** *Br.* Bonbon *m, n.* **2.** ***be a*** ~ *fig.* süß sein.
'**sweet|·meat** *s* Leckerei *f.* '**~-talk** *v/t* F *j-m* schmeicheln.
swell [swel] I *v/i* (*mst irr*) **1.** *a.* ~ **up** ⚕ (an)schwellen. **2.** *a.* ~ **out** ⚓ sich blähen (*Segel*). **3.** *fig.* anschwellen (**into** zu) (*Geräusch*); anwachsen (*Zahl etc*). II *v/t* (*mst irr*) **4.** *a.* ~ **out** *Segel* blähen (*Wind*). **5.** *fig. Zahl etc* anwachsen lassen. III *s* **6.** ⚓ Dünung *f.* IV *adj* **7.** *Am.* F klasse.
'**swell·ing** *s* Schwellung *f.*
swel·ter ['sweltə] *v/i* vor Hitze fast umkommen.
'**swel·ter·ing** *adj* schwül.
swept [swept] *pret u. pp von* ***sweep.***
swerve [swɜ:v] I *v/i* **1.** schwenken (***to the left*** nach links), e-n Schwenk machen. **2.** *fig.* abweichen (***from*** von). II *s* **3.** Schwenk(ung *f*) *m, mot. etc a.* Schlenker *m.*
swift [swɪft] *adj* □ schnell: ***be ~ to do s.th.*** et. schnell tun.
'**swift·ness** *s* Schnelligkeit *f.*
SWIFT ***Society for Worldwide Interbank Financial Telecommunication*** Gesellschaft *f* für den internationalen Zahlungsverkehr zwischen Banken mittels Datenfernübertragung.
swig [swɪg] F I *v/t Getränk* hinunterkippen. II *s*: ***take a ~ at the bottle*** e-n Zug aus der Flasche tun; ***take a ~ of beer*** e-n kräftigen Schluck Bier nehmen.
swill [swɪl] *v/t u. v/i contp.* saufen.
swim [swɪm] I *v/i* (*irr*) **1.** schwimmen: → ***tide*** 2. **2.** *fig.* verschwimmen (***before s.o.'s eyes*** vor j-s Augen); ***my head was ~ming*** mir drehte sich alles. II *v/t* (*irr*) **3.** *Strecke* schwimmen; *Gewässer* durchschwimmen. III *s* **4.** ***go for a ~*** schwimmen gehen.
'**swim·mer** *s* Schwimmer(in).
'**swim·ming** I *s* Schwimmen *n.* II *adj* Schwimm...: ~ ***bath*(*s*** *pl*) *Br.* Schwimm-, *bsd.* Hallenbad *n*; ~ ***cap*** Badekappe *f*, -mütze *f*; ~ ***costume*** Badeanzug *m*; ~ ***pool*** Swimmingpool *m*, Schwimmbecken *n*; (***pair of***) ~ ***trunks*** *pl* Badehose *f.*
'**swim·suit** *s* Badeanzug *m.*
swin·dle ['swɪndl] I *v/t j-n* beschwindeln (***out of*** um): ~ ***s.o. out of s.th.*** *a.* j-m et. abschwindeln. II *s* Schwindel *m.*
'**swindler** *s* Schwindler(in).
swine [swaɪn] *s* **1.** *pl* ~ *zo.* Schwein *n.* **2.** *pl* ~(**s**) *sl. contp.* Schwein *n.*
swing [swɪŋ] I *v/i* (*irr*) **1.** (hin u. her) schwingen. **2.** sich schwingen; einbiegen, -schwenken (***into*** in *acc*): ~ ***round*** sich ruckartig umdrehen; ~ ***shut*** zuschlagen (*Tor etc*). **3.** ♪ schwungvoll spielen (*Band etc*); Schwung haben (*Musik*). II *v/t* **4.** *et., die Arme etc* schwingen. III *s* **5.** Schwingen *n.* **6.** Schaukel *f.* **7.** *Boxen*: Schwinger *m.* **8.** *fig.* Schwung *m*: ***be in full ~*** in vollem Gang sein. **9.** *fig.* Umschwung *m*: ~ ***in opinion*** Meinungsumschwung. ~ **door** *s* Pendeltür *f.*
swinge·ing ['swɪndʒɪŋ] *adj bsd. Br.* einschneidend (*Kürzungen etc*), extrem hoch (*Besteuerung etc*).
swing·ing ['swɪŋɪŋ] *adj* □ **1.** schwingend: ~ ***door*** *bsd. Am.* Pendeltür *f.* **2.** *fig.* schwungvoll. **3.** *fig.* lebenslustig.
swin·ish ['swaɪnɪʃ] *adj* □ ekelhaft.
swipe [swaɪp] I *s* Schlag *m*: ***take a ~ at*** → II. II *v/i*: ~ ***at*** schlagen nach. III *v/t* F klauen.
swirl [swɜ:l] I *v/i* wirbeln. II *s* Wirbel *m.*
swish [swɪʃ] I *v/i* **1.** sausen, zischen. **2.** rascheln (*Seide etc*). II *v/t* **3.** mit *dem Schwanz* schlagen. III *s* **4.** Sausen *n*, Zischen *n.* **5.** Rascheln *n.* IV *adj* **6.** F feudal.
Swiss [swɪs] I *s* Schweizer(in): ***the*** ~ *pl* die Schweizer *pl.* II *adj* schweizerisch, Schweizer(...): ~ ***roll*** Biskuitrolle *f.*
switch [swɪtʃ] I *s* **1.** ⚡, *tech.* Schalter *m.* **2.** Gerte *f*, Rute *f.* **3.** 🚂 *Am.* Weiche *f.* **4.** *fig.* Umstellung *f.* II *v/t* **5.** *a.* ~ ***over*** ⚡, *tech.* (um)schalten, *Produktion etc* umstellen (***to*** auf *acc*): ~ ***off*** ab-, ausschalten; ~ ***on*** an-, einschalten. III *v/i* **6.** *a.* ~ ***over*** ⚡, *tech.* (um)schalten (***to*** auf *acc*), *fig.* überwechseln (***to*** zu): ~ ***off*** abschalten (*a. fig.* F *Person*), ausschalten; ~ ***on*** an-, einschalten; ~ ***round*** umschlagen (*Wind*). '**~·back** *s* **1.** Gebirgs-, Serpentinenstraße *f.* **2.** Achterbahn *f.* '**~·board** *s* **1.** ⚡ Schalttafel *f.* **2.** (Telefon)Zentrale *f*: ***through*** (*od.* ***via***) ***the*** ~ über die Zentrale; ~ ***operator*** Telefonist(in).
Swit·zer·land ['swɪtsələnd] *npr die* Schweiz.
swiv·el ['swɪvl] *v/i pret u. pp* **-eled,** *bsd. Br.* **-elled** sich drehen: ~ ***round*** sich herumdrehen. ~ **chair** *s* Drehstuhl *m.*
swol·len ['swəʊlən] *pp von* ***swell.*** ˌ**~-'headed** *adj fig.* aufgeblasen.
swoon [swu:n] *v/i* schwärmen (***over*** für).
swoop [swu:p] I *v/i* **1.** *a.* ~ ***down*** herabstoßen (***on*** auf *acc*) (*Raubvogel*). **2.** *fig.* zuschlagen (*Polizei etc*): ~ ***on*** herfallen über (*acc*); e-e Razzia machen in (*dat*). II *s* **3.** Razzia *f.*
swop → ***swap.***
sword [sɔ:d] *s* Schwert *n*: ***cross ~s*** die Klingen kreuzen (***with*** mit) (*a. fig.*).
swore [swɔ:] *pret von* ***swear.***
sworn [swɔ:n] I *pp von* ***swear.*** II *adj* **1.** ~ ***enemies*** *pl* Todfeinde *pl.* **2.** ⚖ eidlich.

swot [swɒt] *Br.* F **I** *v/i* büffeln, pauken (***for*** für). **II** *v/t*: ~ ***up*** → I. **III** *s* Büffler(in); Streber(in).
swum [swʌm] *pp von* ***swim.***
swung [swʌŋ] *pret u. pp von* ***swing.***
syl·la·bi ['sɪləbaɪ] *pl von* ***syllabus.***
syl·lab·ic [sɪ'læbɪk] *adj* Silben...; ...silbig.
syl·la·ble ['sɪləbl] *s* Silbe *f.*
syl·la·bus ['sɪləbəs] *pl* **-bus·es, -bi** ['~baɪ] *s ped., univ.* Lehrplan *m.*
sym·bi·o·sis [ˌsɪmbɪ'əʊsɪs] *s biol.* Symbiose *f.*
sym·bol ['sɪmbl] *s* Symbol *n* (*a.* ⚗).
sym·bol·ic [~'bɒlɪk] *adj* (**~ally**) symbolisch: ***be ~ of*** *et.* symbolisieren.
sym·bol·ism ['~bəlɪzəm] *s* Symbolik *f.*
sym·bol·ize ['~bəlaɪz] *v/t* symbolisieren.
sym·met·ri·cal [sɪ'metrɪkl] *adj* □ symmetrisch.
sym·me·try ['sɪmətrɪ] *s* Symmetrie *f.*
sym·pa·thet·ic [ˌsɪmpə'θetɪk] *adj* (**~ally**) **1.** mitfühlend: ~ ***strike*** *econ.* Sympathiestreik *m.* **2.** verständnisvoll; wohl wollend: ***be ~ to*** (*od.* ***toward[s]***) wohl wollend gegenüberstehen (*dat*).
'**sym·pathize** *v/i* **1.** mitfühlen (***with*** mit). **2.** (***with***) Verständnis haben (für); wohl wollend gegenüberstehen (*dat*); sympathisieren (mit).
'**sym·pa·thiz·er** *s* Sympathisant(in).
'**sym·pa·thy** *s* **1.** Mitgefühl *n*: ***in ~*** mitfühlend; ***letter of ~*** Beileidsschreiben *n*; ~ ***strike*** *econ.* Sympathiestreik *m.* **2.** Verständnis *n*; Wohlwollen *n*: ***be in ~ with*** sympathisieren mit. **3.** *pl* Sympathien *pl*: ***my sympathies are*** (*od.* ***lie***) ***with*** m-e Sympathien gehören (*dat*). **4.** *pl* Beileid *n*, Teilnahme *f.*
sym·phon·ic [sɪm'fɒnɪk] *adj* (**~ally**) ♪ sinfonisch.
sym·pho·ny ['~fənɪ] *s* Sinfonie *f.* ~ ***orchestra*** Sinfonieorchester *n.*
sym·po·si·um [sɪm'pəʊzjəm] *pl* **-si·ums, -si·a** [~zjə] *s* Symposium *n*, Symposion *n.*
symp·tom ['sɪmptəm] *s* ⚕ Symptom *n*, Anzeichen *n* (***of*** für, von) (*beide a. fig.*).
symp·to·mat·ic [ˌ~'mætɪk] *adj* (**~ally**) symptomatisch (***of*** für).
syn·a·gogue ['sɪnəgɒg] *s* Synagoge *f.*
syn·chro·nize ['sɪŋkrənaɪz] **I** *v/t* aufeinander abstimmen; *Film, Uhren* synchronisieren. **II** *v/i* synchron sein (*Film*) *od.* gehen (*Uhren*).
syn·di·cate ['sɪndɪkət] *s econ.* Konsortium *n.*
syn·drome ['sɪndrəʊm] *s* ⚕ Syndrom *n.*
syn·er·get·ic [ˌsɪnə'dʒetɪk] *adj* (**~ally**) synergetisch: ~ ***effects*** *pl* Synergieeffekte *pl.*
syn·er·gy ['sɪnədʒɪ] *s* Synergie *f*: ~ ***effects*** *pl* Synergieeffekte *pl.*
syn·od ['sɪnəd] *s eccl.* Synode *f.*
syn·o·nym ['sɪnənɪm] *s ling.* Synonym *n.*
syn·on·y·mous [sɪ'nɒnɪməs] *adj* □ synonym: ***be ~ with*** *fig.* gleichbedeutend sein mit.
syn·op·sis [sɪ'nɒpsɪs] *pl* **-ses** [~siːz] *s* Zs.-fassung *f.*
syn·tac·tic [sɪn'tæktɪk] *adj* (**~ally**) *ling.* syntaktisch.
syn·tax ['sɪntæks] *s* Syntax *f*, Satzlehre *f*, *Computer*: Syntax *f.*
syn·the·sis ['sɪnθəsɪs] *pl* **-ses** ['~siːz] *s* Synthese *f.*
syn·the·size ['~saɪz] *v/t* ⚗ synthetisch *od.* künstlich herstellen.
'**syn·the·siz·er** *s* Synthesizer *m.*
syn·thet·ic [sɪn'θetɪk] *adj* (**~ally**) ⚗ synthetisch, Kunst...
syph·i·lis ['sɪfɪlɪs] *s* ⚕ Syphilis.
sy·phon → ***siphon.***
Syr·ia ['sɪrɪə] *npr* Syrien *n.*
Syr·ian ['sɪrɪən] **I** *adj* syrisch. **II** *s* Syrer(in).
syr·inge ['sɪrɪndʒ] *s* ⚕ Spritze *f.*
syr·up ['sɪrəp] *s* **1.** Sirup *m.* **2.** ⚕ (*Husten*)Sirup *m*, (-)Saft *m.*
'**syr·up·y** *adj* **1.** sirupartig. **2.** *fig.* zuckersüß.
sys·tem ['sɪstəm] *s* **1.** *allg.* System *n*: ~ ***of government*** Regierungssystem; → ***digestive*** 2, ***nervous*** 1, ***respiratory.*** **2.** (*Straßen- etc*)Netz *n.* **3.** *Computer*: Anlage *f*: ~ ***crash*** Systemausfall *m*, F *Absturz m*; ~ ***control*** Systemkontrolle *f*; ~ ***error*** Systemfehler *m*; ~ ***failure*** Systemausfall *m*; ~ ***start-up*** Systemstart *m*; ~ ***support*** Systemunterstützung *f*; **~*s analysis*** Systemanalyse *f*; **~*s analyst*** Systemanalytiker(in). **4.** Organismus *m*: ***get s.th. out of one's ~*** *fig.* sich et. von der Seele reden.
sys·tem·at·ic [ˌ~tə'mætɪk] *adj* (**~ally**) systematisch.
sys·tem·a·tize ['~tɪmətaɪz] *v/t* systematisieren.

T

T [ti:] *s pl* **T's** *s* T *n*: F ***that's him to a T*** das ist er, wie er leibt u. lebt; ***fit to a T*** wie angegossen passen *od.* sitzen; ***suit s.o. to a T*** j-m ausgezeichnet passen.

t ***tonne*(s)** t, Tonne(n *pl*) *f* (*1000 kg*).

tab [tæb] *s* **1.** Aufhänger *m*, Schlaufe *f*; Lasche *f*. **2.** Etikett *n*, Schildchen *n*, Reiter *m*. **3.** ***keep ~s*** (*od.* ***a ~***) ***on*** F *j-n* überwachen. **4.** F Rechnung *f*: ***pick up the ~*** (die Rechnung) bezahlen. **5.** F → ***tabulator***: ***~ key*** Tabulatortaste *f*.

ta·ble ['teɪbl] **I** *s* **1.** Tisch *m*: ***at ~*** bei Tisch; ***at the ~*** am Tisch; ***under the ~*** *fig.* unter der Hand; ***drink s.o. under the ~*** j-n unter den Tisch trinken; ***put on the ~*** auf den Tisch legen (*a. fig.*); ***turn the ~s*** (***on s.o.***) *fig.* den Spieß umdrehen *od.* umkehren. **2.** Tisch *m*, (Tisch)Runde *f*. **3.** Tabelle *f*: → ***content***[1] 1. **4.** ⅍ Einmaleins *n*. **II** *v/t* **5.** *fig.* auf den Tisch legen. **6.** *Am. fig.* zurückstellen. '**~cloth** *s* Tischdecke *f*, -tuch *n*. **~ lamp** *s* Tischlampe *f*. **~ man·ners** *s pl* Tischmanieren *pl*. '**~·spoon** *s* Esslöffel *m*.

tab·let ['tæblɪt] *s* **1.** *pharm.* Tablette *f*. **2.** Stück *n* (*Seife*). **3.** (*Stein- etc*)Tafel *f*.

ta·ble| ten·nis *s Sport*: Tischtennis *n*. '**~ware** *s* Geschirr *n* u. Besteck *n*. **~ wine** *s* Tafel-, Tischwein *m*.

tab·loid ['tæblɔɪd] *s* Boulevardblatt *n*, -zeitung *f*. **~ press** *s* Boulevardpresse *f*.

ta·boo, ta·bu [tə'bu:] **I** *s* Tabu *n*. **II** *adj* Tabu...: ***~ subject*** Tabu *n*; ***be ~*** tabu sein. **III** *v/t* tabuisieren.

tab·u·lar ['tæbjʊlə] *adj* □ tabellarisch: ***in ~ form*** tabellarisch.

tab·u·late ['~leɪt] *v/t* tabellarisch (an)ordnen.

tab·u·la·tor *s typ.* Tabulator *m*.

tach·o·graph ['tækəʊgrɑ:f] *s mot.* Fahrt(en)schreiber *m*.

ta·chom·e·ter [tæ'kɒmɪtə] *s mot.* Drehzahlmesser *m*.

tac·it ['tæsɪt] *adj* □ stillschweigend.

tac·i·turn ['~tɜ:n] *adj* □ schweigsam, wortkarg.

tack [tæk] **I** *s* **1.** Stift *m*, Zwecke *f*. **2.** Heftstich *m*. **3.** ***change ~*** *fig.* umschwenken. **II** *v/t* **4.** heften (***to*** an *acc*). **5.** *Stoffteile* heften. **6.** ***~ on*** anfügen (***to*** *dat*).

tack·le ['tækl] **I** *s* **1.** *tech.* Flaschenzug *m*. **2.** (*Angel*)Gerät(e *pl*) *n*. **3.** *Fußball*: Angriff *m* (*auf e-n ballführenden Gegner*); Zweikampf *m*. **II** *v/t* **4.** *Problem etc* angehen. **5.** *j-n* zur Rede stellen (***about*** wegen). **6.** *Fußball*: *ballführenden Gegner* angreifen.

tack·y[1] ['tækɪ] *adj* □ klebrig.

tack·y[2] [~] *adj* □ *Am.* F schäbig; heruntergekommen.

tact [tækt] *s* Takt *m*.

tact·ful ['~fʊl] *adj* □ taktvoll.

tac·tic ['tæktɪk] *s* **1.** *oft pl* Taktik *f*, taktischer Zug. **2.** *pl* (*a. sg konstruiert*) ⚔, *Sport*: Taktik *f*.

tac·ti·cal ['~kl] *adj* □ taktisch.

tac·ti·cian [~'tɪʃn] *s* Taktiker(in).

tact·less ['tæktlɪs] *adj* □ taktlos.

tad·pole ['tædpəʊl] *s zo.* Kaulquappe *f*.

taf·fe·ta ['tæfɪtə] *s* Taft *m*.

taf·fy ['tæfɪ] *Am.* → ***toffee***.

tag[1] [tæg] **I** *s* **1.** Etikett *n*; (*Namens-, Preis*)Schild *n*. **2.** stehende Redensart. **3.** *ling.* Frageanhängsel *n*. **4.** *Computer*: Textsortenbezeichnung *f*, Tag *m*. **II** *v/t* **5.** etikettieren; *Waren* auszeichnen: ***~*** (***as***) *fig.* bezeichnen als, *b.s. a.* abstempeln als. **6.** *Computer*: taggen. **7.** ***~ on*** → ***tack*** 6. **III** *v/i* **8.** ***~ along*** F mitgehen, -kommen; mittrotten: ***~ along behind s.o.*** hinter j-m hertrotten.

tag[2] [~] *s* Fangen *n* (*Kinderspiel*): ***play ~***.

ta·glia·tel·le [ˌtæljə'telɪ] *s sg* Bandnudeln *pl*.

tail [teɪl] **I** *s* **1.** *zo.* Schwanz *m*: ***with one's ~ between one's legs*** *fig.* mit eingezogenem Schwanz. **2.** Schwanz *m* (*e-s Drachens*, *e-r Kolonne etc*), (*e-s Flugzeugs etc a.*) hinterer Teil, (*e-s Kometen*) Schweif *m*. **3.** *pl* Frack *m*. **4.** *pl* Rück-, Kehrseite *f* (*e-r Münze*): → ***head*** 14. **5.** F Schatten *m*, Beschatter(in): ***put a ~ on*** *j-n* beschatten lassen. **II** *v/t* **6.** F *j-n* beschatten. **III** *v/i* **7.** ***~ off*** schwächer werden, abnehmen. **8.** ***~ back*** *mot. bsd. Br.* sich stauen (***to*** bis zu). '**~·back** *s mot. bsd. Br.* Rückstau *m*. '**~·board** *s mot. etc* Ladeklappe *f*. **~ coat** *s* Frack *m*. **~ end** *s* Ende *n*, Schluss *m*. '**~·gate** **I** *s* **1.** *mot.* Hecktür *f*. **2.** *bsd. Am.* → ***tailboard***. **II** *v/i u. v/t* **3.** *mot. bsd. Am.* zu dicht auffahren (auf *acc*). '**~light** *s mot.* Rücklicht *n*.

tai·lor ['teɪlə] **I** *s* Schneider(in). **II** *v/t* schnei-

T

dern; *fig.* zuschneiden (**to** auf *acc*). '**~-made** *adj* maßgeschneidert (*a. fig.*): **~ suit (costume)** Maßanzug *m* (Schneiderkostüm *n*); **be ~ for** *fig.* wie geschaffen sein für.

'**tail|·piece** *s* Anhang *m*, Zusatz *m*. **~ pipe** *s mot. Am.* Auspuffrohr *n*. '**~·wind** *s* Rückenwind *m*.

Tai·peh [ˌtaɪ'peɪ] *Hauptstadt von Taiwan.*

Tai·wan [ˌtaɪ'wɑːn] *npr* Taiwan *n*.

Ta·jik·i·stan [tɑːdʒɪkɪ'stɑːn] Tadschikistan *n* (*zentralasiatische Republik*).

take [teɪk] **I** *s* **1.** *Film, TV*: Einstellung *f*. **2.** F Einnahmen *pl*. **II** *v/t* (*irr*) **3.** *allg.* nehmen: **~ s.o. by the arm (in one's arms)** j-n am Arm (in die Arme) nehmen; **be ~n** besetzt sein (*Platz*); → **care** 2, 3, **place** 1, **prisoner, seat** 1, *etc.* **4.** (weg)nehmen. **5.** mitnehmen. **6.** bringen. **7.** ⚔ *Stadt etc* einnehmen; (*Schach etc*) *Figur, Stein* schlagen; *Gefangene* machen. **8.** *Preis etc* erringen: → **lead²** 1. **9.** *Scheck etc* (an)nehmen; *Arbeit, Stelle, Rat* annehmen: → **advice** 1, **blame** 4, **tip³** 2. **10.** *Kritik etc* hinnehmen. **11.** fassen; Platz bieten für. **12.** *et.* aushalten, ertragen. **13.** dauern: **it took him two hours to do it** er brauchte zwei Stunden, um es zu tun. **14.** *Prüfung, Spaziergang etc* machen; *Schritte* unternehmen; *Risiko* eingehen: → **oath** 1, **risk** I, **step** 4, **trouble** 7, *etc.* **15.** *Medizin etc* (ein)nehmen. **16.** → **take down** 4. **17. be ~n by** (*od.* **with**) angetan sein von. **18. he's got what it ~s** F er bringt alle Voraussetzungen mit. **III** *v/i* (*irr*) **19.** ⚕ wirken, anschlagen.

Verbindungen mit Präpositionen:

take| af·ter *v/i j-m* nachschlagen; *j-m* ähneln. **~ for** *v/t*: **what do you take me for?** wofür hältst du mich eigentlich? **~ from** *v/t* **1. take s.th. from s.o.** j-m et. wegnehmen. **2.** ℞ abziehen von. **3.** *Single* auskoppeln aus (*e-m Album*). **4. you can take it from me that** du kannst mir glauben, dass. **~ to** *v/i* **1.** Gefallen finden an (*dat*). **2. ~ doing s.th.** anfangen, et. zu tun. **3.** sich flüchten *od.* zurückziehen in (*acc*): **~ one's bed** ins Bett gehen; → **heel²** 1.

Verbindungen mit Adverbien:

take| a·long *v/t* mitnehmen. **~ a·part** *v/t* auseinander nehmen (*a. fig.* F), zerlegen. **~ a·side** *v/t j-n* beiseite nehmen. **~ a·way I** *v/t* **1.** wegnehmen (**from s.o.** j-m). **2. ... to ~** *Br.* ... zum Mitnehmen (*Essen*). **II** *v/i* **3. ~ from s.th.** e-r Sache Abbruch tun, et. schmälern. **~ back** *v/t* **1.** ⚔ zurückerobern. **2.** zurückbringen. **3.** *Ware, et. Gesagtes* zurücknehmen. **4.** bei *j-m* Erinnerungen wachrufen; *j-n* zurückversetzen (**to** in *acc*). **~ down** *v/t* **1.** herunternehmen, *Plakat etc* abnehmen. **2.** *Hose* herunterlassen. **3.** auseinander nehmen, zerlegen. **4.** (sich) *et.* aufschreiben *od.* notieren, sich *Notizen* machen. **~ in** *v/t* **1.** *j-n* (bei sich) aufnehmen: → **lodger. 2.** *fig. et.* einschließen. **3.** *Kleidungsstück* enger machen. **4.** *et.* begreifen. **5.** *j-n* hereinlegen: **be taken in by** hereinfallen auf (*acc*). **~ off I** *v/t* **1.** *Kleidungsstück* ablegen, ausziehen, *Hut etc* abnehmen. **2.** ⚕ abnehmen, amputieren. **3.** *Theaterstück etc* absetzen. **4.** → **off** 9. **5.** *econ. Rabatt etc* abziehen. **6.** F *j-n* nachahmen, -machen. **II** *v/i* **7.** ✈ abheben. **8.** *Sport*: abspringen. **9.** F sich aufmachen. **~ on** *v/t* **1.** *j-n* einstellen. **2.** *Arbeit etc* an-, übernehmen. **3.** *Ausdruck, Farbe etc* annehmen. **4.** sich anlegen mit. **~ out** *v/t* **1.** herausnehmen, *Zahn* ziehen: **take s.o. out of himself** j-n auf andere Gedanken bringen. **2.** *j-n* ausführen, ausgehen mit. **3.** *Versicherung* abschließen. **4.** *s-n Frust etc* auslassen (**on** an *dat*): **take it out on s.o.** sich an j-m abreagieren. **~ o·ver I** *v/t Amt, Macht, Verantwortung etc* übernehmen. **II** *v/i* die Macht übernehmen. **~ up I** *v/t* **1.** *Flüssigkeit* aufnehmen, -saugen. **2.** *Aufmerksamkeit, Zeit* in Anspruch nehmen, *Platz* einnehmen: **be taken up with** stark in Anspruch genommen sein von. **3.** *Vorschlag etc* aufgreifen. **4.** *Arbeit, Beschäftigung* aufnehmen, antreten; **on taking up work** bei Arbeitsantritt; **~ doing s.th.** anfangen, sich mit et. zu beschäftigen. **5. take s.o. up on his offer** auf j-s Angebot zurückkommen. **6.** *Erzählung etc* aufnehmen, fortfahren mit. **II** *v/i* **7.** sich einlassen (**with** mit).

'**take|·aˌway** *s Br.* **1.** Essen *n* zum Mitnehmen. **2.** Restaurant *n* mit Straßenverkauf. '**~-home** *adj*: **~ pay** Nettolohn *m*, -gehalt *n*.

tak·en ['teɪkən] *pp von* **take.**

'**take|·off** *s* **1.** ✈ Abheben *n*; Start *m*: → **ready** 1. **2.** *Sport*: Absprung *m*. **3.** F Nachahmung *f*: **do a ~ of** → **take off** 6. '**~·out** *Am.* → **takeaway.** '**~ˌo·ver** *s bsd. econ.* Übernahme *f*: **~ bid** Übernahmeangebot *n*.

tak·er ['teɪkə] *s* Interessent(in).

'**tak·ings** *s pl* Einnahmen *pl*.

talc [tælk] *s* **1.** *min.* Talk *m*. **2.** → **talcum powder.**

tal·cum pow·der ['tælkəm] *s* Talkumpuder *m*; Körperpuder *m*.

tale [teɪl] *s* **1.** Erzählung *f*; Geschichte *f*: **tell ~s** petzen; **tell ~s about** *j-n* verpetzen; **tell ~s out of school** *fig.* aus der Schule plaudern; → **fairy tale, old** 1. **2.** Lüge(ngeschichte) *f*, Märchen *n*.

tal·ent ['tælənt] *s* Talent *n* (*a. Person*), Begabung *f*; *coll.* Talente *pl* (*Personen*): **~ for acting** schauspielerisches Talent; **have great ~** sehr begabt sein; **have a great ~ for**

music musikalisch sehr begabt sein; ~ ***agency*** Künstleragentur *f*; ~ ***scout*** (*bsd. Sport*) Talentsucher(in).

'tal·ent·ed *adj* talentiert, begabt.

tal·is·man ['tælɪzmən] *s* Talisman *m*.

talk [tɔːk] **I** *s* **1.** Gespräch *n* (*a. pol. etc*), Unterhaltung *f* (***with*** mit; ***about*** über *acc*): ***have a long ~ with s.o.*** ein langes Gespräch mit j-m führen, sich lange mit j-m unterhalten. **2.** Sprache *f* (*Art zu reden*): → ***baby talk***. **3.** Gerede *n*: ***there is a lot of ~ about*** es ist viel die Rede von; ***be the ~ of the town*** Stadtgespräch sein; → ***small*** I. **4.** Vortrag *m*: ***give a ~*** e-n Vortrag halten (***to*** vor *dat*; ***about, on*** über *acc*). **II** *v/i* **5.** reden, sprechen, sich unterhalten (***to, with*** mit; ***about*** über *acc*; ***of*** von): ~ ***about s.th.*** *a.* et. besprechen; ***get o.s. ~ed about*** ins Gerede kommen; ***~ing of*** da wir gerade von ... sprechen; ~ ***round s.th.*** um et. herumreden; ***you can ~!, look who's ~ing!, you're a fine one to ~!*** F das sagst ausgerechnet du!; → ***all*** 3, ***big*** 7, ***devil*** 1, ***hat***. **III** *v/t* **6.** *Unsinn etc* reden. **7.** reden *od.* sprechen *od.* sich unterhalten über (*acc*): → ***shop*** 3. **8.** ~ ***s.o. into s.th.*** j-n zu et. überreden; ~ ***s.o. into doing s.th.*** j-n überreden, et. zu tun; ~ ***s.o. out of s.th.*** j-m et. ausreden; ~ ***s.o. out of doing s.th.*** es j-m ausreden, et. zu tun; ~ ***one's way out of s.th.*** sich aus et. herausreden.

Verbindungen mit Adverbien:

talk| down I *v/t Flugzeug* heruntersprechen. **II** *v/i*: ~ ***to s.o.*** herablassend mit j-m reden. ~ **out** *v/t Problem etc* ausdiskutieren. ~ **o·ver** *v/t Problem etc* besprechen (***with*** mit). ~ **round** *v/t j-n* bekehren (***to*** zu), umstimmen.

talk·a·tive ['tɔːkətɪv] *adj* □ gesprächig, redselig.

'talk·er *s*: ***be a good ~*** gut reden können.

'talk·ing I *s* Sprechen *n*, Reden *n*: ***do all the ~*** allein das Wort führen. **II** *adj* sprechend: ~ ***doll*** Sprechpuppe *f*; ~ ***point*** Gesprächsthema *n*; Streitpunkt *m*.

'talk·ing-to *pl* **-tos** *s* F Standpauke *f*: ***give s.o. a ~*** j-m e-e Standpauke halten.

talk show *s TV bsd. Am.* Talkshow *f*.

tall [tɔːl] *adj* **1.** groß (*Person*), hoch (*Gebäude etc*). **2.** F unglaublich (*Geschichte*): ***that's a ~ order*** das ist ein bisschen viel verlangt.

tal·low ['tæləʊ] *s* Talg *m*.

tal·ly ['tælɪ] **I** *s Sport etc*: Stand *m*: ***keep a ~ of*** Buch führen über (*acc*). **II** *v/i* übereinstimmen (***with*** mit). **III** *v/t a.* ~ ***up*** zs.-rechnen, -zählen. ~ **clerk** *s* Ladungskontrolleur *m*. ~ **sheet** *s* Kontrollliste *f*.

tal·on ['tælən] *s orn.* Kralle *f*, Klaue *f*.

tam·bou·rine [ˌtæmbə'riːn] *s* ♪ Tamburin *n*.

tame [teɪm] **I** *adj* □ **1.** *zo.* zahm. **2.** F fad, lahm. **II** *v/t* **3.** *Tier* zähmen; *Leidenschaft etc* (be)zähmen.

tam·per ['tæmpə] *v/i*: ~ ***with*** sich zu schaffen machen an (*dat*).

tam·pon ['tæmpɒn] *s* ⚕ Tampon *m*.

tan [tæn] **I** *v/t* **1.** *j-n, Haut* bräunen. **2.** *Fell* gerben: → ***hide***[1] 1. **II** *v/i* **3.** bräunen, braun werden. **III** *s* **4.** Bräune *f*. **IV** *adj* **5.** gelbbraun.

tan·dem ['tændəm] *s* Tandem *n*: ***in ~*** *fig.* zusammen, gemeinsam (***with*** mit).

tang [tæŋ] *s* (scharfer) Geruch *od.* Geschmack.

tan·gent ['tændʒənt] *s* ∡ Tangente *f*: ***fly*** (*od.* ***go***) ***off at a ~*** *fig.* plötzlich (vom Thema) abschweifen.

tan·ger·ine [ˌtændʒə'riːn] *s* ❀ Mandarine *f*.

tan·gi·ble ['tændʒəbl] *adj* greifbar, *fig. a.* handfest: ~ ***assets*** *pl* Sachvermögen *n*.

tan·gle ['tæŋgl] **I** *v/t* **1.** *a.* ~ ***up*** verwirren, durcheinander bringen (*beide a. fig.*), verheddern: ***get ~d*** → 2. **II** *v/i* **2.** sich verwirren, durcheinander kommen, sich verheddern (*alle a. fig.*). **3.** ~ ***with*** F aneinander geraten mit. **III** *s* **4.** Gewirr *n*, *fig. a.* Wirrwarr *m*, Durcheinander *n*.

tan·go ['tæŋgəʊ] **I** *pl* **-gos** *s* ♪ Tango *m*. **II** *v/i* Tango tanzen: ***it takes two to ~*** *fig.* dazu gehören zwei.

tank [tæŋk] **I** *s* **1.** *mot. etc* Tank *m*. **2.** *mil.* Panzer *m*. **II** *v/t* **3.** ***~ed up*** *Br.* F voll (*betrunken*).

tank·ard ['tæŋkəd] *s* (Bier)Humpen *m*.

tank·er ['tæŋkə] *s* ⚓ Tanker *m*, Tankschiff *n*; *mot.* Tank-, 🚃 *a.* Kesselwagen *m*.

tan·ner ['tænə] *s* Gerber(in).

tan·ta·lize ['tæntəlaɪz] *v/t j-n* aufreizen; hinhalten (***with*** mit).

'tan·ta·liz·ing *adj* □ verlockend.

tan·ta·mount ['tæntəmaʊnt] *adj*: ***be ~ to*** gleichbedeutend sein mit, hinauslaufen auf (*acc*).

tan·trum ['tæntrəm] *s* Koller *m*: ***fly into*** (*od.* ***throw***) ***a ~*** e-n Koller kriegen.

Tan·za·nia [ˌtænzə'nɪə] *npr* Tansania *n*.

tap[1] [tæp] **I** *v/t* **1.** a) → 3: ~ ***s.o. on the shoulder*** j-m auf die Schulter klopfen, b) antippen. **2.** mit *den Fingern, Füßen* klopfen (***on*** auf *acc*), mit *den Fingern* trommeln (***on*** auf *acc*, *dat*). **II** *v/i* **3.** ~ ***on*** (leicht) klopfen an (*acc*) *od.* auf (*acc*) *od.* gegen. **III** *s* **4.** (leichtes) Klopfen; Klaps *m*.

tap[2] [~] **I** *s* **1.** *tech.* Hahn *m*: ***beer on ~*** Bier *n* vom Fass; ***have s.th. on ~*** *fig.* et. zur Hand *od.* auf Lager haben. **II** *v/t* **2.** *Fass* anzapfen, anstechen. **3.** *Telefon*(*leitung*) anzapfen, abhören. **4.** *Naturschätze etc* erschließen; *Vorräte etc* angreifen. **5.** ~ ***for*** *Br.* F *j-n* anpumpen *od.* anzapfen um.

T

tap|-dance ['tæpdɑːns] *v/i* steppen. **~ danc·ing** *s* Stepptanz *m.*
tape [teɪp] **I** *s* **1.** *allg.* Band *n*; (*Video-etc*)Kassette *f.* **2.** (Band)Aufnahme *f*; *TV* Aufzeichnung *f.* **3.** *Sport*: Zielband *n*: → ***breast*** II. **4.** → ***tape measure.*** **II** *v/t* **5.** *a.* **~ *up*** (mit Klebeband) zukleben. **6.** (auf Band) aufnehmen; *TV* aufzeichnen: **~*d music*** Musik *f* vom Band. **~ deck** *s* Kassettendeck *n.* **~ dis·pens·er** *s* Klebefilmabroller *m.* **~ drive** *s* Magnetbandlaufwerk *n.* **~ meas·ure** *s* Maß-, Messband *n*, Bandmaß *n.*
ta·per ['teɪpə] *v/i* **1.** *a.* **~ *off*** spitz zulaufen, sich verjüngen. **2.** *a.* **~ *off*** *fig.* langsam nachlassen.
'tape|-re͵cord → ***tape*** 6. **~ re·cord·er** *s* Tonbandgerät *n.*
ta·pes·try ['tæpɪstrɪ] *s* Gobelin *m*, Wandteppich *m.*
'tape·worm *s zo.* Bandwurm *m.*
tap wa·ter *s* Leitungswasser *n.*
tar [tɑː] **I** *s* Teer *m.* **II** *v/t* teeren: **~ *and feather*** *j-n* teeren u. federn; ***they are all* ~*red with the same brush*** *fig. contp.* sie sind alle gleich.
ta·ran·tu·la [tə'ræntjʊlə] *s zo.* Tarantel *f.*
tar·dy ['tɑːdɪ] *adj* □ spät, verspätet.
tare [teə] *s econ.* Tara *f.*
tar·get ['tɑːgɪt] **I** *s* **1.** (Schieß-, Ziel-) Scheibe *f*; *fig.* Zielscheibe *f* (*des Spotts etc*). **2.** *mil.* Ziel *n* (*a. fig.*); *econ. a.* Soll *n*: ***set o.s. a* ~ *of doing s.th.*** (es) sich zum Ziel setzen, et. zu tun. **II** *v/t* **3.** ***be* ~*ed at*** (*od.* ***on***) gerichtet sein auf (*acc*); *fig.* abzielen auf (*acc*). **~ au·di·ence** *s* Zielgruppe *f.* **~ costs** *pl* Sollkosten *pl.* **~ cus·tom·ers** *s pl*, **~ group** *s* Zielgruppe *f.* **~ lan·guage** *s* Zielsprache *f.*
tar·iff ['tærɪf] *s* **1.** Zoll(tarif) *m*: **~ *barriers*** *pl* Zollschranken *pl*; **~ *regulations*** *pl* Zollbestimmungen *pl*; ***protective* ~** Schutzzoll *m.* **2.** *bsd. Br.* Preisverzeichnis *n.*
tar·mac ['tɑːmæk] *s* **1.** Asphalt *m.* **2.** ✈ Rollfeld *n.*
tar·nish ['tɑːnɪʃ] **I** *v/t Ansehen etc* beflecken. **II** *v/i* anlaufen (*Metall*).
ta·rot ['tɑːrəʊ] *s* Tarot *m, n.*
tar·pau·lin [tɑː'pɔːlɪn] *s* Plane *f*; ⚓ Persenning *f.*
tar·ra·gon ['tærəgən] *s* ⚘ Estragon *m.*
tar·ry[1] ['tɑːrɪ] *adj* teerig.
tar·ry[2] ['tærɪ] *v/i* verweilen.
tart[1] [tɑːt] *adj* □ **1.** herb; sauer. **2.** *fig.* scharf, beißend.
tart[2] [~] *s* **1.** Obstkuchen *m*; Obsttörtchen *n.* **2.** F Flittchen *n*; Nutte *f.*
tar·tan ['tɑːtən] *s* Schottenstoff *m*; Schottenmuster *n.*
tar·tar ['tɑːtə] *s* ⚗ Weinstein *m*; Zahnstein *m.*
tar·tar(e) sauce ['tɑːtɑː '~] *s gastr.* Remouladensoße *f.*
task [tɑːsk] *s* Aufgabe *f*: ***take s.o. to* ~** *fig.* j-n zurechtweisen (***for*** wegen). **~ force** *s* **1.** *mil.* Sonder-, Spezialeinheit *f.* **2.** Arbeitsgruppe *f*, -stab *m.*
Tas·ma·ni·a [tæz'meɪnjə] Tasmanien *n.*
tas·sel ['tæsl] *s* Troddel *f*, Quaste *f.*
taste [teɪst] **I** *s* **1.** Geschmack(ssinn) *m*: → ***sense*** 1. **2.** Geschmack *m*: ***have no* ~** nach nichts schmecken; ***leave a bad* ~ *in s.o.'s mouth*** *fig.* e-n bitteren *od.* schlechten Nachgeschmack bei j-m hinterlassen. **3.** Kostprobe *f*: ***have a* ~ *of*** a) → 6, b) *fig.* e-n Vorgeschmack bekommen von. **4.** *fig.* Geschmack *m*: ***to s.o.'s* ~** nach j-s Geschmack; ***be in bad*** (*od.* ***poor***) **~** geschmacklos sein; → ***account*** 3, ***matter*** 3. **5.** *fig.* Vorliebe *f* (***for*** für). **II** *v/t* **6.** kosten, probieren. **7.** schmecken. **8.** *fig.* kosten, erleben, kennen lernen. **III** *v/i* **9.** schmecken (***of*** nach).
taste·ful ['~fʊl] *adj* □ *fig.* geschmackvoll.
'taste·less *adj* □ geschmacklos (*a. fig.*).
'tast·y *adj* □ schmackhaft.
tat [tæt] → ***tit***[1].
ta-ta [͵tæ'tɑː] *int Br.* F tschüss!
tat·tered ['tætəd] *adj* zerlumpt (*Kleidung, Person*); *fig.* ruiniert, ramponiert (*Ruf etc*).
'tat·ters *s pl* Fetzen *pl*, Lumpen *pl*: ***be in* ~** zerlumpt sein (*Kleidung*); *fig.* ruiniert *od.* ramponiert sein.
tat·too[1] [tə'tuː] **I** *v/t* **1.** tätowieren. **2.** *Muster etc* eintätowieren (***on*** in *acc*). **II** *s* **3.** Tätowierung *f.*
tat·too[2] [~] *s mil.* Zapfenstreich *m*; (*mst* abendliche) Musikparade.
tat·ty ['tætɪ] *adj* □ *bsd. Br.* F schäbig (*Kleidung, Möbel etc*).
taught [tɔːt] *pret u. pp von* ***teach.***
taunt [tɔːnt] **I** *v/t* verhöhnen, -spotten (***for, with*** wegen). **II** *s* höhnische *od.* spöttische Bemerkung.
Tau·rus ['tɔːrəs] *s ast.* Stier *m*: ***be*** (***a***) **~** Stier sein.
taut [tɔːt] *adj* □ **1.** straff (*Seil etc*). **2.** *fig.* angespannt (*Gesichtsausdruck etc*).
'taut·en **I** *v/t* spannen, straffen, straff anziehen. **II** *v/i* sich spannen *od.* straffen.
taw·dry ['tɔːdrɪ] *adj* □ (billig u.) geschmacklos.
taw·ny ['tɔːnɪ] *adj* gelbbraun.
tax [tæks] **I** *s* **1.** Steuer *f* (***on*** auf *acc*): ***before*** (***after***) **~** vor (nach) Abzug der Steuern, brutto (netto); → ***put*** 2. **II** *v/t* **2.** besteuern. **3.** *j-s Geduld etc* strapazieren. **~ a·bate·ment** *s* Steuernachlass *m.*
'tax·a·ble *adj* steuerpflichtig, zu versteuern(d).
tax| ac·cru·al *s* Steuerrückstellung *f.* **~ ad-**

just·ments *s pl* Steueranpassungen *pl*. ~ **ad·van·tage** *s* Steuervorteil *m*. ~ **al·low·ance** *s* Steuerfreibetrag *m*. '~-**al͵low·a·ble de·pre·ci·a·tion** *s* steuerliche Abschreibung. ~ **as·sess·ment** *s* Steuerveranlagung *f*, Steuerbescheid *m*: ~ ***notice*** Veranlagungsbescheid *m*.

tax'a·tion *s* Besteuerung *f*.

tax| au·dit *s* Steuerprüfung *f*. ~ **base** *s* Steuerbemessungsgrundlage *f*. ~ **brack·et** *s* Steuergruppe *f*, -klasse *f*, -stufe *f*. ~ **break** *s* Steuervergünstigung *f*. ~ **bur·den** *s* steuerliche Belastung. ~ **con·ces·sion** *s* Steuervergünstigung *f*. ~ **con·sult·ant** *s* Steuerberater(in). ~ **cred·it** *s* Steuergutschrift *f*. ~ **cut** *s* Steuersenkung *f*. ͵~-**de'duct·i·ble** *adj* (steuerlich) absetzbar. ~ **de·duct·i·bles** *s pl* steuerlich absetzbare Beträge *pl*. ~ **de·fer·ral** *s* Steuerstundung *f*. ~ **disc** *s* (Auto-)Steuermarke *f*. ~ **e·va·sion** *s* Steuerhinterziehung *f*. '~-**ex͵empt** *adj* steuerbefreit, steuerfrei. ~ **ex·emp·tion** *s* Steuerfreiheit *f*. ~ **fraud** *s* Steuerbetrug *m*. ͵~-'**free** *adj u. adv* steuerfrei: ~ ***allowance*** Steuerfreibetrag *m*. ~ **ha·ven** *s* Steueroase *f*, -paradies *n*. ~ **hol·i·day** *s* vorübergehende Steuerbefreiung.

tax·i ['tæksı] **I** *s* Taxi *n*, Taxe *f*. **II** *v/i* ✈ rollen. '~·**cab** → ***taxi*** I. ~ **driv·er** *s* Taxifahrer(in). '~͵**me·ter** *s* Taxameter *m, n*, Fahrpreisanzeiger *m*.

tax| in·cen·tive *s* steuerlicher Anreiz. ~ **in·crease** *s* Steuererhöhung *f*.

tax·ing ['tæksıŋ] *adj* anstrengend.

tax·i| rank, ~ **stand** *s* Taxistand *m*.

tax| li·a·bil·i·ty *s* Steuerschuld *f*. ~ **pay·er** *s* Steuerzahler(in). ~ **rate** *s* Steuersatz *m*. ~ **rea·sons** *s pl* steuerliche Gründe *pl*. ~ **re·bate** *s* Steuernachlass *m*. ~ **re·fund claim** *s* Steuerrückvergütungsanspruch *m*. ~ **re·gime** *s* Steuersystem *n*. ~ **re·lief** *s* Steuervergünstigung *f*. ~ **re·turn** *s* Steuererklärung *f*. ~ **shel·ter** *s* **1.** Steuerschlupfloch *n*. **2.** Steueroase *f*. ~ **sur·charge** *s* Ergänzungsabgabe *f*.

TB ***tuberculosis*** Tb, Tbc, Tuberkulose *f*.

'**T-bone (steak)** *s* T-Bone-Steak *n* (*Steak aus dem Rippenstück des Rinds*).

tea [ti:] *s* Tee *m*: ***not for all the*** ~ ***in China*** nicht um alles in der Welt; → ***cup*** 1, ***high tea***. ~ **bag** *s* Tee-, Aufgussbeutel *m*. ~ **break** *s* Teepause *f*. ~ **cad·dy** *s* Teebüchse *f*, -dose *f*.

teach [ti:tʃ] (*irr*) **I** *v/t* **1.** *Fach* lehren, unterrichten. **2.** *j-n, a. j-m et.* lehren, *j-n* unterrichten in (*dat*); *j-m et.* beibringen: ~ ***s.o. a lesson*** *fig*. j-m e-e Lektion erteilen. **II** *v/i* **3.** unterrichten (**at** an *e-r Schule*).

'**teach·er** *s* Lehrer(in).

'**teach·ing** *s* **1.** Unterrichten *n*; Lehrberuf *m*: ~ ***staff*** Lehrkräfte *pl*, Lehrkörper *m*. **2.** Lehre *f*.

tea| cloth → ***tea towel***. ~ **co·sy** (*Am*. **co·zy**) *s* Teewärmer *m*. '~·**cup** *s* Teetasse *f*: → ***storm*** 1. '~·**house** *s* Teehaus *n*.

teak [ti:k] *s* Teak(holz) *n*.

'**tea|͵ket·tle** *s* Tee-, Wasserkessel *m*. '~͵**leaf** *s* (*irr* ***leaf***) **1.** Teeblatt *n*. **2.** *Br. sl.* Langfinger *m*.

team [ti:m] **I** *s* **1.** *Sport*: Mannschaft *f*, Team *n*, *allg. a.* Gruppe *f*. **2.** Gespann *n*. **II** *v/i* **3.** ~ ***up*** sich zs.-tun (**with** mit). ~ **ef·fort** *s* Teamwork *n*: ***by a*** ~ mit vereinten Kräften. ~ **game** *s Sport*: Mannschaftsspiel *n*. '~-**mate** *s Sport*: Mannschaftskamerad(in). ~ **spir·it** *s Sport*: Mannschaftsgeist *m*; *allg.* Gemeinschaftsgeist *m*.

team·ster ['ti:mstə] *s* LKW-Fahrer(in).

'**team·work** *s Sport*: Mannschafts-, Zs.-spiel *n*; *allg.* Teamwork *n*.

tea| par·ty *s* Teegesellschaft *f*. '~·**pot** *s* Teekanne *f*: → ***tempest***.

tear¹ [tıə] *s* Träne *f*: ***be almost in*** ~***s*** den Tränen nahe sein, fast weinen; ~***s pl of joy*** Freudentränen *pl*.

tear² [teə] **I** *s* **1.** Riss *m*. **II** *v/t* (*irr*) **2.** zerreißen; sich *et.* zerreißen (**on** an *dat*); ~ ***a muscle*** sich e-n Muskel reißen, sich e-n Muskelriss zuziehen; ***torn muscle*** Muskelriss *m*. **3.** weg-, losreißen (**from** von): ~ ***s.th. from s.o.*** *a.* j-m et. entreißen; → ***hair***. **4.** ***be torn between ... and*** *fig.* hin- u. hergerissen sein zwischen (*dat*) ... u. **III** *v/i* (*irr*) **5.** (zer)reißen. **6.** F rasen, sausen. **7.** ~ ***into s.o.*** F über j-n herfallen (*a. mit Worten*).

Verbindungen mit Adverbien:

tear| a·way *v/t* weg-, losreißen (**from** von) (*a. fig.*). ~ **down** *v/t* **1.** *Plakat etc* herunterreißen. **2.** *Haus etc* abreißen. ~ **off** *v/t* **1.** abreißen; abtrennen. **2.** sich *Kleidung* vom Leib reißen. **3.** F *Aufsatz etc* hinhauen. ~ **out** *v/t* (her)ausreißen (**of** aus); *Baum* entwurzeln: → ***hair***. ~ **up** *v/t* **1.** aufreißen. **2.** zerreißen.

tear·drop ['tıədrɒp] *s* Träne *f*.

tear·ful ['tıəfʊl] *adj* □ **1.** weinend. **2.** tränenreich (*Abschied etc*).

tear gas [tıə] *s* Tränengas *n*.

tear·ing ['teərıŋ] *adj*: ***be in a*** ~ ***hurry*** F es schrecklich eilig haben.

tear·jerk·er ['tıə͵dʒɜ:kə] *s* F Schmachtfetzen *m*.

tear·off ['teərɒf] *adj*: ~ ***calendar*** Abreißkalender *m*.

tea·room ['~rʊm] *s* Teestube *f*.

tease [ti:z] **I** *v/t j-n, Tier* necken, *j-n* hänseln (**about** wegen); *j-n, Tier* reizen. **II** *v/i*: ***he is only teasing*** er macht nur Spaß. **III** *s* Necker(in), Hänsler(in).

'teas·er *s* **1.** → ***tease*** III. **2.** F harte Nuss.
tea| ser·vice, ~ set *s* Teeservice *n.* **'~·spoon** *s* Teelöffel *m.*
teat [tiːt] *s* **1.** *zo.* Zitze *f.* **2.** *Br.* (Gummi)Sauger *m* (*e-r Saugflasche*).
tea| tow·el *s bsd. Br.* Geschirrtuch *n.* **~ trol·ley** *s bsd. Br.*, **~ wag·on** *s bsd. Am.* Tee-, Servierwagen *m.*
tech·ni·cal ['teknɪkl] *adj* □ **1.** *allg.* technisch: **~ *knockout*** (*Boxen*) technischer K. o. **2.** fachlich, Fach...: **~ *adviser*** Fachberater(in); **~ *college*** Fachhochschule *f*; **~ *term*** Fachausdruck *m.* **~ *training*** Fachausbildung *f.*
tech·ni·cal·i·ty [ˌ~'kælətɪ] *s* technische Einzelheit.
tech'ni·cian [~ʃn] *s* Techniker(in).
tech·nique [tek'niːk] *s* **1.** *tech.* Technik *f*, Verfahren *n.* **2.** ♪, *paint.*, *Sport etc*: Technik *f*: **~ *park*** Technologiepark *m*; **~ *transfer*** Technologietransfer *m.*
tech·no ['teknəʊ] *s* ♪ Techno *n*, *m.*
tech·no·crat ['teknəʊkræt] *s* Technokrat(in).
tech·no·log·i·cal [ˌteknə'lɒdʒɪkl] *adj* □ technologisch; technisch: **~ *unemployment*** technologisch bedingte Arbeitslosigkeit.
tech·nol·ogist [tek'nɒlədʒɪst] *s* Technologe *m*, Technologin *f.*
tech'nol·o·gy *s* Technologie *f*; Technik *f*: **~ *transfer*** Technologie-Transfer *m.*
ted·dy (bear) ['tedɪ] *s* Teddy(bär) *m.*
te·di·ous ['tiːdjəs] *adj* □ langweilig.
te·di·um ['~djəm] *s* Langweiligkeit *f.*
teem [tiːm] *v/i* (***with***) wimmeln (von); strotzen (von, vor *dat*): ***the square was ~ing with people*** auf dem Platz wimmelte es von Menschen; ***it is ~ing with rain*** es regnet in Strömen.
teen·age(d) ['tiːneɪdʒ(d)] *adj* **1.** im Teenageralter. **2.** Teenager..., für Teenager.
'teenˌag·er *s* Teenager *m.*
teens [tiːnz] *s pl*: ***be in one's ~*** im Teenageralter sein.
tee·ny ['tiːnɪ], **tee·ny-wee·ny** [ˌ~'wiːnɪ] *adj* F klitzeklein, winzig.
tee shirt [tiː] *s* T-Shirt *n.*
tee·ter ['tiːtə] *v/i* (sch)wanken.
teeth [tiːθ] *pl von* ***tooth.***
teethe [tiːð] *v/i* zahnen.
'teeth·ing *adj*: **~ *troubles*** *pl fig.* Kinderkrankheiten *pl.*
tee·to·tal·er *s Am.*, **tee·to·tal·ler** *s bsd. Br.* [tiː'təʊtlə] *s* Abstinenzler(in)
Te·gu·ci·gal·pa [tɪˌguːsɪ'gælpə] *s Hauptstadt von Honduras.*
Te·he·ran [ˌtɪə'rɑːn] *s Hauptstadt des Iran.*
tel. ***telephone*** (***number***) Tel., Telefon(nummer *f*) *n.*
Tel A·viv [ˌtelə'viːv] *Stadt in Israel.*
tel·e·cast ['telɪkɑːst] **I** *v/t* (*mst irr*) im Fernsehen übertragen *od.* bringen. **II** *s* Fernsehsendung *f.*
tel·e·com·mu·ni·ca·tions ['telɪkəˌmjuːnɪ'keɪʃnz] *s pl* Telekommunikation *f*, Fernmeldewesen *n.* **~ e·quip·ment** *s* Fernmeldeanlage *f.* **~ sat·el·lite** *s* Fernmelde-, Nachrichtensatellit *m.*
tel·e·com·mut·er ['telɪkəˌmjuːtə] *s* Telearbeiter(in).
'tel·e·com·mut·ing *s* Telearbeit *f.*
tel·e·gen·ic [ˌtelɪ'dʒenɪk] *adj* (**~*ally***) *TV* telegen.
tel·e·gram ['telɪgræm] *s* Telegramm *n*: ***by ~*** telegrafisch.
tel·e·graph ['telɪgrɑːf] **I** *s*: ***by ~*** telegrafisch. **II** *v/t j-m et.* telegrafieren.
tel·e·graph·ese [ˌtelɪgrɑː'fiːz] *s* Telegrammstil *m.*
tel·e·graph·ic [ˌ~'græfɪk] *adj* (**~*ally***) telegrafisch: **~ *address*** Telegrammadresse *f*; **~ *transfer*** telegraphische Überweisung.
tel·e·mar·ket·ing ['telɪˌmɑːkɪtɪŋ] *s* Telefonmarketing *n.*
te·lep·a·thy [tɪ'lepəθɪ] *s* Telepathie *f*, Gedankenübertragung *f.*
tel·e·phone ['telɪfəʊn] **I** *s* **1.** Telefon *n*: ***by ~*** telefonisch; ***be on the ~*** Telefon(anschluss) haben; am Telefon sein. **2.** Hörer *m.* **II** *v/i* **3.** telefonieren, anrufen. **III** *v/t* **4.** anrufen: **~ *s.th. to s.o.*** j-m et. telefonisch durchgeben. **IV** *adj* **5.** Telefon...: **~ *banking*** Telefonbanking *n*; **~ *bill*** Telefonrechnung *f*; **~ *booth*** (*Br.* ***box***) Telefon-, Fernsprechzelle *f*; **~ *call*** Telefonanruf *m*, -gespräch *n*; **~ *charges*** *pl* Telefongebühren *pl*; **~ *conference*** Telefonkonferenz *f*; **~ *cord*** Telefonkabel *n*; **~ *directory*** Telefon-, Fernsprechbuch *n*; **~ *exchange*** Fernsprechamt *n*; **~ *line*** Telefonleitung *f*; **~ *number*** Telefonnummer *f*; **~ *survey*** telefonische Befragung; **~ *system*** Telefonanlage *f.*
te·leph·o·nist [tɪ'lefənɪst] *s bsd. Br.* Telefonist(in).
tel·e·pho·to lens ['telɪˌfəʊtəʊ] *s phot.* Teleobjektiv *n.*
tel·e·pro·cess·ing [ˌtelɪ'prəʊsesɪŋ] *s Computer*: Datenfernverarbeitung *f.*
tel·e·sales ['telɪseɪlz] *s pl* Telefonverkauf *m.*
tel·e·scope ['telɪskəʊp] **I** *s* **1.** Teleskop *n*, Fernrohr *n.* **II** *v/t* **2.** *a.* **~ *together*** zs.-, ineinander schieben. **3.** *fig.* verkürzen, komprimieren (***into*** zu). **III** *v/i* **4.** sich zs.- *od.* ineinander schieben (lassen).
tel·e·scop·ic [ˌ~'skɒpɪk] *adj* (**~*ally***) **1.** teleskopisch: **~ *sight*** Zielfernrohr *n.* **2.** auszieh-

T

bar: ~ ***aerial*** (*bsd. Am.* ***antenna***) Teleskopantenne *f*; ~ ***telephone arm*** Telefonschwenker *m*; ~ ***umbrella*** Taschenschirm *m*.

tel·e·shop·ping ['telɪshɒpɪŋ] *s* Teleshopping *n*.

tel·e·text ['telɪtekst] *s* Bildschirmtext *m*.

tel·e·type ['telɪtaɪp] *v/t u. v/i* fernschreiben.

tel·e·vise ['telɪvaɪz] → ***telecast*** I.

tel·e·vi·sion ['~ˌvɪʒn] **I** *s* **1.** Fernsehen *n*: ***on*** (***the***) ~ im Fernsehen; ***watch*** ~ fernsehen; ***work in*** ~ beim Fernsehen beschäftigt sein. **2.** Fernsehapparat *m*, -gerät *n*. **II** *adj* **3.** Fernseh...: ~ ***ratings*** *pl* (Fernseh)Einschaltquoten *pl*; ~ ***set*** → 2.

tel·e·work·er ['telɪwɜːkə] *s* Telearbeiter(in).

'tel·e·work·ing *s* Telearbeit *f*.

'tel·e·work·sta·tion *s* Telearbeitsplatz *m*.

tel·ex ['teleks] **I** *s* **1.** Telex *n*, Fernschreiben *n*. **2.** *tech.* Fernschreiber *m*. **II** *v/t u. v/i* **3.** telexen. ~ **ser·vice** *s* Fernschreibdienst *m*.

tell [tel] (*irr*) **I** *v/t* **1.** sagen, erzählen: ***I can't*** ~ ***you how ...*** ich kann dir gar nicht sagen, wie ...; ***you are*** ~***ing me!*** F wem sagst du das!; → ***another*** 2. **2.** *Geschichte etc* erzählen: → ***tale*** 1. **3.** *s-n Namen etc* nennen; *Grund etc* angeben; *Zeit* anzeigen (*Uhr*). **4.** (mit Bestimmtheit) sagen; erkennen (***by*** an *dat*): ***I can't*** ~ ***one from the other, I can't*** ~ ***them apart*** ich kann sie nicht auseinander halten. **5.** *j-m* sagen, befehlen (***to do*** zu tun). **6.** ~ ***off*** F *j-m* Bescheid stoßen (***for*** wegen). **II** *v/i* **7.** ***who can*** ~***?*** wer weiß?; ***you can never*** (*od.* ***never can***) ~ man kann nie wissen. **8.** ~ ***on s.o.*** j-n verpetzen *od.* verraten. **9.** sich auswirken (***on*** bei, auf *acc*), sich bemerkbar machen: ~ ***against*** sprechen gegen; von Nachteil sein für.

'tell·er *s bsd. Am.* Kassierer(in) (*e-r Bank*): ***automatic*** ~ Geldautomat *m*.

tell·ing ['telɪŋ] *adj* □ **1.** aufschlussreich. **2.** schlagend (*Argument*). ˌ~-**'off** *s*: ***give s.o. a*** (***good***) ~ F j-m (kräftig) Bescheid stoßen (***for*** wegen).

'tell·tale I *adj* verräterisch. **II** *s* F Zuträger(in), Petze *f*.

tel·ly ['telɪ] *s bsd. Br.* F **1.** → ***television*** 1. **2.** Fernseher *m* (*Gerät*).

te·mer·i·ty [tɪ'merətɪ] *s* Frechheit *f*.

temp [temp] *Br.* F **I** *s* (*von e-r Agentur vermittelte*) Zeitsekretärin, Leiharbeitnehmer(in). **II** *v/i* als Zeitsekretärin *bzw.* Leiharbeitnehmer(in) arbeiten. ~ **a·gen·cy** *s* Vermittlung *f* für Zeitarbeit.

tem·per ['tempə] **I** *s* **1.** Temperament *n*, Gemüt(sart *f*) *n*, Wesen(sart *f*) *n*. **2.** Laune *f*, Stimmung *f*: ***be in a bad*** ~ schlecht gelaunt sein; ***keep one's*** ~ ruhig bleiben; ***lose one's*** ~ die Beherrschung verlieren. **3.** F ***be in a*** ~ gereizt *od.* wütend sein; ***fly into a*** ~ an die Decke gehen; → ***fit²*** 1, ***work*** 8. **II** *v/t* **4.** *tech. Stahl* härten.

tem·per·a·ment ['~rəmənt] *s* **1.** → ***temper*** 1. **2.** Temperament *n*, Lebhaftigkeit *f*.

tem·per·a·men·tal [ˌ~rə'mentl] *adj* □ **1.** reizbar; launisch. **2.** veranlagungsmäßig, anlagebedingt: ~***ly*** *a.* von der Veranlagung her, von Natur aus.

tem·per·ate ['tempərət] *adj* gemäßigt.

tem·per·a·ture ['temprətʃə] *s* Temperatur *f*: ***have*** (*od.* ***be running***) ***a*** ~ erhöhte Temperatur *od.* Fieber haben; ***take s.o.'s*** ~ j-s Temperatur messen.

tem·pest ['tempɪst] *s* (heftiger) Sturm (*poet. außer in*): ~ ***in a teapot*** *Am. fig.* Sturm im Wasserglas.

tem·pes·tu·ous [tem'pestjʊəs] *adj* □ *poet. od. fig.* stürmisch.

tem·pi ['tempiː] *pl von* **tempo.**

tem·plate ['templɪt] *s* (Zeichen)Schablone *f*; *Computer*: Maske *f*.

tem·ple¹ [templ] *s* Tempel *m*.

tem·ple² [~] *s anat.* Schläfe *f*.

tem·po ['tempəʊ] *pl* **-pos, -pi** ['~piː] *s* ♪ Tempo *n* (*a. fig.*).

tem·po·ral¹ ['tempərəl] *adj* □ **1.** weltlich. **2.** *ling.* temporal, Zeit..., der Zeit.

tem·po·ral² [~] *adj anat.* Schläfen...

tem·po·rar·y ['tempərərɪ] **I** *adj* □ vorübergehend, zeitweilig: ~ ***arrangement*** Übergangsregelung *f*; ~ ***employment*** a) Leih-, Zeitarbeit *f*, b) vorübergehende Beschäftigung; ~ ***employment agency*** (*od.* ***bureau***) Zeitarbeitsfirma *f*; ~ ***staff*** Zeitarbeitskräfte *pl*; ~ ***work*** Zeitarbeit *f*, Leiharbeit *f*. **II** *s* Aushilfe *f*, Aushilfskraft *f*.

tempt [tempt] *v/t* **1.** *j-n* in Versuchung führen (*a. eccl.*); *j-n* verführen (***to*** zu; ***to do*** [*od.* ***into doing***] ***s.th.*** dazu, et. zu tun): ***be*** ~***ed to do s.th.*** versucht *od.* geneigt sein, et. zu tun. **2.** ~ ***fate*** (*od.* ***providence***) das Schicksal herausfordern.

temp'ta·tion *s* Versuchung *f* (*a. eccl.*), Verführung *f*.

'tempt·er *s* Verführer *m*.

'tempt·ing *adj* □ verführerisch.

'tempt·ress *s* Verführerin *f*.

ten [ten] **I** *adj* **1.** zehn. **II** *s* **2.** Zehn *f*: ~ ***of hearts*** Herzzehn; ~***s*** *pl* ***of thousands*** zehntausende *pl*. **3.** ₰ Zehner *m*.

ten·a·ble ['tenəbl] *adj* haltbar.

te·na·cious [tɪ'neɪʃəs] *adj* □ hartnäckig, zäh.

te·nac·i·ty [tɪ'næsətɪ] *s* Hartnäckigkeit *f*, Zähigkeit *f*.

ten·an·cy ['tenənsɪ] *s* **1.** Pacht-, Mietdauer *f*. **2.** Mietverhältnis *n*. ~ **a·gree·ment** *s* Mietvertrag *m*.

ten·ant ['tenənt] *s* Pächter(in), Mieter(in). **~s' as·so·ci·a·tion** *s* Mieterverein *m*, Mieterverband *m*.
tend¹ [tend] *v/i* neigen, tendieren (**to, toward[s]** zu): **~ to do s.th.** dazu neigen, et. zu tun; **~ upwards** e-e steigende Tendenz haben (*Preise etc*).
tend² [~] **I** *v/t j-n* pflegen, *a. Wunde* versorgen. **II** *v/i*: **~ to** → I.
tend·en·cy ['tendənsı] *s* Tendenz *f*; Neigung *f*: **have a ~ to** (*od.* **toward[s]**) neigen *od.* tendieren zu; **have a ~ to do s.th.** dazu neigen, et. zu tun.
ten·dentious [~'denʃəs] *adj* □ tendenziös.
ten·der¹ ['tendə] *adj* □ **1.** empfindlich, *fig. a.* heikel: → **spot** 4. **2.** zart, weich (*Fleisch*). **3.** zärtlich.
ten·der² [~] **I** *v/i* **1.** *econ.* ein Angebot machen (**for** für). **II** *v/t* **2.** → **resignation** 1. **III** *s* **3.** *econ.* Angebot *n*: **to invite ~s for** Angebote einholen für, *et.* ausschreiben. **4. legal ~** gesetzliches Zahlungsmittel.
ten·der³ [~] *s* ⚓, 🚂 Tender *m*.
ten·der·er ['tendərə] *s* Submittent *m*.
'ten·der|·foot *s* (*a. irr* **foot**) *Am.* F Anfänger(in), Neuling *m*. **ˌ~'heart·ed** *adj* □ weichherzig.
ten·der·ize ['tendəraız] *v/t Fleisch* zart *od.* weich machen.
'ten·der·loin *s* zartes Lendenstück.
ten·don ['tendən] *s anat.* Sehne *f*.
ten·dril ['tendrəl] *s* ✿ Ranke *f*.
ten·e·ment ['tenəmənt] *s* Mietshaus *n*, *contp.* Mietskaserne *f*.
ten·ner ['tenə] *s* F Zehner *m* (*Br. Zehnpfundschein, Am. Zehndollarschein*).
ten·fold ['tenfəʊld] **I** *adj* zehnfach. **II** *adv* zehnfach, um das Zehnfache: **increase ~** (sich) verzehnfachen.
ten·nis ['tenıs] *s Sport*: Tennis *n*. **~ ball** *s* Tennisball *m*. **~ court** *s* Tennisplatz *m*. **~ el·bow** *s* ✚ Tennisarm *m*. **~ play·er** *s* Tennisspieler(in). **~ rack·et** *s* Tennisschläger *m*.
ten·or ['tenə] *s* **1.** ♪ Tenor *m*. **2.** Tenor *m*, Sinn *m*. **3.** Verlauf *m*.
'ten·pin *s* **1.** *Bowling*: Kegel *m*: **~ bowling** *Br.* Bowling *n*. **2. ~s** *sg Am.* Bowling *n*.
tense¹ [tens] *s ling.* Zeit *f*, Tempus *n*: → **future** 4, **past** 3, **present** 3.
tense² [~] *adj* □ **1.** gespannt, straff (*Seil etc*), (an)gespannt (*Muskeln*). **2.** *fig.* (an)gespannt (*Lage etc*); (über)nervös (*Person*).
ten·sile ['tensaıl] *adj* **1.** dehn-, spannbar. **2. ~ strength** Zug-, Zerreißfestigkeit *f*.
ten·sion ['tenʃn] *s* **1.** Spannung *f* (*a.* ⚡): → **high tension. 2.** *fig.* Anspannung *f*; Spannung(en *pl*) *f*.
tent [tent] *s* Zelt *n*.
ten·ta·cle ['tentəkl] *s zo.* Tentakel *m, n*: a) Fühler *m*, b) Fangarm *m*.
ten·ta·tive ['tentətıv] *adj* □ **1.** vorläufig; versuchsweise: **~ly** *a.* mit Vorbehalt. **2.** vorsichtig, zögernd.
ten·ter·hooks ['tentəhʊks] *s pl*: **be on ~** wie auf glühenden Kohlen sitzen; **keep s.o. on ~** j-n auf die Folter spannen.
tenth [tenθ] **I** *adj* **1.** zehnt. **II** *s* **2.** *der, die, das* Zehnte: **the ~ of May** der 10. Mai. **3.** Zehntel *n*: **a ~ of a second** e-e Zehntelsekunde.
'tenth·ly *adv* zehntens.
'ten-time *adj* zehnmalig.
tent| peg *s* Hering *m*, Zeltpflock *m*. **~ pole** *s* Zeltstange *f*.
ten·u·ous ['tenjʊəs] *adj* □ **1.** dünn (*Faden etc*). **2.** *fig.* lose (*Verbindung etc*); schwach (*Beweis etc*).
ten·ure ['teˌnjʊə] *s* **1.** Innehabung *f* (*e-s Amtes*), (*von Grundbesitz a.*) Besitz *m*. **2. ~ of office** Amtsdauer *f*, Dienstzeit *f*; **job ~** Dauer *f* der Betriebszugehörigkeit. **3.** Dauerstellung *f*, *bsd. Am. univ.* feste Anstellung.
tep·id ['tepıd] *adj* □ lau(warm) (*a. fig.*).
term [tɜːm] **I** *s* **1.** Zeit(raum *m*) *f*, Dauer *f*; Laufzeit *f* (*e-s Vertrags etc*): **~ of imprisonment** ⚖ Freiheitsstrafe *f*; **~ of office** Amtsdauer, -periode *f*, -zeit; **in the long** (**short**) **~** auf lange (kurze) Sicht. **2.** *ped., univ. bsd. Br.* Trimester *n*. **3.** Ausdruck *m*, Bezeichnung *f*: **~ of abuse** Schimpfwort *n*, Beleidigung *f*; **in ~s of** was ... betrifft; **in ~s of money** finanziell (gesehen); **in no uncertain ~s** unmissverständlich; → **technical** 2. **4.** *pl* Bedingungen *pl*: **~s of delivery** *econ.* Liefer(ungs)bedingungen; **~s of payment** Zahlungsbedingungen *pl*, -modalitäten *pl*; **~s of trade** *econ.* internationale Tauschrelationen *pl*, Austauschverhältnis *n* (*im Außenhandel*); **on one's own ~s** zu s-n Bedingungen; **come to ~s** sich einigen (**with** mit); **come to ~s with s.th.** sich mit et. abfinden; → **easy** 5. **5. be on friendly** (**good**) **~s with** auf freundschaftlichem Fuß stehen (gut auskommen) mit; → **speaking** II. **II** *v/t* **6.** nennen, bezeichnen als.
ter·mi·nal ['tɜːmınl] **I** *adj* □ **1.** ✚ a) unheilbar; unheilbar krank, b) im Endstadium, c) Sterbe...: **~ clinic. II** *s* **2.** 🚂 *etc* Endstation *f*: → **air terminal. 3.** *Computer*: Terminal *n*: **~ workstation** Bildschirmarbeitsplatz *m*. **4.** ⚡ (Anschluss)Klemme *f*; Pol *m* (*e-r Batterie*).
ter·mi·nate ['tɜːmıneıt] **I** *v/t* beenden; *Vertrag* kündigen, lösen; ✚ *Schwangerschaft* unterbrechen. **II** *v/i* enden; ablaufen (*Vertrag*).
ˌter·mi'na·tion *s* **1.** Beendigung *f*; Kündigung *f*, Lösung *f*; ✚ (*Schwangerschafts-*) Abbruch *m*. **2.** Ende *n*; Ablauf *m*.

ter·mi·ni ['tɜːmɪnaɪ] *pl von* ***terminus.***
ter·mi·nol·o·gy [ˌtɜːmɪ'nɒlədʒɪ] *s* Terminologie *f*, Fachsprache *f*.
ter·mi·nus ['tɜːmɪnəs] *pl* **-ni** ['~naɪ], **-nus·es** *s* 🚂 *etc* Endstation *f*.
ter·mite ['tɜːmaɪt] *s zo*. Termite *f*.
term life in·sur·ance *s* Risikolebensversicherung *f*.
ter·race ['terəs] *s* **1.** Terrasse *f*. **2.** *pl Sport*: *bsd. Br*. Ränge *pl*. **3.** Häuserreihe *f*, -zeile *f*.
'ter·raced *adj*: ~ ***house*** *Br*. Reihenhaus *n*.
ter·ra·cot·ta [ˌterə'kɒtə] *s* Terrakotta *f*.
ter·rain [te'reɪn] *s* Gelände *n*, Terrain *n*.
ter·res·tri·al [tə'restrɪəl] *adj* □ **1.** irdisch. **2.** Erd...: ~ ***globe*** Erdball *m*. **3.** ⚘, *zo*. Land...
ter·ri·ble ['terəbl] *adj* □ schrecklich, furchtbar (*beide a. fig*. F).
ter·ri·er ['terɪə] *s zo*. Terrier *m*.
ter·rif·ic [tə'rɪfɪk] *adj* (~***ally***) F toll, fantastisch; wahnsinnig.
ter·ri·fy ['terɪfaɪ] *v/t j-m* schreckliche Angst einjagen: ***spiders ~ me, I'm terrified of spiders*** ich habe schreckliche Angst vor Spinnen.
ter·ri·to·ri·al [ˌterə'tɔːrɪəl] *adj* □ territorial, Gebiets...: ~ ***claims*** *pl* Gebietsansprüche *pl*; ~ ***waters*** *pl* Hoheitsgewässer *pl*.
ter·ri·to·ry ['~tərɪ] *s* **1.** (*a*. Hoheits-, Staats-) Gebiet *n*, Territorium *n*. **2.** *zo*. Revier *n*. **3.** *fig*. Gebiet *n*.
ter·ror ['terə] *s* **1.** Entsetzen *n*: ***in ~*** voller Entsetzen; in panischer Angst; ***have a ~ of*** panische Angst haben vor (*dat*). **2.** Terror *m*. **3.** Schrecken *m* (*Person, Sache*). **4.** F Landplage *f* (*bsd. Kind*).
'ter·ror·ism *s* Terrorismus *m*.
'ter·ror·ist I *s* Terrorist(in). II *adj* terroristisch, Terror...
'ter·ror·ize *v/t* terrorisieren; einschüchtern.
ter·ry(·cloth) ['terɪ(klɒθ)] *s* Frottee *n*.
terse [tɜːs] *adj* □ knapp (*Antwort etc*).
ter·tia·ry sec·tor ['tɜːʃərɪ] *s econ*. tertiärer (Wirtschafts)Sektor, Dienstleistungssektor *m*.
tes·sel·at·ed ['tesəleɪtɪd] *adj* Mosaik...
test [test] I *s* **1.** *allg*. Test *m*: ***put to the ~*** auf die Probe stellen; ***stand the ~ of time*** die Zeit überdauern; → ***driving test.*** **2.** → ***test match.*** II *v/t* **3.** testen, prüfen. **4.** *j-s Geduld etc* auf e-e harte Probe stellen.
tes·ta·ment ['testəmənt] *s* **1.** → ***will***¹ 2. **2.** ***Testament*** *Bibl. Altes, Neues* Testament. **3.** *fig*. Zeugnis *n* (***to*** *gen*).
tes·ta·ment·a·ry [ˌ~'mentərɪ] *adj* ⚖ testamentarisch.
tes·ta·tor [te'steɪtə] *s* ⚖ Erblasser *m*.
tes·ta·trix [te'steɪtrɪks] *pl* **-tri·ces** [~trɪsiːz] *s* ⚖ Erblasserin *f*.
test| ban trea·ty *s pol*. Teststoppabkommen *n*. ~ **card** *s TV Br*. Testbild *n*. ~ **case** *s* ⚖ Musterprozess *m*. ~ **drive** *s mot*. Probefahrt *f*: ***go for a ~*** e-e Probefahrt machen. **'~-drive** *v/t* (*irr* ***drive***) *Auto* Probe fahren.
tes·ter ['testə] *s* **1.** Tester(in), Prüfer(in). **2.** *tech*. Test-, Prüfgerät *n*.
tes·ti·cle ['testɪkl] *s anat*. Hoden *m*.
tes·ti·fy ['testɪfaɪ] I *v/i* **1.** ⚖ aussagen (***for*** für; ***against*** gegen). **2.** ~ ***to*** ein deutliches Zeichen sein für. II *v/t* **3.** ~ ***that*** ⚖ aussagen *od*. bezeugen, dass; *fig*. ein deutliches Zeichen dafür sein, dass.
tes·ti·mo·ni·al [ˌtestɪ'məʊnjəl] *s* **1.** Referenz *f*. **2.** Anerkennungsgeschenk *n*.
tes·ti·mo·ny ['~mənɪ] *s* **1.** ⚖ Aussage *f*. **2.** ***be*** (***a***) ~ ***of*** (*od*. ***to***) → ***testify*** 2.
test·ing ['testɪŋ] *adj*: ~ ***times*** *pl* harte Zeiten *pl*.
test| lamp *s tech*. Prüflampe *f*. **'~-ˌmar·ket** *v/t* den Markt testen für (*ein Produkt*). ~ **match** *s Kricket*: internationaler Vergleichskampf. ~ **pat·tern** *s TV Am*. Testbild *n*. ~ **pi·lot** *s* ✈ Testpilot(in). ~ **pro·gram** *s Computer*: Prüfprogramm *n*. ~ **tube** *s* ⚗ Reagenzglas *n*. **'~-tube ba·by** *s* Retortenbaby *n*.
tes·ty ['testɪ] *adj* □ gereizt.
tet·a·nus ['tetənəs] *s* ⚕ Tetanus *m*.
tetch·y ['tetʃɪ] *adj* □ reizbar.
teth·er ['teðə] I *s* Strick *m*; Kette *f*: ***be at the end of one's ~*** *fig*. mit s-n Nerven am Ende sein. II *v/t Tier* anbinden; anketten.
Teu·ton·ic [tjuː'tɒnɪk] *adj oft contp*. teutonisch, (typisch) deutsch.
text [tekst] *s* Text *m*: ~ ***processing*** Textverarbeitung *f*. **'~·book** I *s* Lehrbuch *n*. II *adj* perfekt: ~ ***example*** Muster-, Paradebeispiel *n* (***of*** für).
tex·tile ['tekstaɪl] I *s* Stoff *m*: ~***s*** *pl* Textilien *pl*. II *adj* Textil...
tex·tu·al ['tekstjʊəl] *adj* □ textlich, Text...
tex·ture ['tekstʃə] *s* Textur *f*, Gewebe *n*; Beschaffenheit *f*.
TGWU *Br*. ***Transport and General Workers' Union*** Transportarbeitergewerkschaft *f*.
Thai·land ['taɪlænd] *npr* Thailand *n*.
tha·lid·o·mide [θə'lɪdəmaɪd] *s pharm*. Thalidomid *n*, Contergan *n*: ~ ***baby*** Contergankind *n*.
Thames [temz] *npr die* Themse: ***he won't set the ~ on fire*** *fig*. er hat das Pulver auch nicht (gerade) erfunden.
than [ðən] *cj* als.
thank [θæŋk] I *v/t j-m* danken, sich bei *j-m* bedanken (***for*** für): ~ ***you*** (***very much***) danke (vielen Dank); ***no, ~ you*** nein, danke; ***say "Thank you"*** sich bedanken; ***he's only got himself to ~ that*** er hat es sich selbst

T

zuzuschreiben, dass. **II** *s pl* Dank *m*: ***with ~s*** dankend, mit Dank; (***many***) ***~s*** danke (vielen Dank); ***no, ~s*** nein, danke; ***say "Thanks"*** sich bedanken; ***~s to*** dank (*gen*), wegen (*gen*).

thank·ful ['~fʊl] *adj* □ dankbar (***for*** für); froh (***that*** dass; ***to be*** zu sein): ***~ly*** *a.* zum Glück, Gott sei Dank.

'thank·less *adj* undankbar (*Aufgabe etc*).

'Thanks͵giv·ing (Day) *s Am.* Thanksgiving Day *m* (*Erntedankfest; 4. Donnerstag im November*).

'thank·you **I** *s* Danke(schön) *n*. **II** *adj*: ***~ letter*** Dank(es)brief *m*.

that[1] [ðæt] **I** *pron u. adj* **1.** das: ***~ is*** (***to say***) das heißt; ***at ~*** zudem, obendrein; ***let it go at ~*** F lassen wir es dabei bewenden; ***and ~'s ~*** u. damit basta. **2.** jener, jene, jenes: ***~ car over there*** das Auto dort drüben; ***those who*** diejenigen, welche. **II** *adv* **3.** F so, dermaßen: ***it's ~ simple*** so einfach ist das.

that[2] [~] *relative pron* der, die, das, welcher, welche, welches: ***everything ~*** alles, was.

that[3] [~] *cj* dass.

thatch [θætʃ] **I** *s* **1.** (Dach)Stroh *n*, Reet *n*. **2.** Stroh-, Reetdach *n*. **II** *v/t* **3.** mit Stroh *od.* Reet decken: ***~ed*** stroh-, reetgedeckt.

thaw [θɔː] **I** *v/i* (auf)tauen, (*Tiefkühlkost, fig. Person*) auftauen: ***it is ~ing*** es taut. **II** *v/t* auftauen. **III** *s* Tauwetter *n* (*a. fig. pol.*).

the[1] [ðə, *vor Vokalen* ðɪ] *bestimmter Artikel* **1.** der, die, das, *pl* die. **2.** *vor Maßangaben*: ***one dollar ~ pound*** ein Dollar das *od.* pro Pfund.

the[2] [~] *adv*: ***~ ... ~*** je ..., desto: ***~ sooner ~ better*** je eher, desto besser.

the·a·ter *s Am.*, **the·a·tre** *s bsd. Br.* ['θɪətə] **1.** Theater *n*: ***be in the ~*** beim Theater sein. **2.** (*Hör*)Saal *m*; ⚕ *Br.* Operationssaal *m*: ***~ nurse*** Operationsschwester *f*. **3.** *fig.* Schauplatz *m*: ***~ of war*** Kriegsschauplatz. **'~͵go·er** *s* Theaterbesucher(in).

the·at·ri·cal [θɪ'ætrɪkl] *adj* □ **1.** Theater... **2.** *fig.* theatralisch.

theft [θeft] *s* Diebstahl *m*.

their [ðeə] *possessive pron* ihr: ***everyone took their seats*** alle nahmen Platz.

theirs [~z] *possessive pron*: ***it is ~*** es gehört ihnen; ***a friend of ~*** ein Freund von ihnen; ***our children and ~*** unsere Kinder u. ihre.

them [ðəm] *pron* **1.** sie (*acc*); ihnen (*dat*): ***they looked behind ~*** sie blickten hinter sich. **2.** F sie (*nom*): ***we are younger than ~.***

theme [θiːm] *s* Thema *n* (*a.* ♪). **~ park** *s* Themenpark *m*. **~ song** *s Film etc*: Titelsong *m*. **~ tune** *s Film etc*: Themamelodie *f*.

them·selves [ðəm'selvz] *pron* **1.** *verstärkend*: sie *od.* sich selbst: ***they did it ~, they ~ did it*** sie haben es selbst getan. **2.** *reflex* sich: ***they cut ~.*** **3.** sich (selbst): ***they want it for ~.***

then [ðen] **I** *adv* **1.** dann: → ***but*** 1. **2.** da; damals: ***by ~*** bis dahin; ***from ~ on*** von da an. **II** *adj* **3.** damalig.

the·o·lo·gi·an [θɪə'ləʊdʒən] *s* Theologe *m*, Theologin *f*.

the·o·log·i·cal [~'lɒdʒɪkl] *adj* □ theologisch: ***~ college*** Priesterseminar *n*.

the·ol·o·gy [θɪ'ɒlədʒɪ] *s* Theologie *f*.

the·o·rem ['θɪərəm] *s bsd.* ⩕ (Lehr)Satz *m*.

the·o·ret·i·cal [θɪə'retɪkl] *adj* □ theoretisch.

'the·o·rist *s* Theoretiker(in).

'the·o·rize *v/i* theoretisieren (***about, on*** über *acc*).

'the·o·ry *s* Theorie *f*: ***in ~*** in der Theorie, theoretisch.

ther·a·peu·tic [͵θerə'pjuːtɪk] *adj* (***~ally***) **1.** ⚕ therapeutisch. **2.** F wohltuend; gesund.

'ther·a·pist *s* ⚕ Therapeut(in).

'ther·a·py *s* ⚕ Therapie *f*.

there [ðeə] **I** *adv* **1.** da, dort: ***~ and then*** auf der Stelle; ***~ you are*** hier bitte; da hast dus!, na also!; ***~ you go!*** F so ists halt!; ***~ you go again!*** F fängst du schon wieder an!; → ***over*** 9. **2.** (da-, dort)hin: ***~ and back*** hin u. zurück; ***get ~*** F es schaffen; ***go ~*** hingehen. **3.** ***~ is***, *pl* ***~ are*** es gibt *od.* ist *od.* sind: ***~ are many cars in the street*** auf der Straße sind viele Autos; ***~'s a good boy!*** sei lieb *od.* brav!; das war lieb von dir! **II** *int* **4.** so; da hast dus!, na also: ***~, ~*** ist ja gut! **'~·a·bouts** *adv*: ***five pounds or ~*** ungefähr *od.* so etwa fünf Pfund. **͵~'af·ter** *adv* danach. **͵~'by** *adv* dadurch. **'~·fore** *adv* **1.** deshalb, daher. **2.** folglich, also. **͵~·up'on** *adv* darauf.

ther·mal ['θɜːml] **I** *adj* □ **1.** thermisch, Thermo..., Wärme...: ***~ printer*** Thermodrucker *m*. **2. *~ spring*** Thermalquelle *f*. **II** *s* **3.** Thermik *f*.

ther·mo·mat ['θɜːməmæt] *s* Isomatte *f*.

ther·mom·e·ter [θə'mɒmɪtə] *s* Thermometer *n*.

Ther·mos ['θɜːmɒs] (*TM*) *s*, *Am. a.* ***~ bottle***, *bsd. Br. a.* ***~ flask*** Thermosflasche *f*.

ther·mo·stat ['θɜːməʊstæt] *s* Thermostat *m*.

these [ðiːz] *pl von* ***this***.

the·sis ['θiːsɪs] *pl* **-ses** ['~siːz] *s* **1.** These *f*. **2.** *univ.* Dissertation *f*, Doktorarbeit *f*.

they [ðeɪ] *pron* **1.** sie *pl*: ***~ who*** diejenigen, welche. **2.** man.

they'd [ðeɪd] F *für* ***they had; they would.***

they'll [ðeɪl] F *für* ***they will.***

they're [ðeə] F *für* ***they are.***

they've [ðeɪv] F *für* ***they have.***

thick [θɪk] **I** *adj* □ **1.** *allg.* dick: ***the ~ end of £500*** F fast 500 Pfund; ***give s.o. a ~ ear*** F j-m eins *od.* ein paar hinter die Ohren geben. **2.** dick, dicht (*Nebel etc*): ***be ~ with***

wimmeln von; **~ with smoke** verräuchert; **the furniture was ~ with dust** auf den Möbeln lag dick der Staub; **they are ~ on the ground** F es gibt sie wie Sand am Meer. **3.** *bsd. Br.* F dumm. **4.** *bsd. Br.* F dick befreundet (**with** mit). **5. that's a bit ~!** *bsd. Br.* F das ist ein starkes Stück! **II** *adv* **6.** dick, dicht: **lay it on ~** F dick auftragen. **III** *s* **7. in the ~ of** *fig.* mitten in (*dat*): **in the ~ of the fight** im dichtesten Kampfgetümmel; **through ~ and thin** durch dick u. dünn.

thick·en ['~ən] **I** *v/t Soße etc* eindicken, binden. **II** *v/i* dicker werden, (*Nebel etc a.*) dichter werden.

thick·et ['~ɪt] *s* Dickicht *n*.

ˌthick'head·ed *adj* F strohdumm.

thick·ness ['θɪknɪs] *s* **1.** Dicke *f*. **2.** Lage *f*, Schicht *f*. **3.** *bsd. Br.* F Dummheit *f*.

ˌthick|'set *adj* gedrungen, untersetzt. **ˌ~-'skinned** *adj fig.* dickfellig.

thief [θiːf] *pl* **thieves** [θiːvz] *s* Dieb(in): **stop, ~!** haltet den Dieb!; **they are (as) thick as thieves** F sie sind dicke Freunde.

thigh [θaɪ] *s anat.* (Ober)Schenkel *m*.

thim·ble ['θɪmbl] *s* Fingerhut *m*.

thin [θɪn] **I** *adj* ☐ **1.** dünn, (*Person, Arme etc a.*) dürr, (*Haar a.*) schütter: **disappear** (*od.* **vanish**) **into ~ air** *fig.* sich in Luft auflösen; **produce out of ~ air** *fig. et.* herzaubern; **this is just the ~ end of the wedge** *fig. b.s.* das ist erst der Anfang; **be ~ on the ground** F dünn gesät sein; **he's getting ~ on top** F bei ihm lichtet es sich oben schon. **2.** *fig.* schwach (*Rede etc*), (*Ausrede etc a.*) fadenscheinig. **II** *adv* **3.** dünn. **III** *v/t* **4.** *Soße etc* verdünnen, strecken. **IV** *v/i* **5.** dünner werden, (*Nebel, Haar a.*) sich lichten, (*Haar a.*) schütter werden.

thing [θɪŋ] *s* **1.** (*konkretes*) Ding: **~s** *pl* Sachen *pl* (*Getränke etc*), (*Gepäck, Kleidung etc a.*) Zeug *n*; **what's this ~?** was ist das?; **I couldn't see a ~** ich konnte überhaupt nichts sehen. **2.** *fig.* Ding *n*, Sache *f*, Angelegenheit *f*: **a funny ~** et. Komisches; **another ~** et. anderes; **first ~ tomorrow** gleich morgen früh; **for one ~ ..., and for another** zum e-n ..., u. zum anderen; **make a ~ of** F *et.* aufbauschen; **know a ~ or two about** et. verstehen von; **this proves three ~s** das beweist dreierlei; → **done** 1, **last¹** 4, **near** 9, **old** 2, **right** 1. **3.** *pl fig.* Dinge *pl*, Lage *f*, Umstände *pl*. **4.** Ding *n* (*Mädchen, Tier*), Kerl *m*.

think [θɪŋk] **I** *v/t* (*irr*) **1.** denken, glauben, meinen (**that** dass): **I thought he was a burglar** ich hielt ihn für e-n Einbrecher. **2. ~ out** (*od.* **through**) *et.* durchdenken; **~ over** nachdenken über (*acc*), sich *et.* überlegen; **~ up** sich *et.* ausdenken. **3.** *j-n, et.* halten für: **~ o.s. clever. 4. I can't ~ why ...** ich kann nicht verstehen, warum ... **5. try to ~ where ...** versuch dich zu erinnern, wo ... **II** *v/i* (*irr*) **6.** denken (**of** an *acc*): **I ~ so** ich glaube *od.* denke schon; **~ of doing s.th.** sich mit dem Gedanken tragen *od.* daran denken, et. zu tun; **I can't ~ of his name** mir fällt sein Name nicht ein, ich kann mich nicht an s-n Namen erinnern; **what do you ~ of** (*od.* **about**) **...?** was halten Sie von ...?; → **better¹** III, **highly** 2, **little** 5, **much** 2, **nothing** I. **7.** nachdenken (**about** über *acc*): **I'll ~ about it** ich überlege es mir; → **twice. III** *s* **8.** F **have a ~ about** nachdenken über (*acc*); **have another ~ coming** schief gewickelt sein.

'think·er *s* Denker(in).

'think·ing I *adj* **1.** denkend. **2.** Denk...: **put on one's ~ cap** F scharf nachdenken. **II** *s* **3.** Denken *n*: **do some ~** nachdenken; **to my way of ~** m-r Meinung nach.

think tank *s* Planungs-, Sachverständigenstab *m*.

thin·ner ['θɪnə] *s* Verdünner *m*.

ˌthin-'skinned *adj fig.* dünnhäutig.

third [θɜːd] **I** *adj* (☐ → **thirdly**) **1.** dritt: **~ party** *econ.*, ⚖ Dritte *m*; **Third World** Dritte Welt. **II** *s* **2.** *der, die, das* Dritte: **the ~ of May** der 3. Mai. **3.** Drittel *n*. **4.** *mot.* dritter Gang. **III** *adv* **5.** als Dritte(r, -s). **ˌ~-'class I** *adj* **1.** drittklassig, -rangig. **2.** 🚂 *etc* dritter Klasse. **II** *adv* **3.** 🚂 *etc* dritte(r) Klasse. **ˌ~-de'gree** *adj Verbrennungen* dritten Grades.

third·ly ['θɜːdlɪ] *adv* drittens.

ˌthird|-'par·ty *adj*: **~ insurance** Haftpflichtversicherung *f*; **~ liability** Haftpflicht *f*. **ˌ~-'rate** → **third-class** 1.

thirst [θɜːst] *s* Durst *m*: **die of ~** verdursten; **~ for knowledge** *fig.* Wissensdurst. **'~-ˌquench·ing** *adj* durstlöschend.

thirst·y ['θɜːstɪ] *adj* ☐ **1.** durstig: **be** (*od.* **feel**) (**very**) **~** (sehr) durstig sein, (großen) Durst haben. **2. gardening is ~ work** Gartenarbeit macht durstig.

thir·teen [ˌθɜː'tiːn] *adj* dreizehn.

ˌthir'teenth [~θ] *adj* dreizehnt.

thir·ti·eth ['~tɪəθ] *adj* dreißigst.

'thir·ty I *adj* dreißig. **II** *s* Dreißig *f*: **be in one's thirties** in den Dreißigern sein; **in the thirties** in den Dreißigerjahren (*e-s Jahrhunderts*).

this [ðɪs] **I** *pron* **1.** dieser, diese, dieses; dies, das: **like ~** so; **~ is what I expected** (genau) das habe ich erwartet; **these are his children** das sind s-e Kinder. **2. after ~** danach; **before ~** zuvor. **II** *adj* **3.** dieser, diese, dieses: → **afternoon** I, **morning** I, **time** 4, **year. III** *adv* **4.** F so, dermaßen.

this·tle ['θɪsl] *s* ♧ Distel *f*.

thong [θɒŋ] *s* **1.** Riemen *m*. **2.** Lendenschurz *m*. **3.** *Am*. Zehensandale *f*.

tho·rax ['θɔːræks] *pl* **-ra·ces** ['~rəsiːz], **-rax·es** ['~ræksɪz] *s anat*. Brustkorb *m*.

thorn [θɔːn] *s* ♧ Dorn *m*: ***be a ~ in s.o.'s flesh*** *fig*. j-m ein Dorn im Auge sein.

'thorn·y *adj* **1.** dornig. **2.** *fig*. heikel.

thor·ough ['θʌrə] *adj* (□ → ***thoroughly***) **1.** gründlich (*Person*, *Kenntnisse*), (*Prüfung etc a.*) eingehend, (*Reform etc a.*) durchgreifend. **2.** fürchterlich (*Durcheinander*, *Langweiler etc*). **'~bred** *s* Vollblüter *m*. **'~fare** *s* Hauptverkehrsstraße *f*: ***no ~*** Durchfahrt verboten! **'~ˌgo·ing** → ***thorough*** 1.

thor·ough·ly ['θʌrəlɪ] *adv* **1.** → ***thorough*** 1. **2.** völlig, total: ***I ~ enjoyed it*** es hat mir unwahrscheinlich gut gefallen.

those [ðəʊz] *pl von* ***that***[1].

though [ðəʊ] **I** *cj* **1.** obwohl: → ***even***[1] 1. **2.** (je)doch. **3.** ***as ~*** als ob, wie wenn. **II** *adv* **4.** dennoch, trotzdem.

thought[1] [θɔːt] *pret u. pp von* ***think***.

thought[2] [~] *s* **1.** Denken *n*: → ***lost*** 5. **2.** Gedanke *m* (***of*** an *acc*): ***that's a ~!*** gute Idee!; ***on second ~s*** (*Am*. ***~***) wenn ich es mir überlege; ***have no ~ of doing s.th.*** nicht daran denken *od*. nicht vorhaben, et. zu tun. **3.** ***with no ~ for*** ohne Rücksicht auf (*acc*), ohne an (*acc*) zu denken.

thought·ful ['~fʊl] *adj* □ **1.** nachdenklich. **2.** rücksichtsvoll, aufmerksam.

'thought·less *adj* □ **1.** gedankenlos. **2.** rücksichtslos.

thou·sand ['θaʊznd] **I** *adj* **1.** tausend: ***a*** (***one***) ***~*** (ein)tausend. **II** *s* **2.** Tausend *n*: ***~s of times*** tausendmal; → ***hundred*** 2. **3.** ₰ Tausender *m*.

thou·sandth ['~tθ] **I** *adj* **1.** tausendst. **II** *s* **2.** *der*, *die*, *das* Tausendste. **3.** Tausendstel *n*: ***a ~ of a second*** e-e Tausendstelsekunde.

thrash [θræʃ] **I** *v/t* **1.** *j-n* verdreschen, -prügeln; (*Sport*) F *j-m* e-e Abfuhr erteilen. **2.** ***~ out*** *Problem etc* ausdiskutieren. **II** *v/i* **3.** ***~ about*** (*od*. ***around***) sich *im Bett* herumwerfen; um sich schlagen; zappeln (*Fisch*).

'thrash·ing *s*: ***give s.o. a ~*** j-m e-e Tracht Prügel verpassen; (*Sport*) F j-m e-e Abfuhr erteilen.

thread [θred] **I** *s* **1.** Faden *m* (*a. fig.*): ***lose the ~*** (***of the conversation***) den (Gesprächs)Faden verlieren; ***pick up the ~*** den Faden wieder aufnehmen; → ***hang*** 8. **2.** *tech*. Gewinde *n*. **II** *v/t* **3.** *Nadel* einfädeln. **4.** *Perlen etc* auffädeln, -reihen (***on*** auf *acc*). **5.** ***~ one's way through*** sich schlängeln durch, sich durchschlängeln zwischen (*dat*). **'~-bare** *adj* **1.** abgewetzt, (*Kleidung a.*) abgetragen. **2.** *fig*. abgedroschen.

threat [θret] *s* **1.** Drohung *f*: ***under ~ of*** unter Androhung von (*od. gen*). **2.** (***to***) Bedrohung *f* (*gen od.* für), Gefahr *f* (für).

'threat·en **I** *v/t* **1.** *j-m* drohen, *j-n* bedrohen (***with*** mit): ***~ s.o. with s.th.*** *a.* j-m et. androhen. **2.** *et*. androhen, drohen mit. **3.** ***~ to do s.th.*** (damit) drohen, et. zu tun. **4.** *et*. bedrohen, gefährden: ***be ~ed with extinction*** *biol*. vom Aussterben bedroht sein. **II** *v/i* **5.** drohen (*Gefahr etc*).

'threat·en·ing *adj* drohend: ***~ letter*** Drohbrief *m*.

three [θriː] **I** *adj* drei. **II** *s* Drei *f*: ***~ of hearts*** Herzdrei. **'~-act** *adj*: ***~ play*** *thea*. Dreiakter *m*. **ˌ~-'cor·nered** *adj* dreieckig. **ˌ~-di'men·sion·al** *adj* **1.** dreidimensional. **2.** *fig*. plastisch.

three·fold ['θriːfəʊld] **I** *adj* dreifach. **II** *adv* dreifach, um das Dreifache: ***increase ~*** (sich) verdreifachen.

'three|-piece *adj* dreiteilig. **ˌ~-'quar·ter** *adj* Dreiviertel... **'~-time** *adj* dreimalig.

thresh [θreʃ] *v/t u. v/i* dreschen.

'thresh·ing *adj*: ***~ machine*** Dreschmaschine *f*.

thresh·old ['θreʃhəʊld] *s* Schwelle *f* (*a. fig.*): ***be on the ~ of*** an der Schwelle stehen zu (*od. gen*); ***~ of pain*** Schmerzschwelle.

threw [θruː] *pret von* ***throw***.

thrift [θrɪft] *s* Sparsamkeit *f*.

'thrift·y *adj* □ sparsam.

thrill [θrɪl] **I** *s* **1.** prickelndes Gefühl; Nervenkitzel *m*. **2.** aufregendes Erlebnis. **II** *v/t* **3.** ***be ~ed*** (ganz) hingerissen sein (***at, about*** von): ***I was ~ed to hear that*** ich war von der Nachricht hingerissen, dass.

'thrill·er *s* Thriller *m*, Reißer *m*.

'thrill·ing *adj* fesselnd, packend.

thrive [θraɪv] *v/i* gedeihen (*Pflanze*, *Tier*), sich prächtig entwickeln (*Kind*); *fig*. blühen, florieren (*Geschäft etc*): ***~ on*** geradezu aufblühen bei.

throat [θrəʊt] *s* Kehle *f*, Gurgel *f*; Rachen *m*; Hals *m*: ***cut one's own ~*** *fig*. sich ins eigene Fleisch schneiden; ***force*** (*od*. ***ram, thrust***) ***s.th. down s.o.'s ~*** *fig*. j-m et. aufzwingen; → ***clear*** 17, ***sore*** 1.

'throat·y *adj* □ rau; heiser (*Stimme*); mit e-r rauen *od*. heiseren Stimme: ***sound ~*** heiser klingen.

throb [θrɒb] **I** *v/i* hämmern (*Maschine*), (*Herz etc a.*) pochen, schlagen. **II** *s* Hämmern *n*, Pochen *n*, Schlagen *n*.

throes [θrəʊz] *s pl*: ***be in the ~ of*** (***doing***) ***s.th.*** mitten in et. (*Unangenehmem*) stecken.

throm·bo·sis [θrɒm'bəʊsɪs] *pl* **-ses** [~siːz] *s* ⚕ Thrombose *f*.

throne [θrəʊn] *s* Thron *m* (*a. fig.*): ***come to the ~*** auf den Thron kommen.

T

throng [θrɒŋ] I *s* Schar *f* (**of** von). II *v/i u. v/t* sich drängen (in *dat*).

throt·tle ['θrɒtl] I *v/t* erdrosseln. II *s mot., tech.* Drosselklappe *f*: ***go at full*** ~ (mit) Vollgas fahren.

through [θruː] I *prp* **1.** durch (*a. fig.*): → ***live***[1] Ib. **2.** *Am.* bis (einschließlich). II *adv* **3.** durch; durch...: ~ ***and*** ~ durch u. durch; ***wet*** ~ völlig durchnässt; ***can you put me*** ~? *teleph.* können Sie mich verbinden?; → ***let through, read***[1] 1, *etc.* III *adj* **4.** durchgehend (*Zug etc*): ~ ***traffic*** Durchgangsverkehr *m.* **5.** ***be*** ~ F fertig sein (***with*** mit). ~'**out** I *prp* **1.** ~ ***the night*** die ganze Nacht hindurch. **2.** ~ ***the country*** im ganzen Land. II *adv* **3.** ganz, überall. **4.** die ganze Zeit (hindurch).

'**through·put** *s* Datendurchlauf *m.*

'**through·way** *s Am.* Schnellstraße *f.*

throw [θrəʊ] I *s* **1.** *Leichtathletik*: (*Diskus-, Speer*)Wurf *m.* **2.** Wurf *m*: → ***stone*** 1. **3.** *Fußball*: Einwurf *m*: ***take the*** ~ einwerfen. II *v/t* (*irr*) **4.** *et.* werfen (**at** nach): ~ ***s.o. s.th.*** j-m et. hin- *od.* her- *od.* zuwerfen; ~ ***s.o. a look*** j-m e-n Blick zuwerfen; ~ ***a three*** e-e Drei werfen *od.* würfeln; ~ ***open*** *Tür etc* aufreißen; *fig. Schloss etc* der Öffentlichkeit zugänglich machen; ~ ***o.s. at s.o.*** sich auf j-n stürzen; *fig.* sich j-m an den Hals werfen; ~ ***o.s. into*** sich stürzen in (*acc*) (*a. fig.*); → ***balance*** 1, ***confusion*** 2a, ***doubt*** 5, ***light***[1] 1, ***water*** 1. **5.** *zo.* werfen. **6.** *Hebel etc* betätigen. **7.** *Reiter* abwerfen. **8.** F *Party* schmeißen, geben. **9.** F *Wutanfall etc* kriegen: → ***tantrum.*** III *v/i* (*irr*) **10.** werfen; würfeln.

Verbindungen mit Adverbien:

throw| a·bout, ~ **a·round** *v/t*: ***throw one's money about*** mit Geld um sich werfen; → ***weight*** 3. ~ **a·way** *v/t* **1.** *et.* wegwerfen. **2.** *Chance etc* vertun. ~ **back** *v/t* **1.** zurückwerfen. **2.** ***be thrown back on*** *fig.* wieder angewiesen sein auf (*acc*). ~ **in** *v/t* **1.** hineinwerfen: ***throw the ball in*** (*Fußball*) einwerfen; → ***sponge*** 1, ***towel*** I. **2.** *et.* (gratis) dazugeben: ***get s.th. thrown in*** et. (gratis) dazubekommen. ~ **off** *v/t* **1.** *Kleidungsstück* abwerfen, *Nervosität etc* ablegen. **2.** *Verfolger* abschütteln. **3.** *Krankheit* loswerden. ~ **on** *v/t* sich *Kleidungsstück* überwerfen. ~ **out** *v/t* **1.** *j-n* hi-nauswerfen (*a. fig. entlassen*). **2.** *et.* wegwerfen. **3.** *Vorschlag etc* ablehnen, verwerfen. **4.** *Vorschlag etc* äußern. **5.** *j-n* aus dem Konzept *od.* aus der Fassung bringen. ~ **o·ver** *v/t Freund etc* sitzen lassen (**for** wegen). ~ **to·geth·er** *v/t* **1.** zs.-werfen. **2.** *et.* fabrizieren, zurechtbasteln. **3.** *Leute* zs.-bringen. ~ **up** I *v/t* **1.** in die Höhe werfen, hochwerfen. **2.** F *Job etc* hinschmeißen. **3.** F *et. Gegessenes* brechen. II *v/i* **4.** F brechen (*sich übergeben*).

'**throw·a·way** *adj* **1.** Wegwerf... **2.** hingeworfen (*Bemerkung*).

throw·er ['θrəʊə] *s* Werfer(in).

'**throw-in** → ***throw*** 3.

thrown [θrəʊn] *pp von* ***throw.***

thru [θruː] *Am.* F → ***through.***

thrush[1] [θrʌʃ] *s orn.* Drossel *f.*

thrush[2] [~] *s* ⚕ Soor *m.*

thrust [θrʌst] I *v/t* (*irr*) **1.** *j-n, et.* stoßen (***into*** in *acc*): → ***throat.*** **2.** *et.* stecken, schieben (***into*** in *acc*): → ***nose*** 1. II *v/i* (*irr*) **3.** ~ ***at*** stoßen nach. III *s* **4.** Stoß *m.* **5.** *mil.* Vorstoß *m* (*a. fig.*). **6.** *phys.* Schub(kraft *f*) *m.*

'**thru·way** F → ***throughway.***

thud [θʌd] I *s* dumpfes Geräusch, Plumps *m.* II *v/i* plumpsen.

thug [θʌg] *s* Schläger(in).

thumb [θʌm] I *s anat.* Daumen *m*: ***be all*** ~***s*** F zwei linke Hände haben; ***be under s.o.'s*** ~ F unter j-s Fuchtel stehen; ***give s.th. the*** ~***s up*** (***down***) et. akzeptieren (ablehnen); ***stick out like a sore*** ~ F ins Auge springen; → ***rule*** 2, ***twiddle.*** II *v/t*: ~ ***a lift*** per Anhalter fahren, trampen (***to*** nach). III *v/i*: ~ ***through a book*** ein Buch durchblättern. ~ **in·dex** *s* (*a. irr* ***index***) Daumenregister *n.* '~**·nail** I *s* Daumennagel *m.* II *adj* kurz (*Beschreibung etc*). '~**·screw** *s* **1.** *tech.* Flügel- *od.* Rändelschraube *f.* **2.** *hist.* Daumenschraube *f.* '~**·tack** *s Am.* Reißzwecke *f*, -nagel *m.*

thump [θʌmp] I *v/t* **1.** *j-m* e-n Schlag versetzen; *j-n* verprügeln. **2.** ~ ***out*** *Melodie* herunterhämmern (***on the piano*** auf dem Klavier). II *v/i* **3.** plumpsen. **4.** hämmern, pochen (*Herz*). **5.** trampeln. III *s* **6.** dumpfes Geräusch, Plumps *m.* **7.** Schlag *m.*

'**thump·ing** I *adj* **1.** hämmernd (*Kopfschmerzen*). **2.** F riesig, Mords... II *adv* **3.** ~ ***great*** → 2.

thun·der ['θʌndə] I *s* Donner *m*, (*von Geschützen a.*) Donnern *n*: ***steal s.o.'s*** ~ *fig.* j-m die Schau *od.* Show stehlen. II *v/i* donnern (*a. fig. Geschütze, Zug etc*). III *v/t a.* ~ ***out*** *et.* brüllen, donnern. '~**·bolt** *s* Blitz *m* u. Donnerschlag *m*: ***like a*** ~ wie der Blitz; ***be a real*** ~ *fig.* wie der Blitz einschlagen. '~**·clap** *s* Donner(schlag) *m.* '~**·cloud** *s* Gewitterwolke *f.*

thun·der·ous ['θʌndərəs] *adj* donnernd (*Applaus*).

'**thun·der|·storm** *s* Gewitter *n.* '~**·struck** *adj* wie vom Donner gerührt.

thun·der·y ['θʌndərɪ] *adj* gewitt(e)rig.

Thurs·day ['θɜːzdɪ] *s* Donnerstag *m*: ***on*** ~ (am) Donnerstag; ***on*** ~***s*** donnerstags.

thus [ðʌs] *adv* **1.** so, auf diese Weise. **2.** folglich, somit. **3.** ~ ***far*** bisher.

thwart [θwɔːt] *v/t Pläne etc* durchkreuzen, vereiteln; *j-m* e-n Strich durch die Rechnung machen.
thyme [taɪm] *s* ♀ Thymian *m*.
thy·roid (gland) ['θaɪrɔɪd] *s anat*. Schilddrüse *f*.
ti·ar·a [tɪ'ɑːrə] *s* **1.** Tiara *f*. **2.** Diadem *n*.
Ti·bet [tɪ'bet] *npr* Tibet *n*.
tic [tɪk] *s* ⚕ Tic(k) *m*, nervöses Zucken.
tick¹ [tɪk] *s zo*. Zecke *f*.
tick² [~] *s*: ***on*** ~ F auf Pump.
tick³ [~] **I** *s* **1.** Ticken *n*. **2.** Haken *m*, Häkchen *n* (*Vermerkzeichen*). **3.** *bsd. Br*. F Augenblick *m*: ***in a*** ~ sofort. **II** *v/i* **4.** ticken: ~ ***away*** vergehen, -rinnen. **III** *v/t* **5.** *a*. ~ ***off*** abhaken: ~ ***off*** F *j-n* anpfeifen, zs.-stauchen.
tick·er ['tɪkə] *s* **1.** F Pumpe *f* (*Herz*) **2.** Kursanzeiger *m* (*der New Yorker Börse*).
tick·et ['tɪkɪt] **I** *s* **1.** (*Eintritts-, Theater-etc*)Karte *f*; 🚂 *etc* Fahrkarte *f*, -schein *m*, *schweiz*. Billet *n*, ✈ Flugschein *m*, Ticket *n*; (*Gepäck- etc*)Schein *m*. **2.** Etikett *n*, (*Preis-etc*)Schild *n*. **3.** Strafzettel *m*: → ***parking ticket***. **4.** *pol. bsd. Am*. Wahl-, Kandidatenliste *f*. **II** *v/t* **5.** etikettieren. **6.** ***be*** ~***ed for*** *bsd. Am*. e-n Strafzettel bekommen wegen. **7.** bestimmen, vorsehen (***for*** für). ˌ~-'**can·cel·ling ma·chine** *s* Fahrscheinentwerter *m*. ~ **col·lec·tor** *s* (Bahnsteig-) Schaffner(in). ~ **in·spec·tor** *s* Fahrkartenkontrolleur(in). ~ **ma·chine** *s* Fahrkartenautomat *m*. ~ **tout** *s Br*. Kartenschwarzhändler(in).
ˌ**tick·ing-'off** *s* F Anpfiff *m*: ***give s.o. a*** ~ j-n anpfeifen *od*. zs.-stauchen.
tick·le ['tɪkl] **I** *v/t u. v/i* kitzeln: ~ ***s.o.'s fancy*** *fig*. j-n anmachen *od*. antörnen; ***be*** ~***d pink*** (*od*. ***to death***) F sich wie ein Schneekönig freuen (***at, by, with*** über *acc*); → ***ivory*** 2. **II** *s* Kitzeln *n*.
'**tick·lish** *adj* □ kitz(e)lig (*a. fig*.).
tid·al ['taɪdl] *adj* Tiden...: ~ ***wave*** Flutwelle *f*; *fig*. Welle *f*.
tid·bit ['tɪdbɪt] *Am*. → ***titbit***.
tid·dly·winks ['tɪdlɪwɪŋks] *s sg* Flohhüpfen *n*, -spiel *n*.
tide [taɪd] **I** *s* **1.** Gezeiten *pl*; Flut *f*. **2.** *fig*. Strömung *f*, Trend *m*: ***go*** (*od*. ***swim***) ***with*** (***against***) ***the*** ~ mit dem (gegen den) Strom schwimmen. **II** *v/t* **3.** ~ ***over*** *fig. j-m* hinweghelfen über (*acc*); *j-n* über Wasser halten. '~**·mark** *s bsd. Br. humor*. schwarzer Rand (*in Badewanne*).
tide·o·ver al·low·ance *s* Überbrückungsbeihilfe *f*, Überbrückungsgeld *n*.
ti·di·ness ['taɪdɪnɪs] *s* Sauberkeit *f*, Ordentlichkeit *f*.
ti·dy ['taɪdɪ] **I** *adj* □ **1.** sauber, ordentlich, (*Zimmer a*.) aufgeräumt. **2.** F ordentlich, beträchtlich (*Gewinn etc*). **II** *v/t* **3.** *a*. ~ ***up*** in Ordnung bringen, *Zimmer a*. aufräumen: ~ ***away*** weg-, aufräumen.
tie [taɪ] **I** *s* **1.** Krawatte *f*, Schlips *m*. **2.** Band *n*; Schnur *f*. **3.** *pl fig*. Bande *pl*. **4.** Stimmengleichheit *f*; (*Sport*) Unentschieden *n*: ***end in a*** ~ unentschieden ausgehen. **5.** *Sport*: (*Pokal*)Spiel *n*, (-)Paarung *f*. **6.** 🚂 *Am*. Schwelle *f*. **II** *v/t* **7.** a) binden (***to*** an *acc*); (sich) *Krawatte etc* binden: ***my hands are tied*** *fig*. mir sind die Hände gebunden, b) → ***tie up*** 1. **8.** ***be*** ~***d to*** *fig*. (eng) verbunden sein mit. **9.** ***the game was*** ~***d*** (*Sport*) das Spiel ging unentschieden aus. **III** *v/i* **10.** ***they*** ~***d for second place*** (*Sport etc*) sie belegten gemeinsam den zweiten Platz.
Verbindungen mit Adverbien:
tie| down *v/t j-n* festlegen (***to*** auf *acc*). ~ **in** *v/i* (***with***) übereinstimmen (mit), passen (zu). ~ **up** *v/t* **1.** *Paket etc* verschnüren: → ***knot*** 1. **2.** ~ ***capital*** Kapital binden; ***be tied up*** *econ*. fest angelegt sein (***in*** in *dat*). **3.** *et*. in Verbindung bringen (***with*** mit). **4.** *Verkehr etc* lahm legen.
'**tie|·break**, '~ˌ**break·er** *s Tennis*: Tie-Break *m, n*. '~**-in I** *s* → ***tie-up*** **II** *adj* ~ ***advertisement*** Kopplungsanzeige *f*; ~ ***sale*** Kopplungsgeschäft *n*. '~**-on** *adj* Anhänge... '~**-pin** *s* Krawattennadel *f*.
tier [tɪə] *s* **1.** (Sitz)Reihe *f*. **2.** Lage *f*, Schicht *f*. **3.** *fig*. Stufe *f*.
'**tie-up** *s* (enge) Verbindung, (enger) Zs.-hang (***between*** zwischen *dat*).
tiff [tɪf] *s* kleine Meinungsverschiedenheit.
ti·ger ['taɪgə] *s zo*. Tiger *m*.
tight [taɪt] **I** *adj* □ **1.** fest(sitzend, -angezogen). **2.** straff (*Seil etc*). **3.** eng (*a. Kleidungsstück*): → ***corner*** 2, ***fit*** 5. **4.** knapp (*Rennen etc, econ. Geld*): ~ ***market*** begrenzter Markt, angespannte Marktsituation; ~ ***rein on money*** restriktive Geldpolitik. **5.** F knick(e)rig. **6.** F blau (*betrunken*). **7.** *in Zssgn* ...dicht: → ***airtight*** 1, *etc*. **II** *adv* **8.** fest: ***hold*** ~ festhalten; ***sit*** ~ sich nicht vom Fleck rühren; *fig*. sich nicht beirren lassen. **9.** F gut: ***sleep*** ~! **III** *s* **10.** *pl*, *a*. ***pair of*** ~***s*** *bsd. Br*. Strumpfhose *f*.
'**tight·en I** *v/t* **1.** *Schraube etc* anziehen: ~ ***one's belt*** *fig*. den Gürtel enger schnallen. **2.** *Seil etc* straffen: ~ ***up*** → 3. **II** *v/i* **3.** ~ ***up on*** *Gesetz etc* verschärfen.
ˌ**tight|-'fist·ed** → ***tight*** 5. ˌ~-'**lipped** *adj* **1.** mit zs.-gekniffenen Lippen. **2.** *fig*. verschlossen: ***be*** ~ ***about*** nicht reden wollen über (*acc*). '~**·rope** *s* (Draht)Seil *n*: ***walk a*** ~ *fig*. e-n Balanceakt ausführen; ~ ***walker*** Drahtseilkünstler(in), Seiltänzer(in).
ti·gress ['taɪgrɪs] *s zo*. Tigerin *f*.
tile [taɪl] **I** *s* **1.** (*Dach*)Ziegel *m*: ***be*** (***out***) ***on the*** ~***s*** F e-n draufmachen. **2.** Fliese *f*, Ka-

chel *f*, *schweiz*. Plättli *n*. **II** *v/t* **3.** (mit Ziegeln) decken. **4.** fliesen, kacheln, *schweiz*. plätteln.

'til·er *s* **1.** Dachdecker(in). **2.** Fliesenleger(in).

till¹ [tɪl] *s* (Laden)Kasse *f*.

till² [~] → ***until.***

tilt [tɪlt] **I** *v/t* **1.** kippen. **II** *v/i* **2.** kippen; sich neigen. **III** *s* **3.** ***at a ~*** schief, schräg. **4.** (***at***) ***full ~*** F mit Volldampf *arbeiten*; mit Karacho *fahren etc*.

tim·ber ['tɪmbə] *s* **1.** *Br*. Bau-, Nutzholz *n*. **2.** Balken *m*. **'~·line** *s* Baumgrenze *f*.

time [taɪm] **I** *s* **1.** *allg*. Zeit *f*: ***the only ~ available*** der einzige freie Termin; ***some ~ ago*** vor einiger Zeit; ***all the ~*** die ganze Zeit; ***ahead of ~*** vorzeitig; ***at the ~*** damals; ***at ~s*** manchmal; ***at the same ~*** gleichzeitig; trotzdem; ***by the ~*** wenn; als; ***for a ~*** e-e Zeit lang; ***for the ~ being*** vorläufig, fürs Erste; ***from ~ to ~*** von Zeit zu Zeit; ***in ~*** rechtzeitig; im Lauf der Zeit; ***in no ~*** (***at all***) im Nu; ***in two years' ~*** in zwei Jahren; ***on ~*** pünktlich; ***over ~*** im Zeitablauf; ***be ahead*** (*od*. ***before***) ***one's ~*** s-r Zeit voraus sein; ***be behind the ~s*** rückständig sein; ***do ~*** F sitzen (***for*** wegen); ***keep up*** (*od*. ***march, move***) ***with the ~s*** mit der Zeit gehen; ***take one's ~*** sich Zeit lassen; ***point in ~*** Zeitpunkt *m*; → ***bide, immemorial, mark²*** 11, ***nick*** 2, ***play*** 7. **2.** (Uhr)Zeit *f*: ***what's the ~?*** wie spät ist es?; ***what ~?*** um wie viel Uhr?; ***this ~ tomorrow*** morgen um diese Zeit. **3.** ♪ Takt *m*: ***in ~*** im Takt (*a. marschieren etc*); ***in ~ with the music*** im Takt zur Musik; ***beat ~*** den Takt schlagen. **4.** Mal *n*: ***~ and again, ~ after ~*** immer wieder; ***every ~ I ...*** jedes Mal, wenn ich ...; ***how many ~s?*** wie oft?; ***next ~*** (***I ...***) nächstes Mal(, wenn ich ...); ***this ~*** diesmal; ***three ~s*** dreimal; ***three ~s four equals*** (*od*. ***is***) ***twelve*** drei mal vier ist zwölf; → ***nine*** I, ***second¹*** 1. **II** *v/t* **5.** *et*. timen; stoppen, wie lang *j-d* braucht: ***he was ~d at 20 seconds*** für ihn wurden 20 Sekunden gestoppt. **6.** ***~ well*** sich e-n günstigen Zeitpunkt aussuchen für; (*Sport*) *Flanke*, *Schlag etc* gut timen.

time| al·lowed *s* Vorgabezeit *f* (*bei Akkordarbeit*). **~ and mo·tion stud·y** *s* Zeit- u. Bewegungsstudie *f*. **~ bomb** *s* Zeitbombe *f* (*a. fig.*). **'~·card** *s* Stechkarte *f*. **~ clock** *s* Stechuhr *f*. **'~-con,sum·ing** *adj* zeitaufwändig, -raubend. **~ de·pos·its** *s pl* Termineinlagen *pl*. **~ dif·fer·ence** *s* Zeitunterschied *m*. **~ ex·po·sure** *s phot*. Zeitaufnahme *f*. **'~-,hon·o(u)red** *adj* althergebracht. **'~,keep·er** *s* **1.** *Sport*: Zeitnehmer(in). **2.** ***be a good ~*** genau gehen (*Uhr*). **'~,keep·ing** *s* **1.** Pünktlichkeit *f*: ***bad ~*** Unpünktlichkeit *f*. **2.** Arbeitszeiterfassung *f*. **~ lag** *s* **1.** Zeitdifferenz *f*. **2.** zeitliche Verschiebung **3.** zeitliche Verzögerung. **'~-lapse** *adj Film*: Zeitraffer...

time·less ['taɪmlɪs] *adj* □ **1.** immer während, ewig. **2.** zeitlos.

time lim·it *s* **1.** zeitliche Begrenzung. **2.** Frist *f*: ***set s.o. a ~ of*** j-m e-e Frist setzen von.

time·ly ['taɪmlɪ] *adj* rechtzeitig.

,time-'out *pl* **,times-'out** *s Sport*: Time-out *n*, Auszeit *f*.

tim·er ['taɪmə] *s* **1.** Schaltuhr *f*; Kurzzeitmesser *m*: ***an egg ~*** e-e Eieruhr **2.** *tech*. Zeitgeber *m*. **3.** Zeitnehmer *m* (*Person*).

'time|,re·cord·ing *s* Zeiterfassung *f*. **~ sav·ing** *adj* zeitsparend. **~ scale** *s* zeitlicher Rahmen. **'~,serv·er** *s bsd. pol*. Opportunist(in). **'~-share** *s* Anteil *m* an e-r Ferienwohnung. **'~,shar·ing** *s* **1.** *Computer*: Time-sharing *n*, Mehrbenutzersystem *n*: ***~ operation*** Teilnehmerbetrieb *m*. **2.** Timesharing *n*, Anteile *pl* an e-r Ferienwohnung. **~ sig·nal** *s Rundfunk*: Zeitzeichen *n*. **~ switch** *s* Zeitschalter *m*, Schaltuhr *f*. **'~,ta·ble** *s* **1.** Fahr-, Flugplan *m*. **2.** *ped. Br*. Stundenplan *m*. **3.** Zeitplan *m*. **'~·work** *s* Zeitarbeit *f*. **~ zone** *s* Zeitzone *f*.

tim·id ['tɪmɪd] *adj* □ ängstlich.

tim·ing ['taɪmɪŋ] *s* Timing *n* (*Wahl des günstigen Zeitpunkts*).

tin [tɪn] **I** *s* **1.** Zinn *n*. **2.** *Br*. (Blech-, Konserven)Dose *f*, (-)Büchse *f*. **II** *adj* **3.** zinnern, Zinn... **III** *v/t* **4.** verzinnen. **5.** *Br*. einmachen, -dosen: → ***tinned.***

tinc·ture ['tɪŋktʃə] *s pharm*. Tinktur *f*: ***~ of iodine*** Jodtinktur.

tin·der ['tɪndə] *s* Zunder *m*: (***as***) ***dry as ~*** → ***tinder-dry.*** **'~·box** *s fig*. Pulverfass *n*. **,~-'dry** *adj* so trocken wie Zunder.

tine [taɪn] *s* **1.** Zinke *f*, Zacke *f* (*e-r Gabel*). **2.** (*Geweih*)Sprosse *f*, Ende *n*.

'tin·foil *s* Stanniol(papier) *n*; Alufolie *f*.

ting [tɪŋ] **I** *v/t*: ***~ a bell*** klingeln. **II** *v/i*: ***the bell ~s*** es klingelt. **III** *s* Klingeln *n*.

tinge [tɪndʒ] **I** *v/t* **1.** tönen: ***be ~d with*** *fig*. e-n Anflug haben von, et. von ... an sich haben. **II** *s* **2.** Tönung *f*: ***have a ~ of red*** ins Rote spielen. **3.** *fig*. Anflug *m* (***of*** von).

tin·gle ['tɪŋgl] **I** *v/i* prickeln, kribbeln (***with*** vor *dat*). **II** *s* Prickeln *n*, Kribbeln *n*.

tin| god *s* F Idol *n*. **~ hat** *s mil*. F (Stahl-)Helm *m*.

tink·er ['tɪŋkə] **I** *s* Kesselflicker(in). **II** *v/i a*. ***~ about*** herumbasteln (***with*** an *dat*): ***~ with*** herumpfuschen an (*dat*).

tin·kle ['tɪŋkl] **I** *v/i* bimmeln; klirren. **II** *s* Bimmeln *n*; Klirren *n*: ***give s.o. a ~*** *teleph. Br*. F j-n anklingeln.

tinned [tɪnd] *adj Br*. Dosen..., Büchsen...: ~

fruit Obstkonserven *pl*; ~ ***meat*** Büchsenfleisch *n*.
tin·ny ['tɪnɪ] *adj* blechern (*Klang*).
tin o·pen·er *s Br*. Dosen-, Büchsenöffner *m*.
tin·sel ['tɪnsl] *s* **1.** Lametta *n*. **2.** *fig*. Flitter *m*.
tint [tɪnt] **I** *s* (Farb)Ton *m*, Tönung *f*: ***have a ~ of red*** ins Rote spielen. **II** *v/t* tönen.
ti·ny ['taɪnɪ] *adj* □ winzig.
tip¹ [tɪp] *s* **1.** *allg*. Spitze *f*: ***it's on the ~ of my tongue*** *fig*. es liegt mir auf der Zunge; → ***iceberg***. **2.** Filter *m* (*e-r Zigarette*).
tip² [~] **I** *s* **1.** *Tisch etc* kippen: ~ ***over*** umkippen; → ***scale²*** 2. **2.** (aus)kippen, schütten. **II** *v/i* **3.** kippen: ~ ***over*** umkippen. **III** *s* **4.** *bsd. Br*. (*Schutt- etc*)Abladeplatz *m*, (-)Halde *f*. **5.** *Br*. *fig*. F Saustall *m*.
tip³ [~] **I** *s* **1.** Trinkgeld *n*. **2.** Tipp *m*, Rat(schlag) *m*: ***take my ~ and ...*** hör auf mich u. ... **II** *v/t* **3.** *j-m* ein Trinkgeld geben: ~ ***s.o. 50 p*** j-m 50 Pence Trinkgeld geben. **4.** tippen auf (*acc*) (***as*** als). **5.** ~ ***off*** *j-m* e-n Tipp *od*. Wink geben.
'tip-off *s* F Tipp *m*, Wink *m*.
tip·ple ['tɪpl] *s* F (*alkoholisches*) Getränk.
tip·sy ['tɪpsɪ] *adj* □ angeheitert, beschwipst: ***be ~*** *a*. e-n Schwips haben.
'tip|·toe **I** *v/i* auf Zehenspitzen gehen. **II** *s*: ***stand on ~*** sich auf die Zehenspitzen stellen; ***walk on ~*** → I. **ˌ~'top** *adj* F erstklassig: ***be in ~ order*** tipptopp in Ordnung sein.
ti·rade [taɪ'reɪd] *s* Schimpfkanonade *f* (***against*** gegen).
Ti·ra·na [tɪ'rɑːnə] *Hauptstadt von Albanien*.
tire¹ ['taɪə] *Am*. → ***tyre***.
tire² [~] **I** *v/t* ermüden, müde machen: ~ ***out*** (völlig) erschöpfen. **II** *v/i* ermüden, müde werden: ~ ***of*** *fig*. *j-n*, *et*. satt bekommen; ~ ***of doing s.th.*** satt werden, et. zu tun.
tired ['taɪəd] *adj* □ **1.** müde: ~ ***out*** (völlig) erschöpft; ***be ~ of*** *fig*. *j-n*, *et*. satt haben; ***be ~ of doing s.th.*** es satt haben *od*. sein, et. zu tun. **2.** *fig*. abgegriffen.
'tired·ness *s* Müdigkeit *f*.
tire·less ['taɪəlɪs] *adj* □ unermüdlich.
tire·some ['taɪəsəm] *adj* □ **1.** ermüdend. **2.** *fig*. lästig.
ti·ro → ***tyro***.
tis·sue ['tɪʃuː] *s* **1.** *biol*. Gewebe *n*. **2.** Papier(taschen)tuch *n*. **3.** *a*. ~ ***paper*** Seidenpapier *n*.
tit¹ [tɪt] *s*: ~ ***for tat*** wie du mir, so ich dir.
tit² [~] *s sl*. **1.** *mst pl* Titte *f*: a) *weibliche Brust*, b) *Brustwarze*. **2.** *Br*. blöde Sau.
tit³ [~] *s orn*. Meise *f*.
ti·tan·ic [taɪ'tænɪk] *adj* (~***ally***) gigantisch.
tit·bit ['tɪtbɪt] *s bsd. Br*. Leckerbissen *m*.
tit·il·late ['tɪtɪleɪt] *v/t j-n* (*sexuell*) anregen.
ti·tle ['taɪtl] *s* **1.** *allg*. Titel *m*. **2.** ⚖ (Rechts)Anspruch *m* (***to*** auf *acc*). ~ ***deed*** *s* ⚖ Eigentumsurkunde *f*. ~ **fight** *s Boxen*: Titelkampf *m*. **'~ˌhold·er** *s Sport*: Titelhalter(in), -träger(in). ~ **page** *s* Titelseite *f*. ~ **role** *s thea. etc* Titelrolle *f*.
'tit·mouse *s* (*irr* ***mouse***) *orn*. Meise *f*.
tit·ter ['tɪtə] **I** *v/i* kichern. **II** *s* Kichern *n*.
tit·tle-tat·tle ['tɪtlˌtætl] F **I** *s* Geschwätz *n*; Klatsch *m*, Tratsch *m*. **II** *v/i* schwatzen; klatschen, tratschen.
tit·u·lar ['tɪtjʊlə] *adj* nominell.
TM ***trademark*** Wz., Warenzeichen *n*.
to **I** *prp* [tuː; tʊ; tə] **1.** *Richtung u. Ziel, räumlich*: zu, nach, an (*acc*), in (*acc*): ***go ~ England*** nach England fahren; → ***bed*** 1, ***school²*** 1, *etc*. **2.** in (*dat*): ***have you ever been ~ London?*** bist du schon einmal in London gewesen? **3.** *Richtung, Ziel, Zweck*: zu, auf (*acc*), für: → ***death*** 1, ***invite*** 1, *etc*. **4.** *Zugehörigkeit*: zu, für, in (*acc*): → ***key*** 1, ***secretary*** 1, *etc*. **5.** (im Verhältnis *od*. Vergleich) zu, gegen(über): → ***compare*** 1, ***nothing*** I, *etc*. **6.** *Ausmaß, Grenze, Grad*: bis, (bis) zu, (bis) an (*acc*). **7.** *zeitliche Ausdehnung od. Grenze*: bis, bis zu, bis gegen, vor (*dat*): ***from three ~ four*** von drei bis vier (Uhr); → ***quarter*** 2. **8.** *Begleitung*: zu, nach: → ***dance*** 1. **9.** *zur Bildung des* (*betonten*) *Dativs*: ~ ***me*** mir. **II** *part* [tʊ] **10.** *zur Bezeichnung des Infinitivs*: ~ ***go*** gehen; ***easy ~ understand*** leicht zu verstehen. **11.** *Zweck, Absicht*: um zu: ***he does it only ~ earn money*** er tut es nur, um Geld zu verdienen; → ***order*** 9. **12.** *zur Verkürzung e-s Nebensatzes*: ***he was the first ~ arrive*** er kam als Erster; ~ ***hear him talk*** wenn man ihn (so) reden hört. **III** *adv* [tuː] **13.** zu (*geschlossen*). **14.** ~ ***and fro*** hin u. her; auf u. ab.
T/O ***turnover*** Umsatz *m*.
toad [təʊd] *s zo*. Kröte *f*. **'~·stool** *s* ♧ ungenießbarer Pilz; Giftpilz *m*.
toad·y ['təʊdɪ] **I** *s* Kriecher(in), Speichellecker(in). **II** *v/i*: ~ ***to s.o.*** vor j-m kriechen.
toast¹ [təʊst] **I** *s* **1.** Toast *m*. **II** *v/t* **2.** toasten; rösten. **3.** F sich *die Füße etc* wärmen.
toast² [~] **I** *s* Toast *m*, Trinkspruch *m*: ***drink a ~ to*** → II. **II** *v/t* auf *j-n od. j-s* Wohl trinken.
toast·er ['təʊstə] *s tech*. Toaster *m*.
to·bac·co [tə'bækəʊ] *pl* **-cos** *s* Tabak *m*.
to'bac·co·nist [~kənɪst] *s* Tabak(waren)-händler(in), *österr*. Trafikant(in).
to·bog·gan [tə'bɒgən] **I** *s* (Rodel)Schlitten *m*. **II** *v/i* Schlitten fahren, rodeln, *schweiz*. schlitteln.
tod [tɒd] *s*: ***on one's ~*** *Br*. F ganz allein.
to·day [tə'deɪ] **I** *adv* **1.** heute: ***a week ~***, ~ ***week*** heute in e-r Woche *od*. in acht Tagen. **2.** heutzutage. **II** *s* **3.** ~***'s paper*** die heutige Zeitung, die Zeitung von heute. **4.** ***of ~***, ~***'s*** von heute, heutig.

tod·dler ['tɒdlə] *s* Kleinkind *n.*
tod·dy ['tɒdɪ] *s* Toddy *m* (*grogartiges Getränk*).
to-do [tə'duː] *s* F Theater *n* (**about** um).
toe [təʊ] **I** *s anat.* Zehe *f*: **be on one's ~s** *fig.* gut drauf sein; **keep s.o. on his ~s** *fig.* j-n auf Zack halten; **tread on s.o.'s ~s** *fig.* j-m zu nahe treten. **II** *v/t*: **~ the line** *fig.* spuren. '**~·nail** *s* Zehennagel *m.*
tof·fee ['tɒfɪ] *s bsd. Br.* Toffee *n*, Karamellbonbon *n, m*: **he can't play tennis for ~** F er hat vom Tennisspielen keine Ahnung. '**~-nosed** *adj Br.* F eingebildet, hochnäsig.
tof·fy → **toffee.**
to·fu ['tɒfuː] *s gastr.* Tofu *m.*
tog [tɒg] F **I** *v/t*: **~ o.s. out** (*od.* **up**) sich in Schale werfen. **II** *s pl* Klamotten *pl.*
to·geth·er [tə'geðə] **I** *adv* zusammen (**with** mit); zusammen...: → **keep together, live**[1] I, *etc.* **II** *adj* F ausgeglichen (*Person*).
to'geth·er·ness *s* Zs.-gehörigkeit(sgefühl *n*) *f.*
tog·gle| key ['tɒgl] *s Computer*: Umschalttaste *f.* **~ switch** *s* ⚡ Kippschalter *m.*
To·go ['təʊgəʊ] *s* Togo *n* (*Republik in Westafrika*).
toil [tɔɪl] **I** *s* mühselige Arbeit. **II** *v/i* sich plagen (**at** mit); sich schleppen.
toi·let ['tɔɪlɪt] *s* Toilette *f*: **go to the ~** auf die *od.* zur Toilette gehen. **~ pa·per** *s* Toilettenpapier *n.* **~ roll** *s* Rolle *f* Toilettenpapier.
to·ken ['təʊkən] **I** *s* **1.** Zeichen *n*: **as a** (*od.* **in**) **~ of** als *od.* zum Zeichen (*gen*); zum Andenken an (*acc*). **2.** Gutschein *m.* **3.** (*Spiel-etc*)Marke *f.* **II** *adj* **4.** symbolisch. **5.** Schein... **6.** Alibi... **~ strike** *s* Warnstreik *m.*
To·kyo ['təʊkjəʊ] Tokio *n.*
told [təʊld] *pret u. pp von* **tell.**
tol·er·a·ble ['tɒlərəbl] *adj* erträglich.
'**tol·er·a·bly** *adv* leidlich, einigermaßen.
tol·er·ance *s* **1.** Toleranz *f* (**for, of, toward**[**s**] gegenüber). **2.** ⚕, *tech.* Toleranz *f.*
'**tol·er·ant** *adj* □ tolerant (**of, toward**[**s**] gegenüber).
tol·er·ate ['~reɪt] *v/t* **1.** tolerieren, dulden. **2.** *j-n, et.* ertragen.
toll[1] [təʊl] *s* **1.** Benutzungsgebühr *f*, Maut *f*; Autobahngebühr *f.* **2. take its ~** (**on**) *fig.* s-n Tribut fordern (von); s-e Spuren hinterlassen (bei).
toll[2] [~] *v/i* läuten (*bsd. Totenglocke*).
toll| bridge *s* gebührenpflichtige Brücke, Mautbrücke *f.* ˌ**~-'free** *adj u. adv teleph. Am.* gebührenfrei. **~ road** *s* gebührenpflichtige Straße, Mautstraße *f.*
tom [tɒm] *s zo.* Kater *m.*
tom·a·hawk ['tɒməhɔːk] *s hist.* Tomahawk *m*, Streitaxt *f.*
to·ma·to [tə'mɑːtəʊ] **I** *pl* **-toes** *s* ⚘ Tomate *f*, *österr.* Paradeiser *m.* **II** *adj* Tomaten...: **~ juice** Tomatensaft *m*; **~ ketchup** Ket(s)chup *n.*
tomb [tuːm] *s* Grab(mal) *n*; Gruft *f.*
tom·boy ['tɒmbɔɪ] *s* Wildfang *m* (*Mädchen*).
'**tomb·stone** *s* Grabstein *m.*
'**tom·cat** *s zo.* Kater *m.*
tome [təʊm] *s humor.* Wälzer *m.*
tom·fool·er·y [ˌtɒm'fuːlərɪ] *s* Unsinn *m.*
to·mo·gram ['tɒməgræm] *s* ⚕ Tomogramm *n.*
to·mog·ra·phy [tə'mɒgrəfɪ] *s* ⚕ Tomographie *f.*
to·mor·row [tə'mɒrəʊ] **I** *adv* **1.** morgen: **a week ~, ~ week** morgen in e-r Woche *od.* in acht Tagen; **~ morning** morgen früh; **~ night** morgen Abend. **II** *s* **2. ~'s paper** die morgige Zeitung, die Zeitung von morgen; **the day after ~** übermorgen. **3.** Zukunft *f*: **of ~, ~'s** von morgen.
ton [tʌn] *s* **1.** Tonne *f* (*Gewicht*). **2.** F **~s** *pl* **of** jede Menge ...; **~s better** viel *od.* wesentlich besser.
tone [təʊn] **I** *s* **1.** *allg.* Ton *m*; Klang *m.* **2.** ♪ *Am.* Note *f.* **3.** *fig.* Niveau *n.* **II** *v/t* **4. ~ down** *Kritik etc* abschwächen; **~ up** *j-n, Muskeln* kräftigen. **III** *v/i* **5. ~ in** (**with**) harmonieren (mit), passen (zu).
ton·er ['təʊnə] *s tech. u. Computer*: Toner *m*: **~ cartridge** Tonerkassette *f.*
tongs [tɒŋz] *s pl, a.* **pair of ~** Zange *f.*
tongue [tʌŋ] *s* **1.** *anat.* Zunge *f* (*a. fig.*): **~ in cheek** scherzhaft; **bite one's ~** sich auf die Zunge beißen (*a. fig.*); **hold one's ~** den Mund halten; **put out one's ~ at s.o.** j-m die Zunge herausstrecken. II. **2.** (*Mutter*)Sprache *f.* **3.** Zunge *f* (*e-s Schuhs etc*); (*Land*)Zunge *f*: **~ of land. 4.** Klöppel *m* (*e-r Glocke*). **~ twist·er** *s* Zungenbrecher *m.*
ton·ic ['tɒnɪk] *s* **1.** *pharm.* Tonikum *n*, Stärkungsmittel *n*: **be a real ~** *allg.* richtig gut tun. **2.** Tonic *n* (→ **tonic water**): **a gin and ~** ein Gin Tonic. **~ wa·ter** *s* Tonicwater *n* (*mit Kohlensäure u. Chinin versetztes Wasser*).
to·night [tə'naɪt] **I** *adv* heute Abend; heute Nacht. **II** *s*: **~'s program**(**me**) das Programm (von) heute Abend.
ton·sil ['tɒnsl] *s anat.* Mandel *f.*
tonsil·li·tis [ˌ~sɪ'laɪtɪs] *s* ⚕ Mandelentzündung *f*; *weitS.* Angina *f.*
too [tuː] *adv* **1.** zu. **2.** zu, sehr. **3.** auch. **4.** auch noch, noch dazu.
took [tʊk] *pret von* **take.**
tool [tuːl] *s* **1.** Werkzeug *n* (*a. fig. Person*), Gerät *n*: **be the ~s of s.o.'s trade** *fig.* j-s Rüstzeug sein; → **down**[1] 14. **2.** V Schwanz *m* (*Penis*). **~ bag** *s* Werkzeugtasche *f.* '**~·bar** *s Computer*: Symbolleiste *f.* **~ box** *s* Werkzeugkasten *m.* **~ shed** *s* Geräteschuppen *m.*

toot [tuːt] *mot.* I *v/i* hupen. II *v/t*: ~ ***one's horn*** hupen.
tooth [tuːθ] *pl* **teeth** [tiːθ] *s anat.* Zahn *m* (*a. e-s Kamms, e-r Säge, e-s Zahnrads etc*): ***in the teeth of*** *fig.* gegen; trotz, ungeachtet; ***fight ~ and nail*** *fig.* erbittert *od.* verbissen kämpfen; ***get one's teeth into*** *fig.* sich reinknien in (*acc*); → ***armed, brush***¹ 5, ***cut*** 10, ***edge*** 4, ***skin*** 1, ***sweet*** 1. '**~·ache** *s* Zahnschmerzen *pl*, -weh *n.* '**~·brush** *s* Zahnbürste *f.*
tooth·less ['tuːθlɪs] *adj* zahnlos.
'**tooth|·paste** *s* Zahncreme *f*, -pasta *f.* '**~·pick** *s* Zahnstocher *m.*
tooth·some ['tuːθsəm] *adj* □ lecker, schmackhaft.
toot·sie, toot·sy ['tʊtsɪ] *s Kindersprache*: Füßchen *n.*
top¹ [tɒp] I *s* **1.** oberer Teil; Gipfel *m*, Spitze *f* (*e-s Bergs etc*); Krone *f*, Wipfel *m* (*e-s Baums*); Kopfende *n*, oberes Ende (*e-s Tischs etc*): ***at the ~ of the page*** oben auf der Seite; ***from ~ to toe*** von Kopf bis Fuß; ***on ~*** oben(auf); d(a)rauf; ***on ~ of*** (oben) auf (*dat od. acc*), über (*dat od. acc*); ***on ~ of each other*** auf-, übereinander; ***on ~ of it*** *fig.* obendrein; ***get on ~ of s.o.*** F j-m zu viel *od.* zu schwierig werden; → ***thin*** 1. **2.** *fig.* Spitze *f*: ***at the ~ of one's voice*** aus vollem Hals; ***be at the ~ of*** an der Spitze (*gen*) stehen; ***stay on ~*** an der Spitze bleiben. **3.** (*Bikini- etc*)Oberteil *n.* **4.** Oberfläche *f* (*e-s Tischs etc*). **5.** Deckel *m* (*e-s Glases*), (*a. e-r Tube etc*) Verschluss *m*: → ***blow***¹ 11. **6.** *mot.* Verdeck *n*: → ***hardtop.*** **7.** *mot.* höchster Gang. II *adj* **8.** oberst: ***the ~ dog*** F der, die Überlegene; ***~ hat*** Zylinder *m.* **9.** *fig.* Höchst..., Spitzen...: ***~ gear*** → 7; ***~ manager*** Top-, Spitzenmanager(in); ***~ management*** Führungsspitze *f*; Unternehmensführung *f*; ***~ quality*** Spitzenqualität *f*; ***at ~ speed*** mit Höchstgeschwindigkeit; in Windeseile; → ***management*** 2. III *v/t* **10.** bedecken (***with*** mit). **11.** *fig.* übersteigen; übertreffen. **12.** ***~ the bill*** der Star des Programms *od.* die Hauptattraktion sein.
Verbindungen mit Adverbien:
top| off *v/t bsd. Am.* abschließen, krönen (***with*** mit). **~ out** *v/t* das Richtfest (*gen*) feiern. **~ up** *v/t Tank etc* auffüllen; F *j-m* nachschenken.
top² [~] *s* Kreisel *m* (*Spielzeug*).
to·pee ['təʊpɪ] *s* Tropenhelm *m.*
'**top|·flight** *adj* F Spitzen... '**~·grade** *adj* erstklassig. ˌ**~-'heav·y** *adj* **1.** kopflastig (*a. fig.*), oberlastig. **2.** *econ.* F überkapitalisiert.
top·ic ['tɒpɪk] *s* Thema *n*: ***~ of conversation*** Gesprächsthema.
'**top·i·cal** *adj* □ aktuell.
'**top·knot** *s* Haarknoten *m.*
top·less ['tɒplɪs] *adj* oben ohne; Oben-ohne-...
ˌ**top|-'lev·el** *adj* auf höchster Ebene, Spitzen... '**~·most** *adj* oberst. ˌ**~-'notch** *adj* F erstklassig, Spitzen...
to·pog·ra·phy [tə'pɒgrəfɪ] *s* Topographie *f.*
top·per ['tɒpə] *s* F Zylinder *m.*
'**top·ping** *s*: ***with a ~ of whipped cream*** mit Schlagsahne darauf.
top·ple ['tɒpl] I *v/i* **1.** *mst* ***~ over*** umkippen. II *v/t* **2.** *mst* ***~ over*** umkippen. **3.** *fig. Regierung etc* stürzen.
ˌ**top|-'qual·i·ty** *adj* Spitzen...: ***~ product*** Spitzenprodukt *n.* ˌ**~-'se·cret** *adj* streng geheim. '**~ˌsell·ing** *adj* meistverkauft. '**~·spin** *s Tennis etc*: Topspin *m* (*starker Aufwärtsdrall*).
top·sy-tur·vy [ˌtɒpsɪ'tɜːvɪ] *adj* F **1.** in e-r heillosen Unordnung. **2.** *fig.* konfus, wirr.
torch [tɔːtʃ] *s* **1.** *bsd. Br.* Taschenlampe *f.* **2.** Fackel *f.* '**~·light** *s*: ***by ~*** bei Fackelschein; ***~ procession*** Fackelzug *m.*
tore [tɔː] *pret von* ***tear***².
tor·ment I *v/t* [tɔː'ment] **1.** quälen, *fig. a.* plagen: ***be ~ed by*** (*od.* ***with***) gequält *od.* geplagt werden von. II *s* ['tɔːment] **2.** Qual *f*: ***be in ~, suffer ~(s)*** Qualen leiden. **3.** Quälgeist *m.*
torn [tɔːn] *pp von* ***tear***².
tor·na·do [tɔː'neɪdəʊ] *pl* **-do(e)s** *s* Tornado *m.*
tor·pe·do [tɔː'piːdəʊ] I *pl* **-does** *s* ⚓, *mil.* Torpedo *m.* II *v/t* torpedieren (*a. fig.*). **~ boat** *s* Torpedoboot *n.*
tor·pid ['tɔːpɪd] *adj* □ träg(e).
tor·por ['~pə] *s* Trägheit *f.*
torque [tɔːk] *s phys.* Drehmoment *n.*
tor·rent ['tɒrənt] *s* **1.** reißender Strom: ***~s of rain*** sintflutartige Regenfälle *pl*; ***the rain fell in ~s*** es goss in Strömen. **2.** *fig.* Schwall *m*, Sturzbach *m* (***of*** von).
tor·ren·tial [tə'renʃl] *adj* sintflutartig.
tor·rid ['tɒrɪd] *adj* □ sengend.
tor·sion ['tɔːʃn] *s phys.* Torsion *f*, Verdrillung *f.*
tor·so ['tɔːsəʊ] *pl* **-sos** *s* Rumpf *m*; (*Kunst*) Torso *m.*
tort [tɔːt] *s* ⚖ unerlaubte Handlung.
tor·toise ['tɔːtəs] *s zo.* Schildkröte *f.*
tor·tu·ous ['tɔːtʃʊəs] *adj* □ **1.** gewunden (*Pfad etc*). **2.** *fig.* umständlich.
tor·ture ['tɔːtʃə] I *v/t* **1.** foltern. **2.** *fig.* quälen: ***be ~d by*** (*od.* ***with***) gequält werden von. II *s* **3.** Folter(ung) *f.* **4.** *fig.* Qual *f.* **~ cham·ber** *s* Folterkammer *f.*
To·ry ['tɔːrɪ] *pol. Br.* I *s* Tory *m*, Konservative *m, f.* II *adj* Tory..., torystisch, konservativ.

toss [tɒs] I *v/t* **1.** werfen: **~ s.o. s.th.** j-m et. zuwerfen; **~ *back*** *Kopf* zurückwerfen; **~ *off*** *Arbeit* hinhauen; *Getränk* hinunterstürzen. **2.** *Münze* hochwerfen: **~ s.o. *for* s.th.** mit j-m um et. losen. II *v/i* **3.** *a.* **~ *about*** (*od.* ***around***), **~ *and turn*** sich (*im Schlaf etc*) hin u. her werfen. **4.** *a.* **~ *up*** e-e Münze hochwerfen: **~ *for* s.th.** um et. losen, et. auslosen. III *s* **5.** Wurf *m*. **6.** Hochwerfen *n* (*e-r Münze*): ***win the*** **~** (*Sport*) die Wahl gewinnen. **7.** ***I don't give a*** **~ *about it*** *Br*. F das ist mir völlig egal. **'~-up** *s* **1.** → ***toss*** 6. **2.** ***it's a*** **~ *whether*** F es ist völlig offen, ob.

tot¹ [tɒt] *s* **1.** *a.* ***tiny*** **~** F Knirps *m*. **2.** Schluck *m* (*Alkohol*).

tot² [~] *v/t*: **~ *up*** F zs.-rechnen, -zählen.

to·tal ['təʊtl] I *adj* □ **1.** völlig, total, Total...: → ***recall*** 4. **2.** ganz, gesamt, Gesamt...: **~ *cost*** Gesamtkosten *pl*; **~ *revenue*** Gesamterlös *m*; **~ *sales*** *pl* Gesamtabsatz *m*, **~ *turnover*** Gesamtumsatz *m*. II *s* **3.** Gesamtmenge *f*; (End)Summe *f*: ***a*** **~ *of 20 cases*** insgesamt 20 Kisten; ***in*** **~** insgesamt. III *v/t pret u. pp* **-taled,** *bsd. Br.* **-talled 4.** sich belaufen auf (*acc*): **... ~(*l*)*ing £500*** ... von insgesamt 500 Pfund. **5.** *a.* **~ *up*** zs.-rechnen, -zählen.

to·tal·i·tar·i·an [ˌ~tælɪ'teərɪən] *adj pol.* totalitär.

to·tal·i·za·tor ['~təlaɪzeɪtə] *s Pferdesport*: Totalisator *m*.

tote [təʊt] *s Pferdesport*: F Toto *n, m*.

tote bag [təʊt] *s bsd. Am.* Einkaufstasche *f*.

to·tem ['təʊtəm] *s* Totem *n*. **~ pole** *s* Totempfahl *m*.

tot·ter ['tɒtə] *v/i* (sch)wanken.

'tot·ter·y *adj* wack(e)lig.

touch [tʌtʃ] I *s* **1.** Tastempfindung *f*: ***be soft to the*** **~** sich weich anfühlen; → ***sense*** 1. **2.** Berührung *f*, ♪ *etc* Anschlag *m*: ***at the*** **~ *of a button*** auf Knopfdruck. **3.** ***be in*** **~ *with s.o.*** mit j-m in Verbindung stehen; ***get in*** **~ *with s.o.*** sich mit j-m in Verbindung setzen; ***keep in*** **~ *with s.o.*** mit j-m in Verbindung bleiben; ***lose*** **~** den Kontakt verlieren (***with s.o.*** zu j-m). **4.** (*Pinsel- etc*)Strich *m*: ***put the finishing*** **~*es to*** letzte Hand legen an (*acc*). **5.** *fig.* Note *f*: ***a personal*** **~**. **6.** Spur *f* (*Salz etc*); *fig.* Anflug *m* (*von Ironie etc*): ***a*** **~ *of flu*** e-e leichte Grippe. **7.** ***in***(***to***) **~** (*Fußball*) im (ins) Aus. II *v/t* **8.** berühren; anfassen: **~ *wood!*** toi, toi, toi!; → ***nerve*** 1. **9.** *Alkohol, Essen etc* anrühren. **10.** *fig.* herankommen an (*acc*). **11.** *fig.* rühren, bewegen. **12.** *fig.* berühren, betreffen. **13.** F *j-n* anpumpen (***for*** um). III *v/i* **14.** sich berühren. **15.** **~ *on*** *Thema etc* berühren, streifen.

Verbindungen mit Adverbien:

touch| down *v/i* ✈ aufsetzen. **~ off** *v/t Explosion, Krise etc* auslösen. **~ up** *v/t* **1.** ausbessern; *phot.* retuschieren. **2.** *Br.* F *j-n* befummeln, betatschen.

ˌ**touch|-and-'go** *adj* kritisch (*Situation etc*): ***it was*** **~ *whether*** es stand auf des Messers Schneide, ob. **'~·down** *s* ✈ Aufsetzen *n*.

tou·ché ['tu:ʃeɪ] *int* eins zu null für dich!

touched [tʌtʃt] *adj* **1.** gerührt, bewegt. **2.** ***be*** **~** F e-n Schlag haben.

'touch·ing *adj* rührend, bewegend.

touch key·board *s* Sensortastatur *f*.

'touch|·line *s Fußball*: Seitenlinie *f*. **~ screen** *s Computer*: Berührungsbildschirm *m*. **'~-stone** *s* Prüfstein *m* (***of*** für). **'~-type** *v/i* blind schreiben.

touch·y ['tʌtʃɪ] *adj* □ **1.** empfindlich, reizbar. **2.** heikel (*Thema*).

tough [tʌf] *adj* □ **1.** zäh (*Fleisch etc*): (***as***) **~ *as leather*** zäh wie Leder. **2.** widerstandsfähig (*Material etc*), (*Person a.*) zäh. **3.** *fig.* hart (*Haltung etc*): ***get*** **~ *with*** hart vorgehen gegen. **4.** *fig.* hart (*Konkurrenz etc*), (*Problem, Verhandlungen etc a.*) schwierig.

'tough·en I *v/t a.* **~ *up*** *j-n* hart *od.* zäh machen. II *v/i a.* **~ *up*** hart *od.* zäh werden.

tour [tʊə] I *s* **1.** Tour *f* (***of*** durch): a) (Rund)Reise *f*, (-)Fahrt *f*: **~ *operator*** Reiseveranstalter(in), b) Ausflug *m*, Wanderung *f*. **2.** Rundgang *m* (***of*** durch): ***take s.o. on a*** **~ *of*** j-n herumführen in (*dat*); → ***conduct*** 3, ***guided*** 1, ***sightseeing***. **3.** *thea. etc* Tournee *f* (*a. Sport*), Gastspielreise *f* (***of*** durch): ***be on*** **~** auf Tournee sein (***in*** in *dat*). II *v/t* **4.** bereisen, reisen durch. **5.** *thea. etc* e-e Tournee (*a. Sport*) *od.* Gastspielreise machen durch: ***be*** **~*ing Germany*** auf Deutschlandtournee sein. III *v/i* **6.** **~** (***a***)***round*** → 4. **7.** *thea. etc* e-e Tournee (*a. Sport*) *od.* Gastspielreise machen, auf Tournee sein.

'tour·ism *s* Tourismus *m*, Fremdenverkehr *m*.

'tour·ist I *s* Tourist(in). II *adj* Touristen...: **~ *association*** Fremdenverkehrsamt *n*; **~ *class*** ✈, ⚓ Touristenklasse *f*; **~ *season*** Reisesaison *f*, -zeit *f*; **~ *trade*** Fremdenverkehrsgewerbe *n*.

tour·na·ment ['tɔ:nəmənt] *s* Turnier *n*.

tou·sled ['taʊzld] *adj* zerzaust (*Haar*).

tout [taʊt] I *v/t* **1.** (aufdringlich) Reklame machen für. **2.** anpreisen (***as*** als). II *v/i* **3.** **~ *for business*** Kunden werben. III *s* **4.** *Br.* (*Karten*)Schwarzhändler(in).

tow [təʊ] I *v/t Boot etc* schleppen, *Auto etc a.* abschleppen: **~ *away*** *falsch geparktes Fahrzeug* abschleppen. II *s*: ***give s.o. a*** **~** j-n abschleppen; ***take in*** **~** *Auto etc* abschleppen, *Boot etc* ins Schlepptau nehmen; ***with his children in*** **~** F mit s-n Kindern im Schlepptau.

to·ward *bsd. Am.*, **to·wards** *bsd. Br.* [tə'wɔːd(z)] *prp* **1.** *Richtung*: auf (*acc*) ... zu, (in) Richtung, zu: → ***face*** 13, *etc.* **2.** *zeitlich*: gegen: ~ ***the end of*** gegen Ende (*gen*). **3.** *fig.* gegenüber. **4.** *fig.* auf (*acc*) ... hin: ***they gave me s.th.*** ~ ***it*** sie zahlten mir et. dazu.

tow·el ['taʊəl] **I** *s* Handtuch *n*, (*Bade- etc*)Tuch *n*: ***throw in the*** ~ (*Boxen*) das Handtuch werfen (*a. fig.*); → ***sanitary*** 1. **II** *v/t pret u. pp* **-eled,** *bsd. Br.* **-elled** *a.* ~ ***down*** (mit e-m Handtuch) abtrocknen *od.* abreiben. ~ **rail** *s* Handtuchhalter *m.*

tow·er ['taʊə] **I** *s* Turm *m*: ~ ***block*** *Br.* Hochhaus *n.* **II** *v/i*: ~ ***above*** (*od.* ***over***) überragen (*a. fig.*).

'tow·er·ing *adj* **1.** turmhoch. **2.** *fig.* überragend. **3.** ***be in a*** ~ ***rage*** vor Wut rasen.

town [taʊn] *s* (Klein)Stadt *f*: ***go to*** (***the***) ~ in die Stadt fahren *od.* gehen; ***be*** (***out***) ***on the*** ~ F e-n draufmachen; → ***paint*** 2. ~ **cen·tre** *s Br.* Innenstadt *f*, City *f.* ~ **fa·thers** *s pl* Stadtväter *pl.* ~ **hall** *s* Rathaus *n.* ~ **plan·ning** *s* Stadtplanung *f.*

towns·folk ['taʊnzfəʊk] → ***townspeople.***

town·ship ['taʊnʃɪp] *s Am.* (Stadt)Gemeinde *f*; (Kreis)Bezirk *m.*

towns·peo·ple ['taʊnzˌpiːpl] *s pl* Städter *pl*, Stadtbevölkerung *f.*

'tow·rope *s mot.* Abschleppseil *n.*

tox·ic ['tɒksɪk] *adj* (~***ally***) toxisch, giftig, Gift...: ~ ***waste*** Giftmüll *m.*

tox·ic·i·ty [tɒk'sɪsətɪ] *s* Toxizität *f.*

toxi·co·log·i·cal [ˌtɒksɪkə'lɒdʒɪkl] *adj* □ toxikologisch.

tox·in ['tɒksɪn] *s biol.* Toxin *n.*

toy [tɔɪ] **I** *s* **1.** Spielzeug *n*: ~***s*** *pl* Spielsachen *pl*, -zeug *n*, *econ.* -waren *pl.* **II** *v/i* **2.** ~ ***with*** spielen mit (*a. fig.*). **III** *adj* **3.** Spielzeug... **4.** *zo.* Zwerg... (*Hund*). ~ **shop** *s* Spielwarengeschäft *n.*

TQM ***Total Quality Management*** Qualitätsmanagement *n.*

trace¹ [treɪs] **I** *s* **1.** Spur *f* (*a. fig.*): ***without*** (***a***) ~ spurlos; ***lose all*** ~ ***of s.o.*** j-n aus den Augen verlieren. **II** *v/t* **2.** *j-n, et.* ausfindig machen, aufspüren, *et.* finden: ***he was*** ~***d to*** s-e Spur führte nach. **3.** *a.* ~ ***back*** *et.* zurückverfolgen (***to*** bis zu): ~ ***s.th. to*** et. zurückführen auf (*acc*). **4.** (durch)pausen.

trace² [~] *s* Zugleine *f*: ***kick over the*** ~***s*** *fig.* über die Stränge schlagen.

trace el·e·ment *s* ⚗ Spurenelement *n.*

tra·che·a [trə'kiːə] *pl* **-ae** [~iː] *s anat.* Luftröhre *f.*

trac·ing ['treɪsɪŋ] *s* Pause *f.* ~ **pa·per** *s* Pauspapier *n.*

track [træk] **I** *s* **1.** Spur *f* (*a. e-s Tonbands etc u. fig.*), *hunt. a.* Fährte *f*: ***be*** (***hot***) ***on s.o.'s*** ~ j-m (dicht) auf der Spur sein; ***be on the wrong*** ~ auf der falschen Spur *od.* auf dem Holzweg sein; ***keep*** ~ ***of*** sich auf dem Laufenden halten über (*acc*); ***lose*** ~ ***of*** den Überblick verlieren über (*acc*). **2.** Pfad *m*, Weg *m.* **3.** 🚂 Gleis *n*, Geleise *n*: ***jump the*** ~***s*** aus den Schienen springen, entgleisen. **4.** *Sport*: (*Lauf-*, *Radrenn*)Bahn *f*, (*Renn-*) Strecke *f.* **5.** *tech.* Raupe *f*, Gleis-, Raupenkette *f.* **6.** Nummer *f* (*auf e-r Langspielplatte etc*). **II** *v/t* **7.** verfolgen: ~ ***down*** aufspüren; aufstöbern, -treiben. ˌ~**-and'field** *adj Am.* Leichtathletik...: ~ ***sports*** *pl* Leichtathletik *f.* '~**·ball** *s Computer*: Trackball *m.*

tracked [trækt] *adj*: ~ ***vehicle*** Gleisketten-, Raupenfahrzeug *n.*

track·er dog ['trækə] *s* Spürhund *m.*

track e·vents *s pl Leichtathletik*: Laufdisziplinen *pl.*

track·ing sta·tion ['trækɪŋ] *s Raumfahrt*: Bodenstation *f.*

track| rec·ord *s* **1.** *Sport*: Bahnrekord *m.* **2.** Karriereverlauf *m*: ***have a good*** ~ *fig.* einiges vorzuweisen haben. '~**·suit** *s* Trainingsanzug *m.*

tract¹ [trækt] *s* **1.** Fläche *f*, Gebiet *n.* **2.** *anat.* (*Verdauungs*)Trakt *m*, (*Atem*)Wege *pl.*

tract² [~] *s* Traktat *m, n*, kurze Abhandlung.

trac·ta·ble ['træktəbl] *adj* □ folg-, fügsam.

trac·tion ['trækʃn] *s* **1.** Ziehen *n.* **2.** *tech.* Antrieb *m.* **3.** *mot.* Bodenhaftung *f.* **4.** ***his leg is in*** ~ ⚕ sein Bein ist im Streckverband. ~ **en·gine** *s* Zugmaschine *f.*

trac·tor ['træktə] *s* Traktor *m*, Trecker *m*, Zugmaschine *f.*

trade [treɪd] **I** *s* **1.** Handel *m* (***in*** mit *et.*). **2.** Branche *f*, Gewerbe *n*: ***be in the tourist*** ~ im Fremdenverkehrsgewerbe (tätig) sein. **3.** ***do good*** ~ gute Geschäfte machen. **4.** (*bsd.* Handwerks)Beruf *m*: ***by*** ~ von Beruf. **II** *v/i* **5.** handeln (***in*** mit *et.*), Handel treiben: ~ ***with s.o.*** *a.* mit j-m Geschäfte machen. **6.** ~ ***on*** *b.s.* ausnutzen, ausnützen. **III** *v/t* **7.** (ein)tauschen (***for*** gegen): ~ ***off*** tauschen, ausgleichen. **8.** ~ ***in*** in Zahlung geben (***for*** für). ~ **a·gree·ment** *s* **1.** Handelsabkommen *n.* **2.** *Am.* Tarifabschluss *m*, Tarifvereinbarung *f.* ~ **bal·ance** *s* Handelsbilanz *f.* ~ **bar·ri·er** *s* Handelsbarriere *f*, -schranke *f.* ~ **cred·it** *s* Lieferantenkredit *m.* ~ **cy·cle** *s* Konjunkturzyklus *m.* ~ **di·rec·to·ry** *s* Branchenverzeichnis *n.* ~ **dis·count** *s* Händlerrabatt *m.* ~ **gap** *s* Handelsdefizit *n.* '~**-in** *s* **1.** Inzahlungnahme *f*: ~ ***value*** Preis *m* bei Inzahlungnahme. **2.** in Zahlung gegebener Gegenstand. ~ **in·spec·tion** *s* Gewerbeaufsicht *f.* ~ **mar·gin** *s* Handelsspanne *f.* '~**·mark** *s* **1.** *econ.* Warenzeichen *n.* **2.** *fig.* Kennzeichen *n.* ~ **name** *s* Handelsname *m*,

Warenbezeichnung *f*. '**~-off** Wechselwirkung *f*, Saldo *m* (*aus Vor- und Nachteilen*). **~ price** *s* Großhandelspreis *m*.
trad·er ['treɪdə] *s* Händler(in).
trade| re·stric·tions *s pl* Handelsbeschränkungen *pl*. **~ se·cret** *s* Betriebsgeheimnis *n*. **~ show** *s* Fachmesse *f*.
trades·man ['treɪdzmən] *s* (*irr* ***man***) **1.** (Einzel)Händler *m*; Ladeninhaber *m*. **2.** Lieferant *m*: ***~'s entrance*** Lieferanteneingang *m*. **3.** Handwerker *m*.
trades u·nion *s* → ***trade union.***
trade| sur·plus *s* Handelsüberschuss *m*. **~ un·ion** *s* Gewerkschaft *f*. **~ u·nion·ist** *s* Gewerkschaftler(in).
trad·ing| es·tate ['treɪdɪŋ] *s* Industrie-, Gewerbegebiet *n*. **~ loss** *s* Betriebsverlust *m*. **~ part·ner** ['treɪdɪŋ] *s* Handelspartner(in). **~ per·form·ance** *s* Betriebsergebnis *n*. **~ stamp** *s* Rabattmarke *f*.
tra·di·tion [trə'dɪʃn] *s* Tradition *f*: ***by ~*** traditionell(erweise).
tra'di·tion·al [~ʃənl] *adj* □ traditionell: ***~ly*** *a*. traditionellerweise; ***it is ~ for them to*** (*inf*) es ist bei ihnen Brauch *od*. so üblich, dass sie.
traf·fic ['træfɪk] **I** *s* **1.** Verkehr *m*. **2.** (*bsd*. illegaler) Handel (***in*** mit): ***~ in drugs*** Drogenhandel. **II** *v/i pret u. pp* **-ficked 3.** (*bsd*. illegal) handeln (***in*** mit). **~ cha·os** *s* Verkehrschaos *n*. **~ cir·cle** *s Am*. Kreisverkehr *m*. **~ cone** *s* Pylon(e *f*) *m*, Leitkegel *m*. **~ is·land** *s* Verkehrsinsel *f*. **~ jam** *s* Verkehrsstauung *f*, -stockung *f*, Stau *m*.
traf·fick·er ['træfɪkə] *s* (*bsd*. illegaler) Händler, (illegale) Händlerin (***in*** mit): ***~ in drugs*** Drogenhändler(in).
traf·fic| light *s Br. mst pl* Verkehrsampel *f*. **~ of·fence** *s* Verkehrsdelikt *n*. **~ of·fend·er** *s* Verkehrssünder(in). **~ of·fense** *Am*. → ***traffic offence.*** **~ sign** *s* Verkehrszeichen *n*, -schild *n*. **~ sig·nal** → ***traffic light.*** **~ war·den** *s Br*. Parküberwacher(in), Politesse *f*.
trag·e·dy ['trædʒədɪ] *s thea*. Tragödie *f* (*a. fig*.), Trauerspiel *n*.
trag·ic ['trædʒɪk] *adj* (***~ally***) *thea*. tragisch (*a. fig*.): ***~ally*** *a*. tragischerweise; unter tragischen Umständen.
trag·i·com·e·dy [ˌtrædʒɪ'kɒmədɪ] *s thea*. Tragikomödie *f* (*a. fig*.).
ˌtrag·i'com·ic *adj* (***~ally***) tragikomisch.
trail [treɪl] **I** *v/t* **1.** *et*. nachschleifen lassen: ***~ one's feet*** schlurfen. **2.** verfolgen. **3.** *Sport*: zurückliegen hinter (*dat*) (***by*** um). **II** *v/i* **4.** ***~ (along) behind s.o.*** hinter j-m herschleifen. **5.** sich schleppen. **6.** *Sport*: zurückliegen ([***by***] ***2-0*** 0:2). **III** *s* **7.** Spur *f* (*a. fig*.), *hunt. a*. Fährte *f*: ***~ of blood*** Blutspur; ***~ of dust (smoke)*** Staubwolke *f* (Rauchfahne *f*); ***be (hot) on s.o.'s ~*** j-m (dicht) auf der Spur sein. **8.** Pfad *m*, Weg *m*.
'**trail·er** *s* **1.** *mot*. Anhänger *m*. **2.** *Am*. Caravan *m*, Wohnwagen *m*. **3.** *Film, TV*: Trailer *m*, Vorschau *f*.
train [treɪn] **I** *s* **1.** 🚂 Zug *m*: ***by ~*** mit der Bahn, mit dem Zug; ***on the ~*** im Zug; ***~ ferry*** Eisenbahnfähre *f*; ***~ set*** (Spielzeug)Eisenbahn *f*. **2.** Kolonne *f*. **3.** Schleppe *f*. **4.** *fig*. Folge *f*, Kette *f* (*von Ereignissen etc*): ***~ of thought*** Gedankengang *m*. **II** *v/t* **5.** *j-n* ausbilden (***as*** als, zum), *a. Auge, Verstand etc* schulen; (*Sport*) trainieren; *Tier* abrichten, dressieren (***to do*** zu tun). **6.** *Geschütz, Kamera etc* richten (***on*** auf *acc*). **III** *v/i* **7.** ausgebildet werden (***as*** als, zum). **8.** *Sport*: trainieren (***for*** für).
train·ee [treɪ'niː] *s* **1.** Auszubildende *m, f*, Anlernling *m*. **2.** Praktikant(in). **3.** Teilnehmer(in) (*an e-m Lehrgang*). '**~·ship** *s* **1.** Ausbildungsverhältnis *n*. **2.** Ausbildung(szeit) *f*.
'**train·er** *s* **1.** Ausbilder(in); Dresseur(in), Abrichter(in), Dompteur *m*, Dompteuse *f*; (*Sport*) Trainer(in). **2.** *Br*. Turnschuh *m*.
'**train·ing** **I** *s* **1.** Ausbildung *f*, Schulung *f*; Abrichten *n*, Dressur *f*; ***further ~*** Fortbildung *f*; ***in-firm ~, in-plant ~*** (inner)betriebliche Ausbildung. **2.** *Sport*: Training *f*: ***be in ~*** im Training stehen, trainieren; (gut) in Form sein; ***be out of ~*** nicht in Form sein. **II** *adj* **3.** Ausbildungs..., Schulungs...: ***~ allowance*** Ausbildungsbeihilfe *f*; ***~ contract*** Lehrvertrag *m*; ***~ course*** (Ausbildungs-)Lehrgang *m*; ***~ period*** Ausbildungszeit *f*; ***~ scheme*** berufliche Qualifizierungsmaßnahme; ***~ shop*** Ausbildungswerkstatt *f*. **4.** *Sport*: Trainings...
traipse [treɪps] *v/i* F latschen.
trait [treɪt] *s* (Charakter)Zug *m*, Eigenschaft *f*.
trai·tor ['treɪtə] *s* Verräter *m* (***to*** an *dat*).
trai·tress *s* Verräterin *f*.
tra·jec·to·ry [trə'dʒektərɪ] *s phys*. Flugbahn *f*.
tram [træm] *s Br*. a) Straßenbahn(wagen *m*) *f*: ***by ~*** mit der Straßenbahn; ***on the ~*** in der Straßenbahn, b) → ***tramway.*** '**~·car** *s Br*. Straßenbahnwagen *m*.
tramp [træmp] **I** *v/i* **1.** sta(m)pfen; trampeln. **II** *v/t* **2.** sta(m)pfen *od*. trampeln durch. **III** *s* **3.** *bsd. Br*. Tramp *m*, Landstreicher(in). **4.** Wanderung *f*: ***go for a ~*** e-e Wanderung machen. **5.** *bsd. Am*. Flittchen *n*.
tram·ple ['træmpl] **I** *v/i* trampeln: ***~ on*** herumtrampeln auf (*dat*); *fig. j-s Gefühle* mit Füßen treten. **II** *v/t* zertrampeln: ***~ down*** niedertrampeln; ***be ~d to death*** zu Tode getrampelt werden; → ***underfoot.***

tram·po·line ['træmpəliːn] *s* Trampolin *n.*
'tram·way *s Br.* Straßenbahn(linie) *f.*
trance [trɑːns] *s* Trance *f*: ***go into a ~*** in Trance verfallen.
tran·quil ['træŋkwɪl] *adj* □ **1.** ruhig, friedlich. **2.** sorgenfrei.
tran'quil·i·ty *s Am.*, **tran'quil·li·ty** *s bsd. Br.* Ruhe *m*, Frieden *m.*
'tran·quil·ize *v/t Am.*, **'tran·quil·lize** *v/t bsd. Br. j-n* beruhigen, *Tier a.* betäuben.
'tran·quil·(l)iz·er *s* Beruhigungs- *od.* Betäubungsmittel *n.*
trans·act [træn'zækt] *v/t Geschäft* abwickeln, *a. Handel* abschließen.
trans'ac·tion *s* **1.** Abwicklung *f*, Abschluss *m.* **2.** Transaktion *f*, Geschäft *n.*
trans·at·lan·tic [ˌtrænzət'læntɪk] *adj* transatlantisch, Transatlantik...
tran·scen·den·tal [ˌtrænsen'dentl] *adj*: ***~ meditation*** transzendentale Meditation.
trans·con·ti·nen·tal ['trænzˌkɒntɪ'nentl] *adj* transkontinental.
tran·scribe [træn'skraɪb] *v/t* **1.** abschreiben, kopieren. **2.** *Stenogramm etc* übertragen (***into*** in *acc*). **3.** ♪ transkribieren, umschreiben (***for*** für). **4.** ***~ onto*** → ***transfer*** 3.
tran·script ['trænskrɪpt] *s* Abschrift *f*, Kopie *f.*
tran·scrip·tion [~'skrɪpʃn] *s* **1.** Abschreiben *n*, Kopieren *n.* **2.** Übertragen *n.* **3.** ♪ Transkription *f*, Umschreibung *f.* **4.** → ***transcript.*** **5.** → ***phonetic*** I.
tran·sept ['trænsept] *s* ⚠ Querschiff *n.*
trans·fer I *v/t* [træns'fɜː] **1.** (***to***) *Betrieb etc* verlegen (nach); *j-n* versetzen (nach); (*Sport*) *Spieler* transferieren (zu), abgeben (an *acc*); *Geld* überweisen (an *j-n*, auf *ein Konto*): ***can you ~ me?*** *teleph.* könnenSie mich durchstellen? **2.** ⚖ *Eigentum*, *Recht* übertragen (***to*** auf *acc*). **3.** ***~ to*** *Bandaufnahme etc* überspielen auf (*acc*). II *v/i* [træns'fɜː] **4.** *Sport*: wechseln (***to*** zu) (*Spieler*). **5.** *Reise*: umsteigen (***from ... to*** von ... auf *acc*). III *s* ['trænsfɜː] **6.** Verlegung *f*; Versetzung *f*; (*Sport*) Transfer *m*, Wechsel *m*; Überweisung *f*: ***~ of business*** Geschäftsverlegung; ***~ fee*** Transfersumme *f*, Ablöse(summe) *f.* **7.** a) Überweisung *f*, b) Umbuchung *f*: ***~ of capital*** Kapitaltransfer *m.* **8.** ⚖ Übertragung *f*: ***~ of property*** Eigentumsüberschreibung *f*; ***~ rate*** a) Übertragungsgeschwindigkeit *f*, b) Übertrittsquote *f* (*bei Schulwechsel etc*). **9.** Umsteigen *n*; *bsd. Am.* Umsteige(fahr)karte *f.* **10.** *bsd. Br.* Abziehbild *n.*
trans'fer·a·ble *adj* übertragbar.
trans·fer·or [træns'fɜːrə] *s* Überweiser *m.*
trans·fig·ure [træns'fɪgə] *v/t* verklären.
trans·fix [træns'fɪks] *v/t* **1.** durchstechen, -bohren (***with*** mit). **2.** ***stand ~ed to the spot*** wie angewurzelt dastehen.
trans·form [træns'fɔːm] *v/t et.* umwandeln, *a. j-n* verwandeln (***into*** in *acc*).
trans·for·ma·tion [ˌ~fə'meɪʃn] *s* Um-, Verwandlung *f.*
trans·form·er [~'fɔːmə] *s* ⚡ Transformator *m.*
trans·fu·sion [træns'fjuːʒn] *s* ⚕ Bluttransfusion *f*, -übertragung *f.*
trans·gress [træns'gres] I *v/t* verletzen, verstoßen gegen. II *v/i* sündigen (***against*** gegen).
tran·si·ent ['trænzɪənt] *adj* □ flüchtig, vergänglich.
tran·sis·tor [træn'sɪstə] *s* ⚡ Transistor *m*: ***~ (radio)*** Transistorradio *n.*
trans·it ['trænsɪt] *s* **1.** Transit *m*, Durchreise *f*, Durchfahrt *f*: ***~ passengers*** *pl* Transitpassagiere *pl*; ***~ traffic*** Transitverkehr *m*; ***~ visa*** Transitvisum *n.* **2.** *econ.* Transport *m*: ***in ~*** unterwegs, auf dem Transport. ***~* camp** *s* Durchgangslager *n.*
tran·si·tion [træn'zɪʃn] *s* Übergang *m* (***from ... to*** von ... zu): ***~ period, period of ~*** Übergangsperiode *f*, -zeit *f.*
tran'si·tion·al [~ʃənl] *adj* Übergangs...: ***~ provisions*** *pl* Übergangsregelungen *pl.*
tran·si·tive ['trænsətɪv] *adj* □ *ling.* transitiv.
tran·si·to·ry ['trænsɪtərɪ] → ***transient.***
trans·lat·a·ble [træns'leɪtəbl] *adj* übersetzbar.
trans'late I *v/t* **1.** übersetzen (***from English into German*** aus dem Englischen ins Deutsche). **2.** ***~ into action*** *fig.* in die Tat umsetzen. II *v/i* **3.** sich *gut etc* übersetzen lassen.
trans'la·tion *s* Übersetzung *f*: ***~ program*** *Computer*: Übersetzungsprogramm *n*; ***~ software*** Übersetzungssoftware *f.*
trans'la·tor *s* Übersetzer(in).
trans·lu·cent [trænz'luːsnt] *adj* □ lichtdurchlässig: ***~ glass*** Milchglas *n.*
trans·mi·gra·tion [ˌtrænzmaɪ'greɪʃn] *s* Seelenwanderung *f.*
trans·mis·sion [trænz'mɪʃn] *s* **1.** Übertragung *f* (*e-r Krankheit*). **2.** *Rundfunk*, *TV*: Sendung *f*, *pl a.* Programm *n.* **3.** *mot.* Getriebe *n*: ***automatic ~*** Automatikgetriebe *n.* **4.** *Computer*: Übertragung *f*: ***~ error*** Übertragungsfehler *m.* ***~* charg·es** *s pl* Überweisungsgebühren *pl.*
trans·mit [trænz'mɪt] I *v/t* **1.** *Krankheit* übertragen. **2.** *Signale* (aus)senden; (*Rundfunk, TV*) *Programm* senden. **3.** *phys. Wärme etc* leiten; *Licht etc* durchlassen. II *v/i* **4.** *Rundfunk*, *TV*: senden.
trans'mit·ter *s* Sender *m.*
trans·par·en·cy [træns'pærənsɪ] *s* **1.** Durchsichtigkeit *f* (*a. fig.*). **2.** *fig.* Durchschaubar-

T

keit *f*. **3.** Dia(positiv) *n*. **4.** Folie *f* (*für Tageslichtprojektor*).

transˈpar·ent *adj* ☐ **1.** durchsichtig: **~ *cover*** (*od.* ***folder*** *od.* ***pocket***) Klarsichthülle *f*. **2.** *fig*. durchsichtig, durchschaubar; offenkundig.

tran·spi·ra·tion [ˌtrænspəˈreɪʃn] *s* Transpiration *f* (*a.* ⚕), Schweißabsonderung *f*.

tran·spire [~ˈspaɪə] *v/i* **1.** *physiol*. transpirieren (*a.* ⚕), schwitzen. **2.** ***it ~d that*** es sickerte durch *od.* wurde bekannt, dass. **3.** F passieren.

trans·plant I *v/t* [trænsˈplɑːnt] **1.** ⚕ transplantieren, verpflanzen. **2.** *Pflanze* um-, verpflanzen. **3.** *j-n* umsiedeln, *Betrieb etc* verlegen (***to*** nach). II *s* [ˈtrænsplɑːnt] **4.** ⚕ Transplantation *f*, Verpflanzung *f*. **5.** ⚕ Transplantat *n*.

ˌtrans·planˈta·tion *s* **1.** → ***transplant*** 4. **2.** Um-, Verpflanzung *f*.

trans·port I *v/t* [trænˈspɔːt] **1.** *Waren, Truppen* transportieren, *a. Personen* befördern. II *s* [ˈtrænspɔːt] **2.** Transport *m*, Beförderung *f*: **~ *café*** *Br*. Fernfahrerlokal *n*. **3.** Beförderungs-, Verkehrsmittel *n od. pl*: **~ *advertising*** Verkehrsmittelwerbung *f*; **~ *documents*** *pl* Frachtpapiere *pl*. **4.** *mil*. Transportflugzeug *n*, (*Truppen*)Transporter *m*.

ˌtrans·porˈta·tion *bsd. Am.* → ***transport*** 2.

transˈport·er *s mot*. (*Auto- etc*)Transporter *m*.

trans·pose [trænsˈpəʊz] *v/t* umsetzen: **~ *EC legislation into national law.***

trans·verse [ˈtrænzvɜːs] *adj* Quer...

ˌtransˈverse·ly *adv* quer.

trans·ves·tite [trænzˈvestaɪt] *s* Transvestit *m*.

trap [træp] I *s* **1.** Falle *f* (*a. fig.*): ***set a ~*** e-e Falle aufstellen; ***set a ~ for s.o.*** j-m e-e Falle stellen; ***fall into s.o.'s ~*** j-m in die Falle gehen. **2.** ***shut one's ~, keep one's ~ shut*** *sl*. die Schnauze halten. II *v/t* **3.** (in *od.* mit e-r Falle) fangen. **4.** ***be ~ped*** eingeschlossen sein (*Bergleute etc*). **5.** *fig*. in e-e Falle locken: **~ *s.o. into doing s.th.*** j-n dazu bringen, et. zu tun. **6.** *Sport*: *Ball* stoppen. **ˈ~·door** *s* Falltür *f*.

tra·peze [trəˈpiːz] *s Artistik*: Trapez *n*: **~ *artist*** Trapezkünstler(in).

traˈpe·zi·um [~zjəm] *pl* **-zi·ums, -zi·a** [~zjə] *s* △ *bsd. Br*. Trapez *n*; *bsd. Am*. Trapezoid *n*.

trap·e·zoid [ˈtræpɪzɔɪd] *s* △ *bsd. Br*. Trapezoid *n*; *bsd. Am*. Trapez *n*.

trap·per [ˈtræpə] *s* Trapper *m*, Fallensteller(in).

trap·pings [ˈtræpɪŋz] *s pl* **1.** Rangabzeichen *pl*. **2.** *fig*. Drum u. Dran *n*.

trash [træʃ] *s* **1.** *Am*. Abfall *m*, Müll *m*: **~ *can*** Abfall-, Mülleimer *m*; Abfall-, Mülltonne *f*. **2.** Schund *m*. **3.** Quatsch *m*, Unsinn *m*. **4.** *bsd. Am*. Gesindel *n*.

ˈtrash·y *adj* Schund...

trau·ma [ˈtrɔːmə] *s psych*. Trauma *n*.

trau·mat·ic [~ˈmætɪk] *adj* (**~*ally***) traumatisch.

trav·el [ˈtrævl] I *v/i pret u. pp* **-eled,** *bsd. Br.* **-elled 1.** reisen: → ***light²*** 4. **2.** *econ*. reisen (***in*** in *e-r Ware*). **3.** fahren; sich verbreiten (*Neuigkeit etc*); *tech. etc* sich bewegen; *phys*. sich fortpflanzen. **4.** ***be really ~ (l)ing*** F e-n ganz schönen Zahn draufhaben. II *v/t* **5.** bereisen; *Strecke* zurücklegen, fahren. III *s* **6.** Reisen *n*. **7.** *pl* (*bsd.* Auslands)Reisen *pl*. **~ a·gen·cy** *s* Reisebüro *n*. **~ a·gent** *s* Reisebüroinhaber(in) *od.* -kaufmann *m*, -kauffrau *f*; *weitS., a.* **~*'s*** Reisebüro *n*. **~ al·low·ance** *s* Reisekostenpauschale *f*. **~ bu·reau** *s* (*a. irr* ***bureau***) Reisebüro *n*; **~ costs** *pl* Fahrkosten *pl*, Reisekosten *pl*.

trav·el·er *s Am*. → ***traveller: ~'s check*** Reise-, Travellerscheck *m*.

trav·el·ing *Am*. → ***travelling.***

trav·el·ler [ˈtrævlə] *s bsd. Br*. **1.** Reisende *m, f*: **~*'s cheque*** *Br*. Reise-, Travellerscheck *m*. **2.** *econ*. (Handels)Vertreter(in) (***in*** für).

ˈtrav·el·ling *adj bsd. Br*. **1.** Reise...: **~ (*alarm*) *clock*** Reisewecker *m*; **~ *expenses*** *pl* Reisespesen *pl*; **~ *salesman*** → ***traveller*** 2. **2.** Wander...: **~ *circus.***

trav·e·log *s Am.*, **trav·e·logue** *s* [ˈtrævəlɒg] Reisebericht *m* (*Vortrag*), -film *m*.

ˈtrav·el|-sick *adj* reisekrank. **~ sick·ness** *s* Reisekrankheit *f*.

trav·erse [ˈtrævəs] *v/t* durch-, überqueren.

trav·es·ty [ˈtrævəstɪ] *s* Zerrbild *n*: ***a ~ of justice*** ein Hohn auf die Gerechtigkeit.

trav·o·la·tor [ˈtrævəleɪtə] *s* Rollsteig *m*.

trawl·er [ˈtrɔːlə] *s* ⚓ Trawler *m*.

tray [treɪ] *s* **1.** Tablett *n*. **2.** Ablagekorb *m*.

treach·er·ous [ˈtretʃərəs] *adj* ☐ **1.** verräterisch. **2.** *fig*. tückisch (*Strömung etc*).

ˈtreach·er·y *s* Verrat *m*.

trea·cle [ˈtriːkl] *s bsd. Br*. Sirup *m*.

ˈtrea·cly *adj* **1.** sirupartig. **2.** *fig*. süßlich.

tread [tred] I *v/i* (*irr*) **1.** treten (***on*** auf *acc*; in *acc*): **~ *carefully*** vorsichtig auftreten; *fig*. vorsichtig vorgehen; → ***corn², toe*** I. II *v/t* (*irr*) **2.** *Pfad, Wasser* treten: **~ *in(to)*** eintreten (in *acc*). III *s* **3.** Gang *m*; Schritt(e *pl*) *m*. **4.** *mot*. Profil *n* (*e-s Reifens*). **ˈ~·mill** *s hist*. Tretmühle *f* (*a. fig.*).

trea·son [ˈtriːzn] *s* Landesverrat *m*.

treas·ure [ˈtreʒə] I *s* Schatz *m*, (*Person* F *a.*) Juwel *n*: **~ *hunt*** Schatzsuche *f*. II *v/t et.* zu schätzen wissen; *j-s Andenken* in Ehren halten.

ˈtreas·ur·er *s* Schatzmeister(in).

treas·ure trove ['~trəʊv] *s* Fundgrube *f*.
'**Treas·ur·y** *s pol.* Finanzministerium *n*.
treat [tri:t] **I** *v/t* **1.** *j-n* behandeln (**like** wie); *et.* behandeln, umgehen mit: → **dirt. 2.** *et.* ansehen, betrachten (**as** als). **3.** *j-n* behandeln (**for** gegen): **be ~ed for** in ärztlicher Behandlung sein wegen. **4.** *tech. et.* behandeln (**with** mit; **against** gegen). **5.** *j-n* einladen (**to** zu): **~ s.o. to s.th.** *a.* j-m et. spendieren; **~ o.s. to s.th.** sich et. leisten *od.* gönnen. **II** *v/i* **6. ~ of** handeln von, behandeln. **III** *s* **7.** (besondere) Freude, (besondere) Überraschung.
trea·tise ['~tɪz] *s* (wissenschaftliche) Abhandlung (**on** über *acc*).
'**treat·ment** *s allg.* Behandlung *f*.
'**trea·ty** *s pol.* Vertrag *m*: **by ~** vertraglich.
tre·ble ['trebl] **I** *adj* □ dreifach. **II** *v/t u. v/i* (sich) verdreifachen.
tree [tri:] *s* Baum *m*: **in a ~** auf e-m Baum.
'**tree·less** *adj* baumlos.
'**tree|·line** *s* Baumgrenze *f*. **~ trunk** *s* Baumstamm *m*.
tre·foil ['trefɔɪl] *s* **1.** Klee *m*. **2.** Dreipass *m*.
trek [trek] **I** *v/i* marschieren. **II** *s* lange, gefährliche Fußreise.
trel·lis ['trelɪs] *s* Spalier *n* (*für Pflanzen*).
trem·ble ['trembl] **I** *v/i* zittern (**with** vor *dat*): **~ at the thought** (*od.* **to think**) bei dem Gedanken zittern; **~ for** zittern *od.* bangen um. **II** *s* Zittern *n*.
tre·men·dous [trɪ'mendəs] *adj* □ **1.** gewaltig. **2.** F klasse, toll.
trem·or ['tremə] *s* **1.** Zittern *n*: → **earth tremor. 2.** Schauder *m*.
trench [trentʃ] *s* Graben *m*, ⚔ Schützengraben *m*. **~ coat** *s* Trenchcoat *m*.
trend [trend] *s* **1.** Trend *m*, Tendenz *f* (**toward[s]** zu): **~ analysis** Trendanalyse *f*. **2.** Mode *f*. '**~ˌset·ter** *s* Trendsetter(in) (*j-d, der e-n neuen Trend in Gang setzt od. et. in Mode bringt*).
trend·y ['trendɪ] **I** *adj* □ F modern, modisch: **be ~** als schick gelten, in sein; **~ disco** In-Disko *f*. **II** *s* Schickimicki *m*.
tres·pass ['trespəs] **I** *v/i*: **~ on** a) *Grundstück etc* unbefugt betreten: **no ~ing** Betreten verboten!, b) *j-s Zeit etc* über Gebühr in Anspruch nehmen. **II** *s* unbefugtes Betreten.
'**tres·pass·er** *s*: **~s will be prosecuted** Betreten bei Strafe verboten!
tri·al ['traɪəl] *s* **1.** ⚖ Prozess *m*, (Gerichts)Verhandlung *f*, (-)Verfahren *n*: **~ by jury** Schwurgerichtsverfahren; **be on** (*od.* **stand**) **~** vor Gericht stehen (**for** wegen). **2.** Erprobung *f*, Probe *f*, Prüfung *f*, Test *m*: **by ~ and error** durch Ausprobieren; **on ~** auf *od.* zur Probe; **be on ~** erprobt *od.* getestet werden; **he's still on ~** er ist noch in der Probezeit. **3. be a ~ to** *j-m* Ärger *od.* Sorgen machen. **~ bal·ance** *s* Probebilanz *f*. **~ mar·riage** *s* Ehe *f* auf Probe. **~ or·der** *s* Probeauftrag *m*. **~ pe·ri·od** *s* Probezeit *f*. **~ run** *s tech.* Probelauf *m*; *mot.* Probefahrt *f*: **give a car a ~** e-n Wagen Probe fahren.
tri·an·gle ['traɪæŋgl] *s* **1.** Dreieck *n*: **the eternal ~** das Dreiecksverhältnis. **2.** ♪ Triangel *m*. **3.** *Am.* → **set square.**
tri·an·gu·lar [~'æŋgʊlə] *adj* □ dreieckig.
tri·ath·lon [traɪ'æθlən] *s Sport*: Triathlon *n, m*.
trib·al ['traɪbl] *adj* Stammes...
tribe [traɪb] *s* Stamm *m*.
tribes|·man ['traɪbzmən] *s* (*irr* **man**) Stammesangehörige *m*. '**~ˌwom·an** *s* (*irr* **woman**) Stammesangehörige *f*.
tri·bu·nal [traɪ'bju:nl] *s* ⚖ Gericht *n*.
trib·u·tar·y ['trɪbjʊtərɪ] *s* Nebenfluss *m*.
trib·ute ['trɪbju:t] *s*: **be a ~ to** *j-m* Ehre machen; **pay ~ to** *j-m* Anerkennung zollen.
trice [traɪs] *s*: **in a ~** F im Nu, im Handumdrehen.
tri·chi·na [trɪ'kaɪnə] *pl* **-nae** [~ni:] *s zo.* Trichine *f*.
trick [trɪk] **I** *s* **1.** Trick *m* (*a. b.s.*), (*Karten- etc*)Kunststück *n*: **by a ~** mit e-m Trick; **how's ~s?** F wie gehts?; **dirty ~** Gemeinheit *f*. **2.** Streich *m*: **play a ~ on s.o.** j-m e-n Streich spielen. **3. have a ~ of doing s.th.** die (merkwürdige) Angewohnheit *od.* die Eigenart haben, et. zu tun. **4.** *Kartenspiel*: Stich *m*: **take** (*od.* **win**) **a ~** e-n Stich machen. **II** *adj* **5.** Trick...: **~ question** Fangfrage *f*. **III** *v/t* **6.** *j-n* reinlegen: **~ s.o. into doing s.th.** j-n mit e-m Trick dazu bringen, et. zu tun.
'**trick·er·y** *s* Tricks *pl*.
trick·le ['trɪkl] *v/i* tröpfeln; rieseln.
trick·ster ['trɪkstə] *s* Betrüger(in), Schwindler(in).
'**trick·y** *adj* □ **1.** schwierig, (*Problem etc a.*) heikel. **2.** durchtrieben, raffiniert.
tri·cy·cle ['traɪsɪkl] *s* Dreirad *n*.
tri·fle ['traɪfl] **I** *s* **1.** Kleinigkeit *f*; Lappalie *f*: **a ~** ein bisschen, etwas. **2.** a) *bsd. Br.* Trifle *n* (*Biskuitdessert*), b) *Am. Obstdessert mit Schlagsahne*. **II** *v/i* **3. ~ with** *fig.* spielen mit: **he is not to be ~d with** er lässt nicht mit sich spaßen.
'**tri·fling** *adj* unbedeutend, geringfügig.
trig·ger ['trɪgə] **I** *s* Abzug *m* (*am Gewehr etc*): **pull the ~** abdrücken. **II** *v/t a.* **~ off** *fig.* auslösen. '**~-ˌhap·py** *adj* schießwütig.
trig·o·nom·e·try [ˌtrɪgə'nɒmətrɪ] *s* Trigonometrie *f*.
trike [traɪk] *s* F Dreirad *n*.

T

tril·o·gy ['trɪlədʒɪ] *s* Trilogie *f*.

trim [trɪm] **I** *v/t* **1.** *Hecke etc* stutzen, beschneiden, sich *den Bart etc* stutzen: ~ **off** abschneiden. **2.** *Kleidungsstück* besetzen (**with** mit): **~med with fur** pelzbesetzt, mit Pelzbesatz. **II** *s* **3. give** *s.th.* **a** ~ → 1. **4. be in good** ~ F gut in Schuss sein (*Auto etc*), (*Person a.*) gut in Form sein. **III** *adj* **5.** gepflegt.

'trim·ming *s* **1.** *a. pl* Besatz *m*. **2.** *pl* Zubehör *n*; Extras *pl*: **with all the ~s** *gastr*. mit den üblichen Beilagen. **3.** *pl* Abfälle *pl*.

trin·ket ['trɪŋkɪt] *s* (*bsd.* billiges) Schmuckstück.

tri·o ['tri:əʊ] *pl* **-os** *s* Trio *n*, ♪ *a.* Terzett *n*.

trip [trɪp] **I** *v/i* **1.** stolpern (**over** über *acc*). **2.** sich vertun. **II** *v/t* **3.** *a.* ~ **up** *j-m* ein Bein stellen (*a. fig.*). **III** *s* **4.** Reise *f*; Ausflug *m*, Trip *m*: **go on a bus** ~ e-n Busausflug machen. **5.** *sl.* Trip *m* (*Drogenrausch*): **be on a** ~ auf dem Trip sein.

tripe [traɪp] *s* **1.** *gastr.* Kaldaunen *pl*, Kutteln *pl*. **2.** F Quatsch *m*, Mist *m*.

tri·ple ['trɪpl] **I** *adj* □ dreifach: ~ **jump** (*Leichtathletik*) Dreisprung *m*; ~ **jumper** Dreispringer(in). **II** *v/t u. v/i* (sich) verdreifachen.

tri·plet ['trɪplɪt] *s* Drilling *m*.

trip·li·cate ['trɪplɪkət] *s*: **in** ~ in dreifacher Ausfertigung.

tri·pod ['traɪpɒd] *s phot.* Stativ *n*.

trip·per ['trɪpə] *s* (*bsd. Tages*)Ausflügler(in).

'trip,wire *s* Stolperdraht *m*.

trite [traɪt] *adj* □ abgedroschen; banal.

tri·umph ['traɪəmf] **I** *s* Triumph *m* (**over** über *acc*): **in** ~ im Triumph, triumphierend. **II** *v/i* triumphieren (**over** über *acc*).

tri·um·phal [~'ʌmfl] *adj* Triumph...: ~ **arch** Triumphbogen *m*; ~ **procession** Triumphzug *m*.

tri'um·phant *adj* □ triumphierend.

triv·i·al ['trɪvɪəl] *adj* □ **1.** trivial, alltäglich, gewöhnlich. **2.** unbedeutend, belanglos.

triv·i·al·i·ty [,~'ælətɪ] *s* **1.** Trivialität *f*. **2.** Belanglosigkeit *f*.

trod [trɒd] *pret von* **tread.**

'trod·den *pp von* **tread.**

trol·ley ['trɒlɪ] *s Br.* Einkaufs-, Gepäckwagen *m*; Kofferkuli *m*; (*Tee- etc*)Wagen *m*.

trom·bone [trɒm'bəʊn] *s* ♪ Posaune *f*.

trom'bon·ist *s* Posaunist(in).

troop [tru:p] **I** *s* **1.** Schar *f*. **2.** *pl mil.* Truppen *pl*. **II** *v/i* **3.** strömen. ~ **car·ri·er** *s* ✈, ⚓ Truppentransporter *m*.

troop·er ['tru:pə] *s* **1.** *mil.* Kavallerist *m*; Panzerjäger *m*: **swear like a** ~ wie ein Landsknecht fluchen. **2.** *Am.* Polizist(in) (*e-s Bundesstaats*).

tro·phy ['trəʊfɪ] *s* Trophäe *f*.

trop·ic ['trɒpɪk] *s* **1.** *ast., geogr.* Wendekreis *m*. **2.** *pl* Tropen *pl*.

'trop·i·cal *adj* □ tropisch, Tropen...: ~ **forest** Tropenwald *m*; ~ **rainforest** tropischer Regenwald.

trot [trɒt] **I** *s* **1.** Trab *m*: **on the** ~ F hintereinander; **be on the** ~ F auf Trab sein; **have the ~s** F Dünnpfiff haben. **II** *v/i* **2.** traben: ~ **along** (*od.* **off**) F ab-, losziehen. **III** *v/t* **3.** *Pferd* traben lassen. **4.** ~ **out** F auftischen, von sich geben.

'trot·ter *s* Traber *m* (*Pferd*).

trou·ble ['trʌbl] **I** *v/t* **1.** *j-n* beunruhigen. **2.** *j-m* Mühe *od.* Umstände machen; *j-n* bemühen (**for** um), bitten (**for** um; **to do** zu tun). **3. be ~d by** geplagt werden von, leiden an (*dat*). **4. fish in ~d waters** *fig.* im Trüben fischen. **II** *v/i* **5.** sich bemühen (**to do** zu tun), sich Umstände machen (**about** wegen). **III** *s* **6.** Schwierigkeit *f*, Problem *n*: **be in** ~ in Schwierigkeiten sein; **get into** ~ a) *a.* **run into** ~ in Schwierigkeiten geraten, b) Schwierigkeiten *od.* Ärger bekommen (**with** mit), c) *j-n* in Schwierigkeiten bringen; **have** ~ **with** Schwierigkeiten *od.* Ärger haben mit; **have** ~ **doing s.th.** Schwierigkeiten haben, et. zu tun. **7.** Mühe *f*: **put s.o. to** ~ j-m Mühe *od.* Umstände machen; **take the** ~ **to do s.th.** sich die Mühe machen, et. zu tun. **8.** *a. pl pol.* Unruhen *pl*. **9.** ⚕ Leiden *n*, Beschwerden *pl*. **'~,mak·er** *s* Unruhestifter(in). **'~,shoot·er** *s* **1.** *tech.* Störungssucher *m*. **2.** Friedensstifter(in). **'~,shoot·ing** *s* Störungssuche *f*.

trou·ble·some ['trʌblsəm] *adj* □ lästig.

trou·ble spot *s pol.* Unruheherd *m*.

trough [trɒf] *s* **1.** Trog *m*. **2.** Wellental *n*. **3.** *econ.* Talsohle *f*, Tiefstpunkt *m*.

trounce [traʊns] *v/t Sport*: haushoch besiegen.

troupe [tru:p] *s thea. etc* Truppe *f*.

trou·ser ['traʊzə] **I** *s pl*, *a.* **pair of ~s** Hose *f*: → **wear** 3. **II** *adj* Hosen...: ~ **suit** Hosenanzug *m*.

trous·seau ['tru:səʊ] *pl* **-seaux** ['~səʊz], **-seaus** *s* Aussteuer *f*.

trout [traʊt] *pl* **trouts,** *bsd. coll.* **trout** *s ichth.* Forelle *f*.

trow·el ['traʊəl] *s* (Maurer)Kelle *f*: **lay it on with a** ~ F dick auftragen.

troy (weight) [trɔɪ] *s* Troygewicht *n* (*für Edelmetalle u. -steine*).

tru·ant ['tru:ənt] *s* (Schul)Schwänzer(in): **play** ~ (die Schule) schwänzen.

truce [tru:s] *s mil.* Waffenstillstand *m* (*a. fig.*).

truck[1] [trʌk] **I** *s* **1.** *mot.* Lastwagen *m*; Fernlaster *m*. **2.** 🚂 *Br.* (offener) Güterwagen *m*. **II** *v/t* **3.** *bsd. Am.* auf *od.* mit Lastwagen transportieren.

T

truck² [~] *s*: ***have no ~ with*** nichts zu tun haben wollen mit.
truck driv·er *s* Lastwagenfahrer(in); Fernfahrer(in).
truck·er ['trʌkə] *Am.* → ***truck driver.***
truck|·man ['trʌkmən] *s* (*irr* ***man***) *Am.* → ***truck driver.*** **~ stop** *s Am.* Fernfahrerlokal *n.*
truc·u·lent ['trʌkjʊlənt] *adj* □ trotzig.
trudge [trʌdʒ] *v/i* stapfen (***through*** durch).
true [truː] *adj* (□ → ***truly***) **1.** wahr: ***be ~*** *a.* stimmen; ***in the ~est sense of the word*** im wahrsten Sinne des Wortes; → ***come*** 10. **2.** wahr, echt, wirklich: ***~ love*** wahre Liebe. **3.** treu (***to*** *dat*): ***stay ~ to one's principles*** s-n Grundsätzen treu bleiben. **4.** getreu (***to*** *dat*): ***~ to form*** wie nicht anders zu erwarten; ***~ to life*** lebensecht.
truf·fle ['trʌfl] *s* 🌿 Trüffel *f.*
tru·ism ['truːɪzəm] *s* Binsenwahrheit *f.*
tru·ly ['truːlɪ] *adv* **1.** wahrheitsgemäß. **2.** wirklich, wahrhaft. **3.** aufrichtig: ***Yours ~*** *bsd. Am.* Hochachtungsvoll (*Briefschluss*).
trump¹ [trʌmp] **I** *s* a) *pl* Trumpf *m* (*Farbe*), b) *a.* ***~ card*** Trumpf(karte *f*) *m*: ***play one's ~ card*** *fig.* s-n Trumpf ausspielen. **II** *v/t Karte* mit e-m Trumpf stechen, mit e-m Trumpf *e-n Stich* machen.
trump² [~] *v/t*: ***~ up*** *b.s.* erfinden, erdichten.
trum·pet ['trʌmpɪt] **I** *s* ♪ Trompete *f.* **II** *v/i* trompeten (*Elefant*).
'trum·pet·er *s* Trompeter(in).
trun·cate [trʌŋ'keɪt] *v/t* beschneiden, stutzen (*beide a. fig.*).
trun·cheon ['trʌntʃən] *s* (Gummi)Knüppel *m*, Schlagstock *m.*
trun·dle ['trʌndl] *v/t Karren etc* ziehen.
trunk [trʌŋk] *s* **1.** (*Baum*)Stamm *m.* **2.** *anat.* Rumpf *m.* **3.** Schrankkoffer *m.* **4.** *zo.* Rüssel *m* (*des Elefanten*). **5.** *mot. Am.* Kofferraum *m.* **6.** *pl*, *a.* ***pair of ~s*** (*Bade*)Hose *f*; (*Sport*) Shorts *pl.* **~ call** *s Br.* Ferngespräch *n.* **~ code** *s Br.* Ortsnetzkennzahl *f*, Vorwahl *f.* **~ line** *s Br.* Fernleitung *f.* **~ road** *s Br.* Fernstraße *f.*
truss [trʌs] **I** *v/t*, *a.* ***~ up*** **1.** *j-n* fesseln. **2.** *gastr. Geflügel etc* dressieren. **II** *s* **3.** ⚕ Bruchband *n.*
trust [trʌst] **I** *v/t* **1.** trauen (*dat*). **2.** sich verlassen auf (*acc*): ***~ s.o. to do s.th.*** sich darauf verlassen, dass j-d et. tut; ***~ him!*** das sieht ihm ähnlich! **3.** (zuversichtlich) hoffen. **II** *v/i* **4.** ***~ in*** vertrau-en auf (*acc*). **5.** ***~ to*** sich verlassen auf (*acc*). **III** *s* **6.** Vertrauen *n* (***in*** zu): ***place*** (*od.* ***put***) ***one's ~ in*** Vertrauen setzen in (*acc*); ***take s.th. on ~*** et. einfach glauben; ***position of ~*** Vertrauensstellung *f.* **7.** ***hold s.th. in ~*** et. treuhänderisch verwalten (***for*** für); ***place s.th. in s.o.'s ~*** j-m et. anvertrauen. **8.** *econ.* Trust *m*; *weitS.* Großkonzern *m.* **~ bust·ing** *s Am.* Monopolzerschlagung *f.* **~ com·pa·ny** *s* Treuhandgesellschaft *f.*
trus·tee [ˌtrʌs'tiː] *s* Treuhänder(in), Vermögensverwalter(in): ***~ in bankruptcy*** Konkursverwalter *m.*
ˌtrus'tee·ship *s* Treuhandverwaltung *f.*
trust·ful ['trʌstfʊl] → ***trusting.***
trust fund *s* Treuhandvermögen *n.*
'trust·ing *adj* □ vertrauensvoll; vertrauensselig.
'trustˌwor·thy *adj* □ vertrauenswürdig.
truth [truːθ] *pl* **truths** [truːðz] *s* Wahrheit *f*: ***in ~*** in Wahrheit; ***there is some*** (***no***) ***~ in it*** daran ist et. (nichts) Wahres; ***to tell*** (***you***) ***the ~*** um die Wahrheit zu sagen; → ***home truth.***
truth·ful ['~fʊl] *adj* □ **1.** wahrheitsgemäß. **2.** wahrheitsliebend.
try [traɪ] **I** *s* **1.** Versuch *m*: ***have a ~*** es versuchen; → ***worth*** I. **II** *v/t* **2.** versuchen (***to do*** zu tun): ***when their car didn't start, they tried pushing it*** als ihr Wagen nicht ansprang, versuchten sie es mit Anschieben. **3.** *et.* ausprobieren. **4.** ⚖ (über) *e-e Sache* verhandeln; *j-m* den Prozess machen (***for*** wegen). **5.** *j-n*, *j-s Geduld*, *Nerven etc* auf e-e harte Probe stellen. **III** *v/i* **6.** es versuchen: ***~ and come*** *bsd. Br.* F versuch zu kommen; → ***hard*** 12. **7.** ***~ for*** *Br.* sich bemühen um.
Verbindungen mit Adverbien:
try| on *v/t* **1.** *Kleidungsstück* anprobieren, *Hut etc* aufprobieren. **2.** ***try it on*** *Br.* F probieren, wie weit man gehen kann. **~ out** **I** *v/t* → ***try*** 3. **II** *v/i*: ***~ for*** *Am.* → ***try*** 7.
try·ing ['traɪɪŋ] *adj* □ anstrengend.
'try-out *s*: ***give s.th. a ~*** et. ausprobieren.
tsar [zɑː] *s hist.* Zar *m.*
tsa·ri·na [zɑː'riːnə] *s* Zarin *f.*
'T-shirt *s* T-Shirt *n.*
TU ***trade***(***s***) ***union*** Gewerkschaft *f.*
tub [tʌb] *s* **1.** Bottich *m*; Tonne *f.* **2.** (*Margarine- etc*)Becher *m.* **3.** F (Bade)Wanne *f.* **4.** ⚓ F Kahn *m.*
tube [tjuːb] *s* **1.** Röhre *f* (*a. anat.*), Rohr *n.* **2.** Schlauch *m.* **3.** Tube *f.* **4.** ***the ~*** F die U-Bahn *f* (*in London*): ***by ~*** mit der U-Bahn; ***~ station*** U-Bahn-Station *f.*
'tube·less *adj* schlauchlos (*Reifen*).
tu·ber ['tjuːbə] *s* 🌿 Knolle *f.*
tu·ber·cu·lo·sis [tjuːˌbɜːkjʊ'ləʊsɪs] *s* ⚕ Tuberkulose *f.*
tu·bu·lar ['tjuːbjʊlə] *adj* rohrförmig, Röhren..., Rohr...: ***~ furniture*** Stahlrohrmöbel *pl.*
TUC [ˌtiːjuː'siː] *Br.* ***Trades Union Congress*** Gewerkschaftsbund *m.*
tuck [tʌk] **I** *s* Saum *m*; Biese *f.* **II** *v/t* stecken: ~

T

s.th. under one's arm sich et. unter den Arm klemmen. **III** *v/i*: **~ *into*** *bsd. Br.* F sich *et.* schmecken lassen.
Verbindungen mit Adverbien:
tuck| a·way *v/t* **1.** wegstecken: ***be tucked away*** versteckt liegen (*Haus etc*). **2.** F *Essen* verdrücken, wegputzen. **~ in I** *v/t* → ***tuck up.*** **II** *v/i bsd. Br.* F reinhauen, zulangen. **~ up** *v/t a.* **~ *in bed*** *Kind* ins Bett packen.
Tues·day ['tju:zdɪ] *s* Dienstag *m*: ***on*** **~** (am) Dienstag; ***on ~s*** dienstags.
tuft [tʌft] *s* (*Gras-, Haar- etc*)Büschel *n*.
tug [tʌg] **I** *v/t* **1.** zerren, ziehen. **2.** zerren *od.* ziehen an (*dat*). **II** *v/i* **3.** **~ *at*** → 2. **III** *s* **4.** ***give s.th. a*** **~** → 2; **~ *of war*** (*Sport*) Tauziehen *n* (*a. fig.*).
tu·i·tion [tju:'ɪʃn] *s* **1.** Unterricht *m*. **2.** *bsd. Am.* Unterrichtsgebühr(en *pl*) *f*.
tu·lip ['tju:lɪp] *s* ⚘ Tulpe *f*.
tulle [tju:l] *s* Tüll *m*.
tum·ble ['tʌmbl] **I** *v/i* **1.** fallen, stürzen; *econ.* purzeln (*Preise*). **2.** *a.* **~ *down*** einstürzen. **3.** **~ *to s.th.*** *bsd. Br.* F et. kapieren. **II** *s* **4.** Fall *m*, Sturz *m*: ***have*** (*od.* ***take***) ***a*** **~** fallen, stürzen. **'~·down** *adj* baufällig. **~ dry·er** *s* Trockenautomat *m*, Wäschetrockner *m*.
tum·bler ['tʌmblə] *s* (Trink)Glas *n*.
tum·my ['tʌmɪ] *s* F Bauch *m*: ***he's got a sore*** **~** er hat Bauchweh.
tu·mor *s Am.*, **tu·mour** *s bsd. Br.* ['tju:mə] ⚕ Tumor *m*, Geschwulst *f*.
tu·mult ['tju:mʌlt] *s* Tumult *m*.
tu'mul·tu·ous *adj* □ tumultartig, (*Applaus, Empfang*) stürmisch.
tu·na ['tu:nə] *s ichth.* T(h)unfisch *m*, *schweiz.* Thon *m*.
tune [tju:n] **I** *s* **1.** Melodie *f*: ***to the* ~ *of*** nach der Melodie von; *fig.* F in Höhe von *500 Pfund etc.* **2.** ***be out of*** **~** ♪ verstimmt sein; ***be in*** (***out of***) **~ *with*** *fig.* (nicht) harmonieren *od.* übereinstimmen mit. **II** *v/t* **3.** *a.* **~ *up*** ♪ stimmen. **4.** *a.* **~ *up*** *tech. Motor* tunen. **5.** *mst* **~ *in*** *Radio etc* einstellen (***to*** auf *acc*): ***be ~d in to*** *Sender, Programm* eingeschaltet haben; *fig.* ein Gefühl haben für. **III** *v/i* **6.** **~ *up*** (die Instrumente) stimmen (*Orchester*). **7.** **~ *in*** (das Radio *etc*) einschalten: **~ *in to*** *Sender, Programm* einschalten.
tune·ful ['~fʊl] *adj* □ melodiös.
'tune·less *adj* □ unmelodiös.
'tun·er *s* **1.** (*Klavier- etc*)Stimmer(in). **2.** *Radio, TV*: Tuner *m*.
'tun·ing *adj*: **~ *fork*** Stimmgabel *f*.
Tu·nis ['tju:nɪs] *s Hauptstadt von Tunesien.*
Tu·ni·sia [tju:'nɪzɪə] *npr* Tunesien *n*.
tun·nel ['tʌnl] **I** *s* Tunnel *m*; Unterführung *f*. **II** *v/t pret u. pp* **-neled,** *bsd. Br.* **-nelled** a) *Berg* durchtunneln, b) *Fluss etc* untertunneln. **III** *v/i*: **~ *through*** → IIa; **~ *under*** → IIb.
tun·ny ['tʌnɪ] *s* → ***tuna.***
tur·bid ['tɜ:bɪd] *adj* □ **1.** trüb (*Flüssigkeit*); dick (*Rauch etc*). **2.** *fig.* verworren, wirr.
tur·bine ['tɜ:baɪn] *s tech.* Turbine *f*.
tur·bo ['tɜ:bəʊ] *pl* **-bos** *s* F → ***turbo-charger.*** **,~'charg·er** *s mot.* Turbolader *m*.
tur·bot ['tɜ:bət] *pl* **-bots,** *bsd. coll.* **-bot** *s ichth.* Steinbutt *m*.
tur·bu·lence ['tɜ:bjʊləns] *s* Turbulenz *f* (*a. phys.*).
'tur·bu·lent *adj* □ turbulent.
turd [tɜ:d] *s* V **1.** Scheißhaufen *m*, Kaktus *m*. **2.** Scheißkerl *m*.
tu·reen [tə'ri:n] *s* (Suppen)Terrine *f*.
turf [tɜ:f] **I** *pl* **turfs, turves** [~vz] *s* **1.** Rasen *m*. **2.** Sode *f*, Rasenstück *n*. **3.** ***the*** **~** der Pferderennsport. **II** *v/t* **4.** **~ *out*** *bsd. Br.* F *j-n* rausschmeißen.
tur·gid ['tɜ:dʒɪd] *adj* □ ⚕ geschwollen, *fig. a.* schwülstig.
Turk [tɜ:k] *s* Türke *m*, Türkin *f*.
tur·key ['tɜ:kɪ] *pl* **-keys,** *bsd. coll.* **-key** *s orn.* Truthahn *m*, -henne *f*, Pute(r *m*) *f*: → ***cold turkey.***
Tur·key ['tɜ:kɪ] *npr die* Türkei.
Turk·ish ['tɜ:kɪʃ] **I** *adj* türkisch. **II** *s ling.* Türkisch *n*.
Turk·men·i·stan [tɜ:k'mɛnɪstɑ:n] Turkmenistan *n* (*zentralasiatische Republik*).
tur·mer·ic ['tɜ:mərɪk] *s gastr.* Kurkuma *n*, Gelbwurzel *f*.
tur·moil ['tɜ:mɔɪl] *s* Aufruhr *m*: ***be in a*** **~** in Aufruhr sein.
turn [tɜ:n] **I** *s* **1.** (Um)Drehung *f*: ***give s.th. a*** **~** (***two ~s***) et. (zweimal) drehen. **2.** Biegung *f*, Kurve *f*: ***make a right*** **~** nach rechts abbiegen. **3.** ***in*** **~** der Reihe nach; abwechselnd; ***in*** (***his***) **~** seinerseits; ***it is my*** **~** ich bin dran *od.* an der Reihe; ***miss a*** **~** (*Brettspiele*) einmal aussetzen; ***take ~s*** sich abwechseln (***at*** bei); ***take ~s at doing s.th.*** et. abwechselnd tun; → ***wait*** 3. **4.** *fig.* Wende *f*, Wendung *f*: ***at the* ~ *of the century*** um die Jahrhundertwende; ***take a* ~ *for the better*** (***worse***) sich bessern (sich verschlimmern). **5.** ***do s.o. a good*** (***bad***) **~** j-m e-n guten (schlechten) Dienst erweisen. **II** *v/t* **6.** drehen, *Schlüssel a.* herumdrehen: → ***somersault.*** **7.** *Schallplatte etc* umdrehen, *Seite* umblättern, *Braten etc* wenden: → ***hair, inside*** 1, ***stomach*** 1, ***table*** 1, ***upside.*** **8.** → ***corner*** 1. **9.** *Schlauch etc* richten (***on*** auf *acc*), *Antenne* ausrichten (***toward*[*s*]** auf *acc*), *Aufmerksamkeit* zuwenden (***to*** *dat*): → ***back*** 1, ***blind*** 1, ***ear***[1] 1. **10.** verwandeln (***into*** in *acc*). **11.** **~ *against*** *j-n* aufbringen gegen. **III** *v/i* **12.** sich drehen: **~ *on*** *fig.* ab-

T

hängen von. **13.** abbiegen; einbiegen (***onto*** auf *acc*; ***into*** in *acc*): → ***left*²** 4, ***right*** 15. **14.** sich umdrehen: ~ ***against*** *fig.* sich wenden gegen; ~ ***on*** losgehen auf (*acc*); ~ ***to s.o.*** sich j-m zuwenden; *fig.* sich an j-n wenden; → ***grave*²**. **15.** *blass, sauer etc* werden: → ***turtle***. **16.** sich verwandeln, *fig. a.* umschlagen (***into, to*** in *acc*).

Verbindungen mit Adverbien:

turn| a·way I *v/t* **1.** *Gesicht etc* abwenden (***from*** von). **2.** *j-n* abweisen, wegschicken. **II** *v/i* **3.** sich abwenden (***from*** von). ~ **back I** *v/t* **1.** *Bettdecke* zurückschlagen. **2.** *j-n* zurückschicken. **3.** *Uhr* zurückstellen: → ***clock*** 1. **II** *v/i* **4.** umkehren. **5.** zurückblättern (***to*** auf *acc*). ~ **down** *v/t* **1.** *Kragen* umlegen. **2.** → ***turn back*** 1. **3.** *Radio etc* leiser stellen. **4.** *j-n, Angebot etc* ablehnen. ~ **in I** *v/t* **1.** zurückgeben. **2.** *Gewinn etc* erzielen, machen. **3.** ***turn o.s. in*** sich stellen. **II** *v/i* **4.** F sich aufs Ohr hauen *od.* legen. ~ **off I** *v/t* **1.** *Gas, Wasser etc* abdrehen, *Licht, Radio etc* ausmachen, -schalten, *Motor etc* abstellen. **2.** F *j-n* anwidern; *j-m* die Lust nehmen. **II** *v/i* **3.** abbiegen. ~ **on** *v/t* **1.** *Gas, Wasser etc* aufdrehen, *a. Gerät* anstellen, *Licht, Radio etc* anmachen, anschalten: → ***waterworks***. **2.** F *j-n* antörnen, anmachen. ~ **out I** *v/t* **1.** *Licht* ausmachen, -schalten. **2.** *j-n* hinauswerfen. **3.** *Tasche etc* (aus)leeren. **4.** F *Waren* ausstoßen. **II** *v/i* **5.** kommen (***for*** zu). **6.** sich erweisen *od.* herausstellen (***a success*** als Erfolg; ***to be false*** als falsch), sich entpuppen (***to be a good swimmer*** als guter Schwimmer). ~ **o·ver I** *v/t* **1.** → ***turn*** 7: ***turn s.th. over in one's mind*** sich et. durch den Kopf gehen lassen; → ***leaf*** 2. **2.** *et.* umkippen. **3.** *j-n, et.* übergeben (***to*** *dat*). **4.** *econ.* umsetzen. **II** *v/i* **5.** sich umdrehen: → ***grave***. **6.** umkippen. **7.** umblättern: ***please*** ~ bitte wenden. ~ **round I** *v/t*: ***turn one's car round*** wenden. **II** *v/i* sich umdrehen.

'turn|·a·bout, '~·a·round *s* Kehrtwendung *f* (*a. fig.* ***in, on*** in *dat*). **'~·coat** *s* Abtrünnige *m, f*, Überläufer(in).

turn·ing ['tɜːnɪŋ] **I** *s* Abzweigung *f*. **II** *adj*: ~ ***circle*** *mot.* Wendekreis *m*; ~ ***point*** *fig.* Wendepunkt *m*.

tur·nip ['tɜːnɪp] *s* ⚘ Rübe *f*.

'turn|-key *adj* schlüsselfertig. **'~-off** *s* Abzweigung *f*. **'~·out** *s* **1.** (*engS.* Wahl)Beteiligung *f*. **2.** F Aufmachung *f* (*e-r Person*). **'~ˌo·ver** *s econ.* a) Umsatz *m*, b) Umschlaghäufigkeit *f*: ~ ***ratio*** Umschlagkennziffer *f*; ~ ***tax*** Umsatzsteuer *f*, c) Fluktuation *f*: ~ ***of staff*** Personalwechsel *m*. **'~·pike** *s Am.* gebührenpflichtige Schnellstraße; Mautschranke *f*. **~·stile** ['~staɪl] *s* Drehkreuz *n*. **'~ˌta·ble** *s* Plattenteller *m*. **'~-up** *s Br.* (Hosen)Aufschlag *m*.

tur·pen·tine ['tɜːpəntaɪn] *s* ⚗ Terpentin *n*.

turps [tɜːps] *s sg Br.* F → ***turpentine***.

tur·quoise ['tɜːkwɔɪz] *s min.* Türkis *m*.

tur·ret ['tʌrɪt] *s* **1.** ⚠ Ecktürmchen *n*. **2.** *mil.* (Panzer)Turm *m*, ⚓ Gefechts-, Geschützturm *m*.

tur·tle ['tɜːtl] *s zo.* (Wasser)Schildkröte *f*: ***turn*** ~ ⚓ kentern. **'~·neck** *s bsd. Am.* Rollkragen(pullover) *m*.

turves [tɜːvz] *pl von* ***turf***.

tusk [tʌsk] *s* Stoßzahn *m* (*e-s Elefanten*).

tus·sle ['tʌsl] *s bsd. fig.* (***over***) Gerangel *n* (um); Auseinandersetzung *f* (über *acc*).

tus·sock ['tʌsək] *s* Grasbüschel *n*.

tu·te·lage ['tjuːtɪlɪdʒ] *s* ⚖ Vormundschaft *f*.

tu·tor ['tjuːtə] *s* **1.** Privat-, Hauslehrer(in). **2.** *univ. Br.* Studienleiter(in).

tux [tʌks] F → ***tuxedo***.

tux·e·do [tʌk'siːdəʊ] *pl* **-dos** *s Am.* Smoking *m*.

TV [ˌtiː'viː] **I** *s* **1.** Fernsehen *n*: ***on*** (***the***) ~ im Fernsehen; ***watch*** ~ fernsehen. **2.** Fernseher *m* (*Gerät*). **II** *adj* **3.** Fernseh...: ~ ***dinner*** Tiefkühlmahlzeit *f*. ~ **li·cence dodg·er** *s* Schwarzseher *m*. ~ **rat·ings** *pl* Sehbeteiligung *f*.

twad·dle ['twɒdl] *s* F Quatsch *m*, Unsinn *m*.

twang [twæŋ] *s*: ***speak with a nasal*** ~ näseln.

tweed [twiːd] *s* Tweed *m* (*Stoff*).

tweet [twiːt] **I** *v/i* piep(s)en (*Vogel*). **II** *s* Piep(s)en *n*.

tweez·ers ['twiːzəz] *s pl, a.* ***pair of*** ~ Pinzette *f*.

twelfth [twelfθ] *adj* zwölft.

twelve [twelv] *adj* zwölf.

twen·ti·eth ['twentɪɪθ] *adj* zwanzigst.

twen·ty ['twentɪ] **I** *adj* zwanzig. **II** *s* Zwanzig *f*: ***be in one's twenties*** in den Zwanzigern sein; ***in the twenties*** in den Zwanzigerjahren (*e-s Jahrhunderts*).

twerp [twɜːp] *s* F Blödmann *m*, Heini *m*.

twice [twaɪs] *adv* zweimal: ~ ***as much*** doppelt *od.* zweimal so viel; ~ ***the sum*** die doppelte Summe; ***think*** ~ es sich genau überlegen (***before*** bevor).

twid·dle ['twɪdl] *v/t*: ~ ***one's thumbs*** Däumchen drehen (*a. fig.*).

twig¹ [twɪg] *s* Zweig *m*.

twig² [~] *v/t u. v/i Br.* F kapieren.

twi·light ['twaɪlaɪt] *s* **1.** (*bsd.* Abend-)Dämmerung *f*: ***at*** ~ in der Dämmerung. **2.** Zwie-, Dämmerlicht *n*: ~ ***economy*** Schattenwirtschaft *f*.

twin [twɪn] **I** *s* Zwilling *m*. **II** *adj* Zwillings...: ~ ***brother*** (***sister***); ~ ***beds*** *pl* zwei Einzelbetten; ~ ***town*** Partnerstadt *f*. **III** *v/t*: ***be***

T

~ned with die Partnerstadt sein von. **ˌ~-'bed·ded** *adj*: **~ room** Zweibettzimmer *n*.

twine [twaɪn] **I** *s* **1.** Bindfaden *m*, Schnur *f*. **II** *v/t* **2.** *a*. **~ together** zs.-drehen. **3. ~ one's arms round** die Arme schlingen um. **III** *v/i* **4.** sich winden (**round** um).

ˌtwin-'en·gined *adj* ✈ zweimotorig.

twinge [twɪndʒ] *s* stechender Schmerz, Stechen *n*: **a ~ of conscience** Gewissensbisse *pl*.

twin·kle ['twɪŋkl] **I** *v/i* glitzern (*Sterne*), (*a. Augen*) funkeln (**with** vor *dat*). **II** *s* Glitzern *n*, Funkeln *n*: **with a ~ in one's eye** augenzwinkernd.

'twin·kling *s*: **in the ~ of an eye,** F **in a ~** im Handumdrehen, im Nu.

twin·ning ['twɪnɪŋ] *s* Städtepartnerschaft *f*.

twirl [twɜːl] **I** *v/t* (herum)wirbeln. **II** *v/i* wirbeln (**round** über *acc*). **III** *s* Wirbel *m*.

twirp → **twerp.**

twist [twɪst] **I** *v/t* **1.** drehen: **~ off** abdrehen, *Deckel* abschrauben; **~ together** zs.-drehen; **his face was ~ed with pain** sein Gesicht war schmerzverzerrt. **2.** wickeln (**round** um): **~ s.o. round one's little finger** *fig*. j-n um den (kleinen) Finger wickeln. **3. ~ one's ankle** (mit dem Fuß) umknicken, sich den Fuß vertreten. **4.** *fig*. entstellen, verdrehen. **II** *v/i* **5.** sich winden (*Person*), (*Fluss etc a.*) sich schlängeln. **III** *s* **6.** Drehung *f*. **7.** Biegung *f*: **be round the ~** *Br*. F spinnen. **8.** *fig*. (*überraschende*) Wendung. **9.** ♪ Twist *m*.

twist·er *s* F **1.** Gauner(in). **2.** *Am*. Tornado *m*.

twit [twɪt] *s bsd. Br*. F Blödmann *m*.

twitch [twɪtʃ] **I** *v/t* **1.** zucken mit. **2.** zupfen an (*dat*). **II** *v/i* **3.** zucken.

twit·ter ['twɪtə] **I** *v/i* **1.** zwitschern. **2.** *a*. **~ on** F (aufgeregt) schnattern (**about** über *acc*). **II** *s* **3.** Gezwitscher *n*. **4. be all of a ~** F ganz aufgeregt sein.

two [tuː] **I** *adj* **1.** zwei: **in a day or ~** in ein paar Tagen; **break** (**cut**) **in ~** in zwei Teile brechen (schneiden); **the ~ cars** die beiden Autos; → **thing** 2. **II** *s* **2.** Zwei *f*: **~ of hearts** Herzzwei. **3. the ~ of us** wir beide; **in ~s** zu zweit, paarweise; **put ~ and ~ together** zwei u. zwei zs.-zählen. **'~-act** *adj*: **~ play** *thea*. Zweiakter *m*. **'~-bit** *adj Am*. F klein, unbedeutend. **'~-door** *adj*: **~ cabinet** Flügeltürschrank *m*. **ˌ~-'edged** *adj* zweischneidig, *fig. a*. zweideutig. **ˌ~-'faced** *adj* falsch, heuchlerisch.

two·fold ['tuːfəʊld] **I** *adj* zweifach. **II** *adv* zweifach, um das Zweifache: **increase ~** (sich) verdoppeln.

ˌtwo|-'hand·ed *adj* □ **1.** zweihändig. **2.** beidhändig. **'~-ˌfig·ure** *adj* zweistellig (*Gehaltserhöhung etc*). **'~-in·come** *adj*: **~ family** Doppelverdiener(familie *f*) *pl*. **'~-part** *adj*: **~ paper** zweilagiges Papier. **~·pence** ['tʌpəns] *s Br*. zwei Pence: **I don't care** (*od*. **give**) **~** F das ist mir völlig egal. **~·pen·ny** ['tʌpnɪ] *adj Br*. **1.** für zwei Pence, Zweipenny... **2.** *fig*. billig. **'~-piece** *adj* zweiteilig. **ˌ~-'seat·er** *s* ✈, *mot*. Zweisitzer *m*. **~ star** *s mot. Br*. F Normal *n* (*Benzin*). **'~-star** *adj*: **~ petrol** *mot. Br*. Normalbenzin *n*. **'~-time I** *adj* zweimalig. **II** *v/t* F *Freundin etc* betrügen (**with** mit).

ty·coon [taɪ'kuːn] *s* (*Industrie- etc*)Magnat *m*.

ty·ing con·tract ['taɪɪŋ] *s* Kopplungsvertrag *m*.

tym·pa·num ['tɪmpənəm] *pl* **-na** ['~nə], **-nums** *s anat*. Trommelfell *n*.

type [taɪp] **I** *s* **1.** Art *f*, Sorte *f*; Typ *m*: **of this ~** dieser Art; **she's not my ~** F sie ist nicht mein Typ. **II** *v/t* **2.** tippen, mit der Maschine schreiben. **3.** *Krankheit etc* bestimmen. **III** *v/i* **4.** Maschine schreiben, tippen. **~ a·re·a** *s* Satzspiegel *m*. **'~·cast** *v/t* (*irr* **cast**) *Schauspieler* auf ein bestimmtes Rollenfach festlegen. **'~·face** *s* **1.** Schriftbild *n*. **2.** Schriftart *f*. **3.** Schrift *f*. **'~·script** *s* maschine(n)geschriebenes Manuskript, Typoskript *n*. **'~ˌset·ter** *s* Schriftsetzer(in). **'~·set·ting com·pu·ter** *s* Satzrechner *m*. **'~ˌwrit·er** *s* Schreibmaschine *f*. **'~ˌwrit·ten** *adj* maschine(n)geschrieben.

ty·phoid (**fe·ver**) ['taɪfɔɪd] *s* ⚕ Typhus *m*.

ty·phoon [taɪ'fuːn] *s* Taifun *m*.

ty·phus ['taɪfəs] *s* ⚕ Fleckfieber *n*, -typhus *m*.

typ·i·cal ['tɪpɪkl] *adj* □ typisch (**of** für).

typ·i·fy ['~faɪ] *v/t* **1.** typisch sein für, kennzeichnen. **2.** ein typisches Beispiel sein für, verkörpern.

typ·ing ['taɪpɪŋ] *s* Maschineschreiben *n*, F Tippen *n*. **~ er·ror** *s* Tippfehler *m*. **~ pa·per** *s* Schreibmaschinenpapier *n*. **~ pool** Schreibzentrale *f*.

'typ·ist *s* Schreibkraft *f*: → **shorthand.**

ty·po·graph·ic [ˌtaɪpə'græfɪk] *adj* (**~ally**) typographisch: **~ computer** Satzrechner *m*; **~ error** Druckfehler *m*.

ty·pog·ra·phy [~'pɒgrəfɪ] *s* Typographie *f*.

ty·ran·ni·cal [tɪ'rænɪkl] *adj* □ tyrannisch.

tyr·an·nize ['tɪrənaɪz] *v/t* tyrannisieren.

tyr·an·ny ['tɪrənɪ] *s* Tyrannei *f*.

ty·rant ['taɪərənt] *s* Tyrann(in).

tyre ['taɪə] *s bsd. Br*. Reifen *m*, *schweiz*. Pneu *m*.

ty·ro ['taɪrəʊ] *pl* **-ros** *s* Anfänger(in).

Ty·rol ['tɪrəl, tɪ'rəʊl] *npr* Tirol *n*.

tzar [zɑː] *s* → **tsar.**

U

U [juː] *pl* **U's** *s* U *n.*

UAE ***United Arab Emirates*** Vereinigte Arabische Emirate, VAE.

u·biq·ui·tous [juːˈbɪkwɪtəs] *adj* □ allgegenwärtig.

ud·der [ˈʌdə] *s zo.* Euter *n.*

UEFA [juːˈeɪfə] ***Union of European Football Associations*** UEFA *f.*

UFO [ˈjuːfəʊ] *pl* **UFO's, UFOs** ***unidentified flying object*** Ufo *n*, UFO *n.*

U·gan·da [juːˈgændə] *Republik in Ostafrika.*

ugh [ʌx] *int* igitt!

ug·li·ness [ˈʌglɪnɪs] *s* Hässlichkeit *f.*

ug·ly [ˈʌglɪ] *adj* □ **1.** hässlich (*a. fig.*). **2.** bös, schlimm (*Wunde etc*).

UHT [juːeɪtʃˈtiː] ***ultra-heat-treated*** ultrahoch erhitzt; ~ ***milk*** H-Milch *f.*

UK [juːˈkeɪ] ***United Kingdom*** Vereinigtes Königreich.

U·kraine [juːˈkreɪn] *npr die* Ukraine.

U·lan Ba·tor [ʊˌlɑːnˈbɑːtɔː] *Hauptstadt der Mongolei.*

ul·cer [ˈʌlsə] *s* ⚕ Geschwür *n.*

ul·te·ri·or [ʌlˈtɪərɪə] *adj*: ~ ***motive*** Hintergedanke *m.*

ul·ti·ma·ta [ˌʌltɪˈmeɪtə] *pl von* ***ultimatum.***

ul·ti·mate [ˈʌltɪmət] **I** *adj* letzt, End...; höchst. **II** *s*: ***the ~ in*** das Höchste an (*dat*); *b.s.* der Gipfel an (*dat*).

ˈul·ti·mate·ly *adv* **1.** schließlich. **2.** letztlich.

ul·ti·ma·tum [ˌʌltɪˈmeɪtəm] *pl* **-tums, -ta** [~tə] *s* Ultimatum *n*: ***give s.o. an ~*** j-m ein Ultimatum stellen; j-n ultimativ auffordern (***to do*** zu tun).

ul·tra|·high [ˌʌltrəˈhaɪ] *adj*: ~ ***frequency*** ⚡ Ultrakurzwelle *f.* **ˌ~·maˈrine** *adj* ultramarin. **ˌ~ˈson·ic** *adj* Ultraschall... **ˈ~·sound** *s phys.* Ultraschall *m*: ~ ***scanner*** ⚕ Ultraschallgerät *n.* **ˌ~ˈvi·o·let** *adj* ultraviolett.

um·bil·i·cal [ˌʌmbɪˈlaɪkl] *adj*: ~ ***cord*** *anat.* Nabelschnur *f.*

um·brage [ˈʌmbrɪdʒ] *s*: ***take ~ at*** Anstoß nehmen an (*dat*).

um·brel·la [ʌmˈbrelə] *s* **1.** (Regen)Schirm *m.* **2.** *fig.* Schutz *m*: ***under the ~ of*** unter dem Schutz (*gen*). ~ **as·so·ci·a·tion** *s*, ~ **or·gani·za·tion** *s* Dachverband *m*, Dachorganisation *f.* ~ **stand** *s* Schirmständer *m.*

um·pire [ˈʌmpaɪə] (*Sport*) **I** *s* Schiedsrichter(in). **II** *v/i u. v/t* als Schiedsrichter fungieren (bei).

ump·teen [ˌʌmpˈtiːn] *adj*: ~ ***times*** F x-mal.

ˌumpˈteenth *adj*: ***for the ~ time*** F zum x-ten Mal.

UN [juːˈen] ***United Nations*** *pl* UNO *f*: ~ ***soldier*** Blauhelm *m.*

un·a·bashed [ˌʌnəˈbæʃt] *adj* unverfroren.

un·a·ble [ʌnˈeɪbl] *adj*: ***be ~ to do s.th.*** unfähig *od.* außerstande sein, et. zu tun; et. nicht tun können; ~ ***to work*** erwerbsunfähig, arbeitsunfähig.

un·a·bridged [ˌʌnəˈbrɪdʒd] *adj* ungekürzt.

un·ac·cept·a·ble [ˌʌnəkˈseptəbl] *adj* unannehmbar (***to*** für); unzumutbar: ***be ~ to s.o.*** j-m nicht zugemutet werden können.

un·ac·com·pa·nied [ˌʌnəˈkʌmpənɪd] *adj* ohne Begleitung (***by*** *gen*) (*a.* ♪).

un·ac·count·a·ble [ˌʌnəˈkaʊntəbl] *adj* unerklärlich.

ˌun·acˈcount·a·bly *adv* unerklärlicherweise.

un·ac·cus·tomed [ˌʌnəˈkʌstəmd] *adj* **1.** ungewohnt. **2.** ***be ~ to s.th.*** et. nicht gewohnt sein; ***be ~ to doing s.th.*** es nicht gewohnt sein, et. zu tun.

un·ac·quaint·ed [ˌʌnəˈkweɪntɪd] *adj*: ***be ~ with s.th.*** et. nicht kennen, mit e-r Sache nicht vertraut sein.

un·a·dul·ter·at·ed [ˌʌnəˈdʌltəreɪtɪd] *adj* **1.** unverfälscht. **2.** *fig.* völlig (*Unsinn etc*).

un·af·fect·ed [ˌʌnəˈfektɪd] *adj* **1.** ***be ~ by*** nicht betroffen werden von. **2.** natürlich, ungekünstelt.

un·al·ter·a·ble [ʌnˈɔːltərəbl] *adj* unabänderlich (*Entschluss etc*).

un·am·big·u·ous [ˌʌnæmˈbɪgjʊəs] *adj* □ unzweideutig.

un-A·mer·i·can [ˌʌnəˈmerɪkən] *adj* **1.** unamerikanisch. **2.** antiamerikanisch.

u·nan·i·mous [juːˈnænɪməs] *adj* □ einmütig; einstimmig: ***be ~ in doing s.th.*** et. einmütig *od.* einstimmig tun; ***by a ~ decision*** einstimmig.

un·an·nounced [ˌʌnəˈnaʊnst] *adj u. adv* unangemeldet.

un·an·swer·a·ble [ˌʌnˈɑːnsərəbl] *adj* **1.** nicht zu beantworten(d). **2.** unwiderlegbar.

un·ap·proach·a·ble [ˌʌnəˈprəʊtʃəbl] *adj* □ unnahbar.

un·armed [ˌʌn'ɑːmd] *adj* unbewaffnet.
un·asked [ˌʌn'ɑːskt] *adj* **1.** ungestellt (*Frage*). **2.** unaufgefordert, ungebeten. **3.** uneingeladen, ungebeten.
un·as·sist·ed [ˌʌnə'sɪstɪd] *adv* ohne (fremde) Hilfe, (ganz) allein.
un·as·sum·ing [ˌʌnə'sjuːmɪŋ] *adj* □ bescheiden.
un·at·tached [ˌʌnə'tætʃt] *adj* ungebunden (*Person*).
un·at·tend·ed [ˌʌnə'tendɪd] *adj* unbeaufsichtigt.
un·at·trac·tive [ˌʌnə'træktɪv] *adj* □ unattraktiv.
un·au·thor·ized [ˌʌn'ɔːθəraɪzd] *adj* unbefugt, unberechtigt, illegal.
un·a·vail·a·ble [ˌʌnə'veɪləbl] *adj* **1.** nicht erhältlich. **2.** nicht erreichbar.
un·a·void·a·ble [ˌʌnə'vɔɪdəbl] *adj* □ unvermeidlich.
un·a·ware [ˌʌnə'weə] *adj*: ***be ~ of s.th.*** sich e-r Sache nicht bewusst sein, et. nicht bemerken; ***be ~ that*** nicht bemerken, dass.
ˌun·a'wares *adv*: ***catch*** (*od.* ***take***) ***s.o. ~*** j-n überraschen.
un·bal·ance [ˌʌn'bæləns] *v/t j-n* aus dem (seelischen) Gleichgewicht bringen.
ˌun'bal·anced *adj* labil (*Charakter*, *Person*).
un·bear·a·ble [ʌn'beərəbl] *adj* □ unerträglich.
un·beat·a·ble [ˌʌn'biːtəbl] *adj* unschlagbar (*a. Preise etc*).
un·beat·en [ˌʌn'biːtn] *adj* ungeschlagen, unbesiegt.
un·be·known [ˌʌnbɪ'nəʊn] *adv*: ***~ to s.o.*** ohne j-s Wissen.
un·be·liev·a·ble [ˌʌnbɪ'liːvəbl] *adj* □ unglaublich.
un·bend [ˌʌn'bend] (*irr* ***bend***) **I** *v/t* gerade biegen. **II** *v/i fig.* auftauen, aus sich herausgehen.
ˌun'bend·ing *adj* □ unbeugsam.
un·bi·as(s)ed [ˌʌn'baɪəst] *adj* □ unvoreingenommen, ⚖ unbefangen.
un·bind [ˌʌn'baɪnd] *v/t* (*irr* ***bind***) losbinden.
un·blem·ished [ˌʌn'blemɪʃt] *adj* makellos (*Ruf etc*).
un·born [ˌʌn'bɔːn] *adj* ungeboren.
un·break·a·ble [ˌʌn'breɪkəbl] *adj* unzerbrechlich.
un·bri·dled [ˌʌn'braɪdld] *adj* ungezügelt, zügellos: ***~ tongue*** lose Zunge.
un·bro·ken [ˌʌn'brəʊkən] *adj* **1.** heil, unbeschädigt. **2.** ununterbrochen.
un·buck·le [ˌʌn'bʌkl] *v/t* auf-, losschnallen.
un·bur·den [ˌʌn'bɜːdn] *v/t*: ***~ o.s to s.o.*** j-m sein Herz ausschütten.
un·but·ton [ˌʌn'bʌtn] *v/t* aufknöpfen.
un·called-for [ˌʌn'kɔːldfɔː] *adj* **1.** ungerechtfertigt. **2.** unnötig. **3.** deplatziert, unpassend.
un·can·ny [ʌn'kænɪ] *adj* □ unheimlich.
un·ceas·ing [ʌn'siːsɪŋ] *adj* □ unaufhörlich.
UNCED ***United Nations Conference on Environment and Development*** Umwelt- und Entwicklungskonferenz der Vereinten Nationen.
un·cer·e·mo·ni·ous·ly ['ʌnˌserɪ'məʊnjəslɪ] *adv* ohne viel Federlesens.
un·cer·tain [ʌn'sɜːtn] *adj* □ **1.** unsicher, ungewiss, unbestimmt: ***be ~ of s.th.*** sich e-r Sache nicht sicher sein; ***be ~ how to do s.th.*** nicht sicher sein, wie man et. tut. **2.** unbeständig (*Wetter*). **3.** vage: → ***term*** 3.
un'cer·tain·ty *s* Unsicherheit *f*, Ungewissheit *f*.
un·chain [ˌʌn'tʃeɪn] *v/t* losketten.
un·changed [ˌʌn'dʒeɪndʒd] *adj* unverändert.
ˌun'chang·ing *adj* □ unveränderlich.
un·char·i·ta·ble [ˌʌn'tʃærɪtəbl] *adj* □ unfair: ***it was rather ~ of you*** es war nicht gerade nett von dir.
un·checked [ˌʌn'tʃekt] *adj* **1.** ungehindert. **2.** unkontrolliert, ungeprüft.
un·chris·tian [ˌʌn'krɪstʃən] *adj* □ unchristlich.
un·civ·il [ˌʌn'sɪvl] *adj* □ unhöflich.
ˌun'civ·i·lized [~vlaɪzd] *adj* unzivilisiert.
un·cle ['ʌŋkl] *s* Onkel *m*: ***cry*** (*od.* ***say***) ~ *Am.* F aufgeben.
un·col·lect·a·ble [ˌʌnkə'lektəbl] *adj*: ***~ debt*** uneinbringliche Forderung.
un·com·fort·a·ble [ʌn'kʌmfətəbl] *adj* □ **1.** unbequem. **2.** ***feel ~*** sich unbehaglich fühlen.
un·com·mit·ted [ˌʌnkə'mɪtɪd] *adj* neutral: ***be ~ to*** nicht festgelegt sein auf (*acc*).
un·com·mon [ʌn'kɒmən] *adj* □ ungewöhnlich: ***not to be ~*** nichts Ungewöhnliches sein.
un·com·mu·ni·ca·tive [ˌʌnkə'mjuːnɪkətɪv] *adj* □ verschlossen, wortkarg.
un·com·pet·i·tive [ˌʌnkəm'petətɪv] *adj* nicht wettbewerbsfähig.
un·com·plain·ing·ly [ˌʌnkəm'pleɪnɪŋlɪ] *adv* geduldig, ohne Murren.
un·com·pro·mis·ing [ʌn'kɒmprəmaɪzɪŋ] *adj* □ kompromisslos.
un·con·cerned [ˌʌnkən'sɜːnd] *adj* **1.** ***be ~ about*** sich keine Gedanken *od.* Sorgen machen über (*acc*). **2.** ***be ~ with*** uninteressiert sein an (*dat*).
un·con·di·tion·al [ˌʌnkən'dɪʃənl] *adj* □ bedingungslos.
un·con·firmed [ˌʌnkən'fɜːmd] *adj* unbestätigt.

un·con·scious [ʌn'kɒnʃəs] *adj* □ **1.** ⚕ bewusstlos. **2.** ***be ~ of s.th.*** sich e-r Sache nicht bewusst sein, et. nicht bemerken. **3.** unbewusst; unbeabsichtigt.
un'con·scious·ness *s* ⚕ Bewusstlosigkeit *f*.
un·con·sid·ered [ˌʌnkən'sɪdəd] *adj* unbedacht, unüberlegt.
un·con·sti·tu·tion·al ['ʌnˌkɒnstɪ'tjuːʃənl] *adj* □ verfassungswidrig.
un·con·trol·la·ble [ˌʌnkən'trəʊləbl] *adj* □ unkontrollierbar; nicht zu bändigen(d) (*Kind*); unbändig (*Wut etc*).
ˌun·con'trolled *adj* unkontrolliert, ungehindert.
un·con·ven·tion·al [ˌʌnkən'venʃənl] *adj* □ unkonventionell.
un·con·vinced [ˌʌnkən'vɪnst] *adj*: ***be ~*** nicht überzeugt sein (***about*** von).
ˌuncon'vinc·ing *adj* □ nicht überzeugend.
un·cooked [ˌʌn'kʊkt] *adj* ungekocht, roh.
un·cork [ˌʌn'kɔːk] *v/t* entkorken.
un·count·a·ble [ˌʌn'kaʊntəbl] *adj* unzählbar (*a. ling.*).
ˌun'count·ed *adj* unzählig.
un·cou·ple [ˌʌn'kʌpl] *v/t Wag(g)on etc* abkoppeln, abkuppeln.
un·couth [ʌn'kuːθ] *adj* □ ungehobelt (*Person, Benehmen*).
un·cov·er [ʌn'kʌvə] *v/t* aufdecken, *fig. a.* enthüllen.
un·crit·i·cal [ˌʌn'krɪtɪkl] *adj* □ unkritisch: ***be ~ of s.th.*** e-r Sache unkritisch gegenüberstehen.
un·crossed [ˌʌn'krɒst] *adj* ***~ cheque*** (*Am.* ***check***) Barscheck *m*.
un·crowned [ˌʌn'kraʊnd] *adj* ungekrönt (*a. fig.*).
un·crush·a·ble [ʌn'krʌʃəbl] *adj* knitterfest.
UNCTAD ['ʌŋktæd] ***United Nations Conference on Trade and Development*** Welthandels- und Entwicklungskonferenz (der Vereinten Nationen).
unc·tion ['ʌŋkʃn] *s eccl.* Salbung *f*: ***extreme ~*** Krankensalbung.
unc·tu·ous ['~tjʊəs] *adj* □ salbungsvoll.
un·cut [ˌʌn'kʌt] *adj* **1.** ungeschnitten. **2.** ungekürzt (*Film, Roman etc*). **3.** ungeschliffen: ***~ diamond*** *a.* Rohdiamant *m*.
un·dam·aged [ˌʌn'dæmɪdʒd] *adj* unbeschädigt.
un·dat·ed [ˌʌn'deɪtɪd] *adj* undatiert, ohne Datum.
un·de·cid·ed [ˌʌndɪ'saɪdɪd] *adj* □ **1.** unentschieden, offen. **2.** unentschlossen: ***he is still ~ about what to do*** er ist sich noch nicht schlüssig, was er tun soll.
un·de·clared [ˌʌndɪ'kleəd] *adj* **1.** nicht erklärt **2.** heimlich **3.** *econ.* nicht deklariert; ***~ employment*** Schwarzarbeit *f*.
un·de·liv·ered [ˌʌndɪ'lɪvəd] *adj*: ***if ~, please return to X*** falls verzogen, bitte zurück an X.
un·de·ni·a·ble [ˌʌndɪ'naɪəbl] *adj* □ unbestreitbar.
un·der ['ʌndə] **I** *prp allg.* unter (*Lage etc*: *dat*; *Richtung*: *acc*): ***it costs ~ £10*** *a.* es kostet weniger als 10 Pfund; ***have s.o. ~ one*** j-n unter sich haben; → ***discussion, impression*** 2, ***influence*** I, ***review*** 1, *etc.* **II** *adv* unten; darunter. **ˌ~·a'chieve** *v/i bsd. ped.* hinter den Erwartungen zurückbleiben. **ˌ~'act** *v/t u. v/i thea. etc* betont zurückhaltend spielen. **ˌ~'age** *adj* minderjährig. **'~·brush** *bsd. Am.* → ***undergrowth***. **ˌ~'cap·i·tal·ized** *adj* unterkapitalisiert. **'~ˌcar·riage** *s* ✈ Fahrwerk *n*, -gestell *n*. **ˌ~'charge** **I** *v/t* **1.** *j-m* zu wenig berechnen: ***~ s.o.*** (***by***) ***£10*** j-m 10 Pfund zu wenig berechnen. **2.** *Betrag* zu wenig verlangen. **II** *v/i* **3.** zu wenig berechnen *od.* verlangen (***for*** für). **'~·clothes** *s pl* → ***underwear***. **'~·coat** *s* Grundierung *f*. **'~ˌcov·er** *adj*: ***~ agent*** verdeckter Ermittler, verdeckte Ermittlerin. **ˌ~'cut** *v/t* (*irr* ***cut***) *j-n* (im Preis) unterbieten. **ˌ~de'vel·oped** *adj* unterentwickelt: ***~ country*** Entwicklungsland *n*. **'~·dog** *s* Benachteiligte *m,f*, Unterdrückte *m,f*. **ˌ~'done** *adj* nicht durchgebraten. **ˌ~'dress** *v/t u. v/i* (sich) zu einfach anziehen. **ˌ~·em'ploy·ment** *s* Unterbeschäftigung *f*. **ˌ~'es·ti·mate** *v/t* **1.** zu niedrig schätzen *od.* veranschlagen. **2.** *fig.* unterschätzen, -bewerten. **ˌ~·ex'pose** *v/t phot.* unterbelichten. **ˌ~'fed** *adj* unterernährt. **ˌ~'floor** *adj*: ***~ heating*** Fußbodenheizung *f*. **ˌ~'foot** *adv*: ***the grass was wet ~*** das Gras war nass; ***trample ~*** hinwegtrampeln über (*acc*). **ˌ~'go** *v/t* (*irr* ***go***) erleben, durchmachen; sich *e-r Operation etc* unterziehen. **~·grad** ['~græd] *s* F, **ˌ~'grad·u·ate** *s univ.* Student(in) (*vor Erreichung des ersten akademischen Grades*). **'~·ground** **I** *adj* **1.** unterirdisch: ***~ car park*** Tiefgarage *f*. **2.** *fig.* Untergrund...: ***~ economy*** Schattenwirtschaft *f*. **II** *adv* [ˌ~'graʊnd] **3.** unterirdisch, unter der Erde: ***go ~*** *fig.* untertauchen; in den Untergrund gehen. **III** *s* **4.** *bsd. Br.* U-Bahn *f*: ***by ~*** mit der U-Bahn. **5.** *fig.* Untergrund *m*. **'~·growth** *s* Unterholz *n*, Gestrüpp *n*. **ˌ~'hand** *adj*, **ˌ~'hand·ed** *adj* □ hinterhältig. **ˌ~in'sur·ance** *s* Unterversicherung *f*. **ˌ~'lie** *v/t* (*irr* ***lie***) zugrunde liegen (*dat*). **ˌ~'line** *v/t* unterstreichen (*a. fig.*).
un·der·ling ['ʌndəlɪŋ] *s*: ***he's just an ~*** *contp.* er ist nur ein Rädchen im Getriebe.
ˌun·der|'ly·ing *adj* zugrunde liegend. **ˌ~'manned** *adj* (personell) unterbesetzt. **ˌ~'men·tioned** *adj Br.* unten erwähnt.

U

ˌ~'**mine** *v/t* **1.** unterspülen, -waschen. **2.** *fig.* untergraben, -minieren.

un·der·neath [ˌʌndəˈniːθ] **I** *prp* unter (*Lage: dat; Richtung: acc*). **II** *adv* darunter. **III** *s* F Unterseite *f.*

ˌ**un·der|'nour·ished** *adj* unterernährt. ˌ~'**nour·ish·ment** *s* Unterernährung *f.* '~**pants** *s pl, a.* ***pair of*** ~ Unterhose *f.* '~**·pass** *s* (Straßen-, Eisenbahn)Unterführung *f.* ˌ~'**pay** *v/t* (*irr* ***pay***) *j-m* zu wenig zahlen, *j-n* unterbezahlen. ˌ~**·per'form·ing** *adj* leistungsschwach. ˌ~'**play** *v/t* **1.** → ***underact.*** **2.** ~ ***one's hand*** *fig.* nicht alle Trümpfe ausspielen. **3.** *fig. et.* herunterspielen. ˌ~'**priv·i·leged** *adj* unterprivilegiert. ˌ~'**rate** *v/t* unterbewerten (*a. Sport*), -schätzen. '~ˌ**rep·re'sent·ed** *adj* unterrepräsentiert. ˌ~'**score** → ***underline.*** ˌ~'**sec·re·tar·y** *s pol.* Staatssekretär(in). ˌ~'**sell** *v/t* (*irr* ***sell***) **1.** → ***undercut.*** **2.** *Ware* verschleudern, unter Wert verkaufen: ~ ***o.s.*** *fig.* sich schlecht verkaufen. '~**·shirt** *s Am.* Unterhemd *n.* '~**·shorts** *Am.* → ***underpants.*** '~**side** *s* Unterseite *f.* ˌ~'**signed I** *adj* unterzeichnet. **II** *s*: ***the*** ~ der *od.* die Unterzeichnete, die Unterzeichneten *pl.* ˌ~'**size**(**d**) *adj* zu klein. ˌ~'**staffed** → ***undermanned.*** ˌ~'**stand** (*irr* ***stand***) **I** *v/t* **1.** verstehen: ***make o.s. understood*** sich verständlich machen. **2.** erfahren *od.* gehört haben (***that*** dass): ***am I to*** ~ ***that ...?*** soll das heißen, dass ...?; ***give s.o. to*** ~ ***that*** j-m zu verstehen geben, dass. **II** *v/i* **3.** verstehen. **4.** ***not to*** ~ ***about*** nichts verstehen von. ˌ~'**stand·a·ble** *adj* verständlich (*a. fig.*): ***understandably*** *a.* verständlicher-weise. ˌ~'**stand·ing I** *s* **1.** Verstand *m*: ***be*** (*od.* ***go***) ***beyond s.o.'s*** ~ über j-s Verstand gehen. **2.** Verständnis *n* (***of*** für): ***with*** ~ verständnisvoll. **3.** Abmachung *f*: ***come to an*** ~ e-e Abmachung treffen (***with*** mit); ***on the*** ~ ***that*** unter der Voraussetzung, dass. **II** *adj* □ **4.** verständnisvoll. ˌ~'**state** *v/t* untertreiben, untertrieben darstellen. ˌ~'**state·ment** *s* Untertreibung *f.* '~ˌ**stud·y** *thea.* **I** *s* zweite Besetzung. **II** *v/t* die zweite Besetzung sein für. ˌ~'**take** *v/t* (*irr* ***take***) **1.** *et.* übernehmen. **2.** sich verpflichten (***to do*** zu tun). '~ˌ**tak·er** *s* (Leichen)Bestatter(in); Bestattungs-, Beerdigungsinstitut *n.* ˌ~'**tak·ing** *s* **1.** Verpflichtung *f*, Vereinbarung *f.* **2.** ['~ˌteɪkɪŋ] Unternehmen *n.* ˌ~**-the-'coun·ter** *adj* F schwarz, illegal. '~**·tone** *s* **1.** ***in an*** ~ mit gedämpfter Stimme. **2.** *fig.* Unterton *m.* ˌ~'**val·ue** *v/t* unterbewerten, -schätzen. ˌ~'**wa·ter I** *adj* Unterwasser... **II** *adv* unter Wasser. '~**wear** *s* Unterwäsche *f.* ~**·weight I** *s* ['~weɪt] Untergewicht *n.* **II** *adj* [ˌ~'weɪt] untergewichtig (*Person*), zu leicht (***by*** um) (*Gegenstand*): ***be*** ~ ***by five kilos, be five kilos*** ~ fünf Kilo Untergewicht haben. ~**·worked** [ˌʌndəˈwɜːkt] *adj* nicht ausgelastet. '~**world** *s* Unterwelt *f.* '~**·write** *v/t* (*irr* ***write***) **1.** *Projekt* unterstützen (***with*** mit). **2.** *et.* versichern: ***underwriting group*** Banken-, Versicherungskonsortium *n.* '~**·writ·er** *s* Versicherer *m.*

un·de·served [ˌʌndɪˈzɜːvd] *adj* unverdient.

ˌ**un·de'serv·ed·ly** [~vɪdlɪ] *adv* unverdient(ermaßen).

un·de·sir·a·ble [ˌʌndɪˈsaɪərəbl] *adj* **1.** nicht wünschenswert. **2.** unerwünscht.

un·dies [ˈʌndɪz] *s pl* F (*bsd.* Damen)Unterwäsche *f.*

un·dis·ci·plined [ʌnˈdɪsɪplɪnd] *adj* undiszipliniert, disziplinlos.

un·dis·cov·ered [ˌʌndɪˈskʌvəd] *adj* unentdeckt; unbemerkt.

un·dis·turbed [ˌʌndɪˈstɜːbd] *adj* ungestört.

un·di·vid·ed [ˌʌndɪˈvaɪdɪd] *adj* ungeteilt (*a. fig.*).

un·do [ˌʌnˈduː] *v/t* **1.** aufmachen, öffnen. **2.** *fig.* zunichte machen. ~ **com·mand** *s Computer*: Aufhebungsbefehl *m.*

ˌ**un'do·ing** *s*: ***be s.o.'s*** ~ j-s Ruin *od.* Verderben sein.

un·done [ˌʌnˈdʌn] *adj* **1.** unerledigt: ***leave nothing*** ~ nichts unversucht lassen. **2.** offen: ***come*** ~ aufgehen.

un·doubt·ed [ʌnˈdaʊtɪd] *adj* unbestritten.

un'doubt·ed·ly *adv* zweifellos, ohne (jeden) Zweifel.

un·dreamed-of [ʌnˈdriːmdɒv], **un·dreamt-of** [ʌnˈdremtɒv] *adj* ungeahnt.

un·dress [ˌʌnˈdres] **I** *v/i* sich ausziehen, (*beim Arzt*) sich freimachen. **II** *v/t j-n* ausziehen: ***get*** ~***ed*** → I.

un·due [ˌʌnˈdjuː] *adj* □ übermäßig.

un·du·lat·ing [ˈʌndjʊleɪtɪŋ] *adj* sanft (*Hügel*).

un·dy·ing [ʌnˈdaɪɪŋ] *adj* ewig, unsterblich, unvergänglich.

un·earned [ˌʌnˈɜːnd] *adj fig.* unverdient: ~ ***income*** Kapitaleinkünfte *pl*, arbeitsloses Einkommen.

un·earth [ˌʌnˈɜːθ] *v/t* **1.** ausgraben. **2.** *fig.* ausfindig machen.

un'earth·ly *adj* **1.** überirdisch. **2.** unheimlich. **3.** ***at an*** ~ ***hour*** F zu e-r unchristlichen Zeit.

un·eas·i·ness [ʌnˈiːzɪnɪs] *s* Unbehagen *n.*

un'eas·y *adj* □ **1.** ***be*** ~ sich unbehaglich fühlen; ***I'm*** ~ ***about*** mir ist nicht wohl bei. **2.** unruhig (*Nacht, Schlaf*).

un·eat·a·ble [ˌʌnˈiːtəbl] *adj* ungenießbar.

un·e·co·nom·ic [ˈʌnˌiːkəˈnɒmɪk] *adj* (~***ally***) unwirtschaftlich.

un·ed·u·cat·ed [ˌʌnˈedjʊkeɪtɪd] *adj* ungebildet.

U

un·e·mo·tion·al [ˌʌnɪˈməʊʃənl] *adj* □ leidenschaftslos, kühl, beherrscht.
un·em·ploy·a·ble [ˌʌnɪmˈplɔɪəbl] *adj* **1.** nicht verwendbar, unbrauchbar **2.** erwerbsunfähig, arbeitsunfähig.
ˌ**un·em·ˈployed I** *adj* arbeitslos. **II** *s*: ***the*** ~ *pl* die Arbeitslosen *pl*; ***the long-term*** ~ *pl* die Langzeitarbeitslosen *pl*.
ˌ**un·emˈploy·ment** *s* Arbeitslosigkeit *f*: ***benefit*** *Br.*, ~ ***compensation*** *Am.* Arbeitslosengeld *n*; ~ ***insurance*** Arbeitslosenversicherung *f*; ~ ***rate*** Arbeitslosenrate *f*, -quote *f*; ***concealed*** ~, ***disguised*** ~ verdeckte Arbeitslosigkeit.
un·en·cum·bered [ˌʌnɪnˈkʌmbəd] *adj econ.* unbelastet (*Immobilie etc*).
un·end·ing [ʌnˈendɪŋ] *adj* □ endlos.
un·en·dur·a·ble [ˌʌnɪnˈdjʊərəbl] *adj* □ unerträglich.
un-Eng·lish [ˌʌnˈɪŋglɪʃ] *adj* unenglisch.
un·en·vi·a·ble [ˌʌnˈenvɪəbl] *adj* □ wenig beneidenswert.
un·e·qual [ˌʌnˈiːkwəl] *adj* □ **1.** ungleich, unterschiedlich. **2.** *fig.* ungleich, einseitig. **3.** ***be*** ~ ***to*** *e-r Aufgabe etc* nicht gewachsen sein. ~ **dis·tri·bu·tion of wealth** *s* Wohlstandsgefälle *n*.
ˌ**unˈe·qual(l)ed** *adj* unerreicht, unübertroffen.
un·e·quiv·o·cal [ˌʌnɪˈkwɪvəkl] *adj* □ unzweideutig, unmissverständlich.
un·err·ing [ˌʌnˈɜːrɪŋ] *adj* □ unfehlbar.
UNESCO [juːˈneskəʊ] ***United Nations Educational, Scientific, and Cultural Organization*** UNESCO *f*, Organisation der Vereinten Nationen für Erziehung, Wissenschaft und Kultur.
un·e·ven [ˌʌnˈiːvn] *adj* □ **1.** uneben. **2.** ungleich(mäßig). **3.** unterschiedlich, schwankend. **4.** ungerade (*Zahl*). **5.** unregelmäßig (*Pulsschlag etc*).
un·e·vent·ful [ˌʌnɪˈventfʊl] *adj* □ ereignislos.
un·ex·am·pled [ˌʌnɪgˈzɑːmpld] *adj* beispiellos.
un·ex·pect·ed [ˌʌnɪkˈspektɪd] *adj* □ unerwartet.
un·ex·pired [ˌʌnɪkˈspaɪəd] *adj* noch nicht abgelaufen: ~ ***term*** Restlaufzeit *f*.
un·ex·plained [ˌʌnɪkˈspleɪnd] *adj* ungeklärt.
un·ex·posed [ˌʌnɪkˈspəʊzd] *adj phot.* unbelichtet.
un·ex·plored [ˌʌnɪkˈsplɔːd] *adj* unerforscht.
un·fail·ing [ʌnˈfeɪlɪŋ] *adj* □ unerschöpflich.
un·fair [ˌʌnˈfeə] *adj* □ unfair, unlauter: ~ ***competition*** unlauterer Wettbewerb; ~ ***dismissal*** ungerechtfertigte Kündigung (*od.* Entlassung); ~ ***business*** (*od.* ***trade***) ***practices*** *pl* unlauteres Geschäftsgebaren.
ˌ**unˈfair·ness** *s* Unfairness *f*.
un·faith·ful [ˌʌnˈfeɪθfʊl] *adj* □ untreu (***to*** *dat*).
un·fal·ter·ing [ʌnˈfɔːltərɪŋ] *adj* □ unerschütterlich.
un·fa·mil·iar [ˌʌnfəˈmɪljə] *adj* □ **1.** nicht vertraut. **2.** ***be*** ~ ***with*** nicht vertraut sein mit, sich nicht auskennen in (*dat*).
un·fash·ion·a·ble [ˌʌnˈfæʃnəbl] *adj* □ unmodern.
un·fas·ten [ˌʌnˈfɑːsn] *v/t* aufmachen, öffnen; losbinden.
un·fa·vo(u)r·a·ble [ˌʌnˈfeɪvərəbl] *adj* □ ungünstig: a) unvorteilhaft (***to***, ***for*** für), b) negativ, ablehnend (*Antwort etc*): ~ ***balance of trade*** passive Handelsbilanz.
un·feel·ing [ʌnˈfiːlɪŋ] *adj* □ gefühl-, herzlos.
un·fin·ished [ˌʌnˈfɪnɪʃt] *adj* unfertig; unvollendet.
un·fit [ˌʌnˈfɪt] *adj* □ **1.** unpassend, ungeeignet; unfähig, untauglich: ~ ***for service*** *bsd. mil.* dienstunfähig, (-)untauglich; ~ ***for work*** arbeitsunfähig; ~ ***to drive*** fahruntüchtig; → ***consumption*** 2. **2.** nicht fit, nicht in Form.
un·flag·ging [ˌʌnˈflægɪŋ] *adj* □ unermüdlich, unentwegt.
un·fold [ˌʌnˈfəʊld] *v/t* auffalten, auseinander falten.
un·fore·seen [ˌʌnfɔːˈsiːn] *adj* unvorhergesehen, unvorhersehbar.
un·for·get·ta·ble [ˌʌnfəˈgetəbl] *adj* □ unvergesslich.
un·for·mat·ted [ʌnˈfɔːmætɪd] *adj* unformatiert (*Diskette*).
un·for·tu·nate [ʌnˈfɔːtʃnət] *adj* **1.** unglücklich; unglückselig. **2.** bedauerlich.
unˈfor·tu·nate·ly *adv* leider.
un·found·ed [ˌʌnˈfaʊndɪd] *adj* unbegründet.
un·franked [ʌnˈfræŋkt] *adj* unfrei (*Brief etc*).
un·fre·quent·ed [ˌʌnfrɪˈkwentɪd] *adj* wenig besucht.
un·friend·ly [ˌʌnˈfrendlɪ] *adj* unfreundlich (***to*** zu).
un·ful·filled [ˌʌnfʊlˈfɪld] *adj* unerfüllt.
un·furl [ˌʌnˈfɜːl] *v/t Fahne etc* auf-, entrollen, *Segel* losmachen.
un·fur·nished [ˌʌnˈfɜːnɪʃt] *adj* unmöbliert.
un·gain·ly [ʌnˈgeɪnlɪ] *adj* linkisch.
un·gen·tle·man·like [ʌnˈdʒentlmənlaɪk], **unˈgen·tle·man·ly** *adj* wenig gentlemanlike.
un·god·ly [ˌʌnˈgɒdlɪ] *adj*: ***at an*** ~ ***hour*** F zu e-r unchristlichen Zeit.
un·gov·ern·a·ble [ˌʌnˈgʌvənəbl] *adj* □ unbeherrscht, ungezügelt (*Temperament*).
un·grate·ful [ʌnˈgreɪtfʊl] *adj* □ undankbar.
un·guard·ed [ˌʌnˈgɑːdɪd] *adj* **1.** unbewacht. **2.** *fig.* unbedacht, unüberlegt.

U

un·hap·pi·ness [ʌn'hæpɪnɪs] *s* Traurigkeit *f.*
un'hap·py *adj* unglücklich: ***unhappily*** *a.* unglücklicherweise, leider.
un·harmed [ˌʌn'hɑːmd] *adj* unversehrt.
un·health·y [ʌn'helθɪ] *adj* □ **1.** kränklich, nicht gesund. **2.** ungesund. **3.** *contp.* unnatürlich, krankhaft.
un·heard [ˌʌn'hɜːd] *adj*: ***go*** ~ unbeachtet bleiben, keine Beachtung finden.
ˌ**un'heard-of** [~ɒv] *adj* noch nie da gewesen, beispiellos.
un·hes·i·tat·ing [ʌn'hezɪteɪtɪŋ] *adj* **1.** prompt. **2.** bereitwillig: ~***ly*** *a.* anstandslos.
un·hinge [ˌʌn'hɪndʒ] *v/t* **1.** *Tür etc* aus den Angeln heben. **2.** ~ ***s.o.***(***'s mind***) *fig.* j-n völlig aus dem Gleichgewicht bringen.
un·ho·ly [ˌʌn'həʊlɪ] *adj* F furchtbar, schrecklich.
un·hoped-for [ʌn'həʊptfɔː] *adj* unverhofft.
un·hurt [ˌʌn'hɜːt] *adj* unverletzt.
u·ni ['juːnɪ] *s* F Uni *f* (*Universität*).
UNICEF ['juːnɪsef] ***United Nations Children's Fund*** UNICEF *f*, Kinderhilfswerk *n* der Vereinten Nationen.
un·i·den·ti·fied [ˌʌnaɪ'dentɪfaɪd] *adj* unbekannt, nicht identifiziert: ~ ***flying object*** unbekanntes Flugobjekt.
u·ni·fi·ca·tion [ˌjuːnɪfɪ'keɪʃn] *s* Vereinigung *f.*
u·ni·form ['juːnɪfɔːm] **I** *adj* □ einheitlich. **II** *s* Uniform *f*: ***in*** ~ in Uniform.
'**u·ni·formed** *adj* uniformiert, in Uniform.
ˌ**u·ni'form·i·ty** *s* Einheitlichkeit *f.*
u·ni·fy ['juːnɪfaɪ] *v/t* **1.** verein(ig)en. **2.** vereinheitlichen.
u·ni·lat·er·al [ˌjuːnɪ'lætərəl] *adj* □ *fig.* einseitig.
un·i·ma·gin·a·ble [ˌʌnɪ'mædʒɪnəbl] *adj* □ unvorstellbar.
ˌ**un·i'mag·i·na·tive** *adj* □ einfalls-, fantasielos.
un·im·por·tant [ˌʌnɪm'pɔːtənt] *adj* □ unwichtig.
un·im·pressed [ˌʌnɪm'prest] *adj* unbeeindruckt (***by*** von).
un·in·hab·it·a·ble [ˌʌnɪn'hæbɪtəbl] *adj* unbewohnbar.
ˌ**un·in'hab·it·ed** *adj* unbewohnt.
un·in·jured [ˌʌn'ɪndʒəd] *adj* unverletzt.
un·in·sured [ˌʌnɪn'ʃɔːd] *adj* unversichert.
un·in·tel·li·gent [ˌʌnɪn'telɪdʒənt] *adj* □ unintelligent.
un·in·tel·li·gi·ble [ˌʌnɪn'telɪdʒəbl] *adj* □ unverständlich (***to*** für *od. dat*).
un·in·tend·ed [ˌʌnɪn'tendɪd], **un·in·ten·tion·al** [ˌ~'tenʃənl] *adj* □ unabsichtlich, unbeabsichtigt.
un·in·ter·est·ed [ˌʌn'ɪntrəstɪd] *adj* □ uninteressiert (***in*** an *dat*): ***be*** ~ ***in*** *a.* sich nicht interessieren für.
ˌ**un'in·ter·esting** *adj* □ uninteressant.
un·in·ter·rupt·ed ['ʌnˌɪntə'rʌptɪd] *adj* □ ununterbrochen.
un·in·vit·ed [ˌʌnɪn'vaɪtɪd] *adj* uneingeladen, ungebeten.
un·ion ['juːnjən] *s* **1.** Vereinigung *f*; Union *f*: ***Union Jack*** (*od.* ***Flag***) Union Jack *m* (*britische Nationalflagge*). **2.** Gewerkschaft *f*: ~ ***dues*** *pl* Gewerkschaftsbeiträge *pl.*
'**un·ion·ist** *s* Gewerkschaftler(in).
'**un·ion·ize** *v/t u. v/i* (sich) gewerkschaftlich organisieren.
u·nique [juː'niːk] *adj* □ einzigartig; einmalig.
u·ni·son ['juːnɪzn] *s*: ***in*** ~ gemeinsam.
u·nit ['juːnɪt] *s* **1.** *allg.* Einheit *f*; *ped.* Unit *f*, Lehreinheit *f*; *tech.* Element *n*, Teil *n*; (Anbau)Element *n*: ~ ***cost***(***s*** *pl*) Stückkosten *pl*; ~ ***depreciation*** Einzelabschreibung *f*; ~ ***furniture*** Anbaumöbel *pl*; ~ ***labo***(***u***)***r cost***(***s*** *pl*) Lohnstückkosten *pl.* **2.** Abteilung *f.* **3.** ℞ Einer *m.*
u·nite [juː'naɪt] **I** *v/t* verbinden, -einigen. **II** *v/i* sich vereinigen *od.* zs.-tun: ~ ***in doing s.th.*** et. gemeinsam tun.
u'nit·ed *adj* verein(ig)t: ***be*** ~ ***in*** sich einig sein in (*dat*).
U·nit·ed Ar·ab E·mir·ates ['emərəts] Vereinigte Arabische Emirate *pl.*
U·nit·ed King·dom Vereinigtes Königreich (*Großbritannien u. Nordirland*).
U·nit·ed Na·tions Vereinte Nationen *pl.*
U·nit·ed States (**of A·mer·i·ca**) Vereinigte Staaten *pl* (von Amerika).
u·nit trust *s bsd. Br.* **1.** Unit Trust (*Investmentgesellschaft*) **2.** Investmentfonds *m.*
u·ni·ty ['juːnətɪ] *s* **1.** Einheit *f.* **2.** ℞ Eins *f.*
u·ni·ver·sal [ˌjuːnɪ'vɜːsl] *adj* □ **1.** universal, universell: ~ ***agent*** Generalvertreter(in); ~ ***heir*** Universalerbe *m.* **2.** allgemein: ~ ***access*** *Computer*: allgemeiner Zugriff. **3.** Welt...: ~ ***language*** (***time,*** *etc*).
u·ni·verse ['juːnɪvɜːs] *s* Universum *n*, Weltall *n.*
u·ni·ver·si·ty [ˌjuːnɪ'vɜːsətɪ] **I** *s* Universität *f*, Hochschule *f*: ***go to*** ~ die Universität besuchen. **II** *adj* Universitäts...: ~ ***professor***; ~ ***degree*** akademischer Grad, Universitäts-, Hochschulabschluss *m*; ~ ***education*** akademische Bildung, Hochschulbildung *f*; Universitäts-, Hochschulausbildung *f*; ~ ***graduate*** Hochschulabsolvent(in), Akademiker(in).
un·just [ˌʌn'dʒʌst] *adj* □ ungerecht (***to*** gegen).
un·just·i·fied [ˌʌn'dʒʌstɪfaɪd] *adj* **1.** ungerechtfertigt. **2.** ~ ***print*** Flattersatz *m.*
un·kempt [ˌʌn'kempt] *adj* ungekämmt (*Haar*); ungepflegt (*Kleidung etc*).

un·kind [ʌnˈkaɪnd] *adj* □ unfreundlich (**to** zu).
un'kind·ness *s* Unfreundlichkeit *f.*
un·knot [ˌʌnˈnɒt] *v/t* auf-, entknoten.
un·known [ˌʌnˈnəʊn] *adj* unbekannt (**to** *dat*): **~ quantity** ⩕ unbekannte Größe (*a. fig.*), Unbekannte *f.*
un·la·dy·like [ˌʌnˈleɪdɪlaɪk] *adj* wenig damenhaft.
un·law·ful [ˌʌnˈlɔːfʊl] *adj* □ ungesetzlich, gesetzwidrig.
un·lead·ed [ˌʌnˈledɪd] *adj* bleifrei (*Benzin*).
un·learn [ˌʌnˈlɜːn] *v/t* (*a. irr* **learn**) *Ansichten etc* ablegen, aufgeben.
un·leash [ˌʌnˈliːʃ] *v/t* **1.** *Hund* loslassen, von der Leine lassen. **2.** *fig. s-m Zorn etc* freien Lauf lassen: **all his anger was ~ed on her** sein ganzer Zorn entlud sich auf sie.
un·leav·ened [ˌʌnˈlevnd] *adj* ungesäuert.
un·less [ənˈles] *cj* wenn *od.* sofern ... nicht; es sei denn.
un·like [ˌʌnˈlaɪk] *prp* **1.** im Gegensatz zu. **2. he is quite ~ his father** er ist ganz anders als sein Vater; **that is very ~ him** das sieht ihm gar nicht ähnlich.
un'like·ly *adj* **1. he is ~ to come** es ist unwahrscheinlich, dass er kommt. **2.** unwahrscheinlich, unglaubwürdig.
un·lim·it·ed [ʌnˈlɪmɪtɪd] *adj* unbegrenzt.
un·lined [ʌnˈlaɪnd] *adj* unlini(i)ert (*Papier*).
un·list·ed [ˌʌnˈlɪstɪd] *adj teleph.* **1. be ~** nicht im Telefonbuch stehen, geheim sein; **~ number** Geheimnummer *f.* **2. ~ securities** *pl econ.* Freiverkehrswerte *pl.*
un·load [ˌʌnˈləʊd] *v/t Fahrzeug* entladen, *a. Gegenstände* ab-, ausladen, ⚓ *Ladung, Schiff* löschen.
un·lock [ˌʌnˈlɒk] *v/t* aufschließen.
un·loved [ˌʌnˈlʌvd] *adj* ungeliebt.
un·luck·i·ly [ʌnˈlʌkɪlɪ] *adv* unglücklicherweise: **~ for me** zu m-m Pech.
un'luck·y *adj* unglücklich: **~ day** Unglückstag *m*; **be ~** Pech haben; Unglück bringen.
un·made [ˌʌnˈmeɪd] *adj* ungemacht (*Bett*).
un·man·age·a·ble [ʌnˈmænɪdʒəbl] *adj* □ **1.** widerspenstig. **2.** unhandlich.
un·man·ly [ˌʌnˈmænlɪ] *adj* unmännlich.
un·manned [ˌʌnˈmænd] *adj* unbemannt.
un·man·ner·ly [ʌnˈmænəlɪ] *adj* ungesittet, unmanierlich.
un·marked [ˌʌnˈmɑːkt] *adj* **1.** nicht gekennzeichnet. **2.** *Sport*: ungedeckt, frei.
un·mar·ried [ˌʌnˈmærɪd] *adj* unverheiratet, ledig.
un·mask [ˌʌnˈmɑːsk] *v/t fig.* entlarven.
un·matched [ˌʌnˈmætʃt] *adj* unvergleichlich, unübertroffen.
un·men·tion·a·ble [ʌnˈmenʃnəbl] *adj* Tabu...: **be ~** tabu sein.
un·mer·ci·ful [ʌnˈmɜːsɪfʊl] *adj* □ erbarmungslos, unbarmherzig.
un·me·thod·i·cal [ˌʌnmɪˈθɒdɪkl] *adj* □ unmethodisch.
un·mis·tak·a·ble [ˌʌnmɪˈsteɪkəbl] *adj* □ unverkennbar, unverwechselbar.
un·mixed [ˌʌnˈmɪkst] *adj* **1.** unvermischt. **2.** *fig.* rein, ungetrübt.
un·moved [ˌʌnˈmuːvd] *adj* ungerührt: **he remained ~ by it** es ließ ihn kalt.
un·mu·si·cal [ˌʌnˈmjuːzɪkl] *adj* □ unmusikalisch.
UNO [ˈjuːnəʊ] **United Nations Organization** UNO *f.*
un·named [ˌʌnˈneɪmd] *adj* ungenannt.
un·nat·u·ral [ʌnˈnætʃrəl] *adj* □ **1.** unnatürlich. **2.** widernatürlich.
un·nec·es·sar·y [ʌnˈnesəsərɪ] *adj* unnötig: **unnecessarily** *a.* unnötigerweise.
un·nerve [ˌʌnˈnɜːv] *v/t* **1.** entnerven. **2.** entmutigen.
un·no·ticed [ˌʌnˈnəʊtɪst] *adj*: **go** (*od.* **pass**) **~** unbemerkt bleiben.
un·num·bered [ˌʌnˈnʌmbəd] *adj* unnummeriert.
un·ob·tru·sive [ˌʌnəbˈtruːsɪv] *adj* □ unauffällig.
un·oc·cu·pied [ˌʌnˈɒkjʊpaɪd] *adj* **1.** leer (stehend), unbewohnt: **be ~** leer stehen. **2.** unbeschäftigt. **3.** *mil.* unbesetzt.
un·of·fi·cial [ˌʌnəˈfɪʃl] *adj* □ inoffiziell: **~ dealing** *econ.* Freiverkehr *m.*
un·o·pened [ˌʌnˈəʊpənd] *adj* ungeöffnet.
un·pack [ˌʌnˈpæk] *v/t u. v/i* auspacken.
un·paid(-for) [ˌʌnˈpeɪd(fə)] *adj* unbezahlt.
un·par·al·leled [ʌnˈpærəleld] *adj* beispiellos, einmalig.
un·par·don·a·ble [ʌnˈpɑːdnəbl] *adj* □ unverzeihlich.
un·per·turbed [ˌʌnpəˈtɜːbd] *adj* gelassen, ruhig.
un·pick [ˌʌnˈpɪk] *v/t* auftrennen.
un·play·a·ble [ˌʌnˈpleɪəbl] *adj Sport*: unbespielbar (*Platz*).
un·pleas·ant [ʌnˈpleznt] *adj* □ **1.** unangenehm, (*Nachricht etc a.*) unerfreulich. **2.** unfreundlich.
un·plug [ˌʌnˈplʌg] *v/t* den Stecker (*gen*) herausziehen.
un·po·lished [ˌʌnˈpɒlɪʃt] *adj* **1.** unpoliert. **2.** *fig.* ungeschliffen, ungehobelt.
un·pop·u·lar [ˌʌnˈpɒpjʊlə] *adj* □ unpopulär, unbeliebt: **make o.s. ~ with** sich bei *j-m* unbeliebt machen.
un·prac·ti·cal [ˌʌnˈpræktɪkl] *adj* □ unpraktisch.
un·prec·e·dent·ed [ʌnˈpresɪdentɪd] *adj* □ beispiellos, noch nie da gewesen.
un·pre·dict·a·ble [ˌʌnprɪˈdɪktəbl] *adj* **1.** unvorhersehbar. **2.** unberechenbar (*Person*).

un·prej·u·diced [ˌʌn'predʒʊdɪst] *adj* □ unvoreingenommen, ⚖ unbefangen.
un·pre·pared [ˌʌnprɪ'peəd] *adj* **1.** unvorbereitet. **2.** nicht gefasst *od.* vorbereitet (***for*** auf *acc*).
un·pre·ten·tious [ˌʌnprɪ'tenʃəs] *adj* □ bescheiden, einfach.
un·prin·ci·pled [ʌn'prɪnsəpld] *adj* skrupellos.
un·print·a·ble [ˌʌn'prɪntəbl] *adj* nicht druckfähig *od.* druckreif.
un·pro·duc·tive [ˌʌnprə'dʌktɪv] *adj* □ unproduktiv (*a. fig.*), unergiebig, unrentabel.
un·pro·fes·sion·al [ˌʌnprə'feʃənl] *adj* □ **1.** standeswidrig. **2.** unfachmännisch.
un·prof·it·a·ble [ˌʌn'prɒfɪtəbl] *adj* □ **1.** unrentabel: ~ ***investment*** Fehlinvestition *f*. **2.** *fig.* nutz-, zwecklos.
un·prompt·ed [ˌʌn'prɒmptɪd] *adj* spontan.
un·pro·nounce·a·ble [ˌʌnprə'naʊnsəbl] *adj* unaussprechbar.
un·pro·tect·ed [ˌʌnprə'tektɪd] *adj* schutzlos; ungeschützt.
un·proved [ˌʌn'pru:vd], **ˌun'prov·en** [~vn] *adj* unbewiesen.
un·pro·voked [ˌʌnprə'vəʊkt] *adj* grundlos.
un·pub·lished [ˌʌn'pʌblɪʃt] *adj* unveröffentlicht.
un·punc·tu·al [ˌʌn'pʌŋktʃʊəl] *adj* □ unpünktlich: ***be*** ~ unpünktlich kommen (***for*** zu).
'unˌpunc·tu'al·i·ty [~'æləti] *s* Unpünktlichkeit *f*.
un·pun·ished [ˌʌn'pʌnɪʃt] *adj* unbestraft, ungestraft: ***go*** ~ straflos bleiben.
un·qual·i·fied [ˌʌn'kwɒlɪfaɪd] *adj* **1.** unqualifiziert, ungeeignet (***for*** für). **2.** uneingeschränkt.
un·ques·tion·a·ble [ʌn'kwestʃənəbl] *adj* □ unbestritten: ***be*** ~ *a.* außer Frage stehen.
un'ques·tion·ing *adj* □ bedingungslos.
un·quote [ˌʌn'kwəʊt] *adv* → ***quote*** 6.
un·rav·el [ʌn'rævl] **I** *v/t* **1.** *Pullover etc* auftrennen, -ziehen. **2.** entwirren (*a. fig.*). **II** *v/i* **3.** sich auftrennen *od.* aufziehen.
un·read·a·ble [ˌʌn'ri:dəbl] *adj* □ unlesbar: a) nicht lesenswert, b) unleserlich.
un·re·al [ˌʌn'rɪəl] *adj* □ unwirklich.
'unˌre·al'is·tic [~'lɪstɪk] *adj* (~***ally***) unrealistisch.
un·re·al·i·ty [ˌ~'æləti] *s* Unwirklichkeit *f*.
un·re·al·ized [ˌʌn'rɪəlaɪzd] *adj econ.* nicht realisiert.
un·rea·son·a·ble [ʌn'ri:znəbl] *adj* □ **1.** unvernünftig. **2.** übertrieben, unzumutbar.
un·rec·og·niz·a·ble [ˌʌn'rekəgnaɪzəbl] *adj* □ nicht wiederzuerkennen(d).
un·re·lat·ed [ˌʌnrɪ'leɪtɪd] *adj* **1.** nicht verwandt (***to*** mit). **2.** ***be*** ~ in keinem Zs.-hang stehen (***to*** mit).
un·re·lent·ing [ˌʌnrɪ'lentɪŋ] *adj* □ unvermindert.
un·re·li·a·ble [ˌʌnrɪ'laɪəbl] *adj* □ unzuverlässig.
un·re·lieved [ˌʌnrɪ'li:vd] *adj* ununterbrochen, ständig.
ˌun·re'liev·ed·ly [~ɪdli] *adv* → ***unrelieved.***
un·re·mit·ting [ˌʌnrɪ'mɪtɪŋ] *adj* □ unablässig, unaufhörlich.
un·re·quit·ed [ˌʌnrɪ'kwaɪtɪd] *adj* unerwidert (*Liebe*).
un·re·served [ˌʌnrɪ'zɜ:vd] *adj* **1.** uneingeschränkt. **2.** nicht reserviert.
ˌunre'serv·ed·ly [~ɪdli] *adv* uneingeschränkt.
un·rest [ˌʌn'rest] *s pol. etc* Unruhen *pl*.
un·re·strained [ˌʌnrɪ'streɪnd] *adj* hemmungslos, ungezügelt.
ˌun·re'strain·ed·ly [~ɪdli] *adv* → ***unrestrained.***
un·re·strict·ed [ˌʌnrɪ'strɪktɪd] *adj* □ uneingeschränkt.
un·re·ward·ing [ˌʌnrɪ'wɔ:dɪŋ] *adj* wenig lohnend, (*Aufgabe etc a.*) undankbar.
un·rig [ˌʌn'rɪg] *v/t Schiff* abtakeln.
un·ripe [ˌʌn'raɪp] *adj* unreif.
un·ri·val(l)ed [ʌn'raɪvld] *adj* unerreicht, unübertroffen.
un·roll [ˌʌn'rəʊl] *v/t* auf-, entrollen.
un·ruf·fled [ˌʌn'rʌfld] *adj* gelassen, ruhig.
un·rul·y [ʌn'ru:li] *adj* **1.** ungebärdig, wild. **2.** widerspenstig (*Haare*).
un·sad·dle [ˌʌn'sædl] *v/t* **1.** *Pferd* absatteln. **2.** *Reiter* abwerfen.
un·safe [ˌʌn'seɪf] *adj* □ unsicher, nicht sicher: ***feel*** ~ sich nicht sicher fühlen.
un·said [ˌʌn'sed] *adj*: ***leave s.th.*** ~ et. nicht aussprechen; ***be left*** (*od.* ***go***) ~ unausgesprochen *od.* ungesagt bleiben.
un·sal(e)·a·ble [ˌʌn'seɪləbl] *adj* unverkäuflich.
un·salt·ed [ˌʌn'sɔ:ltɪd] *adj* ungesalzen.
un·san·i·tar·y [ˌʌn'sænɪtəri] *adj* □ unhygienisch.
un·sat·is·fac·to·ry ['ʌnˌsætɪs'fæktəri] *adj* □ unbefriedigend.
ˌun'sat·is·fied [~faɪd] *adj* unzufrieden (***with*** mit).
ˌun'sat·is·fy·ing [~faɪɪŋ] → ***unsatisfactory.***
un·sa·vo(u)r·y [ˌʌn'seɪvəri] *adj* □ **1.** fad. **2.** *fig.* unerfreulich (*Angelegenheit etc*); anrüchig (*Stadtteil, Vergangenheit etc*).
un·sci·en·tif·ic ['ʌnˌsaɪən'tɪfɪk] *adj* (~***ally***) unwissenschaftlich.
un·screw [ˌʌn'skru:] *v/t* ab-, losschrauben.
un·script·ed [ˌʌn'skrɪptɪd] *adj* improvisiert.
un·scru·pu·lous [ʌn'skru:pjʊləs] *adj* □ skrupel-, gewissenlos.
un·seat [ˌʌn'si:t] *v/t* **1.** *Reiter* abwerfen. **2.** *fig. j-n* s-s Amtes entheben.

U

un·seed·ed [ˌʌn'siːdɪd] *adj Sport*: ungesetzt.
un·seem·ly [ʌn'siːmlɪ] *adj* ungebührlich, unziemlich.
un·seen [ˌʌn'siːn] **I** *adj* **1.** ungesehen, unbemerkt: → ***sight*** 2. **2.** unsichtbar. **II** *s* **3.** ***an*** (***English***) ~ *ped. bsd. Br.* e-e Herübersetzung (aus dem Englischen).
un·self·ish [ˌʌn'selfɪʃ] *adj* □ selbstlos, uneigennützig.
un·sen·ti·men·tal ['ʌnˌsentɪ'mentl] *adj* □ unsentimental.
un·set·tle [ˌʌn'setl] *v/t j-n* beunruhigen; durcheinander bringen.
ˌ**un'set·tled** *adj* **1.** unbesiedelt. **2.** unbeglichen, unbezahlt (*Rechnung*). **3.** ungeklärt (*Frage etc*). **4.** unbeständig (*Wetter*). **5.** unsicher (*Lage etc*).
un·shak(e)·a·ble [ʌn'ʃeɪkəbl] *adj* □ unerschütterlich.
un·shav·en [ˌʌn'ʃeɪvn] *adj* unrasiert.
un·shrink·a·ble [ˌʌn'ʃrɪŋkəbl] *adj* nicht eingehend *od.* einlaufend (*Stoff*).
un·sight·ly [ʌn'saɪtlɪ] *adj* unansehnlich; hässlich.
un·signed [ˌʌn'saɪnd] *adj* unsigniert (*Gemälde*), nicht unterschrieben *od.* unterzeichnet (*Brief etc*).
un·skil(l)·ful [ˌʌn'skɪlfʊl] *adj* □ ungeschickt.
ˌ**un'skilled** *adj* **1.** ungeschickt (***at, in*** in *dat*). **2.** ~ ***worker*** ungelernter Arbeiter.
un·so·cia·ble [ʌn'səʊʃəbl] *adj* □ ungesellig.
un·so·cial [ˌʌn'səʊʃl] *adj*: ***work*** ~ ***hours*** *Br.* außerhalb der normalen Arbeitszeit arbeiten.
un·sold [ˌʌn'səʊld] *adj* unverkauft.
un·so·lic·it·ed [ˌʌnsə'lɪsɪtɪd] *adj* unverlangt eingesandt (*Manuskript etc*), unaufgefordert zugesandt, unbestellt (*Ware*).
un·solved [ˌʌn'sɒlvd] *adj* ungelöst (*Fall etc*).
un·so·phis·ti·cat·ed [ˌʌnsə'fɪstɪkeɪtɪd] *adj* □ **1.** unkultiviert. **2.** *tech.* unkompliziert.
un·sound [ˌʌn'saʊnd] *adj* □ **1.** nicht gesund; nicht intakt *od.* in Ordnung. **2.** *fig.* unklug, unvernünftig.
un·spar·ing [ʌn'speərɪŋ] *adj* □ verschwenderisch, freigebig (***in*** mit): ***be*** ~ ***in one's efforts*** keine Mühe scheuen (***to do*** zu tun).
un·speak·a·ble [ʌn'spiːkəbl] *adj* □ unbeschreiblich, unsäglich.
un·spoiled [ˌʌn'spɔɪld], ˌ**un'spoilt** [~t] *adj* **1.** unverdorben. **2.** nicht verwöhnt, (*Kind a.*) nicht verzogen.
un·sport·ing [ˌʌn'spɔːtɪŋ] *adj* □, **un·sports·man·like** [ˌʌn'spɔːtsmənlaɪk] *adj* unsportlich, unfair.
un·sta·ble [ˌʌn'steɪbl] *adj* □ **1.** instabil (*a. fig.*). **2.** *fig.* labil (*Person*).
un·stead·y [ˌʌn'stedɪ] *adj* □ **1.** wack(e)lig; (*Hand*) unsicher. **2.** schwankend (*Preise etc*). **3.** ungleichmäßig.
un·stint·ing [ʌn'stɪntɪŋ] → ***unsparing.***
un·stop [ˌʌn'stɒp] *v/t* **1.** *Flasche* entstöpseln. **2.** *Abfluss etc* freimachen.
un·stressed [ˌʌn'strest] *adj ling.* unbetont.
un·stuck [ˌʌn'stʌk] *adj*: ***come*** ~ abgehen, sich lösen; *fig.* F auf den Bauch fallen (*Person*), schief gehen (*Plan etc*).
un·stud·ied [ˌʌn'stʌdɪd] *adj* ungekünstelt.
un·suc·cess·ful [ˌʌnsək'sesfʊl] *adj* □ erfolglos; vergeblich: ***be*** ~ keinen Erfolg haben.
un·suit·a·ble [ˌʌn'suːtəbl] *adj* □ unpassend, ungeeignet (***for, to*** für).
un·sure [ˌʌn'ʃɔː] *adj allg.* unsicher: ~ ***of o.s.*** unsicher.
un·sur·passed [ˌʌnsə'pɑːst] *adj* unübertroffen.
un·sus·pect·ed [ˌʌnsə'spektɪd] *adj* □ **1.** unvermutet. **2.** unverdächtig.
ˌ**un·sus'pect·ing** *adj* □ nichts ahnend, ahnungslos.
un·sus·pi·cious [ˌʌnsə'spɪʃəs] *adj* □ **1.** arglos. **2.** unverdächtig, harmlos.
un·sweet·ened [ˌʌn'swiːtnd] *adj* ungesüßt.
un·swerv·ing [ʌn'swɜːvɪŋ] *adj* □ unbeirrbar, unerschütterlich.
un·tan·gle [ˌʌn'tæŋgl] *v/t* entwirren (*a. fig.*).
un·tapped [ˌʌn'tæpt] *adj* unerschlossen (*Naturschätze etc*).
un·teach·a·ble [ˌʌn'tiːtʃəbl] *adj* unbelehrbar.
un·ten·a·ble [ˌʌn'tenəbl] *adj* unhaltbar (*Theorie etc*).
un·think·a·ble [ʌn'θɪŋkəbl] *adj* □ undenkbar, unvorstellbar.
ˌ**un'think·ing** *adj* □ gedankenlos.
un·ti·dy [ʌn'taɪdɪ] *adj* □ unordentlich.
un·tie [ˌʌn'taɪ] *v/t* aufknoten, *Knoten* lösen, *j-n etc* losbinden (***from*** von).
un·til [ən'tɪl] **I** *prp* **1.** bis. **2.** ***not*** ~ erst: ***not*** ~ ***Monday*** erst (am) Montag; nicht vor Montag. **II** *cj* **3.** bis. **4.** ***not*** ~ erst wenn, nicht bevor.
un·time·ly [ʌn'taɪmlɪ] *adj* **1.** vorzeitig, verfrüht. **2.** unpassend, ungelegen.
un·tir·ing [ʌn'taɪərɪŋ] *adj* □ unermüdlich.
un·told [ˌʌn'təʊld] *adj* unermesslich (*Reichtum, Schaden etc*).
un·touched [ˌʌn'tʌtʃt] *adj* **1.** unberührt, unangetastet. **2.** unversehrt, heil.
un·trans·lat·a·ble [ˌʌntræns'leɪtəbl] *adj* unübersetzbar.
un·treat·ed [ˌʌn'triːtɪd] *adj* unbehandelt.
un·true [ˌʌn'truː] *adj* **1.** unwahr. **2.** untreu (***to*** *dat*).
un·truth [ˌʌn'truːθ] *s* Unwahrheit *f*.
un·used[1] [ˌʌn'juːzd] *adj* unbenutzt, ungebraucht; ~ ***holiday*** Resturlaub *m*.

un·used[2] [ˌʌn'ju:st] *adj*: ***be ~ to s.th.*** an et. nicht gewöhnt sein, et. nicht gewohnt sein; ***be ~ to doing s.th.*** es nicht gewohnt sein, et. zu tun.
un·u·su·al [ʌn'ju:ʒl] *adj* □ ungewöhnlich.
un·ut·ter·a·ble [ʌn'ʌtərəbl] *adj* □ unbeschreiblich, unsäglich.
un·var·nished [ʌn'vɑ:nɪʃt] *adj* ungeschminkt (*Wahrheit*).
un·var·y·ing [ʌn'veərɪɪŋ] *adj* □ unveränderlich, gleich bleibend.
un·veil [ˌʌn'veɪl] *v/t* enthüllen.
un·versed [ˌʌn'vɜ:st] *adj* unbewandert (***in*** in *dat*).
un·voiced [ˌʌn'vɔɪst] *adj* **1.** unausgesprochen. **2.** *ling.* stimmlos.
un·want·ed [ˌʌn'wɒntɪd] *adj* unerwünscht, (*Schwangerschaft a.*) ungewollt.
un·war·rant·ed [ʌn'wɒrəntɪd] *adj* ungerechtfertigt.
un·wa·ver·ing [ʌn'weɪvərɪŋ] *adj* □ unerschütterlich.
un·wel·come [ʌn'welkəm] *adj* unwillkommen.
un·well [ˌʌn'wel] *adj*: ***be*** (*od.* ***feel***) *~* sich unwohl *od.* nicht wohl fühlen.
un·whole·some [ˌʌn'həʊlsəm] *adj* □ ungesund.
un·wield·y [ʌn'wi:ldɪ] *adj* unhandlich, sperrig.
un·will·ing [ˌʌn'wɪlɪŋ] *adj* □ widerwillig: ***be ~ to do s.th.*** nicht bereit *od.* gewillt sein, et. zu tun; et. nicht tun wollen.
un·wind [ˌʌn'waɪnd] (*irr* ***wind***) **I** *v/t* **1.** abwickeln. **II** *v/i* **2.** sich abwickeln. **3.** F abschalten, sich entspannen.
un·wise [ˌʌn'waɪz] *adj* □ unklug.
un·wished-for [ʌn'wɪʃtfɔ:] *adj* unerwünscht.
un·wit·ting [ʌn'wɪtɪŋ] *adj* □ **1.** unwissentlich. **2.** unbeabsichtigt.
un·wom·an·ly [ʌn'wʊmənlɪ] *adj* unfraulich, unweiblich.
un·wont·ed [ʌn'wəʊntɪd] *adj* □ ungewohnt.
un·wor·thy [ʌn'wɜ:ðɪ] *adj*: ***be ~ of s.th.*** e-r Sache nicht würdig sein, et. nicht verdienen.
un·wrap [ˌʌn'ræp] *v/t* auswickeln, -packen.
un·writ·ten [ˌʌn'rɪtn] *adj* ungeschrieben: ***~ law*** ungeschriebenes Recht; *fig.* ungeschriebenes Gesetz.
un·yield·ing [ʌn'ji:ldɪŋ] *adj* □ unnachgiebig.
un·zip [ˌʌn'zɪp] *v/t* den Reißverschluss (*gen*) aufmachen.
up [ʌp] **I** *adv* **1.** oben; *1000 Meter etc* hoch, in e-r Höhe von: ***~ there*** dort oben; ***jump ~ and down*** hüpfen; ***walk ~ and down*** auf u. ab *od.* hin u. her gehen; → ***look up, take up,*** *etc.* **2.** ***~ to*** bis zu: ***~ to a moment ago*** bis vor e-m Augenblick; ***be ~ to s.th.*** F et. vorhaben, et. im Schilde führen; ***not to be ~ to s.th.*** e-r Sache nicht gewachsen sein; ***it's ~ to you*** das liegt bei Ihnen; → ***ear***[1] 1, ***eye*** 1, ***feel*** 6, ***scratch*** 6, *etc.* **II** *prp* **3.** oben auf (*dat*); her-, hinauf: ***~ the river*** flussaufwärts; ***~ yours!*** *Br.* V leck mich (doch) am Arsch!; → ***climb*** 3, *etc.* **III** *adj* **4.** nach oben (gerichtet), Aufwärts... **5.** ***the ~ train*** der Zug nach London. **6.** ***what's ~?*** F was ist los? **7.** ***be well ~ in*** (*od.* ***on***) F viel verstehen von. **8.** ***~ for*** → ***sale*** 1. **IV** *s* **9.** ***the ~s and downs*** *pl* die Höhen u. Tiefen *pl* (*des Lebens*). **V** *v/t* **10.** F *Angebot, Preis etc* erhöhen. **VI** *v/i* **11.** ***he ~ped and left her*** F er hat sie von heute auf morgen sitzen lassen. **ˌ~-and-'com·ing** *adj* viel versprechend. **'~ˌbring·ing** *s* Erziehung *f.* **'~ˌcom·ing** *adj* bevorstehend. **~'date** *v/t* auf den neuesten Stand bringen; aktualisieren; *econ.* fortschreiben. **'~·date** *s* Aktualisierung *f*; Neufassung *f* (*Buch*); *Computer*: aktualisierte Version, Update *n.* **~'end** *v/t* hochkant stellen. **~'grade** *v/t* **1.** *j-n* befördern. **2.** *tech.* auf-, nachrüsten. **'~·grad·ing** *s* **1.** Höhereinstufung *f*; Heraufsetzung *f.* **2.** Qualitätsverbesserung *f*; *Computer etc*: Nachrüstung *f* **3.** *ped.* Verbesserung *f* des Ausbildungsstandes. **~·heav·al** [~'hi:vl] *s fig.* Umwälzung *f.* **ˌ~'hill I** *adv* **1.** aufwärts, bergan. **II** *adj* **2.** bergauf führend. **3.** *fig.* mühselig, hart. **~'hold** *v/t* (*irr* ***hold***) **1.** *Rechte etc* schützen, wahren. **2.** ⚖ *Urteil* bestätigen. **~·hol·ster** [~'həʊlstə] *v/t* polstern: ***~ed*** Polster...
UPI ***United Press International*** *Amerikanische Nachrichtenagentur.*
'up|·keep *s* Unterhalt *m*; Unterhaltungskosten *pl.* **'~·light·er** *s* Deckenfluter *m* (*Beleuchtung*). **'~ˌmar·ket** *adj* anspruchsvoll, exklusiv, für den anspruchsvollen Kunden.
up·on [ə'pɒn] *prp* → ***on*** I.
up·per ['ʌpə] **I** *adj* **1.** ober: ***~ arm*** Oberarm *m*; ***~ class(es*** *pl*) *sociol.* Oberschicht *f*; ***~ deck*** ⚓ Oberdeck *n* (*a. e-s Busses*). **2.** ***~ earnings limit*** *econ.* a) Verdienstobergrenze *f*, b) Beitragsbemessungsgrenze *f.* **3.** ***gain*** (*od.* ***get***) ***the ~ hand*** die Oberhand gewinnen (***of*** über *acc*); → ***jaw*** 1, ***lip*** 1. **II** *s* **4.** Obermaterial *n* (*e-s Schuhs*). **5.** Aufputschmittel *n.* **'~-ˌcase** *adj* großgeschrieben. **'~·cut** *s Boxen*: Aufwärtshaken *m.*
up·per·most ['ʌpəməʊst] **I** *adj* oberst: ***be ~*** oben sein; *fig.* an erster Stelle stehen; ***be ~ in s.o.'s mind*** *fig.* für j-n an erster Stelle stehen. **II** *adv* nach oben.
up·pish ['ʌpɪʃ] *adj* □ F, **up·pi·ty** ['ʌpətɪ] *adj* F hochnäsig.
up·right ['ʌpraɪt] **I** *adj* □ **1.** [*a.* ˌʌp'raɪt] auf-

U

recht, gerade; senkrecht. **2.** *fig.* aufrecht, rechtschaffen. **II** *adv* [*a.* ˌʌp'raɪt] **3.** → 1: ***sit ~*** gerade sitzen. **III** *s* **4.** Pfosten *m.*
up·ris·ing ['ʌpˌraɪzɪŋ] *s* Aufstand *m.*
up·roar ['ʌprɔː] *s* Aufruhr *m*, Tumult *m.*
up·root [ʌp'ruːt] *v/t* **1.** *Pflanze* (mit den Wurzeln) ausreißen, *a. Baum etc*, *fig. Menschen* entwurzeln. **2.** *fig. j-n* herausreißen (***from*** aus).
up·set **I** *v/t* [ʌp'set] (*irr* ***set***) **1.** umkippen, umstoßen, umwerfen: → ***applecart.*** **2.** *fig. Pläne etc* durcheinander bringen, *Gleichgewicht* stören. **3.** *fig. j-n* aus der Fassung bringen; aufregen; kränken, verletzen. **4.** ***the fish has ~ me*** (*od.* ***my stomach***) ich habe mir durch den Fisch den Magen verdorben. **II** *s* ['ʌpset] **5.** (*Magen*)Verstimmung *f.* **6.** *bsd. Sport*: Überraschung *f.*
up·shot ['ʌpʃɒt] *s* Ergebnis *n*: ***what was the ~ of ...?*** was ist bei ... herausgekommen?
up·side ['ʌpsaɪd] *adv*: ***~ down*** verkehrt herum; ***turn ~ down*** umdrehen, *a. fig.* auf den Kopf stellen.
up·stairs [ˌʌp'steəz] **I** *adv* **1.** die Treppe herauf *od.* hinauf, nach oben. **2.** oben, in e-m oberen Stockwerk. **3.** e-e Treppe höher. **II** *adj* **4.** im oberen Stockwerk (gelegen), ober.
up·start ['ʌpstɑːt] *s* Emporkömmling *m.*
up·stream [ˌʌp'striːm] *adv* flussauf(wärts).
up·surge ['ʌpsɜːdʒ] *s* **1.** Anschwellen *n* (***in*** *gen*). **2.** Aufwallung *f.*
'up·swing *s econ.* Aufschwung *m.*
up·take ['ʌpteɪk] *s*: ***be quick*** (***slow***) ***on the ~*** F schnell begreifen (schwer von Begriff sein).
up·tight ['ʌptaɪt] *adj* F **1.** nervös, reizbar. **2.** verklemmt.
'up·time *s* Betriebszeit *f*, Nutzzeit *f*; *Computer*: Systemverfügbarkeit *f.*
up-to-date [ˌʌptə'deɪt] *adj* **1.** modern. **2.** aktuell, neu, auf dem neuesten Stand.
up-to-the-min·ute [ˌʌptəðə'mɪnɪt] *adj* **1.** hochmodern. **2.** allerneu(e)st.
up·town [ˌʌp'taʊn] *Am.* **I** *adv* in den Wohnvierteln, in die Wohnviertel. **II** *adj* in den Wohnvierteln (gelegen *od.* lebend): ***in ~ Los Angeles*** in den Außenbezirken von Los Angeles. **III** *s* Wohnviertel *pl*, Außenbezirke *pl.*
'up·trend *s Börse*: Aufwärtstrend *m.*
up·turn ['ʌptɜːn] *s* Aufschwung *m* (***in*** *gen*); ***~ in demand*** Belebung *f* der Nachfrage.
ˌup'turned *adj* **1.** nach oben gerichtet *od.* gebogen: ***~ nose*** Stupsnase *f.* **2.** umgedreht.
up·ward ['ʌpwəd] **I** *adv* **1.** nach oben: ***face ~*** mit dem Gesicht nach oben. **2.** ***from £2 ~*** ab 2 Pfund; ***~ of £2*** F mehr als *od.* über 2 Pfund. **3.** *fig.* aufwärts, bergan: ***he went ~ in life*** es ging aufwärts mit ihm. **II** *adj* **4.** Aufwärts...
up·wards ['~z] → ***upward*** I.
u·ra·ni·um [jʊ'reɪnɪəm] *s* ⚗ Uran *n.*
ur·ban ['ɜːbən] *adj* städtisch, Stadt...: ***~ and regional policy*** Raumordnungspolitik *f*; ***~ renewal*** Stadterneuerung *f*; (Alt)Stadtsanierung *f.*
ur·bane [ɜː'beɪn] *adj* □ weltmännisch.
ur·ban·ite ['ɜːbənaɪt] *s* Stadtmensch *m.*
ur·chin ['ɜːtʃɪn] *s* Gassenjunge *m*, -mädchen *n.*
u·re·thra [ˌjʊə'riːθrə] *pl* **-thrae** [~θriː], **-thras** *s anat.* Harnröhre *f.*
urge [ɜːdʒ] **I** *v/t* **1.** *a.* ***~ on*** antreiben, *fig. a.* anspornen (***to*** zu). **2.** *j-n* drängen (***to do*** zu tun). **3.** drängen auf (*acc*). **II** *s* **4.** Drang *m*, Verlangen *n.*
ur·gen·cy ['ɜːdʒənsɪ] *s* Dringlichkeit *f.*
'ur·gent *adj* □ dringend: ***be ~*** *a.* eilen; ***be in ~ need of s.th.*** et. dringend brauchen.
u·ric ['jʊərɪk] *adj* Urin...: ***~ acid*** Harnsäure *f.*
u·ri·nal ['jʊərɪnl] *s* **1.** Urinal *n.* **2.** Pissoir *n.*
'u·ri·nar·y *adj* Urin...: ***~ bladder*** Harnblase *f.*
u·ri·nate ['~neɪt] *v/i* urinieren.
u·rine ['~rɪn] *s* Urin *m.*
urn [ɜːn] *s* **1.** Urne *f.* **2.** Großkaffee-, Großteemaschine *f.*
u·rol·o·gist [ˌjʊə'rɒlədʒɪst] *s* ⚕ Urologe *m*, Urologin *f.*
us [ʌs] **I** *personal pron* **1.** uns (*acc od. dat von* ***we***): ***both of ~*** wir beide; → ***all*** 4. **2.** F wir (*nom*): ***they are older than ~; it's ~*** wir sinds. **II** *reflex pron* **3.** uns: ***we looked around ~*** wir sahen uns um.
US(A) [juː'es (ˌjuːes'eɪ)] ***United States*** (***of America***) USA *pl.*
USA ***United States Army*** Heer *n* der Vereinigten Staaten.
us·a·ble ['juːzəbl] *adj* brauch-, verwendbar.
USAF ***United States Air Force*** Luftwaffe *f* der Vereinigten Staaten.
us·age ['juːsɪdʒ] *s* **1.** Brauch *m*, Gepflogenheit *f.* **2.** (Sprach)Gebrauch *m.* **3.** Behandlung *f.*
use **I** *v/t* [juːz] **1.** benutzen, gebrauchen, verwenden, *Taktik etc a.* anwenden: ***I could ~ a drink*** F ich könnte et. zu trinken vertragen. **2.** *Benzin etc* (ver)brauchen: ***~ up*** auf-, verbrauchen. **3.** *j-n* benutzen (***for*** für). **II** *v/i* [juːs] **4.** ***I ~d to live here*** ich habe früher hier gewohnt; ***he ~d to be a chain smoker*** er war früher einmal Kettenraucher. **III** *s* [juːs] **5.** Benutzung *f*, Gebrauch *m*, Verwendung *f*: ***come into ~*** in Gebrauch kommen; ***go out of ~*** außer Gebrauch kommen; ***make ~ of*** Gebrauch machen von, benutzen. **6.** Verwendung(szweck *m*) *f*: ***with many ~s***

U

vielseitig verwendbar. **7.** Nutzen *m*: ***be of ~*** nützlich *od.* von Nutzen sein (***to*** für); ***it's no ~ complaining*** es ist nutz- *od.* zwecklos zu reklamieren, es hat keinen Zweck zu reklamieren; → ***milk*** I.

used¹ [juːzd] *adj* gebraucht: ***~ car*** Gebrauchtwagen *m*.

used² [juːst] *adj*: ***be ~ to s.th.*** an et. gewöhnt sein, et. gewohnt sein; ***be ~ to doing s.th.*** es gewohnt sein, et. zu tun.

use·ful ['juːsfʊl] *adj* □ nützlich: ***make o.s. ~*** sich nützlich machen; ***~ life*** (***expectancy***) gewöhnliche Nutzungsdauer.

use·less ['juːslɪs] *adj* □ nutzlos: ***it is ~*** *a.* es ist zwecklos (***to do*** zu tun); ***he's ~*** F er ist zu nichts zu gebrauchen.

'use·less·ness *s* Nutzlosigkeit *f*.

us·er ['juːzə] *s* **1.** Benutzer(in); *Computer*: Anwender(in): ***~'s guide*** (*od.* ***handbook***) Bedienungshandbuch *n*. **2.** Verbraucher(in). **ˌ~-'friend·ly** *adj* benutzer- *od.* verbraucherfreundlich. **~ pro·gram** *s* Anwenderprogramm *n*. **~ prompt·ing** *s* Benutzerführung *f*. **~ sup·port** *s* Benutzerunterstützung *f*.

ush·er ['ʌʃə] **I** *s* **1.** Platzanweiser *m*. **2.** ⚖ Gerichtsdiener *m*. **II** *v/t* **3.** *j-n* führen, geleiten (***into*** in *acc*; ***to*** zu *s-m Platz etc*).

ush·er·ette [ˌ~'ret] *s* Platzanweiserin *f*.

USN ***United States Navy*** Marine *f* der Vereinigten Staaten.

USSR [juesesˈɑː] ***Union of Soviet Socialist Republics*** *hist.* UdSSR *f*.

u·su·al ['juːʒl] **I** *adj* üblich: ***as ~*** wie gewöhnlich *od.* üblich; ***it's not ~ for him to be so late*** er kommt normalerweise nicht so spät; ***is it ~ for him to be so late?*** kommt er immer so spät? **II** *s das* Übliche: ***the ~*** F (*in Pub etc*) wie immer.

u·su·al·ly ['~ʒəlɪ] *adv* (für) gewöhnlich, normalerweise.

u·sur·er ['juːʒərə] *s* Wucherer *m*, Wucherin *f*.

u·su·ri·ous [juː'zjʊərɪəs] *adj* □ wucherisch, Wucher...

u·surp [juː'zɜːp] *v/t Macht etc* an sich reißen, sich *des Throns* bemächtigen.

u·su·ry ['juːʒʊrɪ] *s* Wucher *m*.

u·ten·sil [juː'tensl] *s* Gerät *n*: ***~s*** *pl a.* Utensilien *pl*.

u·ter·us ['juːtərəs] *pl* **-i** ['~aɪ], **-us·es** *s anat.* Gebärmutter *f*.

u·til·i·tar·i·an [ˌjuːtɪlɪ'teərɪən] *adj* zweckmäßig, praktisch.

u·til·i·ty [juː'tɪlətɪ] *s* **1.** Nutzen *m*, Nützlichkeit *f*. **2.** → ***public*** 3a. **~ ex·pens·es** *s pl* Aufwendungen *pl* für Strom, Gas, Wasser. **~ goods** *s pl* Gebrauchsgüter *pl*. **~ trust** *s* Versorgungsunternehmen *n*.

u·ti·li·za·tion [ˌjuːtəlaɪ'zeɪʃn] *s* **1.** Nutzung *f*, Nutzbarmachung *f*, Verwertung *f* **2.** Anwendung *f*, Verwendung *f* **3.** Auslastung *f*; ***degree of ~*** Auslastungsgrad *f*.

u·ti·lize ['juːtəlaɪz] *v/t* nutzen.

ut·most ['ʌtməʊst] **I** *adj* äußerst, höchst, größt. **II** *s das* Äußerste: ***do one's ~*** sein Möglichstes tun.

U·to·pi·an [juː'təʊpjən] *adj* utopisch (*Gesellschaft*).

ut·ter ['ʌtə] **I** *adj* □ total, völlig. **II** *v/t et.* äußern, *Seufzer etc* ausstoßen, *Wort* sagen.

'ut·ter·ance *s* **1.** ***give ~ to*** *s-r Meinung etc* Ausdruck geben. **2.** Äußerung *f*.

U-turn ['juːtɜːn] *s* **1.** *mot.* Wende *f*: ***do a ~*** wenden. **2.** *fig.* Kehrtwendung *f*: ***do a ~*** e-e Kehrtwendung machen (***on*** in *dat*).

u·vu·la ['juːvjʊlə] *s anat.* (Gaumen)Zäpfchen *n*.

U

V

V [viː] *pl* **V's** *s* V *n*.
VA ***value analysis*** Wertanalyse *f*.
vac [væk] *s univ. Br.* F Semesterferien *pl*.
va·can·cy ['veɪkənsɪ] *s* **1.** freie *od.* offene Stelle: ***"vacancies"*** „wir stellen ein"; **~ *notice*** Stellenausschreibung *f*; ***unfilled*** **~** offene Stelle. **2.** ***"vacancies"*** „Zimmer frei"; ***"no vacancies"*** „belegt".
'va·cant *adj* ☐ **1.** leer stehend, unbewohnt: **"~"** „frei" (*Toilette*). **2.** frei, offen (*Stelle*): → ***situation*** 3. **3.** *fig.* leer (*Blick, Gesichtsausdruck*).
va·cate [və'keɪt] *v/t Hotelzimmer etc* räumen.
va'ca·tion I *s* **1.** *bsd. Am.* Ferien *pl*, Urlaub *m*: ***be on*** **~** im Urlaub sein, Urlaub machen. **2.** *bsd. Br. univ.* Semesterferien *pl*; ⚖ Gerichtsferien *pl*. **II** *v/i* **3.** *bsd. Am.* Urlaub machen, die Ferien verbringen. **~ al·low·ance** *s* Urlaubsgeld *n*. **~ en·ti·tle·ment** *s* Urlaubsanspruch *m*.
va'ca·tion·er, va'ca·tion·ist *s bsd. Am.* Urlauber(in).
va·ca·tion pay *s bsd. Am.* Urlaubsgeld *f*.
vac·ci·nate ['væksɪneɪt] *v/t* impfen (***against*** gegen).
ˌvac·ci'na·tion *s* Impfung *f*.
vac·cine ['~siːn] *s* Impfstoff *m*.
vac·il·late ['væsəleɪt] *v/i fig.* schwanken (***between*** zwischen *dat*).
vac·u·um ['vækjʊəm] **I** *pl* **-u·ums, -u·a** ['~jʊə] *s phys.* Vakuum *n*. **II** *v/t Teppich, Zimmer etc* saugen. **~ clean·er** *s* Staubsauger *m*. **~ bot·tle** *s Am.*, **~ flask** *s Br.* Thermosflasche *f*. **'~-packed** *adj* vakuumverpackt.
Va·duz [vɑː'duːts] *Hauptort des Fürstentums Liechtenstein*.
vag·a·bond ['vægəbɒnd] *s* Vagabund(in), Landstreicher(in).
va·gi·na [və'dʒaɪnə] *pl* **-nas, -nae** [~niː] *s anat.* Scheide *f*.
va·grant ['veɪgrənt] *s* Nichtsesshafte *m, f*, Landstreicher(in).
vague [veɪg] *adj* ☐ verschwommen, *fig. a.* vage: ***be*** **~** sich nur vage äußern (***about*** über *acc*, zu); sich unklar ausdrücken; ***I haven't got the*** **~*st idea*** ich habe nicht die leiseste Ahnung.
vain [veɪn] *adj* ☐ **1.** eingebildet, eitel. **2.** vergeblich: ***in*** **~** *a.* vergebens. **3.** ***take s.o.'s name in*** **~** über j-n lästern.
va·lence ['veɪləns] *s bsd. Am.*, **'va·len·cy** *s bsd. Br.* ⚗ Valenz *f* (*a. ling.*), Wertigkeit *f*.
val·en·tine ['væləntaɪn] *s* **1.** Valentinskarte *f*. **2.** *Person, der man am Valentinstag e-n Gruß schickt*.
va·le·ri·an [və'lɪərɪən] *s* Baldrian *m*.
val·et ['vælɪt] *s* (Kammer)Diener *m*. **~ ser·vice** *s* Reinigungsdienst *m* (*im Hotel*).
val·iant ['væljənt] *adj poet.* tapfer.
val·id ['vælɪd] *adj* ☐ **1.** a) gültig (***for two weeks*** zwei Wochen): ***be*** **~** *a.* gelten, b) ⚖ rechtsgültig, -kräftig. **2.** stichhaltig, triftig.
va·lid·i·ty [və'lɪdətɪ] *s* **1.** Gültigkeit *f*; ⚖ Rechtsgültigkeit *f*, -kraft *f*. **2.** Stichhaltigkeit *f*, Triftigkeit *f*.
val·ley ['vælɪ] *s* Tal *n*.
val·o(u)r ['vælə] *s poet.* Tapferkeit *f*.
val·u·a·ble ['væljʊəbl] **I** *adj* ☐ wertvoll. **II** *s pl* Wertgegenstände *pl*, -sachen *pl*.
val·u·a·tion [ˌvæljʊ'eɪʃn] *s* **1.** Schätzung *f*, Bewertung *f*, *econ.* Wertansatz *m*: ***make a*** **~** ***of*** *et.* schätzen (*od.* bewerten). **2.** Schätzwert *m* (***of, on*** *gen*). **~ ad·just·ment** *s* Wertberichtigung *f*.
val·ue ['væljuː] **I** *s* **1.** *allg.* Wert *m*: ***be of*** **~** wertvoll sein (***to*** für); ***be good*** **~**, ***be*** **~** ***for money*** preisgünstig *od.* -wert sein; ***put*** (*od.* ***place***) ***a high*** **~** ***on*** großen Wert legen auf (*acc*). **2.** *pl sittliche etc* Werte *pl*. **II** *v/t* **3.** *Haus etc* schätzen (***at*** auf *acc*). **4.** *j-n, j-s Rat etc* schätzen. **~ ad·ded** *s* Wertschöpfung *f*. **'~-ˌadd·ed tax** *s econ. Br.* Mehrwertsteuer *f*. **~ date** *s* Wertstellung *f*. **ˌ~-'free** *adj* wertfrei. **~ judg(e)·ment** *s* Werturteil *n*.
val·ue·less ['væljʊlɪs] *adj* wertlos.
'valu·er *s* Schätzer(in).
valve [vælv] *s* **1.** *tech.*, ♪ Ventil *n*. **2.** *anat.* Klappe *f*. **3.** ⚡ *Br. bsd. hist.* Röhre *f*.
vamp [væmp] *s* Vamp *m* (*Frau*).
vam·pire ['væmpaɪə] *s* Vampir *m*.
van [væn] *s* **1.** Lieferwagen *m*, Transporter *m*. **2.** 🚂 *Br.* (geschlossener) Güterwagen.
van·dal ['vændl] *s* Vandale *m*, Vandalin *f*, Wandale *m*, Wandalin *f*.
van·dal·ism ['~dəlɪzəm] *s* Vandalismus *m*, Wandalismus *m*.

van·dal·ize ['~dəlaɪz] *v/t* mutwillig beschädigen *od.* zerstören.
vane [veɪn] *s* **1.** (*Propeller- etc*)Flügel *m.* **2.** (*Wetter*)Fahne *f.*
van·guard ['vængɑ:d] *s mil.* Vorhut *f*: ***be in the ~ of*** *fig.* an der Spitze (*gen*) stehen.
va·nil·la [və'nɪlə] *s* ⚘ Vanille *f.*
van·ish ['vænɪʃ] *v/i* verschwinden; (*Angst, Hoffnung etc*) schwinden.
van·i·ty ['vænətɪ] *s* Eitelkeit *f.*
van·quish ['væŋkwɪʃ] *v/t poet.* besiegen.
van·tage point ['vɑ:ntɪdʒ] *s* Aussichtspunkt *m*: ***from my ~*** *fig.* aus m-r Sicht.
va·por *Am.* → ***vapour.***
va·por·ize ['veɪpəraɪz] *v/i* verdampfen, -dunsten.
va·por·ous ['veɪpərəs] *adj* □ dunstig, Dunst...
va·pour ['veɪpə] *s* Dampf *m*, Dunst *m.* **~ trail** *s* ✈ Kondensstreifen *m.*
var·i·a·ble ['veərɪəbl] **I** *adj* □ **1.** variabel, veränderlich (*beide a.* ⚗, *phys. etc*): ***~ costs*** *pl* variable Kosten *pl.* **2.** schwankend, unbeständig, wechselhaft. **3.** einstell-, regulierbar. **II** *s* **4.** ⚗, *phys.* Variable *f*, veränderliche Größe (*beide a. fig.*).
'var·i·ance *s* **1.** Abweichung *f*, Diskrepanz *f*: ***be at ~ with*** im Gegensatz *od.* Widerspruch stehen zu. **2.** *Statistik*: Varianz *f.*
'var·i·ant **I** *adj* abweichend, verschieden. **II** *s* Variante *f.*
ˌvar·i'a·tion *s* **1.** Abweichung *f*; Schwankung *f.* **2.** ♪ Variation *f* (***on*** über *acc*).
var·i·cose ['værɪkəʊs] *adj*: **~ *vein*** ⚕ Krampfader *f.*
var·ied ['veərɪd] *adj* □ **1.** unterschiedlich. **2.** abwechslungsreich, bewegt.
var·ie·gat·ed ['veərɪgeɪtɪd] *adj* **1.** unterschiedlich. **2.** ⚘ panaschiert.
va·ri·e·ty [və'raɪətɪ] *s* **1.** Abwechslung *f.* **2.** Vielfalt *f*; *econ.* Auswahl *f*, Sortiment *n* (***of*** an *dat*): ***for a ~ of reasons*** aus den verschiedensten Gründen. **3.** ⚘, *zo.* Art *f.* **4.** Varieté *n*, Varietee *n.* **~ store** *s Am.* Gemischtwarenladen *m.*
var·i·ous ['veərɪəs] *adj* **1.** verschieden. **2.** mehrere, verschiedene.
var·nish ['vɑ:nɪʃ] **I** *s* Lack *m.* **II** *v/t* lackieren.
var·y ['veərɪ] **I** *v/i* variieren, (*Meinungen*) auseinander gehen (***on*** über *acc*): ***~ in size*** verschieden groß sein. **II** *v/t* (ver)ändern; variieren.
vas·cu·lar ['væskjʊlə] *adj anat.*, ⚘ Gefäß...
vase [vɑ:z] *s* Vase *f.*
vast [vɑ:st] *adj* gewaltig, riesig, (*Fläche a.*) ausgedehnt, weit.
'vast·ly *adv* gewaltig, weitaus.
vat [væt] *s* (großes) Fass.
VAT [ˌvi:eɪ'ti:] ***value-added tax*** Mehrwertsteuer *f.*
Vat·i·can Cit·y [ˌvætɪkən'sɪtɪ] Vatikanstadt *f.*
vaude·ville ['vɔ:dəvɪl] *s Am.* Varieté *n*, Varietee *n.*
vault¹ [vɔ:lt] *s* **1.** ⚠ Gewölbe *n.* **2.** *a. pl* (Keller)Gewölbe *n*; Stahlkammer *f*, Tresorraum *m*; Gruft *f.*
vault² [~] **I** *v/i*: ***~ over*** springen über (*acc*). **II** *v/t* → I. **III** *s* Sprung *m.*
vault·ed ['vɔ:ltɪd] *adj* gewölbt.
vault·ing ['vɔ:ltɪŋ] *adj*: **~ *horse*** (*Turnen*) Sprungpferd *n.*
VCR [ˌvi:si:'ɑ:] ***video cassette recorder*** Videorekorder *m.*
VD [ˌvi:'di:] ***venereal disease*** Geschlechtskrankheit *f.*
VDU [vi:di:'ju:] ***visual display unit*** Bildschirm *m*, Monitor *m.*
veal [vi:l] *s* Kalbfleisch *n.* **~ cut·let** *s* Kalbsschnitzel *n.*
veer [vɪə] *v/i*: ***~ to the left*** *mot.* den Wagen nach links reißen.
veg [vedʒ] *pl* **veg** *s gastr. bsd. Br.* F Gemüse *n.*
ve·gan ['vi:gən] *s* Veganer(in).
veg·e·burg·er ['vedʒɪbɜ:gə] *s* Gemüseburger *m.*
veg·e·ta·ble ['vedʒtəbl] **I** *s* **1.** *mst pl* Gemüse *n*: ***and two ~s*** u. zweierlei Gemüse; ***be just a ~*** nur noch dahinvegetieren. **II** *adj* **2.** Gemüse... **3.** Pflanzen...
veg·e·tar·i·an [ˌvedʒɪ'teərɪən] **I** *s* Vegetarier(in): ***he's a ~*** er ist Vegetarier, er lebt vegetarisch. **II** *adj* vegetarisch.
veg·e·tate ['vedʒɪteɪt] *v/i* dahinvegetieren.
ˌveg·e'ta·tion *s* Vegetation *f.*
ve·he·mence ['vi:əməns] *s* Vehemenz *f*, Heftigkeit *f.*
've·he·ment *adj* □ vehement, heftig.
ve·hi·cle ['vɪəkl] *s* **1.** Fahrzeug *n.* **2.** *fig.* Medium *n.* **3.** *econ.* Werbeträger *m.*
veil [veɪl] **I** *s* Schleier *m*: **~ *of mist*** Nebelschleier; ***draw a ~ over*** *fig.* den Schleier des Vergessens breiten über (*acc*). **II** *v/t* verschleiern (*a. fig.*).
vein [veɪn] *s anat.* Vene *f*, *weitS.* Ader *f* (*a.* ⚘, *geol.*).
Vel·cro ['velkrəʊ] *s* (*TM*) Klettverschluss *m.*
ve·loc·i·ty [vɪ'lɒsətɪ] *s phys., tech.* Geschwindigkeit *f.*
vel·vet ['velvɪt] *s* Samt *m*: (***as***) ***smooth as ~*** samtweich.
'vel·vet·y *adj* samtig (*a. fig. Wein*).
vend·er → ***vendor.***
ven·det·ta [ven'detə] *s* **1.** Blutrache *f.* **2.** Fehde *f.*
vend·ing ['vendɪŋ] *adj*: **~ *machine*** (Verkaufs-, Waren)Automat *m.*

V

ˈ**vend·or** *s* (*Straßen*)Händler(in), (*Zeitungs-etc*)Verkäufer(in).
ve·neer [vəˈnɪə] **I** *s* **1.** Furnier *n.* **2.** *fig.* Fassade *f.* **II** *v/t* **3.** furnieren.
ven·er·a·ble [ˈvenərəbl] *adj* □ ehrwürdig.
ven·er·ate [ˈ~reɪt] *v/t* verehren.
ˌ**ven·erˈa·tion** *s* Verehrung *f.*
ve·ne·re·al [vəˈnɪərɪəl] *adj*: **~ *disease*** Geschlechtskrankheit *f.*
Ve·ne·tian [vəˈniːʃn] *adj*: **~ *blind*** Jalousie *f.*
Ven·e·zu·e·la [ˌvenɪˈzweɪlə] *npr* Venezuela *n.*
venge·ance [ˈvendʒəns] *s* Rache *f*: ***take ~ on*** sich rächen an (*dat*); ***with a ~*** F gewaltig, u. wie.
Ven·ice [ˈvenɪs] *npr* Venedig *n.*
ven·i·son [ˈvenɪzn] *s* Wildbret *n.*
ven·om [ˈvenəm] *s* **1.** *zo.* Gift *n.* **2.** *fig.* Gift *n*, Gehässigkeit *f.*
ˈ**ven·om·ous** *adj* □ **1.** giftig: **~ *snake*** Giftschlange *f.* **2.** *fig.* giftig, gehässig.
vent [vent] **I** *v/t* **1.** *s-e Wut etc* abreagieren (***on*** an *dat*). **II** *s* **2.** (Abzugs)Öffnung *f.* **3.** Schlitz *m* (*in Kleid etc*). **4.** ***give ~ to*** *s-m Ärger etc* Luft machen.
ven·ti·late [ˈventɪleɪt] *v/t* (be)lüften.
ˌ**ven·tiˈla·tion** *s* Ventilation *f*, (Be)Lüftung *f.*
ˈ**ven·ti·la·tor** *s* Ventilator *m.*
ven·tral [ˈventrəl] *adj* Bauch...: **~ *fin*** Bauchflosse *f.*
ven·tri·cle [ˈventrɪkl] *s anat.* Herzkammer *f.*
ven·tril·o·quist [venˈtrɪləkwɪst] *s* Bauchredner(in).
ven·ture [ˈventʃə] **I** *s* **1.** *bsd. econ.* Unternehmen *n*: → ***joint*** 5. **II** *v/t* **2.** *Ruf etc* riskieren, aufs Spiel setzen (***on*** bei). **3.** (zu äußern) wagen: **~ *to do s.th.*** es wagen, et. zu tun. **III** *v/i* **4.** sich *wohin* wagen. **5.** **~ *on*** sich wagen an (*acc*). **~ *cap·i·tal*** *s* Risiko-, Wagniskapital *n*: **~ *financing*** Wagnisfinanzierung *f.*
ven·ue [ˈvenjuː] *s* Schauplatz *m*, (*Sport*) Austragungsort *m.*
Ve·nus [ˈviːnəs] *s ast.* die Venus.
verb [vɜːb] *s ling.* Verb *n*, Zeitwort *n.*
ver·bal [ˈ~l] *adj* □ **1.** mündlich. **2.** Wort...: ***he's got ~ diarrh(o)ea*** F der bringt den Mund nicht zu. **3.** **~ *noun*** *ling.* Verbalsubstantiv *n.*
ver·bal·ize [ˈ~bəlaɪz] *v/t* ausdrücken, in Worte fassen.
ver·ba·tim [~ˈbeɪtɪm] *adj* (wort)wörtlich, *adv a.* Wort für Wort.
ver·bi·age [ˈ~bɪɪdʒ] *s* (leeres) Wortgeklingel.
ver·bose [~ˈbəʊs] *adj* □ wortreich.
ver·dict [ˈvɜːdɪkt] *s* **1.** ⚖ Spruch *m* (*der Geschworenen*): **~ *of (not) guilty*** Schuldspruch (Freispruch) *m*; ***bring in*** (*od.* ***return***) ***a ~ of (not) guilty*** auf (nicht) schuldig erkennen. **2.** Meinung *f*, Urteil *n* (***on*** über *acc*).
ver·di·gris [ˈvɜːdɪgrɪs] *s* Grünspan *m.*
verge [vɜːdʒ] **I** *s* Rand *m* (*a. fig.*): ***be on the ~ of*** kurz vor (*dat*) stehen; ***be on the ~ of tears*** den Tränen nahe sein; ***she was on the ~ of falling*** sie wäre beinahe gestürzt. **II** *v/i*: **~ *on*** *fig.* grenzen an (*acc*).
ver·ger [ˈvɜːdʒə] *s* Küster(in).
ver·i·fi·a·ble [ˈverɪfaɪəbl] *adj* nachweisbar.
ver·i·fy [ˈ~faɪ] *v/t* **1.** bestätigen. **2.** (über)prüfen, die Richtigkeit feststellen. **3.** nachweisen.
ver·i·ta·ble [ˈverɪtəbl] *adj* wahr (*Triumph etc*).
ver·mil·ion [vəˈmɪljən] *adj* zinnoberrot.
ver·min [ˈvɜːmɪn] *s* (*pl konstruiert*) **1.** Schädlinge *pl*; Ungeziefer *n.* **2.** *fig.* Gesindel *n*, Pack *n.*
ˈ**ver·min·ous** *adj* voller Ungeziefer.
ver·mouth [ˈvɜːməθ] *s* Wermut *m.*
ver·nac·u·lar [vəˈnækjʊlə] *s* Dialekt *m*, Mundart *f.*
ver·nis·sage [ˌvɜːnɪˈsɑːʒ] *s* Vernissage *f.*
ver·sa·tile [ˈvɜːsətaɪl] *adj* □ **1.** vielseitig. **2.** vielseitig verwendbar.
verse [vɜːs] *s* **1.** Poesie *f*, Versdichtung *f.* **2.** Vers *m.* **3.** Strophe *f.*
versed [vɜːst] *adj*: ***be (well) ~ in*** beschlagen *od.* bewandert sein in (*dat*).
ver·sion [ˈvɜːʃn] *s* Version *f*: a) Darstellung *f* (*e-s Ereignisses*), b) Fassung *f* (*e-s Textes*), c) Übersetzung *f*, d) Ausführung *f* (*e-s Geräts etc*).
ver·sus [ˈvɜːsəs] *prp* ⚖, *Sport*: gegen.
ver·te·bra [ˈvɜːtɪbrə] *pl* **-brae** [ˈ~briː], **-bras** *s anat.* Wirbel *m.*
ˈ**ver·te·bral** *adj*: **~ *column*** *anat.* Rückgrat *n*, Wirbelsäule *f.*
ver·te·brate [ˈ~breɪt] *s zo.* Wirbeltier *n.*
ver·tex [ˈvɜːteks] *pl* **-ti·ces** [ˈ~tɪsiːz], **-tex·es** *s* Scheitel(punkt) *m.*
ver·ti·cal [ˈvɜːtɪkl] **I** *adj* □ senkrecht, vertikal: **~ *takeoff aircraft*** Senkrechtstarter(in). **II** *s* & Senkrechte *f*, Vertikale *f.*
ver·ti·go [ˈvɜːtɪgəʊ] *s* ⚕ Schwindel *m*: ***suffer from ~*** an *od.* unter Schwindel leiden.
verve [vɜːv] *s* Elan *m*, Schwung *m.*
ver·y [ˈverɪ] **I** *adv* **1.** sehr: **~ *much older*** sehr viel älter; ***I ~ much hope that*** ich hoffe sehr, dass; **~ *high frequency*** ⚡ Ultrakurzwelle *f*; → ***well***[1] 1. **2.** aller...: ***the ~ last drop*** der allerletzte Tropfen; ***for the ~ last time*** zum allerletzten Mal; ***at the ~ least*** zum Allermindesten, allermindest. **II** *adj* **3.** ***the ~*** genau der *od.* die *od.* das: ***the ~ opposite*** genau das Gegenteil; ***be the ~ thing*** genau das Richtige sein (***for doing*** um zu tun); → ***act*** 1. **4.** ***the ~ thought of*** schon der *od.* der bloße Gedanke an (*dat*); ***the ~ idea!*** um Himmels willen!

V

ves·i·cle ['vesɪkl] *s* Bläschen *n.*
ves·sel ['vesl] *s* **1.** Schiff *n.* **2.** Gefäß *n* (*a. anat.*, ♀).
vest [vest] **I** *s* **1.** *Br.* Unterhemd *n.* **2.** *kugelsichere* Weste. **3.** *Am.* Weste *f.* **II** *v/t* **4.** *~ s.th. in s.o., ~ s.o. with s.th.* j-m et. übertragen *od.* verleihen: ***have a ~ed interest in*** ein persönliches Interesse haben an (*dat*); ***~ed interests*** *pl* Interessengruppen *pl.* **III** *v/i* **5.** *~ **in*** zustehen (*dat*), liegen bei.
ves·ti·bule ['vestɪbju:l] *s* (Vor)Halle *f.*
ves·tige ['vestɪdʒ] *s* Spur *f*: ***there is not a ~ of truth in this story*** an dieser Geschichte ist kein Wort wahr.
ves·try ['vestrɪ] *s eccl.* Sakristei *f.*
vet¹ [vet] F **I** *s* Tierarzt *m*, -ärztin *f.* **II** *v/t bsd. Br.* überprüfen.
vet² [~] *s mil. Am.* F Veteran(in).
vet·er·an ['vetərən] **I** *s* **1.** *mil.* Veteran(in) (*a. fig.*). **II** *adj* **2.** altgedient; erfahren. **3.** *~ **car*** *mot. Br.* Oldtimer *m* (*Baujahr bis 1905*).
vet·er·i·nar·i·an [ˌvetərə'nerɪən] *s Am.* Tierarzt *m*, -ärztin *f.*
vet·er·i·nar·y ['vetərɪnərɪ] *adj* tierärztlich: *~ **medicine*** Tier-, Veterinärmedizin *f*; *~ **surgeon*** *bsd. Br.* Tierarzt *m*, -ärztin *f.*
ve·to ['vi:təʊ] **I** *pl* **-toes** *s* **1.** Veto *n.* **II** *v/t* **2.** sein Veto einlegen gegen. **3.** untersagen.
vexed ['vekst] *adj*: *~ **question*** leidige Frage.
VHF ***very high frequency*** VHF, UKW, Ultrakurzwelle(nbereich *m*) *f.*
vi·a ['vaɪə] *prp* über (*acc*), (*bei Städtenamen a.*) via.
vi·a·ble ['vaɪəbl] *adj* □ **1.** lebensfähig (*a. fig.*). **2.** *fig.* durchführbar, realisierbar.
vi·a·duct ['vaɪədʌkt] *s* Viadukt *m, n.*
vi·al ['vaɪəl] *s* (*bsd.* Arznei)Fläschchen *n.*
vibes [vaɪbz] *s pl* F **1.** (*mst sg konstruiert*) ♪ Vibraphon *n.* **2.** Atmosphäre *f* (*e-s Orts etc*): ***I was getting positive ~ from her*** ich spürte, wie der Funke von ihr auf mich übersprang.
vi·brant ['vaɪbrənt] *adj* □ **1.** kräftig (*Farben, Stimme etc*). **2.** pulsierend (*Leben*). **3.** dynamisch (*Person*).
vi·bra·phone ['vaɪbrəfəʊn] *s* ♪ Vibraphon *n.*
vi·brate [vaɪ'breɪt] **I** *v/i* **1.** vibrieren, zittern. **2.** flimmern (***with heat*** vor Hitze) (*Luft*). **3.** ***the city ~s with life*** in der Stadt pulsiert das Leben. **II** *v/t* **4.** in Schwingungen versetzen.
vi'bra·tion *s* **1.** Vibrieren *n*, Zittern *n.* **2.** *pl* F → ***vibes*** 2.
vi'bra·tor *s* Vibrator *m.*
vic·ar ['vɪkə] *s* Pfarrer(in).
'vic·ar·age *s* Pfarrhaus *n.*
vice¹ [vaɪs] *s* Laster *n.*
vice² [~] *s tech. bsd. Br.* Schraubstock *m.*
vice...³ [~] Vize..., stellvertretend.
vice squad *s* Sittendezernat *n*, -polizei *f.*
vi·ce ver·sa [ˌvaɪsɪ'vɜ:sə] *adv*: ***and ~*** u. umgekehrt.
vi·cin·i·ty [vɪ'sɪnətɪ] *s*: ***in the ~ of*** in der Nähe von (*od. gen*); ***in this ~*** hier in der Nähe; ***in the ~ of 40*** *fig.* um die 40 herum.
vi·cious ['vɪʃəs] *adj* □ brutal. *~ **cir·cle*** *s* Circulus *m* vitiosus, Teufelskreis *m.*
vi·cis·si·tudes [vɪ'sɪsɪtju:dz] *s pl das* Auf u. Ab, (*des Lebens a.*) *die* Wechselfälle *pl.*
vic·tim ['vɪktɪm] *s* Opfer *n*: ***fall ~ to*** betroffen werden von; erkranken an (*dat*).
'vic·tim·ize *v/t j-n* (immer wieder) zum Sündenbock machen.
vic·tor ['vɪktə] *s* Sieger(in).
vic·to·ri·ous [~'tɔ:rɪəs] *adj* □ siegreich.
vic·to·ry ['~tərɪ] *s* Sieg *m*: *~ **ceremony*** Siegerehrung *f.*
vict·ual·ler ['vɪtlə] *s* Lebensmittellieferant *m.*
vict·uals ['vɪtlz] *s pl* Lebensmittel *pl.*
vid·e·o ['vɪdɪəʊ] **I** *pl* **-os** *s* **1.** Video(kassette *f*) *n*: ***on ~*** auf Video. **2.** → ***video recorder.*** **II** *v/t* **3.** auf Video aufnehmen, aufzeichnen. *~ **cam·er·a*** *s* Videokamera *f.* *~ **cas·sette*** *s* Videokassette *f.* *~ **cas·sette re·cord·er*** → ***video recorder.*** *~ **clip*** *s* Videoclip *m.* *~ **con·fer·enc·ing*** *s* Videokonferenz *f.* *~ **nas·ty*** → ***nasty*** 5. **'~·phone** *s* Bildfernsprecher *m.* *~ **re·cord·er*** *s* Videorekorder *m.* *~ **re·cord·ing*** *s* Videoaufnahme *f.* *~ **tape*** → ***video cassette.*** **'~-tape** → ***video*** 3.
vie [vaɪ] *v/i* wetteifern (***with*** mit; ***for*** um).
Vi·en·na [vɪ'enə] *npr* Wien *n.*
Vien·ti·ane [ˌvjentɪ'ɑ:n] *Hauptstadt von Laos.*
Viet·nam [ˌvjet'næm] *npr* Vietnam *n.*
view [vju:] **I** *s* **1.** Sicht *f* (***of*** auf *acc*): ***at first ~*** auf den ersten Blick; ***in full ~ of*** direkt vor *j-s* Augen; ***in ~ of*** *fig.* angesichts (*gen*); ***with a ~ to*** *fig.* mit Blick auf (*acc*); ***with a ~ to doing s.th.*** in *od.* mit der Absicht, et. zu tun; ***be on ~*** ausgestellt *od.* zu besichtigen sein; ***be hidden from ~*** nicht zu sehen sein; ***come into ~*** in Sicht kommen; ***have in ~*** *et.* in Aussicht haben; ***keep in ~*** *et.* im Auge behalten. **2.** Aussicht *f*, Blick *m* (***of*** auf *acc*): ***a room with a ~*** ein Zimmer mit schöner Aussicht; ***there is a grand ~ of the mountains from here*** von hier hat man e-n herrlichen Blick auf die Berge. **3.** *phot. etc* Ansicht *f.* **4.** Ansicht *f*, Meinung *f* (***about, on*** über *acc*): ***in my ~*** m-r Ansicht nach; ***take a dim*** (*od.* ***poor***) ***~ of*** *et.* negativ beurteilen. **5.** *fig.* Überblick *m* (***of*** über *acc*). **II** *v/t* **6.** *Haus etc* besichtigen. **7.** *fig.* betrachten (***as*** als; ***with*** mit). **III** *v/i* **8.** fernsehen: *~ **figures*** Sehbeteiligung *f*; ***~ing habits*** *pl* Fernsehgewohnheiten *pl.*
'view·er **1.** (Fernseh)Zuschauer(in), Fernseher(in). **2.** (*Dia*)Betrachter(in).

V

'view|ˌfind·er *s phot.* Sucher *m.* **'~·point** *s* Gesichts-, Standpunkt *m.*

vig·il ['vɪdʒɪl] *s* (Nacht)Wache *f*: ***keep*** ~ wachen (***over*** bei).

'vig·i·lance *s* Wachsamkeit *f.*

'vig·i·lant *adj* □ wachsam.

vig·or ['vɪgə] *Am.* → ***vigour.***

'vig·or·ous *adj* □ energisch.

'vig·our *s bsd. Br.* Energie *f.*

vile [vaɪl] *adj* □ **1.** gemein, niederträchtig. **2.** F scheußlich.

vil·la ['vɪlə] *s* Villa *f.*

vil·lage ['vɪlɪdʒ] *s* Dorf *n.*

'vil·lag·er *s* Dorfbewohner(in).

vil·lain ['vɪlən] *s* **1.** Bösewicht *m*, Schurke *m*, Schurkin *f* (*in Film etc*). **2.** *Br.* F Ganove *m*, Ganovin *f.* **3.** F Bengel *m.*

vinai·grette [ˌvɪnɪ'gret] *s gastr.* Essig- und Ölsoße *f.*

vin·di·cate ['vɪndɪkeɪt] *v/t* **1.** *et.* rechtfertigen; bestätigen. **2.** *j-n* rehabilitieren.

ˌvin·di'ca·tion *s* **1.** Rechtfertigung *f*; Bestätigung *f.* **2.** Rehabilitation *f.*

vin·dic·tive [vɪn'dɪktɪv] *adj* □ rachsüchtig.

vine [vaɪn] *s* ✿ **1.** (Wein)Rebe *f.* **2.** Kletterpflanze *f.*

vin·e·gar ['vɪnɪgə] *s* Essig *m.*

'vine|ˌgrow·er *s* Winzer(in). **~·yard** ['vɪnjəd] *s* Weinberg *m.*

vi·no ['viːnəʊ] *pl* **-nos** *s* F Wein *m.*

vin·tage ['vɪntɪdʒ] **I** *s* **1.** Jahrgang *m* (*e-s Weins*). **2.** Weinernte *f*, -lese *f.* **II** *adj* **3.** Jahrgangs...: ~ ***wine.*** **4.** glänzend, hervorragend. **5.** ~ ***car*** *mot. bsd. Br.* Oldtimer *m* (*Baujahr 1919-30*).

vint·ner ['vɪntnə] *s* **1.** Weinhändler(in). **2.** *Am.* Winzer(in).

vi·o·la [vɪ'əʊlə] *s* ♪ Bratsche *f.*

vi·o·late ['vaɪəleɪt] *v/t* **1.** *Vertrag etc* verletzen, *a. Versprechen* brechen, *Gesetz etc* übertreten. **2.** *Frieden, Ruhe etc* stören. **3.** *Grab etc* schänden. **4.** *Frau* schänden, vergewaltigen.

ˌvi·o'la·tion *s* **1.** Verletzung *f*, Bruch *m*, Übertretung *f.* **2.** Störung *f.* **3.** Schändung *f.* **4.** Vergewaltigung *f.*

vi·o·lence ['vaɪələns] *s* **1.** Gewalt *f.* **2.** Gewalttätigkeit *f.* **3.** Heftigkeit *f.*

'vio·lent *adj* □ **1.** gewalttätig. **2.** gewaltsam: ~ ***crime*** Gewaltverbrechen *n*; ***die a*** ~ ***death*** e-s gewaltsamen Todes sterben. **3.** heftig (*Auseinandersetzung, Sturm etc*): ***be in a*** ~ ***temper*** geladen sein.

vi·o·let ['vaɪələt] **I** *s* ✿ Veilchen *n*: → ***shrinking.*** **II** *adj* violett.

vi·o·lin [ˌvaɪə'lɪn] *s* ♪ Geige *f*, Violine *f*: ~ ***case*** Geigenkasten *m.*

ˌvi·o'lin·ist *s* Geiger(in), Violinist(in).

vi·o·lon·cel·lo [ˌvaɪələn'tʃeləʊ] *pl* **-los** *s* ♪ Violoncello *n.*

VIP [ˌviːaɪ'piː] ***very important person*** VIP *m* (*prominente Persönlichkeit*).

vi·per ['vaɪpə] *s zo.* Viper *f.*

vi·ral ['vaɪərəl] *adj* ⚕ Virus...

vir·gin ['vɜːdʒɪn] **I** *s* Jungfrau *f*: ***she's still a*** ~ sie ist noch Jungfrau. **II** *adj* jungfräulich, unberührt (*beide a. fig.*).

Vir·go ['vɜːgəʊ] *s ast.* Jungfrau *f*: ***be*** (***a***) ~ Jungfrau sein.

vir·ile ['vɪraɪl] *adj* **1.** männlich. **2.** potent.

vi·ril·i·ty [vɪ'rɪlətɪ] *s* **1.** Männlichkeit *f.* **2.** Potenz *f.*

vir·tu·al ['vɜːtʃʊəl] *adj* **1.** *Computer*: virtuell: ~ ***memory*** *Computer*: virtueller Speicher; ~ ***reality*** virtuelle Realität. **2.** ***he's a*** ~ ***alcoholic*** er ist praktisch schon Alkoholiker; ***it's a*** ~ ***certainty that*** es steht praktisch *od.* so gut wie fest, dass.

'vir·tu·al·ly *adv* praktisch, so gut wie.

vir·tue ['vɜːtʃuː] *s* **1.** Tugend(haftigkeit) *f.* **2.** Tugend *f*: ***make a*** ~ ***of necessity*** aus der Not e-e Tugend machen. **3.** Vorzug *m*, Vorteil *m.* **4.** ***by*** (*od.* ***in***) ~ ***of*** kraft (*gen*), aufgrund (*gen*).

vir·tu·o·so [ˌvɜːtjʊ'əʊzəʊ] *bsd.* ♪ **I** *pl* **-sos, -si** [~ziː] *s* Virtuose *m*, Virtuosin *f.* **II** *adj* virtuos.

vir·tu·ous ['vɜːtʃʊəs] *adj* □ tugendhaft.

vir·u·lent ['vɪrʊlənt] *adj* □ **1.** (akut u.) bösartig (*Krankheit*); schnell wirkend (*Gift*). **2.** *fig.* bösartig, gehässig.

vi·rus ['vaɪərəs] *s* ⚕ *u. Computer*: Virus *n, a. m.* **~ in·fec·tion** *s* ⚕ Virusinfektion *f.* **~ scan·ner** *s Computer*: Virensuchprogramm *n.*

vi·sa ['viːzə] **I** *s* Visum *n*, (*im Pass eingetragenes a.*) Sichtvermerk *m.* **II** *v/t* ein Visum eintragen in (*acc*).

vis-à-vis [ˌviːzɑː'viː] *prp* in Anbetracht (*gen*).

vis·cer·a ['vɪsərə] *s pl anat.* Eingeweide *pl.*

vis·count ['vaɪkaʊnt] *s* Viscount *m* (*englischer Adelstitel*).

'vis·count·ess *s* Viscountess *f.*

vis·cous ['vɪskəs] *adj* □ dick-, zähflüssig, ⚗ *a.* viskos.

vise, vise·like *Am.* → ***vice***[2]***, vicelike.***

vis·i·bil·i·ty [ˌvɪzə'bɪlətɪ] *s* Sicht(verhältnisse *pl*, -weite *f*) *f.*

'vis·i·ble *adj* □ **1.** sichtbar. **2.** *fig.* (er)sichtlich. **~ bal·ance** *s* Warenbilanz *f*, sichtbare Handelsbilanz *f.*

vi·sion ['vɪʒn] *s* **1.** Sehkraft *f.* **2.** *fig.* Weitblick *m.* **3.** Vision *f*: ~ ***of the future*** Zukunftsvision; ***have*** **~*s of doing s.th.*** sich schon et. tun sehen.

vi·sion·ar·y ['~rɪ] **I** *adj* **1.** weitblickend, weitblickend. **2.** eingebildet, unwirklich. **II** *s* **3.** Seher(in). **4.** Fantast(in), Träumer(in).

vis·it ['vɪzɪt] **I** *v/t* **1.** *j-n* besuchen, *Museum etc a.* besichtigen. **2.** *et.* inspizieren. **II** *v/i* **3.** ***be ~ing*** auf Besuch sein (*Am.*: ***in*** in *dat*; ***with*** bei). **4.** ***~ with*** *Am.* plaudern mit. **III** *s* **5.** Besuch *m*, Besichtigung *f* (***to*** *gen*): ***for*** (*od.* ***on***) ***a ~*** auf Besuch; ***have a ~ from*** Besuch haben von; ***pay a ~ to*** *j-m* e-n Besuch abstatten; *Arzt* aufsuchen; ***I've got to pay a ~*** *Br.* F ich muss mal verschwinden. **6.** *Am.* Plauderei *f* (***with*** mit).

ˌvis·i'ta·tion *s* **1.** Inspektion *f.* **2.** *fig.* Heimsuchung *f.* **3.** F *humor.* überlanger Besuch (***from*** *gen*).

'vis·it·ing *adj* **1.** Besuchs...: ***~ card*** Visitenkarte *f*; ***~ hours*** *pl* Besuchszeit *f.* **2.** Gast...: ***~ professor*** Gastprofessor(in).

'vis·it·or *s* Besucher(in) (***to*** *gen*; ***from*** aus): ***~s*** *pl* ***to England*** Englandbesucher *pl*; ***have ~s*** Besuch haben; ***~s' book*** Gästebuch *n.*

vi·sor ['vaɪzə] *s* **1.** Visier *n* (*a. mil. hist.*). **2.** Schirm *m* (*e-r Mütze*). **3.** *mot.* (*Sonnen*)Blende *f.*

vis·ta ['vɪstə] *s* Aussicht *f*, Blick *m* (***of*** auf *acc*).

vi·su·al ['vɪʃʊəl] *adj* □ **1.** Seh... **2.** visuell: ***~ aids*** *pl ped.* Anschauungsmaterial *n*, Lehrmittel *pl*; ***~ display unit*** *Computer*: Bildschirm *m*, Monitor *m.* **3.** optisch.

'vi·s·u·al·ize *v/t* sich *et.* vorstellen.

vi·su·al·iz·er ['vɪʒʊəlaɪzə] *s* graphischer Gestalter, Visualizer *m.*

vi·tal ['vaɪtl] *adj* (□ → ***vitally***) **1.** lebenswichtig (*Organ etc*). **2.** Lebens...: ***~ statistics*** *pl* Bevölkerungsstatistik *f*; F *humor.* Maße *pl* (*e-r Frau*). **3.** unbedingt notwendig (***to, for*** für): ***of ~ importance*** von größter Wichtigkeit. **4.** vital.

vi·tal·i·ty [~'tælətɪ] *s* Vitalität *f.*

vi·tal·ly ['~təlɪ] *adv* **1.** vital. **2.** sehr viel: ***~ important*** äußerst wichtig.

vit·a·min ['vɪtəmɪn] *s* Vitamin *n.* **~ pill** *s* Vitamintablette *f.*

vit·re·ous ['vɪtrɪəs] *adj* Glas...

vi·va ['vaɪvə] *Br.* F → ***viva voce.***

vi·va·cious [vɪ'veɪʃəs] *adj* □ lebhaft, temperamentvoll.

vi·va vo·ce ['vəʊsɪ] *s univ.* mündliche Prüfung.

viv·id ['vɪvɪd] *adj* □ **1.** hell (*Licht*); kräftig, leuchtend (*Farben*). **2.** anschaulich (*Schilderung etc*), lebhaft (*Fantasie*).

viv·i·sec·tion [ˌvɪvɪ'sekʃn] *s* Vivisektion *f.*

V neck [viː] *s* V-Ausschnitt *m.* **'V-necked** *adj* mit V-Ausschnitt.

vo·cab ['vəʊkæb] F → ***vocabulary*** 2.

vo·cab·u·lar·y [vəʊ'kæbjʊlərɪ] *s* **1.** Vokabular *n*, Wortschatz *m.* **2.** Vokabular *n*, Wortregister *n*, Wörterverzeichnis *n.*

vo·cal ['vəʊkl] **I** *adj* □ **1.** Stimm...: ***~ cords*** *pl anat.* Stimmbänder *pl.* **2.** ***~ music*** Vokalmusik *f.* **3.** F lautstark. **II** *s pl* **4.** ***~s: XY*** Gesang: XY.

vo·ca·tion [vəʊ'keɪʃn] *s* **1.** Begabung *f* (***for*** für). **2.** Berufung *f.*

vo'ca·tion·al [~ʃənl] *adj* Berufs...: ***~ counsellor*** Berufsberater(in); ***~ guidance*** Berufsberatung *f*; ***~ retraining*** berufliche Umschulung; ***~ training*** Berufsausbildung *f.*

vo·cif·er·ous [vəʊ'sɪfərəs] *adj* □ lautstark (*Protest etc*).

vod·ka ['vɒdkə] *s* Wodka *m.*

vogue [vəʊg] *s* Mode *f*: ***be in ~*** Mode sein; ***be all the ~*** große Mode sein. **~ word** *s* Modewort *n.*

voice [vɔɪs] **I** *s* **1.** Stimme *f* (*a. fig.*): ***give ~ to*** → 4. **2.** ***have a ~ in*** ein Mitspracherecht haben bei. **3.** → ***active*** 2, ***passive*** 2. **II** *v/t* **4.** zum Ausdruck bringen. **5.** *ling.* stimmhaft aussprechen. **~ box** *s anat.* Kehlkopf *m.*

voiced [vɔɪst] *adj ling.* stimmhaft.

'voice·less *adj ling.* stimmlos.

voice mail *s Computer*: Voicemail *f*, telefonische Nachricht.

voice·o·ver ['vɔɪsˌəʊvə] *s* Sprecherkommentar *m*, Off-Kommentar *m.*

voice rec·og·ni·tion *s Computer*: Spracherkennung *f.*

void [vɔɪd] **I** *adj* **1.** leer: ***~ of*** ohne. **2.** ⚖ nichtig, ungültig: → ***null.*** **II** *v/t* **3.** ⚖ nichtig *od.* ungültig machen. **III** *s* **4.** *fig.* (Gefühl *n* der) Leere.

vol·a·tile ['vɒlətaɪl] *adj* **1.** cholerisch (*Person, Temperament*); explosiv (*Lage etc*). **2.** ⚗ flüchtig, (*Öl*) ätherisch.

vol-au-vent ['vɒləʊvɑ̃ː] *s gastr.* Königinpastete *f.*

vol·can·ic [vɒl'kænɪk] *adj* (***~ally***) vulkanisch, Vulkan...

vol·ca·no [~'keɪnəʊ] *pl* **-no(e)s** *s* Vulkan *m.*

vo·li·tion [vəʊ'lɪʃn] *s*: ***of one's own ~*** aus freien Stücken.

vol·ley ['vɒlɪ] **I** *s* **1.** Salve *f*; (*Schlag- etc*)Hagel *m*: ***a ~ of curses*** ein Hagel von Verwünschungen. **2.** *Tennis*: Volley *m*, Flugball *m*; (*Fußball*) Volleyschuss *m*: ***take on the ~*** *Ball* volley nehmen. **II** *v/t* **3.** *Ball* volley schießen (***into the net*** ins Netz). **'~·ball** *s Sport*: Volleyball *m.*

volt [vəʊlt] *s* ⚡ Volt *n.*

'volt·age *s* ⚡ Spannung *f.*

vol·u·ble ['vɒljʊbl] *adj* □ **1.** redselig. **2.** wortreich.

vol·ume ['vɒljuːm] *s* **1.** Band *m*: ***a two-~ novel*** ein zweibändiger Roman; ***speak ~s*** *fig.* Bände sprechen. **2.** ℞, *phys.* Volumen *n*, Rauminhalt *m.* **3.** Volumen *n*, (*Verkehrs*)Aufkommen *n*: ***~ of trade*** (*od.* ***busi-***

ness) Handelsvolumen. **4.** Lautstärke *f*: ***at full ~*** in voller Lautstärke; ***turn to full ~*** *Radio etc* auf volle Lautstärke stellen, voll aufdrehen; ***turn the ~ up*** (***down***) lauter (leiser) drehen; ***~ control*** Lautstärkeregler *m*. **~ dis·count** *s* Mengenrabattt *m*.

vo·lu·mi·nous [və'luːmɪnəs] *adj* □ **1.** bauschig (*Kleidungsstück*). **2.** geräumig. **3.** umfangreich (*Bericht etc*).

vol·un·tar·y ['vɒləntərɪ] *adj* □ **1.** freiwillig: ***~ redundancy*** freiwilliges Ausscheiden (aus dem Betrieb); ***~ restraint agreement*** Selbstbeschränkungsabkommen *n*; ***~ service overseas*** *Br*. Entwicklungsdienst *m*. **2.** unbezahlt.

vol·un·teer [ˌvɒlən'tɪə] **I** *v/i* **1.** sich freiwillig melden (***for*** zu) (*a. mil.*). **II** *v/t* **2.** *Hilfe etc* anbieten: ***~ to do s.th.*** sich anbieten, et. zu tun. **3.** *et*. von sich aus sagen. **III** *s* **4.** Freiwillige *m*, *f* (*a. mil.*); freiwilliger Helfer, freiwillige Helferin.

vo·lup·tu·ous [və'lʌptʃʊəs] *adj* □ **1.** sinnlich (*Lippen*, *Mund*); üppig (*Formen*); aufreizend (*Bewegungen*). **2.** kurvenreich (*Frau*).

vom·it ['vɒmɪt] **I** *v/t* erbrechen, *Blut* spucken; *Feuer*, *Lava* speien, *Rauchwolken etc* ausstoßen. **II** *v/i* (sich er)brechen, sich übergeben.

vo·ra·cious [və'reɪʃəs] *adj* □ unersättlich (*Appetit*): ***he's a ~ reader of comics*** er verschlingt die Comics geradezu.

vor·tex ['vɔːteks] *pl* **-tex·es, -ti·ces** ['~tɪsiːz] *s* Strudel *m* (*a. fig.*), Wirbel *m*.

vote [vəʊt] **I** *s* **1.** Abstimmung *f* (***about, on*** über *acc*): ***put to the ~*** abstimmen lassen über (*acc*); ***take a ~ on*** abstimmen über; → ***censure*** 1. **2.** Stimme *f*; Stimmzettel *m*, Stimme *f*: ***cast one's ~ for, give one's ~ to*** stimmen für, *j-m* s-e Stimme geben. **3.** *a. pl* Wahlrecht *n*: ***get the ~*** wahlberechtigt werden. **II** *v/i* **4.** wählen: ***~ for*** (***against***) stimmen für (gegen). **5.** ***~ on*** abstimmen über (*acc*). **III** *v/t* **6.** wählen: ***~ out of office*** abwählen. **7.** ***~ s.o. s.th.*** j-m et. bewilligen. **8.** ***~ that*** F vorschlagen, dass.

'vot·er *s* Wähler(in).

vouch [vaʊtʃ] *v/i*: ***~ for*** sich verbürgen für; bürgen für.

'vouch·er *s* **1.** Gutschein *m*. **2.** Beleg *m*.

vow [vaʊ] **I** *s* Gelöbnis *n*: ***make*** (*od*. ***take***) ***a ~*** ein Gelöbnis ablegen. **II** *v/t* geloben, schwören (***to do*** zu tun).

vow·el ['vaʊəl] *s ling*. Vokal *m*, Selbstlaut *m*.

voy·age ['vɔɪɪdʒ] *s* (See)Reise *f*.

VSO [ˌviːes'əʊ] ***voluntary service overseas*** *Br*. Entwicklungsdienst.

VSOP ***very special*** (*od*. ***superior***) ***old pale*** *Qualitätsbezeichnung für 20-25 Jahre alten Weinbrand, Portwein etc*.

VTOL ['viːtɒl] ***vertical takeoff and landing*** (***aircraft***) Senkrechtstart(er) *m*.

vul·can·ize ['vʌlkənaɪz] *v/t* vulkanisieren.

vul·gar ['vʌlgə] *adj* □ **1.** vulgär, ordinär. **2.** geschmacklos.

vul·ner·a·ble ['vʌlnərəbl] *adj* □ **1.** *fig*. verletz-, verwundbar; schutzbedürftig. **2.** anfällig (***to*** für).

vul·ture ['vʌltʃə] *s orn*. Geier *m*.

vv, v.v. ***vice versa*** v.v., umgekehrt.

W

W[1] ['dʌblju:] *pl* **W's** *s* W *n*.

W[2] ***west*** W, West(en *m*); ***west***(***ern***) w, westlich; ***watt***(***s***) W, Watt *n od. pl.*

w. ***with*** mit; ***width*** Br., Breite *f*.

wack·y ['wækɪ] *adj* □ F verrückt.

wad [wɒd] *s* **1.** (*Papier- etc*)Knäuel *m*; (*Watte- etc*)Bausch *m*. **2.** Bündel *n* (*Banknoten etc*).

wad·dle ['wɒdl] *v/i* watscheln.

wade [weɪd] **I** *v/t* durchwaten. **II** *v/i* waten: **~ *across*** → I; **~ *in*** hineinwaten; F sich einmischen; **~ *into*** waten in (*acc*); F losgehen auf *j-n*; sich reinknien in *e-e Arbeit*; **~ *through*** waten durch; F sich durchkämpfen durch, *Fachliteratur etc a.* durchackern.

'wad·ing *adj*: **~ *pool*** *Am.* Plan(t)schbecken *n*.

wa·fer ['weɪfə] *s* **1.** (*bsd.* Eis)Waffel *f*. **2.** *eccl.* Hostie *f*.

waf·fle[1] ['wɒfl] *s* Waffel *f*.

waf·fle[2] [~] *v/i bsd. Br.* F schwafeln.

waft [wɑ:ft] **I** *v/i* ziehen (*Duft etc*). **II** *v/t* wehen.

wag[1] [wæg] **I** *v/t*: **~ *one's finger at*** *j-m* mit dem Finger drohen; **~ *its tail*** mit dem Schwanz wedeln. **II** *v/i* wedeln (*Schwanz*): ***tongues will*** **~** das wird Gerede geben; ***set tongues*** **~*ging*** für Gerede sorgen. **III** *s*: ***with a*** **~ *of its tail*** schwanzwedelnd.

wag[2] [~] *s* F unterhaltsamer Mensch.

wage[1] [weɪdʒ] *s mst pl* Lohn *m*; Gehalt *n*: **~ *and salary earners*** *pl* Erwerbstätige *pl*; ***standard*** **~** Tariflohn *m*.

wage[2] [~] *v/t*: **~ (*a*) *war against*** (*od.* ***on***) *mil.* Krieg führen gegen; *fig.* e-n Feldzug führen gegen.

wage| bill *s* Lohnsumme *f*. **~ brack·et** *s* Lohn-, Gehaltsgruppe *f*. **~ costs** *s pl* Lohnkosten *pl*. **~ cut** *s* Lohnkürzung *f*. **~ deal** *s* Lohnabschluss *m*. **~ de·mand** *s* Lohn- *od.* Gehaltsforderung *f*. **~-de·pen·dent** *adj* lohnabhängig. **~ earn·er** *s* Lohnempfänger(in), Verdiener(in): ***be a*** **~** berufstätig sein; ***be a big*** **~** viel verdienen. **'~-ˌearn·ing** *adj*: **~ *population*** erwerbstätige Bevölkerung. **~ floor** *s* Mindestlohn *m*, Lohnuntergrenze *f*. **~ freeze** *s* Lohnstopp *m*. **~ in·ci·den·tals** *s pl* Lohnnebenkosten *pl*. **~ lev·el** *s* Lohnniveau *n*. **~ pack·et** *s* Lohn- *od.* Gehaltstüte *f*. **ˌ~-'price spir·al** *s* Lohn--Preis-Spirale *f*.

wa·ger ['weɪdʒə] **I** *s* Wette *f*: ***have*** (*od.* ***place***) ***a*** **~ *on*** e-e Wette abschließen *od.* eingehen auf (*acc*). **II** *v/t*: ***I'll*** **~ *that*** ich wette, dass.

wage| rate *s* Lohnrate *f*, Lohnsatz *m*. **'~-reˌlat·ed** *adj*: **~ *pension*** dynamische Rente. **~ re·straint** *s* restriktive Lohnpolitik. **~ rise** *s* Lohn- *od.* Gehaltserhöhung *f*. **~ set·tle·ment** *s* Tarifabschluss *m*, Tarifvereinbarung *f*. **~ tax** *s* Lohnsteuer *f*: **~ *card*** Lohnsteuerkarte *f*.

wag·gle ['wægl] *v/i u. v/t* F wackeln (mit).

wag·gon *Br.* → ***wagon***.

wag·on ['wægən] *s* **1.** Fuhrwerk *n*, Wagen *m*: ***be on the*** **~** F keinen Alkohol (mehr) trinken. **2.** 🚂 *Br.* (offener) Güterwagen. **3.** *Am.* (*Tee- etc*)Wagen *m*.

wail [weɪl] **I** *v/i* jammern (*Person*); heulen (*Sirene, Wind*). **II** *v/t* jammern. **III** *s* Jammern *n*; Heulen *n*.

wain·scot ['weɪnskət] *s* **1.** Fuß(boden)-, Scheuerleiste *f*. **2.** (Wand)Täfelung *f*.

waist [weɪst] *s* Taille *f*: → ***strip*** 1. **~·coat** ['weɪskəʊt] *s bsd. Br.* Weste *f*. **'~·line** *s* Taille *f*: ***I'm watching my*** **~** ich muss auf m-e Linie achten.

wait [weɪt] **I** *v/i* **1.** warten (***for, on*** auf *acc*; [***for***] ***10 minutes*** 10 Minuten): **~ *for s.o.*** *a.* j-n erwarten; **~ *for s.o. to do s.th.*** darauf warten, dass j-d et. tut; warten, bis j-d et. tut; ***this can*** **~** das kann warten, das hat Zeit (***until*** bis); ***keep s.o. waiting*** j-n warten lassen; ***I can't*** **~ *to see him*** ich kann es kaum erwarten, ihn zu sehen; **~ *and see!*** warte es ab!; ***I'll have to*** **~ *and see how ...*** ich muss abwarten, wie ...; **~ *up*** F aufbleiben (***for*** wegen). **2.** **~ *on s.o.*** j-n (*bsd. im Restaurant*) bedienen; **~ *at*** (*Am.* ***on***) ***table*** bedienen. **II** *v/t* **3.** **~ *one's chance*** auf e-e günstige Gelegenheit warten (***to do*** zu tun); **~ *one's turn*** warten, bis man an der Reihe ist. **4.** **~ *breakfast for s.o.*** *bsd. Am.* F mit dem Frühstück auf j-n warten. **III** *s* **5.** Wartezeit *f*: ***have a long*** **~** lange warten müssen. **6.** ***lie in*** **~ *for s.o.*** j-m auflauern.

'wait·er *s* Kellner *m*, Ober *m*, (*Anrede*) (Herr) Ober.

'wait·ing ['weɪtɪŋ] **I** *s* Warten *n*: ***"no ~"*** „Halt(e)verbot". **II** *adj*: ***play a ~ game*** (***with s.o.***) j-n hinhalten; ***~ list*** Warteliste *f*; ***~ room*** 🚂 Wartesaal *m*; ⚕ *etc* Wartezimmer *n*.

wait·ress ['~rɪs] *s* Kellnerin *f*, Bedienung *f*, *schweiz*. Serviertochter *f*.

waive [weɪv] *v/t* verzichten auf (*acc*).

'waiv·er *s* Verzicht *m* (***of*** auf *acc*); Verzichtserklärung *f*.

wake¹ [weɪk] *s* ⚓ Kielwasser *n*: ***follow in the ~ of*** *fig*. folgen auf (*acc*); ***leave s.th. in one's ~*** *fig*. et. zurücklassen.

wake² [~] (*irr*) **I** *v/t a*. ***~ up*** (auf)wecken; *fig*. wecken, wachrufen: ***~ s.o. to s.th.*** *fig*. j-m et. bewusst machen. **II** *v/i a*. ***~ up*** aufwachen, wach werden: ***~ to s.th.*** *fig*. sich e-r Sache bewusst werden.

wake·ful ['~fʊl] *adj* □ schlaflos.

wak·en ['~ən] **I** *v/t a*. ***~ up*** (auf)wecken. **II** *v/i a*. ***~ up*** aufwachen, wach werden.

'wak·ing *adj*: ***he spends all his ~ hours studying*** er lernt von früh bis spät.

Wales [weɪlz] *npr* Wales *n*.

walk [wɔːk] **I** *s* **1.** Spaziergang *m*; Wanderung *f*: ***go for*** (*od*. ***have, take***) ***a ~*** e-n Spaziergang machen, spazieren gehen; ***the church is just a five-minute ~ from here*** zu Fuß sind es nur fünf Minuten bis zur Kirche. **2.** Spazier-, Wanderweg *m*. **3.** Gang *m*. **4.** ***from all ~s*** (*od*. ***every ~***) ***of life*** *Leute* aus allen Berufen (*od*. Schichten). **II** *v/i* **5.** (zu Fuß) gehen, laufen; spazieren gehen; wandern: ***~ into*** hineingehen in (*acc*), hereinkommen in (*acc*); *fig*. in *e-e Falle* gehen; ***~ over*** F *j-n* unterbuttern; (*Sport*) *j-n* in die Tasche stecken. **III** *v/t* **6.** *Strecke* gehen, laufen: → ***street***. **7.** *j-n* bringen (***to*** zu; ***home*** nach Hause); *Hund* ausführen.

Verbindungen mit Adverbien:

walk| a·way *v/i* **1.** → ***walk off***. **2.** ***~ from*** bei *e-m Unfall* (fast) unverletzt bleiben. ***~ in*** *v/i* hineingehen, hereinkommen. ***~ off*** *v/i* **1.** fort-, weggehen. **2.** ***~ with*** F abhauen mit; *Preis etc* locker gewinnen. ***~ out*** *v/i* **1.** hinausgehen; (unter Protest) den Saal verlassen, ausziehen: ***~ of a meeting*** e-e Versammlung (unter Protest) verlassen; ***~ on s.o.*** F j-n verlassen; j-n sitzen lassen. **2.** in (den) Streik treten. ***~ up*** *v/i* **1.** hinaufgehen, heraufkommen. **2.** ***~ to s.o.*** auf j-n zugehen; ***~!*** treten Sie näher!

'walk·aˌbout *s bsd. Br*. F Bad *n* in der Menge: ***do*** (*od*. ***go on***) ***a ~*** ein Bad in der Menge nehmen.

walk·er ['wɔːkə] *s* **1.** Spaziergänger(in); Wand(e)rer *m*, Wand(r)erin *f*: ***be a fast ~*** schnell gehen. **2.** *Sport*: Geher(in).

walk·ies ['~ɪz] *s pl*: ***go ~*** *Br*. F Gassi gehen.

walk·ie-talk·ie [ˌwɔːkɪ'tɔːkɪ] *s* Walkie-Talkie *n*, tragbares Funksprechgerät.

'walk-in *adj* begehbar (*Schrank*).

walk·ing ['wɔːkɪŋ] **I** *s* Laufen *n* (*a. Sport*), Gehen *n*; Spazierengehen *n*; Wandern *n*. **II** *adj*: ***a ~ dictionary*** F ein wandelndes Wörterbuch; ***get one's ~ papers*** *Am*. F den Laufpass bekommen (*von Firma od. Freundin*); ***~ shoes*** *pl* Wanderschuhe *pl*; ***~ stick*** Spazierstock *m*; ***~ tour*** Wanderung *f*.

Walk·man ['wɔːkmən] *pl* **-mans** *s* (*TM*) Walkman *m*.

'walk|-on *thea*. **I** *adj* **1.** ***~ part*** → 2. **II** *s* **2.** Statistenrolle *f*. **3.** Statist(in). **'~-out** *s* **1.** Auszug *m* (***by, of*** *e-r Delegation etc*). **2.** Ausstand *m*, Streik *m*. **'~ˌo·ver** *s* F lockerer Sieg.

wall [wɔːl] **I** *s* **1.** Wand *f* (*a. fig*.): ***~ of fire*** Feuerwand; ***~s have ears*** die Wände haben Ohren; ***drive up the ~*** F *j-n* wahnsinnig machen; ***go to the ~*** kaputtgehen (*Firma etc*). **2.** Mauer *f* (*a. fig*.): ***~ of silence*** Mauer des Schweigens. **II** *v/t* **3.** mit e-r Mauer umgeben: ***~ed*** von Mauern umgeben; ***~ in*** einmauern; ***~ off*** durch e-e Mauer abtrennen (***from*** von); ***~ up*** zu- *od*. einmauern. **'~-chart** *s* Wandkarte *f*.

wal·let ['wɒlɪt] *s* Brieftasche *f*.

'wallˌflow·er *s fig*. F Mauerblümchen *n*.

wal·lop ['wɒləp] F **I** *s* **1.** Ding *n* (*harter Schlag*): ***give*** *s.o.* ***a ~*** → 2. **II** *v/t* **2.** *j-m* ein Ding verpassen. **3.** *Sport*: *j-n* in die Pfanne hauen (***at*** in *dat*).

'wal·lop·ing *adj u. adv*: ***~*** (***great***) F riesig, Mords...

wal·low ['wɒləʊ] *v/i*: ***~ in*** sich wälzen in (*dat*), (*Tier a*.) sich suhlen in (*dat*): ***~ in luxury*** im Luxus schwelgen; ***~ in self-pity*** sich in Selbstmitleid ergehen.

wall| paint·ing *s* Wandgemälde *n*. **'~ˌpa·per** **I** *s* Tapete *f*. **II** *v/t* tapezieren. **ˌ~-to-'~** *adj*: ***~ carpeting*** Spannteppich *m*, Teppichboden *m*.

wal·ly ['wɒlɪ] *s Br*. F Trottel *m*.

wal·nut ['wɔːlnʌt] *s* 🌿 Walnuss(baum *m*) *f*. ***~ cake*** *s* Nusskuchen *m*.

wal·rus ['wɔːlrəs] *pl* **-rus·es,** *bsd. coll*. **-rus** *s zo*. Walross *n*. ***~ m(o)us·tache*** *s* Seehundsbart *m*.

waltz [wɔːls] **I** *s* ♪ Walzer *m*. **II** *v/i* Walzer tanzen; walzen.

wand [wɒnd] *s* (*Zauber*)Stab *m*.

wan·der ['wɒndə] *v/i* **1.** wandern; bummeln, schlendern: ***~ about*** (*od*. ***around***) herumirren; ***~ off*** verschwinden. **2.** ***~ from*** (*od*. ***off***) ***the topic*** vom Thema abschweifen. **3.** ***his mind ~s*** er kann sich schlecht konzentrieren.

'wan·der·ings *s pl* **1.** Reisen *pl*. **2.** ***he's off***

on his ~ again er ist wieder mal verschwunden.

wane [weɪn] **I** *v/i* abnehmen (*Mond*); *fig.* schwinden (*Einfluss etc*). **II** *s*: ***be on the ~*** im Schwinden begriffen sein.

wan·gle ['wæŋgl] *v/t* F **1.** *Eintrittskarten etc* organisieren: ***~ s.th. out of s.o.*** j-m et. abluchsen. **2.** ***~ one's way out of*** sich herauswinden aus. **3.** ***I'll ~ it*** ich werde das Kind schon schaukeln.

wank [wæŋk] *v/i Br.* V wichsen (*masturbieren*).

'wank·er *s Br. fig.* V Wichser *m.*

wan·na ['wɒnə] F *für* ***want to; want a.***

want [wɒnt] **I** *v/t* **1.** *et.* wollen: ***he knows what he ~s*** er weiß, was er will; ***~ to do s.th.*** et. tun wollen; ***~ s.o. to do s.th.*** wollen, dass j-d et. tut; ***~ s.th. done*** wollen, dass et. getan wird; ***it ~s doing at once*** F es muss sofort erledigt werden. **2.** *j-n* brauchen; *j-n* sprechen wollen: ***you are ~ed on the phone*** du wirst am Telefon verlangt. **3.** ***be ~ed*** (*polizeilich*) gesucht werden (***for*** wegen). **4.** F *et.* brauchen, nötig haben. **5.** F ***you ~ to see a doctor*** du solltest zum Arzt gehen; ***he doesn't ~ to smoke that much*** er sollte nicht so viel rauchen. **II** *v/i* **6.** wollen: ***I don't ~ to*** ich will nicht; ***~ in*** (***out***) F rein-(raus)wollen. **7.** ***he does not ~ for anything*** es fehlt ihm an nichts. **III** *s* **8.** Mangel *m* (***of*** an *dat*): ***for ~ of*** mangels (*gen*), in Ermang(e)lung (*gen*); ***be in ~ of*** *et.* benötigen, brauchen. **9.** Bedürfnis *n*, Wunsch *m.* **10.** ***live in ~*** Not leiden, in Armut leben. **~ ad** *s* Kleinanzeige *f.*

want·ed ['wɒntɪd] *adj*: ***he's a ~ man*** er wird (*polizeilich*) gesucht; er ist ein viel gefragter Mann.

'want·ing *adj*: ***they are ~ in*** es fehlt *od.* mangelt ihnen an (*dat*); ***be found ~*** den Ansprüchen nicht genügen.

wan·ton ['wɒntən] *adj* □ **1.** mutwillig. **2.** liederlich (*Frau, Leben*). **3.** lüstern (*Blick etc*).

war [wɔː] *s* Krieg *m* (*a. fig.*); *fig.* Kampf *m* (***against*** gegen): ***be at ~ with*** sich im Krieg(szustand) befinden mit; *fig.* auf (dem) Kriegsfuß stehen mit; ***declare ~ on*** *j-m* den Krieg erklären, *fig. a. j-m* den Kampf ansagen; → ***wage²***.

war·ble [wɔːbl] *v/i* trillern (*Vogel*).

war| cem·e·ter·y *s* Soldatenfriedhof *m.* **~ crime** *s* Kriegsverbrechen *n.* **~ crim·i·nal** *s* Kriegsverbrecher(in). **~ cry** *s* **1.** *mil. hist.* Schlachtruf *m.* **2.** *fig.* Parole *f.*

ward [wɔːd] **I** *s* **1.** Station *f* (*e-s Krankenhauses*). **2.** *pol. Br.* Stadtbezirk *m.* **3.** ⚖ Mündel *n.* **II** *v/t* **4.** ***~ off*** *Schlag etc* abwehren, *Gefahr etc* abwenden.

'ward·en *s* **1.** Aufseher(in): → ***traffic warden.*** **2.** Haus-, Herbergsvater *m*, -mutter *f*; Heimleiter(in). **3.** *Am.* (Gefängnis)Direktor(in).

'ward·er *s Br.* Aufsichtsbeamte *m*, -beamtin *f* (*in Gefängnis*).

ward·robe ['wɔːdrəʊb] *s* **1.** (Kleider-) Schrank *m.* **2.** Garderobe *f* (*Kleiderbestand*).

ware [weə] *s in Zssgn* (*Glas- etc*)Waren *pl*: → ***tableware.***

'ware·house *s* Lager(haus) *n*: ***~ fees*** *pl* Lagergebühren *pl.*

war·fare ['wɔːfeə] *s* Krieg(führung *f*) *m.*

war| game *s* Kriegsspiel *n* (*a. für Kinder etc*), Planübung *f.* **'~·head** *s mil.* Spreng-, Gefechtskopf *m.* **'~·like** *adj* **1.** kriegerisch. **2.** Kriegs...

warm [wɔːm] **I** *adj* □ **1.** warm (*a. fig. Farben, Stimme*): ***I am*** (*od.* ***feel***) ***~*** mir ist warm; ***dress ~ly*** sich warm anziehen. **2.** *fig.* warm, herzlich (*Empfang*). **II** *s* **3.** ***come into the ~*** *bsd. Br.* F komm ins Warme! **III** *v/t* **4.** *a.* ***~ up*** wärmen, sich *die Hände etc* wärmen. **IV** *v/i* **5.** *a.* ***~ up*** warm *od.* wärmer werden, sich erwärmen: ***~ to*** *fig.* sich für *j-n, et.* erwärmen.

Verbindungen mit Adverbien:

warm| o·ver *v/t* **1.** *Am.* → ***warm up*** 2. **2.** *bsd. Am. fig. alte Geschichten etc* aufwärmen. **~ up I** *v/t* **1.** → ***warm*** 4. **2.** *Br. Speise* aufwärmen. **3.** *Motor* warm laufen lassen. **4.** F Schwung bringen in (*acc*). **II** *v/i* **5.** → ***warm*** 5. **6.** *Sport*: sich aufwärmen. **7.** F in Schwung kommen.

ˌwarm|-'blood·ed *adj zo.* warmblütig: ***~ animal*** Warmblüter *m.* **ˌ~-'heart·ed** *adj* □ **1.** warmherzig. **2.** → ***warm*** 2.

'warˌmon·ger *s* Kriegshetzer(in).

warm start *s Computer u. mot.* Warmstart *m.*

warmth ['wɔːmθ] *s* Wärme *f*, *fig. a.* Herzlichkeit *f.*

'warm-up *s Sport*: Aufwärmen *n*: ***have a ~*** sich aufwärmen. **~ time** *s tech.* Anwärmzeit *f.*

warn [wɔːn] **I** *v/t* **1.** *j-n* warnen (***against, of*** vor *dat*): ***~ s.o. not to do*** (*od.* ***against doing***) ***s.th.*** j-n davor warnen, et. zu tun; ***~ off*** verscheuchen (von, aus). **2.** *j-n* verständigen (***of*** von; ***that*** davon, dass). **II** *v/i* **3.** warnen (***against, of*** vor *dat*).

'warn·ing I *s* **1.** Warnung *f* (***of*** vor *dat*): ***without ~*** ohne Vorwarnung; ***let this be a ~ to you*** lass dir das e-e Warnung sein!, das soll dir e-e Warnung sein! **2.** Verwarnung *f*: ***he was given a written ~*** *a.* er wurde schriftlich verwarnt. **II** *adj* **3.** Warn...: ***~ shot*** Warnschuss *m*; ***~ signal*** Warnsignal *n* (*a. fig.*); ***~ triangle*** Warndreieck *n.*

warp [wɔːp] *v/i* sich verziehen *od.* werfen (*Holz*): ***he must have a ~ed mind*** *fig.* er muss abartig veranlagt sein.
war| paint *s* Kriegsbemalung *f* (*a. humor. Make-up*). **'~·path** *s*: ***be on the ~*** auf dem Kriegspfad sein.
war·rant ['wɒrənt] **I** *v/t* **1.** *et.* rechtfertigen. **II** *s* **2.** ⚖ ***~ of arrest*** Haftbefehl *m*; ***issue a ~ for s.o.'s arrest*** Haftbefehl gegen j-n erlassen; → ***death warrant, search warrant.*** **3.** Rechtfertigung *f.* **4.** *a.* ***dock ~*** Lagerschein *m.*
war·ran·tee [ˌwɒrən'tiː] *s* Garantienehmer *m.*
war·ran·tor ['wɒrəntɔː] *s* Garant *m*, Garantiegeber *m.*
'war·ran·ty *s* Garantie(erklärung) *f*: ***the watch is still under ~*** auf der Uhr ist noch Garantie. **~ cer·tif·i·cate** *s* Garantieschein *m.* **~ claim** *s* Gewährleistungsanspruch *m.* **~ clause** *s* Garantieklausel *f.*
war·ri·or ['wɒrɪə] *s* Krieger(in).
War·saw ['wɔːsɔː] *npr* Warschau *n.*
'war·ship *s* Kriegsschiff *n.*
wart [wɔːt] *s* Warze *f*: ***~s and all*** F ohne jede Beschönigung.
'war·time I *s*: ***in ~*** in Kriegszeiten. **II** *adj* Kriegs...: ***in ~ Germany*** in Deutschland während des Kriegs.
war·y ['weərɪ] *adj* □ vorsichtig: ***be ~ of*** (*od.* ***about***) sich in Acht nehmen vor (*dat*); ***be ~ of doing s.th.*** Bedenken haben, et. zu tun.
was [wɒz] **1.** *ich, er, sie, es* war. **2.** *Passiv*: *ich, er, sie, es* wurde.
wash [wɒʃ] **I** *s* **1.** Wäsche *f*: ***be in the ~*** in der Wäsche sein; ***come out in the ~*** *fig.* F rauskommen; gut werden; ***give s.th. a ~*** et. waschen; ***have a ~*** sich waschen. **2.** Waschanlage *f*, -straße *f.* **3.** ⚕ (*Mund*)Wasser *n.* **II** *v/t* **4.** waschen, sich *die Hände etc* waschen: ***get ~ed*** sich waschen; → ***linen*** 2. **III** *v/i* **5.** sich waschen. **6.** sich *gut etc* waschen (lassen). **7.** ***that won't ~*** F das glaubt kein Mensch.
Verbindungen mit Adverbien:
wash| a·way *v/t* wegschwemmen, -spülen. **~ down** *v/t* **1.** *Wagen etc* waschen, abspritzen. **2.** *Essen etc* hinunterspülen (***with*** mit). **~ out** *v/t* **1.** auswaschen. **2.** ***be ~ed out*** (*Sport etc*) wegen Regens abgesagt *od.* abgebrochen werden. **~ up I** *v/i* **1.** *Br.* abwaschen, (das) Geschirr spülen. **2.** *Am.* → ***wash*** 5. **II** *v/t* **3.** anschwemmen, anspülen.
wash·a·ble ['wɒʃəbl] *adj* waschbar, -echt, (*Tapete*) abwaschbar.
'wash|·bag *s Am.* Kulturbeutel *m.* **'~ˌba·sin** *s*, **'~·bowl** *s Am.* Waschbecken *n*, *schweiz.* Lavabo *n.* **'~·cloth** *s Am.* Waschlappen *m.* **'~·day** *s* Waschtag *m.*

washed-out [ˌwɒʃt'aʊt] *adj* **1.** verwaschen. **2.** F schlapp, erschöpft.
'washer *s* **1.** (*Geschirr*)Spülmaschine *f*; *Am.* Waschmaschine *f.* **2.** → ***dishwasher*** 1. **3.** *tech.* Unterlegscheibe *f.*
wash·ing ['wɒʃɪŋ] **I** *s* Wäsche *f* (*a. Textilien*). **II** *adj* Wasch...: ***~ day*** Waschtag *m*; ***~ machine*** Waschmaschine *f.*
Wash·ing·ton ['wɒʃɪŋtən] *Hauptstadt der USA.*
ˌwash·ing-'up *s Br.* Abwasch *m* (*a. Geschirr*): ***do the ~*** den Abwasch machen; ***~ liquid*** (Geschirr)Spülmittel *n.*
'wash|·out *s* F Pleite *f.* **'~·room** *s Am.* Toilette *f.*
was·n't ['wɒznt] F *für* ***was not.***
wasp ['wɒsp] *s zo.* Wespe *f.*
'wasp·ish *adj* □ giftig.
wast·age ['weɪstɪdʒ] *s* **1.** Verlust *m*, Schwund *m.* **2.** Verschleiß *m.* **3.** Verschwendung *f.* **4.** Abgang *m*: ***labour ~, natural ~*** natürlicher Abgang von Arbeitskräften.
waste [weɪst] **I** *v/t* **1.** *Geld, Zeit etc* verschwenden, -geuden (***on*** an *acc*, für); *Chance etc* vergeben: ***~ one's time doing s.th.*** s-e Zeit damit verschwenden, et. zu tun; → ***breath*** 1. **2.** *j-n* auszehren. **II** *v/i* **3.** ***~ away*** immer schwächer werden (*Person*). **III** *adj* **4.** ungenutzt, überschüssig; Abfall... **5.** brachliegend (*Land*). **IV** *s* **6.** Verschwendung *f*: ***~ of time*** Zeitverschwendung. **7.** Abfall *m*; Müll *m.* **~ a·void·ance** *s* Müllvermeidung *f.* **'~ˌbas·ket** *s* Papierkorb *m.* **~ dis·pos·al** *s* Abfall-, Müllbeseitigung *f*, Müllentsorgung *f*: ***~ company*** Entsorgungsfirma *f*; ***~ plant*** Entsorgungsanlage *f*; ***~ site*** Mülldeponie *f.*
waste·ful ['weɪstfʊl] *adj* □ verschwenderisch: ***it is ~*** *a.* es ist Verschwendung (***to do*** zu tun).
waste in·cin·e·ra·tion *s* Müllverbrennung *f*: ***~ plant*** Müllverbrennungsanlage *f.*
waste man·age·ment *s* Abfallbehandlung *f.*
ˌwaste'pa·per *s* Altpapier *n.* **~ bas·ket** *s* Papierkorb *m.*
waste prod·uct *s* Abfallprodukt *n.*
wast·er ['weɪstə] *s* Verschwender(in): ***be a real time ~*** reine Zeitverschwendung sein.
waste| re·duc·tion *s* Müllreduzierung *f.* **~ sep·a·ra·tion** *s* Mülltrennung *f.* **~ treat·ment** *s* Abfallverwertung *f.*
watch [wɒtʃ] **I** *s* **1.** (*Armband-, Taschen*)Uhr *f.* **2.** Wache *f*: ***be on the ~ for*** Ausschau halten nach; auf der Hut sein vor (*dat*); ***keep*** (***a***) ***careful*** (*od.* ***close***) ***~ on*** *et.* genau beobachten, scharf im Auge behalten. **II** *v/t* **3.** beobachten; zuschauen bei, sich *et.* anse-

hen: ~ ***s.o. do(ing) s.th.*** beobachten, wie j-d et. tut; ~ ***the clock*** F ständig auf die Uhr schauen; → ***television*** 1, ***TV*** 1. **4.** aufpassen auf (*acc*); achten auf (*acc*): ~ ***you don't spill the coffee*** pass auf, dass du den Kaffee nicht verschüttest; ~ ***it!*** F pass auf!, Vorsicht!; ~ ***one's step*** *fig.* aufpassen. **III** *v/i* **5.** zuschauen: ~ ***for*** a) *a.* ~ ***out for*** Ausschau halten nach, b) warten auf (*acc*). **6.** ~ ***out!*** pass auf!, Vorsicht!; ~ ***out for*** sich in Acht nehmen vor (*dat*).

watch·ful ['wɒtʃfʊl] *adj* □ wachsam: ***be ~ for*** achten auf (*acc*).

'watch|ˌmak·er *s* Uhrmacher(in). **~·man** ['~mən] *s* (*irr* ***man***) Wachmann *m*, Wächter *m*. **'~·strap** *s* Uhr(arm)band *n*. **'~ˌtow·er** *s* Wachturm *m*.

wa·ter ['wɔːtə] **I** *s* **1.** Wasser *n*: ***be under ~*** unter Wasser stehen; ***that's all ~ under the bridge*** *fig.* das ist Schnee von gestern; ***have ~ on the knee*** ⚕ Wasser im Knie haben; ***throw cold ~ on*** *fig. e-r Sache* e-n Dämpfer aufsetzen; → ***deep*** 1, ***head*** 8, ***high water***, ***hot*** 1. **2.** *pl* Gewässer *pl*; Wasser *pl* (*e-s Flusses etc*): ***still ~s run deep*** *fig.* stille Wasser sind tief; → ***trouble*** 4. **II** *v/t* **3.** *Blumen* gießen, *Rasen etc* sprengen. **4.** *Vieh* tränken. **5.** ~ ***down*** verdünnen, -wässern; *fig.* abschwächen. **III** *v/i* **6.** tränen (*Augen*): ***the sight made my mouth ~*** bei dem Anblick lief mir das Wasser im Mund zusammen. **'~·bed** *s* Wasserbett *n*. **~ bird** *s* Wasservogel *m*. **~ blis·ter** *s* ⚕ Wasserblase *f*. **~ buf·fa·lo** *s zo.* Wasserbüffel *m*. **~ butt** *s* Regentonne *f*. **~ can·non** *s* (*a. irr* ***cannon***) Wasserwerfer *m*. **'~ˌcol·o(u)r** *s* **1.** Wasser-, Aquarellfarbe *f*. **2.** Aquarellmalerei *f*. **3.** Aquarell *n*. **'~·course** *s* Wasserlauf *m*. **'~·cress** *s* ⚘ Brunnenkresse *f*. **'~·fall** *s* Wasserfall *m*. **'~·front** *s* Hafenviertel *n*. **'~·hole** *s* Wasserloch *n*. **~ ice** *s bsd. Br.* Fruchteis *n*.

wa·ter·ing ['wɔːtərɪŋ] *adj*: ~ ***can*** (*Am. a.* ***pot***) Gießkanne *f*.

wa·ter| jump *s Sport*: Wassergraben *m*. **~ lev·el** *s* Wasserstand *m*. **~ lil·y** *s* ⚘ Seerose *f*.

Wa·ter·loo [ˌwɔːtə'luː] *s*: ***meet one's ~*** sein Waterloo erleben.

'wa·ter|·mark *s* Wasserzeichen *n*. **'~ˌmel·on** *s* ⚘ Wassermelone *f*. **~ pipe** *s* **1.** Wasserrohr *n*. **2.** Wasserpfeife *f*. **~ pis·tol** *s* Wasserpistole *f*. **~ po·lo** *s Sport*: Wasserball(spiel *n*) *m*. **'~ˌpow·er** *s* Wasserkraft *f*. **'~·proof I** *adj* wasserdicht. **II** *s bsd. Br.* Regenmantel *m*. **III** *v/t* wasserdicht machen, imprägnieren. **'~·side** *s* Ufer *n*. **~ ski** *s* Wasserski *m*. **'~-ski** *v/i* Wasserski laufen. **~ ski·ing** *s* Wasserskilaufen *n*. **~ sup·ply** *s* Wasserversorgung *f*; Wasserreserven *pl*. **~ ta·ble** *s* Grundwasserspiegel *m*. **'~·tight** *adj* wasserdicht, *fig. a.* hieb- u. stichfest. **~ va·po(u)r** *s* Wasserdampf *m*. **'~·way** *s* Wasserstraße *f*. **'~-wheel** *s* Wasserrad *n*. **'~·wings** *s pl* Schwimmflügel *pl*. **'~·works** *s pl* (*oft sg konstruiert*) Wasserwerk *n*: ***turn on the ~*** F zu heulen anfangen.

wa·ter·y ['wɔːtərɪ] *adj* wäss(e)rig.

watt [wɒt] *s* ⚡ Watt *n*.

wave [weɪv] **I** *v/t* **1.** schwenken; winken mit: ~ ***one's hand*** winken; ~ ***s.o. goodbye*** j-m nachwinken, j-m zum Abschied zuwinken. **2.** ~ ***aside*** *j-n* beiseite winken; *fig. j-n, et.* abweisen; ~ ***away*** *j-n* mit e-r Handbewegung verscheuchen; ~ ***on*** *j-n, Verkehr* weiterwinken. **3.** *Haar* wellen, in Wellen legen. **II** *v/i* **4.** winken: ~ ***at*** (*od.* ***to***) ***s.o.*** j-m zuwinken. **5.** wehen (*Fahne etc*). **6.** sich wellen (*Haar*). **III** *s* **7.** *allg.* Welle *f* (*a. fig.*): → ***Mexican***. **8.** ***give a friendly ~*** freundlich winken; ***give s.o. a ~*** j-m zuwinken. **'~-length** *s* ⚡, *phys.* Wellenlänge *f*: ***we are on different ~s*** *fig.* wir haben nicht die gleiche Wellenlänge.

wa·ver ['weɪvə] *v/i* **1.** flackern (*Licht*, *Augen*), zittern (*Stimme*). **2.** *fig.* schwanken (***between*** zwischen *dat*).

wav·y ['weɪvɪ] *adj* wellig, gewellt: ~ ***line*** Wellenlinie *f*.

wax¹ [wæks] **I** *s* **1.** Wachs *n*. **2.** *physiol.* (*Ohren*)Schmalz *n*. **II** *v/t* **3.** wachsen, *Fußboden a.* bohnern.

wax² [~] *v/i* zunehmen (*Mond*).

wax·en ['wæksən] *adj fig.* wächsern.

'wax·work *s* **1.** Wachsfigur *f*. **2.** *pl* (*mst sg konstruiert*) Wachsfigurenkabinett *n*.

wax·y ['wæksɪ] *adj* wächsern (*a. fig.*).

way [weɪ] **I** *s* **1.** Weg *m*: ~ ***back*** Rückweg; ~ ***home*** Heimweg; ~ ***in*** Eingang *m*; ~ ***out*** Ausgang *m*; ~***s and means*** *pl fig.* Mittel u. Wege *pl*; ***by ~ of*** über (*acc*), via; statt; ***by the ~*** *fig.* übrigens; ***be on the*** (*od.* ***one's***) ~ ***to*** unterwegs sein nach; ***give ~*** nachgeben; ***go out of one's ~*** sich besondere Mühe geben (***to do*** zu tun); ***lose one's ~*** sich verlaufen *od.* verirren; ***make ~*** Platz machen (***for*** für); → ***talk*** 8, *etc.* **2.** Richtung *f*, Seite *f*: ***this ~*** hierher; hier entlang. **3.** Weg *m*, Entfernung *f*, Strecke *f*: ***be a long ~ from*** weit entfernt sein von; ***Easter is still a long ~ off*** bis Ostern ist es noch lang. **4.** Art *f*, Weise *f*: ***in a ~*** (*od.* ***some ~s***) in gewisser Hinsicht; ***in no ~*** in keiner Weise; ***no ~!*** F kommt überhaupt nicht in Frage!; ~ ***of life*** Lebensart, -weise; ***in my ~ of thinking*** m-r Ansicht nach; ***if I had my ~*** wenn es nach mir ginge; ***you can't have it both ~s*** du kannst nicht beides haben. **5.** *mst pl* Brauch *m*, Sitte *f*; Gewohnheit *f*: → ***mend*** 2. **II** *adv* **6.** weit: ***they are friends from ~ back*** sie sind alte Freunde. '**~·bill** *s* Frachtbrief *m.* ˌ**~'lay** *v/t* (*irr* **lay**) **1.** *j-m* auflauern. **2.** *j-n* abfangen, abpassen.

way·ward ['weɪwəd] *adj* □ eigensinnig.

WB ***waybill*** Frachtbrief *m.*

WC ***water closet*** WC *n*, Toilette *f.*

we [wi:] *pron* wir *pl.*

weak [wi:k] *adj* □ *allg.* schwach (**at, in** in *dat*), (*Kaffee etc a.*) dünn: **be** (*od.* **feel**) **~ *at the knees*** F schwach auf den Beinen sein; weiche Knie haben; → ***point*** 14, **sex** 1, ***spot*** 4.

'**weak·en** I *v/t* **1.** schwächen (*a. fig.*). II *v/i* **2.** schwächer werden (*a. fig.*). **3.** *fig.* nachgeben, schwächer tendieren (*Börsenkurse etc*).

ˌ**weak-'kneed** *adj* F feig.

weak·ling ['wi:klɪŋ] *s* Schwächling *m.*

'**weak·ness** *s allg.* Schwäche *f*: ***have a ~ for*** e-e Schwäche haben für.

weal [wi:l] *s* Striemen *m.*

wealth [welθ] *s* **1.** Reichtum *m.* **2.** Vermögen *n*: **~ *tax*** Vermögen(s)steuer *f.* **3.** *fig.* Fülle *f* (***of*** von).

wean [wi:n] *v/t Kind* entwöhnen: **~ (*away*) *from s.th., ~ off s.th.*** *j-n* abbringen von et., *j-m* et. abgewöhnen.

weap·on ['wepən] *s* Waffe *f* (*a. fig.*): **~ *system*** *mil.* Waffensystem *n.*

weap·on·ry ['~rɪ] *s* Waffen *pl.*

wear [weə] I *s* **1.** *a.* **~ *and tear*** Abnutzung *f*, Verschleiß *m*: ***the worse for ~*** F abgenutzt (*Couch etc*); kaputt (*Person*). **2.** *oft in Zssgn* Kleidung *f.* II *v/t* (*irr*) **3.** *Bart, Brille, Schmuck* tragen, *Mantel etc a.* anhaben, *Hut etc a.* aufhaben: **~ *glasses*** *a.* Brillenträger sein; **~ *the trousers*** (*bsd. Am.* ***pants***) F die Hosen anhaben; → ***seat belt.*** **4. ~ *an angry expression*** verärgert dreinschauen; **~ *a happy smile*** glücklich lächeln. III *v/i* (*irr*) **5. *s.th. to ~*** et. zum Anziehen. **6.** sich abnutzen. **7. *he has worn well*** er hat sich (*für sein Alter*) gut gehalten.

Verbindungen mit Adverbien:

wear| down I *v/t* **1.** *Stufen* abtreten, *Absätze* ablaufen, *Reifen* abfahren. **2.** *fig.* *j-n*, *Widerstand etc* zermürben. II *v/i* **3.** sich abtreten *od.* ablaufen *od.* abfahren. **~ off** *v/i* nachlassen (*Schmerz etc*). **~ on** *v/i* sich hinziehen (***all day*** über den ganzen Tag). **~ out** I *v/t* **1.** *Kleidung* abnutzen, abtragen. **2.** *fig.* *j-n* erschöpfen. II *v/i* **3.** sich abnutzen *od.* abtragen.

wear·ing ['weərɪŋ] *adj* ermüdend.

wea·ri·some ['wɪərɪsəm] *adj* □ **1.** ermüdend. **2.** langweilig. **3.** lästig.

wear·y ['wɪərɪ] *adj* □ **1.** erschöpft. **2. *be ~ of s.th.*** et. satt haben.

wea·sel ['wi:zl] I *s zo.* Wiesel *n.* II *v/i*: **~ *out of*** *bsd. Am.* F sich lavieren aus (*e-r Verantwortung etc*).

weath·er ['weðə] I *s* Wetter *n*; Witterung *f*: ***in all ~s*** bei jedem Wetter; ***be under the ~*** F sich nicht wohl fühlen; ***make heavy ~ of s.th.*** *fig.* sich et. unnötig schwer machen; → ***permit*** 2. II *v/t Krise etc* überstehen. III *v/i geol.* verwittern. '**~-ˌbeat·en** *adj* verwittert (*bsd. Gesicht*). '**~-bound** *adj*: ***the planes*** (***ships***) ***were ~*** die Flugzeuge (Schiffe) konnten wegen des schlechten Wetters nicht starten (auslaufen). **~ chart** *s* Wetterkarte *f.* '**~·cock** *s* Wetterhahn *m.* **~ eye** *s*: ***keep one's*** (*od.* ***a***) **~ *open*** aufpassen (***for*** auf *acc*). **~ fore·cast** *s* Wettervorhersage *f.* '**~·man** *s* (*irr* ***man***) *Rundfunk, TV*: Wetteransager *m.* '**~·proof** I *adj* wetterfest. II *v/t* wetterfest machen. **~ sat·el·lite** *s* Wettersatellit *m.* **~ sta·tion** *s* Wetterwarte *f.* **~ vane** *s* Wetterfahne *f.*

weave [wi:v] I *v/t* (*irr*) **1.** weben; *Netz* spinnen. **2.** flechten. **3.** *pret u. pp* **weaved: ~ *one's way through*** sich schlängeln durch. II *v/i* (*irr*) **4.** weben. **5.** *pret u. pp* **weaved: ~ *through*** → 3. III *s* **6.** Webart *f.*

'**weav·er** *s* Weber(in).

web [web] *s* **1.** Netz *n* (*a. fig.*): **~ *of lies*** Lügengespinst *n*, -gewebe *n*, -netz; ***the Web*** das (World-Wide) Web (*im Internet*). **2.** *orn.* Schwimmhaut *f.*

wed [wed] *v/t* (*a. irr*) heiraten: ***they were ~ last week*** sie haben letzte Woche geheiratet.

we'd [wi:d] F *für* ***we had; we would.***

wed·ding ['wedɪŋ] I *s* Hochzeit *f.* II *adj* Hochzeits...: **~ *anniversary*** Hochzeitstag *m* (*Jahrestag*); **~ *dress*** Braut-, Hochzeitskleid *n*; **~ *ring*** Ehering *m.*

wedge [wedʒ] I *s* **1.** Keil *m*: ***drive a ~ between*** *fig.* e-n Keil treiben zwischen (*acc*); → ***thin*** 1. **2.** Stück *n* (*Kuchen etc*), Ecke *f* (*Käse*). II *v/t* **3.** verkeilen, mit e-m Keil festklemmen. **4. ~ *in*** einkeilen, -zwängen. '**~-shaped** *adj* keilförmig.

Wednes·day ['wenzdɪ] *s* Mittwoch *m*: ***on ~*** (am) Mittwoch; ***on ~s*** mittwochs.

wee[1] [wi:] *adj* F klein: ***a ~ bit*** ein (kleines) bisschen; ***the ~*** (***small***) ***hours*** *pl* die frühen Morgenstunden *pl.*

wee[2] [~] F I *v/i* Pipi machen. II *s*: ***do*** (*od.* ***have***) ***a ~*** → I.

weed [wi:d] I *s* **1.** Unkraut *n*: **~ *killer*** Unkrautvernichtungsmittel *n.* **2.** F Schwächling *m.* II *v/t* **3.** jäten: **~ *out*** *fig.* aussieben, -sondern (***from*** aus). III *v/i* **4.** (Unkraut) jäten.

'**weed·y** *adj* **1.** voll Unkraut. **2.** F rückgratlos.

week [wiːk] *s* Woche *f*: **~ *after* ~; ~ *in*, ~ *out*** Woche für Woche; ***after* ~*s of waiting*** nach wochenlangem Warten; ***for* ~*s*** wochenlang; → ***today*** 1. **'~·day** *s* Wochen-, Werktag *m*: ***on* ~*s*** werktags. **ˌ~'end I** *s* Wochenende *n*: ***at the* ~** am Wochenende. **II** *adj* ['~end] Wochenend... **III** *v/i* das Wochenende verbringen.

week·ly ['wiːklɪ] **I** *adj* Wochen...; wöchentlich. **II** *adv* wöchentlich. **III** *s* Wochen(zeit)schrift *f*, -zeitung *f*.

wee·ny ['wiːnɪ] *adj* F klitzeklein, winzig.

weep [wiːp] (*irr*) **I** *v/i* **1.** weinen (***for, with*** vor *Freude etc*; ***for*** um *j-n*; ***over*** über *acc*). **2.** nässen (*Wunde*). **II** *v/t* **3.** *Tränen* weinen.

'weep·ing *adj*: **~ *willow*** ♣ Trauerweide *f*.

'weep·y *adj* F **1.** weinerlich. **2.** rührselig.

'wee-wee → ***wee²***.

weft [weft] *s* Schussfaden *m*.

weigh [weɪ] **I** *v/t* **1.** (ab)wiegen. **2.** *fig*. abwägen (***against*** gegen). **3. ~ *anchor*** ⚓ den Anker lichten. **II** *v/i* **4.** *10 Kilo etc* wiegen. **5. ~ *on*** *fig*. lasten auf (*dat*). **6. ~ *with*** *fig*. Gewicht haben bei.

Verbindungen mit Adverbien:

weigh| down *v/t* niederdrücken (*a. fig.*): ***be* ~*ed down with*** überladen sein mit; *fig*. niedergedrückt werden von. **~ in** *v/i* **1. ~ *at*** (*Sport*) *100 Kilo etc* auf die Waage bringen. **2.** F sich einschalten (***with*** mit). **~ out** *v/t* ab-, auswiegen. **~ up** *v/t et*. abwägen; *j-n* einschätzen.

'weigh·bridge *s* Brückenwaage *f*.

weight [weɪt] **I** *s* **1.** *allg*. Gewicht *n*: **~*s and measures*** *pl* Maße u. Gewichte *pl*; ***it's five kilos in* ~** es wiegt fünf Kilo; ***what's your* ~?** wieviel wiegst du?, wie schwer bist du?; ***gain*** (*od*. ***put on***) **~** zunehmen; ***give short* ~** zu knapp wiegen; ***lose* ~** abnehmen. **2.** Last *f* (*a. fig.*): ***I can't lift* ~*s*** ich kann nicht schwer heben; ***be a* ~ *on s.o.'s mind*** j-n belasten; ***his decision took a* ~ *off my mind*** bei s-r Entscheidung fiel mir ein Stein vom Herzen. **3.** *fig*. Bedeutung *f*: ***not to attach any* ~ *to s.th.*** e-r Sache keine Bedeutung *od*. kein Gewicht beimessen; ***throw one's* ~ *about*** (*od*. ***around***) F sich aufspielen *od*. wichtig machen; → ***carry*** 5. **II** *v/t* **4.** beschweren: **~ *down*** → ***weigh down***; ***be* ~*ed in favo(u)r of*** (***against***) bevorteilen (benachteiligen). **5.** *fig*. gewichten. **~ cat·e·go·ry** *s Sport*: Gewichtsklasse *f*.

weight·ing ['weɪtɪŋ] *s* Gewichtung *f*, Gewichten *n*: **~ *schedule*** (*od*. ***scheme***) Gewichtungsschema *n*.

weight·less ['weɪtlɪs] *adj* □ schwerelos.

weight| lift·er *s Sport*: Gewichtheber(in). **~ lift·ing** *s Sport*: Gewichtheben *n*. **~ train·ing** *s Sport*: Gewichttraining *n*.

weight·y ['weɪtɪ] *adj* □ **1.** schwer. **2.** *fig*. gewichtig; schwerwiegend.

weir [wɪə] *s* Wehr *n*.

weird [wɪəd] *adj* □ **1.** unheimlich. **2.** F sonderbar, verrückt.

weird·o ['wɪədəʊ] *pl* **-os** *s* F irrer Typ.

welch → ***welsh²***.

wel·come ['welkəm] **I** *int* **1. ~ *back*** (*od*. ***home***)**!** willkommen zu Hause!; **~ *to England!*** willkommen in England! **II** *adj* **2.** willkommen: ***you are* ~ *to do it*** Sie können es gerne tun; ***you're* ~** nichts zu danken!, keine Ursache!, bitte sehr! **3.** angenehm. **III** *v/t* **4.** begrüßen (*a. fig.*). **IV** *s* **5.** Empfang *m*: ***give s.o. a warm* ~** j-m e-n herzlichen Empfang bereiten. **6. *outstay*** (*od*. ***overstay***) ***one's* ~** j-s Gastfreundschaft überstrapazieren.

weld [weld] **I** *v/t* schweißen: **~ *together*** zs.-, verschweißen. **II** *s* Schweißnaht *f*, -stelle *f*.

'weld·er *s* Schweißer(in).

wel·fare ['welfeə] *s* **1.** Wohl *n*, (*e-r Person a.*) Wohlergehen *n*. **2.** *Am*. Sozialhilfe *f*: ***be on* ~** Sozialhilfe beziehen. **~ ben·e·fit** *s* Sozialhilfeleistungen *pl*. **~ state** *s* Wohlfahrtsstaat *m*. **~ work** *s* Sozialarbeit *f*.

well¹ [wel] **I** *adv* **1.** gut: (***all***) **~ *and good*** schön u. gut; ***as* ~** ebenso, auch; ***as* ~ *as*** sowohl ... als auch; nicht nur ..., sondern auch; (***just***) ***as* ~** ebenso (gut), genauso (gut); ***just as* ~** das macht nichts; ***very* ~** also gut, na gut; ***I couldn't very* ~ *say no*** ich konnte schlecht nein sagen; ***be* ~ *in with s.o.*** auf gutem Fuß mit j-m stehen; ***do* ~** gut daran tun (***to do*** zu tun); **~ *done!*** bravo!; → ***off*** 11. **2.** gut, gründlich: ***be* ~ *aware of s.th.*** sich e-r Sache voll u. ganz bewusst sein; ***shake* ~** kräftig schütteln. **3.** weit: **~ *in advance*** schon lange vorher. **II** *int* **4.** nun, also (*oft unübersetzt*). **5. ~, ~!** na so was! **III** *adj* **6.** gesund: ***not to feel* ~** sich nicht wohl fühlen. **7. *all's* ~ *that ends* ~** Ende gut, alles gut; ***it's all very* ~ *for you to criticize*** (***laugh***) du kannst leicht kritisieren (du hast gut lachen).

well² [~] **I** *s* **1.** Brunnen *m*: **~ *water*** Brunnenwasser *n*. **2.** (*Öl*)Quelle *f*. **3.** ⚠ (*Aufzugs- etc*)Schacht *m*. **II** *v/i* **4.** *a*. **~ *out*** quellen (***from*** aus): ***tears* ~*ed*** (***up***) ***in her eyes*** die Tränen stiegen ihr in die Augen.

we'll [wiːl] F *für* ***we will***.

ˌwell|-ad'vised *adj* klug (*Plan etc*). **ˌ~-ap'point·ed** *adj* gut ausgestattet. **ˌ~-'bal·anced** *adj* **1.** ausgeglichen (*Person*). **2.** ausgewogen (*Ernährung etc*). **ˌ~-'be·ing** *s* Wohl(ergehen) *n*: ***give s.o. a sense of* ~** j-n

W

mit Wohlbehagen erfüllen. ˌ~-ˈ**cho·sen** *adj* gut gewählt: ***with a few ~ words*** mit einigen wohlgesetzten Worten. ˌ~-ˈ**done** *adj* durchgebraten (*Steak*). ˌ~-ˈ**earned** *adj* wohlverdient. ˌ~-ˈ**found·ed** *adj* (wohl) begründet. ˌ~-ˈ**fund·ed** *adj* kapitalkräftig. ˌ~-ˈ**groomed** *adj* gepflegt. ˌ~-ˈ**heeled** *adj* F betucht. ˌ~-**in**ˈ**formed** *adj* **1.** gut unterrichtet. **2.** (vielseitig) gebildet.

Wel·ling·ton [ˈwelɪŋtən] *Hauptstadt von Neuseeland.*

ˌ**well|-in**ˈ**ten·tioned** → ***well-meaning.*** ˌ~-ˈ**kept** *adj* **1.** gepflegt. **2.** streng gehütet (*Geheimnis*). ˌ~-ˈ**known** *adj* (wohl) bekannt. ˌ~-ˈ**lined** *adj* F **1.** voller Geld, (*Brieftasche*) dick. **2.** voll (*Magen*). ˌ~-ˈ**mean·ing** *adj* wohlmeinend (*Person*), (*Rat etc a.*) gut gemeint, wohl gemeint. ˌ~-ˈ**meant** *adj* gut gemeint, wohl gemeint. ~-**nigh** [ˈ~naɪ] *adv* beinahe, nahezu. ˌ~-ˈ**off I** *adj* reich. **II** *s*: ***the ~ pl*** die Reichen *pl.* ˌ~-**pro**ˈ**por·tioned** *adj* wohlproportioniert. ~-**read** [ˌ~ˈred] *adj* belesen. ˌ~-ˈ**thought-of** *adj* angesehen. ˌ~-**to-**ˈ**do** F **1.** → ***well-off.*** **2.** ***the ~*** die Besserverdienenden *pl.* ˌ~-ˈ**paid** *adj* gut bezahlt. ˌ~-ˈ**worn** *adj* **1.** abgenutzt, abgetragen. **2.** *fig.* abgedroschen.

Welsh¹ [welʃ] **I** *adj* **1.** walisisch: ~ ***rarebit*** *gastr.* überbackene Käseschnitte. **II** *s* **2.** ***the ~ pl*** die Waliser *pl.* **3.** *ling.* Walisisch *n.*

welsh² [~] *v/i*: ~ ***on*** F *Schulden* nicht bezahlen; *Versprechen* nicht halten.

Welsh|·man [ˈwelʃmən] *s* (*irr* ***man***) Waliser *m.* ˈ~ˌ**wom·an** *s* (*irr* ***woman***) Waliserin *f.*

welt [welt] *s* Striemen *m.*

wel·ter·weight [ˈweltəweɪt] (*Sport*) **I** *s* Weltergewicht *n.* **II** *adj* Weltergewichts...

went [went] *pret von* ***go.***

wept [wept] *pret u. pp von* ***weep.***

were [wɜː] *du* warst, *Sie* waren, *wir*, *sie* waren, *ihr* wart.

we're [wɪə] F *für* ***we are.***

weren't [wɜːnt] F *für* ***were not.***

were·wolf [ˈwɪəwʊlf] *s* (*irr* ***wolf***) Werwolf *m.*

west [west] **I** *s* **1.** Westen *m*: ***in the ~ of*** im Westen von (*od. gen*); ***to the ~ of*** → 5. **2.** ***the West*** *Br.* Westengland *n*; *Am.* die Weststaaten *pl*; *pol.* der Westen: → ***wild*** 1. **II** *adj* **3.** West..., westlich. **III** *adv* **4.** westwärts, nach Westen: ***go ~*** F draufgehen (*sterben, kaputtgehen*). **5.** ~ ***of*** westlich von (*od. gen*). ˈ~·**bound** *adj* nach Westen gehend *od.* fahrend.

west·er·ly [ˈwestəlɪ] **I** *adj* westlich, West... **II** *adv* von *od.* nach Westen.

west·ern [ˈ~tən] **I** *adj* westlich, West... **II** *s* Western *m.*

ˈ**west·ern·er** *s* **1.** Bewohner(in) des Westens (*e-s Landes*). **2.** ***Westerner*** Weststaatler(in).

west·ern·most [ˈ~məʊst] *adj* westlichst.

west·ward [ˈwestwəd] *adj u. adv* westlich, westwärts, nach Westen.

ˈ**westwards** *adv* → ***westward.***

wet [wet] **I** *adj* ☐ **1.** nass, (*Farbe etc a.*) feucht: ~ ***goods*** *pl* Flüssiggüter *pl*; ***be*** (***still***) ~ ***behind the ears*** noch grün *od.* feucht *od.* noch nicht trocken hinter den Ohren sein; ~ ***blanket*** F Spiel-, Spaßverderber(in); → ***paint*** 5, ***through*** 3. **2.** regnerisch. **3.** *Br.* F weichlich: ***don't be so ~!*** sei nicht so ein Waschlappen! **II** *s* **4.** Nässe *f.* **III** *v/t* (*mst irr*) **5.** nass machen, anfeuchten: ~ ***one's bed*** ins Bett machen; ~ ***o.s.*** in die Hose machen; ~ ***one's whistle*** F e-n zur Brust nehmen.

weth·er [ˈweðə] *s zo.* Hammel *m.*

we've [wiːv] F *für* ***we have.***

whack [wæk] *s* F **1.** (knallender) Schlag. **2.** (An)Teil *m.* **3.** Versuch *m*: ***have a ~ at s.th.*** et. probieren.

whacked *adj*: ***be ~*** (***out***) F geschlaucht *od.* kaputt sein.

ˈ**whack·ing** F **I** *adj u. adv*: ~ (***great***) Mords..., riesig. **II** *s*: ***give s.o. a ~*** j-m e-e Tracht Prügel verpassen.

whale [weɪl] *s zo.* Wal *m*: ***have a ~ of a time*** F sich prächtig amüsieren.

wharf [wɔːf] *pl* **wharfs, wharves** [wɔːvz] *s* Kai *m.*

wharf·age [ˈwɔːfɪdʒ] *s* **1.** Kaianlage *f.* **2.** Kaigeld *n.*

what [wɒt] **I** *interrogative pron* **1.** was: ***~'s for lunch?*** was gibts zum Mittagessen?; ~ ***for?*** wozu?; ~ ***about ...?*** wie wärs mit ...?; ~ ***if ...?*** was ist, wenn ...?; → ***age*** 1, ***like¹*** 1, ***so*** 6, *etc.* **II** *relative pron* **2.** was: ***he told me ~ to do*** er sagte mir, was ich tun sollte; ***know ~'s ~*** F wissen, was Sache ist; ***tell s.o. ~'s ~*** F j-m Bescheid stoßen. **III** *adj* **3.** was für ein(e), welch(er, e, es): ~ ***luck!*** so ein Glück!; → ***age*** 1, ***colour*** 1, ***pity*** 2, *etc.* **4.** alle, die; alles, was: ***I gave him ~ money I had*** ich gab ihm, was ich an Geld hatte. ~ˈ**ev·er I** *pron* **1.** was (auch immer); alles, was. **2.** egal, was. **II** *adj* **3.** welch(er, e, es) ... auch (immer). **4.** ***no ...*** ~ überhaupt kein(e) ... ~ **for** *s*: ***I'll give him ~!*** *bsd. Br.* F dem werd ichs zeigen!

whats·it [ˈwɒtsɪt] *s* F Dingsbums *n.*

ˌ**what·so**ˈ**ev·er** → ***whatever*** 1, 2, 4.

wheat [wiːt] *s* ⚘ Weizen *m*: ***separate the ~ from the chaff*** *fig.* die Spreu vom Weizen trennen. ~ **germ** *s* Weizenkern *m.*

whee·dle [ˈwiːdl] *v/t*: ~ ***s.o. into doing s.th.*** j-m so lange schöntun, bis er et. tut; ~ ***s.th. out of s.o.*** j-m et. abschmeicheln.

wheel [wiːl] **I** *s* **1.** Rad *n*: → ***fifth*** 1, ***meal¹***, ***oil*** 4, ***shoulder*** 1, ***spoke².*** **2.** F a) *pl* fahrbarer Untersatz, Wagen *m*, b) (Fahr)Rad *n.* **3.** ⚓, *mot.* Steuer *n*: ***be at the ~*** *mot.* am Steuer

sitzen (⚓ stehen); ***take the ~*** das Steuer übernehmen. **II** *v/t* **4.** *Fahrrad, Patienten im Rollstuhl etc* schieben, *Servierwagen etc a.* rollen. **III** *v/i* **5.** ***~ about*** (*od.* [***a***]***round***) herumfahren, -wirbeln. **6.** kreisen (*Vogel*). **7.** ***~ and deal*** F *contp.* Geschäfte machen. **'~ˌbar·row** *s* Schubkarre(n *m*) *f.* **'~-base** *s mot.* Radstand *m.* **~ brace** *s mot* Kreuzschlüssel *m.* **ˌ~'chair** *s* ⚕ Rollstuhl *m*: ***~ user*** Rollstuhlfahrer(in). **~ clamp** *s Br.* Radkralle *f*, Parkriegel *m.*
wheeled [wiːld] *adj* **1.** ***~ vehicle*** Räderfahrzeug *n.* **2.** *in Zssgn* ...räd(e)rig.
ˌwheel·er-'deal·er *s* F *contp.* Geschäftemacher(in).
wheeze [wiːz] *v/i* keuchen, pfeifend atmen.
when [wen] **I** *adv* **1.** *fragend*: wann. **2.** *relativ*: ***the day ~*** der Tag, an dem *od.* als; ***the time ~ it happened*** die Zeit, in *od.* zu der es geschah. **II** *cj* **3.** wann. **4.** als: ***he broke a leg ~ skiing*** er brach sich beim Skifahren ein Bein. **5.** wenn: ***say ~!*** F sag ‚halt'!, sag, wenn du genug hast! **III** *pron* **6.** ***since ~?*** seit wann? **~'ev·er** *cj* wann (auch) immer; jedes Mal, wenn.
where [weə] **I** *adv* (*fragend u. relativ*) wo: ***~ ... (from)?*** woher?; ***~ ... (to)?*** wohin? **II** *cj* wo; wohin. **'~·a·bouts** *s pl* (*a. sg konstruiert*) Verbleib *m* (*e-r Sache*), (*e-r Person a.*) Aufenthalt(sort) *m.* **~'as** *cj* während, wohingegen. **~'by** *adv* **1.** wodurch, womit. **2.** wonach. **ˌ~·up'on** *cj* worauf(hin).
wher·ev·er [weər'evə] *adv* wo(hin) auch (immer); ganz gleich, wo(hin).
whet [wet] *v/t* **1.** *Messer etc* schärfen. **2.** *fig. Appetit* anregen.
wheth·er ['weðə] *cj* ob.
whey [weɪ] *s* Molke *f.*
which [wɪtʃ] **I** *interrogative pron* **1.** welch(er, e, es): ***~ of you?*** wer von euch? **II** *relative pron* **2.** welch(er, e, es); der, die, das. **3.** *auf den vorhergehenden Satz bezüglich*: was. **III** *adj* **4.** *fragend u. relativ*: welch(er, e, es). **~'ev·er** *pron u. adj* welch(er, e, es) auch (immer); ganz gleich, welch(er, e, es).
whiff [wɪf] *s* **1.** Luftzug *m*, Hauch *m.* **2.** Duft(wolke *f*) *m.* **3.** *fig.* Anflug *m*, Hauch *m* (***of*** von).
while [waɪl] **I** *s* **1.** Weile *f*: ***a little ~ ago*** vor kurzem; ***for a ~*** e-e Zeit lang; e-n Augenblick; → ***once*** 1. **II** *cj* **2.** während. **3.** obwohl. **III** *v/t* **4.** ***~ away*** sich *die Zeit* vertreiben (***by doing s.th.*** mit et.).
whilst [waɪlst] → ***while*** II.
whim [wɪm] *s* Laune *f*: ***as the ~ takes one, at ~*** nach Lust u. Laune.
whim·per ['wɪmpə] **I** *v/i* winseln (*Hund*); wimmern (*Person*). **II** *v/t* wimmern. **III** *s* Winseln *n*; Wimmern *n.*
whim·si·cal ['wɪmzɪkl] *adj* □ **1.** wunderlich. **2.** launenhaft.
whim·sy ['wɪmzɪ] *s* **1.** Wunderlichkeit *f.* **2.** Spleen *m.*
whine [waɪn] **I** *v/i* **1.** jaulen (*Hund*). **2.** jammern (***about*** über *acc*). **II** *s* **3.** Jaulen *n.* **4.** Gejammer *n.*
'whin·er *s* Jammerer *m*, Jammerin *f.*
whin·ny ['wɪnɪ] **I** *v/i* wiehern. **II** *s* Wiehern *n.*
whip [wɪp] **I** *s* **1.** Peitsche *f.* **2.** *parl. Br.* Einpeitscher(in). **3.** *gastr.* Creme *f.* **II** *v/t* **4.** (aus)peitschen: ***~ into shape*** F *j-n, et.* auf Zack bringen. **5.** *Sahne etc* schlagen. **6.** *bsd. Sport*: F überfahren (*hoch schlagen*). **7.** *Br.* F klauen. **III** *v/i* **8.** sausen, flitzen, (*Wind*) fegen.
Verbindungen mit Adverbien:
whip| back *v/i* zurückschnellen (*Ast etc*). **~ off** *v/t* sich *ein Kleidungsstück* herunterreißen. **~ out** *v/t Revolver etc* zücken. **~ up** *v/t* **1.** → ***whip*** 5. **2.** *Interesse etc* entfachen. **3.** *Essen etc* herzaubern.
'whip|·cord *s* Peitschenschnur *f.* **'·lash** *s* **1.** Peitschenschnur *f.* **2.** Peitschenhieb *m*: ***~ (injury)*** ⚕ Schleudertrauma *n.*
whipped [wɪpt] *adj*: ***~ cream*** Schlagsahne *f*, -rahm *m*, *österr.* Schlagobers *m.*
whip·ping ['wɪpɪŋ] *adj*: ***~ boy*** Prügelknabe *m*; ***~ cream*** Schlagsahne *f*, -rahm *m.*
'whip·py *adj* biegsam, elastisch.
'whip-round *s Br.* F Sammlung *f* (*im Büro etc*): ***have a ~*** sammeln.
whir *bsd. Am.* → ***whirr.***
whirl [wɜːl] **I** *v/i* **1.** wirbeln: ***my head is ~ing*** mir schwirrt der Kopf. **II** *v/t* **2.** wirbeln. **3.** ***the car ~ed us off to*** der Wagen brachte uns auf schnellstem Weg zu *od.* nach. **III** *s* **4.** Wirbeln *n*; Wirbel *m*: ***my head's in a ~*** mir schwirrt der Kopf; ***give s.th. a ~*** F et. ausprobieren. **5.** *fig.* Trubel *m.*
whirl·i·gig ['wɜːlɪgɪg] *s* **1.** Kreisel *m.* **2.** Karussell *n.*
'whirl|·pool *s* **1.** Strudel *m* (*a. fig.*). **2.** Whirlpool *m* (*Unterwassermassagebecken*). **'~-wind** *s* Wirbelwind *m.*
whirr [wɜː] **I** *v/i* surren. **II** *s* Surren *n.*
whisk [wɪsk] **I** *s* **1.** Wedel *m.* **2.** *gastr.* Schneebesen *m.* **II** *v/t* **3.** ***~ its tail*** mit dem Schwanz schlagen; ***~ away*** *Fliegen* wegscheuchen. **4.** *Eiweiß* schlagen.
whisk·er ['wɪskə] *s* **1.** Schnurrhaar *n*: ***by a ~*** F ganz knapp. **2.** *pl* Backenbart *m.*
whis·key ['wɪskɪ] *s* (*amerikanischer od. irischer*) Whisky.
whis·ky ['wɪskɪ] *s* (*bsd. schottischer*) Whisky: ***~ and soda*** Whisky Soda; ***two whiskies*** zwei Whisky.
whis·per ['wɪspə] **I** *v/i* **1.** flüstern, leise sprechen (***to*** mit). **II** *v/t* **2.** flüstern, leise sagen: ~

s.th. to s.o. j-m et. zuflüstern. **3.** ***it is ~ed that*** man munkelt, dass. **III** *s* **4.** Flüstern *n*: ***say s.th. in a ~*** et. im Flüsterton sagen. **5.** Gerücht *n*: ***I've heard a ~ that*** ich habe munkeln hören, dass.

'whis·per·ing *adj*: ***~ campaign*** Verleumdungskampagne *f*.

whist [wɪst] *s* Whist *n* (*Kartenspiel*).

whis·tle [wɪsl] **I** *v/i* **1.** pfeifen: ***~ at*** *j-m* nachpfeifen; ***~ for*** (nach) *j-m, e-m Taxi etc* pfeifen; ***he can ~ for it*** F darauf kann er lange warten. **II** *v/t* **2.** pfeifen. **III** *s* **3.** Pfeife *f*: ***blow one's ~*** pfeifen. **4.** Pfiff *m*: ***give a ~ of surprise*** e-n überraschten Pfiff ausstoßen. **5.** → ***wet*** 5.

white [waɪt] **I** *adj* **1.** *allg.* weiß: ***~ bread*** Weißbrot *n*; ***~ coffee*** *Br.* Milchkaffee *m*, Kaffee *m* mit Milch; ***~ hope*** große Hoffnung (*Person*); ***~ lie*** Notlüge *f*; ***~ man*** Weiße *m*; ***~ paper*** *pol.* Weißbuch *n*; ***~ wedding*** Hochzeit *f* in Weiß; ***~ wine*** Weißwein *m*. **II** *s* **2.** Weiß *n*: ***dressed in ~*** weiß *od.* in Weiß gekleidet. **3.** *oft* ***White*** Weiße *m, f*. **4.** Eiweiß *n*; *das* Weiße (*im Auge*). **'~·board** *s* Weißwandtafel *f*. **ˌ~-'col·lar** *adj* Büro...: ***~ crime*** Wirtschaftskriminalität *f*; ***~ occupation*** Angestelltenberuf *m*; ***~ worker*** Büroangestellte *m, f*.

whit·en ['waɪtn] **I** *v/t* weiß machen. **II** *v/i* weiß werden.

'white·out *s Am.* Korrekturflüssigkeit *f*.

'white·wash I *v/t* **1.** tünchen, anstreichen; weißen. **2.** F *et.* übertünchen, beschönigen; *j-n* e-r Mohrenwäsche unterziehen. **II** *s* **3.** Tünche *f*. **4.** F Tünche *f*, Beschönigung *f*; Mohrenwäsche *f*.

ˌwhite-'wa·ter *adj* ***~ canoeing*** Wildwasserfahren *n*; ***~ rafting*** Rafting *n*.

whit·ish ['waɪtɪʃ] *adj* weißlich.

Whit·sun ['wɪtsn] *s* **1.** Pfingstsonntag *m*. **2.** Pfingsten *n od. pl.*

Whit Sun·day [wɪt] → ***Whitsun*** 1.

whit·tle ['wɪtl] *v/t* **1.** (zurecht)schnitzen. **2.** *fig.* ***~ away*** *Gewinn etc* allmählich aufzehren; ***~ down*** *et.* reduzieren (***to*** auf *acc*).

whiz(z) [wɪz] **I** *v/i*: ***~ by*** (*od.* ***past***) vorbeizischen. **II** *s* F As *n*, Kanone *f* (***at*** in *dat*). **~ kid** *s* F Senkrechtstarter(in).

WHO ***World Health Organization*** WGO *f*, Weltgesundheitsorganisation *f*.

who [huː] **I** *interrogative pron* **1.** wer; wen; wem: ***~ do you think you are?*** für wen hältst du dich eigentlich? **II** *relative pron.* **2.** *unverbunden*: wer; wen; wem. **3.** *verbunden*: welch(er, e, es); der, die, das.

who'd [huːd] F *für* ***who had; who would.***

who·dun·(n)it [ˌhuː'dʌnɪt] *s* F Krimi *m*.

who'ev·er I *relative pron* wer auch (immer); wen auch (immer); wem auch (immer); egal, wer *od.* wen *od.* wem. **II** *interrogative pron*: ***~ can that be?*** wer kann denn das nur sein?

whole [həʊl] **I** *adj* (□ → ***wholly***) ganz: ***~ life insurance*** Todesfallversicherung *f*; → ***hog*** 1. **II** *s das* Ganze: ***the ~ of the town*** die ganze Stadt; ***as a ~*** als Ganzes; ***on the ~*** im Großen (u.) Ganzen; alles in allem. **'~·food** *s* Vollwertkost *f*. **ˌ~-'heart·ed** *adj* ungeteilt (*Aufmerksamkeit*), ernsthaft (*Versuch etc*). **ˌ~-'heart·ed·ly** *adv* uneingeschränkt, voll u. ganz. **'~·meal** *adj* Vollkorn...

'whole·sale I *s* **1.** Großhandel *m*. **II** *adj* **2.** Großhandels...: ***~ business*** (*od.* ***trade***) Großhandel *m*; ***~ margin*** Großhandelsspanne *f*; ***~ market*** Großmarkt *m*. **3.** *b.s.* Massen... **III** *adv* **4.** en gros.

whole·sal·er ['həʊlˌseɪlə] *s* Großhändler(in): ***~'s*** Großhandel *m*.

whole·some ['həʊlsəm] *adj* □ **1.** gesund. **2.** *fig.* gut, nützlich.

who'll [huːl] F *für* ***who will.***

whol·ly ['həʊllɪ] *adv* gänzlich, völlig.

whom [huːm] **I** *interrogative pron* wen; wem. **II** *relative pron* welch(en, e, es), den (die, das); welch(em, er), dem (der): ***the children, most of ~ were tired, ...*** die Kinder, von denen die meisten müde waren, ...

whoop [huːp] **I** *v/i* schreien, *bsd.* jauchzen. **II** *v/t*: ***~ it up*** F auf den Putz hauen. **III** *s* (*bsd.* Freuden)Schrei *m*: ***~s*** *pl* ***of victory*** Siegesgeschrei *n*.

'whoop·ing *adj*: ***~ cough*** ⚕ Keuchhusten *m*.

whop·per ['wɒpə] *s* F **1.** Mordsding *n*. **2.** faustdicke Lüge.

'whop·ping *adj u. adv* F Mords..., riesig: ***~ (big) lie*** → ***whopper*** 2.

whore [hɔː] *s* Hure *f*.

who're ['huːə] F *für* ***who are.***

'whore·house *s* Bordell *n*, Freudenhaus *n*.

whor·tle·ber·ry ['wɜːtlˌberɪ] *s* ♀ Blau-, Heidelbeere *f*.

who's [huːz] F *für* ***who is; who has.***

whose [huːz] **I** *interrogative pron* wessen: ***~ coat is this?, ~ is this coat?*** wem gehört dieser Mantel? **II** *relative pron* dessen, deren.

why [waɪ] *adv* warum, weshalb: ***~ not go by bus?*** warum nimmst du nicht den Bus?

wick [wɪk] *s* Docht *m*: ***get on s.o.'s ~*** *Br.* F j-m auf den Wecker fallen *od.* gehen.

wick·ed ['wɪkɪd] *adj* □ **1.** gemein, niederträchtig. **2.** *fig.* unerhört.

wick·er ['wɪkə] *adj* Korb...: ***~ basket*** Weidenkorb *m*; ***~ chair*** Korbstuhl *m*.

wide [waɪd] **I** *adj* (□ → ***widely***) **1.** breit. **2.** weit offen, aufgerissen (*Augen*). **3.** *fig.* umfangreich (*Wissen etc*), vielfältig (*Interessen etc*). **4.** → ***mark²*** 5. **II** *adv* **5.** weit. **6.** ***go ~***

W

(*Sport*) danebengehen. ˌ~-ˈ**an·gle** *adj*: ~ ***lens*** *phot.* Weitwinkelobjektiv *n.* ˌ~-**a-ˈwake** *adj* **1.** hellwach. **2.** *fig.* aufgeweckt, wach. ˌ~-ˈ**eyed** *adj* **1.** mit großen *od.* aufgerissenen Augen. **2.** *fig.* naiv.

wide·ly [ˈwaɪdlɪ] *adv* **1.** weit (*a. fig.*): ***it is ~ known that*** es ist weithin bekannt, dass; ~ ***travel(l)ed*** weit gereist. **2.** ~ ***different*** völlig verschieden.

ˈ**wid·en** I *v/t* verbreitern. II *v/i* breiter werden.

ˌ**wide**|-ˈ**o·pen** → ***wide*** 2. ˈ~·**spread** *adj* weit verbreitet.

wid·ow [ˈwɪdəʊ] *s* Witwe *f.*

ˈ**wid·owed** *adj* verwitwet: ***be*** ~ verwitwet sein; Witwe(r) werden.

wid·ow·er *s* Witwer *m.*

width [wɪdθ] *s* **1.** Breite *f*: ***six feet in*** ~ sechs Fuß breit; ***what is the ~ of ...?*** wie breit ist ...? **2.** Bahn *f* (*Stoff etc*).

wield [wiːld] *v/t Einfluss, Macht* ausüben.

wife [waɪf] *pl* **wives** [waɪvz] *s* (Ehe)Frau *f*, Gattin *f.*

wig [wɪg] *s* Perücke *f.*

wig·ging [ˈwɪgɪŋ] *s*: ***give s.o. a*** ~ *Br.* F j-m e-e Standpauke halten.

wig·gle [ˈwɪgl] *v/t u. v/i* wackeln (mit).

wig·wam [ˈwɪgwæm] *s* Wigwam *m.*

wild [waɪld] I *adj* □ **1.** *allg.* wild: ***the Wild West*** der Wilde Westen; → ***oats.*** **2.** stürmisch (*Wind, Applaus etc*). **3.** außer sich (***with*** vor *dat*). **4.** verrückt (*Idee etc*); ausschweifend (*Fantasie*). **5.** ***it was just a ~ guess*** ich hab einfach drauflosgeraten. II *adv* **6.** F ***go*** ~ ausflippen; ***run*** ~ Amok laufen; ***let one's children run*** ~ s-e Kinder machen lassen, was sie wollen. III *s* **7.** ***in the*** ~ in freier Wildbahn. ˈ~·**card** *s Computer* I *s* Wildcard *f*, Ersatzzeichen *n.* II *adj* Ersatz..., Joker...: ~ ***character*** Jokerzeichen *n.* ˈ~·**cat** I *s* Wildkatze *f.* II *adj*: ~ ***security*** risikoreiches Wertpapier; ~ ***strike*** wilder Streik. ˈ~ˌ**fire** *s*: ***spread like*** ~ sich wie ein Lauffeuer verbreiten. ˌ~-ˈ**goose** *adj*: ***be a ~ chase*** vergebliche Mühe sein. ˈ~·**life** *s* Tier- u. Pflanzenwelt *f.*

wil·ful [ˈwɪlfʊl] *adj* □ **1.** eigensinnig. **2.** absichtlich, *bsd.* ⚖ vorsätzlich: ~ ***negligence*** grobe Fahrlässigkeit.

will¹ [wɪl] *s* **1.** Wille *m*: ~ ***to live*** Lebenswille; ***against one's*** ~ gegen s-n Willen; ***at*** ~ nach Belieben; ***of one's own free*** ~ aus freien Stücken; ***I can't do that with the best ~ in the world*** ich kann das (auch) beim besten Willen nicht tun; ***take the ~ for the deed*** den guten Willen für die Tat nehmen. **2.** *a.* ***last ~ and testament*** letzter Wille, Testament *n*: ***make one's*** ~ sein Testament machen; → ***remember*** 3.

will² [~] *v/aux* **1.** *Futur*: ***I'll be back in 10 minutes*** ich bin in 10 Minuten zurück. **2.** *Bereitschaft, Entschluss*: ***I won't go there again*** ich gehe da nicht mehr hin; ***the door won't shut*** die Tür schließt nicht; ~ ***you have some coffee?*** möchtest du e-e Tasse Kaffee? **3.** *Bitte*: ***shut the window, ~ you?*** mach bitte das Fenster zu. **4.** *Wiederholung*: ***accidents ~ happen*** Unfälle wird es immer geben; ***boys ~ be boys*** Jungen sind nun einmal so. **5.** *Vermutung*: ***that ~ be my sister*** das wird *od.* dürfte m-e Schwester sein.

will·ful *Am.* → ***wilful.***

wil·lies [ˈwɪlɪz] *s pl*: ***give s.o. the*** ~ F j-m unheimlich sein.

will·ing [ˈwɪlɪŋ] *adj* □ **1.** bereit (***to do*** zu tun): ~ ***to compromise*** kompromissbereit; ***God*** ~ so Gott will. **2.** (bereit)willig.

ˈ**will·ing·ness** *s* **1.** Bereitschaft *f*: ~ ***to compromise*** Kompromissbereitschaft. **2.** (Bereit)Willigkeit *f.*

wil·low [ˈwɪləʊ] *s* ✿ Weide *f.*

ˈ**wil·low·y** *adj* gertenschlank.

ˈ**will**ˌ**pow·er** *s* Willenskraft *f.*

wil·ly-nil·ly [ˌwɪlɪˈnɪlɪ] *adv* wohl od. übel.

wilt [wɪlt] *v/i* **1.** verwelken, welk werden. **2.** schlaff werden.

wil·y [ˈwaɪlɪ] *adj* gerissen, raffiniert.

win [wɪn] I *s* **1.** *bsd. Sport*: Sieg *m*: ***have a*** ~ e-n Sieg erzielen; e-n Gewinn machen. II *v/t* (*irr*) **2.** gewinnen: → ***day*** 2. **3.** *j-m et.* einbringen. III *v/i* (*irr*) **4.** gewinnen, siegen: ***OK, you*** ~ okay, du hast gewonnen.

Verbindungen mit Adverbien:

win| **back** *v/t* zurückgewinnen. ~ **out** → ***win through.*** ~ **o·ver,** ~ **round** *v/t j-n* für sich gewinnen: ***win s.o. over to*** j-n gewinnen für. ~ **through** *v/i* sich durchsetzen.

wince [wɪns] *v/i* zs.-zucken (***at*** bei).

winch [wɪntʃ] *tech.* I *s* Winde *f.* II *v/t* winden.

wind¹ [wɪnd] I *s* **1.** Wind *m*: ***a load of*** ~ F leeres Geschwätz; ***there's s.th. in the*** ~ *fig.* es liegt et. in der Luft; ***find out*** (*od.* ***see***) ***which way the ~ blows*** *fig.* sehen, woher der Wind weht; ***get ~ of s.th.*** *fig.* Wind von et. bekommen; ***get the ~ up*** F Angst kriegen; ***put the ~ up s.o.*** F j-m Angst einjagen; ***sail close to the*** ~ ⚓ hart am Wind segeln; *fig.* sich hart an der Grenze des Erlaubten bewegen; ***take the ~ out of s.o.'s sails*** *fig.* j-m den Wind aus den Segeln nehmen. **2.** Atem *m*: ***get one's*** ~ wieder zu Atem kommen; ***get one's second*** ~ (*bsd. Sport*) die zweite Luft bekommen. **3.** ⚕ Blähungen *pl*: ***it gives me*** ~ davon bekomme ich Blähungen. **4.** ***the*** ~ ♪ die Blasinstrumente *pl*; die Bläser *pl.* II *v/t* **5.** *j-m* den Atem verschlagen. **6.** *hunt.* wittern.

wind[2] [waɪnd] I *s* **1.** Umdrehung *f.* II *v/t* (*irr*) **2.** drehen (an *dat*); *Uhr etc* aufziehen. **3.** wickeln (***round*** um). III *v/i* (*irr*) **4.** sich winden *od.* schlängeln (*Pfad etc*).
Verbindungen mit Adverbien:
wind| back *v/t Film etc* zurückspulen. **~ down** I *v/t* **1.** *Autofenster etc* herunterdrehen, -kurbeln. **2.** *Produktion etc* reduzieren. II *v/i* **3.** F sich entspannen. **~ for·ward** *v/t Film etc* weiterspulen; *a.* ***~ on*** *Band* vorspulen. **~ up** I *v/t* **1.** *Autofenster etc* hochdrehen, -kurbeln. **2.** *Uhr etc* aufziehen. **3.** *Versammlung etc* beschließen (***with*** mit). **4.** *Unternehmen* liquidieren, auflösen. II *v/i* **5.** F landen (***in*** in *dat*): ***~ doing s.th.*** am Ende et. tun; ***you'll ~ with a heart attack*** du kriegst noch mal e-n Herzinfarkt.
wind|·bag ['wɪndbæg] *s* F Schwätzer(in). **'~-break** *s* Windschutz *m.* **~ en·er·gy** *s* Windenergie *f.*
'wind·fall I *s* **1.** *pl* Fallobst *n.* **2.** unverhofftes Geschenk, unverhoffter Gewinn II *adj* **3.** ***~ profit*** unerwarteter Gewinn.
Wind·hoek ['wɪnthʊk] *Hauptstadt von Namibia.*
wind·ing ['waɪndɪŋ] *adj* gewunden (*Pfad etc*): ***~ stairs*** *pl* Wendeltreppe *f.*
ˌwind·ing-'up *s econ.* Abwicklung *f*, Liquidation *f*: ***~ order*** Liquidationsbeschluss *m.*
wind| in·stru·ment [wɪnd] *s* ♪ Blasinstrument *n.* **~·jam·mer** ['~ˌdʒæmə] *s* ⚓ Windjammer *m.*
wind·lass ['wɪndləs] *s tech.* Winde *f.*
wind·less ['wɪndlɪs] *adj* windstill.
wind·mill ['wɪnmɪl] *s* Windmühle *f.*
win·dow ['wɪndəʊ] *s* **1.** Fenster *n* (*a. Computer*). **2.** Schaufenster *n.* **3.** Schalter *m* (*in Bank etc*). **~ box** *s* Blumenkasten *m.* **~ clean·er** *s* Fensterputzer(in). **~ dis·play** *s* Auslagen *pl.* **~ dress·er** *s* Schaufensterdekorateur(in). **~ dress·ing** *s* **1.** Schaufensterdekoration *f.* **2.** *fig.* Mache *f*, *econ.* Frisieren *n* der Bilanz. **~ en·ve·lope** *s* Fensterumschlag *m.* **'~·pane** *s* Fensterscheibe *f.* **~ seat** *s* Fensterplatz *m.* **~ shade** *s Am.* Rollo *n.* **'~-shop** *v/i*: ***go ~ping*** e-n Schaufensterbummel machen. **'~sill** *s* Fensterbank *f*, -brett *n.* **~ tech·nique, ~ tech·nol·o·gy** *s Computer*: Fenstertechnik *f.*
wind|·pipe ['wɪndpaɪp] *s anat.* Luftröhre *f.* **~ pow·er plant** *s* Windkraftanlage *f.* **'~-screen** *s mot. bsd. Br.* Windschutzscheibe *f*: ***~ wiper*** Scheibenwischer *m.* **'~·shield** *Am.* → ***windscreen.*** **'~·sock** *s* Windsack *m.* **'~ˌsurf·er** *s* Windsurfer(in). **'~ˌsurf·ing** *s* Windsurfing *n.* **'~·swept** *adj* (vom Wind) zerzaust. **~ tun·nel** *s* Windkanal *m.*
wind·ward ['wɪndwəd] ⚓ I *adv* luvwärts. II *s* Luv(seite) *f.*

wind·y ['wɪndɪ] *adj* □ windig.
wine [waɪn] *s* Wein *m.* **~ bar** *s* Weinlokal *n.* **~ bot·tle** *s* Weinflasche *f.* **~ glass** *s* Weinglas *n.* **~ list** *s* Weinkarte *f.*
win·ery ['waɪnərɪ] *s Am.* Weingut *n.*
wing [wɪŋ] *s* **1.** *allg.* Flügel *m*: ***take s.o. under one's ~*** *fig.* j-n unter s-e Fittiche nehmen. **2.** ✈ Tragfläche *f.* **3.** *mot. Br.* Kotflügel *m.*
'wing·er *s Sport*: Flügelstürmer(in).
wing| nut *s tech.* Flügelmutter *f.* **'~·span, '~·spread** *s* ✈, *orn.* Flügelspannweite *f.*
wink [wɪŋk] I *v/i* zwinkern: ***~ at*** *j-m* zuzwinkern; *et.* geflissentlich übersehen. II *s* Zwinkern *n*: ***with a ~ of the eye*** augenzwinkernd; ***give s.o. a ~*** j-m zuzwinkern; ***I didn't get a ~ of sleep*** (*od.* ***I didn't sleep a ~***) ***last night*** ich habe letzte Nacht kein Auge zugetan; → ***forty*** I.
'wink·er *s mot. Br.* F Blinker *m.*
win·ner ['wɪnə] *s* **1.** Gewinner(in), (*bsd. Sport*) Sieger(in). **2.** ***be a real winner*** F ein Riesenerfolg sein.
'win·ning I *adj* **1.** siegreich, Sieger..., Sieges...: ***~ post*** Zielpfosten *m.* **2.** *fig.* gewinnend (*Lächeln etc*). II *s pl* **3.** Gewinn *m.*
win·now ['wɪnəʊ] *v/t fig.* reduzieren.
win·o ['waɪnəʊ] *pl* **-os** *s* F Säufer(in).
win·ter ['wɪntə] I *s* Winter *m*: ***in*** (***the***) ***~*** im Winter. II *adj* Winter...: ***~ resort*** Winterkurort *m*; ***~ sports*** *pl* Wintersport *m.* III *v/i* überwintern; den Winter verbringen.
'win·ter·ize *v/t Am. Auto etc* winterfest machen.
'win·ter·y → ***wintry.***
'win·ter·time *s* Winter(zeit *f*) *m*: ***in*** (***the***) ***~*** im Winter.
win·try ['wɪntrɪ] *adj* **1.** winterlich, Winter...: ***~ clouds*** *pl* Schneewolken *pl.* **2.** *fig.* frostig (*Lächeln*).
wipe [waɪp] I *s*: ***give s.th. a ~*** et. abwischen. II *v/t Tisch etc* (ab)wischen; *Krümel etc* wischen (***off*** von): ***~ one's feet*** (***shoes***) sich die Füße (Schuhe) abputzen (***on*** auf *dat*); ***~ one's nose*** sich die Nase putzen; ***~ clean*** *Tafel etc* abwischen; ***that'll ~ the smile off his face*** *fig.* da wird ihm das Lachen vergehen; ***~ the floor with s.o.*** F j-n fertig machen.
Verbindungen mit Adverbien:
wipe| a·way *v/t* wegwischen, sich *die Tränen* ab- *od.* wegwischen. **~ off** *v/t* ab-, wegwischen. **~ out** *v/t* **1.** auswischen. **2.** *Menschen* auslöschen, *Rasse* ausrotten. **3.** *Gewinn etc* zunichte machen. **~ up** *v/t* aufwischen.
wip·er ['waɪpə] *s mot.* (*Scheiben*)Wischer *m.*
wire ['waɪə] I *s* **1.** Draht *m.* **2.** ↯ Leitung *f.* **3.** *Am.* Telegramm *n.* II *v/t* **4.** *a.* ***~ up*** Leitun-

gen verlegen in (*dat*). **5.** *Am. j-m* ein Telegramm schicken; *j-m et.* telegrafieren. '**~man** *s* (*irr* **man**) *Am.* F Abhörspezialist *m.* **~ net·ting** *s* Maschendraht *m.* **~ strip·per** *s electr.* Abisolierer *m.* '**~-tap** *v/t j-n, j-s Telefon* abhören. **~ wool** *s* Stahlwolle *f.*

wir·ing ['waɪərɪŋ] *s* Verdrahtung *f*: **~ *channel*** Kabelschacht *m*, Kabelführung *f* (*am Schreibtisch*).

wir·y ['waɪərɪ] *adj* drahtig (*Figur etc*).

wis·dom ['wɪzdəm] *s* Weisheit *f*, Klugheit *f.* **~ tooth** *s* (*irr* **tooth**) Weisheitszahn *m.*

wise [waɪz] **I** *adj* (□ → ***wisely***) weise, klug: ***you were ~ to do that*** es war klug von dir, das zu tun; ***it's easy to be ~ after the event*** hinterher kann man leicht klüger sein; ***be none the ~r*** F nicht klüger sein als vorher; ***get ~ to s.th.*** F et. spitzkriegen; **~ *guy*** F Klugschwätzer(in). **II** *v/t*: **~ *up*** *bsd. Am.* F *j-n* aufklären (***to*** über *acc*). **III** *v/i*: **~ *up to*** *bsd. Am.* F *et.* spitzkriegen.

wise·ly ['waɪzlɪ] *adv* **1.** weise, klug. **2.** klugerweise.

wish [wɪʃ] **I** *v/t* **1.** ***I ~ he were here*** ich wünschte *od.* wollte, er wäre hier. **2.** wollen: ***I ~ to make a complaint*** ich möchte mich beschweren. **3.** *j-m et.* wünschen: **~ *s.o. well*** j-m alles Gute wünschen; ***I wouldn't ~ that on my worst enemy*** das würde ich nicht einmal m-m ärgsten Feind wünschen. **II** *v/i* **4.** ***if you ~*** (***to***) wenn du willst. **5.** **~ *for s.th.*** sich et. wünschen. **III** *s* **6.** Wunsch *m* (***for*** nach): ***make a ~*** sich et. wünschen; (***with***) ***best ~es*** herzliche Grüße (*Briefschluss*); ***best ~es on passing your exam*** herzlichen Glückwunsch zur bestandenen Prüfung; ***send one's best ~es for s.o.'s birthday*** j-m e-n Glückwunsch zum Geburtstag schicken. '**~·bone** *s* Gabelbein *n*, -knochen *m.*

wish·ful ['wɪʃfʊl] *adj*: **~ *thinking*** Wunschdenken *n.*

wish·y-wash·y ['wɪʃɪˌwɒʃɪ] *adj* F **1.** labb(e)rig. **2.** *fig.* lasch (*Person*); verschwommen (*Vorstellung etc*).

wisp [wɪsp] *s* (*Gras-, Haar*)Büschel *n.*

wist·ful ['wɪstfʊl] *adj* □ wehmütig.

wit [wɪt] *s* **1.** Geist *m*, Witz *m.* **2.** geistreicher Mensch. **3.** *a. pl* Verstand *m*: ***be at one's ~s' end*** mit s-r Weisheit am Ende sein; ***frighten s.o. out of his ~s*** j-n zu Tode erschrecken; ***keep one's ~s about one*** e-n klaren Kopf behalten.

witch [wɪtʃ] *s* Hexe *f.* '**~·craft** *s* Hexerei *f.* **~ doc·tor** *s* Medizinmann *m.* **~ hunt** *s pol.* Hexenjagd *f* (***for, against*** auf *acc*).

with [wɪð] *prp* **1.** *allg.* mit: ***are you still ~ me?*** kannst du mir folgen? **2.** bei: ***she's staying ~ a friend*** sie wohnt bei e-r Freundin; → ***will***[1] 1, *etc.* **3.** vor (*dat*): → ***tremble*** I, *etc.* **4.** von: → ***part*** 12, *etc.* **5.** für: ***are you ~ me or against me?*** bist du für od. gegen mich?

with'draw (*irr* **draw**) **I** *v/t* **1.** *Geld* abheben (***from*** von). **2.** *Angebot etc* zurückziehen, *Anschuldigung etc* zurücknehmen: **~ *from the market*** vom Markt nehmen. **3.** *mil. Truppen* zurück-, abziehen. **II** *v/i* **4.** sich zurückziehen, ausscheiden (***from*** aus). **5.** zurücktreten (***from*** von).

with'draw·al **I** *s* **1.** ***make a ~*** Geld abheben (***from*** von). **2.** Rücknahme *f.* **3.** *mil.* Ab-, Rückzug *m.* **4.** Rücktritt *m* (***from*** von) **5.** Ausscheiden (***from*** aus) (*aus dem Berufsleben etc*). **II** *adj* **6.** **~ *symptoms*** *pl* ⚕ Entziehungs-, Entzugserscheinungen *pl.*

with·er ['wɪðə] *v/i* eingehen, verdorren.

'**with·er·ing** *adj* □ vernichtend (*Blick*).

with|'hold *v/t* (*irr* **hold**) *Informationen, Zahlung etc* zurückhalten: **~ *s.th. from s.o.*** j-m et. vorenthalten; ***~ing tax*** Quellensteuer *f.* **~'in** *prp* innerhalb (*gen*): → ***income, sight*** 3, *etc.* **~'out** *prp* ohne (*acc*). **~'stand** *v/t* (*irr* **stand**) **1.** *e-m Angriff etc* standhalten. **2.** *Beanspruchung etc* aushalten.

wit·less ['wɪtlɪs] *adj* □ geistlos.

wit·ness ['wɪtnɪs] **I** *s* **1.** *allg.* Zeuge *m*, Zeugin *f*: **~ *for the defence*** (*Am.* ***defense***) ⚖ Entlastungszeuge; **~ *for the prosecution*** ⚖ Belastungszeuge. **II** *v/t* **2.** Zeuge sein (*gen*); *Veränderungen etc* erleben: ***did anybody ~ the accident?*** hat j-d den Unfall gesehen? **3.** *et.* bezeugen, *Unterschrift* beglaubigen. **4.** **~** denken Sie nur an (*acc*). **III** *v/i* **5.** **~ *to*** *et.* bezeugen. **~ box** *s bsd. Br.*, **~ stand** *s Am.* Zeugenstand *m.*

wit·ti·cism ['wɪtɪsɪzəm] *s* geistreiche *od.* witzige Bemerkung.

wit·ty ['wɪtɪ] *adj* □ geistreich, witzig.

wives [waɪvz] *pl von* ***wife.***

wiz·ard ['wɪzəd] *s* **1.** Zauberer *m*, Zauberin *f*, Hexenmeister(in). **2.** *fig.* Genie *n* (***at*** in *dat*): ***financial ~*** Finanzgenie.

wiz·ened ['wɪznd] *adj* verhutzelt.

wob·ble ['wɒbl] **I** *v/i* wackeln (*Tisch etc*), zittern (*Stimme etc*), schwabbeln (*Pudding etc*), *mot.* flattern (*Reifen*). **II** *v/t* wackeln an (*dat*).

woe [wəʊ] *s* Kummer *m*, Leid *n*: **~ *betide you if*** wehe, wenn du; ***tale of ~*** Leidensgeschichte *f.*

woe·ful ['~fʊl] *adj* □ bedauerlich, beklagenswert.

wok [wɒk] *s gastr.* Wok *m.*

woke [wəʊk] *pret von* ***wake***[2].

'**wok·en** *pp von* ***wake***[2].

wolf [wʊlf] **I** *pl* **wolves** [wʊlvz] *s* **1.** *zo.* Wolf *m*: ***a ~ in sheep's clothing*** *fig.* ein Wolf im

Schafspelz; ***lone*** ~ *fig.* Einzelgänger(in); ***cry*** ~ *fig.* blinden Alarm schlagen. **2.** F Schürzenjäger *m.* **II** *v/t* **3.** *a.* ~ ***down*** F *Essen* hinunterschlingen. ~ **whis·tle** *s* F bewundernder Pfiff: ***give s.o. a*** ~ j-m nachpfeifen.

wolves [wʊlvz] *pl von* ***wolf.***

wom·an ['wʊmən] **I** *pl* **wom·en** ['wɪmɪn] *s* Frau *f.* **II** *adj*: ~ ***doctor*** Ärztin *f*; ~ ***driver*** Frau *f* am Steuer; ~ ***teacher*** Lehrerin *f.* ~ **hat·er** *s* Frauenhasser *m.*

wom·an·ish ['wʊmənɪʃ] *adj* □ *contp.* weibisch.

wom·an·ize ['wʊmənaɪz] *v/i* hinter den Frauen her sein.

'wom·an·iz·er *s* Schürzenjäger *m.*

wom·an·kind [ˌwʊmən'kaɪnd] *s* das weibliche Geschlecht.

'wom·an·ly *adj* fraulich (*Figur etc*); weiblich (*Tugend*).

womb [wu:m] *s anat.* Gebärmutter *f*, Mutterleib *m.*

wom·en ['wɪmɪn] *pl von* ***woman***: ~***'s lib*** F, ~***'s movement*** Frauenbewegung *f*; ~***'s team*** (*Sport*) Damenmannschaft *f.*

won [wʌn] *pret u. pp von* ***win.***

won·der ['wʌndə] **I** *v/t* **1.** neugierig *od.* gespannt sein, gern wissen mögen (***if, whether*** ob; ***what*** was); sich fragen, überlegen: ***I*** ~ ***if you could help me*** vielleicht können Sie mir helfen. **II** *v/i* **2.** sich wundern, erstaunt sein (***about*** über *acc*). **3.** neugierig *od.* gespannt sein: ***well, I*** ~ na, ich weiß nicht (recht). **III** *s* **4.** Staunen *n*, Verwunderung *f*: ***in*** ~ erstaunt, verwundert. **5.** Wunder *n*: ***nine days'*** ~ Eintagsfliege *f*; ***it's a*** ~ (***that***) es ist ein Wunder, dass; (***it's***) ***no*** (*od.* ***small, little***) ~ (***that***) kein Wunder, dass; ~***s will never cease!*** *humor.* es geschehen noch Zeichen u. Wunder!; ***do*** (*od.* ***work***) ~***s*** wahre Wunder vollbringen, Wunder wirken (***for*** bei). **IV** *adj* **6.** Wunder...

won·der·ful ['~fʊl] *adj* □ wunderbar.

'won·der·land *s* **1.** Wunderland *n.* **2.** Paradies *n.*

won·ky ['wɒŋkɪ] *adj Br.* F **1.** wack(e)lig. **2.** schwach (*Herz*).

wont [wəʊnt] *adj*: ***be*** ~ ***to do s.th.*** et. zu tun pflegen.

won't [wəʊnt] F *für* ***will not.***

woo [wu:] *v/t j-n* umwerben.

wood [wʊd] *s* **1.** Holz *n*: → ***touch*** 8. **2.** *a. pl* Wald *m*: ***be out of the*** ~ (*Am.* ~***s***) *fig.* über den Berg sein; ***he can't see the*** ~ ***for trees*** *fig.* er sieht den Wald vor lauter Bäumen nicht. **'~·cut** *s* Holzschnitt *m.*

wood·ed ['wʊdɪd] *adj* bewaldet.

wood·en ['wʊdn] *adj* hölzern (*a. fig.*), Holz... **'~ˌhead·ed** *adj* F dämlich.

wood|·land ['wʊdlənd] *s* Waldland *n*, Waldung *f.* **'~ˌpeck·er** *s orn.* Specht *m.* **'~·pile** *s* Holzhaufen *m*, -stoß *m.* **'~·shed** *s* Holzschuppen *m.* **~·wind** ['~wɪnd] ♪ **I** *s*: ***the*** ~ die Holzblasinstrumente *pl*; die Holzbläser *pl.* **II** *adj*: ~ ***instrument*** Holzblasinstrument *n.* **'~·worm** *s zo.* Holzwurm *m.*

wood·y ['wʊdɪ] *adj* **1.** waldig. **2.** holzig.

wool [wʊl] *s* Wolle *f*: ***pull the*** ~ ***over s.o.'s eyes*** *fig.* j-m Sand in die Augen streuen.

wool·en ['~ən] *Am.*, **wool·len** ['~ən] *bsd. Br.* **I** *adj* wollen, Woll... **II** *s pl* Wollsachen *pl*, -kleidung *f.*

'wool·ly, *Am. a.* **'wool·y** *adj* **1.** → ***woolen*** 1. **2.** wollig. **3.** *fig.* wirr.

Worces·ter sauce ['wʊstə] *s* Worcestersoße *f.*

word [wɜ:d] **I** *s* **1.** *allg.* Wort *n*: ***beyond*** ~***s*** unbeschreiblich; ***by*** ~ ***of mouth*** mündlich; ~ ***for*** ~ Wort für Wort; wortwörtlich; ***in a*** ~ in 'einem Wort; ***in other*** ~***s*** mit anderen Worten; ***in one's own*** ~***s*** in eigenen Worten; ***in*** ~ ***and in deed*** in Worten u. in Taten; ***angry isn't the*** ~ ***for ...*** ärgerlich ist gar kein Ausdruck für ...; ***he's a man of few*** ~***s*** er macht nicht viele Worte; ***be as good as one's*** ~ halten, was man verspricht; ***break one's*** ~ sein Wort brechen; ***get*** (*od.* ***have***) ***the final*** (*od.* ***last***) ~ das letzte Wort haben (***on*** in (*dat*); ***give s.o. one's*** ~ (***of hono[u]r***) j-m sein (Ehren)Wort geben; ***he always has to have the last*** ~ er muss immer das letzte Wort haben; ***can I have a*** ~ (*od.* ***a few*** ~***s***) ***with you?*** kann ich Sie mal kurz sprechen?; ***have*** ~***s*** e-e Auseinandersetzung haben (***with*** mit); ***keep one's*** ~ Wort halten (***to*** gegenüber); ***put into*** ~***s*** *et.* ausdrücken, in Worte fassen; ***take s.o. at his*** ~ j-n beim Wort nehmen; → ***eat*** 2, ***edgeways, fail*** 5, ***mum***[1] I, ***play*** 4. **2.** *pl* Text *m* (*e-s Lieds etc*). **3.** Nachricht *f*: ***there's been no*** ~ ***from her for months*** wir haben schon seit Monaten nichts mehr von ihr gehört; ***send*** ~ ***that*** Nachricht geben, dass. **II** *v/t* **4.** *et.* ausdrücken, *Text* abfassen, formulieren.

'word·ing *s* Wortlaut *m.*

'word·less *adj* □ wortlos, stumm.

word| or·der *s ling.* Wortstellung *f.* **'~·play** *s* Wortspielereien *pl.* ~ **pro·cess·or** *s Computer*: Wort-, Textverarbeitungsgerät *n.*

word pro·cess·ing| pro·gram *s* Textverarbeitungsprogramm *n.* ~ **type·writ·er** *s* Schreibautomat *m.*

word·y ['wɜ:dɪ] *adj* □ wortreich, langatmig.

wore [wɔ:] *pret von* ***wear.***

work [wɜ:k] **I** *s* **1.** *allg.* Arbeit *f*: ~ ***in progress*** laufende Arbeiten *pl*; ***at*** ~ am Arbeitsplatz; ***be out of*** ~ arbeitslos sein; ***make short*** ~ ***of*** kurzen Prozess machen mit; ***short-time*** ~ Kurzarbeit *f.* **2.** Werk *n* (*a. Tat*): → ***art*** 1. **3.**

pl (*oft sg konstruiert*) Werk *n*, Fabrik *f*: **~s council** Betriebsrat *m*; **~s manager** Betriebsleiter *m*; **~s meeting** Betriebsversammlung *f*. **4.** *pl tech.* Werk *n*, Getriebe *n*: → **spanner. 5. the whole ~s** *pl* F der ganze Krempel. **II** *v/i* **6.** arbeiten (**at, on** an *dat*): **~ing to capacity** ausgelastet; → **rule** 2. **7.** funktionieren (*a. fig.*). **III** *v/t* **8.** *j-n* arbeiten lassen: **~ o.s. into a temper** F sich in e-n Wutausbruch hineinsteigern. **9.** *Maschine etc* bedienen. **10.** bewirken: **how did you ~ it?** F wie hast du das geschafft?; → **miracle, wonder** 5. **11. ~ s.th. into** *fig.* et. einbauen in (*acc*).

Verbindungen mit Adverbien:

work| in *v/t Zitate etc* einbauen. **~ off** *v/t* **1.** *Schulden* abarbeiten. **2.** *Zorn etc* abreagieren (**on** an *dat*). **~ out I** *v/t* **1.** ausrechnen; *fig.* sich et. zs.-reimen. **2.** *Plan etc* ausarbeiten. **II** *v/i* **3.** klappen: **it'll never ~** daraus kann nichts werden. **4.** aufgehen (*Rechnung etc*): **it didn't ~** *fig.* die Rechnung ist nicht aufgegangen. **5.** F trainieren. **~ o·ver** *v/t* F *j-n* zs.-schlagen. **~ up** *v/t* **1.** *Zuhörer etc* aufpeitschen, -wühlen: **be worked up** aufgeregt *od.* nervös sein (**about** wegen). **2.** sich *Appetit etc* holen; *Begeisterung etc* aufbringen. **3.** *et.* ausarbeiten (**into** zu).

work·a·ble ['wɜːkəbl] *adj* **1.** formbar. **2.** *fig.* durchführbar.

'work·a·day *adj* Alltags...

work·a·hol·ic [ˌwɜːkə'hɒlɪk] *s* F Arbeitssüchtige *m, f*, Workaholic *m*.

'work|·bench *s tech.* Werkbank *f*. **'~·book** *s ped.* Arbeitsheft *n*. **~ camp** *s* Arbeitslager *n*. **~ cli·mate** *s* **1.** Arbeitsklima *n*. **2.** Betriebsklima *n*. **'~·day** *s* **1.** Arbeitstag *m*. **2.** Werktag *m*.

work·er ['wɜːkə] *s* **1.** Arbeiter(in). **2. be a real ~** hart arbeiten.

work| eth·ic *s* Arbeitsethos *n*, Arbeitsmoral *f*. **~ ex·pe·ri·ence** *s* Arbeitserfahrung *f*. **~ flow** *s* Arbeitsfluß *m*. **'~-flow chart** *s* Arbeitsablaufplan *m*. **~ force** *s* **1.** Belegschaft *f*. **2.** Arbeitskräftepotential *n*. **~ group** *s* Arbeitsgruppe *f*.

work·ing ['wɜːkɪŋ] **I** *adj* **1.** Arbeits..., Betriebs...: **~ atmosphere** a) Arbeitsklima *n*, -atmosphäre *f*, b) Betriebsklima *n*; **~ breakfast** Arbeitsfrühstück *n*; **~ capital** *econ.* Betriebskapital *n*; **~ conditions** *pl* Arbeitsbedingungen *pl*; **~ day** → **workday; ~ environment** Arbeitsumgebung *f*, Arbeitsumfeld *n*; **~ hours** *pl* Arbeitszeit *f*; **~ hypothesis** Arbeitshypothese *f*; **a ~ knowledge of French** französische Grundkenntnisse *pl*; **have a ~ knowledge of** ein bisschen was verstehen von; **~ life** Nutzungsdauer *f*; **in ~ order** in betriebsfähigem Zustand; **~ papers** *pl* Arbeitspapiere *pl*; **~ party** Arbeitsgruppe *f*, -kreis *m*; **~ week** Arbeitswoche *f*. **2.** arbeitend, berufstätig, Arbeiter...: **~ class**(**es** *pl*) Arbeiterklasse *f*, Arbeiter *pl*; **~ class estate** Arbeitersiedlung ; **~ population** Erwerbsbevölkerung *f*. **II** *s pl* **3.** *tech.* Arbeits-, Funktionsweise *f*.

'work|·load *s* Arbeitspensum *n*, -belastung *f*. **~·man** ['~mən] *s* (*irr* **man**) **1.** Arbeiter *m*. **2.** Handwerker *m*. **'~·man·ship** *s* (Arbeits-) Qualität *f*. **~·mate** *s* Arbeitskollege *m*, -kollegin *f*. **'~·out** *s* F Training *n*. **~ permit** *s* Arbeitserlaubnis *f*, -genehmigung *f*. **'~·place** *s* Arbeitsplatz *m*: **at the ~** am Arbeitsplatz; **~ design** Arbeitsplatzgestaltung *f*; **~ safety** Sicherheit *f* am Arbeitsplatz. **~ pres·sure** *s* Arbeitsbelastung *f*.

works *pl* → **work** 3.

work| seek·er *s* Arbeitssuchende *m, f*. **~ sheet** *s* Arbeitsblatt *n*. **'~·shop** *s* **1.** Werkstatt *f*. **2.** Workshop *m* (*Seminar*). **'~·shy** *adj* arbeitsscheu. **~ sta·tion** *s* Computerarbeitsplatz *m*, Workstation *f*. **~ stop·page** *f* Arbeitsniederlegung *f*. **~ stud·y** *s* Arbeitsstudie *f*, Bewegungs-Zeit-Studie *f*. **'~·top** *s* Arbeitsplatte *f*. **ˌ~-to-'rule** *s econ. Br.* Dienst *m* nach Vorschrift.

world [wɜːld] **I** *s allg.* Welt *f*: **in the ~** auf der Welt; **what in the ~ ...?** was um alles in der Welt ...?; **a man of the ~** ein Mann von Welt; **all over the ~** in der ganzen Welt; **they are ~s apart** zwischen ihnen liegen Welten; **bring into the ~** auf die Welt bringen; **do s.o. a** (*od.* **the**) **~ of good** j-m unwahrscheinlich gut tun; **mean all the ~ to s.o.** j-m alles bedeuten. **II** *adj* Welt...: **~ champion** Weltmeister(in); **~ championship** Weltmeisterschaft *f*; **World Cup** (*Sport*) Weltcup *m*, -pokal *m*; Fußballweltmeisterschaft *f*; **~ economic summit** Weltwirtschaftsgipfel *m*; **World Health Organization** Weltgesundheitsorganisation *f*; **~ language** Weltsprache *f*; **~ power** *pol.* Weltmacht *f*; **~ record** Weltrekord *m*; **~ record holder** Weltrekordler(in); **~ trade volume** Welthandelsvolumen *n*; **~ war** Weltkrieg *m*. **'~-ˌfa·mous** *adj* weltberühmt.

world·ly ['wɜːldlɪ] *adj* **1.** weltlich, irdisch. **2.** weltlich (gesinnt). **ˌ~-'wise** *adj* weltklug.

'world·wide *adj* weltweit, *adv a.* auf der ganzen Welt.

'World-Wide Web *s Computer*: World-Wide Web *n* (*weltweite Verknüpfung von Datenbanken im Internet*).

worm [wɜːm] **I** *s* **1.** *zo.* Wurm *m*. **II** *v/t* **2.** *Hund etc* entwurmen. **3. ~ one's way through** sich schlängeln *od.* zwängen durch; **~ o.s. into s.o.'s confidence** sich in j-s Vertrauen einschleichen. **4. ~ s.th. out**

of s.o. *fig.* j-m et. entlocken. **'~-ˌeat·en** *adj* wurmstichig. **'~·hole** *s* Wurmloch *n.* **'~·wood** *s* ♀ Wermut *m.*

worn [wɔːn] *pp von* ***wear***. **ˌ~-'out** *adj* **1.** abgenutzt, abgetragen (*Kleidung*). **2.** *fig.* erschöpft (*Person*).

wor·ried ['wʌrɪd] *adj* besorgt, beunruhigt: ***be ~*** sich sorgen, sich Sorgen machen (***about*** über *acc*, um, wegen).

wor·ri·some ['~səm] *adj* Besorgnis erregend, beunruhigend.

'wor·ry **I** *v/t j-n* beunruhigen, *j-m* Sorgen machen. **II** *v/i* sich sorgen, sich Sorgen machen (***about, over*** über *acc*, um, wegen): ***not to ~*** mach dir keine Gedanken; ***~ at*** sich abmühen mit. **III** *s* Sorge *f.*

'wor·ry·ing → ***worrisome.***

worse [wɜːs] **I** *adj u. adv* schlechter, schlimmer: ***~ still*** was noch schlimmer ist; ***to make matters ~*** zu allem Übel; ***he's getting steadily ~*** sein Zustand verschlechtert sich immer mehr. **II** *s* Schlechteres *n*, Schlimmeres *n*: → ***bad*** 7, ***turn*** 4.

'wors·en **I** *v/t* schlechter machen, verschlechtern. **II** *v/i* schlechter werden, sich verschlechtern.

wor·ship ['wɜːʃɪp] **I** *v/t pret u. pp* **-shiped,** *bsd. Br.* **-shipped 1.** *Gott* anbeten, *a. Ahnen, Helden* verehren; *weitS. j-n* anbeten, vergöttern: ***~ God*** *a.* zu Gott beten. **II** *s* **2.** Anbetung *f*, Verehrung *f.* **3.** Gottesdienst *m.*

'worship·(p)er *s* **1.** Anbeter(in), Verehrer(in). **2.** Kirchgänger(in).

worst [wɜːst] **I** *adj* schlechtest, schlimmst: ***of the ~ kind*** der übelsten Sorte. **II** *adv* am schlechtesten *od.* schlimmsten: ***come off ~*** den Kürzeren ziehen (***in*** bei). **III** *s der, die, das* Schlechteste *od.* Schlimmste: ***at*** (***the***) ***~*** schlimmstenfalls; ***if the ~ comes to the ~*** wenn alle Stricke reißen; ***the ~ of it is that*** das Schlimmste daran ist, dass; ***get the ~*** den Kürzeren ziehen (***of*** bei).

worth [wɜːθ] **I** *adj* wert: ***it's ~ £10*** es ist 10 Pfund wert; ***a skirt ~ £20*** ein Rock im Wert von 20 Pfund; ***it's ~ a try*** es ist e-n Versuch wert; ***it isn't ~ it*** es lohnt sich nicht; ***it might be ~ your while*** es könnte sich für dich lohnen (***to do*** zu tun); ***~ mentioning*** erwähnenswert; ***not ~ mentioning*** nicht der Rede wert; ***it isn't ~ waiting any longer*** es lohnt sich nicht, noch länger zu warten; → ***candle, salt*** 1. **II** *s* Wert *m.*

'worth·less *adj* □ wertlos.

ˌworth'while *adj* lohnend: ***be ~*** sich lohnen.

wor·thy ['wɜːðɪ] *adj* □ würdig: ***~ of admiration*** bewunderns-, bewunderungswürdig.

would [wʊd] *v/aux* **1.** *konditional*: ***he said he ~ come*** er sagte, er würde kommen; ***he ~ have come if*** er wäre gekommen, wenn; ***what ~ you do if ...?*** was würdest du tun, wenn ...?; ***how ~ you know?*** woher willst du denn das wissen?; ***you ~n't understand*** das verstehst du sowieso nicht; ***you ~, ~n't you?*** F das sieht dir ähnlich! **2.** *Bereitschaft, Entschluss*: ***he ~n't tell us what had happened*** er wollte uns nicht sagen, was passiert war; ***the door ~n't shut*** die Tür schloss nicht; ***I ~ rather not say what I think*** ich sage lieber nicht, was ich denke. **3.** *höfliche Bitte*: ***shut the window, ~ you?*** mach doch bitte das Fenster zu. **4.** *Wiederholung*: ***he ~ often take a walk after supper*** er machte nach dem Abendessen oft e-n Spaziergang. **'~-be** *adj contp.* Möchtegern...

wouldn't ['wʊdnt] F *für* ***would not.***

wound¹ [wuːnd] **I** *s* Wunde *f*, Verletzung *f*: ***open old ~s*** *fig.* alte Wunden aufreißen; → ***rub*** 3. **II** *v/t j-n* verwunden, verletzen; *fig. j-s Stolz etc* verletzen.

wound² [waʊnd] *pret u. pp von* ***wind²***.

wove [wəʊv] *pret von* ***weave.***

'wov·en *pp von* ***weave.***

wow [waʊ] *int* F wow!, Mann!, Mensch!

WP ***word processor*** Textverarbeitungssystem *n*, -gerät *n*; ***word processing*** Textverarbeitung *f.*

w.p.m. ***words per minute*** Wörter pro Minute.

wran·gle ['ræŋgl] **I** *v/i* (sich) streiten (***with*** mit; ***over*** um). **II** *s* Streit *m.*

wrap [ræp] **I** *v/t* **1.** *a.* ***~ up*** einpacken, -wickeln (***in*** in *acc*). **2.** *et.* wickeln (***[a]round*** um). **3.** ***~ up*** F *Handel etc* unter Dach u. Fach bringen. **II** *v/i* **4.** ***~ up*** sich warm anziehen. **5.** ***~ up!*** F Schnauze! **III** *s* **6.** *bsd. Am.* Umhang *m.* **7.** F ***be still under ~s*** noch geheim sein; ***keep under ~s*** *et.* geheim halten.

'wrap·per *s Br.* (Schutz)Umschlag *m.*

'wrap·ping **I** *s* Verpackung *f.* **II** *adj*: ***~ paper*** Einwickel-, Packpapier *n.*

wrath [rɒθ] *s* Zorn *m.*

wreak [riːk] *v/t* anrichten; *Rache* üben.

wreath [riːθ] *pl* **wreaths** [riːðz] *s* Kranz *m.*

wreck [rek] **I** *s* **1.** ⚓ Wrack *n* (*a. fig. Person*). **II** *v/t* **2.** ***be ~ed*** ⚓ zerschellen; Schiffbruch erleiden. **3.** *Hoffnungen etc* zunichte machen.

'wreck·age *s* Trümmer *pl* (*a. fig.*), ⚓ *a.* Wrackteile *pl.*

'wreck·er *s mot. Am.* Abschleppwagen *m.*

wren [ren] *s orn.* Zaunkönig *m.*

wrench [rentʃ] **I** *v/t* **1.** ***~ s.th. from*** (*od.* ***out of***) ***s.o.'s hand*** j-m et. aus der Hand winden; ***~ off*** *Verschluss etc* mit e-m Ruck aufschrauben. **2.** ⚕ sich *das Knie etc* verrenken. **II** *s* **3.** ⚕ Verrenkung *f.* **4.** *tech. Br.* Franzose *m*; *Am.* Schraubenschlüssel *m.*

W

wrest [rest] *v/t*: ~ ***s.th. from s.o.'s hand*** j-m et. aus der Hand reißen.

wres·tle ['resl] I *v/i* **1.** ringen (***with*** mit). **2.** *fig.* ringen, kämpfen (***with*** mit; ***for*** um). II *v/t* **3.** *Sport*: ringen gegen.

'**wres·tler** *s Sport*: Ringer *m.*

'**wres·tling** (*Sport*) I *s* Ringen *n.* II *adj* Ring...: ~ ***match*** Ringkampf *m.*

wretch [retʃ] *s* **1.** *a.* ***poor*** ~ armer Teufel. **2.** *oft humor.* Wicht *m.*

wretch·ed ['~ɪd] *adj* □ **1.** elend; (tod)unglücklich. **2.** scheußlich (*Kopfschmerzen, Wetter etc*). **3.** verflixt.

wrig·gle ['rɪgl] I *v/i* sich winden; zappeln: ~ ***out of*** *fig.* sich herauswinden aus; sich drücken vor (*dat*). II *v/t* mit *den Zehen* wackeln.

wring [rɪŋ] *v/t* (*irr*) **1.** *j-m die Hand* drücken; *die Hände* ringen. **2.** *oft* ~ ***out*** *Wäsche etc* auswringen: ~ ***the truth out of s.o.*** die Wahrheit aus j-m herausholen.

'**wring·ing** *adv*: ~ ***wet*** klatschnass.

wrin·kle[1] ['rɪŋkl] I *s* Falte *f*, Runzel *f.* II *v/t a.* ~ ***up*** *Stirn* runzeln, *Nase* rümpfen. III *v/i* faltig *od.* runz(e)lig werden.

wrin·kle[2] [~] *s* F Kniff *m*, Trick *m.*

wrist [rɪst] *s* Handgelenk *n.* '**~·band** *s* Armband *n.*

wrist·let ['rɪstlɪt] *s* Armband *n.*

'**wrist·watch** *s* Armbanduhr *f.*

writ [rɪt] *s* ⚖ Befehl *m*, Verfügung *f*; ~ ***of execution*** Vollstreckungsbescheid *m.*

write [raɪt] (*irr*) I *v/t* **1.** *Buch etc, j-m e-n Brief etc* schreiben: ***it was written on*** (*od.* ***all over***) ***his face*** *fig.* es stand ihm im Gesicht geschrieben. **2.** *bsd. Am. j-m* schreiben. II *v/i* **3.** schreiben: ~ ***to s.o.*** j-m schreiben; → ***home*** 8.

Verbindungen mit Adverbien:

write| back *v/i* zurückschreiben. ~ **down** *v/t* aufschreiben, niederschreiben. ~ **in** *v/i* schreiben (***to*** an *acc*): ~ ***for*** *et.* anfordern. ~ **off** *v/t* **1.** *j-n, econ. et.* abschreiben. **2.** *bsd. Br. Wagen* zu Schrott fahren. ~ **out** *v/t* **1.** *Namen etc* ausschreiben. **2.** *Bericht etc* ausarbeiten. **3.** *j-m e-e Quittung etc* ausstellen. **4.** *Rundfunk, TV*: *j-n* herausschreiben (***of*** aus *e-r Serie*). ~ **up** *v/t* **1.** *Notizen etc* ausarbeiten. **2.** berichten über (*acc*); *et.* besprechen.

'**write-down** *s* Sonderabschreibung *f*, Teilabschreibung *f*, Wertberichtigung *f.*

'**write-off** *s* **1.** *econ.* (Voll)Abschreibung *f.* **2.** *bsd. Br.* Totalschaden *m.*

'**write-pro,tec·ted** *adj Computer*: schreibgeschützt.

write pro·tec·tion *s Computer*: Schreibschutz *m.*

writ·er ['raɪtə] *s* **1.** Schreiber(in), Verfasser(in), Autor(in). **2.** Schriftsteller(in).

'**write-up** *s* **1.** (Presse)Bericht *m*; Besprechung *f*, Kritik *f.* **2.** *econ.* Höherbewertung *f*, Zuschreibung *f.*

writhe [raɪð] *v/i* sich krümmen *od.* winden (***in, with*** vor *dat*).

writ·ing ['raɪtɪŋ] I *s* **1.** Schreiben *n* (*Tätigkeit*). **2.** (Hand)Schrift *f.* **3.** *pl* Werke *pl.* **4.** ***in*** ~ schriftlich. II *adj* **5.** Schreib...: ~ ***desk*** Schreibtisch *m*; ~ ***instruments*** *pl* Schreibgeräte *pl*; ~ ***pad*** a) Schreib-, Notizblock *m*, b) Schreibunterlage *f*; ~ ***paper*** Schreib-, Briefpapier *n.*

writ·ten ['rɪtn] I *pp von* ***write.*** II *adj* schriftlich: ~ ***language*** Schriftsprache *f*; ~ ***warning*** *econ.* (schriftliche) Abmahnung *f.*

wrong [rɒŋ] I *adj* (□ → ***wrongly***) **1.** falsch: ***be*** ~ falsch sein, nicht stimmen; Unrecht haben; falsch gehen (*Uhr*). **2.** unrecht: ***you were*** ~ ***to say that*** es war nicht recht *od.* richtig von dir, das zu sagen. **3.** ***is anything*** ~? ist et. nicht in Ordnung? ***what's*** ~ ***with you?*** was ist los mit dir?, was hast du? II *adv* **4.** falsch: ***get*** ~ *j-n, et.* falsch verstehen; ***go*** ~ e-n Fehler machen; kaputtgehen; *fig.* schief gehen. III *s* **5.** Unrecht *n*: ***be in the*** ~ im Unrecht sein. IV *v/t* **6.** *j-m* unrecht tun. ,**~'do·er** *s* Misse-, Übeltäter(in). ,**~'do·ing** *s* **1.** Missetat(en *pl*) *f.* **2.** Vergehen *n od. pl.*

wrong·ful ['rɒŋfʊl] *adj* □ **1.** ungerechtfertigt. **2.** gesetzwidrig.

wrong·ly ['rɒŋlɪ] *adv* zu Unrecht; fälschlicherweise.

wrote [rəʊt] *pret von* ***write.***

wrought [rɔːt] *adj*: ~ ***iron*** Schmiedeeisen *n.* ,**~-'i·ron** *adj* schmiedeeisern. ,**~-'up** *adj* aufgeregt, nervös.

wrung [rʌŋ] *pret u. pp von* ***wring.***

wry [raɪ] *adj* süßsauer (*Lächeln*); sarkastisch (*Humor*).

wt., wt ***weight*** Gewicht *n.*

WWF ***World Wide Fund for Nature*** *Umweltschutzorganisation.*

WWI (*od.* **II**) ***World War I*** (*od.* ***II***) der erste (*od.* zweite) Weltkrieg.

WWW *Computer*: ***worldwide web*** (*im Internet*).

X, Y

X [eks] *pl* **X's** ['eksɪ] *s* X *n.*
xen·o·pho·bia [ˌzenəˈfəʊbjə] *s* Ausländerfeindlichkeit *f.*
xen·o·pho·bic [ˌzenəˈfəʊbɪk] *adj* □ ausländerfeindlich.
XL ***extra large*** (***size***) extragroß.
Xmas ['eksməs, 'krɪsməs] F → ***Christmas.***
X-ray ['eksreɪ] **I** *v/t* **1.** röntgen. **II** *s* **2.** Röntgenaufnahme *f*, -bild *n.* **3.** Röntgenuntersuchung *f.*
XS ***extra small*** (***size***) extraklein.
Xt ***Christ*** Christus.
xy·lo·phone ['zaɪləfəʊn] *s* ♪ Xylophon *n.*

Y [waɪ] *pl* **Y's** *s* Y *n.*
yacht [jɒt] **I** *s* Jacht *f*; (*Sport*) (Segel)Boot *n.* **II** *v/i* segeln: ***go ~ing*** segeln gehen.
'yacht·ing *s* Segeln *n.*
yachts·man ['jɒtsmən] *s* (*irr* ***man***) *Sport*: Segler *m.*
'yachtsˌwom·an *s* (*irr* ***woman***) *Sport*: Seglerin *f.*
yank [jæŋk] F **I** *v/t* reißen an (*dat*): ***~ out*** (her)ausreißen, *Zahn* ziehen. **II** *v/i*: ***~ on*** reißen an (*dat*). **III** *s* Ruck *m.*
Yan·kee ['jæŋkɪ] *s* F Ami *m.*
yap [jæp] **I** *v/i* **1.** kläffen. **2.** F quasseln. **II** *s* **3.** Kläffen *n.* **4.** Gequassel *n.*
yard¹ [jɑːd] *s* Yard *n.*
yard² [~] *s* Hof *m.*
'yard·stick *s fig.* Maßstab *m.*
yarn [jɑːn] *s* **1.** Garn *n.* **2.** F ***spin a ~*** Garn spinnen: ***spin s.o. a ~ about*** j-m e-e Lügengeschichte erzählen von.
yawn [jɔːn] **I** *v/i* gähnen (*a. fig.*). **II** Gähner(in); Gähnen *n*: ***be a big ~*** F zum Gähnen (langweilig) sein.
yd ***yard***(***s***) Yard(s *pl*) *n* (*91,44 cm*).
yeah [jeə] *adv* F ja.
year [jɪə] *s* Jahr *n*: ***~ after ~*** Jahr für Jahr; ***~ in, ~ out*** jahraus, jahrein; ***all the ~ round*** das ganze Jahr hindurch; ***since the ~ dot*** F seit e-r Ewigkeit; ***this ~*** dieses Jahr, heuer; ***~ under review*** *econ.* Berichtsjahr *n.*
'year-end *adj* am *od.* zum Jahresende: ***~ closing*** (*od.* ***financial statement***) Jahresabschluss *m*; ***~ inventory*** Jahresinventur *f.*
year·ly ['jɪəlɪ] *adj u. adv* jährlich; ***~ average*** Jahresdurchschnitt *m*; ***~ season ticket*** Jahreskarte *f*, -abonnement n.
yearn [jɜːn] *v/i* sich sehnen (***for*** nach; ***to do*** danach, zu tun).
'yearn·ing I *s* Sehnsucht *f.* **II** *adj* □ sehnsüchtig.
year plan·ner *s* Jahresplaner *m.*
yeast [jiːst] *s* Hefe *f.*
yell [jel] **I** *v/i* schreien, brüllen (***with*** vor *dat*): ***~ at s.o.*** j-n anschreien *od.* anbrüllen. **II** *v/t a.* ***~ out*** *et.* schreien, brüllen. **III** *s* Schrei *m.*
yel·low ['jeləʊ] **I** *adj* **1.** gelb: ***~ fever*** ⚕ Gelbfieber *n*; ***~ pages*** *pl teleph.* gelbe Seiten *pl*, Branchenverzeichnis *n*; ***~ press*** Sensationspresse *f.* **2.** F feig. **II** *s* **3.** Gelb *n*: ***at ~*** *Am.* bei Gelb; ***the lights were at ~*** *Am.* die Ampel stand auf Gelb. **III** *v/i* **4.** gelb werden, sich gelb färben (*Blätter etc*), vergilben (*Papier*).
yel·low dog con·tract *s Am. Arbeitsvertrag mit der Verpflichtung, keiner Gewerkschaft beizutreten.*
Yem·en ['jemən] Jemen *m* (*Republik in Arabien*).
yep [jep] *adv* F ja.
yes [jes] **I** *adv* ja: ***~ and no*** ja u. nein; ***oh ~*** o doch, o ja. **II** *s* Ja *n.* **~ man** *s* (*irr* ***man***) *contp.* Jasager *m.*
yes·ter·day ['jestədɪ] **I** *adv* gestern: ***~ morning*** gestern Morgen; ***the day before ~*** vorgestern; ***I wasn't born ~*** ich bin (doch) nicht von gestern. **II** *s*: ***~'s paper*** die gestrige Zeitung.
yet [jet] **I** *adv* **1.** *fragend*: schon. **2.** noch: ***not ~*** noch nicht; ***as ~*** bis jetzt, bisher. **3.** (doch) noch. **4.** doch, aber. **II** *cj* **5.** aber, doch.
ye·ti ['jetɪ] *s* Yeti *m.*
yew [juː] *s* ♣ Eibe *f.*
'Y-fronts ['waɪfrʌnts] *s pl* Herrenunterhose *f.*
YHA ***Youth Hostels Association*** Jugendherbergsverband *m.*
Yid·dish ['jɪdɪʃ] *s ling.* Jiddisch *n.*
yield [jiːld] **I** *v/t* **1.** *Früchte* tragen, *Gewinn* abwerfen, *Resultat etc* ergeben, liefern. **2.**

a. ~ **up** *mil. Stellung etc* überlassen (**to** *dat*). **II** *v/i* **3.** nachgeben (*Boden etc*). **4.** nachgeben; ⚔ sich ergeben (**to** *dat*): ~ **to** *mot. Am. j-m* Vorfahrt gewähren. **III** *s* **5.** a) Ertrag *m*, Rendite *f*, b) Steueraufkommen *n*, c) Nominalzins *m*.

YMCA [ˌwaɪemsiːˈeɪ] ***Young Men's Christian Association*** CVJM *m*, Christlicher Verein junger Männer.

yo·ga [ˈjəʊgə] *s* Joga *m, n*, Yoga *m, n*.

yog·h(o)urt, yog·urt [ˈjɒgət] *s* Joghurt *m, n*, Jogurt *m, n*.

yolk [jəʊk] *s* (Ei)Dotter *m, n*, Eigelb *n*.

you [juː] *pron* **1.** (*nom*) du, Sie, ihr; (*dat*) dir, Ihnen, euch; (*acc*) dich, Sie, euch. **2.** man.

you'd [juːd] F *für* ***you had; you would.***

you'll [juːl] F *für* ***you will.***

young [jʌŋ] **I** *adj* **1.** jung; ~ ***people*** *pl* Jugendliche *pl*, junge Leute *pl*. **II** *s* **2. the** ~ die jungen Leute *pl*, die Jugend. **3.** *zo*. Junge *pl*.

young·ster [ˈ~stə] *s* Junge *m*.

your [jɔː] *possessive pron* dein(e); *pl* euer, eure; Ihr(e) (*a. pl*).

you're [jʊə] F *für* ***you are.***

yours [jɔːz] *pron* dein(er, e, es); *pl* euer, eure(s); Ihr(er, e, es) (*a. pl*): ***a friend of*** ~ ein Freund von dir.

your·self [jɔːˈself] *pl* **-selves** [~ˈselvz] *pron*. **1.** *verstärkend*: selbst: ***you*** ~ ***told me, you told me*** ~ du hast es mir selbst erzählt. **2.** *reflex* dir, dich, sich: ***did you hurt*** ~***?*** hast du dich verletzt?

youth [juːθ] **I** *s* **1.** Jugend *f*: ***in my*** ~ in meiner Jugend. **2.** Jugendliche *m, f*. **3.** *coll*. Jugend *f*. **II** *adj* **4.** Jugend...: ~ ***club*** Jugendklub *m*; ~ ***hostel*** Jugendherberge *f*.

you've [juːv] F *für* ***you have.***

Yu·go·slav [ˈjuːgəʊslɑːv] **I** *s* Jugoslawe *m*, -slawin *f*. **II** *adj* jugoslawisch.

Yu·go·sla·via [ˌjuːgəʊˈslɑːvjə] *npr* Jugoslawien *n*.

yum·my [ˈjʌmɪ] *adj* □ F lecker.

yup·pie [ˈjʌpɪ] *s* Yuppie *m*.

YWCA [ˌwaɪdʌbljuːsiːˈeɪ] ***Young Women's Christian Association*** Christlicher Verein junger Frauen und Mädchen.

Z

Z [zed, *Am.* ziː] *pl* **Z's** *s* Z *n.*
Za·ire [zɑːˈɪə] *npr* Zaire *n.*
Zam·bia [ˈzæmbɪə] *npr* Sambia *n.*
zap [zæp] *v/t* F **1.** umlegen, killen. **2.** *TV* ~ ***channels*** zappen. **3.** ~ ***up*** aufmotzen.
zeal [ziːl] *s* Eifer *m.*
zeal·ous [ˈzeləs] *adj* □ eifrig: ***be*** ~ eifrig bemüht sein (***for*** um; ***to do*** darum, zu tun).
ze·bra [ˈzebrə, ˈziːbrə] *s zo.* Zebra *n.* ~ **cross·ing** *s Br.* Zebrastreifen *m.*
ze·ro [ˈzɪərəʊ] **I** *pl* **-ro(e)s** *s* Null *f* (*Am. a. teleph.*), (*e-r Skala a.*) Nullpunkt *m*: ***10 degrees below*** ~ 10 Grad unter null. **II** *adj* Null...: ~ ***growth*** Nullwachstum *n.* **III** *v/i*: ~ ***in on*** ⚔ sich einschießen auf (*acc*) (*a. fig.*); *fig.* sich konzentrieren auf (*acc*). ˌ~**-eˈmis·sion** *adj* schadstofffrei.
ˈze·ro|-ˌrat·ed *adj* mehrwertsteuerfrei. ~ **rat·ing** *s* Mehrwertsteuerbefreiung *f.*
zest [zest] *s* **1.** *fig.* Würze *f.* **2.** Begeisterung *f*: ~ ***for life*** Lebensfreude *f.*
zig·zag [ˈzɪgzæg] **I** *s* Zickzack *m.* **II** *adj* zickzackförmig, Zickzack... **III** *v/i* im Zickzack laufen, fahren *etc*, zickzackförmig verlaufen (*Weg etc*).
Zim·ba·bwe [zɪmˈbɑːbwɪ] *npr* Simbabwe *n.*
zinc [zɪŋk] *s* ⚗ Zink *n.*
zip [zɪp] **I** *s* **1.** Reißverschluss *m.* **2.** Zischen *n*, Schwirren *n.* **3.** F Schmiss *m*, Schwung *m.* **II** *v/t* **4.** ~ ***the bag open*** (***shut*** *od.* ***up***) den Reißverschluss der Tasche aufmachen (zumachen); ~ ***s.o. up*** j-m den Reißverschluss zumachen. **III** *v/i* **5.** zischen, schwirren (*Kugeln etc*). **6.** F flitzen: ~ ***by*** (*od.* ***past***) vorbeiflitzen. ~ **code** *s Am. etwa* Postleitzahl *f.* ~ **fas·ten·er** *s bsd. Br.* → **zip** 1.
zip·per [ˈzɪpə] *bsd. Am.* → **zip** 1.
zo·di·ac [ˈzəʊdɪæk] *s ast.* Tierkreis *m*: ***signs*** *pl* ***of the*** ~ Tierkreiszeichen *pl.*
zom·bie [ˈzɒmbɪ] *s* Zombie *m.*
zone [zəʊn] *s* Zone *f.*
zoo [zuː] *s* Zoo *m.*
zo·o·log·i·cal [ˌzəʊəˈlɒdʒɪkl] *adj* □ zoologisch: ~ ***gardens*** *pl* Tierpark *m.*
zoˈol·o·gy *s* Zoologie *f.*
zoom [zuːm] **I** *v/i* **1.** ~ ***in on*** *phot. et.* heranholen. **2.** F sausen. **3.** F in die Höhe schnellen (*Preise*). **II** *s* **4.** *a.* ~ ***lens*** *phot.* Zoom(objektiv) *n.* ~ **func·tion** *s* Zoom-Funktion *f.*
zuc·chi·ni [zuːˈkiːnɪ] *pl* ~**s,** ~ *s Am.* ⚘ Zucchini *f.*
Zu·rich [ˈzjʊrɪk] *npr* Zürich *n.*

Wörterverzeichnis Deutsch-Englisch

A

A, a *n* A, a (*a.* ♪): *fig.* ***das A und O*** the be-all and end-all, the essence; ***von A bis Z*** from beginning to end; ***wer A sagt, muss auch B sagen*** in for a penny, in for a pound.

à *prep econ.* (*at*) ... *each.*

Aal *m* eel: *fig.* ***sich winden wie ein ~*** wriggle like an eel.

aalen *v/reflex* ***sich ~*** F laze, ***in der Sonne:*** bask in the sun.

aalglatt *adj fig.* (as) slippery as an eel.

Aargau *m der* Argovia.

Aas *n* **1.** carrion. **2.** V beast, (*Frau*) *a.* bitch: ***kein ~*** not a blessed soul.

aasen *v/i* F ***mit et. ~*** squander s.th.

Aasgeier *m a. fig.* vulture.

ab I *adv* **1.** (*weg, fort*) off, away, *thea.* exit, *pl* (***beide*** *od.* ***alle ~***) exeunt: ***links ~*** (to the) left; ***weit ~*** far off; F ***~ (durch die Mitte)!*** off with you! **2.** F (*los*) off, (*herunter*) *a.* down: ***der Knopf ist ~*** the button is (*od.* has come) off; → ***Hut***[1] 1. **3.** from: 🚂 ***Berlin ~ 16:30*** dep. (= departure from) Berlin 16:30; F ***von ... ~*** from ... on. **4.** ***~ und zu*** now and then. **II** *prep* **5.** *örtlich*: from: ***~ Seite 17*** from page 17; *econ.* ***~ Berlin (Fabrik, Lager)*** ex Berlin (factory, warehouse). **6.** *zeitlich*: from ... (on): ***~ heute*** from (*adm.* as of) today. **7.** *Personen* ***~ 18 Jahren*** from (the age of) 18 up(wards); *Schuhe etc* ***~ 30 DM*** from DM 30 up. **III** *adj pred* **8.** F **(*ganz*) *~ sein*** be dead beat, be bushed.

abändern *v/t* alter, change, modify, *parl.* amend, ⚖ commute.

Abänderung *f* alteration, modification, *parl.* amendment, ⚖ commutation.

Abänderungsantrag *m parl.* ***e-n ~ einbringen*** move an amendment.

abarbeiten I *v/t* (*Schulden etc*) work off. **II** *v/reflex* ***sich ~*** slave (away).

Abart *f biol. u. fig.* variety. **abartig** *adj* abnormal, *sexuell*: *a.* perverse.

Abbau *m* **1.** *tech.* dismantling. **2.** ⚒ working, exploitation (*of a mine*), mining (*of coal*): ***~ unter Tage*** underground working. **3.** ⚗ decomposition, disintegration (*a. meteor.*), *im Körper, von Blutalkohol etc*: breakdown. **4.** *fig. der Kräfte*: decline. **5.** *von Ausgaben etc*: reduction, cutback, (*Entlassung*) dismissal, (*von Personal*) *a.* retrenchment: ***~ von Arbeitsplätzen (Arbeitslosigkeit)*** reduction in the workforce (in unemployment); ***~ von Handelshemmnissen (Steuervergünstigungen)*** removal of trade barriers (tax concessions); ***~ von Überstunden*** using up one's overtime. **6.** *von Missständen etc*: (gradual) removal, *von Vorurteilen etc*: (gradual) overcoming.

abbaubar *adj* ***biologisch ~*** biodegradable.

abbauen I *v/t* **1.** *tech.* dismantle, (*Gerüst, Kulissen*) take down, (*Zelt, Lager etc*) → ***abbrechen*** 2. **2.** ⚒ work, (*Kohle, Erz*) *a.* mine. **3.** ⚗ (*a.* ***sich ~***) decompose, *a. physiol.* (*Blutalkohol etc*) break down: ***sich ~*** be broken down. **4.** (*senken*) reduce, cut back. **5.** (*entlassen*) dismiss: ***Personal ~*** cut down on manpower (*od.* the workforce); ***Stellen ~*** cut down on jobs. **6.** (*Missstände etc*) (gradually) remove, (*Vorurteile etc*) *a.* (gradually) overcome. **II** *v/i* **7.** → ***nachlassen*** 2.

Abbauprodukt *n chem.* decomposition product.

abbeißen *v/t* bite off.

abbeizen *v/t* remove with corrosives.

Abbeizmittel *n* remover.

abbekommen *v/t* **1.** get *s.th.* off. **2.** get: ***et. ~*** a) *a.* ***sein Teil ~*** get one's share, b) (*verletzt werden*) get hurt, (*beschädigt werden*) be damaged.

abberufen *v/t* (*Gesandten*) recall: ***j-n von e-m Amt ~*** relieve s.o. from office.

abbestellen *v/t* cancel (one's order for), (*Zeitung*) discontinue: ***j-n ~*** ask s.o. not to come.

abbetteln *v/t* ***j-m et. ~*** wheedle s.th. out of s.o.

abbezahlen *v/t* pay off.

abbiegen I *v/i* turn (off): **(*nach*) *links ~*** turn off left. **II** *v/t* F *fig.* head off, avoid.

Abbieger(in) **1.** vehicle turning off. **2.** driver turning off. **Abbiegespur** *f* filter lane.

Abbild *n* **1.** (*Nachbildung*) copy. **2.** (*Bild*) picture, (*Ebenbild*) image, likeness. **3.** *fig.* (*Spiegelbild*) reflection. **abbilden** *v/t* portray, depict, (*zeigen*) show: ***wie oben abgebildet*** as shown above.

Abbildung *f* picture, illustration.

abbinden I *v/t* **1.** untie, undo, (*Krawatte etc*)

take off. **2.** (*abschnüren*) tie off, ⚕ ligate. **II** *v/i* **3.** *Zement etc*: set.

Abbitte *f* apology: ***j-m ~ leisten*** apologize to s.o. (***wegen*** for). **abbitten** *v/t* ***j-m et. ~*** ask s.o.'s pardon for s.th.

abblasen *v/t* **1.** (*Dampf*) blow off. **2.** F *fig.* (*Veranstaltung etc*) call off, cancel.

abblättern *v/i* *Farbe etc*: flake off.

abblenden **I** *v/t* **1.** (*Licht etc*) dim, (*Scheinwerfer*) dip, *Am.* dim. **II** *v/i* **2.** *mot.* dip (*Am.* dim) the headlights. **3.** *phot.* stop down.

Abblendlicht *n mot.* dipped (*Am.* dimmed) headlights *pl*, low beam.

abblitzen *v/i* F ***bei j-m ~*** meet with a rebuff from s.o.; ***j-n ~ lassen*** send s.o. packing.

abblocken *v/t a. fig.* block.

abbrausen **I** *v/t* (*a.* ***sich ~***) shower. **II** *v/i* F *Auto etc*: roar off, zoom off.

abbrechen **I** *v/t* **1.** break off: F ***sich e-n ~*** nearly kill o.s. (***bei*** doing *s.th.*). **2.** (*Haus etc*) pull down, (*Gerüst etc*) take down, (*Zelt*) strike: ***das Lager ~*** break camp; → ***Zelt.*** **3.** *fig.* (*Beziehungen*, *Diskussion etc*) break off, (*Streik etc*) call off, (*Studium*, *Versuch etc*) abandon, (*Spiel*, *Kampf*) stop **4.** *Computer*: abort. **II** *v/i* **5.** break off. **6.** *fig.* (*aufhören*) break off, stop.

abbremsen *v/t u. v/i* brake, slow down.

abbrennen **I** *v/t* (*Haus etc*) burn down, (*Feuerwerk*) let off. **II** *v/i* burn down: → ***abgebrannt.***

abbringen *v/t* ***j-n von et. ~*** put s.o. off (doing) s.th., *Person*: *a.* talk s.o. out of (doing) s.th.; ***j-n vom Rauchen*** *etc* ~ get s.o. to stop smoking *etc*; ***j-n von e-m Thema ~*** get s.o. off a subject; ***davon lasse ich mich nicht ~*** nothing will make me change my mind about that.

abbröckeln *v/i* crumble (away), *fig. Kurse, Preise*: crumble, drop off, fall.

Abbruch *m* **1.** *e-s Hauses*: demolition. **2.** *fig. von Beziehungen etc*: break(ing off), *bsd. Sport*: break-off, stop(ping). **3.** *e-r Sache* ***~ tun*** detract from, (*schaden*) be detrimental to; ***das tut der Sache k-n ~!*** that makes no difference!

abbruchreif *adj* due for demolition, *adm.* condemned.

Abbruchunternehmer(in) demolition contractor.

abbuchen *v/t* **1.** ***e-e Summe von j-s Konto ~*** debit a sum to s.o.'s account. **2.** → ***abschreiben*** 2.

Abbuchung *f* **1.** debit entry. **2.** *per Auftrag*: payment by standing order.

Abbuchungsauftrag *m* debit order.

abbummeln *v/t* F ***Überstunden ~*** use up one's overtime, take time off for overtime done.

abbürsten *v/t* (*Staub*) brush off, (*Kleidung*) brush (down).

abbüßen *v/t* (*s-e Schuld*) expiate, atone for: ⚖ ***s-e Strafe ~*** serve a sentence.

Abc *n* ABC, alphabet, *fig. the* basics *pl.*

abchecken *v/t* check; (*auf Liste abhaken*) tick (*Am.* check) off.

Abc-Schütze *m* F (school) beginner.

ABC-Waffen *pl* NBC-weapons *pl.*

Abdampf *m tech.* exhaust steam.

abdampfen *v/i* **1.** *Zug etc*: steam off, F *Person*: clear off. **2.** *tech.* (*a. v/t*) evaporate.

abdanken *v/i* resign, *König*: abdicate.

Abdankung *f* resignation, abdication.

abdecken *v/t* **1.** take off, uncover, (*Dach*) untile, (*Haus*) unroof, (*Tisch*) clear, (*Bett*) turn down. **2.** (*zudecken*) cover (up), *phot.* blank out. **3.** *econ.* (*Schulden etc*) repay, meet, (*Risiko*) cover. **4.** *fig.* (*einschließen*) cover. **5.** *Sport*: mark, cover.

abdichten *v/t tech.* seal, (*Maschinenteil*) pack, ca(u)lk, make *s.th.* watertight.

abdrängen *v/t* push (*od.* force) *s.o., s.th.* aside.

abdrehen **I** *v/t* **1.** *tech.* twist off. **2.** (*Gas, Wasser etc*) turn off, ⚡ *a.* switch off. **3.** (*Film*) finish (shooting). **II** *v/i* **4.** ✈, ⚓ turn away, (*ausscheren*) sheer off.

abdriften *v/i a. fig.* drift off.

Abdruck[1] *m* (*Fuß-*, *Fingerabdruck*) (im-)print, mark, (*Wachs-*, *Zahnabdruck etc*) impression, (*Gipsabdruck*) cast.

Abdruck[2] *m* **1.** printing. **2.** text, (*Exemplar*) copy, (*Probedruck*) proof, (*Nachdruck*) reprint.

abdrucken *v/t* print.

abdrücken **I** *v/t* **1.** (*Gewehr etc*) fire (***auf*** *acc* at). **2.** (*abformen*) make an impression of *s.th.*: ***sich ~*** leave an imprint. **3.** F ***j-n ~*** hug s.o., squeeze s.o. **II** *v/i* **4.** pull the trigger: ***auf j-n ~*** fire at s.o.

abduschen → ***abbrausen*** I.

abdüsen *v/i* F zoom off.

abebben *v/i fig.* ebb away, *Zorn, Lärm etc*: *a.* die down, subside.

Abend *m* evening, night (*beide a.* ~*veranstaltung*): ***am*** (***späten***) ~ (late) in the evening, (late) at night; ***heute ~*** this evening, tonight; ***morgen*** (***gestern***) ~ tomorrow (last) night; ***guten ~!*** good evening; ***schönen ~ noch!*** have a nice evening; ***zu ~ essen*** have supper (*od.* dinner); ***es wird ~*** it's getting dark; ***man soll den Tag nicht vor dem ~ loben*** don't count your chickens before they're hatched; ***es ist noch nicht aller Tage ~*** things may take a turn yet.

Abend|andacht *f* evening prayer(s *pl*). **~anzug** *m* evening dress. **~blatt** *n* evening paper. **~dämmerung** *f* dusk. **~essen** *n* evening meal, dinner, supper.

abendfüllend *adj Film etc*: full-length.
Abend|kasse *f* box office. **~kleid** *n* evening dress (*Am.* gown). **~kurs(us)** *m* evening class(es *pl*).
Abendland *n the* Occident. **abendländisch** *adj* Western, occidental.
abendlich *adj* evening, of (*od.* in) the evening.
Abendmahl *n eccl. the* Holy Communion, *the* Lord's (*paint. the* Last) Supper: ***das ~ nehmen*** take Communion.
Abendmaschine *f* evening plane.
Abendrot *n*, **Abendröte** *f* sunset glow.
abends *adv* in the evening(s): ***bis ~*** till evening; ***um 7 Uhr ~*** at seven (o'clock) in the evening, at 7 p.m.
Abend|schule *f* night school. **~sonne** *f* setting sun. **~stern** *m* evening star. **~vorstellung** *f thea.* evening performance. **~zeitung** *f* → ***Abendblatt.***
Abenteuer *n* adventure (*a. in Zssgn film, novel, playground, etc*), *sexuell*: (love) affair. **~ferien** *pl* adventure holidays *pl.* **~leben** *n* adventurous life.
abenteuerlich *adj* adventurous, *fig.* (*gewagt*) risky, *Idee, Plan etc*: wild, fantastic, *Aufmachung etc*: eccentric, odd.
Abenteuerlust *f* love of adventure.
Abenteurer *m* adventurer. **Abenteurerin** *f* adventuress.
aber I *conj* but: ***~ dennoch*** yet, (but) still; ***oder ~*** otherwise, or else. **II** *int* **~, ~!** come, come!; ***~ ja!, ~ sicher!*** (but) of course!; ***~ nein!*** oh no!, of course not!; ***das ist ~ nett von dir*** that's really nice of you.
Aber *n* but: ***die Sache hat ein ~*** there's just one catch to it; → ***Wenn.***
Aberglaube *m* superstition.
abergläubisch *adj* superstitious.
aberhundert *adj* ***hundert und ~, Hundert und Aberhundert*** hundreds and (*od.* upon) hundreds.
aberkennen *v/t bsd.* ⚖ ***j-m et. ~*** deprive s.o. of s.th.
abermalig *adj* renewed, repeated.
abermals *adv* again, once more.
abernten *v/t* reap, harvest, (*Obst*) pick.
aberwitzig *adj* crazy, mad.
abfackeln *v/t* (*Erdgas*) burn off.
abfahren I *v/i* **1.** (***nach*** for) leave, depart, start, ⚓ sail: F ***j-n ~ lassen*** send s.o. packing. **2.** *Skiläufer*: run (*engS.* start) downhill. **3.** F ***auf j-n*** (***et.***) (***voll***) ~ be wild about s.o. (s.th.), dig s.o. (s.th.) (the big way). **II** *v/t* **4.** (*Schutt etc*) cart off, remove. **5.** (*e-e Strecke*) cover, travel, (*überwachen*) patrol. **6.** (*Reifen etc*) wear down. **7.** (*Film, Tonband etc*) start, run. **8.** (*Fahrkarte*) use up. **9.** ***ihm wurde ein Bein etc abgefahren*** he was run over and lost a leg *etc.*
Abfahrt *f* **1.** (***nach*** for) start, departure. **2.** (*Autobahnausfahrt*) exit. **3.** *Skisport*: downhill (run), (*Hang*) slope.
abfahrtbereit *adj* ready to leave.
Abfahrts|lauf *m Skisport*: downhill (run). **~läufer(in)** downhiller.
Abfahrtszeit *f* time of departure.
Abfall *m* **1.** *a.* ***Abfälle*** *pl* waste (*a. tech.*), (*Müll*) refuse, rubbish, *bsd. Am.* garbage, (*Fleischreste etc*) offal, (*herumliegender ~*) litter. **2.** (*Abnahme*) decrease, (*a.* ⚡, *a. fig.*) drop. **3.** *pol.* defection, ***von*** *e-r Partei*: desertion (from), *eccl.* apostasy. **~aufbereitung** *f* waste treatment. **~beseitigung** *f* waste disposal. **~eimer** *m* rubbish (*od.* litter) bin, *Am.* trash (*od.* garbage) can.
abfallen *v/i* **1.** fall off, drop off: *fig.* ***von j-m ~*** *Angst etc*: fall away from s.o., leave s.o. **2.** *Gelände*: fall away, slope, drop (***steil*** steeply). **3.** (*abnehmen*) fall (off), drop, decrease, (*zurückfallen*) *Läufer etc*: drop back: ***~ gegen*** compare badly with. **4.** (*übrig bleiben*) be left (over). **5.** F (*herausspringen*) be gained (***bei*** by): ***was fällt für mich dabei ab?*** what's in it for me? **6.** (***von*** from) *e-r Partei*: break away, defect, *eccl.* apostatize.
abfallend *adj Gelände*: sloping: ***steil ~*** steep, precipitous.
Abfallentsorgung *f* waste disposal.
abfällig *adj Bemerkung*: disparaging, *Kritik*: adverse, *Meinung, Urteil etc*: unfavo(u)rable: *adv* ***~ sprechen über*** (*acc*) speak disparagingly of.
Abfall|-Management *s* waste management. **~produkt** *n* waste product, *verwertbares*: spin-off, by-product. **~recycling** *s* waste recycling. **~vermeidung** *f* waste avoidance. **~verwertung** *f* waste recovery, recycling. **~wirtschaft** *f* waste industry.
abfälschen *v/t* (*Ball*) deflect.
abfangen *v/t* **1.** (*Brief, Ball, Angreifer etc*) intercept, (*Person*) *a.* catch, (*Angriff, Entwicklung*) check, (*Boxhieb*) parry, (*Läufer*) catch up with. **2.** (*Fahrzeug*) get *a car etc* under control, ✈ pull out. **3.** *tech.* (*Mauer*) prop up, (*Stoß etc*) absorb, (*sammeln*) collect.
Abfang|jäger *m mil.* interceptor. **~satellit** *m mil.* hunter-killer satellite.
abfärben *v/i beim Waschen*: run: ***~ auf*** (*acc*) a) *Farbe*: run into, b) *fig.* rub off on.
abfassen *v/t* (*Werk*) write, (*Vertrag etc*) draft, *bsd. adm.* draw up, (*formulieren*) formulate, word.
Abfassung composition, drawing up.
abfaulen *v/i* rot off.
abfedern I *v/t tech.* cushion, spring. **II** *v/i Sport*: bound off.

abfeiern *v/t* ***Überstunden*** **~** use up one's overtime, take time off for overtime done.

abfeilen *v/t tech.* file off.

abfertigen *v/t* **1.** (*Waren, a.* ✈, 🚂) dispatch, clear, (*Passagiere*) check in: **e-n Zug ~** start a train. **2.** (*j-n bedienen*) attend to, serve, deal with: F ***j-n kurz*** **~** give s.o. short shrift. **3.** F *Sport*: dispose of, (*besiegen*) beat.

Abfertigung *f* **1.** dispatch (*a.* ✈, 🚂), *beim Zoll*: (customs) clearance. **2.** *e-s Auftrags etc, von Kunden*: attendance (*gen* to). **3.** *fig.* snub. **4.** → ***Abfertigungsschalter***

Abfertigungs|halle *f* ✈ terminal. **~schalter** *m* dispatch counter, *in Flughafen etc* check-in counter.

abfeuern *v/t* (*Waffe, Schuss*) fire (**auf** *acc* at), *Fußball*: (*Schuss*) let go with.

abfinden I *v/t* (*Gläubiger*) pay (off), satisfy, (*Partner*) buy out, (*entschädigen*) pay *s.o.* compensation. **II** *v/reflex* ***sich* ~ *mit j-m*** (**et.**) come to terms with s.o. (s.th.), ***mit et.*** *a.* resign o.s. to s.th., put up with s.th., (*akzeptieren*) accept s.th.; ***sich mit den Tatsachen* ~** *a.* face the facts; ***damit kann ich mich nicht* ~!** I just can't accept it!

Abfindung *f* settlement, *e-s Gläubigers*: satisfaction, paying off, *für Arbeitnehmer*: severance pay, (*Entschädigung*) compensation.

abflachen *v/t* (*a.* ***sich*** ~) flatten (out).

abflauen *v/i Wind etc*: drop, *a. fig. Wut etc*: die down, abate, *Krise, Verkehr etc*: ease off, *econ. Geschäfte, Konjunktur etc*: slacken (off), *Interesse etc*: flag.

abfliegen I *v/i* ✈ start, take off, *Passagier*: fly, *allg.* depart. **II** *v/t* (*Strecke*) patrol (by plane).

abfließen *v/i* flow off (*a. Kapital*).

Abflug *m* ✈ start, takeoff, departure.

abflugbereit *adj* ready for takeoff.

Abflughalle *f* departure lounge.

Abflugzeit *f* (time of) departure.

Abfluss *m* **1.** flowing off, discharge, *von Kapital*: outflow. **2.** *tech.* (*~stelle*) outlet.

Abflussrohr *n tech.* drainpipe.

abfordern *v/t* ***j-m et.*** **~** demand (*fig. a.* exact) s.th. of (*od.* from) s.o.

abformen *v/t* mo(u)ld, model.

Abfrage *f Computer*: query: **~sprache** query language.

abfragen *v/t* **1.** ***j-n*** (**et.**) **~** test (*Am.* quiz) s.o. (on s.th.). **2.** *Computer*: interrogate, query.

abfressen *v/t* crop, *völlig*: eat bare.

abfrieren *v/i* ***ihm sind drei Zehen*** *etc* ***abgefroren*** he lost three toes *etc* through frostbite; F ***sich e-n*** **~** be freezing to death.

Abfuhr *f* **1.** removal. **2.** a) *fig.* rebuff, F brush-off, b) *Sport*: defeat, beating: ***sich e-e* ~ *holen*** get a beating, *fig.* meet with a rebuff.

abführen I *v/t* **1.** lead *s.o.* away, *gewaltsam*: march *s.o.* off, (*Häftling*) take *s.o.* into custody: ***j-n* ~ *lassen*** have s.o. taken away. **2. ~ *von*** *e-m Thema etc*: lead away from. **3.** (*Steuern, Geld etc*) pay (over) (**an** *acc* to). **4.** *tech.* (*Wasser etc*) drain off, (*Wärme etc*) carry off. **II** *v/i* **5.** ⚕ a) act as a laxative, b) move the bowels.

abführend *adj*, **Abführmittel** *n* ⚕ laxative.

Abfüllanlage *f* bottling plant.

abfüllen *v/t* draw off, (*Flaschen etc*) fill, (*Wein*) rack (off): ***in Beutel*** **~** bag; ***in*** (*od.* ***auf***) ***Flaschen*** **~** bottle.

abfüttern[1] *v/t a. humor.* feed.

abfüttern[2] *v/t* (*Kleidung*) line.

Abgabe *f* **1.** *allg.* delivery, handing over, *des Gepäcks*: depositing, *Am.* checking. **2.** making (*an offer, a comment, etc*), giving (*an opinion etc*): **~ *der Wahlstimme*** casting one's vote. **3.** *tech. von Wärme, Dampf etc*: emission, *von Energie etc*: release, ⚡ output. **4.** (*Steuer*) tax, duty, (*Kommunalabgabe*) rate, *Am.* local tax, (*soziale ~*) contribution. **5.** *econ.* (*Verkauf*) sale. **6.** *e-s Schusses*: firing. **7.** *Fußball etc*: pass.

abgabenfrei *adj* a) tax-free, tax-exempt b) duty-free.

Abgabenordnung *f* German Fiscal Code.

abgabenpflichtig *adj Person*: liable to payment of taxes (*etc*), *Einkommen*: taxable, *Waren*: dutiable.

Abgang *m* **1.** leaving, departure, *a. thea.* exit, **aus** *e-m Amt*: retirement from: ***nach dem* ~ *von der Schule*** after leaving school; *fig.* ***sich e-n guten* ~ *verschaffen*** make a graceful exit. **2.** *der Post, e-r Sendung*: dispatch, (*Abfahrt*) departure, ⚓ sailing. **3.** *gym. vom Gerät*: dismount. **4.** ⚕ *von Blut, Eiter etc*: discharge, *von Steinen etc*: passage. **5.** *econ.* a) → ***Absatz*** 3, b) (*Verlust*) loss, c) *Bankbilanz*: items *pl* disposed of.

abgängig *adj österr.* missing.

Abgangszeugnis *n* (school-)leaving certificate, *Am.* diploma.

Abgas *n* waste gas, *mot.* exhaust fumes *pl.*

abgasarm *adj* low-emission.

Abgasentgiftung *f* waste gas detoxification.

abgasfrei *adj* emission-free.

Abgas|katalysator *m* catalytic converter. **~(sonder)untersuchung** *f* exhaust-emission check. **~test** *m mot.* fume emission test. **~verwertung** *f* waste-gas utilization. **~werte** *pl* exhaust pollution standards *pl.*

abgearbeitet *adj* worn out.

abgeben I *v/t* **1.** (**bei**) (*Geld, Fahrkarte, Pass etc*) hand over (to), (*Brief, Waren etc*) deliver (to), (*Gepäck, Mantel etc*) deposit (at), *Am.* check (at), (*einreichen*) hand in (to). **2.** (**an** *acc* to) (*abtreten, schenken*) give away,

(*Leitung*, *Macht etc*) hand over, (*Amt etc*) surrender, (*Mitarbeiter*) transfer: ***j-m etwas von et.*** ~ *a.* share *s. th.* with s.o. **3.** (*verkaufen*) sell (**an** *acc* to): ***et. billig*** ~ sell s.th. cheaply; ***billig abzugeben*** cheap sale. **4.** *Sport*: (**an** *acc* to) (*Ball*) pass, (*Spiel*, *Satz*) lose, (*Punkt*) concede. **5.** (*Erklärung*) make, (*Urteil*, *Meinung*) give, (*Stimme*) cast. **6.** (*Wärme*, *Dampf etc*) give off, emit, (*Energie*) release. **7.** ***e-n Schuss*** ~ fire (*Sport*: *a.* deliver) a shot, shoot. **8.** F (*darstellen*, *sein*) be, (*Hintergrund*, *Filmstoff etc*) *a.* provide, serve as: ***er würde e-n guten Lehrer*** *etc* ~ he would make a good teacher *etc.* **II** *v/i* **9.** *Sport*: pass (the ball). **III** *v/reflex* **10.** ***sich*** ~ ***mit*** concern o.s. with, ***j-m*** have dealings with s.o., associate with s.o.; ***sich viel*** ~ ***mit*** spend much time on (*od.* with); ***mit ihm gebe ich mich nicht ab!*** I've no time for him!; ***damit kann ich mich nicht*** ~***!*** I can't be bothered with that!

abgebrannt *adj* F *fig.* broke.

abgebrüht *adj* F *fig.* hardened.

abgedroschen *adj* F trite, hackneyed.

abgefahren *adj* *Reifen*: bald.

abgegriffen *adj* **1.** (well-)worn, *Buch*: well-thumbed. **2.** → ***abgedroschen.***

abgehackt *adj fig.* *Sätze etc*: disjointed, *Redeweise*: chopped.

abgehangen *adj* *Fleisch*: hung.

abgehärmt *adj* haggard.

abgehärtet *adj* (**gegen**) inured (to), *a. fig.* hardened (against): ~ ***sein*** *a.* be hardy.

abgehen I *v/i* **1.** *allg.* leave, ✈, 🚂 *a.* depart, ⚓ *a.* sail (*alle*: **nach** for), *Brief*, *Funkspruch*, *Post etc*: go off, be dispatched: *Sendung etc* ~ ***lassen*** dispatch, send; ***von der Schule*** ~ leave school. **2.** *thea.*, *a. fig.* make one's exit: ***... geht*** (***gehen***) ***ab*** exit (exeunt) ... **3.** *Farbe*, *Knopf etc*: come off. **4.** ⚕ *Steine etc*: pass, be discharged, *Fötus*: be aborted. **5.** *Straße etc*: branch off. **6.** → ***weggehen*** 3. **7.** *Betrag etc*: be deducted (**von** from): ***hiervon gehen 7 % ab*** 7 per cent to be deducted (from this amount). **8.** *fig.* **von** *e-r Regel etc* ~ deviate from, *ganz*: depart from: ***davon gehe ich nicht ab!*** nothing can change my mind about that!; ***davon kann ich nicht*** ~***!*** I must insist on that! **9.** F *fig.* (*fehlen*) ***was ihm abgeht, ist Mut*** what he lacks is courage; ***ihm geht jeder Humor ab*** he has no sense of humo(u)r at all; ***ihr geht nichts ab*** she doesn't go short of anything. **10.** ***gut*** (***glatt*** *etc*) ~ go well (smoothly *etc*); ***schlecht*** ~ turn out badly; ***es kann nicht gut*** ~ there's sure to be trouble; ***es ging nicht ohne Streit ab*** there was a quarrel after all. **II** *v/t* **11.** go (*od.* walk) along, (*überwachen*) patrol. **abgehend** *adj* *Post*, *Zug etc*, *a. teleph.* outgoing.

abgehetzt *adj* **1.** (*atemlos*) breathless, *pred* out of breath. **2.** (*erschöpft*) worn(-)out, exhausted.

abgekämpft *adj* exhausted, spent.

abgekartet *adj* F ***~es Spiel*** put-up job.

abgeklärt *adj* *Person*: mellow, *Urteil*, *Meinung etc*: balanced.

abgelagert *adj* *Wein*: matured, *Holz*, *Tabak etc*: seasoned.

abgelaufen *adj* ***im ~en Geschäftsjahr*** during the last business year.

abgelegen *adj* remote, secluded.

abgelten *v/t* (*Schuld*) pay off, settle, (*Verlust*) compensate for, (*Anspruch*) satisfy.

abgemagert *adj* emaciated.

abgeneigt *adj* ***nicht*** ~ ***sein, et. zu tun*** be quite prepared to do s.th.; ***ich bin nicht*** ~***, es zu tun*** I don't mind doing it.

abgenutzt *adj a. fig.* worn(-out).

Abgeordnete *m, f* delegate, representative, (*von Parlament*) Member of Parliament, *Am.* (*von Kongress*) Congressman(-woman).

Abgeordnetenhaus *n* chamber of deputies, *Am.* House of Representatives.

abgepackt *adj econ.* prepacked, packaged.

abgerissen *adj* **1.** *Kleidung*: ragged, shabby, *Person*: *a.* down-at-heel, seedy. **2.** *Sätze*, *Gedanken etc*: incoherent, disjointed.

abgerundet I *adj* *Zahl*: round(ed), *fig.* (well-)rounded. **II** *adv* in round figures.

Abgesandte *m, f* envoy, *pol. a.* emissary.

abgeschieden *adj* secluded.

Abgeschiedenheit *f* seclusion.

abgeschlafft *adj* F whacked, dead beat.

abgeschlossen *adj* **1.** *Ausbildung etc*: completed: ***~es Studium*** degree; ***e-e ~e Ausbildung haben*** be fully qualified (for a job). **2.** *tech.*, *a. Wohnung*: self-contained.

abgeschmackt *adj fig.* tasteless, *pred* in bad taste.

abgeschottet *adj* protected (*a. Märkte*).

abgesehen *adv* ~ **von** apart (*bsd. Am.* aside) from, except for; ***vom Wetter ganz*** ~ to say nothing of the weather.

abgespannt *adj* worn-out, exhausted.

Abgespanntheit *f* exhaustion, fatigue.

abgestanden *adj* stale (*a. fig.*), *Bier*: *a.* flat.

abgestorben *adj* dead, *Glieder*: numb.

abgestumpft *adj fig.* *Gefühle etc*: deadened, blunted, dull(ed), *Person*: insensitive (**gegen** to).

abgetakelt *adj* F down(-)at(-)heel.

abgetragen *adj* *Kleidung*: worn, shabby, *Schuhe*: worn(-)down.

abgewinnen *v/t* ***j-m et.*** ~ win s.th. from s.o.; ***e-r Sache Geschmack*** ~ acquire a taste for s.th.

abgewirtschaftet *adj* run(-)down.
abgewöhnen *v/t* **j-m et.** ~ cure (*od.* break) s.o. of s.th.; **j-m das Rauchen** ~ make s.o. stop smoking; **sich das Rauchen** ~ give up smoking.
abgezehrt *adj* emaciated.
abgießen *v/t* **1.** (*Flüssigkeit*) pour off, (*Gemüse etc*) strain. **2.** *tech.* cast.
Abglanz *m* (*fig.* **schwacher** ~ pale) reflection.
abgleichen *v/t* **1.** *tech. equalize,* ⚡ *align.* **2.** *econ.* (*Konten*) adjust, balance, square.
Abgleichung *f econ.* adjustment, balance.
abgleiten *v/i* **1.** slip (off). **2.** *fig. Person, Leistung etc*: go down, *Gedanken etc*: wander away: *Vorwürfe etc* **gleiten von ihm ab** he is deaf to.
abgöttisch *adj* idolatrous: *adv* ~ **lieben** idolize, adore, (*j-n*) *a.* dote on.
abgrasen *v/t* graze, F *fig.* scour, comb.
abgrenzen *v/t a. fig.* mark off, demarcate (**gegen** from), *fig.* (*unterscheiden*) differentiate, (*Begriffe*) define.
Abgrenzung *f* demarcation, *fig.* differentiation, *begriffliche*: definition.
Abgrund *m* abyss (*a. fig.*), chasm, precipice: *fig.* **die Abgründe der Seele** *etc* the depths of the soul *etc*; **am Rande des** ~**s** on the brink of ruin (*od.* disaster). **abgründig** *adj* **1.** (*rätselhaft*) cryptic. **2.** → **abgrundtief** *adj* abysmal (*a. fig.*), *fig. Hass etc*: deadly.
abgucken *v/t* F **j-m et.** ~ learn (*od.* copy) s.th. from s.o.
Abguss *m tech.* casting, (*aus Gips etc*) cast.
abhaben *v/t* F **du kannst et.** ~ you can have some (of it).
abhacken *v/t* **1.** chop off, cut off. **2.** (*Worte*) chop: → **abgehackt.**
abhaken *v/t* **1.** unhook. **2.** *in e-r Liste*: tick (*Am.* check) off: *fig.* **et.** ~ cross s.th. off one's list.
abhalftern *v/t* F *fig.* **j-n** ~ sack s.o.
abhalten *v/t* **1.** hold *s.th.* away (**von sich** from o.s.). **2.** (*abwehren*) keep away, keep off, (*Schlag etc*) ward off. **3.** (*hindern*) stop (*od.* keep, prevent) (**j-n von** s.o. from doing), (*abschrecken*) deter, discourage: **lassen Sie sich** (**durch mich**) **nicht** ~**!** don't let me disturb you! **4.** (*Konferenz, Gottesdienst, Prüfung, Wahlen etc*) hold, (*Lehrstunde, Vorlesung*) give: **abgehalten werden** be held, take place. **5. ein Kind** ~ hold a child over the pot. **6.** ⚓ (*a. v/i*) bear off.
abhandeln *v/t* **1. j-m et.** ~ (*abkaufen*) buy s.th. from s.o.; **j-m 10 Mark** (**vom Preis**) ~ beat s.o. down by ten marks. **2.** (*Thema etc*) deal with, treat.
abhanden *adv* ~ **kommen** get lost; **mir ist mein Bleistift** ~ **gekommen** I have lost my pencil.
Abhandlung *f* (**über** *acc* on) treatise, paper.
Abhang *m* slope, *steiler*: precipice.
abhängen I *v/t* **1.** take down, unhook, 🚆 *etc* uncouple. **2.** *fig.* (*Konkurrenten etc*) shake off, (*Verfolger*) *a.* give *s.o.* the slip. **II** *v/i* **3.** *Fleisch*: hang: → **abgehangen. 4.** ~ **von** depend on, *a. finanziell*: be dependent on: **das hängt ganz davon ab** it all depends; **letztlich** ~ **von** hinge on; **es hängt von ihm ab** it's for him to decide. **5.** *teleph.* hang up.
abhängig *adj* (**von**) dependent (on), (*drogen*~) addicted (to): *ling.* ~**e Rede** indirect speech; ~**er Satz** subordinate clause; ~ **sein von** → **abhängen** 4; ~ **machen von** make *s.th.* conditional on.
Abhängigkeit *f* (**von**) dependence (on), (*von Drogen*) dependency (on), addiction (to): **gegenseitige** ~ interdependence.
abhärmen *v/reflex* **sich** ~ pine away, **um** grieve over: → **abgehärmt.**
abhärten *v/t* (**gegen** to, against) toughen, *a. fig.* harden (**sich** o.s.).
Abhärtung *f* hardening.
abhaspeln *v/t a. fig.* reel off.
abhauen I *v/t* cut off, chop off. **II** *v/i* F beat it: **hau ab!** beat it!, get lost!
abheben I *v/t* **1.** lift off, take off, (*den Hörer*) pick up, (*Karten*) cut, (*Maschen*) slip. **2.** (*Geld*) withdraw. **II** *v/i* **3.** ✈ take off. **4.** F *fig.* flip. **5.** answer the (tele)phone. **6.** *Kartenspiel*: cut. **7.** *fig.* ~ **auf** (*acc*) refer to. **III** *v/reflex* **sich** ~ **8.** (**gegen, von**) stand out (against), contrast (with).
abheften *v/t* file (away).
abheilen *v/i* heal (up).
abhelfen *v/i* (*e-r Sache*) remedy.
abhetzen *v/reflex* **sich** ~ rush, *weitS.* wear (*od.* tire) o.s. out.
Abhilfe *f* remedy: ~ **schaffen** remedy things.
abhobeln *v/t tech.* plane off.
abholen *v/t* call for, come for, pick up, collect: ~ **lassen** send for; **j-n von der Bahn** ~ go to meet s.o. at the station.
Abholdienst *m* pick-up service.
Abholmarkt *m* cash and carry.
abholzen *v/t* (*Bäume*) cut down, (*Gebiet*) deforest.
Abhöranlage *f* bugging system.
abhorchen *v/t* ⚕ auscultate, sound.
abhören *v/t* **1.** → **abfragen** 1. **2.** → **abhorchen. 3.** (*Funkspruch etc*) intercept, ([*Telefon*]*Gespräch*) listen in on, monitor, F bug, (*Telefonleitung*) tap. **4.** (*Tonaufnahme*) play back.
Abi *n* F → **Abitur.**
Abidjan *n capital of Ivory Coast.*
Abitur *n* school-leaving (*Am.* final) examination.
Abiturient(in) a) candidate for the school-

-leaving examination, b) school-leaver with the „Abitur".
Abiturzeugnis *n* „Abitur" certificate, *Br.* GCE A-levels *pl*, *Am.* (Senior High School) graduation diploma.
abjagen *v/t* ***j-m et.*** ~ snatch s.th. away from s.o.; ***j-m die Kunden*** *etc* ~ steal s.o.'s customers *etc.*
abkanzeln *v/t* F ***j-n*** ~ give s.o. a dressing-down.
abkapseln *v/reflex* ***sich*** ~ shut (*od.* cut) o.s. off.
abkarten *v/t* F fix, rig: → ***abgekartet.***
abkassieren *v/i* F *fig.* cash in.
abkauen *v/t* chew (off), (*Fingernägel*) bite.
abkaufen *v/t* ***j-m et.*** ~ buy s.th. from s.o.; F *fig.* ***das kaufe ich dir*** *etc* ***nicht ab!*** I won't buy that!
Abkehr *f* (***von***) turning away (from), break (with).
abkehren *v/t* (*a.* ***sich*** ~) turn away (***von*** from): *fig.* ***sich ~ von*** *a.* turn one's back on, *e-r Politik etc*: abandon.
abklappern *v/t* F (*Läden etc*) scour (***nach*** for), (*Museen etc*) do.
abklären *v/t* clear: → ***abgeklärt.***
Abklatsch *m fig.* imitation.
abklemmen *v/t* pinch off, ⚕ clamp, ⚡ disconnect.
abklingen *v/i Lärm etc*: abate, *Schmerz*: ease, *Fieber*, *Schwellung*: go down, *Wirkung*: wear off, *Sturm*, *Erregung etc*: subside, die down.
abklopfen I *v/t* **1.** (*Putz etc*) knock off, (*Staub*) brush off. **2.** *bsd.* ⚕ tap, percuss. **3.** F *fig.* (*Argumente etc*) scrutinize (***auf*** *acc* for). II *v/i* **4.** *Dirigent*: stop the orchestra.
abknabbern *v/t* nibble off.
abknallen *v/t* F bump *s.o.* off.
abknapsen *v/t* F ***j-m et.*** ~ take s.th. off s.o.; ***sich et.*** ~ stint o.s. of s.th.
abknicken *v/t u. v/i* snap (off): *mot.* ***~de Vorfahrt*** left-hand (*od.* right-hand) turn of a main road at a road junction.
abknöpfen *v/t* **1.** unbutton. **2.** F ***j-m et.*** ~ wangle s.th. out of s.o.
abknutschen *v/t* F kiss and cuddle: ***sich*** ~ snog.
abkochen *v/t* boil, (*Milch*) scald.
abkommandieren *v/t* ⚔ detach, detail, assign, (*Offizier*) second (***nach, zu*** to).
abkommen *v/i* **1.** get away (*a. Sport*): (***nicht***) ***~ können*** (not to) be able to get away; ***vom Wege*** ~ lose one's way, *fig.* go astray; ***vom Kurs*** ~ deviate (from one's course); *mot.* ***von der Straße*** ~ get (*od.* skid) off the road; *fig.* ***vom Thema*** ~ stray from the point. **2.** ***von*** *e-r Idee, e-m Plan etc* ~ give up, drop; ***von der Ansicht bin ich abgekommen*** I've changed my views about that.
Abkommen *n bsd. pol.* agreement.
abkömmlich *adj* available: ***er ist zur Zeit nicht*** ~ he can't get away at the moment.
Abkömmling *m* **1.** ⚖ descendant. **2.** ⚗ derivative.
abkoppeln *v/t* uncouple.
abkratzen I *v/t* scratch off, scrape off. II *v/i* F (*sterben*) kick the bucket.
abkühlen *v/t, v/i u. v/reflex* ***sich*** ~ *a. fig.* cool off. **Abkühlung** *f* cooling.
abkupfern *v/t* F crib, copy.
abkürzen I *v/t* shorten, (*Inhalt, Unterredung*) *a.* abridge, (*Wort*) *a.* abbreviate: (***den Weg***) ~ take a short cut. II *v/i* take (*Weg*: be) a short cut.
Abkürzung *f* abridg(e)ment, abbreviation, *des Weges*: short cut (*a. fig.*).
Abkürzungsverzeichnis *n* list of abbreviations.
abküssen *v/t* ***j-n*** ~ smother s.o. with kisses.
abladen *v/t* **1.** unload, (*Schutt, Müll*) dump. **2.** *fig.* (*Sorgen etc*) off-load: ***s-n Ärger ~ bei*** vent one's anger on; → *a.* ***abwälzen.*** **Abladeplatz** *m* unloading point, *für Schutt, Müll*: dump.
Ablage *f* **1.** (*Ablegen*) *von Akten*: filing. **2.** place to put s.th., (*Aktenablage*) file, (*Aktenschrank*) filing cabinet. **3.** (*abgelegte Akten*) files *pl*, records *pl*. **~fach** *n* pigeonhole. **~korb** *m* filing tray. **~system** *n* filing system.
ablagern *v/t* **1.** (*a.* ***sich*** ~) ⚗, *geol.*, ⚕ deposit. **2.** (*a. v/i*) (*Holz etc*) season, (*Wein*) mature: → ***abgelagert.***
Ablagerung *f* ⚗, *geol.*, ⚕ a) deposition, b) deposit, sediment.
Ablass *m* **1.** *tech.* outflow. **2.** *eccl.* indulgence.
ablassen I *v/t* **1.** let *s.th.* off (*od.* out), (*Flüssigkeit*) drain off, (*Kessel, Wanne etc*) drain, (*Dampf*) blow off: ***die Luft aus dem Reifen*** ~ deflate the tyres (*Am.* tires), let the tyres down. **2.** *econ.* a) sell (*dat* to), b) ***et.*** (***vom Preis***) ~ knock s.th. off the price. II *v/i* **3.** ***von et.*** ~ stop doing s.th., give s.th. up; ***von j-m*** ~ leave s.o. alone.
Ablativ *m ling.* ablative (case).
Ablauf *m* **1.** *tech.* a) *discharge*, b) (*Vorrichtung*) outlet, drain. **2.** (*Verlauf*) course, run, (*von Programm*) order of events: ***der ~ der Ereignisse*** the course of events. **3.** (*Ende*) end, *e-r Frist*, *e-s Vertrages etc*: expiration, *e-s Wechsels*: maturity: ***nach*** (*od.* ***mit***) ~ upon expiration (*gen* of); ***nach ~ von zwei Wochen*** after two weeks. **~datum** *n* expiry date. **~diagramm** *n* flow chart.
ablaufen I *v/i* **1.** (*a.* ***~ lassen***) *Wasser etc*: run off, (*sich leeren*) drain off: *fig.* ***an ihm läuft alles ab*** everything runs off him like

water off a duck's back. **2.** (*verlaufen*) go: ***alles ist gut abgelaufen*** everything went off (*od.* turned out) well; ***was dort abläuft*** what's going on there. **3.** (*enden*) run out, (*ungültig werden*) expire. **4.** *Uhr*: run down, *Seil etc*: unwind, *Film, Tonband*: run: *fig.* ***s-e Uhr ist abgelaufen*** his hour is come. **II** *v/t* **5.** (*Strecke etc*) walk the length of. **6.** (*Läden etc*) (***nach*** for) scour, comb. **7.** (*Sohlen etc*) wear out, (*Absätze*) wear down: → ***Hacke²***, ***Rang*** 1.

Ablaufplanung *f* operations planning.

Ablaufschema *n* → ***Ablaufdiagramm.***

Ablaut *m ling.* ablaut.

ableben *v/i* die, pass away.

Ableben *n* death, decease.

ablecken *v/t* lick off.

ablegen I *v/t* **1.** (*Hut, Mantel etc*) take off, (*alte Kleidung*) get rid of: ***abgelegte Kleider*** cast-offs *pl.* **2.** (*e-e Last etc*) put down, (*Akten etc*) file, (*Spielkarten*) discard, *zo.* (*Eier*) deposit. **3.** *fig.* (*Gewohnheit etc*) give up, drop. **4.** (*Eid, Gelübde etc*) take: ***e-e Prüfung*** ~ take (*mit Erfolg*: pass) an examination; → ***Geständnis, Rechenschaft*** *etc.* **II** *v/i* **5.** take off one's things (*od.* coat, hat, *etc*): ***bitte legen Sie ab!*** take off your coat, please! **6.** ⚓ cast off, *Raumfähre*: separate.

Ableger *m* **1.** *von Pflanze*: layer, scion (*a.* F *fig. Sprössling*). **2.** *econ.* subsidiary.

ablehnen I *v/t* **1.** (*Angebot, Einladung etc*) refuse, (*a. Bewerber etc*) turn down, *als unannehmbar*: reject (*a. parl.*), *höflich*: decline, ⚖ (*Zeugen*) challenge. **2.** (*missbilligen*) disapprove of, (*Buch, Stück etc*) condemn. **II** *v/i* **3.** refuse, decline.

ablehnend *adj Antwort, Haltung etc*: negative, (*missbilligend*) disapproving: *adv* ~ ***gegenüberstehen*** (*dat*) disapprove of.

Ablehnung *f* refusal, rejection (*a. e-r Person, a. parl.*), (*Missbilligung*) disapproval (*gen* of).

Ablehnungs|bescheid *m*, **~schreiben** *n* notice of rejection, notice of denial.

ableisten *v/t* serve: → ***Wehrdienst.***

ableiten *v/t* **1.** *tech.* (*ablenken*) divert, (*Wasser etc*) drain off, (*Wärme*) carry off. **2.** ⚗, 𝔄, *ling. u. fig.* derive (***aus*** from): ***sich*** ~ *a.* be derived; ***s-e Herkunft*** ~ ***von*** trace one's origin back to.

Ableitung *f* **1.** *tech.* diversion, draining off (*etc*, → ***ableiten*** 1). **2.** 𝔄, *ling. etc* derivation, (*das Abgeleitete*) derivative.

ablenken I *v/t* **1.** divert, (*Lichtstrahlen, Ball etc*) deflect. **2.** (*j-n, j-s Aufmerksamkeit etc*) divert, distract: ***den Verdacht von sich*** ~ divert suspicion from o.s.; ***j-n*** (***von s-n Sorgen***) ~ take s.o.'s mind off his worries. **II** *v/i* **3.** (*das Thema wechseln*) change the subject. **4.** be a diversion: ***das lenkt ab*** that takes one's mind off things.

Ablenkung *f* **1.** *tech.* deviation, deflection. **2.** (*Zerstreuung*) diversion, distraction.

Ablenkungsmanöver *n* ⚔ diversion, *fig. a.* red herring.

ablesen *v/t* **1.** (*Rede*) read (from notes). **2.** (*Messgerät etc*) read: ***Gas*** (***Strom***) ~ read the gas (electricity) meter. **3.** *fig.* (*feststellen*) see (***an*** *dat* from): ***j-m et. vom Gesicht*** ~ read s.th. in s.o.'s face; ***j-m e-n Wunsch von den Augen*** ~ anticipate s.o.'s wish.

Ablesung *f tech.* reading.

abliefern *v/t* deliver (***bei*** to, at).

ablösbar *adj econ.* redeemable.

Ablöse *f* F → ***Ablösesumme.***

ablösen *v/t* **1.** remove, detach. **2.** (*Posten etc*) relieve, (*Kollegen etc*) take over from, replace: ***j-n*** ~ (*vom Amt entheben*) relieve s.o. of his duties; ***sich*** (*od.* ***einander***) ~ take turns (***bei*** at); ***sich bei der Arbeit*** ~ *a.* work in shifts. **3.** *fig.* (*folgen auf*) follow. **4.** (*Hypothek etc*) redeem, (*Schuld etc*) pay off.

Ablösesumme *f Sport*: transfer fee.

Ablösung *f* **1.** removal, detachment. **2.** *bei der Arbeit etc*: relief. **3.** *econ. e-r Anleihe*: redemption, *von Kapital*: withdrawal, *e-r Schuld*: discharge.

Abluft *f tech.* waste air.

ABM *abbr.* ***Arbeitsbeschaffungsmaßnahme*** job-creation measure.. **~-Stelle** *f government sponsored employment for a limited period.*

abmachen *v/t* **1.** F remove, take off. **2.** arrange, agree on, settle on: ***abgemacht!*** agreed!, it's a deal!, o.k.!

Abmachung *f* arrangement, agreement.

abmagern *v/i* grow thin, lose weight: → ***abgemagert.***

Abmagerungskur *f* (***e-e*** ~ ***machen*** go [*od.* be] on a) slimming diet.

abmahnen *v/t* give *s.o.* a (written) warning.

Abmahnung *f* written warning.

abmalen *v/t* paint, (*kopieren*) copy.

Abmarsch *m* marching off.

abmarschieren *v/i* march off.

abmelden I *v/t* cancel: ***sein Auto*** ~ take one's car off the road; ***sein Telefon*** ~ have one's telephone disconnected; ***j-n*** ~ a) *polizeilich*: give notice of s.o.'s change of address, b) ***beim Verein*** *etc* cancel s.o.'s membership; F ***bei mir ist er abgemeldet!*** I'm through with him! **II** *v/reflex* ***sich*** ~ a) *polizeilich*: give notice of one's change of address, b) ***bei s-m Verein*** *etc* cancel one's membership, c) ***bei j-m*** (***vom Dienst*** *etc*) report to s.o. that one is leaving.

Abmeldung *f* **1.** cancellation. **2.** notice of change of address.

abmessen *v/t a. fig.* measure.
Abmessung *f* measurement: **~en** *pl a.* dimensions *pl.*
abmontieren *v/t tech.* take off, dismount, remove.
abmühen *v/reflex* ***sich ~, et. zu tun*** try hard to do s.th.; ***sich mit et. ~*** struggle with s.th.
abmurksen *v/t* F ***j-n ~*** do s.o. in.
abmustern *v/t (Seeleute)* pay off.
abnabeln *v/t* ***ein Kind ~*** cut the umbilical cord; *fig.* ***sich ~*** cut the cord.
abnagen *v/t* gnaw off: ***e-n Knochen ~*** *Tier*: gnaw (*Mensch*: pick) a bone.
abnähen *v/t* take in, tuck.
Abnäher *m* tuck.
Abnahme *f* **1.** taking off (*od.* down), removal, ⚕ amputation. **2.** *econ.* (***bei ~*** on) purchase (***von*** of). **3.** *tech.* acceptance, (*~prüfung*) inspection (test). **4.** ***~ e-r Parade*** review (of the troops). **5.** (*Verringerung*) decrease, decline, *zahlenmäßige*: *a.* drop (*alle*: *gen* in), *des Tempos, Gewichts*: loss (*gen* in, of), *der Sehkraft etc*: failure, *des Interesses etc*: flagging, *des Mondes*: waning. **~prüfung** *f* specification test, *werkseigene*: inspection test. **~vorschriften** *pl* quality specifications *pl.*
abnehmbar *adj* removable.
abnehmen **I** *v/t* **1.** *allg.* take off, *tech. a.* remove, ⚕ *a.* amputate, (*Bart*) *a.* shave off, (*Bild, Gardinen etc*) take down, (*Obst*) gather, *teleph.* (*den Hörer*) pick up: ***j-m Blut ~*** take a blood sample from s.o. **2.** ***j-m et. ~*** a) *allg.* relieve s.o. of s.th., (*e-e Mühe, e-n Weg etc*) *a.* save s.o. s.th., b) (*wegnehmen*) take s.th. (away) from s.o., c) (*e-n Preis abverlangen*) charge s.o. s.th.; ***j-m zu viel ~*** overcharge s.o. **3.** (*abkaufen*) (*dat* from) buy, purchase: F *fig.* ***das nimmt ihm keiner ab!*** nobody will buy that! **4.** *tech.* accept, (*prüfen*) inspect, test. **5.** ***die Parade ~*** review the troops. **6.** (*e-e Prüfung*) hold: → ***Beichte, Eid*** *etc.* **7.** (*Maschen*) decrease. **8.** (*10 Pfund etc*) lose, get rid of. **9.** (*Fingerabdrücke etc*) take. **II** *v/i* **10.** *allg. Vorräte etc, a. fig. Einfluss etc*: decrease, diminish, *zahlenmäßig*: *a.* drop off, *Kräfte etc*: decline, dwindle, *Sehkraft*: fail, *Interesse*: flag, *Tempo*: slacken (off), slow down, *Sturm*: abate, *Mond*: (be on the) wane, *Tage*: grow shorter. **11.** lose weight, *durch Diät*: be slimming.
Abnehmer buyer, (*Kunde*) customer, (*Verbraucher*) consumer: ***keine ~ finden*** find no market. **~kreis** *m* customers *pl*, market. **~land** *n* importing country.
Abneigung *f* (***gegen***) dislike (of, for), *stärker*: aversion (to).
abnorm *adj* abnormal, (*ungewöhnlich*) exceptional, unusual.
abnötigen *v/t* ***j-m Respekt ~*** command s.o.'s respect.
abnutzen *v/t* (*a.* ***sich ~***) wear out.
Abnutzung *f* wear and tear.
Abnutzungserscheinung *f* sign of wear, ⚕ sign of degeneration.
Abo *n* F → ***Abonnement.***
Abonnement *n* subscription (***auf*** *acc* to), *thea. a.* season ticket (***bei*** for).
Abonnement(s)preis *m für Zeitung etc*: subscription rate, *für Buch*: subscription price.
Abonnent(in) subscriber (*gen* to), *thea.* season-ticket holder.
abonnieren *v/t* subscribe to: ***auf*** *e-e Zeitung* ***abonniert sein*** *a.* have a subscription to, take.
abordnen *v/t* delegate.
Abordnung *f* delegation.
Abort *m* ⚕ miscarriage.
abpacken *v/t econ.* pack(age).
abpassen *v/t* (*j-n, Gelegenheit*) wait for.
abpausen *v/t* trace.
abperlen *v/i* ***von et. ~*** drip off s.th.
abpfeifen *v/t u. v/i Sport*: (***das Spiel***) ~ stop the game. **Abpfiff** *m* final whistle.
abplacken, abplagen → ***abrackern.***
abprallen *v/i* rebound, bounce off, *Geschoss*: ricochet: *fig.* ***an j-m ~*** make no impression on s.o.
Abpraller *m Sport*: rebound.
abputzen → ***abwischen.***
abquälen *v/reflex* ***sich ~*** a) *seelisch*: worry (o.s.), fret, b) → ***abrackern,*** c) → ***abmühen.***
abqualifizieren *v/t* dismiss.
abquetschen *v/t* (*e-n Finger etc*) crush.
abrackern *v/reflex* ***sich ~*** F slave (away).
abrahmen *v/t* (*Milch*) skim.
abrasieren *v/t* shave off.
abraten *v/i* ***j-m von et. ~*** advise (*od.* warn) s.o. against (doing) s.th.
abräumen *v/t* clear away, remove: ***den Tisch ~*** clear the table.
abreagieren **I** *v/t* (***an*** *dat* on) abreact, work off. **II** *v/reflex* ***sich ~*** get rid of one's aggressions, F let off steam.
abrechnen **I** *v/t* deduct, (*Spesen etc*) account for. **II** *v/i* settle accounts: ***mit j-m ~*** settle up with s.o., *fig. a.* get even with s.o.
Abrechnung *f* **1.** settlement (of accounts), (*Aufstellung*) statement: ***laut ~*** as per account rendered. **2.** → ***Abzug*** 4. **3.** *fig.* (*Vergeltung*) requital: ***Tag der ~*** day of reckoning.
Abrechnungs|tag *m* pay (*od.* settlement) day. **~zeitraum** *m* accounting period.
Abrede *f* ***et. in ~ stellen*** deny s.th.
abreiben *v/t* **1.** rub off, (*Körper*) rub down.

2. wipe *s.th.* clean, polish. **3.** (*Zitrone etc*) grate.

Abreibung *f* **1.** ⚕ rub-down, *nasse*: sponge-down. **2.** F (*Prügel, Niederlage*) beating.

Abreise *f* (**bei m-r** *etc* ~ on my *etc*) departure (**nach** for).

abreisen *v/i* (**nach** for) depart, leave.

Abreiß... tear-off (*pad, calendar, etc*).

abreißen I *v/t* tear (*od.* pull, rip) off, (*Faden etc*) snap, (*Gebäude*) pull down, demolish. **II** *v/i* come off, *Faden etc*: snap, *fig. Verbindung etc*: break off: ***die Arbeit reißt nicht ab*** there's no end of work.

abrichten *v/t* (*Tier*) train, (*Pferd*) break in. **Abrichtung** *f* training, breaking-in.

abriegeln *v/t* (*Tür etc*) bolt, bar, (*Straße*) block (off), *durch Polizei*: cordon (*mil. a.* seal) off.

abringen *v/t* ***j-m et.*** ~ wring (*od.* wrest) s.th. from s.o.; ***sich ein Lächeln*** ~ force a smile.

Abriss *m* **1.** (*Zs.-fassung*) summary, outline, (*Übersicht*) survey, (*Buch*) compendium. **2.** *von Gebäuden*: demolition.

abrollen 1. *v/t u. v/i* unroll, unwind, unreel. **2.** *v/i fig.* unfold, pass.

Abrollen *n Computer*: scrolling.

Abroller *m für Klebeband etc*: dispenser.

abrücken I *v/t* move away. **II** *v/i* march off, move off: *fig.* ***von j-m*** ~ disassociate o.s. from s.o.

Abruf *m* **1.** recall: ***sich auf ~ bereithalten*** stand by. **2.** *econ.* ***auf*** ~ on call.

abrufbereit *adj* on call.

abrufen *v/t* **1.** (*j-n*) call *s.o.* away, recall. **2.** (*Waren*) call. **3.** (*Daten*) retrieve.

Abruftaste *f* attention key.

abrunden *v/t a. fig.* round off: *e-e Zahl* ***nach oben*** (***unten***) ~ round up (down); → ***abgerundet*** I.

abrupt *adj* abrupt, sudden.

abrüsten *v/i mil.* disarm.

Abrüstung *f mil.* disarmament (*a. in Zssgn conference, talks, etc*).

abrutschen *v/i* **1.** slip off, slip down, *Messer*: slip. **2.** *fig. Person, Leistungen*: go down, sag.

ABS *abbr.* ***Antiblockiersystem*** ABS, anti-lock braking.

Abs. *Absatz* paragraph (para., par.,), *typ.* break; ***Absender*** sender; return address.

absacken *v/i* F **1.** sag, *a.* ⚓ sink, ✈ pancake. **2.** → ***abrutschen*** 2.

Absage *f* cancellation, (*Ablehnung*) refusal, *fig.* rejection (***an*** *acc* of).

absagen I *v/t* cancel, call off. **II** *v/i* beg off, cry off: ***j-m*** ~ tell s.o. that one can't come.

absägen *v/t* **1.** saw off. **2.** F *fig.* (*j-n*) ax(e), fire.

absahnen *v/t* F *fig.* cream off.

absatteln *v/t* (*Pferd*) unsaddle.

Absatz *m* **1.** heel: ***Schuhe mit hohen Absätzen*** high-heeled shoes. **2.** ⚖, *print.* paragraph: ***neuer*** ~ new line. **3.** *econ.* sale(s *pl*): ***guten*** (***reißenden***) ~ ***finden*** find a ready market (F sell like hot cakes). **4.** (*Treppenabsatz*) landing, *im Gelände*: terrace. **~boom** *m* boom in sales. **~diagramm** *n* sales chart. **~entwicklung** *f* sales development. **~erwartung** *f* sales forecast. **~gebiet** *n econ.* market(ing area). **~honorar** *n* royalty. **~markt** *m* market, outlet. **~möglichkeiten** *pl* market opportunities *pl*: ***beschränkte*** ~ limited market *sg.* **~plan** *m* marketing (*od.* sales) plan. **~planung** *f* marketing (*od.* sales) planning: ~ ***betreiben*** merchandise. **~prognose** *f* projected sales *pl*, sales forecast. **~provision** *f* sales commission. **~steigerung** *f econ.* sales increase. **~stockung** *f* stagnation of trade.

Absatztrick *m Fußball*: backheel trick.

absaufen *v/i* F ⚒, *mot.* be flooded, ⚓ go down, *Person*: drown.

absaugen *v/t* **1.** *tech.* suck off, *a.* ⚕ aspirate. **2.** (*Teppich etc*) vacuum.

abschaben *v/t* scrape off.

abschaffen *v/t* abolish, do away with, (*loswerden*) get rid of, (*Auto etc*) give up. **Abschaffung** *f* abolition.

Abschalt|automatik *f* automatic shutoff. **~befehl** *m* shut-down command.

abschalten I *v/t* switch off, turn off, ⚡ cut off, disconnect. **II** *v/i* F *fig.* switch off, relax.

Abschalttaste *f* shut-down key.

abschätzen *v/t* estimate, *a. fig.* (*j-s Fähigkeiten, die Lage etc*) assess, F *fig.* size *s.o., s.th.* up.

abschätzend *adj* assessing, speculative.

abschätzig *adj* contemptuous, disparaging.

Abschaum *m* scum (*fig.* ***der Menschheit*** of the earth).

Abscheu *m* (***vor*** *dat*, ***gegen***) horror (of), disgust (at, for), abhorrence (of), loathing (for): ~ ***haben vor*** (*dat*) abhor, detest, loathe.

abscheuern *v/t* **1.** scrub (off). **2.** (*Haut*) rub off, scrape. **3.** (*a.* ***sich*** ~) (*abnutzen*) wear thin.

abscheulich *adj* dreadful, abominable, *Verbrechen*: *a.* heinous, atrocious.

abschicken → ***absenden.***

abschieben I *v/t* **1.** push away (***von*** from). **2.** (*ausweisen*) deport. **3.** F (*loswerden*) get rid of. **II** *v/i* **4.** F push off.

Abschiebung *f* ⚖ deportation.

Abschiebungshaft *f* (***j-n in ~ nehmen*** put s.o. on) remand pending deportation.

Abschied *m* **1.** (*~nehmen*) parting, farewell, leave-taking, (*Abreise*) departure: ~ ***neh-***

men (***von***) take leave (of), say goodby(e) (to); ***beim ~, zum ~*** on parting. **2.** (*Entlassung*) dismissal, *mil.* discharge, (*Rücktritt*) resignation.
Abschieds|... farewell (*letter*, *visit*, *etc*). **~fest** *n* farewell (*od.* going-away) party. **~kuss** *m* goodby(e) kiss: ***j-m e-n ~ geben*** kiss s.o. goodby(e). **~schmerz** *m* wrench. **~stunde** *f* hour of parting. **~worte** *pl* words *pl* of farewell.
abschießen *v/t* **1.** (*Waffe*) fire, (*Kugel*, *Pfeil etc*) shoot, (*Rakete etc*) launch. **2.** (*töten*) shoot, (*j-n*) *a.* pick *s.o.* off, (*Flugzeug*) shoot (*od.* bring) down: F *fig.* ***j-n ~*** put the skids under s.o.; → ***Vogel*** 1.
Abschirmdienst *m* counterintelligence.
abschirmen *v/t* (***gegen***) shield (from), protect (against).
Abschirmung *f* screen(ing), shield(ing).
abschlachten *v/t a. fig.* slaughter.
abschlaffen *v/i* F wilt: → ***abgeschlafft.***
Abschlag *m* **1.** *Fußball*: goal kick, *Golf*: tee(-off). **2.** *econ.* (*Preisrückgang*) drop (in prices), (*Preisnachlass*) reduction, (*Teilzahlung*) part payment: ***auf ~*** on account.
abschlagen *v/t* **1.** knock off (*od.* down), (*Kopf*) cut off, (*Baum*) cut down. **2.** *a. v/i Sport*: (*Ball*) kick off, *aus der Hand*: punt, *Golf*: tee off. **3.** (*Angriff etc*) beat off. **4.** *fig.* (*ablehnen*) refuse, turn down.
abschlägig *adj* negative: ***~e Antwort*** refusal, denial; *adv* ***j-n*** (***j-s Bitte*** *etc*) ***~ bescheiden*** reject s.o. (s.o.'s request).
Abschlags|dividende *f* interim dividend. **~summe** *f* instal(l)ment. **~zahlung** *f* payment on account, (*Teilzahlung*) part payment.
abschleifen *v/t tech.* grind off, *a. fig.* polish: ***sich ~*** *a. fig.* wear off.
Abschleppdienst *m* breakdown (*Am.* wrecking) service.
abschleppen *v/t* ✈, *mot.* tow off: F ***j-n ~*** drag s.o. off.
Abschleppseil *n* tow-rope.
Abschleppwagen *m* breakdown lorry, *Am.* wrecker (truck).
abschließbar *adj* lockable.
abschließen **I** *v/t* **1.** lock (up). **2.** (*isolieren*) shut off, *tech. a.* seal (off): → ***abgeschlossen*** 2. **3.** (*beenden*) end, close, finish, (*vollenden*) complete. **4.** *econ.* (*Konten etc*) settle, (*Bücher etc*) close, balance, (*Vertrag etc*) conclude, sign, (*Verkauf*) effect: ***e-n Handel ~*** strike a bargain, close a deal; ***e-e Versicherung ~*** take out a policy; → ***Vergleich*** 1, ***Wette.*** **II** *v/i* **5.** end, close (*a. econ.*), *finish*: ***mit dem Leben abgeschlossen haben*** have done with life.
abschließend **I** *adj* concluding, closing, final. **II** *adv* in conclusion, finally: ***~ sagte er*** *a.* he wound up by saying.
Abschluss *m* **1.** *allg.* conclusion, *econ. der Bücher etc*: closing, *der Konten etc*: settlement, *weitS.* (*Geschäft*) deal, (*Verkauf*) sale: ***zum ~*** → ***abschließend*** II; ***et. zum ~ bringen*** bring s.th. to a close. **2.** F *ped.*, *univ.* final examination. **~bilanz** *f* final balance (sheet). **~prüfung** *f* **1.** *ped.*, *univ.* final examination, finals *pl*, *Am. a.* graduation: ***s-e ~ machen*** (***an*** *dat*) graduate (at, *Am.* from). **2.** *econ. der Bücher*: audit.
Abschlusszeugnis *n* (school-)leaving certificate, *Am.* (high-school) diploma.
abschmecken *v/t* (*würzen*) season.
abschmieren *v/t tech.* grease.
abschminken *v/t* (*a.* ***sich ~***) take off (*od.* remove) *s.o.'s* (one's) make-up: F ***schmink dir das ab!*** forget it!
abschnallen *v/t* undo, (*Skier*) take off: *mot. etc* ***sich ~*** unfasten one's seatbelt.
abschneiden **I** *v/t* **1.** cut off (*a. fig. Zufuhr etc*): ***j-m den Weg ~*** bar s.o.'s way; ***j-m das Wort ~*** cut s.o. short. **II** *v/i* **2.** (***den Weg***) ***~*** take a short cut. **3.** ***gut*** (***schlecht***) ***~*** do (*od.* come off) well (badly).
Abschneiden *n* performance.
Abschnitt *m* **1.** *e-s Buches etc*: section, paragraph. **2.** *biol.*, ⩚ segment. **3.** (*Gebiet*) sector. **4.** *zeitlich*: period, phase, *bsd. e-r Reise*: stage. **5.** (*Kontrollabschnitt*) counterfoil, coupon.
abschnüren *v/t* **1.** → ***abbinden*** 2. **2.** *bsd. mil.* cut off. **3.** ***j-m die Luft ~*** choke s.o.
abschöpfen *v/t* skim off (*a. econ. Gewinne*), (*Kaufkraft*) absorb: *fig.* ***den Rahm ~*** take the cream off.
abschotten *v/reflex* ***sich ~*** *fig.* batten down the hatches, seal o.s. off.
abschrägen *v/t* slope, bevel.
abschrauben *v/t* screw off.
abschrecken *v/t* **1.** deter, put *s.o.* off. **2.** *tech.* quench, *gastr.* rinse with cold water.
abschreckend **I** *adj* deterrent: ***~es Beispiel*** warning; ***~e Strafe*** exemplary punishment. **II** *adv* ***~ wirken*** act as a deterrent.
Abschreckung *f* deterrence: ***zur ~ dienen*** act as a deterrent.
Abschreckungs|politik *f* policy of deterrence. **~waffe** *f* deterrent (weapon).
abschreiben **I** *v/t* **1.** copy (out), *in der Schule*: crib. **2.** *econ.* (*Maschine etc*) depreciate, write down, *vollständig*: write off (*a.* F *fig. j-n, et.*), (*Betrag*) deduct. **II** *v/i* **3.** *ped.* crib. **4.** ***j-m ~*** write (to s.o.) to say one can't come.
Abschreibung *f econ.* depreciation, write-off.
Abschreibungs|betrag *m* depreciation (allowance). **~ fonds** *m* depreciation fund.

Abschrift *f* copy: → ***beglaubigt.***
abschrubben *v/t* F scrub.
abschuften → ***abrackern.***
abschürfen *v/t*, **Abschürfung** *f* ⚕ graze.
Abschuss *m* **1.** *e-r Waffe*: discharge. **2.** *e-r Rakete etc*: launching.
abschüssig *adj* steep.
Abschussliste *f* F hit list: ***j-n auf die ~ setzen*** put the skids under s.o.; ***auf der ~ stehen*** be a marked man.
Abschussrampe *f* launching pad.
abschütteln *v/t a. fig.* shake off.
abschwächen I *v/t* weaken, (*Aufprall etc*) soften, (*mildern*) tone down (*a. fig. Bemerkung etc*). **II** *v/reflex* ***sich ~*** weaken, *Sturm, Lärm etc*: subside.
abschweifen *v/i mst fig.* deviate, stray, *Blick, Gedanken*: wander: ***vom Thema ~*** digress (from one's subject).
abschwellen *v/i* **1.** ⚕ go down. **2.** *Lärm*: die down.
abschwirren *v/i* F buzz off.
abschwören *v/i* (*s-m Glauben etc*) renounce.
Abschwung *m econ.* downturn.
absegnen *v/t* F give one's blessing to.
absehbar *adj* ***in ~er Zeit*** in the foreseeable future; ***nicht ~ sein*** be impossible to predict (*Schaden*: to estimate).
absehen I *v/t* **1.** → ***abgucken.*** **2.** foresee: ***es ist kein Ende abzusehen*** there's no end in sight. **3.** ***es abgesehen haben auf*** (*acc*) a) be out to get, have an eye on, b) ***j-n*** F have it in for s.o. **II** *v/i* **4.** ***~ von*** a) (*unterlassen*) refrain from, b) (*außer Acht lassen*) disregard: → ***abgesehen.***
abseifen *v/t* soap down.
abseilen I *v/t* (*a.* ***sich ~***) *mount.* rope down. **II** *v/reflex* ***sich ~*** F *fig.* (*sich absetzen*) make off.
absein *v/i* F → ***ab*** 1, 2, 9.
abseits I *prep* (*gen*) off *the road etc.* **II** *adv* ***~ stehen*** stand aside, *Sport*: be offside; ***~ liegen*** be out of the way; *fig.* ***sich ~ halten*** keep aloof.
Abseits *n Sport*: (***im ~ stehen*** be) offside; *fig.* ***sich ins ~ manövrieren, ins ~ geraten*** get (o.s.) isolated. **~falle** *f* offside trap. **~tor** *n* goal scored from an offside position.
absenden *v/t* send (off), *bsd. econ.* dispatch, forward, (*Brief etc*) post, *Am.* mail.
Absender(in) sender.
Absenker *m* ⚘ layer.
absetzbar *adj* **1.** *Ware*: marketable, sal(e)able. **2.** *Ausgaben*: (***steuerlich ~***) deductible (for taxation). **3.** *Beamter*: removable.
absetzen I *v/t* **1.** (*Last etc*) set down, put down, (*Hut, Brille etc*) take off, (*Geigenbogen*) lift. **2.** (*Fahrgäste etc*) set down, (*a. Fallschirmspringer*) drop. **3.** (*Beamten*) remove (from office), (*Herrscher*) depose. **4.** (*Veranstaltung etc*) cancel, (*Film etc*) take off, (*Tagesordnungspunkt etc*) remove. **5.** (*Betrag etc*) deduct sell; ***steuerlich ~*** deduct from tax, write off against tax. **6.** (*Waren*) sell: ***sich leicht*** (***schwer***) ***~ lassen*** (not to) sell well. **7.** ⚕ (*Medikament*) stop taking (*a medicament*), go off (*a drug*), (*Behandlung*) break off. **8.** *print.* set (up) in type: ***e-e Zeile ~*** begin a new paragraph. **9.** ⚗ *etc* deposit. **II** *v/i* **10.** stop, break off: ***ohne abzusetzen*** in one go, *trinken*: in one gulp. **III** *v/reflex* ***sich ~*** **11.** *mil.* retreat, *Sport*: *Läufer etc*: break away, F *fig.* make off.
Absetzung *f* **1.** removal (from office), *e-s Herrschers*: deposition. **2.** *e-s Films etc*: withdrawal, *e-r Veranstaltung etc*: cancel(l)ation.
absichern I *v/t* → ***sichern*** 1. **II** *v/reflex* ***sich ~*** cover o.s.
Absicht *f* intention, *a.* ⚖ intent, (*Ziel*) aim, object: ***in der ~ zu*** *inf* with the intention of *ger*; ***ich habe die ~ zu kommen*** I intend (*od.* I'm planning) to come; ***mit e-r bestimmten ~*** for a purpose; ***mit ~*** on purpose.
absichtlich I *adj* intentional, deliberate, *bsd.* ⚖ wil(l)ful. **II** *adv* intentionally *etc*, on purpose.
Absichtserklärung *f* declaration of intent.
absitzen I *v/i Reiter*: dismount. **II** *v/t* F (*Zeit*) sit out, (*Strafe etc*) do, serve.
absolut *adj allg.* absolute, (*völlig*) *a.* complete, total: ***~ nicht*** by no means; → ***Gehör.***
Absolution *f eccl.* absolution.
Absolutismus *m* absolutism.
absolutistisch *adj* absolutist.
Absolvent(in) school-leaver, *Am.* graduate.
absolvieren *v/t* **1.** (*Schule etc*) finish, *Am.* graduate from. **2.** (*Kurs etc*) attend, complete. **3.** (*Prüfung*) pass. **4.** F (*leisten*) do, *mühsam*: get through.
absondern I *v/t* **1.** separate, (*Kranke etc*) isolate. **2.** *biol.* secrete. **II** *v/reflex* ***sich ~*** **3.** cut o.s. off. **Absonderung** *f* **1.** separation, isolation. **2.** *biol.* secretion.
absorbieren *v/t a. fig.* absorb.
abspalten *v/t* (*a.* ***sich ~***) split off.
Abspann *m Film* end titles (and credits) *pl.*
absparen *v/t* ***sich et.*** (***vom Mund***) ***~*** pinch and scrape for s.th.
abspecken F → ***abnehmen*** 8, 11.
abspeichern *v/t Daten*: save.
abspeisen *v/t* F feed, *fig.* fob *s.o.* off.
abspenstig *adj* ***~ machen*** (*dat*) lure away (from); ***j-m die Freundin ~ machen*** steal s.o.'s girl(friend).

absperren *v/t* **1.** (*Straße etc*) block off, *durch Polizei*: cordon off. **2.** (*Strom, Wasser etc*) turn (*amtlich*: cut) off. **3.** *dial.* lock (up).
Absperrung *f* **1.** barrier, (*durch Polizei*) cordon. **2.** blocking off (*etc*, → ***absperren***).
abspielen I *v/t* **1.** (*Platte, Band etc*) play. **2.** (*Ball*) pass. **II** *v/reflex* **sich** ~ **3.** happen, take place, (*los sein*) be going on: F ***da spielt sich nichts ab!*** nothing doing!
absplittern *v/i u. v/t* (*a.* **sich** ~ *fig. Gruppe*) splinter off.
Absprache *f* arrangement: ***laut*** ~ → **absprachegemäß** *adv* as agreed.
absprechen I *v/t* **1.** ***j-m et.*** ~ deny (*od.* dispute) s.o.'s *talent etc*; ⚖ ***j-m ein Recht*** ~ deprive s.o. of a right. **2.** (*vereinbaren*) agree (up)on, arrange. **II** *v/reflex* **3. *sich mit j-m*** ~ agree with s.o. (***über*** *acc* about).
abspringen *v/i* **1.** jump off, *Sport*: *a.* take off, ✈ jump, *im Notfall*: bail out, *Lack etc*: come off, *Ball etc*: bounce off. **2.** F *fig.* quit, get (*od.* back) out (***von*** of). **3.** F *fig.* ***und was springt für mich ab?*** what's in it for me?
abspritzen *v/t* hose down.
Absprung *m* jump, *Sport*: take-off.
Absprungbalken *m* take-off board.
abspulen *v/t allg.* unreel.
abspülen *v/t* rinse (off).
abstammen *v/i* (***von*** from) be descended, *ling.* be derived.
Abstammung *f* **1.** descent, origin: ***deutscher*** ~ of German extraction. **2.** *ling.* derivation.
Abstammungslehre *f* theory of evolution.
Abstand *m* **1.** distance (*a. fig.*), (*Zwischenraum*) space, (*a. zeitlich*) interval, *fig.* (*Unterschied*) difference, gap, (*Vorsprung*) margin: ***mit*** ~ a) ***besser*** far better, b) ***gewinnen*** win by a wide margin; ***in regelmäßigen Abständen*** *a. zeitlich*: at regular intervals; *fig.* ~ ***halten***, ~ ***wahren*** keep one's distance; ~ ***nehmen von*** refrain from (doing). **2.** *econ.* compensation, indemnification, (*für Arbeitnehmer*) severance pay.
abstatten *v/t* ***j-m e-n Besuch*** ~ pay s.o. a visit; → ***Dank.***
abstauben I *v/t* **1.** dust. **2.** F (*stehlen*) swipe. **II** *v/i* **3.** *Fußball*: tap (the ball) in.
abstechen I *v/t* (*Schwein etc*) stick. **II** *v/i* ~ ***von*** stand out against (*fig.* from).
Abstecher *m a. fig.* excursion.
abstecken *v/t* **1.** (*Kleid etc*) fit. **2.** (*Gelände, Kurs etc*) mark out, *mit Pfählen*: stake out, (*Grenzen etc*) mark, *fig.* (*Positionen*) define.
abstehen *v/i Ohren etc*: stick out.
Absteige *f* F *contp.* dosshouse, *Am.* flophouse, sleazy hotel.
absteigen *v/i* **1.** climb down, *vom Fahrrad etc*: get off, *vom Pferd*: *a.* dismount. **2.** (***in*** *dat* at) stay, put up. **3.** *Sport*: go down, be relegated.
Absteiger *m Sport*: relegated team (*od.* club).
abstellen *v/t* **1.** (*Koffer etc*) put down. **2.** (*Möbel, Fahrrad etc*) leave (***bei*** with), (*Auto etc*) park. **3.** (*Wasser, Gas etc*) turn (*amtlich*: cut) off, (*Maschine etc*) stop, (*Radio, Motor etc*) switch off. **4.** *fig.* (*Missstand etc*) remedy, stop. **5.** *fig.* (*ausrichten*) (***auf*** *acc*) gear (to), aim (at). **6.** → ***abkommandieren.***
Abstell|fläche *f mot.* parking space. **~gleis** *n* 🚂 siding: *fig.* ***j-n aufs*** ~ ***schieben*** shelve s.o. **~hahn** *m tech.* stopcock. **~raum** *m* storeroom.
abstempeln *v/t* stamp (*a. fig.*), (*Brief etc*) postmark.
absterben *v/i* **1.** die (*a. fig.*), *Zehen etc*: go numb. **2.** F *Motor*: stall.
Abstieg *m* **1.** descent, way down. **2.** *fig.* decline, F comedown. **3.** *Sport*: (***vom*** ~ ***bedroht*** threatened by) relegation.
abstillen *v/t* (*Kind*) wean.
abstimmen I *v/i* **1.** vote (***über*** *acc* on): ***über et.*** ~ ***lassen*** put s.th. to the vote. **II** *v/t* **2.** (***auf*** *acc*) *allg.* tune (to), *fig.* (*Farben etc*) match (with), (*Interessen etc*) coordinate (with), (*anpassen*) adjust (to): ***zeitlich aufeinander*** ~ synchronize. **3.** (*Konten etc*) balance. **III** *v/reflex* ***sich*** ~ **4.** come to an agreement (***mit*** with).
Abstimmung *f* **1.** voting, vote (***über*** *acc* on), poll: ***die*** ~ ***ist geheim*** voting is by ballot; ***e-e*** ~ ***vornehmen*** take a vote. **2.** tuning (*etc*, → ***abstimmen*** II).
abstinent *adj* abstinent, abstemious.
Abstinenz *f* (total) abstinence.
Abstinenzler(in) teetotal(l)er.
Abstoß *m Fußball*: goal kick.
abstoßen I *v/t* **1.** (*Boot etc*) push off (*a. v/i*). **2.** (*Möbel*) knock, batter, (*Schuhe*) scuff. **3.** (*Geweih, Haut etc*) shed: → ***Horn*** 1. **4.** ⚕ (*Gewebe etc*) reject. **5.** *phys.* repel. **6.** *fig.* get rid of. **7.** (*Ware*) sell off, (*Schulden*) get out of. **8.** *fig.* (*anwidern*) repel (*a. v/i*), revolt, disgust. **II** *v/i* **9.** *Fußball*: take a goal kick.
abstoßend I *adj fig.* repulsive (*a. phys.*). **II** *adv*: ~ ***hässlich*** revolting, repulsive.
Abstoßung *f phys. u. fig.* repulsion, ⚕ rejection.
abstottern *v/t* ***et.*** ~ pay for s.th. in instal(l)ments.
abstrahieren *v/t u. v/i* abstract.
abstrakt *adj* abstract.
Abstraktion *f* abstraction.
Abstraktum *n ling.* abstract noun.
abstreifen *v/t* **1.** (*Ring etc*) slip off, (*Haut, Geweih*) shed. **2.** (*Schuhe*) wipe. **3.** (*absuchen*) search, scour.

abstreiten *v/t* **1.** (*Schuld, Tatsache etc*) deny. **2.** → ***absprechen*** 1.
Abstrich *m* **1.** (*Kürzung*) (**an** *dat* in) cut, curtailment: *fig.* ***~e machen müssen*** have to lower one's sights. **2.** ⚕ (***e-n ~ machen*** take a) smear (*von den Mandeln*: swab).
abstrus *adj* abstruse.
abstufen *v/t* **1.** (*Gelände*) terrace. **2.** (*Farben*) shade off. **3.** *fig.* (*Löhne etc*) grade, graduate.
Abstufung *f* **1.** (*farblich*) shade. **2.** *fig.* gradation.
abstumpfen I *v/t a. fig.* blunt, dull: ***j-n ~*** make s.o. insensible. **II** *v/i u. v/reflex* ***sich ~*** become blunt (*fig.* dulled, *Person*: insensible); → ***abgestumpft.***
Absturz *m* **1.** plunge, ✈ crash, *Computer*: crash, system crash. **2.** *fig.* downfall.
abstürzen *v/i* plunge (down), ✈, *Computer*: crash.
abstützen *v/t* ⚠ prop, support.
absuchen *v/t* (**nach** for) search all over, (*Gelände*) scour, comb, *mit Scheinwerfer*: sweep, (*Himmel, Horizont*) scan.
absurd *adj* absurd.
Absurdität *f* absurdity.
Abszess *m* ⚕ abscess.
Abszisse *f* ⩓ abscissa.
Abt. ***Abteilung*** department (dept, dpt).
Abt *m* abbot.
abtasten *v/t* **1.** feel (**nach** for), ⚕ palpate: *fig.* ***j-n ~*** feel s.o. out, size s.o. up. **2.** ⚡, *TV* scan.
Abtauautomatik *f* automatic defroster.
abtauchen *v/i* **1.** dive under. **2.** F *fig.* go to earth.
abtauen I *v/t* (*Eis*) thaw, (*Kühlschrank*) defrost. **II** *v/i* thaw.
Abtei *f* abbey.
Abteil *n* 🚂 compartment.
abteilen *v/t* divide, *durch e-e Wand*: partition off.
Abteilung[1] *f* division, partitioning.
Abteilung[2] *f* **1.** department, ⚕ ward. **2.** *mil.* detachment. **3.** *Sport*: section, squad.
Abteilungsleiter(in) head of a department, *im Kaufhaus*: floor manager(ess).
abtippen *v/t* F type (out).
Äbtissin *f* abbess.
abtöten *v/t* (*Bakterien, Nerv, fig. Gefühle etc*) kill, deaden.
abtragen *v/t* **1.** *allg.* clear away, (*Gebäude etc*) pull down, (*Erhebung*) level: (***die Speisen***) ~ clear the table. **2.** (*a.* ***sich ~***) (*Kleidung etc*) wear out. **3.** (*Schuld*) pay off.
abträglich *adj* detrimental (*dat* to).
abtrainieren *v/t* (*Pfunde etc*) work off.
Abtransport *m* transportation.
abtransportieren *v/t* transport, take away.
abtreiben I *v/t* **1.** (*Kind*) abort. **II** *v/i* **2.** have an abortion. **3.** drift off (course).
Abtreibung *f* ⚕ (***e-e ~ vornehmen lassen*** have an) abortion.
abtrennen *v/t* **1.** separate, (*Raum*) *a.* partition off. **2.** (*Kupon etc*) detach. **3.** (*Ärmel etc*) take off, (*Futter*) take out. **4.** (*Glied*) *durch Unfall*: sever.
abtreten I *v/t* **1.** (*dat*, **an** *acc* to) give up, ⚖ cede, (*Forderung*) transfer, make (*od.* set) over: ***j-m et. ~*** *a.* let s.o. have s.th. **2.** (*Teppich etc*) wear (out), (*Absätze etc*) wear down. **3.** (*Schnee etc*) wipe off: F (***sich***) ***die Füße ~*** wipe one's shoes. **II** *v/i* **4.** go off, *thea.* (make one's) exit (*a.* F *fig. sterben*), *Regierung etc*: resign. **5.** *mil.* ***~!*** dismiss!
Abtretung *f* (**an** *acc* to) ⚖ transfer, cession (*a. pol. e-s Gebiets*).
Abtretungsurkunde *f* transfer deed, *für ein Grundstück*: (deed of) conveyance, *bei Konkurs*: (deed of) assignment.
abtrocknen *v/t u. v/i* dry: (**Geschirr**) ~ dry up.
abtrünnig *adj* unfaithful, disloyal, *eccl.* apostate: ***~ werden*** → ***abfallen*** 6.
Abtrünnige *m, f* deserter, renegade, *eccl.* apostate.
abtun *v/t fig.* (*Argumente, a. j-n*) dismiss (***als*** as).
abtupfen *v/t* dab, ⚕ *a.* swab.
abverlangen → ***abfordern.***
abwägen *v/t fig.* (*Worte etc*) weigh.
abwählen *v/t* **1.** ***j-n ~*** vote s.o. out of office. **2.** *ped.* (*Fach*) drop.
abwälzen *v/t* (**auf** *acc* on[to]) shuffle off, off-load: ***die Verantwortung auf e-n anderen ~*** shift the responsibility (F pass the buck) to s.o. else.
abwandeln *v/t* modify.
abwandern *v/i Bevölkerung etc*: move, migrate, *econ. Kapital*: be drained off, *Sport*: *Spieler*: leave (the club), *Zuschauer*: drift off: ***ins Ausland ~*** *Wissenschaftler*: brain-drain.
Abwanderung *f* migration, *a. econ.* exodus, *von Wissenschaftlern*: brain drain.
Abwandlung *f* modification.
Abwärme *f* waste heat.
Abwart(in) *schweiz.* caretaker.
abwarten I *v/t* wait for: ***das bleibt abzuwarten*** that remains to be seen. **II** *v/i* wait (and see): F ***~ (und Tee trinken)!*** (let's) wait and see!
abwartend *adj* ***e-e ~e Haltung einnehmen*** decide to wait and see, *pol.* adopt a wait-and-see policy.
abwärts *adv* down, downward(s); ***es geht ~ mit j-m*** (***et.***) s.o. (s.th.) is going downhill.
Abwärtstrend *m* downward trend.

Abwasch *m* **1.** washing-up: F ***das ist ein ~!*** that can be done in one go! **2.** dirty dishes *pl.*

abwaschbar *adj* washable.

abwaschen I *v/t* wash off, (*Geschirr*) wash up. **II** *v/i* do the dishes (*od.* washing-up).

Abwaschwasser *n* dishwater.

Abwasser *n* waste water, sewage.

Abwasserleitung *f* sewerage.

abwechseln *v/i* alternate, *Personen*: (*a.* ***sich ~***) *a.* take turns (***bei*** in), *turnusmäßig*: rotate.

abwechselnd I *adj* alternate, alternating. **II** *adv* alternately, by turns.

Abwechslung *f* change, (*Zerstreuung*) diversion: ***~ brauchen*** need a change; ***~ bringen in*** (*acc*) vary, liven up; ***zur ~*** for a change.

abwechslungsreich *adj* varied, *Leben*: eventful.

Abweg *m fig.* ***auf ~e geraten*** (***führen***) go (lead) astray.

abwegig *adj* (*irrig*) wrong, (*unsinnig*) absurd.

Abwehr *f* **1.** *e-s Angriffs etc*: repulse, *Sport*, *von Ball*, *Schlag*: block, *durch Torwart*: save, (*Verteidigung*) defen/ce (*Am.* -se) (*a. Sport*), *fig.* warding off. **2.** (*Ablehnung*) refusal, rejection, (*Widerstand*) resistance: ***auf ~ stoßen*** meet with resistance. **3.** F *mil.* counterintelligence.

abwehren I *v/t* **1.** (*Angriff etc*) beat back, repulse, *Sport*: (*Ball*, *Schuss*) block, (*Schlag*) *a.* parry, *durch Torwart*: save. **2.** *fig.* (*Gefahr etc*) avert, ward off, (*Dank etc*) refuse, (*Ansinnen*) reject. **II** *v/i* **3.** *fig.* refuse. **4.** *Boxer etc*: parry, *Fußball etc*: clear, *Torwart*: save.

Abwehr|haltung *f psych.* defensiveness. **~kräfte** *pl* ⚕ resistance *sg.* **~mechanismus** *m* defen/ce (*Am.* -se) mechanism. **~reaktion** *f* defensive reaction (***gegen*** to). **~spieler(in)** defender, *pl* defen/ce (*Am.* -se). **~stoffe** *pl* ⚕ antibodies *pl.*

abweichen *v/i* deviate (***vom Kurs*** from the course), depart (***von der Regel*** from the rule): (***voneinander***) ~ differ, vary; ***vom Thema ~*** digress from the subject. **abweichend** *adj* divergent: (***voneinander***) ~ differing, varying.

Abweichler(in) *pol.* deviationist.

Abweichung *f* **1.** difference. **2.** (***von*** from) *allg.* deviation, *vom Thema*: digression, *von der Regel etc*: departure.

abweiden *v/t* (*Wiese etc*) graze (down).

abweisen *v/t* (*j-n*) turn *s.o.* away, refuse to see, *schroff*: rebuff, (*Antrag etc*) reject, refuse, ⚖ dismiss, *mil.* (*Angriff etc*) repulse.

abweisend *adj* unfriendly, cool, *Antwort*: dismissive.

Abweisung *f e-r Bitte etc*: rejection, refusal, *e-r Person*: *a.* rebuff, *e-r Klage etc*: dismissal, *e-s Angriffs*: repulse.

abwenden *v/t* (*Kopf etc*, *a.* ***sich ~***) turn away, (*a. fig. Gefahr etc*) avert, (*Schlag etc*) ward off: ***sich*** (***innerlich***) ***~ von*** turn one's back on.

abwerben *v/t* (*Kunden*) poach, F steal, (*Arbeitnehmer*) *a.* headhunt.

Abwerbung *f* poaching, F stealing, *von Arbeitnehmern*: *a.* headhunting.

abwerfen *v/t* **1.** (*Kleidung*, *Decke etc*) throw off, (*Bomben etc*) drop, (*Reiter*) throw, (*Blätter*, *Geweih*, *Haut etc*) shed, (*Spielkarte*) discard. **2.** *fig.* (*Gewinn*) yield, (*Zinsen*) bear.

abwerten *v/t* (*Währung*) devalue.

abwertend *adj fig.* depreciative.

Abwertung *f* **1.** *econ.* devaluation. **2.** *fig.* depreciation.

abwesend *adj* **1.** absent, *pred* away, out, not in. **2.** *fig.* (*geistes~*) absent-minded, *Blick*: faraway. **Abwesende** *m, f* absentee: ***die ~n*** those absent.

Abwesenheit *f* **1.** (***während m-r*** *etc* ~ during my *etc*) absence: ***durch ~ glänzen*** be conspicuous by one's absence. **2.** *fig. geistig*: absent-mindedness.

Abwesenheitsquote *f* rate of absenteeism, absentee figures *pl.*

abwetzen *v/t* wear out.

abwickeln *v/t* **1.** unwind, ⚕ (*Verband*) *a.* take off. **2.** *econ.* (*Auftrag etc*) deal with, handle, (*Geschäfte etc*) transact, settle, ⚖ (*liquidieren*) wind up, (*Veranstaltung etc*) carry out (*od.* through), conduct.

Abwicklung *f* handling, *e-s Geschäfts etc*: transaction, settlement, ⚖ winding-up, *Am.* wind-up.

abwiegen *v/t* weigh out.

abwimmeln *v/t* F ***j-n ~*** brush s.o. off.

abwinkeln *v/t* (*Arm etc*) bend.

abwinken I *v/t Motorsport*: flag down. **II** *v/i* give a sign of refusal, decline.

abwischen *v/t* ***et.*** ~ a) wipe s.th. (clean), b) wipe s.th. off.

abwracken *v/t* break up, scrap.

abwürgen *v/t* **1.** (*den Motor*) stall, kill. **2.** *fig.* (*Diskussion etc*) choke off.

abzahlen *m* pay off, *in Raten*: pay by instal(l)ments.

abzählen *v/t* count, (*Geld*) *a.* count out: F ***das kann man sich an den Fingern ~*** that's not hard to guess.

Abzahlung *f* payment (in full), *in Raten*: payment by (*Am.* on) instal(l)ments, (*Rate*) instal(l)ment: ***auf ~*** on hire purchase, *bsd. Am.* on the instal(l)ment plan.

Abzahlungskredit *m* instal(l)ment credit.

abzapfen *v/t* (*Bier etc*) tap, draw (off).
abzäunen *v/t* fence off (*od.* in).
Abzeichen *n allg.* badge, ⚔ *a.* insignia *pl*, ✈ marking.
abzeichnen I *v/t* **1.** (**von** from) copy, draw. **2.** (*Brief etc*) initial, sign. **II** *v/reflex* **sich ~ 3.** stand out (**gegen** against), show. **4.** *fig.* be emerging, be in the offing, *Gefahr etc*: loom.
abzgl. ***abzüglich*** less, minus.
abziehbar *adj econ.* deductible.
abziehen I *v/t* **1.** (*Ring etc*) take off, pull off, (*Haut, Bettbezug*) strip off, (*Bett*) strip, (*Hasen, Tomate etc*) skin. **2.** (*Schlüssel*) take out. **3.** (**von** from) A subtract, *econ.* deduct. **4.** (*vervielfältigen*) make a copy (*od.* copies) of, *phot.* print. **5.** (*Messer etc*) whet, sharpen, (*Parkett*) surface. **6.** *bsd.* ⚔ (*Truppen etc*) withdraw. **7.** (*Flüssigkeiten*) draw off. **8.** F (*e-e Party etc*) give, throw: → **Schau** 2. **II** *v/i* **9.** *allg.* move off, F *a.* go off, clear out (*od.* off), *bsd.* ⚔ *a.* withdraw, *Rauch etc*: escape, *Gewitter*: pass.
abzielen *v/i* **~ *auf*** (*acc*) aim at.
Abzug *m* **1.** *bsd. mil.* withdrawal. **2.** *tech.* outlet, escape. **3.** (*Kopie*) copy, *phot.* print, *print.* proof. **4.** (*Lohnabzug etc*) deduction, (*Rabatt*) discount: ***in ~ bringen*** deduct; ***nach ~ aller Kosten*** all charges deducted; ***vor*** (***nach***) ***~ der Steuern*** before (after) taxation. **5.** *e-r Schusswaffe*: trigger.
abzüglich *prep* (*gen*) less, deducting.
abzugsfähig *adj Betrag*: deductible.
Abzugshaube *f* cooker hood.
Abzugsrohr *n tech.* offlet.
abzweigen I *v/i Weg etc*: branch off. **II** *v/t* (*Gelder etc*) set aside.
Abzweigung *f* turn-off.
abzwicken *v/t* nip off.
Accessoires *pl* accessories *pl*.
Acetat *n* ⚗ acetate.
Aceton *n* ⚗ acetone.
ach *int* oh!: ***~ je!*** oh dear!; ***~ komm!*** come on!; ***~ nein?*** you don't say so?; ***~ so!*** oh, I see!; ***~ was!, ~ wo!*** of course not!; ***~ und weh schreien*** wail.
Ach *n* F ***mit ~ und Krach*** barely; ***mit ~ und Krach e-e Prüfung bestehen*** scrape through an exam.
Achat *m* agate.
Achilles|ferse *f fig.* Achilles' heel. **~sehne** *f anat.* Achilles' tendon.
a. Chr. (n.) ***ante Christum*** (***natum***), ***vor Christus*** (***vor Christi Geburt***) before Christ (BC).
Achse *f* axis, *pl* axes, *tech.* axle: F ***auf*** (***der***) ***~ sein*** be on the move.
Achsel *f* shoulder: ***die ~*** (*od.* ***mit den ~n***) ***zucken*** shrug one's shoulders. **~höhle** *f* armpit. **~zucken** *n* shrug (of one's shoulders).
Achsschenkel *m mot.* stub axle, *Am.* steering knuckle.
Achsschenkelbolzen *m mot.* kingpin.
acht *adj* eight: ***in ~ Tagen*** in a week('s time); ***heute in ~ Tagen*** today week; ***vor ~ Tagen*** a week ago; ***alle ~ Tage*** every other week.
Acht[1] *f* (*Ziffer etc*) eight.
Acht[2] *f hist.* outlawry.
Acht[3] *f* ***~ geben auf*** (*acc*) a) pay atten-tion to, b) (*aufpassen*) keep an eye on; ***gib ~!*** look out!, be careful!; ***außer ~ lassen*** disregard; ***et. in ~ nehmen*** take care of s.th., watch s.th; ***sich in ~ nehmen vor*** (*dat*) beware of, watch out for.
achtbar *adj* respectable, *Firma etc*: reputable, *Leistung etc*: creditable.
Achtbarkeit *f* respectability.
achte *adj* eighth: ***am ~n Mai*** on the eighth of May, on May the eighth.
Achteck *n* A octagon.
Achtel *n* eighth (part). **~note** *f* ♪ quaver. **~takt** *m* ♪ quaver time.
achten I *v/t* respect, (*Gesetz etc*) observe. **II** *v/i* **~ *auf*** (*acc*) a) pay attention to, b) (*aufpassen*) keep an eye on, watch, c) (*schonend behandeln*) be careful with, d) (*Wert legen auf*) attach importance to; ***~ Sie darauf, dass ...*** see to it that ...
ächten *v/t hist.* outlaw, *fig.* ostracize, (*verbieten*) ban.
achtens *adv* eighthly.
Achter *m Rudern*: eight. **~bahn** *f* roller coaster. **~deck** *n* ⚓ quarterdeck.
achtfach *adj u. adv* eightfold.
achthundert *adj* eight hundred.
achtjährig *adj* **1.** eight-year-old: ***ein ~es Kind*** *a.* a child of eight. **2.** *Zeitraum*: of eight years.
achtlos *adj* careless, thoughtless.
Achtlosigkeit *f* carelessness.
achtmal *adv* eight times.
Achtminutentakt *m teleph.* eight-minute limit.
achtsam *adj* attentive, (*sorgsam*) careful. **Achtsamkeit** *f* carefulness.
Achtstundentag *m* eight-hour day.
achtstündig *adj* eight-hour. **achttägig** *adj* lasting a week, a week's *trip etc.*
Achtung *f* **1.** (***vor*** for) respect, esteem, regard: ***~ genießen*** be highly regarded; ***in j-s ~ steigen*** rise in s.o.'s esteem; ***sich ~ verschaffen*** make o.s. respected; F ***alle ~!*** hats off! **2.** ***~!*** look out!, *bsd. adm. u.* ⚔ attention!, (*Aufschrift*) danger!, caution!; ***~, Stufe!*** mind the step!
Achtungserfolg *m* succès d'estime.
achtungsvoll *adj* respectful.

achtzehn *adj* eighteen.
achtzig *adj* eighty: F ***auf ~ sein*** be hopping mad; ***er ist Mitte ~*** he is in his mid-eighties.
Achtig *f* eighty.
achtziger *adj* ***die ~ Jahre*** *e-s Jahrhunderts*: the eighties *pl*.
Achtziger(in) octogenarian, man (woman) in his (her) eighties.
Achtzigerjahre → ***achtziger***.
Achtzylindermotor *m* eight-cylinder engine.
ächzen *v/i* groan (**vor** with).
Acker *m* field, (*~land*) farmland. **~bau** *m* agriculture, farming. **~gerät** *n* agricultural implements *pl*. **~land** *n* farmland.
ackern *v/i* **1.** plough, *Am.* plow. **2.** F (*schuften*) slog (away).
a conto *adv econ.* on account.
Acrylfarbe *f* acrylic paint.
Acrylglas *n* acrylic glass.
ACS ***Automobilclub der Schweiz*** Automobile Association of Switzerland.
Action *f* action.
A.D. ***anno Domini, im Jahre des Herrn*** in the year of our Lord (AD).
a. D. ***außer Dienst*** retired (retd); ***an der Donau*** on the Danube.
ad absurdum: ***et. ~ führen*** reduce s.th. to absurdity.
ADAC ***Allgemeiner Deutscher Automobil-Club*** General German Automobile Association.
ad acta: *fig.* ***et. ~ legen*** consider s.th. closed.
Adam *m Bibl. u. fig.* Adam: F ***seit ~s Zeiten*** from the beginning of time.
Adam Riese: *humor.* ***nach ~*** according to Cocker.
Adamsapfel *m anat.* Adam's apple.
Adamskostüm *n humor.* ***im ~*** in one's birthday suit.
Adapter *m* ⚡ adapter.
adäquat *adj* adequate.
Add. ***Addenda, Ergänzungen*** addenda, supplements, additions.
addieren *v/t* add (up).
Addiermaschine *f* adding machine.
Addis Abeba *n* Addis Ababa (*capital of Ethiopia*).
Addition *f* addition.
ade *int* goodby(e) (*a. fig.*), so long.
Adel *m* aristocracy, nobility (*a. fig.*), (*Adelstitel*) title: ***von ~ sein*** be of noble birth.
ad(e)lig *adj* noble (*a. fig.*), titled.
Ad(e)lige *m, f* aristocrat, nobleman (noblewoman): ***die ~n*** *pl* the nobility *sg*.
adeln *v/t* make *s.o.* a peer, *a. fig.* ennoble.
Adelskrone *f* coronet.
Adelsstand *m* nobility, peerage.

Ader *f allg.* vein, (*Schlagader*) artery, *fig. a.* bent: ***er hat e-e humoristische ~*** he has a streak of humo(u)r.
Aderlass *m a. fig.* bloodletting.
ädern *v/t* vein.
ADFC ***Allgemeiner Deutscher Fahrrad-Club*** General German Cyclists' Association.
ad inf. ***ad infinitum, bis ins Unendliche, unaufhörlich*** ad infinitum.
adieu → ***ade***.
Adjektiv *n* adjective.
adjektivisch *adj* adjectival.
Adjutant *m* ⚔ adjutant.
Adler *m* eagle. **Adlerauge** *n* eagle eye: *fig.* ***~n haben*** be eagle-eyed.
Adlernase *f* aquiline nose.
Admiral *m* ⚓, ⚔ admiral.
Admiralität *f* admiralty.
Admiralstab *m* naval staff.
adoptieren *v/t* adopt.
Adoption *f* adoption.
Adoptiveltern *pl* adoptive parents *pl*.
Adoptivkind *n* adopted child.
Adr. ***Adresse*** address.
Adrenalin *n* adrenalin(e).
Adressangabe *f* address details *pl*.
Adressat(in) addressee.
Adress|beschaffung *f* address acquisition. **~bestände** *pl* (total) number of addresses. **~buch** *n* directory.
Adresse *f* address: **per ~** care of (*abbr.* c/o); *econ.* ***erste ~*** first-class borrower; *fig.* ***an die falsche ~ geraten*** come to the wrong person; ***an die richtige ~ geraten*** come to the right shop.
Adressen|datei *f Computer*: address file. **~liste** *f*, **~verzeichnis** *n* list of addresses, mailing list.
Adressetikett *n* address label.
adressieren *v/t* (**an** *acc* to) address, direct, (*Waren*) consign: ***falsch ~*** misdirect.
Adressiermaschine *f* addressing machine.
Adressverlag *m etwa*: adress bureau.
adrett *adj* neat.
Adria *f the* Adriatic Sea.
Advent *m* Advent.
Advents... Advent (*wreath, season, etc*).
Adverb *n* adverb.
adverbial *adj* adverbial.
Aerobic *n Sport*: aerobics *pl* (*a. sg. konstr.*).
aerodynamisch *adj* aerodynamic.
Aerosol *n* aerosol.
AfA ***Abschreibung für Abnutzung*** depreciation for income tax purposes.
Affäre *f* (*a. Liebesaffäre*) affair: ***sich aus der ~ ziehen*** get out of it; ***sich gut aus der ~ ziehen*** master the situation.
Affe *m* monkey, (*Menschenaffe*) ape: F (***blöder***) **~** twit; ***eingebildeter ~*** conceited ass.

Affekt *m* emotion: ***im ~*** in the heat of passion. **~handlung** *f* ⚖ act committed in the heat of passion.
affektiert *adj* affected.
Affektiertheit *f* affectation.
affenartig *adj* apelike, simian: F ***mit ~er Geschwindigkeit*** like a greased lightning.
Affen|brotbaum *m* baobab. **~liebe** *f* F doting love. **~schande** *f* F crying shame. **~theater** *n* F hell of a fuss.
Affenzahn *m* F (***e-n ~ draufhaben*** go at) breakneck speed.
affig *adj* F silly, (*geziert*) affected.
Äffin *f* she-ape, she-monkey.
AFG ***Arbeitsförderungsgesetz*** job promotion law.
Afghane *m*, **Afghanin** *f*, **afghanisch** *adj* Afghan.
Afghanistan *n* Afghanistan.
Afrika *n* Africa.
Afrikaner(in), afrikanisch *adj* African.
Afro-Look *m* (***im ~*** with an) Afro hairstyle.
After *m anat.* anus.
AG ***Aktiengesellschaft*** public limited company (PLC, Plc, plc; Ltd), *Am.* (stock) corporation; ***Arbeitsgruppe*** study group.
Ägäis *f the* Aegean Sea.
Agave *f* ⚘ agave.
Agent(in) agent. **Agentur** *f* agency.
Aggregat *n allg.* aggregate, *tech.* unit. **~zustand** *m phys.* aggregate (state).
Aggression *f* aggression. **aggressiv** *adj* aggressive. **Aggressivität** *f* aggressiveness.
agieren *v/i* act.
Agio *n econ.* premium. **~papier** *n* premium bond.
Agitation *f* political agitation. **Agitator** *m*, **Agitatorin** *f* (political) agitator. **agitatorisch** *adj* rabble-rousing. **agitieren** *v/i* agitate.
Agonie *f* ⚕ death throes *pl.*
Agrar... agrarian, agricultural. **~erzeugnisse** *pl* agricultural produce *sg.* **~importe** *pl* agricultural (*od.* farm) imports *pl.* **~krise** *f* agricultural crisis. **~land** *n* agrarian country. **~markt** *m* agricultural commodities market. **~politik** *f* agricultural policy. **~preise** *pl* farm prices *pl.* **~subventionen** *pl* farm subsidies *pl.* **~überschuss** *m* farm (*od.* agricultural) surplus. **~wirtschaft** *f* rural economy.
Agt. ***Agent*** agent; ***Agentur*** agency; agents *pl.*
Ägypten *n* Egypt.
Ägypter(in), ägyptisch *adj* Egyptian.
Ah ***Amperestunde(n)*** ampere-hour(s *pl*).
ah *int* oh!, ah! **äh** *int* **1.** *angeekelt*: ugh! **2.** *stotternd*: er! **aha** *int* aha!, I see!
Aha-Erlebnis *n* aha-experience.
ahd. ***althochdeutsch*** Old High German (OHG).
Ahle *f* awl, pricker.
Ahn *m* ancestor.
ähneln *v/i* (*dat*) be (*od.* look) like, resemble, take after *one's father etc*: ***sich*** (*od.* ***einander***) **~** be (*od.* look) alike.
ahnen I *v/t* (*vorhersehen*) foresee, (*Unglück etc*) have a presentiment (*od.* foreboding) of, (*vermuten*) suspect, (*spüren*) sense, guess: ***ohne zu ~, dass ...*** without dreaming that ...; ***wie konnte ich ~, dass ...*** how was I to know that ...; ***ich habe es geahnt!*** I knew it! II *v/i* ***mir ahnt Böses*** (***nichts Gutes***) I fear the worst.
Ahnentafel *f* genealogical table.
ähnlich *adj* similar (*dat* to): ***~ sein → ähneln***; F ***das sieht ihm ~!*** that's just like him!; ***so et. Ähnliches*** s.th. like that.
Ähnlichkeit *f* (***mit*** to) likeness, resemblance, similarity: ***~ haben mit → ähneln.***
Ahnung *f* presentiment, F hunch, *böse*: *a.* foreboding, misgiving, (*Vermutung*) suspicion: F ***k-e ~!*** no idea!; ***k-e*** (***blasse***) ***~ haben von*** have not the faintest idea of; ***er hat von Tuten und Blasen k-e ~*** he doesn't know the first thing about it, he hasn't got a clue.
ahnungslos *adj* unsuspecting, (*unwissend*) ignorant.
Ahorn *m* maple.
Ähre *f* ear: ***~n lesen*** glean.
Aids *n* AIDS. **Aidskranke** *m, f* person suffering from AIDS. **Aidstest** *m* AIDS test.
Airbag *m mot.* airbag.
Akademie *f* academy, (*Fachschule*) *a.* college.
Akademiker(in) university man (woman).
akademisch *adj* academic(ally *adv*): ***~e Bildung*** university education.
Akazie *f* acacia.
akklimatisieren *v/t* (*a.* ***sich ~***) *a. fig.* acclimatize (***an*** *acc* to).
Akkord[1] *m* ♪ chord.
Akkord[2] *m econ.* (***im ~ arbeiten*** do) piecework. **Akkordarbeit** *f* → ***Akkord***[2].
Akkordarbeiter(in) pieceworker.
Akkordeon *n* accordion.
Akkordsatz *m* piece rate.
Akkra *n* Accra (*capital of Ghana*).
akkreditieren *v/t* **1.** (*Gesandten etc*) accredit (***bei*** to). **2.** *econ.* open a credit for.
Akkreditiv *n* **1.** *pol.* credentials *pl.* **2.** *econ.* letter of credit (*abbr. L/C*): ***j-m ein ~ eröffnen*** open a credit in favo(u)r of s.o.
Akku *m* F, **Akkumulator** *m* accumulator, storage battery.
Akkusativ *m* accusative (case).
Akkusativobjekt *n* direct object.

Akne *f* ⚕ acne.
Akontozahlung *f* payment on account.
akquirieren *v/t econ.* canvass.
Akquisiteur(in) *econ.* canvasser, agent.
Akquisition *f econ.* canvassing.
Akribie *f* meticulousness.
Akrobat(in) acrobat.
akrobatisch *adj* acrobatic.
Akt *m* **1.** act (***der Verzweiflung*** *etc* of despair *etc*). **2.** *thea.* act: ***in drei ~en*** *a.* three-act *play etc.* **3.** (*Geschlechtsakt*) (sexual) act. **4.** *Kunst, phot.* nude.
Akte *f mst pl* file, record: ***e-e ~ anlegen*** open a file (***über*** *acc* on); ***zu den ~n legen*** file, *fig.* shelve.
Aktei *f* dossier.
Akten|deckel *m* folder. **~klammer** *f* paper clip. **~koffer** *m* attaché case.
aktenkundig *adj* on record.
Akten|mappe *f* **1.** folder. **2.** → ***Aktentasche.*** **~notiz** *f* note, memorandum, F memo. **~ordner** *m* file. **~schrank** *m* filing cabinet. **~stoß** *m* pile of documents. **~tasche** *f* briefcase. **~wolf** *m* (paper) shredder. **~zeichen** *n* file (*im Brief*: reference) number.
Aktfoto *n* nude (photograph).
Aktie *f* share, *Am.* stock: ***~n besitzen*** hold shares (*Am.* stock) (*gen* in, of); *a. fig.* ***s-e ~n sind gestiegen*** his stock has gone up; F ***wie stehen die ~n?*** how are things?
Aktien|börse *f* stock exchange. **~gesellschaft** *f* joint-stock company, *Am.* (stock) corporation. **~handel** *m* stock trade. **~kapital** *n* share capital, (joint) stock. **~kurs** *m* share price. **~mehrheit** *f* majority of stock: ***die ~ besitzen*** hold the controlling interest. **~paket** *n* block of shares.
Aktion *f* (*Handlung*) action, (*Werbung*) campaign, drive, (*Hilfsaktion etc*) operation(s *pl*), (*Maßnahme*) measure(s *pl*): ***~en*** *pl* activities *pl*; ***in ~ treten*** act.
Aktionär(in) *econ.* shareholder, *Am.* stockholder.
Aktionärsversammlung *f* shareholders' (*Am.* stockholders') meeting.
Aktionsradius *m a. mil.* range (of action).
aktiv *adj allg.* active, *Bilanz*: favo(u)rabie, *mil.* regular: ***~es Wahlrecht*** right to vote; ***~er Wortschatz*** *a.* using vocabulary.
Aktiv *n ling.* active (voice).
Aktiva *pl econ.* assets *pl*: ***~ und Passiva*** assets and liabilities.
aktivieren *v/t a. fig.* activate.
Aktivist(in) *pol.* activist.
Aktiv|posten *m econ. u. fig.* asset. **~saldo** *m* credit balance, *der Zahlungsbilanz*: balance of payments surplus. **~seite** *f* asset side.
Aktivurlaub *m* activity holiday.
Aktmodell *n* nude model.
Akt.-Nr. ***Aktennummer*** file number (file no.).
aktualisieren *v/t* make topical, *Programm, Buch*: update.
aktuell *adj* (*zeitnah*) topical, current, present-day, (*modern*) up(-)to(-)date: ***ein ~es Problem*** an acute (*od.* immediate) problem; ***e-e ~e Sendung*** *Radio, TV* a current-affairs program(me *Br.*).
Akupressur *f* acupressure.
Akupunkteur(in) acupuncturist.
Akupunktur *f* acupuncture.
Akustik *f* acoustics *pl* (*a. sg konstr.*).
akustisch *adj* acoustic(ally *adv*).
akut *adj* ⚕ acute, *fig. a.* urgent.
AKW *abbr.* ***Atomkraftwerk*** nuclear power station.
Akzent *m* accent, (*Betonung, a. fig.*) *a.* stress: ***besonderen ~ legen auf*** (*acc*) stress, emphasize.
akzentfrei *adj u. adv* without an accent.
Akzept *n econ.* acceptance.
akzeptabel *adj* acceptable (***für*** to), *Preis etc*: *a.* fair.
Akzeptant *m econ.* acceptor.
Akzeptanz *f fig.* acceptance.
akzeptieren *v/t* accept (*a. econ.*), *agree to.*
Akzidenzdruck *m* job printing.
AL ***Abteilungsleiter*** departmental (*im Kaufhaus*: floor) manager, head of department.
al. ***alias, auch ... genannt*** alias, otherwise *od.* also known as (aka).
Alarm *m* (***blinder ~*** false) alarm: *a. fig.* ***~ schlagen*** sound the alarm. **~anlage** *f* alarm system.
alarmbereit *adj* on the alert.
Alarmbereitschaft *f* (***in ~*** on the) alert.
alarmieren *v/t* alarm (*a. fig.*), (*Polizei etc*) alert, call. **~d** *adj a. fig.* alarming.
Alarm|stufe *f* alert phase. **~zustand** *m* (***in den ~ versetzen*** put on the) alert.
Albaner(in), albanisch *adj* Albanian.
Albanien *n* Albania.
albern I *adj* silly. II *v/i* fool around.
Albernheit *f* **1.** silliness. **2.** silly remark.
Albtraum *m a. fig.* nightmare.
Album *n* album.
Alge *f* seaweed, alga, *pl* algae.
Algebra *f* algebra.
algebraisch *adj* algebraic(al).
Algerien *n* Algeria.
Algerier(in), algerisch *adj* Algerian.
Algorithmus *m* algorithm.
Alibi *n* (***ein ~ beibringen*** produce an) alibi.
Alibifrau *f* token woman.
Alibifunktion *f* cover-up function.
Alimente *pl* maintenance *sg*.
alkalisch *adj* ⚗ alkaline.
Alkohol *m* alcohol, (*Getränk*) *a.* liquor,

drink. **~einfluss** *m* ***unter ~*** under the influence of alcohol.
alkoholfrei *adj* nonalcoholic, soft *drink*.
Alkohol|gehalt *m* alcoholic content. **~genuss** *m* consumption of alcohol.
Alkoholiker(in), alkoholisch *adj* alcoholic.
alkoholisieren *v/t* alcoholize: ***alkoholisiert*** drunk, ⚖ under the influence of alcohol.
Alkoholismus *m* alcoholism.
Alkohol|missbrauch *m* excessive drinking. **~nachweis** *m mot.* alcohol (*od.* breathalyzer) test. **~spiegel** *m* blood alcohol concentration.
alkoholsüchtig *adj* addicted to alcohol.
Alkohol|sünder(in) F *mot.* drunken driver. **~vergiftung** *f* alcoholic poisoning.
all *indef pron* all, (*jeder*) every: ***~e beide*** both (of them); ***wir ~e*** all of us; ***fast ~e*** almost everyone; ***~(e) und jeder*** all and sundry; ***~e Menschen*** all men, everybody; ***~e Welt*** all the world; ***~e zwei Tage*** every (other) day; ***auf ~e Fälle*** at all events; ***ohne ~en Zweifel*** without any doubt; → ***alle, alles.***
All *n* universe, (*Weltraum*) (outer) space.
allabendlich *adv* every evening.
allbekannt *adj* well-known, *b.s.* notorious.
alle *adj pred* F **1.** (*aufgebraucht*) all gone, finished, *Geld*: all spent: ***~ machen*** finish. **2.** (*erschöpft*) dead beat, whacked: ***j-n ~ machen*** let s.o. have it.
Allee *f* avenue.
Allegorie *f* allegory.
allein I *adj pred u. adv allg.* alone, (*ohne Hilfe*) *a.* by oneself, on one's own, (*ohne Zeugen*) *a.* in private, (*nur*) only: ***ganz ~*** all alone; ***~ stehen*** *Person*: be unattached, be single; ***einzig und ~*** (simply and) solely; ***du ~ bist schuld!*** it's all your fault!; (***schon***) ***~ der Gedanke*** the very (*od.* mere) thought. II *conj* (*aber*) but, however; ***~ erziehend*** *adj* single; ***~ reisende Kinder*** unaccompanied minors; ***~ stehend*** unmarried, single, *weitS.* unattached.
Allein|erbe *m* sole heir. **~erbin** *f* sole heiress. **~erziehende** *m, f* single parent (*od.* father, mother). **~gang** *m* solo: ***im ~*** *Sport*: solo, *fig. a.* single-handed. **~herrschaft** *f* autocracy. **~herrscher(in)** autocrat.
alleinig *adj* only, sole, exclusive.
Allein|inhaber(in) sole owner. **~schuld** *f* sole responsibility. **~sein** *n* loneliness: ***Angst vor dem ~*** fear of being alone. **~stehende** *m, f* single. **~unterhalter(in)** *thea.* solo entertainer. **~verdiener(in)** sole earner. **~verkauf** *m* exclusive selling rights *pl.* **~verkaufsrecht** *n* monopoly. **~vertretung** *f* sole agency. **~vertrieb** *m* ***den ~ haben für*** be the sole distributors of.

allemal *adv* (*leicht*) easily, any time; → ***Mal.***
allenfalls *adv* (*zur Not*) if need be, (*vielleicht*) possibly, perhaps, (*höchstens*) at (the) most, at best.
allenthalben *adv* everywhere.
aller... *vor sup best, highest, etc* of all, very *best, prettiest, etc.*
allerdings *adv* **1.** (*jedoch*) but, though, however. **2.** F (*gewiss*) indeed, certainly.
allererst *adj* first of all.
allergen *adj*, **Allergen** *n* ⚕ allergenic.
Allergie *f* ⚕ allergy: ***e-e ~ gegen et. haben*** be allergic to s.th.
Allergiker(in) ⚕ allergy sufferer.
allergisch *adj* ⚕ allergic (***gegen*** to).
allerhand *adj* F quite a lot, a good deal: ***das ist*** (***ja***) ***~!*** *lobend*: not bad!, *tadelnd*: that's a bit thick!
Allerheiligen *n* All Saints' Day.
allerhöchstens *adv* at the very most.
allerlei *adj* all kinds of.
Allerlei *n* medley.
allerletzt *adj* very latest: F ***das ist das Allerletzte!*** that really is the limit!
allerliebst *adj* (very) lovely, sweet.
allerneu(e)st *adj* very latest: ***die ~e Mode*** the latest fashion (F thing).
allernötigst *adj* most necesssary: ***das Allernötigste*** only what is (*od.* was) absolutely necessary.
Allerseelen *n* All Souls' Day.
allerseits *adv* F ***guten Morgen ~!*** good morning everybody!
Allerwelts... ordinary, common.
Allerwerteste *m* F posterior.
alles *indef pron* **1.** all, everything, the lot: ***~ in allem*** (taken) all in all; ***vor allem*** above all; ***er kann ~*** he can do anything; ***auf ~ gefasst sein*** be prepared for the worst; ***j-n über ~ lieben*** love s.o. more than anything; F ***um ~ in der Welt!*** for heaven's sake!; → ***Mädchen.*** **2.** F everybody: ***~ aussteigen!*** get out everybody, please!
allesamt *adv* F all (of them *od.* us *etc*).
Alleskleber *m* all-purpose glue.
Allesschneider *m* food slicer.
allg. ***allgemein*** general(ly *adv*).
allgegenwärtig *adj* omnipresent.
allgemein I *adj* general, (*öffentlich*) public: ***von ~em Interesse*** of general interest; ***auf ~en Wunsch*** by popular request; ***unter ~er Zustimmung*** by common consent; ***zur ~en Überraschung*** to everybody's surprise; *econ.* ***~e Unkosten*** *pl* overhead *sg*; ***~es Wahlrecht*** universal suffrage; ***~e Wehrpflicht*** compulsory military service; ***im Allgemeinen*** → II *adv* generally, in general, (*im ganzen*) on the whole: ***es ist ~ bekannt, dass*** it is a well-known fact that; ***~ beliebt***

popular with everyone; ~ ***gesprochen*** generally speaking; ~ ***gültig*** universally valid; ***es ist ~ üblich*** it is common practice; ~ ***verbreitet*** widespread; ~ ***verbindlich*** *adj* generally binding ~ ***verständlich*** *adj* (easily) intelligible.
Allgemein|befinden *n* general state of health. **~bildung** *f* general education. **~gut** *n fig.* common knowledge.
Allgemeinheit *f* (general) public.
Allgemeinmedizin *f* general medicine: ***Arzt für ~*** general practitioner.
Allgemeinwissen *n* general knowledge.
Allgemeinwohl *n* public welfare.
Allheilmittel *n a. fig.* cure-all.
Allianz *f* alliance.
Alligator *m* alligator.
alliiert *adj* allied: *hist.* ***die Alliierten*** the Allies *pl.*
alljährlich *adj* annual(ly *adv*), yearly, *adv a.* every year.
Allmacht *f* omnipotence. **allmächtig** *adj* omnipotent, *bsd. Gott*: almighty.
allmählich *adj* gradual(ly *adv*), *adv a.* by degrees, slowly.
allmonatlich *adj u. adv* monthly.
allnächtlich *adj u. adv* nightly.
Allopathie *f* ⚕ allopathy.
Allparteien... all-party ...
Allrad... all-wheel (*drive etc*).
Allroundsportler(in) allrounder.
allseitig *adj* (*allgemein*) general, universal, (*vielseitig*) allround: ***zur ~en Zufriedenheit*** to the satisfaction of everybody.
allseits *adv* on (*od.* from) all sides: ~ ***beliebt*** very popular.
Alltag *m* everyday life: (***grauer***) ~ daily routine.
alltäglich *adj* everyday, (*üblich*) usual, (*durchschnittlich*) ordinary, (*banal*) banal, trivial.
alltags *adv* on workdays.
Alltags|... everyday (*clothes etc*). **~trott** *m* daily grind.
allumfassend *adj* all-embracing.
Allüren *pl mst contp.* affectation *sg*, airs (and graces) *pl.*
Allwetter... all-weather (*flying etc*).
allwissend *adj* omniscient.
allwöchentlich *adj u. adv* weekly.
allzu *adv* far too: ***nicht ~ spät*** not too late. ~ ***gut*** only too well; ~ ***sehr*** all too much; ~ ***viel*** too much: ~ ***viel ist ungesund*** enough is as good as a feast.
Allzweck... all-purpose.
Alm *f* alpine pasture, alp.
Almosen *n* alms *pl*, *fig. contp.* pittance, *Am.* handout.
Almosenempfänger(in) pauper.
Alpaka *n* (*~wolle*) alpaca.
Alpen *pl* Alps *pl.* **~rose** *f* Alpine rose. **~veilchen** *n* cyclamen. **~vorland** *n* foothills *pl* of the Alps.
Alphabet *n* alphabet.
alphabetisch *adj* alphabetical: ~ ***ordnen*** → **alphabetisieren** *v/t* arrange in alphabetical order.
alphanumerisch *adj* alphanumeric.
alpin *adj* Alpine: → ***Kombination*** 4.
Alpinismus *m* alpinism.
Alpinist(in) alpinist.
Alptraum → ***Albtraum***.
als *conj* **1.** *im Vergleich*: as, *verneint*: but, *nach comp*: than: ***sobald ~ möglich*** as soon as possible; ***mehr ~ genug*** more than enough; ***sie ist alles andere ~ hübsch*** she is anything but pretty. **2.** *zur Bezeichnung e-r Eigenschaft*: as, in one's capacity of: ~ ***Entschuldigung*** as (*od.* by way of) excuse; ***er starb ~ Bettler*** he died (as) a beggar; ~ ***Mädchen hatte sie k-e Chance*** being a girl she had no chance. **3.** ~ ***ob*** as if, as though. **4.** ***er ist zu jung, ~ dass er es verstehen könnte*** he is too young to understand it. **5.** *zeitlich*: when, as, (*während*) while: ***damals, ~*** at the time when; ***gerade ~*** just as.
also *conj* **1.** (*folglich*) so, therefore. **2.** F (*nun*) then: ~ ***gut!*** very well (then)!; ***na ~!*** there you are!; ~ ***los!*** let's get going, then!; ***du kommst ~ nicht?*** you're not coming then?
alt *adj* **1.** *allg.* old, (*bejahrt*) *a.* aged, (*geschichtlich ~*) *a.* ancient, (*lange bestehend*) *a.* long-standing (*friendship etc*), (*ehemalig*) *a.* former (*pupil etc*), (*unverändert*) unchanged, unchanging: ~ ***werden*** → ***altern***; ***das ~e Rom*** ancient Rome; ***die ~en Sprachen*** the classical languages; ***wie ~ bist du?*** how old are you?; ***ein zehn Jahre ~er Junge*** a ten-year-old boy, a boy of ten; ***er ist (doppelt) so ~ wie ich*** he is (twice) my age; *fig.* ***das ~e Lied*** the same old story; ***auf m-e ~en Tage*** in my old age; ***in ~en Zeiten*** in former times; ***es bleibt alles beim Alten*** everything remains as it was (before); *humor.* ***hier werde ich nicht ~*** I won't be here much longer; F ~ ***aussehen*** look a right fool; → ***älter, Hase.*** **2.** (*Ggs. frisch*) *allg.* old, (*altbacken, schal*) *a.* stale, (*gebraucht*) *a.* second-hand, used: → ***Eisen.***
Alt *m* ♪ alto.
Altar *m* altar. **~bild** *n*, **~blatt** *n*, **~gemälde** *n* altarpiece.
altbacken *adj* **1.** stale. **2.** F *fig.* antiquated.
Altbau *m* old building.
Altbau|sanierung *f* rehabilitation of old housing. **~wohnung** *f* flat (*Am.* apartment) in an old building.
altbekannt *adj* well-known.

altbewährt *adj* well-tried.
Alte¹ *m* old man: ***die ~n*** old people; F ***der ~*** (*Vater, Ehemann*) the old man, (*Chef*) the boss; ***er ist wieder ganz der ~*** he is quite himself again.
Alte² *f* **1.** old woman: F ***die ~*** (*Mutter, Ehefrau*) the old lady (*od.* woman), (*Chefin*) the boss. **2.** *zo.* mother.
altehrwürdig *adj* time-hono(u)red.
alteingesessen *adj* old-established.
Alteisen *n* scrap iron.
Altenheim *n* → ***Altersheim.***
Alten|pflege *f* care of the elderly, geriatric care. **~pfleger(in)** geriatric nurse. **~teil** *n fig.* ***sich aufs ~ zurückziehen*** retire.
Alter *n* **1.** age, (*Bejahrtheit*) (old) age: ***im ~ von 20 Jahren*** at the age of 20; ***er ist in m-m ~*** he is my age; ***mittleren ~s*** middle-aged. **2.** (*alte Leute*) old people.
älter *adj* older: ***mein ~er Bruder*** my elder brother; ***e-e ~e Dame*** an elderly lady; ***er ist (3 Jahre) ~ als ich*** he is my senior (by three years); ***er sieht (10 Jahre) ~ aus, als er ist*** he looks (10 years) more than his age.
altern *v/i* grow old, *a. tech.* age.
alternativ *adj* alternative.
Alternativangebot *n* alternative offer.
Alternative *f* alternative.
Alternativlösung *f* alternative solution.
Alters|erscheinung *f* sign of old age. **~genosse** *m*, **~genossin** *f* contemporary. **~grenze** *f* age-limit: ***flexible ~*** *für Beamte*: flexible retirement age. **~gründe** *pl* ***aus ~n*** for reasons of age. **~gruppe** *f* age group. **~heim** *n* old people's home. **~klasse** *f bsd. Sport*: age group. **~pyramide** *f sociol.* age pyramid. **~rente** *f*, **~ruhegeld** *n* old-age pension.
altersschwach *adj* infirm, *a.* F *fig.* decrepit, *Stuhl etc*: rickety.
Altersschwäche *f* infirmity (of old age): ***an ~ sterben*** die of old age.
Alters|sicherung *f* provision for one's old age. **~struktur** *f* age distribution. **~unterschied** *m* age difference. **~versicherung** *f* old-age insurance. **~versorgung** *f* old-age pension (scheme). **~vorsorge** *f* provision for one's old age.
Altertum *n* antiquity. **altertümlich** *adj* ancient, (*veraltet*) antiquated.
ältest *adj* oldest, *in der Familie*: eldest.
Älteste *m,f* oldest, eldest: ***mein ~r*** my eldest son.
Altglas *n* used glass. **~container** *m* bottle bank. **~verwertung** *f* recycling of used glass.
Altgriechisch *n* Old Greek.
althergebracht *adj* traditional.
Althochdeutsch *n* Old High German.
Altist(in) ♪ alto(-singer).
altjüngferlich *adj* old-maidish.
altklug *adj* precocious.
Altlasten *pl.* **1.** *Umwelt*: residual pollution, contaminated soil, abandoned waste dump **2.** *fig.* sins *pl* of the past.
ältlich *adj* elderly, oldish.
Altmaterial *n tech.* salvage.
Altmeister(in) *Sport*: ex-champion, *fig.* past master.
Altmetall *n* scrap metal.
altmodisch *adj* old-fashioned.
Altöl *n tech.* waste oil, used oil.
Altpapier *n tech.* waste (*od.* used) paper.
Altphilologe *m*, **Altphilologin** *f* classical philologist.
altruistisch *adj* altruistic.
altsprachlich *adj* classical.
Altstadt *f* old town, old part of town. **~sanierung** *f* urban renewal.
Altstimme *f* ♪ alto (voice).
Altwarenhändler *m* junk dealer.
Altweibersommer *m* Indian summer.
Alufolie *f* alumin(i)um foil.
Aluminium *n* aluminium, *Am.* aluminum.
Alzheimerkrankheit *f* Alzheimer's disease.
AM ***Amplitudenmodulation*** (*Frequenzbereich der Kurz-, Mittel- u. Langwellen*) amplitude modulation (AM).
a.M. ***am Main*** on the Main.
am., amer(ik). ***amerikanisch*** American (Am.).
am (*aus*: ***an dem***) *prep* **1.** at the, on the, *zeitlich*: *a.* in the: ***~ Fenster*** at the window; ***~ Ufer*** on the shore; ***~ 1. Mai*** (on) May 1st, (on) the first of May; ***~ Anfang*** at the beginning; ***~ Himmel*** in the sky; ***~ Leben*** alive; ***~ Morgen*** in the morning; ***~ Wege*** by the wayside. **2.** *vor sup* ***er war ~ tapfersten*** he was (the) bravest; ***~ besten*** best.
Amalgam *n* ⚗ amalgam.
amalgamieren *v/t a. fig.* amalgamate.
Amateur(in) amateur.
Ambiente *n* ambience.
Ambition *f* ambition.
ambivalent *adj* ambivalent.
Amboss *m* anvil.
ambulant *adj* **1.** ⚕ ambulant, (*a.* ***~ behandelter Patient***) outpatient: *adv* ***~ behandelt werden*** receive outpatient treatment. **2.** *econ. Gewerbe etc*: itinerant.
Ambulanz *f* (*Krankenwagen*) ambulance, (*Klinik*) outpatients' department, (*Unfallstation*) casualty ward, *e-s Betriebes*: first-aid room.
Ameise *f* ant.
Ameisen|bär *m* anteater. **~haufen** *m* anthill. **~säure** *f* formic acid. **~staat** *m* colony of ants.

amen *int* amen: *fig.* ***zu allem Ja und Amen sagen*** agree (meekly) to everything.
Amerika *n* America.
Amerikaner(in), amerikanisch *adj* American.
amerikanisieren *v/t* Americanize.
Amerikanismus *m allg.* Americanism.
Amethyst *m* amethyst.
Ami *m* F Yank.
Aminosäure *f* ⚗ amino acid.
Amman *n capital of Jordan.*
Amme *f* (wet) nurse. **Ammenmärchen** *n contp.* old wives' tale.
Ammer *f zo.* bunting.
Ammoniak *n* ⚗ ammonia.
Amnesie *f* ⚕ amnesia.
Amnestie *f*, **amnestieren** *v/t* ⚖ amnesty.
Amöbe *f biol.* am(o)eba.
Amok: ~ ***laufen*** (***fahren***) run (drive) amok. **~fahrt** *f* mad drive. **~läufer(in)** person running amok.
Amor *m* Cupid.
Amortisation *f* amortization, *e-r Anleihe*: redemption.
amortisieren I *v/t* amortize. **II** *v/refl* ***sich*** ~ pay for itself.
Ampel *f* **1.** hanging lamp. **2.** (*Verkehrsampel*) traffic light(s *pl*).
Amperemeter *n* ⚡ ammeter.
Amperestunde *f* ⚡ ampere-hour.
Amphibien... amphibian (*tank etc*).
Amphitheater *n* amphitheat/re (*Am.* -er).
Ampulle *f pharm.* ampoule.
Amputation *f* ⚕ amputation.
amputieren *v/t* ⚕ amputate.
Amputierte *m, f* ⚕ amputee.
Amsel *f zo.* blackbird.
Amsterdam *n capital of Holland.*
Amt *n* **1.** (*Posten*) post, office, (*Pflicht*) (official) duty, function, (*Aufgabe*) task: ***von ~s wegen*** ex officio, officially; → ***antreten*** 1, ***bekleiden*** 2, ***entheben*** *etc.* **2.** (*Dienststelle*) office, agency, department. **3.** *teleph.* exchange.
amtieren *v/i* hold office: ~ ***als*** act (*od.* officiate) as. **amtierend** *adj* a) acting *mayor etc*, b) reigning *champion etc.*
amtlich *adj* official.
Amts|antritt *m* ***bei s-m*** *etc* ~ upon his *etc* assuming office. **~arzt** *m*, **~ärztin** *f* public-health officer. **~bereich** *m* competence. **~blatt** *n* official gazette. **~deutsch** *n* officialese. **~eid** *m* ***den ~ ablegen*** take the oath of office, be sworn in. **~enthebung** *f* removal from office, dismissal. **~führung** *f* administration (of [an] office). **~geheimnis** *n* official secret, (*Schweigepflicht*) official secrecy. **~gericht** *n lower district court.* **~geschäfte** *pl* official duties *pl.* **~gewalt** *f* (official) authority. **~handlung** *f* official act. **~leitung** *f teleph.* exchange line. **~missbrauch** *m* abuse of (official) authority.
amtsmüde *adj* weary of one's office.
Amts|periode *f* term (of office). **~schimmel** *m humor.* red tape. **~stunden** *pl* office hours *pl.* **~träger(in)** office holder. **~vorgänger(in)** predecessor (in office). **~vormund** *m* public guardian. **~vorsteher(in)** head official. **~weg** *m* official channels *pl.*: ***den ~ gehen*** go through the official channels. **~zeichen** *n teleph.* dial(ling) tone. **~zeit** *f* term (of office).
Amulett *n* charm.
amüsant *adj* amusing.
amüsieren I *v/t* amuse, entertain. **II** *v/reflex* ***sich*** ~ a) amuse o.s., have a good time, b) (***über*** *acc*) laugh (at), make fun (of).
Amüsierviertel *n* nightclub district.
an I *prep* (*dat*) **1.** *zeitlich*: on: ~ ***e-m kalten Tag*** on a cold day. **2.** *örtlich*: on, at, (*nahe*) by, near, (*neben*) next to: ~ ***der Themse*** on the Thames; ~ ***der Wand*** on the wall; ~ ***der Kreuzung*** at the crossing; ***alles ist ~ s-m Platz*** everything is in its place; ***Tür ~ Tür wohnen*** live door to door; *fig.* ***Kopf ~ Kopf*** neck and neck; ***er hat so et. ~ sich*** there is s.th. about him; ***es ist ~ ihm zu reden*** it is up to him to speak; ~ ***s-r Stelle*** in his place. **3.** (*bei*) by: ***j-n ~ der Hand führen*** lead s.o. by the hand; ***j-n ~ der Stimme erkennen*** recognize s.o. from (*od.* by) his voice. **4.** ~ (***und für***) ***sich*** in itself, as such. **II** *prep* (*acc*) **5.** (*bestimmt für*) to, for: ***ein Brief ~ mich*** a letter for me. **6.** (*gegen*) at, *stärker*: against: ~ ***die Tür klopfen*** knock at the door. **III** *adv* **7.** ***von ...*** ~ from ... (on *od.* onward); ***von heute*** ~ from today (on); ***von nun*** ~ from now on, henceforth. **8.** F ~ - ***aus*** on - off; ***das Licht ist*** ~ the light is on; ***er hatte noch s-n Mantel*** ~ he still had his coat on. **9.** F ~ ***die 100 Mark kosten*** cost about 100 marks.
Anabolikum *n* ⚕ anabolic steroid.
Anachronismus *m* anachronism.
anal *adj* ⚕, *psych.* anal.
Analgetikum *n* ⚕ analgesic.
analog *adj* analogous (***zu*** to).
Analog|rechner *m* analogue computer. **~technik** *f* analogue technology.
Analphabet(in) illiterate (person).
Analphabetentum *n* illiteracy.
Analverkehr *m* anal intercourse.
Analyse *f* analysis. **analysieren** *v/t* analy/se (*Am.* -ze). **Analysis** *f* analysis. **Analytiker(in)** *psych.* analyst. **analytisch** *adj* analytic(al).
Anämie *f* ⚕ an(a)emia.
Ananas *f* ⚘ pineapple.

Anarchie *f* anarchy. **Anarchismus** *m* anarchism. **Anarchist(in)** anarchist. **anarchistisch** *adj* anarchic(al).
Anästhesie *f* ⚕ an(a)esthesia.
Anästhesist(in) ⚕ an(a)esthetist.
Anatomie *f* **1.** anatomy. **2.** institute of anatomy. **~saal** *m* dissecting room.
anatomisch *adj* anatomical.
anbahnen I *v/t* pave the way for, (*Gespräch etc*) open, begin. **II** *v/reflex* ***sich* ~** be developing.
anbändeln *v/i* F ***mit j-m* ~** a) make up to s.o., b) → ***anlegen*** 14.
Anbau *m* **1.** ⚒ cultivation. **2.** ⚠ annex, extension.
anbauen *v/t* **1.** ⚒ cultivate, grow. **2.** (***an*** *acc* to) build, add.
Anbau|fläche *f* ⚒ a) arable land, b) area under cultivation. **~küche** *f* unit kitchen. **~möbel** *pl* sectional (*od.* unit) furniture *sg*. **~schrank** *m* cupboard unit. **~wand** *f* wall unit.
anbehalten *v/t* (*Kleid etc*) keep on.
anbei *adv econ.* **~ *erhalten Sie*** enclosed please find; **~ *schicke ich*** I am enclosing.
anbeißen I *v/t* bite into. **II** *v/i Fisch*: bite, *a. fig.* take the bait.
anbellen *v/t a. fig.* bark at.
anberaumen *v/t* fix, appoint.
anbeten *v/t a. fig.* worship, adore.
Anbeter(in) worship(p)er, (*Verehrer*) admirer.
Anbetracht: ***in* ~** (*gen*) considering, in view of.
anbetteln *v/t* ***j-n* ~** beg s.o. (***um*** for).
Anbetung *f* worship, adoration.
anbiedern *v/reflex* ***sich* ~** *contp.* ingratiate o.s. (***bei*** with).
anbieten I *v/t* offer. **II** *v/reflex* ***sich* ~** *Person*: offer one's services, *Gelegenheit*: present itself.
Anbieter(in) *econ.* (potential) seller.
anbinden *v/t* (***an*** *dat od. acc* to) tie (up), bind, (*Boot*) moor, (*Tier*) *a.* tether, *fig. verkehrsmäßig, politisch etc*: link: → ***angebunden.***
Anblick *m* (***beim ersten* ~** at first) sight.
anblicken *v/t* look at, *flüchtig*: glance at: ***j-n finster* ~** scowl at s.o.
anblinken *v/t* flash one's headlights at.
anbraten *v/t gastr.* roast briefly.
anbrechen I *v/t* (*Vorräte etc*) break into, (*Dose, Packung etc*) start (on), (*Flasche*) *a.* open. **II** *v/i* begin, *Tag, fig. neue Zeit*: dawn, *Nacht*: fall.
anbrennen *v/i* (*a.* **~ *lassen***) burn: F ***er lässt nichts* ~** he doesn't miss a trick.
anbringen *v/t* **1.** (*Schild, Vorhang etc*) put up, (***an*** *dat* to) fix, fasten. **2.** F bring (along). **3.** (*Bitte etc, a. Verbesserungen*) make, (*Gründe*) give, (*Bemerkung etc*) get in, (*Wissen*) display, (*Schlag*) land: ***Kritik* ~** criticize; → ***angebracht.***
Anbruch *m* beginning, dawn.
anbrüllen *v/t* ***j-n* ~** bawl at s.o.
Andacht *f eccl.* a) devotion, b) (*Gebet*) prayers *pl*, c) (short) service.
andächtig *adj* **1.** devout, pious. **2.** *fig.* rapt, attentive, *Stille etc*: solemn: *adv* **~ *zuhören*** listen with rapt attention.
andauern *v/i* last, continue, go on, *hartnäckig*: persist.
andauernd I *adj* constant, continual, (*ständig*) incessant, (*hartnäckig*) persistent. **II** *adv* constantly *etc*: ***et.* ~ *tun*** keep doing s.th.
Anden *pl* the Andes *pl* (*mountain range in South America*).
Andenken *n* **1.** (***zum* ~** in) memory (***an*** *acc* of). **2.** (*Geschenk*) keepsake, (*Reiseandenken*) souvenir (***an*** *acc* of).
ander I *adj* **1.** *allg.* other, (*weitere*) *a.* further, (*nächste*) *a.* next, (*zweite*) *a.* second, (*übrig*) *a.* the rest of, (*verschieden*) *a.* different: ***ein* ~*es Buch*** another book; ***die* ~*en*** (*übrigen*) ***Bücher*** the rest of the books; ***am* ~*en Tag*** (on) the next day; ***ein* ~*es Hemd anziehen*** put on a new shirt; ***das* ~*e Geschlecht*** the opposite sex; ***er ist ein ganz* ~*er Mensch*** he is a changed man; → ***Ansicht*** 1. **II** *indef pron* **2. *ein* ~*er, e-e* ~*e*** someone else; ***die* ~*en*** the others; ***der eine oder* ~*e*** someone or other; ***kein* ~*er als*** no one else (*od.* none) but, (*kein Geringerer als*) no less than. **3. ~*es, andres*** other things *pl*; ***alles* ~*e*** everything else; ***alles* ~*e als*** anything but, far from; ***unter* ~*em*** among other things; ***eins nach dem* ~*en*** one thing after the other; ***das ist et. ganz* ~*es*** that's a different thing altogether.
anderenfalls *adv* otherwise.
andererseits *adv* on the other hand.
andermal *adv* ***ein* ~** some other time.
ändern I *v/t* change, (*a. Kleidungsstück*) alter, (*variieren*) vary: ***sein Testament* ~** alter one's will; ***es lässt sich nicht* ~** it can't be helped; ***ich kann es nicht* ~** I cannot help it; ***das ändert nichts an der Tatsache, dass ...*** that doesn't alter the fact that ... **II** *v/reflex* ***sich* ~** alter, change: ***die Zeiten* ~ *sich*** times are changing; ***das Wetter ändert sich*** there will be a change in the weather.
anders *adv* **1.** differently (***als*** from): **~ *werden*** change; **~ *als s-e Freunde*** unlike his friends; **~ *gesagt*** in other words; **~ *denkend*** thinking differently, *pol. a.* dissident. **2.** *bei pron*: else: ***jemand* ~** somebody (*od.* anybody) else; ***niemand* ~ *als er*** nobody but he; ***wer* ~?** who else?

andersartig *adj* different.
andersgläubig *adj* of a different faith, heterodox.
andersherum I *adv* the other way round. **II** *adj* F (*homosexuell*) queer.
anderswo *adv*, **anderswohin** *adv* elsewhere, somewhere else.
anderthalb *adj* one and a half: ~ ***Pfund*** a pound and a half.
Änderung *f* change, *a. von Kleidung*: alteration, (*Abänderung*) modification.
Änderungsantrag *m pol.* amendment.
anderweitig I *adj* **1.** other, further. **II** *adv* **2.** otherwise: ***wir haben die Stellung ~ vergeben*** we have given the job to s.o. else. **3.** elsewhere.
andeuten I *v/t* **1.** hint at, suggest, intimate, (*kurz erwähnen*) mention *s.th.* briefly, indicate. **2.** *Kunst u. fig.* outline. **II** *v/reflex* ***sich ~*** **3.** *Veränderung etc*: be in the offing.
Andeutung *f* hint, suggestion (*beide a. fig. Spur*), *versteckte*: insinuation. **andeutungsweise** *adv* ~ ***zu verstehen geben*** → ***andeuten*** 1.
Andorra *n* Andorra.
Andrang *m* crush, press, (*Ansturm*) rush, *econ. run* (**auf** *acc* on).
andrehen *v/t* **1.** (*Gas etc*) turn on, (*Licht etc*) *a.* switch on. **2.** F *fig.* ***j-m et.*** ~ fob s.th. off on s.o.
androhen *v/t* ***j-m et.*** ~ threaten s.o. with s.th.
Androhung *f* threat: ⚖ ***unter ~ von*** (*od. gen*) under penalty of.
Androide *m* android.
anecken *v/i* F give offen/ce (*Am.* -se) (**bei** to).
aneignen *v/t* ***sich*** ~ **1.** appropriate *s.th.* to o.s., take possession of, *widerrechtlich*: misappropriate, usurp. **2.** (*Kenntnisse etc*) acquire, (*Meinung etc*) adopt.
Aneignung *f* **1.** appropriation. **2.** acquisition.
aneinander *adv* (to, of, *etc*) each other: ~ ***denken*** think of each other; ~ ***geraten mit*** with) clash, (*handgemein werden*) come to blows; ~ ***grenzen*** border on each other; ~ ***reihen*** line up, *fig.* string *words etc* together.
Anekdote *f* anecdote.
anekeln *v/t* disgust, sicken: ***es ekelt mich an*** it makes me sick.
Anemone *f* ⚘ anemone.
anerkannt *adj* recognized, (*allgemein* ~) accepted, *Tatsache*: established.
anerkennen *v/t* acknowledge, recognize, (*Ansprüche etc*) admit, (*lobend* ~) appreciate, (*billigen*) approve, (*Wechsel*) hono(u)r: *ein Tor* (**nicht**) ~ (dis)allow; ***~de Worte*** appreciative words.
anerkennenswert *adj* commendable.
Anerkennung *f* acknowledgement, recognition (*a. pol.*), (*lobende* ~) appreciation, (*Billigung*) approval, *econ. e-s Wechsels*: acceptance: ***in ~*** (*gen*) in recognition of; ~ ***verdienen*** deserve credit.
anerziehen *v/t* ***j-m et.*** ~ instil(l) s.th. into s.o. **anerzogen** *adj* acquired.
anfachen *v/t* fan, *fig.* kindle, stir up.
anfahren I *v/i* **1.** start (up). **II** *v/t* **2.** (*Güter etc*) deliver, F (*Getränke etc*) bring on. **3.** (*rammen*) run into, (*a. Person*) hit, *mot.* collide with. **4.** (*ansteuern*) stop (⚓ call) at. **5.** *tech.* start. **6.** F ***j-n*** ~ snap at s.o.
Anfahrt *f* **1.** journey, ride. **2.** (*Zufahrt*) approach, *vor e-m Haus*: drive.
Anfall *m* **1.** ⚕ attack, fit (*a. fig.*), *leichter*: touch: *humor.* ***in e-m ~ von Großzügigkeit*** in a fit (*od.* burst) of generosity. **2.** *econ.*, ⚖ *accrual* (*of a dividend etc*).
anfallen I *v/t* attack. **II** *v/i* (*sich ergeben*) result, *Arbeit etc*: come up, *Kosten etc*: arise, *Gewinn etc*: accrue.
anfällig *adj* ~ ***für*** *a. fig.* susceptible (*od.* prone) to. **Anfälligkeit** *f* proneness (**für** to), *weitS.* delicacy.
Anfang *m* beginning, start: ***am ~, im ~, zu ~*** → ***anfangs***; ***von ~ an*** (right) from the beginning (*od.* start); ~ ***Mai*** early in May; ***den ~ machen*** begin, lead off; ***ein ~ ist gemacht*** a start has been made; ***in den Anfängen stecken*** be in its infancy.
anfangen I *v/t* begin, start, (*machen*) do: ***ein neues Leben*** ~ turn over a new leaf; ***was soll ich bloß ~?*** what on earth am I to do?; ***er hat wieder angefangen zu rudern*** he has taken up rowing again; ***et. schlau*** ~ set about s.th. cleverly; ***mit ihm ist nichts anzufangen*** he's hopeless. **II** *v/i* begin, start: ***mit der Arbeit*** ~ begin (*od.* start) (to) work; ***bei e-r Firma*** ~ start work(ing) with a firm; ***immer wieder von et.*** ~ keep harping on s.th.; ***ich weiß nichts damit anzufangen*** I don't know what to do with (*fig.* make of) it; ***das fängt ja gut an!*** that's a fine start; ***du hast angefangen!*** you started it!; ***fängst du schon wieder an?*** are you at it again?
Anfänger(in) beginner.
Anfängerkurs(us) *m* beginners' course.
anfänglich I *adj* initial, (*ursprünglich*) original. **II** *adv* → **anfangs** *adv* at first, at (*od.* in) the beginning.
Anfangs|buchstabe *m* initial letter: ***großer*** (***kleiner***) ~ capital (small) letter. **~gehalt** *n* starting (*od.* initial) salary. **~gründe** *pl* rudiments *pl.* **~kapital** *n* opening capital. **~stadium** *n* initial stage. **~zeit** *f* starting time.
anfassen I *v/t* **1.** seize, grab (**an** *dat* by),

(*berühren*) touch: ***j-n*** ~ take s.o. by the hand; *fig. Politiker etc* ***zum Anfassen*** ... of the people, popular. **2.** *fig.* (*behandeln*) treat, handle, (*Problem etc*) tackle. **II** *v/i* **3.** (***mit***) ~ lend a hand, help.
anfauchen *v/t Katze*: spit at: *fig.* ***j-n*** ~ snap at s.o.
anfechtbar *adj a.* ⚖ contestable.
anfechten *v/t* contest (*a.* ⚖), (*Urteil*) appeal from. **Anfechtung** *f* **1.** contesting, *e-s Urteils*: appeal (*gen* from). **2.** (*Versuchung*) temptation.
anfeinden *v/t* be hostile to: ***angefeindet werden*** meet with hostility.
Anfeindung *f* hostility (*gen* to).
anfertigen *v/t allg.* make, *econ., tech. a.* manufacture, *pharm.* prepare, (*Übersetzung, Zeichnung etc*) do: ***ein Gutachten*** ~ deliver an expert opinion (***über*** *acc* on).
Anfertigung *f* making *etc*, manufacture.
anfeuchten *v/t* moisten.
Anfeuchter *m* sponge damper.
anfeuern *v/t fig.* encourage, *durch Zurufe*: cheer (on), *Am.* F root for.
anflehen *v/t* implore.
anfliegen I *v/t planmäßig*: fly to, *weitS.* land at. **II** *v/i* approach: ***angeflogen kommen*** come flying (along).
Anflug *m* **1.** ✈ approach: ***im*** ~ ***sein auf*** (*acc*) be approaching. **2.** *fig.* (*Spur*) touch, trace, hint.
Anflugschneise *f* ✈ approach lane.
anfordern *v/t* ask for, demand, request.
Anforderung *f* demand, request (*beide*: *gen* for), (*Leistungsanforderung*) demands *pl*, standard: ***auf*** ~ on request; ***allen*** ~***en genügen*** meet all requirements, *Am.* fill the bill; ***den*** ~***en nicht genügen*** not to be up to standard; ***hohe*** ~***en stellen*** make high demands (***an*** *acc* on), *Aufgabe etc*: *a.* be very exacting.
Anforderungsprofil *n* job profile.
Anfrage *f* inquiry, *a. parl.* question.
anfragen *v/i* inquire (***bei j-m wegen et.*** of s.o. about s.th.).
anfreunden *v/reflex* ***sich*** ~ become friends; ***sich mit j-m*** ~ make friends with s.o.; ***sich mit e-m Gedanken*** *etc* ~ get to like the idea *etc.*
anfügen *v/t* **1.** add. **2.** (*beilegen*) enclose (*dat* with). **3.** *tech.* join, attach.
anfühlen *v/t* (*a.* ***sich*** ~) feel.
anführen *v/t* **1.** lead, (*Tabelle etc*) *a.* be at the head of, *mil.* command. **2.** (*erwähnen*) state, mention, *einzeln*: specify, (*Gründe, Fakten etc*) give, (*Zeugen, Beweise etc*) produce, (*Beispiel, Buch etc*) quote: ***zur Entschuldigung*** ~ plead (as an excuse). **3.** F ***j-n*** ~ dupe s.o., fool s.o.
Anführer(in) leader.
Anführungs|striche, ~**zeichen** *pl* quotation marks *pl*, inverted commas *pl.*
Angabe *f* **1.** statement, declaration, *genaue*: specification, (*von Preis*) quotation: ~***n*** *pl* information *sg*; ***nähere*** ~***n machen*** give (further) details; ~***n zur Person*** personal data; ***ohne*** ~ ***von Gründen*** without giving reasons. **2.** F showing-off. **3.** *Tennis etc*: service.
angaffen *v/t* F gawk at, gape at.
angeben I *v/t* **1.** give, state, *genau*: specify, (*Wert etc*) declare, (*Preise etc*) quote, (*Termin etc*) fix, (*Zeugen etc*) name, (*Richtung etc*) indicate, (*Tempo etc*) set: ***zu niedrig*** ~ understate. **II** *v/i* **2.** F (***mit***) show off ([with] *s.o., s.th.*), brag (about, of). **3.** *Kartenspiel*: deal first. **4.** *Tennis etc*: serve.
Angeber(in) F show-off.
Angeberei *f* F showing-off.
angeberisch *adj* F bragging, (*protzig*) showy.
angeblich I *adj* alleged, *contp.* would-be. **II** *adv* allegedly: ~ ***ist er reich*** he is said to be rich.
angeboren *adj* innate, inborn (*beide*: *dat* in), ⚕ congenital, hereditary.
Angebot *n* offer, *Auktion*: bid, (*Waren*) supply, (*Ausschreibung*) tender, *Am.* bid: ~ ***und Nachfrage*** supply and demand.
Angebots|brief *m* offer. ~**struktur** *f* supply structure.
angebracht *adj* (*ratsam*) advisable, (*angemessen*) appropriate, proper: ***nicht*** ~ → ***unangebracht; es für*** ~ ***halten zu*** *inf* see fit to *inf.*
angebunden *adj fig.* ***kurz*** ~ curt, short, brusque.
angegossen *adj* F ***wie*** ~ ***passen*** (*od.* ***sitzen***) fit like a glove.
angegriffen *adj* exhausted, *Gesundheit etc*: impaired, *Organ, Nerven*: affected: ~ ***aussehen*** look worn out.
angehaucht *adj* F *fig.* ***er ist kommunistisch*** (***künstlerisch***) ~ he has Communist leanings (an artistic bent).
angeheiratet *adj* (related) by marriage: ~***er Vetter*** cousin by marriage.
angeheitert *adj* (a bit) tipsy, merry.
angehen I *v/i* **1.** F begin, start, *Licht etc*: go on, *Feuer etc*: (begin to) burn. **2.** *Pflanze etc*: take root. **3.** ~ ***gegen*** fight against. **II** *v/t* **4.** (*Gegner etc, a. Sport*) attack, (*a. fig. Problem etc*) tackle. **5.** *fig.* (*betreffen*) concern: ***das geht dich nichts an!*** that's none of your business!; ***was geht mich das an?*** what's that got to do with me? **6.** F ***j-n um et.*** ~ ask s.o. for s.th. **III** *v/impers* **7.** ***es geht an*** it's passable; ***es kann nicht*** ~, ***dass ...*** it can't be true that ...

angehend *adj* future, *Künstler etc*: budding: **~er Vater** father to be.
angehören *v/i* (*dat*) belong (to) (*a. fig.*), *e-m Verein etc*: *a.* be a member (of): *fig.* **das gehört der Vergangenheit an** that's a thing of the past.
Angehörige *m, f* **1.** (*in Familie*) relative, *abhängig*: dependant: **m-e ~n** my family; **die nächsten ~n benachrichtigen** notify the next of kin. **2.** (*Mitglied*) member.
Angeklagte *m, f* ⚖ defendant.
angeknackst *adj* F *fig.* → **angeschlagen** 3.
Angel[1] *f* (*von Tür*) hinge: *a. fig.* **aus den ~n heben** unhinge; **zwischen Tür und ~** a) in passing, b) in a hurry.
Angel[2] *f* fishing rod.
Angelegenheit *f* affair, matter: **das ist m-e ~** that's my business; **kümmere dich um d-e ~en!** mind your own business!
angelehnt *adj Tür etc*: ajar.
angelernt *adj Arbeiter*: semiskilled.
Angelgerät *n* fishing tackle.
Angelhaken *m* fish(ing) hook.
angeln I *v/i* (**nach** for) fish, angle. **II** *v/t* (*a.* F *fig.* **sich ~**) catch, hook.
Angelpunkt *m fig.* pivot, central issue.
Angelrute *f* fishing rod.
Angelsachse *m*, **Angelsächsin** *f*, **angelsächsisch** *adj* Anglo-Saxon.
Angelschein *m* fishing permit.
Angelschnur *f* fishing line.
angemessen *adj* suitable, appropriate, adequate (*alle*: *dat* to), *Preis etc*: reasonable, fair, *Strafe*: just.
angenehm *adj* (*dat* to) pleasant, agreeable: → **verbinden** 2.
angenommen I *adj Kind etc*: adopted, *Name*: *a.* assumed. **II** *conj* suppose, supposing.
angepasst *adj psych.* adjusted.
Angepasstheit *f* adjustment.
angeregt I *adj* animated, lively. **II** *adv* animatedly: **sich ~ unterhalten** *a.* have a lively conversation.
angereichert *adj* ⚗ enriched.
angeschlagen *adj* **1.** *Geschirr etc*: chipped. **2.** *Boxer*: groggy. **3.** *fig. seelisch*: shaken, *Gesundheit etc*: shaky.
angeschlossen *adj Sender etc*: connected, linked-up.
angeschmutzt *adj* soiled.
angesehen *adj* respected, *Firma etc*: reputable, *Person*: distinguished.
Angesicht *n* face: **von ~** by sight; **von ~ zu ~** face to face; **im ~** (*gen*) → **angesichts** 2.
angesichts *prep* (*gen*) **1.** at the sight of. **2.** *fig.* in view of.
angespannt *adj Nerven etc*: strained, *a. Lage etc*: tense, *Person*: tense(d up), *Aufmerksamkeit*: close: *adv* **~ zuhören** listen intently.
angestellt *adj*: **~ sein bei** work for, be employed by (*od.* with)
Angestellte *m, f* (salaried) employee, *a.* white-collar worker; *econ.* **die ~n** *a.* the staff.
Angestellten|gewerkschaft *f* white-collar union. **~verhältnis** *n* **im ~ stehen** be employed, be in salaried employment. **~versicherung** *f* employees' insurance.
angestrengt *adj* strained, *Aufmerksamkeit etc*: close: *adv* **~ nachdenken** think hard.
angetan *adj* **~ sein von** be taken with; → **antun** 2.
angetrunken *adj* slightly drunk.
angewandt *adj Künste etc*: applied.
angewiesen *adj* **~ sein auf** (*acc*) depend on.
angewöhnen *v/t* **j-m et. ~** get s.o. used to s.th.; **sich** *et.* **~** get into the habit of, take to *smoking etc.*
Angewohnheit *f* (**aus ~** from) habit.
angewurzelt *adj* **wie ~ dastehen** stand rooted to the spot.
Angina *f* ⚕ tonsillitis.
angleichen *v/t* (*a.* **sich ~**) (*dat*, **an** *acc* to) adapt, adjust. **Angleichung** *f* (**an** *acc* to) adaptation, adjustment.
Angler(in) angler.
angliedern *v/t* (**an** *acc* to) affiliate, *pol.* (*Gebiet etc*) annex. **Angliederung** *f* affiliation, *pol.* annexation.
Anglikaner(in), anglikanisch *adj* Anglican.
Anglist(in) professor (*od.* student) of English. **Anglistik** *f* English language and literature, *Am.* English philology.
Anglizismus *m* Anglicism.
Anglo... Anglo-...
anglotzen *v/t* F stare at, gape at.
Angola *n* Angola.
Angorawolle *f* angora wool.
angreifbar *adj* open to attack, *fig. a.* vulnerable. **angreifen I** *v/t* **1.** attack (*a. Sport u. fig.*), ⚗ corrode: ⚖ (**tätlich**) **~** assault. **2.** (*schwächen*) weaken, (*Augen etc*) affect, (*Nerven*) strain: → **angegriffen. 3.** (*Vorräte etc*) break into. **4.** *fig.* tackle. **II** *v/i* **5.** attack.
Angreifer(in) attacker (*a. Sport u. fig.*), *pol.* aggressor.
angrenzen *v/i* **~ an** (*acc*) border on.
angrenzend *adj* adjacent, adjoining, *fig. Gebiet etc*: related.
Angriff *m* attack (*a. Sport u. fig.*): ⚖ (**tätlicher**) **~** assault (and battery); **zum ~ übergehen** take the offensive, *Sport*: begin to attack; *fig.* **et. in ~ nehmen** tackle s.th.
Angriffs|fläche *f fig.* point of attack: **j-m e-e ~ bieten** give s.o. a handle. **~krieg** *m* war of aggression.
angriffslustig *adj* aggressive.

Angriffs|spiel *n Sport*: attacking play. **~waffe** *f* offensive weapon.
angrinsen *v/t* grin at.
Angst *f* fear, *große*: dread, terror (*alle*: ***vor*** *dat* of), (*Unruhe, a. psych.*) anxiety (***um*** about): (***nur***) ***k-e ~!*** don't be afraid!; ***aus ~ lügen*** lie out of fear; ***aus ~, bestraft zu werden*** for fear of being punished; ***~ haben*** be afraid (***vor*** *dat* of); ***um j-n ~ haben*** be worried about s.o.; ***j-n in ~*** (***und Schrecken***) ***versetzen*** frighten s.o. (to death); F ***es mit der ~*** (***zu tun***) ***bekommen*** get the wind up; ***mir ist angst und bange*** I'm scared stiff.
Angstgegner *m Sport*: bogy team.
Angsthase *m* scaredy-cat.
ängstigen *v/t* alarm, frighten, (*besorgt machen*) worry: ***sich ~*** be afraid (***vor*** *dat* of), (*sich sorgen*) be worried (***um*** about).
Angstkäufe *pl econ.* panic buying *sg*.
ängstlich *adj* timid, nervous, (*besorgt*) anxious: *adv* ***~ gehütet*** jealously guarded; ***~ bemüht zu*** *inf* anxious to *inf*.
Ängstlichkeit *f* nervousness, timidity, anxiety.
Angst|neurose *f* anxiety neurosis. **~schrei** *m* cry of fear. **~schweiß** *m* cold sweat.
angstvoll *adj* anxious, fearful.
Angstzustand *m* (state of) anxiety: F ***Angstzustände kriegen*** get hysterical with fear.
angucken *v/t* F look at.
anhaben *v/t* **1.** F (*Kleidung*) wear, (*a. Licht etc*) have on. **2.** ***j-m nichts ~ können*** be unable to get at s.o.
anhaften *v/i* **1.** (*dat* to) stick, cling. **2.** *fig. Mängel etc*: be inherent (*dat* in).
anhalten I *v/t* **1.** *allg.* stop, (*Pferd, Auto etc*) *a.* pull up: ***den Atem ~*** hold one's breath; ***mit angehaltenem Atem*** with bated breath. **2.** ***j-n zu*** *Fleiß etc* ***~*** urge s.o. to be *diligent etc.* **II** *v/i* **3.** stop, pull up. **4.** (*andauern*) last, continue, go on, *Wetter*: hold.
anhaltend *adj* constant, *Regen etc*: persistent, *Bemühungen etc*: sustained.
Anhalter(in) F hitchhiker: ***per Anhalter fahren*** hitchhike.
Anhaltspunkt *m* clue: ***k-e ~e haben*** have nothing to go by.
Anhang *m* **1.** *e-s Buches etc*: appendix, (*Ergänzung*) supplement, (*Nachtrag*) annex. **2.** (*Angehörige*) dependants *pl*, family *sg*, (*Gefolgschaft*) followers *pl*.
anhängen I *v/t* **1.** hang up, (***an*** *acc* to) *mot.*, 🚂 couple, *fig.* (*anfügen*) add. **2.** F ***j-m et. ~*** → ***andrehen*** 2; ***j-m e-n Mord*** *etc* ***~*** pin a murder *etc* on s.o. **II** *v/i* **3.** *e-r Mode, Sekte etc*: follow, *e-r Idee*: believe in: *fig.* ***j-m ~*** *Ruf etc*: cling to s.o. **III** *v/reflex* **4.** ***sich ~*** (***an*** *acc* to) hold on, cling; F *fig.* ***sich ~ an*** (*acc*) *beim Fahren, Laufen etc*: follow.
Anhänger *m* **1.** (*Schmuck*) pendant. **2.** *mot.* trailer. **3.** (*an Koffer etc*) tag, label.
Anhänger(in) follower, supporter, (*Jünger*) disciple, *Sport etc*: fan.
Anhängerkupplung *f* trailer coupling.
Anhängerschaft *f* followers *pl*, following, *Sport etc*: fans *pl*.
anhängig *adj Prozess etc*: pending: ***e-e Klage ~ machen*** institute legal proceedings.
anhänglich *adj* (*treu*) devoted, (*zärtlich*) affectionate.
Anhängsel *n* appendage (*a.* F *Person*).
anhauchen *v/t* → ***angehaucht.***
anhauen *v/t* F → ***angehen*** 6.
anhäufen *v/t* (*a.* ***sich ~***) accumulate, pile up.
Anhäufung *f* accumulation.
anheben *v/t* lift (up), *a. fig.* (*Löhne etc*) raise.
anheften *v/t* (***an*** *acc* to) fasten, (*annähen*) tack, baste, *mit Nadeln etc*: pin.
anheim *adv* ***es j-m ~ stellen*** leave it to s.o.('s discretion).
anheimelnd *adj* hom(e)y, (*gemütlich*) cosy, (*vertraut*) familiar.
anheizen *v/t* (*Kessel*) fire, F *fig.* fuel, (*Konjunktur etc*) heat up: ***die Stimmung ~*** whip up emotions.
anheuern *v/t* (*a.* ***sich ~ lassen***) sign on.
Anhieb *m* F ***auf ~*** at the first go, (*sofort*) right off, *sagen können*: *a.* off the cuff.
anhimmeln *v/t* F idolize, adore.
Anhöhe *f* rise, hill, elevation.
anhören I *v/t* (*Vortrag etc*) listen to (*a.* ***sich ~***), (*Zeugen etc*) hear: ***mit ~*** overhear; ***j-n bis zu Ende ~*** hear s.o. out; ***das hört man ihm an!*** you can tell by the way he talks! **II** *v/reflex* ***sich ~*** F ***das hört sich gut an!*** that sounds good!
Anhörung *f* ⚖, *parl.* hearing.
Anilinfarbe *f* anilin(e) dye.
animalisch *adj* animal, *b.s.* brutish.
Animateur(in) activity leader.
Animierdame *f* hostess. **animieren** *v/t* (*j-n*) encourage, *a. Film*: animate.
Animosität *f* animosity.
Anis *m* ♣ anise, (*Gewürz*) aniseed.
Ank. ***Ankunft*** arrival (arr.).
ankämpfen *v/i* ***~ gegen*** fight against.
Ankara *n capital of Turkey.*
Ankauf *m* buying, purchase.
ankaufen *v/t* buy, purchase.
Anker *m* **1.** ⚓ anchor (*a. tech.*): ***vor ~ gehen*** drop anchor; ***den ~ lichten*** weigh anchor; ***vor ~ liegen*** ride at anchor. **2.** ⚡ armature. **~kette** *f* cable.
ankern *v/i* a) (cast) anchor, b) ride at anchor.
Anker|platz *m* anchorage. **~tau** *n* cable. **~winde** *f* windlass.

anketten *v/t* chain (**an** *acc* to).
Anklage *f* accusation, charge, ⚖ *a.* indictment (***wegen*** for): ~ ***erheben*** bring (*od.* prefer) a charge (***wegen*** of); ***unter ~ stehen*** (***wegen***) a) be accused (of), b) be on trial (for).
Anklagebank *f* (***auf der ~*** in the) dock.
anklagen *v/t* (*gen od.* **wegen**) accuse (of), charge (with).
anklagend *adj* accusing.
Ankläger(in) ⚖ accuser: ***öffentlicher Ankläger*** Public Prosecutor.
Anklageschrift *f* (bill of) indictment.
Anklagevertreter(in) counsel for the prosecution.
anklammern (**an** *acc* to) **I** *v/t* (*Wäsche*) peg (on), *tech.* cramp, *mit Büroklammern*: clip. **II** *v/reflex* **sich** ~ *a. fig.* cling.
Anklang *m* (***großen***) ~ ***finden*** (***bei***) be well received (by), go down well (with); ***k-n ~ finden*** fall flat.
ankleben *v/t* stick on (**an** *acc* to).
Ankleidekabine *f* cubicle.
ankleiden *v/t* (*a.* **sich** ~) dress.
Ankleideraum *m* dressing room.
anklicken *v/t Computer*: click (on).
anklopfen *v/i* knock (**an** *acc od. dat* at).
anknabbern *v/t* nibble (at).
anknacksen *v/t* F crack (**sich den Arm** *etc* one's arm *etc*).
anknipsen *v/t* F (*Licht etc*) switch on.
anknüpfen I *v/t* **1.** (**an** *acc* to) tie, knot. **2.** *fig.* (*Unterhaltung etc*) begin, start: ***Beziehungen ~*** establish contacts (***mit*** with). **II** *v/i* **3.** *fig.* ~ ***an*** (*acc od. dat*) go on from, *j-s Worte etc*: go back to, *e-e Erzählung etc*: pick up the thread of, *e-e Tradition etc*: continue.
Anknüpfungspunkt *m fig.* starting point.
ankommen I *v/i* **1.** arrive (***in*** *dat* at, in): ~ ***in*** (*dat*) *a.* reach; ~ ***um*** *Zug etc*: arrive at, be due at. **2.** F ~ (***bei*** with) a) (*angestellt werden*) get a job, b) (*Anklang finden*) go down well, *a. Person*: be a success; ***nicht*** ~ *a.* be a flop; ***damit kommt er bei mir nicht an*** that cuts no ice with me. **3.** ~ ***gegen*** cope (*od.* deal) with, ***j-n*** *a.* get the better of s.o.; ***nicht ~ gegen*** *a.* be powerless against. **II** *v/impers* **4.** ~ ***auf*** (*acc*) (*abhängen von*) depend on; ***es kommt*** (***ganz***) ***darauf an*** it (all) depends. **5.** ~ ***auf*** (*acc*) (*wichtig sein*) matter; ***worauf es*** (***ihm***) ***ankommt, ist zu gewinnen*** the important thing (to him) is to win; ***darauf kommt es an*** that's the point; ***es kommt nicht auf den Preis an*** money is no object; ***darauf soll es*** (***mir***) ***nicht*** ~ never mind that. **6.** ***es auf et.*** ~ ***lassen*** risk s.th.; ***ich lasse es darauf*** ~ I'll risk it, I'll take a chance. **7.** ***es kommt mich hart an*** I find it hard. **III** *v/t* **8.** → ***überkommen.***

Ankömmling *m* arrival.
ankoppeln *v/t* (**an** *acc*) couple (to), (*Raumfähre*) dock (with).
Ankopplungsmanöver *n* docking manoeuvre (*Am.* maneuver).
ankotzen *v/t* V ***es kotzt e-n an*** it makes you sick.
ankreiden *v/t* F ***j-m et.*** ~ blame s.o. for s.th.
ankreuzen *v/t* mark with a cross.
ankündigen I *v/t* announce, *durch Plakate*: bill, *in der Presse*: advertize, *fig.* (*Frühling etc*) herald. **II** *v/reflex* **sich** ~ *Person*: announce one's visit, *fig. Frühling etc*: announce itself.
Ankündigung *f* announcement (*a. fig.*), *in der Presse*: advertisement.
Ankunft *f* (***bei s-r*** *etc* ~ on his *etc*) arrival.
Ankunfts... arrival (*airport*, *lounge*, *etc*).
Ankunftszeit *f* time of arrival.
ankurbeln *v/t fig.* (*Produktion etc*) step up, boost.
Anl. ***Anlage*** *im Brief*: enclosure (encl.).
anl. ***anläßlich*** on the occasion of.
anlächeln *v/t* smile at.
anlachen *v/t* smile (*od.* laugh) at: F ***sich j-n*** ~ pick s.o. up.
Anlage *f* **1.** (*das Anlegen*) *e-s Gartens etc*: laying out, (*Bau*) construction, (*Art der* ~) arrangement, layout. **2.** (*Einrichtung*) installation, facility, (*Fabrik*) plant, work(s *pl*): ***sanitäre ~n*** *pl* sanitary facilities *pl.* **3.** (*Grünanlage*) (public) garden(s *pl*) (*od.* park), grounds *pl*, (*Sportanlage*) sports facilities *pl.* **4.** F (*Stereoanlage*) (hi-fi) set. **5.** (*EDV*) system. **6.** (*Entwurf*) draft, design, *e-s Romans etc*: structure. **7.** *mst pl* (*Begabung*) (**zu** for) talent, gift. **8.** (*Veranlagung*) (**zu**) (natural) tendency (of), *a.* ⚕ disposition (to). **9.** (*Kapital*) investment: ~***n*** *pl Bilanz*: assets *pl.* **10.** *econ.* (*Beilage*) enclosure: ***in der*** (*od.* ***als***) ~ ***sende ich Ihnen*** enclosed please find.
anlagebedingt *adj* inherent.
Anlage|berater(in) investment consultant. **~beratung** *f* investment counsel(l)ing (*od.* consultancy). **~kapital** *n* invested capital.
Anlagenbauindustrie *f* plant engineering and construction.
Anlage|papiere *pl* investment securities *pl.* **~vermögen** *n* fixed assets *pl.*
Anlass *m* **1.** (*Gelegenheit*) occasion: ***aus ~*** (*gen*) → ***anlässlich.*** **2.** (*Grund*) cause, reason: ***aus diesem ~*** for this reason; ***beim geringsten ~*** at the slightest provocation; ***ohne jeden ~*** for no reason at all; ~ ***geben zu*** give rise to; ***j-m ~ geben zu*** *inf* give s.o. cause to *inf*; ***ich sehe k-n ~ zu gehen*** I see no reason to go; ***et. zum ~ nehmen zu*** *inf* take occasion to *inf*.

anlassen I *v/t* **1.** F → ***anbehalten.*** **2.** (*Licht, Radio etc*) leave on. **3.** (*Motor etc*) start (up). II *v/reflex* **4.** ***sich gut*** ~ make a good start, *Geschäft, Wetter etc*: promise well; ***wie lässt er sich an?*** how is he making out?

Anlasser *m mot.* starter.

anlässlich *prep* (*gen*) on the occasion of.

anlasten *v/t* ***j-m et.*** ~ blame s.o. for s.th.

Anlauf *m* **1.** *Sport*: run-up, *bsd. Skispringen*: approach: (***e-n***) ~ ***nehmen*** take a run. **2.** *fig.* (***beim ersten*** ~ at the first) attempt: ***e-n neuen*** ~ ***nehmen*** have another go. **3.** *a. tech.* start.

anlaufen I *v/i* **1.** *Sport*: run up (for the jump): *allg.* ***angelaufen kommen*** come running along; ~ ***gegen*** → ***anrennen.*** **2.** (*a.* ~ ***lassen***) start (up). **3.** *fig.* start, get under way, *Film*: be shown. **4.** *Kosten etc*: mount up, *Zinsen etc*: accrue. **5.** (*beschlagen*) fog, (*sich verfärben*) tarnish: ***blau*** ~ go blue. II *v/t* **6.** (*Hafen etc*) call at.

Anlauf|kosten *pl* initial (*od.* start-up) costs. **~phase** *f* initial phase. **~schwierigkeiten** *pl* initial problems *pl.* **~stelle** *f* address (*od.* office) to turn to. **~zeit** *f* initial period.

Anlaut *m ling.* initial sound.

anlauten *v/i* begin (***mit*** with).

Anlegebrücke *f* landing stage.

anlegen I *v/t* **1.** (*Schmuck etc*) put on. **2.** (***an*** *acc*) (*Leiter etc*) put up (against), (*Lineal etc*) line up (against), (*Karte, Spielstein etc*) lay down (next to): *fig.* ***e-n strengen Maßstab*** ~ apply a strict standard; → ***Hand.*** **3.** (*Garten etc*) lay out, (*bauen*) construct, set up, (*einrichten*) instal(l), (*planen*) plan, design. **4.** (*Akte etc*) start, (*Kartei*) *a.* set up, (*Datei*) start. **5.** (*Vorräte*) get in. **6.** (*Kapital*) invest, (*Summe*) spend (***für*** on). **7.** ***e-n Säugling*** ~ give a baby the breast. **8.** ***die Ohren*** ~ *Hund etc*: set back its ears. **9.** (*Holz, Kohle*) put on. **10.** (*e-n Verband*) apply. **11.** ***es*** ~ ***auf*** (*acc*) be out for (*od.* to *inf*); ***darauf angelegt sein zu*** *inf* be designed to *inf.* II *v/i* **12.** ⚓ land: ***im Hafen*** (*od.* ***am Kai***) ~ dock. **13.** ~ ***auf*** (*acc*) *Schütze*: (take) aim at. III *v/reflex* **14.** ***sich mit j-m*** ~ tangle (*od.* pick a quarrel) with s.o.

Anleger(in) *econ.* investor.

Anlegestelle *f* ⚓ landing place.

anlehnen I *v/t* **1.** lean (***an*** *acc* against), (*Tür etc*) leave ajar. II *v/reflex* ***sich*** ~ ***an*** (*acc*) **2.** lean against. **3.** *fig.* be model(l)ed on.

Anlehnung *f pol.* dependence (***an*** *acc* on): ***in*** ~ ***an*** (*acc*) following.

anleiern *v/t* F get on the road.

Anleihe *f econ.* loan: ***e-e*** ~ ***bei j-m machen*** borrow money from s.o., *fig.* borrow from s.o. **~kapital** *n* loan capital.

anleimen *v/t* glue on (***an*** *acc* to).

anleiten *v/t* **1.** guide, instruct. **2.** → ***anhalten*** 2.

Anleitung *f* **1.** guidance, direction. **2.** directions *pl*, instructions *pl.*

Anlernberuf *m* semiskilled job.

anlernen *v/t* teach, train: → ***angelernt.***

anliegen *v/i* **1.** (***eng***) ~ fit (tightly), cling (***an*** *dat* to). **2.** F ***was liegt an?*** what's on the agenda?

Anliegen *n* request, *weitS.* concern.

anliegend *adj* **1.** tight(-fitting), clinging. **2.** adjacent, neighbo(u)ring. **3.** *econ.* enclosed (***senden wir Ihnen*** please find).

Anlieger(in) neighbo(u)r, resident: *mot.* ***Anlieger frei!*** residents only!

Anlieger|staat *m pol.* neighbo(u)ring (*an Gewässern*: riparian) state. **~verkehr** *m* resident traffic.

anlocken *v/t* lure, *fig.* attract.

anlöten *v/t* solder (***an*** *acc* to).

anlügen *v/t* ***j-n*** ~ lie to s.o.

anmachen *v/t* F **1.** fasten (***an*** *dat* to). **2.** (*Licht etc*) switch on, (*Feuer*) light. **3.** (*mischen*) prepare, (*Salat*) dress, (*Mörtel etc*) temper. **4.** ***j-n*** ~ a) (*bsd. Frau*) give s.o. the come-on, b) (*anschnauzen*) snap at s.o.; ***das*** (***sie***) ***macht mich an*** *erotisch*: it (she) turns me on.

anmahnen *v/t* ***et.*** (***bei j-m***) ~ ask (s.o.) for payment (*od.* delivery *etc*) of s.th.

anmalen *v/t* paint: F ***sich*** ~ paint one's face.

Anmarsch *m* ⚔ ***im*** ~ ***sein*** be advancing (***auf*** *acc* towards).

anmaßen *v/t* ***sich et.*** ~ arrogate s.th. to o.s., *stärker*: usurp s.th.; ***sich*** ~ ***zu*** *inf* presume to *inf.*

anmaßend *adj* arrogant, overbearing.

Anmaßung *f* arrogance.

Anmeldeformular *n* application form.

anmelden I *v/t* **1.** (*Besucher etc*) announce. **2.** (*j-n*) ***in*** *der Schule*, ***zu*** *e-m Kursus etc*: enrol(l) (at *school*, for *a course etc*), ***beim*** *Arzt etc*: make an appointment for *s.o.* with: ***j-n polizeilich*** ~ register s.o. (with the police). **3.** *teleph.* (*Gespräch*) book, *Am.* place: ***den Fernseher*** (***das Radio***) ~ get a television (radio) licen/ce (*Am.* -se). **4.** (*Rechte, Forderungen etc*) put forward, (*Bedenken etc*) raise: → ***Konkurs, Patent*** 1. II *v/reflex* ***sich*** ~ **5.** announce o.s. (*a. fig.*), enrol(l) (***zu*** for, ***in*** *dat* at), ***beim*** *Arzt etc*: make an appointment with: ***sich polizeilich*** ~ register (with the police).

Anmeldung *f* **1.** announcement. **2.** enrol(l)ment: (***polizeiliche***) ~ registration (with the police); ***nur nach vorheriger*** ~ by appointment only. **3.** reception (desk).

anmerken *v/t* **1.** (*anstreichen*) mark, (*notieren*) make a note of. **2.** (*äußern*) remark, observe. **3.** ***j-m s-e Verlegenheit*** *etc* ~ notice s.o.'s embarrassment *etc*; ***sich nichts ~ lassen*** not to show one's feelings; ***man merkte ihr sofort an, dass ...*** you only had to look at her to see that ...; ***lass dir nichts ~!*** don't let on!
Anmerkung *f* (**über** *acc* on) remark, *kritische*: comment, *schriftliche*: (foot)note, *erläuternde*: annotation: *e-n Text* **mit ~en versehen** annotate.
Anmut *f* grace(fulness), charm, sweetness.
anmuten *v/t* ***j-n seltsam*** *etc* ~ strike s.o. as (being) odd *etc*.
anmutig *adj* graceful, *a. Gegend etc*: charming.
annageln *v/t* nail on (**an** *acc* to).
annähen *v/t* sew on (**an** *acc* to).
annähernd I *adj* approximate. II *adv* (**nicht ~** not) nearly.
Annäherung *f* approximation (*a. fig.*), *pol.* rapprochement.
Annäherungsversuche *pl* approaches *pl*, *amouröse*: advances *pl*.
Annahme *f* **1.** acceptance, *e-s Kindes*, *a. e-s Antrags etc*: adoption, *e-s Gesetzes*: passing, *bsd. Am.* passage. **2.** (*Vermutung*) assumption: ***ich habe Grund zu der ~, dass ...*** I have reasons to believe that ...; ***in der ~, dass ...*** on the assumption (*od.* assuming) that ...; ***gehe ich recht in der ~, dass ...?*** am I right in thinking that ...? **3.** → ***Annahmestelle.*** **~erklärung** *f* notice of acceptance. **~frist** *f* period of acceptance. **~schalter** *m* counter. **~stelle** *f* receiving office. **~verweigerung** *f* nonacceptance.
Annalen *pl* annals *pl*.
annehmbar *adj* acceptable (**für** to), *Preis etc*: *a.* fair, reasonable, (*leidlich*) passable.
annehmen I *v/t* **1.** *allg.* accept, (*a. den Ball*) receive, (*ein Telefonat*, *e-e Bestellung etc*) take, (*Namen*, *Titel etc*) adopt (*a.* F *Kind*), assume, *parl.* (*Antrag*) carry, (*Gesetzesvorlage*) pass, (*Schüler*) admit. **2.** (*Aussehen*, *Form etc*) assume, (*Farbe*, *Geruch*) take (on), (*Gewohnheit etc*) acquire. **3.** (*vermuten*) assume, suppose, *bsd. Am.* guess: ***das ist nicht anzunehmen*** that's unlikely; *kommt er?* ***ich nehme (es) an*** I suppose so; ***nehmen wir an*** (*od.* ***angenommen***), ***er kommt*** suppose (*od.* supposing) he comes. II *v/i* **4.** (***dankend***) ~ accept (with thanks). III *v/reflex* **5.** ***sich j-s*** (***e-r Sache***) ~ take care of s.o. (s.th.).
Annehmlichkeit *f* amenity: ***~en*** *pl* ***des Lebens*** *a.* comforts *pl* of life.
annektieren *v/t pol.* annex.
Annonce *f* advertisement, F ad.
annoncieren *v/t u. v/i* advertise.
Annuität *f* annuity.
annullieren *v/t* annul, *econ.* (*Auftrag*) cancel, *Sport*: (*Treffer*) disallow.
Annullierung *f* annulment, cancellation.
Anode *f* ⚡ anode, plate.
anöden *v/t* F ***j-n*** ~ bore s.o. stiff.
anomal *adj* anomalous.
Anomalie *f* anomaly.
anonym *adj* anonymous.
Anonymität *f* anonymity.
Anorak *m* anorak, parka.
anordnen *v/t* **1.** arrange: ***neu ~*** rearrange. **2.** (*verfügen*) order, direct.
Anordnung *f* **1.** arrangement, (*Gruppierung*) grouping. **2.** order, direction: ***auf ~ von*** (*od. gen*) by order of; ***~en treffen*** give orders.
Anorexie *f* ⚕ anorexia (nervosa).
anorganisch *adj* inorganic.
anormal *adj* abnormal.
anpacken I *v/t* **1.** → ***packen*** 2. **2.** F *fig.* (*j-n*) treat, (*Problem etc*) tackle. II *v/i* **3.** → ***anfassen*** 3.
anpassen I *v/t* **1.** (*Anzug etc*) fit (on). **2.** (*dat od.* **an** *acc*) *allg.* adapt (to), *a. econ.*, *tech.* adjust (to), *farblich*: match (with). II *v/reflex* ***sich ~*** **3.** (*dat od.* **an** *acc* to) adapt (o.s.), adjust (o.s.): → ***angepasst.***
Anpassung *f* (**an** *acc* to) *allg.* adaptation, adjustment. **anpassungsfähig** *adj* adaptable (**an** *acc* to). **Anpassungsfähigkeit** *f* adaptability.
Anpassungs|probleme *pl*, **~schwierigkeiten** *pl* difficulties *pl* in adapting, *psych.* maladjustment.
anpeilen *v/t* **1.** ✈, ⚓ take a bearing of. **2.** *fig.* aim at.
anpfeifen *v/t Sport*: ***ein Spiel*** ~ give the starting whistle; F ***j-n*** ~ blow s.o. up.
Anpfiff *m Sport*: (starting) whistle: F ***e-n ~ kriegen*** get ticked off.
anpflanzen *v/t* plant, cultivate, grow.
anpflaumen *v/t* F ***j-n*** ~ pull s.o.'s leg.
anpiepsen *v/t* F *fig.* ***j-n*** ~ bleep s.o.
anpöbeln *v/t* molest, mob.
Anprall *m* impact (**gegen** [up]on).
anprangern *v/t* denounce.
anpreisen *v/t* (*Waren*) (re)commend, praise, *durch Reklame*: boost.
Anprobe *f* (***zur ~ kommen*** come for a) fitting.
anprobieren *v/t u. v/i* try on, fit on.
anpumpen *v/t* F ***j-n*** ~ touch s.o. (**um** for).
Anraten *n* ***auf ~ des Arztes*** *etc* on the doctor's *etc* advice.
anrechnen *v/t* (*berechnen*) charge, (*gutschreiben*) credit, allow, (*berücksichtigen*) take into account, (*abziehen*) deduct: ***j-m zuviel ~*** overcharge s.o.; *ped.* ***et. als Fehler***

~ count s.th. as a mistake; *fig.* ***j-m et. als Verdienst*** ~ give s.o. credit for s.th.; ***j-m et. hoch*** ~ think highly of s.o. for s.th.
Anrecht *n* (***auf*** *acc* to) right, claim.
Anrede *f*, **anreden** *v/t* address.
anregen *v/t* **1.** *allg.* stimulate (*a. v/i*), (*den Appetit*) *a.* whet, (*ermuntern*) *a.* encourage: ***j-n zum Nachdenken*** ~ give s.o. food for thought. **2.** (*vorschlagen*) suggest.
anregend *adj* stimulating: *adv* ~ ***wirken*** have a stimulating effect.
Anregung *f* **1.** stimulation, *fig. a.* encouragement. **2.** (*Vorschlag*) (***auf*** ~ at the) suggestion (***von*** *od. gen* of).
anreichern I *v/t* ⚗, *tech.* enrich. II *v/reflex* ***sich*** ~ accumulate.
Anreise *f* a) journey there, b) (*Ankunft*) arrival.
anreisen *v/i* a) travel, b) arrive.
anreißen *v/t* **1.** F → ***anbrechen*** I. **2.** *fig.* (*Problem etc*) raise.
Anreißer *m* F (*in der Werbung*) tout.
Anreiz *m* incentive.
anrennen *v/i* ~ ***gegen*** run against, *mil.* attack; ***angerannt kommen*** come running (up).
Anrichte *f* sideboard.
anrichten *v/t* **1.** (*Speisen*) prepare, dress: ***es ist angerichtet!*** dinner *etc* is served! **2.** (*Unheil etc*) cause, (*Schaden*) do.
anrüchig *adj* dubious, F shady.
anrücken *v/i* approach, *mil.* advance.
Anruf *m* call. **~beantworter** *m* (telephone) answering machine.
anrufen I *v/t* ***j-n*** ~ a) call s.o., b) *teleph.* call (*od.* ring) s.o. (up), c) *fig.* appeal to s.o. (***um Hilfe*** *etc* for help *etc*); ***ein Gericht*** ~ appeal to a court. II *v/i* make a phonecall: ***bei j-m*** ~ → I b.
Anrufer(in) *teleph.* caller.
Anruf|umleitung *f* call redirection. **~umschaltung** *f* switching calls. **~wiederholer** *m teleph.* last number re-dial.
anrühren *v/t* **1.** touch (*a. fig.*). **2.** (*Farbe etc*) mix. **3.** F *fig.* ***et.*** ~ start s.th.
ans = ***an das:*** → ***Herz, Licht*** *etc.*
Ansage *f* **1.** *Radio, TV* announcement. **2.** *Kartenspiel*: bid(ding).
ansagen *v/t u. v/i* announce, *Kartenspiel*: bid: ***Trumpf*** ~ declare trumps; F *fig.* ***Sparen*** *etc* ***ist angesagt!*** saving *etc* is the word!; → ***Kampf*** 1.
Ansager(in) announcer.
ansammeln *v/t* collect, gather, assemble (*alle a.* ***sich*** ~), (*anhäufen*) accumulate, amass.
Ansammlung *f* accumulation, (*von Menschen*) gathering, crowd.
ansässig *adj* resident (***in*** *dat* at, in): ~ ***werden*** take up (one's) residence.
Ansatz *m* **1.** *tech.* (*Kruste*) deposit, crust. **2.** *anat.* base: → ***Haaransatz.*** **3.** *fig.* (*Beginn*) first sign(s *pl*), (*Versuch*) attempt, (*Methode*) approach: ***im*** ~ ***richtig*** basically right; ***gute*** (***gewisse***) ***Ansätze zeigen*** show good (some) promise; ***in den Ansätzen stecken bleiben*** get stuck at the beginning. **4.** 𝔄 statement. **5.** ♪ *e-s Bläsers*: embouchure, *e-s Sängers*: intonation. **6.** *econ.* estimate.
Ansatzpunkt *m fig.* point of departure.
ansaugen *v/t* take in, suck in.
anschaffen *v/t* buy: ***sich et.*** ~ *a.* get o.s. s.th.; F ***sich Kinder*** ~ have children.
Anschaffung *f* **1.** buying, purchase. **2.** (*das Angeschaffte*) acquisition.
Anschaffungskosten *pl* purchase cost *sg.*
Anschaffungspreis *m* cost price.
anschalten *v/t* switch on, turn on.
anschauen → ***ansehen.***
anschaulich *adj* (*deutlich*) clear, (*lebendig*) vivid, graphic.
Anschauung *f* view, opinion, idea.
Anschauungs|material *n* illustrative material, *engS.* audiovisual aids *pl.* **~unterricht** *m* visual instruction, object-teaching, *fig.* object-lesson.
Anschein *m* appearance: ***allem*** ~ ***nach*** to all appearances; ***den*** ~ ***erwecken*** give the impression; ***sich den*** ~ ***geben*** pretend, make believe; ***es hat den*** ~, ***als ob*** it looks as if.
anscheinend *adj* apparent: *adv* ***er ist*** ~ ***krank*** he seems to be ill.
anschicken *v/reflex* ***sich*** ~ ***zu*** *inf* get ready to *inf*, *gerade*: be going to *inf.*
anschieben *v/t* (*Auto*) push-start, *fig.* (*die Wirtschaft*) boost.
anschirren *v/t* (*Zugtier*) harness.
anschl. ***anschließend*** following (foll.), subsequent(ly *adv*).
Anschlag *m* **1.** (*Plakat*) poster, bill, (*Bekanntmachung*) notice. **2.** (*Überfall, Bombenanschlag*) attack (***auf*** *acc* on): ~ ***auf j-n*** (***j-s Leben***) attempt on s.o.'s life; ***e-m*** ~ ***zum Opfer fallen*** be assassinated. **3.** *mus., tech.* touch, *auf der Schreibmaschine*: stroke: ***sie schreibt 400 Anschläge in der Minute*** she types 400 strokes per minute. **4.** *econ.* (*Voranschlag*) estimate. **5.** *econ.* (*Sperre*) (limit) stop. **6.** ***das Gewehr im*** ~ ***halten*** point the gun (***auf*** *acc* at). **7.** (*Auftreffen*) impact, *beim Schwimmen*: touch.
Anschlagbrett *n* notice (*Am.* bulletin) board.
anschlagen I *v/t* **1.** (*befestigen*) fasten (***an*** *acc* to), (*Zettel etc*) stick up, put up. **2.** (*Taste, Ton etc*) strike, hit, (*Glocke*) ring: *fig.* ***e-n anderen Ton*** ~ change one's tune;

ein schnelleres Tempo ~ quicken one's pace. **3.** (*anstoßen*) strike, hit, knock, (*Geschirr*) chip. **II** *v/i* **4.** ***~ an*** (*acc*) hit (*Wellen*: break) against; ***mit dem Kopf an die Wand*** ~ hit one's head against the wall. **5.** *Klingel etc*: (begin to) ring, *Hund*: bark. **6.** *Schwimmen*: touch. **7.** (*wirken*) (***bei*** on) *Kur etc*: take effect, F *gutes Essen etc*: show.

Anschlagzettel *m* bill, poster.

anschleppen *v/t* (*a.* ***angeschleppt bringen***) drag along.

anschließen I *v/t* **1.** (***an*** *acc* to) lock, *mit Kette*: chain. **2.** (***an*** *acc*) ⚡, *tech.* connect (to, with), link up (with), ⚡ *mit Stecker*: plug in: → ***angeschlossen*. 3.** (*hinzufügen*) add (*dat* to). **II** *v/reflex* ***sich*** ~ **4.** (***an*** *acc*) (*angrenzen*) adjoin (*s.th.*), border (on). **5.** *fig.* (*folgen*) follow: ***an den Vortrag schloss sich e-e Diskussion an*** the lecture was followed by a discussion. **6.** ***sich j-m*** ~ follow s.o., join s.o., *fig.* take s.o.'s side; ***sich j-s Meinung*** ~ agree with s.o.; ***ich schließe mich an!*** I agree, (*mache mit*) I'll join you! **7.** ***sich an j-n*** ~ befriend s.o.; ***er schließt sich leicht an*** he makes friends easily. **III** *v/i* **8.** *Kragen etc*: fit closely.

anschließend I *adj* **1.** adjacent, next. **2.** following. **3.** close-fitting. **II** *adv* **4.** afterward(s): ***~ an die Vorstellung*** following the performance.

Anschluss *m* **1.** *allg.*: connection, telephone (connection), (*Leitung*) line: ***k-n ~ bekommen*** *teleph.* not to get through; ***kein ~ unter dieser Nummer*** number no longer in use; 🚂 ***~ haben*** have a connection (***nach*** to); ***s-n ~ verpassen*** miss one's connection; *fig.* ***den ~ verpassen*** miss the boat; ***den ~ finden an*** (*acc*) catch up with. **2.** *fig.* (***an*** *e-e Partei etc*) affiliation (with), *pol.* union. **3.** ***im ~ an*** (*acc*) after, following. **4.** F (*Bekanntschaft*) contact, acquaintance: ***~ finden*** make contact (*od.* friends) (***bei*** with); ***~ suchen*** look for company. **~auftrag** *m* follow-up order. **~dose** *f* ⚡ wall socket. **~flug** *m* connecting flight. **~klemme** *f tech.* connecting clip. **~modul** *n Computer*: connecting module. **~schnur** *f* ⚡ flexible cord, flex. **~stecker** *m* connecting plug. **~treffer** *m goal that leaves one more to level the score.* **~zug** *m* connecting train.

anschmiegen *v/reflex* ***sich ~ an*** (*acc*) nestle against, *Kleid etc*: cling to.

anschmiegsam *adj* affectionate.

anschmieren *v/t* F (*betrügen*) cheat.

anschnallen I *v/t* buckle on, (*Skier*) put on. **II** *v/reflex* ***sich*** ~ ✈, *mot.* fasten one's seat belt.

Anschnallpflicht *f* compulsory wearing of seat belts.

anschnauzen *v/t* F ***j-n*** ~ blow s.o. up.

anschneiden *v/t* **1.** (*Brot etc*) cut into. **2.** (*Kurve, Ball etc*) cut. **3.** *fig.* (*Thema etc*) broach: ***ein anderes Thema*** ~ change the subject.

Anschnitt *m* first slice.

anschrauben *v/t* screw on (***an*** *acc* to).

anschreiben I *v/t* **1.** write down, (*Spielstand*) score (*a. v/i*): ***j-m et.*** ~ charge s.o. with s.th.; ***et. ~ lassen*** buy s.th. on credit; *fig.* ***bei j-m gut*** (***schlecht***) ***angeschrieben sein*** be in s.o.'s good (bad) books. **2.** ***j-n*** ~ write (a letter) to s.o.

Anschreiben *n* covering letter.

anschreien *v/t* shout at, scream at.

Anschrift *f* address.

Anschubfinanzierung *f econ.* financial boost.

Anschuldigung *f* accusation: ***~en gegen j-n erheben*** denounce s.o

anschwärzen *v/t* F ***j-n*** ~ run s.o. down, (*denunzieren*) denounce s.o. (***bei*** to).

anschwellen *v/i allg.* swell, *fig.* (*zunehmen*) increase, rise.

anschwemmen *v/t* wash ashore, (*Land*) deposit.

ansehen I *v/t* look at : ***sich*** *et.* ~ *a.* take a look at, (*prüfen*) examine, (*beobachten*) watch; ***sich e-n Film*** (***ein Fernsehprogramm***) ~ see a film (watch a TV program[me]); ***sich et. genau*** ~ have a close look at s.th.; ***man sieht es ihr an, dass ...*** you can tell by her face that ...; ***man sieht ihm sein Alter nicht an*** he doesn't look his age; ***j-n ~ für*** regard s.o. as, *fälschlich*: take s.o. for; ***ich sehe es für*** (*od.* ***als***) ***m-e Pflicht an zu*** *inf* I consider it my duty to *inf*; ***et. mit ~*** watch (*od.* witness) s.th.; ***ich kann es nicht länger mit ~!*** I can't stand it any longer!; F ***sieh mal einer an!*** fancy that!; ***j-n vom Ansehen kennen*** know s.o. by sight; ***ohne Ansehen der Person*** without respect of persons; → ***finster*** 2, ***schief*** 3.

Ansehen *n* (*Achtung*) reputation, standing, prestige: ***von hohem*** ~ of high standing; ***großes*** (*od.* ***ein hohes***) ***~ genießen*** be highly esteemed; ***an ~ verlieren*** lose credit.

ansehnlich *adj* handsome, considerable.

anseilen *v/t* (*a.* ***sich*** ~) rope (up).

ansetzen I *v/t* **1.** (***an*** *acc*) (*Bohrer etc*) apply (to), put (on, to), (*Flöte, Glas etc*) put to one's lips. **2.** (***an*** *acc* to) (*anfügen*) add, join, (*annähen*) sew on. **3.** (*Termin etc*) fix, set, (*Kosten etc*) assess, (*Preis*) quote, 𝔄 (*Gleichung*) set up. **4.** (*entwickeln*) develop, (*Knospen etc*) *a.* put forth, (*Rost, Patina etc*) put on: ***Fett*** ~ put on weight. **5.** (*Bowle, Teig etc*) prepare (*a.* 🍳), make, mix. **6.** (*einsetzen*) bring in: ***j-n ~ auf*** (*acc*) put s.o. onto; ***e-n Hund*** (***auf e-e Spur***) ~ set a dog on the trail. II *v/i* **7.** begin, (make a) start, *fig. Kritik, Reform etc*: set in: *a. fig.* ***zum Endspurt*** ~ set o.s. for the final spurt; ***zur Landung*** ~ come in (to land); ***zum Sprechen*** ~ start to speak; ***zum Sprung*** ~ get ready for the jump. III *v/reflex* ***sich*** ~ **8.** *Kalk etc*: accumulate, deposit.

Ansicht *f* **1.** (***über*** *acc*) opinion (on), view (of): ***m-r*** ~ ***nach*** in my opinion, as I see it; ***der*** ~ ***sein*** (*od.* ***die*** ~ ***vertreten***), ***dass ...*** take the view that ...; ***anderer*** ~ ***sein*** take a different view, *weitS.* disagree; ***die*** ~***en sind geteilt*** opinion differs; ***zu der*** ~ ***gelangen*** (*od.* ***kommen***), ***dass ...*** decide that ... **2.** (*Bild*) view (*a. tech.*). **3.** *econ.* ***zur*** ~ on approval.

Ansichts|exem,plar *n* inspection specimen. **~(post)karte** *f* picture postcard. **~sache** *f* ***das ist*** ~ that's a matter of opinion. **~sendung** *f* sample on approval.

ansiedeln *v/t* **1.** settle (*a.* ***sich*** ~), *econ.* base, site: ***in London angesiedelt*** *Firma etc*: London-based. **2.** *fig.* place, (*Handlung etc*) set. **Ansiedler(in)** settler. **Ansiedlung** *f* settlement.

Ansinnen *n* request, demand.

anspannen *v/t* **1.** (*Zugtier*) harness (***an*** *acc* to). **2.** (*Seil etc*) tighten, stretch, (*Muskeln*) flex, tense. **3.** *fig.* (*Geist etc*) strain: ***alle Kräfte*** ~ strain every nerve.

Anspannung *f* strain.

anspielen I *v/i* **1.** *Kartenspiel*: (have the) lead, *Sport*: lead off, *Fußball*: kick off. **2.** *fig.* ~ ***auf*** (*acc*) allude to, insinuate (*s.th.*). II *v/t* **3.** (*Karte*) lead: *Sport*: ***j-n*** ~ pass to s.o.

Anspielung *f* (***auf*** *acc*) allusion (to), insinuation (about).

anspinnen *fig.* I *v/t* start. II *v/reflex* ***sich*** ~ develop.

anspitzen *v/t* point, sharpen.

Ansporn *m* incentive (***für*** to).

anspornen *v/t a. fig.* spur (on).

Ansprache *f* **1.** (***e-e*** ~ ***halten*** deliver an) address (***an*** *acc* to). **2.** F ***k-e*** ~ ***haben*** have no one to talk to.

ansprechbar *adj Person*: responsive: F ***er war nicht*** ~ you couldn't talk to him.

ansprechen I *v/t* **1.** (*j-n*) speak to, address, *bsd. b.s.* accost, (*sich wenden an*) appeal to *s.o.* (***wegen*** for). **2.** (*gefallen*) please, appeal to. **3.** (*Problem etc*) touch (up)on. II *v/i* **4.** (*reagieren*) *a. tech. respond* (***auf*** *acc* to). **5.** (*gefallen*) appeal (to the public).

ansprechend *adj* pleasing, attractive.

Ansprechpartner(in) person to turn to, contact.

anspringen I *v/i Motor*: start (up). II *v/t* jump at.

Anspruch *m* (***auf*** *acc* to) *a.* ⚖ claim, right, *bsd. unbegründeter*: pretension: ***hohe Ansprüche stellen*** be very demanding, ***an j-n*** make heavy demands on s.o.; ~ ***haben auf*** (*acc*) be entitled to; ***in*** ~ ***nehmen*** a) *a.* ~ ***erheben auf*** (*acc*) lay claim to, b) (*j-n, j-s Hilfe etc*) call on, (*j-s Zeit etc*) take up; ***j-n in*** ~ ***nehmen*** *Arbeit etc*: keep s.o. busy, ***ganz*** claim s.o.'s full attention.

anspruchslos *adj* undemanding (*a. fig. Buch, Musik etc*), *geistig*: *a.* lowbrow, (*genügsam*) easily satisfied, (*schlicht*) plain, simple.

Anspruchslosigkeit *f* undemandingness, (*Genügsamkeit*) modesty.

anspruchsvoll *adj* demanding (*a. fig.*), *geistig*: *a.* highbrow, *Geschmack etc*: sophisticated, (*wählerisch*) particular.

anspucken *v/t* spit (up)on, spit at.

anstacheln *v/t* goad on, prod.

Anstalt *f* **1.** establishment, institution, (*Lehranstalt*) institute, school. **2.** (*Heilanstalt*) sanatorium, *Am.* sanitarium, F (*Nervenheilanstalt*) mental home: ***j-n in e-e*** ~ ***einweisen*** institutionalize s.o. **3.** ~***en treffen zu*** make arrangements for; ~***en machen zu*** *inf* get ready to *inf.*

Anstand *m* (sense of) decency, (*Benehmen*) (good) manners *pl.*

anständig *adj* **1.** (*schicklich*) proper, decent, (*achtbar*) respectable: *adv* ***benimm dich*** ~***!*** behave yourself! **2.** F *Preis etc*: fair: ***ein*** ~***es Essen*** a decent meal; ***e-e*** ~***e Arbeit*** a good (*od.* proper) job.

Anstands|besuch *m* formal call. **~dame** *f* chaperon. **~gefühl** *n* tact.

anstandshalber *adv* for decency's sake.

anstandslos *adv* unhesitatingly, (*ungehindert*) freely.

anstarren *v/t* gape at, stare at.

anstatt I *prep* (*gen*) instead of. II *conj* ~ ***zu arbeiten*** *etc* instead of working *etc.*

anstauen *v/t* dam up: ***sich*** ~ accumulate, *fig. Wut etc*: build up; ***s-e angestaute Wut*** his pent-up rage.

anstechen *v/t* prick, (*Fass*) tap.

anstecken I *v/t* **1.** pin on, (*Ring*) put on, slip on. **2.** (*anzünden*) set on fire, (*Kerze, Zigarre etc*) light. **3.** ⚕ *u. fig.* infect (***mit*** with): ***er hat mich*** (***mit s-m Schnupfen***) ***angesteckt*** he has given me his cold. II *v/i* **4.** ⚕ *u. fig.* be infectious. III *v/reflex* ***sich*** ~ **5.** ***ich habe mich bei ihm*** (***mit Grippe***) ***angesteckt*** I have caught the flu from him.

ansteckend *adj* ⚕ *u. fig.* infectious.

Anstecknadel *f* pin, (*Abzeichen*) badge.

Ansteckung *f* ⚕ infection. **Ansteckungsgefahr** *f* danger of infection.

anstehen *v/i* **1.** queue (*bsd. Am.* line) up

(**nach** for). **2.** *econ.*, ⚖ be up (***zur Entscheidung*** for decision), *Termin etc*: be fixed, *Punkt etc*: be on the agenda.
ansteigen *v/i* rise, *fig. a.* increase.
anstelle *prep* ~ **von** (*od. gen*) instead of.
anstellen I *v/t* **1.** (*Leiter etc*) put (*od.* lean) (**an** *acc* against). **2.** (*Wasser, Heizung etc*) turn on, (*Radio etc*) *a.* switch on, (*Maschine*) start. **3.** (*einstellen*) employ, *bsd. Am.* hire: ***angestellt sein bei*** work for; F ***j-n zu et.*** ~ have s.o. do s.th. **4.** (*durchführen*) make, carry out, F (*bewerkstelligen*) do, manage: ***Nachforschungen*** ~ make inquiries; F ***was haben sie mit dir angestellt?*** what have they done to you?; ***Dummheiten*** ~, ***et.*** (**Dummes**) ~ get up to mischief; ***was hast du*** (**da**) ***wieder angestellt?*** what have you been up to (again)?; ***wie hast du das angestellt?*** how did you manage that?; → ***Überlegung.*** **II** *v/reflex* **sich** ~ **5.** queue (*bsd. Am.* line) up (**nach** for). **6.** F act, make (**als ob** as if): ***sich bei et. ungeschickt*** ~ go about s.th. clumsily; ***stell dich nicht so an!*** don't make such a fuss!; ***stell dich nicht so dumm an!*** don't act stupid!
anstellig *adj* handy, clever.
Anstelltisch *m* side table.
Anstellung *f* place, employment, job.
Anstellungs|bedingungen *pl* terms *pl* of employment. **~vertrag** *m* employment contract.
Anstieg *m* **1.** ascent. **2.** *fig.* (*gen*) rise (in), increase (of).
anstiften *v/t* **1.** → ***anzetteln.*** **2.** ***j-n*** ~ ***zu*** put s.o. up to, incite s.o. to (do). **Anstifter(in)** instigator.
anstimmen *v/t* ♪ strike up.
Anstoß *m* **1.** *Fußball*: kickoff. **2.** *fig.* impulse: ***den*** ~ ***geben zu*** start off, initiate. **3.** F ***bei j-m*** ~ ***erregen*** scandalize s.o., give offen/ce (*Am.* -se) to s.o.; ~ ***nehmen an*** (*dat*) take exception to.
anstoßen I *v/t* **1.** (*j-n, et.*) knock (*od.* bump) against: ***sich den Kopf*** ~ bump one's head (**an** *dat* against); ***j-n*** (***mit dem Ellbogen***) ~ nudge s.o. (with the elbow). **II** *v/i* **2.** *mit den Gläsern*: clink glasses: ~ ***auf*** (*acc*) drink to. **3.** (**an** *dat*) knock (against), bump (into): ***mit dem Kopf*** ~ → 1. **4.** ***mit der Zunge*** ~ lisp. **5.** *Fußball*: kick off.
Anstößer(in) *schweiz.* resident, (*Nachbar*) neighbour.
anstößig *adj* offensive, scandalous, (*unanständig*) indecent.
anstrahlen *v/t* (*Gebäude etc*) illuminate: ***mit Scheinwerfern*** ~ floodlight; F *fig.* ***j-n*** ~ beam on s.o.
anstreben *v/t* aim at, strive for.
anstreichen *v/t* **1.** paint. **2.** (*Fehler etc*) mark: ***et. rot*** ~ mark s.th. in red.
Anstreicher(in) house painter.
anstrengen I *v/t* **1.** strain, be a strain on, (*ermüden*) exhaust: → ***angestrengt.*** **2.** → ***Prozess*** 2. **II** *v/i* **3.** be exhausting, be a strain. **III** *v/reflex* **sich** ~ **4.** make an effort, try (hard), exert o.s.: ***streng dich mal an!*** you could try a bit harder!
anstrengend *adj* strenuous, trying (**für** to).
Anstrengung *f* **1.** (***mit äußerster*** ~ with a supreme) effort. **2.** (*Strapaze*) strain, exertion.
Anstrich *m* **1.** painting, (*Farbe*) paint. **2.** *fig.* (*Anschein*) air, semblance.
Ansturm *m* onrush (*a. fig*), ⚔ assault, *a. Sport*: attack, *econ.* (**auf** *acc*) run (on), rush (for).
Antagonismus *m* antagonism.
Antarktis *f the* Antarctic.
antarktisch *adj* Antarctic.
antasten *v/t* **1.** *allg.* touch, (*Vorräte etc*) *a.* break into. **2.** *fig.* (*Rechte etc*) infringe (up)on.
Anteil *m* **1.** (**an** *dat*) share (of, in), *econ.* (*Beteiligung*) *a.* participation (of), interest (in): *fig.* ***er hatte k-n*** ~ ***am Erfolg*** he had no part in the success. **2.** (*Interesse*) interest, (*Mitgefühl*) sympathy: ~ ***nehmen an*** (*dat*) take an interest in, ***j-s Unglück*** sympathize with s.o. in his misfortune, ***j-s Freude*** share in s.o.'s joy. **anteilig, anteilmäßig** *adj u. adv* proportionate(ly), *econ.* pro rata.
Anteilnahme *f* sympathy (**an** *dat* with): ***s-e*** ~ ***aussprechen*** *bei Todesfall*: express one's sympathy.
Anteilschein *m* share certificate.
Anteilseigner(in) → ***Aktionär(in).***
antelefonieren F → ***anrufen*** I b.
Antenne *f* aerial, *bsd. Am.* antenna (*a. fig.*).
Anthologie *f* anthology.
Anthrazit *m min.* anthracite.
Anti..., anti... anti...
Antialkoholiker(in) teetotal(l)er.
Antibabypille *f* F *the* pill.
Antibiotikum *n* ⚕ antibiotic.
Antiblockiersystem *n mot.* (*abbr.* ***ABS***) anti-lock braking (system).
Antidepressivum *n* ⚕ antidepressant.
Antifaschismus *m* antifascism.
Antifaschist(in), antifaschistisch *adj* antifascist.
Antigen *n* ⚕ antigen.
Antihaftbeschichtung *f* ***mit*** ~ *Pfanne etc*: nonstick.
Antihistamin *n* ⚕ antihistamine.
antik *adj* classical, ancient, *a. Möbel etc*: antique.
Anti-Kartell-Gesetz *n* antitrust law.
Antike *f* **1.** (classical) antiquity. **2.** *mst pl* antique.

Antikörper *m* ⚕ antibody.
Antilope *f zo.* antelope.
Antipathie *f* (**gegen**) antipathy (to, against), dislike (of, for).
Antiqua *f print.* Roman (type).
Antiquar(in) 1. second-hand bookseller. **2.** antique dealer.
Antiquariat *n* second-hand bookshop.
antiquarisch *adj u. adv* second-hand.
antiquiert *adj* antiquated.
Antiquität *f* antique.
Antiquitäten|händler(in) antique dealer. **~laden** *m* antique shop.
Antisemit(in) anti-Semite.
antisemitisch *adj* anti-Semitic.
Antisemitismus *m* anti-Semitism.
antiseptisch *adj* antiseptic.
antistatisch *adj* antistatic.
Antivirusprogramm *n* anti-virus program, debug program.
antizyklisch *adj* anticyclical, countercyclical.
Antrag *m* **1.** application (***auf*** *acc* for), ⚖ petition, *parl.* motion, bill: ***e-n ~ stellen auf*** (*acc*) apply (⚖ petition, *parl.* move) for; ***auf ~ von*** (*od. gen*) on the application *etc* of. **2.** ***er machte ihr e-n ~*** he proposed to her. **3.** → **Antragsformular** *n* application form. **Antragsteller(in)** applicant, *parl.* mover.
antreffen *v/t* find, *zufällig*: come across.
antreiben *v/t* **1.** *a. fig.* drive (on), urge (on). **2.** *tech.* drive. **3.** *a. v/i* drift ashore.
antreten I *v/t* **1.** ***ein Amt ~*** take up an office; ***die Arbeit*** (***den Dienst***) ~ report for work (duty); ***e-e Reise ~*** start off on a journey; ***e-e Strafe ~*** begin to serve a sentence; → ***Erbschaft.*** **2.** (*Motorrad*) kick. **II** *v/i* **3.** (*sich aufstellen*) line up. **4.** (*sich einfinden*) report (**bei** to). **5.** *Sport*: enter (**bei, zu** for), (*zum Kampf ~*) compete (***gegen*** against).
Antrieb *m* **1.** *fig.* impulse, urge, (*Beweggrund*) motive, (*Anreiz*) incentive: ***aus eigenem ~*** of one's own accord; ***neuen ~ geben*** a) ***e-r Sache*** give a fresh impetus to s.th., b) ***j-m*** give s.o. a new interest. **2.** *tech.* drive.
Antriebs|aggregat *n tech.* drive assembly. **~kraft** *f* driving power. **~schwäche** *f psych.* lack of drive.
antriebsstark *adj psych.* full of drive.
Antriebswelle *f mot.* axle-drive shaft.
antrinken *v/t* F ***sich e-n ~*** get drunk; ***sich Mut ~*** give o.s. Dutch courage.
Antritt *m* ***bei ~*** a) ***s-r Reise*** upon setting out on his journey, b) ***s-s Amtes*** on entering upon his office, c) ***der Macht*** on coming into power, d) ***e-r Erbschaft*** upon accession to an inheritance.
Antritts|besuch *m* first call. **~rede** *f* inaugural speech, *parl.* maiden speech.
antun *v/t* **1.** ***j-m et. ~*** do s.th. to s.o; ***j-m et. Gutes ~*** do s.o. a good turn; ***sich et. ~*** lay hands upon o.s. **2.** ***es j-m ~*** take s.o.'s fancy; → ***angetan.***
Antwort *f* (***auf*** *acc* to) answer, *fig.* (*Reaktion*) *a.* response.
antworten *v/i u. v/t* answer, reply, *fig.* respond: ***auf e-e Frage ~*** answer a question; ***j-m ~*** answer s.o., reply to s.o.
Antwort|schein *m Post*: (international) reply coupon. **~schreiben** *n* reply letter.
anvertrauen I *v/t* ***j-m et. ~*** a) entrust s.o. with s.th., b) (*mitteilen*) confide s.th. to s.o. **II** *v/reflex* ***sich j-m ~*** a) confide in s.o., b) entrust o.s. to s.o.
anwachsen I *v/i* **1.** grow on (***an*** *acc* to), (*Wurzeln schlagen*) take root. **2.** *fig.* increase (***auf*** *acc* to).
Anwalt *m*, **Anwältin** *f* **1.** ⚖ lawyer, *bsd. Am.* attorney(-at-law), *beratender*: solicitor, *plädierender*: barrister, *Am.* counselor-at-law, *vor Gericht*: counsel (***des Angeklagten*** for the defence). **2.** *fig.* advocate. **Anwaltschaft** *f the* Bar.
Anwalts|honorar *n* lawyer's fee. **~kammer** *f* Bar Council (*Am.* Association). **~kanzlei** *f* office (of a solicitor). **~kosten** *pl* lawyer's fees *pl.*
Anwandlung *f* (***aus e-r ~ heraus*** on an) impulse: ***in e-r ~ von Freigebigkeit*** in a fit of generosity.
anwärmen *v/t* warm (up), preheat.
Anwärter(in) (***auf*** *acc*) candidate (for), aspirant (to).
Anwartschaft *f* (***auf*** *acc*) candidacy (for), qualification (for), ⚖ expectancy (of): ***~ auf Leistungen*** right to (future) benefits.
anweisen *v/t* **1.** (*j-n*) instruct, direct, (*anleiten*) guide, train. **2.** (*zuweisen*) assign (*dat* to): ***j-m e-n Platz ~*** show s.o. to his seat. **3.** (*Betrag etc*) remit (*dat* to), (*Honorar etc*) order the payment of.
Anweisung *f* **1.** instruction, direction. **2.** (*Zuweisung*) assignment. **3.** *e-s Betrages etc*: remittance, transfer.
anwendbar *adj* applicable (***auf*** *acc* to).
anwenden *v/t* use, make use of, (*a. Gesetz etc, Heilmittel*) apply (***auf*** *acc* to): ***falsch ~*** misapply; ***nutzbringend ~*** make good use of; → ***äußerlich, Gewalt*** 1.
Anwender(in) *Computer*: user. **Anwenderprogramm** *n Computer*: applications program.
Anwendung *f* **1.** use, application (***auf*** *acc* to): ***unter ~ von Zwang*** by (using) force. **2.** ⚕ (hydrotherapeutic) treatment.
Anwendungs|beispiel *n* example of use.

~programm *n Computer*: application program. **~vorschrift** *f* directions *pl* for use.
anwerben *v/t allg.* recruit.
Anwerbung *f* recruitment.
Anwesen *n* property, estate.
anwesend *adj* present (**bei** at): ***nicht ~ sein*** be absent. **Anwesende** *m, f* person present: ***~ ausgenommen*** present company excepted. **Anwesenheit** *f* (***in ~*** in the) presence (***von*** *od. gen* of).
Anwesenheitsliste *f* attendance list.
anwidern *v/t* → ***anekeln.***
Anwohner(in) → ***Anlieger.***
Anzahl *f* number.
anzahlen *v/t* (pay *a sum* as a) deposit, make a down payment (on).
Anzahlung *f* deposit, *bei Ratenkäufen*: down payment.
anzapfen *v/t* tap (*a.* ⚡, *teleph.*).
Anzeichen *n* (**für** of) sign, *a.* ⚕ symptom: ***alle ~ sprechen dafür, dass ...*** there is every indication that ...
Anzeige *f* **1.** announcement, notice, *bsd. econ.* advice, (*Inserat*) advertisement, F ad(vert): ***e-e ~ aufgeben*** (*od.* ***schalten***) put in *od.* place an advertisement, *a.* advertise. **2.** *bei e-r Behörde*: notification, (*Strafanzeige*) information: (***bei der Polizei***) ***~ erstatten*** → ***anzeigen*** 3. **3.** *tech. u. Computer*: display
anzeigen *v/t* **1.** ***j-m et. ~*** notify s.o. of s.th. **2.** (*angeben*) indicate, *tech. a.* register. **3.** denounce: ***j-n*** (***et.***) (***bei der Polizei***) ***~*** report s.o. (s.th.) to the police. **4.** (*deuten auf*) indicate: ***es erscheint angezeigt zu*** *inf* it seems advisable to *inf.* **5.** *tech. u. Computer*: display.
Anzeigen|abteilung *f* advertising department. **~blatt** *n* advertising paper, free sheet, free *od.* giveaway paper. **~geschäft** *n* advertising business. **~leiter** *m* advertisement manager. **~preisliste** *f* rate card. **~teil** *m e-r Zeitung*: advertisements *pl.*
Anzeiger *m* **1.** gazette. **2.** *tech.* indicator.
Anzeigetafel *f Sport*: scoreboard.
anzetteln *v/t* (*Streik, Revolte etc*) instigate: ***e-e Verschwörung ~*** plot (***gegen*** against).
anziehen I *v/t* **1.** (*Kleidung*) put on: ***j-n ~*** dress s.o. **2.** *phys.* attract (*a. fig.*), (*Feuchtigkeit, Geruch etc*) absorb, *fig.* (*Besucher etc*) draw. **3.** (*Seil, Schraube etc*) tighten, (*Bremse*) apply, (*Zügel*) draw in. **4.** (*Bein etc*) draw up. **II** *v/i* **5.** *Pferd etc*: pull away. **6.** *Preise etc*: go up. **III** *v/reflex* ***sich ~*** **7.** dress (o.s.), get dressed.
anziehend *adj fig.* attractive, charming: *adv* ***~ wirken auf*** (*acc*) attract.
Anziehung *f a. fig.* attraction.
Anziehungskraft *f* **1.** *phys.* attraction, *der Erde*: gravitational pull. **2.** *fig.* (***auf*** *acc*) attraction (for), appeal (to).
Anziehungspunkt *m fig.* cent/re (*Am.* -er) of attraction.
Anzug *m* **1.** suit. **2.** F ***im ~ sein*** *Feind*: be approaching, *Gewitter*: be coming up.
anzüglich *adj Bemerkung etc*: personal, *Witz*: suggestive: ***~ werden*** get personal. **Anzüglichkeit** *f mst pl* personal remark.
anzünden *v/t* (*Zigarette etc*) light, (*Streichholz*) strike, (*Haus*) set on fire.
Anzünder *m* lighter.
anzweifeln *v/t* doubt, question.
Aorta *f anat.* aorta.
apart *adj* striking, unusual.
Apartheid *f* apartheid. **Apartheidpolitik** *f* apartheid policy.
Apartment *n* flatlet, *Am.* apartment.
Apartmenthaus *n* block of flatlets, *Am.* apartment building.
Apathie *f* apathy.
apathisch *adj* apathetic.
aper *adj österr., schweiz.* snow-free.
Aperitif *m* aperitif.
Apfel *m* apple: → ***sauer*** 1.
Apfel|baum *m* apple tree. **~kuchen** *m* ***gedeckter ~*** apple pie. **~mus** *n* apple sauce. **~saft** *m* apple juice.
Apfelsine *f* orange.
Apfelstrudel *m gastr.* apfelstrudel.
Apfelwein *m* cider.
Aphorismus *m* aphorism.
Apokalypse *f* apocalypse.
Apostel *m a. fig.* apostle. **~geschichte** *f Bibl. the* Acts *pl* (of the Apostles).
Apostroph *m* apostrophe.
Apotheke *f* chemist's shop, pharmacy, *Am.* drugstore.
apothekenpflichtig *adj* obtainable in a chemist's shop (*Am.* drugstore) only.
Apotheker(in) pharmacist, (dispensing) chemist, *Am.* druggist.
Apparat *m allg.* apparatus (*a. fig.*), *fig. a.* machinery, (*Gerät*) instrument, (*Vorrichtung*) device, (*Kamera*) camera, (*Radio*) radio, (*TV*) (TV) set, (*Telefon*) F phone: *teleph.* ***am ~!*** speaking!; ***am ~ bleiben*** hold the line; ***an den ~ gehen*** (go to) answer (*od.* pick up) the phone.
Apparatemedizin *f* high-tech medicine.
Apparatur *f* equipment.
Appartement *n* **1.** → ***Apartment.*** **2.** (hotel) suite.
Appell *m* ⚔ roll call: *fig.* ***e-n ~ richten an*** (*acc*) → ***appellieren*** *v/i* ***~ an*** (*acc*) (make an) appeal to.
Appenzell *n* Appenzell.
Appetit *m* (***j-m ~ machen*** give s.o. an) appe-

tite (***auf** acc* for); ***ich habe ~ auf Schokolade*** I feel like some chocolate.
appetitanregend *adj*, **appetitlich** *adj a. fig.* appetizing.
Appetitlosigkeit *f* loss of appetite.
Appetitzügler *m* appetite suppressant.
applaudieren *v/i* (*j-m*) applaud, cheer.
Applaus *m* applause.
appr. ***approbiert*** qualified.
approbiert *adj Arzt*: qualified.
Apr. ***April*** April (Apr., Apr).
Aprikose *f* ♀ apricot.
April *m* April: ***j-n in den ~ schicken*** make an April fool of s.o.; *~, ~!* April fool! **Aprilscherz** *m* April-fool joke.
Aprilwetter *n* April weather.
Aquaplaning *n mot.* aquaplaning.
Aquarell *n*, **~farbe** *f* water colo(u)r. **~maler(in)** water colo(u)rist.
Aquarium *n* aquarium.
Äquator *m* equator. **Äquatortaufe** *f* crossing-the-line ceremony.
äquivalent *adj*, **Äquivalent** *n* equivalent.
Ära *f* era.
Araber *m* Arab (*a. Pferd*).
Araberin *f* Arab (woman).
Arabien *n* Arabia.
arabisch *adj* Arab *states etc*, Arabian *nights etc*, Arabic *language etc*.
Arb. ***Arbeit*** work; labo(u)r; ***Arbeiter*** worker, workman, labo(u)rer.
Arbeit *f* **1.** work (*a. phys.*), (*Schwerarbeit*) hard work, labo(u)r (*a. pol.*), (*Aufgabe*) task, job: ***Tag der ~*** May Day, *Am.* Labor Day; ***geistige ~*** brainwork; ***an** (od. **bei**) **der ~*** at work; ***an die ~ gehen*** start work; ***zur** (F **auf**) **~ gehen*** go to work; ***et. in ~ haben*** be working on s.th.; ***e-e undankbare ~*** a thankless task. **2.** (*Mühe*) (***j-m viel ~ machen*** give s.o. a lot of) trouble. **3.** (*Beschäftigung*) work, employment, job: ***~ haben*** be in work, have a job; ***k-e ~ haben*** be out of work, be without a job; ***~ suchen*** look for a job. **4.** (piece of) work, (*Qualitätsarbeit*) workmanship: ***künstlerische ~*** work of art. **5.** (*Prüfungsarbeit*) paper: ***wissenschaftliche ~*** treatise.
arbeiten I *v/i allg.* work, *tech.* function (*beide a. Herz etc*), run, *a. econ.* operate: ***~ an*** (*dat*) be working on; ***~ bei*** work for; (***geschäftlich***) ***~ mit*** deal with, do business with; ***mit Verlust ~*** operate at a loss; ***sein Geld ~ lassen*** invest one's money. **II** *v/t* (*anfertigen*) make. **III** *v/reflex* ***sich ~ durch*** work one's way through *the snow etc*.
Arbeiter *m* worker, workman, *ungelernt*: labo(u)rer: ***die ~ → Arbeiterschaft; ~ und Unternehmer*** labo(u)r and management; → ***angelernt***.
Arbeiter... workers' ..., working-class ... (*family*, *area*, *etc*).
Arbeiterin *f* **1.** (female) worker. **2.** *zo.* worker (bee *od.* ant).
Arbeiter|milieu *n* (***aus dem ~ stammen*** come from a) working-class background. **~klasse** *f* working class(es *pl*). **~partei** *f* workers' party. **~schaft** *f* working class(es *pl*), *a. pol.* Labo(u)r. **~siedlung** *f* working-class estate.
Arbeitgeber(in) employer.
Arbeitgeber|anteil *m Sozialversicherung*: employer's contribution. **~verband** *m* employers' association.
Arbeitnehmer(in) employee.
Arbeitnehmer|anteil *m Sozialversicherung*: employee's contribution. **~freibetrag** *m* earned-income allowance.
Arbeitsablauf *m* work routine (*od.* flow), *Abfolge*: sequence of operations. **~diagramm** *n* flow chart (*od.* diagram).
arbeitsam *adj* industrious, diligent.
Arbeits|... *mst tech.* working (*table etc*). **~amt** *n* employment office, *Br.* job centre. **~anfall** *m* **1.** workload. **2.** F ***e-n ~ haben*** have a working fit. **~anfang** *m* start of work: ***~ ist um 6 Uhr*** work starts at 6 a.m. **~antritt** *m* ***bei ~*** on taking up work (*od.* one's job). **~anzug** *m* work(ing) clothes *pl*, overall. **~auffassung** *f* attitude to(wards) work. **~auftrag** *m* job (*od.* work) order. **~aufwand** *m* amount of work involved (**für** in): ***das lohnt den ~ nicht*** it's not worth the effort.
arbeitsaufwendig *adj* labo(u)r-intensive.
Arbeits|ausfall *m* loss of working hours. **~bedingungen** *pl* working (*tech.* operating) conditions *pl*. **~beginn** *m* start of work. **~belastung** *f* work pressure, workload. **~bereich** *m* scope (of work), range of operations. **~beschaffungsmaßnahme** *f* (*abbr.* ***ABM***) job-creation measure. **~beschaffungsprogramm** *n* job creation scheme. **~bescheinigung** *f* certificate of employment. **~bewertung** *f* job evaluation. **~blatt** *n* spreadsheet. **~bogen** *m ped.* work folder. **~disziplin** *f* job discipline.
Arbeits|eifer *m* zeal. **~einkommen** *n* earned income. **~einsparung** *f* saving on working hours. **~einstellung** *f* **1.** *innere Haltung*: attitude to(wards) work **2.** *in Fabrik etc*: stoppage of work, *e-s Betriebs*: shutdown, (*Streik*) strike. **~erlaubnis** *f* work permit. **~erleichterung** *f* ***für j-n e-e ~ darstellen*** save s.o. a lot of work. **~essen** *n* working lunch (*od.* dinner). **~ethos** *n* work ethic.
arbeitsfähig *adj* fit for work, *pol.* ***~e Mehrheit*** working majority.
Arbeits|fläche *f in der Küche*: worktop.

~fluss *m* work flow. **~flussdiagramm** *n* operation flow chart.
arbeitsfrei *adj* **~er Tag** day off, (*Feiertag*) public holiday.
Arbeits|frieden *m* industrial peace. **~gang** *m tech.* work cycle: ***in einem ~*** in one go. **~gebiet** *n* sphere of work. **~gemeinschaft** *f* working pool, *ped. etc* study group. **~genehmigung** *f* work permit. **~gericht** *n* industrial tribunal. **~gesetzgebung** *f* labo(u)r legislation. **~grundlage** *f* work(ing) basis. **~gruppe** *f* (working) team, *für besondere Aufgaben*: task force. **~hygiene** *f* hygiene at the workplace. **~hypothese** *f* working hypothesis.
arbeitsintensiv *adj* labo(u)r-intensive.
Arbeits|kalkulation *f* work calculation. **~kampf** *m* industrial action, labo(u)r dispute. **~kampfmaßnahme** *f* industrial action. **~kleidung** *f* work clothes *pl.* **~klima** *n* work climate, working atmosphere. **~kollege** *m*, **~kollegin** *f* colleague, *in Fabrik a.*: workmate. **~kosten** *pl.* labo(u)r cost.
Arbeits|kraft *f* **1.** capacity for work. **2.** (*Person*) worker, *pl* manpower *sg.*: ***billige Arbeitskräfte*** cheap labo(u)r. **~kräfteabbau** *m* reductions (*od.* cuts) in manpower. **~kräftemangel** *m* manpower shortage.
Arbeitskreis *m* working group, working party.
Arbeits|last *f fig.* work- load. **~leistung** *f* efficiency, *tech. a.* output. **~lohn** *m* wages *pl*, pay.
arbeitslos *adj* out of work, unemployed, jobless.
Arbeitslose *m, f* unemployed person: ***die ~n*** the unemployed, the jobless.
Arbeitslosen|geld *n* unemployment benefit. **~hilfe** *f* unemployment assistance. **~quote** *f* unemployment rate. **~unterstützung** *f* job-seeker's allowance. **~versicherung** *f* unemployment insurance. **~versicherungsbeitrag** *m* unemployment insurance contribution. **~zahl** *f* unemployment figures *pl.*
Arbeitslosigkeit *f* unemployment.
Arbeits|mangel *m* shortage of work. **~markt** *m* labo(u)r (*od.* job) market: ***die Lage auf dem ~*** the job situation. **~medizin** *f* occupational *od.* industrial medicine. **~mediziner(in)** occupational physician. **~methode** *f* (working) method. **~minister** *m* Minister of Labour, *Am.* Secretary of Labor. **~ministerium** *n* Department of Employment (*Am.* Labor). **~modell** *n* working model. **~möglichkeiten** *pl* job opportunities *pl.* **~moral** *f* (working) morale.
Arbeits|nachweis *m* employment agency. **~niederlegung** *f* strike, walkout. **~norm** *f* work norm, (*Ziel*) target. **~ordnung** *f* work regulations (*Am.* rules) *pl.* **~papiere** *pl* working papers *pl.*
arbeitsparend *adj* labo(u)r-saving.
Arbeits|pause *f* break. **~pensum** *n* work quota. **~pferd** *n a. fig.* workhorse. **~plan** *m* work schedule.
Arbeitsplatz *m* **1.** job: ***Sicherheit des ~es*** job security; ***die Arbeitsplätze sichern*** safeguard employment; ***freie Arbeitsplätze*** vacancies *pl*; ***Schaffung von Arbeitsplätzen*** job creation. **2.** work(ing) place, *Computer*: workstation.
Arbeitsplatz|beschreibung *f* job description. **~computer** *m* desk-top personal computer. **~gestaltung** *f* workplace design. **~sicherung** *f* job security. **~teilung** *f* job sharing. **~verlust** *m* job loss. **~vernichter** *m* job killer.
Arbeits|probe *f* sample of one's work. **~prozess** *m* ***j-n wieder in den ~ eingliedern*** put s.o. back to work. **~raum** *m* workroom.
Arbeitsrecht *n* industrial law.
arbeitsrechtlich *adj* labour ..., ... concerning industrial law.
arbeits|reich *adj* busy. **~scheu** *adj* workshy.
Arbeits|schluss *m* end of work: ***~ ist um ...*** work finishes at ...; ***nach ~*** after work. **~schutz** *m* industrial safety. **~schutzgesetz** *n* industrial safety act, *in GB etwa*: Factories Act. **~sitzung** *f* working session. **~speicher** *m Computer*: main memory. **~stunde** *f* (*Maßeinheit*) man-hour, *pl* working hours *pl.* **~suche** *f* search for work: ***auf ~ sein*** be job hunting.
arbeitssüchtig *adj*: ***~ sein*** be a workaholic.
Arbeits|tag *m* working day, workday. **~teilung** *f* division of labo(u)r. **~tier** *n* F *fig.* demon for work.
Arbeit|suche *f* (***auf ~ sein*** be) job hunting. **~suchende** *m, f* job seeker.
Arbeitsumfeld *n* job environment.
arbeitsunfähig *adj* unfit for work, *dauernd*: permanently disabled.
Arbeits|unfall *m* industrial (*od.* occupational) accident. **~unterlagen** *pl* working papers *pl.* **~unwillige** *m, f* person unwilling to work. **~urlaub** *m* working vacation. **~verhältnis** *n* employer-employee relationship: ***im ~ stehen bei*** be employed by. **~vermittlung** *f* employment agency. **~vertrag** *m* employment contract. **~verweigerung** *f* refusal to work. **~vorbereitung** *f tech.* operations scheduling. **~vorgang** *m* working procedure, *tech.* operation. **~weise** *f* (working) method, *tech. a.* procedure. **~welt** *f* world of employment. **~willige** *m, f* person willing to work, *engS.* nonstriker.

~wissenschaften *pl* work sciences *pl.* **~woche** *f* working week.
Arbeitszeit *f* **1.** (***gleitende*** ~ flexible) working hours *pl*: ***gleitende ~ haben*** be on flexitime. **2.** *tech., von Maschine*: operating time **3.** *econ.* production time. **~verkürzung** *f* reduction in working hours. **~verlängerung** *f* increase in working hours.
Arbeits|zeugnis *n* reference. **~zimmer** *n* study. **~zufriedenheit** *f* job satisfaction.
Arbitrage *f* arbitrage.
Archäologe *m*, **Archäologin** *f* arch(a)eologist.
Archäologie *f* arch(a)eology.
archäologisch *adj* arch(a)eological.
Arche *f* ark: ***die ~ Noah*** Noah's ark.
Archipel *m* archipelago.
Architekt(in) architect.
architektonisch *adj* architectural.
Architektur *f* architecture.
Archiv *n* archives *pl.* **~bestand** *m* files *pl.* **~bild** *n* library picture.
archivieren *v/t* put into the archives.
Archivierung *f* archiving.
ARD ***Arbeitsgemeinschaft der öffentlich-rechtlichen Rundfunkanstalten der Bundesrepublik Deutschland*** working pool of the broadcasting corporations of the Federal Republic of Germany.
Areal *n* area.
Arena *f* arena.
arg I *adj* bad: ***mein ärgster Feind*** my worst enemy; ***im Argen liegen*** be in a bad way. **II** *adv* badly, F (*sehr*) *a.* awfully.
Arge ***Arbeitsgemeinschaft*** work(ing) group; syndicate.
Argentinien *n the* Argentine.
Argentinier(in), argentinisch *adj* Argentine.
Ärger *m* **1.** (***über*** *acc* at, about *s.th.*, with *s.o.*) annoyance, irritation, (*Zorn*) anger: ***zu m-m ~*** to my annoyance. **2.** (***j-m ~ machen*** cause s.o.) trouble: ***das gibt ~*** there will be trouble.
ärgerlich *adj* **1.** *Person*: (***über*** *acc* at, about *s.th.*, with *s.o.*) annoyed, angry, F cross. **2.** *Sache*: annoying: ***wie ~!*** *a.* what a nuisance!
ärgern I *v/t* annoy, make *s.o.* angry. **II** *v/reflex* ***sich ~*** (***über*** *acc* at, about *s.th.*, with *s.o.*) be (*od.* get) annoyed, be angry: ***ärgere dich nicht!*** take it easy!
Ärgernis *n* annoyance: ⚖ ***öffentliches ~ erregen*** cause a public nuisance; ***~ erregen*** give offen/ce (*Am.* -se).
arglistig *adj* malicious, ⚖ fraudulent: ***~e Täuschung*** wilful deceit.
arglos *adj* innocent, (*nichts ahnend*) unsuspecting. **Arglosigkeit** *f* innocence.
Argument *n* argument.
Argumentation *f* argumentation.
argumentieren *v/i* argue, reason.
Argwohn *m* suspicion (***gegen*** of): ***~ schöpfen*** grow suspicious.
argwöhnisch *adj* suspicious (***gegen*** of).
a. Rh. ***am Rhein*** on the Rhine.
Arie *f* ♪ aria.
Arier(in), arisch *adj* Aryan.
Aristokrat(in) aristocrat. **Aristokratie** *f* aristocracy. **aristokratisch** *adj* aristocratic(ally *adv*).
Arithmetik *f* arithmetic.
Arktis *f the* Arctic (regions *pl*).
arktisch *adj a. fig.* arctic.
arm *adj* poor (***an*** *dat* in).
Arm *m allg.* arm (*a. tech. u. fig.*), (*Ärmel*) *a.* sleeve, *e-s Flusses, Leuchters*: *a.* branch: ***in die ~e nehmen*** embrace, hug; ***j-n auf den ~ nehmen*** a) pick s.o. up, b) F *fig.* pull s.o.'s leg; ***j-m in die ~e laufen*** bump into s.o.; ***j-m unter die ~e greifen*** (***mit***) help s.o. (out with).
Armatur *f* armature, *pl* fittings *pl.*
Armaturenbrett *n mot.* dashboard.
Arm|band *n* bracelet. **~banduhr** *f* wrist watch. **~binde** *f* armlet, ⚕ sling. **~bruch** *m* fractured arm.
Arme *m, f* poor man (woman): ***die ~n*** the poor; ***ich ~(r)!*** poor me!
Armee *f* army. **~korps** *n* army corps.
Ärmel *m* sleeve: ***ohne ~*** sleeveless; F ***et. aus dem ~ schütteln*** a) pull s.th. out of a hat, b) do s.th. off the cuff.
Ärmelaufschlag *m* cuff.
Ärmelkanal *m the* Channel.
ärmellos *adj* sleeveless.
Armenien *n* Armenia.
armieren *v/t* ⚡ (*Kabel*) armo(u)r, *tech.* (*Beton*) reinforce.
...armig ...-armed, ...-branched.
Armlehne *f* arm.
Armleuchter *m* **1.** chandelier. **2.** F *contp.* idiot, twerp.
ärmlich *adj* poor, (*dürftig*) *a.* shabby: ***in ~en Verhältnissen leben*** be poorly off; ***aus ~en Verhältnissen stammen*** come from a poor family.
armselig *adj* wretched, *a. fig.* miserable.
Armut *f* poverty (*a. fig.* ***an*** *dat* in, of).
Armuts|grenze *f* ***an*** (***unter***) ***der ~ liegen*** be on (under) the poverty line. **~zeugnis** *n* ***j-m*** (***sich***) ***ein ~ ausstellen*** show s.o.'s (one's) incompetence.
Aroma *n* (*Duft*) aroma, (*Geschmack*) flavo(u)r. **Aromatherapie** *f* ⚕ aromatherapy. **aromatisch** *adj* aromatic.
arrangieren I *v/t* arrange. **II** *v/reflex* ***sich ~*** come to an arrangement (*od.* agreement) (***mit*** with).

Arrest *m* detention.
arretieren *v/t tech.* arrest, stop.
arriviert *adj* successful.
arrogant *adj* arrogant.
Arsch *m* V **1.** arse, *Am. a.* ass: ***leck mich am ~!*** fuck you!; ***er (es) ist im ~*** he (it) has had it; ***j-m in den ~ kriechen*** suck up to s.o. **2.** → ***Arschloch.***
Arschkriecher(in) V arse licker.
Arschloch *n* V arsehole, *Am. a.* asshole, (*Person*) *a.* (stupid) bastard, shit.
Arsen *n* ⚗ arsenic.
Arsenal *n a. fig.* arsenal.
Art *f* **1.** (*Wesen*) nature, (*Beschaffenheit*) *a.* kind: ***sie hat e-e nette ~*** she is a nice person, ***mit Kindern*** she has a way with children; ***es ist nicht s-e ~ zu*** *inf* he's not the sort to *inf*; ***es ist (sonst) nicht ihre ~ (zu*** *inf*) it's not like her (to *inf*); ***Fragen allgemeiner ~*** questions of general interest. **2.** *a.* ***~ und Weise*** way, manner, (*Verfahren*) method: ***auf diese ~*** in this way; ***s-e ~ zu sprechen*** the way he talks; *gastr.* ***nach ~ des Hauses*** à la maison. **3.** F (*Benehmen*) behavio(u)r, manners *pl.* **4.** (*Sorte*) kind, sort, type, *biol.* species: *iro.* ***e-e ~ Dichter*** a poet of sorts; *fig.* ***aus der ~ schlagen*** go one's own way.
Artenschutz *m* protection of species.
Arterie *f* artery.
Arteriosklerose *f* ⚕ arteriosclerosis.
artfremd *adj biol.*, ⚕ alien, foreign.
artig *adj* well-behaved: ***sei ~!*** be good!, be a good boy (girl)!
Artikel *m allg.* article, *econ. a.* item.
artikulieren I *v/t* articulate. **II** *v/reflex* ***sich ~*** express o.s.
Artillerie *f* artillery.
Artischocke *f* ⚘ artichoke. **Artischockenboden** *m gastr.* artichoke heart.
Artist(in) (variety) artist.
artistisch *adj* artistic, acrobatic.
Arznei *f* (***gegen*** for) medicine, medicament, drug. **Arneikunde** *f* pharmaceutics *sg.*
Arzneimittel *n* → ***Arznei.*** **~abhängigkeit** *f* drug dependence. **~missbrauch** *m* drug abuse.
Arzneipflanze *f* medicinal plant.
Arzneischrank *m* medicine cabinet.
Arzt *m* doctor, *formell*: physician: ***zum ~ gehen*** (go to) see the doctor; → ***Allgemeinmedizin.***
Arztberuf *m* medical profession.
Ärztekammer *f* medical association.
Ärztemuster *n* drug sample.
Ärzteschaft *f* medical profession.
Arzthelfer(in) doctor's receptionist (*od.* assistant).
Ärztin *f* lady doctor (*od.* physician).
ärztlich I *adj* medical: → ***Attest.*** **II** *adv* ***j-n ~ behandeln*** attend s.o.
as, As[1] *n mus.* A flat.
As[2] *n* → ***Ass.***
Asbest *m* asbestos.
asbestbelastet *adj Gebäude, Raum*: asbestos-contaminated.
ASCII-Code *n* ASCII code.
Asche *f* ashes *pl* (*a. fig.*), (*von Zigarette etc*) ash: ***glühende ~*** embers *pl.*
Aschen|bahn *f Sport*: cinder (*mot.* dirt) track. **~becher** *m* ashtray.
Aschenbrödel, ~puttel *n a. fig.* Cinderella.
Aschermittwoch *m* Ash Wednesday.
Ascorbinsäure *f* ⚗ ascorbic acid.
äsen *v/i* graze, browse.
aseptisch *adj* aseptic.
Aserbaidschan *n* Azerbaijan (*republic north of Iran*).
Asiat(in), asiatisch *adj* Asian.
Asien *n* Asia.
Asket(in), asketisch *adj* ascetic.
asozial *adj* antisocial.
Aspekt *m* aspect: ***unter diesem ~ betrachtet*** seen from this angle.
Asphalt *m*, **asphaltieren** *v/t* asphalt.
Ass *n* (*a. Tennis etc, a.* F *Person*) ace.
Assessor(in) *civil servant (lawyer, teacher, etc) who has completed his/her second state examination.*
Assist. ***Assistent(in)*** assistant (assnt); ***Assistenz*** assistence.
Assistent(in) assistant.
Assistenz|arzt *m*, **~ärztin** *f* assistant doctor.
assistieren *v/i* assist (***bei*** in).
Assoziation *f* association.
assoziieren *v/t* associate.
Ast *m allg.* branch, *im Holz*: knot: F ***auf dem absteigenden ~ sein*** be going downhill.
Asta ***Allgemeiner Studentenausschuss*** general students' committee.
Aster *f* ⚘ aster.
Ästhet(in) (a)esthete.
ästhetisch *adj* (a)esthetical.
Asthma *n* ⚕ asthma. **Asthmatiker(in), asthmatisch** *adj* asthmatic.
Astrologe *m*, **Astrologin** *f* astrologer. **Astrologie** *f* astrology.
Astronaut(in) astronaut.
Astronomie *f* astronomy. **astronomisch** *adj a.* F *fig.* astronomic(al).
Astrophysik *f* astrophysics *sg.*
ASU *abbr.* ***Abgassonderuntersuchung*** exhaust-emission test.
Asyl *n allg.* asylum: ***um (politisches) ~ bitten*** ask for (political) asylum.
Asylant(in) person seeking (*od.* having been granted) (political) asylum.

Asylrecht *n* right of asylum.
asymmetrisch *adj* asymmetric(al).
asynchron *adj* asynchronous.
A.T. ***Altes Testament*** Old Testament (OT).
Atelier *n* studio. **~aufnahme** *f* studio shot.
Atem *m* breath: ***außer ~*** (***kommen*** get) out of breath; (***tief***) ***~ holen*** take a (deep) breath; *fig.* ***mir stockte der ~*** my heart stood still; ***das verschlug mir den ~*** that took my breath away; F ***j-n in ~ halten*** keep s.o. on the jump (*in Spannung*: in suspense); → ***anhalten*** 1.
atemberaubend *adj fig.* breathtaking.
Atem|beschwerden *pl* difficulty *sg* in breathing. **~gerät** *n* breathing apparatus, ⚕ respirator.
atemlos *adj a. fig.* breathless.
Atem|pause *f* F breather. **~übungen** *pl* breathing exercises *pl.* **~wege** *pl* respiratory tract *sg.* **~zug** *m* (*fig.* ***im gleichen ~*** in one) breath: ***bis zum letzten ~*** to the last gasp.
Atheismus *m* atheism. **Atheist(in)** atheist. **atheistisch** *adj* atheistic(al).
Athen *n* Athens (*capital of Greece*).
Äther *m* ⚗ ether.
ätherisch *adj* ethereal, etheric: ***~es Öl*** essential (*od.* volatile) oil.
Äthiopien *n* Ethiopia.
Äthiopier(in), äthiopisch *adj* Ethiopian.
Athlet(in) athlete.
athletisch *adj* athletic.
Äthyl *n* ⚗ ethyl. **Äthylen** *n* ethylene.
atlantisch *adj* Atlantic: ***der Atlantische Ozean*** the Atlantic (Ocean).
Atlas *m* **1.** *anat., geogr.* atlas. **2.** (*Seidenatlas*) satin, (*Baumwollatlas*) sateen.
atmen *v/i u. v/t* breathe: ***schwer*** (***tief***) ***~*** breathe hard (deep).
Atmen *n* breathing.
Atmosphäre *f a. fig.* atmosphere.
atmosphärisch *adj* atmospheric: ***~e Störungen*** *Radio*: atmospherics *pl*, statics *pl.*
Atmung *f* breathing, respiration: ***künstliche ~*** artificial respiration.
Atom *n* atom.
atomar *adj* atomic, nuclear.
Atom|bombe *f* atom(ic) bomb, A-bomb. **~bunker** *m* nuclear shelter. **~energie** *f* atomic energy. **~explosion** *f* atomic explosion. **~forschung** *f* atomic research.
atomgetrieben *adj* nuclear-powered.
Atom|gewicht *n* atomic weight. **~hülle** *f* atomic shell.
atomisieren *v/t a. fig.* atomize.
Atom|kern *m* atomic nucleus. **~kontrolle** *f* atomic control. **~kraft** *f* nuclear power. **~kraftwerk** *n* nuclear power station. **~krieg(führung** *f*) *m* nuclear war(fare). **~macht** *f pol.* nuclear power. **~modell** *n* atomic model. **~müll** *m* radioactive waste. **~physik** *f* atomic physics *sg.* **~reaktor** *m* atom reactor. **~spaltung** *f* atom splitting. **~sperrvertrag** *m pol.* nonproliferation treaty. **~sprengkopf** *m* nuclear warhead. **~test** *m* nuclear test. **~teststopp(abkommen** *n*) *m* test ban (treaty). **~tod** *m* nuclear death.
Atom-U-Boot *n* nuclear(-powered) submarine.
Atomwaffen *pl* atomic (*od.* nuclear) weapons *pl.*
atomwaffenfrei *adj* nuclear-free *zone.*
Atomwaffengegner(in) anti-nuclear protester.
Atom|wirtschaft *f* nuclear industry. **~zahl** *f phys., chem.* atomic number. **~zeitalter** *n* atomic age.
ätsch *int* there!, serves you right!
Attaché *m* attaché.
Attacke *f*, **attackieren** *v/t u. v/i* attack.
Attentat *n* (***ein ~ auf j-n verüben*** make an) attempt on s.o.'s life, (*~ mit Todesfolge*) assassination.
Attentäter(in) assassin.
Attest *n* (***ärztliches ~*** medical *od.* doctor's) certificate.
Attraktion *f* attraction.
attraktiv *adj* attractive.
Attrappe *f* dummy, *Marketing a.*: display package, *tech.* mock-up.
Attribut *n allg.* attribute.
attributiv *adj ling.* attributive.
atü ***Atmosphärenüberdruck*** atmospheric excess pressure (psi = pounds per square inch).
ätzen *v/t* **1.** ⚗ corrode, eat into. **2.** ⚕ cauterize. **3.** *Kunst*: etch.
ätzend **1.** *adj* corrosive, *a. fig.* caustic. **2.** F (*schlecht*) lousy, the pits.
au *int* **1.** ouch! **2.** ***~ ja!*** oh yes!
AU *abbr.* ***Abgasuntersuchung*** exhaust-emission test.
Aubergine *f* ❀ aubergine, eggplant.
auch *adv* **1.** (*ebenfalls*) also, too, as well: ***ich habe Hunger - ich ~*** I am hungry - so am I (F me too); ***ich glaube es - ich ~*** I believe it - so do I; ***ich kann es nicht - ich ~ nicht*** I can't do it - nor (*od.* neither) can I. **2.** (*sogar*) even: ***ohne ~ nur zu fragen*** without so much as asking. **3.** *zugestehend*: ***wenn ~*** even if, although; ***sosehr ich es ~ bedauere*** however much I regret it. **4.** *verallgemeinernd*: ***wann ~*** (***immer***) whenever; ***wer es ~*** (***immer***) ***sei*** whoever it may be; ***was er ~*** (***immer***) ***sagt*** whatever he may say; ***so schwierig es ~ sein mag*** difficult as it may be. **5.** *verstärkend*: ***wirst du es ~ tun?*** are

you really going to do it?; ***so schlimm ist es ~ wieder nicht!*** it's not all that bad!

Audienz *f* audience (***bei*** with).

audiovisuell *adj* audiovisual.

Auditorium *n* **1.** *univ.* (~ ***maximum*** main) lecture hall. **2.** (*Zuhörerschaft*) audience.

auf I *prep* (*dat*) **1.** *räumlich*: on, in, at: ~ ***dem Tisch*** on the table; ~ ***der Straße*** in (*Am.* on) the street, on the road; ~ ***See*** at sea; ~ ***der Post*** at the post office; ~ ***der Welt*** in the world; ~ ***dem Land*** in the country; ***er ist ~ s-m Zimmer*** he is in his room. **2.** (*bei*) at, during, on: ~ ***dem Ball*** at the ball; ~ ***s-r Reise*** during (*od.* on) his journey; ~ ***Urlaub*** on vacation, *bsd. Br.* on holiday. **II** *prep* (*acc*) **3.** *räumlich*: (down) on, onto, into, (*hin~*) up, *Richtung*: to, toward(s): ***er setzte sich ~ e-n Stuhl*** he sat down on a chair; ~ ***die Erde fallen*** fall (on)to the ground; ***er ging ~ die Straße*** he went (out) into the street; ***ich ging ~ die Post*** I went to the post office; ***geh ~ dein Zimmer!*** go to your room!; ***sie zogen ~ das Land*** they moved (in)to the country; *fig.* ~ ***Besuch kommen*** come for a visit; ~ ***Reisen gehen*** go on a journey. **4.** *zeitlich*: a) for: ~ ***ein paar Tage*** for a few days; ~ ***Jahre hinaus*** for years to come; ***es geht ~ 9 (Uhr)*** it's getting on for nine (o'clock); F ~ ***e-e Tasse Kaffee*** for a cup of coffee, b) after: ***Stunde ~ Stunde verging*** hour after hour went by, c) until: ~ ***morgen verschieben*** postpone until tomorrow; F ~ ***bald!*** see you soon! **5.** ~ ***diese Weise*** (in) this way; ~ ***Deutsch*** in German; ~ ***s-n Befehl*** by (*od.* at) his order; ~ ***m-e Bitte (hin)*** on my request. **6.** *bei Mengenangaben*: ***von 80 Tonnen ~ 100 erhöhen*** increase from 80 tons to 100; ~ ***jeden entfallen ...*** there is/are ... (for) each; ~ ***die Sekunde*** to the second; ~ ***100 m*** *sehen, hören etc*: at (*od.* from) a hundred metres, *herankommen etc*: as close as 100 metres. **III** *adv* **7.** F a) (*offen*) open: ***Augen ~!*** *a.* watch out!, b) (*wach*) awake, (*auf den Beinen*) up (and going); ~ ***sein*** a) *Tür etc*: be open, b) *Person*: be up; ***ich war die ganze Nacht ~*** I was up all night. **8.** ~ ***und ab gehen*** walk up and down (*od.* to and fro); ~ ***und davon gehen*** run away. **IV** *int* **9.** ~***!*** a) (get) up!, b) F *a.* ~ ***gehts!*** let's go!, c) (*los*) come on!

Auf *n* ***das ~ und Ab des Lebens*** the ups and downs of life.

aufarbeiten *v/t* **1.** (*Rückstände*) work (*od.* clear) off, catch up on. **2.** (*Möbel etc*) furbish up, do up. **3.** *fig.* work *s.th.* up, (*Eindrücke etc*) digest.

aufatmen *v/i* draw a deep breath, *fig.* breathe again (*od.* freely), recover.

aufbahren *v/t* (*Sarg*) put on the bier, (*Leiche*) lay out (in state).

Aufbau *m* **1.** (*das Aufbauen*) building, erection, construction, *tech.* assembly: *fig.* ***im ~ (begriffen) sein*** be in its initial stages. **2.** (*Struktur*) *a. fig.* structure. **3.** *mot.* car body. **4.** *Computer*: format.

aufbauen I *v/t* **1.** build, erect, construct, *tech.* assemble, (*errichten*) set up, (*arrangieren*) arrange: ***wieder ~*** rebuild, reconstruct. **2.** (*ein Reich, Geschäft etc, den Angriff, Eiweiß,* F *e-n Politiker, Sportler etc*) build up, (*schaffen*) organize, set up: ***sich e-e Existenz ~*** build o.s. an existence; ***e-e Theorie*** *etc* ~ ***auf*** (*dat*) base (*od.* found) a theory *etc* on. **II** *v/i* **3.** (*a.* ***sich***) ~ ***auf*** (*dat*) be based (*od.* founded) on. **III** *v/reflex* ***sich ~*** **4.** be composed (***aus*** of). **5.** F ***sich ~ vor*** (*dat*) plant o.s. (*mehrere*: line up) in front of.

aufbäumen *v/reflex* ***sich ~*** *Pferd*: rear; *fig.* ***sich ~*** make a (last) desperate effort; ***sich ~ gegen*** rebel against.

aufbauschen *v/t fig.* exaggerate.

Aufbauten *pl* ⚓ superstructure *sg.*

aufbegehren *v/i* rebel (***gegen*** against).

aufbehalten *v/t* F ***den Hut ~*** keep one's hat on.

aufbekommen *v/t* F **1.** (*Tür etc*) get open, (*Knoten etc*) get undone. **2.** (*Aufgabe*) be given *a task* (to do).

aufbereiten *v/t allg.* prepare, (*Nahrungsmittel etc, a. fig. Material etc*) *a.* process, *tech. a.* treat, *Computer*: edit, *fig.* work *s.th.* up.

Aufbereitung *f allg.* preparation, *von Nahrungsmitteln, Material etc*: *a.* processing, *von Daten*: editing.

aufbessern *v/t allg.* improve, (*Kenntnisse etc*) *a.* F brush up, (*Gehalt etc*) raise.

aufbewahren *v/t* keep, preserve, (*lagern*) store (up). **Aufbewahrung** *f* (***sichere ~***) safekeeping: ***j-m et. zur ~ geben*** leave s.th. with s.o.

aufbieten *v/t* **1.** (*Kräfte, Mut etc*) muster, summon (up), (*Einfluss etc*) use. **2.** (*Truppen*) mobilize. **3.** (*Brautpaar*) publish (*od.* call) the banns of.

Aufbietung *f* ***unter ~ aller Kräfte*** by (a) supreme effort.

aufbinden *v/t* undo, untie: → ***Bär.***

aufblähen I *v/t* **1.** (*a.* ***sich ~***) blow out, swell. **2.** *econ.*, ⚕ inflate. **II** *v/reflex* ***sich ~*** → ***aufblasen*** II.

aufblasbar *adj* inflatable.

aufblasen I *v/t* blow up, inflate. **II** *v/reflex* ***sich ~*** F *contp.* puff o.s. up.

aufbleiben *v/i* **1.** (*wachen*) sit up, stay up. **2.** *Tür etc*: remain open.

aufblenden *v/i* **1.** *mot.* turn on the headlights full beam. **2.** *phot.* open the diaphragm.

aufblicken *v/i* look up: ***zu j-m ~*** look up at s.o. (*bsd. fig.* to s.o.).

aufblitzen *v/i* flash (up).

aufblühen *v/i* (begin to) bloom, *fig. Mädchen*: blossom (out), *Stadt, Wirtschaft etc*: (begin to) flourish.

aufbocken *v/t mot.* jack up.

aufbohren *v/t tech.* bore open, (*Motor*) rebore, (*Zahn*) drill.

aufbrauchen *v/t* use up, consume.

aufbrausen *v/i* **1.** ⚗ effervesce. **2.** *Person*: flare up.

aufbrausend *adj fig.* quick-tempered.

aufbrechen I *v/t* **1.** (*Tür, Schloss etc*) break open, (*Kiste etc*) prize open, (*Pflaster etc*) break up. **II** *v/i* **2.** *Knospe, Geschwür etc*: (burst) open, *Eis*: break up. **3.** (***nach*** for) start, set out.

aufbringen *v/t* **1.** → ***aufbekommen*** 1. **2.** (*Geld*) raise, (*Mittel*) find, *fig.* (*Mut, Energie etc*) muster, summon (up). **3.** (*Gerücht, Mode etc*) start. **4.** (*erzürnen*) anger, *stärker*: incense: ***j-n gegen sich ~*** get s.o.'s back up; → ***aufgebracht.*** **5.** (*ein Schiff*) capture.

Aufbruch *m* (***nach, zu*** for) departure, start: ***das Zeichen zum ~ geben*** give the sign to leave.

aufbrühen *v/t* (*Kaffee etc*) make, (*Tee*) *a.* brew.

aufbügeln *v/t* **1.** (*Muster*) transfer (***auf*** *acc* on). **2.** (*Hose etc*) iron, press.

aufbürden *v/t fig.* ***j-m et. ~*** saddle s.o. with s.th.

aufdecken I *v/t* **1.** uncover, *fig. a.* reveal, expose. **2.** ***das Bett ~*** turn down the bed. **3.** (*Tischtuch*) put on. **II** *v/i* **4.** lay the table.

aufdonnern *v/reflex* ***sich ~*** F get dolled up.

aufdrängen I *v/t* ***j-m et. ~*** force s.th. on s.o. **II** *v/reflex* ***sich ~*** *Gedanke etc*: suggest itself; ***sich j-m ~*** impose o.s. on s.o.; ***ich will mich nicht ~*** I don't want to intrude.

aufdrehen I *v/t* **1.** (*Ventil, Gas etc*) turn on. **2.** (*Seil*) untwist. **3.** F (*Radio*) turn up. **4.** (*Haare*) put up in curlers. **II** *v/i* **5.** F *mot.* step on the gas. **6.** F *fig. Person*: get going: → ***aufgedreht.***

aufdringlich *adj* obtrusive, *Person*: *a.* importunate, pushing, *Farbe*: *a.* loud, *Musik*: noisy, *Geruch*: overpowering.

Aufdringlichkeit *f* obtrusiveness.

Aufdruck *m* imprint, *philat.* overprint.

aufdrucken *v/t* print (***auf*** *acc* on).

aufdrücken *v/t* **1.** (*Tür etc*) push (*od.* press) open. **2.** F (*Pickel etc*) squeeze open. **3.** (*Stempel etc*) impress (*dat od.* ***auf*** *acc* on).

aufeinander *adv* **1.** (*übereinander*) one on top of another (*od.* the other). **2.** (*gegenseitig*) one another, each other: ***~ angewiesen sein*** depend on each other; ***~ abgestimmte Farben*** matching colo(u)rs. **3.** (*nacheinander*) one after the other; ***~ folgen*** succeed (one another); ***~ folgend*** successive, consecutive: ***an drei ~ folgenden Tagen*** on three days running; ***~ prallen, ~ stoßen*** collide, *fig. Meinungen, Personen*: *a.* clash; ***~ treffen*** meet (one another).

Aufenthalt *m* **1.** stay. **2.** 🚂 *etc* (***fünf Minuten ~*** five minutes') stop: ***ohne ~*** nonstop; ***wir hatten zwei Stunden ~ in ...*** we stopped in ... for two hours.

Aufenthalts|erlaubnis *f* residence permit. **~ort** *m* whereabouts *sg*, (*Wohnsitz*) residence. **~raum** *m Hotel etc*: lounge, *Schule etc*: common room.

auferlegen *v/t* ***j-m et. ~*** impose s.th. on s.o.; ***sich k-n Zwang ~*** be free and easy.

auferstehen *v/i eccl.* rise (from the dead). **Auferstehung** *f* resurrection.

aufessen *v/t* eat up, finish.

auffädeln *v/t* thread, string.

auffahren I *v/i* **1.** ***~ auf*** (*acc*) *mot.* crash into, ⚓ run on; *mot.* ***zu dicht ~*** tailgate. **2.** *erschreckt*: (give a) start, *zornig*: flare up: ***aus dem Schlaf ~*** wake with a start. **II** *v/t* **3.** F (*Speisen etc*) bring on.

Auffahrt *f* (*Zufahrt*) approach, *zu e-r Autobahn*: slip road, *zu e-m Haus*: drive(way *Am.*).

Auffahrunfall *m mot.* rear-end collision.

auffallen *v/i* be conspicuous, attract attention: ***j-m ~*** strike s.o.; ***das fällt nicht auf*** nobody will notice; ***unangenehm ~*** make a bad impression.

auffallend *adj* noticeable, *Schönheit, Ähnlichkeit etc*: remarkable, striking.

auffällig *adj* **1.** → ***auffallend.*** **2.** conspicuous, *Benehmen etc*: odd, strange, *Farben, Kleidung etc*: loud, F flashy.

auffangen *v/t* **1.** (*Ball etc, a. fig. Worte etc*) catch, *fig.* (*Nachrichten etc*) pick up, (*Funkspruch*) *a.* intercept. **2.** (*mildern*) (*Fall, Stoß, a. fig. Preissteigerung etc*) cushion, (*Schlag*) parry, *Boxen*: block, (*Angriff etc*) stop. **3.** (*sammeln*) collect, *fig.* (*Flüchtlinge etc*) receive. **4.** ✈ pull out.

Auffanglager *n* reception camp.

auffassen I *v/t* **1.** (*begreifen*) understand, grasp. **2.** (*deuten*) interpret: ***falsch ~*** misunderstand, misinterpret; ***et. als Scherz ~*** take s.th. as a joke. **II** *v/i* **3.** ***leicht*** (***schwer***) ***~*** F be quick (slow) on the uptake.

Auffassung *f* **1.** (*Ansicht*) view, opinion: ***nach m-r ~*** in my view, as I see it. **2.** (*Deutung*) interpretation. **3.** → **Auffassungsgabe** *f* grasp, intelligence.

auffindbar *adj* ***nicht ~*** not to be found.

auffinden *v/t* find, discover.

auffischen *v/t* F **1.** (*Schiffbrüchige etc*) fish out (of the water). **2.** → ***aufgabeln.***
aufflackern *v/i a. fig.* flicker up.
aufflammen *v/i a. fig.* flare up.
auffliegen *v/i* **1.** *Vogel*: fly up. **2.** *Tür etc*: fly open. **3.** F *Plan etc*: blow up: ~ ***lassen*** (*j-n*) expose, (*Bande*) bust, (*Veranstaltung*) break up.
auffordern *v/t* **1.** ***j-n*** ~ (***, et. zu tun***) ask (*stärker*: order, ⚖ summon) s.o. (to do s.th.); ***j-n dringend*** ~ urge s.o. **2.** (*bitten*) invite: ***e-e Dame*** (***zum Tanz***) ~ ask a lady to dance.
Aufforderung *f* request, call, *stärker*: order, ⚖ summons, (*Ersuchen*) invitation.
aufforsten *v/t* reafforest.
auffressen *v/t* eat up, devour: F *fig.* ***die Arbeit frisst mich auf*** I'm drowning in work.
auffrischen I *v/t* freshen up, (*Farben etc, a. fig. Gedächtnis etc*) refresh, (*Vorräte*) replenish, *fig.* (*Kenntnisse*) brush up, (*Bekanntschaft*) revive. **II** *v/i Wind*: freshen.
Auffrischungskurs *m* refresher course.
aufführen I *v/t* **1.** ♪, *thea. etc* perform, present, (*Film*) *a.* show, (*Stück*) *a.* put on. **2.** (*nennen*) state, show, *in e-r Liste*: list: ***einzeln*** ~ specify, itemize; ***namentlich*** ~ name. **II** *v/reflex* ***sich*** ~ **3.** behave: ***sich schlecht*** ~ *a.* misbehave.
Aufführung *f thea. etc* performance, *Film*: *a.* showing, (*Darbietung*) show.
Aufführungsrechte *pl* performing rights *pl.*
auffüllen *v/t* fill up, top up, (*Vorräte etc*) replenish.
Aufgabe *f* **1.** *e-s Briefs*: posting, *Am.* mailing, *e-s Telegramms*: sending, *des Gepäcks*: registering, *Am.* checking, *e-r Annonce*: insertion, *e-r Bestellung*: giving, placing. **2.** *allg. e-s Plans, e-r Wohnung etc*: giving up (*a. Sport*), *e-s Geschäfts etc*: *a.* closing down, *e-s Amts etc*: resignation (*gen* from). **3.** task, assignment, job, (*Pflicht*) duty, (*Zweck*) purpose, function: ***es ist nicht m-e*** ~ ***zu*** *inf* it's not my job to *inf*; ***es sich zur*** ~ ***machen zu*** *inf* make it one's business to *inf.* **4.** (*Denkaufgabe*) problem, (*Schulaufgabe*) homework, lesson, exercise: ***s-e*** ~***n machen*** do one's homework. **5.** *bsd. Volleyball*: service.
aufgabeln *v/t* F pick up.
Aufgabenbereich *m* (***das fällt nicht in m-n*** ~ that is outside my) area of responsibilities.
Aufgabe|ort *m* place of posting. ~**stempel** *m* postmark.
Aufgang *m* **1.** *der Gestirne*: rising. **2.** (*Treppenaufgang*) stairway.
aufgeben I *v/t* **1.** (*Brief etc*) post, *bsd. Am.* mail, (*Telegramm*) send, (*Gepäck*) register, *Am.* check, (*Annonce*) insert, (*Bestellung*) give, place. **2.** *allg.* (*Wohnung, Beruf, Hoffnung, e-n Patienten etc*) give up, (*Amt etc*) *a.* retire from,(*Plan etc*) *a.* abandon, (*Wettkampf etc*) stop: ***das Rauchen*** ~ give up (*od.* stop) smoking; F ***gibs auf!*** give (it) up! **3.** (*Rätsel*) ask, (*Schularbeit*) set, give. **4.** (*den Ball*) serve. **II** *v/i* **5.** give up, *Boxen u. fig.* throw in the towel.
aufgeblasen *adj* F bumptious.
Aufgebot *n* **1.** ***das*** ~ ***bestellen*** give notice of an intended marriage, *kirchlich*: put up the banns. **2.** (*Menge*) array, crowd, (*Polizei*) force, *Sport*: team, (*Spielerkader*) squad, pool of players: ***mit starkem*** ~ ***erscheinen*** turn out (*od.* up) in full force; ***das letzte*** ~ the last reserves *pl.*
aufgebracht *adj* (***gegen*** with, ***über*** *acc* at, about) angry, *stärker*: furious.
aufgedonnert *adj* F dolled up.
aufgedreht *adj* F *fig.* in high spirits.
aufgedunsen *adj* bloated, swollen.
aufgehen *v/i* **1.** *Sonne etc, a. Teig*: rise, *Vorhang*: *a.* go up. **2.** *Saat etc*: come up. **3.** (*sich öffnen*) *allg.* open, *Schleife etc*: *a.* come undone, *Naht*: come open, *Geschwür etc*: burst. **4.** ⅍ come out even: ***die Aufgabe geht nicht auf*** the sum doesn't work out; → ***Rechnung*** 1. **5.** ~ ***in*** (*dat*) be (all) wrapped up in *one's work etc.* **6.** ***j-m*** ~ (*klar werden*) dawn on s.o.; ***jetzt geht mir die Bedeutung s-r Worte auf*** now I realize what he meant; → ***Licht*** 2. **7.** ***in Flammen*** ~ go up in flames.
aufgehoben *adj fig.* ***gut*** ~ ***sein*** be in good hands (***bei j-m*** with s.o.).
aufgeilen V **I** *v/t* turn *s.o.* on. **II** *v/reflex* ***sich*** ~ ***an*** (*dat*) get turned on by.
aufgeklärt *adj* enlightened: (***sexuell***) ~ ***sein*** know the facts of life.
aufgeknöpft *adj* F *fig.* chatty.
aufgekratzt *adj* F *fig.* chirpy.
Aufgeld *n* extra charge, surcharge, *Börse*: premium, agio.
aufgelegt *adj* ***zu et.*** ~ ***sein*** be in the mood for s.th., feel like (doing) s.th.; ***gut*** (***schlecht***) ~ ***sein*** be in a good (bad) mood.
aufgelöst *adj fig.* **1.** distraught: ***in Tränen*** ~ in tears. **2.** (*erschöpft*) all in.
aufgeräumt *adj fig.* cheerful.
aufgeregt *adj* excited, nervous, upset.
aufgerundet *adj Betrag etc*: rounded up.
aufgeschlossen *adj fig.* open (**für** to), *Person*: open-minded. **Aufgeschlossenheit** *f* open-mindedness.
aufgeschmissen *adj* F ~ ***sein*** be stuck.
aufgeschossen *adj* ***hoch*** ~ *Person*: lanky, gangling.
aufgesetzt *adj fig.* artificial.

aufgesprungen *adj Lippen, Hände etc*: chapped.
aufgestaut *adj Ärger etc*: pent-up.
aufgeweckt *adj fig*. bright, clever.
aufgießen → ***aufbrühen.***
aufgliedern *v/t* (sub)divide, *nach Klassen*: classify, *statistisch etc*: break down (**nach** *Alter etc* by), (*e-n Satz*) analyze.
aufgraben *v/t* dig up.
aufgreifen *v/t* **1.** (*j-n*) pick up, seize. **2.** (*Idee etc*) take up.
aufgrund → ***Grund*** 3.
Aufguss *m* **1.** infusion. **2.** *fig*. rehash.
aufhaben F **I** *v/t* **1.** (*Hut etc*) have on. **2.** (*Tür etc*) have open. **3.** (*Schulaufgaben*) have to do: ***wir haben heute nichts auf*** we have no homework today. **II** *v/i* **4.** *Geschäft etc*: be open.
aufhacken *v/t* pick up, break up.
aufhaken *v/t* unhook, undo.
aufhalsen *v/t* F ***j-m et.*** ~ land s.o. with s.th.
aufhalten I *v/t* **1.** keep open. **2.** (*anhalten*) stop, (*j-n*) detain, hold up (*a. Auto, Verkehr*), (*hemmen*) check, stay, (*verzögern*) delay: ***ich wurde durch den Regen aufgehalten*** I was delayed by the rain; ***ich will Sie nicht länger*** ~ don't let me keep you. **II** *v/reflex* **sich** ~ **3.** stay (***im Ausland*** abroad, ***bei Freunden*** with friends). **4. *sich*** ~ ***mit*** spend (*unnütz*: waste) one's time on.
aufhängen I *v/t* **1.** (**an** *dat*) hang (up) (on), *tech*. suspend (from): ***j-n*** ~ hang s.o. **2.** F → ***aufbürden.*** **II** *v/reflex* **sich** ~ **3.** hang o.s.
Aufhänger *m* **1.** *am Mantel etc*: tab. **2.** F *fig*. ~ (***für e-n Artikel*** *etc*) peg (on which to hang a story *etc*).
Aufhängung *f tech*. suspension.
aufhäufen *v/t* (*a.* **sich** ~) pile up, heap up, accumulate.
aufheben *v/t* **1.** pick up, (*hochheben*) lift (up), (*Hand*) raise: ***j-n*** ~ help s.o. up. **2.** (*aufbewahren*) keep (***für später*** for later): → ***aufgehoben.*** **3.** (*Sitzung etc*) close, (*Belagerung*) raise, (*Boykott etc*) call off. **4.** (*rückgängig machen*) abolish, (*Vertrag*) cancel, (*a. Ehe*) annul, (*Gesetz*) abrogate, (*Urteil*) quash: ***ein Verbot*** ~ lift a ban. **5.** (*ausgleichen*) compensate, (*e-e Wirkung*) cancel, neutralize: ***sich*** (*od.* ***einander***) ~ cancel each other out (*a.* ⚗), neutralize each other.
Aufheben *n* fuss, ado: ***viel*** ~***(s) machen*** make a big fuss (***von*** about).
Aufhebung *f* **1.** abolition (***der Todesstrafe*** of capital punishment), *e-s Gesetzes*: abrogation, *e-s Vertrags*: cancel(l)ation, *a. e-r Ehe*: annulment. **2.** (*Beendigung*) termination, *e-r Belagerung*: raising, *e-s Boykotts etc*: calling-off. **3.** *e-r Wirkung*: neutralization.
aufheitern I *v/t* ***j-n*** ~ cheer s.o. up. **II** *v/reflex* **sich** ~ *Wetter*: clear (up), *a. fig. Gemüt etc*: brighten (up). **Aufheiterungen** *pl meteor*. sunny spells *pl*.
aufhellen I *v/t* **1.** (*Farbe*) lighten (*a. phot.*). **2.** *fig*. → ***erhellen*** 2. **II** *v/reflex* **sich** ~ → ***aufheitern*** II.
aufhetzen *v/t* ***j-n*** ~ incite s.o. (***zu et.*** to [do] s.th.), ***gegen*** set s.o. against. **Aufhetzung** *f* instigation, *pol*. agitation.
aufheulen *v/i* (give a) howl, *mot*. roar.
aufholen I *v/t* (*Arbeit etc*) catch up on: ***e-n Rückstand*** (*od.* ***Zeitverlust***) ~ make up leeway. **II** *v/i* (***gegenüber***) catch up (with, on), gain (on).
aufhorchen *v/i* **1.** prick (up) one's ears. **2.** *fig*. sit up (and take notice).
aufhören *v/i* stop (*a.* ~ ***mit***), (come to an) end: ***sie hörte nicht auf zu reden*** she didn't stop talking; ***wo haben wir aufgehört?*** where did we leave off?; ***hör auf*** (***damit***)***!*** stop it!; ~ ***zu arbeiten*** F knock off (work[ing]); ***ohne aufzuhören*** without letup.
Aufkauf *m* takeover, buyout.
aufkaufen *v/t* buy up.
Aufkäufer(in) (wholesale) buyer.
aufklappen *v/t u. v/i* open.
aufklaren *v/i Wetter*: clear (up).
aufklären I *v/t* **1.** (*Geheimnis etc*) clear up, (*Mord etc*) *a.* solve, (*Irrtum etc*) correct. **2.** (*j-n*) enlighten, inform (***über*** *acc* of): ***j-n*** (***sexuell***) ~ explain the facts of life to s.o. **3.** *mil*. reconnoit/re (*Am.* -er). **II** *v/reflex* **sich** ~ **4.** be cleared up, be solved. **5.** → ***aufklaren.***
Aufklärung *f* **1.** *e-s Falls etc*: clearing up, solution, *e-s Irrtums etc*: correction: ~ ***verlangen*** demand an explanation. **2.** (*Belehrung*) enlightenment (*a. philos.*), education, information: ***sexuelle*** ~ sex education. **3.** *mil*. reconnaissance.
Aufklärungs|film *m* sex education film. **~flugzeug** *n* reconnaissance (*od.* scout) plane. **~quote** *f von Verbrechen*: clear-up rate. **~satellit** *m* reconnaissance satellite. **~zeit** *f hist*. Age of Enlightenment.
Aufklebeadresse *f* gummed address label.
aufkleben *v/t* stick on (***auf*** *acc* to), *phot*. mount. **Aufkleber** *m* sticker.
aufknöpfen *v/t* unbutton, undo.
aufkochen *v/t* (*a.* ~ ***lassen***) bring *s.th.* to the boil.
aufkommen I *v/i* **1.** (*entstehen*) arise (*a. Zweifel, Verdacht etc*), *Wind*: spring up, *Nebel etc*: come up, *Mode etc*: come into fashion, *Gerücht*: start: ***Zweifel*** ~ ***lassen*** give rise to doubt; ***nicht*** ~ ***lassen*** suppress. **2.** ~ ***für*** (*einstehen*) answer for, be responsible for, (*bezahlen*) pay; ***für den Schaden*** ~

compensate for the damage. **3.** ~ ***gegen*** prevail against; ***er kommt gegen sie nicht auf*** he is no match for her; ***niemanden neben sich*** ~ ***lassen*** suffer no rival. **4.** → ***aufholen*** II.

Aufkommen *n* **1.** (*Entstehung*) rise. **2.** *econ.* yield.

aufkratzen *v/t* scratch open: ***sich*** ~ scratch o.s. sore.

aufkrempeln *v/t* (*Hose*) turn up, (*Ärmel*) roll up.

aufkreuzen *v/i* F *fig.* turn up.

aufkriegen F → ***aufbekommen.***

auflachen *v/i* (give a) laugh.

aufladen I *v/t* **1.** load (***auf*** *acc* onto): F *fig.* ***j-m*** (***sich***) ***et.*** ~ saddle s.o. (o.s.) with s.th. **2.** (*Batterie*) charge, (*Motor*) supercharge, boost. II *v/reflex* ***sich*** ~ **3.** *elektrisch*: become charged.

Auflader *m mot.* supercharger.

Auflage *f* **1.** *e-s Buches*: edition, *e-r Zeitung*: circulation. **2.** (*Bedingung*) ([***j-m***] ***et. zur*** ~ ***machen*** make s.th. a) condition (for s.o.). **3.** *tech.* (*Stütze*) rest, support, (*Schicht*) layer, (*Belag*) coating, lining.

Auflagenhöhe *f e-s Buches*: number of copies, *e-r Zeitung*: circulation.

auflagenstark *adj Zeitung etc*: high-circulation.

auflassen *v/t* F **1.** (*Tür etc*) leave open. **2.** (*Hut etc*) keep on. **3.** ***j-n*** (***lange***) ~ let s.o. stay up (late). **4.** (*Grundstück*) convey.

auflauern *v/i* ***j-m*** ~ waylay s.o.

Auflauf *m* **1.** (*Menschenmenge*) crowd, (*Tumult*) riot. **2.** *gastr.* soufflé.

auflaufen *v/i* **1.** ⚓ run aground: ***auf e-e Mine*** ~ hit a mine. **2.** run (*od.* bump) (***auf*** *acc* into): ***j-n*** ~ ***lassen*** a) *Sport*: obstruct s.o. unfairly, b) *fig.* give s.o. what for. **3.** *Gelder etc*: accumulate, run up, *Zinsen*: *a.* accrue.

Auflaufform *f* ovenproof dish.

aufleben *v/i* (***wieder***) ~ *a. fig.* revive; ***er lebte förmlich auf*** he really livened up.

auflegen I *v/t* **1.** (*Kohlen, Schallplatte, Make-up etc*) put on, (*Tischtuch, Gedeck*) lay: ***den*** (***Telefon***)***Hörer*** ~ → 4. **2.** (*Buch*) publish, print: ***wieder*** ~ reprint. **3.** (*Aktien etc*) issue. II *v/i* **4.** *teleph.* replace the receiver, hang up.

auflehnen *v/reflex* ***sich*** ~ (***gegen***) rebel (against), oppose (*s.o., s.th.*). **Auflehnung** *f* rebellion (***gegen*** against).

auflesen *v/t* pick up (*a.* F *fig. j-n*).

aufleuchten *v/i a. fig.* light up.

aufliegen I *v/i* lie (*od.* rest, lean) (***auf*** *dat* on). II *v/reflex* ***sich*** ~ F ⚕ get bedsore(s).

auflisten *v/t* list, make a list of.

auflockern *v/t allg., a. fig.* loosen up, (*Muskeln*) *a.* limber up, *fig.* (*Unterricht etc*) *a.* liven up, (*Atmosphäre*) relax, (*Wohngebiet*) disperse.

auflodern *v/i a. fig.* flare up.

auflösen I *v/t* **1.** *allg.* dissolve, (*Versammlung etc*) *a.* break up, (*Verlobung*) break off, *mil.* (*Einheit*) disband: ([***sich***] ***in s-e Bestandteile***) ~ disintegrate. **2.** 𝔄 (*Gleichung, a.* ♪ *Dissonanz*) resolve (*a. Rätsel etc*), (*Klammern*) remove, ♪ (*Vorzeichen*) cancel. **3.** (*Vertrag*) cancel, annul, (*Firma etc*) liquidate, wind up. II *v/reflex* ***sich*** ~ **4.** *allg.* dissolve, *Versammlung etc*: *a.* break up, ⚔ *Einheit*: disband: ***sich in nichts*** ~ vanish (into thin air), *Hoffnung etc*: go up in smoke; → ***Luft*** 1.

Auflösung *f allg.* dissolution, *e-r Versammlung*: *a.* breakup, *e-r Firma*: liquidation, *e-s Vertrags*: annulment, *mil.* disbandment, 𝔄, ♪, *phot.* resolution, (*Zerfall*) disintegration (*a. fig.*).

Auflösungszeichen *n* ♪ natural.

aufmachen I *v/t* F **1.** *allg.* open: ***mach d-e Augen auf!*** watch out! **2.** (*zurechtmachen*) make up, get up, design: ***et.*** *in der Presse* ***groß*** ~ splash s.th.; ***e-e Rechnung*** ~ write out (*fig.* present) a bill. II *v/i* **3.** F open, *auf Klingelzeichen*: answer the door: ***j-m*** ~ let s.o. in. III *v/reflex* ***sich*** ~ **4.** set out (***nach*** for).

Aufmacher *m* F *Zeitung*: lead, *engS.* feature story (*od.* photo).

Aufmachung *f* **1.** presentation, getup, *print.* layout: ***et. in großer*** ~ ***herausbringen*** feature s.th. prominently. **2.** F (*Kleidung*) outfit, getup.

Aufmarsch *m* marching up, *von Truppen*: deployment.

aufmarschieren *v/i a. fig.* march up.

aufmerksam *adj* attentive (*a. höflich*), (*wachsam*) watchful, (*zuvorkommend*) obliging: ***j-n*** ~ ***machen auf*** (*acc*) call (*od.* draw) s.o.'s attention to; ~ ***werden auf*** (*acc*) notice, become aware of; *adv* ~ ***zuhören*** listen attentively; ***et.*** ~ ***verfolgen*** follow s.th. closely.

Aufmerksamkeit *f* **1.** attention, (*Zuvorkommenheit*) attentiveness: ~ ***erregen*** attract attention; (*dat*) ~ ***schenken*** pay attention (to). **2.** (*kleines Geschenk*) small gift.

aufmischen *v/t* F ***j-n*** ~ mess s.o. up.

aufmöbeln *v/t* F jazz up, (*a. j-n*) pep up.

aufmuntern *v/t* **1.** → ***ermuntern*** 1. **2.** ***j-n*** ~ cheer (F pep) s.o. up; ~***de Worte*** *pl* pep talk *sg.* **Aufmunterung** *f* ***ich brauche e-e*** ~ I need cheering up.

aufmüpfig *adj* F rebellious.

aufnähen *v/t* sew on (***auf*** *acc* to).

Aufnahme *f* **1.** *e-r Tätigkeit etc*: taking up,

von Beziehungen etc: *a.* establishing, *von Nahrung*: intake, *von Wissen etc*: absorption (*a. phys.*), *von Eindrücken etc*: reception, taking in. **2.** (**in** *acc*) (*Eingliederung*) integration (within), (*Einbeziehung*) inclusion (into), (*Zulassung*) admission (in[to]), (*Einschreibung*) registration: **~ finden** be admitted (**bei** [in]to). **3.** (*Empfang*) (*a. fig.* **e-e kühle** *etc* **~ finden** meet with a cool *etc*) reception (**bei** from). **4.** a) (*Unterbringung*) accommodation, *ins Krankenhaus*: admission (**in** *acc* to), b) (*Büro*) reception (office). **5.** *econ. von Kapital etc*: raising, *e-s Schadens*: assessment. **6.** *Film etc*: taking, shooting, (*Bild*) photo(graph), shot, (*Tonaufnahme*) (sound) recording, pickup: **e-e ~ machen** (**von** of) take a picture, *auf Band*: make a (tape-)recording; **Achtung, ~!** *Film*: Action!, Camera!

aufnahmefähig *adj* receptive (**für** to).

Aufnahmefähigkeit *f* receptivity.

Aufnahme|gebühr *f* admission fee. **~gerät** *n Radio, TV* pickup (unit), (*Tonband*) recorder, *phot.* camera. **~leiter** *m Film*: production (*Radio*: recording) manager. **~prüfung** *f* entrance examination. **~raum** *m Film etc*: studio. **~wagen** *m* recording van (*Am.* truck).

aufnehmen *v/t* **1.** (*Last, fig. Fährte etc*) pick up, (*Maschen*) take up. **2.** (*empfangen*) receive (*a. fig. Nachricht*), (*unterbringen*) accommodate, **in** *e-n Verein, ein Krankenhaus etc*: admit (to), **in** *e-e Liste etc*: enter (into), (*einbeziehen*) include (**in** *acc* into): **j-n bei sich ~** put s.o. up; *fig.* **et. übel ~** take s.th. amiss. **3.** (*fassen*) hold, (*Passagiere etc*) seat. **4.** (*Eindrücke etc*) take in, (*a.* **in sich ~** *Wissen etc*) absorb, (*begreifen*) grasp. **5.** ⚗, *phys.* absorb, (*Nahrung*) take in. **6.** (*Tätigkeit, Gespräch etc*) take up, (*Beziehungen*) enter into, (*Verkehr etc*) open: **wieder ~** resume; *fig.* **den Kampf mit j-m ~** take s.o. on; **ich kann es mit ihm nicht ~** I'm no match for him; → **Kontakt. 7.** (*aufzeichnen*) record, *auf Band*: *a.* tape(-record), (*Protokoll*) draw up, (*Inventar*) make an inventory of, (*Schaden*) assess, (*Diktat, Personalien etc*) take (down), (*Telegramm, Bestellung, Bild*) take, (*Film*) shoot: **j-n ~** take s.o.'s picture. **8.** *econ.* (*Geld etc*) borrow, (*a. Hypothek*) raise (**auf** *acc* on).

aufnötigen *v/t* **j-m et. ~** force s.th. upon s.o.

aufopfern *v/t* sacrifice (**sich** o.s.).

aufopfernd *adj* self-sacrificing.

aufpäppeln *v/t* F **j-n ~** feed s.o. up.

aufpassen *v/i* **1.** pay attention: **pass(t) auf!** (*Vorsicht*) look out!, watch out!; F **pass(t) mal auf!** listen! **2. ~ auf** (*acc*) look after, take care of, (*beobachten*) watch (over); F **pass gut auf dich auf!** take care (of yourself)! **Aufpasser(in)** *contp.* watchdog, (*Spitzel*) spy.

aufpeitschen *v/t a. fig.* whip up (**sich** o.s.).

aufpflanzen *v/t* plant: *fig.* **sich ~** plant o.s. (**vor** *dat* before).

aufpfropfen *v/t fig.* graft (*dat* on).

aufplatzen *v/i* burst (open).

aufplustern *v/reflex* **sich ~** a) *Vogel*: ruffle its feathers, b) F *fig.* puff o.s. up.

aufpolieren *v/t a. fig.* polish up.

Aufprall *m* impact. **aufprallen** *v/i* **~ auf** (*acc*) hit, *Auto etc*: *a.* crash into.

Aufpreis *m econ. extra charge.*

aufpumpen *v/t* pump up.

aufputschen *v/t* **1.** → **aufhetzen. 2.** *durch Drogen etc*: F pep up (**sich** o.s.), *fig.* hype up, psych up. **Aufputschmittel** *n* stimulant, F pep pill, *sl.* upper.

aufraffen I *v/t* snatch up. II *v/reflex* **sich ~** *fig.* pull o.s. together; **sich ~, et. zu tun** bring o.s. to do s.th.

aufragen *v/i* loom (up).

aufräumen *v/t u. v/i* tidy (up): *fig.* **~ mit** *Missständen etc*: do away with.

aufrechnen *v/t* **et. ~** set s.th. off (**gegen** against).

aufrecht *adj* upright (*a. fig. redlich*), erect: *adv* **~ sitzen** sit up. **~erhalten** *v/t* maintain, (*Meinung etc*) adhere to.

Aufrechterhaltung *f* maintenance.

aufregen I *v/t* excite, (*beunruhigen*) worry, upset, (*ärgern*) annoy. II *v/reflex* **sich ~** (**über** *acc* about) get excited, be upset. **aufregend** *adj* exciting, (*beunruhigend*) upsetting. **Aufregung** *f* excitement: **nur k-e ~!** don't panic!

aufreiben I *v/t* **1.** (*Kräfte etc*) wear down: **j-n ~** wear s.o. down. **2.** *mil.* wipe out. II *v/reflex* **sich ~ 3.** wear o.s. out.

aufreibend *adj* exhausting, (*nerven~*) trying, stressful.

aufreihen *v/t* (*a.* **sich ~**) line up, (*Bücher etc*) put *s.th.* in a row.

aufreißen I *v/t* **1.** (*Packung etc*) tear open, (*Straße etc*) tear up, (*Fenster, Tür*) fling open, F (*Mund, Augen*) open wide. **2.** F a) **j-n ~** pick s.o. up, b) (*e-n Job etc*) land. II *v/i* **3.** *Naht etc*: burst, *Wolken etc*: break up.

aufreizen *v/t* **1.** → **aufhetzen. 2.** (*provozieren*) provoke. **3.** (*Sinne*) excite. **aufreizend** *adj* (*a. sexuell ~*) provocative.

aufrichten I *v/t* **1.** → **errichten. 2.** set upright, (*den Oberkörper*) straighten up, (*j-n*) *im Bett*: raise, *vom Boden*: help *s.o.* up. **3.** *fig.* (*trösten*) comfort, (*ermutigen*) encourage. II *v/reflex* **sich ~ 4.** straighten o.s. (up), *im Bett etc*: sit up. **5.** *fig.* take heart (**an** *dat* from).

aufrichtig *adj* sincere, *Bedauern*: heartfelt, (*offen*) frank, (*ehrlich*) honest: *adv* ***es tut mir ~ Leid*** I really am sorry.
Aufrichtigkeit *f* sincerity, honesty.
aufriegeln *v/t* unbolt.
Aufriss *m* ⚠, ⚒ elevation.
aufrollen *v/t* **1.** (*zs.-rollen*) roll up, (*Fahne*) furl. **2.** (*entrollen*) unroll, (*Fahne*) unfurl. **3.** *fig.* (***wieder***) ~ bring up (again), (*Prozess etc*) reopen.
aufrücken *v/i* move up, *im Rang*: *a.* be promoted, ⚔ close the ranks.
Aufruf *m allg.* call, (*Appell*) appeal (***an*** *acc* to), (*Namensaufruf*) roll call.
aufrufen I *v/t* ***j-n ~*** call (out) s.o.'s name; ***j-n ~, et. zu tun*** call (up)on s.o. to do s.th. **II** *v/i*: ***zum Streik ~*** call a strike.
Aufruhr *m* turmoil (*a. fig.*), (*Rebellion*) uprising, revolt, (*Tumult*) riot (*a.* ⚖).
aufrühren *v/t fig.* **1.** (*Gefühle etc*) rouse, (*alte Geschichten*) rake up. **2.** → ***aufwühlen*** 2.
Aufrührer(in) rebel, *pol.* agitator.
aufrührerisch *adj* rebellious, *Reden etc*: seditious.
aufrunden *v/t* round up (***auf*** *acc* to).
aufrüsten *v/t u. v/i* **1.** *mil.* arm: ***wieder ~*** rearm. **2.** *Computer*: upgrade.
Aufrüstung *f* **1.** *mil.* armament. **2.** *von Computer*: upgrading.
aufs = ***auf das.***
aufsagen *v/t* (*Gedicht etc*) recite.
aufsammeln → ***auflesen.***
aufsässig *adj* rebellious (***gegen*** to).
Aufsatz *m* **1.** essay, *ped. a.* composition, (*Abhandlung*) paper, (*in Zeitung*) article. **2.** *tech.* top, (*Kappe*) *a.* cap.
aufsaugen *v/t a. fig.* absorb.
aufschauen → ***aufblicken.***
aufscheuchen *v/t a. fig.* startle.
aufschieben *v/t* **1.** push open. **2.** *fig.* (***auf*** *acc*, ***bis*** till) put off, postpone.
Aufschlag *m* **1.** impact (***auf*** *acc od. dat* on): ***dumpfer ~*** thud. **2.** (*von Ärmel, Am. a. Hose*) cuff, (*von Hose a.*) turnup, (*von Jacke*) lapel. **3.** *econ.* extra charge. **4.** *Tennis*: service: ***~ haben*** serve; ***j-m den ~ abnehmen*** break s.o.'s serve.
Aufschlagball *m Tennis*: service (ball).
aufschlagen I *v/i* **1.** hit: ***auf den*** (*od.* ***dem***) ***Boden ~*** hit the ground; ***dumpf ~*** thud. **2.** *Tennis*: serve. **II** *v/t* **3.** break (open), (*Ei*) crack. **4.** (*Buch etc, a. Augen*) open, (*Bett*) turn down: ***Seite 10 ~*** open at page 10. **5.** (*Ärmel etc*) roll up. **6.** ***sich das Knie*** *etc* ~ bruise one's knee *etc*. **7.** (*Gerüst etc*) mount, (*Zelt etc*) pitch: ***s-n Wohnsitz in X ~*** take up residence in X; → ***Zelt.*** **8.** (*Prozente etc*) add (***auf*** *acc* to).
Aufschläger(in) *Tennis*: server.
aufschließen I *v/t* **1.** unlock, open. **2.** *biol.*, ⛏ break down (*od.* up). **3.** (*Bodenschätze, Bauland*) develop. **II** *v/i* **4.** open the door *etc* (***j-m*** for s.o.). **5.** ⚔ close (the) ranks, *Sport*: move up: ***~ zu*** catch up with.
aufschlitzen *v/t* slit open, slash.
Aufschluss *m* ***~ geben*** (***über*** *acc*) give information (on), explain (*s.th.*), ***j-m*** inform s.o. (about).
aufschlüsseln *v/t* (*Kosten*) allocate, *statistisch*: break down.
aufschlussreich *adj* informative, *weitS.* revealing.
aufschnallen *v/t* **1.** (*Gürtel etc*) unbuckle. **2.** (*Decke etc*) strap on (***auf*** *acc* to).
aufschnappen *v/t* F *fig.* pick up.
aufschneiden I *v/t* cut open, (*Brot etc*) slice, (*Braten*) carve, ⚕ (*Geschwür*) open, lance. **II** *v/i* F brag, boast, show off. **Aufschneider(in)** F show-off.
Aufschnitt *m* cold cuts *pl.*
aufschnüren *v/t* untie, undo, (*Schuh etc*) unlace.
aufschrauben *v/t* **1.** unscrew. **2.** (*festschrauben*) screw on (***auf*** *acc* to).
aufschrecken I *v/t* startle: ***j-n ~ aus*** *s-n Gedanken etc*: rouse s.o. from. **II** *v/i* (give a) start: ***aus dem Schlaf ~*** wake with a start.
Aufschrei *m* cry, *fig.* outcry.
aufschreiben *v/t* write down, (*notieren*) take a note of: ***j-n ~*** *Polizei*: book s.o.
aufschreien *v/i* cry out (***vor*** with).
Aufschrift *f* inscription, (*Etikett*) label.
Aufschub *m* postponement, (*Verzögerung*) delay, *econ.* (*Zahlungsaufschub*) respite, ⚖ *u. fig.* reprieve: ***die Sache duldet k-n ~*** the matter bears no delay.
aufschürfen *v/t* (*Haut*) graze: ***sich das Knie ~*** bark one's knee.
aufschütteln *v/t* shake up.
aufschütten *v/t* heap up, (*Damm*) raise.
aufschwatzen *v/t* F ***j-m et. ~*** talk s.o. into buying s.th.
aufschweißen *v/t tech.* weld open.
aufschwemmen *v/t* bloat.
aufschwingen *v/reflex* ***sich ~*** **1.** soar (up). **2.** *fig.* → ***aufraffen*** II.
Aufschwung *m* **1.** *gym.* swing-up. **2.** *fig.* (*Auftrieb*) (fresh) impetus, *econ.* upswing, recovery, *seelisch*: uplift.
aufsehen → ***aufblicken.***
Aufsehen *n* ***~ erregen*** attract attention, *weitS.* cause a stir (*od.* sensation); ***um ~ zu vermeiden*** to avoid notice; ***~ erregend*** sensational.
Aufseher(in) attendant, *in Gefängnis*: warder.
aufsein → ***auf*** 7.
aufseiten *adv* ***~ von*** on the part of.

aufsetzen I *v/t* **1.** *allg., a. fig.* put on: ***aufgesetzte Tasche*** patch pocket. **2.** (*Brief, Rede etc*) draft. **3.** ***j-n ~ im Bett etc***: set s.o. up. **4.** *a. v/i* ✈ land: ***weich ~*** make a soft landing. II *v/reflex* ***sich ~*** **5.** sit up (***im Bett*** in bed).
Aufsetzer *m Fußball etc*: bounce shot.
aufseufzen *v/i* heave a sigh.
Aufsicht *f* **1.** supervision, (*Polizeiaufsicht*) surveillance, ⚖ custody: ***die ~ haben*** (*od.* ***führen***) *ped.* be on duty, be in charge (***über*** *acc* of), *bei e-r Prüfung*: invigilate (*an exam*); ***~ führend*** supervisory, *teacher etc* in charge; ***unter ärztlicher ~*** under medical supervision; ***ohne ~*** *Kinder*: unattended. **2.** supervisor, person in charge.
Aufsichts|beamte *m*, **~beamtin** *f* supervisor, *im Gefängnis*: warder. **~behörde** *f* supervisory board.
Aufsichtsrat *m econ. Institution*: supervisory board, *Person*: member of the board.
Aufsichtsrats|mitglied *n* supervisory board member. **~sitzung** *f* (supervisory) board meeting. **~vorsitzende** *m* chairman of the board.
aufsitzen *v/i* **1.** *auf Pferd, Fahrzeug*: get on, mount. **2.** (*hereinfallen*) be taken in (*dat* by). **3.** F ***j-n ~ lassen*** let s.o. down.
aufsparen *v/t a. fig.* save (***für*** for).
aufsperren *v/t* (*Schnabel etc*) open wide: F ***Mund und Nase ~*** gape.
aufspielen I *v/t u. v/i* play. II *v/reflex* ***sich ~*** F give o.s. airs; ***sich als Held*** *etc* ***~*** play the hero *etc*.
aufspießen *v/t* spear, *mit der Gabel*: *a.* fork, *mit e-r Nadel*: pin, *mit den Hörnern*: gore, (*Fleisch, a. fig. Missstände etc*) skewer.
aufspringen *v/i* **1.** jump up, leap up, *Ball*: bounce: ***~ auf*** (*acc*) jump on to (*a train etc*). **2.** *Tür, Knospen*: burst open, *Haut*: chap, *Lippen*: crack.
aufspulen *v/t* wind (up).
aufspüren *v/t a. fig.* track down.
aufstampfen *v/i* (***mit dem Fuß***) ~ stamp one's foot.
Aufstand *m* **1.** revolt, rebellion. **2.** F *fig.* (*Getue*) (big) fuss.
Aufständische *m, f* rebel, insurgent.
aufstapeln *v/t* stack (up).
aufstauen → ***aufgestaut, stauen.***
aufstechen *v/t* puncture, ⚕ lance.
aufstecken *v/t* **1.** (*Haar etc*) put up, pin up. **2.** (*Kerzen*) put on: → ***Licht*** 2. **3.** *a. v/i* F (*aufgeben*) give *s.th.* up: ***es ~*** pack it in.
aufstehen *v/i* **1.** rise, get up (***vom Tisch*** from the table): ***~ dürfen*** *Kranke(r)*: be allowed (to get) up. **2.** *fig. Volk etc*: rise (in arms), rebel.
aufsteigen *v/i* **1.** *allg.* rise, *Vogel*: *a.* soar (up), ✈ take off, *Bergsteiger*: go up. **2.** *fig.* rise, be promoted (*Sport*: to the next higher division). **3.** ***~ auf*** *ein Pferd, Fahrzeug*: get on, mount. **4.** *fig. Gefühle, a. Tränen*: rise, well up: ***ein Verdacht stieg in mir auf*** I had a suspicion (***dass*** that).
Aufsteiger(in) **1.** F (***sozialer***) ~ social climber, *beruflicher*: success, F whiz kid. **2.** *Sport*: (newly-)promoted team.
aufstellen I *v/t* **1.** set up, (*Kragen etc*) put up, (*anordnen*) arrange, (*aufreihen*) line up, (*postieren*) place, (*a. Wachtposten*) post, (*Denkmal*) erect, (*Falle*) set, (*Leiter*) raise, (*Maschine etc*) install, (*Zelt*) pitch: ***die Ohren ~*** *Tier*: prick its ears. **2.** (*Kandidaten, Spieler etc*) nominate, (*Mannschaft*) compose, (*Truppe etc*) activate: *pol.* ***sich*** (***als Kandidaten***) ***~ lassen*** stand (*Am.* run) for *election etc*. **3.** (*Liste, Tabelle etc*) make (up), prepare, (*Bilanz etc*) *a.* draw up, (*Theorie etc*) advance, (*Regeln etc*) lay down, state, ⩤ (*Gleichung*) form: ***e-n Rekord ~*** set (up) (*od.* establish) a record. II *v/reflex* ***sich ~*** **4.** place o.s. (***vor*** *dat* before), *mil.* form up: ***sich hintereinander ~*** line up.
Aufstellung *f* **1.** setting up (*etc*, → ***aufstellen*** 1), *e-r Maschine etc*: installation. **2.** *e-s Kandidaten, Spielers*: nomination, (*Mannschaft*) line-up. **3.** (*Liste*) list, (*Tabelle*) table, (*Übersicht*) survey, *econ.* statement: ***~ e-r Bilanz*** preparation of a balance sheet.
aufstemmen *v/t* prize open.
Aufstieg *m* **1.** ascent (*a.* ✈), (*Weg*) way up. **2.** *fig.* rise, (*Beförderung*) promotion (*a. Sport*): ***im ~ begriffen sein*** be on the rise, be rising; *Sport*: ***den ~ schaffen*** be promoted.
Aufstiegs|chancen *pl* promotion prospects *pl*. **~spiel** *n Sport*: promotion tie.
aufstöbern *v/t* track down, *fig. a.* unearth.
aufstocken *v/t* **1.** *arch.* raise. **2.** (*Kapital etc*) increase.
aufstöhnen *v/i* (give a loud) groan.
aufstoßen I *v/t* **1.** push open. II *v/i* **2.** burp, belch: ***j-m ~*** *Speise*: repeat on s.o. **3.** F *fig.* ***j-m ~*** (*auffallen*) strike s.o.
aufstrebend *adj fig.* up-and-coming, rising, *bsd. Nation*: emergent.
Aufstrich *m* spread.
aufstülpen *v/t* F (*Hut etc*) clap on.
aufstützen I *v/t* (*Arm etc*) prop up (***auf*** *dat, acc* on). II *v/reflex* ***sich ~ auf*** (*dat, acc*) lean (up)on.
aufsuchen *v/t allg.* visit, (*e-n Arzt etc*) (go and) see, (*Lokal, Toilette etc*) go to.
auftakeln I *v/t* ⚓ rig out. II *v/reflex* ***sich ~*** F get dolled up.
Auftakt *m* **1.** ♪ upbeat. **2.** *fig.* (***den ~ bilden*** be a) prelude (***zu*** to).

auftanken *v/t u. v/i* fill up, refuel.
auftauchen *v/i* come up, emerge (*beide a. fig. Problem etc*), *U-Boot*: surface, *fig. Person, Sache*: turn up, *Zweifel etc*: arise.
auftauen I *v/t* thaw, (*Tiefkühlkost*) defrost. II *v/i a. fig.* thaw.
aufteilen *v/t* **1.** distribute, share (out). **2.** (*einteilen*) divide (**in** *acc* into).
auftischen *v/t a. fig.* dish up.
Auftrag *m* **1.** *econ.* order, *a. künstlerischer*: commission, (*Bauauftrag*) contract: ***et. bei j-m in ~ geben*** order (*od.* commission) s.th. from s.o., place an order with s.o. for s.th.; ***im ~ und auf Rechnung von*** by order and for account of. **2.** (*Anweisung*) order(s *pl*) (*a. mil.*), instructions *pl*, (*Mission, a. mil.*) mission, (*Besorgung*) errand: ***im ~*** (*abbr.* ***i.A.***) pp, p.p. (= per procurationem); ***im ~ von*** (*od. gen*) by order of, ***handeln*** act on behalf of; ***ich komme im ~ von ...*** I have been sent by ....
auftragen I *v/t* **1.** (*Speisen etc*) serve (up). **2.** (*Salbe, Make-up etc*) apply, put on. **3.** ***j-m et. ~, j-m ~, et. zu tun*** instruct (*od.* tell) s.o. to do s.th. **4.** (*Kleidung*) wear out. II *v/i* **5.** ***dieser Pullover trägt auf*** this pullover makes you look fat(ter); F *fig.* ***dick ~*** lay it on thick.
Auftraggeber(in) client, customer.
Auftrags|abwicklung *f*, **~bearbeitung** *f* order processing. **~bestand** *m* backlog of orders. **~bestätigung** *f vom Kunden*: confirmation (*vom Lieferanten*: acknowledg[e]ment) of (an) order. **~buch** *n* order book. **~dienst** *m teleph.* absent-subscriber service. **~eingang** *m* incoming orders *pl*, (*Vorgang*) intake of orders. **~erteilung** *f* placing of orders, *bei Ausschreibung*: award. **~formular** *n* order form.
auftragsgemäß *adv* according to instructions, *econ.* as per order.
Auftrags|lage *f* order situation: ***die ~ ist gut*** the order books are well filled. **~nummer** *f* order number. **~polster** *n* full order books *pl*. **~rückgang** *m* drop in orders. **~rückstände** *pl* back (*od.* outstanding) orders *pl*. **~volumen** *n* order volume. **~werk** *n e-s Künstlers*: commissioned work. **~zettel** *m* order chit.
auftreffen *v/i* hit (***auf*** *dat, acc* on).
auftreiben *v/t* F get hold of, find.
auftrennen *v/t* (*Naht etc*) undo, (*Gestricktes*) unravel.
auftreten *v/i* **1.** ***leise ~*** tread softly; ***er kann mit dem verletzten Fuß nicht ~*** he can't walk on his injured foot. **2.** *thea.* make one's entrance, (*spielen*) appear (on stage) (***als*** as), *a. Musiker*: perform: ***Hamlet tritt auf*** enter Hamlet; ***zum ersten Mal ~*** make one's debut. **3.** (*erscheinen*) appear (***öffentlich*** in public, ***als Zeuge*** as a witness, ***vor Gericht*** in court), (*hervortreten*) present o.s. (***als*** as), (*sich benehmen*) behave: ***als Vermittler ~*** act as go-between. **4.** *fig. Problem, Zweifel etc*: arise, *plötzlich*: crop up, *Seuche etc*: occur.
Auftreten *n* **1.** appearance, *thea. a.* performance, (*Vorkommen*) occurrence, *von Schwierigkeiten etc*: arising: *thea.* ***erstes ~*** debut. **2.** (*Benehmen*) behavio(u)r.
Auftrieb *m* **1.** *phys.* buoyancy, ✈ *a.* lift. **2.** *fig.* (fresh) impetus, *econ. upswing*: (***neuen***) ***~ verleihen*** give (a fresh) impetus (*dat* to).
Auftritt *m thea.* entrance, (*Szene*) scene (*a. fig. Streit*).
auftrumpfen *v/i fig.* come it strong: ***~ gegen*** make a strong showing against.
auftun *v/reflex* ***sich ~*** *a. fig.* open.
auftürmen I *v/t* pile up. II *v/reflex* ***sich ~*** loom (up), *fig. Arbeit etc*: pile up.
aufwachen *v/i a. fig.* wake (up).
aufwachsen *v/i* grow up.
aufwallen *v/i fig.* surge, well up.
Aufwand *m* **1.** expenditure (***an*** *dat* of), (*Kosten*) cost, expense: ***e-n großen ~ an Energie*** *etc* ***erfordern*** require a great deal of energy *etc*; ***der ganze ~ war umsonst*** it was a waste of time (energy, money, *etc*). **2.** (*Luxus*) luxury, (*Verschwendung*) extravagance: ***e-n großen ~ treiben*** be very extravagant.
aufwändig *adj* → ***aufwendig.***
Aufwandsentschädigung *f* expense allowance.
aufwärmen I *v/t* **1.** warm up, heat up. **2.** *fig.* rehash. II *v/reflex* ***sich ~*** **3.** warm o.s., *Sport*: limber up.
Aufwartefrau *f* charwoman.
aufwarten *v/i fig.* ***~ mit*** come up with.
aufwärts *adv* up, upward(s); ***es geht ~*** (***mit ihm***) things are looking up (with him); ***mit dem Geschäft geht es ~*** business is improving.
Aufwärts|entwicklung *f* upward trend. **~haken** *m Boxen*: uppercut. **~trend** *m* upward trend, upswing.
Aufwasch *m* → ***Abwasch.***
aufwaschen → ***abwaschen.***
aufwecken *v/t* wake (up).
aufweichen I *v/t* **1.** soak, (*Boden*) make soggy. **2.** *fig.* (*System etc*) undermine. II *v/i* **3.** become soggy, *a. fig.* soften.
aufweisen *v/t* ***et. ~, et. aufzuweisen haben*** have (*od.* show) s.th.; ***große Mängel ~*** have many defects.
aufwenden *v/t* use, apply, (*Geld, Zeit*) spend (***für*** on): (***viel***) ***Mühe ~*** take (great) pains.

aufwendig *adj* large-scale, (*kostspielig*) expensive, extravagant.
Aufwendungen *pl* expenditure *sg*, expense *sg*.: ***betriebliche ~*** operating costs *pl*.
aufwerfen I *v/t* **1.** (*Damm etc*) throw up. **2.** *fig*. (*Frage etc*) raise. **II** *v/reflex* ***sich ~*** **3.** set o.s. up (***zum Richter*** *etc* as judge *etc*).
aufwerten *v/t econ*. (*Währung*) revalue (upward), *a. fig*. upvalue.
Aufwertung *f econ*. revaluation (upward), *fig*. upgrading.
aufwickeln *v/t* **1.** roll (*od*. coil) up (*a*. ***sich ~***). **2.** F (*Haare*) put up in curlers. **3.** → ***auswickeln.***
aufwiegeln → ***aufhetzen.***
aufwiegen *v/t fig*. offset, make up for.
Aufwind *m* **1.** ✈ upwind. **2.** → ***Auftrieb*** 2: *econ*. ***im ~*** on the upswing.
aufwinden *v/t* wind up, (*heben*) hoist.
aufwirbeln *v/t* whirl up (*a. v/i*), (*Staub*) raise: *fig*. (***viel***) ***Staub ~*** cause quite a stir.
aufwischen *v/t* (*Wasser etc*) mop up, (*Boden etc*) wipe, mop.
aufwühlen *v/t* **1.** (*Erde etc*) turn up, (*Meer etc*) churn up. **2.** ***j-n ~*** stir s.o. deeply. **aufwühlend** *adj fig*. stirring.
aufzählen *v/t* enumerate, *einzeln*: specify, (*nennen*) name, give.
Aufzählung *f* enumeration.
aufzäumen *v/t* bridle: → ***Pferd*** 1.
aufzehren *v/t* eat up, *fig. a*. use up, (*Ersparnisse etc*) spend.
aufzeichnen *v/t* **1.** *allg*. record, *schriftlich*: *a*. write down, *auf Tonband*: *a*. tape(-record), *TV* (video-)tape. **2.** draw (***auf*** *acc* on), sketch, *tech*. trace.
Aufzeichnung *f* **1.** *a. tech*., *TV* recording. **2.** *pl* notes *pl*, record *sg*, *weitS*. papers *pl*: ***sich ~en machen*** make notes (***über*** *acc* of).
aufzeigen *v/t* show, demonstrate, (*Fehler etc*) point out.
aufziehen I *v/t* **1.** (*Uhr etc*) wind up: ***Spielzeug zum Aufziehen*** clockwork toys *pl*. **2.** (*hoch ziehen*) draw up, pull up, (*Fahne etc*) hoist, *thea*. (*Vorhang*) raise. **3.** (*öffnen*) (*Gardine etc*) open, draw, (*Schublade*) (pull) open, (*Schleife*) undo. **4.** (*Reifen*) mount, (*Saiten*) put on, (*Bild etc*) mount (on cardboard): *fig*. ***andere Saiten ~*** change one's tune. **5.** (*großziehen*) *allg*. raise, (*Kind*) *a*. bring up, (*Tier*) *a*. rear. **6.** F (*organisieren*) organize, mount, (*Unternehmen*) set up. **7.** F ***j-n ~*** tease s.o., pull s.o.'s leg. **8.** ⚕ (*Spritze*) fill. **II** *v/i* **9.** *Wolken*: gather, *Gewitter*: *a*. be brewing (*a. fig. Gefahr*). **10.** *mil*. march up.
Aufzucht *f* breeding, raising.
Aufzug *m* **1.** procession, parade. **2.** (*Fahrstuhl*) lift, *Am*. elevator. **3.** F *contp*. (*Aufmachung*) getup. **4.** *thea*. act. **5.** *gym*. pull-up.
aufzwingen *v/t* ***j-m et. ~*** force s.th. (up)on s.o.
Aug. ***August*** August (Aug., Aug).
Augapfel *m anat*. eyeball: *fig*. ***et. wie s-n ~ hüten*** guard s.th. like gold.
Auge *n* **1.** *anat*. eye: ***gute*** (***schlechte***) ***~n haben*** have good (bad) eyesight (*od*. eyes); ***vor aller ~n*** openly, in full view; ***unter vier ~n*** in private; ***nur fürs ~*** just for show; ***~ um ~!*** an eye for an eye!; F *fig*. ***blaues ~*** black eye; ***mit e-m blauen ~ davonkommen*** get off cheaply; ***mit bloßem ~*** with the naked eye; ***vor m-m geistigen ~*** in my mind's eye; *a. fig*. ***mit verbundenen ~n*** blindfold; ***das ~ des Gesetzes*** the law; ***im ~ behalten*** keep an eye on, *fig*. keep *s.th*. in mind; F ***j-m et. aufs ~ drücken*** impose s.th. on s.o.; ***ins ~ fallen*** catch the eye; ***ins ~ fallend*** a) striking, b) (*offensichtlich*) obvious; ***ins ~ fassen*** consider; ***j-m et. vor ~n führen*** make s.th. clear to s.o.; F ***das kann leicht ins ~ gehen*** that can easily go wrong; ***das hätte leicht ins ~ gehen können!*** that was close!; ***et. im ~ haben*** have s.th. in mind; ***ein ~ haben auf*** (*acc*) have an eye on *s.o., s.th*.; ***s-e ~n überall haben*** see everything; ***sich et. vor ~n halten*** bear s.th. in mind; ***nicht aus den ~n lassen*** keep one's eyes on; ***große ~n machen*** gape; F ***er wird ~n machen!*** he's in for a surprise!; ***sie hat*** (***vielleicht***) ***~n gemacht!*** you should have seen her face!; ***j-m*** (***schöne***) ***~n machen*** make eyes at s.o.; *fig*. ***j-m die ~n öffnen*** open s.o.'s eyes; ***so weit das ~ reicht*** as far as the eye can see; F ***ein ~ riskieren*** risk a glance; *dem Tod, e-r Gefahr etc* ***ins ~ sehen*** look *s.th*. in the eye, face; ***j-m in die ~n sehen*** look s.o. full in the face; *fig*. ***in die ~n springen*** leap to the eye, be obvious; ***das stach mir ins ~*** it caught my fancy; ***ich traute m-n ~n kaum*** I could hardly believe my eyes; ***aus den ~n verlieren*** lose sight of; *fig*. ***die ~n verschließen vor*** (*dat*) close one's eyes to; F ***ein ~ zudrücken*** turn a blind eye; ***ich habe kein ~ zugetan*** I didn't sleep a wink. **2.** *auf Würfeln, Karten etc*: pip. **3.** ⚘ eye. **4.** (*Fettauge*) globule of fat.
äugen *v/i bsd. hunt*. look.
Augenabstand *f vom Bildschirm*: viewing distance.
Augen|arzt *m*, **~ärztin** *f* eye specialist, ophthalmologist. **~bank** *f* ⚕ eye bank. **~binde** *f* ⚕ (eye) patch.
Augenblick *m* moment: ***e-n ~ bitte!*** just a moment, please!; ***im ~*** at the moment; ***im ersten ~*** for a moment; ***im letzten ~*** at the (very) last moment; ***alle ~e*** every (*unbe-*

stimmt: any) moment; ***er zögerte k-n ~*** he didn't hesitate for a moment.

augenblicklich I *adj* **1.** (*sofortig*) immediate. **2.** (*derzeitig*) present, current. **3.** (*vorübergehend*) momentary. **II** *adv* **4.** (*sofort*) immediately. **5.** at the moment, (just) now.

Augen|braue *f* eyebrow. **~brauenstift** *m* eyebrow pencil. **~fältchen** *pl* crow's-feet *pl*. **~farbe** *f* colo(u)r of eyes. **~flimmern** *n* flickering *od*. spots before one's eyes.

augenfreundlich *adj Bildschirm*: gentle on the eyes.

Augen|heilkunde *f* ophthalmology. **~höhe** *f* (***in ~*** at) eye level. **~höhle** *f anat*. eye socket, orbit. **~innendruck** *m* ⚕ intra-ocular pressure. **~klappe** *f* eye patch. **~klinik** *f* eye clinic. **~leiden** *n* eye disease. **~licht** *n* (eye)sight. **~lid** *n* eyelid.

Augenmaß *n* **1.** ***ein gutes ~ haben*** have a sure eye. **2.** *fig*. (good) *political etc* judg(e)ment.

Augenmerk *n* ***sein ~ richten auf*** (*acc*) direct one's attention to.

Augenschein *m* appearance(s *pl*): ***dem ~ nach*** to all appearances; ***in ~ nehmen*** inspect closely. **augenscheinlich** *adj* evident, apparent, obvious.

Augen|spiegel *m* ⚕ ophthalmoscope. **~tropfen** *pl* ⚕ eyedrops *pl*. **~weide** *f fig*. feast for the eyes. **~wimper** *f* eyelash. **~winkel** *m* ***aus den ~n*** *betrachten etc* out of the corner of one's eye.

Augenwischerei *f* F eyewash.

Augen|zahn *m* eyetooth. **~zeuge** *m*, **~zeugin** *f* eyewitness. **~zeugenbericht** *m* eyewitness report. **~zwinkern** *n* (***mit e-m ~*** with a) wink.

August *m* (***im ~*** in) August.

Auktion *f econ*. auction (sale), public sale.

Auktionator(in) auctioneer.

Auktionshaus *n* auctioneers *pl*.

Aula *f ped*., *univ*. assembly hall.

Aupairmädchen *n* au pair (girl).

aus I *prep* (*dat*) **1.** out of, from: ***~ dem Fenster sehen*** look out of (*Am*. out) the window; ***~ dem Haus gehen*** leave the house; 🚂 ***~ Berlin*** from Berlin; ***~ unserer Mitte*** from among us; ***~ der Flasche*** *trinken* from the bottle. **2.** (*Herkunft*) from, *zeitlich*: *a*. of: ***er ist ~ Berlin*** he comes from Berlin; ***~ ganz Spanien*** from all over Spain; ***~ dem 19. Jh.*** of the 19th century; ***er liest ~ s-m Roman*** he reads from his novel; ***~ dem Deutschen*** *übersetzen* from (the) German. **3.** (*Material*) (made) of, from: *fig*. ***~ ihm wurde ein guter Arzt*** he became a good doctor. **4.** (*Grund*) ***~ Mitleid*** (***Neugier*** *etc*) out of pity (curiosity *etc*); ***~ Liebe*** from love; ***~ Liebe zu*** for the love of; ***~ Prinzip*** on principle; ***~ Spaß*** for fun; ***~ Versehen*** by mistake; ***~ der Mode*** out of fashion. **II** *adv* **5.** ***von … ~*** from; ***von hier ~*** from here; *fig*. ***von Natur ~*** by nature; ***von mir ~ kann er gehen*** he may go, for all I care; F ***von mir ~!*** I don't care!; ***von sich ~*** of one's own accord. **6.** F (*ausgeschaltet*) off, out: ***ein – aus*** on – off. **7.** ***~ und ein*** in and out; *fig*. ***bei j-m ein und ~ gehen*** be a frequent visitor at s.o.'s house; ***ich weiß nicht mehr ein noch ~*** I'm at my wits' end. **8.** ***~ sein*** a) *Licht, Radio etc*: be off, *Feuer etc*: be out, b) (*zu Ende sein*) be over; ***die Schule ist ~*** school is over; *fig*. ***mit ihm ist es ~*** he has had it; ***damit ist es*** (***jetzt***) ***~!*** that's all over now, c) *Sport*: be out, *Ball*: a be out of play. **9.** ***wir waren gestern Abend ~*** we were out last night. **10.** ***~ sein auf*** (*acc*) be out for (*od*. to get); ***sie ist auf sein Geld ~*** she is after his money.

Aus *n* out: *Sport*: ***im*** (***ins***) ***~*** out (of play); *a*. *fig*. ***das bedeutete das ~ für ihn*** with that he was out (of the game).

ausarbeiten *v/t* work out, *sorgfältig*: elaborate, (*entwickeln*) develop, (*entwerfen*) draw up.

Ausarbeitung *f* working out, elaboration, development, *schriftliche*: draft.

ausarten *v/i* degenerate (***in*** *acc*, ***zu*** into), *Party, Spiel etc*: get out of hand.

ausatmen *v/i u. v/t* breathe out, exhale.

ausbaden *v/t* F ***et. ~ müssen, et. auszubaden haben*** have to carry the can.

ausbalancieren *v/t a. fig*. balance (out).

Ausbau *m* **1.** *tech*. disassembly, removal (*von Maschinenteilen etc*). **2.** ⚠ extension, (*Innenausbau*) interior works *pl*. **3.** (*Erweiterung*) *a. fig*. expansion, development. **4.** *fig*. (*Festigung*) consolidation.

ausbauen *v/t* **1.** *tech*. (*Maschinenteile etc*) dismantle, remove. **2.** ⚠ extend: ***das Dach ~*** build rooms into the attic. **3.** (*erweitern*) *a. fig*. extend, expand, develop: *Sport*: ***s-n Vorsprung ~*** increase one's lead. **4.** (*festigen*) strengthen, consolidate.

ausbaufähig *adj* capable of development: *fig*. ***e-e ~e Stellung*** a position with good prospects.

Ausbaustufe *f* stage of extension.

ausbedingen *v/t* ***sich et. ~*** reserve (o.s.) s.th.; ***sich ~, dass …*** make it a condition that …

ausbessern *v/t* mend, repair.

Ausbesserung(sarbeit) *f* repair(s *pl*).

ausbeulen I *v/t* **1.** *tech*. beat out. **2.** (*Hose etc*) make baggy. **II** *v/reflex* ***sich ~*** **3.** go baggy.

Ausbeute *f* profit, *a*. ⚒, *tech*. yield, output, *fig*. result(s *pl*).

ausbeuten *v/t* exploit (*a. b.s. Arbeiter*), ⚒ *a*. work.

Ausbeuter(in) *b.s.* exploiter.
Ausbeutung *f a. b.s.* exploitation.
ausbezahlen *v/t* pay out, *(j-n)* pay off.
ausbilden I *v/t* **1.** *allg.* train, *(schulen) a.* instruct, *(bilden)* educate, *(entwickeln)* develop: ***j-n zum Sänger ~*** train s.o. to be a singer. **2.** *biol.* form, develop. **II** *v/reflex* ***sich ~*** **3.** *a.* ***sich ~ lassen zu*** train *(od.* be trained, study) to be: → ***ausgebildet.*** **4.** → 2.
Ausbilder(in) instructor *(a. mil.).*
Ausbildung *f allg.* training, *ped., univ.* education: ***(noch) in der ~ stehen*** be undergoing training.
Ausbildungs|beihilfe *f* grant. **~beruf** *m* qualified job. **~dauer** *f* training *(od.* qualification) period. **~förderung** *f* promotion of vocational training, *finanziell:* grant(s *pl).* **~gang** *m* training. **~kosten** *pl* cost of studying *(od.* of a period of training). **~platz** *m* training post. **~stelle** *f* traineeship, *im Handwerk:* apprenticeship. **~system** *n* training scheme. **~träger** *m* body responsible for training. **~vertrag** *m* contract of apprenticeship. **~werkstatt** *f* training shop. **~zeit** *f* period of training.
ausbitten *v/t* ***sich et. ~*** ask for s.th.
ausblasen *v/t* blow out.
ausbleiben *v/i* fail to come, *(fernbleiben)* stay away, *(aussetzen)* stop: ⚕ ***ihre Periode blieb aus*** she missed her period; *fig.* ***es konnte nicht ~, dass ...*** it was inevitable that ...; ***(nicht) lange ~*** (not to) be long in coming.
Ausbleiben *n* failure to come, *(Abwesenheit)* absence: ⚕ ***~ der Periode*** absence of the period.
ausblenden *v/t Film, Radio:* fade out.
Ausblick *m* ***(auf*** *acc)* **1.** view (of): ***Zimmer mit ~ auf den See*** room(s) overlooking the lake. **2.** *fig.* outlook (on).
ausbomben *v/t* bomb out.
ausbooten *v/t* **1.** ⚓ disembark. **2.** F *fig.* ***j-n ~*** oust s.o., get rid of s.o.
ausbrechen I *v/t* **1.** break out *(od.* off). **2.** → ***erbrechen*** 2. **II** *v/i* **3.** ***~ aus*** *(dat)* break out of, escape from, *fig.* break away from *(a. Sport):* F ***aus der Gesellschaft ~*** drop out of society. **4.** *Krieg, Feuer, Krankheit etc:* break out, *Vulkan: a.* erupt. **5.** ***in Tränen ~*** burst into tears; ***ihm brach der Schweiß aus*** he broke into a sweat; ***in Gelächter ~*** burst out laughing. **6.** *mot.* swerve out of line.
Ausbrecher(in) escaped prisoner.
ausbreiten I *v/t* **1.** *allg.* spread (out), *fig. (Macht etc)* extend, expand, *(Wissen etc)* display. **II** *v/reflex* ***sich ~*** **2.** *Feuer, Seuche etc, a. Gerücht etc:* spread. **3.** *Gelände:* spread (out), stretch (out), *Panorama:* open up ***(vor j-m*** before s.o.). **4.** F *(sich breit machen)* spread (o.s.) out. **Ausbreitung** *f* spread(ing), extension, expansion.
ausbrennen I *v/t* burn out, ⚕ *(Wunde)* cauterize: → ***ausgebrannt.*** **II** *v/i* burn out.
Ausbruch *m* **1.** *(Flucht)* escape: ***~ aus dem Gefängnis*** jailbreak, breakout. **2.** *fig. e-s Kriegs, e-r Krankheit etc:* outbreak, *e-s Vulkans: a.* eruption, *(Gefühlsausbruch) a.* (out)burst: ***zum ~ kommen*** break out.
ausbrüten *v/t a. fig.* hatch, F *(e-e Krankheit)* be sickening for.
ausbuchen *v/t* **1.** *econ.* cancel. **2.** → ***ausgebucht.***
ausbuchten *v/reflex* ***sich ~*** bulge *(od.* curve) out(wards).
ausbuddeln *v/t* F dig up, dig out.
ausbügeln *v/t a.* F *fig.* iron out.
ausbürgern *v/t* denaturalize.
ausbürsten *v/t* brush (out).
Ausdauer *f* perseverance, *a. tech.* endurance, *(Zähigkeit)* tenacity, *(Stehvermögen) bsd. Sport:* staying power, stamina, *(Geduld)* patience.
ausdauernd *adj* **1.** persevering, *körperlich:* tireless, *(geduldig)* enduring. **2.** ⸙ perennial.
ausdehnen *v/t u. v/reflex* ***sich ~*** *a. phys., tech.* stretch, expand, extend ***(auf*** *acc* to): → ***ausgedehnt.***
Ausdehnung *f* extension ***(auf*** *acc* to), expansion, *(Verbreitung)* spread(ing), *(Ausmaß)* extent, *(Umfang)* size.
ausdenken *v/t* ***sich*** *et.* ~ think *s.th.* up, F come up with, *(sich vorstellen)* imagine, *(erfinden)* invent, devise; ***nicht auszudenken sein*** be inconceivable; ***die Folgen sind nicht auszudenken*** the consequences could be disastrous.
ausdiskutieren *v/t* thresh out.
ausdörren *v/t* dry up, parch.
ausdrehen *v/t* F *(Gas etc)* turn off, *(Licht) a.* switch off.
Ausdruck[1] *m allg.* expression *(a. Gesichtsausdruck, a.* ♪ *etc), (Wort) a.* word, term, *(Redewendung) a.* phrase: ***idiomatischer ~*** idiom; ***juristischer ~*** legal term; ***zum ~ bringen*** express; ***zum ~ kommen*** be expressed; F ***das ist gar kein ~!*** that's putting it mildly!
Ausdruck[2] *m Computer:* printout.
ausdrucken *v/t* **1.** print *s.th.* in full. **2.** *Computer:* print out.
ausdrücken I *v/t* **1.** *(Frucht etc)* squeeze (out). **2.** *(Zigarette etc)* stub out. **3.** *(formulieren)* express, put into words, *(zeigen)* show, reveal: ***ich weiß nicht, wie ich es ~ soll*** I don't know how to put it; ***anders***

ausgedrückt in other words. **II** *v/reflex* ***sich*** ~ **4.** express o.s. **5.** (*sich zeigen*) reveal itself, be revealed.
ausdrücklich I *adj* express: ***~er Befehl*** strict order. **II** *adv* expressly, (*besonders*) specially.
Ausdruckskraft *f* expressiveness.
ausdruckslos *adj* expressionless, *Blick, Miene*: *a.* blank.
ausdrucksvoll *adj* expressive.
Ausdrucksweise *f* style, diction, *weitS.* language.
ausdünsten *v/t* (*Geruch etc*) give off.
Ausdünstung *f* odo(u)r, perspiration.
auseinander *adv* apart, separated, F *Personen*: *a.* no longer together, *Ehe*: on the rocks: ***... schreibt man ~*** ... is written in two words; ***die Kinder sind zwei Jahre ~*** the children are two years apart in age; ***~ brechen*** break asunder; ***~ bringen*** (*Kämpfende, Freunde*) separate; ***~ dividieren*** F *fig.* split (up); ***~ fallen*** fall apart, *fig. a.* break up; ***~ falten*** unfold; ***~ gehen*** a) separate, part, *Menge*: disperse, b) *fig. Meinungen etc*: be divided (***über*** *acc* on), c) F (*entzweigehen*) come apart, *fig. Verbindung etc*: break off, *Verlobung*: be broken off, *Ehe*: go on the rocks, d) F (*dick werden*) grow fat; ***~ gehend*** *fig. Ansichten etc*: differing, divergent; ***~ halten*** tell apart, distinguish between; ***sich ~ leben*** drift apart; ***~ nehmen*** a) take apart, *tech. a.* dismantle, b) F *fig.* (*fertig machen*) *bsd. Sport*: clobber; ***~ reißen*** tear apart, *fig. a.* separate; ***j-m et. ~ setzen*** explain s.th. to s.o.; ***sich ~ setzen mit*** *e-r Frage etc*: deal with, *stärker*: tackle (*a problem etc*); ***~ treiben*** disperse, scatter.
Auseinandersetzung *f* **1.** dealing (***mit*** with). **2.** argument: *bsd. pol.* ***kriegerische ~*** armed conflict.
ausersehen, auserwählen *v/t* choose, select.
auserwählt *adj eccl.* ***das Auserwählte Volk*** the chosen people.
ausfahrbar *adj* telescopic.
ausfahren I *v/t* **1.** *tech.* extend, (*Fahrgestell*) *a.* lower. **2.** *mot.* run *the engine* at top speed, (*Kurve*) round. **3.** (*j-n*) take *s.o.* out for a drive, (*Baby etc*) take out. **4.** (*Waren*) deliver. **5.** wear out, rut: → ***ausgefahren.*** **II** *v/i* **6.** go for a drive.
Ausfahrt *f* **1.** drive. **2.** (*Torausfahrt*) gateway, (*von Autobahn*) exit, (*Hafenausfahrt*) mouth: *mot.* ***~ freihalten!*** keep exit clear!
Ausfall *m* **1.** *tech.* (*Versagen*) failure, breakdown. **2.** (*Verlust*) loss, (*Fehlen*) absence, *des Unterrichts etc*: cancel(l)ation: *Sport*: ***ein glatter ~*** (*Spieler*) F a dead loss. **3.** *fenc.* lunge: *fig.* ***Ausfälle*** attacks (***gegen*** on). **4.** (*Ergebnis*) outcome. ***~bürgschaft*** *f* indemnity bond.
ausfallen *v/i* **1.** *tech.* fail, break down. **2.** *Haare etc*: fall out. **3.** not to take place: *Vortrag etc* ***~ lassen*** call off, cancel; ***morgen fällt die Schule aus*** there is no school tomorrow. **4.** *Person*: be absent, be unavailable. **5.** ***gut*** (***schlecht***) ~ turn out well (badly); ***der Sieg fiel knapp aus*** it was a close victory.
ausfällen *v/t* ⚗ precipitate.
ausfallend → **ausfällig** *adj* (***er wurde ~*** he became) abusive.
Ausfall|muster *n econ.* production (*od.* proof) sample. ***~erscheinung*** *f* ⚕ deficiency (*bei Sucht*: withdrawal) symptom. ***~quote*** *f* failure rate, *im Beruf etc*: dropout rate. ***~straße*** *f* arterial road. ***~zeit*** *f tech.* down time, *des Personals*: absenteeism, *Rentenversicherung*: credited service period.
ausfasern *v/i* ravel out, fray (out).
ausfechten *v/t fig.* fight out.
ausfertigen *v/t* (*Schriftstück*) draw up, (*Urkunde*) execute, *adm.* (*Pass etc*) issue. **Ausfertigung** *f* **1.** drawing up, ⚖ execution. **2.** (*Kopie*) (⚖ certified) copy: → ***doppelt*** I, ***dreifach.***
ausfindig *adv* ***~ machen*** find, discover.
ausfliegen *v/i* fly out (*a. v/t*), *Vögel*: leave the nest.
ausfließen *v/i* flow out.
ausflippen *v/i* F freak out, flip (out).
Ausflucht *f mst pl* excuse.
Ausflug *m* (***e-n ~ machen***) (make an) excursion (*a. fig.*), (go on a) trip, (go for an) outing. **Ausflügler(in)** (day) tripper, excursionist.
Ausfluss *m* **1.** *tech.* a) outflow, b) outlet. **2.** ⚕ discharge.
ausfragen *v/t* (*j-n*) (***über*** *acc* about) question, quiz, *neugierig*: pump.
ausfransen *v/i* fray (out).
ausfressen *v/t* F ***was hat er*** *etc* ***ausgefressen?*** what has he *etc* been up to?
Ausfuhr *f* export, (*~güter*) exports *pl.*
ausführbar *adj* **1.** *Plan etc*: practicable. **2.** *econ.* exportable.
Ausfuhr|beschränkung *f* export restriction. ***~bestimmung*** *f* export regulation. ***~bewilligung*** *f* export licen/ce (*Am.* -se).
ausführen *v/t* **1.** *econ.* export. **2.** (*Plan, Arbeit, Gesetz, Befehl etc*) carry out, (*a. Gemälde etc*) execute, (*Auftrag etc*) fill: ***Reparaturen ~*** *a.* make repairs. **3.** (*darlegen*) explain, argue. **4.** take *s.o.* out, (*Hund*) take *a dog* for a walk.
Ausführende *m, f* ♪ performer.
Ausfuhr|genehmigung *f econ.* export li-

cen/ce (*Am.* -se). **~güter** *pl* export goods. **~hafen** *m* port of exit. **~handel** *m* export trade. **~land** *n* exporting country.

ausführlich I *adj* detailed, full. **II** *adv* in detail: ***sehr* (*ziemlich*) ~** at great (some) length; **~ *beschreiben*** give a detailed description (*od.* account) of.

Ausfuhr|liste *f* export list. **~lizenz** *f* export licen/ce (*Am.* -se). **~prämie** *f* export bounty. **~quote** *f* export quota. **~sperre** *f* embargo on exports.

Ausführung *f* **1.** *e-s Vorhabens, Befehls etc*: carrying out, *a. e-s Gemäldes etc*: execution, *weitS.* (*Fertigstellung*) completion. **2.** (*Qualität*) quality, (*Typ*) type, model, (*Konstruktion*) design. **3.** *pl* remarks *pl*, comments *pl*.

Ausfuhrzoll *m* export duty.

ausfüllen *v/t* **1.** fill, *fig. a.* occupy: ***ihre Arbeit füllt sie nicht aus*** she is not satisfied by her work. **2.** (*Formular*) fill in, *Am.* fill out, complete.

Ausg. ***Ausgabe*** (*Buch*) edition (ed.); (*Buchexemplar*) copy; ***Ausgang*** exit.

Ausgabe *f* **1.** handing out, distribution, *e-s Befehls, von Material etc, a. econ. von Aktien etc*: issue, *von Banknoten*: emission. **2.** *e-s Buchs*: edition, (*Exemplar*) copy, *e-r Zeitschrift*: issue, number. **3.** *pl* expenditure *sg*, (*Kosten*) expense(s *pl*), spending. **4.** *Computer*: output (*von Daten*). **~daten** *pl* output data *pl*. **~einheit** *f Computer*: output device (*od.* unit). **~fehler** *m* output error. **~gerät** *n* → ***Ausgabeeinheit.*** **~kurs** *m econ.* issue price.

Ausgaben|buch *n* accounts book. **~kürzung** *f* expenditure cut.

Ausgabestelle *f für Aktien etc*: issuing office.

Ausgang *m* **1.** way out, exit: ***am ~ des Dorfs*** at the end of the village. **2.** (*Ende*) end, close, (*Ergebnis*) outcome, result: ***Unfall mit tödlichem ~*** fatal accident. **3.** (*Anfang*) beginning: ***s-n ~ nehmen von*** start from. **4.** outing: ***~ haben*** have the day *etc* off, *mil.* have a pass. **5.** *am Computer*: port.

Ausgangspost *f* outgoing mail.

Ausgangspunkt *m a. fig.* starting point.

Ausgangssperre *f* → ***Ausgehverbot.***

Ausgangssprache *f* source language.

ausgeben I *v/t* **1.** hand out, distribute, *a. econ.* (*Aktien etc*) issue, (*Geld*) spend, (*Spielkarten*) deal, *Computer*: output: F ***e-n* (*od. e-e*) *Runde*) ~** stand a round (of drinks). **2. ~ *für*, ~ *als*** pass *s.o.*, *s.th.* off as. **II** *v/reflex* ***sich ~*** **3.** pose (***für, als*** as). **4.** → ***verausgaben*** 2.

ausgebeult *adj Hose etc*: baggy.

ausgebildet *adj* trained.

ausgebombt *adj* bombed(-)out.

ausgebrannt *adj* gutted (by fire), *a. fig.* burnt(-)out.

ausgebucht *adj* booked(-)up.

ausgedehnt *adj* extensive (*a. fig.*), *zeitlich*: long.

ausgedient *adj* useless, discarded.

ausgefahren *adj* worn(-)out, rutty: → ***Gleis.***

ausgefallen *adj fig.* unusual, F off-beat.

ausgefeilt *adj fig.* polished.

ausgeglichen *adj* **1.** *Konto*: balanced, settled. **2.** *Person, Wesensart etc*: well-balanced, *a. Klima*: equable.

ausgehen *v/i* **1.** go out: ***er ist ausgegangen*** *a.* he is not in. **2.** (*enden*) end: ***gut ~*** *a.* turn out well; *ling.* ***auf e-n Vokal ~*** end in a vowel; *Sport*: ***unentschieden ~*** end in a draw. **3.** *Geld, Vorräte etc*: run out, *Licht, Zigarette etc*: go out: ***mir ging das Geld aus*** I ran out of money; *fig.* ***ihr ging die Geduld aus*** she lost all patience; F ***ihm ging die Puste aus*** he ran out of steam. **4.** → ***ausfallen*** 2. **5. *~ von*** a) → ***abgehen*** 5, b) *Anregung, Idee etc*: come from, *Wärme, Ruhe etc*: be radi-ated by, c) proceed from, (*annehmen*) assume: ***wenn wir davon ~, dass ...*** proceeding on the assumption that ...; ***man kann* (*ruhig*) *davon ~, dass ...*** it is safe to assume that ...; ***ich gehe davon aus, dass ...*** *a.* I would think (that) ... **6. *~ auf*** (*acc*) be bent on; ***auf Abenteuer ~*** seek adventure; ***auf Betrug ~*** be out to cheat. **7. *leer ~*** come away empty-handed, *weitS. a.* be left out in the cold; ***(straf)frei ~*** get off scot-free.

ausgehend *adj* ***das ~e Mittelalter*** the late Middle Ages *pl*; ***im ~en 19. Jh.*** toward(s) the end of the 19th century.

ausgehungert *adj* starved (*fig.* ***nach*** for).

Ausgehverbot *n* curfew: ⚔ ***~ bekommen* (*haben*)** be confined to barracks.

ausgeklügelt *adj* ingenious, clever.

ausgekocht *adj* F *fig.* shrewd, crafty.

ausgelassen *adj* gay, exuberant, (*laut*) boisterous: ***~ sein*** *a.* be in high spirits.

ausgelastet *adj a.* ***voll ~*** *tech., econ.* working to capacity, *Person*: fully stretched.

ausgelaugt *adj* F *fig.* washed(-)out.

ausgemacht *adj* **1.** (*sicher*) settled: ***e-e ~e Sache*** a foregone conclusion. **2.** *Gauner, Narr etc*: utter, perfect: ***~er Blödsinn*** utter nonsense.

ausgenommen I *conj* (*a.* **~, *wenn***) unless *it rains etc*: **~, *dass ...*** except that... **II** *prep* except(ing), with the exception of: → ***Anwesende.***

ausgeprägt *adj* marked: ***~es Pflichtgefühl*** strongly developed sense of duty.

ausgepumpt *adj* F *fig.* bushed, *Am.* pooped.
ausgerechnet *adv* F *fig.* ~ ***er*** he of all people; ~ ***Bananen*** bananas of all things; ~ ***heute*** today of all days; ~ ***jetzt*** just now.
ausgereift *adj* mature(d) (*a. fig.*), *Konstruktion etc*: perfected.
ausgeschlossen *adj* **1.** ***sich ~ fühlen*** feel left out of things. **2.** impossible: ***das ist ~!*** that's out of the question!; ***jeder Zweifel ist ~*** there is no doubt about it.
ausgeschnitten *adj* (***tief***) ~ *Kleid etc*: low-necked.
ausgesprochen *adj fig.* pronounced, decided, marked: ***das war ~es Pech*** that really was bad luck; *adv* ~ ***falsch*** positively wrong.
ausgestorben *adj* extinct: *fig.* ***wie ~*** completely deserted.
ausgesucht *adj fig.* select, exquisite: ***~e Qualität*** choice quality.
ausgewachsen *adj* **1.** full(y)-grown. **2.** F *fig. Skandal etc*: full-blown.
Ausgewiesene *m, f* expellee.
ausgewogen *adj fig.* (well-)balanced.
ausgezeichnet *adj* excellent: *adv* ***das passt mir ~*** that suits me fine.
ausgiebig I *adj* ***~en Gebrauch machen von*** make full use of. **II** *adv* ~ ***duschen*** (***frühstücken*** *etc*) have a good long shower (breakfast *etc*).
ausgießen *v/t* pour out, (*leeren*) empty.
Ausgleich *m* **1.** balance, *econ. e-s Kontos, e-r Rechnung*: settlement, (*Entschädigung*) compensation: ***als ~ für*** by way of compensation for; ***zum ~*** (*gen*) in settlement of. **2.** *Sport*: (*Treffer, Punkt*) equalizer: ***den ~ erzielen*** → ***ausgleichen*** 3.
ausgleichen I *v/t* **1.** compensate (for), offset: ***~de Gerechtigkeit*** poetic justice. **2.** *econ.* (*Konten etc*) balance, settle, (*Verlust*) cover, (*Defizit*) make good. **II** *v/i* **3.** *Sport*: equalize.
Ausgleichs|getriebe *n mot.* differential (gear). **~sport** *m ich schwimme etc* ***als ~*** to keep fit. **~tor** *n*, **~treffer** *m* equalizer.
ausgleiten *v/i a. fig.* slip.
ausgliedern *v/t* (*Unternehmensbereiche*) hive off, separate.
ausgraben *v/t a. fig.* dig up. **Ausgrabung** *f mst pl* excavation, F dig.
ausgrenzen *v/t fig.* exclude.
Ausguck *m* ⚓ lookout.
Ausguss *m* sink, *tech.* outlet.
aushacken *v/t* (*Augen etc*) pick out: → ***Krähe.***
aushaken I *v/t* unhook. **II** *v/impers* F ***es hakte bei ihm aus*** a) he lost the thread, b) he lost his cool, c) he flipped; ***da hakts bei mir aus!*** I just don't get it!
aushalten I *v/t* **1.** (*Schmerzen etc*) bear, stand, (*standhalten*) sustain: ***es ist nicht auszuhalten*** (*od.* ***zum Aushalten***) it is unbearable. **2.** F (*e-e Frau*) keep. **3.** ♪ (*Ton*) hold. **II** *v/i* **4.** hold out: ***er hält*** (***es***) ***nirgends lange aus*** he never lasts long in any place (*od.* job).
aushandeln *v/t* (*Tarif etc*) negotiate.
aushändigen *v/t* hand over.
Aushang *m* notice, bulletin.
aushängen *v/t* **1.** (*Tür etc*) take off its hinges. **2.** (*Anschlag etc*) put up, (*Bild*) show.
Aushängeschild *n* **1.** sign. **2.** *fig.* (*Person*) figurehead.
ausharren *v/i* hold out, wait.
ausheben *v/t* **1.** (*Grube etc*) dig. **2.** → ***aushängen*** 1. **3.** (*Nest*) rob. **4.** *fig.* (*Bande etc*) round up.
aushecken *v/t* F hatch, cook up.
ausheilen *v/i* be cured, *Wunde*: heal up.
aushelfen *v/i* ***j-m ~*** help s.o. out (***mit*** with).
Aushilfe *f* **1.** temporary help: ***zur ~*** (***bei j-m***) ***arbeiten*** → ***aushilfsweise.*** **2.** → ***Aushilfskraft.***
Aushilfs|... casual *worker etc*, temporary *staff*, stand-in *teacher etc.* **~kraft** *f* casual worker. **~sekretärin** *f* temp.
aushilfsweise *adv* ~ ***arbeiten*** work temporarily (***in*** *dat* at), ***bei j-m*** *a.* help s.o. out.
aushöhlen *v/t* hollow out, *geol. u. fig.* erode, undermine.
ausholen I *v/i* (***weit***) ~ a) *zum Schlag etc*: swing back, b) *fig. Erzähler*: go far back; ***mit der Axt*** (***zum Schlag***) ~ raise the axe (to strike). **II** *v/t* F → ***ausfragen.***
aushorchen → ***ausfragen.***
aushungern *v/t* starve (out): → ***ausgehungert.***
auskennen *v/reflex* ***sich ~*** a) ***in*** *e-m Ort*: know (one's way around) *a place*, b) ***in*** (*dat*), ***mit*** know all about.
ausklammern *v/t fig.* leave *s.th.* out of consideration, ignore.
Ausklang *m a. fig.* finale.
auskleiden *v/t tech.* line.
ausklingen *v/i fig.* end (***in*** *dat* with).
ausklinken *v/t tech.* release.
ausklopfen *v/t* (*Staub etc*) beat out (***aus*** *dat* of), (*Pfeife*) knock out.
ausknipsen *v/t* F switch off.
ausknobeln *v/t* F *fig.* figure out.
auskochen *v/t* **1.** boil, ⚕ sterilize (by boiling). **2.** → ***ausgekocht.***
auskommen *v/i* **1.** ~ ***mit*** make do (*od.* manage) with; ***mit s-m Geld ~*** make both ends meet; ~ ***ohne*** manage (*od.* do) without. **2.** ***mit j-m ~*** get on (*od.* along) with s.o.
Auskommen *n* **1.** livelihood: ***sein ~ haben*** make a (decent) living. **2.** ***mit ihm*** *etc* ***ist kein ~*** you can't get on with him *etc.*

auskoppeln *v/t* (*Schlager etc*) take (*od.* lift) from an album.
Auskopplung *f* (*Single*) cut, follow-up single.
auskosten *v/t fig.* enjoy to the full.
auskratzen *v/t* **1.** (*Topf etc*) scrape out. **2.** ⚕ curette.
auskugeln → ***ausrenken.***
auskühlen *v/t* cool, (*Körper*) chill through.
auskundschaften *v/t* spy out.
Auskunft *f* **1.** information (***über*** *acc* on, about): ***nähere*** ~ further particulars *pl*; ***Auskünfte einholen*** make inquiries. **2.** (*Stelle*) information office (*od.* desk), *a. teleph.* Inquiries *pl.*
Auskunftei *f* inquiry office.
Auskunfts|beamte *m*, **~beamtin** *f* inquiry clerk. **~büro** *n* inquiry office. **~dienst** *m* information service. **~ersuchen** *n* request for information.
auskuppeln *v/i mot.* declutch.
auskurieren *v/t* heal, cure.
auslachen *v/t* laugh at, deride.
Ausladehafen *m econ.* port of discharge.
ausladen *v/t* **1.** unload, ⚓ (*Passagiere etc*) disembark. **2.** F disinvite: ***j-n*** ~ *a.* ask s.o. not to come.
ausladend *adj* **1.** projecting, jutting out. **2.** *fig. Gebärde etc*: sweeping.
Auslage *f* **1.** (*Waren*) (window) display, (*Schaufenster*) shopwindow. **2.** *pl* (***j-m s-e ~n ersetzen*** refund s.o.'s) expenses *pl.*
auslagern *v/t* remove *goods etc* for storage, (*Bücher etc*) outhouse, (*Kunstschätze im Krieg*) evacuate.
Ausland *n* foreign countries *pl*: ***im ~, ins ~*** abroad; ***aus dem ~*** from abroad; ***die Reaktion des ~s*** reactions abroad.
Ausländer(in) foreigner.
ausländerfeindlich *adj* hostile to foreigners.
Ausländerfeindlichkeit *f* anti-alien feeling, hostility to foreigners, *förmlich*: xenophobia.
ausländisch *adj* foreign: ***~e Besucher*** *a.* visitors from abroad.
Auslands|abteilung *f* export (*od.* foreign sales) department. **~aufenthalt** *m* stay abroad. **~auftrag** *m* export order, *bsd. Br.* indent. **~beteiligung** *f* foreign investment. **~brief** *m* letter going abroad, *pl a.* letters *pl* abroad. **~flug** *m* international flight. **~geschäft** *n* export-import business. **~gespräch** *n teleph.* international call. **~investitionen** *pl* foreign investments *pl.* **~kapital** *n* foreign capital. **~korrespondent(in)** foreign correspondent. **~lizenz** *f* foreign licen/ce (*Am.* -se). **~markt** *m* foreign market. **~reise** *f* journey (*od.* trip) abroad. **~schulden** *pl* foreign (*od.* external) debt. **~schutzbrief** *m mot.* (certificate of) international travel cover. **~tarif** *m* rates *pl* for abroad. **~tournee** *f* tour abroad. **~überweisung** *f* foreign remittance. **~umsätze** *pl* foreign sales *pl.* **~vermögen** *n* external assets *pl.* **~verschuldung** *f econ.* foreign debts *pl.* **~vertretung** *f econ.* agency abroad, *pol.* diplomatic mission.
auslassen **I** *v/t* **1.** (*Wort etc*) leave out, omit, (*Gelegenheit etc*) miss, (*überspringen*) skip. **2.** (*Ärger, Zorn etc*) vent (***an*** *dat* on): ***s-n Ärger an j-m*** ~ *a.* take it out on s.o. **3.** (*Butter etc*) melt. **4.** (*Naht, Saum*) let out. **II** *v/reflex* ***sich*** ~ **5.** talk (at length) (***über*** *acc* about).
Auslassung *f* omission.
auslasten *v/t tech.* use to capacity: → ***ausgelastet.***
Auslastung *f* capacity utilization.
Auslauf *m* **1.** *Sport*: run-out. **2.** (chicken *etc*) run: ***die Kinder haben k-n*** ~ the children have nowhere to play.
auslaufen *v/i* **1.** *Flüssigkeit, Tank etc*: run out. **2.** ⚓ sail. **3.** (*enden*) end, *Vertrag, Amtszeit etc*: expire, *a. Produktion*: run out: *econ.* ~ ***lassen*** (*Produktreihe*) phase out, (*Modell*) discontinue. **4.** *Farbe*: run, bleed.
Ausläufer *pl e-s Gebirges*: foothills *pl.*
Auslaufmodell *n econ.* phase-out model.
Auslaut *m ling.* final sound.
ausleben *v/reflex* ***sich*** ~ live it up.
auslecken *v/t* lick out, lick clean.
auslegen *v/t* **1.** *allg.* lay out, (*Kabel etc*) *a.* pay out, (*Waren*) *a.* display. **2.** (*bedecken*) cover, (*verzieren*) inlay: ***mit Teppich*** ~ *a.* carpet; ***mit Papier*** ~ line with paper. **3.** (*e-e Summe*) advance. **4.** (*deuten*) interpret: ***falsch*** ~ misinterpret. **5.** *tech.* design (***auf*** *acc* for).
Ausleger *m* **1.** *e-s Krans*: jib, boom. **2.** *a.* **Auslegerboot** *n* outrigger.
Auslegeware *f* floor coverings *pl.*
Auslegung *f* interpretation.
ausleiern *v/t* (*a.* ***sich*** ~) wear out.
ausleihen *v/t* **1.** lend (out), loan. **2.** ***sich et.*** ~ ***von*** borrow s.th. from.
auslernen *v/i* complete one's training: ***man lernt nie aus*** (we) live and learn.
Auslese *f* **1.** choice, selection: *biol.* ***natürliche*** ~ natural selection. **2.** *fig.* (*Elite*) flower. **3.** wine made from selected grapes.
auslesen[1] *v/t* select, *tech.* sort.
auslesen[2] *v/t* finish (reading).
ausleuchten *v/t a. fig.* illuminate.
Auslieferer *m* supplier, deliverer
ausliefern *v/t* **1.** hand over (*dat* to), *econ.* deliver: *fig.* ***j-m ausgeliefert sein*** be at s.o.'s mercy. **2.** *pol.* extradite.

Auslieferung *f* **1.** *econ.* delivery. **2.** *pol.* extradition.
Auslieferungs|lager *n* supply depot. **~vertrag** *m jur., pol.* extradition treaty.
ausliegen *v/i Waren*: be on display, *Zeitungen*: be available.
auslöffeln *v/t* spoon up: → ***Suppe.***
ausloggen *v/i Computer*: log out (*od.* off).
auslöschen *v/t* **1.** → ***löschen*** 1. **2.** *fig.* (*vernichten*) wipe out, (*töten*) *a.* kill.
auslosen *v/t* draw (lots) for.
auslösen *v/t* **1.** *phot., tech.* release, *a. fig.* trigger (off), *fig.* (*Wirkung etc*) produce, (*Begeisterung etc*) cause, (*Beifall*) arouse. **2.** (*Pfand etc*) redeem.
Auslöser *m* release, *a. fig.* trigger.
Auslosung *f* draw.
Auslösung *f* **1.** releasing, triggering (*etc*, → ***auslösen***). **2.** *econ.* compensation.
ausloten *v/t* plumb, ⚓ *u. fig.* sound.
ausmachen *v/t* **1.** F → a) ***löschen*** 1, b) ***ausschalten*** 1. **2.** (*sichten*) make out, spot, (*orten*) locate. **3.** → ***abmachen*** 2. **4.** (*betragen*) amount to. **5.** *fig.* make up, form (part of): ***das macht den Reiz s-r Bilder aus*** this is what makes his pictures so attractive. **6.** ***das macht nichts*** (***viel***) ***aus*** that doesn't matter (it matters a great deal); ***wenn es Ihnen nichts ausmacht*** if you don't mind; ***macht es Ihnen et. aus, wenn ich rauche?*** do you mind my smoking?; ***die Kälte macht mir nichts aus*** I don't mind the cold.
ausmalen *v/t* **1.** paint, (*Bild*) colo(u)r. **2.** *fig.* depict (*dat* to): ***sich et.*** ~ picture s.th. (to o.s.).
Ausmaß *n* dimensions *pl*, *a. fig.* extent: ***das*** ~ ***des Schadens*** the extent of the damage; ***gewaltige ~e annehmen*** assume horrendous proportions.
ausmergeln *v/t* emaciate.
ausmerzen *v/t* (*Fehler*) eliminate.
ausmessen *v/t* measure.
ausmisten *v/t* muck out.
Ausnahme *f* exception: ***mit*** ~ ***von*** (*od. gen*) with the exception of, except (for); ***e-e*** ~ ***bilden*** *a.* be exceptional; ***bei j-m e-e*** ~ ***machen*** make an exception in s.o.'s case.
Ausnahme... exceptional (*athlete, case, etc*).
Ausnahmezustand *m* (***den*** ~ ***verhängen*** declare a) state of emergency (***über*** *acc* in).
ausnahmslos *adv u. adj* without exception.
ausnahmsweise *adv* by way of exception, (*diesmal*) for once.
ausnehmen *v/t* **1.** (*Wild, Fisch*) gut, (*Geflügel*) draw: F *fig.* ***j-n*** ~ fleece s.o. **2.** (*ausschließen*) except, exclude.
ausnüchtern *v/i* sober up.
Ausnüchterungszelle *f* drying-out cell.
ausnutzen *v/t a. b.s.* use, take advantage of, *a. tech.* exploit.
Ausnutzung *f* use, *a. b.s.* exploitation.
auspacken **I** *v/t* unpack, (*Geschenk*) unwrap. **II** *v/i* F *fig.* spill the beans.
auspeitschen *v/t* whip, flog.
auspfeifen *v/t* boo.
ausplaudern *v/t* blab out.
ausposaunen *v/t* F trumpet (forth).
auspreisen *v/t econ.* price.
auspressen *v/t* squeeze (out).
ausprobieren *v/t* try (out), test.
Auspuff *m mot.* exhaust.
Auspufftopf *m* silencer, *Am.* muffler.
auspumpen *v/t* pump out.
ausquartieren *v/t* lodge *s.o.* elsewhere.
ausquetschen *v/t* F *fig.* ***j-n*** ~ grill s.o.
ausradieren *v/t* erase, *fig. a.* wipe out.
ausrangieren *v/t* discard.
ausrasten *v/i* **1.** *tech.* be released. **2.** F *fig.* flip out.
ausrauben *v/t* rob.
ausräuchern *v/t* fumigate, *hunt. u. fig.* smoke out.
ausräumen *v/t* **1.** (*Raum etc*) clear, (*Möbel*) remove (***aus*** *dat* from). **2.** *fig.* (*Missverständnis etc*) clear up, (*Bedenken*) dispel.
ausrechnen *v/t* (*fig.* ***sich***) ***et.*** ~ work s.th. out (for o.s.); F ***er ist leicht auszurechnen*** he is quite predictable; → ***ausgerechnet.***
Ausrede *f* (***faule*** ~ lame) excuse.
ausreden **I** *v/i* finish (speaking): ***j-n ~ lassen*** hear s.o. out; ***j-n nicht ~ lassen*** cut s.o. short. **II** *v/t* ***j-m et.*** ~ talk s.o. out of s.th.
ausreichen *v/i* be enough: ***e-e Woche*** *etc* ~ last a week *etc*.
ausreichend *adj* **1.** sufficient, enough. **2.** *ped.* (*Note*) D.
Ausreise *f* departure: ***bei der*** ~ on leaving the country; ***j-m die*** ~ ***verweigern*** refuse s.o. permission to leave the country. **Ausreisevisum** *n* exit visa.
ausreißen **I** *v/t* pull out, tear out. **II** *v/i* F run away (***vor j-m*** before s.o., ***von zu Hause*** from home).
Ausreißer(in) F runaway.
ausreiten *v/i* ride out.
ausrenken *v/t* ***sich den Arm*** *etc* ~ dislocate one's arm *etc*.
ausrichten *v/t* **1.** straighten, *in Linie*: align, (*anpassen*) adjust (*a. fig.*, ***nach*** to): ***sich*** ~ line up; *fig.* ***sich*** (*od.* ***sein Verhalten***) ~ ***nach*** orientate o.s. to; ***ausgerichtet auf*** (*acc*) aimed at. **2.** (*erreichen*) achieve: ***er wird*** (***bei ihr***) ***nichts*** ~ (***können***) he won't get anywhere (with her). **3.** (*mitteilen*) tell: ***kann ich et. ~?*** can I take a message?; ***bitte richten Sie ihm m-e Grüße aus*** please give

him my (kind) regards. **4.** (*Veranstaltung*) organize, (*Hochzeit etc*) arrange.
Ausrichter(in) organizer.
Ausritt *m* ride.
ausrollen I *v/t* (*Teppich etc*) unroll, (*Teig*) roll (out). II *v/i mot.* coast (✈ taxi) to a standstill.
ausrotten *v/t a. fig.* root out, (*Ungeziefer, a. Volk*) exterminate.
Ausrottung *f* extermination.
ausrücken I *v/i* **1.** *Feuerwehr etc*: turn out, *mil.* march out. **2.** F → ***ausreißen*** II. II *v/t* **3.** (*Wort etc*) move out.
Ausruf *m* cry, exclamation.
ausrufen *v/t* cry, (*Namen etc*) call out, (*Streik*) call, *pol.* proclaim: ***j-n zum König ~*** proclaim s.o. king; ***j-n ~ lassen*** page s.o.
Ausrufungszeichen *n* exclamation mark.
ausruhen *v/i* (*a.* ***sich ~***) rest.
ausrüsten *v/t* (***mit*** with) equip (*a. fig.*), supply, (*Expedition etc*) fit out.
Ausrüstung *f allg.* equipment, (*für Sport*) *a.* outfit, (*Gerät*) gear, (*Zubehör*) accessories *pl.*
ausrutschen *v/i* slip (***auf*** *dat* on).
Ausrutscher *m* F *fig.* slip, gaffe.
Aussaat *f* a) sowing, b) seed.
Aussage *f allg.* statement, *künstlerische*: *a.* message, ⚖ *a.* testimony: ***nach Ihrer ~*** according to what you said; ⚖ ***die ~ verweigern*** refuse to give evidence; ***hier steht ~ gegen ~*** it's his word against hers *etc.*
aussagen I *v/i* ⚖ give evidence (***unter Eid*** upon oath). II *v/t* state, say, *bsd. fig.* express.
Aussagesatz *m* clause of statement.
Aussatz *m* ⚕ leprosy.
Aussätzige *m, f a. fig.* leper.
aussaugen *v/t* suck: *fig.* ***j-n*** (***bis aufs Blut***) ***~*** bleed s.o. (white).
Ausschabung *f* ⚕ curettage.
ausschachten *v/t* dig, excavate.
ausschaffen *v/t schweiz.* expel.
ausschalten *v/t* **1.** (*Licht, Radio etc*) switch off, ⚡ (*Strom*) cut out, (*Motor etc*) stop. **2.** *fig.* (*Gegner, Fehler etc*) eliminate, (*Gefahr*) *a.* avoid, (*Gefühle*) exclude, *bsd. Sport*: neutralize.
Ausschaltung *f fig.* elimination.
Ausschau *f* ***~ halten*** → **ausschauen** *v/i* look out (***nach*** for).
ausscheiden I *v/t* **1.** eliminate, exclude, (*aussondern*) sort out, remove. **2.** *physiol.* excrete. II *v/i* **3.** (*nicht in Frage kommen*) be ruled out, *Person*: be not eligible. **4.** ***~ aus*** *e-m Amt etc*: retire from, *e-r Firma etc*: leave, *Sport*: be eliminated from, *e-m Rennen etc*: drop out of.
Ausscheidung *f* **1.** elimination. **2.** *physiol.* excretion, excrements *pl.* **3.** → **Ausscheidungskampf** *m Sport*: qualifying contest.
ausschenken *v/t* pour (out), *als Wirt*: sell.
ausscheren *v/i* **1.** *mot.* swing out. **2.** *fig.* deviate (***aus*** from).
ausschicken *v/t* send.
ausschiffen *v/t* (*a.* ***sich ~***) disembark.
ausschlachten *v/t* **1.** (*Tier*) cut up. **2.** F *fig.* (*Auto etc*) cannibalize, *contp.* (*e-n Fall etc*) exploit.
ausschlafen I *v/t* (*Rausch*) sleep off. II *v/i* (*a.* ***sich ~***) get a good night's sleep, *morgens*: sleep late.
Ausschlag *m* **1.** ⚕ (***e-n ~ bekommen*** break out into a) rash. **2.** *fig.* ***den ~ geben für*** be decisive of; ***das gab den ~*** that decided (*od.* settled) it. **3.** *phys. e-s Pendels etc*: swing, *e-s Zeigers etc*: deflection, (*~weite*) amplitude.
ausschlagen I *v/i* **1.** *Pferd*: kick out. **2.** *Pendel etc*: swing, *Zeiger etc*: deflect. **3.** 🌿 sprout, *Baum*: come into leaf. II *v/t* **4.** (*Zahn etc*) knock out: → **Fass.** **5.** → ***auskleiden.*** **6.** (*ablehnen*) refuse, turn *s.th.* down.
ausschlaggebend *adj* (*a.* ***von ~er Bedeutung***) decisive: ***~ sein*** be decisive (***für*** of).
ausschließen I *v/t* **1.** → ***aussperren.*** **2.** *fig.* (*j-n*) (***aus*** from) exclude, *aus der Partei etc*: expel, (*nicht zulassen*) bar, *Sport*: disqualify: ***zeitweilig ~*** suspend; ⚖ ***die Öffentlichkeit ~*** exclude the public. **3.** (*Möglichkeit, Irrtum etc*) rule out, (*ausnehmen*) exclude, except: → ***ausgeschlossen.*** II *v/reflex* ***sich ~*** **4.** exclude o.s. (***von*** from).
ausschließlich *adj* exclusive.
ausschlüpfen *v/i zo.* hatch (out).
Ausschluss *m* (***aus*** from) exclusion, *aus der Partei etc*: expulsion, *Sport*: disqualification: ***zeitweiliger ~*** suspension; ⚖ ***unter ~ der Öffentlichkeit*** in closed session.
ausschmücken *v/t* **1.** decorate. **2.** *fig.* (*Erzählung etc*) embroider.
ausschneiden *v/t* cut out, (*Bäume etc*) prune: → ***ausgeschnitten.***
Ausschnitt *m* **1.** neck(line): ***mit tiefem ~*** décolleté, low-necked. **2.** (*aus Zeitung*) cutting, *Am.* clipping. **3.** (*Bildausschnitt*) detail, *Sport, TV* scene. **4.** *fig.* (*Teil*) (***aus***) part (of), extract (from).
ausschöpfen *v/t* **1.** (*Wasser, Boot*) bail out. **2.** *fig.* (*Thema etc*) exhaust.
ausschreiben *v/t* **1.** (*Wort etc*) write out, (*Zahl*) write out (in words). **2.** → ***ausstellen*** 2. **3.** (*bekannt geben*) announce, (*e-e Stelle*) advertise, *econ.* invite tenders for: ***e-n Wettbewerb ~*** invite entries (*econ.* tenders) for a competition; ***Wahlen ~*** go to the country.
Ausschreibung *f* **1.** *econ.* invitation to bid,

invitation to tender, call for tenders **2.** *e-r Stelle*: job advertisment **3.** *Sport*: invitation to a competition.
Ausschreitung *f mst pl* riot.
Ausschuss *m* **1.** (***in e-m ~ sein*** be *od.* sit on a) committee. **2.** *econ.* rejects *pl*, *tech.* waste, scrap. **Ausschussmitglied** *n* committee member.
Ausschuss|sitzung *f* committee meeting. **~vorsitzende** *m, f Mann*: committee chairman, *Frau*: committee chairwoman **~ware** *f* rejects *pl.*
ausschütteln *v/t* shake out.
ausschütten I *v/t* **1.** pour out, (*verschütten*) spill: *fig.* ***j-m sein Herz ~*** unburden o.s. to s.o. **2.** *econ.* (*Dividende*) pay. **II** *v/reflex* **3.** ***sich*** (***vor Lachen***) ~ split one's sides laughing.
Ausschüttung *f econ. von Dividenden*: dividend payment.
ausschweifend *adj Fantasie etc*: unbridled, *Leben etc*: dissolute.
Ausschweifungen *pl* excesses *pl.*
ausschweigen *v/reflex* ***sich ~*** remain silent (***über*** *acc* about).
ausschwitzen *v/t* exude.
aussehen I *v/i* look: ***gut ~*** a) be good-looking, b) (*gesund*) look well; ***schlecht*** (*krank*) ~ look ill; ***wie sieht er aus?*** what does he look like?; F ***sie sah vielleicht aus!*** she did look a sight!; ***so siehst du aus!*** nothing doing! **II** *v/impers* F ***es sieht nach Regen aus*** it looks like rain; ***damit es nach et. aussieht*** to make it look impressive.
Aussehen *n* looks *pl*, appearance.
aus sein → ***aus*** 8, 9, 10.
außen *adv* outside: ***von ~*** from (the) outside, from without; ***nach ~*** outward(s), *fig.* outwardly (*calm etc*); F ***er bleibt ~ vor*** he's (left) out of it.
Außen|aufnahmen *pl Film*: location shooting *sg.* **~bezirke** *pl e-r Stadt*: outskirts *pl.* **~bordmotor** *m* outboard motor.
aussenden *v/t* send out.
Außendienst *m* field work: ***im ~*** in the field. **~leiter(in)** field sales manager. **~mitarbeiter(in)** field worker, *econ.* (*Vertreter*) *a.* sales representative. **~tagung** *f* field sales conference.
Außen|finanzierung *f* debt (*od.* external) financing. **~handel** *m* foreign trade. **~kante** *f* outer edge. **~minister(in)** Foreign Minister (*Br.* Secretary), *Am.* Secretary of State. **~ministerium** *n* Foreign Ministry (*Br.* Office), *Am.* State Department. **~politik** *f* foreign politics *pl* (*bestimmte*: policy).
außenpolitisch *adj* foreign: ***~e Debatte im*** *Parlament*: debate on foreign affairs.
Außen|seite *f* outside. **~seiter(in)** outsider. **~spiegel** *m mot.* outside rear-view mirror. **~stände** *pl econ.* outstanding debts *pl.* **~stelle** *f von Behörde etc*: branch (office). **~stürmer(in)** *Fußball etc*: winger, outside. **~tasche** *f* outer pocket. **~wand** *f* outer wall. **~welt** *f* outside world.
außer I *prep* (*dat*) **1.** out of: → ***Atem, Betrieb*** 3, ***Dienst, Reichweite***; *fig.* ***~ sich sein*** be beside o.s. (***vor*** with); ***~ sich geraten*** lose control of o.s. **2.** (*abgesehen von*) apart (*bsd. Am.* aside) from, except (for): ***alle ~ dir*** all except (*od.* but) you. **3.** (*neben*) besides, in addition to. **II** *conj* **4.** ~ (***wenn***) unless; ***~ dass*** except that.
außer|beruflich *adj* private. **~betrieblich** *adj* external.
außerdem *adv* besides.
äußere *adj* outer, outside, external, *econ.*, *pol.* foreign: ***k-e ~n Verletzungen*** no external injuries; *pol.* ***~ Angelegenheiten*** foreign affairs.
Äußere *n* outside, *e-r Person*: (outward) appearance, *s.o.'s* looks *pl*: ***von angenehmem ~n*** personable; ***auf sein ~s achten*** be particular about one's appearance.
außer|ehelich *adj Kind*: illegitimate, *Beziehungen etc*: extramarital. **~gerichtlich** *adj* extrajudicial: ***~er Vergleich*** out-of-court settlement. **~gewöhnlich** *adj* exceptional, uncommon, *econ. Belastungen etc*: extraordinary.
außerhalb I *prep* (*gen*) out of: ***~ des Hauses*** outdoors, outside. **II** *adv* outside, (*~ der Stadt*) out of town.
Außerhausverkauf *m von Lokalen etc*: takeaway(s *pl*).
außerirdisch *adj* (*a.* ***~es Wesen***) extraterrestrial.
äußerlich *adj a. fig.* outward, external, (*oberflächlich*) superficial: *adv* ⚕ ***~ anzuwenden*** for external application only; ***~ betrachtet*** on the face of it.
Äußerlichkeit *f fig.* superficiality: ***bloße ~en*** mere formalities.
äußern I *v/t* utter, express, (*Verdacht, Kritik etc*) voice. **II** *v/reflex* ***sich ~*** a) express o.s. (*od.* give one's opinion) (***über*** *acc* on), b) (***in*** *dat* in) *Sache*: be shown, *Krankheit etc*: manifest itself.
außerordentlich I *adj* extraordinary, unusual, (*erstaunlich*) remarkable, (*hervorragend*) outstanding: ***~er Professor*** senior lecturer, *Am.* asscociate professor. **II** *adv* (*sehr*) extremely.
außer|parlamentarisch *adj* extraparliamentary. **~planmäßig** *adj* extraordinary, *Beamte*: supernumerary. **~sinnlich** *adj* ***~e Wahrnehmung*** extrasensory perception.
äußerst I *adj* **1.** *räumlich*: outermost, remo-

test: *fig. pol.* ***die ~e Linke*** the extreme left. **2.** *zeitlich*: latest, final: ***der ~e Termin*** *a.* the deadline. **3.** *fig.* extreme, utmost: ***von ~er Wichtigkeit*** of utmost importance; ***im ~en Fall*** at worst; ***mit ~er Kraft*** by a supreme effort. **II** *adv* **4.** extremely.

Äußerste *n* the limit, the most, (*das Schlimmste*) the worst: ***zum ~n entschlossen sein*** be desperate; ***bis zum ~n gehen*** go to the last extreme; ***sein ~s tun*** do one's utmost; ***auf das ~ gefasst sein*** be prepared for the worst.

außerstande *adj* ***~ sein*** be unable.

Äußerung *f* **1.** statement, remark. **2.** *fig.* (*Ausdruck*) expression, sign.

aussetzen I *v/t* **1.** expose (*dat* to, *a. fig. e-r Gefahr, der Kritik etc*), (*Kind*) *a.* abandon, (*Tiere*) release. **2.** ⚓ (*Boot*) lower, (*Passagiere*) disembark, *b.s.* maroon. **3.** (*Belohnung etc*) offer (*dat* to): ***e-n Preis auf j-s Kopf ~*** put a price on s.o.'s head. **4.** (*unterbrechen*) interrupt, (*Urteil, Verfahren, Zahlungen*) suspend: → ***Bewährung*** 2. **5.** ***et. ~*** (*od.* ***auszusetzen haben***) ***an*** (*dat*) object to, criticize; ***was ist daran auszusetzen?*** what's wrong with it?; ***er hat an allem et. auszusetzen*** he finds fault with everything. **II** *v/i* **6.** (*versagen*) fail, *mot.* misfire, *Herz*: miss a beat. **7.** (*abbrechen*) stop, break off, (*e-e Pause machen*) take a rest, *bei e-m Spiel*: sit out: ***~ mit*** *e-r Behandlung etc*: interrupt; ***ohne auszusetzen*** without interruption; *Spiel*: (***e-e Runde***) ~ miss a turn.

Aussetzer *m* **1.** *mot.* misfire. **2.** F *fig.* blackout.

Aussicht *f* (***auf*** *acc* of) **1.** view: ***ein Zimmer mit ~ auf das Meer*** a room overlooking the sea. **2.** *fig.* chance, prospect: ***Aussichten*** *pl a.* outlook *sg*; ***er hat ~en zu gewinnen*** he stands a chance to win; ***gute ~en auf Erfolg haben*** stand a good chance of success.

aussichtslos *adj* hopeless: ***e-e ~e Sache*** a lost cause; ***e-n ~en Kampf führen*** fight a losing battle.

Aussichtslosigkeit *f* hopelessness.

aussichtsreich *adj* promising.

Aussichtsturm *m* observation tower.

Aussiedler(in) → ***Umsiedler(in)***.

aussitzen *v/t* F ***et. ~*** sit s.th. out.

aussöhnen *v/t* reconcile (***sich*** o.s.) (***mit*** with, to).

Aussöhnung *f* reconciliation.

aus|sondern, ~sortieren *v/t* sort out.

ausspannen I *v/t* **1.** (*Pferde etc*) unharness: F *fig.* ***j-m die Freundin ~*** steal s.o.'s girl(friend). **2.** spread out, stretch out. **II** *v/i* **3.** relax, (take a) rest.

aussparen *v/t* **1.** *tech.* leave open. **2.** *fig.* (*Thema etc*) leave out, avoid.

aussperren *v/t bei Arbeitskampf*: ***j-n ~*** *a. econ.* lock s.o. out (***aus*** of). **Aussperrung** *f econ.* lockout.

ausspielen I *v/t* (*Karte*) play, *fig.* (*Können*) bring to bear: ***j-n gegen j-n ~*** play s.o. off against s.o. **II** *v/i Kartenspiel*: lead: ***wer spielt aus?*** *a.* whose lead (is it)?; *fig.* ***er hat ausgespielt*** he's finished.

ausspinnen *v/t fig.* spin out.

ausspionieren *v/t* spy out, spy on *s.o.*

Aussprache *f* **1.** pronunciation. **2.** discussion, *a. parl.* debate.

aussprechen I *v/t* **1.** (*Wort*) pronounce: → ***ausgesprochen***. **2.** (*Beileid, Meinung etc*) express: → ***Vertrauen***. **3.** ⚖ (*Scheidung*) grant. **II** *v/i* **4.** → ***ausreden*** I. **III** *v/reflex* ***sich ~*** **5.** express one's views (***über*** *acc* on, about): ***sich für*** (***gegen***) ***et. ~*** speak for (against) s.th. **6.** a) ***bei j-m*** unburden o.s. to s.o., b) ***mit j-m*** F have it out with s.o.

Ausspruch *m* remark, saying.

ausspucken *v/t u. v/i* spit out.

ausspülen *v/t* rinse.

ausstaffieren *v/t* F rig out.

Ausstand *m* **1.** *econ.* strike, F walkout: ***in den ~ treten*** go on strike, walk out **2.** ***s-n ~ geben*** have a leaving (*od.* going-away) party.

ausstanzen *v/t tech.* punch out.

ausstatten *v/t* (***mit*** with) **1.** fit out, equip, (*Wohnung*) *a.* furnish, (*Buch etc*) get up. **2.** *econ. mit Kapital etc*: endow (*a. fig. mit Talent etc*), ⚖ *mit Befugnissen etc*: vest.

Ausstattung *f allg.* outfit, equipment, *e-r Wohnung*: furnishing, décor, *thea. etc* sets and costumes *pl*, (*Gestaltung*) design, (*Aufmachung*) get-up.

Ausstattungsstück *n thea.* spectacular (show).

ausstechen *v/t* **1.** *gastr.* cut out. **2.** *fig.* (*j-n*) outdo, (*Rivalen*) cut out.

ausstehen I *v/t* stand, bear, suffer: ***es ist noch nicht ausgestanden*** it's not over yet; F ***ich kann ihn*** (***es***) ***nicht ~*** I can't stand him (it). **II** *v/i Entscheidung*: be pending, *Zahlung*: be outstanding: ***s-e Antwort steht noch aus*** ~ he hasn't answered yet.

aussteigen *v/i* (***aus***) get out (of) (*a. fig. e-m Unternehmen etc*), get off (*a train, bus, etc*), ✈, ⚓ disembark, F ✈ (*abspringen*) bail out (of), *Sport*: *aus e-m Rennen*, *fig. aus der Kernenergie, e-m Geschäft etc*: opt out (of), *aus der Gesellschaft etc*: drop out (of).

Aussteiger(in) F dropout.

ausstellen I *v/t* **1.** (*Waren, Bilder etc*) display, show, exhibit. **2.** (*Rechnung, Attest, Scheck etc*) make out (***auf j-s Namen*** in s.o.'s name), (*Pass*) issue, (*Wechsel*) draw

(**auf** *acc* on). **3.** (*Arbeitskräfte*) dismiss **II** *v/i* **4.** exhibit.
Aussteller(in) 1. exhibitor. **2.** *econ.* drawer.
Ausstellfenster *n mot.* ventipane.
Ausstellung 1. exhibition, show, (*Messe*) fair. **2.** *e-r Urkunde etc*: issue.
Ausstellungs|datum *n* date of issue. **~gelände** *n* exhibition grounds *pl.* **~halle** *f* exhibition hall. **~raum** *m* show-room. **~stand** *m* exhibition-stand. **~stück** *n* exhibit.
ausstempeln *v/i bei Arbeitsende*: clock out, clock off.
aussterben *v/i a. fig.* die out: → ***ausgestorben.***
Aussteuer *f* trousseau.
aussteuern *v/t* ⚡ modulate.
Ausstieg *m* **1.** *im Bus etc*: exit (door). **2.** (*das Aussteigen*) (**aus**) exit (from), getting out (of), *fig. a.* opting out (of *nuclear energy*, *a business*, *etc*).
Ausstiegluke *f* (escape) hatch.
ausstopfen *v/t* stuff.
Ausstoß *m econ.* output, production.
ausstoßen *v/t* **1.** *tech.* eject, blow off, exhaust. **2.** *econ.* turn out, produce. **3.** (*Worte etc*) utter, (*Schrei*) *a.* give, (*Seufzer*) heave. **4.** (*ausschließen*) ***j-n ~*** expel s.o. (**aus** from), (*verbannen*) exile (from): ***j-n aus der Gesellschaft ~*** ostracize s.o.
ausstrahlen *v/t* **1.** *a. fig.* radiate. **2.** *Radio*: broadcast, *TV a.* televise.
Ausstrahlung *f* **1.** *fig.* radiation, *e-r Person*: charisma. **2.** broadcast(ing).
ausstrecken *v/t* (*a.* ***sich ~***) stretch out: ***die Hand ~ nach*** reach (out) for; → ***Fühler*** 1.
ausstreichen *v/t* cross out.
ausströmen I *v/i* (**aus** from) *Wärme etc, a. fig. Ruhe etc*: radiate, *Geruch*: emanate, *Gas etc*: escape. **II** *v/t* radiate (*a. fig.*), (*Geruch*) give off.
aussuchen *v/t* choose, select: → ***ausgesucht.***
Austausch *m* (**im ~** in) exchange (**für** for).
Austausch... *ped., univ.* exchange (*teacher*, *student*, *etc*).
austauschbar *adj* interchangeable.
austauschen *v/t* (***gegen***) exchange (for), (*ersetzen*) replace (by).
Austauschmotor *m* replacement engine.
austeilen *v/t* distribute (**an** *acc* to, **unter** *acc* among), (*Karten*, F *Schläge*) deal (out).
Auster *f* oyster.
Austernbank *f* oyster bed.
austesten *v/t Computer*: debug.
austoben *v/reflex* ***sich ~*** *Person*: have one's fling, *Kinder*: have a good romp.
austragen I *v/t* **1.** (*Briefe etc*) deliver: ***Zeitungen ~*** do a newspaper round (*Am.* route). **2.** ⚕ (*Kind*) carry to (full) term, *weitS.* have. **3.** (*Streit etc*) settle: ***die Sache ~*** F have it out. **4.** (*Turnier etc*) hold, (*Spiel*) play. **5.** (*Daten etc*) remove, cancel. **II** *v/reflex* ***sich ~*** **6.** *aus e-r Anwesenheitsliste*: sign out.
Austragungsort *m Sport*: venue.
Australien *n* Australia.
Australier(in), australisch *adj* Australian.
austreiben I *v/t* **1.** → ***vertreiben.*** **2.** (*Teufel etc*) exorcize: *fig.* ***j-m et. ~*** cure s.o. of s.th. **II** *v/i* **3.** ♣ sprout.
austreten I *v/t* **1.** (*Feuer etc*) stamp out. **2.** (*Pfad*) tread. **3.** (*Schuhe*) wear out. **4.** (*Stufen*) wear down. **II** *v/i* **5.** (**aus**) come out (of), *Gas etc*: escape (from). **6.** ***~ aus*** *e-m Verein etc*: leave. **7.** F (go and) spend a penny.
austricksen *v/t* F *a. Sport*: trick.
austrinken *v/t u. v/i* drink up, finish (one's drink).
Austritt *m* (**aus** *dat*) leaving (*a club etc*).
austrocknen *v/t u. v/i* dry up.
austüfteln *v/t* F (*Plan etc*) work out.
ausüben *v/t* **1.** (*Tätigkeit, Gewerbe*) carry on, (*Beruf etc*) practise, (*Funktion*) perform, (*Amt*) hold, (*Sport*) go in for. **2.** (*Macht, Recht etc*) exercise, (**auf** *acc* on) (*Einfluss etc*) exert, (*Wirkung, Reiz etc*) have, (*Zwang etc*) use: → ***Druck***[1].
Ausübung *f* carrying on (*etc*), exercise: ***in ~ s-r Pflicht*** in the execution of his duty.
ausufern *v/i fig.* get out of hand.
Ausverkauf *m* **1.** *econ.* sale, (*Räumungsverkauf*) clearance sale, (*bei Geschäftsaufgabe*) closing-down sale: ***im ~ kaufen*** buy at the sales. **2.** *fig.* sellout.
ausverkaufen *v/t* sell off: ***ausverkauft*** sold out, *thea. etc a.* full (*house etc*).
Ausverkaufsware *f* sale goods *pl.*
ausw. ***auswärtig*** (from) outside; in (from) another town; *a. pol.* foreign.
auswachsen I *v/t* (*Kleidung*) grow out of. **II** *v/i* ♣ go to seed. **III** *v/reflex* ***sich ~*** *fig.* develop (**zu** into): → ***ausgewachsen.***
Auswachsen *n* F ***es ist zum ~!*** a) it's enough to drive you crazy, b) (*langweilig*) it's dreadfully boring.
Auswahl *f* **1.** selection, *econ. a.* choice, range: ***... in großer ~*** a large assortment of ...; ***... zur ~*** ... to choose from; ***e-e ~ treffen*** select (**aus** from). **2.** → ***Auswahlmannschaft.***
auswählen *v/t* choose, select.
Auswahl|mannschaft *f Sport*: representative team. **~verfahren** *n bei Stellenausschreibung*: selection procedure.
Auswanderer *m*, **Auswanderin** *f* emigrant.
auswandern *v/i* emigrate.
Auswanderung *f* emigration.

auswärtig *adj* **1.** nonlocal, *a. econ.* out-of-town. **2.** *pol.* foreign (*affairs, office, etc*): **~er Dienst** *a.* diplomatic service.
auswärts *adv* **1.** out, (*außer Haus*) away (from home), (*außerhalb der Stadt*) out of town: **~ essen** eat out; *Sport*: **~ spielen** play away from home; **~ wohnen** live out of town. **2.** outward(s).
Auswärtsspiel *n Sport*: away match.
auswaschen *v/t* wash out.
Auswechselbank *f Sport*: substitutes' bench.
auswechselbar *adj* (**gegen**) exchangeable (for), (*ersetzbar*) replaceable (by).
auswechseln *v/t* (**gegen**) exchange (for), (*ersetzen*) replace (by), (*Rad etc*) change, *Sport*: (*Spieler*) substitute.
Auswechselspieler(in) substitute.
Auswechs(e)lung *f* exchange, (*Ersatz*) replacement, *Sport*: substitution.
Ausweg *m fig.* way out (**aus** of): **als letzter ~** as a last resort.
ausweglos *adj* hopeless.
ausweichen *v/i* **1.** (*dat*) make way (for), get out of the way (of), (*e-m Auto, Schlag etc, a. fig. e-r Sache*) dodge: **j-s Blicken ~** avoid s.o.'s eyes; **e-r Frage ~** evade a question. **2.** (*~d antworten*) be evasive. **3. ~ auf** (*acc*) switch to.
ausweichend *adj fig.* evasive.
Ausweich|manöver *n fig.* evasive action. **~möglichkeit** *f* alternative.
ausweinen *v/reflex* **sich ~** have a good cry (**bei j-m** on s.o.'s shoulder).
Ausweis *m* (*Personalausweis*) identity (*abbr.* ID) card, (*Mitgliedsausweis etc*) card, *weitS.* pass.
ausweisen I *v/t* **1.** (**aus** from) expel, (*Ausländer*) deport. **2.** *fig.* **j-n ~ als** show s.o. to be (*an expert etc*). **II** *v/reflex* **sich ~ 3.** prove one's identity: *fig.* **sich als Experte** *etc* **~** prove o.s. an expert *etc.*
Ausweis|kontrolle *f* identity (*abbr.* ID) check. **~papiere** *pl* (identification) papers *pl.*
Ausweisung *f* (**aus** from) expulsion, *von Ausländern*: deportation.
ausweiten *v/t* (*a.* **sich ~**) expand (*a. fig.* **zu** into). **Ausweitung** *f* expansion.
auswendig *adv* by heart: ♪ **~ spielen** play from memory; **et. in- und ~ kennen** know s.th. inside out.
auswerfen *v/t* (*Anker etc*) cast.
auswerten *v/t allg.* evaluate, (*nutzen*) utilize, *econ. a.* exploit.
Auswertung *f* evaluation, utilization.
auswickeln *v/t* unwrap.
auswiegen *v/t* weigh out.
auswirken *v/reflex* **sich ~** a) have consequences, b) **auf** (*acc*) affect, c) **in** (*dat*) result in: **sich positiv** (**negativ**) **~** have a favo(u)rable (negative) effect.
Auswirkung *f* **1.** effect (**auf** *acc* on). **2.** → ***Rückwirkung.***
auswischen *v/t* wipe out: F **j-m eins ~** play a nasty trick on s.o.
auswringen *v/t* wring out.
Auswuchs *m* **1.** ⚕ outgrowth. **2.** *fig.* a) *pl* excesses *pl*, b) *der Fantasie*: product.
Auswurf *m* **1.** ⚕ sputum. **2.** → ***Abschaum.***
auszahlen I *v/t* (*Summe*) pay (out), (*j-n*) pay off, (*Teilhaber*) buy out. **II** *v/reflex* **sich ~** *fig.* pay.
auszählen *v/t* (*a. e-n Boxer*) count out.
Auszahlung *f* **1.** payment, *e-s Erben etc*: paying off, *e-s Partners*: buying out. **2.** (*Betrag*) payment, *an Erben, Partner etc*: payoff.
auszeichnen I *v/t* **1.** distinguish, (*ehren*) hono(u)r: *j-n, et.* **mit e-m Preis ~** award a prize to; *e-n Soldaten* (**mit e-m Orden**) **~** decorate. **2.** *econ.* (*Waren*) price. **II** *v/reflex* **sich ~ 3.** distinguish o.s.
Auszeichnung *f* **1.** (mark of) distinction, (*Orden*) decoration, (*Preis*) award: *e-e Prüfung* **mit ~ bestehen** pass with distinction. **2.** *econ.* pricing.
ausziehbar *adj* pull-out, *Antenne etc*: telescopic.
ausziehen I *v/t* **1.** (*Kleidung*) take off: **j-n ~** undress s.o. **2.** (*Tisch etc*) pull out. **3.** ⚕, *tech.* extract. **II** *v/i* **4.** set out. **5.** (**aus e-r Wohnung**) **~** move out (of a flat). **III** *v/reflex* **sich ~ 6.** undress, take one's clothes off.
Auszieh|feder *f* drawing pen. **~platte** *f e-s Tisches*: leaf. **~tisch** *m* pull-out table. **~tusche** *f* drawing ink.
Auszubildende *m, f* trainee.
Auszug *m* **1.** departure, *demonstrativ*: walk-out: **~** (**aus e-r Wohnung**) move (from a flat). **2.** a) ⚕ extraction, b) *a. fig.* extract (**aus** from), c) ♪ arrangement. **3.** *econ.* (*Kontoauszug*) statement (of account).
auszugsweise *adv* in parts: **~ vorlesen** read extracts from.
auszupfen *v/t* pluck out.
autark *adj econ.* autarkic.
Autarkie *f* autarky.
authentisch *adj* authentic(ally *adv*).
Autismus *m* autism.
autistisch *adj* autistic.
Auto *n* (motor)car, *bsd. Am.* auto(mobile): **~ fahren** drive (a car); **mit dem ~ fahren** go by car; **können Sie ~ fahren?, fahren Sie ~?** do you drive?; → ***mitnehmen*** 1.
Autoapotheke *f* (driver's) first-aid kit.
Autoatlas *m* road atlas.

Autobahn *f* motorway, *Am.* expressway, freeway. **~auffahrt** *f* motorway *etc* approach, slip road. **~ausfahrt** *f* exit. **~dreieck** *n* motorway junction. **~gebühr** *f* toll. **~kreuz** *n* motorway *etc* intersection. **~meisterei** *f* motorway maintenance authority. **~raststätte** *f* motorway service area. **~zubringer** *m* slip road.
Autobiografie *f* autobiography.
Autobombe *f* car bomb.
Autodidakt(in) autodidact.
Auto|dieb(in) car thief. **~diebstahl** *m* car theft. **~fabrik** *f* car (*Am.* automobile) factory. **~fähre** *f* car ferry. **~fahrer(in)** motorist, (car) driver. **~fahrt** *f* drive.
autofrei *adj* traffic-free.
Autofriedhof *m* F *fig.* car dump.
autogen *adj* ⚕, *tech.* autogenous: ⚕ **~es** ***Training*** autogenic training.
Autogramm *n* autograph. **~jäger(in)** F autograph hunter. **~stunde** *f* autograph(ing) session.
Autohändler(in) car dealer.
Autoindustrie *f* car (*od.* automobile, automotive) industry.
Autokino *n* drive-in (cinema).
Autoknacker(in) F car burglar.
Autokolonne *f* line of cars, convoy.
Automarke *f* make (of car).
Automat *m* **1.** (*Verkaufsautomat*) vending machine, (*Spielautomat*) slot machine, (*Musikbox*) juke box, *tech.* automatic machine. **2.** *fig.* (*Person*) robot.
Automatenrestaurant *n* automat.
Automatik *f* automatism, *tech.* automatic system, *mot.* automatic transmission.
Automatik|getriebe *n* automatic transmission. **~gurt** *m* reel seat belt. **~schaltung** *f* automatic gear change (*Am.* gearshift). **~wagen** *m* automatic.
Automation *f* automation.
automatisch *adj* automatic(ally *adv*).
automatisieren *v/t* automate.
automatisiert *adj* automated.
Automechaniker(in) car mechanic.
Automobil *n* automobile; → ***Auto(...)***. **~ausstellung** *f* motor show. **~industrie** *f* → ***Autoindustrie***. **~klub** *m* automobile association.
autonom *adj* autonomous.
Autonomie *f* autonomy.
Autonummer *f* (car) number.
Autopilot *m* ✈ autopilot.
Autopsie *f* ⚕ autopsy, post-mortem.
Autor *m*, **Autorin** *f* author, writer.
Auto|radio *n* car radio. **~reifen** *m* tyre, *Am.* tire. **~reisezug** *m* motorail train. **~rennen** *n* car (*od.* motor) race. **~rennsport** *m* motor racing. **~reparatur(werkstatt)** *f* garage, repair (shop).
autorisieren *v/t* authorize.
autoritär *adj* authoritarian.
Autorität *f* authority (*a.* = *Experte*).
Auto|schalter *m e-r Bank*: drive-up counter. **~schlosser(in)** car mechanic. **~schlüssel** *m* car key. **~skooter** *m* dodgem. **~stopp** *m* ~ ***machen*** hitchhike.
Autosuggestion *f* autosuggestion.
Auto|telefon *n* car telephone. **~unfall** *m* car accident: ***er kam bei e-m ~ ums Leben*** he died in a car crash. **~verleih** *m* car hire (*Am.* car rental) service, *bsd. Am.* rent-a-car (service). **~waschanlage** *f* carwash. **~werkstatt** *f* garage, repair shop.
Aval *m econ.* bank guarantee. **~kredit** *m* credit by way of bank guarantee.
Avantgarde *f*, **avantgardistisch** *adj* avant-garde.
Aversion *f* aversion (***gegen*** to).
Avis *m*, *n econ.* (letter of) advice, advice-note.
Avitaminose *f* ⚕ avitaminosis.
Avocado *f* ♀ avocado.
Axt *f* axe, *Am.* ax.
Azalee *f* ♀ azalea.
Azteke *m hist.* Aztec.
Azubi *m*, *f* F → ***Auszubildende.***
azurblau *adj* azure (blue).

B

B, b *n* B, b, ♪ B flat.
B ***Bundesstraße*** major road, federal highway.
b. ***bei*** at; *räumlich*: near (nr); *Adresse*: care of (c/o).
BAB ***Bundesautobahn*** autobahn; motorway, *Am.* highway.
babbeln *v/t u. v/i* F babble.
Baby *n* baby. **~ausstattung** *f* layette. **~nahrung** *f* baby food. **~sitter(in)** babysitter. **~speck** *m* F puppy fat. **~sprache** *f* babytalk. **~tragetasche** *f* carrycot.
Bach *m* stream, brook.
Bache *f zo.* (wild) sow.
Bachforelle *f zo.* river trout.
Bachstelze *f zo.* (water) wagtail.
Backblech *n* baking tray.
backbord *adv* ⚓ to port.
Backbord *n, m* ⚓ port (side).
Backe *f* **1.** cheek. **2.** *tech.* (*Spannbacke*) jaw, (*Schneidbacke*) die. **3.** *am Schi*: toe piece.
backen I *v/t, a. v/i* bake, *dial.* (*braten*) fry. **II** *v/i Lehm, Schnee etc*: cake, stick.
Backen|bart *m* sideburns *pl.* **~knochen** *m* cheekbone. **~zahn** *m* molar.
Bäcker *m* baker: ***beim ~*** at the baker's.
Bäckerei *f* **1.** baker's (shop). **2.** (*das Backen*) baking. **3.** baker's trade.
Bäckerladen *m* → ***Bäckerei*** 1.
Bäckermeister(in) master baker.
Back|fett *n gastr.* shortening. **~form** *f* baking tin. **~hefe** *f* baker's yeast. **~obst** *n* dried fruit. **~ofen** *m* oven. **~pflaume** *f* prune. **~pulver** *n* baking powder. **~röhre** *f* oven. **~stein** *m* brick. **~waren** *pl* bread, cakes and pastries *pl.*
Bad *n* **1.** bath (*a.* ⚕ *u.* ⚗), *im Freien*: swim: ***ein ~ nehmen*** → ***baden*** 1. **2.** → a) ***Badeanstalt,*** b) ***Badeort,*** c) ***Badezimmer.***
Bade|anstalt *f* swimming pool, public baths *pl.* **~anzug** *m* swimsuit. **~gast** *m* **1.** bather. **2.** → ***Kurgast.*** **~hose** *f* swimming trunks *pl.* **~kappe** *f* bathing cap. **~mantel** *m* bathrobe. **~matte** *f* bath mat. **~meister(in)** pool attendant, *am Strand*: lifeguard.
baden I *v/i* **1.** have (*od.* take) a bath. **2.** swim: ***~ gehen*** a) go swimming, b) F *fig.* come a cropper, *Sache*: go phut. **II** *v/t* **3.** bath, *Am.* bathe. **III** *v/reflex* ***sich ~*** **4.** → 1. **5.** *fig.* bask (***in*** *dat* in).
Bade|ofen *m* bathroom boiler. **~ort** *m* seaside resort, (*Kurort*) health resort, spa. **~salz** *n* bath salts *pl.* **~schuhe** *pl* beach shoes *pl.* **~strand** *m* (bathing) beach. **~tuch** *n* bath towel. **~wanne** *f* bath(tub). **~zeug** *n* swimming things *pl.* **~zimmer** *n* bathroom. **~zimmerschrank** *m* bathroom cabinet.
baff *adj* F ***~ sein*** be flabbergasted.
BAföG ***Bundesausbildungsförderungsgesetz*** student financial assistance scheme.
Bagage *f contp.* bunch, lot: ***die ganze ~!*** the whole lot of them!
Bagatelle *f* trifle.
bagatellisieren *v/t* play down.
Bagatellschaden *m* petty damage(s *pl*).
Bagdad *n* Baghdad (*capital of Iraq*).
Bagger *m tech.* excavator.
baggern *v/i u. v/t* excavate, *nass*: dredge.
Baggersee *m* flooded quarry.
Bahamas *pl* Bahamas *pl.*
Bahn *f* **1.** (*Weg*) path, course: *fig.* ***sich ~ brechen*** forge ahead; ***auf die schiefe ~ geraten*** go astray; ***~ frei!*** make way! **2.** (*Straße*) road, (*Fahrbahn*) lane, (*Rennbahn*) track, (*Piste*) course, piste. **3.** *e-s Läufers, Schwimmers*: lane. **4.** (*Flugbahn*) trajectory, *astr.* course, (*Umlaufbahn*) orbit. **5.** (*Eisbahn*) rink, (*Kegelbahn*) alley. **6.** (*Eisenbahn*) railway, *Am.* railroad, (*Zug*) train, (*Straßenbahn*) tram, *Am.* streetcar: ***mit der ~*** by train, *econ.* by rail; ***j-n zur ~ bringen*** see s.o. off (at the station). **7.** (*Papier etc*) web, (*Tuch etc*) width.
Bahn... railway (*Am.* railroad) (*official etc*).
bahnbrechend *adj* pioneer(ing), *Erfindung etc*: revolutionary, epoch-making.
Bahndamm *m* railway (*Am.* railroad) embankment.
bahnen *v/t* (*Weg*) clear: ***sich e-n Weg ~*** force one's way (***durch*** through); *fig.* ***den Weg ~ für*** pave the way for.
Bahn|fahrt *f* train journey. **~fracht** *f econ.* rail carriage (*Am.* freight).
bahnfrei *adj u. adv econ.* free on rail (*od.* board) (*abbr.* f.o.r., f.o.b.).
Bahnhof *m* railway (*Am.* railroad) station: ***auf dem ~*** at the station; F *fig.* ***großer ~*** red-carpet treatment.
Bahnhofs|halle *f* concourse. **~restaurant** *n*

station restaurant. **~vorsteher** *m* stationmaster.
Bahnkörper *m* permanent way.
bahnlagernd *adv econ.* to be called for at the station.
Bahn|linie *f* railway line. **~polizei** *f* railway police. **~reise** *f* train journey.
Bahnsteig *m* platform. **~karte** *f obs.* platform ticket.
Bahn|strecke *f* line, *Am.* track. **~transport** *m* rail transport. **~übergang** *m* level (*Am.* grade) crossing. **~verbindung** *f* train connection. **~wärter** *m Schrankenwärter*: level crossing attendant, gatekeeper
Bahre *f* (*für Kranken*) stretcher, (*für Tote*) bier: → ***Wiege.***
Baiser *n gastr.* meringue.
Baisse *f econ.* slump. **~manöver** *n* bear raid. **~markt** *m* bear (*od.* falling) market.
Baissier *m econ.* bear.
Bajonett *n* bayonet. **~verschluss** *m tech.* bayonet joint (*phot.* mount).
Bakterie *f* bacterium (*pl* -ia), germ.
bakteriell *adj* bacterial.
Bakteriologe *m*, **Bakteriologin** *f* bacteriologist.
Balance *f* balance.
Balanceakt *m fig.* balancing act.
balancieren *v/t u. v/i* balance.
bald *adv* **1.** soon: ***~ darauf*** shortly afterwards; ***so ~ wie möglich*** as soon as possible; ***bis ~!*** see you soon! **2.** F (*beinahe*) almost, nearly.
Baldachin *m* canopy.
baldig *adj* speedy: ***~e Antwort*** early reply.
baldmöglichst I *adj* earliest possible. **II** *adv* as soon as possible.
Baldrian *m* ⚘ valerian.
Balearen *pl the* Balearic Islands.
Balg *m* **1.** skin. **2.** *e-r Orgel, phot.* bellows *pl.* **3.** F (*Kind, pl* **Bälger**) brat.
balgen *v/reflex* ***sich ~***, **Balgerei** *f* (**um** for) scuffle, tussle.
Balkan *m the* Balkans.
Balken *m* **1.** beam: F ***lügen, dass sich die ~ biegen*** lie in one's teeth. **2.** ⚠ crossbar. **3.** → ***Schwebebalken.*** **~decke** *f* timbered ceiling. **~diagramm** *n* bar chart (*od.* graph). **~kode** → ***Strichkode.*** **~überschrift** *f* banner headline.
Balkendiagramm *n Computer*: bar chart.
Balkenüberschrift *f* banner headline.
Balkon *m* balcony, *thea. a.* dress circle. **~tür** *f* French window(s *pl*) (*Am.* door).
Ball¹ *m* ball: F *fig.* ***am ~ bleiben*** keep at it.
Ball² *m* (**auf e-m ~** at a) ball (*od.* dance).
Ballast *m a. fig.* ballast.
Ballaststoffe *pl* ⚕ roughage *sg.*
ballen I *v/t* **1.** make into a ball. **2.** ***die Faust ~*** clench one's fist. **II** *v/reflex* ***sich ~*** **3.** form into a ball (*od.* balls), *Wolken*: gather.
Ballen *m* **1.** *anat.* ball (of one's foot *od.* hand). **2.** *econ.* bale.
Ballerina *f* ballerina.
Ballermann *m* F (*Pistole*) shooter, *Am. sl.* rod.
ballern *v/i* F bang (away).
Ballett *n* ballet, (*Truppe*) ballet company. **~schule** *f* ballet school.
Balletttänzer(in) ballet dancer.
Ballistik *f* ballistics *pl* (*a. sg konstr.*).
ballistisch *adj* ballistic.
Balljunge *m* ball boy.
Ballkleid *n* ball dress.
Ballmädchen *n* ball girl.
Ballon *m* **1.** balloon. **2.** (*große Flasche*) carboy, *für Wein*: demijohn.
Ballonreifen *m* balloon tyre (*Am.* tire).
Ballspiel *n* ball game.
Ballungs|gebiet *n*, **~raum** *m*, **~zentrum** *n* conurbation, *econ.* area of industrial concentration.
Ballwechsel *m Tennis*: rally.
Balsam *m a. fig.* balm.
balsamieren *v/t* embalm.
Baltikum *n the* Baltic States *pl.*
baltisch *adj* Baltic.
Balz *f zo.* courting, (*~zeit*) mating season.
balzen *v/i* court, (*sich paaren*) mate.
Bambus(rohr *n*) *m* bamboo (cane).
Bambussprossen *pl gastr.* bamboo sprouts *pl.*
Bammel *m* F ***~ haben*** (**vor** *dat*) be in a blue funk (of), be scared stiff (of).
banal *adj* trite, banal. **Banalität** *f* banality (*a. banale Bemerkung*).
Banane *f* banana.
Bananenrepublik *f* banana republic.
Bananenstecker *m* ⚡ banana plug.
Banause *m*, **Banausin** *f* Philistine, lowbrow.
Band¹ *m* (*Buch*) volume: *fig.* ***das spricht Bände*** that speaks volumes.
Band² *n* **1.** (*Farb-, Zier-, Ordensband*) ribbon, (*Schürzenband etc*) string, (*Hutband*) band, (*Isolier-, Klebe-, Maß-, Ton-, Video-, Zielband*) tape: ***auf ~ aufnehmen*** tape(-record). **2.** *tech.* (*Förderband*) (conveyor) belt, (*Fließband*) assembly line: *fig.* ***am laufenden ~*** one after the other, (*pausenlos*) nonstop. **3.** *anat.* ligament. **4.** *Radio*: wave band. **5.** *mst pl* ***Bande*** *der Liebe etc*: bond, link.
Band³ *f* ♪ band, group.
Bandage *f* bandage: *fig.* ***mit harten ~n*** with the gloves off.
bandagieren *v/t* bandage.
Bandaufnahme *f* tape recording.

B

Bandbreite *f* **1.** ⚡ band width. **2.** *Statistik etc*: spread. **3.** *fig.* spectrum.
Bande[1] *f* (*Diebesbande etc*) gang, F *contp. a.* bunch: ***die ganze ~*** the whole lot.
Bande[2] *f Billard, Kegeln*: cushion, *Eishockey etc*: boards *pl.*
Bandeisen *n* band iron.
Bandenwerbung *f* perimeter board advertising.
Bänderriss *m* ⚕ torn ligament.
Bänderzerrung *f* ⚕ pulled ligament.
Band|filter *n, m Radio*: band(-pass) filter. **~förderer** *m tech.* belt conveyor.
bändigen *v/t* (*zähmen*) tame, *fig. a.* subdue, restrain, (*a. Naturkräfte*) control.
Bändigung *f* taming (*etc*).
Bandit(in) bandit.
Bandmaß *n* measuring tape.
Bandnudeln *pl* tagliatelle *pl.*
Bandscheibe *f anat.* (intervertebral) disc.
Bandscheibenschaden *m* ⚕ **1.** damaged disc. **2.** → **Bandscheibenvorfall** *m* slipped disc.
Bandsicherung *f Computer*: tape back-up.
Bandwurm *m* tapeworm. **~satz** *m humor.* endless sentence.
bange *adj* (**um** about) anxious, (*besorgt*) worried.
Bange *f* (***nur***) ***k-e ~!*** don't worry! ***j-m*** (*od.* ***j-n***) ***~ machen*** frighten s.o.
bangen *v/i u. v/reflex* ***sich ~*** be worried (**um** about): ***es bangt ihm vor ...*** he is afraid of ...
Bangkok *n capital of Thailand.*
Bangladesch *n* Bangladesh.
Bangui *n capital of the Central African Republic.*
Banjul *n capital of Gambia.*
Bank[1] *f* **1.** (*Sitz*) bench, (*Schulbank*) desk, (*Kirchenbank*) pew: *fig.* ***et. auf die lange ~ schieben*** put s.th. off; F ***durch die ~*** without exception, down the line. **2.** → ***Drehbank, Werkbank.***
Bank[2] *f* **1.** *econ.* bank: ***Geld auf der ~ haben*** have money in the bank; ***bei e-r ~ arbeiten*** work in a bank. **2.** (*Spielbank*) bank: ***die ~ halten*** (***sprengen***) hold (break) the bank; ***auf ~ setzen*** go bank. **~angestellte** *m, f* bank clerk. **~anleihe** *f* bank loan. **~anweisung** *f* banker's order. **~ausweis** *m* bank return (*Am.* statement). **~automat** *m* cash dispenser, autoteller. **~diskont** *m* bank discount, (*~satz*) bank rate. **~einlage** *f* (bank) deposit. **~einzug** *m* automatic (*od.* direct) debit transfer. **~einzugsverfahren** *n* automatic debit transfer system, direct debiting.
Bankenkonsortium *n* banking syndicate, bank group.
Banker(in) F banker.
Bankett *n* **1.** banquet. **2.** *e-r Straße*: shoulder: ***~e nicht befahrbar*** soft verges (*Am.* shoulder).
Bank|fach *n* **1.** *econ.* banking; ***im ~ arbeiten*** work in banking. **2.** (*Stahlfach*) safe(-deposit) box. **~filiale** *f* branch bank. **~geheimnis** *n* banker's secrecy. **~geschäft** *n* **1.** *einzelnes*: banking transaction. **2.** *Gewerbe*: banking (business). **~gewerbe** *n* banking, banking industry. **~guthaben** *n* **1.** bank balance. **2.** → ***Bankkonto.***
Bankhalter(in) banker.
Bankier *m* banker.
Bank|kauffrau *f*, **~kaufmann** *m* (qualified) bank employee, bank clerk. **~konto** *n* bank account. **~kredit** *m* bank loan. **~leitzahl** *f* bank code (number). **~note** *f* (bank)note, *Am.* bill. **~öffnungszeiten** *pl* banking hours *pl.* **~provision** *f* banking commission. **~raub** *m* bank robbery. **~räuber(in)** bank robber.
bankrott *adj* bankrupt (*a. fig.*), F broke; ***j-n ~ machen*** bankrupt someone.
Bankrott *m* (*a. fig.* ***den ~ erklären*** declare) bankruptcy; ***~ machen*** *od.* ***gehen*** go bankrupt; ***vor dem ~ stehen*** face (*od.* be on the verge of) bankruptcy. **~erklärung** *f a. fig.* declaration of bankruptcy.
Bank|schließfach *n* safe-deposit box. **~überfall** *m* bank holdup. **~überweisung** *f* bank transfer. **~verbindung** *f* **1.** (*Konto*) bank account. **2.** *e-r Bank*: correspondent. **~vollmacht** *f* bank mandate. **~wesen** *n* banking.
Bann *m* **1.** ban, (*Kirchenbann*) excommunication: ***in den ~ tun*** outlaw, *eccl.* excommunicate. **2.** spell: ***in s-n ~ schlagen*** (*od.* ***ziehen***) → ***bannen*** 4; ***unter dem ~ stehen von*** (*od. gen*) be under the spell of.
bannen *v/t* **1.** banish (*a. fig. Sorgen etc*), (*Gefahr*) ward off. **2.** (*böse Geister*) exorcize. **3.** *eccl.* excommunicate. **4.** (*j-n*) (*fest~*) transfix, (*fesseln*) captivate, spellbind: → ***gebannt.*** **5.** *fig.* capture (***auf*** *ein Foto etc* on).
Banner *n* banner (*a. fig.*), standard.
Bannkreis *m fig.* sphere (of influence).
Bannmeile *f* neutral zone.
Bantamgewicht(ler *m*) *n Sport*: bantamweight.
bar *adj* **1.** ***~es Geld*** (ready) cash; (***in***) ***~ bezahlen*** pay cash; ***gegen ~*** for cash; ***~ ohne Abzug*** net cash. **2.** (*echt*) pure (*gold etc*), *contp. a.* downright: ***~er Unsinn*** sheer nonsense; → ***Münze*** 1. **3.** ***~ jeglicher Vernunft*** devoid of any sense.
Bar *f* bar, nightclub: ***an der ~*** at the bar.
Bär *m* bear (*a. econ. Baissier*): *astr.* **der Große** (***Kleine***) ~ the Great (Little) Bear; *fig.*

j-m e-n ~en aufbinden tell s.o. a whopping lie.
Bar|abfindung *f* cash settlement. **~abhebung** *f* cash withdrawal.
Baracke *f* hut, *contp.* shack.
Bar|ausgaben *pl* cash expenditure *sg.* **~auszahlung** *f* cash payment.
Barbar(in) *a. fig.* barbarian.
Barbarei *f* barbarism, (*Tat*) barbarity.
barbarisch *adj* barbarian, *a. fig. contp.* barbarous, (*grausam*) atrocious, F (*schlimm*) awful.
bärbeißig *adj* gruff.
Bar|bestand *m* cash in hand, *e-r Bank*: cash reserve. **~betrag** *m* cash sum.
Barcodeleser *m* bar code scanner.
Bardame *f* barmaid.
Bar|eingänge *pl* cash receipts. **~einkaufspreis** *m* cash purchase price. **~einnahmen** *pl* cash receipts *pl.*
Bären|dienst *m* ***j-m e-n ~ erweisen*** do s.o. a disservice. **~hunger** *m* F ***e-n ~ haben*** be ravenous.
Barertrag *m* cash (*od.* net) proceeds.
Barett *n* beret, *e-s Richters etc*: cap.
barfuß, barfüßig *adj u. adv* barefoot(ed).
Bargeld *n* cash.
bargeldlos *adj u. adv* cashless: ***~er Einkauf*** cashless shopping; ***~er Zahlungsverkehr*** (payment by) money transfer.
barhäuptig *adj* bareheaded.
Barhocker *m* barstool.
bärig *adj österr.* great.
Bärin *f* she-bear.
Bariton *m* baritone (*a. Sänger*).
Barkasse *f Schifffahrt*: (motor) launch.
Barkauf *m* cash purchase.
Barkeeper *m* barman.
Barkredit *m* cash loan.
barmherzig *adj* (**gegen** to) merciful, (*mildtätig*) charitable: → ***Samariter.***
Barmherzigkeit *f* mercy, charity.
Barmittel *pl* cash *sg.*
Barmixer *m* bartender.
barock *adj* baroque (*a. fig.*), *fig.* (*seltsam*) bizarre.
Barock *n, m* baroque period, (*~stil*) baroque style.
Barometer *n a. fig.* barometer. **~stand** *m* barometric pressure.
Baron *m* baron. **Baronin** *f* baroness.
Barpreis *m* cash price.
Barrel *n* barrel.
Barren *m* **1.** (*Gold etc*) bullion, ingot. **2.** *gym.* parallel bars *pl.*
Barrengold *n* gold bullion.
Barriere *f a. fig.* barrier.
Barrikade *f* barricade: ***auf die ~n gehen*** *a. fig.* mount the barricades (**für** for).
barsch *adj* gruff, brusque.
Barsch *m zo.* perch.
Barscheck *m* uncrossed cheque (*Am.* check).
Bart *m* **1.** beard: ***sich e-n ~ wachsen lassen*** (*od.* ***stehen lassen***) grow a beard; F ***so ein ~!*** that's an old one! **2.** (*Schlüsselbart*) bit.
bärtig *adj* bearded.
Bartstoppeln *pl* stubble *sg.*
Bar|vergütung *f* cash imbursement. **~verkauf** *m* cash sale. **~vermögen** *n* liquid funds *pl.* **~zahlung** *f* cash payment: ***gegen ~*** cash down; ***bei ~ 5% Skonto*** 5% discount for cash. **~zahlungsrabatt** *m* cash discount.
Basar *m* bazaar.
Base[1] *f* female cousin.
Base[2] *f* ⚗ base.
Basel *n* Basle, Basel.
basieren *v/i* ***~ auf*** (*dat*) be based on.
Basilika *f* ⚠ basilica.
Basilikum *n* ⚘ basil.
Basis *f* **1.** ⚠, ⚔, *mil. etc* base. **2.** *fig.* (*Grundlage*) basis, foundation: *pol.* (**an der**) ~ (at the) grassroots *pl.*
basisch *adj* ⚗ basic.
Basis|demokratie *f* grassroots democracy. **~lager** *n mount.* base camp.
Baskenland *n the* Basque Provinces *pl.*
Baskenmütze *f* beret.
Bass *m allg.* bass. **~geige** *f* (double) bass. **~gitarre** *f* bass guitar.
Bassin *n* tank, basin, (*Schwimmbassin*) pool.
Bassist(in) 1. bass (singer). **2.** bass player.
Bass|schlüssel *m* ♪ bass clef. **~stimme** *f* bass (voice, ♪ *a.* part).
Bast *m* bast, raffia.
basta *int* (***und damit***) ***~!*** and that's that!
Bastard *m* ⚘, *zo.* hybrid, cross(breed), (*Hund*) mongrel.
Bastei *f* bastion.
Bastelarbeit *f* **1.** handicraft (work). **2.** → ***basteln*** III.
basteln I *v/t* make, (*bauen*) rig up, build. **II** *v/i* do handicrafts: ***~ an*** (*dat*) *a. fig.* tinker at.
Basteln *n* handicrafts *pl*, home mechanics *pl*, *a. fig.* tinkering.
Bastion *f a. fig.* bastion.
Bastler(in) home mechanic, hobbyist.
BAT ***Bundesangestelltentarif*** salary scale for public employees.
Bataillon *n mil.* battalion.
Batik *f*, **batiken** *v/t u. v/i* batik.
Batist *m* batiste, cambric.
Batterie *f* ⚡, *mil., tech. u. fig.* battery. **~betrieb** *m* battery operation; ***mit ~*** battery-operated.

batteriebetrieben *adj* battery-operated.
Batterieladegerät *n mot.* battery charger.
Bau *m* **1.** construction: ***im ~*** under construction, being built. **2.** (*~werk*) building: → ***Bauten*. 3.** *tech.* design, (*a. Aufbau*) structure. **4.** → ***Baugewerbe*:** F *fig.* ***er ist vom ~*** he is an expert. **5.** (*Fuchsbau*) earth, (*Kaninchenbau*) burrow. **6.** F *mil.* (*Arrest*) detention: ***3 Tage ~*** 3 days in the guardhouse. **~amt** *n* Building Authorities *pl.* **~arbeiten** *pl* construction work *sg*, *an e-r Straße*: roadworks *pl.* **~arbeiter(in)** construction worker. **~art** *f* style, *tech.* design, (*Typ*) model, type. **~aufsichtsbehörde** *f* building supervisory board. **~branche** *f* building industry.
Bauch *m* belly (*a. fig.*), stomach, F tummy, *anat.* abdomen, (*dicker*) paunch: ***sich den ~ halten vor Lachen*** split one's sides laughing; *fig. Reaktion etc* ***aus dem ~*** from the guts, guts *reaction etc.* **~ansatz** *m* beginnings *pl* of a paunch. **~fell** *n anat.* peritoneum. **~fellentzündung** *f* ⚕ peritonitis.
bauchig *adj* bulbous.
Bauch|klatscher *m* F belly flop. **~landung** *f* ✈ belly landing: ***e-e ~ machen*** bellyland. **~muskel** *m* stomach muscle. **~nabel** *m* navel, F belly button.
bauchreden *v/i* ventriloquize.
Bauch|reden *n* ventriloquism. **~redner(in)** ventriloquist. **~schmerzen** *pl* stomach-ache *sg.* **~speicheldrüse** *f* pancreas. **~tanz** *m* belly dance. **~tänzerin** *f* belly dancer. **~weh** *n* F stomach-ache.
Baudenkmal *n* historical monument.
bauen I *v/t* **1.** build, construct, *tech. a.* make. **2.** F *fig.* (*machen*) make, (*Prüfung*) take, pass, (*verursachen*) cause: ***e-n Unfall ~*** have an accident. **II** *v/i* **3.** build (a house). **4.** *fig.* ***~ auf*** (*acc*) rely on.
Bauer[1] *n* (bird)cage.
Bauer[2] *m* **1.** farmer, *fig. contp.* peasant, boor. **2.** *Schach*: pawn, *Kartenspiel*: jack.
Bäuerin *f* farmer's wife.
bäuerlich *adj* rustic.
Bauernbrot *n* (coarse) brown bread.
Bauernfänger(in) confidence trickster.
Bauernfängerei *f* con game.
Bauern|haus *n* farmhouse. **~hof** *m* farm. **~möbel** *pl* rustic furniture *sg.* **~regel** *f* country saying.
bauernschlau *adj* crafty.
Bauerwartungsland *n* development area.
Baufach *n* **1.** *Fachgebiet*: architecture. **2.** *Gewerbe*: building trade.
baufällig *adj* dilapidated.
Bau|firma *f* builders and contractors *pl.* **~gelände** *n* **1.** building area. **2.** → ***Baustelle*** 1. **~genehmigung** *f* planning (and building) permission. **~genossenschaft** *f* cooperative building association. **~gerüst** *n* scaffolding. **~gewerbe** *n* building trade. **~grund(stück** *n*) *m* (building) site. **~handwerker** *m* workman in the building trade. **~herr(in)** client, building owner. **~ingenieur(in)** civic engineer. **~jahr** *n* construction year: *mot.* ***~ 1997*** (a) 1997 model.
Baukasten *m* box of bricks, construction set. **~system** *n tech.* unit construction system.
Bauklotz *m* building block: F ***da staunt man Bauklötze!*** it's mind-boggling!
Bau|kosten *pl* building (*od.* construction) cost. **~kunst** *f* architecture. **~land** *n* building land. **~leiter(in)** site manager.
baulich *adj* architectural, structural: ***in gutem ~en Zustand*** in good repair.
Baum *m* tree: *er sitzt* ***auf dem ~*** in the tree; *Geld etc* ***wächst nicht auf Bäumen*** doesn't grow on trees.
Baumarkt *m* DIY cent/re (*Am.* -er).
Baumbestand *m* stock of trees.
Baumeister(in) master builder, *weitS.* architect.
baumeln *v/i* **1.** (***an*** *dat* from) dangle, swing: ***mit den Beinen ~*** dangle one's legs. **2.** F (*am Galgen ~*) swing.
Baumgrenze *f* timberline.
Baumschere *f* ⚒ pruning shears *pl.*
Baumschule *f* (tree) nursery.
Baumstamm *m* trunk, *gefällter*: log.
baumstark *adj fig.* (as) strong as an ox.
Baumsterben *n* death of trees.
Baumwolle *f*, **baumwollen** *adj* cotton.
Bau|normen *pl* building standards *pl.* **~ordnung** *f* building regulations *pl.* **~plan** *m* architect's plan, *tech.* blueprint. **~planung** *f* project planning. **~platz** *m* (building) site. **~polizei** *f* building inspectorate. **~preis** *m* building costs *pl.* **~projekt** *n* building project.
baureif *adj. Grundstück etc*: developed, ready for building.
Bau|rezession *f* slump in the building (*od.* construction) industry. **~ruine** *f* F building abandoned only half-finished.
Bausch *m* wad (*a.* ⚕ *Wattebausch*): *fig.* ***in ~ und Bogen*** lock, stock and barrel.
bauschen I *v/i u. v/reflex* ***sich ~*** billow. **II** *v/t* puff out.
bauschig *adj* puffed out.
Bauschlosser *m* building fitter.
bausparen *v/i* save with a building society.
Bausparer *m* building society investor.
Bauspar|kasse *f* building society. **~vertrag** *m* building savings agreement.
Bau|stahl *m* structural steel. **~stein** *m* **1.** brick, (*als Material*) stone (for building). **2.**

fig. element, component, (*Beitrag*) contribution. **3.** ⚡ module: ***elektronischer*** ~ electronic chip. **~stelle** *f* **1.** building site. **2.** *auf Straßen*: roadworks *pl.* **~stil** *m* (architectural) style. **~stoff** *m* building material. **~stopp** *m* ***e-n*** ~ ***verhängen*** impose a halt on building. **~substanz** *f* fabric (of a building). **~techniker(in)** constructional engineer. **~teil** *n* structural member, component part.

Bauten *pl* **1.** building *pl*, structures *pl.* **2.** *thea. etc* setting *sg.*

Bau|träger(in) 1. builder. **2.** institution *etc* responsible for the building project. **~unternehmer(in)** building contractor. **~vorhaben** *n* building project. **~weise** *f* (method of) construction, ⚠ style (of architecture). **~werk** *n* building. **~wirtschaft** *f* building industry. **~zeichnung** *f* construction drawing.

b.a.W. ***bis auf Widerruf*** until recalled *od.* revoked; until further notice.

b. a. w. ***bis auf weiteres*** for the present, until further notice.

Bayer(in), bay(e)risch *adj* Bavarian.

Bayern *n* Bavaria.

Bazillenträger(in) ⚕ germ carrier.

Bazillus *m* bacillus (*pl* -cilli), germ, F bug.

BB ***Bundesbahn*** federal railway(s).

Bd. ***Band*** (*Buch*) volume (vol.); ***Bund*** (*Vereinigung*) union; association (assoc.).

Bde. ***Bände*** volumes (vols).

BDI ***Bundesverband der Deutschen Industrie*** Confederation of German Industry.

beabsichtigen *v/t* intend (***zu tun*** to do, doing): ***das war beabsichtigt*** that was intentional.

beachten *v/t* pay attention to, note, (*berücksichtigen*) take into account, consider, (*bemerken*) notice, (*Vorschrift etc*) observe: ***nicht*** ~ ignore, disregard; ***bitte zu*** ~ please note.

beachtenswert *adj* noteworthy.

beachtlich *adj* considerable.

Beachtung *f* (*gen*) attention (to), (*Befolgung*) observing (of), (*Berücksichtigung*) consideration (of): ~ ***schenken*** (*dat*) → ***beachten.***

Beamte *m* official, (*Staatsbeamte*) government official, *Br.* civil (*Am.* public) servant, (*von Polizei, Zoll*) officer.

Beamtenlaufbahn *f* civil service career.

Beamtin *f* → ***Beamte.***

beängstigen *v/t* worry, alarm.

beängstigend *adj* worrying, alarming.

beanspruchen *v/t* **1.** (*Recht etc*) claim. **2.** (*erfordern*) demand, require, (*Platz, Zeit*) take up: ***j-n ganz*** ~ keep s.o. busy. **3.** (*j-s Hilfe etc*) avail o.s. of. **4.** *tech.* stress.

Beanspruchung *f* (*gen* on) **1.** claim. **2.** *j-s Zeit, der Kräfte etc*: demand. **3.** *a. tech.* strain, stress.

beanstanden *v/t* object to, criticize, *a. econ.* complain about, (*Waren*) reject.

Beanstandung *f* (*gen*) objection (to), complaint (about).

beantragen *v/t* **1.** apply for (***bei j-m*** to s.o.). **2.** (*vorschlagen*) propose, ⚖, *parl.* move (for).

bearbeiten *v/t* **1.** *allg.* work, ⚒ *a.* cultivate, till, *tech. maschinell*: *a.* machine, (*verarbeiten*) process, (*behandeln*) treat. **2.** (*Sachgebiet etc*) work on, (*erledigen*) deal with, *adm. a.* process, *verantwortlich*: be in charge of. **3.** (*Buch*) edit, *neu*: revise, *für die Bühne etc*: adapt. **4.** ♪ arrange. **5.** ***j-n*** ~ a) (*beeinflussen*) work on s.o., b) F (*verprügeln*) give s.o. a working over; ***mit den Fäusten*** (***mit Fußtritten***) ~ pound (kick).

Bearbeitung *f* **1.** working (*etc*, → ***bearbeiten***), treatment, ⚒ cultivation, *adm.* processing. **2.** *e-s Buches*: a) revision, b) revised edition, *thea. etc* adaptation. **3.** ♪ arrangement.

Bearbeitungs|gebühr *f* handling (*od.* service) charge. **~kosten** *pl* handling cost *sg*, *tech.* manufacturing (*od.* processing) cost *sg.* **~zeit** *f* processing time.

beargwöhnen *v/t* be suspicious of.

Beatmung *f* (***künstliche***) ~ artificial respiration.

beaufsichtigen *v/t* supervise, (*Kind*) look after.

Beaufsichtigung *f* supervision.

beauftragen *v/t* (*anweisen*) instruct, (*Künstler etc*) commission, (*berufen*) appoint: ***j-n mit e-m Fall*** ~ put s.o. in charge of a case. **Beauftragte** *m, f* representative, *adm.* commissioner.

bebauen *v/t* **1.** build on. **2.** ⚒ cultivate.

Bebauung *f* **1.** development. **2.** ⚒ cultivation.

Bebauungsplan *m* development plan.

beben *v/i* shake, tremble (*a. Stimme etc*, ***vor*** *dat* with).

Beben *n* trembling, *geol.* tremor, *stärker*: earthquake.

bebildern *v/t* illustrate.

bebrillt *adj* spectacled.

Becher *m* **1.** tumbler, mug, (*aus Plastik*) beaker, (*Eisbecher etc*) cup. **2.** ✿ cup, calix.

bechern *v/i* F booze.

Becken *n* **1.** basin (*a. tech.*), (*Spülbecken*) sink, (*Klosettbecken*) bowl, (*Schwimmbecken*) pool. **2.** *anat.* pelvis. **3.** ♪ cymbal.

Beckenbruch *m* ⚕ fractured pelvis.

Beckenknochen *m* pelvic bone.

Becquerel *n phys.* Becquerel.
Bedacht *m* ***mit*** ~ (*überlegt*) with deliberation, (*vorsichtig*) carefully, (*umsichtig*) circumspectly.
bedacht *adj* ~ ***sein auf*** (*acc*) be intent on; ***darauf*** ~ ***sein zu*** *inf* be anxious (*od.* careful) to *inf.*
bedächtig *adj* (*überlegt*) careful, (*umsichtig*) circumspect, (*langsam*) slow.
bedanken *v/reflex* ***sich*** ~ say thank you, express one's thanks (***bei j-m*** to s.o.): ***ich bedanke mich!*** thank you!; *iro.* ***dafür bedanke ich mich!*** no, thank you very much!
Bedarf *m* (**an** *dat*) need (of), *bsd. econ.* (*Nachfrage*) demand (for), (*Verbrauch*) consumption (of), (*Erfordernisse*) requirements *pl* (of): **bei** (**nach**) ~ if (as) required; ~ ***haben an*** (*dat*) need; ***den*** ~ ***decken*** meet the demand; ***s-n*** ~ ***decken*** get everything one needs.
Bedarfs|analyse *f* demand analysis. **~artikel** *m* commodity, *pl a.* consumer goods *pl.* **~deckung** *f* supply of needs.
Bedarfsfall *m* ***im*** ~ if required.
Bedarfs|güter *pl* consumer goods *pl.* **~haltestelle** *f* request stop. **~lenkung** *f* creation of needs. **~lücke** *f* unsatisfied demand.
bedarfsorientiert *adj* demand-oriented.
bedauerlich *adj* regrettable, unfortunate. **bedauerlicherweise** *adv* regrettably, unfortunately.
bedauern I *v/t* (*et.*) regret, (*j-n*) feel sorry for: ***ich bedaure sehr, dass ...*** I am very sorry that ... **II** *v/i* ***bedaure!*** sorry!
Bedauern *n* regret (**über** *acc* for), (*Mitleid*) pity (***mit*** with): ***zu m-m*** (***großen***) ~ (much) to my regret.
bedauernswert *adj* **1.** pitiable. **2.** → ***bedauerlich.***
bedecken I *v/t* cover (up). **II** *v/reflex* ***sich*** ~ cover o.s., *Himmel*: cloud over.
bedeckt *adj* **1.** *Himmel*: overcast. **2.** *fig.* ***sich*** ~ ***halten*** keep a low profile.
Bedeckung *f* **1.** covering. **2.** (*Bewachung*) escort, *bsd.* ⚓ convoy.
bedenken *v/t* **1.** consider, think *s.th.* over, (*beachten*) bear *s.th.* in mind. **2.** ***j-n mit et.*** ~ give s.o. s.th.; ***j-n in s-m Testament*** ~ remember s.o. in one's will.
Bedenken *n mst pl* (*Einwand*) objection, (*Zweifel*) doubt: ***k-e*** ~ ***haben*** have no reservations (***wegen*** about).
bedenkenlos I *adj* unscrupulous. **II** *adv* (*ohne zu zögern*) without hesitation, (*blindlings*) without thinking.
bedenklich *adj* **1.** (*zweifelhaft*) dubious. **2.** (*Besorgnis erregend*) alarming, (*ernst*) serious, critical, (*gefährlich*) dangerous. **3.** (*besorgt*) worried, sceptical.
Bedenkzeit *f* time to think it over: ***ich gebe dir bis morgen*** ~ I'll give you till tomorrow.
bedeuten *v/t* **1.** mean, *Symbol, Wort etc*: *a.* stand for: ***was soll das*** (***denn***) ~? what's the meaning of this?, *Bild etc*: what's that supposed to be?, *contp.* what's the idea?; ***das hat nichts zu*** ~! it doesn't mean a thing!, (*macht nichts*) it doesn't matter!; ***das bedeutet nichts Gutes!*** that's a bad thing!; ***das bedeutet mir viel*** that's very important to me. **2.** ***j-m et.*** ~ (*zu verstehen geben*) point s.th. out to s.o.; ***j-m*** ~, ***dass ...*** give s.o. to understand that ...
bedeutend I *adj* important, (*beträchtlich*) *a.* considerable, (*namhaft*) great, outstanding. **II** *adv* considerably, a great deal *better.*
bedeutsam → ***bedeutungsvoll.***
Bedeutung *f* **1.** meaning. **2.** (*Wichtigkeit*) importance, (*Tragweite*) import: ***von*** ~ important, significant, *sachlich*: relevant (**für** to); ***nichts von*** ~ nothing important; → ***beimessen*** b.
bedeutungslos *adj* unimportant, insignificant.
Bedeutungslosigkeit *f* unimportance, insignificance.
bedeutungsvoll *adj* **1.** significant. **2.** (*viel sagend*) meaningful.
Bedeutungswandel *m von Wörtern etc*: semantic change.
bedienen I *v/t* **1.** (*Kunden etc*) serve: *iro.* ***ich bin bedient!*** I've had enough! **2.** (*Maschine etc*) operate. **3.** F *Sport*: pass (the ball) to. **II** *v/reflex* ***sich*** ~ **4.** *bei Tisch u. weitS.* help o.s.: ~ ***Sie sich!*** help yourself!; ***sich e-r Sache*** ~ use s.th. **III** *v/i* **5.** *bei Tisch etc*: serve.
Bedienstete *m, f* employee (in public service).
Bedienung *f* **1.** service. **2.** waiter, waitress. **3.** *tech.* operation.
Bedienungs|anleitung *f* instructions *pl* for use, *für Geräte*: operating instructions *pl.* **~fehler** *m* operating error.
bedienungsfreundlich *adj* user-friendly.
Bedienungs|knopf *m* control knob. **~komfort** *m* easy operation.
bedingen *v/t* (*erfordern*) require, (*in sich schließen*) imply, (*nach sich ziehen*) entail, (*bestimmen*) determine, (*bewirken*) cause.
bedingt I *adj* **1.** ~ ***durch***, ~ ***von*** conditional on, (*abhängig*) *a.* dependent on; ~ ***sein durch*** *a.* be determined by. **2.** (*eingeschränkt*) *Erfolg, Zustimmung etc*: qualified. **II** *adv* **3.** conditionally, (*nicht ganz*) up to a point, partly.
Bedingung *f* condition: **~en** *pl* terms *pl*, (*Verhältnisse*) conditions *pl*, (*Umstände*) *a.*

circumstances *pl*; **~en stellen** make stipulations; **(es) zur ~ machen, dass ...** make it a condition that ...; **unter der ~, dass ...** provided (that) ...; **unter diesen ~en** under these circumstances; **unter k-r ~** on no account; *econ.* **zu günstigen ~en** on easy terms.

bedingungslos *adj* unconditional, *Gehorsam etc*: unquestioning.

Bedingungssatz *m ling.* conditional clause.

bedrängen *v/t* press *s.o.* hard, *mit Bitten etc*: pester, *Sorgen, Zweifel etc*: beset: **(schwer) bedrängt** (*od.* **in e-r bedrängten Lage) sein** be hard-pressed, be in (bad) trouble.

bedrohen *v/t* threaten: *zo.* **bedrohte Arten** endangered species.

bedrohlich I *adj* threatening, menacing, *Ausmaß, Lage etc*: alarming, (*unheilvoll*) ominous. II *adv* threateningly (*etc*).

Bedrohung *f* (*gen* to) threat, menace (*beide a. fig. Sache, Person etc*).

bedrucken *v/t* print.

bedrücken *v/t* oppress, *seelisch*: depress.

bedrückend *adj* depressing.

Bedrückung *f* oppression, *seelische*: depression.

bedürfen *v/i* (*gen*) need, require, take: **es bedarf k-r weiteren Beweise** no further evidence is required.

Bedürfnis *n* need (**nach** for), requirement, (*inneres* ~) urge.

Bedürfnisanstalt *f* public convenience.

bedürfnislos *adj* **er ist ~** he doesn't need much.

bedürftig *adj* needy, poor.

Bedürftigkeit *f* neediness, poverty.

Beefsteak *n* steak: **deutsches ~** beefburger.

beehren *v/t* hono(u)r.

beeiden, beeidigen *v/t* (*et.*) swear to.

beeidigt *adj* ⚖ sworn.

Beeidigung *f* confirmation by oath.

beeilen *v/reflex* **sich ~** hurry: **beeil dich!** hurry up!, F get a move on!

beeindrucken *v/t* impress.

beeinflussen *v/t* influence, *nachteilig*: affect.

Beeinflussung *f* influence (*gen* on).

beeinträchtigen *v/t* impair, affect (adversely), (*Ruf, Schönheit etc*) detract from, (*behindern*) impede, (*vermindern*) reduce.

Beeinträchtigung *f* (*gen*) impairment (of), detraction (from), impeding (of), reduction (in).

beenden, beendigen *v/t* (bring *s.th.* to an) end, conclude, close.

Beendigung *f* conclusion, close.

beengen *v/t* cramp.

beerben *v/t* **j-n ~** be s.o.'s heir.

beerdigen *v/t* bury.

Beerdigung *f* burial, funeral.

Beerdigungsinstitut *n* undertaker's, funeral directors *pl.*

Beere *f* berry, (*Weinbeere*) grape.

Beerenauslese *f* quality wine made from selected grapes.

Beet *n* bed.

Beete *f* ♀ → **Bete.**

befähigen *v/t* enable, qualify (**für, zu** for): **j-n (dazu) ~, et. zu tun** enable s.o. to do s.th.

befähigt *adj* (**zu**) capable (of), *zu e-m Amt etc*: qualified (for).

Befähigung *f* qualification (**zu** for), (*Fähigkeit*) ability.

Befähigungsnachweis *m* certificate of qualification.

befahrbar *adj* passable, ⚓ navigable.

befahren I *v/t* drive on, (*benutzen*) use (*a road*), (*Strecke*) cover. II *adj* **e-e sehr** (*od.* **stark) ~e Straße** a busy road.

befallen *v/t* attack (*a.* ⚕), *fig.* seize: **~ werden von** *Furcht etc*: be seized by, *Insekten etc*: be infested by.

befangen *adj* **1.** inhibited, shy, self-conscious. **2.** (*voreingenommen, a.* ⚖) bias(s)ed: **in e-m Irrtum ~ sein** be labo(u)ring under a delusion.

Befangenheit *f* **1.** self-consciousness, shyness. **2.** ⚖ *etc* (**wegen ~** for) bias.

befassen *v/reflex* **sich ~ mit** concern o.s. with, *a. mit e-m Problem etc*: deal with.

Befehl *m* order, (*a. Befehlsgewalt, Computer*) command: **auf ~ von** (*od. gen*) by order of; **(den) ~ haben zu** *inf* be under orders to *inf*; **den ~ haben (übernehmen)** be in (take) command (**über** *acc* of).

befehlen I *v/t* **j-m et. ~** order s.o. to do s.th. II *v/i* give the orders.

befehligen *v/t* be in command of.

Befehlsform *f ling.* imperative.

Befehlshaber(in) *mil.* commander.

Befehls|sprache *f Computer*: command language. **~taste** *f Computer*: command key.

Befehlsverweigerung *f mil.* refusal to obey an order.

befestigen *v/t* **1.** (**an** *dat* to) fasten, fix. **2.** (*Straße*) pave. **3.** *mil.* fortify. **4.** *fig.* (*stärken*) strengthen.

Befestigung *f* **1.** fastening, fixing. **2.** *mil.* fortification. **3.** *fig.* strengthening.

befeuchten *v/t* moisten.

befinden I *v/t* **et. für gut** *etc* **~** think s.th. is good *etc.* II *v/reflex* **sich ~** a) be, *Gebäude etc*: *a.* be located, b) (*sich fühlen*) be, feel. III *v/i* (*entscheiden*) decide.

Befinden *n* (state of) health.

befindlich *adj* **alle im Haus ~en Möbel** all furniture in the house.

B

beflaggen *v/t* flag.
beflecken *v/t* stain, soil, *fig.* sully.
befliegen *v/t* (*Strecke*) fly.
beflügeln *v/t fig.* (*j-n*) inspire, (*anspornen*) spur *s.o.* on, (*j-s Fantasie*) fire.
befolgen *v/t* follow, (*Rat*) *a.* take, (*Vorschrift*) observe. **Befolgung** *f* following (*etc*), observance (*gen* of).
befördern *v/t* **1.** convey, transport, (*Güter*) *a.* forward, *Am. od.* ⚓ ship. **2.** *im Rang*: promote: ***er wurde zum Direktor*** (***Major***) ***befördert*** he was promoted manager (major).
Beförderung *f* **1.** *von Gütern*: conveyance, transport(ation), forwarding, *Am. od.* ⚓ shipment. **2.** *im Rang*: promotion.
Beförderungs|art *f für Güter*: mode of transportation. **~aussichten** *pl* promotion prospects *pl.* **~kosten** *pl* transportation costs *pl.* **~mittel** *n* (means of) transportation. **~tarif** *m* transport(ation) charges *pl.*
befrachten *v/t* load, ⚓ *u. fig.* freight.
befragen *v/t* **1.** (**nach, über** *acc* about) question, ask, *Meinungsforschung*: poll, interview. **2.** (*zu Rate ziehen*) consult.
Befragung *f* interview, *der Öffentlichkeit*: (public opinion) poll.
befreien I *v/t* (**von** from) *allg.* free, *bsd. pol. u. sociol.* liberate, (*retten*) rescue, *von Steuern etc*: exempt, *von Haftung, Verpflichtungen*: release, *vom Unterricht*: excuse, *von e-r Last, von Sorgen, Schmerzen etc*: relieve, *von e-m Verdacht etc*: clear (of). **II** *v/reflex* ***sich ~*** (**von**) free (*od.* liberate) o.s. (from), *von et. Lästigem*: get rid of, *von e-m Verdacht etc*: clear o.s. (of).
Befreier(in) liberator.
Befreiung *f* (**von** from) freeing (*etc*, → ***befreien*** I), liberation, (*Rettung*) rescue, *von Steuern etc*: exemption, *von Verpflichtungen etc*: release.
Befreiungs|bewegung *f* liberation movement. **~kampf** *m* fight for independence. **~krieg** *m* war of liberation (*od.* independence). **~versuch** *m e-s Gefangenen*: attempt to escape.
befremden *v/t* take *s.o.* aback.
Befremden *n* astonishment (***über*** *acc* at).
befremdlich *adj* strange.
befreunden *v/reflex* ***sich ~*** become friends; ***sich ~ mit*** make friends with, *fig.* get used to *s.th.*
befreundet *adj a. pol. Nationen*: friendly: ***~ sein*** be friends (***mit*** with).
befrieden *v/t pol.* pacify.
befriedigen *v/t* (*j-n, j-s Hunger, Neugier etc*) satisfy, (*j-n*) *a.* please, (*Nachfrage, Wunsch*) meet, (*Erwartungen*) *a.* come up to: ***schwer zu ~*** hard to please.
befriedigend *adj* satisfactory (*a. ped. Note*).
befriedigt *adj u. adv* satisfied, pleased.
Befriedigung *f* satisfaction.
befristen *v/t* set a time limit on.
befristet *adj* limited (in time).
Befristung *f* (setting of a) time limit.
befruchten *v/t biol.* fertilize (*a. fig.*), ⚘ pollinate, *fig.* (*anregen*) stimulate: (***künstlich***) ***~*** inseminate (artificially).
Befruchtung *f biol.* fertilization (*a. fig.*), ⚘ pollination: ***künstliche ~*** artificial insemination.
Befugnis *f a. pl* authority, power(s *pl*): ***j-m*** (***die***) ***~ erteilen*** (***zu*** *inf*) authorize s.o. (to *inf*).
befugt *adj* authorized.
befühlen *v/t* feel, touch.
Befund *m allg.* findings *pl*: ⚕ ***ohne ~*** negative.
befürchten *v/t* fear: ***es ist zu ~, dass ...*** it is feared that ...; ***wir müssen das Schlimmste ~*** we must be prepared for the worst.
Befürchtung *f* fear, *pl a.* misgivings *pl.*
befürworten *v/t* advocate, (*empfehlen*) recommend, (*unterstützen*) support.
Befürworter(in) advocate.
Befürwortung *f* recommendation, support.
begabt *adj* gifted, talented.
Begabung *f* gift, (*a. Person*) talent.
begatten *v/t* copulate with, *zo.* mate with.
Begattung *f* copulation, *zo.* mating.
begebbar *adj econ.* (*Wertpapiere*) transferable, *verkäuflich*: negotiable.
begeben I *v/reflex* **1.** ***sich ~ nach*** (*od.* ***zu***) go to, ***zu*** *j-m*: *a.* join, see; ***sich an die Arbeit ~*** set to work; ***sich auf die Reise ~*** set out (on one's journey); → ***Gefahr.*** **2.** ***sich ~*** (*sich ereignen*) happen, occur. **II** *v/t* **3.** (*Wechsel etc*) negotiate.
Begebenheit *f* occurrence, incident.
begegnen *v/i* (*dat*) **1.** meet, F bump into, (*a. e-r Sache*) come across: ***sich ~*** meet. **2.** (*Schwierigkeiten etc*) meet with, (*entgegentreten*) face, (*vorbeugen*) obviate. **3.** (*vorkommen*) be found (***bei*** in). **4.** ***j-m freundlich ~*** treat s.o. kindly.
Begegnung *f* meeting, (*a. feindliche ~*) encounter, *Sport*: bout, (*Spiel*) match.
begehbar *adj Weg*: passable. **begehen** *v/t* **1.** walk on. **2.** (*besichtigen*) inspect. **3.** (*Fehler*) make, (*Verbrechen*) commit. **4.** (*feiern*) celebrate, (*Feiertag*) observe.
begehren *v/t* desire (*a. j-n*), *heftig*: crave for, (*verlangen*) demand: (***sehr***) ***begehrt*** (much) sought after, (very) much in demand.
Begehren *n* desire (***nach*** for).
begehrenswert *adj* desirable.
begehrlich *adj* covetous, greedy.

Begehung *f* **1.** inspection. **2.** *e-s Verbrechens*: commission. **3.** *e-s Festes*: celebration.

begeistern I *v/t* fill *s.o.* with enthusiasm (***für*** about), inspire. **II** *v/reflex* ***sich ~ für*** be (*od.* get) enthusiastic about, *in Worten*: *a.* rave (F enthuse) about. **III** *v/i* arouse enthusiasm (***durch*** by).

begeisternd *adj* rousing, inspiring, (*großartig*) marvel(l)ous.

begeistert I *adj* (***von***) enthusiastic (about), keen (on), (*leidenschaftlich*) fervent: ***~er Anhänger*** (*gen od.* ***von***) fan (of); ***...begeistert*** ...-minded, F ...-mad. **II** *adv* enthusiastic(ally): ***~ sprechen von*** *a.* rave about.

Begeisterung *f* enthusiasm (***für*** for, about): ***mit ~*** *a.* enthusiastically.

Begierde *f* (***nach*** for) appetite, *bsd. sinnliche*: desire, lust.

begierig *adj* eager (***nach, auf*** *acc* for): ***ich bin ~ zu erfahren*** I am anxious to know.

begießen *v/t* **1.** pour water *etc* over (*od.* on), (*Blumen*) water. **2.** F *fig.* celebrate (with a drink): ***das müssen wir ~!*** that calls for a drink!

Beginn *m* (***zu ~*** at the) beginning.

beginnen *v/t u. v/i* begin, start, *förmlich*: commence.

beglaubigen *v/t* certify, (*Diplomaten*) accredit (***bei*** to).

beglaubigt *adj* (***öffentlich***) ~ certified (by a notary public); ***~e Abschrift*** certified copy, *als Vermerk*: a true copy.

Beglaubigung *f* certification, *e-s Gesandten*: accreditation.

Beglaubigungsschreiben *n* credentials *pl.*

begleichen *v/t econ.* pay, settle.

Begleichung *f* settlement, payment.

Begleitbrief *m* covering letter.

begleiten *v/t* accompany (*a.* ♪ *u. fig.*), (*eskortieren*) *a.* ⚓, *mil.*, *mot.* escort.

Begleiter *m* **1.** companion, *dienstlicher*: attendant. **2.** *e-r Dame etc*: escort. **3.** ♪ accompanist.

Begleiterin *f* → ***Begleiter*** 1, 3.

Begleit|erscheinung *f* concomitant, ⚕ attendant symptom. **~flugzeug** *n* escort plane. **~musik** *f* incidental music, *fig.* accompaniment. **~papiere** *pl* accompanying documents *pl.* **~person** *f* escort. **~schein** *m econ.* waybill, *zollamtlicher*: (custom's) permit. **~schiff** *n* escort vessel. **~schreiben** *n* covering letter, covering note. **~umstände** *pl* attendant circumstances *pl.*

Begleitung *f* **1.** company, *a.* ⚓, *mil.* escort, (*Gefolge*) entourage: ***ohne ~*** unaccompanied (*a.* ♪); ***in ~ von*** (*od. gen*) accompanied by. **2.** ♪ accompaniment.

beglücken *v/t* ***j-n ~*** make s.o. happy.

beglückwünschen *v/t* congratulate (***zu*** on).

begnadet *adj* inspired, highly gifted: ***~ mit*** blessed with.

begnadigen *v/t*, **Begnadigung** *f* pardon, *pol.* amnesty.

begnügen *v/reflex* ***sich ~*** (***mit*** with) be content, (*auskommen*) make do.

Begonie *f* ⚘ begonia.

begraben *v/t a. fig.* bury. **Begräbnis** *n* burial, *feierliches*: *a.* funeral.

begradigen *v/t* straighten.

begreifen *v/t* understand (*a. v/i*), (*erfassen*) grasp: ***du musst ~, dass ...*** you must realize that ...; ***das begreife ich nicht!*** that's beyond me!; ***schnell ~*** F catch on quickly, be quick on the uptake.

begreiflich *adj* understandable: ***j-m et. ~ machen*** make s.th. clear to s.o.

begreiflicherweise *adv* understandably (enough).

begrenzen *v/t* **1.** mark off, (*die Grenze bilden von*) form the boundary of. **2.** *fig.* (***auf*** *acc* to) limit, restrict.

Begrenztheit *f* limitations *pl.*

Begrenzung *f* **1.** (***auf*** *acc* to) limiting, restriction. **2.** (*Grenze*) bounds *pl*, limit.

Begrenzungslicht *n mot.* sidelight.

Begriff *m* **1.** idea, notion, *philos.* concept, (*Ausdruck*) term: ***sich e-n ~ machen von*** get an idea of, imagine; ***du machst dir k-n ~!*** you have no idea!; ***ist dir das ein ~?*** does that mean anything to you?; ***nach m-n ~en*** as I see it. **2.** F ***schwer von ~*** slow (in the uptake). **3.** ***im ~ sein, et. zu tun*** be about to do s.th.

begriffen *adj* ***er war im Fortgehen ~*** he was leaving (*od.* about to leave).

begrifflich *adj* conceptual, *Denken*: abstract.

Begriffsbestimmung *f* definition.

Begriffsinhalt *m philos.* connotation.

begriffsstutzig *adj* dense, slow.

Begriffsverwirrung *f* confusion.

begründen *v/t* **1.** (*Behauptung etc*) give reasons for, (*Handlung*) explain, (*rechtfertigen*) justify. **2.** (*gründen*) found, (*a. j-s Ruf, Rechte etc*) establish, (*Geschäft, Hausstand etc*) *a.* set up, *fig.* lay the foundations of.

begründet *adj* well-founded, (*gerechtfertigt*) justified: ***~er Verdacht*** *bsd.* ⚖ reasonable suspicion.

Begründung *f* **1.** reason(s *pl*), argument(s *pl*), (*Erklärung*) explanation: ***mit der ~, dass ...*** on the grounds that ...; ***ohne jede ~*** without giving any reasons. **2.** (*Gründung*) establishment, foundation, setting up.

begrüßen *v/t* greet, *freudig*: welcome (*a. fig.*).

B

begrüßenswert *adj* welcome.
Begrüßung *f* greeting, welcome.
Begrüßungs|ansprache *f* welcoming speech. **~geld** *n pol., hist.* welcome money. **~worte** *pl.* words *pl.* of welcome.
begünstigen *v/t* favo(u)r, (*Sache*) *a.* promote.
Begünstigte *m, f econ.,* ⚖ beneficiary.
Begünstigung *f* favo(u)ring, promotion, (*Bevorzugung*) preferential treatment, *finanzielle*: benefit, ⚖ acting as accessory after the fact.
begutachten *v/t* give an (expert's) opinion on, (*prüfen,* F *besichtigen*) examine: ***et. ~ lassen*** obtain an expert's opinion on s.th.
begütert *adj* wealthy, well-to-do.
behaart *adj* hairy, hirsute.
behäbig *adj* sedate, *Gestalt*: portly.
behaftet *adj* **~ *mit*** *e-r Krankheit*: afflicted with, *Fehlern etc*: full of, *e-m Makel*: tainted with.
behagen *v/i* ***j-m*** **~** suit s.o., (*gefallen*) please s.o.: ***das behagt mir*** (***ganz und gar***) ***nicht*** I don't like that (at all).
Behagen *n* ease, comfort, (*Vergnügen*) pleasure, (*Zufriedenheit*) contentment.
behaglich I *adj* comfortable, (*gemütlich*) cosy. **II** *adv* comfortably, (*zufrieden*) contentedly.
Behaglichkeit *f* comfort, cosiness.
behalten *v/t* keep, (*im Gedächtnis* **~**) remember: ***Recht*** **~** be right (in the end); *Geheimnis etc* ***für sich*** **~** keep to o.s.; ***behalte das für dich!*** keep it under your hat!; *Nahrung* ***bei sich*** **~** retain.
Behälter *m* container, receptacle, *für Öl etc*: tank.
behämmert *adj* F → ***bekloppt.***
behänd(e) *adj* nimble, agile (*a. geistig*), (*gewandt*) dexterous.
behandeln *v/t allg.* treat (*a.* ⚕, *tech.*), (*Thema, Problem etc, a. schwierige Person*) deal with, handle.
Behandlung *f* treatment, (*Handhabung*) handling: ***in*** (***ärztlicher***) **~** under medical treatment.
behängen *v/t* hang, (*drapieren*) drape, (*schmücken*) decorate: F *contp.* ***sie war mit Schmuck behängt*** she was decked (out) with jewels.
beharren *v/i* (***auf*** *dat*) persist (in), F stick (to): ***darauf*** **~*, dass ...*** insist that ...
beharrlich *adj* persistent, steadfast, (*hartnäckig*) stubborn. **Beharrlichkeit** *f* perseverance, stubbornness.
behauen *v/t* hew.
behaupten I *v/t* **1.** maintain, claim, say (**dass** that): F ***steif und fest*** **~*, dass ...*** insist that ... **2.** (*Recht etc*) maintain, assert. **II** *v/reflex* ***sich*** **~ 3.** hold one's own, *econ. Kurse, Preise*: remain firm.
Behauptung *f* **1.** claim, assertion. **2.** *von Rechten etc*: maintenance, assertion.
Behausung *f* dwelling.
beheben *v/t allg.* remove, (*Schaden*) *a.* repair, (*Missstand*) *a.* remedy.
Behebung *f* removal, repair.
beheimatet *adj* **~ *in*** (*dat*) resident in, living in, coming from.
beheizbar *adj* heatable.
beheizen *v/t* heat.
Behelf *m* makeshift.
behelfen *v/reflex* ***sich*** **~** (***mit*** with) make do, manage; ***sich*** **~ *ohne*** do without.
Behelfs... temporary (*bridge, home, etc*).
behelfsmäßig I *adj* makeshift, temporary. **II** *adv* as a makeshift, temporarily.
behelligen *v/t* bother, trouble, *stärker*: molest.
behend(e) *adj* → ***behänd(e)***.
beherbergen *v/t* put up, accommodate, *a. fig.* house.
beherrschen I *v/t* **1.** rule (over), govern. **2.** *fig.* (*die Lage, econ. den Markt, s-e Gefühle etc*) control: ***j-n*** **~** dominate s.o. **3.** have complete command of, (*Sprache*) have a good command of, speak, know: ***sein Handwerk*** **~** know one's trade. **II** *v/reflex* ***sich*** **~ 4.** control o.s.
beherrschend *adj* dominating.
Beherrschung *f* **1.** rule, domination (*a. fig.*). **2.** *fig.* (*gen* of) control, (*Können*) mastery, command. **3.** → ***Selbstbeherrschung.***
beherzigen *v/t* ***et.*** **~** bear s.th. in mind.
beherzt *adj* courageous, F plucky.
behilflich *adj* ***j-m*** **~ *sein*** help (*od.* assist) s.o. (***bei*** in).
behindern *v/t* (***bei*** in) hinder, hamper, (*a. Sicht, Verkehr, Sport: Gegner*) obstruct.
behindert *adj* (***körperlich*** *od.* ***geistig***) **~** (physically *od.* mentally) handicapped.
Behinderte *m, f* handicapped person.
behindertengerecht *adj* suitable for disabled persons; (*Gebäude*) with wheelchair access.
Behinderung *f* **1.** hindrance, impediment, *a. Sport*: obstruction. **2.** ⚕ handicap.
Behörde *f* (public) authority, (*Amt*) *a.* administrative body.
behördlich *adj* official.
behüten *v/t* protect (***vor*** *dat* from).
behutsam *adj* cautious, careful, gentle.
Behutsamkeit *f* caution, gentleness.
bei *prep* (*dat*) **1.** *räumlich*: **~ *Berlin*** near Berlin; ***die Schlacht*** **~ *Waterloo*** the Battle of Waterloo; **~ *Hofe*** at court; **~*m Bäcker*** at the baker's; **~ *Familie Braun,*** **~ *Brauns*** at

the Braun's; ~ (*per Adresse*) **Braun** c/o (= care of) Braun; ~ **j-m sitzen** sit with s.o.; **arbeiten** ~ work for; **e-e Stellung** ~ a job with; ~**m Heer** (~ **der Marine**) in the army (navy); ~ **uns** a) with us, b) (**zu Hause**) at home, c) (**in Deutschland**) in Germany, at home; **ich habe kein Geld** ~ **mir** I have no money on me; **er hatte s-n Hund** ~ **sich** he had his dog with him. **2.** *zeitlich od. e-n Zustand ausdrückend*: ~ **s-r Geburt** (**Hochzeit**) at his birth (wedding); ~ **Tag** (**Nacht**) by night (day), during the night (day); ~ **Licht** by light; ~ **70 Grad** at 70 degrees; ~ **schönem Wetter** when the weather is fine; ~**m Arbeiten** while working; ~ **offenem Fenster** with the window open; ~ **Regen** (**Gefahr**) in case of rain (danger); F **er ist nicht ganz** ~ **sich** he's not all there. **3.** (*angesichts*) ~ **so vielen Problemen** with (*od.* considering) all the problems; ~ **solcher Hitze** in such heat; ~ **all s-n Bemühungen** for all his efforts; → *a. die Verbindungen mit den entsprechenden Stichwörtern.*

beibehalten *v/t* retain, maintain, (*Richtung, Tempo*) keep.

Beiblatt *n* supplement (*gen* to).

Beiboot *n* dinghy.

beibringen *v/t* **1. j-m et.** ~ teach s.o. s.th., (*verständlich machen*) get s.th. across to s.o.; **j-m et. schonend** ~ break s.th. gently to s.o. **2. j-m** *e-e Niederlage, Wunde* ~ inflict *s.th.* on s.o. **3.** (*vorlegen*) furnish, (*Beweise etc*) produce.

Beichte *f a. fig.* confession: **j-m die** ~ **abnehmen** confess s.o.

beichten *v/t u. v/i a. fig.* confess.

Beicht|geheimnis *n* confessional secret. ~**kind** *n* penitent. ~**stuhl** *m* confessional. ~**vater** *m* (father) confessor.

beide *adj* both, *unbetont*: the two, (*der, die, das eine od. andere*) either: **m-e** ~**n Brüder** both my brothers, my two brothers; **wir** ~ both of us, we two; **alle** ~ both of them; **in** ~**n Fällen** in either case; **kein(e)s von** ~**n** neither (of the two); ~ **Mal** both times.

beiderlei *adj* (of) both kinds: ~ **Geschlechts** of either sex.

beiderseitig *adj u. adv* on both sides, (*gegenseitig*) mutual(ly *adv*).

beiderseits I *adv* on both sides, *fig. a.* mutually. II *prep* (*gen*) on both sides (of).

beidhändig *adj* ambidextrous, *Sport*: two-handed.

beidrehen *v/i* ⚓ heave to.

beieinander *adv* together: (**dicht**) ~ next to each other; ~ **haben** F have *s.th.* together; **du hast wohl nicht alle** ~**!** you must be out of your mind!; ~ **halten** F keep *s.th.* together; F **gut** ~ **sein** be in good shape; F **er ist nicht ganz** ~ he's not all there.

Beifahrer(in) *im Pkw*: front passenger, *im Lkw*: driver's mate, *beim Rennen*: co-driver.

Beifahrersitz *m* front-passenger seat.

Beifall *m* applause, (*Zurufe*) (loud) cheers *pl*, *fig.* approval: ~ **ernten,** ~ **finden** draw applause, *fig.* meet with approval, be acclaimed; ~ **klatschen,** ~ **spenden** applaud (**j-m** s.o.).

beifällig *adj* approving(ly *adv*).

Beifallsruf *m* cheer(s *pl*).

Beifallssturm *m* thunderous applause.

Beifilm *m* supporting film.

beifügen *v/t* (*dat*) add (to), *e-m Brief*: enclose (with).

Beifügung *f ling.* apposition.

Beigabe *f* **1.** addition, extra: **als** ~ *a.* into the bargain. **2.** → **Beilage** 2.

beige *adj*, **Beige** *n* beige.

beigeben I *v/t* add (*dat* to). II *v/i* F **klein** ~ knuckle under, climb down.

Beigeordnete *m, f* assistant, *pol.* town council(l)or.

Beigeschmack *m* (unpleasant) taste, *fig.* smack (**von** of).

Beihilfe *f* **1.** aid, *staatliche*: grant, (*Subvention*) subsidy. **2.** ⚖ aiding and abetting: (**j-m**) ~ **leisten** aid and abet (s.o.).

Beijing *n* Beijing (*other name for Peking*).

beikommen *v/i* (*j-m*) get at, (*e-r Sache*) cope with.

Beil *n* ax(e), hatchet, (*Fleischerbeil*) chopper.

Beilage *f* **1.** (*Zeitungsbeilage*) supplement, insertion, inset. **2.** *gastr.* side dish: **Fleisch mit** ~ meat and vegetables *pl.*

beiläufig I *adj* casual. II *adv* casually, (*übrigens*) by the way: **et.** ~ **erwähnen** mention s.th. in passing.

beilegen *v/t* **1.** (*dat*) add (to), *e-m Brief*: enclose (with). **2.** (*Namen*) give. **3.** (*Streit*) settle.

Beilegung *f e-s Streits*: settlement.

beileibe *adv* ~ **nicht**(*!*) certainly not(!), by no means(!).

Beileid *n* (**j-m sein** ~ **aussprechen** offer s.o. one's) condolences *pl*: (**mein**) **herzliches** ~**!** *a. iro.* my heartfelt sympathy!

Beileidsbesuch *m* visit of condolence.

Beileidsbrief *m* letter of condolence.

Beileidskarte *f* condolence card.

beiliegen *v/i* be enclosed (*e-m Brief etc* with).

beiliegend *adj u. adv* enclosed: ~ **übersenden wir Ihnen ...** enclosed please find ...

beim = **bei dem.**

beimengen → **beimischen.**

beimessen *v/t e-r Sache* a) **Glauben** ~ give

credence to, b) ***Bedeutung*** *etc* ~ attach importance *etc* to.

beimischen *v/t* ***e-r Sache et.*** ~ mix s.th. with s.th., add s.th. to s.th.

Beimischung *f* admixture.

Bein *n* leg (*a. Hosen-, Tischbein etc*): (***früh***) ***auf den ~en sein*** be up and about (early); ***dauernd auf den ~en sein*** be always on the go; ***wieder auf den ~en sein*** be back on one's feet (again); F ***j-m ~e machen*** make s.o. get a move on; ***ich muss mich auf die ~e machen!*** I must be off!; F ***die ~e in die Hand nehmen*** take to one's heels, run; *fig.* ***auf eigenen ~en stehen*** stand on one's own two feet; *fig.* ***j-n*** (***et.***) ***auf die ~e stellen*** set s.o. (s.th.) up; ***j-m ein ~ stellen*** *a. fig.* trip s.o. up; ***sich die ~e vertreten*** stretch one's legs; → ***Grab.***

beinahe, F **beinah** *adv* almost, nearly: ~ ***et. tun*** come near doing s.th.

Beinahezusammenstoß *m* near miss.

Beiname *m* epithet.

Bein|arbeit *f Boxen*: footwork, *Schwimmen*: legwork. **~bruch** *m* ⚕ fractured leg: F *fig.* ***das ist kein ~!*** that's no tragedy! **~freiheit** *f mot.* legroom.

be'inhalten *v/t* contain, (*besagen*) say, *stillschweigend*: imply.

Beinprothese *f* artificial leg.

Beinschiene *f* ⚕ splint.

beiordnen *v/t* **1.** ***j-m j-n*** ~ assign s.o. to s.o. **2.** *ling.* coordinate.

Beipackzettel *m* **1.** *Gebrauchsanleitung*: instructions *pl.* **2.** *bei Medikamenten*: patient package insert, *a.* PPI. **3.** *zu Buch etc*: F blurb.

beipflichten *v/i* agree (*dat* to).

Beiprogramm *n Film*: supporting program(me *Br.*).

Beirat *m* advisory board.

beirren *v/t* disconcert: ***er lässt sich nicht ~*** he stands firm, F he sticks to his guns.

Beirut *n capital of Lebanon.*

beisammen *adv* together.

Beisammensein *n* being together: ***geselliges ~*** get-together.

Beischlaf *m* sexual intercourse.

Beisein *n* ***im ~ von*** (*od. gen*) in the presence of.

beiseite *adv* aside: ~ ***lassen*** disregard; ~ ***legen*** set aside (*a. Geld*); ~ ***schaffen*** remove, (*j-n*) get rid of; ~ ***schieben*** push (*Argument*: brush) aside; ~ ***treten*** step aside.

beisetzen *v/t* **1.** (*Leiche*) bury. **2.** (*Segel*) set.

Beisetzung *f* burial, funeral.

Beispiel *n* example, (*Vorbild*) model: (***wie***) ***zum*** ~ for example, for instance (*abbr.* e.g.); ***ein ~ geben, mit gutem ~ vorangehen*** set an example; ***sich ein ~ an j-m*** (***et.***) ***nehmen*** take s.o. (s.th.) as an example.

beispielhaft *adj* exemplary, model ...

beispiellos *adj* unprecedented, unheard-of.

beispielsweise *adv* for example, (as) for instance.

beispringen → ***beistehen.***

beißen *v/t u. v/i* (***auf*** *acc*, ***in*** *acc* s.th.) bite, *Rauch, Pfeffer etc*: *a.* burn: ***nach j-m ~*** snap at s.o.; F *fig.* ***die Farben ~ sich*** the colo(u)rs clash; F ***er wird dich schon nicht ~!*** he won't eat you!

beißend *adj Wind etc, a. fig. Kritik etc*: biting, *Geruch*: acrid.

Beißring *m für Babys*: teething ring.

Beißzange *f* (***e-e ~*** a pair of) pliers *pl.*

Beistand *m* **1.** help, aid, support: ***j-m ~ leisten*** → ***beistehen.*** **2.** → ***Rechtsbeistand.***

Beistandspakt *m pol.* mutual assistance pact.

beistehen *v/i* ***j-m ~*** help (*od.* assist, stand by) s.o., come to s.o.'s aid, ⚕ attend s.o.

Beistelltisch *m* side table.

beisteuern *v/t u. v/i* contribute (***zu*** to).

beistimmen → ***zustimmen.***

Beistrich *m* comma.

Beitrag *m* contribution (*a. fig.*), (*Mitgliedsbeitrag*) subscription (fee), fee: ***e-n ~ leisten*** make a contribution (***zu*** to).

beitragen *v/t u. v/i* contribute (***zu*** to).

Beitragsbemessungsgrenze *f* income threshold.

beitragsfrei *adj* noncontributary.

beitragspflichtig *adj* contributary, liable to contribution.

Beitragszahlung *f* payment of contribution.

beitreiben *v/t* (*Steuern etc*) collect, (*Schulden*) recover.

beitreten *v/i e-m Verein etc*: join, *e-m Vertrag*: *a.* accede to.

Beitritt *m* joining (***zu*** of *a club etc*).

Beitrittserklärung *f* application for membership.

Beiwagen *m mot.* sidecar.

beiwohnen *v/i* (*dat*) **1.** be present at, attend, *als Zeuge*: witness. **2.** ⚖ have sexual intercourse with.

Beiwort *n* epithet.

Beize *f* **1.** corrosive, (*Holzbeize*) stain, *Färberei*: mordant, *Gerberei*: bate, *metall.* pickle. **2.** (*Tabakbeize*) sauce. **3.** *gastr.* marinade.

beizeiten *adv* in good time.

beizen *v/t* **1.** *tech.* (*ätzen*) corrode, (*Holz*) stain, (*Häute*) bate, *metall.* pickle. **2.** (*Tabak*) sauce. **3.** *gastr.* marinade.

bejahen *v/t* answer in the affirmative (*a. v/i*), *a. fig.* say yes to.

bejahend *adj* affirmative.
Bejahung *f* affirmation, *fig.* positive attitude (*gen* towards).
bejahrt *adj* old, advanced in years.
bejammern *v/t* lament.
bekämpfen *v/t* fight (against), combat.
Bekämpfung *f* fight (*gen* against).
bekannt *adj* known, (*wohl~*) well-known (***wegen*** for): ~ ***mit*** acquainted with, ***e-r Sache*** *a.* familiar with s.th.; ~ ***geben*** announce (*dat* to); ***j-n ~ machen mit*** introduce s.o. to; ~ ***machen*** announce, make *s.th.* known; ***sich mit et. ~ machen*** familiarize o.s. with s.th.; ***das ist mir ~*** I know (that); ***dafür ~ sein, dass ...*** have a reputation for *ger*; ~ ***werden*** become known, come out.
Bekannte *m, f* friend, acquaintance.
Bekanntenkreis *m* (circle of) friends *pl.*
Bekanntgabe *f* announcement.
Bekanntheitsgrad *m* name recognition (rating).
bekanntlich *adv* as everybody knows.
Bekanntmachung *f* announcement, publication, *offizielle*: bulletin.
Bekanntschaft *f* **1.** (***bei näherer ~*** on closer) acquaintance: ***j-s ~ machen*** become acquainted with s.o. **2.** → ***Bekanntenkreis.***
bekehren *v/t a. fig.* convert (***zu*** to): ***sich ~*** (***zu*** to) become a convert, *fig. a.* come round.
Bekehrte *m, f* convert.
Bekehrung *f* conversion.
bekennen **I** *v/t* confess (to). **II** *v/reflex* ***sich ~ zu*** a) *e-r Tat*: confess, b) *e-m Glauben etc*: profess, c) ***j-m*** stand by s.o., (*eintreten für*) stand up for s.o.; → ***Farbe*** 3, ***schuldig*** 1.
Bekennerbrief *m* letter claiming responsibility.
Bekenntnis *n* **1.** confession. **2.** (*Glaubensbekenntnis*) creed, (*Konfession*) denomination. **~schule** *f* denominational school.
bekiffen *v/reflex* F ***sich ~*** get stoned; ***bekifft sein*** be stoned.
beklagen **I** *v/t* lament, deplore, (*Tod etc*) mourn. **II** *v/reflex* ***sich ~*** complain (***über*** *acc* of).
beklagenswert *adj* **1.** deplorable. **2.** *Person*: pitiable.
Beklagte *m, f* ⚖ defendant.
beklauen *v/t* F ***j-n ~*** steal from s.o.
bekleben *v/t* **1.** paste *s.th.* over. **2.** ***et. ~ mit*** stick (*od.* paste) *s.th.* on s.th.
bekleckern **I** *v/t* stain, mess up. **II** *v/reflex* ***sich ~ mit ...*** spill ... over o.s.
bekleiden *v/t* **1.** dress: *fig.* ~ ***mit*** (in)vest with. **2.** (*Amt etc*) hold.
Bekleidung *f* clothing, clothes *pl.*
Bekleidungs|branche *f*, **~industrie** *f* clothing industry.
beklemmen *v/t* oppress. **beklemmend** *adj* oppressive, *fig. a.* eerie.
Beklemmung *f* oppression, *fig. a.* anxiety.
beklommen *adj* uneasy, anxious.
Beklommenheit *f* uneasiness, anxiety.
bekloppt, beknackt *adj* F nutty, batty, crazy, *pred* nuts.
bekommen **I** *v/t allg.* get, ⚕ *a.* catch (*a.* F *Zug, Bus etc*), (*erhalten*) *a.* receive, (*erlangen*) obtain, (*Kind, Junge*) have: ***Hunger*** (***Durst***) ~ get hungry (thirsty); ***sie bekommt ein Kind*** she's going to have a baby; ***Zähne ~*** cut one's teeth; ***et. geschenkt ~*** be given s.th. (as a present); ***wie viel ~ Sie*** (***von mir***)***?*** how much do I owe you?; F ~ ***Sie schon?*** are you being served? **II** *v/i* ***j-m*** (***gut***) ~ agree with s.o.; ***j-m nicht*** (*od.* ***schlecht***) ~ disagree with s.o.; ***wohl bekomms!*** cheers!; *fig.* ***es wird ihm schlecht ~*** he will regret it.
bekömmlich *adj* wholesome, *Essen*: *a.* easily digestible, light, *Klima, Luft*: salubrious.
beköstigen *v/t* feed: ***sich selbst ~*** cook for o.s.
Beköstigung *f* feeding, (*Essen*) food: ***bei voller ~*** with full board.
bekräftigen *v/t* confirm, (*erhärten*) corroborate.
Bekräftigung *f* confirmation, corroboration.
bekreuzigen *v/reflex* ***sich ~*** cross o.s.
bekriegen *v/t* make war on: ***sich ~*** be at war with one another.
bekritteln *v/t contp.* criticize.
bekritzeln *v/t* scribble on.
bekümmern *v/t* grieve, worry.
bekunden *v/t* **1.** (*zeigen*) show, demonstrate. **2.** (*erklären*) state, ⚖ *a.* testify.
belächeln *v/t* smile (condescendingly) at.
beladen *v/t* load, *fig. a.* burden.
Belag *m* **1.** covering, *tech.* (*Überzug*) *a.* coat(ing), (*Straßenbelag*) surface, (*Bremsbelag etc*) lining. **2.** (*Brotbelag*) (sandwich) filling, (*Aufstrich*) spread. **3.** ⚕ (*auf Zunge*) coating, (*Zahnbelag*) tartar.
belagern *v/t a. fig.* besiege.
Belagerung *f* siege.
Belang *m* **1.** ***von ~*** of importance (***für*** to); ***ohne ~*** unimportant, *sachlich*: irrelevant. **2.** *pl* interests *pl.*
belangen *v/t* ⚖ sue, *bsd. strafrechtlich*: prosecute.
belanglos *adj* unimportant, *sachlich*: irrelevant (***für*** to), (*gering*) negligible.
Belanglosigkeit *f* insignificance, *sachliche*: irrelevance.
belassen *v/t* ***et. an s-m Platz ~*** leave s.th. in

its place; ***es dabei ~*** leave it at that; ***alles beim Alten ~*** leave things as they are.
belastbar *adj* ***~ sein*** be able to work under pressure; ***er ist nicht ~*** he can't take any kind of pressure.
Belastbarkeit *f allg.* (maximum) capacity, *a.* ⚕ *etc* resistance, *a. fig.* (relative) strength.
belasten *v/t* **1.** load (*a.* ⚡, *tech.*), (*beanspruchen*) stress, (*beschweren*) weight. **2.** *fig.* burden (***mit*** with, ***sich*** o.s.), (*anstrengen, a. econ.,* ⚕, *a. Beziehungen etc*) put (*od.* be) a strain on, *seelisch*: weigh on, worry, (*die Umwelt*) pollute, (*verseuchen*) *tech.* contaminate: ***das belastet mich sehr*** that's a great burden (*Sorge*: worry) to me; ***damit kann ich mich jetzt nicht ~*** I can't be bothered with that now; → ***erblich.*** **3.** (*Konto*) charge, (*Grundstück etc*) encumber: ***j-n*** (*od.* ***j-s Konto***) (***mit e-m Betrag***) ~ charge a sum to s.o.'s account. **4.** ⚖ *u. pol.* incriminate.
belästigen *v/t* molest, (*plagen, stören*) (***mit*** with) pester, bother.
Belästigung *f* **1.** molestation, pestering: ***sexuelle ~*** sexual harassment. **2.** nuisance.
Belastung *f* **1.** loading (*etc*, → ***belasten***). **2.** (*Last*) load (*a.* ⚡, *tech.*), *tech.* (*Beanspruchung*) stress (*gen* on), (*Gewicht*) weight: ***zulässige ~*** safe load. **3.** *fig.* (*gen od.* ***für***) *allg.* (*financial etc*) burden (to, on), (*Sorge*) worry (to), (*Mühe, Ärger*) trouble (to), *seelische od. nervliche*: stress (on), (*Anstrengung, a.* ⚕, *a. von Beziehungen etc*) strain (on), *der Umwelt*: pollution (of), (*Verseuchung*) *a.* contamination (of): ***er ist zu e-r ~ geworden*** *Mitarbeiter etc*: he has become a liability. **4.** *econ. e-s Kontos*: charge (to), *e-s Grundstücks etc*: encumbrance (of). **5.** ⚖ *u. pol.* incrimination.
Belastungs|material *n* ⚖ incriminating evidence. **~probe** *f* **1.** *tech.* load test. **2.** *fig.* (severe) test. **~zeuge** *m*, **~zeugin** *f* witness for the prosecution.
belaubt *adj* leafy, in leaf.
belaufen *v/reflex* ***sich ~ auf*** (*acc*) amount to, run up to, total.
belauschen *v/t* eavesdrop on, listen to.
beleben **I** *v/t* liven up, stimulate, *Getränk etc*: *a.* revive, get *s.o.* going (again), (*Zimmer etc*) brighten: ***neu ~*** put new life into. **II** *v/reflex* ***sich ~*** *Straße etc*: come to life, *Gesicht*: brighten up.
belebt *adj* animated, lively, *Straße etc*: busy.
Belebung *f* **1.** stimulation. **2.** *econ.* upturn, recovery: ***steile ~ der Nachfrage*** steep (*od.* sharp) upturn in demand.
Beleg *m* **1.** *bsd. econ.* record, (*Beweis*) proof, (*~schein, Unterlage*) voucher, (*Quittung*) receipt. **2.** *ling.* (*Beispiel*) example, (*Quelle*) reference.
belegen *v/t* **1.** (*bedecken*) cover, (*auskleiden, a. Bremsen etc*) line: ***mit Teppichboden ~*** carpet; *Brot* ***mit Schinken*** *etc* ~ put ham *etc* on; → ***belegt*** 4. **2.** (*Zimmer etc*) occupy, (*buchen*) book, (*e-n Platz*) reserve. **3.** *univ.* (*Fach, Vorlesungen*) enrol(l) for. **4.** *Sport*: ***den ersten*** (***zweiten*** *etc*) ***Platz ~*** be placed (*od.* come in) first (second *etc*). **5.** ***mit e-r Strafe*** (***Steuer*** *etc*) ~ impose a penalty (tax *etc*) on. **6.** (*beweisen*) supply evidence for, verify, (*Textstelle, Wort*) give a reference for; → ***belegt*** 5.
Belegexemplar *n* author's copy.
Belegschaft *f* personnel, staff, employees *pl*, *tech.* workers *pl*, work force.
Belegschafts|rabatt *m* staff discount. **~vertretung** *f* staff representation.
Belegschein *m* voucher.
Belegstelle *f* reference.
belegt *adj* **1.** *Raum, Platz*: taken, occupied, (*voll ~*) full (up). **2.** ⚕ *Stimme*: husky, *Zunge*: coated. **3.** *teleph.* engaged, *Am.* busy. **4.** *gastr.* ***~es Brot*** sandwich; ***~es Brötchen*** filled roll. **5.** documented: ***das ist nirgends ~*** there is no evidence for it.
Belegt|ton *m*, **~zeichen** *n teleph.* engaged tone (*od.* signal).
belehren *v/t* instruct, (*aufklären*) inform (***über*** *acc* of): ***sich ~ lassen*** listen to reason; ***j-n e-s Besseren ~*** set s.o. right, *weitS.* open s.o.'s eyes.
belehrend *adj* instructive.
Belehrung *f* instruction, (*Rat*) advice.
beleibt *adj* corpulent, stout.
beleidigen *v/t* offend (*a. fig.*), *gröblich*: insult: ***ich wollte Sie nicht ~!*** no offen/ce (*Am.* -se) meant!
beleidigend *adj* insulting.
Beleidigung *f* insult, ⚖ slander, *schriftliche*: libel.
belesen *adj* well-read.
Belesenheit *f* wide reading.
beleuchten *v/t* light (up), *a. festlich*: illuminate, *fig.* throw light on.
Beleuchter(in) *thea. etc* lighting technician.
Beleuchtung *f* lighting, illumination (*a. fig.*), (*Lichter*) *a.* light(s *pl*).
Beleuchtungs|körper *m* lighting fixture, lamp. **~technik** *f* lighting engineering. **~techniker** *m* lighting engineer.
Belgien *n* Belgium.
Belgier(in), belgisch *adj* Belgian.
Belgrad *n* Belgrade (*capital of Serbia*).
belichten *v/t phot.* expose.
Belichtung *f phot.* exposure.
Belichtungs|automatik *f* automatic exposure. **~messer** *m* light meter. **~zeit** *f* exposure (time).

B

belieben I *v/t bsd. iro.* deign. II *v/i* please: ***wie es Ihnen beliebt*** as you wish.

Belieben *n* ***nach ~*** at will; ***ganz nach ~*** as you like.

beliebig I *adj* any ... (you like): ***jeder Beliebige*** anyone; ***in ~er Reihenfolge*** in any order (you *etc* like). II *adv* at will: ***~ viele*** as many as you *etc* like.

beliebt *adj* popular (***bei*** with), *Ware*: very much in demand: ***sich bei j-m ~ machen*** ingratiate o.s. with s.o.

Beliebtheit *f* popularity (***bei*** with).

Beliebtheitsgrad *m* popularity (rating).

beliefern *v/t*, **Belieferung** *f* supply.

bellen *v/i u. v/t a. fig.* bark.

Belletristik *f* fiction.

belletristisch *adj* belletristic.

Belobigung *f* praise, commendation.

belohnen *v/t* , **Belohnung** *f* reward.

belüften *v/t* ventilate.

Belüftung *f* ventilation.

Belüftungsanlage *f* ventilation system.

belügen *v/t* ***j-n ~*** lie to s.o.; ***sich selbst ~*** deceive o.s.

belustigen I *v/t* amuse. II *v/reflex* ***sich ~ über*** (*acc*) be amused at.

Belustigung *f* amusement.

bemächtigen *v/reflex* ***sich j-s*** (***e-r Sache***) ***~*** seize s.o. (s.th.).

bemalen *v/t* paint.

bemängeln *v/t* criticize, fault: ***daran ist nichts zu ~*** it can't be faulted.

bemannen *v/t* man: ***bemannter Raumflug*** manned space flight.

bemänteln *v/t* cover up, (*beschönigen*) palliate.

bemerkbar *adj* noticeable: ***sich ~ machen*** draw attention to o.s., *Sache*: show, make itself felt.

bemerken *v/t* **1.** (*wahrnehmen*) notice. **2.** (*äußern*) remark.

bemerkenswert *adj* remarkable (***wegen*** for).

Bemerkung *f* remark, comment, *schriftliche*: note, (*Anmerkung*) annotation.

bemessen I *v/t* **1.** proportion (***nach*** to), (*berechnen*) calculate, *zeitlich*: *a.* time, *tech.* dimension, (*Leistung*) rate, (*Strafe*, *Preis etc*) fix. **2.** *fig.* (*bewerten*) measure (***nach*** by). II *v/reflex* ***sich ~*** **3.** be proportioned (*etc*, → I). III *adj* **4.** (***knapp***) ~ limited; ***m-e Zeit ist knapp ~*** I am pressed for time.

bemitleiden *v/t* pity.

bemitleidenswert *adj* pitiable.

bemittelt *adj* well(-)off, well-to-do.

bemogeln *v/t* F cheat.

bemühen I *v/t* trouble (***mit*** with, ***um*** for), (*Arzt*, *Fachmann etc*) call in. II *v/reflex* ***sich ~*** take trouble (*od.* pains) (***mit*** over), make an effort, try (hard); ***sich ~ um*** a) try to get, (*e-e Stellung*) apply for, b) (*e-n Verletzten etc*) try to help *s.o.*, c) ***j-n*** (*od.* ***j-s Gunst***) court s.o.'s favo(u)r; ***bemüht sein zu*** *inf* endeavo(u)r to *inf*, *eifrig*: be anxious to *inf*; ***~ Sie sich nicht!*** don't trouble (*od.* bother)!

Bemühung *f* effort(s *pl*), endeavo(u)r(s *pl*), trouble.

bemüßigt *adj* ***sich ~ fühlen zu*** *inf* feel bound (*od.* obliged) to *inf*.

bemuttern *v/t* mother.

benachbart *adj* neighbo(u)ring.

benachrichtigen *v/t* (***von*** of) inform, notify, *econ.* advise.

Benachrichtigung *f* notification, *econ.* advice.

Benachrichtigungsschreiben *n* letter of advice.

benachteiligen *v/t* put *s.o.* at a disadvantage, *bsd. sozial etc*: discriminate against: (***sozial***) ***benachteiligt*** underprivileged.

Benachteiligung *f* discrimination (*gen* against), (*Nachteil*) disadvantage, handicap.

benebelt *adj* F *fig.* fuddled.

Benefiz|spiel *n Sport*: charity match. **~vorstellung** *f* charity performance.

benehmen *v/reflex* ***sich ~*** behave (***gegenüber*** towards): ***sich gut ~*** behave well, behave o.s.; ***sich schlecht ~*** misbehave, behave badly; ***benimm dich!*** behave yourself!

Benehmen *n* **1.** behavio(u)r, conduct, manners *pl.* **2.** *adm.* ***im ~ mit*** in agreement with; ***sich ins ~ setzen mit*** get in touch with.

beneiden *v/t* envy (***j-n um et.*** s.o. s.th.).

beneidenswert *adj* enviable.

Beneluxstaaten *pl* Benelux countries *pl.*

benennen *v/t* **1.** name, call. **2.** (*Termin*) fix, (*Kandidaten*) nominate: ***j-n als Zeugen ~*** call s.o. as a witness.

Bengel *m* rascal.

benommen *adj* dazed.

Benommenheit *f* daze, numbness.

benoten *v/t ped.* mark, *Am.* grade.

Benotung *f* a) marking, *Am.* grading, b) marks *pl*, *Am.* grades *pl.*

benötigen *v/t* need: ***dringend ~*** be in urgent need of, need *s.th.* badly.

benutzen *v/t* use, make use of, (*sich zunutze machen*) *a.* profit by: → ***Gelegenheit*** 1.

Benutzer(in) user.

benutzerfreundlich *adj* user-friendly.

Benutzer|handbuch *n* manual, user's guide. **~oberfläche** *f Computer*: user/system interface.

Benutzung *f* use.

Benutzungs|gebühr *f* fee, charge. **~recht** *n* ⚖ right to use, user.
Benzin *n* **1.** *mot.* petrol, *Am.* gasoline, F gas; → *a.* ***Kraftstoff(...)***. **2.** ⚗ benzine. **~feuerzeug** *n* fuel lighter. **~fresser** *m* F (*Auto*) fuel guzzler. **~gutschein** *m* petrol (*Am.* gas) coupon. **~hahn** *m* fuel cock. **~kanister** *m* petrol can, F jerry can. **~motor** *m* petrol (*Am.* gasoline) engine. **~pumpe** *f* fuel pump. **~tank** *m* fuel tank. **~uhr** *f* fuel ga(u)ge. **~verbrauch** *m* petrol (*Am.* gasoline) consumption.
Benzol *n* ⚗ benzene, benzol.
beobachten *v/t* **1.** watch, observe. **2.** (*wahrnehmen*) notice. **3.** (*Feiertag, Gesetz etc, Stillschweigen etc*) observe.
Beobachter(in) observer (*a. mil., pol. etc*), (*Zuschauer*) onlooker.
Beobachtung *f* **1.** observation. **2.** (*Einhaltung*) observance (*gen* of).
Beobachtungsgabe *f* powers *pl* of observation.
Beobachtungsstation *f* observation station (⚕ ward).
bepacken *v/t* load (***mit*** with).
bepflanzen *v/t* plant (***mit*** with).
bequatschen *v/t* F **1.** thrash *s.th.* out. **2.** ***j-n zu et.*** ~ talk s.o. into doing s.th.
bequem I *adj* **1.** comfortable, (*günstig*) easy (*a. econ. Bedingungen, Raten etc*), convenient: ***es sich ~ machen*** make o.s. comfortable (*od.* at home), *fig.* take the easy way out. **2.** *Person*: comfort-loving, (*träge*) lazy. **II** *adv* **3.** (*leicht*) easily.
bequemen *v/reflex* ***sich dazu ~, et. zu tun*** deign (*od.* bring o.s.) to do s.th.; ***sich zu e-r Antwort*** *etc* ~ deign to give an answer *etc.*
Bequemlichkeit *f* **1.** comfort, ease. **2.** (*Trägheit*) indolence. **3.** (*Einrichtung*) convenience, *pl a.* amenities *pl.*
berappen *v/t u. v/i* pay.
beraten I *v/t* (*j-n*) advise (***bei*** on), (*et.*) discuss: ***sich ~ lassen von*** consult; ***gut (schlecht) ~ sein*** be well (ill-)advised (***zu*** *inf* to *inf*). **II** *v/reflex* ***sich mit j-m über et. ~*** discuss s.th. with s.o.
beratend *adj* advisory.
Berater(in) adviser: ***fachmännischer*** (*od.* ***fachärztlicher***) ~ consultant.
Berater|firma *f* firm of consultants, consulting firm. **~gremium** *n* advisory board. **~honorar** *n* consulting fee. **~vertrag** *m* consultancy agreement, consulting contract.
Beratung *f* **1.** discussion (***über*** *acc* of), (*Besprechung*) consultation. **2.** *durch Anwalt, Verkäufer etc*: advice **3.** → ***Beratungsstelle.***
Beratungs|ausschuss *m* advisory committee. **~stelle** *f* advisory board, information cent/re (*Am.* -er). **~unternehmen** *n* consulting firm.
berauben *v/t* (*gen* of) rob, *fig. a.* deprive.
berauschen *v/t* intoxicate: *fig.* ***sich ~*** get intoxicated (***an*** *dat* with).
berauschend *adj a. fig.* intoxicating: *iro.* ***nicht gerade ~*** not so hot.
berechenbar *adj* calculable, *fig.* predictable.
berechnen *v/t* calculate (*a. fig.*), (*schätzen*) estimate (***auf*** *acc* at), *econ.* (*in Rechnung stellen*) charge (***j-m et.*** s.o. s.th.).
berechnend *adj fig.* calculating.
Berechnung *f* calculation: *fig.* ***mit ~*** with deliberation.
Berechnungsgrundlage *f* basis of calculation.
berechtigen I *v/t* ***j-n*** (***zu e-r Sache***) ~ entitle s.o. (to [do] s.th.), (*ermächtigen*) authorize s.o. (to do s.th.), (*befähigen*) qualify s.o. (to s.th.). **II** *v/i* ***zu e-r Sache ~*** entitle to s.th.; ***zu der Annahme*** (***Hoffnung***) ***~, dass ...*** warrant the assumption (hope) that ...
berechtigt *adj* (***zu*** to) entitled, authorized, (*gerechtfertigt*) justified, *Anspruch etc*: legitimate.
Berechtigung *f* right (***zu*** to), (*Ermächtigung*) authorization, (*Vollmacht*) authority, (*Rechtmäßigkeit*) legitimacy.
bereden *v/t* **1.** ***et.*** ~ discuss s.th. **2.** → ***überreden.***
Beredsamkeit *f* eloquence.
Bereich *m* **1.** area. **2.** *fig.* field, sphere, sector: ***im ~ des Möglichen liegen*** be within the bounds of possibility, be possible; ***im sozialen ~*** in the social sector, socially; ***im persönlichen ~*** on the personal side, personally. **3.** *mil.* (*Reichweite*) range.
bereichern *v/t a. fig.* enrich (***sich*** o.s.).
Bereicherung *f a. fig.* enrichment.
Bereichsleiter *m in Großunternehmen*: division manager.
Bereifung *f mot.* tyres *pl*, *Am.* tires *pl.*
bereinigen *v/t* (*Streit, a. econ. Konto*) settle, (*Missverständnis etc*) iron out, (*Statistik*) adjust: ***saisonal bereinigt*** seasonally adjusted *unemployment figures etc.*
Bereinigung *f* settlement, adjustment.
bereisen *v/t* travel around, tour, *econ. a.* cover.
bereit *adj* ready, (*gewillt*) *a.* prepared, willing: ***sich ~ erklären*** (*od.* ***finden***) ***zu*** *inf* agree (*freiwillig*: *a.* volunteer) to *inf*; ***zu allem ~*** game for anything; ***bist du ~?*** (are you) ready?
bereiten *v/t* **1.** prepare, (*Tee etc*) *a.* make. **2.** (*zufügen*) give, (*verursachen*) cause: ***Ärger ~*** cause trouble; ***j-m Vergnügen ~*** give s.o. pleasure.

bereithalten **I** *v/t* ***et.*** ~ have s.th. ready. **II** *v/reflex* ***sich*** ~ be ready (***für*** for).
bereitliegen *v/i* be ready.
bereitmachen *v/t* (*a.* ***sich*** ~) (***zu*** for) get ready, prepare (o.s.).
bereits *adv* already.
Bereitschaft *f* **1.** readiness: ***in ~ sein*** → ***bereitstehen***; (***sich***) ***in ~ halten*** → ***bereithalten.*** **2.** (*Polizeieinheit etc*) squad.
Bereitschafts|arzt *m*, **~ärztin** *f* duty doctor. **~dienst** *m* standby duty: ~ ***haben*** *Arzt etc*: be on call. **~kredit** *m* standby credit. **~polizei** *f* riot police. **~tasche** *f* carrying (*phot.* camera) case.
bereitstehen *v/i* **1.** be ready, *mil.* stand by. **2.** (*verfügbar sein*) be available.
bereitstellen *v/t* **1.** *liefern*: provide, supply. **2.** *zur Verfügung stellen*: make available. **3.** *Gelder*, *Fonds*: allocate, *auf längere Sicht*: earmark.
Bereitstellung *f* **1.** *Lieferung*: provision, supply **2.** *von Geldern*: allocation, earmarking.
bereitwillig *adj* willing, (*eifrig*) eager.
Bereitwilligkeit *f* readiness, eagerness.
bereuen *v/t* regret.
Berg *m* mountain (*a. fig.*), *kleiner*: hill: *fig.* ***~e von*** piles of; ***~e versetzen*** move mountains; ***j-m goldene ~e versprechen*** promise s.o. the moon; ***über den ~ sein*** be over the worst; ***über alle ~e*** off and away; ***die Haare standen ihm zu ~e*** his hair stood on end; ***er hielt damit nicht hinterm ~*** he made no bones about it.
bergab *adv a. fig.* downhill.
Bergakademie *f* mining college.
Bergamt *n* mining office.
Bergarbeiter(in) miner.
bergauf *adv* uphill: *fig.* ***es geht wieder ~*** things are looking up.
Bergbahn *f* mountain railway.
Bergbau *m* mining (industry).
bergen *v/t* **1.** (*retten*) rescue, (*Leichen, Fahrzeuge, Güter*) recover, ⚓ salvage, (*Segel*) take in. **2.** (*enthalten*) contain, hold, *fig.* harbo(u)r, (*ver~*) conceal: ***e-e gewisse Gefahr*** (***in sich***) ~ involve a certain danger.
Bergführer(in) mountain guide.
bergig *adj* mountainous.
Berg|kette *f* mountain range. **~kristall** *m* crystallized quartz. **~land** *n* mountainous country. **~massiv** *n* massif. **~predigt** *f Bibl.* Sermon on the Mount. **~rücken** *m* (mountain) ridge. **~schuh** *m* mountaineering boot. **~spitze** *f* mountain peak. **~steigen** *n* mountaineering. **~steiger(in)** mountaineer. **~stiefel** *m* → ***Bergschuh.*** **~straße** *f* mountain road. **~tour** *f* mountain tour.
Berg-und-Tal-Bahn *f* switchback (railway), *Am.* roller coaster.
Bergung *f* (*Rettung*) rescue, *von Toten, Fahrzeugen etc*: recovery, ⚓ salvage.
Bergungs|arbeiten *pl* rescue work *sg*, ⚓ salvage operations *pl.* **~dienst** *m* recovery (⚓ salvage) service. **~fahrzeug** *n* recovery (✈ crash) vehicle. **~mannschaft** *f* rescue party, ⚓ salvage crew.
Bergwacht *f* mountain rescue service.
Bergwanderung *f* mountain hike.
Bergwerk *n* mine.
Bericht *m* (***über*** *acc*) report (on), (*a. Erzählung*) account (of): ~ ***erstatten*** report (***über*** *acc* on, ***j-m*** to s.o.).
berichten *v/t u. v/i* report (***über*** *acc* on, ***j-m*** to s.o.), (*erzählen*) relate: ***j-m et.*** ~ (*melden*) inform s.o. of s.th.
Berichterstatter(in) reporter, *Radio, TV a.* commentator, *im Ausland*: correspondent.
Berichterstattung *f* reporting, (*in Presse*) *a.* coverage, (*Bericht*) report.
berichtigen *v/t* (*et.*) rectify, (*a. j-n*) correct (***sich*** o.s.), *tech. a.* adjust.
beriechen *v/t* sniff at.
Beringstraße *f the* Bering Strait.
beritten *adj* mounted, on horseback.
Berliner[1] **I** *m* Berliner. **II** *adj* (of) Berlin.
Berliner[2] *m gastr.* doughnut.
Bermuda|dreieck *n* Bermuda triangle. **~inseln** *pl the* Bermudas *pl.* **~shorts** *pl* bermudas *pl.*
Bern *n* Bern(e).
Bernhardiner *m* (*Hund*) St. Bernard.
Bernstein *m* amber.
bersten *v/i* burst (*fig.* ***vor*** *dat* with).
berüchtigt *adj* notorious (***wegen*** for).
berücksichtigen *v/t* consider (*a. j-n*), take into consideration, (*bedenken*) *a.* bear in mind, allow for.
Berücksichtigung *f* consideration: ***unter ~ s-s Alters*** *etc* considering his age *etc.*
Beruf *m* occupation, F job, *akademischer od. freier*: profession, (*Gewerbe*) trade, (*Geschäft*) business, (*Fach*) line: ***von ~*** by profession, by trade.
berufen **I** *v/t* ***j-n*** ~ appoint s.o. (***zu*** *e-m Amt* to, ***zum Vorsitzenden*** chairman). **II** *v/reflex* ***sich ~ auf*** (*acc*) (*zitieren*) cite; ***sich auf et.*** ~ rely on, *entschuldigend*: plead (*ignorance etc*); ***sich darauf ~, dass ...*** plead that ...; ***darf ich mich auf Sie ~?*** may I mention your name? **III** *adj* (*befähigt*) qualified: ***sich ~ fühlen zu*** *inf* feel called upon to *inf*; ***aus ~em Munde*** from a competent authority.
beruflich *adj* professional, work..., vocational: ***~er Ärger*** trouble at work; ***~e Aussichten*** job (*od.* career) prospects; ***~er Werdegang*** career path; ~ ***unterwegs*** away on business; ***sich ~ fortbilden*** do further training.

Berufs|anfänger(in) first-time employee. **~ausbildung** *f* vocational training. **~aussichten** *pl* career prospects *pl*. **~berater(in)** vocational (*od.* careers) adviser. **~beratung** *f* vocational (*od.* careers) guidance. **~bezeichnung** *f* job title (*od.* designation). **~bild** *n* job description. **~chancen** *pl* job (*od.* career) prospects *pl*. **~erfahrung** *f* (vocational) experience. **~fachschule** *f* vocational college. **~geheimnis** *n* professional secret (*Schweigepflicht*: secrecy). **~genossenschaft** *f* professional (*od.* trade) association. **~kleidung** *f* work(ing) clothes *pl*. **~krankheit** *f* occupational disease. **~leben** *n* professional (*od.* active) life: ***im ~ stehen*** be active in a job. **~praxis** *f* (work) experience. **~risiko** *n* occupational hazard. **~schule** *f* vocational school. **~schulunterricht** *m* technical courses *pl* for apprentices at outside colleges. **~soldat(in)** regular (soldier). **~spieler(in)** *Sport*: professional (player). **~sportler(in)** professional.

berufstätig *adj* working, (*angestellt*) employed: ***~ sein*** (go to) work, have a job; ***~e Mutter*** working mother.

Berufstätige *m, f* working person.

berufsunfähig *adj* unable to work.

Berufs|verband *m* professional association. **~verbot** *n* **1.** *in der Wirtschaft*: ban on pursuing one's career. **2.** *aus politischen Gründen*: disqualification from public service. **~verkehr** *m* rush-hour traffic. **~wahl** *f* choosing one's career, one's choice of career. **~wechsel** *m* change of job. **~ziel** *n* planned career. **~zweig** *m* line of occupation.

Berufung *f* **1.** *innere*: calling. **2.** (*Ernennung*) appointment (***zu*** to). **3.** ***unter ~ auf*** (*acc*) with reference to. **4.** ⚖ (***~ einlegen*** file an) appeal (***bei*** with, ***gegen*** from).

Berufungs|gericht *n*, **~instanz** *f* ⚖ court of appeal. **~verfahren** *n* ⚖ **1.** appeal proceedings *pl*. **2.** (*Modus*) appellate procedure.

beruhen *v/i* **1.** ***~ auf*** (*dat*) rest on, be based on, (*zurückzuführen sein*) be due to. **2.** ***et. auf sich ~ lassen*** let s.th. rest; ***lassen wir die Sache auf sich ~!*** let's leave it at that!

beruhigen I *v/t* reassure, (*besänftigen*) calm (down): ***~ Sie sich doch!*** calm down!; ***seien Sie beruhigt, ich werde ...*** rest assured I'll ...; ***wenn Sie das beruhigt*** if that puts your mind at rest. II *v/reflex* ***sich ~*** *allg.* calm down, *Lage*: quieten down. **beruhigend** *adj* **1.** reassuring. **2.** ⚕ sedative. **Beruhigung** *f* calming (down) (*etc*), *der Lage*: stabilization, (*Gefühl der ~*) reassurance: ***zu m-r ~*** much to my relief; ***zu d-r ~*** *sei gesagt etc* to put your mind at rest.

Beruhigungs|mittel *n*, **~pille** *f* ⚕ sedative, *fig.* soporific. **~spritze** *f* sedative injection.

berühmt *adj* famous (***wegen*** for): F *fig.* ***das ist nicht gerade ~!*** that's nothing to write home about!

Berühmtheit *f* **1.** fame: ***~ erlangen*** become famous. **2.** (*Person*) celebrity.

berühren I *v/t* **1.** touch, *fig. seelisch*: *a.* affect: ***j-n (un)angenehm ~*** (dis)please s.o.; → ***peinlich*** 3. **2.** *fig.* (*Thema etc*) touch (up)on, (*j-s Interessen etc*) concern. II *v/reflex* ***sich ~*** **3.** touch, *fig. a.* meet.

Berührung *f* touch, (*Kontakt*) contact: ***in ~ kommen mit*** come into contact with.

Berührungsängste *pl* ***~ haben*** be scared at the idea of contact.

Berührungspunkt *m* point of contact.

bes. ***besonder*** special, particular (part.); ***besonders*** (e)specially (esp.), particularly (part.); above all.

besagen *v/t* say, (*bedeuten*) mean: ***das besagt gar nichts!*** that doesn't mean anything!

besagt *adj bsd.* ⚖ aforesaid.

besamen *v/t* inseminate, ⚘ pollinate.

Besan *m* (*Segel*) mizzen.

besänftigen *v/t* (*a.* ***sich ~***) calm down: ***j-n ~*** placate s.o. **Besänftigung** *f* calming (down), placating.

Besanmast *m* mizzenmast.

besät *adj fig.* ***~ mit*** covered with.

Besatz *m Mode*: trimming(s *pl*).

Besatzung *f* **1.** *mil.* a) occupying forces *pl*, b) garrison. **2.** ✈, ⚓ crew.

Besatzungs|macht *f* occupying power. **~streitkräfte** *pl* occupying forces *pl*.

besaufen *v/reflex* ***sich ~*** F get sloshed.

Besäufnis *n* F booze-up.

beschädigen *v/t* damage.

Beschädigung *f* **1.** damaging. **2.** (*Schaden*) *a. pl* damage (*gen* to).

beschaffen[1] *v/t* ***j-m et. ~*** get (*od.* procure) s.o. s.th.; (***sich***) ***et. ~*** get s.th., *mit Mühe*: get hold of s.th.

beschaffen[2] *adj* ***gut*** (***schlecht***) ~ in good (bad) condition, good (bad).

Beschaffenheit *f* condition, state, (*Eigenschaft*) quality, (*Art*) nature.

Beschaffung *f* procurement.

beschäftigen I *v/t* **1.** ***j-n ~*** occupy s.o., keep s.o. busy, (*j-m et. zu tun geben*) find s.o. s.th. to do. **2.** (*Arbeitnehmer*) employ. **3.** (*j-n, j-s Geist etc*) occupy, *Problem*: preoccupy, be on *s.o.'s* mind. II *v/reflex* **4.** ***sich ~*** (***mit***) be busy (with), work (at); ***sich mit e-m Problem*** *etc* ***~*** deal with a problem *etc*.

beschäftigt *adj* **1.** busy. **2.** employed (***bei*** with).

Beschäftigte *m, f* employee.

Beschäftigtenzahl *f* number of persons employed.

Beschäftigung *f* **1.** occupation, work, activity: ***sie muss ~ haben*** she must have s.th. to do. **2.** employment, job: ***ohne ~*** unemployed, out of work.

Beschäftigungs|grad *m* level of employment. **~lage** *f* employment situation. **~politik** *f* employment policy. **~potenzial** *n* manpower reserves *pl*. **~programm** *n* job creation program(me). **~therapeut(in)** occupational therapist. **~therapie** *f* occupational therapy. **~verhältnis** *n* employment.

beschälen *v/t* (*Stute*) cover.

beschämen *v/t* ***j-n ~*** shame s.o., (*übertreffen*) put s.o. to shame.

beschämend *adj* shameful.

beschämt *adj* ashamed (**über** *acc* of).

Beschämung *f* shame: ***zu m-r ~*** to my shame.

beschatten *v/t* (*verfolgen*) shadow.

beschaulich *adj* contemplative, (*friedlich*) tranquil.

Bescheid *m* (*Antwort*) answer, *adm*. notice, (*Mitteilung*) information (**über** *acc* about): ***~ bekommen*** be informed; ***j-m ~ geben*** let s.o. know (**über** *acc* about); F ***j-m ~ stoßen, j-m gehörig ~ sagen*** give s.o. a piece of one's mind; ***~ wissen*** a) be informed (**über** *acc* of), b) **mit, in** (*dat*) know all about, c) (*eingeweiht sein*) be in the know, *iro*. know the score; ***in e-r Sache genau ~ wissen*** know the ins and outs of s.th.

bescheiden¹ I *v/t* **1.** *bsd. adm.*, ⚖ notify: → ***abschlägig***. **2.** ***es war ihm nicht beschieden zu*** *inf* it was not granted to him to *inf*. II *v/reflex* **3.** ***sich ~ mit*** be content with.

bescheiden² *adj* modest (*a. fig.*), (*einfach*) *a.* simple.

Bescheidenheit *f* modesty.

bescheinen *v/t* shine on: ***von der Sonne beschienen*** sunlit.

bescheinigen *v/t* certify: ***j-m et. ~*** *a. iro*. attest s.o. s.th.; ***den Empfang ~*** (*gen od.* **von**) acknowledge receipt of, *e-s Geldbetrages*: give a receipt for; ***hiermit wird bescheinigt, dass ...*** this is to certify that ...

Bescheinigung *f* **1.** attestation, certification. **2.** (*Urkunde*) certificate.

bescheißen *v/t* V ***j-n*** (**um et.**) ***~*** cheat (*od.* do) s.o. (out of s.th.).

beschenken *v/t* ***j-n ~*** give s.o. a present (*od.* presents); ***j-n mit et. ~*** give s.o. s.th.

bescheren *v/t* ***j-m et. ~*** give (*fig.* bring) s.o. s.th.

Bescherung *f* distribution of (Christmas) presents: *fig*. ***e-e schöne ~!*** a fine mess!; ***da haben wir die ~!*** there you are!; F ***die ganze ~*** the whole bag of tricks.

bescheuert → ***bekloppt***.

beschichten *v/t tech.* coat.

beschicken *v/t* **1.** (*Messe etc*) exhibit at. **2.** (*Kongress etc*) send delegates to. **3.** *tech.* charge.

beschießen *v/t* fire at, *mit Artillerie*: shell, bombard (*a. phys.*).

beschildern *v/t* (*Straßen etc*) signpost.

Beschilderung *f* **1.** signposting. **2.** (*Schilder*) signposts *pl*.

beschimpfen *v/t* ***j-n ~*** call s.o. names.

Beschimpfung *f a. pl* abuse.

Beschiss *m* V swindle, rip-off, (*Reinfall*) frost.

beschissen *adj* V shitty.

beschlafen *v/t fig.* ***et. ~*** sleep on s.th. (*Problem etc*)

Beschlag *m* **1.** (*mst* ***Beschläge*** *pl*) metal fitting(s *pl*), (*Hufbeschlag*) shoeing. **2.** (*Feuchtigkeit*) condensation, (*Überzug*) film. **3.** ***in ~ nehmen, mit ~ belegen*** (*Plätze etc*) F grab, (*j-n, Unterhaltung etc*) monopolize.

beschlagen I *v/t* **1.** put metal fittings on, (*Pferd*) shoe. **2.** (*Spiegel etc*) steam up. II *v/reflex* ***sich ~*** **3.** *Glas etc*: steam up, *Metall*: oxidize, (*schimmeln*) go mo(u)ldy. III *adj* **4.** ***gut ~ sein in*** (*dat*) be well up in.

Beschlagenheit *f* sound knowledge (**in** *dat* of).

Beschlagnahme *f* seizure, confiscation. **beschlagnahmen** *v/t* seize, confiscate, *fig.* monopolize.

beschleichen *v/t fig.* ***j-n ~*** *Furcht etc*: creep up on s.o.

beschleunigen *v/t u. v/i* accelerate (*a. mot.*, *phys.*), speed up (*beide a.* ***sich ~***): ***das Tempo ~*** speed up.

Beschleuniger *m tech., phys.* accelerator.

Beschleunigung *f mot.* acceleration (*a. phys. u. fig.*), speeding up.

Beschleunigungs|spur *f mot.* acceleration lane. **~vermögen** *n* acceleration.

beschließen *v/t* **1.** (**zu** *inf* to *inf*) decide, *endlich*: make up one's mind. **2.** (*beenden*) close, end, *endgültig*: *a.* settle.

beschlossen *adj* agreed, settled.

Beschluss *m* decision, resolution: *parl.* ***e-n ~ fassen*** pass a resolution.

beschlussfähig *adj* ***~ sein*** constitute a quorum; ***die Versammlung*** *etc* ***ist*** (***nicht***) ***~*** there is a (no) quorum.

Beschlussfassung *f* decision-making.

beschmieren *v/t* smear.

beschmutzen *v/t* dirty, soil, *fig.* sully.

beschneiden *v/t* **1.** trim, (*Baum*) prune, (*Fingernägel etc*) cut. **2.** ⚕ circumcise. **3.** *fig.* (*kürzen*) cut (down), curtail.

Beschneidung *f* **1.** trimming (*etc*). **2.** ⚕ circumcision. **3.** *fig.* curtailment.

beschnüffeln, beschnuppern *v/t* sniff at: F

fig. **sich (gegenseitig)** ~ take stock of each other.
beschönigen *v/t* palliate, gloss over.
Beschönigung *f* palliation.
beschränken I *v/t* (**auf** *acc* to) limit, restrict. **II** *v/reflex* **sich ~ auf** (*acc*) confine o.s. to, *Sache*: be confined to.
beschränkt *adj* **1.** limited, restricted. **2.** *contp. geistig*: dense, (*engstirnig*) narrow-minded.
Beschränktheit *f* **1.** limitedness. **2.** *contp.* stupidity, narrow-mindedness.
Beschränkung *f* (**auf** *acc* to) limitation, restriction.
beschreiben *v/t* **1.** (*Blatt etc*) write on. **2.** (*schildern*) describe (*a.* ⩕): **nicht zu ~** indescribable.
Beschreibung *f* **1.** *allg.*: description. **2.** *tech.* specification. **3. das spottet jeder ~** that beggars description.
beschreiten *v/t* walk on: *fig.* **neue Wege ~** tread new paths.
beschriften *v/t* inscribe, (*Umschlag*) address, (*Kiste etc*) mark, (*Ware etc*) label.
Beschriftung *f* inscription.
beschuldigen *v/t* **j-n e-r Sache ~** accuse s.o. of s.th.
Beschuldigte *m, f* accused.
Beschuldigung *f* accusation, charge.
beschummeln *v/t* F cheat (**um** out of).
Beschuss *m* fire, bombardment (*a. phys.*): **unter ~ geraten** *a. fig.* come under fire; **unter ~ nehmen** a) → **beschießen,** b) *fig.* attack.
beschützen *v/t* protect (**vor** *dat*, **gegen** from). **Beschützer(in)** protector, protectress.
beschwatzen *v/t* **j-n ~, et. zu tun** coax s.o. to do (*od.* into doing) s.th.
Beschwerde *f* **1.** (*Mühe*) trouble, hardship. **2.** ⚕ complaint: **sein Herz macht ihm ~n** his heart is giving him trouble. **3.** (*Klage*) complaint (**über** *acc* about), ⚖ appeal (**gegen** from), (*~grund*) grievance. **~brief** *m* (letter of) complaint, written complaint. **~buch** *n* complaints book. **~führer(in)** ⚖ complainant.
beschweren I *v/t* weight, *fig.* weigh down. **II** *v/reflex* **sich ~** complain (**über** *acc* about, of, **bei** to).
beschwerlich *adj* onerous, (*ermüdend*) tiring.
beschwichtigen *v/t* appease (*a. pol.*), (*beruhigen*) calm down, placate.
Beschwichtigungspolitik *f* policy of appeasement.
beschwindeln *v/t* **j-n ~** lie to s.o.
beschwingt *adj fig.* elated, buoyant, *Melodie*: bouncy.
beschwipst *adj* F tipsy, merry.
beschwören *v/t* **1.** *bsd.* ⚖ swear to. **2.** (*Geister*) conjure up (*a. fig.*), (*bannen*) exorcise. **3. j-n ~** (*anflehen*) implore s.o.
Beschwörung *f* **1.** (*Flehen*) entreaty. **2.** (*von Geistern*) invocation, exorcism.
beseelen *v/t fig.* inspire, (*Dinge*) bring to life.
beseelt *adj* inspired, *Dinge*: animate.
besehen *v/t* (*a.* **sich** *et.* **~**) have a look at, *prüfend*: *a.* examine.
beseitigen *v/t* **1.** *allg.* remove, (*Abfälle*) *a.* dispose of, *fig. a.* eliminate, (*Missstände etc*) *a.* redress. **2. j-n ~** (*töten*) do away with s.o.
Beseitigung *f allg.* removal, (*von Abfall*) disposal, *fig. a.* elimination.
Besen *m* **1.** broom, *kleiner*: brush: *fig.* **neue ~ kehren gut** a new broom sweeps clean; F **ich fresse e-n ~, wenn ...** I'll eat my hat if ... **2.** *contp.* (*Frau*) (old) hag.
Besenstiel *m* broomstick.
besessen *adj* (**von**) possessed (by), *fig. a.* obsessed (with), (*rasend*) frantic: **wie ~** like mad.
Besessenheit *f fig.* obsession, (*Raserei*) frenzy.
besetzen *v/t* **1.** (*Platz*) take, (*a. Haus, Land etc*) occupy. **2.** (*Stelle etc*) fill: **wir wollen diesen Posten mit e-r Frau ~** we want to put a woman in this position. **3.** (*Rolle, Stück etc*) cast: **neu ~** recast. **4.** (*Kleid etc*) trim (**mit** with).
besetzt *adj* **1.** occupied (*a. mil., pol.*), *Platz*: *a.* taken, *Bus etc*: full (up). **2.** *thea.* **das Stück ist gut besetzt** the play is well cast. **3.** *teleph.* engaged, *Am.* busy. **4.** ⚖ *Gericht etc* **~ mit** composed of.
Besetzt|ton *m*, **~zeichen** *n teleph.* engaged tone (*od.* signal), *Am.* busy signal.
Besetzung *f* **1.** occupation. **2.** a) *e-r Stelle etc*: filling, b) (*Personal*) staff, *des Gerichts, a. e-r Sportmannschaft*: composition, (*Wettkampfteilnehmer*) entrants *pl.* **3.** *thea.* a) casting, b) cast.
besichtigen *v/t* view, inspect, (*Stadt etc*) visit, see: **zu ~ sein** be on view.
Besichtigung *f* inspection (*a. mil.*), visit (*gen* to): **~ von Sehenswürdigkeiten** sight-seeing.
besiedeln *v/t* settle, colonize: **dicht** (**dünn**) **besiedelt** densely (sparsely) populated. **Besied(e)lung** *f* settlement, colonization.
besiegeln *v/t a. fig.* seal.
besiegen *v/t* defeat, beat, *fig.* overcome, conquer.
Besiegte *m, f the* defeated, loser: **die ~n** *a.* the vanquished.
besingen *v/t* sing (of).

besinnen *v/reflex* **sich ~ 1.** (*überlegen*) reflect, think: ***ohne sich zu ~*** without thinking twice; ***sich anders ~*** change one's mind; ***sich e-s Besseren ~*** think better of it. **2. *sich auf j-n* (*et.*) ~** remember s.o. (s.th.).
besinnlich *adj* contemplative.
Besinnung *f* **1.** (*Bewusstsein*) consciousness: ***die ~ verlieren*** lose consciousness, *fig.* lose one's head; ***wieder zur ~ kommen*** regain consciousness, *fig.* come to one's senses; *fig.* ***j-n zur ~ bringen*** bring s.o. to his senses. **2.** (*Überlegung*) (**auf** *acc*) contemplation (of), reflection (on).
besinnungslos *adj* unconscious, *fig.* blind. **Besinnungslosigkeit** *f* unconsciousness, *fig.* blindness.
Besitz *m* **1.** possession (*gen*, **an** *dat*, **von** of): ***~ ergreifen von*** a) *a.* ***in ~ nehmen*** take possession of, b) *fig.* take hold of *s.o.*; ***im ~ sein von*** (*od. gen*) be in possession of; → ***gelangen*** 1. **2.** (*~tum*) possession(s *pl*), property, estate.
besitzanzeigend *adj* ***~es Fürwort*** possessive pronoun.
besitzen *v/t* possess, own, (*a. Eigenschaft etc*) have.
Besitzer(in) possessor, owner, *e-s Passes etc*: holder: ***den Besitzer wechseln*** change hands.
Besitzergreifung *f*, **Besitznahme** *f* taking possession (**von** of), *gewaltsame*: seizure.
besitzlos *adj* unpropertied.
Besitzstand *m* **1.** *von Firma*: assets *pl.* **2.** *oft*: ***sozialer ~*** acquired *od.* vested rights. **Besitzstandswahrung** *f* protection of acquired *od.* vested rights.
Besitztum *n* **1.** *Eigentum*: property, possession(s *pl*). **2.** *Immobilien*: estate(s *pl.*).
Besitzübertragung *f* transfer of property.
Besitzung *f* **1.** *Eigentum*: property, possession(s *pl*). **2.** *Immobilien*: estate(s *pl.*).
besoffen *adj* F sloshed, plastered.
besohlen *v/t* (***neu ~*** re)sole.
besolden *v/t* pay. **besoldet** *adj* salaried.
Besoldung *f* pay, salary.
besonder *adj* **1.** special, particular, (*bestimmt*) *a.* specific, (*außergewöhnlich*) exceptional, *Freude, Ehre etc*: great: ***nichts Besonderes*** nothing unusual; ***in diesem ~en Fall*** in this particular case. **2.** (*gesondert*) separate.
Besonderheit *f* special quality (*od.* feature).
besonders *adv* especially, particularly, (*hauptsächlich*) *a.* above all, (*außergewöhnlich*) exceptionally, (*sehr*) very much.
besonnen *adj* sensible, level-headed, (*ruhig*) calm.
Besonnenheit *f* level-headedness, (*Ruhe*) calmness.
besorgen *v/t* **1. *j-m et.* ~** get s.o. s.th., provide s.o. with s.th.; ***sich et. ~*** get (*od.* buy) s.th.; F ***dem werde ichs ~!*** I'll give him what for! **2.** (*erledigen*) see to, deal with, (*Haushalt*) manage: F ***wird besorgt!*** will do!
Besorgnis *f* concern, anxiety: ***~ erregend*** alarming, worrying.
besorgt *adj* (**um** about) concerned, worried. **Besorgtheit** *f* **1.** → ***Besorgnis.*** **2.** (**um** for) solicitude, concern.
Besorgung *f* **1.** (*Beschaffung*) procurement. **2.** (*Einkauf*) purchase, (*Auftrag, Weg*) errand: ***~en machen*** go shopping. **3.** (*Erledigung*) dealing (*gen* with), *des Haushalts etc*: management.
bespannen *v/t mit Stoff etc*: cover, *mit Saiten*: string.
Bespannung *f* (*Überzug*) cover, (*Saiten*) strings *pl.*
bespielen *v/t* ***ein Tonband etc*** (***mit et.***) ~ record (s.th.) on tape *etc.*
bespielt *adj Kassette etc*: prerecorded.
bespitzeln *v/t* ***j-n ~*** spy on s.o.
bespötteln *v/t* scoff at.
besprechen *v/t* **1.** discuss, talk *s.th.* over: ***sich mit j-m ~*** discuss the matter with s.o. **2.** (*Buch, Film etc*) review. **3.** (*Tonband etc*) record *s.th.* on. **4.** ⚕ cure by magic formulas.
Besprechung *f* **1.** discussion, *weitS.* conference: ***er ist in e-r ~*** he is in conference. **2.** (*von Buch etc*) review.
Besprechungs|exemplar *n von Buch etc*: review copy. **~raum** *m*, **~zimmer** *n* conference room.
besprengen *v/t* sprinkle, spray.
bespritzen *v/t* spatter, splash.
bespucken *v/t* spit at, spit on.
besser *adj u. adv* better (**als** than): ***immer ~*** better and better; ***umso ~*** so much the better; (***oder***) ***~ gesagt*** or rather; ***~ gestellt*** better-off; ***~ ist ~*** let's keep on the safe side; ***~ werden*** improve, get better; ***es geht ihm heute ~*** he is better today; ***es geht*** (***wirtschaftlich***) ~ things are looking up; ***er ist ~ dran als ich*** he is better off than me; ***ich weiß es ~*** I know better; ***er täte ~*** (***daran***) ***zu gehen*** he had better go; ***et. Besseres*** something better; ***j-n e-s Besseren belehren*** set s.o. right, *weitS.* open s.o.'s eyes; → ***besinnen*** 1, ***Hälfte.***
bessern I *v/t* improve, (*j-n moralisch*) reform. II *v/reflex* **sich ~** improve, *moralisch*: mend one's ways.
Besserung *f* improvement: ⚕ ***auf dem Wege der ~*** on the way to recovery; ***gute ~!*** hope you feel better soon!
Besserwisser(in), **besserwisserisch** *adj* know-(it-)all.

B

Best. *Bestellung* order.

Bestallung *f* appointment.

Bestand *m* **1.** (continued) existence, (*Fortdauer*) duration: ***von ~ sein, ~ haben*** be lasting, last; ***k-n ~ haben*** be short-lived, ⚖ not to be valid (in law). **2.** (*Vorrat*) *a. pl* (**an** *dat* of) stock, supplies *pl*: ***~ an Bäumen*** (***Fischen, Vieh*** *etc*) tree (fish, cattle, *etc*) population; → ***eisern. 3.*** (*Kapital*) assets *pl*, (*Aktien etc*) holdings *pl*, (*Kassenbestand*) cash in hand, (*Warenbestand*) stock on hand, *Bilanz*: inventory. **4.** (*Fahrzeugpark*) rolling stock, fleet. **5.** *mil.* (effective) strength.

beständig I *adj* **1.** constant, (*dauerhaft*) *a.* lasting, (*beharrlich*) steady (*a. econ. Markt, Nachfrage*), (*stabil*) stable. **2.** (*zuverlässig*) reliable, *Leistung etc*: consistent, *Wetter*: settled. **3.** (*widerstandsfähig*) *a. tech.* resistant (**gegen** to), *Farben*: fast. **II** *adv* **4.** constantly (*etc*).

Beständigkeit *f* **1.** constancy, lastingness, steadiness, stability. **2.** (*Zuverlässigkeit*) reliability. **3.** (*Widerstandsfähigkeit*) *a. tech.* resistance (**gegen** to), (*Farbechtheit*) fastness.

Bestands|aufnahme *f econ.* stock-taking, *Am.* inventory: ***e-e ~ machen*** *a. fig.* take stock. **~kontrolle** *f* inventory control. **~verzeichnis** *n* inventory.

Bestandteil *m* part, component, constituent (part), (*Grundbestandteil*) element, *e-r Mischung*: ingredient: → ***auflösen*** 1.

bestärken *v/t* (**in** *dat* in) strengthen, confirm, (*ermutigen*) encourage.

bestätigen I *v/t* (*a. econ. Auftrag*) confirm, (*den Empfang*) acknowledge (receipt of), (*bescheinigen*) certify. **II** *v/reflex* ***sich ~*** be confirmed, prove true.

Bestätigung *f* **1.** confirmation, (*von Empfangs*) acknowledgement. **2.** (*Schreiben*) letter of confirmation, (*Bescheinigung*) certificate. **Bestätigungsschreiben** *n* letter of confirmation.

bestatten *v/t* bury. **Bestattung** *f* funeral, burial. **Bestattungsinstitut** *n* undertakers *pl*, *Am.* funeral home.

bestäuben *v/t* **1.** dust, spray. **2.** ⚘ pollinate.
Bestäubung *f* **1.** spraying, dusting. **2.** ⚘ pollination.

bestaunen *v/t* marvel at.

beste *adj u. adv* best: ***mein ~r Freund*** my best friend; ***der*** (***die***) ***erste Beste*** the first comer; ***das erste Beste*** the first thing; ***am ~n wissen*** *etc* know *etc* best; ***am ~n, wir besuchen ihn*** the best thing to do would be to call on him; ***im ~n Fall*** at best; ***im ~n Alter, in den ~n Jahren*** in the prime of life; ***in ~m Zustand*** in perfect condition; ***mit ~m Dank*** with many thanks; (***von***) ***~r Qualität*** of first-class (*od.* prime) quality; ***e-e Geschichte*** (***ein Lied***) ***zum Besten geben*** tell a story (oblige with a song); ***j-n zum Besten haben*** pull s.o.'s leg; ***sein Bestes tun*** (*od.* ***geben***) do one's best; ***das Beste herausholen*** (*od.* ***daraus machen***) make the best of it; *unsere Beziehungen etc* ***sind nicht die ~n*** are not of the best; → ***bestens, Kraft*** 1.

bestechen *v/t* **1.** bribe: ***sich ~ lassen*** take bribes. **2.** *fig. a. v/i* impress (**durch** by).

bestechend *adj fig.* impressive, *Leistung*: brilliant.

bestechlich *adj* corrupt(ible): ***~ sein*** *a.* be open to bribery.

Bestechlichkeit *f* corruptibility.

Bestechung *f* bribery: ***passive ~*** taking of bribes.

Bestechungs|affäre *f* corruption scandal. **~geld** *n* bribe money. **~versuch** *m* attempted bribery.

Besteck *n* **1.** (*Essbesteck*) knife, fork and spoon, *coll. od.* **~e** *pl* cutlery *sg*. **2.** ⚕ (set of) instruments *pl*.

bestehen I *v/t* **1.** (*durchmachen*) go (*od.* come) through, (*Kampf*) win, (*Prüfung etc*) pass: ***nicht ~*** fail; *fig.* ***die Probe ~*** stand the test. **II** *v/i* **2.** exist, *weitS. Bedenken, Grund etc*: *a.* be, (*fort~*) continue, last, (*noch ~*) remain, (have) survive(d); ***~ bleiben*** continue (to exist), survive. **3.** ***~ aus*** be made of, *a. weitS.* consist of. **4.** ***~ auf*** (*dat*) insist on; ***ich bestehe darauf*** (***, dass du kommst***) I insist (on your coming). **5.** *in e-r Prüfung*: pass.

Bestehen *n* **1.** existence: ***seit ~ der Firma*** ever since the firm was founded; ***das 50-jährige ~ feiern*** celebrate the fiftieth anniversary. **2.** *e-r Prüfung*: passing. **3.** ***sein ~ auf*** (*dat*) his insistence on.

bestehend *adj* existing, (*gegenwärtig*) present.

bestehlen *v/t* rob, steal from.

besteigen *v/t* (*Berg, Turm etc*) climb (up), (*a. Thron*) ascend, (*Pferd, Fahrrad*) mount, (*Schiff, Zug etc*) board.

Besteigung *f* ascent.

Bestell|abteilung *f* order department. **~block** *m* order pad. **~buch** *n econ.* order book.

bestellen *v/t* **1.** order (*a. econ.*), (*Zimmer etc*) book, (*Taxi*) call. **2.** ***j-n*** (***zu sich***) ***~*** ask s.o. to come, send for s.o. **3.** ***j-m e-e Nachricht*** *etc* ***~*** give (*od.* send) s.o. a message *etc*; ***kann ich et. ~?*** can I take a message? **4.** ⚒ cultivate. **5.** → ***ernennen. 6. es ist schlecht um ihn*** *etc* ***bestellt*** things are looking bad for him *etc*. **7.** F *fig.* ***er hat nicht viel zu ~*** he doesn't rate high (***bei*** with).

Besteller(in) *econ.* orderer, (*Käufer*) buyer.

Bestell|formular *n*, **~karte** *f* order form. **~nummer** *f* order number. **~schein** *m* order form.

Bestellung *f* **1.** order: ***auf ~ gemacht*** made to order, *Am.* custom-made. ***elektronische ~*** teleorder. **2.** (*Nachricht*) message. **3.** ⚘ cultivation. **4.** → ***Ernennung.***

Bestell|wesen *n* order servicing. **~zettel** *m* order form (*od.* slip).

bestenfalls *adv* at best.

bestens *adv* extremely well: (***ich***) ***danke ~!*** thank you very much!; F ***ist ja ~!*** that's just great!

besteuern *v/t* tax.

Besteuerung *f* taxation.

bestialisch *adj* atrocious, F *fig. a.* awful.

Bestie *f* beast, *fig.* brute.

bestimmen **I** *v/t* **1.** (*festsetzen*) determine, (*entscheiden*) decide, (*Preis, Ort, Termin etc*) fix. **2.** (*anordnen*) order, decide: ***er hat*** (***dabei***) ***nichts zu ~*** he has no say (in this matter). **3.** *bsd. durch Vertrag, Gesetz*: provide. **4.** (*~d beeinflussen*) determine (*a policy etc*): ***bestimmt werden durch*** (*od.* ***von***) be determined by, depend on. **5.** (*ausersehen*) intend (***für, zu*** for): ***j-n zu s-m Nachfolger ~*** name s.o. as one's successor; → ***bestimmt*** 3. **6.** (*ermitteln*) determine (*a.* ⚗, *phys. etc*), (*Begriff*) define. **II** *v/i* **7.** (*anordnen*) give orders: ***hier bestimme ich!*** F I'm the boss here! **8.** ***~ über*** (*acc*) dispose over.

bestimmend *adj* determinant (*factor etc*), *ling.* determinative.

bestimmt **I** *adj* **1.** *Anzahl, Tag etc*: certain, *Absicht, Plan etc*: special, *Verdacht etc*: definite: ***et. Bestimmtes*** a) (*et. Besonderes*) something (*od.* anything) special, b) (*et. Genaues*) something (*od.* anything) definite. **2.** (*entschlossen*) determined, firm. **3.** ***~ sein*** a) ***für*** be meant for, b) ***zu et.*** be destined for (*od.* to be), c) ***nach*** *econ.* be destined for, ✈, ⚓ be bound for. **II** *adv* **4.** (*gewiss*) certainly, for certain: (***ganz***) ~ definitely; ***~ wissen, dass ...*** know for sure that ...; ***er kommt ~*** he is sure to come; ***ich kann es nicht ~ sagen*** I can't tell with certainty. **5.** (*mit Nachdruck*) firmly, categorically.

Bestimmtheit *f* certainty, (*Entschlossenheit*) firmness: ***mit ~*** → ***bestimmt*** II.

Bestimmung *f* **1.** (*Festsetzung*) fixing (*of a date etc*), (*Entscheidung*) decision (*gen* on). **2.** (*Vorschrift*) regulation, rule, *im Gesetz, Vertrag*: provision. **3.** (*Ermittlung*) determination (*a.* ⚗, *phys. etc*), (*Begriffsbestimmung*) definition. **4.** (*Zweck*) intended purpose: *e-n Bau etc* ***s-r ~ übergeben*** inaugurate, open *s.th.* to the public. **5.** *ling.* qualification: ***adverbiale ~*** adverbial element. **6.** (*Berufung*) vocation, (*Schicksal*) destiny. **7.** → ***Bestimmungsort.***

Bestimmungs|bahnhof *m* station of destination. **~flughafen** *m* airport of destination.

bestimmungsgemäß *adj u. adv* as directed.

Bestimmungs|land *n* country of destination. **~ort** *m* (place *od.* point of) destination.

Bestleistung *f* record, best performance.

bestmöglich *adj* best possible.

Best.-Nr. ***Bestellnummer*** order number (ord. no.).

bestrafen *v/t* punish (***wegen, für*** for), ⚖ (*verurteilen*) *a.* sentence (***mit*** to).

Bestrafung *f* punishment, (*Strafe*) *a.* penalty (*a. Sport*).

bestrahlen *v/t* **1.** (*erleuchten*) shine on, illuminate. **2.** *phys.* irradiate, ⚕ *a.* give *s.o.* ray treatment.

Bestrahlung *f* *phys.* irradiation, ⚕ *a.* ray treatment.

bestrebt *adj* ***~ sein zu*** *inf* endeavo(u)r (*od.* strive) to *inf*, *eifrig*: be anxious to *inf*.

Bestrebung *f* effort, endeavo(u)r, (*Versuch*) attempt.

bestreichen *v/t* *Brot etc* ***~ mit*** spread *s.th.* on; ***mit Butter ~*** butter.

bestreiken *v/t* go out (*od.* be) on strike against. **bestreikt** *adj* strike-bound.

bestreiten *v/t* **1.** (*anfechten*) dispute, contest, (*leugnen*) deny. **2.** (*Kosten etc*) bear, meet, pay (for). **3.** (*Programm*) fill: ***sie bestritt die ganze Unterhaltung allein*** she did all the talking.

bestreuen *v/t* strew: ***mit Salz*** *etc* ~ sprinkle with salt *etc*.

Bestseller(liste *f*) *m* best seller (list).

bestücken *v/t* ⚓, *mil.* arm (with guns), *weitS.* equip, *a. fig.* provide (***mit*** with).

Bestuhlung *f* seating.

bestürmen *v/t* **1.** storm. **2.** *fig.* (*drängen*) urge, (*anflehen*) implore, *mit Fragen*: bombard.

bestürzen *v/t* dismay. **bestürzend** *adj* dismaying. **bestürzt** *adj* dismayed (***über*** *acc* at). **Bestürzung** *f* (***zu s-r*** *etc* ~ to his *etc*) dismay.

Besuch *m* **1.** visit (*gen*, ***bei, in*** *dat* to), *kurzer*: call (***bei j-m*** on s.o., at s.o.'s house *etc*), (*Aufenthalt*) stay (***bei*** at): ***auf ~, zu ~*** on a visit; ***bei j-m zu ~ sein*** be staying with s.o.; ***e-n ~ machen bei*** → ***besuchen*** 1. **2.** *e-r Schule etc*: attendance (at). **3.** (*Besucher*) visitor(s *pl*), guest(s *pl*), company.

besuchen *v/t* **1.** (*j-n*) go and see, *formell*: visit, pay a visit to, *kurz*: call on. **2.** (*Ort*) visit, (*Lokal etc*) go to, *häufig*: frequent,

(*Schule, Veranstaltung etc*) go to, attend: ***gut besucht*** well attended.

Besucher(in) visitor (*gen* to), caller, (*Gast*) guest, *häufiger*: patron, (*Zuschauer*) spectator.

Besucherrekord *m* record number of visitors.

Besuchs|bericht *m von Vertreter*: call report. **~erlaubnis** *f* permission to visit (*od.* to receive visitors). **~recht** *n bei Scheidung*: visiting rights *pl.* **~termin** *m* call appointment. **~zeit** *f* visiting hours *pl.*

besudeln *v/t* soil, *fig. a.* sully, (*entweihen*) defile.

Betablocker *m* ⚕ beta blocker.

betagt *adj* aged, old.

betasten *v/t* feel, touch.

betätigen I *v/t tech.* (*bedienen*) operate, (*Knopf, Hebel etc*) actuate, (*Bremse*) apply, (*in Gang setzen*) put into action, (*steuern*) control. II *v/reflex* **sich ~** (***in*** *dat* in) be active, *im Haushalt etc*: work, busy o.s.; ***sich ~ als*** act (*od.* work) as; ***sich politisch ~*** be active in politics; ***sich sportlich ~*** do sports.

Betätigung *f* **1.** activity, (*Arbeit*) work, job: ***körperliche ~*** (physical) exercise. **2.** *tech.* actuation, operation.

Betätigungsfeld *n* field (of activity), *weitS.* outlet.

betäuben I *v/t a. fig.* stun, daze, *völlig*: make *s.o.* unconscious, F knock *s.o.* out, *durch Lärm*: deafen, (*berauschen*) intoxicate, ⚕ an(a)esthetize, (*Nerven, Schmerz*) deaden: *fig.* ***wie betäubt*** stunned. II *v/reflex* **sich ~** *fig.* seek consolation (***mit, durch*** in).

Betäubung *f* **1.** stunning (*etc*). **2.** (*Benommenheit*) daze. **3.** ⚕ a) an(a)esthetization, b) (***örtliche***) ~ (*Narkose*) (local) an(a)esthesia.

Betäubungsmittel *n* narcotic, ⚕ *a.* an(a)esthetic.

Bete *f* ⚘ beet: ***Rote ~*** beetroot.

beteiligen I *v/t* ***j-n ~*** (***an*** *dat* in) a) *a. econ.* give s.o. a share, b) (*mitmachen lassen*) let s.o. take part; ***beteiligt sein*** (***an*** *dat*) participate (in), *econ.* have a share (in), *am Gewinn*: share (in), *an e-m Unfall etc*: be involved (in), ⚖ be a party (to). II *v/reflex* **sich ~** (***an*** *dat*) a) take (a) part (in), participate (in), b) *econ.* take an interest (in), c) contribute (to), help (in); ***sich an den Kosten ~*** share (in) the expenses.

Beteiligte *m, f* person concerned (*od.* involved).

Beteiligung *f* **1.** participation. **2.** (*Anteil*) (***an*** *dat* in) share, interest. **3.** (*Kapitalanlage*) investment, (*Aktienbesitz*) holding(s *pl*), (*Teilhaberschaft*) partnership. **4.** (*Teilnahme*) (***an*** *dat* at) attendance, (*Wahlbeteiligung etc*) turnout.

Beteiligungs|finanzierung *f* equity financing. **~gesellschaft** *f* associate company. **~gewinn** *m* investment income.

beten *v/i* pray (**um** for), say a prayer, *bei Tisch*: say grace.

beteuern *v/t* protest (***s-e Unschuld*** one's innocence), swear to, (*versichern*) affirm (solemnly).

Beteuerung *f* protestation, solemn affirmation (*a.* ⚖).

betiteln *v/t* **1.** (*Buch etc*) give a title to. **2.** F *contp.* ***j-n ... ~*** call s.o. ...

Beton *m* concrete.

betonen *v/t a. fig.* stress, emphasize.

betonieren *v/t* concrete.

Beton|klotz *m* **1.** concrete block. **2.** *contp.* (*Haus*) concrete pile. **~kopf** *m* F *contp.* hardliner. **~mischmaschine** *f* cement mixer.

betont I *adj fig.* emphatic, marked: ***mit ~er Gleichgültigkeit*** with studied (*od.* marked) indifference. II *adv* markedly.

Betonung *f a. fig.* stress, emphasis.

betören *v/t* bewitch, turn *s.o.'s* head.

Betr. ***Betreff, betrifft*** *auf Briefkopf*: with reference to (Re, re, Re., re.).

betr. ***betreffend, betrifft, betreffs*** concerning, regarding, as to; *econ. a.* re.

Betracht *m* ***in ~ ziehen*** take into consideration; ***außer ~ lassen*** disregard; ***in ~ kommen*** be a possibility; ***nicht in ~ kommen*** be out of the question.

betrachten *v/t* look at, *fig. a.* view: *fig.* ***j-n als Freund*** *etc* **~** look upon s.o. as (*od.* consider s.o.) a friend *etc*; ***genau betrachtet*** strictly speaking.

beträchtlich *adj* considerable.

Betrachtung *f* view (*gen* of), *besinnliche*: contemplation, (*Erwägung*) consideration: ***~en anstellen über*** (*acc*) reflect on; ***bei näherer ~*** on closer inspection.

Betrag *m* amount, sum: ***im ~ von*** to the amount of.

betragen I *v/i* amount to, *insgesamt*: total. II *v/reflex* **sich ~** behave.

Betragen *n* behavio(u)r, conduct.

betrauen *v/t* entrust (***mit*** with).

betrauern *v/t* mourn.

Betreff *m econ.* reference, *im Brief*: re: ...

betreffen *v/t* **1.** (*angehen*) concern, (*sich beziehen auf*) refer to: ***was mich betrifft*** as for me, as far as I am concerned; ***was das betrifft*** as to that. **2.** (*berühren*) affect: → ***betroffen*** 2.

betreffend *adj* **1.** concerning. **2.** (*fraglich*) concerned: ***die ~e Person*** (***Sache***) the person (matter) concerned (*od.* in question); ***das ~e Buch*** the book referred to.

betreiben I *v/t* **1.** pursue, (*Unternehmen*) manage, run, (*Sport, Hobby*) go in for, do.

2. *tech.* operate, run. **3.** ***auf Betreiben von*** (*od. gen*) at the instigation of.
Betreiber(in) *econ. etc* person (*pl* body *sg*) running an enterprise *etc.*
betreten[1] *v/t* step on (to), (*Gebiet*) set foot on, (*Raum*) enter.
betreten[2] *adj* embarrassed: ***~es Schweigen*** awkward silence.
Betreten *n* ***~ verboten!*** keep off!, no entrance!
betreuen *v/t* look after, *a.* (*Kunden*) attend to, (*Sportler*) coach, *econ.* (*Gebiet etc*) serve. **Betreuer(in)** s.o. who looks after s.o. (*od.* s.th.), *Sport*: coach.
Betreuung *f* care (**von** *od. gen* of, for).
Betrieb *m* **1.** (*Unternehmen*) enterprise, company, business, firm, (*Fabrik*) factory, works *sg*, plant: ***öffentliche ~e*** public utilities. **2.** (*Leitung*) management, running. **3.** *tech.* (*Bedienung*) operation: ***in ~*** working, in operation; ***außer ~*** not working, (*defekt*) out of order; ***in ~ setzen*** put into operation, start; ***außer ~ setzen*** put out of action. **4.** *fig.* activity, (*Trubel*) bustle, (*Verkehr*) (heavy) traffic: ***wir hatten heute viel ~*** we were very busy today.
betrieblich *adj* internal, company.
betriebsam *adj* active, busy. **Betriebsamkeit** *f* activity, (*Geschäftigkeit*) bustle.
Betriebs|angehörige *m, f* employee. **~anleitung** *f* operating instructions *pl.* **~arzt** *m* works (*od.* company) doctor. **~ausflug** *m* (annual) work outing. **~ausgaben** *pl* business expenses *pl.*
betriebsbereit *adj* in working order, operational.
Betriebsbereitschaft *f* readiness to operate.
betriebsblind *adj* routine-blinded: ***~ sein*** be wearing professional blinkers.
Betriebsdirektor(in) production manager.
betriebs|eigen *adj* company(-owned). **~fähig** *adj* in (good) working condition.
Betriebs|ferien *pl* works holidays *pl.*: ***~ vom ... bis ...*** closed for holidays from ... till ...; ***~ haben*** be (*od.* have) closed down (over the holidays). **~fest** *n* company fête. **~gewinn** *m* operating (*od.* trading) profit. **~geheimnis** *n* trade secret. **~hauptbuch** *n* general ledger.
betriebsintern *adj* internal.
Betriebs|jubiläum *n* **1.** *von Firma*: company anniversary. **2.** *von Angestellten*: ***sie hat ihr 20. ~*** she's been with the company for 20 years. **~kapital** *n* working capital. **~klima** *n* work climate. **~kosten** *pl* running costs *pl.* **~krankenkasse** *f* company health insurance fund. **~leiter(in)** works (*od.* production) manager. **~obmann** *m* works steward. **~prüfer** *m* government tax auditor. **~prüfung** *f* government tax audit.
Betriebsrat *m* (*Person*: member of the) works council.
Betriebsrats|vorsitzende *m, f* works council chairman (-person, -woman). **~wahl** *f* election of works council members.
Betriebs|rente *f* company pension. **~schluss** *m* closing hours *pl*: ***nach ~*** after hours.
betriebssicher *adj* fail-safe, reliable (in service).
Betriebs|sicherheit *f* safety (in operation), reliability. **~stilllegung** *f* closure, shutdown. **~störung** *f* stoppage, *e-r Maschine etc*: breakdown. **~system** *n* operating system. **~treue** *f* company loyalty. **~unfall** *m* industrial accident. **~urlaub** *m* company holiday. **~vereinbarung** *f* agreement between employer and works council. **~verfassung** *f* industrial relations scheme. **~verfassungsgesetz** *n* Industrial Constitution Law. **~versammlung** *f* employee meeting.
Betriebswirt(in) graduate in business management. **Betriebswirtschaft** *f Studienfach*: business management.
betriebswirtschaftlich *adj* economic, operational.
Betriebs|wirtschaftslehre *f* business management. **~zugehörigkeit** *f* employment (with the company): ***nach zehnjähriger ~*** after ten years with the company.
betrinken *v/reflex* ***sich ~*** get drunk.
betroffen *adj* **1.** (*bestürzt*) shocked, dismayed, *pred* taken aback. **2.** (*berührt*) affected (**von** by): ***die ~en Personen*** the persons concerned.
Betroffenheit *f* (**über** *acc* at) dismay, shock.
betrüben *v/t* sadden.
betrüblich *adj* sad.
betrübt *adj* sad (**über** *acc* at, about).
Betrug *m* cheat, swindle, ⚖ fraud, (*Täuschung*) deception.
betrügen *v/t u. v/i* cheat, swindle, ⚖ defraud, (*Ehepartner etc*) deceive: ***j-n um et. ~*** cheat (*od.* do) s.o. out of s.th.; ***sich*** (***selbst***) ***~*** deceive o.s.
Betrüger(in) fraud, swindler.
Betrügerei *f* cheating, (*Tat*) deceit, *a.* ⚖ fraud.
betrügerisch *adj* deceitful, fraudulent.
betrunken *adj* drunken, *pred* drunk.
Betrunkene *m, f* drunk.
Betrunkenheit *f* drunkenness.
Bett *n* bed (*a. geol., tech.*): ***im ~*** in bed; ***j-n zu ~ bringen*** put s.o. to bed; ***ins ~ gehen*** go to bed (F ***mit j-m*** with s.o.), F turn in; ***das ~ hüten*** (***müssen***) be laid up (***wegen*** with).

B

Bett|bezug *m* duvet cover. **~couch** *f* sofa bed. **~decke** *f* (*Wolldecke*) blanket, (*Steppdecke*) quilt, (*Tagesdecke*) bedspread.
Bettel *m* ***der ganze ~*** the whole (wretched) business.
bettelarm *adj* desperately poor.
Bettelbrief *m* begging letter.
betteln *v/i* beg (**um** for): ***~ gehen*** go begging.
Bettelstab *m* ***j-n an den ~ bringen*** reduce s.o. to poverty.
betten *v/t* bed (*a. tech.*): ***wie man sich bettet, so liegt man*** as you make your bed, so you must lie on it.
Bett|flasche *f österr., südd.* hot-water bottle. **~jacke** *f* bed jacket.
bettlägerig *adj* laid up.
Bett|laken *n* sheet. **~lektüre** *f* bedtime reading.
Bettler(in) beggar.
Bettnässen *n* bed-wetting.
Bettnässer(in) bed-wetter.
Bettruhe *f* (period of) bed rest: ***j-m ~ verordnen*** order s.o. to stay in bed.
Betttuch *n* sheet.
Bettung *f tech.* bed(ding).
Bettvorleger *m* bedside rug.
Bettwäsche *f*, **Bettzeug** *n* bed linen.
betucht *adj* F well-heeled, well-to-do.
betupfen *v/t* dab, ⚕ swab.
beugen I *v/t* **1.** bend (*a. fig. das Recht*), (*den Kopf*) bow: *fig.* ***vom Alter gebeugt*** bowed with age. **2.** *ling.* inflect, (*Substantiv*) decline, (*Verb*) conjugate. **II** *v/reflex* ***sich ~*** **3.** bend. **4.** *fig.* (*dat* to) bow, submit.
Beule *f* bump, *in Blech etc*: dent.
beunruhigen I *v/t* disturb, *stärker*: alarm. **II** *v/reflex* ***sich ~*** be worried (***über*** *acc*, ***wegen*** about). **Beunruhigung** *f* anxiety, (*Sorge*) worry.
beurkunden *v/t* record, (*beglaubigen*) certify, (*Geburt etc*) register.
Beurkundung *f* recording, registration, certification.
beurlauben *v/t* give *s.o.* leave (*od.* time off), *vom Amt*: suspend (from office): ***beurlaubt*** on leave.
Beurlaubung *f* (granting of a) leave, *vom Amt*: suspension (from office).
beurteilen *v/t* judge (***nach*** by): ***falsch ~*** misjudge; ***das kann ich*** (***kannst du***) ***nicht ~!*** I am (you are) no judge (of this)! **Beurteilung** *f* judg(e)ment, (*Einschätzung*) assessment, *in Personalakten*: confidential report.
Beute *f* booty, (*a. Diebesbeute*) loot, *e-s Tieres*: prey (*a. fig. gen* to), *hunt.* bag: ***zur ~ fallen*** (*dat*) *a. fig.* fall a prey to.
Beutel *m* bag, F (*Geldbeutel*) purse, *zo.* pouch (*a. Tabaksbeutel*), sac.
beuteln *v/t* F *fig.* shake (up).
Beuteltier *n* marsupial.
bevölkern *v/t* populate, (*bewohnen*) inhabit: ***dicht bevölkert*** densely populated.
Bevölkerung *f* population.
Bevölkerungs|dichte *f* population density. **~explosion** *f* population explosion. **~politik** *f* population policy. **~rückgang** *m* decline in population. **~schicht** *f* social stratum (*od.* class).
bevollmächtigen *v/t* ***j-n ~*** authorize s.o. (***et. zu tun*** to do s.th.), ⚖ give s.o. power of attorney.
bevollmächtigt *adj* authorized.
Bevollmächtigte *m, f* authorized person (*econ.*, ⚖ representative), *pol.* plenipotentiary.
Bevollmächtigung *f* authorization, (*Vollmacht*) authority, power, ⚖ power of attorney.
bevor *adv* before: ***nicht ~*** not until.
bevormunden *v/t* ***j-n ~*** keep s.o. in leading strings, *geistig*: *a.* spoon-feed s.o.
bevorraten *v/t adm.* stock up.
bevorrechtigt *adj* privileged.
bevorschussen *v/t* give *s.o.* an advance, advance money to *s.o.* (***für*** on *s.th.*).
bevorstehen *v/i* **1.** be approaching, be forthcoming, *Probleme etc*: lie ahead, *Krise etc*: be imminent. **2.** ***j-m ~*** be in store for s.o., await s.o. **bevorstehend** *adj* forthcoming, *pleasures etc* to come, (*drohend*) impending, imminent.
bevorzugen *v/t* (***vor*** *dat*) prefer (to), (*begünstigen*) favo(u)r (above). **bevorzugt** *adj* privileged, (*Lieblings...*) favo(u)rite, (*beliebt*) (most) popular: ***~e Behandlung*** preferential treatment.
Bevorzugung *f* preference (*gen* given to).
bewachen *v/t* guard, watch, *Sport*: mark.
Bewachung *f* **1.** guarding (*etc*). **2.** (*Mannschaft*) guard(s *pl*).
bewachsen *adj* ***~ mit*** overgrown with, covered with.
bewaffnen *v/t* arm (***sich*** o.s., *a. fig.*).
bewaffnet *adj a. fig.* armed (***mit*** with).
Bewaffnung *f* arming, (*Waffen*) arms *pl*, weapons *pl*.
bewahren *v/t* **1.** (*erhalten*) keep: ***die Fassung ~*** keep one's head, keep cool. **2.** (*behüten*) (***vor*** *dat* from) keep, preserve, protect: → ***Gott.***
bewähren *v/reflex* ***sich ~*** prove one's (*od.* its) worth, stand the test, *Sache*: *a.* prove a success, *Grundsatz*: hold good: ***sich ~ als*** prove to be *a good remedy etc*; ***sich nicht ~*** prove a failure; ***sich in e-r Krise ~*** show up well in a crisis.

bewahrheiten *v/reflex* **sich ~** prove (to be) true, (*sich erfüllen*) come true.
bewährt *adj* (*erprobt*) well-tried, (*zuverlässig*) reliable, (*erfahren*) experienced.
Bewahrung *f* (**vor** *dat* from) preservation, (*Schutz*) *a.* protection.
Bewährung *f* **1.** trial, (crucial) test. **2.** ⚖ (release on) probation: ***3 Monate Gefängnis auf ~*** a suspended sentence of three months; ***die Strafe wurde zur ~ ausgesetzt*** the defendant was placed on probation.
Bewährungs|frist *f* ⚖ (period of) probation. **~helfer(in)** probation officer.
Bewährungsprobe *f fig.* (acid) test.
bewaldet *adj* wooded, woody.
bewältigen *v/t* cope with, master, manage, (*Strecke*) cover.
Bewältigung *f* (*gen*) coping (with), mastering (*s.th.*).
bewandert *adj* (**gut**) **~ in** (*dat*) well versed (*od.* well up) in.
Bewandtnis *f* ***damit hat es folgende ~*** the case is this; ***das hat s-e eigene ~*** thereby hangs a tale.
bewässern *v/t* irrigate.
Bewässerung *f* irrigation.
bewegen I *v/t* **1.** move, *tech. a.* work, set *s.th.* going: *fig.* **et. ~** move s.th., get things moving. **2.** *fig.* (*rühren*) move, touch: ***sage mir, was dich bewegt!*** tell me what's on your mind! **3.** ***j-n ~ zu*** *inf* prompt (*od.* get) s.o. to *inf*; ***was hat ihn*** (***bloß***) ***dazu bewogen?*** what(ever) made him do it?; ***er ließ sich nicht ~*** he was adamant. II *v/reflex* **sich ~ 4.** *a. fig.* move: ***sich nicht von der Stelle ~*** (***lassen***) not to budge; *fig. die Preise* **~ *sich zwischen ...*** range between ...
bewegend *adj fig.* moving.
Beweggrund *m* (***tieferer ~*** real) motive.
beweglich *adj* **1.** movable (*a. Feiertag*), mobile, *tech. a.* flexible: ***~e Teile*** (***~es Ziel***) moving parts (target); ⚖ ***~e Sachen*** movables. **2.** *körperlich, geistig*: agile, *Politik etc*: flexible.
Beweglichkeit *f* mobility, flexibility, *geistige, körperliche*: agility.
bewegt *adj* **1.** *See*: rough. **2.** *fig. Zeiten, Leben etc*: turbulent. **3.** *fig.* (*gerührt*) moved, touched: ***mit ~er Stimme*** in a choked voice.
Bewegung *f* **1.** movement, motion (*a. phys.*), *absichtsvolle*: move: ***k-e ~!*** don't move!; ***in ~*** *tech.* in motion, *fig.* astir; ***in ~ kommen*** get moving; ***in ~ setzen*** *a. fig.* start; ***sich in ~ setzen*** start to move; *fig.* ***in e-e Sache ~ bringen*** get s.th. moving. **2.** (***körperliche***) **~** (physical) exercise. **3.** *pol. etc* movement. **4.** (*Gemütsbewegung*) emotion.
Bewegungsfreiheit *f* freedom of movement (*tech.* motion, *fig.* action), *fig.* elbowroom.
bewegungslos *adj u. adv* motionless, immobile.
Bewegungs|studie *f* motion study. **~therapie** *f* therapeutic exercises *pl.*
bewegungsunfähig *adj* unable to move.
beweinen *v/t* mourn, lament.
Beweis *m* (**für** of) proof, (*a.* ⚖ ***Beweise***) evidence: ***als ~, zum ~*** as proof; ***zum ~ e-r Sache*** to prove s.th.; ***bis zum ~ des Gegenteils*** pending proof to the contrary; ***den ~ erbringen*** (*od.* ***liefern***) ***für et., et. unter ~ stellen*** prove s.th.; ***als ~ s-r Zuneigung*** as a token of his affection.
Beweisaufnahme *f* ⚖ hearing of evidence.
beweisbar *adj* provable: ***ist es ~?*** can it be proved?
beweisen *v/t* **1.** prove (***j-m et.*** s.th. to s.o.). **2.** (*zeigen*) show.
Beweis|führung *f* argumentation, ⚖ presentation of (the) evidence. **~kraft** *f* conclusiveness.
beweiskräftig *adj* conclusive.
Beweis|lage *f* ***nach der ~*** on the evidence. **~last** *f* ***die ~ obliegt dem Kläger*** the onus (of proof) is on the plaintiff. **~material** *n* evidence. **~mittel** *n* (piece of) evidence: ***die ~*** *pl* the evidence *sg* (**für** of). **~stück** *n* (piece of) evidence, *vom Gericht zugelassenes*: exhibit.
bewenden *v/i* ***es dabei ~ lassen*** leave it at that.
bewerben I *v/reflex* **sich ~ um** apply for (**bei** to), (*kandidieren*) stand for, *Am. a.* run for, *e-n Preis etc*: compete for. II *v/t* (*Produkt*) advertise, promote.
Bewerber(in) applicant, candidate, (*a. econ. bei Ausschreibungen*) competitor, *Sport*: *a.* entrant.
Bewerbung *f* application (**um** for).
Bewerbungs|formular *n* application form. **~frist** *f* application deadline, deadline for submission of applications. **~gespräch** *n* job interview. **~schreiben** *n* (letter of) application. **~unterlagen** *pl* application documents (*od.* papers) *pl.*
bewerfen *v/t* ***j-n ~ mit*** pelt s.o. with.
bewerkstelligen *v/t* manage.
bewerten *v/t* **1.** (*Leistung etc*) assess, (*a. j-n*) judge, rate: *der Sprung* ***wird mit 7 Punkten bewertet*** rates (*od.* scores) 7 points. **2.** *econ.* (**mit** at) value, assess: ***zu hoch*** (***niedrig***) **~** overrate (underrate).
Bewertung *f* assessment, *econ. a.* valuation, *ped.* mark(s *pl*), *Am.* grade(s *pl*), *Sport*: point(s *pl*), score(s *pl*).
bewilligen *v/t* **1.** allow (***j-m et.*** s.o. s.th.). **2.** (*Antrag, Mittel etc*) grant, *parl.* appro-

priate. **Bewilligung** *f* **1.** *von Mitteln etc*: grant(ing), *parl.* appropriation. **2.** (*Erlaubnis*) permission.

bewirken *v/t* bring *s.th.* about, give rise to, result in: **~, *dass jemand et. tut*** cause s.o. to do s.th.; ***das Gegenteil ~*** produce the opposite effect.

bewirten *v/t* entertain.

bewirtschaften *v/t* **1.** (*Gut etc*) run: ***bewirtschaftet*** *Berghütte etc*: open (to the public). **2.** 🌾 cultivate. **3.** *econ.* (*Mangelware*) ration.

Bewirtschaftung *f* **1.** running. **2.** 🌾 cultivation. **3.** *econ.* rationing.

Bewirtung *f* entertainment, hospitality, *im Gasthaus*: food and service.

Bewirtungs|kosten *pl*, **~spesen** *pl* entertainment expenses *pl.*

bewohnbar *adj* (in)habitable.

bewohnen *v/t* live in, inhabit.

Bewohner(in) occupant, (*Mieter*) tenant, *e-s Gebietes etc*: inhabitant.

bewölken *v/reflex* ***sich ~*** get cloudy, *völlig*: cloud over. **bewölkt** *adj* cloudy.

Bewölkung *f* clouding over, (*Wolken*) clouds *pl.*

Bewölkungs|auflockerung *f* cloud dispersal. **~zunahme** *f* increasing cloudiness.

Bewunderer *m*, **Bewunderin** *f* admirer.

bewundern *v/t* admire (***wegen*** for).

bewundernswert *adj* admirable.

Bewunderung *f* admiration.

bewusst *adj* **1.** conscious (*gen* of): ***sich e-r Sache ~ sein*** (***werden***) be aware of (realize) s.th. **2.** (*absichtlich*) deliberate. **3.** (*besagt*) said: ***die ~e Person*** *a.* the person in question.

bewusstlos *adj* unconscious: ***~ werden*** lose consciousness.

Bewusstlosigkeit *f* unconsciousness.

Bewusstsein *n* consciousness, *fig. a.* awareness: ***bei*** (***vollem***) ***~*** (fully) conscious; ***das ~ verlieren*** lose consciousness; ***j-n zum ~ bringen*** bring s.o. round; *fig.* ***j-m et. zum ~ bringen*** bring s.th. home to s.o.; ***wieder zu***(***m***) ***~ kommen*** come to, regain consciousness; *fig.* ***j-m zum ~ kommen*** dawn on s.o.; *fig.* ***in dem ~ zu*** *inf* (*od.* ***dass***) conscious of *ger.*

bewusstseinserweiternd *adj Droge*: mind-expanding.

bezahlen *v/t u. v/i* pay, (*Ware*) pay for: *fig.* ***et. teuer ~*** pay dearly for s.th.; ***sich bezahlt machen*** pay (off).

Bezahlung *f* (***gegen ~*** for) payment, (*Entgelt*) pay.

bezähmen *v/t* (*Neugier etc*) restrain.

bezaubern *v/t* bewitch, enchant, *fig. a.* charm: ***~d*** charming, delightful.

bezeichnen *v/t* **1.** (*kennzeichnen*) mark. **2.** (*benennen*) designate (***als*** as), call, (*beschreiben*) describe, (*angeben*) indicate, (*bedeuten*) stand for.

bezeichnend *adj* typical, characteristic (***für*** of). **bezeichnenderweise** *adv* typically (enough).

Bezeichnung *f* **1.** marking. **2.** (*Benennung*) designation, (*Name*) *a.* name, term, (*Zeichen*) sign.

bezeugen *v/t* ⚖ *u. fig.* testify (to).

bezichtigen *v/t* accuse (*gen* of).

beziehbar *adj* **1.** *Wohnung etc*: ready for occupation. **2.** *econ. Ware*: obtainable.

beziehen I *v/t* **1.** (*Bett*) put clean sheets on, (*Sessel etc*) (***neu ~*** re-)cover. **2.** (*Wohnung etc*) move into. **3.** ***Posten ~*** take up one's post. **4.** (*Informationen etc*) get, obtain, (*Ware*) *a.* buy, (*Gehalt*) draw, (*Zeitung*) take. **5.** ***et. ~ auf*** (*acc*) relate (*od.* apply) s.th. to; ***er bezog es auf sich*** he took it personally. II *v/reflex* ***sich ~*** **6.** *Himmel*: cloud over. **7.** ***sich ~ auf*** (*acc*) refer to, *Sache*: relate to; ***sich auf j-n ~*** use s.o.'s name (as a reference).

Bezieher(in) *econ.* buyer, customer, *e-r Zeitung*: subscriber (*gen* to).

Beziehung *f* (***zu***) (*a. persönliche ~*) relation (to), relationship (with), connection (with), *pl* (*Verbindungen*) connections *pl* (with): ***diplomatische ~en*** diplomatic relations; ***gute ~en haben*** a) have good connections, b) ***zu j-m*** be on good terms with s.o., have a good relationship with s.o.; ***in dieser*** (***jeder***) ***~*** in this (every) respect; ***in gewisser ~*** in a way; ***in politischer ~*** politically; ***in wirtschaftlicher ~*** economically.

Beziehungskiste *f* F *fig.* relationship.

Beziehungssatz *m ling.* relative clause.

beziehungsvoll *adj* suggestive.

beziehungsweise *conj* **1.** (*oder vielmehr*) or rather. **2.** or ... respectively (*nachgestellt*): ***mit dem Auto ~ mit der Bahn*** by car or train respectively.

Beziehungswort *n ling.* antecedent.

beziffern *v/t* number, (*schätzen*) estimate (***auf*** *acc* at): ***sich ~ auf*** (*acc*) amount to.

Bezirk *m* district, (*a. Wahlbezirk*) ward, *Am.* precinct.

Bezug *m* **1.** (*Überzug*) cover, (*Kissenbezug*) *a.* slip. **2.** *e-r Wohnung etc*: moving in(to *a flat etc*). **3.** *von Waren*: purchase, *e-r Zeitung, von Aktien*: subscription (*gen* to): ***bei ~ von*** *100 Stück* on orders of. **4.** *fig.* reference (***auf*** *acc* to): ***in ~ auf*** (*acc*) → ***bezüglich*** II; ***~ nehmen auf*** (*acc*) refer to. **5.** ***Bezüge*** *pl* income *sg*, (*Gehalt*) salary *sg.*

bezüglich I *adj* ***~ auf*** (*acc*) relating to; *ling.* ***~es Fürwort*** relative pronoun. II *prep* con-

cerning: ~ ***Ihres Schreibens*** with reference to your letter.
Bezugnahme *f* ***unter ~ auf*** (*acc*) with reference to.
Bezugs|adresse *f Computer*: base (*od.* reference) address. **~aktien** *pl* preemptive shares *pl*. **~bedingungen** *pl* terms *pl* of sale.
Bezugsperson *f* ***j-s*** ~ person to whom s.o. relates most closely, parent person.
Bezugs|preis *m* purchase (*e-r Zeitung*: subscription) price. **~punkt** *m* reference point. **~quelle** *f* source (of supply). **~recht** *n auf Aktien*: subscription right: ***mit*** (***ohne***) ~ cum (ex) rights.
bezwecken *v/t* ***et.*** ~ be aiming at s.th.
bezweifeln *v/t* doubt, question.
bezwingen *v/t* overcome, conquer, (*schlagen*) *a. Sport*: defeat: ***sich*** ~ restrain o.s.
Bezwinger(in) conqueror, *Sport*: winner (*gen* over).
Bezwingung *f* overcoming, defeat(ing), conquest.
BF, bfr ***belgische(r) Franc(s)*** Belgian franc(s *pl.*) (BF, Bfr).
BGB ***Bürgerliches Gesetzbuch*** (German) Civil Code.
BGH ***Bundesgerichtshof*** Federal High Court.
BGS ***Bundesgrenzschutz*** Federal Border Guard.
Bhf. ***Bahnhof*** station (sta., Sta.).
BI ***Bürgerinitiative*** citizens' (action) group, civic action group, civic action.
Bibel *f* Bible.
bibelfest *adj* well versed in the Scriptures.
Bibelspruch *m* verse from the Bible.
Biber *m zo.* beaver.
Biberpelz *m* beaver (fur).
Bibliographie *f* bibliography.
Bibliothek *f* library.
Bibliothekar(in) librarian.
Bibliothekswissenschaft *f* library science.
bieder *adj* honest, upright, *iro.* simple.
biegen I *v/t* bend. II *v/reflex* ***sich*** ~ bend; → ***lachen*** II. III *v/i* ***nach links*** (***rechts***) ~ turn left (right); ***um e-e Ecke*** ~ turn (round) a corner.
Biegen *n* ***auf ~ oder Brechen*** by hook or by crook.
biegsam *adj* pliable, flexible, *Körper*: supple. **Biegsamkeit** *f* pliability, flexibility, *körperliche*: suppleness.
Biegung *f* bend.
Biene *f* **1.** *zo.* bee. **2.** F (*Mädchen*) chick.
Bienen|fleiß *m* assiduity. **~haus** *n* apiary, beehouse. **~königin** *f* queen bee. **~korb** *m* beehive. **~schwarm** *m* swarm of bees. **~staat** *m* colony of bees. **~stich** *m* bee-sting. **~stock** *m* beehive. **~wabe** *f* honeycomb. **~wachs** *n* beeswax. **~zucht** *f* beekeeping. **~züchter(in)** beekeeper.
Bier *n* beer: ***helles*** ~ lager, *Am.* light beer; ***dunkles*** ~ *etwa* brown ale, *Am.* dark beer; ~ ***vom Fass*** beer on draught; F ***das ist dein ~!*** that's your problem! **~brauerei** *f* brewery. **~deckel** *m* beer mat. **~dose** *f* beer can.
bierernst *adj* F deadly serious.
Bier|fass *n* beer barrel. **~flasche** *f* beer bottle. **~garten** *m* beer garden. **~glas** *n* beer glass. **~hefe** *f* brewer's yeast. **~keller** *m* (*Lokal*) beer tavern. **~krug** *m* beer mug, *Am.* stein. **~stube** *f* beer tavern. **~zelt** *n* beer tent.
Biest *n a.* F *fig.* beast.
bieten I *v/t* **1.** offer (***j-m et.*** s.o. s.th.), (*Anblick, Schwierigkeiten etc*) present, (*Leistung, Programm etc*) *a.* show: ***das lässt sie sich nicht*** ~ she won't stand for that; → ***Stirn.*** **2.** *econ.* bid. II *v/reflex* ***sich*** ~ **3.** *Anblick, Gelegenheit etc*: present itself.
Bieter(in) *econ.* bidder.
Bigamie *f* bigamy.
bigott *adj* bigoted.
Bikarbonat *n* ⚗ bicarbonate.
Bikini *m* bikini.
Bilanz *f* balance, (*Aufstellung*) balance sheet: ***die ~ ziehen*** strike the balance (*gen* of), *fig. a.* take stock (*gen* of); *fig.* ***negative*** ~ negative record. **~buchhalter(in)** accountant. **~buchhaltung** *f* accountancy. **~delikt** *n* accounting fraud.
bilanzieren I *v/i* make out a balance sheet, show in the balance sheet. II *v/t* (*Konten*) balance.
Bilanz|jahr *n* financial (*od.* fiscal) year.
Bilanzposten *m* balance-sheet item. **~prüfung** *f* balance sheet audit. **~summe** *f* balance sheet total. **~wert** *m* balance sheet value.
Bild *n allg.* picture (*a. TV u. fig.*), (*Foto*) *a.* photo, *in Büchern*: *a.* illustration, (*Abbild, Ebenbild*) image (*a. opt., TV*), (*Gemälde*) painting, (*Porträt*) portrait, (*Anblick*) *a.* sight, (*Vorstellung*) idea, *rhet.* image, metaphor: *fig.* ***ein ~ der Zerstörung*** *etc* a scene of destruction *etc*; ***im ~e sein*** be in the picture, ***über*** (*acc*) know about; ***sich ein ~ machen von*** get an idea of, visualize; ***du machst dir kein ~!*** you have no idea!; ***j-n ins ~ setzen*** inform s.o., put s.o. in the picture; ***ein falsches ~ bekommen*** get a wrong impression. **~archiv** *n* photographic archives *pl.* **~ausfall** *m TV* picture loss, blackout. **~band** *m* illustrated book. **~bericht** *m* photo-report.
bilden I *v/t* **1.** form, shape (*a. fig.*), (*Satz*) make up. **2.** (*schaffen*) create, (*gründen*) establish, set up, (*Regierung*) form. **3.** (*her-*

B

vorbringen) form, develop. **4.** (*e-n Bestandteil etc*) form, (*a. Attraktion, Grenze, Gefahr etc*) be. **5.** (*j-n*) *geistig*: educate, (*j-s Geist*) *a.* cultivate; → ***gebildet.*** **II** *v/i* **6.** broaden the mind. **III** *v/reflex* ***sich ~*** **7.** form, develop. **8.** *geistig*: educate o.s., improve one's mind.

bildend *adj* educational, (*lehrreich*) informative: ***~e Künste*** fine arts.

Bilder|buch *n* picture book. **~...** F *fig.* storybook ..., perfect. **~galerie** *f* picture gallery. **~rätsel** *n* picture puzzle.

bilderreich *adj* richly illustrated, *Sprache etc*: rich in images.

Bilder|schrift *f* pictographic script. **~sprache** *f* imagery.

Bildfläche *f TV* image area: F *fig.* ***auf der ~ erscheinen*** turn up; ***von der ~ verschwinden*** disappear.

bildhaft *adj fig.* graphic.

Bildhauer(in) sculptor.

Bildhauerei *f* sculpture.

bildhauern *v/i u. v/t* F sculpt.

bildhübsch *adj* (very) lovely.

bildlich *adj* pictorial, graphic, *Ausdruck etc*: figurative.

Bildnis *n* portrait.

Bildplatte *f* video disc. **Bildplattenspieler** *m* video disc player.

Bild|qualität *f phot., TV* picture quality. **~redakteur(in)** picture editor. **~regie** *f* camera-work. **~röhre** *f* picture tube. **~schärfe** *f* definition.

Bildschirm *m* screen, *Computer*: *a.* VDU: ***am ~ arbeiten*** work at (*od.* with) a VDU; ***am ~ korrigieren*** correct *a text* on screen. **~arbeit** *f* VDU work. **~arbeitsplatz** *m* work station. **~auflösung** *f* screen resolution. **~filter** *m* screen filter. **~gerät** *n Computer*: visual display unit. **~reiniger** *m* surface cleaner. **~schoner** *m Computer*: screen saver. **~seite** *f* screen page. **~text** *m* viewdata *pl.*

bildschön *adj* (very) beautiful.

Bildstörung *f TV* image interference.

Bildtelefon *n* videophone.

Bildung *f* **1.** (*das Bilden*) forming, formation, (*Entwicklung*) *a.* development, (*Schaffung*) *a.* creation, (*Gründung*) establishment, *e-s Ausschusses etc*: setting-up: *ling.* ***~ des Perfekts*** forming (of) the perfect. **2.** (*Geistesbildung*) education, culture, (*Schulbildung etc*) formal education: ***et. für s-e ~ tun*** improve one's mind. **3.** (*Benehmen*) (good) breeding.

Bildungs... educational (*reform etc*).

Bildungs|gang *m* (course of) education, educational background. **~grad** *m* educational level. **~lücke** *f* gap in one's education. **~system** *n* education system. **~urlaub** *m* educational leave. **~weg** *m* **1.** educational background. **2.** ***zweiter ~*** evening classes *pl.* **~wesen** *n* education.

Billard *n* billiards *sg.* **~kugel** *f* billiard ball. **~stock** *m* cue.

Billett *n schweiz.* ticket.

Billiarde *f* trillion, *Am.* quadrillion.

billig *adj* **1.** cheap, *Preis*: low. **2.** *fig.* cheap, *Ausrede, Rat etc*: poor. **3.** (*angemessen*) fair. **Billig...** cut-price, *Am.* cut-rate (*offer etc*).

billigen *v/t* approve of, *adm.* approve.

billigend *adj* approving(ly *adv*).

Billig|flagge *f* flag of convenience. **~importe** *pl* cut-price imports *pl.* **~lohnland** *n* low-wage country. **~preis** *m* low price.

Billigung *f* approval.

Billion *f* trillion.

bimmeln *v/i* ring, tinkle.

Bimsstein *m* pumice (stone).

binär *adj*, **Binär...** binary.

Binde *f* **1.** (*Armbimde*) armband, bandage, (*Schlinge*) sling, (*Augenbinde*) blindfold, F (*Damenbinde*) sanitary towel (*Am.* napkin). **2.** F *fig.* ***e-n hinter die ~ gießen*** hoist one. **~gewebe** *n anat.* connective tissue. **~glied** *n* (connecting) link. **~haut** *f anat.* conjunctiva. **~hautentzündung** *f* ⚕ conjunctivitis. **~mittel** *n* **1.** *tech.* bonding agent. **2.** *gastr.* thickening.

binden I *v/t* **1.** tie (**an** *acc* to), (*zs.-~*) tie (up), (*Strauß*) make, (*Knoten, Schlips etc*) tie. **2.** (*Buch*) bind. **3.** *tech.* bind. **4.** *gastr.* bind, thicken. **5.** ♪ tie, *legato*: slur. **6.** *econ.* (*Geldmittel*) tie up, (*Preise*) fix. **7.** *fenc., a. mil.* (*Truppen*) bind. **8.** *fig.* (*j-n verpflichten*) bind, commit; → ***gebunden.*** **II** *v/i* **9.** bind. **10.** *gastr.* bind, thicken. **11.** *tech. Zement etc*: harden, set, *Kunststoff*: bond. **III** *v/reflex* ***sich ~*** **12.** *fig.* commit o.s., tie o.s. down.

bindend *adj fig.* binding (**für** upon).

Binde|strich *m* hyphen: ***mit ~ schreiben*** hyphen(ate). **~wort** *n* conjunction.

Bindfaden *m* string.

Bindung *f* **1.** *fig.* tie (*a. pol.*), bond, (*Beziehung*) (lasting) relationship, (*Verpflichtung*) commitment. **2.** (*Skibindung*) binding. **3.** ♪ ligature.

binnen *prep* (*dat od. gen*) within: ***~ kurzem*** before long.

Binnen|frachtgebühren *pl* inland freight rates *pl.* **~gewässer** *n* inland water. **~hafen** *m* inland port. **~handel** *m* domestic trade. **~land** *n* interior. **~markt** *m* home (*der EU*: single) market. **~meer** *n* inland sea. **~schifffahrt** *f* inland navigation.

Binse *f* ⚘ rush: F ***in die ~n gehen*** go to pot.

Binsenweisheit *f* truism.

Biochemie *f* biochemistry.
Biochemiker(in) biochemist.
biodynamisch *adj* biodynamic.
Biogas *n* biogas.
Biogenetik *f* biogenetics *sg*.
Biograph(in), Biograf(in) biographer.
Biographie *f*, **Biografie** *f* biography.
biographisch, biografisch *adj* biographical.
Bioladen *m* whole food shop.
Biologe *m*, **Biologin** *f* biologist.
Biologie *f* biology.
biologisch *adj* biological.
Biomasse *f* biomass.
Biophysik *f* biophysics *pl* (*a. sg konstr.*).
Biopsie *f* ⚕ biopsy.
Biorhythmus *m* biorhythm.
Biosphäre *f* biosphere.
Biotechnik *f* bioengineering.
Biotop *n* biotope.
Birke *f* birch(-tree).
Birma *n* Burma, *seit 1989*: Myanmar.
Birnbaum *m* pear-tree.
Birne *f* **1.** ♣ pear. **2.** (*Glühbirne*) bulb. **3.** F (*Kopf*) noodle.
birnenförmig *adj* pear-shaped.
bis I *prep* **1.** *zeitlich*: till, until, (~ *spätestens*) by: ~ ***heute*** so far, to date; ~ ***jetzt*** up to now; ~ ***jetzt*** (***noch***) ***nicht*** not as yet; ~ ***auf weiteres*** for the present, *bsd. adm.* until further notice; ~ ***in die Nacht*** into the night; ~ ***vor einigen Jahren*** until a few years ago; ~ ***zum Ende*** (right) to the end; (***in der Zeit***) ***vom ...*** ~ between ... and; F ~ ***dann*** (~ ***morgen***)***!*** see you later (tomorrow)! **2.** *räumlich*: (up) to, as far as: ~ ***hierher*** up to here; ~ ***wohin?*** how far?; (***von hier***) ~ ***London*** (from here) to London. **3.** *vor Zahlen*: ***7*** ~ ***10 Tage*** from 7 to 10 days, between 7 and 10 days; ~ ***zu 10 Meter hoch*** as high as ten metres; ~ ***zu 100 Personen*** as many as 100 persons; ~ ***drei zählen*** count up to three. **4.** ~ ***auf das letzte Stück*** down to the last bit. **5.** ~ ***auf*** (*acc*) except, but: ***alle*** ~ ***auf einen*** all but one. II *conj* **6.** till, until.
Bisam *m* **1.** *zo.* musk. **2.** (*Pelz*) musquash. **Bisamratte** *f zo.* muskrat.
Bischof *m*, **Bischöfin** *f* bishop. **bischöflich** *adj* episcopal. **Bischofssitz** *m* episcopal see.
bisexuell *adj* bisexual.
bisher *adv* up to now, so far: ~ (***noch***) ***nicht*** not (as) yet; ***wie*** ~ as before; ***die*** ~ ***beste Leistung*** the best performance so far.
bisherig *adj* past, previous, (*derzeitig*) present: ***die*** ~***en Ergebnisse*** results so far.
Biskaya: *der Golf von* ~ the Bay of Biscay.
Biskuit *m gastr.* sponge. ~**kuchen** *m* sponge cake. ~**rolle** *f* Swiss roll.
bislang → ***bisher.***
Biss *m a.* F *fig.* bite.
bisschen *adj u. adv* ***ein*** (***kleines***) ~ a (little) bit, a little; ***kein*** ~ not a bit.
Bissen *m* **1.** bite, morsel, mouthful. **2.** (*Imbiss*) bite, snack.
bissig *adj* **1.** vicious: ***ein*** ~***er Hund*** *a.* a dog that bites. **2.** *fig. Bemerkung*: cutting, *Person*: snappish.
Bisswunde *f* bite.
Bistum *n* bishopric.
Bit *n Computer*: bit. ~**dichte** *f Computer*: bit density.
bitte *adv* **1.** please: ~, ***gib mir die Zeitung!*** hand me the paper, please!; ~ ***nicht!*** please don't!; (***aber***) ~***!*** (*gern*) certainly!, go ahead! **2.** ~ (***sehr*** *od.* ***schön***)***!*** a) *nach „danke"*: that's all right!, *bsd. Am.* (you are) welcome!, b) *nach Entschuldigung*: it's all right!, c) *beim Anbieten* (*oft unübersetzt*): there you are!, d) (*herein!*) come in, please! **3.** ***wie*** ~***?*** (I beg your) pardon?, sorry? **4.** (***na***) ~***!*** there!, I told you so!
Bitte *f* request, *dringende*: entreaty: ***auf j-s*** ~ at s.o.'s request; ***ich habe e-e*** ~ ***an Sie*** I have a favo(u)r to ask of you.
bitten *v/t u. v/i* ask (***j-n um et.*** s.o. for s.th.), (*ersuchen*) request, (*dringend* ~) beg, (*anflehen*) implore: ***um j-s Namen*** (***Erlaubnis***) ~ ask s.o.'s name (permission); ***j-n zu sich*** ~ ask s.o. to come; ***für j-n*** ~ intercede for s.o.; ***es wird gebeten, dass ...*** it is requested that ...; ***wenn ich*** ~ ***darf*** if you don't mind; ***darf ich*** ~***?*** a) this way, please!, b) may I have this dance?, c) dinner is served!
bitter *adj u. adv a. fig.* bitter: ***es ist mein*** ~***er Ernst*** I mean it!; ***er hat es*** ~ ***nötig*** he badly needs it; ***das ist*** ~***!*** that's hard!
bitter|böse *adj* furious, (*schlimm*) wicked. ~**ernst** *adj* dead serious.
Bitterkeit *f a. fig.* bitterness.
bitterlich *adv* ~ ***weinen*** weep bitterly.
Bittgesuch *n*, **Bittschrift** *f* petition.
Bittsteller(in) petitioner.
Biwak *n*, **biwakieren** *v/i* bivouac.
bizarr *adj* bizarre.
Bizeps *m* biceps.
Black-out *m* blackout.
blähen I *v/i Zwiebeln etc*: give you wind. II *v/t u. v/reflex* ***sich*** ~ fill out.
Blähungen *pl* wind *sg*, flatulence *sg*.
blamabel *adj* embarrassing, *stärker*: disgraceful.
Blamage *f* disgrace, fiasco.
blamieren I *v/t* ***j-n*** ~ make s.o. look like a fool, *weitS.* compromise s.o. II *v/reflex* ***sich*** ~ make a fool of o.s., *weitS.* compromise o.s.; → ***Knochen***.
blank *adj* **1.** shining, (~ *geputzt*) polished, *Schuhe*: shiny. **2.** (*bloß*) naked, bare (*a.*

tech.). **3.** (*abgetragen*) shiny. **4.** F (*pleite*) broke. **5.** F ***~er Unsinn** etc* sheer nonsense *etc*.

blanko *adj econ*. (*adv* in) blank.

Blanko|formular *n* blank (form). **~scheck** *m* blank cheque (*Am*. check). **~unterschrift** *f* blank signature. **~vollmacht** *f* full discretionary power, *fig*. carte blanche.

Bläschen *n* **1.** small bubble. **2.** ⚕ (*auf der Haut*) small blister, (*eitrig*) pustule.

Blase *f* **1.** (*Luftblase*) bubble, *im Glas etc*: flaw. ***~n ziehend*** vesicant. **2.** (*Sprechblase*) balloon. **3.** a) *anat*. bladder, b) ⚕ (*auf der Haut*) blister. **4.** F *contp*. bunch, lot. **~balg** *m* bellows *pl*.

blasen *v/i u. v/t allg*. blow, ♪ play.

Blasen|entzündung *f*, **~katarr(h)** *m* cystitis. **~leiden** *n* bladder trouble.

Bläser(in) ♪ wind player: ***die ~** pl* the wind (section) *sg*.

blasiert *adj* conceited.

Blasinstrument *n* ♪ wind instrument.

Blaskapelle *f* brass band.

Blasmusik *f* **1.** music for brass instruments. **2.** (playing of a) brass band.

Blasphemie *f* blasphemy.

blass *adj* pale (***vor*** with), *fig*. colo(u)rless: ***~ werden*** (turn) pale, *Farbe*: fade; ***blasser Neid*** sheer envy; ***~ vor Neid*** green with envy; → ***Ahnung.***

Blässe *f* paleness, pallor.

Blatt *n* **1.** ❀ leaf: *fig*. ***kein ~ vor den Mund nehmen*** not to mince matters. **2.** (*Papierblatt*) leaf, sheet, (*Seite*) page: ♪ ***vom ~ spielen*** sight-read; *fig*. ***das steht auf e-m anderen ~*** that's a different matter altogether; ***das ~ hat sich gewendet*** the tide has turned. **3.** (*Zeitung*) (news)paper. **4.** *Kunst*: (*Druck*) print, (*Zeichnung*) drawing, (*Stich*) engraving. **5.** (*Spielkarte*) card, (*gezogene Karten*) *a good etc* hand. **6.** (*Säge-, Ruderblatt etc*) blade.

Blättchen *n* **1.** small leaf (*etc*, → ***Blatt***). **2.** *anat*., ❀, ⚗ lamella, *tech*. membrane. **3.** slip (of paper). **4.** (*Zeitung*) local paper.

blättern *v/i* **1.** ***in e-m Buch** etc* **~** leaf through a book *etc*. **2.** *Computer*: scroll. **3.** → ***abblättern.***

Blätterteig *m* flaky pastry.

Blatt|feder *f tech*. leaf spring. **~gold** *n* gold leaf. **~grün** *n* chlorophyll. **~laus** *f* greenfly. **~säge** *f* pad saw. **~salat** *m* green salad. **~werk** *n* foliage.

blau *adj* **1.** blue: ***~er Fleck*** bruise; F ***~er Brief*** a) (letter of) dismissal, b) *ped*. letter of warning; → ***Auge*** 1, ***Blut.*** **2.** F (*betrunken*) tight, sloshed. **Blau** *n* blue.

blauäugig *adj a. fig*. blue-eyed.

Blaubeere *f* ❀ bilberry, *Am*. blueberry.

blaublütig *adj* blue-blooded.

Blaue *n* ***Fahrt ins ~*** mystery tour.

Bläue *f* blue(ness). **bläuen** *v/t* dye blue.

Blaufuchs *m zo*. arctic (*econ*. blue) fox.

Blauhelm *m* UN soldier.

Blaukohl *m*, **Blaukraut** *n gastr*. red cabbage.

bläulich *adj* bluish.

Blaulicht *n* ***mit ~*** with its lights flashing.

blaumachen *v/i* F stay away (from work), *sl*. skive.

Blaumeise *f zo*. blue tit.

Blaupause *f* blueprint.

Blausäure *f* ⚗ prussic acid.

Blaustift *m* blue pencil.

Blech *n* **1.** sheet metal, (*~tafel*) metal sheet. **2.** (*Backblech*) baking tray. **3.** F (*Unsinn*) rubbish.

Blechbüchse *f*, **Blechdose** *f* tin, (tin) can.

blechen *v/t u. v/i* F cough up.

blechern *adj* (of) tin, *Klang*: tinny.

Blechinstrument *n* ♪ brass instrument.

Blechschaden *m mot*. bodywork damage, dent(s *pl*).

Blechschere *f* plate shears *pl*.

blecken *v/t* ***die Zähne ~*** *Tier*: bare its fangs.

Blei *n* **1.** lead: ***aus ~*** (made of) lead; *fig*. (***schwer***) ***wie ~*** leaden. **2.** *hunt*. shot, (*Kugel*) bullet.

Bleibe *f* F place to stay.

bleiben *v/i* **1.** stay (***im Bett*** in bed, ***zu Hause*** at home, ***draußen*** out, ***zum Essen*** for dinner); ***wo bleibt er denn nur?*** what has taken him?; F *fig*. ***und wo bleibe ich?*** and where do I come in?; → ***Ball¹.*** **2.** ***~ bei*** stick to (***der Wahrheit*** the truth); ***et. ~ lassen*** not to do s.th., (*aufhören mit*) stop (doing) s.th.; ***lass das ~!*** stop it!; ***das werde ich schön ~ lassen!*** I'll do nothing of the kind! → ***Sache*** 2. **3.** *in e-m Zustand*: remain, keep: ***geschlossen*** (***gesund, trocken, kalt** etc*) ***~*** stay closed (healthy, dry, cold); ***für sich ~*** keep to o.s.; ***das bleibt unter uns!*** F keep it under your hat!; ***~ Sie*** (***doch***) ***sitzen!*** don't get up!; ***es bleibt dabei!*** that's final!; ***und dabei bleibt es!*** and that's that! **4.** (*übrig ~*) be left (*dat* to), remain.

bleibend *adj* lasting, *a. Schaden etc*: permanent.

bleich *adj* pale (***vor*** with): ***~ werden*** (turn) pale.

bleichen *v/t u. v/i* bleach.

Bleichgesicht *n* paleface.

Bleichmittel *n* bleach(ing agent).

bleiern *adj a. fig*. leaden.

Bleifarbe *f* lead paint.

bleifrei *adj Benzin*: unleaded.

Bleigehalt *m* lead content.

bleihaltig *adj* containing lead, *Benzin*: leaded.

Bleikristall *n* lead crystal.
Bleistift *m* (lead) pencil. **~spitzer** *m* pencil sharpener.
Bleivergiftung *f* lead poisoning.
Blendautomatik *f phot.* automatic aperture control.
Blende *f* **1.** (*Schirm*) screen. **2.** *phot.* diaphragm, (*Öffnung*) aperture, (*Öffnungsweite*) f-stop: (**bei**) **~ 8** at f-8.
blenden I *v/t* **1.** (*j-n, j-s Augen*) dazzle (*a. fig.*). **2.** (*j-s Augen ausstechen*) blind. **II** *v/i* **3.** dazzle, be dazzling (*a. fig. beeindrucken*). **4.** *fig.* (*täuschen*) deceive.
Blenden *mot.* glare.
blendend I *adj* dazzling (*a. fig.*), *fig. Leistung etc*: brilliant. **II** *adv* dazzlingly (*etc*): ***~ aussehen*** look great; ***sich ~ amüsieren*** have a great time; ***~ weiß*** dazzling white.
Blenden|einstellung *f phot.* aperture setting. **~skala** *f phot.* aperture ring. **~zahl** *f phot.* f-stop.
Blender(in) *fig.* fake.
blendfrei *adj* antiglare.
Blendschutz|scheibe *f mot.* antiglare screen. **~zaun** *m mot.* antiglare barrier.
Blendung *f* **1.** blinding, *mot. etc* dazzle, glare. **2.** *fig.* (*Täuschung*) deception.
Blick *m* **1.** (**auf** *acc* at) look, *flüchtiger*: (quick) glance: ***auf den ersten ~*** at first sight; ***mit einem ~*** at a glance; ***e-n ~ werfen auf*** (*acc*) have a look at. **2.** (*Aussicht*) view (**auf** *acc* of): ***mit ~ auf*** (*acc*) with a view of, overlooking *the lake etc*.
blicken *v/i* look (**auf** *acc* at): ***um sich ~*** look around; ***sich ~ lassen*** show o.s.; ***das lässt tief ~!*** that's very revealing!
Blick|fang *m* eyecatcher. **~feld** *n a. fig.* field of vision. **~kontakt** *m* eye contact. **~punkt** *m* **1.** *opt.* visual focus: *fig.* ***im ~ stehen*** be in the centre of interest. **2.** *fig.* point of view. **~richtung** *f* **1.** line of vision. **2.** *fig.* direction. **~winkel** *m* **1.** angle of view. **2.** *fig.* point of view.
blind I *adj* **1.** blind (*a. fig.* ***gegen, für*** to, ***vor*** *dat* with): ***auf einem Auge ~*** blind in one eye; *fig.* ***j-n ~ machen gegen*** blind s.o. to; → ***Passagier.*** **2.** *Spiegel*: cloudy, *Metall*: tarnished. **3.** ⚠, *tech.* blind. **II** *adv* **4.** *fliegen etc* blind, *fig. vertrauen etc* blindly; ***~ schreiben*** touch-type.
Blindbewerbung *f* speculative application.
Blinddarm *m* appendix. **~entzündung** *f* appendicitis. **~operation** *f* appendectomy.
Blinde *m, f* blind man (woman): ***die ~n*** the blind; ***das sieht doch ein ~r!*** you can see that with half an eye!
Blinden|heim *n* home for the blind. **~hund** *m* guide dog, *Am.* seeing-eye dog. **~schrift** *f* braille. **~stock** *m* blind man's cane.
Blindflug *m* instrument (*od.* blind) flying.
Blindgänger *m* **1.** *mil.* dud. **2.** F *fig.* dud, washout.
Blindheit *f* (*a. fig.* ***mit ~ geschlagen*** struck with) blindness.
blindlings *adv* blindly.
Blindschleiche *f zo.* blindworm.
Blindversuch *m* blind test.
blinken *v/i* **1.** sparkle, *Sterne*: twinkle, (*aufleuchten*) flash. **2.** *a. v/t* (*signalisieren*) (flash a) signal, flash.
Blinker *m* **1.** *mot.* indicator. **2.** *Angeln*: spoon bait.
Blinklicht *n mot.* a) flashing light (*a. Ampel*), b) → ***Blinker*** 1.
Blinkzeichen *n* flashing (*mot.* indicator) signal.
blinzeln *v/i* **1.** blink. **2.** → ***zublinzeln.***
Blitz *m* **1.** lightning, (*~strahl*) flash (of lightning): ***vom ~ getroffen*** struck by lightning; *fig.* ***wie vom ~ getroffen*** thunderstruck; ***wie der ~*** → ***blitzschnell*** II. **2.** *phot.* flash. **~ableiter** *m* lightning conductor. **~aktion** *f* lightning operation.
blitzartig → ***blitzschnell.***
Blitz|aufnahme *f phot.* flash shot. **~besuch** *m* lightning visit. **~birne** *f phot.* flashbulb.
blitzblank *adj u. adv* sparkling clean.
blitzen I *v/i* **1.** ***es hat geblitzt*** there was (a flash of) lightning. **2.** (*auf~*) flash. **3.** *fig.* flash, (*glänzen*) sparkle. **II** *v/t* **4.** *phot.* F flash. **5.** ***sie haben mich gestern geblitzt*** *mot.*, F I was caught speeding yesterday.
Blitzgerät *n* (electronic) flash (gun).
blitzgescheit *adj* F very bright.
Blitz|gespräch *n teleph.* lightning call. **~karriere** *f* lightning career, meteoric rise. **~krieg** *m* blitzkrieg. **~lampe** *f phot.* flashbulb. **~licht** *n phot.* flashlight: ***mit ~ fotografieren*** (use a) flash. **~lichtwürfel** *m* flashcube.
blitzsauber *adj* F (as) clean as a whistle.
Blitzschlag *m* lightning.
blitzschnell I *adj* lightning ... **II** *adv* with lightning speed, like a flash (*od.* shot).
Blitz|start *m* lightning start. **~strahl** *m* streak of lightning. **~umfrage** *f* snap opinion poll. **~würfel** *m phot.* flashcube.
Block *m* **1.** *allg.* block (*a. Häuser-, Briefmarkenblock etc, a. hist. Richtblock*), (*Schreibblock*) *a.* pad, (*Fahrkartenblock*) book (of tickets). **2.** (*Felsblock*) boulder. **3.** *econ., parl., pol.* bloc.
Blockade *f* blockade.
Block|anfang *m Computer*: block start. **~buchstabe** *m* block letter. **~ende** *n Computer*: end of block. **~flöte** *f* recorder.
blockfrei *adj pol.* nonaligned.
Blockhaus *n* log cabin.

blockieren *v/t* block, (*a. v/i Räder*) lock, *tech.* jam.
Blockschokolade *f* cooking chocolate.
Blockschrift *f* block letters *pl.*
Blockstaat *m pol.* aligned state.
blöd *adj* **1.** ⚕ (*schwachsinnig*) imbecile. **2.** F (*dumm*) stupid, (*albern*) silly, (*unangenehm*) awkward.
Blödel... slapstick (*show etc*).
blödeln *v/i* fool around.
Blödheit *f* **1.** ⚕ imbecility. **2.** F stupidity, silliness.
Blödmann *m* F idiot, silly ass.
Blödsinn *m* **1.** ⚕ imbecility. **2.** F (*Unsinn*) rubbish, (*a. Unfug*) nonsense.
blödsinnig *adj* idiotic (*a.* F).
blöken *v/i Schaf*: bleat, *Rind*: low.
blond *adj* blond(e), fair, fair-haired.
blondieren *v/t* dye *one's hair* blond.
Blondine *f* blonde.
bloß I *adj* **1.** bare, naked: ***mit ~en Füßen*** barefoot(ed); ***mit ~en Händen*** with one's bare hands; ***mit dem ~en Auge*** with the naked eye. **2.** (*nichts als*) mere: ***der ~e Gedanke*** the mere thought. **II** *adv* **3.** only, simply, merely: ***komm ~ nicht rein!*** don't you dare come in!
Blöße *f* **1.** bareness, nakedness. **2.** *Sport u. fig.* opening: ***sich e-e ~ geben*** leave o.s. wide open.
bloßlegen *v/t* lay bare, expose (*a. fig.*).
bloßstellen *v/t* expose, show *s.o.* up.
Bloßstellung *f* exposure.
Blouson *m, n* blouson.
Bluff *m*, **bluffen** *v/i u. v/t* bluff.
blühen *v/i* blossom (*a. fig.*), be in bloom, *fig.* (*gedeihen*) thrive: F ***wer weiß, was uns noch blüht!*** who knows what's in store for us!
blühend *adj* flowering, *fig.* flourishing, *Aussehen*: healthy, *Gesundheit*: glowing, *Fantasie*: lively.
Blume *f* **1.** flower: ***j-m et. durch die ~ sagen*** hint to s.o. that; ***lasst ~n sprechen!*** say it with flowers! **2.** *des Weins*: bouquet, *des Biers*: head, froth.
Blumen|beet *n* flower bed. **~erde** *f* garden mo(u)ld. **~händler(in)** florist. **~kohl** *m* cauliflower. **~laden** *m* flower shop. **~muster** *n* floral design.
blumenreich *adj fig.* flowery.
Blumen|schmuck *m* floral decoration(s *pl*). **~strauß** *m* bunch of flowers, bouquet. **~topf** *m* flowerpot. **~zwiebel** *f* flower bulb.
blumig *adj* flowery (*a. fig.*), *Wein*: with a fine bouquet.
Bluse *f* blouse.
Blut *n* blood: ***sie kann kein ~ sehen*** she can't stand the sight of blood; ***~ spenden*** donate (*od.* give) blood; *fig.* ***blaues (junges) ~*** blue (young) blood; ***j-n bis aufs ~ reizen*** drive s.o. wild; F ***~ (und Wasser) schwitzen*** sweat blood; ***~ vergießen*** shed blood; ***böses ~ machen*** breed bad blood; ***(nur) ruhig ~!*** take it easy!; ***die Musik liegt ihm im ~*** music is in his blood.
Blutalkohol(gehalt) *m* blood alcohol.
blutarm *adj* **1.** ⚕ an(a)emic. **2.** *fig.* very poor.
Blut|armut *f* ⚕ an(a)emia. **~bad** *n fig.* massacre. **~bank** *f* ⚕ blood bank. **~bild** *n* ⚕ blood count. **~blase** *f* ⚕ blood blister. **~druck** *m* ⚕ (***j-s ~ messen*** take s.o.'s) blood pressure.
blutdrucksenkend *adj* ⚕ hypotensive.
blutdürstig *adj* bloodthirsty.
Blüte *f* **1.** blossom, flower. **2.** (*~zeit*) flowering time, *bsd. bei Bäumen*: blossom: ***in voller ~*** in (full) bloom. **3.** *fig.* (*~zeit*) heyday, *econ.* time of prosperity: ***in voller*** (*od.* ***höchster***) ***~ stehen*** be flourishing; ***in der ~ s-r Jahre*** in his prime. **4.** *fig.* (*Elite*) flower, élite. **5.** (*Stilblüte etc*) howler. **6.** F (*Falschgeld*) dud.
Blutegel *m zo.* leech.
bluten *v/i* bleed (**aus** from): F *fig.* ***schwer ~ müssen*** have to pay through the nose; ***~den Herzens*** with a heavy heart.
Blüten|honig *m* honey made from blossoms and flowers. **~knospe** *f* (flower) bud. **~lese** *f fig.* anthology. **~staub** *m* pollen.
blütenweiß *adj* snow-white.
Bluter *m* ⚕ h(a)emophiliac.
Blut|erguss *m* ⚕ h(a)ematoma, bruise. **~farbstoff** *m* h(a)emoglobin. **~fleck** *m* bloodstain. **~gefäß** *n* blood vessel. **~gerinnsel** *n* ⚕ blood clot. **~gruppe** *f* blood group. **~hochdruck** *m* ⚕ high blood pressure. **~hund** *m* bloodhound.
blutig *adj* bloody (*a. fig.*), (*blutbefleckt*) bloodstained, *gastr. Steak*: rare: *fig.* ***~er Anfänger*** rank beginner; ***es ist mein ~er Ernst*** I'm dead serious.
blutjung *adj* very young.
Blutkonserve *f* unit of stored blood.
Blutkörperchen *n* blood corpuscle.
Blutkreislauf *m* (blood) circulation.
Blutlache *f* pool of blood.
blutleer, blutlos *adj a. fig.* bloodless.
Blut|orange *f* blood orange. **~plasma** *n* blood plasma. **~probe** *f* **1.** blood (⚖ alcohol) test. **2.** ⚕ blood sample. **~rache** *f* vendetta.
blutrot *adj* (dark) crimson.
blutrünstig *adj fig.* gory, *Geschichte etc*: blood-curdling.
Blutsauger *m a. fig.* bloodsucker.
Blutschande *f* incest.

Blutsenkung *f* ⚕ blood sedimentation.
Blutspender(in) blood donor.
blutstillend *adj* (*a.* **~es Mittel**) styptic.
blutsverwandt *adj* related by blood (**mit** to).
Blutsverwandte *m, f* blood relation.
Blutsverwandtschaft *f* consanguinity.
Bluttat *f* bloody deed.
Bluttransfusion *f* ⚕ blood transfusion.
bluttriefend *adj* dripping with blood.
blutüberströmt *adj* covered with blood.
Blutübertragung *f* ⚕ blood transfusion.
Blutung *f* ⚕ bleeding, *starke, a. innere*: h(a)emorrhage.
blutunterlaufen *adj* bloodshot.
Blutvergießen *n* bloodshed.
Blutvergiftung *f* ⚕ blood poisoning.
Blutverlust *m* ⚕ loss of blood.
Blutwäsche *f* ⚕ (h[a]emo)dialysis.
Blutwurst *f gastr.* black pudding.
Blutzucker(spiegel) *m* ⚕ blood sugar (level).
Blutzufuhr *f* ⚕ blood supply.
BLZ *abbr.* **Bankleitzahl** bank code.
BND *m* = **Bundesnachrichtendienst** Federal Intelligence Service.
Bö *f* gust, squall.
Bob *m Sport*: bob(sleigh).
Bobbahn *f* bob(sleigh) run.
Bock *m* **1.** *zo.* buck, (*Widder*) ram, (*Ziegenbock*) he-goat: F ***alter ~*** old goat; *fig.* ***e-n ~ schießen*** make a blunder; ***den ~ zum Gärtner machen*** set the fox to keep the geese; F ***~ haben, et. zu tun*** feel like doing s.th.; F ***~ auf et. haben*** feel like s.th.; → ***null.*** **2.** (*Gestell*) stand, (*Hebebock*) jack. **3.** *gym.* buck: ***~ springen*** leapfrog. **4.** bock (beer).
bockbeinig *adj fig.* stubborn.
Bockbier *n* bock (beer).
bockig *adj fig.* stubborn, sulky.
Bockshorn *n* ***j-n ins ~ jagen*** scare s.o.
Bockspringen *n* leapfrog.
Boden *m* **1.** (*Erdboden*) ground, ⚒ *u. fig.* soil, *e-s Gefäßes, des Meeres*: bottom, (*Fußboden etc*) floor: ***am ~, auf dem ~*** on the ground (*od.* floor); *Sport*: ***am ~ sein*** be down; ***zu ~ fallen*** fall to the ground; F *fig.* ***(völlig) am ~ zerstört*** absolutely shattered; ***auf britischem ~*** on British soil; ***den ~ unter den Füßen verlieren*** *a. fig.* get out of one's depth; ***(an) ~ gewinnen (verlieren)*** gain (lose) ground; *fig.* ***aus dem ~ schießen*** mushroom (up); ***et. aus dem ~ stampfen*** conjure s.th. up. **2.** (*Dachboden*) attic.
Boden|abstand *m mot.* ground clearance. **~belag** *m* floor covering. **~fläche** *f* **1.** ⚒ acreage. **2.** △ floor space. **~frost** *m* ground frost. **~haftung** *f mot.* road holding. **~haltung** *f Eier* ***aus ~*** free-range.
bodenlos *adj* **1.** bottomless. **2.** F *fig.* incredible, shocking.
Boden|nebel *m* ground fog. **~personal** *n* ✈ ground crew. **~radar** *n* ground-based radar. **~reform** *f* land reform. **~satz** *m* **1.** sediment. **2.** *fig. contp.* dregs *pl.* **~schätze** *pl* mineral resources *pl.* **~see** *m der* Lake Constance. **~spekulation** *f* land speculation.
bodenständig *adj* native, (*örtlich*) local.
Boden|station *f Raumfahrt*: earth (*od.* tracking) station. **~stewardess** *f* ground hostess. **~turnen** *n* floor exercises *pl.* **~verseuchung** *f* contamination of the soil.
Body *m* body(stocking).
Bogen *m* **1.** *allg.* bow, (*Biegung*) bend, curve, ⚡, ✗ arc, △ arch, vault, *tech.* bend, *Eislauf*: curve, *Skisport*: turn: *fig.* ***e-n großen ~ um j-n machen*** give s.o. a wide berth; ***den ~ überspannen*** overdo it. **2.** (*Papier*) sheet.
bogenförmig *adj* arched.
Bogen|gang *m* arcade. **~lampe** *f* arc lamp. **~schießen** *n* archery. **~schütze** *m*, **~schützin** *f* archer.
Bogotá *n capital of Colombia.*
Bohle *f* plank.
Böhmen *n* Bohemia.
Böhme *m*, **Böhmin** *f*, **böhmisch** *adj* Bohemian: ***das sind für mich böhmische Dörfer*** that's (all) Greek to me.
Bohne *f* ⚘ bean, (*Saubohne*) broad bean: ***Grüne ~n*** French (*od.* string) beans; ***Weiße ~n*** haricot beans; F *fig.* ***blaue ~n*** bullets; F ***nicht die ~!*** not a bit!
Bohnen|kaffee *m* (F real) coffee. **~stange** *f* beanpole (*a.* F *fig. Person*). **~stroh** *n* F ***dumm wie ~*** as thick as a plank.
Bohner *m* floor polisher. **bohnern** *v/t* polish. **Bohnerwachs** *n* floor polish.
bohren I *v/t* **1.** *tech.* drill, (*aus~*) bore, (*Tunnel etc*) drive. **II** *v/i* **2.** *allg.* drill (**nach** for), *mit dem Finger etc*: bore: → ***Nase.*** **3.** *fig. Schmerz, Reue etc*: gnaw (**in** *dat* at). **4.** *fig.* (*forschen*) probe, (*nicht lockerlassen*) keep at it (**bis** until). **III** *v/reflex* **5.** ***sich ~ in*** (*acc*) bore into.
bohrend *adj fig. Schmerz etc*: gnawing, *Blick*: piercing, *Fragen*: probing.
Bohrer *m* drill.
Bohr|insel *f* oil rig. **~loch** *n* drill hole. **~maschine** *f* drill(ing machine). **~meißel** *m*, **~stahl** *m* boring tool. **~turm** *m* derrick.
Bohrung *f* drilling, (*Loch*) (drill) hole, *mot.* bore.
Bohrversuch *m* trial drilling.
böig *adj* gusty, ✈ bumpy.
Boiler *m* water heater, *tech.* boiler.
Boje *f* buoy.

Bolivien *n* Bolivia.
Bollwerk *n a. fig.* bulwark.
Bolschewismus *m hist.* Bolshevism.
Bolzen *m tech.* bolt.
bombardieren *v/t* bomb, *a. phys. u. fig.* bombard.
bombastisch *adj* bombastic(ally *adv*).
Bombe *f* **1.** bomb: → ***einschlagen*** 6. **2.** F *Fußball*: rocket.
Bomben|alarm *m* bomb alert. **~angriff** *m* bomb attack, air raid. **~anschlag** *m* **1.** bomb attack. **2.** → **~attentat** *n* bomb attempt (***auf j-n*** on s.o.'s life). **~besetzung** *f* F *thea. etc* star cast. **~drohung** *f* bomb threat. **~erfolg** *m* F huge success, smash hit.
bombenfest I *adj* bombproof. **II** *adv* F *fig.* ***~ überzeugt*** dead sure.
Bomben|gehalt *n* F fantastic salary. **~geschäft** *n* F roaring business. **~sache** *f* F knockout.
bombensicher *adj* **1.** bombproof. **2.** F sure-fire: ***es ist e-e ~e Sache*** it's a dead cert.
Bombenstimmung *f* F ***es herrschte e-e ~*** everybody was in roaring high spirits.
Bomber *m* bomber (*a.* F *fig. Sport*).
Bomberjacke *f* bomber jacket.
bombig *adj* F great, terrific.
Bon *m* voucher, (*Kassenbon*) receipt.
Bonbon *m, n* **1.** sweet (*a. pl*), *Am.* candy. **2.** F *fig.* bonbon.
Bonität *f* credit standing, creditworthiness.
Bonitätsbeurteilung *f* credit rating.
Bonus *m econ.* **1.** bonus, premium. **2.** special dividend.
Bonze *m contp.* bigwig.
boomen *v/i econ.* boom.
Boot *n* boat: ***~ fahren*** go boating; *fig.* ***wir sitzen alle im gleichen ~*** we are all in the same boat.
booten *v/t u. v/i Computer*: boot up.
Boots|fahrt *f* boat trip. **~flüchtlinge** *pl* boat peopel *pl.* **~haus** *n* boathouse. **~mann** *m* ⚓ **1.** boatswain. **2.** *mil.* petty officer. **~verleih** *m* boat hire.
Bord¹ *m* **1.** ✈, ⚓ ***an ~*** on board, aboard; ***an ~ gehen*** go aboard, ✈ board the plane; ***an ~ nehmen*** take aboard; ***über ~ gehen*** *a. fig.* go by the board; ***über ~ werfen*** *a. fig.* throw overboard. **2.** (*Rand*) edge.
Bord² *n* (*Bücherregal*) shelf.
Bordbuch *n* ⚓ logbook.
Bordcomputer *m* on-board (*mot. a.* dashboard) computer.
Bordell *n* brothel.
Bord|funk *m* a) ship's radio, b) aircraft radio (equipment). **~karte** *f* ✈ boarding pass. **~mechaniker(in)** ✈ flight mechanic. **~radar** *n* airborne radar. **~stein** *m* kerb(stone), *Am.* curb(stone). **~verpflegung** *f* in-flight meals *pl.*
Borg *m* ***auf ~*** on credit.
borgen *v/t* **1.** borrow: ***sich et. ~*** borrow s.th. **2.** (*leihen*) lend, *bsd. Am.* loan.
Borke *f* bark, (*Kruste, a.* ⚕ *Schorf*) crust.
borniert *adj* narrow-minded.
Börse *f* **1.** (*Geldbeutel, a. Boxen*) purse. **2.** *econ.* (***an*** [***auf***] ***der ~*** on the) stock exchange: ***an die ~ gehen*** *Firma*: go public.
Börsen|beginn *m* opening of the stock market. **~bericht** *m* market report. **~blatt** *n* financial (news)paper.
börsenfähig *adj* marketable, listed: ***~e Wertpapiere*** listed securities.
Börsen|geschäft *n* stock-market transaction. **~handel** *m* stock-exchange trading. **~krach** *m* F (stock-exchange) crash. **~kurs** *m* market price, quotation. **~makler(in)** stockbroker. **~nachrichten** *pl* financial news. **~notierung** *f* quotation. **~papiere** *pl* listed securities *pl.* **~preis** *m* market price, quotation. **~schluss** *m* closing of the stock market. **~spekulant(in)** stock-exchange speculator. **~termingeschäft** *n* trading in futures. **~verkehr** *m* stock-market transactions *pl.* **~wert** *m* market capitalization. **~zettel** *m* stock list.
Börsianer *m* F (*Makler*) broker, (*Spekulant*) speculator.
Borste *f* bristle.
borstig *adj* **1.** bristly. **2.** F *fig.* gruff.
Borte *f* border, (*Besatz*) braid, (*Tresse*) galloon.
bösartig *adj* **1.** vicious (*a. Tier*). **2.** ⚕ malignant. **Bösartigkeit** *f* **1.** viciousness. **2.** ⚕ malignancy.
Böschung *f* slope, (*Uferböschung*) embankment.
böse I *adj* **1.** (*schlimm*) bad, (*verrucht*) *a.* evil, wicked, F (*scheußlich*) *a.* nasty: ***e-e ~ Sache*** a bad business. **2.** (*bösartig*) vicious, nasty. **3.** (*unartig*) naughty, bad. **4.** (*zornig*) angry: ***j-m*** (*od.* ***auf j-n***) ***~ sein*** be angry (F mad) at s.o., be cross with s.o.; ***~ werden*** get angry; ***bist du mir ~, wenn ...?*** would you mind terribly if ...? **5.** F ⚕ bad, (*entzündet*) sore: ***e-e ~ Erkältung*** a bad cold; ***ein ~r Finger*** a sore finger. **II** *adv* **6.** badly (*etc*): ***es sieht ~ aus*** things look bad; ***ich habe es nicht ~ gemeint*** I meant no harm.
Böse I *m, f* bad person. **II** *n* evil, harm: ***~s im Sinn haben*** be up to no good; ***~s reden über*** (*acc*) speak ill of.
Bösewicht *m a. fig. iro.* villain.
boshaft *adj* malicious.
Bosheit *f* malice, (*Bemerkung*) snide remark, (*Tat*) nasty trick: ***aus ~*** out of spite.

Bosnien *n* Bosnia. **~-Herzegowina** *n* Bosnia-Herzegovina.
Bosnier(in), bosnisch *adj* Bosnian.
Boss *m* F boss.
böswillig *adj* malicious, ⚖ *a.* wilful.
Böswilligkeit *f* malevolence, ⚖ wilfulness.
Botanik *f* botany. **Botaniker(in)** botanist. **botanisch** *adj* botanic(al).
Bote *m* messenger, (*Kurier*) courier.
Boten|dienst *m* courier service. **~gang** *m* (***e-n ~ machen*** run an) errand.
Botin *f* → ***Bote.***
Botschaft *f* **1.** message (*a. fig.*), (*Nachricht*) news. **2.** *pol.* embassy.
Botschafter(in) ambassador.
Bottich *m* vat, tub.
Bouillon *f* clear soup, consommé.
Bouillonwürfel *m* stock cube.
Boulevard *m* boulevard. **~presse** *f* gutter press. **~zeitung** *f* tabloid.
Boutique *f* boutique.
Bowle *f* punch bowl, (*Getränk*) (cold) punch.
Box *f* **1.** *für Pferde*: box. **2.** *für Rennwagen*: pit. **3.** (*Parkbox*) parking space. **4.** *phot.* box camera. **5.** (*Lautsprecher*) speaker. **Boxe** *f* → ***Box*** 1.
boxen *v/i* box, *a. weitS.* fight.
Boxen *n* boxing.
Boxer *m* (*Hund*) boxer. **Boxer(in)** boxer.
Boxershorts *pl* boxer shorts *pl.*
Box|handschuh *m* boxing glove. **~kampf** *m* fight, boxing match. **~ring** *m* ring. **~sport** *m* boxing.
Boykott *m*, **boykottieren** *v/t* boycott.
BP a. *Bundespatent angemeldet* Federal Patent pending.
Bq *Becquerel* becquerel (Bq.).
BR *Bayerischer Rundfunk* Bavarian Broadcasting Corporation.
Br. *Breite* width (W., w.).
Brachland *n* fallow (land).
brachliegen *v/i* **1.** lie fallow. **2.** *fig. Talent etc*: go to waste.
Brahmane *m*, **brahmanisch** *adj* Brahman.
Branche *f econ.* **1.** industrial sector, trade. **2.** line (of business).
Branchen|buch *n*, **~fernsprechbuch** *n* classified directory. **~führer** *m* market leader, industrial leader. **~kenntnis** *f* knowledge of the trade.
branchen|spezifisch *adj* sector-specific. **~üblich** *adj* usual in the trade.
Branchenverzeichnis *n* classified directory.
Brand *m* **1.** (***in ~*** on) fire: ***in ~ geraten*** catch fire; ***in ~ stecken*** set fire to; F ***e-n ~ haben*** be dying of thirst. **2.** ⚘ blight, mildew. **3.** ⚕ gangrene. **~blase** *f* blister. **~bombe** *f* incendiary bomb.
branden *v/i a. fig.* surge: ***~ gegen*** *a.* break against.
Brandenburg *n* Brandenburg.
Brand|gefahr *f* fire hazard. **~geruch** *m* burnt smell. **~herd** *m* **1.** source of (the) fire. **2.** *fig.* trouble spot.
Brandkatastrophe *f* fire disaster.
Brandmal *n* **1.** brand. **2.** *fig.* stigma.
brandmarken *v/t a. fig.* brand.
Brand|mauer *f* fire wall. **~schaden** *m* fire damage. **~sohle** *f* insole. **~stelle** *f* scene of the fire. **~stifter(in)** arsonist. **~stiftung** *f* arson.
Brandung *f* surf, breakers *pl.*
Brand|ursache *f* cause of the fire. **~wunde** *f* burn. **~zeichen** *n* brand.
Branntwein *m* spirits *pl.*
Brasilia *n capital of Brazil.*
Brasilianer(in), brasilianisch *adj* Brazilian.
Brasilien *n* Brazil.
Bratapfel *m* baked apple.
braten *v/t u. v/i* roast, *auf dem Rost*: grill, broil, barbecue, *in der Pfanne*: fry, *im Ofen*: bake: F (***in der Sonne***) ~ roast (in the sun).
Braten *m* roast, (*Keule*) joint: F *fig.* ***fetter ~*** fine catch; ***den ~ riechen*** smell a rat. **~fett** *n* dripping. **~soße** *f* gravy.
bratfertig *adj* oven-ready.
Brat|fett *n* cooking fat. **~fisch** *m* fried fish. **~hähnchen** *n* roast (*od.* grilled, broiled) chicken, *zum Braten*: broiler. **~hering** *m* grilled (and pickled) herring. **~huhn** *n* roaster, broiler. **~kartoffeln** *pl* fried potatoes *pl.* **~ofen** *m* oven. **~pfanne** *f* frying-pan. **~röhre** *f* oven.
Bratislava *n capital of Slovakia.*
Bratsche *f* ♪ viola.
Bratspieß *m* spit.
Bratwurst *f* fried (*od.* grilled) sausage.
Brauch *m* custom, (*alter ~*) tradition, (*Gewohnheit*) practice, *econ.* usage.
brauchbar *adj* usable, (*nützlich*) useful, *Plan etc*: practicable.
brauchen I *v/t* **1.** need, (*erfordern*) require, (*bsd. Zeit*) take: ***wie lange wird er ~?*** how long will it take him?; ***ich brauche drei Tage dazu*** it will take me three days. **2.** → a) ***gebrauchen,*** b) ***verbrauchen.*** **II** *v/aux* **3.** need, have to: ***du brauchst es nicht zu tun*** you needn't (*od.* you don't have to) do it; ***du brauchst es nur zu sagen!*** just say so!
Braue *f* (eye)brow.
brauen *v/t* brew. **Brauer(in)** brewer.
Brauerei *f* brewery.
braun *adj* brown, (*sonnen~*) *a.* tanned: ***~ werden*** tan, get a tan; ***~ gebrannt*** tanned.
Bräune *f* brownness, (*Sonnenbräune*) (sun)tan.

bräunen I *v/t* brown, *Sonne*: tan. II *v/i u. v/reflex* **sich ~** get brown, *Haut, Person*: *a.* tan, get a tan.

Braunkohle *f* brown coal, lignite.

bräunlich *adj* brownish.

Bräunungs|creme *f* liquid tan (make-up). **~studio** *n* solarium.

Brause *f* **1.** sprinkler, rose. **2.** → ***Dusche.*** **3.** F pop. **Brausebad** *n* shower.

Brauselimonade *f* (fizzy) lemonade, *Am.* lemon soda.

brausen *v/i* **1.** *Wind, Auto etc*: roar, *Brandung, Orgel etc*: surge: ***~der Beifall*** thunderous applause. **2.** F (*flitzen*) zoom. **3.** → ***duschen.***

Brausepulver *n* sherbet powder.

Brausewürfel *m* effervescent tablet.

Braut *f* bride, (*Verlobte*) fiancée, F (*Freundin*) (*my etc*) girl.

Bräutigam *m* (bride)groom, (*Verlobter*) fiancé.

Braut|jungfer *f* bridesmaid. **~kleid** *n* wedding dress. **~paar** *n* engaged couple, *am Hochzeitstag*: bride and bridegroom. **~schau** *f* F ***auf ~ gehen*** look out for a wife. **~schleier** *m* bridal veil.

brav *adj* **1.** good, well-behaved: ***sei(d) ~!*** be good!; ***sei (schön) ~ und geh zu Bett!*** go to bed like a good boy (*od.* girl)! **2.** honest, good, *a. iro.* worthy.

bravo *int* well done!, bravo!

Bravo(ruf *m*) *n* bravo, *pl* cheers *pl.*

Brazzaville *n capital of Congo.*

BRD ***Bundesrepublik Deutschland*** Federal Republic of Germany (FRG).

Brechdurchfall *m* ⚕ diarrh(o)ea with vomiting.

Brecheisen *n tech.* crowbar.

brechen I *v/t* **1.** *allg.* break (*a. fig. Eid, Rekord, Schweigen, Widerstand, Willen etc*), *fig.* (*Gesetz, Vertrag*) *a.* violate, *phys.* (*Strahlen*) *a.* refract: ***(sich) den Arm ~*** break one's arm; ***die Ehe ~*** commit adultery. **2.** F ⚕ (*er~*) vomit. II *v/i* **3.** break (*a. fig. Stimme, Widerstand etc*). **4.** ***~ aus*** (*dat*) burst out of. **5.** *fig.* ***~ mit*** *j-m, e-r Gewohnheit etc*: break with. **6.** F ⚕ be sick, vomit. III *v/reflex* **sich ~** **7.** *Wellen*: break, *phys. Licht etc*: be refracted.

Brecher *m Welle*: breaker.

Brech|mittel *n* **1.** ⚕ emetic. **2.** F *fig.* ***ein ~ sein*** *Person*: be a (real) pest, *Sache*: be a dreadful thing. **~reiz** *m* ⚕ nausea.

Brechstange *f tech.* crowbar.

Brechung *f phys.* refraction. **Brechungswinkel** *m* angle of refraction.

Brei *m* **1.** mush (*a. fig.*), (*Haferbrei*) porridge, (*Kinderbrei etc*) mash, pudding: F ***j-n zu ~ schlagen*** beat s.o. to a pulp; → ***Katze, Koch.*** **2.** *tech.* (*Papierbrei*) pulp.

breiig *adj* mushy.

breit I *adj* **1.** broad (*a. fig. Akzent, Lachen etc*), *a. tech.* wide, (*flach*) flat. **2.** *fig. Interesse etc*: widespread: ***die ~e Öffentlichkeit*** the public at large; ***ein ~es Publikum*** a wide public; → ***Masse*** 4. **3.** ***breit gefächert*** *Angebot*: wide, wide-ranging, *Firmengruppe*: diversified. II *adv* **4.** ***sich ~ machen*** F *Person*: spread o.s. out, *fig. Angst etc*: spread; ***sie haben sich im ganzen Haus ~ gemacht*** they behaved as if they owned the place.

Breitband... *Radio*: wide-band ...

breitbeinig *adj u. adv* with legs apart.

Breite *f* width, breadth (*a. fig.*), *astr., geogr.* latitude: ***der ~ nach*** breadth-wise; F ***in die ~ gehen*** put on weight.

Breiten|grad *m* (degree of) latitude: ***der 30. ~*** the 30th parallel. **~kreis** *m* parallel. **~sport** *m* mass sport(s *pl*).

breitschlagen *v/t* F ***j-n ~*** talk s.o. round, ***zu et.*** talk s.o. into (doing) s.th.; ***sich ~ lassen*** give in.

breitschult(e)rig *adj* broad-shouldered.

Breitseite *f a. fig.* broadside.

Breitspur *f* 🚂 broad ga(u)ge.

breittreten *v/t* F enlarge (up)on (*a subject etc*): ***et. überall ~*** talk about s.th. too much.

Breitwandfilm *m* wide-screen film.

Bremen *n* Bremen.

Bremsbelag *m mot.* brake lining.

Bremse[1] *f zo.* horsefly.

Bremse[2] *f mot. etc* brake.

bremsen I *v/t* **1.** brake, (*Fall*) cushion. **2.** F *fig.* check, (*verlangsamen*) slow down. II *v/i* **3.** brake, apply the brakes. III *v/reflex* **sich ~** **4.** F restrain o.s.: ***sich mit et. ~*** cut down on s.th.

Brems|fallschirm *m* brake parachute. **~flüssigkeit** *f* brake fluid. **~kraftverstärker** *m* brake booster. **~leuchte** *f*, **~licht** *n* stop light. **~pedal** *n* brake pedal. **~scheibe** *f* brake disc. **~spur** *f* skid mark(s *pl*). **~trommel** *f mot.* brake drum.

Bremsung *f* braking, *phys.* retardation.

Brems|vorrichtung *f* brake mechanism. **~weg** *m* braking distance.

brennbar *adj* combustible.

Brennelement *n* fuel element.

brennen I *v/t allg.* burn, (*Porzellan etc*) *a.* fire, (*Schnaps*) distil(l), (*Kaffee etc*) roast. II *v/i* burn (*a. Sonne, Augen, Haut*), *Haus etc*: *a.* be on fire, *fig. Wunde, Nessel*: sting, *Pfeffer etc*: be hot, *Licht, Lampe*: be on: ***es brennt!*** fire!; F *fig.* ***wo brennt's denn?*** what's wrong?; *fig.* ***vor Ungeduld ~*** be burning with impatience; F ***darauf ~ zu*** *inf* be dying to *inf.*

brennend I *adj* burning (*a. fig. Hitze, Frage,*

Interesse etc). **II** *adv* **es interessiert mich ~** I'm terribly interested in it, **ob** I'm dying to know if.

Brenner *m* **1.** (*Schnapsbrenner*) distiller. **2.** *tech.* (*Schweißbrenner*) torch, (*Gas-, Ölbrenner*) burner.

Brennerei *f* distillery.

Brenn|holz *n* firewood. **~material** *n* fuel. **~nessel** *f* ⚘ (stinging) nettle. **~ofen** *m* kiln, *metall.* furnace. **~punkt** *m a. fig.* focal point, focus: *fig.* ***in den ~ rücken*** focus attention on; ***im ~ des Interesses stehen*** be in the focus of attention. **~spiegel** *m* burning mirror. **~spiritus** *m* methylated spirit. **~stab** *m nucl.* fuel rod. **~stoff** *m* fuel.

Brennweite *f opt.* focal distance.

brenzlig *adj* **1.** burnt. **2.** F *fig.* ticklish.

Bresche *f* breach: ***e-e ~ schlagen*** *a. fig.* clear the way (**für** for); *fig.* ***in die ~ springen*** step into the breach.

Brett *n* board (*a. Spielbrett*), (*Regal*) shelf, (*Tablett*) tray, *Sport*: springboard: ***schwarzes ~*** notice (*Am.* bulletin) board; F ***~er*** *pl* skis *pl*; F *fig.* ***ein ~ vor dem Kopf haben*** be very dense.

Brettspiel *n* board game.

Brezel *f* pretzel.

Brief *m* **1.** letter: → ***blau.*** **2.** *Börse*: asking price, offer (ed) proce. **~ablage** *f* letter file. **~anfang** *m* opening of a (*od.* the) letter. **~beschwerer** *m* paperweight. **~block** *m* writing pad. **~bogen** *m* sheet of writing paper. **~bombe** *f* letter bomb. **~einwurf** *m* letterbox, *Am.* mailbox, (*Schlitz*) slot, (*Aufschrift*) Letters. **~form** *f* ***in ~*** a) in letter form, b) by letter. **~freund(in)** pen friend. **~geheimnis** *n* privacy of correspondence. **~karte** *f* letter card.

Briefkasten *m* letterbox, *Am.* mailbox, *für Vorschläge etc*: suggestion box, *Zeitung*: Question and Answer Column: ***elektronischer ~*** electronic mailbox; ***toter ~*** *Spionage*: letter drop. **~firma** *f* letter-box company. **~tante** *f* F agony aunt.

Brief|klammer *f* paper clip. **~kontakt** *m* written contact: ***in ~ stehen mit*** correspond with. **~kopf** *m* letterhead. **~korb** *m* letter tray. **~kurs** *m Börse*: selling rate.

brieflich *adj u. adv* in writing, by letter(s).

Briefmappe *f* portfolio.

Briefmarke *f* (postage) stamp.

Briefmarken|album *n* stamp album. **~automat** *m* stamp machine. **~sammler(in)** stamp collector, philatelist. **~sammlung** *f* stamp collection.

Brief|öffner *m* letter opener, paper knife. **~papier** *n* notepaper. **~porto** *n* letter rate. **~post** *f* mail, post, *Am.* first-class mail. **~schluss** *m* close of a (*od.* the) letter. **~tasche** *f* wallet, *Am. a.* billfold. **~taube** *f zo.* carrier pigeon. **~telegramm** *n* letter telegram, *Am.* lettergram. **~träger(in)** postman (postwoman). **~umschlag** *m* envelope. **~waage** *f* letter balance. **~wahl** *f* postal vote, absentee voting. **~wechsel** *m* correspondence.

Bries *n gastr.* sweetbread.

Brigade *f* brigade.

Brikett *n* briquette.

brillant *adj* brilliant.

Brillant *m* diamond.

Brille *f* **1.** (**e-e ~** a pair of) glasses (*od.* spectacles) *pl*, F specs *pl*, (*Schutzbrille*) goggles *pl.* **2.** (*Klobrille*) toilet seat.

Brillen|etui *n* spectacle case. **~fassung** *f*, **~gestell** *n* spectacle frame. **~glas** *n* lens, glass. **~schlange** *f* **1.** *zo.* spectacled cobra. **2.** F foureyes *pl* (*sg konstr.*).

Brillenträger(in) ***~ sein*** wear glasses.

bringen *v/t* **1.** (*her~*) bring, (*holen*) get, fetch (*alle*: ***j-m et.*** s.o. s.th.). **2.** (*weg~, hin~*) take (**[zu]** ***j-m*** to s.o.), (*setzen, stellen, legen*) put: ***j-n ins Krankenhaus ~*** take s.o. to the hospital. **3.** (*geleiten*) take: ***j-n nach Hause*** (***zur Bahn*** *etc*) **~** see s.o. home (to the station *etc*). **4.** (*verursachen*) cause, (*Gewinn, Glück, Linderung etc*) bring, (*Zinsen*) bear: ***j-n dazu ~, dass er et. tut*** make s.o. do s.th. **5.** (*Film etc*) show, present, *thea. a.* bring, ♪ play, (*Lied*) sing, *Zeitung etc*: bring, have, carry (*an article etc*). **6.** (*leisten*) do, (*erreichen*) manage: **es zu et. ~** make one's mark (in life); F ***das bringts!*** that's the stuff!; ***das bringts*** (**auch**) ***nicht!*** that's no use!; ***er bringt es nicht!*** a) he just can't do it!, b) he's no good!; → ***Leistung*** 1, ***weit*** II. **7.** *mit prep* ***an sich ~*** get hold of; ***er brachte es auf 7 Punkte*** he managed seven points; ***es bis zum Major*** *etc* **~** make it to major *etc*; ***mit sich ~*** involve, (*erfordern*) require, make it necessary; ***ich kann es nicht über mich*** (*od.* ***übers Herz***) **~, *das zu tun*** I can't bring myself to do it; ***j-n um et. ~*** rob s.o. of s.th., (*betrügen*) do s.o. out of s.th.; ***j-n wieder zu sich ~*** bring s.o. round (*od.* to); ***j-n zum Lachen*** *etc* **~** make s.o. laugh *etc*; → ***hinter*** I.

brisant *adj* high-explosive, *fig.* explosive.

Brisanz *f* explosive effect, *fig.* explosiveness.

Brise *f* (***steife ~*** strong) breeze.

brit. ***britisch*** British (Brit.).

Brite *m* British man, Briton, F Brit: ***die ~n*** *pl* the British.

Britin *f* British woman.

britisch *adj* British: ***die Britischen Inseln*** the British Isles.

BRK ***Bayerisches Rotes Kreuz*** Bavarian Red Cross.

bröck(e)lig *adj* crumbly.
bröckeln *v/t u. v/i* crumble.
Brocken *m* **1.** piece, *großer*: hunk, (*Bissen*) morsel, bit, (*Klumpen*) lump: F ***ein ~*** (***von Mann***) a hulk of a man; *fig.* ***ein harter ~*** a toughie. **2.** *pl e-r Sprache*: scraps *pl*, *e-r Unterhaltung*: snatches *pl*.
brodeln *v/i* bubble, simmer, *fig.* seethe (***vor*** *dat* with).
Brokat *m* brocade.
Brokkoli *pl* broccoli *sg*.
Brom *n* ⚗ bromine.
Brombeere *f* blackberry.
Bromid *n* ⚗ bromide.
Bromsäure *f* ⚗ bromic acid.
Bromsilber *n* ⚗ bromide of silver.
Bronchial|asthma *n* ⚕ bronchial asthma. **~katarr(h)** *m* ⚕ bronchial catarrh.
Bronchien *pl* bronchi *pl*.
Bronchitis *f* ⚕ bronchitis.
Bronze *f* bronze. **~medaille** *f* bronze medal. **~zeit** *f archeol.* Bronze Age.
Brosame *f mst pl fig.* crumb.
Brosche *f* brooch.
broschiert *adj* paperback.
Broschüre *f* pamphlet.
Brot *n* bread, (*Laib*) loaf: (***belegtes***) ~ sandwich; *fig.* ***das tägliche ~*** one's daily bread; ***sein ~ verdienen*** earn a living.
Brotaufstrich *m* spread.
Brötchen *n* roll. **~geber(in)** F boss.
Brot|erwerb *m* (earning a) living: ***als ~*** for a living. **~getreide** *n* breadgrain. **~kasten** *m* bread bin, *Am.* breadbox. **~korb** *m* bread basket: ***j-m den ~ höher hängen*** put s.o. on short commons. **~krume** *f*, **~krümel** *m* (bread)crumb.
brotlos *adj fig.* jobless, *Tätigkeit*: unprofitable: ***das ist e-e ~e Kunst!*** there is no money in it!
Brot|messer *n* bread knife. **~neid** *m* professional jealousy. **~röster** *m* toaster. **~schneidemaschine** *f* bread slicer. **~verdiener(in)** breadwinner. **~zeit** *f dial.* (break for a) snack.
brr *int* **1.** (*halt*) whoa! **2.** (*pfui*) ugh!
BRT ***Bruttoregistertonne(n)*** gross register ton(s *pl.*) (GRT).
Bruch *m* **1.** breaking, (*~schaden*) breakage: ***zu ~ gehen*** break, be smashed; ***~ machen*** crash; *ein Auto etc* ***zu ~ fahren*** smash up. **2.** *fig.* breaking-off, rupture, *des Eides, Friedens etc*: breach, *e-s Gesetzes etc*: violation: ***~ mit der Vergangenheit*** (clean) break with the past; ***in die Brüche gehen*** break up, *Ehe*: *a.* go on the rocks. **3.** ⚕ fracture, (*Leistenbruch etc*) rupture, hernia: ***sich e-n ~ heben*** rupture o.s. **4.** F (*Schund*) junk. **5.** *A* fraction. **~band** *n* ⚕ truss.
Bruchbude *f* F ramshackle place, dump, *fig. sl.* lousy joint.
brüchig *adj* **1.** fragile, (*spröde*) brittle. **2.** *fig. Stimme*: cracked, *Ehe etc*: shaky.
Bruch|landung *f* crash landing. **~rechnung** *f* fractions *pl*. **~schaden** *m* breakage.
bruchsicher *adj* breakproof.
Bruchstelle *f* crack, ⚕ point of fracture.
Bruchstrich *m* *A* fraction stroke.
Bruchstück *n* fragment (*a. fig.*), *pl fig. a.* snatches *pl*. **bruchstückhaft** **I** *adj* fragmentary. **II** *adv* in fragments.
Bruch|teil *m* fraction: ***im ~ e-r Sekunde*** in a split second. **~zahl** *f* fraction.
Brücke *f* **1.** bridge (*a.* ⚡, ⚓, *gym.*, *a. Zahnbrücke*): ***e-e ~ bauen*** (*od.* ***schlagen***) ***über*** (*acc*) build a bridge across; *fig.* ***alle ~n hinter sich abbrechen*** burn one's boats. **2.** (*kleiner Teppich*) rug.
Brückenkopf *m* bridgehead.
Brückenpfeiler *m* bridge pier.
Bruder *m* brother (*a. eccl.*, *pl* brethren), (*Mönch*) monk, F (*Kerl*) guy: F ***unter Brüdern*** among friends.
Bruderkrieg *m* fratricidal war.
brüderlich *adj* brotherly.
Brüderlichkeit *f* brotherliness.
Bruder|mord *m*, **~mörder(in)** fratricide.
Brüderschaft *f* brotherhood: (***mit j-m***) ***~ trinken*** drink the pledge of close friendship.
Brühe *f* **1.** *für Suppen etc*: stock, (*Fleischbrühe etc*) broth. **2.** F *contp.* a) dirty water, b) (*Getränk*) slop, swill, dishwater. **3.** F (*Schweiß*) sweat.
brühen *v/t* scald.
brüh|heiß *adj* scalding (hot). **~warm** *adj fig.* hot (*news etc*): *adv* ***j-m et. ~ erzählen*** tell s.th. straightaway to s.o.
Brühwürfel *m* stock cube.
brüllen **I** *v/i u. v/t* roar (*a. fig. Geschütz, Motor etc*), *Rind*: bellow, (*muhen*) low, *Kinder*: shout, (*heulen*) howl, bawl: ***vor Lachen ~*** roar with laughter.
Brüllen *n* roar: F ***er*** (***es***) ***ist zum ~!*** he's (it's) a scream!
Brummbär *m fig.* grumbler.
brummen *v/i* **1.** *Bär etc*: growl. **2.** (*summen*) *a.* ⚡ hum: *fig.* ***mir brummt der Kopf*** my head is throbbing. **3.** *fig. Person*: (***über*** *acc* about) growl, grumble. **4.** F *fig. im Gefängnis*: do time.
Brummer *m* **1.** (*Fliege*) bluebottle, (*Hummel*) bumblebee. **2.** F (***dicker***) ~ → **Brummi** *m* F juggernaut.
brummig *adj* grumpy.
Brummkreisel *m* humming top.
Brummschädel *m* F headache, (*Kater*) hangover.
brünett *adj*, **Brünette** *f* brunette.

Brunft *f*, **brunften** *v/i hunt.* rut.
Brunftzeit *f* rutting season.
Brunnen *m* well, (*Quelle*) spring, (*Spring-, Trinkbrunnen*) fountain (*a. fig.*), ⚕ (mineral) waters *pl.* **~kresse** *f* ⚘ watercress. **~kur** *f* mineral-water cure.
Brunst *f zo.* rut, *des Weibchens*: heat, (*~zeit*) rutting season.
brünstig *adj zo.* rutting, in heat.
brüsk *adj* brusque.
brüskieren *v/t* snub.
Brüssel *n* Brussels (*capital of Belgium*).
Brust *f* **1.** breast, chest, (*Busen*) bosom, breasts *pl*: *e-m Kind* ***die ~ geben*** breastfeed; *Schwimmen*: ***100 m ~*** 100 m breaststroke; F *fig.* ***e-n zur ~ nehmen*** have a quick one; ***sich j-n zur ~ nehmen*** give s.o. hell. **2.** → ***Bruststück.***
Brust-an-Brust-Rennen *n* neck-and-neck race.
Brust|bein *n* **1.** *anat.* breastbone. **2.** *beim Geflügel*: wishbone. **~beutel** *m* money bag. **~bild** *n* head-and-shoulder portrait.
brüsten *v/reflex* ***sich ~*** boast (***mit*** about).
Brust|fell *n anat.* pleura. **~fellentzündung** *f* ⚕ pleurisy. **~kasten** *m*, **~korb** *m* rib cage, chest. **~krebs** *m* ⚕ breast cancer. **~schwimmen** *n* breaststroke. **~stimme** *f* ♪ chest voice. **~stück** *n gastr.* brisket, *von Lamm, Kalb, Geflügel*: breast. **~tasche** *f* breast pocket.
Brustton *m fig.* ***im ~ der Überzeugung*** with deep conviction.
Brüstung *f* parapet, (*von Balkon etc*) balustrade, (*Fensterbrüstung*) breast.
Brust|warze *f* nipple. **~weite** *f* chest measurement, *e-r Frau*: bust.
Brut *f* **1.** (*Brüten*) brooding. **2.** (*Junge*) brood, (*Fische*) spawn. **3.** F *fig.* (*Kinder*) brood, (*Gesindel*) scum.
brutal *adj* brutal. **Brutalität** *f* brutality.
Brutapparat *m* incubator.
brüten **I** *v/i* brood (*fig.* ***über*** *dat* over), hatch, *Henne*: sit. **II** *v/t* → ***Rache.*** **brütend** *adj fig.* ***~e Hitze*** sweltering heat.
Brüter *m phys.* ***schneller ~*** fast breeder (reactor).
Brut|henne *f* sitting hen. **~kasten** *m* incubator. **~platz** *m zo.* breeding ground. **~reaktor** *m* breeder reactor. **~stätte** *f fig.* hotbed.
brutto *adj*, **Brutto...** gross (*income etc*).
Brutto|einkommen *n* gross income (*od.* earnings *pl*). **~einnahmen** *pl* gross receipts (*od.* takings) *pl.* **~ertrag** *m* gross return. **~gehalt** *n* gross salary. **~gewicht** *n* gross weight. **~gewinn** *m* gross profit. **~gewinnspanne** *f* gross margin. **~inlandsprodukt** *n* gross domestic product (*abk.* GDP). **~lohn** *m* → ***Bruttoeinkommen.*** **~preis** *m* gross price. **~produktion** *f* gross output. **~registertonne** *f* gross register ton. **~sozialprodukt** *n* gross national product (*abk.* GNP). **~verdienst** *m* → ***Bruttoeinkommen.***
bsd. ***besonders*** (e)specially (esp.), particularly (part.); above all.
BSE *abbr.* (*Rinderwahnsinn*) BSE.
BSP ***Bruttosozialprodukt*** gross national product (GNP).
Btx ***Bildschirmtext*** viewdata.
Bub *m dial.* boy.
Bube *m Kartenspiel*: jack.
Bubi *m* F *contp.* pipsqueak.
Buch *n* book (*a. econ.*), (*Drehbuch*) script: ***~ führen*** keep accounts, do the bookkeeping; ***~ führen über*** (*acc*) keep a record of; *fig.* ***wie er*** (***es***) ***im ~e steht*** typical.
Buch|besprechung *f* book review. **~binder(in)** bookbinder. **~druck** *m* printing. **~drucker(in)** printer. **~druckerei** *f* **1.** printing plant, press. **2.** (*Gewerbe*) printing.
Buche *f* beech (tree).
Bucheinband *m* binding, cover.
Buchgewinn *m econ.* book profit.
buchen *v/t* **1.** (*Flug, Reise, Zimmer etc*) book, reserve. **2.** *econ.* (*ver~*) book: *fig.* ***et. als Erfolg ~*** put s.th. down as a success.
Bücherei *f* library.
Bücher|freund(in) book lover. **~gutschein** *m* book token. **~narr** *m*, **~närrin** *f* bibliomaniac. **~regal** *n* bookshelf. **~revision** *f econ.* audit. **~schrank** *m* bookcase. **~ständer** *m* bookstand. **~stütze** *f* bookend. **~wand** *f* wall of bookshelves. **~wurm** *m humor.* bookworm.
Buchfink *m zo.* chaffinch.
Buch|forderungen *pl econ.* book claims *pl.* **~führung** *f econ.* bookkeeping, accountancy: ***doppelte ~*** double-entry bookkeeping. **~gemeinschaft** *f* book club.
Buchhalter(in) accountant, bookkeeper.
buchhalterisch *adj* accounting ..., accounts ..., bookkeeping ...
Buchhaltung *f* **1.** *Abteilung*: accounts department, bookkeeping department. **2.** → ***Buchführung.***
Buch|handel *m* book trade. **~händler(in)** bookseller. **~handlung** *f* bookshop, *Am.* bookstore.
Buchmacher(in) *für Wetten*: bookmaker.
buchmäßig *adj u. adv econ.* according to the books.
Buchmesse *f* book fair.
Buch|prüfer(in) *econ.* auditor, accountant. **~prüfung** *f econ.* audit.
Buchsbaum *m* ⚘ box (tree).
Buchse *f tech.* bush(ing), liner, ⚡ socket.
Büchse *f* **1.** tin, can, *große*: *a.* box. **2.** (*Gewehr*) gun, rifle.

Büchsen|bier *n* canned beer. **~fleisch** *n* tinned (*od.* canned) meat. **~milch** *f* tinned (*od.* canned) milk. **~öffner** *m* tin (*od.* can) opener.
Buchstabe *m* letter: ***großer*** (***kleiner***) ~ capital (small) letter.
buchstabengetreu *adj* literal.
Buchstabieralphabet *n* phonetic alphabet.
buchstabieren I *v/t* spell, (*mühsam lesen*) spell out: ***falsch*** ~ misspell.
Buchstabieren *n* spelling.
buchstäblich *adj a. fig.* literal.
Bucht *f* bay, *kleine*: inlet.
Buchumschlag *m* (book) jacket.
Buchung *f* **1.** booking, reservation. **2.** *econ.* booking, (*Posten*) entry.
Buchungs|beleg *m* bookkeeping voucher. **~fehler** *m* false entry. **~tag** *m* day of entry.
Buchverlag *m* book publisher(s *pl*).
Buchweizen *m* ⚘ buckwheat.
Buchwert *m econ.* book value.
Buckel *m* **1.** hump (*a. fig.*), (*buckliger Rücken*) hunchback, (*schlechte Haltung*) stoop: ***e-n ~ machen*** stoop, *Katze*: arch its back. **2.** F (*Rücken*) back. **3.** F (*Hügel*) hillock.
bücken *v/reflex* ***sich*** ~ bend (down) (***nach et.*** to pick up s.th.).
bucklig *adj* hunchbacked. **Bucklige** *m, f* hunchback.
Bückling *m* **1.** *gastr.* smoked herring. **2.** F (*Verbeugung*) bow.
Budapest *n capital of Hungaria.*
buddeln *v/i u. v/t* F dig.
Buddhismus *m* Buddhism.
Buddhist(in), buddhistisch *adj* Buddhist.
Bude *f* **1.** (*Kiosk*) kiosk, (*Marktbude*) stall. **2.** (*Hütte*) shack. **3.** F (*Zimmer etc*) place, *contp.* dump, (*von Studenten*) digs *pl*, *Am.* pad. **4.** F (*Lokal*) *sl.* joint: ***Leben in die ~ bringen*** liven things up.
Budget *n* budget: ***et. im ~ vorsehen*** budget for s.th. **~beratung** *f* budget discussion. **~entwurf** *m* draft budget. **~kontrolle** *f* budgetary control.
Büfett *n* **1.** sideboard. **2.** (*Schanktisch*) counter, bar. **3.** *gastr.* buffet.
Büffel *m zo.* buffalo. **büffeln** *v/t u. v/i* F swot, cram. **Büffler(in)** F swot.
Bug *m* **1.** ⚓ bow, ✈ nose: *fig.* ***Schuss vor den ~*** warning shot. **2.** *zo.* shoulder (*a. gastr.*).
Bügel *m* **1.** (*für Kleider*) hanger. **2.** (*Steigbügel*) stirrup. **3.** (*von Brille*) ear piece. **4.** *tech.* bow, (*Metallbügel*) shackle. **~brett** *n* ironing board. **~eisen** *n* iron. **~falte** *f* crease.
bügelfrei *adj* noniron, drip-dry.
bügeln *v/t u. v/i* iron, (*Hose etc*) press.
Buggy *m* buggy.
bugsieren *v/t* ⚓ tow, F *fig.* steer.

buh *int* boo!
buhen *v/i* F boo.
buhlen *v/i* ~ ***um*** court (*od.* woo) *s.o., s.th.*, strive after *s.th.*; ***um j-s Gunst*** ~ court s.o.'s favo(u)r.
Buhmann *m fig.* bogey man.
Buhne *f tech.* groyne.
Bühne *f* **1.** *thea.* stage, *weitS.* theat/re (*Am.* -er): ***hinter der ~*** *a. fig.* backstage; F *fig.* ***et. über die ~ bringen*** bring s.th. off; ***glatt über die ~ gehen*** go off smoothly; ***von der politischen*** *etc* ***~ abtreten*** quit the political *etc* scene. **2.** (*Podium, a. tech.*) platform.
Bühnen|anweisung *f* stage direction. **~arbeiter(in)** stage hand. **~bearbeitung** *f* stage adaptation. **~beleuchtung** *f* stage lighting. **~bild** *n* (stage) set. **~bildner(in)** stage designer. **~fassung** *f* stage version. **~künstler(in)** stage artist. **~laufbahn** *f* stage career. **~meister(in)** stage manager. **~rechte** *pl* stage rights *pl*.
bühnenreif *adj* ready for the stage.
Bühnen|stück *n* (stage) play. **~werk** *n* drama.
bühnenwirksam *adj* stageworthy.
Buhrufe *pl* boos *pl*.
Bukett *n* bouquet (*a. des Weins*).
Bulette *f gastr.* meatball.
Bulgarien *n* Bulgaria.
Bulgare *m*, **Bulgarin** *f*, **bulgarisch** *adj* Bulgarian.
Bulimie *f* bulimia.
Bullauge *n* ⚓ porthole.
Bulldogge *f zo.* bulldog.
Bulle *m* **1.** *zo.* bull (*a.* F *contp. Mann*). **2.** F *contp.* (*Polizist*) cop, bull: ***die ~n*** *a.* the fuzz.
Bullenhitze *f* F scorching heat.
Bulletin *n* bulletin.
bullig *adj* **1.** *Person*: bull-like, hefty. **2.** F *Hitze*: scorching.
Bully *n* **1.** *Hockey*: bully. **2.** *Eishockey*: face-off.
bum *int* bang!
Bumerang *m* boomerang.
Bummel *m* (***e-n ~ machen*** go for a) stroll.
Bummelant(in) → ***Bummler(in)*** 2.
Bummelei *f* dawdling, (*Faulenzen*) loafing.
bumm(e)lig *adj* (*langsam*) slow, dawdling.
bummeln *v/i* F **1.** (*schlendern*) (go for a) stroll: ***~ gehen*** go for a stroll, *weitS.* go on a binge. **2.** (*trödeln*) dawdle, (*faulenzen*) loaf.
Bummelstreik *m econ.* go-slow, *Am.* slowdown.
Bummelzug *m* F slow train.
Bummler(in) F **1.** stroller. **2.** (*Trödler*) dawdler, (*Faulenzer*) loafer.
bums *int* bang! **Bums** *m* bang, crash.
bumsen *v/i* **1.** bang, crash. **2.** V ***mit j-m***

(*v/t* **j-n**) ~ bang s.o., screw s.o., have it off with s.o.
Bumslokal *n* F low dive.
Bund[1] *n* bundle, *Schlüssel, Radieschen etc*: bunch.
Bund[2] *m* **1.** *von Personen*: union, (*Band*) bond: ~ ***der Ehe*** union, bond of marriage. **2.** (*Pakt*) pact: ***im*** ~***e mit*** together with, *b.s.* in league with. **3.** *pol.* alliance, (*Staatenbund*) federation. **4.** ***der*** ~ a) the Federal Government, b) → ***Bundesrepublik,*** c) F *für* ***Bundeswehr.*** **5.** (*Verband*) association, union.
Bund[3] *m* (*von Hose etc*) waistband.
Bündel *n* bundle.
bündeln *v/t* bundle up, ⚡ bunch, *opt., phys.* focus.
bündelweise *adv* in bundles.
Bundes... *pol.* (German) Federal ..., West German.
Bundes|bahn *f* Federal Railways *pl.* ~**bürger(in)** West German citizen.
bundesdeutsch *adj* German Federal.
Bundes|ebene *f* ***auf*** ~ on a national level. ~**gebiet** *n* Federal territory. ~**genosse** *m*, ~**genossin** *f* ally. ~**gerichtshof** *m* Federal Supreme Court. ~**kanzler(in)** Federal (*od.* West German) Chancellor. ~**land** *n* **1.** state. **2.** Land: ***die neuen Bundesländer*** the newly-formed German states. ~**liga** *f Sport*: Bundesliga, Federal league: ***erste*** (***zweite***) ~ First (Second) Division. ~**minister(in)** (German) Federal minister (***für*** of). ~**nachrichtendienst** *m* Federal Intelligence Service. ~**post** *f* Federal Postal Administration. ~**präsident(in)** President of the (West German) Federal Republic. ~**rat** *m* **1.** Bundesrat, Upper House (of the Federal parliament). **2.** *schweiz.* Swiss government. ~**rechnungshof** *m* Federal Audit Office. ~**regierung** *f* Federal Government. ~**republik** *f* (**Deutschland**) Federal Republic (of Germany). ~**staat** *m* federal state, (*Staatsform*) (con)federation. ~**straße** *f* Federal road. ~**tag** *m* Bundestag, Lower House (of the West German parliament). ~**tagspräsident(in)** speaker of the Bundestag. ~**trainer(in)** coach of the (German) national team. ~**umweltamt** *n* Federal Environment Office. ~**verband** *m* federal association: ~ ***der Deutschen Industrie*** Federation of German Industries. ~**verdienstkreuz** *n* Order of Merit of the Federal Republic. ~**verfassungsgericht** *n* Federal Constitutional Court. ~**versicherungsanstalt** *f* ***die*** ~ ***für Angestellte*** the Federal Insurance Institution for salaried employees. ~**wehr** *f* (West German) Armed Forces *pl.*
bundesweit *adj u. adv* nation-wide.
Bundfaltenhose *f* pleated trousers *pl.*
bündig *adj Stil, Rede*: concise, (*genau*) precise, (*knapp*) curt: → ***kurz*** 4.
Bündnis *n* alliance.
bündnisfrei *adj pol.* nonaligned.
Bündnispartner(in) ally.
Bundweite *f* waist (size).
Bungalow *m* bungalow.
Bungeespringen *n* bungee jumping.
Bunker *m mil.* bunker (*a. Kohlenbunker, a. Golf*), (*Luftschutzbunker*) air-raid shelter.
Bunsenbrenner *m* ⚗ Bunsen burner.
bunt *adj* **1.** colo(u)rful (*a. fig.*), multicolo(u)red, *Glas*: stained, (*gefärbt*) colo(u)red: → ***Hund.*** **2.** *fig.* (~*gewürfelt*) chequered, *Am.* checkered, motley, mixed, (*abwechslungsreich*) varied: ~***er Abend*** evening of entertainment, variety show; F *adv* ***er treibt es zu*** ~ he goes too far; ***es ging*** ~ ***zu*** things were pretty lively.
Bunt|druck *m* **1.** colo(u)r printing. **2.** colo(u)r print. ~**stift** *m* crayon. ~**wäsche** *f* colo(u)reds *pl.*
Bürde *f a. fig.* burden.
Burg *f* castle.
Bürge *m* ⚖ guarantor (*a. fig.*), *bsd. Strafrecht*: surety, *weitS.* (*Referenz*) reference.
bürgen *v/i* ~ ***für*** ⚖ stand surety for, *weitS.* guarantee, vouch for.
Bürger(in) citizen, (*Einwohner*) inhabitant, resident.
Bürgerinitiative *f* civic action group.
Bürgerkrieg *m* civil war.
bürgerlich *adj* **1.** middle-class, *contp.* bourgeois: ~***e Küche*** home cooking. **2.** (*nichtadlig*) untitled. **3.** (*staats*~) civil, civic: ***Bürgerliches Gesetzbuch*** Civil Code; ~***es Recht*** civil law.
Bürgerliche *m, f* commoner.
Bürgermeister(in) mayor.
bürgernah *ad* people-oriented, grassroots (*politician, politics, etc*).
Bürgerpflicht *f* civic duty.
Bürgerrecht *n mst pl* civil rights *pl.*
Bürgerrechtler(in) civil rights activist.
Bürgerrechtsbewegung *f* civil rights movement.
Bürgerschaft *f* citizens *pl.*
Bürgersteig *m* pavement, *Am.* sidewalk.
Bürgertum *n the* middle classes *pl.*
Bürgin *f* → ***Bürge.***
Bürgschaft *f* ⚖ (*Sicherheit*) surety, guarantee (*a. fig.*), *im Strafrecht*: bail: ~ ***leisten, die*** ~ ***übernehmen*** stand surety, *im Strafrecht*: a) *Bürge*: go bail, b) *Angeklagter*: give bail, c) ***für e-n Wechsel*** *etc* guarantee a bill *etc.*
Bürgschafts|erklärung *f* declaration of surety. ~**leistung** *f* surety.

Burgund *n* Burgundy.
Burgunder(wein) *m* burgundy.
Büro *n* (**im** ~ at the) office. **~angestellte** *m,f* office employee (*od.* worker, clerk). **~arbeit** *f* office work. **~artikel** *pl* office supplies *pl.* **~automation** *f* office automation. **~bedarf** *m* office supplies *pl.* **~block** *m* office complex. **~bote** *m* office boy. **~chef(in)** head clerk. **~einrichtung** *f* office equipment. **~fachhandel** *m* office equipment (*od.* supply) dealers *pl.* **~fläche** *f* office space. **~gebäude** *n* office building. **~gehilfe** *m* office junior, clerical assistant. **~gestaltung** *f* office design. **~haus** *n* office building. **~hengst** *m* F desk jockey. **~hilfskraft** *f* filing clerk. **~hochhaus** *n* high-rise office block, commercial tower. **~kauffrau** *f*, **~kaufmann** *m* trained clerical worker. **~klammer** *f* paper clip. **~kommunikation** *f* office communication. **~kosten** *pl.* office costs, office expenses. **~kraft** *f* office worker. **~kram** *m* F odd bits of paperwork.
Bürokrat(in) bureaucrat.
Bürokratie *f* **1.** bureaucracy. **2.** → ***Bürokratismus.***
bürokratisch *adj* bureaucratic(ally *adv*).
Bürokratismus *m* red tape.
Büro|landschaft *f* landscaped office. **~maschinen** *pl* electronic office equipment. **~material** *n* office supplies *pl.* **~mensch** *m* F pen pusher. **~möbel** *pl* office furniture *sg.* **~organisation** *f* office management. **~papier** *n* office stationery. **~personal** *n* office staff. **~raum** *m* office room. **~schluss** *m* (office) closing time: ***nach*** ~ after office hours; ***um 17 Uhr ist*** ~ we leave the office at five o'clock. **~stunden** *pl* office hours *pl.* **~tätigkeit** *f* offiece work. **~technik** *f* office technology. **~zeit** *f* office hours *pl.*
Bursche *m* **1.** (*Junge*) boy, lad. **2.** (*Kerl*) fellow, F guy: ***ein übler*** ~ a bad egg.
Burschenschaft *f* (students') fraternity.
burschikos *adj* tomboyish, (*unbekümmert*) casual.
Bürste *f* brush (*a.* ⚡, *tech.*).
bürsten *v/t* brush: ***sich die Haare*** ~ brush one's hair.
Bürstenschnitt *m* crew cut.
Bürzel *m zo.* rump, *gastr.* parson's nose.
Bus *m* **1.** bus, (*Reisebus*) coach: ***mit dem*** ~ ***fahren*** go by bus. **2.** *Computer*: bus.
Busbahnhof *m* bus terminal.
Busch *m* **1.** bush (*a. Urwald*), (*Strauch*) shrub, (*Gehölz*) copse, thicket: F *fig.* ***bei j-m auf den*** ~ ***klopfen*** sound s.o.; ***hinterm*** ~ ***halten mit*** be quiet about; ***et. ist im*** ~***!*** there's s.th. going on! **2.** (*großer Strauß*) bunch.
Büschel *n* **1.** bunch, (*Haare*) tuft, wisp, (*Blüten etc*) cluster. **2.** *phys.* pencil, brush.
buschig *adj* bushy (*a. Haar*).
Buschwindröschen *n* wood anemone.
Busen *m* breast(s *pl*), bust, bosom (*a. fig.*). **~freund(in)** bosom friend.
Busfahrer(in) bus driver.
Bus|fahrt *f* bus ride, (*Reise*) coach tour. **~haltestelle** *f* bus stop. **~linie** *f* bus route: ***die*** ~ ***8*** (bus) number 8.
Bussard *m zo.* buzzard.
Buße *f* **1.** penance, (*Sühne*) atonement: ~ ***tun*** → ***büßen.*** **2.** ⚖ (*Strafe*) penalty, (*Geldbuße*) fine: ***zu e-r*** ~ ***von 100 Mark verurteilt werden*** be fined 100 marks.
büßen *v/t u. v/i* (*Buße tun*) do penance: ~ ***für*** atone for, *fig.* pay (*od.* suffer) for; ***das sollst du mir*** ~***!*** you'll pay for that!
Büßer(in) penitent.
busserln *v/t österr.* kiss.
Bußgeld *n* fine. **~bescheid** *m* notice of fine due. **~katalog** *m* list of fines.
Buß- und Bettag *m* Day of Prayer and Repentance.
Büste *f* bust.
Büstenhalter *m* brassière, F bra.
Butan *n* ⚗ butane.
Butt *m* (*Fisch*) flounder.
Bütte *f* tub, vat.
Büttenpapier *n* handmade paper.
Büttenrede *f* carnival speech.
Butter *f* butter: F ***alles in*** ~***!*** everything's okay! **~berg** *m* F *fig.* butter mountain. **~blume** *f* ⚘ buttercup. **~brot** *n* (slice of) bread and butter: F ***für ein*** ~ a) (*bekommen*) for a song, b) (*arbeiten*) for peanuts. **~brotpapier** *n* greaseproof paper. **~creme** *f gastr.* butter cream. **~dose** *f* butter dish. **~messer** *n* butter knife. **~milch** *f* buttermilk.
buttern **I** *v/t* **1.** (spread with) butter. **2.** F ***Geld in et.*** ~ sink money into s.th. **II** *v/i* **3.** make butter.
butterweich *adj a.* F *fig.* very soft.
Butzenscheibe *f* bull's-eye (pane).
BVG ***Bundesverfassungsgericht*** Federal Constitution Court; ***Berliner Verkehrsbetriebe*** Berlin Transport Services.
Bw. ***Bundeswehr*** (German federal) armed forces, Bundeswehr.
b.w. ***bitte wenden*** please turn over (PTO, pto).
BWL ***Betriebswirtschaftslehre*** business administration, business economics.
BWV ***Bachwerkeverzeichnis*** (*der Werke von Johann Sebastian Bach*) *etwa* Bach Catalog(ue) (BWV).
Byte *n Computer*: byte.
bzgl. ***bezüglich*** regarding, concerning, with reference to; *econ. a.* re.
bzw. → ***beziehungsweise.***

C

C, c *n a.* ♪ C, c.
C ***Celsius*** Celsius, centigrade (C).
c ***Cent(s)*** cent(s *pl*) (c); ***Centime(s)*** centime(s *pl*) (c).
ca. ***circa, ungefähr, etwa*** about, approximately (approx.), circa (c.).
Cadmium *n* ⚗ cadmium.
Café *n* café.
Cafeteria *f* cafeteria.
campen *v/i* camp.
Camper(in) camper.
Camping|ausrüstung *f* camping gear. **~bus** *m* camper, *Am.* RV. **~führer** *m* camping guide. **~platz** *m* camping site, campsite. **~tisch** *m* folding table.
Canberra *n capital of Australia.*
cand. ***candidatus, Kandidat*** candidate (cand.).
Cape *n* cape.
Caracas *n capital of Venezuela.*
Cäsium *n* ⚗ c(a)esium.
Catcher(in) all-in wrestler.
Cayenne *n capital of French Guiana.*
CB-Funk *m* CB (= citizens' band) radio.
CD *f* ***Compact Disc*** CD.
CD-Player *m* CD player.
CD-ROM *f Computer*: CD-ROM. **~-Laufwerk** *n* CD-ROM drive.
CD-Spieler *m* CD player.
CDU ***Christlich-Demokratische Union*** Christian Democratic Union.
C-Dur *n* ♪ C major.
Cellist(in) cellist. **Cello** *n* cello.
Celsius *n* Celsius: ***20 Grad ~*** *a.* 20 degrees centigrade.
Cembalo *n* harpsichord.
cf. ***confer, vergleiche*** compare (cf., cp., comp.).
Chalet *n* chalet.
Chamäleon *n zo. u. fig.* chameleon.
Champagner *m* champagne.
Champignon *m* (button) mushroom.
Chance *f* chance, *pl* (*Aussichten*) *a.* prospects *pl*: ***k-e ~, nicht die geringste ~*** not a chance; ***bei j-m ~n haben*** stand a chance with s.o.
Chancengleichheit *f* equal opportunities *pl*.
Chanson *n* chanson.
Chaos *n* chaos.
Chaot(in) F chaotic person, *pol.* violent anarchist, *weitS.* yob.
chaotisch *adj* chaotic(ally *adv*).
Charakter *m allg.* character, *e-r Sache*: *a.* nature: *Gespräche etc* **vertraulichen ~s** of a confidential nature. **~darsteller(in)** *thea.* character actor (actress). **~eigenschaft** *f* trait. **~fehler** *m* weakness, flaw.
charakterfest *adj* of strong character.
charakterisieren *v/t* **1.** (*kennzeichnen*) characterize, mark. **2.** (*beschreiben*) describe (***als*** as).
Charakterisierung *f* **1.** characterization. **2.** (*Beschreibung*) description.
Charakteristik *f* **1.** characterization. **2.** A, *tech.* characteristic.
charakteristisch *adj* (***für*** of) characteristic, typical.
charakterlich I *adj* of (one's) character, moral. II *adv* in character.
charakterlos *adj* **1.** unprincipled, weak. **2.** (*nichtssagend*) colo(u)rless.
Charakterlosigkeit *f* lack of character.
Charakter|rolle *f thea.* character part. **~schwäche** *f* weakness (of character). **~stärke** *f* strength (of character).
charaktervoll *adj* full of character, *Gesicht etc*: *a.* striking.
Charakterzug *m* trait.
Charge *f* **1.** *thea.* supporting part. **2.** *metall.* charge.
Charisma *n* charisma. **charismatisch** *adj* charismatic(ally *adv*).
charmant *adj* charming.
Charme *m* (***s-n ~ spielen lassen*** turn on the old) charm.
Charta *f pol.* charter.
Charter *m* charter. **~flug** *m* charter flight. **~maschine** *f* charter plane.
chartern *v/t* charter.
Chassis *n* chassis.
Chauffeur(in) driver, chauffeur.
Chauvi *m* F male chauvinist (pig).
Chauvinismus *m* (***männlicher ~*** male) chauvinism.
Chauvinist(in) **1.** *pol.* chauvinist. **2.** → ***Chauvi.***
chauvinistisch *adj* chauvinistic.

checken *v/t* check.
Checkliste *f* check list.
Chef *m* **1.** head, F boss: ***wer ist hier der ~?*** who's in charge here? **2.** (*Küchenchef*) chef. **~arzt** *m*, **~ärztin** *f* senior consultant. **~buchhalter(in)** head accountant. **~etage** *f* (***in der ~*** on the) executive floor. **~ideologe** *m*, **~ideologin** *f* chief ideologist.
Chefin *f* **1.** → ***Chef.*** **2.** F the boss's wife.
Chef|lektor(in) chief editor. **~konstrukteur** *m* chief designer. **~pilot** *m* chief pilot. **~redakteur(in)** editor in chief. **~sache** *f* ***et. zur ~ machen*** give top priority to s.th. **~sekretär(in)** executive (*od.* personal) assistant, *Am.* executive (*od.* private) secretary. **~sessel** *m* F ***es auf den ~ abgesehen haben*** have one's eye on the boss's job.
Chemie *f* chemistry. **~faser** *f* synthetic fibre (*Am.* fiber). **~industrie** *f* chemicals industry.
Chemikalien *pl* chemicals *pl.*
Chemiker(in) (analytical) chemist.
chemisch *adj* chemical: ***~e Reinigung*** dry cleaning; *adv* ***et. ~ reinigen lassen*** have s.th. dry-cleaned.
Chemotechniker(in) laboratory technician.
Chemotherapie *f* ⚕ chemotherapy.
Chester(käse) *m* Cheshire (cheese).
Chicorée *m* ⚘ chicory.
Chiffre *f* cipher, code, *e-r Anzeige*: box number. **~anzeige** *f* box-number advertisement. **~nummer** *f* box number.
chiffrieren *v/t* (en)code.
Chile *n* Chile.
Chilene *m*, **Chilenin** *f*, **chilenisch** *adj* Chilean.
China *n* China.
Chinakohl *m* Chinese leaves *pl.*
Chinese *m*, **Chinesin** *f*, **chinesisch** *adj* Chinese.
Chinin *n* quinine.
Chintz *m* chintz.
Chip *m* **1.** *a. Computer*: chip. **2.** *pl gastr.* (potato) crisps (*Am.* chips) *pl.* **~hersteller** *m* chip manufacturer(s *pl*). **~karte** *f* smart card.
Chirurg(in) surgeon. **Chirurgie** *f* surgery. **chirurgisch** *adj* surgical.
Chlor *n* ⚗ chlorine.
chlorfrei *adj Papier etc*: non-chlorine bleached.
Chlorgas *n* chloric gas.
Chlorid *n* ⚗ chloride.
Chloroform *n* ⚕ chloroform.
Chlorophyll *n* ⚘ chlorophyll.
Choke *m mot.* choke.
Cholera *f* ⚕ cholera.
cholerisch *adj* choleric.
Cholesterin *n* ⚕ cholesterol. **Cholesterinspiegel** *m* ⚕ cholesterol level.
Chor *m* choir (*a.* △), (*~gesang*) chorus (*a. thea.*): *fig.* ***im ~*** in chorus.
Choral *m* hymn, chorale.
Choreograph(in) choreographer.
Choreographie *f* choreography.
Chor|gesang *m* choral singing (*od.* music). **~gestühl** *n* (choir) stalls *pl.* **~knabe** *m* choirboy. **~sänger(in)** chorister.
Christ... → ***Weihnachts...***
Christ(in) Christian. **Christenheit** *f* Christendom. **Christentum** *n* Christianity. **Christkind** *n* **1.** infant Jesus. **2.** F Father Christmas, Santa Claus.
christl. ***christlich*** Christian (Chr.).
christlich *adj* (*adv* like a) Christian.
Chrom *n* chromium, *metall. a.* chrome.
chromatisch *adj* ♪ chromatic.
Chromosom *n* chromosome.
chron. ***chronisch*** chronic; ***chronologisch*** chronological (chron., chronol.).
Chronik *f* chronicle.
chronisch *adj* ⚕ *u. fig.* chronic(ally *adv*).
Chronist(in) chronicler.
Chronologie *f* chronology.
chronologisch *adj* chronological.
circa *adv* about, approximately.
City *f* (town) centre, *Am.* downtown.
cl ***Zentiliter*** centilitre(s *pl*), *Am.* centiliter(s *pl*).
Clique *f* clique, F crowd.
Clou *m* high spot, (*Höhepunkt*) climax, (*Pointe*) point.
cm ***Zentimeter*** centimetre(s *pl*), *Am.* centimeter(s *pl*).
cm^2 ***Quadratzentimeter*** square centimetre(s *pl*), *Am.* centimeter(s *pl*) (sq. cm., cm^2).
cm^3 ***Kubikzentimeter*** cubic centimetre(s *pl*), *Am.* centimeter(s *pl*) (cc, cm^3).
Co. *econ. veraltet*: ***Compagnie, Kompanie*** company (Co., co.).
c/o care of, bei, per Adresse (c/o).
Cockpit *n* cockpit, ✈ *a.* flight deck.
Cocktail *m* cocktail. **~kleid** *n* cocktail dress. **~party** *f* cocktail party. **~tomate** *f* cocktail tomato.
Code *m* code. **codieren** *v/t* (en)code.
Codierung *f* (en)coding.
Cola *f* Coke (*TM*).
Computer *m* computer. **~anwender(in)** computer user, PC user. **~arbeitsplatz** *m* work station. **~ausdruck** *m* computer printout. **~brief** *m* personalized computer letter. **~erfahrung** *f* computer experience. **~fahndung** *f* computer-aided search. **~firma** *f* computer firm (*od.* company).

computer|gerecht *adj* computer-compatible. **~gesteuert** *adj* computer-controlled. **~gestützt** *adj* computer-aided, computer-assisted.
Computer|grafik *f* computer graphics *pl.* **~händler** *m* computer dealer(s *pl*). **~hersteller** *m* computer manufacturer(s *pl*).
computerisieren *v/t* computerize.
computer|kontrolliert *adj* computer-controlled. **~lesbar** *adj* machine-readable.
Computer|peripherie *f* periphery. **~programm** *n* computer program. **~satz** *m* computer typesetting. **~schrott** *m* computer junk. **~spiel** *n* computer game. **~tomographie** *f* computer(ized axial) tomography. **~virus** *m* computer virus.
Conakry *n capital of Guinea.*
Conférencier *m* compère, *Am.* emcee.
Consulting *n* consulting. **~-Unternehmen** *n* consulting firm.
Container *m* container. **~bahnhof** *m*, **~hafen** *m* container terminal. **~schiff** *n* container ship.
Contergankind *n* F thalidomide child.
cos ***Kosinus*** cosine (cos).
Couch *f* couch. **~garnitur** *f* three-piece suite. **~tisch** *m* coffee table.
Coup *m* coup.
Coupé *n* railway compartment, (*Wagen*) coupé (*a. mot.*).
Coupon *m* coupon, *im Scheckbuch*: counterfoil.
Courage *f* F courage, pluck.
couragiert *adj* F courageous, plucky.
Courtage *f* broker's commission.
Cousin *m* (male) cousin; → ***Kusine.***
Creme *f* cream, *gastr.* crème.
cremefarben *adj* cream-colo(u)red.
Creme|speise *f* crème. **~torte** *f* cream gateau.
Creutzfeld-Jakob-Krankheit *f* Creutzfeld-Jakob disease, CJD.
CSU ***Christlich-Soziale Union*** Christian Social Union (*of Bavaria*).
ct ***Cent*(s)** cent(s *pl*) (ct, *pl* cts); ***Centime*(s)** centime(s *pl*) (ct, *pl* cts).
c. t. ***cum tempore, mit akademischem Viertel*** quarter past the hour.
CT ***Computertomographie*** computer(ized axial) tomography.
CTA ***chemisch-technische Assistentin*** (chemical) laboratory assistant.
Cup *m Sport*: cup.
Cupfinale *n* cup final.
Curry *m*, *n* **1.** curry. **2.** curry powder.
Cursor *m Computer*: cursor.
Cutter(in) *Film etc*: cutter.
CVJM ***Christlicher Verein Junger Menschen*** Young Men's Christian Association (YMCA); Young Women's Christian Association (YWCA).

D

D, d *n* D, d, *a.* ♪ D.

D. ***Deutschverzeichnis*** (*der Werke von Franz Schubert*) *etwa* Deutsch Catalog(ue) (D); ***Doktor der*** (***protestantischen***) ***Theologie*** Doctor of Divinity (DD).

d. Ä. ***der Ältere*** the Elder.

da I *adv* **1.** (*dort*) there, (*hier*) here: ***der*** (***die, das***) ***...*** ~ that ... (there); ~ ***und dort*** here and there; ***er ist*** ~ he's here, he has arrived; ~ ***kommt sie*** here she comes; ~ ***liegt die Schwierigkeit*** that's the difficulty; ~ (***hast du***)***!*** there you are!; ~ ***sein*** a) be there, (*existieren*) exist, (*anwesend sein*) be present; ***bist du noch*** ~***?*** are you still here?; ***ist noch Brot*** ~***?*** is there any bread left?; ***ich bin gleich wieder*** ~***!*** I'll be right back!; ***ist j-d*** ~ ***gewesen?*** has anyone been?; *fig.* ***noch nie*** ~ ***gewesen*** unprecedented, unheard-of, b) F (***voll***) ~ ***sein*** *geistig*: be all there, (*in Form sein*) be in great shape, (*bei Bewusstsein*) be conscious. **2.** *zeitlich*: then, at that time: ~ ***erst*** only then; ***hier und*** ~ now and then. **3.** ***sieh*** ~***!*** look (at that)!; ~ ***haben wirs!*** there (you are)!; ***nichts*** ~***!*** nothing doing! **4.** (*in diesem Falle*) there, here, in that case: ~ ***bin ich Ihrer Meinung*** I do agree with you there (*od.* here); ***was kann man*** ~ ***machen?*** what's to be done?; ***was gibts denn*** ~ ***zu lachen?*** what's so funny about it?; ***und*** ~ ***zögerst du noch?*** and you still hesitate? **II** *conj* **5.** as, since, because.

DAAD ***Deutscher Akademischer Austauschdienst*** German Academic Exchange Service.

dabei I *adv* **1.** (*in der Nähe*) near, near by, close by: ***ein Brief war nicht*** ~ there was no letter (with it). **2.** ~ ***sein, et. zu tun*** be about to do, be on the point of doing. **3.** (*gleichzeitig*) at the same time: ***sie strickte und hörte Radio*** ~ while knitting she listened to the radio. **4.** (*außerdem*) as well, into the bargain. **5.** (*obwohl*) yet, nevertheless. **6.** (*bei diesem Anlass*) on the occasion, (*dadurch*) as a result: ~ ***gab es Streit*** this led to a quarrel; ***alle*** ~ ***entstehenden Kosten*** all costs incurred; ***es kommt nichts*** ~ ***heraus*** nothing will come of it. **7.** (*anwesend*) present, there; ~ ***sein*** be present, be there, take part, (*mit ansehen*) be a witness: *fig.* ***ich bin*** ~***!*** count me in; → ***bleiben*** 3. **8.** ***ich dachte mir nichts*** ~ *bei eigenen Worten etc*: I meant no harm, *bei Worten etc anderer*: I paid no particular attention to it; ***es ist nichts*** ~***!*** (*es ist leicht*) there's nothing to it!, (*es ist harmlos*) there's no harm in it!; ***was ist schon*** ~***?*** what of it?; ***lassen wir es*** ~***!*** let's leave it at that!; ***was soll ich*** ~ ***tun?*** where do I come into the picture? **II** *conj* **9.** but, (and) yet.

dabeibleiben *v/i* stay (*od.* remain) with it, them *etc*; → *a.* **bleiben** 3.

dabeihaben *v/t* F have *s.o., s.th.* there: ***ich habe kein Geld dabei*** I have no money on me.

dabeistehen *v/i* stand by.

dableiben *v/i* remain, stay.

Dach *n allg.* roof, *mot. a.* top, *fig. a.* shelter: ***unter*** ~ ***und Fach bringen*** a) shelter, b) *fig.* complete; F *fig.* ***eins aufs*** ~ ***kriegen*** get it in the neck.

Dach|antenne *f* roof (*mot.* over-car) aerial (*Am.* antenna). **~balken** *m* rooftree. **~boden** *m* loft. **~decker(in)** roofer. **~fenster** *n* dormer (window). **~first** *m* ridge (of a roof). **~garten** *m* roof garden. **~gepäckträger** *m mot.* roof rack. **~geschoss** *n* attic stor(e)y, loft. **~gesellschaft** *f econ.* holding company. **~kammer** *f* attic, garret. **~luke** *f* skylight. **~organisation** *f* umbrella organization. **~pappe** *f* roofing (felt). **~rinne** *f* gutter, eaves *pl.*

Dachs *m zo.* badger.

Dach|stuhl *m* roof truss, *aus Holz*: timbering. **~terrasse** *f* roof terrace. **~verband** *m econ.* umbrella organization. **~wohnung** *f* attic flat. **~ziegel** *m* (roofing) tile.

Dackel *m zo.* dachshund.

dadurch I *adv* **1.** *örtlich*: through it (*od.* there), that way. **2.** (*auf diese Weise*) by it, (*deswegen*) because of that: ***alle*** ~ ***verursachten Schäden*** all damages caused thereby; ***sie verschlief und kam*** ~ ***zu spät*** she overslept, and so (*od.* that's why) she was late. **II** *conj* **3.** ~***, dass es regnete*** because of (*od.* owing to) the rain. **4.** ~***, dass ich weniger trinke*** by drinking less.

dafür I *adv* **1.** for it (them, this, *etc*). **2.** (*stattdessen*) in return (for it), instead (of it). **3.** **~ sein** be for it, be in favo(u)r of it; **ich bin ~ zu bleiben** I'm for staying; **ich bin sehr ~!** I'm all for it!; *parl.* **die Mehrheit ist ~** the ayes have it; → **sprechen** I. **4.** F **ich kann nichts ~** it's not my fault. **5.** **~ wirst du ja bezahlt** that's what you are paid for. **II** *conj* **6.** **er wurde ~ bestraft, dass er gelogen hatte** he was punished for lying. **7.** **~ sorgen, dass** see to it that. **8.** (*als Ausgleich*) but (then): **sie arbeiten langsam, ~ aber sorgfältig** they are slow but diligent.

Dafürhalten *n* **nach m-m** *etc* **~** in my *etc* opinion, as I *etc* see it.

dagegen I *adv* **1.** *allg.* against it (*od.* that): **~ hilft Wärme** warmth is good for it; **~ hilft nichts** there is no remedy (for it), *weitS.* it can't be helped; **~ sein** be against (*od.* opposed to) it; **ich bin ~, dass du allein gehst** I'm against you(r) going alone; **haben Sie et. ~, wenn ich rauche?** do you mind if I smoke (*od.* my smoking)?; **ich habe nichts ~** I don't mind. **2.** (*verglichen mit*) by (*od.* in) comparison, compared with. **3.** (*im Austausch*) in exchange (for it). **II** *conj* **4.** (*jedoch*) but, however, on the other hand, (*während*) whereas, while.

dagegen|halten → **einwenden.** **~sprechen** *v/i fig.* speak against it. **~stellen** *v/reflex* **sich ~** *fig.* oppose it.

daheim *dial.* *adv* at home, (*in der Heimat*) back home.

Daheim *n* home.

daher I *adv* **1.** from there. **2.** *a.* **von ~** (*deshalb*) therefore; **~ kommt es, dass** that's why (*od.* how); **~ ihr Misstrauen** hence her suspicion. **II** *conj* **3.** *a.* **von ~** (*deshalb*) that's why, (and) so.

dahergelaufen *adj* F *contp.* **jeder ~e Kerl** any guy who happens along.

dahin I *adv* **1.** there: **auf dem Weg ~** on the way there; **ist es noch weit bis ~?** is it much farther? **2.** *zeitlich*: **bis ~** a) until then, till then, b) by then; **bis ~ bin ich fertig** I'll be finished by then. **3.** (*Ziel*) **sich ~ äußern** (**einigen**), **dass** say (agree) that; **~ gehend, dass ...** to the effect that ...; **man hat sich ~ gehend geeinigt, dass ...** it was agreed that ... **4.** **es ~** (*so weit*) **bringen, dass** bring matters to the stage where; **j-n ~ bringen, dass** bring s.o. to the point of *ger.* **II** *adj* **5.** gone, lost.

dahingehen *v/i sterben*: pass.

dahingestellt *adj* **et. ~ sein lassen** leave it open as to whether; **das bleibt ~** that remains to be seen.

dahinten *adv* back there.

dahinter *adv* behind it *etc*, at the back (of him *etc*), *Am.* back of him *etc*: *fig.* **es ist nichts ~** there's nothing behind it; F **sich ~ klemmen** buckle down (to it); F **~kommen** find out (about it); *fig.* **~ stecken** be behind it, be at the bottom of it: **es steckt mehr ~** there's more to it than meets the eye.

dahin|vegetieren *v/i* vegetate. **~ziehen** *v/i* move (*Wolken*: drift) along.

Dahlie *f* ⚘ dahlia.

DAK **Deutsche Angestellten-Krankenkasse** health insurance scheme for white-collar workers.

Dakar *n capital of Senegal.*

dalassen *v/t* F leave.

daliegen *v/i* lie (there).

dalli *adv* F **~, ~!, mach ~!** get a move on!

Dalmatiner *m zo.* Dalmatian.

damalig *adj* then, *nachgestellt*: at that time: **in der ~en Zeit** → **damals** *adv* then, in those days: **die Leute (von) ~** the people of that time.

Damast *m* damask.

Dame *f* **1.** lady, *beim Tanzen*: partner: **~ des Hauses** hostess; **m-e ~n und Herren!** ladies and gentlemen! **2.** a) (*~spiel*) draughts (*Am.* checkers) *sg*, b) (*~stein*) king, c) *Schach etc*: queen.

Damebrett *n* draughtboard, *Am.* checkerboard.

Damen|binde *f* sanitary towel (*Am.* napkin). **~doppel** *n Tennis*: *the* women's doubles *pl.* **~einzel** *n Tennis*: *the* women's singles *pl.* **~fahrrad** *n* lady's bicycle. **~friseur(in)** ladies' hairdresser. **~fußball** *m* women's football (*od.* soccer).

damenhaft *adj* ladylike.

Damen|konfektion *f* ladies' ready-made (*Am.* ready-to-wear) clothing. **~mannschaft** *f Sport*: women's team. **~schneider(in)** dressmaker. **~toilette** *f* ladies' toilet (*Am.* restroom). **~unterwäsche** *f* ladies' underwear, *feine*: lingerie. **~wahl** *f* ladies' choice.

Damespiel *n* → **Dame** 2 a.

damit I *adv* with it (*od.* them, *betont*: that, those), (*mittels*) by it, with it: **ich bin ~ fertig** I've finished with it; **was willst du ~?** what do you want it for?; **was soll ich ~?** what am I supposed to do with it?; **was willst du ~ sagen?** what are you trying to say?; **~ ist der Fall erledigt** so much for that; F **~ ist es nichts!** it's no go! **II** *conj* so that: **~ nichts passiert** lest anything should happen; **ich bringe es mit, ~ du es dir ansehen kannst** I'll bring it (here) for you to look at.

dämlich *adj* F stupid, silly.

Damm *m* **1.** bank, (*Deich*) dike, (*Staudamm*) dam, (*Bahndamm*) embankment: F *fig.* **ich bin nicht auf dem ~** I don't feel well; **sie ist**

D

wieder auf dem ~ she's fit again. **2.** *anat.* perineum.
dämm(e)rig *adj* dusky, *Beleuchtung*: faint, dim.
Dämmerlicht *n* twilight.
dämmern I *v/impers* ***es dämmert*** a) *morgens*: it is getting light (*abends*: dark), b) F *fig.* ***(bei) j-m*** it's beginning to dawn on s.o. II *v/i* ***vor sich hin ~*** doze, be half asleep.
Dämmerung *f* (*morgens*) dawn, (*abends*) dusk, (*a. Halbdunkel*) twilight: ***in der ~*** a) at dawn, b) at dusk, at nightfall.
Dämmung *f tech.* insulation.
Dämon *m* demon.
dämonisch *adj* demoniac(al).
Dampf *m* (*Wasserdampf*) steam, (*Dunst*) vapo(u)r, *aggressiver*: fume: F *fig.* ***~ ablassen*** let off steam; ***~ dahinter machen*** put on steam; ***j-m ~ machen*** make s.o. get a move on. **~bad** *n* steam bath. **~bügeleisen** *n* steam iron.
dampfen *v/i* steam.
dämpfen *v/t* **1.** *gastr.*, *tech.* steam. **2.** (*Schall*) deaden, silence, (*Stimme*) lower, (*Ton*) muffle, (*Trompete etc*) mute, (*Stoß etc*) cushion, absorb, (*Farbe, Licht etc*) soften: → ***gedämpft.*** **3.** *fig.* (*mäßigen*) restrain, (*Gefühle*) subdue, (*Stimmung*) put a damper on.
Dampfer *m* steamer.
Dämpfer *m allg.* damper (*a. fig.*), ♪ *a.* mute: F *fig.* ***e-n ~ bekommen*** be damp(en)ed; (*dat*) ***e-n ~ aufsetzen*** put a damper on.
Dampf|heizung *f* steam heating. **~kessel** *m* steam boiler. **~kochtopf** *m* pressure cooker. **~maschine** *f* steam engine. **~schiff** *n* steamship. **~walze** *f a. fig.* steamroller.
Damwild *n zo.* fallow deer.
dän. ***dänisch*** Danish (Dan.).
danach *adv* **1.** *zeitlich*: after (that), afterward(s), (*später*) later on: ***bald ~*** soon after. **2.** *Reihenfolge*: then, next, behind (*od.* after) him *etc.* **3.** (*gemäß*) according to it, (*entsprechend*) accordingly: F *das Essen war billig*, ***aber es war auch ~*** but it tasted like it, too; ***mir ist nicht ~*** I don't feel like it. **4.** ***~ fragen*** ask for it; ***sich ~ sehnen zu*** *inf* long to *inf*; ***sich ~ erkundigen*** inquire about it.
Däne *m* Dane.
daneben *adv* **1.** beside (*od.* next to) it (*od.* them): ***im Haus ~*** next door. **2.** *a. conj* (*außerdem*) besides, (*gleichzeitig*) at the same time. **3.** (*im Vergleich*) beside it (*od.* them *etc*), in comparison. **4.** (*vorbei*) off the mark: ***~!*** missed!
daneben|benehmen *v/reflex* ***sich ~*** F behave badly. **~gehen** *v/i* **1.** *Schuss etc*: miss. **2.** F *fig.* misfire, go wrong. **~greifen** *v/i* **1.** ♪ strike a wrong (*fig.* false) note. **2.** *beim Fangen*: miss. **3.** F *fig. bei e-r Prognose etc*: be wide of the mark. **~schießen, ~treffen** *v/i* miss.
Dänemark *n* Denmark.
Dänin *f* Dane. **dänisch** *adj* Danish.
dank *prep* (*gen, dat*) *a. iro.* thanks to.
Dank *m* thanks *pl*, (*~barkeit*) gratitude, (*Lohn*) reward: ***vielen*** (*od.* ***herzlichen, besten, schönen***) ***~!*** many thanks!, thank you very much!; ***als ~, zum ~*** by way of thanks; ***j-m s-n ~ abstatten*** extend (*od.* express) one's thanks to s.o.; ***j-m ~ schulden*** owe s.o. a debt of gratitude; ***das ist der*** (***ganze***) ***~!*** that's gratitude for you!; → ***Gott.***
dankbar *adj* **1.** grateful (***j-m für et.*** to s.o. for s.th.), *Publikum*: appreciative: ***ich wäre Ihnen ~, wenn Sie kämen*** I'd be much obliged if you came. **2.** (*lohnend*) rewarding. **3.** F *fig. Material etc*: hard-wearing.
Dankbarkeit *f* (***aus ~*** out of) gratitude (***für*** for).
danken I *v/i* **1.** thank (***j-m für et.*** s.o. for s.th.): ***danke*** (***schön***)***!*** (many) thanks!, thank you (very much)!; (***nein***) ***danke!*** no, thank you!, no, thanks!; ***nichts zu ~*** you are welcome; ***wie kann ich Ihnen nur ~?*** how can I begin to thank you?; F ***na, ich danke!*** thank you for nothing! **2.** (*ablehnen*) decline. II *v/t* **3.** ***j-m et. ~*** reward s.o. for s.th. **4.** → ***verdanken.*** **dankenswerterweise** *adv* **1.** kindly. **2.** *fig.* commendably.
Dankesbrief *m* thank-you letter.
Dankeschön *n* thank-you.
Dankesworte *pl* words *pl* of thanks.
Dankgebet *n* thanksgiving (prayer).
Dankschreiben *n* letter of thanks.
dann I *adv* **1.** then, after that: ***~ und wann*** every now and then; ***was passierte ~?*** what happened next?; F ***bis ~!*** see you (later)! **2.** (*in diesem Fall*) then, in that case. II *conj* **3.** F (well) then, so: ***~ eben nicht!*** all right, forget it!
daran *adv* **1.** at (*od.* on, in, to) it (*od.* that): ***es waren k-e Knöpfe ~*** there were no buttons on it; ***halt dich ~ fest!*** hold on to it!; ***nahe ~*** close to it; *fig. ich habe ihn nicht geschlagen*, ***aber ich war nahe ~*** but I nearly did; → ***nahe*** II. **2.** ***~ anschließend, im Anschluss ~*** afterward(s). **3.** ***es ist nicht ~ zu denken*** it's out of the question; ***ich glaube nicht ~*** I don't believe it; ***es ist et.*** (***nichts***) ***~*** there's s.th. (nothing) in it; ***es liegt mir viel ~*** it's very important to me; ***~ ist kein wahres Wort*** there's not a word of truth in it; ***~ stirbt man nicht*** you don't die of it; ***du tust gut ~ zu gehen*** you are wise to go; ***das Schönste ~ war*** the best thing about it was; → ***liegen.***

daran|gehen *v/i* get down to it: **~, et. zu tun** get down to doing s.th. **~machen** *v/reflex* **sich ~** F → **darangehen.**

daransetzen *v/t* **alles ~, um zu** *inf* spare no effort to *inf.*

darauf *adv* **1.** *räumlich*: on it *etc*, on top of it. **2.** *zeitlich*: after (that), then: **bald ~** soon after; **e-e Woche ~** a week later. **3.** *fig.* **ich freue mich ~** I'm looking forward to it; **~ wollen wir trinken!** let's drink to that!; **sie ging direkt ~ zu** she went straight for it; **~ steht Gefängnis** there is a prison penalty for that; **~ bin ich stolz** I'm proud of it; **wie kommt er nur ~?** whatever makes him think of that?; **ich komme nicht ~** (F **drauf**) I can't think of it!

daraufhin *adv* **1.** as a result, consequently. **2.** (*danach*) after that. **3. et. ~ prüfen, ob** examine s.th. to see if.

daraus *adv* **1.** from it *etc*: **~ lernen** (**vorlesen**) learn (read) from it. **2.** of it *etc*: **was ist ~ geworden?** what has become of it?; **~ wird nichts!** F nothing doing! **3.** for it *etc*: **ich mache mir nichts ~** a) I don't care for it, b) (*es stört mich nicht*) that doesn't worry me (a bit)!

darben *v/i* suffer want, (*hungern*) starve.

darbieten *v/t* **1.** present (**sich** itself). **2.** (*aufführen*) perform.

Darbietung *f* **1.** presentation. **2.** *thea. etc* performance.

darbringen *v/t* (*dat* to) present, give.

darin *adv* **1.** in it *etc*: **was ist ~?** what's in it (*od.* inside)? **2.** there, in this (respect): **~ irren Sie sich!** there you are mistaken!; **~ liegt der Unterschied** that's the difference. **3.** at it, at that: **~ ist er sehr gut** he is very good at that.

darlegen *v/t* show, state: **j-m et. ~** explain s.th. to s.o. **Darlegung** *f* explanation, (*Aussage*) statement.

Darlehen *n* loan: **ein ~ aufnehmen** raise (*od.* take up) a loan; **zinsgünstiges ~** low-interest loan; **zinsloses ~** interest-free loan.

Darlehens|bedingungen *pl* terms *pl* of a (*od.* the) loan. **~geber** *m* lender. **~nehmer** *m* borrower. **~vertrag** *m* loan contract. **~zinsen** *pl* interest *sg* on loans.

Darm *m* **1.** *anat.* bowel(s *pl*), intestine(s *pl*), gut(s *pl*): **den ~ entleeren** evacuate the bowels, defecate. **2.** (*Wurstdarm*) (sausage) skin. **~entleerung** *f* defecation. **~flora** *f* intestinal flora. **~geschwür** *n* intestinal ulcer. **~grippe** *f* gastroenteric influenza. **~krebs** *m* cancer of the intestine. **~saite** *f* catgut (string). **~spiegelung** *f* enteroscopy. **~trägheit** *f* constipation. **~verschluss** *m* ileus.

darstellen *v/t* **1.** *allg.* represent, (*beschreiben*) describe (*a.* ⚗), portray, (*zeigen*) show, (*ausdrücken*) express, (*bedeuten*) constitute, mean: **falsch ~** misrepresent; **was soll das ~?** what's that supposed to be?; **e-e Belastung ~** be a burden. **2.** *thea. etc* act, play, *weitS.* interpret: F *fig.* **er stellt et. dar** he is really somebody. **3.** ⚗ prepare. **4.** *Computer*: display. **darstellend** *adj* **1. ~e Geometrie** descriptive geometry. **2.** → **Kunst** 1.

Darsteller *m* player, actor: **der ~ des Faust** the actor playing Faust.

Darstellerin *f* actress, player.

darstellerisch *adj* acting: **s-e ~e Leistung** his performance (*od.* acting).

Darstellung *f* **1.** representation, description, (*Bericht*) account: **grafische ~** graph, diagram. **2.** *thea. etc* acting, performance, *weitS.* interpretation. **3.** ⚗ preparation. **4.** *Computer*: display.

darüber *adv* **1.** *räumlich*: over it (*od.* that) (*a. zeitlich*), above it *etc*: **das Zimmer ~** the room above; **ich bin ~ eingeschlafen** I fell asleep over it. **2.** (*mehr*) more. **3. ~ hinaus** a) beyond it *etc*, b) *fig.* over and above that, (*außerdem*) moreover; *fig.* **er ist ~ hinaus** he is past (all) that. **4.** *fig.* (*über e-e Sache*) about it (*od.* that), (*über ein Thema*) on that, on it: **ich freue mich ~** I'm glad about it; **~ vergisst er alle s-e Sorgen** that takes his mind off his problems; **~ kam sie nicht hinweg** she didn't get over it; *fig.* **~ stehen** be above it.

darum *adv* **1.** *räumlich*: (a)round it *etc*. **2. ich bat ihn ~** I asked him: a) for it, b) to do it; **~ geht es nicht!** that's not the point! **3.** → **deshalb.**

darunter *adv* **1.** *räumlich*: under it *etc*, underneath: **das Zimmer ~** the room below; **~ trug sie ...** underneath she was wearing ...; *fig.* **~ liegen** be below (standard); **s-n Namen ~ setzen** put one's name (*od.* signature) to it. **2.** (*weniger*) less, under: F **~ tut er es nicht** he won't do it for less. **3.** (*dabei*) among them, (*einschließlich*) including: **~ fallen** come under (*a law etc*). **4. ~ leiden, dass** suffer from *ger*; **was versteht man ~?** what do you understand by it?; **~ kann ich mir nichts vorstellen** that doesn't mean anything to me.

Darwinismus *m* Darwinism.

das I *def art* the: **~ Buch des Monats** the book of the month. **II** *dem pron* this (one), that (one): **~ war sie!** that was her!; **~ sind s-e Bücher** those are his books; **~ ist es ja (gerade)!** that's the point!; **nur ~ nicht!** anything but that! **III** *rel pron* which: **~ Geschäft, ~ ich meine** the shop (which) I'm talking of. **IV** *pers pron* F *für* **es.**

D

D

dasein *v/i* → ***da*** I 1.
Dasein *n* (***der Kampf ums*** ~ the struggle for) existence.
dasitzen *v/i* sit there: *fig.* ***ohne e-n Pfennig*** ~ be left without a penny.
dass *conj* that: ***so*** ~ so that; ***es sei denn,*** ~ unless; ***ohne*** ~ without *ger*; ***ich weiß,*** ~ ***ich Recht habe*** I know I'm right; ***er entschuldigte sich,*** ~ ***er zu spät kam*** he apologized for being late; ***nicht,*** ~ ***ich wüsste*** not that I know of; ***es ist lange her,*** ~ ***ich sie gesehen habe*** it's a long time since I saw her; F ~ ***du ja hingehst!*** be sure to go!
dastehen *v/i* stand there: ***mittellos*** ~ be penniless; F ***wie stehe ich jetzt da!*** what a fool I look now!
DAT ***digital audio tape*** (*Tonbandkassette für Digitalaufnahmen mit DAT-Recordern*).
Dat. ***Dativ*** dative (case) (dat.); ***Datum*** date (d.).
Datei *f* data file.
Dateienverzeichnis *n* directory.
Dateiname *m* file name.
Daten *pl* data *pl*, facts *pl*, (*Personaldaten*) particulars *pl*: ~ ***eingeben*** enter (*od.* input) data; ~ ***sichern*** (***verarbeiten***) back up (process) data; ~ ***verarbeitend*** data-processing. **~abfrage** *f* data recall. **~aufbereitung** *f* data editing. **~ausgabe** *f* data output. **~austausch** *m* data exchange. **~auswertung** *f* data evaluation. **~autobahn** *f* information highway.
Datenbank *f* data bank. **~programm** *n* data base program. **~server** *m* data base server. **~system** *n* data base system. **~verwaltung** *f* data base management.
Daten|bestand *m* database. **~blatt** *n* data sheet. **~eingabe** *f* data input. **~erfassung** *f* data collection. **~erhebung** *f* data survey. **~fehler** *m* data-sensitive fault. **~fernübertragung** *f* data transmission. **~fernverarbeitung** *f* teleprocessing. **~fluss** *m* data flow. **~flussplan** *m* data flowchart. **~funkdienst** *m* radio data transmission. **~konvertierung** *f* data conversion. **~leitung** *f* data line. **~menge** *f* pack of data. **~missbrauch** *m* data abuse. **~netz** *n* data network. **~satz** *m* data record. **~schutz** *m* data protection. **~schutzbeauftragte** *m, f* data protection commissioner. **~sicherheit** *f* data security. **~sicherheitsexperte** *m* data security expert. **~sicherung** *f* data protection, backup. **~sichtgerät** *n* (visual) display unit (VDU), (video) terminal. **~speicher** *m* data memory. **~speicherung** *f* data storage. **~technik** *f* data systems engineering.
Datenträger *m* data medium. **~austausch** *m* data carrier exchange.
Daten|typist(in) data typist. **~übermittlung** *f*, **~übertragung** *f* data transfer (*od.* communication).
datenverarbeitend → ***Daten.***
Datenverarbeitung *f* data processing.
Datenverarbeitungs|anlage *f* data processing equipment. **~programm** *n* data processing program.
Daten|verbund *m* data network. **~verlust** *m* data loss, loss of data. **~verwaltung** *f* data management. **~wiedergewinnung** *f* data retrieval. **~zentrum** *n* data cent/re (*Am.* -er). **~zugriff** *m* data access.
datieren *v/t u. v/i* date (***von, aus*** from).
Dativ *m* dative (case). **~objekt** *n* dative (*od.* indirect) object.
Datscha *f* dacha.
Dattel *f* ⚘ date.
Datum *n* date: ***ohne*** ~ undated; ***welches*** ~ ***haben wir heute?*** what's the date today?; ***neueren*** **~*s*** of recent date.
Datums|grenze *f geogr.* date line. **~stempel** *m* date stamp, (*Gerät*) dater.
Dauer *f* duration (*a. ling.*, ♪), period (of time), *bsd.*, ⚖ term, (*Länge*) length: ***von*** ~ lasting; ***von kurzer*** (*od.* ***nicht von***) ~ ***sein*** be short-lived, not to last long; ***auf die*** ~ in the long run; ***der Lärm ist auf die*** ~ ***unerträglich*** you can't stand the noise for long; ***das kann auf die*** ~ ***nicht so weitergehen*** that can't go on indefinitely; ***für die*** ~ ***von*** (*od. gen*) for the duration of; ***für die*** ~ ***von zwei Jahren*** for a period of two years.
Dauer|arbeitslose *m, f* long-term unemployed person. **~arbeitslosigkeit** *f* chronic unemployment. **~auftrag** *m econ.* standing order. **~belastung** *f* **1.** *tech.* continuous load. **2.** *fig.* permanent stress. **~beschäftigung** *f* permanent job, permanent employment. **~betrieb** *m tech.* continuous operation. **~brenner** *m* F long-running success (*od.* hit). **~gast** *m* permanent guest.
dauerhaft *adj allg.* durable, (*beständig*) *a.* permanent, lasting, (*haltbar*) *a.* hard-wearing, solid: ~ ***sein*** *a.* wear well; **~*e Konsumgüter*** consumer durables.
Dauerhaftigkeit *f* durability.
Dauer|karte *f* season ticket. **~kunde** *m* regular customer. **~lauf** *m Sport*: jogging: ***im*** ~ at a jog (trot). **~leistung** *f tech.* continuous output, *von Menschen*: long-term performance. **~lutscher** *m* F lollipop.
dauern *v/i* last, go on, (*Zeit* ~) take: ***zwei Stunden*** ~ take two hours; ***wie lange dauert es denn noch?*** how much longer will it take?; ***es wird lange*** **~, *bis*** it will be a long time before; ***das dauert mir zu lange!*** that's too long for me!
dauernd I *adj* constant: **~*er Wohnsitz*** per-

manent residence. **II** *adv* constantly: **~ et. tun** keep doing; **er kommt ~ zu spät** he is always late; **das passiert ~** that happens all the time.

Dauer|parker(in) long-term parker. **~regen** *m* continuous rain. **~stellung** *f* permanent post. **~welle** *f* (**~n haben** F have a) perm. **~zustand** *m* **zum ~ werden** become permanent (*b.s.* chronic).

Daumen *m* thumb: **am ~ lutschen** suck one's thumb; F **j-m die ~ drücken** keep one's fingers crossed for s.o.; (**die**) **~ drehen** twiddle one's thumbs; **über den ~ gepeilt** at a rough estimate.

Daumennagel *m* thumbnail.

Daumenschätzung *f econ.* F guesstimate.

Daunen *pl* down *sg.*

Daunendecke *f* eiderdown.

davon *adv* **1.** *räumlich*: **das Dorf liegt nicht weit ~** (**entfernt**) the village is not far away (*od.* from it); **~ zweigt ein Weg ab** a path branches off it. **2.** (*dadurch*) **ich wachte ~ auf** I was awakened by it; **~ wird man dick** that makes you fat; F **das kommt ~!** that'll teach you!; **was habe ich ~?** what do I get out of it? **3. hast du schon ~ gehört?** have you heard about it yet?; **genug ~!** enough of that! **4. auf und ~** up and away.

davon|fliegen *v/i* fly off, fly away. **~jagen** *v/t* chase away. **~kommen** *v/i* get away, get off, escape: **mit dem Leben ~** survive; → **Schreck. ~laufen** *v/i* run away. **~machen** *v/reflex* **sich ~** F make off, beat it. **~stehlen** *v/reflex* **sich ~** steal away. **~tragen** *v/t* **1.** *a. fig.* carry off: → **Sieg. 2.** (*Verletzung*) sustain, (*Krankheit*) get, catch. **~ziehen** *v/i* move away (*od.* off): *Sport*: **j-m ~** pull away from s.o.

davor *adv* **1.** before (*od.* in front of) it *etc*: **mit e-m Garten ~** with a garden in front. **2.** *zeitlich*: before that. **3. ~ habe ich Angst** I'm afraid of that; **ich habe ihn ~ gewarnt** I warned him of it.

DAX *m* (*TM*) **Deutscher Aktienindex** German stock index.

dazu *adv* **1.** (*zusätzlich*) in addition to it, besides: **sie sang und spielte ~ Gitarre** she sang and accompanied herself on the guitar; **möchten Sie Reis ~?** would you like rice with it?; **und sie ist noch ~ hübsch** and she is pretty into the bargain. **2.** (*zu diesem Zweck*) for it, for that purpose: **~ ist er** (**es**) **ja da!** that's what he (it) is there for! **3. wie ist es ~ gekommen?** how did that come about?; **~ darf es nicht kommen** that must not happen; **ich kam nie ~** I never got (a)round to it; F **wie komme ich ~?** why on earth should I?

dazu|gehören *v/i* belong to it *etc*; → *a.* **gehören. ~gehörig** *adj* belonging to it (*od.* them). **~kommen** *v/i* **1.** (**gerade ~** happen to) come along (**als** when). **2.** join *s.o.*, *Sache*: be added. **~lernen** *v/t u. v/i* learn (*s.th.* new).

dazutun *v/t* F add.

Dazutun *n* **ohne sein** *etc* **~** without his *etc* help.

dazwischen *adv* between (them), in between (*a. zeitlich*), (*darunter*) among them. **~fahren** *v/i* step in, interfere, *im Gespräch*: interrupt. **~kommen** *v/i* intervene: **wenn nichts dazwischenkommt** if all goes well. **~liegen** *v/i Zeit*: intervene. **~reden** *v/i* **j-m ~** interrupt s.o. **~rufen** *v/t u. v/i* shout. **~treten** *v/i* intervene.

DB *bis 1993*: **Deutsche Bundesbahn** German Federal Railways, *ab 1994*: **Deutsche Bahn** German Railways; **Deutsche Bundesbank** German Federal Bank.

DBB Deutscher Beamtenbund Association of Civil Servants and Public Employees.

DBP *bis 1994*: **Deutsche Bundespost** German Federal Postal Services.

DBP(a) Deutsches Bundespatent (**angemeldet**) German Federal Patent (pending).

DD-Diskette *f Computer*: double density disk.

ddp Deutscher Depeschendienst (*German press agency*).

DDR *hist.* (*1949-1990*) **Deutsche Demokratische Republik** German Democratic Republic (GDR).

d. E. durch Eilboten express, *Am.* (by) special delivery.

Deal *m* F deal.

dealen *v/i* push (**mit et.** s.th.).

Dealer(in) dealer, pusher.

Debakel *n* débâcle, fiasco.

Debatte *f a. parl.* debate: **zur ~ stehen** be under discussion; **das steht nicht zur ~** that's not the issue.

debattieren *v/t u. v/i* (**über e-e Sache** s.th.) debate, discuss.

Debet *n econ.* debit. **~note** *f* debit note. **~saldo** *m* debit balance. **~seite** *f* debit side.

debil *adj* ⚕ feebleminded.

Debitoren *pl* accounts *pl* receivable.

Debüt *n* debut: **sein ~ geben** → **debütieren** *v/i* make one's debut.

dechiffrieren *v/t* decipher, decode.

Deck *n* ⚓ (**an ~, auf ~** on) deck.

Deckbett *n* feather quilt.

Deckblatt *n* **1.** *e-r Zigarre*: wrapper. **2.** *für Schriftstücke*: correction sheet, (*durchsichtig*) overlay, coverpage.

Deckchen *n* doily.

Decke *f* **1.** (*aus Wolle*) blanket, (*Bettdecke*) (bed)cover, (*Tischdecke*) (table)cloth: F

mit j-m unter einer ~ stecken be in league with s.o.; *fig.* ***sich nach der ~ strecken*** cut one's coat according to one's cloth. **2.** (*Zimmerdecke*) ceiling: F *fig.* (***vor Freude***) ***an die ~ springen*** jump with joy; (***vor Wut***) ***an die ~ gehen*** go through the roof; ***mir fiel die ~ auf den Kopf*** I felt shut in. **3.** *tech.* cover(ing), (*Straßenbelag*) surface, *mot. von Reifen* (outer) cover.

Deckel *m* lid (*a. humor. Hut*), cover, (*Schraubdeckel*) (screw) cap: F ***j-m eins auf den ~ geben*** tick s.o. off (properly).

decken **I** *v/t* **1.** *ein Tuch etc* ***~ über*** (*acc*) cover *s.th.* with. **2.** (*Haus*) roof: ***ein Dach mit Stroh*** (***Ziegeln, Schiefer***) ~ thatch (tile, slate) a roof. **3.** ***den Tisch ~*** lay (*od.* set) the table (***für drei Personen*** for three). **4.** (*schützen*) *a. fig. u. contp.* shield, protect: ***j-n ~*** cover up for s.o., *Sport*: mark s.o.; ***den Rückzug ~*** cover the retreat. **5.** *econ. allg.* cover, (*Kosten, Bedarf*) *a.* meet. **6.** *zo.* (*begatten*) cover, serve. **II** *v/i* **7.** *Farbe etc*: cover (*well etc*). **8.** *Sport*: cover, mark, *Boxer*: cover (up). **III** *v/reflex* ***sich ~*** **9.** cover o.s., *Boxer*: cover up. **10.** (***mit*** with) △ coincide, *fig. a.* tally.

Decken|beleuchtung *f* ceiling lighting. **~gemälde** *n* ceiling fresco. **~leuchte** *f* ceiling lamp, *mot.* dome lamp.

Deck|farbe *f tech.* body colo(u)r. **~feder** *f* deck feather. **~mantel** *m fig.* cloak. **~name** *m* pseudonym, *mil.* code name.

Deckung *f* **1.** (***in ~ gehen*** take) cover. **2.** *econ. allg.* cover, (*Sicherheit*) *a.* security, (*Bedarfsdeckung*) supply: ***k-e ~*** no funds. **3.** *Sport*: covering, marking, *Boxen, fenc. etc* guard. **4.** △ *u. fig.* coincidence.

Deckungs|beitrag *m* contribution margin. **~beitragsrechnung** *f* contribution costing, contribution pricing.

deckungsgleich *adj* △ congruent.

Deckungszusage *f* cover note.

Deckweiß *n* opaque white.

Decoder *m* decoder.

Defätismus *m* defeatism. **Defätist(in), defätistisch** *adj* defeatist.

defekt *adj* defective (*a.* ϟ), faulty.

Defekt *m* (***an*** *dat* in) defect (*a.* ϟ), fault.

defensiv *adj*, **Defensive** *f* (***in der ~*** on the) defensive.

defilieren *v/i* march past.

definierbar *adj* definable: ***schwer ~*** difficult to define.

definieren *v/t* define.

Definition *f* definition.

definitiv *adj* definite (*answer etc*), positive (*offer etc*): *adv* ***es steht ~ fest, dass ...*** it is definite that ...

Defizit *n econ. u. fig.* deficit.

defizitär *adj* in deficit, deficit ...

Deflation *f* deflation. **deflationär, deflatorisch** *adj econ.* deflationary.

deflorieren *v/t* deflower.

deformieren *v/t a. tech.* deform.

deftig *adj* F *Essen*: solid, *Witz etc*: earthy, *Preise*: steep, *Schlag etc*: sound.

Degen *m* sword, *fenc.* épée.

Degeneration *f* degeneration. **degenerativ** *adj* degenerative. **degenerieren** *v/i*, **degeneriert** *adj* degenerate.

Degenfechten *n Sport*: épée fencing.

degradieren *v/t mil.* demote, *bsd. fig.* degrade.

dehnbar *adj a. fig.* elastic.

dehnen **I** *v/t allg.* stretch (*a. fig.*), *tech.* expand, (*Vokale*) lengthen, (*Worte*) drawl. **II** *v/reflex* ***sich ~*** stretch (o.s.).

Dehnung *f* extension, stretch(ing), *tech.* expansion, *ling.* lengthening.

dehydrieren *v/t* ⚗ dehydrate.

Deich *m* dike, dam, (*von Fluss*) levee.

Deichsel *f* pole, (*~arm*) shaft.

deichseln *v/t* F manage, wangle.

dein *pos pron* **1.** your: *eccl.* ***~ Wille geschehe*** Thy will be done. **2.** ***~er, ~e, ~(e)s, der*** (***die, das***) ***~e*** yours; ***e-r ~er Freunde*** a friend of yours. **3.** ***der*** (***die, das***) ***~(ig)e*** your own, yours; ***die ~(ig)en*** your family, your people.

deiner *pers pron* (of) you: ***wir werden ~ gedenken*** we shall remember you.

deinerseits *adv* on your part.

deinesgleichen *indef pron* people like you, *contp.* the likes of you.

deinetwegen *adv* (*dir zuliebe*) for your sake, (*wegen dir*) because of you.

deinig → ***dein*** 3.

Dekade *f allg.* decade.

dekadent *adj* decadent. **Dekadenz** *f* decadence.

Dekagramm *n österr.* ten grams: ***10 ~ Käse*** 100 grams of cheese.

Dekan(in) *eccl., univ.* dean.

Dekanat *n* dean's office.

deklarieren *v/t econ.* declare.

deklassieren *v/t* declass, *Sport*: outclass.

Deklination *f* **1.** *ling.* declension. **2.** *phys.* declination. **deklinierbar** *adj ling.* declinable. **deklinieren** *v/t ling.* decline.

Dekolletee *n* (***tiefes ~*** plunging) neckline. **dekolletiert** *adj* décolleté.

dekontaminieren *v/t* decontaminate.

Dekor *m, n* **1.** decoration, *e-s Raumes*: décor, (*Muster*) pattern. **2.** *thea.* décor, set(s *pl*).

Dekorateur(in) (*für Schaufenster*) window-dresser, (*Innendekorateur*) interior designer, *thea.* scene painter.

Dekoration *f allg.* decoration, (*von Schau-*

fenster) window display, (*Innendekoration*) furnishings *pl*, *thea*. set(s *pl*).
dekorativ *adj* decorative.
dekorieren *v/t allg*. decorate (*a. mit Orden*), (*Schaufenster*) *a.* dress.
Dekret *n*, **dekretieren** *v/t* decree.
Delegation *f* delegation. **delegieren** *v/t*, **Delegierte** *m*, *f* delegate.
Delfin *m*, *n* → ***Delphin¹***, ***Delphin²***.
delikat *adj* delicious, *a. fig. Problem etc*: delicate.
Delikatesse *f* delicacy, *fig.* (*Takt*) *a.* discretion.
Delikatessgeschäft *n* delicatessen *sg*.
Delikt *n* offen/ce (*Am.* -se).
Delinquent(in) offender.
Delirium *n a. fig.* delirium.
Delle *f* F dent.
Delphin¹ *m zo.* dolphin.
Delphin² *n*, **Delphinschwimmen** *n* butterfly (stroke).
Delta *n* delta.
dem I *def art* ***gib es ~ Jungen*** give it to the boy. **II** *dem pron* ***wie ~ auch sei*** however that may be; ***nach ~, was ich gehört habe*** from what I've heard. **III** *rel pron* ***der, ~ ich es gegeben habe*** the one (*od.* person) I gave it to.
Demagoge *m* demagogue.
Demagogie *f* demagogy.
Demagogin *f* demagogue.
demagogisch *adj* demagogic(ally *adv*).
Demarkationslinie *f* demarcation line.
demaskieren *v/t a. fig.* unmask.
Dementi *n pol.* (official) denial.
dementieren *v/t* deny (officially).
dementsprechend *adv* accordingly.
demgegenüber *adv* in contrast to this.
demgemäß *adv* accordingly.
demnach *adv* **1.** therefore. **2.** → ***demgemäß***.
demnächst *adv* shortly, soon: ***~ erscheinend*** *etc* forthcoming.
Demo *f* F (*Demonstration*) demo.
Demodiskette *f* F demo (diskette).
Demograph(in) demographer.
Demographie *f* demography.
demographisch *adj* demographic.
Demokassette *f* F demo (tape).
Demokrat(in) *pol.* democrat.
Demokratie *f* democracy.
demokratisch *adj* democratic(ally *adv*).
demokratisieren *v/t* democratize.
demolieren *v/t* demolish, wreck.
Demonstrant(in) demonstrator, protester.
Demonstration *f* (*pol.* ***e-e ~ veranstalten*** hold a) demonstration: *fig.* ***e-e ~ der Macht*** a show of force.
Demonstrations|recht *n* right to demonstrate. **~verbot** *n* ban on demonstrations. **~zug** *m* protest march.
demonstrativ *adj* demonstrative, *Schweigen etc*: pointed: *adv* ***~ den Saal verlassen*** walk out (in protest).
Demonstrativpronomen *n* demonstrative (pronoun).
demonstrieren *v/t u. v/i allg.* demonstrate.
Demontage *f tech. u. fig.* dismantling.
demontieren *v/t* dismantle (*a. fig.*), take down, (*zerlegen*) take apart.
demoralisieren *v/t* demoralize.
Demoskopie *f* (public) opinion research.
demoskopisch *adj* ***~e Umfrage*** (public) opinion poll.
demotivieren *v/t* put off, demotivate.
Demut *f* humility. **demütig** *adj* humble.
demütigen *v/t* humiliate: ***sich ~*** humble o.s. **Demütigung** *f* humiliation.
denaturieren *v/t* ⚗, *phys.* denature.
Den Haag *n* The Hague.
Denkanstoß *m* impulse: ***j-m e-n ~ geben***, ***(bei j-m) als ~ wirken*** set s.o. thinking.
Denkart *f* way of thinking.
Denkaufgabe *f* problem, brain teaser.
denkbar *adj* thinkable, conceivable: ***es ist durchaus ~, dass*** it's quite possible that; *adv* ***es ist ~ leicht*** it's really quite simple; ***die ~ beste Methode*** the best method imaginable.
denken *v/t u. v/i* **1.** *allg.* think, (*sich vorstellen*) *a.* fancy, imagine, (*annehmen*) *a.* suppose, *Am.* F guess: ***das gibt e-m zu ~*** that makes you think; ***~ Sie nur!*** just imagine!; ***ich denke schon*** I (should) think so; ***das habe ich mir gedacht*** I thought as much; ***das hättest du dir ~ können!*** you should have known that!; ***ich dachte mir nichts dabei*** I thought nothing of it; ***solange ich ~ kann*** as long as I remember; F ***denkste!*** that's what you think! **2.** (*erwägen*) think of, consider: ***er denkt daran zu kommen*** he thinks of coming; ***ich denke nicht daran!*** I wouldn't dream of it! **3.** ***~ an*** (*acc*) a) think of (*od.* about), b) remember: ***an Schlaf war nicht zu ~*** sleep was out of the question; ***wenn ich nur daran denke!*** the mere thought of it! **4.** ***~ über*** (*acc*) think about (*od.* of).
Denken *n* thinking, thought.
Denker(in) thinker.
Denkfabrik *f* F think-tank.
denkfähig *adj* intelligent.
denkfaul *adj* mentally lazy: ***er ist ~*** *a.* he is too lazy to think.
Denkfehler *m* flaw in one's reasoning.
Denkmal *n* monument (*a. fig.*), (*Statue*) statue: ***j-m ein ~ setzen*** *a. fig.* erect a monument to s.o. **~pflege** *f* preservation of

historic buildings and monuments. **~schutz** *m* **unter ~ stehen** be listed (as a historic monument), *iro. Person*: be a protected animal.

Denk|pause *f* pause for reflection. **~prozess** *m* thought process. **~schrift** *f* memorandum. **~vermögen** *n* intelligence. **~weise** *f* → **Denkart.**

denkwürdig *adj* memorable.

Denkzettel *m fig.* (**j-m e-n ~ verpassen** teach s.o. a) lesson.

denn I *conj* **1.** because, since. **2.** *nach Komparativ*: than: **mehr ~ je** more than ever. **3. es sei ~** unless. **II** *adv* **4.** then: **wo war es ~?** where (then) was it?; **war es ~ so schlimm?** was it really that bad?; **was ist ~?** what is it now?; **wieso ~?** (but) why?; **wo warst du ~ nur?** where on earth have you been?

dennoch *conj* (but) still, yet.

Dental(laut) *m ling.* dental.

Denunziant(in) informer. **denunzieren** *v/t* **j-n ~** denounce s.o. (**bei** to).

Deo *n* F deodorant.

Deodorant(spray *m, n,* **~stift** *m*) *n* deodorant (spray, stick).

Deoroller *m* roll-on (deodorant).

Dependance *f* branch office, *Bank*: branche.

deplatziert *adj Person*: out of place, *Bemerkung etc*: *a.* misplaced.

Deponie *f* dump, tip.

deponieren *v/t* (**bei** with) deposit, leave.

deportieren *v/t* deport.

Deportierte *m, f* deportee.

Depositen *pl econ.* deposits *pl.* **~bank** *f* deposit bank. **~gelder** *pl* deposits *pl.* **~geschäft** *n* deposit banking. **~konto** *n* deposit account.

Depot *n* **1.** *allg.* depot, *econ.* (*~konto*) deposit. **2.** *schweiz.* (*Pfand*) deposit.

Depotschein *m econ.* deposit receipt.

Depression *f allg.* depression.

depressiv *adj psych.* depressive, depressed.

deprimieren *v/t* depress. **deprimierend** *adj* depressing.

Deputation *f* delegation.

der I *art* the: **~ arme Peter** poor Peter. **II** *dem pron* that (one), this (one): **~ mit ~ Brille** the one with the glasses; *contp.* **~ und sein Wort halten?** him keep his word? **III** *rel pron* who, which: **er war ~ Erste, ~ es erfuhr** he was the first to know. **IV** *pers pron* F *für* **er.**

derart *adv* so: **die Folgen waren ~, dass** the consequences were such that.

derartig I *adj* such: **nichts Derartiges** nothing of the kind. **II** *adv* → **derart.**

derb *adj* **1.** strong, sturdy, *Leder etc*: stout, *Stoff, Essen etc*: coarse. **2.** *fig. Sprache, Manieren etc*: coarse, crude, *a. Witz*: earthy.

Derbheit *f* coarseness: **~en** *pl* crude jokes (*od.* remarks) *pl.*

derentwegen I *adv* because of her (*od.* that *etc*). **II** *rel pron* because of whom (*od.* which).

dergleichen *dem pron* **1.** *adjektivisch*: such. **2.** *substantivisch*: such a thing, the like: **nichts ~** no such thing; **und ~ mehr** a) and so on, b) and the like.

Derivat *n* ⚗, *ling.* derivative.

derjenige *dem pron* that: **~, der** (*od.* **welcher**) he (*od.* the one) who.

dermaßen → **derart.**

Dermatologe *m*, **Dermatologin** *f* ⚕ dermatologist.

Dermatose *f* dermatosis, skin disease.

derselbe *dem pron* the same.

derzeit *adv* at present.

derzeitig *adj* **1.** present. **2.** (*damalig*) then, *nachgestellt*: at the time.

Desaster *n* disaster.

desensibilisieren *v/t* ⚕, *phot.* desensitize.

Deserteur(in) *mil.* deserter.

desertieren *v/i a. fig.* desert.

desgleichen *adv u. conj* likewise.

deshalb *adv u. conj* therefore, that's why: **gerade ~!** that's just why!; **~ musst du doch nicht gehen** there's no need for you to go; **sie ist ~ nicht glücklicher** she isn't any happier for it.

designiert *adj* **der ~e Präsident** the president designate.

desillusionieren *v/t* disillusion.

Desinfektion *f* disinfection. **Desinfektionsmittel** *n* disinfectant, ⚕ *a.* antiseptic.

desinfizieren *v/t* disinfect.

Desinformation *f* disinformation.

Desinteresse *n* indifference, lack of interest.

desinteressiert *adj* indifferent.

Desktop-Publishing *n* desktop publishing (*abbr.* **DTP**).

desolat *adj* desolate.

desorientiert *adj psych.* confused.

Despot(in) *a. fig.* despot.

despotisch *adj* despotic(al).

dessen I *rel pron* whose, *Sache*: *a.* of which. **II** *dem pron* **sich ~ bewusst sein, dass ...** be aware (of the fact) that ...; **~ bin ich sicher** I'm quite sure of that; **~ ungeachtet** nevertheless. **III** *poss pron* **mein Bruder und ~ Frau** my brother and his wife.

Dessert *n gastr.* dessert.

Destillat *n* distillate.

destillieren *v/t u. v/i* distil(l).

desto I *adv* (all) the: **~ besser!** all (*od.* so much) the better! **II** *conj* the ... the: **je mehr, ~ besser** the more the better.

destruktiv *adj* destructive.

deswegen → ***deshalb.***
Detail *n* (***ins ~ gehen*** go into) detail.
detaillieren *v/t* specify. **detailliert I** *adj* detailed. **II** *adv* in detail.
Detailkenntnis *f* detailed knowledge.
Detektiv|(in) detective. **~büro** *n* detective agency. **~roman** *m* detective story.
Deut *m* ***k-n ~ wert*** not worth a farthing; ***k-n ~ besser*** not a bit better.
deuten I *v/t* interpret, (*Zeichen, Traum etc*) read: ***falsch ~*** misinterpret, *fig.* misconstrue. **II** *v/i* ***~ auf*** (*acc*) point at (*bsd. fig.* to); ***alles deutet darauf hin, dass*** there is every indication that.
deutlich *adj allg.* clear, (*~ hörbar*) *a.* distinct, (*lesbar*) *a.* legible, (*eindeutig*) *a.* plain: ***~er Wink*** broad hint; ***~er Fortschritt*** visible progress; F *fig.* ***~ werden*** speak in very plain terms; ***muss ich noch ~er werden?*** do I have to spell it out (to you)?
Deutlichkeit *f* clearness, clarity: *fig.* ***in aller ~*** in plain terms.
deutsch *adj* German: *adv* ***~ reden*** talk (in) German; F *fig.* ***mit j-m ~ reden*** speak plainly with s.o.
Deutsch, das ~e German: ***auf ~, in ~*** in German; ***er kann gut ~*** he speaks German well.
Deutschamerikaner(in), deutschamerikanisch *adj* German-American.
Deutsche *m, f* German.
deutschenglisch *adj pol.* Anglo-German, *ling.* German-English.
deutschfeindlich *adj* anti-German.
deutschfranzösisch *adj pol.* Franco-German, *ling.* German-French.
deutschfreundlich *adj* pro-German.
Deutschland *n* Germany.
Deutschlehrer(in) German teacher.
deutschsprachig *adj Text*: German-language, *Gebiet*: German-speaking.
Deutschunterricht *m ped.* German lessons *pl*: ***~ geben*** teach German.
Deutung *f* interpretation.
Devise *f* **1.** motto. **2.** *pl econ.* foreign exchange (*od.* currency) *sg.*
Devisen|abkommen *n* foreign exchange agreement. **~beschränkungen** *pl* foreign exchange restrictions *pl.* **~bestimmungen** *pl* currency regulations *pl.* **~bewirtschaftung** *f* foreign exchange control. **~börse** *f* foreign exchange market. **~bringer** *m* F *fig.* bringer of foreign exchange. **~geschäft** *n* foreign exchange transaction. **~handel** *m* foreign exchange trade (*od.* dealings *pl*). **~händler(in)** foreign-exchange dealer. **~knappheit** *f* (foreign) currency stringency. **~kontrolle** *f* (foreign) exchange control. **~kurs** *m* exchange rate. **~makler** *m* foreign exchange broker. **~markt** *m* (foreign) exchange market. **~reserven** *pl* foreign currency reserves *pl.* **~schmuggel** *m* currency smuggling. **~spekulant** *m* foreign exchange speculator. **~spekulation** *f* foreign exchange speculation.
devisenträchtig *adj* F exchange-yielding.
Devisenvergehen *n* currency offen/ce (*Am.* -se).
devot *adj contp.* servile.
Devotionalien *pl eccl.* devotional objects *pl.*
Dezember *m* (***im ~*** in) December.
dezent *adj* discreet, unobtrusive, *Farbe, Musik etc*: soft.
dezentral *adj* decentralized.
dezentralisieren *v/t* decentralize.
Dezentralisierung *f* decentralization.
Dezernat *n* department.
Dezernent(in) head of (a) department.
Dezibel *n* decibel.
Dezimal|bruch *m* ⩚ decimal (fraction). **~komma** *n* decimal point. **~rechnung** *f* decimals *pl.* **~stelle** *f* decimal (place). **~system** *n* decimal system: ***auf das ~ umstellen*** decimalize, go decimal; ***nach dem ~*** decimally. **~zahl** *f* decimal (number).
Dezimeter *m, n* decimet/re (*Am.* -er).
dezimieren *v/t* decimate.
DFB ***Deutscher Fußball-Bund*** German Football Association.
DGB ***Deutscher Gewerkschaftsbund*** Federation of German Trade Unions.
d. Gr. ***der*** *od.* ***die Große*** the Great.
d. h. *abbr.* ***das heißt*** i.e.
Di. ***Dienstag*** Tuesday (Tue., Tue, Tues., Tues).
d. i. ***das ist*** that is (i.e.).
Dia *n* F slide. **~archiv** *n* slide archives *pl.*
Diabetes *m* ⚕ diabetes.
Diabetiker(in) diabetic.
Diabetrachter *m* slide viewer.
diabolisch *adj* diabolic(al).
Diafilm *m* dia film.
Diagnose *f* (***e-e ~ stellen*** make a) diagnosis.
diagnostizieren *v/t u. v/i* diagnose.
diagonal *adj*, **Diagonale** *f* diagonal.
Diagonalreifen *m mot.* cross-ply tyre (*Am.* tire).
Diagramm *n* diagram, graph.
Diakon *m* deacon. **Diakonisse** *f* Protestant (nursing) sister.
Dialekt *m* (***~ sprechen*** speak) dialect.
dialektfrei *adv* ***~ sprechen*** speak standard German *etc.*
Dialektik *f* dialectics *sg.*
Dialog *m* (***e-n ~ führen*** carry on a) dialog(ue *Br.*), *Computer*: dialog. **~form** *f* dialog(ue) form.
Dialyse *f* ⚕ dialysis.

D

D

Diamagazin *n* slide tray.
Diamant *m*, **diamanten** *adj* diamond.
diametral *adj* diametric(al): *adv* ~ ***entgegengesetzt*** diametrically opposed.
Diapositiv *n* slide.
Diaprojektor *m* slide projector.
Diarahmen *m* slide frame.
Diät *f* (special) diet: ~ ***halten,*** *adv* ~ ***leben*** (keep to a) diet; ***j-n auf ~ setzen*** put s.o. on a diet.
Diätassistent(in) dietician.
Diäten *pl parl.* attendance allowance.
Diätfahrplan *m* F dietary schedule.
Diätkost *f* dietary food.
Diätvorschrift *f* dietary.
Diavortrag *m* slide talk, slide show.
dich I *pers pron* you. II *reflex pron* yourself: ***schau ~ an!*** look at yourself!
dicht I *adj* **1.** *allg. Nebel, Wald, Menge etc*: dense, *Verkehr*: *a.* heavy, *Haar, Hecke etc*: thick, *Stoff etc*: close(ly woven). **2.** (*undurchlässig*) tight, *Gefäß, Boot etc*: leakproof: F *fig.* ***er ist nicht ganz ~*** he's got a screw loose. **3.** (~ *zs.-gedrängt*) compact, *fig. Handlung etc*: tight. II *adv* **4.** densely, thickly: ~ ***schließen*** shut tightly; ~ ***gedrängt stehen*** stand closely packed. **5.** ~ ***an*** (*dat*), ~ ***bei*** close to; ~ ***aufeinander folgen*** follow closely (*zeitlich*: in rapid succession); ~ ***hinter j-m*** close (*od.* hard) on s.o.'s heels; *fig.* ***er war ~ daran aufzugeben*** he was on the point of giving up; ~ ***bevorstehen*** *Termin*: be very near, *Entscheidung etc*: be imminent; ~ ***behaart*** (very) hairy; ~ ***besiedelt,*** ~ ***bevölkert*** densely populated.
Dichte *f* **1.** density (*a. phys.*), denseness, thickness, *des Verkehrs*: *a.* heaviness. **2.** *fig. der Handlung etc*: tightness.
dichten[1] *v/t tech.* seal, pack.
dichten[2] I *v/t* write. II *v/i* write poetry (*od.* plays *etc*).
Dichter(in) poet(ess), *allg.* writer.
dichterisch *adj* poetic(al): ~***es Schaffen*** poetic (*od.* literary) work; ~***e Freiheit*** poetic licence.
dichthalten *v/i* F keep one's mouth shut.
Dichtkunst *f* poetry.
dichtmachen F I *v/t* shut (up). II *v/i* (*den Laden etc*) shut up shop.
Dichtung[1] *f tech.* seal, packing.
Dichtung[2] *f allg.* literature, (*Poesie*) poetry, (*Gedicht*) poem, (*Gesamtwerk*) (literary *od.* poetic) work(s *pl*): *fig.* ~ ***und Wahrheit*** fact and fiction.
Dichtungs|masse *f tech.* sealing compound. ~**ring** *m*, ~**scheibe** *f* washer.
dick I *adj* **1.** *allg.* thick, (*dicht*) *a.* dense, heavy, (*massig, umfangreich*) *a.* big, large, (*beleibt*) stout, fat: ~***e Milch*** curdled milk; F ~***er Verkehr*** heavy traffic; ~ ***machen*** be fattening; ~ ***werden*** grow fat; ***durch ~ und dünn*** through thick and thin. **2.** F (*eng*) close, intimate, (*groß*) big: ***sie sind ~e Freunde*** they are (as) thick as thieves; ~***es Lob ernten*** reap lavish praise; ***ein ~er Auftrag*** a fat order; → ***Ende*** 1, ***Luft*** 1. II *adv* **3.** thick(ly): ~ ***mit Butter bestrichen*** thickly spread with butter. **4.** F (*sehr*) very: ~ ***befreundet sein*** be great pals (***mit j-m*** with s.o.); ***ich habe ihn*** (***es***) ~ I'm sick of him (it); → ***auftragen*** 5.
dickbäuchig *adj* fat-bellied.
Dickdarm *m anat.* colon.
Dicke[1] *f allg.* thickness, *tech. a.* diameter, (*Dichte*) *a.* denseness, heaviness, (*Massigkeit*) *a.* bigness, (*Umfang*) *a.* bulkiness, (*Beleibtheit*) stoutness, fatness.
Dicke[2] *m, f* F fat person.
Dickerchen *n* F fatso.
dickfellig *adj* F *fig.* thick-skinned.
Dickfelligkeit *f* F callousness.
dickflüssig *adj* thick(-flowing).
Dickhäuter *m zo.* pachyderm.
Dickicht *n* **1.** thicket. **2.** *fig.* labyrinth.
Dickkopf *m* F *fig.* pigheaded fellow: ***e-n ~ haben*** → **dickköpfig** *adj* ~ ***sein*** be pigheaded. **Dickköpfigkeit** *f* pigheadedness, stubbornness.
dicklich *adj* **1.** *Person*: plump. **2.** → ***dickflüssig.***
Dickmilch *f* soured milk.
dickschalig *adj* ⚘ thick-skinned.
Dickwanst *m* F fatso.
Didaktik *f* didactics *sg.*
didaktisch *adj* didactic(ally *adv*).
die I *def art* the. II *dem pron* this (one), that (one): ~ ***nicht!*** not she! III *rel pron* who, *bei Sachen*: which. IV *pers pron* F *für* **sie** 1.
Dieb(in) thief.
Diebes|bande *f* gang of thieves. ~**beute** *f*, ~**gut** *n* stolen goods *pl*, loot.
diebisch *adj* **1.** thievish. **2.** *fig. Freude etc*: malicious: *adv* ***sich ~ freuen*** F be tickled pink (***über*** *acc* at).
Diebstahl *m* theft, ⚖ larceny: ***einfacher*** (***schwerer***) ~ petty (grand) larceny; ***geistiger*** ~ plagiarism.
diebstahlsicher *adj* theftproof.
Diebstahl|sicherung *f mot.* theft protection. ~**versicherung** *f* insurance against theft.
Diele *f* **1.** (*Brett*) floor board. **2.** (*Vorraum*) (entrance) hall, *Am.* hallway.
dienen *v/i* **1.** serve ([***bei***] ***j-m*** s.o., ***zu*** for, ***als*** as): ***dazu ~ zu*** *inf* serve to *inf*; ***womit kann ich ~?*** what can I do for you?; ***damit ist mir nicht gedient*** that's of no use to me; ***wozu soll das ~?*** what's the use of that? **2.** *mil.* serve (***bei*** in).

Diener *m* **1.** *a. fig.* servant. **2.** (*Verbeugung*) bow (***vor*** *dat* to).
Dienerin *f* maid(servant), *fig.* handmaid.
Dienerschaft *f* servants *pl.*
dienlich *adj* useful (*dat* to), expedient: ***~ sein*** a) ***j-m*** be of help (*Sache*: use) to s.o., b) ***e-r Sache*** further s.th.
Dienst *m* **1.** *allg.* service (***an*** *dat* to), *mil. a.* duty: ***öffentlicher ~*** civil service; ***im*** (***außer***) ***~*** on (off) duty; ***~ haben*** be on duty, *Apotheke*: be open; ***~ habend*** on duty; ***j-m e-n guten*** (***schlechten***) ***~ erweisen*** do s.o. a good (bad) turn; ***j-m gute ~e leisten*** serve s.o. well; ***in ~ stellen*** (*Schiff etc*) put into service; (***j-m***) ***den ~ versagen*** fail (s.o.); ***~ nach Vorschrift*** work-to-rule (campaign). **2.** (*Stellung*) post, employment, (*Arbeit*) work: ***im ~e*** (*gen*) ***stehen*** be employed by, work for, *contp.* be on *s.o.'s* payroll; ***außer ~*** retired; ***den ~ quittieren*** resign; → ***antreten*** 1.
Dienstag *m* (***am ~*** on) Tuesday.
dienstags *adv* on Tuesdays.
Dienstalter *n* length of service: ***nach dem ~*** by seniority.
dienstältest *adj* most senior.
Dienstälteste *m, f* senior member of staff.
Dienst|antritt *m* (***bei ~*** on) taking up duty (*od.* one's job). **~auffassung** *f* work ethic. **~ausweis** *m* identity card, pass.
dienst|bar *adj* subservient (*dat* to): ***sich et. ~ machen*** utilize (*od.* exploit) s.th. **~beflissen** *adj* zealous, *übereifrig*: officious. **~bereit** *adj* **1.** *Arzt*: on duty, *Apotheke*: open. **2.** (*gefällig*) helpful.
Diensteid *m* oath of office.
Diensteifer *m* zeal, *übertrieben*: officiousness.
diensteifrig *adj* zealous, *übertrieben*: officious.
dienstfrei *adj* ***~er Tag*** day off; ***~ haben*** be off duty.
Dienst|gang *m* (***e-n ~ machen*** do a) business errand. **~gebrauch** *m* ***nur für den ~*** for official use only. **~geheimnis** *n* official secret (*Pflicht*: secrecy). **~gespräch** *n teleph.* official call. **~grad** *m mil.* rank, *Am.* grade, ⚓ rating. **~herr(in)** employer. **~jahre** *pl* years *pl* of service.
Dienstleister *m* services provider.
Dienstleistung *f* service (rendered): ***~en*** services.
Dienstleistungs|abend *m evening on which shops may stay open till 21 hours, etwa*: late-night shopping. **~angebot** *n* supply of services. **~betrieb** *m* (***öffentlicher ~*** public) services enterprise. **~branche** *f* service industry, tertiary industry. **~gesellschaft** *f* service-oriented society. **~gewerbe** *n*, **~industrie** *f* service industries *pl.* **~sektor** *m* service(s) sector, tertiary sector. **~unternehmen** *n* services provider(s *pl*).
dienstlich *adj* official: *adv* ***~ verhindert sein*** be tied up with business, be prevented by official duties; ***~ unterwegs sein*** be away on business.
Dienst|mädchen *n* maid(servant), help. **~marke** *f* identity disc. **~pistole** *f* service pistol. **~plan** *m* duty roster. **~reise** *f* business trip, official trip. **~schluss** *m* ***nach ~*** after (office) hours. **~stelle** *f* office, department. **~stunden** *pl* office hours *pl.*
dienst|tauglich *adj* fit for (*mil.* active) service. **~untauglich** *adj* unfit for (military) service.
Dienst|verhältnis *n* (contract of) employment. **~vorschrift** *f* regulations *pl.* **~wagen** *m* company car, official car. **~weg** *m* (***auf dem ~*** through) official channels *pl.* **~wohnung** *f* company flat, army flat (*od.* house) *etc.* **~zeit** *f* **1.** office (*od.* working) hours *pl.* **2.** (period of) service.
diesbezüglich *adj u. adv* concerning this, in this connection.
Diesel[1] *m* (*Kraftstoff*) diesel (oil).
Diesel[2] *m* (*Auto*) diesel.
Dieselmotor *m* Diesel engine.
dieser, diese, dies(es), *pl* **diese** *dem pron* **I** *adjektivisch*: this, *pl* these: ***dieser Tage*** a) (*neulich*) the other day, b) (*bald*) one of these days. **II** *substantivisch*: a) this one, *pl* these, b) he, she, it, *pl* they: ***dieses und jenes, dies und das*** this and that, various things.
diesig *adj Wetter*: hazy.
diesjährig *adj* this year's.
diesmal *adv* this time.
Dietrich *m* picklock, (*Nachschlüssel*) skeleton key.
diffamieren *v/t* slander, defame.
Differenz *f* difference.
Differenzial|getriebe *n mot.* differential (gear). **~rechnung** *f* ⩙ differential calculus.
differenzieren *v/t u. v/i* differentiate.
differieren *v/i* differ (***um*** by).
diffus *adj* **1.** *phys.* diffuse(d). **2.** *fig.* vague.
digital *adj* digital.
Digitalanzeige *f Computer*: digital display.
digitalisieren *v/t* digitize.
Digitalrechner *m* digital computer.
Digitaluhr *f* digital watch (*od.* clock).
Diktaphon *n* dictating machine.
Diktat *n* **1.** (*ped.* ***~ schreiben*** write *od.* do) dictation; ***das ~ aufnehmen*** take the dictation. **2.** *fig.* (*Befehl*) dictate.
Diktator *m* dictator. **diktatorisch** *adj* dictatorial. **Diktatur** *f* dictatorship.
Diktatzeichen *n* reference of the person who dictates.

D

diktieren *v/t u. v/i a. fig.* dictate (***j-m*** to s.o.).
Diktiergerät *n* dictating machine.
Dilemma *n* dilemma, F fix.
Dilettant(in), dilettantisch *adj* dilettante.
Dill *m* ⚘ dill.
Dimension *f* **1.** ⩕, *phys.* dimension. **2.** *pl* (*Umfang*) dimensions *pl*, *fig.* (*Ausmaß*) *a.* extent.
DIN (*TM*) *abbr.* ***Deutsche Industrie-Norm(en)*** German Industrial Standard: ~ ***A4*** A4.
Ding *n* **1.** *allg.* thing, (*Gegenstand*) *a.* object: ***vor allen ~en*** above all; F ***armes ~!*** poor thing!; *fig.* ***guter ~e sein*** be cheerful. **2.** *pl* (*Angelegenheiten*) things *pl*, matters *pl*: ***der Stand der ~e*** the state of affairs; (***so,***) ***wie die ~e liegen*** as matters stand; ***unverrichteter ~e*** without having achieved anything; ***das geht nicht mit rechten ~en zu*** F there's s.th. fishy about it. **3.** F ***ein tolles ~*** a wow; ***ein ~ drehen*** pull a job; → ***verpassen***[2] 1.
dingfest *adj* ***j-n ~ machen*** arrest s.o.
Dings, Dingsbums, Dingsda *m, f, n* F thingumajig.
Dinosaurier *m* dinosaur.
Diode *f* ⚡ diode.
Dioxid *n* ⚗ dioxide.
Dioxin *n* dioxin.
Diözese *f* diocese.
Diphtherie *f* ⚕ diphtheria.
Diphthong *m* diphthong.
Dipl.-Ing. ***Diplomingenieur*** qualified engineer.
Dipl.-K(au)fm. ***Diplomkaufmann*** business graduate.
Diplom *n* diploma.
Diplom... *allg.* diplomaed, graduate (*engineer etc*), qualified (*interpreter etc*).
Diplomarbeit *f* dissertation.
Diplomat(in) *a. fig.* diplomat.
Diplomatie *f a. fig.* diplomacy.
diplomatisch *adj a. fig.* diplomatic(ally *adv*).
Diplom|kaufmann *m etwa*: business graduate, *Titel*: Bachelor of Commerce (Abk.: BCom): ***er ist ~*** he has a business degree. **~volkswirt(in)** economist.
Dir. ***Direktion*** management; board of directors; manager's office; head office (HO); ***Direktor*** manager; director (dir.); *Schule*: headmaster, *Am.* principal; ***Dirigent*** conductor.
dir **I** *pers pron* you, to you. **II** *reflex pron* yourself: ***wasch ~ die Hände!*** wash your hands!
direkt **I** *adj* **1.** *allg.* direct (*a. ling.*), (*unmittelbar*) *a.* immediate, (*unverblümt*) *a.* plain: ***~er Zugriff*** *Computer*: direct access; ***~e Informationen*** *pl a.* firsthand information *sg.* **II** *adv* **2.** (*geradewegs*) direct, (*a. geradeheraus*) straight. **3.** (*unmittelbar, a.* F *sofort*) directly, immediately: ***~ vor dir*** right in front of you. **4.** (*genau*) directly, exactly: ***~ nach Süden liegen*** face due south. **5.** F ***das ist ~ lächerlich*** *etc* that's downright ridiculous *etc.* **6.** *Radio, TV* live.
Direkt|abbuchung *f* direct debiting. **~besteuerung** *f* direct taxation. **~flug** *m* direct flight. **~investition** *f* direct investment.
Direktion *f* **1.** management. **2.** manager's office. **3.** (*Leitung*) direction.
Direktive *f* instruction(s *pl*).
Direkt|lieferung *f* drop shipment, direct delivery. **~marketing** *n* direct marketing.
Direktor *m* **1.** *econ.* director, manager. **2.** *ped.* headmaster, principal.
Direktorat *n* **1.** directorship. **2.** headmaster's office.
Direktorin *f* **1.** directress, manageress. **2.** *ped.* headmistress, principal.
Direktorium *n* board of directors.
Direktrice *f Textil.* directress.
Direkt|sendung *f* live broadcast. **~verkauf** *m*, **~vertrieb** *m* direct selling, direct sales, *durch Vertreter*: door-to-door selling. **~wahl** *f teleph.* direct dial(l)ing. **~werbung** *f* direct advertising. **~zugriffsspeicher** *m Computer*: random access memory (RAM).
Dirigent(in) ♪ conductor(-tress).
dirigieren *v/t u. v/i* direct, ♪ conduct.
Dirigismus *m econ.* planned economy.
Dirndl(kleid) *n* dirndl.
Dirne *f* prostitute, whore.
Disagio *n* disagio.
Disharmonie *f a. fig.* discord.
disharmonisch *adj a. fig.* discordant.
Diskant *m* ♪ treble.
Diskette *f Computer*: diskette, disk.
Disketten|box *f*, **~kasten** *m* disk box. **~laufwerk** *n* disk drive. **~sicherung** *f* disk backup. **~-Versandtasche** *f* diskette mailer.
Diskjockey *m* disc jockey.
Disko *f* F disco.
Diskont *m*, **diskontieren** *v/t econ.* discount.
Diskont|laden *m* discount house. **~preis** *m* discount price. **~satz** *m* discount rate.
Diskothek *f* discotheque.
Diskrepanz *f* discrepancy.
diskret *adj* discreet.
Diskretion *f* discretion.
diskriminieren *v/t* discriminate against. **Diskriminierung** *f* discrimination (*gen* against).
Diskus *m Sport*: discus.
Diskussion *f* discussion (***über*** *acc* on).
Diskussions|leiter(in) (panel) chairman,

bzw. chairperson, chairwoman. **~teilnehmer(in)** panel(l)ist. **~veranstaltung** *f* forum.

Diskuswerfen *n* discus throwing.

Diskuswerfer(in) discus thrower.

diskutabel *adj* debatable.

diskutieren *v/t u. v/i* discuss, debate.

dispensieren *v/t* ***j-n*** **~** exempt s.o. (***von*** from [doing]).

Display *n* display.

Disponent *m* managing clerk, procurement manager.

disponieren *v/i* make (one's) arrangements, plan ahead: ***über et.*** **(*j-n*)** **~** dispose of s.th. (s.o.).

disponiert *adj* ***gut*** **(*schlecht*)** **~** ***sein*** be in good (bad) form.

Disposition *f* **1.** *a.* ⚕ disposition. **2.** *pl* **(*s-e*** **~*en treffen*** make one's) arrangements *pl.*

Dispositionskredit *m econ.* overdraft facilities *pl.*

Disqualifikation *f* disqualification (***wegen*** for).

disqualifizieren *v/t a. fig.* disqualify (***wegen*** for).

Dissertation *f univ.* dissertation, thesis.

Dissident(in) *pol.* dissident.

Dissonanz *f* ♪ dissonance, *fig. a. pl* discord.

Distanz *f* distance, *fig. a.* detachment: **~** ***halten*** keep one's distance (***gegenüber*** from).

distanzieren *v/reflex* ***sich*** **~** keep one's distance; ***sich*** **~** ***von*** dis(as)sociate o.s. from.

distanziert *adj fig.* distanced, reserved.

Distel *f* ⚘ thistle. **~fink** *m zo.* goldfinch.

Disziplin *f* **1.** discipline. **2.** (*Fach*) discipline, branch. **3.** *Sport*: event.

disziplinarisch *adj* disciplinary.

Disziplinarstrafe *f* disciplinary punishment. **Disziplinarverfahren** *n* disciplinary proceedings *pl.*

diszipliniert *adj* disciplined.

disziplinlos *adj* undisciplined, unruly.

Disziplinlosigkeit *f* lack of discipline.

Diva *f* star.

Divergenz *f a. fig.* divergence.

divergieren *v/i a. fig.* diverge.

divers *adj* various, sundry: ***Diverses*** *Dinge*: sundries *pl*, *in Protokoll*: Miscellaneous.

Diversifikation *f* diversification.

diversifizieren *v/t u. v/i econ.* diversify.

Dividend *m* ⩤ dividend.

Dividende *f econ.* dividend.

Dividenden|ausschüttung *f* dividend distribution. **~schein** *m* dividend coupon.

dividieren *v/t u. v/i* ⩤ divide (***durch*** by).

Division *f* ⩤, *mil.* division.

Divisor *m* ⩤ divisor.

d. J. ***der Jüngere*** the younger; ***dieses Jahres*** of this year.

dkg ***Dekagramm*** decagram(s *pl*), decagramme(s *pl*).

DKP ***Deutsche Kommunistische Partei*** German Communist Party.

dkr ***dänische Krone(n)*** Danish crown(s *pl*).

DLRG ***Deutsche Lebensrettungsgesellschaft*** German Lifesaving Society.

DM ***Deutsche Mark*** (German) mark(s *pl*), deutschmark.

d. M(ts). ***d(ies)es Monats*** of the present month, instant (inst.).

DNA *hist.* ***Deutscher Normenausschuss*** German Committee of Standards.

DNS ***Desoxyribonukleinsäure*** desoxyribonucleic acid (DNA).

Do. ***Donnerstag*** Thursday (Th., Th, Thur., Thur, Thurs., Thurs).

do. ***dito*** ditto (do.).

doch I *conj* **1.** (*aber*) but. **II** *adv* **2.** (*dennoch*) yet, however, nevertheless: ***höflich,*** **~** ***bestimmt*** polite yet firm; ***also*** **~*!*** I knew it!; ***ich habe also*** **~** ***Recht*** so I'm right after all. **3.** ***du kommst nicht mit? -*** **~*!*** you won't come along? - Oh yes, I will!; ***er kommt*** **~*?*** he will come, won't he?; ***ja*** **~*!*** yes, indeed!, of course!; ***nicht*** **~*!*** a) don't!, b) certainly not!; ***setzen Sie sich*** **~*!*** do sit down, please!; ***frag ihn*** **~*!*** just ask him!; ***sei(d)*** **~** ***mal still!*** be quiet, will you!; ***das ist*** **~** ***Peter!*** why, that's Peter!

Docht *m* wick.

Dock *n* dock. **~arbeiter(in)** docker.

Dogge *f zo.* ***Deutsche*** **~** Great Dane; ***Englische*** **~** mastiff.

Dogma *n* dogma.

dogmatisch *adj* dogmatic(ally *adv*).

Dohle *f zo.* (jack)daw.

Doktor *m univ.* doctor (*a.* F *Arzt*): ***s-n*** **~** ***machen*** take (*od.* work for) one's doctor's degree.

Doktorand(in) doctorand, doctoral candidate.

Doktor|arbeit *f* (doctoral) thesis. **~grad** *m* doctorate. **~mutter** *f*, **~vater** *m* F supervisor. **~würde** *f* doctorate.

Doktrin *f* doctrine.

Dokument *n* document (*a. fig.*), ⚖ *a.* deed: *econ.* **~*e gegen Zahlung*** documents against payment.

Dokumentar... documentary (*report*, *play*, *etc*). **~film** *m* documentary (film).

Dokumentation *f* documentation.

dokumentieren *v/t* document, *fig. a.* demonstrate, show.

Dolch *m* dagger. **~stoß** *m* dagger thrust, *fig.* stab in the back.

Dolde *f* ⚘ umbel.

Dole *f schweiz., südd.* drain.

Dollar *m* dollar.

dolmetschen *v/i* interpret (*a. v/t*), act as interpreter. **Dolmetscher(in)** interpreter. **Dolmetscherinstitut** *n* school (*univ.* institute) for interpreters.

Dolomiten *pl the* Dolomites *pl.*

Dom *m* cathedral.

Domäne *f* domain, *fig. a.* province.

domestizieren *v/t* domesticate.

dominant *adj* dominant.

Dominante *f* ♪, *biol.* dominant.

dominieren *v/t u. v/i* dominate: **~d** dominant, dominating.

Dominikaner(in), dominikanisch *adj*, **Dominikaner(mönch)** *m* Dominican.

Dominikanische Republik *f* Dominican Republic.

Domino *n*, **~spiel** *n* (game of) dominoes *sg.* **~stein** *m* domino.

Domizil *n* domicile.

Dompfaff *m zo.* bullfinch.

Dompteur *m*, **Dompteuse** *f* animal trainer.

Donau *f the* Danube.

Donner *m* thunder, *fig.* (*Getöse*) *a.* roar: F ***wie vom ~ gerührt*** thunderstruck.

donnern I *v/impers* **1.** ***es donnert*** it is thundering. **II** *v/i fig.* **2.** *Motoren, Stimme etc*: thunder, roar. **3.** F ***~ gegen*** crash against (*od.* into). **III** *v/t fig.* **4.** (*Befehle etc*) roar, thunder (out). **5.** F (*schlagen, schmeißen*) slam.

donnernd *adj fig.* thunderous (*applause etc*).

Donnerstag *m* (**am ~** on) Thursday.

donnerstags *adv* (on) Thursdays.

Donnerwetter F **I** *n* (*Krach*) row. **II** *int* ***~!*** wow!; ***warum*** (***wo*** *etc*) ***zum ~?*** why (where *etc*) the hell?

doof *adj* F dopey, *bsd. Am.* dumb.

dopen *v/t* dope: ***sich ~*** take dope.

Doping *n* doping.

Dopingkontrolle *f* dope test.

Doppel *n* **1.** duplicate. **2.** *Tennis*: doubles *pl.* **~agent(in)** double agent. **~belichtung** *f phot.* double exposure. **~besteuerung** *f* double taxation. **~besteuerungsabkommen** *n* double taxation agreement. **~bett** *n* double bed. **~decker** *m* **1.** (*Flugzeug*) biplane. **2.** F (*Bus*) double-decker.

doppeldeutig *adj* ambiguous.

Doppel|fehler *m Tennis*: double fault. **~fenster** *n* **1.** double window. **2.** *pl* double glazing *sg.* **~gänger(in)** double, F lookalike.

Doppelhaus *n*, **~hälfte** *f* semi-detached (house).

Doppel|kinn *n* double chin. **~klick** *m Computer*: double click. **~name** *m* double-barrelled name. **~pass** *m Sport*: one-two. **~punkt** *m* colon. **~reifen** *m mot.* dual tyre (*Am.* tire). **~rolle** *f a. fig.* double role.

doppelseitig I *adj Stoff*: double-faced, reversible, *Anzeige*: double spread, double-page. **II** *adv* on both sides.

Doppelsieg *m Sport*: double win.

Doppelsinn *m* double meaning, ambiguity. **doppelsinnig** *adj* ambiguous.

Doppel|spiel *n* **1.** *contp.* (***ein ~ treiben*** play a) double game. **2.** → ***Doppel*** 2. **~stecker** *m* ⚡ two-way adapter.

doppelt I *adj* double, *bsd. tech.* dual, twin, *bsd.* ⚡ duplex: ***den ~en Preis*** (*od.* ***das Doppelte***) ***zahlen*** pay double the price; ***in ~er Ausfertigung*** in duplicate. **II** *adv* doubly (*painful etc*), double, twice: ***~ so groß*** (***viel***) twice as big (much).

Doppel|tür *f* double doors *pl.* **~verdiener(in)** *einzelne Person*: person with two incomes, *pl Paar*: dual-income family *sg.* **~vierer** *m Rudern*: quadruple sculls *pl.*

doppelwandig *adj* double-walled.

Doppel|zentner *m* quintal. **~zimmer** *n* double room. **~zweier** *m Rudern*: double sculls *pl.*

Dorf *n* village. **~bewohner(in)** villager.

dörflich *adj* village (*life etc*), rustic.

Dorn *m* **1.** ⚘ thorn, (*Stachel*) spine (*a. zo.*): *fig.* ***j-m ein ~ im Auge sein*** be a thorn in s.o.'s side. **2.** *tech.* spike, mandrel, *e-r Schnalle*: tongue.

Dornenkrone *f* crown of thorns.

dornenlos *adj* thornless.

dornenreich *adj fig.* thorny.

Dornenstrauch *m* bramble.

Dornröschen *n* Sleeping Beauty.

dörren *v/t* dry. **Dörrobst** *n* dried fruit.

Dorsch *m zo.* cod.

dort *adv* there: ***~ drüben*** over there; ***von ~*** → **dorther** *adv* from there.

dorthin *adv* there.

Dose *f* **1.** box. **2.** (*Konservendose*) tin, can. **3.** ⚡ (*Steckdose*) outlet.

Dosen... → ***Büchsen...***

dösen *v/i* **1.** doze. **2.** daydream.

dosieren *v/t* dose, *fig.* give *s.th.* in small *etc* doses.

Dosierung *f a. fig.* dosage.

Dosis *f a. fig.* dose: ***zu geringe ~*** underdose; → ***Überdosis.***

dotieren *v/t* endow (***mit*** with): ***ein mit 100 000 DM dotiertes Turnier*** a tournament carrying a 100,000 mark prize; ***e-e gut dotierte Stellung*** a well-paid position. **Dotierung** *f* **1.** endowment. **2.** (*Gehalt*) payment, remuneration.

Dotter *n* yolk.

doubeln *v/t u. v/i* double (**für** for).

Double *n Film*: double, stand-in.

downloaden *v/t Computer*: download.

Dozent(in) (university) lecturer, *Am.* assistant professor. **dozieren** *v/t u. v/i a. fig.* lecture (**über** *acc* on).

dpa ***Deutsche Presse-Agentur*** German Press Agency.

Dr, dr ***Drachme(n)*** drachma(s *pl*), *pl a.* drachmae (dr.).

Dr. ***Doktor*** doctor (Dr.).

d. R. ***der Reserve*** *mil.* reserve ...

Drache *m* dragon.

Drachen *m* **1.** (***e-n ~ steigen lassen*** fly a) kite. **2.** *Sport*: hang glider. **3.** F *contp.* battle-ax(e). **~fliegen** *n* hang gliding. **~flieger(in)** hang glider (pilot).

Dragee, Dragée *n* dragée, coated tablet.

Draht *m* wire: *pol.* ***heißer ~*** hot line; F ***auf ~ sein*** a) be in good form, b) (*wachsam, helle*) be on the ball. **~bürste** *f* wire brush. **~esel** *m humor.* bike. **~funk** *m* wired radio. **~glas** *n* wire(d) glass.

Drahthaar... *zo.* wirehaired (*terrier etc*).

drahtig *adj fig. Person*: wiry.

drahtlos *adj* wireless, radio-...

Drahtsaite *f* ♪ wire.

Drahtseil *n* wire rope, *Zirkus*: tightrope. **~akt** *m* tightrope act (*fig.* walk). **~bahn** *f* cable railway.

Drahtzaun *m* wire fence.

Drahtzieher(in) *fig.* wirepuller.

drakonisch *adj* Draconian.

drall *adj* buxom, strapping.

Drall *m tech.* twist, *a. Sport*: spin.

Drama *n a. fig.* drama: ***aus et. ein ~ machen*** dramatize s.th.

Dramatik *f a. fig.* drama.

Dramatiker(in) dramatist.

dramatisch *adj a. fig.* dramatic(ally *adv*).

dramatisieren *v/t a. fig.* dramatize.

Dramaturg(in) *thea.* dramaturge.

Dramaturgie *f* dramaturgy.

dran *adv* F **1.** → ***daran.*** **2.** ***ich bin ~*** it's my turn; ***jetzt ist er ~!*** now he's (in) for it! **3.** ***du bist gut ~!*** you are lucky!; ***er ist übel*** (*od.* ***arm***) ***~*** he's in a bad way; ***spät*** (***früh***) ***~ sein*** be late (early); ***an der Sache ist was ~*** there is s.th. in it; ***man weiß nie, wie man mit ihr ~ ist*** you never know what to make of her; ***jetzt weiß ich, wie ich ~ bin*** now I know where I stand; → ***drauf*** 2, ***Drum, glauben*** II.

dranbleiben *v/i* F *fig.* ***~ an*** (*dat*) stick to; ***bleib dran!*** a) keep at it!, b) *teleph.* hold the line!

Drang *m* (*Trieb*) urge, impulse, (*Verlangen*) desire (***nach*** for): ***~ nach Erkenntnis*** thirst for knowledge.

Drängelei *f* F pushing and shoving.

drängeln *v/t u. v/i* F **1.** push, shove. **2.** *fig.* pester. **3.** *mot.* tailgate.

drängen I *v/t* **1.** push: *fig.* ***j-n ~, et. zu tun*** urge s.o. to do s.th., *stärker*: pressure s.o. into doing s.th.; ***ich lasse mich nicht ~!*** I won't be rushed! II *v/i* **2.** push, *Menge*: throng. **3.** *fig.* be urgent, be pressing: ***die Zeit drängt*** time is running short. **4.** ***auf Zahlung ~*** press for payment; ***auf e-e Entscheidung ~*** urge a decision. III *v/reflex* ***sich ~*** **5.** crowd (***um*** round): ***sich nach vorne*** (***zur Tür*** *etc*) ***~*** force one's way to the front (towards the door *etc*); *fig.* ***sich nach et. ~*** be keen on (doing) s.th.

Drängen *n* ***auf sein ~ hin*** at his insistence.

drängend *adj* urgent. **Drängler(in)** F **1.** pusher. **2.** *mot.* tailgater.

drangsalieren *v/t* torment.

dran|halten *v/reflex* ***sich ~*** F a) hurry up, b) keep at it. **~kommen** *v/i* F **1.** ***jetzt komme ich dran*** now it's my turn; ***als erster*** (***nächster***) ***~*** be first (next). **2.** *ped.* be asked (a question). **~kriegen** *v/t* F ***da hast du mich drangekriegt!*** you've got me there! **~nehmen** *v/t* F (*Patienten*) take, (*Schüler*) ask.

drapieren *v/t* drape.

drastisch *adj* drastic(ally *adv*).

drauf F *adv* **1.** → ***darauf.*** **2.** ***~ und dran sein, et. zu tun*** be on the point of doing s.th.; ***gut ~ sein*** be in great form; ***er hatte 150 Sachen ~*** he was doing 100 miles.

Draufgänger(in) daredevil, (*Erfolgsmensch*) go-getter, *bei Frauen*: wolf.

draufgängerisch *adj* reckless, F gutsy.

drauf|gehen *v/i* F **1.** be killed. **2.** be lost, *Geld*: go down the drain, (*kaputtgehen*) go to pot. **~haben** *v/t* F (***schwer***) ***was ~*** be (just) great (*od.* super) (***in*** *dat* at). **~kommen** *v/i* F ***j-m ~*** find s.o. out; → ***darauf*** 3. **~kriegen** *v/t* F ***eins ~*** a) get it in the neck, b) *Sport*: get a thrashing. **~legen** → ***draufzahlen*** I.

drauflos F I *adv* straight ahead. II *int* (***feste***) ***~!*** come on! **~gehen** *v/i* F make straight for it. **~reden** *v/i* F start rattling away.

drauf|machen *v/t* F ***e-n ~*** have a ball (*saufend*: a booze-up), go to town. **~stoßen** *v/t* F *fig.* ***j-n ~*** spell it out to s.o. **~zahlen** F I *v/t* pay an extra *100 marks etc.* II *v/i* lose money.

draußen *adv* outside, (*im Freien*) *a.* in the open (air), ⚓ at sea: ***~ im Garten*** out in the garden; ***bleib(t) ~!*** keep out!

drechseln *v/t* turn: → ***gedrechselt.***

Drechsler(in) wood turner.

Dreck *m* **1.** dirt, *stärker*: filth, (*Schlamm*) mud: *fig.* ***im ~ sitzen*** be in a mess; ***j-n*** (***et.***) ***in den ~ ziehen*** drag s.o.'s name (s.th.) in the mud; ***j-n wie*** (***den letzten***) ***~ behandeln*** treat s.o. like dirt; ***er hat*** (***viel***) ***~ am Stecken*** he has a lot to answer for. **2.** *fig.*

(*Kram*, *Quatsch*) rubbish: ***er kümmert sich e-n ~ darum*** he doesn't care a damn; ***das geht dich e-n ~ an!*** that's none of your business!
Dreckding *n* F damn thing.
dreckig *adj* F dirty, filthy, *fig.* (*gemein*) *a.* nasty, mean: ***~e Witze*** dirty jokes; *adv* ***~ lachen*** give a dirty laugh; ***es geht ihm ~*** he's having a bad time.
Drecknest *n* F *contp.* dump, hole.
Drecksau *f*, **Dreckschwein** *n* V **1.** (dirty) pig. **2.** (*Lump*) swine.
Dreckskerl *m* F swine, bastard.
Dreckwetter *n* F filthy weather.
d. Red. ***die Redaktion*** the editor(s *pl*) (Ed., ed., *pl* eds).
Dreh *m* F trick: ***den richtigen ~ heraushaben*** have got the hang of it.
Dreharbeiten *pl Film*: shooting *sg.*
Drehbank *f tech.* lathe.
drehbar *adj* rotatable.
Drehbleistift *m* propelling pencil.
Drehbuch *n* script, *a. fig.* scenario.
Drehbuchautor *m* scriptwriter.
Drehbühne *f* revolving stage.
drehen I *v/t* **1.** *allg.* turn, (*ver~*) twist (*a. fig.*): *fig.* ***man kann es ~ und wenden (wie man will)*** whichever way you look at it. **2.** (*Zigarette etc*) roll. **3.** (*Film*) shoot. **4.** F *fig.* wangle: → ***Ding*** 3. **5.** *tech.* turn. **II** *v/i* **6.** turn (round): ***~ an*** (*dat*) turn, *a. fig.* fiddle with; F ***daran ist nichts zu ~ und zu deuteln*** that's a fact. **III** *v/reflex* ***sich ~*** **7.** turn, go round, *schnell*: spin round: ***die Erde dreht sich um die Sonne*** the earth revolves around the sun; ***mir dreht sich alles*** my head is spinning; *fig.* ***sich ~ um*** revolve round, *Gespräch*: be about; ***es dreht sich darum, ob*** it's a question of whether.
Dreher(in) *tech.* lathe operator.
Dreh|kraft *f* rotatory force. **~kran** *m* slewing crane. **~kreuz** *n* turnstile. **~moment** *n tech.* torque. **~orgel** *f* barrel organ. **~pause** *f Film*: shooting break. **~punkt** *m tech. u. fig.* pivot. **~schalter** *m* rotary switch. **~scheibe** *f* 🚂 turntable. **~sessel** *m* → ***Drehstuhl.***
Drehstrom *m* ⚡ threephase current. **~motor** *m* threephase A.C. motor.
Dreh|stuhl *m* swivel chair. **~tür** *f* revolving door.
Drehung *f* turn(ing), rotation: ***schnelle ~*** spin.
Drehzahl *f* revolutions *pl* per minute (*abbr.* r.p.m.). **~messer** *m* revolution counter. **~regelung** *f* speed control.
drei *adj* three: F ***sie kann nicht bis ~ zählen*** she is pretty dim(witted); ***~ viertel*** three-quarter; ***es war ~ viertel zwei*** it was a quarter to two; ***~ viertel voll*** three-quarters full.
Drei *f* (number) three, *ped.* satisfactory.
Dreiakter *m thea.* three-act play.
dreibeinig *adj* three-legged.
dreidimensional *adj* three-dimensional.
Dreieck *n* triangle.
dreieckig *adj* triangular.
Dreiecks|geschäft *n* three-way deal. **~verhältnis** *n* (love) triangle.
Dreieinigkeit *f eccl.* Trinity.
dreifach *adj* threefold, triple: ***die ~e Menge*** three times the amount; ***in ~er Ausfertigung*** in triplicate; ***das Dreifache*** three times as much, triple.
dreifarbig *adj* tricolo(u)r.
Dreifuß *m* tripod.
Dreiganggetriebe *n* three-speed gear.
dreihundert *adj* three hundred.
dreijährig *adj*, **Dreijährige** *m*, *f* three--year-old.
Dreiklang *m* ♪ triad.
Dreikönige *pl eccl.* (***zu ~*** on) Epiphany.
dreimal *adv* three times.
Dreimeilenzone *f* three-mile limit.
Dreimeterbrett *n* three-metre (diving) board.
dreimotorig *adj* three-engined.
drein|blicken *v/i* F look *sad etc.* **~reden** *v/i* F interfere (*j-m od.* ***bei*** with). **~schlagen** *v/i* F lay about one.
Dreirad *n* tricycle.
Dreisatz *m* 𝔄 rule of three.
dreisilbig *adj* trisyllabic.
Dreisprung *m Sport*: triple jump.
dreispurig *adj Fahrbahn*: three-lane(d).
dreißig I *adj* thirty; ***sie ist Ende ~*** she is in her late thirties.
Dreißig *f* thirty.
dreißiger *adj* ***die ~ Jahre*** *e-s Jhs.*: the thirties *pl.*
Dreißiger(in) man (woman) of thirty (*od.* in his [her] thirties): ***er ist in den Dreißigern*** he is in his thirties.
Dreißigerjahre → **dreißiger.**
dreist *adj Person*: impertinent, F cheeky, *a. fig. Lüge etc*: brazen.
dreistellig *adj* 𝔄 three-digit.
Dreistigkeit *f* impertinence, F cheek.
dreistufig *adj tech.* three-stage.
dreitägig *adj* three-day.
dreiteilig *adj* three-piece.
Dreiviertel|stunde *f* three quarters *pl* of an hour. **~takt** *m* ♪ three-four time.
Dreiweg... *tech.* three-way (*switch etc*).
dreiwertig *adj* ⚗ trivalent.
dreiwöchig *adj* three-week.
Dreizack *m* trident.
dreizehn *adj* thirteen: F *fig.* ***jetzt schlägts aber ~!*** that's the limit!
dreizehnt *adj* thirteenth.

Dreizimmerwohnung *f* three-room flat (*od.* apartment).
Dresche *f* F hiding.
dreschen *v/t u. v/i* ⚒ thresh: → ***Phrase.***
Dreschmaschine *f* threshing machine.
Dresseur(in) animal trainer.
dressieren *v/t* (*Tier*) train, (*Kind etc*) drill.
Dressing *n* (salad) dressing.
Dressman *m pl* **-men** male model.
Dressur *f* **1.** (animal) training. **2.** *Sport*: → **Dressurreiten** *n* dressage.
Drift *f* ⚓ drift (current). **driften** *v/i* drift.
Drill *m mil. u. fig.* drill.
drillen *v/t allg., a. fig.* drill: ***gedrillt sein auf*** (*acc*) be practised at.
Drilling *m* triplet.
drin *adv* F **1.** → ***darin: er ist*** ~ he's inside. **2.** *fig.* ***das ist (bei mir) nicht ~!*** that's not on!, that's out!; ***es ist noch alles*** ~ anything is still possible; ***mehr war nicht*** ~ that was the best I *etc* could do.
dringen *v/i* **1.** ~ ***durch*** force one's way through, *Licht etc*: penetrate, *Wasser etc*: seep through. **2.** ~ ***aus*** (*dat*) *Geräusch etc*: come from. **3.** ~ ***in*** (*acc*) penetrate (into), *Wasser*: *a.* seep into, *a. fig.* invade; *fig.* ***an die Öffentlichkeit*** ~ leak out. **4.** ~ ***bis zu*** reach, get as far as. **5.** *fig.* ~ ***auf*** (*acc*) insist on, press for. **6.** *fig.* **(*mit Fragen*) *in j-n*** ~ press s.o. (with questions); ***mit Bitten in j-n*** ~ plead with s.o.
dringend I *adj* urgent, pressing, *Notwendigkeit etc*: imperative, *Verdacht etc*: strong, *Gründe*: compelling. **II** *adv* ~ ***brauchen*** need urgently (*od.* badly); ~ ***notwendig*** imperative; ~ ***empfehlen*** recommend strongly; ***j-n ~ ersuchen*** entreat s.o.; ~ ***verdächtig*** highly suspect.
dringlich *adj* urgent.
Dringlichkeit *f* urgency: ***von größter*** ~ of top (*od.* first) priority.
Dringlichkeits|antrag *m parl.* emergency motion. **~stufe** *f* priority (class): ***höchste*** ~ top priority.
drinnen *adv* inside, indoors.
drinstecken *v/i* F ***da steckt viel Arbeit drin*** a lot of work has gone into it.
dritt *adj* third: ***~er Klasse*** third-class; *pol.* ***die Dritte Welt*** the Third World; ***wir waren zu*** ~ there were three of us; ***sie gingen zu ~ hin*** three of them went.
Dritte *m, f* third, ⚖ third party: ***~(r) werden*** *Sport*: finish third.
Drittel *n* third.
drittens *adv* third(ly).
drittklassig *adj fig.* third-rate.
Drittland *n* third country, *EU* non-member country.
drittletzt *adj* last but two.
drittrangig *adj* third-rate.
Dr. jur. ***doctor juris, Doktor der Rechte*** Doctor of Laws (LLD).
DRK ***Deutsches Rotes Kreuz*** German Red Cross.
Dr. med. ***doctor medicinae, Doktor der Medizin*** Doctor of Medicine (MD).
Droge *f* drug.
drogenabhängig *adj* addicted to drugs: ~ ***sein*** *a.* be a drug addict.
Drogenabhängige *m, f* drug addict.
Drogenabhängigkeit *f* drug addiction.
Drogen|handel *m* drug trafficking. **~händler(in)** drug dealer. **~konsum** *m* use of drugs. **~missbrauch** *m* drug abuse. **~rausch** *m* F (***im*** ~ on a) trip. **~sucht** *f* drug addiction.
drogensüchtig *adj* addicted to drugs.
Drogen|süchtige *m, f* drug addict. **~szene** *f* drug scene. **~tote** *m, f* drug-related death.
Drogerie *f* chemist's (shop), *Am.* drugstore.
Drogist(in) chemist, *Am.* druggist.
Drohbrief *m* threatening letter.
drohen *v/i* threaten (***j-m*** s.o.): ***j-m*** ~ a) ***mit der Faust (dem Finger)*** shake one's fist (finger) at s.o., b) *fig.* (*j-m bevorstehen*) be in store for s.o.; ***mit der Polizei*** ~ threaten to call the police; ***er drohte zu ertrinken*** he threatened to drown, he was in danger of drowning.
drohend *adj* **1.** threatening. **2.** *fig.* (*bevorstehend*) imminent: ***~e Gefahr*** *a.* threat, menace.
Drohne *f männliche Biene*: drone, *fig. a.* idler.
dröhnen *v/i* boom, roar, (*widerhallen*) resound (***von*** with): *fig.* ***mein Kopf dröhnt*** my head is ringing.
Drohung *f* threat, menace.
drollig *adj* droll, funny.
Dromedar *n zo.* dromedary.
Drops *pl* (***saure*** ~ acid) drops *pl.*
Drossel¹ *f zo.* thrush.
Drossel² *f tech.* choke.
drosseln *v/t tech.* throttle (*a. fig.*), (*Heizung*) turn down.
Dr. phil. ***doctor philosophiae, Doktor der Philosophie*** Doctor of Philosophy (PhD, DPhil).
Dr. rer. nat. ***doctor rerum naturalium, Doktor der Naturwissenschaften*** Doctor of Science (DSc, ScD).
Dr. theol. ***doctor theologiae, Doktor der Theologie*** Doctor of Divinity (DD).
drüben *adv* over there, on the other side.
Druck¹ *m allg.* pressure, *fig. a.* stress, ⚕ (***~gefühl***) sensation of pressure: ***ein ~ auf den Knopf genügt*** just press the button; *fig.* ***auf j-n ~ ausüben, j-n unter ~ setzen*** put s.o.

under pressure; F ***im ~ sein*** *zeitlich*: be pressed for time.

Druck² *m* **1.** printing: ***zum ~ gehen*** go to press; ***im ~ sein*** be printing. **2.** (*Kunstdruck*) print. **3.** (*~art*) print. **4.** (*Textildruck*) print.

Druck|abfall *m* drop in pressure. **~anstieg** *m* increase in pressure. **~ausgleich** *m* pressure compensation. **~bleistift** *m* drop-action pencil. **~buchstabe** *m* block letter: ***in ~n schreiben*** *a.* print.

Drückeberger(in) F shirker.

druckempfindlich *adj* sensitive to pressure, *Obst*: easily bruised.

drucken *v/t allg.* print.

drücken I *v/t* **1.** *allg.* press, (*quetschen*) *a.* squeeze, (*Taste*) *a.* push: ***j-m die Hand ~*** shake hands with s.o.; ***j-m et. in die Hand ~*** put (*heimlich*: slip) s.th. into s.o.'s hand; ***j-n*** (***an sich***) ~ hug s.o.; → ***Daumen.*** **2.** (*j-n*) *Schuh*: pinch, *Magen*: pain, hurt, *fig. Sorgen, Schulden etc*: weigh heavily on *s.o.* **3.** *fig.* (*Leistung, Preise etc*) bring (*od.* force) down, (*Rekord*) better (**um** by) **4.** *sl.* (*Heroin etc*) shoot. **II** *v/i* **5.** *allg.* press, *Rucksack etc*: *a.* hurt, *Schuh*: pinch, *fig. Hitze etc*: be oppressive: **~ auf** (*acc*) press on, (*Knopf etc*) press, push; *fig.* ***auf die Stimmung ~*** cast a gloom (on everything). **III** *v/reflex* **sich ~ 6.** F shirk: ***sich vor e-r Sache ~*** shirk (doing) s.th.

drückend *adj fig. Schulden etc*: heavy, *Schwüle etc*: oppressive.

Drucker *m a. Computer*: printer.

Drücker *m Türschloss*: latch, *Gewehr*: trigger: F *fig.* ***am ~ sitzen*** be at the controls; ***auf den letzten ~*** down to the last minute.

Druckeranschluss *m Computer*: printer port.

Druckerei *f* printing office, printing works *pl*, *Firma*: printer's.

Drucker|papier *n Computer*: printer form, printer paper. **~tisch** *m Computer*: printer table. **~treiber** *m Computer*: printer driver.

Druck|erzeugnis *n* publication. **~fahne** *f* proof sheet, proof. **~fehler** *m* misprint. **~fehlerverzeichnis** *n* errata *pl.*

druckfertig *adj* ready for (the) press: ***~es Manuskript*** fair copy.

Druckkabine *f* ✈ pressurized cabin.

Druckknopf *m* press-stud, F popper, *Am.* snap fastener, *tech.* push button.

Druckluft *f* compressed air. **Druckluft...** compressed-air (*starter, drive, etc*).

Druckluftbremse *f* air brake.

Druck|maschine *f* printing machine. **~messer** *m tech.* pressure ga(u)ge. **~mittel** *n fig.* lever.

druckreif → ***druckfertig.***

Drucksache *f* **1.** *Post*: printed (*Am. a.* second-class) matter. **2.** *parl.* Document.

Druckschrift *f* **1.** block letters *pl*: ***in ~ schreiben*** *a.* print. **2.** printing type. **3.** publication.

Druck|stelle *f* tender spot, *bei Obst*: bruise. **~verband** *m* ⚕ compression bandage. **~welle** *f e-r Explosion*: blast, shock wave. **~zeile** *f* printline.

drum *adv* F → ***darum.***

Drum: ***das ganze ~ und Dran*** everything that goes with it; ***mit allem ~ und Dran*** with all the trimmings.

drunter *adv* F **1.** → ***darunter.*** **2.** ***es ging alles ~ und drüber*** it was absolutely chaotic.

Drüse *f* gland. **Drüsen...** glandular.

DSB ***Deutscher Sportbund*** German Sports Association.

Dschungel *m a. fig.* jungle.

Dschunke *f* junk.

DTP *n* ***Desktop-Publishing*** DTP.

Dtzd. ***Dutzend*** dozen (doz.).

d. U. ***der Unterzeichnete*** the undersigned.

du *pers pron* you: ***bist ~ es?*** is that you?; ***~ Glückliche(r)!*** lucky you!; ***mit j-m per ~ sein*** → ***duzen*** b.

dual *adj* **1.** dual, *Zahl*: binary. **2.** ***duales System der beruflichen Ausbildung*** *etwa*: dual system of vocational education and training.

Duales System *n etwa*: nationwide rubbish collecting system.

Dübel *m*, **dübeln** *v/t* dowel, peg.

Dublee... gold-plated (*watch etc*).

ducken I *v/t* ***den Kopf ~*** duck one's head. **II** *v/reflex* ***sich ~*** crouch (down), *ausweichend*: duck, *fig.* cringe (**vor** before).

Duckmäuser(in) F *contp.* cringer, (*Heuchler*) hypocrite.

dudeln *v/t u. v/i* F tootle.

Dudelsack *m* bagpipe(s *pl*).

Duell *n* duel (***auf Pistolen*** with pistols), *fig. a.* fight, (*Rededuell*) *a.* battle of words.

duellieren *v/reflex* ***sich ~*** fight a duel.

Duett *n* ♪ duet.

Duft *m* smell, scent, fragrance, aroma.

dufte *adj* F great, super.

duften *v/i* smell (**nach** of): ***süß ~*** smell sweet. **duftend** *adj* fragrant.

duftig *adj* gossamer, filmy.

Duftnote *f* special scent.

Duftstoff *m* scent, aroma.

dulden *v/t* **1.** tolerate: ***ich dulde es nicht*** I won't have it (**dass** that); → ***Aufschub.*** **2.** → ***erdulden.*** **Dulder(in)** (patient) sufferer.

Duldermiene *f iro.* ***mit ~*** with a martyred expression.

duldsam *adj* (**gegen**) tolerant (of), (*nach-*

sichtig) indulgent (to), (*geduldig*) patient (with). **Duldsamkeit** *f* tolerance (***gegen*** of), forbearance.
Duldung *f* toleration, permission.
dumm *adj allg*. stupid, *bsd. Am*. dumb, F (*albern*) *a*. silly, *fig*. (*unangenehm*) *a*. awkward: ***zu ~!, so et. Dummes!*** how stupid!, what a nuisance!; F ***~es Zeug*** (***reden*** talk) rubbish; ***sich ~ stellen*** act the fool; ***ich lasse mich nicht für ~ verkaufen*** I'm not that stupid; ***die Sache wird mir zu ~*** I'm sick and tired of it; *adv* ***j-m ~ kommen*** get fresh with s.o.; ***frag nicht so ~!*** don't ask such silly questions!
Dumme *m, f* fool: F ***der ~ sein*** be left holding the baby.
dummerweise *adv* F **1.** ***~ habe ich es vergessen*** like a fool I forgot it. **2.** unfortunately.
Dummheit *f* **1.** stupidity. **2.** stupid thing: ***was für e-e ~!*** what a stupid thing to do!; (***mach***) ***k-e ~en!*** don't do anything stupid!, none of your tricks!
Dummkopf *m* F fool, idiot.
dumpf *adj* **1.** *Geräusch etc*: dull, muffled: ***~er Aufprall*** thud. **2.** (*muffig*) stuffy, (*modrig*) musty. **3.** *fig*. (*stumpfsinnig*) dull, *Atmosphäre etc*: gloomy, dismal. **4.** *fig*. *Gefühl etc*: dark, *Schmerz*: dull.
Düne *f* dune.
Dung *m* dung, manure. **Düngemittel** *n* → ***Dünger.*** **düngen** *v/t u. v/i* fertilize. **Dünger** *m* fertilizer, (*Mist*) dung, manure. **Dunggrube** *f* manure pit.
dunkel I *adj* **1.** *allg*. dark, (*düster*) *a*. gloomy (*a. fig*.), *Farbe*: *a*. deep: ***es wird ~*** it is getting dark. **2.** *Stimme, Ton etc*: deep. **3.** *fig. allg*. dark, (*unbestimmt*) *a*. vague, dim, (*geheimnisvoll*) *a*. mysterious, (*zwielichtig*) shady, dubious. **II** *adv* **4.** ***sich ~ erinnern*** remember dimly.
Dunkel *n the* dark, darkness (*a. fig*.): ***j-n im ~n lassen*** leave s.o. in the dark (***über*** *acc* about); F ***im ~n tappen*** grope in the dark.
Dünkel *m* conceit.
dunkel|blau *adj* dark blue. **~blond** *adj* dark blond. **~haarig** *adj* dark(-haired). **~häutig** *adj* dark(-skinned), swarthy.
Dunkelheit *f* darkness, *fig. a*. obscurity: → ***Einbruch*** 2.
Dunkelkammer *f phot*. darkroom.
dunkelrot *adj* dark red.
Dunkelziffer *f* estimated number of unknown cases.
dünn I *adj* **1.** *allg*. thin, *Gewebe etc*: *a*. flimsy, *Stimme, Flüssigkeit etc*: *a*. weak, *Haar*: *a*. sparse, *phys*. *Luft*: rare. **2.** *fig*. (*dürftig*) poor, meag/re (*Am*. -er). **II** *adv* ***~ besiedelt*** sparsely populated; F *fig*. ***~ gesät sein*** be scarce, be few and far between.
Dünndarm *m* small intestine.
Dünndruck(ausgabe *f*) *m* India-paper edition.
Dünne *f allg*. thinness (*a. fig*.), weakness.
dünnflüssig *adj* thin, liquid, *Öl*: thin-bodied.
dünnhäutig *adj a. fig*. thin-skinned.
Dünnheit *f* → ***Dünne.***
dünnmachen *v/reflex* ***sich ~*** F make o.s. scarce.
Dunst *m* haze, mist, (*Ausdünstung*) vapo(u)r, fumes *pl*, (*Dampf*) steam: F *fig*. ***er hat k-n*** (***blassen***) ***~ davon*** he hasn't the foggiest (idea) about it.
dünsten *v/t u. v/i gastr*. stew.
Dunstglocke *f* blanket of smog.
dunstig *adj* hazy, misty.
Dunstschleier *m* (veil of) haze.
Dünung *f* ⚓ swell.
Duo *n* ♪ duo.
Duplikat *n* duplicate, copy.
Dur *n* ♪ (***in ~*** in) major.
durch I *prep* **1.** through: ***quer ~*** across; ***~ ganz Amerika*** *reisen etc* all over America. **2.** (*mittels*) by, by means of, (*bsd. über j-n*) through: ***~ Zufall*** by chance. **3.** ***A 10 ~ 2*** 10 divided by 2. **4.** → ***wegen.*** **II** *adv* **5.** *zeitlich*: during, through(out): ***das ganze Jahr ~*** throughout the year; ***die ganze Nacht ~*** all night long; F ***es ist 5 Uhr ~*** it is past five. **6.** F ***~ und ~*** through and through, completely: ***~ und ~ nass*** drenched.
durchackern *v/t* F *fig*. plough (*Am*. plow) through.
durcharbeiten I *v/t* work (*od*. go) through. **II** *v/i* work through (without a break). **III** *v/reflex* ***sich ~*** *a. fig*. work one's way through.
durchatmen *v/i* (***tief***) ***~*** breathe deeply.
durchaus *adv* **1.** thoroughly, quite: ***~!*** absolutely!; ***~ möglich!*** quite possible!; ***wenn er ~ kommen will*** if he insists on coming. **2.** ***~ nicht*** by no means; ***~ nicht!*** absolutely not!; ***er wollte ~ nicht gehen*** he absolutely refused to go.
durchbeißen I *v/t* bite through. **II** *v/reflex* ***sich ~*** F *fig*. struggle through.
durchbiegen *v/reflex* ***sich ~*** sag.
durchblättern *v/t* leaf through.
Durchblick *m* **1.** view (***auf*** *acc* of). **2.** F *fig*. grasp: ***~ haben → durchblicken*** 3; ***sich den*** (***nötigen***) ***~ verschaffen*** find out what's what. **durchblicken** *v/i* **1.** look through. **2.** *fig*. ***~ lassen*** intimate (***dass*** that). **3.** F (*kapieren*) get it, (*Bescheid wissen*) know the score: ***da blicke ich nicht durch!*** I don't get it.

durchbluten *v/t* supply with blood.
Durchblutung *f* (blood) circulation.
durchblutungsfördernd *adj* ⚕ stimulating (blood) circulation.
Durchblutungsstörung *f* ⚕ circulatory disturbance.
durchbohren *v/t* pierce, stab: *fig.* ***j-n mit Blicken ~*** look daggers at s.o.
durchbohrend *adj fig. Blick*: piercing.
'durchbrechen¹ I *v/t* break in two (*a. v/i*). **II** *v/i allg.* break through (*a. mil. u. Sport*), ⚕ burst, *Zähne*: erupt, (*zum Vorschein kommen*) come through, *fig.* reveal itself.
durch'brechen² *v/t allg.* break through, (*Blockade*) *a.* run, (*Regel etc*) break.
durchbrennen *v/i* **1.** ⚡ *Sicherung*: blow, *Birne*: burn out. **2.** F *fig.* (*ausreißen*) run away, *mit Geld*: *a.* make off, *mit Liebhaber*: *a.* elope.
durchbringen I *v/t* **1.** *allg.* get *s.o., s.th.* through, (*Kranken*) pull *s.o.* through, (*Familie etc*) support. **2.** (*Geld*) squander, blow. **II** *v/reflex* ***sich ~*** **3.** get by.
Durchbruch *m* **1.** breakthrough (*a. fig.*), ⚕ perforation, *der Zähne*: eruption: *fig.* ***zum ~ kommen*** show, become manifest, *Idee*: gain acceptance. **2.** (*Öffnung*) opening.
durchdacht *adj* reasoned. **durchdenken** *v/t logisch*: reason *s.th.* (out).
durchdrängen *v/reflex* ***sich ~*** force one's way through.
durchdrehen I *v/t* **1.** *gastr.* mince. **II** *v/i* **2.** *Räder*: spin. **3.** F flip, *vor Angst*: panic.
durch'dringen¹ *v/t* **1.** go through, penetrate. **2.** (*j-n*) *Gefühl etc*: fill, pervade.
'durchdringen² *v/i* **1.** get through, penetrate, *Stimme etc*: be heard: *fig.* ***bis zu j-m ~*** reach s.o. **2.** *fig.* ***~ mit*** *e-m Vorschlag etc*: succeed with, get *s.th.* accepted.
'durchdringend *adj allg.* penetrating, *Blick*: *a.* piercing, *Stimme*: *a.* loud, shrill, *Geruch*: *a.* pungent: ***~e Kälte*** biting cold; ***~er Schrei*** scream.
durchdrücken *v/t* **1.** (*Knie*) straighten. **2.** F → ***durchsetzen¹*** I.
Durchdrückpackung *f* bubble pack.
durchdrungen *adj fig.* filled (***von*** with).
durcheinander *adv* ***~ sein*** be at sixes and sevens, be in a mess; ***ganz ~ sein*** *Person*: be all mixed up, (*aufgeregt*) be in a flap; ***alles ~ essen*** eat everything as it comes; ***~ bringen*** jumble up, *a. fig.* (*Begriffe etc*) mix up, (*j-n*) confuse, get *s.o.* all flustered; ***alles ~ bringen*** get everything mixed up; ***~ geraten*** get mixed up; ***~ reden*** talk all at once.
Durcheinander *n a. fig.* confusion, mess.
'durchfahren¹ *v/i* pass (*od.* go, *mot.* drive) through, 🚂 *a.* go nonstop (***bis*** to): ***die Nacht ~*** travel all night.
durch'fahren² *v/t* pass (*od.* go, *mot.* drive) through, (*Strecke*) drive.
Durchfahrt *f allg.* passage, (*Tordurchfahrt*) gate(way): ***~ verboten!*** no thoroughfare!
Durchfahrtsstraße *f* through road.
Durchfall *m* **1.** ⚕ diarrh(o)ea. **2.** F *thea.* flop.
durchfallen *v/i* **1.** fall through. **2.** F a) (***a. ~ lassen***) *in e-r Prüfung*: fail, *bsd. Am.* flunk, b) *bei e-r Wahl*: be defeated, c) *Vorschlag etc*: be turned down, d) *thea. etc* be a flop.
Durchfallquote *f ped. etc* failure rate.
durchfechten *v/t fig.* fight *s.th.* through.
durchfeiern *v/i* F make a night of it.
durchfinden *v/i u. v/reflex* ***sich ~*** find one's way through: (***sich***) ***nicht mehr ~*** be (completely) at a loss.
'durchfliegen¹ *v/i* **1.** fly through, ✈ *a.* fly nonstop. **2.** → ***durchfallen*** 2 a.
durch'fliegen² *v/t* **1.** fly through, (*Strecke*) fly, cover. **2.** *fig.* (*Post, Zeitung etc*) skim (*od.* glance) through.
durchfließen *v/t* flow (*od.* run) through.
durchfluten *v/t fig. Licht etc*: flood *a room etc*, *Gefühl etc*: flow through *s.o.*
durchfragen *v/reflex* ***sich ~*** ask one's way (***zu*** to).
durchfroren *adj fig.* frozen stiff.
Durchfuhr *f econ.* transit.
durchführbar *adj* practicable, feasible: ***schwer ~*** difficult to carry out.
durchführen I *v/t* **1.** lead (*od.* take) *s.o., s.th.* through. **2.** (*Arbeit, Plan etc*) carry out (*od.* through), (*Tests etc*) do, (*Projekt etc*) realize, (*Veranstaltung*) organize, (*Gesetz*) enforce. **II** *v/i* **3.** ***~ durch*** lead through; ***unter e-r Brücke ~*** go (*od.* lead) under a bridge.
Durchführung *f* carrying out, realization, ⚖ enforcement.
Durchführungsvorschrift *f* implementing regulation.
Durchfuhrzoll *m econ.* transit duty.
durchfüttern *v/t* F feed, (*j-n*) *a.* support.
Durchgang *m* **1.** passage, (*Weg*) *a.* alley: ***~ verboten!, kein ~!*** no thoroughfare!; ***den ~ versperren*** block the passage. **2.** *astr., econ.* transit. **3.** (*Phase*) stage, *e-r Wahl*: round (*a. Sport*), *e-s Rennens etc*: heat, (*Zeitabschnitt*) rotation (period).
durchgängig *adj* general.
Durchgangs|lager *n* transit camp. **~straße** *f* through road. **~verkehr** *m* **1.** through traffic. **2.** → ***Durchfuhr.***
durchgeben *v/t* (*Meldung etc*) pass on: ***telefonisch ~*** phone; (***im Radio***) ***~*** announce (on the radio).
durchgebraten *adj gastr.* well done.
durchgefroren → ***durchfroren.***
durchgehen I *v/i* **1.** *allg.* go through, *Antrag, Gesetz etc*: *a.* be passed: ***et. ~ lassen***

let s.th. pass, tolerate s.th.; F ***j-m et. ~ lassen*** let s.o. get away with s.th. **2.** F run away, *mit Geld*: *a.* make off, *Liebende*: *a.* elope, *Pferd*: bolt: *fig.* ***mit j-m ~*** *Fantasie etc*: run away with s.o.; ***ihm gingen die Nerven durch*** he lost his head. **II** *v/t* **3.** (*prüfen*) go over, go through.
durchgehend I *adj* through *train etc*, *Betrieb etc*: continuous (*a. tech.*). **II** *adv* throughout: ***~ geöffnet*** open all day.
durchgeistigt *adj* spiritual.
durchgreifen *v/i fig.* (***gegen***) take steps (against), F crack down (on).
Durchgreifen *n* (***hartes, schnelles***) *~* (***gegen***) (rigorous, fast) action (against), F crackdown (on).
durchgreifend *adj* drastic, *Reform etc*: radical, sweeping.
durchhalten I *v/i* hold out (to the end), F stick it out. **II** *v/t* keep *s.th.* up, (*Tempo etc*) *a.* stand.
Durchhaltevermögen *n* staying power, stamina.
durchhängen *v/i* **1.** sag. **2.** F *fig.* a) *Person*: feel low, b) *Sendung etc*: be dull.
Durchhänger *m* F ***e-n ~ haben*** feel low.
durchhecheln *v/t* F *fig.* gossip about, run *s.o., s.th.* down.
durchhungern *v/reflex* ***sich ~*** scrape a living.
'durchkämmen¹ *v/t* **1.** (*Haar*) comb out. **2.** *fig. a.* **durch'kämmen²** comb (***nach*** for).
durch|kämpfen I *v/reflex* ***sich ~*** *a. fig.* fight one's way through. **II** *v/t* → ***durchfechten.*** **~kauen** *v/t* chew *s.th.* well: F *fig.* ***et. ~*** go over s.th. again and again. **~kneten** *v/t* knead thoroughly. **~kommen** *v/i* **1.** *allg.* come through (*a. fig.*), *Kranker*: *a.* pull through, *am Telefon, durch e-e Prüfung*: get through, *Sonne*: break through. **2.** *fig.* (***mit*** on) manage, get by: ***mit dieser Ausrede kommst du nicht durch!*** you won't get away with this excuse!
durchkreuzen *v/t fig.* thwart.
durchkriechen *v/i* creep (*od.* crawl) through.
Durchlass *m* passage.
durchlassen *v/t* let *s.o., s.th.* through (*od.* pass), (*Licht*) transmit: ***Wasser ~*** leak; F *fig.* ***et. ~*** let s.th. pass, overlook s.th.
durchlässig *adj* pervious (***für*** to).
Durchlauf *m* **1.** *tech.*, *Computer*: pass. **2.** *Sport*: heat.
'durchlaufen¹ I *v/i* run through, *Computer*: (*a.* ***~ lassen***) pass (through). **II** *v/t* (*Schuhe etc*) wear through.
durch'laufen² *v/t* run (*fig. a.* go, pass) through, (*Strecke*) cover: ***die Schule ~*** pass through school.
durchlaufend *adj a. tech.* continuous.
Durchlauferhitzer *m* instantaneous water heater.
durchleben *v/t* go (*od.* live) through: (***im Geiste***) ***noch einmal ~*** relive.
durchlesen *v/t* read *s.th.* through: ***sorgfältig ~*** peruse; ***flüchtig ~*** skim.
durch'leuchten¹ *v/t* **1.** ⚕ X-ray, screen. **2.** *fig.* investigate, probe into *s.o.'s past etc.*
'durchleuchten² *v/i* shine through.
Durch'leuchtung *f* ⚕ X-ray examination, screening.
durchliegen *v/reflex* ***sich ~*** get bedsores.
durchlöchern *v/t* **1.** perforate: ***völlig durchlöchert*** riddled with holes; ***von Kugeln durchlöchert*** riddled with bullets. **2.** *fig.* shoot holes in.
durchmachen I *v/t allg.* go through, (*Krankheit etc*) *a.* have, (*Wandlung etc*) undergo: ***er hat viel durchgemacht*** he has been through a lot. **II** *v/i* F (***die Nacht***) *~* make a night of it.
Durchmarsch *m*, **durchmarschieren** *v/i* march through.
Durchmesser *m* diameter.
durchmogeln *v/reflex* ***sich ~*** F wangle one's way through.
durchnässen *v/t* soak, drench.
durchnehmen *v/t ped.* do, go through.
durchpausen *v/t* trace.
durchpeitschen *v/t* (*Gesetz etc*) rush *s.th.* through, F *Am.* railroad.
durchqueren *v/t* cross, traverse.
durchrasen *v/i* race (*od.* tear) through.
durchrasseln → ***durchfallen*** 2 a.
durchrechnen *v/t* calculate: ***noch einmal ~*** check.
Durchreiche *f* (service) hatch.
Durchreise *f* ***auf der ~*** on one's way through; ***ich bin nur auf der ~*** I'm just passing through.
Durchreisevisum *n* transit visa.
durch|reißen I *v/t* tear (in two). **II** *v/i* tear, *Faden etc*: snap. **~ringen** *v/reflex* ***sich ~*** make up one's mind: ***sich ~, et. zu tun*** finally bring o.s. to do s.th. **~rosten** *v/i* rust through. **~rutschen** *v/i* F slip through (*a. fig.*), *bei e-r Prüfung*: scrape through. **~rütteln** *v/t* shake (up), jolt. **~sacken** *v/i* ✈ pancake.
Durchsage *f* announcement.
durchsagen *v/t* (*Befehl etc*) pass on, *im Radio*: announce.
durchsägen *v/t* saw through.
durchschaubar *adj Motive etc*: obvious, *a. Person*: transparent: ***schwer ~*** *Person, Charakter*: inscrutable, puzzling, enigmatic.
durchschauen *v/t* see through *s.o., s.th.*: ***du bist durchschaut!*** F I've got your number!

D

durch|scheinen *v/i* shine through: **~d** transparent, translucent. **~scheuern** *v/t* (*Stoff etc*) wear through. **~schimmern** *v/i* shimmer through. **~schlafen** *v/i* sleep through.
Durchschlag *m* **1.** (*Sieb*) strainer. **2.** (*Kopie*) (carbon) copy, F carbon. **3.** ⚡ blowout.
'durchschlagen[1] **I** *v/t* **1.** cut in two. **2.** *gastr.* pass *s.th.* through a strainer. **II** *v/i* **3.** *Nässe etc*: come through, *Farbe*: show through. **4.** ⚡ *Sicherung*: blow. **5.** ⚕ act as a laxative. **6.** *fig.* (*sich auswirken*) be(come) effective: **~ auf** (*acc*) affect. **III** *v/reflex* **sich ~ 7.** fight one's way through: **sich mühsam ~** scrape through; **sich allein ~** fend for o.s.
durch'schlagen[2] *v/t Geschoss*: penetrate.
durchschlagend *adj fig.* very effective, *Erfolg etc*: sweeping, *Beweis etc*: conclusive: **mit ~em Erfolg** very effectively.
Durchschlagpapier *n* copy paper, flimsy.
Durchschlagskraft *f e-r Kugel etc*: penetration, *fig. e-s Arguments etc*: force.
durch|schlängeln *v/reflex* **sich ~** *Person*: thread one's way (*fig.* wriggle) through. **~schleusen** *v/t* **1.** (*Schiff*) lock. **2.** *fig.* get *s.o., s.th.* through. **~schlüpfen** *v/i* slip through. **~schmelzen** *v/i nucl.* melt down. **~schmoren** *v/i* F *Kabel etc*: char, scorch.
'durchschneiden[1] *v/t* cut (in two).
durch'schneiden[2] *v/t* **1.** cut. **2.** *fig.* intersect, *Straße etc*: cut through, (*Wasser, Luft*) cleave.
Durchschnitt *m* average: **im ~** on (an *od.* the) average; **über** (**unter**) **~** above (below) (the) average; **im ~ verdienen** *etc* average; (**guter**) **~ sein** be (a good) average.
durchschnittlich I *adj* average, (*gewöhnlich*) *a.* ordinary, (*mittelmäßig*) *a.* mediocre. **II** *adv* on (an *od.* the) average: **~ verdienen** *etc a.* average.
Durchschnitts|... average (*age, income, speed, temperature, etc*). **~betrag** *m* average amount. **~einkommen** *n* average income. **~erlös** *m* average revenue. **~kurs** *m von Wertpapier*: average market price. **~steuersatz** *m* average tax rate.
Durchschreibe|block *m* carbon-copy pad. **~ buch** *n* duplicate book.
durchschreiben *v/t* make a (carbon) copy of.
Durchschreibepapier *n* duplicate paper.
durchschreiten *v/t* walk through.
Durchschrift *f* (carbon) copy.
durchschwimmen *v/t* swim (through *od.* across).
durchschwitzen *v/i* soak with sweat.
durchsehen I *v/i* see (*od.* look) through. **II** *v/t* look *s.th.* over, go through, (*prüfen*) check: **flüchtig ~** glance through.
'durchsetzen[1] **I** *v/t* **et. ~** get s.th. through (*od.* accepted); **~, dass et. geschieht** succeed in getting s.th. done; **s-n Willen ~** have one's way. **II** *v/reflex* **sich ~** *Person*: assert o.s., have one's way, *Idee etc*: be accepted, catch on, *Partei, Kandidat(in)*: be successful; **sich ~ gegen** prevail against, F win out over (*a. Sport*); **er kann sich nicht ~** he has no authority.
durch'setzen[2] *v/t* intersperse (**mit** with).
Durchsetzungsvermögen *n* self-assertion, authority: **~ haben** *a.* be able to assert o.s.
Durchseuchung *f* spread of infection.
Durchsicht *f* examination, inspection: **bei ~ der Akten** on looking through (*prüfend*: on checking) the papers.
durchsichtig *adj* transparent, *fig. a.* obvious.
Durchsichtigkeit *f a. fig.* transparency.
durch|sickern *v/i* ooze (*od.* seep) out, *a. fig.* leak out. **~spielen** *v/t* **1.** (*Szene, Stück etc*) play *s.th.* through. **2.** *fig.* rehearse, go through. **~sprechen** *v/t* talk *s.th.* over, discuss. **~starten** *v/i* ✈ climb and reaccelerate, F go round again. **~stecken** *v/t* put (*od.* pass) *s.th.* through. **~stehen** *v/t* **1.** *fig.* get through. **2.** → **durchhalten** II. **~stellen** *v/t teleph.* **ein Gespräch ~** put a call through. **~stöbern** *v/t* rummage through.
'durchstoßen[1] *v/i* break (*od.* push) through.
durch'stoßen[2] *v/t* penetrate, pierce, (*Wolken etc*) break through.
durch|streichen *v/t* cross out, cancel. **~streifen** *v/t* roam. **~strömen** *v/t a. fig.* flow through.
durchsuchen *v/t* search, (*Gebiet etc*) comb, scour.
Durchsuchung *f* search.
Durchsuchungsbefehl *m* search warrant.
durch|trainiert *adj* top fit. **~trennen** *v/t* sever. **~treten** *v/t mot.* (*Pedal*) step on, *Am.* floor, (*Starter*) kick. **~trieben** *adj* sly. **~wachsen** *adj* **1.** *Speck*: streaky. **2.** *pred* F *fig.* so-so, mixed.
Durchwahl *f teleph.* direct dial(l)ing.
durchwählen *v/i* **nach Berlin ~** dial through to Berlin, dial Berlin direct.
durch|wandern *v/t* hike through. **~weg** *adv* all of it (*od.* them), without exception, down the line. **~weicht** *adj* drenched, soaked. **~wühlen** *v/t* rummage through. **~wursteln** *v/reflex* **sich ~** F muddle through. **~zählen** *v/t bsd. mil.* count off.
'durchziehen[1] **I** *v/t* **1.** pull *s.th.* through. **2.** F *fig.* (*Vorhaben etc*) push (*od.* see) *s.th.* through. **II** *v/i* **3.** pass (*od.* march) through. **4.** *gastr.* **gut ~ lassen** soak well. **III** *v/reflex* **sich ~ 5.** *fig. Motiv etc*: run through.
durch'ziehen[2] *v/t* pass (*od.* march) through, *Fluss etc, a. fig. Motiv etc*: run through, *fig. Schmerz etc*: shoot through, *Geruch*: fill.

durchzucken *v/t a. fig.* flash through.
Durchzug *m* **1.** passage, march through. **2.** (*Luftzug*) draught, *Am.* draft: ~ ***machen*** air the room thoroughly.
durchzwängen *v/reflex* ***sich*** ~ squeeze (o.s.) through.
dürfen I *v/aux* ***et. tun*** ~ be allowed to do s.th.; ***darf ich ihn besuchen?*** may I visit him?; ***ja, Sie*** ~ yes, you may; ***nein, Sie*** ~ ***es nicht*** no, you can't (*od.* mustn't); ***wir*** ~ ***stolz auf ihn sein*** we can be proud of him; ***du darfst so et. nicht sagen!*** you mustn't say things like that!; ***was darf es sein?*** *Verkäufer(in)*: what can I do for you?, *Gastgeber(in)*: what would you like?; ***das dürfte genügen*** that should be enough. **II** *v/t* ***er darf*** (***es***) he is allowed to; ***das darf man auf k-n Fall*** you can't possibly do that. **III** *v/i* ***wenn ich nur dürfte*** if only I were allowed to.
dürftig *adj* poor, meag/re (*Am.* -er), scanty: ***in*** ~***en Verhältnissen leben*** be poorly off; *fig.* ~***e Kenntnisse*** scanty knowledge (***von*** of).
Dürftigkeit *f* poorness (*a. fig.*), meagreness.
dürr *adj* **1.** *allg.* dry, *Äste*, *Holz*: *a.* dead, *Boden*: *a.* barren. **2.** *Körper*, *Mensch*: thin, gaunt, skinny, *Hals*: scrawny. **3.** *fig.* ***in*** ~***en Worten*** in plain terms.
Dürre *f* drought. ~**katastrophe** *f* disastrous drought. ~**schäden** *pl* drought damage *sg.*
Durst *m* thirst (*a. fig.* ***nach*** for): ~ ***haben*** (***bekommen***) be (get) thirsty; F ***er hat e-n über den*** ~ ***getrunken*** he has had one too many.
dursten *v/i* be thirsty.
dürsten *v/i fig.* thirst (***nach*** for).
durstig *adj* thirsty (*a. fig.* ***nach*** for).
durstlöschend, durststillend *adj* thirst-quenching.
Durststrecke *f fig.* hard slog, hard times *pl.*
Duschbad *n* shower bath. **Dusche** *f* shower, douche (*a.* ⚕): *fig.* ***wie e-e kalte*** ~ ***auf j-n wirken*** bring s.o. down to earth with a bump. **duschen** *v/i u. v/reflex* ***sich*** ~ (have a) shower.
Dusch|gel *n* shower foam. ~**kabine** *f* shower cubicle. ~**raum** *m* shower room. ~**vorhang** *m* shower curtain.
Düse *f* nozzle.
Dusel *m* F fluke, luck: ~ ***haben*** be lucky; ***mit*** ~ by a fluke.
duselig *adj* F **1.** dopey, dazed. **2.** (*schläfrig*) drowsy.
düsen *v/i* F zoom.
Düsen|antrieb *m* jet propulsion: ***mit*** ~ jet-propelled. ~**flugzeug** *n* jet plane.
düsengetrieben *adj* jet-propelled.
Düsen|jäger *m mil.* jet fighter. ~**pilot(in)** jet pilot. ~**triebwerk** *n* jet engine. ~**verkehrsflugzeug** *n* jetliner.
Dussel *m* F dope. **dusselig** *adj* F dopey.
düster *adj a. fig.* dark, gloomy, dismal: ~***e Aussichten*** bleak prospects.
Dutzend *n* (***zwei*** ~ two) dozen: ***dutzende von Leuten*** dozens of people; ***zu dutzenden*** in dozens; ***dutzend Mal*** dozens of times.
dutzendweise *adv* in dozens, by the dozen.
duzen *v/t* ***j-n*** ~ a) address s.o. with „du", b) *a.* ***sich mit j-m*** ~ be on firstname terms with s.o.
Duzfreund(in) intimate friend.
DV *f* ***Datenverarbeitung*** DP.
d. V(er)f. ***der Verfasser, die Verfasserin*** the author.
d. v. J. ***des vorigen Jahres*** last year's, of the previous year.
DVO ***Durchführungsverordnung*** implementing ordinance.
Dynamik *f allg.* dynamics *pl* (*oft sg konstr.*), *fig. a.* dynamism.
Dynamiker(in) go-getter.
dynamisch *adj a. fig.* dynamic: *econ.* ~***e Rente*** index-linked pension.
dynamisieren *v/t* **1.** speed *s.th.* up. **2.** *econ.* (*Renten etc*) index-link.
Dynamit *n* dynamite.
Dynamo(maschine *f*) *m* ⚡ dynamo.
Dynastie *f* dynasty.
DZ ***Doppelzimmer*** double (room).
dz ***Doppelzentner*** 100 kilogram(me)s.
D-Zug *m* fast train.

E

E, e *n* E, e (*a.* ♪).

E ***Eilzug*** fast train; ***Elektrizität*(*s...*)** electricity (...); power *station*; ***Europastraße*** European Highway.

Ebbe *f* low tide: ***~ und Flut*** high tide and low tide; ***es ist ~*** the tide is out.

ebd. ***ebenda*** ibidem (ibid., ib.).

eben I *adj* **1.** (*flach*) even, level, flat, (*glatt*) smooth. **II** *adv* **2.** (*so~, gerade*) just (now): ***~ erst*** only just; ***ich wollte ~ gehen*** I was just going to leave. **3.** (*genau*) just, exactly: **(*das ist es ja*) *~!*** that's it!; ***~ nicht!*** on the contrary! **4.** ***~ noch*** (*mit Mühe*) only just. **5.** (*nun einmal*) just: ***es taugt ~ nichts*** it's just no good; ***er ist ~ der Bessere*** he's better, that's all; ***so ist es ~!*** that's the way it is!; ***dann ~ nicht!*** all right, forget it!

Ebenbild *n* image: ***das ~ s-s Vaters*** the spit and image of his father.

ebenbürtig *adj* equal: ***j-m ~ sein*** be s.o.'s equal, *fig. a.* be a match for s.o.

ebender(selbe), ebendie(selbe), ebendas(selbe) I *dem pron* the very same. **II** *adj* that very *man*, *woman*, *thing*. **ebendeswegen** *adv* for that very reason.

Ebene *f* **1.** *geogr.* plain. **2.** ⩕ plane. **3.** *fig.* (*Stufe*) level: ***auf staatlicher* (*höchster*) *~*** at government (top) level.

ebenerdig *adj* at ground level.

ebenfalls *adv* likewise, *nachgestellt*: too, as well: ***~ nicht* (*kein*) *...*** not ... either; ***danke, ~!*** thanks, the same to you!

Ebenholz *n* ebony.

ebenmäßig *adj* well-proportioned, *Gesichtszüge*: regular.

ebenso *adv* **1.** just as *good etc*. **2.** (in) the same way: ***~ gut*** (just) as well; ***~ viel*** just as much (*od.* many). **3.** → ***ebenfalls.***

Eber *m zo.* boar.

Eberesche *f* ✿ mountain ash.

ebnen *v/t* level: → ***Weg.***

EC ***Eurocity*(*-Zug*)** Euro-city (train).

Echo *n* echo, *fig. a.* response: ***ein lebhaftes ~ finden*** meet with a lively response. **Echolot** *n* echo sounder.

Echse *f zo.* lizard.

echt I *adj* genuine (*a. fig. Gefühl etc*), *Dokument*: authentic, *Farbe*: fast, *Haar*(*farbe*): natural, (*wirklich*) real (*a. Gold, Leder etc*), (*wahr*) true (*a. Freund etc*), (*rein*) pure: ***ein ~er Engländer*** a true (*od.* real) Englishman. **II** *adv* really: F ***~ gut!*** real good!; ***das ist ~ Paul!*** that's Paul all over!

Echtheit *f* genuineness (*etc*), authenticity.

Echtzeit *f Computer*: real time. **~betrieb** *m Computer*: real time processing. **~uhr** *f Computer*: real time clock.

Eckball *m Sport*: corner.

Ecke *f* **1.** corner (*a. Kante, Straßenecke, a. Sport*): ***an der ~*** at (*Haus*: on) the corner; ***gleich um die ~*** just round the corner; *fig.* ***an allen ~n und Enden*** everywhere; ***es fehlte an allen ~n und Enden*** we were short on everything; F ***j-n um die ~ bringen*** bump s.o. off. **2.** F (*Stückchen*) piece, (*Strecke*) stretch, (*Gegend*) corner.

eckig *adj* square, angular, *fig.* awkward.

...eckig ...-cornered.

Eck|lohn *m* basic wage. **~pfeiler** *m* **1.** △ corner pillar. **2.** *fig.* cornerstone. **~platz** *m* corner seat. **~stoß** *m Sport*: corner kick. **~wert** *m* benchmark figure. **~zahn** *m* eyetooth. **~zins** *m* basic interest rate.

Ecu *m* = ***European currency unit*** europäische Währungseinheit, ECU.

Ecuador *n* Ecuador.

edel *adj* **1.** *a. fig.* noble. **2.** *Metall, Stein*: precious, *Wein etc*: exquisite.

Edel|gas *n* inert gas. **~holz** *n* rare wood. **~metall** *n* precious metal.

edelmütig *adj* noble-minded.

Edel|pilzkäse *m* blue cheese. **~stahl** *m* high-grade steel. **~stein** *m* precious stone, *geschliffener*: gem. **~tanne** *f* ✿ silver fir. **~weiß** *n* ✿ edelweiss.

Edinburg *n* Edinburgh (*capital of Scotland*).

editieren *v/t Computer*: edit.

Editier|fenster *n Computer*: edit window. **~funktion** *f Computer*: editing function. **~programm** *n* editing program.

Editor *m Computer*: editor.

EDV *f* (= ***elektronische Datenverarbeitung***) EDP, electronic data processing. **~-Abteilung** *f* computer department. **~-Anlage** *f* electronic data processing equipment. **~-Industrie** *f* computer industry. **~-Zubehör** *n* computer attachments *pl.*

EEG *n* ***Elektroenzephalogramm*** EEG, electroencephalogram.
Efeu *m* ⚘ ivy.
Effeff *n* F ***et. aus dem ~ können*** be a real wizard at s.th.
Effekten *pl econ.* securities *pl*, (*Aktien und Obligationen*) stocks and bonds *pl*. **~börse** *f* stock exchange. **~händler(in)** stock dealer. **~makler(in)** stockbroker.
Effekthascherei *f* sensationalism, (cheap) showmanship.
effektiv *adj* actual: ***~e Verzinsung*** net yield.
Effektiv|kosten *pl* actual cost *sg*. **~leistung** *f* effective output. **~lohn** *m* actual earnings.
effektvoll *adj* effective, striking.
effizient *adj* (*wirtschaftlich*) efficient, (*wirksam*) effective.
Effizienz *f* efficiency.
EG *f* ***Europäische Gemeinschaft*** *hist.* EC, European Community.
e. G. ***eingetragene Gesellschaft*** registered (*Am.* incorporated) company.
EG-Agrar|markt *m* EC agricultural market. **~politik** *f* EC agricultural policy.
egal *adj pred* F **1.** ***das ist (ganz) ~*** it doesn't matter; ***das ist mir (ganz) ~*** I don't care; ***das ist mir nicht ~*** I do care; ***ganz ~, wer (warum*** *etc*) no matter who (why *etc*). **2.** (*gleich*) the same.
EG-Binnenmarkt *m* EC internal market.
Egge *f*, **eggen** *v/t* harrow.
EG-Kommission *f* EC commission.
eGmbH ***eingetragene Genossenschaft mit beschränkter Haftpflicht*** registered cooperative society with limited liability.
EG-Ministerrat *m* EC Council of Ministers.
Egoismus *m* egoism. **Egoist(in)** ego(t)ist. **egoistisch** *adj* egotistic(al), selfish. **egozentrisch** *adj* self-centred, *Am.* self-centered.
EG-weit *adj* EC-wide.
eh *adv* **1.** *dial.* → ***ohnehin.*** **2.** ***seit ~ und je*** always; ***wie ~ und je*** as ever.
ehe *conj* before: ***nicht ~*** not until; → ***eher, ehest.***
Ehe *f* marriage: ***sie hat e-e Tochter aus erster ~*** she has a daughter by her first marriage; ***die ~ brechen*** commit adultery; ***(mit j-m) die ~ schließen*** get married (to s.o.); ***sie führen e-e glückliche ~*** they are happily married.
eheähnlich *adj*: ***~e Gemeinschaft*** common-law marriage; ***in e-r ~en Gemeinschaft leben*** cohabit.
Ehe|berater(in) marriage guidance counsel(l)or. **~beratung(sstelle)** *f* marriage guidance (bureau). **~bett** *n* marriage bed. **~brecher(in)** adulterer (adulteress). **~brecherisch** *adj* adulterous. **~bruch** *m* adultery. **~frau** *f* wife, *weitS.* married woman. **~gatten** *pl* husband and wife. **~krach** *m* F marital row. **~krise** *f* marital crisis. **~leben** *n* married life.
ehelich *adj* marital, *Kind*: legitimate.
ehemalig *adj* former, ex-..., (*verstorben*) late. **ehemals** *adv* formerly.
Ehe|mann *m* husband, *weitS.* married man. **~paar** *n* married couple: ***das ~ Brown*** Mr. and Mrs. Brown. **~partner(in)** (marriage) partner.
eher *adv* **1.** earlier, sooner: ***je ~, desto lieber*** the sooner the better. **2.** (*lieber*) rather, (*leichter*) more easily, (*mehr*) more, (*wahrscheinlicher*) more likely.
Ehering *m* wedding ring.
ehern *adj* **1.** (of) brass. **2.** *fig. Gesetz, Wille*: iron.
Ehe|scheidung *f* divorce; → *a.* ***Scheidung(s...).*** **~schließung** *f* marriage.
ehest I *adj* earliest. **II** *adv* ***am ~en*** (the) earliest, (the) first, (*am besten*) best; ***er kann uns am ~en helfen*** if anyone can help us, it's him.
Ehe|stand *m* matrimony. **~streit** *m* marital row. **~vertrag** *m* marriage contract. **~versprechen** *n* promise of marriage.
ehrbar *adj* hono(u)rable, respectable.
Ehre *f* hono(u)r: ***zu ~n*** (*gen od.* ***von***) in hono(u)r of; ***ihm zu ~n*** in his hono(u)r; ***j-m die ~ erweisen zu*** *inf* do s.o. the hono(u)r of *ger*; ***j-m die letzte ~ erweisen*** pay one's last respects to s.o.; ***j-m (k-e) ~ machen*** be a (be no) credit to s.o.; ***in ~n halten*** hold in hono(u)r; ***mit wem habe ich die ~?*** to whom have I the pleasure of speaking?
ehren *v/t* hono(u)r, (*achten*) respect: *diese Haltung etc* ***ehrt ihn*** does him credit.
Ehrenamt *n* honorary post.
ehrenamtlich I *adj* honorary. **II** *adv* in an honorary capacity.
Ehren|bürger(in) honorary citizen. **~doktor** *m* honorary doctor. **~gast** *m* guest of hono(u)r. **~gericht** *n* disciplinary court.
ehrenhaft *adj* hono(u)rable, upright.
ehrenhalber *adv* for hono(u)r's sake: ***Doktor ~*** doctor honoris causa.
Ehren|kodex *m* code of hono(u)r. **~legion** *f* Legion of Hono(u)r. **~mal** *n* (war) memorial. **~mann** *m* man of hono(u)r. **~mitglied** *n* honorary member. **~platz** *m* place of hono(u)r. **~rechte** *pl* ⚖ ***bürgerliche ~*** civil rights *pl*. **~rettung** *f* vindication. **~runde** *f* (***e-e ~ drehen*** do a) lap of hono(u)r. **~sache** *f* matter of hono(u)r. **~schuld** *f* debt of hono(u)r. **~tag** *m* great day. **~titel** *m* honorary title. **~treffer** *m Sport*: consolation goal. **~tribüne** *f* VIP lounge.
ehrenvoll *adj* hono(u)rable.

Ehrenwache *f* guard of hono(u)r.
ehrenwert *adj* respectable.
Ehren|wort *n* word of hono(u)r: ***sein ~ geben*** give one's word; *~!* I promise (you)! **~zeichen** *n* decoration.
ehrerbietig *adj* (***gegen*** towards) respectful, deferential.
Ehrfurcht *f* (***vor*** *dat*) respect (for), *stärker*: awe (of); ***~ gebietend*** awe-inspiring.
ehrfürchtig *adj* respectful, reverential.
Ehrgefühl *n* sense of hono(u)r.
Ehrgeiz *m* ambition.
ehrgeizig *adj* ambitious.
ehrlich I *adj* honest, *Handel, Spiel etc*: fair, (*aufrichtig*) *a.* sincere, (*echt*) genuine, (*offen*) frank: ***~ währt am längsten*** honesty is the best policy; ***seien wir*** (***doch***) *~!* let's face it! **II** *adv* honestly (*etc*): ***~ gesagt*** to tell you the truth; F *~?* really?
Ehrlichkeit *f* honesty.
ehrlos *adj* disgraceful.
Ehrung *f* hono(u)r (*gen* conferred on).
ehrwürdig *adj* venerable, *eccl.* Reverend.
ei *int* oh.
Ei *n* **1.** egg, *physiol.* ovum: *fig.* ***wie ein ~ dem anderen gleichen*** be as like as two peas; F ***wie aus dem ~ gepellt*** spick and span; ***j-n wie ein rohes ~ behandeln*** handle s.o. with kid gloves. **2.** *pl* F (*Geld*) quid *pl*, *Am.* bucks *pl*. **3.** *pl* V (*Hoden*) balls *pl*, *bsd. Am.* nuts *pl*.
Eibe *f* ♣ yew (tree).
Eiche *f* ♣ oak (tree), (*Holz*) oak.
Eichel *f* **1.** ♣ acorn. **2.** *anat.* glans.
Eichelhäher *m zo.* jay.
eichen *v/t* (*Maße, Gewichte*) adjust, (*Messinstrumente*) calibrate.
Eichhörnchen *n zo.* squirrel.
Eichmaß *n* standard (measure).
Eid *m* oath: ***e-n ~ ablegen*** (*od.* ***leisten, schwören***) take an oath, swear (***auf die Bibel*** by the Bible); ***j-m e-n ~ abnehmen*** administer an oath to s.o.; ***unter ~ aussagen*** testify on oath; ⚖ ***an ~es statt*** → ***eidesstattlich.***
Eidechse *f zo.* lizard.
eidesstattlich *adj u. adv* in lieu of (an) oath: ***~e Erklärung*** affidavit.
Eidgenosse *m*, **Eidgenossin** *f* Swiss (citizen): ***die Eidgenossen*** the Swiss. **eidgenössisch** *adj* Swiss.
eidlich I *adj* ***~e Aussage, ~e Erklärung*** sworn statement, *schriftliche*: affidavit. **II** *adv* on (*od.* under) oath.
Eidotter *n* (egg) yolk.
Eier|becher *m* eggcup. **~kocher** *m* egg boiler. **~kopf** *m humor.* egghead. **~kuchen** *m* pancake. **~löffel** *m* egg spoon. **~schale** *f* eggshell.
eierschalenfarben *adj* off-white.
Eier|schwamm *m österr.* chanterelle. **~speise** *f* egg dish. **~stock** *m anat.* ovary. **~uhr** egg timer. **~wärmer** *m* egg cosy.
Eifer *m* zeal, eagerness, (*Begeisterung*) enthusiasm, fervo(u)r: ***blinder ~*** rashness; ***blinder ~ schadet nur*** haste is waste; ***im ~ des Gefechts*** in the heat of the moment.
eifern *v/i* **1.** ***nach et. ~*** strive for s.th. **2.** ***~ gegen*** rail against. **3.** → ***wetteifern.***
Eifersucht *f* jealousy (***auf*** *acc* of).
eifersüchtig *adj* jealous (***auf*** *acc* of).
eifrig *adj* keen, ardent, (*emsig*) busy: *adv* ***~ bemüht sein zu*** *inf* be anxious to *inf.*
eigen I *adj* **1.** own, of one's own: ***ein ~es Zimmer*** a room of one's own. **2.** (*persönlich*) own, personal, private: ***nur für den ~en Gebrauch*** only for one's own use; ***~e Ansichten*** personal views. **3.** (*typisch*) characteristic, typical: ***mit dem ihr ~en Charme*** with her characteristic charm. **4.** (*genau*) particular, fussy.
Eigen *n my etc* own: ***sich et. zu ~ machen*** make s.th. one's own, adopt.
...eigen ...-owned: ***staats~*** state-owned.
Eigenart *f* peculiarity.
eigenartig *adj* peculiar. **eigenartigerweise** *adv* strangely enough.
Eigenbedarf *m* one's personal needs *pl*, *e-s Landes*: domestic requirements *pl*.
Eigenbrötler(in) **1.** eccentric. **2.** solitary (person).
Eigenfinanzierung *f* self-financing.
Eigengewicht *n* dead (*tech.* net) weight.
eigenhändig I *adj* personal: ***~e Unterschrift*** one's own signature. **II** *adv* personally, oneself.
Eigenheim *n* house of one's own.
Eigenheit *f* peculiarity.
Eigeninitiative *f* one's own initiative.
Eigenkapital *n* capital resources *pl*. **~decke** *f* equity position. **~erhöhung** *f* increase in equity.
Eigen|leben *n fig.* ***ein ~ entwickeln*** take on a life of its own. **~liebe** *f* self-love, narcissism. **~lob** *n* self-praise.
eigenmächtig *adj* high-handed, (*unbefugt*) unauthorized. **Eigenmächtigkeit** *f* **1.** high-handedness. **2.** arbitrary act.
Eigenname *m* proper name (*od.* noun).
Eigennutz *m* self-interest.
eigennützig *adj* selfish.
eigens *adv* (e)specially.
Eigenschaft *f* quality, (*Merkmal*) characteristic, feature, ⚗, *phys.*, *tech.* property: ***in s-r ~ als*** in his capacity of (*od.* as).
Eigenschaftswort *n ling.* adjective.
Eigensinn *m* stubbornness.
eigensinnig *adj* stubborn.

eigenständig *adj* independent.
eigentlich I *adj* real, actual: ***im ~en Sinne*** in the true sense of the word. II *adv* actually, really, (*von Rechts wegen*) by rights: ***was wollen Sie ~?*** what do you want anyhow?
Eigentor *n a. fig.* own goal.
Eigentum *n* property, ⚖ ownership.
Eigentümer(in) owner, proprietor (proprietress).
eigentümlich *adj* **1.** characteristic (*dat* of). **2.** (*seltsam*) peculiar, strange.
Eigentümlichkeit *f allg.* peculiarity.
Eigentums|fragen *pl* questions *pl* of ownership. **~recht** *n* (right of) ownership, title (***an*** *dat* of). **~urkunde** *f* title deed. **~vorbehalt** *m* reservation of ownership, title retention. **~wohnung** *f* freehold flat, *Am.* condominium.
Eigenwille *m* self-will.
eigenwillig *adj* **1.** self-willed, headstrong. **2.** *fig. Stil etc*: very individual.
Eigenwilligkeit *f fig.* (strong) individualism.
eignen *v/reflex* ***sich ~*** (***als*** as, ***zu*** as, for) *Sache*: be suitable, *Person*: be suited; ***sich als Geschenk*** (***Lehrer*** *etc*) *~ a.* make a good present (teacher *etc*).
Eigner(in) owner.
Eignung *f* (***zu, für***) suitability (for), *e-r Person*: *a.* qualification (for, to be).
Eignungstest *m* aptitude test.
Eil|auftrag *m*, **~bestellung** *f econ.* express order. **~bote** *m* ***durch ~n*** express, *Am.* (by) special delivery. **~brief** *m* express letter, *Am.* special delivery (letter).
Eile *f* hurry, rush: ***in ~ sein*** be in a hurry; ***damit hat es k-e ~*** there's no hurry.
Eileiter *m anat.* Fallopian tube.
eilen *v/i* hurry, *Sache*: be urgent: ***Eilt!*** Urgent!; ***es eilt nicht*** there's no hurry.
eilends *adv* hurriedly, in a hurry.
Eilfracht *f* express goods *pl*, *Am.* fast freight.
eilig *adj* hurried, (*dringend*) urgent: ***es ~ haben*** be in a hurry. **eiligst** → ***eilends.***
Eil|marsch *m* forced march. **~paket** *n* express parcel. **~tempo** *n* ***im ~*** in double quick time. **~zug** *m* fast train. **~zustellung** *f* express delivery.
Eimer *m* bucket (*a. tech.*), pail: F *die Uhr etc* ***ist im ~*** has had it.
eimerweise *adv* in bucketfuls.
ein[1] I *adj* one: ***~ für alle Mal*** once and for all; ***~ und derselbe*** (***Mann***) one and the same person. II *indef art* a, *vor Vokal*: an: ***~*** (***gewisser***) ***Herr Brown*** a (*od.* one) Mr. Brown; ***~es Tages*** one day. III *indef pron* (*jemand*) one, (*etwas*) one thing: ***~er von beiden*** one of them; → *a.* ***einer.***
ein[2] *adv* **1.** *Schalter*: on: ***~ - aus*** on - off. **2.** ***~ und aus gehen*** come and go (***bei j-m*** at s.o.'s place); ***ich weiß nicht mehr ~ noch aus*** I'm at my wits' end.
Einakter *m thea.* one-act play.
einander *adv* each other, one another.
einarbeiten I *v/t* **1.** ***j-n ~*** acquaint s.o. with his (new) work, F break s.o. in. **2.** ***et. ~ in*** (*acc*) work s.th. into. II *v/reflex* ***sich ~*** **3.** get into the (new) job (*od.* subject *etc*).
Einarbeitungszeit *f* settling-in period.
einarmig I *adj* one-armed. II *adv* with one arm.
einäschern *v/t* burn to ashes, (*Leiche*) cremate.
Einäscherung *f e-r Leiche*: cremation.
einatmen *v/t u. v/i* breathe in, inhale: ***tief ~*** take a deep breath.
einäugig *adj* one-eyed.
Einbahn... one-way (*street*, *traffic*).
einbalsamieren *v/t* embalm.
Einband *m* binding, cover.
einbändig *adj* in one volume.
Einbau *m* installation, fitting.
Einbau... built-in, fitted (*kitchen*, *cupboard*, *etc*).
einbauen *v/t* build in, install, fit: *fig.* ***et. ~ in*** (*acc*) work s.th. into.
einbegriffen *adj* (***mit***) ~ included.
einbehalten *v/t* keep back, withhold, (*abziehen*) deduct.
einberufen *v/t* **1.** (*Versammlung*) call, *parl.* convoke. **2.** *mil.* (***zu***) call up (for), *Am.* draft (to).
Einberufung *f* **1.** calling, *parl.* convocation. **2.** *mil.* conscription, *Am.* draft.
Einberufungsbescheid *m mil.* call-up order, *Am.* draft papers *pl.*
einbetten *v/t* embed.
Einbettkabine *f* ⚓ single-berth cabin.
Einbettzimmer *n* single room.
einbeulen *v/t* dent.
einbeziehen *v/t* include (***in*** *acc* in).
einbiegen *v/i* (***in*** *e-e Straße etc*) turn (into): ***links ~*** turn left.
einbilden *v/reflex* ***sich ~*** **1.** (*sich vorstellen*) imagine, (*glauben*) think: ***bilde dir ja nicht ein, dass ...*** don't think that ...; ***das bildest du dir nur ein*** you're imagining things; ***was bildest du dir eigentlich ein?*** who do you think you are? **2.** ***sich et. ~*** (***auf*** *acc*) be (very) conceited (about); ***darauf brauchst du dir nichts einzubilden*** that's nothing to be proud of.
Einbildung *f* **1.** illusion: ***das ist reine ~*** you're (he is *etc*) imagining things. **2.** (*Dünkel*) conceit.
Einbildungskraft *f* imagination.
einbinden *v/t* **1.** (*Buch*) bind. **2.** ⚕ bandage. **3.** *fig.* include, integrate.

einbläuen *v/t* **j-m et. ~** drum s.th. into s.o.'s head.
einblenden I *v/t Film, Radio, TV* fade in. II *v/reflex* **sich ~ in** (*acc*) tune in to.
Einblendung *f* fade-in, intercut.
einbleuen → ***einbläuen.***
Einblick *m fig.* (**sich** [**e-n**] **~ verschaffen** get an) insight (**in** *acc* into); **~ nehmen in** (*acc*) inspect.
einbrechen I *v/i* **1. in ein Haus** *etc* **~** break into a house *etc*; **bei ihm wurde eingebrochen** his house was burgled. **2.** *mil. u. fig.* **~ in** (*acc*) invade. **3.** (*einstürzen*) collapse. **4.** (**ins Eis**) **~** break through the ice. **5.** *fig. Kälte etc*: set in, *Nacht*: fall: **bei ~der Dunkelheit** at nightfall. **6.** *fig.* break down, *Sport*: *a.* wilt. **7.** *econ.* (*Verluste erleiden*) suffer heavy losses, *Kurse*: slump. II *v/t* **8.** (*Tür etc*) break down.
Einbrecher(in) burglar.
einbringen I *v/t* **1.** bring in, *als Reingewinn*: net, (*Kapital, a. fig.*) contribute (**in** *acc* to): **es bringt mir ... ein** it gets me ...; **das bringt nichts ein!** it doesn't pay! **2.** (*Verlust, Zeit*) make up (for). **3.** *parl.* **e-e Gesetzesvorlage ~** introduce a bill. **4.** ⚖ **e-e Klage ~** file an action. II *v/refl* **sich ~ 5.** commit o.s.
einbrocken *v/t* **et. ~** crumble s.th. into the soup; *fig.* **j-m** (**sich**) **et. ~** get s.o. (o.s.) into trouble; **das hat er sich selbst eingebrockt!** it's his own fault!
Einbruch *m* **1.** break-in, (*~diebstahl*) burglary. **2. bei ~ der Dunkelheit** at nightfall; **bei ~ der Kälte** when the cold (weather) sets in. **3.** *mil. u. fig.* invasion (**in** *acc* of). **4.** *meteor.* **~ von Kaltluft** influx of cold air. **5.** (*Einsturz*) collapse. **6.** *econ.* (*der Kurse etc*) slump, (*Verlust*) loss. **7.** *fig.* setback, *Sport*: wilting, *völliger*: breakdown.
Einbruchdiebstahl *m* burglary.
einbruchsicher *adj* burglar-proof.
einbürgern *v/t* naturalize: **sich ~** become naturalized, *fig.* become established (*Wort*: adopted); **es hat sich** (**bei uns**) **so eingebürgert** it has become a custom (with us).
Einbürgerung *f* naturalization.
Einbuße *f* loss (**an** *dat* of). **einbüßen** I *v/t* lose. II *v/i* **~ an** (*dat*) lose some of.
einchecken *v/t u. v/i* ✈ check in.
eincremen *v/t* cream.
eindämmen *v/t* dam up, *fig. a.* check, (*Feuer etc*) get *s.th.* under control, *pol.* contain.
eindecken I *v/t* **j-n ~ mit** supply s.o. with; **gut eingedeckt sein** be well stocked; F **mit Arbeit eingedeckt sein** be swamped with work. II *v/reflex* **sich ~** stock up (**mit** on).
eindeutig *adj* clear, unequivocal.
Eindeutigkeit *f* clearness.
eindeutschen *v/t* Germanize.
eindimensional *adj* one-dimensional.
eindösen *v/i* F doze off.
eindrängen *v/reflex* **sich ~** (**in** *acc*) push one's way in(to), *fig.* intrude (into).
eindringen *v/i* (**in** *acc*) get in(to), *gewaltsam*: force one's way in(to), *Messer, Kugel etc*: penetrate (*s.th.*), *mil. a.* invade (*s.th.*): **auf j-n ~** a) attack s.o., b) *fig. Gefühle etc*: come over s.o.; **mit** *Fragen etc* **auf j-n ~** press s.o. with.
eindringlich *adj Warnung etc*: urgent, *Rede etc*: forceful.
Eindringlichkeit *f* urgency.
Eindruck *m* **1.** impression: **~ machen** be impressive; **auf j-n ~ machen** impress s.o.; **e-n schlechten ~ machen** make a bad impression (**auf** *acc* on); **den ~ erwecken, dass ...** give the impression that ...; **ich habe den ~, dass ...** I have a feeling that ...; → **erwehren, schinden** 2. **2.** (*Spur*) imprint.
eindrücken *v/t* (*Scheibe etc*) break, (*Tür etc*) force, (*einbeulen*) dent.
eindrucksvoll *adj* impressive.
einebnen *v/t* flatten, level (out *fig.*).
eineiig *adj* **~e Zwillinge** identical twins.
eineinhalb *adj* one and a half.
Einelternteilfamilie *f* one-parent family.
einengen *v/t* narrow down, restrict: **sich eingeengt fühlen** feel cramped.
einer *pron* someone, somebody; → *a.* **ein**[1] III.
Einer *m* **1.** ⅍ digit. **2.** ⚓ single (sculler).
einerlei I *adj* **1. das ist** (**mir**) **~** it's all the same (to me), it is all one (to me); **~ wer** (**wo** *etc*) no matter who (where *etc*). **2.** (*gleichartig*) the same.
Einerlei *n* monotony: (**ewiges**) **~** same old routine.
einerseits, einesteils *adv* on the one hand.
einfach I *adj* **1.** *allg.* simple, (*leicht*) *a.* easy, (*schlicht*) *a.* plain (*a. Essen*). **2.** single: **~e Fahrkarte** single (ticket), *Am.* one-way ticket. II *adv* **3.** simply, just: **ich musste ~ lachen** I couldn't help laughing.
Einfachheit *f* simplicity, plainness: **der ~ halber** to simplify matters.
einfädeln I *v/t* **1.** thread. **2.** *fig.* arrange, *geschickt*: contrive. II *v/reflex* **sich ~ 3.** *mot.* get in lane, filter (**in** *acc* into): **sich links ~** filter to the left.
einfahren I *v/i* **1.** come in, arrive. **2.** ⚒ descend into a mine. II *v/t* **3.** (*Ernte*) bring in. **4.** (*Auto*) run in. **5.** ✈ (*Fahrgestell*) retract. **6.** (*Tor etc*) crash into.
Einfahrt *f* **1.** entrance, drive(way), *zur Autobahn*: approach: **~ freihalten!** keep clear of the gate(s)! **2.** entry (**in** *acc* into): **der Zug aus ... hat ~ auf Gleis 1** the train from ... is now coming in on track 1. **3.** ⚒ descent.

Einfall *m* **1.** (*Gedanke*) idea. **2.** (**in** *acc*) *mil.* invasion (of), (*Überfall*) raid (on). **3.** *phys.* (*von Licht*) incidence.

einfallen *v/i* **1.** *fig.* **j-m ~** occur to s.o.; ***mir fällt eben ein, dass ...*** *a.* I've just remembered that ...; ***es fällt mir (jetzt) nicht ein*** I can't think of it now; ***was fällt dir ein?*** a) how dare you!, b) you must be joking!; ***ich werde mir schon was ~ lassen*** I'll come up with s.th.; → ***Traum.*** **2.** *mil.* ***in ein Land ~*** invade a country; F *fig.* ***bei j-m ~*** descend on s.o. **3.** *Licht*: enter. **4.** ♪ enter, join in. **5.** *im Gespräch*: butt in (**in** *acc* on).

einfallslos *adj* unimaginative, dull.

Einfallslosigkeit *f* lack of ideas.

einfallsreich *adj* imaginative, inventive.

Einfallsreichtum *m* wealth of ideas (*od.* invention).

Einfallswinkel *m phys.* angle of incidence.

Einfalt *f* naivety, simpleness.

einfältig *adj* naive, simple.

Einfaltspinsel *m* F *contp.* nincompoop.

Einfamilienhaus *n* detached house.

einfangen *v/t a. fig.* catch, capture.

einfarbig *adj* unicolo(u)r(ed), *Stoff*: plain.

einfassen *v/t* **1.** enclose, (*umsäumen, a. Kleid*) edge, border. **2.** (*Edelstein*) set, (*Brillenglas etc*) frame.

Einfassung *f* **1.** enclosure, border, edge. **2.** frame, *e-s Edelsteins*: setting.

einfetten *v/t* grease, (*Haut*) cream.

einfinden *v/reflex* **sich ~** arrive, F turn up, (*sich versammeln*) assemble.

einflechten *v/t fig.* **et. ~** (*erwähnen*) mention s.th. in passing; **et. ~ in** (*acc*) work (*od.* insert) s.th. into.

einfliegen I *v/t* (*j-n, et.*) fly in, (*Flugzeug*) test(-fly). II *v/i* (*sich nähern*) approach: **~ in** (*acc*) fly into, enter.

einfließen *v/i* flow in(to **in** *acc*): *fig.* **et. ~ lassen** slip s.th. in, (*andeuten*) give s.th. to understand.

einflößen *v/t* **j-m et. ~** give s.o. s.th. (to drink); *fig.* ***j-m Bewunderung (Ehrfurcht, Mut*** *etc*) **~** fill (*od.* inspire) s.o. with admiration (awe, courage, *etc*); ***j-m Angst ~*** fill s.o. with fear.

Einflugschneise *f* approach corridor.

Einfluss *m* influence (**auf** *acc* on): **~ *haben auf*** (*acc*) a) have an influence on, influence, b) (*einwirken*) have an effect on, affect; → ***geltend.*** **~bereich** *m* sphere of influence. **~nahme** *f* intervention (**auf** *acc* in).

einflussreich *adj* influential.

einförmig *adj* uniform, (*eintönig*) monotonous. **Einförmigkeit** *f* uniformity, (*Eintönigkeit*) monotony.

einfrieren I *v/i* **1.** *Rohre etc*: freeze (up), *Wasser*: freeze over, *Schiff im Hafen*: become icebound. **2.** *fig.* freeze: **et. ~ lassen** freeze s.th. up. II *v/t* **3.** *gastr.* (deep-)freeze. **4.** *fig.* (*Löhne, Preise etc, pol. Beziehungen*) freeze.

Einfügemodus *m Computer*: insert mode.

einfügen I *v/t* (**in** *acc*) fit in(to), insert (into). II *v/reflex* **sich ~** (**in** *acc*) *fig.* fit in (with), *Person*: adjust (to).

Einfügetaste *f Computer*: insert key.

einfühlen *v/reflex* **sich ~** (**in** *acc*) empathize (with).

einfühlsam *adj* sensitive.

Einfühlungsvermögen *n* empathy.

Einfuhr *f econ.* **1.** import. **2.** *konkret*: imports *pl.* **~artikel** *m* imported article, *pl* imports *pl.* **~begrenzung** *f* import restrictions *pl.* **~behinderung** *f* import impediments *pl.* **~bestimmungen** *pl* import regulations *pl.*

einführen *v/t* **1.** introduce, (*Methode etc*) *a.* adopt. **2.** **j-n ~** introduce s.o. (**in** *acc* into, **bei** to); **j-n (in ein Amt) ~** inaugurate s.o. **3.** (*hineinstecken*) (**in** *acc* into) insert, introduce. **4.** *econ.* import.

Einfuhr|genehmigung *f* import licen/ce (*Am.* -se). **~hafen** *m* port of entry. **~handel** *m* import trade. **~land** *n* importing country. **~quote** *f* import quota. **~stopp** *m* import ban.

Einführung *f* **1.** *allg.* introduction, *e-s Gegenstandes*: *a.* insertion, (*in Amts*) inauguration. **2.** → ***Einfuhr*** 1.

Einführungs... introductory (*course, price, offer, etc*).

Einfuhr|verbot *n* import ban (**für** on). **~waren** *pl* imported goods *pl*, imports *pl.* **~zoll** *m* import duty.

einfüllen *v/t* pour in(to **in** *acc*).

Eingabe *f* **1.** application (**bei** to, **um, für** for). **2.** *Computer*: input. **~befehl** *m Computer*: input instruction. **~datei** *f* input file. **~daten** *pl Computer*: input data *pl.* **~fehler** *m* input error. **~taste** *f Computer*: enter key, return key.

Eingang *m* **1.** entrance, way in, entry. **2.** (**zu** to) access, entry, admission; → *a.* ***Zutritt.*** **3.** *von Waren*: arrival, *von Briefen etc*: receipt: ***bei ~, nach ~*** on receipt. **4.** ***Eingänge*** *pl* a) *von Waren*: arrivals *pl*, b) *von Post*: incoming mail *sg*, c) (*Einnahmen*) receipts *pl.* **5.** (**zu ~** at the) beginning (*gen* of).

eingängig *adj Melodie etc*: catchy.

eingangs I *adv* at the beginning. II *prep* (*gen*) at the beginning of.

Eingangs|bestätigung *f* acknowledg(e)ment of receipt, notice of arrival. **~datum** *n* date of receipt. **~halle** *f* entrance hall. **~post** *f* incoming mail. **~stempel** *m* date stamp, receipt stamp. **~worte** *pl* opening words *pl*.

eingebaut *adj* built-in, *tech. a.* integrated.

eingeben *v/t* **1.** (*dat* to) (*Arznei*) give, administer. **2.** (*Daten*) enter, input (**e-m Computer** into a computer). **3.** *fig.* **j-m e-n Gedanken ~** give s.o. an idea.

eingebildet *adj* **1.** *Krankheit etc*: imaginary. **2.** (*dünkelhaft*) conceited (**auf** *acc* about), (*anmaßend*) arrogant.

Eingeborene *m, f* native.

Eingebung *f* inspiration, (*Regung*) *a.* impulse: **e-r plötzlichen ~ folgend** acting on the spur of the moment.

eingefallen *adj Wangen etc*: hollow, *Gesicht*: haggard.

eingefleischt *adj* inveterate: **~er Junggeselle** confirmed bachelor.

eingehen I *v/i* **1.** *Geld, Post, Waren*: come in, arrive: **~d** incoming. **2. ~ in** *die Sprache etc* enter: → **Geschichte** 2. **3. bei j-m ein- und ausgehen** be a frequent visitor at s.o.'s place. **4. ~ auf** (*e-n Vorschlag etc*) accept, agree to, (*Einzelheiten etc*) deal with, (*e-e Frage etc*) go into, (*e-n Scherz etc*) go along with; **auf j-n ~** respond to s.o., humo(u)r s.o., (*j-m zuhören*) listen to s.o. **5.** *Tier, Pflanze*: die (*a.* F *Mensch*: **vor** *dat* with), F *Sportler etc*: go under, *Firma etc*: fold up. **6.** (*einlaufen*) shrink. **7.** F **das geht ihm nicht ein** he can't grasp it. II *v/t* **8.** (*Vertrag, Ehe etc*) enter into; → **Risiko, Wette.**

eingehend I *adj fig.* thorough, detailed. II *adv* thoroughly, in detail.

eingeklemmt *adj* ⚕ *Bruch*: strangulated, *Nerv*: trapped.

eingemacht *adj Obst etc*: preserved, *in Essig*: pickled.

eingemeinden *v/t* incorporate (**in** *acc* into).

eingenommen *adj* **~ sein von** be taken with; **von sich selbst ~ sein** be full of o.s.; **~ sein für** (**gegen**) be prejudiced towards (against).

eingerostet *adj a. fig.* rusty.

eingeschlossen *adj* **1.** locked in. **2.** *im Preis etc*: included.

eingeschnappt *adj* F in a huff: **sie ist leicht ~** she is very touchy.

eingeschweißt *adj Waren*: shrink--wrapped.

eingespielt *adj* (**gut**) **aufeinander ~ sein** *a. fig.* make a good team.

Eingeständnis *n* (**nach eigenem ~** by one's own) admission, *stärker*: confession.

eingestehen *v/t* admit.

eingestellt *adj* **1. ~ gegen** opposed to. **2. ~ auf** (*acc*) prepared for, geared to. **3. sozial** *etc* **~** socially *etc* minded; **materialistisch ~ sein** be very materialistic.

eingetragen *adj econ.* registered.

Eingeweide *pl* insides *pl*, F innards *pl*, (*Gedärme*) intestines *pl*, guts *pl*.

Eingeweihte *m, f* insider: **die ~n** *pl* those in the know.

eingewöhnen *v/reflex* **sich ~** settle (**in** *dat* into).

eingießen *v/t* pour (out).

eingipsen *v/t* ⚕ put in plaster.

eingleisig *adj* single-track, *a. fig.* one-track.

eingliedern I *v/t* (**in** *acc*) integrate (into), incorporate (into), (*Land*) annex (to): **j-n wieder ~** rehabilitate s.o. II *v/reflex* **sich ~** → **einfügen** II.

Eingliederung *f* integration, *e-s Gebiets*: annexation.

eingraben I *v/t* **1.** (*Leichnam, Schatz etc*) bury, (*Pfahl, Pflanze etc*) dig in. **2.** (*einritzen*) engrave (**in** *acc* on). II *v/reflex* **sich ~ 3.** dig (o.s.) in, entrench o.s., *Tier*: burrow itself (**in** *acc* into).

eingravieren *v/t* engrave (**in** *acc* on).

eingreifen I *v/i* **1.** step in, intervene, *störend*, *a.* ⚖ interfere (**in** *Rechte* with), *mil.* go into action: **in ein Gespräch ~** cut in on a conversation; **in die Debatte ~** interfere in the debate; **in j-s Leben ~** *Ereignis*: affect s.o.'s life. **2.** *tech.* mesh (**in** *acc* with).

Eingreifen *n* intervention, interference, action.

eingreifend *adj fig.* drastic, far-reaching.

Eingreiftruppe *f mil.*: **schnelle ~** rapid reaction force.

Eingriff *m* **1.** ⚕ (**kleiner ~** minor, **verbotener ~** illegal) operation. **2.** (**in** *acc*) intervention (in), *störender*: interference (with, in).

Einh. **Einheit** unit (*a. teleph.*).

einhaken I *v/t* hook *s.th.* in. II *v/reflex* **sich ~** link arms (**bei j-m** with s.o.). III *v/i fig.* cut in (**bei** on): **bei e-r Sache ~** take s.th. up.

Einhalt *m e-r Sache* **~ gebieten** put a stop to, check.

einhalten *v/t* (*Versprechen*) keep, (*Vertrag, Frist, Vorschrift etc*) keep to, observe, (*Verpflichtung*) meet: **die Richtung ~** keep going in the same direction.

Einhaltung *f* (*gen*) adherence (to), observance (of).

einhämmern *v/t fig.* **j-m et. ~** drum s.th. into s.o.'s head.

Einhand... ⚓ single-handed.

einhandeln *v/t* **et. für** (*od.* **gegen**) **et. ~** swap (*od.* exchange) s.th. for s.th.; F *fig.* **sich et. ~** land o.s. with s.th.

einhändig *adj u. adv* single-handed.

einhängen I *v/t* **1.** (*Tür*) put *s.th.* on its hinges. **2.** *teleph.* **den Hörer ~** hang up, replace the receiver. II *v/reflex* **3. sich bei j-m ~** take s.o.'s arm. III *v/i* → 2.

einhauen → ***einschlagen*** 1, 2.
einheimisch *adj* local, native, *a.* ⚘, *zo.* indigenous, *econ.* domestic: ***~e Mannschaft*** *Sport*: home team.
Einheimische *m, f* native, *e-s Ortes*: resident, local.
einheimsen *v/t* F (*Geld etc*) pocket, rake in, (*Lob etc*) win.
einheiraten *v/i* ***~ in*** (*acc*) marry into.
Einheit *f* **1.** *allg.* unit: ***e-e geschlossene ~ bilden*** form an integrated whole. **2.** (*Geschlossenheit*) *a. pol.* unity.
einheitlich *adj* uniform, homogeneous, (*genormt*) standard(ized), (*gemeinsam*) united.
Einheitlichkeit *f* **1.** uniformity. **2.** unity.
Einheits|ausstattung *f Geräte*: standard equipment, *Möbel*: standard furnishings *pl.* **~front** *f pol.* united front. **~gebühr** *f* standard rate. **~liste** *f pol.* single list (*Am.* ticket). **~preis** *m* standard price, (*Pauschale*) flat-rate price. **~staat** *m* centralized state. **~steuersatz** *m* standardrate. **~tarif** *m* flat rate. **~vertrag** *m* standard-form contract, standard contract. **~wert** *m Steuerrecht*: rateable value.
einheizen *v/i* F *fig.* ***j-m ~*** give s.o. hell.
einhellig *adj* unanimous.
Einhelligkeit *f* unanimity.
einher... *walk etc* along.
einholen I *v/t* **1.** (*erreichen*) catch up with (*a. fig.*), (*verlorene Zeit, Versäumtes*) make up for. **2.** (*beschaffen*) get, (*Erlaubnis, Gutachten etc*) *a.* obtain: ***Auskünfte ~*** make inquiries (***über*** *acc* about); ***Rat ~*** seek advice (***bei*** from). **3.** (*Segel*) strike, (*Schiff*) tow in. II *v/i* **4.** F ***~ gehen*** go shopping.
Einhorn *n* unicorn.
einhüllen *v/t* (***in*** *acc*) wrap up (in), cover (with): *fig.* ***eingehüllt in Nebel*** *etc* enveloped in fog *etc.*
einhundert *adj* a (*Am. u. betont*: one) hundred.
einig *adj* **1.** *Volk etc*: united. **2.** ***~ sein mit*** be in agreement with; (***sich***) ***~ werden*** come to an agreement (***über*** *acc* about); ***sich ~ sein, dass ...*** be agreed that ...; ***sich nicht ~ sein*** (***über*** *acc* on) disagree, differ.
einige *indef pron* I *adjektivisch* **1.** a few, some, (*mehrere*) several. **2.** a) (*viel*) quite a (bit of), (*etwas*) some, b) (*viele*) quite a few: ***es besteht ~ Hoffnung, dass ...*** there is some hope that ...; ***es erregte ~s Aufsehen*** it caused quite a stir; ***~ Mal*** several times. **3.** (*ungefähr*) some *hundred marks etc.* II *substantivisch* **4.** *pl* a few, some, (*mehrere*) several. **5.** → ***einiges.***
einigen I *v/t* unite. II *v/reflex* ***sich ~*** (***über*** *acc*, ***auf*** *acc*) agree (on), reach an agreement (about).
einigermaßen *adv* a) to some extent, somewhat, b) (*ziemlich*) quite, fairly, c) (*leidlich*) fairly well, F so-so.
einiges *indef pron* something, some things, (*viel*) quite a bit: ***~ davon*** some of it; ***er hat ~ gelernt*** he has learned a thing or two; ***sein Plan hat ~ für sich*** there is s.th. to be said for his plan.
Einigkeit *f* (*Eintracht*) unity, harmony, (*Übereinstimmung*) agreement, consensus: ***es herrschte ~ darüber, dass ...*** we (*od.* they) all agreed that ...
Einigung *f* **1.** *e-s Volkes etc*: unification. **2.** (*Absprache*) agreement, settlement: ***es wurde k-e ~ erzielt*** no agreement was reached (***über*** *acc* on).
einimpfen *v/t fig.* ***j-m et. ~*** a) indoctrinate s.o. with s.th., b) → ***einhämmern.***
einjagen *v/t* ***j-m Angst*** (*od.* ***e-n Schrecken***) ***~*** frighten s.o., give s.o. a fright.
einjährig *adj* **1.** *Kind etc*: one-year-old. **2.** *Kurs etc*: one-year. **3.** ⚘ annual.
einkalkulieren *v/t* take *s.th.* into account, allow for.
Einkauf *m* **1.** purchase: ***Einkäufe machen*** → ***einkaufen*** II. **2.** (*Einkaufen*) purchasing, buying. **3.** *econ.* purchasing department.
einkaufen I *v/t* buy, purchase. II *v/i* ***~*** (***gehen***) go (*od.* do one's) shopping.
Einkäufer(in) *econ.* buyer.
Einkaufs|abteilung *f* purchasing department. **~bummel** *m* ***e-n ~ machen*** go on a shopping spree, *schwächer*: have a look around the shops. **~korb** *m* (shopping) basket. **~leiter(in)** purchasing manager *od.* executive. **~liste** *f* shopping list. **~passage** *f* shopping arcade. **~preis** *m* purchase price: ***zum ~*** at cost price. **~straße** *f* shopping street. **~tasche** *f* shopping bag. **~viertel** *n* shopping area. **~wagen** *m* trolley. **~zentrum** *n* shopping cent/re (*Am.* -er). **~zettel** *m* shopping list.
einkehren *v/i* stop off (***in*** *dat* at).
einkerben *v/t*, **Einkerbung** *f* notch.
einkesseln *v/t mil.* encircle.
einklagen *v/t* ***et.*** (***gegen j-n***) ***~*** sue (s.o.) for s.th.
einklammern *v/t* put *s.th.* in brackets.
Einklang *m* ♪ unison, *fig. a.* harmony: *fig.* ***in ~ bringen*** reconcile (***mit*** with); ***nicht im ~ stehen*** be at variance.
einkleiden I *v/t* ***j-n ~*** *a. mil.* fit s.o. out. II *v/reflex* ***sich*** (***neu***) ***~*** fit o.s. out with a new set of clothes.
einklemmen *v/t* (***sich***) ***den Finger ~*** get one's finger caught (***in*** *dat* in); → ***eingeklemmt.***
einknöpfbar *adj Futter etc*: button-in.
einkochen *v/t* boil down, (*einmachen*) preserve.

E

einkommen *v/i* **1.** *Sport*: come in. **2.** *adm.* **~ um** apply for. **Einkommen** *n* income, earnings *pl*, (*e-s Staates*) revenue.
Einkommens|entwicklung *f* income development. **~grenze** *f* income limit. **~gruppe** *f* income bracket.
einkommensschwach *adj* low-income.
einkommensstark *adj* high-income.
Einkommenssteuer *f* income tax. **~erklärung** *f* income-tax return.
einköpfen *v/t Fußball*: head in.
einkreisen *v/t* **1.** *mil.* surround, *a. pol.* encircle. **2.** *fig.* (*Problem etc*) narrow down.
Einkreisungspolitik *f* policy of encirclement.
Einkünfte *pl* income *sg*, earnings *pl*, (*e-s Staates*) revenue *sg*.
einkuppeln *v/i mot.* let in the clutch.
einladen I *v/t* **1.** (*Güter etc*) load (in). **2.** ***j-n ~*** invite s.o. (***zum Abendessen*** *etc* to dinner *etc*), ask s.o. (round); ***ich lade dich*** (***dazu***) ***ein!*** that's my treat!, this is on me! II *v/i* **3.** *a. fig.* invite.
einladend *adj fig.* inviting; (*verlockend*) tempting, (*lecker*) delicious(-looking).
Einladung *f* invitation: ***auf ~ von*** (*od. gen*) at the invitation of.
Einlage *f* **1.** *im Brief*: enclosure, *in der Zeitung etc*: insert. **2.** (*in Schuh*) (arch) support, (*Einlegesohle*) insole. **3.** (*Slipeinlage*) liner. **4.** (*Polster*) padding. **5.** (*in Zahn*) temporary filling. **6.** (*in Suppe*) garnish. **7.** *bei der Bank*: deposit, (*Kapital*) contribution. **8.** *thea. etc* interlude, extra.
einlagern *v/t* (*Möbel etc*) put into storage, put in store. **Einlagerung** *f* storage.
Einlass *m* admittance (***zu*** to): ***sich ~ verschaffen*** get in; ***~ ab 18 Uhr*** opening at 18:00 hours.
einlassen I *v/t* **1.** let *s.o.*, *s.th.* in, admit: ***Wasser*** (***in die Wanne***) **~** run a bath. **2.** (***in*** *acc* in) (*Edelsteine*) set, *tech.* embed. II *v/reflex* **3.** ***sich ~ auf*** (*acc*) get involved in, *b.s.* let o.s. in for, (*e-n Vorschlag*) agree to, (*e-e Frage*) go into; ***lass dich nicht darauf ein!*** leave it alone!; ***sich mit j-m ~*** get involved with s.o. (*a. erotisch*); ***sich mit j-m auf e-n Kampf*** (***ein Wortgefecht***) **~** F tangle with s.o.
Einlauf *m* **1.** ⚕ (***j-m e-n ~ machen*** give s.o. an) enema. **2.** *Sport*: finish.
einlaufen I *v/i* **1.** come in (*a. Sport*), ⚓ put in. **2.** *Wasser*: run in: ***Badewasser ~ lassen*** run a bath. **3.** *Kleidung*: shrink: ***nicht ~d*** nonshrink. II *v/t* **4.** (*Schuhe*) wear in. III *v/reflex* ***sich ~*** **5.** *Sport*: warm up.
einläuten *v/t* ring in.
einleben → ***eingewöhnen.***
Einlegearbeit *f* inlaid work.
einlegen *v/t* **1.** (*Film etc*) put in, insert, ***in*** *e-n Brief*: *a.* enclose (in *od.* with): *fig.* ***e-e Pause ~*** have a break; ***e-n Spurt ~*** put in a spurt; → ***Wort*** 2. **2.** (*Geld bei der Bank*) deposit. **3.** *gastr.* (***in Essig***) **~** pickle. **4.** *tech.* inlay (***mit*** with). **5.** (*Beschwerde etc*) lodge, file: → ***Berufung*** 4, ***Protest, Veto.*** **6.** ***j-m*** (***sich***) ***die Haare ~*** set s.o.'s (one's) hair.
Einleger(in) *econ.* depositor.
Einlegesohle *f* insole.
einleiten *v/t* **1.** start, begin, (*Verhandlungen*) *a.* open, (*Maßnahmen, Reformen etc*) initiate, (*a. Nebensatz*) introduce. **2.** (*Schadstoffe*) discharge. **3.** ⚕ (*Geburt etc*) induce. **4.** ⚖ institute: ***e-n Prozess ~ gegen*** bring an action against.
einleitend I *adj* introductory, opening, *Maßnahmen*: preliminary. II *adv* by way of introduction.
Einleitung *f* **1.** start, opening, introduction (*a. ling.*), (*Vorwort*) preface. **2.** ⚕ induction. **3.** ⚖ institution.
einlenken *v/i fig.* relent.
einlesen I *v/t Computer*: read in. II *v/reflex* ***sich ~ in*** (*acc*) get into.
einleuchten *v/i* make sense (***j-m*** to s.o.): ***es will mir nicht ~, dass ...*** I don't see why ...
einleuchtend *adj* clear, *Argument*: convincing.
einliefern *v/t* **1.** ***j-n ins Krankenhaus*** (***Gefängnis***) **~** take s.o. to (the) hospital (to prison). **2.** (*Briefe etc*) post, send.
Einlieferung *f* **1.** (***in*** *acc* to) *ins Krankenhaus*: admission, *ins Gefängnis*, *in e-e Anstalt*: committal. **2.** *von Briefen etc*: posting.
Einlieferungsschein *m* postal receipt.
einlochen *v/t* **1.** *Golf*: put(t). **2.** F ***j-n ~*** put s.o. in clink.
einloggen *v/i Computer*: log in (*od.* on).
einlösen *v/t* **1.** (*Pfand, Wertpapier*) redeem, (*Scheck*) cash. **2.** *fig.* (*Versprechen etc*) keep.
einlullen *v/t fig.* lull.
einmachen *v/t* preserve, *in Gläser*: *a.* bottle.
einmal *adv* **1.** once: ***~ eins ist eins*** once one is one; ***~ im Jahr*** once a year; ***~ und nie wieder*** never again; ***noch ~*** once more; ***noch ~ so alt*** (***wie er***) twice his age; ***auf ~*** at one go, (*gleichzeitig*) at the same time, (*plötzlich*) suddenly. **2.** (*früher*) once, before: ***das war ~*** that's all in the past; ***es war ~*** once upon a time there was; ***ich war schon ~ da*** a) I've been there before, b) I was there once; ***haben Sie schon ~ ...?*** have you ever ...? **3.** (*zukünftig*) one day, some day (or other): ***wenn du ~ groß bist*** when you grow up. **4.** (*später*) later on. **5.** ***nicht ~*** not even, not so much as. **6.** (*eben*) ***ich bin ~ so*** I can't help it; ***es ist nun ~ so***

that's the way it is. **7.** ***erst ~*** first. **8.** ***hör ~!*** listen!; ***lasst ihn doch ~ reden!*** let him talk, will you!; ***stell dir ~ vor!*** just imagine!
Einmaleins *n* **1.** (multiplication) table. **2.** *fig.* basics *pl.*
Einmalhandtuch *n* disposable towel.
einmalig *adj* **1.** *bsd. econ.* single, nonrecurring: ***~e Abfindung*** single payment. **2.** *fig.* (*einzigartig*) unique, singular, unparallel(l)ed, F fantastic: ***e-e ~e Chance*** the chance of a lifetime; *adv* ***~ schön*** absolutely beautiful.
Einmannbetrieb *m* one-man business.
Einmarsch *m* marching in, (*Einfall*) *a.* invasion.
einmarschieren *v/i* march in: ***in ein Land ~*** march into (*od.* enter, invade) a country.
einmischen *v/reflex* ***sich ~*** (***in*** *acc* in, with) meddle, interfere; ***sich in ein Gespräch ~*** join in (*störend*: F butt in on) a conversation; ***misch dich da nicht ein!*** just keep out of it!
Einmischung *f* interference.
einmotorig *adj* single-engined.
einmotten *v/t* **1.** put *s.th.* in mothballs. **2.** *fig. mil.* mothball.
einmünden *v/i* ***~ in*** (*acc*) *Fluss etc*: flow into, *Straße*: lead into, join, *fig.* lead to.
Einmündung *f Fluss*: mouth, estuary, *Straße*: junction.
einmütig *adj* unanimous.
Einmütigkeit *f* unanimity.
Einnahme *f* **1.** taking. **2.** *mil.* capture, *e-s Landes*: occupation. **3.** *pl* receipts *pl*, (*Erlös*) proceeds *pl*, (*Einkommen*) earnings *pl*, income *sg*, *des Staates*: revenue *sg*. **~quelle** *f* source of income.
einnehmen *v/t* **1.** (*Mahlzeit*) have, (*Medikament*) take. **2.** (*Geld*) take in, (*verdienen*) earn. **3.** *mil.* capture, (*Land etc*) occupy. **4.** (*Platz*, *Raum*) take up: ***s-n Platz ~*** take one's seat. **5.** (*innehaben*) hold. **6.** *fig.* ***j-n*** (***für sich***) ***~*** win s.o. over, *stärker*: charm s.o.; ***j-n gegen sich ~*** set s.o. against o.s.
einnehmend *adj fig.* winning, engaging.
einnicken *v/i* F nod off, doze off.
einnisten *v/reflex* ***sich ~*** nest, *fig. Person*: install o.s.
Einöde *f* wilderness.
einölen *v/t* oil, (*Haut etc*) rub oil into.
einordnen I *v/t* **1.** arrange (***nach*** according to), *in Akten*: file. **2.** (*klassifizieren*) classify, *in ein System etc*: integrate (into), (*Kunstwerk etc*) place, *zeitlich*: date, (*einreihen*) (***unter*** *acc* with) class, (*Person*) rank. II *v/reflex* ***sich ~*** **3.** → ***einfügen*** II. **4.** *mot.* get in lane: ***sich links ~*** get into the left lane, *Br.* filter to the left.
einpacken I *v/t* pack (up), (*einwickeln*) wrap up, (*Paket*) do up. II *v/i* pack: F *fig.* ***da können wir ~!*** we might as well pack up and go!
einparken *v/t u. v/i* park (between two cars).
einpassen *v/t tech.* fit *s.th.* in(to ***in*** *acc*).
einpauken *v/t* F swot up on.
einpendeln *v/reflex* ***sich ~*** *fig.* find its (own) level.
einpennen *v/i* F drop off.
einpferchen *v/t fig.* coop up.
einpflanzen *v/t* **1.** ⚘ plant. **2.** ⚕ (*Organ*) implant.
Einphasen..., **einphasig** *adj* ⚡ single-phase.
einplanen *v/t* include (in the plan), plan, (*berücksichtigen*) allow for.
einpolig *adj* ⚡ single-pole.
einprägen I *v/t* imprint (***in*** *acc* on): *fig.* ***j-m et. ~*** impress s.th. on s.o.; ***sich et. ~*** remember, (*lernen*) memorize. II *v/reflex* ***sich j-m ~*** stick in s.o.'s mind.
einprägsam *adj* easily remembered, *Melodie etc*: catchy.
einprogrammieren → ***eingeben*** 2.
einquartieren I *v/t mil.* billet (***bei*** on). II *v/reflex* ***sich ~ bei*** move in with.
Einquartierung *f mil.* billeting.
einrahmen *v/t a. fig.* frame.
einrammen *v/t* ram *s.th.* in(to ***in*** *acc*).
einrasten *v/i* **1.** *tech.* click into place, engage. **2.** → ***einschnappen*** 2.
einräumen *v/t* **1.** (*Bücher*, *Wäsche etc*) put away, (*Zimmer*) put the furniture in a room: ***e-n Schrank ~*** put (the) things into a cupboard. **2.** *fig.* ***j-m et. ~*** grant s.th. to s.o.
einräumend *adj ling.* concessive.
Einrede *f* ⚖ plea, demurrer.
einreden I *v/t* ***j-m*** (***sich***) ***et. ~*** talk s.o. (o.s.) into (believing) s.th.; ***j-m*** (***sich***) ***~, dass ...*** persuade s.o. (o.s.) that ...; ***das lasse ich mir nicht ~*** I refuse to believe that; ***das redest du dir*** (***doch***) ***nur ein!*** you're imagining it! II *v/i* ***auf j-n ~*** a) talk insistently to s.o., b) urge s.o.
einregnen I *v/i* ***eingeregnet sein*** be caught by the rain; *fig.* ***auf j-n ~*** rain on s.o. II *v/impers* ***es regnet sich ein*** the rain is setting in.
Einreibemittel *n* liniment.
einreiben *v/t* rub *s.th.* in: ***die Haut mit ... ~*** rub ... into the skin.
einreichen *v/t* (***bei*** to) send in, *persönlich*: hand in, (*unterbreiten*) submit: ⚖ ***e-e Klage ~*** file (*od.* bring) an action.
einreihen I *v/reflex* ***sich ~*** (***in*** *acc*) take one's place (in), join (*s.th.*). II *v/t* class, classify: *fig.* ***j-n ~ unter*** (*acc*) rank s.o. with.
Einreiher *m* single-breasted suit.

Einreise *f* entry. **~genehmigung** *f* entry permit. **~visum** *n* entry visa.

einreißen I *v/t* **1.** tear. **2.** (*Haus etc*) demolish, pull *s.th.* down. II *v/i* **3.** tear. **4.** F *fig. Unsitte etc*: spread.

einrenken I *v/t* **1.** ⚕ set. **2.** *fig.* straighten *s.th.* out. II *v/reflex* **sich ~ 3.** F *fig.* sort itself out.

E

einrennen *v/t* F break open: → **Tür.**

einrichten I *v/t* **1.** (*Zimmer*) furnish, (*Küche, Geschäft etc*) fit *s.th.* out, equip, (*installieren*) install. **2.** (*Schule, Betrieb etc*) set up, (*gründen*) found, establish, (*Buslinie etc*) open. **3.** (*ermöglichen*) arrange: **es ~, dass ...** *a.* see (to it) that ...; **wenn du es ~ kannst** if you can (manage to). **4.** ⚕ (*Knochen*) set. II *v/reflex* **sich ~ 5. sich (neu) ~** (re)furnish one's flat (*od.* house); → **häuslich. 6.** (*sparen*) make ends meet. **7. sich ~ auf** (*acc*) prepare for; **auf so et. sind wir nicht eingerichtet** we're not prepared for that sort of thing.

Einrichtung *f* **1.** furniture, *e-r Küche etc*: fittings *pl*, (*von Büro, Betrieb etc*) equipment. **2.** (*Anlage, Einbau*) installation: **die sanitären ~en** *a.* sanitation *sg*. **3.** (*Errichtung*) setting up, (*Gründung*) foundation. **4.** (**öffentliche ~** public) institution, *weitS.* facility: *fig.* **zu e-r ständigen ~ werden** become a permanent institution. **5.** → **Vorrichtung.**

Einrichtungsgegenstände *pl* equipment *sg*, fixtures *pl*.

einrosten *v/i a. fig.* get rusty.

einrücken I *v/t* **1.** (*Zeile*) indent. **2.** (*Anzeige*) put *s.th.* in *a newspaper etc*. II *v/i* **3.** *mil.* a) (*eingezogen werden*) be called up, b) march in: **~ in** (*acc*) march into.

eins I *adj* **1.** one: **um ~** at one (o'clock); *Sport*: **~ zu zwei** one two; F *fig.* **~ zu null für dich!** score one for you! **2.** (*einig*) **~ sein** (*od.* **werden**) **mit** agree with. **3.** (*einerlei*) **es ist mir alles ~** I couldn't care less; **das ist doch alles ~** it all amounts to the same thing. II *indef pron* **4.** one thing: **~ gefällt mir nicht** there is one thing I don't like about it; **noch ~** another thing.

Eins *f* number one, *ped.* (*Note*) A: **e-e ~ schreiben** get an A; F *fig.* **wie e-e ~** just super.

einsacken F I *v/t a. fig.* bag. II *v/i Boden etc*: sag.

einsam *adj* lonely, *Leben, Ort etc*: isolated, secluded. **Einsamkeit** *f* loneliness, seclusion, isolation.

einsammeln *v/t* gather, (*Hefte, Spenden etc, a.* F *Personen*) collect.

Einsatz *m* **1.** (*eingesetztes Stück*) insert, *am Kleid*: inset, (*von Filter*) element. **2.** (*Spieleinsatz*) stake (*a. fig.*): **den ~ verdoppeln** double the stake(s). **3.** (*Wagnis*) risk: **unter ~ s-s Lebens** at the risk of one's life. **4.** ♪ entry: **den ~ geben** give the cue. **5.** (*Anstrengung*) effort(s *pl*), hard work, (*Eifer*) zeal, (*Hingabe*) dedication: **harter ~** *Sport*: hard tackling; **mit vollem ~** all out. **6.** (*Verwendung*) use, employment, *von Arbeitskräften*: *a.* deployment: **im (praktischen) ~** *tech.* in (practical) operation. **7.** *mil., der Polizei etc*: action, *taktischer, a. von Waffen*: deployment, (*Kampfeinsatz*) mission: **im ~ stehen** be on duty, *mil.* be in action; **zum ~ kommen** be brought in(to action).

Einsatzbefehl *m mil.* combat order.

einsatz|bereit *adj* **1.** ready for duty (*mil.* action, *tech.* use): **sich ~ halten** stand by; **et. ~ halten** have s.th. ready. **2.** → **einsatzfreudig. ~fähig** *adj* usable, (*verfügbar*) available, *mil.* operational, *Person*: fit to work *etc*, *Sportler*: fit (to play *etc*). **~freudig** *adj* zealous, keen.

Einsatz|gruppe *f*, **~kommando** *n* task force. **~wagen** *m* police car (*od.* van).

einscannen *v/t* scan in.

einschalten I *v/t* **1.** (*Licht, Gerät etc*) switch on, turn on, *tech. a.* connect: **e-n Sender ~** tune in to; **den Motor ~** start the engine; **den dritten Gang ~** shift into third gear. **2.** *fig.* (*einfügen*) put in, insert: **e-e Pause ~** have a break. **3.** *fig.* (*beteiligen*) call in: **in e-n** (*od.* **bei e-m**) **Fall Sachverständige ~** call (*od.* bring) in experts on a case. II *v/reflex* **sich ~ 4.** *fig.* step in, intervene: **sich in ein Gespräch ~** join in a conversation. **5.** *TV Zuschauer*: tune in (**in** *acc* to). **6.** *tech.* switch itself on (automatically).

Einschaltquote *f Radio, TV* viewing figures *pl*, ratings *pl*, *Am.* Nielsen rating.

einschärfen *v/t* **j-m ~ zu** *inf* urge (*od.* warn) s.o. to *inf*.

einschätzen *v/t* **1.** *fig.* judge, assess, rate: **falsch ~** misjudge; **zu hoch (niedrig) ~** overrate (underrate). **2.** *steuerlich*: assess.

Einschätzung *f fig.* assessment: **nach m-r ~** to my estimation.

einschenken *v/t* pour (out).

einschicken *v/t* send in.

einschieben *v/t* **1.** put in, insert. **2.** *fig.* fit in. **Einschiebung** *f* insertion.

einschießen I *v/t* **1.** (*Scheibe etc*) shoot in, smash in. **2.** (*Waffe*) try, test. **3.** *Sport*: drive *the ball* home. II *v/reflex* **sich ~ 4.** *a. fig.* zero in (**auf** *acc* on). III *v/i* **5.** *Sport*: score.

einschiffen *v/reflex* **sich ~** embark (**nach** for), board a (*od.* the) ship.

einschlafen *v/i* **1.** fall asleep, *a. Bein etc*: go to sleep. **2.** *fig. Briefwechsel, Unterhaltung etc*: peter out. **3.** *fig.* (*sterben*) die peacefully, pass away.

einschläfern *v/t* **1.** put *s.o.* to sleep (*a.* ⚕), (*schläfrig machen*) make *s.o.* drowsy. **2.** (*Tier*) put down. **3.** *fig.* (*Gewissen*) soothe, (*Wachsamkeit*) dull.

einschläfernd *adj* ⚕ *u. fig.* soporific.

Einschlag *m* **1.** *e-s Geschosses*: impact, *des Blitzes*: striking. **2.** *fig.* streak, touch: ***ein stark südländischer ~*** a strong element of the Mediterranean. **3.** *mot.* lock.

einschlagen I *v/t* **1.** (*Nagel*) drive in(to ***in*** *acc*). **2.** (*Fenster etc*) break, smash (in): ***mit eingeschlagenem Schädel*** with one's head bashed in; ***sich die Zähne ~*** knock one's teeth out. **3.** (*einwickeln*) wrap up. **4.** (*Richtung*) take, (*Weg*) *a.* follow. **5.** *fig.* (*Laufbahn*) enter, (*Verfahren, Politik etc*) adopt: ***e-n anderen Weg ~*** adopt a different method. **II** *v/i* **6.** (***in*** *acc*) *Geschoss*: hit (*Blitz*: strike) (*the house etc*): *fig.* ***wie e-e Bombe ~*** fall like a bombshell, cause a sensation. **7.** *fig.* (***gut***) ~ be a (great) success, be a (big) hit. **8.** ***~ auf*** (*acc*) beat (*od.* hit away at) *s.o., s.th.* **III** *v/reflex* ***sich ~*** **9.** *Tennis*: warm up.

einschlägig *adj* relevant: ***ein ~er Fall*** a case in point; *erhältlich* ***in allen ~en Geschäften*** *obtainable* at all stockists (*od.* at your local dealer's); *adv* ***~ vorbestraft*** previously convicted for the same offence.

Einschlagwinkel *m mot.* steering lock angle.

einschleichen *v/reflex* ***sich ~*** *fig.* creep in(to ***in*** *acc*); ***sich in j-s Vertrauen ~*** worm one's way into s.o.'s confidence.

einschleppen *v/t* (*Krankheit etc*) bring *s.th.* in(to ***in*** *acc*).

einschleusen *v/t fig.* (***in*** *acc*) (*j-n*) infiltrate (into), (*et.*) smuggle in(to).

einschließen *v/t* **1.** lock (*od.* shut) *s.o., s.th.* (***sich*** o.s.) up (*od.* in). **2.** (*umgeben*) enclose, *a. mil.* surround, encircle. **3.** *fig.* include (***in*** *acc* in).

einschließlich I *prep* (*gen*) including, inclusive of: ***bis ~ Seite 7*** up to and including page 7. **II** *adv* ***von Montag bis ~ Freitag*** from Monday to Friday inclusive, *Am.* Monday through Friday.

einschmeicheln *v/reflex* ***sich bei j-m ~*** ingratiate o.s. with s.o., play up to s.o.

einschmeichelnd *adj* ingratiating.

einschmelzen *v/t u. v/i* melt (down).

einschmieren F → ***eincremen.***

einschmuggeln *v/t* smuggle in(to ***in*** *acc*).

einschnappen *v/i* **1.** catch, click. **2.** F *fig.* go into a huff: → ***eingeschnappt.***

einschneiden *v/t* (***in*** *acc* into) cut, carve.

einschneidend *adj fig.* incisive, drastic, *Bedeutung etc*: far-reaching.

einschneien *v/t* ***eingeschneit werden*** get (*od.* be) snowed in (*od.* up).

Einschnitt *m* **1.** cut, incision, (*Kerbe*) notch. **2.** *fig.* crucial event, (*Wendepunkt*) turning point.

einschränken I *v/t* **1.** restrict (***auf*** *acc* to), (*Ausgaben*) cut down, (*a. das Rauchen etc*) cut down on (*smoking etc*), (*Produktion etc*) reduce. **2.** *fig.* (*Behauptung etc*) qualify. **II** *v/reflex* ***sich ~*** **3.** economize (***in*** *dat* in), cut down expenses. **einschränkend** *adj* restrictive (*a. ling.*), *Behauptung etc*: qualifying.

Einschränkung *f* **1.** restriction, reduction, cut: ***~ der Ausgaben*** cuts in expenditure. **2.** (*Vorbehalt*) qualification: ***ohne ~*** without reservation.

Einschränkungsklausel *f* restrictive clause.

einschrauben *v/t* screw in(to ***in*** *acc*).

Einschreibe|brief *m* registered letter. **~gebühr** *f* registration fee.

einschreiben I *v/t* **1.** ***e-n Brief ~ lassen*** have a letter registered. **2.** (*j-n*) enter, *als Mitglied*: enrol(l): ***sich ~ lassen*** → **II** *v/reflex* ***sich ~*** **3.** sign up, *univ.* register, enrol(l).

Einschreiben *n* registered post: ***~ bitte!*** registered, please! ***et. per ~ schicken*** send s.th. registered(*od.* by registered mail).

Einschreibung *f* signing up, *univ.* enrol(l)ment.

einschreiten *v/i* intervene, step in: ***~ gegen*** take action against.

Einschub *m* insertion, *tech.* insert, ⚡ slide-in module.

einschüchtern *v/t* intimidate.

Einschüchterung *f* intimidation.

einschulen *v/t* ***ein Kind ~*** put a child to school.

Einschuss *m* **1.** (*Treffer*) hit, (*Loch*) bullet hole, ⚕ entry wound. **2.** *Sport*: scoring (shot).

einschweißen *v/t in Folie*: shrink-wrap.

einschwenken *v/i* turn (***in*** *acc* into): ***nach links ~*** turn (to the) left; *fig.* ~ (***auf*** *acc*) come round (to).

Einsegnung *f* consecration, *von Kindern*: confirmation.

einsehen I *v/t* **1.** have a look at, (*prüfen*) inspect. **2.** (*Garten etc*) see, *mil.* (*Gelände*) observe. **3.** *fig.* (*verstehen*) understand, see, realize: ***ich sehe nicht ein, weshalb*** I don't see why.

Einsehen *n* ***ein ~ haben*** show some consideration (***mit*** for), (*vernünftig sein*) be reasonable.

einseifen *v/t* **1.** soap, (*Bart*) lather. **2.** F ***j-n ~*** (*betrügen*) dupe s.o., take s.o. in.

einseitig *adj* one-sided (*a. fig.*), *pol.* unilateral, ⚕ *a.* on one side, (*parteiisch*) bias(s)ed: ***~e Ernährung*** unbalanced diet; *adv* ***~ beschrieben*** written on one side (only); ***et.***

sehr ~ darstellen give a one-sided description of s.th.
Einseitigkeit *f* one-sidedness, *fig. a.* bias, partiality.
einsenden *v/t* send in.
Einsender(in) sender, *an Zeitungen*: contributor.
Einsendeschluss *m* closing date (for entries).
Einsendung *f* sending in, *bei e-m Wettbewerb*: entry.
Einser *m* F → ***Eins.***
einsetzen I *v/t* **1.** put in, (*einfügen*) insert. **2.** (*Ausschuss etc*) set up. **3.** (*anwenden*) use, employ, (*Kraft etc*) apply, (*Einfluss, Können etc*) bring into play. **4.** put into action, (*Polizei etc*) call in, (*Arbeitskräfte etc*) employ: ***j-n ~ in*** (*dat*) (*od.* ***bei***) assign s.o. to; ***j-n als Erben ~*** appoint s.o. one's heir. **5.** (*Geld*) stake, *beim Wetten*: bet: *fig.* ***sein Leben ~*** risk one's life. **II** *v/reflex* ***sich ~*** **6.** exert o.s.: ***sich voll ~*** go all out; ***sich ~ für*** support, (*plädieren für*) speak up for, (*verfechten*) champion; ***sich bei j-m für j-n ~*** intercede with s.o. for s.o. **III** *v/i* **7.** start (off), *Fieber, Regen etc*: set in. **8.** ♪ come in.
Einsetzung *f* **1.** insertion. **2.** (*Ernennung*) appointment.
Einsicht *f* **1.** examination (***in Akten*** of records): ***~ nehmen in*** (*acc*) examine. **2.** *fig.* (*Verständnis*) understanding: ***zur ~ kommen*** listen to reason. **3.** *fig.* (*Erkenntnis*) insight: ***zu der ~ gelangen, dass ...*** realize that ...
einsichtig *adj* reasonable.
Einsichtnahme *f* (***zur ~*** for) inspection.
einsickern *v/i* seep in: ***~ in*** (*acc*) seep into, *a. fig. Agenten etc*: infiltrate into.
Einsiedler(in) hermit.
einsilbig *adj* monosyllabic (*a. fig.*), *fig.* (*wortkarg*) taciturn, silent.
Einsilbigkeit *f fig.* taciturnity.
einsinken *v/i* sink in(to ***in*** *acc*), *Boden etc*: cave in, sag.
einsitzen *v/i* ⚖ serve a sentence.
Einsitzer *m* ✈, *mot.* single-seater.
einsortieren *v/t* sort in(to ***in*** *acc*).
einspannen *v/t* **1.** (*Pferd*) harness. **2.** *tech.* clamp, fix: ***e-n Bogen*** (***in die Schreibmaschine***) ***~*** insert a sheet of paper into the typewriter. **3.** F *fig.* ***j-n ~*** rope s.o. in.
einsparen *v/t* save, (*Arbeitsplatz*) eliminate.
Einsparung *f* saving, *e-s Arbeitsplatzes*: elimination.
einspeichern *v/t Computer*: read in.
einspeisen *v/t* feed (***in*** *acc* into).
einsperren *v/t* lock up.
einspielen I *v/t* **1.** (*Geld*) bring in. **2.** *TV* (*zeigen*) show, (*einblenden*) fade in. **3.** ♪ (*Instrument*) play in. **4.** (*Stück, Lied etc*) record. **II** *v/reflex* ***sich ~*** **5.** get into practice, *Sport*: warm up. **6.** *fig. Sache*: get going (properly): ***sich aufeinander ~*** get used to one another; → ***eingespielt.***
Einspielergebnisse *pl* box-office returns *pl.*
einsprachig *adj* monolingual.
einspringen *v/i fig.* help out, step in(to the breach): ***für j-n ~*** take s.o.'s place, fill in for s.o.
Einspritz... *mot.* (fuel) injection (*engine, pump, etc*).
einspritzen *v/t* inject (***in*** *acc* into): ***j-m et. ~*** give s.o. an injection of s.th.
Einspruch *m* (***gegen***) objection (to) (*a.* ⚖), protest (against), *bsd. pol.* veto (against), ⚖ appeal (against): ***~ erheben*** (***gegen***) object (to), ⚖ (file an) appeal (against), *pol.* veto (*s.th.*).
Einspruchs|frist *f* appeal period. **~recht** *n* right to appeal, *pol.* (power of) veto.
einspurig *adj* 🚂 single-track, *Straße*: single-lane.
einst *adv* **1.** (*früher*) once. **2.** (*künftig*) one day.
einstampfen *v/t* (*Schriften etc*) pulp.
Einstand *m* **1.** (***s-n ~ geben*** celebrate the) start of one's new job. **2.** *fig.* debut. **3.** *Tennis*: deuce.
Einstandspreis *m* cost price.
einstäuben *v/t* dust.
einstecken *v/t* **1.** *allg.* put in: ***den Stecker ~*** put the plug in. **2.** put *s.th.* in one's pocket (*od.* bag *etc*), (*einpacken*) take. **3.** F *fig.* (*Gewinn etc*) pocket, (*Tadel etc*) *a.* swallow, (*Schlag*) take: ***er kann viel ~*** he can take a lot.
einstehen *v/i* ***~ für*** answer for, take responsibility for, (*garantieren*) vouch for.
Einsteigekarte *f* ✈ boarding pass.
einsteigen *v/i* **1.** get in(to ***in*** *acc*), ***in*** *ein Verkehrsmittel*: get on (*a bus, train, plane*): ***alle***(***s***) ***~!*** all aboard!; F *fig.* ***in ein Projekt*** *etc* ***~*** get in on, start on (*od.* in); ***er ist in die Politik eingestiegen*** he went into politics; ***hart ~*** *Sport*: play rough. **2.** (*eindringen*) climb (*od.* get) in(to ***in*** *acc*).
einstellbar *adj* adjustable.
einstellen I *v/t* **1.** put *s.th.* in(to ***in*** *acc*), (*Möbel*) store, (*Auto*) put in the garage. **2.** (*Arbeiter etc*) take on: ***wir stellen ein: ...*** we have vacancies for .... **3.** (***auf*** *acc*) *tech.* set (to) (*a. Uhr*), adjust (to) (*a. fig.*), (*Radio etc*) tune in (to), *opt.* focus (on). **4.** (*beenden*) stop, discontinue, (*Zahlungen etc*) *a.* suspend: ⚖ ***die Klage ~*** drop the action; ***das Verfahren ~*** dismiss the case; ***die Arbeit ~*** stop work, (*streiken*) (go on) strike,

walk out; ***den Betrieb*** ~ shut down; *mil.* ***das Feuer*** (***die Feindseligkeiten***) ~ cease fire (hostilities). **5.** (*e-n Rekord*) tie, equal. **II** *v/reflex* ***sich*** ~ **6.** appear, turn up, *fig. Fieber etc*: set in, *Probleme, Folgen etc*: arise: ***sich wieder*** ~ come back (again). **7.** ***sich*** ~ ***auf*** (*acc*) adjust (to), adapt (to), (*sich vorbereiten*) prepare (o.s.) for: ***sich ganz auf j-n*** ~ give s.o. one's undivided attention.
einstellig *adj Zahl*: one-digit, *Dezimalzahl*: one-place.
Einstellknopf *m* control knob.
Einstellung *f* **1.** *von Arbeitskräften*: employment. **2.** *tech.* adjustment, setting, *opt., phot.* focus(s)ing, focus. **3.** *Film*: (camera) angle, (*Szene*) take. **4.** (*Beendigung*) discontinuance, cessation (*a. mil. von Feindseligkeiten*), *von Arbeit*: stoppage, *von Zahlungen*: suspension: ⚖ ~ ***des Verfahrens*** dismissal of a case; ~ ***e-r Klage*** withdrawal of an action. **5.** *fig.* (*Anpassung*) adjustment (***auf*** *acc* to). **6.** (***zu***) (*Haltung*) attitude (towards), (*Meinung*) opinion (of): ***s-e politische*** ~ his political views *pl*, F his politics *pl*.
Einstellungs|fragebogen *m* application form. **~gespräch** *n* (job) interview. **~stopp** *m* freeze on further recruitment, job freeze.
einstempeln *v/i bei Arbeitsbeginn*: clock in, clock on.
Einstieg *m* **1.** entrance, way in. **2.** *fig.* (***in*** *acc*) entry (into), getting in (on), start (on *od.* in): ~ ***in die Kernenergie*** opting for nuclear energy.
Einstiegluke *f* (access) hatch.
Einstiegsdroge *f* conditioning drug.
einstig *adj* former.
einstimmen **I** *v/i* **1.** ***in ein Lied*** (***das Gelächter***) ~ join in a song (the laughter). **II** *v/t* **2.** ♪ (*ein Instrument*) tune (up). **3.** *fig.* ***j-n*** (***sich***) ~ (***auf*** *acc*) get s.o. (o.s.) in the proper mood (for).
einstimmig *adj* **1.** ♪ for one voice. **2.** *Beschluss etc*: unanimous.
Einstimmigkeit *f* unanimity, consensus.
einstöckig *adj* one-stor(e)y.
einstöpseln *v/t* plug in.
einstoßen *v/t* smash (in).
einstreichen *v/t* F (*Geld etc*) pocket.
einstreuen *v/t fig.* (*Bemerkung*) insert: ***Zitate*** *etc* ***in s-e Rede*** ~ intersperse one's speech with quotations *etc*.
einströmen *v/i* flow in(to ***in*** *acc*).
einstudieren *v/t* learn *s.th.* (by heart), *thea.* rehearse.
Einstudierung *f thea.* production.
einstufen *v/t* class, grade, *nach Leistung*: rate: ***hoch*** ~ rate high.
Einstufen..., einstufig *adj* single-stage.
Einstufung *f* classification, rating.
einstündig *adj* one-hour, of one hour.
einstürmen *v/i* ~ ***auf*** (*acc*) rush at, *mil.* attack; *fig.* ***auf j-n*** ~ assail s.o. (***mit Fragen*** with questions).
Einsturz *m*, **einstürzen** *v/i* collapse.
Einsturzgefahr *f* danger of collapse.
einstweilen *adv* meanwhile, in the meantime, (*vorläufig*) for the time being.
einstweilig *adj* temporary: ⚖ ***~e Verfügung*** interim order, (*Unterlassungsbefehl*) injunction.
eintägig *adj* one-day.
Eintagsfliege *f* **1.** *zo.* day fly, ephemera. **2.** *fig.* nine days' wonder.
eintauchen **I** *v/t* dip in(to ***in*** *acc*). **II** *v/i* dive in(to ***in*** *acc*).
eintauschen *v/t* (***gegen*** for) exchange, (*in Zahlung geben*) trade *s.th.* in.
einteilen *v/t* **1.** divide (up) (***in*** *acc* into), (***nach***) *Begabung etc*: rate (according to). **2.** (*Zeit*) organize, (*Geld*) budget, (*sparen mit*) use *s.th.* sparingly. **3.** ***j-n*** ~ ***zu*** assign s.o. to, *mil.* detail s.o. for.
Einteiler *m*, **einteilig** *adj* one-piece.
Einteilung *f* **1.** (***in*** *acc* into) division, *nach Klassen*: classification. **2.** *der Zeit, Arbeit etc*: planning, organization, *des Geldes*: budgeting.
eintippen *v/t* type in(to ***in*** *acc*).
eintönig *adj* monotonous, *Leben*: *a.* humdrum, dull.
Eintönigkeit *f* monotony.
Eintopf *m gastr.* stew.
Eintracht *f* harmony.
einträchtig *adj* harmonious, peaceful.
Eintrag *m* entry (*a. econ.*), *econ.* (*Posten*) *a.* item: ~ ***ins Klassenbuch*** black mark.
eintragen **I** *v/t* **1.** enter (*a. econ.*), *adm.* register, *als Mitglied*: enrol(l): ***sich*** ~ ***lassen*** (***bei***) register (with), enrol(l) (in); → ***eingetragen.*** **2.** *fig.* ***j-m et.*** ~ (*Lob, Sympathie etc*) earn s.o. s.th. **II** *v/reflex* ***sich*** ~ **3.** register, (*sich vormerken lassen*) put one's name down: ***sich in e-e Anwesenheitsliste*** ~ sign in.
einträglich *adj* profitable.
Eintragung *f* **1.** registration, enrol(l)ment. **2.** → ***Eintrag.***
eintreffen *v/i* **1.** arrive (***in*** *dat*, ***auf*** *dat* at). **2.** *fig.* (*geschehen*) happen, (*sich erfüllen*) prove (*od.* come) true.
Eintreffen *n* (***bei m-m*** *etc* ~ on my *etc*) arrival.
eintreiben *v/t* (*Schulden*) collect.
eintreten **I** *v/i* **1.** go in, come in: ***er trat ins Haus ein*** he went into (*od.* entered) the house; ***bitte treten Sie ein!*** do come in, please! **2.** *fig.* ~ ***in*** *e-e Firma, e-n Verein etc*: join, enter; ***in den Krieg*** ~ enter the war; ***in***

E

Verhandlungen ~ enter into negotiations. **3.** (*sich ereignen*) happen, take place, *a. Tod*: occur, *Fall, Umstände etc*: arise: ***es trat Stille ein*** silence fell; ***es ist e-e Besserung eingetreten*** there has been an improvement. **4.** ~ ***für*** stand up for *s.o.*, support *s.th.* **5.** ~ ***auf*** (*acc*) kick. **II** *v/t* **6.** (*Tür etc*) kick in (*od.* down). **7.** (*Schuhe*) break in. **8.** ***ich habe mir e-n Dorn*** *etc* (***in den Fuß***) ***eingetreten*** I've run a thorn *etc* into my foot.

eintrichtern *v/t* F ***j-m et.*** ~ drum s.th. into s.o.'s head.

Eintritt *m* **1.** (***in*** *acc* into) entry, entrance: ***bei s-m ~ in den Klub*** on his joining the club. **2.** beginning, *des Winters etc*: setting in, *stärker*: onset: ***nach ~ der Dunkelheit*** after dark. **3.** *e-s Umstandes*: occurrence. **4.** (*Zutritt*) admission: ~ ***frei!*** admission free!; ~ ***verboten!*** no entry! **5.** → ***Eintrittsgebühr.***

Eintritts|gebühr *f*, **~geld** *n* admission (fee). **~karte** *f* (admission) ticket.

eintrocknen *v/i* dry up.

eintrudeln *v/i* F turn up.

einüben *v/t* (***sich***) ***et.*** ~ practise s.th.

einverleiben *v/t* **1.** (*dat*, ***in*** *acc* to) add, (*Land*) annex. **2.** F ***sich*** *et.* ~ (*essen, trinken*) get outside of.

Einvernehmen *n* agreement, (good) understanding: ***in gutem*** ~ on good terms; ***im ~ mit*** in agreement with; ***stillschweigendes*** ~ tacit understanding.

einverstanden *adj* ~ ***sein*** agree; ***mit et. ~ sein*** agree to (*od.* approve of) s.th.; ~***!*** all right!, okay!

Einverständnis *n* (***zu***) consent (to), approval (of): ***sein ~ erklären*** (give one's) consent.

Einwand *m* objection (***gegen*** to): ***Einwände erheben*** raise objections.

Einwanderer *m*, **Einwanderin** *f* immigrant.

einwandern *v/i* immigrate (***in*** *acc* to).

Einwanderung *f* immigration.

Einwanderungs|... immigration (*country, quota, etc*). **~land** *n* country open to immigrants. **~verbot** *n* ban on immigration.

einwandfrei *adj* (*tadellos*) impeccable, (*fehlerfrei*) flawless, perfect: *adv* ~ ***der Beste*** undoubtedly the best; ***es steht ~ fest*** it is beyond question.

einwärts *adv* inward(s).

einwechseln *v/t* **1.** (*Geld*) change (***in*** *acc*, ***gegen*** into). **2.** *Sport*: ***j-n*** ~ send s.o. on the field.

einwecken → ***einmachen.***

Einweg|flasche *f* nonreturnable bottle. **~spritze** *f* ⚕ disposable syringe. **~verpackung** *f* nonreturnable package (*od.* packaging).

einweichen *v/t* soak.

einweihen *v/t* **1.** open, inaugurate, *eccl.* consecrate. **2.** F *fig.* (*Kleid etc*) christen. **3.** ***j-n ~ in*** (*acc*) initiate s.o. into; ***j-n in ein Geheimnis*** ~ let s.o. into a secret; ***eingeweiht sein*** be in the know; → ***Eingeweihte.*** **Einweihung** *f* (formal) opening, *eccl.* consecration.

Einweihungsfeier *f* opening ceremony.

einweisen *v/t* **1.** ***j-n ~ in*** (*acc*) send s.o. to, ⚖ *e-e Heilanstalt*: commit s.o. to; ***j-n in ein Krankenhaus*** ~ hospitalize s.o. **2.** ***j-n ~ in*** *s-n Aufgabenbereich etc*: brief s.o. in, introduce s.o. to, *ein Amt*: inaugurate s.o. into. **3.** (*Fahrer, Fahrzeug*) direct (***in*** *acc* into).

Einweisung *f* **1.** ⚖ ***in*** *e-e Heilanstalt*: committal to; ~ ***ins Krankenhaus*** hospitalization. **2.** (***in*** *acc*) briefing (in), introduction (to).

einwenden *v/t* ***et.*** ~ (***gegen***) object (to); ~, ***dass ...*** argue that ...; ***ich habe nichts dagegen einzuwenden*** I have no objections; ***es lässt sich nichts dagegen*** ~ there is nothing to be said against it.

Einwendung *f* → ***Einwand.***

einwerfen *v/t* **1.** (*Ball etc, a. fig. Bemerkung etc*) throw in. **2.** (*Fenster etc*) smash. **3.** (*Brief etc*) post, *Am.* mail, (*Münzen*) insert, put in.

einwertig *adj* ⚗ monovalent.

einwickeln *v/t* **1.** wrap up. **2.** F *fig.* ***j-n*** ~ take s.o. in, *schmeichelnd*: softsoap s.o.

Einwickelpapier *n* wrapping paper.

einwilligen *v/i* (***in*** *acc* to) agree, consent.

Einwilligung *f* approval, consent.

einwirken *v/i* ~ ***auf*** (*acc*) a) have an effect on, b) (*angreifen*) affect (*a.* ⚗), c) (*beeinflussen*) influence: ***auf j-n*** ~ (*j-n überreden*) work on s.o.; ***et. ~ lassen*** let s.th. take effect.

Einwirkung *f* (***auf*** *acc* on) effect, (*Einfluss*) influence.

Einwohner(in) inhabitant, *e-r Stadt*: *a.* resident.

Einwohner|meldeamt *n* residents' registration office. **~schaft** *f* inhabitants *pl*, population. **~zahl** *f* (total) population.

Einwurf *m* **1.** *Sport*: throw-in. **2.** *für Münzen*: a) insertion, b) slot. **3.** *fig.* objection, (*Bemerkung*) comment.

Einzahl *f ling.* singular.

einzahlen *v/t* pay in: ***Geld bei der Bank*** ~ deposit money at the bank; ***Geld*** (***auf ein Konto***) ~ pay money into an account.

Einzahlung *f* payment, *bei der Bank*: deposit.

Einzahlungs|beleg *m*, **~schein** *m* paying-in slip, deposit slip.

einzäunen *v/t* fence in.

Einzäunung *f* enclosure, fence.

einzeichnen *v/t* sketch in, (*markieren*) mark (*in, auf dat* on): *... ist nicht eingezeichnet* ... isn't on the map.

Einzel *n Tennis*: singles *pl*. **~anfertigung** *f* special design: ***es ist e-e ~*** it was custom-built. **~antrieb** *m tech.* separate drive. **~aufstellung** *f econ.* itemized list. **~auftrag** *m* individual order. **~beispiel** *n* isolated case. **~betrag** *m* (single) item. **~bett** *n* single bed. **~blatteinzug** *m Computer*: sheet feed. **~disziplin** *f Sport*: individual event. **~exemplar** *n* unique specimen (*Buch*: copy). **~fall** *m* isolated case.

Einzelgänger(in) loner.

Einzelhaft *f* solitary confinement.

Einzelhandel *m* retail trade.

Einzelhandels|geschäft *n* retail shop. **~kauffrau** *f*, **~kaufmann** *m* qualified retail trader. **~kette** *f* retailing chain. **~preis** *m* retail price. **~rabatt** *m* retail rebate.

Einzelhändler(in) retailer.

Einzelhaus *n* detached house.

Einzelheit *f* detail: ***bis in alle ~en*** down to the last detail; ***auf ~en eingehen*** go into detail.

Einzel|interessen *pl* individual interests *pl*. **~kampf** *m* **1.** *mil.* hand-to-hand combat, ✈ F dogfight. **2.** *Sport*: individual competition. **~kind** *n* only child. **~kosten** *pl* itemized costs *pl*.

einzellig *adj biol.* monocellular.

einzeln I *adj* **1.** single, individual, (*getrennt*) separate, isolated: ***ein ~er Schuh*** an odd shoe. **2.** ***~e*** *pl* several, some, a few; *meteor.* ***~e Schauer*** scattered showers. **II** *adv* **3.** singly, individually, separately: ***~ eintreten*** enter one by one (*od.* one at a time); ***~ aufführen*** specify, itemize.

Einzelne I *m, f* individual: ***jeder ~ (von uns)*** every (single) one (of us); *~ pl* some, a few. **II *das ~*** the detail(s *pl*): ***im ~n*** in detail, (*im Besonderen*) in particular; ***ins ~ gehen*** go into detail; ***ins ~ gehend*** detailed; ***~s gefällt mir nicht*** I don't like some things (*od.* points).

Einzel|person *f* individual. **~preis** *m* unit price. **~spiel** *n Tennis*: singles *pl* (match). **~stück** *n* **1.** odd piece. **2.** unique specimen. **~teil** *n tech.* (component) part. **~unterricht** *m* private lessons *pl*. **~verpackung** *f* individual packaging. **~wesen** *n* individual (being). **~zelle** *f* ⚖ solitary cell. **~zimmer** *n* single room.

einziehbar *adj* **1.** *tech.* retractable. **2.** *econ.* collectible.

einziehen I *v/t* **1.** draw *s.th.* in, *tech.* retract, (*Fahne*) haul down: ***den Kopf ~*** duck; ⚓ ***die Segel ~*** take in sail; ***die Riemen ~*** ship the oars. **2.** (*einsaugen*) draw in, inhale, breathe, (*Flüssigkeit*) soak in. **3.** put in, (*Gummiband etc*) *a.* thread in, (*e-e Wand etc*) put up. **4.** *mil.* call up, draft. **5.** ⚖ seize, confiscate, (*Banknoten etc*) withdraw (from circulation). **6.** (*Steuern etc*) collect. **7.** → ***Erkundigung***. **II** *v/i* **8.** enter, *in ein Haus etc*: move in(to ***in*** *acc*, ***bei*** with), *mil.* march in(to ***in*** *acc*), *fig. Frühling etc*: arrive: ***er zog ins Parlament ein*** he took his seat in Parliament. **9.** *Flüssigkeit etc*: soak in.

einzig I *adj* **1.** only, single, (*alleinig*) sole: ***kein ~es Auto*** not a single car; ***sein ~er Halt*** his sole support; ***nicht ein ~es Mal*** not once. **2.** → ***einzigartig*** I. **II** *adv* **3.** only, (*a.* ***~ und allein***) solely, entirely: ***das ist das ~ Richtige*** that's the only thing to do.

einzigartig *adj* unique, *Schönheit etc*: singular, *Leistung etc*: unequal(l)ed, (*großartig*) *a.* fantastic: *adv* ***~ schön*** *a. weitS.* marvel(l)ous.

Einzige I *m, f* the only one: ***kein ~r*** not (a single) one. **II *das ~*** the only thing.

Einzimmerwohnung *f* one-room flat (*Am.* apartment), *Br.* F *a.* bedsitter..

einzuckern *v/t* sugar.

Einzug *m* **1.** entry, *fig. des Frühlings etc*: coming, arrival. **2.** moving in(to ***in*** *e-e Wohnung etc*). **3.** (*Papiereinzug*) paper feed. **4.** *e-r Schuld*: collection, *Abbuchung*: debiting.

Einzugs|ermächtigung *f* standing order for a direct debit. **~gebiet** *n* **1.** *geogr.* catchment area. **2.** *e-r Großstadt*: commuter belt, hinterland. **~verfahren** *n* direct debiting.

Eipulver *n* dried egg.

Eis *n* ice, (*Speiseeis*) ice cream: F *fig.* ***et. auf ~ legen*** put s.th. on ice; ***das ~ brechen*** break the ice; ***~ laufen*** ice-skate. **~bahn** *f* (ice-)skating rink. **~bär** *m* polar bear. **~becher** *m gastr.* sundae. **~bein** *n gastr.* pickled knuckle of pork. **~berg** *m* iceberg. **~beutel** *m* ⚕ ice bag. **~blumen** *pl* frostwork *sg*. **~bombe** *f gastr.* bombe glacée.

Eischnee *m gastr.* beaten egg white.

Eisdiele *f* ice-cream parlo(u)r.

Eisen *n* iron: *fig.* ***ein heißes ~ anfassen*** tackle a hot issue; ***j-n zum alten ~ werfen*** throw s.o. on the scrap heap, shelve s.o.; ***er gehört zum alten ~*** he's past it; ***zwei ~ im Feuer haben*** have more than one string to one's bow; ***(man muss) das ~ schmieden, solange es heiß ist*** strike while the iron is hot.

Eisenbahn *f* railway, *Am.* railroad, (*Zug*) train: ***mit der ~*** by rail, by train; → ***Bahn(...)***.

Eisenbahner(in) railway employee, railwayman, *Am.* railroadman.

Eisenbahn|fähre *f* train ferry. **~knoten-**

punkt *m* (railway, *Am.* railroad) junction. **~netz** *n* railway (*Am.* railroad) network. **~schaffner(in)** guard, conductor. **~wagen** *m* railway carriage, coach, *Am.* railroad car.

Eisen|erz *n* iron ore. **~gehalt** *m* iron content. **~gießerei** *f* iron foundry.

eisenhaltig *adj* **1.** ~ ***sein*** contain iron. **2.** *min.* ferruginous.

Eisen|hut *m* ⚘ monkshood. **~hütte** *f*, **~hüttenwerk** *n* ironworks *pl* (*oft sg konstr.*). **~mangel** *m* ⚕ iron deficiency.

Eisenoxid *n* ⚗ ferric oxide.

Eisenwaren *pl* ironware *sg*, hardware *sg*. **~geschäft** *n* hardware store.

Eisenzeit *f hist. the* Iron Age.

eisern *adj a. fig.* iron, of iron, *Nerven*: of steel, (*unnachgiebig*) *a.* adamant, hard, firm: ***~e Sparsamkeit*** rigorous economy; ***~e Gesundheit*** cast-iron constitution; ***~er Bestand*** permanent stock; ***~e Regel*** hard and fast rule; ***s-e ~e Ruhe*** his imperturbability; ***~ sein*** be adamant; *adv* ***~ an et. festhalten*** adhere rigidly to s.th.; ***~ sparen*** save rigorously; → ***Lunge*** 1, ***Vorhang.***

Eiseskälte *f* icy cold.

Eisfach *n* freezer compartment.

eisfrei *adj* free of ice.

eisgekühlt *adj* chilled.

Eisglätte *f* icy roads *pl.*

Eishockey *n* ice hockey.

Eishockeyschläger *m* ice-hockey stick.

Eishockeyspieler *m* ice-hockey player.

eisig *adj a. fig.* icy; ***~ kalt*** icy-cold.

Eiskaffee *m gastr.* iced coffee.

eiskalt *adj* **1.** ice-cold. **2.** *gastr.* chilled. **3.** *fig.* a) *Blick, Vernunft etc*: icy, *Mensch*: cold (as ice), b) (*gelassen*) cool, c) (*frech*) brazen.

Eiskübel *m* ice bucket.

Eiskunstlauf *m* figure skating.

Eiskunstläufer(in) figure skater.

Eislauf *m* ice-skating. **eislaufen** *v/i* → ***Eis.*** **Eisläufer(in)** ice-skater.

Eismeer *n* polar sea: ***Nördliches*** (***Südliches***) ~ Arctic (Antarctic) Ocean.

Eispickel *m* ice pick.

Eisprung *m physiol.* ovulation.

Eis|revue *f* ice show. **~salat** *m* iceberg lettuce. **~schießen** *n* (Continental type) curling. **~schnelllauf** *m* speed skating. **~schnellläufer(in)** speed skater. **~scholle** *f* ice floe. **~schrank** *m* refrigerator, F fridge, *Am.* icebox. **~sport** *m* ice sports *pl.* **~stadion** *n* ice stadium. **~tanz** *m* ice dancing. **~tee** *m* iced tea. **~waffel** *f* ice-cream wafer. **~wasser** *n* ice water. **~würfel** *m* ice cube. **~zapfen** *m* icicle.

Eiszeit *f* ice age, glacial period.

eitel *adj* **1.** vain, conceited. **2.** (*nichtig*) vain, futile: ***eitle Hoffnung*** idle hope; ***eitle Versprechungen*** empty promises.

Eitelkeit *f allg.* vanity, (*Nichtigkeit*) *a.* futility.

Eiter *m* ⚕ pus. **~beule** *f* abscess, boil, *fig.* festering sore. **~bläschen** *n* pustule.

eit(e)rig *adj* suppurative, festering.

eitern *v/i* fester, suppurate.

Eiterung *f* suppuration.

Eiweiß *n* white of egg, (egg) white, *biol.* albumen, protein.

eiweißarm *adj* low in protein, low-protein.

Eiweiß|bedarf *m* protein requirement. **~mangel** *m* protein deficiency.

eiweißreich *adj* rich in protein, high-protein (*diet etc*).

Eizelle *f biol.* egg cell, ovum.

Ejakulation *f physiol.* ejaculation.

EKD ***Evangelische Kirche in Deutschland*** Protestant Church in Germany.

Ekel[1] *m* (***vor*** *dat*) disgust (at), revulsion (against): ***~ empfinden*** → ***ekeln***; F ***... ist*** (***sind***) ***mir ein ~*** I can't stand ...

Ekel[2] *n* F *contp.* nasty person, beast, (*lästige Person*) pest.

ekelerregend *adj* repulsive. **Ekelgefühl** *n* revulsion. **ekelhaft, ek(e)lig** *adj* revolting, disgusting.

ekeln *v/reflex* ***sich*** ~ *u. v/impers* ***es ekelt mich*** (*od.* ***mich ekelt, ich ekle mich***) ***davor*** (***vor ihm***) it (he) makes me sick.

EKG *n* ***Elektrokardiogramm*** ECG, electrocardiogram.

Eklat *m* stir, sensation, (*Skandal*) scandal, (*Krach*) row.

eklatant *adj* striking, *contp.* flagrant, blatant.

Eklipse *f astr.* eclipse.

Ekstase *f* ecstasy: ***in ~ geraten*** go into ecstasies (***über*** *acc* over).

ekstatisch *adj* ecstatic(ally *adv*).

Ekzem *n* ⚕ eczema.

Elan *m* verve, zest.

Elastik *n* elastic. **elastisch** *adj* elastic(ally *adv*) (*a. fig.*), (*federnd*) springy, (*biegsam*) *mot., tech.* flexible (*a. fig.*).

Elastizität *f a. fig.* elasticity, flexibility.

Elch *m zo.* elk, *nordamerikanischer*: moose. **~test** *m mot.* moose (*od.* elk) test, *fig. a.* acid (*od.* litmus) test.

Elefant *m* elephant: ***wie ein ~ im Porzellanladen*** like a bull in a china shop.

Elefanten|bulle *m zo.* bull elephant. **~hochzeit** *f econ.* giant merger. **~kuh** *f zo.* cow elephant. **~rüssel** *m* trunk.

elegant *adj* elegant (*a. fig.*), smart: *fig.* ***e-e ~e Lösung*** a neat (*od.* clever) solution.

Eleganz *f a. fig.* elegance.

Elegie *f* elegy.

elegisch *adj* elegiac, *fig. a.* melancholy.
elektrifizieren *v/t* electrify.
Elektrifizierung *f* electrification.
Elektrik *f* electricity, (*Anlage*) electrical system.
Elektriker(in) electrician.
elektrisch I *adj* electric(al): ***~er Schlag*** (***Strom, Stuhl***) electric shock (current, chair). II *adv* electrically: ***~ betrieben*** *a.* run by electricity.
elektrisieren *v/t a. fig.* electrify.
Elektrizität *f* electricity, (*Strom*) (electric) current.
Elektrizitäts|versorgung *f* electricity (*od.* power) supply. **~werk** *n* (electric) power station.
Elektro|artikel *m* electrical appliance. **~auto** *n* electric car. **~bohrer** *m* electric drill. **~chemie** *f* electrochemistry.
Elektrode *f* electrode: ***negative ~*** cathode; ***positive ~*** anode.
Elektro|enzephalogramm *n* ⚕ (*abbr.* ***EEG***) electroencephalogram. **~fahrzeug** *n* electric vehicle. **~firma** *f* electrical company. **~gerät** *n* electrical appliance. **~geschäft** *n* electrical shop. **~herd** *m* electric cooker. **~industrie** *f* electrical industry. **~ingenieur(in)** electrical engineer. **~kardiogramm** *n* ⚕ (*abbr.* ***EKG***) electrocardiogram.
Elektrolyse *f* electrolysis.
Elektromagnet *m* electromagnet.
Elektromotor *m* (electric) motor.
Elektron *n phys.* electron.
Elektronen|blitz(gerät *n*) *m phot.* electronic flash (gun). **~gehirn** *n* electronic brain. **~mikroskop** *n* electron microscope. **~rechner** *m* computer.
Elektronik *f* **1.** electronics *sg.* **2.** electronic system. **~abteilung** *f* electronics department.
elektronisch *adj* electronic(ally *adv*).
Elektro|ofen *m* electric stove. **~physik** *f* electrophysics *sg.* **~rasierer** *m* electric razor. **~schock** *m* ⚕ electroshock. **~technik** *f* electrical engineering. **~techniker(in)** electrical engineer.
elektrotechnisch *adj* electrotechnical, *Bauteil, Industrie etc*: electrical.
Elektrotherapie *f* ⚕ electrotherapy.
Element *n allg.* element, ⚡ *a.* battery, cell: *fig.* ***in s-m ~ sein*** be in one's element; *contp.* ***asoziale ~e*** (*Personen*) antisocial elements.
elementar *adj* **1.** (*naturhaft*) elemental. **2.** (*grundlegend*) elementary (*duty, mistake, etc*).
Elementar|begriff *m* fundamental idea. **~gewalt** *f* elemental force. **~teilchen** *n phys.* elementary particle. **~unterricht** *m* elementary instruction.
elend I *adj* **1.** miserable, wretched (*beide a. fig. contp.*): ***~ aussehen*** look dreadful; ***sich ~ fühlen*** feel wretched (*od.* terrible). **2.** (*arm*) poverty-stricken, (*erbärmlich*) pitiable. **3.** F *fig.* (*schrecklich*) terrible, awful. II *adv* **4.** miserably: ***~ zugrunde gehen*** perish miserably. **5.** F *fig.* (*sehr*) terribly, awfully.
Elend *n* misery, (*Armut*) poverty: → ***Häufchen, stürzen*** 3.
Elendsquartier *n* hovel.
Elendsviertel *n* slum(s *pl*).
elf *adj* eleven.
Elf[1] *f* **1.** (number) eleven. **2.** *Fußball*: team.
Elf[2] *m*, **Elfe** *f* elf.
Elfenbein *n*, **elfenbeinern** *adj*, **elfenbeinfarbig** *adj* ivory. **Elfenbeinküste** *f the* Ivory Coast. **Elfenbeinturm** *m fig.* ivory tower.
Elfmeter *m Fußball*: penalty (kick). **~schießen** *n* penalty shoot-out.
elft *adj*, **Elfte** *m, f* eleventh.
elftens *adv* in the eleventh place.
eliminieren *v/t* eliminate.
elitär *adj* elitist.
Elite *f* élite. **~denken** *n* elitism.
Elixier *n* elixir.
Ellbogen *m* elbow: F *fig.* ***s-e ~ gebrauchen*** use one's elbows. **~freiheit** *f* elbow room. **~gelenk** *n* elbow joint. **~gesellschaft** *f* ruthlessly competitive society, F dog-eat-dog society. **~mensch** *m* (tough) go-getter.
Elle *f* **1.** (*Knochen*) ulna. **2.** (*Maß*) cubit, (*Zollstock*) yard stick.
ellenlang *adj* F *fig.* endless.
Ellipse *f* 𝔄 ellipse.
elliptisch *adj* 𝔄 elliptic(al).
El Salvador *n* El Salvador.
Elsass *n das* Alsace.
Elsässer(in), elsässisch *adj* Alsatian.
Elster *f zo.* magpie.
elterlich *adj* parental (*duty, love, etc*), parents' (*bedroom etc*).
Eltern *pl* parents *pl*: F *fig.* ***nicht von schlechten ~*** terrific. **~abend** *m* parent-teacher meeting. **~beirat** *m ped.* parents' council. **~haus** *n* (one's parents') home.
elternlos *adj* orphan(ed).
Eltern|schaft *f* **1.** parenthood. **2.** (*Eltern*) parents *pl.* **~sprechtag** *m ped.* open day. **~teil** *m* parent. **~urlaub** *m* parental leave.
E-Mail *f* e-mail, E-mail.
Email *n*, **Emaille** *f*, **emaillieren** *v/t* enamel.
Emanze *f* F *contp.* women's libber.
Emanzipation *f* emancipation: ***die ~ der Frau*** *a.* women's liberation.
emanzipatorisch *adj* emancipatory.
emanzipieren I *v/t* emancipate. II *v/reflex* ***sich ~*** become emancipated.

Embargo *n econ.* embargo.
Embolie *f* ⚕ embolism.
Embryo *m* embryo.
embryonal *adj* embryonic, embryo.
emeritieren *v/t univ.* retire.
Emigrant(in) emigrant. **Emigration** *f* emigration: ***in der*** (***die***) ~ in(to) exile.
emigrieren *v/i* emigrate.
Emission *f* **1.** *phys.* emission (*von Schadstoffen*). **2.** *econ.* issue (*von Aktien etc*).
Emissions|bank *f* bank of issue. **~grenzwerte** *pl* emission standards *pl.* **~kurs** *m* issue price. **~schutz** *m* emission control. **~schutzgesetz** *n* anti-pollution law.
emittieren *v/t econ.* issue.
Emotion *f* emotion.
emotional *adj* emotional.
emotionalisieren *v/t* emotionalize.
emotionell *adj* emotional.
Empfang *m* **1.** (*Erhalt*) receipt: ***nach ~, bei ~*** on receipt; ***in ~ nehmen*** receive, (*j-n*) meet. **2.** (*Begrüßung*) reception (*a. Veranstaltung*), welcome: ***j-m e-n begeisterten ~ bereiten*** give s.o. an enthusiastic reception. **3.** *Radio etc*: reception. **4.** *Hotel etc*: reception (desk).
empfangen I *v/t* receive (*a. Radio etc*), (*begrüßen*) *a.* welcome: ***sie empfängt niemanden*** she refuses to see anybody; ***wir wurden sehr freundlich ~*** we met with a friendly reception. II *v/i* ⚕ (*schwanger werden*) conceive.
Empfänger(in) receiver (*a. Radio*), recipient, *e-s Briefes*: addressee.
empfänglich *adj* (***für*** to) receptive, susceptible (*a.* ⚕), ⚕ prone: ***für Eindrücke ~*** impressionable.
Empfänglichkeit *f* (***für*** to) receptivity, *a.* ⚕ susceptibility.
Empfängnis *f* ⚕ conception.
empfängnisverhütend *adj* (*a.* ***~es Mittel***) contraceptive.
Empfängnisverhütung *f* contraception.
Empfangs|antenne *f* receiving aerial (*Am.* antenna). **~bereich** *m Radio*: **1.** range of reception. **2.** frequency range. **~bescheinigung** *f* receipt. **~bestätigung** *f* acknowledg(e)ment of receipt. **~chef(in)** reception (*Am.* room) clerk. **~dame** *f*, **~herr** *m* receptionist.
empfehlen I *v/t* **1.** recommend (***j-m et.*** s.th. to s.o.): ***nicht zu ~*** not to be recommended; ***es empfiehlt sich zu*** *inf* it is advisable to *inf.* II *v/reflex* ***sich ~*** **2.** *Sache, Tun*: recommend itself. **3.** (*weggehen*) take one's leave.
empfehlenswert *adj* recommendable, (*ratsam*) advisable.
Empfehlung *f* (***auf ~*** on) recommendation: ***gute ~en haben*** have good references.
Empfehlungsschreiben *n* letter of recommendation.
empfinden *v/t* feel (*a. v/i*), (*Mitleid etc*) *a.* have: ***et. als lästig ~*** find s.th. a nuisance.
Empfinden *n* (*Gefühl*) feeling, (*Meinung*) opinion, (*Sinn*) sense: ***nach m-m ~*** the way I see it.
empfindlich *adj* **1.** *allg.* sensitive (***gegen*** to) (*a.* ⚕, *phot., tech.*), (*zart*) delicate: *fig.* ***~e Stelle*** tender spot. **2.** (*leicht gekränkt*) touchy, (*reizbar*) irritable (*a. Magen*): *adv* ***~ reagieren*** overreact. **3.** (*spürbar*) *Kälte, Strafe etc*: severe, *Verlust*: bad: *adv* ***~ kalt*** bitterly cold; *fig.* ***er war ~ getroffen*** he was badly hit.
Empfindlichkeit *f* **1.** *allg.* sensitivity (***gegen*** to), *phot. a.* speed, (*Zartheit*) delicacy. **2.** *fig.* touchiness, irritability.
empfindsam *adj* (*feinfühlig*) sensitive, (*gefühlvoll*) sentimental.
Empfindung *f* a) (*Sinneswahrnehmung*) sensation, perception, b) (*Gefühl*) feeling, emotion.
empfindungslos *adj* insensitive (***für, gegen*** to), *Glied*: numb.
empirisch *adj* empirical.
empor *adv* up, upward(s), *in Zssgn* → *a.* (***hin***)***auf..., hoch...*** **emporarbeiten** *v/reflex* ***sich ~*** work one's way up.
Empore *f* ⚠ gallery.
empören I *v/t* **1.** outrage, shock. II *v/reflex* ***sich ~*** **2.** be outraged (***über*** *acc* at). **3.** *Volk etc*: rebel (***gegen*** against).
empörend *adj* outrageous, shocking.
Emporkömmling *m* upstart, parvenu.
emporragen *v/i* tower (***über*** *acc* above).
emporschießen *v/i* shoot up.
empört *adj* indignant (***über*** *acc* at).
Empörung *f* **1.** indignation (***über*** *acc* at). **2.** (*Aufstand*) revolt, rebellion.
emsig *adj* busy, (*fleißig*) industrious, hard-working.
Emsigkeit *f* bustle, (*Fleiß*) industry, (*Eifer*) zeal.
Emulsion *f* emulsion.
E-Musik *f* serious music.
End|abnehmer(in) *econ.* ultimate buyer, end consumer, end-user. **~abrechnung** *f* final account. **~bahnhof** *m* terminus. **~betrag** *m* (sum) total.
Ende *n* **1.** *allg.* end, *zeitlich*: *a.* close, *e-s Films etc*: *a.* ending: ***~ (der Durchsage)!*** end of the message!, *Funk*: over (and out)!; ***~ Mai*** at the end of May; ***~ der dreißiger Jahre*** in the late thirties; ***am ~*** in the end, after all, (*schließlich*) eventually, (*vielleicht*) maybe; ***letzten ~s*** when all is said and done; *fig.* ***ich bin am ~*** I'm finished; ***bis zum bitteren ~*** to the bitter end; ***e-r Sache***

ein ~ machen (*od.* ***bereiten***) put an end to s.th.; ***et. zu ~ führen*** finish s.th., see s.th. through; ***zu ~ gehen*** a) → ***enden,*** b) (*knapp werden*) run short; ***zu ~ sein*** be over, *Zeit*: be up; ***ein böses ~ nehmen*** come to a bad end; ***~ gut, alles gut*** all's well that ends well; F ***das dicke ~ kommt nach*** there will be hell to pay; ***die Arbeit geht ihrem ~ entgegen*** the work is nearing completion; ***es geht mit ihm zu ~*** he's going fast; → ***Latein, Lied, Weisheit.*** **2.** F a) (small) piece, b) (long) distance (*od.* way): ***bis dahin ist es noch ein ganzes ~*** it is still a long way to go.

Endeffekt *m* final result: ***im ~*** in the final analysis, in the end.

endemisch *adj* ⚕ endemic.

enden *v/i allg.* (come to an) end, *allmählich*: draw to a close, (*aufhören*) finish, stop, *Vertrag etc*: expire: ***mit e-r Prügelei ~*** end in a brawl; *ling.* ***~ auf*** (*acc*) end with; ***nicht ~ wollend*** unending; ***das Stück endet tragisch*** the play has a tragic ending.

Endergebnis *n* final result.

Endgerät *n Computer*: terminal.

endgültig I *adj* final: ***e-e ~e Antwort*** a definite answer. **II** *adv* finally, (*für immer*) for good: ***das steht ~ fest*** that's final. **Endgültigkeit** *f* finality.

Endivie *f* ♣ endive.

Endkampf *m Sport*: (***in den ~ kommen*** reach the) final(s *pl*).

Endlager *n für Atommüll etc*: final disposal site.

endlagern *v/t* (*Atommüll etc*) permanently dispose of.

Endlagerung *f von Atommüll etc*: ultimate disposal.

endlich I *adj* final, ultimate, 𝔄 *u. philos.* finite. **II** *adv* finally, at last: ***~ doch*** after all. **Endlichkeit** *f* finiteness.

endlos *adj* endless.

Endlosigkeit *f* endlessness.

Endlospapier *n* continuous stationery, fan-fold paper. **~einzug** *m* continuous feed.

Endlösung *f pol. hist.* Final Solution.

endogen *adj* endogenous.

Endoskop *n* ⚕ endoscope.

End|phase *f* final stage. **~preis** *m* retail price. **~produkt** *n* end product. **~reim** *m* end rhyme. **~resultat** *n* final result. **~runde** *f Sport*: final(s *pl*). **~silbe** *f* final syllable. **~spiel** *n Sport*: final(s *pl*): ***ins ~ einziehen*** go to the finals. **~spurt** *m a. fig.* final sprint, finish. **~station** *f* **1.** terminus. **2.** *fig.* end of the road. **~summe** *f* (sum) total.

Endung *f ling.* ending.

End|verbraucher(in) end user. **~verstärker** *m* ⚡ output amplifier. **~ziel** *n* final objective, ultimate goal. **~ziffer** *f* last number. **~zweck** *m* final purpose.

Energie *f* energy (*a. fig.*), ⚡ *a.* power.

Energiebedarf *m* energy demand.

energiebewusst *adj* energy-conscious.

Energieeinsparung *f* energy saving.

energiegeladen *adj fig.* bursting with energy.

Energiekrise *f* energy crisis.

energielos *adj* lacking energy, weak.

Energielosigkeit *f* lack of energy.

Energie|politik *f* energy policy. **~quelle** *f* source of energy.

energiesparend *adj* energy-saving.

Energie|sparlampe *f* energy-saving lamp. **~träger** *m* energy source. **~verbrauch** *m* energy consumption. **~verschwendung** *f* waste of energy (*fig.* of effort). **~versorgung** *f* power supply. **~wirtschaft** *f* energy industry.

energisch *adj* energetic(ally *adv*), *Worte, Ton etc*: firm, *Kinn, Protest etc*: strong: ***~ werden*** put one's foot down.

eng I *adj* **1.** *allg.* narrow (*a. fig.*), (*beengt*) *a.* cramped, crowded, *Kleidung*: tight: ***~er werden*** narrow; ***ein Kleid ~er machen*** take a dress in; ***auf ~em Raum zs.-leben*** live crowded together; *fig.* ***in ~en Grenzen*** within narrow bounds; F ***das wird zeitlich sehr ~ für mich*** I've got a tight schedule already; → ***Sinn*** 5, ***Wahl*** 2. **2.** *fig.* close: ***~e Zs.-arbeit*** close cooperation; → ***Kreis*** 1. **II** *adv* **3.** narrowly (*etc*): ***~ anliegend*** tight (-fitting); ***~ befreundet sein*** be close friends; F ***das darf man nicht so ~ sehen!*** let's be (more) broadminded!

Engagement *n* **1.** *thea. etc* engagement. **2.** *pol. u. fig.* commitment.

engagieren I *v/t* engage, employ, take *s.o.* on. **II** *v/reflex* ***sich ~*** *pol. u. fig.* get (*od.* be) involved (***in*** *dat* in).

engagiert *adj fig.* dedicated, *pol.* committed.

Enge *f* **1.** narrowness (*a. fig.*), *von Kleidung*: tightness: ***in großer ~ leben*** live in very cramped conditions. **2.** (*enge Stelle*) narrow passage, (*Meerenge*) strait. **3.** *fig.* ***j-n in die ~ treiben*** drive s.o. into a corner; ***in die ~ getrieben*** with one's back to the wall.

Engel *m* angel.

Engelsgeduld *f* endless patience.

engherzig *adj* small-minded.

England *n* England.

Engländer *m* **1.** Englishman: ***er ist ~*** he is English; ***die ~*** *pl* the English *pl.* **2.** *tech.* monkey wrench.

Engländerin *f* Englishwoman.

englisch *adj* English: ***die ~e Staatskirche*** the Anglican Church.

E

Englisch *n* English, the English language: ***er spricht gutes*** ~ he speaks good English; ***aus dem ~en übersetzt*** translated from (the) English; (***gut***) ~ ***sprechen*** speak English (well); ~ ***sprechend*** English-speaking; ~ ***geschrieben*** (written) in English.
englisch-deutsch *adj* **1.** *pol.* Anglo-German. **2.** *ling.* English-German.
Englischhorn *n* ♪ cor anglais.
Englischkenntnisse *pl* knowledge *sg* of English.
englischsprachig *adj* English-language.
Englischunterricht *m* English lesson(s *pl*).
engmaschig *adj* **1.** fine-meshed. **2.** *fig.* close-meshed.
Engpass *m fig.* bottleneck, *bei Versorgung*: supply shortfall.
engzeilig *adj Schriftbild*: narrow-spaced.
en gros *adv econ.* wholesale.
engstirnig *adj* narrow-minded.
Engstirnigkeit *f* narrow-mindedness.
Enkel *m* grandchild, (*~sohn*) grandson.
Enkelin *f* granddaughter.
Enklave *f* enclave.
enorm *adj* enormous, huge, F (*toll*) terrific: *adv* ~ ***schnell*** incredibly fast.
en passant *adv* in passing.
Ensemble *n* **1.** ♪, *Mode*: ensemble. **2.** *thea.* company, (*Besetzung*) cast.
entarten *v/i* degenerate.
entartet *adj* degenerate, *fig. a.* decadent.
Entartung *f* degeneration.
entbehren *v/t* **1.** (*auskommen ohne*) do without: ***kannst du ... ~?*** can you spare ...? **2.** (*vermissen*) miss. **entbehrlich** *adj* dispensable, expendable.
Entbehrung *f* privation, want.
entbinden I *v/t* **1.** ⚕ (*e-e Frau*) deliver (***von*** of): ***entbunden werden von ...*** *a.* give birth to ... **2.** *fig.* (***von*** from) release, excuse. II *v/i* **3.** ⚕ give birth to a child.
Entbindung *f* **1.** ⚕ delivery. **2.** *fig.* release (***von*** from).
Entbindungs|heim *n* maternity home. **~klinik** *f* maternity clinic. **~station** *f* maternity ward.
entblättern I *v/t* **1.** strip *s.th.* of leaves. II *v/reflex* ***sich*** ~ **2.** shed (its) leaves. **3.** *humor.* shed one's clothes, strip.
entblöden *v/reflex* ***sich nicht ~ zu*** *inf* have the nerve to *inf.*
entblößen *v/t*, **entblößt** *adj* bare.
entbrennen *v/i fig. Kampf*: break out, *a. Zorn etc*: flare up.
entbürokratisieren *v/t* deregulate.
entdecken *v/t* discover, (*herausfinden*) *a.* find out, (*bemerken*) see, (*j-n*) *a.* spot: ***zufällig*** ~ stumble (up)on.
Entdecker(in) discoverer.
Entdeckung *f* discovery.
Entdeckungsreise *f a. fig.* expedition.
Ente *f* **1.** *zo.* duck: ***junge*** ~ duckling; F *fig.* ***lahme*** ~ slowcoach. **2.** *gastr.* a) roast duck, b) ***kalte*** ~ white wine cup with champagne. **3.** (*Zeitungsente*) hoax, canard. **4.** F ⚕ (bed) urinal.
entehren *v/t* dishono(u)r (*a. Frau*), disgrace, (*entwürdigen*) degrade. **Entehrung** *f* dishono(u)r(ing), degradation.
enteignen *v/t* expropriate, (*j-n*) dispossess. **Enteignung** *f* expropriation.
enteisen *v/t* clear of ice, *tech.* defrost, de-ice. **Enteisung** *f tech.* defrosting, de-icing. **Enteisungsanlage** *f* defroster, de-icing system.
Enten|braten *m* roast duck. **~ei** *n* duck's egg. **~jagd** *f* duck shooting.
enterben *v/t* disinherit.
Enterich *m zo.* drake.
entern *v/t* board.
Enter-Taste *f Computer*: enter key, return key.
Entf. ***Entfernung*** distance.
entfachen *v/t* **1.** (*Feuer*) kindle. **2.** *fig.* (*Begierde etc*) rouse, (*e-e Diskussion etc*) provoke, spark off.
entfallen *v/i* **1.** ***es ist mir*** ~ it has slipped my memory; ***der Name ist mir*** ~ the name escapes me. **2.** be cancel(l)ed, be dropped: ***entfällt*** *in Formularen*: not applicable. **3.** ***auf j-n*** ~ fall to s.o.
entfalten I *v/t* **1.** unfold (*a. fig.*), open, spread out. **2.** *fig.* (*Fähigkeiten etc*) develop, (*Aktivität etc*) launch into, (*Pracht etc*) display. II *v/reflex* ***sich*** ~ **3.** *Blüte etc*: open, unfold. **4.** *fig.* develop (***zu*** into).
Entfaltung *f* **1.** unfolding. **2.** *fig. von Mut, Pracht, Macht etc*: display, (*Entwicklung*) development.
entfärben *v/t* remove the colo(u)r from, ⚗, *tech.* decolo(u)rize, (*bleichen*) bleach.
entfernen I *v/t* **1.** *allg., a. fig.* remove: ***j-n von der Schule*** ~ expel s.o. from school. **2.** *Computer*: delete. II *v/reflex* ***sich*** ~ leave, go away: *fig.* ***sich vom Thema*** ~ depart from the subject.
entfernt I *adj a. fig.* remote, distant, *Ähnlichkeit etc*: *a.* faint: ***e-e Meile ~ von*** a mile away from; ***zwei Meilen voneinander*** ~ two miles apart; ***weit ~ davon zu*** *inf* far from *ger.* II *adv a.* ***weit*** ~ far away; ~ ***verwandt*** distantly related; ***nicht im Entferntesten*** not in the least.
Entfernung *f* **1.** (*Abstand*) distance, (*Reichweite*) range: ***in e-r ~ von*** at a distance of; ***aus der*** (***einiger***) ~ from the (a) distance; ***aus kurzer*** ~ at close range. **2.** (*Beseitigung, a. fig.*) removal.

Entfernungs|messer *m phot.* range finder. **~skala** *f phot.* focus(s)ing scale. **~taste** *f Computer*: delete key.
entfesseln *v/t fig.* unleash, (*Streit etc*) provoke: ***e-n Krieg ~*** start a war.
entfesselt *adj fig.* raging.
entfetten *v/t* remove the grease (*od.* fat) from, *tech.* degrease.
entflammbar *adj* inflammable. **entflammen I** *v/t* **1.** *tech.* ignite. **2.** *fig.* rouse, kindle. **II** *v/i* **3.** → 1. **4.** → ***entbrennen.***
entflechten *v/t econ.* decartelize.
entfliegen *v/i* fly away (*dat* from).
entfliehen *v/i* ([**aus**] *dat* from) flee, escape.
entfremden I *v/t* alienate (*dat* from). **II** *v/reflex* ***sich*** (***j-m***) ~ become estranged (from s.o.).
Entfremdung *f* estrangement, *a. sociol.* alienation.
entfrosten *v/t tech.* defrost.
Entfroster *m tech.* defroster.
entführen *v/t* kidnap, abduct, (*ein Flugzeug*) hijack. **Entführer(in)** kidnapper, (*Flugzeugentführer*) hijacker. **Entführung** *f* kidnapping, (*Flugzeugentführung*) hijacking.
entgegen I *prep* (*dat*) contrary to, against: ~ ***allen Erwartungen*** contrary to all expectations. **II** *adv Richtung*: towards: ***dem Wind*** ~ against the wind.
entgegen|arbeiten → ***entgegenwirken.*** **~bringen** *v/t fig.* ***j-m Vertrauen*** (***Zuneigung***) ~ show trust in (affection for) s.o.; ***e-r Sache Interesse*** ~ show an interest in s.th. **~gehen** *v/i* (*dat*) walk towards, go to meet, *fig.* approach, (*e-r Gefahr*, *der Zukunft*) face, (*dem Untergang etc*) be heading for: ***dem Ende*** ~ be drawing to a close.
entgegengesetzt *adj* **1.** opposite. **2.** *fig. Meinung etc*: contrary, opposed (*dat* to), *Interessen*: conflicting.
entgegenhalten *v/t fig.* **1.** ***j-m et.*** ~ point s.th. out to s.o. **2.** ***e-r Sache et.*** ~ say s.th. in answer to s.th., counter s.th. with s.th.
entgegenkommen *v/i* ***j-m*** ~ come towards (*od.* to) s.o., approach s.o., *fig.* oblige s.o., make s.o. concessions; ***j-m auf halbem Wege*** ~ *bsd. fig.* meet s.o. halfways; ***j-s Wünschen*** ~ comply with s.o.'s wishes.
Entgegenkommen *n* obligingness, (*Zugeständnis*) concession(s *pl*).
entgegenkommend *adj* **1.** oncoming. **2.** *fig.* obliging.
entgegenlaufen *v/i* ***j-m*** ~ run towards s.o.
Entgegennahme *f* acceptance.
entgegennehmen *v/t* accept, take.
entgegensehen *v/i* (*dat*) await, *freudig*: look forward (to), *gelassen*: face.
entgegenstehen *v/i* stand in the way (*dat* of): ***dem steht nichts entgegen*** there's nothing to be said against that.
entgegenstellen I *v/t fig.* **1.** → ***entgegenhalten*** 2. **2.** ***j-m et.*** ~ set s.th. against s.o. **II** *v/reflex* **3.** ***sich j-m*** (***e-r Sache***) ~ resist s.o. (s.th.).
entgegentreten *v/i* **1.** ***j-m*** ~ a) step (*od.* walk) up to s.o., b) *fig.* oppose s.o. **2.** (*e-m Missstand etc*) take steps against, (*e-m Gerücht*) contradict.
entgegenwirken *v/i* (*dat*) work against, counteract, *stärker*: fight.
entgegnen *v/i* reply, *schlagfertig*: retort.
entgehen *v/i* escape (*a. dem Tod etc*): *fig.* ***j-m*** ~ escape s.o.('s notice); ***sich et.*** ~ ***lassen*** let s.th. slip, miss s.th.; ***er ließ sich die Gelegenheit nicht*** ~ he seized the opportunity; ***ihr entging nichts*** she didn't miss a thing.
entgeistert *adj u. adv* dum(b)founded.
Entgelt *n* remuneration, payment, (*Lohn*, *Gehalt*) pay, (*Gebühr*) fee, ⚖ consideration, (*Belohnung*) reward: ***gegen*** ~ against payment; ***als*** ~ ***für*** in consideration of.
entgelten *v/t* ***j-m et.*** ~ pay s.o. for s.th.; *fig.* ***j-n et.*** ~ ***lassen*** make s.o. pay for s.th.
entgiften *v/t* (*Körper*) detoxicate, (*Erdreich*, *Haus*) decontaminate.
entgleisen *v/i* **1.** 🚂 run off the rails, be derailed. **2.** *fig.* go too far, make a faux pas. **Entgleisung** *f* **1.** 🚂 derailment. **2.** *fig.* faux pas, gaffe.
entgleiten *v/i* ***j-m*** ~ a) slip out of s.o.'s hand(s), b) *fig.* slip away from s.o.
entgräten *v/t* bone.
enthaaren *v/t* depilate.
Enthaarungscreme *f* depilatory cream.
enthalten I *v/t* contain, (*fassen*) hold, (*umfassen*) comprise: ***mit*** ~ ***sein*** be included (***in*** *dat* in). **II** *v/reflex* ***sich*** ~ abstain (*gen* from); *parl.* ***sich der Stimme*** ~ abstain.
enthaltsam *adj* abstemious, *sexuell*: continent. **Enthaltsamkeit** *f* abstinence, *sexuelle*: continence.
Enthaltung *f* (*a. bei Abstimmung*) abstention.
enthärten *v/t* (*Wasser*) soften.
enthaupten *v/t* behead, decapitate.
Enthauptung *f* beheading, decapitation.
enthäuten *v/t* skin, (*Obst etc*) *a.* peel.
entheben *v/t* (*gen*) relieve (of), *e-r Pflicht etc*: *a.* release (*od.* exempt) (from): ***j-n s-s Amtes*** ~ remove s.o. from office, dismiss s.o.
Enthefter *m* staple remover.
enthüllen I *v/t* **1.** unveil, bare, (*zeigen*) show. **2.** *fig.* reveal, bring *s.th.* to light, (*Verbrechen etc*) *a.* expose. **II** *v/reflex* ***sich*** ~ **3.** *fig.* reveal o.s., *Sache*: be revealed (*dat* to).

E

Enthüllung *f* **1.** unveiling. **2.** *fig.* disclosure, exposure.
Enthüllungsjournalismus *m* investigative journalism.
Enthusiasmus *m* enthusiasm. **Enthusiast(in)** enthusiast, F fan. **enthusiastisch** *adj* enthusiastic(ally *adv*).
entjungfern *v/t* deflower.
entkalken *v/t* descale.
entkeimen *v/t* disinfect, degerm(inate).
entkernen *v/t* stone, (*Äpfel*) core.
entkleiden *v/t* **1.** *a.* ***sich* ~** undress. **2.** *fig.* (*gen* of) divest, strip.
entkoffeiniert *adj* decaffeinated.
entkommen *v/i* ([**aus**] *dat* from) get away, escape.
Entkommen *n* (***es gab kein* ~** there was no) escape.
entkorken *v/t* uncork.
entkräften *v/t* **1.** weaken, (*erschöpfen*) exhaust. **2.** *fig.* invalidate (*a.* ⚖), (*a. widerlegen*) refute.
Entkräftung *f* **1.** weakening. **2.** (*Schwäche*) weakness, (*Erschöpfung*) exhaustion. **3.** *fig.* invalidation (*a.* ⚖), refutation.
entkrampfen *v/t* (*a.* ***sich* ~**) relax.
entladen I *v/t* **1.** unload (*a. Gewehr*), *a.* ⚡ discharge. **2.** *fig.* (*Zorn etc*) give vent to, vent. **II** *v/reflex* ***sich* ~ 3.** *Gewitter*: break. **4.** ⚡ discharge. **5.** *Gewehr etc*: go off. **6.** *fig. Spannung*: be released, *Zorn*: erupt.
Entladung *f* **1.** unloading, *a.* ⚡ discharge. **2.** *fig.* explosion, outburst.
entlang *adv u. prep* along: ***die Straße* ~** along (*od.* down) the street; ***hier* ~, *bitte!*** this way, please! **~gehen** *v/t* (*v/i* **~ an** *dat*) go (*od.* walk) along.
entlarven *v/t* unmask, expose.
entlassen *v/t* **1.** *aus e-m Arbeitsverhältnis*: dismiss, make redundant: ***j-n fristlos* ~** dismiss s.o. without notice. **2.** *in den Ruhestand*: pension off: **3.** (**aus** *dat* from) (*Gefangene*) release, (*a. Patienten*) discharge.
Entlassung *f* **1.** dismissal, making redundant. **2.** (**aus** *dat* from) release, discharge.
Entlassungs|grund *m* ground for dismissal. **~papiere** *pl* discharge papers *pl.* **~schreiben** *n* letter of dismissal.
entlasten *v/t* relieve (*fig.* **von** of), ⚖ exonerate, clear *s.o.* of a charge, *econ.* (*Vorstand etc*) give *s.o.* a release.
entlastend *adj* ⚖ exonerating.
Entlastung *f* relief, ⚖ exoneration, *econ.* release.
Entlastungs|material *n* ⚖ exonerating evidence. **~straße** *f* bypass. **~zeuge** *m*, **-zeugin** *f* ⚖ witness for the defen/ce (*Am.* -se). **~zug** *m* 🚂 relief train.
entlauben *v/t* defoliate. **entlaubt** *adj* bare. **Entlaubungsmittel** *n* defoliant.
entlaufen *v/i* run away (*dat* from).
entlausen *v/t* delouse.
entledigen *v/reflex* ***sich* ~** (*gen*) **1.** get rid of, *e-s Kleidungsstücks*: take off. **2.** *fig. e-r Aufgabe*: carry out, discharge, *e-r Verpflichtung*: fulfil(l).
entleeren *v/t* empty: ⚕ ***den Darm* ~** evacuate (the bowels).
entlegen *adj* remote, out-of-the-way.
entlehnen *v/t* (*Wort etc*) borrow (*dat*, **aus, von** from).
entleihen *v/t* borrow (**aus, von** from).
Entlein *n* duckling.
entloben *v/reflex* ***sich* ~** break off one's engagement.
entlocken *v/t fig.* (*dat* from) elicit, draw.
entlohnen *v/t* pay. **Entlohnung** *f* pay, payment, remuneration.
entlüften *v/t tech.* deaerate, (*Bremse*) bleed.
Entlüfter *m tech.* deaerator.
Entlüftung *f tech.* aeration, airing.
Entlüftungsschraube *f mot.* vent screw.
entmachten *v/t* **j-n (et.) ~** deprive s.o. (s.th.) of his (its) power.
entmenscht *adj* inhuman, brutish.
entmilitarisieren *v/t* demilitarize.
Entmilitarisierung *f* demilitarization.
entmündigen *v/t* (legally) incapacitate.
Entmündigung *f* (legal) incapacitation.
entmutigen *v/t* discourage, dishearten.
Entmutigung *f* discouragement.
Entnahme *f e-r Probe etc*: taking, *von Geld*: withdrawal.
entnazifizieren *v/t pol. hist.* denazify.
Entnazifizierung *f* denazification.
entnehmen *v/t* (*dat*) take (from, out of), (*e-m Buch etc*) borrow (from), (*zitieren*) quote (from): *fig.* **et. ~ aus** (*od. dat*) gather from; ***ich entnehme Ihren Worten, dass ...*** I take it that ...
entnerven *v/t* enervate.
entpersönlichen *v/t* depersonalize.
entpolitisieren *v/t* depoliticize.
entprivatisieren *v/t* deprivatize.
entpuppen *v/reflex* ***sich* ~ *als*** F *fig.* turn out to be.
entrahmen *v/t* (*Milch*) skim.
enträtseln *v/t* solve, unravel, (*Schrift etc*) decipher.
entrechten *v/t* **j-n ~** deprive s.o. of his rights.
entreißen *v/t* **j-m et. ~** *a. fig.* snatch s.th. from s.o.
entrichten *v/t* pay.
entriegeln *v/t* unlock.
entrinnen *v/i* (*dat* from) escape, get away.
Entrinnen *n* (***es gab kein* ~** there was no) escape.

entrollen *v/t* unroll, (*Fahne etc*) unfurl.
entrosten *v/t* remove the rust from.
entrücken *v/t fig.* (*dat* from) carry away, remove. **entrückt** *adj fig.* enraptured.
entrümpeln *v/t* clear out.
entrüsten I *v/t* fill *s.o.* with indignation, shock, scandalize. II *v/reflex* ***sich ~*** (***über*** *acc*) get indignant (at *s.th.*, with *s.o.*), be shocked (at). **entrüstet** *adj* indignant, shocked.
Entrüstung *f* indignation: ***ein Schrei der ~*** an outcry.
entsaften *v/t* extract the juice from.
Entsafter *m* juice extractor, juicer.
entsagen *v/i* ***e-r Sache ~*** renounce s.th., ***dem Thron ~*** *a.* abdicate; ***dem Alkohol ~*** give up drink.
Entsagung *f* renunciation.
entsagungsreich *adj Leben*: full of privations.
entschädigen *v/t* (***für*** for) compensate (*a. fig.*), *für Auslagen*: reimburse: *fig.* ***die Aussicht entschädigte uns für den langen Aufstieg*** the view made up for the long climb.
Entschädigung *f* compensation (*a. fig.*), reimbursement.
Entschädigungs|anspruch *m* claim for compensation. **~klage** *f* action for damages.
entschärfen *v/t* (*Mine etc*) defuse (*a. fig. Krise*, *Lage etc*), (*Munition*) deactivate, *fig.* (*e-e Rede etc*) take the edge off.
Entscheid *m* decree, decision.
entscheiden I *v/t* decide, *endgültig*: settle, ⚖ rule (***über*** *acc* on): ***damit war die Sache entschieden*** that settled it; ***das musst du ~*** that's up to you. II *v/i* (***über*** *acc*) decide (on), (*den Ausschlag geben*) be decisive (for). III *v/reflex* ***sich ~*** be decided, *Person*: decide, make up one's mind; ***sich ~ für*** decide on, settle on; ***er entschied sich dagegen*** he decided against it.
entscheidend *adj* decisive, (*kritisch*) *a.* crucial, *Fehler etc*: fatal: ***~e Stimme*** casting vote.
Entscheidung *f* (***über*** *acc* on) decision, ⚖ *a.* ruling: ***e-e ~ treffen*** (*od.* ***fällen***) make (*od.* come to) a decision.
Entscheidungs|bedarf *m* ***es besteht ~*** this calls for a decision. **~befugnis** *f* competence. **~ebene** *f* decision-making level. **~findung** *f* decision-making. **~freiheit** *f* freedom of choice. **~hilfen** *pl* decision-making aids. **~gremium** *n* body of authority. **~kampf** *m* **1.** *mil.* decisive battle. **2.** *fig.* showdown. **~prozess** *n* decision-making process. **~spiel** *n Sport*: deciding match, decider, (*Endspiel*) final. **~träger(in)** decision-maker.
entschieden I *adj* **1.** determined, firm, *Gegner*: decided, declared, *Anhänger*: staunch, *Am.* stanch. **2.** (*eindeutig*) decided, definite. II *adv* **3.** firmly, decidedly, (*zweifellos*) definitely: ***ich bin*** (***ganz***) ***~ dafür*** I'm strongly in favo(u)r of it, I'm all for it.
Entschiedenheit *f* determination, firmness: ***mit*** (***aller***) ***~*** categorically.
entschlacken *v/t* **1.** *tech.* remove the slag from. **2.** ⚕ purify, (*den Darm*) purge.
Entschlackung *f* ⚕ purification, *des Darms*: purge.
entschlafen *v/i fig.* pass away.
entschließen *v/reflex* ***sich ~*** (***zu, für*** on, ***zu tun*** to do) decide, make up one's mind; ***sich anders ~*** change one's mind.
Entschließung *f pol.* resolution.
entschlossen I *adj* determined, firm, resolute: ***zu allem ~ sein*** be ready for anything. II *adv* resolutely, firmly: ***kurz ~*** without a moment's hesitation.
Entschlossenheit *f* determination.
Entschluss *m* decision: ***e-n ~ fassen, zu e-m ~ kommen*** make (*od.* reach) a decision; ***zu dem ~ kommen zu*** *inf* make up one's mind to *inf*, decide to *inf*.
entschlüsseln *v/t* decipher.
entschlussfreudig *adj* decisive.
Entschlusskraft *f* determination.
entschuldbar *adj* excusable.
entschuldigen I *v/t* excuse: ***das ist nicht zu ~*** that is impardonable; ***bitte, ~ Sie mich*** (***für heute Abend***) I beg to be excused (for tonight). II *v/i* ***~ Sie!*** excuse me!, (*Verzeihung*) sorry!, *Am.* excuse me! III *v/reflex* ***sich ~*** apologize (***bei j-m für et.*** to s.o. for s.th.), *für Abwesenheit*: excuse o.s.
entschuldigend *adj* apologetic(ally *adv*).
Entschuldigung *f* excuse, (*Vorwand*) *a.* pretext, (*Verzeihung*) apology: ***j-n um ~ bitten*** apologize to s.o. (***wegen*** for); ***als ~, zur ~*** as an excuse (***für*** for); ***~!*** → ***entschuldigen*** II.
Entschuldigungsgrund *m* (***et. als ~ anführen*** offer s.th. as an) excuse.
Entschwefelungsanlage *f tech.* desulphurization plant.
entschwinden *v/i* disappear.
entsetzen I *v/t* horrify, shock, appal(l). II *v/reflex* ***sich ~*** (***über*** *acc* at) be horrified, *moralisch*: be shocked.
Entsetzen *n* (***zu m-m ~*** to my) horror.
entsetzlich I *adj* horrible, terrible, atrocious. II *adv* terribly, F (*äußerst*) *a.* awfully.
Entsetzlichkeit *f* horribleness, atrocity.
entseuchen *v/t* decontaminate.
Entseuchung *f* decontamination.
entsichern *v/t* (*Schusswaffe*) release the safety catch of, cock.

E

entsinnen *v/reflex* ***sich*** ~ (*gen*) recall, recollect; ***wenn ich mich recht entsinne*** if I remember rightly.
entsorgen *v/t* dispose of the nuclear (*od.* toxic *etc*) waste (of a plant *etc*).
Entsorgung *f* disposal of nuclear (*od.* toxic *etc*) waste.
Entsorgungs|einrichtung *f* disposal unit. **~firma** *f* waste disposal company. **~konzept** *n* waste disposal concept. **~wirtschaft** *f* waste disposal industry.
entspannen I *v/reflex* ***sich*** ~ **1.** *allg.* relax, *Person*: *a.* take it easy. **2.** *fig. Lage etc*: ease off. **II** *v/t* **3.** relax. **III** *v/i* **4.** be relaxing.
Entspannung *f* relaxation (*a. fig.*), *pol.* détente, *econ.* easing.
Entspannungs|politik *f* policy of détente. **~übung** *f* relaxation exercise.
entsperren *v/t* (*Telefon, Tastatur*) unlock, (*Konto*) unblock.
entspiegelt *adj opt.* antireflection.
entspinnen *v/reflex* ***sich*** ~ (***aus*** from) arise, develop.
entsprechen *v/i* (*dat*) **1.** correspond (to, with), agree (with), (*gleichwertig sein*) be equivalent (to): ***er entspricht nicht der Beschreibung*** he doesn't answer the description. **2.** (*Anforderungen, Erwartungen etc*) meet, come up (to), (*e-r Bitte*) comply (with): ***den Anforderungen nicht*** ~ fail to meet the requirements.
entsprechend I *adj* (*dat* to) corresponding, (*passend*) appropriate, (*angemessen*) adequate, (*gleichwertig*) equivalent, (*jeweilig*) respective. **II** *adv* correspondingly (*etc*): ***er verhielt sich*** ~ he acted accordingly. **III** *prep* (*dat*) according to, in compliance with: ***den Umständen*** ~ as can be expected under the circumstances.
Entsprechung *f* equivalent.
entspringen *v/i* **1.** *Fluss*: have its source (***in*** *dat* in). **2.** *fig.* (*dat*, ***aus*** from) spring, arise, come.
entstaatlichen *v/t* denationalize.
Entstaatlichung *f* denationalization.
entstammen *v/i* (*dat* from) descend, *fig.* (*herrühren von*) come, derive.
entstauben *v/t* (free *s.th.* from) dust.
entstehen *v/i* **1.** come into being, develop (***aus*** from). **2.** (*eintreten*) arise, come about, *Schwierigkeiten, Kosten etc*: (***aus, durch***) arise (*od.* result) (from), be caused (by). **3.** (*geschaffen, gebaut, konstruiert werden*) be created (built, produced), (*geschrieben, komponiert, gemalt werden*) be written (composed, painted).
Entstehen *n* ***im*** ~ ***begriffen*** in the making; → ***Entstehung.***
Entstehung *f* coming into being, development, emergence, (*Ursprung*) origin, beginning, (*Schaffung*) creation.
Entstehungsgeschichte *f* genesis.
entsteigen *v/i* (*dat*) get out of.
entsteinen *v/t* stone.
entstellen *v/t* **1.** disfigure. **2.** *fig.* (*Tatsachen etc*) distort, (*Bericht*) garble.
Entstellung *f* **1.** disfigurement. **2.** *fig.* distortion.
Entstickungsanlage *f* denitrification plant.
entstören *v/t* ⚡ radioshield, screen.
Entstörung *f* screening, *Radio*: interference suppression.
Entstörungs|dienst *m*, **~stelle** *f teleph.* fault-clearing service: ***die Entstörungsstelle anrufen*** call the engineers.
enttarnen *v/t* (*Spion*) unmask, expose.
enttäuschen I *v/t* disappoint, let *s.o.* down. **II** *v/i* be disappointing.
Enttäuschung *f* disappointment.
entthronen *v/t a. fig.* dethrone.
entvölkert *adj* depopulated.
entwachsen *v/i* ***e-r Sache*** ~ grow out of s.th., outgrow s.th.
entwaffnen *v/t a. fig.* disarm.
entwaffnend *adj fig.* disarming.
entwarnen *v/i* give the all-clear.
Entwarnung *f* all-clear (signal).
entwässern *v/t* **1.** (*Boden*) drain. **2.** ⚗ (*Gewebe*) dehydrate. **Entwässerung** *f* **1.** draining. **2.** ⚗ dehydration. **Entwässerungsanlage** *f* drainage system.
entweder *conj* ~ ***... oder*** either ... or; ~ ***oder!*** take it or leave it!
Entweder-Oder *n* ***hier gibt es nur ein*** ~ you've got to decide one way or the other.
entweichen *v/i* escape (*dat*, ***aus*** from).
entweihen *v/t* desecrate.
Entweihung *f* desecration.
entwenden *v/t* ***j-m et.*** ~ steal (*od.* purloin) s.th. from s.o.
entwerfen *v/t* **1.** sketch, outline (*a. fig. e-n Plan etc*), (*gestalten*) design. **2.** (*Programm etc*) plan, (*Plan etc*) work out, devise. **3.** (*Vertrag*) draw up, draft.
Entwerfer(in) designer.
entwerten *v/t* **1.** (*Briefmarke, Fahrschein etc*) cancel. **2.** *econ.* a) (*Geld*) demonetize, b) → ***abwerten.*** **3.** *fig.* devalue, *völlig*: invalidate.
Entwerter *m* ticket-cancelling machine.
Entwertung *f* **1.** cancel(l)ation. **2.** *fig.* devaluation.
entwickeln I *v/t* **1.** *allg.* develop, (*Wärme etc*) *a.* generate, (*Verfahren etc*) *a.* evolve, work out: ***er entwickelte mir s-e Theorie*** he expounded his theory to me. **2.** *fig.* (*Tatkraft etc*) display, show: ***Geschmack für et.*** ~ acquire a taste for s.th. **II** *v/reflex* **3.**

sich ~ (**aus, zu**) develop (from, into), grow (out of, into); *fig.* **sich gut ~** be shaping well.
Entwickler *m phot.* developer.
Entwicklung *f* development (*a. fig.*), *a. biol.* evolution, (*Tendenz*) *a.* trend.
Entwicklungs|abteilung *f* planning department, development. **~alter** *n* formative years *pl*, *engS.* age of puberty. **~aufwand** *m* development expense. **~dienst** *m* Voluntary Service Overseas, *Am.* Peace Corps.
entwicklungsfähig *adj* capable of development, *Stellung etc*: progressive.
Entwicklungs|geschichte *f* history, *biol.* genesis. **~helfer(in)** development aid worker, *Br.* member of the Voluntary Service Overseas, *Am.* Peace Corps Worker. **~hilfe** *f* development aid. **~jahre** *pl* → ***Entwicklungsalter.*** **~kosten** *pl* development cost *sg.* **~land** *n* developing country. **~politik** *f* third world policy. **~prozess** *m* (process of) development. **~stufe** *f* stage of development, phase. **~zeit** *f* **1.** period of development. **2.** → ***Entwicklungsalter.*** **3.** ⚕ incubation period. **4.** *phot.* developing time.
entwirren *v/t* disentangle, unravel.
entwischen *v/i* (*dat* from) escape, slip away: ***j-m ~*** *a.* give s.o. the slip.
entwöhnen *v/t* **1.** (*Säugling*) wean. **2.** ***j-n*** *e-r Sucht etc* **~** cure s.o. of. **Entwöhnung** *f* **1.** weaning. **2.** curing, cure.
entwürdigen *v/t* degrade (**sich** o.s.).
entwürdigend *adj* degrading.
Entwürdigung *f* degradation.
Entwurf *m* **1.** (*Konzept*) (first) draft, (*Skizze, a. fig.*) sketch, outline, (*Plan*) plan, blueprint, (*Gestaltung*) design, (*Modell*) model. **2.** *econ.*, ⚖ (*Vertragsentwurf*) draft, *parl.* (*Gesetzesentwurf*) bill.
entwurzeln *v/t a. fig.* uproot.
entziehen I *v/t* **1.** ***j-m et.*** **~** *allg.* withdraw s.th. from s.o. (*a.* ⚕), (*vorenthalten*) withhold s.th. from s.o., (*Rechte etc*) deprive (*od.* strip) s.o. of s.th.; ***j-m den Führerschein*** (***die Lizenz*** *etc*) **~** revoke s.o.'s licen/ce (*Am.* -se); ***et. j-s Zugriff*** (***Einfluss***) **~** remove s.th. from s.o.'s reach (influence); *parl. etc* ***j-m das Wort ~*** rule s.o. out of order. **2.** ⚗ extract (*dat* from). II *v/reflex* **3.** ***sich ~*** (*dat*) evade, (*meiden*) avoid; ***sich j-s Blicken ~*** disappear (from s.o.'s view); → ***Kenntnis.***
Entziehung *f* withdrawal (*a.* ⚕), *von Rechten etc*: deprivation, (*e-r Lizenz etc*) revocation, *zeitweilige*: suspension.
Entziehungs|anstalt *f* drying-out cent/re (*Am.* -er). **~kur** *f* withdrawal treatment.
entziffern *v/t* decipher, (*Handschrift*) *a.* make out, (*entschlüsseln*) decode.
Entzifferung *f* deciphering, decoding.
entzücken *v/t* charm, delight.
Entzücken *n* (***vor ~*** with) delight (***über*** *acc* at).
entzückend *adj* charming, delightful, lovely, F sweet.
entzückt *adj* delighted (***über*** *acc* at, ***von*** with).
Entzückung *f* **1.** delight. **2.** → ***Verzückung.***
Entzug *m* → ***Entziehung.***
Entzugserscheinung *f* ⚕ withdrawal symptom.
entzündbar *adj* inflammable.
entzünden I *v/t* **1.** light. II *v/reflex* ***sich ~*** **2.** catch fire (***an*** *dat* from). **3.** ⚗, *tech.* ignite. **4.** ⚕ become inflamed. **5.** *fig.* (***an*** *dat* by) *Leidenschaft etc*: be roused, *Streit*: be sparked off.
entzündet *adj* ⚕ inflamed, *Augen*: red.
entzündlich *adj* ⚕ inflammatory.
Entzündung *f* ⚕ inflammation.
entzündungshemmend *adj* ⚕ antiphlogistic.
Entzündungsherd *m* ⚕ focus of inflammation.
entzwei *adv* in two, in half, (*zerbrochen*) in pieces, broken.
entzweibrechen *v/t u. v/i* break in two.
entzweien I *v/t* divide: ***Freunde ~*** turn friends against each other. II *v/reflex* ***sich ~*** fall out (***mit*** with).
entzweigehen *v/i* break, go to pieces.
Entzweiung *f* split, rupture.
Enzephalitis *f* ⚕ encephalitis.
Enzian *m* **1.** ♣ gentian. **2.** (*Schnaps*) (yellow) gentian spirit.
Enzyklopädie *f* encyclop(a)edia.
enzyklopädisch *adj* encyclop(a)edic.
Enzym *n biol.* enzyme.
EP ***Europäisches Parlament*** European Parliament (EP).
EPA ***Europäisches Patentamt*** European Patent Organization (EPO)
Epidemie *f* epidemic. **epidemisch** *adj* epidemic(ally *adv*).
Epidemiologe *m*, **Epidemiologin** *f* epidemiologist.
Epidermis *f* ⚕ epidermis.
Epigone *m* epigone.
Epigramm *n* epigram.
Epik *f* **1.** epic poetry. **2.** narrative literature. **Epiker(in) 1.** epic poet. **2.** narrative author.
Epilepsie *f* ⚕ epilepsy. **Epileptiker(in), epileptisch** *adj* epileptic.
Epilog *m* epilog(ue *Br.*).
episch *adj* epic.
Episode *f a.* ♪ episode. **episodenhaft** *adj* episodic(ally *adv*).
Epoche *f* (***~ machen*** mark an) epoch; ***~ machend*** epoch-making.

Epos *n* epic (poem), epos.
er *pers pron* he, *von Dingen*: it: ~ ***ist es!*** it's him! **Er** *m* ***es ist ein*** ~ it's a he.
Erachten *n* ***m-s*** ~***s*** in my opinion.
erarbeiten *v/t* **1.** (*a.* ***sich*** ~) work (hard) for, acquire (*a. Wissen etc*). **2.** (*zs.-tragen*) compile, (*entwickeln*) develop.

E

Erb|adel *m* hereditary nobility. **~anlage** *f* genetic make-up, ⚕ hereditary disposition. **~anspruch** *m* hereditary title.
erbarmen I *v/t* ***j-n*** ~ move s.o. to pity. **II** *v/reflex* ***sich*** ~ (*gen*) take pity (on).
Erbarmen *n* pity, compassion: ***kein*** ~ ***kennen*** be merciless.
erbarmenswert *adj* pitiful.
erbärmlich I *adj* **1.** *allg.* pitiful, (*elend*) *a.* miserable, wretched, (*gering*) *a.* paltry. **2.** (*gemein*) mean. **3.** F terrible, awful. **II** *adv* **4.** pitifully (*etc*). **5.** F(*äußerst*) awfully: ~ ***wenig*** precious little.
erbarmungslos *adj* merciless.
erbauen I *v/t* **1.** build, erect. **2.** *fig.* edify: F ***er ist nicht besonders erbaut davon*** he's not exactly enthusiastic about it. **II** *v/reflex* **3.** ***sich*** ~ (***an*** *dat* by) be delighted, be uplifted.
Erbauer(in) builder, (*Gründer*) founder.
erbaulich *adj* edifying (*a. iro.*), *eccl. Schrift*: devotional.
Erbauung *f* **1.** building, construction, erection. **2.** *fig.* edification.
Erbe[1] *m* heir, successor (*beide*: ***j-s*** of *od.* to s.o., *a. fig.*): ~ ***e-s Vermögens*** heir (*od.* successor) to an estate; ***j-n zum ~n einsetzen*** make s.o. one's heir.
Erbe[2] *n* inheritance, *fig.* heritage.
erbeben *v/i* (***vor*** *dat* with, ***bei*** at) shake, tremble.
erben *v/t* inherit (*a. fig.*), (*Geld*) *a.* come into.
Erbengemeinschaft *f* ⚖ community of heirs.
erbetteln *v/t* (***sich***) ***et.*** ~ get s.th. by begging, *b.s.* scrounge s.th. (***von*** off).
erbeuten *v/t mil.* capture, take.
Erb|faktor *m* gene. **~fehler** *m* hereditary defect. **~feind(in)** sworn enemy. **~folge** *f* ⚖ (***gesetzliche*** ~ intestate) succession. **~gut** *n biol.* genotype.
erbgutschädigend *adj* genetically damaging.
Erbin *f* heiress.
erbitten *v/t* (***sich***) ***et.*** ~ ask for s.th.
erbittern *v/t* anger. **erbittert** *adj* **1.** *Gegner, Kampf etc*: fierce. **2.** (***über*** *acc*) embittered (at, by), resentful (against).
Erbitterung *f* bitterness, (*Zorn*) anger.
Erbkrankheit *f* hereditary disease.
erblassen *v/i* go pale, turn pale.
Erb|lasser(in) ⚖ *the* deceased, *testamentarisch*: testator (testatrix). **~last** *f fig.* (evil) legacy.
erbleichen → ***erblassen.***
erblich *adj* hereditary, *Titel etc*: inheritable: *adv* ~ ***belastet sein*** ⚕ be subject to a(n) hereditary taint.
erblicken *v/t* see, catch sight of.
erblinden *v/i* go blind. **Erblindung** *f* going blind, loss of (one's) sight.
erblühen *v/i* blossom (*a. fig.* ***zu*** into).
Erb|masse *f* **1.** ⚖ estate. **2.** *biol.* genetic make-up. **~onkel** *m* rich uncle.
erbost *adj* furious.
erbrechen I *v/t* **1.** break open, (*Tür*) force, (*Brief*) open. **2.** ⚕ vomit, bring up. **II** *v/i u. v/reflex* ***sich*** ~ **3.** ⚕ vomit, be sick.
Erbrechen *n* ⚕ vomiting: *fig.* ***bis zum*** ~ ad nauseam.
Erbrecht *n* **1.** law of succession. **2.** (*Anspruch*) hereditary title.
erbringen *v/t* produce.
Erbschaft *f* inheritance: ***e-e*** ~ ***machen*** inherit; ***e-e*** ~ ***antreten*** succeed to an estate.
Erbschaftssteuer *f* inheritance tax.
Erb|schein *m* certificate of heirship. **~schleicher(in)** *contp.* legacy-hunter.
Erbse *f* pea.
Erbsen|suppe *f* pea soup. **~zählerei** *f fig.* F nit-picking,
Erb|stück *n* heirloom. **~sünde** *f eccl.* original sin. **~tante** *f* rich aunt.
Erbteil *n* share of the inheritance.
Erd|achse *f* earth's axis. **~anziehungskraft** *f* gravity. **~apfel** *m österr.* potato. **~arbeiten** *pl* excavations *pl.* **~atmosphäre** *f* (earth's) atmosphere. **~bahn** *f* earth's orbit. **~ball** *m* globe, *weitS.* earth.
Erdbeben *n* earthquake. **~gebiet** *n* **1.** earthquake area. **2.** area hit by an earthquake. **~herd** *m* seismic focus.
Erd|beere *f* strawberry. **~bevölkerung** *f* population of the earth. **~boden** *m* ground, earth: ***et. dem*** ~ ***gleichmachen*** raze s.th. to the ground; ***vom*** ~ ***verschwinden*** vanish; *fig.* ***es*** (***er***) ***war wie vom*** ~ ***verschluckt*** it (he) had vanished (into thin air).
Erde *f* **1.** earth, soil, (*Boden*) ground: ***über der*** ~ above ground. **2.** (*Erdball*) (planet) earth: ***auf ~n*** on earth; ***auf der ganzen*** ~ all over the world. **3.** ⚡ (*a.* ***an*** ~ ***legen***) earth, *Am.* ground.
erden *v/t* ⚡ earth, *Am.* ground.
erdenken *v/t* think up, (*erfinden*) invent: ***erdacht*** imaginary.
erdenklich *adj* imaginable, conceivable: ***sich alle ~e Mühe geben*** do one's utmost.
Erdgas *n* natural gas.
Erdgeschichte *f* history of the earth.

Erdgeschoss, ~geschoß *österr. n* ground (*Am.* first) floor.
erdichten *v/t* make up.
erdichtet *adj* made-up.
erdig *adj* earthy.
Erd|innere *n* interior of the earth. **~kabel** *n* underground cable. **~karte** *f* map of the world. **~kruste** *f* crust of the earth. **~kugel** *f* globe, *weitS.* earth.
Erdkunde *f* geography.
erdkundlich *adj* geographic(al).
Erdleitung *f* **1.** ⚡ earth (*Am.* ground) wire. **2.** *tech.* underground pipe(line).
Erdnuss(butter) *f* peanut (butter).
Erdoberfläche *f* surface of the earth.
Erdöl *n* (mineral) oil, petroleum.
Erdölgesellschaft *f* oil company.
erdolchen *v/t* ***j-n*** ~ stab s.o. to death.
Erdreich *n* earth, soil.
erdreisten *v/reflex* ***sich*** ~ ***zu*** *inf* dare (*od.* have the cheek) to *inf.*
erdrosseln *v/t* strangle.
erdrücken *v/t* **1.** crush (to death). **2.** *fig.* overwhelm: ***von Arbeit erdrückt werden*** be swamped with work.
erdrückend *adj fig. Sorgen etc*: crushing, *Übermacht etc*: overwhelming, *Beweismaterial*: damning.
Erd|rutsch *m a. pol.* landslide. **~satellit** *m* earth satellite. **~schicht** *f* layer of the earth, stratum. **~stoß** *m* seismic shock.
Erdteil *m* continent.
erdulden *v/t* endure, suffer.
Erd|umdrehung *f* rotation of the earth. **~umfang** *m* circumference of the earth. **~umkreisung** *f* orbit around the earth. **~umlaufbahn** *f* earth orbit.
Erdung *f* ⚡ earth(ing), *Am.* ground(ing).
Erdwärme *f* geothermal energy.
ereifern *v/reflex* **sich** ~ get excited (**über** *acc* about).
ereignen *v/reflex* **sich** ~ happen, take place, occur. **Ereignis** *n* event, (*Vorfall*) incident, (*große Sache*) great event, sensation: ***freudiges*** ~ (*Geburt*) happy event. **ereignislos** *adj* uneventful. **ereignisreich** *adj* very eventful, (*aufregend*) exciting.
Erektion *f* erection.
Eremit *m* hermit.
ererbt *adj* inherited, *biol. a.* hereditary.
erfahren I *v/t* **1.** hear, be told, find out. **2.** (*erleben*) experience, (*erleiden*) suffer, (*empfangen*) get, receive. II *v/i* **3.** ~ ***von*** get to know about, hear about (*od.* that). III *adj* **4.** experienced, (*alt~*) seasoned, (*bewandert*) well versed (**in** *dat* in): ***er ist in diesen Dingen sehr*** ~ *a.* he's an old hand at that sort of thing.
Erfahrenheit *f* experience.
Erfahrung *f* experience (*nur sg = Kenntnis, Praxis*): ***technische*** ~ *a.* know-how; **aus** (***eigener***) ~ from experience; ***durch*** ~ ***klug werden*** learn the hard way; ***in*** ~ ***bringen*** learn, find out; ***die*** ~ ***machen, dass ...*** find that ...; ***wir haben bisher mit dem Wagen nur gute ~en gemacht*** we've had absolutely no trouble with the car so far; ***die*** ~ ***hat gezeigt, dass ...*** past experience has shown that ...
Erfahrungs|austausch *m* exchange of experience. **~bericht** *m* report.
erfahrungsgemäß *adv* as experience shows, we know from experience.
Erfahrungswerte *pl* experience figures.
erfassen *v/t* **1.** seize, grasp, take: ***er wurde vom Auto erfasst*** he was hit by the car; *fig.* ***Furcht erfasste sie*** she was seized with fear. **2.** (*begreifen*) grasp, understand: ***er hats erfasst!*** he's got it! **3.** (*registrieren*) register, record, (*einbeziehen*) include, cover: ***zahlenmäßig*** ~ count; ***steuerlich*** ~ tax. **4.** *Computer*: record, collect, enter data.
Erfassung *f* registration, *von Daten etc*: collection, data entry.
erfinden *v/t* invent, (*erdichten*) make *s.th.* up.
Erfinder(in) inventor.
Erfindergeist *m* inventiveness.
erfinderisch *adj* inventive, (*fantasievoll*) imaginative, (*findig*) resourceful: → ***Not*** 2.
Erfindung *f* invention (*a. fig.*), (*Idee*) idea, *fig.* (*Lüge*) fabrication.
Erfindungsgabe *f* inventive talent, (*Fantasie*) imagination.
erfindungsreich *adj* inventive.
erflehen *v/t* implore.
Erfolg *m* success, (*Ergebnis*) result, outcome, (*Wirkung*) effect, (*Leistung*) achievement: ***guter*** ~ good result; ***er*** (**es**) ***war ein*** (***großer***) ~ he (it) was a (great) success; ~ ***haben*** succeed, be successful; ***k-n*** ~ ***haben*** be unsuccessful, fail; *ein Fest etc* ***zu e-m*** ~ ***gestalten*** make a success of it; ***mit dem*** ~, ***dass ...*** with the result that ...
erfolgen *v/i* **1.** follow. **2.** (*sich ereignen*) take place, happen, *Zahlung*: be made.
erfolglos *adj* unsuccessful, (*fruchtlos*) fruitless.
Erfolglosigkeit *f* failure, fruitlessness.
erfolgreich *adj* successful.
Erfolgs|aussichten *pl* chances *pl* of success. **~autor(in)** best-selling author. **~beteiligung** *f econ.* profit-sharing. **~chance** *f* chance (of success). **~erlebnis** *n* **1.** success experience. **2.** → **~gefühl** *n* sense of achievement. **~honorar** *n* contingent fee. **~konzept** *n* recipe for success. **~kurs** *m* ***auf*** ~ on the road to success (*od.* victory).

~mensch *m* go-getter. **~quote** *f* success rate. **~roman** *m* best-selling novel. **~typ** *m* born winner, achiever. **~zwang** *m* ***unter ~ stehen*** be under pressure to succeed (*od.* do well).

erfolgversprechend *adj* promising.

erforderlich *adj* necessary, required: ***unbedingt ~*** essential.

erfordern *v/t* require, call for, (*Zeit, Mut etc*) *a.* take.

Erfordernis *n* requirement, demand, (*Voraussetzung*) prerequisite.

erforschen *v/t* investigate, study, research, (*Land*) explore: ***sein Gewissen ~*** search one's conscience.

Erforscher(in) explorer.

Erforschung *f* (*gen*) investigation (of, into), research (into), exploration (of).

erfragen *v/t* ask (for), inquire (about).

erfreuen I *v/t* please. II *v/reflex* ***sich ~ an*** (*dat*), ***sich ~*** (*gen*) enjoy.

erfreulich *adj* pleasant, pleasing, *Nachricht etc*: welcome, (*befriedigend*) gratifying, (*ermutigend*) encouraging.

erfreulicherweise *adv* fortunately.

erfrieren I *v/i* freeze to death, *Pflanzen*: be killed by frost: ***ihm sind zwei Finger erfroren*** he lost two fingers through frostbite. II *v/t* ***sich die Ohren erfroren haben*** have frostbitten ears.

Erfrierung *f* ⚕ frostbite.

erfrischen *v/t* refresh (***sich*** o.s.), revive.

erfrischend *adj* (*a. fig.*) refreshing.

Erfrischung *f* refreshment.

Erfrischungs|getränk *n* **1.** soft drink. **2.** cool drink. **~raum** *m* refreshment room. **~tuch** *n* towelette.

erfüllen I *v/t* **1.** *a. fig.* fill (***mit*** with): ***ein erfülltes Leben*** a full life. **2.** (*Aufgabe, Pflicht, Vertrag etc*) fulfil(l), (*Wunsch*) *a.* grant, (*Bedingung, Erwartungen etc*) meet, (*Versprechen*) keep, (*Zweck*) serve. **3.** ***s-e Arbeit erfüllt ihn*** he finds his work very satisfying. II *v/reflex* ***sich ~*** **4.** come true.

Erfüllung *f* fulfil(l)ment: ***in ~ gehen*** come true.

Erfüllungsort *m econ.* place of fulfil(l)ment, place of performance.

erfunden *adj* imaginary, *contp.* fictitious, (all) made up.

ergänzen *v/t* **1.** complement (***sich*** *od.* ***einander*** one another). **2.** (*vervollständigen*) complete, (*hinzufügen*) supplement, add: ***et. laufend ~*** keep s.th. up to date. **3.** (*Vorräte etc*) replenish.

ergänzend I *adj* complementary, (*nachträglich*) supplementary, (*zusätzlich*) additional. II *adv* in addition.

Ergänzung *f* **1.** completion, (*Nachtragung*) supplementation, (*Hinzufügung*) addition. **2.** (*das Ergänzte*) complement (*a. ling.*, ⚔), supplement, addition, *zu e-m Gesetz*: amendment.

Ergänzungs|abgabe *f* supplemental income tax. **~band** *m* supplement. **~lieferung** *f* supplement.

ergattern *v/t* F (manage to) get hold of.

ergeben I *v/t* **1.** result in, (*betragen*) come to, (*abwerfen*) yield. **2.** (*zeigen*) show, prove. II *v/reflex* ***sich ~*** **3.** (*dat* to) surrender, capitulate: *fig.* ***sich dem Trunk ~*** take to drink(ing). **4.** *Schwierigkeiten etc*: arise, *Diskussion etc*: ensue: ***sich ~ aus*** result (*od.* arise) from; ***daraus ergibt sich, dass ...*** it follows that ...; ***es hat sich so ~*** it just happened that way. **5.** ***sich ~ in*** (*acc*) resign o.s. to. III *adj* **6.** (*dat* to) loyal, devoted, (*schicksals~*) resigned.

Ergebenheit *f* devotion, loyalty.

Ergebnis *n allg.* result, outcome, *e-r Untersuchung*: *a.* findings *pl*, *Sport*: (*Punktzahl*) *a.* score.

ergebnislos *adj* without result: ***~ bleiben*** (*od.* ***verlaufen***) come to nothing.

ergehen I *v/i* **1.** (**an** *acc* to) *Befehl etc*: be issued, *Einladung etc*: be sent, *Berufung, Ruf*: be offered. **2.** ⚖ *Gesetz*: come out, *Urteil, Beschluss*: be passed. **3.** ***et. über sich ~ lassen*** endure s.th. II *v/reflex* ***sich ~*** **4.** ***über*** *ein Thema etc* hold forth on. **5.** ***in*** *Vermutungen etc* indulge in. III *v/impers* **6.** ***es ist ihm schlecht ergangen*** he had a bad time of it; ***wie ist es dir ergangen?*** how did you fare?; ***mir ist es genauso ergangen*** it was the same with me.

ergiebig *adj* **1.** *allg.* productive (*a. fig. Gespräch etc*), *Vorkommen etc*: rich, *Geschäft*: lucrative, *fig. Thema etc*: fruitful. **2.** (*sparsam*) economical.

ergießen *v/reflex* ***sich ~ in*** (***auf, über***) (*acc*) pour into (on to, over).

erglühen *v/i* glow (***vor*** *dat* with).

Ergonom *m* ergonomist.

Ergonomie *f* ergonomics *pl* (*sg konstr.*), human engineering.

ergonomisch *adj* ergonomic.

ergötzen *v/reflex* ***sich ~ an*** (*dat*) be amused by, *schadenfroh*: gloat over.

ergrauen *v/i* turn grey (*Am.* gray).

ergreifen *v/t* **1.** seize, (*Dieb etc*) *a.* arrest. **2.** (*Maßnahmen etc*) take: → ***Besitz*** 1, ***Flucht***[1], ***Wort*** 1. **3.** *fig.* overcome, seize, (*bewegen*) move: ***Angst ergriff sie*** she was seized with fear.

ergreifend *adj fig.* moving.

Ergreifung *f* **1.** seizure, *e-s Diebs etc*: *a.* apprehension. **2.** *von Maßnahmen etc*: taking.

ergriffen *adj fig.* (***tief ~*** deeply) moved.

Ergriffenheit *f* emotion.
ergründen *v/t* get to the bottom of, (*Ursache etc*) find out.
Erguss *m* **1.** ⚕ (*Samenerguss*) emission, (*Bluterguss*) effusion (of blood). **2.** *fig.* effusion, *a. iro.* outpouring.
Ergussgestein *n geol.* effusive rock.
erhaben *adj* **1.** *tech.* raised, embossed. **2.** *fig.* lofty, sublime, grand. **3.** *fig.* ~ **über** (*acc*) above; **über jeden Tadel** (**alles Lob**) ~ beyond reproach (all praise).
Erhabenheit *f fig.* grandeur, loftiness.
erhalten I *v/t* **1.** get, receive, (*erlangen*) obtain: **e-n Preis** ~ be awarded (*od.* given) a prize. **2.** (*bewahren*) keep, maintain, (*Frieden, Freiheit etc*) *a.* preserve: **j-n am Leben** ~ keep s.o. alive; **das erhält** (**e-n**) **jung** that keeps you young; **j-m das Augenlicht** ~ save s.o.'s eyesight. **3.** (*ernähren*) keep, support. II *v/reflex* **sich** ~ **4.** survive. **5. sich** ~ **von** subsist on. III *adj* **6. gut** ~ **sein** be in good condition; ~ **bleiben** survive; **noch** ~ **sein** remain, be left.
erhältlich *adj* obtainable, available: **schwer** ~ hard to get hold of.
Erhaltung *f* (*Bewahrung*) preservation, (*a. Versorgung*) maintenance, upkeep.
erhängen *v/t* hang (**sich** o.s.).
erhärten *v/t fig.* corroborate, confirm.
erhaschen *v/t* catch.
erheben I *v/t* **1.** *allg.* raise (*a. fig. Stimme, Bedenken etc*), lift (up): **j-n in den Adelsstand** ~ raise s.o. to the peerage; → **Anklage, Anspruch**. **2.** (*Zölle, Steuern*) levy, impose, (*Gebühr*) charge. II *v/reflex* **sich** ~ **3.** *Person*: rise (to one's feet), get up. **4.** *Berg, Haus etc*: rise (**über** *dat* above). **5.** *Wind, fig. Bedenken, Geschrei etc*: arise. **6.** *Volk*: rise (in arms), revolt.
erhebend *adj fig.* edifying.
erheblich I *adj* considerable, (*wichtig*) important. II *adv* considerably: ~ **besser** much better.
Erhebung *f* **1.** (*Bodenerhebung*) rise (in the ground), elevation. **2.** elevation (**in den Adelsstand** to a peerage). **3.** *von Zoll, Steuern*: levy, imposition, *von Gebühren*: charge. **4.** *statistische*: survey: **~en anstellen** (**über** *acc*) make investigations (about), investigate (into). **5.** (*Revolte*) uprising, revolt.
erheitern *v/t* amuse.
Erheiterung *f* amusement.
erhellen I *v/t* **1.** light up, illuminate. **2.** *fig.* shed light (up)on. II *v/reflex* **sich** ~ **3.** brighten.
erhitzen I *v/t* heat (up): *fig.* **die Gemüter** ~ make feelings run high. II *v/reflex* **sich** ~ get hot, *fig.* get heated (*Person*: excited).
erhitzt *adj* **1.** hot, *Person*: *a.* flushed. **2.** *fig. Debatte etc*: heated.
erhoffen *v/t* (*a.* **sich** ~) hope for.
erhofft *adj* hoped-for.
erhöhen I *v/t allg.* raise (*a. fig.* **auf** *acc* to, **um** by), *fig.* (*steigern*) *a.* increase, (*verstärken*) intensify, (*Wirkung, Eindruck etc*) enhance, heighten. II *v/reflex* **sich** ~ increase, *Preis etc*: rise, go up.
Erhöhung *f* **1.** (*Anhöhe*) elevation, (*Hügel*) hill. **2.** *fig.* raising, (*Steigerung, Zunahme*) (*gen* in) increase, rise, (*Verstärkung*) intensification, heightening. **3.** (*Lohn-, Gehaltserhöhung*) rise, *Am.* raise, (*Preiserhöhung*) increase.
erholen *v/reflex* **sich** ~ recover (**von** from, *a. fig. Kurse, Preise*), (*sich ausruhen*) take a rest, relax: **du siehst sehr erholt aus** you look very rested (*od.* fit).
erholsam *adj* restful, relaxing.
Erholung *f* **1.** recovery (**von** from, *a. fig. u. econ.*), (*Entspannung*) rest, relaxation. **2.** (*Ferien*) holiday, *Am.* vacation.
Erholungsaufenthalt *m* holiday, *Am.* vacation.
erholungsbedürftig *adj* in need of a rest (*od.* holiday).
Erholungs|gebiet *n* recreation area. **~heim** *n* rest home. **~ort** *m* (health *od.* holiday) resort. **~pause** *f* rest, breather. **~reise** *f* holiday (*Am.* vacation) trip. **~urlaub** *m* holiday, *Am.* vacation, *mil.* convalescent leave. **~wert** *m* recreational value. **~zentrum** *n* recreation park.
erhören *v/t* hear, answer.
erigieren *v/i physiol.* become erect.
Erika *f* ⚘ heather.
erinnern I *v/t* **j-n** ~ remind s.o. (**an** *acc* of); **j-n daran** ~, **dass ...** remind s.o. that ... II *v/reflex* **sich** (**an j-n** *od.* **et.**) ~ remember (*od.* recall) (s.o. *od.* s.th.); **wenn ich mich recht erinnere** if I remember rightly; **soviel ich mich** ~ **kann** as far as I remember. III *v/i* ~ **an** (*acc*) remind one of, *fig. a.* be suggestive of.
Erinnerung *f* memory, recollection, reminiscence (*alle*: **an** *acc* of), (*Andenken*) memento, souvenir, keepsake, (*Mahnung*) reminder: **~en** *pl* reminiscences *pl*, (*Memoiren*) *a.* memoirs *pl*; **zur** ~ **an** (*acc*) in memory of; **in guter** ~ **haben** have fond memories of.
Erinnerungs|brief *m* **1.** *Mahnung*: reminder. **2.** *nach 1. Brief*: follow-up letter. **~tafel** *f* memorial tablet. **~vermögen** *n* memory. **~wert** *m* sentimental value.
erkalten *v/i* **1.** get cold. **2.** *fig.* cool (off).
erkälten *v/reflex* **sich** ~ catch a cold; **er ist stark erkältet** he has a bad cold.

E

Erkältung *f* cold.
erkämpfen *v/t* gain (*od.* win) (after a hard struggle): ***sich et. hart ~ müssen*** have to struggle hard for s.th.
erkaufen *v/t* buy: ***et. teuer ~ müssen*** (have to) pay a high price for s.th.; ***j-s Schweigen ~*** bribe s.o. into silence.
erkennbar *adj* recognizable, (*wahrnehmbar*) discernible, to be seen.
erkennen I *v/t* **1.** recognize (**an** *dat* by), (*wahrnehmen*) make out, see, (*entdecken*) detect, F spot, (*identifizieren*) identify, ⚕ diagnose: ***~ an*** (*dat*) *a.* know by; ***~ lassen*** show, reveal; ***zu ~ geben*** indicate, give to understand; ***sich zu ~ geben*** disclose one's identity, *fig.* come out into the open; ⚖ ***j-n für schuldig ~*** find s.o. guilty. **2.** (*einsehen*) realize, see. **II** *v/i* **3.** ⚖ ***~ über*** (*acc*) decide on; ***~ auf*** (*acc*) pass a sentence of.
erkenntlich *adj* ***sich*** (***j-m***) ***~ zeigen*** show (s.o.) one's gratitude.
Erkenntnis *f* knowledge, *philos. a.* cognition, (*Einsicht*) realization, (*Gedanke*) idea, (*Entdeckung*) discovery: ***neueste ~se*** *the* latest findings; ***zu der ~ gelangen, dass*** (come to) realize that.
Erkenntnisstand *m* ***nach dem neuesten ~*** according to the latest findings.
Erkennung *f* recognition, identification.
Erkennungs|dienst *m* criminal identification department. **~marke** *f* identity disc, *Am.* identification tag. **~melodie** *f* signature tune. **~wort** *n* password. **~zeichen** *n* **1.** sign to be recognized by. **2.** ✈ identification sign.
Erker *m* △ oriel. **~fenster** *n* bay window.
erklärbar *adj* explainable.
erklären I *v/t* **1.** explain (***j-m et.*** s.th. to s.o.): ***kannst du mir ~, warum?*** can you tell me why?; ***ich kann es mir nicht ~*** I don't understand it. **2.** (*deuten*) interpret, (*veranschaulichen*) illustrate: ***et. an e-m Beispiel ~*** illustrate s.th. by an example. **3.** (*kundtun*) declare, express, announce: ***j-n für gesund ~*** pronounce s.o. healthy; ⚖ ***er wurde für tot erklärt*** he was declared dead; → ***Einverständnis*** 1, ***Rücktritt*** 1. **II** *v/reflex* ***sich ~*** **4.** explain o.s., declare o.s. (*a. durch Heiratsantrag*), *Sache*: be explained: ***sich ~ für*** (***gegen***) declare for (against); ***sich einverstanden ~*** consent (***mit*** to); ***sich solidarisch ~*** declare one's solidarity (***mit*** with).
erklärend *adj* explanatory.
erklärlich *adj* explainable, (*verständlich*) understandable.
erklärt *adj Gegner etc*: declared.
Erklärung *f* **1.** (***zur ~*** by way of) explanation (***für*** of). **2.** *a. pol.* declaration, statement: ***e-e ~ abgeben*** make a statement.
erklettern, erklimmen *v/t* climb (up), (*Gipfel*) climb up to.
erklingen *v/i* be heard, sound, ring out.
erkranken *v/i* fall ill (*od.* sick) (**an** *dat* with), *Organ*: be diseased: ***~ an*** (*dat*) *a.* get, come down with; ***erkrankt sein an*** (*dat*) *a.* have.
Erkrankung *f* illness, sickness, *e-s Organs*: disease.
erkunden *v/t* explore, *mil.* reconnoit/re (*Am.* -er), (*feststellen*) find out.
erkundigen *v/reflex* ***sich ~*** (***über*** *acc* about) ask, inquire, make inquiries; ***sich nach dem Weg ~*** ask the way; ***sich nach j-m*** (*od.* ***j-s Befinden***) ***~*** inquire after s.o.
Erkundigung *f* inquiry: ***~en einziehen*** make inquiries (***über*** *acc* about).
Erkundung *f mil.* reconnaissance.
erlahmen *v/i* **1.** grow weary, tire. **2.** *fig. Eifer, Interesse etc*: flag, wane.
erlangen *v/t* get, obtain, (*erreichen*) attain, reach, (*gewinnen*) gain, acquire.
Erlass *m* **1.** (*gen*) *e-r Schuld etc*: release (from), *e-r Strafe etc*: remission (of). **2.** a) issuing, *e-s Gesetzes*: enactment, b) (*Verordnung*) decree.
erlassen *v/t* **1.** (*Verordnung*) issue, publish, (*Gesetz*) enact. **2.** (*Strafe etc*) remit, (*Gebühren*) waive: ***j-m*** *e-e Schuld, Verpflichtung etc* ***~*** release s.o. from.
erlauben *v/t* allow, permit (***j-m et.*** s.o. to do s.th.): ***j-m ~, et. zu tun*** *a.* give s.o. permission to do s.th.; ***sich ~ zu*** *inf* take the liberty of *ger*, *b.s. a.* dare (to) *inf*; ***sich et. ~*** (*gönnen*) treat o.s. to s.th.; ***~ Sie***(***, dass ich rauche***)***?*** may I (smoke)?; ***wenn Sie ~*** if you don't mind; ***~ Sie mal!, was ~ Sie sich?*** who do you think you are?; ***er kann sich das ~*** *weitS.* he can get away with it.
Erlaubnis *f* permission: ***j-n um ~ bitten*** ask s.o.'s (*od.* s.o. for) permission (***et. zu tun*** to do s.th.); ***die ~ erhalten zu*** *inf* be given permission to *inf.*
erläutern *v/t* explain, comment (up)on: ***durch Beispiele ~*** illustrate.
erläuternd *adj* explanatory, illustrative.
Erläuterung *f* (***zur ~*** by way of) explanation, illustration, (*Anmerkung*) note.
Erle *f* ♣ alder.
erleben *v/t* experience, (*Abenteuer, schöne Tage etc*) have, (*bsd. Schlimmes*) *a.* go through, (*noch mit~*) live to see, (*mit ansehen*) see: ***ich habe*** (***es***) ***selbst erlebt, was es heißt, arm zu sein*** I know from experience what it means to be poor; ***ich habe es oft erlebt***(***, dass ...***) I've often seen it happen (that ...); ***wir werden es ja ~!*** we'll see!
Erlebensfall *m* ***Versicherung auf den ~*** endowment policy.

Erlebnis *n* experience, (*Ereignis*) event, (*Abenteuer*) adventure.
erlebnisreich *adj* eventful.
erledigen I *v/t* **1.** (*beenden*) finish (off), (*sich kümmern um*) deal with, take care of, (*Problem, Geschäft etc*) settle, (*Auftrag*) carry out: ***würden Sie das für mich ~?*** would you do that for me? **2.** (*abtun*) dismiss. **3.** F ***j-n ~*** *allg.* finish s.o. (*a. Sport*), (*umbringen*) *a.* do s.o. in. **II** *v/reflex* **4.** ***sich selbst ~*** take care of itself, F sort itself out.
erledigt *adj* **1.** settled, finished: ***das wäre ~!*** that's that!; ***das ist für mich ~*** the matter's closed as far as I'm concerned. **2.** F *fig. Person*: finished, done for, (*erschöpft*) *a.* whacked: ***der ist ~!*** he's done for!; ***du bist für mich ~!*** I'm through with you!
Erledigung *f* **1.** settlement: ***zur umgehenden ~*** for immediate attention. **2.** *pl* errands *pl*, (*Einkäufe*) shopping *sg*.
erlegen *v/t hunt.* shoot, kill.
erleichtern *v/t* (*Aufgabe etc*) make *s.th.* easier, facilitate, (*Bürde*) lighten, (*Not, Schmerz etc*) relieve, (*a. Gewissen*) ease: ***sich das Herz ~*** unburden one's heart; ***das erleichterte mich sehr*** that was a great relief to me; F *fig.* ***j-n um*** *s-e Brieftasche etc* ***~*** relieve s.o. of.
erleichtert *adj* relieved: ***ich war ~, als ...*** it was a relief to me when ...
Erleichterung *f* **1.** lightening, facilitation, easing. **2.** relief (***über*** *acc* at): ***zu m-r (großen) ~*** (much) to my relief. **3.** *pl econ., pol.* relief *sg*, facilities *pl*.
erleiden *v/t* suffer, go through, (*Verletzungen, Verlust*) sustain: ***den Tod ~*** die.
erlernbar *adj* learnable.
erlernen *v/t* learn.
erlesen *adj* select, choice, exquisite.
erleuchten *v/t* **1.** light (up), illuminate. **2.** *fig.* enlighten.
Erleuchtung *f* **1.** illumination. **2.** *fig.* enlightenment, (*Einfall*) idea, inspiration.
erliegen *v/i* (*dat*) (*e-r Versuchung etc*) succumb (to), (*e-m Irrtum etc*) be the victim (of).
Erliegen *n* ***zum ~ kommen*** break down; ***et. zum ~ bringen*** bring s.th. to a standstill.
erlogen *adj* made(-)up: ***das ist ~*** that's a lie.
Erlös *m* proceeds *pl*.
erloschen *adj* **1.** extinct (*a. Familie, Vulkan etc*). **2.** *fig. Blick, Gefühl etc*: dead.
erlöschen I *v/i* go out, *a. fig. Leben*: be extinguished, *Vertrag etc*: expire.
Erlöschen *n* extinction, (*Ablauf*) expiry.
erlösen *v/t* (***von*** from) release, free, (*retten*) rescue: ***j-n ~*** *iro.* put s.o. out of his (her) misery, *eccl.* save (*od.* redeem) s.o.; ***er ist erlöst*** (*tot*) his sufferings are over.
erlösend *adj fig.* ***das ~e Wort sprechen*** break the tension; ***ein ~es Gefühl*** a great relief.
Erlösung *f* **1.** *aus Gefangenschaft etc*: release. **2.** *eccl.* salvation. **3.** (*Erleichterung*) relief.
ermächtigen *v/t* authorize (***j-n zu et.*** s.o. to do s.th.). **Ermächtigung** *f* authorization, (*Befugnis*) authority.
ermahnen *v/t* admonish (***j-n zur Vorsicht*** *etc* s.o. to be careful *etc*), (*warnen*) caution, warn (*a. Sport*).
Ermahnung *f* admonition, (*Warnung*) warning, *bsd. Sport*: (first) caution.
Ermangelung: ***in ~*** (*gen*) for want of.
ermäßigen I *v/t* reduce, cut: ***zu ermäßigten Preisen*** at reduced prices. **II** *v/reflex* ***sich ~*** be reduced (***auf*** *acc* to).
Ermäßigung *f* reduction.
ermatten → ***erlahmen*** 1. **ermattet** *adj* tired, exhausted, worn out, *geistig*: weary. **Ermattung** *f* fatigue.
ermessen *v/t* (*abschätzen*) estimate, assess, (*beurteilen*) judge, (*begreifen*) appreciate, realize.
Ermessen *n* judg(e)ment, discretion: ***ich stelle es in Ihr ~*** I leave it to you(r discretion); ***das liegt ganz in Ihrem ~*** *a.* it's entirely up to you.
Ermessensfrage *f* matter of opinion.
Ermessensspielraum *m* latitude.
ermitteln I *v/t* find out, establish, (*Ort etc*) locate, (*bestimmen*) determine. **II** *v/i polizeilich*: investigate, carry out investigations (***gegen*** concerning).
Ermittler(in) investigator.
Ermittlung *f* **1.** finding out *s.th.*, (*Bestimmung*) determination. **2.** ⚖ investigation, inquiry: ***~en anstellen*** a) make inquiries (***über*** *acc* about), b) → ***ermitteln*** II. **3.** *pl* (*Feststellungen*) findings *pl*.
Ermittlungs|ausschuss *m* fact-finding committee. **~beamte** *m*, **~beamtin** *f* investigating officer. **~verfahren** *n* ⚖ preliminary proceedings *pl*.
ermöglichen *v/t* make *s.th.* possible, (*gestatten*) allow: ***j-m ~, et. zu tun*** make it possible for (*od.* enable) s.o. to do s.th.; ***et. ~*** *a.* enable s.th. to be done.
ermorden *v/t* murder.
Ermordete *m, f* (murder) victim.
Ermordung *f* murder, (*Attentat*) assassination.
ermüden *v/t u. v/i* tire. **ermüdend** *adj* tiring. **ermüdet** *adj* tired.
Ermüdung *f* tiredness, *a. tech.* fatigue. **Ermüdungserscheinung** *f a. tech.* sign of fatigue.
ermuntern *v/t* (*ermutigen*) encourage (***zu***

E

et., et. zu tun to do s.th.), (*anregen*) stimulate. **ermunternd** *adj* encouraging.
Ermunterung *f* encouragement.
ermutigen *v/t* encourage (***zu et., et. zu tun*** to do s.th.). **ermutigend** *adj* encouraging, reassuring.
Ermutigung *f* (***zur ~*** as an) encouragement.
ernähren I *v/t* feed, nourish, (*unterhalten*) support: ***schlecht ernährt*** malnourished. II *v/reflex* ***sich ~*** (***von***) live (on), *fig.* make a living (by).
Ernährer(in) supporter, breadwinner.
Ernährung *f* **1.** feeding, (*Nahrung*) food, ⚕ nutrition: ***schlechte ~*** malnutrition. **2.** (*Unterhalt*) support.
Ernährungs|weise *f* eating habits *pl.* **~wissenschaft** *f* dietetics *sg.* **~wissenschaftler(in)** dietician.
ernennen *v/t* appoint (***j-n zu et.*** s.o. s.th.).
Ernennung *f* appointment (***zum*** as *od.* to the post of).
erneuern I *v/t allg.* (*Angebot*, *Vertrag*, *a. tech.*) renew, (*auswechseln*) *a.* replace, *fig.* (*wieder aufleben lassen*) *a.* revive. II *v/reflex* ***sich ~*** be renewed, revive.
Erneuerung *f allg.* renewal, *tech. a.* replacement, *fig. a.* revival.
erneut I *adj* renewed, new, (*wiederholt*) repeated, *Versuch*: *a.* fresh. II *adv* again, once more.
erniedrigen I *v/t* **1.** degrade, (*demütigen*) humiliate. **2.** → ***herabsetzen*** 2. II *v/reflex* ***sich ~*** **3.** degrade o.s.: ***sich*** (***so weit***) ***~, et. zu tun*** lower o.s. to do s.th. **erniedrigend** *adj* degrading, humiliating. **Erniedrigung** *f* degradation, (*Demütigung*) humiliation.
ernst I *adj allg.* serious, (*~haft*) *a.* earnest, (*bedrohlich*) *a.* grave, (*feierlich*) solemn, grave, (*streng*) *a.* severe, (*wichtig*) *a.* grave, weighty: ***~e Musik*** serious music; ***~ gemeint*** serious, sincere; ***~ zu nehmend*** serious. II *adv* seriously (*etc*), in earnest: ***ich meine es ~*** I'm serious about it, I mean it; ***j-n*** (***et.***) ***~ nehmen*** take s.o. (s.th.) seriously; ***das war nicht ~ gemeint!*** I (*etc*) didn't mean it!
Ernst *m allg.* seriousness, (*Ernsthaftigkeit*) *a.* earnestness, (*Bedrohlichkeit*) *a.* gravity, (*Strenge*) *a.* severity: ***allen ~es*** in all seriousness; ***~ machen mit*** go ahead with; ***ich meine es im ~, es ist mein voller ~*** I'm dead serious; ***ist das dein ~?*** are you serious?
Ernstfall *m* emergency: ***im ~*** a) in case of emergency, b) if things come to the worst, c) *mil.* in the event of a war.
ernsthaft *adj* serious: ***sich ~e Sorgen machen um*** be seriously worried about.
Ernsthaftigkeit *f* seriousness.
ernstlich I *adj* serious. II *adv* ***~ krank*** seriously ill; ***~ böse*** really angry.
Ernte *f* harvest (*a. fig.*), (*Ertrag*) crop.
Ernteausfall *m* crop failure.
Erntedankfest *n* harvest festival.
ernten *v/t u. v/i* harvest, reap (*a. fig.*).
Ernteschäden *pl* crop damage *sg.*
Erntezeit *f* harvest time.
ernüchtern *v/t* sober: *fig.* ***j-n ~*** *a.* bring s.o. down to earth again.
Ernüchterung *f* **1.** sobering-up. **2.** *fig.* disillusionment.
Eroberer(in) conqueror. **erobern** *v/t a. fig.* conquer: → ***Sturm*** 2. **Eroberung** *f* (*fig.* ***e-e ~ machen*** make a) conquest.
eröffnen I *v/t* **1.** *allg.* open, *feierlich*: inaugurate: *mil.* ***das Feuer ~*** open fire. **2.** *fig.* (*Aussichten etc*) open (up), offer. **3.** ***j-m et. ~*** disclose s.th. to s.o., inform s.o. of s.th. **4.** ***das Konkursverfahren ~*** institute bankruptcy proceedings. II *v/i* **5.** open (*a. Schach*). III *v/reflex* ***sich ~*** **6.** *Möglichkeit etc*: present itself.
Eröffnung *f* **1.** opening (*a. Schach*), inauguration. **2.** (*Mitteilung*) disclosure. **3.** ***~ e-s Konkursverfahrens:*** institution of bankruptcy proceedings.
Eröffnungs|ansprache *f* inaugural address. **~beschluss** *m* ⚖ order to proceed, *Konkursverfahren*: bankruptcy order. **~bilanz** *f* opening balance. **~feier** *f* opening ceremony. **~kurs** *m econ.* opening quotation.
erogen *adj* erogenous.
erörtern *v/t* discuss.
Erörterung *f* discussion (*gen* of).
Erosion *f* erosion.
Erotik *f* eroticism.
erotisch *adj* erotic(ally *adv*).
erpicht *adj* ***~ sein auf*** (*acc*) be very (F dead) keen on; ***darauf ~ sein zu*** *inf* be bent on *ger.*
erpressbar *adj* open to blackmail.
erpressen *v/t* ***j-n ~*** blackmail s.o. (***et. zu tun*** into doing s.th.); ***et. ~*** extort s.th. (***von*** from).
Erpresser(in) blackmailer.
Erpresserbrief *m* blackmail letter.
Erpressung *f* blackmail. **Erpressungsversuch** *m* blackmail attempt.
erproben *v/t* try (out), test.
erprobt *adj* well-tried, (*erfahren*) experienced.
Erprobung *f* trial, test.
erquicken *v/t* refresh (***sich*** o.s.).
erquickend *adj* refreshing.
erquicklich *adj fig.* uplifting: *iro.* ***wenig ~*** not exactly edifying.
Erquickung *f* refreshment.
erraten *v/t* guess.

errechnen *v/t* work out, calculate: ***sich ~ aus*** be calculated from.

erregbar *adj* excitable, (*reizbar*) irritable. **Erregbarkeit** *f* excitability, (*Reizbarkeit*) irritability.

erregen I *v/t* **1.** *allg.* excite (*a.* ⚡), *sexuell*: *a.* arouse, (*reizen*) irritate, (*erzürnen*) infuriate. **2.** *fig.* (*verursachen*) produce, cause: ***j-s Zorn ~*** provoke s.o.'s anger; ***Bewunderung ~*** excite admiration; → ***Ärgernis, Aufsehen.*** **II** *v/reflex* ***sich ~*** **3.** (***über*** *acc* about) get excited, get all worked up, *zornig*: get angry.

erregend *adj* exciting.

Erreger *m* **1.** *a.* ⚡ exciter. **2.** ⚕ pathogen, (*Keim*) germ.

erregt *adj* excited (*a. sexuell*), *Debatte etc*: heated, *Zeiten*: turbulent.

Erregung *f* **1.** creation, excitation (*a.* ⚡), causing. **2.** excitement, *sexuelle*: *a.* (state of) arousal, (*Zorn*) anger.

erreichbar *adj* within reach, (*verfügbar*) available, *fig.* attainable: ***leicht ~*** within easy reach; ***zu Fuß*** (***mit dem Wagen***) ***leicht ~*** within easy walking (driving) distance; ***er ist nie ~*** you just can't get hold of him.

erreichen *v/t* **1.** (*Ort, Person, Sache*) reach, (*Bus, Zug etc*) catch, (*einholen*) catch up with: ***j-n telefonisch ~*** get s.o. on the phone; *fig.* ***ein hohes Alter ~*** live to an old age; ***leicht zu ~*** → ***erreichbar.*** **2.** *fig.* achieve, (*erlangen*) obtain, get: ***et. ~*** get somewhere; (***es***) ***~, dass ...*** succeed in *ger*; ***haben Sie*** (***bei ihm***) ***et. erreicht?*** did you get anywhere (with him)?

Erreichung *f* attainment: ***nach ~ der Altersgrenze*** on reaching the retirement age.

erretten *v/t* (***aus, von*** from) save, rescue.

Errettung *f* rescue.

errichten *v/t* **1.** build, erect, (*Statue, Gerüst etc*) put up. **2.** *fig.* (*gründen*) found, *bsd. econ.* set up.

Errichtung *f* **1.** building, erection. **2.** *fig.* foundation.

erringen *v/t* gain, (*Preis*) *a.* win, (*Erfolg*) *a.* achieve.

erröten *v/i* blush (***vor*** with, ***über*** *acc* at).

Errungenschaft *f* **1.** acquisition. **2.** *fig.* achievement, (*Großtat*) feat.

Ersatz *m* **1.** (*a.* **~mann**) substitute, *ständiger*: replacement(s *pl mil.*): ***als ~ für j-n*** to replace s.o.; ***das*** (***er***) ***ist kein ~ für ...*** that (he) can't replace ... **2.** *econ.*, ⚖ compensation, (*Entschädigung*) *a.* indemnification, (*Schadenersatz*) damages *pl*: ***als ~ für*** a) by way of compensation, b) in exchange (*od.* return) for.

Ersatz|anspruch *m* claim for compensation. **~bank** *f Sport*: substitutes' bench. **~batterie** *f* spare battery. **~befriedigung** *f psych.* compensation. **~dienst** *m* → ***Wehrersatzdienst.*** **~handlung** *f psych.* displacement activity, *bsd. weitS.* compensation. **~kasse** *f* health insurance society. **~leistung** *f* compensation, (*Schadenersatz*) damages *pl.* **~mann** *m* substitute (*a. Sport*), replacement (*a. mil.*). **~mine** *f* refill. **~mittel** *n* substitute, *bsd. contp.* ersatz. **~mutter** *f* mother- -substitute.

ersatzpflichtig *adj* liable for damages.

Ersatz|reifen *m* spare tyre (*Am.* tire). **~spieler(in)** *Sport*: substitute. **~teil** *m, n tech.* replacement part, *mitgeliefert*: spare (part). **~teillager** *n* spare parts store.

ersatzweise *adv* alternatively.

ersaufen *v/i* F drown.

ersäufen *v/t a.* F *fig.* drown.

erschaffen *v/t* create, make.

Erschaffung *f* creation.

erschallen *v/i* ring out, resound.

erscheinen I *v/i* **1.** *allg.* appear (*a. Geist*: ***j-m*** to s.o.), (*kommen*) *a.* come, F turn up, *Buch etc*: *a.* be published, come out: ***soeben erschienen*** just published; ***vor Gericht ~*** appear in court. **2.** (*scheinen*) (***j-m*** to s.o.) seem, appear: ***es erscheint ratsam*** it would seem advisable.

Erscheinen *n* **1.** *allg.* appearance, *e-s Buchs etc*: *a.* publication. **2.** (*Anwesenheit*) attendance (***bei*** at).

Erscheinung *f* **1.** appearance, (*Geist*) apparition, (*Traumbild*) vision: ***in ~ treten*** appear, *fig. Sache*: *a.* make itself felt; ***stark*** (***kaum***) ***in ~ treten*** be very (not) much in evidence; ***er tritt kaum in ~*** he keeps very much in the background. **2.** *fig.* sign, symptom (*a.* ⚕), (*Vorgang, Naturerscheinung*) phenomenon. **3.** (*äußere* ~) (outward) appearance, (*Persönlichkeit*) figure.

Erscheinungs|datum *n von Buch etc*: publication date. **~jahr** *n* year of publication.

erschießen I *v/t* shoot (dead): ***j-n ~ lassen*** have s.o. shot. **II** *v/reflex* ***sich ~*** shoot o.s.

Erschießung *f* shooting, *standrechtliche*: execution (by a firing squad).

erschlaffen *v/i* **1.** *Muskeln etc*: grow tired, *Haut*: (begin to) sag. **2.** *Person*: tire. **3.** → ***erlahmen*** 1.

erschlagen I *v/t* kill. **II** *adj* F ***wie ~*** a) (*verblüfft*) dum(b)founded, b) (*erschöpft*) dead-beat, whacked.

erschleichen *v/t* ***sich et. ~*** obtain s.th. by trickery; ***sich j-s Vertrauen ~*** worm o.s. into s.o.'s confidence.

erschließen I *v/t* open (up) (*a. Markt etc*), (*Gebiet, a. Bauland*) develop. **II** *v/reflex* ***sich j-m ~*** *Geheimnis etc*: be revealed to s.o., *Möglichkeiten etc*: open up before s.o.

Erschließung *f* opening (up), development.

erschöpfen I *v/t allg., a. fig.* exhaust. II *v/reflex* ***sich ~*** exhaust o.s., *fig. Vorräte, Thema etc*: be exhausted: ***sich ~ in*** (*dat*) *Tätigkeit etc*: be limited to.

erschöpfend *adj* **1.** exhausting. **2.** *fig.* (*gründlich*) exhaustive.

erschöpft *adj* exhausted (***von*** by), (*verbraucht*) spent, *Batterie*: *a.* dead, run(-)down.

Erschöpfung *f* (***bis zur ~*** to the point of) exhaustion.

Erschöpfungszustand *m* (state of) exhaustion.

erschrecken I *v/t* frighten, scare, (*aufschrecken*) startle: → ***Tod.*** II *v/i* be frightened (***über*** *acc* at).

Erschrecken *n* fright.

erschreckend *adj* frightening, *stärker*: appalling: *adv* ***~ wenige*** alarmingly few.

erschrocken *adj u. adv* frightened, (*bestürzt*) shocked.

erschüttern *v/t* shake (*a. fig.*), (*bestürzen*) shock, (*rühren*) move deeply.

erschütternd *adj* shocking, (*ergreifend*) deeply moving.

Erschütterung *f* shock (*a. fig.*), (*Rührung*) emotion.

erschweren *v/t* make *s.th.* (more) difficult, complicate, (*hemmen*) impede, (*verschlimmern, a.* ⚖) aggravate.

erschwerend *adj* ⚖ aggravating.

erschwert *adj* more difficult, harder.

erschwindeln *v/t* ***sich et. von j-m ~*** cheat s.th. out of s.o.

erschwinglich *adj* within s.o.'s means: ***zu ~en Preisen*** at reasonable prices; ***das ist für uns nicht ~*** we can't afford it.

ersehen *v/t* (***aus*** from) see, gather.

ersehnen *v/t* long for.

ersetzbar *adj* replaceable (*a. tech.*), *Schaden*: reparable, *Verlust*: recoverable.

ersetzen *v/t* (*et., j-n*) replace (***durch*** by), (*j-n*) *a.* take the place of, (*ausgleichen*) compensate for, make up for: ***j-m den Schaden*** (***die Auslagen***) ***~*** compensate s.o. for the damage (reimburse s.o. for expenses).

Ersetzung *f* replacement, *e-s Schadens etc*: compensation, *von Kosten*: reimbursement.

ersichtlich *adj* apparent, evident, clear: ***ohne ~en Grund*** for no apparent reason; ***daraus wird ~*** hence it appears.

ersinnen *v/t* think up, devise, invent.

erspähen *v/t* F spot.

ersparen *v/t* **1.** (*a.* ***sich ~***) save. **2.** *fig.* ***sich et. ~*** spare o.s. s.th.; ***j-m Arbeit*** (***Kosten*** *etc*) ***~*** save s.o. work (money *etc*); ***ihr bleibt nichts erspart*** she gets all the bad breaks.

Ersparnis *f* **1.** (***an*** *Arbeit etc*) saving (in). **2.** *pl* savings *pl.*

ersprießlich *adj* fruitful, profitable.

erst *adv* (at) first, (*zuvor*) first, (*bloß*) only, just, (*nicht früher als*) only, not till, not until: (***eben***) ***~*** just (now); ***~ als*** (***dann, jetzt***) only when (then, now); ***~ nächste Woche*** not before next week; ***~ nach*** only (*od.* not until) after; ***es ist ~ fünf Uhr*** it's only five o'clock; ***ich muss ~*** (***noch***) ***telefonieren*** I've got to make a phone call first.

erstarken *v/i* grow strong(er).

erstarren *v/i* grow stiff, stiffen, *vor Kälte*: go numb, ⚗ *etc* solidify, *Blut*: coagulate, *fig.* run cold, (*gefrieren*) freeze (*a. fig.* ***vor*** *dat* with): ***vor Schreck ~*** *a.* be paralysed with fear.

erstarrt *adj* stiff, *vor Kälte*: *a.* numb, *fig.* paralysed.

Erstarrung *f* stiffness, *vor Kälte*: numbness, ⚗ solidification, *fig.* paralysis, rigidity.

erstatten *v/t* **1.** (*Auslagen etc*) refund (***j-m*** to s.o.). **2.** ***Anzeige ~ gegen*** report *s.o.* to the police; → ***Bericht.***

Erstattung *f* refund(ing).

Erstattungsbetrag *m* amount of refund.

erstattungsfähig *adj* recoverable: ***nicht ~*** nonrefundable.

Erstaufführung *f thea. etc* première, *Film*: *a.* first run.

erstaunen I *v/t* astonish, *stärker*: amaze. II *v/i* → ***staunen*** I.

Erstaunen *n* astonishment, *stärker*: amazement: ***in ~ setzen*** → I; (***sehr***) ***zu m-m ~*** (much) to my surprise.

erstaunlich *adj* astonishing, amazing.

erstaunlicherweise *adv* astonishingly, to my *etc* surprise (*od.* amazement).

erstaunt *adj* (***über*** *acc* at) astonished, amazed.

Erstausgabe *f* first edition.

erstbeste I *adj* first, F any (old). II *substantivisch*: ***der*** (***die***) ***Erstbeste*** the first person one happens to see, just anyone; ***das Erstbeste*** the next best (F any old) thing *etc.*

Erstbestellung *f* first order.

erste *adj* first: ***Karl der Erste*** (***Karl I.***) Charles the First (Charles I); ***~ Qualität*** prime quality; ***das ~ Mal*** the first time; ***beim ~n Mal*** the first time, (*sofort*) *a.* straightaway; ***zum ~n Mal*** for the first time; ***der Erste des Monats*** the first (day) of the month; ***~ Beste*** → ***erstbeste; als Erste(r), als Erstes*** first; ***er war der Erste*** he was first; ***er war der Erste, der ...*** he was the first to *inf*; ***der*** (***die***) ***Erste*** *der Klasse*: top boy (girl); ***fürs Erste*** for the moment; → ***Blick*** 1, ***Geige, Hand, Hilfe*** 1 *etc.*

erstechen *v/t* stab (to death).

erstehen[1] *v/i fig.* rise, *Gebäude*: be built.
erstehen[2] *v/t* (*kaufen*) buy, get.
ersteigen *v/t* (*Berg etc*) climb, ascend, (*Gipfel*) climb up to.
ersteigern *v/t* buy *s.th.* at an auction.
Ersteigung *f* ascent, climbing.
erstellen *v/t* **1.** (*Gebäude etc*) erect, build. **2.** (*Buch*) produce. **3.** (*Bilanz*, *Gutachten etc*) prepare, draw up.
erstens *adv* first(ly), first of all.
erster → ***erste.*** **erstere** *adj the* former.
erstgeboren *adj* first-born.
Erstgebot *n* first bid.
Erstgeburtsrecht *n* birthright.
erstgenannt *adj* first-mentioned.
ersticken I *v/t* (*j-n*) suffocate, choke, (*a. Feuer*, *fig. Gefühl*, *Aufstand*) smother, (*a. fig. Lachen*) stifle: → ***Keim*** 1. **II** *v/i* suffocate (***durch, an*** *dat* from): ***an e-r Gräte ~*** choke (to death) on a bone; *fig.* ***in Arbeit ~*** be swamped with work.
Ersticken *n* suffocation: ***zum ~*** (***heiß***) stifling(ly) hot.
erstickend *adj a. fig.* stifling.
Erstickung *f* suffocation.
Erstickungs|anfall *m* choking fit. **~tod** *m* death from suffocation.
erstklassig *adj* first-class, first-rate, top-quality (*goods etc*).
Erstling *m* **1.** first-born child. **2.** *fig.* first work.
erstmalig I *adj* first. **II** *adv*, *a.* **erstmals** for the first time.
Erstmeldung *f* exclusive report, F scoop.
erstrahlen *v/i* shine.
erstrangig *adj* first-rate.
erstreben *v/t* strive after, aim for, (*begehren*) desire.
erstrebenswert *adj* desirable.
erstrecken *v/reflex* **1.** ***sich ~*** (***bis zu*** to) extend, stretch. **2.** *fig.* ***sich ~ über*** (*acc*) cover; ***sich ~ auf*** (*acc*) (*betreffen*) concern, apply to.
Erstschlag *m mil.* first strike.
erstürmen *v/t* (take by) storm.
Erstürmung *f* storming.
Erstwähler(in) first-time voter.
ersuchen I *v/t* ***j-n ~ zu*** *inf* ask (*od.* request) s.o. to *inf*; ***j-n um et. ~*** request s.th. from s.o.
Ersuchen *n* (***auf sein ~ hin*** at his) request.
ertappen *v/t* catch (***bei*** at): ***j-n beim Stehlen ~*** catch s.o. stealing; *fig.* ***sich bei et. ~*** catch o.s. doing s.th.
erteilen *v/t* (*Befehl*, *Rat*, *Unterricht etc*) give (***j-m*** [to] s.o.), (*ein Recht etc*) confer (*dat* on), (*Patent etc*) grant: ***j-m das Wort ~*** ask s.o. to speak; → ***Lob.***
ertönen → ***erklingen.***
Ertrag *m* yield, output, (*Einnahmen*) (***aus*** from) proceeds *pl*, returns *pl*.
ertragen *v/t* bear, endure, stand, (*dulden*) put up with: ***das ist kaum noch zu ~*** that is hardly bearable; ***ich kann den Gedanken nicht ~, dass ...*** I can't bear to think that ...; ***nicht zu ~*** unbearable.
ertragfähig *adj* **1.** productive. **2.** *econ.* profit-yielding.
Ertragfähigkeit *f* earning potential (*od.* capacity).
erträglich I *adj* bearable, (*a. leidlich*) tolerable. **II** *adv* tolerably well.
ertragreich *adj* productive, profitable.
Ertrags|konto *n* revenue (*od.* income) account. **~lage** *f econ.* profit situation.
ertränken *v/t* drown (***sich*** o.s.).
erträumen *v/t* ***sich et. ~*** dream of s.th.
ertrinken *v/i* drown, be drowned.
Ertüchtigung *f* physical training.
erübrigen I *v/t* (*Geld*) save, (*Zeit*) spare. **II** *v/reflex* ***sich ~*** be unnecessary.
eruieren *v/t* find out.
Eruption *f* eruption.
erwachen *v/i* wake up (*a. fig.*), awake, *fig. Erinnerungen*, *Gefühle etc*: be awakened, *Argwohn etc*: be aroused.
Erwachen *n* (*fig.* ***unsanftes ~*** rude) awakening.
erwachsen[1] *v/i* arise (***aus*** from).
erwachsen[2] *adj*, **Erwachsene** *m*, *f* grown-up, adult.
Erwachsenenbildung *f* adult education.
erwägen *v/t* consider, think *s.th.* over: ***den Kauf e-s Autos ~*** consider buying a car.
Erwägung *f* (***et. in ~ ziehen*** take s.th. into) consideration.
erwählen *v/t* choose.
erwähnen *v/t* mention.
erwähnenswert *adj* worth mentioning.
Erwähnung *f* mention.
erwärmen I *v/t* warm (up): *fig.* ***j-n für et. ~*** get s.o. interested in s.th. **II** *v/reflex* ***sich ~*** get warm(er); *fig.* ***sich für et. ~*** warm to s.th.
Erwärmung *f* warming: ***~ der Erdatmosphäre*** global warming.
erwarten I *v/t* expect, (*warten auf*) wait for: *fig.* ***j-n ~*** *Überraschung etc*: be in store for s.o.; ***ein Kind ~*** be expecting (a baby); ***ich kann es kaum ~*** (***zu*** *inf*) I can hardly wait (to *inf*); ***das war zu ~*** that was to be expected.
Erwarten *n* ***über alles ~*** beyond all expectation; ***wider ~*** contrary to all expectations.
Erwartung *f* expectation, (*Hoffnung*, *Aussicht*) expectancy, anticipation: ***in ~ e-r Sache*** awaiting s.th.; ***in ~ Ihres Briefes*** *etc a.* looking forward to your letter *etc*; ***den*** (*od.*

j-s)* ~*en entsprechen come up to (s.o.'s) expectations; ***hinter den*** (*od.* ***j-s***) ***~en zurückbleiben*** fall short of (s.o.'s) expectations.

erwartungsgemäß *adv* as (was to be) expected.

Erwartungs|haltung *f* expectancy. **~horizont** *m* expectations *pl.*

erwartungsvoll *adj* expectant(ly *adv*).

erwecken *v/t* **1.** (*j-n, et.*) ***wieder zum Leben ~*** revive. **2.** *fig.* (*Interesse, Verdacht etc*) arouse, (*Erinnerungen*) bring back, (*Hoffnungen*) raise, (*Vertrauen*) inspire: → ***Anschein, Eindruck*** 1 *etc.*

erwehren *v/reflex* ***sich ~*** (*gen*) ward off, resist; ***sich nicht ~ können*** (*gen*) be helpless against; ***man konnte sich des Eindrucks nicht ~, dass ...*** you couldn't help feeling that ...

erweichen *v/t* soften (*a. fig. j-n*), *fig.* (*rühren*) move: ***sich ~ lassen*** give in.

erweisen I *v/t* **1.** (*beweisen*) prove, show. **2.** (*Ehre, Dienst, Gefallen etc*) do, (*Gunst*) grant, (*Achtung*) show: → ***Ehre.*** **II** *v/reflex* **3.** ***sich ~ als*** prove (*od.* turn out) to be. **4.** ***sich*** (***j-m gegenüber***) ***dankbar ~*** show one's gratitude (towards s.o.).

erweitern I *v/t* (*Straße etc*) widen, (*Gebäude, Betrieb etc, fig. Einfluss etc*) extend, (*Buch*) enlarge, (*Kenntnisse*) broaden. **II** *v/reflex* ***sich ~*** widen, ⚕ dilate, *econ.* expand, *Kenntnisse*: increase.

Erweiterung *f* widening (*etc*), extension, enlargement, ⚕ dilatation.

Erweiterungsbau *m* annex(e), extension (wing).

Erwerb *m* acquisition, purchase.

erwerben *v/t* acquire (*a. fig. Wissen, Ruf, Rechte etc*), (*kaufen*) *a.* purchase, (*verdienen*) earn, *fig.* (*Ruhm, Reichtum etc*) gain, win: ***sich Verdienste ~ um*** render great service(s) to.

erwerbsfähig *adj* fit for work: ***im ~en Alter*** of employable age.

Erwerbs|fähigkeit *f* ability to work. **~leben** *n* working life.

erwerbslos → ***arbeitslos.***

Erwerbslose *m, f* → ***Arbeitslose.***

Erwerbs|minderung *f* reduction in earning capacity. **~quelle** *f* source of income.

erwerbstätig *adj* (gainfully) employed.

Erwerbstätige *m, f* employed person.

Erwerbstätigkeit *f* gainful employment.

erwerbsunfähig *adj* unfit for work.

Erwerbs|unfähigkeit *f* incapacity to work. **~zweig** *m* a) branch of industry, b) line (of business).

Erwerbung *f* acquisition, purchase.

erwidern *v/t* **1.** (***auf*** *acc* to) reply, answer: ***auf m-e Frage erwiderte er ...*** in reply to my question he said ... **2.** *fig.* (*mil. Feuer, fig. Gruß, Besuch etc*) return.

Erwiderung *f* **1.** (***auf*** *acc* to) reply, answer. **2.** *fig.* return.

erwiesenermaßen *adv* as has been proved.

erwirken *v/t* obtain, secure.

erwirtschaften *v/t* (*Gewinn*) make.

erwischen *v/t allg.* catch (*a. fig.*): ***sich ~ lassen*** get caught; F ***ihn hats bös erwischt!*** he's got it bad!

erwünscht *adj* desired, (*willkommen*) welcome, (*wünschenswert*) desirable.

erwürgen *v/t* strangle.

Erz *n* ore.

erzählen I *v/t* tell, *kunstvoll*: narrate: ***man hat mir erzählt*** I've been told; ***man erzählt sich*** they say; F ***das kannst du mir nicht ~!*** pull another one! **II** *v/i* tell a story (*od.* stories): ***~ von, ~ über*** (*acc*) tell (s.o.) of (*od.* about); ***erzähl mal!*** do tell!

erzählenswert *adj* worth telling.

Erzähler(in) narrator, storyteller, (*Schriftsteller*) narrative writer.

Erzählung *f* narration, story, tale, (*Bericht*) account, *Literatur*: (short) story.

Erzbischof *m* archbishop. **erzbischöflich** *adj* archiepiscopal. **Erzbistum** *n*, **Erzdiözese** *f* archbishopric.

Erzengel *m* archangel.

erzeugen *v/t allg.* produce, *tech. a.* make, 🌱 *a.* grow, ⚡, *phys.* generate, *fig.* (*verursachen*) *a.* cause, create.

Erzeuger *m* **1.** father. **2.** *allg.* producer, *a. tech.* manufacturer, 🌱 *a.* grower. **~land** *n* country of origin. **~preis** *m* producer price.

Erzeugnis *n* product (*a. fig.*), 🌱 *mst pl* produce *sg*, *literarisches, geistiges*: production: ***eigenes ~*** my *etc* own make.

Erzeugung *f* production, *tech. a.* manufacture, ⚡, *phys.* generation, *fig.* creation.

Erzeugungskosten *pl* production costs *pl.*

Erzfeind(in) archenemy. **Erzfeindschaft** *f* archrivalry, deadly feud.

Erzgauner(in) (real) scoundrel.

Erzherzog(in) archduke (archduchess).

Erzhütte *f* smelting works *pl* (*a. sg konstr.*).

erziehbar *adj* educable: ***schwer ~es Kind*** problem child. **erziehen** *v/t* bring *s.o.* up, raise, *geistig*: educate: ***j-n zu et. ~*** train (*od.* teach) s.o. to be (*od.* do) s.th.; → ***erzogen.***

Erzieher *m* educator, (*Lehrer*) teacher, (*in Internat*) tutor.

Erzieherin *f* (lady) teacher, *engS.* nursery-school teacher, (*in Internat etc*) governess.

erzieherisch *adj* educational.

Erziehung *f* upbringing, *geistige, politische, etc*: education, (*Ausbildung*) training, (*Lebensart*) breeding, (*Manieren*) manners *pl.*

Erziehungs|anstalt *f* approved (*Am.* reform) school. **~berater(in)** educational adviser. **~beratung** *f* child guidance. **~berechtigte** *m, f* a) parent, b) (legal) guardian. **~geld** *n* child-raising allowance. **~urlaub** *m* child-raising leave, *für Mütter*: maternity leave, *für Väter*: paternity leave. **~wissenschaft** *f* educational science.

erzielen *v/t* obtain, get, (*Erfolg, Ergebnis etc*) achieve, (*Einigung etc*) reach, (*Gewinn*) make, (*Preis*) fetch, *Sport*: (*Punkte, Treffer*) score.

erzkonservativ *adj* ultra-conservative.

erzogen *adj* ***gut ~*** well-bred; ***schlecht ~*** ill-bred.

erzürnt *adj* angry, furious.

erzwingen *v/t* force.

es *pers pron* it, *bei bekanntem Geschlecht*: he, she: ***ich bin ~!*** it's me!; ***bist du ~?*** is it you?; ***~ gibt*** there is, there are; ***ich hoffe ~*** I hope so; ***ich weiß ~ (nicht)*** I (don't) know; *er kann nicht schwimmen*, ***aber ich kann ~*** but I can; *du bist müde*, ***ich bin ~ auch*** so am I; ***ich will ~*** I want to; ***ich will ~ versuchen*** I'll try; ***~ wurde getanzt*** there was dancing, we (they) danced.

Escape-Taste *f* escape key.

Esche *f* ⚘ ash (tree).

Esel *m* **1.** donkey, *männlicher*: jackass. **2.** F *fig.* (silly) ass: ***alter ~*** old fool.

Eselin *f* she-ass.

Esels|brücke *f fig.* mnemonic (aid): ***j-m e-e ~ bauen*** give s.o. a hint. **~ohr** *n* F turned-down corner: ***Buch mit ~n*** dog-eared book.

Eskalation *f* escalation.

eskalieren *v/i u. v/t* escalate.

Eskapade *f* escapade.

Eskimo *m* Eskimo.

Eskorte *f*, **eskortieren** *v/t* escort.

Esoterik *f* esotericism.

Esoteriker(in), esoterisch *adj* esoteric.

Espe *f* ⚘ asp. **Espenlaub** *n* ***zittern wie ~*** tremble like an aspen leaf.

Espresso *m* espresso.

Essay *m* essay (**über** *acc* on).

Essayist(in) essayist.

essbar *adj* eatable, (*genießbar*) edible: ***~er Pilz*** (edible) mushroom.

Essbesteck *n* cutlery (set).

Esse *f* **1.** chimney. **2.** (*in Schmiede*) forge.

essen *v/t u. v/i* eat: *et.* ***gern ~*** like; ***man isst dort ganz gut*** the food is quite good there; F *fig.* ***gegessen sein*** be history; → ***Abend, Mittag*** *etc.*

Essen *n* eating, (*Kost*) food, (*Gericht*) dish, (*Mahlzeit*) meal, (*Festessen*) dinner (party): ***~ und Trinken*** food and drink.

Essenmarke *f* meal ticket, *Br. a.* luncheon voucher.

Essens|zeit *f* lunchtime, *abends*: dinnertime. **~zuschuss** *m* lunch allowance.

Essenz *f a. fig.* essence.

Esser(in) eater: → ***stark*** 1.

Essgeschirr *n* crockery, (*Service*) dinner service.

Essgewohnheiten *pl* eating habits *pl.*

Essig *m* vinegar: F *fig.* ***damit ist es ~!*** it's all off!

Essiggurke *f* gherkin.

Essigsäure *f* acetic acid.

Essig- und Ölständer *m* cruet stand.

Ess|kastanie *f* (sweet) chestnut. **~löffel** *m* tablespoon: ***zwei ~*** two tablespoonfuls. **~lust** *f* appetite. **~stäbchen** *pl* chopsticks *pl.* **~tisch** *m* dining table. **~waren** *pl* food *sg.* **~zimmer** *n* dining room.

ESt. ***Einkommensteuer*** income tax.

Estland *n* Estonia (*republic on the Baltic Sea*).

Estragon *m* ⚘ tarragon.

etablieren *v/reflex* ***sich ~*** become established, *geschäftlich*: set o.s. up, start a business, *häuslich*: settle in.

Etablissement *n* establishment.

Etage *f* floor, stor(e)y.

Etagen|bett *n* bunk bed. **~heizung** *f* single-stor(e)y heating (system). **~wohnung** *f* flat, *Am.* apartment.

Etappe *f a. Sport*: stage, leg: ***in ~n*** in stages.

Etat *m* budget. **~ansatz** *m* budgetary estimate. **~entwurf** *m* draft budget. **~jahr** *n* fiscal year.

etatmäßig *adj* **1.** budgetary, *Beamter*: permanent. **2.** ***der ~e Torwart*** *etc* the regular goalkeeper *etc.*

E-Technik *f* electrical engineering.

etepetete *adj* F **1.** (*geziert*) la-di-da. **2.** (*eigen*) fussy, finicky.

Ethik *f* ethics *sg.*

ethisch *adj* ethical.

ethnisch *adj* ethnic.

Ethnographie *f* ethnography.

ethnographisch *adj* ethnographic(ally *adv*).

Ethnologe *m*, **Ethnologin** *f* ethnologist.

Ethnologie *f* ethnology.

Ethos *n* ethos, *weitS.* ethics *pl.*

Etikett *n* label, (*Preisschild*) price tag.

Etikette *f* (***Verstoß gegen die ~*** breach of) etiquette.

Etikettenschwindel *m* bogus claim(s *pl*), fraudulent label(l)ing, *fig. a.* fraud.

etikettieren *v/t* put a label on, *fig.* label.

etliche *indef pron pl* several: ***~s*** *sg* a number of things; ***~ Mal*** several times.

Etüde *f* ♪ étude.

Etui *n* case.

etwa *adv* **1.** *a.* **in ~** (*ungefähr*) about, approximately, F around; ***in ~ dasselbe*** more or less the same; ***wann ~?*** approximately when?, (*um wie viel Uhr*) *a.* F around what time? **2.** (*vielleicht*) by any chance, (*zum Beispiel*) for instance, (let's) say: ***nicht ~, dass ...*** not that *it mattered etc*; ***ist das ~ besser?*** is that any better?; ***du glaubst doch nicht ~ ...?*** surely you don't think ...?

E

etwaig *adj* any.
etwas I *indef pron* something, *verneinend, fragend od. bedingend*: anything: ***~ anderes*** something (anything) else. II *adj* some, any, (*wenig*) a little: ***ich brauche ~ Geld*** I need some money. III *adv* a little: ***es erscheint ~ merkwürdig*** it seems a bit funny.
Etwas *n* ***ein gewisses ~*** a certain something.
Etymologie *f* etymology.
etymologisch *adj* etymological.
Et-Zeichen *n* ampersand.
EU *f* ***Europäische Union*** EU, European Union.
euch *pers pron* (to) you, *reflex*: yourselves, *nach prep*: you: ***setzt ~!*** sit down!
Eucharistie *f the* Eucharist.
euer I *pos pron* **1.** your: ***eu(e)re Mutter*** your mother; ***unser und ~ Haus*** our house and yours. **2.** ***der (die, das) eu(e)re*** yours. II *pers pron* **3.** (*gen von* **ihr**) of you.
Eugenik *f* eugenics *sg.*
Eule *f* owl: *fig.* ***~n nach Athen tragen*** carry coals to Newcastle.
Eunuch *m* eunuch.
Euphemismus *m* euphemism.
euphemistisch *adj* euphemistic(ally *adv*).
Euphorie *f* euphoria.
eure → ***euer.***
eurerseits *adv* for (*od.* on) your part.
euresgleichen *pron* people like yourselves, *contp.* the likes of you.
eurethalben, euretwegen, (um) euretwillen *adv* because of you, (*euch zuliebe*) for your sake.
Eurhythmie *f* eurhythmics *sg.*
Euro *m* (*Währung*) euro.
Euro|krat *m pol.* Eurocrat. **~markt** *m* Euromarket. **~norm** *f* Euronorm.
Europa *n* Europe.
Europäer(in) European.
europäisch *adj* European: ***Europäischer Binnenmarkt*** European Common Market; ***Europäische Freihandelszone*** European Free Trade Area; ***Europäische Gemeinschaft*** (*abbr.* **EG**) *hist.* European (Economic) Community (*abbr.* EEC); ***Europäischer Gerichtshof*** European Court of Justice; ***Europäische Kommission*** European Commission; ***Europäisches Patentamt*** European Patent Office; ***Europäischer Rechnungshof*** European Court of Auditors; ***Europäische Union*** European Union; ***Europäische Währungseinheit*** European Currency Unit (ECU); ***Europäisches Währungssystem*** European Monetary System (EMS);***Europäische Währungsunion*** European Monetary Union; ***Europäischer Wirtschaftsraum*** European Economic Area; ***Europäische Zentralbank*** European Central Bank (ECB).
Europa|meister(in) *Sport*: European champion. **~meisterschaft** *f* European championships *pl.* **~parlament** *n* European Parliament. **~pokal** *m* European cup. **~politik** *f* Euro-politics *pl.* **~rat** *m* Council of Europe. **~wahlen** *pl* Euroelections *pl.*
Euro|scheck *m* Eurocheque. **~scheckkarte** *f* Eurocheque card. **~skeptiker(in)** Eurosceptic. **~vision** *f TV* Eurovision. **~währung** *f* Eurocurrency.
Euter *n* udder.
Euthanasie *f* euthanasia.
e. V. ***eingetragener Verein*** registered association *od.* society, incorporated (inc.).
ev. ***evangelisch*** Protestant (Prot.).
evakuieren *v/t* evacuate (*a. mil. u. phys.*).
Evakuierung *f* evacuation.
evangelisch *adj* Protestant.
Evangelist *m* evangelist.
Evangelium *n* gospel (*a. fig.*): ***das ~ des Matthäus*** the Gospel according to St. Matthew.
Evaskostüm *n* F ***im ~*** in the nude.
Eventualität *f* eventuality.
eventuell I *adj* possible. II *adv* possibly, (*notfalls*) if necessary, (*gegebenenfalls*) should the occasion arise.
Evolution *f* evolution.
E-Werk *n* power station.
EWF ***Europäischer Währungsfonds*** European Monetary Fund (EMF).
ewig I *adj* **1.** eternal, everlasting, perpetual: ***~er Schnee*** perpetual snow; ***die Ewige Stadt*** (*Rom*) the Eternal City; ***seit ~en Zeiten*** from time immemorial, F for ages. **2.** F (*ständig*) eternal, constant, endless. II *adv* **3.** eternally, forever: ***für immer und ~*** for ever and ever; F ***es ist ~ schade*** it's just too bad; ***~ (lange)*** for ages; ***es dauert ~*** it's taking ages.
Ewigkeit *f* eternity: ***bis in alle ~*** to the end of time; F ***es ist e-e ~, seit ...*** it's ages since ...; ***ich habe e-e ~ gewartet*** I've waited for ages.
EWS ***Europäisches Währungssystem*** European Monetary System (EMS).
e. Wz. ***eingetragenes Warenzeichen*** registered trademark.

Ex... ex-...
exakt *adj* precise, exact: ***die ~en Wissenschaften*** the exact sciences.
Exaktheit *f* precision.
Examen *n* examination, F exam: ***~ machen*** take one's exams.
Exekution *f* execution.
exekutiv *adj*, **Exekutive** *f* executive.
Exekutivgewalt *f* executive power.
Exempel *n* ***ein ~ statuieren*** set a warning example; → ***Probe*** 2.
Exemplar *n* specimen, sample, *e-s Buches*: copy, *e-r Zeitschrift*: issue.
exemplarisch I *adj* exemplary. II *adv* ***j-n ~ bestrafen*** make an example of s.o.
exerzieren *v/t u. v/i mil.* drill.
Exhibitionismus *m* exhibitionism, ⚖ indecent exposure.
Exhibitionist(in) exhibitionist.
exhumieren *v/t* exhume.
Exil *n* (***im ~*** in) exile: ***ins ~ gehen*** go into exile. **~regierung** *f* government in exile.
Existenz *f* **1.** existence, (*Unterhalt*) livelihood: ***gesicherte ~*** secure position. **2.** *contp.* (*Person*) character: → ***verkracht*** 2. **~angst** *f psych.* existential anxiety, *weitS.* economic fears *pl.* **~berechtigung** *f* right to exist, (*Grund*) raison d'être.
Existenzialismus *m* existentialism.
Existenzialist(in), existenzialistisch *adj* existentialist.
existenziell *adj* **1.** existential. **2.** ***von ~er Bedeutung*** vitally important.
Existenz|kampf *m* struggle for existence. **~minimum** *n* subsistence level.
existieren *v/i* **1.** exist, be: ***nur wenige ~ noch*** there are only a few left. **2.** (*leben*) (***von*** on) exist, live.
exklusiv *adj* exclusive, *Kreis*: select.
Exklusiv|bericht *m* exclusive (story). **~rechte** *pl* exclusive rights *pl.* **~vertrag** *m* exclusive contract (*od.* agreement).
exkommunizieren *v/t* excommunicate.
Exkremente *pl* excrements *pl.*
Exkursion *f* excursion, field trip.
exmatrikulieren *v/t univ.* cancel s.o.'s registration.
Exodus *m a. fig.* exodus.
Exot(in) exotic.
exotisch *adj* exotic(ally *adv*).
expandieren *v/i* expand.
Expander *m* expander.
Expansion *f* expansion.
Expansionspolitik *f* expansionism.
expedieren *v/t* dispatch.
Expedition *f* **1.** expedition. **2.** *econ.* forwarding (department).
Experiment *n* experiment.
Experimental..., experimentell *adj* experimental.
experimentieren *v/i* experiment (***an*** *dat* on, ***mit*** with).
Experte *m*, **Expertin** *f* expert.
Experten|gremium *n* panel of experts. **~meinung** *f* expert opinion. **~system** *n Computer*: expert system.
Expertise *f* **1.** expertise. **2.** (*Gutachten*) expert's opinion.
explodieren *v/i* explode.
Explosion *f* explosion, blast.
explosionsartig *adj a. fig.* explosive.
Explosions|gefahr *f* danger of explosion. **~kraft** *f* explosive force.
explosiv *adj a. fig.* explosive.
Exponat *n* exhibit.
Exponent *m* ℞ *u. fig.* exponent.
exponieren *v/t* expose (***sich*** o.s.) (*dat* to).
exponiert *adj* exposed.
Export *m* exportation, exporting, (*Waren*) exports *pl.*
exportabhängig *adj* export dependent.
Export|abteilung *f* export department. **~artikel** *m* export article (*od.* item), *pl a.* exports *pl.* **~ausführung** *f tech.* export model. **~beschränkung** *f* export restriction.
Exporteur(in) exporter.
Export|firma *f* export(ing) firm (*od.* company, business). **~genehmigung** *f* export permit. **~geschäft** *n*, **~handel** *m* export trade.
exportieren *m* export (***nach*** to).
Export|land *n* exporting country. **~lizenz** *f* export licen/ce (*Am.* -se). **~leiter(in)** export manager.
exportorientiert *adj* export-oriented.
Export|quote *f* export quota. **~überschuss** *m* export surplus. **~unternehmen** *n* export firm (*od.* company, business). **~ware** *f* → ***Exportartikel.*** **~zahlen** *pl* export figures *pl.*
Exposé, Exposee *n* exposé.
express I *adv* ***~ schicken*** send express (*Am.* by special delivery).
Express *m* express (train). **~brief** *m* express letter. **~gut** *n* express goods *pl.*
Expressionismus *m* expressionism.
Expressionist(in), expressionistisch *adj* expressionist.
extern *adj* external.
extra I *adj* extra. II *adv* extra, (*gesondert*) *a.* separately, (*eigens*) specially, (*absichtlich*) on purpose: ***~ für dich*** just for you.
Extra *n* (*Zubehör etc*) extra.
Extrablatt *n e-r Zeitung*: extra.
extrahieren *v/t*, **Extrakt** *m* extract.
Extrakt *m* extract.
extravagant *adj* extravagant, outré.
extravertiert *adj* (*a.* ***~er Mensch***) extrovert.
extrem *adj* extreme.

Extrem *n* (***bis zum ~*** to the) extreme.
Extremismus *m* extremism. **Extremist(in), extremistisch** *adj* extremist.
Extremitäten *pl* extremities *pl.*
extrovertiert → ***extravertiert.***
Exzellenz *f* (***Eure, Seine ~*** your, his) Excellency.

E

Exzentriker(in) eccentric.
exzentrisch *adj a.* ⚷, *tech.* eccentric.
Exzess *m* excess: ***bis zum ~*** to excess.
Eyeliner *m* eyeliner.
EZ ***Einzelzimmer*** single (room).
EZU ***Europäische Zahlungsunion*** European Payments Union (EPU).

F

F, f *n* F, f (*a.* ♪).
F ***Fahrenheit*** Fahrenheit (F, f).
FA ***Finanzamt*** inland revenue; local tax office.
Fa. ***Firma*** firm; *Adresse*: Messrs.
Fabel *f* fable (*a. fig.*), *e-s Dramas etc*: plot. **fabelhaft** *adj* fantastic(ally *adv*).
Fabeltier *n* fabulous beast.
Fabrik *f* factory, works *pl* (*oft sg konstr.*), mill. **~anlage** *f* (manufacturing) plant.
Fabrikant(in) **1.** factory owner. **2.** manufacturer.
Fabrik|arbeit *f* **1.** factory work. **2.** → ***Fabrikware.*** **~arbeiter(in)** factory worker.
Fabrikat *n* product, (*Typ*) make.
Fabrikation *f* production.
Fabrikations|fehler *m* (factory) flaw (*od.* defect). **~kosten** *pl* production costs *pl.* **~leiter(in)** production manager. **~nummer** *f* serial number. **~preis** *m* ex-works price. **~programm** *n* production schedule. **~prozess** *m* manufacturing process.
Fabrik|besitzer(in) factory owner. **~gebäude** *n* factory building. **~gelände** *n* factory site.
fabrikneu *adj* brand-new.
Fabrik|schiff *n* factory ship. **~ware** *f* manufactured product(s *pl*).
fabrizieren *v/t* manufacture, make, *fig. a.* concoct, (*anstellen*) manage (to do).
Facette *f* facet.
Facettenauge *n zo.* compound eye.
...fach *in Zssgn* ...fold, (*...mal*) ... times.
Fach *n* **1.** compartment, partition, *im Regal*: shelf. **2.** (*~bereich*) field, line: ***er ist vom ~*** he is an expert; ***das schlägt nicht in mein ~*** that's not in my line. **3.** *econ.* (*Branche*) line (of business). **4.** (*Studien-*, *Unterrichtsfach*) subject.
Fach|abteilung *f* specialized department. **~arbeit** *f* skilled work. **~arbeiter(in)** skilled worker, *pl* skilled labo(u)r *sg.* **~arzt** *m*, **~ärztin** *f* specialist (***für*** in).
fachärztlich *adj* (*adv* by a) specialist.
Fach|ausbildung *f* special(ized) training. **~ausdruck** *m* technical term. **~berater(in)** technical adviser.**~bereich** *m* **1.** → ***Fachgebiet.*** **2.** *univ.* department.
Fachbuch *n* specialist book: ***medizinisches ~*** medical book. **~handlung** *f* specialist book shop (*Am.* store). **~katalog** *m* technical book (*od.* literature) catalogue.
Fächer *m* **1.** fan. **2.** *fig.* range, spectrum.
fächerartig → **fächerförmig** *adj* fan-like: *adv* ***sich ~ ausbreiten*** fan out.
fächern *v/t* (*a.* ***sich ~***) fan out.
Fachfrau *f* (woman) expert.
Fachgebiet *n* (special) field.
fachgemäß, fachgerecht *adj* expert(ly *adv*), professional(ly *adv*).
Fach|geschäft *n* specialist shop (*Am.* store). **~handel** *m* specialized trade (*od.* dealers *pl*). **~händler** *m* specialized dealer. **~hochschule** *f* college. **~idiot(in)** F *contp.* specialist borné. **~ingenieur(in)** specialist (engineer). **~jargon** *m* technical jargon. **~kenntnis(se** *pl*) *f* specialized knowledge *sg*, know-how *sg.* **~kompetenz** *f* professional competence, expertise. **~kongress** *m* specialist (*od.* trade) conference. **~kraft** *f* skilled worker, specialist; *pl* qualified personnel *sg*, specialists *pl.* **~kreis** *m* ***in ~en*** among the experts.
fachkundig *adj* competent, expert.
Fachlehrer(in) subject teacher.
Fachleute *pl* experts *pl.*
fachlich *adj* technical, professional: ***~es Können*** competence (in a *od.* the field); ***~ qualifiziert*** trained, qualified; ***sich ~ weiterbilden*** extend one's qualifications.
Fachliteratur *f* specialized literature.
Fachmann *m* (***in*** *dat* in, at, ***für*** on) expert, specialist.
fachmännisch *adj* expert(ly *adv*), specialist, *Arbeit*: professional: ***~es Urteil*** expert opinion.
Fach|messe *f* trade fair (*od.* show). **~personal** *n* qualified personnel. **~presse** *f* trade press. **~richtung** *f* field. **~schau** *f* trade show. **~schule** *f* technical college.
Fachsimpelei *f* shoptalk.
fachsimpeln *v/i* talk shop.
Fach|sprache *f* technical language (*od.* terminology). **~studium** *n* special(ized) studies *pl.* **~übersetzer(in)** technical translator. **~verband** *m* professional (*gewerblicher*: trade) association.
Fachwerk *n* framework, half-timbering.

Fachwerkhaus *n* half-timbered house.
Fachwissen *n* → ***Fachkenntnis(se)***.
Fachwörterbuch *n* specialized dictionary.
Fachzeitschrift *f* (professional, *gewerbliche*: trade) journal.
Fackel *f a. fig.* torch.
fackeln *v/i* F ***nicht lange ~*** lose no time.
fade *adj* **1.** tasteless, (*schal*) stale, *Bier*: flat. **2.** *fig.* (*langweilig*) boring, dull.
Faden *m* thread (*a. fig.*), ⚡, *tech.* filament, ⚕ stitch, *von Bohnen, e-r Marionette*: string: ⚕ ***die Fäden ziehen*** remove the stitches; *fig.* ***der rote ~*** the thread (running through the story *etc*); ***den ~ verlieren*** lose the thread (of one's speech *etc*); ***es hing an e-m ~*** it hung by a thread; ***er hält alle Fäden in der Hand*** he pulls the strings.
Fadenkreuz *n opt.* reticule.
Fadennudeln *pl* vermicelli *pl.*
fadenscheinig *adj* threadbare (*a. fig.*), *fig. Ausrede*: flimsy.
Fagott *n* ♪ bassoon.
Fagottist(in) bassoonist.
fähig *adj* able, capable, (*begabt*) gifted, talented, (*qualifiziert*) qualified: ***~ sein zu*** be capable of; *b.s.* ***zu allem ~*** capable of anything, *Verbrecher etc*: desperate; ***(dazu) ~ sein, et. zu tun*** be capable of doing s.th., be able (*od.* qualified) to do s.th.
Fähigkeit *f* ability, capability, (*Begabung*) talent.
fahl *adj* pale, *Gesicht*: *a.* ashen.
Fähnchen *n* **1.** pennant, *Sport*: marker. **2.** F (*Kleid*) cheap, flimsy dress.
fahnden *v/i* ***~ nach*** search for.
Fahnder(in) investigator.
Fahndung *f* search.
Fahndungs|aktion *f* (police) search. **~dienst** *m* tracing and search department. **~liste** *f* wanted list.
Fahne *f* **1.** flag, *bsd. fig.* banner, ⚓, *mil.* colo(u)rs *pl*: *fig.* ***mit fliegenden ~n*** with flying colo(u)rs. **2.** F ***e-e ~ haben*** reek of the bottle. **3.** *print.* galley (proof).
Fahnenflucht *f* desertion: ***~ begehen*** desert.
fahnenflüchtig *adj* ***~ sein*** be a deserter; ***~ werden*** desert.
Fahnen|mast *m*, **~stange** *f* flagpole.
Fähnrich *m mil.* cadet: ⚓ ***~ zur See*** midshipman.
Fahrausweis *m* ticket.
Fahrbahn *f* road, carriageway, (*Spur*) lane.
fahrbar *adj* mobile.
Fahrbereitschaft *f* car pool.
Fähre *f* ferry.
Fahreigenschaften *pl mot.* road performance *sg.*
fahren I *v/i* **1.** *allg.* go (**mit** by *bus, train, etc*), *mot.* drive, *auf e-m Fahrrad, in e-m Fahrzeug*: ride, ⚓ sail, (*verkehren*) run, (*ab~*) leave, depart, go, (*in Fahrt sein*) be moving: *der Zug etc* ***fährt zweimal am Tag*** runs (*od.* goes) twice a day; ***über e-e Brücke ~*** cross a bridge; ***rechts ~!*** keep to the right!; ***~ mit*** *Diesel etc*: run on, be *diesel*-driven *etc*; *fig.* ***mit der Hand*** *etc* ***~ über*** (*acc*) run one's hand *etc* over; ***in et. ~*** *Kugel, Messer etc*: go into; ***gut*** (***schlecht***) ***~ bei*** fare well (ill) with, do well (badly) by; ***es*** (***der Gedanke***) ***fuhr mir durch den Kopf*** it flashed through my mind; ***was ist in ihn gefahren?*** what has got into him?; F ***e-n ~ lassen*** fart, let go. **II** *v/t* **2.** (*lenken*) drive, (*befördern*) *a.* take, (*Güter*) *a.* transport, ⚓ sail, (*Boot*) row, (*Strecke*) drive, cover, do: ***das Auto fährt 150 km/h*** the car does 150 km/h. **3.** *Sport*: (*e-e Zeit*) make, clock: ***ein Rennen ~*** participate in a race. **4.** *tech.* (*e-e Schicht*) work, (*e-e Leitung*) run, (*a. e-e Anlage*) operate. **5.** *TV* (*e-e Sendung etc*) run.
fahrend *adj* travel(l)ing, itinerant.
Fahrer(in) *mot.* a) *allg.* driver, b) (*Chauffeur*) chauffeur (chauffeuse).
Fahrerflucht *f* hit-and-run offen/ce (*Am.* -se): ***~ begehen*** fail to stop after an accident.
Fahr|gast *m* passenger, *bsd. e-s Taxis*: fare. **~geld** *n* fare. **~gelegenheit** *f* (means of) transport. **~gemeinschaft** *f* car pool. **~gestell** *n* **1.** *mot.* chassis, ✈ undercarriage. **2.** F (*Beine*) pins *pl.*
fahrig *adj* nervous, jumpy, (*unaufmerksam*) inattentive.
Fahrkarte *f* ticket (***nach*** to).
Fahrkarten|automat *m* ticket machine. **~kontrolle** *f* ticket inspection. **~kontrolleur(in)** ticket inspector. **~schalter** *m* ticket office.
Fahrkomfort *m mot.* driving comfort.
Fahrkosten → ***Fahrtkosten***
fahrlässig *adj* careless, *a.* ⚖ negligent: ***~e Tötung*** manslaughter (*Am.* in the second degree). **Fahrlässigkeit** *f* carelessness, *a.* ⚖ negligence.
Fahrlehrer(in) *mot.* driving instructor.
Fahrplan *m* timetable (*a. fig.*), *bsd. Am.* schedule. **~änderung** *f* change in the timetable. **~auszug** *m* individual timetable.
fahrplanmäßig I *adj* scheduled. **II** *adv* according to schedule, on time.
Fahr|praxis *f* driving experience. **~preis** *m* fare. **~ preisermäßigung** *f* fare reduction. **~prüfung** *f* driving test.
Fahrrad *n* bicycle, F bike.
Fahr|rinne *f* ⚓ lane. **~schein** *m* ticket. **~scheinautomat** *m* ticket machine. **~schule** *f* driving school. **~schüler(in)** *mot.*

learner (driver), *Am.* student driver. **~spur** *f* lane. **~stuhl** *m* lift, *Am.* elevator. **~stunde** *f* driving lesson.

Fahrt *f* **1.** (*im Auto*) drive, ride, (*Reise*) journey, trip, ⚓ *a.* voyage, cruise: ***auf ~ gehen*** go on a trip; ***auf der ~ nach X*** on the way to X; ***gute ~!*** have a good trip! **2.** (*Tempo*) speed (*a.* ⚓): ***in voller ~*** at full speed; ***in ~ kommen*** a) get under way, b) F *fig.* get going; F ***j-n in ~ bringen*** a) get s.o. going, b) make s.o. wild; F ***in ~ sein*** *Person*: a) be going it strong, b) be wild.

Fahrtdauer *f* length of the trip: ***die ~ beträgt 3 Stunden*** it will take 3 hours (to get there).

Fährte *f a. fig.* trail, track: *fig.* ***auf der falschen ~ sein*** be on the wrong track.

Fahrtenbuch *n mot.* logbook.

Fahrtenschreiber *m mot.* tachograph.

Fahrtkosten *pl* travel costs *pl.* **~zuschuss** *m* travel(l)ing allowance.

Fahrtrichtungsanzeiger *m mot.* direction indicator.

fahrtüchtig *adj Wagen*: roadworthy, *Fahrer*: fit to drive.

Fahrtunterbrechung *f* stop.

Fahrtwind *m* airstream.

Fahr|verbot *n* ***j-n mit ~ belegen*** suspend s.o.'s driving licence (*Am.* driver's license). **~wasser** *n* F *fig.* track: ***im richtigen ~ sein*** be in one's element. **~weise** *f* (way of) driving. **~werk** *n mot.* chassis, ✈ undercarriage.

Fahrzeug *n* vehicle, ⚓ vessel. **~brief** *m mot.* (vehicle) registration document. **~halter(in)** car owner. **~papiere** *pl* documents *pl.* **~park** *m mot.* fleet (of cars). **~verkehr** *m* (vehicular) traffic.

Faible *n* weakness, *für j-n*: soft spot.

fair *adj* fair. **Fairness** *f* fairness.

Fäkalien *pl* f(a)eces *pl.*

Fakir *m* fakir.

Faksimile *n* facsimile.

Fakten *pl* facts *pl*, (*Angaben etc*) data *pl.*

faktisch *adj* actual(ly *adv*), *adv a.* in fact.

Faktor *m a. biol.*, 𝒜 factor.

Faktum *n* fact.

Faktura *f*, **fakturieren** *v/t* invoice.

Fakturierprogramm *n* invoicing program.

Fakturierung *f* invoicing, billing.

Fakultät *f univ.* faculty, *bsd. Am.* department.

fakultativ *adj* optional.

Falke *m zo.* falcon, *hunt. u. fig. pol. a.* hawk.

Fall *m* **1.** *allg.* fall (*a. mil.*), *econ. a.* drop, *fig.* (*Sturz*) downfall: ***zu ~ bringen*** a) ***j-n*** cause s.o. to fall, *im Kampf*: bring s.o. down (*a. fig.*), *durch Beinstellen*: trip s.o. up (*a. fig.*), b) (*Pläne etc*) thwart, (*Gesetzentwurf etc*) defeat; *fig.* ***zu ~ gebracht werden, zu ~ kommen*** fall, *a. Sache*: be ruined. **2.** *allg.* case (*a.* ⚖, *ling.*, ⚕), (*Angelegenheit*) *a.* matter, affair: ***auf alle Fälle*** a) in any case, (*ganz bestimmt*) definitely, b) *a.* ***für alle Fälle*** just in case, to be on the safe side; ***für den*** (*od.* ***im***) ***~, dass er kommt*** in case he should come; ***im ~e*** (*gen*) in the event of; ***gesetzt den ~*** suppose, supposing; ***in diesem ~*** in that case; F ***klarer ~!*** sure (thing)!; ***das ist*** (***nicht***) ***ganz mein ~*** that's right up my street (not my cup of tea); ***das ist auch bei ihr der ~*** it's the same with her.

Falle *f* **1.** trap (*a. fig.*), (*Schlinge*) snare, (*Grube*) pit: *fig.* ***j-m in die ~ gehen*** walk into the trap set by s.o.; ***j-m e-e ~ stellen*** set a trap for s.o. **2.** F ***in die ~ gehen, sich in die ~ hauen*** (= *ins Bett*) hit the hay, hit the sack, turn in.

fallen *v/i* **1.** *allg.* fall (***von*** from, off), (*hin~*) fall down, (*hinunter~*) drop: ***~ lassen*** drop; ***von der Leiter ~*** fall off a ladder; ***ich bin gefallen*** I had a fall; ***er ließ sich in e-n Sessel ~*** he dropped into a chair; *fig.* ***~ lassen*** drop. **2.** *mil. Festung etc*: fall, *Soldat*: *a.* be killed (in action). **3.** *fig. allg.* fall, drop, *Fieber*, *Preise etc*: *a.* go down. **4.** *Name*, *Bemerkung etc*: fall: ***es fielen harte Worte*** there were harsh words; ***sein Name fiel auch*** his name was mentioned too. **5.** *Urteil etc*: fall, be made: ***die Entscheidung ist noch nicht gefallen*** the matter is still undecided. **6.** *Sport*: *Tor etc*: be scored: ***die Entscheidung fiel in der letzten Minute*** the decider came in the last minute. **7.** ***Schüsse fielen*** shots were fired. **8.** *Hindernis*, *Schranke etc*: be removed, go. **9.** *fig.* ***an j-n ~*** *Erbe etc*: fall (*od.* go) to s.o. **10.** ***~ auf*** (*acc*) *Blick*, *Licht etc*, *fig. Fest*, *Verdacht etc*: fall on: ***die Wahl fiel auf sie*** she was chosen. **11.** ***~ unter*** come under. **12.** ***~ in*** (*acc*) fall into: ***in Schlaf ~*** fall asleep; *fig.* ***j-m in den Arm ~*** restrain s.o.; → ***Ohnmacht*** 2.

fällen *v/t* **1.** (*Baum etc*) cut down. **2.** ⚖ ***ein Urteil ~*** (***über*** *acc* on) pass sentence, *a. fig.* pass judg(e)ment; → ***Entscheidung.***

Fallgeschwindigkeit *f phys.* rate of fall.

fällig *adj econ.* due, payable: ***längst ~*** (long) overdue; ***~ werden*** become due (*od.* payable), (*verfallen*) expire.

Fälligkeit *f* (***bei ~*** at) maturity.

Fälligkeitstag *m* maturity date, due date.

Fallobst *n* windfall.

Fallout *m nucl.* fallout.

Fallrückzieher *m Fußball*: bicycle kick, overhead kick.

falls *conj* if, in case: ***~ nicht*** if not, unless.

Fallschirm *m* parachute. **~absprung** *m* parachute jump (*od.* descent). **~abwurf** *m* airdrop. **~jäger(in)** *mil.* paratrooper. **~springen** *n* parachute jumping, *Sport*: skydiving. **~springer(in)** parachutist, *Sport*: skydiver.

Fallstrick *m fig.* trap.

Fallstudie *f* case study.

Falltür *f* trapdoor.

falsch I *adj* **1.** wrong, (*unwahr*) *a.* untrue, *pred* not true: ***~e Darstellung*** misrepresentation. **2.** (*künstlich*) false, (*gefälscht*) forged, fake(d), *Geld*: *a.* counterfeit: ***~er Name*** fictitious name. **3.** (*unaufrichtig*) false, (*unangebracht*) *a.* misplaced. II *adv* **4.** wrongly, falsely (*etc*): ***~ aussprechen*** mispronounce; ***~ schreiben*** misspell; ***~ verstehen*** misunderstand; ***~ gehen*** *Uhr*: be wrong; ***~ singen*** sing out of tune; ***~ spielen*** cheat; ***~ geraten!*** wrong guess!; *teleph.* ***~ verbunden!*** sorry, wrong number!

Falschaussage *f* ⚖ false testimony.

fälschen *v/t allg.* fake, (*Unterschrift, Urkunde etc*) *a.* forge, (*Geld*) *a.* counterfeit, *econ.* (*Bücher etc*) tamper with, F doctor.

Fälscher(in) forger, counterfeiter.

Falschfahrer(in) wrong-way driver.

Falschgeld *n* counterfeit money.

Falschheit *f* falseness.

fälschlich I *adj* wrong, false. II *adv* → **fälschlicherweise** *adv* wrongly, falsely, (*aus Versehen*) by mistake.

Falschmeldung *f* false report, hoax.

Falschspieler(in) cardsharper, cheat.

Fälschung *f* **1.** forging, (*von Geld*) *a.* counterfeiting. **2.** (*Bild etc*) fake, forgery.

fälschungssicher *adj* forgery-proof.

Falt|bett *n* folding bed. **~blatt** *n* leaflet. **~boot** *n* folding canoe.

Fältchen *n* wrinkle, *pl* crow's-feet *pl.*

Falte *f* **1.** fold, (*Knitter-, Bügelfalte*) crease, (*e-s Rocks*) pleat: ***~n werfen*** pucker. **2.** (*Runzel*) crease, wrinkle, line.

fälteln *v/t* pleat.

falten *v/t* fold, (*in Falten legen*) pleat.

Faltenrock *m* pleated skirt.

Falter *m zo.* butterfly.

faltig *adj* creased, *Haut*: *a.* wrinkled, *Gesicht*: *a.* lined.

Falt|karte *f* folding (*od.* pull-out) map. **~karton** *m* collapsible cardboard box. **~prospekt** *m* leaflet. **~tür** *f* folding door.

Falz *m*, **falzen** *v/t* fold, *tech.* rabbet.

familiär *adj* **1.** family (*affairs etc*). **2.** *fig.* (*vertraut*) familiar, (*zwanglos*) informal. **3.** *ling.* familiar, colloquial.

Familie *f* family: ***(die) ~ Miller*** the Miller family; ***e-e ~ gründen*** start a family; ***~ haben*** have children; ***es liegt in der ~*** it runs in the family.

Familien|angehörige *m, f* member of the family. **~angelegenheit** *f* family affair. **~anschluss** *m* ***~ haben*** live (there) as one of the family. **~betrieb** *m* family business, family firm. **~fest** *n* family celebration. **~gericht** *n* ⚖ family court. **~kreis** *m* family circle. **~leben** *n* family life. **~mitglied** *n* member of the family. **~name** *m* surname, last name. **~oberhaupt** *n* head of the family. **~packung** *f econ.* family pack. **~planung** *f* family planning. **~rat** *m* family council. **~roman** *m* roman fleuve. **~sinn** *m* sense of family. **~stand** *m* marital status. **~unternehmen** *n* family business, family firm. **~vater** *m* **1.** head of the family. **2.** family man. **~verhältnisse** *pl* family background *sg.* **~zuwachs** *m* new arrival (to the family).

Fan *m* fan.

Fanatiker(in) fanatic. **fanatisch** *adj* fanatic(al). **Fanatismus** *m* fanaticism.

Fang *m* **1.** *a. fig.* catch, (*Fischzug*) *a.* haul. **2.** *zo.* (*Vogelkralle*) claw, (*~zahn*) fang, *des Ebers*: tusk.

Fangarm *m zo.* tentacle.

fangen I *v/t* **1.** catch: ***sich ~ lassen*** get caught; ***Feuer ~*** catch fire. **2.** *fig.* catch, *durch Fragen etc*: trap. II *v/reflex* ***sich ~*** **3.** be caught. **4.** *beim Stolpern etc*: catch o.s. **5.** *fig.* **sich (wieder) ~** rally (*a. Sport*), recover, *weitS.* get a grip on o.s. (again).

Fangen *n*: ***~ spielen*** play catch (*Am.* tag).

Fänger(in) catcher.

Fangfrage *f* trick question.

Fangopackung *f* ⚕ mud pack.

Fangzahn *m zo.* fang.

Fanklub *m* fan club.

Fantasie *f* **1.** imagination, (*Geist*) mind: ***schmutzige ~*** dirty mind; ***nur in s-r ~*** only in his mind; ***ohne ~*** → ***fantasielos.*** **2.** *mst pl* fantasy. **3.** ♪ fantasia.

fantasielos *adj* unimaginative.

Fantasiepreis *m* exorbitant price.

fantasiereich → ***fantasievoll.***

fantasieren *v/i* **1.** (day)dream, fantasize. **2.** ⚕ be delirious, rave (*a. fig.* **von** about). **3.** ♪ improvise.

fantasievoll *adj* imaginative.

Fantast(in) visionary.

Fantasterei *f* fantasy.

fantastisch *adj* fantastic(ally *adv*), F (*großartig*) *a.* terrific(ally *adv*), (*unglaublich*) *a.* incredible.

Farbabzug *m phot.* colo(u)r print.

Farbaufnahme *f* colo(u)r photo.

Farbband *n* typewriter ribbon. **~kassette** *f*, **~kartusche** *f* ribbon cartridge. **~umschaltung** *f* ribbon shift.

Farb|bildschirm *m* colo(u)r screen. **~display** *n Computer*: colo(u)r display. **~drucker** *m* colo(u)r printer.

Farbe *f* **1.** colo(u)r, (*Farbton*) *a.* shade, (*Anstrich, Malfarbe*) paint, *für Haar, Stoff*: dye: ***in ~ TV*** in colo(u)r; → ***leuchtend.*** **2.** (*Gesichtsfarbe*) complexion, colo(u)r. **3.** *Kartenspiel*: suit: ***~ bekennen*** follow suit, *fig.* show one's true colo(u)rs. **4.** *pl e-s Klubs etc*: colo(u)rs *pl.*
farbecht *adj* colo(u)rfast, nonfading.
färben I *v/t* **1.** (*Haar, Stoff*) dye, (*Glas, Papier*) stain, (*tönen*) tint, colo(u)r (*a. fig.*): ***gefärbter Bericht*** colo(u)red report. **2.** (*ab~*) stain, lose colo(u)r. **II** *v/reflex* ***sich ~*** **3.** (*Laub*: change) colo(u)r: ***sich rot etc ~*** turn red *etc.*
farbenblind *adj* colo(u)r-blind.
farben|freudig, ~froh *adj* colo(u)rful.
Farben|geschäft *n* paint shop (*Am.* store). **~lehre** *f* theory of colo(u)rs.
farbenprächtig *adj* colo(u)rful.
Farbenspiel *n* play of colo(u)rs.
Farb|fernsehen *n* colo(u)r television (*od.* TV). **~fernseher** *m*, **~fernsehgerät** *n* colo(u)r television (*od.* TV) set. **~film** *m* colo(u)r film. **~filter** *n, m phot.* colo(u)r filter. **~foto** *n* colo(u)r photo. **~fotografie** *f* **1.** colo(u)r photography. **2.** (*Bild*) colo(u)r photo.
farbig *adj* colo(u)red (*a. Rasse*), *fig.* colo(u)rful.
Farbige *m, f* colo(u)red person (*od.* man, woman), nonwhite: ***die ~n*** the colo(u)reds, the colo(u)red people, the nonwhites.
Farbkopie *f* colo(u)r copy. **~kopierer** *m* colo(u)r copier.
farblich *adj* colo(u)r, *a. adv* in colo(u)r.
farblos *adj a. fig.* colo(u)rless.
Farb|monitor *m* colo(u)r monitor (*od.* screen). **~skala** *f* colo(u)r chart. **~stift** *m* colo(u)red pencil, crayon. **~stoff** *m tech.* dye, (*für Lebensmittel*) colo(u)ring. **~ton** *m* hue, *heller*: tint, *dunkler*: shade, *paint., phot.* tone.
Färbung *f a. fig.* colo(u)ring, hue.
Farbwiedergabe *f* colo(u)r fidelity.
Farbzusammenstellung *f* colo(u)r scheme.
Farce *f thea.* burlesque, *a. fig.* farce.
Farm *f* farm. **Farmer(in)** farmer.
Farn *m*, **Farnkraut** *n* ♣ fern.
Fasan *m zo.* pheasant.
faschieren *v/t österr.* mince.
Faschiertes *n österr.* mince, minced meat.
Fasching *m*, **Faschings...** carnival.
Faschismus *m* fascism. **Faschist(in), faschistisch** *adj* fascist.
Faselei *f*, **faseln** *v/i* F drivel.
Faser *f anat.*, ♣ fibre, *Am.* fiber.
faserig *adj* fibrous, *Fleisch etc*: stringy.
fasern *v/i* fray.
Faser|platte *f* fibreboard, *Am.* fiberboard. **~schreiber** *m* felt-tip(ped) pen.
Fass *n* barrel, *kleines*: keg, (*Bottich*) vat, tub: ***Bier vom ~*** → ***Fassbier***; (***frisch***) ***vom ~*** *beer* on tap (*od.* draught), *wine* from the wood; *fig.* ***das ist ein ~ ohne Boden*** there is no end to it; ***das schlägt dem ~ den Boden aus!*** that's the last straw!
Fassade *f* façade, front (*a. fig.*).
fassbar *adj* **1.** (*verständlich*) comprehensible: ***schwer ~*** difficult (to understand). **2.** → ***greifbar*** 2.
Fassbier *n* draught beer.
fassen I *v/t* **1.** (*ergreifen*) take hold of, grasp, (*packen*) seize, *a. tech.* grip: F ***zu ~ kriegen*** get hold of; ***j-n an*** (*od.* ***bei***) ***der Hand ~*** take s.o. by the hand. **2.** (*Verbrecher etc*) apprehend, catch. **3.** (*ein~*) mount (*in silver etc*), (*Edelstein*) *a.* set. **4.** *räumlich*: hold, (*Personen*) *a.* accommodate, seat, (*enthalten*) contain. **5.** *fig.* (*begreifen*) grasp, understand, (*glauben*) believe: ***nicht zu ~*** unbelievable, incredible. **6.** (*ausdrücken*) put, formulate: ***et. in Worte ~*** put s.th. into words. **7.** *fig.* ***e-n Gedanken ~*** form an idea; → ***Beschluss, Entschluss, Fuß*** 1, ***Plan²*** 1. **II** *v/i* **8.** ***~ an*** (*acc*) touch; ***~ nach*** grasp at. **III** *v/reflex* ***sich ~*** **9.** regain one's composure, compose o.s.: → ***gefasst*** 1. **10.** ***sich kurz ~*** be brief; ***fasse dich kurz!*** make it brief!; → ***Geduld.***
Fassette *f* → ***Facette.***
Fasson *f* **1.** (*Form*) shape, (*Schnitt*) cut: *fig.* ***nach s-r*** (***eigenen***) ***~*** after one's own fashion. **2.** → **Fassonschnitt** *m* (*Frisur*) trim, short back and sides.
Fassung *f* **1.** *e-r Brille*: frame, *e-r Lampe*: socket, *e-s Edelsteins*: setting. **2.** a) (*Formulieren*) formulation, b) text, wording, c) version (*of book, film, etc*). **3.** (*Beherrschung*) composure: ***j-n aus der ~ bringen*** put s.o. out; ***die ~ bewahren*** keep one's head; ***die ~ verlieren*** lose one's composure (*vor Wut*: temper); ***s-e ~ wiedergewinnen*** → ***fassen*** 9; ***er war ganz außer ~*** he was completely beside himself; → ***ringen*** I.
Fassungskraft *f* (powers *pl* of) comprehension, mental capacity.
fassungslos *adj* stunned, speechless: ***~ vor Schmerz*** (***Glück***) beside o.s. with grief (joy). **Fassungslosigkeit** *f* shock.
Fassungsvermögen *n* **1.** capacity. **2.** → ***Fassungskraft.***
fast *adv* almost, *vor Zahlenangaben*: *a.* nearly, *in Verneinungen*: hardly: ***~ nie*** hardly ever; ***~ nichts*** *a.* next to nothing.
fasten *v/i* fast.
Fasten *n* fast(ing). **~kur** *f* starvation cure. **~tag** *m* day of fasting. **~zeit** *f* Lent.
Fast Food *n* fast food.

Fastnacht *f* **1.** Shrove Tuesday, Mardi gras. **2.** → ***Fasching(s...).***
Faszination *f* fascination.
faszinieren *v/t* fascinate.
fatal *adj* **1.** (*verhängnisvoll*) fatal, disastrous. **2.** (*peinlich*) (very) awkward.
Fatalismus *m* fatalism. **Fatalist(in)** fatalist. **fatalistisch** *adj* fatalist(ic).
Fata Morgana *f a. fig.* fata morgana.
fauchen *v/i* snarl, *Katze*: spit, hiss.
F
faul *adj* **1.** *Obst, Ei, Zahn etc*: rotten (*a. Holz*), bad, *Fisch, Fleisch*: bad, off, (*stinkend*) putrid. **2.** F *fig.* rotten, *Kompromiss etc*: hollow: ***~er Kunde*** shady customer; ***~er Scheck*** F dud cheque; ***~er Wechsel*** F bad paper. ***~e Sache*** fishy business; ***~er Witz*** bad joke; ***an der Sache ist et. ~*** there is s.th. fishy about it. **3.** (*träge*) lazy, idle.
faulen *v/i* go bad, rot.
faulenzen *v/i* loaf, laze around, *contp. a.* be lazy.
Faulenzer(in) idler, (*Faulpelz*) lazybones *sg*.
Faulheit *f* laziness.
faulig *adj* rotten, (*modrig*) mo(u)ldy, (*faulend*) rotting.
Fäulnis *f* rottenness, decay (*a.* ⚕), (*Verwesung*) putrefaction: ***in ~ übergehen*** (begin to) rot.
Faulpelz *m* F lazybones *sg*.
Faultier *n* **1.** *zo.* sloth. **2.** → ***Faulpelz.***
Faun *m* faun.
Fauna *f* fauna.
Faust *f* fist: *fig.* ***auf eigene ~*** F off one's own bat; ***mit eiserner ~*** with an iron hand; ***mit der ~ auf den Tisch schlagen*** put one's foot down; ***das passt wie die ~ aufs Auge*** a) (*passt nicht*) it goes together like chalk and cheese, b) *iro.* (*passt genau*) it fits (perfectly); → ***ballen*** 2.
Fäustchen *n fig.* ***sich ins ~ lachen*** laugh up one's sleeve.
faustdick *adj* as big as your fist: F *fig.* ***e-e ~e Lüge*** a whopping great lie; *adv* ***er hat es ~ hinter den Ohren*** he's a sly one.
faustgroß *adj* as big as your fist.
Faust|handschuh *m* mitt(en). **~regel** *f* rule of thumb, general rule. **~schlag** *m* punch. **~skizze** *f* rough sketch.
Fauteuil *m österr.* armchair.
favorisieren *v/t* favo(u)r.
Favorit(in) *a. Sport*: favo(u)rite.
Fax *n tel.* F fax: ***per ~ übermitteln*** send by fax. **~anschluss** *m* fax connection: ***haben sie e-n ~?*** have you got a fax machine?
faxen *v/t tel.* send by fax: ***j-m et. ~*** fax s.th. (through) to s.o.
Faxen *pl* nonsense *sg*: ***~ machen*** a) pull faces, b) clown about.
Fax|gerät *n* fax (machine). **~karte** *f Computer*: fax card. **~mitteilung** *f* fax message. **~nummer** *f* fax number. **~papier** *n* fax paper.
Fazit *n* result, upshot, (*Schlussfolgerung*) conclusion: ***das ~ ziehen aus*** sum *s.th.* up, draw one's conclusion from.
FCKW *abbr.* ***Fluorchlorkohlenwasserstoff*** CFC: ***~-frei*** CFC-free.
FDGB *hist. DDR*: ***Freier Deutscher Gewerkschaftsbund*** Free Federation of German Trade Unions.
FDJ *hist. DDR*: ***Freie Deutsche Jugend*** Free German Youth.
F.D.P., FDP ***Freie Demokratische Partei*** Liberal Democratic Party; *Schweiz*: ***Freisinnig-Demokratische Partei*** Liberal Democratic Party.
Feb(r.) ***Februar*** February (Feb., Feb).
Feber *m österr.* → ***Februar.***
Februar *m* (***im ~*** in) February.
Fecht... fencing (*glove, mask, etc*).
fechten I *v/i* **1.** fence, (*kämpfen, a. fig.*) fight. **2.** F (*betteln*) beg: ***~ gehen*** go begging.
Fechten *n* fencing.
Fechter(in) fencer.
Fechtsport *m* fencing.
Feder *f* **1.** feather, (*Schmuckfeder*) plume: *fig.* ***sich mit fremden ~n schmücken*** adorn o.s. with borrowed plumes; F ***noch in den ~n liegen*** be still in bed; *fig.* ***~n lassen müssen*** not to escape unscathed. **2.** (*Schreibfeder*) pen, (*Spitze*) nib. **3.** *tech.* spring.
Federball *m* shuttlecock, (*Spiel*) badminton.
Federbett *n* duvet, featherbed.
federführend *adj* responsible.
Federgewicht(ler *m*) *n Sport*: featherweight.
Federhalter *m* fountain pen.
Federkernmatratze *f* spring-interior mattress.
federleicht *adj* (as) light as a feather.
Federlesen *n fig.* ***nicht viel ~s machen mit*** make short work of.
federn I *v/i* be springy, be elastic, (*nachgeben*) give, (*schnellen*) bounce, *gym.* flex. **II** *v/t a. tech.* spring, cushion: ***gut gefedert*** well sprung.
federnd *adj* springy, elastic, resilient.
Federung *f* springs *pl*, *mot.* suspension.
Feder|vieh *n* poultry. **~zeichnung** *f* pen-and-ink drawing.
Fee *f* fairy: ***gute ~*** fairy godmother.
Fegefeuer *n* purgatory.
fegen I *v/t* **1.** sweep: ***Schnee ~*** clear away the snow. **2.** *schweiz.* scrub; → ***Platz*** 5. **II** *v/i a. fig.* sweep, F (*flitzen*) *a.* flit, rush.

Fehde *f* (***in ~ liegen*** be at) feud.
fehl *adv* → ***Platz*** 2.
Fehlanzeige *f mil., tech.* nil return: F ***~!*** negative!
fehlbar *adj* fallible.
Fehlbarkeit *f* fallibility.
Fehl|berechnung *f* miscalculation. **~besetzung** *f* **1.** *thea.* miscast. **2.** *Sport etc*: wrong choice. **~betrag** *m* deficit. **~buchung** *f* posting error.
Fehlbezeichnung *f* misnomer.
Fehldiagnose *f* ⚕ wrong diagnosis.
Fehleinschätzung *f* misjudg(e)ment.
fehlen I *v/i* **1.** be absent (***in*** *der Schule*, ***bei*** *e-r Sitzung etc* from). **2.** (*nicht vorhanden sein*) be missing: ***ihm ~ zwei Zähne*** he has two teeth missing; ***du hast uns sehr gefehlt!*** we really missed you! **3.** (*mangeln*) be lacking: ***ihm fehlt*** (***es an***) ***Mut*** he is lacking (in) courage; ***uns fehlt es am nötigen Geld*** we haven't got the money; ***es ~ uns immer noch einige Helfer*** we still need some helpers; ***es fehlt uns an nichts*** we have got everything we want; ***es fehlte an jeder Zs.-arbeit*** there was no cooperation whatsoever; ***das fehlte gerade noch!*** that's all we *etc* needed!; ***wo fehlts denn?*** what's the trouble?; ***fehlt Ihnen etwas?*** is anything wrong with you?; ***es fehlte nicht viel, und er ...*** he very nearly ... **4.** *fig.* ***weit gefehlt!*** far from it!
Fehlen *n* **1.** absence (***bei, in*** *dat* from), *bsd. häufiges*: absenteeism. **2.** (*Mangel*) lack, absence.
fehlend *adj* **1.** absent. **2.** (*nicht vorhanden*) missing. **3.** (*ausstehend*) outstanding.
Fehl|entscheidung *f* wrong decision (*a. Sport*), mistake. **~entwicklung** *f* undesirable development.
Fehler *m* **1.** *a. fig.* mistake, error, *fig. u. Sport*: fault: ***grober ~*** blunder; ***e-n ~ machen*** make a mistake; ***dein*** (***eigener***) ***~!*** (that's) your (own) fault! **2.** (*Mangel*) fault, defect, *bsd. tech.* flaw.
Fehler|analyse *f Computer*: error analysis. **~anzeige** *f Computer*: error display. **~beseitigung** *f Computer*: error recovery, debugging.
fehler|frei *adj* faultless, perfect, (*makellos*) flawless. **~haft** *adj* faulty (*a. tech.*), (*unrichtig*) incorrect, full of mistakes: *tech.* ***~e Stelle*** flaw.
Fehler|häufigkeit *f Computer*: error rate. **~korrektur** *f Computer*: error correction. **~meldung** *f Computer*: error message. **~quelle** *f* source of error (*tech.* trouble). **~quote** *f* error rate. **~suche** *f tech.* troubleshooting, *Computer*: debugging. **~suchprogramm** *n* debug program. **~verzeichnis** *n* errata *pl.*
Fehlgeburt *f* ⚕ miscarriage.
fehlgeleitet *adj fig.* misguided.
Fehl|griff *m* mistake, (*falsche Wahl*) *a.* wrong choice. **~information** *f* wrong (*od.* misleading) information. **~investition** *f* bad investment. **~kalkulation** *f* miscalculation. **~kauf** *m* bad buy. **~konstruktion** *f* a) faulty design, b) s.th. badly designed. **~leistung** *f* (***freudsche ~*** Freudian) slip. **~pass** *m Sport*: bad pass. **~planung** *f* bad planning.
Fehlschlag *m fig.* failure, F washout.
fehlschlagen *v/i fig.* fail, go wrong.
Fehl|schluss *m* fallacy. **~schuss** *m* miss. **~start** *m* false start: ***e-n ~ verursachen*** jump the gun. **~tritt** *m a. fig.* slip. **~urteil** *n* misjudg(e)ment, judicial error. **~verhalten** *n* lapse. **~versuch** *m Sport*: unsuccessful attempt. **~wurf** *m Sport*: miss. **~zeit** *f Gleitzeit*: time debit.
fehlzünden *v/i*, **Fehlzündung** *f mot.* misfire, backfire.
Feier *f* celebration, party, fête, (*Festakt*) ceremony: ***zur ~ des Tages*** to mark the occasion.
Feierabend *m* ***~ machen*** finish (work), F knock off (work), *Geschäft*: close; ***nach ~*** after work. **~verkehr** *m* rush hour.
feierlich *adj* solemn, (*förmlich*) ceremonious: *adv* ***~ begehen*** celebrate.
Feierlichkeit *f* **1.** solemnity, ceremoniousness. **2.** (*Feier*) ceremony.
feiern I *v/t allg.* celebrate, (*Festtag*) *a.* keep, observe, (*Jahrestag*) *a.* commemorate. II *v/i* celebrate, have a party: F *fig.* ***~ müssen*** *Arbeiter*: be laid off.
Feiertag *m* (***gesetzlicher ~*** public) holiday; ***kirchlicher ~*** religious holiday.
feige *adj* cowardly.
Feige *f* ♣ fig. **Feigenbaum** *m* fig tree.
Feigenblatt *n a. fig.* fig leaf.
Feigheit *f* cowardice.
Feigling *m* coward.
Feile *f* file.
feilen *v/t u. v/i* file: *fig.* ***~ an*** (*dat*) polish.
feilschen *v/i* haggle (***um*** about).
fein I *adj* **1.** *allg.* fine, (*dünn, zart*) *a.* delicate: ***~es Gebäck*** fancy cakes *pl*; ***~er Regen*** (light) drizzle. **2.** *Qualität*: fine, (*erlesen*) *a.* choice, excellent, (*elegant*) elegant, (*vornehm*) refined: ***~e Art, ~er Ton*** good form; F ***sich ~ machen*** dress up; ***nur vom Feinsten*** only of the best. **3.** *Ohr, Gespür etc*: keen, fine, sensitive: ***~er Humor*** subtle humo(u)r; ***~er Unterschied*** subtle (*od.* fine) distinction. **4.** (*nett*) *a. iro.* nice, fine: ***~!*** fine!, good! II *adv* **5.** finely (*etc*): *a. fig.* ***~ gesponnen*** fine-spun; ***er ist ~ heraus*** he's sitting pretty.

F

Fein|abstimmung *f* ⚡, *tech. u. fig.* fine tuning. **~arbeit** *f* precision work. **~bäckerei** *f* patisserie.
Feind *m* enemy, *rhet.* foe, (*Gegner*) adversary: ***Freund und ~*** friend and foe; ***sich ~e machen*** make enemies; ***sich j-n zum ~ machen*** antagonize s.o.
Feindin *f* enemy.
feindlich *adj mil.* enemy (*troops etc*), *a. Person, Haltung etc*: hostile (***gegen*** to, towards): ***~e Übernahme*** *econ.* hostile (*od.* unfriendly) takeover.
Feindlichkeit *f* hostility.
Feindschaft *f* enmity, hostility, antagonism.
feindselig *adj* hostile (***gegen*** to).
Feindseligkeit *f* hostility (***gegen*** to): *mil.* ***die ~en einstellen*** cease hostilities.
Feindstaat *m* enemy state.
Feineinstellung *f tech.* fine adjustment.
feinfühlig *adj* sensitive, delicate, tactful.
Feingefühl *n* sensitiveness, (*Takt*) tact.
Feingehalt *m von Edelmetallen*: standard.
Feingold *n* fine gold.
Feinheit *f allg.* fineness, (*Zartheit*) *a.* delicacy, (*Erlesenheit*) *a.* exquisiteness, (*Vornehmheit*) refinement, (*Eleganz*) elegance, (*Raffinesse*) subtlety: ***die ~en*** the finer points, the niceties; ***die letzten ~en*** the finishing touches.
Feinkost *f* delicatessen *pl.* **~laden** *m* delicatessen (shop).
feinmaschig *adj* fine-meshed.
Feinmechanik *f* precision mechanics *sg.*
Feinschmecker(in) gourmet.
Feinschmeckerlokal *n* gourmet restaurant.
Feinschnitt *m Tabak*: fine cut.
feinsinnig *adj Person*: sensitive.
Feinwäsche *f* delicate fabrics *pl.*
Feinwaschmittel *n* washing powder for delicate fabrics.
Feinwerktechnik *f* precision mechanics *sg.*
feist *adj* fat, stout.
feixen *v/i* F smirk.
Feld *n allg.* field (*a. fig. Gebiet*), ⚠ *a.* panel, (*beim Schach etc*) square: ***auf dem ~*** in the field; ***im ~ arbeiten*** *econ., Forschung etc*: do fieldwork; ***das ~ anführen*** *Sport*: lead the field; *fig.* ***das ~ behaupten*** stand one's ground; ***das ~ räumen*** beat a retreat; ***zu ~e ziehen gegen*** fight (*od.* campaign) against.
Feld|arbeit *f* **1.** ⚒ work in the fields. **2.** *econ., Forschung etc*: fieldwork. **~bett** *n* campbed. **~flasche** *f mil.* water bottle. **~forschung** *f* field research, fieldwork. **~früchte** *pl* field crop(s *pl*). **~herr** *m hist.* general. **~hockey** *n* field hockey.
Feld|küche *f* field kitchen. **~lager** *n* bivouac, camp. **~lazarett** *n* casualty clearing station, *Am.* evacuation hospital. **~marschall(in)** field marshal.
Feldsalat *m* ⚘ lamb's lettuce.
Feldspat *m min.* feldspar.
Feldspieler(in) *Sport*: outfield player.
Feldstecher *m* field glasses *pl*, binoculars *pl.*
Feldstudie *f* field study.
Feldversuch *m* field test.
Feld-, Wald- und Wiesen-... F common-or-garden ...
Feldwebel(in) *mil.* sergeant.
Feldweg *m* country lane.
Feldzug *m mil.* campaign.
Felge *f* **1.** *tech.* rim. **2.** *gym.* circle.
Felgenbremse *f* rim brake.
Fell *n* **1.** *zo.* coat. **2.** *abgezogenes*: hide, skin (*a. humor. Haut*), *ungegerbtes*: pelt, *gegerbtes*: fur: ***das ~ abziehen*** (*dat*) skin; *fig.* ***ein dickes ~ haben*** have a thick skin; F ***j-m das ~ über die Ohren ziehen*** fleece s.o.; ***s-e ~e davonschwimmen sehen*** see one's hopes dashed.
Fels *m a. fig.* rock. **~block** *m* boulder.
Felsen *m* rock, cliff.
felsenfest *adj* unshakable: *adv* ***ich bin ~ davon überzeugt*** I'm absolutely convinced of it.
Felsen|küste *f* rocky coast. **~riff** *n* reef.
felsig *adj* rocky.
Fels|klettern *n* rock climbing. **~spalte** *f* crevice. **~wand** *f* wall of rock, rock face. **~zacke** *f* crag.
feminin *adj* feminine (*a. ling.*), *contp.* effeminate.
Feminismus *m* feminism.
Feminist(in), feministisch *adj* feminist.
Fenchel *m* ⚘ fennel.
Fenster *n a. Computer*: window: *fig. pol.* ***ein ~ nach dem Westen*** a gate to the west; ***das Geld zum ~ hinauswerfen*** throw one's money away; F ***er ist weg vom ~*** he has had his chips. **~bank** *f*, **~brett** *n* windowsill. **~briefumschlag** *m* window envelope. **~glas** *n* window glass. **~laden** *m* shutter. **~leder** *n* chamois (leather). **~platz** *m* window seat. **~rahmen** *m* window frame. **~scheibe** *f* windowpane. **~technik** *f Computer*: window technology, windowing.
Ferien *pl* holidays *pl*, *bsd.* ⚖, *univ. od. Am.* vacation *sg*, *parl.* recess *sg*: ***die großen ~*** the long vacation; ***~ machen*** go on holiday (*Am.* vacation).
Ferien|... holiday (*camp, home, village, etc*). **~arbeit** *f* vacation job, vacation work. **~kurs** *m* vacation course. **~lager** *n* holiday camp. **~ort** *m* holiday resort. **~reise** *f* holiday (*Am.* vacation) trip. **~reisende** *m, f* holidaymaker. **~wohnung** *f* holiday flat. **~zeit** *f* holiday period.

Ferkel *n zo.* young pig, piglet: *fig. contp.* **du ~!** you (dirty) pig!
Ferment *n* enzyme, ferment.
fern I *adj* far (*a. adv*), (*entfernt*) far-off, *a. fig.* distant, remote: ***der Ferne Osten*** the Far East; ***von ~*** from (*od.* at) a distance, from afar; *fig.* ***in nicht allzu ~er Zukunft*** in the not too distant future; ***~ halten*** keep away (*a.* ***sich ~ halten, von*** from): ***j-n von sich ~ halten*** keep s.o. at a distance; ***et. von j-m ~ halten*** keep s.th. from s.o.; ***es liegt mir ~ zu*** *inf* far be it from me to *inf*; ***nichts lag mir ~er*** (***als***) nothing was farther from my mind (than); ***j-m ~ stehen*** have no contact (*od.* connection) with s.o. **II** *prep* (*dat*) far (away) from.
fernab *adv* far away.
Fern|abfrage *f teleph.* remote control facility. **~amt** *n teleph.* long-distance exchange. **~arbeitsplatz** *m* teleworkstation. **~auslöser** *m phot.* cable release. **~bedienung** *f* remote control.
fernbleiben *v/i* (*dat* from) stay away, *der Schule etc*: be absent.
Fernbleiben *n* absence, *häufiges*: absenteeism.
Fern|blick *m* vista. **~diagnose** *f* telediagnosis.
Ferne *f* distance: ***aus der ~*** from (*od.* at) a distance, from afar; ***in der ~*** far away, far off; *fig.* (***noch***) ***in weiter ~*** (still) a long way off.
ferner I *adj* further: → *a.* ***fern.*** **II** *adv* further(more), besides: ***~ liefen*** *Sport*: also ran; F *fig.* ***er erschien unter ~ liefen*** he was among the also rans.
Fern|fahrer(in) *mot.* long-distance lorry driver, *Am.* long-haul truck driver, F trucker. **~fahrt** *f* long-distance trip. **~flug** *m* long-distance flight. **~gespräch** *n* long-distance call.
ferngesteuert *adj* remote-controlled: ***~es Geschoss*** guided missile.
Fern|glas *n* binoculars *pl.* **~heizung** *f* district heating. **~kopierer** *m* fax machine, F fax. **~kursus** *m* correspondence course.
Fern|laster *m* F, **~lastwagen** *m* long-distance lorry, *Am.* long-haul truck.
Fernleitung *f teleph.* long-distance line, ⚡ transmission line, *tech.* pipeline.
Fern|lenkung *f* remote control. **~lenkwaffe** *f* guided weapon (*od.* missile).
Fernlicht *n mot.* full (*od.* high) beam.
Fernmelde|amt *n* telephone exchange. **~gebühren** *pl* telephone charges. **~satellit** *m* communications satellite. **~technik** *f* (tele)communications *sg.* **~turm** *m* radio and TV tower. **~wesen** *n* telecommunications *sg.*

fernmündlich → ***telefonisch.***
Fernost..., fernöstlich *adj* Far Eastern.
Fernrohr *n* telescope.
Fernschreiben *n* (***per ~*** by) telex.
Fernschreiber *m* telex machine.
Fernseh|... television (*od.* TV) (*aerial, camera, interview, studio, network, etc*). **~ansager(in)** telecaster. **~ansprache** *f* televised address. **~anstalt** *f* → ***Fernsehsender*** 2. **~apparat** *m* → ***Fernsehgerät.*** **~debatte** *f* televised debate. **~diskussion** *f* TV panel discussion. **~empfänger** *m* → ***Fernsehgerät.***
Fernsehen *n* (***im ~*** on) television (*od.* TV): ***et. im ~ bringen*** (*od.* ***übertragen***) telecast (*od.* televise) s.th.
fernsehen *v/i* watch television, teleview.
Fernseher *m* F **1.** → ***Fernsehgerät.*** **2.** televiewer.
Fernseh|fassung *f* television (*od.* TV) adaptation. **~gebühr** *f* television licence fee. **~gerät** *n* television set, TV (set). **~programm** *n* **1.** television (*od.* TV) program(me *Br.*). **2.** (*Heft*) program(me *Br.*) guide. **~rechte** *pl* television rights *pl.* **~röhre** *f* television tube. **~satellit** *m* TV satellite. **~schirm** *m* (television) screen. **~sender** *m* **1.** television transmitter. **2.** (*Anstalt*) television (broadcasting) station. **3.** (*Kanal*) television channel. **~sendung** *f* television (*od.* TV) program(me *Br.*), telecast. **~spiel** *n* television play. **~teilnehmer(in) 1.** TV licen/ce (*Am.* -se) holder. **2.** → ***Fernsehzuschauer(in).*** **~telefon** *n* videophone. **~turm** *m* television tower. **~übertragung** *f* television (*od.* TV) broadcast. **~zeitschrift** *f* TV guide. **~zuschauer(in)** television viewer, televiewer, *pl a.* television audience *sg*, viewing public *sg.*
Fernsicht *f* view.
Fernsprech|... → *a.* ***Telefon...*** **~amt** *n* telephone exchange. **~anschluss** *m* telephone connection. **~auftragsdienst** *m* answering service. **~automat** *m* pay phone. **~buch** *n* telephone directory, F phone book.
Fernsprecher *m* (***öffentlicher ~*** public) telephone, F phone.
Fernsprech|gebühren *pl* telephone charges *pl.* **~netz** *n* telephone system (*od.* network). **~teilnehmer(in)** telephone subscriber.
fernsteuern *v/t* operate *s.th.* by remote control.
Fernsteuerung *f* remote control.
Fern|straße *f* major road, (*Autobahn*) motorway, *Am.* freeway. **~studium** *n* → ***Fernunterricht.*** **~tourismus** *m* long-haul tourism. **~transport** *m* long-distance (*Am.* long-haul) transport. **~überwachung** *f* remote monitoring. **~universität** *f etwa* open

university. **~unterricht** *m* correspondence course. **~verkehr** *m* long-distance traffic. **~verkehrsstraße** *f* → **Fernstraße. ~waffe** *f* long-range weapon. **~wärmenetz** *n* long-distance heating system. **~ziel** *n* long-term objective. **~zug** *m* long-distance train.

Ferse *f allg.* heel: ***j-m auf den ~n*** a) ***sein*** be hard on s.o.'s heels, b) ***folgen*** dog s.o.'s footsteps.

F

fertig I *adj* **1.** (*bereit*) ready: (***Achtung,***) ***~, los!*** ready, steady, go! **2.** (*beendet*) finished, completed: ***~ sein mit*** have finished (with); *fig.* ***~ werden mit*** cope (*od.* deal) with, (*Kummer etc*) get over; (***gut***) ***ohne … ~ werden*** manage (*od.* get along) (quite well) without … **3.** *econ.* finished, *tech.* prefabricated, *Kleidung*: ready-made, *Essen*: ready-to-eat, precooked. **4.** *fig.* accomplished, (*gereift*) mature. **5.** F *fig.* a) *a.* ***fix und ~*** (*erschöpft*) bushed, b) (*ruiniert*) done for, c) (*sprachlos*) flabbergasted: ***der ist ~!*** he has had it! **II** *adv* **6.** ***et. ~ bringen*** get s.th. done, manage s.th., brin s.th. off; ***es ~ bringen zu*** *inf* manage to *inf*; ***ich brachte es nicht ~*** I couldn't do it, *weitS.* I couldn't bring myself to do it; ***~ machen*** a) get *s.o., s.th.* ready, b) (*vollenden*) finish, c) F ***j-n ~ machen*** a) (*erschöpfen, umbringen*) finish s.o. (off), (*zermürben*) get s.o. down, b) (*hart kritisieren*) slam s.o., c) (*verprügeln*) mess s.o. up, clobber s.o. (*a. Sport*); ***~ stellen*** finish, complete.

Fertigbauweise *f tech.* prefabricated construction.

fertigen *v/t* make, produce.

Fertig|erzeugnis *n*, **~fabrikat** *n* finished product. **~gericht** *n gastr.* instant meal, ready-to-serve meal, TV dinner . **~haus** *n* prefabricated house, F prefab.

Fertigkeit *f* (*Geschick*) skill, (*Begabung*) talent, (*Können*) proficiency (***in*** *dat* in).

Fertig|montage *f* final assembly. **~nahrung** *f* convenience food. **~produkt** *n* finished product. **~stellung** *f* completion. **~stellungstermin** *m* completion date, target date. **~teil** *n* prefabricated part, *pl* assembly units *pl.*

Fertigung *f* manufacture, production.

Fertigungs|anlagen *pl* production facilities *pl.* **~industrie** *f* manufacturing industry. **~kapazität** *f* manufacturing capacity. **~kosten** *pl* manufacturing (*od.* production) cost *sg.* **~stätte** *f* production plant. **~straße** *f* production line. **~technik** *f* production engineering.

Fertigwaren *pl* finished products *pl.*

Fes *m* fez.

fesch *adj* **1.** F (*modisch*) smart, chic. **2.** F (*hübsch*) attractive. **3.** *österr.* (*nett*) nice: ***sei ~!*** be a good boy/girl!

Fessel[1] *f mst pl a. fig.* shackle, (*an Füßen*) fetter, (*Handschelle*) handcuff: ***j-m ~n anlegen, j-n in ~n legen*** → ***fesseln*** 1.

Fessel[2] *f* **1.** *anat.* ankle. **2.** *zo.* pastern.

fesseln *v/t* **1.** ***j-n ~*** tie s.o. up (***an*** *acc* to), *mit Handschellen*: handcuff s.o. **2.** *fig.* ***ans Bett gefesselt*** confined to one's bed, bedridden. **3.** *fig.* fascinate, captivate, (*Aufmerksamkeit, Auge etc*) catch. **fesselnd** *adj fig.* fascinating, riveting, gripping.

fest I *adj* **1.** *allg.* firm (*a. fig. Absicht, Entschluss etc, a. econ. Börse, Kurse etc*), (*hart*) hard, *Währung*: *a.* stable, (*nicht flüssig, ~gefügt*) solid, (*widerstandsfähig*) strong, (*starr*) fixed, *tech. a.* (*orts~*) stationary, (*straff, a. Schraube*) tight, (*gut befestigt*) firmly fixed: ***~ werden*** harden, *Flüssigkeit*: solidify, *Zement etc*: set. **2.** *fig. Einkommen, Kosten, Preise, Termin etc*: fixed, *Abmachung*: *a.* binding, *Kunde*: regular, *Stellung, Wohnsitz*: permanent, F *Freund*(*in*): steady: ***~er Wohnsitz*** ⚖ *a.* fixed abode; ***~er Schlaf*** sound sleep; ***~e Freundschaft*** lasting friendship; ***~e Arbeitskräfte*** permanent labour; ***~er Kundenkreis*** established clientele. **II** *adv* **3.** firmly (*etc*): ***~ schlafen*** sleep soundly; ***et. ~ abmachen*** settle s.th. definitely; ***Kapital ~ anlegen*** tie up capital; *Geld*: ***~ angelegt*** tied-up; ***j-n ~ anstellen*** employ s.o. on a permanent basis; ***~ angestellt*** permanently employed; (F ***steif und***) ***~ behaupten, dass …*** (absolutely) insist that …; ***ich bin ~ davon überzeugt, dass …*** I'm absolutely convinced that …; ***das habe ich*** (***ihm***) ***~ versprochen*** I gave (him) my word for it; *a. fig.* ***~ verwurzelt*** deeply rooted. **4.** F *a.* ***~e*** (*mächtig*) properly: ***immer ~e!*** go at it!

Fest *n* **1.** celebration, festivities *pl*, (*Gesellschaft*) party: ***ein ~ feiern*** celebrate. **2.** (*~tag*) holiday, *eccl.* feast: ***Frohes ~!*** a) Merry Christmas!, b) Happy Easter!

Fest|akt *m* ceremony. **~angebot** *n* binding (*od.* firm) offer. **~anlage** *f* fixed-term deposit. **~anstellung** *f* permanent appointment.

festbinden *v/t* tie *s.o., s.th.* up: ***~ an*** (*dat*) tie *s.o., s.th.* to.

festbleiben *v/i* remain firm.

Festessen *n* dinner, *großes*: *a.* banquet.

festfahren *v/reflex* ***sich ~*** *a. fig.* get stuck, *Gespräche*: reach a deadlock.

festfressen *v/reflex* ***sich ~*** *tech.* seize, jam.

Festgehalt *n* fixed salary.

Festgeld *n* fixed-term deposits *pl.* **~konto** *n* fixed-term deposit account.

festgelegt, festgesetzt *adj* fixed.
festhalten I *v/t* **1.** hold on to, grip. **2.** (*j-n*) hold, keep, (*inhaftieren*) *a.* detain. **3.** *fig. in Wort, Ton*: record, *im Bild, mit der Kamera*: photograph, film, capture: ***e-n Gedanken*** ~ make a (*geistig*: mental) note of an idea; ***et. schriftlich*** ~ put s.th. down in writing. II *v/reflex* ***sich*** ~ **4.** hold tight, hold on: ***sich*** ~ ***an*** (*dat*) *a. fig.* hold on to.
festigen I *v/t allg.* strengthen, (*Macht etc*) *a.* consolidate, (*Währung etc*) *a.* stabilize. II *v/reflex* ***sich*** ~ strengthen, grow stronger, *Währung etc*: *a.* stabilize, *Wissen*: improve.
Festigkeit *f* firmness, strength, steadiness, stability; → ***fest.***
Festigung *f* strengthening, consolidation, stabilization.
fest|klammern I *v/t* clip (*tech.* clamp) *s.th.* on (***an*** *acc* to). II *v/reflex* ***sich*** ~ ***an*** (*dat*) cling to. **~kleben** I *v/t* (***an*** *acc* to) stick, glue. II *v/i* stick (***an*** *dat* to). **~klemmen** I *v/t* clamp (fast), wedge. II *v/i* stick (fast), jam, be jammed.
Fest|körper *m phys.* solid. **~kosten** *pl* fixed cost *sg.* **~kurs** *m econ.* fixed rate. **~land** *n* a) mainland, b) (*Ggs. Meer*) land, c) continent.
Festland(s)... continental.
festlegen I *v/t* **1.** → ***festsetzen*** 1. **2.** (*Grundsätze etc*) lay down, define. **3.** ⚓ (*Kurs*) plot. **4.** *econ.* (*Kapital*) tie up. **5.** ***j-n auf e-e Sache*** ~ pin s.o. down to s.th. II *v/reflex* **6.** ***sich*** ~ ***auf*** (*acc*) commit o.s. to, (*entscheiden für*) decide on.
festlich I *adj* festive, (*glanzvoll*) splendid. II *adv* festively (*etc*): ~ ***begehen*** celebrate; ~ ***gestimmt*** in a festive mood.
Festlichkeit *f* **1.** festivity. **2.** (*Stimmung*) festive atmosphere.
festliegen *v/i* **1.** be fixed, *Kapital*: be tied up. **2.** *mot.* be stuck, ⚓ be grounded.
festmachen I *v/t* **1.** (***an*** *dat od. acc* to) fix, fasten, ⚓ moor. **2.** *fig.* fix, settle, (*Handel*) *a.* clinch: ***et.*** ~ ***an*** (*dat*) fix s.th. on. II *v/i* **3.** ⚓ moor.
Festmeter *m, n* cubic met/re (*Am.* -er).
festnageln *v/t* nail down (*a. fig.* ***auf*** *acc* to).
Festnahme *f*, **festnehmen** *v/t* arrest.
Festplatte *f Computer*: hard disk.
Festplattenlaufwerk *n* hard disk drive.
Festpreis *m* fixed price. **~vereinbarung** *f* fixed-price agreement.
Fest|rede *f* (ceremonial) address. **~redner(in)** official speaker. **~saal** *m* (banquet-ing) hall. **~schrift** *f* commemorative publication.
festsetzen I *v/t* **1.** (*Zeit, Ort etc*) fix, arrange (***auf*** *acc* for), (*Gehalt, Preis, Strafe etc*) fix (***auf*** *acc* at), (*Schaden, Steuer*) assess, (*Bedingungen*) lay down, agree on, (*vorschreiben*) prescribe. **2.** (*inhaftieren*) arrest. II *v/reflex* ***sich*** ~ **3.** settle (***in*** *dat* in).
festsitzen *v/i mot.* be stuck (*a.* F *fig. mit e-r Arbeit etc*), ⚓ be stranded.
Festspeicher *m Computer*: read-only memory (*abbr.* ROM).
Festspiel *n* festival performance: **~e** *pl* → **Festspielwoche** *f* festival.
feststehen *v/i Termin etc*: be fixed, (*sicher sein*) be certain, *als Tatsache*: be a fact. **feststehend** *adj* **1.** *tech.* stationary. **2.** *fig. Tatsache etc*: established.
feststellbar *adj* **1.** ascertainable, (*merklich*) noticeable. **2.** *tech.* lock-type.
Feststellbremse *f* parking brake.
feststellen *v/t* **1.** find out, discover, (*Sachverhalt etc*) establish, ⚕ diagnose, (*Ort, Lage, Fehler*) locate. **2.** (*erkennen*) realize, see, (*bemerken*) notice. **3.** (*erklären*) state. **4.** *tech.* lock.
Feststelltaste *f* shift lock.
Feststellung *f* **1.** establishing (*etc*, → ***feststellen***), discovery. **2.** (*Wahrnehmung*) observation: ***er machte die*** ~, ***dass ...*** he found (*od.* realized) that ... **3.** (*Bemerkung*) remark, (*Erklärung*) statement.
Feststoffrakete *f* solid-fuel rocket.
Festtag *m* (*eccl.* religious) holiday.
festtäglich *adj* festive.
Festung *f* fortress, *kleinere*: fort.
festverzinslich *adj econ.* fixed interest (bearing): **~e *Anlagepapiere*** investment bonds.
Festwoche *f, a. pl* festival.
Festzelt *n* marquee.
festziehen *v/t* tighten.
Festzug *m* procession.
Fetisch *m* fetish. **Fetischismus** *m* fetishism. **Fetischist** *m* fetishist.
fett *adj* **1.** *allg.* fat, (**~***leibig*) *a.* obese, *Speisen*: fatty, *Milch, Boden etc*: rich: ~ ***machen*** fatten; *adv* ~ ***essen*** eat fatty food. **2.** F *fig.* fat, rich, big: **~e *Beute*** big haul. **3.** *print.* bold: ~ ***gedruckt*** in bold type.
Fett *n* **1.** fat, (*Bratenfett*) dripping, (*Backfett*) shortening: F *fig.* ***sein*** ~ ***weghaben*** have caught it. **2.** (*Körperfett*) fat, F flab: ~ ***ansetzen*** put on (a lot of) weight. **3.** *tech.* (*Schmierfett*) grease.
fettarm *adj* low-fat ..., *pred* low in fat.
Fett|auge *n* blob of fat. **~creme** *f* rich oil-based cream. **~druck** *m print.* bold (-faced) type.
fetten I *v/t* grease. II *v/i* be greasy.
Fett|fleck *m* grease spot. **~gehalt** *m* fat content. **~gewebe** *n* fatty tissue.
fetthaltig *adj* containing fat, fatty, *Creme*: oil-based.

F

fettig *adj* fat, fatty, *Creme*: oily, *Haar*, *Haut etc*: greasy.
Fettleber *f* ⚕ fatty liver.
fettleibig *adj* obese.
Fettleibigkeit *f* obesity.
Fett|näpfchen *n* F *fig.* ***(bei j-m) ins ~ treten*** put one's foot in it. **~sack** *m* F *contp.* fatso. **~salbe** *f* greasy ointment. **~schicht** *f* layer of fat. **~sucht** *f* ⚕ obesity. **~wanst** *m* F **1.** paunch. **2.** → ***Fettsack.***

F

Fetus *m biol.* f(o)etus.
Fetzen *m* **1.** rag (*a. humor. Kleid*), (*Papier*) scrap, (*Stoff*) shred: ***in ~*** in shreds and tatters; F ***dass die ~ fliegen*** like crazy. **2.** *pl* F *fig.* (*Gesprächsfetzen etc*) snatches *pl.*
fetzig *adj* F wild, wicked.
feucht *adj* damp, *a. Augen*, *Lippen*, *Haut etc*: moist, *Luft*: humid, *Klima etc*: wet, (*~kalt*) clammy: ***~e Hände*** sweaty palms.
feuchtfröhlich *adj* F (very) merry.
Feuchtigkeit *f* damp(ness), moisture, (*bsd. Luftfeuchtigkeit*) humidity: ***vor ~ schützen!*** keep in a dry place!
Feuchtigkeits|creme *f* moisturizing cream, moisturizer. **~gehalt** *m* moisture content, *der Luft etc*: *a.* humidity.
feudal *adj* **1.** *hist.* feudal. **2.** F *fig.* sumptuous, (*vornehm*) posh.
Feudalismus *m hist.* feudalism.
Feuer *n* **1.** *allg.* fire: *mil.* ***~!*** fire!; ***haben Sie ~?*** have you got a light?; ***j-m ~ geben*** give s.o. a light; ***das Olympische ~*** the Olympic flame; *fig.* ***durchs ~ gehen für*** go through fire and water for; ***mit dem ~ spielen*** play with fire; ***zwischen zwei ~ geraten*** be caught between the devil and the deep blue sea; → ***eröffnen*** 1. **2.** ⚓ (*Signalfeuer*) beacon. **3.** *fig. allg.* fire, (*Eifer*) *a.* fervo(u)r, (*Temperament*) *a.* spirit: ***~ und Flamme sein*** be all for it.
Feuer|alarm *m* fire alarm. **~bestattung** *f* cremation. **~eifer** *m* zeal. **~einstellung** *f mil.* cessation of fire.
feuerfest *adj* fireproof, (*unverbrennbar*) incombustible.
Feuergefahr *f* danger of fire.
feuergefährlich *adj* flammable.
Feuer|gefecht *n mil.* gun battle. **~haken** *m* poker. **~kraft** *f mil.* fire power. **~leiter** *f* fire ladder, (*Nottreppe*) fire escape. **~löscher** *m* fire extinguisher. **~melder** *m* fire alarm.
feuern *v/t* **1.** (*Ofen*, *mil. Salut*) fire, (*Holz*, *Kohle*) *a.* burn. **2.** F (*schleudern*) hurl, *Sport*: slam (*the ball*): ***j-m e-e ~*** land s.o. one. **3.** F (*entlassen*) fire. **Feuerprobe** *f fig.* acid test. **feuerrot** *adj* flaming red, *Gesicht*: *a.* crimson.
Feuer|schaden *m* damage caused by fire. **~schiff** *n* lightship. **~schlucker(in)** fire-eater. **~schutz** *m* **1.** fire prevention. **2.** *mil.* covering fire. **~stein** *m* flint. **~stelle** *f* fireplace, hearth. **~taufe** *f fig.* baptism of fire. **~teufel** *m* F fire bug. **~treppe** *f* fire escape.
Feuerung *f* **1.** (*Anlage*) heating. **2.** (*Brennstoff*) fuel.
Feuer|versicherung *f* fire insurance. **~wache** *f* fire station. **~waffe** *f* firearm.
Feuerwehr *f* fire brigade: F ***wie die ~*** like a flash. **~auto** *n* fire engine. **~mann** *m* fireman.
Feuerwerk *n* fireworks *pl* (*a. fig.*).
Feuerwerkskörper *m* firework.
Feuerzange *f* tongs *pl.*
Feuerzangenbowle *f* burnt punch.
Feuerzeug *n* (cigarette) lighter. **~benzin** *n* lighter fluid.
Feuilleton *n* feature pages *pl.*
Feuilletonist(in) feature writer.
feurig *adj* **1.** *fig.* fiery, passionate, ardent. **2.** *Wein*: rich, heady.
FF ***französischer Franc*** French franc (FF).
ff., ff ***und folgende*** *Seiten* and following *pages* (ff., ff).
Ffm. ***Frankfurt am Main*** Frankfurt on the Main.
FH ***Fachhochschule*** advanced technical college.
FHO ***Fachhandelsorganisation*** specialized dealers' organization.
Fiasko *n* fiasco.
Fibel[1] *f ped.* primer.
Fibel[2] *f* (*Spange*) fibula.
Fiber *f* fibre, *Am.* fiber.
Fiberglas *n* fibre (*Am.* fiber) glass.
Fichte *f* ⚘ spruce, F pine (tree).
Fichtenholz *n* deal.
Fichtennadelbad *n* spruce-needle bath.
ficken *v/t u. v/i* V fuck.
fidel *adj* cheerful.
Fieber *n* fever (*a. fig.*), (high) temperature: ***~ haben*** → ***fiebern*** 1; ***j-m*** (*od.* ***j-s***) ***~ messen*** take s.o.'s temperature.
Fieberanfall *m* attack of fever.
fieberfrei *adj* ***sie ist ~*** her temperature is back to normal again.
fieberhaft *adj a. fig.* feverish.
Fieber|kranke *m, f* fever case. **~kurve** *f* temperature curve. **~mittel** *n* antipyretic.
fiebern *v/i* **1.** have (*od.* be running) a temperature, (*fantasieren*) be delirious. **2.** *fig.* be feverish (***vor*** with): ***~ nach*** yearn for.
Fieber|tabelle *f* temperature chart. **~thermometer** *n* (clinical) thermometer. **~traum** *m* feverish dream.
fiebrig → ***fieberhaft.***
Fiedel *f*, **fiedeln** *v/t u. v/i* F fiddle.
fies *adj* F nasty, mean.
Fiesling *m* F meanie.

Fifa, FIFA ***Fédération Internationale de Football Association*** Internationaler Fußballverband.

FIFO-Methode *f* first in first out (FIFO).

Figur *f* **1.** *allg.* figure (*a.* ♞, ♪), (*Körperbau*) *a.* build: ***e-e gute* (*schlechte*) *~ machen*** cut a fine (poor) figure. **2.** *im Buch, Film etc*: figure, character: ***komische ~*** a) figure of fun, b) strange character. **3.** *Schach*: piece, *pl a.* chessmen. **4.** *Kunst*: figure, statue, *kleinere*: figurine.

figurativ *adj ling.* figurative.

figurieren *v/i* figure (***als*** as).

figürlich *adj* **1.** *Kunst*: figured. **2.** *ling.* figurative.

Fiktion *f* fiction.

fiktiv *adj* fictitious: ***~er Wert*** *econ.* imputed value.

Filet *n gastr.* fillet. **~steak** *n* fillet steak. **~stück** *n* piece of sirloin, *fig.* choice part.

Filiale *f* branch (office), subsidiary, (*Kettenladen*) chain store.

Filialleiter(in) branch manager.

Filigran *n*, **Filigranarbeit** *f* filigree.

Film *m* **1.** *phot.* film. **2.** (*Spielfilm, a. TV*) film, *bsd. Am. a.* movie: ***e-n ~ drehen* (*über acc*)** shoot (*od.* make) a film (of), film *s.th.*; F *fig.* ***mir ist der ~ gerissen*** I had a blackout. **3.** (*~branche*) *the* cinema, *bsd. Am. the* movies *pl*: ***beim ~ sein*** a) be in the film (*bsd. Am. a.* movie) business, b) be a film (*bsd. Am. a.* movie) actor (*od.* actress). **4.** (*Häutchen*) film, coat(ing).

Film|archiv *n* film library. **~atelier** *n* film studio. **~aufnahme** *f* **1.** shooting (of a film). **2.** (*Szene*) shot, take. **~bericht** *m* film report.

Filmemacher(in) film (*bsd. Am. a.* movie) maker.

filmen **I** *v/t* film, shoot. **II** *v/i* be filming, make a film, *bei Außenaufnahmen*: be on location.

Film|festspiele *pl* film festival *sg.* **~gelände** *n* studio lot. **~gesellschaft** *f* film (*Am.* motion-picture) company. **~industrie** *f* film (*Am.* motion-picture) industry.

filmisch *adj* cinematic(ally *adv*).

Film|kamera *f* film (*od.* movie) camera, (*für Schmalfilm*) cinecamera. **~kritik** *f* film review. **~kritiker(in)** film critic. **~kunst** *f* cinematography. **~material** *n* footage. **~musik** *f* **1.** film music. **2.** *the* music to the film. **~pack** *m* film pack. **~preis** *m* film (*bsd. Am. a.* movie) award. **~produzent(in)** (film) producer. **~projektor** *m* film (*bsd. Am. a.* movie) projector. **~regisseur(in)** film (*bsd. Am. a.* movie) director. **~reklame** *f* screen advertising. **~schauspieler(in)** film (*od.* screen, *bsd. Am. a.* movie) actor (actress). **~star** *m* film (*bsd. Am. a.* movie) star. **~streifen** *m* reel, *weitS.* strip. **~studio** *n* film studio. **~theater** *n* cinema, *Am.* movie theater. **~verleih** *m* **1.** film distribution. **2.** (*Gesellschaft*) film distributors *pl.* **~vorführer(in)** projectionist. **~vorführung** *f* film (*bsd. Am. a.* movie) show. **~vorschau** *f für Kritiker*: preview, (*Ausschnitte, als Reklame*) trailer, *in der Zeitung*: forthcoming films *pl.* **~welt** *f* film world, *Am. a.* movieland.

Filter *m, n* filter. **~anlage** *f* filtration plant. **~einsatz** *m* filter element. **~kaffee** *m* filtered coffee.

filtern *v/t* filter, (*Kaffee*) *a.* percolate.

Filter|papier *n* filter paper. **~zigarette** *f* filter(-tipped) cigarette.

Filtrat *n* filtrate. **filtrieren** *v/t* filter.

Filz *m* **1.** felt. **2.** F (*~hut*) felt hat. **3.** F *contp.* a) (*Geizhals*) skinflint, b) *pol.* corruption.

filzen **I** *v/t* F *fig.* frisk. **II** *v/i Wolle*: felt.

Filzhut *m* felt hat.

filzig *adj* **1.** (*verfilzt*) felted, *Haar etc*: matted. **2.** F *fig.* (*geizig*) mean, stingy.

Filzlaus *f zo.* crab louse.

Filzpantoffel *m mst pl* felt slipper.

Filz|schreiber *m*, **~stift** *m* felt(-tipped) pen.

Fimmel *m* F craze: ***e-n ~ haben für*** be mad about.

fin. ***finanziell*** financial(ly *adv*) (fin.).

Finale *n* **1.** finale. **2.** *Sport*: final (round), finals *pl.*

Finalist(in) *Sport*: finalist.

Finalsatz *m ling.* final clause.

Financier *m* financier.

Finanz|... *mst* financial (*adviser, paper, etc*). **~amt** *n* inland (*Am.* internal) revenue (office), *fig. contp. the* Tax Man. **~ausgleich** *m zwischen Bund und Ländern*: financial equalization, tax sharing. **~ausschuss** *m* finance committee. **~beamte** *m*, **~beamtin** *f* revenue officer. **~bedarf** *m* financial requirements *pl.* **~behörde** *f* tax authority, *pl a.* fiscal authorities. **~berater(in)** financial consultant (*od.* adviser). **~buchhaltung** *f* financial accounting. **~chef(in)** chief financial manager (*od.* officer).

Finanzen *pl* finances *pl.*

Finanz|gericht *n* tax tribunal. **~geschäft** *n* financial transaction. **~gruppe** *f* group of financiers, syndicate. **~hilfe** *f* financial assistance.

finanziell *adj* financial.

finanzieren *v/t* finance, (*Anstalt etc*) *oft* fund.

Finanzierung *f* financing.

Finanzierungs|gesellschaft *f* finance company. **~kosten** *pl* financing expenses *pl.* **~lücke** *f* financing gap, funding gap. **~mittel** *pl* funds *pl.* **~plan** *m* financing plan.

Finanz|jahr *n* fiscal (*od.* financial) year.
finanzkräftig *adj* financially strong, potent.
Finanz|lage *f* financial situation. **~mann** *m* financier. **~markt** *m* financial market. **~minister(in)** minister of finance, *Br.* Chancellor of the Exchequer, *Am.* Secretary of the Treasury. **~ministerium** *n* ministry of finance, *Br.* Treasury, *Am.* Treasury Department. **~platz** *m* financial cent/re (*Am.* -er). **~politik** *f* financial (*od.* fiscal) policy.
finanzschwach *adj* financially weak.
Finanz|sektor *m* financial sector. **~spritze** *f* F cash (*od.* capital) injection. **~teil** *m e-r Zeitung*: financial section. **~volumen** *n* total expenditure. **~welt** *f* financial world. **~wesen** *n* (public) finance. **~wirtschaft** *f* financial management. **~teil** *m e-r Zeitung*: financial section.
finden I *v/t* **1.** (*a. vor~*) find: ***nirgends zu ~*** nowhere to be found; *fig.* ***ein Ende ~*** come to an end; ***ich fand k-e Worte*** I was at a loss for words. **2.** *fig.* (*halten für*) find, think: ***ich finde es gut*** (***, dass ...***) I think it's good (that ...); ***wie ~ Sie das Buch?*** how do you like (*od.* what do you think of) the book?; ***~ Sie*** (***nicht***)***?*** do (don't) you think so?; ***ich weiß nicht, was sie an ihm findet*** I don't know what she sees in him. **II** *v/reflex* ***sich ~*** **3.** *Sache*: be found, *Person*: find o.s. (***umringt*** *etc* surrounded *etc*): ***das wird sich ~*** we'll see. **III** *v/i* **4.** ***nach Hause ~*** find one's way home; ***zu sich selbst ~*** sort o.s out.
Finder(in) finder.
Finderlohn *m* finder's reward.
Findling *m geol.* erratic block.
Finesse *f* finesse, *pl* tricks *pl*: *Auto etc* ***mit allen ~n*** with all the refinements.
Finger *m* finger (*a. am Handschuh*): ***sich die ~ verbrennen*** *a. fig.* burn one's fingers; ***sich in den ~ schneiden*** a) cut one's finger, b) *fig.* make a big mistake; ***j-m auf die ~ klopfen*** *a. fig.* rap s.o.'s knuckles; ***lass die ~ davon!*** a) hands off!, b) *fig.* leave well alone!; *fig.* ***sich et. aus den ~n saugen*** make s.th. up; ***j-m auf die ~ sehen*** keep a sharp eye on s.o.; ***j-n um den kleinen ~ wickeln*** twist s.o. round one's little finger; ***k-n ~ rühren*** (*od.* ***krümmen***) not to lift a finger; ***er hat überall s-e ~ im Spiel*** he's got a finger in every pie; → ***abzählen.***
Fingerabdruck *m* fingerprint: ***genetischer ~*** genetic (*od.* DNA) fingerprint; (***j-m***) ***Fingerabdrücke abnehmen*** take s.o.'s fingerprints.
fingerfertig *adj* nimble-fingered.
Fingerfertigkeit *f* dexterity.
Fingerhut *m* **1.** ♀ foxglove. **2.** thimble.
fingern I *v/i* ***~ an*** (*dat*) finger. **II** *v/t* F (*bewerkstelligen*) wangle.
Finger|nagel *m* fingernail. **~ring** *m* ring. **~schale** *f* finger bowl. **~spitze** *f* fingertip. **~spitzengefühl** *n* sure instinct, (*Takt*) tact. **~sprache** *f* finger language. **~übung** *f* finger exercise. **~zeig** *m* pointer, (*Warnung*) warning sign.
fingieren *v/t* fake, (*erfinden*) fabricate.
fingiert *adj* fake(d), (*fiktiv*) fictitious.
Finish *n Sport u. tech.* finish.
Fink *m zo.* finch.
Finne[1] *f* (*Rückenflosse*) fin.
Finne[2] *m*, **Finnin** *f* Finn. **finnisch** *adj* Finnish.
Finnland *n* Finland.
finster *adj* **1.** *a. fig.* dark, (*düster*) black, gloomy. **2.** (*grimmig*) grim, (*böse*) evil, sinister: ***~er Blick*** black look; *adv* ***j-n ~ ansehen*** glower at s.o. **3.** F *fig.* (*fragwürdig*) shady, (*schlecht*) bad: ***es sieht ~ aus!*** things are looking bad!
Finsternis *f* darkness, gloom(iness).
Finte *f bsd. Sport*: feint, *fig. a.* trick.
Firlefanz *m* (*Plunder*) frippery, junk.
Firma *f* firm, company: ***die ~ Bosch*** (the) Bosch (Company); (***An***) ***~ X.*** *im Brief*: Messrs. X., the X. Company.
Firmament *n* (***am ~*** in the) sky.
Firmen|anschrift *f* company address. **~ansehen** *n* goodwill. **~chef(in)** head of the company, F company chief.
firmeneigen *adj*: ***der ~e Fuhrpark*** the company carpool.
Firmen|gründer(in) founder of the company. **~gruppe** *f* group. **~image** *n* corporate image. **~inhaber(in)** owner of a (*od.* the) company. **~jubiläum** *n* firm's anniversary. **~leitung** *f* management. **~name** *m* company name. **~politik** *f* company policy. **~schild** *n* company name, facia, *an e-r Maschine etc*: nameplate. **~sitz** *m* (company) headquarters *pl.*
firmenspezifisch *adj* company-specific.
Firmen|sprecher(in) *neutral*: company spokesperson, *Frau*: company spokeswoman, *Mann*: company spokesman. **~stempel** *m* firm('s) stamp. **~verzeichnis** *n* trade directory. **~wagen** *m* company car. **~wert** *m* goodwill. **~zeichen** *n* F logo. **~zusammenschluß** *m* merger.
firmieren *v/i* ***~ als*** have the company name of.
Firmung *f eccl.* confirmation.
Firn *m* corn snow.
Firnis *m*, **firnissen** *v/t* varnish.
First *m* ridge.
Fis *n* ♪ F sharp.
Fisch *m* **1.** fish: ***~e*** *pl mst* fish *sg* (*als pl konstr.*); F *fig.* ***ein großer*** (*od.* ***dicker***) ***~*** a big fish; ***kleine ~e*** a) (*Lappalie*) peanuts *pl*,

b) (*Leute*) small beer. **2.** *pl astr*. Pisces *sg*: ***er ist ~*** he is [a] Pisces.
Fischauge *n phot*. fish-eye (lens).
fischen I *v/t u. v/i* fish (***nach*** for, *a*. F *fig*.): → ***trüb***(**e**) 1.
Fischen *n* fishing.
Fischer *m* fisherman. **~boot** *n* fishing boat. **~dorf** *n* fishing village.
Fischerei *f* **1.** fishing. **2.** (*Gewerbe*) fishing industry. **~flotte** *f* fishing fleet. **~grenze** *f* fishing limit. **~hafen** *m* fishing port. **~recht** *n* fishing right(s *pl*).
Fisch|fang *m* fishing. **~filet** *n gastr*. fish fillet. **~gabel** *f* fish fork. **~gericht** *n gastr*. fish dish. **~geruch** *m* fishy smell. **~geschäft** *n* fishmonger('s). **~grätenmuster** *n Textil*. herringbone (pattern). **~gründe** *pl* fishing grounds *pl*, fishery *sg*. **~händler(in)** fishmonger, *Am*. fish dealer. **~industrie** *f* fish-processing industry. **~konserven** *pl* tinned (*od*. canned) fish *sg*. **~kunde** *f* ichthyology. **~kutter** *m* (fishing) trawler. **~laich** *m* (fish) spawn. **~markt** *m* fish market. **~mehl** *n* fishmeal. **~otter** *m zo*. otter. **~reiher** *m zo*. heron. **~restaurant** *n* fish (*od*. seafood) restaurant. **~schuppe** *f* scale. **~stäbchen** *n gastr*. fish finger (*Am*. stick). **~sterben** *n* fish kill. **~vergiftung** *f* ⚕ fish poisoning. **~zucht** *f* fish farming. **~zug** *m* catch, haul (*a*. *fig*.).
Fiskus *m* **1.** Treasury. **2.** (*der Staat*) *the* government.
Fisolen *pl österr*. French beans *pl*, runner beans *pl*.
Fistelstimme *f* **1.** ♪ falsetto. **2.** *contp*. squeaky voice.
fit *adj* (***sich ~ halten*** keep) fit.
Fitness *f* (physical) fitness.
Fitnesscenter *n* health club, gym.
Fitnessraum *m* exercise room.
Fittich *m* (*fig*. ***j-n unter s-e ~e nehmen*** take s.o. under one's) wing.
fix I *adj* **1.** *Gehalt*, *Kosten etc*: fixed: ***~e Idee*** fixed idea, obsession. **2.** F (*schnell*) quick (***in*** *dat* at), (*aufgeweckt*) smart, sharp. **3.** ***~ und fertig*** a) all ready, b) → ***fertig*** 5 a. **II** *adv* **4.** F in a flash: ***mach*** (***mal***) ***~!*** make it snappy!
fixen *v/i u. v/t sl*. shoot (*drugs*), *nur v/i* mainline, be on the needle.
Fixer(in) *sl*. junkie.
Fixierbad *n phot*. fixer.
fixieren *v/t* **1.** *allg*., *a*. *paint*., *phot*., ⚕ fix, *fig*. *a*. determine: ***et. schriftlich ~*** record (*od*. formulate) s.th. **2.** *psych*. ***fixiert sein auf*** (*acc*) be fixated (*od*. have a fixation) on. **3.** (*anstarren*) stare at.
Fixiermittel *n phot*. fixative.
Fixierung *f* **1.** fixing (*a*. *phot*. *etc*). **2.** *psych*. fixation.
Fixkosten *pl* fixed cost *sg*.
Fixstern *m* fixed star.
Fixum *n econ*. fixed sum (*od*. salary).
Fjord *m* fjord, fiord.
FKK *abbr*. = ***Freikörperkultur***. **~-Anhänger(in)** nudist. **~-Gelände** *n* nudist camp. **~-Strand** *m* nudist beach.
flach *adj* flat, (*eben*) *a*. level, even, (*seicht*, *a*. *fig*.) shallow, (*niedrig*) low (*a*. *Sport*: *Schuss etc*): ***~er Teller*** shallow (*weitS*. dinner) plate; ***~ machen*** (***klopfen*** *etc*) flatten; ***~ werden*** flatten (out); ***mit der ~en Hand*** with the flat of one's hand.
Flachdach *n* flat roof.
Fläche *f* (*Oberfläche*) surface (*a*. ⩚), ⩚ (*Ebene*) plane, (*Seitenfläche*) side, (*Grundfläche*) base, (*Gebiet*) area, space, (*Bodenfläche*) floorspace: (***weite***) **~** expanse.
Flächenausdehnung *f* area.
Flächenbrand *m* extensive fire.
flächendeckend *adj* overall, global.
Flächen|inhalt *m* ⩚ area. **~maß** *n* surface measurement. **~sanierung** *f* area rehabilitation. **~stilllegung** *f EU-Agrarpolitik*: set-aside scheme *od*. programme.
flachfallen *v/i* F fall through.
Flachheit *f* flatness, *fig*. shallowness.
Flach|land *n* flat country. **~mann** *m* F hip flask. **~pass** *m Fußball*: low pass.
Flachrelief *n Kunst*: bas-relief.
Flachs *m* **1.** ♀ flax. **2.** F kidding.
Flachschuss *m Fußball*: low ball.
flachsen *v/i* F joke around, kid.
flackern *v/i* flicker.
Fladen *m* flat cake.
Fladenbrot *n* pitta bread.
Flagge *f* flag: ***die ~ streichen*** *a*. *fig*. lower the flag; ***unter falscher ~*** under false colo(u)rs; *fig*. ***~ zeigen*** make a stand.
flaggen I *v/i* fly (*Person*: hoist) a flag (*od*. flags). **II** *v/t* flag, signal.
Flaggschiff *n a*. *fig*. flagship.
Flair *n* aura, (*Reiz*) charm, (*Instinkt*, *Talent*) flair.
Flak *f* **1.** → ***Flakgeschütz***. **2.** → ***~artillerie*** *f* antiaircraft artillery. **~feuer** *n* antiaircraft fire, F flak. **~geschütz** *n* antiaircraft gun.
Flakon *n*, *m* small bottle.
flambieren *v/t gastr*. flame.
Flamingo *m zo*. flamingo.
flämisch *adj* Flemish.
Flamme *f a*. *fig*. flame: ***in ~n aufgehen*** go up in flames; ***in ~n stehen*** be ablaze; ***auf kleiner ~ kochen*** cook on a low heat.
flammen *v/i* blaze.
flammend *adj fig*. fiery, *Rede etc*: stirring.
Flammenmeer *n* sea of flames.
Flanell *m* flannel.

F

Flanke *f allg.* flank, (*Seite*) side, *Fußball*: cross, *gym.* (flank) vault.

flanken *v/i Fußball*: cross.

flankieren *v/t* flank: *econ., pol.* ***~de Maßnahmen*** supporting measures.

Flansch *m*, **flanschen** *v/t tech.* flange.

Flaps *m* lout. **flapsig** *adj* loutish.

Fläschchen *n* **1.** small bottle, *pharm.* phial. **2.** (*für Baby*) bottle.

Flasche *f* **1.** bottle, (*Gasflasche etc*) cylinder: ***e-e ~ Wein*** a bottle of wine; ***e-m Baby die ~ geben*** give a baby its bottle; ***mit der ~ aufziehen*** bottle-feed. **2.** F *fig.* (*Versager*) bum, washout, dud.

Flaschen|bier *n* bottled beer. **~gas** *n* bottled gas. **~kind** *n* bottle-fed baby. **~milch** *f* bottled milk. **~öffner** *m* bottle opener. **~pfand** *n* deposit (on a bottle). **~post** *f* bottle post. **~tomate** *f* plum tomato. **~wein** *m* bottled wine.

flaschenweise *adv* by the bottle.

Flaschenzug *m tech.* block and pulley.

flatterhaft *adj* flighty, (*unstet*) fickle.

flattern *v/i allg.* flutter (*a.* ⚕, *tech.*), flap, *Räder*: wobble.

Flattersatz *m typ.* unjustified print.

flau *adj* **1.** (*unwohl*) queasy, (*schwach*) faint, (*matt*) listless. **2.** *Geschmack*: stale. **3.** *phot. Negativ*: flat. **4.** *econ.* slack.

Flaum *m* down. **flaumig** *adj* downy.

Flausch *m* fleece. **flauschig** *adj* fluffy.

Flausen *pl* F nonsense *sg*, silly ideas *pl.*

Flaute *f* **1.** ⚓ lull. **2.** *econ.* slack period.

Flechte *f* **1.** ⚘ lichen. **2.** ⚕ eczema. **3.** (*Zopf*) braid.

flechten *v/t* (*Haar*) plait, (*Kranz*) bind, (*Korb*) weave.

Fleck *m* **1.** spot, (*Weinfleck etc*) stain: ⚕ ***blauer ~*** bruise. **2.** *fig.* (*Schandfleck*) blemish. **3.** F (*Stelle*) spot, (*Stück Land*) patch: ***am falschen ~*** *a. fig.* in the wrong place; *fig.* ***nicht vom ~ kommen*** not to make any headway, not to be getting anywhere; ***sich nicht vom ~ rühren*** not to budge.

Fleckchen *n* **1.** speck. **2.** *fig.* (***ein schönes ~ Erde*** a lovely) spot.

flecken *v/i* stain. **Flecken** *m* → ***Fleck.***

Fleckenentferner *m* stain remover.

fleckenlos *adj a. fig.* spotless.

Fleckfieber *n* → ***Flecktyphus.***

fleckig *adj* spotted, (*befleckt*) stained.

Flecktyphus *m* ⚕ (epidemic) typhus.

Fledermaus *f zo.* bat.

Flegel *m* **1.** ⚒ flail. **2.** (*Lümmel*) lout.

Flegelei *f* loutish behavio(u)r.

flegelhaft *adj* loutish.

Flegeljahre *pl* (***in den ~n sein*** be at an) awkward age *sg.*

flehen *v/i* ***~ um*** beg for, implore.

Flehen *n* entreaty, entreaties *pl.*

flehend, flehentlich *adj* imploring, *Bitte*: urgent: *adv* ***~ bitten um*** → ***flehen*** I.

Fleisch *n* **1.** *lebendes*: flesh (*a. fig.*): ***das eigene ~ und Blut*** one's own flesh and blood; ***j-m in ~ und Blut übergehen*** become second nature (to s.o.); F ***sich ins eigene ~ schneiden*** cut off one's nose to spite one's face; ***vom ~ fallen*** grow thin; ⚘ *zo.* ***~ fressend*** carnivorous.. **2.** *gastr.* meat, (*Fruchtfleisch*) flesh.

Fleischbrühe *f* consommé, (*Fond*) (*mst* beef) stock.

Fleischer(in) butcher.

Fleischerei *f*, **Fleischerladen** *m* butcher's shop.

Fleisch|extrakt *m mst* beef extract. **~fresser** *m zo.* carnivore. **~gericht** *n* meat dish.

Fleischhauer(in) *österr.* butcher.

fleischig *adj allg.* fleshy, *Tier*: meaty.

Fleisch|kloß *m* **1.** *gastr.* meatball. **2.** F (*Person*) mound of flesh. **~konserven** *pl* tinned (*od.* canned) meat *sg.* **~küchle** *n südd.* meatball.

fleischlich *adj* carnal.

fleischlos *adj Diät*: meatless.

Fleisch|pastete *f* meat pie. **~pflanzerl** *n südd.* meatball. **~tomate** *f* beef tomato. **~vergiftung** *f* ⚕ meat poisoning. **~waren** *pl* meat products *pl.* **~wolf** *m* mincer, *Am.* meat grinder.

Fleischwunde *f* ⚕ flesh wound.

Fleischwurst *f* pork sausage.

Fleiß *m* diligence, industry, (*Mühe*) hard work: ***viel ~ verwenden auf*** (*acc*) take great pains over; ***ohne ~ kein Preis*** no sweet without sweat.

fleißig I *adj* diligent, hard-working, busy. **II** *adv* diligently, F (*viel*) a lot.

flektieren *v/t ling.* inflect.

flennen *v/i* F cry, howl, bawl.

fletschen *v/t* ***die Zähne ~*** snarl.

flexibel *adj a. fig.* flexible. ***flexible Altersgrenze*** flexible retirement age; ***flexibler Wechselkurs*** flexible exchange rate.

Flexibilität *f a. fig.* flexibility.

Flexion *f ling.* inflection.

flicken *v/t* mend, (*zs.-~*) patch up (*a.* F *fig.*).

Flicken *m* patch.

Flick|schuster(in) cobbler. **~werk** *n fig.* patchwork, patch-up job(s *pl*). **~zeug** *n* **1.** sewing kit. **2.** *mot. etc* repair kit.

Flieder *m* ⚘ lilac.

Fliege *f* **1.** *zo.* fly: ***er tut k-r ~ was zuleide*** he wouldn't hurt a fly; *die Menschen starben* ***wie die ~n*** like flies; ***zwei ~n mit einer Klappe schlagen*** kill two birds with one stone; F ***e-e ~ machen*** beat it. **2.** (*Querbinder*) bow tie.

fliegen I *v/i* **1.** *allg.* fly, *mit dem Flugzeug*: *a.* go by air: **~ lassen** fly; → **Luft** 3. **2.** *fig.* (*eilen*) fly, rush. **3.** F *fig. aus e-r Stellung*: be fired, get the sack, *a.* **aus** *der Schule*, *e-r Wohnung etc*: be kicked out (of). **4.** F *fig.* **~ auf** (*acc*) really go for; **auf j-n ~** *a.* fall for s.o. II *v/t* **5.** (*Flugzeug*, *Personen etc*) fly, (*e-e Strecke*) *a.* cover, (*Kurve*) *a.* do.
Fliegen *n* flying, (*Luftfahrt*) aviation.
fliegend *adj* flying (*a. Sport*): **~er Händler** hawker; **~er Teppich** magic carpet.
Fliegenfänger *m* flypaper.
Fliegengewicht(ler *m*) *n Sport*: flyweight.
Fliegenklatsche *f* fly swatter.
Fliegenpilz *m* toadstool.
Flieger *m* **1.** *zo. u. Pferderennen*: flier, flyer. **2.** airman (*a. mil.*), pilot. **3.** *mil. Br.* aircraftman 2nd class, *Am.* airman basic. **4.** F (*Flugzeug*) plane. **5.** *Radsport*: sprinter. **~alarm** *m* air-raid warning. **~angriff** *m* air raid. **~horst** *m* air base.
Fliegerin *f* airwoman, woman pilot.
fliegerisch *adj* flying.
Fliegerjacke *f* bomber jacket.
fliehen I *v/i* (**vor** *dat* from, **nach, zu** to) flee, run away, (*ent~*) escape. II *v/t* avoid, shun.
fliehend *adj* **1.** fleeing, fugitive. **2.** *Stirn*, *Kinn*: receding.
Fliehkraft *f phys.* centrifugal force.
Fliese *f* tile. **Fliesenleger(in)** tiler.
Fließarbeit *f* assembly-line work.
Fließband *n* assembly line, (*Förderband*) conveyor belt. **~fertigung** *f* assembly-line production.
fließen *v/i allg.* flow (*a. fig.*), *Wasser*, *Fluss etc*: *a.* run.
fließend *adj* **1.** flowing, *Wasser*: running. **2.** *Verkehr*: fast-moving. **3.** *Sprache etc*: fluent: *adv* **er spricht ~ Englisch** he speaks fluent English. **4.** *Grenze etc*: fluid.
Fließ|heck *n mot.* fastback. **~komma** *n Computer*: floating decimal point.
flimmerfrei *adj Bildschirm*: flicker-free.
flimmern *v/i* shimmer, *TV* flicker.
flink *adj* quick, *a. Füße*, *Hände*: nimble.
Flinte *f* gun, (*Schrotflinte*) shotgun: *fig.* **die ~ ins Korn werfen** throw in the towel.
Flipchart *f* flip chart. **~-Block** *m* flip-chart pad.
Flipper *m* pinball machine.
flippern *v/i* F play pinball.
flippig *adj* F kooky.
Flirt *m* flirtation, (*Person*) flirt.
flirten *v/i* flirt.
Flittchen *n* F hussie.
Flitter *m* **1.** *coll.* sequins *pl.* **2.** *fig.* a) *a.* **~glanz** *m* glitter, b) *a.* **~kram** *m* tinsel.
Flitterwochen *pl* honeymoon *sg.*
flitzen *v/i* F **1.** flit. **2.** streak.
Flitzer *m* F nippy little car.
Flitzer(in) F (*Nackter*) streaker.
floaten *v/t u. v/i econ.* float.
Flocke *f allg.* flake, (*Staub etc*) fluff.
flocken *v/i* flake. **flockig** *adj* flaky, (*locker*) fluffy, ⚗ flocculent.
Floh *m zo.* flea: F *fig.* **j-m e-n ~ ins Ohr setzen** put ideas into s.o.'s head.
Flohmarkt *m* flea market.
Floppy disk *f* floppy (disk), diskette.
Flop *m* flop.
Flor[1] *m* (*Blüte*) bloom, (*Blumenfülle*) mass of flowers (*od.* blossoms).
Flor[2] *m* **1.** (*Gewebe*) gauze. **2.** (*Trauerflor*) crêpe (band). **3.** *Samt*, *Teppich*: pile.
Flora *f* flora. **floral** *adj* floral.
Florenz *n* Florence.
Florett *n* foil. **~fechten** *n* foil fencing.
florieren *v/i* flourish.
Floskel *f* empty phrase.
floskelhaft *adj* meaningless, empty.
Floß *n* raft.
Flosse *f* **1.** *zo.* fin, *e-s Wals*, *Seelöwen etc*: flipper (*a. Schwimmflosse*). **2.** ✈ stabilizer fin. **3.** F (*Hand*) paw, mitt, (*Fuß*) trotter.
flößen *v/t u. v/i* float.
Flöte *f* **1.** ♪ flute, (*Blockflöte*) recorder. **2.** (*hohes Glas*) flute glass. **3.** *Kartenspiel*: flush.
flöten *v/t u. v/i* ♪ play the flute (*od.* recorder), *a. fig.* flute, *Vogel*: sing; F **~ gehen** go down the drain.
Flötist(in) flautist, flute-player.
flott I *adj* **1.** (*schnell*) brisk, (*schwungvoll*) lively, F zippy, *Person*: dashing, breezy. **2.** (*schick*) smart, snazzy. **3.** ⚓ **~ sein** be afloat; → **flottmachen** 1. II *adv* **4.** briskly (*etc*): **~ leben** live it up.
Flotte *f* ✈, ⚓ fleet.
Flottenstützpunkt *m* ⚓ naval base.
flottmachen *v/t* **1.** ⚓ float, set afloat. **2. et.** (**wieder**) **~** get s.th. going again.
Flöz *n* ⚒, *geol.* seam.
Fluch *m* **1.** (*Verwünschung*) curse. **2.** (*~wort*) curse, oath, swearword.
fluchen *v/i* curse, swear: **auf** (*od.* **über**) **j-n** (**et.**) **~** curse s.o. (s.th.).
Flucht[1] *f* flight (**vor** *dat* from, *a. fig.*), *e-s Gefangenen*: escape: **auf der ~** *erschossen etc* while fleeing, *Gefangener*: while attempting to escape; **auf der ~ sein** be on the run (**vor** *dat* from); **die ~ ergreifen** → **flüchten** 1; **in die ~ schlagen** put to flight; *fig.* **die ~ nach vorn antreten** seek refuge in attack.
Flucht[2] *f* ⚠, *tech.* alignment, straight line.
fluchtartig I *adj* hasty. II *adv* hastily, in a hurry.
flüchten *v/i* **1.** flee (**nach, zu** to), run away,

Gefangener: escape (**aus** from). **2.** (*a.* **sich ~**) take shelter (*od.* refuge) (**in** *acc* in): *fig.* **sich in Ausreden ~** resort to excuses.

Fluchthelfer(in) escape agent.

flüchtig I *adj* **1.** (*hastig*) hasty, (*kurz*) brief, flying, *Blick, Prüfung etc*: cursory, (*oberflächlich*) superficial, (*schlampig*) careless, slapdash: **~e Bekanntschaft** passing acquaintance. **2.** (*vergänglich*) fleeting. **3.** (*entflohen*) fugitive, escaped, *Schuldner etc*: absconding: **~er Fahrer** hit-and-run driver; **~ werden** escape, ⚖ abscond. **4.** ⚗ volatile. **II** *adv* **5.** hastily (*etc*): **~ durchlesen** skim over; **j-n ~ kennen** know s.o. vaguely; **~ sehen** catch a glimpse of.

Flüchtigkeitsfehler *m* slip.

Fluchtkapital *n* hot capital, hot money.

Flüchtling *m* fugitive, *pol.* refugee.

Flüchtlingslager *n* refugee camp.

Fluchtversuch *m* attempt to escape.

Fluchtwagen *m* getaway car.

Fluchtweg *m* escape route.

Flug *m* flight: *fig.* (**wie**) **im ~(e)** very quickly. **~bahn** *f* trajectory, ✈ flight path. **~ball** *m Sport*: volley. **~begleiter(in)** flight attendant.

flugbereit *adj* ready for take-off.

Flug|betrieb *m* air traffic. **~blatt** *n* leaflet. **~boot** *n* flying boat, seaplane. **~datenschreiber** *m* flight recorder, black box. **~dauer** *f* flying time.

Flügel *m* **1.** *allg.* wing (*a. pol. u. Sport*), (*von Propeller etc*) blade, (*von Altar*) panel, *mil.* flank: *fig.* **j-m die ~ stutzen** clip s.o.'s wings; **j-m ~ verleihen** lend wings to s.o.; → **link. 2.** ♪ grand (piano): **am ~ ...** accompanied by ...

Flügelfenster *n* casement window.

flügellos *adj* wingless.

Flügel|mutter *f tech.* wing nut. **~schlag** *m* flapping of wings. **~schraube** *f tech.* thumbscrew. **~stürmer(in)** *Sport*: winger. **~tür** *f* double door.

flugfähig *adj* airworthy.

Fluggast *m* (air) passenger.

Fluggastabfertigung *f* **1.** passenger clearance. **2.** (*Schalter*) check-in desk.

flügge *adj* fully fledged: **~ werden** a) fledge, b) *fig. Person*: begin to stand on one's own two feet.

Flug|geschwindigkeit *f* flying speed. **~gesellschaft** *f* airline. **~hafen** *m* airport. **~hafengebühr** *f* airport tax. **~höhe** *f* (flying) altitude. **~kapitän** *m* (flight) captain. **~karte** *f* **1.** (air) ticket. **2.** aeronautical map. **~lehrer(in)** flying instructor. **~leitung** *f* air traffic control. **~linie** *f* **1.** (*Strecke*) (air) route. **2.** F (*Gesellschaft*) airline (company). **~lotse** *m* air traffic controller. **~nummer** *f* flight number. **~objekt** *n* **unbekanntes ~** unidentified flying object. **~passagier** *m* (air) passenger. **~personal** *n* aircrew, *coll.* flying personnel. **~plan** *m* timetable. **~platz** *m* airfield, *großer*: airport. **~preis** *m* (air) fare. **~reise** *f* journey by air. **~reservierung** *f* flight reservation. **~schalter** *m* flight desk. **~schein** *m* **1.** (air) ticket. **2.** pilot's licen/ce (*Am.* -se). **~schneise** *f* approach corridor. **~schreiber** *m* flight recorder, black box. **~sicherheit** *f* air safety. **~sicherung** *f* air traffic control. **~steig** *m* gate. **~strecke** *f* (air) route, *zurückgelegte*: distance flown, (*Etappe*) leg. **~stunde** *f* **1.** flying hour. **2. nach zwei ~n** after a two-hour flight; **sechs ~n entfernt** six flight-hours away.

flugtauglich *adj* fit to fly, *Flugzeug*: airworthy.

Flug|technik *f* aeronautical engineering. **~ticket** *n* (air) ticket.

flugtüchtig *adj* airworthy.

Flug|überwachung *f* air traffic control. **~verbindung** *f* air connection. **~verkehr** *m* air traffic, *planmäßiger*: air services *pl.* **~wetter** *n* good flying weather. **~zeit** *f* flying time.

Flugzeug *n* (aero)plane, *Am.* (air)plane, aircraft (*a. pl*): **mit dem ~** by air, by plane. **~absturz** *m* air (*od.* plane) crash. **~bau** *m* aircraft construction. **~besatzung** *f* aircrew. **~entführer(in)** hijacker, skyjacker. **~entführung** *f* hijacking, skyjacking. **~fabrik** *f* aircraft factory. **~führer(in)** pilot. **~halle** *f* hangar. **~industrie** *f* aircraft industry. **~konstrukteur(in)** aircraft designer. **~träger** *m* ⚓, *mil.* aircraft carrier. **~unglück** *n* air disaster, air crash.

Flugziel *n* destination.

Fluidum *n fig.* aura, air, *e-s Ortes*: atmosphere.

Fluktuation *f in Firma*: staff (*od.* personnel, labo[u]r) turnover, *der Preise*: fluctuation.

fluktuieren *v/i* fluctuate.

Flunder *f zo.* flounder.

flunkern *v/i* fib, tell (tall) stories.

Fluor *n* fluorine: **mit ~ anreichern** fluoridate. **~chlorkohlenwasserstoff** *m* (*abbr.* **FCKW**) chlorofluorocarbon (*abbr.* CFC).

fluoreszieren *v/i* fluoresce.

fluoreszierend *adj* fluorescent.

Flur[1] *m* (*Hausflur*) hall, (*Gang*) corridor.

Flur[2] *f* open fields *pl*: *fig.* **allein auf weiter ~** all alone. **~bereinigung** *f* consolidation (of farmland). **~schaden** *m* crop damage.

Fluse *f* dirt swirl, *Am.* lint roll.

Fluss *m* **1.** river, *kleiner*: stream. **2.** (*das Fließen*) flow(ing), *fig. Verkehrs-, Redefluss*: flow: **in ~ kommen** get going.

flussabwärts *adv* down the river, downstream.

Flussarm *m* arm of a river.

flussaufwärts *adv* up the river, upstream.

Flussbett *n* riverbed.

Flüsschen *n* (little) stream.

Flussdiagramm *n* flowchart.

flüssig I *adj* **1.** liquid, (*geschmolzen*) molten: **~ machen, ~ werden** liquefy, melt. **2.** *fig.* flowing, fluent: → *a.* **fließend** 3. **3.** *econ.* (*verfügbar*) liquid, available; *econ.* **~ machen** realize, convert into cash. **II** *adv* **4.** in liquid form. **5.** *fig.* fluently, *Verkehr etc*: smoothly.

Flüssiggas *n* liquid gas.

Flüssigkeit *f* **1.** *a. econ.* liquidity. **2.** liquid.

Flüssigkeits|bremse *f mot.* hydraulic brake. **~maß** *n* liquid measure.

Flüssigkristallanzeige *f Computer*: liquid crystal display (*abbr.* LCD).

Fluss|krebs *m zo.* freshwater crayfish. **~lauf** *m* course of a river. **~mündung** *f* mouth (of a river), estuary. **~pferd** *n zo.* hippopotamus, F hippo. **~ufer** *n* riverbank, riverside.

flüstern *v/t u. v/i* (speak in a) whisper: F ***dem werde ich was ~!*** I'll tell him a thing or two!

Flüstern *n* whisper(ing).

Flüster|propaganda *f* whispering campaign. **~ton** *m* ***im ~*** in a whisper.

Flut *f* **1.** (*Ggs. Ebbe*) high tide: ***es ist ~*** the tide is in. **2.** *mst pl* waters *pl*, (*Wogen*) waves *pl*. **3.** *fig. von Tränen, Briefen etc*: flood, *von Worten*: *a.* torrent.

fluten I *v/i Wasser, a. fig. Verkehr, Menschen, Licht*: flood, stream, pour. **II** *v/t* flood.

Flut|katastrophe *f* flood disaster. **~licht** *n* floodlights *pl*: ***bei ~*** under floodlight. **~welle** *f* tidal wave.

FM ***Frequenzmodulation*** (*Frequenzbereich der Ultrakurzwellen*) frequency modulation (FM).

fm ***Festmeter*** cubic metre(s *pl*), *Am.* meter(s *pl*).

Fmk ***Finnmark*** *Währung*: fin(n)mark.

Fock *f* ⚓ foremast. **~segel** *n* foresail.

Föderalismus *m* federalism.

föderalistisch *adj Staatsaufbau*: federal, *Bestrebungen*: federalistic.

Föderation *f* (con)federation.

fohlen *v/i zo.* foal.

Fohlen *n* foal, (*Hengst*) colt, (*Stute*) filly.

Föhn *m* **1.** (*Haartrockner*) hair drier. **2.** (*Wind*) foehn.

föhnen *v/t* (*Haar*) (blow-)dry.

Föhre *f* ♣ pine (tree).

Folge *f* **1.** (*Aufeinanderfolge*) succession, (*Reihenfolge*) order, (*Serie*) series: ***in der ~*** subsequently; ***dreimal*** *etc* ***in ~*** three times *etc* running (*od.* in a row); ***in rascher ~*** in rapid succession. **2.** (*Fortsetzung*) instal(l)ment, *TV* part, (*bsd. zweiter Teil*) sequel, (*Reihe*) serial, (*Heft, Ausgabe*) number, issue. **3.** (*Ergebnis, logische ~*) consequence, (*ernste Nachwirkung etc*) aftermath, aftereffect: (***üble***) ***~n haben*** have (dire) consequences; ***die ~n tragen*** bear the consequences; ***zur ~ haben*** result in, lead to; ***als ~ davon*** as a result. **4. ~ *leisten*** (*dat*) → ***folgen*** 2. **~bestellung** *f* follow-up order. **~erscheinung** *f* → ***Folge*** 3. **~kosten** *pl* follow-up costs *pl*.

folgen *v/i* **1.** *allg.* follow (*a. mit den Blicken, a. zuhören, verstehen, sich richten nach*), *j-m als Nachfolger*: *a.* succeed, *j-m im Rang*: *a.* come after: ***Brief folgt!*** letter will follow!; ***wie folgt*** as follows; ***daraus folgt, dass ...*** (from this) it follows that ...; ***j-s Beispiel ~*** follow s.o.'s example; ***können Sie*** (*geistig*) ***~?*** do you follow me?; ***ich kann Ihnen da***(*rin*) ***nicht ~*** (*zustimmen*) I can't agree with you there. **2.** (*e-m Befehl etc*) obey, (*e-r Aufforderung etc*) comply with, (*e-r Einladung*) accept. **3.** F (*folgsam sein*) obey (***j-m*** s.o.).

folgend *adj* following, (*nächst*) *a.* next, (*später*) subsequent: ***am ~en Tage*** the following (*od.* next) day; ***im Folgenden*** in the following; ***es handelt sich um Folgendes*** the matter is as follows.

folgendermaßen *adv* as follows.

folgenreich, folgenschwer *adj* momentous, (*sehr ernst*) grave.

folgerichtig *adj* logical, consistent.

folgern *v/t* (***aus*** from) conclude, deduce.

Folgerung *f* (***e-e ~ ziehen*** draw a) conclusion.

Folge|satz *m* **1.** *ling.* consecutive clause. **2.** ℞, *philos.* corollary. **~schäden** *pl* ⚕ secondary (⚖ consequential) damage *sg*. **~zeit** *f* (***in der ~*** in the) period following.

folglich *conj* (*somit*) thus, (*daher*) consequently, therefore.

folgsam *adj* obedient, (*brav*) good.

Folie *f* foil (*a. fig.*), (*aus Plastik*) film, (*für Tageslichtprojektor*) (overhead) transparency.

folienverpackt *adj* a) alumin(i)um-wrapped, b) *mit Plastikfolie*: cling-wrapped.

Folklore *f* folklore, *weitS. a.* traditional music (and dance).

folkloristisch *adj* folkloristic.

Folter *f a. fig.* torture: *fig.* ***j-n auf die ~ spannen*** keep s.o. on tenterhooks.

foltern *v/t*, **Folterung** *f* torture, *fig. a.* torment.

Fon *n* → ***Phon.***

Fön *m* (*TM*) → ***Föhn.***
Fond *m* **1.** background. **2.** *mot.* back (of the car).
Fonds *m econ.* fund, (*Gelder*) funds *pl*, (*Staatspapiere*) government stocks *pl.*
Fondue *f, n gastr.* fondue.
fönen → ***föhnen.***
Fonotypist(in) → ***Phonotypist(in).***
Fontäne *f* fountain, (*Wasserstrahl*) jet of water.
F
Fonzahl *f* → ***Phonzahl.***
forcieren *v/t* force. **forciert** *adj* forced.
Förderband *n* conveyor belt.
Förderer *m*, **Förderin** *f* promoter, supporter, (*Mäzen*[*in*]) patron(ess), *bsd. Am.* sponsor.
förderlich *adj* (*dat* to) conducive, (*nützlich*) useful, beneficial.
Fördermenge *f* ⚒ output.
fordern *v/t* **1.** *allg.* demand (***von j-m*** of s.o.), (*er~*) *a.* call for, *econ. a.* claim, (*Preis*) ask (for): ***zu viel ~*** ask (*od.* expect) too much, (*Preis*) overcharge (***von j-m*** s.o.). **2.** challenge, *Sport*: *a.* push *s.o.* to the limit: ***er war voll gefordert*** he was fully stretched; ***nun ist der Minister gefordert*** now it's for the minister to act. **3.** (*Todesopfer etc*) claim.
fördern *v/t* **1.** promote, support, *als Gönner*: patronize, *bsd. Am.* sponsor, (*ermutigen*) encourage, (*förderlich sein*) help, be good for: ***~des Mitglied*** (***~de Maßnahmen***) supporting member (measures). **2.** ⚒ produce; → ***zutage.***
Förderpreis *m* (literary *etc*) award.
Forderung *f* demand (***nach*** for, ***an*** *acc* on), *econ.* call, (*Preis*) charge, ⚖ (*Anspruch*) claim: ***~en stellen*** make demands, ⚖ enter claims.
Förderung *f* **1.** promotion, *der Künste, des Sports etc*: patronage, sponsorship, (*Ermutigung*) encouragement. **2.** (*von Kohle, Öl etc*) production, output.
Forelle *f zo.* trout: ***~ blau*** trout au bleu.
Forke *f* ⚘ pitchfork.
Form *f* **1.** *allg.* form (*a. ling., phys., a. Art und Weise*), (*Gestalt*) *a.* shape (*a. fig.*), *Mode*: style, *bsd. tech.* design, styling: *ling.* ***aktive*** (***passive***) ***~*** active (passive) voice; ***in aller ~*** formally; ***in ~ von*** (*od. gen*) in the form of; ***in höflicher*** (***netter***) ***~*** politely (in a nice way); ***der ~ halber*** pro forma, *weitS.* to keep up appearances; ***die ~ wahren*** observe the proprieties; *fig.* (***greifbare***) ***~(en) annehmen*** take shape. **2.** *tech.* (*Modell*) model, (*Guss-, Pressform*) mo(u)ld, (*Spritzform etc*) die. **3.** (*Kuchenform*) tin, (*Ausstechform*) pastry cutter. **4.** *bsd. Sport*: form, condition: ***in*** (***guter***) ***~*** in good form (*od.* shape); ***in bester ~, groß in ~*** in top form; ***nicht in ~*** off form; ***in ~ bleiben, sich in ~ halten*** keep in trim, keep fit; ***in ~ kommen*** a) get into shape, b) *fig.* get going.
formal *adj* formal.
Formaldehyd *n* ⚗ formaldehyde.
Formalien *pl* formalities *pl.*
Formalität *f* formality.
Format *n* **1.** format, size. **2.** *fig.* stature, calib/re (*Am.* -er).
formatieren *v/t Computer*: format.
Formatierung *f Computer*: formatting.
Formation *f* formation. **Formations...** formation (*flying, dancing, etc*).
formbar *adj metall.* malleable.
Form|blatt *n* form. **~brief** *m* form letter.
Formel *f* **1.** ⚗, ⚕ *u. fig.* formula. **2.** (*fester Wortlaut*) (set) formula, (*Floskel*) (set) phrase. **Formel-1-Rennen** *n mot.* formula-one race.
formell *adj* formal: ***~e Empfangsbestätigung*** formal receipt; ***~e Mitteilung*** formal notice.
Formelwagen *m* formula car.
formen *v/t* form, shape (*beide a.* ***sich ~***), (*j-n, j-s Charakter*) *u. tech.* mo(u)ld.
Formenlehre *f* **1.** *ling.* morphology. **2.** ♪ theory of musical forms.
Formfehler *m* irregularity, ⚖ formal defect, *gesellschaftlicher*: faux pas.
Formgebung *f tech.* styling, design.
formieren *v/t* (*a.* ***sich ~***) *allg.* form up.
förmlich I *adj* **1.** *allg.* formal, (*feierlich*) *a.* ceremonious. **2.** F (*regelrecht*) regular. **II** *adv* **3.** F (*buchstäblich*) literally.
Förmlichkeit *f allg.* formality.
formlos *adj* **1.** shapeless. **2.** *fig.* (*zwanglos*) informal (*a.* ⚖).
Formsache *f* matter of form, (***reine ~*** mere) formality.
formschön *adj tech.* beautifully designed, very stylish.
Formtief *n Sport*: ***ein ~ haben*** be off form.
Formular *n* form.
formulieren *v/t* formulate, phrase, word: ***wie soll ich es ~?*** how shall I put it?
Formulierung *f* formulation, wording, phrasing, *einzelne*: phrase.
Formung *f* forming, shaping.
formvollendet *adj* perfect(ly shaped), finished, *Benehmen etc*: perfect.
forsch *adj* spirited, brisk, F peppy.
forschen *v/i* **1.** do research (work). **2.** ***~ nach*** search for. **3.** (*fragen*) inquire, *stärker*: probe.
forschend *adj* inquiring(ly *adv*), *Blick*: searching.
Forscher(in) researcher, (*Wissenschaftler*) *a.* (research) scientist, (*Entdecker*) explorer.

Forscherdrang *m* intellectual curiosity, inquiring mind.
Forschheit *f* spirit(edness), dash, F pep.
Forschung *f a. pl* research, (*Abteilung*) Research (Department).
Forschungs|abteilung *f* research department. **~arbeit** *f* research work. **~auftrag** *m* research assignment. **~budget** *n* research budget. **~gruppe** *f* research unit. **~programm** *n* research programme. **~reise** *f* **1.** expedition. **2.** research trip. **~reisende** *m,f* explorer. **~satellit** *m* research satellite. **~team** *n* research team.
Forst *m* forest.
Förster(in) forester, forest ranger.
Forst|haus *n* forester's house. **~revier** *n* forest district. **~wesen** *n*, **~wirtschaft** *f*, **~wissenschaft** *f* forestry.
fort *adv* **1.** (*weg*) away, off, gone: ***sie sind schon ~*** they have already gone (*od.* left); ***ich muss ~*** I must be going. **2.** (*verschwunden*) gone, lost. **3.** ***und so ~*** and so on; ***in einem ~*** continuously.
Fort *n mil.* fort.
Fort..., fort... → *a.* ***Weg..., weg..., Weiter..., weiter...***
fortan *adv* from now on.
Fortbestand *m* continued existence.
fortbestehen *v/i* continue, survive, *Kunstwerk etc*: live on.
fortbewegen I *v/t* move. II *v/reflex* ***sich ~*** move, (*gehen*) walk.
Fortbewegung *f* moving, (loco)motion.
fortbilden *v/reflex* ***sich ~*** continue one's education (*od.* training), *engS.* do a course, *weitS.* improve one's knowledge.
Fortbildung *f* further education (*beruflich*: training).
Fortbildungskurs *m* (continuation) course.
fortbleiben *v/i* stay away.
Fortdauer *f* continuation.
fortdauern *v/i* continue, last.
fortdauernd *adj* continuous, lasting.
forte *adv*, **Forte** *n* ♪ forte.
fortfahren *v/i* **1.** leave, *mot. a.* drive away. **2.** (*weitermachen*) continue: ***~ zu reden*** continue (*od.* go on) talking; ***mit s-r Erzählung ~*** continue (with) one's story; ***fahren Sie fort!*** go on!
fortfliegen *v/i* fly away, fly off.
fortführen *v/t* **1.** lead *s.o.* away. **2.** go on with, continue, (*Geschäft etc*) carry on.
Fortführung *f* continuation.
Fortgang *m* **1.** departure. **2.** progress.
fortgehen *v/i* **1.** go (away), leave. **2.** *fig.* (*weitergehen*) go on, continue.
fortgeschritten *adj Schüler*, *Alter*, *Stadium*, *Stunde etc*: advanced: ***Kurs für Fortgeschrittene*** advanced course.
fortgesetzt I *adj* continued, constant. II *adv* continually, constantly.
fortjagen *v/t* ***j-n ~*** chase s.o. away, F kick s.o. out.
fortlaufen *v/i* **1.** run away ([***vor***] ***j-m*** from s.o.). **2.** (*weitergehen*) continue.
fortlaufend *adj* continuous, *Nummer etc*: consecutive: *adv* ***~ nummeriert*** numbered consecutively.
fortpflanzen I *v/t allg.* propagate, *biol. a.* reproduce, *phys. a.* transmit, *fig. a.* spread. II *v/reflex* ***sich ~*** *biol.* reproduce, *phys.* be propagated, travel, *fig.* spread.
Fortpflanzung *f allg.* propagation, *biol. a.* reproduction, *phys. a.* transmission, *fig. a.* spread(ing).
Fortpflanzungsorgan *n* reproductive organ.
Fortsatz *m anat.* process, appendix.
fortschreiben *v/t* **1.** (*Statistik*, *Projekt etc*) adjust, update, (*Wert*) reassess. **2.** *fig.* perpetuate.
fortschreiten *v/i fig.* advance (*a. Zeit*), progress.
fortschreitend *adj* progressive.
Fortschritt *m* progress, (*Verbesserung*) improvement: ***~e machen*** make progress (*od.* headway); ***große ~e machen*** make great strides.
fortschrittlich *adj* progressive, advanced, *Anlage etc*: (very) modern, up-to-date.
Fortschritts|bericht *m* progress report. **~glaube** *m* belief in progress.
fortsetzen *v/t* continue (*a.* ***sich ~***), (*wiederaufnehmen*) resume.
Fortsetzung *f* continuation, *e-r Geschichte etc*: *a.* sequel: ***~ folgt*** to be continued; ***~ auf*** (***von***) ***Seite 2*** continued on (from) page 2.
Fortsetzungsroman *m* serial.
fortwährend I *adj* constant, continuous, incessant. II *adv* constantly (*etc*): ***er ruft ~ an*** *a.* he keeps ringing up.
Fortzahlung *f* continued payment.
Forum *n allg.* forum, *fig. a.* platform.
fossil *adj*, **Fossil** *n* (*a. fig.*) fossil.
Foto *n* F photo. **~album** *n* photo album. **~apparat** *m* camera. **~ausrüstung** *f* photographic equipment.
fotogen *adj* photogenic.
Fotograf(in) photographer.
Fotografie *f* **1.** photography. **2.** photograph, picture.
fotografieren *v/i u. v/t* photograph, take a picture (*od.* pictures) (of).
fotografisch *adj* photographic(ally *adv*).
Fotokopie *f*, **fotokopieren** *v/t* photocopy.
Foto|kopierer *m*, **~kopiergerät** *n* photocopier. **~kopierraum** *m* photocopying room. **~labor** *n* photographic laboratory.

~modell *n* (photographer's) model. **~montage** *f* photomontage. **~reportage** *f* photographic reportage. **~satz** *m print.* photocomposition: ***im ~ herstellen*** photocompose. **~synthese** *f* → ***Photosynthese.*** **~thek** *f* photographic library. **~zelle** *f* ⚡ photocell.
Fötus *m biol.* f(o)etus.
fotzen *v/t österr.* ***j-n ~*** give s.o. a cuff on the ear.
Foul(spiel) *n*, **foulen** *v/i u. v/t* foul.
Foyer *n* foyer, lounge, *Am.* lobby.
FPÖ ***Freiheitliche Partei Österreichs*** Austrian liberal-conservative party.
Fr. ***Franken*** *Währung*: (Swiss) franc(s *pl*) (fr.); ***Freitag*** Friday (Fri., Fri).
Fracht *f* **1.** (*Ladung*) load, (*Luftfracht* air) freight, (*Schiffsfracht*) cargo. **2.** (*Beförderung*, *~geld*) carriage, *Am.* freight(age), ⚓ freightage. **~brief** *m* consignment note, *Am.* waybill.
Frachter *m* ⚓ freighter, cargo boat.
Frachtflugzeug *n* (air) freighter.
frachtfrei *adj* carriage paid, *Am.* freight prepaid.
Fracht|führer *m* carrier. **~gebühr** *f*, **~geld** *n* → ***Fracht*** 2. **~gut** *n* freight, ⚓ cargo: ***als ~*** by goods (*Am.* freight) train. **~hafen** *m* freight (*od.* cargo) port. **~kosten** *pl* freight charges (*od.* costs) *pl.* **~papiere** *pl* transport documents *pl.* **~raum** *m* cargo hold, (*Ladekapazität*) freight capacity. **~sätze** *pl* freight rates *pl.* **~schiff** *n* cargo ship, freighter. **~sendung** *f* consignment. **~verkehr** *m* freight traffic. **~versicherung** *f* freight (*od.* cargo) insurance. **~vertrag** *m* contract of carriage.
Frack *m* tailcoat, tails *pl*: ***im ~*** in evening dress, in tails. **~hemd** *n* dress shirt.
Frage *f* **1.** *allg.* question, *zweifelnde od. unangenehme*: query, (*Erkundigung*) inquiry, (*Zweifel*) *a.* doubt: ***e-e ~ an j-n haben*** have a question to ask s.o.; ***(j-m) e-e ~ stellen*** ask (s.o.) a question; ***die ~ stellt sich nicht*** the question does not arise; ***ohne ~*** undoubtedly; ***das ist eben die ~*** that's just the point; ***et. in ~ stellen*** a) question (*od.* doubt) s.th., b) (*gefährden*) jeopardize s.th.; F ***gar k-e ~!*** of course! **2.** (*Angelegenheit*) matter, question: ***das ist e-e ~ der Zeit*** that's a matter of time; ***das ist e-e andere ~*** that's a different matter; → ***infrage.***
Frage|bogen *m* form, questionnaire. **~form** *f ling.* interrogative form. **~fürwort** *n ling.* interrogative (pronoun).
fragen I *v/t u. v/i* ask, (*aus~*) question, query: ***nach et. (j-m) ~*** inquire about s.th. (after s.o.); ***(j-n) et. ~*** ask (s.o.) a question; ***(j-n) ~ nach*** ask (s.o.) for; ***j-n nach s-m Namen (dem Weg) ~*** ask s.o. his name (the way); ***es fragt sich, ob ...*** it's a question of whether ...; ***ich frage mich, warum ...*** I (just) wonder why ...; ***niemand fragte danach*** nobody bothered about it; ***wenn ich ~ darf*** if I may ask; *econ.* ***(sehr) gefragt*** in (great) demand; ***da fragst du mich zu viel*** I'm afraid I can't tell you that; ***er wird sich ~ lassen müssen, warum ...*** he'll have to answer (the question) why ... ***Fragen kostet nichts*** there's no harm in asking.
fragend *adj* questioning, inquiring, *ling.* interrogative.
Frage|satz *m ling.* interrogative clause (*od.* sentence). **~stellung** *f a. fig.* question. **~stunde** *f parl.* question time.
Frage-und-Antwort-Spiel *n* quiz, *a. fig.* question and answer game.
Frage|wort *n ling.* interrogative. **~zeichen** *n* question mark, *a. fig.* query.
fraglich *adj* **1.** (*zweifelhaft*) doubtful. **2.** (*betreffend*) in question.
fraglos *adv* undoubtedly.
Fragment *n* fragment.
fragmentarisch I *adj* fragmentary. II *adv* fragmentarily, in fragmentary form.
fragwürdig *adj* questionable, (*verdächtig*) dubious, F shady.
Fraktion *f* **1.** *parl.* parliamentary party, (*Untergruppe*) faction. **2.** ⚗ fraction.
Fraktions|führer(in), **~vorsitzende** *m*, *f* party (*Am.* floor) leader.
fraktionslos *adj* independent.
Fraktionszwang *m* party discipline, *in GB*: three-line whip..
Fraktur *f* ⚕ fracture.
Franchise *n* franchise, franchising.
Franchisegeber *m* franchiser.
Franchisenehmer *m* franchisee.
Franke *m* Franconian, *hist.* Frank.
Franken[1] *n geogr.* Franconia.
Franken[2] *m* (*Münze*) (Swiss) franc.
Frankierautomat *m* franking machine, *Am.* postage meter.
frankieren *v/t* stamp, *mit e-r Maschine*: frank.
frankiert *adj* prepaid, post paid: ***der Brief ist nicht ausreichend ~*** they didn't put enough stamps on this letter; ***~er Rückumschlag*** stamped addressed envelope (*abbr.*: s.a.e.), self-addressed stamped envelope (*abbr.*: s.a.s.e.).
franko *adv* prepaid.
Frankreich *n* France.
Franse *f* **1.** fringe. **2.** *pl* (*Pony*) F fringe *sg*, bangs *pl.*
fransen I *v/i* (*aus~*) fray. II *v/t* fringe.
fransig *adj* fringed, (*ausgefranst*) frayed.
Franziskaner *m* Franciscan (friar).
Franzose *m* Frenchman: ***die ~n*** *pl* the

French *pl*; **er ist ~** he is a Frenchman, he is French.
Französin *f* Frenchwoman: **sie ist ~** she is French.
französisch I *adj* French: **~es Bett** (double) divan.
Französisch *n ling*. French: **aus dem ~en** (**ins ~e**) from (into) French.
frappant *adj* remarkable, *Ähnlichkeit etc*: striking.
frappieren *v/t* amaze.
Fräse *f* **1.** *tech*. milling machine, *für Holz*: shaper. **2.** rotary hoe.
fräsen *v/t u. v/i tech*. mill, (*Holz*) shape.
Fraß *m* **1.** F *contp*. muck. **2.** (*Tierfutter*) feed. **3.** (*durch Schädlinge*) damage, (*Rost-, Säurefraß*) corrosion.
Fratze *f* **1.** grimace: **~n schneiden** pull faces. **2.** F (*Gesicht*) *sl*. mug.
Frau *f* **1.** woman, *adm*. female, *vor Namen*: Mrs., Ms: **die ~ von heute** modern women. **2.** (*Ehefrau*) wife: **wie geht es Ihrer ~?** how is Mrs. X.? **3.** (*Herrin*) lady: **gnädige ~** (*Anrede*) madam.
Frauen|arzt *m*, **~ärztin** *f* gyn(a)ecologist. **~beauftragte** *m, f* official women's representative. **~beruf** *m* female profession. **~bewegung** *f* women's liberation (F lib).
frauenfeindlich *adj* anti-women.
Frauen|frage *f* question of women's rights. **~gestalt** *f Literatur*: female character. **~haus** *n* refuge for battered women. **~heilkunde** *f* gyn(a)ecology. **~held** *m* ladykiller. **~krankheit** *f*, **~leiden** *n* gyn(a)ecological disorder. **~quote** *f* female quota, quota of women. **~rechte** *pl* women's rights *pl*. **~rechtler(in)** feminist. **~sport** *m* women's sport(s *pl*). **~zeitschrift** *f* women's magazine.
Fräulein *n* **1.** (young) lady, girl, *vor Namen, Anrede*: Miss. **2.** F (*Verkäuferin*) salesgirl, (*Kellnerin*) waitress.
fraulich *adj* womanly, feminine.
Freak *m* F freak.
frech *adj* impudent, F cheeky, *Am*. fresh, (*dreist*) bold, brazen, (*kess*) saucy.
Frechheit *f* impudence, F cheek: **so e-e ~!** what (a) cheek!; **die ~ besitzen zu** *inf* have the cheek to *inf*.
Fregatte *f* frigate.
frei I *adj* **1.** *allg*. free (**von** from, of), *Straße etc*: *a*. clear, (*unabhängig*) *a*. independent, unattached, (*ungezwungen*) free and easy, (*~zügig*) liberal, (*offen*) *a*. frank, open: **ist dieser Platz noch ~?** is this seat taken?; **Zimmer ~!** room(s) to let (*Am*. rent)!, vacancies *pl*; **ein ~er Tag** a free day, (*dienst~*) a day off; **Montag ist mein ~er Tag** Monday is my day off; **den Oberkörper ~ machen** strip to the waist; **~e Künste** liberal arts; **ein ~er Mensch** (*der tun kann, was er will*) a free agent; **~e Fahrt** *mot*. clear road, green light; **~e Fahrt haben** *a. fig*. have the green light; → **Fuß** 1, **Hand, Stück** 1. **2.** (*unbeschrieben*) blank: **e-n ~en Platz lassen** leave a blank. **3.** *Posten*: open, vacant **4.** *Aussicht, Gelände etc*: open: **in der ~en Natur, im Freien** in the open (country); → **Himmel. 5.** (*kostenlos*) free (of charge), (*porto~*) prepaid: **Eintritt ~** admission free. **6.** (*~schaffend*) *Journalist etc*: freelance. **7.** *phys*. free, *a*. uncombined: **Wärme wird ~** heat is released. **8.** *teleph. Leitung*: vacant, *Am*. not busy. **9.** *Sport*: (*ungedeckt*) unmarked. **10. ~er Beruf** independent profession; **~er Mitarbeiter** freelance; **die ~e Wirtschaft** free enterprise; **~e Marktwirtschaft** free market economy; **~e Stelle** appointment vacant, vacancy; **~er Warenverkehr** free movement of goods. **II** *adv* **11.** freely (*etc*): **~ sprechen** speak openly, *Redner(in)*: speak without notes; **~ laufende Hühner** free-range chicken; **~ erfunden** (entirely) fictitious, made(-)up; **~ heraus** frankly, point-blank. **12. Lieferung ~ Haus** franco domicile; **~ an Bord** free on board (f.o.b.); **~ finanziert** privately financed; **~ benutzbare Software** public domain software.
Freibad *n* open-air swimming pool.
freibekommen *v/t* **1.** F **e-n Tag** *etc* **~** get a day *etc* off. **2. j-n ~** get s.o. released; **et. ~** free s.th.
Freiberufler(in) freelance, freelancer.
freiberuflich *adj* self-employed, *Journalist etc*: freelance, *Anwalt, Arzt*: in private practice (*a. adv*): *adv* **~ tätig sein** *a*. work (as a) freelance, freelance.
Freibetrag *m* tax allowance.
Freibier *n* free beer.
freibleibend *adj u. adv econ*. without engagement.
Freibrief *m fig*. excuse (**für** for).
Freiburg *n* (*Schweiz*) Fribourg.
Freidenker(in) freethinker.
Freier *m* suitor, *iro. e-r Prostituierten*: customer.
Freiexemplar *n* free copy.
Freifahrschein *m* free ticket.
Freiflug *m* free flight.
Freigabe *f allg*. release, *des Wechselkurses*: floating, *e-r Strecke etc*: clearance.
freigeben *v/t* **1. j-m e-n Tag** *etc* **~** give s.o. a day *etc* off. **2.** *allg*. release, (*Wechselkurs*) float, (*Startbahn, Strecke etc*) clear: **et. für den Verkehr ~** open s.th. to traffic; **et. zur Veröffentlichung ~** release s.th. for publication.

freigebig *adj* generous.
Freigebigkeit *f* generosity.
Freigehege *n* open-air enclosure.
Freigepäck *n* ✈ baggage allowance.
Freigrenze *f Steuern*: tax exemption limit.
freihaben *v/i* F have the day off: ***Freitag habe ich frei*** Friday is my day off.
Freihafen *m* free port.
freihalten *v/t* **1.** (*Sitzplatz*) keep, (*Einfahrt etc*) keep clear. **2.** (*Stelle etc*) keep open. **3.** ***j-n*** ~ treat s.o., pay for s.o.
Freihandbücherei *f* open access library.
Freihandel *m* free trade.
Freihandelszone *f* free trade area.
freihändig *adj u. adv* **1.** *Schießen*: without support, *Radfahren etc*: with no hands, *Zeichnen etc*: freehand. **2.** ***~er Verkauf*** *econ.* over-the-counter trade.
Freihandzeichnung *f* freehand drawing.
Freiheit *f* freedom, liberty: ***dichterische ~*** poetic licen/ce (*Am.* -se); ***in ~ sein*** be free; ***in ~ setzen*** release; ***sich die ~ nehmen zu*** *inf* take the liberty of *ger*; ***sich ~en erlauben*** take liberties (***gegenüber*** with).
freiheitlich *adj* free, *Gesinnung*: liberal.
Freiheits|beraubung *f* deprivation of liberty, ⚖ illegal detention. **~bewegung** *f pol.* freedom movement. **~entzug** *m* imprisonment. **~kampf** *m* struggle for freedom, revolt. **~kämpfer(in)** freedom fighter. **~krieg** *m* war of liberation. **~liebe** *f* love of freedom. **~strafe** *f* ⚖ prison sentence: ***zu e-r ~ von 5 Jahren verurteilt werden*** be sentenced to 5 years' imprisonment.
freiheraus *adv* openly, straight out.
Freikarte *f* free (*thea. a.* complimentary) ticket.
freikaufen I *v/t* pay for *s.o.'s* release. II *v/reflex* ***sich ~*** pay to be set free.
Freiklettern *n* free climbing.
freikommen *v/i* get free, ⚖ be released, (*freigesprochen werden*) be acquitted.
Frei|körperkultur *f* nudism: ***Anhänger(in) der ~*** nudist. **~lager** *n* bonded (*od.* customs) warehouse. **~landgemüse** *n* outdoor vegetables *pl.*
freilassen *v/t*, **Freilassung** *f* release.
Freilauf *m mot. u. Fahrrad*: (*a.* ***im ~ fahren***) freewheel.
freilegen *v/t* lay open, expose, uncover.
freilich *adv* of course.
Freilicht|bühne *f*, **~theater** *n* open-air theat/re (*Am.* -er). **~kino** → ***Autokino.***
Freilos *n* free (lottery) ticket, *Sport*: bye.
Freiluft... open-air ..., outdoor ...
freimachen I *v/t* 📯 stamp, prepay. II *v/reflex* ***sich ~*** free o.s. (***von*** from), F (*sich Zeit nehmen*) arrange to be free.
Freimaurer *m* freemason. **~loge** *f* freemason's (*od.* Masonic) lodge.
Freimut *m*, **Freimütigkeit** *f* cando(u)r, openness.
freimütig *adj* candid, open.
freinehmen *v/t* (***sich***) ***e-n Tag*** *etc* ~ take a day *etc* off.
Freiplastik *f* free-standing sculpture.
Freiplatz *m thea. etc* free seat.
freischaffend *adj* freelance.
freischwimmen *v/reflex* ***sich ~*** a) pass one's 15-minute swimming test, b) *fig.* learn to stand on one's own two feet.
freisetzen *v/t* ⚗, *phys.* release (*a. fig.*): ***j-n ~*** make s.o. redundant; ***freigesetzte Arbeitskräfte*** redundant workers.
Freisetzung *f* ⚗, *phys.* release (*a. fig.*), *von Arbeitskräften*: redundancy.
freispielen *v/reflex* ***sich ~*** break clear.
freisprechen *v/t* **1.** (***von***) *eccl.* absolve (from), ⚖ acquit (of), *von e-r Schuld*: exonerate (from), *von e-m Verdacht*: clear (of). **2.** (*Lehrling*) release *s.o.* from his indentures.
Freispruch *m* ⚖ acquittal.
Freistaat *m* free state, republic.
freistehen *v/i* **1.** *Sport*: be unmarked. **2.** ***j-m ~*** be up to s.o.; ***es steht Ihnen frei zu*** *inf* you are at liberty (*od.* free) to *inf.*
freistellen *v/t* **1.** ***j-n*** ~ *a. mil.* exempt s.o. (***von*** from). **2.** ***j-m et.*** ~ leave s.th. (up) to s.o. **3.** *von Arbeit*: release from work
Freistellung *f* (***von*** from) exemption, *mil.* release, *von Arbeit*: release, *für längere Zeit*: leave of absence, sabbatical.
Freistil *m*, **Freistil...** *Sport*: freestyle.
Freistoß *m Fußball*: free kick.
Freistunde *f ped.* free period.
Freitag *m* (***am*** ~ on) Friday.
freitags *adv* on Friday(s).
Freitod *m* suicide.
freitragend *adj* △, *tech.* cantilever, self-supporting.
Frei|treppe *f* (outdoor) steps *pl.* **~übungen** *pl* (free) exercises *pl*, cal(l)isthenics *pl.* **~umschlag** *m* stamped addressed envelope. **~verkehr** *m econ.* ***im ~*** in the open market, *Am.* over the counter. **~verkehrsbörse** *f econ.* kerb market.
freiweg *adv* F straight out.
Freiwild *n fig.* fair game.
freiwillig I *adj* voluntary, (*aus sich heraus*) spontaneous: ***~e Sozialleistungen*** *des Arbeitgebers*: fringe benefits. II *adv* voluntarily, of one's own free will: ***sich ~ melden*** volunteer (***zu*** for).
Freiwillige *m, f* volunteer.
Freiwilligkeit *f* voluntariness.
Freiwurf *m Sport*: free throw.

Freizeichen *n teleph.* dial(l)ing tone.
Freizeit *f* **1.** free (*od.* leisure, spare) time. **2.** *ped.* holiday (*od.* weekend) course. **~ausgleich** *m* free time compensation. **~beschäftigung** *f* leisure-time activity (*od.* activities *pl*), *engS.* hobby. **~gestaltung** *f* leisure-time activities *pl.* **~hemd** *n* sports shirt. **~industrie** *f* leisure industry. **~kleidung** *f* casual (*od.* leisure) wear. **~park** *m* leisure park. **~zentrum** *n* leisure cent/re (*Am.* -er). **~zone** *f* free zone.
freizügig *adj* **1.** *econ.* unrestricted. **2.** (*großzügig*) generous, liberal. **3.** *moralisch*: permissive, free, *Film etc*: *a.* candid.
Freizügigkeit *f* **1.** *von Arbeitskräften etc*: free(dom of) movement. **2.** (*Großzügigkeit*) generosity. **3.** permissiveness, *e-s Films etc*: cando(u)r.
fremd *adj allg.* strange, (*unbekannt*) *a.* unfamiliar, unknown, (*seltsam*) *a.* odd, (*ausländisch*, *weitS.* *~artig*) foreign: ***~e Leute*** strangers; ***~e Hilfe*** outside help; ***~es Eigentum*** other people's property; *fig.* ***j-m ~ sein*** a) be unknown to s.o., b) (*wesens~*) be foreign (*od.* alien) to s.o.'s nature; ***ich bin hier*** (***selbst***) ~ I'm a stranger here (myself).
Fremdarbeiter(in) foreign worker.
fremdartig *adj* foreign, (*merkwürdig*) strange, *Pflanze etc*, *a. fig.* exotic.
Fremdartigkeit *f* strangeness.
Fremde[1] *m, f* stranger, (*Ausländer*[*in*]) foreigner, (*Tourist*[*in*]) tourist.
Fremde[2] *f* foreign parts *pl*: ***in die*** (***der***) ~ away from home, *weitS.* abroad.
fremdenfeindlich *adj* hostile to strangers, (*ausländerfeindlich*) hostile to foreigners.
Fremden|führer(in) (tourist) guide. **~hass** *m* xenophobia. **~heim** *n* guesthouse. **~industrie** *f* tourist industry. **~legion** *f* Foreign Legion. **~verkehr** *m* tourism. **~verkehrsbüro** *n* tourist office. **~zimmer** *n* room (to let).
fremdfinanziert *adj* financed through borrowing, *Übernahme etc*: leveraged..
Fremdfinanzierung *f* debt (*od.* outside) financing.
fremdgehen *v/i* be unfaithful (to one's husband *od.* wife).
Fremd|herrschaft *f* foreign rule. **~kapital** *n* loan (*od.* outside) capital. **~körper** *m* **1.** foreign body. **2.** *fig.* alien element.
fremdländisch *adj* foreign, exotic.
Fremdling *m* stranger.
Fremdmittel *pl* outside (*od.* borrowed) funds.
Fremdsprache *f* foreign language.
Fremdsprachen|kenntnisse *pl* knowledge of foreign languages, *als Überschrift in Bewerbungen etc*: foreign languages. **~korrespondent(in)** foreign correspondence clerk. **~sekretär(in)** linguist-secretary. **~unterricht** *m* foreign-language teaching (*od.* lessons *pl*).
fremd|sprachig *adj* **1.** speaking a foreign language. **2.** *Buch, Unterricht etc*: → **~sprachlich** *adj* foreign-language.
Fremdwährung *f* foreign currency.
Fremdwort *n* foreign word.
frequentieren *v/t* frequent.
Frequenz *f* **1.** ⚡, *phys.* frequency. **2.** ⚕ (*Pulsfrequenz etc*) (pulse) rate. **3.** (*Besucherzahl*) number of visitors. **4.** (*Verkehrsdichte*) density of traffic. **~bereich** *m* ⚡ frequency range.
Fresko(malerei *f*) *n* fresco.
Fressalien *pl* F grub.
Fresse *f* V mug, kisser.
fressen **I** *v/t* **1.** eat, *Raubtier*: *a.* devour, V *Mensch*: stuff o.s. with, (*sich ernähren von*) eat, feed on: ***e-m Tier*** (***...***) ***zu ~ geben*** feed an animal (on ...); F ***er wird dich schon nicht ~*** he won't bite you; → ***Besen*** 1, ***Narr.*** **2.** F *fig.* (*verbrauchen*) gobble up (*money*), consume (*fuel etc*). **II** *v/reflex* **3.** ***sich ~ in*** (*acc*) *a. Säure etc*: eat into. **III** *v/i* **4.** eat, V *Person*: eat like a pig. **5.** *fig.* ***~ an*** (*dat*) *Rost etc*: eat away.
Fressen *n fig.* food, V (*Essen*) grub: F *fig.* ***das war ein gefundenes ~ für ihn*** that was just what he was waiting for.
Fresserei *f* **1.** V guzzling. **2.** F blowout.
Fress|gier *f* voraciousness. **~sack** *m* F glutton. **~sucht** *f* ⚕ b(o)ulimia.
Frettchen *n zo.* ferret.
Freude *f* joy (***über*** *acc* at), pleasure, delight: ***~ haben*** (*od.* ***finden***) ***an*** (*dat*) enjoy; ***j-m ~ bereiten*** make s.o. happy; ***ich hoffe, es macht dir ~!*** I hope it will give you pleasure; ***es macht mir k-e ~*** I don't enjoy it; ***zu m-r großen ~*** much to my delight; → ***Leid*** 1.
Freuden|fest *n* celebration. **~feuer** *n* bonfire. **~schrei** *m* cry of joy. **~tag** *m* red-letter day. **~tränen** *pl* tears *pl* of joy.
freudestrahlend *adj* radiant (with joy).
freudig *adj* joyful, cheerful: ***~es Ereignis*** happy event; ***~e Nachricht*** good news *pl.*
freudlos *adj* cheerless, bleak.
freudsch *adj* → ***Fehlleistung.***
freuen **I** *v/reflex* ***sich ~*** be glad (*od.* happy, pleased) (***über*** *acc* about); ***sich ~ an*** (*dat*) enjoy; ***sich ~ auf*** (*acc*) be looking forward to. **II** *v/t* please: ***das freut mich sehr*** I'm glad to hear that; ***ich hoffe, es freut dich*** I hope it will give you pleasure. **III** *v/impers* ***es freut mich, Sie zu sehen*** nice to see you; ***es würde mich ~, wenn ...*** I'd be very pleased if ...

F

Freund *m* friend (*a. fig.*), *e-s Mädchens*: boyfriend: *~ **und Feind*** friend and foe; *fig.* ***ein ~ sein von*** be fond of; ***ein ~ der Musik*** *etc* a music *etc* lover; → ***dick*** 2.

Freundchen *n iro.* laddie, *Am.* buddy.

Freundeskreis *m* (circle of) friends *pl.*

Freundin *f* friend (*a. fig.*), *e-s Jungen*: girlfriend.

freundlich *adj* **1.** friendly (***gegen*** to), (*lieb*) kind, (*nett*) nice: ***~e Grüße*** kind regards (***an*** *acc* to); ***bitte seien Sie so ~ und ...*** (will you) be so kind as to ...; ***sehr ~!*** very kind of you! **2.** *Klima etc*: mild, pleasant, *Zimmer etc*: cheerful.

freundlicherweise *adv* kindly.

Freundlichkeit *f* friendliness, kindness.

Freundschaft *f* friendship: ***~ schließen mit*** make friends with; ***aus ~*** because we *etc* are friends.

freundschaftlich *adj* friendly, amicable: ***j-m ~ gesinnt sein*** be well-disposed towards s.o.

Freundschafts|besuch *m pol.* goodwill visit. **~dienst** *m* (***j-m e-n ~ erweisen*** do s.o. a) good turn. **~preis** *m* special price, F mate's rate. **~spiel** *n Sport*: friendly (game).

Frevel *m allg.* sacrilege, (*Untat*, *a. fig.*) (***an*** *dat*, ***gegen*** against) crime, outrage.

frevelhaft *adj* sacrilegious, *Tat etc*: outrageous.

Freveltat *f* outrage, crime.

Frevler(in) offender, *bsd. eccl.* sinner.

Frieden *m* peace, (*Ruhe*) tranquil(l)ity: ***innerer ~*** peace of mind; ***im ~*** in peacetime; ***~ schließen*** make peace; ***mit j-m ~ schließen*** make (it) up with s.o.; ***lass mich in ~!*** leave me alone!

Friedens|bedingungen *pl* peace terms *pl.* **~bewegung** *f pol.* peace movement. **~bruch** *m* ⚖ breach (*pol.* violation) of the peace. **~forschung** *f* peace research. **~gespräche** *pl* peace talks *pl.* **~initiative** *f* peace initiative. **~konferenz** *f* peace conference. **~kundgebung** *f* peace rally. **~nobelpreis** *m* Nobel Peace Prize. **~pflicht** *f bei Tarifauseinandersetzungen etc*: cooling-off period. **~politik** *f* policy of peace. **~schluss** *m* conclusion of the peace treaty. **~taube** *f* dove of peace. **~truppe** *f* peacekeeping force. **~verhandlungen** *pl* peace negotiations *pl.* **~vertrag** *m* peace treaty. **~zeit(en** *pl*) *f* times *pl* of peace, peacetime *sg.*

friedfertig *adj* peaceable.

Friedhof *m* cemetery.

friedlich *adj* peaceful, *Tier*: gentle.

Friedlichkeit *f* peacefulness.

friedliebend *adj* peace-loving.

frieren *v/i u. v/impers* freeze: ***ich friere, mich friert, es friert mich*** I am cold, *stärker*: I'm freezing; ***mich friert an den Füßen*** I've got cold feet; ***es friert*** it is freezing.

Fries *m* △, *Textil.* frieze.

frigide *adj* frigid. **Frigidität** *f* frigidity.

Frikadelle *f gastr.* meatball.

Frikassee *n gastr.* fricassee.

Frisbeescheibe *f* (*TM*) frisbee disc.

frisch **I** *adj* **1.** *Obst etc*: fresh, *Eier*: *a.* freshly-laid, *Salat etc*: *a.* green, *Brot*: *a.* new: ***~e Farbe*** wet paint; ***~e Luft schöpfen*** get some fresh air; ***sich ~ machen*** freshen up; *fig.* ***mit ~en Kräften*** refreshed, with renewed strength; ***noch in ~er Erinnerung*** fresh in my *etc* mind. **2.** (*sauber*) clean. **3.** (*kühl*) fresh, cool, chilly. **4.** *fig.* (*lebhaft*) fresh (*a. Farbe*), brisk, lively. **II** *adv* **5.** freshly (*etc*), (*von neuem*) again: ***~ gestrichen!*** wet paint!; ***~ gebacken*** fresh from the oven; ***~ verheiratet*** just married.

Frische *f allg.* freshness (*a. fig.*), *körperliche*: *a.* vigo(u)r, (*Lebhaftigkeit*) *a.* briskness, liveliness, (*Kühle*) coolness: *fig.* ***in alter ~*** as alive and well as ever.

Frisch|ei *n* fresh(ly laid) egg. **~fleisch** *n* fresh meat. **~gemüse** *n* fresh vegetables *pl.* **~haltebeutel** *m* polythene bag. **~haltefolie** *f* cling film. **~haltepackung** *f* vacuum (*od.* keep-fresh) package. **~käse** *m* cream cheese. **~milch** *f* fresh milk. **~obst** *n* fresh fruit. **~ware** *f* fresh produce, perishables *pl.* **~zellentherapie** *f* ⚕ living-cell therapy.

Friseur(in) hairdresser: ***beim ~*** at the hairdresser's.

Friseursalon *m* hairdresser's shop.

Friseuse *f* hairdresser.

frisieren **I** *v/t* **1.** ***j-n ~*** do s.o.'s hair. **2.** F *fig.* (*Bilanz etc*) doctor, (*Motor*) soup up. **II** *v/reflex* ***sich ~*** **3.** do one's hair.

Frisiersalon *m* hairdresser's salon.

Frist *f* (fixed) period of time, time limit, (*Zeitpunkt*) deadline, *econ.* (*Nachfrist*) respite, ⚖ (*Strafaufschub*) reprieve: *econ.*, ⚖ ***drei Tage ~*** three days' grace; ***innerhalb e-r ~ von 10 Tagen*** within a ten-day period; ***e-e ~ setzen*** (***einhalten***) fix (meet) a deadline.

fristen *v/t* ***sein Leben*** (*od.* ***Dasein***) ~ scrape a (bare) living.

fristgemäß, fristgerecht *adj u. adv* in time, within the prescribed time limit.

fristlos *adj u. adv* (***j-n ~ entlassen*** dismiss s.o.) without notice; ***~e Kündigung*** *seitens des Arbeitgebers*: dismissal without notice, *seitens des Arbeitnehmers*: termination (*od.* resignation) without notice.

Frist|überschreitung *f* failure to meet the deadline. **~verlängerung** *f* extension (of the deadline).

Frisur *f* hairstyle, (*Schnitt*) haircut.

Fritten *pl* F chips *pl*, *Am.* fries *pl.*
Fritteuse *f gastr.* deep fryer.
frittieren *v/t* deep-fry.
frivol *adj* (*leichtfertig*) frivolous, (*anzüglich*) risqué.
Frivolität *f* frivolity.
froh *adj* glad, cheerful: ***sei ~, dass du nicht dabei warst*** be thankful you weren't there; → ***Ostern*** *etc.*
fröhlich *adj* cheerful, (*lustig*) *a.* merry.
Fröhlichkeit *f* cheerfulness, (*Lustigkeit*) *a.* high spirits *pl.*
frohlocken I *v/i* (***über*** *acc*) rejoice (in, at), *schadenfroh*: gloat (over).
Frohlocken *n* jubilation, gloating.
Frohnatur *f* cheerful person.
Frohsinn *m* cheerfulness.
fromm *adj* **1.** pious, devout: *fig.* ***~e Lüge*** white lie; ***~er Betrug*** pious fraud; ***~er Wunsch*** wishful thinking. **2.** *Tier*: gentle, *Pferd*: steady.
Frömmelei *f* sanctimoniousness.
Frömmigkeit *f* piety.
Fron(arbeit) *f fig.* drudgery.
frönen *v/i* (*dat*) indulge in.
Fronleichnam *m* Corpus Christi.
Front *f allg.* front, *mil.* (*~linie*) *a.* front line: ***an der ~*** at the front; ***hinter der ~*** behind the lines; *fig.* ***~ machen gegen*** turn against, resist; *Sport*: ***in ~ gehen*** (***liegen***) take (be in) the lead.
Frontal|... head-on, frontal. **~angriff** *m* frontal attack. **~zusammenstoß** *m* head-on collision.
Front|antrieb *m mot.* front-wheel drive. **~kämpfer(in)** front-line soldier, *ehemaliger*: ex-serviceman, *Am.* veteran. **~lader** *m* front loader. **~motor** *m* front-mounted engine. **~wechsel** *m fig.* about-face.
Frosch *m* **1.** *zo.* frog: F ***sei kein ~!*** don't be a spoilsport! **2.** (*Knallfrosch*) squib. **~augen** *pl fig.* bulging eyes *pl.* **~mann** *m mil. etc* frogman. **~perspektive** *f* (***aus der ~ sehen*** have a) worm's-eye view. **~schenkel** *m gastr.* frog's leg.
Frost *m* frost.
frostbeständig *adj* frost-resistant.
Frost|beule *f* chilblain. **~einbruch** *m* sudden frost.
frösteln I *v/i* shiver (with cold): ***mich fröstelt*** I feel shivery.
Frösteln *n* shivering.
frostfrei *adj* free of frost, frost-free.
frostig *adj* frosty, *fig. a.* icy.
Frost|salbe *f* chilblain ointment. **~schaden** *m* frost damage.
Frostschutz *m* frost protection. **~mittel** *n* antifreeze. **~scheibe** *f mot.* defrosting screen.
Frostwetter *n* frosty weather.
Frottee, Frotté *österr. m, n* terry(cloth), towel(l)ing.
frottieren *v/t* rub down.
Frottier(hand)tuch *m* terry towel.
Frucht *f* **1.** ♞ fruit (*a. pl*): ***Früchte tragen*** *a. fig.* bear fruit. **2.** *pl fig.* fruit(s *pl*).
fruchtbar *adj* **1.** *biol.* fertile: *fig.* ***auf ~en Boden fallen*** fall on fertile ground. **2.** *fig.* fruitful, *Schriftsteller*: prolific.
Fruchtbarkeit *f* **1.** fertility. **2.** *fig.* fruitfulness.
Fruchtblase *f physiol.* amniotic sac.
Fruchtbonbon *m, n* fruit drop.
Fruchteis *n* fruit-flavo(u)red ice cream.
fruchten *v/i* be of use, have an effect: ***es hat nichts gefruchtet*** it was no use.
Fruchtfleisch *n* (fruit) flesh.
fruchtlos *adj* fruitless, *fig. a.* futile.
Frucht|presse *f* juicer. **~saft** *m* fruit juice. **~wasser** *n physiol.* amniotic fluid. **~zucker** *m* fructose.
frugal *adj* frugal.
früh I *adj* early: ***ein ~er van Gogh*** an early (work by) van Gogh; → ***früher, frühest, frühestens.*** **II** *adv* early: ***heute ~*** this morning; (***schon***) ***~*** early on; ***~ genug*** soon enough; ***von ~ bis spät*** from morning till night; ***zu ~ kommen*** be early.
Frühaufsteher(in) early riser (F bird).
Frühe *f* (early) morning: ***in aller ~*** early in the morning.
früher I *adj* earlier, (*ehemalig*) former, (*einstig*) past: ***der ~e Besitzer*** the previous owner. **II** *adv* earlier, (*eher*) *a.* sooner, (*einstmals*) in the past: ***~ oder später*** sooner or later; ***~ habe ich geraucht*** I used to smoke; ***~ hat er nie geraucht*** he never used to smoke, he didn't use to smoke; ***ich kenne sie von ~*** I know her from way back.
Früherkennung *f* ⚕ early diagnosis.
frühest *adj* earliest: ***in ~er Kindheit*** at a very early age.
frühestens *adv* at the earliest.
Frühgeburt *f* premature birth.
Frühgeschichte *f* early history.
Frühjahr *n* (***im ~*** in [the]) spring.
Frühjahrs|mode *f* spring fashions *pl.* **~müdigkeit** *f* spring tiredness.
Frühkartoffeln *pl* new potatoes *pl.*
Frühling *m a. fig.* spring(time): ***im ~*** in (the) spring.
frühlingshaft *adj* springlike, spring.
Frühlingsrolle *f gastr.* spring roll.
Frühlingswetter *n* spring weather.
Frühmaschine *f* early plane.
Frühmesse *f*, **Frühmette** *f* matins *pl.*
frühmorgens *adv* early in the morning.
Frühnebel *m* early morning fog.

F

Frühpensionierung *f* early retirement.

frühreif *adj a. fig.* precocious.

Frühreife *f* precociousness, *fig. a.* precocity.

Frührente *f* early retirement. **~rentner(in)**: ***ich bin ~*** I went into early retirement.

Früh|schicht *f* early shift. **~schoppen** *m* pre-lunch drink(s *pl*). **~sommer** *m* early summer. **~sport** *m* early morning exercises *pl*. **~stadium** *n* early stage.

Frühstück *n* breakfast: ***zweites ~*** mid--morning snack, *Br.* elevenses *pl.*

frühstücken I *v/i* (have) breakfast. II *v/t* have *s.th.* for breakfast.

Frühstücks|fernsehen *n* breakfast television. **~fleisch** *n* luncheon meat. **~pause** *f* morning break.

Früh|warnsystem *n* early warning system. **~zeit** *f* early period, (*Vorzeit*) prehistoric times *pl.*

frühzeitig I *adj* early, (*vorzeitig*) untimely, premature. II *adv* early, in good time.

Frühzug *m* early train.

Frühzündung *f mot.* advanced ignition.

Frust *m* F, **Frustration** *f psych.* frustration.

frustrieren *v/t* frustrate.

frz. ***französisch*** French (Fr.).

FSK ***Freiwillige Selbstkontrolle der Filmwirtschaft*** voluntary self-censorship of the film industry.

Ft ***Forint*** forint (Ft).

FU ***Freie Universität*** (*Berlin*) Free University.

Fuchs *m* **1.** *zo.* a) fox, b) (*Pferd*) sorrel. **2.** → ***Fuchspelz.*** **3.** *fig.* ***alter ~*** cunning old devil; ***schlauer ~*** sly fox.

Fuchsbau *m* fox's den.

Fuchsie *f* ❀ fuchsia.

Füchsin *f zo.* vixen.

Fuchs|jagd *f* fox hunt(ing). **~pelz** *m* fox (fur).

fuchsrot *adj* ginger.

Fuchsschwanz *m* **1.** *zo.* foxtail. **2.** *tech.* pad saw.

fuchsteufelswild *adj* F hopping mad.

Fuchtel *f* F ***j-n unter s-r ~ halten*** keep s.o. under one's thumb.

fuchteln *v/i* ***~ mit*** wave *s.th.* around, *drohend*: brandish; ***mit den Händen ~*** gesticulate wildly.

Fug *m* ***mit ~ und Recht*** rightly.

Fuge[1] *f* ♪ fugue.

Fuge[2] *f tech.* joint, (*Naht*) seam, (*Falz*) groove: ***aus den ~n gehen*** a) fall apart, b) *fig.* be thrown out of joint.

fugen *v/t* joint.

fügen I *v/t tech.* joint. II *v/reflex* ***sich ~*** (*dat od.* **in** *acc* to) (*nachgeben*) submit, give in, (*sich abfinden*) resign o.s.; ***sich e-m Befehl ~*** comply with an order; → ***unabänderlich.*** III *v/impers* ***es fügt sich, dass ...*** it so happens that ... **fügsam** *adj* obedient.

Fügung *f* (act of) providence, (stroke of) fate: ***durch e-e glückliche ~*** by a lucky coincidence.

fühlbar *adj fig.* noticeable, (*beträchtlich*) considerable.

fühlen I *v/t allg.* feel, (*spüren*) *a.* sense. II *v/i* feel: ***~ nach*** feel for; ***mit j-m ~*** feel with s.o. III *v/reflex* ***sich glücklich*** *etc* ***~*** feel happy *etc*; ***sich ~ als*** see o.s. as.

Fühler *m* **1.** *zo.* feeler, antenna, tentacle: *fig.* ***die ~ ausstrecken*** put out one's feelers. **2.** *tech.* sensor.

Fühlung *f* contact: ***~ haben mit*** be in touch with; ***~ nehmen mit*** contact, get in touch with.

Fühlungnahme *f* contacts *pl.*

Fuhre *f* a) loaded cart, b) (cart)load.

führen I *v/t* **1.** lead (**nach, zu** to), (*geleiten*) *a.* take, (*herum~*) guide: *Besucher* ***in ein Zimmer*** (***durchs Haus***) ~ show *s.o.* into a room (over the house). **2.** (*an~*) lead, head, *mil. a.* command. **3.** *fig.* lead, (*verwalten, leiten*) be in charge of, (*Betrieb, Haushalt etc*) manage, run, (*Amt*) hold, (*Bücher*) keep, (*Geschäfte etc, e-n Prozess etc*) conduct, (*Verhandlungen etc*) carry on: → ***Gespräch, Klage*** 2. **4.** (*Namen*) bear, go by (*the name of*), (*Titel*) hold, *Buch*: have, bear, (*Wappen*) have: → ***Schild***[1] 1. **5.** (*Ware*) *auf Lager*: carry (in stock), *zum Verkauf*: sell, deal in. **6.** (*handhaben*) use, wield. **7.** (*bei sich tragen*) (*Waffe etc*) carry, have with (*od.* on) one: ⚡ ***Strom ~*** a) be live, b) conduct current. **8.** ***e-n Schlag ~*** strike a blow. **9.** *Werkzeug, Leitung* ***~ durch*** (***um*** *etc*) pass *s.th.* through (around *etc*). II *v/i* **10.** *allg.* lead, *Sport*: *a.* be in the lead: ***~ nach,*** *a. fig.* ***~ zu*** lead to; *fig.* ***das führt zu nichts*** that won't get us (you *etc*) anywhere; *Sport*: ***mit zwei Toren ~*** be two goals ahead. III *v/reflex* **11.** ***sich*** *gut etc* ***~*** conduct o.s.

führend *adj* leading: ***~ sein*** lead, rank in first place.

Führer *m* (*Handbuch*) guide(book).

Führer(in) **1.** *allg.* leader, (*Leiter*) *a.* head, *mil. a.* commander, *Sport*: (*Mannschaftsführer*) captain. **2.** (*Fremdenführer*) guide. **3.** *mot.* driver, ✈ pilot, (*Kranführer etc*) operator.

führerlos *adj* **1.** without a leader (*od.* guide *etc*). **2.** *Wagen*: driverless, *Flugzeug*: pilotless.

Führernatur *f* born leader.

Führerschaft *f* leadership, *coll. the* leaders *pl.*

Führerschein *m mot.* driving licence, *Am.* driver's license: ***s-n ~ machen*** take one's

driving test. **~entzug** *m* revocation of s.o.'s driving licence (*etc*).
Fuhrpark *m* car pool, fleet (of vehicles).
Führung *f* **1.** guidance, *pol. etc* leadership, *mil.* command, *econ.* (*von Unternehmen*) management, *coll. the* leaders *pl*: ***unter der ~ von*** headed by; ***die ~ übernehmen*** take charge (→ *a.* 5). **2.** *in e-m Museum etc*: (guided) tour (***durch*** of). **3.** *von Verhandlungen etc*: conduct. **4.** (*Benehmen*) *good etc* conduct, behavio(u)r. **5.** *Sport*: lead: ***in ~ gehen, die ~ übernehmen*** take the lead; ***in ~ sein*** be in the lead. **6.** *e-s Titels*: use.
Führungs|aufgabe *f* executive function. **~eigenschaften** *pl* leadership qualities *pl.* **~etage** *f* executive floor. **~funktion** *f* management function. **~gremium** *n* executive committee. **~kraft** *f econ.* executive, *pl* executive personnel *sg*, *pol.* leaders *pl.* **~nachwuchs** *m* management trainees *pl*, future executives *pl.* **~schicht** *f* ruling class(es *pl*). **~schwäche** *f* lack of (*od.* poor) leadership. **~spitze** *f* top echelons *pl.* **~stil** *m* (style of) leadership. **~strategie** *f* management strategy. **~struktur** *f* management structure. **~tor** *n*, **~treffer** *m* goal that puts a team into the lead. **~zeugnis** *n* certificate of (good) conduct.
Fuhr|unternehmen *n* haulage company. **~unternehmer(in)** haulage contractor. **~werk** *n* horse-drawn vehicle, cart.
Fülle *f* fullness (*a. fig.*), (*Klangfülle etc*) richness, (*Menge*) wealth, abundance, (*Körperfülle*) corpulence: → ***Hülle*** 4.
füllen *v/t* **1.** fill (*a.* ***sich ~***): *der Aufsatz* ***füllte drei Seiten*** took up three pages; ***in Flaschen ~*** bottle. **2.** *gastr.* stuff.
Füller *m* F, **Füll(feder)halter** *m* fountain pen.
füllig *adj* full, *Figur*, *Person*: plump.
Füllsel *n* filler, *fig. a.* padding (*a. pl*).
Füllung *f* **1.** filling (*a. von Zahn*). **2.** *gastr.* stuffing. **3.** (*Polsterung*) padding.
Füllwort *n* filler.
fummeln *v/i* F **1.** fiddle around (***an*** *dat* with). **2.** (*knutschen*) pet.
Fund *m* finding, discovery, (*Gefundenes*) find: ***e-n ~ machen*** make a find.
Fundament *n* ⚠ foundations *pl.*
fundamental *adj* fundamental, basic.
Fundamentalismus *m* fundamentalism.
Fundamentalist(in), fundamentalistisch *adj* fundamentalist.
Fundbüro *n* lost property office, *Am.* lost and found.
Fundgrube *f fig.* (gold)mine, *in Kaufhaus etc*: bargain offers *pl.*
fundieren *v/t* **1.** *fig.* substantiate. **2.** (*Anleihe, Schuld*) fund.
fundiert *adj* **1.** *Wissen etc, a. Geschäft*: sound. **2.** *Anleihe, Schuld*: funded.
fündig *adj* ***~ werden*** *a. fig.* strike gold.
Fundsache *f* lost article, *pl a.* lost property *sg.*
Fundstätte *f Archäologie*: site (of the discovery).
Fundus *m fig.* store (***von, an*** *dat* of).
fünf *adj* five: *fig.* (***alle***) ***~e gerade sein lassen*** stretch a point.
Fünf *f* five, *ped.* (*Note*) poor, *Br.* E, *Am.* F.
Fünfeck *n* pentagon. **fünfeckig** *adj* pentagonal.
Fünfer *m* **1.** five-pfennig (*od.* five-mark) piece. **2.** → ***fünf*** II.
fünffach *adj u. adv* fivefold.
fünfhundert *adj* five hundred.
fünfjährig *adj* five-year-old, *pred* five years old: ***ein ~es Kind*** *a.* a child of five.
Fünfkampf *m Sport*: pentathlon.
Fünfkämpfer(in) pentathlete.
Fünflinge *pl* quintuplets *pl*, F quins *pl.*
fünfmal *adv* five times.
Fünfprozentklausel *f parl.* five per cent hurdle.
fünfstellig *adj Zahl*: five-digit, *Dezimalzahl*: five-place.
fünft *adj* fifth: → ***Kolonne, Rad*** 1.
Fünftagewoche *f* five-day working week.
Fünftel *n* fifth.
fünfzehn *adj* fifteen.
fünfzig *adj* fifty; ***sie ist Mitte ~*** she is in her mid-fifties.
Fünfzig *f* fifty.
fünfziger *adj* ***die ~ Jahre*** *e-s Jhs.*: the fifties *pl.*
Fünfziger *m* **1.** man of fifty: ***er ist in den ~n*** he is in his fifties. **2.** F fifty-pfennig piece, fifty-mark note (*Am.* bill).
Fünfzigerin *f* woman of fifty (*od.* in her fifties).
Fünfzigerjahre → **fünfziger.**
fungieren *v/i* ***~ als*** act (*Sache*: serve) as.
Funk *m* radio; → *a.* ***Rundfunk, Radio.***
Funkamateur(in) radio ham.
Funkausstellung *f* radio and TV exhibition.
Funkbild *n* photo-radiogram.
Fünkchen *n* → **Funke** *m a. fig.* spark: *fig.* ***ein ~*** (***von***) ***Verstand*** a modicum of sense; ***kein ~ Hoffnung*** not a flicker of hope.
funkeln *v/i* sparkle (*a. fig. Geist, Witz*), (*glitzern*) glitter, *Sterne*: twinkle, *Augen*: flash.
funkelnagelneu *adj* F brand-new.
Funkempfänger *m* radio receiver.
funken *v/t* radio (*a. v/i*), send out: F *fig.* ***zwischen uns hat es sofort gefunkt*** we clicked the moment we met.
Funken *m* → ***Funke.***
funkentstört *adj* radio-screened.

F

Funker(in) radio operator.
Funk|gerät *n* radio (set). **~haus** *n* broadcasting cent/re (Am. -er). **~meldung** *f* radio message. **~peilgerät** *n* radio direction finder (RDF). **~rufempfänger** *m* bleep(er). **~signal** *n* radio signal. **~sprechgerät** *n* tragbares: walkie- -talkie. **~sprechverkehr** *m* radio telephony. **~spruch** *m* radio message. **~station** *f*, **~stelle** *f* radio station. **~stille** *f* radio silence. **~streife** *f* **1.** radio patrol. **2.** → **~streifenwagen** *m* radio patrol car. **~taxi** *n* radio cab. **~technik** *f* radio engineering. **~telefon** *n* cellular phone.
Funktion *f* function, (Stellung) position: **in ~ treten** go into action.
Funktionär(in) official.
funktionell *adj* functional.
funktionieren *v/i* function, work (a. F fig.).
funktionsfähig *adj* functioning, working.
Funktionsstörung *f* ⚕ malfunc-tion.
Funktionstaste *f* Computer: function key.
Funk|turm *m* radio tower. **~verbindung** *f* radio contact. **~verkehr** *m* radio communication(s pl).
für *prep* allg. for, (als Ersatz) a. in exchange (od. return) for, (zu Gunsten von) a. in favo(u)r of, (anstatt) a. instead of: **Jahr ~ Jahr** year after year; **~ mich** for me, (m-r Ansicht nach) to me; **ich ~ m-e Person** I myself; **~s Erste** for the moment; **~ sich leben** live by o.s.; **an und ~ sich** actually; **e-e Sache ~ sich** another matter entirely; **das hat viel ~ sich** there's a lot to be said for it; **was ~ (ein) ...?** what (kind of) ...?
Für *n* **das ~ und Wider** the pros and cons pl.
Fürbitte *f* a. eccl. intercession.
Furche *f* ✓, anat. furrow (a. fig. Runzel), geol., tech. a. groove, (Wagenspur) rut.
Furcht *f* (**vor** of) fear, stärker: dread: **aus ~ vor** for fear of; **j-m ~ einflößen** (od. **einjagen**) frighten s.o.; **~ einflößend, ~ erregend** frightening.
furchtbar **I** *adj* terrible, stärker: dreadful. **II** *adv* terribly, F (sehr) a. awfully.
fürchten **I** *v/t* be afraid of, stärker: dread: **ich fürchte, wir schaffen es nicht** I fear we're not going to make it. **II** *v/i* **für j-n ~** fear for s.o. **III** *v/reflex* **sich ~** (**vor** dat of) be frightened, be scared, be afraid; **sich ~ vor** (dat) a. dread; **sich** (**davor**) **~ zu** inf be scared to inf, be afraid of ger.
fürchterlich → **furchtbar.**
furchtlos *adj* fearless, intrepid.
Furchtlosigkeit *f* fearlessness.
furchtsam *adj* timorous.
Furchtsamkeit *f* timorousness.
füreinander *adv* for each other, for one another.
Furie *f* **1.** myth. Fury. **2.** fig. virago.
Furnier *n*, **furnieren** *v/t* veneer.
Furore: ~ machen cause a sensation.
Fürsorge *f* **1.** care (**für** for), liebevolle: solicitude: **ärztliche ~** medical care. **2. öffentliche ~** public welfare. **3.** F (**von der ~ leben** live on) social security.
Fürsorger(in) welfare worker.
fürsorglich *adj* considerate, solicitous.
Fürsprache *f* intercession (**für** for, **bei** with), (Empfehlung) recommendation.
Fürsprecher(in) intercessor, (Vermittler) mediator, (Verfechter) advocate.
Fürst *m* prince (a. Titel u. fig.), (Herrscher) ruler: F **leben wie ein ~** live like a king.
Fürstenhaus *n* dynasty.
Fürstentum *n* principality.
Fürstin *f* princess.
fürstlich *adj* princely (a. fig.), prince's, fig. sumptuous, Trinkgeld etc: generous: adv **j-n ~ bewirten** (**belohnen**) entertain (reward) s.o. royally.
Furt *f* ford.
Furunkel *m* ⚕ boil.
Fürwort *n* ling. pronoun.
Furz *m*, **furzen** *v/i* V fart.
Fusel *m* F rotgut.
Fusion *f* **1.** ⚗ fusion. **2.** econ. merger.
fusionieren *v/t u. v/i* econ. merge.
Fusionskontrolle *f* econ. merger control.
Fuß *m* **1.** foot, pl feet: **zu ~** on foot; **zu ~ gehen** walk; **zu ~ erreichbar** within walking distance; **gut zu ~ sein** be a good walker; fig. (**festen**) **~ fassen** gain a foothold; (dat) **auf dem ~e folgen** follow on the heels of; fig. **auf die Füße fallen** fall on one's feet; **auf freiem ~** at large; **j-n auf freien ~ setzen** release s.o.; **auf eigenen Füßen stehen** stand on one's own two feet; **auf großem ~e leben** live in grand style; **auf gutem ~e stehen mit** be on good terms with; **auf schwachen Füßen stehen** be shaky; **mit beiden Füßen auf der Erde stehen** have both feet firmly on the ground; **kalte Füße bekommen** a. F fig. get cold feet; → **link. 2.** e-s Berges, e-r Seite, Liste etc: foot, bottom, e-s Möbelstücks: leg, e-s Glases: stem, e-r Lampe: stand: **am ~e des Berges** at the foot of the mountain. **3.** (Maß) foot (= 30,48 cm): **10 ~ lang** ten feet long.
Fuß|abdruck *m* footprint. **~angel** *f* mantrap, fig. trap. **~bad** *n* footbath.
Fußball *m* **1.** football, Am. soccer ball. **2.** (Spiel) football, bsd. Am. soccer.
Fußball... football (club, match, etc).
Fußballen *m* anat. ball of the foot.
Fußballer(in) F footballer.
Fußball|länderspiel *n* international (football) match. **~platz** *m* football pitch. **~spie-**

ler(in) football player. **~toto** *m, n* football pools *pl*, F *the* pools *pl*. **~verband** *m* football association. **~weltmeister** *m* world cup holders *pl*. **~weltmeisterschaft** *f* world cup.

Fußbank *f* footstool.

Fußboden *m* **1.** floor. **2.** → **~belag** *m* floor covering, flooring. **~heizung** *f* underfloor heating.

Fuß|breit *m* ***k-n ~ weichen*** not to budge an inch. **~bremse** *f mot.* footbrake.

Fussel *f, m* F (piece of) fluff. **fusselig** *adj* F covered in fluff: *fig.* ***sich den Mund ~ reden*** talk one's head off.

fußen *v/i* ***~ auf*** (*dat*) be based (up)on.

Fußende *n* (**am** ~ at the) foot.

Fußfehler *m Tennis*: foot fault.

Fußgänger(in) pedestrian.

Fußgänger|brücke *f* footbridge. **~übergang** *m*, **~überweg** *m* pedestrian crossing. **~unterführung** *f* (pedestrian) underpass, *Br. a.* subway. **~zone** *f* pedestrian precinct.

Fußgelenk *n anat.* ankle.

fußhoch *adj Schnee etc*: ankle-deep.

Fuß|matte *f* doormat, *mot.* floor mat. **~note** *f* footnote. **~pfad** *m* footpath. **~pflege** *f* pedicure. **~pfleger(in)** pedicurist, *bsd. Br.* chiropodist. **~pilz** *m* ⚕ athlete's foot. **~puder** *m* foot powder. **~sohle** *f* sole (of the foot). **~spur** *f* footprint. **~stapfe** *f* footstep: *fig.* ***in j-s ~n treten*** follow s.o.'s footsteps. **~stütze** *f* footrest. **~tritt** *m* **1.** (*Geräusch*) footstep. **2.** (*Spur*) footprint. **3.** (*Stoß*) kick: ***j-m e-n ~ versetzen*** give s.o. a kick, kick s.o. **~volk** *n fig.* rank and file (*of a party etc*). **~weg** *m* **1.** footpath. **2.** ***e-e Stunde*** *etc* ~ an hour's *etc* walk.

Fut. ***Futur*** future (tense) (fut.).

futsch *adj pred* F (*weg*) gone, (*kaputt*) broken, *sl.* bust: ***es ist ~*** *a.* it has had it.

Futter¹ *n* **1.** (*Viehfutter*) fodder, (*Nahrung*) food, feed. **2.** F (*Essen*) grub, *sl.* chow.

Futter² *n Mode, tech.* lining, ⚠ casing.

Futteral *n* case, (*Hülle*) cover.

futtern *v/i* F tuck in(to *v/t*).

füttern¹ *v/t a. Computer*: feed.

füttern² *v/t* (*Rock etc, a. tech.*) line.

Futternapf *m* feeding bowl.

Futterneid *m fig.* envy, jealousy.

Futterstoff *m* lining (material).

Fütterung *f* feeding.

Futur *n ling.* (*a.* **erstes** ~) future (tense); ***zweites ~*** future perfect (tense).

Futurismus *m* futurism.

Futurist(in), futuristisch *adj* futurist.

Futurologe *m*, **Futorologin** *f* futurologist.

Futurologie *f* futurology.

Futurum *n* → ***Futur***.

G

G, g *n a.* ♪ G, g.
g ***Gramm*** gram(s *pl*), gramme(s *pl*) (g).
Gabe *f* **1.** (***an*** *acc* to) gift, present, (*Spende*) contribution, (*Schenkung*) donation. **2.** (*Begabung*) gift, talent.
Gabel *f* **1.** *allg.* fork, (*Heugabel, Mistgabel*) *a.* pitchfork. **2.** *teleph.* cradle, rest. **3.** *am Fahrrad*: fork, *der Deichsel*: shafts *pl.* **4.** (*von Geweih*) spire.
gabelförmig *adj* forked.
gabeln I *v/reflex* ***sich*** ~ fork (off *od.* out). II *v/t* fork.
Gabelstapler *m* forklift (truck).
Gabelung *f* fork.
Gabentisch *m* table with (the) presents.
Gabun *n* Gabon.
gackern *v/i* cluck.
gaffen *v/i* gape. **Gaffer(in)** gawper.
Gag *m* gag.
Gage *f* fee.
gähnen *v/i a. fig.* yawn.
Gähnen *n* yawn(ing).
gähnend *adj a. fig.* yawning: *adv* ~ ***leer sein*** be completely empty.
Gala *f* gala dress.
Gala... gala (*concert, performance, etc*).
galant *adj* gallant.
Galeere *f* galley.
Galerie *f allg.* gallery.
Galerist(in) gallery owner.
Galgen *m* gallows *pl.* **Galgenfrist** *f* → ***Gnadenfrist.***
Galgenhumor *m* gallows (*od.* grim) humo(u)r.
Galionsfigur *f a. fig.* figurehead.
gälisch *adj*, **Gälisch** *n ling.* Gaelic.
Gallapfel *m* oakapple.
Galle *f* **1.** *anat.* gall bladder. **2.** *physiol. u. fig.* bile, *a.* ⚘, *zo.* gall: *fig.* ***mir kam die ~ hoch*** my blood was up.
Gallen|blase *f anat.* gall bladder. **~gang** *m* bile (*od.* gall) duct. **~kolik** *f* ⚕ bilious attack. **~leiden** *n* ⚕ bilious complaint. **~stein** *m* ⚕ gallstone.
Gallert *n* jelly.
gallertartig *adj* jelly-like, gelatinous.
Gallier(in) *hist.* Gaul.
Galopp *m* gallop: ***im*** ~ at a gallop, *fig. a.* in a hurry; ***kurzer*** (*od.* ***leichter***) ~ canter. **galoppieren** *v/i* gallop.
galvanisch *adj* galvanic(ally *adv*): ***~e Zelle*** voltaic cell; ***~e Verzinkung*** electrogalvanizing.
Galvaniseur(in) galvanizer, electroplater.
galvanisieren *v/t* galvanize (*a.* ⚕), *tech. a.* electroplate.
Galvanotechnik *f* electroplating.
Gambia *n the* Gambia.
Gamma|globulin *n* ⚕ gamma globulin. **~strahl** *m phys.* gamma ray. **~strahlung** *f* gamma radiation.
Gammelei *f* F loafing around.
gammelig *adj* F **1.** *Wurst etc*: old, *Obst*: rotten. **2.** (*ungepflegt*) scruffy.
gammeln *v/i* F loaf (*od.* bum) around.
Gammler(in) F layabout, loafer, bum.
Gämsbock *m zo.* chamois buck.
Gämse *f zo.* chamois.
gang *adj* ~ ***und gäbe sein*** be quite common (*od.* usual).
Gang *m* **1.** → ***Gangart.*** **2.** (*Spaziergang*) walk, (*Besorgung*) errand, (*Weg*) way, (*Besuch*) visit. **3.** (*Verlauf*) course: ***s-n ~ gehen*** take its course. **4.** *tech.* running, working, action, (*Arbeitsgang*) operation: ***et. in ~ setzen*** (*od.* ***bringen***) *a. fig.* start s.th., get s.th. going; ***in ~ kommen*** *a. fig.* get going, get started; ***im ~(e) sein*** a) *tech.* be running, be working, b) *fig.* be under way, be in progress; *fig.* ***es ist et. im ~e*** s.th. is going on; ***in vollem ~e sein*** be in full swing. **5.** *mot.* gear, *a. tech.* speed: ***erster*** ~ first (*od.* bottom) gear; ***in den dritten ~ schalten*** change (*Am.* shift) into third (gear); ***den ~ herausnehmen*** put the car in neutral. **6.** (*Flur*) corridor (*a.* 🚃), hall(way), (*Durchgang*) passage(way), (*Bogengang*) arcade, *zwischen Sitzen, Ladentischen etc*: aisle, (*Stollen*) tunnel. **7.** *anat.* duct. **8.** *gastr.* course: ***Essen mit fünf Gängen*** five-course meal.
Gangart *f* gait, walk, *e-s Pferdes*: pace (*a. fig. Tempo*).
gangbar *adj Weg*: passable, *a. fig.* practicable.
gängeln *v/t* F ***j-n*** ~ keep s.o. in leading strings.
gängig *adj* **1.** *Ausdruck*: current, *Methode etc*: (very) common. **2.** *econ. Ware*: saleable, fast-selling, *Aktie*: active.

Gangschaltung *f mot.* gear change, *Am.* gearshift, (*Fahrrad*) gears *pl.*
Gangster *m* gangster. **~bande** *f* gang of criminals. **~braut** *f* moll.
Gangstertum *n* gangsterism.
Gangway *f* **1.** ✈ steps *pl.* **2.** ⚓ gangway.
Ganove *m* F *contp.* crook.
Gans *f* goose, *pl* geese: ***junge ~*** gosling; *fig.* ***dumme ~*** stupid thing (*od.* girl).
Gänschen *n* gosling.
Gänse|blümchen *n* daisy. **~braten** *m* roast goose. **~füßchen** *pl* F quotation marks *pl*, inverted commas *pl.* **~haut** *f fig.* goose-pimples *pl*: ***dabei kriege ich e-e ~*** it gives me the creeps. **~leberpastete** *f* pâté de foie gras.
Gänsemarsch *m* ***im ~*** in single file.
Gänserich *m* gander.
Gänseschmalz *n* goose dripping.
ganz I *adj* **1.** whole, (*vollständig*) *a.* complete: ***~ Deutschland*** all (*od.* the whole) of Germany; ***die ~e Stadt*** the whole town; ***in der ~en Welt*** all over the world; ***~e Länge*** total (*od.* overall) length; ***~e Zahl*** whole number; ***~e zwei Stunden*** for two solid hours, (*nicht mehr*) for just two hours; ***von ~em Herzen*** with all my *etc* heart; ***den ~en Morgen*** (***Tag***) all morning (day); ***die ~e Nacht*** (***hindurch***) all night long; ***die ~e Zeit*** all the time; F ***mein ~es Geld*** all my money. **2.** F (*heil*) intact, in one piece: ***~ machen*** mend. II *adv* **3.** (*völlig*) completely, totally: ***~ aus Holz*** *etc* all wood *etc*; ***das ist et. ~ anderes*** that's a different matter altogether; ***nicht ~*** not quite; ***nicht ~ zehn Minuten*** just under ten minutes; ***~ gewiss*** certainly; ***~ nass*** wet through; ***~ wie du willst*** just as you like; (***ich bin***) ***~ Ihrer Meinung*** I quite agree; ***er ist ~ der Vater*** he's just like his father; → ***Ohr.*** **4.** ***~ und gar*** totally, completely; ***~ und gar nicht*** not at all. **5.** (*ziemlich*) quite, F pretty, (*sehr*) very, really: ***~ gut*** quite good, F not bad; ***~ wenig*** a tiny bit; ***ich würde es ~ gern tun, aber ...*** I wouldn't mind (doing it), but ...; ***~ besonders, weil*** (e)specially since.
Ganze *n* whole, (*Gesamtheit*) *a.* entirety: ***einheitliches ~s*** integral whole; ***als ~s*** as a whole; ***das ~*** the whole thing; ***aufs ~ gehen*** go all out; ***jetzt geht es ums ~*** it's all or nothing now; ***im ~n*** altogether, in all, *econ.* wholesale: → ***groß*** 7.
Ganzheit *f* (***in s-r ~*** as a) whole.
Ganzheits|medizin *f* holistic medicine. **~methode** *f ped.* **1.** → ***Ganzwortmethode.*** **2.** *a.* **~unterricht** *m* integrated curriculum.
ganzjährig *adj* all-year: *adv* ***~ geöffnet*** open all year round.
gänzlich *adj u. adv* complete(ly), total(ly), entire(ly), *adv a.* altogether.
Ganzmetall... *tech.* all-metal.
ganzseitig *adj* full-page.
ganztägig *adj* all-day: *adv* ***~ geöffnet*** open all day.
Ganztags|arbeit *f*, **~beschäftigung** *f* full-time job. **~schule** *f* all-day school(ing).
Ganzwortmethode *f ped.* whole-word method.
gar[1] *adj gastr.* done, cooked: ***nicht ~*** underdone.
gar[2] *adv* **1.** ***~ nicht*** not at all; ***~ nichts*** not a thing, nothing at all, absolutely nothing; ***~ nicht so schlecht*** (***viel***) not all that bad (much); ***~ keiner*** nobody at all; ***es besteht ~ kein Zweifel*** there's no doubt whatsoever. **2.** (*etwa*) perhaps, (*so~*) even: ***oder ~ ...*** let alone ...
Garage *f* garage.
Garant(in) guarantor; → *a.* ***Bürge.***
Garantie *f* guarantee: ***die Uhr hat ein Jahr ~*** the watch has got a year's guarantee; ***die Reparatur geht noch auf ~*** the repair is covered by the guarantee; ***dafür kann ich k-e ~ übernehmen*** I can't guarantee that; F ***er fällt unter ~ durch*** he's bound to fail.
garantieren *v/t* (*v/i* ***~ für***) guarantee (*a. fig.*).
Garantieschein *m* guarantee.
Garantiezeit *f* guarantee.
Garbe *f* ⸙ sheaf.
Garde *f mil. the* Guards *pl*: *fig.* ***die alte ~*** the Old Guard.
Garderobe *f* **1.** cloakroom, *Am.* checkroom. **2.** *thea.* dressing room. **3.** (*in Flur*) coat rack. **4.** a) coat (and hat), b) (*Kleidung*) clothes *pl*, wardrobe.
Garderoben|frau *f*, **~mann** *m* cloakroom (*Am.* checkroom) attendant. **~marke** *f* cloakroom ticket, *Am.* check. **~ständer** *m* coat rack.
Garderobier *m*, **Garderobiere** *f thea.* dresser.
Gardine *f* curtain.
gären *v/i* **1.** (*a.* ***~ lassen***) ferment. **2.** *fig.* *Hass etc*: seethe: ***im Land gärte es*** the country was seething with discontent.
Garn *n* thread, (*aus Baumwolle*) *a.* cotton: *fig.* ***j-m ins ~ gehen*** fall into the (*od.* s.o.'s) trap; ***ein ~ spinnen*** spin a yarn.
Garnele *f* shrimp, prawn.
garnieren *v/t allg.* decorate, (*Kleid, Hut*) *a.* trim, *gastr. a.* garnish (*a. fig.*).
Garnison *f mil.* garrison.
Garnison(s)stadt *f* garrison town.
Garnitur *f* **1.** *Wäsche etc*: set, *Möbel*: *a.* suite. **2.** *Besatz*: trimmings *pl.* **3.** *fig.* ***zur ersten*** (***zweiten***) ***~ gehören*** be first-rate (second-rate).

G

Garten *m* garden: ***botanischer ~*** botanical gardens *pl*; *Bibl.* ***der ~ Eden*** the garden of Eden. **~arbeit** *f* gardening. **~architekt(in)** landscape gardener. **~bau** *m* horticulture. **~bau...** horticultural (*show etc*). **~fest** *n* garden party. **~geräte** *pl* gardening tools *pl*. **~haus** *n* summerhouse. **~lokal** *n* beer garden. **~möbel** *pl* garden furniture *sg*. **~schere** *f* pruning shears *pl*, *bsd. Br.* secateurs *pl*. **~stadt** *f* garden city. **~zaun** *m* garden fence. **~zwerg** *m* **1.** (garden) gnome. **2.** F *fig.* little squirt.

G

Gärtner(in) gardener.

Gärtnerei *f* **1.** (*Gartenarbeit*) gardening. **2.** (*Betrieb*) market garden, *Am.* truck farm.

Gärung *f* **1.** fermentation. **2.** *fig.* (state of) unrest.

Gärungsprozess *m* (process of) fermentation.

Gas *n* gas: *mot.* ***~ geben*** step on the gas (*a.* F *fig.*); ***~ wegnehmen*** throttle back (*od.* down); ***mit ~ vergiften*** gas.

Gas|anzünder *m* gaslighter. **~backofen** *m* gas oven. **~behälter** *m* gas tank.

gasbeheizt *adj* gas-fired.

Gas|feuerzeug *n* gaslighter. **~flasche** *f* gas cylinder.

gasförmig *adj* gaseous.

Gas|hahn *m* gas tap. **~heizung** *f* gas heating. **~herd** *m* gas stove. **~kammer** *f* gas chamber. **~kocher** *m* gas (*od.* camping) stove. **~leitung** *f* gas mains *pl*. **~-Luft-Gemisch** *n mot.* gas-air mixture. **~maske** *f* gas mask. **~ofen** *m* gas stove. **~pedal** *n mot.* accelerator, *Am.* gas pedal. **~rohr** *n* gaspipe.

Gasse *f* alley, (*a. Spalier*) lane.

Gast *m* **1.** guest, *in e-m Lokal etc*: customer, (*Besucher*) visitor: ***Gäste haben*** *a.* have company. **2.** *thea.* guest (performer *od.* artist). **~arbeiter(in)** foreign worker. **~dirigent(in)** guest conductor. **~dozent(in)** guest lecturer.

Gäste|buch *n* visitors' book. **~haus** *n* guesthouse. **~zimmer** *n* **1.** guestroom. **2.** *in e-r Pension etc*: lounge.

gastfreundlich *adj* hospitable.

Gastfreundschaft *f* hospitality.

Gast|geber *m* **1.** host. **2.** *pl Sport*: home team *sg*. **~geberin** *f* hostess. **~haus** *n*, **~hof** *m* restaurant, (*bsd. Landgasthof*) inn. **~hörer(in)** *univ.* guest student, *Am.* auditor.

gastieren *v/i thea.* give a guest performance, *bsd. Am.* guest.

Gastland *n* host country.

gastlich *adj* hospitable.

Gastlichkeit *f* hospitality.

Gast|mannschaft *f* visiting team. **~professor(in)** visiting professor. **~recht** *n* (right of) hospitality.

Gastritis *f* ⚕ gastritis.

Gastrolle *f thea.* guest part.

Gastronom(in) restaurant proprietor (*Koch*: chef).

Gastronomie *f* **1.** (*Gewerbe*) catering trade. **2.** (*Kochkunst*) gastronomy.

gastronomisch *adj* **1.** catering. **2.** gastronomic(al).

Gastspiel *n thea.* guest performance.

Gaststätte *f* restaurant.

Gaststättengewerbe *n* catering trade.

Gaststube *f* lounge, taproom.

Gasturbine *f* gas turbine.

Gast|vorlesung *f*, **~vortrag** *m* guest lecture. **~vorstellung** *f thea.* guest performance. **~wirt** *m* landlord, proprietor. **~wirtin** *f* landlady, proprietress. **~wirtschaft** *f* restaurant.

Gasvergiftung *f* gas poisoning.

Gaswerk *n* gasworks *pl* (*a. sg konstr.*).

Gaszähler *m* gasmeter.

Gatte *m* husband, ⚖ spouse.

Gatter *n* (*Tor*) gate, (*Zaun*) fence.

Gattin *f* wife, ⚖ spouse.

Gattung *f* **1.** *biol.* genus. **2.** (*Art*) species, (*Sorte*) kind, type. **3.** *Kunst*: (art) form, *Literatur*: genre.

Gattungsbegriff *m* generic term.

Gattungsname *m* **1.** *biol.* generic name. **2.** *ling.* collective (*od.* common) noun.

GAU *m* (= ***größter anzunehmender Unfall***) **1.** maximum credible accident, MCA. **2.** *fig.* absolute disaster.

Gaukler(in) 1. tumbler. **2.** clown.

Gaul *m* horse, *contp.* nag: ***alter ~*** (old) jade; *fig.* ***e-m geschenkten ~ sieht man nicht ins Maul*** never look a gift horse in the mouth.

Gaumen *m* palate. **~laut** *m ling.* palatal.

Gaumenzäpfchen *n anat.* uvula.

Gauner *m* swindler, crook, *sl.* con man, (*Halunke*) rascal. **~sprache** *f* thieves' Latin. **~streich** *m*, **~stück** *n* swindle.

Gaze *f* gauze (*a.* ⚕), cheesecloth.

Gazelle *f zo.* gazelle.

geachtet *adj* esteemed.

Geächtete *m*, *f* outlaw.

geartet *adj* disposed: ***er ist so ~, dass ...*** he is the kind of person that ...; ***anders ~ sein*** be different.

Geb. ***Gebäude*** building (bldg); ***Gebiet*** district (dist.); area; ***Gebirge*** mountains *pl* (mtns); ***Gebühr(en)*** charge(s *pl*), fee(s *pl*), rate(s *pl*); ***Geburt*** birth.

geb. ***geboren*** born (b.); ***geborene*** *Schmidt etc* née; ***gebunden*** bound (bd).

geb. *abbr.* (= ***geborene***) née.

Gebäck *n* (fancy) cakes *pl*, (*Kekse*) biscuits *pl*, *Am.* cookies *pl*.

Gebälk *n* beams *pl*, timberwork.

geballt *adj* **1.** *Faust*: clenched. **2.** *fig.* concentrated.
gebannt *adj u. adv* spellbound.
Gebärde *f* gesture. **gebärden** *v/reflex* **sich ~** (**wie** like) behave, act.
Gebärden|spiel *n* gestures *pl*, gesticulation, pantomime (*a. fig.*). **~sprache** *f* **1.** sign language. **2.** *thea.* mimicry.
Gebaren *n* behavio(u)r, *econ.* conduct.
gebären I *v/t* give birth to: ***geboren werden*** be born; → ***geboren.*** **II** *v/i* give birth.
Gebärmutter *f anat.* womb, uterus. **~krebs** *m* ⚕ cancer of the womb. **~vorfall** *m* ⚕ (uterine) prolapse.
Gebäude *n* building, *prächtiges*: edifice (*a. fig.*: *Ideen*), *fig.* structure. **~komplex** *m* complex (of buildings). **~verwaltung** *f* house *od.* property management.
Gebein *n* **1.** bones *pl.* **2.** *pl* (*sterbliche Reste*) (mortal) remains *pl.*
Gebell *n* barking.
geben I *v/t* **1.** *allg.* (***j-m et.*** s.o. s.th., s.th. to s.o.) give, (*reichen*) *a.* hand, (*gewähren*) *a.* grant: ***lass dir e-e Quittung ~!*** ask for a receipt!; ***~ Sie mir bitte Frau X*** *teleph.* can I speak to Mrs. X, please; F *fig.* ***es j-m ~*** let s.o. have it; → ***Anlass*** 2, ***Bescheid, gegeben.*** **2.** (*Unterricht, Fach etc*) give, teach. **3.** (*Konzert etc*) give, (*Essen, Party*) *a.* have, (*Stück etc*) perform, F do, (*Film*) show: ***was wird heute Abend gegeben?*** what's on tonight? **4.** (*er~*) produce, yield: ***Milch ~*** give milk; ***zweimal fünf gibt zehn*** two times five makes ten; ***das gibt e-e gute Suppe*** that will make a good soup; ***Flecken ~*** make (*od.* leave) stains; *fig.* ***das gibt k-n Sinn*** that doesn't make sense; ***ein Wort gab das andere*** one word led to another. **5.** (*tun, legen etc*) put, (*dazu~*) add. **6.** ***von sich ~*** a) ⚗ give off, emit, b) (*Äußerung etc*) make, (*Schrei etc*) give, let out, c) (*erbrechen*) bring up; ***sie gab k-n Ton von sich*** she didn't utter a sound. **7.** ***viel ~ auf*** (*acc*) set great store by *s.th.*, think highly (*od.* a lot) of *s.o.*; ***ich gebe nicht viel auf*** (*acc*) I don't think much of. **II** *v/i* **8.** give (***mit vollen Händen*** freely). **9.** *Kartenspiel*: deal: ***wer gibt?*** whose deal is it? **10.** *Tennis*: serve. **III** *v/reflex* **sich ~** **11.** (*sich benehmen*) act, behave: ***sich gelassen ~*** pretend to be calm; ***er gibt sich gern als Experte*** he likes to act the expert. **12.** *Gelegenheit etc*: arise. **13.** (*nachlassen, vorübergehen*) pass, F blow over: ***das wird sich alles ~*** everything will be all right, things will come right. **IV** *v/impers* **14.** ***es gibt*** there is, there are: ***der beste Spieler, den es je gab*** the best player of all time; ***es gab viel zu tun*** there was a lot to do; F ***was gibts?*** what's up?; ***was gibts Neues?*** what's new?; ***was gibt es zum Mittagessen?*** what's for lunch?; ***was gibts heute Abend im Fernsehen?*** what's on television tonight?; ***das gibt es*** (***bei mir***) ***nicht!*** that's out!; ***das gibts doch nicht!*** you're joking!; ***heute wirds noch was ~*** (*Gewitter, Krach etc*) I think we're in for s.th.; ***er hat Recht, da gibts nichts!*** he's right, and no mistake about it!
Geben *n* **1.** giving: ***~ ist seliger denn Nehmen*** it is more blessed to give than to receive. **2.** *Kartenspiel*: ***am ~ sein*** be dealing; ***er ist am ~*** it's his deal.
Geber(in) 1. giver, *Kartenspiel*: dealer. **2.** *tel.* transmitter.
Geberlaune *f* ***in ~ sein*** be in a generous mood.
Gebet *n* prayer: F *fig.* ***j-n ins ~ nehmen*** give s.o. a good talking-to.
Gebetbuch *n* prayerbook.
Gebiet *n* **1.** area, region, (*Bezirk*) district, zone, (*Staatsgebiet*) territory. **2.** *fig.* (*Fachgebiet*) field, (*Bereich*) *a.* sphere: ***Fachmann auf dem ~*** (*gen*) authority on.
gebieten I *v/t* **1.** ***j-m ~, et. zu tun*** order s.o. to do s.th. **2.** (*Achtung, Ehrfurcht*) command. **3.** (*erfordern*) require, call for: ***die Vernunft gebietet uns zu*** *inf* reason demands of us to *inf.* **II** *v/i* **4.** ***~ über*** (*acc*) control, rule over, (*verfügen über*) have at one's disposal; → ***geboten.***
Gebieter *m* master, lord, (*Herrscher*) ruler. **Gebieterin** *f* mistress.
gebieterisch *adj* domineering, *Ton etc*: peremptory.
Gebiets|anspruch *m* territorial claim. **~hoheit** *f* territorial sovereignty. **~leiter(in)** *econ.* regional manager. **~vertreter** *m* area representative.
gebietsweise *adv* ***~ Regen*** local showers.
Gebilde *n* (*Ding*) thing, object, (*Werk*) work, creation, (*Gefüge*) structure.
gebildet *adj* educated, (well-)informed, (*kultiviert*) cultured, refined.
Gebinde *n* (*aus Blumen*) arrangement.
Gebirge *n* mountains *pl.*
gebirgig *adj* mountainous.
Gebirgs|ausläufer *m* spur. **~gegend** *f* mountainous region. **~kette** *f* mountain range. **~volk** *n* mountain people (*od.* tribe). **~zug** *m* mountain range.
Gebiss *n* **1.** (set of) teeth *pl*, *künstliches*: dentures *pl.* **2.** *am Zaum*: bit.
Gebläse *n tech.* fan, (*Maschine*) blower.
geblümt *adj* floral, flowered.
Geblüt *n a. zo.* blood.
gebogen *adj* bent, *Nase*: hooked.
gebongt *adj* F ***ist ~!*** will do!
geboren *adj* born: ***~er Deutscher*** (***Berli-***

ner*) *sein be German (a Berliner) by birth; ***~e Schmidt*** née Schmidt; ***sie ist e-e ~e Schmidt*** her maiden name is Schmidt; *fig.* ***~ sein zu*** be born to be (*od.* to do), *e-m Beruf etc*: be cut out for; ***er ist der ~e Geschäftsmann*** he is a born businessman; → *a.* ***gebären.***

geborgen *adj* safe, secure.

Geborgenheit *f* safety, security.

Gebot *n* **1.** *Bibl.* commandment. **2.** (*Vorschrift*) rule. **3.** (*Erfordernis*) requirement, necessity: ***das ~ der Vernunft*** (***des Herzens, der Stunde***) the dictates *pl* of reason (of one's heart, of the moment). **4.** *econ.* bid. **5.** ***j-m zu ~e stehen*** be at s.o.'s disposal.

G

geboten *adj* (*nötig*) necessary, (*dringend ~*) imperative, (*gehörig*) due: ***~ sein*** *a.* be called for.

Gebotsschild *n* mandatory sign.

Gebr. *abbr.* (= **Gebrüder**) Bros.

gebrannt *adj* burnt, *Kaffee etc*: roasted, *Keramik*: fired: → ***Kind.***

Gebräu *n* brew, *fig. a.* concoction.

Gebrauch *m* **1.** use, (*Anwendung*) *a.* application (*a.* ⚕, *pharm.*), *ling.* usage: ***~ machen von*** use, make use of; ***von et. guten*** (***schlechten***) ***~ machen*** put s.th. to good (bad) use; ***außer ~ kommen*** pass out of use; ***im ~ sein*** be in use, be used; ***et. in ~ nehmen*** put s.th. into use; ***der ~ s-s linken Arms*** the use of his left arm; ***zum persönlichen ~*** for personal use; ***vor ~ schütteln!*** shake before use! **2.** *mst pl* practice, (*Sitte*) custom.

gebrauchen *v/t* **1.** use: ***kannst du das ~?*** can you make use of that?; ***das kann ich gut ~*** I can make good use of that; ***s-n Verstand ~*** use one's brains; ***du wirst nicht mehr gebraucht*** you can go; F ***er ist zu nicht zu ~*** he is hopeless. **2.** F use, do with: ***ich könnte e-n Kognak ~*** I could do with a brandy.

gebräuchlich *adj* common (*a. ling.*), (*üblich*) normal: ***allgemein ~*** in common use; ***nicht mehr ~*** no longer used.

Gebrauchs|anleitung *f*, **~anweisung** *f* directions *pl* for use, instructions *pl* (for use). **~artikel** *m* article of daily use.

gebrauchsfähig *adj* usable.

Gebrauchsfahrzeug *n* utility vehicle.

gebrauchsfertig *adj* ready for use.

Gebrauchs|grafik *f* commercial art. **~güter** *pl* (consumer) durables *pl.* **~muster** *n* registered design. **~wert** *m* practical value.

gebraucht *adj* used, *econ. a.* second-hand.

Gebrauchtwagen *m* used (*od.* second-hand) car. **~händler(in)** used car dealer. **~markt** *m* used (*od.* second-hand) car market.

Gebrauchtwaren *pl* second-hand goods *pl.* **~handel** *m* second-hand trade. **~markt** *m* second-hand market.

gebräunt *adj* tanned, bronzed.

Gebrechen *n* disability, (physical) handicap, infirmity.

gebrechlich *adj* frail, infirm.

Gebrechlichkeit *f* frailty, infirmity.

gebrochen *adj* broken (*a. ling.*), *fig. a.* broken-hearted: ***sie spricht nur ~ Englisch*** she speaks only broken English.

Gebrüder *pl econ.* ~ (*abbr.* **Gebr.**) ***Wolf*** Wolf Brothers (*abbr.* Bros.).

Gebrüll *n* roaring, bellowing (*a. zo.*), (*Geschrei*) screaming, yelling.

gebückt *adj* stooping: ***~e Haltung*** stoop.

Gebühr *f* **1.** charge, fee, (*Tarif*) rate, (*Porto*) postage, (*Maut*) toll: ***ermäßigte ~*** reduced rate; ***~ zahlt Empfänger*** charges forward, *Br.* freepost. **2.** ***nach ~*** duly; ***über ~*** unduly, excessively.

gebühren *v/i* ***j-m ~*** be due to s.o.

Gebührenanzeige *f* charge counter, unit counter, *a.* telephone meter.

gebührend I *adj* due, proper. **II** *adv* duly, properly.

Gebühren|einheit *f* unit. **~erlass** *m* remission of fees.

gebührenfrei *adj* free of charge: ***~er Anruf*** *Br.* Freefone *TM* call, *Am.* toll-free call; ***~e Rufnummer*** *Br.* Freefone *TM* number, *Am.* toll-free number.

Gebühren|marke *f* revenue stamp. **~ordnung** *f* scale of fees (*od.* charges).

gebührenpflichtig *adj* subject to charges: ***~e Straße*** toll road; ***~e Verwarnung*** summary fine.

Gebühren|satz *m* rate. **~tabelle** *f* scale of charges.

gebündelt *adj* bundled, *phys. a.* pencil(l)ed.

gebunden *adj* **1.** *print.* bound, hardback. **2.** ⚗ bound (*a. phys.*), fixed: ***~e Wärme*** latent heat. **3.** ♪ legato (*a. adv*), slurred. **4.** *fig. Person*: bound, tied, engaged: ***vertraglich ~*** bound by contract; ***sich an et. ~ fühlen*** feel committed to s.th. **5.** *econ. Kapital*: tied (up). **6.** *gastr.* thickened. **7.** ***in ~er Rede*** in verse.

Geburt *f* **1.** birth (*a. fig.*), (*Abstammung*) *a.* descent: ***von ~ Deutsche(r) sein*** be a German by birth. **2.** ⚕ (child)birth, (*Entbindung*) delivery: ***von ~ an*** from birth; ***bei der ~ sterben*** die at birth; F *fig.* ***e-e schwere ~*** a tough job.

Geburten|kontrolle *f*, **~regelung** *f* birth control. **~rückgang** *m* decline in the birthrate.

geburten|schwach *adj* low-birthrate (*year etc*). **~stark** *adj* high-birthrate: ***~e Jahrgänge*** baby-boomers.

Geburtenüberschuss *m* excess of births.
Geburtenziffer *f* birthrate.
gebürtig *adj* ***er ist ~er Engländer*** he is English by birth.
Geburts|anzeige *f* birth announcement. **~beihilfe** *f* maternity benefit. **~datum** *n* date of birth. **~haus** *n* ***mein*** *etc* **~** the house where I *etc* was born. **~helfer** *m* obstetrician. **~helferin** *f* midwife. **~hilfe** *f* obstetrics *sg*, *engS.* midwifery. **~jahr** *n* year of birth. **~jahrgang** *m* cohort. **~land** *n* native country. **~ort** *m* birthplace: **~ *und Geburtstag*** place and date of birth. **~stadt** *f* native town. **~stunde** *f* **1.** hour of birth. **2.** *fig.* birth.
Geburtstag *m* birthday, *adm.* date of birth: ***sie hat heute ~*** it's her birthday today; (***ich***) ***gratuliere zum ~*** many happy returns (of the day).
Geburtstags|... birthday (*card, party, present, etc*). **~kind** *n* birthday boy (girl).
Geburtsurkunde *f* birth certificate.
Gebüsch *n* bushes *pl*, shrubbery.
gedacht *adj* assumed: **~ *als*** intended (*od.* meant) as (*od.* to be).
Gedächtnis *n* memory: ***aus dem ~*** from memory, (*auswendig*) by heart; ***sich et. ins ~ zurückrufen*** recall s.th.; ***zum ~ an*** (*acc*) in memory of. **~hilfe** *f* mnemonic (aid). **~lücke** *f* lapse of memory. **~schwund** *m* amnesia, loss of memory. **~störung** *f* partial amnesia. **~training** *n*, **~übung** *f* memory training.
gedämpft *adj* **1.** *Schall*: muffled, *Stimme, Farbe, Licht, fig. Stimmung etc*, F *a. Person*: subdued: ***~er Optimismus*** guarded optimism. **2.** *gastr.* steamed.
Gedanke *m* thought (***an*** *acc* of, ***über*** *acc* on), (*Einfall, Absicht*) *a.* idea: ***kein schlechter ~!*** not a bad idea!; ***in ~n*** absent-mindedly; ***in ~n versunken*** lost in thought; ***s-e ~n beisammen halten*** keep one's wits about one; ***j-n auf andere ~n bringen*** get s.o.'s mind on to other things; ***j-n auf den ~n bringen zu*** *inf* give s.o. the idea of *ger*; ***j-n auf dumme ~n bringen*** give s.o. silly ideas; ***j-s ~n lesen*** read s.o.'s mind; ***sich ~n machen über*** (*acc*) think about, *besorgt*: be worried about; ***wie kommst du auf den ~n?*** what makes you think of that?; → ***spielen*** 1, ***tragen*** 9.
Gedanken|austausch *m* exchange of ideas. **~blitz** *m* sudden inspiration, F brainwave. **~freiheit** *f* freedom of thought. **~gang** *m* train of thought. **~leser(in)** mind-reader.
gedankenlos *adj* thoughtless, (*rücksichtslos*) *a.* inconsiderate, (*leichtsinnig*) careless.
Gedankenlosigkeit *f* thoughtlessness.
gedankenreich *adj* full of ideas.
Gedanken|reichtum *m* wealth of ideas. **~sprung** *m* jump (from one idea to the other). **~strich** *m* dash. **~übertragung** *f* telepathy.
gedankenvoll *adj* pensive.
Gedankenwelt *f* (world of) ideas *pl.*
gedanklich *adj* intellectual.
Gedärm *n*, *mst* **Gedärme** *pl* intestines *pl*, *zo.* entrails *pl.*
Gedeck *n* **1.** cover: ***ein ~*** (***mehr***) ***auflegen*** set a (another) place. **2.** (*Speise*) set meal. **3.** (*~preis*) cover charge.
Gedeih: *auf ~ und Verderb* come what may.
gedeihen I *v/i* thrive, prosper, develop well, *fig. a.* progress: ***so weit gediehen sein, dass*** have reached a point where.
Gedeihen *n* thriving (*etc*), prosperity, success.
Gedenkausgabe *f* commemorative issue.
gedenken I *v/i* (*gen*) think of, remember, (*erwähnen*) mention, (*feiern*) commemorate. **II** *v/t* ***zu tun ~*** think of doing, intend to do.
Gedenken *n* (***im ~ an*** *acc* in) memory (of); → *a.* ***Andenken*** 1.
Gedenk|feier *f* commemoration (ceremony). **~gottesdienst** *m* memorial service. **~minute** *f a* minute's silence (***für*** in memory of). **~münze** *f* commemorative coin. **~rede** *f* commemorative address. **~stätte** *f* memorial (place). **~stein** *m* memorial (stone). **~stunde** *f* hour of remembrance. **~tafel** *f* commemorative plaque. **~tag** *m* day of remembrance.
Gedicht *n* poem: F *fig.* ***dieses Kleid ist ein ~*** this dress is a (perfect) dream.
Gedichtsammlung *f* collection of poems, (*Auswahl*) anthology.
gediegen *adj* **1.** *metall.* native, solid, pure. **2.** *econ.* good-quality, (*geschmackvoll*) tasteful. **3.** *Wissen, Charakter etc*: solid. **Gediegenheit** *f allg.* solidity.
Gedränge *n* **1.** (*Menge*) crowd, F crush. **2.** (*Ansturm*) rush (***nach, um*** for). **3.** *Rugby*: scrummage. **4.** F *fig.* ***damit wir nicht ins ~ kommen*** so that we don't get pushed for time. **5.** → **Gedrängel** *n* pushing.
gedrängt *adj* **1.** crowded, packed: *adv* **~ *voll*** (F jam-)packed. **2.** *fig. Stil etc*: concise.
gedrechselt *adj fig. Rede, Stil*: stilted.
gedruckt *adj* **1.** printed. **2.** F ***lügen wie ~*** lie through one's teeth.
gedrückt *adj fig.* depressed (*a. econ.*): ***die Stimmung war ~*** spirits were low; ***~er Stimmung sein*** be in low spirits.
gedrungen *adj Gestalt*: stocky.
Geduld *f* patience: **~ *haben mit*** be patient with; ***jetzt reißt mir aber die ~!*** that's done it!; ***sich in ~ fassen*** have patience. **gedul-**

G

den *v/reflex* **sich ~** be patient; **~ *Sie sich bitte e-n Augenblick!*** wait a minute, please!

geduldig *adj* patient.

Gedulds|probe *f* ***e-e ~ für j-n sein*** be a test of s.o.'s patience. **~spiel** *n* puzzle.

gedungen *adj* hired (*killer etc*).

gedunsen *adj* bloated.

geehrt *adj* hono(u)red: *im Brief*: ***Sehr ~er Herr X*** Dear Mr. X!; ***Sehr ~e Herren*** Dear Sirs, Gentlemen.

geeignet *adj* (**für** for) suitable, suited, right, qualified: ***er ist nicht dafür ~*** he's not the right man for it; ***im ~en Augenblick*** at the right moment; ***~e Schritte unternehmen*** take appropriate action.

Gefahr *f* danger, threat (*beide*: **für** for, to), (*Risiko*) risk: ***auf eigene ~*** at one's own risk; ***außer ~*** out of danger; ***auf die ~ hin zu*** *inf* at the risk of *ger*; ***ohne ~*** safely; ***sich e-r ~ aussetzen, sich in ~ begeben*** expose o.s. to danger, take risks; ***~ laufen zu*** *inf* run the risk of *ger*; ***in ~ bringen*** → ***gefährden***; ***es besteht k-e ~*** it's perfectly safe; ***auf ~ des Empfängers*** at receiver's risk; → ***schweben*** 1.

gefährden *v/t* endanger, (*bedrohen*) threaten, (*aufs Spiel setzen*) (put at) risk, (*in Frage stellen*) jeopardize.

gefährdet *adj* endangered: ***~ sein*** *a.* be in danger, be at risk.

Gefährdung *f* **1.** endangering (*etc*, → ***gefährden***). **2.** (*gen* to) danger, threat.

Gefahren|herd *m* (constant) source of danger, *pol.* trouble spot. **~stelle** *f* danger spot. **~zone** *f* danger zone.

Gefahrenzulage *f* danger money.

Gefahrgüteranzeige *f* dangerous goods note.

gefährlich *adj* dangerous (*dat*, **für** to), risky, (*ernst*) grave, critical: ***~e Krankheit*** serious illness.

Gefährlichkeit *f* danger(ousness), (*Ernst*) gravity.

gefahrlos *adj* not dangerous, safe.

Gefährt *n* vehicle.

Gefährte *m*, **Gefährtin** *f* companion.

gefahrvoll *adj* dangerous.

Gefälle *n* **1.** fall, slope, incline, *e-r Straße*: *a.* gradient, *bsd. Am.* grade. **2.** ↯, ⚒, *phys.* gradient. **3.** *fig.* difference(s *pl*), (*Lohn-, Preisgefälle*) differential.

gefallen[1] *v/i* **1.** please: **es** (**er**) ***gefällt mir*** (***nicht***) I (don't) like it (him); F ***er gefällt mir nicht*** (*er sieht krank aus*) he doesn't look too well; ***solche Filme ~ der Masse*** films like that appeal to the masses; ***hat dir das Konzert ~?*** did you enjoy the concert?; ***wie gefällt es Ihnen in Berlin?*** how do you like Berlin? **2.** ***sich et. ~ lassen*** put up with s.th.; ***das lasse ich mir nicht ~!*** I'm not going to put up with it!; ***sie lässt sich von ihm nichts ~*** she won't stand any nonsense from him; ***das lasse ich mir ~!*** now you're talking! **3.** ***sich ~ in*** (*dat*) indulge in; ***sich in der Rolle des Fachmanns ~*** fancy o.s. as an expert.

gefallen[2] *adj* fallen, *mil. a.* killed in action: ***die Gefallenen*** *pl* the dead *pl*.

Gefallen[1] *m* (***j-m e-n ~ tun*** do s.o. a) favo(u)r: ***j-n um e-n ~ bitten*** ask a favo(u)r of s.o.

Gefallen[2] *n* pleasure: ***~ finden an*** a) *e-r Sache*: enjoy, take pleasure in, b) *j-m*: like, take (a fancy) to.

Gefallenendenkmal *n* war memorial.

gefällig *adj* **1.** agreeable, pleasant. **2.** (*hilfsbereit*) obliging, kind: ***j-m ~ sein*** oblige s.o., help s.o.; F ***et. zu trinken ~?*** would you like s.th. to drink?; → ***gefälligst.***

Gefälligkeit *f* **1.** obligingness: ***et. aus ~ tun*** do s.th. out of sheer kindness. **2.** → ***Gefallen*[1].**

Gefälligkeitswechsel *m econ.* accommodation bill.

gefälligst *adv iro.* if you don't mind: ***sei ~ still!*** be quiet, will you!

gefangen *adj* **1.** caught, *mil.* captive, (*eingekerkert*) imprisoned, in prison: ***sich ~ geben*** surrender; ***j-n ~ halten*** a) keep (*od.* hold) s.o. prisoner, b) *fig.* hold s.o. under one's spell, *Sache*: have s.o. spellbound; ***~ nehmen*** arrest, *mil.* capture, take *s.o.* prisoner, *fig.* captivate. **2.** *fig.* captivated.

Gefangene *m, f* prisoner, (*Strafgefangene*) convict.

Gefangenenlager *n* prison camp, *mil.* prisoner-of-war camp.

Gefangennahme *f* arrest, *mil.* capture.

Gefangenschaft *f* imprisonment, *mil.* captivity: ***in ~ geraten*** be taken prisoner.

Gefängnis *n* **1.** prison, jail, *Br. a.* gaol: ***ins ~ kommen*** be sent (*od.* go) to prison. **2.** → ***Freiheitsstrafe.*** **~direktor(in)** governor (*Am.* warden) (of a prison).

Gefängnisstrafe *f* → ***Freiheitsstrafe.***

Gefängniszelle *f* prison cell.

Gefasel *n* F drivel.

Gefäß *n* vessel (*a. anat., biol.*), receptacle, (*Schale*) bowl, (*Topf*) jar.

gefäßerweiternd *adj pharm.* vasodilating.

Gefäßkrankheit *f* vascular disease.

gefasst *adj* **1.** calm, composed. **2.** ***~ sein auf*** (*acc*) be prepared for; ***sich ~ machen auf*** (*acc*) prepare for; F ***er kann sich auf et. ~ machen*** he's in for it now.

Gefasstheit *f* calmness, composure.

gefäßverengend *adj* vasoconstrictive.

Gefecht *n* **1.** fight, battle: ***außer ~ setzen*** *a. fig.* put *s.o., s.th.* out of action; → ***Eifer, Hitze.*** **2.** *Sport*: fencing bout.

Gefechts|kopf *m mil.* warhead. **~stand** *m mil.* command post, ✈ turret.

gefeit *adj* immune (***gegen*** to).

Gefieder *n* plumage, feathers *pl.*

gefiedert *adj* feathered.

Geflecht *n* **1.** *a. fig.* network, mesh. **2.** *anat.* (*Nerven*) plexus.

gefleckt *adj* spotted.

Geflügel *n* poultry (*a. in Zssgn disease, farm, farming, etc*). **~händler(in)** poulterer. **~handlung** *f* poultry shop. **~salat** *m gastr.* chicken salad. **~schere** *f* poultry shears *pl.*

geflügelt *adj* **1.** winged. **2.** *fig.* ***~es Wort*** saying.

Geflunker *n* fibbing, (*Lügen*) fibs *pl.*

Geflüster *n* whispering.

Gefolge *n* **1.** entourage, (*Bedienstete*) attendants *pl*, (*Trauergefolge*) cortège, mourners *pl.* **2.** *fig.* ***im ~ von*** (*od. gen*) in the wake of.

Gefolgschaft *f* followers *pl*, adherents *pl.*

Gefolgsmann *m* **1.** *hist.* vassal. **2.** *bsd. pol.* follower, supporter.

gefragt *adj* sought-after, in demand.

gefräßig *adj* greedy, *zo.* voracious.

Gefräßigkeit *f* greediness, *zo.* voracity.

Gefreite *m, f mil.* lance corporal, *Am.* private first class, ✈ aircraftman first class, *Am.* airman third class.

Gefrieranlage *f* refrigeration plant.

Gefrierbeutel *m* freezer bag.

gefrieren *v/i* (*a.* ***~ lassen***) freeze.

Gefrier|fach *n* freezer, freezing compartment. **~fleisch** *n* frozen meat. **~kombination** *f* fridge-freezer. **~produkte** *pl* frozen foods *pl.* **~punkt** *m*: ***auf dem ~*** at freezing point; ***unter dem ~*** below freezing (point). **~schrank** *m* freezer. **~schutzmittel** *n tech.* antifreeze.

gefriertrocknen *v/t* freeze-dry.

Gefriertruhe *f* deep freeze, freezer.

Gefüge *n* structure, *fig. a.* system.

gefügig *adj* compliant, docile: ***j-n ~ machen*** bring s.o. to heel.

Gefühl *n* **1.** *allg.* feeling, (*Empfindung*) *a.* sentiment, (*Wahrnehmung*) *a.* sensation, (*Tastsinn*) touch, feel: ***ein ~ der Kälte*** a cold sensation; ***für mein ~, m-m ~ nach*** my feeling is that, I think that; ***ich habe das ~, dass ...*** I have a feeling that ...; ***mit ~*** → ***gefühlvoll*** II. **2.** (***für***) (*Gespür*) sense (of), (*Begabung*) flair (for *languages etc*): ***sich auf sein ~ verlassen*** rely on one's instinct. **3.** *mst pl* feeling, emotion: ***j-s ~e verletzen*** hurt s.o.'s feelings.

gefühllos *adj* **1.** *Gliedmaßen*: numb. **2.** *fig.* insensitive (***gegen*** to), (*hartherzig*) unfeeling, heartless.

Gefühllosigkeit *f* **1.** numbness. **2.** *fig.* heartlessness, cruelty.

gefühlsarm *adj* (emotionally) cold.

Gefühlsausbruch *m* (emotional) outburst.

gefühlsbetont *adj* emotional.

Gefühlsduselei *f* F sentimentality.

Gefühlsleben *n* emotional life.

gefühlsmäßig *adj* emotional, *weitS.* intuitive, instinctive.

Gefühls|mensch *m* emotional person. **~nerv** *m* sensory nerve. **~regung** *f* emotion. **~sache** *f* ***das ist ~*** it's a matter of feeling.

gefühlvoll I *adj* full of feeling, (*empfindsam*) sensitive, (*gefühlsbetont*) emotional, (*a. contp. rührselig*) sentimental. **II** *adv* feelingly (*etc*), *singen etc*: with feeling, F (*vorsichtig*) gently.

gefüllt *adj* filled, *gastr. a.* stuffed.

gefurcht *adj* furrowed.

gegeben *adj* given: ***et. als ~ voraussetzen*** take s.th. for granted; ***unter den ~en Umständen*** under the circumstances; ***zu ~er Zeit*** a) when the occasion arises, b) at some future time.

gegebenenfalls *adv* should the occasion arise, (*notfalls*) if necessary.

Gegebenheit *f* given fact: ***~en pl*** circumstances *pl*, (*Tatsachen*) reality *sg.*

gegen I *prep* **1.** toward(s), *zeitlich*: *a.* at about: ***~ Osten*** toward(s) the east, eastward(s); ***~ zehn (Uhr)*** (at) about ten o'clock. **2.** against (*a. fig.*): ***~ die Wand lehnen*** lean against the wall; ***ein Mittel ~*** a remedy for; ***~ die Vernunft*** contrary to reason; ***ich wette 10 ~ 1*** I bet you ten to one. **3.** (*~über*) toward(s), to: ***freundlich ~*** kind to. **4.** (*im Vergleich zu*) compared with. **5.** (*für*) in return for: ***~ Bezahlung*** for cash; ***et. eintauschen ~*** exchange s.th. for; ***~ Vorlage*** *econ.* on demand. **6.** ⚖, *Sport*: versus. **II** *adv* **7.** (*ungefähr*) about, around.

Gegen|angebot *n* counteroffer. **~angriff** *m a. fig.* counterattack. **~anspruch** *m* counterclaim. **~anzeige** *f* ⚕ contraindication. **~argument** *n* counterargument. **~befehl** *m* counterorder. **~beispiel** *n* counterexample. **~besuch** *m* return visit: ***j-m e-n ~ machen*** return s.o.'s visit. **~bewegung** *f bsd. fig.* countermovement. **~beweis** *m* (***den ~ antreten*** furnish) proof to the contrary, ⚖ *a.* counterevidence. **~buchung** *f* contra entry.

Gegend *f* region (*a. anat.*), area, (*Landschaft*) countryside, (*Wohngegend*) neighbo(u)rhood: ***in der ~ von*** (*od. gen*) near, around, in the *Munich etc* area; ***in unserer ~*** where we live.

G

Gegen|darstellung *f* correction, reply. **~demonstration** *f* counterdemonstration. **~dienst** *m* reciprocal service: ***als ~*** in return; ***zu ~en gern bereit*** glad to reciprocate.

gegeneinander *adv* against (*zueinander*: toward[s]) each other (*od.* one another), (*gegenseitig*) mutually; ***~ halten*** compare.

Gegen|einladung *f* return invitation. **~erklärung** *f* counterstatement. **~fahrbahn** *f* opposite lane. **~frage** *f* counterquestion. **~gerade** *f Sport*: back straight, *bsd. Am.* backstretch. **~geschäft** *n* counter deal, opposite transaction. **~gewicht** *n a. fig.* counterweight: ***ein ~ bilden zu*** counterbalance. **~gift** *n* antidote. **~kandidat(in)** rival (candidate). **~klage** *f* ⚖ cross action: ***~ erheben*** file a countercharge *od.* counterclaim. **~leistung** *f* return (service), quid pro quo: ***als ~*** in return (***für*** for).

Gegenlicht *n* back light(ing): ***bei ~*** against the light. **~aufnahme** *f* contre-jour shot. **~blende** *f* lens hood.

Gegen|liebe *f* ***er stieß mit s-m Vorschlag auf wenig ~*** his suggestion didn't go down particularly well. **~maßnahme** *f* countermeasure: ***~n ergreifen*** take steps (***gegen*** against). **~mittel** *n a. fig.* antidote. **~offensive** *f* counteroffensive. **~partei** *f* opposite (*od.* other) side, *pol.* opposition, *Sport*: opponents *pl.* **~pol** *m fig.* counterpart. **~probe** *f* (*a.* ***die ~ machen***) crosscheck. **~rede** *f* reply, (*Einwand*) objection. **~revolution** *f* counterrevolution. **~richtung** *f the* opposite direction: ***Verkehr aus der ~*** oncoming traffic.

Gegensatz *m* **1.** contrast: ***im ~ zu*** in contrast to (*od.* with), as opposed to, unlike *the British etc*; ***im ~ dazu*** by way of contrast. **2.** (*Gegenteil*) *the* opposite. **3.** *mst pl der Meinungen etc*: differences *pl.*

gegensätzlich *adj* opposite, *Meinungen etc*: contrary, (*unvereinbar*) conflicting, (*verschieden*) different.

Gegenschlag *m a. fig.* counterblow: ***zum ~ ausholen*** get ready to hit back.

Gegenseite *f* opposite (*od.* other) side.

gegenseitig *adj* mutual, reciprocal: ***~e Abhängigkeit*** interdependence; ***~es Interesse*** mutual interest; *adv* ***sich ~ helfen*** help one another (*od.* each other).

Gegenseitigkeit *f* reciprocity, mutuality: ***Abkommen auf ~*** mutual agreement; ***auf ~ beruhen*** be mutual; *iro.* ***das beruht ganz auf ~*** the feeling is mutual.

Gegenseitigkeits|abkommen *n* reciprocal (trade) agreement. **~klausel** *f* reciprocity clause.

Gegen|sinn *m* ***im ~*** in the opposite direction. **~spieler(in)** antagonist, *a. Sport*: opponent, *a. pol.* opposite number. **~spionage** *f* counterespionage. **~sprechanlage** *f* intercom (system).

Gegenstand *m* **1.** object (*a. fig.*), thing, *bsd. econ.* item, article: *fig.* ***~ des Mitleids*** object of pity; ***~ des Spotts*** figure of fun. **2.** (*Thema*) subject, (*Inhalt*) subject-matter, (*Angelegenheit*) matter, affair, (*Streitfrage*) issue: ***zum ~ haben*** deal with.

gegenständlich *adj* concrete (*a. ling.*), (*anschaulich*) graphic(ally *adv*), *Kunst*: representational.

gegenstandslos *adj* **1.** abstract, *Kunst*: *a.* nonrepresentational. **2.** *fig.* (*hinfällig*) invalid, (*unbegründet*) unfounded.

gegensteuern *v/i* **1.** *mot.* correct (with the lock). **2.** *fig.* take countermeasures.

Gegen|stimme *f* **1.** *parl.* vote against: ***ohne ~*** *a.* unanimously. **2.** *fig.* objection. **~strömung** *f* **1.** countercurrent. **2.** *fig.* countermovement. **~stück** *n* (**zu**) counterpart (of), *Kunst*: pendant (to).

Gegenteil *n* opposite (**von** of): (***ganz***) ***im ~*** on the contrary.

gegenteilig *adj* contrary, opposite: ***~er Meinung sein*** disagree; *adv* ***~ entscheiden*** come to a different decision.

Gegentor *n*, **Gegentreffer** *m Sport*: goal against: ***ein Gegentor hinnehmen*** (***müssen***) concede a goal.

gegenüber **I** *adv* **1.** opposite, across the way (*od.* street), *Person*: *a.* face to face: ***sie saßen einander ~*** they sat facing one another. **II** *prep* (*dat*) **2.** opposite, facing: ***sich*** *e-r Aufgabe, e-m Gegner etc* ***~ sehen*** be up against. **3.** *fig.* to, toward(s): ***er war mir ~ sehr höflich*** he was very polite to me. **4.** (*im Vergleich zu*) compared with, as against. **5.** (*im Gegensatz zu*) in contrast to. **6.** (*in Anbetracht von*) in view of, in the face of.

Gegenüber *n* **1.** person opposite, vis- -à-vis, *Sport*: opponent, *pol. etc* opposite number. **2.** house opposite (*od.* across the road).

gegenüber|liegen *v/i* (*dat*) be opposite, face. **~sehen** *v/reflex* ***sich*** *e-m Problem etc* ***~*** be confronted with. **~stehen** *v/i* **1.** ***j-m ~*** face s.o.; ***sich*** (*od.* ***einander***) ***~*** be facing each other, ***feindlich*** be enemies. **2.** (*e-m Problem etc*) be faced (*od.* confronted) with, be up against.

gegenüberstellen *v/t fig.* (*dat* with) (*j-n*) confront, (*et.*) compare.

Gegenüberstellung *f* **1.** *a.* ⚖ confrontation. **2.** (*Vergleich*) comparison.

gegenübertreten *v/i* ***j-m ~*** face s.o.

Gegen|unterschrift *f* countersignature. **~verkehr** *m* oncoming traffic. **~versuch** *m* control test. **~vorschlag** *m* counterproposal.

Gegenwart *f* **1.** *the* present (time): **... der ~** present-day, contemporary. **2.** (**in ihrer** *etc* **~** in her *etc*) presence. **3.** *ling.* present (tense).
gegenwärtig I *adj* **1.** present, current, (*heutig*) present-day, contemporary, of our time, today's. **2.** → ***anwesend.*** II *adv* **3.** at the moment, at present, (*heutzutage*) nowadays, these days.
gegenwarts|bezogen, ~nah(e) *adj* topical.
Gegenwarts|literatur *f* contemporary literature. **~probleme** *pl* present-day problems *pl.*
Gegen|wehr *f* opposition, resistance. **~wert** *m* equivalent (value). **~wind** *m* headwind.
gegenzeichnen *v/i u. v/t* countersign.
Gegenzeichnung *f* countersignature.
Gegenzug *m* **1.** *Schach u. fig.* countermove. **2.** train coming from the other direction.
gegliedert *adj* **1.** jointed. **2.** *fig.* organized, structured, (*unterteilt*) subdivided.
Gegner *m* **1.** opponent (*a. Sport*), (*Feind*) adversary, enemy (*a. mil.*), (*Rivale*) rival: ***ein ~ sein von*** be against. **2.** ⚖ opposing party. **Gegnerin** *f* → ***Gegner*** 1.
gegnerisch *adj* opposing (*a.* ⚖ *u. Sport*), antagonistic, *a. mil.* enemy, hostile: ***die ~e Partei*** *a.* the other side.
Gegnerschaft *f* **1.** opposition, opponents *pl.* **2.** (*Widerstand*) opposition (***gegen*** to), (*Rivalität*) rivalry.
Gehabe *n* affectation, airs *pl.*
Gehackte *n* → ***Hackfleisch.***
Gehalt[1] *m* **1.** *fig.* (*Inhalt*) content, (*Substanz*) substance. **2.** (**an** *dat* of) content, *prozentualer*: percentage, ⚗ *a.* concentration: ***~ an Öl*** oil content.
Gehalt[2] *n* salary, pay: ***bei vollem ~*** on full pay.
gehaltlos *adj* **1.** *Nahrung*: unsubstantial. **2.** *fig.* empty, lacking substance.
Gehalts|abrechnung *f* salary statement, F pay slip. **~abzug** *m* deduction from salary. **~angleichung** *f* salary adjustment. **~ansprüche** *pl* salary expectations *pl.* **~aufbesserung** *f* salary increase, pay rise. **~empfänger(in)** salaried employee. **~erhöhung** *f* salary increase, *bsd. Am.* (pay) raise. **~forderung** *f* salary claim. **~gruppe** *f*, **~klasse** *f* salary bracket. **~konto** *n* salary account. **~kürzung** *f* salary cut. **~liste** *f* payroll. **~streifen** *m* pay slip. **~struktur** *f* pay structure. **~stufe** *f* salary bracket. **~zahlung** *f* payment of salary. **~zulage** *f* **1.** bonus. **2.** → ***Gehaltserhöhung.***
gehaltvoll *adj* **1.** *Nahrung*: substantial. **2.** *fig.* rich in content, (*tief*) profound.
gehandikapt *adj* handicapped.
geharnischt *adj fig.* sharp, withering.
gehässig *adj* spiteful, venomous.
Gehässigkeit *f* a) spite(fulness), venom, venomousness, b) spiteful words *pl* (*od.* act).
Gehäuse *n* **1.** *tech.* case, casing, *e-s Geräts*: cabinet, *e-r Kamera*: body. **2.** *zo.* shell.
gehbehindert *adj* ***sie ist ~*** she can't walk properly.
Gehege *n* enclosure, *für Tiere*: *a.* pen, *hunt.* preserve: *fig.* ***j-m ins ~ kommen*** get in s.o.'s way, cross s.o.
geheim *adj allg.* secret, (*vertraulich*) *a.* confidential, (*verborgen*) *a.* hidden, *Lehre etc*: occult: ***im Geheimen*** secretly; ***in ~er Wahl*** by closed ballot; ***~!*** *auf Dokumenten*: Restricted!; ***streng ~!*** top-secret!; ***et. ~ halten*** keep s.th. secret (**vor** *dat* from).
Geheim|... secret (*agent, agreement, order, etc*). **~akte** *f* classified document, *pl* secret files *pl.* **~dienst** *m* secret service. **~fach** *n* secret drawer. **~haltung(spflicht)** *f* (observance of) secrecy. **~konto** *n* secret account.
Geheimnis *n* secret (**vor** *dat* from), (*Rätsel*) *a.* mystery: ***ein*** (***kein***) ***~ machen aus*** make a (no) secret out of.
Geheimnis|krämer(in), ~tuer(in) mystery-monger. **~krämerei** *f*, **~tuerei** *f* mystery-mongering. **~träger(in)** *pol.* bearer of official secrets.
geheimnisumwittert *adj* mysterious.
Geheimnisverrat *m* ⚖ betrayal of a state (*econ.* trade) secret.
geheimnisvoll *adj* mysterious.
Geheim|nummer *f* **1.** secret (*teleph.* ex-directory) number. **2.** → ***Geheimzahl.*** **~polizei** *f* secret police. **~polizist(in)** member of the secret police. **~sache** *f* secret (*mil., pol.* security) matter. **~tipp** *m* F hot tip. **~zahl** *f* (*Bank*) PIN number. **~zeichen** *n* secret sign, (*Chiffre*) code.
gehemmt *adj* inhibited.
gehen I *v/i* **1.** (***zu Fuß ~***) walk, go (on foot): ***schwimmen*** (***tanzen***) ***~*** go swimming (dancing); ***auf die*** (*od.* ***zur***) ***Bank*** (***Post***) ***~*** go to the bank (post office); ***auf die Straße ~*** a) go out into the street, b) *fig.* take to the streets; ***über die Brücke ~*** cross the bridge; *fig.* ***an die Arbeit ~*** get down to work; ***das geht zu weit*** that is going too far; ***wie ich ging und stand*** a) as I was, b) (*sofort*) at once. **2.** (*fort~*) go, leave, (*aus e-m Amt scheiden*) *a.* resign: ***er ist gegangen*** he's gone, he has left; ***j-n ~ lassen*** let s.o. go (*straffrei*: off). **3.** (*verkehren*) (***nach, bis*** to, as far as) go, run: ***der Zug geht über München*** the train goes via Munich. **4.** (*führen*) (***nach*** to) go, lead: ***~ um*** go round. **5.** (*funktionieren*) go, work, *Maschine*: *a.* run, *Klingel*: go, ring, *Radio etc*: be on: ***die Uhr geht***

nicht mehr the watch has stopped; *fig.* ***das Gedicht geht so ...*** the poem goes like this ... **6.** *econ. Ware*: (**gut**) ~ sell (well); → **Geschäft. 7.** *Teig*: rise. **8.** *Wind*: blow. **9.** ~ ***an*** (*acc*) *fig.* a) (*reichen*) go as far as, reach to, b) *Erbe etc*: fall to, go to. **10.** *fig.* ***das Fenster geht auf die Straße*** the window looks out on(to) the street; ***die Fenster ~ nach Westen*** the windows face (*od.* look) west. **11.** *fig.* ***das geht gegen dich*** this is meant for you. **12.** *fig.* ***in die Industrie*** (***Politik*** *etc*) ~ go into industry (politics *etc*); ***in den Saal ~ 100 Personen*** the hall holds (*od.* seats) 100 persons; ***der Schaden geht in die Millionen*** the damage runs into millions; ***wie oft geht 2 in 10?*** how many times goes 2 into 10?; ***in sich ~*** do a bit of soul-searching. **13.** F *fig.* ***mit*** *e-m Jungen, Mädchen* ~ go out with; ***fest ~*** go steady. **14.** *fig.* ***nach s-n Worten zu ~*** to go by his words; ***wenn es nach ihr ginge*** if she had her way. **15.** *fig.* ~ ***über*** (*acc*) go beyond; ***ihre Familie geht ihr über alles*** her family means everything to her; ***es geht nichts über ...*** there's nothing like ... **16.** ***vor sich ~*** happen; ***was geht hier vor?*** what's going on?; ***wie geht das vor sich?*** how does it go (*od.* work)? **II** *v/impers* **17.** *fig.* (*klappen*) work, (*möglich sein*) be possible, (*erlaubt sein*) be allowed: ***es geht*** a) it works, b) (*ich kann es allein*) I can manage; ***es geht nicht*** a) it doesn't work, b) it can't be done, it's impossible; ***es wird schon ~*** it'll be all right; ***es geht*** (***eben***) ***nicht anders*** it can't be helped. **18.** (*er*~) be, feel: ***wie geht es Ihnen?, wie gehts?*** how are you?, *zu e-m Kranken*: how are you feeling?; ***es geht mir gut*** I'm fine, *geschäftlich*: I'm doing fine; ***es geht mir schlecht*** I'm not feeling too good, *geschäftlich*: things aren't going too well; ***mir geht es genauso*** I feel exactly the same way, F same here; ***ihm ist es genauso gegangen*** it was the same with him; ***so geht es, wenn man lügt*** that's what comes of lying; ***es sich gut ~ lassen*** have a good time, enjoy o.s.; ***sich ~ lassen*** a) let o.s. go, (*sich nicht beherrschen*) lose one's temper, b) (*sich entspannen*) relax. **19.** ***es geht auf 10*** (***Uhr***) it is getting on for ten. **20.** ***es geht über m-e Kraft*** it's too much for me. **21.** ***es geht um den Frieden*** (***sein Leben***) peace (his life) is at stake; ***ihr geht es nur ums Geld*** she's just interested in the money; ***worum geht es?*** what's it all about?, what's the problem?; ***es geht darum zu*** *inf* it's a question of *ger*; ***darum geht es*** (***ja***)***!*** that's the (whole) point!; ***darum geht es hier gar nicht*** that's not the point. **III** *v/t* **22.** (*Strecke etc*) walk, go (on foot): *humor.* ***er ist gegangen worden*** he was sacked.

Gehen *n* walking: ***50 km ~*** *Sport*: 50 kilomet/res (*Am.* -ers) walk.

Geher(in) *Sport*: walker.

geheuer *adj* ***nicht*** (***ganz***) ~ (*unheimlich*) creepy, (*verdächtig*) fishy, (*riskant*) a bit risky; ***er*** (***die Sache***) ***ist mir nicht ~*** I've got a funny feeling about him (it).

Geheul *n* howling, howls *pl.*

Gehilfe *m*, **Gehilfin** *f* **1.** helper, assistant. **2.** (*im Büro etc*) clerk. **3.** ⚖ (*bei Straftat*) accessory before the fact, accomplice.

Gehirn *n* **1.** *a. fig.* brain. **2.** F (*Verstand*) brain(s *pl*), mind.

Gehirn|... cerebral; → *a.* **Hirn... ~blutung** *f* cerebral h(a)emorrhage. **~chirurgie** *f* brain surgery. **~erschütterung** *f* concussion. **~hautentzündung** *f* meningitis. **~tumor** *m* cerebral tumo(u)r. **~wäsche** *f pol.* brainwashing: ***j-n e-r ~ unterziehen*** brainwash s.o.

gehoben *adj Stellung*: high, senior, *Stil*: elevated, *econ.* up-market (*article, shop, etc*): ***~e Ansprüche*** expensive tastes; ***~e Stimmung*** high spirits *pl.*

Gehöft *n* farm(stead).

Gehölz *n* copse, coppice, small wood.

Gehör *n* **1.** (sense of) hearing, ear(s *pl*): ***feines ~*** sensitive ear; ♪ ***absolutes ~*** perfect pitch; ***nach dem ~*** by ear. **2.** (***~ finden*** get a) hearing: *e-r Warnung, Bitte etc* ***kein ~ schenken*** turn a deaf ear to; ***sich ~ verschaffen*** make o.s. heard.

gehorchen *v/i* ***j-m*** (***e-m Befehl*** *etc*) (***nicht***) ~ (dis)obey s.o. (an order *etc*).

gehören I *v/i* **1.** belong (*dat* to): ***wem gehört das Buch?*** whose book is this?; ***gehört es dir?*** is it yours?; ***es gehört mir*** it belongs to me, it is mine; *fig.* ***das gehört nicht hierher!*** that's beside the point!; ***der Raumfahrt gehört die Zukunft*** the future belongs to space travel. **2.** ~ ***zu*** belong to (*a. als Mitglied*), *als Teil*: *a.* be part of, (*zählen zu*) rank (*od.* be) among; ***er gehört zu den besten Spielern*** he is one of the best players; ***es gehört zu s-r Arbeit*** it is part of his job; ***dazu gehört*** a) ***Geld*** you need money for that, b) ***Zeit*** that kind of thing takes time, c) ***Mut*** it takes (a lot of) courage; ***dazu gehört schon einiges!*** that takes a lot of doing!; ***es gehört nicht viel dazu!*** there's nothing to it! **3.** ~ ***unter*** (*acc*) come under. **4.** ~ ***in*** (*acc*) belong in: F ***du gehörst ins Bett!*** you should be in bed! **II** *v/reflex* ***sich ~*** **5.** be proper: ***wie es sich gehört*** properly; ***er weiß, was sich gehört*** he knows how to behave; ***das gehört sich nicht!*** it's not done!

Gehörfehler *m* hearing defect.
Gehörgang *m* auditory canal.
gehörig I *adj* **1.** (*j-m*, **zu** *et.*) belonging to: (***nicht***) ***zur Sache*** ~ (ir)relevant. **2.** (*gebührend*) right, due, proper. **3.** F (*groß*) good, sound: ***e-e ~e Tracht Prügel*** a good hiding; ***j-m e-n ~en Schrecken einjagen*** put the fear of God into s.o. **II** *adv* **4.** duly, properly.
gehörlos *adj* deaf. **Gehörlosenschule** *f* school for the deaf.
Gehörn *n* horns *pl*, *hunt.* antlers *pl.*
Gehörnerv *m* auditory nerve.
gehörnt *adj* horned: *fig.* ***~er Ehemann*** cuckolded husband.
gehorsam *adj* obedient (***gegen*** to).
Gehorsam *m* obedience (***gegen***[***über***] to): ***j-m den ~ verweigern*** disobey s.o.
Gehörsinn *m* sense of hearing.
Gehörverlust *m* loss of hearing.
Gehsteig *m* pavement, *Am.* sidewalk.
Gehupe *n* F blaring horns *pl.*
Gehversuch *m* attempt to walk.
Geier *m a. fig.* vulture.
Geifer *m* **1.** slaver, (*Schaum*) foam. **2.** *fig.* venom.
geifern *v/i* **1.** dribble, slaver. **2.** *fig.* ***~ gegen*** rail at.
Geige *f* violin: (***auf der***) ***~ spielen*** play (on) the violin; (***die***) ***erste*** (***zweite***) ***~ spielen*** play first (second) violin (*fig.* fiddle). **geigen** *v/i* play the violin.
Geigen|bauer(in) violin-maker. **~harz** *n* resin. **~kasten** *m* violin case. **~strich** *m* stroke (of the bow).
Geiger(in) violinist.
Geigerzähler *m* Geiger counter.
geil *adj* **1.** F *contp.* randy, V horny, (*lüstern*) lecherous: *fig.* ***~ sein auf*** (*acc*) be hot for, be dead keen on. **2.** F (***echt***) ~ hot, terrific, wicked.
Geisel *f* (***j-n als ~ nehmen*** take s.o.) hostage. **~drama** *n* hostage drama. **~nahme** *f* taking of hostages. **~nehmer(in)** hostage-taker.
Geiß *f zo.* (nanny) goat, (*Rehgeiß*) doe.
Geißel *f* **1.** whip. **2.** *biol.* flagellum. **3.** *fig.* scourge.
geißeln *v/t* **1.** whip, *eccl.* flagellate. **2.** *fig.* castigate.
Geißeltierchen *n* flagellate.
Geißelung *f* **1.** flagellation. **2.** *fig.* castigation.
Geist *m* **1.** (*Verstand*) mind, intellect, (*Denken*) spirit, (*Esprit*) wit: ***~ und Körper*** mind and body; ***ein großer ~*** a great mind (*od.* thinker); ***ein Mann von ~*** a (man of) wit; ***im ~e*** a) *vor sich sehen*: in one's mind's eye, b) *bei j-m sein etc*: in one's thoughts; *humor.* ***den ~ aufgeben*** give up the ghost, *Motor etc*: *a.* conk out; F ***j-m auf den ~ gehen*** get on s.o.'s nerves; → ***scheiden*** III. **2.** (*Haltung*) spirit, (*Kampfgeist etc*) morale: ***der ~ der Zeit*** the spirit of the times; ***wes ~es Kind er ist*** what sort of person he is. **3.** spirit, ghost: ***böser ~*** evil spirit, demon; ***der Heilige ~*** the Holy Ghost.
Geister|bahn *f* ghost train. **~bild** *n TV* double image. **~erscheinung** *f* apparition. **~fahrer(in)** *driver using the motorway in the wrong direction.*
geisterhaft *adj* ghostly.
Geister|hand *f* ***wie von ~*** as if by magic. **~stadt** *f* ghost town. **~stunde** *f* witching hour.
geistesabwesend *adj* absent(-minded).
Geistesabwesenheit *f* absent-mindedness.
Geistes|arbeit *f* brainwork. **~blitz** *m* (flash of) inspiration, (*Idee*) brainwave.
Geistesgegenwart *f* presence of mind.
geistesgegenwärtig *adv* ***~ sprang er zur Seite*** he had the presence of mind to jump aside.
Geistesgeschichte *f* history of thought (*od.* ideas): ***die deutsche ~*** the history of German thought.
geistesgestört *adj* mentally disturbed.
Geistesgestörte *m, f* mentally disturbed person.
geisteskrank *adj* mentally ill, *a. contp.* insane.
Geisteskranke *m, f* mental case (*od.* patient), *bsd. contp.* lunatic, *pl the* mentally ill.
Geisteskrankheit *f* mental disease.
Geistesleben *n* intellectual life.
Geistesprodukt *n* (intellectual) product, F brainchild.
geistesschwach *adj* feeble-minded.
Geistesschwäche *f* feeble-mindedness.
Geistesstörung *f* mental disorder.
Geistesverfassung *f* frame of mind.
geistesverwandt *adj* congenial (***mit*** to).
Geistesverwandtschaft *f* affinity.
Geistesverwirrung *f* confused state of mind.
Geisteswissenschaft *f* arts subject, *pl the* arts *pl*, *the* humanities *pl.*
Geisteswissenschaftler(in) scholar, (*Student*) arts student.
geisteswissenschaftlich *adj* arts ...
Geisteszerrüttung *f* mental derangement, dementia.
Geisteszustand *m* mental state.
geistig[1] **I** *adj* mental (*a. psych.*), (*intellektuell*) intellectual, (*seelisch*) spiritual: ***~es Eigentum*** intellectual property; → ***Diebstahl.*** **II** *adv* mentally (*etc*): ***~ anspruchsvoll*** demanding, highbrow; ***~ behindert*** mentally handicapped.

geistig² *adj* **~e Getränke** spirits *pl*, alcoholic drinks *pl*.
geistlich *adj* **1.** religious, spiritual, *Musik etc*: *a*. sacred: **~er Orden** religious order. **2.** clerical, (*kirchlich*) ecclesiastical: **der ~e Stand** the clergy; **~es Amt** ministry.
Geistliche 1. *m* clergyman, *bsd. protestantischer*: minister, (*Priester*) priest, *mil*. chaplain, padre. **2.** *f* woman priest; woman minister: **die ~n** *pl* → **Geistlichkeit** *f the* clergy.
geistlos *adj* trivial, (*langweilig*) dull, (*seicht*) insipid, (*dumm*) stupid.
Geistlosigkeit *f* lack of wit, dullness, insipidity, (*Bemerkung*) platitude.
geistreich *adj* witty, brilliant.
geisttötend *adj* soul-destroying.
geistvoll *adj* **1.** → **geistreich. 2.** (*tief*) profound.
Geiz *m* stinginess, meanness.
geizen *v/i* **~ mit** be stingy with; **mit Lob** *etc* **~** be sparing with (*od*. stint) one's praise.
Geizhals *m* miser, F meanie.
geizig *adj* miserly, stingy, mean.
Gejammer *n* F *contp*. moaning.
Gejohle *n* F howling.
Gekicher *n* F giggling.
Gekläff *n* F yapping.
Geklapper *n* F rattling, clatter.
Geklimper *n* F *contp*. tinkling.
geknickt *adj* F *fig*. crestfallen.
gekonnt *adj* competent, masterly.
gekränkt *adj* offended, hurt.
Gekritzel *n contp*. **1.** scrawling, scribbling. **2.** (*Schrift*) scrawl, scribble.
gekünstelt *adj* artificial, affected.
gekürzt *adj* abridged.
Gel *n* ⚗, *Kosmetik*: gel.
Gelächter *n* laughter.
geladen *adj* **1.** *allg*. loaded, *mil. a*. charged. **2.** F *fig*. **~ sein** (**auf** *acc*) be furious (*od*. mad) (at).
Gelage *n* feast, banquet, (*Trinkgelage*) drinking bout, F binge.
gelagert *adj fig*. **anders ~** different; **in besonders ~en Fällen** in special cases.
gelähmt *adj a. fig*. paralyzed.
Gelände *n* country, ground, terrain, (*Bau-, Ausstellungsgelände etc*) site: **auf dem ~** *e-s Betriebs etc*: on the premises.
Gelände... cross-country (*car, race, etc*).
Geländefahrzeug *n* off-roader.
geländegängig *adj* all-terrain.
Geländer *n* (*~stange*) railing, (*von Treppe*) banisters *pl*, (*von Balkon etc*) balustrade.
Geländewagen *m* cross-country vehicle.
gelangen *v/i* **1. ~ an** (*acc*) (*od*. **nach, zu, auf** *acc*) reach, arrive at, get (*od*. come) to; **ans Ziel ~** a) reach one's destination, b) *fig*. achieve one's end, F make it; **in den Besitz ~ von** (*od. gen*) get hold of, acquire; **in j-s Hände ~** get into (*od*. reach) s.o.'s hands. **2. zu et. ~** win (*od*. gain, achieve) s.th.; **zu Reichtum ~** become rich; → **Ansicht** 1, **Einsicht** 3, **Erkenntnis, Macht** 1, **Schluss** 2. **3.** *thea. etc* **zur Aufführung ~** be performed.
gelangweilt *adj u. adv* bored.
gelassen *adj* calm, composed.
Gelassenheit *f* calmness, composure: **mit ~** calmly, coolly.
Gelatine *f* gelatine.
geläufig *adj Ausdruck etc*: common, current, (*vertraut*) familiar: **das ist mir ~** I'm familiar with that.
Geläufigkeit *f* familiarity.
gelaunt *adj* **gut** (**schlecht**) **~ sein** be in a good (bad) mood.
Geläut(e) *n* ringing.
gelb *adj*, **Gelb** *n* yellow, *Verkehrsampel*: amber: **bei Gelb** on amber; **der ~e Sack** the bag for recyclable waste; **~e Seiten** (*Branchenadressbuch*) Yellow Pages.
Gelbe *n vom Ei*: yolk: F *fig*. **das ist auch nicht das ~ vom Ei!** it's not all that good!
gelblich *adj* yellowish.
Gelbsucht *f* ⚕ jaundice.
Geld *n* money: **~er** *pl* funds *pl*, money; **bares ~** cash; **großes ~** notes *pl*, *Am*. bills *pl*; **kleines ~** change; F (**viel**) **~ machen** make (a lot of) money; **das große ~ machen** make big money, make a packet; **et. zu ~ machen** turn s.th. into cash, sell s.th. off; **um ~ spielen** play for money; F **im ~ schwimmen** be rolling in money; **das geht ins ~** that costs a packet; **~ spielt k-e Rolle** money is no object; → **Fenster, Heu.**
Geld|abfindung *f* cash settlement. **~abwertung** *f* (currency) devaluation. **~angelegenheiten** *pl* money (*od*. financial) matters *pl*. **~anlage** *f* investment. **~anleger(in)** investor. **~anleihe** *f* loan. **~anweisung** *f* money order, remittance. **~aufwand** *m* expenditure(s *pl*). **~aufwertung** *f* (currency) revaluation. **~ausgabe** *f* (financial) expenditure. **~automat** *m* cash dispenser. **~bedarf** *m* cash requirements *pl*, *Geldmarkt*: currency demands *pl*. **~betrag** *m* amount (*od*. sum) of money. **~beutel** *m* purse. **~bombe** *f* night safe container. **~bote** *m* security guard. **~buße** *f* fine. **~einlage** *f* **1.** deposit. **2.** investment, capital invested. **~einwurf** *m* **1.** insertion of coins. **2.** *am Automaten*: (coin) slot. **~entwertung** *f* currency depreciation, inflation. **~forderung** *f* a) money due, b) monetary claim. **~geber(in)** financial backer, investor. **~geschäfte** *pl* money transactions *pl*. **~geschenk** *n* gift of money.
Geldgier *f* greed for money, avarice.

geldgierig *adj* greedy for money, avaricious.

Geld|hahn *m* F ***j-m den ~ zudrehen*** cut off s.o.'s money supply. **~institut** *n* financial institution. **~kassette** *f* cash box. **~klemme** *f* F ***in e-r ~ sein*** be hard up for cash. **~knappheit** *f* lack of money, (financial) stringency. **~kurs** *m* buying rate, *Börse*: bid price.

geldlich *adj* financial, pecuniary.

Geld|mangel *m* lack of money. **~mann** *m* financier. **~markt** *m* money market. **~menge** *f* money supply. **~mittel** *pl* funds *pl*. **~politik** *f* monetary policy. **~prämie** *f* bonus, (*Belohnung*) reward, (*Preis*) award, (cash) prize. **~quelle** *f* source of money (*od.* income). **~reserve** *f* money reserve. **~schein** *m* (bank)note, *Am.* bill. **~schöpfung** *f* creation of money. **~schrank** *m* safe. **~schwierigkeiten** *pl* financial difficulties *pl*. **~sendung** *f* (cash) remittance. **~sorgen** *pl* financial worries *pl*. **~spende** *f* donation, contribution. **~strafe** *f* (*a. j-n* ***mit e-r ~ belegen***) fine. **~stück** *n* coin. **~transport** *m* transport(ing) of money. **~transporter** *m* security van. **~überhang** *m* money surplus, surplus money. **~überweisung** *f* remittance, money transfer. **~umtausch** *m* exchange of money, conversion. **~verdienen** *n* moneymaking. **~verdiener(in)** moneymaker, *in der Familie*: breadwinner. **~verknappung** *f* monetary restraint. **~verlegenheit** *f* financial embarrassment: ***in ~ sein*** be short of money, F be hard up. **~verschwendung** *f* waste of money. **~volumen** *n* money supply. **~vorrat** *m* funds *pl*, cash reserve, (*Kasse*) cash in hand, *Geldmarkt*: money supply. **~waschanlage** *f* money laundering outfit. **~wäsche** *f fig.* money laundering. **~wechsel** *m* **1.** → ***Geldumtausch.*** **2.** (*Stelle*) Change. **~wechsler** *m* (*Automat*) change machine.

Geldwert *m* cash (*Kaufkraft*: currency) value.

geldwert *adj* ***~e Vorteile*** benefits in money's worth, payment in kind.

Gelee *n* **1.** *gastr.* jelly. **2.** *pharm.* gel.

gelegen *adj* **1.** situated, located. **2.** (*passend*) convenient, suitable: ***es kommt mir sehr ~*** it suits me fine.

Gelegenheit *f* **1.** opportunity, chance: ***die ~ ergreifen*** (*od.* ***benutzen, beim Schopf packen***) seize the opportunity; ***die ~ verpassen*** miss the chance; ***bei der ersten besten ~*** at the first opportunity; → ***passend*** 2. **2.** (*Anlass*) occasion: ***bei ~*** → ***gelegentlich*** III; ***bei dieser ~*** on this occasion. **3.** (*Koch-, Waschgelegenheit etc*) facility. **4.** *econ.* bargain.

Gelegenheits|arbeit *f* casual work (*od.* job). **~arbeiter(in)** casual labo(u)rer. **~kauf** *m* bargain. **~käufer(in)** chance buyer.

gelegentlich I *adj* occasional, (*zufällig*) chance. **II** *adv* occasionally, (*manchmal*) *a.* sometimes.

gelehrig *adj* clever, quick to learn.

Gelehrsamkeit *f* erudition, learning.

gelehrt *adj* learned. **Gelehrte** *m*, *f* learned man (woman), scholar, scientist.

Geleit *n a. mil.* escort, ⚓ *a.* convoy: ***j-m freies ~ geben*** ⚖ grant s.o. safe conduct.

geleiten *v/t* escort (*a.* ⚓, *mil.*), accompany.

Geleitschiff *n* escort ship.

Geleitschutz *m* escort, ⚓ *a.* convoy.

Geleitzug *m* ⚓ convoy.

Gelenk *n allg.* joint, *tech. a.* link, (*~verbindung*) articulation.

Gelenk... *tech.* articulated.

Gelenkentzündung *f* ⚕ arthritis.

gelenkig *adj* flexible (*a. tech.*), supple, lithe. **Gelenkigkeit** *f* flexibility, suppleness, litheness.

Gelenkrheumatismus *m* ⚕ articular rheumatism.

gelernt *adj* trained, *Arbeiter*: skilled.

geliebt *adj* dear, beloved.

Geliebte 1. *m* lover. **2.** *f* love(r), sweet-heart, (*Mätresse*) mistress.

gelieren *v/i* (*a.* ***~ lassen***) jell.

gelinde *adv* ***~ gesagt*** to put it mildly.

gelingen *v/i u. v/impers* succeed, be successful, be a success, (*gut geraten*) turn out well: ***nicht ~*** not to succeed (*etc*), fail; ***ihm gelang die Flucht, es gelang ihm zu fliehen*** he succeeded in escaping, he managed to escape; ***es gelang ihm nicht(, das zu tun)*** he failed (to bring it off); ***endlich ist es mir gelungen*** at last I managed (*od.* made) it.

Gelingen *n* success: ***gutes ~!*** good luck!; ***auf gutes ~!*** to success!

gellend *adj* piercing, shrill: *adv* ***~ lachen*** shriek with laughter.

geloben *v/t* promise, vow, swear.

Gelöbnis *n* vow, pledge.

gelobt *adj* ***das Gelobte Land*** *Bibl.* the Land of Promise.

gelöst *adj fig.* relaxed.

gelten I *v/i* **1.** (*wert sein*) be worth (*10 dollars etc*): *fig.* **viel** (**wenig**) ~ count for much (little) (***bei*** with); ***was er sagt, gilt*** what he says goes; → ***Wette.*** **2.** (*gültig sein*) be valid, be good, *Preis, Vertrag etc*: be effective, *Gesetz etc*: *a.* be in force: (**weiterhin**) ~ hold (good); ***~ für*** apply to; ***das gilt für alle*** that applies to (F goes for) all of you; ***~ lassen*** allow (*a. Sport*), (**als**) accept (as), let *s.o., s.th.* pass (for); ***das lasse ich ~!*** I'll agree to that!; ***es gilt!*** done!, it's a deal!; ***das gilt nicht!*** a) that's not allowed (*od.* fair), b) *Sport etc*: that doesn't count!; ***mein Angebot gilt noch!*** my offer still stands! **3.** ***~ als*** be regarded as, be considered to be. **4.** ***j-m ~*** *Bemerkung, Schuss etc*: be meant for s.o., be aimed at s.o., *Liebe, Hass etc*: be for s.o. **II** *v/impers* **5.** ***es gilt zu*** *inf* it is necessary (for us *etc*) to *inf*; ***es gilt als sicher, dass ...*** a) it seems certain that ..., b) ***er kommt*** *a.* he's sure to come. **6.** ***es galt unser Leben*** *etc* our lives *etc* were at stake. **geltend** *adj* current(ly valid), *Gesetz, Recht etc*: *a.* effective, *nachgestellt*: in force, *Meinung etc*: accepted: ***~ machen*** (*Anspruch, Rechte*) assert, enforce, *als Entschuldigung*: plead; ***~ machen, dass ...*** maintain that ...; ***(bei j-m) s-n Einfluss ~ machen*** bring one's influence to bear (on s.o.).

Geltung *f* (*Gültigkeit*) validity, (*Wert*) value, (*Ansehen*) prestige, (*Einfluss*) influence, (*Bedeutung*) weight: ***~ haben*** → ***gelten*** 2; ***an ~ verlieren*** lose prestige; ***e-r Sache ~ verschaffen*** enforce s.th.; ***et. zur ~ bringen*** show s.th. (off) to advantage; ***zur ~ kommen*** show to advantage.

Geltungsbedürfnis *n*, **geltungsbedürftig** *adj* craving for admiration.

Gelübde *n* (***ein ~ ablegen*** take a) vow.

gelungen *adj* successful, *pred* a success, *Werk etc*: excellent.

Gelüst *n* craving (***nach*** for).

gelüsten *v/impers* ***es gelüstet mich nach*** I am craving for, I feel like.

GEMA ***Gesellschaft für musikalische Aufführungs- und mechanische Vervielfältigungsrechte*** German Society for the Protection of Music Copyright and Performing Rights.

gemächlich *adj u. adv* leisurely, (*ohne Hast*) *a.* unhurried.

gemacht *adj fig.* ***ein ~er Mann*** a made man; ***sie waren ~e Leute*** they had got it made.

Gemahl *m* husband: ***Ihr Herr ~*** Mr. X.

Gemahlin *f* wife: ***Ihre Frau ~*** Mrs. X.

gemahnen *v/t u. v/i* (***j-n***) ***~ an*** (*acc*) remind (s.o.) of.

Gemälde *n* painting, picture. **~ausstellung** *f* exhibition of paintings. **~galerie** *f* picture (*od.* art) gallery.

gemäß I *adj* appropriate (*dat* to). **II** *prep* (*dat*) according to, in accordance with, pursuant to, under (*a law etc*).

gemäßigt *adj* moderate (*a. pol.*), *Klima, Zone*: temperate.

Gemäuer *n* walls *pl*: ***altes ~*** (old) ruins.

Gemecker *n* F *contp.* belly-aching.

gemein *adj* **1.** *contp.* low, mean, nasty, F (*scheußlich*) awful (*job etc*), (*ordinär*) vulgar, (*unanständig*) dirty, filthy (*joke etc*): ***~er Trick*** dirty trick. **2.** ***et. ~ haben*** have s.th. in common (***mit*** with). **3.** *allg.* common (*a.* ⚘, ∡, *zo.*), general: ***das ~e Volk*** the common people.

Gemeinde *f* **1.** *pol.* municipality, (*~verwaltung*) *a.* local government (*od.* authority), (*~bewohner*) community. **2.** (*Pfarrgemeinde*) parish, (*~mitglieder*) *a.* parishioners *pl*, (*bei Gottesdienst*) congregation. **3.** (*Zuhörer*) audience. **4.** (*Anhänger*) following. **~amt** *n* **1.** local authority. **2.** municipal office. **~bezirk** *m* district. **~haus** *n* **1.** *eccl.* parish hall. **2.** → ***Gemeindezentrum.***

Gemeinderat[1] *m* municipal council.

Gemeinderat[2] *m*, **~rätin** *f* (*Person*: council[l]or).

Gemeinde|schwester *f* district nurse. **~steuern** *pl* (local) rates *pl*, *Am.* local taxes *pl*. **~verwaltung** *f* local government (*od.* authority). **~vorstand** *m* local board. **~wahl** *f* local election. **~zentrum** *n* community cent/re (*Am.* -er).

gemeingefährlich *adj Verbrecher*: dangerous: ***~ sein*** be a public danger.

Gemeingut *n a. fig.* common property.

Gemeinheit *f* a) meanness, nastiness, b) mean thing (to do *od.* say): ***so e-e ~!*** what a dirty trick!, *enttäuscht*: what rotten luck!

gemeinhin *adv* generally.

Gemeinkosten *pl* overhead (cost) *sg*, overheads *pl*.

Gemeinnutz *m* the common good, the public interest.

gemeinnützig *adj* for the public benefit, public welfare ..., *Betrieb, Verein*: nonprofit(-making).

Gemeinplatz *m* commonplace.

gemeinsam I *adj* common (*a.* ∡), *Eigentum, Aktion, Konto etc*: joint, *Freund etc*: mutual: *hist.* **Gemeinsamer Markt** Common Market; ***~e Sache machen*** make common cause (***mit*** with); ***sie haben vieles ~*** they have a great deal in common; → ***Nenner.*** **II** *adv* jointly, together: ***et. ~ tun*** do s.th. together.

Gemeinsamkeit *f der Ansichten etc*: common ground, *der Interessen etc*: mutuality, *des Handelns*: joint action, (*Verbundenheit*) solidarity: ***~en entdecken*** discover things in common.

Gemeinschaft *f* community (*a. pol.*), (*Gruppe*) team, (*Verband*) association: ***eheliche ~*** ⚖ matrimony; ***in enger ~ leben*** live close together (***mit*** with); → ***europäisch.***

gemeinschaftlich → ***gemeinsam.***

Gemeinschafts|abkommen *n* joint venture agreement. **~anschluss** *m teleph.* party line. **~antenne** *f* communal aerial (*Am.* antenna). **~arbeit** *f* teamwork. **~besitz** *m* joint ownership, *konkret*: joint property. **~erziehung** *f* **1.** *ped.* coeducation. **2.** social education. **~geist** *m* community spirit. **~haushalt** *m EU* Community Budget. **~konto** *n* joint account. **~praxis** *f* joint practice. **~produktion** *f* coproduction. **~raum** *m* communal room. **~sendung** *f* simultaneous broadcast, hookup. **~unternehmen** *n* joint venture. **~werbung** *f* joint advertising, *konkret*: joint advertisement.

Gemeinschuldner(in) bankrupt.

Gemeinsinn *m* public spirit.

gemeinverständlich *adj* intelligible to all, popular.

Gemeinwesen *n* community, (*Staat*) polity.

Gemeinwirtschaft *f* social economy.

gemeinwirtschaftlich *adj* nonprofit: ***~e Nutzungsbetriebe*** public utilities.

Gemeinwohl *n* public weal.

gemessen *adj fig.* measured: ***~en Schrittes*** with measured steps.

Gemetzel *n* slaughter, massacre.

Gemisch *n* mixture.

gemischt *adj a. fig.* mixed. **~wirtschaftlich** *adj econ.* mixed-type.

Gemme *f* gem.

Gemsbock → ***Gämsbock.***

Gemse → ***Gämse.***

Gemüse *n* vegetable, *coll.* vegetables *pl*, (*Grüngemüse*) greens *pl*. **~(an)bau** *m* vegetable gardening, *Am.* truck farming. **~garten** *m* kitchen garden. **~händler(in)** greengrocer. **~konserven** *pl* tinned (*od.* canned) vegetables *pl.* **~laden** *m* greengrocer's shop.

gemustert *adj* (*a.* ***in sich ~***) patterned.

Gemüt *n* (*Geist*) mind, (*Seele*) soul (*a. Person*), (*Herz, Gefühl*) heart, feeling, (*Wesensart*) disposition, nature: ***die ~er bewegen*** cause quite a stir; F ***sich e-e Flasche Wein zu ~e führen*** get outside a bottle of wine; → ***erhitzen*** I.

gemütlich *adj* **1.** comfortable, snug, cosy, (*angenehm*) pleasant: ***mach es dir ~!*** a) make yourself at home!, b) *a.* ***sei ~!*** relax! **2.** *Person*: good-natured, pleasant. **3.** *a. adv* (*gemächlich*) leisurely, unhurried(ly *adv*), *adv* (*ungestört*) in peace.

Gemütlichkeit *f* **1.** cosiness (*etc*). **2.** cosy (*od.* relaxed) atmosphere. **3.** (*Gemächlichkeit*) leisure(liness): ***in aller ~*** → ***gemütlich*** 3.

Gemüts|art *f* disposition, nature. **~bewegung** *f* emotion.

gemütskrank *adj* emotionally disturbed.

Gemütskrankheit *f* emotional disturbance, mental disorder.

Gemüts|mensch *m* F a) warm-hearted person, b) *iro.* callous beast. **~ruhe** *f* peace of mind: F ***in aller ~*** calmly, *iro.* as cool as you please. **~verfassung** *f*, **~zustand** *m* frame of mind, (mental) state.

gemütvoll *adj* soulful, sentimental, *Person*: warm(-hearted).

Gen *n biol.* gene.

genau **I** *adj* exact, accurate, precise, *Bericht etc*: detailed, (*sorgfältig*) careful, (*streng*) strict: ***Genaueres*** particulars *pl*, further details *pl*; ***man weiß nichts Genaues*** we don't know anything definite. **II** *adv* exactly (*etc*): ***~ dasselbe*** (***das Gegenteil***) exactly (*od.* just) the same (the opposite); ***~ das, was ich brauche*** just what I need; ***~ in der Mitte*** right in the middle; ***~*** (***um***) ***10 Uhr*** (at) ten o'clock sharp; ***~ beobachten*** (***zuhören***) watch (listen) closely; ***ich weiß es ~*** I know it for sure; ***sich ~ an die Regeln halten*** keep strictly to the rules; ***es nicht sehr ~ nehmen*** not to be particular (***mit*** about); (***stimmt***) ***~!*** exactly!; ***~ genommen*** strictly speaking.

Genauigkeit *f* exactness, accuracy, precision, (*Sorgfalt*) thoroughness.

genauso → ***ebenso; ~ gut*** → ***ebenso.***

Genbank *f* gene bank.

Gen.-Dir. ***Generaldirektor*** general manager, chairman, *Am.* president.

Genealogie *f* genealogy.

genehm *adj* ***j-m ~ sein*** suit s.o.

genehmigen *v/t* approve (*a. adm.*, ⚖), (*zulassen*) permit, *adm.* authorize, license: F ***sich e-n ~*** have a drink.

Genehmigung *f* **1.** approval, permission, authorization. **2.** (*Lizenz*) permit, licen/ce (*Am.* -se).

genehmigungspflichtig *adj* subject to authorization, subject to approval: ***~ sein*** *a.* require official approval, *TV etc* require a licen/ce (*Am.* -se).

Genehmigungsverfahren *n* licensing (*Am.* licencing) procedure.

geneigt *adj* inclined (*a. fig.* ***zu*** to).

General(in) *mil.* general.

General|... general (*agency, amnesty, etc*). **~bass** ♪ basso continuo. **~bevollmächtigte** *m, f* **1.** *pol.* plenipotentiary. **2.** *econ.* general representative, chief executive, general agent. **~direktor(in)** general manager.

General|klausel *f* blanket clause. **~konsul(in)** consul general. **~konsulat** *n* consulate general. **~leutnant** *m* lieutenant general. **~major(in)** major general. **~probe** *f a. fig.* dress rehearsal. **~sekretär(in)** secretary-general. **~staatsanwalt** *m*, **~staatsanwältin** *f* Chief State Prosecutor. **~stab** *m mil.* General Staff. **~stabskarte** *f* (*1:100 000*) ordnance survey map, *Am.*

G

strategic map. **~streik** *m* general strike. **~überholung** *f tech.* complete overhaul. **~versammlung** *f* **1.** *econ.* general meeting. **2.** *pol. der UNO*: General Assembly. **~vertreter(in)** general agent. **~vollmacht** *f* ⚖ general power of attorney.

Generation *f* generation.

Generations|konflikt *m*, **~problem** *n* generation gap.

Generator *m* ⚡ generator.

generell *adj* general.

genesen *v/i* recover (**von** from), get well.

Genesung *f* convalescence, *völlige*: recovery.

Genesungs... convalescent (*home, leave, etc*).

Genetik *f* genetics *sg.*

Genetiker(in) genetic scientist.

genetisch *adj* genetic(ally *adv*).

Genf *n* Geneva. **Genfer** *adj* Genevan: ***der ~ See*** Lake Geneva.

genial *adj* of genius, inspired, (*großartig*) brilliant, ingenious: ***e-e ~e Idee*** *a. iro.* a brilliant idea. **Genialität** *f* genius, brilliancy, ingenuity.

Genick *n* (back of the) neck: ***(sich) das ~ brechen*** break one's neck; *fig.* ***das brach ihm das ~*** that was his undoing.

Genickschuss *m* shot in the neck.

Genie *n allg.* genius.

genieren I *v/t* ***j-n ~*** embarrass s.o., (*stören*) bother s.o. **II** *v/reflex* ***sich ~*** be embarrassed, be shy; ***~ Sie sich nicht!*** don't be shy!

genießbar *adj* edible, eatable, *Getränk*: drinkable.

genießen *v/t* **1.** enjoy, *stärker*: relish. **2.** (*zu sich nehmen*) have, eat, drink. **3.** *fig.* (*Vorteil, Ruf etc*) enjoy, have, (*Erziehung etc*) receive, get: ***j-s Vertrauen ~*** be in s.o.'s confidence.

Genießer(in) bon vivant.

Genitalien *pl* genitals *pl.*

Genitiv *m ling.* genitive (case).

Genmanipulation *f* genetic engineering.

Genom *n* genome.

genormt *adj* standardized.

Genosse *m*, **Genossin** *f* **1.** *pol.* comrade. **2.** F pal.

Genossenschaft *f econ.*, **genossenschaftlich** *adj* cooperative.

Genossenschaftsbank *f* cooperative bank.

Genossin *f* → ***Genosse.***

Genre *n allg.* genre.

Gen.-Sekr. ***Generalsekretär*** secretary general.

Gentechnik *f*, **Gentechnologie** *f* genetic engineering.

Genua *n* Genoa.

genug *adj u. adv* enough, sufficient(ly): ***mehr als ~*** more than enough; ***ich habe nicht ~ Zeit*** I haven't enough time (*od.* time enough) to do it; ***~ (davon)!*** enough (of that)!; ***ich habe ~ davon!*** I've had enough of that!

Genüge *f* **1.** ***zur ~*** (well) enough, sufficiently, (*nur zu gut*) only too well, (*oft genug*) often enough. **2.** ***~ tun*** (*dat*) → ***genügen*** 2.

genügen *v/i* **1.** be enough, be sufficient: ***das genügt (mir)!*** that's enough (for me)!, that'll do (for me)!, *fig. a.* that's good enough (for me)! **2.** (*Anforderungen etc*) satisfy, meet.

genügend *adj* **1.** *a. adv* → ***genug.*** **2.** (*befriedigend*) satisfactory.

genügsam *adj* content with little, modest, *im Essen*: *a.* frugal.

Genugtuung *f* (**über** *acc* at) satisfaction, gratification: ***ich hörte mit ~, dass ...*** I was gratified to hear that ...

Genuss *m* **1.** *von Speisen, Getränken*: consumption, eating, drinking, *von Tabak*: smoking, *von Drogen*: taking. **2.** (*Vergnügen*) pleasure: *et.* ***mit ~*** *essen, lesen, tun* with relish; ***ein wahrer ~*** a real treat. **3.** *a.* ⚖ (*Nutznießung, Besitz*) enjoyment: ***in den ~ e-r Sache kommen*** get (the benefit of) s.th.

Genussmittel *n* semiluxury food, drink, and tobacco, *anregendes*: stimulant.

genusssüchtig *adj* hedonistic.

Geograph(in), Geograf(in) geographer.

Geographie, Geografie *f* geography.

geographisch, geografisch *adj* geographic(al).

Geologe *m*, **Geologin** *f* geologist.

Geologie *f* geology.

geologisch *adj* geological.

Geometer *m* surveyor.

Geometrie *f* geometry.

geometrisch *adj* geometric(al).

Geophysik *f* geophysics *sg.*

Geopolitik *f* geopolitics *sg.*

Gepäck *n* luggage, *bsd. Am.* baggage. **~abfertigung** *f* **1.** 🚂 luggage (*bsd. Am.* baggage) processing, ✈ checking-in of luggage (*bsd. Am.* baggage). **2.** (*Schalter*) luggage (*bsd. Am.* baggage) office, ✈ check-in counter. **~ablage** *f* luggage (*bsd. Am.* baggage) rack. **~annahme** *f* → ***Gepäckabfertigung.*** **~aufbewahrung** *f* **1.** receiving of left luggage (*bsd. Am.* baggage). **2.** (*Schalter*) left-luggage office, *Am.* baggage room. **~kontrolle** *f* luggage (*bsd. Am.* baggage) check. **~schein** *m* luggage ticket, *Am.* baggage check. **~stück** *n* piece of luggage (*bsd. Am.* baggage). **~träger** *m* **1.** porter. **2.** *am Fahrrad*: carrier, *Autodach*: roof rack.

gepanzert *adj* armo(u)red.

Gepard *m zo.* cheetah.
gepfeffert *adj fig. Preise, Rechnung etc*: steep, *Prüfungsfrage etc*: tough, *Brief etc*: sharp, *Witz*: juicy.
gepflegt *adj Person, Äußeres etc*: well-groomed, *Garten etc*: *a.* well-tended, *Wein, Speisen etc*: select, excellent, *Gespräch, Stil etc*: cultured, refined.
Gepflogenheit *f* habit, custom, *econ. etc* practice.
Geplänkel *n a. fig.* skirmish.
Geplapper *n* F babbling, *contp.* (*Geschwätz*) *a.* chatter(ing).
Geplauder *n* chatting, chat.
Gepolter *n* rumbling.
Gepräge *n fig.* stamp, character: (*dat*) ***das ~ geben*** leave one's stamp on.
gequält *adj* pained, *Lächeln*: forced.
Gequassel *n*, **Gequatsche** *n* F blather.
gerade I *adj* **1.** straight (*a. fig.*), *Haltung*: upright, erect, (*eben*) even (*a. Zahl*): *a.* F *fig.* ***~ biegen*** straighten out. **2.** *fig.* (*aufrichtig*) sincere, *Person*: *a.* upright. **II** *adv* **3.** (*soeben, a. genau*) just: ***~ erst*** just now; ***nicht ~ schön*** *etc* not exactly beautiful *etc*; ***er wollte ~ gehen*** he was just about to leave; ***ich war ~ dort als …*** I happened to be there when …; ***nun ~!*** now more than ever!; ***~ du!*** especially you!; ***warum ~ ich?*** why me of all people?; ***~ an diesem Tag*** on that very day.
Gerade *f* **1.** A straight line. **2.** *Sport*: straight: ***linke*** (***rechte***) ***~*** *Boxen*: straight left (right).
gerade|aus *adv* straight ahead (*od.* on). **~heraus** *adv fig.* straight out, frankly.
gerädert *adj* F *fig.* ***wie ~*** (absolutely) whacked.
geradeso *etc* → ***ebenso*** *etc.*
geradestehen *v/i fig.* answer (***für*** for).
geradewegs *adv* straight, directly, (*sofort*) straightaway.
geradezu *adv* **1.** (*fast*) almost, next to, (*wirklich*) really. **2.** → ***geradeheraus.***
Geradheit *f* **1.** straightness. **2.** *fig.* uprightness, honesty.
geradlinig *adj* **1.** straight (*a. adv*), *Abstammung etc*: lineal, direct, *Bewegung*: linear. **2.** *fig.* straight(forward).
gerammelt *adj* F ***~ voll*** (***von***) chock-full (of), jam-packed (*od.* crammed) (with).
Gerangel *n* F tussle, *fig. a.* wrangling.
Gerät *n* **1.** *tech.* device, F gadget, (*a. Haushaltsgerät*) appliance, (*Apparat, a. Turngerät*) apparatus, (*Messgerät*) instrument. **2.** (*Radio, TV*) set. **3.** *coll.* (*Ausrüstung, a. Sport*) equipment, gear, (*Werkzeug*) tools *pl*, (*in Küche*) utensils *pl*. **4.** (*Motorrad etc*) machine.
geraten[1] *v/i* **1.** turn out (***gut*** well, ***zu kurz*** too short *etc*). **2.** ***an j-n ~*** come across s.o.; ***an et. ~*** come by (*od.* get) s.th.; ***an e-n Betrüger ~*** fall into the hands of a swindler; ***in Schwierigkeiten ~*** get into difficulties; ***in e-n Sturm ~*** be caught in a storm; → ***Abweg, Adresse, außer*** 1, ***Bahn*** 1, ***Brand*** 1 *etc.* **3.** ***~ nach*** *Kind*: take after (*one's father*).
geraten[2] *adj* (*ratsam*) advisable.
Geräte|schuppen *m* toolshed. **~turnen** *n* apparatus gymnastics *sg*.
Geratewohl *n* ***aufs ~*** at random.
Gerätschaften *pl* → ***Gerät*** 3.
Geratter *n* rattling, rattle.
geräumig *adj* spacious, roomy. **Geräumigkeit** *f* spaciousness, roominess.
Geräusch *n* sound, (*a.* ↯ *Störung*) noise.
geräuscharm *adj* quiet, noiseless.
Geräuschdämpfung *f* sound damping.
Geräuschkulisse *f* background noise.
geräuschlos *adj* noiseless, silent.
Geräuschlosigkeit *f* noiselessness.
Geräuschpegel *m* decibel (*od.* noise) level.
geräuschvoll *adj* noisy, loud.
gerben *v/t* tan. **Gerber(in)** tanner.
Gerberei *f* tannery.
Gerbsäure *f* tannic acid.
gerecht *adj* **1.** just, fair. **2.** *j-m* (*e-r Sache*) ***~ werden*** do justice to, (*Anforderungen, Wünschen etc*) meet, fulfil(l), (*Erwartungen*) *a.* come up to.
gerechterweise *adv* justly, *einräumend*: to be fair.
gerechtfertigt *adj* justified.
Gerechtigkeit *f* justice, fairness: → ***widerfahren.***
Gerechtigkeitssinn *m* sense of justice.
Gerede *n* talk, (*Klatsch*) gossip: ***ins ~ kommen*** get talked about.
geregelt *adj Arbeit, Zeiten etc*: regular.
gereizt *adj* irritable, irritated (*a.* ⚕).
Gereiztheit *f* irritability, irritation.
Geriatrie *f* geriatrics *sg*.
Gericht[1] *n* (*Speise*) dish, (*Gang*) course.
Gericht[2] *n* court (of justice), law court, *fig.* tribunal, (*die Richter*) *the* court, (*Gebäude*) court(house): ***das Jüngste ~*** *eccl.* the Last Judgement; ***vor ~ bringen*** take *s.o., s.th.* to court; ***vor ~ gehen*** go to court; ***vor ~ aussagen*** testify in court; ***vor ~ kommen*** come before the court; ***j-n vor ~ stellen*** bring s.o. to trial; *fig.* ***mit j-m ins ~ gehen*** take s.o. to task; ***zu ~ sitzen über*** (*acc*) sit in judg(e)ment on.
gerichtlich *adj* judicial, legal: ***~e Untersuchung*** judicial inquiry; ***~e Verfügung*** court order; ***j-n ~ belangen*** sue s.o.; ***gegen j-n ~ vorgehen*** take legal action against s.o.; ***~ vereidigt*** sworn.

Gerichtsbarkeit *f* jurisdiction.

Gerichts|beschluss *m* court order: ***durch ~*** by order of the court. **~gebäude** *n* law court, courthouse. **~hof** *m* court of justice, law court. **~kosten** *pl* costs *pl* (of an action). **~medizin** *f* forensic medicine. **~mediziner(in)** medical expert (*Am.* examiner). **~referendar(in)** junior lawyer (*who has passed his first State Examination*). **~saal** *m* courtroom. **~stand** *m* (legal) venue, *econ.* legal domicile. **~urteil** *n* judg(e)ment, *in Strafsachen*: sentence. **~verfahren** *n* **1.** (*Prozess*) (legal) proceedings *pl*, lawsuit, (*Strafprozess*) trial. **2.** (*Verfahrensweise*) court procedure. **~verhandlung** *f* (judicial) hearing, (*Strafverhandlung*) trial. **~vollzieher(in)** bailiff, *Am.* marshal.

G

gering **I** *adj* little, small, slight, (*niedrig*) low, *Meinung*, *Qualität*: *a.* poor, *Hoffnung*, *Chance etc*: slim, *Bedeutung*, *Rolle etc*: minor: ***in ~erem Maße*** to a less degree; ***kein Geringerer als*** no less a person than; ***nicht im Geringsten*** not in the least; ***das soll m-e ~ste Sorge sein!*** that's the least of my worries!; → ***Chance.*** **II** *adv* ***~ achten*** think little of, (*Folgen*, *Gefahr etc*) disregard.

geringfügig *adj* insignificant, negligible, slight, minor, *Betrag*, *Vergehen*: small, petty.

Geringfügigkeit *f* insignificance, slightness, smallness.

geringschätzig *adj* contemptuous, *Bemerkung*: *a.* disparaging.

Geringschätzung *f* (***für,*** *gen*) disdain (of), low regard (for).

gerinnen *v/i* coagulate, *bsd. Blut*: *a.* clot, *Milch*: curdle.

Gerinnsel *n* ⚕ clot.

Gerinnung *f* coagulation.

Gerippe *n allg.* skeleton, *fig.* (*Gerüst*) *a.* frame.

gerippt *adj* ribbed.

gerissen *adj* F *fig.* cunning, crafty.

Germ *m österr.* baker's yeast.

Germane *m*, **Germanin** *f* Teuton.

germanisch *adj* Germanic, Teutonic.

Germanist(in) Germanist, (*Student[in]*) *a.* student of German.

Germanistik *f* German (studies *pl od.* philology).

Germknödel *m österr.* dumpling made of yeast dough.

gern(e) *adv* gladly, with pleasure: ***~ haben*** like, be fond of; ***et.*** (***sehr***) ***~ tun*** a) like (love) to do (*od.* doing) s.th., b) (*dazu neigen*) tend to do s.th.; ***et. ~ essen*** (***trinken***) like s.th.; ***~ lesen*** like reading; ***ich hätte*** (***möchte***) ***~ ...*** I'd (I would) like to *inf*; *möchtest du ~?* (***ja,***) ***~!*** yes, please!, I'd love to!; (***aber***) ***~!*** gladly!, of course!; ***herzlich*** (*od.* ***liebend***) ***~!*** with great pleasure!; ***~ geschehen!*** not at all!, (you're) welcome!; ***ich möchte ~ wissen, ob ...*** I'd like to know if ..., (*ich frage mich*) I wonder if ...; ***er kann ~ kommen!*** a) he's welcome!, b) (*von mir aus*) I don't mind if he comes!; ***das kannst du ~ haben!*** you're welcome to it!; ***er sieht es nicht ~*** he doesn't like it; F ***du kannst mich ~ haben!*** go to blazes!

Gernegroß *m* F show-off.

Geröll *n geol.* scree, (*Geschiebe*) rubble.

Gerontologie *f* ⚕ gerontology.

Gerste *f* ⚘ barley.

Gerstenkorn *n* **1.** barleycorn. **2.** ⚕ sty.

Gerte *f* switch, twig.

gertenschlank *adj* (slim and) willowy.

Geruch *m* smell, *b.s.* odo(u)r (*a. fig.*), (*bsd. Duft*) scent.

geruchlos *adj* odo(u)rless.

Geruchsnerv *m* olfactory nerve.

Geruchssinn *m* (sense of) smell.

Gerücht *n* rumo(u)r: ***es geht das ~, dass ...*** it is rumo(u)red that ...

geruhen *v/t* ***~, et. zu tun*** deign to do s.th.

gerührt *adj fig.* touched, moved.

Gerümpel *n contp.* junk.

Gerundium *n ling.* gerund.

Gerüst *n* **1.** (*am Bau etc*) scaffold(ing), (*Arbeitsbühne*) stage, (*Rahmen*) frame. **2.** *fig.* frame(work).

gerüttelt *adj fig.* ***ein ~ Maß an*** (*dat*) a fair amount of.

gesalzen *adj* **1.** salted. **2.** → ***gepfeffert.***

gesammelt *adj* **1.** ***~e Werke*** collected works. **2.** *fig.* concentrated.

gesamt *adj* whole, entire, all, *Bedarf*, *Einfuhr*, *Erlös*, *Preis etc*: total.

Gesamt|absatz *m* total sales *pl.* **~ansicht** *f* general view. **~auflage** *f e-r Zeitung*: total circulation, *e-s Buchs*: total number of copies published. **~ausgabe** *f* **1.** *e-s Werks*: complete edition. **2.** *pl econ.* total expenditure *sg.* **~betrag** *m* total (amount). **~bevölkerung** *f* total population. **~bild** *n fig.* overall picture.

gesamtdeutsch *adj* all-German.

Gesamt|eindruck *m* general impression. **~einnahme(n** *pl*) *f econ.* total receipt(s *pl*), *des Staates*: total revenue.

gesamteuropäisch *adj* Europe-wide, European-wide.

Gesamtheit *f* totality, *the* whole: ***die ~ der Arbeiter*** *etc* all the workers *etc*; ***in s-r ~*** in its entirety, as a whole.

Gesamt|hochschule *f* comprehensive university. **~katalog** *m* union catalog(ue *Br.*). **~kosten** *pl* overall (*od.* total) cost *sg.* **~lage**

f overall situation: ***die wirtschaftliche ~*** the state of the economy. **~länge** *f* overall length. **~leistung** *f* total output, *e-r Person, Maschine*: overall performance. **~nachfrage** *f* overall (*od.* total) demand. **~note** *f ped.* aggregate mark. **~preis** *m* overall (*od.* total) price. **~schaden** *m* total damage. **~schuld** *f* joint liability. **~schuldner** *m* co-debtor, *bei Bürgschaft*: joint guarantor. **~schule** *f* comprehensive school. **~sieger(in)** overall winner. **~summe** *f* (sum) total, total amount. **~umsatz** *m* total turnover. **~werk** *n* complete works *pl.*

Gesamtwirtschaft *f* overall economy.

gesamtwirtschaftlich *adj* overall economic: ***~e Nachfrage*** total (*od.* overall) demand.

Gesamtzahl *f* total (number).

Gesandte *m, f pol.* envoy.

Gesandtschaft *f allg.* legation.

Gesang *m* singing, (*Lied*) song, (*Fach*) (***~ studieren*** study) voice.

Gesangbuch *n eccl.* hymnbook.

Gesanglehrer(in) singing teacher.

gesanglich *adj* vocal.

Gesangunterricht *m* singing lessons *pl.*

Gesangverein *m* choral society.

Gesäß *n* buttocks *pl*, F bottom.

Gesäßtasche *f* back pocket.

gesch. *abbr.* (= **geschieden**) div.

Geschäft *n allg.* business, (*Handel*) *a.* trade, (*Transaktion*) *a.* (business) deal, transaction, (*Firma*) *a.* firm, enterprise, (*Büro*) office, (*Laden*) *a.* shop, *bsd. Am.* store, (*Angelegenheit*) *a.* affair: ***ein gutes*** (***schlechtes***) ~ a good (bad) deal; ***ein gutes ~ machen*** make a good profit (F a packet) (***mit*** *et.* out of); ***~e machen mit*** deal in, *gewinnreich*: make money out of; ***mit j-m ~e machen, mit j-m ins ~ kommen*** do business with s.o.; ***gut im ~ sein*** be doing well; ***in ~en*** on business; ***wie gehen die ~e?*** how's business?; ***~ ist ~!*** business is business!; ***er versteht sein ~!*** he knows his business (*od.* stuff)!

geschäftehalber *adv* on business.

Geschäftemacher(in) *contp.* profiteer.

geschäftig *adj* busy, active.

Geschäftigkeit *f* activity.

geschäftlich I *adj* business, commercial. II *adv* as regards business: ***~ verreist*** away on business; ***~ zu tun haben*** have (some) business (***mit*** with); ***~ geht es ihm gut*** (***schlecht***) his business is doing well (isn't doing too well).

Geschäfts|abschluss *m* (business) transaction (*od.* deal). **~abwicklung** *f* conduct of business. **~adresse** *f* business address. **~anbahnung** *f* establishing a business relation. **~anteil** *m* share, business interest. **~aufgabe** *f* closing of a business: ***Räumungsverkauf wegen ~*** closing-down sale. **~bank** *f* commercial bank. **~bedingungen** *pl* terms *pl* of business. **~bereich** *m* sphere of activity, scope, *e-s Ministers*: portfolio, ⚖ jurisdiction. **~bericht** *m* (business) report. **~beziehungen** *pl* business connections *pl.* **~brief** *m* business letter. **~bücher** *pl* account books *pl.* **~eröffnung** *f* **1.** opening of a shop (*bsd. Am.* store). **2.** starting-up of a business. **~essen** *n* business lunch.

geschäftsfähig *adj* competent, having legal capacity.

Geschäftsfähigkeit *f* legal capacity.

Geschäfts|frau *f* businesswoman. **~freund(in)** business associate (*od.* friend).

geschäftsführend *adj* managing, executive, acting.

Geschäftsführer(in) manager(ess), *e-s Vereins etc*: secretary.

Geschäftsführung *f* management.

Geschäfts|gebaren *n* business methods *pl.*: ***unlauteres ~*** unfair (trade) practices. **~geheimnis** *n* business secret. **~haus** *n* **1.** shop (*od.* office) building. **2.** (*Firma*) commercial firm, company. **~inhaber(in)** owner (of a business), *e-s Ladens etc*: proprietor (-tress). **~interesse** *f* business interest: ***in j-s ~*** in the interests of s.o.'s business. **~jahr** *n* financial year. **~kontakte** *pl* connections (*od.* contacts) *pl* in business. **~korrespondenz** *f* business correspondence. **~kosten** *pl* business expenses *pl*: ***auf ~*** on expense account, all expenses paid. **~lage** *f* business situation. **~leben** *n* (***im ~*** in) business (life). **~leitung** *f allg.* management. **~mann** *m* businessman.

geschäftsmäßig *adj u. adv* businesslike.

Geschäfts|moral *f* business ethics *pl.* **~ordnung** *f* rules *pl* of procedure, *parl.* standing orders *pl*: ***zur ~*** on a point of order. **~partner(in)** (business) partner. **~politik** *f* business (*od.* corporate) policy. **~post** *f* business mail. **~praktiken** *pl* trade practises. **~räume** *pl* business premises *pl*, offices *pl.* **~reise** *f* (***auf ~*** on a) business trip. **~rückgang** *m* decline in business.

geschäftsschädigend *adj* damaging to business.

Geschäftsschädigung *f* ⚖ injurious malpractice, *weitS.* trade libel (*gen* on).

Geschäfts|schluss *m* closing time: ***nach ~*** *a.* after business hours. **~sinn** *m* business sense. **~sitz** *m* place of business. **~sprache** *f* commercial language, commercialese. **~stelle** *f* office(s *pl*). **~straße** *f* shopping street. **~stunden** *pl* office hours *pl*, (*Laden*) opening hours *pl.* **~träger(in)** *pol.* chargé d'affaires.

G

geschäftstüchtig *adj* smart, efficient (in business).
Geschäftstüchtigkeit *f* business efficiency, smartness.
Geschäftsübernahme *f* (business) takeover.
geschäftsunfähig *adj* ⚖ legally incapacitated.
Geschäftsunfähigkeit *f* ⚖ legal incapacity.
Geschäfts|verbindung *f* business connection. **~verkehr** *m* business (dealings *pl*). **~verlauf** *m* course of business. **~viertel** *n* commercial district, *Am. a.* downtown. **~wert** *m e-r Firma*: goodwill. **~zimmer** *n* office. **~zweig** *m* branch (of business).
geschehen I *v/i* happen, occur, take place: ***ihm wird nichts ~*** nothing will happen to him; ***was soll damit (mit ihm) ~?*** what's to be done with it (him)?; ***es muss et. ~!*** s.th. must be done!; ***da war es um ihn ~*** he was done for; → ***recht*** 5.
Geschehen *n* happenings *pl*, events *pl*.
gescheit *adj* clever, intelligent, bright, (*vernünftig*) wise, sensible.
Geschenk *n* present, gift: ***j-m et. zum ~ machen*** give s.o. s.th. (as a present); ***als ~ verpacken*** gift-wrap. **~artikel** *m* gift. **~gutschein** *m* gift voucher. **~korb** *m* hamper. **~laden** *m* gift-shop. **~packung** *f* gift box.
Geschichte *f* **1.** story, (*Erzählung*) *a.* narrative. **2.** (*a. Wissenschaft*) history: ***die ~ der Neuzeit*** modern history; ***~ machen*** make history; ***in die ~ eingehen*** go down in history. **3.** F business, thing: ***die ganze*** (*iro.* ***e-e schöne***) ~ the whole (a nice) business.
geschichtlich *adj* historical, (*~ bedeutsam*) historic.
Geschichts|buch *n* history book. **~forscher(in)** historian. **~forschung** *f* historical research. **~lehrer(in)** history teacher. **~unterricht** *m* history.
Geschick[1] *n* (*Schicksal*) fate, lot.
Geschick[2] *n* skill.
Geschicklichkeit *f* skill, (*Gewandtheit*) dexterity, (*Raffinesse*) cleverness.
geschickt *adj* skil(l)ful (***zu*** at, ***in*** *dat* in), (*gewandt*) *a.* dexterous, (*raffiniert*) *a.* clever.
Geschicktheit *f* → ***Geschicklichkeit.***
geschieden *adj Person*: divorced, *Ehe*: dissolved: ***m-e ~e Frau*** my ex-wife.
Geschiedene 1. *m* divorcé, divorced man. **2.** *f* divorcée, divorced woman.
Geschirr *n* **1.** dishes *pl*, *irdenes*: crockery, (*Tafelgeschirr*) tableware, service, (*Porzellan*) china, (*Küchengeräte*) kitchenware, pots and pans *pl*: ***das ~ abräumen*** clear the table; ***~ spülen*** do the dishes, wash up. **2.** (*für Pferde etc*) harness.
Geschirr|spüler *m*, **~spülmaschine** *f* dishwasher. **~spülmittel** *n* washing-up liquid. **~tuch** *n* tea towel.
geschlagen *adj* **1.** beaten, defeated: ***sich ~ geben*** admit defeat. **2.** F (*ganz*) full: ***zwei ~e Stunden (lang)*** for two solid hours.
Geschlecht *n* **1.** *biol.* sex: ***beiderlei ~s*** of both sexes; ***das andere (schwache, schöne) ~*** the opposite (weaker, fair) sex. **2.** *ling.* gender. **3.** (*Gattung*) race, (*Abstammung*) lineage, (*Familie*) family: ***das menschliche ~*** the human race.
geschlechtlich *adj* sexual.
Geschlechts|akt *m* sexual act. **~hormon** *n* sex hormone.
geschlechtskrank *adj* suffering from a venereal disease, having VD.
Geschlechtskrankheit *f* venereal disease (*abbr.* V.D.).
Geschlechtsleben *n* sex life.
geschlechtslos *adj* sexless, asexual.
Geschlechts|merkmal *n* sex characteristic. **~organ** *n* sex(ual) organ. **~reife** *f* sexual maturity.
geschlechtsspezifisch *adj* sex-specific.
Geschlechts|teil *n mst pl* genitals *pl*. **~trieb** *m* sexual urge. **~umwandlung** *f* sex change. **~verkehr** *m* sexual intercourse. **~wort** *n ling.* article.
geschliffen *adj* **1.** *Glas*: cut. **2.** *fig. Stil, Sprache etc*: polished.
geschlossen I *adj* **1.** closed, *ling.*, *mil.* close: (***in sich***) *~ a. tech.* self-contained, *fig.* compact; ***~e Gesellschaft*** closed society, (*Fest*) private party; ***~e Veranstaltung*** private meeting; ***~e Ortschaft*** built-up area. **2.** (*vereint*) united. **II** *adv* **3.** (*einstimmig*) unanimously: ***~ hinter j-m stehen*** be solidly behind s.o.
Geschmack *m* taste (*a. fig.* ***an*** *dat* for), (*Aroma*) *a.* flavo(u)r: ***~ finden an*** (*dat*) develop a taste for; ***e-n guten ~ haben*** a) *Essen*: taste good, b) *fig. Person*: have good taste; ***für m-n ~*** for my taste; ***das ist nicht nach m-m ~*** that's not to my taste; ***über ~ lässt sich (nicht) streiten*** there's no accounting for tastes.
geschmacklich *adj u. adv* in taste.
geschmacklos *adj* tasteless: ***~ sein*** *fig. a.* be in bad taste.
Geschmacklosigkeit *f a. fig.* tastelessness: ***das war e-e ~*** that was in bad taste.
Geschmacks|richtung *f* taste. **~sache** *f* (***das ist ~*** that's a) matter of taste. **~sinn** *m* (sense of) taste. **~verirrung** *f* lapse of taste. **~verstärker** *m* flavour enhancer.
geschmackvoll *adj* tasteful: ***~ sein*** *fig. a.* be in good taste.
geschmeidig *adj* **1.** supple, pliant, (*glatt*) sleek, soft. **2.** *fig.* flexible.

Geschnatter *n* cackling, F *fig. a.* chatter(ing).
Geschöpf *n* **1.** creature. **2.** *fig.* creation.
Geschoss[1] *n* projectile, (*Kugel*) *a.* bullet, (*Wurfgeschoss, Rakete*) missile.
Geschoss[2], **Geschoß** *österr. n* (*Stockwerk*) stor(e)y, floor.
geschraubt *adj Rede, Stil etc*: stilted.
Geschrei *n* **1.** a) shouting, yelling, (*Babygeschrei*) *a.* bawling, b) shouts *pl*, screams *pl*. **2.** F *fig.* (**um** about) fuss, noise.
geschult *adj* trained (*a. Auge*).
Geschütz *n* gun: *fig.* ***schweres ~ auffahren*** bring up one's heavy guns.
Geschützfeuer *n* gunfire, shelling.
geschützt *adj allg.* protected.
Geschützturm *m* turret.
Geschwader *n* ⚓ squadron, ✈ group, *Am.* wing.
Geschwafel *n* F *contp.* waffle.
Geschwätz *n contp.* twaddle, (*Klatsch*) gossip.
geschwätzig *adj* talkative, F gabby, (*klatschsüchtig*) gossipy.
Geschwätzigkeit *f* talkativeness.
geschweige *conj* (***~ denn***) not to mention, let alone, much less.
Geschwindigkeit *f* speed, *phys.* velocity, (*Tempo*) *a.* rate, pace: ***mit e-r ~ von ...*** at a speed (*od.* rate) of ...
Geschwindigkeits|begrenzung *f*, **~beschränkung** *f* speed limit. **~messer** *m* tachometer, *mot. a.* speedometer. **~rekord** *m* speed record. **~überschreitung** *f* speeding.
Geschwister *pl* brother(s *pl*) and sister(s *pl*), siblings *pl*. **~paar** *n* a) brother and sister, b) two brothers (*od.* sisters) *pl*.
geschwollen *adj* **1.** swollen. **2.** *fig. Sprache etc*: pompous, bombastic.
Geschworene *m, f* ⚖ juror: ***die ~n*** *pl* the (members *pl* of the) jury *sg*.
Geschworenenbank *f* jury box, *weitS.* the jury.
Geschwulst *f* ⚕ tumo(u)r, growth.
geschwungen *adj* curved.
Geschwür *n* ⚕ abscess, boil, ulcer.
Geselchte *n österr.* salted and smoked meat.
Geselle *m* journeyman.
gesellen *v/reflex* ***sich ~ zu*** join.
Gesellen|brief *m* apprenticeship diploma. **~prüfung** *f* apprentices' final examination.
gesellig *adj* social, gregarious (*a. fig.*), *Person*: sociable: ***~es Leben*** social life.
Geselligkeit *f* **1.** sociability. **2.** social life: ***die ~ lieben*** be fond of company.
Gesellin *f* → ***Geselle.***
Gesellschaft *f* **1.** society: ***die vornehme ~*** high society; ***Dame der ~*** society lady. **2.** (*Umgang*) (***in guter ~*** in good) company: ***in j-s ~*** in s.o.'s company; ***j-m ~ leisten*** a) keep s.o. company, b) join s.o. (***bei*** in). **3.** party, (*Gäste*) *a.* guests *pl*: ***e-e ~ geben*** give a party. **4.** (*Vereinigung*) society, *econ.* company, *Am. a.* corporation: → ***Haftung***[2]. **5.** F *contp.* bunch, lot.
Gesellschafter(in) **1.** companion. **2.** *econ.* partner.
Gesellschafterversammlung *f* corporate meeting, *e-r AG*: shareholders' (*Am.* stockholders') meeting.
gesellschaftlich *adj* social.
Gesellschaftsanzug *m* formal dress.
gesellschaftsfähig *adj* socially acceptable, *weitS.* presentable.
Gesellschaftskritik *f* social criticism.
gesellschaftskritisch *adj* socio-critical.
Gesellschafts|ordnung *f* social order. **~recht** *n* company law. **~reise** *f* package (*od.* conducted) tour. **~schicht** *f* (social) class, social stratum. **~spiel** *n* parlo(u)r game. **~system** *n* social system. **~tanz** *m* ballroom dance. **~wissenschaft** *f* **1.** sociology. **2.** *pl* social sciences *pl*.
Gesenk *n tech.* die, swage.
Gesetz *n allg.* law, (*Einzelgesetz*) *a.* act: ***nach dem ~*** under the law (***über*** *acc* on); ***vor dem ~*** in the eyes of the law.
Gesetz|blatt *n* law gazette. **~buch** *n* code (of law). **~entwurf** *m* (draft) bill.
Gesetzes|kraft *f* legal force: ***~ erhalten*** pass into law; (*dat*) ***~ verleihen*** enact. **~lücke** *f* loophole in the law. **~vorlage** *f* (draft) bill.
gesetzgebend *adj* legislative: → ***Gewalt*** 2.
Gesetzgeber *m* legislator.
Gesetzgebung *f* legislation.
gesetzlich *adj* legal, statutory, (*rechtmäßig*) lawful, legitimate: ***~ geschützt*** protected (by law), *Erfindung etc*: patented, *Warenzeichen etc*: registered, *bsd. literarisches Werk*: copyright; ***~e Krankenversicherung*** *etwa* compulsory health insurance; ***~er Feiertag*** public holiday, *Br.* bank holiday.
Gesetzlichkeit *f* legality, lawfulness.
Gesetzlosigkeit *f* lawlessness.
gesetzmäßig *adj* legal, lawful, *Anspruch*: legitimate.
Gesetzmäßigkeit *f* legality, lawfulness, legitimacy.
gesetzt I *adj* **1.** sedate: ***in ~em Alter*** of mature age. **2.** *Sport*: seeded: ***~er Spieler*** seed. II *conj* → ***Fall*** 2. **Gesetztheit** *f* sedateness.
gesetzwidrig *adj* unlawful, illegal.
Gesetzwidrigkeit *f* **1.** unlawfulness, illegality. **2.** offen/ce (*Am.* -se), illegal act.
ges. gesch. ***gesetzlich geschützt*** patented; registered (regd).

Gesicht *n* **1.** face, (*Miene*) *a.* look: ***ein trauriges ~ machen*** look sad; ***ein langes ~ machen*** pull a long face; ***das ~ verziehen*** make a face; ***j-m et. ins ~ sagen*** tell s.o. s.th. to his (her) face; ***j-m wie aus dem ~ geschnitten sein*** be the spit and image of s.o.; *fig.* ***sein wahres ~ zeigen*** show one's true face; ***das ~ verlieren*** (***wahren***) lose (save one's) face; ***das gibt der Sache ein ganz anderes ~*** that puts a different complexion on the matter. **2.** (*Sehkraft*) (eye)-sight: ***das zweite ~*** second sight; ***zu ~ bekommen*** catch sight of, see; ***aus dem ~ verlieren*** lose sight of.

G

Gesichts|ausdruck *m* (facial) expression, face. **~creme** *f* face cream. **~farbe** *f* complexion. **~feld** *n opt.* field of vision. **~kontrolle** *f* face check. **~kreis** *m* horizon.

gesichtslos *adj fig.* featureless.

Gesichts|maske *f* face mask. **~massage** *f* facial massage, F facial. **~milch** *f* cleansing milk. **~muskel** *m* facial muscle. **~packung** *f* face pack. **~pflege** *f* care of one's face. **~plastik** *f* facial surgery. **~punkt** *m* **1.** point of view, viewpoint, angle: ***von diesem ~ aus*** (***gesehen***) (looked at) from this point of view. **2.** (*Einzelheit*) point, aspect. **~verlust** *m* loss of face. **~wasser** *n* face lotion. **~winkel** *m opt.* visual angle. **~züge** *pl* features *pl.*

Gesindel *n* riffraff.

gesinnt *adj* **1.** disposed (*dat* towards). **2.** *in Zssgn* ...-minded.

Gesinnung *f* (cast of) mind, character, (*Überzeugung*) convictions *pl*, views *pl.*

gesinnungslos *adj* unprincipled.

Gesinnungswandel *m* change of heart, *bsd. pol.* about-face.

gesittet *adj* civilized.

Gesöff *n* F *contp.* awful stuff.

gesondert *adj* separate.

Gespann *n* **1.** (*Pferde etc*) team. **2.** *mot.*, *Sport*: combination. **3.** *fig.* pair.

gespannt *adj* **1.** *Seil etc*: tight, taut. **2.** *fig. Lage*, *Nerven etc*: tense, *Beziehungen etc*: *a.* strained, *Aufmerksamkeit*: close. **3.** (*begierig*) eager, anxious, (*neugierig*) curious, (*aufgeregt*) excited: ***~ sein auf*** (*acc*) be anxious (*stärker*: dying) to see (*od.* know); ***ich bin ~, ob*** (***wie*** *etc*) ***...*** I wonder if (how *etc*) ...; ***da bin ich aber ~!*** I can't wait to see that!

Gespanntheit *f* **1.** tension (*a. fig. der Beziehungen, Lage, Nerven etc*), *a.* tenseness. **2.** a) eagerness, intentness, b) (anxious) anticipation.

Gespenst *n* ghost, *bsd. fig.* (*Gefahr*) spect/re (*Am.* -er).

gespenstisch *adj* **1.** ghostly, F spooky. **2.** *fig.* eerie, nightmarish.

Gespiele *m*, **Gespielin** *f* playmate.

Gespött *n* mockery, derision: ***j-n zum ~ machen*** make a laughingstock of s.o.

Gespräch *n* talk (*a. pol.*), conversation, (*am Telefon*) *a.* call, (*Diskussion*) discussion, (*Zwiegespräch*) dialog(ue *Br.*): ***ein ~ führen mit*** have a talk *etc* with; ***das ~ auf et. bringen*** steer the conversation round to s.th.; ***im ~ sein*** be under discussion; ***mit j-m ins ~ kommen*** get talking to s.o.; ***mit j-m im ~ bleiben*** stay in contact (*od.* touch) with s.o; ***ein ~ durchstellen*** *teleph.* put a call through.

gesprächig *adj* talkative, (*mitteilsam*) communicative.

Gesprächs|einheit *f* → ***Gebühreneinheit.*** **~gegenstand** *m* topic. **~partner(in)** interlocutor, *weitS. interesting etc* person to talk to. **~runde** *f pol.* round of talks. **~stoff** *m* topic(s *pl*) (of conversation).

gespreizt *adj fig.* affected.

Gespür *n* (***für*** for) flair, nose.

gest. *abbr.* (= ***gestorben***) died.

gestaffelt *adj Anordnung etc*: staggered, *Löhne, Steuern, Zinsen etc*: graduated: ***~e Arbeitszeiten*** staggered working hours..

Gestalt *f* **1.** form, shape: ***in ~ von*** in the form (*od.* shape) of; (***feste***) ***~ annehmen*** take shape. **2.** (*Figur, Person*) figure, (*in Roman etc*, *a.* F *Typ*) *a.* character. **3.** (*Wuchs*) build.

gestalten I *v/t* **1.** (*formen*) shape, fashion, (*Raum etc*) decorate, (*Kunstwerk*) create, (*entwerfen*) design: ***et. interessant ~*** make s.th. interesting. **2.** (*Fest etc*) arrange, (*a. Freizeit, Leben*) organize. **II** *v/reflex* ***sich ~*** **3.** (*werden*) develop: ***sich ~ zu*** become, turn into, (turn out to) be (*a success etc*); ***sich anders ~*** turn out differently.

Gestalter(in) **1.** (*Schöpfer*) creator, *tech.* designer, stylist. **2.** organizer.

gestalterisch *adj* creative, artistic, *tech. etc* design(ing).

Gestaltung *f* **1.** shaping (*a. fig.*), forming, design, *e-s Kunstwerks*: creation, (*Form*) form, shape. **2.** arrangement, organization.

gestanden *adj* ***ein ~er Mann*** a man who has made his mark (in life).

geständig *adj* confessing (one's guilt): ***~ sein*** confess. **Geständnis** *n a.* ⚖ confession: ***ein ~ ablegen*** confess; ***j-m ein ~ machen*** confess s.th. to s.o.

Gestank *m* stench, F stink.

gestatten *v/t* allow, permit: ***~ Sie*** (***, dass ich ...***)***?*** may I (...)?; ***~ Sie e-e Frage?*** may I ask you s.th.?; ***wenn Sie ~*** with your permission.

Geste *f a. fig.* gesture.

gestehen *v/t u. v/i* confess: → ***offen.***

Gestehungskosten *pl econ.* production costs *pl*, *für Material*: prime cost *sg*.
Gestein *n* rock.
Gestell *n* stand, rack, shelve, (*Bock*) trestle, (*Rahmen*) frame.
gestellt *adj* **1.** *phot.* posed, unnatural. **2.** → ***stellen*** 5.
Gestellungsbefehl *m mil.* call-up (*Am.* induction) order.
gestern *adv* yesterday: ~ ***Abend*** yesterday evening, (*spät*) last night; *Zeitung etc* ***von*** ~ yesterday's; *fig.* ***er ist nicht von*** ~ he wasn't born yesterday.
Gestik *f* gestures *pl.*
gestikulieren *v/i* gesticulate.
Gestöber *n* drift(ing), flurry (of snow).
gestochen *adj* ***wie*** ~ *Handschrift*: very neat; *adv phot.* ~ ***scharf*** very sharp.
gestört *adj* disturbed, disordered, *psych.* unbalanced, *tech.* faulty.
Gestotter *n* stuttering.
gesträhnt *adj Haar*: streaked-in.
Gesträuch *n* shrubbery, bushes *pl.*
gestreift *adj* striped.
gestresst *adj* under a lot of pressure (*stärker*: stress).
gestrichen *adj* **1.** painted. **2.** *Wort etc*: deleted. **3.** ~ ***voll*** level, (*übervoll*) brimful(l); ***drei ~e Teelöffel*** (***voll***) three level teaspoons (full).
gestrig *adj* of yesterday: ***die ~e Zeitung*** yesterday's paper.
Gestrüpp *n* **1.** undergrowth, brushwood. **2.** *fig.* jungle.
Gestühl *n* seats *pl*, (*in Kirche*) pews *pl.*
Gestüt *n* stud farm, (*Pferde*) stud.
Gesuch *n* application, request, petition.
gesucht *adj* **1.** wanted (*a.* ⚖), (*begehrt*) much sought-after, in (great) demand. **2.** *fig. Höflichkeit etc*: studied.
Gesudel *n* → ***Sudelei.***
gesund *adj allg.* healthy (*a. fig. Appetit, Klima etc*), sound (*a. fig. Ansicht, Firma, Schlaf etc*), *Kost, Lebensweise etc*: *a.* healthful, (*geistig* ~) sane: ~ ***sein*** *a.* be in good health, be well; ~ ***und munter*** (as) fit as a fiddle; (***wieder***) ~ ***werden*** → ***gesunden***; ***Gemüse ist*** ~ vegetables are good for you(r health); *iro.* ***das ist*** (***ganz***) ~ ***für ihn!*** that's good for him!; → ***Menschenverstand.***
Gesundbeter(in) faith healer.
gesunden *v/i* recover (*a. fig.*).
Gesundheit *f* health, healthiness (*a. von Kost, Klima, Lebensweise*), (*geistige* ~) sanity: ***bei guter*** ~ ***sein*** be in good health; ***auf j-s*** ~ ***trinken*** drink to s.o.'s health; ***auf Ihre*** ~*!* your health!; ~*! beim Niesen*: bless you!
gesundheitlich *adj* physical: ***sein ~er Zustand*** his (state of) health; ***aus ~en Gründen*** for health reasons; *adv* ~ ***geht es ihm gut*** he is in good health; ***wie geht's*** ~*?* how's your health?
Gesundheits|amt *n* public health office. **~apostel** *m iro.* health freak.
gesundheitsbewusst *adj* health-conscious.
Gesundheitsfarm *f* health farm.
gesundheits|fördernd *adj* healthy. **~halber** *adv* for health reasons.
Gesundheits|pflege *f* (personal) hygiene, health care. **~risiko** *n* health hazard.
Gesundheitsschaden *m* health defect.
gesundheitsschädlich *adj* injurious to health, unhealthy.
Gesundheits|wesen *n* Public Health (Service). **~zeugnis** *n* health certificate. **~zustand** *m* (state of) health.
gesundschreiben *v/t*: ***j-n*** ~ pass s.o. fit.
gesundschrumpfen I *v/t* (*Firma*) pare (*od.* whittle) down **II** *v/reflex* ***sich*** ~ F slim down, have a shake up.
Gesundschrumpfung *f* shake-up, shake-out.
gesundstoßen *v/reflex* ***sich*** ~ F line one's pockets.
Gesundung *f a. fig.* recovery.
geteilt *adj* **1.** divided: ***~er Meinung sein*** disagree; ***darüber kann man ~er Meinung sein*** that's a matter of opinion. **2.** (*gemeinsam*) shared.
Getöse *n* din, (deafening) noise.
getragen *adj* **1.** *Kleidung*: secondhand, old. **2.** *fig.* measured, slow, solemn.
Getrampel *n* trampling.
Getränk *n* drink, beverage.
Getränke|automat *m* drinks dispenser. **~industrie** *f* beverage industry. **~karte** *f* list of beverages, *oft*: wine list. **~steuer** *f* alcohol tax.
getrauen *v/reflex* ***sich*** ~ → ***trauen***[2] II.
Getreide *n* grain, cereal(s *pl*). **~arten** *pl* cereals *pl.* **~bau** *m* cultivation of cereals. **~ernte** *f* grain harvest, (*Ertrag*) *a.* grain crop. **~feld** *n* grain field. **~land** *n* **1.** grain-growing country (*od.* land). **2.** (*Felder*) grain fields *pl.* **~pflanze** *f* cereal plant. **~produkte** *pl* cereal products *pl.* **~silo** *m* (grain) silo.
getreu *adj* (*genau*) true, faithful.
Getriebe *n* **1.** *tech.* gear(ing), mechanism, *mot.* transmission, gearbox. **2.** *fig.* wheels *pl.* **3.** *fig.* (*Betrieb*) bustle, rush. **~schaden** *m mot.* gearbox trouble.
getrost *adv* confidently, safely.
Getto *n* ghetto.
Getue *n* F fuss (***um*** about).
Getümmel *n* turmoil.
geübt *adj Auge etc*: practised, *Person*: experienced.

G

GEW ***Gewerkschaft Erziehung und Wissenschaft*** Educators' Union.
Gew. ***Gewicht*** weight (wt).
gew. ***gewöhnlich*** usually (usu.).
Gewächs *n* **1.** plant. **2.** *econ.* produce, growth. **3.** wine, (*Sorte, Jahrgang*) vintage. **4.** ⚕ growth.
gewachsen *adj* ***j-m ~ sein*** be a match for s.o.; ***e-r Sache ~ sein*** be up (*od.* equal) to s.th.; ***sich der Lage ~ zeigen*** rise to the occasion.
Gewächshaus *n* greenhouse, hothouse.
gewagt *adj* daring (*a. fig.*), risky, *Witz etc*: risqué.
gewählt *adj fig. Sprache*: refined.
Gewähr *f* guarantee: ***ohne ~*** without guarantee, *auf Fahrplänen, Preislisten etc*: subject to change; ***für et. ~ bieten*** (*od.* ***leisten***) guarantee s.th.
gewähren *v/t* grant (***j-m e-e Bitte*** s.o. a request), (*Einblick, Schutz, Vorteil etc*) give, afford: ***j-n ~ lassen*** let s.o. have his way.
gewährleisten *v/t* guarantee, ensure.
Gewährleistung *f* warranty.
Gewahrsam *m* ***in ~ nehmen*** a) take *s.th.* in safe keeping, b) take *s.o.* in custody.
Gewährsfrau *f*, **Gewährsmann** *m* informant, source.
Gewalt *f* **1.** violence (*a. Gewalttätigkeit*), force: ***mit ~*** by force; ***mit aller ~*** a) with all one's strength, b) *fig.* at all costs; ***j-m ~ antun*** do violence to s.o.; ***~ anwenden*** use force; → ***roh*** 3. **2.** (*Macht*) power, *adm.*, ⚖ authority, (*Beherrschung*) control (***über*** *acc* of): ***die gesetzgebende ~*** the legislature; ***höhere ~*** act of God; ***et. in s-e ~ bringen*** gain control of s.th.; ***et.*** (***sich***) ***in der ~ haben*** have s.th. (o.s.) under control; ***in j-s ~ sein*** be in s.o.'s power (*od.* hands); ***die ~ verlieren über*** (*acc*) lose control over.
Gewalt|akt *m* act of violence. **~anwendung** *f* (use of) force.
Gewaltenteilung *f pol.* separation of powers.
gewaltfrei *adj* non-violent.
Gewalt|herrschaft *f* tyranny. **~herrscher(in)** despot, tyrant.
gewaltig *adj* **1.** (*mächtig*) powerful, mighty. **2.** (*riesig*) enormous, huge, colossal (*a.* F *fig. Irrtum etc*).
gewaltlos *adj* **I** *adj* nonviolent. **II** *adv* without violence.
Gewalt|losigkeit *f* nonviolence. **~marsch** *m* forced march. **~maßnahme** *f* drastic measure. **~monopol** *n* monopoly on the use of force.
gewaltsam **I** *adj* forcible, *Tod etc*: violent. **II** *adv* forcibly, by force: ***et. ~ öffnen*** force s.th. (open).
Gewaltsamkeit *f* violence.
Gewalttat *f* act of violence.
gewalttätig *adj* violent, brutal.
Gewalttätigkeit *f* a) violence, b) act of violence.
Gewalt|verbrechen *n* crime of violence. **~verbrecher(in)** violent criminal. **~verzichtsabkommen** *n pol.* nonaggression treaty.
Gewand *n* **1.** robe. **2.** *fig.* garment.
gewandt *adj* agile, nimble, *Auftreten etc*: elegant, (*wendig*) clever.
Gewandtheit *f* agility, elegance, cleverness.
gewappnet *adj fig.* prepared (**für** for).
gewärtig *adj* **~ sein** (*gen*) → **gewärtigen** *v/t* expect, (*rechnen mit*) reckon with: ***et. zu ~ haben*** be in for s.th.
Gewäsch *n* F *contp.* blather.
Gewässer *n* (stretch of) water, *pl* waters *pl*, rivers and lakes *pl*. **~schutz** *m* prevention of water pollution.
Gewebe *n* (woven) fabric, *feines*: tissue (*a. anat. u. fig. von Lügen etc*), (*Webart*) weave. **~probe** *f* ⚕ tissue sample.
Gewehr *n* gun, *bsd. mil.* rifle. **~kolben** *m* (rifle) butt. **~kugel** *f* (rifle) bullet. **~lauf** *m* (rifle) barrel.
Geweih *n* antlers *pl*, horns *pl*.
Gewerbe *n* trade, business, (*Beruf*) occupation: ***Handel und ~*** trade and industry. **~aufsichtsamt** *n* trade supervisory board, labour inspectorate. **~freiheit** *f* freedom of trade. **~gebiet** *n* industrial estate. **~lehrer(in)** teacher at a trade school. **~ordnung** *f* industrial code. **~schein** *m* trade licen/ce (*Am.* -se). **~schule** *f* trade school. **~steuer** *f* trade tax.
gewerbetreibend *adj* carrying on a trade, industrial.
Gewerbetreibende *m, f* person carrying on a trade, trader, *pl* businesspeople.
Gewerbezweig *m* (branch of) trade (*od.* industry).
gewerblich *adj* commercial, industrial, trade: ***~e Arbeitnehmer*** *pl* blue-collar workers; ***~e Tätigkeit*** commercial activity.
gewerbsmäßig *adj* professional, gainful, *adv a.* for gain.
Gewerkschaft *f* trade (*Am.* labor) union.
Gewerkschaftler(in) (trade, *Am.* labor) unionist.
gewerkschaftlich *adj* trade (*Am.* labor) union: *adv* ***~ organisiert*** unionized, organized.
Gewerkschafts|beitrag *m* union dues *pl* (*od.* subscription). **~boss** *m* F union leader. **~bund** *m* federation of trade (*Am.* labor)

unions. **~funktionär(in)** (trade) union official. **~mitglied** *n* (trade) union member.
Gewicht *n a. fig.* weight: ***ein ~ von ... haben*** weigh ...; ***nach ~ verkaufen*** sell by weight; *fig.* ***~ haben*** carry weight (***bei*** with); (***nicht***) ***ins ~ fallen*** be of (no) importance; ***~ legen auf*** (*acc*) stress, emphasize; ***~ beimessen*** (*dat*) attach importance to; ***~ verleihen*** (*dat*) lend weight to; → ***spezifisch.***
gewichten *v/t Statistik*: weigh: *fig.* (***neu***) ~ (re)assess.
Gewichtheben *n Sport*: weight lifting.
Gewichtheber(in) weight lifter.
gewichtig *adj a. fig.* weighty.
Gewichts|abnahme *f* loss of weight. **~klasse** *f Sport*: weight (class). **~verlust** *m* loss of weight. **~zunahme** *f* increase in weight.
gewillt *adj* ***~ sein, et. zu tun*** be willing (*od.* ready) to do s.th.
Gewimmel *n* swarm(ing), *von Insekten etc*: swarming mass, *Menschenmenge*: milling crowd.
Gewinde *n tech.* thread. **~bohrer** *m* (screw) tap.
Gewinn *m* **1.** *econ.* profit (*a. fig.*), (*Ertrag, Zuwachs*) gain(s *pl*): ***~-und-Verlust-Rechnung*** profit-and-loss account; ***mit ~*** at a profit; ***~ ziehen aus*** profit by; ***~ bringend*** profitable; ***~ bringend anlegen*** invest profitably. **2.** *fig.* (*Vorteil*) gain, advantage. **3.** (*Preis, Lotteriegewinn*) prize, (*Glücksspiel*) winnings *pl.* **4.** (*~los*) winner. **5.** *fig.* (*Person etc*) asset (***für*** to). **~abführung** *f* transfer of profits. **~abschöpfung** *f* skimming-off of excess profits. **~anteil** *m* share in (the) profits, dividend. **~ausschüttung** *f* dividend payout. **~beteiligung** *f* profit sharing.
Gewinnchance *f* chance (of winning).
gewinnen I *v/t* **1.** (*Krieg, Wahl etc, a. j-s Vertrauen etc*) win, (*Preis, Geld*) *a.* get, (*erlangen*) gain (*a. Zeit, Einblick etc*): ***Höhe ~*** ✈ gain height; ***j-n für sich ~*** win s.o. over; ***j-n für et. ~*** win s.o. to s.th.; → ***Spiel*** 2. **2.** (*erzeugen*) produce, ⚒ mine, win, (*rück~*) recover (***aus*** from). II *v/i* **3.** (***bei, in*** *dat* at) win, be the winner, *Los, Zahl etc*: come up a winner. **4.** (*profitieren*) gain: *fig.* ***an Bedeutung ~*** gain in importance; ***sie hat sehr gewonnen*** she has greatly improved.
gewinnend *adj a. fig.* winning, engaging.
Gewinner(in) winner.
Gewinn|erwartung *f* expected profits *pl.* **~gemeinschaft** *f* profit pool. **~los** *n* winning ticket, winner. **~maximierung** *f econ.* maximization of profits. **~schwelle** *f* breakeven point. **~spanne** *f* profit margin. **~sucht** *f* (***aus ~*** from) greed.
gewinnträchtig *adj* high-profit...; high-yield..., lucrative.
Gewinnung *f* winning, production.
Gewinnzahl *f* winning number.
Gewinn|zone *f* profit wedge: ***in der ~*** in financial surplus. **~zuschlag** *m* profit mark-up.
Gewinsel *n contp.* whining.
Gewirr *n* tangle (*a. fig.*), (*von Straßen etc*) maze, (*Durcheinander*) jumble.
gewiss I *adj* **1.** certain: ***nichts Gewisses*** nothing definite. **2.** ***e-r Sache ~ sein*** be certain (*od.* sure) of s.th. II *adv* **3.** certainly, for certain: ***~!*** certainly!, sure!; ***aber ~!*** but of course!
Gewissen *n* conscience: ***j-m ins ~ reden*** reason with s.o.
gewissenhaft *adj* conscientious. **Gewissenhaftigkeit** *f* conscientiousness.
gewissenlos *adj* unscrupulous. **Gewissenlosigkeit** *f* unscrupulousness.
Gewissens|bisse *pl* twinges *pl* of remorse. **~frage** *f* matter of conscience. **~freiheit** *f* freedom of conscience. **~gründe** *pl* ***aus ~n*** for reasons of conscience. **~konflikt** *m*, **~not** *f* moral dilemma. **~zwang** *m* moral constraint.
gewissermaßen *adv* so to speak.
Gewissheit *f* certainty: ***mit ~*** for certain; ***sich ~ verschaffen*** make sure (***über*** *acc* of); (***zur***) ***~ werden*** become a certainty.
Gewitter *n* **1.** thunderstorm. **2.** *fig.* storm.
gewittern *v/impers* ***es gewittert*** there is a thunderstorm.
Gewitterwolke *f* thundercloud.
gewittrig *adj* thundery.
gewitzt *adj* F smart, clever.
GewO ***Gewerbeordnung*** trade regulations *pl.*
gewogen *fig.* ***j-m ~ sein*** be well disposed to (*od.* toward[s]) s.o.
gewöhnen *v/t u. v/reflex* ***sich*** (***j-n***) ***~ an*** (*acc*) get (s.o.) used to; ***sich daran ~, et. zu tun*** get used to doing s.th.
Gewohnheit *f* habit: ***die ~ haben, et. zu tun*** be in the habit of doing s.th.; ***aus ~*** from habit; ***sich et. zur ~ machen*** make a habit of s.th.
Gewohnheits... habitual (*drinker etc*).
gewohnheitsmäßig *adj u. adv* habitual(ly), *adv a.* out of habit.
Gewohnheitssache *f* matter of habit.
Gewohnheitstier *n* F creature of habit.
gewöhnlich I *adj* **1.** common, ordinary, (*üblich*) usual. **2.** *contp.* common, vulgar. II *adv* **3.** commonly (*etc*): (***für***) ***~*** usually, normally; ***wie ~*** as usual.
gewohnt *adj* usual: ***et.*** (***zu tun***) ***~ sein*** be used to (doing) s.th.
Gewöhnung *f* (***an*** *acc* to) **1.** habituation. **2.** (*Sucht*) addiction.

Gewölbe *n* △ vault.
gewölbt *adj* **1.** △ vaulted, arched. **2.** *Stirn*: domed.
Gewühl *n* → ***Gewimmel.***
gewunden *adj* winding, *a. fig.* tortuous.
Gewürz *n* spice, condiment, seasoning. **~gurke** *f* pickled gherkin. **~mischung** *f* mixed herbs (*od.* spices) *pl.* **~nelke** *f* clove. **~ständer** *m* spice rack.
gezahnt, gezähnt *adj allg.* toothed, serrated (*a.* ✿), *Briefmarke*: perforated.
Gezeiten *pl* tide(s *pl*). **~kraftwerk** *n* tidal power plant. **~wechsel** *m* turn of the tide.
Gezeter *n contp.* nagging.
gezielt *adj fig. Maßnahme etc*: specific, *Indiskretion etc*: calculated.
geziemen *v/impers* ***wie es sich geziemt*** as is proper. **geziemend** *adj* proper.
geziert *adj* affected.
Gezwitscher *n* chirping, twitter(ing).
gezwungen *adj fig. Lächeln etc*: forced, *Benehmen*: stiff, *Atmosphäre*: (con)strained: *adv* ***~ lachen*** force a laugh.
gezwungenermaßen *adv* of necessity: ***~ et. tun*** be forced to do s.th.
GG ***Grundgesetz*** *pol.* constitution.
ggf(s). *abbr.* = ***gegebenenfalls*** should the occasion arise; if necessary (if nec.).
ggs. ***gegensätzlich*** opposite (opp.), contrary; ***gegenseitig*** mutual.
Ggw. ***Gegenwart*** present; (*Anwesenheit*) presence.
ggz. ***gegengezeichnet*** countersigned.
Ghana *n* Ghana (*republic in Africa*).
Gicht *f* ⚕ gout. **~knoten** *m* gouty node.
Giebel *m* gable.
Gier *f* greed(iness) (***nach*** for).
gierig *adj* greedy (***nach*** for).
gießen I *v/t* **1.** pour. **2.** (*be~*) water. **3.** *tech.* found, *Kunst*: cast. **II** *v/i* **4.** pour: ***es gießt*** (***in Strömen***) it is pouring (with rain).
Gießer(in) *tech.* founder.
Gießerei *f tech.* **1.** casting. **2.** (*Betrieb*) foundry.
Gießkanne *f* watering can.
Gift *n a. fig.* poison, *zo.* venom: F ***darauf kannst du ~ nehmen!*** you bet your life on it!
Giftgas *n* poison gas.
gifthaltig *adj* poisonous, toxic.
giftig *adj* poisonous, *fig. a.* venomous, (*vergiftet*) poisoned, ⚗, ⚕ toxic.
Gift|mischer(in) poisoner. **~mord** *m* (murder by) poisoning. **~müll** *m* toxic waste. **~mülldeponie** *f* toxic waste dump. **~pilz** *m* poisonous mushroom, toadstool. **~schlange** *f* **1.** venomous (*od.* poisonous) snake. **2.** *fig.* snake. **~stoff** *m* poisonous (*od.* toxic) substance. **~zahn** *m* (poison) fang.
Gigabyte *n* gigabyte.
Gigant *m fig.* giant.
gigantisch *adj* gigantic(ally *adv*).
Gilde *f* guild.
Ginster *m* ✿ broom.
Gipfel *m* summit (*a. fig. pol.*), top, peak, *fig. a.* height: ***auf dem ~ der Macht*** at the height (*od.* peak) of power; F ***das ist*** (***doch***) ***der ~!*** that's the limit!
Gipfelkonferenz *f* summit conference.
gipfeln *v/i fig.* ***~ in*** (*dat*) culminate in.
Gipfeltreffen *n pol.* summit (meeting).
Gips *m tech.* plaster, *Kunst*, ⚕ *a.* plaster of Paris, ⚗ gypsum. **~abdruck** *m* plaster cast. **~bein** *n* F leg in plaster.
gipsen *v/t* (⚕ put in) plaster.
Gipsverband *m* ⚕ plaster cast.
Giraffe *f zo.* giraffe.
girieren *v/t econ.* endorse.
Girlande *f* garland.
Giro *n* **1.** *e-s Wechsels*: indorsement. **2.** bank (*od.* giro) transfer. **~auftrag** *m* credit transfer order. **~bank** *f* clearing bank. **~einlage** *f* sight deposit. **~guthaben** *n* current account balance. **~konto** *n* current (*bsd. Am.* checking) account. **~zentrale** *f* clearing house.
Gis, gis *n mus.* G sharp.
Gischt *m, f* (sea) spray.
Gitarre *f* guitar.
Gitarrist(in) guitarist.
Gitter *n* **1.** lattice, *vor Fenstern*: *a.* grille, (*~stäbe*) bars *pl*, (*aus Draht*) (wire) screen, (*~rost*) grate: ***hinter ~n*** behind bars. **2.** *opt.* grating. **3.** ⚡ *u. auf Landkarten*: grid. **~bett** *n* cot, *Am.* crib. **~fenster** *n* lattice (*od.* barred) window. **~mast** *m* ⚡ pylon. **~netz** *n auf Landkarten*: grid.
GKV ***Gesetzliche Krankenversicherung*** statutory health insurance.
Glacéhandschuhe, Glaceehandschuhe *pl* (*fig.* ***mit ~n anfassen*** handle *s.o.* with) kid gloves *pl.*
Gladiole *f* ✿ gladiolus.
Glanz *m* **1.** lust/re (*Am.* -er) (*a. fig.*), shine, gloss, (*Glitzern*) glitter, (*Leuchtkraft*) brilliance (*a. fig.*). **2.** *fig.* glamo(u)r, (*Pracht*) splendo(u)r.
glänzen *v/i* shine (*a. fig. Person*), gleam, *Nase, Stoff etc*: be shiny, (*funkeln*) *a.* sparkle.
glänzend *adj* **1.** lustrous, glossy, shining, *Nase, Stoff etc*: shiny. **2.** *fig.* brilliant, (*großartig*) splendid: *adv* ***sich ~ amüsieren*** have a great time.
Glanz|lack *m* gloss paint. **~leder** *n* patent leather. **~leistung** *f* brilliant performance (*od.* feat). **~licht** *n a. fig.* highlight.
glanzlos *adj a. fig.* dull.

Glanz|nummer *f* star turn. **~papier** *n* glazed paper. **~punkt** *m fig.* highlight, F high spot. **~stück** *n* pièce de résistance.

glanzvoll *adj* splendid, magnificent.

Glanzzeit *f* heyday.

Glas *n* **1.** glass, (*Einmachglas etc*) jar: ***drei ~ Wein*** three glasses of wine. **2.** (*von Brille etc*) lens, glass, (*Fern-, Opernglas*) glasses *pl.*

Glasbläser *m* glass blower.

Glascontainer *m* bottle bank.

Glaserei *f* glazier's (work)shop.

gläsern *adj* **1.** (of) glass. **2.** *fig.* (*durchschaubar*) transparent.

Glas|faser *f*, **~fiber** *f* glass fib/re (*Am.* -er). **~faserkabel** *n* fibre-optic cable. **~haus** *n* ***wer im ~ sitzt, soll nicht mit Steinen werfen*** people who live in glass houses should not throw stones.

glasieren *v/t* **1.** *tech.* glaze. **2.** *gastr.* glaze, *mit Zuckerguss*: ice, *Am.* frost.

glasig *adj* glassy (*a. fig.*), vitreous.

Glaskeramikkochfeld *n* glass ceramic cooking zone.

glasklar *adj a. fig.* crystal-clear.

Glasmalerei *f* glass painting.

Glasnost *f pol.* glasnost.

Glas|scheibe *f* (glass) pane. **~scherben** *pl* (pieces *pl* of) broken glass *sg.* **~schneider** *m tech.* glass cutter.

Glasur *f* **1.** *tech.* glaze, enamel. **2.** *gastr.* glaze, (*Zuckerguss*) icing, *Am.* frosting.

Glaswaren *pl* glassware *sg.*

glatt I *adj* **1.** *allg.* smooth (*a. fig. Landung, Verlauf etc, a. contp. Person, Manieren*), (*eben*) *a.* even, (*poliert*) polished. **2.** (*rutschig*) slippery. **3.** *Zahl etc*: even, round. **4.** F *fig.* (*klar*) plain, *Sieg etc*: clear, *Absage*: flat, *Lüge*: downright: ***das ist ~er Wahnsinn*** that's sheer madness. II *adv* **5.** smoothly (*etc*), (*ganz*) clean; ***~ rasiert*** clean shaven; ***~ (anliegend)*** *tech.* flush; F *fig.* ***~ gewinnen*** win clearly, win hands down. **6.** F *fig.* ***~ ablehnen (leugnen)*** refuse (deny) flatly; ***das bringt er ~ fertig*** I wouldn't put it past him; ***~ gehen*** go smoothly; ***et. ~ vergessen*** clean forget (about) s.th.

Glätte *f a. fig. e-r Person*: smoothness, *contp.* slipperiness.

Glatteis *n* (black, *Am.* glare) ice, *weitS.* icy ground, icy roads *pl*: *fig.* ***j-n aufs ~ führen*** trip s.o. up.

glätten I *v/t* **1.** smooth, (*polieren*) polish (*a. fig.*). **2.** *schweiz.* (*bügeln*) iron. II *v/reflex* ***sich ~*** smooth down.

glattstellen *v/t econ.* square, even up.

glattweg *adv* F → ***glatt*** 6.

Glatze *f* bald head: ***e-e ~ haben (bekommen)*** be (go) bald.

Glatzkopf *m* **1.** → ***Glatze.*** **2.** F (*Person*) baldie. **glatzköpfig** *adj* bald(headed).

Glaube *m* (***an*** *acc* in) *allg.* belief, (*Vertrauen, Bekenntnis*) faith: ***in gutem ~n*** *a.* ⚖ in good faith; ***~n schenken*** (*dat*) give credence to, believe; ***den ~n verlieren*** lose faith.

glauben I *v/t allg.* believe, (*vermuten*) *a.* think, suppose, *Am. a.* guess: ***das glaube ich dir nicht!*** I don't believe you!; ***es ist nicht zu ~!*** it's incredible! II *v/i* believe (***an*** *acc* in): ***an j-n ~*** *a.* have faith in s.o., trust s.o.; ***ich glaube, ja!*** I think so!; F ***er (es) hat dran ~ müssen*** he (it) has had it; ***er wird dran ~ müssen*** he's for it.

Glaubens|bekenntnis *n* creed (*a. fig.*), confession (of faith). **~freiheit** *f* religious freedom. **~gemeinschaft** *f* denomination, church. **~genosse** *m*, **~genossin** *f* fellow believer. **~krieg** *m* religious war. **~lehre** *f*, **~satz** *m* dogma.

glaubhaft *adj* credible, plausible, (*überzeugend*) convincing: ***et. ~ machen*** *a.* ⚖ substantiate s.th.

gläubig *adj* believing, *eccl. a.* religious, (*fromm*) devout.

Gläubige *m,f* believer: ***die ~n*** *pl* the faithful *pl.*

Gläubiger(in) *econ.* creditor, (*bei Bürgschaft*) guarantor, (*bei Hypothek*) mortgagee: ***nachrangiger ~*** deferred creditor. **~versammlung** *f* meeting of creditors.

glaublich *adj* ***kaum ~*** hard to believe.

glaubwürdig *adj* credible, reliable.

Glaubwürdigkeit *f* credibility.

gleich I *adj* **1.** same, *Lohn, Rechte, Stellung etc*: equal (*a.* A, *tech.*), (*identisch*) identical: ***in ~er Höhe mit*** level with; ***auf ~e Weise*** (in) the same way; ***zur ~en Zeit*** at the same time; ***das ist mir ~!*** it's all the same to me!, *contp.* I don't care!; ***ganz ~, wann (wer*** *etc*) no matter when (who *etc*); ***das Gleiche*** the same (thing); ***3 mal 3 ist ~ 9*** three times three equals (*od.* is) nine. II *adv* **2.** equally, alike: ***~ alt (groß)*** of the same age (size); ***~ hoch wie*** level with; ***~ schnell*** just as fast; ***~ aussehen (gekleidet sein)*** look (be dressed) alike; ***alle ~ behandeln*** treat everybody the same way; ***~ bleiben*** (*a.* ***sich ~ bleiben***) stay the same (*od.* unchanged): ***das bleibt sich ~!*** that makes no difference!; ***~ bleibend*** constant, *Nachfrage, Qualität etc*: steady; ***~ gesinnt*** like-minded, kindred (*souls*); ***~ lautend*** identical: ***~ lautendes Wort*** homonym. **3.** (*sofort*) at once, right away, in a moment: ***~ darauf, ~ danach*** immediately afterwards; ***~ nach ...*** right after ...; ***es ist ~ 11 (Uhr)*** it's almost eleven (o'clock); ***ich komme ~!*** (I'm) coming!, just a minute!; ***(ich) bin ~ wieder da!***

I'll be right back!; F ***bis ~!*** see you soon (*od.* later)! **4.** (*direkt*) immediately, directly: ***~ neben ...*** right next to ...; ***~ gegenüber*** just (*od.* directly) opposite.

gleich|altrig *adj* (of) the same age. **~artig** *adj* of the same kind, homogeneous, (*ähnlich*) like, similar. **~bedeutend** *adj* (***mit***) synonymous (with) (*a. ling.*), equivalent (to).

Gleichbehandlung *f* equal treatment.

gleichberechtigt *adj* having equal rights.

Gleichberechtigung *f* equal rights *pl*, equality.

gleichen *v/i* (*dat*) be (*od.* look) like: ***sich*** (*od.* ***einander***) ~ be (*od.* look) alike, be similar; ***j-m ~ an*** (*dat*) equal s.o. in.

gleicher|maßen *adv* **1.** equally. **2.** → **~weise** *adv* in like manner, likewise.

gleichfalls *adv* also, likewise: ***danke, ~!*** (thanks,) the same to you!

gleichförmig *adj* **1.** uniform, (*eintönig*) monotonous. **2.** (*regelmäßig*) regular.

Gleichförmigkeit *f* **1.** uniformity, monotony. **2.** regularity.

Gleichgewicht *n a. fig.* balance, equilibrium (*a. phys.*): ***seelisches ~*** (mental) equilibrium; ***das ~ der Kräfte*** *pol.* the balance of power; ***j-n aus dem ~ bringen*** *a. fig.* throw s.o. off balance; ***das ~ verlieren*** lose one's balance.

gleichgültig *adj* indifferent (***gegen*** to), (*belanglos*) unimportant: ***das*** (***er***) ***ist mir ~*** I don't care (for him); ***es ist völlig ~, ob ...*** it doesn't matter at all whether ...; ***~, wann*** (***ob*** *etc*) no matter when (whether *etc*); ***es war ihm völlig ~*** (***geworden***) he was past caring.

Gleichgültigkeit *f* indifference (***gegen*** to).

Gleichheit *f* equality, identity, (*Einheitlichkeit*) uniformity.

Gleichheitszeichen *n* ⩲ equals sign.

gleichkommen *v/i* (*dat*) **1.** equal (***an*** *dat* in). **2.** (*entsprechen*) amount to.

gleichmachen *v/t* make equal (*dat* to): → ***Erdboden.***

Gleichmacherei *f contp.* egalitarianism.

gleichmäßig *adj* regular, even, (*gleichbleibend*) constant, (*ebenmäßig*) symmetrical: *adv* ***et. ~ verteilen*** distribute s.th. evenly.

Gleichmäßigkeit *f* regularity, evenness, constancy, symmetry.

Gleichmut *m* equanimity, calmness.

gleichmütig *adj* calm, imperturbable.

gleichnamig *adj* of the same name, ⩲ *Bruch*: with a common denominator.

Gleichnis *n* simile, *Bibl.* parable.

gleichrangig *adj* **1.** of the same rank. **2.** *fig.* of equal importance.

Gleichrichter *m* ⚡ rectifier.

gleichschalten *v/t fig.* coordinate, *pol.* bring into line.

Gleichschritt *m mil.* marching in step.

gleichseitig *adj* equilateral.

gleichsetzen *v/t* **1.** equate (*dat*, ***mit*** with). **2.** → ***gleichstellen*** 2.

Gleichstand *m Sport*: level score.

gleichstellen *v/t* **1.** → ***gleichsetzen*** 1. **2.** ***j-n ~*** put s.o. on an equal footing (*dat* with).

Gleichstellung *f* equalization.

Gleichstrom *m* ⚡ direct current (DC).

gleichtun *v/t* ***es j-m ~*** equal (*od.* match) s.o. (***an*** *od.* ***in*** *dat* in).

Gleichung *f* equation.

gleichwertig *adj* of the same value, equivalent, (*gleich gut*) equally good, *Gegner*: evenly matched.

gleichzeitig *adj u. adv* simultaneous(ly), *adv a.* at the same time.

Gleichzeitigkeit *f* simultaneousness.

gleichziehen *v/i Sport*: (*einholen*, *a. fig.*) (***mit*** with) catch up, draw level, (*ausgleichen*) equalize, level the score.

Gleis *n* rail(s *pl*), track(s *pl*), line: *fig.* ***auf ein totes ~ schieben*** put *s.o.*, *s.th.* on ice; ***das ausgefahrene ~*** a) the beaten track, b) (*a.* ***das alte ~***) the same old rut. **~körper** *m* permanent way.

Gleitboot *n* hydroglider, hydroplane.

gleiten *v/i* **1.** glide, slide, (*rutschen*) slip, *Hand*, *fig. Lächeln, Blick etc*: pass: ***er ließ den Brief in die Tasche ~*** he slipped the letter into his pocket. **2.** *fig. Arbeitnehmer*: make use of flextime.

gleitend *adj fig. Lohn-, Preisskala etc*: sliding: ***~e Arbeitszeit → Gleitzeit.***

Gleit|fläche *f* sliding surface. **~flug** *m* glide. **~flugzeug** *n* glider. **~klausel** *f econ.* escalator clause. **~komma** *n* floating point. **~mittel** *n* lubricant. **~schirm** *m Sport*: paraglider. **~schirmfliegen** *n* paragliding. **~schutz** *m mot.* antiskid device. **~tag** *m* flexiday. **~wachs** *n Skisport*: gliding wax. **~zeit** *f* flexible working hours *pl*, flextime. **~zeitkarte** *f* time card.

Gletscher *m* glacier. **~brand** *m* glacial sunburn. **~kunde** *f* glaciology. **~spalte** *f* crevasse.

Glied *n* **1.** limb, member: ***der Schreck fuhr ihr in die ~er*** she had a bad shock. **2.** (*Penis*) (male) member, penis. **3.** (*von Kette*, *a. fig. Bindeglied*) link. **4.** *mil.* rank. **5.** (*Mitglied*) member.

gliedern I *v/t* (*ordnen*) arrange, organize, (*unterteilen*) (sub)divide (***in*** *acc* into). II *v/reflex* ***sich ~ in*** (*acc*) be (sub)divided into.

Glieder|puppe *f* jointed doll, *Kunst*: lay figure. **~schmerz** *m* rheumatism.

Gliederung *f* (*Anordnung*) arrangement, organization, (*Aufbau*) structure, (*Unterteilung*) (sub)division.

Gliedmaßen *pl* limbs *pl*.

glimmen *v/i* smo(u)lder (*a. fig.*), glow.

Glimmer *m min.* mica.

Glimmstängel *m* F fag.

glimpflich *adj* mild, light: *adv* **~ mit j-m verfahren** be lenient with s.o.; **~ davonkommen** get off lightly.

glitschig *adj* F slippery.

glitzern *v/i* glitter.

global *adj* global, *fig. a.* general.

Globalisierung *f econ.* globalization.

Globus *m* globe.

Glöckchen *n*, **Glöcklein** *n* little bell.

Glocke *f* **1.** bell: F *fig.* **et. an die große ~ hängen** shout s.th. from the housetops. **2.** (*Käseglocke etc*) cover.

Glockenblume *f* bellflower.

glockenförmig *adj* bell-shaped.

Glocken|geläut *n* bell ringing. **~gießer(in)** bell founder. **~rock** *m* flared skirt. **~schlag** *m* stroke (of the clock). **~spiel** *n* chime(s *pl*), carillon. **~stuhl** *m* belfry. **~turm** *m* bell tower, belfry.

Glorie *f* **1.** glory. **2.** → **Glorienschein** *m fig.* halo.

glorreich *adj* glorious.

Glossar *n* glossary.

Glosse *f* **1.** (*Erklärung*) gloss. **2.** *Zeitung etc*: commentary. **3.** *pl* snide remarks *pl*: **s-e ~n machen über** (*acc*) remark on, *stärker*: jeer at.

Glotzaugen *pl* F goggle-eyes *pl*.

Glotze *f* F (*Fernseher*) gogglebox, *Am.* tube.

glotzen *v/i* F goggle, gawp.

Glück *n* **1.** luck, fortune, (*Glücksfall*) good luck: **auf gut ~** on the off-chance, (*wahllos*) at random; **zum ~** fortunately; **zu m-m ~** luckily for me; **~ bringend** lucky; **~ haben** be lucky; **er hatte kein ~** he had no luck; **das ~ haben zu** *inf* have the good fortune to *inf*; **~ gehabt!** that was lucky!; **noch mal ~ gehabt!** that was close!; **viel ~!** good luck!; **j-m ~ wünschen** a) wish s.o. luck, b) (*gratulieren*) congratulate s.o. (**zu et.** on s.th.), **zum Geburtstag** wish s.o. (a) happy birthday; (**es ist**) **ein ~, dass ...** (it's a) good thing that ...; **er kann von ~ sagen, dass ...** he may thank his lucky stars that ... **2.** (**~seligkeit**) happiness, bliss.

Glucke *f* **1.** *zo.* sitting hen. **2.** *fig.* (mother) hen. **glucken** *v/i* a) sit, b) cluck.

glücken → **gelingen** I.

gluckern *v/i* glug, gurgle.

glücklich I *adj* happy, (*vom Glück begünstigt*) lucky, fortunate: **sich ~ preisen** (*od.* **schätzen**) count o.s. lucky; **ein ~er Einfall** a happy thought. II *adv* happily, (*mit Glück*) luckily, (*sicher*) safely, F (*endlich*) finally, at (long) last.

glücklicherweise *adv* luckily, fortunately, as luck would have it.

Glücksache *f* **es ist ~** it is a matter of luck.

Glücksbringer *m* mascot, (*Gegenstand*) *a.* lucky charm.

glückselig *adj* blissful, very happy.

Glückseligkeit *f* bliss, happiness.

glucksen *v/i* gurgle, (*lachen*) chuckle.

Glücks|fall *m* lucky chance (F break), stroke of luck. **~göttin** *f* Fortune. **~kind** *n* child of Fortune. **~klee** *m* four-leaf clover. **~pfennig** *m* lucky penny. **~pilz** *m* F lucky dog. **~spiel** *n* **1.** game of chance, *coll.* gambling. **2.** *fig.* gamble. **~spieler(in)** gambler. **~stern** *m* lucky star. **~strähne** *f* streak of luck. **~tag** *m* lucky (*od.* happy) day.

glückstrahlend *adj* radiant (with happiness).

Glückstreffer *m* **1.** *Sport*: fluke (hit *od.* shot). **2.** *fig.* stroke of luck.

Glückwunsch *m* congratulations *pl* (**zu** on), good wishes *pl* (**für** for): **m-n** (*od.* **herzlichen**) **~!** congratulations!, **zum Geburtstag** happy birthday!

Glückwunsch|... congratulatory. **~karte** *f* greetings card. **~telegramm** *n* greetings telegram.

Glühbirne *f* light bulb.

glühen I *v/i* (**vor** *dat* with) glow, *fig. a.* burn. II *v/t tech.* anneal.

glühend *adj* **1.** glowing (*a. fig.*), *Metall*: *a.* red-hot, *Kohle*: live: *adv* **~ heiß** scorching. **2.** *fig. Liebe, Verlangen etc*: burning, ardent.

Glüh|faden *m* filament. **~wein** *m* mulled claret. **~würmchen** *n* glow-worm.

Glut *f* **1.** (blazing) heat. **2.** (glowing) fire. **3.** (*~asche*) embers *pl*, (*Kohlen*) live coal. **4.** *fig.* ardo(u)r, glow.

Glyzerin *n* ⚗ glycerin(e).

GmbH *f* (= **Gesellschaft mit beschränkter Haftung**) limited liability company.

Gnade *f* **1.** mercy: **j-m auf ~ und Ungnade ausgeliefert sein** be at s.o.'s mercy; **~ vor Recht ergehen lassen** show mercy. **2.** (*Gunst*) favo(u)r. **3.** *eccl.* grace.

gnaden *v/i* **dann gnade dir Gott!** (then) God help you!

Gnadenakt *m* act of grace.

Gnadenfrist *f* reprieve: **e-e ~ von drei Tagen** three days' grace.

gnadenlos *adj* merciless.

Gnadenstoß *m a. fig.* coup de grâce.

gnädig *adj* gracious, (*barmherzig*) merciful: **~e Frau** *in der Anrede*: madam.

Gnom *m* gnome.

Gobelin *m* Gobelin (tapestry).

Gokart *m mot.* go-kart, kart.

Gold *n* gold: **~ *gewinnen*** *Sport*: win gold; ***es ist nicht alles ~, was glänzt*** all that glitters is not gold. **~ader** *f* vein of gold. **~barren** *m* ingot of gold. **~bergwerk** *n* gold mine. **~deckung** *f* gold backing.

golden *adj* **1.** (of) gold, (*vergoldet*) gilt. **2.** *fig.* golden: ***~e Hochzeit*** golden wedding; ***~e Schallplatte*** golden disc.

Goldfisch *m* goldfish.

goldgelb *adj* golden(-yellow).

Gold|gräber(in) gold digger. **~grube** *f* F *fig.* goldmine. **~hamster** *m zo.* golden hamster.

goldig *adj* F sweet, *Am. a.* cute.

Gold|klumpen *m* lump of gold, nugget. **~lack** *m* ⚘ wallflower. **~medaille** *f* gold medal. **~medaillengewinner(in)** gold medal(l)ist. **~mine** *f* goldmine. **~münze** *f* gold coin. **~plombe** *f* gold filling. **~rahmen** *m* gilt frame.

goldrichtig *adj u. adv* F dead right, *Person*: okay.

Gold|schmied(in) goldsmith. **~schnitt** *m* gilt edge(s *pl*): ***mit ~*** *Buch etc*: gilt-edged. **~stück** *n* **1.** gold coin. **2.** F *fig.* (*Person*) jewel. **~waage** *f* ***jedes Wort auf die ~ legen*** weigh every word. **~währung** *f* gold standard.

Golf[1] *m geogr.* gulf.

Golf[2] *n Sport*: golf. **~platz** *m* golf course, (golf) links *pl.* **~schläger** *m* golf club. **~spiel** *n* **1.** golf. **2.** game of golf. **~spieler(in)** golfer.

Golfstaat *m* Gulf state.

Golfstrom *m geogr.* Gulf Stream.

Gondel *f* gondola, *e-r Seilbahn*: *a.* (cable) car.

Gong(schlag) *m* (sound of the) gong.

gönnen *v/t* **1. *j-m et.*** **~** not to (be)grudge s.o. s.th.; ***j-m et. nicht ~*** → ***missgönnen.*** **2. *j-m (sich) et.*** **~** allow s.o. (o.s.) s.th.

Gönner(in) patron(ess).

gönnerhaft *adj* patronizing.

Gönnermiene *f* (***mit ~*** with a) patronizing air.

Gonokokken *pl* ⚕ gonococci *pl.*

Gonorrhö(e) *f* ⚕ gonorrh(o)ea.

Gör *n*, **Göre** *f* F *contp.* brat.

Gorilla *m* gorilla (*a. sl. Leibwächter*).

Gosse *f a. fig.* gutter.

Gotik *f Kunst*: a) Gothic (style), b) Gothic period. **gotisch** *adj* Gothic.

Gott *m* God, (*Gottheit*) god, deity: ***~ sei Dank!*** thank God!; ***leider ~es*** unfortunately; ***~ bewahre!, ~ behüte!*** God forbid!; ***weiß ~ (, was*** *etc*) God knows (what *etc*); ***um ~es willen!*** for God's sake!; ***großer ~!, lieber ~!*** good Lord!; ***der liebe ~*** the good Lord; → ***wahr.***

Götter|bild *n* idol. **~speise** *f gastr.* jelly.

Gottesdienst *m* (divine) service.

gottesfürchtig *adj* godfearing, pious.

Gottes|haus *n* house of God, church. **~lästerer** *m*, **~lästerin** *f* blasphemer. **~lästerung** *f* blasphemy. **~mutter** *f* Mother of God. **~sohn** *m* Son of God.

Gottheit *f* deity, god, goddess.

Göttin *f* goddess.

göttlich *adj* divine, godlike.

gottlos *adj* ungodly, (*böse*) wicked.

Gottlosigkeit *f* ungodliness, wickedness.

gottserbärmlich *adj* F *Zustand etc*: pitiful, (*schlimm*) dreadful.

gottverdammt *adj* V (god)damned.

gottverlassen *adj* F godforsaken.

Gottvertrauen *n* trust in God.

gottvoll *adj* F *fig.* capital, very funny.

Götze *m*, **Götzenbild** *n* idol.

Gouverneur(in) governor.

Grab *n* grave, (*bsd.* ~*mal*) tomb: *fig.* ***mit einem Bein im ~ stehen*** have one foot in the grave; F ***sich im ~e umdrehen*** turn in one's grave; ***verschwiegen wie das ~*** (as) silent as the grave.

graben **I** *v/t* dig, (*Schacht etc*) sink: ***ein Loch*** (*od.* ***e-n Gang***) ~ *zo.* burrow. **II** *v/i* dig (***nach*** for). **III** *v/reflex* ***sich ~*** (***in*** *acc* into) dig, *Tier*: burrow itself, *fig. Kugel etc*: bury itself; *fig.* ***sich in j-s Gedächtnis ~*** engrave itself on s.o.'s memory.

Graben *m* ditch (*a. Sport*), *mil.* trench, (*von Burg*) moat, *geol.* graben, rift.

Grabes|stille *f* deathly silence. **~stimme** *f* (***mit ~*** in a) sepulchral voice.

Grab|fund *m* grave find. **~gewölbe** *n* (burial) vault, tomb. **~inschrift** *f* epitaph. **~kammer** *f* burial chamber. **~mal** *n* tomb, (*Denkmal*) monument. **~rede** *f* funeral oration. **~stätte** *f* burial place, (*Grab*) tomb. **~stein** *m* tombstone, gravestone.

Grad *m allg.* degree (*a. univ. u. fig.*), *mil. etc* rank, grade: (***bei***) ***10 ~ Wärme*** (***Kälte***) (at) ten degrees above (below) zero (*od.* freezing point); ***Verwandte(r) zweiten*** (***dritten***) ***~es*** relative once (twice) removed; ***Verbrennungen dritten ~es*** third-degree burns; *fig.* ***bis zu e-m gewissen ~*** to a certain degree, up to a point; ***im höchsten ~e*** in the highest degree, extremely.

Gradeinteilung *f* graduation.

gradieren *v/t* ⚒, *tech.* graduate.

Gradmesser *m fig.* ga(u)ge, barometer.

Gradnetz *n auf Karten*: (map) grid.

graduell *adj* gradual, *a. adv* in degree.

graduieren **I** *v/t* **1.** *tech.* graduate. **2.** *univ.* confer a degree upon. **II** *v/i* **3.** *univ.* graduate.

Graduierte *m, f* graduate.

Graf *m* count, *britischer*: earl.
Graffito *m*, *n* (*pl* **Graffiti**) graffito.
Grafik *f* **1.** graphic arts *pl*, (*Gestaltung*) art(work). **2.** (*Bild*) a) *Kunst*: graphic (*a. Computer*), (*Druck*) print, b) *tech.* graph, diagram, c) illustration(s *pl*). **~bildschirm** *m* graphics screen. **~diagramm** *n Computer*: graphic drawing.
Grafiker(in) **1.** (graphic) artist. **2.** commercial artist, (graphic) designer.
grafikfähig *adj* **~ sein** have graphics capability; **~er Bildschirm** graphics display terminal.
Grafik|karte *f Computer*: graphics card. **~modus** *m Computer*: graphics mode. **~programm** *n Computer*: graphics software.
grafisch *adj* **1.** graphic, art ... **2.** *tech.* graphic, diagrammatic: **~e Darstellung → Grafik** 2b.
Gräfin *f* countess.
Grafit *m* graphite.
Grafologe *m*, **Grafologin** *f* graphologist. **Grafologie** *f* graphology. **grafologisch** *adj* graphological.
Grafschaft *f* county.
gram *adj* **j-m** (**wegen e-r Sache**) **~ sein** bear s.o. a grudge (because of s.th.).
Gram *m* grief, sorrow.
grämen I *v/t* grieve. **II** *v/reflex* **sich ~** (**über** *acc*, **wegen**) grieve (over), (*sich sorgen*) worry (about).
grämlich *adj* morose, sullen.
Gramm *n* gramme, *Am.* gram.
Grammatik *f* grammar, (*~buch*) grammar book.
grammatikalisch, grammatisch *adj* grammatical.
Grammofon *n* gramophone, *Am.* phonograph.
Granat *m min.* garnet.
Granatapfel *m* ⚘ pomegranate.
Granate *f* **1.** *mil.* shell, (*Handgranate*) grenade. **2.** F *Sport*: cannonball.
Granat|feuer *n* shellfire. **~splitter** *m* shell splinter. **~werfer** *m* mortar.
grandios *adj* grandiose, F (*toll*) terrific.
Granit *m* granite.
Granne *f* **1.** ⚘ awn, beard. **2.** *zo.* kemp.
Grapefruit *f* grapefruit.
Graphik *etc* → **Grafik.**
Graphit *m* → **Grafit.**
Graphologe *etc* → **Grafologe.**
Gras *n* grass: *zo.* **~ fressend** graminivorous. F **das ~ wachsen hören** hear the grass grow; **über et. ~ wachsen lassen** let the grass grow over s.th.; **ins ~ beißen** bite the dust.
grasbedeckt *adj* grassy.
grasen *v/i* graze.
grasgrün *adj* grass-green.
Gras|halm *m* blade of grass. **~hüpfer** *m zo.* grasshopper. **~narbe** *f* turf.
grassieren *v/i* be rife, *Krankheit*: *a.* rage: **es ~ Gerüchte, dass ...** there are rumo(u)rs that ...
grässlich *adj* horrible, terrible, ghastly (*alle a.* F *fig.*), (*scheußlich*) dreadful, hideous, *Verbrechen*: monstrous, atrocious.
Grat *m* **1.** *tech.* bur(r). **2.** (*Berggrat*) ridge.
Gräte *f* (fish)bone.
Gratifikation *f* gratuity, bonus.
gratis *adv* free (of charge).
Gratis|aktie *f* bonus share, *pl* scrip issues *pl.* **~exemplar** *n* free copy. **~probe** *f* free sample.
Grätsche *f gym.* straddle, (*Sprung*) straddle vault.
grätschen *v/t u. v/i* straddle, *v/i* do a straddle vault.
Gratulant(in) congratulator, well-wisher.
Gratulation *f* congratulations *pl* (**zu** on).
gratulieren *v/i* congratulate (**j-m zu et.** s.o. on s.th.): **j-m zum Geburtstag ~** wish s.o. many happy returns (of the day); (**ich**) **gratuliere!** congratulations!
Gratwanderung *f fig.* tightrope walk.
grau I *adj* grey, *Am.* gray, *fig. a.* bleak: **der ~e Alltag** the drab monotony of everyday life; → **Haar, Vorzeit. II** *adv* **~ meliert** greying, *Am.* graying.
Graubrot *n* rye bread.
Graubünden *n the* Grisons.
Gräuel *m* **1.** horror: **er** (**es**) **ist mir ein ~** I loathe him (it). **2.** (*~tat*) atrocity. **~märchen** *n* atrocity story. **~tat** *f* atrocity.
grauen *v/i u. v/impers* **es graut mir** (*od.* **mir graut**) **vor** (*dat*) I dread (the thought of), I am terrified of.
Grauen *n* horror (**vor** *dat* of).
grauenhaft, grauenvoll *adj a.* F *fig.* horrible.
grauhaarig *adj* grey-(*Am.* gray-)haired.
gräulich *adj* **1.** greyish, *Am.* grayish; **2.** → **grässlich.**
Graupe *f* pearl barley.
Graupel *f*, **Graupeln** *pl* soft hail, sleet.
graupeln *v/impers* **es graupelt** a soft hail is falling.
grausam *adj* **1.** cruel. **2.** F *fig.* awful.
Grausamkeit *f* cruelty.
Grauschleier *m fig.* greyness, *Am.* grayness.
grausen → **grauen. Grausen** *n* → **Grauen. grausig** → **grauenhaft.**
Grauzone *f fig.* grey (*Am.* gray) area.
Graveur(in) engraver.
gravieren *v/t* engrave.

gravierend *adj fig.* serious.
Gravierung *f* engraving.
Gravitation *f phys.* gravitation. **Gravitationsgesetz** *n* law of gravitation.
Grazie *f* grace. **graziös** *adj* graceful.
greifbar *adj* **1.** handy, (*verfügbar*) available: ***in ~er Nähe,*** *adv* **~ *nahe*** *a. fig.* near at hand, within reach. **2.** *fig.* (*konkret*) tangible, concrete (*results etc*): ***~e Formen annehmen*** be taking shape.
greifen I *v/t* **1.** seize, take hold of, grab: ***zum Greifen nah*** within reach; *fig.* ***zu hoch gegriffen*** *Preis etc*: too high. **2.** (*Saite*) stop, (*Taste*) touch, (*Note, Akkord*) strike. II *v/i* **3. ~ *an*** (*acc*) touch; **~ *nach*** reach for, *fest*: grasp at, *hastig*: grab for; **~ *in*** (*acc*) reach into; **~ *zu*** a) reach for, b) *fig.* (*Maßnahmen, e-m Mittel etc*) resort to; *fig.* ***um sich ~*** spread; → ***Arm, Tasche*** 2, ***Waffe*** *etc.* **4.** *Bremse, Räder, Feile etc*: grip. **5.** *fig.* (*wirken*) (begin to) take effect, have an impact.
Greifer *m tech.* gripper (hand).
Greifvogel *m* bird of prey.
Greifzange *f* gripping tongs *pl* (*a. sg konstr.*).
Greifzirkel *m* cal(l)ipers *pl.*
greis *adj* (very) old.
Greis *m* (very) old man.
Greisenalter *n* old age.
greisenhaft *adj* senile.
Greisenhaftigkeit *f* senility.
Greisin *f* (very) old woman.
grell *adj Licht*: glaring (*a. fig.*), *Farbe*: *a.* loud, *Ton etc*: shrill.
Gremium *n* body (*of experts etc*).
Grenz|abfertigung *f* customs clearance. **~beamte** *m* border official. **~bereich** *m* **1.** border area. **2.** *fig.* borderland. **~bewohner(in)** inhabitant of the border area.
Grenze *f* **1.** border, (*Landesgrenze*) *a.* frontier, (*Grenzlinie*) boundary (*a. fig.*): ***an der ~*** on the border, at the frontier; *fig.* ***die ~ ziehen bei*** draw the line at. **2.** *fig.* borderline, (*Schranke*) limit (*gen* to), bounds *pl* (*gen* of): ***in ~n*** within limits, up to a point; ***ohne ~n*** → ***grenzenlos; sich in ~n halten*** keep within (reasonable) limits, *iro. Erfolg etc*: be rather limited; ***~n setzen*** (*dat*) set limits to; ***alles hat s-e ~n*** there is a limit to everything.
grenzen *v/i a. fig.* border (***an*** *acc* on).
grenzenlos *adj* boundless, immense, *Elend, Leid etc*: infinite, *Macht*: unlimited: *adv* **~ *dumm*** incredibly stupid.
Grenzenlosigkeit *f* boundlessness, immensity, infinity.
Grenz|ertrag *m* marginal yield. **~fall** *m fig.* borderline case. **~formalitäten** *pl* border formalities *pl.* **~gänger(in)** a) (*a.* illegal) border crosser, b) frontier commuter. **~gebiet** *n* **1.** border area. **2.** *fig.* borderland. **~konflikt** *m* border dispute. **~kontrolle** *f* border control. **~kosten** *pl econ.* marginal cost *sg.* **~land** *n* border area. **~linie** *f* boundary (line), borderline (*a. fig.*), *pol.* demarcation line, *Sport*: line. **~nutzen** *m* marginal utility. **~pfahl** *m* boundary post. **~posten** *m* border guard. **~schutz** *m* frontier protection, (*Truppe*) border police. **~stadt** *f* frontier town. **~stein** *m* boundary stone. **~übergang** *m* border crossing (-point), checkpoint.
grenzüberschreitend *adj econ., pol.* border-crossing, across the border(s): ***~er Verkehr*** cross-border traffic, transfrontier traffic.
Grenzverkehr *m* (***kleiner ~*** local) border traffic.
Grenzwert *m* ⚗, *phys.* limit(ing value), threshold value.
Grenzzwischenfall *m* border incident.
Greuel *ect* → ***Gräuel.***
Grieben *pl gastr.* greaves *pl.*
Grieche *m* Greek.
Griechenland *n* Greece.
Griechin *f* Greek (woman).
griechisch *adj* Greek, *Kunst etc*: *a.* Grecian: ***~-orthodox*** Greek (Orthodox); ***~-römisch*** Gr(a)eco-Roman.
Griechisch *n ling.* Greek.
griesgrämig *adj* F grumpy, grouchy.
Grieß *m* **1.** *gastr.* semolina. **2.** *tech.* grit. **3.** ⚕ gravel. **~brei** *m* semolina pudding.
Griff *m* **1.** (***nach***) grasp (at), grab (for), reaching (for): *fig.* **~ *nach der Macht*** bid for power; ***e-n guten ~ machen*** make a good choice (***mit*** with); ***im ~ haben*** (***in den ~ bekommen***) (*Situation etc*) have (get) *s.th.* under control, *a. geistig*: have (get) a (good) grip on, (*a. j-n*) be (get) on top of. **2.** (*Handgriff*) movement (of the hand), *fester*: grip (*a. gym.*), *mount.*, *Ringen etc*: hold, ♪ stop, fingering. **3.** (*Tür-, Messergriff etc*) handle, (*an Koffer etc*) grip, (*Haltegriff*) *im Bus etc*: strap. **4.** *von Stoff*: feel.
griffbereit *adj* (ready) to hand, handy.
Griffel *m allg.* style.
griffig *adj* **1.** *Werkzeug etc*, *a. fig. Ausdruck etc*: handy. **2.** *Fahrbahn etc*: having a good grip, *Reifen etc*: nonskid.
Grill *m gastr.* grill.
Grille *f* **1.** *zo.* cricket. **2.** F *fig.* silly idea, whim.
grillen *v/t* grill, *im Freien*: *a.* barbecue.
Grillparty *f* barbecue.
Grimasse *f* grimace: ***~n schneiden*** pull faces, grimace.
grimmig *adj a. fig.* grim, fierce.

Grind *m* ⚕ scab.
grinsen *v/i*, **Grinsen** *n* (***über*** *acc* at) grin, *höhnisch*: sneer.
grippal *adj* ⚕ ***~er Infekt*** influenza(l) infection.
Grippe *f* influenza, F flu.
Grippe... influenza (*epidemic*, *virus*, *etc*).
grippekrank *adj* down with influenza, F having the flu.
Grippewelle *f* wave of influenza.
grob *adj* **1.** *allg*. coarse (*a. tech*., *a. fig. derb*, *unfein*), *Arbeit*, *Oberfläche*, *Skizze etc*: rough: *fig*. ***wir sind aus dem Gröbsten heraus*** we are over the worst; ***ein Mann fürs Grobe*** a man for the dirty work; → ***schätzen*** 1. **2.** *fig*. *Fehler*, *Lüge*, *Verstoß etc*: gross. **3.** (*unhöflich*) rude: ***gegen j-n ~ werden*** be rude to s.o.
Grobeinstellung *f tech*. coarse adjustment.
Grobheit *f* coarseness, roughness, *fig*. *a*. rudeness: ***~en*** *pl* rude words *pl*.
Grobian *m* rude fellow, ruffian.
grobkörnig *adj* coarse-grained.
grobmaschig *adj* wide-meshed.
grölen *v/i u. v/t* bawl, roar.
Groll *m* ranco(u)r, resentment, (*Zorn*) anger.
grollen *v/i* **1.** be angry: ***j-m ~*** have a grudge against s.o. (***wegen*** because of). **2.** *Donner*: rumble.
Grönland *n* Greenland.
Gros *n* main body.
Groschen *m fig*. penny, *Am*. cent: F ***der ~ ist gefallen!*** the penny has dropped!
Groschenroman *m* F penny dreadful, *Am*. dime novel.
Grosny *capital of Chechenya*.
groß I *adj* **1.** *allg*. big, *Buchstabe*: *a*. capital, *Fläche*, *Zahl*, *Raum etc*, *a*. *Familie*, *Einkommen etc*: *a*. large: ***wie ~ ist es?*** what size is it? **2.** *Person*: tall, *Berg*, *Turm etc*: high. **3.** *Reise*, *Zeitspanne*: long, *Entfernung*: great. **4.** (*erwachsen*) grown-up, F *Bruder*, *Schwester*: big: ***die Großen*** *pl* the grown-ups *pl*. **5.** *fig*. *allg*. great, (*beträchtlich*) *a*. big, *Fehler*: big, bad, *Hitze*, *Kälte*: intense: ***Friedrich der Große*** Frederick the Great; ***Groß-München*** Greater Munich; ***e-e größere Sache*** a major affair; ***~e Worte*** big words; ***~ angelegt*** large-scale; ***Großes leisten*** achieve great things; → ***Ferien, Geld, Los*** 1, ***Welt***. **6.** (*~artig*) great, grand: F ***ganz ~*** super, terrific; ***in et. ~ sein*** be great at (doing) s.th.; ***ich bin kein ~er Tänzer*** I'm no great dancer. **7.** ***im Großen*** on a large scale, *econ*. wholesale, in bulk; ***im Großen und Ganzen*** *od*. ***im ~en Ganzen*** on the whole, by and large. **II** *adv* **8.** F ***et. ~ feiern*** celebrate s.th. in great style; ***~ in Mode sein*** be all the rage.

Groß|abnehmer(in) *econ*. bulk purchaser. **~aktionär(in)** major shareholder. **~angriff** *m mil*. large-scale attack. **~anzeige** *f* display advertisement.
großangelegt *adj* large-scale.
großartig *adj* grand, great, marvel(l)ous, (*prächtig*) splendid, magnificent, (*toll*) *a*. fantastic.
Groß|aufnahme *f Film*: close-up. **~auftrag** *m econ*. large (*od*. big) order. **~bank** *f* big (*od*. major) bank. **~betrieb** *m* large-scale enterprise. **~bildschirm** *m* large-format screen.
Großbritannien *n* Great Britain.
Großbuchstabe *m* capital (letter).
Größe *f* **1.** *allg*. size (*a*. *Kleidergröße etc*), (*Körpergröße*) height, (*Flächeninhalt*) dimensions *pl*, area: ***welche ~ haben Sie?*** what size do you take? **2.** A, *phys*. quantity, *astr*. magnitude. **3.** *fig*. (*Ausmaß*) extent, (*Bedeutung*) greatness. **4.** F *fig*. (*Person*) great figure, celebrity, authority, *Film*, *Sport etc*: star.
Groß|einkauf *m econ*. bulk purchase. **~einsatz** *m* large-scale operation.
Großeltern *pl* grandparents *pl*.
Großenkel(in) *etc* → ***Urenkel*** *etc*.
Größenordnung *f* **1.** *astr*. *etc* order (of magnitude). **2.** *fig*. scale: ***dieser ~*** of this order.
großenteils *adv* mostly, largely.
Größenverhältnisse *pl* proportions *pl*, dimensions *pl*.
Größenwahn *m* megalomania.
größenwahnsinnig *adj* megalomaniac.
Groß|erzeuger *m* large-scale producer (*od*. manufacturer). **~fahndung** *f* dragnet operation. **~familie** *f* extended family. **~feuer** *n* big blaze, four-alarm fire. **~flughafen** *m* major airport. **~format** *n* large size. **~fürst(in)** grand duke (duchess). **~fusion** *f* large-scale merger.
großgedruckt *adj* in large letters (*od*. print).
Großgrundbesitz *m* large land holdings *pl*, large estates *pl*.
Großgrundbesitzer(in) big landowner.
Großhandel *m* wholesale trade: ***im ~*** wholesale.
Großhandels|kauffrau *f*, **~kaufmann** *m* wholesale trader, wholesaler. **~preis** *m* wholesale price. **~unternehmen** *n* wholesale firm.
Großhändler(in) wholesaler.
Großhandlung *f* wholesale firm.
großherzig → ***großmütig***.
Großherzog(in) grand duke (duchess).
Großhirn *n anat*. cerebrum.
Großindustrie *f* big industry.
Großindustrielle *m*, *f* big industrialist.
Grossist(in) wholesaler.

G

großjährig → ***volljährig.***
Großkampftag *m* F tough (*od.* hard) day.
Großkapital *n* big business.
Großkapitalist(in) big capitalist.
Groß|kauffrau *f*, **~kaufmann** *m* big merchant. **~konzern** *m* big concern.
großkotzig *adj* F (*protzig*) flash, (*angeberisch*) show-off(ish), arrogant.
Groß|kraftwerk *n* super power station. **~küche** *f* canteen kitchen. **~kunde** *m*, **~kundin** *f* big client. **~kundgebung** *f* mass rally. **~macht** *f* super power. **~markt** *m für Endverbraucher*: hypermarket, *für Einzelhändler*: wholesale market. **~maul** *n* F bigmouth.
Großmut *f* magnanimity, generosity.
großmütig *adj* magnanimous, generous.
Groß|mutter *f* grandmother. **~neffe** *m* grandnephew. **~nichte** *f* grandniece. **~onkel** *m* great-uncle.
Groß|packung *f* large (*od.* economy) pack. **~projekt** *n* large-scale project.
Großraum *m* ***der ~ München*** Greater Munich. **~büro** *n* open-plan office. **~flugzeug** *n* wide-bodied jet.
Großrechner *m* mainframe computer.
Großreinemachen *n* thorough house--cleaning.
großschreiben *v/t* capitalize.
Großschreibung *f* capitalization.
Groß|serie *f* large-scale production: ***et. in ~ herstellen*** produce s.th. in large quantities, mass-produce. **~serienprodukt** *n* mass product. **~serienproduktion** *f* large scale (*od.* mass) production.
großsprecherisch *adj* boastful.
großspurig *adj* arrogant.
Großstadt *f* big city.
Großstädter(in) city-dweller.
großstädtisch *adj* of a big city, urban.
Großtante *f* great-aunt.
Großtat *f* great feat.
Großteil *m* large part.
größtenteils *adv* for the most part, mostly.
Großtuer(in) boaster, show-off.
großtuerisch *adj* boastful.
großtun *v/i* talk big: ***~ mit*** brag about, show off with.
Groß|unternehmen *n* large-scale enterprise. **~unternehmer(in)** big industrialist. **~vater** *m* grandfather. **~veranstaltung** *f* big event, *bsd. pol.* mass rally. **~verbraucher** *m* bulk consumer. **~verdiener(in)** big earner. **~wildjagd** *f* big game hunt(ing).
großziehen *v/t* raise, (*Tier*) rear.
großzügig *adj* **1.** generous (*a. freigebig*), broad-minded. **2.** (*geräumig*) spacious. **3.** *Planung, Anlage etc*: large-scale.
Großzügigkeit *f* **1.** broad-mindedness, generosity. **2.** large scale.
grotesk *adj* grotesque.
Grotte *f* grotto.
Grübchen *n* dimple.
Grube *f* pit, ⚒ *a.* mine.
Grübelei *f* brooding. **grübeln** *v/i* (**über** *acc* over, on) brood, muse.
Grubenarbeiter(in) miner.
Grubenunglück *n* mine disaster.
grüezi *int schweiz.* hello.
Gruft *f* tomb, vault, *in Kirchen*: crypt.
Grufti *m* F wrinkly.
grün *adj* green (*a. fig. u. pol.*), *Hering*: fresh: ***~er Salat*** lettuce; F ***~er Junge*** greenhorn; ***die Grünen*** *pol.* the Green, the Green Party; *fig.* ***~es Licht geben*** (***bekommen***) give *s.o.* (get) the green light (**für** for); ***der ~e Punkt*** the symbol for recyclable packaging; ***e-e Entscheidung vom ~en Tisch*** an armchair decision; ***~ vor Neid*** green with envy; ***j-n ~ und blau schlagen*** beat s.o. black and blue; ***auf k-n ~en Zweig kommen*** get nowhere; F ***er ist dir nicht ~*** he has it in for you.
Grün *n allg.* green (*a. Golf*): ***bei ~, auf ~*** *mot.* at green; F ***das ist dasselbe in ~*** it's practically the same thing.
Grund *m* **1.** (*Boden*) ground, (*Meeresgrund, a. e-s Gefäßes*) bottom (*a. fig.*): ***am ~, auf dem ~*** at the bottom; ***auf ~ laufen*** ⚓ run aground; *fig.* ***e-r Sache auf den ~ gehen*** (***kommen***) go (get) to the bottom of s.th. **2.** ***~*** (***und Boden***) land, property: F *fig.* ***in ~ und Boden*** *verdammen etc* outright, *sich schämen*: terribly. **3.** (*~lage*) basis, foundation(s *pl*): ***auf ~ von*** (*od. gen*) on the basis (*od.* strength) of, (*wegen*) because of; ***von ~ auf*** *verändern etc*: entirely, thoroughly, radically; ***im ~e*** (***genommen***) actually, basically. **4.** (*Begründung*) reason, (*Ursache*) *a.* cause, (*Motiv*) *a.* motive: ***aus diesem ~*** for this reason; ***aus persönlichen Gründen*** for personal reasons; ***mit gutem ~*** for good reason, justly; ***allen*** (***k-n***) ***~ haben zu*** *inf* have every (no) reason to *inf*; ***ich frage aus e-m bestimmten ~*** I ask for a reason; ***zu ~e*** → ***zugrunde.***
Grund|anstrich *m* priming coat. **~ausbildung** *f mil.* basic training. **~bedeutung** *f* primary meaning. **~begriff** *m* basic concept, *pl* fundamentals *pl*. **~besitz** *m* landed property, real estate. **~besitzer(in)** landowner. **~bestandteil** *m* basic component, element.
Grundbuch *n* land register. **~amt** *n* land registry. **~auszug** *m* extract from the land register. **~eintrag** *m* entry in the land register.
grundehrlich *adj* thoroughly honest.
Grundeigentum *n* → ***Grundbesitz.***

gründen I *v/t* found (*a. e-e Familie*), establish, set up: *fig.* ***et.*** ~ ***auf*** (*acc*) base (*od.* found) s.th. on. II *v/reflex* ***sich*** ~ ***auf*** (*acc*) *fig.* be based on. III *v/i* ~ ***auf*** (*dat*) rest (*od.* be based) on, (*herrühren von*) be due to.
Gründer(in) founder.
Gründeraktien *pl* founders' shares *pl.*
Grunderwerbssteuer *f* land transfer tax.
grundfalsch *adj* absolutely wrong.
Grund|farbe *f phys.* primary colo(u)r. **~fläche** *f* (surface) area, ⩓ base, ⚠ floor space. **~gebühr** *f* basic rate (*od.* charge). **~gedanke** *m* basic idea. **~gehalt** *n* basic salary *od.* pay. **~gesetz** *n pol.* basic (constitutional) law.
grundieren *v/t* ground, *tech.* prime.
Grundierfarbe *f* primer. **Grundierung** *f* (*Schicht*) priming coat.
Grund|kapital *n* initial capital, (*Aktien*) original stock, capital stock. **~kenntnisse** *pl* basic knowledge *sg.* **~kurs** *m univ.* basic course.
Grundlage *f* foundation, *fig. a.* basis: ***jeder ~ entbehren*** be completely unfounded.
Grundlagenforschung *f* basic research.
grundlegend *adj* basic(ally *adv*), fundamental, *Buch etc*: definitive.
gründlich *adj a. fig.* thorough: ***~e Arbeit leisten*** make a thorough job of it.
Gründlichkeit *f* thoroughness.
Grundlinie *f* ⩓, *Sport*: base line.
Grundlohn *m* basic wage(s *pl*).
grundlos I *adj fig.* groundless, unfounded: ***~e Entlassung*** wrongful *od.* unfair dismissal. II *adv* for no reason (at all).
Grund|mauer *f* foundation wall. **~nahrungsmittel** *n*, *mst pl* basic food(stuff).
Gründonnerstag *m* Maundy Thursday.
Grund|platine *f Computer*: motherboard. **~prinzip** *n* basic principle. **~rechnungsart** *f* ***die vier ~en*** the four fundamental operations of arithmetics. **~rechte** *pl pol.* basic rights *pl.* **~regel** *f* ground rule. **~riss** *m* **1.** ⚠ ground plan. **2.** *fig.* outline(s *pl*).
Grundsatz *m* principle: ***es sich zum ~ machen, et. zu tun*** make it a rule to do s.th. **~entscheidung** *f von Firmenleitung*: policy decision.
grundsätzlich I *adj* fundamental. II *adv* in principle: ***ich bin ~ dagegen*** I am absolutely against it.
Grund|schule *f* primary (*od.* elementary, *Am. a.* grade) school. **~schüler(in)** primary (*od.* elementary) pupil.
Grundstein *m* ⚠ foundation stone: *fig.* ***den ~ legen zu*** lay the foundations of. **~legung** *f* laying (of) the foundation stone.
Grund|steuer *f* land tax. **~stock** *m* basis. **~stoff** *m* ⚗ element, (*Rohstoff*) raw material. **~stoffindustrie** *f* basic industry. **~strich** *m beim Schreiben*: downstroke.
Grundstück *n* plot (of land), *econ.*, ⚖ property, real estate, (*Bauplatz*) *a.* site.
Grundstücks|makler(in) (real) estate agent, *Am.* realtor. **~markt** *m* property market. **~preis** *m* land price.
Grund|studium *n* basic study. **~stufe** *f ped.* elementary classes *pl.* **~ton** *m* **1.** ♪ keynote. **2.** (*Farbe*) ground shade. **~übel** *n* basic evil (*weitS.* problem). **~umsatz** *m* ⚕ basal metabolic rate.
Gründung *f* foundation, (*von Geschäft, Familie etc*) setting up.
Gründungs|kapital *n* initial capital stock. **~urkunde** *f* corporate charter.
grund|verkehrt *adj* utterly wrong. **~verschieden** *adj* entirely different.
Grundwasser *n* (under)ground water. **~spiegel** *m* ground-water level.
Grund|wehrdienst *m* basic military service. **~wortschatz** *m* basic vocabulary.
Grundzahl *f* cardinal number.
Grundzug *m* characteristic (feature), *pl* basics *pl*, (*Umrisse*) outline(s *pl*): ***in s-n Grundzügen schildern*** outline.
grünen *v/i* be (*od.* turn) green.
Grün|fläche *f* green space, lawn, *e-r Stadt*: park area. **~futter** *n* ⚘ green fodder. **~gürtel** *m* green belt. **~kohl** *m* (curly) kale.
grünlich *adj* greenish.
Grün|schnabel *m* F whippersnapper. **~span** *m* verdigris. **~specht** *m zo.* green woodpecker. **~streifen** *m* → ***Mittelstreifen.***
grunzen *v/i u. v/t* grunt.
Grünzeug *n* F a) greens *pl*, b) herbs *pl.*
Gruppe *f allg.* group (*a. econ. Konzern*), (*Arbeitsgruppe*) *a.* team, *mil.* squad.
Gruppen|akkord *m* a) group piece work, b) (*Lohnsatz*) group piece rate. **~arbeit** *f* teamwork. **~bild** *n* group photo. **~dynamik** *f* group dynamics *pl* (*a. sg konstr.*). **~leiter(in)** group manager. **~reise** *f* group travel. **~sex** *m* group sex. **~therapie** *f* group therapy.
gruppenweise *adv* in groups.
gruppieren I *v/t* group: ***neu ~*** regroup. II *v/reflex* ***sich ~*** form a group (*od.* groups) (**um** [a]round).
Gruppierung *f* **1.** grouping, formation. **2.** (*Gruppe*) group(s *pl*).
Grusel... horror (*film, story, etc*).
gruselig *adj* creepy, spooky.
gruseln *v/t, v/i u. v/impers* ***es gruselt mir*** (*od.* ***mich***), ***mich gruselt*** it gives me the creeps; ***es war zum Gruseln*** it was enough to give you the creeps.
Gruß *m* greeting(s *pl*) (**aus** from), *mil.* salute:

viele Grüße (*od.* ***e-n schönen ~***) ***an ...*** give my regards (*herzlicher*: my love) to ...; ***mit besten Grüßen, mit freundlichem ~*** Yours sincerely; ***herzliche Grüße*** love, best wishes.

grüßen **I** *v/t* greet, *bsd. mil.* salute, F say hello: F ***grüß dich!*** hello (there)!, hi!; ***~ Sie ihn von mir!*** give my regards (*herzlicher*: my love) to him! **II** *v/i* say good morning (*etc*), say hello, *bsd. mil.* salute.

Gruß|formel *f* salutation, *am Briefende*: complimentary close: ***welche ~ benutzt man in englischen Briefen?*** how do you address people and sign off in English letters? **~karte** *f* greetings card. **~telegramm** *n* greetings telegram(me *Br.*). **~wort** *n* greeting.

gschamig *adj österr.* shy.

G7 *pl die sieben führenden Wirtschaftsnationen* Group of Seven.

GStA ***Generalstaatsanwalt*** prosecutor general.

Guatemala *n* Guatemala (*republic in Central America*).

Guayana *n* Guyana (*republic in South America*).

gucken *v/i* look, peep.

Guckloch *n* peephole.

Guerillakrieg *m* guerrilla war(fare).

Gugelhupf *m österr., südd.* ring cake.

Gulasch *m gastr.* goulash.

Gulaschsuppe *f* goulash soup.

Gulden *m niederländischer*: guilder.

Gülle *f schweiz., südd.* liquid manure.

gültig *adj* valid (*a. fig. Argument etc*), good (*a. Sport*), (*in Kraft*) effective (**ab, vom** as from), in force, (*gesetzlich*) legal: ***~ werden*** become valid, *Vertrag etc*: become effective.

Gültigkeit *f* validity, ⚖, *pol.* legal force: ***s-e ~ verlieren*** expire.

Gültigkeitsdauer *f* (period of) validity, *e-s Vertrags*: *mst* term:

Gummi **1.** *m, n* rubber, (*Klebgummi*) gum. **2.** *m* F (*Kondom*) rubber. **3.** *n* → ***Gummiband.*** **4.** *m* → ***Radiergummi.***

gummiartig *adj* rubbery.

Gummi|ball *m* rubber ball. **~band** *n* rubber band, *in Kleidung*: elastic. **~bärchen** *n gastr.* jelly baby. **~baum** *m* rubber tree, (*Zimmerpflanze*) rubber plant.

gummieren *v/t* gum, *tech.* rubberize.

Gummi|handschuh *m* rubber glove. **~knüppel** *m* (rubber) truncheon, *Am.* club, F billy. **~linse** *f phot.* zoom lens. **~paragraph** *m* F elastic clause. **~schlauch** *m* **1.** rubber hose. **2.** *mot.* inner tube. **~stiefel** *m* wellington (boot), *Am.* rubber boot. **~strumpf** *m* elastic stocking. **~zug** *m* elastic.

Gunst *f* favo(u)r; ***zu ~en*** → ***zugunsten.***

günstig *adj* favo(u)rable (**für** to), (*passend*) convenient: ***~e Gelegenheit*** opportunity; ***im ~sten Fall*** at best; ***zu ~en Bedingungen*** on easy terms; ***~es Angebot, ~er Kauf*** bargain.

Günstling *m* favo(u)rite.

Günstlingswirtschaft *f* favo(u)ritism.

Gurgel *f* throat, (*Schlund*) gullet.

Gurgelmittel *n* gargle.

gurgeln *v/i* gargle, *Wasser etc*: gurgle.

Gürkchen *n* (*a.* ***saures ~***) gherkin.

Gurke *f* **1.** cucumber, (*Essiggurke*) gherkin. **2.** F *fig.* (*Niete*) lemon.

Gurkenhobel *m* cucumber slicer.

gurren *v/i* coo.

Gurt *m* belt (*a.* ✈, *mot., a. Patronengurt*), (*Halte-, Tragegurt*) strap.

Gürtel *m* belt (*a. fig. Zone*), *fig.* (*Absperrung*) cordon: ***den ~ enger schnallen*** *a. fig.* tighten one's belt.

Gürtel|linie *f* waist(line): ***unter der*** (*od.* ***die***) ***~*** *a. fig.* below the belt. **~reifen** *m mot.* radial(-ply) tyre (*Am.* tire). **~rose** *f* ⚕ shingles *pl.* **~schnalle** *f* belt buckle. **~tasche** *f* bum bag. **~tier** *n* armadillo.

Gurtstraffer *m* seatbelt tensioner.

Guru *m* guru.

GUS *f* ***Gemeinschaft Unabhängiger Staaten*** CIS.

Guss *m* **1.** *tech.* (*Gießen*) founding, casting, (*~eisen*) cast iron (*od.* metal), (*Produkt*) casting: *fig.* (***wie***) ***aus einem ~*** of a piece. **2.** (*Wasserstrahl etc*) gush, jet, (*Regen*) downpour. **3.** (*Zuckerguss etc*) icing. **~beton** *m* cast concrete. **~eisen** *n* cast iron.

gusseisern *adj* cast-iron.

Guss|form *f* mo(u)ld. **~stahl** *m* cast steel.

gut **I** *adj allg.* good, *Wetter etc*: *a.* fine: ***ganz ~*** quite good, not bad; ***also ~!*** all right (then)!; ***schon ~!*** never mind!; (***es ist***) ***~, dass ..., nur ~, dass ...*** (it's a) good thing that ...; ***auch ~!, es ist ganz ~ so!*** it's just as well!; ***~ werden*** (*gelingen*) turn out well; (***wieder***) ***~ werden*** come right (again), be all right; ***sei*** (***bitte***) ***so ~ und ...*** would you be good enough to ...; ***in e-r Sache ~ sein*** be good at (doing) s.th.; ***das ist ~ gegen*** (*od.* ***für***) ***Erkältungen*** that's good for colds; ***mir ist nicht ~!*** I don't feel (so) well!; ***wozu soll das ~ sein?*** what's that in aid of?; ***er ist immer für e-e Überraschung ~*** he's always good for a surprise; ***lass*** (***mal*** *od.* ***es***) ***~ sein!*** that'll do!; ***Gut und Böse*** good and evil; ***im Guten*** in a friendly way, (*gütlich*) amicably. **II** *adv* well, *aussehen, riechen, schmecken etc*: good: ***er spricht ~ Englisch*** he speaks good English; ***~ aussehend*** good-looking; ***~ bezahlt*** well-paid; ~

gebaut well-built; ***~ gehen*** go (off) well, work out well: ***das kann nicht ~ gehen!*** that's bound to go wrong!; ***wenn alles ~ geht*** if nothing goes wrong; ***mir geht es ~*** I'm (*finanziell*: doing) well (*od.* fine); ***~ gelaunt*** in a good mood, F chirpy; ***~ gemeint*** well-meant; ***~ situiert*** well-to-do; ***j-m ~ tun*** do s.o. good; ***~ unterrichtet*** well-informed; ***es ~ haben*** have it good, have a good time; ***du hast es ~!*** you are lucky!; ***es ist ~ möglich, es kann ~ sein*** it may well be; ***es gefällt mir ~*** I (do) like it; ***~ gemacht!*** well done!; ***so ~ wie gewonnen*** as good as won; ***so ~ wie nichts*** hardly anything; ***so ~ wie unmöglich*** practically impossible; ***~ zwei Stunden*** a good two hours; ***~ (und gern)*** easily; ***ich kann ihn doch nicht ~ fragen*** I can't very well ask him; F ***machs ~!*** a) good luck!, b) so long!, take care (of yourself)!; → ***Gute, Reise.***

Gut *n* **1.** (*Besitz*) good(s *pl*), property, possession(s *pl*): *fig.* ***das höchste ~*** the greatest good. **2.** *mst pl* a) *econ.* goods *pl*, b) 🚂 goods *pl*, *Am.* freight. **3.** (*Landgut*) estate. **4.** *tech.* (*Füllgut etc*) material, stock.

Gutachten *n* (expert) opinion.

Gutachter(in) expert, ⚖ expert witness.

gutartig *adj* **1.** good-natured. **2.** ⚕ benign.

Gutartigkeit *f* **1.** good nature. **2.** ⚕ benignity.

gutbürgerlich *adj* solid middle-class: ***~e Küche*** good plain cooking.

Gutdünken *n* discretion: ***handle nach eigenem ~*** use your own discretion.

Gute *n the* good: ***das ~ an der Sache*** the good thing about it; ***~s tun*** do good; ***des ~n zu viel tun*** overdo it; ***das ist des ~n zu viel*** that's too much of a good thing; ***alles ~!*** all the best!, good luck!

Güte *f* **1.** goodness, kindness: ***würden Sie die ~ haben zu*** *inf* would you be so kind as to *inf*; F **(*du*) *m-e ~!*** good gracious! **2.** *econ.* quality: ***erster ~*** a) first-class, b) *iro.* of the first water. **~klasse** *f econ.* grade, quality. **~merkmal** *n* quality characteristic.

Gutenachtgeschichte *f* bedtime story.

Gutenachtkuss *m* goodnight kiss.

Güter|bahnhof *m* goods station, *Am.* freight depot. **~fernverkehr** *m* long-haul transportation. **~gemeinschaft** *f* ⚖ community of property. **~kraftverkehr** *m* road haulage. **~markt** *m* commodity market. **~nahverkehr** *m* short-haul transportation. **~trennung** *f* ⚖ separation of property. **~umschlag** *m* **1.** goods (*od.* cargo) handling, *naut.* transshipment. **2.** goods *pl* handled. **~verkehr** *m* goods (*Am.* freight) traffic. **~wagen** *m* 🚂 (goods) waggon, *Am.* freight car. **~zug** *m* goods (*Am.* freight) train.

Güte|siegel *n* seal of quality. **~zeichen** *n* mark of quality, *fig. a.* hallmark.

gutgläubig *adj* **1.** credulous. **2.** acting (*od.* done) in good faith, bona fide.

Gutgläubigkeit *f* credulity, gullibility.

Guthaben *n* credit (balance), (*Konto*) account.

gutheißen *v/t* ***et.*** **~** approve (of) s.th.

gutherzig *adj* kind(-hearted).

gütig *adj* kind (***zu*** to).

gütlich **I** *adj* **1.** amicable: ***~e Einigung*** *a.* private arrangement. **II** *adv* **2.** amicably. **3.** ***sich ~ tun an*** (*dat*) help o.s. to, take (*od.* eat, drink) one's fill of.

gutmachen *v/t* make good, (*a. Zeit etc*) make up for, (*Fehler etc*) put right.

gutmütig *adj* good-natured.

Gutmütigkeit *f* good nature.

Gutsbesitzer(in) (big) landowner.

Gutschein *m* coupon, *bsd. Br.* voucher.

gutschreiben *v/t* ***j-m et.*** **~** credit s.o. with s.th., pass s.th. to s.o.'s credit.

Gutschrift *f* **1.** credit (entry *od.* item). **2.** (*Gutschein*) credit voucher.

Gutschriftanzeige *f* credit note.

Guts|haus *n* manor (house). **~herr(in)** lord (lady) of the manor. **~hof** *m* estate. **~verwalter(in)** (landowner's) steward.

guttural *adj* guttural.

gutwillig *adj* willing (to oblige).

Gutwilligkeit *f* willingness.

Gymnasialbildung *f* secondary school education.

Gymnasiast(in) grammar-school (*Am.* high-school) student.

Gymnasium *n* (***humanistisches ~*** classical) secondary school, *Br. etwa* grammar school.

Gymnastik *f* gymnastics *sg*, (physical) exercises *pl*, (*Freiübungen*) *a.* callisthenics *pl.* **~anzug** *m* leotard.

gymnastisch *adj* gymnastic.

Gynäkologe *m*, **Gynäkologin** *f* gyn(a)ecologist.

Gynäkologie *f* gyn(a)ecology.

gynäkologisch *adj* gyn(a)ecological.

H

H¹, h *n* H, h.
H² ***Haltestelle*** *bus etc* stop.
h ***Hekto...*** hecto...; ***Uhr*** hours (hrs); *morgens*: *mst* a.m., *nachmittags*, *abends*: *mst* p.m.; ***hora, Stunde*** hour (hr).
ha¹ ***Hektar*** hectare(s *pl*) (ha).
ha² *int* ha, ah.
Haar *n a.* ♀ hair: ***sich die ~e kämmen*** (F ***machen***) comb (do) one's hair; ***sich die ~e schneiden lassen*** get a haircut; ***sich die ~e raufen*** tear one's hair; *fig.* ***aufs ~*** to a T; ***sich aufs ~ gleichen*** be absolutely identical; ***um ein ~*** by a hair's breadth; ***um ein ~ wäre ich überfahren worden*** I just missed being run over, I had a narrow escape; ***er (es) ist um kein ~ besser*** he (it) is not a bit better; ***~e spalten*** split hairs; ***ein ~ in der Suppe finden*** find a fly in the ointment; ***sich in die ~e geraten*** quarrel, clash; ***sich in den ~en liegen*** be at loggerheads, be quarrel(l)ing; ***sie hat ~e auf den Zähnen*** she's a tough customer; F ***es hing an e-m ~*** it was touch and go; ***sein Leben hing an e-m ~*** his life hung by a thread; ***das ist bei den ~en herbeigezogen*** that's (pretty) far-fetched; ***ihr wurde kein ~ gekrümmt*** they did not touch a hair on her head; F ***~e lassen müssen*** a) not to escape unscathed, b) (*Verluste erleiden*) suffer (heavy) losses; ***kein gutes ~ an j-m lassen*** pull s.o. to pieces; ***ihm standen die ~e zu Berge, ihm sträubten sich die ~e*** it made his hair stand on end; ***lass dir deshalb k-e grauen ~e wachsen!*** don't lose any sleep over it!
Haar|ansatz *m* hairline. **~ausfall** *m* loss of hair. **~band** *n* headband, (*Schleife*) (hair) ribbon. **~bürste** *f* hairbrush.
haaren *v/i* **1.** *a.* ***sich ~*** *Tier*: lose its hair. **2.** *Pelz etc*: shed (hairs).
Haarentferner *m* hair remover.
Haarersatz *m* hairpiece, (*Perücke*) wig.
Haaresbreite *f* ***er entging um ~ e-m Unfall*** he escaped an accident by a hair's breadth; ***sie ging nicht um ~ von ihrer Meinung ab*** she didn't budge from her opinion one little bit.
Haar|farbe *f* hair colo(u)r. **~färbemittel** *n* hair dye. **~festiger** *m* setting lotion. **~garn** *n* hair yarn. **~gefäß** *n anat.* capillary (vessel).
haargenau *adj* precise: F (***stimmt***) ***~!*** dead right!
haarig *adj* hairy (*a.* F *fig. gefährlich, schwierig*). **...haarig** ...-haired.
haarklein *adj* (down) to the last detail.
Haarklemme *f* hair clip.
Haarkur *f* hair restorer.
haarlos *adj* hairless, (*kahl*) bald.
Haarmittel *n* restorer.
Haarnadel *f* hairpin. **~kurve** *f mot.* hairpin bend.
Haar|netz *n* hairnet, *flüssiges*: hair lacquer. **~öl** *n* hair oil. **~pflege** *f* hair care. **~riss** *m* hairline crack, *in Glasur*: craze.
haarscharf I *adj* very precise, exact. **II** *adv* by a hair's breadth: ***der Wagen fuhr ~ an uns vorbei*** the car missed us by an inch.
Haar|schleife *f* (hair) ribbon, bow. **~schnitt** *m* haircut. **~schuppen** *pl* dandruff *sg*. **~spalterei** *f* splitting hairs: ***~ treiben*** split hairs. **~spange** *f* (hair) slide, *Am.* barrette. **~spitzen** *pl* hair tips *pl*. **~spliss** *m* split ends *pl*. **~spray** *m, n* hairspray. **~strähne** *f* strand of hair.
haarsträubend *adj* hair-raising.
Haar|teil *n* hairpiece. **~trockner** *m* hair-drier. **~wäsche** *f*, **~waschen** *n* shampoo. **~waschmittel** *n* shampoo. **~wasser** *n* hair tonic.
Haarwuchs *m* growth of (the) hair, (*Haare*) hair. **~mittel** *n* hair restorer.
Haarwurzeln *pl* roots *pl* of one's hair.
Hab *n* (***all sein***) ***~ und Gut*** all one's possessions *pl*.
Habe *f* possessions *pl*, belongings *pl*.
haben I *v/t* have (got), (*besitzen*) *a.* own, possess: ***et. ~ wollen*** want (to have) s.th.; ***er will es so ~*** that's the way he wants it; ***du kannst es ~!*** you may have it!, *gern*: you're welcome to it!; (***noch***) ***zu ~ sein*** *Ware*: be (still) available; F ***sie ist noch zu ~*** she's still to be had; ***was hast du?*** what's wrong?; F ***er hat es im Hals*** he has a bad throat; ***wir ~ schönes Wetter*** the weather is fine (here); ***wir ~ Winter!*** it's winter!; *dial.* ***es hat viel Schnee*** there's a lot of snow; ***welche Farbe hat das Kleid?*** what colo(u)r is the dress?; ***da hast dus!*** there you are!, *fig. a.* I told you so!; ***das hätten wir!***

well, that's that!; F ***und damit hat sichs!*** and that's final!; F ***er hats ja!*** he can (well) afford it!; ***woher hast du das?*** where did you get that from?, (*Nachricht*) who told you?; ***was hast du gegen ihn?*** what have you got against him?; ***was habe ich davon?*** a) what do I get out of it?, b) ***wenn ...?*** what's the good if ...?; ***ich habe nicht viel davon gehabt*** I didn't get much out of it; ***das hast du nun davon!*** there (you are)!; F ***ich habs!*** (I've) got it!; ***das werden wir gleich ~!*** (that's) no problem!; ***wie gehabt*** as had, same as ever; F ***sie ~ et. miteinander*** they are lovers; ***die Prüfung hatte es in sich*** the exam was pretty tough; ***er hat et. Überspanntes*** there's s.th. eccentric about him; ***das hat er so an sich*** that's the way he is; ***er hat viel von s-m Vater*** he takes after his father; ***ich habe viel zu erzählen*** I have a lot to tell ; ***dafür bin ich nicht zu ~!*** count me out!; ***hab dich nicht so!*** don't make a fuss!, (*führ dich nicht so auf*) don't take on like that! **II** *v/aux* have: ***hast du ihn gesehen?*** have you seen him?; ***du hättest es mir sagen sollen!*** you should (*od.* might) have told me!; ***er hätte es tun können*** he could have done it.

Haben *n econ.* credit: → ***Soll*** 1.

Habenbuchung *f* credit entry.

Habenichts *m* have-not.

Haben|saldo *m* credit balance. **~seite** *f econ.* credit side. **~zinsen** *pl* interest earnings *pl.*

Habgier *f* greed. **habgierig** *adj* greedy.

habhaft *adj j-s, e-r Sache* ***~ werden*** get hold of, *e-s Verbrechers*: *a.* catch.

Habicht *m zo.* hawk.

Habilitation *f* university lecturing qualification.

habilitieren *v/reflex* ***sich ~*** qualify to give lectures at a university.

Habitat *n zo.* habitat.

Habseligkeiten *pl* belongings *pl.*

Habsucht *f* greed.

habsüchtig *adj* greedy.

Hachse *f* **1.** *zo.* hock. **2.** *gastr.* knuckles *pl.* **3.** F (*Bein*) leg, *pl* pins *pl.*

Hack|beil *n* chopper. **~braten** *m* meat loaf. **~brett** *n* **1.** chopping board. **2.** ♪ dulcimer.

Hacke¹ *f* ⛏ hoe, (*Pickel*) pickax(e).

Hacke² *f dial.* (*Ferse, Absatz*) heel: F ***sich die ~n ablaufen*** run o.s. off one's feet (***nach*** for).

hacken I *v/t* **1.** (*a. v/i*) hack, ⛏ *a.* hoe. **2.** chop. **II** *v/i* **3.** (***nach*** at) pick, peck. **4.** F *Computer*: hack.

Hacken *n* F *Computer*: hack

Hackepeter *m gastr. raw minced meat mixed with onions and spices.*

Hacker(in) F *Computer*: hacker.

Hack|fleisch *n* minced (*Am.* ground) meat: F ***aus dir mache ich ~!*** I'll make mincemeat of you! **~messer** *n* chopper. **~ordnung** *f a. fig.* pecking order.

Häcksel *m, n* ⛏ chaff.

Hacksteak *n gastr.* beefburger.

Hader *m* quarrel, strife, (*Zwietracht*) discord.

hadern *v/i* quarrel (***mit*** with).

Hafen *m* **1.** harbo(u)r, (*Handelshafen*) port, (*~anlagen*) dock(s *pl*): ***in den ~ einlaufen*** put into port. **2.** *fig.* (***ruhiger***) ~ haven.

Hafen|abgabe *f* port tax. **~amt** *n* harbour authority. **~anlagen** *pl* docks *pl.* **~arbeiter(in)** docker. **~becken** *n* harbo(u)r basin, (wet) dock. **~einfahrt** *f* harbo(u)r entrance. **~gebühren** *pl* harbo(u)r dues *pl.* **~meister(in)** harbo(u)r master. **~rundfahrt** *f* boat tour of a harbo(u)r. **~stadt** *f* (sea)port. **~viertel** *n* dock area, docklands *pl.*

Hafer *m* oats *pl*: F ***ihn sticht der ~*** he's getting cocky. **~brei** *m* porridge. **~flocken** *pl* rolled oats *pl.* **~grütze** *f* groats *pl.* **~mehl** *n* oatmeal. **~schleim** *m* gruel.

Haff *n* lagoon.

Haft *f* **1.** custody: ***in ~*** under arrest, in custody; ***j-n in ~ nehmen*** take s.o. into custody. **2.** (*~strafe*) imprisonment.

Haftanstalt *f* prison.

haftbar *adj* (***für*** for) responsible, ⚖ liable: ***j-n ~ machen*** make s.o. liable, hold s.o. responsible.

Haftbefehl *m* arrest warrant: ***~ gegen j-n*** warrant for s.o.'s arrest.

haften¹ *v/i* (***an*** *dat* to) (*a.* ***~ bleiben***) cling, stick: *fig.* ***im Gedächtnis ~*** stick (in one's mind).

haften² *v/i* (***für*** for) be (held) responsible, ⚖ be liable: ***~ für*** guarantee.

Haft|entlassung *f* release (from custody). **~fähigkeit** *f* **1.** adhesive power(s *pl*). **2.** ⚖ fitness to undergo detention.

Häftling *m* prisoner.

Haftnotiz *f* self-stick (removable) note. **~zettel** *m* stick note.

Haftpflicht *f* (legal) liability.

haftpflichtig *adj* liable (***für*** for).

haftpflichtversichert *adj* ***~ sein*** have third party (liability) insurance.

Haftpflichtversicherung *f* third party (liability) insurance.

Haft|richter(in) (committing) magistrate. **~strafe** *f* imprisonment.

Haftung¹ *f tech.* adhesion.

Haftung² *f* (legal) liability, (*Bürgschaft*) guarantee: ***beschränkte*** (***persönliche***) ~ limited (personal) liability; ***Gesellschaft mit beschränkter ~*** private limited (liabili-

ty) company; ~ ***übernehmen*** accept liability (***für*** for).
Haftvermögen *n* adhesive power(s *pl*).
Hagebutte *f* ⚘ rose hip.
Hagel *m* **1.** hail. **2.** *von Schlägen etc*: hail, shower, *von Schimpfwörtern etc*: volley, torrent. **~korn** *n* hailstone. **~schaden** *m* damage caused by hail.
hager *adj* gaunt.
Hagerkeit *f* gauntness.
haha *int* ha ha.
Häher *m zo.* jay.
Hahn *m* **1.** *zo.* cock, (*Haushahn*) *a.* rooster: F ***~ im Korb sein*** be cock of the walk; ***es kräht kein ~ danach*** nobody cares (two hoots) about it. **2.** (*Wetterhahn*) weathercock. **3.** (*Wasserhahn*) tap, *Am.* faucet, (*von Fass*) spigot. **4.** (*Gewehrhahn*) hammer.
Hähnchen *n gastr.* chicken.
Hahnen|fuß *m* ⚘ crowfoot. **~kamm** *m a.* ⚘ cockscomb. **~kampf** *m* cockfight.
Hai *m*, **Haifisch** *m* shark.
Haifischflosse *f* shark fin.
Hain *m* grove.
Häkchen *n* **1.** small hook. **2.** *in e-r Liste*: tick, *Am.* check. **3.** *ling.* apostrophe.
Häkelarbeit *f*, **Häkelei** *f* crochet work.
häkeln *v/t u. v/i* crochet.
Häkelnadel *f* crochet needle.
haken *v/t* hook (***an*** *acc* onto).
Haken *m* **1.** *allg.* hook, (*für Kleidung*) *a.* peg: ***~ und Öse*** hook and eye; *Boxen*: ***rechter*** (***linker***) ~ right (left) hook. **2.** → ***Häkchen*** 2. **3.** F *fig.* ***der ~ an der Sache*** the snag; ***die Sache hat e-n ~*** there is a catch to it; ***da sitzt der ~*** there's the snag.
Hakenkreuz *n* swastika.
Hakennase *f* hooked nose.
Halali *n hunt.* (***das ~ blasen*** sound the) mort.
halb I *adj* half: ***e-e ~e Stunde*** half an hour; ***~ drei*** half past two; ***~ Deutschland*** half of Germany; ♪ ***~e Note*** half note; ♪ ***~er Ton*** semitone; ***auf ~er Höhe*** halfway (up); ***die ~e Summe*** half the sum; ***zum ~en Preis*** for half the price, (at) half-price; *fig.* ***nur die ~e Wahrheit*** only half the truth; ***e-e ~e Sache*** a half-measure; ***er macht k-e ~en Sachen*** he doesn't do things by halves; ***nichts Halbes und nichts Ganzes*** neither one thing nor the other; ***mit ~em Herzen*** → ***halbherzig***; ***j-m auf ~em Wege entgegenkommen*** *bsd. fig.* meet s.o. halfway; ***sich auf ~em Wege einigen*** split the difference. **II** *adv* half, (*fast*) almost: ***~ so viel*** half as much; ***~ und ~*** half and half, (*zum Teil*) partly; F (***mit j-m***) ***~e-~e machen*** → ***halbpart***; ***es ist ~ so schlimm*** it's not as bad as all that; ***~ fertig*** half-finished, *econ.* semifinished; *gastr.* ***~ gar*** underdone, rare; *Sport*: ***~ links*** inside left; *Sport*: ***~ rechts*** inside right; ***~ nackt*** half naked; *a. ling.* ***~ offen*** half-open; ***~ tot*** half-dead; *a. fig.* ***~ verdaut*** undigested; ***~ verfault*** rotting; ***~ verhungert*** starving; ***~ wach*** half-awake, dozing; ***~ lachend, ~ weinend*** half laughing, half crying; ***~ wünschte er, dass ...*** he half wished that ...; ***das ist ja ~ geschenkt*** that's a giveaway; ***damit war die Sache ~ gewonnen*** that was half the battle.
halbamtlich *adj* semiofficial.
Halbbildung *f* superficial knowledge.
halbbitter *adj* plain (*chocolate*).
Halbblut *n* **1.** (*Person*) half-caste. **2.** (*Pferd*) half-breed.
Halbblut..., Halbblüter *m*, **halbblütig** *adj zo.* half-breed.
Halbbruder *m* half brother.
halbdunkel *adj* dusky, *Raum*: dimly-lit.
Halbdunkel *n* semidarkness, twilight.
Halbe *m, f, n* pint (of beer *etc*).
Halbedelstein *m* semiprecious stone.
...halben, ...halber *in Zssgn* (*wegen*) on account of, due to, (*um ... willen*) for the sake of, (*zwecks*) for.
Halb|fabrikat *n*, **~fertigprodukt** semifinished product.
halbfett *adj* **1.** *print.* (*adv* in) semibold. **2.** *Käse etc*: medium-fat.
Halbfinale *n Sport*: semifinal.
Halbformat *n phot.* half-frame.
halbgebildet *adj* semiliterate.
Halb|gott *m* demigod. **~göttin** *f* demigodess.
Halbheit *f* half measure.
halbherzig *adj* half-hearted(ly *adv*).
halbhoch *adj* medium-high, *Sport etc*: shoulder-high.
halbieren *v/t* halve, divide (*od.* cut) in half, ⩓ bisect.
Halbinsel *f* peninsula.
Halbjahr *n* half-year, (period of) six months *pl.*
Halbjahres|... half-yearly, six-month ..., biannual **~bericht** *m* half-yearly report.
halbjährig *adj Dauer*: half-yearly, six-month ..., of six months, *Alter*: six-month-old.
halbjährlich *adj u. adv* half-yearly, biannual(ly), *adv a.* every six months.
Halbkreis *m* semicircle.
Halbkugel *f a. geogr.* hemisphere.
halblang *adj* medium-length, *Rock, Hose etc*: knee-length, *ling. Laut*: half-long: F ***mach mal ~!*** draw it mild!
halblaut I *adj* low. **II** *adv* in an undertone.
Halbleder *n* half-leather: ***in ~ gebunden*** half-bound.
halbleinen *adj* half-linen.

Halbleinen *n* half-linen (cloth): ***in ~ gebunden*** half-cloth.
Halbleiter *m* ⚡ semiconductor.
Halblinke *m, f Sport*: inside left.
halbmast *adv* (***auf ~*** at) half-mast.
Halbmesser *m* radius.
Halbmittelgewicht(ler *m*) *n Boxen etc*: light middleweight.
Halbmond *m* half moon, (*a. Symbol*) crescent: ***wir haben ~*** there's a half moon.
halbmondförmig *adj* crescent-shaped.
halbnackt *adj* half-naked.
halboffen *adj a. ling*. half-open.
halboffiziell *adj* semiofficial.
halbpart *adv* F (***mit j-m***) ***~ machen*** go halves (F fifty-fifty) with s.o.
Halb|pension *f* half-board. **~profil** *n* semiprofile. **~rechte** *m, f Sport*: inside right. **~relief** *n* half relief, mezzo-relievo.
halbrund *adj* semicircular.
Halbrund *n* semicircle.
Halb|schlaf *m* doze. **~schuh** *m* (low) shoe. **~schwergewicht(ler** *m*) *n Boxen etc*: light heavyweight. **~schwester** *f* half sister.
halb|seiden *adj* **1.** half-silk. **2.** *contp*. (*a.* ***~es Milieu***) demimonde. **~seitig** *adj* **1.** *print*. half-page. **2.** ⚕ unilateral: ***~e Lähmung*** hemiplegia.
Halb|starke *m, f* F yobbo. **~stiefel** *m* ankle boot.
halb|stündig *adj* half-hour. **~stündlich** *adj u. adv* half-hourly, *adv a.* every half-hour. **~tägig** *adj* half a day's, half-day.
halbtags *adv* ***~ arbeiten*** work part-time.
Halbtags|... half-day, part-time (*job etc*). **~kraft** *f* part-time worker, part-timer. **~stelle** *f* part-time job (*od.* employment).
Halb|ton *m* **1.** ♪ semitone. **2.** *phot., print*. half-tone. **~vokal** *m ling*. semivowel. **~wahrheit** *f* half-truth. **~waise** *f* half-orphan.
halbwegs *adv* (just) a bit (*better etc*), (*leidlich*) tolerably, F so-so.
Halb|welt *f* demimonde. **~wert(s)zeit** *f phys*. half-life. **~wissen** *n* superficial knowledge. **~wüchsige** *m, f* adolescent, teenager.
Halbzeit *f* **1.** half(-time): ***erste*** (***zweite***) ***~*** first (second) half. **2.** → **~pause** *f* half-time. **~stand** *m* half-time score.
Halde *f* **1.** (*Schutthalde*) dump, (*für Schlacke*) slag heap, (*Kohlenhalde*) coal stocks *pl*. **2.** *econ*. (surplus) stocks *pl*: ***auf ~ legen*** stockpile; ***auf ~ liegen*** be (excessively) stockpiled.
Hälfte *f* half: ***die ~ der Leute*** (***Zeit***) half the people (time); ***um die ~ teurer sein*** cost half as much again; ***Kinder zahlen die ~*** children pay half(-price); ***zur ~*** half (of it *od.* them); F ***m-e bessere ~*** my better half.
Halfter *n* **1.** *a. m* (*Zaum*) halter. **2.** *a. f* (pistol) holster.
Hall *m* sound, (*Widerhall*) echo.
Halle *f* **1.** hall, (*Vorhalle*) *a.* entrance hall, (*Hotelhalle*) foyer, lounge. **2.** (*Werkshalle*) shop, (*für Flugzeuge*) hangar. **3.** (*Turnhalle*) gymnasium, F gym, (*Tennishalle*) covered court(s *pl*), (*Schwimmhalle*) indoor (swimming) pool: ***in der ~*** indoors.
halleluja *int*, **Halleluja** *n* hallelujah.
hallen *v/i* (***von*** with) reverberate, echo.
Hallen|... *Sport*: indoor (*handball, tennis, record, sports, etc*). **~fußball** *m* five-a-side football. **~(schwimm)bad** *n* indoor (swimming) pool.
hallo *int* hello, F hi, *erstaunt*: hey: ***~ (, Sie)!*** excuse me!, F hey, you!
Hallo *n fig*. hullabaloo.
Hallodri *m* F scallywag.
Halluzination *f* hallucination.
halluzinatorisch *adj* hallucinatory.
Halluzinogen *n* hallucinogen.
halluzinogen *adj* hallucinogenic.
Halm *m* blade, (*Getreidehalm*) stalk.
Halo *m astr.*, ⚕ halo.
Halogen *n* halogen. **~birne** *f* halogen bulb. **~licht** *n* halogen light. **~scheinwerfer** *m mot*. halogen headlight.
Hals *m allg*. neck, (*Kehle, Rachen*) throat: ⚕ ***steifer ~*** stiff neck; ***aus vollem ~(e)*** *schreien etc*: at the top of one's voice, ***lachen*** roar with laughter; ***~ über Kopf*** headlong, (*hastig*) *a.* helter-skelter, *sich verlieben etc*: head over heels; ***bis an den ~*** up to one's neck (*fig. a.* ears); ***auf dem*** (*od.* ***am***) ***~ haben*** have *s.o., s.th.* on one's back, be stuck with; ***j-m die Polizei*** *etc* ***auf den ~ hetzen*** get the police *etc* onto s.o.; ***sich j-n*** (***et.***) ***vom ~(e) schaffen*** get rid of s.o. (s.th.); ***j-m um den ~ fallen*** fling one's arms round s.o.'s neck; ***sich j-m an den ~ werfen*** throw o.s. at s.o.; ***sich den ~ brechen*** break one's neck; *fig*. ***das bricht ihm den ~*** that'll be his undoing; F ***e-r Flasche den ~ brechen*** crack a bottle; F ***er hat es in den falschen ~ bekommen*** he took it the wrong way; F ***es hängt mir zum ~(e) heraus!*** I'm fed up (to the teeth) with it!; ***bleib mir damit vom ~(e)!*** don't bother me with that!; → ***umdrehen, Wasser.***
Halsabschneider(in), **halsabschneiderisch** *adj fig*. cutthroat.
Halsband *n* **1.** necklace. **2.** *Tier*: collar.
halsbrecherisch *adj* breakneck.
Hals|entzündung *f* ⚕ sore throat. **~kette** *f* necklace. **~kragen** *m a. zo*. collar.

Hals-Nasen-Ohren|-Arzt *m*, **~-Ärztin** *f* ear, nose and throat specialist.
Halsschlagader *f* carotid (artery).
Halsschmerzen *pl* **~ haben** have a sore throat.
halsstarrig *adj* stubborn.
Halstuch *n* neckerchief, (*Schal*) scarf.
Hals- und Beinbruch! F break a leg!
Halsweh *n* → ***Halsschmerzen.***
Halswirbel *m anat.* cervical vertebra.
halt¹ *int* stop, *bsd. mil.* halt, (*warte*) wait (a minute), (*es genügt*) that'll do.
halt² *adv* → ***eben*** 5.
Halt *m* **1.** hold, *für die Füße*: *a.* foothold, (*Stütze*, *a. fig.*) support. **2.** *fig.* (moral) stability. **3.** (*Anhalten*) stop: ***ohne ~*** nonstop; *j-m, e-r Sache* ***~ gebieten*** call a halt to, stop; ***~ machen*** (make a) stop: *fig.* ***vor nichts ~ machen*** stop at nothing.
haltbar *adj* **1.** *Material*: durable, hard-wearing, *tech. a.* wear-resistant, *Farbe*: fast. **2.** *Lebensmittel*: not perishable: ***begrenzt ~*** perishable; ***~ sein*** keep (well); ***~ machen*** preserve; ***~ bis ...*** to be used before ... **3.** *Sport*: stoppable (*shot*). **4.** *fig. Theorie etc*: tenable.
Haltbarkeit *f* **1.** durability, *tech. a.* (long *etc*) service life, *econ.* shelf life, *von Farben*: fastness. **2.** *von Lebensmitteln*: keeping quality: ***von geringer ~*** perishable. **3.** *fig. e-r Theorie etc*: tenability.
Haltbarkeitsdatum *n* sell-by date, best-by (*od.* best-before) date, *Am.* pull date.
Haltegriff *m* strap.
Haltelinie *f mot.* stop line.
halten I *v/t* **1.** (*fest~*) hold, (*stützen*) hold (up), support: ***er hielt ihr den Mantel*** he held her coat for her; → ***Stellung*** 1. **2.** (*in e-m Zustand ~*) keep: ***sauber*** (***trocken, warm***) **~** keep clean (dry, warm); → ***Ordnung.*** **3.** (*ab~*) *allg.* hold, (*Hochzeit*, *Messe*) *a.* celebrate, (*Mahlzeit*, *Schläfchen etc*) take, have. **4.** (*beibe~*, *ein~*) keep, (*Preise*, *Geschwindigkeit etc*) hold (*a.* ♪ *Ton*), maintain: → ***Versprechen, Wort*** 3. **5.** *Sport*: (*Schuss*) stop, block, *Torwart*: save, (*Rekord*) hold. **6.** (*ent~*, *fassen*) hold, contain. **7.** (*Rede etc*) make, deliver, (*Vortrag etc*) give: → ***Vorlesung.*** **8.** (*auf~*, *an~*) hold back, stop, keep: ***er war nicht zu ~*** there was no holding him; ***mich hält hier nichts mehr*** there is nothing holding me here any more; ***haltet den Dieb!*** stop thief! **9.** ***sich*** (*ein Auto*, *e-n Hund*, *Personal etc*) **~** keep, (*e-e Zeitung*) take. **10.** (*behandeln*) treat: ***er hielt s-e Kinder sehr streng*** he was very strict with his children. **11.** ***~ für*** (*irrtümlich*: mis)take *s.o.*, *s.th.* for, consider *s.o.*, *s.th.* (to be); ***ich halte es für ratsam*** I think it advisable; ***man sollte es nicht für möglich ~, aber ...*** you wouldn't believe it but ...; ***wofür ~ Sie mich*** (***eigentlich***)***?*** who do you think I am?; ***für wie alt hältst du ihn?*** how old do you think he is? **12.** ***viel ~ von*** think highly (*stärker*: the world) of; ***nicht viel ~ von*** not to think much of; ***er hält nichts vom Sparen*** he doesn't believe in saving; ***was ~ Sie von ...?*** a) what do you think of ...?, b) ***e-r Tasse Tee*** *etc? a.* how about a cup of tea *etc?* **13.** (*handhaben*) do, handle: ***wie hältst du es mit ...?*** what do you usually do about ...?; ***das kannst du ~, wie du willst!*** please yourself! **14.** ***et. auf sich ~*** → 21. **II** *v/i* **15.** hold (*a. fig. Wetter*), (*haltbar sein*) last, *Lebensmittel*, *Blumen etc*: keep. **16.** (*an~*) stop, *mot. a.* draw up, pull up. **17.** *Torwart*: save. **18.** *fig.* ***an sich ~*** restrain o.s., control o.s. **19.** ***~ auf*** (*acc*) pay attention to, (*Wert legen auf*) set great store by, (*bestehen auf*) insist on. **20.** ***~ auf*** (*acc*) a) ⚓ *a.* ***~ nach*** head for, b) (*zielen*) aim at; ***nach Süden ~*** be heading south; ***mehr nach links ~*** keep (aim) more to the left. **21.** ***auf sich ~*** a) be particular about one's appearance, b) be self-respecting. **22.** ***zu j-m ~*** stand by s.o., F stick to s.o., (*Partei nehmen*) side with s.o. **III** *v/reflex* ***sich ~*** **23.** (*fest~*) hold on (***an*** *dat* to): *fig.* ***sich ~ an*** (*acc*) (*Tatsachen*, *Vorschriften etc*) keep to, F stick to; ***sich an j-n ~*** rely on s.o., *wegen Schadenersatz*: hold s.o. liable. **24.** *Material etc*: wear well, last long, *Lebensmittel*, *Blumen etc*: keep, *Wetter*: hold: F ***sie hat sich gut gehalten*** she is well-preserved. **25.** ***sich ~ für*** think (*od.* consider) o.s. (to be); ***sie hält sich für et. Besonderes*** she thinks she's s.th. special. **26.** ***sich aufrecht ~*** hold (*od.* carry) o.s. upright; ***ich kann mich kaum noch auf den Beinen ~*** I'm ready to drop. **27.** (*bleiben*) keep, stay: ***du musst dich warm ~*** you must keep warm; ***halte dich mehr links*** keep more to the left; ***sich an der Spitze ~*** stay at the top; ***er hat sich bei der Firma nicht lange gehalten*** he didn't last long with the firm.
Halten *n* **1.** *mot.* ***zum ~ bringen*** stop, bring *s.th.* to a standstill; *fig.* ***da gab es kein ~ mehr*** there was no holding them (*etc*). **2.** → ***Haltung*** 3.
Haltepunkt *m* stop.
Halter *m tech.* holder, (*Griff*) handle, (*Stütze*) rest.
Halter(in) ⚖ owner.
Halterung *f tech.* holding device.
Halte|schild *n* stop sign. **~signal** *n* stop signal. **~stelle** *f* stop. **~verbot** *n* no stopping (zone). **~verbotsschild** *n* no stopping sign.
haltlos *adj* **1.** *Charakter*, *Mensch*: unstable,

weak. **2.** *Theorie etc*: untenable, (*unbegründet*) unfounded.

Haltlosigkeit *f* **1.** weakness, instability. **2.** untenableness, unfoundedness.

haltmachen → ***Halt*** 3.

Haltung *f* **1.** (*Körperhaltung*) posture, (*Stellung, a. Sport*) position, (*Pose*) pose: *mil.* ***~ annehmen*** stand to attention. **2.** *fig.* (*Benehmen*) deportment, behavio(u)r, (*Einstellung*) attitude (***gegenüber*** towards), (*Fassung*) composure: ***politische ~*** political outlook (*od.* views *pl*); ***~ bewahren*** a) control o.s., b) *a.* ***~ zeigen*** bear up well. **3.** *e-s Tieres etc*: keeping.

Haltungsschaden *m* ⚕ damaged posture.

Halunke *m* scoundrel.

Hamburger I *m* **1.** *a.* **Hamburgerin** *f* Hamburger. **2.** *gastr.* hamburger. **II** *adj* **3.** (of) Hamburg.

Häme *f* F sneers *pl*, snide remarks *pl*: ***voller ~*** *sagen etc*: sneeringly.

hämisch *adj* malicious, sneering.

Hammel *m* **1.** *zo.* wether. **2.** *gastr.* mutton. **3.** F *fig.* idiot. **~braten** *m* roast mutton. **~fleisch** *n* mutton. **~keule** *f* leg of mutton.

Hammelsprung *m parl.* division.

Hammer *m* **1.** hammer (*a.* ♪, *Sport u. Auktion*), (*aus Holz*) mallet, *parl. etc* gavel: ***~ und Sichel*** hammer and sickle; ***unter den ~ kommen*** come under the hammer. **2.** F *fig.* (*Schlag etc, tolle Sache*) whammy: ***das ist ein ~!*** (*unerhört*) that beats everything!

Hammerklavier *n* piano(forte).

hämmern I *v/i* **1.** hammer, *fig. Herz, Puls*: *a.* pound. **2.** ***~ auf*** (*acc*), ***~ gegen*** hammer away at, pound (at). **II** *v/t* **3.** hammer, beat, (*schmieden*) forge.

Hammer|werfen *n Sport*: hammer throwing. **~werfer(in)** hammer thrower.

Hämoglobin *n* h(a)emoglobin.

Hämophile *m* ⚕ h(a)emophiliac.

Hämorrhoiden, Hämorriden *pl* ⚕ h(a)emorrhoids *pl*, F piles *pl*.

Hampelmann *m* **1.** jumping Jack. **2.** F *fig.* fidget, (*Kasper*) clown.

Hamster *m zo.* hamster.

Hamsterkäufe *pl* panic buying *sg*.

hamstern *v/t u. v/i* hoard.

Hand *f* hand (*a.* **~***schrift, Kartenspiel*): ***j-m die ~ geben*** (*od.* ***reichen, schütteln***) shake hands with s.o.; ***~ in ~ gehen*** walk (*fig.* go) hand in hand (***mit*** with); ***Hände hoch*** (***weg***)***!*** hands up (off)!; *Fußball*: ***~!*** hands!; *fig.* ***die öffentliche ~*** the public authorities *pl*, the State; ***j-s rechte ~*** s.o.'s right-hand man; ***an ~ von*** (*od. gen*) by means of, on the basis of; ***aus erster*** (***zweiter***) ***~*** *kaufen, wissen etc*: firsthand (secondhand); ***bei der ~, zur ~*** at hand, handy; ***mit der ~, von ~*** *machen etc*: by hand; ***unter der ~*** secretly, on the quiet; ***et. unter der ~ verkaufen*** sell s.th. privately; ***zu Händen*** *auf Brief*: c/o (= care of), *adm.* Attention *Mr. Smith*; ***mit leeren Händen abziehen*** go away empty-handed; (***mit***) ***~ anlegen*** lend a hand; ***et. in die Hände bekommen*** get hold of s.th.; ***j-m in die Hände fallen*** fall into s.o.'s hands; ***j-m et. an die ~ geben*** furnish s.o. with s.th.; ***aus der ~ geben*** part with; ***j-n in der ~ haben*** have s.o. in one's grip (F over a barrel); ***~ und Fuß haben*** make sense; ***j-m freie ~ lassen*** give s.o. a free hand; ***von der ~ in den Mund leben*** live from hand to mouth; ***letzte ~ an et. legen*** put the finishing touches to s.th.; *fig.* ***die Hände in den Schoß legen*** twiddle one's thumbs; ***aus der ~ legen*** lay aside; ***s-e ~ ins Feuer legen für*** put one's hand into the fire for; ***es liegt in s-r ~*** it's up to him; ***es liegt klar auf der ~*** it's obvious; *fig.* ***et. in die ~ nehmen*** take charge of s.th.; ***j-m*** (***et.***) ***in die Hände spielen*** play (s.th.) into s.o.'s hands; *a. fig.* ***~ voll*** handful; ***alle Hände voll zu tun haben*** have one's hands full; ***in andere Hände übergehen*** change hands; ***das war von langer ~ vorbereitet*** that was carefully planned long beforehand; ***e-e ~ wäscht die andere*** you scratch my back and I'll scratch yours; ***sich mit Händen und Füßen*** (***gegen et.***) ***wehren*** fight (s.th.) tooth and nail; ***von der ~ weisen*** dismiss; ***es lässt sich nicht von der ~ weisen, dass ...*** it can't be denied that ...; ***mit beiden Händen zugreifen*** jump at the chance.

Hand|arbeit *f* **1.** (*Ggs. Kopfarbeit*) manual work. **2.** (*Ggs. Maschinenarbeit*) handiwork, handicraft, (*Erzeugnis*) handmade article: ***diese Vase ist ~*** this vase is handmade. **3.** *a. ped.* needlework. **~arbeiter(in)** manual worker. **~aufheben** *n parl.* ***durch ~*** by a show of hands. **~ball** *m* (European) handball. **~ballen** *m anat.* ball of the thumb.

Handballer(in) F, **Handballspieler(in)** handball player.

handbetätigt *adj tech.* hand-operated, manual.

Hand|betrieb *m* manual operation: ***mit ~*** → ***handbetätigt***. **~bewegung** *f* gesture: ***j-n durch e-e ~ auffordern zu*** *inf* motion s.o. to *inf*. **~bibliothek** *f* reference library. **~bohrer** *m tech.* gimlet. **~bohrmaschine** *f* hand drill.

handbreit *adj* a few inches wide.

Handbreit(e) *f* hand's breadth.

Hand|bremse *f* handbrake. **~buch** *n* manual, handbook, (*Führer*) guide.

Händchen *n* ***~ halten*** hold hands.

Handcreme *f* hand cream.
Händedruck *m* handshake.
Handel *m* **1.** commerce, business, (*Handelsverkehr*) trade (***mit*** *et.* in, *j-m* with), *bsd. Börse*: trading, (*a. illegaler* ~) traffic: ***~ und Gewerbe*** trade and industry; ***im ~*** on the market; ***nicht mehr im ~*** off the market; ***in den ~ bringen*** (***kommen***) put (be) on the market; ***~ treiben mit*** a) ***et.*** deal in s.th., b) ***j-m*** trade (*od.* do business) with s.o.; ***~ treibend*** trading. **2.** (*Geschäft*) (business) transaction, F deal, *fig. a.* bargain, (*Tauschhandel*) barter.
Händel *pl* quarrel *sg*, fight *sg*: ***~ suchen*** (try to) pick a quarrel.
handeln I *v/i* **1.** *allg.* act, (*Maßnahmen ergreifen*) *a.* take action, (*sich verhalten*) *a.* behave. **2.** *econ.* trade, do business (***mit j-m*** with s.o.): ***~ mit*** *e-r Ware*: trade (*od.* deal, *bsd. illegal*: traffic) in. **3.** (*feilschen*) (**um**) bargain (for), haggle (over): ***er lässt mit sich ~*** he is open to an offer (*weitS.* a suggestion). **4.** ***~ von*** *Buch, Film etc*: be about, deal with. II *v/t* **5.** *econ.* ***gehandelt werden*** be sold, *an der Börse*: be traded, be listed, *fig. Name etc*: be mentioned. III *v/impers* **6. es handelt sich um** it concerns, it is a question of, it is about; ***worum handelt es sich?*** what is it (all) about?, what's the problem?; ***es handelt sich darum, ob*** (*od.* ***wer*** *etc*) the question is whether (*od.* who *etc*); ***darum handelt es sich*** (***nicht***)***!*** that's just (not) the point!; ***bei dem Opfer handelt es sich um e-n Ausländer*** the victim is a foreigner.
Handeln *n* acting (*etc*): ***gemeinsames*** (***rasches***) ~ joint (quick) action.
Handels|abkommen *n* trade agreement. **~attaché** *m* commercial attaché. **~bank** *f* merchant bank. **~barriere** *f* trade barrier. **~bedingungen** *pl* trade terms. **~bericht** *m* trade (*od.* market) report. **~beschränkungen** *pl* trade restrictions *pl.* **~betrieb** *m* commercial enterprise. **~bezeichnung** *f* trade name. **~beziehungen** *pl* trade relations *pl*, trading links *pl.*
Handelsbilanz *f* (***aktive*** ~ surplus, ***passive*** ~ adverse) balance of trade. **~defizit** *n* trade gap. **~überschuss** *m* trade surplus.
Handels|bücher *pl* account books. **~defizit** *n* trading deficit.
handelseinig *adj* ***~ werden*** come to terms (***mit*** with).
Handels|embargo *n* trade embargo. **~firma** *f* (commercial) firm. **~flagge** *f* merchant flag. **~flotte** *f* merchant fleet. **~genossenschaft** *f* traders' cooperative. **~gericht** *n* commercial court. **~gesellschaft** *f* (trading) company, *Am.* (business) corporation: ***offene ~*** general partnership. **~gesetzbuch** *n* Commercial Code. **~gewicht** *n* avoirdupois. **~hafen** *m* trading port. **~hemmnisse** *pl* trade restrictions. **~kammer** *f* Chamber of Commerce. **~kette** *f* chain (of stores). **~klasse** *f* ***Äpfel der ~ A*** grade one apples. **~korrespondenz** *f* commercial correspondence. **~kredit** *m* business loan. **~krieg** *m* trade war(fare). **~macht** *f* (great) trading nation. **~marine** *f* merchant navy. **~marke** *f* trade name, brand. **~messe** *f* trade fair **~minister(in)** minister of commerce, *Br.* Trade Secretary, *Am.* Secretary of Commerce. **~ministerium** *n* ministry of commerce, *Br.* Board of Trade, *Am.* Department of Commerce.
Handels|name *m* trade name. **~nation** *f* trading nation. **~niederlassung** *f* **1.** business establishment. **2.** (*Sitz*) registered seat. **3.** (*Zweigstelle*) branch. **~partner(in)** trading partner. **~platz** *m* trading cent/re (*Am.* -er). **~politik** *f* trade policy. **~rabatt** *m* trade discount.
Handelsrecht *n* commercial law.
handelsrechtlich *adj* in accordance with (*od.* relating to) commercial law, *adv* under commercial law.
Handels|register *n* commercial (*od.* trade) register: ***ins ~ eintragen*** (***lassen***) register, *Am.* incorporate. **~schiff** *n* trading vessel. **~schifffahrt** *f* merchant shipping. **~schranke** *f* trade barrier. **~schule** *f* commercial school. **~spanne** *f* trade margin. **~sperre** *f* (trade) embargo. **~stadt** *f* commercial cent/re (*Am.* -er). **~statistik** *f* trade returns.
handelsüblich *adj* usual in the trade: ***~e Qualität*** commercial quality; ***~e Bezeichnung*** trade name; ***~er Computer*** commercial computer; ***~e Software*** standard software.
Handels|verkehr *m* trade, trading. **~vertrag** *m* trade agreement. **~vertreter(in)** commercial representative. **~vertretung** *f* commercial agency, *pol.* trade mission. **~volumen** *n* volume of trade. **~ware** *f* commodity: ***~n*** *pl* merchandise *sg.* **~weg** *m* trade route. **~wert** *m* market value. **~zweig** *m* line of business.
händeringend *adv* imploringly, (*verzweifelt*) despairingly.
Hände|schütteln *n* shaking of hands, handshake. **~trockner** *m* hand drier.
Handfertigkeit *f* manual skill.
handfest *adj* **1.** sturdy, strong. **2.** *fig. Skandal, Krach etc*: huge, *Beweis etc*: solid, *Lüge*: whopping.
Hand|feuerlöscher *m* fire extinguisher. **~feuerwaffe** *f* hand gun, *pl mst* small arms *pl.* **~fläche** *f* palm.

hand|gearbeitet, ~gefertigt *adj* handmade.
Handgelenk *n* wrist: F ***aus dem*** ~ off the cuff, (*mühelos*) just like that.
hand|gemacht *adj* handmade. **~gemalt** *adj* handpainted.
Hand|gemenge *n* fray, brawl. **~gepäck** *n* hand luggage (*Am.* baggage).
hand|geschrieben *adj* handwritten. **~gestrickt** *adj* **1.** handknitted. **2.** F *contp.* home-made. **~gewebt** *adj* **1.** handwoven. **2.** → ***handgestrickt*** 2.
Handgranate *f* hand grenade.
handgreiflich *adj* **1.** ***er wurde*** ~ he got violent, *sexuell*: he started to paw. **2.** *fig.* (*offensichtlich*) obvious, plain.
Handgreiflichkeiten *pl* violence *sg.*
Handgriff *m* **1.** handle, grip. **2.** *fig.* movement of the hand, (*Bedienung*) manipulation: ***mit wenigen ~en*** *machen etc*: in no time, (*geschickt*) deftly.
Handhabe *f* (*Beweis*) proof, (*Druckmittel*) lever: ***er hat keinerlei*** ~ he hasn't got a leg to stand on.
handhaben *v/t* **1.** (*Werkzeug etc*) use, manage, handle, (*Maschine*) operate. **2.** *fig.* handle, deal with, (*anwenden*) apply.
Handhabung *f* handling (*a. fig.*), management, use, operation, *fig.* (*Anwendung*) application.
Handicap *n a. fig.* handicap (**für** to).
Hand|kamera *f* hand-held camera. **~kante** *f* side of the hand: ***Schlag mit der*** ~ → **~kantenschlag** *m* (karate) chop. **~karren** *m* handcart. **~koffer** *m* small suitcase. **~kuss** *m* ***j-m e-n*** ~ ***geben*** kiss s.o.'s hand; F *fig.* ***mit*** ~ gladly.
Handlanger(in) odd-job man (woman), *contp.* dogsbody, *pol. etc* henchman. **~dienste** *pl* donkey (*od.* dirty) work: ***j-m*** ~ ***leisten*** fetch and carry for s.o.
Händler(in) trader, merchant, dealer: → ***fliegend.***
Händlerrabatt *m* trade discount.
Handlesekunst *f* palmistry.
handlich *adj* handy.
Handlichkeit *f* handiness.
Handlung *f* **1.** act, action. **2.** *e-s Films etc*: action, story, (*Schema*) plot: ***Ort der*** ~ scene (of action). **3.** *econ.* shop.
Handlungs|bedarf *m* ***es besteht*** (***kein***) ~ this calls (there is no need) for action. **~bevollmächtigte** *m, f* (authorized) agent, proxy.
handlungsfähig *adj* ⚖ having disposing capacity, *weitS. Regierung etc*: functioning, *a. Mehrheit*: working.
Handlungsfähigkeit *f* ⚖ legal capacity, *weitS.* capacity to act.
Handlungs|freiheit *f* freedom of action: ***j-m*** ~ ***geben*** give s.o. a free hand. **~gehilfe** *m*, **~gehilfin** *f* (commercial) clerk, (*Verkäufer*[*in*]) shop assistant. **~reisende** *m, f* commercial travel(l)er. **~schema** *n* plot. **~spielraum** *m* room for manoeuvre (*Am.* maneuver). **~vollmacht** *f* limited authority to act and sign. **~weise** *f* way of acting, conduct, (*Vorgehen*) procedure.
Hand|mühle *f* handmill. **~pflege** *f* care of one's hands, manicure. **~puppe** *f* glove puppet. **~reichung** *f a. pl* help. **~rücken** *m* back of the hand. **~säge** *f* hand saw. **~schelle** *f* (*a. j-m* ***~n anlegen***) handcuff. **~schlag** *m* handshake: ***durch*** ~ ***bekräftigen*** shake hands on; F ***er tut k-n*** ~ he doesn't lift a finger.
Handschrift *f* **1.** handwriting, *a. fig. s.o.'s* hand. **2.** (*Text*) manuscript.
Handschriftendeutung *f* graphology.
handschriftlich **I** *adj* handwritten. **II** *adv* in writing, *korrigieren etc*: by hand.
Handschuh *m* glove (*a. Sport*). **~fach** *n mot.* glove compartment.
Hand|spiegel *m* hand mirror. **~spiel** *n Fußball*: hands *sg.* **~stand** *m gym.* handstand. **~standüberschlag** *m* handspring. **~steuerung** *f* manual control. **~streich** *m* coup (de main). **~tasche** *f* handbag, *Am.* purse.
Handtuch *n* (***das*** ~ ***werfen*** *a.* F *fig.* throw in the) towel. **~halter** *m* towel rack.
Handumdrehen *n* ***im*** ~ in no time.
handverlesen *adj a. fig.* handpicked.
Hand|waffe *f* small weapon. **~wagen** *m* handcart. **~waschbecken** *n* washbasin. **~wäsche** *f* hand wash(ing).
Handwerk *n* trade, (*bsd. künstlerisch*) craft: ***das*** ~ (*Berufsstand*) the trade; ***ein*** ~ ***lernen*** learn a trade; *fig.* ***j-m das*** ~ ***legen*** put a stop to s.o.('s game); ***j-m ins*** ~ ***pfuschen*** botch at s.o.'s trade; ***sie versteht ihr*** ~ she knows her business (*od.* stuff).
Handwerker(in) (skilled) manual worker, (*bsd. Künstler*) craftsman (craftswoman).
handwerklich *adj* craft ..., craftsman's ...: ***~er Beruf*** skilled trade; ***~es Können*** craftsmanship, skill(s *pl*).
Handwerks|betrieb *m* craft business. **~kammer** *f* chamber of handicrafts. **~meister(in)** master craftsman (craftswoman). **~zeug** *n* tools *pl* (*fig. a.* of the trade).
Hand|wörterbuch *n* concise dictionary. **~wurzel** *f anat.* wrist, carpus.
Handy *n* mobile phone, cellphone.
Hand|zeichen *n* **1.** sign. **2.** *parl.* show of hands. **~zeichnung** *f* sketch. **~zettel** *m* leaflet.
Hanf *m* hemp.
Hang *m* **1.** (*a. Skihang*) slope. **2.** *gym.* hang.

3. *fig.* (**zu**) (natural) inclination (to, for), bent (for), tendency (to), (*Anfälligkeit*) proneness (to).

Hangar *m* hangar.

Hänge|backen *pl* flabby cheeks *pl.* **~bahn** *f* suspension railway. **~bauch** *m* (drooping) paunch. **~brücke** *f* suspension bridge. **~brust** *f*, **~busen** *m* sagging breasts *pl.* **~lampe** *f* hanging lamp.

hangeln *v/i gym.* climb (*od.* travel) hand over hand.

Hängemappe *f* suspension pocket.

Hängematte *f* hammock.

Hangen: ***mit ~ und Bangen*** in anxious anticipation.

H

hängen I *v/i* **1.** hang (**an** *der Decke etc* from, **an** *e-m Haken etc* on): **voller** *Bilder, Früchte etc* **~** be full of; **über j-m ~** *a. fig. Schicksal etc*: hang over s.o.; *fig.* ***die ganze Arbeit hängt an mir*** I am stuck with all the work; → **Tropf. 2.** (**an** *dat* to) *Schmutz etc*: cling, stick. **3.** (*festsitzen*) be stuck, be caught: F *fig.* ***woran hängts?*** what's the problem?; ***er hängt in Latein*** he's bad at Latin. **4. ~ an** (*dat*) a) *am Geld, Leben etc*: love, *a. an e-m Brauch etc*: cling to, b) *an j-m*: be fond of, be devoted to; **~ *bleiben*** a) (**an** *dat*) get (*od.* be) caught (by), catch (on, in), get (*od.* be) stuck (in): *fig.* ***im Gedächtnis ~ bleiben*** stick in one's mind, b) (*klemmen*) jam, stick, c) *fig.* (*aufgehalten werden*) be held up, *Sport*: be stopped (**an** *dat* by); **~ *lassen*** a) let *s.th.* hang, (let *s.th.*) dangle, b) F (*vergessen*) leave: F *fig.* ***j-n ~ lassen*** leave s.o. in the lurch, c) ***sich ~ lassen*** let o.s. go. **5.** (*schief sein*) be lopsided. **II** *v/t* **6. *j-n ~*** hang s.o.; ***gehängt werden*** be hanged. **7. *et. ~ an*** (*acc*) a) *die Decke etc*: hang s.th. from, b) *die Wand, e-n Haken etc*: hang s.th. on, c) (*ein~, anhaken*) hook s.th. on to; *fig.* ***sein Herz ~ an*** (*acc*) set one's heart on. **III** *v/reflex* **8. *sich ~ an*** (*acc*) hang on to; F ***sich ans Telefon ~*** get on the phone; ***sich an j-n ~*** cling (*od.* stick) to s.o., (*beschatten*) trail s.o., *Laufsport etc*: drop in behind s.o.

Hängen *n* F ***mit ~ und Würgen*** only just, barely; ***er hat mit ~ und Würgen die Prüfung bestanden*** he (barely) scraped through.

Hänge|ohren *pl* drooping (*od.* floppy) ears *pl.* **~ordner** *m* suspension file. **~partie** *f Schach*: adjourned game. **~pflanze** *f* hanging plant.

Hänger *m* loose dress (*Mantel*: coat).

Hänge|registratur *f* suspension filing system. **~schloss** *n* padlock. **~schrank** *m* wall cabinet.

Hang-Seng-Index *m Börse*: Hang Seng Index.

Hansdampf *m* F ***~ in allen Gassen*** jack-of-all-trades.

Hanse *f* Hanseatic League.

hanseatisch *adj* Hanseatic.

Hänselei *f* teasing, F kidding.

hänseln *v/t* tease, F kid.

Hansestadt *f* Hanse town.

Hanswurst *m a. contp.* clown.

Hantel *f* dumbbell.

hantieren *v/i* **1.** bustle (*gemütlich*: potter) around. **2. *~ mit*** work with, handle; ***~ an*** (*dat*) work on, *contp.* fiddle with.

hapern *v/impers* F ***es hapert mit*** (*od.* ***bei***) there are problems with; ***es hapert an*** (*dat*) there isn't (*od.* aren't) enough; ***woran hapert es?*** what's the problem?; ***es hapert uns an Geld*** we're short of money; ***im Englischen hapert es bei ihm*** English is his weak point.

Häppchen *n* (*Bissen*) morsel, (*Appetithappen*) titbit, (*Brötchen*) canapé.

Happen *m* **1.** bite (to eat): ***e-n ~ essen*** have a bite. **2.** *fig.* (*Beute*) (***ein fetter ~*** a fine) catch.

happig *adj* F *Preis etc*: steep.

Happy End *n* happy ending.

Härchen *n* little (*od.* tiny) hair.

Hardware *f Computer*: hardware.

Harem *m* harem.

Harfe *f* ♪ harp. **Harfenist(in)** harpist.

Harke *f* rake: F *fig.* ***j-m zeigen, was e-e ~ ist*** show s.o. what's what.

harmlos *adj* harmless.

Harmlosigkeit *f* harmlessness.

Harmonie *f a. fig.* harmony.

Harmonielehre *f* ♪ harmony.

harmonieren *v/i* harmonize (***mit*** with).

Harmonisierung *f* harmonization.

harmonisch *adj* ⩘, ♪ harmonic(al), *a. fig.* harmonious.

harmonisieren *v/t a. fig.* harmonize.

Harn *m* ⚕ urine. **~blase** *f anat.* bladder. **~flasche** *f* urinal. **~grieß** *m* ⚕ gravel.

Harnisch *m* (suit of) armo(u)r, (*Brustpanzer*) cuirass: F *fig.* ***j-n in ~ bringen*** get s.o.'s back up; ***in ~ geraten*** get (really) furious; ***in ~ sein*** be up in arms.

Harn|leiter *m anat.* ureter. **~probe** *f* ⚕ urine sample. **~röhre** *f anat.* urethra. **~säure** *f* ⚕ uric acid.

harntreibend *adj* (*a.* ***~es Mittel***) diuretic.

Harn|untersuchung *f* urinalysis. **~wege** *pl* urinary tract *sg.*

Harpune *f* harpoon.

harren *v/i* wait (*gen od.* **auf** *acc* for).

Harsch(schnee) *m* crusted snow.

hart I *adj* **1.** hard (*a. Landung*): ***~es Ei*** hard-boiled egg. **2.** *fig. allg.* hard, (*streng*) *a. Strafe, Kritik etc*: *a.* severe, (*zäh, schwie-*

rig) *a.* tough (*a. Politik, Kurs etc*), *Sport*: rough (*play, player*), *Schlag, Verlust etc*: heavy, *Worte, Gegensätze, Farben etc*: harsh: ***~e Tatsachen*** hard facts; ***er blieb ~*** he stood firm; ***das war ~!*** that was tough!; ***das war ~ für ihn*** that was hard on him; → ***nehmen, Nuss, Schule.*** **3.** *Droge, Getränk, Währung*: hard. **II** *adv* **4.** *allg.* hard, (*streng*) *a.* severely; ***~ gefroren*** frozen hard; ***~ gekocht*** hard-boiled; ***~ arbeiten*** work hard; ***es ging ~ auf ~*** it was either do or die; ***wenn es ~ auf ~ geht*** when it comes to the crunch. **5.** ~ (*dicht, nahe*) ***an*** (*dat*) hard by, close to; ⚓ ***~ am Wind*** closehauled.

Härte *f* **1.** hardness. **2.** *fig.* toughness, *Sport*: roughness, rough play, (*Schärfe*) harshness, severity: ⚖ (***unbillige ~*** undue) hardship. **3.** *phot.* contrast.

Härtefall *m* case of hardship.

härten I *v/t* harden, (*Stahl*) temper. **II** *v/i* harden, grow hard.

Härtetest *m* endurance test, *fig.* acid test.

Hartfaserplatte *f* hardboard, *Am.* fiberboard.

Hartgeld *n* coins *pl.*

hartgesotten *adj fig.* hard-boiled, *Verbrecher etc*: hardened.

Hartgummi *n, m* hard rubber.

hartherzig *adj* hard-hearted.

Hartkäse *m* hard cheese.

hartnäckig *adj* stubborn (*a. Krankheit*), (*beharrlich*) persistent.

Hartnäckigkeit *f* stubbornness, persistence.

Hartplatz *m* hard pitch, *Tennis*: hard court.

Hartschalenkoffer *m* hard-top case.

Härtung *f* hardening, *von Stahl*: *a.* tempering.

Hartwurst *f* hard sausage.

Harz *n* resin, (*Geigenharz*) rosin.

harzig *adj* resinous.

Hasardspiel *n* game of chance, *fig.* gamble.

Hasch *n* F hash.

Haschee *n gastr.* hash.

haschen[1] **I** *v/t* (***sich ~*** play) catch. **II** *v/i* ***~ nach*** snatch at, *fig.* seek.

haschen[2] *v/i* F smoke hash.

Häschen *n* young hare, F bunny.

Häscher(in) *contp.* catchpole.

Hascherl *n dial.* ***armes ~*** poor little thing, poor creature.

Haschisch *n* hashish.

Hase *m* hare: *fig.* ***alter ~*** old hand; ***sehen, wie der ~ läuft*** see how things develop; ***da liegt der ~ im Pfeffer*** that's the real problem; ***mein Name ist ~ (, ich weiß von nichts)!*** search me!

Haselnuss *f* **1.** hazelnut. **2.** → **Haselnussstrauch** *m* hazelnut (tree).

Hasen|braten *m* roast hare. **~fuß** *m* F coward. **~klein** *n*, **~pfeffer** *m gastr.* jugged hare. **~scharte** *f* ⚕ hare lip.

Häsin *f* female hare, doe.

Haspel *f tech.* hasp, reel.

haspeln *v/t* **1.** *tech.* reel, wind. **2.** *a. v/i* splutter.

Hass *m* (***auf*** *acc*, ***gegen*** of, for) hatred, hate: ***aus ~*** out of hatred; ***e-n ~ haben auf*** (*acc*) hate.

hassen *v/t* hate: → ***Pest.***

hassenswert *adj* hateful.

hasserfüllt *adj* full of hate, *Blick etc*: venomous.

hässlich *adj* ugly, *fig. a.* nasty.

Hassliebe *f* love-hate relationship.

Hast *f* hurry, *des Lebens*: rush.

hasten *v/i* hurry.

hastig I *adj* **1.** hurried, (*voreilig*) rash. **2.** (*schlampig*) slapdash. **II** *adv* **3.** hastily, in a hurry: ***nicht so ~!*** just a minute!

hätscheln *v/t* cuddle, *fig.* pamper.

Haube *f* **1.** bonnet, (*Kapuze*) hood, (*Schwesternhaube etc*) cap, (*e-r Nonne*) cornet: *fig.* ***unter die ~ bringen*** find a husband for. **2.** (*Trockenhaube*) (hair-)drier. **3.** *der Vögel*: crest. **4.** *tech.* cover, *mot.* bonnet, *Am.* hood, ✈ cowling.

Hauch *m* **1.** breath, (*Lufthauch*) breath (of wind), (*Duft*) whiff. **2.** *ling.* aspiration. **3.** *fig.* (*Anflug*) touch.

hauchdünn *adj* **1.** wafer-thin, *Gewebe, Kleid etc*: flimsy. **2.** *fig. Chance, Vorsprung etc*: very slim, *Mehrheit etc*: bare: ***~er Sieg*** knife-edge victory.

hauchen *v/i u. v/t* breathe (*a. fig. flüstern*), *ling.* aspirate.

Hauchlaut *m ling.* aspirate.

Haudegen *m* ***alter ~*** F warhorse.

Haue[1] *f* (*Hacke*) hoe.

Haue[2] *f* F (***~ kriegen*** get a) spanking.

hauen I *v/t* **1.** F (*j-n*) hit, *mit der Hand*: *a.* slap, (*prügeln*) thrash, (*Kind*) *a.* spank: ***sich ~*** fight, scrap; → ***Ohr, Pauke.*** **2.** F (*schmeißen*) bang, slam. **3.** *dial.* (*hacken*) hew, cut, (*Holz*) chop, (*fällen*) chop down. **II** *v/i* **4.** hit (out) (***nach*** at).

Hauer *m zo.* tusk.

Häufchen *n* small heap (*etc*, → ***Haufen***): *fig.* ***wie ein ~ Unglück*** (*od.* ***Elend***) (looking) the picture of misery.

Haufen *m* **1.** heap, pile: F ***über den ~ rennen*** (***fahren***) knock *s.o., s.th.* down; ***j-n über den ~ schießen*** shoot s.o. down; ***über den ~ werfen*** a) (*Plan etc*) upset, b) (*Theorie etc*) explode. **2.** F (*große Menge*) loads of, a lot (*od.* lots) of: ***er hat e-n ~ Freunde*** he has lots (*od.* a lot) of friends; ***e-n ~ Geld kosten*** (***verdienen***) cost (make) a packet. **3.** F

(*Schar*) crowd, (*Gruppe*) bunch, *mil.* outfit. **4.** V (*Kot*) turd.
häufen I *v/t* heap up, *fig. a.* accumulate: ***gehäuft*** heaped. II *v/reflex* ***sich*** ~ *a. fig.* accumulate, pile up, *Schulden*: *a.* mount, (*zahlreicher werden*) increase (in number), (*sich ausbreiten*) spread.
haufenweise *adv* F in piles, (*in Massen*) in crowds: ***er hat ~ Geld*** he has loads of money.
Haufenwolke *f* cumulus (cloud).
häufig I *adj* frequent, (*verbreitet*) widespread. II *adv* frequently, often: ~ ***besuchen*** *a.* frequent.
Häufigkeit *f* frequency, (high) incidence.
Häuflein *n* → ***Häufchen.***
Häufung *f* accumulation, (*Zunahme*) increase, (*Verbreitung*) spreading, (*Wiederholung*) frequent occurrence.
Haupt *n a. fig.* head: ***et. an ~ und Gliedern reformieren*** reform s.th. root and branch.
Haupt|... main, chief, principal. **~abnehmer(in)** biggest buyer (*od.* importer). **~abteilungsleiter(in)** (senior) head of department. **~aktionär(in)** principal shareholder (*Am.* stockholder). **~akzent** *m* primary stress. **~altar** *m* high altar.
hauptamtlich *adj u. adv* full-time, *adv a.* on a full-time basis.
Haupt|angeklagte *m, f* principal defendant. **~anschluss** *m teleph.* main line. **~anteil** *m* principal (*fig.* lion's) share. **~attraktion** *f* main attraction, highlight. **~aufgabe** *f* main duty (*od.* work). **~augenmerk** *n* ***sein ~ richten auf*** (*acc*) give one's special attention to. **~ausgang** *m* main exit. **~bahnhof** *m* main station.
Hauptberuf *m* main job.
hauptberuflich *adj u. adv* full-time, *adv a.* as one's main job.
Haupt|beschäftigung *f* main job. **~bestandteil** *m* main constituent. **~betrieb** *m* **1.** *econ.* (*Zentrale*) head office, *der Produktion*: central works *pl* (*a. sg konstr.*). **2.** → **~betriebszeit** *f econ.* peak hours *pl*, (*Saison*) main season, *Verkehr*: rush hours *pl.* **~buch** *n econ.* main ledger. **~buchhalter(in)** chief accountant. **~darsteller(in)** leading actor (actress), lead. **~einfahrt** *f*, **~eingang** *m* main entrance. **~einkaufszeit** *f* peak shopping hours *pl.* **~einschaltzeit** *f TV* prime time.
Häuptelsalat *m österr.* lettuce.
Haupt|fach *n ped., univ.* main subject, *Am.* major: ***als*** (*od.* ***im***) ~ ***studieren*** study *s.th.* as a main subject, *Am.* major in. **~fehler** *m* chief mistake, *weitS.* main fault. **~feldwebel** *m mil.* sergeant major, *Am.* first sergeant. **~figur** *f* central figure, *thea. etc* main character. **~filiale** *f* main branch. **~film** *m* feature film. **~gang** *m gastr.* main course. **~gebäude** *n* main building. **~gedanke** *m* main idea. **~gericht** *n gastr.* main course.
Hauptgeschäft *n* **1.** (*Tätigkeit, Umsatz*) main business. **2.** → ***Hauptgeschäftssitz.***
Hauptgeschäfts|führer(in) chief executive, managing director. **~sitz** *m*, **~stelle** *f* head office, (*Laden*) main store. **~zeit** *f* peak business hours *pl.*
Haupt|gesichtspunkt *m* major consideration. **~gewicht** *n fig.* main emphasis. **~gewinn** *m* first prize. **~gläubiger** *m* principal creditor. **~grund** *m* main reason. **~hahn** *m tech.* main tap. **~kasse** *f* main cash desk, *thea.* box office. **~kassierer(in)** chief cashier. **~last** *f* main burden: ***die ~ tragen*** bear the brunt (*gen* of).
Häuptling *m* **1.** chieftain. **2.** F boss.
Haupt|mahlzeit *f* main meal. **~mangel** *m* main fault (*Schwäche*: weakness). **~mann** *m mil.* captain. **~masse** *f* bulk. **~merkmal** *n* chief characteristic. **~nahrung** *f* staple (food). **~nenner** *m* 𝔄 common denominator. **~niederlassung** *f econ.* head office, headquarters *pl.* **~person** *f* most important person, central figure (*thea. a.* character). **~postamt** *n* main post office. **~probe** *f thea.* dress (♪ general) rehearsal. **~quartier** *n* headquarters *pl.* **~rechner** *m* mainframe (computer). **~reisezeit** *f* peak tourist season.
Hauptrolle *f thea. etc* leading role, main part, lead: *fig.* ***die ~ spielen*** *Sache*: be all-important, *Person*: be the central figure.
Hauptsache *f* main (*od.* most important) thing: ~, ***du bist da!*** (the) main thing (is), you're here!
hauptsächlich *adj u. adv* main(ly), chief(ly).
Haupt|saison *f* peak season. **~satz** *m ling.* main clause. **~schalter** *m* ⚡ master switch. **~schlagader** *f anat.* aorta. **~schlüssel** *m* master key. **~schuld** *f* ***er trägt die ~ daran*** it's mainly his fault. **~schuldige** *m, f* chief culprit, ⚖ principal. **~schule** *f* extended elementary school (*classes 5-9*). **~sendezeit** *f TV* prime time. **~sitz** *m* head office, headquarters *pl*, *weitS.* principal place of business, base. **~speicher** *m Computer*: main memory. **~stadt** *f* capital (city). **~straße** *f* main street. **~stütze** *f fig.* mainstay. **~täter(in)** ⚖ principal (in the first degree). **~teil** *m* main part, *weitS.* most of it. **~thema** *n* main subject. **~ton** *m* **1.** *ling.* main stress. **2.** ♪ keynote. **~tor** *n* main gate. **~treffer** *m* first prize, F jackpot. **~tribüne** *f* grandstand. **~unterschied** *m* main difference.
Hauptverkehrsstraße *f* main road.

Hauptverkehrszeit *f* rush hour.

Haupt|versammlung *f* general meeting. **~vertreter(in)** general agent. **~verwaltung** *f* head office. **~waschgang** *m* main wash. **~wohnsitz** *m* main (place of) residence. **~wort** *n* noun. **~zeuge** *m*, **~zeugin** *f* chief witness. **~ziel** *n* main objective. **~zweck** *m* chief purpose.

hau ruck *int* heave-ho.

Haus *n* house (*a. astr., thea., Firma*), (*Gebäude*) building, (*Heim, Familie*) family, (*Geschlecht*) dynasty: *parl.* **das (Hohe) ~** the House; ***außer ~*** out, not in; ***im ~*** inside, *econ.* on the premises; ***ins ~*** in(doors); *fig.* ***ins ~ stehen*** be forthcoming; ***das steht uns noch ins ~*** we are yet in for that; ***j-n nach ~(e) bringen*** take (*od.* see) s.o. home; ***nach ~(e) kommen*** come (*od.* get) home; ***zu ~(e)*** *a. Sport*: at home; ***er ist nicht zu ~e*** *a.* he is not in; ***bei uns zu ~(e)*** where I come from, at home; *fig.* ***in e-r Sache zu ~e sein*** be at home in s.th.; ***sich wie zu ~(e) fühlen*** feel at home; ***fühl dich (ganz) wie zu ~e!*** make yourself at home!; *fig.* ***von ~(e) aus*** originally, actually; *thea.* ***vor vollem ~(e) spielen*** play to a full house; ***aus gutem ~(e) sein*** come from a good family; ***~ halten*** economize: ***~ halten mit*** be economical with; ***mit s-n Kräften ~ halten*** husband one's energies.

Haus|angestellte *m, f* domestic (servant). **~antenne** *f* roof aerial (*bsd. Am.* antenna). **~apotheke** *f* medicine cabinet. **~arbeit** *f* **1.** housework. **2.** *a. pl ped.* homework. **~arrest** *m* (***j-n unter ~ stellen*** place s.o. under) house arrest. **~arzt** *m*, **~ärztin** *f* family doctor, *e-s Kurhotels etc*: resident doctor. **~aufgabe(n** *pl*) *f* (***s-e ~ machen*** *a. fig.* do one's) homework. **~aufsatz** *m ped.* essay to be written at home.

Haus|ball *m* private dance, house party. **~bank** *f* house bank. **~bar** *f* cocktail cabinet, *mit Theke*: bar. **~bau** *m* house building. **~bedarf** *m* household requirements *pl*: ***für den ~*** for the home, for (your *etc.* own) private use. **~besetzer(in)** squatter. **~besetzung** *f* squatting.

Haus|besitzer(in) house owner, (*Vermieter[in]*) landlord (landlady). **~besuch** *m* home visit. **~bewohner(in)** occupant, (*Mieter[in]*) tenant. **~boot** *n* houseboat. **~brand** *m* domestic fuel.

Häuschen *n* **1.** small house, cottage: F *fig.* ***(ganz) aus dem ~ geraten*** get into a flap (***wegen*** about, ***vor*** *dat* with); ***ganz aus dem ~ sein*** F be wild (***vor*** with). **2.** F (*Abort*) loo, *Am.* john.

Haus|detektiv(in) store detective. **~eigentümer(in)** → ***Hausbesitzer(in)***.

hausen *v/i* **1.** (*wohnen*) live. **2.** *fig.* (***übel***) **~** wreak havoc (***unter*** *dat* among).

Häuserblock *m* block (of houses).

Häuserflucht *f* row of houses.

Haus|flur *m* hall(way). **~frau** *f* housewife. **~freund(in)** *iro.* (secret) lover. **~friedensbruch** *m* illegal entry of *s.o.'s* house, *weitS.* violation of *s.o.'s* privacy. **~gebrauch** *m* ***für den ~*** for use in the home; F *fig.* ***für den ~ reichen*** be enough to get by on. **~gehilfe** *m*, **~gehilfin** *f* domestic help(er).

hausgemacht *adj gastr. u. fig.* home-made.

Hausgemeinschaft *f* house community, *engS.* household.

Haushalt *m* **1.** household, (*Heim*) home, (*Haushaltung*) housekeeping: ***(j-m) den ~ führen*** run the household (for s.o.); ***j-m im ~ helfen*** help in the house. **2.** *econ., pol.* budget. **3.** *biol.* balance.

Haushälter(in) housekeeper.

haushälterisch *adj* economical.

Haushalts|... a) household (*article etc*), b) *econ., pol.* budget (*committee, debate, etc*), budgetary (*deficit, policy, etc*). **~artikel** *m* household article. **~geld** *n* housekeeping money. **~gerät** *n* household appliance. **~jahr** *n* fiscal year. **~mittel** *pl* budgetary means *pl*: (***gebilligte***) **~** appropriations *pl*. **~packung** *f* family pack. **~plan** *m parl.* budget: ***im ~ vorsehen*** budget for.

Haushaltungs|kosten *pl* household expenses *pl*. **~vorstand** *m* head of (the) household.

Hausherr *m* **1.** head of (the) household. **2.** (*Vermieter*) landlord. **3.** (*Gastgeber*) host.

Hausherrin *f* **1.** lady of the house. **2.** (*Vermieterin*) landlady. **3.** (*Gastgeberin*) hostess.

haushoch **I** *adj* huge (*a.* F *fig.*): ***haushoher Sieg*** smashing victory; ***haushohe Niederlage*** crushing defeat. **II** *adv* ***~ gewinnen*** win hands down; ***~ schlagen*** trounce; ***~ verlieren*** get an awful drubbing; ***j-m ~ überlegen sein*** be streets ahead of s.o.

Haushund *m* domestic dog.

hausieren *v/i* ***mit et. ~ (gehen)*** hawk s.th., *a. fig.* peddle s.th.

Hausierer(in) hawker, peddler.

hausintern *adj* internal, in-house.

Haus|jurist *m* company (*od.* corporate) lawyer. **~katze** *f* domestic cat. **~kleid** *n* house frock. **~lehrer(in)** private tutor.

häuslich *adj* domestic, household, (*Familien...*) family, (*das Zuhause liebend*) home-keeping, domesticated: ⚖ ***~e Gemeinschaft*** joint household; ***im ~en Kreis*** in the family circle; ***er ist sehr ~*** he's a real housebody; *adv* ***sich ~ einrichten*** (*od.* ***niederlas-***

sen) settle down, *iro.* ***bei j-m*** come to stay with s.o.
Häuslichkeit *f* domesticity.
Hausmacherart *f gastr.* ***nach*** ~ home-made, traditional-style ...
Hausmann *m* house husband.
Hausmannskost *f* good plain cooking.
Haus|marke *f* own brand, (*Wein*) house wine, F *one's* favo(u)rite brand. **~meister(in)** caretaker. **~mitteilung** *f* internal *od.* in-house memo. **~mittel** *n* household remedy. **~müll** *m* household waste. **~musik** *f* music-making in the home. **~nummer** *f* house number. **~ordnung** *f* house rules *pl.* **~post** *f* internal *od.* in-house mail.
Hausrat *m* household effects *pl.* **~versicherung** *f* household contents insurance.
Haus|sammlung *f* door-to-door collection. **~schlüssel** *m* front-door key. **~schuh** *m* slipper.
Hausse *f Börse*: bull market, boom: ***auf ~ spekulieren*** bull the market, go a bull. **~markt** *m* bull market. **~spekulant(in)** bull. **~spekulation** *f* bull operation.
Haussprechanlage *f* intercom.
Haussuchung *f* house search. **Haussuchungsbefehl** *m* search warrant.
Haus|tarifvertrag *m* company agreement. **~telefon** *n* intercom. **~tier** *n* domestic animal, pet. **~tür** *f* front door. **~türverkauf** *m* door-to-door sales. **~verbot** *n* ***j-m ~ erteilen*** order s.o. to stay away (from a house *etc*). **~verwalter(in) 1.** → ***Hausmeister(in)***. **2.** property manager(ess). **~verwaltung** *f* property management. **~wirt** *m* landlord. **~wirtin** *f* landlady. **~wirtschaft** *f* **1.** housekeeping. **2.** → **~wirtschaftslehre** *f* domestic science, *bsd. Am.* home economics *sg.* **~zeitung** *f* house organ. **~zelt** *n* frame tent.
Haut *f allg.* skin (*a. fig.*), *anat.*, ⚘ *a.* membrane, *auf der Milch etc*: *a.* film, (*Schale*) *a.* peel, (*Fell*) hide: ***bis auf die ~ durchnässt*** soaked to the skin; F ***mit ~ und Haar*** completely; F ***auf der faulen ~ liegen, sich auf die faule ~ legen*** loaf; ***e-e dicke ~ haben*** *bsd. fig.* have a thick skin; ***mit heiler ~ davonkommen*** come out of it unscathed; ***s-e (eigene) ~ retten*** save one's skin; ***sich s-r ~ wehren*** defend o.s.; ***ich möchte nicht in s-r ~ stecken*** I wouldn't like to be in his shoes; ***er ist nur noch ~ und Knochen*** he's just skin and bones; ***es kann eben k-r aus s-r ~*** a leopard can't change his spots; ***das geht e-m unter die ~*** it gets under your skin.
Haut|abschürfung *f* (skin) abrasion, graze. **~arzt** *m*, **~ärztin** *f* dermatologist. **~ausschlag** *m* (skin) rash: ***e-n ~ bekommen*** come out in a rash.
Häutchen *n anat.*, ⚘ membrane, pellicle, (*von Fingernagel*) cuticle, *auf Milch etc*: skin.
Hautcreme *f* skin cream.
häuten I *v/t* skin, flay. **II** *v/reflex* **sich ~** *zo.* shed its skin, *Schlange*: slough off.
hauteng *adj* skin-tight.
Hautevolee *f oft iro.* upper crust (F).
Hautfarbe *f* colo(u)r (of one's skin), complexion.
hautfarben *adj* flesh-colo(u)red, skin-colo(u)red.
Hautkrankheit *f* skin disease.
Hautkrebs *m* ⚕ skin cancer.
hautnah *adj* **1.** *bsd. Sport*: (very) close. **2.** F *fig.* (*anschaulich*) vivid, realistic.
Hautpflege *f* skin care. **~mittel** *n* skin-care product.
Haut|pilz *m* ⚕ fungal infection. **~salbe** *f* skin ointment. **~schere** *f* cuticle scissors *pl.* **~transplantation** *f* skin graft(ing).
Häutung *f zo.* sloughing.
Hautverletzung *f*, **Hautwunde** *f* superficial wound, (skin) lesion.
Havarie *f* (*Unfall*) accident, (*Schaden*) damage: ⚓ (***große*** [***kleine***]) ~ (general [petty]) average.
Haxe *f dial. für* ***Hachse.***
Hbf. ***Hauptbahnhof*** main (*od.* central) station (main sta., cen. *od.* cent. sta.).
HBV ***Gewerkschaft Handel, Banken und Versicherungen*** Trade Union for Commerce, Banking and Insurance.
HC ***Hockeyclub*** hockey club.
h. c. ***honoris causa, ehrenhalber*** honoris causa (h.c.), honorary (hon.).
HD-Diskette *f* HD disquette.
he *int* hey.
Hebamme *f* midwife.
Hebe|baum *m tech.* heaver. **~bühne** *f tech.* lifting platform, *mot.* car lift.
Hebel *m* lever: ***den ~ ansetzen*** apply the lever, *fig.* tackle it; *fig.* ***alle ~ in Bewegung setzen*** move heaven and earth; ***am längeren ~ sitzen*** be in the stronger position; ***an den ~n der Macht sitzen*** be at the controls. **~arm** *m* lever arm. **~griff** *m Ringen etc*: lever hold. **~kraft** *f*, **~moment** *n*, **~wirkung** *f* leverage.
heben I *v/t* **1.** *allg.* lift (*a. Sport*), raise, *tech. a.* hoist: F *fig.* ***e-n ~*** have a drink, hoist one. **2.** *fig.* (*Augen, Stimme, Niveau, Moral etc*) raise, (*Ansehen, Wirkung etc*) enhance. **3.** *dial.* (*halten*) hold. **II** *v/reflex* **sich ~ 4.** *Vorhang etc*: rise, go up, *Nebel*: lift: ***sich ~ und senken*** rise and fall. **5.** *fig. Stimmung etc*: rise, improve, *Wohlstand*: *a.* increase.
Heben *n* lifting (*etc*), *Sport*: weight-lifting.
Heber *m* **1.** *tech.* jack **2.** ⚗ pipette. **3.** → ***Gewichtheber.***

Hebe|satz *m* rate of assessment. **~vorrichtung** *f*, **~zeug** *n tech.* lifting gear, hoist.

hebräisch *adj*, **Hebräisch** *n*, ***das Hebräische*** Hebrew.

Hebriden *pl the* Hebrides *pl.*

Hebung *f* **1.** lifting, *a. e-s Wracks, Schatzes etc*: raising. **2.** *fig.* improvement, rise, (*Erhöhung*) increase, (*Förderung*) promotion. **3.** *poet.* stress(ed syllable).

hecheln *v/i Hund etc*: pant.

Hecht *m* **1.** *zo.* pike: F *fig.* ***toller ~*** some guy; ***er ist*** (***wie***) ***der ~ im Karpfenteich*** he really stirs things up. **2.** F (*Mief*) fug.

hechten *v/i Schwimmen*: do a pike-dive, *gym.* do a long-fly, *Fußball etc*: dive full-length.

Hechtsprung *m Schwimmen*: pike-dive, *gym.* long-fly, *Fußball etc*: (flying) dive.

Heck *n* ⚓ stern, *mot.* rear, back, ✈ tail. **~antrieb** *m mot.* rear-wheel drive.

Hecke *f* hedge.

Hecken|rose *f* dogrose. **~schere** *f* hedge clippers *pl.* **~schütze** *m* sniper.

Heck|fenster *n* rear window. **~flosse** *f mot.* tailfin. **~klappe** *f* tailgate.

hecklastig *adj* ✈, *mot.* tailheavy.

Heck|licht *n* ✈, *mot.* taillight. **~motor** *m* rear engine. **~scheibe** *f* rear window. **~scheibenheizung** *f* rear-window defroster. **~scheibenwischer** *m* rear(-window) wiper.

Heckspoiler *m mot.* back spoiler.

heda *int* hey (there).

Hedonismus *m* hedonism.

Hedonist(in) hedonist.

hedonistisch *adj* hedonistic(ally *adv*).

Heer *n* army, *fig.* host.

Heeres... army (*command, group, etc*).

Heerschar *f fig.* host.

Hefe *f* **1.** yeast. **2.** *fig.* (*Abschaum*) dregs *pl.* **~gebäck** *n* yeast pastries *pl.* **~teig** *m* yeast dough.

Heft[1] *n* **1.** (*Schreib-, Schulheft*) exercise book. **2.** *e-r Zeitschrift*: number, issue, *e-s Buches*: fascicle, (*Exemplar*) copy. **3.** (*Bändchen*) booklet.

Heft[2] *n* (*Griff*) handle, *e-s Dolchs etc*: hilt: *fig.* ***das ~ in der Hand haben*** (***behalten***) hold the rein (stay in control).

Heftchen *n* (*Briefmarken etc*) book.

heften I *v/t* **1.** (**an** *acc* to) fix, *mit Nadeln etc*: pin: *fig.* ***s-e Augen ~ auf*** (*acc*) fix one's eyes on. **2.** (*Saum etc*) baste, tack. **3.** *print.* stitch: ***geheftet*** in sheets. **II** *v/reflex* **4.** ***sich an j-s Fersen ~*** stick hard on s.o.'s heels; *fig.* ***sich ~ auf*** (*acc*) *Blicke, Augen etc*: be glued to.

Hefter *m* file.

Heft|faden *m*, **~garn** *n* tacking thread.

heftig *adj allg.* violent, fierce, *Kälte, Schmerz*: *a.* severe, *Regen*: heavy, (*wütend*) furious, *a. Worte*: angry, vehement, (*leidenschaftlich*) passionate.

Heftigkeit *f* violence, fierceness, vehemence, severity, passion.

Heft|klammer *f* paper clip, *tech.* staple. **~maschine** *f tech.* stapler. **~pflaster** *n* ⚕ (sticking) plaster. **~stich** *m Näherei*: tack(ing stitch). **~zwecke** *f* drawing pin, *Am.* thumbtack.

hegen *v/t* **1.** (*Wild etc*) preserve, (*Pflanze etc*) tend, (*schützen*) protect: ***~ und pflegen*** *a. fig.* take loving care of. **2.** *fig.* (*Hass, Verdacht etc*) have, (*Hoffnung, Wunsch etc*) *a.* cherish.

Hehl: ***kein***(***en***) ***~machen aus*** make no secret of.

Hehler(in) ⚖ receiver of stolen goods, *sl.* fence. **Hehlerei** *f* ⚖ receiving of stolen goods, *sl.* fencing.

hehr *adj* sublime, noble.

Heide[1] *m* heathen, pagan.

Heide[2] *f* **1.** heath(land), (*~moor*) moorland. **2.** → **Heidekraut** *n* ⚘ heather.

Heidelbeere ⚘ bilberry, *bsd. Am.* blueberry.

Heiden... F → ***Mords...***

Heidengeld *n* F ***ein ~*** *kosten etc*: a lot of money, a packet.

Heidentum *n* heathenism, paganism.

Heideröschen *n* ⚘ heath rose.

Heidin *f* → ***Heide***[1].

heidnisch *adj* heathen, pagan.

Heidschnucke *f zo.* moorland sheep.

heikel *adj* **1.** *Situation, Thema etc*: delicate, *a. Problem*: tricky: ***ein heikler Punkt*** a sore point. **2.** *dial. Person*: fussy, *im Essen*: squeamish.

heil *adj Person*: unharmed, safe and sound, *Sache*: undamaged, whole, intact: ***wieder ~*** a) healed(-up), mended, b) repaired; *fig.* ***e-e ~e Welt*** an intact world.

Heil *n* well-being, good, *eccl.* salvation: ***sein ~ versuchen*** try one's luck; ***sein ~ in der Flucht suchen*** take flight, run for it; *hist.* ***~!*** hail!

Heiland *m eccl.* Savio(u)r.

Heilanstalt *f* sanatorium, (*Nervenheilanstalt*) (mental) home.

heilbar *adj* curable.

Heilbarkeit *f* curability.

Heilbrunnen *m* mineral spring.

Heilbutt *m zo.* halibut.

heilen I *v/t* cure, (*Wunde*) heal: ***j-n ~ von*** *a. fig.* cure s.o. of. **II** *v/i Wunde*: heal (up).

heilend *adj* healing, curative.

Heil|erde *f* healing earth. **~fasten** *n* fasting cure.

heilfroh *adj* F ~ ***sein*** be really glad.

Heil|gymnast(in) physiotherapist. **~gymnastik** *f* physiotherapy.

heilig I *adj* holy, (*geheiligt, geweiht*) sacred (*a. fig. Eid, Pflicht etc*), (*unverletzlich*) sacrosanct, (*fromm*) saintly, pious: ***der ~e Paulus*** Saint (*abbr.* St.) Paul; ***der Heilige Abend*** Christmas Eve; ***die Heilige Jungfrau*** the Blessed Virgin; ***die Heilige Nacht*** Holy Night; ***der Heilige Vater*** the Holy Father; ***das Heilige Land*** the Holy Land; *fig.* ***~e Kuh*** sacred cow; ***ihm ist nichts ~*** nothing is sacred to him; → ***Geist*** 3, ***Schrift*** 2, ***Stuhl*** 1. **II** *adv* ~ ***halten*** hold *s.th.* sacred, (*Sonntag etc*) keep (holy), observe; ~ ***sprechen*** canonize.

Heilige *m, f a. fig.* saint.

heiligen *v/t* **1.** hallow, sanctify; → ***Zweck.*** **2.** (*heilig halten*) hold *s.th.* sacred.

Heiligenschein *m* halo, gloriole.

Heiligkeit *f* holiness, *a. fig.* sacredness, sanctity, *e-r Person*: saintliness: ***Seine*** (***Eure***) ~ (*Papst*) His (Your) Holiness.

Heiligsprechung *f* canonization.

Heiligtum *n* **1.** (*Stätte*) (holy) shrine. **2.** (*Reliquie*) (sacred) relic, F s.th. sacred: ***das ist sein ~!*** that's sacred to him!

Heiligung *f* sanctification (*a. fig.*), *des Sonntags etc*: observance.

Heil|klima *n* healthy climate. **~kraft** *f* healing power(s *pl*). **~kraut** *n* medicinal herb. **~kunde** *f* medicine.

heillos *adj* F *Durcheinander etc*: hopeless, unholy, *a. Schreck etc*: frightful.

Heil|methode *f* cure, treatment. **~mittel** *n* (***gegen*** for) remedy, cure (*beide a. fig.*), medicine. **~pädagogik** *f* therapeutic pedagogy. **~pflanze** *f* medicinal herb. **~praktiker(in)** nonmedical practitioner, *Am.* naturopathic doctor. **~quelle** *f* mineral spring.

heilsam *adj a. fig.* salutary, healthy: ~ ***sein*** (***für***) *a.* be good (for).

Heilsarmee *f* Salvation Army.

Heil|schlaf *m* healing sleep, (*Verfahren*) hypnotherapy. **~serum** *n* ⚕ antiserum.

Heilung *f* a) (***von*** of) curing, cure (*a. fig.*), b) *e-r Wunde etc*: healing, c) (*Genesung*) recovery.

Heilungsprozess *m* healing process.

Heil|verfahren *n* (medical) treatment, therapy. **~wirkung** *f* therapeutic effect.

heim *adv* home.

Heim *n* (*Zuhause, Anstalt*) home, (*Jugend-, Studentenheim etc*) hostel. **~arbeit** *f* homework, outwork, *weitS.* cottage industry. **~arbeiter(in)** homeworker.

Heimat *f* home (*a. fig.*) (→ *a.* ***Heimatland, -ort, -stadt***), ♀, *zo.* habitat: ***zweite ~*** second home; ***in der ~*** at home; ***in m-r ~*** *a.* in my (native) country, where I come from. **~dichtung** *f* regional literature. **~film** *m* (sentimental) film with a regional background. **~hafen** *m* ⚓ home port. **~kunde** *f ped.* local studies *pl.* **~land** *n* home (*od.* native) country.

heimatlich *adj* home, native, (~ *anmutend*) homelike, *pred* like home, *Am.* hom(e)y.

heimatlos *adj* homeless.

Heimat|ort *m* home town (*Dorf*: village). **~museum** *n* museum of local history. **~stadt** *f* home town. **~vertriebene** *m, f* expellee.

heimbegleiten *v/t* ***j-n ~*** see s.o. home.

Heimbüro *n* home office, office at home.

Heimchen *n zo.* (house) cricket.

Heimcomputer *m* home computer.

heimelig *adj* cosy, F hom(e)y.

heimfahren *v/i* go home, (*a. v/t*) drive home.

Heimfahrt *f* journey home.

heimfinden *v/i* find one's way home.

Heimgang *m fig.* death.

heimgehen *v/i* **1.** go home. **2.** *fig.* pass away, die.

Heimindustrie *f* cottage industry.

heimisch *adj Industrie, Produkte etc*: domestic, home, *Bevölkerung, Pflanze, Tier*: native, indigenous, *Gewässer*: inland, home (*waters*): ~ ***sein in*** (*dat*) *a. fig.* be at home in; ~ ***werden*** settle (down), become acclimatized (***in*** *dat* to); ***sich ~ fühlen*** feel at home.

Heimkehr *f* return (home).

heimkehren *v/i* return home, come back.

Heimkehrer(in) homecomer, *pol.* repatriate.

Heim|kind *n* institution child. **~kino** *n* home movies *pl.*

heimkommen *v/i* return (*od.* come, get) home.

Heimleiter(in) head of a home (*od.* hostel).

heimleuchten *v/t* F ***j-m ~*** send s.o. packing.

heimlich I *adj allg.* secret, (*unerlaubt*) *a.* clandestine, (*verstohlen*) furtive. **II** *adv* secretly (*etc*), in secret, (*a.* ***~, still und leise***) F on the quiet; ~ ***tun*** be secretive (***mit*** about).

Heimlichkeit *f* **1.** secrecy, furtiveness. **2.** *mst pl* secret.

Heimlichtuerei *f* secretiveness.

Heim|mannschaft *f Sport*: home team. **~niederlage** *f Sport*: home defeat. **~orgel** *f* ♪ electric organ.

Heimreise *f* journey home: ***auf der ~*** on the way home.

heimreisen *v/i* go (*od.* travel) home.

Heim|sieg *m Sport*: home victory. **~spiel** *n Sport*: home game. **~stärke** *f Sport*: home strength. **~stätte** *f a. fig.* home.

heimsuchen *v/t* **1.** *Katastrophe etc*: strike,

Bibl. visit, *Krankheiten etc*: plague, afflict, *Vorahnungen etc, a. Gespenst*: haunt: ***heimgesucht von*** struck (*etc*) by; ***von Dürre (Krieg) heimgesucht*** drought-ridden (war-torn). **2.** F (*besuchen*) descend on.
Heimsuchung *f Bibl.* visitation, *fig. a.* affliction, (*Plage*) ordeal, (*Katastrophe*) disaster.
Heimtücke *f* perfidy, (*Verrat*) treachery.
heimtückisch *adj* insidious (*a. fig. Krankheit*), treacherous.
Heimvorteil *m Sport*: advantage of playing at home.
heimwärts *adv* homeward(s), home.
Heimweg *m* (***auf dem ~*** on my *etc*) way home.
Heimweh *n* homesickness: ***~ haben*** be homesick (***nach*** for).
Heimwerker(in) do-it-yourselfer, DIYer, DIY woman.
Heimwerker... do-it-yourself (*kit etc*).
heimzahlen *v/t* ***j-m et. ~*** repay s.o. for.
heimzu *adv* F on the way home.
Heini *m* F *contp.* twerp, twit.
Heinzelmännchen *n* brownie.
Heirat *f* marriage, (*a. Partie*) match.
heiraten *v/t u. v/i* (***j-n***) ***~*** marry (s.o.), get married (to s.o.).
Heirats|annonce *f* marriage ad. **~antrag** *m* (marriage) proposal: ***e-n ~ machen*** propose (*dat* to). **~anzeige** *f* **1.** marriage announcement. **2.** marriage ad.
heiratsfähig *adj* marriageable: ***im ~en Alter*** of marriageable age.
Heirats|markt *m* marriage market. **~schwindler(in)** marriage impostor. **~urkunde** *f* marriage certificate. **~vermittlung** *f* **1.** marriage brokerage. **2.** (*Büro*) marriage bureau.
heiser *adj* (***sich ~ reden*** *a. fig.* talk o.s.) hoarse. **Heiserkeit** *f* hoarseness.
heiß I *adj* **1.** *allg.* hot, *fig.* (*leidenschaftlich*) *a.* ardent, passionate, *Kampf etc*: *a.* fierce, *Diskussion*: heated: ***~e Zone*** torrid zone; ***et. ~ machen*** heat s.th. up; ***mir ist*** (***wird***) ***~!*** I'm (getting) hot!; → ***Draht, Eisen, Hölle, Ofen*** 2. **2.** F *fig.* (*toll, geil, gefährlich*) hot: ***~e Ware*** hot goods *pl*; ***~er Tip*** hot tip; → ***Höschen.*** **II** *adv* **3.** hotly (*etc*): ***~ begehrt*** coveted; ***et. ~ ersehnen*** long for s.th. (fervently); ***~ ersehnt*** longed-for; ***sie lieben sich ~ und innig*** they adore each other; ***~ geliebt*** dearly loved; ***~ umkämpft*** fiercely embattled; ***~ umstritten*** a) highly controversial, b) hotly debated; → ***hergehen.***
heißblütig *adj* hot-blooded, passionate.
heißen¹ I *v/i* **1.** be called (***nach*** after): ***wie ~ Sie?*** what's your name?; ***wie heißt das?*** a) what's that called?, b) ***auf Englisch?*** what's that (called) in English, what's the English (word) for it? **2.** (*lauten*) read, be. **3.** (*bedeuten*) mean: ***was heißt das?, was soll das ~?*** a) what does it mean?, b) what do you mean (by this)?, *verdutzt*: what's the (big) idea?; ***das hieße, das würde ~*** that would mean; ***das will (et)was ~!*** that's saying something!; ***das will nichts ~!*** that doesn't mean a thing!; ***soll das ~, dass ...?*** do you mean to say that ...?; ***das soll nicht ~, dass ...*** that doesn't mean that ...; ***das heißt*** that is (*abbr.* i.e.). **II** *v/impers* **4.** ***es heißt, dass ...*** they say that ...; ***in dem Brief heißt es, dass ...*** the letter says that ... **5.** ***jetzt heißt es handeln!*** now it's time to act! **III** *v/t* **6.** (*nennen*) call. **7.** ***j-n et. tun ~*** tell s.o. to do s.th.; → ***willkommen.***
heißen² *v/t* ⚓ hoist.
Heißhunger *m a. fig.* (sudden) craving (***nach*** for).
heißlaufen *v/i* (*a.* ***sich ~***) *tech.* overheat, F *Telefonleitung*: be buzzing.
Heißluft... hot-air ...
Heißluftherd *m* convection oven, fan-assisted oven.
Heißsporn *m fig.* hothead.
Heißwasser... → ***Warmwasser...***
heiter *adj* **1.** (*vergnügt*) cheerful, (*gelassen*) serene, (*amüsant*) amusing, funny: F *iro.* (***das***) ***kann ja ~ werden!*** nice prospects! **2.** (*hell, sonnig*) bright, sunny: → ***Himmel.*** **3.** ♪ scherzando.
Heiterkeit *f* **1.** cheerfulness, serenity, funniness, (*Gelächter*) laughter: ***~ erregen*** cause amusement. **2.** brightness.
Heizanlage *f* heating system.
heizbar *adj* heatable, with heating.
Heizdecke *f* electric blanket.
Heizelement *n* heating element.
heizen I *v/t* (*Raum etc*) heat, (*Ofen*) fire. **II** *v/i* put (*od.* have) the heating on.
Heizer *m* boilerman, ⚓, 🚂 stoker.
Heiz|fläche *f* heating surface. **~gas** *n* fuel gas. **~kessel** *m* boiler. **~kissen** *n* electric pad. **~körper** *m* radiator, ⚡ heater. **~kosten** *pl* heating costs *pl.* **~lüfter** *m* fan heater. **~material** *n* fuel. **~ofen** *m* **1.** stove. **2.** (electric, oil, *etc*) heater. **~öl** *n* (fuel) oil. **~platte** *f* hotplate.
Heizung *f* **1.** (central) heating. **2.** → ***Heizkörper.***
Heizungs|anlage *f* heating system. **~monteur** *m* heating engineer.
Hektar *n* hectare.
Hektik *f* hectic atmosphere, *des Lebens*: mad rush, F rat race, *e-r Person*: nervy state: F ***nur k-e ~!*** take it easy!
hektisch *adj* hectic(ally *adv*).
Hektoliter *m, n* hectolit/re (*Am.* -er).

H

Held *m* hero (***des Tages*** of the day).
Heldenepos *n* epic (poem).
heldenhaft *adj* heroic(ally *adv*).
Helden|sage *f* saga. **~tat** *f* heroic deed. **~tenor** *m* ♪ heroic tenor. **~tum** *n* heroism.
Heldin *f* heroine.
helfen *v/i* **1.** (*j-m*) help, assist, aid, lend *s.o.* a hand: ***j-m bei et. ~*** help s.o. with s.th.; ***j-m aus dem (in den) Mantel ~*** help s.o. off (on) with his/her *etc* coat; *fig.* ***j-m aus e-r Verlegenheit ~*** help s.o. out of a difficulty; ***ihm ist nicht zu ~*** there is no help for him, *iro.* he's hopeless; ***er weiß sich zu ~*** a) he can look after himself, b) (*er hat gute Einfälle*) he is resourceful; ***sich nicht mehr zu ~ wissen*** be at one's wits' end; ***ich kann mir nicht ~*** a) I can't help it, b) ***..., ich muss einfach lachen*** *etc* I can't help laughing *etc*; *iro.* ***dir werd ich (schon) ~!*** just you wait! **2.** *Sache*: help: ***das hilft gegen Schnupfen*** that's good for colds; ***das hilft mir wenig!*** that's not much help!, F a fat lot it helps!; ***das half*** that worked; ***es hilft nichts*** it's no use; ***da hilft kein Jammern!*** it's no use complaining!; ***da hilft nur eines*** there's only one thing for it.
Helfer(in) helper, assistant: ***ein Helfer in der Not*** a friend in need.
Helfershelfer(in) accomplice.
Helgoland *n* Heligoland.
Helium *n* ⚗ helium.
hell I *adj* **1.** light, *Farbe*: *a.* pale, *Licht etc*: bright, *Haar*, *Teint*: fair, *Kleidung etc*: light-colo(u)red, *Klang*, *Stimme*: clear, *Gelächter*: loud: ***~es Bier*** lager; ***es wird schon ~*** it is getting light already. **2.** *fig.* (*gescheit*) bright, intelligent. **3.** F (*sehr groß*) great, *Unsinn*, *Verzweiflung etc*: utter, *Neid*: pure: ***~er Wahnsinn*** sheer madness. **II** *adv* ***~ begeistert*** (absolutely) enthusiastic.
hellblau *adj* light-blue.
hellblond *adj* very fair.
helle *adj pred* F bright, intelligent.
Helle[1] *f*, *n* brightness, (bright) light.
Helle[2] *n* F (glass of) beer (*Br.* lager).
Heller *m* F ***k-n (roten) ~ wert*** not worth a cent; ***auf ~ und Pfennig*** to the last penny.
hellgrün *adj* light-green.
hellhörig *adj* **1.** *fig.* ***das machte ihn ~*** that made him prick up his ears. **2.** *Haus*, *Wände*: poorly soundproofed.
Helligkeit *f* brightness (*a. TV*), (*Licht*) light, *phys.* luminosity. **Helligkeitsregelung** *f tech.* brightness control.
Helling *f* ⚓ slip(way), (building) cradle.
helllicht *adj* ***am ~en Tage*** in broad daylight.
hellrot *adj* light-red.
hellsehen *v/i* have second sight, be clairvoyant.
Hellsehen *n* clairvoyance.
Hellseher(in), hellseherisch *adj* clairvoyant.
hellwach *adj a. fig.* wide-awake.
Helm *m* helmet.
Hemd *n* shirt, (*Unterhemd*) vest, *Am.* undershirt: *fig.* ***j-n bis aufs ~ ausziehen*** fleece s.o. **~bluse** *f* shirt. **~blusenkleid** *n* shirtwaist(er *Br.*).
Hemdsärmel *m* shirtsleeve: ***in ~n*** in one's shirtsleeves.
hemdsärm(e)lig *adj a. fig.* shirtsleeve.
Hemisphäre *f* hemisphere.
hemmen *v/t* **1.** *a. fig.* (*aufhalten*) stop, check, (*behindern*) hinder, impede. **2.** *psych.* inhibit: → ***gehemmt.***
Hemmnis *n* obstacle.
Hemmschuh *m fig.* drag (**für** on).
Hemmschwelle *f psych.* inhibition threshold.
Hemmung *f* **1.** check, hindrance. **2.** *psych.* inhibition, *weitS. a.* scruple: ***~en haben*** be inhibited; ***nur k-e ~en!*** don't be shy! **3.** *tech.* stop, *e-r Uhr*: escapement.
hemmungslos *adj* **1.** unrestrained, *Weinen etc*: *a.* uncontrollable. **2.** (*bedenkenlos*) unscrupulous.
Hemmungslosigkeit *f* **1.** lack of restraint, recklessness. **2.** unscrupulousness.
Hengst *m* stallion, (*Zuchthengst*) stud.
Henkel *m* handle. **~krug** *m* jug.
henken *v/t* hang.
Henker *m* executioner: F (***wer, wo*** *etc*) ***zum ~?*** → ***Teufel.***
Henna *n* henna.
Henne *f zo.* hen.
Hepatitis *f* ⚕ hepatitis.
her *adv* **1.** *zeitlich*: ago: ***wie lange ist es ~?*** how long ago was it?; ***das ist lange ~*** that was a long time ago; ***es ist ein Jahr ~, dass ...*** it's a year since ... **2.** *räumlich*: ***von ... ~*** from; ***von oben ~*** from above; ***von weit ~*** from afar; ***um mich ~*** around me; ***~ damit!*** give (it to me)!; → ***herhaben*** *etc*, ***hinter*** I. **3.** *fig.* ***von ... ~*** from the point of view of; ***vom Technischen ~*** from a technical point of view, technically (speaking).
herab *adv* down: *fig.* ***von oben ~*** condescendingly.
herab... down; → *a.* ***herunter.***
herabblicken *v/t* → ***herabsehen.***
herabgehen, herabhängen, herabkommen → ***heruntergehen*** *etc.*
herablassen I *v/t* let down, lower. **II** *v/reflex fig.* ***sich ~ zu antworten*** *etc* deign to answer *etc.*
herablassend *adj* condescending (**zu** towards).
Herablassung *f* condescension.

herabsehen *v/i* ~ ***auf*** (*acc*) *a. fig.* look down on.

herabsetzen *v/t* **1.** reduce, lower, (*kürzen*) cut (back): (***im Preis***) ~ reduce (in price); ***zu herabgesetzten Preisen*** at reduced prices, cut-price ... **2.** *fig.* (*j-n*) disparage, (*Leistung*) belittle.

herabsetzend *adj fig.* disparaging.

Herabsetzung *f* **1.** reduction (*a. econ.*), (*Kürzung*) *a.* cut. **2.** *fig.* disparagement.

herabsteigen *v/i* descend, climb (*od.* come) down, *vom Pferd*: dismount.

herabwürdigen *v/t* degrade (***sich*** o.s.).

Herabwürdigung *f* degradation.

Heraldik *f* heraldry.

heran *adv* near, close: ~ ***an*** (*acc*) up to; ***nur ~!*** come closer! **~bilden** *v/t* (*a.* ***sich*** ~) train (***zu*** to be). **~bringen** *v/t* bring up (***an*** *acc* to). **~führen** *v/t* lead (*od.* bring) up (***an*** *acc* to): *fig.* ***j-n an et.*** ~ introduce s.o. to s.th. **~gehen** *v/i* ~ ***an*** (*acc*) a) go up to, b) *fig.* (*e-e Aufgabe etc*) approach, tackle. **~holen** *v/t* **1.** fetch, get. **2.** *phot.* zoom in on. **~kämpfen** *v/reflex* ***sich*** ~ (***an*** *acc*) *Sport*: close in (on), pull up (to). **~kommen** *v/i* **1.** → ***herannahen.*** **2.** ~ ***an*** (*acc*) come up to (*a. fig.*), approach, (*e-e Leistung etc*) come near; *fig.* ***an j-n*** ~ get through to s.o.; ***an et.*** ~ get at (*od.* get hold of) s.th.; *fig.* ***die Sache*** (*od.* ***es***) ***an sich ~ lassen*** wait and see; ***er*** (***es***) ***kommt nicht an ... heran*** *a.* he (it) can't touch ... **~machen** *v/reflex* ***sich*** ~ ***an*** (*acc*) F a) (*et.*) set to work on, b) (*j-n*) sidle up to, *fig.* approach, *schmeichelnd*: make up to, *beeinflussend*: start working on.

herannahen *v/i* draw near, approach. **Herannahen** *n* approach.

heran|pirschen *v/reflex* ***sich*** ~ ***an*** (*acc*) creep up to. **~reichen** *v/i* ~ ***an*** (*acc*) a) come up to, b) *fig.* come near, touch. **~reifen** *v/i* (***zu*** into) ripen, *fig. Plan etc*: *a.* mature, *Person*: *a.* grow up. **~rücken** *v/i* **1.** come close(r) (***an*** *acc* to): ***an j-n*** ~ move up (close) to s.o. **2.** → ***herannahen.*** **~treten** *v/i* ***an j-n*** ~ go up to s.o., *a. fig.* approach s.o., *fig. Problem etc*: confront s.o.

heranwachsen *v/i* grow up: ~ ***zu*** grow (up) into.

Heranwachsende *m, f* adolescent, young person.

heranwagen *v/reflex* ***sich*** ~ ***an*** (*acc*) venture near, (*j-n*) dare to approach, *fig.* (*e-e Aufgabe etc*) dare to tackle.

heranziehen I *v/t* **1.** pull *s.th.* up (***an*** *acc* to). **2.** (*aufziehen*) raise, (*Nachwuchs etc*) train. **3.** ***j-n*** ~ (***zu*** *e-r Aufgabe etc*) call on s.o. (to do *s.th.*), enlist s.o.('s services) (for *s.th.*); ***e-n Fachmann*** ~ call in an expert. **4.** (*zitieren*) cite, invoke. II *v/i* **5.** draw near, approach.

herauf *adv* up, upwards: (***hier***) ~ up here; ***den Berg*** ~ up the hill, uphill; ***den Fluss*** ~ up the river, upstream; ***die Treppe*** ~ up the stairs, upstairs; *in Zssgn* → *a.* ***empor...*** **~arbeiten** *v/reflex* ***sich*** ~ *a. fig.* work one's way up. **~beschwören** *v/t* **1.** (*Erinnerungen etc*) conjure up. **2.** (*Unheil etc*) bring on. **~kommen** *v/i* come up (***zu*** to). **~schalten** *v/i mot.* shift up. **~setzen** *v/t* (*Preis etc*) raise. **~steigen** *v/t* (*Berg, Treppe etc*) climb, mount. **~ziehen** I *v/t* pull *s.o., s.th.* up. II *v/i* draw near, approach, *Gewitter*: *a.* come up.

heraus *adv* out (***aus*** of): ***zum Fenster*** ~ out of the window; *fig.* ***aus e-m Gefühl*** *der Verlassenheit etc* ~ from (*od.* out of) a sense of; ~ ***damit!*** out with it!; ~ ***mit der Sprache!*** F spit it out!; F ***jetzt ist es ~!*** now the secret's out! **~arbeiten** I *v/t a. fig.* work out. II *v/reflex* ***sich*** ~ ***aus*** work one's way out of, *fig a.* manage to get out of. **~bekommen** *v/t* **1.** (*Fleck etc*) get out (***aus*** of). **2.** *fig.* (*Rätsel etc*) work out, solve, (*den Sinn*) figure out, F (*Ergebnis*) get, (*Geheimnis etc*) find *s.th.* out: ***et. aus j-m*** ~ get s.th. out of s.o. **3.** ***Sie bekommen noch 10 Mark heraus*** you get ten marks change. **~bringen** *v/t* **1.** → ***herausbekommen*** 1. **2.** *a. fig.* bring out, (*Buch*) *a.* publish, *thea.* produce: ***sie brachte kein Wort heraus*** she couldn't say a word; *fig.* ***j-n*** (***et.***) ***groß*** ~ give s.o. (s.th.) a big buildup. **~fahren** I *v/i* **1.** come (*od.* drive) out (***aus*** of). **2.** *fig. Bemerkung etc*: slip out. II *v/t* **3.** drive out (***aus*** of): *Sport*: ***er hat e-e gute Zeit*** (***den Sieg***) ***herausgefahren*** he made good time (won the race). **~fallen** *v/i* (***aus*** of) fall out, *Sache*: *a.* drop out. **~filtern** *v/t a. fig.* filter out. **~finden** I *v/t* find, (*entdecken*) find out, discover. II *v/i* find one's way out (***aus*** of).

Herausforderer *m*, **Herausforderin** *f* challenger, *pol.* rival (candidate).

herausfordern I *v/t* (*j-n*) challenge, *trotzig*: defy, (*provozieren*) *a.* provoke: ***j-n zum Duell*** ~ challenge s.o. to a duel; *fig.* ***das Schicksal*** ~ court disaster, F ask for it; ***Kritik*** (***Protest***) ~ → II. II *v/i* ***zur Kritik*** (***zum Protest***) ~ invite (*od.* provoke) criticism (protest).

herausfordernd *adj* challenging, (*trotzig*) defiant, (*aufreizend*) provocative.

Herausforderung *f* challenge (*a. fig. Aufgabe etc*), (*Provokation*) provocation, (*Trotz*) defiance.

Herausgabe *f* **1.** surrender (*a.* ⚖), delivery. **2.** *print.* editing, (*Veröffentlichung*) publication.

herausgeben I *v/t* **1.** (*dat* to) hand *s.th.* over, give *s.th.* back, return. **2.** (*Buch etc*) publish, *als Bearbeiter*: edit, (*Briefmarken* *etc, a. Vorschrift etc*) issue. **3.** ***j-m 10 Mark ~*** give s.o. ten marks change. **II** *v/i* **4.** (***j-m***) ~ give (s.o.) change (***auf*** *acc* for); ***können Sie*** (***auf 100 Mark***) ***~?*** can you give change (for 100 marks)?

Herausgeber(in) (*Verleger*) publisher, (*Redakteur, Verfasser*) editor.

heraus|gehen *v/i* **1.** → ***hinausgehen*** 1: *fig.* ***aus sich*** ~ come out of one's shell. **2.** *Fleck etc*: come out (***aus*** of). **~greifen** *v/t* pick out, (*Beispiel etc*) cite. **~gucken** *v/i* peep out. **~haben** *v/t* F *fig.* have found *s.th.* out, (*Rätsel, Aufgabe*) have got, have solved: ***jetzt hat er es heraus*** he has got the hang of it now. **~halten** *v/t fig.* ***j-n*** (***sich***) ***aus e-r Sache*** ~ keep s.o. (o.s.) out of s.th. **~helfen** *v/i* ***j-m*** ~ *a. fig.* help s.o. out (***aus*** of). **~holen** *v/t* **1.** get *s.o., s.th.* out (***aus*** of) (*a. fig. retten*). **2.** *fig.* (*Geld, Geheimnis, Antwort etc*) get *s.th.* out (***aus*** of); ***das Letzte aus sich*** ~ make a supreme effort. **~hören** *v/t* hear, *fig.* detect (***aus*** in *s.o.'s words etc*). **~kehren** *v/t fig.* act, play *the expert etc*, (*zeigen*) show, display, (*stärker*) parade: ~, ***dass ...*** parade the fact that ...

herauskommen *v/i* **1.** (***aus***) come out (of), emerge (from), *a. fig.* get out (of): *fig.* ***er kam aus dem Lachen nicht heraus*** he couldn't stop laughing; ***sie ist auf dem Foto gut herausgekommen*** she came out well in the photo; F ***groß*** ~ be a great success. **2.** *fig. Gesetz, Erzeugnis etc*: come out, *Buch*: *a.* be published, appear, *Briefmarken etc*: be issued: ***mit e-m neuen Modell*** ~ *Firma*: come out with a new model; F *fig.* ~ ***mit*** come out with, (*gestehen*) admit. **3.** (***aus*** of) a) Ⓐ be the result, b) *fig.* come (out): ***es kommt nichts dabei heraus*** it doesn't pay; ***es kommt auf eins*** (*od.* ***dasselbe***) ***heraus*** it boils down to the same thing; → *a.* ***herausspringen*** 2.

heraus|kriegen F → ***herausbekommen.*** **~kristallisieren** *v/t u. v/reflex* ***sich*** ~ *a. fig.* crystallize (***aus*** of). **~lassen** *v/t* let out (***aus*** of). **~laufen I** *v/i* run out (***aus*** of). **II** *v/t Sport*: (*e-n Sieg, Vorsprung etc*) gain. **~locken** *v/t* ***j-n*** ~ lure s.o. out (***aus*** of); *fig.* ***et. aus j-m*** ~ worm s.th. out of s.o. **~machen** F **I** *v/t* (***aus***) take out (of), remove (from). **II** *v/reflex* ***sich*** ~ *fig.* be coming on well.

herausnehmbar *adj* removable.

herausnehmen *v/t* (***aus***) take *s.o., s.th.* out (of), remove (from): ***sich die Mandeln ~ lassen*** have one's tonsils out; *fig.* ***sich et.*** ~, ***sich Freiheiten*** ~ take liberties.

herausplatzen *v/i* F **1.** burst out laughing. **2.** ~ ***mit*** blurt out.

herausputzen *v/t* (***sich***) ~ dress (o.s.) up, F spruce (o.s.) up.

heraus|ragen *v/i* (***aus***) jut out (from), *Haus etc*: tower (above), *fig.* stand out (from). **~reden** *v/reflex* ***sich*** ~ talk one's way out (***aus*** of). **~reißen** *v/t* **1.** pull (*Papier*: tear) *s.th.* out. **2.** *fig.* ***j-n ~ aus*** *s-r Umgebung etc*: tear s.o. away from, *dem Schlaf, e-m Traum etc*: rouse s.o. from, *der Arbeit etc*: interrupt s.o. in; F ***j-n*** ~ *Aussage, Leistung etc*: save s.o. **~rücken I** *v/t* **1.** push (*od.* move) *s.th.* out (***aus*** of). **2.** → 3 a. **II** *v/i* **3.** F *fig.* ~ ***mit*** a) come out with, (*Geld*) fork out, cough up, b) (*der Wahrheit etc*) come out with; ***mit der Sprache*** ~ talk, (*gestehen*) come out with it. **~rutschen** *v/i* F *fig.* slip out: ***das ist mir so herausgerutscht*** it just slipped out.

heraus|schauen *v/i* **1.** look out (***aus*** of). **2.** → ***herausspringen*** 2. **~schinden** *v/t* ***et. ~ aus*** manage to get s.th. out of. **~schlagen** *v/t* (***aus*** of) **1.** knock *s.th.* out. **2.** F *fig.* get *s.th.* out: ***Geld ~ aus*** make money out of; ***möglichst viel*** ~ make the most of it. **~schneiden** *v/t* cut *s.th.* out (***aus*** of). **~sehen** *v/i* look out (***aus*** of). **~springen** *v/i* **1.** jump out (***aus*** of). **2.** F *fig.* be gained (***bei*** by): ***was springt für mich dabei heraus?*** what's in it for me?

heraussprudeln *v/i* bubble out, *fig. Worte etc*: come spluttering out.

herausstellen I *v/t* **1.** put *s.th.* out(side). **2.** *fig.* point out, (*betonen*) emphasize, underline: ***groß*** ~ highlight, feature (*a. thea.*). **3.** → ***hinausstellen*** 2. **II** *v/reflex* ***sich*** ~ **4.** turn out (***als*** to be), come to light: ***es stellte sich heraus, dass sie Recht hatte*** she turned out to be right.

heraus|strecken *v/t* stick out (***aus*** of): → ***Zunge.*** **~streichen** *v/t* **1.** cross out (***aus*** of). **2.** *fig.* praise *s.o., s.th.* (to the skies): ***sich*** ~ blow one's own trumpet. **~strömen** *v/i a. fig.* pour out (***aus*** of). **~suchen** *v/t* (***aus***) choose (from), pick out (of). **~wachsen** *v/i* ~ ***aus*** grow out of, (*Kleidung*) *a.* outgrow. **~wagen** *v/reflex* ***sich*** ~ venture out (***aus*** of). **~winden** *v/reflex* ***sich ~ aus*** *fig.* wriggle out of.

herauswirtschaften *v/t* get *s.th.* out (***aus*** of): ***e-n Gewinn*** ~ make a profit (***aus*** out of).

herausziehen *v/t* **1.** *allg.* pull out (***aus*** of), (*Zahn*) *a.* extract, *fig.* (*Truppen*) *a.* withdraw (***aus*** from) **2.** (*Kapital aus Firma*) extraxt..

herb *adj* **1.** sour, tart, *Wein*: dry, *Duft*: tangy. **2.** *fig. Worte, Schicksal etc*: harsh, *Enttäuschung, Verlust etc*: bitter, *Schönheit, Stil etc*: austere.

Herbarium *n* herbarium.

herbei *adv* here, up, over; → *a.* ***her..., he-***

ran... ~eilen *v/i* come running (up). **~führen** *v/t fig.* bring about, cause, lead to, *bsd.* ⚕ induce. **~lassen** *v/reflex* **sich ~, et. zu tun** condescend to do s.th. **~rufen** *v/t* call (over), (*Arzt etc*) call for, send for. **~schaffen** *v/t* bring (up), fetch, get, (*Zeugen, Beweise etc*) produce. **~sehnen** *v/t* long for. **~strömen** *v/i* flock to the scene: **~ zu** flock to. **~wünschen** *v/t* **sich et. ~** long for s.th.; **sich j-n ~** wish s.o. were (*od.* was) here. **~ziehen** *v/t* pull *s.o., s.th.* near: → **Haar.**

herbekommen *v/t* get *s.o., s.th.* (here).

herbemühen I *v/t* **j-n ~** ask s.o. to come (here). II *v/reflex* **sich ~** take the trouble to come.

Herberge *f* **1.** (*Jugendherberge*) (youth) hostel. **2.** (*Gasthaus*) inn. **3.** (*Obdach*) shelter.

Herbergsmutter *f*, **Herbergsvater** *m* (hostel) warden.

herbestellen *v/t* ask *s.o.* to come.

herbeten *v/t* rattle off.

Herbheit *f* **1.** sourness, *des Weins etc*: dryness. **2.** *fig. e-r Kritik etc*: harshness, *e-r Enttäuschung etc*: bitterness, *der Schönheit, des Stils*: austerity.

herbitten *v/t* **j-n ~** ask s.o. to come.

herbringen *v/t* bring *s.o., s.th.* (along).

Herbst *m* autumn, *Am. a.* fall. **~ferien** *pl* autumn break *sg*.

herbstlich *adj* autumn(al).

Herbstmonat *m* autumn month.

Herbstzeitlose *f* ⚘ meadow saffron.

Herd *m* **1.** (*in Küchen*) (kitchen) stove, cooker, (*Ofen*) oven. **2.** *fig.* (*Heim*) hearth. **3.** *fig.* cent/re (*Am.* -er), seat, (*a. Erdbeben-, Krankheitsherd*) focus.

Herde *f* **1.** herd, (*Schafe etc*) flock. **2.** *fig. contp. the* (common) herd.

Herdentier *n zo.* gregarious animal: *fig. contp.* **ein ~ sein** follow the herd.

Herdentrieb *m a. fig.* herd instinct.

Herdinfektion *f* ⚕ focal infection.

Herdplatte *f* hotplate.

herein *adv* in: **von draußen ~** from outside; **~!** come in!; **hier ~!** this way, please!; → *a.* **ein..., hinein...,** F **rein...**

herein|bekommen *v/t* **1.** *econ.* get *s.th.* in, (*Außenstände*) recover, (*Kosten*) cover **2.** (*Sender*) get. **~bitten** *v/t* **j-n ~** ask s.o. (to come) in. **~brechen** *v/i Nacht*: fall, *Sturm*: break, *Winter*: set in: *fig.* **~ über** (*acc*) *Unglück etc*: befall. **~bringen** *v/t* bring in (*a. Aufträge etc*), *mit Mühe*: get in. **~fallen** *v/i* F *fig.* **~ (auf** *acc*) be taken in (by), fall for (*s.o., s.th.*); **~ mit** make a (bad) mistake with. **~führen** *v/t* **j-n ~** show s.o. in(to **in** *acc*). **~holen** *v/t* **1.** bring *s.o., s.th.* in. **2.** *econ.* (*Aufträge*) get (in). **~kommen** *v/i* come in (*a. econ. Aufträge*), (*eindringen*) get in: **~ in** (*acc*) come into (*od.* inside). **~lassen** *v/t* let *s.o., s.th.* in. **~legen** *v/t* F *fig.* **j-n ~** take s.o. for a ride, fool s.o., *a. finanziell*: take s.o. in; **man hat uns hereingelegt** we have been had. **~nehmen** *v/t* take *s.th.* in(to **in** *acc*), *econ.* (*Waren*) take in, *fig.* include, fit in. **~platzen** *v/i* F burst in(to **in** *acc*). **~schauen** *v/i* **1.** look in(to **in** *acc*). **2.** F (**bei j-m**) **~** drop by (at s.o.'s place). **~schneien** *v/i* F *fig.* (**bei j-m**) **~** blow in (at s.o.'s place). **~ziehen** → **hineinziehen** I.

herfahren I *v/i* travel (*od.* come, drive) here: **hinter j-m ~** drive behind s.o., follow s.o.'s car. II *v/t* **j-n ~** drive s.o. here.

Herfahrt *f* (**auf der ~** on the) journey (*od.* way) here.

herfallen *v/i* **~ über** (*acc*) fall upon, attack.

herfinden *v/i* find one's way.

herführen *v/t* **j-n ~** bring s.o. here; **was führt Sie her?** what brings you here?

Hergang *m* course (of events), the way s.th. happened, (*Umstände*) circumstances *pl*: **schildern Sie (mir) den ~!** tell me what (*od.* how it) happened!

hergeben *v/t* **et. ~** hand s.th. over, give s.th. away: **et. wieder ~** give s.th. back; **gib (es) her!** give (it to me)!; *fig.* **s-n Namen** (*od.* **sich**) **~ zu** (*od.* **für**) **et.** lend one's name to s.th.

hergebracht → **herkömmlich.**

hergehen *v/impers fig.* **es ging hoch her** things were pretty lively; **es ging heiß her** the sparks flew.

hergehören → **hierher gehören.**

hergestellt *adj* made, produced.

herhaben *v/t* F **wo hast du das her?** a) where did you get that (from)?, b) *fig.* (*Nachricht etc*) who told you that?

herhalten *v/i* F **~ müssen** have to suffer (for it), *Sache*: have to serve (**als** as).

herholen *m* fetch: *fig.* **weit hergeholt** far-fetched.

herhören *v/i* listen.

Hering *m* **1.** *zo.* herring: *humor.* **wie die ~e** packed like sardines. **2.** tent peg.

herkommen *v/i* **1.** come (here): **wo kommst du her?** where do you come from?; **komm her!** come here! **2.** *fig.* **~ von** *allg.* come from, be due to, *Wort*: *a.* be derived from.

herkömmlich *adj* conventional (*a. mil. Waffe*), customary, traditional.

Herkunft *f* origin, *e-r Person*: *a.* birth, descent, (*Milieu*) origins *pl*, background: **er ist deutscher ~** he is of German extraction, *engS.* he is German by birth.

Herkunfts|bezeichnung *f* mark of origin. **~land** *n* country of origin.

herlaufen *v/i* run here: **hinter j-m ~** *a. fig.* run after s.o.

H

hermachen *v/reflex* ***sich ~ über*** (*e-e Arbeit etc*) set about, tackle, (*Essen, fig. j-n*) attack.
Hermelin 1. *n zo.* ermine. **2.** *m* (*Pelz*) ermine (fur).
hermetisch *adj* hermetic(ally *adv*).
hernehmen *v/t* (***von*** from) take, get: F *fig.* (***sich***) ***j-n ~*** give s.o. hell.
hernieder(...) → ***herab(...), herunter(...).***
Heroin *n* heroin.
heroinsüchtig *adj* heroin-addicted.
Heroinsüchtige *m, f* heroin addict.
heroisch *adj* heroic(ally *adv*). **Heroismus** *m* heroism. **Heros** *m* hero.
Herpes *m* ⚕ herpes.
herplappern *v/t* F rattle off.
Herr *m* gentleman, (*Besitzer, Gebieter*) master, (*Herrscher*) ruler (***über*** *acc* over, of): ***mein ~!*** Sir!; ***m-e ~en!*** gentlemen!; ***~ Miller*** Mr. Miller; ***~ Doktor*** (***Professor*** *etc*) Doctor (Professor *etc*); ***Ihr ~ Vater*** your father; *Sport*: ***~en*** *pl* men *pl*; (***Gott***) ***der ~*** the Lord (God); ***der ~ Jesus*** Our Lord Jesus; ***sein eigener ~ sein*** be one's own boss; *e-r Sache* ***~ werden*** master, (get *s.th.* under) control; ***~ der Lage sein*** have the situation well in hand; → ***Land*** 3.
Herrchen *n e-s Hundes*: master.
Herren|ausstatter *m* men's outfitter, *Am.* haberdasher. **~bekleidung** *f* men's wear. **~doppel** *n Tennis*: men's doubles *pl.* **~einzel** *n Tennis*: men's singles *pl.* **~fahrrad** *n* man's bicycle. **~friseur(in)** barber, men's hairdresser. **~größe** *f* men's size. **~haus** *n* mansion. **~hemd** *n* man's shirt. **~hose** *f* men's trousers (*Am.* pants). **~konfektion** *f* men's ready-to-wear clothes *pl.*
herrenlos *adj* ownerless, *Hund*: stray.
Herren|mode *f* men's fashion. **~schneider(in)** gentlemen's tailor. **~schnitt** *m* (*Frisur*) Eton crop, shingle. **~toilette** *f* men's toilet, gents *sg.*
Herrgott: ***der ~*** the Lord (God), God; V ***~*** (***noch mal***)***!*** for God's sake!
Herrgottsfrühe *f* ***in aller ~*** at an unearthly hour.
herrichten *v/t* arrange, (*bereiten*) prepare, make, F fix, (*fertig machen*) get *s.th.* ready, (*Zimmer*) tidy, (*reparieren*) do up, repair: F ***sich ~*** smarten o.s. up.
Herrin *f* mistress (*a. e-s Tieres*), lady, (*Herrscherin*) ruler.
herrisch *adj* imperious, (*barsch*) peremptory.
herrje *int* good gracious, dear me.
herrlich *adj* marvel(l)ous, wonderful, magnificent, F fantastic: *adv* F ***sich ~ amüsieren*** have great fun.
Herrschaft *f* **1.** (***über*** *acc* over) power, control, (*Regierung*) rule, *e-s Monarchen*: *a.* reign: *fig.* ***die ~ verlieren über*** (*acc*) lose control of. **2.** ***m-e ~en!*** ladies and gentlemen!, F folks!
herrschaftlich *adj* nobleman's, *hist.* manorial, (*vornehm*) stately.
herrschen *v/i* **1.** rule (***über*** *acc* over): ***über e-n Staat*** *etc* ***~*** rule a state *etc.* **2.** *fig.* prevail, reign, *Krankheit*: rage: ***es herrschte*** *Frieden, Ordnung etc*: there was ...; ***es herrschte Stille*** silence reigned.
herrschend *adj* **1.** ruling. **2.** *fig.* prevailing, current.
Herrscher *m* ruler, sovereign, monarch.
Herrscherhaus *n* (ruling) dynasty.
Herrscherin *f* → ***Herrscher.***
Herrschsucht *f* domineeringness, F bossiness. **herrschsüchtig** *adj* domineering, F bossy.
herrufen *m* ***j-n ~*** call s.o. (here).
herrühren *v/i* ***~ von*** come (*zeitlich*: date) from, be due to.
hersagen *v/t* say, recite.
herschaffen *v/t* bring (*od.* get) *s.o., s.th.* (here).
hersehen *v/i* look (here).
herstellen *v/t* **1.** *econ., tech.* produce (*a. e-n Film*), manufacture, make. **2.** *fig.* (*Frieden, Ordnung, Kontakte etc*) establish, (*Verbindung*) make. **3.** F put (*od.* place) *s.th.* here.
Hersteller(in) 1. manufacturer, maker, *a. Film*: producer. **2.** *in Verlag*: production manager. **~firma** *f* manufacturers *pl.* **~preis** *m* manufacturer's recommended price.
Herstellkosten *pl* production costs.
Herstellung *f* **1.** a) manufacture, *a. e-s Buches, Films*: production, b) *in Verlag*: production (department). **2.** *fig.* establishment, making (*of contacts etc*).
Herstellungs|abteilung *f in Verlag*: production (department). **~kosten** *pl* production costs *pl.* **~verfahren** *n* manufacturing method (*od.* process).
Hertz *n phys.* cycles *pl* (per second), hertz.
herüber *adv* **1.** over (here), *über Grenze, Straße etc*: across: ***hier ~!*** over here!, this way! **2.** F → ***hinüber.***
herüberkommen *v/i* come over (*a. auf Besuch*), *über Grenze, Straße etc*: come across.
Herübersetzung *f* translation from the foreign language.
herum *adv* **1.** (*rings~*) around: ***immer um et. ~*** round and round s.th. **2.** (*ziellos, verstreut*) about, (a)round (*the room, town, etc*). **3.** (*in der Nähe*) around. **4.** ***um die Ecke ~*** (a)round the corner; ***rechts ~*** (to the) right; ***anders*** (***falsch, so***) ***~*** the other (the wrong, this) way round. **5.** F ***um ... ~***

(*ungefähr*) around, about (*2 o'clock*, *ten dollars*, *etc*); **um Ostern** ~ around Easter. **6.** (*vorbei*) over, up: *Zeit etc*: ~ **sein** be over.

herum|... *dance*, *move*, *travel*, *walk*, *etc* (a)round, about. **~ärgern** *v/reflex* **sich** ~ **mit** be plagued with. **~bekommen, ~bringen** → **herumkriegen. ~drehen I** *v/t* turn round (*a.* **sich** ~), F (*wenden*) turn over. **II** *v/i* F ~ **an** (*dat*) fiddle with. **~drücken** *v/reflex* **sich** ~ F **1.** hang around. **2. um e-e Sache** dodge s.th.

herum|fahren I *v/i* **1.** drive around, go (*od.* travel) around. **2. um et.** ~ drive round s.th. **3.** (*sich umdrehen*) spin round. **II** *v/t* **4.** drive (*od.* take) *s.o.*, *s.th.* around. **~fragen** *v/i* ask around. **~fuchteln** → **fuchteln. ~führen I** *v/t* **j-n** ~ lead s.o. around; **j-n im Haus** *etc* ~ show s.o. around the house *etc*; → **Nase. II** *v/i* **um et.** ~ *Straße*, *Zaun etc*: run (a)round s.th. **~fuhrwerken** *v/i* F bustle around.

herumgehen *v/i* **1.** walk (*od.* go) around (**im Park** *etc* the park *etc*): *fig.* **j-m im Kopf** ~ go round and round in s.o.'s head, haunt s.o.'s mind. **2. um et.** ~ (*a.* F *herumreichen*) go round s.th. **3.** *Gegenstand*: be passed around. **4.** *fig. Gerücht etc*: make the round. **5.** *Zeit*, *Tag etc*: pass.

herum|hängen *v/i* F *fig.* hang around (**mit** with). **~kommandieren** *v/t* **j-n** ~ order s.o. around. **~kommen** *v/i* **1. um et.** ~ come (*mühsam od. fig.* get) round s.th., *fig. a.* avoid s.th.; **um die Tatsache kommen wir nicht herum** we can't get away from that (fact). **2.** (*reisen*) get around: **er ist weit herumgekommen** he has seen a lot of the world. **~kriegen** *v/t* F **1. j-n** ~ get s.o. round; **j-n dazu ~, dass er/sie et. tut** talk s.o. into doing s.th. **2.** (*Zeit*) get through. **~laufen** *v/i* (**um et.**) ~ run (*od.* go) around (s.th.); **frei** ~ *Verbrecher etc*: be at large, *Hund etc*: run free. **~lungern** *v/i* loiter (*od.* hang, loaf) around. **~pfuschen** *v/i* ~ **an** (*dat*) monkey (about) with. **~reichen I** *v/t* hand (*od.* pass) *s.th.* (a)round: F *fig.* **j-n** ~ introduce s.o. to (all) one's friends. **II** *v/i* (**um et.**) ~ *Gürtel etc*: go (a)round (s.th.). **~reißen** *v/t* (*Steuer etc*) pull *s.th.* around. **~reiten** *v/i* **1.** (**um et.**) ~ ride (a)round (s.th.). **2.** F *fig.* **auf e-r Sache** ~ keep harping on s.th.

herum|schlagen *v/reflex* **sich** ~ **mit** a) **j-m** fight with s.o., b) **e-r Sache** struggle with s.th. **~schnüffeln** *v/i* F *fig.* snoop around. **~stehen** *v/i* ~ **um** stand (a)round (*s.o.*, *s.th.*). **~stoßen** *v/t* F **j-n** ~ push s.o. around. **~streiten** *v/reflex* **sich** ~ F squabble (**über** *acc* about, over). **~tragen** *v/t* **1.** carry *s.o.*, *s.th.* around (**mit sich** with one). **2.** *fig.* (*Neuigkeit etc*) spread *s.th.* around. **~trampeln** *v/i* trample (**auf** *dat* on).

herumtreiben *v/reflex* **sich** ~ F **1.** knock around. **2.** → **herumlungern.**

Herumtreiber(in) 1. loiterer, loafer. **2.** tramp.

herum|werfen *v/t* **et.** ~ throw s.th. around. **~zeigen** *v/t* **et.** ~ show (*zur Prüfung*: pass) s.th. round. **~ziehen** *v/i* move (*od.* wander) around.

herunter *adv* **1.** down, (*weg*) off: ~ **damit!** down with it!; ~ **mit dem Hut!** off with your hat!; **die Treppe** ~ down the stairs, downstairs; **den Fluss** ~ down the stream, downstream. **2.** F *fig.* ~ **sein** be run down, be in bad shape: **er ist mit den Nerven ganz** ~ he is a nervous wreck. **3.** F → **hinunter.**

herunter|... *mst* down; → *a.* **herab...,** F **hinab..., hinunter.... ~bekommen** *v/t* F **et.** ~ get s.th. down (*weg*: off). **~fallen** *v/i* fall down: **vom Baum** ~ fall (*od.* drop) off the tree.

heruntergehen *v/i* go down (*a.* ✈), *fig. Preise etc*: *a.* fall, drop: **mit der Geschwindigkeit** ~ slow down; **mit den Preisen** ~ reduce (*od.* lower) prices.

heruntergekommen *adj* seedy, shabby, *gesundheitlich*: *pred* in bad shape, *a. econ.* run-down, *moralisch*: degenerate.

herunter|handeln *v/t* (*Preise etc*) beat *s.th.* down (**um** by). **~hängen** *v/i* hang down (**von** from). **~hauen** *v/t* F **j-m e-e** ~ slap s.o.('s face). **~holen** *v/t* **1.** get *s.o.*, *s.th.* down. **2.** F shoot (*od.* bring) *s.th.* down. **~klappen** *v/t* turn *s.th.* down.

herunterkommen *v/i* **1.** come (*mühsam*: get) down. **2.** *gesundheitlich*: get into bad shape, *econ.* get run down, *stärker*: be ruined, *moralisch*: go downhill, sink low, (*verwahrlosen*) go to seed, (*verfallen*) decay; → **heruntergekommen. 3.** ~ **von** F get over, (*Drogen etc*) *sl.* kick.

herunter|machen *v/t* F **1.** knock, pull *s.o.*, *s.th.* to pieces. **2.** → **~putzen** *v/t* F **j-n** ~ blow s.o. up. **~schalten** *v/i mot.* (**in den ersten Gang**) ~ change (*od.* shift) down (into first [gear]).

herunterschrauben *v/t fig.* lower.

herunter|spielen *v/t* F *fig.* **et.** ~ play s.th. down. **~stürzen** *v/i* fall down (**von** from). **~wirtschaften** *v/t* F **et.** ~ run s.th. down.

hervor *adv* out of, (out) from, forth: **hinter e-m Baum** ~ from behind a tree.

hervorbringen *v/t* produce.

hervorgehen *v/i* **1.** (**als Sieger** *etc*) ~ come off (a winner *etc*). **2.** follow (**aus** from): **daraus geht hervor, dass ...** from this follows that ...; **aus dem Brief geht nicht hervor, ob ...** the letter doesn't say whether

... **3.** (**aus** from) (*entstehen*) develop, spring, (*stammen*) come: ***aus der Ehe gingen drei Kinder hervor*** there were three children of this marriage.

hervorheben *v/t* **1.** *paint.*, *print.* ***et.*** ~ set s.th. off. **2.** *fig.* emphasize, stress, (*hinweisen auf*) point out.

hervorholen *v/t* ***et.*** ~ (**aus**) get s.th. out (of), produce s.th. (from).

hervorragen *v/i* **1.** project, stick out. **2.** *fig.* stand out (**unter** *dat* among).

hervorragend I *adj* **1.** projecting. **2.** *fig.* outstanding, excellent, superior, *Persönlichkeit*, *Bedeutung etc*: prominent. II *adv* **3.** excellently, outstandingly (well).

H

hervor|rufen *v/t* **1.** *thea.* call for. **2.** *fig.* call forth, (*bewirken*) *a.* cause, give rise to, produce. **~stechen** *v/i* stand out (**aus** from). **~stechend** *adj* **1.** → **hervorragend** 2. **2.** (*auffallend*) striking.

hervortreten *v/i* **1.** step forth, (**aus**) step out (of), emerge (from). **2.** (*sich abheben*) stand out, *fig.* *Tatsache etc*: emerge, become evident: ***et. ~ lassen*** set s.th. off, *fig.* bring s.th. out, show s.th. **3.** *Adern*, *Augen*: protrude. **4.** → **hervortun** *v/reflex* ***sich*** ~ distinguish o.s. (**als** as, **durch** by).

herwagen *v/reflex* ***sich*** ~ dare to come.

Herweg *m* (***auf dem*** ~ on the) way here.

Herz *n* heart (*a. fig.*), *Kartenspiel*: hearts *pl*: ***im Grunde s-s ~ens*** at heart; ***leichten ~ens*** with a light heart; ***schweren ~ens*** with a heavy heart, very reluctantly; ***von ~en gern*** with (the greatest) pleasure, gladly; ***von*** (***ganzem***) ***~en*** *danken etc*: with all my *etc* heart; ***von ~en kommend*** heartfelt; ***auf ~ und Nieren prüfen*** put *s.th.* to the acid test, F vet *s.o.*, *s.th.* (thoroughly); ***j-m das ~ brechen*** break s.o.'s heart; ***sich ein ~ fassen*** take heart, pluck up courage; ***j-m zu ~en gehen*** move s.o. deeply; ***er ist mir ans ~ gewachsen*** I have grown fond of him; ***was haben Sie auf dem ~en?*** what's on your mind?, *weitS.* what can I do for you?; ***j-m et. ans ~ legen*** enjoin s.th. on s.o.; ***das liegt mir sehr am ~en*** that's very important to me; ***s-m ~en Luft machen*** give vent to one's feelings; ***j-n ins ~ schließen*** take s.o. to one's heart; ***sie sind ein ~ und eine Seele*** they are very close, F they are as thick as thieves; → ***ausschütten*** 1, ***bringen*** 7, ***Stoß*** 1, ***tief*** I.

Herz|anfall *m* heart attack. **~ass** *n Kartenspiel*: ace of hearts. **~asthma** *n* cardiac asthma. **~beschwerden** *pl* heart trouble *sg.* **~beutel** *m anat.* pericardium.

Herzchen *n Anrede*: darling.

Herzchirurg(in) heart surgeon.

Herzdame *f* (*Karte*) queen of hearts.

herzeigen *v/t* show: ***zeig*** (***mal***) ***her!*** let me see!

herzen *v/t* hug, (*kosen*) cuddle.

Herzens|angelegenheit *f* affair of the heart: ***das ist mir e-e ~*** it is a matter dear to my heart. **~brecher** *m* F ladykiller. **~lust** *f* ***nach ~*** to one's heart's content. **~wunsch** *m* dearest wish.

herzerfrischend *adj* (very) refreshing.

herzergreifend *adj* (deeply) moving.

Herz|erweiterung *f* ⚕ dilatation of the heart. **~fehler** *m* ⚕ cardiac defect. **~flimmern** *n* ⚕ heart flutter.

herzförmig *adj* heart-shaped.

herzhaft *adj* **1.** (*kräftig*) hearty. **2.** → ***beherzt.***

Herzhaftigkeit *f* heartiness.

herziehen I *v/t* **1.** draw *s.th.* near(er). **2.** ***hinter sich*** ~ drag *s.o.*, *s.th.* along (behind one). II *v/i* **3.** move here. **4.** F *fig.* ***über j-n*** (***et.***) ~ run s.o. (s.th.) down.

herzig *adj* sweet, lovely.

Herz|infarkt *m* ⚕ cardiac infarction, F *mst* heart attack, coronary. **~kammer** *f anat.* ventricle. **~katheter** *m* ⚕ cardiac catheter. **~kirsche** *f* ♀ heart cherry. **~klappe** *f* ⚕ cardiac valve. **~klappenfehler** *m* ⚕ valvular (heart) defect. **~klopfen** *n* beating (⚕ palpitation) of the heart: ***er hatte ~*** his heart was throbbing (**vor** *dat* with).

herzkrank *adj* suffering from a heart condition, cardiac.

Herz|kranke *m,f* ⚕ cardiac. **~kranzgefäß** *n anat.* coronary vessel. **~leiden** *n* heart disease (*od.* condition).

herzlich *adj* cordial, hearty (*a. Lachen*), *Empfang*, *Lächeln*, *Person etc*: *a.* warm, friendly, *Anteilnahme*, *Bitte etc*: sincere, heartfelt: ***~e Grüße, mit ~en Grüßen*** kind regards (**an** *acc* to), *intimer*: (with) love; → ***Beileid, Dank.*** **Herzlichkeit** *f* heartiness, cordiality, warmth, sincerity.

herzlos *adj* heartless.

Herzlosigkeit *f* heartlessness.

Herz-Lungen-Maschine *f* ⚕ heart-lung machine.

Herzmassage *f* ⚕ heart massage.

Herzog *m* duke. **Herzogin** *f* duchess.

herzoglich *adj* ducal.

Herzogtum *n* dukedom, duchy.

Herzoperation *f* heart operation.

Herz|rhythmusstörung *f* arrythmia. **~schlag** *m* **1.** heartbeat. **2.** ⚕ heart attack (*od.* failure). **~schrittmacher** *m* ⚕ (cardiac) pacemaker. **~schwäche** *f* cardiac insufficiency. **~spezialist(in)** heart specialist.

herzstärkend *adj* (*a.* ***~es Mittel***) cardiotonic.

Herz|stillstand *m* ⚕ cardiac arrest. **~stück** *n fig.* core. **~tod** *m* death by heart failure.
herzu(...) → ***heran(...), herbei(...), hinzu(...).***
Herzverpflanzung *f* ⚕ heart transplant.
Herzversagen *n* ⚕ heart failure.
herzzerbrechend *adj* heartbreaking.
herzzerreißend *adj* heartrending.
Hessen *n* Hesse. **Hesse** *m*, **Hessin** *f*, **hessisch** *adj* Hessian.
heterogen *adj* heterogeneous.
heterosexuell *adj*, **Heterosexuelle** *m, f* heterosexual.
Hetze *f* **1.** (***gegen***) agitation (against), (virulent) campaign (against), *rassistisch*: baiting (of). **2.** F (*Eile*) (mad) rush, rat race. **3.** → ***Hetzjagd*** 1, 2.
hetzen I *v/t* **1.** *a. fig.* hunt, hound. **2.** ***e-n Hund*** *etc* **~ *auf*** (*acc*) set a dog *etc* on. **3.** *fig.* rush: ***sich*** **~** rush o.s., drive o.s. (hard). **II** *v/i* **4.** (***gegen*** against) agitate, (*schmähen*) vituperate. **5.** F (*hasten, sich beeilen*) rush, hurry.
hetzerisch *adj Reden etc*: inflammatory.
Hetzjagd *f* **1.** hunt(ing) (with hounds). **2.** *fig.* (*Verfolgung*) chase. **3.** → ***Hetze*** 2.
Hetzrede *f* inflammatory speech.
Heu *n* hay: F ***er hat Geld wie*** **~** he's rolling in money. **~boden** *m* hayloft.
Heuchelei *f* hypocrisy, (*Verstellung*) dissimulation, (*Gerede*) cant.
heucheln I *v/t* simulate, feign. **II** *v/i* play the hypocrite, dissemble.
Heuchler(in) hypocrite.
heuchlerisch *adj* hypocritical.
heuen *v/i* make hay.
heuer *adv österr., schweiz.* this year.
Heuer *f* ⚓ pay. **heuern** *v/t* ⚓ hire.
Heuernte *f* hay harvest.
Heugabel *f* hayfork, pitchfork.
heulen *v/i* **1.** *zo.* howl. **2.** F bawl, *a. fig. Sirene*: wail: *fig.* ***es ist zum Heulen*** it's a (great) shame.
Heuler *m* F (*Fehler*) howler.
Heulsuse *f* F *contp.* crybaby.
heurig *adj österr.* this year's.
Heurige *m österr.* new wine.
Heuschnupfen *m* hay fever.
Heuschober *m* haystack.
Heuschrecke *f zo.* grasshopper, locust.
heute *adv* today, this day: **~ *Abend*** this evening, tonight; **~ *in acht Tagen*** a week from now, *Br. a.* today week; **~ *vor acht Tagen*** a week ago (today); ***von*** **~** → ***heutig***; ***von*** **~ *an*** from today; *fig.* ***von*** **~ *auf morgen*** overnight; ***das Heute*** the present, today.
heutig *adj* today's, of today, (*gegenwärtig*) *a.* present(-day), modern: ***bis auf den*** **~*en Tag*** to this day.
heutzutage *adv* nowadays, today.

Hexe *f* witch (*a. fig.*), sorceress, *fig.* (*böses Weib*) hellcat: (***alte***) **~** (old) hag.
hexen *v/i* practise witchcraft: F ***ich kann doch nicht*** **~*!*** I can't work miracles!
Hexen|jagd *f fig.* witch-hunt. **~kessel** *m fig.* inferno. **~meister** *m* sorcerer. **~schuss** *m* ⚕ F lumbago.
Hexerei *f* witchcraft, magic (*a. fig.*): ***das ist k-e*** **~*!*** there's nothing to it!
Hickhack *m* F squabbling.
Hieb *m* **1.** stroke, blow, (*Fausthieb*) *a.* punch: F **~*e bekommen*** get a thrashing; ***auf einen*** **~** at one go. **2.** *fig.* (*Seitenhieb*) dig (***auf*** *acc* at).
hieb- und stichfest *adj fig.* watertight, cast-iron.
hier *adv allg.* here (*a. fig. in diesem Fall*), (*anwesend*) *a.* present; **~ *bleiben*** stay here; **~ *sein*** be here, be present; **~ *drinnen*** (***draußen, oben***) in (out, up) here; **~ *und da*** here and there, *zeitlich*: now and then; **~ *und heute*** here and now; ***von*** **~ *an*** (*od.* ***ab***) from here (on); **~ *entlang!*** this way!; **~*, bitte!*** here you are!
hieran *adv* **1.** **~ *kann man sehen, dass ...*** you can see from this that ...; **~ *ist kein wahres Wort*** there is not a word of truth in this. **2.** **~ *schließt sich ... an*** this is followed by ...
Hierarchie *f* hierarchy.
hieraus *adv* from this, out of this.
hierbei *adv* here, (*bei dieser Gelegenheit*) on this occasion, (*in diesem Zs.-hang*) in this connection.
hierdurch *adv* by this, hereby.
hierfür *adv* for this, for it.
hierher *adv* here, this way, over here: ***bis*** **~** up to here, *a. zeitlich*: so far; ***bis*** **~ *und nicht weiter*** this far and no further; (***komm***) **~*!*** come here!; **~ *gehören*** belong here: *fig.* ***das gehört nicht*** **~** *a.* that's irrelevant.
hierhin *adv* here.
hierhinauf *adv* up here.
hierhinein *adv* in here.
hierin *adv a. fig.* in this, here.
hiermit *adv* with this, *förmlich*: herewith, (*beiliegend*) *a.* enclosed.
hiernach *adv* **1.** *zeitlich*: after this (*od.* it). **2.** (*demzufolge*) according to this.
Hieroglyphe *f* hieroglyph.
Hiersein *n* ***während s-s*** **~*s*** during his stay (here).
hierüber *adv fig.* about this (subject).
hierum *adv* **1.** (a)round this. **2.** → ***hierherum*** 2. **3.** *fig.* about this (*od.* it): **~ *geht es nicht*** that's not the point.
hierunter *adv* **1.** under this, among these. **2.** *fig. verstehen etc*: by this, by that: **~ *fällt ...*** this includes ...

H

hiervon *adv* of (*od.* from) this.

hierzu *adv* **1.** (*dafür*) for this. **2.** (***im Gegensatz*** ~ in contrast) to this.

hierzulande *adv* in this country, here.

hiesig *adj* local, *nachgestellt*: here, of this place (*od.* country).

hieven *v/t a. fig.* heave.

Hi-Fi-Anlage *f* hi-fi set.

high *adj* F high.

Highlife *n* F high life: ~ ***machen*** live it up.

Hightech *n* high tech. **~industrie** *f* high-tech industry.

Hilfe *f* **1.** help, aid, assistance, *für Notleidende*: relief: ***ärztliche*** ~ medical assistance; ***erste*** ~ first aid; ~ ***flehend*** imploring; ***j-m*** ~ ***leisten*** help s.o., aid s.o.; ***j-m zu*** ~ ***kommen*** (***eilen***) come (rush) to s.o.'s aid; *et.* ***zu*** ~ ***nehmen*** make use of, use; ***um*** ~ ***rufen*** call for help; ~ ***suchend*** seeking (for) help; ***mit*** ~ ***von*** → ***mithilfe; ohne*** ~ without help, unaided; (***zu***) ~***!*** help! **2.** (*Hilfskraft*) help.

Hilfe|funktion *f Computer*: help function. **~leistung** *f* aid, assistance, help. **~ruf** *m a. fig.* cry for help. **~stellung** *f a. fig.* support.

hilflos *adj* helpless. **Hilflosigkeit** *f* helplessness.

hilfreich *adj a. fig.* helpful.

Hilfs|aktion *f* relief (*zur Rettung*: rescue) action. **~arbeiter(in)** unskilled worker, labo(u)rer.

hilfsbedürftig *adj* in need (of help), (*notleidend*) needy.

hilfsbereit *adj* ready to help, helpful.

Hilfsbereitschaft *f* readiness to help.

Hilfs|dienst *m* emergency service. **~fonds** *m* relief fund. **~kraft** *f* **1.** assistant, help. **2.** temporary worker. **~menü** *n Computer*: help menu. **~mittel** *n* aid. **~motor** *m* auxiliary engine (↯ motor). **~organisation** *f* relief organization. **~personal** *n* ancillary staff. **~quelle** *f* source of help, *pl* resources *pl.* **~verb** *n* auxiliary verb. **~werk** *n* relief organization. **~wissenschaft** *f* complementary science (*od.* subject).

Himbeere *f* ⚘ raspberry.

Himbeer|geist *m* white raspberry brandy. **~saft** *m* raspberry juice. **~strauch** *m* ⚘ raspberry bush.

Himmel *m* sky, *eccl. u. fig.* heaven: ***der*** ~ ***auf Erden*** heaven on earth; ***am*** ~ in the sky; *fig.* (***wie***) ***aus heiterem*** ~ out of the blue; ***unter freiem*** ~ in the open air; ***zum*** ~ (***empor***) skyward(s), heavenward(s); ***im*** ~ ***sein*** be in heaven; ***in den*** ~ ***heben*** praise *s.o., s.th.* to the skies; F ***weiß der*** ~ (***, wo***)***!*** God knows (where)!; ***das schreit zum*** ~ it's a crying shame; F ***das stinkt zum*** ~ that stinks to high heaven; ***um ~s willen!*** a) *a.* (***ach,***) ***du lieber*** ~***!*** good heavens!, b) *a.* ~ (***noch mal***)***!*** for Heaven's sake!

himmelangst *adj* ***mir war*** (*od.* ***wurde***) ~ I was scared to death.

Himmelbett *n* four-poster.

himmelblau *adj* sky-blue.

Himmelfahrt *f* ***Christi*** ~ a) the Ascension of Christ, b) (***an*** ~ on) Ascension Day; ***Mariä*** ~ a) the Assumption of the Virgin Mary, b) Assumption Day.

Himmelfahrts|kommando *n* F *mil.* suicide mission. **~nase** *f* F tip-tilted nose. **~tag** *m* (***am*** ~ on) Ascension Day.

Himmelreich *n* kingdom of heaven.

Himmelschlüssel *m* ⚘ primrose.

himmelschreiend *adj* outrageous, terrible: ***~e Schande*** crying shame.

Himmels|karte *f* star map. **~körper** *m* celestial body. **~richtung** *f* direction, *Kompass*: cardinal point.

himmelweit **I** *adj fig.* vast: ***es ist ein ~er Unterschied zwischen*** (*dat*) ***...*** there is a world of difference between ... **I** *adv* ~ ***verschieden sein*** differ enormously.

himmlisch *adj* heavenly, divine, *fig. a.* marvel(l)ous.

hin **I** *adv* **1.** (*dort~*) there: ***nichts wie*** ~***!*** let's go!; ~ ***zu*** to, *Richtung*: towards; (***bis***) ~ ***zu*** a) as far as, b) *fig.* (even) including, c) *zeitlich*: till; ***über e-e Sache*** ~ over s.th.; ~ ***und her*** to and fro, back and forth; ~ ***und zurück*** there and back, *Fahrkarte*: return (*bsd. Am.* round-trip) (*ticket*); ~ ***und her gerissen sein*** a) ***zwischen*** be torn between, b) F ***von*** be gone over; ***et.*** ~ ***und her überlegen*** think s.th. over carefully. **2.** ***auf e-e Sache*** ~ (*als Folge*) as a result of, (*auf Grund von*) on the basis of, (*wegen*) because of, (*in Beantwortung*) in reply to, on; ***auf s-e Bitte*** ~ at his request; ***auf ihren Rat*** ~ at her advice. **3.** ~ ***und wieder*** now and then. **4.** F ~ ***oder her*** a) more or less, give or take(*ten dollars, years, etc*), b) *a.* ***...*** ~, ***... her*** I don't care; ***Anstand*** ~, ***Anstand her*** fairness or no. **II** *adj pred* **5.** F ~ ***sein*** a) (*kaputt*) be wrecked, *a. fig.* be ruined, (*verloren*) be gone, (*erschöpft*) be dead(-beat), (*tot*) be gone, be done for: ***es*** (***er***) ***ist*** ~ *allg. a.* it (he) has had it; ~ ***ist*** ~***!*** gone is gone!, b) (***ganz***) ~ (***von***) → ***hingerissen*** I.

Hin *n* → ***Hin und Her***.

hinab(...) → ***herab(...), herunter(...), hinunter(...)***.

hinarbeiten *v/i* ~ ***auf*** (*acc*) work towards, aim at.

hinauf *adv* up: ***da*** ~ up there; ***bis*** ~ ***zu*** up to; ***den Berg*** ~ up the hill, uphill; ***die Straße*** ~ up the street; (***die Treppe***) ~ upstairs.

hinauf|... *climb, drive, look, etc* up, → *a.* ***empor..., hoch...*** **~gehen** **I** *v/i* go up (*a. fig. Preise etc*): ***mit dem Preis*** ~ raise the price.

II *v/t* go up: ***die Treppe ~*** *a.* go upstairs. **~steigen** *v/i* go (*klettern*: climb) up: ***auf et. ~*** *a.* mount s.th. **~treiben** *v/t* push (*od.* force) up.

hinaus *adv* **1.** out, outside: ***~ aus*** out of; ***da ~!*** this way (out)!; ***zum Fenster ~*** out of the window; ***nach vorn*** (***hinten***) ***~ wohnen*** live at the front (back); ***~ sein über*** (*acc*) be beyond, be past; ***über das Alter*** (*od.* ***darüber***) ***ist er ~*** he is past that age; ***~*** (***mit dir*** *od.* ***euch***)***!*** out (with you)!, get out!; ***~ damit!*** out with it!; → *a.* ***hinauslaufen, -wollen*** *etc.* **2.** ***über*** *et.* ***~*** *a. fig.* beyond, (*höher als, mehr*) above, over: ***auf Jahre ~*** for years (to come); → ***darüber*** 3.

hinaus|begleiten *v/t* ***j-n ~*** see s.o. out (***aus*** of). **~ekeln** *v/t* F ***j-n ~*** freeze s.o. out (***aus*** of). **~fliegen** *v/i* **1.** (*a. v/t*) fly out. **2.** F *fig.* get kicked out, *aus e-r Stellung*: *a.* get the sack. **~gehen** *v/i* **1.** go out (***aus*** of). **2.** *fig.* ***~ auf*** (*acc*) *Fenster etc*: open on(to). **3.** *fig.* ***~ über*** (*acc*) go beyond, *Sache*: *a.* exceed.

hinaus|laufen *v/i* **1.** run out (***aus*** of). **2.** *fig.* ***~ auf*** (*acc*) come to, amount to, lead to; ***es läuft auf dasselbe hinaus*** it comes (*od.* amounts) to the same thing. **~lehnen** *v/reflex* ***sich ~*** lean out (***aus*** of). **~schieben** *v/t fig.* put *s.th.* off, postpone. **~wachsen** *v/i fig.* ***über j-n*** (***sich***) ***~*** surpass s.o. (o.s.). **~wagen** *v/reflex* ***sich ~*** venture (to go) out (***aus*** of). **~werfen** *v/t* **1.** throw *s.th.* out (***aus*** of): → ***Fenster.*** **2.** F (*j-n*) throw (*od.* kick) *s.o.* out (***aus*** of), *aus e-r Firma etc*: *a.* sack, fire.

hinauswollen *v/i* **1.** want to go (*od.* get) out (***aus*** of). **2.** *fig.* ***worauf will er hinaus?*** what is he driving at?; ***worauf will das hinaus?*** what's the idea (of that)?; ***hoch ~*** be aiming high.

hinaus|ziehen I *v/t* **1.** pull *s.o., s.th.* out (***aus*** of). **2.** *fig.* ***et. ~*** drag s.th. out. **II** *v/i* **3.** go out, march out. **III** *v/reflex* ***sich ~*** **4.** drag on, *Arbeit, Prozess etc*: take longer than expected. **~zögern** *v/t* delay: ***sich ~*** be delayed.

hinbiegen *v/t* F *fig.* ***et. ~*** wangle s.th.

Hinblick *m* ***im ~ auf*** (*acc*) with regard to, in view of.

hinbringen *v/t* **1.** take *s.o., s.th.* there. **2.** (*Zeit etc*) pass, spend. **3.** → ***hinkriegen.***

hindenken *v/i* ***wo denkst du hin!*** of course not!

hinderlich *adj* cumbersome, troublesome: ***~ sein*** (*dat*) hamper, impede, be a handicap to, ***j-m*** *a.* be in s.o.'s way.

hindern *v/t* hamper, impede, (*stören*) interfere (***bei*** with): ***j-n am Arbeiten ~*** prevent (*od.* keep) s.o. from working.

Hindernis *n allg.* (***für*** to) obstacle, *fig. a.* impediment, (*Nachteil*) handicap: *fig.* ***auf ~se stoßen*** run into obstacles; ***j-m ~se in den Weg legen*** put obstacles in s.o's way; ***e-e Reise mit ~sen*** a journey full of mishaps. **~lauf** *m* obstacle race.

hindeuten *v/i* ***~ auf*** (*acc*) point at, *fig.* point to, indicate.

Hindu *m* Hindu.

Hinduismus *m* Hinduism.

hindurch *adv* **1.** *räumlich*: through: ***mitten*** (*od.* ***ganz***) ***~*** right through. **2.** *zeitlich*: through(out): ***die ganze Nacht*** (***den ganzen Tag***) ***~*** all night (day) (long); ***das ganze Jahr ~*** throughout the year.

hindurch... → ***durch...***

hinein *adv* in, inside, *a. zeitlich*: into (*May etc*): ***da ~*** in there; ***bis tief in die Nacht ~*** far into the night; F ***~!*** let's go! **~bekommen** *v/t* get *s.o., s.th.* in(to ***in*** *acc*). **~denken** *v/reflex* ***sich ~ in*** (*acc*) go into, ***j-n*** put o.s. into s.o.'s position.

hineingehen *v/i* **1.** (***in*** *acc*) go in(to), enter (*the house etc*). **2.** *fig.* hold: ***in die Kanne gehen zwei Liter hinein*** the can holds two litres; ***in den Saal gehen 500 Personen hinein*** the hall seats 500 persons. **3.** F → ***hineinpassen*** 2.

hinein|geraten *v/i* ***~ in*** (*acc*) get into. **~knien** *v/reflex* ***sich ~ in*** (*acc*) F *fig.* buckle down to. **~kommen** *v/i* (***in*** *acc*) come in(to), (*gelangen*) get in(to).

hineinkriegen F → ***hineinbekommen.***

hinein|leben *v/i* ***in den Tag ~*** take it easy. **~legen** *v/t* **1.** put *s.th.* in(to ***in*** *acc*). **2.** → ***hereinlegen.*** **~passen** *v/i* **1.** fit in(to ***in*** *acc*). **2.** go in(to ***in*** *acc*). **~reden** *v/i* ***j-m ~*** interrupt s.o.; *fig.* ***j-m*** (***in s-e Angelegenheiten***) ***~*** interfere with s.o.'s affairs. **~stecken** *v/t* F *a. fig.* put *s.th.* in(to ***in*** *acc*): → ***Nase.***

hinein|steigern *v/reflex* ***sich ~ in*** (*acc*) get worked up about, ***s-e Wut*** work o.s. up into a rage. **~versetzen** → ***versetzen*** II. **~ziehen I** *v/t* pull (*od.* draw) *s.o., s.th.* in(to ***in*** *acc*): *fig.* ***j-n in e-e Sache ~*** involve s.o. in s.th. **II** *v/i* march (*od.* move) in(to ***in*** *acc*).

hinfahren I *v/t* take (*od.* drive) *s.o., s.th.* there. **II** *v/i* go (*mot. a.* drive) there.

Hinfahrt *f* journey there: ***auf der ~*** on the way there.

hinfallen *v/i* fall (down).

hinfällig *adj* **1.** (*gebrechlich*) frail. **2.** *fig.* (*ungültig, überholt*) invalid, no longer valid: ***et. ~ machen*** invalidate s.th.

hinfinden *v/i* (*a.* ***sich ~***) find one's way there.

Hinflug *m* outward flight, (***auf dem ~*** on the) flight there.

hinführen I *v/t* ***j-n ~*** lead (*od.* take) s.o. there

H

(*od.* ***zu*** to). **II** *v/i* lead (*od.* go) there: *fig.* ***wo soll das*** (***noch***) ***~?*** where is this leading to?

Hingabe *f* **1.** (***an*** *acc* to) devotion, dedication: ***mit*** ~ *a.* lovingly. **2.** (*Aufopferung*) sacrifice.

hingeben I *v/t* give away, (*opfern*) sacrifice, give up. **II** *v/reflex* ***sich*** ~ a) *e-r Aufgabe etc*: devote (*od.* dedicate) o.s. to, *der Verzweiflung etc*: abandon o.s. to, b) ***j-m*** give o.s. to s.o.; ***sich Hoffnungen*** (***Illusionen***) ~ have hopes (illusions).

hingebungsvoll *adj u. adv* devoted(ly), *adv a.* with dedication.

hingegen *conj* however, on the other hand.

hingehen *v/i* **1.** go (there): ***wo gehst du hin?*** where are you going? **2.** *Zeit etc*: pass, go by. **3.** *fig.* (*tragbar sein*) pass, do: ***et.*** ~ ***lassen*** let s.th. pass.

hingehören *v/i* belong: ***wo gehört das hin?*** where does this belong (*od.* go)?

hingeraten *v/i* get (***irgendwo*** somewhere): ***wo ist es*** (***er***) ***hingeraten?*** what has become of it (him)?

hingerissen I *adj* (***von***) enraptured (by), ecstatic (*pred* in raptures, F gone) (over). **II** *adv* in raptures, ecstatically.

hinhalten *v/t* **1.** ***j-m et.*** ~ hold s.th. out to s.o.; → ***Kopf*** 1. **2.** *fig.* ***j-n*** ~ put s.o. off, keep s.o. on a string.

Hinhaltetaktik *f* delaying tactics *pl* (*oft sg konstr.*).

hinhauen F **I** *v/t* **1.** slam *s.th.* down. **2.** *fig.* (*Arbeit, Zeichnung etc*) knock off. **II** *v/i* **3.** *fig.* (*klappen*) work, (*gut sein*) be okay, (*stimmen*) be right, (*ausreichen*) do. **III** *v/reflex* ***sich*** ~ **4.** hit the ground, (*schlafen gehen*) hit the sack.

hinhören *v/i* listen.

hinken *v/i* (walk with a) limp: ***der Vergleich hinkt*** that's a lame comparison.

hinknien *v/i* (*a.* ***sich*** ~) kneel down.

hinkommen *v/i* **1.** come (*od.* get) there: *fig.* ***wo kämen wir denn hin, wenn ...*** where would we be if ... **2.** F go, belong: ***wo kommt das hin?*** where does that go? **3.** F *mit s-m Geld etc*: manage. **4.** F (*stimmen*) be right: ***wieder*** ~ (*in Ordnung kommen*) come right.

hinkriegen *v/t* F manage: ***et.*** ~ (*fertig bekommen*) get s.th. done.

hinlangen *v/i* F (***kräftig***) ~ a) (*zuhauen*) let go with a wallop, b) *fig.* (really) go to town (***bei*** on).

hinlänglich *adj* sufficient.

hinlegen I *v/t* **1.** put (*od.* lay) down. **2.** F (*Geld*) fork out. **3.** F (*machen, zeigen*) do *s.th.* brilliantly: ***sie haben ein tolles Spiel hingelegt*** they played a fantastic game. **II** *v/reflex* ***sich*** ~ **4.** lie down.

hinmachen F **I** *v/t* **1.** fix. **2.** a) (*j-n*) kill, b) (*et.*) wreck, break. **II** *v/i* **3.** *dial.* hurry up: ***mach(t) hin!*** get a move on!

hinnehmen *v/t* **1.** accept, *fig. a.* take, put up with. **2.** F ***mit*** ~ take *s.o., s.th.* along.

hinreichen I *v/t* **1.** → ***reichen*** 1. **II** *v/i* **2.** be sufficient, do. **3.** ~ (***bis***) ***zu*** go as far as.

hinreichend *adj* sufficient.

Hinreise *f* journey there (*od.* out), ⚓ voyage out: ***auf der*** ~ on the way there.

hinreißen *v/t fig.* **1.** enrapture, thrill: → ***hingerissen.*** **2.** ***sich*** ~ ***lassen*** (let o.s.) be carried away (***von*** by, ***zu*** into *doing*).

hinreißend *adj* breathtaking, fantastic.

hinrichten *v/t* execute.

Hinrichtung *f* execution.

hinschaffen *v/t* get there.

hinschauen → ***hinsehen.***

hinschicken *v/t* send.

hinschludern *v/t* F ***et.*** ~ knock s.th. off sloppily.

hinschmeißen *v/t* F **1.** (*werfen*) chuck down. **2.** (*aufgeben*) chuck in.

hinschreiben I *v/t* write (down): ***rasch*** ~ jot down, (*Brief etc*) dash off. **II** *v/i* write (to s.o.).

hinsehen *v/i* look: ***ohne hinzusehen*** without looking; ***bei näherem Hinsehen*** at a closer look.

hin sein → ***hin*** II.

hinsetzen I *v/t* **1.** set (*od.* put) *s.th.* down, (*j-n*) seat, (*Kind*) sit *s.o.* down. **2.** (*hinschreiben*) put: ***wo soll ich m-n Namen ~?*** where shall I put my name? **II** *v/reflex* ***sich*** ~ **3.** sit down, take a seat.

Hinsicht *f* ***in dieser*** (***in einer, in jeder***) ~ in this (in one, in every) respect; ***in mancher*** (***vieler***) ~ in some (many) respects (*od.* ways); ***in politischer*** ~ politically. **hinsichtlich** *prep* (*gen*) with regard to, regarding, as to.

Hinspiel *n Sport*: first leg.

hinstellen I *v/t* **1.** put, place, (*abstellen*) put down. **2.** F (*Haus etc*) put up. **3.** *fig.* ***j-n*** (***et.***) ~ ***als*** make s.o. (s.th.) out to be. **II** *v/reflex* ***sich*** ~ **4.** stand (***vor j-n*** in front of s.o.). **5.** *fig.* ***sich*** ~ ***als*** claim (*fälschlich*: pretend) to be.

hintansetzen, hintanstellen *v/t fig.* put *s.th.* last, (*vernachlässigen*) neglect.

hinten *adv* at the back (*od.* rear), (*im Hintergrund*) in the background: ~ ***im Garten*** at the back of the garden; ~ ***am Auto*** at the rear of the car; ~ ***im Buch*** at the end of the book; ***nach*** ~ to the back, (*zurück*) back, (*rückwärts*) backwards; ***von*** ~ from the back, from behind; F ***den sehe ich am liebsten von*** ~ I'm glad to see the back of him; ***das reicht*** ~ ***und vorn nicht*** that's not nearly enough; ***das stimmt ~ und vorn nicht*** that's all wrong.

hintenherum *adv* F **1.** around to the back. **2.** *fig.* on the quiet.

hintenüber *adv* backwards.

hinter I *prep* (*dat u. acc*) behind: ***~ dem Haus*** behind (*od.* at the back of) the house; *fig.* ***et. ~ sich bringen*** get s.th. over (with), (*Strecke*) cover; ***~ et. kommen*** find out about s.th., (*verstehen*) get (the hang of) s.th.; ***j-n*** (***et.***) ***~ sich lassen*** leave s.o. (s.th.) behind; ***et. ~ sich haben*** have s.th. behind one; ***er hat schon viel Schlimmes ~ sich*** he has been through a lot; *fig.* ***~ j-m stehen*** be behind s.o., *a.* ***sich ~ j-n stellen*** back s.o. (up); ***~ j-m*** (***et.***) ***her sein*** be after s.o. (s.th.). **II** *adj* → ***hintere.***

Hinter|achsantrieb *m mot.* rear-axle drive. **~achse** *f mot.* rear axle. **~ausgang** *m* rear exit. **~backe** *f* F buttock.

Hinterbänkler(in) *parl.* backbencher.

Hinterbein *n* hind leg: *fig.* ***sich auf die ~e stellen*** put up a fight.

Hinterbliebene *m, f* surviving dependant: ***die ~n*** the bereaved.

Hinterbliebenenrente *f* survivor's pension.

hinterbringen *v/t* ***j-m et. ~*** inform s.o. of s.th.

Hinterdeck *n* ⚓ afterdeck.

hintere *adj* back, rear: ***die ~n Reihen*** the back rows, the rows at the back; ***die Hinteren konnten kaum et. sehen*** those at the back could hardly see anything.

hintereinander *adv* **1.** one behind the other, *in Reihenfolge*: one after the other (*a. zeitlich*): ***drei Tage*** (***dreimal***) ***~*** three days (times) running (*od.* in a row, at a stretch); ***~ gehen*** walk one behind the other; ***~ schalten*** ⚡ connect in series. **2.** → ***nacheinander.***

Hintereingang *m* rear entrance.

hinterfragen *v/t* scrutinize (closely).

Hinter|fuß *m* hind foot. **~gebäude** *n* back building. **~gedanke** *m* ulterior motive, arrière-pensée.

hintergehen *v/t* deceive, cheat.

Hintergrund *m* (*fig.* ***vor dem ~*** against the) background (*gen* of); ***in den ~ drängen*** thrust *s.o., s.th.* into the background; ***sich im ~ halten*** stay in the background.

Hintergrund... background (*information, music, etc*).

hintergründig *adj* enigmatic(al), cryptic, (*tief*) profound, *Humor etc*: subtle.

Hintergrundinformation *f* piece of background information.

Hinterhalt *m* **1.** (*a.* ***aus dem ~ angreifen***) ambush. **2.** *fig.* ***et. im ~ haben*** have s.th. in reserve.

hinterhältig → ***hinterlistig.***

Hinter|hand *f* **1.** *zo.* hindquarters *pl.* **2.** *fig.* (***noch***) ***et. in der ~ haben*** have s.th. up one's sleeve. **~haus** *n* back building.

hinterher *adv* **1.** *räumlich*: behind, after. **2.** *zeitlich*: afterwards, after the event. **3.** ***~ sein, dass ...*** see to it that ...; → ***hinter*** I. **~laufen** *v/i* run behind: ***j-m ~*** run (*od.* walk) behind s.o., (*verfolgen, a.* F *fig.*) run after s.o.

Hinter|hof *m* backyard. **~kopf** *m* back of one's head: F ***et. im ~ haben*** have s.th. at the back of one's mind. **~land** *n* hinterland.

hinterlassen I *v/t allg.* leave (behind), *testamentarisch*: *a.* bequeath (***j-m et.*** s.th. to s.o.). **II** *adj Werke etc*: posthumous.

Hinterlassenschaft *f* ⚖ estate, *fig.* legacy.

Hinterlassung *f* ***unter ~ von*** (*od. gen*) leaving *s.th.* behind.

hinterlegen *v/t* deposit (***bei*** with).

Hinterlegung *f* deposit: ***gegen ~ von*** (*od. gen*) on depositing *s.th.*

Hinterlist *f* **1.** insidiousness, underhandedness. **2.** underhand(ed) trick.

hinterlistig *adj* insidious, underhanded, (*verschlagen*) crafty.

Hintermann *m* **1.** ***mein*** *etc* ***~*** the man (*mot.* car) behind me *etc.* **2.** *fig. mst pl* man behind it.

Hintermannschaft *f* defen/ce (*Am.* -se).

Hintern *m* F bottom, backside, behind: *fig.* ***sich auf den ~ setzen*** buckle down to work.

Hinterrad *n* rear wheel. **~antrieb** *m mot.* rear-wheel drive.

hinterrücks *adv* **1.** from behind. **2.** *fig.* behind *s.o.'s* back.

Hinter|seite *f* back. **~sitz** *m* back seat.

hinterste *adj* back(most), (*letzte*) last, hindmost: ***am ~n Ende*** at the very end.

Hinterteil *n* **1.** back (part), rear. **2.** → ***Hintern.***

Hintertreffen *n* ***ins ~ geraten*** fall behind, *weitS.* be losing out.

hintertreiben *v/t* prevent, (*Gesetz etc*) torpedo, (*vereiteln*) foil.

Hintertreppe *f* back stairs *pl.*

Hintertür *f* **1.** back door. **2.** *a.* **Hintertürchen** *n* (*Ausweg*) loophole.

Hinterwäldler(in) backwoodsman, *Am. a.* hick. **hinterwäldlerisch** *adj* backwoods ..., *Am. a.* hick ...

hinterziehen *v/t* ***Steuern ~*** evade taxes.

Hinterzimmer *n* back room.

hintun *v/t* F put: *fig.* ***ich weiß nicht, wo ich ihn ~ soll*** I can't place him.

hinüber *adv* over, *quer*: across: ***da ~!*** over there!; F ***~ sein*** a) (*tot*) be gone, b) (*betrunken*) be dead to the world, c) (*kaputt*) be ruined, have had it, d) (*verdorben*) have gone bad.

hinüberfahren I *v/t* take (*mot. a.* drive) *s.o., s.th.* over (*od.* across) (**über** *acc a bridge etc*). II *v/i* go (*od.* travel, *mot.* drive) across (*od.* over) (**nach, zu** to).

Hinübersetzung *f* translation into the foreign language.

Hin und Her: ***das ~*** the coming and going, *a. fig.* the to-and-fro; ***nach langem ~*** after endless discussions.

hin- und herlaufen *v/i* run to and fro.

Hin- und Rück|fahrkarte *f* return (*Am.* round-trip) ticket. **~fahrt** *f* return journey, *Am.* round trip. **~flug** *m* return (*Am.* round-trip) flight.

hinunter *adv* down: ***den Hügel ~*** down the hill, downhill; ***die Treppe ~*** down the stairs, downstairs; ***die Straße ~*** down the street; ***da ~!*** down there!

hinunter|... *fall, look, walk, etc* down, → *a.* ***herunter...*** **~gehen** I *v/i* → ***heruntergehen.*** II *v/t* go (*od.* walk) down (*the street, etc*). **~schlucken** *v/t a. fig.* swallow. **~spülen** *v/t a. fig.* wash down. **~stürzen** I *v/t* **1.** throw *s.o., s.th.* down: ***sich ~*** throw o.s. down. **2.** (*rennen*) rush down (*the stairs etc*). **3.** (*trinken*) gulp down. II *v/i* **4.** crash down.

hinwagen *v/reflex* ***sich ~*** venture there.

hinweg *adv* **1.** (*fort*) away, off. **2.** ***über e-e Sache ~*** over (*od.* across) s.th.; *fig.* ***über j-n*** (*od.* ***j-s Kopf***) ***~*** over s.o.'s head. **3.** *fig.* ***darüber ist er ~*** (*e-e Enttäuschung etc*) he has got over that.

Hinweg *m* (***auf dem ~*** on the) way there.

hinweg... → ***fort..., weg...***

hinweg|gehen *v/i fig.* ***~ über*** (*acc*) pass over, ignore; ***lachend*** (***achselzuckend***) ***über et. ~*** laugh (shrug) s.th. off. **~helfen** *v/t* ***j-m über et. ~*** *a. fig.* help s.o. to get over s.th. **~kommen** *v/i* ***über et. ~*** *a. fig.* get over s.th. **~sehen** *v/i* ***über et. ~*** a) see (*od.* look) over s.th., b) *fig.* ignore s.th., overlook s.th. **~setzen** I *v/i* ***über*** *e-n Graben etc* ***~*** jump over. II *v/reflex* ***sich ~ über*** (*acc*) → ***hinweggehen.***

Hinweis *m* (***auf*** *acc*) **1.** a) (*Rat*) tip, (*Wink*) hint (as to), b) *a. pl* information (on, about), c) (*Anhaltspunkt*) indication (of), clue (as to), d) (*Anmerkung*) note (about), comment (on): ***sachdienliche ~e*** relevant information; ***~e zur Benutzung*** directions for use. **2.** (*Verweis*) reference (to). **3.** (*Anspielung*) allusion (to).

hinweisen I *v/t* ***j-n auf et. ~*** point s.th. out to s.o. II *v/i* ***~ auf*** (*acc*) *a. fig.* point to, *fig. a.* indicate, (*verweisen*) refer to; ***darauf ~, dass ...*** point out (*betonen*: emphasize) that ...

hinweisend *adj* ***~es Fürwort*** demonstrative pronoun.

Hinweis|schild *n*, **~tafel** *f* sign.

hinwerfen *v/t* **1.** throw *s.th.* down, F (*fallen lassen*) drop (*a. fig. Bemerkung etc*): ***sich ~*** throw o.s. down; ***j-m et. ~*** throw s.th. to s.o. **2.** F *fig.* (*aufgeben*) chuck. **3.** F *fig.* (*Brief etc*) dash off.

hinwirken *v/i* ***~ auf*** (*acc*) work towards.

hinwollen *v/i* F want to go: ***wo willst du hin?*** where are you going?

hinziehen I *v/t* **1.** *a. fig.* draw *s.o., s.th.* (**zu** to, towards): *fig.* ***sich hingezogen fühlen zu*** feel drawn towards. **2.** *fig.* (*verzögern*) drag *s.th.* out. II *v/i* **3.** move (***über*** *acc* across, ***zu*** towards), (*umziehen*) move there. III *v/reflex* ***sich ~*** **4.** *zeitlich*: drag on (***über Wochen*** *etc* for weeks *etc*). **5.** *räumlich*: stretch (***bis zu*** to, as far as).

hinzielen *v/i fig.* ***~ auf*** (*acc*) aim at, *Sache*: be aimed at.

hinzu *adv* in addition, besides.

hinzufügen *v/t* (*dat*) add (to), (*beilegen*) enclose (with).

Hinzufügung *f* addition: ***unter ~ von*** (*od. gen*) (by) adding, *als Beilage*: enclosing.

hinzukommen *v/i* **1.** come (along): ***~ zu*** (*sich anschließen*) join (*s.o., s.th.*). **2.** be added, (*nachfolgen*) follow: ***hinzu kommt, dass ...*** add to this ..., besides ...; ***es kommt noch hinzu, dass er ...*** what is more he ...

hinzu|setzen I *v/t* (*Bemerkung etc*) add. II *v/reflex* ***sich*** (***zu j-m***) ***~*** join s.o., sit (down) with s.o. **~zählen** *v/t* add. **~ziehen** *v/t* ***j-n ~*** call s.o. in, consult s.o.

Hiobsbotschaft *f* bad news *sg.*

Hirn *n* **1.** *anat.* brain. **2.** *gastr.* brains *pl.* **3.** *fig.* (*Verstand*) brain(s *pl*), (*Geist*) head, mind: ***sich das ~ zermartern*** rack one's brains.

Hirngespinst *n* (***ein reines ~*** a mere) fantasy, (*verstiegene Idee*) pipe dream.

Hirnhaut *anat.* meninges *pl.* **~entzündung** *f* ⚕ meningitis.

hirnlos *adj a.* F *fig.* brainless.

Hirnrinde *f anat.* cerebral cortex.

hirnrissig *adj* F mad.

Hirntod *m* brain death.

Hirsch *m* stag, *als Gattung*: deer. **~braten** *m* roast venison. **~fänger** *m* hunting knife. **~kalb** *n* fawn. **~keule** *f gastr.* haunch of venison. **~kuh** *f* hind.

Hirschleder *n*, **hirschledern** *adj* buckskin.

Hirse *f* ⚘ millet.

Hirte *m* heardsman, (*Schafhirte*) shepherd (*a. eccl.*): ***der Gute ~*** (*Christus*) the (Good) Shepherd.

Hirten|brief *m eccl.* pastoral. **~spiel** *n* pastoral. **~volk** *n* pastoral people.

Hirtin *f* heardswoman, (*Schafhirtin*) shepherdess.
his, His *n* ♪ B sharp.
hissen *v/t* hoist.
Historiker(in) historian.
historisch *adj* historical, (*geschichtlich bedeutsam*) historic (*figure, moment, etc*).
Hit *m* ♪ *u.* F *fig.* hit. **~liste** *f* ♪ *the* top ten *etc* (of the week *etc*). **~parade** *f* ♪ hit parade.
Hitze *f allg.* heat, *fig. a.* passion: ***in der ~ des Gefechts*** in the heat of the moment.
hitze|beständig *adj* heat-resistant. **~empfindlich** *adj* sensitive to heat. **~frei** *adj* ***~ haben*** have time off from school because of very hot weather.
Hitzegrad *m* degree of heat.
Hitzewelle *f* heat wave.
Hitzschlag *m* heat stroke.
HIV ***human immune deficiency virus*** *ein Virus, das Aids auslöst*: HIV *n.*
HIV-negativ *adj* HIV negative.
HIV-positiv *adj* HIV positive.
Hiwi ***Hilfswissenschaftler(in)*** *univ.* assistant.
Hj. ***Halbjahr*** half-year, six months *pl.*
HK ***Handelskammer*** Chamber of Commerce.
hl ***Hektoliter*** hectolitre(s *pl*), *Am.* -liter(s *pl*) (hl).
hl. ***heilig*** holy; ***heilige(r)*** Saint (St, St.) *Peter etc.*
H-Milch *f* long-life milk, UHT milk.
Hob. ***Hoboken-Verzeichnis*** (*der Werke von Joseph Haydn*) *etwa* Hoboken Catalog(ue) (Hob.).
Hobby *n* hobby. **~gärtner(in)** amateur gardener. **~koch** *m* keen cook. **~raum** *m* hobby room, workroom.
hobeln *v/i u. v/t* plane.
hoch I *adj* **1.** *allg.* high (*a. fig. Einkommen, Kosten, Preis etc*), *Baum, Gestalt etc*: *a.* tall, *Schnee, Wasser*: deep, *Tempo etc, a. Ehre, Wert etc*: *a.* great, *Strafe*: heavy, *Stimme, Ton*: high(-pitched): ***ein hohes Alter erreichen*** live to a ripe old age; ***e-e hohe Niederlage*** *Sport*: a crushing defeat; ♪ ***das hohe C*** top C; *parl.* ***das Hohe Haus*** the House; ***der hohe Norden*** the far North; *fig.* ***das ist mir zu ~!*** that's above me!; → ***Maß***[1] 4, ***Ross, Tier*** *etc.* II *adv* **2.** high (*a. zahlenmäßig etc*), *fig.* highly: ***~ auflösend*** *Bildschirm*: high-resolution, *TV* high-definition; ***~ begabt*** highly gifted (*od.* talented); ***~ bezahlt*** highly paid; ***~ dotiert*** highly paid, *Turnier etc*: carrying a high price; ***~ empfindlich*** highly sensative, *phot.* high-speed (*film*); ***~ entwickelt*** highly developed, *tech.* sophisticated; *fig.* ***~ gestellt*** high-ranking; ***~ gewachsen*** tall; ***~ qualifiziert*** highly qualified; ***~qualifizierte Arbeitskräfte*** highly qualified manpower; ***~ schrauben*** (*Preise*) force up, (*Erwartungen*) raise; ***sich ~ schrauben*** spiral up; ***~ oben*** high up, *am Himmel*: on high; ***~ gewinnen*** win high; ***~ schätzen*** esteem highly; ***~ verlieren*** *Sport*: get trounced; ***~ spielen*** play (*a. fig.* gamble) high; ***sie kamen drei Mann ~*** there were three of them; ***j-m et. ~ und heilig versprechen*** promise s.o. s.th. solemnly; ***wenn es ~ kommt*** at (the) most; ***Hände ~!*** hands up!; → ***hinauswollen*** 2. **3.** → a) ***hinauf,*** b) ***herauf.*** **4.** *A* ***fünf ~ zwei*** five (raised) to the second power; ***sechs ~ drei*** six cubed.
Hoch *n* **1.** *meteor. u. fig.* high. **2.** (*~ruf*) cheers *pl.*
Hochachtung *f* deep respect: ***alle ~!*** my compliment!; ***mit vorzüglicher ~*** →
hochachtungsvoll *adv Briefschluss*: Yours faithfully, Sincerely yours.
Hochadel *m* high nobility.
hochaktuell *adj* highly topical.
hochalpin *adj* (high) alpine.
Hochaltar *m* high altar.
hochangesehen *adj* highly esteemed.
hochanständig *adj* very decent.
Hochantenne *f* overhead aerial (*bsd. Am.* antenna).
hocharbeiten *v/reflex* ***sich ~*** work one's way up.
Hoch|bahn *f* elevated railway (*Am.* railroad). **~bau** *m* structural engineering.
hoch|berühmt *adj* very famous, celebrated. **~betagt** *adj* very old, aged.
Hochbetrieb *m* intense activity, (*Stoßzeit*) peak time, *im Verkehr*: rush hour, (*Hochsaison*) high season: ***es herrschte ~*** they (*od.* we) were extremely busy.
hoch|bringen *v/t* **1.** bring *s.o., s.th.* up. **2.** (*heben*) get *s.th.* up. **3.** *fig.* (*Firma etc*) make *s.th.* a going concern: ***e-e Firma wieder ~*** put a firm back on its feet. **~brisant** *adj* **1.** high-explosive. **2.** *fig.* explosive.
Hochburg *f fig.* stronghold.
hochdeutsch *adj*, **Hochdeutsch** *n* standard (*od.* High) German.
Hochdruck *m* **1.** *meteor., phys.* high pressure: *fig.* ***mit ~ arbeiten*** work (at) full blast. **2.** ⚕ (*Bluthochdruck*) high blood pressure. **~gebiet** *n meteor.* high-pressure area.
Hochebene *f* plateau.
hocherfreut *adj* (most) delighted (***über*** *acc* at).
Hochfinanz *f* high finance.
hochfliegen *v/i* **1.** fly up, soar. **2.** F *fig.* explode, blow up.
hochfliegend *adj fig. Pläne etc*: ambitious, high-flown.

Hoch|form *f* (**in** ~ in) top form.
Hochformat *n* upright format.
hochformatig *adj* upright.
Hochfrequenz *f* high frequency, *in Zssgn* high-frequency.
Hochfrisur *f* upswept hairstyle.
hochgebildet *adj* highly educated.
Hochgebirge *n* high mountain region, high mountains *pl*.
Hochgebirgs... alpine, mountain.
Hochgefühl *n* elation.
hochgehen I *v/i* **1.** *allg.* go up, *Vorhang, Preise*: *a.* rise. **2.** F *Bombe etc*: explode, blow up, *fig. Person*: *a.* hit the ceiling: ***et.* ~ *lassen*** blow s.th. up. **3.** F *Verbrecher etc*: be caught: ~ ***lassen*** expose, (*schnappen*) nab, (*Bande*) round up, *sl.* bust. II *v/t* → ***hinaufgehen*** II.
Hochgenuss *m* (real) treat.
hochgeschlossen *adj* high-necked.
Hochgeschwindigkeits|... high-speed ... **~zug** *m* high-speed train.
hoch|gespannt *adj Erwartungen etc*: high, *Pläne etc*: ambitious. **~gestochen** *adj* F **1.** (*eingebildet*) stuck-up. **2.** (*blasiert*) jumped-up, very highbrow.
hochgiftig *adj Substanz*: highly toxic.
Hochglanz *m* high polish (*od.* gloss).
Hochglanzpapier *n* high-gloss paper.
hochgradig *adj* **1.** extreme, *tech.* high-grade. **2.** F *fig. Unsinn etc*: utter.
hochhackig *adj* high-heeled.
hochhalten *v/t* **1.** hold *s.o., s.th.* up. **2.** *fig.* uphold, (*j-s Andenken*) hono(u)r.
Hochhaus *n* tower block, high rise.
hochheben *v/t* lift (up), raise.
hochinteressant *adj* most interesting.
hochjubeln *v/t* F glorify.
hochkant *adv* on end: ~ ***stellen*** *a.* up-end.
hochkarätig *adj* **1.** high-carat. **2.** *fig.* 24-carat, top(-calibre).
hochklappen *v/t* fold *s.th.* up.
hochkommen *v/i* **1.** come up: (***wieder***) ~ get up (again), *fig.* get back on one's feet. **2.** *fig. im Leben*: get ahead, F make it. **3.** ***wenn es hochkommt*** at the most, at best.
Hochkonjunktur *f econ.* boom.
hochkrempeln *v/t* roll up.
hochkriegen F → ***hochbringen.***
Hochland *n* highland(s *pl*).
hochleben *v/i* ***j-n* ~ *lassen*** give three cheers for s.o., *bei Tisch*: toast s.o.; ***er lebe hoch!*** three cheers for him!
Hochleistung *f* high performance.
Hochleistungs|... *tech.* high-power(ed), high-speed ..., heavy-duty ... **~sport** *m* competitive sport(s *pl*). **~sportler(in)** competitive (*weitS.* top) athlete.
hochmodern *adj* ultramodern.
Hochmoor *n* moor.
Hochmut *m* arrogance.
hochmütig *adj* arrogant.
hochnäsig *adj* stuck-up.
hochnehmen *v/t* **1.** pick *s.o., s.th.* up. **2.** F *fig.* ***j-n*** ~ a) (*hänseln*) pull s.o.'s leg, b) (*übervorteilen*) fleece s.o., take s.o. for a ride, c) (*verhaften*) nab s.o.
Hochofen *m* (blast) furnace.
hochprozentig *adj* **1.** ⚗ highly concentrated. **2.** *Schnaps etc*: high-proof.
hochrechnen *v/t* project.
Hochrechnung *f* projection, *a.* (computer) forecast.
Hoch|relief *n* high relief. **~ruf** *m* cheer. **~saison** *f* peak season.
hochschaukeln *v/t* F *fig.* (*a.* ***sich*** ~) escalate.
hochschnellen *v/i* **1.** bounce up. **2.** *fig. Preise*: rocket.
Hochschul|abschluss *m* (university) degree. **~absolvent(in)** university graduate: ***Einstellung von Hochschulabsolventen*** graduate recruitment. **~ausbildung** *f* university (*od.* college) training (*od.* education).
Hochschule *f* a) university, college, b) college, academy.
Hochschüler(in) university (*od.* college) student.
Hochschul|lehrer(in) university teacher. **~reife** *f* matriculation standard.
hochschwanger *adj* far advanced in pregnancy.
Hochsee *f* high sea(s *pl*). **~fischerei** *f* deep-sea fishing. **~jacht** *f* ocean-going yacht.
Hochsitz *m hunt.* (raised) hide.
Hochsommer *m* (**im** ~ in) midsummer.
Hochspannung *f* **1.** ⚡ high tension (*od.* voltage). **2.** *fig.* high tension, (*gespannte Erwartung*) great suspense.
Hochspannungs|kabel *n* high-voltage cable. **~leitung** *f* power line. **~mast** *m* pylon.
hochspielen *v/t fig.* ***et.*** ~ play s.th. up.
Hochsprache *f* standard language: ***die deutsche*** ~ Standard German.
hochsprachlich *adj* standard: ***nicht*** ~ substandard.
Hochspringer(in) *Sport*: high jumper.
Hochsprung *m Sport*: high jump.
höchst *adv* highly, most, extremely: → ***höchste.***
Höchst|alter *n* maximum age. **~gebot** *n* highest offer, *Ausschreibung*: highest bid (*od.* tender): ***gegen*** ~ highest offer.
Hochstapelei *f* **1.** *a. fig.* imposture. **2.** (*Übertreibung*) (gross) overstatement.
hochstapeln *v/i* **1.** be an impostor. **2.** (*übertreiben*) exaggerate.

Hochstapler(in) impostor, *fig.* fraud.
Höchst|arbeitszeit *f* statutory maximum working hours. **~belastung** *f tech.* maximum load. **~betrag** *m* maximum (amount).
höchste *adj allg.* highest, *econ.*, *tech. a.* maximum, top, (*größte*) *a.* tallest, (*oberste*) *a.* uppermost, (*äußerste*) *a.* extreme, utmost: **am ~n** highest; **aufs höchste** → **höchst**; → **Zeit** 1.
Hochstelltaste *f* shift key.
höchstens *adv* **1.** at (the) most, at best: *adm. ein Betrag etc* **von ~** not exceeding. **2.** (*außer*) except.
Höchst|fall *m* **im ~** → **höchstens** 1. **~form** *f Sport*: top form. **~geschwindigkeit** *f* maximum (*od.* top) speed: **mit ~** at top speed; **zulässige ~** speed limit.
Höchst|grenze *f* upper limit. **~leistung** *f allg.* top performance, *Sport*: *a.* record, *tech. a.* maxium output, *in der Forschung etc*: supreme achievement.
Höchstmaß *n* **ein ~ an Sicherheit** *etc* a maximum of safety *etc.*
höchstpersönlich *adj* personal(ly *adv*), *adv a.* in person.
Höchst|preis *m* maximum price: **zum ~** at the highest price. **~stand** *m* highest level. **~strafe** *f* maximum penalty.
höchstwahrscheinlich *adv* in all probability.
Höchstwert *m* maximum value.
höchstzulässig *adj* maximum (permissible).
hochtechnisiert *adj* high-tech.
Hochtechnologie *f* high tech(nology).
Hochtouren *pl* **auf ~ bringen** a) (*Motor etc*) rev *s.th.* up to full speed, b) *fig.* get *s.o.*, *s.th.* really going; **auf ~ laufen** run at full speed, *a. fig.* go at full blast.
hochtourig *adj mot.* high-revving.
hochtrabend *adj* pompous.
hochtreiben *v/t fig.* force up.
Hoch- und Tiefbau *m* structural and civil engineering.
hochverdient *adj Sieg*, *Erfolg etc*: well-deserved, *Person*: of great merit.
hochverehrt *adj* highly esteemed, *in der Anrede*: Dear *Mr. Brown etc*; **~er Herr Präsident!** Mr. President, Sir!
Hochverrat *m* high treason.
hochverräterisch *adj* treasonable.
hochverzinslich *adj* high-interest-bearing.
Hochwald *m* timber forest.
Hochwasser *n* **1.** *bei Flut*: high tide (*od.* water). **2.** (*Überschwemmung*) flood: **der Fluss führt ~** the river is in flood.
Hochwasser|gefahr *f* danger of flooding. **~katastrophe** *f* flood disaster. **~stand** *m* high-water level.
hochwerfen *v/t* throw *s.o.*, *s.th.* up.
hochwertig *adj* high-grade, high-quality, *pred* of high quality, *Lebensmittel*: highly nutritious.
Hochwild *n* big game.
Hochzeit *f* wedding, (*Trauung*) *a.* marriage: **~ haben, ~ feiern** get married; **zur ~ schenken** (**bekommen**) give (get) as a wedding present.
Hochzeits|... wedding (*present*, *dress*, *etc*). **~nacht** *f* wedding night. **~reise** *f* honeymoon (trip): **auf ~** honeymooning. **~tag** *m* wedding day, (*Jahrestag*) wedding anniversary.
hochziehen *v/t allg.* draw up, (*Last*, *Hose etc*, *a. Flugzeug*) pull up, (*Fahne*, *Segel*) hoist: **sich ~ an** (*dat*) a) pull o.s. up by, b) F *fig.* get an ego-boost out of.
Hochzinspolitik *f* high-interest policy.
Hocke *f* **1.** squat: **in die ~ gehen** squat down. **2.** a) *gym.* crouch, b) *Kunstspringen*: tuck (position), c) → **Hocksprung.**
hocken *v/i* **1.** squat, crouch. **2.** *dial.* sit, *Vogel*: perch: **über s-n Büchern ~** pore over one's books.
Hocker *m* stool.
Höcker *m zo.* hump, (*an Schnabel*) knob.
Hockey *n* hockey. **~schläger** *m* hockey stick. **~spieler(in)** hockey player.
Hocksprung *m gym.* squat jump, *übers Pferd etc*: squat vault, *Kunstspringen*: tuck(ed) jump.
Hode *f*, **Hoden** *m anat.* testicle.
Hodensack *m anat.* scrotum.
Hof *m* **1.** yard, (*Innenhof*) *a.* court(yard), (*Hinterhof*) backyard, (*Schulhof*) schoolyard. **2.** (*Bauernhof*) farm. **3.** (*Fürstenhof*) court: **am ~, bei ~e** at court; **j-m den ~ machen** court s.o. **4.** *astr.*, ☾, *opt.* halo.
Hofdame *f* lady-in-waiting.
hoffen *v/i u. v/t* (**auf** *acc*) hope (for), (*vertrauen*) trust (in): **ich hoffe** (**es**) I hope so; **ich hoffe nicht** I hope not; **das will ich nicht ~** I hope not; **~ wir das Beste!** let's hope for the best!
hoffentlich *adv* I (*od.* we) hope so, let's hope so, F hopefully: **~ nicht!** I hope not!
Hoffnung *f* hope (**auf** *acc* of): **die ~ aufgeben** (**verlieren**) abandon (lose) hope; **j-m ~en machen** raise s.o.'s hopes; **er machte mir k-e ~en** he didn't hold out any hopes for me; **sich ~en machen** have hopes (**auf** *acc* of *ger*); **mach dir k-e** (**falschen**) **~en!** don't be too hopeful!; **s-e ~ setzen auf** (*acc*) pin one's hopes on; **j-n in s-n ~en enttäuschen** dash s.o.'s hopes; (**neue**) **~ schöpfen** have new hopes; **es besteht k-e ~** there is no hope; **in der ~ zu** *inf* hoping to *inf*; **er ist m-e einzige ~** he is my only hope;

pol., *Sport etc* ***die große ~*** the (great) white hope.
Hoffnungslauf *m Sport*: repechage.
hoffnungslos *adj a. fig.* hopeless: ***er ist ein ~er Fall*** he's hopeless.
Hoffnungslosigkeit *f* hopelessness, despair.
Hoffnungsschimmer *m* glimmer of hope.
Hoffnungsträger(in) *pol., Sport etc the* (great) white hope.
hoffnungsvoll *adj* hopeful, *pred* full of hope (*a. adv*), *Talent etc*: promising.
hofieren *v/t* flatter, *contp.* fawn upon.
höfisch *adj* courtly.
höflich *adj* (**zu** to) polite, courteous.
Höflichkeit *f* **1.** (***aus ~*** out of) politeness: ***in aller ~*** very politely. **2.** *mst pl* compliment.
Höflichkeits|besuch *m* courtesy visit. **~formel** *f* polite phrase, *im Brief*: complimentary close.
Hofnarr *m hist. u. iro.* court jester.
Hofrat *m österr.* Counsel(l)or.
hohe → ***hoch*** I.
Höhe *f* **1.** *allg.* height, *über dem Meeresspiegel, a.* ✈ *etc* altitude, (*Niveau*) level: ***in e-r ~ von ...*** at a height (*od.* an altitude) of ...; ***in die ~*** up (→ *a. Zssgn mit* **hoch**); ***an ~ verlieren*** lose height; ***auf der ~ von*** a) *geogr.* in the latitude of (*London etc*), b) ⚓ off (*Dover etc*); ***auf gleicher ~*** (*fig.* on a) level (***mit*** with); *fig.* ***auf der ~ s-s Ruhms*** (***s-r Macht*** *etc*) at the height of his fame (power); F ***auf der ~ sein*** be in good form; ***auf der ~*** (***der Zeit***) ***sein*** be up to date; ***ich bin nicht ganz auf der ~*** I'm not feeling up to the mark; F ***das ist doch die ~!*** that's the limit! **2.** (*Hügel*) hill, height(s *pl*), (*Gipfel*) top, summit. **3.** *e-s Betrages etc*: amount, *e-r Strafe etc*: degree: ***e-e Summe in ~ von*** a sum (to the amount) of; *Betrag, Strafe etc* ***bis zu e-r ~ von*** up to, not exceeding.
Hoheit *f* **1.** *pol.* sovereignty. **2.** (*Titel*) (***Seine, Ihre***) ~ (His, Her) Highness. **3.** *fig.* grandeur, majesty.
hoheitlich *adj* sovereign.
Hoheits|abzeichen *n* national emblem, ✈ *etc* nationality marking. **~gebiet** *n* (***deutsches ~*** German) territory. **~gewässer** *pl* territorial waters *pl.*
Höhen|flosse *f* ✈ tail plane. **~flug** *m* **1.** high-altitude flight. **2.** *fig.* (intellectual *etc*) flight. **~krankheit** *f* altitude sickness. **~kurort** *m* mountain (health) re-sort. **~lage** *f* altitude. **~leitwerk** *n* ✈ elevator unit. **~messer** *m* altimeter. **~sonne** *f* **1.** mountain sun. **2.** ⚕ sunray lamp, sunlamp. **~unterschied** *m* dif-ference in altitude.
höhenverstellbar *adj* height-adjustable.
Höhenzug *m* range of hills, mountain range.
Höhepunkt *m allg.* peak, height, climax (*a. e-s Dramas, a. Orgasmus*), *des Ruhms etc*: zenith, *e-r Epoche etc*: heyday, *e-s Festes etc*: highlight: ***auf dem ~*** at its height; ***auf dem ~ s-r Macht*** at the height of his power; ***das Fest erreichte s-n*** (*od.* **den**) ***~, als*** the party reached its (*od.* a) climax when.
höher *adj u. adv* higher (*a. fig.*), (*rang~*) senior: ***~er Dienst*** senior service; ***~e Bildung*** higher education; ***~e Schule*** secondary school; ***in ~em Maße*** to a greater extent, more; ***nach Höherem streben*** strive for higher things; *fig.* ***~ schrauben*** increase, (*Preise*) force up.
hohl *adj a. fig.* hollow: ***in der ~en Hand*** in the hollow of one's hand.
Höhle *f* **1.** cave. **2.** *zo.* hole (*a.* F *fig. Behausung*): *fig.* ***sich in die ~ des Löwen wagen*** beard the lion in his den. **3.** *anat.* cavity, (*Augenhöhle*) socket.
Höhlen|forscher(in) spel(a)eologist, F pot-holer. **~forschung** *f* spel(a)eology.
Höhlenmensch *m* cave man.
Hohlheit *f a. fig.* hollowness.
Hohl|kehle *f tech.* groove. **~kopf** *m* F numskull. **~körper** *m* ⚗ hollow body. **~kreuz** *n* ⚕ hollow back. **~kugel** *f* hollow sphere. **~maß** *n* measure of capacity, dry measure. **~raum** *m* cavity, hollow. **~saum** *m* hemstitch. **~schliff** *m* hollow grinding: ***mit ~*** hollow-ground. **~spiegel** *m* concave mirror.
Höhlung *f* hollow, cavity.
Hohl|weg *m* ravine. **~ziegel** *m* cavity brick, *fürs Dach*: hollow tile.
Hohn *m* scorn, derision, (*höhnische Bemerkung*) sneers *pl*: ***nur ~ und Spott ernten*** earn but scorn and derision; ***ein ~ auf*** (*acc*) a mockery of; ***j-m zum ~*** in defiance of s.o.; ***~ lachen*** sneer; *fig.* ***e-r Sache ~ sprechen*** make a mockery of s.th.
höhnen *v/i* (***über*** *acc* at) sneer, jeer.
Hohngelächter *n* derisive laughter.
höhnisch *adj* sneering.
hohnlächeln *v/i* sneer.
Hokuspokus *m* hocus-pocus, F *fig. a.* mumbo-jumbo: ***~!*** hey presto!
hold *adj* **1.** lovely, sweet. **2.** ***das Glück war ihm ~*** he was lucky.
Holdinggesellschaft *f econ.* holding company.
holen *v/t* **1.** (*et.*) get, fetch: ***j-m et. ~*** get s.th. for s.o.; ***et. aus der Tasche ~*** take (*od.* draw) s.th. out of one's pocket; F ***da ist nichts zu ~!*** there's nothing in it (for us)!; ***bei ihm ist nichts zu ~!*** you won't get anything out of him!; → ***Atem, Luft*** 2. **2.** (*j-n*) call: ***j-n ~ lassen*** send for s.o. **3.** (*ab~*) come for, pick *s.o., s.th.* up. **4.** ***sich*** *et.* ***~*** a) get o.s., fetch, b) F (*Krankheit etc*) catch, get;

du wirst dir noch et. ~! you'll catch s.th. yet!; ***sich bei j-m e-n Rat ~*** ask s.o.'s advice; ***sich e-n Preis ~*** win (*od.* get, *Sache*: fetch) a prize; → ***Abfuhr*** 2.

Holland *n* Holland.

Holländer *m* Dutchman: ***die ~*** the Dutch. **Holländerin** *f* Dutchwoman.

holländisch *adj*, **Holländisch** *n ling*. Dutch.

Hölle *f* hell: ***in der ~*** in hell; ***die ~ auf Erden*** hell on earth; F ***j-m die ~ heiß machen*** give s.o. hell; ***j-m das Leben zur ~ machen*** make life a perfect hell for s.o.; ***zur ~ damit!*** to hell with it!; ***die ~ ist los!*** all hell has broken loose!

Höllen|angst *f* F ***e-e ~ haben*** be scared stiff (***vor*** *dat* of). **~lärm** *m* infernal noise: ***e-n ~ machen*** make a hell of a noise. **~maschine** *f* time bomb. **~qual** *f* F *fig.* agony: ***~en ausstehen*** suffer hell. **~tempo** *n* F (***mit e-m ~*** at) breakneck speed.

höllisch *adj* infernal, F hellish, awful: *adv* ***~ aufpassen*** watch out, be damn careful; ***es tut ~ weh*** it hurts like hell.

Holm *m* beam, *am Barren*: bar, ✈ spar.

Holocaust *m* holocaust.

Hologramm *n opt.* hologram.

Holographie *f* holography.

holp(e)rig *adj* **1.** *Weg etc*: bumpy. **2.** *fig. Vers etc*: clumsy.

holpern *v/i* **1.** bump, jolt. **2.** *fig. beim Lesen*: stumble.

Holunder *m* ⚘ elder. **~beere** *f* elderberry. **~tee** *m* elderflower tea.

Holz *n* **1.** wood, (*Nutzholz*) timber: ***aus ~*** (made of) wood, wooden; ***~ verarbeitend*** wood processing; *fig.* ***aus dem gleichen ~ geschnitzt*** of the same stamp; ***aus härterem ~ geschnitzt*** made of sterner stuff. **2.** (*Kegel*) (nine-)pin: ***gut ~!*** good bowling!

Holz|bauweise *f* timber(-frame) construction. **~bearbeitung** *f* woodworking. **~bläser(in)** ♪ **1.** woodwind player. **2.** *pl the* woodwind (section).

holzen *v/i* F *Fußball*: clog, play rough.

hölzern *adj* wooden, *fig. a.* clumsy.

Holzfäller(in) woodcutter, *bsd. Am.* lumberjack.

holzfrei *adj Papier*: wood-free.

Holzhacken *n* wood chopping.

Holzhammer *m* mallet: F *fig.* ***mit dem ~*** with a sledgehammer. **~methode** *f* sledgehammer method.

Holz|handel *m* timber (*Am.* lumber) trade. **~haus** *n* wooden house.

holzig *adj* woody, *Rettich etc*: stringy.

Holz|kitt *m* plastic wood. **~kohle** *f* charcoal. **~scheit** *n* log. **~schnitt** *m* wood engraving. **~stoß** *m* stack of wood. **~täfelung** *f* wood(en) panel(l)ing. **~verarbeitung** *f* wood processing. **~weg** *m* F *fig.* ***auf dem ~ sein*** a) be on the wrong track, b) be very much mistaken. **~wirtschaft** *f* wood (*od.* timber) industry. **~wolle** *f* wood wool, *Am.* excelsior. **~wurm** *m* woodworm.

Homepage *f* home page.

Hometrainer *m* exerciser.

Homo *m* F homo, queer, gay.

homogen *adj* homogeneous.

Homonym *n ling.* homonym.

Homöopath(in) ⚕ hom(o)eopath.

Homöopathie *f* hom(o)eopathy.

homöopathisch *adj* hom(o)eopathic(ally *adv*).

homophil *adj*, **Homophile** *m* homophile.

Homosexualität *f* homosexuality.

homosexuell *adj*, **Homosexuelle** *m, f* homosexual, F gay.

Honduras *n* Honduras (*republic in Central America*).

Honig *m* honey. **~kuchen** *m* gingerbread. **~lecken** *n* F ***das war kein ~!*** that was no picnic! **~melone** *f* honeydew melon.

honigsüß *adj* (as) sweet as honey, *fig.* honeyed.

Honorar *n* fee, *e-s Autors*: royalty.

honorarfrei *adj* free of charge.

Honorarvorschuss *m* fees (*od.* charges) *pl* paid in advance.

Honoratioren *pl* notabilities *pl.*

honorieren *v/t* **1.** ***j-n ~*** pay (a fee to) s.o. **2.** ***et. ~*** pay for s.th. **3.** *econ.* (*Wechsel etc*) hono(u)r, *fig.* (*belohnen*) *a.* reward.

honoris causa: ***Professor*** *etc* ***~*** honorary professor *etc.*

Hopfen *m* ⚘ hop: F *fig.* ***an ihm ist ~ und Malz verloren*** he's hopeless.

hopp *int* a) hop!, b) *a.* ***~, ~!*** quick!

hoppla *int* (wh)oops!, (*nanu*) hey!

hops *int* jump! **Hops** *m* hop.

hopsa *int* (wh)oops!

hopsen *v/i*, **Hopser** *m* hop.

hopsgehen *v/i* F a) break, get broken, b) go down the drain, c) get nabbed, d) kick the bucket.

hopsnehmen *v/t* F nab.

hörbar *adj* audible.

Hör|behinderte *m, f* hearing-impaired person. **~bild** *n* radio feature. **~brille** *f* earglasses *pl.* **~buch** *n* talking book.

horchen *v/i* listen (***auf*** *acc* to), *heimlich*: *a.* eavesdrop: ***horch!*** listen!

Horcher(in) eavesdropper.

Horchposten *m mil. u. fig.* listening post.

Horde *f a. fig.* horde, *contp. a.* gang.

hören *v/t u. v/i* **1.** hear (***von*** about, of), (*an ~, a. fig.* ***~ auf*** [*acc*]) listen to: ***hör mal!*** listen!; ***ich lasse von mir ~!*** I'll be in touch!; ***das lässt sich schon eher ~!*** that's more like

it!; ***wie ich höre, will er kommen*** I understand he wants to come. **2.** F (*gehorchen*) obey. **3.** *univ.* (*Vorlesung*) attend, (*Fach*) take.
Hörensagen *n* (***vom*** ~ by) hearsay.
Hörer *m* **1.** (*Zu-*, *Radiohörer etc*) listener, *univ.* student. **2.** (*Kopfhörer*) earphone(s *pl*). **3.** *teleph.* receiver: ***den ~ auflegen*** hang up. **Hörerin** *f* → ***Hörer*** 1.
Hörerschaft *f* **1.** *the* listeners *pl*, audience. **2.** *univ.* (number of) students *pl.*
Hörfehler *m* ⚕ hearing defect.
Hörfolge *f* radio series (*in Fortsetzungen*: serial).
Hörfunk *m* radio.
Hörgerät *n*, **Hörhilfe** *f* hearing aid.
hörig *adj* ***j-m ~ sein*** *a. sexuell*: be enslaved to s.o.
Hörigkeit *f* bondage.
Horizont *m* (***am*** ~ on the) horizon (*a. fig.*): ***s-n ~ erweitern*** broaden one's mind; F ***das geht über m-n ~*** that's beyond me.
horizontal *adj*, **Horizontale** *f* horizontal.
Hormon *n* hormone.
Hormon..., **hormonal** *adj* hormonal.
Hörmuschel *f teleph.* earpiece.
Horn *n* **1.** *allg.* horn, (*e-r Schnecke*) *a.* feeler: ***aus ~*** (made of) horn; *fig.* ***sich die Hörner abstoßen*** sow one's wild oats; F ***j-m Hörner aufsetzen*** cuckold s.o.; → ***Stier*** 1. **2.** ♪ horn, *mil.* bugle: *fig.* ***ins gleiche ~ stoßen*** chime in with s.o.
Hornberger Schießen: *fig.* ***ausgehen wie das ~*** come to nothing.
Hornbläser(in) ♪ horn player. **Hornbrille** *f* horn-rimmed spectacles *pl.*
Hörnchen *n* **1.** little horn. **2.** *gastr.* croissant. **3.** *zo.* squirrel.
Hörnerv *m* auditory nerve.
Hornhaut *f* **1.** horny skin, callus. **2.** *des Auges*: cornea.
Hornisse *f zo.* hornet.
Hornist(in) ♪ hornist, *mil.* bugler.
Hornsignal *n* bugle call.
Hornvieh *n* horned cattle.
Horoskop *n* (***j-m das ~ stellen*** cast s.o.'s) horoscope.
Hörrohr *n* **1.** ear trumpet. **2.** ⚕ stethoscope.
Horror *m* horror (***vor*** *dat* of).
Horrorfilm *m* horror film.
Hörsaal *m* lecture hall.
Hors d'oeuvre *n gastr.* hors d'oeuvre.
Hörspiel *n* radio play.
Horst *m* nest, (*Adlerhorst etc*) eyrie.
Hort *m* **1.** (*Schatz*) hoard, treasure. **2.** (*Zufluchtsort*) (safe) refuge. **3.** *fig.* (*Bollwerk*) stronghold. **4.** (*Kinderhort*) day nursery. **horten** *v/t* hoard.
Hortensie *f* ⚘ hydrangea.
Hörvermögen *n* hearing.
Hörweite *f* hearing range: ***in*** (***außer***) ~ within (out of) hearing (*od.* earshot).
Höschen *n* (*für Damen*) panties *pl*, knickers *pl*: F ***heiße ~*** hot pants *pl.*
Hose *f* (*a.* ***ein Paar ~n***) (a pair of) trousers *pl*, pants *pl*, (*Freizeithose*) slacks *pl*, (*kurze ~*) shorts *pl*: ***zwei ~n*** two pairs of trousers (*etc*); (***sich***) ***in die ~***(***n***) ***machen*** a) make a mess in one's pants, b) F *fig.* be scared stiff; F ***die ~n anhaben*** wear the trousers (*bsd. Am.* pants); F ***das ging in die ~*** that was a complete flop; F ***tote ~*** complete washout.
Hosen|anzug *m* trouser suit, *bsd. Am.* pantsuit. **~bein** *n* trouser leg. **~boden** *m* (trouser) seat: F *fig.* ***sich auf den ~ setzen*** buckle down to work. **~bügel** *m* trouser hanger. **~bund** *m* waistband. **~rock** *m* divided skirt, *bsd. Am.* pant-skirt. **~schlitz** *m* fly. **~tasche** *f* trouser(s) pocket. **~träger** *pl* (pair of) braces *pl*, *Am.* suspenders *pl.*
Hospital *n* hospital.
Hospitant(in) *univ.* guest student.
hospitieren *v/i ped.* sit in on classes (*univ.* lectures) (***bei*** with).
Hospiz *n* hospice.
Hostess *f* hostess.
Hostie *f* host, consecrated wafer.
Hot Dog *n u. m* hot dog.
Hotel *n* hotel: ~ ***garni*** bed and breakfast hotel. **~boy** *m* page (boy), *Am.* bellboy. **~fach** *n* hotel business. **~führer** *m* hotel guide. **~gewerbe** *n* hotel business.
Hotelier *m* hotelier.
Hotel|reservierung *f* hotel reservation. **~unterbringung** *f* hotel accommodation. **~verzeichnis** *n* list of hotels. **~zimmer** *n* hotel room.
Hotline *f* hot line.
HP ***Halbpension*** half-board.
hPa ***Hektopascal*** hectopascal (hPa).
HR ***Hessischer Rundfunk*** Hessian Broadcasting Corporation.
Hr(eg). ***Handelsregister*** Commercial Register.
Hrsg. ***Herausgeber(in)*** publisher (pub., publ.); editor (Ed., ed.).
hrsg. ***herausgegeben*** (***von***) published (by) (pub., publ.); edited (by) (ed.).
Hub *m mot. etc* stroke, *e-s Krans*: lift.
hüben *adv* over here, on this side: ~ ***und*** (*od.* ***wie***) ***drüben*** on both sides.
Hubkraft *f* lifting capacity.
Hubraum *m mot.* cubic capacity.
hübsch *adj* pretty, *a. Mann*: good-looking, (*nett*) nice, F *fig. a.* fine: ***ein ~es Sümmchen*** a tidy sum; ***es wäre ~, wenn ...*** it would be nice (*od.* lovely) if ...; ***das wirst du ~ bleiben lassen!*** you're not going to do

anything of the sort!; ***na, Hübsche(r)!*** hey, good-looking!

Hubschrauber *m* helicopter. **~landeplatz** *m* heliport.

Hubstapler *m* forklift (truck).

Hubvolumen *n mot.* swept volume.

Hucke *f* F ***j-m die ~ voll hauen*** give s.o. a sound thrashing; ***j-m die ~ voll lügen*** tell s.o. a pack of lies.

huckepack *adv* F pick-a-back.

Huckepackverkehr *m* pick-a-back traffic.

hudeln *v/i* F work sloppily.

Huf *m* hoof.

Hufeisen *n* horseshoe.

Hufeisenform *f* (***in ~*** arranged in a) horseshoe.

hufeisenförmig *adj* horseshoe-shaped.

Huflattich *m* ⚘ coltsfoot.

Hufschmied(in) farrier.

Hüftbein *n* hip-bone.

Hüfte *f* hip.

Hüft|gelenk *n* hip joint. **~gürtel** *m*, **~halter** *m* suspender (*Am.* garter) belt.

hüfthoch *adj u. adv* waist-high, *Wasser*: waist-deep.

Hüft|leiden *n* hip complaint. **~umfang** *m* hip measurement.

Hügel *m* hill, *kleiner*: hillock, (*Erdhügel*) mound.

hüg(e)lig *adj* hilly.

Huhn *n* fowl, chicken (*a. gastr.*), (*Henne*) hen: ***mit den Hühnern aufstehen*** (***zu Bett gehen***) get up with the lark (go to bed early); F ***da lachen ja die Hühner!*** that's a laugh!; ***dummes ~*** silly goose; ***verrücktes ~*** crazy thing.

Hühnchen *n* **1.** (young) chicken: F *fig.* ***mit j-m ein ~ zu rupfen haben*** have a score to settle with s.o. **2.** (*Brathühnchen*) (roast) chicken.

Hühnerauge *n* ⚕ corn: F *fig.* ***j-m auf die ~n treten*** tread on s.o.'s corns.

Hühneraugenpflaster *n* corn plaster.

Hühner|brühe *f* chicken broth. **~brust** *f* **1.** *gastr.* chicken breast. **2.** ⚕ pigeon breast. **~ei** *n* hen's egg. **~farm** *f* chicken farm. **~futter** *n* chickenfeed. **~hof** *m* chicken yard. **~hund** *m zo.* pointer. **~leiter** *f* chicken ladder. **~pest** *f vet.* fowl pest. **~stall** *m* henhouse. **~stange** *f* perch. **~zucht** *f* chicken farming.

huldigen *v/i* **1.** ***j-m ~*** pay homage to s.o. **2.** *fig.* (*e-r Ansicht etc*) embrace, (*e-m Laster etc*) indulge in.

Huldigung *f* homage (***an*** *acc*, ***für*** *od. gen* to).

Hülle *f* **1.** cover, wrap(ping), (*Schallplattenhülle*) sleeve, *Am.* jacket (*a. Buch-, Schutzhülle*), (*Umschlag*) envelope, (*Futteral*) case: *fig.* ***die sterbliche ~*** the mortal remains *pl.* **2.** F (*Kleidung*) clothes *pl.* **3.** *fig.* veil, cloak. **4.** ***in ~ und Fülle*** in abundance, plenty of, *whisky etc* galore.

hüllen *v/t* (***in*** *acc*) wrap *s.o., s.th.* (up) (in), cover (with): *fig.* ***sich in Schweigen ~*** remain silent (***über*** *acc* about); ***in Schweigen gehüllt*** wrapped in silence; ***in Dunkel*** (***Nebel***) ***gehüllt*** shrouded in darkness (fog).

hüllenlos *adj* naked.

Hülse *f* **1.** ⚘ hull, husk, (*Schote*) pod. **2.** *tech.* sleeve, socket, (*Etui, Geschosshülse etc*) case.

Hülsenfrucht *f* legume(n), *pl bsd. gastr.* pulse *sg*.

human *adj* humane, F *a.* decent, ⚕ human.

Humangenetik *f* human genetics *pl* (*sg konstr.*).

Humanismus *m* humanism: *hist.* ***der ~*** Humanism.

Humanist(in) humanist, *ped., univ.* classicist, *hist.* Humanist.

humanistisch *adj* humanist(ic), *ped., univ.* classical: → ***Gymnasium***.

humanitär *adj* humanitarian.

Humanität *f* humaneness, humanity.

Humanmedizin *f* human medicine.

Humbug *m* humbug.

Hummel *f zo.* bumblebee.

Hummer *m zo.* lobster.

Hummerkrabben *pl* king prawns *pl*.

Humor *m* (sense of) humo(u)r: ***den ~ behalten*** (***verlieren***) keep (lose) one's sense of humo(u)r; ***et. mit ~ aufnehmen*** take s.th. in good humo(u)r.

Humoreske *f* humorous sketch (*od.* story), humoresque.

Humorist(in) humorist.

humoristisch *adj* humorous.

humorlos *adj* humo(u)rless: ***er ist völlig ~*** *a.* he has absolutely no sense of humo(u)r.

humorvoll *adj* humorous.

humpeln *v/i* limp.

Humpen *m* tankard.

Humus *m* humus. **~erde** *f* humus soil.

Humusschicht *f* humus layer, topsoil.

Hund *m* dog, (*Jagdhund*) hound: ***junger ~*** puppy; *fig. contp.* ***feiger*** (***schlauer***) ***~*** yellow (sly) dog; F (***gemeiner***) ***~*** bastard; ***der arme ~!*** (the) poor sod!; ***das ist ja ein dicker ~!*** that takes the cake!; ***auf den ~ kommen*** go to the dogs; (***ganz***) ***auf dem ~ sein*** be down and out, *gesundheitlich*: *a.* be a wreck; ***vor die ~e gehen*** a) go to the dogs, b) (*sterben*) kick the bucket; ***wie ~ und Katze leben*** lead a cat-and-dog life; ***er ist bekannt wie ein bunter ~*** he's known all over the place; ***da liegt der ~ begraben!*** that's it (*od.* why)!; ***damit kann man k-n ~***

H

hinterm Ofen hervorlocken! that won't tempt anybody!, that's just no good!; **~e, *die bellen, beißen nicht*** barking dogs seldom bite.

Hundeausstellung *f* dog show.

hundeelend *adj* F ***mir ist*** ~ I feel lousy.

Hunde|futter *n* dog food. **~halsband** *n* dog collar. **~hütte** *f* (dog) kennel.

hundekalt *adj* F ***es ist*** ~ it is freezing cold.

Hunde|kuchen *m* dog biscuit. **~leben** *n* F dog's life. **~leine** *f* dog lead, dog leash. **~marke** *f* dog licence disc, *Am.* dog tag.

hundemüde *adj* F dog-tired.

hundert *adj* a (*od.* one) hundred: ***einige*** (*od.* ***ein paar***) ***Hundert Leute*** a few hundred people; ***zu ~en*** in hundreds; ~ ***Mal*** a hundred times.

Hundert[1] *n* (*Maß*) hundred: ***zehn von*** ~ ten in a hundred, ten per cent.

Hundert[2] *f* hundred.

Hunderter *m* **1.** A a) (the) hundred, b) three-figure number. **2.** F one-hundred-mark *etc* note (*Am.* bill).

hunderterlei *adj* a hundred and one.

hundertfach **I** *adj* hundredfold. **II** *adv* a hundred times.

Hundertjahrfeier *f* centenary, *Am.* centennial.

hundertjährig *adj* **1.** one-hundred-year-old. **2.** of a hundred years, hundred years' ...

Hundertmarkschein *m* one-hundred-mark note (*Am.* bill).

Hundertmeterlauf *m the* 100-met/re (*Am.* -er) dash.

hundertprozentig *adj* a hundred percent (*a. fig.*), *Alkohol*, *Wolle etc*: pure, *fig.* out-and-out (*conservative etc*): F ***das weiß ich*** ~ I'm dead sure.

Hundertschaft *f der Polizei*: squadron.

hundertst *adj* hundredth.

hundertstel *adj*, **Hundertstel** *n* hundredth.

hunderttausend *adj* a (*od.* one) hundred thousand.

Hunde|salon *m* dog parlo(u)r. **~wetter** *n* F filthy weather. **~zucht** *f* **1.** dog breeding. **2.** (breeding) kennel(s *pl*). **~züchter(in)** dog breeder.

Hündin *f* bitch.

hündisch *adj fig.* cringing.

hundsgemein *adj* F dirty, low-down, (*böse, ekelhaft*) nasty, (*schwierig*) hellish.

hundsmiserabel *adj* F lousy.

Hundstage *pl* dog days *pl.*

Hüne *m* giant.

Hünengrab *n* megalithic grave.

hünenhaft *adj* gigantic.

Hunger *m allg.* hunger (*a. fig.* ***nach*** for), (*Hungersnot*) *a.* famine: ~ ***haben*** (***bekommen***) be (get) hungry; ~ ***leiden*** go hungry; ***hungers*** (*od.* ***vor*** ~) ***sterben*** starve to death; F ***ich sterbe vor*** ~ I'm starving; ~ ***ist der beste Koch*** hunger is the best sauce.

Hunger|kur *f* starvation diet. **~leider(in)** starveling. **~lohn** *m* starvation wages *pl.*

hungern **I** *v/i* go hungry, starve, *bsd. fig.* hunger (***nach*** for), (*fasten*) starve o.s., go without food. **II** *v/reflex* ***sich zu Tode*** ~ starve o.s. to death.

hungernd *adj* hungry, starving.

Hungerödem *n* ⚕ famine (o)edema.

Hungersnot *f* famine.

Hunger|streik *m* (***in den*** ~ ***treten*** go on a) hunger strike. **~tod** *m* death from starvation: ***den*** ~ ***erleiden*** die of starvation. **~tuch** *n* F *fig.* ***am*** ~ ***nagen*** be starving.

hungrig *adj a. fig.* hungry (***nach*** for): ***das macht*** ~ that makes you hungry.

Hunne *m*, **Hunnin** *f hist.* Hun.

Hupe *f* horn: ***auf die*** ~ ***drücken*** → **hupen** *v/i* hoot, sound the horn.

hüpfen *v/i* hop, skip, *Ball*: bounce.

Hup|signal *n*, **~zeichen** *n mot.* hoot.

Hürde *f* **1.** *a. fig.* (***e-e*** ~ ***nehmen*** take a) hurdle. **2.** (*Pferch*) fold.

Hürden|lauf *m Sport*: hurdle race, hurdling. **~läufer(in)** hurdler.

Hure *f* whore.

Hurenbock *m* whoremonger.

Hurenhaus *n* whorehouse.

hurra *int* hurray!, hurrah!

Hurrapatriot(in) jingoist.

Hurrapatriotismus *m* jingoism.

Hurrikan *m* hurricane.

husch *int* whoosh!, *scheuchend*: shoo!

huschen *v/i* flit.

hüsteln *v/i* cough slightly.

husten **I** *v/i* cough (*a.* F *fig. Motor etc*): ***stark*** ~ have a bad cough; F *fig.* ~ ***auf*** (*acc*) not to give a damn for. **II** *v/t* (*aus~*) cough up: F *fig.* ***dem werde ich was ~!*** to hell with him!

Husten *m* cough. **~anfall** *m* coughing fit. **~bonbon** *m, n* cough drop. **~reiz** *m* tickle in the throat. **~saft** *m* cough syrup. **~tropfen** *pl* cough drops *pl.*

Hut[1] *m* **1.** hat: ***den*** ~ ***abnehmen*** (*od.* ***ziehen***) take off one's hat (*fig.* ***vor j-m*** to s.o.); ~ ***ab*** (***vor dir***)***!*** I'll take my hat off (to you)!; ***alles unter einen*** ~ ***bringen*** reconcile things; F ***damit habe ich nichts am*** ~ I can't be bothered with that!; ***ihm ging der*** ~ ***hoch*** he blew his top; F *fig.* ***den*** ~ ***nehmen müssen*** have to go (*od.* resign); ***das kannst du dir an den*** ~ ***stecken!*** (you can) keep it! **2.** *e-s Pilzes*: cap.

Hut[2] *f* **1.** ***in j-s*** ~ in s.o.'s care, under s.o.'s protection; ***in guter*** (*od.* ***sicherer***) ~ ***sein*** be safe (***bei*** with). **2.** ***auf der*** ~ ***sein*** be on one's guard (***vor*** *dat* against).

Hutablage *f* hat rack.
hüten I *v/t* look after, (*Kinder*) *a.* mind, (*Vieh, fig. Geheimnis etc*) guard, (*Vieh*) *a.* tend: → ***Bett.*** II *v/reflex* **sich ~** (***vor*** *dat*) be on one's guard (against), watch out (for); ***sich ~, et. zu tun*** take care not to do s.th.; ***ich werde mich ~!*** I'll do nothing of the sort!; ***hüte dich vor ...!*** beware of ...!
Hüter(in) guardian, keeper: *humor.* ***der Hüter des Gesetzes*** (the arm of) the Law.
Hut|geschäft *n* hat shop. **~größe** *f* hat size. **~krempe** *f* (hat) brim. **~macher** *m* hatter. **~macherin** *f* milliner. **~schnur** *f* hat string: F *fig.* ***das geht mir über die ~!*** that's going too far!
Hütte *f* **1.** hut, (*Holz-, Blockhütte*) cabin, (*Schutzhütte*) refuge: ***ärmliche ~*** shack, shanty. **2.** → ***Hüttenwerk.***
Hütten|industrie *f* iron and steel industry. **~käse** *m gastr.* cottage cheese.
Hüttenwerk *n* metallurgical plant.
Hyäne *f zo.* hyena.
Hyazinthe *f* ♀ hyacinth.
hybrid *adj*, **Hybride** *m, f* hybrid.
Hydrant *m* hydrant.
Hydrat *n* ⚗ hydrate.
Hydraulik *f* hydraulics *pl* (*oft sg konstr.*). **hydraulisch** *adj* hydraulic.
hydrieren *v/t* hydrogenate.
Hydrokultur *f* hydroponics *sg.*
Hydrolyse *f* ⚗ hydrolysis.
Hygiene *f* hygiene.
hygienisch *adj* hygienic(ally *adv*).
Hygrometer *n* hygrometer.
Hymne *f* hymn (***an*** *acc* to).
Hyperbel *f* **1.** Å hyperbola. **2.** *ling.* hyperbole.
hyperkorrekt *adj* hypercorrect.
hyperkritisch *adj* hypercritical.
Hyperlink *m Computer*: hyperlink.
hypermodern *adj* ultramodern.
Hypertonie *f* ⚕ hypertension.
Hypnose *f* (***in*** *od.* ***unter ~*** under) hypnosis. **hypnotisch** *adj* hypnotic(ally *adv*). **Hypnotiseur(in)** hypnotist.
hypnotisieren *v/t* hypnotize.
Hypochonder *m*, **hypochondrisch** *adj* hypochondriac.
Hypotenuse *f* Å hypotenuse.
Hypothek *f* **1.** mortgage: ***e-e ~ aufnehmen*** raise a mortgage (***auf*** *acc* on); ***mit e-r ~ belasten*** (encumber with a) mortgage.
hypothekarisch *adj u. adv* by (*od.* on) mortgage.
Hypotheken|bank *f* mortgage bank. **~brief** *m* mortgage deed. **~darlehen** *n* mortgage loan.
hypothekenfrei *adj* unmortgaged.
Hypotheken|gläubiger(in) mortgagee. **~pfandbrief** *m* mortgage bond. **~schuldner(in)** mortgagor. **~zins** *m* mortgage rate.
Hypothese *f* hypothesis.
hypothetisch *adj* hypothetical.
Hypotonie *f* ⚕ hypotension.
Hysterie *f* ⚕ hysteria.
hysterisch *adj* hysterical: ***e-n ~en Anfall bekommen*** go into hysterics.

I

I, i *n* I, i: ***i wo!*** not a bit of it!, oh no!
I. A., i. A. ***im Auftrag*** per procurationem, by proxy (pp, p.p.).
ibd. ***ibidem, ebenda, ebendort*** in the same place (ib., ibid.).
iberisch *adj* ***die Iberische Halbinsel*** the Iberian Peninsula.
IC ***Intercity(-Zug)*** intercity (train).
ICE ***Intercity-Express*** intercity express (train).
ich *pron* I: ***~ bins!*** it is I!, F it's me!; ***~ selbst*** (I) myself; ***~ Idiot!*** what a fool I am! **Ich** *n* self, *psych.* ego: ***mein zweites*** (*od.* ***anderes***) ~ my other self, (*Freund etc*) my alter ego; ***mein besseres ~*** my better self.
Ichform *f* (***in der ~ geschrieben*** written in the) first person.
ideal *adj* ideal. **Ideal** *n* ideal. **Idealfall** *m* ideal case: ***im ~*** ideally. **idealisieren** *v/t* idealize.
Idealismus *m* idealism. **Idealist(in)** idealist. **idealistisch** *adj* idealistic(ally *adv*).
Idee *f* **1.** idea, (*Gedanke*) *a.* thought, (*Begriff*) concept: ***gute ~!*** good idea!; ***ich kam auf die ~ zu*** *inf* it occurred to me to *inf*; ***wie kamst du auf die ~?*** what gave you the idea?; ***wie kamst du auf die ~ ihn einzuladen?*** what made you invite him? **2.** F ***e-e ~*** (just) a bit.
ideell *adj* ideal (*a.* ⚡), *Motive etc*: idealistic, *Wert*: sentimental.
ideenarm, ideenlos *adj* lacking in ideas, unimaginative.
Ideenfindung *f* brainstorming.
ideenreich *adj* full of ideas, imaginative. **Ideenreichtum** *m* wealth of ideas.
identifizierbar *adj* identifiable. **identifizieren** *v/t* identify: ***sich ~ mit*** identify (o.s.) with. **Identifizierung** *f* identification.
identisch *adj* identical (***mit*** with).
Identität *f* identity.
Identitäts|krise *f* identity crisis. **~nachweis** *m* proof of (one's) identity.
Ideologe *m*, **Ideologin** *f* ideologue. **Ideologie** *f* ideology. **ideologisch** *adj* ideological.
Idiom *n* idiom, (*Sprache*) language.
Idiomatik *f* phraseology, (*Wendungen*) idioms (and phrases) *pl.*
idiomatisch *adj* idiomatic(ally *adv*).
Idiot(in) idiot.
Idiotenhügel *m* F nursery slope.
idiotensicher *adj* F foolproof.
Idiotie *f* idiocy: F ***e-e ~*** (sheer) lunacy.
idiotisch *adj* idiotic(ally *adv*).
Idol *n* idol.
Idyll *n* idyll. **Idylle** *f* **1.** idyll. **2.** *Literatur*: pastoral poem (*paint.* scene).
idyllisch *adj* idyllic(ally *adv*).
i. e. ***id est, das heißt, das ist*** that is (i.e.).
i. Fa. ***in Firma*** care of (c/o).
IFO ***Institut für Wirtschaftsforschung*** Institute for Economic Research.
IG ***Industriegewerkschaft*** industrial union.
i. g. ***im ganzen*** on the whole; altogether.
Igel *m* hedgehog.
Iglu *m u. n* igloo.
IGM ***Industriegewerkschaft Metall*** Metalworkers' Union.
ignorant *adj* ignorant. **Ignoranz** *f* ignorance. **ignorieren** *v/t* ignore.
ihm *pers pron* (*dat von* **er** *u.* **es**) (to) him, (to) it: ***ich glaube*** (***es***) ~ I believe him; ***ein Freund von ~*** a friend of his.
ihn *pers pron* (*acc von* **er**) him, *von Dingen*: it.
ihnen *pers pron* (*dat pl von* **er, sie, es**) (to) them: ***ich habe es ~ gesagt*** I've told them; ***ein Freund von ~*** a friend of theirs.
Ihnen (*dat von* **Sie**) (to) you: ***ist er ein Freund von ~?*** is he a friend of yours?; ***die Schuld liegt bei ~*** the fault is yours.
ihr I *pers pron* **1.** (*dat von* **sie** *sg*) (to) her, *von Dingen*: (to) it: ***e-e Tante von ~*** an aunt of hers; → *a.* **ihm. 2.** (*nom pl von* **du**) you. **II** *pos pron* **3.** *sg* her, *von Dingen*: its, *pl* their: ***e-r ~er Brüder*** one of her (*od.* their) brothers, a brother of hers (*od.* theirs).
Ihr *Anrede*: your: **der** (**die, das**) **~(*ig*)e** hers (*pl* theirs, *Anrede*: ~ *yours*).
ihrerseits *adv* as far as she's (*pl* they're, *Anrede*: *Ihrerseits you're*) *concerned.*
ihresgleichen *indef pron* the likes of her (*pl* them), her (*pl* their) equals *pl.*
Ihresgleichen the likes of you, your equals *pl.*
ihrethalben, ihretwegen, ihretwillen *adv* for her (*pl* their) sake.
Ihrethalben *etc* for your sake.

ihrig → ***ihr*** III.
Ikone *f* icon.
illegal *adj* illegal: ***~e Kopie*** pirate copy; ***~ kopieren*** pirate; ***~e Preisabsprache*** price-fixing.
illegitim *adj* illegitimate.
Illusion *f* illusion: ***sich ~en hingeben*** delude o.s.; ***darüber mache ich mir k-e ~en*** I have no illusions about that. **illusionslos** *adj u. adv* without (any) illusions. **illusorisch** *adj* illusory.
Illustration *f* illustration, picture. **illustrieren** *v/t* illustrate, *fig. a.* demonstrate. **Illustrierte** *f* (glossy) magazine, F mag.
im = ***in dem*** → ***in***[1].
Image *n* image. **~pflege** *f* image cultivation. **~werbung** *f* image advertising.
imaginär *adj* imaginary.
Imbiss *m* (***e-n ~ einnehmen*** have a) snack. **~halle** *f*, **~stube** *f* snack bar.
Imitation *f allg.* imitation, (*Nachbildung*) *a.* copy. **imitieren** *v/t* imitate.
Imker(in) beekeeper.
immanent *adj* inherent (*dat* to).
Immatrikulation *f univ.* enrolment.
immatrikulieren *v/t* (*a.* ***sich ~ lassen***) enrol (***an*** *dat* at).
immens *adj* immense, tremendous.
immer *adv* **1.** (*ständig*) always, constantly, all the time, (*jedes Mal*) *a.* every time: ***noch ~*** still; ***noch ~ nicht*** not yet; ***~ wenn*** whenever; ***~ wieder*** over and over again, time and again; ***et. ~ wieder tun*** keep doing s.th.; ***sie redete ~ weiter*** she kept (on) talking, F she went on and on. **2.** *vor comp*: ***~ besser*** better and better; ***~ schlimmer*** worse and worse; ***~ größer werdend*** ever increasing; ***~ während*** everlasting, eternal. **3.** F ***~*** (*je*) ***zwei*** two at a time. **4.** ***wann*** (***auch***) ***~*** whenever; ***was*** (***auch***) ***~*** whatever; ***wer*** (***auch***) ***~*** whoever; ***wo*** (***auch***) ***~*** wherever.
immergrün *adj*, **Immergrün** *n* evergreen.
immerhin *adv* **1.** still, after all: ***~!*** not too bad! **2.** (*wenigstens*) at least.
Immigrant(in) immigrant.
Immigration *f* immigration.
immigrieren *v/i* immigrate.
Immobilien *pl* real estate *sg*, (real) property *sg*. **~fonds** *m* real-estate fund, *Am.* real-estate investment trust. **~geschäft** *n* real estate (*od.* property) business. **~händler(in), ~makler(in)** estate agent, *Am.* realtor. **~markt** *m* property market. **~vermögen** *n* real assets, real estate, real property.
immun *adj* immune (***gegen*** to): ***~ machen*** → **immunisieren** *v/t* immunize (***gegen*** against).
Immunität *f* immunity (***gegen*** to, against, from).
Immunkörper *m* ⚕ antibody.
Immunologe *m*, **Immunologin** *f* immunologist.
Immunologie *f* immunology.
Immun|schwäche *f* ⚕ immunodeficiency. **~schwächekrankheit** *f* immune deficiency syndrome. **~system** *n* immune system.
Imperativ *m* imperative.
Imperfekt *n ling.* imperfect (tense).
Imperialismus *m* imperialism.
imperialistisch *adj* imperialist(ic).
Imperium *n a. fig.* empire.
Impfaktion *f* ⚕ vaccination program(me *Br.*). **Impfarzt** *m*, **Impfärztin** *f* vaccinator.
impfen *v/t* vaccinate, inoculate: ***sich ~ lassen*** (***gegen*** against) be vaccinated, get a vaccination.
Impf|pass *m* vaccination card. **~pistole** *f* vaccination gun. **~schein** *m* vaccination certificate. **~stoff** *m* vaccine.
Impfung *f* vaccination, inoculation.
implementieren *v/t* implement. **Implementierung** *f* implementation.
implizieren *v/t* imply.
implodieren *v/i* implode.
Implosion *f* implosion.
Imponderabilien *pl* imponderables *pl.*
imponieren *v/i* ***j-m ~*** impress s.o., (*j-m Respekt einflößen*) command s.o.'s respect. **imponierend** *adj* impressive.
Imponiergehabe *n* **1.** *zo.* display behavio(u)r. **2.** *fig.* attempt to impress.
Import *m econ.* **1.** importing. **2.** (*~güter*) imports *pl.*
Import|... import (*agency*, *company*, *trade*, *etc*). **~artikel** *m* import(ed article), *pl a.* imported goods *pl.* **~beschränkungen** *pl* import restrictions *pl.*
Importeur(in) importer.
Import|genehmigung *f* import licen/se (*Am.* -ce). **~geschäft** *n* **1.** import trade. **2.** (*Firma*) importer, import business. **~handel** *m* import trade.
importieren *v/t* (*a. Computer*) import.
Import|kontingent *n* import quota. **~stopp** *m* ban on imports. **~ware** *f* imported goods *pl.* **~zoll** *m* import duty.
imposant *adj* imposing, impressive.
impotent *adj* impotent.
Impotenz *f* impotence.
imprägnieren *v/t* impregnate, (*bsd. Stoff*) waterproof. **Imprägniermittel** *n* impregnating agent. **Imprägnierung** *f* impregnation, waterproofing.
Impression *f* impression. **Impressionismus** *m Kunst*: impressionism. **Impressionist(in)** impressionist. **impressionistisch** *adj* impressionist(ic).
Impressum *n* imprint, *e-r Zeitung*: *a.* masthead.

I

Imprimatur *n* ***das ~ erteilen für*** pass *s.th.* for press.

Improvisation *f* improvisation.

Improvisationstalent *n* talent for improvisation.

improvisieren *v/t u. v/i allg.* improvise, (*Rede etc*) *a.* extemporize, F ad-lib.

Impuls *m* impulse: ***e-m*** (***plötzlichen***) ***~ folgend*** on (an) impulse; *fig.* ***neue ~e geben*** give a fresh impetus (*dat* to). **~kauf** *m* impulsive purchase, *pl a.* impulse buying *sg.*

impulsiv I *adj* impulsive. II *adv* ***~ handeln*** act on impulse.

imstande *adj pred* ***zu et. ~ sein*** be capable of (doing) s.th.; (***nicht***) ***~ sein, et. zu tun*** be (un)able to do s.th.; ***dazu ist er glatt ~*** *iro.* I wouldn't put it past him!

in¹ *prep* **1.** *räumlich*: (*wo*) in, at, (*innerhalb*) within, (*wohin*) into, in: ***~ England*** in England; ***waren Sie schon einmal ~ England?*** have you ever been to England?; ***im Haus*** in(side) the house, indoors; ***~ der*** (***die***) ***Kirche*** (***Schule***) at (to) church (school); ***er ist Kassierer ~ e-r Bank*** he is a cashier in (*od.* at) a bank. **2.** *zeitlich*: in, (*während*) during, (*innerhalb*) within: ***im Mai*** in May; ***~ diesem Jahr*** this year; ***~ diesem Alter*** at this age. **3.** ***~ größter Eile*** in a great rush; ***im Kreis*** in a circle; ***~ Behandlung sein*** be having treatment; ***ein Mann ~ s-r Stellung*** a man in his position; ***gut ~ Chemie*** good at chemistry.

in² *adj* F ***~ sein*** be in.

inaktiv *adj* inactive, ⚗ *a.* inert.

inakzeptabel *adj* unacceptable.

Inangriffnahme *f* (*gen*) starting (on), tackling (of).

Inanspruchnahme *f* (*gen*, **von**) **1.** (*Benutzung*) use (of). **2.** (*Beanspruchung*) demands *pl* (on), *bsd. tech.* strain (on).

Inbegriff *m* epitome.

inbegriffen *adj pred* included: ***Frühstück ist im Preis ~*** breakfast is included in the price.

Inbetriebnahme *f* (*gen* of) opening, starting: ***bei ~ der Anlage*** when the plant is put into operation.

Inbrunst *f* ardo(u)r, fervo(u)r.

inbrünstig *adj* ardent, fervent.

Incoterms *pl* Incoterms *pl* (International Commercial Terms).

indem *conj* **1.** by: ***er entkam, ~ er aus dem Fenster sprang*** he escaped by jumping out of the window. **2.** (*während*) as, while.

Inder(in) Indian.

indessen I *adv* **1.** meanwhile. **2.** (*jedoch*) however. II *conj* **3.** whereas.

Index *m* index.

indexieren *v/t* index. **Indexierung** *f* indexing.

Index|lohn *m econ.* index-linked wages *pl.* **~nummer** *f* index number.

Indianer(in), indianisch *adj* (Red) Indian.

Indien *n* India.

indifferent *adj* indifferent (**gegenüber** to).

Indigo *m, n* indigo.

Indikation *f* ⚕ indication: ***soziale ~*** social grounds *pl* for termination of pregnancy.

Indikativ *m ling.* indicative (mood).

indirekt *adj* indirect: ***~e Rede*** *ling.* indirect (*od.* reported) speech.

indisch *adj* Indian.

indiskret *adj* indiscreet.

Indiskretion *f* indiscretion.

indiskutabel *adj* impossible: ***~ sein*** *a.* be out of the question.

indisponiert *adj* indisposed.

individualisieren *v/t* individualize. **Individualismus** *m* individualism. **Individualist(in)** individualist. **individualistisch** *adj* individualist(ic). **Individualität** *f* individuality.

Individualverkehr *m* personal transport.

individuell I *adj* individual. II *adv* ***~ gestalten*** individualize; ***das ist ~ verschieden*** that varies from person to person (*od.* from case to case).

Individuum *n* individual.

Indiz *n* **1.** indication, sign. **2.** ⚖ a) (*Spur*) clue, b) → **Indizienbeweis(e** *pl*) *m* circumstantial evidence *sg.*

Indochina *n* Indochina.

indoeuropäisch, indogermanisch *adj* Indo-European.

Indonesien *n* Indonesia.

Indonesier(in), indonesisch *adj* Indonesian.

Indossament *n econ.* endorsement.

Indossant(in) endorser. **Indossat(in)** endorsee. **indossieren** *v/t* endorse.

Induktion *f allg.* induction.

Induktions|motor *m* induction motor. **~strom** *m* induction current.

industrialisieren *v/t* industrialize.

Industrialisierung *f* industrialization.

Industrie *f* industry, (*~zweig*) (branch of) industry: ***in der ~*** (***tätig***) ***sein*** be (employed) in industry.

Industrie|... *mst* industrial (*nation, diamond, product, etc*). **~abfälle** *pl* industrial waste *sg.* **~abgase** *pl* industrial emissions (*od.* waste gases). **~abwässer** *pl* industrial sewage (*od.* affluent) *sg.* **~anlage** *f* industrial plant. **~ansiedlung** *f* **1.** settlement (*od.* establishment) of industries. **2.** location of industry. **~arbeiter(in)** industrial worker. **~berater(in)** consultant. **~betrieb** *m* industrial undertaking (*Anlage*: plant). **~erzeugnis** *n* industrial product. **~firma** *f* industrial firm. **~gebiet** *n* industrial area. **~gelände** *n* industrial estate. **~gesellschaft** *f* industrial society. **~gewerkschaft** *f* industry-wide union: **~ *Metall*** metalworkers' union. **~kauffrau** *f*, **~kaufmann** *m* officer (*od.* clerk) in an industrial company. **~land** *n* **1.** *Staat*: industrial country. **2.** *Gelände*: industrial estate.

industriell *adj* industrial.

Industrielle *m, f* industrialist.

Industrie|macht *f* industrial power. **~messe** *f* industrial fair. **~müll** *m* industrial waste. **~norm** *f* industrial standard. **~park** *m* industrial park. **~politik** *f* industrial policy. **~roboter** *m* industrial robot. **~spionage** *f* industrial espionage. **~staat** *m* developed country, industrial state. **~stadt** *f* industrial town.

Industrie- und Handelskammer *f* chamber of industry and commerce.

Industrie|unternehmen *n* industrial concern. **~verband** *m* federation of industries. **~werte** *pl Börse*: industrials *pl.* **~zweig** *m* (branch of) industry.

induzieren *v/t allg.* induce.

ineinander *adv* in(to) one another, *zwei*: *a.* in(to) each other: **~ *verliebt*** in love (with each other); **~ *fließen*** merge into one another, *Farben*: *a.* run; **~ *greifen*** a) *tech.* interlock, *Räder etc*: mesh, gear, b) *fig. Aktionen etc*: interlink, be interconnected; **~ *passen*** fit together, fit into each other; **~ *schieben*** (*a.* ***sich ~ schieben lassen***) telescope.

infam *adj* infamous, disgraceful.

Infanterie *f mil.* infantry.

infantil *adj* infantile.

Infarkt *m* ⚕ **1.** infarct. **2.** → ***Herzinfarkt.***

Infekt *m*, **Infektion** *f* infection.

Infektions|gefahr *f* risk of infection. **~herd** *m* focus of infection. **~krankheit** *f* infectious disease.

infektiös *adj* infectious, contagious.

Inferno *n a. fig.* inferno.

infiltrieren *v/t u. v/i a. fig.* infiltrate.

Infinitesimalrechnung *f* infinitesimal calculus.

Infinitiv *m ling.* infinitive.

infizieren I *v/t a. fig.* infect. **II** *v/reflex* **sich ~** catch an infection, become infected: ***er hat sich bei ihr infiziert*** he caught the disease from her.

in flagranti *adv* ***j-n ~ ertappen*** catch s.o. in the act (*Dieb etc*: *a.* red-handed).

Inflation *f* inflation.

inflationär, inflationistisch *adj* inflationary.

Inflationsausgleich *m* inflationary adjustment.

inflationshemmend *adj* anti-inflationary.

Inflations|politik *f* inflationary policy. **~rate** *f* inflation rate. **~rückgang** *m* drop in the inflation rate.

inflationssicher *adj* inflation-proof.

Info *f* F info.

infolge *prep* (*gen*) as a result of, owing to. **~dessen** *adv* as a result (of this), consequently.

Info|-Abteilung *f* F information department, inquiry office. **~-Material** *n* F information leaflets *pl.*

Informant(in) informant, source.

Informatik *f* computer science, informatics *sg.*

Informatiker(in) computer scientist.

Information *f a. pl* information *sg*: ***zu Ihrer ~*** for your information; ***e-e ~ vertraulich behandeln*** treat an information confidentially; ***~en zurückhalten*** withhold information; ***~en aus erster Hand*** inside information.

informationell *adj* informational.

Informations|austausch *m* exchange of information. **~bedarf** *m* demand for information. **~blatt** *n* newssheet. **~broschüre** *f* information leaflet. **~büro** *n* information office. **~fluss** *m* flow of information. **~flut** *f* information explosion. **~gehalt** *m* informational content. **~gesellschaft** *f* informed society. **~gespräch** *n* exchange of information. **~lücke** *f* information gap. **~mappe** *f* information folder. **~material** *n* information(al material). **~netz** *n* information network. **~reise** *f* fact-finding tour (*od.* mission). **~schalter** *m* information desk. **~sendung** *f TV* informational program(me). **~stand** *m* **1.** *Schalter*: information desk. **2.** *Informiertsein*: level of information: ***nach dem neusten ~*** according to the latest information (available). **~technik** *f* information technology. **~träger** *m* information carrier. **~verarbeitung** *f* information processing. **~vorsprung** *m* superior knowledge. **~zentrum** *n* information cent/re (*Am.* -er). **~zugriff** *m* information access.

informativ *adj* informative.

informieren I *v/t* (**über** *acc*) *allg.* inform (of, about), (*benachrichtigen*) *a.* notify (of), let *s.o.* know (about), (*anweisen*) *a.* instruct (as to), brief (on): ***falsch ~*** misinform. **II** *v/reflex* **sich ~** inform o.s.

informiert *adj* informed: ***~e Kreise*** (well-) informed circles.

Infostand *m* F → ***Informationsstand.***

Infotainment *n* infotainment.

infrage *adv*: ***~ kommen*** be a possibility, *Person*: *a.* be eligible; ***das kommt gar nicht ~*** that's out of the question.

I

infrarot *adj* infrared. **Infrarot** *n*, **Infrarot...** infrared. **Infraschall** *m* infrasound. **Infraschall...** infrasonic.
Infrastruktur *f* infrastructure.
Infusion *f* infusion.
Ingenieur(in) engineer.
Ingenieurbüro *n* engineering office.
Ingwer *m* ginger. **~bier** *n* ginger beer.
Inhaber(in) *e-r Firma, e-s Hotels etc*: owner, proprietor (-tress), *e-r Wohnung*: occupant, *e-s Amtes, Titels, Patents, Rekords etc*: holder, *e-s Wechsels, Wertpapiers etc*: holder, bearer.
Inhaber|aktie *f* bearer share. **~scheck** *m* cheque (*Am.* check) to bearer.
inhaftieren *v/t* arrest, take *s.o.* into custody. **Inhaftierung** *f* **1.** arrest(ing). **2.** (*Haft*) detention.
inhalieren *v/t* inhale.
Inhalt *m* **1.** contents *pl*, (*Volumen*) capacity, volume. **2.** *fig.* (*Gehalt*) content(s *pl*), subject matter, (*Sinn, Zweck*) meaning: ***des ~s, dass ...*** to the effect that ...; ***wesentlicher ~*** essence; ***mein Leben hat k-n ~*** my life is meaningless (*od.* empty).
inhaltlich *adv* in content.
Inhaltsangabe *f* summary, synopsis.
Inhaltserklärung *f econ.* list of contents.
inhalts|los *adj* empty, meaningless, *Rede etc*: lacking in substance. **~reich** *adj* rich in substance, *Leben*: full, rich.
Inhaltsverzeichnis *n* list (*Buch*: table) of contents.
inhuman *adj* inhuman.
Initiale *f* initial.
Initiative *f* **1.** initiative: ***die ~ ergreifen*** take the initiative; ***auf s-e ~ hin*** on his initiative; ***aus eigener ~*** on one's own initiative. **2.** (*Bürgerinitiative*) action group.
Initiator *m*, **Initiatorin** *f* initiator.
Injektion *f* injection, F shot.
Injektions|nadel *f* hypodermic needle. **~spritze** *f* (hypodermic) syringe.
injizieren *v/t* inject.
Inkasso *n econ.* (***zum ~*** for) collection.
Inkasso|... *mst* collection (*agency, business, etc*). **~büro** *n* debt-collecting agency. **~vollmacht** *f* authority to collect.
inkl. ***inklusive*** including, inclusive of (incl.).
Inklusivangebot *n* all-in package.
inklusive I *prep* (*nom, gen*) including, inclusive of: ***~ Verpackung*** packing included. II *adv* ***bis zum 4. Mai ~*** up to and including May 4th.
Inklusivpreis *m* inclusive (*od.* all-in) price.
inkognito *adv*, **Inkognito** *n* incognito.
inkompatibel *adj* incompatible.
Inkompatibilität *f* incompatibility.
inkompetent *adj* incompetent.
Inkompetenz *f* incompetence.
inkonsequent *adj* inconsistent.
Inkonsequenz *f* inconsistency.
In-Kraft-Treten *n* coming into force: ***bei ~*** upon taking effect; ***Tag des ~s*** effective date.
Inkubationszeit *f* ⚕ incubation period.
Inkubator *m* ⚕ incubator.
Inland *n* **1.** (*Ggs. Ausland*) home: ***im In- und Ausland*** at home and abroad. **2.** (*Landesinnere*) inland, interior.
Inland... → ***inländisch.***
Inländer(in) native.
inländisch *adj a. econ.* home, domestic, *Verkehr*: internal.
Inlands|absatz *m econ.* domestic sales *pl.* **~brief** *m* inland (*Am.* domestic) letter. **~flug** *m* domestic (*od.* internal) flight. **~markt** *m* home (*od.* domestic) market. **~nachfrage** *f* domestic demand. **~porto** *n* inland (*Am.* domestic) postage. **~post** *f* inland (*Am.* domestic) mail. **~produkt** *n* domestic product. **~tarif** *m* inland (*Am.* domestic) rate. **~umsatz** *m* home sales *pl.*
Inliner *pl*, **Inline Skates** *pl* inline skates *pl.*
inmitten *prep* (*gen*) in the middle of.
innehaben *v/t* (*Amt, Stelle, Rekord etc*) hold. **innehalten** *v/i* stop, pause.
innen *adv* inside, (*im Haus*) *a.* indoors: ***~ und außen*** inside and out(side); ***nach ~ (zu)*** inwards; ***von ~*** from (the) inside.
Innen|ansicht *f* interior view. **~architekt(in)** interior designer. **~architektur** *f* interior design. **~aufnahme** *f Film, phot.* interior. **~ausstattung** *f* a) interior decoration, b) décor, furnishings *pl*, *mot.* trim. **~bahn** *f Sport*: inside lane. **~beleuchtung** *f* interior (*od.* indoor) lighting. **~dienst** *m* office work: ***im ~ tätig sein*** be an office worker. **~durchmesser** *m* inside diameter. **~einrichtung** *f* → ***Innenausstattung.*** **~finanzierung** *f* internal financing. **~fläche** *f* **1.** inside. **2.** *der Hand*: palm. **~hof** *m* (inner) courtyard. **~leben** *n* inner life. **~leuchte** *f mot.* interior (*od.* courtesy) light. **~minister(in)** minister of the interior, *Br.* Home Secretary, *Am.* Secretary of the Interior. **~ministerium** *n* ministry of the interior, *Br.* Home Office, *Am.* Department of the Interior.
Innenpolitik *f* domestic politics *pl* (*e-r Regierung*: policy).
innenpolitisch *adj* domestic, internal.
Innen|raum *m* interior. **~seite** *f* (***auf der ~*** [on the]) inside. **~stadt** *f* inner city, (town) cent/re (*Am.* -er), *Am. a.* downtown: ***in der ~ von Chicago*** in downtown Chicago. **~tasche** *f* inside pocket. **~temperatur** *f* inter-

nal (*od.* indoor) temperature. **~wand** *f* inside wall.

inner *adj* inside, *econ., pol.* internal, domestic, ⚕ internal, (*seelisch*) inner, (*geistig*) mental: *fig.* ***ein ~er Widerspruch*** an inconsistency; ***~er Halt*** moral backbone; ***~e Ruhe*** peace of mind.

innerbetrieblich *adj econ.* internal: ***~e Schulung*** in-house training.

Innere *n* **1.** interior (*a. geogr.*), inside, (*Mitte*) heart, cent/re (*Am.* -er): ***im ~n*** inside, *e-s Landes*: in the interior; ***Minister des ~n*** → ***Innenminister.*** **2.** *fig.* heart, soul, mind, core: ***in ihrem tiefsten ~n*** deep down; → *a.* ***Innerste.***

Innereien *pl* innards *pl*, guts *pl.*

innerhalb I *prep* (*gen*) **1.** inside, within (*a. fig.*): ***~ der Familie*** within the family. **2.** *zeitlich*: in, within, (*während*) during: ***~ der Arbeitszeit*** during working hours; ***~ weniger Tage*** within a few days. **II** *adv* **3.** ***~ von*** *allg.* within.

innerlich I *adj* **1.** inner, *a.* ⚕ internal. **2.** *fig.* inward(-looking), (*gefühlsmäßig, -betont*) emotional, (*nachdenklich*) thoughtful. **II** *adv* **3.** internally: ***~*** (***anzuwenden***) *pharm.* for internal use (only). **4.** *fig.* inwardly, (*insgeheim*) *a.* secretly. **Innerlichkeit** *f* inwardness, sensitivity, depth of feeling.

innerparteilich *adj* inner-party ..., internal.

innerst *adj* innermost, *fig. a.* inmost: ***die ~en Gedanken*** one's most secret thoughts.

innerstaatlich *adj* internal.

innerstädtisch *adj* urban.

Innerste *n the* innermost part, (*Mittelpunkt*) *a.* heart, midst: *fig.* ***bis ins ~ getroffen*** cut to the quick.

innert *prep* (*gen*) *österr., schweiz.* within, inside of, in.

innewohnen *v/i* be inherent (*dat* in).

innig *adj* (*zärtlich*) tender, (*glühend*) ardent, fervent, *Wunsch*: *a.* devout, (*herzlich*) heartfelt, sincere, *Freundschaft*: close, intimate: *adv* ***j-n ~ lieben*** love s.o. dearly, be devoted to s.o. **Innigkeit** *f* tenderness, ardo(u)r, sincerity.

Innovation *f* innovation.

innovationsfreudig *adj* innovative.

Innovationsschub *m* innovative advance.

Innung *f* guild.

innovativ *adj* innovative

inoffiziell *adj* unofficial, (*zwanglos*) informal.

inopportun *adj* inopportune.

in petto *adv* ***et. ~ haben*** have s.th. up one's sleeve.

in puncto *prep* as regards.

Input *m Computer u. econ.* input.

Inquisition *f* Inquisition.

Insasse *m*, **Insassin** *f e-s Autos etc*: passenger, *e-s Gefängnisses, Heims etc*: inmate. **Insassenversicherung** *f mot.* passenger insurance (cover).

insbesondere *adv* (e)specially, in particular.

Inschrift *f* inscription.

Insekt *n* insect, *bsd. Am. a.* bug.

Insekten|bekämpfungsmittel *n* insecticide. **~fresser** *m zo.* insectivore. **~kunde** *f* entomology. **~schutzmittel** *n* insect repellent. **~stich** *m* insect bite.

Insektizid *n* insecticide.

Insel *f* island (*a. fig.*), *poet. u. bei Eigennamen*: isle: ***die ~ Wight*** the Isle of Wight; ***die Britischen ~n*** the British Isles. **~bewohner(in)** islander. **~gruppe** *f* archipelago. **~staat** *m* island state. **~volk** *n* islanders *pl.* **~welt** *f* islands *pl.*

Inserat *n* advertisement, F ad.

Inserent(in) advertiser.

inserieren I *v/t* advertise. **II** *v/i* ***~ in*** (*dat*) advertise in, put an advertisement (F ad) into.

insgeheim *adv* secretly.

insgesamt *adv* altogether, in all, (*als Ganzes*) as a whole: ***s-e Schulden betragen ~ ...*** his debts total ...

Insider(in) insider.

Insidergeschäft *n* insider dealing.

insofern I *adv* as far as that goes. **II** *conj* ***~*** (***als***) in so far as.

insolvent *adj* insolvent.

Insolvenz *f* insolvency.

Inspekteur(in) *mil.* inspector.

Inspektion *f* **1.** inspection. **2.** (***das Auto zur ~ bringen*** put the car in for a) service.

Inspektor *m*, **Inspektorin** *f* inspector.

Inspiration *f* inspiration. **inspirieren** *v/t* ***j-n zu et. ~*** inspire s.o. to (do) s.th.; ***sich ~ lassen*** be inspired (***von*** by).

inspizieren *v/t* inspect, examine.

Installateur(in) plumber, (*Elektroinstallateur*) electrician, (*Gasinstallateur*) gas fitter.

Installation *f* installation. **installieren I** *v/t* install. **II** *v/reflex* ***sich ~*** install o.s.

instand *adv* ***~ halten*** keep *s.th.* in good condition, maintain, service; ***~ setzen*** repair, (*renovieren*) renovate.

Instandhaltung *f* maintenance.

Instandhaltungskosten *pl* maintenance costs.

inständig *adj* urgent: *adv* ***j-n ~ um et. bitten*** implore s.o. for s.th.

Instandsetzung *f* repair, (*Renovierung*) renovation. **Instandsetzungsarbeit** *f* repair work, repairs *pl.*

Instanz *f* authority, ⚖ instance: ***höhere ~en***

higher authorities (⚖ courts); ***in erster ~*** ⚖ at first instance; ***Gericht erster ~*** court of first instance; ***in letzter ~*** *a. fig.* in the last instance.
Instanzenweg *m* ⚖ (successive) stages *pl* of appeal; ***auf dem ~*** through the prescribed channels.
Instinkt *m* instinct, *weitS.* feeling: ***aus ~*** from (*od.* by) instinct, instinctively. **instinktiv** *adj* instinctive.
instinktlos *adj fig.* showing a sad lack of flair.
Institut *n* (***in e-m ~*** at an) institute.
Institution *f a. fig.* institution.
institutionalisieren *v/t* institutionalize.
institutionell *adj* institutional.
instruieren *v/t* ***j-n ~*** give s.o. instructions, *a. mil.* brief s.o., (*unterrichten*) inform s.o.
Instruktion *f allg.* instruction.
instruktiv *adj* instructive.
Instrument *n a. fig.* instrument.
Instrumentalmusik *f* instrumental music.
Instrumenten|brett *n allg.* instrument panel. **~fehler** *m tech.* instrumental error. **~flug** *m* instrument flying.
instrumentieren *v/t* ♪ orchestrate.
Insuffizienz *f bsd.* ⚕ insufficiency.
Insulaner(in) islander.
Insulin *n* insulin.
inszenieren *v/t thea.* stage (*a. fig.*), *a. Film, TV* produce, (*Regie führen*) direct. **Inszenierung** *f* production: ***... in der ~ von X*** ... produced by X.
intakt *adj* intact.
integer *adj man etc* of integrity.
integral *adj*, **Integral** *n* ℞ integral.
Integralrechnung *f* integral calculus.
Integration *f* integration.
integrieren *v/t u. v/reflex* ***sich ~*** integrate (***in*** *acc* into, within); ***~der Bestandteil*** integral part. **integriert** *adj* integrated.
Integrität *f* integrity.
Intellekt *m* intellect. **intellektuell** *adj*, **Intellektuelle** *m, f* intellectual, F highbrow. **intelligent** *adj* intelligent.
Intelligenz *f* intelligence, (*~schicht*) intelligentsia: ***künstliche ~*** artificial intelligence. **~quotient** *m* intelligence quotient, I.Q. **~test** *m* intelligence test.
Intendant(in) director.
Intensität *f* intensity. **intensiv** *adj* intensive, *Gefühl, Interesse etc*: intense.
intensivieren *v/t* intensify.
Intensivierung *f* intensification.
Intensivkurs *m* crash course.
Intensivstation *f* ⚕ intensive-care unit: ***auf der ~ liegen*** be in intensive care.
interaktiv *adj* interactive.
Intercityexpresszug *m* high-speed train.
Intercity(zug) *m* intercity (train).
interessant *adj* interesting.
Interesse *n* interest (***an*** *dat*, ***für*** in): ***~ haben an*** (*od.* ***für***) → ***interessieren*** II; ***~ zeigen*** show an interest (***an*** *dat*, ***für*** in); ***im öffentlichen ~*** in the public interest; *ich tat es* ***in d-m ~*** for your sake; ***es liegt in d-m eigenen ~*** it's in your own interest; ***mit ~*** → ***interessiert*** II; ***j-s ~n vertreten*** (*od.* ***wahrnehmen***) look after (*formell*: represent) s.o.'s interests; ***es besteht kein ~ an*** (*dat*) nobody is interested in, *e-r Ware etc*: there is no demand for.
interessehalber *adv* out of interest.
interesselos *adj* uninterested, indifferent.
Interesselosigkeit *f* indifference.
Interessen|gebiet *n* field of interest. **~gemeinschaft** *f* community of interests, *econ.* (*Vereinigung*) combine, pool. **~konflikt** *m* conflict of interest. **~sphäre** *f pol.* sphere of influence.
Interessent(in) interested party, *econ.* prospective buyer, taker.
interessieren I *v/t* interest (***für*** in): *das Buch etc* ***interessiert mich nicht*** ... doesn't interest me, I'm not interested in ...; ***das interessiert mich*** (***überhaupt***) ***nicht!*** I'm not (a bit) interested!, (*das ist mir egal*) I couldn't care less!; ***es wird dich ~*** (***zu hören***), ***dass ...*** you'll be interested to know that ...; ***wen interessiert das schon?*** who cares? II *v/reflex* ***sich ~ für*** be interested in, take (*od.* show) an interest in, (*kaufen wollen*) *a.* be in the market for. III *v/i* be of interest: ***das interessiert hier nicht!*** that's irrelevant! **interessiert** I *adj* interested (***an*** *dat* in) (*a. Käufer etc*). II *adv* with interest, interestedly.
Interface *n Computer*: interface.
Interims|abkommen *n* temporary agreement. **~lösung** *f* interim (*od.* stopgap) solution. **~regierung** *f* interim government.
interkonfessio'nell *adj* interdenominational.
Interkontinental|flug *m* intercontinental flight. **~rakete** *f* intercontinental ballistic missile.
Intermezzo *n* ♪ intermezzo, interlude (*a. fig.*).
intern *adj* internal: ***~es Berichtswesen*** internal reporting; ***~e Finanzierung*** internal financing; ***~e Fortbildung*** employment training; ***~e Kommunikation*** internal communication; ***~es Stellenangebot*** internal search.
Internat *n* boarding school.
international *adj* international: ***Internationaler Währungsfonds*** International Mo-

netary Fund; **~er Zahlungsverkehr** international payments.
internationalisieren *v/t* internationalize.
Internationalisierung *f* internationalization.
Internatsschüler(in) boarder.
Internet *n Computer*: Internet. **Internetserver** *m* Internet provider. **Internetsurfer(in)** Internet surfer.
internieren *v/t* intern. **Internierte** *m, f* internee. **Internierung** *f* internment.
Internierungslager *n* internment camp.
Internist(in) ⚕ internist.
interparlamentarisch *adj* interparliamentary.
interplanetarisch *adj* interplanetary.
Interpret(in) interpreter, ♪ *a.* performer, (*Sänger[in]*) singer. **Interpretation** *f* interpretation. **interpretieren** *v/t* interpret, (*auffassen*) *a.* read, ⚖ construe.
Interpunktion *f* punctuation.
Interpunktionszeichen *n* punctuation mark.
Interrailkarte *f* interrail ticket.
Interregio *m* 🚂 regional fast train.
Interrogativ... interrogative (*pronoun*, *sentence*, *etc*).
Intervall *n* interval. **~schaltung** *f mot.* interval switch. **~training** *n Sport*: interval training.
intervenieren *v/i* intervene.
Intervention *f* intervention.
Interventionspreis *m* intervention price.
Interview *n*, **interviewen** *v/t* interview.
Interviewer(in) interviewer.
intim *adj allg.* intimate, *Bar, Zimmer etc*: *a.* cosy: *sexuell*: **mit j-m ~e Beziehungen haben, mit j-m ~ sein** have intimate relations with s.o.; **ein ~er Kenner sein von** (*od. gen*) have an intimate knowledge of.
Intimbereich *m* **1.** *anat.* genitals *pl.* **2.** → ***Intimsphäre.***
Intimfeind(in) archenemy.
Intimität *f* intimacy: **es kam zu ~en zwischen ihnen** they became intimate.
Intim|leben *n* private life. **~sphäre** *f* (**in j-s ~ eindringen** violate s.o.'s) privacy. **~spray** *m* vaginal spray. **~verkehr** *m* intercourse.
intolerant *adj* intolerant.
Intoleranz *f* intolerance.
Intonation *f ling.*, ♪ intonation.
intonieren *v/t* intonate.
intransitiv *adj ling.* intransitive.
intravenös *adj* ⚕ intravenous.
Intrigant(in) schemer.
Intrige *f* plot, intrigue, scheme.
intrigieren *v/i* (plot and) scheme.
introvertiert *adj* introverted: **~er Mensch** introvert.
Intuition *f* intuition.
intuitiv *adj* intuitive.
Invalide *m*, **Invalidin** *f* invalid.
Invalidität *f* disablement, disability.
Invasion *f* invasion.
Inventar *n* (*Verzeichnis*) inventory, (*Gegenstände*) stock: **festes ~** fixture(s *pl*); **totes ~** dead stock; **lebendes ~** livestock; **sie gehört schon zum ~** *humor.* she is one of the fixtures; **ein ~ aufnehmen** (**von**) → **inventarisieren I** *v/i* take inventory (*od.* stock). **II** *v/t* take an inventory of.
Inventur *f econ.* inventory, stocktaking: **~ machen** take inventory (*od.* stock). **~ausverkauf** *m* stocktaking sale. **~liste** *f* inventory.
Inversion *f* inversion.
investieren *v/t u. v/i a. fig.* invest.
Investition *f econ.* investment, (*Kapitalaufwand*) capital expenditure.
Investitions|... *mst* investment (*bank*, *loan*, *etc*). **~abgabe** *f* investment tax. **~anreiz** *m* investment incentive. **~beihilfe** *f* investment grant. **~bereitschaft** *f* investment confidence. **~entscheidung** *f* capital spending decision. **~güter** *pl* capital goods *pl.* **~hilfe** *f* investment aid. **~kapital** *n* investment capital. **~klima** *n* climate for investment. **~kosten** *pl* capital outlay cost *sg*, investment cost *sg.* **~kredit** *m* investment credit. **~lenkung** *f* investment control. **~plan** *m* capital spending plan. **~programm** *n* capital expenditure program(me *Br.*). **~standort** *m* location for investment. **~tätigkeit** *f* investment activity.
Investment|bank *f* bank for investment. **~fonds** *m* investment fund. **~gesellschaft** *f* investment company.
In-vitro-Fertilisation *f* ⚕ in vitro fertilization.
inwendig *adj* inwardly: F **in- und auswendig kennen** know *s.th.* inside out.
inwiefern *conj* in what way, how.
inwieweit *conj* to what extent.
Inzahlungnahme *f* part exchange, *Am.* trade-in.
Inzest *m* incest.
Inzucht *f* intermarriage, *a. zo.* inbreeding.
inzwischen *adv* in the meantime.
IOK *Internationales Olympisches Komitee* International Olympic Committee (IOC).
Ion *n phys.* ion. **ionisieren** *v/t* ionize.
Ionosphäre *f* ionosphere.
i-Punkt *m* dot over the i: **bis auf den ~** *fig.* down to the last detail.
IQ *Intelligenzquotient* intelligence quotient (IQ).
i. R. *im Ruhestand* retired (ret., retd).
Irak *m der* Iraq.
Iraker(in), irakisch *adj* Iraqi, Iraki.

Iran *m der* Iran.
Iraner(in), iranisch *adj* Iranian.
irdisch *adj* earthly, (*weltlich*) worldly, (*sterblich*) mortal.
Ire *m* Irishman: ***die ~n*** *pl* the Irish *pl*.
irgend *adv* **1.** F ***~ so ein ...*** some sort of ... **2.** ***wann (wo) es ~ geht*** whenever (wherever) it might be possible; ***wenn ich ~ kann*** if I possibly can; ***so rasch wie ~ möglich*** as soon as at all possible.
irgend|ein *indef pron* some, *verneint u. fragend*: any: ***auf ~e Weise*** somehow; ***besteht noch ~e Hoffnung?*** is there any hope at all? **~einer** → ***irgendjemand.***
irgendetwas *indef pron* something, *fragend*: anything; ***wir müssen ~ tun!*** we've got to do s.th.!
irgendjemand *indef pron* someone, somebody, *fragend*: anyone, anybody.
irgendwann *adv* **1.** some time (or other). **2.** any time. **irgendwas** F → ***irgendetwas.***
irgendwelche *indef pron* any: ***ohne ~ Kosten*** without any expense at all.
irgend|wie *adv* somehow, some way (or other). **~wo** *adv* somewhere, *verneint u. fragend*: anywhere: ***~ anders*** somewhere else. **~woher** *adv* from somewhere, *verneint u. fragend*: from anywhere. **~wohin** *adv* somewhere, *verneint u. fragend*: anywhere.
Irin *f* Irishwoman: ***sie ist ~*** she is Irish.
Iris *f anat.*, ⚘ iris.
irisch *adj* Irish: ***Irische Republik*** Republic of Ireland, Eire; ***die Irische See*** the Irish Sea.
Irisch *n ling.* Irish.
IRK ***Internationales Rotes Kreuz*** International Red Cross (IRC).
Irland *n* Ireland.
Ironie *f* irony (***des Schicksals*** of fate).
ironisch *adj* ironic(ally *adv*). **ironisieren** *v/t* ***et. ~*** treat s.th. with irony.
irrational *adj* irrational.
irre I *adj* **1.** mad, insane, crazy: ***~s Zeug reden*** be raving. **2.** F *fig.* mind-blowing, *Idee, Tempo etc*: crazy, mad: ***~ (gut)*** fantastic, super, wild; ***ein ~r Typ*** a super guy; ***drinnen war e-e ~e Hitze*** inside it was awfully hot; ***wie ~*** *arbeiten etc* like crazy. II *adv* **3.** F awfully (*big, hot, etc*), (*wie verrückt*) like crazy: ***~ viel(e)*** an awful lot of.
Irre[1] *m, f* madman (madwoman), lunatic, F *fig.* nutcase: F ***wie ein ~r*** *arbeiten, fahren etc* like crazy.
Irre[2] *f* ***j-n in die ~ führen*** → ***irreführen.***
irreal *adj* **1.** unreal. **2.** unrealistic.
irreführen *v/t fig.* mislead, (*täuschen*) *a.* deceive: ***sich ~ lassen*** be deceived (***von*** by). **irreführend** *adj* misleading.
irrelevant *adj* irrelevant.
irremachen → ***beirren.***
irren I *v/reflex* **1.** ***sich ~*** (***in*** *dat* about *s.o.*, in *s.th.*) be wrong, be mistaken; ***ich habe mich im Datum geirrt*** I got the date wrong; ***er hat sich in der Tür geirrt*** he went to the wrong door; ***ich kann mich (auch) ~*** (of course,) I may be wrong; ***da irrst du dich aber (gewaltig)!*** you're very much mistaken there!; ***wenn ich mich nicht irre*** if I'm not mistaken. II *v/i* **2.** wander, err, stray (*alle a. fig. Blicke, Gedanken etc*). **3.** be wrong, be mistaken.
Irren *n* ***~ ist menschlich*** we all make mistakes.
Irrenhaus *n* F *fig.* ***hier gehts zu wie im ~!*** it's like a madhouse here!
irreparabel *adj* irreparable.
Irrfahrt *f* odyssey. **Irrgarten** *m* mace, labyrinth. **Irrglaube** *m* erroneous belief, (*Ketzerei*) heresy.
irrig(erweise *adv*) *adj* wrong(ly).
irritieren *v/t allg.* irritate, (*ärgern*) *a.* annoy, (*unsicher machen*) *a.* confuse.
Irrsinn *m a. fig.* madness. **irrsinnig** → ***irre.*** **Irrsinnige** *m, f* → ***Irre***[1].
Irrtum *m* mistake, error (*a.* ⚖), (*Missverständnis*) misunderstanding: ***im ~ sein, sich im ~ befinden*** be mistaken, be wrong; ***mir ist ein ~ unterlaufen*** I (have) made a mistake; ***da muss ein ~ vorliegen!*** there must be some mistake!; F ***~!*** (sorry, but) you're wrong there! **irrtümlich** *adj* wrong(ly *adv*). **irrtümlicherweise** *adv* by mistake.
ISBN ***internationale Standardbuchnummer*** international standard book number (ISBN).
Ischias *m, n,* ⚕ *f* sciatica.
Ischiasnerv *m* sciatic nerve.
Islam *m* Islam. **islamisch** *adj* Islamic.
Island *n* Iceland.
Isländer(in) Icelander.
isländisch *adj* Icelandic.
Isolation *f* **1.** isolation. **2.** → ***Isolierung*** 2. **Isolierband** *n* insulating tape.
isolieren I *v/t* **1.** isolate. **2.** ⚡, *tech.* insulate (***gegen*** against). II *v/reflex* ***sich ~*** **3.** isolate o.s., (*sich abkapseln*) cut o.s. off.
Isolier|kanne *f* vacuum flask. **~material** *n* insulating material, insulant. **~schicht** *f* insulating layer.
Isolierstation *f* ⚕ isolation ward.
Isolierung *f* **1.** isolation. **2.** ⚡, *tech.* insulation.
Isomatte *f* foam mattress, thermomat.
Isotop *n* ⚗ isotope.
Israel *n* Israel.
Israeli *m, f,* **israelisch** *adj* Israeli.
Israelit(in), israelitisch *adj* Israelite.

Istbestand *m econ.* actual amount, *an Waren*: actual stock.
Ist-Leistung *f* actual output.
Italien *n* Italy.
Italiener(in) Italian. **italienisch** *adj* Italian. **Italienisch** *n ling.* Italian.
i. Tr. ***in der Trockenmasse*** *percentage of fat etc* in dry matter.
IV ***Industrieverband*** federation of industries.
I. v. ***Irrtum vorbehalten*** errors excepted (e.e.).
I. V. ***in Vertretung*** in place of; on behalf of; *in Brief*: (signed) for.
IWF *m* ***Internationaler Währungsfonds*** International Monetary Fund, IMF.

J

J, j *n* J, j.

ja *adv* **1.** yes, *parl.* aye, *Am.* yea, *bei der Trauung*: I do: **~?** (*tatsächlich*) really?, (*stimmts*) right?, *teleph.* hello; **nun ~** well (yes); **~ doch!, aber ~!** yes, of course!, sure!; **ich glaube ~!** I think so! **2.** (*schließlich*) after all: **du kennst ihn ~** you know what he's like. **3.** *feststellend*: **da bist du ~!** there you are!; **ich habs dir ~ gesagt** didn't I tell you?; **das ist ~ schrecklich** but that's just terrible!; **es regnet ~!** oh dear, it's raining! **4.** *ermahnend*: **sei ~ vorsichtig!** do (*drohend*: you) be careful!; **bring es ~ mit!** make sure you bring it!; **sags ihm ~ nicht!** don't tell him! **5.** *überrascht*: **~, weißt** (*od.* **wusstest**) **du denn** (**das**) **nicht?** do you mean to say you didn't know? **6.** *einschränkend*: **ich würde es ~ gern tun, aber ...** I'd really like to do it, but ...

Ja *n* yes, *parl.* aye, *Am.* yea: **mit ~ oder Nein antworten** answer yes or no; **~ sagen** (**zu** to) say yes, *fig. a.* agree.

Jacht *f* yacht. **~klub** *m* yacht club.

Jacke *f* jacket, (*Strickjacke*) cardigan: F *fig.* **das ist ~ wie Hose** it's much of a muchness.

Jackenkleid *n* two-piece dress.

Jacketkrone *f* jacket crown.

Jackett *n* jacket.

Jade *m, f min.* jade.

Jagd *f* **1.** hunt(ing), shoot(ing): **auf** (**die**) **~ gehen** go hunting. **2.** *fig.* (**nach**) chase (after), pursuit (of): **~ machen auf** (*acc*) chase (after), pursue; **e-e wilde ~ nach** a mad rush for. **~beute** *f* bag. **~bomber** *m mil.* fighter bomber. **~flieger(in)** *mil.* fighter pilot. **~flugzeug** *n mil.* fighter (plane). **~hund** *m* hound, (*Rasse*) short-haired pointer. **~hütte** *f* (hunting) lodge. **~rennen** *n Pferdesport*: steeplechase. **~revier** *n* hunting-ground. **~schein** *m* hunting licen/ce (*Am.* -se). **~zeit** *f* hunting season.

jagen I *v/t* **1.** hunt, shoot. **2.** *fig.* (*verfolgen*) chase (after), (*suchen*) hunt (for): **ein Ereignis jagte das andere** things happened really fast; F **damit kannst du mich ~!** I just hate that! **3.** F **j-m** (**sich**) **e-e Kugel durch den Kopf ~** blow s.o.'s (one's) brains out; **den Ball ins Netz ~** slam the ball home; **et. in die Luft ~** blow s.th. up. II *v/i* **4.** go hunting, go shooting, hunt. **5.** *fig.* (*rasen*) race. **6. ~ nach** *fig.* chase after, hunt for.

Jagen *n* hunt(ing), shoot(ing).

Jäger *m* **1.** huntsman, hunter. **2.** → **Jagdflieger, Jagdflugzeug.**

Jägerin *f* huntress, huntswoman.

Jaguar *m zo.* jaguar.

jäh I *adj* **1.** (*plötzlich*) sudden, abrupt: *fig.* **ein ~es Erwachen** a rude awakening. **2.** (*steil*) steep: **~er Abhang** precipice. II *adv* **3.** (*plötzlich*) all of a sudden, abruptly. **4. ~ abfallend** precipitous.

Jahr *n* **1.** year: **ein halbes ~** half a year, six months; **alle ~e** every year; **~ für ~** year after year; **im ~e 1998** in (the year of) 1998; **in diesem** (**im nächsten**) **~** this (next) year; **heute vor einem ~** a year ago today; **von ~ zu ~** from year to year; **auf ~e hinaus** for years to come; **seit ~en** (**nicht**) (not) for years; **im Lauf der ~e** through (*od.* over) the years; → **jünger** 1. **2.** (*Lebensjahr*) year, (*Alter*) age: **das Kind ist zwei ~e** (**alt**) the child is two (years old); **mit** (*od.* **im Alter von**) **20 ~en** at the age of twenty; **in die ~e kommen** be getting on; **in den besten ~en sein** be in the prime of life.

jahraus *adv* **~, jahrein** year in, year out.

Jahrbuch *n* yearbook, almanac.

jahrelang I *adj* longstanding, lasting for years: **~e Erfahrung** years of experience. II *adv* for years.

jähren *v/reflex* **heute jährt sich ...** it's a year today since (*od.* that) ...

Jahres|... *mst* annual (*balance sheet, report, ring, etc*), yearly. **~abonnement** *n* annual subscription, *thea. etc* yearly season ticket. **~abrechnung** *f*, **~abschluss** *m econ.* annual accounts *pl.* **~ausgleich** *m* annual tax adjustment. **~beginn** *m* (**zum ~** at the) beginning of the year. **~bestleistung** *f Sport*: record of the year. **~bilanz** *f* annual balance sheet. **~budget** *n* annual budget. **~einkommen** *n* yearly income. **~ende** *n* (**zum ~, am ~** at the) end of the year. **~frist** *f* **binnen ~** within a year; **nach ~** after one year. **~gebühr** *f* annual fee. **~gehalt** *n* annual salary. **~hälfte** *f* **erste** (**zweite**) **~** first (second) half of the year. **~hauptversammlung** *f econ.* annual general meeting. **~kar-**

te *f* yearly season ticket. **~plan** *m* (economic *etc*) plan for the year. **~ring** *m bot.* annual ring. **~rückblick** *m* review of the year's events. **~tag** *m* anniversary. **~umsatz** *m* annual turnover. **~urlaub** *m* annual holiday (*Am.* vacation). **~verdienst** *m* annual income (*od.* earnings *pl*). **~vertrag** *m* one-year contract. **~wechsel** *m* turn of the year, (*Fest*) New Year. **~wirtschaftsbericht** *m* annual economic report. **~zahl** *f* year. **~zeit** *f* season: ***in dieser ~*** at this time of year.

jahreszeitlich *adj* seasonal: ***~ bedingte Schwankungen*** *econ.* seasonal fluctuations.

Jahreszins *m* annual interest.

Jahrgang *m* **1.** age group, *ped.* year: ***sie ist ~ 1900*** she was born in 1900; ***er ist mein ~*** we were born in the same year; ***die Jahrgänge 1970-80*** the 1970-80 age group. **2.** *von Wein*: vintage, year.

Jahrhundert *n* century.

jahrhunderte|alt *adj* centuries old. **~lang** *adv* (*adj* lasting) for centuries.

Jahrhundertwende *f* turn of the century.

jährlich I *adj* yearly, annual. **II** *adv* yearly, every year, once a year: *1000 Mark etc* ~ a year, per annum.

Jahrmarkt *m* (***auf dem ~*** at the) fair.

Jahrtausend *n* millennium.

Jahrtausendfeier *f* millenary.

Jahrzehnt *n* decade, ten years *pl.*

jahrzehntelang I *adj* lasting for decades: ***~e Forschungsarbeit*** decades of research. **II** *adv* for decades.

Jähzorn *m* (***im ~*** in a fit of) violent temper.

jähzornig *adj* irascible: ***er ist ~*** *a.* he has a violent temper.

Jalousie *f* (Venetian) blind(s *pl*).

Jamaika *n* Jamaica.

Jammer *m* **1.** (*Elend*) misery: F ***es ist ein ~, dass*** → ***jammerschade.*** **2.** (*Wehklagen*) lamentation, wailing.

jämmerlich I *adj* **1.** (*elend*) miserable, wretched, pitiful, (*fig. contp. minderwertig*) *a.* deplorable: ***mir war ~ zumute*** I felt (just) miserable. **2.** (*kläglich*) heart-rending, piteous. **II** *adv* **3.** miserably (*etc*): ***~ weinen*** cry piteously; ***~ (schlecht)*** *singen etc* terribly; ***~ versagen (umkommen)*** fail (die) miserably.

jammern *v/i* moan, *laut*: wail: ***~ nach*** *der Mutter etc* cry for; ***~ über*** (*acc*) moan about, (*sich beklagen*) complain of.

Jammern *n* moaning, wailing.

jammerschade *adj* (***es ist***) ***~, dass ...*** it's such a shame (*od.* too bad) that ...

Janker *m österr., südd.* **1.** jacket. **2.** (*Strickjacke*) cardigan.

Jänner *m österr.* → ***Januar.***

Januar *m* (***im ~*** in) January.

Japan *n* Japan.

Japaner(in), japanisch *adj*, **Japanisch** *n ling.* Japanese.

Jargon *m* jargon.

Jasager(in) yes-person.

Jasmin *m* ⚘ jasmine.

Jastimme *f parl.* aye, *Am.* yea.

jäten *v/t u. v/i* weed.

Jauche *f* liquid manure.

Jauchegrube *f* cesspool.

jauchzen *v/i* shout for joy.

jaulen *v/i a. fig.* howl.

Jause *f österr.* (break for a) snack.

jawohl *adv* yes, (*ganz recht*) that's right.

Jawort *n* ***sie gab ihm ihr ~*** she said yes.

Jazz *m* jazz. **~band** *f*, **~kapelle** *f* jazz band. **~musik** *f* jazz (music). **~sänger(in)** jazz singer.

je I *adv* **1.** ever: ***ohne ihn ~ gesehen zu haben*** without ever having seen him. **2.** → ***eh*** 2, ***jeher.*** **3.** ***sie kosten ~ e-n Dollar*** they cost a dollar each; ***für ~ 10 Personen*** for every ten persons; ***es gibt sie in Schachteln mit ~ 10 Stück*** they come in boxes of ten. **4.** ***~ nach*** according to; ***~ nachdem*** it (all) depends (→ 6). **II** *conj* **5.** ***~ eher, desto besser*** the sooner the better; ***~ länger, ~ lieber*** the longer the better. **6.** ***~ nachdem*** according to *what he says*, depending on *how you do it* (→ 4).

Jeansanzug *m* jeans suit.

Jeansjacke *f* denim jacket.

jede, ~r, ~s *indef pron* **1.** (*~ Einzelne*) each, (*~ Beliebige*) any, (*~ von zweien*) either, *verallgemeinernd*: every: ***ich hörte ~s (einzelne) Wort*** I heard every (single) word; ***~s zweite Auto*** every other car; ***ohne ~n Zweifel*** without any doubt; ***zu ~r Zeit*** any time; ***bei ~m Wetter*** in any weather; ***auf ~n Fall*** in any case. **2.** each (*od.* every) one, everyone: ***~(r) von ihnen*** each (*od.* all) of them.

jedenfalls *adv* **1.** in any case, at any rate, anyway. **2.** (*wie dem auch sei*) be that as it may. **3.** (*wenigstens*) at least.

jedermann *indef pron* everyone, everybody, anyone, anybody: ***das ist nicht ~s Sache*** it's not everyone's cup of tea.

jederzeit *adv* any time, always.

jedesmal → ***Mal²***.

jedoch *adv* however, still.

jegliche, ~r, ~s → ***jede, ~r, ~s.***

jeher *adv* ***von ~*** always.

jein *adv* F yes and no.

jemals *adv* ever.

jemand *indef pron* somebody, someone, *fragend u. verneint*: anybody, anyone: ***es kommt ~*** somebody's coming; ***ist ~ hier?*** is

J

anybody here?; ~ ***anders*** someone (*od.* anyone) else; ***sonst noch ~?*** anyone else?
Jemen *m der* Yemen.
jene, ~r, ~s *dem pron* **1.** that, *pl* those: ***seit ~m Tag*** from that day on. **2.** that one, *pl* those.
jenseits I *prep* (*gen*) on the other side of, beyond, across. II *adv* on the other side: ~ ***von*** beyond.
Jenseits *n the* hereafter: F ***j-n ins ~ befördern*** send s.o. to kingdom come.
Jesus *m* Jesus: ~ ***Christus*** Jesus Christ; ***der Herr ~*** the Lord Jesus.
Jesuskind *n the* infant Jesus.
Jet *m* ✈ jet. **Jetlag** *m* jet lag. **Jetset** *m* jet set. **jetten** *v/i* F jet.
jetzig *adj* current, present(-day), (*bestehend*) existing.
jetzt *adv* now, (*heutzutage*) *a.* nowadays: ***erst ~*** only now; ***noch ~*** even now; ***bis ~*** so far, *verneint*: *a.* (as) yet.
Jetzt *n* the present (time).
jeweilig I *adj* respective, (*vorherrschend*) prevailing: ***der ~e Präsident*** the president then in office; ***der ~en Mode entsprechend*** according to the fashion (at the time). II *adv* → ***jeweils*** 4.
jeweils *adv* **1.** ~ ***zwei*** two at a time. **2.** (*immer*) always: ***sie kommt ~ am Montag*** she comes every Monday; ***er trainiert ~ zwei Stunden*** he does two hours of training a time. **3.** (*je*) each: *Übungen* ***mit ~ 20 Fragen*** with 20 questions each. **4.** (*jeweilig*) in each case.
JH ***Jugendherberge*** youth hostel (Y.H.).
Jh. ***Jahrhundert*** century (c., cent.).
jiddisch *adj*, **Jiddisch** *n ling*. Yiddish.
Job *m* F job (*a. Computer*).
jobben *v/i* F job.
Jobsharing *n* job sharing.
Joch *n* (*fig.* ***das ~ abschütteln*** shake off the) yoke. **~bein** *n anat.* cheekbone.
Jockei *m*, **Jockey** *m* jockey.
Jod *n* ⚗ iodine.
jodeln *v/t u. v/i* yodel.
jodhaltig *adj* containing iodine.
jodieren *v/t* **1.** ⚗ iodinate. **2.** ⚕, *phot.* iodize.
Jod|salbe *f* iodine ointment. **~salz** *n* iodized salt. **~tablette** *f* iodine tablet. **~tinktur** *f* tincture of iodine.
Joga *m* yoga.
joggen *v/i* jog, go jogging. **Jogger(in)** jogger. **Jogging** *n* jogging. **Jogginganzug** *m* tracksuit
Jog(h)urt *m, n* yog(h)urt.
Johannisbeere *f* ***Rote ~*** redcurrant; ***Schwarze ~*** blackcurrant.
johlen *v/i* bawl, yell.
Joint Venture *n econ.* joint venture.
Joker *m* joker.
Jolle *f* ⚓ dinghy.
Jongleur(in) juggler. **jonglieren** *v/t u. v/i a. fig.* juggle (**mit** [with] *s.th.*).
Jordanien *n* Jordan. **Jordanier(in), jordanisch** *adj* Jordanian.
Jota *n fig.* ***kein ~*** not a jot.
Joule *n phys.* joule.
Journalismus *m* journalism.
Journalist(in) journalist.
Journalistik *f* journalism.
journalistisch *adj* journalistic(ally *adv*).
jovial *adj* affable.
Joystick *m Computerspiel*: joystick.
Jr., jr., jun. ***junior, der Jüngere*** junior (Jun., jun., Jur, Jr).
Jubel *m* jubilation, cheers *pl.*
Jubeljahr *n eccl.* jubilee: F ***alle ~e einmal*** once in a blue moon.
jubeln *v/i* cheer: (***vor Freude***) ~ shout for joy, rejoice.
Jubilar(in) person celebrating his (her) jubilee.
Jubiläum *n* anniversary.
Jubiläumsausgabe *f* jubilee edition.
jucken *v/t, v/i u. v/impers* itch: ***mich juckts*** I'm itching; ***sich ~*** scratch o.s.; ***es juckt mich am Arm, mein Arm juckt*** my arm's itchy; ***der Pullover juckt*** the pullover's scratchy; F *fig.* ***es juckt mich zu*** *inf* I'm itching to *inf*; ***das juckt mich nicht!*** what do I care?
Jucken *n* itch(ing).
Juckreiz *m* itch(ing).
Jude *m* Jew.
Juden|hass *m* anti-Semitism. **~tum** *n* **1.** Judaism. **2.** (*die Juden*) *the* Jews *pl*, Jewry. **3.** (*jüdisches Wesen*) Jewishness. **~verfolgung** *f* persecution of (the) Jews.
Jüdin *f* Jewess.
jüdisch *adj* Jewish.
Judo *n* judo. **Judoka** *m* judoka.
Jugend *f* **1.** youth: ***von ~ an*** from childhood, from a child; ***in m-r ~*** when I was young. **2.** (*~lichkeit*) youth(fulness). **3.** (*junge Leute*) youth: ***die ~*** (***von heute***) the young people (of today); ***die deutsche ~*** the young Germans *pl* (of today). **4.** → ***Jugendklasse, Jugendmannschaft.*** **~amt** *n* youth welfare department. **~arbeitslosigkeit** *f* youth unemployment. **~arrest** *m* ⚖ short-term detention for young offenders. **~buch** *n* book for young people.
jugendfrei *adj* ***~er Film*** U (*Am.* G) rated film; ***nicht ~er Film*** X film, film for adults only.
Jugendfreund(in) friend from one's youth.
jugendgefährdend *adj* harmful to young persons.

Jugend|gericht *n* juvenile court. **~herberge** *f* youth hostel. **~klasse** *f Sport*: youth class. **~kriminalität** *f* juvenile delinquency. **~lager** *n* youth camp.
jugendlich *adj* youthful (*a. Kleidung, Aussehen*), (*jung*) young, ⚖ juvenile: ***~er Leichtsinn*** youthful recklessness.
Jugendliche *m, f* young person, *m a.* youth, ⚖ *a.* juvenile.
Jugendlichkeit *f* youthfulness.
Jugend|liebe *f* puppy love, (*Person*) old flame. **~mannschaft** *f Sport*: youth team. **~meister(in)** *Sport*: youth champion. **~richter(in)** judge of a juvenile court. **~schutz** *m* legal protection for children and young persons. **~stil** *m* Jugendstil, art nouveau. **~strafanstalt** *f* remand home. **~sünde** *f* sin of one's youth. **~zeit** *f* youth.
Jugoslawien *n* Yugoslavia.
Jugoslawe *m*, **Jugoslawin** *f*, **jugoslawisch** *adj* Yugoslav.
Jul. ***Juli*** July (Jul., Jul).
Juli *m* (***im ~*** in) July.
jung *adj* young, (*jugendlich*) youthful: ***ziemlich ~*** youngish; *fig.* ***~es Unternehmen*** new company; ***~er Wein*** new wine; ***von ~ auf*** from childhood; ***Jung und Alt*** young and old; ***~ heiraten*** (***sterben***) marry (die) young; → ***jünger*** 1, ***jüngst*** 1, ***Hund.***
Junge¹ *m* boy, F (*junger Mann*) lad: ***dummer ~*** silly boy; F ***schwerer ~*** heavy; ***~, ~!*** boy, oh boy!
Junge² *n zo.* young (one), *e-s Hundes*: *a.* puppy, *e-r Katze*: *a.* kitten, *e-s Raubtiers*: *a.* cub, (*Elefant, Robbe etc*) calf: ***die ~n*** the young; ***~ werfen*** (*od.* ***bekommen***) → **jungen** *v/i* have young (*od. Hündin*: puppies, *Katze*: kittens).
jungenhaft *adj* boyish.
Jungenstreich *m* schoolboy prank.
jünger *adj* **1.** younger: ***sie sieht ~ aus als sie ist*** she doesn't look her age; ***das macht sie um Jahre ~*** that takes years off her age. **2.** (*zeitlich näher*) more recent, later: ***ein Foto ~en Datums*** a more recent photograph.
Jünger *m* disciple, *fig. a.* follower.
Jungfer *f* ***alte ~*** old maid.
Jungfern|fahrt *f* maiden voyage. **~flug** *m* maiden flight. **~häutchen** *n anat.* hymen. **~rede** *f* maiden speech.
Jungfrau *f* **1.** virgin: ***die Heilige ~, die ~ Maria*** the Holy Virgin, the Virgin Mary; ***sie ist noch ~*** she's still a virgin. **2.** *astr.* (***er ist ~*** he is [a]) Virgo.
jungfräulich *adj* virginal, *fig.* virgin.
Jungfräulichkeit *f* virginity.
Junggeselle *m* (***eingefleischter ~*** confirmed) bachelor.
Junggesellen|bude *f* F bachelor pad. **~haushalt** *m* bachelor household. **~leben** *n* bachelor's life.
Junggesellin *f* bachelor girl.
Jüngling *m* youth.
jüngst *adj* **1.** youngest. **2.** latest: ***der Jüngste Tag*** the Day of Judg(e)ment; ***die ~en Ereignisse*** the latest events; ***der ~en Vergangenheit*** of the recent past.
Jüngste *m, f, n* the youngest: ***unser ~r, unsere ~*** our youngest (child); ***sie ist auch nicht mehr die ~*** she is no spring chicken any more.
jungverheiratet *adj* newly-wed.
Juni *m* (***im ~*** in) June.
junior *adj* **1.** junior: ***Herr X ~*** Mr. X jr.
Junior *m* **1.** *Sport u.* F *e-r Familie*: junior. **2.** *econ.* a) son of the owner, b) *a.* **Juniorpartner(in)** junior partner.
Junioren... *Sport*: junior (*class, team, etc*).
Juniorpass *m* 🚆 young persons' railcard.
Junktim *n pol.* package deal.
Junta *f pol.* junta.
jur. ***juristisch*** legal (leg.); juridical (jurid.).
Jupe *m schweiz.* skirt.
Jura¹ *m geol.* Jurassic (period).
Jura²: ***~ studieren*** study (*Br. a.* read) law. **Jurastudent(in)** law student. **Jurastudium** *n* law studies *pl.*
Jurist(in) **1.** lawyer. **2.** (*Student[in]*) law student. **Juristensprache** *f* legalese.
juristisch *adj* legal: ***~e Fakultät*** faculty of law, *Am. a.* law school; ***~e Person*** legal entity, juristic person.
Jury *f* **1.** jury, (panel of) judges *pl*, *für e-e Ausstellung*: selection committee. **2.** ⚖ jury.
justierbar *adj* adjustable. **justieren** *v/t* adjust. **Justierung** *f* adjustment.
Justitiar(in) legal adviser.
Justiz *f* justice, *the* law. **~beamte** *m*, **~beamtin** *f* judicial officer. **~behörde** *f* judicial authority. **~gebäude** *n* law courts *pl.* **~gewalt** *f* judiciary (power). **~irrtum** *m* judicial error, miscarriage of justice. **~minister(in)** minister of justice, *Br.* Lord Chancellor, *Am.* Attorney General. **~ministerium** *n* ministry of justice, *Am.* Department of Justice. **~mord** *m* judicial murder. **~verwaltung** *f* administration of justice, *konkret*: legal administrative body.
Jute *f* jute.
Juwel *n a. fig.* jewel: ***~en*** *pl* jewel(le)ry *sg*, (*Edelsteine*) precious stones.
Juwelier(in) jewel(l)er.
Juweliergeschäft *n* jewel(l)er's shop.
Jux *m* F (practical) joke: ***aus ~*** for fun.

J

K

K, k *n* K, k.
K *n* (= ***Kilobyte***) K.
Kabarett *n* cabaret (show), (satirical) revue. **Kabarettist(in)** cabaret artist.
kabarettistisch *adj* revue ..., topical-satirical.
kabbelig *adj See*: choppy.
Kabel *n* ⚡ cable. **~anschluss** *m* cable connection. **~fernsehen** *n* cable television (*od.* TV).
Kabeljau *m zo.* cod(fish).
Kabel|kanal *m* **1.** *TV* cable channel. **2.** *am Schreibtisch*: cable conduct. **~schacht** *m* cable conduct.
Kabine *f* **1.** ✈, ⚓ cabin. **2.** *e-s Aufzugs*: cage, *e-r Seilbahn*: car. **3.** (*Umkleide-*, *Duschkabine etc*) cubicle, (*Mannschaftskabine*) locker room.
Kabinett *n pol.* cabinet.
Kabinetts|beschluss *m* decision of the cabinet. **~bildung** *f* formation of a (*od.* the) cabinet. **~krise** *f* cabinet crisis. **~liste** *f* list of cabinet members. **~sitzung** *f* cabinet meeting. **~umbildung** *f* cabinet reshuffle.
Kabrio(lett) *n mot.* convertible.
Kabuff *n* F cubby(hole).
Kachel *f*, **kacheln** *v/t* tile.
Kachelofen *m* tiled stove.
Kacke *f*, **kacken** *v/t u. v/i* V crap, shit.
Kadaver *m* carcass (*a. contp. Leiche*). **~gehorsam** *m contp.* blind obedience.
Kader *m mil.*, *pol.* cadre, *Sport*: *a.* pool.
Kadett(in) ⚓, *mil.* cadet.
Kadi *m humor.* (***j-n vor den ~ schleppen*** haul s.o. before the) judge.
Kadmium *n* ⚗ cadmium.
Käfer *m* **1.** *zo.* beetle (*a. mot.* F *VW*). **2.** F *fig.* (*Mädchen*) chick.
Kaff *n* F dump, awful hole.
Kaffee *m* coffee: ***~ kochen*** (*od.* ***machen***) make coffee; ***zwei ~, bitte!*** two coffees, please!; ***~ mit Milch*** white coffee; F *fig.* ***das ist doch kalter ~!*** that's old hat! **~automat** *m* coffee machine. **~bohne** *f* coffee (bean). **~haus** *n* café, coffeehouse. **~kanne** *f* coffeepot. **~klatsch** *m* F hen party, *Am.* coffee klatsch. **~löffel** *m* coffee spoon. **~maschine** *f* coffeemaker, percolator, *große*: coffee urn. **~mühle** *f* coffee grinder. **~pause** *f* coffee break. **~satz** *m* coffee grounds *pl.* **~service** *n* coffee set. **~strauch** *m* ⚘ coffee shrub. **~tasse** *f* coffee cup.
Käfig *m a.* ⚡, *tech.* cage.
kahl *adj* **1.** (***~ werden*** go *od.* grow) bald; *Kopf*: ***~ geschoren*** shaven. **2.** *fig. allg.* bare, *Baum*: *a.* leafless, *Felsen*: *a.* naked, *Gegend*: *a.* barren, bleak.
Kahlheit *f* **1.** baldness. **2.** *fig.* bareness (*etc*, → ***kahl*** 2).
Kahlkopf *m* F baldhead(ed person).
kahlköpfig *adj* bald(headed).
Kahlschlag *m* **1.** a) deforestation, b) clearing. **2.** *fig.* demolition. **~sanierung** *f* wholesale redevelopment.
Kahn *m* **1.** (rowing *od.* fishing) boat: ***~ fahren*** go boating. **2.** (*Lastkahn etc*) barge. **3.** F (*Schiff*) tub. **~fahrt** *f* boat trip.
Kai *m* quay, wharf. **~mauer** *f* quay wall.
Kaiser *m* emperor. **Kaiserin** *f* empress.
Kaiserkrone *f* **1.** imperial crown. **2.** ⚘ crown imperial.
kaiserlich *adj* imperial.
Kaiser|reich *n* empire. **~schmarrn** *m österr.* cut-up and sugared pancake with raisins. **~schnitt** *m* ⚕ C(a)esarean (section *od.* operation).
Kajak *m a. Sport*: kayak.
Kajal *n* kohl.
Kajütboot *n* cabin boat. **Kajüte** *f* cabin.
Kakadu *m zo.* cockatoo.
Kakao *m* cocoa: F *fig.* ***durch den ~ ziehen*** make fun of, roast, (*parodieren*) send up. **~baum** *m* cacao (tree).
Kakerlak *m zo.* cockroach, *Am.* roach.
Kaktee *f*, **Kaktus** *m* ⚘ cactus.
Kalauer *m* dreadful pun, corny joke.
Kalb *n* calf. **kalben** *v/i* calve.
Kalb|fell *n* calfskin. **~fleisch** *n* veal.
Kalbs|braten *m* roast veal. **~haxe** *f* knuckle of veal. **~keule** *f* leg of veal. **~kopf** *m* calf's head. **~leder** *n* calf(-skin). **~schnitzel** *n* escalope of veal.
Kaleidoskop *n a. fig.* kaleidoscope.
Kalender *m* calendar, (*Taschenkalender*) diary. **~jahr** *n* calendar year.
Kali *n* ⚗ potash.
Kaliber *n a. fig.* calib/re (*Am.* -er).
Kalifornien *n* California.

Kalium *n* ⚗ potassium. **~permanganat** *n* ⚗ potassium permanganate.
Kalk *m* **1.** ⚗ lime, (*Ätzkalk*) quicklime. **2.** ⚕ calcium. **3.** (*~stein*) chalk, limestone. **4.** → **Kalkdünger** *m* lime fertilizer.
kalken *v/t* **1.** (*Wände etc*) whitewash. **2.** ⚒ lime. **kalkig** *adj* chalky (*a. fig.*), limy.
Kalkmangel *m* ⚕ calcium deficiency.
Kalkstein *m geol.* limestone.
Kalkül *n* calculation: ***et. mit ins ~ ziehen*** take s.th. into consideration.
Kalkulation *f a. fig.* calculation.
kalkulieren *v/t u. v/i a. fig.* calculate: ***falsch ~*** miscalculate.
Kalkulierprogramm *n* calculating program.
Kalorie *f phys.* calorie.
kalorienarm *adj* low-calorie: ***~ sein*** be low in calories. **Kalorienbedarf** *m* calorie requirement. **Kaloriengehalt** *m* calorie content. **kalorienreich** *adj* high-calorie: ***~ sein*** be rich in calories. **kalorienreduziert** *adj* low-calorie.
kalt I *adj a. fig.* cold, (*gefühls~*) *a.* frigid: ***mir ist ~*** I'm cold; ***es (mir) wird ~*** it's (I'm) getting cold; ***Kalter Krieg*** Cold War; *gastr.* ***~e Platte*** cold meats *pl*; F ***das lässt mich ~!*** that leaves me cold!; ***j-m die ~e Schulter zeigen*** give s.o. the cold shoulder. **II** *adv* coldly: ***et. ~ stellen*** put s.th. to cool; ***~ essen*** have a cold meal; F ***~ lächelnd*** (as) cool as you please; ***es überlief mich ~*** a cold shiver ran down my spine; F *fig.* ***~ bleiben*** keep cool, keep one's head.
Kaltblüter *m* cold-blooded animal.
kaltblütig I *adj* cold-blooded, *fig. a.* cool. **II** *adv* coolly, *umbringen etc*: in cold blood. **Kaltblütigkeit** *f* cold-bloodedness, coolness, sangfroid.
Kälte *f* cold, *a. fig.* coldness, (*Gefühlskälte*) *a.* frigidity: ***es sind 10 Grad ~*** the temperature is ten degrees below zero; ***bei dieser ~*** in this cold; ***draußen in der ~*** (out) in the cold. **~einbruch** *m* cold snap. **~gefühl** *n* feeling of cold, cold feeling. **~grad** *m* degree of frost. **~periode** *f* cold spell. **~welle** *f* cold wave.
kaltherzig *adj* cold(hearted), unfeeling.
Kaltluft *f* cold air: ***polare ~*** polar air.
kaltmachen *v/t* F ***j-n ~*** bump s.o. off, do s.o. in.
kaltschnäuzig *adj* F cool.
kaltschweißen *v/t u. v/i tech.* cold-weld.
Kaltstart *m mot.* cold start.
kaltstellen *v/t* F *fig.* relegate *s.o.* to the background, *bsd. Sport*: neutralize.
Kalzium *n* ⚗ calcium.
Kambodscha *n* Cambodia. **Kambodschaner(in), kambodschanisch** *adj* Cambodian.

Kamel *n* **1.** *zo.* camel. **2.** F *fig.* idiot, blockhead. **Kamelhaar...** camel-hair.
Kamera *f* (***vor der ~ stehen*** be on) camera.
Kamerad(in) *mil.* comrade, (*Gefährte*) companion, fellow, mate, F pal, buddy.
Kameradschaft *f* comradeship, (good) fellowship. **kameradschaftlich** *adj u. adv* comradely, like a good fellow.
Kamera|frau *f* camerawoman. **~führung** *f Film*: camerawork. **~mann** *m* cameraman. **~tasche** *f* camera case.
Kamerun *n* Cameroon.
Kamille *f*, **Kamillen...** ⚘ camomile.
Kamin *m* **1.** chimney (*a. mount.*). **2.** (***offener***) ~ fireside: ***am ~*** by the fireside.
Kamm *m* **1.** comb: *fig.* ***alle über einen ~ scheren*** lump them all together. **2.** *zo.* comb, crest. **3.** (*Wellenkamm*) crest. **4.** (*Gebirgskamm*) ridge.
kämmen I *v/t* comb (*a. tech.*): ***j-n ~, j-m die Haare ~*** comb s.o.'s hair; ***sich die Haare ~*** → **II** *v/reflex* ***sich ~*** comb (*od.* do) one's hair.
Kammer *f* **1.** chamber (*a. anat., tech.*), small room, closet. **2.** *parl.* chamber, house. **3.** (*Anwaltskammer etc*) association. **~diener** *m* valet. **~musik** *f* chamber music. **~orchester** *n* chamber orchestra. **~ton** *m* ♪ concert pitch. **~zofe** *f* lady's maid.
Kammgarn *n*, **Kammgarn...** worsted.
Kampagne *f* campaign.
Kampf *m* **1.** *a. fig.* fight, battle, *schwerer*: struggle (*alle*: ***gegen*** against, ***um*** for), (*Streit*) conflict, controversy: ***den ~ ansagen*** a) ***j-m*** challenge s.o., b) declare war (*dat* on); ***~ dem Hunger!*** war on hunger!; ***sich zum ~ stellen*** give battle; ***innere Kämpfe*** inner conflicts; → ***Dasein.*** **2.** *mil.* combat, fight. **3.** (*Wettkampf*) contest, (*Boxkampf*) fight, (*a. Ringkampf*) bout, match. **~abstimmung** *f e-r Gewerkschaft*: strike ballot. **~ansage** *f* challenge (***an*** *acc* to).
kampfbereit *adj fig.* ready for battle (*Sport*: to fight).
kämpfen I *v/i* (***für, um*** for) *a. fig.* fight, battle, struggle: ***mit j-m ~*** *Sport*: fight (with) s.o.; ***mit Schwierigkeiten zu ~ haben*** have (to struggle against) difficulties; ***ich habe lange mit mir gekämpft*** I had a long battle with myself; ***sie kämpfte mit den Tränen*** she was fighting back her tears. **II** *v/t* fight. **III** *v/reflex* ***sich ~*** struggle (*od.* fight one's way) (***durch*** through, ***nach oben*** *a. fig.* up). **kämpfend** *adj* fighting: ***~e Truppen*** combatant troops.
Kampfer *m* ⚗ camphor.
Kämpfer(in) fighter (*a. Sport u. fig.*), *mil. a.* combatant. **kämpferisch** *adj* fighting, *fig. a.* aggressive.

K

kampferprobt *adj mil.* veteran, seasoned.
kampffähig *adj mil.* fit for action, *a. Sport*: fighting fit.
Kampf|flugzeug *n* tactical (*od.* combat) aircraft. **~geist** *m* fighting spirit: **~ *zeigen*** show fight. **~gericht** *n Sport*: *the* judges *pl.* **~hahn** *m a. fig.* fighting cock. **~handlung** *f* fighting, action. **~hubschrauber** *m* (helicopter) gunship.
kampflos *adj u. adv* without a fight: **~ *gewinnen*** *Sport*: win by default.
kampflustig *adj* belligerent.
Kampf|maßnahme *f mst pl bei Tarifkonflikt*: militant action. **~platz** *m* battlefield, *Sport u. fig.* arena. **~richter(in)** judge, *Tennis etc*: umpire. **~schwimmer(in)** *mil.* frogman. **~sport** *m* combative sport, (*Karate etc*) martial arts *pl.* **~stoff** *m mil.* agent, chemical *etc* weapon. **~truppe** *f mil.* combat troops *pl.*
kampfunfähig *adj* disabled: ***j-n* ~ *machen*** disable s.o., put s.o. out of action.
Kampfverband *m mil.* combat unit.
kampieren *v/i* camp.
Kanada *n* Canada.
Kanadier[1] *m* (*Boot*) Canadian (canoe).
Kanadier[2] *m*, **Kanadierin** *f*, **kanadisch** *adj* Canadian.
Kanal *m* **1.** channel, *künstlicher*: canal, duct, (*Rinne*) conduit: *fig.* ***dunkle Kanäle*** secret channels; F ***den ~ voll haben*** a) be sloshed, b) be fed up to here. **2.** *anat.* duct. **3.** *Radio, TV*: channel.
Kanalinseln *pl the* Channel Islands *pl.*
Kanalisation *f* **1.** *von Flüssen*: canalization. **2.** *im Haus*: drains *pl*, *e-r Stadt*: sewage system. **kanalisieren** *v/t* **1.** (*Fluss*) canalize. **2.** (*Stadt etc*) provide with sewers. **3.** *fig.* channel.
Kanal|küste *f the* Channel coast. **~tunnel** *m* Channel Tunnel, Chunnel.
Kanarienvogel *m* canary.
kanarisch *adj* ***die Kanarischen Inseln*** the Canaries *pl*, the Canary Islands *pl.*
Kandare *f* curb (bit): *fig.* ***j-n an die ~ nehmen*** take s.o. in hand.
Kandelaber *m* candelabrum.
Kandidat(in) *a. fig.* candidate, *für e-n Job*: appointee, interviewee.
Kandidatenliste *f* list of candidates, *pol. Am. a.* ticket.
Kandidatur *f* candidacy.
kandidieren *v/i* (**für** for) be a candidate, stand, run: ***für das Amt des Präsidenten ~*** run for president.
kandiert *adj Früchte*: candied.
Kandis(zucker) *m* (sugar) candy.
Känguru(h) *n zo.* kangaroo.
Kaninchen *n zo.* rabbit. **~bau** *m* (rabbit) burrow. **~stall** *m* rabbit hutch.
Kanister *m* can(ister).
Kännchen *n* jug: ***ein ~ Kaffee*** *gastr.* a pot of coffee.
Kanne *f* can, (*für Tee, Kaffee*) pot.
Kannibale *m*, **Kannibalin** *f*, **kannibalisch** *adj* cannibal.
Kanon *m allg.* canon.
Kanone *f* **1.** *mil.* cannon, gun (*a.* F *Waffe*): *fig.* ***unter aller ~*** just lousy. **2.** F (*Könner*) wizard, *bsd. Sport*: ace.
Kanonenboot *n* gunboat.
Kanonenfutter *n fig.* cannon fodder.
kanonisch *adj eccl.* canonical: ***~es Recht*** canon law.
Kantate *f* ♪ cantata.
Kante *f allg.* edge, (*Rand*) *a.* border, *e-s Abgrunds*: brink, (*Webekante*) selvage: F *fig.* ***et. auf die hohe ~ legen*** save some money; ***et. auf der hohen ~ haben*** have saved some money.
kanten *v/t* **1.** cant, tilt, (*Ski*) carve. **2.** *tech.* (*ab~*) edge.
Kanten *m* (*Brot*) crust.
Kantholz *n* squared timber.
kantig *adj* squared, *a. fig. Gesicht etc*: angular.
Kantine *f* canteen.
Kantinen|essen *n* canteen meal(s *pl*). **~fraß** *m* F canteen slop.
Kanton *m* canton.
Kanu *n* (*a.* ***~ fahren***) canoe (*a. Sport*).
Kanüle *f* ⚕ cannula, (drain) tube.
Kanute *m*, **Kanutin** *f Sport*: canoeist.
Kanzel *f* **1.** (***auf der ~*** in the) pulpit. **2.** ✈ cockpit. **3.** *mil.* turret.
Kanzlei *f* office.
Kanzler(in) **1.** *pol.* chancellor. **2.** *univ.* vice-chancellor. **Kanzleramt** *n* chancellor's office. **Kanzlerkandidat(in)** candidate for the chancellorship.
Kap *n geogr.* cape.
Kapazität *f* **1.** capacity (*a. fig.*), ⚡ capacitance. **2.** *fig.* (leading) authority (***auf dem Gebiet*** *gen* on the subject of).
Kapazitäts|abbau *m* capacity cut(s *pl*). **~auslastung** *f* capacity utilization. **~erweiterung** *f* increase in capacity.
Kapelle *f* **1.** *eccl.* chapel. **2.** ♪ band.
Kapellmeister(in) director of music, (*Dirigent*) conductor, *e-s Tanzorchesters*: bandmaster (*a. mil.*), bandleader.
Kaper *f* ⚘ caper.
kapern *v/t* ⚓ capture, seize, F *fig.* nab.
kapieren F **I** *v/t* get: ***das kapiere ich nicht!*** I don't get it! **II** *v/i* get it: ***kapiert?*** (have you) got it?; ***sie hat schnell kapiert*** she caught on quickly.

Kapillargefäß *n anat.* capillary (vessel).
kapital *adj Fehler, Irrtum etc*: capital.
Kapital *n* capital, *fig. a.* asset, (*Grundkapital*) capital stock: ~ ***und Zinsen*** principal and interest; *fig.* ~ ***schlagen aus*** capitalize on; ~ ***erhöhen*** reinforce capital.
Kapital|abfluss *m*, **~abwanderung** *f* capital outflow. **~anlage** *f* investment. **~anlagegesellschaft** *f* investment trust. **~anleger(in)** investor. **~aufstockung** *f* capital increase. **~aufwand** *m* capital expenditure. **~bedarf** *m* capital requirements *pl.* **~beschaffung** *f* raising of funds. **~besitz** *m* capital holdings *pl.* **~beteiligung** *f* stake: ***er hat e-e*** ~ ***von 20%*** he has a 20% stake (***an*** *dat* in). **~bildung** *f* accumulation of capital. **~einkommen** *n* investment income. **~einlage** *f* capital contribution. **~erhöhung** *f* increase of capital. **~ertrag** *m* capital yield. **~ertragssteuer** *f* capital yields tax. **~flucht** *f* flight of capital. **~geber(in)** financier. **~gesellschaft** *f* joint-stock company, corporation. **~gewinn** *m* capital gains *pl.* **~güter** *pl* capital goods *pl.*
kapitalintensiv *adj* capital-intensive
kapitalisieren *v/t* capitalize.
Kapitalismus *m* capitalism.
Kapitalist(in) capitalist.
kapitalistisch *adj* capitalist(ic).
kapitalkräftig *adj* (financially) powerful, potent, well-funded.
Kapital|markt *m* capital market. **~mehrheit** *f* majority shareholding, controlling interest. **~verbrechen** *n* capital crime. **~verkehr** *m* movements *pl* of capital. **~wert** *m* capital value. **~zufluss** *m* influx of capital. **~zins** *m* interest on capital.
Kapitän(in) *allg.* captain.
Kapitänleutnant *m* second lieutenant.
Kapitänspatent *n* master's certificate.
Kapitel *n* chapter (*a. eccl.*): *fig.* ***das ist ein*** ~ ***für sich*** that's another story.
Kapitell *n* ⚠ capital.
Kapitulation *f a. fig.* capitulation, surrender. **kapitulieren** *v/i* (***vor*** *dat* to) capitulate, surrender, *fig. a.* give in.
Kaposisarkom *n* ⚕ Kaposi's sarcoma.
Kappe *f* **1.** cap: F *fig.* ***ich nehme es auf m-e*** ~ I'll take the responsibility for it. **2.** *tech.* top, cap. **3.** *des Schuhs*: (toe) cap.
kappen *v/t* **1.** (*Tau etc*) cut. **2.** ✂ (*beschneiden*) lop, top.
Käppi *n* cap, *mil. a.* kepi.
Kapriole *f* capriole (*a. Reiten*), caper.
kaprizieren *v/reflex* ***sich*** ~ ***auf*** (*acc*) set one's heart on, insist on.
kapriziös *adj* capricious.
Kapsel *f* **1.** (*Behälter*) case, container. **2.** *anat.*, ✿, *pharm.*, *Raumfahrt*: capsule.
Kapselriss *m* ⚕ laceration of the capsule.
kaputt *adj* F ~ ***sein*** a) *Sache*: be broken, be bust, be torn, *Maschine etc*: be out of order, ⚕ *Organ*: be ruined, be bad, *Nerven*: be shattered, *fig. Ehe etc*: be on the rocks, b) *Person*: (*ruiniert*) be ruined, be finished, (*erschöpft*) be worn out, be all in; ***~er Typ*** complete wreck; ***mein Auto ist*** ~ my car has broken down (*endgültig*: has had it). **~fahren** *v/t* F smash up, wreck. **~gehen** *v/i* F **1.** *Sache*: break, tear, *Auto etc*: break down, *sl.* conk out, *fig. Ehe etc*: break up, go on the rocks. **2.** *Person*: a) *finanziell*: go bust, b) *nervlich*: crack (up), go to pieces. **~lachen** *v/reflex* ***sich*** ~ F kill o.s. laughing. **~machen** F **I** *v/t* **1.** break, smash, *fig.* ruin, bust. **2.** *fig.* ***j-n*** ~ a) *beruflich*: ruin s.o., b) *nervlich*: get s.o. down, make s.o. crack up, c) *körperlich*: kill s.o. **II** *v/reflex* ***sich*** ~ **3.** wear o.s. out, kill o.s. (***mit*** over, doing *s.th.*). **~schlagen** *v/t* F smash.
Kapuze *f* hood, *e-r Kutte*: cowl.
Karabiner *m* **1.** *mil.* carbine. **2.** → **Karabinerhaken** *m* spring hook.
Karaffe *f* carafe, *für Wein*: *a.* decanter.
Karambolage *f* **1.** *Billard*: cannon, *Am.* carom. **2.** F (*Zs.-stoß*) crash, collision.
Karamell *n gastr.* caramel.
Karaoke *n* karaoke.
Karat *n* carat.
Karate *n* karate. **~kämpfer(in)** karateka. **~schlag** *m* karate chop.
...karätig ...-carat.
Karawane *f* caravan. **Karawanenstraße** *f* caravan track (*od.* route).
Kardan|gelenk *n tech.* cardan (*od.* universal) joint. **~welle** *f tech.* cardan shaft.
Kardinal *m eccl.* cardinal. **~fehler** *m* cardinal fault. **~frage** *f* cardinal question. **~zahl** *f* cardinal (number).
Kardiologe *m*, **Kardiologin** *f* ⚕ cardiologist.
Karenz|tag *m* unpaid day of sick leave. **~zeit** *f Versicherung*: waiting period, *econ.* period of restriction.
Karfiol *m österr.* cauliflower.
Karfreitag *m eccl.* Good Friday.
karg I *adj* **1.** (*dürftig*) meagre, *Am.* meager, scanty, poor, *Leben, Essen*: frugal, *Boden etc*: barren. **2.** (*schmucklos*) austere. **3.** (*sparsam*) sparing. **II** *adv* ~ ***bemessen sein*** *Portion etc*: be (very) meagre, *fig. Freizeit etc*: be (very) limited. **Kargheit** *f* meagreness, *Am.* meagerness, poorness.
kärglich *adj* → ***karg*** 1.
Karibik *f the* Caribbean.
kariert *adj* chequered, *Am.* checkered.
Karies *f* ⚕ tooth decay, caries.
Karikatur *f* caricature (*a. fig.*), (*Witzzeich-*

K

nung) *mst* cartoon. **Karikaturist(in)** caricaturist, cartoonist.
karikieren *v/t* caricature, cartoon.
kariös *adj* ⚕ decayed.
karitativ *adj* charitable: ***für ~e Zwecke*** for charity.
Karneval *m* carnival.
Karnevals... → ***Faschings...***
Kärnten *n* Carinthia.
Karo *n* **1.** check, square. **2.** *Kartenspiel*: diamonds *pl*. **~ass** *n* ace of diamonds.
Karosserie *f mot*. (car) body.
Karotte *f* ✿ carrot.
Karpfen *m zo*. carp.
Karre *f* **1.** F *fig*. (***alte***) ~ (*Auto*) bus, crate, jalopy. **2.** → **Karren** *m* cart, (*Schubkarre*) (wheel)barrow: F *fig*. ***j-m an den ~ fahren*** step on s.o.'s toes; ***den ~ in den Dreck fahren*** mess things up; ***den ~ wieder aus dem Dreck ziehen*** clear up the mess; ***j-n vor s-n ~ spannen*** rope s.o. in.
Karriere *f* career: ***~ machen*** make a career for o.s., *weitS*. get to the top.
karrierebewusst *adj* career-minded.
Karriere|frau *f* career woman. **~knick** *m* setback to one's career. **~leiter** *f* promotion ladder: ***die ~ erklimmen*** climb the promotion ladder; ***Ende der ~*** career ceiling. **~macher(in)** *contp*. careerist.
Karst *m geol*. karst.
Karte *f allg*. card (*a. in PC*), (*Landkarte*) map, (*Seekarte*) chart, (*Eintritts-, Fahrkarte etc*) ticket, (*Speisekarte*) menu, (*Weinkarte*) wine list: ***nach der ~ speisen*** dine à la carte; ***die gelbe*** (***rote***) ~ *Fußball*: the yellow (red) card; ***~n spielen*** play cards; ***gute ~n haben*** have a good hand; ***s-e ~n auf den Tisch legen*** *a. fig*. show one's hand, put one's cards on the table; *fig*. ***alles auf eine ~ setzen*** put all one's eggs in one basket; → ***legen*** 6.
Kartei *f* (***~ führen*** keep a) card index (***über*** *acc* on). **~karte** *f* file (*od*. index) card. **~kasten** *m* card-index box. **~schrank** *m* card-index cabinet.
Kartell *n* cartel, *econ. a*. combine, trust. **~absprache** *f* cartel agreement. **~amt** *n* Monopolies and Mergers Commission, *Am*. Federal Trade Commission. **~gesetz** *n* antitrust law. **~gesetzgebung** *f* antitrust legislation. **~recht** *n* antitrust law.
kartellrechtlich *adj* antitrust ...
Karten|haus *n* **1.** ⚓ chartroom. **2.** *fig*. house of cards. **~kunststück** *n* card trick. **~legen** *n* reading the cards. **~leger(in)** fortune-teller. **~leser** *m Computer*: card reader. **~spiel** *n* **1.** a) card playing, b) *einzelnes*: card game. **2.** (*Karten*) pack (*Am. a*. deck) of cards. **~ständer** *m* map stand. **~telefon** *n* cardphone. **~verkauf** *m* sale of tickets. **~vorverkauf** *m* advance booking.
Kartoffel *f* potato. **~brei** *m* mashed potatoes *pl*. **~chips** *pl* potato crisps (*Am*. chips) *pl*. **~käfer** *m* potato beetle (*bsd. Am*. bug). **~puffer** *m* potato fritter. **~püree** *n* mashed potatoes *pl*. **~salat** *m* potato salad. **~schalen** *pl* potato peelings *pl*. **~schäler** *m tech*. potato peeler. **~stock** *m schweiz*. mashed potatoes *pl*. **~suppe** *f* potato soup.
Kartograph(in) cartographer, mapmaker. **Kartographie** *f* cartography.
Karton *m* **1.** (*~papier*) cardboard. **2.** (*Schachtel*) cardboard box, carton. **Kartonagen** *pl* cardboard packaging materials *pl*. **kartoniert** *adj print*. paperback(ed).
Karussell *n* (***~ fahren*** have a ride on the) merry-go-round.
Karwoche *f eccl*. Holy Week.
karzinogen *adj* ⚕ carcinogenic.
Karzinom *n* ⚕ carcinoma, cancer.
kaschieren *v/t fig*. conceal, cover up.
Kaschmir *m* cashmere.
Käse *m* **1.** cheese. **2.** F *fig*. (*Unsinn*) rubbish, (*dumme Sache*) stupid business. **~auflauf** *m* cheese soufflé. **~blatt** *n* F rag. **~gebäck** *n* cheese biscuits *pl*. **~glocke** *f* cheese cover. **~kuchen** *m* cheesecake. **~platte** *f gastr*. cheese platter. **~rinde** *f* cheese rind.
Kaserne *f mil*. barracks *pl* (*a. sg konstr*.).
Käsestange *f* (*Gebäck*) cheese straw.
käsig *adj* **1.** caseous, cheesy. **2.** F *fig*. (*blass*) pasty.
Kasino *n* **1.** (*Spielkasino*) club, casino. **2.** (*Speiseraum*) a) *mil*. (officers') mess, b) *e-s Betriebs etc*: cafeteria, canteen.
Kaskoversicherung *f mot*. comprehensive insurance.
Kasper *m* **1.** Punch. **2.** *fig*. clown.
Kasperletheater *n* Punch and Judy (show).
Kassa *f österr*. cashdesk, (*im Supermarkt*) checkout.
Kassa|geschäft *n econ*. cash transaction, *Börse*: spot transaction. **~preis** *m* spot price. **~rabatt** *m* cash discount.
Kasse *f* **1.** cashbox, (*in Geschäft*) till, (*Registrierkasse*) cash register: F ***e-n Griff in die ~ tun*** dip into (*od*. rob) the till; ***der Film hat volle ~n gebracht*** the film was a box-office success. **2.** *im Warenhaus, in der Bank etc*: cash desk, *im Supermarkt etc*: checkout (counter), *im Kino etc*: ticket window, *thea. etc a*. box office: ***zahlen Sie bitte an der ~!*** pay at the desk, please!; *fig*. ***j-n zur ~ bitten*** make s.o. pay up. **3.** (*Bargeld*) cash, *econ*. (*Barzahlung*) cash (payment): ***gegen ~*** for cash; ***netto ~*** net cash; ***~ bei Lieferung*** cash on delivery (COD); ***~ machen*** a) cash up, b) F count one's cash, c) F *fig*. cash in

heavily, make a packet; F ***gut bei ~ sein*** be flush; ***knapp bei ~ sein*** be (a bit) hard up; ***gemeinsame ~ machen*** split the expenses; ***getrennte ~ machen*** go Dutch. **4.** F (*Krankenkasse*) (***er ist in k-r ~*** he has no) health insurance. **5.** F (*Sparkasse*) (savings) bank.

Kassen|abrechnung *f* **1.** balancing of the cash (accounts). **2.** cash balance. **~abschluss** *m* balancing of the (cash) accounts. **~anweisung** *f* cash order, order for payment. **~arzt** *m*, **~ärztin** *f* health-plan doctor. **~beleg** *m* cash voucher. **~bericht** *m* cash report (*od.* statement). **~bestand** *m* cash balance. **~bon** *m* sales check (*Am.* slip). **~buch** *n* cashbook. **~eingänge** *pl* cash receipts *pl.* **~erfolg** *m thea. etc* box-office hit. **~magnet** *m fig.* crowd-puller. **~patient(in)** health-plan patient. **~prüfung** *f* cash audit: ***e-e ~ vornehmen*** audit the cash. **~schlager** *m* F **1.** → ***Kassenerfolg.*** **2.** money-spinner. **~sturz** *m* F ***~ machen*** count one's cash. **~wart(in)** treasurer. **~zettel** *m* sales check (*Am.* slip) . **~zwang** *m* compulsory medical insurance.

Kasserolle *f* casserole.

Kassette *f* **1.** box, *für Schmuck*: casket, *für Geld*: cashbox. **2.** *für Bücher*: slipcase. **3.** *für Schallplatten*: box set. **4.** (*Video-, Tonbandkassette etc*) cassette. **5.** (*Film-, Magnetbandkassette*) cartridge. **6.** ⚠ coffer.

Kassetten|deck *n* cassette deck. **~rekorder** *m* cassette recorder.

kassieren I *v/t* **1.** (*Miete, Beiträge etc*) collect. **2.** F a) (*Honorar etc*) collect, take, b) (*beschlagnahmen*) take (away), seize, c) (*verhaften*) nab, catch, d) (*einstecken müssen*) take, suffer, (*Schlag, Niederlage etc*) take, get. **3.** ⚖ (*Urteil*) quash. **II** *v/i* **4.** collect (the money): ***darf ich bei Ihnen ~?*** *Kellner*: would you mind paying now?; F *fig.* ***kräftig ~*** cash in (heavily) (***bei*** on).

Kassierer(in) cashier, (*in Bank*) *a.* teller.

Kastagnette *f* ♪ castanet.

Kastanie *f* ⚘ chestnut: *fig.* ***für j-n die ~n aus dem Feuer holen*** pull the chestnuts out of the fire for s.o.

Kastanienbaum *m* chestnut (tree).

kastanienbraun *adj* chestnut.

Kästchen *n* **1.** small box (*od.* case), casket. **2.** *bei kariertem Papier*: square. **3.** *in Zeitungen etc*: box.

Kaste *f* caste.

kasteien *v/reflex* ***sich ~*** **1.** *eccl.* mortify the flesh. **2.** *fig.* deny o.s.

Kasten *m* **1.** box (*a.* F *Briefkasten*), case, (*Truhe*) chest, *für Getränke*: crate: F *fig.* ***er hat was auf dem ~*** he's brainy, he's on the ball. **2.** F *fig.* (*Haus, Fernseher, Fußballtor*) box, (*Auto, Flugzeug*) bus, crate, (*Schiff*) tub. **3.** → ***Kästchen*** 3. **4.** *österr., schweiz.* cupboard.

Kastrat *m* eunuch. **Kastration** *f* castration.

kastrieren *v/t* castrate.

Kasus *m ling.* case.

Kat *m* → ***Katalysator*** 2.

Katakomben *pl* catacombs *pl.*

Katalog *m*, **katalogisieren** *v/t* catalog(ue *Br.*).

Katalog|nummer *f* catalog(ue) number. **~preis** *m* list price.

Katalysator *m* **1.** 🜔 *u. fig.* catalyst. **2.** *mot.* catalytic converter. **~auto** *n* catalyst car, F cat car.

Katapult *n*, **katapultieren** *v/t* catapult.

Katapultstart *m* ✈ catapult takeoff.

Katarr(h) *m* ⚕ (common) cold, catarrh.

Kataster *m*, *n* land register.

katastrophal *adj* catastrophic(ally *adv*), *a.* F *fig.* disastrous. **Katastrophe** *f a.* F *fig.* catastrophe, disaster.

Katastrophen|alarm *m* red alert. **~einsatz** *m* (***im ~*** on) duty in a disaster area. **~fall** *m* (***im ~*** in an) emergency. **~film** *m* disaster film. **~gebiet** *n* disaster area. **~hilfe** *f* disaster relief. **~schutz** *m* disaster control (*od.* prevention).

Katechismus *m eccl.* catechism.

Kategorie *f* category. **kategorisch** *adj* categorical: *adv* ***~ ablehnen*** *a.* refuse flatly.

kategorisieren *v/t* categorize.

Kater *m* **1.** *zo.* tom(cat). **2.** F *fig.* (***e-n ~ haben*** have a) hangover.

Katheder *n* (teacher's *od.* lecturer's) desk.

Kathedrale *f* cathedral.

Katheter *m* ⚕ catheter.

Kat(h)ode *f* cathode. **Kat(h)odenstrahlröhre** *f* cathode-ray tube.

Katholik(in), katholisch *adj* (Roman) Catholic.

Katholizismus *m* Catholicism.

Kätzchen *n* **1.** *zo.* kitten. **2.** ⚘ catkin.

Katze *f zo.* cat: F *fig.* ***das ist für die Katz*** that's all for nothing; ***Katz und Maus spielen mit*** play cat and mouse with; ***die ~ im Sack kaufen*** buy a pig in a poke; ***die ~ aus dem Sack lassen*** let the cat out of the bag; ***wie die ~ um den heißen Brei gehen*** beat about the bush.

Katzenauge *n* **1.** cat's eye (*a. min. u. tech.*). **2.** F (*Rückstrahler*) rear reflector.

katzenhaft *adj* catlike, feline.

Katzen|hai *m* cat shark. **~jammer** *m* F hangover: (***moralischen***) ***~ haben*** *a.* be down in the dumps, have the blues. **~klo** *n* cat tray. **~sprung** *m fig.* ***ein ~ von hier*** a stone's throw from here. **~streu** *f* cat litter. **~wäsche** *f* F *fig.* (***~ machen*** have a) cat's lick.

Kauderwelsch *n* double Dutch.
kauen *v/t u. v/i* chew: ***an den Nägeln ~*** bite one's nails.
kauern *v/i u. v/reflex* ***sich ~*** crouch (*od.* squat) (down).
Kauf *m* **1.** (*Kaufen*) buying, purchase: ***zum ~*** for sale; ***beim ~*** when buying; *fig.* ***et. in ~ nehmen*** put up with s.th. **2.** (*das Gekaufte*) purchase, F buy: ***ein guter ~*** a good bargain (*od.* buy). **3.** *econ.* ***~ auf Kredit*** credit sale; ***~ auf Probe*** sale on approval; ***~ unter Inzahlungnahme*** part exchange.
Kaufanreiz *m* incentive to buy.
kaufen *v/t u. v/i* buy (*a. fig. bestechen*), purchase: ***~ bei*** go to, buy at; ***er hat sich ein Auto gekauft*** he has bought (himself) a car; F ***dafür kann ich mir nichts ~!*** that's no use to me!; ***den kaufe ich mir!*** I'll tell him what's what!
Kaufentscheidung *f* purchase decision.
Käufer(in) buyer, purchaser.
Käufermarkt *m econ.* buyer's market.
Käuferschicht *f* group of buyers.
Kauffrau *f* businesswoman.
Kaufhalle *f* small department store.
Kaufhaus *n* department store. **~detektiv** *m* store detective. **~kette** *f* (department) stores group. **~interesse** *n* (buyer) demand. **~interessent(in)** prospective buyer.
Kaufkraft *f* purchasing (*der Kunden*: spending) power. **~schwund** *m* dwindling purchasing power.
kaufkräftig *adj Kunde*: well-to-do, *Währung*: hard.
käuflich *adj* **1.** purchasable: (***nicht***) ***~ sein*** (not to) be for sale; ***~e Liebe*** prostitution; *adv* ***et. ~ erwerben*** purchase s.th. **2.** *fig.* venal, corrupt.
Käuflichkeit *f fig.* venality, corruptness.
Kauflustige *m, f* prospective buyer, *weitS.* shopper.
Kaufmann *m* (*pl* ***Kaufleute***) **1.** *allg.* businessman, (*Händler*) merchant, trader, dealer. **2.** (*Einzelhandelskaufmann*) shopkeeper, *Am. a.* storekeeper, *engS.* grocer.
kaufmännisch *adj* commercial, business: ***~e(r) Angestellte(r)*** (commercial) clerk.
Kauf|option *f* buyer's option, *Börse*: call option. **~preis** *m* (purchase) price. **~rausch** *m* F (***sie ist im ~*** she's having a big) splurge. **~summe** *f* (purchase) price. **~unlust** *f* reluctance to buy. **~verhalten** *n* buying pattern. **~vertrag** *m* contract of sale. **~wert** *m* purchase value. **~zwang** *m* (***kein ~*** no) obligation (to buy).
Kaugummi *m* chewing gum.
Kaulquappe *f zo.* tadpole.
kaum *adv* hardly, scarcely, (*nur gerade*) barely, only just: ***~ zu glauben*** hard to believe; ***~ möglich*** hardly possible; ***wohl ~(!)*** hardly(!); ***ich glaube ~, dass*** I hardly think that; ***~ war sie gegangen, als ...*** no sooner had she gone than ...
Kaumuskel *m anat.* masticatory muscle.
Kausalität *f* causality.
Kausal|kette *f* chain of cause and effect. **~satz** *m* causal clause. **~zusammenhang** *m* causal connection.
Kaution *f econ.* security, ⚖ (*Haftkaution*) bail: ***~ stellen*** *econ.* furnish security, ⚖ stand bail; ***gegen ~*** ⚖ on bail.
Kautschuk *m* caoutchouc, India rubber.
Kauwerkzeuge *pl biol.* masticatory organs *pl.*
Kauz *m* **1.** *zo.* screech-owl. **2.** F (***komischer***) ~ odd (*od.* queer) fellow, *bsd. Am.* oddball. **kauzig** *adj* F queer, odd.
Kavalier *m* gentleman.
Kavaliersdelikt *n* peccadillo.
Kavallerie *f* cavalry.
Kavallerist *m* cavalryman, trooper.
Kaviar *m* caviar(e).
Kaviarbrot *n* French bread.
KB, Kbyte *n* ***Kilobyte*** KB.
kcal ***Kilo***(***gramm***)***kalorie***(***n***) kilocalorie(s *pl*), kilogram(me) calorie(s *pl*) (kcal, Cal.).
keck *adj* pert (*a. fig. flott*), cheeky, saucy.
Keckheit *f* pertness, sauciness.
Kegel *m* **1.** 𝔄, *tech.* cone. **2.** ninepin, skittle(pin): → ***Kind.*** **Kegelbahn** *f* skittle (*bsd. Am.* bowling) alley.
kegelförmig *adj* conical, cone-shaped.
Kegelklub *m* skittles club.
Kegelkugel *f* skittle (*od.* bowling) ball.
kegeln *v/i* play (at) skittles (*od.* ninepins): ***~ gehen*** go bowling.
Kegelsport *m* skittles *sg.*
Kegelstumpf *m* 𝔄 truncated cone.
Kegler(in) skittles player, bowler.
Kehle *f* **1.** *anat.* throat: ***j-m die ~ durchschneiden*** cut s.o.'s throat; *fig.* ***et. in die falsche ~ bekommen*** take s.th. the wrong way; ***das Wort blieb mir in der ~ stecken*** the word stuck in my throat. **2.** *tech.* flute.
Kehlkopf *m anat.* larynx. **~entzündung** *f* ⚕ laryngitis. **~krebs** *m* ⚕ cancer of the larynx, F throat cancer.
Kehllaut *m* guttural (sound).
Kehraus *m* last dance.
Kehre *f* **1.** (*Kurve*) (sharp) bend. **2.** *Skisport, Eislauf*: turn, *gym.* rear vault.
kehren[1] I *v/t* **1.** ***et. nach oben*** (***unten, außen*** *etc*) ***~*** turn s.th. upwards (down, outside, *etc*); ***den Rücken ~*** *a. fig.* turn one's back (*dat* on); ***in sich gekehrt*** withdrawn, *psych.* introvert(ed); → ***oberst.*** II *v/reflex* ***sich ~*** **2.** → ***wenden*** 4. **3.** ***sich nicht ~ an*** (*dat*) ignore. III *v/i* **4.** ***kehrt!*** *mil.* about turn!

kehren² *v/t u. v/i* (*fegen*) sweep.

Kehricht *m* sweepings *pl*, (*Müll*) rubbish, *Am.* garbage.

Kehrmaschine *f* road sweeper.

Kehrreim *m* burden, refrain.

Kehrschaufel *f* dust pan.

Kehrseite *f* **1.** reverse. **2.** *humor.* back. **3.** *fig.* other side, (*Nachteil*) drawback.

kehrtmachen *v/i* **1.** turn round, *mil.* face about. **2.** (*zurückgehen*) turn back.

Kehrtwendung *f a. fig.* about-face.

Kehrwert *m* A reciprocal.

keifen *v/i* nag, bicker.

Keil *m* **1.** *a. fig.* wedge. **2.** (*Zwickel*) gore, gusset. **Keilabsatz** *m* wedge heel.

keilen F **I** *v/t* ***j-n ~*** rope s.o. in (***für*** for). **II** *v/reflex* ***sich ~*** fight.

Keiler *m zo.* wild boar.

Keilerei *f* F → ***Prügelei.***

keilförmig *adj* wedge-shaped.

Keilriemen *m tech.* V-belt.

Keilschrift *f* cuneiform (script).

Keim *m* **1.** *biol.* germ, embryo (*beide a. fig.*), ⚘ *a.* bud, *fig. a.* seed(s *pl*): *fig.* ***im ~*** in embryo; ***et. im ~ ersticken*** nip s.th. in the bud. **2.** ⚕ germ, bacillus. **~blatt** *n* **1.** ⚘ cotyledon. **2.** *biol.* germ layer. **~drüse** *f physiol.* gonad.

keimen *v/i* **1.** *biol.* germinate, ⚘ *a.* sprout. **2.** *fig.* be aroused, grow, *Hoffnung etc*: stir.

keimfrei *adj* sterile: ***~ machen*** sterilize.

Keimling *m biol.* embryo, ⚘ *a.* sprout.

keimtötend *adj* germicidal, antiseptic: ***~es Mittel*** germicide.

Keimträger(in) ⚕ (germ) carrier.

Keimzelle *f* **1.** germ cell. **2.** *fig.* nucleus.

kein *indef pron* no, not any, not a: ***ich habe ~ Geld*** I have no money, I haven't (got) any money; ***du bist ~ Kind mehr*** you are not a child any more; ***~ Wort mehr!*** not another word!; ***~ anderer als X*** none other than X; ***es kostet ~e 100 Mark*** it costs less than 100 marks.

keine, keiner, keines (*od.* **keins**) *indef pron* **1.** *von Personen*: no one, nobody, not one, none: ***~(r) von ihnen*** none (*od.* not one, *von zweien*: neither) of them; ***~(r) von uns beiden*** neither of us, *mehrere*: none of us. **2.** *von Sachen*: not any, none, not one: ***ich will keins von beiden*** I want neither (of the two).

keinerlei *adj* no ... what(so)ever, no ... at all: ***sie kennt ~ Rücksicht*** she knows no consideration at all.

keinesfalls *adv* on no account, under no circumstances.

keineswegs *adv* by no means, not at all, not in the least.

keinmal *adv* not once, never.

Keks *m* biscuit, *Am.* cookie: F ***j-m auf den ~ gehen*** get on s.o.'s wick.

Kelch *m* **1.** goblet, *eccl.* chalice, cup (*a. fig.*): ***der ~ ist an mir vorübergegangen*** I have been spared the bitter cup. **2.** ⚘ calyx, cup. **~blatt** *n* ⚘ sepal. **~hülle** *f* ⚘ calycle.

Kelle *f* **1.** (*Suppenkelle*) ladle. **2.** (*Maurerkelle*) trowel. **3.** 🚆 *etc* signal(l)ing disk.

Keller *m* cellar.

Kellerassel *f zo.* woodlouse.

Kellerei *f* wine cellars *pl.*

Keller|geschoss *n* basement. **~meister(in)** cellarman. **~wechsel** *m econ.* dummy bill, *a.* kite. **~wohnung** *f* basement (flat).

Kellner *m* waiter. **Kellnerin** *f* waitress.

Kelte *m* Celt.

Kelter *f* (wine)press. **keltern** *v/t* press.

Keltin *f* Celt. **keltisch** *adj* Celtic.

Kenia *n* Kenya.

kennen *v/t allg.* know, (*vertraut sein mit*) *a.* be acquainted (*od.* familiar) with, (*er~*) recognize (***an*** *dat* by): ***wir ~ uns*** we know each other, ***schon*** *a.* we have already met; ***ich kenne sie von der Schule*** we were at school together; ***kennst du mich noch?*** do you remember me?; ***das ~ wir!*** we know all about that!; ***er kennt nichts als s-e Arbeit*** he lives only for his work; ***sie kennt k-e Müdigkeit*** she never gets tired; ***kein Erbarmen ~*** know no mercy; ***~ Sie den*** (*Witz*) (***schon***)***?*** have you heard this one?; ***~ lernen*** become acquainted with, get (*od.* come) to know; ***j-n ~ lernen*** meet s.o.; ***j-n näher ~ lernen*** (get to) know s.o. better; ***wir haben uns in B. ~ gelernt*** we first met in B.

Kenner(in) (*Kunstkenner etc*) connoisseur, (*Fachmann*) (*gen*) expert (at, in, of), authority (on).

Kennerblick *m* (***mit ~*** with an) expert's eye. **Kennermiene** *f* (***e-e ~ aufsetzen*** assume the) air of an expert.

Kennmelodie *f* signature tune.

kenntlich *adj* (***an*** *dat* by) recognizable, distinguishable: ***~ machen*** mark.

Kenntnis *f* knowledge: ***~ haben von*** know (about), be aware of; ***~ nehmen von*** take note of; ***j-n in ~ setzen von*** inform s.o. of; ***gute ~se haben in*** (*dat*) have a good knowledge of, be well grounded in; ***das entzieht sich m-r ~*** I don't know anything about it.

Kenntnisnahme *f* ***zu Ihrer ~*** for your attention; ***mit Bitte um ~!*** please take note!

Kennung *f Computer*: answer-back code.

Kennwort *n* code word, *mil. a.* password (*a. Computer*).

Kennzeichen *n* **1.** (distinguishing) mark, characteristic, (*Anzeichen*) sign, symptom (*a.* ⚕): ***besondere ~*** *pl* distinguishing

K

marks *pl.* **2.** *fig.* hallmark. **3.** (**polizeiliches**) ~ *mot.* registration (*Am.* license) number. **4.** *Computer*: flag. **~leuchte** *f mot.* number-plate (*Am.* license-plate) light. **~schild** *n mot.* number (*Am.* license) plate.
kennzeichnen *v/t* **1.** mark. **2.** *fig.* characterize, (go to) show. **kennzeichnend** *adj* characteristic (**für** of): **~es Merkmal** distinguishing feature.
Kennziffer *f* code number, *econ.* reference number, *e-s Inserats*: box number.
kentern *v/i* (*a.* **zum Kentern bringen**) capsize.
Keramik *f* **1.** ceramics *sg*, pottery. **2.** ceramic (article), piece of pottery. **Keramiker(in)** ceramist.
Kerbe *f*, **kerben** *v/t* notch.
Kerbel *m* ♀ chervil.
Kerbholz *n* F **et. auf dem ~ haben** have done s.th. wrong; **er hat einiges auf dem ~** he has quite a record.
Kerker *m hist.* dungeon.
Kerl *m* F fellow, bloke, chap, *Am.* guy, *contp.* type: **ein anständiger ~** a decent sort; **ein feiner ~** a splendid fellow, *Am.* a great guy; **ein lieber** (*od.* **netter**) **~** a dear; **ein** (**ganzer**) **~** a real man; **ein übler ~** a nasty customer.
Kern *m* **1.** *von Kernobst*: pip, *von Steinobst*: stone, *bsd. Am.* pit, *e-r Nuss*: kernel: *fig.* **sie hat e-n guten ~** she is good at heart. **2.** *fig.* core (*a.* ⚡, *tech.*, *a. e-s Reaktors*), nucleus (*a. phys.*), (*Wesen*) essence: **der ~ der Sache** the heart of the matter; *pol.* **harter ~** hard core. **3.** → **Stadtkern. ~arbeitszeit** *f* core time. **~brennstoff** *m* nuclear fuel. **~energie** *f* nuclear energy. **~explosion** *f* nuclear explosion. **~fach** *n ped.*, *univ.* basic subject. **~familie** *f sociol.* nuclear family. **~forschung** *f* nuclear research. **~frage** *f* crucial question. **~fusion** *f* nuclear fusion. **~gehäuse** *n* ♀ core.
kerngesund *adj* thoroughly healthy, F (as) sound as a bell.
Kernholz *n* heartwood.
kernig *adj fig.* robust, (*markig*) pithy, (*derb*) earthy, F (*toll*) super, terrific.
Kernkraft *f* nuclear power. **~gegner(in)** antinuclear campaigner. **~werk** *n* nuclear power station.
kernlos *adj* ♀ seedless.
Kern|obst *n* pome. **~physik** *f* nuclear physics *pl* (*mst sg konstr.*). **~physiker(in)** nuclear physicist. **~punkt** *m fig.* central point (*od.* issue). **~reaktor** *m* nuclear reactor. **~schmelze** *f* (nuclear core) meltdown. **~seife** *f* curd soap. **~spaltung** *f* nuclear fission. **~speicher** *m Computer*: core memory. **~spruch** *m fig.* pithy saying. **~stück** *n* *fig.* essential part, main item. **~teilchen** *n* nuclear particle. **~waffe** *f* nuclear weapon.
Kernwaffen|potenzial *n* nuclear capability. **~verbot** *n* ban on nuclear weapons. **~versuch** *m* nuclear weapons test.
Kernzeit *f* (*Arbeitszeit*) core time.
Kerosin *n* ⚗ kerosene.
Kerze *f* **1.** candle (*a.* ⚡, *phys.*). **2.** (*Zündkerze*) *mot.* spark(ing) plug.
kerzengerade *adv* bolt upright.
Kerzenhalter *m* candlestick.
Kerzenlicht *n* (**bei ~** by) candlelight.
kess *adj* F pert, saucy.
Kessel *m* **1.** kettle, *großer*: cauldron, *tech.* vat, (*Heizkessel etc*) boiler. **2.** *geol.* basin, hollow. **3.** *mil.* pocket. **~pauke** *f* ♪ kettledrum. **~stein** *m tech.* scale, fur. **~treiben** *n fig.* (**gegen**) hunt (for), *pol.* witch hunt (against).
Ket(s)chup *m*, *n* (tomato) ketchup.
Kette *f* **1.** *allg.* chain (*a.* ⚗, *econ.*, ⚘), (*Halskette*) *a.* necklace: *fig.* **j-n an die ~ legen** put a curb on s.o. **2.** *fig.* chain (*a. Beweis-*, *Befehlskette etc*), (*Reihe*) line, string, (*Folge*) series: **e-e ~ bilden** *zur Absperrung*: form a cordon, *zum Weiterreichen*: form a line (*od.* human chain). **3.** (*Bergkette etc*) chain, range. **4.** *hunt.* (*Rebhühner*) covey. **5.** *e-s Kettenfahrzeugs*: track. **6.** *Weberei* warp.
ketten *v/t a. fig.* chain (**an** *acc* to).
Ketten|arbeitsverträge *pl etwa*: consecutive short-term contracts. **~brief** *m* chain letter. **~fahrzeug** *n* tracked vehicle. **~laden** *m* multiple shop, chain store. **~raucher(in)** chain-smoker. **~reaktion** *f* chain reaction.
Ketzer(in) *a. fig.* heretic. **Ketzerei** *f* heresy. **ketzerisch** *adj* heretical.
keuchen *v/i* pant, puff (*a.* 🚂), *a. v/t* gasp.
Keuchhusten *m* ⚕ whooping cough.
Keule *f* **1.** club. **2. chemische ~** (Chemical) Mace (*TM*). **3.** *gastr.* leg.
keusch *adj* chaste.
Keuschheit *f* chastity.
Keyboard *n* keyboard.
Kffr. ***Kauffrau*** businesswoman.
Kfm. ***Kaufmann*** businessman; trader, dealer; agent.
kfm. ***kaufmännisch*** commercial (comm., com.), business ...
Kfz *n* ***Kraftfahrzeug*** motor vehicle. **~-Steuer** *f* motor-vehicle tax, *Br.* road tax. **~-Versicherung** *f* car insurance.
KG ***Kommanditgesellschaft*** limited partnership.
kg ***Kilogramm*** kilogramme(s *pl*), *Am.* kilogram(s *pl*) (kg).
kgl. ***königlich*** royal.
Khartum *n* Khartoum (*capital of Sudan*).

K

kHz ***Kilohertz*** kilohertz (kHz), kilocycle(s *pl*) (per second).
KI *f* ***künstliche Intelligenz*** artificial intelligence (AI).
Kibbuz *m* kibbutz.
Kichererbsen *pl* chickpeas *pl*.
kichern *v/i* (***über*** *acc* at) giggle, *spöttisch*: snigger.
kicken *v/t u. v/i* kick.
Kiebitz *m* **1.** *zo.* peewit, lapwing. **2.** F *fig.* (*Zuschauer*) kibitzer.
Kiefer[1] *f* ⚘ pine.
Kiefer[2] *m anat.* jaw.
Kieferhöhle *f* maxillary sinus.
Kiefernzapfen *m* ⚘ pine cone.
Kieferorthopäde *m*, **Kieferorthopädin** *f* orthodontist.
Kiel *m* keel. **kieloben** *adv* bottom up. **Kielraum** *m* ⚓ bilge. **Kielwasser** *n* (*fig.* ***in j-s ~ segeln*** sail in s.o.'s) wake.
Kieme *f* gill.
Kies *m* **1.** (*a.* ***mit ~ bestreuen***) gravel. **2.** F *fig.* (*Geld*) lolly, *Am.* bread.
Kiesel *m* flint, pebble. **~erde** *f* ⚗ silica, siliceous earth. **~säure** *f* ⚗ silicic acid.
Kieselstein *m* → ***Kiesel.***
Kies|grube *f* gravel pit. **~strand** *m* shingle (beach). **~weg** *m* gravel path.
Kiez *m* **1.** F district, area. **2.** *sl.* (*Rotlichtviertel*) red-light district.
kiffen *v/i* F smoke pot (*od.* hash).
killen *v/t* F kill. **Killer(in)** F killer.
Kilobyte *n* kilobyte.
Kilo(gramm) *n* kilogram(me *Br.*).
Kilohertz *n* ⚡, *phys.* kilohertz.
Kilojoule *n phys.* kilojoule.
Kilometer *m* kilomet/re (*Am.* -er). **~geld** *n* mileage allowance. **~pauschale** *f* flat mileage allowance. **~stand** *m* mileage (reading). **~stein** *m* milestone.
kilometerweit *adv* for miles (and miles).
Kilometerzähler *m* mileage indicator.
Kilowatt(stunde *f*) *n* kilowatt (hour).
Kimme *f mil.* backsight.
Kind *n* child (*a. fig.*), F kid, (*Kleinkind*) *a.* baby: ***ein ~ erwarten*** (***bekommen***) be expecting (going to have) a baby; ***von ~ auf*** from childhood; F ***mit ~ und Kegel*** (with) bag and baggage; *fig.* ***das ~ mit dem Bade ausschütten*** throw the baby out with the bathwater; ***das ~ beim rechten Namen nennen*** call a spade a spade; (***ein***) ***gebranntes ~ scheut das Feuer*** once bitten, twice shy; → ***Geist*** 2, ***lieb.*** **Kindbettfieber** *n* ⚕ puerperal fever. **Kindchen** *n* little child, baby.
Kinder|arbeit *f* child labo(u)r. **~arzt** *m*, **~ärztin** *f* p(a)ediatrician. **~bett(chen)** *n* cot, *Am.* crib. **~buch** *n* children's book. **~dorf** *n* children's village.
Kinderei *f* childish trick.
Kinder|ermäßigung *f* reduction for children. **~erziehung** *f* bringing up children. **~fahrkarte** *f* child's ticket, half. **~fahrrad** *n* child's bicycle.
kinderfeindlich *adj* hostile to children, anti-children.
Kinderfreibetrag *m* child allowance.
kinderfreundlich *adj* **1.** fond of children. **2.** suitable for children.
Kinder|garten *m* kindergarten, *unter 5 Jahren*: nursery school. **~gärtner(in)** kindergarten teacher. **~geld** *n* children's allowance. **~gesicht** *n fig.* baby face. **~hort** *m* day nursery. **~kanal** *m TV* children's channel. **~kleid** *n* child's dress. **~kleidung** *f* children's wear. **~krankheit** *f* **1.** children's disease. **2.** *fig.* teething troubles *pl.* **~lähmung** *f* ⚕ (***spinale***) ~ polio(myelitis).
kinder|leicht *adj* dead easy. **~lieb** *adj* very fond of children.
Kinderlied *n* children's song, nursery rhyme.
kinderlos *adj* childless.
Kinder|mädchen *n* nanny, nurse(maid). **~pflege** *f* child care.
kinderreich *adj* with many children: ***~e Familie*** large family.
Kinder|schuhe *pl* children's shoes *pl*: *fig.* ***noch in den ~n stecken*** be still in its infancy. **~sendung** *f* children's program(me *Br.*).
kindersicher *adj* childproof.
Kindersicherung *f mot.* childproof lock.
Kinder|sitz *m* child seat. **~spiel** *n fig.* ***das ist ein ~*** (***für ihn***) that's child's play (for him). **~spielplatz** *m* children's playground. **~stube** *f* **1.** nursery. **2.** *fig.* upbringing. **~tagesstätte** *f* day nursery, *Am.* day-care center. **~wagen** *m* pram, *Am.* baby carriage. **~zimmer** *n* children's room, nursery. **~zulage** *f* children's allowance.
Kindes|alter *n* childhood, *frühes*: infancy. **~liebe** *f* filial love. **~misshandlung** *f* child abuse. **~tötung** *f* ⚖ infanticide.
kindgerecht *adj* suitable for children.
Kindheit *f* childhood: ***von ~ an*** from a child.
kindisch *adj* childish: ***~es Wesen*** childishness.
kindlich *adj* **1.** childlike, childish. **2.** *Liebe, Respekt etc*: filial. **Kindlichkeit** *f* childishness.
Kindskopf *m* F *fig.* (big) child, silly.
Kinetik *f* kinetics *pl* (*a. sg konstr.*).
kinetisch *adj* kinetic.
Kinkerlitzchen *pl* F (*Plunder*) gimcrackery *sg*, (*Verzierungen*) frills *pl.*
Kinn *n* chin.

K

Kinnbacken *m*, **Kinnlade** *f* jaw(bone).
Kinnhaken *m Boxen*: hook to the chin.
Kino *n* **1.** cinema, *Am.* motion-picture (F movie) theater. **2.** (*~vorstellung*) cinema, *the* pictures *pl*, *bsd. Am. the* movies *pl*: ***ins ~ gehen*** go to the pictures (*od.* movies). **Kinogänger(in)** cinemagoer, *bsd. Am.* moviegoer.
Kiosk *m* kiosk.
Kipferl *n österr.* croissant.
Kippe¹ *f* F (*Zigarettenkippe*) stub, F fag end, *bsd. Am.* butt.
Kippe² *f* **1.** ⚒ tip, (*a. Müllkippe*) dump. **2.** *gym.* upstart, *Am.* kip. **3.** F *fig.* ***es*** (***er***) ***steht auf der ~*** it is touch and go (with him).
kippen I *v/t* **1.** (*um~*) tilt, tip over, (*aus~*) tip out: F *fig.* ***e-n ~*** have a quick one. **2.** F *fig.* (*Projekt etc*, *Person*, *Regierung*) overturn, *Sport*: (*Spiel*) turn. **II** *v/i* **3.** tip (over), topple (over), (*um~*) overturn, capsize.
Kipp|fenster *n* tilting window. **~lastwagen** *m* tipper, *Am.* dump truck. **~schalter** *m* ⚡ flip switch.
Kirche *f* (***in der ~*** at) church: ***zur ~ gehen*** go to church; F *fig.* ***wir wollen doch die ~ im Dorf lassen!*** let's not exaggerate things!
Kirchen|buch *n* parish register. **~chor** *m* church choir. **~diener(in)** sexton. **~gemeinde** *f* parish. **~geschichte** *f* church history. **~jahr** *n* ecclesiastical year. **~lied** *n* hymn. **~musik** *f* sacred music. **~recht** *n* canon law. **~schiff** *n* ⚠ nave. **~steuer** *f* church tax. **~stuhl** *m* pew. **~tag** *m* Church congress.
Kirch|gang *m* churchgoing. **~gänger(in)** churchgoer. **~hof** *m* churchyard, (*Friedhof*) graveyard.
kirchlich *adj* church ..., ecclesiastical: *adv* ***sich ~ trauen lassen, ~ heiraten*** have a church wedding; ***~ bestattet werden*** be given a Christian burial.
Kirchturm *m* church tower, steeple. **~politik** *f* parish-pump politics *pl* (*a. sg konstr.*). **~spitze** *f* spire.
Kirchweih *f* parish fair.
Kirschbaum *m* cherry tree.
Kirschblüte *f* a) cherry blossom, b) (***zur Zeit der ~*** at) cherry-blossom time.
Kirsche *f* cherry: *fig.* ***mit ihm ist nicht gut ~n essen*** it's best not to tangle with him.
Kirsch|kern *m* cherry stone. **~kuchen** *m* cherry cake. **~likör** *m* cherry brandy.
kirschrot *adj* cherry(-red).
Kirsch|tomate *f* cherry tomato. **~torte** *f* cherry gateau. **~wasser** *n* kirsch.
Kissen *n* cushion, (*Kopfkissen*) pillow. **~bezug** *m* cushion slip, *von Kopfkissen*: pillowcase.
Kiste *f* **1.** box, *econ.* case, (*Truhe*) chest, (*Lattenkiste*) crate. **2.** → ***Kasten*** 2.

Kitsch *m* kitsch, (*Schund*) trash. **kitschig** *adj* kitschy, trashy, (*süßlich*) mawkish.
Kitt *m* cement, (*Glaserkitt*) putty.
Kittchen *n* F (***im ~*** in) clink.
Kittel *m* smock, frock, (*Arbeitskittel*, *Schürze*) overall, (*Arztkittel*) (white) coat.
kitten *v/t* cement, (*Glas*) putty, *fig.* (*Ehe etc*) patch up.
Kitz *n zo.* kid, (*Rehkitz*) fawn.
Kitzel *m* tickle, *fig. a.* itch, (*Nervenkitzel*) *a.* thrill, kick.
kitzeln *v/t u. v/i a. fig.* tickle. **Kitzler** *m anat.* clitoris, F clit. **kitzlig** *adj a. fig.* ticklish.
Kiwi¹ *m zo.* kiwi.
Kiwi² *f* ❀ kiwi.
Klacks *m* F (*Butter etc*) dollop, blob: *fig.* ***das ist ein ~*** that's nothing; ***das ist ein ~ für ihn*** that's easy (*finanziell*: peanuts) for him.
Kladde *f* **1.** scribbling pad. **2.** *econ.* waste book. **3.** rough copy.
klaffen *v/i* gape, *Abgrund etc*: *a.* yawn: ***~de Wunde*** gaping wound.
kläffen *v/i a.* F *fig.* yap.
Klage *f* **1.** (*Wehklage*) lament(ation) (**um, über** *acc* for, over). **2.** (*Beschwerde*) complaint (**über** *acc* about): ***~ führen über*** (*acc*) make complaints (*od.* complain) about; ***es sind ~n laut geworden*** there have been complaints. **3.** ⚖ action (**auf** *acc* for), suit, (*Scheidungsklage*) petition, (*~schrift*) statement of claim: ***~ erheben*** (*od.* ***führen***) institute proceedings (**gegen** against, **wegen** for) (→ *a.* ***klagen*** 3); ***e-e ~ abweisen*** dismiss an action. **~lied** *n* lamentation.
klagen I *v/i* **1.** (*weh~*) lament (**um, über** *acc* over, about). **2.** ***~ über*** (*acc*) complain of (*a.* ⚕) (*od.* about); ***ohne zu ~*** without complaining; ***ich kann nicht ~*** I have no cause for complaint. **3.** ⚖ go to court: ***gegen j-n ~*** (***wegen*** for) sue s.o., bring an action against s.o. **II** *v/t* **4.** ***j-m sein Leid ~*** pour out one's troubles to s.o.
Kläger(in) ⚖ plaintiff, *bei Scheidungsklage*: petitioner.
Klageschrift *f* ⚖ statement of claim.
Klageweg *m* ⚖ ***auf dem*** (*od.* ***im***) ***~*** by entering legal action.
kläglich → ***jämmerlich.***
klaglos *adv* without complaining.
Klamauk *m* F **1.** (*Lärm*) racket. **2.** (*Rummel*) to-do. **3.** *thea. etc* slapstick.
klamm *adj* **1.** clammy. **2.** numb (with cold). **3.** F *fig.* ***~ sein*** be hard up.
Klamm *f geol.* narrow gorge.
Klammer *f* **1.** *allg.* clip, *tech. a.* clamp, cramp, *für Wäsche*: peg, *bsd. Am.* pin. **2.** (*Zahnklammer*) brace(s *pl*). **3.** ℞, *print. runde*: parenthesis, *eckige*: bracket, *geschweifte*: brace: ***et. in ~n setzen*** put s.th. in par-

entheses, bracket s.th.; ~ ***auf*** (***zu***) open (close) brackets; ***die*** ~(***n***) ***auflösen*** A remove the brackets.

klammern I *v/t* (***an*** *acc* to) clip, *tech. a.* clamp, (*Wäsche*) peg, pin. II *v/reflex* ***sich*** ~ ***an*** (*acc*) *a. fig.* cling to.

klammheimlich *adv* F on the quiet.

Klamotte *f* F **1.** (***alte***) ~ (*Film etc*) oldie. **2.** *pl* (*Kleider*) rags *pl*, togs *pl*, (*Sachen*) things *pl*, junk *sg*.

Klang *m* sound, ring, (*Tonqualität*) tone, (~*farbe*) timbre: ***unter den Klängen von*** (*od. gen*) to the strains of. **~farbe** *f* timbre. **~fülle** *f* sonority.

klanglich *adj* tonal.

klanglos *adj* toneless.

Klangregler *m Radio etc*: tone control.

klangrein *adj* ~ ***sein*** have a pure sound. **klangschön** *adj* ~ ***sein*** have a beautiful tone.

Klangtreue *f* fidelity.

klangvoll *adj* **1.** sonorous, melodious. **2.** *fig. Name etc*: illustrious.

Klangwiedergabe *f* sound reproduction.

klappbar *adj* (*zs.-*~) collapsible, folding, (*auf*~) hinged. **Klappbett** *n* folding bed. **Klappdeckel** *m* snap lid.

Klappe *f* **1.** *allg.* flap (*a. tech.*), *von Tisch etc*: *a.* leaf, *mot.* (*Ladeklappe*) tailboard. **2.** *anat.* valve. **3.** (*Augenklappe*) (eye) patch. **4.** *bei Blasinstrumenten*: key. **5.** F *fig.* mouth, trap: ***e-e große*** ~ ***haben*** have a big mouth; ***halt die*** ~***!*** shut up!

klappen I *v/t* **1.** ***nach oben*** ~ → ***hochklappen; nach unten*** ~ → ***herunterklappen; der Sitz läßt sich nach hinten*** ~ the seat folds back. II *v/i* **2.** clack, *laut*: bang, (*zu*~) click shut. **3.** F *fig.* work (out well), go off well, succeed: ~ ***wie am Schnürchen*** go like clockwork; ***es klappt nicht*** it won't work; ***nichts klappte*** nothing worked; ***wenn alles klappt*** if all goes well; ***es wird schon*** ~***!*** it'll work out all right!; ***hat es mit dem Job geklappt?*** did you get the job all right?

Klappentext *m e-s Buches*: blurb.

Klapper *f* rattle. **~kasten** *m*, **~kiste** *f* F (*Auto*) rattletrap, old banger.

klappern *v/i* **1.** clatter, rattle, *Absätze*: clack, *Stricknadeln*: click: ***mit dem Geschirr*** ~ rattle the dishes; ***auf der Schreibmaschine*** ~ clatter away on the typewriter. **2.** *vor Kälte*: shiver: ***er klapperte vor Kälte*** (***Angst***) ***mit den Zähnen*** his teeth were chattering with cold (fear).

Klappern *n* clatter(ing) (*etc*).

Klapperschlange *f zo.* rattlesnake.

Klapp(fahr)rad *n* folding bicycle.

Klappmesser *n* jackknife.

klapprig *adj* F **1.** rattly, (*wacklig*) rickety. **2.** *fig.* (*Person*) shaky.

Klapp|sitz *m* folding (*od.* jump) seat, *mot. a.* dickey, *Am.* rumble seat. **~stuhl** *m* folding chair. **~tisch** *m* folding (*od.* drop-leaf) table.

Klaps *m* **1.** (*a.* ***e-n*** ~ ***geben***) slap, smack. **2.** F *fig.* ***e-n*** ~ ***haben*** be nuts.

Klapsmühle *f* F funny farm, loony bin.

klar I *adj allg.* clear (*a. fig.*), (*deutlich*) *a.* distinct, *fig. Entscheidung, Ziel etc*: *a.* clear-cut, (*vernünftig*) *a.* lucid, (*offensichtlich*) *a.* plain, obvious: ***~er Sieg*** clear victory; ~ ***zum Start*** ✈ ready for takeoff; ***e-n ~en Kopf behalten*** keep one's wits about one; ***sich ein ~es Bild machen von*** get a clear idea of; ***~e Verhältnisse schaffen*** get things straight; ***es ist*** ~***, dass ...*** it is clear (*od.* evident) that ...; ***es ist mir*** ~ (*od.* ***ich bin mir darüber im Klaren***)***, dass ...*** I realize (*od.* I'm aware) that ...; ***ist das*** ~***?*** is that clear?; ***das ist mir*** (***nicht ganz***) ~ I (don't quite) understand; (***na***) ~***!*** of course!, sure!; ***alles*** ~***?*** a) everything o.k.?, b) got it? II *adv* ~ ***und deutlich*** a) clearly, distinctly, b) *fig.* straight; ***et.*** ~ ***zum Ausdruck bringen*** make s.th. plain; F *fig.* ~ ***sehen*** see (the light); ~ ***werden*** become clear (*dat* to); ***sich*** ~ ***werden über*** (*acc*) geht *s.th.* clear in one's mind, (*sich entscheiden*) make up one's mind about; ***es wurde mir*** ~***, dass ...*** I realized that ...; → *a.* ***klargehen, -kommen*** *etc.*

Kläranlage *f* sewage (purification) plant. **Klärbecken** *n* settling basin.

klären I *v/t* **1.** purify, clear. **2.** *fig.* clear up, clarify, sort *s.th.* out. II *v/reflex* ***sich*** ~ **3.** *Himmel etc*: clear (up). **4.** *fig. Frage*: be settled, *Problem*: be solved.

klargehen *v/i* F be all right.

Klarheit *f a. fig.* clearness, clarity: ***sich*** ~ ***verschaffen über*** (*acc*) find out about.

Klarinette *f* ♪ clarinet.

klarkommen *v/i* F manage, get by: ***mit e-r Sache*** ~ understand s.th.; ***mit j-m*** ~ get along (fine) with s.o.; ***kommst du damit klar?*** can you manage?

klarmachen *v/t* **1.** ***j-m et.*** ~ make s.th. clear (*od.* explain s.th.) to s.o. **2.** ***sich*** ~***, dass ...*** realize that ... **3.** ⚓ clear, make *s.th.* ready. **4.** F ***alles*** ~ settle it.

Klärschlamm *m* sewage sludge.

Klarschrift *f Computer*: (*a.* ***in*** ~) clear. **~leser** *m* (optical) character reader.

Klarsicht|folie *f* transparent sheet, cling film. **~packung** *f* transparent packing. **~scheibe** *f mot.* antimist panel.

klarstellen *v/t fig.* ***et.*** ~ get s.th. straight, (*sagen*) state s.th. clearly.

Klartext *m* clear text: ***im*** ~ a) in clear, b) *fig.* in plain language.
Klärung *f* **1.** purification. **2.** *fig.* clarification, clearing up.
Klasse *f allg.* class, *ped. a.* form, *Am.* grade, *econ. a.* quality, grade, (*Steuer-, Altersklasse*) bracket: ***erster*** ~ *a.* F *fig.* first-class; ***nach*** ~***n ordnen*** class, classify; F ***er*** (***es***) ***ist große*** (*od.* ***einsame***) ~ he (it) is super (*od.* fantastic); ~***!*** super!, great!
Klassen|arbeit *f* (classroom) test. ~**beste** *m, f* top pupil. ~**bewusstsein** *n* class consciousness. ~**buch** *n* (class) register, *Am.* classbook. ~**gesellschaft** *f* class society. ~**hass** *m* class hatred. ~**kamerad(in)** classmate. ~**kampf** *m pol.* class struggle. ~**lehrer(in)** class teacher, form master (mistress), *Am. a.* homeroom teacher.
klassenlos *adj* classless.
Klassen|lotterie *f* class (*od.* Dutch) lottery. ~**sprecher(in)** *ped.* class representative, *Br.* form captain. ~**treffen** *n* class reunion. ~**unterschied** *m* class difference. ~**zimmer** *n* classroom.
klassifizieren *v/t* classify.
Klassifizierung *f* classification.
Klassik *f* **1.** classical period. **2.** classical music.
Klassiker(in) **1.** classic(al author). **2.** (*großer Künstler etc*) great artist (*etc*). **3.** (*Werk*) classic.
klassisch *adj* **1.** classical. **2.** (*typisch, vorbildlich, zeitlos*) classic.
Klassizismus *m* classicism. **klassizistisch** *adj* classicistic.
Klatsch *m* **1.** *ins Wasser*: splash. **2.** (*Klaps*) smack, slap. **3.** F (*Geschwätz*) gossip. ~**base** *f* F gossip(monger).
Klatsche *f* **1.** (*Fliegenklatsche* fly)swatter. **2.** F *ped.* crib. **3.** F gossip(monger).
klatschen **I** *v/i* **1.** (*Beifall* ~) applaud, clap. **2.** ***in die Hände*** ~ clap one's hands. **3.** (***an*** *acc* against) *Regen etc*: splash, *Wellen*: crash. **4.** F gossip (***über*** *acc* about). **II** *v/t* **5.** ***et.*** ~ ***auf*** (*acc*) (*od.* ***gegen, an*** *acc*) slap (*od.* bang) s.th. on (*od.* against). **6.** ***Beifall*** ~ → 1.
Klatsch|kolumnist(in) F gossip columnist. ~**maul** *n* F real gossip. ~**mohn** *m* ♀ corn poppy.
klatschnass *adj* F dripping wet: ~ ***werden*** get soaked to the skin.
Klatschspalte *f* F *e-r Zeitung*: gossip column.
Klaue *f* **1.** *zo.* claw (*a. tech.*), *der Raubvögel*: *a.* talon, (*Pfote*) paw (*a.* F *fig. Hand*): *fig.* ***in j-s*** ~***n geraten*** fall into s.o.'s clutches. **2.** F *fig.* (*Schrift*) scrawl.
klauen *v/t u. v/i* F pinch, swipe, *fig.* (*Ideen etc*) steal, borrow.
Klausel *f* ⚖ clause, stipulation, (*Vorbehalt*) proviso.
Klaustrophobie *f* claustrophobia.
klaustrophobisch *adj* claustrophobic.
Klausur *f ped., univ.* (***e-e*** ~ ***schreiben*** do a) test. ~**arbeit** *f* → ***Klausur.***
Klausurtagung *f* closed meeting.
Klaviatur *f* ♪ keyboard.
Klavier *n* piano(forte): ***auf dem*** (***am***) ~ on (at) the piano; ~ ***spielen*** (***können***) play the piano. ~**abend** *m* piano recital. ~**auszug** *m* piano score. ~**begleitung** *f* piano accompaniment. ~**konzert** *n* **1.** ♪ piano concert. **2.** → ***Klavierabend.*** ~**lehrer(in)** piano teacher. ~**schemel** *m* piano stool. ~**schule** *f* (*Buch*) piano tutor. ~**sonate** *f* ♪ piano sonata. ~**spieler(in)** pianist. ~**stimmer(in)** (piano) tuner. ~**stunde** *f* piano lesson. ~**unterricht** *m* piano lessons *pl.*
Klebeband *n* adhesive (*od.* sticky) tape. ~**abroller** *m* tape dispenser.
Klebebindung *f* adhesive binding.
Klebefolie *f* adhesive film.
kleben **I** *v/t* **1.** (***an*** *acc* to) glue, paste. **2.** F ***j-m e-e*** ~ paste s.o. one. **II** *v/i* **3.** (*klebrig sein*) be sticky. **4.** (***an*** *dat* to) adhere, stick: ***das Kleid klebte ihr am Körper*** her dress clung to her body; *fig.* ***an j-m*** ~ remain glued to s.o.; ***an s-m Posten*** ~ hang on to one's job; ~ ***bleiben*** a) stick (***an*** *dat* to), b) F *fig.* get stuck (***in*** *dat* in, at).
Klebepresse *f Film*: splicer.
Kleber *m* **1.** gluten. **2.** → ***Klebstoff.***
Klebe|stelle *f Film*: splice. ~**stift** *m* glue stick. ~**streifen** *m* adhesive tape, Scotch tape (*TM*). ~**zettel** *m* gummed label.
klebrig *adj* sticky, tacky, (*klebend*) adhesive. **Klebrigkeit** *f* stickiness.
Klebstoff *m* adhesive, (*Leim*) glue.
kleckern F **I** *v/i* **1.** *Person*: make a mess. **2.** *Farbe*: drip. **II** *v/t* **3.** ***et.*** ~ ***auf*** (*acc*) spill s.th. on.
kleckerweise *adv* F in dribs and drabs.
Klecks *m* F **1.** stain, blot. **2.** (~ *Butter etc*) blob. **klecksen** *v/i* F **1.** make blots (*od.* stains), make a mess. **2.** *contp.* (*malen*) daub.
Klee *m* ♀ clover: F ***über den grünen*** ~ ***loben*** praise *s.o., s.th.* to the skies.
Kleeblatt *n* **1.** cloverleaf: ***vierblättriges*** ~ four-leaf(ed) clover. **2.** (*Straßenkreuzung*) cloverleaf (intersection).
Kleiber *m zo.* nut hatch.
Kleid *n* **1.** dress (*a. fig.*), frock, gown. **2.** *pl* clothes *pl*, clothing *sg*: ~***er machen Leute*** fine feathers make fine birds. **3.** *hunt.* (*Fell*) fur, coat, (*Federkleid*) plumage.
kleiden **I** *v/t* **1.** dress, clothe: *fig.* ***et. in Worte*** ~ clothe (*od.* couch) s.th. in words. **2.** ***j-n***

(**gut**) ~ suit (*od.* become) s.o., look well on s.o. **II** *v/reflex* **sich ~ 3.** dress: **sich ~ in** (*acc*) wear.

Kleider|ablage *f* coat rack (*od.* stand). **~bügel** *m* coat hanger. **~bürste** *f* clothes brush. **~haken** *m* coat hook. **~schrank** *m* wardrobe. **~ständer** *m* clothes tree (*im Geschäft*: rack). **~stoff** *m* (dress) material.

kleidsam *adj* becoming.

Kleidung *f* clothing, dress, clothes *pl.*

Kleidungsstück *n* article of clothing, garment.

Kleie *f* bran.

klein I *adj* **1.** *allg.* small, (*~wüchsig*) *a.* short, *Finger, Zeh, Haus etc*: little: **sehr ~, winzig ~** very small, tiny, F teeny; **ziemlich ~** rather small, smallish; **von ~ auf** from a child; **im Kleinen** in miniature; *econ.* **im Kleinen verkaufen** retail; **mein ~er Bruder** my little (*od.* young) brother; **die Welt ist (doch) ~!** it's a small world! **2.** (*unbedeutend*) small, little, *a.* ⚖ minor, petty: **aus ~en Verhältnissen kommen** be of humble origin(s); **ein ~er Beamter** a minor official; **ein ~er Geist** a small mind; **der ~e Mann** the man in (*Am.* on) the street; **das ~ere Übel** the lesser evil; **bis ins Kleinste** (down) to the last detail; **das ist m-e ~ste Sorge** that's the least of my worries. **II** *adv* **3.** small: F **ein (ganz) ~ wenig** a little (*od.* tiny) bit; **~ anfangen** start in a small way; **~ kariert** small-check(ed); **~ schneiden** cut up, chop (up); F **Ordnung wird bei ihm ~ geschrieben** he isn't a great one for order; → **beigeben** II.

Klein|aktie *f* baby share (*Am.* stock). **~aktionär(in)** small shareholder (*Am.* stockholder). **~anzeige** *f* classified advertisement (F ad). **~arbeit** *f fig.* spadework. **~asien** *n* Asia Minor. **~auto** *n* small car. **~bahn** *f* narrow-ga(u)ge railway (*Am.* railroad). **~bauer** *m*, **~bäuerin** *f* small farmer. **~betrieb** *m* small(-scale) enterprise. **~bildkamera** *f* 35 mm camera. **~buchstabe** *m* small letter.

Kleinbürger(in), kleinbürgerlich *adj* petty bourgeois.

Kleinbus *m* minibus.

Kleine[1] *m, f* little one.

Kleine[2] *n* F **et. ~s** a baby.

Klein|erzeuger *m* small(-scale) producer. **~familie** *f sociol.* nuclear family. **~format** *n* small size: **im ~** small-format. **~garten** *m* allotment (garden). **~gärtner(in)** allotment gardener. **~gedruckte** *n* **das ~ lesen** read the small print. **~geld** *n* (small) change: *fig.* **das nötige ~ haben** have the wherewithal. **~gewerbe** *n* small trade.

kleingläubig *adj* of little faith, sceptical.

Klein|handel *m* retail trade. **~händler(in)** retailer.

Kleinheit *f* smallness (*a. fig.*), littleness.

Kleinhirn *n anat.* cerebellum.

Kleinholz *n* firewood: F *fig.* **~ machen aus** a) **j-m** make mincemeat of s.o., b) **e-r Sache** smash s.th. to pieces.

Kleinigkeit *f* trifle, little (*od.* small) thing, (*Geschenk*) little something, (*Detail*) minor detail: **e-e ~ essen** have a bite; **das war e-e (k-e) ~** that was (not) easy.

Klein|industrie *f* small industry. **~kalibergewehr** *n* small-bore rifle.

kleinkariert *adj* F *fig.* small-minded.

Klein|kind *n* infant. **~kopierer** *m* small(-scale) copier. **~kram** *m* trifles *pl.* **~kredit** *m* small(-scale) credit. **~krieg** *m* guer(r)illa warfare: *fig.* **e-n ~ führen mit** keep up a running battle with.

kleinkriegen *v/t* F (manage to) break: *fig.* **j-n ~** *körperlich*: wear s.o. out, *moralisch*: get s.o. down; **nicht kleinzukriegen** *a. Person*: indestructible.

kleinlaut *adj* (very) subdued.

kleinlich *adj* **1.** (*genau*) pedantic. **2.** (*engstirnig*) narrow-minded. **3.** (*geizig*) mean.

Kleinlichkeit *f* **1.** pedantry. **2.** narrow-mindedness. **3.** meanness.

Kleinod *n* jewel, *fig. a.* treasure.

Klein|rechner *m* small computer. **~rentner(in)** person receiving a small pension.

kleinschreiben *v/t* **ein Wort ~** write a word with a small (initial) letter.

Kleinstaat *m* minor state.

Kleinstadt *f* small town.

Kleinstädter(in), kleinstädtisch *adj* provincial.

Kleinstlebewesen *n biol.* microorganism.

kleinstmöglich *adj* smallest possible.

Klein|unternehmen *n* small business. **~vieh** *n* small domestic animals *pl*: F *fig.* **~ macht auch Mist** many a little makes a mickle. **~wagen** *m* small car. **~wohnung** *f* small flat (*Am.* apartment).

kleinwüchsig *adj* small, short.

Kleister *m*, **kleistern** *v/t* paste.

Klematis *f* ✿ clematis.

Klementine *f* clementine.

Klemmbrett *n* clipboard.

Klemme *f* **1.** clamp (*a.* ⚡, *tech.*), clip, ⚡ terminal. **2.** F *fig.* **in der ~ sein** (*od.* **sitzen**) be in a fix (*od.* tight spot); **j-m aus der ~ helfen** help s.o. out of a fix.

klemmen I *v/t* **1.** (*fest~*) jam (*a. tech.*), (*quetschen*) squeeze, pinch, (*stecken*) stick: **ich habe mir den Finger geklemmt** → 3. **II** *v/i* **2.** *Tür, Schublade etc*: be jammed, be stuck: F *fig.* **wo klemmts?** what's wrong?, where's the snag? **III** *v/reflex* **sich ~ 3.** jam one's

K

finger (*etc*), get one's finger (*etc*) caught. **4.** squeeze o.s. (***in*** *acc* into, ***hinter*** *acc* behind): F *fig.* ***sich ~ hinter*** a) ***e-e Sache*** get down to s.th., b) ***j-n*** get cracking on s.o.
Klemm|lampe *f* clamp-on lamp. **~mappe** *f* clip folder. **~ordner** *m* spring-back file.
Klempner(in) 1. tinsmith. **2.** (*Installateur*) plumber. **Klempnerei** *f* tinsmith's (*od.* plumber's) workshop.
Kleptomanie *f* kleptomania.
klerikal *adj* clerical. **Kleriker(in)** cleric.
Klerus *m* clergy.
Klette *f* **1.** ⚘ bur(r), *große*: burdock. **2.** *fig.* (***sich wie e-e ~ an j-n hängen*** cling to s.o. like a) leech.
Kletterer *m*, **Kletterin** *f* climber.
Klettergerüst *n für Kinder*: climbing frame.
klettern *v/i allg.* climb, ⚘ *a.* creep, *fig. a.* go up (***auf*** *acc* to): ***auf e-n Baum ~*** climb a tree.
Kletter|pflanze *f* climber. **~rose** *f* rambler. **~stange** *f* climbing pole.
Klettverschluss *m* velcro (*TM*).
klicken *v/i* click.
K
Klient(in) ⚖ client.
Klientele *f* clientele.
Klientenkartei *f* card index of clients.
Kliff *n geol.* cliff.
Klima *n* climate, *fig. a.* atmosphere: ***das soziale ~*** the social climate. **~anlage** *f* air-conditioning (system): ***mit e-r ~ ausrüsten*** air-condition. **~katastrophe** *f* climatic upheavals *pl.*
Klimakterium *n* menopause.
Klima|technik *f* air-conditioning technology. **~techniker(in)** air-conditioning engineer.
klimatisch *adj* climatic(ally *adv*).
klimatisieren *v/t* air-condition.
Klimatisierung *f* air-conditioning
Klimatologie *f* climatology.
Klimaveränderung *f*, **Klimawechsel** *m* change in climate.
Klimmzug *m gym.* chin-up: ***e-n ~ machen*** do a chin-up, chin o.s. up.
klimpern *v/i* **1.** (*a.* ***~ mit***) jingle. **2.** ***~ auf*** (*dat*) strum on *the guitar*, tinkle on *the piano*.
Klinge *f* blade.
Klingel *f* bell.
Klingelknopf *m* bell push, call button.
klingeln I *v/i* **1.** ring ([***nach***] ***j-m*** for s.o.): ***bei j-m ~*** ring s.o.'s doorbell; ***es klingelt*** a) the doorbell is ringing, b) there's the bell. **2.** *Motor*: ping. **II** *v/t* **3.** ***j-n aus dem Bett ~*** get s.o. out of bed.
Klingelzeichen *n* ring, bell (signal).
klingen *v/i* sound (*a. fig.*), ring, *Gläser*: clink, *Metall*: clank: *fig.* ***das klingt schon besser*** that sounds better; ***das klingt nach Neid*** that sounds like envy.
klingend *adj Stimme*: melodious; → ***Münze*** 1.
Klinik *f* clinic, (*Privatklinik*) nursing home.
Klinikum *n* clinical cent/re (*Am.* -er).
klinisch *adj* clinical: ***~ tot*** clinically dead.
Klinke *f* (*Türklinke* door) handle.
Klinker *m* ⚠ clinker.
klipp *adv* ***~ und klar*** clearly, plainly; ***ich habe ihm ~ und klar gesagt, dass ...*** I told him straight out that ...
Klippe *f* **1.** *geol.* reef, rock. **2.** *fig.* (***e-e ~ umschiffen*** clear an) obstacle.
klirren *v/i* **1.** *Scheiben, Teller etc*: rattle, *Besteck, Geschirr etc*: clatter, *Ketten*: clank, *Gläser etc*: clink, chink, *Münzen, Schlüssel etc*: jingle: ***~ mit*** rattle (*one's chains, keys, etc*). **2.** *Radio*: produce harmonic distortion.
Klirrfaktor *m Radio*: distortion factor.
Klischee *n fig.* cliché. **~vorstellung** *f* stereotyped idea.
Klistier *n* ⚕ enema.
Klitoris *f anat.* clitoris.
klitschig *adj Brot etc*: doughy.
klitzeklein *adj* F teeny(-weeny).
Klo *n* F loo, *Am.* john.
Kloake *f* sewer, cesspool (*a. fig.*).
Kloben *m* **1.** *tech.* block. **2.** (*Holzkloben*) log.
klobig *adj* bulky, (*plump, a. fig.*) clumsy.
Klon *m* clone.
klonen *v/t* clone.
klönen *v/i* F (have a) natter.
Klopapier *n* F toilet (*Br. a.* loo) paper.
klopfen I *v/i* **1.** (***an*** *acc* at, on) knock, *sanft*: tap: ***es klopft*** there's somebody (knocking) at the door; → ***Busch*** 1, ***Finger, Schulter.*** **2.** *Herz etc*: beat, *heftig*: throb: *fig.* ***mit ~dem Herzen*** with a beating heart. **3.** *Motor*: knock. **II** *v/t* **4.** (*Teppich etc*) beat, (*Steine*) break: ***den Takt ~*** beat time.
Klopfer *m* **1.** (*an Tür*) doorknocker. **2.** (*Teppichklopfer*) carpet-beater.
klopffest *adj mot.* knock-proof.
Klöppel *m* **1.** *e-r Glocke etc*: clapper. **2.** *Textil.* (lace) bobbin. **~kissen** *n* lace pillow.
klöppeln *v/i* make lace.
Klöppelspitze *f* bone lace.
Klops *m* meatball.
Klosett *n* lavatory, toilet. **~becken** *n* toilet bowl. **~brille** *f* toilet seat. **~papier** *n* toilet paper.
Kloß *m* dumpling (*a.* F *fig. Person*): *fig.* ***ich hatte e-n ~ im Hals*** I had a lump in my throat.
Kloster *n* (*für Mönche*) monastery, (*für Nonnen*) convent, nunnery: ***ins ~ gehen*** enter a monastery (*etc*), become a monk (*od.* nun). **~bruder** *m* friar. **~frau** *f* nun. **~leben** *n* monastic life.
klösterlich *adj* monastic.

Klotz *m* **1.** block (of wood), log: *fig.* ***er ist mir nur ein ~ am Bein*** he is just a millstone round my neck. **2.** → ***Bauklotz.*** **3.** F *contp.* oaf, *Am. sl.* klutz.

klotzig *adj* bulky, heavy: *adv* F ***~ viel Geld*** loads of money.

Kluft[1] *f a. fig.* gap, (*Abgrund*) abyss: ***die ~ überbrücken*** bridge the gap.

Kluft[2] *f* F togs *pl*, gear.

klug I *adj* **1.** intelligent, clever, (*gescheit*) smart, bright, shrewd, (*vernünftig*) sensible, wise, judicious, (*vorsichtig*) prudent: ***ein ~er Rat*** a sound advice; ***so ~ wie zuvor*** none the wiser; ***der Klügere gibt nach*** the wiser head gives in; ***das Klügste wäre zu warten*** it would be best to wait. **2.** F ***ich werde aus ihr*** (***der Sache***) ***nicht ~*** I can't make her (it) out; ***wirst du daraus ~?*** does it make sense to you? II *adv* **3.** intelligently (*etc*): ***du hättest klüger daran getan zu gehen*** you would have been wise to go.

klugerweise *adv* (very) wisely: ***~ hat sie geschwiegen*** *a.* she had the good sense to keep quiet.

Klugheit *f* intelligence, brightness, (*Vernunft*) good sense, (*Vorsicht*) prudence.

Klugscheißer(in) F smart aleck, smarty.

klumpen *v/i* become lumpy, *Blut*: clot.

Klumpen *m* lump, (*a. Blutklumpen*) clot, (*Erdklumpen*) clod.

Klumpfuß *m* ⚕ clubfoot.

klumpig *adj* lumpy, *Blut*: clotted.

Klüngel *m contp.* clique.

Klunkern *pl* F rocks *pl.*

Klub *m* club.

Klüver *m* ⚓ jib. **~baum** *m* jib boom.

km/h, km/st. ***Kilometer pro Stunde*** kilomet|res (*Am.* -ers) per hour (kph).

knabbern *v/i u. v/t* (***an*** *dat* at) nibble, gnaw: F *fig.* ***ich hatte lange daran zu ~*** a) I didn't get over it easily, b) it took me some time to figure it out.

Knabe *m* boy, lad: F ***alter ~*** old chap.

Knabenchor *m* boys' choir. **knabenhaft** *adj* boyish.

Knäckebrot *n* crispbread.

knacken I *v/t a. fig.* crack: F ***ein Auto ~*** break into a car. II *v/i* crack, *Stufen etc*: *a.* creak, *Zweige etc*: snap.

Knacker *m* F ***alter ~*** old fog(e)y.

Knacki *m* F jailbird.

knackig *adj* **1.** crisp, *Apfel etc*: crunchy. **2.** F *fig.* dishy.

Knacklaut *m ling.* glottal stop.

Knackpunkt *m* F *fig.* crunch point.

Knacks *m* crack (*a.* F *fig. Defekt*): *fig.* ***er hat e-n ~*** (***weg***) a) his health is shaken, b) his nerves are all shot, c) *seelisch*: he is badly hit, d) *geistig*: he's slightly cracked; ***ihre Ehe hat e-n ~*** their marriage is cracking up.

Knall *m* **1.** *allg.* bang, *e-s Korkens*: pop, (*Peitschenknall, Schuss*) crack, (*Düsenknall*) (sonic) boom. **2.** *fig.* (*Krach*) row. **3.** F *fig.* ***e-n ~ haben*** be nuts. **4.** F *fig.* ***~ und Fall*** (all) of a sudden; ***j-n ~ und Fall entlassen*** dismiss s.o. on the spot.

knallblau *adj* F bright blue.

Knallbonbon *m, n* (party) cracker.

Knalleffekt *m* clou, bang.

knallen I *v/i* **1.** (*a.* ***~ mit***) *Tür etc*: bang, slam, *Peitsche*: crack, *Korken*: pop: ***es knallte zweimal*** there were two loud bangs (*Schüsse*: shots). **2.** F (*schießen*) bang, fire. **3.** F (*prallen*) crash (***gegen*** into): ***mit dem Kopf an die Windschutzscheibe ~*** hit one's head on the windscreen; F ***sonst knallts!*** or else! **4.** F *Sonne*: beat down. II *v/t* **5.** (*werfen, hauen, stoßen*) bang, slam: *fig.* ***j-m e-e ~*** paste s.o. one; → ***Latz.*** **Knaller** *m* F **1.** → ***Knallkörper.*** **2.** → ***Knüller.***

Knall|erbse *f* (toy) torpedo. **~frosch** *m* jumping cracker. **~gas** *n* ⚗ oxyhydrogen (gas).

knallhart *adj* F **1.** *Schlag etc*: smashing, powerful. **2.** *fig.* tough, brutal: *adv* ***j-m et. ~ ins Gesicht sagen*** tell s.o. s.th. with brutal frankness.

knallig F I *adj* **1.** *Farbe etc*: loud, glaring. **2.** (*eng*) skintight. II *adv* **3.** ***~ bunt*** gaudy; ***~ heiß*** scorching.

Knall|kopf *m* F idiot. **~körper** *m* banger.

knall|rot *adj* bright red, *Gesicht etc*: scarlet, crimson. **~voll** *adj* F **1.** jampacked. **2.** (*betrunken*) sloshed.

knapp I *adj* **1.** (*spärlich*) scanty, meag|re (*Am.* -er): ***~ sein*** be scarce, be in short supply; ***~ werden*** *Vorräte, Zeit*: run short; ***~e Ressourcen*** limited resources; → ***Kasse*** 3. **2.** *Sieg, Entscheidung etc*: narrow: ***~e Mehrheit*** bare majority; ***mit ~er Not*** barely, only just, ***entrinnen*** have (*od.* make) a narrow escape. **3.** *fig. Stil etc*: concise, terse, *Antwort, Befehl etc*: brief, short: ***in ~en Worten*** in a few words. **4.** *vor Zahlen*: ***~(e) zwei Stunden*** just under two hours; ***in e-m ~en Jahr*** in less than a year; ***~ 10 Minuten*** barely (*od.* just) ten minutes. **5.** *Kleid etc*: tight. II *adv* **6.** (*kaum*) only just. **7.** ***~ sitzen*** fit tightly; ***m-e Zeit ist ~ bemessen*** I'm pushed for time; ***~ gewinnen*** win by a narrow margin; *e-e Prüfung* ***~ bestehen*** scrape through; F (***aber***) ***nicht zu ~!*** a) (*natürlich*) you bet!, b) (*viel*) plenty of, c) (*und wie*) and how!; F ***j-n ~ halten*** keep s.o. short.

Knappheit *f* **1.** scantiness, (*Mangel*) scarcity, shortage. **2.** *e-s Sieges etc*: narrowness. **3.** *fig. des Stils etc*: terseness, conciseness,

e-r Antwort etc: shortness. **4.** *e-s Kleides etc*: tightness.
Knappschaft *f* miners' association.
Knarre *f* F gun.
knarren *v/i* creak.
Knast *m* F (**im** ~ in) clink (*sl.*): ~ **schieben** do time. **~bruder** *m*, **~schwester** *f* F jailbird.
Knatsch *m* F row.
knattern *v/i Schüsse etc*: rattle, *Motorrad etc*: roar, *Segel*, *Fahne*: flap.
Knäuel *m*, *n* **1.** (*Wollknäuel etc*) ball. **2.** (*Wirrwarr*) tangle. **3.** (*Menschenknäuel*) cluster.
Knauf *m* **1.** (*Türknauf*) knob. **2.** ⚠ capital. **3.** (*Degenknauf*) pommel.
Knauser *m* F miser. **Knauserei** *f* F stinginess. **knauserig** *adj* F stingy. **knausern** *v/i* F be stingy (**mit** with).
Knaus-Ogino-Methode *f* ⚕ rhythm method.
knautschen *v/i* F crease, crumple.
Knautschzone *f mot.* crumple zone.
Knebel *m*, **knebeln** *v/t a. fig.* gag.
Knecht *m* farmhand, *fig.* slave.
Knechtschaft *f* slavery.

K

kneifen I *v/t* **1.** pinch: ***j-n*** (*od.* ***j-m***) ***in den Arm*** ~ pinch s.o.'s arm. II *v/i* **2.** pinch. **3.** F (**vor** *dat*) dodge (*s.th.*), back out (of), *aus Angst*: chicken out (of, on).
Kneifzange *f* (**e-e** ~ a pair of) pincers *pl.*
Kneipe *f* F pub, *Am.* saloon.
Kneipenbummel *m* (*a.* ***e-n*** ~ ***machen***) pub-crawl.
Kneippkur *f* ⚕ Kneipp('s) cure.
Knete *f* F **1.** → ***Knetmasse.*** **2.** (*Geld*) lolly, *Am.* bread. **kneten** *v/t* knead, (*massieren*) *a.* massage, (*formen*) mo(u)ld.
Knetmasse *f* plasticine.
Knick *m* **1.** (*Biegung*) (sharp) bend: ***die Straße macht e-n*** ~ *a.* the road bends sharply. **2.** *in Papier etc*: crease, fold, *in Draht etc*: kink. **3.** *fig.* (*Leistungsknick etc*) (sharp) drop, falling off.
knicken *v/t* **1.** (*a. v/i*) break, snap: → ***geknickt.*** **2.** (*Papier etc*) crease, fold: ***nicht*** ~***!*** do not bend! **3.** (*a. v/i*) (*Metall etc*) buckle, bend, (*Draht*) kink.
knickerig *adj* F stingy, mean.
Knicks *m* curtsy: ***e-n*** ~ ***machen*** (drop a) curtsy (***vor j-m*** to s.o.).
Knie *n* **1.** knee: ***bis an die*** ~ up to one's knees, knee-deep; ***j-n auf den*** **~*n bitten*** beg s.o. on bended knees; ***in die*** ~ ***brechen*** collapse; ***in die*** ~ ***gehen*** a) sag at the knees, b) *fig.* go to the wall; ***j-n in die*** ~ ***zwingen*** *a. fig.* force s.o. on his knees; *fig.* ***et. übers*** ~ ***brechen*** rush s.th.; F ***ich bekam weiche*** ~ I went weak at the knees, I became scared; ***j-n übers*** ~ ***legen*** give s.o. a spanking. **2.** (*Biegung*) bend. **3.** *tech.* elbow, bend.
Knie|beuge *f gym.* knee bend. **~fall** *m eccl.* genuflection.
kniefrei *adj* above-the-knee.
Knie|gelenk *n anat.*, *tech.* knee joint. **~kehle** *f anat.* hollow of the knee.
knielang *adj* knee-length.
knien I *v/i* (**vor** *dat* before) kneel, be on one's knees. II *v/reflex* **sich** ~ kneel down: F *fig.* ***sich*** ~ ***in*** (*acc*) get down to.
Knie|scheibe *f anat.* kneecap. **~schützer** *m* kneepad. **~strumpf** *m* knee-length sock.
knietief *adj* knee-deep.
Kniff *m* **1.** crease, fold. **2.** *fig.* trick.
kniff(e)lig *adj* tricky.
kniffen *v/t* fold (down), crease.
knipsen I *v/t* **1.** (*Fahrkarte*) punch. **2.** F ***j-n*** ~ take s.o.'s picture, snap s.o. II *v/i* **3.** F take photos, snap.
Knirps *m* little chap (*Am.* guy), *contp.* squirt.
knirschen *v/i* grate, *Schnee etc*: crunch: ***mit den Zähnen*** ~ grind one's teeth.
knistern *v/i* crackle, *bsd. Papier*, *Seide*: rustle: *fig.* ***der Saal knisterte vor Spannung*** the atmosphere in the hall was electric.
Knitterfalte *f* crease.
knitterfrei *adj* creaseproof, noncrease.
knittern *v/i u. v/t* crease, wrinkle.
knobeln *v/i* **1.** (**um** for) throw dice, toss. **2.** F (*tüfteln*) puzzle (**an** *dat* over).
Knoblauch *m* ♀ garlic. **~kapsel** *f* garlic pill. **~zehe** *f* clove of garlic.
Knöchel *m* (*von Finger*) knuckle, (*von Fuß*) ankle. **~bruch** *m* ankle fracture.
knöchellang *adj* ankle-length.
Knochen *m* bone: ***Fleisch mit*** (***ohne***) ~ meat on (off) the bone; ***bis auf die*** ~ a) ***abgemagert*** just skin and bones, b) ***nass*** soaked to the skin; F ***der Schreck fuhr mir in die*** ~ I was shaken to the core; ***das ist ihm in die*** ~ ***gefahren*** it really got to him; ***sich bis auf die*** ~ ***blamieren*** make an absolute fool of o.s. **~arbeit** *f* hard slog, gruel(l)ing work. **~bau** *m* bone structure. **~bildung** *f* bone formation. **~bruch** *m* fracture (of a bone). **~gerüst** *n* skeleton.
knochenhart *adj* F (as) hard as stone.
Knochen|haut *f anat.* periosteum. **~krebs** *m* ⚕ bone cancer. **~mark** *n* (bone) marrow. **~mehl** *n* ⚒ bone meal. **~mühle** *f* F *fig.* sweat shop. **~splitter** *m* bone splinter.
knochentrocken *adj* F bone-dry.
knöchern *adj* bone ..., bony, osseous.
knochig *adj* bony.
Knödel *m* dumpling.
Knolle *f* ♀ tuber, (*Zwiebel*) bulb.
Knollen *m* lump. **~blätterpilz** *m* ***Grüner*** ~ death cup. **~nase** *f* F bulbous nose. **~sellerie** *m* ♀ celeriac.
Knopf *m* **1.** button. **2.** *tech.* (push) button,

push: ***auf e-n ~ drücken*** push a button. **3.** → ***Knauf*** 1, 3. **4.** F *fig.* → ***Knirps.***

Knopfdruck *m* ***auf*** (*od.* ***per***) **~** at the touch of a button.

knöpfen *v/t* button: ***zum Knöpfen*** buttoned.

Knopfloch *n* buttonhole: F *fig.* ***aus allen Knopflöchern platzen*** be bursting at the seams.

Knorpel *m* **1.** *anat.* cartilage. **2.** *gastr.* gristle. **knorpelig** *adj* **1.** *anat.* cartilaginous. **2.** *gastr.* gristly.

Knorren *m* knot, snag. **knorrig** *adj* **1.** gnarled, knotty. **2.** *fig. Person*: gruff.

Knospe *f*, **knospen** *v/i* bud.

Knoten I *m* **1.** knot: ***e-n ~ machen*** tie a knot (***in*** *acc* into); F *fig.* ***bei ihm ist endlich der ~ geplatzt*** he has caught on at last. **2.** (*Haarknoten*) bun, knot. **3.** ⚓ knot: ***10 ~ machen*** do ten knots. **4.** ⚘, ⚕ knot, *a. astr., phys.* node. **II** *v/t* **5.** knot, tie a knot in. **~punkt** *m* **1.** 🚂 *etc* junction. **2.** *fig.* cent/re (*Am.* -er).

knotig *adj a. fig.* knotty.

Know-how *n* know-how, expertise.

Knuff *m* F poke, *heimlicher*: nudge: ***j-m e-n ~ geben*** → **knuffen** *v/t* ***j-n ~*** punch (*heimlich*: nudge) s.o.

Knülch *m* F bloke, *Am.* guy, *sl.* creep.

knüllen *v/t u. v/i* crumple.

Knüller *m* F sensation, (big) hit, *Presse*: scoop.

knüpfen I *v/t* tie, make, (*Teppich*) knot: ***et. ~ an*** (*acc*) fasten (*fig. Bedingung etc*: attach) s.th. to; *fig.* ***Hoffnungen ~ an*** (*acc*) pin one's hopes on. **II** *v/reflex* ***sich ~ an*** (*acc*) *fig. Bedingung etc*: be attached to, *Erinnerung etc*: be connected with, (*folgen*) arise from.

Knüppel *m* **1.** (heavy) stick, club, (*Polizeiknüppel*) truncheon, *bsd. Am.* club: *fig.* ***j-m e-n ~ zwischen die Beine werfen*** put a spoke in s.o.'s wheels. **2.** (*Steuer-, Schaltknüppel*) stick. **~damm** *m* log road, *Am.* corduroy road.

knüppeldick *adv* ***ich habs ~!*** I'm fed up to here!; ***es kommt immer gleich ~!*** it never rains but pours!

knüppeln *v/t* beat, club.

Knüppelschaltung *f mot.* ***mit ~*** with floor-mounted gear change.

knurren *v/i* **1.** (*a. v/t*) growl, snarl. **2.** *fig.* (*murren*) grumble (***über*** *acc* at). **3.** *Magen*: rumble: ***mir knurrt der Magen*** I'm famished. **knurrig** *adj* F *fig.* grumpy.

knusp(e)rig *adj Brötchen etc*: crisp.

Knute *f* knout: *fig.* ***unter j-s ~ stehen*** be under s.o.'s thumb.

knutschen *v/i* F neck, smooch, snog.

Knutschfleck *m* F love bite.

k. o. *adj pred Boxen*: knocked out: ***j-n ~ schlagen*** knock s.o. out; F *fig.* ***ich bin ~*** I'm all in. **K. o.** *m Boxen*: knockout.

Koala(bär) *m* koala bear.

Koalition *f pol.* coalition.

Koalitionsfreiheit *f* freedom of association.

Kobalt *m min.* cobalt. **~blau** *n* cobalt blue. **~bombe** *f* cobalt bomb.

Kobold *m* (hob)goblin, (*a. Kind*) imp.

Koch *m* cook: ***viele Köche verderben den Brei*** too many cooks spoil the broth. **~buch** *n* cookery book, *bsd. Am.* cookbook.

kochen I *v/t* **1.** cook, (*Wasser, Eier, Wäsche etc*) boil, (*Kaffee, Tee*) make. **II** *v/i* **2.** cook, do the cooking: ***sie kocht gut*** she is a good cook. **3.** *Speise*: be cooking, *Wasser*: be boiling: ***~d heiß*** boiling hot, scalding; ***leicht ~, auf kleiner Flamme ~*** simmer; *fig.* ***er kochte innerlich*** (*od.* ***vor Wut***) he was seething with rage.

Kochen *n* cooking: ***zum ~ bringen*** a) ***et.*** bring s.th. to the boil, b) *fig.* ***j-n*** make s.o.'s blood boil.

Kocher *m* cooker.

Köcher *m* quiver.

kochfertig *adj* ready-to-cook, instant.

Koch|gelegenheit *f* cooking facilities *pl.* **~geschirr** *n mil.* mess tin (*Am.* kit).

Köchin *f* cook.

Koch|kunst *f* cookery, cuisine, culinary art. **~kurs(us)** *m* cookery course. **~löffel** *m* wooden spoon. **~nische** *f* kitchenette. **~platte** *f* hot plate. **~rezept** *n* (cooking) recipe.

Kochsalz *n* **1.** table salt. **2.** ⚗ sodium chloride.

kochsalzarm *adj* low-salt.

Kochsalzlösung *f* ⚕ saline (solution).

Kochtopf *m* cooking pot, saucepan.

Kochwäsche *f* boil wash.

Kode *m* code.

kodieren *v/t* code.

Kodierung *f* coding.

Köder *m*, **ködern** *v/t a. fig.* bait: ***er lässt sich mit Geld nicht ~*** he is not tempted by money.

Koeffizient *m* ⅍ coefficient.

Koexistenz *f* coexistence.

Koffein *n* caffeine.

koffeinfrei *adj* decaffeinated.

Koffer *m* bag, case, (*Handkoffer*) suitcase, (*Schrankkoffer*) trunk: ***die ~*** *pl* luggage *sg*, *bsd. Am.* baggage *sg*; ***~ packen*** pack one's bags; F *fig.* ***die ~ packen*** leave; ***aus dem ~ leben*** live out of a suitcase.

Koffer|anhänger *m* luggage tag. **~kuli** *m* (luggage) trolley, *Am.* cart. **~radio** *n* portable. **~raum** *m mot.* boot, *Am.* trunk: ***viel ~ haben*** have much luggage space.

K

Kognak *m* cognac, brandy.
Kohl *m* **1.** ⚘ cabbage. **2.** F *fig.* (***red k-n ~*** don't talk) rubbish.
Kohldampf *m* F ***~ haben*** be starving.
Kohle *f* **1.** coal, (*Holzkohle*) charcoal (*a. paint.*): ***ausgeglühte ~*** cinders *pl*; ***glühende ~*** ember; ***ich saß* (*wie*) *auf* (*glühenden*) *~n*** I was on tenterhooks. **2.** F *fig.* (*Geld*) lolly, *Am.* bread: ***Hauptsache, die ~n stimmen!*** it's all right as long as the money is right!
kohlehaltig *adj* carboniferous.
Kohlehydrat *n* carbohydrate.
Kohlekraftwerk *n* coal power plant.
Kohlen|bergbau *m* coal mining. **~bergwerk** *n* coal mine. **~dioxid** *n* ⚗ carbon dioxide. **~monoxid** *n* ⚗ carbon monoxide. **~revier** *n* coalfield. **~säure** *f* ⚗ carbonic acid. **~staub** *m* coal dust. **~stoff** *m* ⚗ carbon. **~wasserstoff** *m* ⚗ hydrocarbon.
Kohle|papier *n* carbon (paper). **~stift** *m* charcoal. **~tablette** *f* charcoal tablet. **~vorkommen** *n* coal deposit(s *pl*). **~zeichnung** *f* charcoal (drawing).
Kohlkopf *m* ⚘ cabbage.
Kohlmeise *f zo.* great titmouse.
kohlrabenschwarz *adj* coal-black.
Kohlrabi *m* ⚘ kohlrabi.
Kohlrübe *f* ⚘ swede.
Kohlsprossen *pl österr.* Brussels sprouts *pl.*
Kohlweißling *m zo.* cabbage butterfly.
Koitus *m* coitus, coition.
Koje *f* ⚓ berth, bunk.
Kokain *n* cocaine.
kokett *adj* coquettish. **Koketterie** *f* coquetry. **kokettieren** *v/i a. fig.* flirt.
Kokolores *m* F rubbish.
Kokon *m* cocoon.
Kokos|faser *f* coconut fibre (*Am.* fiber), coir. **~fett** *n* coconut fat. **~milch** *f* coconut milk. **~nuss** *f* coconut. **~palme** *f* coconut palm.
Koks[1] *m* **1.** *tech.* coke. **2.** → ***Kohle*** 2.
Koks[2] *m sl.* (*Kokain*) coke.
koksen *v/i sl.* take coke.
Kolben *m* **1.** (*in Motor*) piston, (*e-r Pumpe, a.* ⚕ *e-r Spritze*) plunger. **2.** ⚗ flask. **3.** (*e-s Gewehrs*) butt. **4.** ⚘ spike. **5.** F (*Nase*) conk. **~fresser** *m mot.* F jamming of the piston. **~hub** *m* piston stroke. **~ring** *m* piston ring. **~stange** *f* piston rod.
Kolchos *m*, **Kolchose** *f* kolkhoz, collective farm.
Kolibakterie *f* ⚕ colibacillus.
Kolibri *m zo.* hummingbird.
Kolik *f* ⚕ colic.
Kollaborateur(in) *pol.* collaborator.
Kollaps *m* ⚕ (*a.* ***e-n ~ erleiden***) collapse.
Kolleg *n* **1.** *univ.* a) (single) lecture, b) course of lectures: ***ein ~ halten über*** (*acc*) lecture on. **2.** → ***Kollegstufe.***
Kollegblock *m* (lecture *od.* student's) writing pad.
Kollege *m* colleague, (*Arbeitskollege*) workmate.
Kollegen|kreis *m* ***im ~*** among colleagues. **~rabatt** *m* trade discount.
kollegial *adj* cooperative, helpful: *adv* ***sich ~ verhalten*** be loyal (***gegenüber*** to[wards]).
Kollegin *f* → ***Kollege.***
Kollegium *n ped.* (teaching) staff, *Am. a.* faculty.
Kolleg|mappe *f* (underarm) briefcase. **~stufe** *f ped. etwa* sixth-form college.
Kollekte *f eccl.* collection.
Kollektion *f* collection, *econ. Warenangebot*: *a.* range, (*Musterkollektion*) samples *pl*, (*Auswahl*) selection.
kollektiv *adj*, **Kollektiv** *n* collective.
kollektivieren *v/t* collectivize.
Kollektivschuld *f* collective guilt.
Kollektivum *n ling.* collective (noun).
Kollektivwirtschaft *f* collective economy.
Kollektor *m* ⚡ commutator, (*a. Sonnenkollektor*) collector.
Koller *m* F (***e-n ~ kriegen*** fly into a) tantrum.
kollidieren *v/i* collide, *fig. Interessen etc*: *a.* clash.
Kollier *n* necklace.
Kollision *f* collision, *fig. a.* clash, conflict. **Kollisionskurs** *m a. fig.* (***auf ~*** on a) collision course.
Kolloquium *n* colloquium.
Köln *n* Cologne.
Kölner **I** *m* inhabitant of Cologne. **II** *adj* (of) Cologne: ***der ~ Dom*** Cologne Cathedral. **Kölnerin** *f* → ***Kölner*** I.
Kölnischwasser *n* eau-de-Cologne.
kolonial *adj*, **Kolonial...** colonial.
Kolonialismus *m* colonialism.
Kolonialmacht *f* colonial power.
Kolonialreich *n* colonial empire.
Kolonie *f* colony. **Kolonisation** *f* colonization. **kolonisieren** *v/t* colonize. **Kolonist(in)** colonist, settler.
Kolonnade *f* △ colonnade.
Kolonne *f allg.* column (*a.* ⚔, *print.*), *aus Fahrzeugen*: *a.* line, *mil.* convoy: ***~ fahren*** drive in line (*mil.* convoy); *fig. pol.* ***die fünfte ~*** the Fifth Column.
Kolonnenspringer(in) *mot.* F queue jumper.
Kolophonium *n* colophony, rosin.
Koloratur *f* coloratura.
kolorieren *v/t* colo(u)r.
Kolorit *n* **1.** ♪ colo(u)r. **2.** *paint.* colo(u)ring.

3. *fig.* (*Lokalkolorit*) (local) colo(u)r, atmosphere.

Koloss *m* colossus, *fig. a.* giant.

kolossal I *adj* colossal, huge, F *fig. a.* enormous. II *adv* F *fig.* enormously: *~ viel* an enormous amount (of).

Kolportage *f* **1.** sensationalism. **2.** → **Kolportageliteratur** *f* trashy (*od.* sensational) literature.

kolportieren *v/t* spread.

Kolumbien *n* Colombia.

Kolumne *f* column.

Kolumnentitel *m print.* (*lebender ~* running) head(line).

Kolumnist(in) columnist.

Koma *n* ⚕ coma.

Kombi *m* → ***Kombiwagen.***

Kombikarte *f* combi-ticket.

Kombinat *n econ.* combined collective.

Kombination *f* **1.** *allg.* combination (*a. Schach, e-s Schlosses etc*), *Fußball etc*: (combined) move. **2.** *fig.* (*Schlussfolgerung*) deduction, (*Vermutung*) conjecture. **3.** *Mode*: set, ensemble, (*Montur*) overalls *pl*, (*Fliegerkombination*) flying suit. **4.** *Sport*: ***alpine ~*** alpine combined; → ***nordisch.***

Kombinations|gabe *f* power(s *pl*) of deduction. **~schloss** *n* combination lock.

kombinieren I *v/t* **1.** (***mit*** with) combine, (*Kleidungsstücke*) *a.* wear together. II *v/i* **2.** *Sport*: combine: ***gut ~*** show excellent teamwork. **3.** *fig.* (*folgern*) deduct, (*vermuten*) conjecture.

Kombiwagen *m* estate car, *bsd. Am.* station wagon.

Kombüse *f* ⚓ galley.

Komet *m astr.* comet. **kometenhaft** *adj fig.* comet-like, meteoric.

Komfort *m* (*Bequemlichkeit*) comfort, (*Luxus*) luxury, (*Ausstattungskomfort*) conveniences *pl*: ***mit allem ~*** with all modern conveniences (*Gerät etc*: extras).

komfortabel *adj* (*bequem*) comfortable, (*mit Komfort*) luxurious.

Komfortwohnung *f* luxury flat.

Komik *f the* comic, (*komische Wirkung*) comic effect (*od.* touch): ***e-r gewissen ~ nicht entbehren*** have a comic side.

Komiker *m* comedian (*a.* F *fig.*), comic actor.

Komikerin *f* comedienne, comic actress.

komisch *adj* **1.** comic(al), funny: ***~e Oper*** comic opera; ***was ist daran so ~?*** what's so funny about it? **2.** F *fig.* funny, queer: ***ich habe so ein ~es Gefühl*** I feel funny; ***das kam mir sehr ~ vor*** I found that very strange; ***das Komische daran ist ...*** the funny thing about it is ...; ***~, dass ...*** (it's) funny that ...

komischerweise *adv* funnily enough.

Komitee *n* committee.

Komma *n* comma, *im Dezimalbruch*: (decimal) point: ***vier ~ fünf*** (4,5) four point five; ***null ~ drei*** point three.

Kommandant(in) commander. **Kommandantur** *f* (garrison, *Am.* post) headquarters *pl.* **Kommandeur(in)** commanding officer. **kommandieren** I *v/t* **1.** command (*a.* F *fig.*), be in command of: ***j-n ~ zu*** detach (*einteilen*: detail) s.o. to. II *v/i* **2.** (be in) command: ***~der General*** commanding general. **3.** F *fig.* give the orders.

Kommanditgesellschaft *f econ.* limited partnership.

Kommanditist(in) *econ.* limited partner.

Kommando *n allg.* command, (*Befehl*) *a.* order, (*~truppe*) commando (unit), (*Abteilung*) detachment: (***wie***) ***auf ~*** (as if) by command. **~brücke** *f* ⚓ (navigating) bridge. **~kapsel** *f Raumfahrt*: command module. **~raum** *m* control room. **~sprache** *f Computer*: command language. **~turm** *m* (conning *od.* control) tower. **~wirtschaft** *f* ***staatliche ~*** command economy. **~zentrale** *f* control cent/re (*Am.* -er).

kommen I *v/i* **1.** *allg.* come (*a.* F *e-n Orgasmus haben*), (*heran~*) *a.* approach, (*gelangen*) get (***bis*** to), (*an~*) arrive: ***angelaufen ~*** come running; ***j-n ~ sehen*** see s.o. coming (*od.* come); *fig.* ***ich habe es ~ sehen*** I saw it coming; ***~ lassen*** a) (*j-n*) send for, call, b) (*et.*) order; ***zu spät ~*** be (*od.* come) late; ***weit ~*** *a. fig.* get far; ***wie weit bist du gekommen?*** how far did you get? (→ 10); ***er wird bald ~*** he won't be long; ***wann kommt der nächste Bus?*** when is the next bus due (to arrive)?; ***zur Schule ~*** start school; ***komme, was wolle*** come what may; *fig.* ***mir kam der Gedanke*** the idea entered my mind; ***ihr kamen die Tränen*** her eyes filled with tears; ***später kamen mir Zweifel*** afterwards I started to have doubts; (***na,***) ***komm schon!*** come on!; ***ich komme*** (***schon***)***!*** (I'm) coming!; F ***~ Sie mir nicht so!*** don't (you) try that on me!; → ***Gefängnis*** 1. **2.** *fig.* ***~ auf*** (*acc*) a) (*herausfinden*) hit on, b) (*sich erinnern*) think of, c) (*sich belaufen*) amount to, come to; ***ich komme nicht darauf!*** I just can't think of it!; ***darauf komme ich gleich*** (***zu sprechen***)***!*** I'll be coming to that!; ***wie kommst du darauf?*** what makes you think (*od.* say) that?; ***auf jeden von uns ~ zwei Äpfel*** each of us will get two apples; ***er kommt auf 3000 Mark im Monat*** he makes 3,000 marks a month; → ***Schliche, Sprache*** 2 *etc.* **3.** *fig.* ***hinter et. ~*** find out. **4.** F *fig.* ***er kommt nach s-r Mutter*** he takes after his mother. **5.** *fig.* ***was ist***

K

über dich gekommen? what has come over (*od.* got into) you? **6.** ***um*** *et.* ~ lose, (*verpassen*) miss. **7.** ~ ***von*** come from, *fig. a.* be due to. **8.** *fig.* ~ ***zu*** come by, get; ***zu Geld*** ~ come into money; (***wieder***) ***zu sich*** ~ come round (*od.* to), *weitS.* recover; ***ich bin nicht dazu gekommen, den Brief zu schreiben*** I didn't get round to writing the letter; ***wie*** ~ ***Sie dazu?*** how dare you? **II** *v/impers* **9.** ***es kommt j-d*** s.o. is coming. **10.** (*geschehen*) happen, come (about): ***so musste es ja*** ~***!*** it was bound to happen that way!; ***wie kommt es, dass ...?*** why is it that ...?, F how come ...?; ***daher kommt es, dass ...*** that's why ...; ***es kam zum Krieg*** there was a war; ***es ist so weit gekommen, dass ...*** things have got to a stage where ...

Kommen *n* coming, (*Ankunft*) arrival: *fig.* ***... sind wieder im*** ~ ... are coming (*od.* on the way in) again.

kommend *adj* coming, (*zukünftig*) *a.* future: ~***e Woche*** next week; ***in den*** ~***en Jahren*** in the years to come; ***die*** ~***e Generation*** the rising generation; ***er ist der*** ~***e Mann*** he is the coming man.

K

Kommentar *m* (**zu** on) commentary, (*Stellungnahme*) comment: ***kein*** ~***!,*** ~ ***überflüssig!*** no comment!

kommentarlos *adv* without comment.

Kommentator(in) commentator.

kommentieren *v/t* comment on.

Kommerz *m* commerce: ***reiner*** ~ pure commercialism; ***nur auf*** ~ ***aussein*** be out for profit. ~**denken** *n* money-grubbing mentality.

kommerzialisieren *v/t* commercialize.

kommerziell *adj* commercial.

Kommilitone *m*, **Kommilitonin** *f* fellow student.

Kommiss *m* F (***beim*** ~ in the) army.

Kommissar(in) **1.** commissioner. **2.** → ***Kriminalkommissar.*** **3.** *pol. hist.* commissar.

kommissarisch *adj* **1.** (*vorübergehend*) temporary. **2.** (*stellvertretend*) deputy.

Kommission *f* commission (*a. econ.*), committee: *econ.* ***in*** ~ on commission.

Kommissionär(in) *econ.* commission agent.

Kommissions|basis *f* ***auf*** ~ on commission. ~**buchhändler(in)** wholesale bookseller. ~**geschäft** *n* commission business. ~**ware** *f* consigned goods *pl.*

Kommittent *m* consignor.

Kommode *f* chest of drawers.

kommunal *adj* local, municipal.

Kommunal|abgaben *pl* local rates (*Am.* taxes) *pl.* ~**beamte** *m*, ~**beamtin** *f* municipal officer. ~**politik** *f* local politics *pl* (*a. sg konstr.*). ~**verwaltung** *f* local government. ~**wahlen** *pl* local elections *pl.*

Kommune *f* **1.** community. **2.** (*Wohngemeinschaft*) commune.

Kommunikation *f* communication.

Kommunikations|fluss *m* flow of communication: ***gestörter*** ~ communication breakdown. ~**mittel** *n* means of communication, *pl a.* (mass) media *pl.* ~**netz** *n* communications network. ~**schwierigkeiten** *pl* lack *sg* of communication. ~**system** *n* communications system. ~**technik** *f* communications technology. ~**wissenschaft** *f* communication science.

kommunikativ *adj* communicative.

Kommunikee *n* → ***Kommuniqué.***

Kommunion *f* (Holy) Communion.

Kommuniqué *n* communiqué.

Kommunismus *m* communism.

Kommunist(in) communist.

kommunistisch *adj* communist(ic).

kommunizieren *v/i allg.* communicate.

Komödiant *m* comedian, *fig. contp.* play-actor. **Komödiantin** *f* comedienne. **Komödie** *f* comedy, *fig.* farce.

Kompagnon *m econ.* partner.

kompakt *adj allg.* compact.

Kompanie *f mil.* company.

Komparativ *m* comparative (degree).

Komparse *m*, **Komparsin** *f Film etc*: extra, bit player.

Kompass *m* (***nach dem*** ~ by) compass. ~**haus** *n* ⚓ binnacle. ~**nadel** *f* compass needle. ~**rose** *f* compass card.

kompatibel *adj allg.* compatible.

Kompatibilität *f* compatibility.

Kompensation *f allg.* compensation.

Kompensationsgeschäft *n* barter transaction.

kompensieren *v/t allg.* compensate (for) (*a. psych.*).

kompetent *adj allg.* competent, (*zuständig*) *a.* responsible (*beide*: **für** for), (*befugt*) *a.* authorized.

Kompetenz *f* competence, (*Zuständigkeit*) *a.* responsibility, (*Befugnis*) *a.* authority: ***s-e*** ~***en überschreiten*** exceed one's authority. ~**bereich** *m* sphere of authority. ~**streit** *m*, ~**streitigkeit** *f mst pl* demarcation dispute.

kompilieren *v/t* compile.

Komplementär *m econ.* general partner.

Komplementärfarbe *f* complementary colo(u)r.

komplett *adj* complete.

komplex *adj* complex.

Komplex *m allg.* complex: *psych.* ***e-n*** ~ ***haben*** have a complex (F hangup) (***wegen*** about).

Komplikation *f allg.* complication.

Kompliment *n* (***j-m ein*** ~ ***machen*** pay s.o. a) compliment; ~***!*** congratulations!

Komplize *m*, **Komplizin** *f* accomplice.
komplizieren *v/t* complicate.
kompliziert *adj* complicated, complex (*character etc*), intricate (*problem etc*): ⚕ **~*er Bruch*** compound fracture.
Komplott *n* (*a.* ***ein ~ schmieden***) plot (***gegen*** against).
Komponente *f* component.
komponieren *v/t u. v/i a. fig.* compose.
Komponist(in) composer.
Komposition *f a. fig.* composition.
Kompositum *n* compound (word).
Kompost *m*, **kompostieren** *v/t* compost.
Kompott *n gastr.* stewed fruit.
Kompresse *f* ⚕ compress.
Kompression *f von Daten*: compression.
Kompressor *m tech.* compressor, *mot.* supercharger.
komprimieren *v/t* compress (*a. Daten*).
Kompromiss *m* compromise: ***e-n ~ schließen*** (make a) compromise (***über*** *acc* on). **~bereitschaft** *f* willingness to compromise.
kompromisslos *adj* uncompromising.
Kompromiss|lösung *f* compromise solution. **~vorschlag** *m* ***e-n ~ machen*** suggest a compromise.
kompromittieren *v/t* compromise (***sich*** o.s.).
Kondensat *n* condensate. **Kondensation** *f* condensation.
Kondensator *m* **1.** *tech.* condenser. **2.** ⚡ capacitor.
kondensieren *v/t u. v/i* condense.
Kondens|milch *f* evaporated milk. **~streifen** *m* ✈ condensation trails *pl.* **~wasser** *n* condensation water.
Kondition *f allg.* condition (*econ. mst pl*), *Sport*: *a.* trim, shape: ***e-e ausgezeichnete ~ haben*** be very fit.
Konditional *n ling.* conditional (mood). **~satz** *m* conditional clause.
Konditionsschwäche *f Sport*: lack of stamina, poor shape.
konditionsstark *adj* very fit.
Konditionstraining *n Sport*: fitness training.
Konditor(in) pastry cook.
Konditorei *f* cake shop, *weitS.* café.
Kondolenz(...) → ***Beileid*(*s...*)**.
kondolieren *v/i* ***j-m ~*** condole with s.o. (***zu*** on).
Kondom *n, m* condom, *Am. a.* prophylactic.
Konfekt *n* sweets *pl*, *bsd. Am.* (soft) candy, (*Pralinen*) chocolates *pl.*
Konfektion *f* (manufacture of) ready-to-wear clothes *pl.*
Konfektions... ready-to-wear (*clothes, suit, etc*). **~größe** *f* size.
Konferenz *f* conference, meeting. **~dolmetscher(in)** conference interpreter. **~gespräch** *n teleph.* conference call. **~raum** *m* conference room. **~schaltung** *f Radio, TV etc* conference system. **~sessel** *m* conference chair. **~teilnehmer(in)** conference member. **~tisch** *m* conference table.
konferieren *v/i* confer (***über*** *acc* on).
Konfession *f* (***welcher ~ gehören Sie an?*** what is your) denomination(?).
konfessionell *adj* denominational.
konfessionslos *adj* nondenominational.
Konfessionsschule *f* denominational school.
Konfetti *n* confetti.
Konfiguration *f Computer*: configuration.
Konfirmand(in) confirmand.
Konfirmation *f* confirmation.
konfirmieren *v/t* confirm.
konfiszieren *v/t* confiscate, seize.
Konfitüre *f* jam.
Konflikt *m* (***in ~ geraten*** come into) conflict (***mit*** with).
konfliktscheu *adj*: ***sie ist ~*** she doesn't like confrontation.
Konfliktstoff *m* matter for conflict.
konform *adj* conforming, 𝔄 conformal: ***mit j-m ~ gehen*** agree with s.o. (***in*** *dat* about). **Konformismus** *m* conformism. **Konformist(in), konformistisch** *adj* conformist.
Konfrontation *f* confrontation.
konfrontieren *v/t* ***j-n ~*** confront s.o. (***mit*** with).
konfus *adj* confused, *Person*: *a.* muddle-headed. **Konfusion** *f* confusion.
Konglomerat *n a. fig.* conglomerate.
Kongress *m* congress, convention: *pol. Am.* ***der ~*** Congress. **~mitglied** *n pol. Am.* Congressman (-woman). **~teilnehmer(in)** congress member.
kongruent *adj* 𝔄 *u. fig.* congruent.
Kongruenz *f* 𝔄 congruence.
Konifere *f* ♣ conifer.
König *m allg.* king.
Königin *f a. zo.* queen. **~mutter** *f* queen mother. **~pastete** *f* vol-au-vent. **~witwe** *f* queen dowager.
königlich *adj* royal, *Macht, Insignien etc*: *a.* regal, *fig. a.* kingly: *adv* ***sich ~ amüsieren*** have great fun.
Königreich *n* kingdom, *rhet.* realm.
Königs|haus *n* royal house (*od.* dynasty). **~krone** *f* royal crown. **~sohn** *m* king's son, prince. **~tiger** *m zo.* Bengal tiger. **~tochter** *f* king's daughter, princess. **~würde** *f* royal dignity.
konisch *adj* conic(al).
Konjugation *f* conjugation.
konjugieren *v/t* conjugate.
Konjunktion *f ling.* conjunction.

Konjunktiv *m ling.* subjunctive (mood). **~satz** *m* subjunctive clause.
Konjunktur *f econ.* business cycle, (*Hochkonjunktur*) boom, (*Tendenz, Lage*) economic trend (*od.* situation).
konjunkturabhängig *adj* cyclic(al).
Konjunktur|abschwächung *f* downward trend, downswing. **~aufschwung** *m* upswing. **~aussichten** *pl* economic outlook. **~barometer** *n* business barometer.
konjunkturbedingt *adj* cyclic(al).
Konjunktur|belebung *f* business revival. **~bericht** *m* economic report.
konjunkturdämpfend *adj* countercyclical.
konjunkturell *adj* cyclic(al), economic.
Konjunktur|entwicklung *f* economic trend. **~flaute** *f* economic slowdown. **~krise** *f* economic depression. **~phase** *f* trade cycle. **~politik** *f* trade-cycle policy. **~prognose** *f* economic (*od.* business) forecast. **~programm** *n* stimulus program(me). **~rückgang** *m* decline in economic activity, business slump. **~schwankungen** *pl* cyclical fluctuations *pl.* **~spritze** *f* F shot in the arm. **~tief** *n* economic low, bottom. **~verlauf** *m* economic trend. **~zyklus** *m* business (*od.* trade) cycle.

K

konkav *adj* concave.
Konkordat *n* concordat.
konkret *adj allg.* concrete, (*genau*) *a.* specific, precise: ***du musst dich et. ~er ausdrücken*** you must be more explicit.
konkretisieren **I** *v/t* put *s.th.* in concrete form (*od.* terms). **II** *v/reflex* ***sich ~*** take shape, *Idee*: gel.
Konkubine *f* concubine.
Konkurrent(in) competitor, (*econ. a.* business) rival.
Konkurrenz *f* **1.** competition, rivalry: ***j-m ~ machen*** enter into competition (*od.* compete) with s.o. **2.** *econ.* competitor(s *pl*), rival(s *pl*), *coll. a.* competi-tion: ***die ~ ausschalten*** eliminate one's competitors. **3.** (*Wettbewerb*) competition, contest, *Sport*: *a.* event: ***außer ~*** hors concours. **~angebot** *n* rival offer. **~druck** *m* competitive pressure. **~erzeugnis** *n* rival product.
konkurrenzfähig *adj* competitive, able to compete.
Konkurrenzfähigkeit *f* competitiveness.
Konkurrenz|firma *f*, **~geschäft** *n* rival firm. **~kampf** *m* (***mörderischer ~*** cutthroat) competition. **~klausel** *f* restraint clause.
konkurrenzlos *adj* unrival(l)ed.
Konkurrenz|marke *f* rival brand. **~preis** *m* competitive price. **~produkt** *n* rival product, *pl* rival goods *pl.* **~verbot** *n* (agreement on) restraint of trade.
konkurrieren *v/i* compete (***um*** for).
Konkurs *m* bankruptcy: ***in ~ gehen, ~ machen*** go bankrupt. **~antrag** *m* petition in bankruptcy. **~erklärung** *f* declaration of insolvency. **~eröffnung** *f* commencement of bankruptcy proceedings. **~masse** *f* bankrupt's estate. **~verfahren** *n* (***das ~ eröffnen*** institute) bankruptcy proceedings *pl.* **~verwalter(in)** trustee in bankruptcy, *gerichtlich*: (official) receiver.
können *v/aux, v/i, v/t* **1.** (*vermögen*) be able to: ***kannst du es?*** can you do it?; ***er hätte es tun ~*** he could have done it; ***ich habe nicht arbeiten ~*** I was unable to work; ***ich kann nicht mehr!*** I can't go on!, F I've had it!, *seelisch*: I can't take any more!, (*essen*) I can't manage (*od.* eat) any more!; F ***da kann man nichts machen!*** there's nothing to be done!; ***du kannst mich mal!*** go to hell! **2.** (*beherrschen*) know: ***~ Sie tanzen?*** do you (know how to) dance?, can you dance?; ***sie kann kein Spanisch*** she doesn't know (*od.* speak) Spanish; F ***er kann etwas*** he is a capable fellow, he knows his stuff; ***er kann (gar) nichts!*** he's absolutely incapable! **3.** (*dürfen*) be allowed to: ***kann ich jetzt gehen?*** can I go now?; ***Sie ~ (es) mir glauben!*** (you may) believe me!; F ***das kann doch nicht wahr sein!*** but that's impossible! **4.** ***es kann sein, dass er noch kommt*** he may (*od.* might) come yet; ***ich kann mich irren*** I may be mistaken; ***wann könnte das gewesen sein?*** when might that have been?; ***du könntest Recht haben*** you may (*od.* could) be right; F ***kann sein!*** maybe! **5.** ***ich kann nichts für ...*** I'm not responsible (*od.* to blame) for ...; ***ich konnte doch nichts dafür!*** it wasn't my fault! **6.** F ***mit j-m (gut) ~*** get on with s.o. (like a house on fire).
Können *n* skill, ability.
Könner(in) expert, *bsd. Sport*: ace.
Konnossement *n econ.* bill of lading.
Konsekutivsatz *m* consecutive clause.
Konsens *m* consensus, (*Einwilligung*) consent.
konsequent *adj* (*folgerichtig*) consistent, logical, (*unbeirrbar*) firm, resolute, (*kompromisslos*) uncompromising: ***~ bleiben*** remain firm; *adv* ***~ verfolgen*** pursue resolutely.
Konsequenz *f* **1.** consequence: ***die ~en tragen*** bear the consequences; ***die ~en ziehen*** draw the conclusions (***aus*** from), *weitS.* act accordingly. **2.** (*Beharrlichkeit*) consistency: ***mit eiserner ~*** resolutely.
konservativ *adj*, **Konservative** *m, f* conservative, *pol. Br. a.* Tory.
Konservatorium *n* conservatory.
Konserve *f* **1.** preserve(d food), (*Dose*) tin,

can: **~n** *pl* tinned (*od.* canned) food *sg*; ***von ~n leben*** live out of tins (*od.* cans); F *fig.* ***Musik aus der ~*** canned music. **2.** → ***Blutkonserve.***

Konserven|büchse *f*, **~dose** *f* tin, can. **~fabrik** *f* canning factory, cannery.

konservieren *v/t allg.* preserve.

Konservierung *f* preservation.

Konservierungsmittel *n* preservative.

Konsistenz *f* consistency.

Konsole *f allg.* console.

konsolidieren *v/t u. v/reflex* ***sich ~*** consolidate.

Konsolidierung *f* consolidation.

Konsonant *m* consonant.

konsonantisch *adj* consonant(al).

Konsortium *n econ.* syndicate.

Konspiration *f* conspiracy, plot.

konspirativ *adj* conspiratorial.

konspirieren *v/i* conspire, plot.

konstant *adj allg.* constant: *adv* ***sich ~ weigern*** refuse obstinately.

Konstante *f a. fig.* constant.

konstatieren → ***feststellen*** 1-3.

Konstellation *f* constellation.

konsterniert *adj* completely taken aback, dismayed.

konstituieren *v/t* constitute: *parl.* ***sich ~ als ...*** resolve itself into ...; ***~de Versammlung*** constituent assembly.

Konstitution *f allg.* constitution.

konstitutionell *adj allg.* constitutional.

konstruieren *v/t* construct (*a. ling.*, ⅍), *tech. a.* design, build, *fig. contp.* fabricate.

Konstrukteur(in) design engineer.

Konstruktion *f* construction (*a. ling.*, ⅍), (*Entwurf, Bauart*) design, (*Bau*) structure.

Konstruktionsfehler *m* constructional fault, faulty design.

konstruktiv *adj* **1.** *bsd. fig.* constructive. **2.** *tech.* constructional, structural, design.

Konsul(in) consul. **Konsular...** consular. **Konsulat** *n* consulate.

Konsultation *f* consultation.

konsultieren *v/t* consult.

Konsum[1] *m* cooperative (store), F co-op.

Konsum[2] *m a. fig.* consumption. **~artikel** *m* consumer article, *pl* consumer goods *pl.* **~denken** *n* consumer mentality, consumerism. **~elektronik** *f* consumer electronics *pl.*

Konsument(in) *a. fig.* consumer.

Konsum|gesellschaft *f* consumer society. **~güter** *pl* consumer goods *pl.*

konsumieren *v/t a. fig.* consume.

Konsum|müll *m* consumer waste. **~neigung** *f* propensity to consume. **~terror** *m* aggressive marketing.

Kontakt *m allg.* contact: *fig.* ***mit j-m in ~ stehen*** be in contact (*od.* touch) with s.o.; ***mit j-m ~ aufnehmen*** get in touch with s.o., contact s.o. **~abzug** *m phot.* contact print.

kontaktarm *adj* unsociable: ***er ist ~*** *a.* F he is a bad mixer.

Kontaktbildschirm *m* touch screen.

kontaktfreudig *adj* sociable: ***er ist ~*** *a.* F he is a good mixer.

Kontakt|gift *n* contact poison. **~linse** *f opt.* contact lens. **~mann** *m* contact. **~person** *f a.* ⚕ contact. **~schalter** *m* touch sensitive switch.

Kontamination *f* contamination.

kontaminieren *v/t* contaminate.

Konten|bewegung *f* account movements *pl.* **~sparen** *n* saving through accounts. **~verwaltung** *f* account management.

Konter *m Sport:* counter-attack.

konterkarieren *v/t* thwart.

kontern *v/i u. v/t a. fig.* counter.

Konterrevolution *f* counterrevolution.

Kontext *m* (***aus dem ~ gerissen*** quoted out of) context.

kontieren *v/t* allocate *s.th.* to an account, enter (*s.th.* in the books).

Kontinent *m* continent: ***der*** (***europäische***) ***~*** the Continent.

kontinental *adj* continental.

Kontingent *n* contingent (*a. mil.*), *econ. a.* quota. **kontingentieren** *v/t* fix a quota for, (*rationieren*) ration.

kontinuierlich *adj* continuous.

Kontinuität *f* continuity.

Konto *n* account: ***ein ~ haben bei*** have (*od.* keep) an account with (*od.* at); ***ein ~ ausgleichen*** balance an account; F *fig.* ***das geht auf sein ~*** that's his doing, (*ist s-e Schuld*) *a.* he is to blame for it. **~ausgleich** *m* balancing (*od.* settling) an account. **~auszug** *m* bank statement. **~auszugsdrucker** *m* bank statement printer. **~bewegung** *f* account movement, account transaction. **~buch** *n* account book, *des Kunden:* passbook. **~eröffnung** *f* opening of an account.

kontoführend *adj* account-keeping: ***einlösbar bei der ~en Bank*** to be cashed at the bank where the account is held.

Konto|führung *f* account management. **~führungsgebühr** *f* service charge. **~inhaber(in)** account holder.

Kontokorrent *n*, **~konto** *n* current account. **~kredit** *m* current-account overdraft.

Kontonummer *f* account number.

Kontor *n* branch (office).

Kontorist(in) (office) clerk.

Konto|stand *m* balance (of an account): ***Ihr ~ beläuft sich auf ...*** you have ... to your credit. **~überziehung** *f* overdrawing of an account.

K

kontra I *prep* contra, ⚖ *u. fig.* versus. II *adv* ~ **sein** be against.
Kontra *n fig.* objection: ~ **geben** *Kartenspiel*: double; F *fig.* **j-m** ~ **geben** hit back at s.o.; → **Pro.**
Kontrabass *m* ♪ double bass.
Kontrahent(in) ⚖ contracting party, *fig.* opponent, *bsd. Sport*: rival.
Kontraindikation *f* contraindication.
Kontrakt *m* contract; → *a.* **Vertrag.**
Kontraktion *f allg.* contraction.
kontraproduktiv *adj* counterproductive.
Kontrapunkt *m* ♪ counterpoint.
konträr *adj* contrary, opposite.
Kontrast *m allg.* contrast: **e-n** ~ **bilden** (**zu**) → **kontrastieren.**
kontrastarm *adj phot.* flat.
kontrastieren *v/i* ~ (**mit**) contrast (with), form a contrast (to).
Kontrast|mittel *n* ⚕ radiopaque material. **~regler** *m* contrast control.
kontrastreich *adj phot., TV* contrasty.
Kontroll|abschnitt *m* stub, counterfoil. **~behörde** *f* control authority.
Kontrolle *f allg.* (*a. Beherrschung*) control (**über** *acc* of), *von Gepäck, Geräten etc*: inspection, check, (*Überwachung*) supervision: **unter** (**außer**) ~ under (out of) control; **unter ärztlicher** ~ under medical supervision; **er verlor die** ~ **über s-n Wagen** he lost control of his car; **... steht unter ständiger** ~ a constant check is kept on ...
Kontrolleur(in) inspector, supervisor.
Kontroll|funktion *f* controlling function. **~gang** *m* round.
kontrollieren *v/t allg.* (*a. beherrschen*) control, (*Gepäck, Geräte, Ausgaben etc*) check, (*überwachen*) supervise.
Kontroll|lampe *f* control light. **~leuchte** *f* pilot lamp. **~punkt** *m* checkpoint. **~turm** *m* ✈ control tower. **~uhr** *f* telltale clock. **~zentrum** *n* control cent/re (*Am.* -er), mission control. **~ziffer** *f Computer*: check digit.
kontrovers *adj* controversial.
Kontroverse *f* controversy, argument.
Kontur *f* contour, outline.
Konus *m* 𝔄 cone.
Konvention *f* convention.
Konventionalstrafe *f* penalty (for nonperformance).
konventionell *adj* conventional.
konvergieren *v/i* 𝔄 converge.
Konversation *f* conversation. **Konversationslexikon** *n* encyclop(a)edia.
konvertibel *adj* convertible.
konvertierbar *adj* convertible.
konvertieren *v/t u. v/i* (*a. Computer*) convert (*econ.* **in** *acc* into, *eccl.* **zu** to): **er ist** (*od.* **hat**) **konvertiert** *a.* he was converted.
Konvertierung *f* conversion. **Konvertit(in)** *eccl.* convert.
konvex *adj* 𝔄 convex.
Konvoi *m* (**im** *od.* **unter** ~ in) convoy.
Konzentrat *n* ⚗ concentrate.
Konzentration *f* concentration.
Konzentrations|fähigkeit *f* power(s *pl*) of concentration. **~lager** *n pol.* concentration camp. **~schwäche** *f* lack of concentration.
konzentrieren *v/t u. v/reflex* **sich** ~ *allg.* concentrate (**auf** *acc* on).
konzentriert *adj* concentrated: **in ~er Form** *a.* in tabloid form; *adv* ~ **arbeiten** *etc a.* work *etc* with concentration.
konzentrisch *adj* concentric(ally *adv*).
Konzept *n* rough draft (*od.* copy), *für e-e Rede*: *a.* notes *pl*, (*Plan*) plan(s *pl*): *fig.* **j-n aus dem** ~ **bringen** put s.o. off his stroke, F rattle s.o.; **aus dem** ~ **kommen** lose the thread; F **j-m das** ~ **verderben** thwart s.o.'s plans; **das passt ihm nicht ins** ~ that doesn't suit him at all. **~halter** *m* clipboard.
Konzeption *f* conception.
konzeptionell *adj* conceptual.
Konzern *m* combine, group. **~multi** *m* multinational corporation. **~spitze** *f* **1.** principal company of a group. **2.** central management.
Konzert *n* ♪ **1.** concert, (*Solokonzert*) recital: **ins** ~ **gehen** go to a concert. **2.** (*Stück*) concerto. **~abend** *m* concert (evening).
Konzertflügel *m* concert grand.
konzertiert *adj econ., pol.* **~e Aktion** concerted action.
Konzert|meister(in) leader, *Am.* concertmaster. **~saal** *m* concert hall.
Konzession *f* **1.** (*Zugeständnis*) concession (**an** *acc* to). **2.** licen/ce (*Am.* -se).
Konzessionär(in) licen/ce (*Am.* -se) holder, *jur.* concessionaire.
konzessionieren *v/t* grant a licen/ce (*Am.* -se) to, license, *Am.* licence.
Konzessionsinhaber(in) → **Konzessionär(in).**
Konzessivsatz *m* concessive clause.
Konzil *n* council.
konziliant *adj* conciliatory.
konzipieren *v/t* (*entwickeln*) conceive, (*entwerfen*) draft: **konzipiert für** *a. tech.* designed for.
Kooperation *f* cooperation.
kooperativ *adj* cooperative.
kooperieren *v/i* cooperate.
Koordinate *f* 𝔄 coordinate.
koordinieren *v/t* coordinate.
Kopf *m* **1.** *allg.* head (*a.* ⚘, ♪, *tech.*), (*Briefkopf etc*) *a.* letterhead, (*Pfeifenkopf*) bowl, (*Oberteil*) top, (*Sprengkopf*) warhead: ~ **hoch!** cheer up!, chin up!; ~ **an** ~ *Rennen*,

Wahl: neck to neck; ***von ~ bis Fuß*** from head to foot, from top to toe; ***mit bloßem ~*** bare-headed; ***über j-s ~ hinweg*** *a. fig.* over s.o.'s head; *fig.* ***pro ~*** per person, a head, *adm.* per capita; ***sie ist nicht auf den ~ gefallen*** she is no fool; ***ich war wie vor den ~ geschlagen*** I was thunderstruck; ***den ~ hängen lassen*** *a. fig.* hang one's head; F ***sein Geld auf den ~ hauen*** blow one's money; ***den ~ hinhalten*** take the blame (***für*** for); ***~ und Kragen riskieren*** risk one's neck; F *fig.* ***~ stehen*** be in a flap; ***ich weiß nicht, wo mir der ~ steht*** I don't know whether I'm coming or going; ***j-m zu ~e steigen*** go to s.o.'s head; ***auf den ~ stellen*** turn *s.th.* upside down, ***Tatsachen*** stand facts on their heads; ***... steht auf dem ~ ...*** is upside down; F ***und wenn du dich auf den ~ stellst!*** and if it kills you!; ***j-n vor den ~ stoßen*** offend s.o.; ***j-m über den ~ wachsen*** a) outgrow s.o., b) *fig.* be too much for s.o.; ***j-m den ~ waschen*** a) wash s.o.'s hair, b) *a.* ***j-m den ~ zurechtrücken*** straighten s.o. out; ***sie will immer mit dem ~ durch die Wand*** she always wants to have her own way regardless; ***j-m et. auf den ~ zusagen*** tell s.o. straight out; → ***Nagel, schütteln.*** **2.** *fig.* (*Person, Geist*) *allg.* head, (*Verstand*) *a.* mind, brains *pl*, (*Führer*) *a.* leader, brain: ***er war der ~ des Unternehmens*** he was the head (*od.* brain) of the enterprise; ***aus dem ~*** by heart; ***das will mir nicht aus dem ~*** I can't get it out of my mind; ***et. im ~ rechnen*** work s.th. out in one's head; F ***das hältst du ja im ~ nicht aus!*** it's incredible!; ***e-n kühlen*** (***klaren***) ***~ bewahren*** keep a cool (clear) head; ***sich et. durch den ~ gehen lassen*** think s.th. over; ***es muss nicht immer nach d-m ~ gehen!*** you can't always have things your own way!; ***ich habe die Zahlen nicht im ~*** I can't give you the figures off the cuff; ***er hat andere Dinge im ~*** he has other things on his mind; ***er hat nur Fußball im ~*** he thinks of nothing but football; ***schlag dir das aus dem ~!*** forget it!; ***sich et. in den ~ setzen*** take s.th. into one's head; ***j-m den ~ verdrehen*** turn s.o.'s head; ***den ~ verlieren*** lose one's head; ***sich den ~ zerbrechen*** rack one's brains (***über*** *acc* over); → ***herumgehen*** 1, ***richtig*** 1.

Kopf|bahnhof *m* terminal. **~ball** *m* header. **~bedeckung** *f* headgear, hat.

Köpfchen *n* F *fig.* ***~ haben*** have brains.

köpfen *v/t* **1.** behead. **2.** (*Ball*) head.

Kopf|ende *n* head. **~haar** *n* hair (on the head). **~haut** *f* scalp. **~hörer** *m* headphone, *pl a.* headset. **~kissen** *n* pillow.

kopflastig *adj* top-heavy.

Kopflaus *f* head louse.

kopflos *adj* **1.** headless. **2.** *fig.* panicky: ***~ werden*** lose one's head, panic; *adv* ***~ handeln*** act in panic.

Kopf|nicken *n* nod. **~putz** *m* headdress. **~rechnen** *n* mental arithmetic. **~salat** *m* lettuce.

kopfscheu *adj fig.* ***~ werden*** become confused; ***j-n ~ machen*** confuse (*od.* intimidate) s.o.

Kopfschmerz *m mst pl* (***~en haben*** have a) headache. **~tablette** *f* aspirin.

Kopfschuss *m* shot in the head.

Kopfschütteln *n* ***mit e-m ~*** → **kopfschüttelnd** *adv* with a shake of the head.

Kopfsprung *m* header. **Kopfstand** *m* headstand.

kopfstehen → ***Kopf*** 1.

Kopf|steinpflaster *n* cobblestone pavement. **~steuer** *f* poll tax. **~stütze** *f* headrest. **~tuch** *n* (head)scarf.

kopfüber *adv* head first, headlong.

Kopf|verletzung *f* head injury. **~weh** *n* → ***Kopfschmerz.*** **~zerbrechen** *n* ***j-m ~ machen*** puzzle s.o.

Kopie *f allg.* copy, *phot. a.* print, (*Zweitschrift*) *a.* duplicate.

Kopierdienst *m* photocopying service.

kopieren *v/t allg.* copy (*a. fig.*), *a. tech.* duplicate, *phot. a.* print, *fig.* (*nachahmen*) *a.* imitate.

Kopierer *m* copier.

Kopier|folie *f* copier transparency. **~gerät** *n* copier. **~papier** *n* copying paper. **~raum** *m* photocopying room. **~schutz** *m für Bücher etc*: copyright protection, *für Disketten etc*: copy protection. **~stift** *m* indelible pencil.

Kopilot(in) copilot.

Koppel *f* **1.** enclosure, *für Pferde*: paddock. **2.** ***e-e ~*** *Hunde*: a leash, *Pferde*: a string.

koppeln *v/t a. fig.* (***an*** *acc* to) couple, link: ***Raumschiffe ~*** dock spaceships; *fig.* ***et. ~ mit*** couple (*od.* combine) s.th. with.

Kopplung *f* coupling (*a. fig.*), *Raumfahrt*: docking.

Kopplungsgeschäft *n* tie-in sale.

Koproduktion *f* coproduction.

Koralle *f* coral. **Korallenbank** *f* coral reef.

Koran *m* Koran.

Korb *m* **1.** *allg.* basket (*Sport*: *a. Treffer*): ***ein ~*** (***voll***) ***Äpfel*** a basketful of apples; → ***Hahn*** 1. **2.** F *fig.* ***j-m e-n ~ geben*** turn s.o. down; ***e-n ~ bekommen*** be turned down. **~ball** *m Sport*: netball. **~blütler** *m* ♀ composite.

Körbchen *n e-s Büstenhalters*: cup.

Korb|macher(in) basketmaker. **~möbel** *pl* wicker furniture *sg.* **~sessel** *m* wicker chair. **~sofa** *n* wicker settee. **~stuhl** *m* wicker chair. **~waren** *pl* wickerwork *sg.*

K

Kord *m* corduroy.
Kordel *f* cord.
Kordhose *f* cords *pl*, corduroys *pl*.
Kordsamt *m* corduroy, cord velvet.
Korea *n* Korea.
Koreaner(in), koreanisch *adj* Korean.
Korfu *n* Corfu.
Korinthe *f* currant.
Kork *m* cork. **~eiche** *f* ♣ cork oak.
Korken *m* cork. **~zieher** *m* corkscrew.
Korn[1] *n* **1.** (*Getreide*) grain, cereals *pl*: → ***Flinte.*** **2.** (*Getreide-*, *Samen-*, *Sandkorn*, *a. phot.*, *tech.*) grain.
Korn[2] *n mil.* front sight: F *fig.* ***aufs ~ nehmen*** attack, go for.
Kornblume *f* cornflower.
Körnchen *n* granule: *fig.* ***ein ~ Wahrheit*** a grain of truth.
Kornfeld *n* cornfield, *Am.* grainfield.
körnig *adj* grainy, granular, *Reis*: (cooked) kernelly, *in Zssgn* ...-grained.
Kornkammer *f a. fig.* granary.
Körnung *f* granulation, grain.
Koronar... ⚕ coronary (*artery*, *vessel*).
Körper *m allg.* body (*a. des Weines*), 𝔄, *phys. a.* solid, (*Schiffskörper*) hull: ***~ und Geist*** body and mind; ***am ganzen ~ zittern*** tremble all over. **~bau** *m* build, physique. **~behinderte** *m*, *f* physically disabled (*od.* handicapped) person: ***die ~n*** *pl a.* the handicapped. **~behinderung** *f* physical handicap.
Körperchen *n* corpuscle, particle.
körpereigen *adj biol.* endogenous.
Körper|geruch *m* body odo(u)r. **~größe** *f* height. **~haltung** *f* posture, bearing. **~kontakt** *m* physical contact.
körperlich *adj allg.* physical, bodily, (*stofflich*) corporeal (*a.* ⚖): ***~e Arbeit*** manual work; *adv* ***j-n ~ angreifen*** attack s.o. bodily; → ***Züchtigung.***
Körperpflege *f* care of the body, (personal) hygiene. **~mittel** *n* cosmetic.
Körperschaft *f* corporation, (corporate) body: ***gesetzgebende ~*** legislative (body).
Körperschaftssteuer *f* corporation tax.
Körper|sprache *f* body language. **~teil** *m* part (*Glied*: member) of the body. **~verletzung** *f* (***schwere ~*** grievous) bodily harm. **~wärme** *f* body heat.
Korps *n* corps. **~geist** *m* esprit de corps.
korpulent *adj* corpulent, stout.
Korpus *n* corpus.
korrekt *adj* correct.
Korrektheit *f* correctness.
Korrektor(in) (proof)reader.
Korrektur *f allg.* correction, *print.* (*~lesen*) proofreading: ***~ lesen*** proofread. **~band** *n* correction tape. **~bogen** *m*, **~fahne** *f* proof. **~flüssigkeit** *f* correction fluid, *Am.* white-out. **~leser(in)** proofreader. **~speicher** *m* correction memory. **~taste** *f* correction key. **~zeichen** *n* proofreader's mark.
Korrespondent(in) correspondent, *econ.* correspondence clerk.
Korrespondenz *f* correspondence.
korrespondieren *v/i* correspond.
Korridor *m allg.* corridor.
korrigieren *v/t allg.* correct, *ped. a.* mark, (*ändern*) *a.* change, alter.
korrodieren *v/t u. v/i* corrode. **Korrosion** *f* corrosion. **korrosionsbeständig** *adj* corrosion-resistant. **Korrosionsschutz** *m* corrosion prevention, *in Zssgn* anticorrosive (*agent*, *paint*, *etc*).
korrumpieren *v/t*, **korrupt** *adj* corrupt.
Korruption *f* corruption.
Korse *m* Corsican.
Korsett *n a. fig.* corset.
Korsika *n* Corsica.
Korsin *f*, **korsisch** *adj* Corsican.
Kortison *n* cortisone.
Koryphäe *f* (eminent) authority.
koscher *adj a.* F *fig.* kosher.
Kosename *m* pet name.
Kosinus *m* 𝔄 cosine.
Kosmetik *f* **1.** beauty culture. **2.** *fig.* cosmetic. **Kosmetiker(in)** cosmetician, beautician.
Kosmetik|koffer *m* vanity box (*od.* case). **~salon** *m* beauty parlo(u)r. **~tuch** *n* paper tissue.
Kosmetikum *n mst pl* cosmetic.
kosmetisch *adj* cosmetic(ally *adv*).
kosmisch *adj* cosmic(ally *adv*).
Kosmonaut(in) cosmonaut.
Kosmopolit(in), kosmopolitisch *adj* cosmopolitan.
Kosmos *m* cosmos.
Kost *f* food, fare (*a. fig. geistige ~*), diet, (*Küche*) cooking, (*Beköstigung*) board: ***fleischlose ~*** meatless diet; **(*freie*) *~ und Logis*** (free) board and lodging.
kostbar *adj* precious, valuable (*a. fig. Zeit etc*), (*teuer*) *a.* expensive: *fig.* ***jede Minute ist ~*** every minute counts.
Kostbarkeit *f* **1.** preciousness, valuableness. **2.** precious object, treasure, *pl a.* valuables *pl*.
kosten[1] *v/t* (*v/i* ***~ von***) taste (*a. fig.*), try.
kosten[2] *v/t* cost, *fig.* (*Zeit etc*) *a.* take: ***was kostet das?*** how much is that?; F ***er hat es sich et. ~ lassen*** he spent a lot of money on it; ***es hat mich viel Mühe gekostet*** it gave me a lot of trouble; ***es kostete ihn das Leben*** it cost him his life; ***koste es, was es wolle*** at all costs; F ***das kostet Nerven!*** that's hard on the nerves!

Kosten *pl* cost(s *pl*), (*Auslagen*) expenses *pl*, (*~aufwand*) expenditure *sg*: **~ *aufschlüsseln*** break down expenses; ***die ~ tragen*** bear (*od.* meet) the cost(s); **~ *sparend*** cost-saving; *fig.* ***auf ~ von*** (*od. gen*) at the expense of; ***auf m-e ~*** at my expense; ***k-e ~ scheuen*** spare no expense; *fig.* ***auf s-e ~ kommen*** get one's money's worth.

Kosten|analyse *f* cost analysis. **~anschlag** *m* estimate. **~aufstellung** *f* cost breakdown. **~aufwand** *m* cost, expenditure: ***mit e-m ~ von …*** at a cost of … **~berechnung** *f* costing. **~beteiligung** *f* cost sharing.

kostenbewusst *adj* cost-conscious.

kostendämpfend *adj*, **Kostendämpfung** *f* cost-cutting.

kostendeckend *adj* cost-covering: **~ *arbeiten*** break even.

Kostendeckung *f* cost coverage (*od.* recovery).

Kostendeckungspunkt *m* break-even point.

Kosten|druck *m* rising costs *pl*. **ersparnis** *f* (cost) saving. **~erstattung** *f* refund (of expenses). **~explosion** *f* costs explosion. **~faktor** *m* cost factor. **~frage** *f* ***es ist e-e ~*** it is a question of cost (*od.* of what it costs). **~gründe** *pl* ***aus ~n*** for reasons of costs.

kosten|günstig *adj* cost-effective. **~intensiv** *adj* cost-intensive.

Kosten|kalkulation *f* costing. **~kurve** *f* cost curve. **~lawine** *f* spiralling (*od.* escalating) costs *pl*. **~-Leistungs-Verhältnis** *n* cost-performance ratio.

kostenlos *adj u. adv* free, free of charge, gratis.

Kosten-Nutzen-Analyse *f* cost-benefit analysis.

kostenpflichtig *adj* liable to pay the costs, (*abschleppen etc*) at the owner's expense: ***e-e Klage ~ abweisen*** dismiss a case with costs.

Kosten|planung *f* costing. **~preis** *m* cost price: ***unter dem ~*** below cost. **~punkt** *m* F costs *pl*: ***~?*** how much? **~rechnung** *f* costing, cost accounting. **~rentabilität** *f* cost effectiveness.

kostensenkend *adj* cost-cutting.

Kostensenkung *f* reduction in costs.

kostensparend *adj* cost-saving.

Kosten|steigerung *f* cost increase. **~stelle** *f* cost cent/re (*Am.* -er). **~träger** *m* cost (*od.* costing) unit. **~voranschlag** *m* estimate, quotation. **~vorteil** *m* cost advantage.

kostenwirksam *adj* cost-effectice.

Kostgeld *n* board (allowance).

köstlich *adj* delicious, exquisite, *fig.* delightful: *adv* ***sich ~ amüsieren*** have great fun. **Köstlichkeit** *f* **1.** deliciousness. **2.** *gastr.* titbit, delicacy.

Kostprobe *f a. fig.* sample, taste.

kostspielig *adj* expensive, costly.

Kostüm *n* **1.** (woman's) suit. **2.** costume (*a. thea.*), dress. **~ball** *m* fancy-dress ball.

kostümieren *v/t* dress *s.o.* up: ***sich ~*** dress up (***als*** as).

Kostümprobe *f thea.* dress rehearsal.

Kostümverleih *m* costume rental.

Kot *m* excrement, f(a)eces *pl*.

Kotelett *n gastr.* chop, cutlet.

Koteletten *pl* sideboards *pl*, *Am.* sideburns *pl*.

Köter *m contp.* cur.

Kotflügel *m* mudguard, *Am.* fender.

kotzen *v/i* V throw up, *sl.* puke: ***ich finde es (ihn) zum Kotzen!*** it (he) makes me sick!; ***das ist ja zum Kotzen!*** that's enough to make one puke!

KP ***Kommunistische Partei*** Communist Party (CP).

kpl. ***komplett*** complete.

kr ***Krone*** *Währungseinheit*: crown.

Kr. ***Kreis*** (administrative) district (dist.).

Krabbe *f zo.* shrimp, *größere*: prawn.

Krabbelalter *n* crawling stage.

krabbeln I *v/i* crawl. **II** *v/t* tickle.

Krabbencocktail *m* prawn cocktail.

Krach *m* **1.** crash, bang, (*Lärm*) (loud) noise, din, F row, racket: **~ *machen*** make a noise (*od.* racket), be noisy. **2.** F row, quarrel: ***mit j-m ~ haben*** have a row with s.o.; **~ *schlagen*** raise hell.

krachen I *v/i* crash (*a. Donner*), *Eis, Schuss etc*: crack, *Dielen etc*: creak, *Tür etc*: slam, bang, (*bersten*) burst, explode: ***zu Boden ~*** crash to the ground (*od.* floor); ***gegen e-n Baum ~*** crash into a tree. **II** *v/reflex* ***sich ~*** F (*streiten*) have a row, fight.

krächzen *v/t u. v/i* croak.

kraft *prep* (*gen*) ⚖ by virtue of.

Kraft *f* **1.** *allg., a. fig.* strength, (*a. Naturkraft u. phys.*) force, (*Tatkraft*) energy, ⚡, *phys., tech.* power (*a. fig. Fähigkeit*): ***mit aller ~*** with all one's might; ***mit frischer (letzter) ~*** with renewed (one's last ounce of) strength; ⚓ ***volle ~ voraus*** full speed ahead; ***Kräfte sammeln*** build up one's strength; ***m-e Kräfte lassen nach*** my strength fails; ***das geht über m-e ~*** that's too much for me; ***ich bin am Ende m-r Kräfte*** I can't take any more; ***nach (besten) Kräften*** to the best of one's ability; **~ *schöpfen*** gain strength (***aus*** from); ***er tat, was in s-n Kräften stand*** he did everything within his power; → ***vereinen.*** **2.** (*politische ~, Machtgruppe*) force: *fig.* ***treibende ~*** driving force. **3.** (*Rechtskraft*) force: ***in ~ sein (setzen, treten)*** be in (put into, come into) force, be(come) effective; ***außer ~***

K

setzen annul, invalidate, (*Gesetz*) repeal, (*Vertrag etc*) cancel, *zeitweilig*: suspend; ***außer ~ treten*** expire, lapse. **4.** (*Arbeitskraft*) worker, employee, *pl a.* personnel, staff.

Kraft|akt *m* stunt. **~anstrengung** *f*, **~aufwand** *m* (strenuous) effort. **~ausdruck** *m* swearword. **~brühe** *f* beef tea.

Kräfteverfall *m* loss of strength.

Kräfteverschleiß *m* waste of energy.

Kraftfahrer(in) driver, motorist.

Kraftfahrzeug *n* motor vehicle. **~brief** *m* (vehicle) registration document, *Br. a.* logbook. **~mechaniker(in)** motor mechanic. **~schein** *m* (vehicle) registration document. **~steuer** *f* motor-vehicle tax, *bsd. Br.* road tax. **~versicherung** *f* car insurance.

Kraftfeld *n phys.* field of force.

Kraftfutter *n* ⚒ concentrated feed.

kräftig I *adj* **1.** strong, robust, sturdy (*alle a. tech.*), (*kraftvoll*) powerful, *Schlag etc*: *a.* heavy, hard, *Händedruck*: firm: F ***er nahm e-n ~en Schluck*** he took a good swig; *fig.* ***~e Farbe*** deep (*od.* rich) colo(u)r; *econ.* ***~er Aufschwung*** sharp upswing. **2.** (*nahrhaft*) substantial, nourishing. **II** *adv* **3.** strongly (*etc*), F (*ausgiebig*) soundly, heartily: ***er ist ~ gebaut*** he is powerfully built; ***~ zuschlagen*** hit hard.

kräftigen *v/t* strengthen: ***sich ~*** *a.* become stronger.

Kräftigungsmittel *n* ⚕ tonic.

kraftlos *adj* weak, feeble.

Kraft|probe *f* trial of strength. **~protz** *m* F muscleman. **~rad** *n* motorcycle.

Kraftstoff *m* fuel. **~anzeiger** *m* fuel ga(u)ge. **~leitung** *f* fuel pipe (*od.* line). **~-Luft-Gemisch** *n* fuel(-air) mixture. **~pumpe** *f* fuel pump. **~verbrauch** *m* fuel consumption.

kraftstrotzend *adj* bursting with strength, vigorous, powerful.

Kraft|übertragung *f* power transmission. **~verkehr** *m* motor traffic. **~verschwendung** *f* waste of energy.

kraftvoll *adj* powerful, vigorous, strong.

Kraft|wagen *m* motor vehicle. **~werk** *n* power station. **~wort** *n* swearword.

Kragen *m* (***j-n beim ~ packen*** seize s.o. by the) collar: F ***ihm platzte der ~*** he blew his top; ***jetzt geht es ihm an den ~*** he is in for it now. **~weite** *f* collar size: ***welche ~ haben Sie?*** what size collar do you take?; F ***sie (das) ist genau m-e ~!*** she's (it's) just my cup of tea!

Krähe *f zo.* crow: *fig.* ***e-e ~ hackt der anderen kein Auge aus*** dog does not eat dog.

krähen *v/i* crow.

Krähenfüße *pl fig.* crow's-feet *pl.*

Krake *m zo.* octopus.

Krakeel *m* F row. **krakeelen** *v/i* F make a row. **Krakeeler(in)** F roisterer.

Krakel *m* F scrawl. **Krakelei** *f* F scrawl(-ing). **krak(e)lig** *adj* F scrawly. **krakeln** *v/t u. v/i* F scrawl.

Kral *m* kraal.

Kralle *f* claw (*a.* F *Fingernagel*), (*Parkkralle*) wheel clamp: *fig.* ***in den ~n haben*** have *s.o., s.th.* in one's clutches.

krallen I *v/t* ***s-e Finger ~ in*** (*acc*) dig one's fingers into. **II** *v/reflex* ***sich ~*** a) ***an*** (*acc*) cling to, b) ***in*** (*acc*) dig one's claws (*Person*: nails) into.

Kram *m* F **1.** things *pl*, stuff, (*Plunder*) junk, rubbish. **2.** *fig.* business: ***den ganzen ~ hinschmeißen*** chuck the whole thing; ***ich hab den ~ satt!*** I'm sick of the whole business!; ***j-m nicht in den ~ passen*** not to suit s.o.'s plans.

kramen F **I** *v/i* rummage (about) (***nach*** for): *fig.* ***in Erinnerungen ~*** take a trip down memory lane. **II** *v/t* ***et. ~ aus*** fish s.th. out of *one's bag etc.*

Krampe *f tech.* cramp, staple.

Krampf *m* **1.** ⚕ (*Muskelkrampf*) cramp, (*~anfall*) spasm, convulsion: ***e-n ~ bekommen*** get a cramp. **2.** F *fig.* (***das ist doch alles ~*** that's just a lot of) rubbish.

Krampfader *f* varicose vein.

krampfartig *adj* convulsive.

krampfen *v/t u. v/reflex* ***sich ~*** *Finger, Hand etc*: clench.

krampfhaft *adj* **1.** ⚕ convulsive, spasmodic. **2.** *fig.* desperate, frantic(ally *adv*), *Lachen*: forced: *adv* ***sich ~ festhalten an*** (*dat*) cling desperately to.

krampflösend *adj* spasmolytic.

Kran *m tech.* crane. **~führer(in)** crane driver.

Kranich *m zo.* crane.

krank *adj* sick (*a. fig.*), *pred* ill, *Organ etc*: diseased, *Zahn*: bad, (*leidend*) invalid, suffering, ailing (*a. fig.*): ***~ werden*** fall ill (*od.* sick), become (*od.* be taken) ill; ***sich ~ fühlen*** feel ill; *fig.* ***das macht mich ganz ~!*** that drives me crazy!; ***~ melden*** → ***krankmelden***; ***~ schreiben*** → ***krankschreiben.***

Kranke *m, f* sick person, patient.

kränkeln *v/i* be in poor health, be sickly, be ailing (*a. fig.*).

kranken *v/i a. fig.* ***~ an*** (*dat*) suffer from.

kränken *v/t* hurt, wound, offend: ***j-n ~*** hurt s.o.('s feelings).

Kranken|anstalt *f* hospital. **~auto** *n* ambulance. **~besuch** *m* visit (to a sick person), *e-s Arztes*: sick call: ***~e machen*** *a.* visit patients. **~bett** *n* sickbed. **~blatt** *n* medical record. **~geld** *n* sick pay. **~geschichte** *f* case (*od.* medical) history. **~gymnast(in)**

K

physiotherapist. **~gymnastik** *f* remedial gymnastics *sg*, physiotherapy.

Krankenhaus *n* hospital. **~aufenthalt** *m* stay in (a) hospital. **~einweisung** *f* hospitalization. **~kosten** *pl* hospital expenses *pl*. **~tagegeld** *n sum paid by a private sickness insurance fund for each day in hospital.*

Kranken|kasse *f* health insurance (company). **~lager** *n* sickbed: ***nach langem ~*** after a long illness. **~pflege** *f* nursing. **~pfleger** *m* male nurse. **~schein** *m* health insurance certificate. **~schwester** *f* nurse. **~stand** *m* number of sick persons.

krankenversichern I *v/t* take out medical insurance for. II *v/reflex* ***sich ~*** take out medical insurance.

Kranken|versicherung *f* health insurance. **~versicherungsbeitrag** *m* health insurance contribution. **~wagen** *m* ambulance. **~zimmer** *n* sickroom.

krankfeiern *v/i* F stay away from work on the pretext of being ill, *Br.* skive, take a sicky.

krankhaft *adj* **1.** ⚕ pathological. **2.** *fig.* morbid, abnormal.

Krankheit *f a. fig.* illness, sickness, disease: ***nach langer ~*** after a long illness.

Krankheits|bild *n* clinical picture. **~erreger** *m* pathogen(ic agent).

krankheitshalber *adv* owing to illness.

Krankheits|herd *m* focus of a disease. **~keim** *m* germ. **~überträger(in)** carrier. **~verlauf** *m* course of a disease.

kranklachen *v/reflex* ***sich ~*** F nearly die with laughter.

kränklich *adj* sickly.

krankmelden *v/reflex* ***sich ~*** report sick.

Krankmeldung *f* notification of illness (to one's employer): ***zehn ~en*** ten persons reported sick.

krankschreiben *v/t* ***j-n ~*** write s.o. off sick, *mil.* put s.o. on the sick list.

Kränkung *f* insult.

Kranz *m* **1.** garland, *am Grab*: (***e-n ~ niederlegen*** lay a) wreath. **2.** *fig.* circle, ring. **3.** *gastr.* ring. **4.** *astr.* corona.

Kränzchen *n fig.* (ladies') circle, (*Kaffeekränzchen*) coffee (F hen) party.

Kranzgefäß *n anat.* coronary artery.

Kranzniederlegung *f* (ceremonial) laying of a wreath.

Krapfen *m gastr.* doughnut.

krass *adj* crass, gross: ***~er Egoist*** (***Außenseiter***) crass egotist (rank outsider); ***~er Widerspruch*** (***Unterschied***) flagrant contradiction (huge difference); ***e-e ~e Lüge*** a blatant lie; *adv* ***sich ~ ausdrücken*** be very blunt; ***~ zutage treten*** become blatantly obvious.

Krater *m* crater. **~landschaft** *f* crater(ed) landscape.

Krätze *f* ⚕ scabies.

kratzen *v/t u. v/i* scratch, (*scharren*) scrape: ***sich ~*** scratch o.s.; ***sich am Ohr ~*** scratch one's ear; ***den Rest aus dem Topf ~*** scrape the last bit from the pot; ***der Pullover kratzt*** (***mich am Hals***) the pullover scratches (my neck); *fig.* ***mein Hals kratzt*** I've got a sore throat; F ***das kratzt mich nicht!*** a) that doesn't bother me!, b) I couldn't care less!; → ***Kurve.***

Kratzer *m* F scratch.

kratzfest *adj* scratch-resistant. **kratzig** *adj* scratchy.

Kratzwunde *f* scratch.

Kraul *n*, **kraulen**[1] *v/t u. v/i* crawl.

kraulen[2] *v/t* (*Fell*, *Bart*) ruffle.

Kraul|schwimmen *n* crawl. **~schwimmer(in)** crawler. **~staffel** *f* crawl relay.

kraus *adj* **1.** *Haar*: frizzy, curly, *Stirn*: wrinkled: ***~ ziehen*** → ***krausen.*** **2.** *fig. Gedanken etc*: confused, muddled.

Krause *f* (*Rüsche*) frill, ruffle.

kräuseln I *v/t* **1.** (*Stoff*) gather. **2.** (*Haar*) friz(z), crimp. **3.** (*Wasser*) ruffle, ripple. **4.** *fig.* ***die Lippen ~*** curl one's lips; → *a.* ***krausen.*** II *v/reflex* ***sich ~*** **5.** → 2. **6.** *Rauch etc*: curl up.

krausen *v/t* wrinkle, pucker: ***die Stirn ~*** knit one's brow; ***die Nase ~*** wrinkle one's nose.

kraushaarig, krausköpfig *adj* curly-haired.

Kraut *n* **1.** (*das Grüne*) (stem and) leaves *pl*, tops *pl*: ***ins ~ schießen*** run to leaf, *fig.* run wild; F ***wie ~ und Rüben*** (***durcheinander***) higgledy-piggledy. **2.** (*Heil-*, *Küchenkraut*) herb: *fig.* ***gegen ... ist kein ~ gewachsen*** there is no remedy for ... **3.** *dial.* a) cabbage, b) sauerkraut. **4.** F (*Tabak*) weed.

Kräuter|butter *f* herb butter. **~essig** *m* aromatic vinegar. **~käse** *m* green cheese. **~likör** *m* herb-flavo(u)red liqueur. **~tee** *m* herb tea.

Krawall *m* **1.** (*Aufruhr*) riot. **2.** F (***~ machen*** *od.* ***schlagen*** kick up a) row.

Krawallmacher(in) rioter, rowdy.

Krawatte *f* tie, *Am.* necktie.

kraxeln *v/i* F *dial.* climb, scramble.

Kreation *f Mode*: creation. **kreativ** *adj* creative. **Kreativität** *f* creativity.

Kreatur *f* creature, *fig. contp. a.* tool.

Krebs *m* **1.** *zo.* crayfish, *Am.* crawfish, (*Taschenkrebs*) crab. **2.** *astr.* (**er ist ~** he is [a]) Cancer. **3.** ⚕ cancer: ***~ erregend, ~ erzeugend*** carcinogenic: ***~ erregend wirken*** cause cancer.

krebsartig *adj* ⚕ cancerous.

Krebs|forschung *f* ⚕ cancer research. **~früherkennung** *f* early cancer diagnosis.

K

~geschwulst *f* ⚕ cancerous tumo(u)r, carcinoma. **~geschwür** *n* **1.** ⚕ cancerous ulcer. **2.** *fig.* canker. **~knoten** *m* ⚕ cancerous lump. **~kranke** *m, f* person suffering from cancer, cancer patient. **~krankheit** *f*, **~leiden** *n* cancer.
Krebsschere *f zo.* crayfish claw.
Krebstiere *pl* crustaceans *pl.*
Krebsvorsorge *f* ⚕ cancer prevention. **~untersuchung** *f* ⚕ cancer screening.
Krebszelle *f* ⚕ cancer(ous) cell.
Kredit¹ *n econ.* credit (side).
Kredit² *m econ.* credit, (*Darlehen*) *a.* loan: ***e-n ~ aufnehmen*** (***überziehen***) raise (overdraw) a credit; ***ich habe bei der Bank ~*** my credit with the bank is good; ***auf ~ kaufen*** buy on credit. **~abteilung** *f* loan department. **~anstalt** *f* credit bank. **~antrag** *m* loan application. **~aufnahme** *f* borrowing. **~bedarf** *m* borrowing requirement(s *pl*). **~bedingungen** *pl* credit terms *pl.* **~brief** *m* letter of credit.
kreditfähig *adj* creditworthy.
Kredit|finanzierung *f* loan financing. **~geber(in)** lender. **~hai** *m* F *contp.* loan shark.
kreditieren *v/t* ***j-m et. ~*** credit s.o.('s account) with s.th.
Kredit|institut *n* credit institute. **~karte** *f* credit card. **~karteninhaber(in)** credit card holder. **~kauf** *m* purchase on credit. **~knappheit** *f* credit stringency. **~laufzeit** *f* credit period. **~linie** *f* credit line. **~nehmer(in)** borrower. **~politik** *f* lending policy. **~rahmen** *m* credit limit. **~rückzahlung** *f* repayment of a loan. **~sperre** *f* credit freeze. **~spritze** *f* credit injection. **~wesen** *n* lending business.
kreditwürdig *adj* credit-worthy.
Kreditwürdigkeit *f* credit-worthiness, credit rating.
Kreditzins *m* lendding rate.
kregel *adj* F chirpy, *Am.* chipper.
Kreide *f* chalk, (*Zeichenkreide*) *a.* crayon: F *fig.* ***bei j-m in der ~ stehen*** owe s.o. money.
kreide|bleich, ~weiß *adj* (as) white as a sheet.
Kreide|zeichnung *f* chalk drawing. **~zeit** *f the* Cretaceous period.
kreieren *v/t* create.
Kreis *m* **1.** *allg.* circle (*a. fig. Personenkreis*), (*~lauf*) cycle, ϟ circuit, *fig.* (*Wirkungskreis*) sphere, field: ***sich im ~e drehen*** *a. fig.* move in a circle; ***der Skandal zog weite*** (*od.* ***immer weitere***) ***~e*** the scandal involved more and more persons; ***hier schließt sich der ~*** we've come full circle; ***im engsten ~ feiern*** celebrate within the family circle (*od.* with one's close friends); ***im ~e der Familie*** in the family (circle); ***in den besten ~en*** in the best circles; ***weite ~e der Bevölkerung*** wide sections of the population; ***aus gut unterrichteten ~en*** from well-informed quarters. **2.** *pol.* district, *Am.* county. **~abschnitt** *m* Ⓐ segment. **~ausschnitt** *m* Ⓐ sector. **~bahn** *f* orbit.
kreischen *v/i a. fig.* shriek, squeal.
Kreischen *n* shrieking, shrieks *pl*, screeching.
Kreisdiagramm *n* pie chart.
Kreisel *m* **1.** (peg)top. **2.** *phys.* gyro(-scope). **~kompass** *m* gyrocompass.
kreisen I *v/i* (move in a) circle, *bsd. tech.* rotate, revolve (*a. fig. Gedanken etc*), *Blut, Geld*: circulate, ✈ orbit: ***et. ~ lassen*** pass s.th. round; ***die Arme*** *etc* ***~ lassen*** → II; ***die Erde kreist um die Sonne*** the earth revolves (a)round the sun. II *v/t gym.* ***die Arme*** *etc* ***~*** swing one's arms *etc* (in a circle).
Kreisfläche *f* Ⓐ area of a circle, circular area. **kreisförmig** *adj* circular.
Kreislauf *m allg.* cycle (*a. tech.*), *des Blutes, Geldes*: circulation, ϟ, *tech. a.* circuit, *astr.* revolution. **~störung** *f* ⚕ circulatory disturbance, *pl mst* bad circulation *sg.* **~versagen** *n* ⚕ circulatory collapse.
kreisrund *adj* circular.
Kreissäge *f* circular saw.
Kreißsaal *m* ⚕ delivery room.
Kreisstadt *f* district town, *Am.* county seat.
Kreisverkehr *m* roundabout, *Am.* traffic circle.
Krem *f*, F *m* cream.
Krematorium *n* crematorium, *Am.* crematory.
Kreml *m the* Kremlin.
Krempe *f* brim.
Krempel *m* → ***Kram.***
Kren *m österr.* horseradish.
krepieren *v/i* **1.** F die, perish, *Mensch*: *a.* kick the bucket, peg out. **2.** *Geschoss*: burst, explode.
Krepp *m*, **Krepp...** crepe (*paper etc*).
Kresse *f* ⚘ cress.
Kreta *n* Crete.
Kreter(in), kretisch *adj* Cretan.
kreuz *adv* ***~ und quer*** crisscross (***durchs Land ziehen*** the country).
Kreuz *n* **1.** *allg.* cross (*a. fig.*), *print.* dagger, obelisk: *astr.* ***das ~ des Südens*** the Southern Cross; ***über ~*** crosswise; ***j-n ans ~ schlagen*** nail s.o. to the cross; ***ein ~ schlagen*** make the sign of the cross; *fig.* ***sein ~ tragen*** bear one's cross; ***es ist ein ~ mit ihm*** (***damit***) he (it) is a real problem; F ***zu ~e kriechen*** knuckle under (***vor j-m*** to s.o.). **2.** *anat.* (small of the) back: ***mir tut das ~ weh*** my back aches; F *fig.* ***j-n aufs ~ legen*** take s.o. for a ride. **3.** ♪ sharp. **4.** *Kartenspiel*: club(s *pl*).

Kreuzband *n anat.* crucial ligament.
Kreuzbein *n anat.* sacrum.
kreuzen I *v/t* **1.** *allg.* cross, *tech. a.* intersect, *biol. a.* crossbreed. **II** *v/i* **2.** ⚓ cruise. **III** *v/reflex* **sich ~ 3.** → 1. **4.** *fig.* cross, *Interessen etc*: clash: ***ihre Blicke kreuzten sich*** their eyes met.
Kreuzer *m* ⚓ cruiser.
Kreuz|fahrer *m hist.* crusader. **~fahrt** *f* **1.** *hist.* crusade. **2.** ⚓ (***e-e ~ machen*** go on a) cruise. **~feuer** *n a. fig.* crossfire: ***ins ~ der öffentlichen Meinung*** (*od.* ***der Kritik***) ***geraten*** come under fire from all sides. **~gang** *m* ⚠ cloister.
kreuzigen *v/t a. fig.* crucify.
Kreuzigung *f* crucifixion.
Kreuz|otter *f zo.* common viper. **~ritter** *m hist.* Knight of the Cross. **~schlitzschraubenzieher** *m* Phillips screw-driver (*TM*). **~schlüssel** *m tech.* four-way socket wrench. **~spinne** *f zo.* cross (*od.* garden) spider. **~stich** *m* (*a.* ***im ~ sticken***) cross-stitch.
Kreuzung *f* **1.** *allg.* crossing, *biol. a.* crossbreeding, (*Mischrasse*) crossbreed. **2.** (*Straßenkreuzung etc*) crossing, intersection, junction.
Kreuzverhör *n* cross-examination, *weitS.* F grilling: ***ins ~ nehmen*** cross-examine, *weitS.* F grill.
Kreuzweg *m eccl.* Way of the Cross.
Kreuzworträtsel *n* crossword (puzzle).
Kreuzzug *m hist. u. fig.* (*a.* ***e-n ~ unternehmen***) crusade (***gegen*** against).
kribbelig *adj* F (*nervös*) nervous, jittery, (*gereizt*) edgy: ***das*** (***sie***) ***macht mich ganz ~*** that (she) gets terribly on my nerves.
kribbeln *v/i* **1.** (*jucken*) itch, tickle, (*prickeln*) tingle: F *fig.* ***es kribbelte mir in den Fingern, et. zu tun*** I was itching to do s.th. **2.** crawl.
Kricket *n* cricket. **~spieler(in)** cricketer.
kriechen *v/i a. fig.* creep, crawl: *contp.* ***vor j-m ~*** crawl to s.o. **Kriecher(in)** *contp.* crawler, toady. **kriecherisch** *adj contp.* crawling, toadying.
Kriechpflanze *f* creeper.
Kriechspur *f* **1.** trail. **2.** *mot.* slow (*od.* creeper) lane.
Kriechtier *n* reptile.
Krieg *m* war, (*~führung*) warfare: ***Kalter ~*** cold war; ***im ~*** (*Soldat*: away) in the war; ***im ~ mit*** at war with; (*dat*) ***den ~ erklären*** *a. fig.* declare war on; ***~ führen*** be at (*od.* wage) war (***mit, gegen*** against); ***~ führend*** belligerent; ***in den ~ ziehen*** go to war.
kriegen *v/t* F *allg.* get, (*erwischen*) *a.* catch; → *a.* ***bekommen*** I; ***es mit j-m zu tun ~*** get into trouble with s.o.
Krieger(in) warrior.
Kriegerdenkmal *n* war memorial.
kriegerisch *adj* warlike, martial, *a. fig.* belligerent: *pol.* ***~e Auseinandersetzung*** armed conflict.
Kriegerwitwe *f* war widow.
Kriegführung *f* warfare.
Kriegs|ausbruch *m* outbreak of war: ***bei ~*** when the war broke out. **~berichterstatter(in)** war correspondent. **~beschädigte** *m, f* war-disabled person. **~dienst** *m* war service. **~dienstverweigerer** *m* conscientious objector. **~entschädigungen** *pl* reparations *pl.* **~erklärung** *f* declaration of war. **~fall** *m* ***im ~*** in case of war. **~film** *m* war film. **~flotte** *f* navy, fleet. **~freiwillige** *m, f* (war) volunteer.
Kriegsfuß *m* ***auf ~ stehen mit*** a) ***j-m*** be at daggers drawn with s.o., b) ***e-r Sache*** have (great) trouble with s.th.
Kriegs|gebiet *n* war zone. **~gefahr** *f* danger of war. **~gefangene** *m, f* prisoner of war, P.O.W. **~gefangenenlager** *n* prisoner-of-war (*od.* P.O.W.) camp. **~gefangenschaft** *f* captivity: ***in ~ geraten*** be taken prisoner. **~gegner(in) 1.** pacifist. **2.** *the* enemy. **~gericht** *n* (*a.* ***vor ein ~ stellen***) court-martial. **~gewinnler(in)** war profiteer. **~gräberfürsorge** *f* War Graves Commission.
Kriegs|hafen *m* naval port. **~held** war hero. **~hetzer(in)** war-monger. **~hinterbliebene** *pl* war widows and orphans *pl.* **~kamerad(in)** fellow soldier. **~marine** *f* navy. **~material** *n* matériel. **~opfer** *n* war victim. **~pfad** *m* ***auf dem ~ sein*** *a.* F *fig.* be on the warpath. **~rat** *m* F *fig.* ***~ halten*** hold a council of war. **~schauplatz** *m* theat/re (*Am.* -er) of war. **~schiff** *n* warship. **~spielzeug** *n* war toys *pl.* **~teilnehmer(in)** combatant, *ehemaliger*: ex-serviceman, *Am.* veteran.
Kriegsverbrechen *n* war crime.
Kriegsverbrecher|(in) war criminal. **~prozess** *m* war (crimes) trial.
Kriegs|versehrte *m, f* war-disabled person. **~waise** *f* war orphan.
kriegswichtig *adj Betrieb etc*: essential to the war effort: ***~e Ziele*** strategic targets.
Kriegs|zeit *f* wartime: ***in ~en*** in time(s) of war. **~zustand** *m* (state of) war: ***im ~*** at war.
Krim *f the* Crimea.
Krimi *m* F thriller (*a. fig.*), whodun(n)it.
Kriminal|beamte *m*, **~beamtin** *f* detective, C.I.D. officer. **~fall** *m* criminal case. **~film** *m* crime film.
kriminalisieren *v/t* criminalize.
Kriminalist(in) 1. criminologist. **2.** detec-

K

tive. **kriminalistisch** *adj* criminal investigation ...

Kriminalität *f* **1.** criminality. **2.** (*Zahl der Verbrechen*) crime: ***ansteigende ~*** increasing crime rate.

Kriminal|kommissar(in) detective superintendent, *Am.* captain of police. **~polizei** *f* criminal investigation department (C.I.D.), plain-clothes police. **~polizist(in)** → ***Kriminalbeamte.*** **~roman** *m* detective (*od.* crime) novel.

kriminell *adj*, **Kriminelle** *m, f* criminal.

Krimskrams *m* F junk, rubbish.

Kringel *m* ring, (*Schnörkel*) squiggle.

Kripo *f* F → ***Kriminalpolizei.***

Krippe *f* **1.** (*Futterkrippe*) manger, crib. **2.** (*Weihnachtskrippe*) (Christmas) crib, *Am.* crèche. **3.** (*Kinderkrippe*) crèche.

Krippenspiel *n* Nativity play.

Krise *f* (***e-e schwere ~ durchmachen*** go through a bad) crisis; ***in e-e ~ geraten*** enter a state of crisis.

kriseln *v/impers* ***es kriselt*** there is trouble brewing, ***in ihrer Ehe*** they seem to be going through a crisis, ***in der Regierung*** a government crisis is looming.

krisen|anfällig *adj* crisis-prone. **~fest** *adj* stable.

Krisengebiet *n* crisis area.

krisengeschüttelt *adj* crisis-ridden.

Krisen|herd *m* crisis cent/re (*Am.* -er), trouble spot. **~management** *n* crisis management. **~stab** *m* crisis management group. **~zeit** *f* time of crisis.

Kristall[1] *m* crystal.

Kristall[2] *n* crystal (glass), cut glass, (*~waren*) crystal (goods *pl*).

kristallen *adj* crystalline, *a. fig.* crystal.

kristallinisch *adj* crystalline.

Kristallisation *f* crystallization.

kristallisieren *v/i u. v/reflex* ***sich ~*** *a. fig.* crystallize.

kristallklar *adj* crystal-clear.

Kristallzucker *m* crystal sugar.

Kriterium *n* **1.** criterion (***für*** of). **2.** *Radsport*: circuit race.

Kritik *f* criticism (***an*** *dat* of), (*Rezension*) review, (*die Kritiker*) *the* critics *pl*: ***~ hervorrufen*** give rise to criticism; ***~ üben an*** (*dat*) criticize; ***e-e ~ schreiben über*** (*acc*) *a.* review; ***gute ~en haben*** get (*od.* have) good reviews, have a good press; F ***unter aller*** (*od.* ***jeder***) ***~*** beneath contempt.

Kritiker(in) critic, (*Rezensent*) reviewer.

Kritikfähigkeit *f* critical faculties *pl.*

kritiklos *adj* uncritical.

kritisch *adj allg., a. phys., tech.* critical (***gegenüber*** of), *fig. a.* crucial.

kritisieren *v/t u. v/i* criticize.

kritteln *v/i contp.* ***~ an*** (*dat*) find fault with, cavil at.

Kritzelei *f*, **kritzeln** *v/t u. v/i* scribble.

Kroate *m*, **Kroatin** *f* Croat.

Kroatien *n* Croatia.

kroatisch *adj* Croatian.

Krokant *m gastr.* brittle.

Krokette *f gastr.* croquette.

Kroko *n econ.* → ***Krokodilleder.***

Krokodil *n zo.* crocodile. **Krokodilleder** *n* crocodile (skin *od.* leather).

Krokodilstränen *pl* F *fig.* (***~ weinen*** shed) crocodile (*od.* false) tears *pl.*

Krokus *m* ⚘ crocus.

Krone *f* **1.** crown (*a. fig.*), (*Adelskrone, a. Kopfschmuck*) coronet: *fig.* ***die ~ der Schöpfung*** the pride of creation; F ***das setzt allem die ~ auf!*** that beats everything!; ***e-n in der ~ haben*** be tight. **2.** *tech.* cap, top, (*Kappe*) crown, crest. **3.** (*Zahnkrone*) crown. **4.** (*Münze*) *in Schweden*: krona, *in Dänemark u. Norwegen*: krone. **5.** (*Kronleuchter*) chandelier.

krönen *v/t* crown (***j-n zum König*** s.o. king), *fig.* climax: *fig.* ***von Erfolg gekrönt*** crowned with success.

Kronenkorken *m* crown cork.

Kron|erbe *m*, **~erbin** *f* heir (heiress) to the crown. **~juwelen** *pl* crown jewels *pl.* **~kolonie** *f* crown colony. **~leuchter** *m* chandelier. **~prinz** *m* crown prince (*a. fig.*), *Br.* Prince of Wales. **~prinzessin** *f* crown princess, *Br.* Princess Royal.

Krönung *f* **1.** coronation. **2.** *fig.* crowning (event): ***die ~ s-r Laufbahn*** the climax of his career; ***die ~ des Abends*** the highlight (F high spot) of the evening. **Krönungsfeierlichkeiten** *pl* coronation ceremonies *pl.*

Kronzeuge *m*, **Kronzeugin** *f* chief witness: ***~ werden*** turn Queen's (King's, *Am.* State's) evidence.

Kropf *m* **1.** *zo.* crop. **2.** ⚕ goitre, *Am.* goiter.

Krösus *m humor.* Croesus: ***ich bin doch kein ~!*** I'm no millionaire!

Kröte *f* **1.** *zo.* toad. **2.** *pl* F *fig.* (*Geld*) dough *sg*, pennies *pl.*

Krücke *f* **1.** crutch: ***an ~n gehen*** walk on crutches. **2.** (*Stock etc*) crook. **3.** F *contp.* (*Versager*) washout.

Krückstock *m* walking stick.

Krug *m* **1.** jug, *großer*: pitcher, (*Bierkrug*) (beer) mug, stein. **2.** *dial.* pub, inn.

Krume *f* **1.** (*Ackerkrume*) topsoil. **2.** → **Krümel** *m* crumb: ***voller ~*** → **krümelig** *adj* crumbly. **krümeln** *v/t u. v/i* crumble.

krumm I *adj allg.* crooked (*a.* F *fig. unredlich*), *Holz etc*: warped, (*verbogen*) *a.* bent, (*hakenförmig*) hooked: ***~e Haltung*** stoop; ***~er Schnabel*** curved beak; ***~ biegen*** bend;

ganz ~ und schief awry, lopsided; F ***sich ~ und schief lachen*** laugh one's head off; ***~e Sache*** (*od.* ***Tour***) crooked business; ***ein ~es Ding drehen*** pull a fast one; ***et. auf die ~e Tour versuchen*** try to wangle s.th. **II** *adv* ***~ gewachsen*** crooked; ***sich ~ halten, ~ gehen*** stoop, slouch; F *fig.* ***sich ~ legen*** pinch and scrape; F ***~ nehmen*** take *s.th.* amiss.

krummbeinig *adj* bow-legged.

krümmen I *v/t* **1.** bend, crook. **II** *v/reflex* ***sich ~*** **2.** bend, *Holz*: warp, *Metall*: buckle. **3.** (*sich winden*) *allg.* bend, *Straße*: *a.* curve, *Wurm etc*: squirm: ***sich ~ vor*** *Schmerz etc*: writhe with, *Verlegenheit*: *a.* squirm with; ***sich vor Lachen ~*** → ***krummlachen.***

krummlachen *v/reflex* ***sich ~*** F laugh one's head off.

Krümmung *f* bend, curve, turn, Ѧ, ⚕, *phys.*, *tech.* curvature.

Krupp *m* ⚕ croup.

Kruppe *f des Pferdes*: croup.

Krüppel *m* (*a.* ***zum ~ machen***) cripple: ***zum ~ werden*** be crippled.

krüpp(e)lig *adj* crippled, deformed.

Kruste *f allg.* crust, *des Schweinebratens*: crackling. **Krustentier** *n* crustacean.

krustig *adj* crusty.

Kruzifix *n eccl.* crucifix.

Kr.-Vers. ***Krankenversicherung*** health insurance.

Kryochirurgie *f* cryosurgery.

Krypta *f* △ crypt.

Krypton *n* ⚗ crypton.

KSt ***Körperschaftssteuer*** corporation tax.

KSZE ***Konferenz über Sicherheit und Zusammenarbeit in Europa*** Conference on Security and Cooperation in Europe (CSCE).

Kt. ***Kanton*** canton.

Kto. ***Konto*** (bank) account (a/c).

Kto.-Nr. ***Kontonummer*** account number (a/c no.).

Kuba *n* Cuba.

Kubaner(in), kubanisch *adj* Cuban.

Kübel *m* (*Eimer*) bucket (*a. tech.*), pail, (*Trog*) tub: F *fig.* ***es gießt wie aus ~n*** it's coming down in buckets.

Kubik|... cubic (*content, measure, etc*). **~meter** *m, n* cubic metre (*Am.* meter). **~wurzel** *f* Ѧ cube root. **~zahl** *f* cube.

kubisch *adj* cubic(al). **Kubismus** *m Kunst*: cubism. **Kubist(in)** cubist. **kubistisch** *adj* cubist(ic).

Kubus *m* Ѧ cube.

Küche *f* **1.** kitchen, *kleine*: kitchenette; → ***Teufel.*** **2.** cooking, cuisine, cookery, (*Speisen*) meals *pl*, food: ***kalte*** (***warme***) ***~*** cold (hot) meals; ***die chinesische ~*** Chinese cooking; → ***gutbürgerlich.*** **3.** F → ***Küchenpersonal.***

Kuchen *m* cake: F (***ja***) ***~!*** nothing doing!

Küchenbenutzung *f* ***mit ~*** with use of kitchen.

Kuchenblech *n* baking sheet (*od.* tin).

Küchenchef(in) chef (de cuisine).

Kücheneinrichtung *f* kitchen furniture and fittings *pl.*

Kuchenform *f* cake tin.

Kuchengabel *f* pastry fork.

Küchen|gerät *n mst pl* kitchen utensil (*elektrisch*: appliance). **~geschirr** *n* kitchenware. **~herd** *m* kitchen range. **~hilfe** *f* kitchenmaid. **~kraut** *n* pot-herb. **~maschine** *f* food processor. **~messer** *n* kitchen knife. **~personal** *n* kitchen staff. **~schrank** *m* (kitchen) cupboard.

Kuchenteig *m* cake mixture.

Kuchenteller *m* dessert plate.

Küchen|tisch *m* kitchen table. **~waage** *f* kitchen scales *pl.* **~wecker** *m* (kitchen) timer. **~zettel** *m* menu.

Kuckuck *m* **1.** *zo.* cuckoo: F ***wo*** (***wer*** *etc*) ***zum ~!*** where (who *etc*) the devil! **2.** *humor.* bailiff's seal.

Kuckucks|ei *n* F *fig.* ***ein ~*** a cuckoo in the nest. **~uhr** *f* cuckoo clock.

Kuddelmuddel *m, n* F *a. fig.* muddle.

Kufe *f* runner, ✈ skid.

Kugel *f* **1.** ball (*a. tech.*), (*a. Erdkugel*) globe, *astr.*, Ѧ sphere: ***die Erde ist e-e ~*** the earth is a sphere. **2.** (*Gewehrkugel etc*) bullet; → ***jagen*** 3. **3.** *Sport*: shot, *zum Kegel etc*: bowl: ***er stieß die ~ auf 22 m*** he put the shot at 22 metres; F *fig.* ***e-e ruhige ~ schieben*** have a cushy job.

Kugelfang *m* butt.

kugelförmig *adj* globular, spherical.

Kugel|gelenk *n allg.* (ball-and-)socket joint. **~hagel** *m* hail of bullets. **~kopf(schreibmaschine** *f*) *m* golfball (typewriter). **~lager** *n* ball bearing.

kugeln I *v/t u. v/i* roll. **II** *v/reflex* ***sich ~*** roll about (***im Schnee*** in the snow).

kugelrund *adj* (as) round as a ball.

Kugelschreiber *m* ballpoint (pen), *Br.* biro (*TM*). **~mine** *f* refill.

kugelsicher *adj* bulletproof.

Kugel|stoßen *n* (***Sieger im ~*** winner in the) shot put. **~stoßer(in)** shot-putter.

Kuh *f* cow: *fig.* ***heilige ~*** sacred cow; F *contp.* ***dumme ~!*** silly cow! **~fladen** *m* cowpat. **~glocke** *f* cowbell. **~handel** *m* F *fig.* horse trading. **~haut** *f* cowhide: ***das geht auf k-e ~!*** that's simply incredible.

kühl *adj a. fig.* cool, chilly: ***es*** (***mir***) ***wird ~*** it's getting (I feel) chilly; *fig.* (***j-m gegenüber***) ***~ bleiben*** remain cool (toward[s]

K

s.o.); *adv* ***et. ~ lagern*** store s.th. cool; *fig.* ***j-n ~ empfangen*** give s.o. a cool reception; → ***Kopf*** 2.

Kühl|anlage *f* cooling plant (*mot.* system). **~apparat** *m* cooling apparatus. **~becken** *n nucl.* cooling pond. **~box** *f* cold box.

Kühlcontainer *m* cooltainer.

Kühle *f* coolness (*a. fig.*), cool.

kühlen I *v/t* cool (*a. tech.*), chill. II *v/i* have a cooling effect.

Kühler *m* **1.** *tech.* cooler. **2.** *mot.* radiator. **~block** *m mot.* radiator core. **~figur** *f mot.* radiator mascot. **~haube** *f mot.* bonnet, *Am.* hood.

Kühl|fach *n* freezing compartment. **~flüssigkeit** *f* coolant. **~haus** *n* cold-storage house. **~mantel** *m tech.* cooling jacket. **~mittel** *n* coolant. **~raum** *m* cold-storage chamber, ⚓ refrigerating hold. **~schiff** *n* refrigerator ship. **~schlange** *f tech.* cooling coil. **~schrank** *m* refrigerator, F fridge. **~tasche** *f* cold bag (*od.* box). **~truhe** *f* (chest) freezer. **~turm** *m* cooling tower.

Kühlung *f* **1.** *a. tech.* cooling. **2.** *tech.* cooling system. **3.** (*Kühle*) coolness.

Kühlwagen *m* 🚂 refrigerator wagon (*Am.* car, *mot.* truck).

Kühlwasser *n* cooling water.

Kuhmilch *f* cow's milk.

kühn *adj allg.* bold, (*gewagt*) *a.* daring (*a. fig.*): ***das übertrifft m-e ~sten Träume*** that goes beyond my wildest dreams.

Kühnheit *f* boldness.

Kuhstall *m* cowshed.

Küken *n a. fig.* chick.

kulant *adj bsd. econ.* accommodating, *Preis etc*: fair.

Kulanz *f econ.* fair dealing, fairness, goodwill: ***die Reparatur geht auf ~*** the repair will be carried out at the firm's expense.

Kulanzzahlung *f* ex-gratia payment.

Kuli *m* coolie.

kulinarisch *adj* culinary.

Kulisse *f thea. etc mst pl* scenery, set, (*Seitenkulisse*) wing, (*Hintergrund, a. fig.*) background: ***hinter den ~n*** *a. fig.* behind the scenes, backstage.

kullern F → ***kugeln.***

kulminieren *v/i astr.* culminate (*fig.* ***in*** *dat* in).

Kult *m* cult: ***e-n ~ treiben*** make a cult (***mit*** out of). **~figur** *f* cult figure. **~film** *m* cult movie. **~handlung** *f* ritual act.

kultisch *adj* ritual, cultic.

kultivieren *v/t a. fig.* cultivate.

kultiviert *adj* cultivated, cultured, *Person*: *a.* civilized, *Geschmack*: refined.

Kultur *f* **1.** *allg.* culture, (*~gemeinschaft, ~niveau*) *a.* civilization, (*Kultiviertheit*) *a.* refinement: ***die abendländische ~*** (the) Western civilization; ***er hat*** (***k-e***) ***~*** he is (un)cultured; F ***in ~ machen*** be into culture; ***unbeleckt von der ~*** untouched by civilization. **2.** ⸙ cultivation, (*Pflanzenbestand, a. Bakterien-, Pilzkultur*) culture. **~abkommen** *n pol.* cultural agreement. **~austausch** *m* cultural exchange. **~banause** *m*, **~banausin** *f* F philistine. **~beilage** *f e-r Zeitung*: arts supplement. **~betrieb** *m* F cultural acitivities *pl.* **~beutel** *m* toilet bag, *Am.* washbag.

kulturell *adj* cultural.

Kultur|erbe *n* cultural heritage. **~film** *m* documentary.

Kulturgeschichte *f* **1.** history of civilization (*a. Buch*). **2.** cultural history.

kulturgeschichtlich *adj* cultural-historical.

Kultur|gut *n* cultural asset(s *pl*). **~hoheit** *f pol. der Länder*: independence in educational and cultural matters. **~kanal** *m TV* cultural channel. **~landschaft** *f* **1.** land developed and cultivated by man. **2.** *fig.* cultural scene. **~leben** *n* cultural life.

kulturlos *adj* uncultured, uncivilized.

Kulturlosigkeit *f* lack of culture.

Kultur|mensch *m* civilized man. **~pessimismus** *m* cultural pessimism. **~pflanze** *f* cultivated plant.

Kulturpolitik *f* cultural (and educational) policy.

kulturpolitisch *adj* politico-cultural.

Kultur|revolution *f* cultural revolution. **~schock** *m* cultural shock. **~sprache** *f* cultural (*od.* civilized) language. **~stätte** *f* place of cultural interest. **~stufe** *f* stage (*od.* level) of civilization. **~volk** *n* civilized people (*od.* nation, race).

Kultusminister(in) minister of education and cultural affairs.

Kümmel *m* **1.** ⸙ caraway (*a. Gewürz*): ***Echter ~*** cumin. **2.** (*~schnaps*) kümmel.

Kummer *m* grief, sorrow, (*Verdruss*) trouble, worry, worries *pl*, problems *pl*: ***~ haben*** have problems; ***hast du ~?*** is anything troubling you?; ***j-m viel ~ machen*** cause s.o. a lot of worry (*od.* trouble); ***du machst mir ~!*** I'm worried about you!; F ***ich bin ~ gewöhnt!*** I'm used to this sort of thing!

kümmerlich *adj* miserable, (*armselig*) *a.* poor, meagre, *Am.* meager, *Vegetation etc*: sparse: *adv* ***sich ~ durchschlagen*** (***mit Stundengeben*** *etc*) eke out a bare existence (by giving lessons *etc*).

kümmern I *v/reflex* ***sich ~ um*** a) look after, take care of, b) (*sich Gedanken machen*) care (*od.* trouble) about, c) (*beachten*) pay attention to, d) (*sorgen für*) see to: ***ich muss mich um das Mittagessen ~*** I must see to our lunch; ***kümmere dich um d-e eigenen Angelegenheiten!*** mind your own business!; ***sich nicht ∼ um*** not to bother about, ignore, (*vernachlässigen*) neglect. **II** *v/t* ***was kümmert mich ...*** what do I care about ...; ***was kümmerts mich?*** that's not my problem!; ***was kümmert dich das?*** what concern is that of yours? **III** *v/i* develop poorly.

kummervoll *adj* woebegone, sad.

Kumpan *m* F companion, fellow (*a. contp. Kerl*), *contp.* accomplice.

Kumpel *m* **1.** ⚒ pitman, miner. **2.** F mate, pal, chum, *Am.* buddy.

kumpelhaft *adj* chummy.

kündbar *adj Vertrag etc*: terminable, *Kapital*: at call, *Anleihe*: redeemable, *Stellung, Miete etc*: subject to notice: ***er ist jederzeit ∼*** he can be given notice at any time.

Kunde *m* customer (*a. contp. Kerl*), client: ***fester ∼*** regular customer.

Kunden|adressen *pl* customers' addresses *pl.* **∼akquisition** *f* customer canvassing. **∼auftrag** *m* customer order. **∼beratung** *f* (customer) advisory service (*od.* office). **∼besuch** *m* call on a customer. **∼betreuung** *f* customer advisory service. **∼datei** *f* customer file. **∼daten** *pl* customer data *pl.* **∼dienst** *m* service (to the customer), *engS.* after-sales service, (*Abteilung*) service department. **∼fang** *m contp.* (***auf ∼ ausgehen*** be) touting.

kundenfreundlich *adj* customer friendly, in the interest of the customer.

Kunden|gewinnung *f* winning new customers. **∼info** *n* F, **∼information** *f* customer information. **∼kartei** *f* list of customers. **∼konto** *n* (customer) account. **∼kredit** *m* customer credit. **∼kreditkarte** *f* storecard, *Am.* charge card. **∼kreis** *m* customers *pl*, clientele. **∼nummer** *f* client code.

kundenorientiert *adj* customer-oriented.

Kundenpotential *n* potential customers.

kundenspezifisch *adj* customized.

Kunden|stamm *m* regular customers *pl* (*od.* clientele). **∼werbung** *f* canvassing (of customers).

Kundgebung *f pol.* meeting, rally.

kundig *adj* expert, experienced, (*geübt*) *a. Auge, Hand*: practised: ***des Lesens ∼*** able to read.

kündigen I *v/t* (*Vertrag etc*) terminate, (*Abonnement etc*) cancel, (*Kapital etc*) call in: ***s-e Stellung ∼*** quit one's job; ***die Wohnung ∼*** give notice of one's intention to leave, ***j-m*** give s.o. notice to quit; F ***j-n ∼*** dismiss s.o., sack s.o. **II** *v/i allg.* give notice (***j-m*** s.o., ***bei e-r Firma*** to a firm): ***j-m*** (***zum 1. Mai***) ∼ give s.o. notice (*Vermieter*: to quit) (for May 1st), dismiss s.o. (as of May 1st); (***j-m***) ***drei Monate im Voraus ∼*** give (s.o.) three months' notice; ***mir ist*** (***zum 1. Mai***) ***gekündigt worden*** I'm under notice to leave (on May 1st).

Kündigung *f allg.* notice, *von Kapital etc*: notice of withdrawal, *e-s Vertrages etc*: termination, *e-s Abonnements etc*: cancel(l)ation, (*Entlassung*) dismissal: ∼ (***e-r Wohnung***) *Vermieter*: notice to quit, *Mieter*: notice of one's intention to leave; ***vierteljährliche ∼ vereinbaren*** agree on three months' notice; ***er drohte*** (***s-m Chef***) ***mit der ∼*** he threatened to leave.

Kündigungs|frist *f* period of notice: ***mit halbjähriger ∼*** at six months' notice. **∼grund** *m* grounds *pl* for giving notice (*des Arbeitgebers*: for dismissal). **∼klausel** *f* notice clause. **∼schreiben** *n* (written) notice, *des Arbeitgebers*: letter of dismissal. **∼schutz** *m* protection against unlawful dismissal (*für Mieter*: unwarranted eviction). **∼termin** *m* (last) date for giving notice.

Kundin *f* (female) customer (*etc*); → ***Kunde.***

Kundschaft *f* a) customers *pl*, clientele, b) F (*Kunde*) customer, c) (*das Kundesein*) patronage.

Kundschafter(in) scout, spy.

künftig I *adj* future, coming: ***∼e Generationen*** *a.* generations to come. **II** *a.* **∼hin** *adv* in future, from now on.

Kunst *f* **1.** art: ***die schönen Künste*** the fine arts; ***die bildende ∼*** graphic art; ***die darstellenden Künste*** (*Theater etc*) the performing arts, (*Malerei etc*) the pictorial arts; ***die ∼ der Gegenwart*** contemporary art; F ***was macht die ∼?*** how are things?; → ***schön*** 1. **2.** (*∼fertigkeit*) art, skill, (*Kniff*) trick: ***die ∼ des Schreibens*** the art of writing; ***ärztliche ∼*** medical skill; F ***das ist k-e ∼!*** that's easy!; ***das ist e-e brotlose ∼*** there's no money in it; ***die ganze ∼ besteht darin zu*** *inf* the whole trick is to *inf*; ***sie ließ alle ihre Künste spielen*** she used all her wiles; ***ich bin mit m-r ∼ am Ende*** I'm at my wits' end.

Kunst|akademie *f* academy of arts. **∼ausstellung** *f* art exhibition. **∼banause** *m*, **∼banausin** *f* F philistine. **∼band** *m* art book. **∼betrieb** *m contp.* cultural activities *pl.* **∼denkmal** *n* monument of art. **∼diebstahl** *m* theft of objets d'art. **∼druck** *m* art print(ing). **∼druckpapier** *n* art paper. **∼dünger** *m* artificial fertilizer. **∼eisbahn** *f* artificial ice rink. **∼erzieher(in)** art teacher. **∼erziehung** *f* art (education). **∼fahrer(in)** trick cyclist. **∼faser** *f* synthetic fibre (*Am.* fiber). **∼fehler** *m* ⚕ professional blunder.

K

kunstfertig *adj* skil(l)ful, skilled.
Kunstfertigkeit *f* skill, skil(l)fulness.
Kunst|flieger(in) stunt flyer. **~flug** *m* aerobatics *sg*, stunt flying. **~flug...** aerobatic (*figure, team, etc*). **~form** *f* art form. **~freund(in)** art lover. **~galerie** *f* art gallery. **~gegenstand** *m* objet d'art.
kunstgerecht *adj* skil(l)ful, expert.
Kunstgeschichte *f* art history.
Kunstgewerbe *n* arts and crafts *pl*, applied art(s *pl*).
Kunstgewerbler(in) artisan.
Kunst|glied *n* artificial limb. **~griff** *m* trick. **~handel** *m* art trade. **~händler(in)** art dealer. **~handlung** *f* art dealer's (shop). **~handwerk** *n* → ***Kunstgewerbe.*** **~herz** *n* ⚕ artificial heart. **~historiker(in)** art historian. **~hochschule** *f* art college. **~honig** *m* artificial honey. **~kenner(in)** (art) connoisseur. **~kritiker(in)** art critic. **~leder** *n* imitation leather.
Künstler(in) artist, ♪, *thea.* performer, (*Zirkuskünstler etc*) artiste.
künstlerisch *adj* artistic(ally *adv*): ***~er Leiter*** art director; *adv* ***ein ~ wertvoller Film*** a film of artistic merit; ***~ begabt sein*** have an artistic talent.
Künstlername *m thea., Film*: stage name.
Künstlertum *n* artistry, *coll. the* artistic world.
Künstler|viertel *n* artists' quarter. **~werkstatt** *f* studio, *weitS.* (artist's) workshop.
künstlich *adj allg.* artificial (*a. fig.*), *Zähne etc*: *a.* false, (*nachgemacht*) *a.* imitation (*leather*), *Fasern etc*: synthetic, man-made, (*unecht*) fake: ***~e Intelligenz*** artificial intelligence; ⚕ ***~e Niere*** kidney machine; *adv* ***j-n ~ ernähren*** feed s.o. artificially.
Kunstlicht *n phot.* artificial light.
Kunstliebhaber(in) art lover.
kunstlos *adj* simple, plain.
Kunst|maler(in) artist, painter. **~pause** *f iro.* ***e-e ~ machen*** pause for effect. **~reiter(in)** trick rider. **~sammler(in)** art collector. **~sammlung** *f* art collection. **~schätze** *pl* art treasures *pl.* **~schule** *f* art school. **~schwimmen** *n* water ballet. **~seide** *f* artificial silk, rayon. **~sprache** *f* artificial language. **~springen** *n* (fancy) diving. **~springer(in)** (fancy) diver.
Kunststoff *m* synthetic material, plastic (material): ***~e*** *pl* plastics *pl*; ***aus ~*** (of) plastic.
kunststoffbeschichtet *adj* plastic-laminated.
Kunststoff|industrie *f* plastics industry. **~kleber** *m* plastic adhesive. **~rasen** *m* artificial lawn. **~verpackung** *f* plastic packaging.
Kunst|stopfen *n* invisible mending. **~stück** *n* trick, (*akrobatisches ~*) stunt, *fig. a.* (great) feat: *iro.* ***~!*** small wonder!; ***das ist doch kein ~!*** anyone can do that! **~student(in)** art student. **~tischler(in)** cabinetmaker. **~turnen** *n* gymnastics *sg.* **~turner(in)** gymnast. **~verständige** *m, f* art expert. **~verständnis** *n* appreciation (*od.* expert knowledge) of art.
kunstvoll *adj* (highly) artistic, (*~ gestaltet*) elaborate, (*raffiniert*) ingenious.
Kunst|werk *n* work of art. **~wort** *n* coinage. **~zeitschrift** *f* art magazine.
kunterbunt *adv* ***~ durcheinander*** higgledy-piggledy.
Kupee *nt* → ***Coupé.***
Kupfer *n* copper. **Kupferblech** *n* sheet copper. **Kupferdraht** *m* copper wire.
kupferhaltig *adj* containing copper.
Kupfermünze *f* copper (coin).
kupfern *adj* (of) copper.
kupferrot *adj* copper-red.
Kupfer|stecher(in) copperplate engraver. **~stich** *m* copperplate (engraving).
kupieren *v/t* (*Tier*) dock, (*a. Schwanz, Ohren*) crop.
Kupon *m* → ***Coupon.***
Kuppe *f* **1.** (*Bergkuppe*) (hill)top. **2.** (*Fingerkuppe*) tip.
Kuppel *f* dome.
kuppelförmig *adj* dome-shaped.
Kuppelei *f* ⚖ procuration.
kuppeln I *v/t* **1.** *allg.* (**an** *acc*) couple (with), connect (to). II *v/i* **2.** *mot.* (*ein~*) (let in the) clutch, (*aus~*) declutch. **3.** *contp.* matchmake.
Kuppler(in) ⚖ procurer (procuress), *contp.* matchmaker.
Kupplung *f* **1.** 🚂, *tech.* coupling. **2.** *mot.* clutch: ***die ~ treten*** (***loslassen***) → ***kuppeln*** 2; ***die ~ schleifen lassen*** let the clutch slip.
Kupplungs|belag *m mot.* clutch facing. **~pedal** *n* clutch pedal. **~scheibe** *f* clutch disc. **~stecker** *m* ⚡ coupler plug.
Kur *f* cure, (course of) treatment: ***e-e ~ machen*** take a cure (*od.* a course of treatment); ***zur ~ fahren*** go to a health resort (*od.* spa); F ***während m-r ~ in ...*** during my stay at ...
Kür *f gym.* free (*od.* voluntary) exercise(s *pl*), *Eiskunstlauf etc*: free skating (*etc*).
Kuratorium *n* board of trustees.
Kuraufenthalt *m* stay at a health resort (*od.* spa).
Kurbel *f* crank, handle. **kurbeln** I *v/i* crank, F *mot.* turn the steering wheel. II *v/t* ***in die Höhe ~*** wind *s.th.* up.
Kurbelwelle *f mot.* crankshaft.
Kürbis *m* **1.** ❀ pumpkin. **2.** F (*Kopf*) nut.

K

Kurde *m*, **Kurdin** *f*, **kurdisch** *adj* Kurd.
Kurfürst(in) elector (electress).
Kur|gast *m* visitor (to a health resort *od.* spa). **~haus** *n* kurhaus, casino. **~hotel** *n* health-resort hotel.
Kurie *f eccl.* Curia.
Kurier(in) courier, messenger.
kurieren *v/t a. fig.* cure (**von** of).
Kuriergepäck *n* diplomatic bag.
kurios *adj* strange, curious, odd.
Kuriosität *f* curiosity, (*Rarität*) *a.* curio.
Kuriosum *n* odd thing, odd fact.
Kur|konzert *n* spa concert. **~ort** *m* spa, health resort. **~park** *m* spa gardens *pl.*
Kurpfuscher(in) quack.
Kurpfuscherei *f* quackery.
Kurpromenade *f* promenade (at a spa).
Kurs *m* **1.** (*Devisen-, Wechselkurs*) rate (of exchange), exchange rate, (*Aktienkurs etc*) price, rate, quotation: ***zum ~ von*** at a rate of; ***außer ~ setzen*** withdraw from circulation; ***die ~e geben nach*** (***ziehen an***) prices are softening (hardening); ***hoch im ~ stehen*** a) *Aktien*: be high, b) *fig.* be popular (***bei*** with). **2.** ✈, ⚓ course, *fig. a.* line: ***~ nehmen auf*** (*acc*) set course for, *a. fig.* head for; ***e-n falschen ~ einschlagen*** take the wrong course (*fig.* a wrong line); *pol.* ***harter*** (***weicher***) ***~*** hard (soft) line; → ***abweichen.*** **3.** course, class: ***e-n ~ für Englisch besuchen*** attend a course in English (*od.* English classes).
Kurs|abschlag *m* markdown. **~abschwächung** *f* decline. **~änderung** *f* **1.** ✈, ⚓ change of course (*a. fig.*). **2.** *econ.* change in the exchange rate. **~anstieg** *m econ.* rise (in rates *od.* prices). **~aufschlag** *m* markup. **~bericht** *m econ.* (stock) market report. **~buch** *n* (railway, *Am.* railroad) timetable.
Kürschner(in) furrier. **Kürschnerei** *f* a) furrier's trade, b) furrier's shop.
Kurs|einbruch *m econ.* fall in prices, slump. **~erholung** *f* rally in prices. **~gefälle** *n* exchange rate differential, *Börse*: price differential. **~gewinn** *m econ.* (price) gains *pl*, *bei Devisen*: exchange profits *pl.*
kursieren *v/i Geld*: circulate, *fig. Gerüchte etc*: *a.* go round.
Kursindex *m econ.* share price index.
kursiv *adj* italic: ***et. ~ drucken*** print s.th. in italics.
Kurs|korrektur *f* course correction (*a. fig.*): ***e-e ~ vornehmen*** correct the course. **~leiter(in)** (course) instructor, teacher. **~notierung** *f econ.* quotation. **~rückgang** *m econ.* decline in prices. **~schwankung** *f* a) *bei Devisen*: exchange rate fluctuation, b) *an der Börse*: price fluctuation. **~teilnehmer(in)** course participant. **~verfall** *m Börse*: price collapse. **~verlust** *m* a) *bei Devisen*: exchange loss, b) *an der Börse*: (stock price) loss. **~wagen** *m* 🚃 through coach (*od.* carriage). **~wechsel** *m pol.* change of policy. **~wert** *m econ.* market value. **~zettel** *m Börse*: price list, stock list.
Kurtaxe *f* health resort tax.
Kürübung *f Sport*: free exercise.
Kurve *f allg.* curve, ⩚ *a.* graph, *e-r Straße etc*: *a.* bend, turn, *pl* F *e-r Frau*: curves *pl*: ***die Straße macht e-e ~*** the road bends; ***unübersichtliche ~*** blind bend; *mot.* ***die ~ schneiden*** cut the curve; ***der Wagen wurde aus der ~ getragen*** the car was flung out of the bend; ✈ ***in die ~ gehen*** bank; F *fig.* ***die ~ kratzen*** beat it, push off; ***der kriegt die ~ nie!*** he'll never make it!
kurven *v/i* **1.** curve, ✈ bank. **2.** F (*herum~*) cruise around.
Kurven|bild *n* diagram, graph. **~festigkeit** *f*, **~lage** *f mot.* cornering stability. **~lineal** *n* (French) curve.
kurvenreich *adj* **1.** *Straße*: full of bends, winding. **2.** F *fig. Frau*: curvaceous.
Kurventechnik *f mot.* cornering technique.
Kurvenvorgabe *f Sport*: stagger.
kurz I *adj* **1.** *allg.* short (*a. fig.*), *zeitlich a.* brief: ***kürzer werden*** (***machen***) get (make) shorter, shorten; ***5 m zu ~ sein*** be five metres short; ***~e Hose*** shorts *pl*; *fig.* ***den Kürzeren ziehen*** be worsted, lose; F ***et. ~ und klein schlagen*** smash s.th. to bits; ***~es Gedächtnis*** short memory; ***mit ein paar ~en Worten*** in a few words, briefly; ***nach ~em Zögern*** after a moment of hesitation; ***in kürzester Zeit*** in no time; ***binnen ~em*** shortly; ***seit ~em*** for some little time (now); ***bis vor ~em*** until quite recently; F ***machs ~!*** be brief! **2.** (*schroff*) short, curt (***gegen j-n*** with s.o.). **II** *adv* **3.** *räumlich*: short: ***~ vor ...*** just before ... ; ***~ hinter dem Bahnhof*** just after the station; ***~ geschnitten*** cropped; ***zu ~ werfen*** throw (too) short; ***er wird ~ Tom genannt*** he is called Tom for short; *fig.* ***zu ~ kommen*** get a bad deal, *Sache*: be neglected; F ***j-n ~ halten*** keep s.o. very short (***mit Geld*** of money); F ***~ treten*** a) (*sich einschränken*) tighten one's belt, b) (*sich schonen*) take things easy, go slow. **4.** *zeitlich*: briefly, (*vorübergehend*) for a while, (*flüchtig*) for a moment; ***~ vor, ~ zuvor*** shortly before; ***~ nach, ~ darauf*** shortly after; ***über ~ oder lang*** sooner or later; ***j-n ~ abweisen*** be short with s.o.; ***sich ~ ausruhen*** take a short rest; ***~ entschlossen*** without the slightest hesitation; ***~ (gesagt), um es ~ zu machen*** to cut a long story short; ***~ und gut*** in short; ***fasse***

dich ~*!* please be brief!; *fig.* ~ (*und bündig*) briefly, concisely, (*schroff*) curtly, *ablehnen*: flatly; ~ *angebunden* short, curt (*gegen* with).

Kurzarbeit *f* short time (work).

kurzarbeiten *v/i* be on (*od.* work) short time.

Kurzarbeiter(in) short-time worker.

Kurzarbeitergeld *n* short-time pay.

kurz|ärm(e)lig *adj* short-sleeved. **~atmig** *adj* short-winded. **~beinig** *adj* short-legged.

Kurz|bericht *m* brief report, summary. **~biographie, ~biografie** *f* profile. **~brief** *m* memo letter.

Kürze *f allg.* shortness (*a. fig.*), *zeitlich*: *a.* briefness, brevity, *fig.* (*Knappheit*) conciseness: *in* ~ shortly, before long; *in aller* ~ very briefly.

Kürzel *n* shorthand expression.

kürzen *v/t allg.* shorten (*um* by), (*Buch etc*) *a.* abridge, (*Löhne, Ausgaben etc*) cut, ⅍ (*Bruch*) reduce: *j-s Lohn um 100 Mark* ~ dock 100 marks off (*od.* from) s.o.'s wages.

K

kurzerhand *adv* without further ado: *j-n* ~ *entlassen* dismiss s.o. on the spot; ~ *ablehnen* refuse flatly.

Kurz|fassung *f* abridged version. **~film** *m* short (film). **~form** *f* short(ened) form.

kurzfristig I *adj econ.* short-term, *fig. Pläne etc*: short-range, (*plötzlich*) sudden, (*sofortig*) immediate. **II** *adv* a) at short notice, b) for a short period.

Kurzgeschichte *f* short story.

Kurzhaar... *a. zo.*, **kurzhaarig** *adj* short-haired.

kurzhalten → *kurz* II 3.

kurzlebig *adj a. fig.* short-lived.

kürzlich *adv* recently, not long ago: (*erst*) ~ (just) the other day.

Kurz|meldung *f* news flash. **~mitteilung** *f* compliments slip, *intern*: memo. **~nachrichten** *pl* news bulletin *sg.* **~parkzone** *f* limited parking zone. **~rufnummer** *f* code number.

kurzschließen *v/t* ⚡ short(-circuit).

Kurzschluss *m* **1.** ⚡ short circuit: *e-n* ~ *verursachen in* (*dat*) short-circuit. **2.** → **~handlung** *f* panic action: *e-e* ~ *begehen* do s.th. rash, *aus Angst*: panic.

Kurzschrift *f* shorthand, stenography: *in* ~ in shorthand.

kurzsichtig *adj* shortsighted (*a. fig.*), nearsighted. **Kurzsichtigkeit** *f* shortsightedness (*a. fig.*), nearsightedness.

Kurzstrecke *f* short distance.

Kurzstrecken... short-distance, short-range. **~läufer(in)** sprinter. **~rakete** *f* short-range missile. **~verkehr** *m* short-distance (*od.* short-haul) traffic.

kurztreten → *kurz* II 3.

kurzum *adv* in short.

Kürzung *f allg.* shortening, *e-s Buches etc*: *a.* abridgement, *von Ausgaben etc*: cut (*gen* in), ⅍ *e-s Bruchs*: reduction.

Kurzurlaub *m* short holiday.

Kurzwaren *pl* haberdashery *sg*, *Am.* notions *pl.*

Kurzwelle *f* **1.** *Radio*: short wave. **2.** → ***Kurzwellenbehandlung.***

Kurzwellen|... short-wave (*transmitter, receiver, etc*). **~behandlung** *f* ⚕ radiothermy. **~bereich** *m Radio* short-wave range.

kurzwellig *adj* short-wave.

Kurzwort *n* abbreviation, contraction.

Kurzzeit|... short-time. **~gedächtnis** *n* short-term memory. **~messer** *m* timer. **~speicher** *m Computer*: short-term storage.

kuschelig *adj* (soft and) cuddly, *Sessel etc*: cosy. **kuscheln** *v/reflex* **sich** ~ snuggle (*an acc* up to *s.o.*, *in acc* down in *bed etc*). **Kuscheltier** *n* cuddly toy. **kuschelweich** *adj* (soft and) cuddly.

kuschen *v/i* **1.** *Hund*: lie down. **2.** F *fig.* (*vor j-m*) ~ knuckle under (to s.o.).

Kusine *f* (female) cousin.

Kuss *m* kiss: *flüchtiger* ~ peck; *sich mit e-m* ~ (*von j-m*) *verabschieden* kiss s.o. goodbye.

kussecht *adj* kissproof.

küssen *v/t u. v/i* kiss: *sie küssten sich* (*zum Abschied*) they kissed (goodbye); *j-m die Hand* ~ kiss s.o.'s hand.

Kusshand *f j-m e-e* ~ *zuwerfen* blow s.o. a kiss; F *fig. mit* ~ gladly.

Küste *f* coast, shore: *an der* ~ *leben* live at the seaside.

Küsten|bewohner(in) coastal inhabitant. **~fischerei** *f* inshore fishing. **~gebiet** *n* coastal area. **~gewässer** *pl* coastal waters *pl.* **~linie** *f* coast line. **~schifffahrt** *f* coastal shipping. **~schutz** *m* shore protection. **~straße** *f* coast(al) road. **~strich** *m* coastal strip. **~wache** *f* coast guard (station).

Kustos *m im Museum*: curator.

Kutsche *f* carriage, coach: *humor. alte* ~ (*Auto*) (old) rattletrap. **Kutscher(in)** coachman, driver. **kutschieren** *v/t u. v/i* F (*j-n*) *durch die Gegend* ~ drive (s.o.) around.

Kutte *f* (*von Mönch*) cowl.

Kutteln *pl schweiz., südd.* tripe

Kutter *m* ⚓ cutter.

Kuvert *n* envelope

kuvertieren *v/t* put in an envelope.

Kuwait *n* Kuwait.

KV ***Köchelverzeichnis*** Köchel (catalog[ue]) (K).
kV ***Kilovolt*** kilovolt(s *pl*).
KW ***Kurzwelle*** short wave (SW).
kW ***Kilowatt*** kilowatt(s *pl*) (kW).
kWh ***Kilowattstunde(n)*** kilowatt-hour(s *pl*).
Kybernetik *f* cybernetics *pl* (*a. sg konstr.*). **Kybernetiker(in)** cybernetician, cyberneti(ci)st. **kybernetisch** *adj* cybernetic(ally *adv*).
kyrillisch *adj* Cyrillic.
KZ *n* concentration camp. **KZ-Häftling** *m* concentration camp prisoner.

K

L

L, l *n* L, l.

L. (***italienische***) ***Lira*** *od. pl* ***Lire*** lira, *pl* lire *od.* liras; ***Länge*** length (L., l.).

l ***Liter*** litre(s *pl*), *Am.* liter(s *pl*) (l).

labberig *adj* F *a. fig.* **1.** sloppy, (*fade*) insipid, (*schal*) stale. **2.** (*weich*) limp.

laben *v/reflex* ***sich ~ an*** (*dat*) refresh o.s. with, *fig. e-m Anblick*: feast (o.s.) on.

labern *v/i* F drivel.

Labial(laut) *m ling.* labial (sound).

labil *adj* unstable, labile.

Labilität *f* instability, lability.

Labor *n* F lab: ***im ~ untersuchen*** lab-examine. **Laborant(in)** laboratory assistant. **Laboratorium** *n* laboratory.

Laborbefund *m* test result(s *pl*).

laborieren *v/i* F ⚕ suffer (**an** *dat* from).

Laborversuch *m* laboratory experiment.

Labrador *m zo.* labrador.

Labyrinth *n a. fig.* labyrinth, maze.

Lachanfall *m* laughing fit.

Lache¹ *f* pool, puddle.

Lache² *f* F laugh.

lächeln *v/i* (**über** *acc* at) smile, *verschmitzt*: grin: ***sie lächelte freundlich*** she gave a friendly smile; ***immer nur ~!*** keep smiling!

Lächeln *n* smile.

lachen *v/i* laugh (**über** *acc* at): ***er lachte schallend*** he roared with laughter; ***sie lachte verlegen*** she gave an embarrassed laugh; F ***dass ich nicht lache!*** don't make me laugh!; ***sie hat nichts zu ~*** her life is no bed of roses; ***du hast gut ~!*** you can laugh!; ***da kann ich nur ~!*** excuse me while I laugh!; ***es wäre ja gelacht, wenn ...*** it would be ridiculous if ...; ***wer zuletzt lacht, lacht am besten*** he who laughs last laughs loudest; → ***Fäustchen.***

Lachen *n* laughing, laugh(ter): ***j-n zum ~ bringen*** make s.o. laugh; ***sich vor ~ biegen*** nearly die laughing; ***~ ist gesund*** laughter is the best medicine; F ***das ist nicht zum ~*** that's no joke; ***das ist ja zum ~*** that's ridiculous.

lachend *adj* laughing: ***die ~en Erben*** the joyful heirs; ***der ~e Dritte*** the real winner.

Lacher *m* **1.** laugher: ***er hatte die ~ auf s-r Seite*** he had the laugh on his side. **2.** F (*Lachen*) laugh.

Lacherfolg *m* ***e-n ~ haben*** (*od.* ***ernten***) raise a laugh.

lächerlich *adj* **1.** ridiculous, absurd, (*komisch*) funny: ***~ machen*** ridicule, make fun of; ***sich ~ machen*** make a fool of o.s.; ***das Lächerliche daran*** the ridiculous thing about it; ***et. ins Lächerliche ziehen*** turn s.th. into a joke; *fig.* ***sich ~ vorkommen*** feel ridiculous; ***~ wirken*** be ridiculous. **2.** *fig.* (*gering*) trifling, petty: ***für e-e ~e Summe*** for a ridiculously low sum.

Lächerlichkeit *f* **1.** ridiculousness. **2.** *mst pl* trifle.

Lachfältchen *pl* laughter lines *pl.*

Lachgas *n* ⚕ laughing gas.

lachhaft *adj* laughable, ridiculous.

Lachkrampf *m* (***e-n ~ bekommen*** have a) laughing fit.

Lachmuskel *m anat.* risible muscle.

Lachs *m* salmon.

lachs|farben, ~rosa *adj* salmon-pink.

Lachsschinken *m* smoked, rolled fillet of ham.

Lack *m* (*Firnis*) varnish, (*Farblack*) lacquer, (*Einbrennlack*) enamel, *mot.* paint(work): F *fig.* ***der ~ ist ab!*** all the glamo(u)r is gone! **~arbeit(en** *pl*) *f* lacquerwork. **~farbe** *f* varnish (paint).

lackieren *v/t* **1.** varnish, *mit Farblack*: lacquer, *mot.* paint: ***sich die Fingernägel ~*** paint one's nails. **2.** F *fig.* dupe: ***er war der Lackierte*** he was the dupe.

Lackierer(in) *tech.* varnisher, painter.

Lackierung *f* → ***Lack.***

Lackleder *n* patent leather.

Lackmus *m* ⚗ litmus. **~papier** *n* ⚗ litmus paper.

Lack|schaden *m mot.* damage to the paintwork. **~schuhe** *pl* patent-leather shoes *pl.* **~stift** *m mot.* touch-up applicator.

Lade|adresse *f Computer*: load point. **~baum** *m* ⚓ beam. **~fläche** *f* loading area. **~gerät** *n* ⚡ battery charger. **~hemmung** *f mil.* (*a.* ***~ haben***) jam. **~klappe** *f mot.* tailboard. **~kontrollleuchte** *f mot.* charge control lamp.

laden¹ *v/t* **1.** (*a. Kamera, Computer*) load. **2.** ⚡, *phys.* charge. **3.** *fig. et.* ***auf sich ~*** burden (*od.* saddle) o.s. with.

laden² *v/t* **1.** (*ein~*) invite. **2.** ⚖ (*vor~*) summon, cite.

Laden *m* **1.** shop, *Am.* store: → ***dichtmachen*** II. **2.** F *fig.* (*Betrieb, Verein*) shop, outfit: → ***schmeißen*** 3. **3.** (*Fensterladen*) shutter. **~besitzer(in)** shop owner. **~detektiv(in)** store detective. **~dieb(in)** shoplifter. **~diebstahl** *m* shoplifting: ***zwei Ladendiebstähle*** two cases of shoplifting. **~einbruch** *m* shopbreaking. **~einrichtung** *f* shop (*Am.* store) fittings *pl.* **~hüter** *m* non-seller. **~inhaber(in)** shop-keeper, *Am.* storekeeper. **~kasse** *f* till. **~kette** *f* chain (of shops). **~lokal** *n* retail shop (*Am.* store). **~mädchen** *n* F shopgirl. **~preis** *m* retail price. **~schild** *n* shop sign. **~schluss** *m* closing time. **~schlussgesetz** *n* law regulating shop (*Am.* store) closing times. **~straße** *f* shopping street. **~tisch** *m* (*fig.* ***unter dem ~*** under the) counter. **~verkauf** *m* retail sale.

Lade|rampe *f* loading ramp. **~raum** *m* loading space, (ship's) hold, *aviat.* cargo bay. **~schein** *m* bill of lading. **~zone** *f* loading area (*od.* bay).

lädieren *v/t* damage, (*verletzen*) injure, *a. fig.* batter, *fig.* (*Image, Ruf*) dent.

Ladung¹ *f* **1.** *econ.* load, freight, ✈, ⚓ cargo, (*Lieferung*) shipment: F ***e-e ~ Schnee*** a load of snow. **2.** ⚡, *mil., phys.* charge.

Ladung² *f* ⚖ summons.

LAG ***Lastenausgleichsgesetz*** equalization of burdens law.

Lage *f* **1.** position, situation (*beide a. fig.*), *e-s Hauses etc*: site, location: ***e-e schöne ~ haben*** be beautifully situated; *meteor.* ***in höheren ~n*** higher up; *fig.* ***die politische ~*** the political situation; ***die rechtliche ~*** the legal position; ***unangenehme ~*** predicament; ***nach ~ der Dinge*** as matters stand; ***in der ~ sein, et. zu tun*** be in a position to do s.th.; → ***Herr, peilen*** I, ***versetzen*** 5, 9. **2.** (*Schicht*) layer, *geol. a.* stratum, ⚒ bed, *tech.* ply, (*Reihe*) tier. **3.** ♪ register. **4.** F ***e-e ~ Bier ausgeben*** buy a round of beer.

Lagenstaffel *f Schwimmen*: medley relay.

Lageplan *m* site plan.

Lager *n* **1.** bed, *hunt.* lair. **2.** *a. fig. pol. etc* camp: ***ein ~ aufschlagen*** pitch camp; *fig.* ***ins gegnerische ~ überwechseln*** change sides. **3.** *econ.* (*Waren*) stock, store(s *pl*), (*Raum, Gebäude*) storehouse, warehouse: ***et. auf ~ haben*** have s.th. in store (*od.* stock, F *fig. a.* up one's sleeve). **4.** ⚒ bed, deposit. **5.** *tech.* (*Unterlage*) support, (*Kugellager etc*) bearing.

Lager|arbeiter(in) warehouseman. **~bestand** *m econ.* (***den ~ aufnehmen*** take) stock: ***Lagerbestände absetzen*** dispose of stock. **~bestandsaufnahme** *f* stocktaking, inventory. **~bestandsführung** *f* inventory control. **~bestandsverzeichnis** *n* stocklist, stock figures *pl.*

Lagerbier *n* lager.

Lagerbuch *n* stockbook, stores ledger.

lagerfähig *adj* storable.

Lagerfähigkeit *f* shelf life.

Lagerfeuer *n* campfire.

Lager|gebühr *f*, **~geld** storage (fee), storage charges. **~halle** *f* warehouse. **~haltung** *f* storekeeping. **~haltungskosten** *pl* stockkeeping costs *pl.* **~haus** *n* warehouse.

Lagerist(in) storekeeper.

Lager|kapazität *f* storage capacity. **~kosten** *pl* storage costs *pl.*

Lagerleben *n* camp life.

Lagerleiter(in) camp leader.

lagern I *v/i* **1.** rest, lie down (*beide a.* ***sich ~***), *mil.* camp. **2.** *Waren*: be stored. **3.** (*ab~*) mature. II *v/t* **4.** *econ.* store, keep. **5.** (*betten*) lay, rest: ⚕ ***das Bein hoch ~*** put the leg up; → ***gelagert.*** **6.** *tech.* rest.

Lager|platz *m* storage place. **~raum** *m* storeroom. **~stätte** *f* **1.** bed, *hunt.* lair. **2.** ⚒, *geol.* deposit. **~umschlag** *m* stock turnover.

Lagerung *f* **1.** storage, warehousing. **2.** (*Alterung, Reifung*) seasoning. **3.** *tech.* bearing application.

Lagerverwalter(in) storekeeper.

Lageskizze *f* sketch map.

Lagune *f* lagoon.

lahm I *adj* **1.** lame. **2.** F stiff, tired, (*kraftlos*) limp. **3.** F *fig. Ausrede etc*: lame, *Film etc*: tame, dull; → ***Ente*** 1. II *adv* **4.** ***~ legen*** *fig.* paralyze, (*Verkehr etc*) *a.* bring to a standstill, (*Anlage, Gerät etc*) knock out.

Lahmarsch *m* V drip. **lahmarschig** *adj* V slow, lame, listless.

lahmen *v/i* limp.

lähmen *v/t a. fig.* paralyze: ***vor Angst wie gelähmt*** paralyzed with fear.

Lahmheit *f allg.* lameness, F *fig. a.* dullness, slowness.

Lähmung *f* **1.** ⚕ paralysis. **2.** *fig.* paralyzing.

Laib *m* loaf.

Laiberl *n österr.* **1.** round loaf. **2.** (*aus Fleisch*) burger. **3.** ***ein ~ Brot*** a loaf of bread.

Laich *m*, **laichen** *v/i* spawn.

Laie *m* layman: ***da bin ich absoluter ~*** I don't know the first thing about it.

Laien... **1.** lay (*priest etc*). **2.** amateur (*actor etc*). **laienhaft** *adj* amateurish.

Lakai *m a. fig. contp.* lackey.

Lake *f gastr.* brine.

Laken *n* (*Bettlaken*) sheet.

Lakritze *f* liquorice.

L

lallen *v/t u. v/i* blabber, *Baby*: babble.
Lama[1] *m eccl.* Lama.
Lama[2] *n zo.* llama.
Lamelle *f* ✿, *tech.* lamella, *mot. von Kühler*: rib, (*Brems-, Kupplungslamelle*) disc.
lamentieren *v/i* F complain (***über*** *acc* about).
Lametta *n* (silver) tinsel.
Lamm *n* lamb. **~braten** *m* roast lamb.
Lämmchen *n* lambkin.
Lamm|fell *n* lambskin. **~fleisch** *n* lamb. **~keule** *f gastr.* leg of lamb.
Lampe *f* lamp, light, (*Glühbirne*) bulb.
Lampenfieber *n* stagefright.
Lampenschirm *m* lampshade.
Lampion *m* Chinese lantern.
lancieren *v/t fig.* launch.
Land *n* **1.** (*Festland*) land: ***zu ~e*** by land; ***ans ~*** ashore; *fig.* ***ins ~ gehen*** *Zeit*: pass; F ***e-n Job*** *etc* ***an ~ ziehen*** land a job *etc*; ***wieder ~ sehen*** see daylight again. **2.** (*Ggs. Stadt*) country, (*Ackerland*) soil, (*~besitz*) land: ***auf dem ~e*** in the country; ***aufs ~*** (in)to the country. **3.** *pol.* a) country, (*Gebiet*) territory, b) *BRD*: (Federal) Land, c) *Österreich*: Province: ***außer ~es gehen*** go abroad; ***aus aller Herren Länder*** from all four corners of the earth; ***hier zu ~e*** → ***hierzulande.***
Land|arbeiter(in) farm hand. **~arzt** *m*, **-ärztin** *f* country doctor. **~besitz** *m* landed property. **~bevölkerung** *f* rural population. **~bewohner(in)** country dweller. **~butter** *f* farm butter.
Lande|anflug *m* ✈ landing approach. **~bahn** *f* runway. **~brücke** *f* ⚓ landing stage. **~deck** *n* ⚓ flight deck. **~erlaubnis** *f* landing clearance, permission to land. **~fähre** *f Raumfahrt*: landing module.
Landeier *pl* farm eggs *pl*.
landeinwärts *adv* (further) inland.
Landeklappe *f* ✈ landing flap.
landen *v/i u. v/t allg.* land (*a. fig. e-n Schlag, Erfolg etc*), ⚓ *a.* disembark, F *fig. a.* end up (***in*** *dat* in): ***weich ~*** make a soft landing; *Sport*: ***auf dem 4. Platz ~*** come in fourth; F *fig.* ***damit kannst du bei ihr nicht ~*** with that you won't get anywhere with her.
Landenge *f* isthmus.
Lande|piste *f* landing strip. **~platz** *m* **1.** ✈ airstrip. **2.** ⚓ quay, wharf.
Ländereien *pl* lands *pl*, estates *pl*.
Länder|kampf *m Sport*: **1.** international competition. **2.** → **~spiel** *n* international match. **~vorwahl** *f* country code.
Landes|... a) national, b) regional, *e-s Bundeslandes*: *BRD* (of the) Land, *in Österreich*: Provincial (*government etc*). **~farben** *pl* national colo(u)rs *pl*. **~grenze** *f* border, frontier. **~innere** *n* interior. **~meister(in)** *Sport*: national champion. **~regierung** *f* (state) government. **~sprache** *f* national language. **~tracht** *f* national costume.
landesüblich *adj* customary.
Landes|vater *m iro.* Father of the Land. **~verrat** *m* treason. **~währung** *f* national currency.
landesweit *adj u. adv* nationwide.
Landeverbot *n* ✈ ***~ erhalten*** be refused permission to land.
Land|fahrzeug *n* land vehicle. **~flucht** *f* rural exodus. **~friedensbruch** *m* breach of the public peace. **~gang** *m* ⚓ shore leave. **~gemeinde** *f* rural community. **~gericht** *n* ⚖ district (*od.* superior) court.
landgestützt *adj mil.* ***~e Rakete*** land-based missile.
Land|haus *n* country house. **~karte** *f* map. **~kreis** *m* (administrative) district.
landläufig *adj* common(ly *adv*).
Landleben *n* country life.
ländlich *adj* rural, (*bäurisch*) rustic.
Land|luft *f* country air. **~maschine** *f* agricultural machine. **~messer(in)** surveyor. **~pfarrer(in)** country parson. **~plage** *f fig. iro.* nuisance, pest. **~rat** *m BRD*: district administrator. **~ratsamt** *n BRD*: district administration (office). **~ratte** *f* F landlubber. **~regen** *m* persistent rain.
Landschaft *f* **1.** landscape (*a. paint.*), scenery, countryside: ***die politische ~*** the political scene. **2.** region, country.
landschaftlich *adj* **1.** *geogr.* regional. **2.** *Schönheit etc*: scenic(ally *adv*): ***~ schöne Strecke*** scenic road.
Landschafts|gärtner(in) landscape gardener. **~maler(in)** landscape painter. **~pflege** *f*, **~schutz** *m* conservation. **~schutzgebiet** *n* (natural) preserve.
Landsitz *m* country seat.
Landsmann *m pl* ***Landsleute*** (fellow) countryman, compatriot.
Landsmannschaft *f* expellee organization.
Land|straße *f* country road. **~streicher(in)** tramp. **~streicherei** *f* ⚖ vagrancy. **~streitkräfte** *pl* land forces *pl*. **~strich** *m* region, district. **~tag** *m BRD*: Landtag, parliament of a Land.
Landung *f* landing, ✈ *a.* touchdown, ⚓ *a.* disembarkation, (*Ankunft*) arrival: ✈ ***zur ~ ansetzen*** come in to land.
Landungsbrücke *f* landing stage, jetty.
Landurlaub *m* ⚓ shore leave.
Landvermessung *f* (land) surveying.
Landweg *m* **1.** country road. **2.** overland route: ***auf dem ~*** by land.
Landwein *m* vin du pays.
Landwirt(in) farmer. **Landwirtschaft** *f* **1.** agriculture, farming. **2.** (*Anwesen*) farm.

landwirtschaftlich *adj*, **Landwirtschafts...** agricultural.
Landzunge *f geogr.* promontory.
lang I *adj* **1.** *allg.* long, (*langatmig*) *a.* lengthy, F *Person*: tall: ***über kurz oder*** ~ sooner or later; ***seit ~em*** for a long time; → ***Bank***[1] 1, ***Gesicht*** 1, ***Hand, Sicht*** 1 *etc.* **II** *adv* **2.** *allg.* long: ***4 Fuß*** ~ 4 feet long; ~ ***entbehrt*** long missed; ~ ***ersehnt,*** ~ ***erwartet*** long-awaited; ~ ***werden*** lengthen; ***die Zeit wird mir*** ~ time hangs heavy on my hands; F ~ ***und breit*** at great length; ***e-e Woche*** ~ for a week; ***die ganze Woche*** ~ all week, the whole week long; ***mein ganzes Leben*** ~ all my life. **3.** (*ent~*) along. **4.** → ***lange.***
langärm(e)lig *adj* long-sleeved.
langatmig *adj fig.* lengthy, long-winded.
langbeinig *adj* long-legged, F leggy.
lange *adv* long, a long time: ***das ist*** (***schon***) ~ ***her*** that was a long time ago (→ *a.* ***her*** 1); ***das ist noch*** ~ ***hin*** that's still a long way off; ***wie*** ~ ***noch?*** how much longer?; ***wie*** ~ ***lernen Sie schon Englisch?*** how long have you been learning English?; ***noch*** ~ ***nicht*** not for a long time (yet); ***noch*** ~ ***nicht fertig*** (***gut genug*** *etc*) not nearly ready (good enough *etc*); ***bis*** ~ ***nach Mitternacht*** until well past midnight; ***ich bleibe nicht*** ~ (***weg***) I won't be long.
Länge *f* **1.** *allg.* length: ***von 10 Metern*** ~ ten metres long (*od.* in length); ***der*** ~ ***nach*** lengthwise; ***et. in die*** ~ ***ziehen*** stretch s.th., *fig.* drag s.th. out; *fig.* ***sich in die*** ~ ***ziehen*** drag on; *Sport*: ***er gewann mit zwei ~n Vorsprung*** he won by two lengths. **2.** *mst pl im Roman, Film etc*: dull passage, longueur. **3.** *geogr.* longitude. **4.** *ling., poet.* long.
längelang *adv* (at) full length.
langen F **I** *v/t* **1.** ***j-m et.*** ~ (*geben*) hand (*od.* give) s.o. s.th.; ***j-m e-e*** ~ land s.o. one. **II** *v/i* **2.** ~ ***nach*** reach for; ~ ***in*** (*acc*) reach into. **3.** (*reichen*) reach (***bis*** to *od.* as far as). **4.** be enough (***für*** for), (*auskommen*) manage (***mit*** with, on): ***dafür langt mein Geld nicht*** I haven't got enough money for that; ***das langt mir*** that will do for me; ***langt das?*** will that do?; ***das langt mir für*** (*od.* ***damit lange ich***) ***e-e Woche*** that'll last me a week; *fig.* ***mir langts!, jetzt langts mir aber!*** I've had enough!, I'm sick of it!
Längen|grad *m geogr.* degree of longitude. **~kreis** *m geogr.* meridian. **~maß** *n* linear (*od.* long) measure.
längerfristig *adj u. adv* covering (*od.* for) a prolonged period.
Langeweile *f* boredom: ~ ***haben*** be (*od.* feel) bored; F ***ich sterbe vor*** ~ I'm bored to death.
langfristig I *adj* long-term. **II** *adv* on a long-term basis: ~ (***gesehen***) in the long term.
langgehen *v/i* F go along: *fig.* ***wissen, wos langgeht*** know the score; ***j-m zeigen, wos langgeht*** tell s.o. what's what.
Langhaar..., langhaarig *adj* long-haired.
langjährig *adj* of many years, long-standing, *Freiheitsstrafe etc*: long.
Lang|lauf *m* cross-country skiing, langlauf. **~läufer(in)** cross-country skier.
langlebig *adj allg.* long-lived, *econ.* durable, *nucl.* long-life. **Langlebigkeit** *f* longevity, *econ.* durability.
länglich *adj* long(ish), oblong.
langmütig *adj* patient, forbearing.
längs I *prep* along: ~ ***der Küste*** alongshore. **II** *adv* lengthwise.
Längsachse *f* longitudinal axis.
langsam I *adj allg., a. geistig*: slow, (*allmählich*) *a.* gradual: ***~er werden*** (***fahren etc***) slow down. **II** *adv* slowly, (*allmählich*) *a.* gradually: ~, ***aber sicher*** slowly but surely; (***immer schön***) ~***!*** not so fast!; ***er wird*** ~ ***alt*** he's getting old; F ***es wurde*** ~ ***Zeit!*** it was about time!; ~ ***reichts mir!*** I'm getting fed up with this! F *fig.* ~ ***treten*** slow down, (*sich schonen*) *a.* take it easy.
Langsamkeit *f* slowness.
Langschläfer(in) late riser.
Langspielplatte *f* long-playing record.
Längsschnitt *m* longitudinal section.
längst *adv* long ago, long since: ***am ~en*** longest; ~ ***nicht so gut*** not nearly as good; ***das ist*** ~ ***vorbei*** (***vergessen***) that's long past (forgotten); ***ich weiß es*** ~ I've known it for a long time; ***er sollte*** ~ ***da sein*** he should have been here long ago; → ***fällig.***
längstens *adv* **1.** at the longest (*od.* most). **2.** (*spätestens*) at the latest.
langstielig *adj* ⚘ long-stemmed.
Langstrecke *f* **1.** *Sport*: (long) distance, **2.** *mil.* long range.
Langstrecken|... long-distance, *mil. a.* long-range. **~lauf** *m Sport*: (long-)distance run (*od.* race). **~läufer(in)** (long-)distance runner. **~rakete** *f* long-range missile.
Languste *f* rock lobster.
langweilen *v/t* bore: ***sich*** ~ be (*od.* get) bored; ***sich zu Tode*** ~ F be bored stiff.
Langweiler(in) F bore. **langweilig** *adj* boring, dull: ~ ***sein*** *a.* be a bore.
Langwelle *f Radio*: long wave.
Langwellenbereich *m* long-wave band.
Langwellensender *m* long-wave radio station (*od.* transmitter).
langwierig *adj* lengthy, protracted (*a.* ⚕). **Langwierigkeit** *f* lengthiness.
Langzeit|... long-term (*memory, effect*).

L

~arbeitslose *m, f* long-term unemployed. **~arbeitslosigkeit** *f* long-term unemployment. **~-EKG** *n* long-term ECG (*Am.* EKG). **~gedächtnis** *n* long-term memory. **~wirkung** *f* long-term effect(s *pl*).
Lanolin *n* ⚗ lanolin.
Lanze *f* lance.
La-Ola-Welle *f Sport*: Mexican wave.
lapidar *adj* terse, succinct.
Lappalie *f* (mere) trifle.
Lappe *m* Lapp.
Lappen *m* **1.** (piece of) cloth, (*Lumpen*) rag, (*Wischlappen*) cloth, (*Staublappen*) duster: F ***j-m durch die ~n gehen*** a) slip through s.o.'s fingers, b) *Person*: give s.o. the slip. **2.** *anat.*, ⚘ lobe. **3.** F (bank)note, *Am.* bill. **4.** F (*Kleid etc*) rag.
läppern *v/impers* F ***es läppert sich*** it all adds up.
Lappin *f* Lapp.
läppisch *adj* F silly, (*kindisch*) childish.
Lappland *n* Lapland.
Lapsus *m* slip, lapse.
Laptop *m* laptop (computer).
Lärche *f* ⚘ larch.
Lärm *m* **1.** *allg.* noise, (*Getöse*) din, (*Motorenlärm*) roar, (*Radau*) racket, row: ***~ machen*** → ***lärmen***; F ***~ schlagen*** raise a hue and cry (***gegen*** against). **2.** *fig.* (*Aufheben*) fuss (***um*** about).
Lärmbekämpfung *f* noise abatement.
Lärmbelästigung *f* noise pollution.
lärmempfindlich *adj* sensitive to noise.
lärmen *v/i* make much noise, be noisy.
Lärmpegel *m* noise (*od.* decibel) level.
Lärmschutz *m* noise protection. **~bestimmungen** *pl* noise protection regulations *pl.* **~wall** *m* noise barrier.
Larve *f zo.* larva.
lasch *adj* F **1.** (*schlaff*) limp. **2.** *fig. Disziplin etc*: lax, *a. Person*: slack. **3.** (*fade*) insipid.
Lasche *f* flap, *am Schuh*: tongue, *tech.* fishplate, flat link.
Laser *m phys.* laser. **~chirurgie** *f* laser surgery. **~drucker** *m* laser printer. **~medizin** *f* laser medicine. **~pistole** *f* laser gun. **~strahl** *m* laser beam. **~technik** *f* laser technology.
lassen I *v/aux* **1.** let: ***lass mich sehen*** let me see; ***das Licht brennen ~*** leave the light(s) on; ***j-n warten ~*** keep s.o. waiting; ***ich lasse mich nicht zwingen*** I won't be forced. **2.** ***j-n et. tun ~*** have (*stärker*: make) s.o. do s.th.; ***den Arzt kommen ~*** send for the doctor; ***~ Sie ihn eintreten*** ask him (to come) in. **3.** ***et. machen ~*** have s.th. made (*od.* done); ***sich die Haare schneiden ~*** have one's hair cut; ***ich ließ es mir zuschicken*** I had it sent to me. **4.** ***ich habe mir sagen ~*** I have been told; ***der Wein lässt sich trinken*** the wine is drinkable; ***dies Wort lässt sich nicht übersetzen*** this word is untranslatable; ***das lässt sich nicht mehr ändern*** it's too late now to do anything about it; ***das lässt sich nicht beweisen*** it can't be proved; ***die Tür ließ sich leicht öffnen*** the door opened easily; ***ich lasse von mir hören!*** I'll be in touch!; → ***machen*** 13, ***sagen*** *etc.* II *v/t* **5.** leave: ***lass alles, wie es ist!*** leave everything as it is!; ***wo soll ich mein Gepäck ~?*** where shall I leave (*od.* put) my luggage? **6.** (*über~*) ***j-m et. ~*** leave s.o. s.th., let s.o. have s.th.; ***lass mir das Buch noch e-e Weile!*** let me keep the book a while longer!; F *fig.* ***das muss man ihm ~!*** you've got to hand it to him! **7.** (*unter~*) stop: ***lass das!*** don't!, stop that!; ***~ wir das!*** enough of that!; ***du solltest das Rauchen ~!*** you ought to stop smoking! III *v/i* **8.** ***von j-m*** (***e-r Sache***) ***~*** part from s.o. (with s.th.).
lässig I *adj* casual, nonchalant, F cool, (*nach~*) careless. II *adv* F (*spielend*) easily: ***er gewann ~*** he won hands down.
Lässigkeit *f* nonchalance.
Lasso *n, m* lasso.
Last *f* **1.** *allg., a. fig.* load, burden, (*Gewicht*) weight: ⚖ ***~ der Beweise*** weight of the evidence; ***j-m zur ~ fallen*** be a burden to s.o.; ***j-m et. zur ~ legen*** charge s.o. with s.th. **2.** *mst pl econ.* burden, charge: ***öffentliche ~en*** public charges; ***soziale ~en*** social burdens; ***zu ~en*** → ***zulasten.*** **3.** ⚡ (***unter ~*** under) load.
lasten *v/i* ***~ auf*** (*dat*) *a. fig.* weigh (heavily) on, rest on.
Lasten|aufzug *m* goods lift, *Am.* freight elevator. **~ausgleich** *m* equalization of burdens.
Laster[1] *m* F *mot.* lorry, *Am.* truck.
Laster[2] *n* vice.
lasterhaft *adj* depraved, corrupt, wicked.
Laster|höhle *f* den of iniquity. **~leben** *n* dissolute life.
lästerlich *adj* abusive, (*gottes~*) blasphemous.
lästern *v/i u. v/t* ***~ über*** (*acc*) run *s.o., s.th.* down: ***Gott ~*** blaspheme.
lästig *adj* troublesome, (*ärgerlich*) annoying: ***j-m ~ fallen*** (*od.* ***sein***) be a nuisance to s.o., get on s.o.'s nerves.
Lastkahn *m* barge. **Lastkraftwagen** *m* lorry, *Am.* truck.
Last-Minute-Flug *m* last-minute flight.
Lastschrift *f econ.* **1.** debit entry. **2.** → **Lastschriftanzeige** *f* debit note. **~verfahren** *n* direct debiting.
Lastwagen *m* lorry, *Am.* truck. **~fahrer(in)** lorry (*Am.* truck) driver.

Lastzug *m mot.* truck trailer.
Lasur *f* glaze.
Latein *n* Latin: *fig.* ***ich bin mit m-m ~ am Ende!*** I give up!
Lateinamerika *n* Latin America.
Lateinamerikaner(in), lateinamerikanisch *adj* Latin-American.
lateinisch *adj* Latin: ***auf Lateinisch*** in Latin.
latent *adj* latent. **Latenzzeit** *f biol.*, ⚕ latency period (*Computer*, *nucl.* time).
Laterne *f* lantern, lamp.
Laternenpfahl *m* lamppost.
Latinum *n ped. hist.* ***großes ~*** Latin proficiency certificate; ***kleines ~*** intermediate Latin certificate.
Latrine *f* latrine.
Latsche *f* ⚘ dwarf pine.
latschen F **I** *v/i* trudge: ***~ auf*** (*acc*) step on. **II** *v/t* ***j-m e-e ~*** paste s.o. one.
Latschen *m* F a) slipper, b) (old) shoe: ***aus den ~ kippen*** keel over.
Latte *f* **1.** lath, slat, (*Zaunlatte*) picket. **2.** *Sport*: (cross-)bar: ***die ~ überqueren*** *Hochsprung*: clear the bar. **3.** F *fig.* ***e-e ganze ~ von*** a whole string of.
Lattenkiste *f* crate.
Lattenzaun *m* paling, picket fence.
Latz *m* bib: F *fig.* ***j-m e-e vor den ~ knallen*** zap s.o. **Lätzchen** *n* bib.
Latzhose *f* (pair of) dungarees *pl.*
lau *adj* lukewarm (*a. fig.*), tepid, *Wind*, *Luft etc*: mild.
Laub *n* foliage, leaves *pl.*
Laubbaum *m* deciduous tree.
Laube *f* arbo(u)r, (*Gartenlaube*) summerhouse.
Lauben|gang *m* arcade. **~kolonie** *f* allotment gardens *pl.*
Laubfrosch *m* tree frog.
Laubsäge *f* fretsaw. **~arbeit** *f* fretwork.
Laubwald *m* deciduous forest.
Laubwerk *n* foliage.
Lauch *m* ⚘ leek.
Lauer *f* ***auf der ~ liegen*** be lying in wait.
lauern *v/i Gefahr etc*: lurk: ***~ auf*** (*acc*) be lying in wait for; ***auf e-e Gelegenheit ~*** be watching out for an opportunity.
lauernd *adj* lurking, *Blick etc*: watchful.
Lauf *m* **1.** (*das Laufen*) run(ning), (*Wettlauf*) race, run: ***100-Meter-~*** 100 metre run (*od.* dash); *fig.* ***den Dingen ihren ~ lassen*** let things ride; ***sie ließ ihren Tränen freien ~*** she let her tears flow freely; ***s-n Gefühlen freien ~ lassen*** give vent to one's feelings, let go. **2.** (*Verlauf*) course: ***im ~ der Zeit*** (***des Gesprächs***) in the course of time (of the conversation); ***im ~e der letzten Jahre*** during the last few years; ***das ist der ~ der Welt!*** such is life! **3.** *tech.* a) run, movement, action, play, b) working, operation. **4.** (*Gewehrlauf etc*) barrel. **5.** *hunt.* leg. **6.** ♪ run, passage. **7.** (*von Fluss*, *Bahn*) course.
Laufbahn *f* (***e-e ~ einschlagen*** take up a) career.
Laufbursche *m* errand boy.
Laufdisziplin *f Sport*: running event.
laufen I *v/i* **1.** *allg.* run (*a. fig.*), (*gehen*) walk, go, (*fließen*) *a.* flow: ***er ließ Wasser in die Wanne ~*** he ran water into the tub; ***j-n ~ lassen*** let s.o. go (*straffrei*: off); F ***m-e Nase läuft*** my nose is running; *fig.* ***mir lief ein Schauer über den Rücken*** a shudder ran down my spine. **2.** *tech.* work, *Motor etc*: run: ***Kamera läuft!*** camera on!; ***die Maschine läuft nicht*** the machine doesn't work. **3.** *Film*, *Stück etc*: run, show, be on: ***läuft der Hauptfilm schon?*** has the main film started yet? **4.** (*ver~*) go, (*im Gange sein*) be going on, *Antrag etc*: be under consideration: F ***wie ist es denn gelaufen?*** how did it go?; ***die Sache ist gelaufen*** a) (*vorbei*) it's all over, b) (*gelungen*) it's in the bag; ***die Dinge ~ lassen*** let things ride; ***da läuft nichts!*** nothing doing!; ***so läuft das!*** that's the name of the game!; ***was da in Bonn so läuft*** what's going on in Bonn. **5.** (*gültig sein*) *econ.*, ⚖ run, be valid: ***der Mietvertrag läuft 5 Jahre*** the lease runs for five years. **6.** ***auf j-s Namen ~*** be (made out) in s.o.'s name; ***unter dem Namen X ~*** go by the name of X. **7.** (*undicht sein*) leak. **II** *v/t* **8.** (*Strecke*) run, do, (*gehen*) walk: ***e-n neuen Rekord ~*** run a new record; ***e-e Zeit von 20 Sekunden ~*** clock a time of 20 seconds. **9.** ***sich Blasen ~*** get blisters (from walking). **III** *v/impers* **10.** ***hier läuft es sich gut*** (***schlecht***) walking (skiing *etc*) is good (bad) here. **IV** *v/reflex* **11.** ***sich warm ~*** warm up.
laufend I *adj* **1.** current: ***im ~en Monat*** this month; ***~e Berichterstattung*** running commentary; ***~e Kosten*** overheads; ***~e Nummern*** serial numbers; ***~e Kontrolle*** regular inspection. **2.** ***auf dem Laufenden sein*** be up to date, *weitS.* be fully informed; ***j-n*** (***sich***) ***auf dem Laufenden halten*** keep s.o. (o.s.) informed (F posted). **3.** *econ.* ***~er Meter*** running met/re (*Am.* -er). **4.** ***mit ~em Motor*** with the engine running. **II** *adv* **5.** constantly, continually.
Läufer *m* **1.** runner, (*Eisläufer*) skater, (*Skiläufer*) skier. **2.** *Schach*: bishop. **3.** (*Teppich*) runner, rug. **4.** *tech.* slide, cursor, ⚡ rotor.
Lauferei *f fig.* running around, trouble.
Läuferin *f* → ***Läufer*** 1.
Lauf|feuer *n fig.* (***sich verbreiten wie ein ~***

L

spread like) wildfire. **~fläche** *f e-s Reifens*: tread, *e-s Skis*: running surface. **~gitter** *n* playpen.
läufig *adj zo.* in heat, on heat.
Lauf|junge *m* errand boy. **~kran** *m tech.* travel(l)ing crane. **~kundschaft** *f* casual customers *pl*. **~masche** *f* ladder, *bsd. Am.* run. **~pass** *m* F ***j-m den ~ geben*** send s.o. packing, (*Freund*[*in*]) ditch s.o. **~planke** *f* ⚓ gangway. **~schritt** *m* ***im ~*** at the double. **~schuhe** *pl* running (*od.* track) shoes *pl*. **~sport** *m* running. **~ställchen** *n* playpen. **~steg** *m tech. u. Mode*: catwalk, ⚓ gangway. **~werk** *n* mechanism, drive assembly, *Computer*: drive.
Laufzeit *f* **1.** *e-s Vertrages*: life, term, *e-s Wechsels*: currency, *e-s Films*: run. **2.** *tech.*, *a. e-s Tonbands etc*: running time.
Laufzettel *m* inter-office slip, tracer.
Lauge *f* lye, (*Seifenlauge*) suds *pl*.
Lauheit *f a. fig.* lukewarmness.
Laune *f* **1.** mood, temper: ***schlechte ~ haben, schlechter ~ sein*** be in a bad mood (*od.* temper); ***bester ~ sein*** be in a great mood; ***j-n bei*** (***guter***) ***~ halten*** *a. iro.* keep s.o. happy; ***~n haben*** be moody. **2.** (*Grille*) whim, caprice.
launenhaft *adj* moody, *fig.* capricious, fickle, *Wetter*: changeable.
launig *adj* humorous. **launisch** *adj* **1.** → ***launenhaft.*** **2.** ill-tempered, peevish.
Laus *f* louse (*pl* lice).
Lauschangriff *m* bugging operation.
lauschen *v/i* listen (*dat*, **auf** *acc* to): (***heimlich***) ~ eavesdrop (*dat* on).
Lauscher(in) listener, eavesdropper.
lauschig *adj* snug, cosy.
lausen *v/t* louse: F *fig.* ***mich laust der Affe!*** did you ever! **lausig** *adj* F **1.** (*schlecht*) lousy. **2.** *Kälte etc*: dreadful, awful: *adv* ~ ***wehtun*** hurt awfully.
laut[1] I *adj* loud (*a. fig.*), (*lärmend*) noisy: ***~ werden*** a) become audible, b) *fig.* become known, *Wünsche etc*: be expressed, c) *Person*: begin to shout; ***es wurde das Gerücht ~, dass ...*** it was rumo(u)red that ... II *adv* loud(ly): ***et. ~ sagen*** say s.th. out loud; ~ (***vor***)***lesen*** (***denken***) read (think) aloud; ***~ und deutlich*** loud and clear.
laut[2] *prep* according to, *econ.* as per.
Laut *m* sound (*a. ling.*), noise: *hunt.* ***~ geben*** give tongue; ***sie gab k-n ~ von sich*** she didn't utter a sound.
Laute *f* ♪ lute.
lauten *v/i* **1.** run, read, go: ***der Text lautet wie folgt*** the text reads as follows. **2.** ***~ auf*** (*acc*) *Urteil*: be; ***auf*** (***den Namen***) ***X ~*** *Pass etc*: be (made out) in the name of X.
läuten *v/i u. v/t* ring, toll: ***es läutet*** there is a ring at the door, *ped.* the bell is ringing; F *fig.* ***ich habe*** (***et.***) ***davon ~ hören*** I've heard s.th. to that effect.
lauter I *adj* **1.** *Gold etc*: pure. **2.** *fig.* (*aufrichtig*) sincere, hono(u)rable. II *adv* **3.** nothing but: ***aus ~ Bosheit*** from sheer spite; ***vor ~ Lärm*** for all the noise; ***das sind ~ Lügen*** it's all lies.
Lauterkeit *f fig.* sincerity, integrity.
läutern I *v/t allg.* purify, ⚗ *a.* clarify, *fig. a.* chasten. II *v/reflex* ***sich ~*** *fig.* reform.
Läuterung *f fig.* reformation.
Läutewerk *n e-s Weckers*: alarm (bell).
lauthals *adv* ***~ lachen*** roar with laughter; ***~ schreien*** roar, scream.
Lautheit *f* loudness, noisiness.
Lautlehre *f* phonetics *sg*.
lautlos *adj* soundless, noiseless, silent: ***es herrschte ~e Stille*** there was hushed silence.
Lautschrift *f* phonetic transcription.
Lautsprecher *m* ⚡ (loud)speaker. **~anlage** *f* public-address system. **~box** *f* loudspeaker (cabinet). **~wagen** *m* loudspeaker van, *Am.* sound truck.
lautstark *adj a. Protest etc*: loud: ***~e Minderheit*** vocal minority.
Lautstärke *f* loudness, ⚡ *a.* (sound) volume: ***mit voller ~*** (at) full blast. **~regler** *m* volume control.
Lautverschiebung *f ling.* sound shift.
Lautzeichen *n* phonetic symbol.
lauwarm *adj* lukewarm (*a. fig.*), tepid.
Lava *f* lava.
Lavabo *n schweiz.* washbasin.
Lavendel *m* ⚘ lavender.
lavieren *v/i fig.* manoeuvre, *Am.* maneuver.
Lawine *f a. fig.* avalanche.
lawinenartig *adj u. adv* avalanche-like: ***~ anwachsen*** snowball.
Lawinengefahr *f* danger of avalanches.
lawinensicher *adj* avalanche-proof.
Lawinen|(such)hund *m* avalanche search dog. **~warnung** *f* avalanche warning.
lax *adj* lax, *Moral*: *a.* loose.
Layout *n* layout.
Layouter(in) layout man (woman).
Lazarett *n* (military) hospital.
l. c. ***loco citato, am angegebenen Ort*** in the place cited (l.c.).
LCD-Anzeige *f* LCD display.
leasen *v/t* lease.
Leasing *n* leasing. **~firma** *f* leasing firm. **~geschäft** *n* leasing transaction. **~gesellschaft** *f* leasing company. **~rate** *f* leasing rate.
leben I *v/i* **1.** live, (*am Leben sein*) *a.* be alive, (*existieren*) exist: ***hier lebt es sich gut*** it's not a bad life here; ***lebt er noch?*** is he still

alive?; ***bescheiden*** ~ lead a modest life; ~ ***von*** live on; ***er lebt vom Stundengeben*** he makes a living by teaching; ~ ***für*** live for, devote one's life to; ~ ***und*** ~ ***lassen*** live and let live; ***es lebe ...!*** long live ...! **2.** (*wohnen*) live, reside: ***sie lebt bei ihrer Mutter*** she lives with her mother. **II** *v/t* **3.** live.

Leben *n* **1.** life: ***das*** ~ ***in Kanada*** life in Canada; ***ein Kampf auf*** ~ ***und Tod*** a life-and-death struggle; ***aus dem*** ~ ***gegriffen*** taken from life; ***am*** ~ ***sein*** live, be alive; ***am*** ~ ***bleiben*** stay alive, survive; ***ums*** ~ ***bringen*** kill; ***am*** ~ ***erhalten*** keep alive; ***sich das*** ~ ***nehmen*** kill o.s., commit suicide; ***ums*** ~ ***kommen*** lose one's life, be killed; ***mit dem*** ~ ***davonkommen*** escape (alive); *fig.* ***ein neues*** ~ ***beginnen*** turn over a new leaf; ***ins*** ~ ***rufen*** call into being, launch; *j-m* ***das*** ~ ***schenken*** a) spare *s.o.'s* life, b) *e-m Kind*: give birth to; ***im öffentlichen*** ~ ***stehen*** be a public figure; ***mein*** ~ ***lang*** all my life; ***ich tanze für mein*** ~ ***gern*** I just love to dance; ***ich würde für mein*** ~ ***gern ...*** I would give anything to *inf*; ***das gibts nur einmal im*** ~ that'll happen just once in a lifetime; F ***nie im*** ~***!, im*** ~ ***nicht!*** not on your life!; ***so ist das*** ~ ***(eben)!*** such is life!; → ***Hölle, schwer machen.*** **2.** (~ *und Treiben*) life, activity, (*Vitalität*) liveliness, vitality: ~ ***bringen in*** (*acc*) liven up; → ***Bude*** 4.

lebend *adj* living, *ling. a.* modern (*language*), (*am Leben*) alive, *biol.* live: ✓ ~***es Inventar*** livestock; ***die Lebenden*** the living; ***die noch Lebenden*** those still alive; *biol.* ~ ***gebährend*** viviparous.

Lebendgewicht *n* live weight.

lebendig *adj* **1.** living, *pred* alive: ***bei*** ~***em Leibe*** alive; *fig.* ***wieder*** ~ ***werden*** *Erinnerung etc*: come back. **2.** (*lebhaft*) lively, *Geist*: alert, (*anschaulich*) vivid.

Lebendigkeit *f* liveliness, vividness.

Lebens|abend *m* old age. ~**abschnitt** *m* period of (one's) life. ~**ader** *f fig.* lifeline. ~**alter** *n* age. ~**angst** *f* existential dread. ~**anschauung** *f* view of life, approach to life. ~**arbeitszeit** *f* working life. ~**art** *f* **1.** way of life. **2.** manners *pl.* ~**auffassung** *f* philosophy (of life). ~**aufgabe** *f* life task: ***sich et. zur*** ~ ***machen*** devote one's life to s.th. ~**bedingungen** *pl* (living) conditions *pl.*

lebensbedrohlich *adj* life-threatening.

Lebensbedürfnisse *pl* necessaries *pl* of life.

lebensbejahend *adj* positive(-minded).

Lebensbejahung *f* positive approach to life.

Lebens|berechtigung *f* right to live. ~**bereich** *m* sphere of life. ~**beschreibung** *f* life, biography. ~**dauer** *f* duration of life, lifespan, *tech.* (service) life. ~**ende** *n* ***bis an mein*** *etc* ~ to the end of my *etc* days. ~**erfahrung** *f* experience of life. ~**erhaltungssystem** *n* ⚕, *tech.* life-support system. ~**erinnerungen** *pl* memoirs *pl.* ~**erwartung** *f* life expectancy.

lebensfähig *adj a. fig.* viable.

Lebens|form *f* **1.** way of life. **2.** *biol.* form of life. ~**frage** *f* vital question. ~**freude** *f* joy of life, zest (for life).

Lebensgefahr *f* danger to life: ~***!*** danger!; ***in*** ~ ***schweben*** be in danger of one's life, ⚕ be in a critical condition; ***außer*** ~ ***sein*** be out of danger, ⚕ be off the critical list; ***unter*** ~ at the risk of one's life.

lebensgefährlich *adj* extremely dangerous, perilous, *Krankheit*, *Verletzung*: very serious.

Lebens|gefährte *m*, ~**gefährtin** *f* (life) companion, partner in life. ~**gemeinschaft** *f* life partnership. ~**geschichte** *f* life story.

lebensgroß *adj* life-size(d).

Lebensgröße *f* life size: ***in*** ~ a) life-size(d), b) F *fig.* large as life.

Lebenshaltung *f* standard of living.

Lebenshaltungskosten(index *m*) *pl* cost *sg* of living (index).

Lebensinteressen *pl* vital interests *pl.*

Lebens|jahr *n* year of one's life: ***im 20.*** ~ at the age of 20. ~**kampf** *m* struggle for survival. ~**kraft** *f* vigo(u)r, vitality.

lebenslang I *adj* lifelong. **II** *adv* all one's life.

lebenslänglich *adj* ⚖ (for) life: ~***e Freiheitsstrafe*** life imprisonment; F ***er hat*** ~ ***bekommen*** he got a life term.

Lebenslauf *m* **1.** (course of) life, career. **2.** personal record, curriculum vitae.

lebenslustig *adj* fond of life, F swinging.

Lebensmittel *pl* food(stuffs *pl*) *sg*, groceries *pl*, provisions *pl.* ~**abteilung** *f* food department. ~**bestrahlung** *f* food irradiation. ~**chemie** *f* food chemistry. ~**chemiker(in)** food chemist. ~**einzelhandel** *m* grocery retailing. ~**geschäft** *n* grocery, food shop (*Am.* store). ~**großhandel** *m* wholesale grocery. ~**händler(in)** grocer. ~**industrie** *f* food industry. ~**vergiftung** *f* food poisoning.

lebensmüde *adj* weary of life.

lebensnotwendig *adj* vital, essential.

Lebens|qualität *f* quality of life. ~**raum** *m* living space. ~**retter(in)** life-saver, rescuer. ~**rhythmus** *m* rhythm (of life). ~**standard** *m* standard of living. ~**stellung** *f* permanent position. ~**stil** *m* life style.

lebensüberdrüssig → ***lebensmüde.***

lebensunfähig *adj* nonviable.

Lebens|unterhalt *m* (***s-n*** ~ ***verdienen*** earn one's) living (*od.* livelihood) (***mit*** out of).

lebensuntüchtig *adj* unable to cope with life.

Lebens|versicherer *m* life insurer. **~versicherung** *f* life insurance. **~wandel** *m* life, conduct. **~weise** *f* way of life, (*Gewohnheiten*) habits *pl*: **gesunde ~** healthy living, (*bsd. Diät*) regimen. **~weisheit** *f* worldly wisdom, (*Spruch*) maxim. **~werk** *n* lifework.

lebenswert *adj* worth living.

lebenswichtig *adj* vital, essential.

Lebens|wille *m* will to live. **~zeichen** *n* sign of life. **~zeit** *f* lifetime: **auf ~** for life. **~ziel** *n*, **~zweck** *m* aim in life. **~zyklus** *m* life cycle.

Leber *f* liver: *fig.* **frisch** (*od.* **frei**) **von der ~ weg** frankly. **~fleck** *m* mole. **~knödel** *m gastr.* liver dumpling. **~krankheit** *f* liver disease. **~krebs** *m* ⚕ cancer of the liver. **~pastete** *f gastr.* liver pâté. **~tran** *m* cod-liver oil. **~wurst** *f* liver sausage, *bsd. Am.* liverwurst. **~zirrhose** *f* ⚕ cirrhosis of the liver.

Lebewesen *n* living being, creature, *biol.* organism.

Lebewohl *n* **~ sagen** bid *s.o.* farewell.

lebhaft *adj allg.* lively, *fig. Fantasie etc*: *a.* vivid, *Interesse*: *a.* keen, *Verkehr etc*: busy, *Farben etc*: *a.* gay, (*munter*) vivacious, animated, *a. econ.* brisk: *adv* **et. ~ bedauern** regret s.th. very much; **e-r Sache ~ widersprechen** flatly contradict s.th.; **das kann ich mir ~ vorstellen** I can just imagine.

Lebhaftigkeit *f* liveliness, *fig. a.* vividness.

Lebkuchen *m* gingerbread (cake).

leblos *adj* lifeless (*a. fig.*), inanimate.

Lebzeiten *pl* **zu s-n ~** a) in his (life)time, b) when he was still alive.

lechzen *v/i* **~ nach** *a. fig.* thirst after.

leck *adj* leaky: **~ sein → lecken[1]**; ⚓ **~ werden** spring a leak. **Leck** *n* leak.

lecken[1] *v/i* leak, ⚓ have sprung a leak.

lecken[2] *v/t* lick, (*auf~*) lap (up).

lecker *adj* delicious, tasty, F yummy.

Leckerbissen *m a. fig.* titbit, *Am.* tidbit.

Leckerei *f* dainty, sweet.

Leder *n* leather (*a.* F *Fußball*): F *fig.* **vom ~ ziehen** let go (**gegen** against).

Leder... leather (*coat, glove, etc*). **~fett** *n tech.* dubbing.

ledergebunden *adj* leather-bound.

Leder|hose *f* leather trousers *pl*. **~jacke** *f* leather jacket.

ledern[1] *adj* **1.** leather. **2.** *fig.* (*zäh*) leathery. **3.** *fig.* (*langweilig*) dull.

ledern[2] *v/t* polish with a chamois.

Lederwaren *pl* leather goods *pl*.

ledig *adj* **1.** single, unmarried: **~e Mutter** unmarried mother. **2. e-r Sache ~ sein** be free of s.th.

lediglich *adv* only, merely.

Lee *f* ⚓ lee: **nach ~** leeward.

leer *adj allg.* empty (*a. fig.*), *Haus, Stelle*: *a.* vacant, *Blatt, Kassette*: blank: **die Batterie ist ~** the battery has run out (*mot.* is dead); *fig.* **mit ~en Händen** empty-handed; **~es Gerede** idle talk, F hot air; *adv* **~ laufen (lassen)** a) *tech.* idle, b) drain, run dry, c) *Sport*: **j-n ~ laufen lassen** sell s.o. a dummy; **~ stehen** *Haus etc*: be empty, be unoccupied; **~ stehend** unoccupied, vacant; **ins Leere starren** stare into space; **ins Leere gehen** *Schlag etc*: miss; → **ausgehen** 7, **Magen.**

Leerdiskette *f* blank disk(ette).

Leere *f a. fig.* emptiness, void.

leeren *v/t allg.* empty (*a.* **sich ~**), (*Glas*) *a.* drain, (*Teller*) *a.* clear.

Leer|fahrt *f* empty run. **~gang** *m* → **Leerlauf** 1. **~gewicht** *n* dead weight. **~gut** *n econ.* empties *pl*.

Leerkassette *f* blank cassette.

Leerlauf *m* **1.** a) *tech.* idle running, b) *mot.* neutral (gear): **im ~ fahren** coast. **2.** *fig.* a) *a. im Betrieb*: wastage (of energy), b) running on the spot.

Leer|taste *f Schreibmaschine*: space bar. **~zeichen** *n* blank (character), space (character). **~zeile** *f* space, empty line.

Leerung *f* emptying (*etc*): 📯 **nächste ~** next collection.

Lefzen *pl* flews *pl*.

legal *adj* legal, lawful: **auf ~em Wege** by legal means, lawfully.

legalisieren *v/t* legalize. **Legalisierung** *f* legalization.

Legalität *f* legality, lawfulness: **außerhalb der ~** outside the law.

Legasthenie *f* dyslexia.

Legastheniker(in) dyslexic.

Legat[1] *m* (papal) legate.

Legat[2] *n* ⚖ legacy.

Legebatterie *f* laying battery.

legen I *v/t* **1.** put, place, (*hin~*) lay *s.o., s.th.* down: **ein Kind ins Bett ~** put a child to bed; *fig.* **er legte die Entscheidung in m-e Hände** he placed the decision in my hands. **2.** (*Teppich, Rohre, Kabel, Minen etc*) lay, (*Bombe*) plant. **3.** (*zs.-legen*) fold. **4.** (*Haare*) set: **bitte waschen und ~** shampoo and set, please. **5.** *zo.* (*Eier*) lay. **6. Karten ~** tell fortunes by the cards. **7.** *Sport*: **j-n ~** bring s.o. down. **II** *v/reflex* **sich ~ 8.** lie down: **sich ins Bett ~** go to bed. **9.** *fig. Wind, Zorn, Lärm etc*: die down, blow over, *Schmerz, Begeisterung etc*: wear off, *Spannung*: ease off. **10.** *fig.* **sich ~ auf** (*e-e Tätigkeit*) take up, go in for. **11. sich j-m aufs Gemüt ~** (begin to) depress s.o. **III** *v/i* **12.** *zo.* lay (eggs).

legendär *adj* legendary.
Legende *f a. fig.* legend.
leger *adj* casual, informal.
Leggins *pl* (pair of) leggins *pl.*
legieren *v/t* **1.** *tech.* alloy. **2.** *gastr.* thicken. **Legierung** *f tech.* alloy.
Legion *f* legion.
Legionär *m* legionnaire.
Legislative *f* **1.** legislative body, legislature. **2.** legislative power.
Legislaturperiode *f* legislative period.
legitim *adj* legitimate.
Legitimation *f* **1.** legitimation, proof of identity, credentials *pl.* **2.** (*Berechtigung*) authority.
legitimieren I *v/t* **1.** legitimate. **2.** (*berechtigen*) authorize. **II** *v/reflex* ***sich ~*** **3.** prove one's identity.
Legitimität *f* legitimacy.
Leguan *m zo.* iguana.
Lehen *n hist.* fief.
Lehm *m* loam, (*Ton*) clay, F (*Dreck*) mud. **Lehmboden** *m* loamy soil.
lehmig *adj* loamy, F (*dreckig*) muddy.
Lehne *f* (*Stuhllehne*) back(rest), (*Armlehne*) arm(rest).
lehnen *v/t, v/i u.* ***sich ~*** lean (***an*** *acc*, ***gegen*** against): ***sich aus dem Fenster ~*** lean out of the window.
Lehnstuhl *m* easy chair.
Lehnwort *n ling.* loan (word).
Lehr|amt *n* **1.** (*Beruf*) teaching (profession). **2.** (*Stellung*) teaching post. **~anstalt** *f* educational establishment, school. **~auftrag** *m univ.* teaching assignment, lectureship. **~beauftragte** *m, f univ.* assistant (*Am.* associate) lecturer. **~beruf** *m* **1.** *ped.* teaching profession. **2.** *econ.* skilled trade. **~brief** *m* certificate of apprenticeship, (*Vertrag*) indentures *pl.* **~buch** *n* textbook.
Lehre[1] *f* **1.** teaching(s *pl*), doctrine, (*Lehrmeinung*) theory, science: ***die christliche ~*** the Christian doctrine; ***e-e ~ aufstellen*** establish a theory. **2.** (*Warnung*) lesson, (*Ratschlag*) (piece of) advice, *e-r Geschichte etc*: moral: ***e-e ~ ziehen aus*** draw a lesson from; ***das sollte dir e-e ~ sein!*** let that be a lesson to you! **3.** (***e-e ~ machen*** serve one's) apprenticeship (***bei*** with).
Lehre[2] *f tech.* ga(u)ge, (*Schablone*) model.
lehren *v/t u. v/i* teach: ***j-n lesen ~*** teach s.o. (how) to read; ***er lehrt Recht*** *univ. a.* he lectures on law; *fig.* ***das wird die Zukunft ~*** time will show.
Lehrer *m* teacher, *Br. a.* master, (*Fahrlehrer, Skilehrer etc*) instructor. **~(aus)bildung** *f* teacher training. **~fortbildung** *f* in-service training of teachers.
Lehrerin *f* (lady) teacher, *Br. a.* mistress.
Lehrer|kollegium *n* (teaching) staff, *bsd. Am. a.* faculty. **~konferenz** *f* staff (*bsd. Am. a.* faculty) meeting. **~zimmer** *n* staff room.
Lehrfach *n* **1.** subject. **2.** → ***Lehramt*** 1.
Lehrgang *m* course (of instruction) (***für*** in).
Lehrgangsteilnehmer(in) participant in a course.
Lehrgeld *n* ***~ zahlen müssen*** learn it the hard way.
Lehrjahre *pl a. fig.* (years *pl* of) apprenticeship *sg.* **Lehrkörper** *m* teaching (*univ.* academic) staff. **Lehrkraft** *f* teacher.
Lehrling *m* apprentice, trainee.
Lehr|meister *m* master. **~methode** *f* teaching method. **~mittel** *pl* teaching aids *pl.* **~plan** *m* curriculum, syllabus.
lehrreich *adj* instructive, informative.
Lehr|satz *m* **1.** ⩓ theorem. **2.** *eccl.* dogma. **~stelle** *f* apprenticeship: ***offene ~*** vacancy for an apprentice. **~stellenmarkt** *m* market for training places. **~stoff** *m* **1.** a) subject, b) *e-s einzelnen Fachs*: subject matter. **2.** → ***Lehrplan.*** **~stück** *n thea.* didactic play. **~stuhl** *m univ.* chair, professorship: ***den ~ für Recht (inne)haben*** hold the chair of law. **~tochter** *f schweiz.* apprentice. **~vertrag** *m* articles *pl* of apprenticeship. **~werkstatt** *f* training workshop. **~zeit** *f* apprenticeship.
Leib *m* body, (*Bauch*) *a.* belly, (*Unterleib*) abdomen, (*Mutterleib*) womb: ***am ganzen ~e zittern*** tremble all over; ***et. am eigenen ~ erfahren*** experience s.th. for o.s.; F ***zu ~e rücken*** a) ***j-m*** press s.o. hard, attack s.o., b) *fig.* ***e-m Problem*** tackle a problem; ***sich j-n vom ~e halten*** keep s.o. at arm's length; ***~ und Leben riskieren*** risk life and limb; ***die Rolle war ihr auf den ~ geschrieben*** she was made for the part; ***mit ~ und Seele*** heart and soul; → ***lebendig*** 1.
Leibchen *n österr., schweiz., südd.* **1.** (*Unterhemd*) vest, *Am.* undershirt. **2.** (*Sporttrikot*) shirt.
Leibeigene *m, f* serf.
leiben *v/i* ***das ist Michael wie er leibt und lebt*** that's Michael all over.
Leiberl *n österr.* → ***Leibchen.***
Leibes|kräfte *pl* ***aus ~n*** with all one's might, *schreien etc*: at the top of one's voice. **~übungen** *pl* physical exercise (*ped.* education) *sg.*
Leibgericht *n* favo(u)rite dish.
leibhaftig I *adj* real, true: ***das ~e Ebenbild*** the living image; ***der ~e Teufel*** the devil incarnate. **II** *adv* in person, in the flesh.
leiblich *adj* **1.** bodily, physical: ***~es Wohl*** physical well-being, *weitS.* creature comforts *pl*; ***für das ~e Wohl ist gesorgt*** food

and drink will be provided. **2.** (*blutsverwandt*) full, own, *Eltern, Erbe*: natural: ***~er Bruder*** blood brother; ***ihr ~er Sohn*** her own son.
Leibrente *f* life annuity.
Leibschmerzen *pl* stomach-ache *sg*.
Leib|wache *f*, **~wächter(in)** bodyguard.
Leibwäsche *f* underwear.
Leiche *f* (dead) body, corpse: *fig*. ***über ~n gehen*** stop at nothing; F ***nur über m-e ~!*** over my dead body!
Leichen|begängnis *n* funeral. **~bestatter** *m* undertaker.
leichenblass *adj* deathly pale.
Leichen|halle *f* mortuary. **~hemd** *n* shroud. **~rede** *f* funeral oration. **~schauhaus** *n* morgue. **~starre** *f* ⚕ rigor mortis. **~tuch** *n a. fig*. shroud. **~verbrennung** *f* cremation. **~wagen** *m* hearse. **~zug** *m* funeral procession.
Leichnam *m* (dead) body, corpse.
leicht I *adj* **1.** *allg*. light (*a. fig. Arbeit, Lektüre, Musik, Regen, Schlag, Speisen, Wein etc*), *tech. a.* lightweight, (*mild*) *a.* mild (*a. pharm., Tabak etc*), (*sanft*) *a.* gentle: ***e-e ~e Erkältung*** a slight cold; ***er hat e-e ~e Bronchitis*** he has a mild case (F a touch) of bronchitis; ***~e Steigung*** gentle slope; F ***~es Mädchen*** hussy; *fig*. ***mit ~er Hand*** effortlessly; ***et. auf die ~e Schulter nehmen*** make light of s.th. **2.** (*einfach*) easy, simple: ***~er Sieg*** walkover; ***das ist ~*** that's easy; ***nichts ~er als das!*** no problem at all!; ***sie hat es nicht ~ (mit ihm)*** she is having a rough time (with him); ***es war ihm ein Leichtes*** it was easy for him. **3.** (*gering, a.* ⚖) slight, minor, *Strafe*: mild: ***~er Fehler*** slight (*od.* minor) mistake; ***~e Verletzung*** minor injury. **II** *adv* **4.** lightly (*etc*): ***et. ~ berühren*** touch s.th. gently (*od.* lightly); ***~ bekleidet*** lightly (*stärker*: scantily) dressed. **5.** easily: ***sie ist ~ gekränkt*** she is easily offended; ***sie lernt ~*** she is a good learner; ***das schaffe ich ~*** I can manage that easily; ***sich mit e-r Sache ~ tun*** find s.th. easy, find it easy to do s.th.; ***es ist ~ möglich*** it is well possible; ***das ist ~ gesagt*** it's not as easy as that; ***~er gesagt als getan*** easier said than done; ***es ~ nehmen*** take it easy; ***nimms ~!*** take it easy!; *fig*. ***so et. fällt ihm ~*** he finds that sort of thing easy; ***es fällt ihm nicht ~*** it isn't easy for him; ***j-m et. ~ machen*** make s.th. easy for s.o.; ***sich das Leben ~ machen*** take it easy; ***du machst es dir zu ~!*** it's not as easy as that! **6.** slightly: ***ich bin ~ erkältet*** I've (got) a slight cold; ***~ entzündlich*** inflammable; ***~ verdaulich*** easily digestible, light; ***~ verderblich(e Waren pl)*** perishable(s *pl*); ***~ verständlich*** easy to understand; ***~ verwundet*** *adj* lightly wounded.
Leicht|athlet(in) (track-and-field) athlete. **~athletik** *f* (track-and-field) athletics *pl* (*a. sg konstr.*). **~bauweise** *f* lightweight construction. **~benzin** *n* light petrol (*Am.* gasoline). **~beton** *m* lightweight concrete.
leichtblütig *adj* lighthearted, sanguine.
Leichter *m* ⚓ lighter.
leichtfertig *adj* **1.** light, frivolous. **2.** (*unbedacht*) careless, (*fahrlässig*) irresponsible.
Leichtfertigkeit *f* **1.** frivolity. **2.** (*Unbedachtheit*) carelessness.
leichtfüßig *adj* light-footed.
Leichtgewicht *n Sport*: lightweight.
leichtgläubig *adj* gullible.
Leichtgläubigkeit *f* gullibility.
leichthin *adv* airily, casually.
Leichtigkeit *f* lightness, *fig. a.* easiness, ease: ***mit (größter) ~*** (very) easily.
leichtlebig *adj* easy-going.
Leichtlohngruppe *f* low-wage unskilled labo(u)r.
Leicht|matrose *m*, **~matrosin** *f* ordinary seaman.
Leichtmetall *n* light metal.
Leichtsinn *m* **1.** carelessness, *stärker*: recklessness: ***sträflicher ~*** criminal negligence. **2.** frivolity, flightiness.
leichtsinnig *adj* **1.** careless, *stärker*: reckless, (*unbedacht*) rash. **2.** frivolous, flighty. **leichtsinnigerweise** *adv* carelessly (enough).
leid *adj pred* ***ich bin es ~*** a) I'm tired of it, b) ***et. zu tun*** I'm tired of doing s.th.
Leid *n* **1.** grief, sorrow, (*Unglück*) misfortune: ***j-m sein ~ klagen*** pour out one's heart to s.o.; ***Freud und ~ mit j-m teilen*** share one's joys and sorrows with s.o. **2.** (*Schaden*) harm, (*Unrecht*) wrong: ***j-m ein ~ zufügen*** harm s.o. **3.** ***(es) tut mir ~!*** (I'm) sorry!; ***es tut mir ~*** a) ***um*** I feel sorry for, b) ***dass ...*** I am (so) sorry that ...; ***das tut mir aber ~!*** I'm sorry to hear that!; ***es tut mir (ja) ~, aber ich kann nicht kommen*** *etc* I'm afraid I can't come *etc*; ***sie tut mir ~*** I feel sorry for her; ***das wird dir noch ~ tun!*** you'll regret it!; ***zu ~e*** → ***zuleide.***
leiden I *v/t* **1.** suffer, bear, endure: ***Hunger ~*** *a.* starve; → ***Not*** 1. **2.** ***(nicht) ~ können*** (dis)like; ***ich kann ihn (es) nicht ~*** *a.* I can't stand him (it); ***er war dort nur gelitten*** he was only tolerated there. **II** *v/i* **3.** suffer (***an*** *dat*, ***unter*** *dat* from), (*Schmerzen haben*) be suffering, be in pain: ***s-e Gesundheit hat darunter gelitten*** it told on his health.
Leiden *n* **1.** suffering. **2.** ⚕ disease, illness, (*Beschwerden*) complaint.

leidend *adj* suffering, (*krank*) ailing, sickly: **~ aussehen** look ill.
Leidenschaft *f* passion: **Autos sind s-e ~** cars are his passion.
leidenschaftlich *adj* passionate, (*glühend*) *a.* ardent: *adv* **ich esse ~ gern Pizza** I just love pizza.
Leidenschaftlichkeit *f* passionateness, ardo(u)r.
leidenschaftslos *adj* dispassionate.
Leidens|genosse *m*, **~genossin** *f* fellow sufferer. **~geschichte** *f* **1. die ~ (Christi)** Christ's Passion. **2.** *fig.* sad story, *iro.* tale of woe. **~miene** *f iro.* doleful expression. **~weg** *m fig.* **ihr Leben war ein einziger ~** hers was a life of suffering.
leider *adv* unfortunately: **~!** *a.* alas!; **ich muss ~ gehen** (I am) sorry, but I must be going; I am afraid I have to go; **ja, ~!** I'm afraid so; **~ nein, ~ nicht** unfortunately not, I'm afraid not.
leidgeprüft *adj* sorely tried.
leidig *adj* tiresome, unpleasant.
leidlich *adj* tolerable, passable: *adv* **mir geht es ~** I'm not too bad.
Leidtragende *m, f* **1.** mourner: **die ~n** the bereaved. **2. er ist (immer) der ~** he is (always) the one to suffer.
Leidwesen *n* **zu m-m ~** to my regret.
Leier *f* ♪ *hist.* lyre: F *fig.* **immer die alte ~** always the same old story.
Leierkasten *m* barrel organ.
Leierkasten|frau *f*, **~mann** *m* organ-grinder.
Leih|amt *n* pawnshop. **~arbeit** *f* contract work. **~arbeiter(in)** loan worker, seconded employee. **~bibliothek** *f*, **~bücherei** *f* lending library.
leihen *v/t* **1. j-m et. ~** lend (*bsd. Am.* loan) s.o. s.th. **2. sich et. ~** borrow s.th. (**bei, von** from).
Leihfrist *f* lending period.
Leih|gabe *f Kunst*: loan. **~gebühr** *f* hire charge, *für Bücher*: lending fee. **~haus** *n* pawnshop. **~mutter** *f* surrogate mother. **~wagen** *m* hire car.
leihweise *adv* on loan.
Leim *m* glue: F **aus dem ~ gehen** a) come apart, b) *fig. Ehe etc*: break up, c) *fig. Person*: grow fat; *fig.* **j-m auf den ~ gehen** be taken in by s.o. **leimen** *v/t* **1.** glue (together). **2.** F *fig.* **j-n ~** take s.o. for a ride.
Leimfarbe *f* glue colo(u)r.
Lein *m* ♣ flax.
Leine *f* (*Schnur*) string, cord, (*Wäscheleine* clothes-)line, (*Hundeleine*) leash, lead, (*Angelleine*) (fishing) line: **den Hund an die ~ nehmen (an der ~ führen)** put (keep) the dog on the lead; *fig.* **j-n an der ~ halten** keep s.o. on a short lead; F **~ ziehen** push off, *sl.* scram.
leinen *adj* linen.
Leinen *n* **1.** linen, (*Segeltuch*) canvas. **2.** *print.* cloth: **in ~ gebunden** clothbound. **~schuh** *m* canvas shoe.
Leinöl *n* linseed oil.
Leinsamen *m* ♣ linseed.
Leintuch *n* **1.** (*Stoff*) linen. **2.** (*Laken*) sheet.
Leinwand *f* **1.** *von Zelt etc*: canvas (*a. paint.*). **2.** *im Kino etc*: screen.
leise *adj* quiet, *Stimme etc*: *a.* low, soft (*a. Musik, Ton etc*): **sei(d) ~!** be quiet!, don't make such a noise!; **das Radio ~(r) stellen** turn the radio down; **auf ~n Sohlen** treading softly; *fig.* **ich habe nicht die ~ste Ahnung** I haven't the faintest idea; *adv* **(sprich) ~(r)!** not so loud!
Leiste *f* **1.** *anat.* groin. **2.** (*Latte*) lath, (*Holzleiste*) strip of wood. **3.** ⚠ fillet.
leisten *v/t* **1.** do, manage, (*vollbringen*) achieve, accomplish, (*erfüllen*) perform (*a.* ⚖): **gute Arbeit ~** do a good job; **Erstaunliches ~** achieve amazing things. **2.** (*gewähren*) render: **für geleistete Dienste** for services rendered; **j-m Beistand ~** → **beistehen**; **Ersatz ~** provide a replacement; **Zahlungen ~** make payments; → **Beitrag, Eid** *etc.* **3.** F **sich et. ~** a) afford s.th., (*gönnen*) treat o.s. to s.th., b) *fig.* (*erlauben*) get up to (*od.* do) s.th.; **ich kann mir (k)ein Auto ~** I can('t) afford a car; *fig.* **ich kann mir das nicht ~** I can't afford to do that; **er darf sich k-n Fehler mehr ~** he can't afford another mistake; **was hat er sich da wieder geleistet?** what has he been up to again?
Leisten *m* last: F *fig.* **alles über einen ~ schlagen** measure everything by the same yardstick.
Leistenbruch *m* ⚕ inguinal hernia.
Leistung *f* **1.** *allg., a. econ., ped., Sport, tech. etc* performance, (*Großtat*) achievement, feat, (*Arbeitsleistung*) work, (*Ausstoß*) output, (*Ergebnis*) result(s *pl*), ⚡, *phys., tech. a.* power, ⚡ *als Einheit*: wattage, *abgegebene*: output, *aufgenommene*: input: **schulische ~en** achievements at school; **nach ~ bezahlt werden** be paid by results; **e-e gute ~ bringen** make a good showing; F **e-e reife ~!** (*iro.* jolly) good show!; **schwache ~!** poor show! **2.** (*Dienstleistung*) service(s *pl*) rendered, (*Sozialleistung*) contribution, (*Versicherungsleistung etc*) benefit, (*Zahlung*) payment.
Leistungsanspruch *m* entitlement to benefits.
leistungsberechtigt *adj Versicherter*: entitled to claim.

L

Leistungsbeurteilung *f* rating.
leistungsbezogen *adj* performance-oriented.
Leistungs|bilanz *f* balance of payments. **~denken** *n* performance orientation, competitive thinking. **~druck** *m* pressure (to perform).
leistungsfähig *adj allg.* efficient, *tech. a.* powerful, *körperlich*: fit, *econ.* productive.
Leistungsfähigkeit *f allg.* efficiency, *tech. a.* power, capacity, *körperliche*: fitness, *econ.* productivity, *ped. etc* ability.
leistungsgerecht *adj u. adv* according to performance.
Leistungs|gesellschaft *f* achievement-oriented society. **~knick** *m* sudden drop in performance. **~kontrolle** *f ped.* achievement control. **~kurs** *m ped.* (***ich bin im ~ Geschichte*** I am taking history as a) special subject. **~lohn** *m econ.* achievement wage(s *pl*). **~niveau** *n* standard (of performance), *ped. a.* achievement level.
leistungsorientiert *adj* achievement-oriented.
Leistungs|prämie *f* incentive bonus. **~prinzip** *n* performance principle. **~prüfung** *f* performance (*ped.* achievement) test. **~schild** *n tech.* rating plate.
leistungsschwach *adj* low-performance, inefficient (*beide a. tech.*), weak.
Leistungssoll *n* target.
Leistungs|sport *m* competitive sport(s *pl*). **~sportler(in)** competitive athlete. **~stand** *m* performance level.
leistungsstark *adj* (highly) efficient, *a. tech.* high-performance, powerful.
leistungssteigernd *adj* performance-enhancing.
Leistungssteigerung *f* increase in performance (*od.* efficiency *etc*), improvement.
Leistungs|test *m* → ***Leistungsprüfung***. **~träger(in)** top performer. **~wettbewerb** *m econ.* efficiency contest. **~wille** *m* will to achieve. **~zentrum** *n Sport*: training cent/re (*Am.* -er). **~zuschlag** *m* efficiency bonus.
Leitartikel *m* editorial, *bsd. Br.* leading article, leader. **Leitartikler(in)** editorial (*bsd. Br.* leader) writer.
Leitbild *n* model, example.
leiten *v/t* **1.** *allg.* lead, (*j-n*) *a.* guide, (*anführen*) head, (*verwalten*) run, manage, be in charge of, (*Verkehr*) direct, route (***über*** *acc* over): ***e-e Sitzung*** (***Diskussion*** *etc*) ~ chair a meeting (discussion *etc*); *Sport*: ***das Spiel*** ~ (be the) referee; ***ein Orchester*** ~ conduct an orchestra; ***wer leitet die Delegation?*** who is the head of the delegation? **2.** (*weiter~*) pass on (***an*** *acc* to). **3.** *phys.* (*a. v/i*) conduct.
leitend *adj* **1.** leading, guiding, *econ.* managing, executive: ***~e(r) Angestellte(r)*** executive; ***~e Stellung*** managerial (*bsd. Am.* executive) post. **2.** *phys.* (***nicht***) ~ (non) conductive.
Leiter[1] *m* **1.** *allg.* leader, (*Abteilungsleiter etc*) head, (*Firmenleiter etc*) managing director, manager, (*Schulleiter*) headmaster, *bsd. Am.* principal, (*Chor-*, *Orchesterleiter*) conductor. **2.** *phys.* conductor.
Leiter[2] *f a. fig.* ladder.
Leiterin *f* leader, (*Chefin*) head, manageress, (*Schulleiterin*) headmistress, *bsd. Am.* principal, (*Chorleiterin etc*) conductress.
Leitersprosse *f* rung (of a ladder).
Leiterwagen *m* (hand)cart.
Leitfaden *m* textbook, manual, guide.
leitfähig *adj phys.* conductive.
Leitfähigkeit *f* conductivity.
Leit|gedanke *m* central theme. **~hammel** *m a. fig. contp.* bellwether. **~linie** *f* **1.** *mot.* white line. **2.** *pl fig.* guidelines *pl*. **~motiv** *n* ♪ leitmotiv, *fig. a.* key-note. **~planke** *f mot.* crash barrier. **~prinzip** *n*, **~satz** *m* guiding principle. **~spruch** *m* motto. **~stelle** *f* central office. **~strahl** *m* ✈ guide beam. **~studie** *f* pilot study. **~tier** *n* leader.
Leitung *f* **1.** leadership, *econ.* management, *a. künstlerische*: direction, *e-r Veranstaltung*: organization, (*Verwaltung*) administration, (*Aufsicht*) supervision, control: ***die ~ haben von*** (*od. gen*) be in charge of, be the head of, head; ***unter s-r ~*** under his direction; ♪ ***unter der ~ von X*** conducted by X. **2.** (*die Leiter*) *the* leaders *pl*, management. **3.** a) *phys.* conduction, ⚡ transmission, b) ⚡, *tech.* line, (*Rohrleitung*) pipeline, (*Gas-*, *Strom-*, *Wasserleitung etc*) main(s *pl*), c) ⚡ (*Kabel*) lead. **4.** *teleph.* line: ***die ~ ist besetzt*** the line is busy (*od.* engaged); F *fig.* ***e-e lange ~ haben*** be slow in the uptake.
Leitungs|ebene *f* level of management: ***untere*** (***mittlere, obere***) ~ lower (middle, top) management. **~mast** *m* pole, pylon. **~netz** *n* supply network, *für Wasser, Gas etc*: mains system. **~schnur** *f* ⚡ cord, *bsd. Br.* flex. **~wasser** *n* tap water.
Leitwährung *f econ.* key currency.
Leitwerk *n* ✈ tail unit.
Leitzins *m* central bank discount rate.
Lektion *f ped.* unit: F *fig.* ***j-m e-e ~ erteilen*** teach s.o. a lesson.
Lektor *m*, **Lektorin** *f* **1.** *univ.* lecturer. **2.** (*Verlagslektor*) editor, reader.
Lektüre *f* (***leichte*** *etc* ~ light *etc*) reading, (*Lesestoff*) *a.* reading matter.
Lemming *m zo. u. fig.* lemming.
Lende *f anat., gastr.* loin.
Lenden|gegend *f anat.* lumbar region.

~schurz *m* loincloth. **~stück** *n gastr.* sirloin. **~wirbel** *m* lumbar vertebra.
Leninist(in), leninistisch *adj* Leninist.
lenkbar *adj* **1.** *tech.* manoeuvrable, *Am.* maneuverable, *Rakete*: guided. **2.** *Kind etc*: tractable. **lenken** *v/t* **1.** *allg.* steer, (*fahren*) *a.* drive. **2.** *fig.* direct, guide, (*Staat*) govern, (*Wirtschaft etc*) control. **3.** *fig.* ***j-s Aufmerksamkeit ~ auf*** (*acc*) direct (*od.* draw) s.o.'s attention to; ***die Unterhaltung ~ auf*** (*acc*) steer the conversation round to; ***den Verdacht ~ auf*** (*acc*) throw suspicion on.
Lenker *m* (*Lenkrad*) steering wheel, (*Lenkstange*) handlebar.
Lenker(in) driver.
Lenkrad *n mot.* steering wheel. **~schaltung** *f* (steering-)column gear change (*Am.* shift). **~schloss** *n* steering-column (*od.* steering-wheel) lock.
lenksam → ***lenkbar*** 2.
Lenksäule *f mot.* steering column (*od.* post).
Lenkstange *f* handlebar.
Lenkung *f* **1.** steering (*etc*, → ***lenken***). **2.** *tech.* steerage, guidance, control (*a. econ.*). **3.** *mot.* steering mechanism.
Lenz *m* **1.** *rhet.* spring(tide). **2.** *pl fig.* (*Lebensjahre*) summers *pl.*
lenzen ⚓ **I** *v/t* pump out. **II** *v/i* scud.
Leopard *m zo.* leopard.
Lepra *f* ⚕ leprosy. **~kranke** *m, f* leper.
Lerche *f zo.* lark.
lernbar *adj* learnable.
lernbegierig *adj* eager to learn, keen.
lernbehindert *adj* learning-disabled.
Lerneifer *m* eagerness to learn, studiousness.
lernen *v/t u. v/i* learn (***aus, bei, von*** from), (*studieren*) study: ***kochen ~*** learn (how) to cook; ***er lernt gut*** (***schlecht***) he is a good (slow) learner; ***et. auswendig ~*** learn s.th. by heart; F ***er lernt Autoschlosser*** he's training as a car mechanic (***bei*** at); ***die Mutter lernt jeden Tag mit ihr*** her mother helps her with her homework every day; ***aus s-n Fehlern ~*** learn from one's mistakes; ***j-n*** (***et.***) ***schätzen ~*** come to appreciate s.o. (s.th.); ***das will gelernt sein!*** that's not so easy!; F ***manche ~s nie!*** some people never learn!; → ***gelernt.***
Lernende *m, f* learner.
lernfähig *adj* able to learn.
Lern|hilfe *f* learning aid. **~mittelfreiheit** *f* free learning aids *pl.* **~programm** *n Computer*: educational program(me *Br.*). **~prozess** *m* learning process. **~schwester** *f* ⚕ student nurse. **~spiel** *n* educational game. **~stoff** *m* subject matter. **~ziel** *n* educational objective.

Lesart *f* reading, version (*a. fig.*).
lesbar *adj* legible, (*lesenswert*) readable.
Lesbe *f* F dike (*sl.*).
Lesbierin *f*, **lesbisch** *adj* lesbian.
Lese *f* ⚘ gathering, (*Weinlese*) vintage.
Lese|brille *f* reading glasses *pl.* **~buch** *n* reading book, reader. **~gerät** *n tech.* reader.
lesegeschützt *adj Computer*: read-protected.
Lese|kopf *m Computer*: reading head. **~lampe** *f* reading lamp.
lesen[1] **I** *v/t* **1.** read: ***falsch ~*** misread; ***flüchtig ~*** skim (through); ***s-e Schrift ist kaum zu ~*** his handwriting is hard to decipher; ***er hat viel gelesen*** he is well-read; ***das Buch liest sich gut*** the book reads well; ***da war*** (*od.* ***stand***) ***zu ~, dass ...*** it said there that ...; *fig.* ***et. in j-s Augen*** (***Gesicht***) ***~*** see s.th. in s.o.'s eyes (face); → ***Messe***[1]. **2.** *univ.* lecture on. **II** *v/i* **3.** read (***in*** *dat* in, ***aus*** from). **4.** *univ.* lecture (***über*** *acc* on).
lesen[2] *v/t* gather, (*Ähren*) glean, (*Wein*) vintage.
lesenswert *adj* worth reading.
Leseprobe *f thea.* reading rehearsal.
Leser(in) reader.
Leseratte *f* F bookworm.
Leserbrief *m* reader's letter, *an e-e Zeitung*: letter to the editor.
Leserkreis *m* readers *pl*: ***e-n großen ~ haben*** be widely read.
leserlich *adj* legible.
Leserlichkeit *f* legibility.
Lese|saal *m* reading room. **~-Schreibkopf** *m Computer*: read-write head. **~schutz** *m Computer*: read-protection **~stift** *m Computer*: scanner. **~stoff** *m* reading (matter). **~stück** *n ped.* reading (selection). **~zeichen** *n* bookmark.
Lesung *f* reading: *parl.* ***in zweiter ~*** on second reading.
Lethargie *f* lethargy.
Lette *m*, **Lettin** *f*, **lettisch** *adj* Latvian.
Lettland *n* Latvia.
letzt *adj* **1.** *allg.* last, (*endgültig*) *a.* final, (*später*) *a.* latter, (*ehemalig*) *a.* former, *Neuheit etc*: latest: ***am ~en Sonntag*** last Sunday; ***im ~en Sommer*** last summer; ***in ~er Zeit*** lately, recently; ***~en Endes*** after all; ***~er Kündigungstag*** last notice day; ***~es Gebot*** *econ.* closing bid; ***~e Ratenzahlung*** terminal payment; ***Letzte(r) sein*** be last; ***als Letzte(r) gehen*** go last, be the last to go; ***er wäre der Letzte, dem ich vertrauen würde*** he is the last person I would trust; ***das wäre das Letzte, was ich tun würde*** that's the last thing I would do; F ***das*** (***er***) ***ist doch das Letzte!*** that (he) is the abso-

L

lute end!; ***m-e ~en Ersparnisse*** the last of my savings; → ***Hand, Mal²***, ***Schrei*** *etc.* **2.** (*äußerst*) last, extreme: ***bis ins Letzte*** down to the last detail; ***bis zum Letzten aushalten*** hold out to the end; ***bis aufs Letzte*** *ausplündern etc* completely, totally; → ***Ehre, herausholen*** 2, ***Kraft*** 1, ***Ölung*** 2. **3.** F (*schlecht*) poorest, worst: ***das ist der ~e Mist*** that's absolute rubbish; → ***Dreck*** 1.

Letzt: ***zu guter ~*** in the end, at long last.

letztemal → ***Mal²***.

letztendlich → ***letztlich.***

letztens → ***letzthin.***

Letztere *adj* **der** (**die, das**) ~ the latter.

letztgenannt *adj the* last-mentioned.

letzthin *adv* lately.

letztjährig *adj* ***das ~e Festival*** last year's festival.

letztlich *adj* **1.** ultimately, in the end. **2.** (*doch*) after all.

letztwillig *adj* ⚖ testamentary, *a. adv* by will: ***~e Verfügung*** last will (and testament).

Leucht|bombe *f* flare (bomb). **~diode** *f* light-emitting diode.

Leuchte *f* **1.** lamp, light. **2.** F *fig.* luminary: ***er ist k-e große ~*** he is no genius.

leuchten *v/i* shine, (*auf~*) flash, *fig. Augen*: light (up), (*glänzen*) gleam, sparkle: ***mit e-r Lampe ~*** shine a light; ***j-m ~*** light the way for s.o., *beim Suchen etc*: shine the torch for s.o.; ***j-m ins Gesicht ~*** shine the (*od.* a) lamp (*od.* torch) in s.o.'s face.

leuchtend *adj* shining (*a. fig. Beispiel etc*), *Farbe etc*: bright, *Zifferblatt etc*: luminous: *fig.* ***et. in ~en Farben schildern*** paint s.th. in glowing colo(u)rs.

Leuchter *m* candlestick, (*an Wand*) sconce, (*Kronleuchter*) chandelier.

Leucht|farbe *f* luminous paint. **~feuer** *n* beacon. **~gas** *n* city gas, coal gas. **~kraft** *f* luminosity. **~kugel** *f* (signal) flare. **~pistole** *f* flare pistol. **~reklame** *f* luminous advertising, neon lights *pl.* **~röhre** *f* neon tube (*od.* lamp). **~schirm** *m* fluorescent screen. **~spurgeschoss** *n* tracer bullet. **~stift** *m* highlighter, marker pen. **~stoffröhre** *f* fluorescent lamp (*od.* tube). **~turm** *m* lighthouse. **~zeiger** *m* luminous hand.

Leuchtzifferblatt *n* luminous dial.

leugnen I *v/t* deny: ***~, et. getan zu haben*** deny having done s.th.; ***es lässt sich nicht ~, es ist nicht zu ~*** it cannot be denied, it is undeniable. **II** *v/i* deny everything, ⚖ deny the charge.

Leukämie *f* ⚕ leuk(a)emia.

Leumund *m* reputation.

Leumundszeugnis *n* certificate of good character.

Leute *pl* people *pl* (*a.* F *Mitarbeiter etc*), *mil. etc a.* men *pl*, (*Arbeiter*) *a.* men *pl*, workers *pl*: ***die ~*** people; ***m-e ~*** (*Familie*) my people, F my folks *pl*; F ***hallo, ~!*** hi, folks!; ***es waren etwa 20 ~ da*** there were about 20 persons present; ***et. unter die ~ bringen*** make s.th. public.

Leutnant *m mil.* second lieutenant (*a.* ✈ *Am.*), ✈ pilot officer: ***~ zur See*** acting sublieutenant, *Am.* ensign.

leutselig *adj* affable.

Leviten *pl* ***j-m die ~ lesen*** read s.o. the riot act.

Levkoje *f* ⚘ stock.

lexikalisch *adj* lexical.

Lexikograph(in) lexicographer.

Lexikographie *f* lexicography.

lexikographisch *adj* lexicographical.

Lexikon *n* **1.** encyclop(a)edia. **2.** dictionary.

lfdm., lfd. m. ***laufende Meter*** running metres, *Am.* meters.

LG ***Landgericht,*** *östr.* ***Landesgericht*** district court.

lgfr. ***langfristig*** long-term ...

Libanese *m*, **Libanesin** *f*, **libanesisch** *adj* Lebanese.

Libanon *m der* Lebanon.

Libelle *f* **1.** *zo.* dragonfly. **2.** *tech.* water level, (*Blase*) bubble.

liberal *adj*, **Liberale** *m, f* liberal, *pol.* Liberal.

liberalisieren *v/t* liberalize. **Liberalisierung** *f* liberization.

Liberalismus *m* liberalism.

Liberalität *f* liberality.

Liberia *n* Liberia.

Libero *m Fußball*: libero.

Libido *f psych.* libido.

Libretto *n* libretto.

Libyen *n* Libya.

Libyer(in), libysch *adj* Libyan.

licht *adj* **1.** (*hell*) bright: *psych. u. fig.* ***~er Augenblick*** lucid interval. **2.** *Wald*: thin, *Haar*: *a.* thinning. **3.** *tech.* ***~e Höhe*** clear height, *e-r Durchfahrt*: overhead clearance; ***~e Weite*** inside width.

Licht *n* **1.** light, (*Tageslicht*) daylight: ***~ machen, das ~ anmachen*** turn on the light(s); *fig.* ***bei ~(e) besehen*** on closer inspection, (*streng genommen*) strictly speaking; ***ans ~ bringen*** (***kommen***) bring (come) to light; ***~ bringen in*** (*acc*) throw light on; ***das ~ der Welt erblicken*** see the light of day, be born; ***et. in e-m anderen ~ erscheinen lassen*** reveal s.th. in a different light; F ***j-n hinters ~ führen*** deceive (*od.* dupe) s.o.; ***et. ins rechte ~ rücken*** put s.th. in its true light; ***das ~ scheuen*** shun the light; ***ein schlechtes*** (*od.* ***schiefes***) ***~ werfen auf***

(*acc*) show *s.o.*, *s.th.* in a bad light. **2.** (*~quelle*) light, (*Lampe*) lamp, (*Kerze*) candle: ***bei ~ arbeiten*** work by lamplight; ***die ~er der Großstadt*** the lights of the city; F ***er ist kein großes ~*** he is no genius; ***mir geht ein ~ auf*** I see (daylight); ***j-m ein ~ aufstecken*** open s.o.'s eyes; → ***grün, Scheffel. 3.*** *Kunst*: (high)light. **4.** ***~er*** *pl hunt.* eyes *pl.*

Licht|anlage *f* lighting system. **~bild** *n* photo(graph), (*Dia*) slide. **~bildervortrag** *m* slide lecture. **~blick** *m fig.* ray of hope, (*Trost*) comfort: ***der einzige ~ (in m-m Leben)*** the only bright spot (in my life). **~bogen** *m* ⚡ arc.

lichtbrechend *adj opt.* refractive.

lichtdurchlässig *adj* permeable to light.

lichtecht *adj* lightproof, nonfading.

lichtempfindlich *adj* sensitive to light, *opt.*, *phot.* (photo)sensitive: ***~ machen*** *phot.* sensitize.

Lichtempfindlichkeit *f* sensitivity to light, *phot.* speed.

lichten¹ I *v/t* **1.** (*Wald, Reihen etc*) thin (out). II *v/reflex* ***sich ~*** **2.** *Nebel etc*: clear, lift. **3.** *Haare, Reihen, Wald etc*: be thinning (out), *Vorräte etc*: dwindle.

lichten² *v/t* ***den Anker ~*** weigh anchor.

lichterloh *adv* ***~ brennen*** be ablaze.

Licht|filter *n, m phot.* light filter. **~geschwindigkeit** *f* (***mit ~*** at) speed of light. **~griffel** *m Computer*: light pen. **~hof** *m* **1.** △ atrium. **2.** *astr.*, *phot.*, *TV* halo. **~hupe** *f mot.* (headlamp) flasher: ***die ~ betätigen*** flash one's lights. **~jahr** *n* light year. **~kegel** *m* cone of light. **~leitung** *f* ⚡ light circuit (*od.* mains *pl*). **~maschine** *f mot.* dynamo. **~orgel** *f* colo(u)r organ. **~pause** *f* photocopy, *Blaupause*: blueprint. **~quelle** *f* source of light. **~schacht** *m* △ light well. **~schalter** *m* ⚡ light switch.

lichtscheu *adj* **1.** shunning the light. **2.** *fig.* shady.

Licht|schranke *f* photoelectric barrier. **~schutzfaktor** *m* protection factor.

lichtstark *adj phot. Objektiv*: fast.

Lichtstärke *f* luminous intensity, *hot.* speed.

Licht|stift *m Computer*: light pen. **~strahl** *m* ray (*od.* beam) of light.

lichtundurchlässig *adj* opaque.

Lichtung *f* clearing.

Lid *n* eyelid. **Lidschatten** *m* eye shadow.

lieb *adj allg.* dear, (*liebenswert*) *a.* sweet, (*nett*) nice, kind, (*artig*) good: ***Lieber Herr X*** *im Brief*: Dear Mr. X; ***sei ~!*** be good!; ***sei(en Sie) so ~!*** be a dear!, do you mind?; ***sei(en Sie) so ~ und ...*** do me a favo(u)r and ...; ***es ist mir ~, dass ...*** I am glad that ...; ***es ist mir nicht ~, dass ...*** I don't like it that ...; ***mehr als mir ~ war*** more than I really wanted; *fig.* ***das ~e Geld*** always the money; ***~ gewinnen*** grow (very) fond of; ***~ haben*** love, be fond of; ***sich bei j-m ~ Kind machen*** ingratiate o.s. with s.o.; → ***Gott, lieber, liebst.***

liebäugeln *v/i fig.* ***~ mit*** have one's eye on, flirt with the idea of *ger.*

Liebchen *n* love, sweetheart.

Liebe¹ *f* **1.** (***zu***) love (of, for), (*Zuneigung*) affection (for): ***die große ~*** the love of one's life; ***aus ~ zu*** out of love for; ***aus ~ heiraten*** marry for love; ***mit ~*** *schmücken etc* with loving care; ***~ macht blind*** love is blind; ***die ~ geht durch den Magen*** the way to a man's heart is through his stomach. **2.** (***körperliche***) ~ love(making), sex. **3.** F (*Person*) sweetheart, love, flame.

Liebe² *m, f* dear (person): ***m-e ~!*** my dear (girl)!; ***mein ~r!*** my dear man!; ***m-e ~n!*** my dears!

liebebedürftig *adj* ***~ sein*** need a lot of affection.

Liebelei *f* flirtation.

lieben I *v/t* **1.** love, (*gern haben*) *a.* like: ***sich ~*** love each other, *sexuell*: make love; ***er liebt es nicht, wenn ...*** he doesn't like it if ...; ***ich würde ~d gern kommen*** I'd love to come; ***~d gern!*** gladly! **2.** ***j-n ~*** *sexuell*: make love to s.o. II *v/i* **3.** (be in) love. **4.** *sexuell*: make love. **Liebende** *m, f* lover.

liebenswert *adj* lovable, amiable.

liebenswürdig *adj* kind, obliging: ***sehr ~ von Ihnen!*** very kind of you!

liebenswürdigerweise *adv* kindly.

Liebenswürdigkeit *f* **1.** kindness. **2.** *pl* a) compliments *pl*, b) *iro.* insults *pl.*

lieber *adv* (*eher*) rather, sooner, (*besser*) better: ***~ haben (als)*** prefer (to), like *s.o.*, *sth.* better (than); ***du solltest ~ gehen*** you had better go; *mst iro.* ***ich wüsste nicht, was ich ~ täte!, nichts ~ als das!*** there's nothing I'd like better; (***ich möchte***) ***~ nicht!*** I would (*od.* I'd) rather not!

Liebes|abenteuer *n*, **~affäre** *f* love affair. **~brief** *m* love letter. **~dienst** *m* → ***Gefallen¹***. **~entzug** *m psych.* deprivation. **~erklärung** *f* declaration of love: (***j-m***) ***e-e ~ machen*** declare one's love (to s.o.). **~erlebnis** *n* **1.** experience of love. **2.** love (affair). **~gabe** *f* (charitable) gift. **~gedicht** *n* love poem. **~geschichte** *f* love story. **~heirat** *f* love match. **~kummer** *m* lovesickness: ***~ haben*** be lovesick. **~leben** *n* love life. **~lied** *n* love song. **~mühe** *f* ***das ist verlorene ~!*** that's a waste of time! **~paar** *n* (pair of) lovers *pl*, courting couple. **~roman** *m* romance. **~spiel** *n* loveplay. **~szene** *f* love scene.

liebevoll I *adj* loving, affectionate. II *adv* ~ ***pflegen*** take loving care of.
Liebhaber *m* **1.** *allg.* lover, (*Fan*) *a.* enthusiast, fan, (*Sammler*) collector, (*Kenner*) connoisseur: ~ ***der Kunst*** *etc* art *etc* lover. **2.** *thea.* ***jugendlicher*** ~ juvenile lead.
Liebhaber... collector's (*price*, *item*, *value*).
Liebhaberei *f fig.* (***aus*** ~ as a) hobby.
Liebhaberin *f* **1.** → ***Liebhaber*** 1. **2.** *thea.* ***jugendliche*** ~ jeune première.
liebkosen *v/t*, **Liebkosung** *f* caress.
lieblich *adj* **1.** lovely, charming, sweet, (*reizend*) delightful, pleasant. **2.** *Wein*: mellow, *Duft*: sweet. **Lieblichkeit** *f* loveliness, charm, sweetness.
Liebling *m* darling, favo(u)rite, (*Kind*, *Tier*) pet: ~*!* (my) love!, darling!
Lieblings|... favo(u)rite. **~schüler(in)** teacher's pet. **~thema** *n* pet subject.
lieblos *adj* loveless, *Worte etc*: unkind, *Eltern etc*: uncaring: *adv* ~ ***zubereitet*** prepared carelessly (F any old how).
Lieblosigkeit *f* unkindness, coldness.
Liebreiz *m* charm, grace.
Liebschaft *f* (love) affair.
liebst I *adj* dearest, (*bevorzugt*) favo(u)rite: ***m-e ~e Sendung*** *etc a.* the program(me) *etc* I like best. II *adv* ***am ~en*** best (*od.* most) of all; ***am ~en spiele ich Tennis*** I like tennis best; ***es wäre mir am ~en, wenn ...*** it would suit me best if ... **Liebste** *m*, *f* (***mein ~r, m-e*** ~ my) darling (*od.* love, sweetheart).
Liechtenstein *n* Liechtenstein.
Lied *n* song, (*Weise*) air, tune, (*Kunstlied*) lied: ***geistliches*** ~ hymn; *fig.* ***es ist immer das alte*** ~ it's the same old story every time; ***das Ende vom*** ~ the upshot; ***ich kann ein ~ davon singen*** I can tell you a thing or two about it.
Liederabend *m* lieder recital.
Liederbuch *n* songbook.
liederlich *adj* **1.** slovenly, sloppy. **2.** *Leben etc*: dissolute.
Liedermacher(in) singer-songwriter.
Lieferant(in) supplier, (*Vertragslieferant*) contractor: ~ ***für Speisen und Getränke*** caterer.
Lieferanten|buch *n* accounts payable ledger. **~datei** *f Computer*: supplier file. **~eingang** *m* trade entrance, tradesman's entrance. **~kartei** *f* supplier index.
Lieferauto *n* → ***Lieferwagen.***
lieferbar *adj* available: ***die Ware ist sofort*** ~ the article can be supplied (*od.* delivered) at once.
Liefer|bedingungen *pl* terms *pl* of delivery. **~engpass** *m* supply bottleneck. **~frist** *f* delivery deadline. **~kosten** *pl* delivery charges *pl.* **~menge** *f* quantity delivered (*od.* ordered).
liefern I *v/t* **1.** ***j-m et.*** (*a. fig. Beweise etc*) ~ supply s.o. with s.th. **2.** (*aus~*) deliver (*dat* to). **3.** (*Ertrag etc*) yield, give, *a. fig.* provide: ***e-n harten Kampf*** ~ put up a good fight; ***ein gutes Spiel*** ~ play well, make a good showing. **4.** F ***er ist geliefert!*** he's done for!, he's had it! II *v/i* **5.** supply, deliver.
Liefer|ort *m* place of delivery. **~preis** *m* contract price. **~schein** *m* delivery note. **~termin** *m* date of delivery.
Lieferung *f* **1.** (*Belieferung*) supply, (*Auslieferung*) delivery: ***zahlbar bei*** ~ cash on delivery, C.O.D. **2.** (*Sendung*) consignment, *Am. mst* shipment. **3.** *print.* instal(l)ment.
Lieferungs|bedingungen *pl* terms *pl* of delivery. **~verzug** *m* delayed delivery.
Liefer|vertrag *m* supply contract. **~wagen** *m* delivery van (*Am.* truck), *kleiner*: pickup. **~werk** *n* supplier's plant, suppliers *pl.* **~zeit** *f* delivery time: ***die*** ~ ***einhalten*** deliver on time.
Liege *f* couch, (*Campingliege*) campbed, (*Gartenliege*) sunbed.
Liegegeld *n* ⚓ demurrage.
liegen *v/i* **1.** lie, be: ***lass das Buch ~!*** leave the book alone!; ***liegst du bequem?*** are you comfortable?; (***krank***) ***im Bett*** ~ be (ill) in bed; F *fig.* ***damit liegst du richtig!*** (there) you are on the right track!; ***an der Kette*** ~ be chained up; ***es lag Schnee*** there was snow; ***sein Schreibtisch liegt voll Bücher*** his desk is covered with books; ~ ***bleiben*** a) remain lying: (***im Bett***) ~ ***bleiben*** stay in bed; ***bleib ~!*** don't get up!, b) *Auto etc*: break down, *Fahrer etc*: be (*od.* get) stranded, c) *Schnee*: settle, d) *Arbeit etc*: be left unfinished: ***das kann*** (***bis nächste Woche***) ~ ***bleiben*** that can wait (till next week), e) *Ware*: be left unsold, f) (*vergessen werden*) be left behind; ~ ***lassen*** a) leave behind, b) (*Arbeit etc*) leave unfinished, c) leave *things* lying around: ***alles stehen und*** ~ ***lassen*** drop everything; → ***links*** 1.; ***das Geld liegt auf der Bank*** the money is in the bank; *Sport*: ***er liegt auf dem dritten Platz*** he is (lying) in third place; *fig.* ***wie die Dinge*** ~ as matters stand; ***die Sache liegt so ...*** the matter is as follows...; ***die Preise*** ~ ***bei ...*** prices are at (*ungefähr*: around) ...; ***wo ~ s-e Schwächen?*** what are his weak points?; ***da liegt der Fehler!*** that's where the trouble lies! **2.** (***an*** *dat*) lie (on), be (situated) (at, near): ***das Hotel liegt zentral*** the hotel is centrally situated; ***nach Süden*** ~ face south; → ***fern*** I. **3.** *fig.* ***j-m*** ~ a) suit s.o., b) (*gefallen*) appeal to s.o.; ***die Rolle***

liegt ihr the part suits her; ***er*** (***es***) ***liegt mir nicht*** he (it) isn't my cup of tea. **4.** *fig.* ***woran liegt es?*** what's the reason (for it)?; ***woran liegt es, dass er nie gewinnt?*** why is it (that) he never wins?; ***daran liegt es*** that's (the reason) why; ***es liegt daran, dass ...*** the reason is that ...; ***was liegt daran?*** who cares?; ***mir liegt viel*** (***wenig***) ***daran*** it means a lot (it doesn't mean much) to me; ***es liegt nicht an ihr*** (***, wenn***) it's not her fault (*od.* she is not to blame) (if); ***an mir solls nicht ~!*** a) it's all right by me!, b) I'll do my best!; ***es liegt bei*** (*od.* ***an***) ***dir*** (***zu entscheiden***) it is up to you (to decide).

Liegenschaften *pl* real estate *sg.*

Liege|platz *m* ⚓ berth. **~sitz** *m mot.* reclining seat. **~stuhl** *m* deckchair. **~stütz** *m gym.* (***e-n ~ machen*** do a) press-up (*bsd. Am.* push-up). **~wagen** *m* 🚂 couchette. **~wiese** *f* lawn.

LIFO-Methode *f* last in first out (LIFO).

Lift *m* lift (*a. Skilift*), *Am.* elevator.

Liftboy *m* bell boy.

liften *v/t* ⚕ lift: ***sich*** (***das Gesicht***) ***~ lassen*** have a facelift.

Liga *f* league, *Sport*: *a.* division.

Likör *m* liqueur.

lila *adj*, **Lila** *n* lilac, mauve.

Lilie *f* ⚘ lily.

Liliputaner(in) Lilliputian.

Limit *n*, **limitieren** *v/t* limit.

Limonade *f* fizzy drink, *Am.* soda pop.

Limousine *f mot.* limousine, saloon (car), *Am.* sedan.

Linde *f* ⚘ lime (tree).

Lindenblütentee *m* lime-blossom tea.

lindern *v/t* (*Not etc*) relieve, alleviate, (*Schmerzen*) *a.* soothe, ease.

Linderung *f* relief, alleviation, easing: (***j-m***) ***~ verschaffen*** bring (s.o.) relief.

Lineal *n* ruler.

linear *adj econ.*, ⩚ linear.

Linguist(in) linguist.

Linguistik *f* linguistics *sg.*

Linie *f allg.* line (*a. fig.*), (*Strecke*) *a.* route, *pol. etc* course, policy, (*Parteilinie*) party line: ***auf die*** (***schlanke***) ***~ achten*** watch one's figure; ***mit der ~ 2 fahren*** take the number two; *fig.* ***auf der ganzen ~*** all along the line, completely; ***in erster ~*** in the first place.

Linien|blatt *n* (sheet of) lined paper. **~bus** *m* regular bus. **~dienst** *m bsd.* ✈ regular service. **~flug** *m* scheduled flight. **~flugzeug** *n*, **~maschine** *f* scheduled plane. **~netz** *n* (rail *etc*) network: ***das ~ der U-Bahn*** the underground (system). **~papier** *n* ruled paper. **~richter(in)** *Sport*: linesman.

linientreu *adj* loyal (to the line): ***~ sein*** toe the line.

Linientreue *m, f* party liner.

Linienverkehr *m* regular service (*od.* traffic).

liniieren, linieren *v/t* rule, line.

link *adj* left: ***die ~e Seite*** *von Stoff*: the reverse (side); ***auf der ~en Seite, ~er Hand*** on the left; ***~er Hand sehen Sie ...*** on your left you see ...; *pol., Sport*: ***~er Flügel*** left wing; *pol.* ***dem ~en Flügel angehören*** be left-wing; *fig.* ***er ist wohl mit dem ~en Fuß zuerst aufgestanden!*** he must have got out of bed on the wrong side; ***~e Masche*** a) purl (stitch), b) *a.* ***~e Tour*** F *fig.* dirty trick; F ***ein ganz ~er Typ*** a real bastard.

Linke[1] *f* **1.** left hand, *Boxen*: left. **2.** *pol. the* Left. **3.** left (side): ***zu ihrer ~n*** on her left.

Linke[2] *m, f pol.* left-winger, leftist.

linken *v/t* F con, take *s.o.* for a ride.

linkisch *adj* awkward, clumsy.

links *adv* **1.** on (*od.* to) the left: ***nach ~*** (to the) left; ***von ~*** from the left; ***~ von*** (on *od.* to the) left of; ***~ von mir*** on (*od.* to) my left; ***~ abbiegen*** turn left; ***sich ~ halten*** keep (to the) left; *fig.* ***~ liegen lassen*** ignore; F ***~ sein*** a) be left-handed, b) *a.* ***~ stehen*** *pol.* be left-wing; ***~ stricken*** purl; F *fig.* ***das mach ich mit ~*** that's kid's stuff (for me). **2.** (*verkehrt herum*) on the wrong side, inside out.

Links|abbieger *m mot.* vehicle (*pl* traffic *sg*) turning left. **~außen** *m Sport*: outside left.

linksbündig *adj* flush left, left justified.

Linksextremist(in) *pol.* left-wing extremist.

links|extremistisch *adj pol.* (of the) extreme left. **~gerichtet** *adj pol.* left-wing.

Linkshänder(in) left-hander: ***~ sein*** be left-handed.

linksherum *adv* **1.** *tech.* anticlockwise. **2.** *anziehen etc* inside out.

Linkskurve *f* left turn.

linksradikal *adj pol.* (of the) extreme left: ***die Linksradikalen*** the left-wing radicals.

linksrheinisch *adj u. adv* on the left bank of the Rhine.

Linksruck *m pol.* swing to the left.

Linkssteuerung *f mot.* left-hand drive.

Linksverkehr *m* ***in Großbritannien ist ~*** in Great Britain they drive on the left.

Linoleum *n* linoleum, F lino.

Linse *f* **1.** ⚘ lentil. **2.** *opt.* lens.

Lippe *f* lip: ***von den ~n ablesen*** lip-read; ***ich brachte es nicht über die ~n*** I couldn't bring myself to say it; *fig.* ***sich auf die ~n beißen*** bite one's lip; F ***e-e*** (***große***) ***~ riskieren*** speak up.

Lippen|bekenntnis *n* (***ein ~ ablegen*** pay) lip service (***zu*** to). **~blütler** *m* ⚘ labiate.

L

~laut *m ling.* labial (sound). **~pflegestift** *m* lip salve. **~stift** *m* lipstick.
liquid(e) *adj econ.* liquid, solvent.
Liquidation *f* **1.** *econ.* liquidation (*a. pol. Tötung*), winding up. **2.** (*Honorarforderung*) fee, charge, (*Rechnung*) bill.
liquidieren *v/t* **1.** *econ.* liquidate (*a. pol. töten*), wind up. **2.** charge.
Liquidität *f econ.* liquidity, solvency.
Liquiditäts|engpass *m econ.* liquidity squeeze. **~lage** *f* cash (*od.* liquidity) position. **~überschuss** *m* cash surplus.
lispeln *v/t u. v/i* lisp, (*flüstern*) whisper.
List *f* ruse, trick, cunning: ***zu e-r ~ greifen*** resort to a ruse, use a trick.
Liste *f allg.* list (*a. pol.*), (*Wahlliste*) *a.* ticket, (*Wählerliste etc*) register: ***j-n auf die ~ setzen*** put s.o.'s name on the list; F *fig.* ***schwarze ~*** black list; ***j-n auf die schwarze ~ setzen*** blacklist s.o.
Listenpreis *m econ.* list price.
listig *adj* cunning, sly, crafty.
Litanei *f* litany.
Litauen *n* Lithuania.
Liter *n, m* litre, *Am.* liter.
literarisch I *adj* literary. **II** *adv* ***sich ~ betätigen*** write, be a writer.
Literat(in) man (woman) of letters, literary man (woman).
Literatur *f* literature.
Literatur|... literary. **~angaben** *pl* bibliography *sg.* **~gattung** *f* literary genre. **~geschichte** *f* history of literature. **~kritiker(in)** literary critic. **~preis** *m* literary award. **~wissenschaft** *f* literature, literary studies *pl.*
literweise *adv fig.* by the gallon.
Litfaßsäule *f* advertising pillar.
Lithographie *f* lithography.
Litschi *f* ⚘ lychee.
Liturgie *f* liturgy.
Litze *f* **1.** (*Tresse*) braid, lace. **2.** ⚡ (*Schnur*) cord, flex.
live *adj u. adv* live.
Livesendung *f* live broadcast.
Livree *f* livery: ***in ~*** → **livriert** *adj* liveried.
Lizenz *f* (***e-e ~ haben*** hold a) licen/ce (*Am.* -se): ***in ~*** *herstellen* under licence. **~abteilung** *f* licencing department, foreign rights department. **~ausgabe** *f print.* edition printed under licence. **~geber(in)** licenser, licensor. **~gebühr** *f* royalty. **~inhaber(in)**, **~nehmer(in)** licensee. **~produkt** *n* licenced product. **~produktion** *f* production under licence. **~vertrag** *m* licencing agreement.
LKW *m* (= ***Lastkraftwagen***) lorry, *bsd. Am.* truck. **~-Fahrer(in)** lorry driver, *bsd. Am.* truck driver.
Lob *n* (***über jedes ~ erhaben*** beyond) praise: ***j-s ~ singen*** sing s.o.'s praises; (*dat*) ***ein ~ erteilen*** → ***loben.***
Lobby *f a. pol.* lobby.
Lobbyist(in) lobbyist.
loben *v/t u. v/i* (***wegen*** *gen, dat* for) praise, commend: ***das lob' ich mir!*** that's what I like!; ***da lobe ich mir ...*** give me ... any time; ***j-n ~d hervorheben*** single s.o. out for praise.
lobenswert *adj* laudable, commendable.
Lobhudelei *f* base flattery.
löblich → ***lobenswert.***
Loblied *n fig.* ***ein ~ auf j-n singen*** sing s.o.'s praises.
lobpreisen *v/t* praise, extol.
Lobrede *f* eulogy: ***e-e ~ auf j-n halten*** eulogize s.o.
Loch *n* **1.** *allg.* hole, *im Zahn*: *a.* cavity, *im Reifen*: puncture, *im Zaun etc*: gap, (*Schlagloch*) pothole: *fig.* ***ein ~ reißen in*** (*acc*) make a hole in; ***ein ~ im Haushalt stopfen*** stop a gap in the budget; F ***er pfeift auf dem letzten ~*** he's on his last legs. **2.** F *fig.* a) (*Behausung etc*) hole, dump, b) (*Gefängnis*) *sl.* jug.
lochen *v/t* (*knipsen*) punch, (*stanzen*) stamp, (*perforieren*) perforate.
Locher *m tech.* punch, perforator.
löcherig *adj a. fig.* full of holes.
löchern *v/t* F ***j-n ~*** pester s.o.
Lochkarte *f* punch(ed) card.
Lochsäge *f* compass saw.
Lochstreifen *m* punched tape.
Lochung *f* perforation.
Lochzange *f* punch pliers *pl*, 🚂 ticket punch.
Lockartikel *m* loss leader, bait, lure.
Locke *f* curl: ***~n haben*** have curly hair.
locken[1] *v/t u. v/reflex* ***sich ~*** curl.
locken[2] *v/t* **1.** (*Tier*) lure, bait, (*rufen*) call. **2.** *fig.* lure, tempt: ***es lockt mich sehr zu*** *inf* I'm very much tempted to *inf*; ***~des Angebot*** tempting offer.
Lockenkopf *m* (*Person*) curly-head.
Lockenwickler *m* curler.
locker *adj* **1.** *allg.* loose (*a. fig. Sitten etc*), (*schlaff*) *a.* slack, *Boden*: *a.* friable, *Teig etc*: light: → ***Schraube*** 1. **2.** *fig. Benehmen, Atmosphäre etc*: relaxed, easy, *Person*: *a.* cool: *adv* F ***das schafft er ~*** he can do that easily.
Lockerheit *f* **1.** looseness (*etc*). **2.** *fig.* easy manner.
locker|lassen *v/i* F ***nicht ~*** not to let up, keep (on) trying. **~machen** *v/t* F (***bei j-m***) ***Geld ~*** (make s.o.) fork out (*od.* come across with) money.
lockern I *v/t* loosen, (*Seil etc*) slacken, (*Griff etc, a. fig. Disziplin etc*) relax: ***s-e Muskeln***

~ loosen up one's muscles. **II** *v/reflex* ***sich ~*** become loose (*a. fig. Sitten etc*), slacken, *Sport*: limber up, *fig. Stimmung etc*: relax.

Lockerung *f* loosening, *a. fig.* relaxation.

Lockerungsübung *f Sport*: limbering-up exercise.

lockig *adj* curly.

Lock|mittel *n a. fig.* bait. **~ruf** *m zo.* (mating) call. **Lockspitzel** *m pol.* stool pigeon, agent provocateur.

Lockung *f* lure, temptation.

Lockvogel *m a. fig.* decoy. **~werbung** *f econ.* loss-leader selling, bait advertising.

Lodenmantel *m* loden (coat).

lodern *v/i a. fig.* blaze.

Löffel *m* **1.** spoon, (*Schöpflöffel*) ladle, *tech. a.* scoop: ***ein ~ voll*** a spoonful; F *fig.* ***den ~ weglegen*** (*sterben*) peg out. **2.** *hunt. u.* F (*Ohr*) ear: ***schreib dir das hinter die ~!*** get that into your thick head once and for all!

Löffelbiskuit *m* spongefinger.

löffeln *v/t* spoon.

Löffelstiel *m* spoon handle.

löffelweise *adv* by the spoonful.

Logarithmentafel *f* 𝔄 log table.

Logarithmus *m* 𝔄 logarithm.

Logbuch *n* ⚓ log(book).

Loge *f* **1.** *thea.* box. **2.** (*Freimaurerloge*) lodge.

Logik *f* logic. **logisch** *adj allg.* logical: F (***das ist doch***) ***~!*** naturally!, of course!

logischerweise *adv* logically.

Logistik *f* logistics *pl* (*mst sg konstr.*).

logo *adj pred* F sure (thing).

Logo *m, n* (*Firmenzeichen, Aufdruck etc*) logo.

Logopäde *m*, **Logopädin** *f* speech therapist.

Logopädie *f* logop(a)edics *pl* (*mst sg konstr.*), speech therapy.

Lohn *m* **1.** wages *pl*, pay(ment). **2.** *fig.* (**zum ~** in) reward (**für** for): ***s-n wohlverdienten ~ erhalten*** *a. iro.* get one's just deserts.

lohnabhängig *adj* wage-earning, wage-dependent.

Lohn|abrechnung *f* **1.** payroll accounting. **2.** pay slip. **~abschluss** *m* wage agreement. **~abzug** *m* wage (*od.* salary) deduction. **~angleichung** *f* wage adjustment. **~anstieg** *m* rise in wages. **~anteil** *m* wages *pl.* **~arbeit** *f* paid labo(u)r. **~auftrag** *m* farming-out contract: ***e-n ~ vergeben*** farm out work. **~ausfall** *m* loss of wages. **~ausgleich** *m* ***bei vollem ~*** without cuts in pay. **~beschränkung** *f* wage restraint. **~buchhalter(in)** wages clerk. **~buchhaltung** *f* **1.** payroll accounting. **2.** payroll department. **~büro** *n* pay office. **~diktat** *n* imposed pay settlement. **~empfänger(in)** wage earner.

lohnen I *v/reflex* **1.** ***sich ~*** be worth(while), pay; ***es lohnt sich*** it's worth it; ***es lohnt sich zu*** *inf* it's worth *ger*, it pays to *inf*; ***der Film lohnt sich*** the film is worth seeing; ***Verbrechen lohnt sich nicht*** crime doesn't pay. **II** *v/t* **2.** (*be~*) reward: ***j-m et. schlecht ~*** ill repay s.o. **3.** ***die Mühe*** (***e-n Besuch***) ***~*** be worth the trouble (a visit).

lohnend *adj* **1.** *finanziell*: paying, profitable. **2.** *fig.* worthwhile, rewarding, (*sehenswert etc*) worth seeing (*etc*).

Lohn|erhöhung *f* wage increase, (pay) rise, *Am.* raise. **~forderung** *f* wage claim. **~fortzahlung** *f* continued pay (to sick workers). **~gefälle** *n* wage differential. **~gruppe** *f* pay bracket.

lohnintensiv *adj* wage-intensive.

Lohn|kampf *m* wage dispute. **~kosten** *pl* wage costs *pl*: ***sehr hohe ~ haben*** *Firma*: have a huge payroll. **~kürzung** *f* wage cut. **~nachzahlung** *f* back pay. **~nebenkosten** *pl* employers' costs *pl*, wage incidentals *pl.* **~niveau** *n* wage level. **~pfändung** *f* attachment (*od.* garnishment) of wages. **~-Preis-Spirale** *f* wage-price spiral. **~runde** *f* round of wage negotiations.

Lohnsteuer *f* wage(s) tax. **~jahresausgleich** *m* annual adjustment of income tax. **~karte** *f* wage(s) tax card.

Lohn|stopp *m* pay freeze, wage freeze. **~streifen** *m* pay slip. **~tarif** *m* wage rate. **~tüte** *f* wage packet.

Loipe *f* cross-country (skiing) trail.

Lok *f* 🚂 F engine.

lokal *adj* local.

Lokal *n* restaurant, (*Kneipe*) pub, *Am.* saloon.

Lokal|... local (*newspaper, reporter, press, etc*). **~anästhesie** *f* ⚕ local an(a)esthesia. **~fernsehen** *n* local TV.

lokalisieren *v/t* locate, *a.* ⚕ localize (**auf** *acc* to).

Lokal|kolorit *n* local colo(u)r. **~patriotismus** *m* local patriotism. **~radio** *n* local radio. **~termin** *m* ⚖ visit to the scene (of the crime). **~verkehr** *m* local traffic. **~zeitung** *f* local paper.

Lokomotive *f* engine. **Lokomotivführer(in)** engine driver, *Am.* engineer.

Lokopreis *m* spot price.

Lombardkredit *m econ.* collateral loan.

Lombardsatz *m* rate for (central bank) loans on securities.

Londoner *adj* (of) London.

Londoner(in) Londoner.

Lorbeer *m* **1.** 🌿 laurel (tree), bay (tree). **2.** *gastr.* (*~blatt*) bay leaf. **3.** *pl fig.* laurels *pl*: ***sich auf s-n ~en ausruhen*** rest on one's laurels; ***damit kannst du*** (***bei ihr***) ***k-e ~en ernten*** that won't get you anywhere (with her). **~blatt** *n* bay leaf.

L

Lore *f* 🚃 tipper.

los¹ *adj pred* **1.** (*ab, weg*) off: ***der Knopf ist*** ~ the button is off; ***der Hund ist*** ~ the dog is loose. **2.** F *j-n, et.* ~ ***sein*** be rid of; ***den wären wir*** ~***!*** good riddance!; ***mein Geld bin ich*** ~ my money is gone; → *a.* ***losgehen, loslegen*** *etc.* **3.** F ***was ist*** ~ a) (***mit dir***)***?*** what's the matter (*od.* what's wrong) (with you)?, b) (***hier***)***?*** what's going on (here)?, c) ***in Berlin*** *an Veranstaltungen etc*: what's on in Berlin?, *politisch etc*: what's going on in Berlin?; ***da war*** (***schwer***) ***was*** ~ a) *Stimmung, Trubel etc*: things were really happening, b) *Ärger, Streit*: the sparks were flying; ***hier ist nichts*** (***nie was***) ~***!*** nothing doing (*od.* no action) around here!; ***wo ist hier was*** ~***?*** where can you go around here?; ***mit ihm ist nicht viel*** ~ he isn't up to much.

los² *int* let's go!, *anfeuernd*: go!; (***schieß***) ~***!*** fire away!; *Sport*: ***Achtung, fertig,*** ~***!*** ready, steady, go!; ***nun aber*** (*od.* ***nichts wie***) ~***!*** let's get going (*od.* cracking)!; ***nun mal*** ~***!*** here goes!; ~***, sag schon!*** come on, tell me!

Los *n* **1.** lot, (*Lotterielos*) ticket, number: ***ein*** ~ ***ziehen*** draw a lot (*Lotterie*: ticket); ***das große*** ~ ***ziehen*** a) win the first prize, b) *fig.* hit the jackpot, c) ***mit j-m*** (***et.***) strike it lucky with s.o. (s.th.); ***et. durch das*** ~ ***entscheiden*** decide s.th. by drawing lots (*durch Münzwurf*: by a toss-up); ***das*** ~ ***fiel auf ihn zu*** *inf* it fell upon him to *inf.* **2.** *fig.* lot, fate: ***ein schweres*** ~ a hard lot. **3.** *econ.* lot.

losarbeiten *v/i* ~ ***auf*** (*acc*) work for.

lösbar *adj* **1.** ⚗ soluble. **2.** *Rätsel etc*: solvable.

losbekommen *v/t* get *s.o., s.th.* off.

losbinden *v/t* untie.

losbrechen I *v/t* break off. **II** *v/i Sturm etc*: break, *Gelächter etc*: break out.

Löschblatt *n* (sheet of) blotting paper.

löschen¹ *v/t* **1.** (*Feuer, Licht etc*) extinguish, put out: *fig.* ***den Durst*** ~ quench one's thirst. **2.** *tech.* quench, (*Kalk*) slake. **3.** (*Tinte*) blot. **4.** (*streichen*) strike off, cancel (*a. Hypothek*), *bsd. Computer*: delete, (*a. Bandaufnahme etc*) erase, (*Schuld*) settle: ***ein Konto*** ~ close an account. **5.** *fig.* (*aus*~) efface.

löschen² *v/t* ⚓ unload.

Lösch|fahrzeug *n* fire engine. ~**gerät** *n* fire extinguisher, *coll.* fire-fighting equipment. ~**kopf** *m Bandgerät*: erasing head. ~**mannschaft** *f* fire brigade. ~**papier** *n* blotting paper. ~**taste** *f* erase button, *Computer*: delete key.

lose *adj allg., a. fig.* loose.

Loseblattsammlung *f* loose-leaf book.

Lösegeld *n* ransom.

loseisen F *fig. v/reflex* ***sich*** (*v/t* ***j-n***) ~ get (s.o.) away (***von*** from).

losen *v/i* ~ ***um*** draw lots (*mit e-r Münze*: toss up) for.

lösen I *v/t* **1.** (*ab*~) remove, detach. **2.** (*Haare, Krawatte etc*) undo, (*Bremse etc*) release, (*lockern, a.* ⚕) loosen, relax. **3.** *fig.* (*Aufgabe, Rätsel etc*) solve (*a.* ∡), (*Frage*) answer, (*Konflikt etc*) resolve, settle. **4.** *fig.* (*Ehe etc*) dissolve, (*Verlobung*) break off, (*Verbindung etc*) sever, (*Vertrag*) terminate. **5.** (*Fahr-, Eintrittskarte*) buy, get. **6.** ⚗ dissolve. **II** *v/reflex* ***sich*** ~ **7.** come loose, *Knoten etc*: come undone, (*sich ab*~) come off, (*sich lockern*) loosen (*a.* ⚕): ***ein Schuss löste sich*** the gun went off. **8.** ***sich*** ~ (***von*** from) free o.s., *a. Sport*: break away. **9.** *Problem etc*: solve itself, *Konflikt etc*: resolve itself. **10.** *Spannung etc*: ease: → ***gelöst.*** **11.** ⚗ dissolve.

losfahren *v/i* leave, *selbst*: drive off.

losgehen *v/i* **1.** leave, *a. Gewehr, Schuss etc*: go off. **2.** F (*beginnen*) start, begin: ***gleich gehts los!*** it's just about to begin!; ***jetzt gehts los!*** here goes!, here we go!; ***es kann*** ~***!*** we're (*od.* I'm *etc*) ready!; ***jetzt gehts schon wieder los!*** here we go again! **3.** F (*abgehen*) come off. **4.** ~ ***auf*** (*acc*) head (*od.* make) for; ***mit dem Messer auf j-n*** ~ go for s.o. with a knife.

loshaben *v/t* F: ***er hat*** (***schwer***) ***was los*** he's very good (***in*** *dat* at), he's on the ball.

losheulen *v/i* F burst into tears.

loskaufen *v/t* buy *s.o.* free, ransom.

loskommen *v/i* (***von***) *allg.* get away (from), *fig. a.* get rid (of).

loskriegen *v/t* F **1.** get *s.th.* off. **2.** (*loswerden*) get rid of.

loslachen *v/i* (***laut***) ~ laugh out (loud).

loslassen I *v/t* **1.** let go of, let *s.o.* go, release: ***den Hund auf j-n*** ~ set the dog on s.o.; F *fig.* ***j-n auf die Menschheit*** ~ let s.o. loose on humanity; ***das Buch lässt e-n nicht mehr los*** the book is quite unputdownable; ***der Gedanke lässt mich nicht*** (***mehr***) ***los*** I can't get it out of my mind. **2.** (*Schlag etc*) let go with, (*Feuerwerk*) let off, (*Protest etc*) launch, (*Brief etc*) let fly with, (*Witz etc*) crack. **II** *v/i* **3.** let go: ***nicht*** ~***!*** *a.* hang on!

loslegen *v/i* F **1.** get cracking, *Läufer, Auto etc*: zoom off, *Fahrer*: *a.* step on it. **2.** *fig.* (*reden, schimpfen*) get going, *stärker*: let fly (***gegen*** at): ***dann legte er los*** *allg.* then he really got going; ***leg los!*** fire away!

löslich *adj* ⚗ soluble.

loslösen → ***lösen*** 1, 2, 6, 7.

losmachen I *v/t* **1.** → ***lösen*** 1, 2. **2.** ⚓ cast off. **II** *v/reflex* ***sich*** ~ → ***lösen*** 7.

losreißen I *v/t* tear off. II *v/reflex* ***sich*** ~ break (*fig*. tear o.s.) away (***von*** from).
losrennen *v/i* dash off, run off.
lossagen *v/reflex* ***sich*** ~ ***von*** break with.
losschlagen I *v/t* (*Waren*) sell off, *Auktion*: knock off. II *v/i mil*. strike.
losschnallen *v/t* unbuckle: ✈, *mot*. ***sich*** ~ undo one's seat belt.
losschrauben *v/t* unscrew.
lossteuern *v/i* ~ ***auf*** (*acc*) *a. fig*. make (*od*. head) for.
Losung[1] *f* **1.** *mil*. password. **2.** *fig*. watchword, *pol. a*. slogan.
Losung[2] *f hunt*. dung.
Lösung *f allg*. solution.
Lösungsmittel *n* ⚗ solvent.
lösungsmittelfrei *adj* solvent-free.
loswerden *v/t* **1.** get rid of: ***ich werde das Gefühl nicht los, dass ...*** I can't help feeling that ...; ***das musste ich mal*** ~***!*** I had to get that off my chest! **2.** F (*verlieren*) lose, (*ausgeben*) spend.
losziehen *v/i* **1.** set out, march off. **2.** *fig*. ~ ***gegen*** lay into, let fly at.
Lot *n* **1.** ⩚ (***ein*** ~ ***fällen*** drop a) perpendicular: ***aus dem*** ~ out of plumb; *fig*. ***im*** ~ ***sein*** be in good order; ***et. wieder ins*** ~ ***bringen*** set s.th. right again. **2.** (*Bleilot*) plumb (bob). **3.** *tech*. (*Lötmetall*) solder.
loten *v/t u. v/i* plumb, *mit Echolot*: sound.
löten *v/t tech*. solder.
Lotion *f* lotion.
Löt|kolben *m* soldering iron. **~lampe** *f* soldering lamp, *bsd. Am*. blowtorch. **~metall** *n* solder. **~naht** *f* soldering (*od*. soldered) joint.
lotrecht *adj* perpendicular, vertical.
Lotse *m* ⚓ pilot. **lotsen** *v/t* **1.** ⚓ pilot. **2.** F *fig*. ***j-n*** ~ guide s.o. (***durch*** through), (*schleppen*) drag s.o. off (***in*** *acc* to).
Lotsen|dienst *m mot*. driver-guide service. **~gebühr** *f* ⚓ pilotage.
Lotsin *f* pilot.
Lotterie *f* lottery. **~gewinn** *m* (lottery) prize. **~los** *n* (lottery) ticket. **~spiel** *n* lottery, *fig*. gamble.
Lotto *n* **1.** (*Spiel*) lotto, bingo. **2.** (*Zahlenlotto*) Lotto, (West German numbers pool) lottery: ***im*** ~ ***spielen*** do Lotto. **~annahme(-stelle)** *f* Lotto ticket agency. **~schein** *m* Lotto ticket.
Löwe *m* **1.** *zo*. lion. **2.** *astr*. (***er ist*** ~ he's [a]) Leo.
Löwen|anteil *m fig*. lion's share. **~mähne** *f fig*. (thick) mane. **~maul** *n* ⚘ snapdragon. **~zahn** *m* ⚘ dandelion.
Löwin *f zo*. lioness.
loyal *adj* loyal (***j-m gegenüber*** to s.o.).
Loyalität *f* loyalty.
LP ***Langspielplatte*** long-playing record (LP).
LPG *hist. DDR*: ***landwirtschaftliche Produktionsgenossenschaft*** collective farm.
LSD ***Lysergsäurediäthylamid*** lysergic acid diethylamide (LSD).
lt. ***laut*** according to; as per.
ltd. ***leitend*** managerial; chief ...
Ltg. ***Leitung*** direction; management; supervision.
Luchs *m zo*. lynx: *fig*. ***Augen haben*** (***aufpassen***) ***wie ein*** ~ have eyes (watch) like a hawk.
Lücke *f a. fig*. gap, (*Gesetzeslücke etc*) *a*. loophole: ***e-e*** ~ ***schließen*** fill a gap.
Lückenbüßer(in) stopgap.
lückenhaft *adj* **1.** *Gebiss etc*: full of gaps, gappy. **2.** *fig*. incomplete: ~***es Wissen*** *a*. sketchy knowledge.
lückenlos *adj* **1.** without gaps. **2.** *fig*. complete, full: ~***e Beweiskette*** watertight evidence.
Lückentest *m* completion test, gap-fill.
Luder *n* F **1.** (***gemeines***) ~ beast, (*Frau*) *a*. bitch; (***ordinäres***) ~ hussy. **2.** ***armes*** ~ poor creature; ***dummes*** ~ silly fool. **3.** (***kleines***) ~ brat, (little) devil.
Luft *f* **1.** air: ***die*** ~ ***ablassen aus*** deflate; F *fig*. ***da war*** (***bei der Sache***) ***die*** ~ ***raus*** all the steam was gone; ***an die*** (***frische***) ~ ***gehen***, (***frische***) ~ ***schöpfen***, F ~ ***schnappen*** get some (fresh) air; F *fig*. ***j-n an die*** (***frische***) ~ ***setzen*** chuck s.o. out, (*entlassen*) *a*. fire s.o.; *fig*. ***sich in*** ~ ***auflösen*** vanish into thin air, *Pläne etc*: go up in smoke; ***j-n wie*** ~ ***behandeln*** cut s.o. dead; (***völlig***) ***aus der*** ~ ***gegriffen sein*** be (totally) unfounded; ***es liegt et. in der*** ~ there is s.th. in the wind; ***die*** ~ ***ist rein*** the coast is clear; F ***es ist dicke*** ~ there is trouble brewing. **2.** (*Atemluft*) breath: ***die*** ~ ***anhalten*** hold (*od*. catch) one's breath; F ***halt*** (***mal***) ***die*** ~ ***an!*** pipe down!, (*übertreib nicht*) come off it!; ***tief*** ~ ***holen*** take a deep breath, *fig*. swallow hard; ***nach*** ~ ***ringen*** gasp for air; F ***mir blieb die*** ~ ***weg*** I was dumbfounded, ***vor Schreck*** I was breathless with shock. **3.** (*~raum*) sky, air: ***in die*** ~ ***jagen, in die*** ~ ***fliegen*** blow up; F *fig*. ***in die*** ~ ***gehen*** blow one's top, hit the roof; ***das hängt*** (***alles***) ***noch in der*** ~***!*** it's all (still) up in the air!; ***in der*** ~ ***zerreißen*** tear *s.o., s.th*. to pieces. **4.** (*~zug*) breeze. **5.** F (*Platz*) space, room: ***ich muss erst et.*** ~ ***schaffen*** I must make some room first; *fig*. ***sich*** (*od*. ***s-m Herzen, Zorn*** *etc*) ~ ***machen*** let off steam; ***endlich hab ich wieder*** ~***!*** I can breathe again at last!
Luft|angriff *m* air raid. **~aufnahme** *f* aerial photograph (*od*. shot *od*. view). **~ballon** *m*

L

balloon. **~bild** *n* aerial view. **~bildkarte** *f* aerial map. **~blase** air bubble.
Luft-Boden-... *mil.* air-to-ground ...
Luftbrücke *f* airlift.
Lüftchen *n* (gentle) breeze.
luftdicht I *adj* (*a.* ~ ***machen***) airproof. II *adv* ~ ***verschließen*** airseal.
Luftdruck *m meteor.* atmospheric pressure, *tech.* air pressure, *e-r Explosion*: blast. **Luftdruck...** *tech.* air-pressure.
lüften *v/t* **1.** (*a. v/i*) air, ventilate: ***s-e Kleidung*** ~ give one's clothes an airing. **2.** (*heben*) lift, raise. **3.** *fig.* ***ein Geheimnis*** ~ disclose a secret.
Lüfter *m tech.* ventilator, (*Entlüfter*) exhaustor, (*Gebläse*) blower.
Lufterneuerung *f* air exchange.
Luftfahrt *f* aviation. **~gesellschaft** *f* airline. **~industrie** *f* aircraft industry.
Luft|fahrzeug *n* aircraft. **~feuchtigkeit** *f* (atmospheric) humidity. **~filter** *n, m* air filter. **~flotte** *f* air fleet. **~fracht** *f* airfreight. **~frachtbrief** *m* air waybill. **~frachtführer** *m* air carrier.
luft|gekühlt *adj* air-cooled. **~gestützt** *adj mil.* air-launched. **~getrocknet** *adj* air-dried.
Luft|gewehr *n* air gun. **~herrschaft** *f* air supremacy. **~hoheit** *f* air sovereignty. **~hülle** *f* atmosphere.
luftig *adj* **1.** airy, breezy: ***in ~er Höhe*** high up. **2.** *fig. Kleidung*: flimsy, light.
Luft|kammer *f biol., tech.* air chamber. **~kampf** *m* air combat. **~kissenboot** *n* hovercraft. **~kissenfahrzeug** *n* air-cushion vehicle, hovercraft. **~korridor** *m* air corridor.
luftkrank *adj* airsick.
Luft|kühlung *f* air cooling. **~kurort** *m* climatic health resort. **~landetruppen** *pl* airborne troops *pl.*
luftleer *adj* air-void: ***~er Raum*** vacuum.
Luft|linie *f* ***100 km*** ~ 100 km as the crow flies. **~loch** *n* air-hole, ✈ *a.* air pocket.
Luft-Luft-... *mil.* air-to-air (*missile etc*).
Luft|mangel *m* ⚕ want (*od.* lack) of air. **~matratze** *f* air mattress, air bed. **~pirat(in)** hijacker, skyjacker. **~pistole** *f* air pistol.
Luftpost *f* (***mit*** *od.* ***per*** ~ by) airmail. **~(leicht)brief** *m* air letter. **~paket** *n* air parcel.
Luft|pumpe *f* air pump. **~raum** *m* air space. **~reinhaltung** *f* air-pollution control. **~reiniger** *m* air filter, (*Spray*) deodorizer. **~reklame** *f* aerial advertising. **~rettungsdienst** *m* air rescue service. **~röhre** *f anat.* windpipe. **~sack** *m* ✈ windsock, *mot.* airbag. **~schadstoff** *m* air pollutant. **~schiff** *n* airship, dirigible. **~schlauch** *m* air tube, *Fahrrad, mot.* inner tube. **~schleuse** *f Raumfahrt*: air lock. **~schlösser** *pl* castles *pl* in the air. **~schraube** *f* ✈ airscrew.
Luftschutz *m* air-raid precautions *pl.* **~keller** *m*, **~raum** *m* air-raid shelter. **~übung** *f* air-raid drill.
Luft|spiegelung *f* mirage. **~sprung** *m* ***vor Freude e-n ~ machen*** jump for joy. **~streitkräfte** *pl* air force *sg.* **~strom** *m*, **~strömung** *f* air current. **~stützpunkt** *m mil.* air base. **~taxi** *n* air taxi. **~transport** *m* air transport, airlift. **~umwälzsystem** *n* air exchange system.
Lüftung *f* **1.** ventilation. **2.** → **Lüftungsanlage** *f* ventilation (system).
Luftveränderung *f* change of air.
Luftverkehr *m* air traffic.
Luftverkehrs|gesellschaft *f* airline (company). **~linie** *f* airline, airway.
Luft|verschmutzung *f* air pollution. **~verteidigung** *f* air defen/ce (*Am.* -se). **~waffe** *f mil.* air force. **~weg** *m* **1.** air route: ***auf dem ~e*** by air. **2.** *pl anat.* respiratory tracts *pl.* **~widerstand** *m* air resistance, ✈, *tech. a.* drag. **~zufuhr** *f* air supply. **~zug** *m* draught, *Am.* draft.
Lüge *f* lie: ***et. ~n strafen*** belie s.th.
lugen *v/i* peer.
lügen I *v/i* lie, tell a lie (*od.* lies): ***ich müsste ~, wenn ...*** I'd be lying if ... II *v/t* ***das ist gelogen!*** that's a lie!
Lügen|detektor *m* lie detector. **~geschichte** *f* cock-and-bull story.
Lügner(in) liar. **lügnerisch** *adj Person*: lying, *a. Behauptung etc*: untrue, false.
Luke *f* **1.** (*Einstiegs-, Ladeluke etc*) hatch. **2.** (*Dachluke*) skylight.
lukrativ *adj* lucrative.
lukullisch *adj* sumptuous *dinner etc.*
Lümmel *m* lout. **lümmelhaft** *adj* loutish.
lümmeln *v/reflex* ***sich*** ~ F sprawl.
Lump *m* scoundrel, blackguard.
lumpen *v/t* F ***sich nicht ~ lassen*** come down handsomely.
Lumpen *m* **1.** rag. **2.** *pl* rags *pl* (*a. Kleidung*). **~pack** *n* bunch of no-gooders.
lumpig *adj fig.* **1.** (*gemein*) shabby. **2.** (*gering*) paltry, measly (*ten dollars etc*).
Lunchpaket *n* packed lunch.
Lunge *f* **1.** *anat.* lungs *pl*: ⚕ ***eiserne*** ~ iron lung; *fig.* ***die grünen ~n e-r Stadt*** the lungs of a city. **2.** *gastr.* lights *pl.*
Lungen|... pulmonary (*artery, embolism, etc*). **~braten** *m österr.* filet of beef. **~entzündung** *f* pneumonia. **~flügel** *m anat.* lung. **~heilstätte** *f* sanatorium, *bsd. Am.* sanitarium.
lungenkrank *adj* suffering from (a) lung disease.

Lungen|kranke *m, f* person suffering from (a) lung disease. **~krankheit** *f* lung disease. **~krebs** *m* ⚕ lung cancer. **~tuberkulose** *f* pulmonary tuberculosis.
Lungenzug *m* ***e-n ~ machen*** inhale.
Lunte *f* F *fig.* ***~ riechen*** smell a rat.
Lupe *f* magnifying glass: F *fig.* ***unter die ~ nehmen*** scrutinize *s.o., s.th.* closely.
lupenrein *adj* **1.** *Diamant*: flawless. **2.** F *fig.* clean, perfectly honest.
Lupine *f* ⚘ lupine.
Lust *f* **1.** (*Neigung*) inclination, (*Verlangen*) desire, (*Interesse*) interest: ***hätten Sie ~ zu kommen?*** would you like to come?; ***ich hätte große ~ zu kommen*** I'd love to come; ***ich habe ~ zu tanzen*** I feel like dancing; F ***ich hätte ~ auf ein Bier*** I feel like a beer; ***ich hätte nicht übel ~ zu*** *inf* I have half a mind to *inf*; ***ich habe k-e ~*** (***dazu*** *od.* ***darauf***) I don't feel like it, I'm not in the mood (for it); ***die*** (*od.* ***alle***) ***~ verlieren*** (***an*** *dat*) lose all interest (in). **2.** (*Vergnügen*) pleasure (*a. psych.*), delight: ***et. mit ~ und Liebe tun*** put one's whole heart into s.th. **3.** (*sexuelle Begierde*) (sexual) desire (*od.* appetite), *contp.* lust, (*sexueller Genuss*) (sexual) pleasure.
lustbetont *adj psych.* hedonistic.
Lüster *m* chandelier.
Lüsterklemme *f* lustre terminal.
lüstern *adj* **1.** (*gierig*) greedy (***nach*** for). **2.** lecherous, lewd. **Lüsternheit** *f* **1.** greediness. **2.** lecherousness, lewdness.
Lustgewinn *m psych.* pleasure gain.
lustig *adj* merry, cheerful, jolly, (*komisch*) funny, amusing: ***er*** (***es***) ***ist sehr ~*** he (it) is great fun; ***sich ~ machen über*** (*acc*) make fun of; *iro.* ***das kann ja ~ werden!*** nice prospects!; F ***solange du ~ bist*** as long as you like; *adv* F ***sie unterhielten sich ~*** (*unbekümmert*) ***weiter*** they blithely went on talking (regardless).
Lustigkeit *f* **1.** gaiety, cheerfulness. **2.** funniness, fun.
Lüstling *m* lecher.
lustlos *adj allg.* listless, *econ. a.* slack.
Lust|molch *m* F (old) lecher. **~mord** *m* sex murder. **~mörder(in)** sex killer. **~objekt** *n* sex object. **~schloss** *n* summer residence. **~spiel** *n thea.* comedy.
lutschen *v/t u. v/i* suck (***an*** *dat* s.th.): → ***Daumen.***
Lutscher *m* **1.** lollipop. **2.** → ***Schnuller.***
Luv *n*, **Luvseite** *f*, **luvwärts** *adv* ⚓ windward.
Luxemburg *n* Luxembourg.
luxuriös *adj* luxurious.
Luxus *m a. fig.* luxury.
Luxus|... luxury, de luxe. **~artikel** *m* luxury (article), *pl a.* luxury goods *pl.* **~ausführung** *f* de luxe model. **~dampfer** *m* luxury liner. **~hotel** *n* luxury hotel. **~leben** *n* life of luxury. **~restaurant** *n* first-class restaurant. **~wagen** *m mot.* luxury car.
Luzern *n* Lucerne.
LW ***Langwelle*** long wave (LW).
Lymphdrüse *f anat.* lymph gland.
Lymphe *f physiol.* lymph.
Lymphgefäß *n anat.* lymphatic (vessel).
Lymphknoten *m anat.* lymph node.
lynchen *v/t* lynch.
Lynchjustiz *f* (***~ üben*** resort to) lynch law. **Lynchmord** *m* lynching.
Lyrik *f* **1.** poetry. **2.** (*lyrische Art*) lyricism. **Lyriker(in)** (lyric) poet(ess), lyricist. **lyrisch** *adj* lyric, *a. fig.* lyrical.
LZB ***Landeszentralbank*** central bank of a Land.

L

M

M, m *n* M, m.

m ***Meter*** metre(s *pl*), *Am.* meter(s *pl*) (m); ***Milli...*** milli... (m).

m. ***männlich*** male (m., m); masculine (m., m, masc.); ***mit*** with (w.).

m² ***Quadratmeter*** square metre(s *pl*), *Am.* meter(s *pl*) (sq.m, m²).

m³ ***Kubikmeter*** cubic metre(s *pl*), *Am.* meter(s *pl*) (cu.m, m³).

MA ***Mittelalter*** *the* Middle Ages *pl.*

M. A. ***Magister Artium*** Master of Arts (MA).

mA ***Milliampere*** milliampere(s *pl*) (mA).

Maat *m* ⚓ (ship's) mate.

Machart *f* make, style, type.

machbar *adj* practicable, possible.

Mache *f* F **1.** make-believe, show. **2.** ***j-n in die ~ nehmen*** work s.o. over. **3.** F ***in der ~ sein*** be in the making.

machen I *v/t* **1.** *allg.* make, (*zubereiten*) *a.* prepare (*dinner etc*), (*erledigen*) *a.* do (*one's homework etc*), (*Foto*, *Prüfung*) take: ***et. ~ aus*** (*dat*) make s.th. of (*od.* from); ***aus dem Keller e-e Werkstatt ~*** turn the cellar into a workshop; *fig.* ***aus j-m e-n Star ~*** make a star of s.o.; ***sie machten ihn zum Abteilungsleiter*** they made him head of the department; → ***gemacht.*** **2.** (*in Ordnung bringen*) do, put in order, (*reparieren*) *a.* fix, repair, (*Bett*) make, (*Zimmer*) do, tidy up. **3.** (*tun*) do: ***was macht er?*** what is he doing?, *beruflich*: what does he do for a living?, (*wie geht es ihm?*) how is he (getting on)?; ***was machst du morgen?*** what are you doing tomorrow?; ***wird gemacht!*** okay, I'll do it!, *sl.* will do!; ***gut gemacht!*** well done!; ***machs gut!*** take care (of yourself)!; ***das lässt sich ~!*** that can be done (*od.* arranged)!; ***so et. macht man nicht!*** that isn't done!; ***da ist nichts zu ~!*** nothing doing!; ***da*(*gegen*) *kann man nichts ~!*** it can't be helped!; F ***er wird es nicht mehr lange ~*** he (*der Motor etc*: it) won't last much longer; ***der Wagen macht 160 km/h*** the car does 100 mph. **4.** (*Appetit*, *Freude etc*) give: ***das macht Durst!*** that makes you thirsty!; ***das macht das Wetter*** it's the weather. **5.** ***j-n gesund ~*** cure s.o.; ***j-n glücklich ~*** make s.o. happy. **6.** (*aus~*) matter: ***das macht nichts!*** that doesn't matter!, never mind!; ***das macht mir nichts!*** I don't mind (*contp.* care)! **7.** ***sich et.*** (***nichts***) ***~ aus*** (*dat*) (not to) care about (*Speisen etc*: for); ***mach dir nichts daraus!*** don't worry (about it)!; ***ich mache mir nichts aus ihm*** I don't care (much) for him. **8.** F (*ergeben*) be: ***4 mal 5 macht 20*** four times five is twenty; ***was*** (*od.* ***wie viel***) ***macht das?*** how much is that?; ***das macht 10 Mark*** that will be ten marks. **9.** F (*fungieren als*) be, act as: ***den Schiedsrichter ~*** be (the) referee. **II** *v/reflex* ***sich ~*** **10.** F come along (well), be getting on (well): ***wie macht sich der Neue?*** how is the new man coming along?; ***die Sache macht sich!*** things are shaping up well!; ***das Bild macht sich gut dort*** the picture looks nice there. **11.** ***sich an e-e Sache ~*** get down to (doing) s.th.; ***sich an die Arbeit ~*** get down to work. **III** *v/i* **12.** F ***mach, dass du fortkommst!*** off with you!, get lost!; ***mach schnell!, mach schon!*** hurry up!, get a move on! **13.** (*tun*) do: ***lass ihn nur ~!*** a) let him (do as he pleases)!, b) (*überlass es ihm*) just leave it to him! **14.** F ***er macht jetzt in*** (*handelt mit*) ***Radios*** he deals in (*od.* sells) radios now; ***sie macht jetzt in*** (*beschäftigt sich mit*) ***moderner Kunst*** she's into modern art now.

Machenschaften *pl* machinations *pl.*

Macher(in) *fig.* doer.

Macho *m* F macho.

Macht *f* **1.** power (***über*** *acc* of), (*Stärke*) *a.* might, force: ***die ~ der Gewohnheit*** the force of habit; ***mit aller ~*** with all one's might; ***die ~ ergreifen*** seize power, take over; ***an die ~ kommen*** (*od.* ***gelangen***) come into power; ***an der ~ sein*** be in power; ***es steht nicht in m-r ~*** it is not within my power. **2.** (*Staat*, *Gruppe*) power. **~befugnis** *f* power, authority. **~bereich** *m* sphere of influence. **~ergreifung** *f* seizure of power.

machtgierig *adj* power-hungry.

Machthaber(in) ruler.

mächtig I *adj allg.* powerful, mighty (*beide a. Schlag*, *Stimme etc*), (*gewaltig*) *a.* enormous. **II** *adv* F tremendously, awfully: ***du bist ~ gewachsen*** you have grown a lot.

Machtkampf *m* power struggle.
machtlos *adj* powerless, helpless.
Machtmissbrauch *m* abuse of power.
Machtpolitik *f* power politics *pl*.
Machtübernahme *f* assumption of power, takeover.
machtvoll *adj a. fig.* powerful.
Machtwechsel *m* transition of power.
Machtwort *n* ***ein ~ sprechen*** put one's foot down.
Machwerk *n* concoction, F lousy job.
Macke *f* F kink: ***e-e ~ haben*** a) be nuts, b) *Auto etc*: be acting up.
MAD ***Militärischer Abschirmdienst*** Military Counter-Intelligence Service.
Madagaskar *n* Madagascar (*island republic in the Indian Ocean*).
Mädchen *n* girl, (*Dienstmädchen*) maid: *fig.* ***~ für alles*** dogsbody. **mädchenhaft** *adj* girlish.
Mädchenname *m* girl's name, *e-r Ehefrau*: maiden name.
Made *f* maggot, *im Obst*: *a.* worm: *fig.* ***wie die ~ im Speck leben*** be in clover.
Mädel *n* F girl(ie).
madig *adj* maggoty, *Obst*: *a.* worm-eaten: F *j-n od. et.* ***~ machen*** knock; ***j-m et. ~ machen*** spoil s.th. for s.o.
Madonna *f* Madonna.
Maf(f)ia *f a. fig.* mafia.
Mafioso *m* mafioso.
Magazin *n* **1.** warehouse, depot (*a. mil.*), storeroom. **2.** *phot., tech.* magazine (*a. von Gewehr*). **3.** (*Zeitschrift*) magazine.
Magd *f* maid.
Magen *m* stomach: ***auf nüchternen*** (*od.* ***leeren***) ***~*** on an empty stomach; ***j-m schwer im ~ liegen*** lie heavily on s.o.'s stomach, F *fig.* worry s.o. terribly; ***sich den ~ verderben*** upset one's stomach.
Magen|beschwerden *pl* stomach trouble *sg*. **~geschwür** *n* (stomach) ulcer. **~grube** *f* pit of the stomach.
magenkrank *adj* ***~ sein*** suffer from a stomach complaint.
Magen|krebs *m* ⚕ stomach cancer. **~leiden** *n* gastric complaint. **~säure** *f* ⚕ gastric acid. **~schleimhaut** *f* stomach lining. **~schleimhautentzündung** *f* gastritis. **~schmerzen** *pl* stomach-ache *sg*. **~verstimmung** *f* indigestion.
mager *adj* **1.** *allg.* lean (*a. fig.*), (*dünn*) *a.* thin, (*fettarm*) low-fat: ***~e Kost*** *a. fig.* slender fare. **2.** *fig.* (*dürftig*) meag/re (*Am.* -er), poor. **3.** *print.* light-faced.
Mager|milch *f* skimmed milk. **~motor** *m* lean-burn engine. **~quark** *m* low-fat curd cheese. **~sucht** *f* ⚕ anorexia (nervosa).
Magie *f* magic. **Magier(in)** magician.
magisch *adj* magic(al).
Magister *m univ.* Master (***Artium*** of Arts, *abbr.* M.A.).
Magnesium *n* ⚗ magnesium.
Magnet *m a. fig.* magnet.
Magnet|... magnetic (*field, needle, etc*). **~bahn** maglev. **~band** *n* magnetic tape. **~tafel** magnetic board.
magnetisch I *adj a. fig.* magnetic. **II** *adv* magnetically: ***j-n ~ anziehen*** have a magnetic effect on s.o.
magnetisieren *v/t* magnetize.
Magnet|karte *f* magnetic card. **~streifen** *m* magnetic stripe. **~zündung** *f* magneto ignition.
Mahagoni *n*, **~holz** *n* mahagony.
mähen[1] *v/t u. v/i* mow, cut.
mähen[2] *v/i Schaf*: bleat.
Mahl *n* meal, (*Festmahl*) banquet.
mahlen *v/t u. v/i* grind.
Mahlzeit *f* meal: F (***prost***) ***~!*** good night!
Mahn|bescheid *m* (court) order to pay. **~brief** *m* reminder.
Mähne *f allg.* mane.
mahnen *v/t* **1.** (*er~*) admonish, urge (***j-n zur Vorsicht*** *etc* s.o. to be careful *etc*). **2.** (*erinnern, a. fig.*) remind (***an*** *acc*, ***wegen*** of), (*Schuldner etc*) send *s.o.* a reminder: ***j-n wegen e-r Sache ~*** remind s.o. of s.th.
Mahn|gebühr *f* fine. **~verfahren** *n* collection proceedings.
Mahnmal *n* memorial.
Mahnung *f* **1.** (*Ermahnung*) admonition, warning. **2.** *econ.* reminder: ***letzte ~*** final demand.
Mahnwache *f pol.* protest vigil.
Mai *m* (***im ~*** in) May: ***der Erste ~*** May Day. **~baum** *m* maypole. **~feier** *f* May Day celebrations *pl*. **~glöckchen** *n* ⚘ lily of the valley. **~käfer** *m* cockchafer.
Mailbox *f* mailbox.
Mailing *n* mailshot.
Mais *m* maize, *Am.* corn. **~flocken** *pl* cornflakes *pl*. **~kolben** *m* (corn)cob, *gastr.* corn on the cob. **~mehl** *n* Indian (*Am.* corn) meal.
Maiso(n)nette *f* maison(n)ette, *Am.* duplex (apartment).
Majestät *f a. fig.* majesty.
majestätisch *adj* majestic(ally *adv*).
Majestätsbeleidigung *f a. fig. bsd. iro.* lese-majesty.
Majo *f* F, **Majonäse** *f* → ***Mayonnaise.***
Majoran *m* ⚘ marjoram.
makaber *adj* macab/re (*Am.* -er).
Makel *m* flaw, *fig. a.* blemish, (*Schande*) stigma.
makellos *adj* immaculate, perfect, *fig. a.* impeccable.

M

mäkeln *v/i* carp (***an*** *dat* at).
Make-up *n* makeup.
Makkaroni *pl gastr.* macaroni *sg.*
Makler(in) (*Börsenmakler*) (stock)broker, (*Grundstücksmakler*) (*Am.* real) estate agent.
Makler|büro *n* brokerage office, estate agent's office. **~gebühr** *f* broker's commission.
Makrele *f zo.* mackerel.
Makro *n Computer*: macro.
Makro..., makro... macro...
Makulatur *f* waste paper, *fig.* rubbish.
mal *adv* **1.** ⅍ times, multiplied by: ***6 ~ 4 Meter*** six metres by four. **2.** F → ***einmal.***
Mal¹ *n* **1.** (*Zeichen*) mark, sign, (*Fleck*) spot; → ***Muttermal*** *etc.* **2.** *Baseball etc*: base, (*Malfeld*) *Rugby*: in-goal.
Mal² *n* time: ***dieses ~*** this time; ***dieses eine ~*** this once; ***ein anderes ~*** some other time; ***ein paar ~*** several (*od.* a few, F a couple of) times; ***das erste ~, beim ersten ~*** the first time; ***das letzte ~*** the last time; ***zum letzten ~, ein letztes ~*** for the last time; ***das nächste ~*** the next time; ***jedes ~*** every time, (*immer*) always: ***jedes ~ wenn er kam*** whenever (*od.* every time) he came; ***mit einem ~*** all of a sudden; ***ein für alle ~*** once and for all; ***von ~ zu ~ besser*** better every time.
Malaria *f* ⚕ malaria.
Malawi *n* Malawi (*republic in Central Africa*).
Malaysia *n* (Federation of) Malaysia (*in Southeast Asia*).
Mali *n* Mali (*republic in West Africa*).
Malediven *pl the* Maldives.
malen I *v/t* paint (*a. fig.*), (*zeichnen*) draw, (*porträtieren*) portray: *fig.* ***et. zu schwarz ~*** paint too black a picture of s.th. **II** *v/reflex* ***sich ~*** *fig.* be reflected (*in s.o.'s face etc*).
Maler *m* painter, (*Kunstmaler*) *a.* artist.
Malerei *f* painting.
Malerin *f* (woman) painter, artist.
malerisch *adj* **1.** picturesque. **2.** ***~es Können*** artistic talent.
Mallorca *n* Majorca.
malnehmen *v/t* ⅍ multiply.
Malta *n* Malta.
malträtieren *v/t* maltreat, batter.
Malve *f* ⚘ mallow.
Malz *n* malt. **~bier** *n* malt beer.
Malzeichen *n* ⅍ multiplication sign.
Malzkaffee *m* malt coffee.
Mama *f* F mummy, mum, *Am.* mom.
Mammographie *f* ⚕ mammography.
Mammut *n zo.* mammoth. **~unternehmen** *n fig.* mammoth enterprise.
man *indef pron* **1.** one, you, we: ***~ kann nie wissen*** you never can tell; ***~ muss es tun*** it must be done; ***~ nehme*** take. **2.** (*andere Leute*) they, people: ***~ hat mir gesagt*** I have been told; ***~ sagt*** people say; ***~ holte ihn*** he was fetched.
Management *n* management: ***~mittleres ~*** middle management. **~-Ausbildung** *f* management training. **~-Buy-Out** *n* management buy-out. **~lehre** *f* management science. **~schulung** *f* management training.
managen *v/t* F manage, (*deichseln*) *a.* wangle.
Manager(in) manager.
Manager|krankheit *f* stress disease. **~kurs** *m* management course. **~tätigkeit** *f* managership. **~typ** *m* management (*od.* executive) type.
manch *indef pron* many a: ***~ eine(r)*** many (people); ***in ~em hat er recht*** he's right about some things; ***so ~er*** (***~es***) a good many people (things). **manche** *pl* some, quite a few. **mancherlei** *adj* various, many, a number of, several, *substantivisch*: a number of things.
manchmal *adv* sometimes.
Mandant(in) ⚖ client.
Mandarine *f* ⚘ tangerine.
Mandat *n* ⚖, *parl.*, *pol.* mandate, *des Anwalts*: brief: *parl.* ***sein ~ niederlegen*** resign one's seat.
Mandatar(in) *österr.* elected representative.
Mandel *f* **1.** ⚘ almond. **2.** *anat.* tonsil.
Mandelentzündung *f* ⚕ tonsillitis.
mandelförmig *adj* almond-shaped.
Manege *f* (circus) ring.
Mangan *n* ⚗ manganese.
Mangel¹ *f* mangle: F *fig.* ***j-n in die ~ nehmen*** put s.o. through the mill.
Mangel² *m* **1.** defect, fault, flaw, (*Nachteil*) drawback. **2.** (***an*** *dat*) shortage, lack, scarcity (*alle*: of), deficiency (in): ***aus ~ an*** → ***mangels.*** **~beruf** *m* understaffed occupation. **~erscheinung** *f* ⚕ deficiency symptom.
Mängelanzeige *f* notice of defect(s).
Mangelberuf *m* understaffed occupation.
Mängelbeseitigung *f* correction of faults.
Mangelerscheinung *f* deficiency symptom.
Mängelfreiheit *f* freedom from faults, defects, *etc.*
mangelhaft *adj* faulty, defective, (*unzulänglich*) insufficient, inadequate, deficient, unsatisfactory (*a. ped.*), poor.
Mängelhaftung *f econ.* responsibility for defects.
mangeln¹ *v/t* (*Wäsche*) press.
mangeln² *v/i u. v/impers* be wanting, be lacking: ***es mangelt an*** (*dat*) there is a lack (*od.* want, shortage) of; ***es mangelt mir an***

Geld *etc* I am short of (*od.* I need) money *etc*; ***es mangelt ihm an*** (*od.* ***der***) ***Mut*** he lacks (*od.* is lacking in) courage; ***ihr ~des Selbstvertrauen*** her lack of self-confidence.
Mängelrüge *f* notice of defects.
mangels *prep* (*gen*) for lack (*od.* want) of: ***~ Beweisen*** for lack of evidence.
Mangelware *f* scarce commodity: ***~ sein*** *a.* F *fig.* be in short supply.
Mango *f* ⚘ mango.
Manie *f* mania.
Manier *f* **1.** manner, way (of doing *s.th.*), (*Kunststil*) style. **2.** *mst pl* manner(s *pl*): ***gute*** (***schlechte***) ***~en*** good (bad) manners.
manierlich *adj* well-mannered, (*brav*) good, well-behaved: *adv* ***sich ~ benehmen*** behave o.s., be good.
manifest *adj a.* ⚕ manifest.
Manifest *n pol.* manifesto.
Maniküre *f* **1.** manicure. **2.** manicurist.
maniküren *v/t u. v/i* manicure.
Manipulation *f allg.* manipulation.
manipulieren *v/t* manipulate.
manisch *adj psych.* manic. **manisch-depressiv** *adj* manic-depressive.
Manko *n* **1.** *econ.* deficiency, (*Fehlbetrag*) deficit. **2.** *fig.* shortcoming.
Mann *m* man (*pl* men), (*Ehemann*) husband: ***der ~ auf der Straße*** the man in the street; ***ein Gespräch von ~ zu ~*** a man-to-man talk; ***wie ein ~*** (*geschlossen*) as one man; ***bis auf den letzten ~*** to a man; ***ein Kampf ~ gegen ~*** a hand-to-hand fight; ***s-n ~ stehen*** stand one's ground; F ***an den ~ bringen*** get rid of (*goods, a joke, etc*), (*Tochter*) marry off; ***den starken ~ markieren*** throw one's weight about; ***ein ~, ein Wort!*** a promise is a promise; ***10 Mark pro ~*** 10 marks each (*od.* per head); ***~!*** (oh) boy!, *begeistert*: *a.* wow!
Männchen *n* **1.** little man, manikin: ***~ malen*** doodle. **2.** *zo.* male, (*Hahn*) cock: F ***~ machen*** sit up and beg.
Mannequin *n* mannequin, model.
Männer *pl von Mann*: (**Für**) *~ am WC*: Men, Gentlemen.
Männer|... men's ... **~chor** *m* male(-voice) choir.
Mannesalter *n* manhood: ***im besten ~*** in the prime of life.
Manneskraft *f bsd. sexuell*: virility.
mannhaft *adj* manly, (*tapfer*) *a.* brave.
mannigfach, mannigfaltig *adj* diverse, manifold. **Mannigfaltigkeit** *f* diversity.
männlich *adj biol.*, ⚘, *tech.* male, *Wesen, Auftreten etc*: manly, masculine (*a. ling.*), *Frau*: mannish.
Männlichkeit *f* manliness.
Mannsbild *n* F man, fellow.
Mannschaft *f Sport u. fig.* team, ✈, ⚓ crew, (*Suchmannschaft etc*) party: *mil.* **die ~en** *pl* the ranks *pl.*
Mannschafts|aufstellung *f Sport*: team selection, line-up. **~führer(in)** *Sport*: (team) captain. **~geist** *m* team spirit. **~kapitän(in)** *Sport*: (team) captain. **~sport** *m* team sport. **~wagen** *m mil.* personnel carrier, *der Polizei*: police van. **~wertung** *f Sport*: team classification. **~wettbewerb** *m* team event.
mannshoch *adj u. adv* head-high.
mannstoll *adj* F *contp.* man-crazy.
Mannstunde *f* man-hour.
Mannweib *n contp.* mannish woman.
Manometer *n tech.* pressure ga(u)ge.
Manöver *n* **1.** *a. fig.* manoeuvre, *Am.* maneuver. **2.** *mil.* manoeuvres *pl*, *Am.* maneuvers *pl*, exercise.
Manöverkritik *f fig.* post-mortem.
manövrieren *v/i a. fig.* manoeuvre, *Am.* maneuver.
manövrierunfähig *adj* disabled.
Mansarde *f* attic(-room).
Mansch *m* F **1.** slush. **2.** *contp.* (*Essen*) mush. **manschen** *v/i* F mess about.
Manschette *f* **1.** cuff: F *fig.* ***~n haben vor*** (*dat*) be scared stiff of; ***~n bekommen*** get the wind up. **2.** *tech.* sleeve.
Manschettenknopf *m* cuff-link.
Mantel *m* coat, *loser*: cloak.
Manteltarif(vertrag) *m* collective agreement (on working conditions).
manuell *adj* manual.
Manuskript *n* manuscript, *Film*: script, *print.* copy.
Mappe *f* (*Aktentasche*) briefcase, (*Schulmappe*) *a.* schoolbag, (*Aktenmappe*) folder, file, (*Zeichenmappe etc*) portfolio.
Marathonlauf *m* marathon (race).
Märchen *n* fairytale, *fig.* (tall) story, yarn. **~buch** *n* book of fairytales.
märchenhaft *adj* magical, fairytale ..., F *fig.* (*toll*) fantastic.
Märchen|land *n*, **~welt** *f* fairyland.
Marder *m zo.* marten.
Margarine *f* margarine.
Marienbild *n* Madonna.
Marienkäfer *m zo.* ladybird.
Marihuana *n* marijuana, *sl.* pot.
Marille *f österr.* apricot.
Marinade *f gastr.* marinade.
Marine *f* (*Handelsmarine*) merchant navy, (*Kriegsmarine*) navy.
Marineblau *n*, **marineblau** *adj* navy blue.
Marine|offizier *m* naval officer. **~soldat(in)** marine. **~stützpunkt** *m* naval base.
marinieren *v/t gastr.* marinade.
Marionette *f a. fig.* marionette, puppet.

M

Marionetten|regierung *f fig.* puppet government. **~spiel** *n* puppet show. **~theater** *n* puppet theat/re (*Am.* -er).

Mark¹ *n* marrow, *fig.* (*Innerstes*) *a.* core: ***j-m durch ~ und Bein gehen*** set s.o.'s teeth on edge; ***bis ins ~*** to the quick.

Mark² *f* mark: ***zehn ~*** ten marks; F ***jede ~ umdrehen*** count every penny.

Mark³ *f hist.* march.

markant *adj* striking, prominent: ***~e Persönlichkeit*** outstanding personality; ***~e Gesichtszüge*** striking features.

Marke *f* **1.** (*Fabrikmarke*) make, type, (*Sorte*) brand, sort. **2.** (*Markierung*) mark. **3.** (*Rekord*) record. **4.** (*Brief-, Steuermarke etc*) stamp; → ***Dienstmarke, Essenmarke*** *etc.* **5.** F (*Person*) (quite a) character.

Marken|artikel *m econ.* brand-name article, proprietary article. **~benzin** *n* brand name petrol (*Am.* gasoline). **~bewusstsein** *n* brand awareness. **~butter** *f* best quality butter. **~erzeugnis** *n* brand-name article (*od.* product). **~fabrikat** *n* proprietary make. **~führer** *m* market leader. **~gerät** *n* brand-name model (*od.* appliance). **~image** *n* brand image. **~name** *m* trade (*od.* brand) name. **~pirat** *m* pirate. **~piraterie** *f* piracy. **~profil** *n* brand image. **~schutz** *m* protection of trademarks. **~treue** *f* brand loyalty. **~zeichen** *n* trademark.

Marker *m* marker pen.

markerschütternd *adj* bloodcurdling.

Marketing *n econ.* marketing. **~abteilung** *f* marketing department. **~aktion** *f* marketing effort. **~berater(in)** marketing consultant. **~experte** *m* marketing specialist. **~instrument** *n* marketing technique. **~leiter(in)** marketing manager. **~strategie** *f* marketing strategy.

markieren *v/t* **1.** mark (*a. fig.*), (*hervorheben*) accentuate, underline. **2.** (*vortäuschen*) act, play: → ***Mann.*** **3.** *Sport*: a) (*decken*) mark, b) (*e-n Treffer*) score.

Markierung *f* mark(ing).

markig *adj fig. Worte etc*: pithy.

Markise *f* sunblind, awning.

Markstein *m fig.* milestone.

Markt *m* **1.** *allg.* market: ***auf dem ~*** in (*od.* on) the market; ***auf den ~ bringen*** market; ***den ~ beherrschen*** control the market; ***in e-n ~ eindringen*** (*od.* ***auf e-n ~ vorstoßen***) break into a market; ***e-n ~ erobern*** penetrate market; ***auf den ~ kommen*** enter the market; ***vom ~ nehmen*** take off the market; ***vom ~ verdrängen*** shunt to the sideline. **2.** (*~platz*) market-place. **3.** (*Jahrmarkt*) fair. **~absprache** *f* marketing agreement. **~analyse** *f* market analysis. **~anforderungen** *pl* market requirements *pl.* **~anteil** *m* share of the market.

marktbeherrschend *adj* dominant: ***~es Unternehmen*** market-dominant firm; ***~e Stellung*** dominant market role; ***~ sein*** control the market.

Marktbeherrschung *f* control of the market, market control.

Markt|beobachter *m* market observer (*od.* analyst). **~chancen** *pl* sales opportunities *pl.* **~durchdringung** *f econ.* market penetration. **~einführung** *f* introduction into the market. **~eintritt** *m* market entry. **~entwicklung** *f* market trend. **~erschließung** *f* market opening.

marktfähig *adj* marketable, sal(e)abale.

Markt|forscher(in) market researcher. **~forschung** *f* market research. **~führer** *m* market leader.

markt|gängig *adj* marketable, *Preis*: current. **~gerecht** *adj* in line with market requirements (*od.* conditions).

Markt|geschehen *n* market events *pl.* **~gesetz** *n* law of the market. **~halle** *f* covered market. **~lage** *f* market situation. **~lücke** *f* (***in e-e ~ stoßen*** fill a) gap in the market, opening. **~macht** *f* market power. **~nachfrage** *f* market demand. **~nische** *f* market niche. **~ordnung** *f* market regulations *pl.* **~platz** *m* market-place. **~potential** *n* market potential. **~präsenz** *f* market presence. **~preis** *m* market (*od.* going) price (*od.* rate). **~prognose** *f* market forecast. **~regulativ** *n* regulating mechanism for the market. **~sättigung** *f* market saturation.

marktschreierisch *adj fig.* ostentatious, loud.

Markt|schwankungen *pl* market fluctuations *pl.* **~segment** *n* market segment. **~stand** *m* (market) stall. **~studie** *f* market analysis. **~tag** *m* market day. **~transparenz** *f* transparency of the market.

marktüblich *adj* market..., usual for the market: ***~e Rendite*** fair return.

Markt|untersuchung *f* market analysis. **~volumen** *n* market volume. **~wert** *m* market value. **~wirtschaft** *f* market economy: ***freie ~*** *a.* free enterprise; ***soziale ~*** social market economy.

marktwirtschaftlich *adj* free-enterprise.

Marmelade *f* jam, (*bsd. Orangenmarmelade*) marmalade.

Marmor *m*, **marmorieren** *v/t* marble.

Marokkaner(in), marokkanisch *adj* Moroccan.

Marokko *n* Morocco.

Marone *f* ⚘ (sweet) chestnut.

Marotte *f* quirk.

Mars *m astr. u. myth.* Mars.

Marsmensch *m* Martian.
marsch *int* **1.** *mil.* (**vorwärts** **~!** forward) march! **2.** F **~!** (*schnell*) get a move on!; **~** ***ins Bett!*** off to bed with you!
Marsch¹ *m* walk, *mil.* march (*a.* ♪): ***sich in ~ setzen*** move off.
Marsch² *f geol.* marsh.
Marschbefehl *m mil.* marching orders *pl.*
marschbereit *adj* ready to march.
Marschflugkörper *m mil.* cruise missile.
Marschgepäck *n mil.* field kit.
marschieren *v/i* **1.** march (*a.* **~** ***lassen***). **2.** F *fig. Sache*: be (well) under way.
Marsch|kolonne *f mil.* marching column. **~musik** *f* military marches *pl.* **~route** *f* **1.** *mil.* route. **2.** *fig.* strategy. **~verpflegung** *f mil.* marching rations *pl.*
Marstall *m* royal stables *pl.*
Marter *f* torture, *fig. a.* ordeal. **martern** *v/t* torture, *fig. a.* torment. **Marterpfahl** *m* stake.
Martinshorn *n* F (police, ambulance *od.* fire-engine) siren.
Märtyrer(in) *a. fig.* martyr: *iro.* ***sich zum ~ machen*** make a martyr of o.s.
Martyrium *n a. fig.* martyrdom.
Marxismus *m* Marxism.
Marxist(in), marxistisch *adj* Marxist.
März *m* (***im*** **~** in) March.
Marzipan *n* marzipan.
Masche *f* **1.** (*Strickmasche etc*) stitch, *in e-m Netz*: mesh: *fig.* ***durch die ~n des Gesetzes schlüpfen*** find a loophole in the law. **2.** F a) trick, ploy, b) (*Mode*) fad, craze.
Maschendraht *m* wire netting.
Maschine *f* **1.** machine, F (*Motor*) engine. **2.** (*Flugzeug*) plane, (*Düsenflugzeug*) jetliner. **3.** F (*Motorrad*) motorcycle. **4.** (*Schreibmaschine*) typewriter: **~** ***schreiben*** type; ***mit der ~ schreiben*** type. **5.** (*Nähmaschine*) (***auf*** *od.* ***mit der ~ nähen*** use the) sewing machine. **6.** (*Waschmaschine*) washing machine: ***ich habe heute drei ~n*** (***Wäsche***) ***gewaschen*** I have had three wash loads today.
maschinegeschrieben *adj* typewritten, typed.
maschinell I *adj* machine ..., mechanical. **II** *adv* by machine, machine-...: **~** ***bearbeiten*** machine; **~** ***betrieben*** (***hergestellt***) machine-driven (-made).
Maschinen|bau *m* mechanical engineering. **~bauer(in), ~bauingenieur(in)** mechanical engineer. **~bauindustrie** *f* mechanical engineering industry. **~befehl** *m Computer*: machine code instruction. **~fabrik** *f* engineering works *pl* (*a. sg konstr.*). **~gewehr** *n* machine-gun. **~laufzeit** *f* machine running time.
maschinenlesbar *adj Computer*: machine-readable.
Maschinen|öl *n* machine oil. **~park** *m* machinery. **~pistole** *f* submachine-gun. **~raum** *m* engine-room. **~satz** *m print.* mechanical typesetting. **~schaden** *m* mechanical breakdown, ⚓, *mot.* engine trouble. **~schlosser(in)** engine (*od.* machine) fitter. **~schrift** *f* typescript: ***in ~*** type-written.
maschinenwaschbar *adj* machine-washable.
Maschinenzeitalter *n* machine age.
Maschinerie *f a. fig.* machinery.
Maschineschreiben *n* typewriting, typing.
Maser *f im Holz etc*: vein.
Masern *pl* ⚕ measles *pl* (*a. sg konstr.*).
Maserung *f von Holz*: grain.
Maske *f* mask (*a.* ⚕, *Computer*, *phot.*, *Schutzmaske*, *Maskierter*), *thea.* make-up, *fig. a.* guise: ***in der ~*** (*gen*) under the guise of; *fig.* ***die ~ fallen lassen*** show one's true face.
Maskenball *m* fancy-dress ball.
Maskenbildner(in) make-up artist.
maskenhaft *adj* mask-like.
Maskerade *f a. fig.* masquerade.
maskieren I *v/t* **1.** ***j-n ~*** a) mask s.o., b) dress s.o. up. **2.** *a. tech.* conceal. **II** *v/reflex* ***sich ~*** **3.** a) dress up, disguise o.s., b) put on a mask. **maskiert** *adj* masked.
Maskierung *f* disguise, (*Maske*) mask.
Maskottchen *n* mascot.
maskulin *adj*, **Maskulinum** *n ling.* masculine.
Masochismus *m* masochism.
Masochist(in) masochist.
masochistisch *adj* masochistic.
Maß¹ *n* **1.** measure: ***~e und Gewichte*** weights and measures; *fig.* ***mit zweierlei ~ messen*** apply double standards; ***das ~ überschreiten*** overshoot the mark; ***~ halten*** be moderate. **2.** *pl* measurements *pl*, *e-s Zimmers etc*: *a.* dimensions *pl*: ***bei j-m ~ nehmen*** take s.o.'s measurements; ***nach ~*** (***gemacht***) made(-)to(-)measure (→ *a.* ***maßgeschneidert***). **3.** → ***Maßband.*** **4.** *fig.* (*Ausmaß*) extent, degree: ***ein gewisses*** (***hohes***) ***~ an*** (*dat*) a certain degree (a high measure) of; ***in hohem ~e*** to a high degree, highly; ***in höchstem ~e*** extremely; ***in gleichem ~e*** to the same extent, equally; ***in dem*** (*od.* ***solchem***) ***~e, wie ...*** as ... (accordingly); ***über alle ~en*** exceedingly, beyond all measure. **5.** (*Mäßigung*) moderation: ***in ~en*** a) *a.* ***mit ~ und Ziel*** in moderation, b) to some extent; ***ohne ~ und Ziel*** immoderately.
Maß² *f* a) litre (*Am.* liter) of beer, b) → ***Maßkrug.***

M

Massage *f* massage.
Massagesalon *m* massage parlo(u)r.
Massaker *n*, **massakrieren** *v/t* massacre, slaughter.
Maß|anfertigung *f Kleidung*: made-to-measure, tailor-made, custom-made, *Möbel etc*: specially made, custom-made. **~anzug** *m* tailor-made (*Am.* custom-made) suit. **~arbeit** *f fig.* precision work. **~band** *n* tape measure.
Masse *f* **1.** (*Materie*) mass (*a. phys.*), (*Substanz*) *a.* substance, (*Teigmasse etc*) mixture, ⚗ compound. **2.** (*Menge*) masses *pl*: F ***e-e ~ (von) Bücher(n)*** masses (*od.* lots, loads) of books. **3.** (*Mehrzahl*) bulk, majority. **4.** (*Menschenmasse*) crowd: ***die (breite) ~*** *a. contp.* the masses *pl.* **5.** *econ.* (*Erb-, Konkursmasse etc*) estate, assets *pl.* **6.** ⚡ (*a.* ***an ~ legen***) earth, *Am.* ground.
Maßeinheit *f* measure, unit of measurement.
Massen|... mass (*demonstration, production, tourism, etc*). **~abfertigung** *f a. contp.* mass processing. **~absatz** *m* mass marketing, mass selling. **~andrang** *m* huge crowd, F terrible crush. **~arbeitslosigkeit** *f* mass unemployment. **~artikel** *m* staple commodity. **~entlassungen** *pl* mass dismissals *pl.* **~erzeugung** *f*, **~fabrikation** *f*, **~fertigung** *f* mass production. **~flucht** *f* mass exodus, (*Panik*) stampede. **~grab** *n* mass grave. **~güter** *pl* bulk goods *pl.*
massenhaft *adv* F masses (*od.* lots, heaps) of.
Massen|karambolage *f mot.* (multiple) pile-up. **~kommunikation** *f* mass communication. **~kundgebung** *f* rally, mass meeting. **~medium** *n* mass medium (*pl* media). **~mord** *m* mass murder. **~mörder(in)** mass murderer (murderess). **~produktion** *f* mass production. **~psychose** *f* mass hysteria. **~quartier** *n* mass accommodation. **~schlägerei** *f* F free-for-all. **~sport** *m* popular sport. **~sterben** *n* widespread deaths *pl* (*von Tieren*: dying-off). **~tierhaltung** *f* battery farming. **~vernichtungswaffen** *pl* weapons *pl* of mass destruction. **~versammlung** *f* mass meeting.
massenweise → ***massenhaft.***
Masseur(in) masseur (masseuse).
Masseuse *f Sex*: masseuse.
Maßgabe *f* ***nach ~*** (*gen*) in accordance with; ***mit der ~, dass ...*** provided that ...
maßgebend *adj* **1.** decisive, *Meinung etc*: *a.* authoritative, *Persönlichkeit etc*: leading, prominent: ***das ist (für mich) nicht ~!*** that's no criterion (for me)!; ***s-e Meinung ist nicht ~*** his opinion does not count (here). **2.** (*zuständig*) competent, *Buch, Werk etc*: standard.
maßgeblich *adj* decisive: ***~en Anteil haben*** (*adv* ***~ beteiligt sein***) ***an*** (*dat*) play a decisive role in, be instrumental in doing; ***~e Kreise*** influential circles.
maßgerecht *adj* true(-)to(-)size.
maßgeschneidert *adj* tailor-made (*a. fig.*), *Am.* custom-made.
Maßhalteappell *m* call for restraint.
maßhalten → ***Maß***[1] 1.
massieren[1] *v/t* massage.
massieren[2] *v/t* (*a.* ***sich ~***) mass, concentrate.
massig *adj* massive, bulky.
mäßig I *adj* **1.** *allg.* moderate, *im Trinken*: *a.* temperate. **2.** (*mittel~*) mediocre, (rather) poor, *Befinden*: F (fair to) middling. **II** *adv* **3.** moderately, in moderation. **mäßigen I** *v/t allg.* moderate, (*Zorn etc*) curb, control, (*Kritik etc*) tone down; → ***gemäßigt.*** **II** *v/reflex* ***sich ~*** restrain (*od.* control) o.s.: ***sich beim Trinken*** *etc* ***~*** cut down on drinks *etc.*
Mäßigung *f* moderation, restraint.
massiv *adj* **1.** *Gold, Holz etc*: solid. **2.** *fig. Angriff, Drohung etc*: massive, vehement: F ***~ werden*** cut up rough.
Massiv *n geol.* massif. **~bau(weise** *f*) *m* △ massive construction.
Maßkrug *m* beer mug, stein.
maßlos I *adj* immoderate, *Freude, Zorn etc*: inordinate, boundless, excessive. **II** *adv* immoderately (*etc*), F terribly: ***~ übertrieben*** grossly exaggerated.
Maßlosigkeit *f* lack of restraint, excess.
Maßnahme *f* measure, step.
maßregeln *v/t* (***wegen*** for) (*rügen*) reprimand, (*strafen*) punish, discipline, *Sport*: penalize.
Maßregelung *f* (*Rüge*) reprimand, (*Strafe*) disciplinary action, *Sport*: penalty.
Maßschneider(in) bespoke (*Am.* custom) tailor.
Maßstab *m* **1.** (*Zollstock*) rule. **2.** (*Kartenmaßstab etc*) scale: ***im ~ 1:10*** on a scale of 1:10; ***im verkleinerten (vergrößerten) ~*** on a reduced (an enlarged) scale; ***in großem ~*** *a. fig.* large-scale. **3.** *fig.* standard: ***(neue) Maßstäbe setzen*** set (new) standards; ***e-n anderen (strengen) ~ anlegen*** apply a different (strict) standard (***an*** *acc* to). **4.** *fig.* yardstick, ga(u)ge: ***das ist kein ~!*** that's no criterion!
maßstabgerecht *adj* (true) to scale.
maßvoll *adj* moderate, reasonable, (*zurückhaltend*) restrained.
Mast[1] *m* ⚓ mast, (*Leitungsmast*) pylon, (*Stange*) pole.
Mast[2] *f* 🌾 **1.** fattening. **2.** (*~futter*) mast.
Mastdarm *m anat.* rectum.

mästen I *v/t* fatten. II *v/reflex* **sich ~** gorge o.s. (**an** *dat* on).
Masturbation *f* masturbation.
masturbieren *v/i* masturbate.
Mastvieh *n* fat stock.
Match *n, a. m* match, game.
Matchball *m Tennis*: match point.
Material *n* material (*a. fig.*), *tech. coll.* materials *pl.* **~aufwand** *m* cost of materials. **~ausgabe** *f* **1.** store. **2.** issue of stores. **~ermüdung** *f* material fatigue. **~fehler** *m* material defect.
Materialismus *m* materialism.
Materialist(in) materialist.
materialistisch *adj* materialist(ic).
Material|kosten *pl* cost *sg* of materials, material costs *pl.* **~prüfung** *f* material test(ing). **~schaden** *m* material defect.
Materie *f* **1.** matter. **2.** *fig.* (*Thema*) subject (matter).
materiell *adj* **1.** material. **2.** → ***materialistisch.*** **3.** financial.
Mathe *f* F maths *sg*, *Am.* math.
Mathematik *f* mathematics *pl* (*mst sg konstr.*).
Mathematiker(in) mathematician.
mathematisch *adj* mathematical.
Matinee *f thea.* morning performance.
Matjeshering *m* young salted herring.
Matratze *f* mattress.
Matriarchat *n* matriarchate.
Matrixdrucker *m* dot matrix printer.
Matrize *f* **1.** (*a.* ***auf ~ schreiben***) stencil. **2.** *print.* matrix. **3.** *tech.* (*Stanzmatrize etc*) die, (*Schablone*) stencil.
Matrose *m*, **Matrosin** *f* sailor.
Matsch *m* F mush, (*Schlamm*) mud, (*bsd. Schneematsch*) slush.
matschig *adj* F **1.** muddy, slushy. **2.** *Obst etc*: mushy.
matt *adj* **1.** (*glanzlos*) dull, *Papier etc, a. phot.* mat(t), *Glas*: frosted, *Glühbirne*: opal, (*Licht*) dim. **2.** *Person*: exhausted, *a. Stimme, Applaus etc*: feeble, weak. **3.** *econ.* slack. **4.** *Schach*: checkmate.
Matte *f allg.* mat: F ***auf der ~ stehen*** be there.
Mattglas *n* frosted glass.
Mattigkeit *f* fatigue.
Mattscheibe *f* **1.** *phot.* focus(s)ing screen. **2.** a) *TV* screen, b) F telly, *Am.* tube. **3.** F *fig.* ***~ haben*** have a blackout.
Matura *f österr., schweiz.* school-leaving exam, *Br.* A-levels *pl.*
maturieren *v/i österr.* take one's A-levels.
Mätzchen *pl* F **1.** (*Unsinn*) nonsense *sg.* **2.** tricks *pl*: ***k-e ~!*** none of your tricks!
Mauer *f* wall: *hist.* ***die*** (***Berliner***) **~** the (Berlin) Wall. **~blümchen** *n* F wallflower.
mauern I *v/i* **1.** build a wall, lay bricks. **2.** F *Kartenspiel*: stonewall, *Sport*: shut up shop. II *v/t* **3.** build.
Maul *n* **1.** *zo.* mouth, (*Rachen*) jaws *pl.* **2.** V (*Mund*) *sl.* trap: ***das ~ aufreißen*** brag; ***halts ~!*** shut up!
maulen *v/i* F grumble, grouse.
Maul|esel *m* mule. **~held(in)** F braggart. **~korb** *m* (*a. dat* ***e-n ~ anlegen***) muzzle (*a. fig.*). **~tier** *n* mule.
Maul- und Klauenseuche *f vet.* foot-and-mouth disease.
Maulwurf *m zo.* mole.
Maulwurfshügel *m* molehill.
Maurer|(in) bricklayer. **~kelle** *f* trowel. **~meister(in)** master mason.
maurisch *adj* Moorish.
Maus *f a. Computer*: mouse (*pl* mice): *humor.* ***weiße ~*** traffic policeman; F ***graue ~*** nondescript person; → ***Katze, Mäuse.***
mäuschenstill *adj* (as) quiet as a mouse, (*reglos*) stockstill: ***es war ~*** not a sound was to be heard.
Mäuse *pl von Maus* **1.** mice: F ***weiße ~ sehen*** see pink elephants. **2.** F (*Geld*) lolly, *Am.* bread.
Mause|falle *f* **1.** mousetrap. **2.** *fig.* deathtrap. **~loch** *n* mousehole.
mausern *v/i u. v/reflex* **sich ~** moult; F *fig.* ***sich ~ zu*** develop into.
mausetot *adj* F stone-dead.
mausgesteuert *adj Computer*: mouse-controlled.
Maus|klick *m* mouse click. **~matte** *f* mouse pad. **~taste** *f* mouse key. **~treiber** *m* mouse driver.
Maut|(gebühr) *f* toll. **~stelle** *f* tollhouse, *Am.* turnpike. **~straße** *f* toll road, *Am.* turnpike (road).
maximal I *adj* maximum. II *adv* maximally, at (the) most.
Maxime *f* maxim.
Maximum *n* maximum.
Mayonnaise *f gastr.* mayonnaise.
MAZ ***magnetische Bildaufzeichnung*** video tape recording (VTR).
Mäzen(in) patron, sponsor.
MB ***Megabyte*** megabyte (MB).
mbH, m.b.H. ***mit beschränkter Haftung*** with limited liability.
MdB, M. d. B. ***Mitglied des Bundestages*** Member of the Bundestag.
MdL, M. d. L. ***Mitglied des Landtages*** Member of the Landtag.
m. E. ***meines Erachtens*** in my opinion; as I see it.
Mechanik *f* **1.** *allg.* mechanics *pl* (*a. sg konstr.*). **2.** *e-r Uhr etc*: mechanism.
Mechaniker(in) mechanic.

M

mechanisch *adj* mechanical, *fig. a.* automatic.
mechanisieren *v/t* mechanize.
Mechanismus *m allg.* mechanism.
Meckerer *m*, **Meckerin** *f* F grumbler.
meckern *v/i* **1.** *Ziege*: bleat (*a.* F *fig. lachen*). **2.** F *fig.* (*schimpfen*) grumble.
Mecklenburg-Vorpommern *n* Mecklenburg-Western Pomerania.
Medaille *f* medal.
Medaillengewinner(in) *Sport*: medal winner, medal(l)ist.
Medaillon *n* **1.** *gastr., Kunst*: medallion. **2.** (*Schmuck*) locket.
Medien *pl* media *pl.*
Medien|forschung *f* media research. **~konzern** *m* multimedia group. **~landschaft** *f* media landscape. **~rummel** *m* F media hype. **~spektakel** *n* media circus. **~verbund** *m* multimedia system.
Medikament *n* drug, medicament.
Mediothek *f* media library.
Meditation *f* meditation.
meditieren *v/i* meditate (***über*** *acc* on).
Medium *n allg.* medium; → ***Medien.***
Medizin *f allg.* medicine, (*Arznei*) *a.* medicament: ***Doktor der ~*** doctor of medicine (*abbr.* M.D.).
Mediziner(in) **1.** medical student, F medic. **2.** physician, doctor.
medizinisch *adj* medical, (*arzneilich*) medicinal. **~-technische Assistentin** (*abbr.* MTA) medical laboratory assistant.
Medizinmann *m* witch doctor, medicine man.
Meer *n* sea (*a. fig.*), (*Weltmeer*) ocean: ***das offene ~*** the high seas *pl*; ***am ~*** by the sea, *Urlaub*: *a.* at the seaside. **~busen** *m* gulf. **~enge** *f* strait(s *pl*).
Meeres|arm *m* arm of the sea, inlet. **~biologie** *f* marine biology. **~boden** *m* → ***Meeresgrund.*** **~früchte** *pl* seafood *sg.* **~grund** *m* seabed, bottom of the sea. **~höhe** *f* → ***Meeresspiegel.*** **~kunde** *f* oceanography. **~spiegel** *m* (***über dem ~*** above) sea level.
Meerrettich *m* ⚘ horseradish.
Meersalz *n* sea salt.
Meerschweinchen *n zo.* guinea pig.
Meerwasser *n* sea water.
Megabyte *n* megabyte.
Megafon *n* → ***Megaphon.***
Megahertz *n* megahertz, megacycle.
Megaphon *n* megaphone.
Megatonne *f* megaton.
Megavolt *n* megavolt.
Mehl *n* flour, *grobes*: meal.
mehlig *adj Äpfel etc*: mealy.
Mehlspeise *f* **1.** farinaceous food. **2.** *österr.* (*Süßspeise*) sweet dish.
mehr **I** *indef pron* more: ***~ als 50 Autos*** more than (*od.* over) 50 cars; ***und dergleichen ~*** and the like; (***immer***) ***~ und ~*** more and more; ***noch ~*** still more; ***was willst du noch ~?*** what more do you want? **II** *adj* more: ***mit ~ Glück*** with more luck; ***~ und ~*** (*od.* ***immer ~***) ***Leute*** more and more people. **III** *adv* more: ***umso ~, nur noch ~*** all the more; ***umso ~*** (***als***) all the more (as); ***nicht ~*** a) no more, b) no longer, not any longer; ***nie ~*** never again; ***ich habe keins*** (*od.* ***keine***) ***~*** I haven't got any more; ***ich habe nichts ~*** I've got nothing left; ***kein Wort ~*** (***davon***)***!*** not another word (about it)!; ***ich kann nicht ~!*** I'm finished!, *beim Essen*: I couldn't eat another thing!; ***er ist ~ praktisch veranlagt*** he is more of a practical man.
Mehr *n* ***ein ~ an Zeit*** more time.
Mehr|arbeit *f* extra work, (*Überstunden*) overtime. **~aufwand** *m* extra (*od.* additional) cost(s *pl*), time *etc.* **~aufwendungen** *pl* additional expenses.
mehrbändig *adj* in several volumes.
Mehr|belastung *f* additional load (*fig.* burden). **~bereichsöl** *n* multi-grade oil. **~betrag** *m* surplus, (*Zuschlag*) extra charge.
mehrdeutig *adj* ambiguous.
mehren *v/t u. v/reflex* ***sich ~*** increase.
mehrere *adj u. indef pron* several.
Mehrerlös *m* additional revenue.
mehrfach **I** *adj* several, (*wiederholt*) repeated, *bsd. tech. etc* multiple: ***~e Verletzungen*** multiple injuries; ***in ~er Hinsicht*** in several respects; ***~er deutscher Meister*** several times German champion. **II** *adv* several times, (*wiederholt*) repeatedly: ***er ist ~ vorbestraft*** he has several previous convictions.
Mehrfache *n* ***ein ~s der Summe*** *etc* several times the amount *etc.*
Mehrfachstecker *m* multiple plug.
Mehrfamilienhaus *n* multiple dwelling.
mehrfarbig *adj* multicolo(u)r.
Mehrheit *f* majority: ***mit absoluter*** (***einfacher, knapper, großer***) ***~*** by an absolute (a simple, a narrow, a large) majority; ***mit zehn Stimmen ~*** by a majority of ten; → ***schweigend.*** **mehrheitlich** *adj u. adv* (by the) majority.
Mehrheits|aktionär(in) majority shareholder (*Am.* stockholder). **~beschluss** *m* majority decision. **~wahlrecht** *n* majority vote system.
mehrjährig *adj* of (*od.* lasting) several years, several years' …
Mehrkosten *pl* additional (*od.* extra) cost(s *pl*), (*Zuschlag*) extra charge *sg.*
mehrmalig *adj* repeated.

mehrmals *adv* several times.
Mehrparteiensystem *n* multiparty system.
Mehrplatz|rechner *m Computer*: multistation system. **~system** *n* networked system.
mehr|seitig *adj* **1.** ⩚ polygonal. **2.** *pol.* multilateral. **~silbig** *adj* polysyllabic. **~sprachig** *adj* polyglot, multilingual. **~stellig** *adj Zahl*: multidigit. **~stimmig** *adj* for several voices: ***~er Gesang*** part singing. **~stöckig** *adj* multistor(e)y. **~stufig** *adj* multistage. **~stündig** *adj* of (*od.* lasting) several hours. **~tägig** *adj* of (*od.* lasting) several days. **~teilig** *adj* consisting of several parts, *Film etc*: in several parts.
Mehr|verbrauch *m* increased consumption. **~wegflasche** *f* returnable (*od.* deposit) bottle. **~wegverpackung** *f* reusable package.
Mehrwertsteuer *f* value-added tax (*abbr.* VAT). **~befreiung** *f* zero-rating.
mehrwertsteuerfrei *adj.* zero-rated.
Mehrwertsteuersatz *m* value-added tax rate, VAT rate.
Mehrzahl *f* **1.** majority. **2.** *ling.* plural.
Mehrzweck... multipurpose ...
meiden *v/t* avoid.
Meile *f* mile.
Meilenstein *m a. fig.* milestone.
meilenweit *adv* for miles (and miles): ***~ entfernt von*** *a. fig.* miles (away) from.
mein *pos pron* my: ***~er, ~e, ~(e)s, der*** (***die, das***) ***~(ig)e*** mine; ***die ~(ig)en*** my family, F my people, my folks; ***ich habe das ~(ig)e getan*** I've done my share (*od.* bit).
Meineid *m* (***e-n ~ leisten*** commit) perjury. **meineidig** *adj* perjured: ***~ werden*** perjure o.s., commit perjury.
meinen *v/t, v/i* **1.** think: ***was ~ Sie dazu?*** what do you think?; ***~ Sie*** (***wirklich***)***?*** do you (really) think so? **2.** mean: ***wie ~ Sie das?*** how do you mean?, *drohend*: what do you mean by that?; ***~ Sie das ernst?*** do you really mean it?; ***so war es nicht gemeint*** I (he *etc*) didn't mean it (like that); ***sie meint es gut*** she means well (***mit dir*** by you); ***es war gut gemeint*** it was well-meant; ***er hat es nicht böse gemeint*** he meant no harm. **3.** (*sprechen von*) mean, refer to: ***~ Sie ihn?*** do you mean him? **4.** (*bedeuten*) mean. **5.** ***wenn du meinst*** if you say so; ***wie Sie ~*** as you wish; ***ich meine ja nur!*** it was just a thought!
meiner *pers pron* (*gen of* **ich**) (of) me: ***erinnern Sie sich ~?*** do you remember me?
meinerseits *adv* for my part: ***ich ~*** I for one; ***ganz ~!*** a) the pleasure is (*od.* has been) mine!, b) *humor.* same here!
meinesgleichen *indef pron* people like me, F the likes of me.
meinetwegen *adv* **1.** (*wegen mir*) on my account, because of me, (*mir zuliebe*) for my sake. **2.** ***~ kann er gehen*** I don't mind if he goes, *iro.* he can go for all I care. **3.** (*zum Beispiel*) let's say.
meinige → ***mein.***
Meinung *f* opinion (***über*** *acc* of, about, on): ***e-e schlechte ~ haben von*** have a low opinion of; ***m-r ~ nach*** in my opinion; ***der ~ sein*** think, believe, be of the opinion; ***derselben*** (***anderer***) ***~ sein*** (dis)agree; ***ganz m-r ~!*** I quite agree!; F ***j-m gehörig die ~ sagen*** give s.o. a piece of one's mind; → ***geteilt*** 1.
Meinungs|äußerung *f* statement. **~austausch** *m* exchange of views (***über*** *acc* on).
meinungsbildend *adj* opinion-forming.
Meinungsbildung *f* forming of an opinion: ***öffentliche ~*** forming of public opinion.
Meinungs|forscher(in) pollster. **~forschung** *f* opinion research. **~freiheit** *f* freedom of opinion (*od.* speech). **~führer(in)** opinion-leader. **~umfrage** *f* (public) opinion poll. **~umschwung** *m* swing of opinion. **~verschiedenheit** *f* **1.** difference of opinion. **2.** disagreement, argument (***über*** *acc* about).
Meise *f* **1.** *zo.* tit(mouse). **2.** F ***du hast wohl 'ne ~?*** you must be nuts!
Meißel *m*, **meißeln** *v/t u. v/i* chisel.
meist I *adj* **1.** most, most of: ***die ~en Leute*** most people; ***die ~e Zeit*** most of the time. **II** *indef pron* **2.** ***das ~e*** (***davon***) most of it; ***die ~en*** a) most (of them), b) most people. **III** *adv* **3.** → ***meistens.*** **4.** ***am ~en*** most.
Meistbegünstigungsklausel *f pol., econ.* most-favo(u)red nation clause.
meistbietend *adj* ***~er Interessent*** highest bidder; *adv* ***~ verkaufen*** sell to the highest bidder.
meistens, meistenteils *adv* mostly, usually, most of the time.
Meister *m* **1.** master (craftsman): ***s-n ~ machen*** take one's master craftsman's diploma. **2.** *im Betrieb*: foreman. **3.** (*Könner*) *a. fig. od. iro.* master: → ***Übung*** 1. **4.** *Sport*: champion, (*Mannschaft*) champions *pl.* **~brief** *m* master craftsman's diploma.
meisterhaft I *adj* masterly. **II** *adv* brilliantly: *iro.* ***es ~ verstehen zu lügen*** *etc* be an expert liar *etc.*
Meisterin *f* **1.** master craftswoman. **2.** *im Betrieb*: forewoman. **3.** master's wife. **4.** → ***Meister*** 3, 4.
Meisterleistung *f* masterly performance, great feat.
meistern *v/t allg.* master.
Meisterprüfung *f* examination for the master craftsman's diploma.

M

Meisterschaft *f* **1.** (*Können*) mastery. **2.** *Sport*: championship, (*Titel*) *a.* title.
Meisterstück *n fig.* masterstroke.
Meisterwerk *n* masterpiece.
meistgefragt *adj* most popular, most sought-after.
Melancholie *f*, **melancholisch** *adj* melancholy.
Melanom *n* ⚕ melanoma.
Melanzani *pl österr.* aubergines *pl*, *Am.* eggplants.
Meldeamt *n* residents' registration office.
melden I *v/t* **1.** report, (*Geburt etc*) register, (*ankündigen*) announce: ***j-m et.*** ~ notify s.o. of s.th.; F ***er hat nichts zu*** ~ he has no say (in the matter), *weitS.* he has no chance (***gegen j-n*** against s.o.). **2.** *Sport*: enter. **II** *v/reflex* ***sich*** ~ **3.** report (***bei*** to, ***zur Arbeit*** for work): *adm.* ***sich polizeilich*** ~ register with the police; → ***krankmelden.*** **4.** *Interessent*, *Zeuge etc*: get in touch (***bei*** with): ***sich freiwillig*** ~ volunteer (***zu*** for); ***ich werde mich*** (***wieder***) ~ I'll be in touch; ***wenn du et. brauchst, melde dich!*** if you need anything, let me know!; ***sich auf ein Inserat*** ~ answer an advertisement. **5.** answer (the phone): ***es meldet sich niemand*** there is no reply. **6.** *Schüler*: put up one's hand. **7.** *Sport*: enter (one's name) (***für*** for). **8.** *fig.* *Alter*, *Schmerz etc*: make itself felt.
Meldepflicht *f* obligatory registration, ⚕ duty of notification.
meldepflichtig *adj* subject to registration, ⚕ notifiable.
Meldung *f* **1.** report (*a. Anzeige*), (*in der Presse*) *a.* news (item), (*Mitteilung*) announcement, notification, (*Funkmeldung etc*) message, *Computer*: message. **2.** *adm.* registration (***bei*** with). **3.** (***zu*** for) application, *zu e-r Prüfung etc*, *a. Sport*: entry.
melken *v/t u. v/i a. fig.* milk.
Melodie *f* melody, tune.
melodiös, melodisch *adj* melodic.
melodramatisch *adj* melodramatic.
Melone *f* **1.** ♧ melon. **2.** F (*Hut*) bowler (hat), *Am.* derby.
Membran *f anat.* membrane, *a. tech.* diaphragm.
Memoiren *pl* memoirs *pl.*
Menge *f* **1.** quantity, amount, 𝔄 set: ***e-e*** (***große***) ~ ***von*** a lot of, F lots of; ***e-e*** ~ ***Bücher*** *a.* a great many books; F ***jede*** ~ ***Geld, Geld in rauhen*** ~***n*** heaps of money. **2.** (*Menschenmenge*) crowd.
mengen I *v/t* mix (***in*** *acc* into). **II** *v/reflex* ***sich*** ~ → ***mischen*** II.
Mengen|angabe *f* (indication of) quantity. ~**auftrag** *m* bulk order. ~**einkauf** *m* bulk purchase. ~**lehre** *f* 𝔄 set theory.
mengenmäßig *adj* quantitative.
Mengen|preis *m* bulk price. ~**rabatt** *m econ.* bulk discount.
Meniskus *m anat.* meniscus.
Menorca *n* Minorca.
Mensa *f* (university) canteen.
Mensch *m* **1.** human being: ***der*** ~ man; ***ich bin auch nur ein*** ~ I'm only human. **2.** → ***Menschheit.*** **3.** (*Person*) person, man (woman): (***die***) ~***en*** people; ***gern unter*** ~***en sein*** enjoy human company; ***kein*** ~ nobody, not a soul; F ~***!*** → ***Menschenskind.***
Mensch ärgere dich nicht! *n* (*Spiel*) ludo.
Menschen|affe *m* ape. ~**alter** *n* generation, (*Lebensspanne*) lifetime. ~**feind(in)** misanthropist. ~**fresser(in)** cannibal, (*Tier*) man-eater. ~**freund(in)** philanthropist. ~**führung** *f* leadership: ***er versteht et. von*** ~ he has good leadership qualities. ~**gedenken** *n* ***seit*** ~ within living memory. ~**gestalt** *f* ***in*** ~ in human form; ***ein Teufel in*** ~ a devil incarnate. ~**hand** *f* ***von*** ~ ***geschaffen*** man-made. ~**handel** *m* slave trade. ~**hass** *m* misanthropy. ~**kenner(in)** good judge of character. ~**kenntnis** *f* knowledge of human nature. ~**kette** *f* human chain. ~**leben** *n* **1.** (human) life: ~ ***sind nicht zu beklagen*** there were no fatalities. **2.** lifetime.
menschenleer *adj* deserted.
Menschen|menge *f* crowd (of people). ~**mögliche** *n*: ***das*** ~ everything that is humanly possible. ~**raub** *m* kidnapping. ~**rechte** *pl* human rights *pl.*
menschenscheu *adj* shy, unsociable.
Menschen|schlag *m* breed (of people), race. ~**seele** *f* human soul: ***k-e*** ~ not a living soul.
Menschenskind *int* good heavens!, *vorwurfsvoll*: for heaven's sake!
menschenunwürdig *adj* degrading, *Wohnung etc*: unfit for human beings.
Menschen|verstand *m* ***gesunder*** ~ common sense. ~**würde** *f the* dignity of man.
Menschheit ***die*** ~ man, mankind.
menschlich *adj* **1.** human: ***die*** ~***e Natur*** human nature; ***nach*** ~***em Ermessen*** as far as one can possibly judge. **2.** (*human*) humane. **3.** F (*erträglich*) tolerable.
Menschlichkeit *f* **1.** human nature. **2.** (*Humanität*) humaneness, humanity: ***Verbrechen gegen die*** ~ crime against humanity.
Menstruation *f* ⚕ menstruation.
menstruieren *v/i* ⚕ menstruate.
Mentalität *f* mentality.
Menthol *n* ⚗ menthol: ***mit*** ~ mentholated.
Menü *n* **1.** *gastr.* set meal, set lunch. **2.** *Computer u. fig.* menu. ~**anzeige** *f Computer*: menu display.

menü|geführt, ~gesteuert *adj Computer*: menu-driven.
Meridian *m astr., geogr.* meridian.
Merkblatt *n* leaflet.
merken *v/t* notice, (*fühlen*) feel, sense, (*erkennen*) realize, see, (*entdecken*) discover: ***et.*** ~ *a.* become aware of s.th.: ***man merkte an s-r Stimme, dass ...*** you could tell by his voice that ...; ~ ***lassen*** show, let on; ***sich*** *et.* ~ remember, make a mental note of; ~ ***Sie sich das!*** remember that!
merklich I *adj* noticeable, (*deutlich*) marked, (*beträchtlich*) considerable. **II** *adv* noticeably (*etc*).
Merkmal *n* characteristic: ***besondere ~e*** distinguishing marks.
Merkspruch *m* mnemonic.
Merkur *m astr.* Mercury.
merkwürdig *adj* strange, odd. **merkwürdigerweise** *adv* oddly enough.
Merkzettel *m* slip of paper (for making notes), note.
meschugge *adj* F crazy, nuts.
messbar *adj* measurable.
Messbecher *m* measuring cup.
Messdiener(in) *eccl.* server.
Messe[1] *f eccl.* mass: (***die***) ~ ***lesen*** say Mass.
Messe[2] *f mil.* mess.
Messe[3] *f* (trade) fair.
Messe|amt *n* fair office. **~ausweis** *m* fair pass. **~besucher(in)** visitor to a (*od.* the) fair. **~gelände** *n* exhibition cent/re (*Am.* -er). **~halle** *f* exhibition hall.
messen I *v/t* measure, *tech. a.* ga(u)ge: (***mit der Uhr***) ~ time; *fig.* ***j-n mit Blicken*** ~ size s.o. up. **II** *v/reflex* ***sich mit j-m*** ~ match o.s. against s.o., *Sport*: compete with s.o.; ***sich nicht ~ können mit*** a) ***j-m*** be no match for s.o., b) ***e-r Sache*** not to stand comparison with s.th. **III** *v/i* measure, be ... long (*od.* high, wide, *etc*), *Person*: be ... (tall): → ***gemessen.***
Messer *n allg.* knife, *tech. a.* blade, ⚕ *a.* scalpel: *fig.* ***Kampf bis aufs*** ~ fight to the death; ***auf*** (***des***) ***~s Schneide stehen*** be on a razor's edge; F ***j-n ans ~ liefern*** betray s.o. **messerscharf** *adj* razor-sharp, *fig.* (*scharfsinnig*) *a.* keen.
Messer|schnitt *m* razor cut. **~spitze** *f* knife point: ***e-e ~ Salz*** a pinch of salt.
Messerstecherei *f* knifing.
Messerstich *m* **1.** stab. **2.** stab wound.
Messe|stand *m* exhibition stand. **~teilnahme** *f* fair attendance. **~teilnehmer(in)** exhibitor.
Messgerät *n* measuring instrument, (*Lehre*) ga(u)ge, (*Zähler*) meter.
Messias *m* Messiah.
Messing *n* brass.
Messinstrument *n* → ***Messgerät.***
Messtischblatt *n* ordnance map.
Messuhr *f* meter, dial ga(u)ge.
Messung *f* measurement.
MESZ ***mitteleuropäische Sommerzeit*** Central European Summer Time (CEST).
Metall *n* metal: ~ ***verarbeitende Industrie*** metalworking industry.
Metallarbeiter(in) metalworker. **~gewerkschaft** *f* metalworkers' union.
Metall|bearbeitung *f* metalworking. **~industrie** *f* metalworking industry.
metallisch *adj* metal, *a. fig.* metallic.
Metallurgie *f* metallurgy.
metallurgisch *adj* metallurgic(al).
Metall|verarbeitung *f* metal processing. **~waren** *pl* metal goods *pl*, hardware *sg*.
Metamorphose *f* metamorphosis.
Metapher *f* metaphor.
Metaphysik *f* metaphysics *sg*.
metaphysisch *adj* metaphysical.
Metastase *f* ⚕ metastasis.
Meteor *m* meteor.
Meteorit *m* meteorite.
Meteorologe *m* meteorologist.
Meteorologie *f* meteorology.
Meteorologin *f* meteorologist.
meteorologisch *adj* meteorological.
Meter *n, m* metre, *Am.* meter.
meterlang *adj* very long.
Meter|maß *n* **1.** (*Bandmaß*) tape measure. **2.** → **~stab** *m* (pocket) rule.
Meterware *f* yard goods *pl*.
Methadon *n* methadone.
Methode *f* method. **Methodik** *f* **1.** methodology. **2.** method(s *pl*).
methodisch *adj* methodical.
Methylalkohol *m* methyl alcohol.
Metier *n* profession, job.
Metrik *f* metre, *Am.* meter. **metrisch** *adj* **1.** *Maß etc*: metric. **2.** ♪ *etc* metrical.
Metzger(in) butcher.
Metzgerei *f* butcher's shop.
Meute *f* **1.** pack (of hounds). **2.** *fig.* mob.
Meuterei *f* mutiny. **Meuterer** *m*, **Meuterin** *f* mutineer. **meutern** *v/i* mutiny, F *fig.* rebel. **meuternd** *adj* mutinous.
Mexikaner(in), mexikanisch *adj* Mexican.
Mexiko *n* Mexico.
MEZ ***mitteleuropäische Zeit*** Central European Time (CET).
MG ***Maschinengewehr*** machine gun (MG).
mg ***Milligramm*** milligramme(s *pl*), *Am.* milligram(s *pl*) (mg).
mhd. ***mittelhochdeutsch*** Middle High German (MHG).
MHz ***Megahertz*** megahertz (MHz), megacycles per second (Mc/s).
Mi. ***Mittwoch*** Wednesday (Wed., Wed).

M

miau *int*, **miauen** *v/i* miaow.
mich I *pers pron* me. **II** *reflex pron* myself.
mick(e)rig *adj* F *Sache*: measly, *Person*: puny, (*kränklich*) sickly.
Mieder *n* bodice. **~höschen** *n* panty girdle. **~waren** *pl* foundation garments *pl*.
Mief *m* F fug, pong.
Miene *f* expression, (*Gesicht*) face: ***überlegene ~*** superior air; ***e-e ernste ~ aufsetzen*** look serious; ***e-e finstere ~ machen*** scowl; ***gute ~ zum bösen Spiel machen*** put on a brave face, grin and bear it; ***~ machen, et. zu tun*** make as if to do s.th.; ***ohne e-e ~ zu verziehen*** without batting an eyelid.
Mienenspiel *n* facial expressions *pl*.
mies F **I** *adj* bad, lousy: ***~e Laune haben*** be in a foul mood; ***j-n (et.) ~ machen*** run s.o. (s.th.) down; ***~er Kerl*** bastard; ***~e Sache*** awful mess. **II** *adv* ***sich ~ fühlen*** feel lousy; ***es geht ihm ~*** he's in a bad way. **Miesepeter** *m* F sourpuss.
Miesmuschel *f zo*. mussel.
Miete *f* rent: ***zur ~ wohnen*** live in a rented flat (*od. Am.* apartment), *als Untermieter*: live in lodgings (***bei*** with).
Mieteinkünfte *pl*, **Mieteinnahme** *f* rental income.
mieten *v/t* rent, (*Auto etc*) *a*. hire.
Mieter(in) tenant, (*Untermieter*) lodger, *Am*. roomer.
Mieterhöhung *f* rent increase.
Mieter|schutz *m* (legal) protection of tenants. **~verband** *m* tenant's association.
mietfrei *adj* rent-free.
Miet|gebühr *f* rental (charge). **~kauf** *m* hire purchase. **~kaufvertrag** *m* hire-purchase agreement. **~kaution** *f* deposit. **~kosten** *pl* rental expense *sg*. **~objekt** *n* rented property. **~preis m 1.** rent. **2.** rental (charge). **~preisbindung** *f* rent control. **~recht** *n* law governing tenancy. **~rückstände** *pl* rent arrears *pl*, back rent.
Mietpreis *m* **1.** rent. **2.** → ***Mietgebühr***.
Mietshaus *n* block of flats, *Am*. apartment house.
Miet|spiegel *m* rental table. **~verhältnis** *n* tenancy. **~vertrag** *m* tenancy agreement, *für Sachen*: hire contract. **~wagen** *m* hired car. **~wagenverleih** *m* car-hire service. **~wohnung** *f* (rented) flat, *Am*. apartment.
Migräne *f* ⚕ migraine.
Mikro *n* F (*Mikrophon*) mike.
Mikrobe *f* microbe.
Mikro|chip *m* microchip. **~chirurgie** *f* microsurgery. **~computer** *m* microcomputer. **~elektronik** *f* microelectronics *sg*. **~fiche** *n*, *m* microfiche. **~film** *m* microfilm. **~kosmos** *m* microcosm. **~organismus** *m* microorganism.
Mikrophon *n* microphone, F mike.
Mikroprozessor *m* microprocessor.
Mikroskop *n* microscope. **mikroskopisch** *adj* (*a*. ***~ klein***) microscopic(al).
Mikrowelle *f* microwave.
Mikrowellenherd *m* microwave oven.
Milbe *f zo*. mite.
Milch *f* **1.** (***dicke*** *od*. ***saure ~*** curdled) milk. **2.** *der Fische*: (soft) roe. **~bar** *f* milk bar. **~brei** *m* milk pudding. **~flasche** *f* milk bottle. **~geschäft** *n* dairy. **~glas** *n tech*. frosted glass.
milchig *adj* milky.
Milch|kaffee *m* white coffee. **~kännchen** *n* milk jug. **~kanne** *f* milk can. **~kuh** *f* milcher. **~mädchenrechnung** *f* F naive reasoning. **~mixgetränk** *n* milk shake. **~produkte** *pl* dairy products *pl*. **~pulver** *n* powdered milk. **~reis** *m* rice pudding. **~schorf** *m* ⚕ milk crust. **~shake** *m* milkshake. **~straße** *f* Milky Way. **~wirtschaft** *f* dairy farming. **~zahn** *m* milk tooth.
mild I *adj allg*. mild, *Klima*, *Lächeln*, *Verweis etc*: *a*. gentle, *Strafe*, *Richter etc*: *a*. lenient, *Speise*: *a*. light, *Licht*: mellow, soft. **II** *adv* ***~e gesagt*** to put it mildly; ***et. ~e beurteilen*** take a lenient view of s.th.
Milde *f* mildness (*etc*, → ***mild*** I), (*Nachsicht*) leniency.
mildern I *v/t* (*Schlag*, *Gegensatz etc*) soften, (*Schmerz*, *Leiden etc*) ease, alleviate, (*a*. *Kummer*, *Ärger etc*) soothe, (*Ansicht etc*) moderate, (*Aussage etc*) qualify, (*Urteil*, *Strafe*) mitigate, (*Wirkung etc*) reduce: ⚖ ***~de Umstände*** extenuating circumstances. **II** *v/reflex* ***sich ~*** grow milder, *Schmerz*: ease, *Ansicht etc*: soften. **Milderung** *f von Schmerz*: alleviation, *e-r Strafe*: mitigation, *e-r Aussage etc*: qualification, *e-r Ansicht*: moderation.
Milderungsgrund *m* ⚖ extenuating circumstance.
mildtätig *adj* charitable.
Milieu *n* environment (*a. biol.*, 🌳), *sociol. a*. (social) background.
milieu|bedingt *adj* due to environmental factors. **~geschädigt** *adj* maladjusted, deprived.
militant *adj* militant.
Militär *n* **1.** (***beim ~*** in the) armed forces *pl* (*od*. army). **2.** military personnel, soldiers *pl*. **~arzt** *m*, **~ärztin** *f* medical officer. **~attaché** *m* military attaché. **~dienst** *m* military service. **~diktatur** *f* military dictatorship.
militärisch *adj* military, *Gebaren etc*: martial.
Militarismus *m* militarism. **Militarist(in)** militarist. **militaristisch** *adj* militaristic(ally *adv*).

Militär|kapelle *f* military band. **~polizei** *f* military police. **~putsch** *m* military putsch. **~regierung** *f* military government.
Military *f Reitsport*: three-day event.
Militärzeit *f* time of (military) service.
Miliz *f* militia.
Milliardär(in) multimillionaire.
Milliarde *f* billion.
Millimeter *m*, *n* millimet/re (*Am.* -er). **~arbeit** *f* F ***das war ~*** that was a precision job. **~papier** *n* graph paper.
Million *f* million: ***5 ~en Dollar*** five million dollars.
Millionär(in) millionaire.
Millionen|geschäft *n* multimillion dollar *etc* deal. **~stadt** *f* city of over a million inhabitants.
millionstel *adj* millionth.
Milz *f anat.* spleen.
Mime *m* actor.
mimen *v/t* act, play, *fig. a.* feign.
Mimik *f* **1.** mimic art. **2.** → ***Mienenspiel.***
mimisch *adj* mimic.
Mimose *f* **1.** ⚘ mimosa. **2.** *fig.* oversensitive person.
mimosenhaft *adj fig.* oversensitive.
Minarett *n* minaret.
minder I *adv* less: ***nicht ~*** no less. II *adj* less(er), *Bedeutung*: minor, *Qualität*: inferior.
Minderausgaben *pl* reduced expenditure *sg.*
minder|begabt *adj* less gifted. **~bemittelt** *adj* less well-off: F ***geistig ~*** not very bright.
Mindereinnahmen *pl* shortfall in receipts.
Minderheit *f* minority; → *a.* ***Minderzahl.***
Minderheits|aktionär(in) minority shareholder (*Am.* stockholder). **~beteiligung** *f* minority interest (*od.* shareholding). **~regierung** *f* minority(-party) government.
minderjährig *adj* under age.
Minderjährige *m*, *f* minor.
Minderjährigkeit *f* minority.
mindern I *v/t* lessen, reduce, lower, (*beeinträchtigen*) detract from. II *v/reflex* ***sich ~*** diminish, decrease.
Minderung *f* (*gen*) decrease (in), reduction (in, of), (*Wertminderung*) depreciation: ***~ des Kaufpreises wegen Mängeln*** reduction of price due to defects..
minderwertig *adj* inferior, of inferior quality, *econ. a.* low-grade, *Leistung a.*: substandard, low quality, *Waren a.*: third-rate.
Minderwertigkeit *f* inferiority, *econ.* inferior quality.
Minderwertigkeits|gefühl *n* inferiority feeling. **~komplex** *m* inferiority complex.
Minderzahl *f* ***in der ~ sein*** a) be in the minority, b) be outnumbered.

mindest *adj* least, slightest: ***nicht die ~e Aussicht*** not the slightest chance; ***nicht im Mindesten*** not in the least, not at all; ***zum Mindesten*** at least; ***das Mindeste*** the (very) least.
Mindest|... minimum (*age, price, etc*). **~alter** *n* minumum age. **~anforderung** *f* minimum requirement. **~anzahlung** *f* minimum down payment. **~betrag** *m* minimum (amount).
mindestens *adv* at least.
Mindest|gebot *n* reserve (*od.* knockdown) price. **~gebühr** *f* minimum charge. **~gehalt** *n* minimum salary. **~haltbarkeitsdatum** *n* sell-by date. **~lohn** *m* minimum wage. **~maß** *n* (***et. auf das ~ beschränken*** keep s.th. down to a) minimum. **~preis** *m* minimum price, *EU*: floor (*od.* reference) price. **~zahl** *f* minimum.
Mine *f* **1.** ⚒, *mil.* mine. **2.** (*von Bleistift*) lead, (*von Kugelschreiber*) cartridge, (*Ersatzmine*) refill.
Minenfeld *n mil.* minefield. **Minenleger** *m* ⚓ minelayer. **Minenräumboot** *n*, **Minensuchboot** *n* minesweeper.
Mineral *n* mineral. **~bad** *n* **1.** mineral bath. **2.** (*Kurort*) spa.
Mineralogie *f* mineralogy.
Mineral|öl *n* mineral oil. **~ölsteuer** *f* tax on oil. **~quelle** *f* mineral spring. **~wasser** *n* mineral water.
Miniatur *f* miniature.
miniaturisieren *v/t tech.* miniaturize.
Mini|bar *f* minibar. **~bus** *m* minibus. **~golf** *n* miniature golf. **~kleid** *n* minidress.
minimal *adj* minimal, minimum, *fig.* negligible. **Minimum** *n* minimum.
Minirock *m* miniskirt.
Minister(in) minister, *Br.* Secretary (of State), *Am.* Secretary.
Ministerialdirektor(in) head of a ministerial department.
Ministerium *n* ministry, *Am.* department.
Ministerpräsident(in) Prime Minister, *e-s deutschen Bundeslandes*: Minister President (*pl* Ministers President).
Ministerrat *m* **1.** cabinet (council). **2.** *der EU*: Council of Ministers.
Ministrant(in) *eccl.* altar server.
Minna *f* F ***grüne ~*** Black Maria, *Am.* paddy wagon; ***j-n zur ~ machen*** give s.o. hell.
Minnesänger *m* minnesinger.
Minorität *f* minority.
minus I *prep* minus. II *adv* ***~ 10 Grad*** ten degrees below zero.
Minus *n* (*Fehlbetrag*) deficit, *fig.* (*Nachteil*) disadvantage.
Minus|betrag *m* deficit. **~punkt** *m* **1.** *Sport*: penalty point. **2.** *fig.* minus, drawback.

M

~seite *f* (***auf der*** **~** on the) debit side. **~zeichen** *n* minus sign.

Minute *f* minute (*a. astr.*, A): ***auf die ~ pünktlich kommen*** come on the dot; ***in letzter ~*** at the last moment; ***es klappte auf die ~*** it was perfectly timed.

minutenlang I *adj* lasting several minutes, several minutes of ... II *adv* for (several) minutes.

Minutenzeiger *m* minute-hand.

minuziös *adj* detailed, meticulous.

Minze *f* ⚘ mint.

mir *pers pron* me, to me, (*~ selbst*) (to) myself: ***~ ist kalt*** I feel cold; ***ich wusch ~ die Hände*** I washed my hands; ***ein Freund von ~*** a friend of mine; ***du bist ~ ein schöner Freund!*** a fine friend you are!; ***von ~ aus*** → ***meinetwegen***; ***wie du ~, so ich dir*** tit for tat.

Mirabelle *f* ⚘ yellow plum.

Misanthrop(in) misanthropist.

Mischbatterie *f* mixer tap.

Mischehe *f* mixed marriage.

mischen I *v/t allg.* mix (*a. Radio*, *Film*, *etc*), (*Tee*, *Tabak etc*) blend, (*Karten*) shuffle, *Computer*: merge. II *v/reflex fig.* ***sich ~ unter*** (*acc*) mix (*od.* mingle) with; ***sich ~ in*** (*acc*) interfere (*od.* meddle) in; ***sich in das Gespräch ~*** join in (*störend*: butt in on) the conversation. III *v/i beim Kartenspiel*: shuffle.

Mischkonzern *m* conglomerate.

Mischling *m* **1.** *biol.* hybrid. **2.** (*Mensch*) half-caste, *bsd. contp.* half-breed.

Mischmasch *m* F hotchpotch.

Mischpult *n Radio*, *TV* mixer.

Mischrasse *f* mixed race.

Mischung *f* mixture (*a. fig.*), (*Tabak-*, *Teemischung etc*) blend, (*Keks-*, *Pralinenmischung etc*) assortment.

Mischungsverhältnis *n* mixing ratio.

Misch|volk *n* mixed race. **~wald** *m* mixed forest. **~wort** *n* hybrid (word).

miserabel *adj* miserable, F lousy.

Misere *f* calamity.

Mispel *f* ⚘ medlar.

missachten *v/t* **1.** (*nicht beachten*) disregard, ignore. **2.** (*gering schätzen*) hold in contempt, disdain, despise.

Missachtung *f* disregard, (*Verachtung*) disdain: ***~ des Gerichts*** contempt of court.

Missbehagen *n* feeling of uneasiness.

Missbildung *f* deformity.

missbilligen *v/t* disapprove (of).

missbilligend *adj* disapproving.

Missbilligung *f* disapproval.

Missbrauch *m* abuse, misuse, *vorsätzlicher*: *a.* improper use.

missbrauchen *v/t* abuse (*a. sexuell*).

missdeuten *v/t* misinterpret.

Missdeutung *f* misinterpretation.

missen *v/t* (*entbehren*) do without.

Misserfolg *m* failure, F flop.

Missernte *f* crop failure.

Missetat *f* misdeed.

Missetäter(in) malefactor, offender.

missfallen *v/i* ***er*** (***es***) ***missfällt mir*** I don't like him (it).

Missfallen *n* displeasure, disapproval: ***j-s ~ erregen*** incur s.o.'s displeasure.

Missfallensäußerung *f* expression of disapproval.

missgebildet *adj* deformed.

Missgeburt *f* **1.** deformed child (*od.* animal), freak. **2.** *fig.* failure, F flop.

missgelaunt *adj* ***~ sein*** be in a bad mood.

Missgeschick *n* (*Pech*) bad luck, misfortune, (*Panne*) mishap.

missglücken *v/i* fail, be unsuccessful.

missgönnen *v/t* ***j-m et. ~*** begrudge s.o. s.th.

Missgriff *m* mistake.

Missgunst *f* resentment. **missgünstig** *adj* resentful.

misshandeln *v/t* maltreat. **Misshandlung** *f* maltreatment, ⚖ assault and battery.

Mission *f* mission. **Missionar(in), missionarisch** *adj* missionary.

missionieren I *v/i* do missionary work. II *v/t* convert.

Missklang *m a. fig.* dissonance.

Misskredit *m* discredit: ***in ~ bringen*** bring discredit upon; ***in ~ geraten*** get a bad name.

misslich *adj* awkward, difficult.

misslingen *v/i* fail, be unsuccessful.

Missmanagement *n* mismanagement.

missmutig *adj* disgruntled: ***ein ~es Gesicht machen*** look morose.

missraten I *v/i* fail, turn out a failure, go wrong: ***das ist mir ~*** I've bungled it. II *adj Kind*: wayward.

Missstand *m* deplorable state of affairs: ***Missstände abschaffen*** remedy abuses.

misstrauen *v/i* (*j-m*, *e-r Sache*) distrust, mistrust. **Misstrauen** *n* (***gegen*** of) distrust, mistrust, suspicion.

Misstrauens|antrag *m parl.* motion of no confidence. **~votum** *n parl.* vote of no confidence.

misstrauisch *adj* distrustful, (*argwöhnisch*) suspicious, (*unsicher*) doubtful.

Missverhältnis *n* disproportion: ***in e-m ~ stehen*** be out of proportion (***zu*** to).

missverständlich *adj* misleading, ambiguous.

Missverständnis *n* misunderstanding.

missverstehen *v/t* misunderstand, (*j-s Absichten*) mistake.

Misswahl *f* beauty contest.
Misswirtschaft *f* mismanagement.
Mist *m* **1.** ⚒ dung, manure, (*Tierkot*) droppings *pl.* **2.** F (*Plunder*) rubbish, (*Unsinn*) *a.* crap: ~ ***machen***, ~ ***bauen*** make a cock-up, mess it up; ~ ***verzapfen*** talk rot; (***so ein***) ~***!*** damn it!
Mistel *f* ♣ mistletoe.
Mistelzweig *m* sprig of mistletoe.
Mist|gabel *f* pitchfork. **~haufen** *m* manure heap. **~käfer** *m zo.* dungbeetle. **~kerl** *m* V bastard. **~kübel** *m österr.* rubbish bin, *Am.* trashcan. **~stück** *n* V (*Mann*) bastard, (*Frau*) bitch.
mit I *prep* **1.** with: ***ein Haus ~ Garten*** a house with a garden; ***Tee ~ Rum*** tea with rum; ***Zimmer ~ Frühstück*** bed and breakfast; ***ein Korb ~ Obst*** a basket of fruit. **2.** (*mithilfe von*) with: ~ ***der Bahn*** (***Post*** *etc*) by train (post *etc*); ~ ***Bleistift*** in pencil; ~ ***Gewalt*** by force. **3.** (*Art und Weise*) with: ~ ***Absicht*** intentionally; ~ ***lauter Stimme*** in a loud voice; ~ ***Verlust*** at a loss; ~ ***einem Wort*** in a word; ~ ***8 zu 11 Stimmen*** by 8 votes to 11; ***was ist ~ ihm?*** what's the matter with him?; ***wie steht es ~ Ihrer Arbeit?*** how's your work getting on?; ***wie stehts ~ dir?*** how about you? **4.** *zeitlich*: ~ ***20 Jahren*** at (the age of) twenty; ~ ***dem 3. Mai*** as of May 3rd; → ***Zeit*** 1. **II** *adv* **5.** also, too: ~ ***dabei sein*** be there too; ***das gehört ~ dazu*** that's part (and parcel) of it; ***er war ~ der Beste*** he was one of the best; → ***mitgehen*** *etc.*
Mitarbeit *f* cooperation, collaboration, (*Hilfe*) *a.* assistance (***bei*** in): ***unter ~ von*** (*od. gen*) in collaboration with: ***ihre langjährige ~ bei ...*** her many years of work(ing) with (*od.* for) ...
mitarbeiten *v/i* a) (***an*** *dat*, ***bei***) cooperate (in), collaborate (on), *bei e-r Zeitung etc*: contribute (to), b) *ped.* take an active part in the lessons.
Mitarbeiter(in) 1. employee, *bsd. wissenschaftlich*: collaborator, ***bei*** *e-r Zeitung*: contributor (to): ***freier Mitarbeiter*** freelance(r). **2.** (*Kollege*) colleague.
Mitarbeiter|analyse *f* manpower analysis. **~beteiligung** *f* employee shareholding scheme. **~beurteilung** *f* staff appraisal. **~förderung** *f* staff development. **~motivation** *f* staff motivation. **~schulung** *f* staff training. **~stab** *m* staff.
Mitautor *m* coauthor.
Mitbegründer(in) cofounder.
mitbekommen *v/t* **1. *et.*** ~ get (*od.* be given) s.th. **2.** F (*verstehen*) catch, get, (*aufschnappen*) pick up: ***hast du das mitbekommen?*** did you get that?
mitbenutzen *v/t* share *s.th.* (with s.o.).
mitbestimmen *v/i* (***bei e-r Sache***) ~ have a say in the matter.
Mitbestimmung *f*, **Mitbestimmungsrecht** *n* codetermination, (*Arbeitermitbestimmung*) *a.* worker participation.
Mitbewerber(in) competitor.
Mitbewohner(in) fellow occupant.
mitbringen *v/t* **1.** bring *s.o.*, *s.th.* along (with one). **2.** *fig.* (*Fähigkeiten*) have, possess.
Mitbringsel *n* little present.
Mitbürger(in) fellow citizen.
Miteigentümer(in) co-owner, joint owner, co-proprietor.
miteinander *adv* with each other, (*zusammen*) together: ***alle*** ~ one and all.
Miteinander *n* togetherness.
Mit|erbe *m* coheir. **~erbin** *f* coheiress.
miterleben *v/t* witness.
Mitesser *m* ⚕ blackhead.
mitfahren *v/i* ***mit j-m*** ~ ride (*od.* go) with s.o.
Mitfahrgelegenheit *f* ***biete ~ nach Köln*** lift offered to Cologne.
mitfühlen *v/i* sympathize (***mit*** with).
mitfühlend *adj* sympathetic.
mitführen *v/t* carry with one.
mitgeben *v/t* ***j-m et.*** ~ give s.o. s.th. (to take with him).
Mitgefangene *m, f* fellow-prisoner.
Mitgefühl *n* sympathy: ***j-m sein ~ ausdrücken*** offer one's sympathies (*im Trauerfall*: condolences) to s.o.
mitgehen *v/i* **1.** go along (***mit j-m*** with s.o.): F ***et. ~ lassen*** pinch (*od.* lift) s.th. **2.** *fig. Zuhörer etc*: respond (***mit*** to).
mitgenommen *adj* F *fig.* worn out, exhausted: *adv* ~ ***aussehen*** *a. Person*: look the worse for wear.
Mitgift *f* dowry. **~jäger** *m* fortune-hunter.
Mitglied *n* member.
Mitglieder|versammlung *f* general meeting. **~zahl** *f* membership.
Mitgliedsausweis *m* membership card.
Mitgliedsbeitrag *m* (membership) fee (*Am.* dues *pl*).
Mitgliedschaft *f* membership.
Mitgliedstaat *m* member state.
mithalten *v/i* **1.** *a. fig.* keep up (***mit*** with). **2.** *Kartenspiel*: stay in the bidding.
Mitherausgeber(in) coeditor.
Mithilfe *f* aid, assistance, cooperation.
mithilfe *adv* ~ ***von*** (*od. gen*) with the help of, *fig. a.* by means of.
mithören I *v/t* listen (in) to, *zufällig*: overhear, *heimlich*: eavesdrop on, (*abhören*) monitor, (*Funkspruch etc*) intercept. **II** *v/i* listen, *heimlich*: eavesdrop.
Mitinhaber(in) joint owner, copartner.
mitkommen *v/i* **1.** come along. **2.** *in der Schule*: keep up (with the class): ***gut*** ~ get

on well; ***nicht ~*** do badly; F ***da komme ich (einfach) nicht mit!*** that's beyond me!
mitlaufen *v/i* run (along) with, *Sport*: run (in the race).
Mitläufer(in) *bes. pol.* hanger-on, fellow traveller.
Mitlaut *m ling.* consonant.
Mitleid *n* (***aus ~*** out of) pity (***für*** for); ***mit j-m ~ haben*** have pity (*od.* compassion) on s.o., pity s.o., be sorry for s.o.; ***~ erregend*** pitiful, pitiable.
Mitleidenschaft *f* ***in ~ gezogen werden*** be (adversely) affected (***durch*** by).
mitleidig *adj* compassionate, sympathetic: ***ein ~es Lächeln*** a contemptuous smile. **mitleid(s)los** *adj* pitiless.
mitmachen I *v/i* **1.** take part, join in, (*zs.-arbeiten*) cooperate: F ***da mache ich nicht mit!*** count me out on that! **II** *v/t* **2.** *allg.* take part in, (*Lehrgang etc*) *a.* attend, (*Mode*) follow, go with, (*Spiel etc*) join in. **3.** F ***j-s Arbeit ~*** do s.o.'s job as well. **4.** F (*ertragen*) live (*od.* go) through, suffer: ***das mache ich nicht mehr lange mit!*** I won't take that much longer!
Mitmensch *m* fellow (man *od.* being).
mitmischen *v/i* F be in on the action: ***bei et. ~*** be in on s.th., take part in s.th.
mitnehmen *v/t* **1.** take along, take with one, (*ausleihen*) borrow: ***j-n im Auto ~*** give s.o. a lift. **2.** (*wegnehmen*) take away. **3.** F (*kaufen*) take, buy. **4.** F (*Sehenswürdigkeit etc*) take in. **5.** *fig.* (*lernen*) profit (***aus*** from). **6.** F *fig.* ***j-n*** (***sehr***) ***~*** take it out of s.o.: → ***mitgenommen.***
mitrechnen *v/t* include: ***nicht mitgerechnet*** not counting.
mitreden *v/t* ***et.*** (*od.* ***ein Wörtchen***) ***mitzureden haben*** have a say (***bei*** in).
Mitreisende *m, f* fellow passenger.
mitreißen *v/t* **1.** carry (*od.* sweep) along. **2.** *fig.* carry away.
mitreißend *adj fig.* thrilling, *Musik, Rede etc*: rousing.
mitsamt *prep* (*dat*) together with.
mitschicken *v/t* send (along), *im Brief*: enclose.
mitschleppen *v/t* drag along (with one).
mitschneiden *v/t auf Tonband etc*: tape(-record).
mitschreiben I *v/t* write down. **II** *v/i* take notes.
Mitschuld *f* joint guilt, complicity (***an*** *dat* in). **mitschuldig** *adj* ***an e-r Sache ~ sein*** be implicated in s.th.
Mitschuldige *m, f* accessory (***an*** *dat* to).
Mitschüler(in) classmate.
mitschwingen *v/i* resonate: *fig.* ***darin schwingt ... mit*** it has overtones of ...
mitsingen *v/t u. v/i* join in the singing (of).
mitspielen *v/i* **1.** join in, *Sport*: play, be on the team, *thea.* appear. **2.** F *fig.* (***bei***) *Person*: go along (with), *Sache*: play a part (in): ***ich spiele nicht mehr mit!*** count me out! **3.** F ***j-m übel ~*** a) treat s.o. badly, b) play a nasty trick on s.o.
Mitspieler(in) player.
Mitspracherecht *n* right to a say.
Mittag *m* midday, noon: ***heute ~*** at noon today; ***zu ~ essen*** have lunch.
Mittagessen *n* (***beim*** [***zum***] ***~*** at [for]) lunch.
mittags *adv* a) at noon, b) at lunchtime.
Mittags|maschine *f* lunch-time plane (*od.* flight). **~pause** *f* lunch break. **~ruhe** *f* afternoon rest period. **~schlaf** *m*, **~schläfchen** *n* siesta, afternoon nap. **~zeit** *f* (***zur ~*** at) lunchtime.
Mittäter(in) ⚖ accomplice.
Mitte *f* middle, (*Mittelpunkt*) cent/re (*Am.* -er): *fig.* ***die goldene ~*** the golden mean; *pol.* ***die ~*** the centre; ***in unserer ~*** in our midst; ***in der ~ zwischen*** halfway between; ***~ Juli*** in the middle of July, in mid-July; ***in der ~ des 18. Jhs.*** in the mid-18th-century; ***~ dreißig sein*** be in one's mid-thirties; F ***ab durch die ~!*** off you go!
mitteilen I *v/t* ***j-m et. ~*** inform (*adm.* notify) s.o. of s.th., tell s.o. s.th., (*Wissen etc*) impart s.th. to s.o. **II** *v/reflex* ***sich j-m ~*** a) *Person*: confide in s.o., b) *fig. Erregung etc*: communicate itself to s.o. **mitteilsam** *adj* communicative.
Mitteilung *f* information, communication, report, *adm.* notification, (*Nachricht*) message, news *pl.*
Mitteilungsblatt *n* newsletter.
mittel I *adj* → ***mittler.*** **II** *adv* F (*mäßig*) middling, so-so.
Mittel *n* **1.** means *pl* (*a. sg konstr.*), (*Verfahren*) method, way, (*Hilfsmittel*) expedient: ***~ und Wege finden*** find ways and means; ***~ zum Zweck sein*** be a means to an end; ***als letztes ~*** as a last resort; ***ihm ist jedes ~ recht*** he stops at nothing. **2.** (*Heilmittel*) remedy (***gegen*** for). **3.** *pl* resources *pl* (*a. fig. geistige ~*), (*Geldmittel*) funds *pl*, means *pl*: ***aus öffentlichen ~n*** from the public purse. **4.** (*Durchschnitt*) (***im ~*** on an) average.
Mittelalter *n* Middle Ages *pl.*
mittelalterlich *adj* medi(a)eval.
mittelbar *adj* indirect.
Mittelbetrieb *m* medium-sized business.
Mittelding *n* cross, s.th. in between.
mitteleuropäisch *adj* ***~e Zeit*** (*abbr.* MEZ) Central European Time (*abbr.* CET).
Mittel|feld(spieler(in)) *n Fußball*: midfield (player). **~finger** *m* middle finger.

mittelfristig *adj econ.* medium-term.
Mittel|gebirge *n* highlands *pl.* **~gewicht** *n Boxen*: middleweight.
mittelgroß *adj* medium-sized, *Person*: of medium height.
Mittelklasse *f* **1.** *econ.* medium price range. **2.** → ***Mittelstand*** 1. **~wagen** *m* medium-range car.
Mittel|kurs *m Börse*: middle market price. **~linie** *f* **1.** *a. Sport*: cent/re (*Am.* -er) line, *Tennis*: centre service line. **2.** ⩚ median line.
Mittelmaß *n* average, *contp.* mediocrity.
mittelmäßig *adj* average, mediocre.
Mittelmäßigkeit *f* mediocrity.
Mittelmeer *n the* Mediterranean (Sea).
Mittelmeer... Mediterranean.
Mittelohrentzündung *f* inflammation of the middle ear, otitis.
mittelprächtig *adj* F middling.
Mittelpunkt *m* cent/re (*Am.* -er), *fig. a.* heart, hub: ***im ~ des Interesses stehen*** be the focus of interest.
mittels *prep* by (means of), through.
Mittelschiff *n* ⛪ nave.
Mittelsmann *m* mediator, go-between.
Mittelstand *m* **1.** middle classes *pl*: ***gehobener ~*** upper middle class. **2.** *econ.* medium-sized and small enterprises *pl.*
mittelständisch *adj*, **Mittelstands...** middle-class: *econ.* ***mittelständische Betriebe*** → ***Mittelstand*** 2.
Mittelstrecken|läufer(in) middle-distance runner. **~rakete** *f mil.* medium-range missile.
Mittel|streifen *m* centre strip, *Am.* median strip. **~stück** *n* **1.** middle part. **2.** *gastr.* middle. **~stufe** *f ped. etwa* middle school, *Am.* junior high. **~stürmer(in)** *Sport*: cent/re (*Am.* -er) forward. **~weg** *m fig.* (***e-n ~ einschlagen*** steer a) middle course; ***der goldene ~*** the golden mean. **~welle** *f* ⚡ medium wave. **~wert** *m* mean (value). **~wort** *n ling.* participle.
mitten *adv* **~ *in*** (***an, auf, unter*** *dat*) in the middle of; **~ *in*** *der Menge etc* in the thick of; **~ *unter uns*** in our midst; **~ *hinein*** right into it; **~ *ins Herz*** right into the heart. **mittendrin** *adv* F right in the middle (of it). **mittendurch** *adv* right through (*od.* across).
Mitternacht *f* (***um ~*** at) midnight.
mittler *adj* middle, central, (*durchschnittlich*) average, medium, *bsd. phys., tech.* mean, (*mittelmäßig*) middling, (*Unternehmen*) medium-sized: ***~en Alters*** middle-aged; ***~er Beamter*** lower-grade civil servant; ***~es Einkommen*** (***Management***) middle income (management); ***der Mittlere Osten*** the Middle East; ***von ~er Qualität*** of medium quality; → ***Reife*** 2.
Mittler(in) mediator.
mittlerweile *adv* meanwhile, (in the) meantime, since, by now.
Mittsommer *m* midsummer.
Mittwoch *m* (***am ~*** on) Wednesday.
mittwochs *adv* on Wednesday(s).
mitunter *adv* now and then.
mitverantwortlich *adj* jointly responsible.
Mitverantwortung *f* joint responsibility.
mitverdienen *v/i* be earning as well.
Mitverfasser(in) coauthor.
mitwirken *v/i* (***bei***) a) *Person*: cooperate (in), *a. thea.* take part (in), *Musiker etc*: perform, b) *Sache*: contribute (to).
Mitwirkende *m, f thea.* actor, player (*a.* ♪), *pl* cast *sg*: ***~ sind ...*** the cast includes ...
Mitwirkung *f* cooperation, (*Teilnahme*) participation: ***unter ~ von*** (*od. gen*) assisted by, *thea.* starring ...
Mitwisser(in) person who is in on the secret, ⚖ accessory.
mitzählen → ***mitrechnen.***
Mix *m* mix.
Mixbecher *m* shaker. **mixen** *v/t* mix. **Mixer** *m* **1.** (*Barmixer*) bartender, mixer. **2.** *TV etc*: mixer. **3.** → **Mixgerät** *n* mixer, liquidizer. **Mixgetränk** *n* mixed drink.
Mixtur *f* mixture.
Mob *m* mob.
mobben *v/t* bully, harass.
Mobbing *n* bullying, harassment at work.
Möbel *n* a) → ***Möbelstück,*** b) *pl* furniture *sg.* **~geschäft** *n* furniture shop. **~händler(in)** furniture dealer. **~hersteller** *m* furniture manufacturer. **~industrie** *f* furniture industry. **~packer** *m* removal man. **~politur** *f* furniture polish. **~spedition** *f* removal firm. **~stoff** *m* furniture fabric. **~stück** *n* piece of furniture. **~tischler(in)** cabinet-maker. **~wagen** *m* furniture van, *Am.* moving truck.
mobil *adj* **1.** *allg.* mobile: *mil.* ***~ machen*** mobilize. **2.** F (*munter*) active.
Mobile *n* mobile.
Mobilfunk *m* mobile phone system.
Mobilfunkgerät *n* mobile phone.
Mobiliar *n* furniture.
Mobilien *pl econ.* movables *pl*, movable property.
mobilisieren *v/t fig.* mobilize.
Mobilisierung *f* mobilization.
Mobilität *f* mobility.
Mobilmachung *f mil.* mobilization.
Mobiltelefon *n* mobile phone.
möblieren *v/t* furnish: ***neu ~*** refurnish.
möbliert *adj* furnished: ***~es Zimmer*** fur-

nished room, bed-sitter; *adv* F ~ ***wohnen*** live in lodgings.
Möchtegern... *iro*. would-be (*artist etc*).
modal *adj allg*. modal.
Modalität *f* modality.
Mode *f* fashion: ***die neueste ~*** the latest fashion; *contp*. ***neue ~n*** new-fangled ideas; (***die***) ***große ~ sein*** be (all) the fashion (*od*. rage); ***in*** (***aus der***) ***~ kommen*** come into (go out of) fashion; ***mit der ~ gehen*** follow the latest fashion. **~artikel** *m* novelty. **~beruf** *m* fashionable career.
modebewusst *adj* fashion-conscious.
Mode|branche *f* fashion trade (*od*. industry). **~designer(in)** fashion designer. **~farbe** *f* fashionable colo(u)r. **~fotograf(in)** fashion photographer. **~geschäft** *n* fashion shop. **~haus** *n* **1.** (*Unternehmen*) fashion house. **2.** fashion shop.
Modell *n allg*. model, *in natürlicher Größe*: mock-up, *tech. a*. design, type: ***j-m ~ stehen*** sit (*od*. pose) for s.o. **~athlet(in)** model athlete. **~bauer(in)** *tech*. model(l)er, model builder. **~eisenbahn** *f* model railway. **~flugzeug** *n* model airplane.
modellieren *v/t* model, mo(u)ld.
Modell|kleid *n* model (dress). **~versuch** *m* pilot experiment (*od*. scheme).
Modem *n* ϟ modem. **~anschluss** *m* modem connection.
Modenschau *f* fashion show.
Moder *m* mo(u)ld.
Moderation *f TV* presentation, *Am*. moderation.
Moderator(in) *f TV* presenter, *Am*. moderator.
moderieren *v/t TV* present, *Am*. moderate.
mod(e)rig *adj* mo(u)ldy, *Geruch*: *a*. musty.
'modern[1] *v/i* mo(u)lder, rot.
mo'dern[2] *adj* modern, up(-)to(-)date, (*modisch*) fashionable.
Moderne *f* **1.** modern age. **2.** ***Kunst*** *etc* ***der ~*** modernist art *etc*.
modernisieren *v/t* modernize.
Modernisierung *f* modernization.
Modesalon *m* fashion house.
Modeschmuck *m* costume jewel(le)ry.
Modeschöpfer *m* couturier.
Modeschöpferin *f* couturière.
Mode|tanz *m* "in"-dance. **~wort** *n* vogue word. **~zeichner(in)** fashion designer. **~zeitschrift** *f* fashion magazine.
modifizieren *v/t allg*. modify, (*Ausdruck*) *a*. qualify. **Modifizierung** *f* modification, qualification.
modisch *adj* fashionable, stylish.
Modul *n tech*. module.
modulieren *v/t* modulate.
Modus *m* **1.** (*Art und Weise*) way, method, *a*. ♪ *u. Computer*: mode. **2.** *ling*. mood.
Mofa *n* → ***Motorfahrrad.***
mogeln *v/i* F cheat.
Mogelpackung *f* deception package.
mögen I *v/i* **1.** (*wollen*) want, like: ***ich mag nicht essen*** *etc* I don't want to eat *etc*; ***ich möchte gern ein Bier*** I would like (to have) a beer. **II** *v/t* **2.** (*wünschen*) want, like: ***ich möchte ihn sehen*** I want (*od*. would like) to see him. **3.** (*gern haben*) like, be fond of: ***nicht ~*** dislike; ***ich mag k-n Kaffee*** I don't like (*od*. care for) coffee; ***lieber ~*** like better, prefer. **III** *v/aux* **4.** ***ich möchte wissen*** I should like to know, I wonder; ***ich möchte lieber ...*** I would rather ...; ***das möchte ich doch einmal sehen!*** well, I should like to see that!; ***ich mochte noch nicht nach Hause gehen*** I didn't want to go home yet; ***mag er sagen, was er will*** let him say what he wants; ***das mag*** (***wohl***) ***sein*** that may be so; ***mag sein, dass*** perhaps; ***wo er auch sein mag*** wherever he may be; ***möge es ihm gelingen!*** may he succeed!; ***was mag das bedeuten?*** I wonder what it could mean?; ***sie mochte 30 Jahre alt sein*** she would be (*od*. she looked) thirty years old.
Mogler(in) F cheat.
möglich *adj allg*. possible, (*durchführbar*) *a*. practicable: ***~er Käufer*** potential buyer; ***alle ~en ...*** all sorts of; ***alles Mögliche*** all sorts of things *etc*; ***sein Möglichstes tun*** do what one can, *stärker*: do one's utmost; ***es ~ machen → ermöglichen***; ***nicht ~!*** impossible!, F no kidding!; ***das ist eher ~!*** that's more likely!; ***es ist ~, dass er kommt*** he may come; ***so bald wie ~*** as soon as possible.
möglicherweise *adv* possibly, perhaps, maybe.
Möglichkeit *f* possibility, (*Gelegenheit*) *a*. opportunity, (*Aussicht*) *a*. chance: ***nach ~*** if possible, as far as possible; ***es besteht die ~, dass*** there is a possibility (*od*. it is possible) that; ***ich sehe k-e ~ zu*** *inf* I cannot see any chance of *ger*; ***ist das die ~!*** that's not possible!
möglichst *adv* ***~ bald*** as soon as possible; ***~ klein*** as small as possible, *attr* the smallest possible.
Mohammedaner(in), mohammedanisch *adj* Moslem.
Mohn *m* **1.** ⚘ poppy. **2.** → **Mohnsamen** *m* poppy-seed.
Möhre *f*, **Mohrrübe** *f* ⚘ carrot.
Mokka *m* mocha.
Molch *m zo*. newt.
Mole *f* ⚓ mole, jetty.

Molekül *n* ⚗ molecule. **molekular** *adj*, **Molekular...** molecular.
Molke *f* whey.
Molkerei *f* dairy. **~butter** *f* blended butter.
Moll *n* ♪ minor (key).
mollig *adj* F **1.** (*gemütlich*) cosy, snug. **2.** (*rundlich*) plump.
Molotowcocktail *m* Molotov cocktail, petrol bomb.
Moment¹ *m* (**im** ~ at the) moment.
Moment² *n* **1.** factor, element, aspect. **2.** *phys*. momentum.
momentan I *adj* **1.** (*vorübergehend*) momentary. **2.** (*gegenwärtig*) present. **II** *adv* **3.** momentarily. **4.** at the moment.
Monarch(in) monarch, sovereign.
Monarchie *f* monarchy.
Monarchist(in), monarchistisch *adj* monarchist.
Monat *m* month: ***im ~ Mai*** in (the month of) May; ***im ~, pro ~*** a month, monthly; F ***sie ist im dritten ~*** she is three months gone.
monatelang I *adj* months of. **II** *adv* for months.
monatlich *adj u. adv* monthly, *adv a.* a month.
Monats|anfang *m* (**am** ~ at the) beginning of the month. **~beitrag** *m* monthly subscription (*od.* premium). **~bericht** *m* monthly report. **~budget** *n* monthly budget. **~einkommen** *n* monthly income. **~ende** *n* (**am** ~ at the) end of the month. **~frist** *f* term (*od.* period) of one month: ***binnen ~*** within a month. **~gehalt** *n* monthly salary (*od.* pay). **~karte** *f* monthly season ticket, *Am.* monthly ticket. **~lohn** *m* monthly wage(s *pl*). **~miete** *f* monthly rent: ***drei ~n*** three months' rent. **~rate** *f* monthly instal(l)ment. **~schrift** *f* monthly (magazine). **~zahlen** *pl* monthly figures.
Mönch *m* monk.
Mönchskloster *n* monastery.
Mönchsorden *m* monastic order.
Mond *m* moon, (*Trabant*) *a.* satellite: *fig.* ***hinter dem ~ leben*** be behind the times.
mondän *adj* fashionable, chic.
Mond|aufgang *m* moonrise. **~finsternis** *f* lunar eclipse. **~gestein** *n* moon rocks *pl*.
mondhell *adj* moonlit.
Mond|landefähre *f* lunar module. **~landung** *f* moon landing. **~nacht** *f* moonlit night. **~schein** *m* moonlight. **~sichel** *f* crescent (of the moon). **~sonde** *f* moon probe. **~stein** *m* moonstone.
mondsüchtig *adj* moonstruck.
Mondsüchtige *m, f* sleepwalker.
Monetarismus *m* monetarism.
monetaristisch *adj* monetarist.
Moneten *pl* F dough *sg*, *sl.* lolly.
Mongolei *f die* Mongolia.
Mongole *m*, **Mongolin** *f*, **mongolisch** *adj* Mongol(ian).
Mongolismus *m* ⚕ mongolism.
mongoloid *adj* ⚕ mongoloid.
monieren *v/t* criticize, complain about.
Monitor *m TV*, *Computer*: monitor. **~anschluss** *m am Rechner*: terminal connection, display screen connection.
mono *adj* F (*adv* ~ ***abspielbar***) mono.
monogam *adj* monogamous.
Monogramm *n* monogram.
Monographie *f* monograph.
Monolog *m* monolog(ue *Br.*).
Monopol *n* monopoly (***auf*** *acc* on).
monopolisieren *v/t* monopolize.
Monopolabsprache *f* monopoly agreement.
monopolartig *adj* monopolistic.
Monopolisierung *f* monopolization.
Monopolist *m* monopolist.
Monopol|kapital *n* monopoly capital. **~kommission** *f* Monopolies and Mergers Commission. **~stellung** *f* monopoly: ***e-e ~ einnehmen*** hold (*od.* have) a monopoly (***für*** on).
monoton *adj* monotonous.
Monotonie *f* monotony.
Monster *n* monster. **Monster...** F *fig.* mammoth (*enterprise, trial, etc*).
monströs *adj* monstrous.
Monstrum *n* (*pl* ***Monstren***) monster.
Monsun *m* monsoon.
Montag *m* (**am** ~ on) Monday.
Montage *f* **1.** *tech.* mounting, fitting, installation, (*Zs.-bau*) assembly: ***auf ~ sein*** be away on a construction job. **2.** *phot.*, *Film etc*: montage. **~anleitung** *f* assembly instructions *pl*. **~band** *n* assembly line. **~halle** *f* assembly shop. **~roboter** *m* assembly robot.
montags *adv* on Monday(s).
Montags|auto *n* Monday model. **~frust** *m*, **~stimmung** *f* Monday(-morning) blues.
Montan|industrie *f* coal, iron, and steel industries *pl*. **~union** *f* European Coal and Steel Community.
Monteur(in) *tech.* fitter, ✈, *mot.* mechanic.
Monteuranzug *m* overalls *pl*.
montieren *v/t tech.* mount (*a. phot. etc*), fit, instal(l), (*zs.-bauen*) assemble.
Montur *f* outfit, F get-up.
Monument *n* monument (***für*** to).
monumental *adj* monumental.
Moor *n* fen, bog, moor.
Moos *n* **1.** ⚘ moss. **2** . F (*Geld*) dough, *sl.* lolly. **moosgrün** *adj* moss-green.
Mop *m* → ***Mopp.***
Moped *n* moped, motorbicycle.

Mopp *m* mop.
Mops *m zo.* pug.
Moral *f* morals *pl*, (~*lehre*) ethics *pl* (*a. sg konstr.*), (*Kampf-, Arbeitsmoral etc*) morale: ***doppelte ~*** double standards *pl*; ***die ~ heben*** raise the morale.
Moralapostel *m contp.* moralizer.
moralisch *adj* moral. **moralisieren** *v/i* moralize. **Moralist(in)** moralist.
Moralpredigt *f* (***j-m e-e ~ halten*** give s.o. a) sermon.
Morast *m* morass, *a. fig.* mire.
Morchel *f* ⚘ morel.
Mord *m* murder (**an** *dat* of): ***e-n ~ begehen*** commit murder; F ***es gibt ~ und Totschlag*** there will be a hell of a row.
Mordanklage *f* murder charge: ***unter ~ stehen*** be charged with murder.
Mordanschlag *m* attempted murder: ***e-n ~ auf j-n verüben*** make an attempt on s.o.'s life.
morden I *v/i* commit murder, kill. **II** *v/t* murder, kill.
Mörder *m* murderer.
Mörderin *f* murderess.
mörderisch *adj allg.* murderous, *Kampf etc*: *a.* deadly, *Hitze etc*: *a.* terrible, *Rennen etc*: *a.* gruel(l)ing, *Tempo*: *a.* breakneck, *Konkurrenz etc*: cutthroat.
Mord|fall *m* murder case. **~kommission** *f* murder (*Am.* homicide) squad.
Mords|... F a) (*groß*) great, terrific, fantastic, b) (*schrecklich*) terrible. **~angst** *f* ***e-e ~ haben*** be in a flat panic, be scared stiff. **~ding** *n* whopper. **~glück** *n* fantastic stroke of luck. **~kerl** *m* great guy. **~krach** *m* terrific noise, awful racket: ***e-n ~ schlagen*** raise hell.
mordsmäßig F **I** *adj* terrible. **II** *adv* terribly.
Mordsspaß *m* F terrific fun.
Mordverdacht *m* suspicion of murder.
Mordwaffe *f* murder weapon.
morgen *adv* tomorrow: ***~ früh*** (***Abend***) tomorrow morning (evening *od.* night); ***~ Mittag*** at noon tomorrow; ***heute Morgen*** this morning; ***~ in 14 Tagen*** a fortnight tomorrow; ***~ in e-r Woche*** a week from tomorrow; ***~ um diese Zeit*** this time tomorrow.
Morgen[1] *m* (***guten ~!*** good) morning(!): ***am*** (***frühen***) ~ (early) in the morning.
Morgen[2] *m* (*Landmaß*) acre.
Morgen|andacht *f* morning prayer. **~dämmerung** *f* dawn, daybreak. **~essen** *n schweiz.* breakfast. **~grauen** *n* ***beim ~*** at dawn. **~gymnastik** *f* ***s-e ~ machen*** do one's daily dozen. **~maschine** *f* morning plane (*od.* flight). **~muffel** *m* F ***ein ~ sein*** be grumpy in the morning. **~rock** *m* dressing gown. **~rot** *n*, **~röte** *f* red sky, *fig.* dawn.
morgens *adv* in the morning(s): ***~ um 4*** (***Uhr***) at four (o'clock) in the morning; ***von ~ bis abends*** from morning till midnight.
Morgen|sonne *f* (***~ haben*** get the) morning sun. **~stunde** *f* morning hour: ***in den frühen ~n*** in the small hours.
morgig *adj* tomorrow's: ***der ~e Tag*** tomorrow.
Mormone *m*, **Mormonin** *f*, **mormonisch** *adj* Mormon.
Morphium *n* morphine.
morsch *adj* rotten, *fig. a.* shaky.
Morsealphabet *n* Morse (code).
morsen *v/t u. v/i* morse.
Mörser *m allg.* mortar.
Morsezeichen *n* Morse signal.
Mörtel *m* mortar. **~kelle** *f* trowel.
Mosaik *n a. fig.* mosaic.
Mosaikfußboden *m* tessellated floor.
Mosambik *n* Mozambique (*republic in Southeast Africa*).
Moschee *f* mosque.
Mosel *f* (*Fluss*) *the* Moselle.
Mosel(wein) *m* Moselle.
mosern *v/i* F gripe, grumble.
Moskau *n* Moscow.
Moskito *m zo.* (tropical) mosquito.
Moskitonetz *n* mosquito net.
Moslem *m*, **Moslime** *f* Moslem, Muslim.
Motel *n* motel.
Motiv *n* **1.** motive (**zu** for): ***aus welchem ~ heraus?*** for what reason? **2.** *Kunst*: motif, *Film etc*: *a.* theme, *phot.* subject.
Motivation *f* motivation.
motivieren *v/t* **1.** (*anregen*) motivate. **2.** (*begründen*) explain, give reasons for. **motiviert** *adj* motivated.
Motor *m* engine, *bsd.* ⚡ motor (*a. fig.*). **~boot** *n* motorboat. **~fahrrad** *n* motorized bicycle. **~haube** *f* a) *mot.* bonnet, *Am.* hood, b) ✈ (engine) cowling.
motorisieren *v/t* motorize.
Motor|öl *n* engine oil. **~pumpe** *f* power pump.
Motorrad *n* (***~ fahren*** ride a) motorcycle (F motorbike): ***~ mit Beiwagen*** combination. **~fahrer(in)** motorcyclist.
Motorroller *m* (motor) scooter.
Motor|säge *f* power saw. **~schaden** *m* engine trouble. **~schlitten** *m* snowmobile. **~sport** *m* motor sport.
Motte *f zo.* moth.
Mottenkiste *f* F ***aus der ~*** ancient.
Mottenkugel *f* mothball.
Motto *n* motto.
motzen *v/i* F beef.
Mountainbike *n* mountain bike.

Möwe *f zo.* (sea)gull.

MP ***Maschinenpistole*** submachine gun; ***Militärpolizei*** military police (MPs, *Aufschrift*: MP).

Mrd. ***Milliarde(n)*** billion, *pl* billion(s) (bn).

Mrz. ***März*** March (Mar., Mar).

MS, Ms. ***Manuskript*** manuscript (MS, ms.).

Mss. ***Manuskripte*** *pl* manuscripts (MSS, mss.).

mst. ***meist(ens)*** mostly, usually (usu.).

Mt. ***Monat*** month (mth).

MTA ***medizinisch-technische Assistentin*** medical laboratory assistant.

mtl. ***monatlich*** monthly.

Mücke *f zo.* mosquito, midge: *fig.* ***aus e-r ~ e-n Elefanten machen*** make a mountain out of a molehill.

Mückenstich *m* mosquito bite.

Mucks *m* F (***k-n ~ sagen*** not to utter a) sound. **mucksen** *v/i* (*a.* ***sich ~***) stir, make a sound. **mucksmäuschenstill** *adj* F *Person*: as quiet as a mouse: ***es war ~*** you could have heard a pin drop.

müde *adj* tired, weary, (*erschöpft*) exhausted, (*schläfrig*) sleepy: ***zum Umfallen ~*** ready to drop; ***~ werden*** get tired; ***e-r Sache ~ werden*** grow weary (*od.* tired) of s.th.; ***ich bin es ~*** I have had enough (of it); ***nicht ~ werden zu*** *inf* not to tire of *ger.* **Müdigkeit** *f* tiredness, weariness, sleepiness, exhaustion.

Muffe *f tech.* sleeve, socket.

Muffel *m* F sourpuss. **...muffel** *m* ***er ist ein Party~*** he is a party-loather; ***er ist ein Krawatten~*** he's not a tie man.

Muffensausen *n* F ***~ haben (kriegen)*** be in (get into) a flat panic.

Mühe *f* trouble, pains *pl*, (*Anstrengung*) effort, (*Schwierigkeiten*) difficulties *pl* (***mit*** with, in doing): ***vergebliche ~*** waste of time (*od.* energy); ***mit Müh und Not*** barely, with (great) difficulty; ***sich (große) ~ geben*** take (great) trouble (*od.* pains) (***mit*** over), try hard; ***sich die ~ machen zu*** *inf* go to the trouble of *ger*; ***k-e ~ scheuen*** spare no effort (*od.* pains); ***gib dir k-e ~!, spar dir die ~!*** save yourself the trouble!, don't bother!

mühelos I *adj* effortless, easy. **II** *adv* easily, effortlessly.

mühevoll *adj* hard, difficult, *Aufgabe, Weg etc*: *a.* laborious.

Mühle *f* **1.** mill: → ***Wasser.*** **2.** (*~spiel*) (nine men's) morris. **3.** F *contp.* ✈, *mot.* crate, bus. **Mühlrad** *n* millwheel.

mühsam, mühselig I *adj* troublesome, (*schwierig*) hard, (*ermüdend*) tiring. **II** *adv* with difficulty: ***sich et. ~ verdienen*** work hard for s.th.; ***sich ~ erheben*** struggle to one's feet.

Mulatte *m*, **Mulattin** *f* mulatto.

Mulde *f* hollow, depression.

Mull *m* muslin, ⚕ gauze.

Müll *m* rubbish, refuse, *Am.* garbage. **~abfuhr** *f* refuse (*Am.* garbage) collection. **~berg** *m* mountain of rubbish (*Am.* garbage). **~beseitigung** *f* waste disposal. **~beutel** *m* bin liner, *Am.* garbage bag.

Mullbinde *f* ⚕ gauze bandage.

Müll|container *m* refuse skip. **~deponie** *f* rubbish tip, *Am.* garbage dump. **~eimer** *m* rubbish bin, *Am.* garbage can. **~entsorgung** *f* waste disposal.

Müller *m* miller.

Müll|fahrer *m* dustman, *Am.* garbage man. **~platz** *m* dump. **~reduzierung** *f* waste reduction, reduction of waste. **~sack** *m* dustbin liner. **~schlucker** *m* rubbish chute. **~tonne** *f* dustbin, *Am.* garbage can. **~tourismus** *m* illegal waste-trafficking. **~trennung** *f* waste separation. **~verbrennungsanlage** *f* incinerating plant. **~vermeidung** *f* waste avoidance. **~verwertungsanlage** *f* waste utilization plant. **~wagen** *m* dustcart, *Am.* garbage truck.

mulmig *adj* F **1.** (*gefährlich*) ticklish. **2.** ***mir ist ganz ~ zumute*** a) I feel queasy (*od.* funny), b) I've got an uneasy feeling, *stärker*: I am scared.

Multi *m* F multinational (concern).

Multifunktionstastatur *f* multiple-function keyboard.

multikulturell *adj* multicultural.

mulitmedia... *in Zssg.* multimedia... **multimedial** *adj* multimedia.

Multimedia|-PC *m* multimedia PC. **~markt** *m* multimedia market.

Multimillionär(in) multimillionaire.

multinational *adj* multinational.

Multiplikation *f* A multiplication.

Multiplikator *m* multiplier.

multiplizieren *v/t* multiply (***mit*** by).

m. ü. M. ***Meter über (dem) Meer(esspiegel)*** metres (*Am.* meters) above sea level.

Mumie *f* mummy.

Mumm *m* F spunk, guts *pl.*

Mumps *m* ⚕ mumps *sg.*

München *n* Munich.

Mund *m* mouth: ***aus j-s ~e*** from s.o.'s mouth; ***wie aus einem ~e*** as one man; ***~ und Nase aufsperren*** stand gaping, be dum(b)founded; ***den ~ halten*** keep one's mouth shut; ***halt den ~!*** shut up!; F ***den ~ voll nehmen*** talk big; ***du nimmst mir das Wort aus dem ~e*** you are taking the very words out of my mouth; F ***j-m über den ~ fahren*** cut s.o. short; ***in aller ~e sein*** be the talk of the town; ***nicht auf den ~ gefallen sein*** have a ready (*od.* glib) tongue; →

absparen, Blatt 1, ***stopfen*** 3, ***verbrennen*** I, ***wässerig*** *etc.*
Mundart *f* dialect.
Mundusche *f* oral spray.
Mündel *n* ⚖ ward.
mündelsicher *adj econ.* ***~e Papiere*** gilt-edged securities *pl.*
münden *v/i* ***~ in*** (*acc*) lead to (*a. fig.*), *Fluss*: flow into, *Straße*: lead into.
Mundgeruch *m* ⚕ bad breath, halitosis.
Mundharmonika *f* mouth organ.
mündig *adj* **1.** ⚖ (***~ werden*** come) of age. **2.** *fig.* responsible, mature.
mündlich *adj Erklärung etc*: verbal, *Prüfung*: oral: ***~e Überlieferung*** oral tradition; *adv* ***alles Weitere ~*** I'll tell you the rest when I see you.
Mund|pflege *f* oral hygiene. **~schutz** *m* ⚕ mask, *Boxen*: gumshield. **~stück** *n* **1.** ♪, *tech.* mouthpiece. **2.** *e-r Zigarette*: tip.
mundtot *adj* ***~ machen*** (reduce to) silence, *pol.* gag, muzzle.
Mündung *f* **1.** (*Flussmündung*) mouth, *den Gezeiten unterworfene*: estuary. **2.** *anat., tech.* mouth, *e-r Schusswaffe*: muzzle.
Mund|wasser *n* mouthwash. **~werbung** *f* word-of-mouth advertising. **~werk** *n* F ***ein loses ~ haben*** have a loose tongue. **~winkel** *m* corner of one's mouth.
Mund-zu-Mund-Beatmung *f* ⚕ mouth-to-mouth resuscitation, F kiss of life.
Munition *f a. fig.* ammunition.
munkeln *v/i u. v/t* whisper: ***man munkelt, dass ...*** it is rumo(u)red that ...
Münster *n* minster, cathedral.
munter *adj* **1.** awake, (*auf*) up (and about). **2.** *fig.* lively, (*vergnügt*) cheerful, chirpy, (*rüstig*) vigorous; → ***gesund.***
Munterkeit *f* liveliness, high spirits *pl.*
Muntermacher *m* F pick-me-up.
Münze *f* **1.** coin: ***klingende ~*** hard cash; *fig.* ***et. für bare ~ nehmen*** take s.th. at face value. **2.** (*Gedenkmünze*) medal. **3.** (*Münzanstalt*) mint.
Münz|einheit *f* monetary unit. **~einwurf** *m* coin slot.
münzen *v/t u. v/i* coin, mint: *fig.* ***auf j-n gemünzt sein*** be meant for s.o.
Münz|fernsehen *n* pay-TV. **~fernsprecher** *m* pay phone. **~sammlung** *f* coin collection. **~tank(automat)** *m* coin-operated petrol pump. **~wechsler** *m* change machine.
mürbe *adj* **1.** *Gebäck*: crumbly, *Obst*: mellow, very ripe, *Fleisch*: tender, *Holz*: rotten, (*brüchig*) brittle. **2.** *fig.* worn out: ***j-n ~ machen*** wear s.o. down; ***~ werden*** give in, wilt.
Mürbeteig *m* short pastry.
Mure *f* mudflow.
Murks *m* F botch-up: ***~ machen*** → **murksen** *v/i* F make a hash of things.
Murmel *f* marble.
murmeln *v/i u. v/t* murmur, mutter.
Murmeltier *n* marmot, *Am. a.* woodchuck: *fig.* ***schlafen wie ein ~*** sleep like a top (*od.* log).
murren *v/i* grumble (***über*** *acc* about).
mürrisch *adj* surly, grumpy.
Mus *n* puree, mash.
Muschel *f* **1.** *zo.* mussel, (*~schale*) shell. **2.** (*Hörmuschel*) earpiece, (*Sprechmuschel*) mouthpiece.
muschelförmig *adj* shell-shaped.
Muse *f myth.* Muse, *fig.* muse.
Museum *n* museum.
Musical *n* musical.
Musik *f* **1.** (***~ machen*** play) music. **2.** (*~kapelle*) band.
musikalisch *adj* musical: ***~e Untermalung*** incidental music.
Musikalität *f* musicality.
Musikant(in) musician.
Musik|begleitung *f* (musical) accompaniment. **~berieselung** *f* piped music. **~box** *f* jukebox.
Musiker(in) musician.
Musik|festspiele *pl* music festival *sg.* **~hochschule** *f* conservatory. **~instrument** *n* musical instrument. **~kapelle** *f* band. **~kassette** *f* music cassette. **~lehrer(in)** music teacher. **~stück** *n* piece of music. **~stunde** *f* music lesson. **~unterricht** *m* music lessons *pl.* **~wissenschaft** *f* musicology.
musisch *adj Person, Begabung*: artistic: *ped.* ***~e Fächer*** fine arts (subjects).
musizieren **I** *v/i* make music. **II** *v/t* play.
Muskat *m* nutmeg. **Muskatblüte** *f* mace. **Muskatnuss** *f* nutmeg apple.
Muskel *m* muscle: ***die ~n spielen lassen*** flex one's muscles. **~faser** *f* muscular fibre (*Am.* fiber). **~kater** *m* F stiffness, sore muscles *pl*: ***~ haben*** feel stiff and aching. **~paket** *n*, **~protz** *m* F muscleman. **~riss** *m* ⚕ torn muscle. **~zerrung** *f* ⚕ pulled muscle.
Muskulatur *f* muscular system, muscles *pl.*
muskulös *adj* muscular.
Müsli *n* muesli.
Muss *n* ***es ist ein ~*** it is a must.
Muße *f* leisure: ***mit ~*** at leisure.
müssen *v/i u. v/aux* have to: ***ich muss*** I must, I have (got) to; ***ich musste*** I had to; ***ich müsste*** (***eigentlich***) I ought to; ***du musst nicht hingehen*** you needn't (*od.* don't have to) go; ***sie ~ bald kommen*** they are bound to come soon; ***der Zug müsste***

längst hier sein the train is (long) overdue; ***ich musste (einfach) lachen*** I couldn't help laughing; ***muss das sein?*** is that really necessary?, do you have to?; ***wenn es unbedingt sein muss*** if it can't be helped.

Mußestunde *f* leisure hour.

müßig *adj* idle, (*sinnlos*) *a.* pointless, useless, futile: ***~es Gerede*** idle talk.

Müßiggang *m* idleness.

Müßiggänger(in) idler.

Muster *n* **1.** (***nach e-m ~ arbeiten*** work from a) pattern. **2.** (*Probe*) sample, specimen. **3.** (*Stoffmuster etc*) pattern, design. **4.** (*Vorbild*) model: ***sie ist das ~ e-r guten Hausfrau*** she's a model housewife. **~beispiel** *n* classic example (**für** of). **~betrieb** *m* model plant. **~exemplar** *n* **1.** *econ.* sample specimen. **2.** *print.* specimen copy. **3.** *bsd. iro.* perfect example. **~gatte** *m*, **~gattin** *f bsd. iro.* model husband (wife).

mustergültig, musterhaft *adj* exemplary, model: *adv* ***sich ~ benehmen*** behave perfectly.

Muster|haus *n* show house. **~knabe** *m bsd. iro.* paragon, *contp.* prig. **~koffer** *m econ.* sample case. **~kollektion** *f econ.* sample collection.

mustern *v/t* **1.** study, scrutinize, *neugierig*: eye, look *s.o.* up and down, *abschätzend*: size *s.o.* up. **2.** *mil.* (*Truppen*) inspect, (*Wehrpflichtigen*) examine: ***gemustert werden*** F have one's medical. **3.** pattern: → ***gemustert.***

Muster|prozess *m* ⚖ test case. **~schüler(in)** model pupil, *contp.* swot.

Musterung *f* **1.** scrutiny. **2.** *mil. der Truppe*: review, *e-s Wehrpflichtigen*: medical examination (for military service).

Mut *m* courage, F pluck, (*Wagemut*) daring: ***~ fassen*** (*od.* ***schöpfen***) pluck up courage; ***j-m den ~ nehmen*** discourage s.o.; ***den ~ sinken lassen*** (*od.* ***verlieren***) lose heart, despair; ***nur ~!*** cheer up!; ***guten ~es sein*** be in good spirits; ***zu ~e*** → ***zumute.***

Mutation *f biol.* mutation.

mutieren *v/i* mutate.

mutig *adj* courageous, brave.

mutlos *adj* discouraged, disheartened, (*verzagt*) despondent.

Mutlosigkeit *f* discouragement, (*Verzagtheit*) despondency.

mutmaßen *v/t* speculate, conjecture.

mutmaßlich *adj* probable, *Täter, Vater etc*: presumed.

Mutmaßung *f* (**über** *acc* about) conjecture, speculation.

Mutprobe *f* test of courage.

Mutter[1] *f* mother: ***werdende ~*** expectant mother; ***e-e ~ von vier Kindern*** a mother of four.

Mutter[2] *f tech.* nut.

Mütterberatungsstelle *f* child welfare centre, *Am.* maternity center.

Mutter|boden *m*, **~erde** *f* ⚒ topsoil. **~gesellschaft** *f econ.* parent company.

Muttergottes *f* (Virgin) Mary. **~bild** *n* madonna.

Mutter|haus *n eccl.* mother house. **~herz** *n* mother's heart. **~instinkt** *m* maternal instinct. **~komplex** *m* mother fixation. **~kuchen** *m* ⚕ placenta. **~leib** *m* womb.

mütterlich *adj* motherly, (*a. von der Mutter her*) maternal.

mütterlicherseits *adv* on one's mother's side: ***Onkel ~*** maternal uncle.

Mütterlichkeit *f* motherliness.

Mutter|liebe *f* motherly love. **~mal** *n* ⚕ birthmark. **~milch** *f* mother's milk: ***mit ~ genährt*** breastfed. **~mund** *m anat.* uterine orifice.

Mutterschaft *f* maternity, motherhood.

Mutterschafts|geld *n*, **~hilfe** *f* maternity benefit. **~urlaub** *m* maternity leave.

Mutterschutz *m* legal (job) protection for expectant and nursing mothers.

mutterseelenallein *adj pred u. adv* all alone.

Mutter|söhnchen *n* F mummy's darling. **~sprache** *f* mother tongue. **~sprachler(in)** native speaker. **~stelle** *f* ***bei j-m ~ vertreten*** be like a (second) mother to s.o. **~tag** *m* Mother's Day. **~tier** *n* mother, dam. **~witz** *m* common sense, (*Schlagfertigkeit*) natural wit.

Mutti *f* F mummy, mum, *Am.* mom.

mutwillig *adj* wilful, wanton.

Mütze *f* cap.

MW ***Mittelwelle*** medium wave (MW).

m.W. ***meines Wissens*** as far as I know.

MWSt. ***Mehrwertsteuer*** value-added tax (VAT), *bsd. Am.* sales tax.

Myanmar *n* Myanmar (*früher*: *Birma, Burma*).

Myrr(h)e *f* myrrh.

mysteriös *adj* mysterious.

Mystik *f* mysticism. **Mystiker(in)** mystic.

mystisch *adj* **1.** *Symbol, Lehre etc*: mystic, (*die Mystik betreffend*) mystical. **2.** (*geheimnisvoll*) mysterious.

Mythe *f* myth. **mythisch** *adj* mythical.

Mythologie *f* mythology.

mythologisch *adj* mythological.

Mythos *m*, **Mythus** *m* myth.

N

N, n *n* N, n.

N ***Nord*(*en*)** north (N).

na *int* F well, *erstaunt*, *empört*: hey: **~, ~!** come on (now)!; ***~ also!*** there you are!; ***~ schön!*** all right then!; ***~, so (et)was!*** just fancy that!; → ***und, warten***[1] I.

Nabe *f tech.* hub.

Nabel *m* navel: *fig.* ***der ~ der Welt*** the hub of the world.

Nabelschnur *f* umbilical cord.

nach I *prep* (*dat*) **1.** *Richtung*: to, toward(s), for: ***~ England gehen*** go to England; ***~ England abreisen*** leave for England; ***der Zug ~ London*** the train for London; *das Schiff* ***fährt ~ Singapur*** ... is bound for Singapore; ***der Balkon geht ~ Süden*** the balcony faces south. **2.** (*hinter*) after: ***e-r ~ dem anderen*** one after the other, one by one; ***bitte, ~ Ihnen!*** after you, please! **3.** (*später*) after, (*binnen*) within, in (*three days etc*): ***zehn Minuten ~ drei*** ten minutes past three. **4.** (*gemäß*) according to, by, from: ***diesem Brief ~*** by (*od.* according to) this letter; ***~ deutschem Recht*** under German law; ***die Uhr ~ dem Radio stellen*** set the clock by the radio; ***~ e-m Roman von Balzac*** after a novel by Balzac; ***wenn es ~ mir ginge*** if I had my way; → ***Ansicht*** 1, ***Natur, Uhr*** *etc.* **5.** *Ziel, Absicht*: for: ***~ Gold graben*** dig for gold; ***~ j-m fragen*** ask for s.o. **II** *adv* **6.** after: ***mir ~!*** after me!, follow me! **7.** *zeitlich*: ***~ und ~*** little by little; ***~ wie vor*** (now) as ever.

nachäffen *v/t* F ape.

nachahmen *v/t* imitate, copy, (*parodieren*) take off.

nachahmenswert *adj* exemplary.

Nachahmung *f allg.* imitation.

Nachbar *m* neighbo(u)r: ***die ~n*** *a.* the people next door, *weitS.* the neighbo(u)rhood. **~haus** *n* neighbo(u)ring house: ***im ~*** next door.

Nachbarin *f* neighbo(u)r.

Nachbarland *n* neighbo(u)ring country.

nachbarlich *adj* **1.** *a.* ***gut~*** neighbo(u)rly. **2.** *Garten etc*: next-door.

Nachbarschaft *f* neighbo(u)rhood, (*die Nachbarn*) *a. the* neighbo(u)rs *pl.*

Nachbau *m tech.* reproduction, copying.

nachbauen *v/t* reproduce, copy.

Nachbeben *n* aftershock.

Nachbehandlung *f tech.* subsequent treatment, *a.* ⚕ aftertreatment.

nachbessern *v/t* touch up.

nachbestellen *v/t* order some more, *econ.* place a repeat order for.

Nachbestellung *f econ.* repeat order (*gen* for).

nachbeten *v/t* parrot.

nachbilden *v/t* copy, reproduce.

Nachbildung *f* copy, replica.

Nachbörse *f econ.* after-hours market, kerb dealings *pl.* **nachbörslich** *adj econ.* ***~er Handel*** after-hours dealing; ***~e Kurse*** after-hours prices.

nachdatieren *v/t* postdate.

nachdem *conj* **1.** *zeitlich*: after, when. **2.** → ***je*** 4. **3.** (*da, weil*) since.

nachdenken *v/i* think (***über*** *acc* about): ***denk mal nach!*** think a little!

Nachdenken *n* reflection: ***ich brauche Zeit zum ~*** I need time to think (it over).

nachdenklich *adj* thoughtful, pensive: ***j-n ~ machen*** set s.o. thinking; ***es macht e-n ~*** it makes you think.

Nachdruck[1] *m* stress, emphasis: ***mit ~*** a) emphatically, b) energetically; ***~ legen auf*** (*acc*), (*dat*) ***~ verleihen*** stress, emphasize.

Nachdruck[2] *m* reprint: ***~ verboten!*** all rights reserved!

nachdrucken *v/t* reprint: ***unerlaubt ~*** pirate.

nachdrücklich I *adj* emphatic, *Forderung etc*: forceful. **II** *adv* emphatically: ***et. ~ betonen*** emphasize s.th. (strongly); ***et. ~ empfehlen*** recommend s.th. strongly; ***~ verlangen*** insist on.

Nachdrucksrecht *n* right of reproduction.

nacheifern *v/i* ***j-m ~*** emulate s.o.

nacheinander *adv* **1.** one after another, *zeitlich*: *a.* in succession. **2.** (*abwechselnd*) by turns.

nachempfinden *v/t* **1.** → ***nachfühlen.*** **2.** ***e-r Sache nachempfunden sein*** be model(l)ed on s.th.

nacherzählen *v/t* retell.

Nacherzählung *f ped.* reproduction.

Nachfahr(e) *m* descendant.

nachfahren *v/i* ***j-m ~*** follow s.o.

Nachfass|schreiben *n* follow-up letter. **~werbung** *f* follow-up advertising.
Nachfeier *f* after-celebration.
Nachfolge *f* succession: ***j-s ~ antreten*** → **nachfolgen** *v/i* ***j-m*** (***im Amt***) ~ succeed s.o. (in office). **nachfolgend** *adj* following. **Nachfolger(in)** successor.
Nachforderung *f* additional claim.
nachforschen *v/i* (*dat*) investigate.
Nachforschung *f* investigation: ***~en anstellen*** (***über*** *acc*) investigate.
Nachfrage *f* **1.** *econ.* demand (***nach*** for). **2.** inquiry.
Nachfrageboom *m econ.* boom in demand.
nachfragen *v/i* inquire, ask.
Nachfrist *f econ.* extension of time, respite, grace period.
nachfühlen *v/i* ***j-m et. ~*** (***können***) feel with s.o, understand s.o.'s feelings about s.th.
Nachfüllbehälter *m* refill.
nachfüllen *v/t* **1.** fill up, refill, top up. **2.** (*Wasser etc*) add.
Nachfüllpack *m* refill pack.
nachgeben *v/i* **1.** *Sache*: give, *völlig*: give way, *econ. Kurse*, *Preise*: drop. **2.** *Person*: (*dat* to) give in, yield.
Nachgebühr *f econ.* surcharge.
Nachgeburt *f* ⚕ afterbirth.
nachgehen *v/i* **1.** *j-m*, *e-r Spur etc*: follow. **2.** *e-m Vorfall etc*: look into, *e-m Hinweis etc*: follow, check up on. **3.** *Geschäften etc*: attend to, *e-m Beruf*: pursue: ***s-r Arbeit ~*** go about one's work. **4.** *s-n Neigungen etc*: indulge in, *s-m Vergnügen*: seek, pursue. **5.** *Uhr*: be slow, lose: ***m-e Uhr geht*** (***e-e Minute***) ***nach*** my watch loses (a minute). **6.** ***j-m ~*** *Worte*, *Erlebnis etc*: haunt s.o.
nachgemacht *adj* **1.** (*gefälscht*) forged, (*unecht*) fake. **2.** (*künstlich*) artificial, imitation (*leather etc*).
nachgerade *adv* **1.** (*geradezu*) really. **2.** (*allmählich*) by now.
Nachgeschmack *m a. fig.* aftertaste.
nachgiebig *adj* **1.** *Boden etc*: yielding, soft, *Material*: *a.* pliable. **2.** *Person*: compliant, soft. **3.** *econ. Kurse etc*: soft.
Nachgiebigkeit *f* **1.** pliability, *des Bodens etc*: softness. **2.** *e-r Person*: compliance.
nachgießen *v/t* **1.** → ***nachfüllen*** 2. **2.** → ***nachschenken.***
nachhaken *v/i* F follow (it) up.
nachhaltig I *adj Wirkung etc*: lasting, *Bemühungen etc*: sustained, (*wirkungsvoll*) effective, (*stark*) strong. **II** *adv* ***~ wirken*** have a lasting effect; ***~ beeinflussen*** influence strongly.
nachhause *adv österr.*, *schweiz.* → ***Haus.***
nachhelfen *v/i* help: ***e-r Sache ~*** help s.th. along.
nachher *adv* afterward(s), (*später*) later (on): ***bis ~!*** see you later!, so long!
Nachhilfe *f* private lessons *pl.* **~lehrer(in)** (private) tutor. **~stunde** *f* **1.** private lesson. **2.** *pl* → **~unterricht** *m* private lessons *pl.*
Nachhinein *adv* ***im ~*** after the event.
nachhinken *v/i fig.* lag behind.
Nachholbedarf *m bsd. econ.* backlog demand, *fig.* deficit. **nachholen** *v/t* **1.** make up for (*lost time etc*): ***er hat viel nachzuholen*** he has a lot to catch up on. **2.** (*später holen*) fetch later.
Nachhut *f mil.* rearguard: ***die ~ bilden*** *a. fig.* bring up the rear.
nach|impfen *v/t* ⚕ revaccinate. **~jagen** *v/i* (*dat*) chase after, *a. fig.* pursue.
Nachkalkulation *f* re-estimate.
Nachklang *m fig.* echo, reminiscence.
Nachkomme *m* descendant, offspring (*a. pl*): ***ohne ~n*** ⚖ without issue.
nachkommen *v/i* **1.** come later. **2.** (*folgen*) follow. **3.** (*Schritt halten*) *a. fig.* keep up (***mit*** with). **4.** *e-r Bitte*, *e-m Befehl*: comply with, *e-r Pflicht*: meet, *e-m Versprechen*: keep.
Nachkommenschaft *f* descendants *pl*, ⚖ issue. **Nachkömmling** *m* **1.** → ***Nachkomme.*** **2.** (*Kind*) late arrival.
Nachkriegs... post-war ...
Nachkur *f* ⚕ after-treatment.
Nachlass *m* **1.** estate: ***literarischer ~*** unpublished works *pl.* **2.** (*Preisnachlass etc*) reduction: ***e-n ~ gewähren*** allow a discount (***auf*** *acc* on).
nachlassen I *v/i* **1.** decrease, weaken, (*schlechter werden*) deteriorate (*a. Gesundheit*, *Sehkraft etc*), *Eifer*, *Interesse etc*: flag, slacken, *Wind*: drop, *Sturm*, *Regen etc*: let up, *Lärm etc*: subside, *Schmerz*: ease, *Kräfte*: wear off, *Leistung*, *Nachfrage etc*: drop (off). **2.** a) *gesundheitlich*: grow weaker, b) *leistungsmäßig*: go off, be slowing down, *Sportler*, *beim Lauf etc*: wilt, c) *geistig*: lose one's grip; ***nicht ~!*** hang on! **II** *v/t* **3.** leave (behind): ***nachgelassene Werke*** unpublished works. **4.** ***et. ~*** (***von***) → ***Nachlass*** 2.
Nachlassen *n* decrease, weakening (*etc*), deterioration, dropping off, let-up; → 1.
Nachlassgericht *n* ⚖ probate court.
nachlässig *adj* careless, negligent, (*schlampig*) sloppy. **Nachlässigkeit** *f* carelessness, negligence, sloppiness.
Nachlasssteuer *f* estate tax.
Nachlassverwalter *m* executor, estate trustee.
nachlaufen *v/i* ***j-m ~*** run after s.o.; ***den Mädchen ~*** chase (after) the girls.
Nachlese *f fig.* epilog(ue *Br.*) (***zu*** to).
nachlesen *v/t* read up, look *s.th.* up.

N

Nachlieferfrist *f* time limit for subsequent delivery.
nachliefern *v/t* supply *s.th.* subsequently (*zusätzlich*: in addition).
Nachlieferung *f* subsequent delivery.
nach|lösen *v/i u. v/t* (***e-e Fahrkarte***) ~ buy a ticket en route (*od.* on arrival). **~machen** *v/t allg.* imitate, copy, (*fälschen*) forge: ***j-m et.*** ~ copy s.th. s.o. does; ***das soll ihm erst mal e-r ~!*** I'd like to see anyone do better! **~messen** *v/t* check.
Nachmittag *m* (***am*** ~ in the) afternoon; ***heute*** ~ this afternoon. **nachmittags** *adv* in the afternoon. **Nachmittagsvorstellung** *f thea. etc* matinée.
Nachnahme *f* ***et. als*** (*od.* ***mit, per, gegen***) ~ ***schicken*** send s.th. cash (*Am.* collect) on delivery (C.O.D.).
Nachnahmegebühr *f* C.O.D. charge.
Nachnahmesendung *f* C.O.D. parcel.
Nachname *m* surname, last name: ***wie heißen Sie mit ~n?*** what is your surname?
nach|ordern *v/t* re-order, place a repeat order for. **~plappern** *v/t* parrot.
Nachporto *n* surcharge, excess postage.
nachprüfbar *adj* verifiable.
nachprüfen *v/t* **1.** check. **2.** *bsd. ped.* re-examine, (*später prüfen*) examine at a later date.
Nachprüfung *f* **1.** check(ing). **2.** *ped.*, *univ.* examination at a later date.
nachrechnen *v/i u. v/t* check.
Nachrede *f* ***üble*** ~ defamation.
nachreichen *v/t* (*Papiere*) hand in later.
Nachricht *f* (***e-e*** ~ a piece of) news *sg*, (*Mitteilung*) message, (*in Zeitung*) news (item) *sg*: ***~en*** *pl Radio*, *TV* news *sg*, newscast; ~ ***erhalten von*** hear from; ***j-m*** ~ ***geben*** let s.o. know; ***e-e*** ~ ***hinterlassen*** leave a message.
Nachrichten|agentur *f*, **~büro** *n* press agency. **~dienst** *m* **1.** *Radio*, *TV* news service. **2.** *mil.* intelligence service. **~satellit** *m* communications satellite. **~sendung** *f Radio*, *TV* newscast, news broadcast. **~sperre** *f pol.* news blackout. **~sprecher(in)** news reader, newscaster. **~technik** *f* (tele)communication(s) (engineering). **~wesen** *n* communications *pl.*
nachrücken *v/i* **1.** (*aufrücken*) *a. fig.* move up. **2.** *mil.* follow on.
Nachruf *m* obituary.
nachrüsten *v/i* **1.** *mil.*, *pol.* close the armament gap. **2.** *a. v/t tech.* retrofit. **3.** *Computer*: upgrade.
Nachrüstsatz *m tech.* add-on kit.
nachsagen *v/t* **1.** repeat. **2.** ***j-m et.*** ~ say s.th. of s.o.; ***man sagt ihr nach, dass sie ...*** she is said to *be arrogant etc.*
Nachsaison *f* off season.
Nachsatz *m* **1.** postscript. **2.** *ling.* final clause.
nachschauen → ***nachsehen.***
nachschenken *v/t u. v/i* ***j-m*** (***et.***) ~ top s.o. up (with s.th.).
nachschicken → ***nachsenden.***
Nachschlag *m* (*Essen*) second helping.
nachschlagen I *v/t* **1.** (*Wort etc*) look *s.th.* up. **II** *v/i* **2.** ***im Lexikon*** ~ consult a dictionary. **3.** F *fig.* ***j-m*** ~ take after s.o.
Nachschlagewerk *n* reference book.
Nachschlüssel *m* duplicate key.
Nachschub *m* (***an*** *dat* of) supply (*a. fig.*), *coll.* supplies *pl.* **~weg** *m* supply line.
Nachschuss *m Fußball*: second shot, follow-up shot.
nachsehen I *v/i* **1.** gaze after. **2.** (*nach et. sehen*) have a look: ~ ***ob ...*** (go and) see whether ... **II** *v/t* **3.** (*prüfen*) inspect, check, (*Schulhefte etc*) correct. **4.** → ***nachschlagen*** 1. **5.** ***j-m et.*** ~ forgive s.o. s.th.
Nachsehen: ***das*** ~ ***haben*** be the loser, be left out.
Nachsende|adresse *f* forwarding address. **~anweisungen** *pl* forwarding instructions.
nachsenden *v/t* forward.
Nachsicht *f* forbearance, (*Milde*) leniency: ~ ***üben*** be lenient; ***mit j-m*** ~ ***haben*** be lenient towards s.o.
nachsichtig *adj* lenient, forbearing.
Nachsilbe *f ling.* suffix.
nachsinnen *v/i* reflect (***über*** *acc* on).
nachsitzen *v/i* ~ ***müssen*** be kept in.
Nachsommer *m* late (*od.* Indian) summer.
Nachsorge *f* ⚕ aftercare.
Nachspeise *f* → ***Nachtisch.***
Nachspiel *n* **1.** ♪ postlude. **2.** *thea.* epilog(ue *Br.*). **3.** (*sexuelles* ~) afterplay. **4.** *fig.* sequel.
nachspielen *v/i Sport*: play (~ ***lassen*** allow) extra time.
nächst I *sup von* ***nahe.*** **II** *adj* **1.** *örtlich*: nearest (*a. fig. Verwandtschaft etc*), (*kürzest*) *a.* shortest: ***die ~e Umgebung*** the immediate vicinity; ***aus ~er Entfernung*** at close range. **2.** *zeitlich*, *Reihenfolge*: next: ***am ~en Tage*** the next day; ***in den ~en Tagen*** in the next few days; ***Mittwoch ~er Woche*** Wednesday week; ***in ~er Zeit*** in the near future; ***bei ~er Gelegenheit*** at the first opportunity; ***im ~en Augenblick*** the next moment. **III** *adv* **3.** ***am ~en*** (*dat* to) next, nearest, closest; *fig.* ***j-m am ~en stehen*** be closest to s.o.; (*dat*) ***am ~en kommen*** come closest to. **4.** ***fürs Nächste*** for the time being. **IV** *prep* **5.** (*dat*) *örtlich*, *Reihenfolge*: next to.
nächstbest *adj* **1.** (*beliebig*) first. **2.** *in Qualität*: second-best.

Nächstbeste 1. *m, f the* next best, *the* first person. **2.** *n the* next best (thing).

Nächste 1. *m, f* a) neighbo(u)r, *one's* fellow: ***jeder ist sich selbst der ~*** charity begins at home, b) *the* next (one): ***der ~, bitte!*** next (one) please! **2.** *n the* next (*od.* first) thing: ***was kommt als ~s?*** what comes next?

nach|stehen *v/i **j-m ~ (in** od.* ***an*** *dat)* be inferior to s.o. (in); ***j-m in nichts ~*** be in no way inferior to s.o. **~stehend I** *adj* following. **II** *adv* in the following.

nachstellen I *v/t* **1.** (*Uhr*) put back. **2.** *tech.* (re)adjust. **II** *v/i* **3.** ***j-m ~*** a) be after s.o., b) persecute s.o.

Nachstellung *f* **1.** *tech.* (re)adjustment. **2.** *ling.* postposition. **3.** *fig.* persecution.

Nächstenliebe *f* charity.

nächstens *adv* (very) soon.

nächstliegend *adj* nearest: *fig.* ***das Nächstliegende*** the obvious thing.

nachsuchen *v/i* apply (***um*** for).

Nacht *f* (***bei ~*** at) night: ***gute ~!*** *a. iro.* good night!; ***heute ~*** tonight; *fig.* ***die ~ zum Tage machen*** turn night into day; ***es wird ~*** it is getting dark; ***zu ~ essen*** have supper; ***bis spät*** (*od.* ***tief***) ***in die ~*** till late in the night; ***über ~*** *a. fig.* overnight; ***die ganze ~*** (***hindurch*** *od.* ***lang***) all night (long); ***im Schutze*** (*od.* ***Dunkel***) ***der ~, bei ~ und Nebel*** under the cover of night, *weitS.* secretly.

nachtanken *v/t u. v/i* refuel.

Nacht|arbeit *f* nightwork. **~arbeitszuschlag** *m* night differential.

nachtblind *adj* night-blind.

Nacht|creme *f* night cream. **~dienst** *m* (***~ haben*** be on) night duty.

Nachteil *m* disadvantage, (*Mangel*) *a.* drawback, *Sport, a. fig.* handicap: ***zum ~ von*** (*od. gen*) to the disadvantage of, *econ.* to the detriment of; ***im ~ sein*** be at a disadvantage.

nachteilig I *adj* disadvantageous, detrimental (***für*** to): ***nichts Nachteiliges*** nothing unfavo(u)rable. **II** *adv* ***~ beeinflussen*** affect adversely.

nächtelang I *adj* taking up several nights. **II** *adv* night after night.

Nacht|essen *n* (***beim ~*** at) supper. **~frost** *m* night frost. **~hemd** *n* (*für Männer*) nightshirt, (*für Frauen, Kinder*) nightdress, F nightie.

Nachtigall *f zo.* nightingale.

Nachtisch *m* dessert, sweet, F afters *pl.*

Nachtklub *m* nightclub.

Nachtleben *n* nightlife.

nächtlich *adj* nocturnal, (*bsd. all~*) nightly: ***der ~e Park*** the park at night.

Nacht|lokal *n* nightclub. **~portier** *m* night porter. **~quartier** *n* place for the night, *mil.* night quarters *pl.*

Nachtrag *m* supplement.

nachtragen *v/t* **1.** ***j-m et. ~*** *fig.* bear s.o. a grudge for s.th. **2.** *schriftlich*: add.

nachtragend *adj* unforgiving.

nachträglich I *adj* additional, supplementary, (*verspätet*) belated, (*später*) later. **II** *adv* subsequently, later: ***~ herzlichen Glückwunsch!*** belated best wishes!

Nachtragshaushalt *m* supplementary budget.

nachtrauern *v/i* (*dat*) mourn (*s.o., s.th.*).

Nachtruhe *f* sleep.

nachts *adv* at (*od.* during the) night.

Nachtschicht *f* (***~ haben*** be on) night shift.

nachtschlafend *adj* ***zu ~er Zeit*** in the middle of the night.

Nacht|schwärmer(in) night owl. **~schwester** *f* night nurse. **~speicherofen** *m* night storage heater. **~strom** *m* ⚡ night current. **~tarif** *m* off-peak rates *pl.* **~tisch** *m* bedside table. **~tischlampe** *f* bedside lamp. **~topf** *m* chamber pot. **~tresor** *m* night safe.

Nacht-und-Nebel-Aktion *f* undercover operation.

Nachtwache *f* night watch.

Nachtwächter *m* **1.** night watchman. **2.** F *contp.* dope.

nacht|wandeln *v/i* sleepwalk. **~wandlerisch** *adj* somnambulistic: ***mit ~er Sicherheit*** with uncanny sureness.

Nachtzug *m* night train.

Nachuntersuchung *f* checkup.

nach|vollziehen *v/t* understand, duplicate. **~wachsen** *v/i* grow again.

Nach|wahl *f parl.* by-election, *Am.* special election. **~wehen** *pl fig.* aftermath *sg.*

nachweinen *v/t u. v/i* → ***nachtrauern, Träne.***

Nachweis *m* **1.** proof, evidence, (*Zeugnis*) certificate: ***den ~ führen*** (*od.* ***erbringen***) prove, show. **2.** (*Feststellung*) detection.

nachweisbar *adj* demonstrable, detectable: ***... sind ~*** *a.* ... can be proved.

nachweisen *v/t* prove, establish: ***man konnte ihm nichts ~*** nothing could be proved against him; ***j-m e-n Fehler ~*** show that s.o. has made a mistake.

nachweislich I *adj* demonstrable. **II** *adv* demonstrably, as can be proved.

Nachwelt: ***die ~*** posterity.

Nachwirkung *f* after-effect: ***~en*** *pl fig. a.* aftermath *sg.*

Nachwort *n* epilog(ue *Br.*).

Nachwuchs *m* **1.** *the* young generation, *im Berufsleben*: young talent (*a. Sport*), F new blood, *econ.* junior staff, trainees *pl*, *bei Polizei etc*: recruits *pl*: ***der ärztliche ~*** the

new generation of doctors. **2.** F offspring, (*Baby*) addition to the family.
Nachwuchs|... talented, young ..., up-and-coming ..., junior. **~kraft** *f* junior employee. **~schauspieler(in)** up-and-coming young actor (actress). **~sorgen** *pl* ***~ haben*** have difficulty (in) finding young talent.
nach|zahlen *v/t u. v/i* pay extra, pay later. **~zählen** *v/t* check.
Nachzahlung *f* additional (*od.* extra) payment.
nach|zeichnen *v/t* copy, (*pausen*) trace. **~ziehen I** *v/t* **1.** drag (*od.* pull) behind one, (*Fuß*) drag. **2.** (*Strich etc*) trace, (*Augenbrauen*) pencil: ***die Lippen ~*** touch up one's lips. **3.** *tech.* (*Mutter etc*) tighten. **II** *v/i* **4.** follow, *fig.* follow suit.
Nachzügler(in) straggler, *a. fig.* latecomer, *humor.* (*Kind*) late arrival.
Nachzugsaktien *pl* deferred shares *pl.*
Nacken *m* (nape of the) neck: ***j-m im ~ sitzen*** a) *Verfolger etc*: be hard on s.o.'s heels, b) *fig.* be breathing down s.o.'s neck; F ***den ~ steif halten*** keep a stiff upper lip; → ***steifen.*** **~schlag** *m fig.* blow. **~stütze** *f mot.* headrest. **~wirbel** *m anat.* cervical vertebra.
nackt *adj* naked, (*bloß*) bare (*a. fig. Leben, Wand etc*), *bsd. Kunst*: nude: ***völlig ~*** stark naked; ***~ baden*** swim in the nude; ***sich ~ ausziehen*** strip; ***~e Tatsachen*** hard facts; ***die ~e Wahrheit*** the plain truth.
Nacktbadestrand *m* nudist beach.
Nacktheit *f* nakedness, *fig. a.* bareness.
Nacktkultur *f* nudism.
Nadel *f allg.* needle, *e-s Plattenspielers*: stylus, (*Steck-, Haar-, Anstecknadel etc*) pin. **~baum** *m* conifer(ous tree). **~drucker** *m* dot-matrix printer. **~öhr** *n* **1.** eye of a needle. **2.** *fig.* bottleneck. **~stich** *m* (*fig.* pin)prick. **~streifen** *m* ***Anzug*** *etc* ***mit ~*** pinstripe(d) suit *etc.*
Nadelwald *m* coniferous forest.
Nagel *m allg.* nail: *fig.* ***et. an den ~ hängen*** give s.th. up; ***Nägel mit Köpfen machen*** do things properly; ***den ~ auf den Kopf treffen*** hit the nail on the head; ***er ist ein ~ zu m-m Sarg*** he is a nail in my coffin. **~bett** *n anat.* nail bed. **~bürste** *f* nail brush. **~feile** *f* nail file. **~haut** *f* cuticle.
Nagellack *m* nail varnish (*Am.* enamel). **~entferner** *m* nail-varnish remover.
nageln I *v/t* nail (**an** *acc*, **auf** *acc* to). **II** *v/i* (*Motor*) knock.
nagelneu *adj* brand-new.
Nagelschere *f* (pair of) nail scissors *pl.*
nagen *v/t u. v/i* gnaw (*a. fig.*): ***~ an*** (*dat*) gnaw (*od.* nibble) at.
nagend *adj Hunger*: gnawing, *Zweifel etc*: nagging.
Nager *m*, **Nagetier** *n* rodent.
Nahaufnahme *f Film etc*: close-up.
nahe I *adj allg.* near, close (*beide a. fig.*), (*~ gelegen*) nearby, (*bevorstehend*) *a.* approaching, *Tod etc*: imminent: ***der Nahe Osten*** the Middle East; ***den Tränen ~*** on the verge of tears; ***in ~r Zukunft*** in the near future. **II** *adv* near, close, nearby: ***~ bei*** near (to), close to; ***~ beieinander*** close together; *fig.* ***j-m et. ~ bringen*** make s.o. appreciate s.th.; *fig.* ***j-m ~ gehen*** affect s.o. deeply; ***~ gelegen*** nearby; *fig.* ***~ kommen*** come close (*dat* to); ***sich*** (*od.* ***einander***) ***~ kommen*** become close; *fig.* ***j-m et. ~ legen*** suggest s.th. to s.o.; ***j-m ~ legen, et. zu tun*** urge s.o. to do s.th.; *fig.* ***~ liegen*** seem (very) likely, *stärker*: be the obvious thing; ***die Vermutung liegt ~, dass ...*** it is fair to assume that ...; ***~ liegend*** obvious; *fig.* ***j-m ~ stehen*** be close to s.o. ***~ verwandt*** closely related; ***von nah und fern*** from far and near; ***von ~m*** up close, at close range; ***j-m zu ~ treten*** offend s.o.; ***ich war ~ daran, ihn zu ohrfeigen*** I very nearly slapped his face. **III** *prep* (*dat*) *a. fig.* near, close (to).
Nähe *f allg.* nearness (*a. fig.*), (*Umgebung*) vicinity, neighbo(u)rhood: (***ganz***) ***aus der ~*** at close range; ***ganz in der ~*** quite near; ***in d-r ~*** near you; ***in greifbare ~ gerückt*** near at hand.
nahebei *adv* nearby.
nahen *v/i* approach, *zeitlich*: draw near.
nähen I *v/t* sew, *a.* ⚕ stitch: ***sich ein Kleid ~*** make a dress for o.s. **II** *v/i* sew.
näher I *comp von* **nahe. II** *adj* **1.** nearer, closer: ***die ~e Umgebung*** the (immediate) vicinity. **2.** *Angaben etc*: further, more detailed: ***bei ~er Betrachtung*** on closer inspection. **III** *adv* **3.** (**an** *dat*, **bei** to) nearer, closer: ***~ kommen*** come (*zeitlich*: draw) nearer. **4.** more closely: ***ich kenne ihn ~*** I know him quite well; ***sich mit e-r Sache ~ befassen*** go into a matter (more closely); ***et. ~ erläutern*** explain s.th. at greater detail; *fig.* ***j-m et. ~ bringen*** make s.th. accessible to s.o.; ***Menschen einander ~ bringen*** bring people closer together; ***~ kommen*** get (*od.* be) nearer (*dat* to); *fig.* ***j-m ~ kommen*** become closer to s.o.; ***jetzt kommen wir der Sache schon ~!*** now we're getting somewhere!; *fig.* ***~ liegen*** be more obvious.
Nähere: ***das ~*** the details *pl*, (further) particulars *pl*: ***ich weiß nichts ~s*** I don't know any details.
Näherei *f* sewing.
Naherholungsgebiet *n* recreation area in the immediate vicinity of a big city.
nähern I *v/reflex* ***sich ~*** approach, *zeitlich*:

a. draw near; ***sich j-m ~*** approach s.o. **II** *v/t* bring *s.th.* nearer (*dat* to).
Näherungswert *m* ⩯ approximate value.
nahezu *adv* almost, nearly, next to.
Nähgarn *n* sewing thread.
Nahkampf *m* **1.** *mil.* close combat. **2.** *Boxen*: infighting.
Nähkasten *m* sewing box.
Nähmaschine *f* sewing machine.
Nähnadel *f* (sewing) needle.
Nährboden *m* **1.** *für Bakterien*: culture medium. **2.** *fig.* breeding ground.
Nährcreme *f* nutrient cream.
nähren I *v/t* feed, *fig.* (*Hoffnung etc*) nourish, (*Hass etc*) *a.* harbo(u)r: ***sich ~ von*** live on. **II** *v/i* be nourishing.
nahrhaft *adj* nutritious, nourishing.
Nährstoff *m* nutrient.
Nahrung *f* food, (*Kost*) diet: ***geistige ~*** food for the mind.
Nahrungsaufnahme *f* food intake.
Nahrungskette *f biol.* food chain.
Nahrungsmangel *m* lack of food.
Nahrungsmittel *n* food(stuff), *pl* foodstuffs *pl.* **~chemiker(in)** food chemist.
Nährwert *m* nutritional value.
Nähseide *f* sewing silk.
Naht *f allg.* seam, *tech. a.* joint: F ***aus den*** (*od.* ***allen***) ***Nähten platzen*** *a. fig.* be bursting at the seams.
nahtlos *adj* **1.** *a. tech.* seamless. **2.** *fig.* smooth. **3.** ***~e Bräune*** all-over tan.
Nahverkehr *m* local traffic.
Nahverkehrszug *m* commuter train.
Nähzeug *n* sewing kit.
Nahziel *n* immediate objective.
naiv *adj* naive: ***~er Maler*** primitive.
Naivität *f* naivety.
Name *m allg.* name, (*Ruf*) *a.* reputation: ***wie ist Ihr ~?*** what is your name?; ***im ~n*** (*gen*), ***in*** *j-s* ***~n*** → ***namens*** II; (***nur***) ***dem ~n nach*** by name (only); ***sich e-n ~n machen*** make a name for o.s.; *fig.* ***das Kind beim rechten ~n nennen*** call a spade a spade; → ***hergeben.***
namenlos *adj* **1.** nameless, (*unbekannt*) *a.* anonymous. **2.** *fig.* unspeakable.
namens I *adv* by the name of, called. **II** *prep* (*gen*) in the name of, on behalf of.
Namens|aktie *f* registered share (*Am.* stock). **'~papier** *n* registered security (*od.* share). **~patron(in)** patron saint. **~schild** *n an Tür*: name plate, *an Anzug etc*: badge, name tag. **~schwester** *f* namesake. **~tag** *m* name day. **~vetter** *m* namesake.
namentlich I *adj* **1.** by name: ***~e Abstimmung*** roll-call vote. **II** *adv* **2.** by name. **3.** *fig.* (e)specially.
namhaft *adj* **1.** (*beträchtlich*) considerable. **2.** (*berühmt*) well-known. **3.** ***~ machen*** name, *weitS.* identify.
nämlich I *adj* (very) same. **II** *adv* namely, that is (to say); ..., you know.
nanu *int* hey.
Napalm *n* ⚗, *mil.* napalm.
Napf *m* bowl.
Napfkuchen *m* deep-dish cake.
Nappa(leder) *n* nap(p)a (leather).
Narbe *f* **1.** ⚕ scar: *fig.* ***~n hinterlassen*** leave a scar. **2.** ⚘ stigma. **3.** ⚒ topsoil.
narbig *adj* scarred.
Narkose *f* (***in ~*** under) an(a)esthesia.
Narkose(fach)|arzt *m*, **~ärztin** *f* an(a)esthetist.
Narkotikum *n*, **narkotisch** *adj* narcotic.
narkotisieren *v/t* an(a)esthetize.
Narr *m* fool: F ***e-n ~en gefressen haben an*** (*dat*) be crazy about; ***j-n zum ~en halten*** →
narren *v/t* ***j-n ~*** make a fool of s.o., fool s.o.
Narrenfreiheit *f* fool's licen/ce (*Am.* -se).
narrensicher *adj* F foolproof.
Narrheit *f* tomfoolery, folly.
Närrin *f* fool.
närrisch *adj* foolish, (*verrückt*) mad, (*sonderbar*) odd.
Narzisse *f* ⚘ narcissus: ***Gelbe ~*** daffodil.
Narzissmus *m psych.* narcissism.
narzisstisch *adj* narcissistic.
nasal *adj* nasal. **nasalieren** *v/t* nasalize. **Nasallaut** *m* nasal (sound).
naschen *v/i u. v/t* nibble (***an*** *dat*, ***von*** at): ***sie nascht gern*** she has a sweet tooth.
Nascherei *f mst pl* sweets *pl*, F goodies *pl.* **naschhaft** *adj* sweet-toothed. **Naschkatze** *f* nibbler.
Nase *f* nose (*a. fig. u. tech.*): F ***pro ~ e-n Dollar*** one dollar each; *fig.* ***e-e gute*** (*od.* ***feine***) ***~ haben für*** have a good nose for; ***in der ~ bohren*** pick one's nose; F *fig.* ***auf die ~ fallen*** come a cropper; ***j-m et. auf die ~ binden*** tell (s.th. to) s.o.; ***j-n an der ~ herumführen*** lead s.o. up the garden path; ***j-m auf der ~ herumtanzen*** do what one likes with s.o.; ***auf der ~ liegen*** be laid up; ***man sieht es dir an der ~ an*** it's written all over your face; ***immer der ~ nach*** follow your nose; ***es j-m unter die ~ reiben*** rub it in; ***s-e ~ in alles*** (***hinein***)***stecken*** poke one's nose into everything; ***die ~ voll haben*** be fed up (***von*** with); ***die ~ vorn haben*** be one step ahead (of one's competitors); ***j-m et. vor der ~ wegschnappen*** take s.th. away from under s.o.'s nose; ***der Zug fuhr mir vor der ~ weg*** I missed the train by an inch; ***j-m die Tür vor der ~ zuschlagen*** slam the door in s.o.'s face; → ***zuhalten*** 2.
näseln *v/i* speak through one's nose. **Näseln** *n* (nasal) twang. **näselnd** *adj* nasal.

N

Nasen|bein *n* nasal bone. **~bluten** *n* nosebleed. **~flügel** *m* nostril. **~länge** *f* ***um e-e ~ gewinnen*** win by a whisker. **~loch** *n* nostril. **~rücken** *m* bridge of the nose. **~scheidewand** *f* nasal septum. **~schleimhaut** *f* nasal mucous membrane. **~spitze** *f* tip of the nose. **~spray** *m, n* nose spray. **~tropfen** *pl* nose drops *pl.*

naseweis *adj* saucy, cheeky.

Nashorn *n zo.* rhinoceros, F rhino.

nass *adj* wet: ~ ***machen*** wet (***sich*** o.s.); ~ ***werden*** get wet; ***durch und durch ~, ~ bis auf die Haut*** wet through, wet to the skin; → ***triefen.***

nassauern *v/i* F sponge (***bei*** on).

Nässe *f* wet(ness): ***„vor ~ schützen!"*** "keep dry!" **nässen I** *v/t* wet, (*anfeuchten*) moisten. **II** *v/i Wunde*: weep.

nasskalt *adj* damp and cold, *Hand etc*: clammy.

Nassrasur *f* wet shave.

Nasszelle *f* (prefab) bathroom unit.

Nastuch *n schweiz.* handkerchief.

Nation *f* nation. **national** *adj* national.

National|feiertag *m* national holiday. **~flagge** *f* national flag. **~gericht** *n* national dish. **~held(in)** national hero (heroine). **~hymne** *f* national anthem.

nationalisieren *v/t* nationalize.

Nationalisierung *f* nationalization.

Nationalismus *m* nationalism.

Nationalist(in) nationalist.

nationalistisch *adj* nationalist(ic).

Nationalität *f* nationality.

National|mannschaft *f Sport*: national team. **~park** *m* national park.

Nationalrat¹ *m* **1.** *österr.* Austrian Parliament. **2.** *schweiz.* Swiss Parliament.

Nationalrat² *m*, **~rätin** *f* **1.** *österr.* member of the Austrian Parliament. **2.** *schweiz.* member of the Swiss Parliament.

Nationalsozialismus *m* National Socialism.

Nationalsozialist(in), nationalsozialistisch *adj* National Socialist, *contp.* Nazi.

Nationalspieler(in) *Sport*: international (player).

NATO, Nato ***Nordatlantikpakt-Organisation*** North Atlantic Treaty Organization (NATO, Nato).

Natrium *n* ⚗ sodium.

Natron *n* bicarbonate of soda.

Natter *f zo.* adder, *a. fig.* viper.

Natur *f allg.* nature: ***in der freien ~*** in the open country; ***nach der ~ zeichnen*** draw from nature (*od.* life); ***von ~ (aus)*** by nature; ***Fragen grundsätzlicher ~*** fundamental questions; ***die Sache ist ernster ~*** it's a serious matter; ***er hat e-e gesunde ~*** he has a healthy constitution.

Natural|abgaben *pl* contributions *pl* in kind. **~bezüge** *pl* remuneration *sg* in kind.

Naturalien *pl* natural produce *sg*: ***in ~ zahlen*** pay in kind.

naturalisieren *v/t* naturalize.

Naturalismus *m allg.* naturalism.

naturalistisch *adj* naturalist(ic).

Natural|lohn *m* wages *pl* in kind. **~wirtschaft** *f* barter economy.

Naturbursche *m* nature-boy.

Naturdenkmal *n* natural monument.

Naturell *n* disposition, temperament.

Natur|ereignis *n*, **~erscheinung** *f* natural phenomenon. **~forscher(in)** naturalist. **~forschung** *f* natural science. **~freund(in)** nature lover.

naturgemäß *adj* natural.

Natur|geschichte *f* natural history. **~gesetz** *n* law of nature.

naturgetreu *adj* true to nature, lifelike.

Natur|gewalt *f mst pl* force of nature. **~heilkunde** *f* naturopathy. **~heilkundige** *m, f* naturopath. **~katastrophe** *f* natural disaster.

Naturkost *f* health food. **~laden** *m* health food shop.

Natur|kunde *f* (study of) natural history. **~lehrpfad** *m* nature trail.

natürlich I *adj allg.* natural (*a. echt, angeboren, ungekünstelt, a.* ⚖ *Kind, Person, Tod*): ***~e Größe*** actual size; ***e-s ~en Todes sterben*** die a natural death. **II** *adv* naturally, *int a.* of course.

Natürlichkeit *f allg.* naturalness.

Natur|park *m* wildlife park. **~produkt** *n* natural product. **~schutz** *m* conservation: ***unter ~ stehen*** be protected, *Tier, a.* F *fig. Person*: be a protected animal. **~schützer(in)** conservationist. **~schutzgebiet** *n* nature reserve. **~talent** *n* (*Person*) natural. **~volk** *n* primitive race.

Naturwissenschaft *f mst pl* (natural) science.

Naturwissenschaftler(in) (natural) scientist.

naturwissenschaftlich *adj* scientific.

Natur|wunder *n* **1.** natural wonder. **2.** (*Person*) prodigy. **~zustand** *m* natural state, (***im*** ~ in a) state of nature.

Nautik *f* navigation.

nautisch *adj* nautical.

Navigation *f* navigation.

navigieren *v/t u. v/i* navigate.

Nazi *m contp.* Nazi. **Nazismus** *m contp.* Nazism. **nazistisch** *adj contp.* Nazi.

NB ***notabene*** note well (NB).

Nbk. ***Nebenkosten*** extra costs (*od.* expenses), extras.

n. Br. ***nördlicher Breite*** northern latitude (N lat.); ... degrees north (°N).

n. Chr. ***nach Christus*** anno Domini (AD).
NDR ***Norddeutscher Rundfunk*** Northern German Broadcasting Corporation.
Neapel *n* Naples.
Nebel *m* **1.** fog (*a. fig.*), mist, *leichter*: haze: ***stellenweise ~*** fog in patches. **2.** *astr.* nebula. **nebelhaft** *adj fig.* nebulous, hazy. **nebelig** *adj* foggy, misty.
Nebel|krähe *f zo.* hooded crow. **~leuchte** *f*, **~scheinwerfer** *m mot.* fog lamp. **~schlussleuchte** *f mot.* rear fog lamp.
neben *prep* (*dat*) **1.** (*a. acc*) *örtlich*: beside, by (*od.* at) the side of, by, (*dicht ~*) close to, near, next to: ***setzen Sie sich ~ mich*** sit beside (*od.* next to) me. **2.** (*außer*) besides, apart from: ***~ anderen Dingen*** among other things. **3.** (*verglichen mit*) compared with (*od.* to). **4.** (*gleichzeitig mit*) simultaneously with.
Nebenabrede *f* subcontract, supplementary agrrement. **~absprache** *f* side deal.
nebenamtlich *adj* part-time (*job etc*).
nebenan *adv* a) (*im Haus ~*) next door, b) (*im Zimmer ~*) in the next room.
Neben|anschluss *m*, **~apparat** *m teleph.* extension. **~arbeit** *f* **1.** extra work. **2.** minor job. **~ausgaben** *pl* incidentals *pl*, extras *pl*. **~ausgang** *m* side exit. **~bedeutung** *f* connotation.
nebenbei *adv* **1.** besides, in addition, as well, on the side. **2.** (*beiläufig*) in passing: ***~ bemerkt*** incidentally.
Nebenberuf *m* sideline: ***im ~*** → ***nebenberuflich*** II. **nebenberuflich I** *adj* sideline. **II** *adv* as a sideline.
Nebenbeschäftigung *f* sideline.
Nebenbuhler(in) rival (in love).
nebeneinander *adv* side by side: ***~ wohnen*** live next door to each other; ***~ bestehen*** coexist; ***~ stellen*** a) put (*od.* place) side by side (*od.* next to each other), b) (*vergleichen*) compare.
Nebeneinander *n* coexistence.
Neben|eingang *m* side entrance. **~einkommen** *n*, **~einkünfte** *pl*, **~einnahmen** *pl* incidental earnings *pl*, extra income *sg*. **~erscheinung** *f* side effect (⚕ symptom).
Nebenerwerb *m* extra income, job on the side: ***im ~*** as a sideline.
Nebenerwerbs|landwirt *m* part-time farmer. **~landwirtschaft** *f* part-time farming.
Neben|fach *n ped.* subsidiary subject, *Am.* minor (subject). **~fluss** *m* tributary. **~gebäude** *n* **1.** adjoining building. **2.** (*Anbau*) annex(e). **~gebühren** *pl* extra charges. **~gedanke** *m* secondary objective. **~geräusch** *n* background noise, *Radio*: interference. **~gleis** *n* 🚂 siding, *Am.* sidetrack. **~handlung** *f* subplot.
nebenher *adv* **1.** → ***nebenbei*** 1. **2.** by his (*od.* her) side, beside.
Neben|kosten *pl* extras *pl*. **~linie** *f* **1.** 🚂 branch line. **2.** *im Stammbaum*: collateral line. **~mann** *m* ***mein*** (***sein*** *etc*) ~ the person next to me (him *etc*). **~produkt** *n* by-product, spin-off. **~rechte** *pl* subsidiary rights. **~rolle** *f thea.* minor part (*fig.* role).
Nebensache *f* minor matter: ***das ist ~!*** that's quite unimportant (here)!
nebensächlich *adj* minor, unimportant, (*belanglos*) irrelevant.
Nebensaison *f* low season.
Nebensatz *m ling.* subordinate clause.
nebenstehend I *adj* in the margin. **II** *adv ~* (***abgebildet***) opposite.
Neben|stelle *f* branch (office), *teleph.* extension. **~straße** *f* side street, byroad. **~strecke** *f* 🚂 branch line. **~tätigkeit** *f* job on the side, sideline. **~tisch** *m* (***am ~*** at the) next table. **~verdienst** *m* extra earnings *pl* (*od.* income). **~wirkung** *f* side effect. **~zimmer** *n* next (*od.* adjoining) room.
neblig *adj* foggy, misty.
nebst *prep* (*dat*) together (*od.* along) with, (*einschließlich*) including.
Necessaire *n* **1.** *für Reise*: toilet bag. **2.** *zur Nagelpflege*: manicure set.
necken *v/t* tease. **neckisch** *adj* playful, *Bemerkung etc*: *a.* teasing.
Neffe *m* nephew.
Negation *f* negation. **negativ** *adj*, **Negativ** *n* ⚡, *phot.*, *phys.* negative.
Neger *m* **1.** *neg!* negro. **2.** F *fig.* a) ghostwriter, b) *TV* idiot card. **Negerin** *f neg!* negress.
negieren *v/t* negate, deny.
Negligé, Negligee *n* négligé.
nehmen *v/t allg.* take (*a.* ***an sich ~***, *a. den Bus etc, ein Hindernis, e-e Kurve, mil. e-e Stellung etc*), (*an~*) *a.* accept, (*weg~*) take away (*dat* from), (*kaufen*) *a.* buy, (*Preis*) *a.* charge, (*anstellen*) *a.* engage, hire: ***et. zu sich ~*** have s.th. to eat, eat s.th.; (***sich***) ***e-n Anwalt ~*** retain counsel; *fig.* ***auf sich ~*** take upon o.s., (*Amt etc*) assume, (*Verantwortung*) accept; ***es sich nicht ~ lassen zu inf*** insist on *ger*; ***er versteht es, die Kunden zu ~*** he has a way with the customers; ***wie mans nimmt!*** that depends!; F ***er ist hart im Nehmen*** he can take a lot (of punishment); → ***Angriff, Anspruch, Beispiel.***
Nehrung *f* spit, sand bar.
Neid *m* envy (***auf*** *acc* of), jealousy: ***aus ~*** out of envy; ***der pure ~*** sheer envy; ***grün vor ~ sein*** be green with envy; ***das muss ihm der ~ lassen*** you have to hand it to him.
neiden *v/t* ***j-m et. ~*** envy s.o. s.th.
Neider *m* ***viele ~ haben*** be envied by many people.

N

Neidhammel *m contp.* jealous *od.* envious person.
neidisch I *adj* (**auf** *acc* of) envious, jealous. **II** *adv* enviously, with envy.
neidlos *adj u. adv* without envy.
Neige *f* **1. zur ~ gehen** *Leben etc*: draw to its close, *Vorräte etc*: run out. **2.** *im Glas etc*: dregs *pl*: **bis zur ~ leeren** drain to the dregs; *fig.* **bis zur bitteren ~** to the bitter end.
neigen I *v/t* **1.** bend, incline, (*senken*) lower, (*beugen*) bow, (*kippen*) tilt. **II** *v/reflex* **sich ~ 2.** bend, incline, (*sich verbeugen*) bow (**vor** *dat* to), *Gelände*: slope. **3.** *fig. Jahr etc*: be drawing to its close. **III** *v/i* **4. ~ zu** have a tendency to, be inclined to, tend towards, *e-r Krankheit etc*: be prone to; **ich neige zu der Ansicht, dass ...** I am inclined to think that ...
Neigung *f* **1.** *allg.* inclination, (*Gefälle*) slope, gradient, dip. **2.** *fig.* (*Hang*) (**zu**) inclination, tendency (to, towards), *a. pol. etc* trend (to), *e-r Krankheit etc*: proneness (to). **3.** *fig.* (*Vorliebe*) (**zu**) liking (for, of), penchant, predilection (for). **4.** *fig.* (*Zuneigung*) (**zu**) affection (for), love (of).
Neigungswinkel *m* angle of inclination.
nein *adv* no: **~ und abermals ~!** for the last time, no!; **aber ~!** of course not!, certainly not!; **~, so etwas!** well, I never!
Nein *n* no: **mit (e-m) ~ antworten** answer in the negative, *a. weitS.* say no.
Neinstimme *f* no (*pl* noes), *Am.* nay.
Nektar *m* nectar.
Nektarine *f* ⚘ nectarine.
Nelke *f* **1.** ⚘ carnation. **2.** (*Gewürznelke*) clove.
Nennbetrag *m* nominal amount (*od.* sum).
nennen I *v/t* **1.** *allg.* call, (*a. be~*) name: **das nenne ich ...** that's what I call ... **2.** (*angeben*) name, (*erwähnen*) mention, (*Beispiele, s-n Namen*) give, (*Kandidaten*) nominate: *Sport*: **j-n ~ für** enter s.o. for. **II** *v/reflex* **sich ~ 3.** call o.s. (*a. iro.*), be called: *iro.* **und das nennt sich Fachmann!** and he (*od.* she) is supposed to be an expert!
nennenswert *adj* worth mentioning.
Nenner *m* A (*a. fig.* **et. auf e-n gemeinsamen ~ bringen** reduce s.th. to a common) denominator; *fig.* **e-n gemeinsamen ~ finden** reach an agreement (on the matter).
Nennung *f* naming, mention, *von Kandidaten*: nomination, *Sport etc*: entry.
Nennwert *m econ.* nominal (*od.* face) value: **zum ~** at par; **unter dem ~** below par.
Neofaschismus *m* neo-fascism.
Neofaschist(in), neofaschistisch *adj* neo-fascist.
Neologismus *m* neologism.
Neon *n* neon.
Neonazi *m*, **neonazistisch** *adj* neo-nazi.
Neonleuchte *f*, **Neonlicht** *n* neon light.
Nepp *m* F rip-off.
neppen *v/t* F fleece, rip *s.o.* off.
Nepplokal *n* clip (*Am.* gyp) joint.
Nerv *m* nerve, ⚘ *a.* vein: **die ~en behalten (verlieren)** keep (lose) one's head; F **j-m auf die ~en fallen (***od.* **gehen),** F **j-m den ~ töten** get on s.o.'s nerves; **er hat ~en wie Drahtseile** he's got nerves of steel; **sie ist mit den ~en am Ende** (F **völlig fertig**) she's a nervous wreck; **~en zeigen** get nervy; F **du hast vielleicht ~en!** you've got a nerve!
nerven *v/t* F **j-n ~** get on s.o.'s nerves.
Nervenarzt *m*, **~ärztin** *f* neurologist.
nervenaufreibend *adj* nerve-racking.
Nerven|belastung *f* (nervous) strain. **~bündel** *n* F *fig.* **sie ist ein ~** she is a bundle of nerves. **~entzündung** *f* neuritis. **~gas** *n mil.* nerve gas. **~kitzel** *m fig.* thrill. **~klinik** *f* mental hospital, psychiatric clinic.
nervenkrank *adj* mentally ill.
Nervenkrankheit *f* nervous disease.
Nerven|krieg *m fig.* war of nerves. **~sache** *f* F **das ist reine ~!** that's just a question of nerves! **~säge** *f* F pain in the neck. **~schmerz** *m* neuralgia. **~schwäche** *f* weak nerves *pl.*
nervenstark *adj* strong-nerved.
Nervenstärke *f* strong nerves *pl*: **~ beweisen** remain cool.
Nerven|system *n* nervous system. **~zentrum** *n a. fig.* nerve cent/re (*Am.* -er). **~zusammenbruch** *m* nervous breakdown.
nervig *adj* F pesky.
nervlich *adj* nervous.
nervös *adj allg.* nervous: **~ werden** get nervous; **j-n ~ machen** make s.o. nervous, *stärker*: get on s.o.'s nerves.
Nervosität *f* nervousness.
nervtötend *adj* F nerve-racking.
Nerz *m* **1.** *zo.* mink. **2.** → **Nerzmantel** *m* mink (coat).
Nessel *f* ⚘ nettle: F *fig.* **sich in die ~n setzen** get o.s. into trouble.
Nessessär *n* → **Necessaire.**
Nest *n* **1.** *allg.* nest: *fig.* **das eigene ~ beschmutzen** foul one's own nest; F **das ~ war leer** the bird(s) had flown. **2.** F small place, (*Kaff*) dump.
Nesthäkchen *n* pet of the family.
Nestwärme *f fig.* warmth and security.
nett *adj allg.* nice (*a. iro.*): **sei so ~ und hilf mir** be so kind as to help me; (**das ist**) **~ von dir** that's nice of you.
netto *adv econ.* net, clear.
Netto|betrag *m* net amount. **~einkommen** *n* net income. **~ertrag** *m* net proceeds *pl.* **~gehalt** *n* net salary. **~gewicht** *n* net

weight. **~gewinn** *m* clear profit. **~kreditbedarf** *m* net borrowing requirements *pl*. **~lohn** *m* take-home pay. **~preis** *m* net price. **~umsatz** *m* net turnover. **~verdienst** *m* net income (*od.* earnings *pl*), take-home pay.

Netz *n* **1.** *allg.* net (*a. Sport u. fig.*), (*Gepäcknetz*) rack: *fig.* ***j-m ins ~ gehen*** walk into s.o.'s net. **2.** (*Verkehrs-*, *Versorgungsnetz*) network (*a. teleph.*, *Radio*, *TV etc*), (*Stromnetz*) mains *pl*: ***ans ~ gehen*** *Kraftwerk*: go into operation. **3.** *Computer*: network. **~anschluss** *m* ⚡ mains connection. **~ball** *m Tennis*: net (ball). **~empfänger** *m* ⚡ mains receiver. **~gerät** *n* mains appliance. **~haut** *f anat.* retina. **~hemd** *n* string vest. **~karte** *f* runaround ticket. **~plan** *m* network. **~plantechnik** *f* network analysis. **~schalter** *m* ⚡ power switch. **~strumpf** *m* net (*od.* mesh) stocking. **~system** *n* network system. **~teil** *n* ⚡ power supply unit.

Netzwerk *n allg.* network.

netzwerkbasiert *adj* network-based.

Netzwerkserver *m* network server.

neu I *adj allg.* new, (*frisch*) *a.* fresh (*a. fig.*), (*~artig*) *a.* novel, (*~zeitlich*) recent, modern, (*erneut*) renewed: ***ganz ~*** brand-new; ***wie ~*** as good as new; ***ein ~er Anfang*** a fresh start; ***~eren Datums*** of recent date; ***~e Schwierigkeiten*** more problems; ***~ere Sprachen*** modern languages; ***~este Nachrichten*** latest news; ***das ist mir ~!*** that's new to me! **II** *adv* newly, (*kürzlich*) recently, (*erneut*) anew, afresh: ***~ anfangen*** start anew; ***~ beleben*** revive; ***~ entdeckt*** a) recently discovered, b) rediscovered; F *fig.* ***~ gebacken*** newly-fledged; ***~ eröffnen*** reopen; ***~ gestalten*** reorganize, *tech.* remodel, redevelop; ***~ schreiben*** rewrite.

neuartig *adj* novel, new (type of).

Neuauflage *f* **1.** *print.* a) new edition, b) → ***Neudruck***. **2.** *fig.* repeat (performance). **Neuausgabe** *f* new edition.

Neubau *m* new building.

Neubaugebiet *n* new housing estate.

Neubearbeitung *f* **1.** a) revised edition, b) revision. **2.** *thea. etc* adaptation.

Neubildung *f* **1.** (new) formation, reorganization. **2.** a) *physiol.* regeneration, b) ⚕ tumo(u)r. **3.** *ling.* neologism.

Neue[1] *n* **1.** s.th. new: ***das ~ daran*** what's new about it; ***das ~ste*** (*Nachricht*, *Mode etc*) the latest thing; ***was gibts ~s?*** what's new?; ***das ist mir nichts ~s*** that's no news to me. **2.** ***aufs ~***, ***von neuem*** afresh, anew; ***seit neuem*** of late.

Neue[2] *m, f* new man (woman).

Neueinstellung *f* **1.** taking on (new) labo(u)r. **2.** new employee.

Neuentwicklung *f Produkt*: innovation.

neuerdings *adv* recently, of late.

Neuerer *m*, **Neuerin** *f* innovator.

Neueröffnung *f* opening, *nach Renovierung etc.*: re-opening.

Neuerscheinung *f* new publication.

Neuerung *f* innovation.

Neuerwerbung *f* new acquisition.

neuestens *adv* quite recently, lately.

Neufassung *f* a) revised version, b) (*Vorgang*) revision.

Neufundland *n* Newfoundland.

neugeboren *adj* newborn: *fig.* ***ich fühle mich wie ~*** I feel a different person.

Neugeborene *n* newborn (child).

Neugestaltung *f* reshaping, reorganization, *tech.* remodel(l)ing.

Neugier *f* (***aus ~*** out of) curiosity.

neugierig *adj* (***auf*** *acc*) curious (about, of), *stärker*: inquisitive (after, about): ***ich bin ~, ob ...*** I wonder if ...

Neugliederung *f* reorganization.

neugotisch *adj* neo-Gothic.

Neugründung *f* **1.** (new) foundation, new establishment. **2.** (*Wiedergründung*) re-establishment.

Neuguinea *n* New Guinea.

Neuheit *f* newness, novelty (*a. Erfindung*), *tech. a.* innovation.

Neuigkeit *f* (**e-e ~** a piece of) news *sg*.

Neujahr *n* New Year('s Day): ***Prosit ~!*** Happy New Year! **Neujahrstag** *m* New Year's Day. **Neujahrswunsch** *m mst pl* good wishes *pl* for the New Year.

N

Neukonstruktion *f* **1.** new construction. **2.** reconstruction.

Neuland *n fig.* ***~ erschließen*** break new ground; ***das ist ~ für mich*** that is new territory to me.

neulich *adv* the other day, recently.

Neuling *m* (***in*** *dat*, ***auf e-m Gebiet***) newcomer (to), novice (at).

neumodisch *adj contp.* newfangled.

Neumond *m* new moon.

neun *adj* nine: ***alle ~e!*** strike!

Neun *f* (number) nine.

neunhundert *adj* nine hundred.

neunjährig *adj* **1.** nine-year-old. **2.** nine--year, of nine years.

neunmal *adv* nine times.

neunmalklug *adj iro.* smart-alecky.

neunt *adj* **1.** ninth. **2.** ***zu ~*** (the) nine of us (*od.* them *etc*).

Neunte *m, f, n* ninth.

Neuntel *n* ninth.

neuntens *adv* ninth(ly).

neunzehn *adj* nineteen.

neunzehnt *adv* nineteenth.

neunzig *adj* ninety; ***er ist Anfang ~*** he is in his early nineties.

Neunzig *f* (number) ninety.
neunziger *adj* ***in den ~ Jahren*** *e-s Jhs.*: in the nineties.
Neunziger(in) man (woman) of ninety, nonagenarian.
Neunzigerjahre → ***neunziger.***
Neuordnung *f* reorganization.
Neuphilologe *m*, **Neuphilologin** *f* teacher (*od.* student) of modern languages.
Neuphilologie *f* modern languages *pl.*
Neuralgie *f* ⚕ neuralgia.
neuralgisch *adj* ⚕ neuralgic: *fig.* ***~er Punkt*** critical point, *pol.* trouble spot.
Neuregelung *f* revision.
Neureiche *m, f* parvenue: ***die ~n*** the nouveaux riches *pl.*
Neurochirurg(in) neurosurgeon.
Neurologe *m*, **Neurologin** *f* neurologist.
Neurose *f* ⚕ neurosis. **Neurotiker(in), neurotisch** *adj* neurotic.
Neuschnee *m* fresh-fallen snow.
Neuseeland *n* New Zealand.
neusprachlich *adj* modern-language.
neutral *adj* (*adv* ***sich ~ verhalten*** remain) neutral. **neutralisieren** *v/t* neutralize. **Neutralität** *f* neutrality.
Neutron *n* neutron.
Neutronenbombe *f* neutron bomb.
Neutrum *n ling.* neuter.
Neuverfilmung *f* remake.
Neuverschuldung *f* new borrowings *pl.*
Neuwahl *f* new election.
neuwertig *adj* practically new.
Neuzeit *f* modern times *pl.*
neuzeitlich *adj* modern.
nhd. ***neuhochdeutsch*** New High German (NHG).
nicht *adv* not: ***~ besser*** (***länger***) no better (longer); ***~*** (***ein***)***mal*** not even; ***~ mehr*** no longer, not any more; (***bitte***) ***~!*** (please) don't!; ***~ wenige*** quite a few; ***~ existent*** nonexisting; ***~ rostend*** rustproof, *Stahl*: stainless; ***~, dass ich wüsste!*** not that I know of!; ***er ist krank, ~ wahr?*** he is ill, isn't he?; ***du tust es doch, ~ wahr?*** you will do it, won't you?; → ***auch, gar², nur.***
Nicht|achtung *f* disregard. **~angriffspakt** *m pol.* nonaggression treaty. **~beachtung** *f* (***von*** *od. gen* of) *e-r Warnung etc*: disregard, *der Vorschriften etc*: nonobservance.
Nichte *f* niece.
Nicht|einhaltung *f* noncompliance (*gen* with). **~einmischung** *f pol.* noninterference, nonintervention. **~erfüllung** *f* ⚖ nonperformance. **~erscheinen** *n* nonappearance, ⚖ *a.* default.
nichtig *adj* **1.** (*belanglos*) trivial, (*wertlos*) vain: ***~er Vorwand*** flimsy excuse. **2.** ⚖ (***null und***) ***~*** (null and) void.
Nichtigkeit *f* **1.** triviality, vanity: ***~en*** *pl* trifles *pl.* **2.** ⚖ nullity.
Nichtmitglied *n* nonmember.
Nichtraucher(in) nonsmoker.
Nichtraucher|... non-smoking ..., no-smoking ... **~zone** *f* non-smokung area.
nichts *indef pron* nothing, not ... anything: ***~ ahnend*** unsuspecting; ***~ sagend*** *Worte etc*: empty, meaningless, *Antwort*: vague, (*farblos*) colo(u)rless; ***~ als Ärger*** nothing but trouble; ***~ weniger als das*** anything but that; ***~ da!*** nothing doing!, that's out!; ***so gut wie ~*** next to nothing; ***das ist ~ für mich!*** that's not my thing!; ***mir ~, dir ~*** just like that, (*frech*) quite coolly; ***weiter ~?*** is that all?; F ***wie ~*** (*blitzschnell*) in a flash; F ***~ wie hin!*** let's go (there fast)!; → ***dergleichen, gar², machen, Nähere*** *etc.*
Nichts *n* **1.** nothing(ness), (*Leere*) void: ***aus dem ~*** a) (*erscheinen etc*) from nowhere, b) (*schaffen etc*) out of nothing; ***vor dem ~ stehen*** be left with nothing. **2.** ***ein ~*** a) a trifle, (a mere) nothing, b) *contp.* a nobody.
nichtsahnend *adj* unsuspecting.
Nichtschwimmer(in) nonswimmer.
nichtsdesto|trotz *adv* F, **~weniger** *adv* nevertheless, none the less.
nichtsesshaft *adj* ***~e Person*** person of no fixed abode.
Nichtskönner(in) incompetent person, F washout.
nichtsnutzig *adj* worthless, good-for-nothing.
Nichtstuer(in) idler, loafer.
Nichtstun *n* idling, loafing: ***s-e Zeit mit ~ verbringen*** idle away one's time.
Nichtswisser(in) ignoramus.
Nicht|vorhandensein *n* nonexistence, lack. **~wissen** *n* ignorance. **~zahlung** *f econ.* ***bei ~*** in default of payment.
Nichtzutreffende *n* ***~s streichen!*** delete where inapplicable!
Nickel *n* nickel.
Nickelbrille *f* steel-rimmed spectacles *pl.*
nicken *v/i* nod (one's head).
Nickerchen *n* F (***ein ~ machen*** have a) nap.
nie *adv* never: ***fast ~*** hardly ever; ***noch ~*** never (before); ***~ wieder*** never again; ***~ und nimmer*** never ever.
nieder I *adj* low (*a. fig. gemein*), *Wert, Rang*: inferior, *Dienststelle etc*: lower. **II** *adv* low, (*herab*) down: ***~ mit ...!*** down with ...! **~brennen** *v/t u. v/i* burn down. **~brüllen** *v/t* ***j-n ~*** shout s.o. down. **~deutsch** *adj* Low German. **~drücken** *v/t* **1.** press down, (*Taste, Hebel*) (de)press. **2.** *fig.* depress.
Niederfrequenz *f* ⚡ low frequency.
Niedergang *m* decline.
niedergehen *v/i* go down (*a.* ✈), *Gewitter*: burst.

niedergeschlagen *adj fig.* depressed, dejected, downcast.
Niedergeschlagenheit *f* dejection.
nieder|holen *v/t* (*Flagge, Segel*) haul down, lower. **~knien** *v/i* kneel down. **~kommen** *v/i* be confined.
Niederkunft *f* delivery, confinement.
Niederlage *f* **1.** defeat: ***e-e ~ erleiden*** be defeated. **2.** *econ.* a) depot, warehouse, b) → ***Niederlassung*** 2.
Niederlande *pl the* Netherlands *pl.*
Niederländer *m* Dutchman, Netherlander: ***die ~*** the Dutch. **Niederländerin** *f* Dutch woman, Netherlander.
niederländisch *adj* Dutch.
niederlassen I *v/t* **1.** lower, let *s.th.* down. **II** *v/reflex* ***sich ~*** **2.** sit down. **3.** (***in*** *dat*) make one's home (at), take up residence (at), *a. als Siedler etc*: settle (in, at). **4.** set up in business (*od.* as doctor, as a lawyer, *etc*), establish o.s. (***als*** as).
Niederlassung *f* **1.** establishment, settling. **2.** *econ.* a) place of business, b) (*Filiale*) branch (office).
Niederlassungsrecht *n* right of establishment.
niederlegen I *v/t* lay down, (*Amt*) resign from: ***die Waffen ~*** lay down one's arms; ***die Arbeit ~*** (go on) strike, walk out; ***et. schriftlich ~*** put s.th. down in writing. **II** *v/reflex* ***sich ~*** lie down.
Niederlegung *f* (*gen*) laying down (of), *e-s Amtes*: resignation (from).
nieder|machen *v/t* **1.** slaughter, massacre. **2.** → ***fertig machen*** 3. **~reißen** *v/t* pull down (*a. fig.*), demolish.
Niedersachsen *n* Lower Saxony.
niederschießen *v/t* shoot *s.o.* down.
Niederschlag *m* **1.** *meteor.* precipitation, rain(fall). **2.** ⚗ precipitate, (*Ablagerung*) sediment: ***radioaktiver ~*** fallout; *fig.* ***s-n ~ finden in*** (*dat*) be reflected in. **3.** *Boxen*: knockdown, *bis zehn*: knockout.
niederschlagen I *v/t* **1.** ***j-n ~*** knock s.o. down, *Boxen*: (*a. bis zehn*) knock s.o. out. **2.** (*Augen*) cast down. **3.** *fig.* (*unterdrücken*) suppress, (*Aufstand*) put down. **4.** ⚖ (*Verfahren*) quash. **II** *v/reflex* ***sich ~*** **5.** ⚗ precipitate. **6.** *fig.* be reflected (***in*** *dat* in).
niederschlagsreich *adj* rainy, wet.
niederschmettern *v/t* ***j-n ~*** knock s.o. down, *fig.* shatter s.o.
niederschmetternd *adj fig.* shattering.
niederschreiben *v/t* write down, record.
Niederschrift *f* **1.** writing down. **2.** notes *pl*, record, minutes *pl.*
Niederspannung *f* ⚡ low tension.
Niedertracht *f* **1.** baseness. **2.** (*Handlung*) perfidy, F dirty trick.
niederträchtig *adj* low, perfidious.
Niederung *f* lowland(s *pl*).
niederwerfen I *v/t* **1.** *fig.* ***j-n ~*** *Krankheit*: lay s.o. low. **2.** → ***niederschlagen*** 3. **II** *v/reflex* ***sich ~*** **3.** throw o.s. down: ***sich vor j-m ~*** throw o.s. at s.o.'s feet.
niedlich *adj* sweet, cute.
niedrig *adj allg.* low (*a. adv*), *Herkunft etc*: *a.* lowly, humble, (*gemein*) *a.* base, *Qualität*: inferior, *Strafe*: light: ***~ fliegen*** fly low; (*Preise etc*) ***~ halten*** keep down.
Niedrigkeit *f allg.* lowness.
Niedriglohn *m* low income (*od.* wage). **~gruppe** *f* low-wage bracket. **~land** *n* low-wage country.
Niedrigpreis *m* low price.
Niedrigstpreis *m* rock bottom price.
niemals → ***nie.***
niemand *indef pron* nobody, no one: ***ich habe ~(en) gesehen*** I didn't see anybody; ***~ anders*** nobody else; ***~ anders als er*** none other than he; ***es war sonst ~ da*** nobody else was present.
Niemand *m contp.* ***er ist ein ~*** he is a nobody.
Niemandsland *n a. fig.* no man's land.
Niere *f anat.* kidney: ⚕ ***künstliche ~*** kidney machine; F *fig.* ***das geht mir an die ~n*** that really gets me down.
Nierenbeckenentzündung *f* pyelitis.
nierenförmig *adj* kidney-shaped.
Nieren|spender(in) kidney donor. **~stein** *m* ⚕ kidney stone. **~verpflanzung** *f* kidney transplant.
nieseln *v/i*, **Nieselregen** *m* drizzle.
niesen *v/i* sneeze.
Niespulver *n* sneezing powder.
Niete *f* **1.** (***e-e ~ ziehen*** draw a) blank. **2.** F (*Reinfall, Versager*) flop, washout.
nieten *v/t u. v/i tech.* rivet.
Nietenhose *f* jeans *pl* (with studs).
Nigeria *n* Nigeria.
Nihilismus *m* nihilism. **Nihilist(in)** nihilist.
nihilistisch *adj* nihilist(ic).
Nikolaustag *m* St. Nicholas' Day.
Nikotin *n* nicotine.
nikotinarm *adj* low-nicotine.
nikotinfrei *adj* nicotine-free.
Nikotinvergiftung *f* nicotine poisoning.
Nilpferd *n zo.* hippopotamus.
Nimbus *m* nimbus, halo, *fig. a.* aura.
Nimmerwiedersehen *n* ***auf ~*** for good.
Nippel *m tech.* nipple.
nippen *v/t u. v/i* sip (***an*** *dat* at).
Nippsachen *pl* knick-knacks *pl.*
nirgends *adv* nowhere.
nirgendwo(hin) *adv* nowhere, not ... anywhere.
Nische *f* niche, recess.

N

nisten *v/i* nest.
Nistplatz *m* nesting place.
Nitrat *n* ⚗ nitrate.
Nitroglyzerin *n* ⚗ nitroglycerine.
Niveau *n* level, (*Bildungsniveau etc*) *a.* standard: ***unter dem*** ~ not up to standard; ~ ***haben*** have class; ***ein hohes*** ~ ***haben*** have high standards; ***das ist unter m-m*** ~ that's beneath me; ***geistiges*** ~ level of intelligence. **niveaulos** *adj* dull, mediocre.
nivellieren *v/t a. fig.* level.
Nixe *f* water nymph.
Nizza *n* Nice.
n. J. ***nächsten Jahres*** of next year, next year's ...
nkr ***norwegische Krone(n)*** Norwegian crown(s *pl*) (Nkr).
n. M. ***nächsten Monats*** of next month, next month's ...
nmtl. ***namentlich*** by name; (*besonders*) especially (esp.), particularly (part.).
N. N. ***nomen nominandum*** *etwa* to be appointed; (*a.* **NN**) ***Normalnull*** *etwa* sea level.
NO ***Nordost(en)*** northeast (NE).
nobel *adj* **1.** noble(-minded). **2.** F (*großzügig*) generous. **3.** (*vornehm*) high-class, F posh, ritzy.
Nobelherberge *f* F posh hotel.
Nobelpreis *m* Nobel prize. **~träger(in)** Nobel prize winner.
noch I *adv* **1.** still: ***immer*** ~ still; ~ ***nicht*** not yet; ~ ***nie*** never before; ~ ***gestern*** only yesterday; ~ ***heute*** even today; ~ ***lange nicht*** not by a long chalk; ~ ***im 18. Jh.*** as late as the 18th century; ***wie heißt sie*** ~***?*** what's her name again?; F ~ ***und*** ~ a) oodles of, piles of, b) (*sehr*) awfully. **2.** (*mehr*) more: ~ ***einer*** one more, another; ~ ***einmal*** once more; ~ ***einmal so viel*** as much again; ~ ***etwas!*** and another thing!; ~ ***etwas?*** anything else?; ~ ***besser (mehr)*** even better (more); ***nur*** ~ ***5 Minuten*** only five minutes more. **3.** ***sei es*** ~ ***so klein*** no matter how small (it is). II *conj* → ***weder.***
nochmalig *adj* repeated, second, new.
nochmals *adv* once more.
Nocke *f tech.* cam.
Nockenwelle *f mot.* camshaft.
Nomade *m*, **Nomadin** *f* nomad. **Nomaden..., nomadisch** *adj* nomadic.
Nominativ *m ling.* nominative (case).
nominal, nominell *adj* nominal.
nominieren *v/t* nominate, name.
Nonne *f* nun.
Nonnenkloster *n* nunnery, convent.
Nonsens *m* nonsense.
nonstop *adv* nonstop.
Non-Stop-Flug *m* nonstop flight.
Noppe *f*, **noppen** *v/t* nap.
Nord *inv* North. **Nordatlantikpakt** *m* North Atlantic Treaty.
Norden *m* north, North: ***nach*** ~ to(wards) the north; ***im*** ~ ***von*** (*od. gen*) north of.
nordisch *adj* northern, (*skandinavisch*) Nordic: *Skisport*: ***~e Kombination*** Nordic Combined.
Nordirland *n* Northern Ireland.
Nordkorea *n* North Korea.
nördlich I *adj* northern, northerly. II *adv* ~ ***von*** (*od. gen*) (to the) north of.
Nordlicht *n* **1.** northern lights *pl.* **2.** *contp.* Northerner.
Nordost(en) *m*, **nordöstlich** *adj u. adv* northeast.
Nord|pol *m* North Pole. **~polarkreis** *m* Arctic Circle.
Nordrhein-Westfalen *n* North Rhine-Westphalia.
Nordsee *f the* North Sea.
Nord-Süd-Konflikt *m pol.* North-South conflict.
Nordwest(en) *m*, **nordwestlich** *adj u. adv* northwest.
Nordwind *m* north wind.
Nörgelei *f* grumbling, niggling. **nörgeln** *v/i* (**an** *dat* about) grumble, niggle.
Nörgler(in) grumbler, niggler.
Norm *f* norm, standard.
normal *adj* normal, *tech.* standard.
Normalbenzin *n* regular (grade) petrol (*Am.* gasoline).
normalerweise *adv* normally.
Normal|fall *m* ***im*** ~ normally. **~gewicht** *n* normal (*od.* average) weight.
normalisieren I *v/t* normalize. II *v/reflex* ***sich*** ~ return to normal.
Normalisierung *f* normalization.
Normalpost *f* ordinary mail.
Normalverbraucher(in) average consumer: F ***Otto*** ~ Mr. Average.
Normalzustand *m* normal state.
normen, normieren *v/t* standardize.
Norwegen *n* Norway.
Norweger(in), norwegisch *adj* Norwegian.
Nostalgie *f* nostalgia.
nostalgisch *adj* nostalgic.
Not *f* **1.** need, (*Elend*) misery: ~ ***leiden*** suffer want; ***in*** ~ ***geraten*** become destitute (→ 3). **2.** (*Notwendigkeit*) necessity: ~ ***macht erfinderisch*** necessity is the mother of invention; ***aus der*** ~ ***e-e Tugend machen*** make a virtue of necessity; ***zur*** ~, F ***wenn*** ~ ***am Mann ist*** if need be; ***es tut*** ~, ***dass ...*** it is necesssary that ... **3.** (*Bedrängnis*) distress (*a.* ⚓), (*Schwierigkeit*) difficulty, trouble: ***in*** ~ ***sein*** be in trouble; ***in*** ~ ***geraten*** run into difficulties (→ 1); **~leidend** needy; F

s-e (**liebe**) ~ **haben mit** really have problems with; → **knapp** 2.

Notar(in) notary. **Notariat** *n* notary's office.

notariell *adj* notarial: *adv* ~ **beglaubigt** attested by a notary.

Not|arzt *m*, **~ärztin** *f* doctor on call. **~arztwagen** *m* emergency ambulance. **~aufnahme** *f* (*Krankenhaus*) casualty (department). **~aufnahmelager** *n* transit camp. **~ausgang** *m* emergency exit. **~behelf** *m* makeshift. **~bremse** *f* emergency brake. **~dienst** *m* (~ **haben** be on) emergency duty.

notdürftig *adj* scanty: *adv* **et.** ~ **reparieren** patch s.th. up.

Note *f* **1.** *ped.* mark, *Am.* grade. **2.** ♪ note: **ganze** ~ semibreve; **halbe** ~ minim; **nach ~n singen** *etc* sing *etc* from music. **3.** *pol.* note, memorandum. **4.** *fig.* (**persönliche** ~ personal) touch: **e-r Sache e-e besondere** ~ **verleihen** add a special touch to s.th. **5.** → **Banknote.**

Notebook *m Computer*: notebook.

Noten|bank *f* bank of issue. **~blatt** *n* sheet of music. **~heft** *n* music book. **~pult** *n* music stand. **~system** *n ped.* marking (*Am.* grading) system.

Notepad *m Computer*: notepad.

Notfall *m* emergency: **für den** ~ (just) in case; **im** ~ → **notfalls** *adv* if necessary, if need be, in an emergency.

notgedrungen *adv* of necessity: ~ **musste er gehen** he had no choice but to go. **Notgroschen** *m* nest egg.

notieren I *v/t* **1.** make a note of. **2.** (*Kurse*) quote (**zu** at). **II** *v/i* **3.** *econ.* be quoted (**mit** at, with).

Notierung *f econ.* quotation.

nötig *adj* necessary: **et.** (**dringend**) ~ **haben** need s.th. (badly); **das habe ich nicht ~!** I don't have to stand for that!; *iro.* **du hast es** (**gerade**) **~!** you of all people!; **mit dem ~en Respekt** with due respect; (**nur**) **das Nötigste** (just) what is absolutely necessary; **es ist nicht ~, dass du kommst** there is no need for you to come.

nötigen *v/t* force, compel, urge, (*e-n Gast*) press: **lassen Sie sich nicht ~!** help yourself!; **er ließ sich nicht lange** ~ he needed no coaxing.

Nötigung *f* coercion, ⚖ *a.* duress.

Notiz *f* **1.** note: **sich ~en machen** take notes; *fig.* **k-e** ~ **nehmen von** take no notice of, ignore. **2.** (*Pressenotiz*) (news) item. **~block** *m* notepad, *Am.* memo pad. **~buch** *n* notebook. **~zettel** *m* slip of paper.

Notlage *f* predicament, plight.

Notlager *n* shakedown.

notlanden *v/i* make a forced landing.

Notlandung *f* forced landing.

notleidend → **Not** 3.

Notlösung *f* temporary solution.

Notlüge *f* white lie.

Notmaßnahme *f* emergency measure.

notorisch *adj* notorious.

Notruf *m teleph.* emergency call. **~nummer** *f* emergency number. **~säule** *f* emergency telephone.

Not|rutsche *f* ✈ escape chute. **~schrei** *m a. fig.* cry for help. **~signal** *n* distress signal. **~sitz** *m* jump seat.

Notstand *m* **1.** → **Notlage. 2.** *pol.* state of emergency.

Notstandsgebiet *n* **1.** *econ.* depressed area. **2.** (*Katastrophengebiet*) disaster area.

Not|stromaggregat *n* emergency generator. **~unterkunft** *f* provisional accommodation. **~wehr** *f* (**aus** ~, **in** ~ in) self-defen/ce (*Am.* -se).

notwendig *adj* necessary (**für** to, for): **unbedingt** ~ imperative.

notwendigerweise *adv* of necessity.

Notwendigkeit *f* necessity.

Nougat *m*, *n* → **Nugat.**

Novelle *f* **1.** novella. **2.** *parl.* amendment.

November *m* (**im** ~ in) November.

Novität *f* novelty, innovation, new article, *Buch*: new publiction.

Novum *n* s.th. new, novelty.

Nr. ***Nummer*** number (No., no.).

Nrn. ***Nummern*** *pl* numbers (Nos., nos.).

NRW ***Nordrhein-Westfalen*** North Rhine-Westphalia.

NS ***Nachschrift*** postscript (PS); ***Nationalsozialismus*** National Socialism; ***nationalsozialistisch*** National Socialist (Nazi).

NSt ***Nebenstelle*** branch; *teleph.* extension (extn).

N. T. ***Neues Testament*** New Testament (NT).

nto. ***netto*** net (nt., nt).

Nu *m* **im** ~ in no time, F in a jiffy.

Nuance *f* nuance, shade.

nüchtern *adj* **1.** with an empty stomach: → **Magen. 2.** (*Ggs. betrunken*) sober: **wieder** ~ **werden** sober up. **3.** *Essen*: bland. **4.** (*sachlich*) sober, matter-of-fact, *Gebäude etc*: austere, functional, (*leidenschaftslos*) unemotional.

Nudel *f* **1.** noodle. **2.** F **sie ist e-e ulkige** ~ she is a funny bird.

Nugat *m*, *n* chocolate nut cream.

nuklear *adj* nuclear.

null *adj* nought, *bsd. Am. od. phys., tech. etc* zero, *teleph.* 0 (*Aussprache*: əʊ), *Am.* zero, *Fehlanzeige*, *a. Sport*: nil, *bsd. Am.* zero: ~ **Grad** zero degrees; F **in** ~ **Komma nichts** in a jiffy; ~ **Komma drei** (nought) point three; ~ **Fehler** no (*Am.* zero) mistakes; *Sport*: **zwei zu** ~ two (to) nothing, two-nil; *Tennis*:

N

15:0 fifteen love; ***das Spiel endete 0:0*** the match was a scoreless draw; F ***er hat ~ Ahnung*** (***davon***) he doesn't know a thing about it; ***ich habe ~ Bock darauf*** I'm not a bit keen on that; → ***nichtig*** 2.
Null *f* nought, *bsd. Am. od. phys., tech. etc* zero: F *fig.* ***er ist e-e ~*** he's a cipher (*od.* nobody); ***gleich ~ sein*** be nil.
nullachtfünfzehn *adj* F run-of-the-mill.
Nulldiät *f* no-calorie (*od.* crash) diet.
Null|lösung *f* zero option. **~menge** *f* ⩓ null set. **~punkt** *m* zero, ⚡, *tech.* neutral point: ***auf dem ~*** *a. fig.* at zero. **~runde** *f* agreement on a wage freeze. **~summenspiel** *n* zero-sum game. **~tarif** *m* a) free transport, b) free admission: ***zum ~*** free. **~wachstum** *n econ.* zero growth.
numerisch *adj* numerical.
Nummer *f* **1.** number (*a. Programmnummer etc*), *e-r Zeitung*: *a.* issue, (*Größe*) *a.* size: F ***auf ~ Sicher gehen*** play it safe. **2.** V (*Koitus*) trick.
num(m)erieren *v/t* number. **Num(m)erierung** *f* numbering.
Nummernblock *m* number block.
Nummernkonto *n* numbered account.
Nummernscheibe *f teleph.* dial.
Nummernschild *n mot.* number plate.
nun I *adv* **1.** (*jetzt*) now, (*dann*) then: ***von ~ an*** from now on, (*seitdem*) from that time (onward). **2.** well: ***~ ja*** well(, you see); ***~ gut!*** all right!; ***was ~?*** what now (*od.* next)?; ***es geht ~ mal nicht!*** it's just not on! II *conj* **3.** ~ (***da***) now that, since.
nur *adv* only, just, simply, (*nichts als*) nothing but, (*ausgenommen*) except: ***~ einmal*** just once; ***~ noch*** only; ***~ dass*** except (that); ***~ weil*** just because; ***wenn ~*** if only; ***nicht ~ ..., sondern auch ...*** not only ..., but also ...; ***~ zu!*** go on!; ***warum hast du das ~ gesagt?*** F why on earth did you say that?; ***was meint sie ~?*** whatever does she mean?; ***~ das nicht!*** anything but that!; ***du weißt ~ zu gut, dass ...*** you know very well that ...; ***so viel ich ~ kann*** as much as I possibly can; ***ohne auch ~ zu lächeln*** without so much as a smile.
Nürnberg *n* Nuremberg.
nuscheln *v/i u. v/t* mumble.
Nuss *f* nut: *fig.* ***e-e harte ~*** a hard nut to crack. **~baum** *m* walnut tree, (*Holz*) walnut.
nussbraun *adj* hazel.
Nussknacker *m* nutcracker.
Nussschale *f* nutshell.
Nüster *f zo.* nostril.
Nut *f tech.* groove.
Nutte *f* F tart, *Am.* hooker.
Nutzanwendung *f* practical application.
nutzbar *adj* useful: ***~ machen*** utilize, ⛏ cultivate.
Nutzbarkeit *f* usefulness.
Nutzbarmachung *f* utilization, *von Bodenschätzen*: exploitation, ⛏ cultivation.
nutzbringend *adj* profitable, useful: ***~ anwenden*** turn *s.th.* to good account.
nütze *adj* ***zu et. ~ sein*** be useful, be of use; ***zu nichts ~ sein*** be (of) no use.
Nutzeffekt *m* efficiency.
nutzen, nützen I *v/i* be of use, be useful (***zu*** for, ***j-m*** to s.o.), (*vorteilhaft sein*) be of advantage (***j-m*** to s.o.), benefit (***j-m*** s.o.): ***das nützt nichts*** that's no use; ***das nützt wenig*** that doesn't help much; ***was nützt das?*** what good is that?; ***was nützt es, dass du weinst?*** what is the use of your crying? II *v/t* use, make use of.
Nutzen *m* use, (*Gewinn*) profit, (*Vorteil*) advantage, *a.* ⚖ benefit: ***~ ziehen aus*** profit (*od.* benefit) from; ***von ~ sein*** → ***nutzen*** I. **~aspekt** *m* utility aspect.
Nutzen-Kosten-Analyse *f* cost-benefit analysis.
Nutzer(in) *adm.* user.
Nutz|fahrzeug *n* utility vehicle. **~fläche** *f* usable area (*econ.* floor space). **~holz** *n* timber. **~last** *f* payload. **~leistung** *f* effective output (*od.* power).
nützlich *adj* useful, (*hilfreich*) helpful.
Nützlichkeit *f* usefulness.
nutzlos *adj* useless.
Nutzlosigkeit *f* uselessness.
Nutznießer(in) beneficiary.
Nutzpflanze *f* useful plant.
Nutzung *f* use, utilization.
Nutzungsrecht *n* usufruct, right to use.
n. u. Z. ***nach unserer Zeitrechnung*** anno Domini (AD).
NW ***Nordwest***(***en***) northwest (NW).
Nylon *n* nylon. **~strümpfe** *pl* nylons *pl.*
Nymphe *f* nymph.
Nymphomanin *f* nymphomaniac.

O

O, o *n* O, o.
O ***Ost(en)*** east (E).
o *int* oh: ***o ja!*** oh yes!
o. ***oben*** above; ***oder*** or; ***ohne*** without (w/o).
o. a. ***oben angeführt*** above(-mentioned).
o. ä. ***oder ähnlich(es)*** or the like.
ÖAMTC ***Österreichischer Automobil-, Motorrad- und Touring-Club*** Austrian Automobile, Motorcycling and Touring Association.
Oase *f* oasis.
ob *conj* whether, if: ***als ~*** as if; ***so tun als ~*** make as if; F ***(na) und ~!*** you bet!; ***~ er wohl kommt?*** I wonder if he will come.
OB *m* ***Oberbürgermeister*** mayor, *in GB*: Lord Mayor.
o.B. ***ohne Befund*** negative (neg.).
Obacht *f* ***~ geben auf*** (*acc*) pay attention to; ***~!*** look out!
ÖBB ***Österreichische Bundesbahnen*** Austrian Federal Railways.
Obb. ***Oberbayern*** Upper Bavaria.
Obdach *n* shelter.
obdachlos *adj* (***~ werden*** be left) homeless. **Obdachlose** *m, f* homeless person. **Obdachlosenasyl** *n* shelter for the homeless.
Obduktion *f* postmortem (examination), autopsy. **obduzieren** *v/t* ***j-n ~*** carry out an autopsy on s.o.
O-Beine *pl* bandy legs *pl*, bow legs *pl*.
O-beinig *adj* bandy-legged, bow-legged.
oben *adv* above, (*an der Spitze*) at the top, *im Hause*: upstairs: ***ganz ~*** *a. fig.* right at the top; ***hier ~*** up here; ***hoch ~*** high up; ***nach ~*** up(wards), *im Hause*: upstairs; ***von ~*** *a. fig.* from above; ***von ~ bis unten*** from top to bottom; ***von ~ herab*** *behandeln etc* condescendingly; F ***~ ohne*** topless; ***~ erwähnt*** above (-mentioned).
obenan *adv* at the top (*od.* head).
obenauf *adv* on top, uppermost, on the surface: F *fig.* ***~ sein*** be fit and well, be on top of the world.
obendrein *adv* on top of it (all), *nachgestellt*: into the bargain.
obenhin *adv* **1.** (*flüchtig*) superficially. **2.** (*beiläufig*) casually.
Oben-ohne-... topless (*dress, bar, etc*).
ober *adj* upper; → ***oberst.***
Ober *m* waiter.
Ober|arm *m* upper arm. **~arzt** *m*, **~ärztin** *f* assistant medical director. **~aufsicht** *f* superintendence, supervision. **~befehl** *m* supreme command (***über*** *acc* of). **~befehlshaber(in)** commander-in-chief. **~begriff** *m* generic term. **~bekleidung** *f* outer garments *pl*. **~bürgermeister(in)** (*Br.* Lord) Mayor. **~deck** *n* ⚓ upper deck.
Oberfläche *f allg.* surface: ***an*** (*od.* ***auf***) ***der ~*** on the surface; ***an die ~ kommen*** (come to the) surface.
oberflächlich *adj allg.* superficial, *fig. a.* shallow, *Bekanntschaft*: casual: *adv* ***~ betrachtet*** on the face of it.
Oberflächlichkeit *f* superficiality.
Ober|geschoss *n* upper floor. **~grenze** *f* upper limit, ceiling.
oberhalb *prep* (*gen*) above.
Ober|hand *f* ***die ~ gewinnen*** get the upper hand (***über*** *acc* of). **~haupt** *n* head, chief. **~haus** *n parl.* upper house, *Br.* House of Lords. **~haut** *f* epidermis. **~hemd** *n* shirt. **~herrschaft** *f* supremacy. **~hoheit** *f* sovereignty.
Oberin *f* **1.** *eccl.* Mother Superior. **2.** *im Krankenhaus*: matron.
oberirdisch *adj u. adv* overground, ⚡ overhead.
Ober|kellner(in) head waiter (waitress). **~kiefer** *m* upper jaw. **~körper** *m* upper part of the body: ***den ~ freimachen*** strip to the waist. **~landesgericht** *n* regional court of appeal. **~lauf** *m e-s Flusses*: upper course (*od.* reaches *pl*). **~leder** *n* upper. **~leitung** *f* **1.** supervi-sion, overall control. **2.** ⚡ overhead cable. **~licht** *n* skylight, *über e-r Tür*: fanlight. **~liga** *f Sport*: top German amateur league. **~lippe** *f* upper lip. **~priester(in)** high priest (priestess).
Obers *m österr.* cream, (*Schlagsahne*) whipped cream.
Ober|schenkel *m* thigh. **~schicht** *f sociol.* upper class(es *pl*). **~schwester** *f* senior nurse. **~seite** *f* upper side, top (side).
oberst *adj* uppermost, top(most), (*höchst*) *a.* highest, *fig. a.* supreme, chief: ***das Oberste zuunterst kehren*** turn everything upside down.

Oberst *m* colonel.
Oberstaats|anwalt *m*, **~anwältin** *f* senior public prosecutor.
Oberstimme *f* ♪ upper part.
Oberstudien|direktor *m* headmaster, *Am.* principal. **~direktorin** *f* headmistress, *Am.* principal. **~rat** *m* senior assistant master. **~rätin** *f* senior assistant mistress.
Ober|stufe *f ped.* upper school (*Am.* grades *pl*). **~teil** *m*, *n* top. **~wasser** *n fig.* (***wieder***) ***~ bekommen*** (*od.* ***haben***) be on top (again).
obgleich *conj* (al)though, even though.
Obhut *f* care: ***j-n*** (***et.***) ***in s-e ~ nehmen*** take care (*od.* charge) of s.o. (s.th.).
obig *adj* above.
Objekt *n* object (*a. ling. u. Kunst*), *econ.* (*Haus etc*) *a.* property.
objektiv *adj* objective, (*unparteiisch*) *a.* impartial.
Objektiv *n opt.* (object) lens.
objektivieren *v/t* objectify.
Objektivität *f* objectiveness.
Objektträger *m* slide.
Oblate *f* wafer, *eccl. a.* host.
obliegen *v/i* ***j-m ~*** be s.o.'s duty, *bsd.* ⚖ be incumbent on s.o.
obligat *adj* obligatory, indispensable, *iro.* inevitable.
Obligation *f econ.* bond, debenture.
obligatorisch *adj* (***für***) obligatory (on), compulsory (for).
Obligo *n* liability: ***ohne ~*** without recourse.
Obmann *m*, **Obmännin** *f* **1.** chief. **2.** *Schiedsgericht*: umpire, *der Geschworenen*: foreman (forewoman).
Oboe *f* oboe. **Oboist(in)** oboist.
Obrigkeit *f* authorities *pl*, government.
Observatorium *n* observatory.
observieren *v/t* put under surveillance.
Obsession *f psych.* obsession.
obsiegend *adj* ⚖ prevailing.
obskur *adj allg.* obscure, (*fragwürdig*) dubious, F shady.
Obst *n* fruit. **~bau** *m* fruit-growing. **~bauer** *m* fruit grower (*od.* farmer). **~baum** *m* fruit tree. **~ernte** *f* fruit-gathering, (*Ertrag*) fruit crop. **~garten** *m* orchard. **~händler(in)** fruiterer, *Am.* fruit seller. **~konserven** *pl* tinned (*od.* canned) fruit. **~kuchen** *m* fruit tart. **~messer** *n* fruit knife.
Obstruktion *f* obstruction.
Obst|saft *m* (fruit) juice. **~salat** *m* fruit salad. **~wasser** *n* fruit brandy.
obszön *adj* obscene, filthy.
Obszönität *f* obscenity.
Obus *m* trolley bus.
obwohl → ***obgleich.***
Ochse *m* **1.** ox (*pl* oxen), *engS.* bullock. **2.** F (*Person*) ass.
ochsen *v/t u. v/i* F cram, swot.
Ochsenschwanzsuppe *f* oxtail soup.
Ochsentour *f* F **1.** (*Arbeit*) hard slog. **2.** (*beruflicher Aufstieg*) slow uphill grind.
Ocker *m* ochre, *Am.* ocher.
Ode *f* ode.
öde *adj* **1.** (*verlassen*) deserted, desolate, (*unfruchtbar*) barren, waste. **2.** *fig.* (*langweilig*) dreary, dull, (*eintönig*) monotonous.
Öde *f* **1.** desert, waste(land). **2.** *fig.* dreariness, monotony.
Ödem *n* ⚕ (o)edema.
oder *conj* or: ***~*** (***aber***) (or) else, otherwise, *drohend*: or else; F ***du kommst doch, ~?*** you are coming, aren't you? → ***entweder.***
Ödipuskomplex *m* Oedipus complex.
Ödland *n* wasteland.
Odyssee *f a. fig.* odyssey.
OEZ ***osteuropäische Zeit*** Eastern European Time (EET).
Ofen *m* **1.** stove, (*Backofen*) oven, (*Hochofen*) furnace, (*Brennofen etc*) kiln: F ***jetzt ist der ~ aus!*** it's curtains (for us *etc*)! **2.** F ***heißer ~*** (big motor)bike. **~heizung** *f* stove heating. **~rohr** *n* stovepipe.
offen I *adj allg.* open (*a. fig. Brief, Geheimnis, Hass, Markt etc*), *Stelle*: *a.* vacant, (*aufrichtig*) *a.* frank, outspoken, (*unentschieden*) *a.* undecided: ***~e Rechnung*** outstanding account; ***~er Wein*** wine served by the glass; ***die ~e See*** the open (sea); ***zu j-m ~ sein*** be open with s.o.; ***für Vorschläge ~ sein*** be open to suggestions; *a. fig.* ***~ bleiben*** remain open; *a. fig.* ***~ halten*** keep s.th. open; *a. fig.* ***~ lassen*** leave s.th. open; ***~ stehen*** a) be open (*fig.* ***j-m*** to s.o.): ***es steht ihm ~ zu gehen*** he is free to go, b) *Rechnungen*: be outstanding. II *adv* ***s-e Meinung ~ sagen*** speak one's mind freely; ***~ gestanden, ~ gesagt*** frankly (speaking); → ***Handelsgesellschaft, Straße*** 1, ***Tür.***
offenbar I *adj* → ***offensichtlich*** I. II *adv* apparently, evidently: ***~ ist er krank*** he seems to be ill.
offenbaren *v/t* reveal.
Offenbarung *f* revelation (*a.* F *fig.*).
Offenbarungseid *m a. fig.* declaration of bankruptcy.
Offenheit *f* openness, frankness.
offenherzig *adj* **1.** open-hearted, candid, frank. **2.** *Kleid etc*: revealing.
offenkundig *adj Lüge, Irrtum etc*: obvious, *stärker*: blatant.
Offenmarktpolitik *f* open-market policy.
offensichtlich I *adj* evident, obvious, apparent. II *adv* → ***offenbar*** II.
offensiv *adj* offensive.
Offensive *f* (***die ~ ergreifen*** take the) offensive.

öffentlich *adj allg.* public (*a. Dienst, Recht etc*): **~e Aufträge** government contracts; **~e Mittel** public funds; **~er Notar** notary public; **~e Schulen** state (*Am.* public) schools; ⚖ **in ~er Sitzung** in open court; *adv* **~ auftreten** appear in public; **~ bekannt machen** make public, publicize; → **Ärgernis** *etc.*
Öffentlichkeit *f the* (general) public, (*Öffentlichsein, a.* ⚖) publicity: **an die ~ treten** appear before the public; **et. an die ~ bringen** bring s.th. before the public; **in die ~ flüchten** resort to publicity; **in aller ~** publicly, openly; → **Ausschluss.**
Öffentlichkeitsarbeit *f* public relations *pl.*
öffentlich-rechtlich *adj* under public law, public.
offerieren *v/t*, **Offerte** *f* offer.
offiziell *adj* official.
Offizier(in) (commissioned) officer.
Offiziersanwärter(in) officer cadet.
Offizierskasino *n* officers' mess.
offiziös *adj* semiofficial.
offline *adv Computer*: offline.
öffnen *v/t* (*a.* **sich ~**) open (*a. fig.*).
Öffner *m* opener.
Öffnung *f allg.* opening, (*Lücke*) *a.* gap, (*Schlitz*) *a.* aperture.
Öffnungszeiten *pl* business (*od.* office) hours *pl.*
Offsetdruck *m* offset (printing).
oft, des Öfteren, öfters, oftmals *adv* often, frequently.
OHG *f* **Offene Handelsgesellschaft** general partnership.
Ohm *n* ⚡ ohm. **ohmsch** *adj* ohmic: **~es Gesetz** Ohm's law.
ohne I *prep* (*acc*) without: **~ s-e Verletzung hätte er gewonnen** but for his injury he would have won; F **~ mich!** count me out!; **nicht ~** not half bad; → **Frage** 1 *etc.* **II** *conj* without: **~ ein Wort** (**zu sagen**) without (saying) a word.
ohnegleichen *adj* unparallel(l)ed: **e-e Frechheit ~** (an) incredible impudence.
ohnehin *adv* anyhow, anyway.
Ohnmacht *f* **1.** powerlessness. **2.** ⚕ unconsciousness, faint: **in ~ fallen** faint.
ohnmächtig *adj* **1.** powerless, helpless. **2.** ⚕ unconscious: **~ werden** faint.
Ohr *n* ear: **ein ~ haben für** have an ear for; **ganz ~ sein** be all ears; **nur mit halbem ~ zuhören** listen only with half an ear, only half-listen; F **j-m in den ~en liegen** pester s.o. (**mit** for, with); **viel um die ~en haben** have a lot on one's plate; **sich aufs ~ legen** get some shut-eye; **schreib dir das hinter die ~en!** now don't forget that!; **ich traute m-n ~en nicht!** I couldn't believe my ears!; **j-n übers ~ hauen** cheat s.o.; **j-m zu ~en kommen** come to s.o.'s ears; **halt die ~en steif!** chin up; **bis über die ~en verliebt** (**verschuldet** *etc*) up to the ears in love (in debt *etc*); → **faustdick, spitzen, taub** 1.
Öhr *n* eye.
Ohren|arzt *m*, **~ärztin** *f* ear specialist. **~beichte** *f eccl.* auricular confession.
ohrenbetäubend *adj* deafening.
Ohren|leiden *n* ear complaint. **~sausen** *n* buzzing in one's ears. **~schmalz** *n* ⚕ earwax. **~schmerzen** *pl* earache. **~schützer** *pl* earmuffs *pl.* **~zeuge** *m*, **~zeugin** *f* earwitness.
Ohrfeige *f a. fig.* slap in the face: **j-m e-e ~ geben** → **ohrfeigen** *v/t* **j-n ~** slap s.o.('s face).
Ohrhörer *pl* earphones *pl.* **Ohrläppchen** *n anat.* earlobe. **Ohrmuschel** *f anat.* external (*od.* outer) ear. **Ohrring** *m* earring. **Ohrwurm** *m* **1.** *zo.* earwig. **2.** F catchy tune.
Okkultismus *m* occultism.
Okkupation *f* occupation.
okkupieren *v/t* occupy.
Öko|bauer *m* organic farmer. **~bilanz** *f* environmental performance. **~laden** *m* health-food shop.
Ökologe *m* ecologist. **Ökologie** *f* ecology. **Ökologin** *f* ecologist. **ökologisch** *adj* ecological.
Ökonom(in) economist.
Ökonomie *f* economy, (*Wissenschaft*) economics *sg.*
ökonomisch *adj* economical.
Ökosystem *n* ecosystem.
Okt. Oktober October (Oct., Oct).
Oktaeder *m* ⩘ octahedron.
Oktan *n* ⚗ octane.
Oktanzahl *f* octane number.
Oktave *f* ♪ octave.
Oktober *m* (**im ~** in) October.
Okular *n opt.* eyepiece.
Ökumene *f eccl.* ecumenical movement. **ökumenisch** *adj* ecumenical.
Okzident *m* occident.
ö. L. östlicher Länge eastern longitude (E long.).
Öl *n* oil: **nach ~ bohren** drill for oil; **auf ~ stoßen** strike oil; **in ~ malen** paint in oils; *fig.* **~ ins Feuer gießen** add fuel to the flames; **~ auf die Wogen gießen** pour oil on troubled waters. **~baum** *m* olive tree. **~berg** *m Bibl.* Mount of Olives. **~bild** *n* oil painting. **~bohrung** *f* oil drilling. **~druck** *m* **1.** *paint.* oleograph. **2.** *tech.* oil pressure.
Oldtimer *m* **1.** veteran car (*od.* plane *etc*). **2.** F (*Person*) old-timer.
Oleander *m* ⚘ oleander.

ölen *v/t* oil, *tech. a.* lubricate: F ***wie ein geölter Blitz*** like greased lightning.

Öl|farbe *f* oil colo(u)r, oil paint. **~feld** *n* oilfield. **~filter** *m, n* oil filter. **~förderland** *n* oil-producing country. **~gemälde** *n* oil painting. **~gewinnung** *f von Erdöl*: oil production, *aus Samen*: oil extraction. **~götze** *m* F ***wie ein ~*** like a stuffed dummy.

ölhaltig *adj* ❦ oleaginous.

Öl|haut *f* oilskin. **~heizung** *f* oil heating.

ölig *adj a. fig.* oily, *bsd. fig.* unctuous.

Oligopol *n econ.* oligopoly.

oliv *adj* olive(-colo[u]red).

Olive *f* olive. **Olivenbaum** *m* olive tree. **Olivenöl** *n* olive oil.

olivgrün *adj* olive-green.

Öl|kanne *f* oil can. **~krise** *f* oil crisis. **~kuchen** *m tech.* oil cake. **~lampe** *f* oil lamp. **~leitung** *f tech.* oil pipe, oil line, *über Land*: pipeline. **~malerei** *f* oil painting. **~messstab** *m mot.* (oil) dipstick. **~multi** *m* F multinational oil company. **~ofen** *m* oil furnace. **~pest** *f* oil pollution. **~produzent(in)** oil producer. **~quelle** *f erbohrte*: oil well, *natürliche*: oil spring, *Am.* gusher. **~sardine** *f* sardine. **~schiefer** *m* oil shale. **~schwemme** *f econ.* oil glut. **~standsanzeiger** *m* oil-level ga(u)ge. **~tank** *m* oil tank. **~tanker** *m* (oil) tanker, oiler. **~teppich** *m* oil slick.

Ölung *f* **1.** oiling, *tech. a.* lubrication. **2.** *eccl.* ***die Letzte ~*** the Extreme Unction.

Öl|vorkommen *n* oil deposit, *coll.* oil resources *pl.* **~wanne** *f mot.* oil sump. **~wechsel** *m mot.* oil change. **~zeug** *n* oilskins *pl.* **~zweig** *m* olive branch.

Olymp *m geogr., myth.* Olympus.

Olympia... *Sport*: Olympic.

Olympiade *f Sport*: Olympic Games *pl*, Olympics *pl.*

olympisch *adj* **1.** Olympian. **2.** *Sport*: Olympic: ***Olympische Spiele → Olympiade.***

Oma *f* F grandma, granny.

Ombuds|frau *f pol.* ombudswoman. **~mann** *m pol.* ombudsman.

Omelett *n*, **Omelette** *f* omelet(te).

Omen *n* omen.

ominös *adj* ominous, (*anrüchig*) F shady.

Omnibus(...) → ***Bus(...).***

onanieren *v/i* masturbate.

Onkel *m* uncle.

Onkologie *f* ⚕ oncology.

online *adv Computer*: online.

Online|-Datenbank *f* online database. **~-Dienst** *m* online service.

Onyx *m min.* onyx.

OP ***Operationssaal*** operating theatre (*Am.* room).

Op. ***Opus, Werk*** opus (op.)

Opa *m* F grandad, grandpa.

Opal *m min.* opal.

Op-Art *f Kunst*: op art.

op. cit. ***opere citato, im angegebenen Werk*** in the work quoted *od.* cited (from).

Oper *f* (***in die ~ gehen*** go to the) opera.

operabel *adj* ⚕ (***nicht ~*** in)operable.

Operateur(in) (operating) surgeon.

Operation *f* operation.

Operations|basis *f mil.* base of operations. **~narbe** *f* postoperative scar. **~radius** *m mil.* operating radius, range. **~saal** *m* operating theatre (*Am.* room). **~tisch** *m* operating table. **~schwester** *f* theatre sister, *Am.* operating-room nurse.

operativ *adj* **1.** ⚕ surgical, operative: ***~er Eingriff*** operation; *adv* ***et. ~ entfernen*** remove s.th. surgically (*od.* by surgery). **2.** *mil.* operational.

Operator(in) *Computer*: operator.

Operette *f* operetta.

operieren *v/t u. v/i allg.* operate: ***j-n ~*** operate on s.o. (***wegen*** for); ***sich ~ lassen*** undergo an operation; ***ich muss*** (***am Magen***) ***operiert werden*** I have to have an (a stomach) operation.

Opern|arie *f* operatic aria. **~ball** *m* opera ball. **~führer** *m* opera guidebook. **~glas** *n* opera glass(es *pl*). **~haus** *n* opera house. **~komponist(in)** opera composer. **~musik** *f* operatic music. **~sänger(in)** opera singer.

Opfer *n* **1.** sacrifice (*a. fig.*), (*~gabe*) offering: ***~ bringen*** make sacrifices; ***j-m et. zum ~ bringen*** *bsd. fig.* sacrifice s.th. for (*od.* to) s.o. **2.** (*Unfallopfer etc*) victim: *j-m* (*od. e-r Sache*) ***zum ~ fallen*** fall victim to, *e-m Betrüger etc*: *a.* be victimized by.

opferbereit *adj* ready to make sacrifices.

Opfergabe *f* offering.

opfern *v/t u. v/i* sacrifice (*a. fig.*), (*hingeben*) *a.* give.

Opfer|stock *m eccl.* offertory. **~tier** *n* sacrificial animal.

Opferung *f* sacrifice.

Opiat *n pharm.* opiate.

Opium *n* opium: *fig.* ***~ fürs Volk*** opiate for the people. **~höhle** *f* opium den. **~raucher(in)** opium smoker.

Opossum *n zo.* opossum.

Opponent(in) opponent.

opponieren *v/i* (***gegen j-n*** *od.* ***et.***) ~ oppose (s.o. *od.* s.th.).

opportun *adj* opportune.

Opportunist(in), opportunistisch *adj* opportunist.

Opposition *f* opposition (***gegen*** to).

Oppositions|führer(in) *pol.* opposition leader. **~partei** *f* opposition (party).

o. Prof. ***ordentlicher Professor*** (full) professor (Prof., prof.).
Optativ *m ling.* optative (mood).
optieren *v/i* opt (***für*** for).
Optik *f* **1.** optics *pl* (*mst sg konstr.*): *fig.* ***nur der ~ wegen*** for (optical) effect only. **2.** *phot.* lens system.
Optiker(in) optician.
optimal *adj* optimal: ***~e Bedingungen*** optimum conditions.
optimieren *v/t* optimize.
Optimierung *f* optimization.
Optimismus *m* optimism.
Optimist(in) optimist.
optimistisch *adj* optimistic(ally *adv*).
Optimum *n* optimum.
Option *f allg.* option.
Options|anleihe *f* optional bond. **~handel** *m* options trading. **~vertrag** *m* option deal.
optisch *adj* optical.
Opus *n* (*pl* ***Opera***) work: ♪ ***~ 12*** opus 12.
Orakel *n*, **Orakelspruch** *m* oracle.
oral I *adj* oral. **II** *adv* orally, by mouth.
orange *adj* orange(-colo[u]red).
Orange *f* orange.
Orangeade *f* orangeade.
Orangeat *n* candied orange peel.
Orangen|baum *m* orange tree. **~marmelade** *f* (orange) marmalade.
Orangensaft *m* orange juice.
Orang-Utan *m zo.* orang-outan.
Oratorium *n* ♪ oratorio.
Orchester *n* orchestra, (*Tanzorchester etc*) *a.* (big) band. **~graben** *m* (orchestra) pit. **~musik** *f* orchestral music. **~sitz** *m* stall.
orchestrieren *v/t* orchestrate.
Orchidee *f* ⚘ orchid.
Orden *m* **1.** *eccl.* (***in e-n ~ eintreten*** join an) order. **2.** order, decoration, medal.
Ordens|band *n* (medal) ribbon. **~bruder** *m* (brother) member (of an order), *eccl.* friar. **~schwester** *f eccl.* sister, nun.
ordentlich I *adj* **1.** tidy, orderly, neat. **2.** (*anständig*) decent, good, respectable: ***~e Leute*** decent (*od.* respectable) people. **3.** F (*richtig*) good, sound, proper, (*anständig*) decent: ***~e Ausbildung*** proper training; ***e-e ~e Leistung*** a good job; ***ein ~es Frühstück*** a decent breakfast. **4.** *Mitglied, Professor*: full. **II** *adv* **5.** tidily, properly (*etc*): ***sich ~ benehmen*** behave properly; ***s-e Sache ~ machen*** do a good job. **6.** F (*richtig*) properly, soundly: ***j-m ~ die Meinung sagen*** give s.o. a good piece of one's mind; ***ich habs ihm mal ~ gegeben*** I really let him have it.
Ordentlichkeit *f* orderliness, neatness.
Order *f*, **ordern** *v/t econ.* order.
Orderpapier *n* order paper, instrument made out to order.
Ordinalzahl *f* ⩲ ordinal (number).
ordinär *adj* **1.** (*vulgär*) vulgar, low: ***sie ist sehr ~*** she is very common. **2.** (*alltäglich*) common, ordinary.
Ordinariat *n* **1.** *univ.* (full) professorship. **2.** *eccl.* diocesan authorities *pl.*
Ordinarius *m univ.* (full) professor.
ordnen *v/t* **1.** put *s.th.* in order, (*Akten*) file, (*an~, sortieren*) arrange, sort (out). **2.** (*regeln*) order, organize, (*Angelegenheit*) settle, arrange.
Ordner *m* **1.** *Person*: steward. **2.** (*Aktenordner etc*) file.
Ordnung *f allg.* order (*a. Disziplin, Grad, Kategorie, Größenordnung, Reihenfolge, a. biol.,* ⩲ *etc*), (*Anordnung*) *a.* arrangement, (*Vorschriften*) *a.* rules *pl*, (*System*) *a.* system: *fig.* ***erster ~*** of the first order; ***Straße erster ~*** primary road; ***der ~ halber*** → ***ordnungshalber***; (***das ist***) ***in ~!*** all right!, okay!, o.k.!; ***es*** (F ***er***) ***ist in ~*** it's (he's) all right; ***nicht in ~ sein*** be out of order, *fig. a.* be wrong, *gesundheitlich*: be out of sorts; ***et. ist nicht in ~*** (***damit***) s.th. is wrong (with it); ***in ~ bringen*** put *s.th.* right, *fig. a.* straighten *s.th.* out, (*Zimmert etc*) tidy up, (*reparieren*) repair, F fix; ***~ halten*** keep order; ***et. in ~ halten*** keep s.th. in order; ***~ schaffen*** establish order; *parl.* ***j-n zur ~ rufen*** call s.o. to order.
ordnungsgemäß I *adj* regular, orderly. **II** *adv* duly.
ordnungshalber *adv* (only) as a matter of form, *econ. a.* for your information.
ordnungsliebend *adj* orderly.
Ordnungsruf *m parl.* call to order.
Ordnungsstrafe *f* fine.
ordnungswidrig *adj* irregular.
Ordnungszahl *f* ordinal (number).
ORF ***Österreichischer Rundfunk*** Austrian Broadcasting Corporation.
Organ *n allg.* organ (*a. fig. Zeitung, Körperschaft, Stimme*), (*Behörde*) *a.* authority: ***ausführendes ~*** executive body. **~empfänger(in)** ⚕ organ receiver. **~erkrankung** *f* organic disease.
Organisation *f* organization.
Organisations|geschick *n* organizational talent. **~problem** *n* organizational problem. **~struktur** *f* organization(al) structure. **~talent** *n* ***er hat*** (*od.* ***er ist ein***) ***~*** he has organizing ability.
Organisator(in) organizer.
organisatorisch *adj* organizational: ***~e Fähigkeit(en)*** organizing ability.
organisch *adj allg.* organic(ally *adv*).
organisieren *v/t* **1.** organize: (***nicht***) ***orga-***

O

nisierter Arbeiter (non)unionist; ***organisierte Kriminalität*** organized crime. **2.** F (*sich beschaffen*) commandeer.
Organismus *m allg.* organism.
Organist(in) organist.
Organspender(in) ⚕ organ donor.
Organverpflanzung *f* ⚕ organ transplant(ation).
Orgasmus *m* orgasm, climax.
Orgel *f* organ. **~bauer(in)** organ builder. **~konzert** *n* organ recital. **~pfeife** *f* organ pipe. **~register** *n* organ stop.
Orgie *f* orgy: ***~n feiern*** have orgies.
Orient *m* East, Orient: ***der Vordere ~*** the Near East.
Orientale *m*, **Orientalin** *f*, **orientalisch** *adj* oriental.
orientieren I *v/t* **1.** orient(ate) (***nach*** according to). **2.** inform (***über*** *acc* about, of): ***gut orientiert sein*** be well informed. **II** *v/reflex* ***sich ~*** **3.** (***nach***, *fig.* ***an*** *dat* by) orient(ate) o.s., be guided: *Sport*: ***sich nach vorn ~*** go forward. **4.** (***über*** *acc*) inform o.s. (of, about), find out (about).
Orientierung *f* **1.** orientation: ***die ~ verlieren*** lose one's bearings. **2.** information: ***zu Ihrer ~*** for your guidance.
Orientierungs|punkt *m* point of reference. **~sinn** *m* sense of direction. **~stufe** *f ped.* orienteering term.
original *adj* original: *adv* ***~ französisch*** genuine French; ***et. ~ übertragen*** broadcast s.th. live.
Original *n allg.* original, F (*Person*) *a.* character: ***ein Buch im ~ lesen*** read a book in the original.
Original|abfüllung *f Aufschrift*: estate-bottled. **~ausgabe** *f* first edition. **~beleg** *m* original (*od.* source) document. **~fassung** *f* original version: ***in der deutschen ~*** in the original German version.
originalgetreu *adj* faithful.
Originalität *f a. fig.* originality.
Original|kopie *f Film etc*: master copy. **~rechnung** *f* original invoice. **~übertragung** *f TV* live broadcast. **~urkunde** *f* original document. **~verpackung** *f* original packaging, .
originell *adj* original, (*komisch*) funny.
Orkan *m* hurricane, *fig. a.* storm.
orkanartig *adj Sturm etc*: violent: *fig.* ***~er Beifall*** thunderous applause.
Orkanstärke *f* gale force.
Ornament *n* ornament.
ornamental *adj* ornamental.
Ornat *m allg.* robe(s *pl*), vestments *pl.*
Ornithologe *m*, **Ornithologin** *f* ornithologist.
ornithologisch *adj* ornithologic(al).
Ort[1] *m allg.* place (→ *a.* **Ortschaft**), (*Stelle*) spot, (*Örtlichkeit*) locality, (*Schauplatz*) scene: (***hier***) ***am ~*** (here) in this place; ***~ und Zeit*** place and time; ***~ der Handlung*** scene (of action); ***an ~ und Stelle*** (*a. fig. sofort*) on the spot; ***höheren ~s*** at high quarters.
Ort[2] *n* ***vor ~*** a) ⚒ at the pit face, b) *fig.* on the scene (of action); ***Besichtigung vor ~*** on-site inspection.
orten *v/t* ⚓ *etc* locate.
orthodox *adj* orthodox.
Orthographie, Orthografie *f* orthography.
orthographisch, orthografisch *adj* orthographic(al): *adv* ***~ richtig schreiben*** spell correctly.
Orthopäde *m* orthop(a)edist.
Orthopädie *f* orthop(a)edics *pl* (*a. sg konstr.*). **Orthopädin** *f* orthop(a)edist. **orthopädisch** *adj* orthop(a)edic.
örtlich *adj a.* ⚕ local: ***~e*** (*adv* ***~***) ***Regenschauer*** isolated rainshowers; *adv* ***~ beschränken*** localize (***auf*** *acc* to).
Örtlichkeit *f* locality.
Ortsangabe *f* statement of place, *auf Brief*: (name of) town.
ortsansässig *adj*, **Ortsansässige** *m, f* resident, local.
Ortsbehörde *f* local authorities *pl.*
Ortschaft *f* place, (*Stadt*) (small) town, (*Dorf*) village.
ortsfremd *adj* nonlocal.
Ortsgespräch *n teleph.* local call.
Ortskenntnis *f* knowledge of a place: ***~ besitzen*** → **ortskundig** *adj* ***~ sein*** know (one's way around) the place.
Orts|name *m* place name. **~netz** *n teleph.* local exchange. **~schild** *n* place-name sign. **~sinn** *m* sense of direction. **~tarif** *m* (***zum ~*** at) local rates. **~teil** *m* district.
ortsüblich *adj* customary in a place.
Orts|veränderung *f* change of place (*od.* scenery). **~verkehr** *m allg.* local traffic. **~zeit** *f* local time. **~zulage** *f*, **~zuschlag** *m econ.* local bonus.
Ortung *f* ⚓ *etc* location.
Öse *f* eye.
Osmose *f* osmosis.
osmotisch *adj* osmotic.
Ost *m* **1.** East. **2.** east wind.
Ostblock *m pol., hist.* Eastern bloc.
ostdeutsch *adj*, **Ostdeutsche** *m, f* East German.
Osten *m* east, *e-r Stadt*: East End, *geogr., pol. the* East: ***der Ferne*** (***Mittlere, Nahe***) ***~*** the Far (Middle, Near) East; ***im ~*** in the east; ***nach ~*** (to the) east, eastward(s); ***von ~, aus ~*** *Wind*: easterly.
ostentativ *adj* pointed: ***~er Beifall*** demonstrative applause; *adv* ***er wandte sich ~ ab*** he pointedly turned away.

Osterei *n* Easter egg.
Osterfest *n* → ***Ostern.***
Osterglocke *f* ⚘ (yellow) daffodil.
Osterhase *m* Easter bunny.
österlich *adj* (of) Easter.
Ostermontag *m* Easter Monday.
Ostern *n od. pl* (**an** ~ at) Easter: ***frohe ~!*** Happy Easter!
Österreich *n* Austria.
Österreicher(in), österreichisch *adj* Austrian.
Ostersonntag *m* Easter Sunday.
Osteuropäer(in), osteuropäisch *adj* East European.
östlich I *adj* eastern, easterly. **II** *adv* ~ ***von*** (to the) east of.
Östrogen *n biol.* (o)estrogen.
Ostsee *f the* Baltic (Sea).
ostwärts *adv* east(wards).
Ostwind *m* east wind.
OSZE *f* ***Organisation für Sicherheit und Zusammenarbeit in Europa*** OSCE.
Oszillograph *m* oscilloscope, oscillograph.
Otter[1] *m zo.* otter.
Otter[2] *f zo.* (*Schlange*) viper.
Otto Normalverbraucher *m* average consumer , F Mr Average, Joe Bloggs, the man on the Clapham omnibus.
ÖTV ***Gewerkschaft Öffentliche Dienste, Transport und Verkehr*** Trade Union for the Public Sector and the Transport Industry.
out *adj* F out.
outen *v/t* out.
outsourcen *v/t* outsource.
Outsourcing *n* outsourcing.
Ouvertüre *f* overture (***zu*** to).
oval *adj*, **Oval** *n* oval.
Ovation *f* (***j-m ~en bereiten*** give s.o. an) ovation.
Overall *m* (*Arbeitsanzug*) overalls *pl*, boilersuit, (*modischer* ~) jumpsuit.
Overhead|folie *f* transparency. **~projektor** *m* overhead projector.
Overkill *m* overkill.
ÖVP ***Österreichische Volkspartei*** Austrian People's Party.
Ovulation *f biol.* ovulation. **Ovulationshemmer** *m* ⚕ anovulant.
Oxid, Oxyd *n* ⚗ oxide.
Oxidation *f* oxidation.
oxidieren *v/t u. v/i* oxidize.
Oxidierung *f* oxidation.
Oxygen *n* oxygen.
Ozean *m* ocean.
Ozeandampfer *m* ocean liner.
ozeanisch *adj* oceanic.
Ozeanographie *f* oceanography.
Ozelot *m zo.* ocelot.
Ozon *n* ozone. **~alarm** *m* ozone alert.
ozonhaltig *adj* ozonic.
Ozon|loch *n* hole in the ozone layer. **~schicht** *f*, **~schild** *m* ozone layer, ozonosphere.

P

P, p *n* P, p.
P, p ***Peso*(s)** peso(s *pl*) (P, p).
PA ***Patentanmeldung*** patent application; ***Postamt*** post office (PO).
p. A. ***per Adresse, bei*** care of (c/o).
paar *indef pron* **ein ~** a few, some, F a couple of; ***ein ~ Mal*** several (*od.* a few, F a couple of) times.
Paar *n* pair, (*bsd. Mann u. Frau*) couple: ***ein ~ (neue) Schuhe*** a (new) pair of shoes.
paaren *v/t* **1.** (*a.* **sich ~**) *zo.* pair, couple, mate. **2.** *Sport*: match. **3.** *fig.* (*a.* **sich ~**) combine.
Paarlaufen *n Eiskunstlauf*: pair skating.
Paarung *f* **1.** *zo.* pairing, mating. **2.** *Sport*: matching, (*Spiel, Kampf*) match.
Paarungszeit *f zo.* mating season.
paarweise *adv* in pairs, two by two.
Pacht *f* lease, (*~geld*) rent: ***in ~ geben*** → ***verpachten***; ***in ~ nehmen*** → **pachten** *v/t* (take on) lease: *iro.* ***er meint, er habe es (für sich) gepachtet*** he thinks he has got a monopoly on that.
Pächter(in) lessee, leaseholder, (*Landpächter*) *a.* tenant (farmer).
Pacht|grundstück *n* leasehold (property). **~hof** *m* leasehold farm.at.
Pachtung *f* leasing.
Pachtvertrag *m* lease.
Pack[1] *m* pack, (*Paket*) parcel, (*Bündel*) bundle: → ***Sack*** 1.
Pack[2] *n* (*Lumpenpack*) riffraff.
Päckchen *n* small parcel (*a.* 📯), (*a. Zigarettenpäckchen*) packet, *bsd. Am.* pack.
Packeis *n* pack ice.
packen I *v/t* **1.** (*Koffer, Sachen etc*) pack, (*Paket*) make up: F ***pack dich!*** beat it! **2.** (**an** *dat* by) grab, seize. **3.** *fig.* ***j-n ~*** a) *Furcht etc*: seize s.o., b) (*mitreißen*) grip s.o., thrill s.o. **4.** F *fig.* (*Problem etc*) lick: ***es ~*** a) (*schaffen*) make it, manage, b) (*verstehen*) get it. **II** *v/i* **5.** pack (up).
Packen *m* pack, (*Haufen*) pile (*a. fig.*).
packend *adj fig.* gripping, thrilling.
Packer(in) packer.
Packerei *f* packing department (*od.* office).
Pack|esel *m* pack mule, *fig.* packhorse. **~papier** *n* wrapping paper, (*Papiersorte*) brown paper. **~pferd** *n* packhorse. **~schnur** *f* packing string.
Packung *f* **1.** (*Päckchen, a. Zigarettenpackung*) packet, *bsd. Am.* pack. **2.** ⚕ pack. **3.** *tech.* packing, gasket. **4.** F *fig. Sport*: ***e-e ~ bekommen*** take a hammering.
Packungsbeilage *f* package insert.
Pack|wagen *m* luggage van, *Am.* baggage car. **~zettel** *m* packing slip.
Pädagoge *m*, **Pädagogin** *f* a) teacher, b) education(al)ist. **Pädagogik** *f* pedagogics *sg*, education.
pädagogisch *adj* pedagogical, educational: ***~e Hochschule*** college of education.
Paddel *n* paddle. **~boot** *n* canoe.
paddeln *v/t u. v/i* paddle.
paffen *v/i u. v/t* F puff (away) (at *one's pipe etc*), smoke.
Page *m* **1.** *hist.* page. **2.** *im Hotel*: page (boy), bellboy, *Am.* bellhop.
Pagenkopf *m* (*Frisur*) page-boy cut.
Pagode *f* pagoda.
Paket *n* package (*a. fig. pol. etc*), *kleines*: packet, (*Postpaket*) parcel: ***ein ~ Aktien*** a parcel (*od.* block) of shares. **~annahme** *f* parcel counter. **~bombe** *f* parcel bomb. **~karte** *f* parcel registration card. **~post** *f* parcel post. **~schalter** *m* parcel counter. **~zustellung** *f* parcel delivery.
Pakistan *n* Pakistan. **Pakistaner(in), pakistanisch** *adj* Pakistani.
Pakt *m* pact, agreement.
paktieren *v/i* make a deal (***mit*** with).
Palast *m* palace.
palastartig *adj* palatial.
Palästina *n* Palestine.
Palästinenser(in), palästinensisch *adj* Palestinian.
Palatschinke *f österr. gastr.* pancake.
Palaver *n*, **palavern** *v/i* F palaver.
Palette *f* **1.** *paint.* palette. **2.** *fig.* range. **3.** *tech.* pallet: ***auf ~n stapeln*** → **palettieren** *v/t tech.* palletize.
Palisade *f* palisade.
Palme *f* palm (tree): F ***j-n auf die ~ bringen*** drive s.o. up the wall.
Palmsonntag *m eccl.* Palm Sunday.
Palm|wedel *m*, **~zweig** *m* palm branch.
Pampe *f* F mush.

Pampelmuse *f* ♣ grapefruit.
Pamphlet *n* lampoon.
pampig *adj* F **1.** (*breiig*) mushy. **2.** (*frech*) stroppy.
Pandabär *m* panda.
panieren *v/t gastr.* bread(crumb): ***paniert*** breaded.
Paniermehl *n* breadcrumbs *pl.*
Panik *f* panic: ***in ~*** panic-stricken, F panicky; **(*e-e*) *~ brach aus*** panic broke out; ***in ~ geraten*** (***versetzen***) panic; F ***nur k-e ~!*** don't panic!
Panikmache *f* scaremongering.
panisch *adj* panic: ***von ~er Angst erfasst*** panic-stricken; ***e-e ~e Angst haben vor*** be terrified of.
Panne *f* **1.** breakdown, (*Reifenpanne*) puncture: ***ich hatte e-e ~*** a) my car broke down, b) I had a puncture. **2.** *fig.* (*Missgeschick*) mishap, (*Fehler*) F slip-up: ***böse ~*** foul-up.
Pannendienst *m mot.* breakdown service.
pannensicher *adj* fail-safe.
Panorama *n* panorama. **~fenster** *n* picture window.
Pant(h)er *m zo.* panther.
Pantoffel *m* slipper: *fig.* ***unter dem ~ stehen*** be henpecked.
Pantoffelheld *m* henpecked husband.
Pantomime[1] *f* (panto)mime, dumb show. **Pantomime**[2] *m*, **Pantomimin** *f* mime.
pantomimisch *adj* pantomimic: *adv* ***~ darstellen*** mime.
pantschen I *v/i* splash (about). **II** *v/t* (*Wein etc*) water down, adulterate.
Panzer *m* **1.** *hist.* armo(u)r. **2.** *mil.* tank. **3.** *zo.* shell. **~abwehr...** *mil.* antitank (*rocket, gun, etc*). **~faust** *f mil.* antitank grenade launcher. **~glas** *n* bulletproof glass. **~kreuzer** *m* ⚓, *mil.* armo(u)red cruiser.
panzern *v/t* armo(u)r: *fig.* ***sich ~*** arm o.s.; → ***gepanzert.***
Panzerplatte *f* armo(u)r-plate.
Panzer|schrank *m* safe. **~tür** *f* armo(u)red door.
Panzerung *f* armo(u)r(-plating).
Panzerwagen *m* armo(u)red car.
Papa *m* F daddy, dad, pa.
Papagei *m zo.* parrot.
Papageienkrankheit *f* psittacosis.
Papaya *f* ♣ papaya.
Papier *n* paper (*a. Schriftstück*): ***~e*** *pl* a) (*Ausweis*) (identity) papers *pl*, b) *econ.* securities *pl*, papers *pl*: **(*nur*) *auf dem ~*** on paper (only); ***zu ~ bringen*** commit to paper; ***s-e ~e bekommen*** (*entlassen werden*) get one's cards; ***~ verarbeitend*** *Betrieb, Industrie*: paper-processing. **~ablage** *f am Druckertisch*: paper storage shelf. **~einzug** *m* paper feed.
papieren *adj* **1.** (of) paper. **2.** *fig.* prosy.
Papier|fabrik *f* paper mill. **~geld** *n* paper money. **~geschäft** *n* stationer's (shop). **~handtuch** *n* paper towel. **~korb** *m* waste-paper basket. **~kram** *m* (annoying) paperwork. **~krieg** *m* F red tape.
papierlos *adj* ***das ~e Büro*** the paperless office.
Papier|schlange *f* paper streamer. **~schnipsel** *m*, **~schnitzel** *m* scrap of paper. **~taschentuch** *n* tissue. **~tiger** *m iro.* paper tiger. **~verschwendung** *f* waste of paper. **~vorschub** *m* paper feed.
Papierwaren *pl* stationery *sg.* **~geschäft** *n* stationer's (shop, *bsd. Am.* store).
Papier|wolf *m* shredder. **~zufuhr** *f* paper feed.
Papp *m* (*Brei*) pap, (*Kleister*) paste.
Papp|band *m* **1.** pasteboard (binding). **2.** (*Buch*) paperback. **~becher** *m* paper cup. **~deckel** *m* pasteboard.
Pappe *f* cardboard, pasteboard: F *fig.* ***nicht von ~*** *Leistung etc*: quite something, *Person*: quite formidable.
Pappel *f* ♣ poplar.
Pappenstiel *m* F *fig.* trifle: ***et. für e-n ~ kaufen*** buy s.th. for a song.
pappig *adj* sticky.
Pappkarton *m* cardboard box.
Pappmaché, Pappmaschee *n* papier-mâché.
Pappschachtel *f* cardboard box.
Pappteller *m* paper plate.
Paprika *m* **1.** (*Gewürz*) paprika. **2.** → **~schote** *f* green (*od.* sweet) pepper.
Papst *m* pope. **päpstlich** *adj* papal.
Papsttum *n* papacy.
Parabel *f* **1.** (*Gleichnis*) parable. **2.** Å parabola.
Parabolantenne *f TV* parabolic aerial (*Am.* antenna), F dish.
parabolisch *adj* parabolic(ally *adv*).
Parade *f* **1.** *mil.* parade (*a. fig.*), review: F ***j-m in die ~ fahren*** cut s.o. short. **2.** *Boxen, fenc.* parry, *Fußball*: save.
Paradebeispiel *n* classic example.
Paradeiser *m österr.* tomato.
Paradies *n* (***im ~*** in) paradise. **paradiesisch** *adj* paradisiac(al), *fig.* heavenly.
paradox *adj* paradoxical.
Paradox *n*, *a.* **Paradoxon** *n* paradox.
paradoxerweise *adv* paradoxically.
Paraffin *n* ⚗ paraffin.
Paragraph *m* **1.** section, article. **2.** (*Absatz*) paragraph. **3.** (*~zeichen* §) section mark.
parallel *adj u. adv* parallel (***mit, zu*** to).
Parallele *f* parallel (line): *fig.* ***e-e ~ ziehen*** draw a parallel (***zu*** to).
Parallelogramm *n* Å parallelogram.

P

Paralympics *pl Sport*: Paralympics.
paralysieren *v/t a. fig.* paralyse.
Parameter *m* Ꝃ parameter.
paramilitärisch *adj* paramilitary.
paranoid *adj* ⚕ paranoid. **Paranoiker(in), paranoisch** *adj* paranoiac.
Paranuss *f* Brazil nut.
paraphieren *v/t pol.* initial.
Parapsychologie *f* parapsychology.
Parasit *m biol. u. fig.* parasite.
parasitisch *adj a. fig.* parasitic(al).
parat *adj* ***~ haben*** have *s.th.* ready.
Pärchen *n* (courting) couple, twosome.
Parcours *m Sport*: course.
Pardon *m* ***kein ~ kennen*** be merciless; ***~!*** sorry!
Parfüm *n* perfume, scent.
Parfümerie *f* perfumery.
Parfümfläschchen *n* scent bottle.
parfümieren I *v/t* perfume, scent. II *v/reflex* ***sich ~*** put on perfume.
Paria *m* pariah.
parieren I *v/t* **1.** (*Schlag etc*) parry, *fig. a.* counter (***mit*** with). **2.** (*Pferd*) pull up. II *v/i* **3.** parry. **4.** F (*gehorchen*) obey.
Pariser *m* F (*Kondom*) rubber, French letter.
Pariser(in) Parisian.
Parität *f* parity.
paritätisch *adj* proportional, pro rata.
Park *m* park.
Park-and-ride-System *n* park-and-ride.
Park|bucht *f mot.* lay-by. **~deck** *n mot.* parking level.
parken *v/t u. v/i* park: ***Parken verboten!*** no parking!; ***schräg ~*** angle-park; ***in zweiter Reihe ~*** double-park; ***~de Autos*** parked cars.
Parkett *n* **1.** parquet. **2.** (*Tanzparkett*) (dance) floor. **3.** *thea.* stalls *pl*, *Am.* parquet.
Park|gebühr *f* parking fee. **~(hoch)haus** *n* multistor(e)y car park, *Am.* parking garage.
parkinsonsch *adj*: ***~e Krankheit*** Parkinson's disease.
Park|kralle *f* wheel clamp. **~licht** *n* parking light. **~lücke** *f* parking space. **~platz** *m* car park, *Am.* parking lot, *einzelner*: parking space. **~scheibe** *f* parking disc. **~sünder(in)** parking offender. **~uhr** *f* parking meter. **~verbot** *n* ***hier ist ~*** there's no parking here; ***im ~ stehen*** be parked illegally. **~wächter(in)** **1.** park keeper. **2.** *mot.* car park attendant.
Parlament *n* (***im ~ sitzen*** be *od.* sit in) parliament.
parlamentarisch *adj* parliamentary.
Parlaments|ausschuss *m* parliamentary committee. **~ferien** *pl* recess. **~mitglied** *n* member of parliament. **~sitzung** *f* sitting (of parliament). **~wahlen** *pl* parliamentary elections *pl.*
Parmesan(käse) *m* Parmesan (cheese).
Parodie *f* parody, F take-off.
parodieren *v/t* parody, F take *s.o.* off.
Parodontose *f* ⚕ periodontosis.
Parole *f mil.* password, *fig.* watchword, *pol. a.* slogan.
Paroli *n fig.* ***j-m ~ bieten*** stick up to s.o.
Parsing *n Computer*: parsing.
Partei *f* party (*a. pol. u.* ⚖), *Sport*: side, (*Mietpartei*) tenant: ***die vertragschließenden ~en*** the contracting parties; ***j-s ~ ergreifen, für j-n ~ nehmen*** side with s.o.; ***gegen j-n ~ ergreifen*** take sides against s.o.; ***~ sein*** be a party, be biassed; ***über den ~en stehen*** remain impartial. **~apparat** *m* party machine. **~basis** *f* rank and file (of a party). **~buch** *n* party membership book. **~disziplin** *f* party discipline: ***sich der ~ beugen*** follow the party line. **~freund(in)** fellow-member (of a party). **~führer(in)** party leader. **~führung** *f* **1.** party leadership. **2.** *coll.* party leaders *pl.* **~gänger(in)** partisan, party man. **~genosse** *m*, **~genossin** *f* party member.
parteiisch, parteilich *adj* partial.
Parteilichkeit *f* partiality.
parteilos *adj* independent, nonparty.
Partei|lose *m, f* nonparty member. **~mitglied** *n* party member. **~nahme** *f* partisanship.
Parteipolitik *f* party politics *pl.*
parteipolitisch *adj* party-political.
Partei|programm *n* (party) platform. **~spende** *f* party donation. **~tag** *m* party conference (*Am.* convention). **~versammlung** *f* party meeting. **~vorsitzende** *m, f* party leader. **~vorstand** *m* executive committee (of a party). **~zugehörigkeit** *f* party membership.
Parterre *n* **1.** ground (*Am.* first) floor. **2.** *thea.* pit, *Am.* orchestra circle.
Partie *f* **1.** (*Teil*) part. **2.** *econ.* (*Warenmenge*) lot. **3.** *thea. etc* part, rôle. **4.** (*Spiel*) game, *Sport*: *a.* match. **5.** F ***ich bin mit von der ~!*** count me in! **6.** F ***e-e gute ~ sein*** be a good match (*od.* catch); ***e-e gute ~ machen*** marry a fortune.
partiell *adj* partial.
Partikel *f ling., phys.* particle.
Partisan(in) partisan, guerilla.
Partitur *f* ♪ score.
Partizip *n ling.* participle: ***~ Präsens/Perfekt*** present/past participle.
Partner(in) partner, *econ. a.* associate, joint proprietor: ***e-n ~ aufnehmen*** take a partner.

Partnerfirma *f* partner firm, associates *pl.*
Partnerschaft *f* partnership.
partnerschaftlich *adj u. adv* as (equal) partners, joint(ly).
Partnerstadt *f* twin town.
Partnerunternehmen *n* partner firm, associates *pl.*
Party *f* party. **Partyraum** *m* party room. **Partyservice** *m* catering service.
Parzelle *f* plot, *bsd. Am.* lot.
parzellieren *v/t* parcel out.
Pascha *m* pasha.
Pass *m* **1.** (*Gebirgspass*) pass. **2.** (*Reisepass*) passport. **3.** *Sport*: pass.
passabel *adj* passable.
Passage *f allg.* passage (*a.* ♪, *e-s Buches etc*), (*Einkaufspassage*) arcade.
Passagier|(in) passenger: ***blinder ~*** deadhead, ⚓ stowaway. **~liste** *f* passenger list. **~schiff** *n* passenger ship.
Passant(in) passer-by (*pl* passers-by).
Passat(wind) *m* trade wind.
Passbild *n* passport photo(graph).
passé *adj* F ***das ist ~*** a) that went out long ago, b) that's a thing of the past.
passen I *v/i* **1.** *a. fig.* fit (***j-m, auf j-n*** s.o., ***für od. zu et.*** s.th.): ***die Beschreibung passt auf ihn*** the description fits him; ***~ zu*** *farblich etc*: go well with, match; *fig.* ***sie ~ (gut) zueinander*** they are well suited to each other; ***das passt (nicht) zu ihm!*** that's just like him (not like him)! **2.** ***j-m ~*** (*recht sein, zusagen*) suit s.o.; ***passt es dir morgen?*** would tomorrow suit you (*od.* be all right [with you])?; ***das passt mir gut*** that suits me fine; ***das (er) passt mir gar nicht!*** I don't like it (him) at all!; F ***das könnte dir so ~!*** nothing doing! **3.** *Kartenspiel, a. Sport*: (*abspielen*) pass: ***ich passe!*** pass!; *fig.* ***da muss ich ~!*** I must pass there! II *v/t* **4.** → ***einpassen.*** **5.** *Sport*: ***den Ball ~ zu*** pass (the ball) to.
passend *adj* **1.** fitting (*a. Kleidung u. fig.*), *farblich etc*: matching: ***e-e dazu ~e Krawatte*** a (neck)tie to match. **2.** (*geeignet, zeitlich ~*) suitable, right: ***die ~en Worte*** the right words; ***bei ~er Gelegenheit*** at the right moment. **3.** F ***haben Sie es ~?*** *beim Bezahlen*: have you got the right money?
Passepartout *n* mount.
Passform *f* fit.
passierbar *adj* passable, practicable.
passieren I *v/i* **1.** pass. **2.** (*sich ereignen*) happen, take place: ***was ist passiert?*** what's happened?; ***mir ist nichts passiert*** I'm all right; ***j-m ~*** happen to s.o. II *v/t* **3.** pass (by *od.* through). **4.** *gastr.* pass (through a sieve *etc*), strain.
Passierschein *m* pass, permit.
Passion *f* **1.** passion. **2.** *eccl.*, ♪ *etc* Passion.
passioniert *adj* enthusiastic, keen.
Passionsspiel *n* Passion play.
passiv *adj allg.* passive: ***~es Mitglied*** nonactive member; ***~er Wortschatz*** recognition vocabulary; → ***Bestechung.***
Passiv *n ling.* passive (voice).
Passiva *pl econ.* liabilities *pl.*
Passivität *f* passiveness, inaction.
Passivposten *m econ.* debit item.
Passiv|rauchen *n* passive smoking. **~raucher(in)** passive smoker.
Passivseite *f econ.* liability side.
Pass|kontrolle *f* passport control. **~lesegerät** *n* passport scanner.
Passstraße *f* (mountain) pass.
Passstück *n tech.* fitting piece, adapter.
Passus *m* passage.
Passwort *n a. Computer*: password.
Paste *f* paste.
Pastell *n* (*Bild, Farbe, Malerei*) pastel. **~farbe** *f* pastel. **~stift** *m* crayon.
Pastete *f* pie, *feine*: pâté.
pasteurisieren *v/t* pasteurize.
Pastille *f* lozenge.
Pastor(in) pastor, minister.
Pate *m* a) godfather, b) → ***Patin***, c) → ***Patenkind***: ***~ stehen bei*** be godfather (*od.* godmother) to, *fig.* sponsor, *weitS.* be behind.
Paten|kind *n* godchild, godson, goddaughter. **~onkel** *m* godfather. **~schaft** *f* **1.** *für Kind*: godparenthood **2.** *fig.* sponsorship: ***die ~ übernehmen für*** sponsor.
patent *adj* F ingenious, clever.
Patent *n* **1.** patent (***auf*** *acc* for): ***ein ~ anmelden*** apply for a patent; ***(zum) ~ angemeldet*** patent pending. **2.** (*Offizierspatent*) commission. **~amt** *n* Patent Office. **~anmeldung** *f* patent application.
Patentante *f* godmother.
Patent|anwalt *m*, **~anwältin** *f* patent attorney.
patentfähig *adj* patentable.
patentieren *v/t* patent: ***et. ~ lassen*** take out a patent for s.th.
Patent|inhaber(in) patentee. **~lösung** *f* ready-made solution.
Patentrecht *n objektives*: patent law, *subjektives*: patent right.
patentrechtlich *adj u. adv* under patent law: ***~ geschützt*** patented.
Patent|rezept *n fig.* magic formula, panacea. **~schutz** *m* protection by patent. **~verletzung** *f* patent infringement.
Pater *m* (*pl* ***Patres***) father.
pathetisch *adj* lofty, emotional, *contp.* pompous.
Pathologie *f* pathology.

P

pathologisch *adj* pathological.
Pathos *n* emotion(al style): ***falsches ~*** bathos.
Patience *f* patience, *Am.* solitaire.
Patient(in) patient.
Patin *f* godmother.
Patina *f a. fig.* patina.
Patriarch *m* patriarch.
patriarchalisch *adj* patriarchal.
Patriarchat *n* patriarchate.
Patriot(in) patriot.
patriotisch *adj* patriotic(ally *adv*).
Patriotismus *m* patriotism.
Patrizier(in) *hist.* Patrician.
Patron *m* **1.** patron. **2.** *eccl.* patron saint. **3.** F fellow: *contp.* ***übler ~*** nasty customer.
Patronat *n* patronage.
Patrone *f allg.* cartridge.
Patronen|füller *m* cartridge pen. **~gurt** *m* cartridge belt. **~hülse** *f* cartridge case.
Patronin *f* **1.** patroness. **2.** *eccl.* patron saint.
Patrouille *f*, **patrouillieren** *v/i mil.* patrol.
patsch *int* splat!, *bei Schlag*: smack!
Patsche *f* F ***in der ~ sitzen*** be in a scrape; ***j-m aus der ~ helfen*** help s.o. out of a (tight) spot.
patschen *v/i u. v/t im Wasser*: splash, (*schlagen*) smack.
patschnass *adj* soaking wet.
Patt *n Schach*: stalemate (*a. fig. pol.*), *fig. a.* deadlock.
patzen *v/i*, **Patzer** *m* F blunder, boob.
patzig *adj* F snotty, stroppy.
Pauke *f* a) bass drum, b) (*Kesselpauke*) kettledrum: F *fig.* ***auf die ~ hauen*** *allg.* go to town; ***mit ~n und Trompeten*** gloriously.
pauken *v/i* **1.** play the kettledrum(s). **2.** F *ped.* (*a. v/t*) cram, swot.
Paukenschlag *m* drumbeat: *fig.* ***wie ein ~*** like a bombshell.
Pauker(in) 1. ♪ drummer. **2.** F teacher.
pausbäckig *adj* chubby.
pauschal I *adj* **1.** *Preis etc*: all-in(clusive). **2.** *fig.* sweeping, wholesale. **II** *adv* **3.** in a lump sum. **4.** *fig.* wholesale.
Pauschalabfindung *f* lump-sum settlement (*od.* compensation).
Pauschalbetrag *m*, **Pauschale** *f* lump sum, *im Hotel etc*: all-in price, *Am.* American plan.
Pauschal|gebühr *f* flat rate. **~honorar** *n* lump-sum payment. **~preis** *m* lump-sum price. **~reise** *f* package tour. **~satz** *m* flat (*od.* all-in) rate. **~urlaub** *m* package holiday. **~urteil** *n fig.* sweeping judg(e)ment. **~vertrag** *m* blanket agreement.
Pause¹ *f* rest (*a.* ♪), (*Arbeits-, Schulpause*) break, *Am.* recess, *bsd. thea., Sport*: interval, *Am.* intermission, (*Sprechpause*) pause: ***e-e ~ machen*** a) take a break, b) *beim Sprechen*: pause.
Pause² *f tech.* tracing, copy, blueprint.
pausen *v/t* trace.
pausenlos *adj* uninterrupted, nonstop.
pausieren *v/i* pause, take a break.
Pauspapier *n* tracing paper.
Pavian *m zo.* baboon.
Pavillon *m* ⩓, *econ.* pavilion.
Pay-TV *n* pay-per-view television, pay TV.
Pazifik *m the* Pacific (Ocean).
Pazifismus *m* pacifism.
Pazifist(in), pazifistisch *adj* pacifist.
PC *m* ***Personalcomputer*** PC.
PC-Arbeitsplatz *m* computer workplace.
PCB ***polychlorierte Biphenyle*** polychlorinated biphenyls (PCB).
p. Chr. (n.) ***post Christum*** (***natum***), ***nach Christus*** (***nach Christi Geburt***) anno Domini (AD).
PDS ***Partei des Demokratischen Sozialismus*** Party of Democratic Socialism.
Pech *n* **1.** pitch: *fig.* ***wie ~ und Schwefel zs.-halten*** be as thick as thieves. **2.** F *fig.* bad luck: ***~ haben*** be unlucky (***bei*** with); ***~ gehabt!*** tough luck!
pechschwarz *adj* jet-black, *Nacht*: pitch-dark.
Pech|strähne *f* run of bad luck. **~vogel** *m* F *fig.* unlucky fellow (*od.* girl).
Pedal *n* pedal.
Pedant(in) pedant, stickler.
Pedanterie *f* pedantry.
pedantisch *adj* pedantic(ally *adv*).
Pediküre *f* pedicure.
Pegel *m a. fig.* level.
Pegelstand *m* water level.
peilen I *v/t* take the bearings of: *fig.* ***die Lage ~*** see how the land lies; → ***Daumen.*** **II** *v/i* take the bearings.
Peil|funk *m* directional radio. **~gerät** *n* radio direction finder.
Peilung *f* a) locating, b) (*Ergebnis*) bearing.
Pein *f* pain, agony.
peinigen *v/t* torment.
Peiniger(in) tormentor.
peinlich I *adj* **1.** embarrassing, *Situation, Stille etc*: *a.* awkward: ***es ist mir sehr ~*** I feel awful about it. **2.** (*~ genau*) meticulous, scrupulous. **II** *adv* **3.** ~ (***genau***) meticulously; ***~ sauber*** scrupulously clean; ***j-n ~ berühren*** pain s.o.; ***~ berührt*** embarrassed, pained; ***et. ~st vermeiden*** take great care to avoid s.th.
Peinlichkeit *f* **1.** awkwardness. **2.** awkward situation (*od.* remark).
Peitsche *f* whip. **peitschen** *v/i u. v/t* whip, *a. fig. Regen etc*: lash.
Peitschenhieb *m* (whip-)lash.

Pekinese *m* (*Hund*) Pekin(g)ese.
pekuniär *adj* financial, pecuniary.
Pelikan *m zo.* pelican.
Pelle *f*, **pellen** *v/t* skin, peel; → ***Ei*** 1.
Pellkartoffeln *pl* potatoes *pl* (boiled) in their jackets, jacket potatoes *pl*.
Pelz *m* fur (*a. Kleidung*), *unbearbeitet*: skin, hide: ***j-m auf den ~ rücken*** a) (*bedrohen*) come at s.o., b) (*bedrängen*) press s.o. hard.
pelzgefüttert *adj* fur-lined.
Pelz|handel *m* fur trade. **~händler(in)** furrier.
pelzig *adj* **1.** furry. **2.** ⚕ *Zunge*: furred, coated, *Gefühl*: numb.
Pelz|kragen *m* fur collar. **~mantel** *m* fur coat. **~mütze** *f* fur cap, fur hat.
Pelztier *n* fur-bearing animal. **~farm** *f* fur farm. **~jäger(in)** trapper. **~zucht** *f* fur farming.
Pendel *n* pendulum.
pendeln *v/i* **1.** swing, oscillate. **2.** 🚂 *etc* shuttle, *Person*: commute.
Pendel|tür *f* swing door. **~uhr** *f* pendulum clock. **~verkehr** *m* **1.** 🚂 *etc* shuttle service. **2.** commuter traffic.
Pendler *m* commuter. **~verkehr** *m* commuter traffic. **~zug** *m* commuter train.
penetrant *adj* **1.** *Geruch etc*: penetrating. **2.** F *fig. Person*: pushy.
penibel *adj* fussy.
Penis *m* penis.
Penizillin *n* penicillin.
Penne *f* F **1.** school. **2.** *contp.* (*Nachtasyl*) dosshouse, *Am.* flophouse.
pennen *v/i contp.* F kip, sleep (*a. fig.*).
Penner(in) F *contp.* **1.** dosser, bum. **2.** sleepyhead.
Pension *f* **1.** (old-age) pension: ***in ~ gehen*** retire; ***in ~ sein*** be retired. **2.** (*Fremdenpension*) boarding-house, private hotel. **3.** (*Verpflegung*) board.
Pensionär(in) pensioner.
Pensionat *n* boarding-school.
pensionieren *v/t* pension (off): ***sich ~ lassen*** retire.
pensioniert *adj* retired, in retirement.
Pensionierung *f* retirement: ***vorzeitige ~*** early retirement.
Pensions|alter *n* retirement age. **~anspruch** *m* pension claim.
pensionsberechtigt *adj* eligible for a pension.
Pensionsfonds *m* pension fund.
Pensionsgast *m* boarder.
Pensionskasse *f* pension fund.
pensionsreif *adj* F due for retirement.
Pensum *n* (allotted) task, *weitS.* workload: ***großes ~*** a great deal of work.
Penthouse *n* penthouse.
Peperoni *pl gastr.* chil(l)i peppers *pl*.
Pepsin *n* ⚗, ⚕ pepsin.
per *prep* per, by: ***~ Adresse*** care of (*abbr.* c/o); ***~ Bahn*** by train; → ***du.***
Perestroika *f pol.* perestroika.
perfekt *adj* **1.** perfect. **2.** *Vertrag etc*: settled, F in the bag: ***et. ~ machen*** settle (*od.* clinch) s.th.
Perfekt *n ling.* perfect (tense).
Perfektion *f* perfection.
perfektionieren *v/t* (make) perfect.
Perfektionist(in) perfectionist.
perforieren *v/t* perforate.
Pergament *n* parchment. **~papier** *n* greaseproof paper.
Periode *f allg.* period (*a. der Frau*), ⚡ cycle: → ***ausbleiben*** I.
periodisch *adj* periodic(al): ***~er Dezimalbruch*** recurring decimal.
Peripherie *f* periphery, *e-r Stadt*: *a.* outskirts *pl*, *Computer*: peripherals *pl*.
Peripheriegerät *n* peripheral.
Periskop *n* periscope.
perkutan *adj* ⚕ percutaneous.
Perle *f* **1.** pearl, (*Glasperle etc, a. Schweißperle*) bead: ***~n vor die Säue werfen*** cast (one's) pearls before swine. **2.** *fig.* (*a. Person*) jewel, gem.
perlen *v/i* **1.** *Getränk*: sparkle. **2.** *Schweiß, Wasser*: trickle (down).
Perlenkette *f* pearl necklace.
Perlhuhn *n zo.* guinea fowl.
Perlmuschel *f* pearl oyster.
Perl|mutt *n*, **~mutter** *f* mother-of-pearl.
permanent *adj* permanent.
Perpetuum mobile *n* perpetual motion machine.
perplex *adj* bewildered.
per procura (*abbr.* pp[a]) per pro.
Perron *m schweiz.* platform.
Persenning *f* tarpaulin.
Perser(in) Persian.
Perser(teppich) *m* Persian carpet.
Persianer *m* **1.** Persian lamb(skin). **2.** → **~mantel** *m* Persian lamb coat.
persisch *adj* Persian: ***der Persische Golf*** the Persian Gulf.
Person *f* person, *thea.* character: *ling.* ***erste ~*** first person; ***in eigener ~*** personally; ***ich für m-e ~*** I for my part; ***pro ~*** each; ***ein Tisch für sechs ~en*** a table for six; ***sie ist die Güte in ~*** she is kindness personified; → ***juristisch.***
Personal *n* personnel, staff: ***zu wenig ~ haben*** be understaffed. **~abbau** *m* cut(s *pl*) (*od.* cutback[s *pl*]) in staff, staff reduction(s *pl*), manpower cuts *pl*. **~abteilung** *f* personnel department. **~akte** *f* personal file. **~angaben** → ***Personalien.*** **~aufwand** *m*

personnel costs *pl.* **~ausweis** *m* identity card. **~bedarf** *m* manpower requirement(s *pl*). **~beschaffung** *f* personnel recruitment. **~bestand** *m* staffing level. **~beurteilung** *f* performance appraisal, personnel rating. **~büro** *n* personnel department. **~chef(in)** personnel manager. **~computer** *m* personal computer. **~datei** *f* personnel data file. **~decke** *f* staffing (*od.* manpower) level. **~entwicklung** *f* personnel development.

Personalien *pl* particulars *pl*, personal data *pl*.

Personal|kosten *pl* payroll (*od.* personnel) costs *pl* (*od.* expenses). **~mangel** *m* manpower shortage, shortage of personnel. **~planung** *f* personnel (*od.* manpower) planning. **~politik** *f* manpower policy. **~probleme** *pl* personnel problems *pl*. **~pronomen** *n* personal pronoun. **~stand** *m* personnel level. **~vertretung** *f* staff representation. **~wechsel** *m* change in staff, (*Fluktuation*) staff turnover. **~wesen** *n* personnel.

personell *adj* personal, (*das Personal betreffend*) personnel.

Personen|aufzug *m* lift, *Am.* elevator. **~beförderung** *f* passenger transport(ation *Am.*). **~beschreibung** *f* personal description.

personengebunden *adj* non-transferable.

Personen|gesellschaft *f econ.* partnership. **~kraftwagen** *m* motor car, *Am. a.* auto(mobile). **~kreis** *m* circle. **~kult** *m* personality cult. **~schaden** *m* personal injury. **~stand** *m* marital status. **~wagen** *m* → ***Personenkraftwagen***. **~zug** *m* slow train.

personifizieren *v/t* personify.

persönlich **I** *adj* personal. **II** *adv* personally, (*selbst*) *a.* in person.

Persönlichkeit *f* personality, (*bedeutender Mensch*) *a.* personage: ***e-e ~ des öffentlichen Lebens*** a public figure.

Perspektive *f* **1.** *Kunst etc*: perspective. **2.** *fig.* perspective, (*Aussicht*) *a.* prospect, (*Standpunkt*) point of view: ***das eröffnet neue ~n*** that opens up new vistas.

perspektivisch *adj* perspective, *Zeichnung etc*: in perspective.

Peru *n* Peru.

Peruaner(in), peruanisch *adj* Peruvian.

Perücke *f* wig.

pervers *adj* perverse. **Perversität** *f* perversity. **pervertiert** *adj* perverted.

Pessar *n* ⚕ pessary.

Pessimismus *m* pessimism.

Pessimist(in) pessimist.

pessimistisch *adj* pessimistic(ally *adv*).

Pest *f* plague: ***j-n hassen wie die ~*** hate s.o.'s guts; F ***stinken wie die ~*** stink to high heaven.

Pestizid *n* pesticide.

Petersilie *f* ♀ parsley.

Petition *f* petition.

Petrochemie *f* petrochemistry.

petrochemisch *adj* (*a.* ***~es Produkt***) petrochemical.

Petrodollar *m* petrodollar.

Petroleum *n* **1.** → ***Erdöl.*** **2.** *für Lampe*: paraffin, *bsd. Am.* kerosene. **~lampe** *f* paraffin (*od.* kerosene) lamp.

petto: *et. in ~ haben* have s.th. up one's sleeve.

Petze *f* F telltale, sneak. **petzen** *v/i* F sneak (***gegen j-n*** on s.o.).

Pfad *m a. fig.* path. **~finder** *m* boy scout. **~finderin** *f* girl guide, *Am.* girl scout.

Pfahl *m* stake, (*Pfosten*) post, ⚠ pile, (*Mast*) pole. **Pfahlbau** *m* pile dwelling.

Pfahlwurzel *f* ♀ tap root.

Pfand *n* security, (*Gegenstand*) pawn, pledge, *im Spiel*: forfeit, (*Flaschenpfand etc*) deposit: ***als*** (*od.* ***zum***) ***~ geben*** pawn, *a. fig.* pledge; ***für et. ~ zahlen*** pay a deposit on s.th.

pfändbar *adj* distrainable.

Pfandbrief *m econ.* (mortgage) bond.

pfänden *v/t* (*et.*) seize, (*a. j-n*) distrain (up)on: ***j-n ~*** levy a distress on s.o.; ***den Lohn ~*** garnish wages.

Pfänderspiel *n* (game of) forfeits *pl*.

Pfandflasche *f* bottle with deposit.

Pfandhaus *n*, **Pfandleihe** *f* pawnshop.

Pfandleiher(in) pawnbroker.

Pfandschein *m* pawn ticket.

Pfändung *f* (*gen*) seizure (of), distraint (upon).

Pfanne *f* **1.** pan: F *fig.* ***j-n in die ~ hauen*** a) (*besiegen*) clobber s.o., b) (*kritisieren*) give s.o. a roasting. **2.** *anat.* socket. **3.** (*Dachpfanne*) pantile.

Pfannkuchen *m* pancake: ***Berliner ~*** doughnut.

Pfarr|amt *n allg.* rectory. **~bezirk** *m* parish.

Pfarrei *f* rectory, vicarage.

Pfarrer *m* pastor, minister, (*katholischer ~*) (parish) priest.

Pfarrerin *f* woman pastor.

Pfarr|gemeinde *f* parish. **~haus** *n* rectory, vicarage. **~kirche** *f* parish church.

Pfau *m zo.* peacock.

Pfauenauge *n zo.* peacock (butterfly).

Pfauenfeder *f* peacock feather.

Pfeffer *m* **1.** pepper: → ***Hase.*** **2.** F (*Schwung*) pep. **~gurke** *f gastr.* gherkin. **~kuchen** *m* gingerbread. **~minz** *n* peppermint (drop). **~minze** *f* ♀ peppermint. **~mühle** *f* pepper mill.

pfeffern *v/t* **1.** *a. fig.* pepper: → ***gepfeffert.*** **2.** F (*werfen*) chuck.

Pfefferstreuer *m* pepper caster.
Pfeife *f* **1.** (*Signalpfeife*) whistle, (*Orgelpfeife etc*) pipe: *fig.* ***nach j-s ~ tanzen*** dance to s.o.'s tune. **2.** (*Tabakspfeife*) pipe: ***~ rauchen*** a) smoke a pipe, b) be a pipe smoker. **3.** F idiot, dope.
pfeifen I *v/i* **1.** whistle (***j-m*** to s.o.), *Schiedsrichter etc*: blow the whistle, *Zuschauer*: boo: F ***ich pfeife auf das Geld*** I don't give a damn about the money. II *v/t* **2.** (*Lied etc*) whistle: F ***ich werd dir was ~!*** to hell with you! **3.** *Sport*: ***ein Spiel ~*** referee a match.
Pfeifen|kopf *m* bowl. **~raucher(in)** pipe smoker. **~reiniger** *m* pipe cleaner. **~stiel** *m* pipe stem. **~stopfer** *m* tamper.
Pfeifkonzert *n* (hail of) catcalls *pl.*
Pfeil *m* arrow, (*Wurf-*, *Blaspfeil*) dart: ***mit ~ und Bogen*** with bow and arrow.
Pfeiler *m* pillar (*a. fig.*), (*Brückenpfeiler*) pier.
pfeilförmig *adj* V-shaped.
pfeilgerade I *adj* (as) straight as an arrow. II *adv* straight.
Pfeilgift *n* arrow poison.
pfeilschnell *adj u. adv* (as) quick as lightning, *adv a.* like a shot.
Pfeilspitze *f* arrowhead.
Pfennig *m* pfennig, *fig.* penny, *Am.* cent: ***jeden ~ umdrehen*** count every penny; ***es ist k-n ~ wert*** it's not worth a thing.
Pfennig|absatz *m* stiletto heel. **~artikel** *m* cheap article. **~beträge** *pl* chicken feed. **~fuchser(in)** F penny pincher.
Pferch *m* pen, fold. **pferchen** *v/t* (*Tiere*) pen, (*Menschen*) cram.
Pferd *n* **1.** horse: ***zu ~e*** on horseback; *fig.* ***das beste ~ im Stall*** the number one; F *fig.* ***aufs falsche ~ setzen*** back the wrong horse; ***das ~ beim Schwanze aufzäumen*** put the cart before the horse; ***mit ihr kann man ~e stehlen*** she's a good sport. **2.** *gym.* (vaulting-)horse. **3.** *Schach*: knight.
Pferde|äpfel *pl* horse droppings *pl.* **~fleisch** *n* horse-meat. **~fuhrwerk** *n* horse-drawn vehicle. **~fuß** *m des Teufels*: cloven foot, *fig.* snag. **~koppel** *f* paddock. **~länge** *f Sport*: ***um zwei ~n*** by two lengths. **~rennbahn** *f* race course. **~rennen** *n* horse racing, *einzelnes*: horse race. **~schwanz** *m* **1.** horse's tail. **2.** (*Frisur*) ponytail. **~stall** *m* stable. **~stärke** *f* horsepower (*abbr.* H.P.). **~zucht** *f* horse breeding, (*Gestüt*) stud farm.
Pfiff *m* **1.** whistle. **2.** F *fig.* (*Schwung*) pep: ***mit ~*** *Film etc*: with a difference; ***der Mantel hat ~*** the coat's got real style; ***das gibt der Sache erst den richtigen ~*** that gives it that extra something.
Pfifferling *m* ♀ chanterelle: *fig.* ***k-n ~ wert*** not worth a damn.
pfiffig *adj* smart, clever, F *fig.* peppy.
Pfiffigkeit *f* smartness, cleverness.
Pfiffikus *m humor.* smart fellow.
Pfingsten *n* (***an ~*** at) Whitsun.
Pfingstfest *n* → ***Pfingsten.***
Pfingstmontag *m* Whit Monday.
Pfingstrose *f* ♀ peony.
Pfingstsonntag *m* Whitsunday.
Pfirsich *m* peach.
Pflanze *f* **1.** plant: *zo.* ***~n fressend*** herbivorous. **2.** F type, character.
pflanzen *v/t a. fig.* plant.
Pflanzen|faser *f* plant (*od.* vegetable) fibre (*Am.* fiber). **~fett** *n* vegetable fat. **~fresser** *m zo.* herbivore. **~kost** *f* vegetable foodstuffs *pl.* **~kunde** *f* botany. **~öl** *n* vegetable oil. **~reich** *n* vegetable kingdom, flora. **~schutzmittel** *n* pesticide. **~welt** *f* flora.
Pflanzer(in) planter.
pflanzlich *adj* plant, vegetable.
Pflanzung *f* plantation.
Pflaster *n* **1.** (*Straßenpflaster*) pavement, (*Kopfsteinpflaster*) cobbles *pl*: *fig.* ***ein heißes*** (***teures***) ***~*** a dangerous (an expensive) place. **2.** ⚕ (sticking-)plaster, *bsd. Am.* band-aid. **~maler(in)** pavement artist.
pflastern *v/t* **1.** (*Straße*) pave. **2.** F ⚕ plaster (*a. fig. kleben*).
Pflasterstein *m* paving stone.
Pflaume *f* **1.** plum, (*Dörrpflaume*) prune. **2.** F (*Person*) dope.
Pflaumen|baum *m* plum(-tree). **~kuchen** *m* plum tart. **~mus** *n* plum jam.
Pflege *f allg.* care, (*Krankenpflege*) nursing, *tech.* maintenance, servicing, *e-s Gartens*, *fig. der Künste*, *von Beziehungen*: cultivation: ***in ~ geben*** (***nehmen***) put (take) into care; ***ein Kind in ~ geben*** (***nehmen***) foster a child.
pflegebedürftig *adj* in need of (*od.* needing) care.
Pflege|eltern *pl* foster-parents *pl.* **~fall** *m* nursing case. **~geld** *n* nursing allowance. **~geldversicherung** *f* nursing care insurance. **~heim** *n* nursing home. **~kind** *n* foster-child. **~kosten** *pl* nursing fees.
pflegeleicht *adj* easy-care, (*Mensch*) easy to handle.
Pflege|mutter *f* foster-mother. **~versicherung** *f* nursing care insurance.
pflegen I *v/t* look after, care for, (*Kind, Kranke*) *a.* nurse, (*Blumen, Garten etc*) tend, (*Kleidung, sein Äußeres*) groom, (*instand halten*) keep *s.th.* in good condition, *tech. a.* service, (*Daten*) maintain, *fig.* (*Künste, Beziehungen, Freundschaft*) cultivate: → ***gepflegt, Umgang*** 1. II *v/i* (***et.***) ***zu tun ~*** be in the habit of doing (s.th.); ***sie pflegte zu sagen*** she used to say, she would say;

P

solche Aktionen ~ fehlzuschlagen such actions usually (*od.* tend to) fail. **III** *v/reflex* ***sich ~*** a) take care of one's appearance, b) look after o.s., F take things easy.

Pflegepersonal *n* ⚕ nursing staff.

Pfleger *m* **1.** ⚕ (male) nurse. **2.** ⚖ curator.

Pflegerin *f* ⚕ nurse.

Pflege|sohn *m* foster-son. **~stelle** *f* foster home. **~tochter** *f* foster-daughter. **~vater** *m* foster-father. **~versicherung** *f* nursing care insurance.

pfleglich *adj* careful: *adv* ***~ behandeln*** take good care of.

Pflegschaft *f* ⚖ curatorship.

Pflicht *f* **1.** duty: ***die ~ ruft!*** duty calls! **2.** → ***Pflichtübung.***

pflichtbewusst *adj* conscientious, dutiful.

Pflichtbewusstsein *n* sense of duty.

Pflichteifer *m* zeal.

pflichteifrig *adj* zealous.

Pflicht|erfüllung *f* performance of one's duty. **~fach** *n ped.* compulsory subject. **~gefühl** *n* sense of duty.

pflicht|gemäß I *adj* dutiful, due. **II** *adv* duly. **~getreu** *adj* dutiful.

Pflichtlektüre *f* required reading, set books *pl.*

pflichtschuldig *adj u. adv* as (it) is my *etc* duty, *adv mst* ***~st*** *a.* duly.

Pflicht|teil *m, n* ⚖ legal portion. **~treue** *f* dutifulness, loyalty. **~übung** *f Sport*: compulsory (*od.* set) exercise: *fig.* ***e-e reine ~*** purely a matter of duty.

pflichtvergessen *adj* derelict of duty.

Pflicht|versäumnis *n* dereliction of duty. **~verteidiger(in)** ⚖ assigned counsel.

Pflock *m* peg, (*Pfahl*) stake.

pflücken *v/t* pick.

Pflug *m*, **pflügen** *v/t u. v/i* plough, *Am.* plow.

Pforte *f* gate, door, *fig.* gateway.

Pförtner *m* gatekeeper, porter, *Am.* doorman. **~haus** *n* lodge. **~loge** *f* porter's office (*od.* lodge).

Pfosten *m* post, (*Tür-, Fensterpfosten*) jamb.

Pfote *f zo.* paw (*a.* F *Hand*).

Pfropf *m* ⚕ clot, thrombus.

pfropfen *v/t* **1.** stopper. **2.** F (*hinein~*) cram. **3.** ⚘ graft.

Pfropfen *m* stopper, cork, (*Stöpsel, Wattepfropfen etc*) plug.

Pfropf|messer *n* grafter. **~reis** *n* graft.

Pfründe *f* **1.** *eccl.* prebend, (*Kirchenamt*) benefice, living. **2.** *fig.* sinecure.

pfui *int* (for) shame!, *Sport etc*: boo!, *angeekelt*: ugh!, *zu Kind, Hund*: no!; → ***Teufel.***

Pfund *n* **1.** pound (*abbr.* lb.): ***3 ~ Mehl*** three pounds of flour. **2.** ~ (***Sterling***) pound (sterling) (*abbr.* £).

pfundweise *adj u. adv* by the pound.

Pfusch *m*, **Pfuscharbeit** *f* **1.** F bad job, botch-up. **2.** *österr.* (*Schwarzarbeit*) illicit work, moonlighting.

pfuschen *v/i u. v/t* F bungle: → ***Handwerk.***

Pfuscher(in) F bungler.

Pfuscherei *f* F bungling.

Pfütze *f* puddle.

PGiroA ***Postgiroamt*** postal giro office; *in GB*: Girobank.

PH ***Pädagogische Hochschule*** college of education, *Am.* teachers' college.

Phallus *m* phallus.

Phallussymbol *n* phallic symbol.

Phänomen *n a. fig.* phenomenon.

phänomenal *adj* phenomenal.

Phantasie *etc* → ***Fantasie.***

Phantom *n* phantom. **~bild** *n* identikit picture. **~schmerzen** *pl* phantom limb pains *pl.*

Pharisäer(in) *fig.* pharisee, hypocrite.

pharisäisch *adj* pharisaic(al).

Pharmaindustrie *f* pharmaceutical industry.

Pharmakologe *m*, **Pharmakologin** *f* pharmacologist.

Pharmakologie *f* pharmacology.

Pharma|konzern *m* pharmaceutical company. **~referent(in)** medical representative.

Pharmazeut(in) pharmacist.

Pharmazeutik *f* pharmaceutics *sg.*

pharmazeutisch *adj* pharmaceutical.

Pharmazie *f* pharmacy.

Phase *f allg., a.* ⚡ phase.

Philanthrop(in) philanthropist.

Philanthropie *f* philanthropism.

philanthropisch *adj* philanthropic(ally *adv*).

Philatelie *f* philately.

Philatelist(in) philatelist.

Philharmonie *f* philharmonic orchestra (*od.* society).

Philippinen *pl the* Philippines.

Philister *m*, **philisterhaft** *adj* Philistine.

Philologe *m*, **Philologin** *f* teacher (*od.* scholar) of language and literature, *Am.* philologist.

Philologie *f* study of language and literature, *Am.* philology.

philologisch *adj* language and literature ..., *Am.* philological.

Philosoph(in) philosopher.

Philosophie *f* philosophy.

philosophieren *v/i* philosophize.

philosophisch *adj* philosophic(al).

Phlegma *n* phlegm.

Phlegmatiker(in) phlegmatic person.

phlegmatisch *adj* phlegmatic(ally *adv*).

pH-neutral *adj* pH-balanced.

Phobie *f psych. u. fig.* phobia.
Phon *n phys.* phon.
Phonem *n ling.* phoneme.
Phonetik *f* phonetics *mst sg.*
Phonetiker(in) phonetician.
phonetisch *adj* phonetic(ally *adv*).
Phonotypist(in) audio typist.
Phonzahl *f* decibel level.
Phosphat *n* ⚗ phosphate.
phosphatfrei *adj* phosphate-free.
Phophor *m* ⚗ phosphorus.
Phosphoreszenz *f* phosphorescence.
phosphoreszieren *v/i* phosphoresce: **~d** phosphorescent.
phosphorig *adj* ⚗ phosphorous.
Photo(...) → ***Foto(...).***
Photosynthese *f* photosynthesis.
Phrase *f* phrase (*a.* ♪), *contp. a.* cliché, platitude, *pol.* catchphrase: F ***~n dreschen*** talk in platitudes.
Phrasendrescher(in) F phrasemonger.
phrasenhaft *adj* empty, meaningless.
ph-Wert *m* pH factor.
Physik *f* physics *sg.*
physikalisch *adj* physical.
Physiker(in) physicist.
Physikum *n* preliminary (medical) examination.
Physiognomie *f* physiognomy.
Physiologe *m*, **Physiologin** *f* physiologist.
Physiologie *f* physiology.
physiologisch *adj* physiological.
Physiotherapeut(in) ⚕ physiotherapist. **Physiotherapie** *f* physiotherapy.
physisch *adj* physical.
Pianist(in) pianist.
picheln *v/i u. v/t* F tipple.
Pickel[1] *m tech.* pick(axe), (*Eispickel*) ice--pick.
Pickel[2] *m* ⚕ pimple, spot.
picken *v/t u. v/i* peck, (*greifen*) pick.
picklig *adj* pimply.
Picknick *n* picnic: ***ein ~ machen*** → **picknicken** *v/i* (have a) picnic.
pieken *v/t u. v/i* F prick. **piekfein** *adj* F posh, *Kleidung etc*: very smart.
piepen *v/i* cheep, *Maus*: squeak, ⚡ bleep: F ***bei dir piepts wohl?*** are you off your rocker?; ***er*** (***es***) ***war zum Piepen*** he (it) was a scream. **piepsen** → ***piepen.***
Piepser *m* bleeper, beeper.
Pier *f* ⚓ jetty, pier.
Piercing *n* body piercing.
piesacken *v/t* F torment, persecute.
Pietät *f* piety, reverence: ***aus ~*** out of respect (***gegenüber*** of). **pietätlos** *adj* irreverent. **pietätvoll** *adj* reverent.
Pigment *n* pigment.
Pik[1] *m* F ***e-n ~ auf j-n haben*** have it in for s.o.
Pik[2] *m* (mountain) peak.
Pik[3] *n Kartenspiel*: spade(s *pl*).
pikant *adj a. fig.* piquant, spicy.
Pike *f* F ***et. von der ~ auf lernen*** learn s.th. from the bottom up.
pikiert *adj fig.* piqued (***über*** *acc* about).
Pikkolo *m* **1.** boy waiter. **2.** (*Sekt*) champagne miniature. **~flöte** *f* ♪ piccolo.
Piktogramm *n* pictogram.
Pilger(in) pilgrim.
Pilgerfahrt *f* pilgrimage.
pilgern *v/i* **1.** make (*od.* go on) a pilgrimage. **2.** F wander.
Pilgerschaft *f* pilgrimage.
Pille *f* pill: F ***die ~ nehmen*** be on (*od.* take) the pill; *fig.* ***e-e bittere ~*** a bitter pill (to swallow).
Pillenknick *m* F sudden drop in birthrates. **Pillenschachtel** *f* pillbox.
Pilot(in) **1.** ✈ pilot. **2.** (racing) driver.
Pilot|film *m* pilot (film). **~projekt** *n* pilot project. **~sendung** *f* pilot broadcast.
Pilz *m* fungus (*a.* ⚕), *essbarer*: mushroom, *giftiger*: toadstool: ***~e suchen*** (***gehen***) go mushrooming; ***wie ~e aus dem Boden schießen*** mushroom (up).
Pilzkrankheit *f* mycosis, ♣ fungus.
Pilzvergiftung *f* mushroom poisoning.
PIN ***persönliche Identifikationsnummer*** personal identification number (PIN).
pingelig *adj*, **Pingeligkeit** *f* F nitpicking.
Pinguin *m zo.* penguin.
Pinie *f* ♣ (stone) pine.
Pinkel *m* F dope: ***feiner ~*** toff.
pinkeln *v/i* F pee: ***~ gehen*** go for a pee.
Pinne *f* ⚓ helm.
Pinnwand *f* pinboard.
Pinscher *m zo.* pinscher.
Pinsel *m* brush.
pinseln *v/i u. v/t* paint (*a.* ⚕), F (*schmieren*) daub.
Pinselstrich *m* stroke of the brush.
Pinzette *f* (pair of) tweezers *pl.*
Pionier(in) **1.** *mil.* engineer. **2.** *fig.* pioneer.
Pionierarbeit *f fig.* pioneering.
Pioniergeist *m fig.* pioneering spirit.
Pionierleistung *f fig.* pioneering feat.
Pipette *f*, **pipettieren** *v/t* ⚗ pipette.
Pipi *n* F wee-wee: ***~ machen*** wee.
Pirat(in) pirate.
Piratensender *m Radio*: pirate station.
Piraterie *f* piracy.
Pirouette *f*, **pirouettieren** *v/i* pirouette.
Pirsch *f* stalk, still hunt: ***auf die ~ gehen*** go (deer-)stalking.
pirschen *v/i* ***~ auf*** (*acc*) stalk.
Pirschjagd *f* → ***Pirsch.***
Pisse *f*, **pissen** *v/i* V piss.
Pistazie *f* ♣ pistachio.

Piste *f* **1.** *Sport*: a) (racing) track, course, b) piste, ski-run. **2.** ✈ runway.
Pistenrowdy *m* terror of the slopes.
Pistole *f* pistol: ***mit vorgehaltener ~*** at pistol-point; *fig.* ***j-m die ~ auf die Brust setzen*** hold a pistol to s.o.'s head; ***wie aus der ~ geschossen*** like a shot.
Pistolentasche *f* holster.
Pixel *n Computer*: pixel.
Pizza *f gastr.* pizza. **Pizzeria** *f* pizzeria.
Pjöngjang *n* Pyongyang (*capital of North Korea*).
PKW, Pkw ***Personenkraftwagen*** (motor-)car, *Am. a.* auto(mobile).
Pl. ***Platz*** square (Sq.); ***Plural*** plural (pl.).
Placebo *n* ⚕ placebo.
Plackerei *f* F drudgery, grind.
plädieren *v/i* ⚖ plead (***für, auf*** *acc* for).
Plädoyer *n* final speech, *fig.* plea.
Plage *f* (*Mühe*) trouble, bother, (*Ärgernis*) nuisance, (*Insektenplage etc*) plague (*a. Bibl.*). **~geist** *m* nuisance, pest.
plagen I *v/t* trouble, worry, torment, (*belästigen*) harass, F plague, *mit Bitten etc*: *a.* pester: ***geplagt von*** troubled by. II *v/reflex* ***sich ~*** toil away, (*sich abmühen*) take pains (***mit*** with).
Plagiat *n* plagiarism.
plagiieren *v/i u. v/t* plagiarize.
Plakat *n* poster, placard.
plakatieren *v/t* placard, put up posters, advertise with posters.
plakativ *adj fig.* slogan-like, graphic.
Plakat|wand *f* hoarding, *Am.* billboard. **~werbung** *f* poster advertising.
Plakette *f* badge.
plan *adj* plane, level.
Plan¹ *m fig.* ***j-n auf den ~ rufen*** make s.o. step in; ***auf dem ~ erscheinen*** appear on the scene.
Plan² *m* **1.** *allg.* plan, (*Zeit-, Arbeitsplan etc*) *a.* schedule, (*Absicht*) *a.* intention, (*Vorhaben*) *a.* project, scheme (*a. b.s.*): ***e-n ~ fassen*** make a plan; ***Pläne schmieden*** make (*od.* hatch) plans, *b.s.* plot, scheme; ***was steht heute auf dem ~?*** what's on today? **2.** (*Entwurf*) plan, (*Zeichnung*) *a.* design, (*grafische Darstellung*) diagram. **3.** (*Karte*) map.
Plane *f* tarpaulin, awning.
planen *v/t allg.* plan, *zeitlich*: *a.* schedule, (*vorhaben*) *a.* intend, (*entwerfen*) *a.* design.
Planer(in) planner.
Planet *m* planet.
planetarisch *adj* planetary.
Planetarium *n* planetarium.
planieren *v/t* level, (*Gelände*) *a.* grade.
Planfeststellung *f adm.* planning permission.
planieren *v/t* level, (*Gelände*) *a.* grade.
Planierraupe *f tech.* bulldozer.
Planke *f* plank, board.
Plänkelei *f*, **plänkeln** *v/i a. fig.* skirmish.
Plankosten *pl* standard costs *pl.* **~rechnung** *f* standard costing.
Plankton *n zo.* plankton.
planlos *adj* without plan, aimless, unsystematic(ally *adv*).
Planlosigkeit *f* lack of plan (*od.* system), aimlessness.
planmäßig I *adj* **1.** planned, systematic. **2.** *Verkehr*: scheduled. II *adv* **3.** according to plan (*zeitlich*: schedule), as planned, *ankommen etc*: on schedule.
Planquadrat *n* grid square.
Planstelle *f* permanent (*od.* established) post.
Plantage *f* plantation.
Plan(t)schbecken *n* paddling pool.
plan(t)schen *v/i* splash (about).
Planung *f* **1.** → ***Plan²*** 2. **2.** planning: ***in der ~*** → **Planungsstadium** *n* ***im ~*** in the planning stage.
Planungs|abteilung *f* planning department. **~arbeit** *f* planning. **~genehmigung** *f* planning permission. **~stadium** *n* ***im ~*** in the planning stage.
planvoll *adj* methodical, systematic.
Planwirtschaft *f* planned economy.
Plappermaul *n* chatterbox.
plappern *v/t u. v/i* chatter, babble.
plärren *v/i u. v/t* (*weinen*) blubber, cry, (*schreien*) bawl, *Radio etc*: blare.
Plasma *n phys.* plasma.
Plastik¹ *f* **1.** *Kunst*: sculpture. **2.** ⚕ plastic surgery.
Plastik² *n* plastic.
Plastik|besteck *n* plastic cutlery. **~beutel** *m* plastic bag, polythene bag. **~bombe** *f* plastic bomb. **~folie** *f* plastic foil, polythene sheet. **~müll** *m* plastic waste products *pl.* **~müllverwertung** *f* plastic waste recycling. **~tüte** *f* plastic bag.
plastisch *adj* **1.** plastic. **2.** *fig.* (*anschaulich*) vivid, graphic(ally *adv*). **3.** ⚕ ***~e Chirurgie*** plastic surgery; ***Facharzt für ~e Chirurgie*** plastic surgeon.
Platane *f* ⚘ plane(-tree).
Plateau *n* plateau.
Platin *n* platinum.
platinblond *adj* platinum blonde.
platonisch *adj* Platonic, *Liebe etc*: platonic(ally *adv*).
platsch *int*, **platschen** *v/i* splash.
plätschern *v/i Wasser*: ripple, *Bach etc*: murmur, *Wellen*: lap.
platt *adj* **1.** (*flach*) flat, (*eben*) level: ***~ drücken*** *etc* flatten; F *mot.* ***e-n Platten haben***

have a flat tyre (*Am.* tire). **2.** *fig. Redensart etc*: trite, banal. **3.** F **~ sein** *vor Staunen*: be flabbergasted; ***da bin ich aber ~!*** *a.* well, I'm floored!

Platt *n* Low German. **plattdeutsch** *adj*, **Plattdeutsch(e)** *n* Low German.

Platte *f* **1.** (*Steinplatte*) slab, (*Fliese*) flag, flagstone, (*Holzplatte*) board, (*Wand-, Fußbodenplatte*) panel, (*Keramikplatte*) tile, (*Glas-, Blechplatte*) sheet. **2.** (*Felsplatte*) ledge. **3.** (*Tischplatte*) table top, *ausziehbar*: leaf. **4.** (*Herdplatte*) hotplate. **5.** (*Teller, a. Speise*) dish: ***kalte ~*** cold cuts *pl*; F ***die ~ putzen*** beat it. **6.** (*Schallplatte*) record, disc, *Am.* disk: F *fig.* ***die ~ kenn ich!*** I know that line!; ***leg 'ne andere ~ auf!*** put another record on! **7.** *Computer*: disk. **8.** (*Gebissplatte*) (dental) plate. **9.** F (*Glatze*) bald pate.

Platten|hülle *f* record sleeve. **~sammlung** *f* record collection. **~speicher** *m Computer*: disk memory. **~spieler** *m* record player. **~teller** *m* turntable. **~wechsler** *m* (automatic) record changer.

Plattform *f a. pol.* platform.

Plattfuß *m* **1.** flatfoot. **2.** F *mot.* flat.

plattfüßig *adj* flat-footed.

Plattheit *f* **1.** flatness. **2.** *geistige*: triteness, (*Floskel*) platitude.

Plättli *n schweiz.* tile.

Platz *m* **1.** (*Raum*) room, space: ***~ machen*** (***für*** for) make room, (*vorbeilassen*) make way (*a. fig.*); ***~ sparen*** save space; ***~ raubend*** bulky, space-consuming; ***~ sparend*** space-saving; *fig.* ***~ greifen*** spread, (*entstehen*) arise. **2.** (*Örtlichkeit, Arbeits-, Studienplatz etc, a. econ. Stadt*) place, (*Lage, a. Bau-, Zeltplatz etc*) site, (*Standort, Stellung*) position: *fig.* ***fehl am ~e sein*** *Person*: be out of place, *Bemerkung etc*: be uncalled for. **3.** *öffentlicher*: square. **4.** (*Sitzplatz*) seat: ***ist dieser ~ noch frei?*** is this seat taken?; ***~ nehmen*** take a seat, sit down. **5.** (*Sportplatz*) field, (*Tennisplatz*) court, (*Golfplatz*) course: F ***j-n vom ~ fegen*** play s.o. into the ground; ***j-n vom ~ verweisen*** send s.o. off; ***auf eigenem*** (***gegnerischem***) ***~ spielen*** play at home (out of town); → ***belegen*** 4.

Platzangst *f* **1.** *psych.* agoraphobia. **2.** F (*Engegefühl*) claustrophobia.

Platzanweiser(in) usher (usherette).

Plätzchen *n* **1.** little place, spot. **2.** (*Gebäck*) biscuit, *Am.* cookie.

platzen *v/i* **1.** *allg.* burst, *Bombe etc*: *a.* explode, (*reißen*) crack, split: *fig.* ***ins Zimmer ~*** burst into the room; → ***Kragen.*** **2.** *fig.* (***vor*** with) explode, burst. **3.** F *fig.* (*scheitern*) come to nothing, *sl.* bust, go phut, *Plan etc*: fall through, *Verlobung*: be broken off, *Freundschaft etc*: break up, *econ. Wechsel*: bounce: ***~ lassen*** (*Bande etc*) bust up, (*Veranstaltung etc*) break up.

Platzherren *pl Sport*: home team *sg*.

platzieren *v/t allg.* place: ***sich ~*** position o.s.; *Sport*: ***sich als Dritter ~*** be placed third. **platziert** *adj Schuss*: well-placed.

Platzierung *f Sport*: place.

Platz|karte *f* seat reservation (ticket). **~mangel** *m* lack of space. **~patrone** *f* blank cartridge. **~regen** *m* cloudburst. **~reservierung** *f* reservation. **~verweis** *m Sport*: ***e-n ~ erhalten*** be sent off. **~wahl** *f Sport*: toss-up. **~wunde** *f* ⚕ laceration.

Plauderei *f* chat.

Plauderer *m*, **Plauderin** *f* conversationalist.

plaudern *v/i* (have a) chat, (*aus~*) blab; → ***Schule.***

Plauderton *m* ***im ~*** in a conversational tone, conversationally.

plausibel *adj* plausible: ***j-m et. ~ machen*** make s.th. clear to s.o.

plazieren *etc* → ***platzieren.***

Playback *n* miming.

Plebiszit *n* plebiscite.

pleite *adj* F ***~ sein*** be (dead) broke.

Pleite *f* F **1.** bankruptcy: ***~ machen*** *od.* ***gehen*** go bust. **2.** *fig.* flop: ***so 'ne ~!*** what a frost! **~geier** *m*: ***der ~ schwebt über der Firma*** the threat of bankruptcy is hovering over the firm.

Pleitier *m* bankrupt.

Plenar|saal *m parl.* (plenary) assembly room. **~sitzung** *f* plenary session.

Plenum *n parl.* plenum.

Pleuelstange *f tech.* connecting rod.

Plissee *n* pleats *pl*. **Plisseerock** *m* pleated skirt. **plissieren** *v/t* pleat.

Plombe *f* **1.** *tech.* (lead) seal. **2.** (*Zahnplombe*) filling.

plombieren *v/t* **1.** seal (with lead). **2.** (*Zahn*) fill.

plötzlich **I** *adj* sudden. **II** *adv* suddenly, (*ganz ~*) all of a sudden: F ***aber etwas ~!*** make it snappy!

plump *adj* **1.** (*dick*) plump. **2.** (*unbeholfen*) clumsy (*a. fig.*), (*taktlos*) tactless, *Lüge, Schmeichelei*: gross, *Ausrede*: flimsy.

Plumpheit *f* **1.** plumpness. **2.** clumsiness, grossness, *etc.*

plumps *int*, **Plumps** *m* thud.

plumpsen *v/i* thud, plop.

plumpvertraulich *adj* chummy: ***~ werden*** get chummy.

Plunder *m a. fig.* junk, rubbish.

Plünderer *m*, **Plünderin** *f* looter. **plündern** *v/t u. v/i* plunder, loot, (*Stadt*) *a.* pillage, F (*Kühlschrank etc*) raid.

Plural *m ling.* plural (number).
Pluralismus *m* pluralism.
pluralistisch *adj* pluralistic.
plus *prep* plus.
Plus *n* **1.** ⩲ plus sign. **2.** (*Überschuss*) surplus, (*Gewinn*) profit. **3.** *fig.* plus, asset, advantage.
Plüsch *m* plush. **~tier** *n* cuddly toy.
Pluspunkt *m* **1.** credit point. **2.** *fig.* plus, asset.
Plusquamperfekt *n ling.* pluperfect (tense), past perfect.
Plusseite *f* credit side.
Pluszeichen *n* ⩲ plus sign.
Plutonium *n* plutonium.
PLZ ***Postleitzahl*** postcode, *Am.* zip code.
Pneu *m schweiz.* tyre, *Am.* tire.
pneumatisch *adj* pneumatic(ally *adv*).
Po *m* F bottom, bum.
Pöbel *m* rabble. **pöbelhaft** *adj* vulgar.
pochen *v/i* **1.** (**an** *dat* at) knock, rap, tap. **2.** *Blut, Schläfen*: throb, *Herz*: *a.* beat. **3.** *fig.* ~ **auf** (*acc*) insist on.
pochieren *v/t gastr.* poach.
Pocke *f* pock: ⚕ **~n** *pl* smallpox *sg.*
Pockenimpfung *f* ⚕ (smallpox) vaccination.
Pockennarbe *f* pockmark.
pockennarbig *adj* pockmarked, pitted.
Podest *n, m* platform, *bsd. fig.* pedestal.
Podium *n* rostrum, platform.
Podiumsdiskussion *f* panel discussion.
Poesie *f a. fig.* poetry. **Poet(in)** poet (poetess). **poetisch** *adj* poetic(al).
Pogrom *n* pogrom.
Pointe *f* point, *e-s Witzes*: *a.* punch line.
pointiert *adj* pointed.
Pokal *m* cup (*a. Sport*), goblet. **~endspiel** *n* cup final. **~sieger(in)** cup winner. **~spiel** *n* cup tie.
Pökelfleisch *n* salt meat.
pökeln *v/t* pickle, salt.
pokern *v/i a. fig.* play poker.
Pokerspiel *n a. fig.* game of poker.
Pol *m allg.* pole, ⚡ *a.* terminal: *fig.* ***der ruhende*** ~ the stabilizing element.
polar *adj*, **Polar...** polar.
polarisieren *v/t u. v/reflex* ***sich*** ~ *a. fig.* polarize. **Polarität** *f* polarity.
Polar|kreis *m* ***nördlicher*** (***südlicher***) ~ Arctic (Antarctic) Circle. **~licht** *n* ***nördliches*** (***südliches***) ~ northern (southern) lights *pl.* **~stern** *m* Pole Star.
Pole *m* Pole.
Polemik *f* polemic(s *sg*). **Polemiker(in)** polemicist. **polemisch** *adj* polemic. **polemisieren** *v/i* polemize.
polen *v/t* ⚡ pole.
Polen *n* Poland.
Police *f* (insurance) policy.
polieren *v/t a. fig.* polish.
Poliklinik *f* outpatients' clinic.
Polin *f* Pole, Polish woman.
Politbüro *n* Politburo.
Politesse *f* (woman) traffic warden.
Politik *f* **1.** *allg.* politics *pl* (*a. sg konstr.*): ***in der*** ~ in politics; ***in die*** ~ ***gehen*** go into politics; ***über*** ~ ***reden*** talk politics. **2.** (*Taktik*) policy.
Politiker(in) politician.
Politikum *n* political issue.
Politikverdrossenheit *f* disenchantment with politics.
politisch *adj* **1.** political: ***~er Berater*** policy adviser; *adv* ***er ist*** ~ ***tätig*** he is in politics; ~ ***interessiert sein*** be politically minded; ~ ***korrekt*** politically correct. **2.** (*klug*) politic.
politisieren **I** *v/i* talk politics. **II** *v/t* politicize, make *s.o.* politically aware.
Politisierung *f* politicalization.
Politologe *m*, **Politologin** *f* political scientist.
Politologie *f* political science.
Politur *f allg.* polish.
Polizei *f* police *pl*: ***die*** ~ ***rufen*** (*od.* ***holen***) call the police; F ***er ist bei der*** ~ he is a police officer. **~aufgebot** *n* police detachment. **~aufsicht** *f* ***unter*** ~ under police supervision. **~auto** *n* police car, patrol car. **~beamte** *m*, **~beamtin** *f* police officer. **~behörde** *f* police (authorities *pl*). **~dienststelle** *f* police station. **~einsatz** *m* police operation. **~funk** *m* police radio. **~hund** *m* police dog. **~knüppel** *m* truncheon, *Am.* club. **~kommissar(in)** police inspector. **~kontrolle** *f* police check.
polizeilich *adj u. adv* a) (of the) police, b) by the police.
Polizei|präsident *m* Chief Constable, *Am.* Chief of Police. **~präsidium** *n* police headquarters *pl.* **~revier** *n* **1.** (*Bereich*) (police) district, *Am.* precinct. **2.** (*Büro*) police station, *Am.* station house. **~schüler(in)** police cadet. **~schutz** *m* police protection. **~staat** *m* police state. **~streife** *f* police patrol, (*Streifenpolizist*) *bsd. Am.* patrolman. **~stunde** *f* closing time. **~wache** *f* police station, *Am.* station house.
Polizist *m* policeman, constable.
Polizistin *f* policewoman.
Pollen *m* ⚘ pollen. **~flug** *m* pollen count.
polnisch *adj*, **Polnisch(e)** *n ling.* Polish.
Polo *n Sport*: polo.
Polohemd *n* polo (shirt).
Polster *n* **1.** (*Sesselpolster etc*) upholstery, (*Kissen*) cushion. **2.** *in Kleidung*: pad(ding). **3.** (*Fettpolster*) flab, layer of fat. **4.** *fig.* (*finanzielles* ~, *Auftragspolster etc*) bolster.

Polsterer *m*, **Polsterin** *f* upholsterer.
Polster|garnitur *f* three-piece suite. **~möbel** *pl* upholstered furniture *pl*.
polstern *v/t* upholster, (*Kleidung*) pad: F *fig*. ***sie ist gut gepolstert*** she's well padded.
Polstersessel *m* easy chair, armchair.
Polsterstuhl *m* upholstered chair.
Polsterung *f* **1.** upholstery. **2.** padding.
Polterabend *m* eve-of-the-wedding party.
poltern *v/i* **1.** make a racket, crash about. **2.** (*schimpfen*) bluster.
Polyamid *n* polyamide.
Polyäthylen *n* polythene.
Polyester *n* polyester.
Polymer(e) *n* polymer.
Polynesien *n* Polynesia.
Polyp *m* **1.** *zo*. polyp. **2.** ⚕ polypus: **~en** *pl* (*in der Nase*) adenoids *pl*. **3.** F (*Polizist*) cop.
polyphon *adj* ♪ polyphonous.
Polytechnikum *n* polytechnic.
Pomade *f* pomade.
Pommern *n* Pomerania.
Pommes frites *pl* chips *pl*, *Am*. French fries *pl*.
Pomp *m* pomp. **pompös** *adj* pompous.
Pontius: ***von ~ zu Pilatus laufen*** F run from pillar to post.
Ponton *m* pontoon.
Pony[1] *n zo*. pony.
Pony[2] *m* fringe, *Am*. bangs *pl*.
Pop-Art *f* pop art.
Popcorn *n* popcorn.
Popel *m* F bogey.
popelig *adj* F piffling.
Popelin(e *f*) *m* poplin.
popeln *v/i* F pick one's nose.
Popgruppe *f* pop group.
Popmusik *f* pop music.
Popo *m* F bottom, bum.
populär *adj* popular.
popularisieren *v/t* popularize.
Popularität *f* popularity.
Populist(in), populistisch *adj pol*. populist.
Pore *f* pore.
Porno(film) *m* porn (*od*. blue) movie.
Pornographie *f* pornography.
pornographisch *adj* pornographic(ally *adv*).
Pornoheft *n* porn (*od*. girlie) magazine.
porös *adj* porous.
Porree *m* ♀ leek.
Portal *n* portal.
Portemonnaie *n* purse.
Portier *m* **1.** *in Hotel*: porter. **2.** → ***Pförtner***.
Portion *f* portion, *beim Essen*: helping, *Tee, Kaffee*: pot: F *fig*. ***halbe ~*** shrimp; ***e-e gehörige ~ Frechheit*** a good deal of impudence.
Portmonee *n* → ***Portemonnaie***.
Porto *n* postage. **portofrei** *adj* postage paid. **Portokasse** *f econ*. petty cash.
portopflichtig *adj* liable to postage.
Porträt *n* portrait. **porträtieren** *v/t* ***j-n ~*** paint s.o.'s portrait, *fig*. portray s.o.
Porträtmaler(in) portraitist.
Portugal *n* Portugal.
Portugiese *m*, **Portugiesin** *f*, **portugiesisch** *adj* Portuguese.
Portwein *m* port.
Porzellan *n* porcelain, (*a. Geschirr*) china: ***unnötig ~ zerschlagen*** do a lot of unnecessary damage. **~laden** *m* china shop: → ***Elefant***.
Posaune *f* **1.** (***~ blasen*** play the) trombone. **2.** *fig*. trumpet.
Posaunist(in) trombonist.
Pose *f* pose, *fig. a*. air, act. **posieren** *v/i* pose (***als*** as).
Position *f* **1.** *allg*. position, *Sport*: *a*. place: *fig*. ***~ beziehen*** take one's stand. **2.** *econ*. item.
positiv I *adj allg*. positive, (*bejahend*) *a*. affirmative. **II** *adv* F for certain.
Positur *f* posture: ***sich in ~ setzen*** strike an attitude.
Posse *f a. fig*. farce, burlesque.
possessiv *adj ling*. possessive.
Possessiv(pronomen) *n* possessive pronoun.
possierlich *adj* droll, funny.
Post *f* post, *bsd. Am*. mail, (*~dienst*) postal service, (*~amt*) post office: ***elektronische ~*** electronic mail; ***mit der ~*** by post, *Am*. by mail; ***mit gleicher*** (*od*. ***getrennter***) ***~*** under separate cover; ***mit der ~ schicken*** post, *Am*. mail; ***ist ~ für mich da?*** are there any letters for me?
postalisch *adj* postal.
Post|amt *n* post office. **~angestellte** *m, f* post-office (*Am*. postal) employee. **~anschrift** *f* postal (*Am*. mailing) address. **~anweisung** *f* postal (*od*. money) order. **~ausgang** *m* outgoing mail. **~bank** *f* post office girobank. **~beamte** *m*, **~beamtin** *f* post-office (*Am*. postal) clerk. **~bezirk** *m* postal district. **~bote** *m* postman, *Am*. mailman. **~botin** *f* postwoman. **~dienst** *m* postal service. **~eingang** *m* incoming mail. **~eingangsstempel** *m* stamp for incoming mail.
Posten *m* **1.** *mil*. post, (*Wachposten*) guard, sentry: ***~ stehen*** be on guard, *mil*. stand sentry; *fig*. ***auf dem ~ sein*** a) be on one's toes, b) *gesundheitlich*: be in good shape; ***nicht*** (***ganz***) ***auf dem ~ sein*** be a bit under the weather; → ***beziehen*** 3, ***verloren***. **2.** (*Stellung, Amt*) post, position, job. **3.** *econ*.

P

(*Warenposten*) lot, (*Rechnungsposten etc*) item, (*Eintrag*) entry.
Poster *n* poster.
Postfach *n* post-office box, PO box. **~nummer** *f* (PO) box number.
postfertig *adj* ready for posting (*od.* mailing).
Postflugzeug *n* mail plane.
postfrisch *adj Briefmarken*: mint, in mint condition.
Post|gebühr *f* postage: **~en** *pl a.* postal charges *pl.* **~geheimnis** *n* secrecy of the mails. **~giro** *n* (post-office) giro. **~giroamt** *n Br.* Post Office Giro centre. **~girokonto** *n Br.* National Giro account.
posthum *adj* posthumous.
postieren *v/t* place (***sich*** o.s.).
Post|karte *f* postcard, *Am.* postal card. **~kasten** *m* letterbox, postbox, *Am.* mailbox. **~korb** *m in Netzwerk*: mailbox.
postlagernd *adj u. adv* poste restante, *Am.* (in care of) general delivery.
Postleitzahl *f* postcode, *Am.* zip code. **~gebiet** *n* postcode (*Am.* zip code) area.
Postler(in) F post-office worker.
Post|mappe *f* correspondence folder (*od.* file). **~minister** *m* Postmaster General.
postmodern *adj* post-modern.
postnumerando *adv* **~ *bezahlen*** pay on receipt, settle at the end of the month.
Post|paket *n* parcel (sent by post): ***per*** **~** by parcel post. **~scheck** *m Br.* (Post-Office) Giro cheque.
Postskript(um) *n* postscript.
Post|sparbuch *n* Post-Office savings book. **~sparkasse** *f* Post-Office (*Am.* postal) savings bank. **~stelle** *f* mail room. **~stempel** *m* postmark. **~überweisung** *f* postal (*od.* giro) transfer.
Postulat *n*, **postulieren** *v/t* postulate.
postum *adj* posthumous.
Post|versandhaus *n* mail-order house. **~verteilung** *f* routing of incoming mail. **~wagen** *m rail.* mail van, *Am.* postal car. **~weg** *m* ***auf dem*** **~** by post, by mail.
postwendend *adv* by return (of post), *Am.* by return mail, F *fig.* right away.
Post|wertzeichen *n* (postage) stamp. **~wurfsendung** *f* mail circular. **~zug** *m* mail train. **~zustellung** *f* postal delivery.
potent *adj allg.* potent, *sexuell*: *a.* virile, *fig. a.* powerful, *econ. a.* financially strong.
Potentat *m* potentate.
Potenz *f* **1.** *physiol.* potency, virility. **2.** ♆ power: ***zweite*** **~** square; ***dritte*** **~** cube; ***in die 4.*** **~ *erheben*** raise to the power (of) four. **3.** *fig.* power, strength.
Potenzial *n* potential.
potenziell *adj* potential: **~*e Anleger*** (*bzw.* ***Käufer*** *etc*) potential investors (*bzw.* buyers *etc*).
potenzieren *v/t* **1.** ♆ raise to a higher power. **2.** *fig.* magnify.
Potpourri *n* ♪ *u. fig.* potpourri, medley.
Pottasche *f* potash.
pp., p.p., ppa, p. pa. ***per procura(tionem), in Vollmacht*** per pro, per proxy (p.p., pp).
PR ***Public Relations, Öffentlichkeitsarbeit*** public relations (PR).
Präambel *f* preamble.
PR-Abteilung *f* PR (*od.* public relations) department.
Pracht *f* splendo(u)r, pomp: F ***es war e-e wahre*** **~** it was just great. **~exemplar** *n* splendid specimen, *a.* beauty.
prächtig *adj* **1.** splendid, magnificent (*beide a. fig.*), *Wetter*: glorious. **2.** F *fig.* (*großartig*) great (*a. Person*), super.
Pracht|kerl *m* F splendid fellow, great guy. **~straße** *f* boulevard. **~stück** *n* → ***Prachtexemplar.***
prachtvoll → ***prächtig.***
prädestinieren *v/t* predestine.
Prädikat *n* **1.** *ling.* predicate. **2.** *beim Namen*: title. **3.** (*Wertung*) rating, attribute, *ped.* mark, grade.
Prädikatswein *m* quality-tested wine (with special attributes).
Präferenzliste *f* list of preferences, *von Personen*: short list.
Präfix *n ling.* prefix.
Prag *n* Prague.
prägen *v/t* **1.** stamp, (*Geld*) mint, (*Leder, Metall*) emboss. **2.** *fig.* (*Wort*) coin, (*j-n, j-s Charakter*) form, mo(u)ld, (*Sache*) set the tone of, determine, (*beeinflussen*) influence: ***ein*** **~*der Einfluss*** a formative influence.
Pragmatiker(in) pragmatist.
pragmatisch *adj* pragmatic(al).
Pragmatismus *m* pragmatism.
prägnant *adj* terse, pithy.
Prägnanz *f* terseness, pithiness.
Prägung *f* **1.** stamping, coining. **2.** *fig.* a) stamp, character, b) forming.
prähistorisch *adj* prehistoric(ally *adv*).
prahlen *v/i* talk big: ***mit et.*** **~** brag (*od.* boast) about s.th., show off (with) s.th.
Prahler(in) braggart, F show-off.
Prahlerei *f* a) showing-off, boasting, b) (*Äußerung*) boast(s *pl*).
prahlerisch *adj* boastful.
Praktik *f* practice, method: *b.s.* **~*en*** *pl* (sharp) practices *pl.*
Praktikant(in) trainee.
Praktiker(in) practical person, expert.
Praktikum *n univ.* (period of) practical training.

P

praktisch I *adj allg.* practical (*a.* ~ *veranlagt*), (*geschickt*) handy (*a. Gerät etc*): **~er Arzt** general practitioner; **~e Ausbildung** on-the-job training; **~es Beispiel** concrete example; **~er Versuch** field test. II *adv* practically, as good as (*done etc*), (*in der Praxis*) in practice.

praktizieren *v/t u. v/i allg.* practise.

Praline *f*, **Pralinee** *n* chocolate.

prall *adj* **1.** *Sack, Brieftasche etc*: bulging, *Ball etc*: hard, *Segel*: full, *Früchte, Schenkel etc*: firm, *Muskeln*: taut. **2.** *Sonne*: blazing.

prallen *v/i* **1.** *Ball etc*: bounce (**auf** *acc* against), (*stoßen*) crash (**an** *acc*, **gegen** into). **2.** *Sonne*: blaze down (**auf** *acc* on).

prallvoll *adj* F (full to) bursting, bulging.

Präludium *n* prelude.

Prämie *f* **1.** (*Preis*) award, prize, (*Belohnung*) reward, (*Dividende, Leistungsprämie*) bonus. **2.** (*Versicherungsprämie etc*) premium.

Prämienanleihe *f* premium bond.

prämienbegünstigt *adj* bonus-linked: **~es Sparen** → **Prämiensparen.**

Prämien|regelung *f* EU bonus system. **~sparen** *n* bonus saving scheme. **~sparvertrag** *m* bonus saving scheme agreement.

prämieren, prämiieren *v/t* **1.** award a prize to. **2.** give a bonus for.

Prämisse *f* premise.

prangen *v/i* (**an** *dat*, **auf** *dat* on) be resplendent, *weitS.* be displayed.

Pranger *m hist.* stocks *pl*: *a. fig.* **an den ~ stellen** pillory.

Pranke *f zo.* paw (*a. fig. Hand*).

pränumerando *adv* in advance.

Präparat *n* **1.** preparation. **2.** *mikroskopisches*: slide preparation, *bsd. anat.* specimen.

präparieren *v/t* **1.** prepare (*a.* **sich ~**, **auf** *acc* for). **2.** (*sezieren*) dissect. **3.** (*konservieren*) preserve.

Präposition *f ling.* preposition.

PR-Arbeit *f* public relations *pl.*

Prärie *f* prairie.

Präsens *n ling.* present (tense).

Präsent *n* present.

Präsentation *f* presentation.

präsentieren I *v/t allg.* present (**j-m et.** s.o. with s.th.) II *v/i mil.* present arms. III *v/reflex* **sich ~** present o.s.

Präsenz *f* presence.

Präsenzbibliothek *f* reference library.

Präsenzdienst *m österr.* military service.

Präservativ *n* condom, sheath, *Am. a.* prophylactic.

Präsident(in) *allg.* president, (*Vorsitzender*) chairman, *parl.* Speaker, ⚖ presiding judge.

Präsidentenwahl *f* presidential election.

Präsidentschaft *f* presidency.

Präsidentschaftskandidat(in) presidential candidate.

präsidieren *v/i* preside (over).

Präsidium *n* **1.** (*Vorsitz*) presidency. **2.** (*Vorstand*) (presiding) committee. **3.** → **Polizeipräsidium.**

prasseln *v/i Feuer*: crackle, *Regen, Hagel*: patter, *Geschosse*: hail.

prassen *v/i* feast, *weitS.* live in luxury.

Prasserei *f* feasting, *weitS.* high life.

Prätendent(in) pretender (**auf** *acc* to).

Präteritum *n ling.* preterite, past tense.

präventiv *adj*, **Präventiv...** preventive, ⚕ *mst* prophylactic.

Präventiv|krieg *m* preventive (*od.* preemptive) war. **~maßnahme** *f* preventive measure. **~schlag** *m mil.* preemptive (first) strike.

Praxis *f allg.* practice (*a.* ⚖, ⚕), (*Erfahrung*) *a.* experience: **in der ~** in practice; **et. in die ~ umsetzen** put s.th. into practice.

praxis|bezogen *adj* practically oriented. **~fern** *adj* theoretical, academic. **~nah, ~orientiert** *adj* practically oriented, realistic.

Präzedenzfall *m* precedent, ⚖ *a.* leading case: **e-n ~ schaffen** set a precedent.

präzis(e) *adj* precise, exact.

präzisieren *v/t* specify.

Präzision *f* precision.

Präzisionsarbeit *f* precision work.

predigen *v/t u. v/i a. fig.* preach.

Prediger(in) preacher.

Predigt *f a. fig.* sermon.

Preis *m* **1.** price, (*Fahrpreis*) fare: **zum ~e von** at a price of; **im ~ steigen** (**fallen**) go up (drop); *fig.* **um jeden ~** at all costs; **um k-n ~** not at any price. **2.** *im Wettbewerb*: prize (*a. fig.*), (*Filmpreis etc*) award: **e-n ~ erringen** win (*Sache*: fetch) a prize. **3.** (*Belohnung*) prize, reward. **4.** (*Lob*) praise.

Preis|abschlag *m* price reduction, discount. **~absprache** *f* price agreement. **~änderung** *f* change in price(s): **~en vorbehalten** subject to change. **~angabe** *f* quotation (of prices): **ohne ~** not priced, not marked. **~angebot** *n* quotation: **ein ~ machen von ...** quote a price of ... **~anstieg** *m* rise in prices. **~aufschlag** *m* extra charge. **~ausschreiben** *n* (prize) competition.

preisbewusst *adj* price-conscious.

Preisbindung *f* price maintenance.

Preisboxer(in) prize-fighter.

Preiselbeere *f* ♀ cranberry.

Preisempfehlung *f* recommended price:

P

unverbindliche ~ recommended retail price.
preisen *v/t* praise; → ***glücklich*** I.
Preis|entwicklung *f* price trend. **~erhöhung** *f* price increase. **~ermäßigung** *f* price reduction. **~festsetzung** *f* price fixing, pricing. **~frage** *f* prize question.
Preisgabe *f* abandonment, *e-s Geheimnisses etc*: revelation, disclosure.
preisgeben *v/t* abandon, (*Geheimnis etc*) reveal, give away, (*aufgeben*) surrender.
preisgebunden *adj* price-controlled.
Preis|gefälle *n* price differential. **~gefüge** *n* price structure.
preisgekrönt *adj* prize-winning.
Preis|gericht *n* jury. **~gestaltung** *f* price formation. **~grenze** *f* price limit: ***obere*** ~ *a.* ceiling; ***untere*** ~ bottom price.
preisgünstig → ***preiswert.***
Preis|kalkulation *f* pricing. **~kampf** *m* price war. **~kategorie** *f* price range: ***in der oberen*** (***mittleren, unteren***) ~ in the top (medium, bottom) price range. **~klasse** *f* price range. **~lage** *f* price range: ***in mittlerer*** (***jeder***) ~ medium-priced (in all prices).
Preis-Leistungs-Verhältnis *n* price-performance ratio, value for money.
preislich *adj u. adv* in price.
Preis|liste *f* price list. **~nachlass** *m* discount. **~niveau** *n* price level. **~notierung** *f* quotation. **~politik** *f* price policy. **~rätsel** *n* competition puzzle. **~richter(in)** judge. **~rutsch** *m* price slide. **~schild** *n* price tag. **~schwankung** *f* price fluctuation. **~senkung** *f* price reduction. **~steigerung** *f* rise in prices, *pl a.* rising prices *pl.* **~stopp** *m* price freeze.
Preisträger(in) prize winner.
Preis|treiberei *f* forcing up of prices. **~überwachung** *f* price control. **~unterschied** *m* difference in price(s). **~verfall** *m* dramatic drop in prices. **~verteilung** *f* presentation (of prizes). **~vorteil** *m* saving.
preiswert *adj* cheap, low-priced: ~ ***sein*** *a.* be good value, be a bargain.
prekär *adj* precarious, awkward.
Prellbock *m* 🚂 buffer stop, *fig.* buffer.
prellen *v/t* **1.** ⚕ bruise. **2.** *fig.* cheat (***um*** of).
Prellung *f* ⚕ contusion, bruise.
Premiere *f thea. etc* first night.
Premier(minister(in)) prime minister.
Presse[1] *f tech.* press, (*Saftpresse*) squeezer.
Presse[2] *f allg. the* press: ***er hatte e-e gute*** (***schlechte***) ~ he had a good (bad) press. **~abteilung** *f* press office (*od.* department). **~agentur** *f* press agency. **~amt** *n* press office. **~ausschnittsdienst** *m* clipping service. **~ausweis** *m* press card. **~bericht** *m* press report. **~büro** *n* press agency. **~chef(in)** chief press officer. **~dienst** *m* news service. **~empfang** *m* press reception. **~erklärung** *f* press release. **~feldzug** *m* press campaign. **~fotograf(in)** press photographer. **~freiheit** *f* freedom of the press. **~information** *f* press release. **~konferenz** *f* press conference. **~meldung** *f* news item. **~mitteilung** *f* press release.
pressen *v/t allg.* press (*a. v/i*), (*aus~*) squeeze.
Presse|notiz *f* press report. **~schau** *f*, **~spiegel** *m* press review. **~sprecher(in)** press spokesman (spokeswoman). **~stelle** *f* press office (*od.* department). **~stimmen** *pl* press commentaries *pl.* **~tribüne** *f* press box (*parl.* gallery). **~vertreter(in)** reporter. **~wesen** *n the* press. **~zensur** *f* censorship of the press. **~zentrum** *n* press cent/re (*Am.* -er).
pressieren *v/i österr., südd.* be urgent: ***mir pressierts*** I'm in a hurry.
Pressluft *f* compressed air. **~bohrer** *m* pneumatic drill. **~hammer** *m* pneumatic hammer.
Presswehen *pl* ⚕ bearing-down pains *pl.*
Prestige *n* prestige. **~frage** *f* matter of prestige. **~verlust** *m* loss of prestige.
Preußen *n* Prussia. **Preuße** *m*, **Preußin** *f*, **preußisch** *adj* Prussian.
prickeln *v/i Haut etc*: tingle, (*kitzeln*) tickle (***auf der Zunge*** the palate), *Sekt*: prickle, *im Glas*: sparkle.
Prickeln *n* **1.** tingling (sensation), *in den Gliedern*: *a.* pins and needles *pl*, *von Sekt*: prickle. **2.** *fig.* thrill.
prickelnd *adj* **1.** tingling, prickly. **2.** *fig.* thrilling.
Priester *m* priest. **~amt** *n* priesthood.
Priesterin *f* priestess.
priesterlich *adj* priestly.
Priesterweihe *f* ordination (of a priest).
prima *adj* **1.** *econ.* first-rate, prime. **2.** F (*a. int*) great, super.
primär *adj* primary.
Primar|arzt *m*, **~ärztin** *f österr.* consultant.
Primas *m eccl.* primate.
Primat *m*, *n* primacy.
Primaten *pl zo.* primates *pl.*
Primel *f* ⚘ primrose.
primitiv *adj* primitive.
Primitivität *f* primitiveness.
Primzahl *f* A prime number.
Printmedium *n* print medium.
Prinz *m* prince. **Prinzessin** *f* princess.
Prinzgemahl *m* Prince Consort.
Prinzip *n* (***aus*** ~ on, ***im*** ~ in) principle.
prinzipiell *adj u. adv* on principle.
Prinzipienreiter(in) *contp.* stickler (for principles).

Prior *m eccl.* prior.
Priorin *f eccl.* prioress.
Priorität *f* priority (***über, vor*** *dat* over): ***~en setzen*** establish priorities.
Prise *f* **1.** ***e-e ~ Salz*** (***Tabak***) a pinch of salt (snuff). **2.** ⚓ prize.
Prisma *n* prism. **prismatisch** *adj* prismatic(ally *adv*). **Prismensucher** *m phot.* prismatic viewfinder.
Pritsche *f* **1.** plank bed. **2.** *mot.* platform. **3.** (*Narrenpritsche*) slapstick.
privat I *adj* private, (*persönlich*) *a.* personal: ***der ~e Sektor*** *econ.* the private (*od.* business) sector. **II** *adv* privately, in private: ***sich ~ versichern*** go private.
Privat|adresse *f* home address. **~angelegenheit** *f* → ***Privatsache.*** **~bank** *f* private bank. **~besitz** *m* private (*od.* personal) property: ***in ~*** privately owned. **~bett** *n in Klinik*: pay bed. **~dozent(in)** (unsalaried) lecturer, *Am.* instructor. **~eigentum** *n* → ***Privatbesitz.*** **~fernsehen** *n* private (*od.* commercial) television. **~gebrauch** *m* (***zum ~*** for one's) private use. **~gespräch** *n* private conversation (*teleph.* call). **~haushalt** *m* private household. **~initiative** *f* private venture.
privatisieren I *v/t econ.* privatize. **II** *v/i* live on one's private income.
Privatisierung *f* privatization.
Privatisierungspolitik *f* policy of privatization.
Privat|lehrer(in) private teacher. **~mann** *m* private person.
privatrechtlich *adj u. adv* under private law.
Privat|sache *f* private matter (*od.* affair): ***das ist m-e ~!*** that's my (own) business! **~schule** *f* private (*Br. a.* independent) school. **~sekretär(in)** private secretary. **~stunden** *pl* private lessons *pl.* **~unternehmen** *n* private enterprise. **~unterricht** *m* private lessons *pl.* **~vermögen** *n* personal assets *pl*, *großes*: personal fortune. **~versicherung** *f* private insurance. **~wirtschaft** *f* private enterprise.
privatwirtschaftlich *adj* private-enterprise ..., private-sector ...
Priv.-Doz. ***Privatdozent(in)*** unsalaried lecturer, *Am. etwa* associate professor.
Privileg *n*, **privilegieren** *v/t* privilege.
pro *prep* per: ***~ Jahr*** per annum, a year; ***~ Kopf*** per head, each; ***~ Stück*** a piece; ***~ Stunde*** per hour.
Pro *n* ***das ~ und Kontra*** the pros and cons *pl.*
Probe *f* **1.** (*Muster, Waren-, a.* ⚕ *Blutprobe etc*) sample, (*Gesteins-, Erz-, Schriftprobe etc, a. tech.*) specimen, *iro.* (*Kostprobe*) *a.* taste: **e-e** *~ s-s Könnens, Mutes etc* **ablegen** give a sample (*iro.* taste) of. **2.** (*Erprobung*) test, try-out, (*Überprüfung*) check: ***auf ~*** → ***probeweise***; ***j-n auf die ~ stellen*** put s.o. to the test, test s.o.; ***et. auf e-e harte ~ stellen*** put s.th to a severe test, tax s.th. severely; ***~ fahren*** test-drive; ***~ fliegen*** test-fly; ***die ~ aufs Exempel machen*** put it to the test. **3.** *thea. etc* rehearsal: ***~n abhalten*** hold rehearsals, rehearse.
Probe|abzug *m print.* proof. **~alarm** *m* practice alarm. **~aufnahme** *f* **1.** *Film*: screen test: ***von j-m ~n machen*** screen-test s.o. **2.** *für Schallplatten*: test recording. **~auftrag** *m*, **~bestellung** *f* trial order. **~bohrung** *f* trial drill. **~exemplar** *n* specimen (*od.* sample) copy. **~fahrt** *f* test (*od.* trial) run. **~flug** *m* test (*od.* trial) flight. **~jahr** *n* year of probation. **~lauf** *m tech.* test run.
proben *v/t u. v/i allg.* rehearse.
Probe|nummer *f* specimen copy. **~packung** *f* trial package. **~seite** *f* specimen (*od.* sample) page. **~sendung** *f* sample sent on approval. **~stück** *n* sample, specimen.
probeweise *adv* on a trial basis, *anstellen etc*: *a.* on probation.
Probezeit *f* trial period: ***nach e-r ~ von 3 Monaten*** at the end of three months' probation.
probieren *v/t* **1.** try, (*Speisen, Wein etc*) *a.* taste, (*prüfen*) test: ***es mit j-m*** (***et.***) ~ try s.o. (s.th.); F ***es bei j-m ~*** try it on with s.o. **2.** → ***anprobieren.***
Problem *n* problem: ***kein ~!*** no problem (at all)!
Problematik *f* problematic nature, problems *pl.*
problematisch *adj* problematic(al).
Problem|kind *n* problem child. **~kreis** *m* complex of problems. **~lösung** *f* solution of a problem (*od.* of problems).
problemlos *adj* unproblematic(ally *adv*), *adv a.* without (any) difficulties.
Problemstellung *f* **1.** formulation of a problem. **2.** problem.
Problemstück *n thea.* thesis play.
Produkt *n* product (*a.* ⚗ *u. fig.*), (*Naturprodukt*) produce.
Produktenbörse *f* commodity exchange.
Produkt|entwicklung *f* product development. **~gestaltung** *f* product design. **~haftung** *f* product liability. **~information** *f* product information. **~innovation** *f* product innovation.
Produktion *f allg.* production, (*Ausstoß*) *a.* output: ***in ~ gehen*** go into production.
Produktions|anlage *f* production plant(s *pl*). **~aufwand** *m* production costs *pl.* **~ausfall** *m* loss of production. **~faktor** *m* factor of production. **~güter** *pl* producer

P

goods *pl.* **~kapazität** *f* production capacity. **~kosten** *pl* production costs *pl.* **~leiter(in)** production manager. **~mittel** *pl* means *pl* of production.
produktionsreif *adj* ready for production.
Produktions|rückgang *m* fall in production. **~steigerung** *f* increase in production. **~technik** *f*, **~technologie** *f* production technology. **~ziel** *n* production target. **~zweig** *m* line of production.
produktiv *adj* productive.
Produktivität *f* productivity.
Produkt|linie *f* product line. **~management** *n* product management. **~palette** *f* range of products. **~planung** *f* product planning. **~politik** *f* product policy. **~präsentation** *f* product presentation. **~strategie** *f* product strategy. **~werbung** *f* product advertising.
Produzent(in) *allg.* producer, ⚒ *a.* grower.
Produzentenhaftung *f* product (*od.* manufacturer's) liability.
produzieren I *v/t allg.* produce, ⚒ *a.* grow. **II** *v/reflex* ***sich ~*** F show off.
profan *adj* **1.** (*weltlich*) profane. **2.** (*alltäglich*) trivial.
professionell *adj* professional.
Professor *m* professor.
Professorin *f* (woman) professor.
Professur *f* professorship, chair.
Profi *m* F pro.
Profi... professional (*football etc*).
Profil *n allg.* profile (*a. fig.*), *tech. a.* section, *mot.* (*Reifenprofil*) tread: ***im ~*** in profile; *fig.* ***~ haben*** have personality; ***an ~ gewinnen*** improve one's image.
profilieren I *v/t* **1.** *tech.* profile, contour. **2.** *fig.* present in clear outline. **II** *v/reflex* ***sich ~*** **3.** *Politiker etc*: distinguish o.s.
profiliert *adj fig.* clear-cut, *Persönlichkeit*: distinguished.
Profilneurose *f* obsession with one's image.
Profilsohle *f* profiled sole.
Profilstahl *m tech.* section steel.
Profit *m* profit: ***~ schlagen aus*** profit from (*od.* by).
profitabel *adj* profitable.
profitieren *v/i u. v/t* profit (***von*** by, from).
Profitjäger(in) *contp.* profiteer.
pro forma *adv* as a matter of form.
Pro-forma-Rechnung *f* pro forma invoice.
profund *adj* profound.
Prognose *f* forecast, *bsd.* ⚕ prognosis.
Programm *n* **1.** *allg.* program(me *Br.*), *pol. a.* platform, *TV* (*Kanal*) *mst* channel, (*Zeitplan*) *a.* schedule: ***was steht heute auf dem ~?*** what's the program(me) for today?; F ***das passt mir gar nicht ins ~!*** that doesn't suit me at all! **2.** *Computer*: program. **3.** *e-r Waschmaschine etc*: cycle. **~absturz** *m Computer*: systems crash. **~änderung** *f* change of program(me *Br.*).
programmatisch *adj* programmatic(ally *adv*).
Programmfehler *m* program error.
programmgemäß *adv* according to plan.
Programmgestaltung *f* program(me *Br.*) planning, programming.
programmgesteuert *adj Computer*: program-controlled.
Programm|heft *n* program(me *Br.*). **~hinweis** *m* program(me *Br.*) note.
programmierbar *adj Computer*: programmable.
programmieren *v/t* program(me *Br.*): *fig.* ***auf et. programmiert sein*** be conditioned to (do) s.th.
Programmierer(in) programmer.
Programmier|fehler *m* bug. **~sprache** *f* programming language.
Programmierung *f* programming.
Programm|punkt *m* item, *pol.* plank. **~steuerung** *f Computer*: program control. **~taste** *f* program key. **~vorschau** *f* program(me *Br.*) roundup, *Film*: trailer(s *pl*). **~wahl** *f* **1.** *TV* channel selection. **2.** *e-r Waschmaschine etc*: cycle selection. **~zeitschrift** *f* program(me *Br.*) guide.
Progression *f allg.* progression.
progressiv *adj*, **Progressive** *m, f* progressive.
Prohibition *f Am. hist.* Prohibition.
Projekt *n* project. **~gruppe** *f econ.* task force.
projektieren *v/t* project.
Projektion *f* projection.
Projektions|apparat *m* projector. **~wand** *f* projection screen.
Projekt|leiter(in) project manager. **~management** *n* project management.
Projektor *m* projector.
projektorientiert *adj* project-oriented.
Projektpräsentation *f* project presentation.
projizieren *v/t allg.* project.
Proklamation *f* proclamation.
proklamieren *v/t* proclaim.
Pro-Kopf-Einkommen *n* per capita income.
Prokura *f econ.* (power of) procuration: ***j-m ~ erteilen*** confer power of procuration on s.o.
Prokurist(in) authorized representative, officer authorized to act and sign on behalf of the firm.
Prolet(in) *contp.* prole.
Proletariat *n* proletariat(e).
Proletarier(in), proletarisch *adj* proletarian.
Prolog *m* prolog(ue).
Prolongation *f* extension, *e-s Wechsels*: renewal, *Börse*: carryover.

prolongieren *v/t* extend, renew.

Promenade *f allg.* promenade. **Promenadendeck** *n* ⚓ promenade deck.

Promille *n* per mil, F *mot.* blood alcohol. **~grenze** *f mot.* (blood) alcohol limit.

prominent *adj* prominent.

Prominente *m, f* public figure, celebrity.

Prominenz *f* notables *pl*, public figures *pl*, celebrities *pl*.

Promotion *f univ.* doctorate.

promovieren I *v/t* confer a doctorate on. **II** *v/i* take one's (doctor's) degree.

prompt *adj* prompt, quick.

Pronomen *n ling.* pronoun.

Propaganda *f* propaganda. **~feldzug** *m* propaganda campaign.

Propagandist(in), propagandistisch *adj* propagandist.

propagieren *v/t* propagate.

Propan(gas) *n* propane.

Propeller *m* propeller.

Prophet(in) prophet(ess).

prophetisch *adj* prophetic(ally *adv*).

prophezeien *v/t* prophesy, predict.

Prophezeiung *f* prophecy.

prophylaktisch *adj* ⚕ prophylactic(ally *adv*). **Prophylaxe** *f* prophylaxis.

Proportion *f* proportion.

proportional *adj* proportional: ***umgekehrt ~*** conversely proportional (***zu*** to).

Proportionalschrift *f* proportional spacing.

Proporz *m* proportional representation.

Prorektor(in) *univ.* vice-chancellor.

Prosa *f* prose. **~dichtung** *f* prose writing.

Prosaiker(in) 1. prose writer, prosaist. **2.** *fig.* prosaic person.

prosaisch *adj fig.* prosaic(ally *adv*), dull.

prosit *int* your health!, cheers!

Prospekt *m* **1.** (*Werbeprospekt etc*) brochure, (*Faltblatt*) leaflet. **2.** *thea.* backdrop.

prost → ***prosit.***

Prostata *f anat.* prostate (gland).

prostituieren *v/reflex* ***sich ~*** *a. fig.* prostitute o.s.

Prostituierte *m, f* prostitute.

Prostitution *f* prostitution.

Protagonist(in) *fig.* protagonist.

Protégé *m* protégé. **protegieren** *v/t* patronize, sponsor: ***von j-m protegiert werden*** be s.o.'s protégé.

Protein *n* protein.

Protektion *f* patronage.

Protektionismus *m econ.* protectionism.

protektionistisch *adj econ.* protectionist.

Protektorat *n* **1.** *pol.* protectorate. **2.** *fig.* patronage.

Protest *m* protest (*a. econ.*): ***aus*** (***unter***) ***~*** in (under) protest; ***~ einlegen*** enter a protest (***gegen*** against).

Protestant(in), protestantisch *adj* Protestant.

Protestantismus *m* Protestantism.

protestieren *v/i* protest (***gegen et.*** against s.th., *Am. a.* s.th.).

Protestkundgebung *f* protest rally.

Protestmarsch *m* protest march.

Prothese *f* **1.** artificial limb. **2.** (*Zahnprothese*) denture(s *pl*).

Protokoll *n* **1.** record, (*Sitzungsprotokoll*) minutes *pl*: ***~ führen*** take the minutes; ***zu ~ geben*** place on record, ⚖ depose, state (in evidence); ***zu ~ nehmen*** take down. **2.** *pol.* protocol.

Protokollant(in) minute-taker.

protokollarisch *adj* **1.** on record, minuted: *adv* ***~ festhalten*** → ***protokollieren.*** **2.** *pol.* (of) protocol.

Protokoll|chef(in) *pol.* chief of protocol. **~führer(in)** keeper of the minutes, recording clerk, ⚖ clerk of the court.

protokollieren *v/t* record, enter in the minutes, take *s.th.* down.

Proton *n phys.* proton.

Protoplasma *n biol.* protoplasm.

Prototyp *m* prototype.

Protz *m* F show-off. **protzen** *v/i* F show off (***mit*** [with] *s.o., s.th.*).

protzig *adj* F ostentatious, showy.

Proviant *m* provisions *pl*.

Provinz *f* **1.** province. **2.** (*Ggs. Hauptstadt*) *the* provinces *pl*, *fig. contp.* backwater: ***finsterste*** (*od.* ***hinterste***) ***~ sein*** be utterly provincial.

provinziell *adj*, **Provinzler(in)** *contp.* provincial.

Provision *f econ.* (***auf ~*** on) commission.

Provisions|abrechnung *f* settlement of commissions. **~satz** *m* commission rate.

provisorisch *adj* provisional, temporary.

Provisorium *n* **1.** provisional agreement. **2.** (*Notbehelf*) makeshift.

Provokateur(in) troublemaker.

Provokation *f* provocation.

provozieren *v/t* provoke: ***~d*** provocative.

Prozedur *f* procedure, *iro.* ritual.

Prozent *n* **1.** per cent, *Am.* percent: ***zu 5 ~*** at five per cent; ***zu wie viel ~?*** at what percentage? **2.** *pl* F (*Gewinnanteil*) percentage, (*Rabatt*) discount *sg*.

...prozentig *in Zssgn* per cent.

Prozent|punkt *m* percentage point. **~satz** *m allg.* percentage.

prozentual *adj* proportional: ***~er Anteil*** percentage; *adv* ***~ am Gewinn beteiligt sein*** receive a percentage of the profit.

Prozess *m* **1.** process. **2.** ⚖ lawsuit, (*Strafprozess*) trial: ***e-n ~ anstrengen gegen*** bring an action against; ***gegen j-n e-n ~***

führen be engaged in a lawsuit with s.o.; ***e-n ~ gewinnen*** (***verlieren***) win (lose) a case; ***j-m den ~ machen*** put s.o. on trial; *fig.* ***kurzen ~ machen*** make short work (***mit*** of). **~akten** *pl* case files *pl.* **~gegenstand** *m* matter in dispute. **~gegner(in)** opposing party.

prozessieren *v/i* go to court, litigate: ***gegen j-n ~*** a) bring an action against s.o., b) be engaged in a lawsuit with s.o.

Prozession *f* procession.

Prozesskosten *pl* (legal) costs *pl.* **~hilfe** *f* legal aid.

Prozessor *m Computer*: processor.

Prozess|ordnung *f* code of procedure. **~partei** *f* party (to the action).

Prozess|rechner *m Computer*: process control computer. **~steuerung** *f tech.* process control.

Prozessvollmacht *f* power of attorney.

prüde *adj* prudish: (***nicht***) ***~ sein*** *mst* be a (no) prude. **Prüderie** *f* prudery.

prüfen *v/t* **1.** examine, inspect, *genau*: scrutinize, (*e-n Vorfall etc*) investigate, look into, (*e-n Vorschlag etc*) consider, (*nach~, über~*) check, *econ.* (*Bücher*) audit, ⚖ (*Entscheidung*) review, *tech.* (*erproben*) (put to the) test: ***~der Blick*** searching glance. **2.** *ped.*, *univ.* examine, test: → ***staatlich*** II. **3.** (*heimsuchen*) afflict.

Prüfer(in) *ped.*, *univ.* examiner, *tech.* tester, *econ.* auditor.

Prüfexemplar *n* checking copy.

Prüffeld *n tech.* testing ground.

Prüf(feld)ingenieur *m* test engineer.

Prüfling *m* examinee, candidate.

Prüf|liste *f* check list. **~muster** *n* specimen. **~stand** *m tech.* test bed: *fig.* ***auf dem ~*** being tested. **~stein** *m fig.* touchstone, test. **~stück** *n* specimen.

Prüfung *f* **1.** *ped.* examination, test, F exam: → ***ablegen*** 4. **2.** (*Untersuchung*) examination, *genaue*: *a.* scrutiny, *e-s Vorfalls etc*: *a.* investigation, (*Nach-, Überprüfung*) check, checking, *econ.* (*Buchprüfung*) audit, ⚖ review. **3.** *tech.* (*Erprobung*) test, trial. **4.** (*Heimsuchung*) trial, affliction. **5.** *Sport*: (*Wettbewerb*) event.

Prüfungs|angst *f* F exam nerves *pl.* **~arbeit** *f*, **~aufgabe** *f* examination (*od.* test) paper. **~ausschuss** *m* → ***Prüfungskommission.*** **~gebühr** *f* examination fee. **~kommission** *f* board of examiners. **~ordnung** *f* examination regulations *pl.* **~zeugnis** *n* certificate.

Prüfverfahren *n* method of testing.

Prüfvorrichtung *f* testing apparatus.

Prügel *m* **1.** (heavy) stick, cudgel. **2.** *pl* F ***~ beziehen*** get a (sound) thrashing, *a. Sport*: get clobbered.

Prügelei *f* fight, brawl.

Prügelknabe *m fig.* scapegoat.

prügeln *v/t* thrash, clobber: ***sich ~*** (have a) fight.

Prügelstrafe *f* corporal punishment.

Prunk *m* splendo(u)r, *contp.* pomp.

Prunkstück *n* F showpiece.

prunkvoll *adj* splendid, magnificent.

prusten *v/i* snort (***vor*** *dat* with).

PS ***Pferdestärke(n)*** horsepower (H.P.); ***Postskriptum*** postscript (PS, ps.).

Psalm *m* psalm. **Psalmist(in)** psalmist.

Psalter *m* psalter.

Pseudo..., pseudo... pseudo...

Pseudokrupp *m* ⚕ pseudo-croup.

pseudonym *adj* pseudonymous.

Pseudonym *n* pseudonym, *e-s Schriftstellers*: *a.* pen name.

pst *int* (*still*) shh!, (*horch*) psst!

Psyche *f* psyche.

psychedelisch *adj* psychedelic.

Psychiater(in) psychiatrist, F shrink.

Psychiatrie *f* **1.** psychiatry. **2.** (*Abteilung*) psychiatric ward.

psychiatrisch *adj* psychiatric.

psychisch *adj* psychic(al), (*a. ~ bedingt*) psychological, mental: ***~e Erkrankung*** mental illness.

Psychoanalyse *f* psychoanalysis.

Psychoanalytiker(in) psychoanalyst.

Psychogramm *n* psychograph, *fig. a.* profile.

Psychologe *m*, **Psychologin** *f* psychologist. **Psychologie** *f* psychology.

psychologisch *adj* psychological.

Psychopath(in) psychopath.

psychopathisch *adj* psychopathic.

Psychopharmakon *n* (*pl* **-ka**) psychochemical.

Psychose *f a. fig.* psychosis.

psychosomatisch *adj* psychosomatic.

Psychoterror *m* psychological intimidation.

Pychotherapeut(in) psychotherapist.

psychotherapeutisch *adj* psychotherapeutic(ally *adv*).

Psychotherapie *f* psychotherapy.

psychotisch *adj* psychotic(ally *adv*).

PTA ***pharmazeutisch-technische Assistentin*** pharmaceutical laboratory assistant.

Pta, *pl* **Ptas** ***Peseta(s*** *pl*), ***Pesete(n*** *pl*) peseta(s *pl*) (pta, *pl* ptas).

PTT ***Post, Telefon, Telegraf; Schweizerische Post-, Telefon- und Telegrafenbetriebe*** Swiss Postal, Telephone and Telegraph Services.

Pubertät *f* puberty.

pubertieren *v/i* go through puberty.

publik *adj* ~ **sein** (**werden**) be (become) common knowledge; ~ ***machen*** make *s.th.* public.
Publikation *f* publication.
Publikum *n the* public, audience, *TV a.* viewers *pl*, *Radio*: *a.* listeners *pl*, *Sport*: spectators *pl*, (*Gäste*) customers *pl*, (*Besucher*) visitors *pl*.
Publikums|erfolg *m* great (popular) success. **~geschmack** *m* (***dem ~ entsprechen*** be in the) public taste. **~liebling** *m* darling of the public.
publizieren *v/t* publish.
Publizist(in) publicist, journalist.
Publizistik *f* journalism.
publizistisch *adj* journalistic(ally *adv*).
Pudding *m* blancmange.
Pudel *m zo.* poodle: F ***dastehen wie ein begossener ~*** look crestfallen. **~mütze** *f* bobble hat.
pudel|nass *adj* F soaking wet. **~wohl** *adj* F ***sich ~ fühlen*** feel great.
Puder *m*, F *a. n* powder. **~dose** *f* powder compact.
pudern *v/t* powder.
Puderquaste *f* puff.
Puderzucker *m* icing (*Am.* confectioner's) sugar.
Puff[1] *m* **1.** (*Stoß*) thump, *in die Rippen*: poke, dig, *leichter*: nudge: F *fig.* ***er*** (***es***) ***kann schon e-n ~ vertragen*** he (it) can stand a knock. **2.** (*Knall*) pop, bang.
Puff[2] *m*, *a. n* (*Bordell*) brothel.
Puffärmel *m* puffed sleeve.
puffen I *v/t* thump, *leicht*: nudge. **II** *v/i* puff.
Puffer *m* **1.** *allg.* buffer (*a. Computer*). **2.** → ***Kartoffelpuffer.***
puffern *v/t Computer*: buffer.
Pufferspeicher *m* buffer store.
Pufferstaat *m* buffer state.
Puffreis *m* puffed rice.
Pulle *f* F bottle: *fig.* ***volle ~*** full blast.
Pulli *m* (light) sweater.
Pullover *m* sweater, pullover.
Puls *m* pulse: ***j-m den ~ fühlen*** feel s.o.'s pulse, *fig.* sound s.o. out.
Pulsader *f* artery.
pulsieren *v/i a. fig.* pulsate.
Puls|schlag *m* pulse beat. **~wärmer** *m* wristlet. **~zahl** *f* pulse rate.
Pult *n allg.* desk, (*Rednerpult*) lectern: ♪ ***am ~ XY*** XY conducting.
Pulver *n allg.* powder, (*Schießpulver*) gunpowder: F *fig.* ***er hat das ~ nicht erfunden*** he is no great light; → ***Schuss*** 1.
Pulverfass *n a. fig.* powder keg: *fig.* ***wie auf e-m ~ sitzen*** be sitting on top of a volcano.
pulverisieren *v/t* pulverize.
Pulverkaffee *m* instant coffee.
Pulverschnee *m* powdery snow.
Puma *m zo.* puma.
pummelig *adj* F plump.
Pump *m* F ***auf ~*** on tick.
Pumpe *f* **1.** pump. **2.** *sl.* (*Herz*) ticker.
pumpen *v/t u. v/i* **1.** pump. **2.** F (*leihen*) lend, *bsd. Am.* loan: ***sich et. ~*** borrow s.th. (***bei j-m*** from s.o.).
Pumpernickel *m* pumpernickel.
Pumps *m* court shoe.
Punker(in) punk.
Punkt *m* **1.** point (*a.* ⅄, *Sport etc*), (*Tüpfelchen, a. in E-Mail-Adressen*) dot, *ling.*, *print.* full stop, *Am.* period: ***der grüne ~*** symbol for recyclable packaging; ***nach ~en siegen*** win on points; ***~ 10 Uhr*** at ten o'clock sharp. **2.** (*Stelle*) spot: *fig.* ***bis zu e-m gewissen ~*** up to a point; → ***tot, wund.*** **3.** *fig.* (*Einzelheit*) point, item, (*Thema*) subject: ***in vielen ~en*** in many respects; F ***der springende ~*** the crux (of the matter), the whole point; ***die Sache auf den ~ bringen*** hit the nail squarely on the head, put it in a nutshell; → ***strittig.***
punkten I *v/t* dot. **II** *v/i Sport*: score (points).
punktieren *v/t* ⚕ puncture.
pünktlich I *adj* punctual: ***sei ~!*** be on time! **II** *adv* punctually, on time: ***~ um 10 Uhr*** at ten o'clock sharp.
Pünktlichkeit *f* punctuality.
Punkt|richter(in) *Sport*: judge. **~sieg** *m* win on points, points decision. **~sieger(in)** winner on points. **~spiel** *n* league match. **~system** *n* points system.
punktuell *adj* selective(ly *adv*), *adv a.* at certain points.
Punsch *m gastr.* punch.
Pupille *f* pupil.
Püppchen *n* dolly. **Puppe** *f* **1.** doll (*a.* F *Mädchen*), (*Marionette, a. fig.*) puppet, (*Kleiderpuppe, a. für Crashtests*) dummy: F ***bis in die ~n schlafen*** sleep till all hours. **2.** *zo.* chrysalis, pupa, *Kokon*: cocoon.
Puppen|spiel *n* puppet show. **~spieler(in)** puppeteer. **~stube** *f* doll's house, *Am.* dollhouse. **~theater** *n* puppet theat/re (*Am.* -er). **~wagen** *m* doll's pram, *Am.* doll carriage (*od.* buggy).
pur *adj* pure, (*bloß*) *a.* sheer, *Whisky*: neat, *Am.* straight.
Püree *n gastr.* purée, mash.
Puritaner(in) Puritan. **puritanisch** *adj hist.* Puritan, *contp.* puritanical.
Purpur *m*, **purpurrot** *adj* purple.
Purzelbaum *m* forward roll.
purzeln *v/i* tumble.
Puste *f* F breath: ***außer ~ sein*** be puffed.
Pustel *f* ⚕ pustule.

P

pusten *v/i u. v/t* puff, (*blasen*) *a.* blow: F *mot.* ***er musste ~*** he was breathalyzed.
Pute *f zo.* turkey (hen): F *fig.* ***dumme ~*** silly goose. **Puter** *m zo.* turkey (cock).
puterrot *adj* (***~ werden*** turn) scarlet.
Putsch *m pol.* putsch, coup (d'état), revolt.
putschen *v/i* revolt.
Putschist(in) putschist.
Putte *f* putto.
Putz *m* **1.** ⚠ plaster: ↯ ***unter ~*** buried, concealed; F *fig.* ***auf den ~ hauen*** a) go to town, b) (*angeben*) show off. **2.** F (*Krach*) row: ***~ machen*** raise hell.
putzen I *v/t* clean (*a. Gemüse*), (*Schuhe*) polish, *Am.* shine, (*Gefieder*) preen: ***sich die Nase ~*** blow one's nose; ***sich die Zähne ~*** brush one's teeth. **II** *v/i* clean: ***~*** (***gehen***) work as a cleaner. **III** *v/reflex* ***sich ~*** *a. fig.* preen o.s.
Putzfrau *f* cleaning lady.
putzig *adj* F funny.
Putz|kolonne *f* cleaning crew (*od.* squad). **~lappen** *m* cloth. **~mann** *m* cleaner. **~mittel** *n* cleaning agent.
putzmunter *adj* F **1.** (*wach*) wide-awake. **2.** (*vergnügt*) chirpy.
Putzteufel *m* dirt-obsessed housewife.
Putzzeug *n* cleaning things *pl.*
puzzeln *v/i* do a (jigsaw) puzzle.
Puzzle *n* jigsaw (puzzle).
PVC ***Polyvinylchlorid*** polyvinyl chloride (PVC).
Pygmäe *m*, **Pygmäin** *f* pygmy.
Pyjama m (pair of) pyjamas (*Am.* pajamas) *pl.*
Pyramide *f a. fig.* pyramid.
pyramidenförmig *adj* pyramidal.
Pyrenäen *pl the* Pyrenees *pl.*

Q

Q, q *n* Q, q.
Quacksalber(in) quack.
Quacksalberei *f* quackery.
Quadrant *m allg.* quadrant.
Quadrat *n* square: ***2 Fuß im ~*** 2 feet square; ⩚ ***ins ~ erheben*** square; ***3 zum*** (*od.* ***im***) ***~ ist 9*** three squared equals nine.
quadratisch *adj* square, ⩚ quadratic.
Quadratmeter *m, n* square metre (*Am.* meter).
Quadratur *f* quadrature: *fig.* ***die ~ des Kreises*** the squaring of the circle.
Quadratwurzel *f* square root.
quadrieren *v/t* square.
quadrophon *adj* quadrophonic(ally *adv*).
quaken *v/i Ente*: quack, *Frosch*: croak.
quäken *v/i* squawk.
Quäker(in) Quaker.
Qual *f* agony, *seelische*: *a.* anguish (*beide a.* ***~en*** *pl*), (*hartes Los, Nervenprobe*) ordeal: ***unter ~en*** in (great) pain, *fig.* with great difficulty; ***es war e-e ~*** it was hell; ***die ~ der Wahl*** an embarras de richesse, the ordeal of choice.
quälen I *v/t* torment, (*foltern*) torture (*beide a. fig.*), *fig.* (*bedrücken*) haunt, *mit Bitten etc*: pester; → ***gequält.* II** *v/reflex* ***sich ~*** (***mit***) a) *innerlich*: torment o.s. (with), b) (*sich abmühen*) struggle hard (with), c) *e-r Krankheit*: suffer (badly) (from).
quälend → ***qualvoll.* Quälerei** *f* **1.** tormenting (*etc*, → ***quälen*** I). **2.** torment, torture.
Quälgeist *m* pest, tormentor.
Qualifikation *f* qualification.
Qualifikationsrunde *f Sport*: qualifying round.
qualifizieren *v/t u. v/reflex* ***sich ~*** qualify (***für*** for): ***qualifiziert*** *allg.* qualified.
Qualität *f* quality.
qualitativ *adj* qualitative.
Qualitäts|anforderung *f* quality requirement. **~arbeit** *f* high-quality work.
qualitätsbewusst *adj* quality-conscious: ***~ einkaufen*** shop for quality.
Qualitäts|kontrolle *f* quality control. **~management** *n* quality management. **~maßstab** *m* quality standard. **~produkt** *n* high-quality product. **~sicherung** *f* quality assurance. **~standard** *m* quality standard. **~steigerung** *f* quality improvement. **~urteil** *n* quality assessment. **~ware** *f* high-quality article, *coll.* quality goods *pl.* **~wein** *m* quality-tested wine. **~wettbewerb** *m* quality competition.
Qualle *f zo.* jellyfish.
Qualm *m*, **qualmen** *v/i u. v/t* smoke.
qualmig *adj* smoky.
qualvoll *adj* very painful, *Schmerzen*: excruciating, *a. seelisch*: agonizing.
Quäntchen *n* dram, *fig. a.* grain.
Quanten|physik *f* quantum physics *sg.* **~sprung** *m* quantum leap. **~theorie** *f* quantum theory.
quantifizieren *v/t* quantify.
Quantität *f* quantity.
quantitativ *adj* quantitative.
Quantum *n* quantum, amount, (*Anteil*) share, quota.
Quarantäne *f* (***unter ~ stellen*** put in) quarantine.
Quark *m* **1.** *gastr.* curd cheese. **2.** → ***Quatsch.***
Quartal *n* quarter (year).
Quartalsabschluss *m* quarter-end accounts *pl.*
quartals|mäßig, ~weise *adj* quarterly.
Quartett *n* **1.** ♪ quartet(te). **2.** *fig.* four-some. **3.** (*Spiel*) happy families *pl.*
Quartier *n* accommodation, *bsd. mil.* quarters *pl*: ***j-m ~ geben*** put s.o. up.
Quarz *m* quartz. **~uhr** *f* quartz watch.
quasi *adv* as it were.
quasseln → ***quatschen.***
Quaste *f* **1.** tassel. **2.** → ***Puderquaste.***
Quatsch *m* F *allg.* rubbish, rot: ***~ machen*** a) fool around, b) do s.th. stupid; ***red k-n ~!*** don't talk rubbish!, *weitS.* you're kidding!
quatschen *v/i* F **1.** talk rubbish. **2.** (*klatschen*) gossip. **3.** (*plaudern*) chat, waffle. **4.** (*ausplaudern*) blab.
Quatschkopf *m* F silly ass.
Quecke *f* ♃ couch grass.
Quecksilber *n* quicksilver, mercury. **~säule** *f* mercury column. **~vergiftung** *f* mercury poisoning.
q. e. d. ***quod erat demonstrandum*** (= ***was zu beweisen war***) (QED).

Quelldatei *f Computer*: source file.
Quelle *f* spring, (*Flussquelle*) source (*a. fig. Text, Ursprung, Person etc*), (*Brunnen, Ölquelle*) well: *fig.* **et. aus sicherer ~ wissen** have s.th. on good authority.
quellen *v/i* **1.** (**aus** from) pour (*a. fig.*), *Blut, Wasser*: well, gush. **2.** (*anschwellen*) swell: *Erbsen etc* **~ lassen** soak.
Quellen|angabe *f* reference: **~n** *pl* bibliography *sg.* **~material** *n* source material. **~steuer** *f* withholding tax. **~studium** *n* basic research.
Quellgebiet *n* headwaters *pl.*
Quellprogramm *n Computer*: source program.
Quellwasser *n* spring water.
Quengelei *f* F beefing, *e-s Kindes*: whining.
quengelig *adj* grumpy, whining.
quengeln *v/i* grumble, *Kind*: whine.
Quentchen *n* → **Quäntchen.**
quer *adv* a) crosswise, across, b) diagonally, c) at right angles (**zu** to): **~ über** (*acc*) across; **~ gestreift** horizontally striped; F *fig.* **sich ~ legen, ~ schießen** make trouble.
Quer|... *mst* cross ... **~achse** *f* lateral axis. **~balken** *m* crossbeam. **~denker(in)** unconventional thinker.
Quere *f* **j-m in die ~ kommen** get in s.o.'s way.
querfeldein *adv* across country.
Querfeldeinlauf *m* cross-country race.
Quer|flöte *f* transverse flute. **~format** *n* horizontal format. **~kopf** *m* F pigheaded fellow. **~latte** *f Sport*: crossbar. **~pass** *m Sport*: cross pass. **~pfeife** *f* ♪ fife. **~schiff** *n* ⚠ transept. **~schläger** *m mil.* ricochet. **~schnitt** *m* cross-section (*a. fig.* **durch** of).
querschnitt(s)gelähmt *adj*, **Querschnitt(s)gelähmte** *m, f* ⚕ paraplegic.
Querschnitt(s)lähmung *f* ⚕ paraplegia.
Querschnittzeichnung *f* sectional drawing.
Querstraße *f* intersecting road: **zweite ~ rechts** second turning on the right.
Querstreifen *m* cross stripe.
Querstrich *m* horizontal line, dash.
Quertreiber(in) F obstructionist.
Quertreiberei *f* F obstruction(ism).
Querulant(in) troublemaker.
Quer|verbindung *f* cross connection, *fig. a.* link. **~verweis** *m* cross reference.
quetschen *v/t* squeeze (*a. fig.* **sich** o.s.), ⚕ bruise, (*zer~*) crush.
Quetschung *f* ⚕ bruise, contusion.
quicklebendig *adj* F lively, active, *bsd. ältere Person*: spry.
quieken *v/i* squeak.
quietschen *v/i* squeal, squeak.
quietschvergnügt *adj* F chirpy, cheerful.
Quinte *f* ♪ fifth.
Quintessenz *f* essence.
Quintett *n* ♪ quintet(te).
Quirl *m* **1.** *gastr.* beater. **2.** ⚘ whorl. **3.** *fig.* live wire.
quirlen *v/t* (*Eier etc*) whisk, beat.
quirlig *adj fig.* lively.
quitt *adj* **mit j-m ~ sein** (**werden**) be (get) quits with s.o.
Quitte *f* ⚘ quince.
quittieren *v/t* **1.** give a receipt for: *fig.* **et. mit e-m Lächeln** *etc* **~** meet s.th. with a smile *etc.* **2. den Dienst ~** resign.
Quittung *f* (**gegen ~** on) receipt: *fig.* **das ist die ~ für d-n Leichtsinn** *etc* that's what you get for being so careless *etc.*
Quittungs|block *m* receipt book. **~formular** *n* receipt form.
Quiz *n* quiz. **Quizmaster(in)** quizmaster.
Quizsendung *f* quiz program(me *Br.*).
Quote *f* quota, (*Anteil*) share, rate, (*Verhältnis*) proportion, ratio.
Quoten|angleichung *f* quota adjustment. **~regelung** *f* quota system.
Quotient *m* ⅍ quotient.
quotieren *v/t econ.* quote.

R

R, r *n* R, r.

R ***Réaumur*** Réaumur; ***Rand*** (*südafrikanische Währung*) rand (R).

RA ***Rechtsanwalt*** lawyer, *Brit. a.* solicitor (Sol., Solr); *plädierender*: *Brit.* barrister (Bar., Barr.), *Am.* attorney (att., atty).

Rabatt *m* (***mit 3 Prozent*** ~ at a 3 percent) discount: ~ ***einräumen*** (*od.* ***gewähren***) give a discount (*od.* reduction). **~marke** *f* trading stamp.

Rabbi, Rabbiner *m* rabbi.

Rabe *m* raven.

Raben|eltern *pl* bad (*od.* uncaring) parents. **~mutter** *f* bad (*od.* uncaring) mother.

rabenschwarz *adj* jet-black, *Nacht*: pitch-dark.

rabiat *adj* (*wütend*) furious, (*roh*) rough, brutal, (*rücksichtslos*) ruthless.

Rache *f* revenge, vengeance: ***aus*** ~ in revenge (***für*** for); ~ ***schwören*** vow vengeance; ~ ***nehmen*** (*od.* ***üben***) → ***rächen*** II; ***Tag der*** ~ day of reckoning.

Racheakt *m* act of revenge.

Rachen *m* **1.** *anat.* throat. **2.** (*Maul, a. fig. Schlund*) jaws *pl*, maw: F *fig.* ***j-m et. in den*** ~ ***schmeißen*** cast s.th. into s.o.'s hungry maw; ***er kann den ~ nicht voll kriegen*** he can't get enough.

rächen I *v/t* (***an*** *dat* on, upon) avenge, revenge. **II** *v/reflex* ***sich*** ~ take revenge, get one's own back; ***sich an j-m*** ~ revenge o.s. (*od.* take revenge) on s.o.; *fig.* ***es rächte sich (bitter), dass er ...*** he had to pay dearly for *ger*.

Rachenkatarr(h) *m* ⚕ pharyngitis.

Rachitis *f* ⚕ rickets *pl* (*a. sg konstr.*).

rachitisch *adj* ⚕ rickety.

Rachsucht *f* vindictiveness.

rachsüchtig *adj* vindictive.

rackern *v/i* F slave away.

Rad *n* **1.** wheel: ***ein*** ~ ***schlagen*** a) *Pfau*: spread the tail, b) turn cartwheels; ***das fünfte ~ am Wagen sein*** be the fifth wheel; *fig.* ***unter die Räder kommen*** go to the dogs, *Sport*: F take a hammering. **2.** (*Fahrrad*) bicycle, F bike; ~ ***fahren*** a) cycle, (ride a) bicycle, F bike, b) F *contp.* toady.

Radar *m, n* radar. **~falle** *f mot.* F radar (speed) trap. **~gerät** *n* radar (set). **~kontrolle** *f* radar control. **~schirm** *m* radar screen. **~schirmbild** *n* radar display. **~sichtgerät** *n* radarscope.

Radau *m* F (~ ***machen*** kick up a) row.

Raddampfer *m* paddle steamer.

radebrechen *v/t* ***Englisch*** *etc* ~ speak broken English *etc*.

radeln *v/i* F cycle, pedal, bike.

Rädelsführer(in) ringleader.

rädern *v/t hist.* break *s.o.* on the wheel; → ***gerädert***.

Radfahrer(in) 1. cyclist. **2.** F *contp.* toady.

Radfahrweg *m* cycle track.

Radicchio *m* ♀ radicchio.

radieren *v/t u. v/i* **1.** (*aus~*) erase, rub *s.th.* out. **2.** *Kunst*: etch.

Radier|gummi *m* eraser, *Br. a.* rubber. **~stift** *m* eraser pencil.

Radierung *f Kunst*: etching.

Radieschen *n* ♀ radish.

radikal *adj*, **Radikale** *m, f* radical.

radikalisieren *v/t* radicalize.

Radikalismus *m* radicalism.

Radikalkur *f* drastic cure, *fig.* drastic measures *pl*.

Radio *n* radio, *Br. a.* wireless: ***im*** ~ on the radio; ~ ***hören*** listen to the radio.

radioaktiv *adj* radioactive: ***~er Müll*** radioactive waste; ***~er Niederschlag*** fallout; ***~e Strahlung*** radiation; ***~e Verseuchung*** radioactive contamination.

Radioaktivität *f* radioactivity.

Radioapparat *m* radio (set), *Br. a.* wireless (set).

Radiologe *m*, **Radiologin** *f* ⚕ radiologist.

Radio|rekorder *m* radio cassette recorder. **~wecker** *m* radio alarm (clock).

Radium *n* ⚗ radium.

Radius *m* radius.

Rad|kappe hub cap. **~kasten** *m* wheel case. **~rennbahn** *f* cycling track. **~rennen** *n* cycle race. **~sport** *m* cycling. **~sportler(in)** cyclist. **~tour** *f* cycle tour. **~weg** *m* cycle track.

RAF *f BRD*: ***Rote Armee Fraktion*** Red Army Faction.

raffen *v/t* **1.** (*auf~*) snatch up, (*Kleid etc*) gather up. **2.** *fig.* condense, tighten.

Raffgier *f* greed.

Raffinade *f* refined sugar.
Raffinerie *f* refinery.
Raffinesse *f* (*Schlauheit*) cleverness, (*Feinheit*) subtlety, sophistication, *des Geschmacks etc*: *a.* refinement.
raffinieren *v/t* refine.
raffiniert *adj* **1.** refined, (*fig. verfeinert*) *a.* subtle, sophisticated. **2.** *fig.* (*schlau*) clever.
Rafting *n* white-water rafting.
Rage *f* rage, fury: ***j-n in ~ bringen*** make s.o. furious.
ragen *v/i* tower, loom: ***~ aus*** (*dat*) rise (*horizontal*: project) from.
Raglanärmel *pl* raglan sleeves *pl.*
Ragout *n gastr.* ragout.
Rahe *f* ⚓ yard.
Rahm *m* cream; → ***abschöpfen.***
rahmen *v/t* frame, (*Dias*) mount.
Rahmen *m allg.* frame (*a. mot., tech.*), *fig. a.* framework, (*Bereich*) scope, (*Grenzen*) limits *pl*, (*Hintergrund*) setting: ***im ~ von*** (*od. gen*) within the scope of; ***im ~ des Festes*** in the course of the festival; ***im ~ der Ausstellung finden ... statt*** the exhibition will include ...; ***im ~ des Möglichen*** within the bounds of possibility; ***in großem ~*** on a large scale; ***aus dem ~ fallen*** a) be unusual, be off-beat, b) F (*sich schlecht benehmen*) get out of line, misbehave; ***den ~ e-r Sache sprengen*** go beyond the scope of s.th.
Rahmen|abkommen *n* skeleton agreement. **~bedingungen** *pl* general conditions *pl.* **~erzählung** *f* link and frame story. **~gesetz** *n* skeleton law. **~handlung** *f* frame (story). **~programm** *n* fringe events *pl.* **~richtlinien** *pl* overall policy, general framework.
rahmig *adj* creamy.
Rahmkäse *m* cream cheese.
Rahsegel *n* square sail.
Rakete *f* rocket, *mil. a.* missile.
Raketen|abschussbasis *f* rocket launching site, *mil.* missile base. **~abwehrsystem** *n* antiballistic missile defence system. **~antrieb** *m* rocket propulsion: ***mit ~*** rocket-propelled, rocket-powered. **~stützpunkt** *m mil.* missile base.
Rallye *f* (motor) rally.
rammen *v/t* ram.
Rampe *f* **1.** ramp. **2.** *thea.* apron.
Rampenlicht *n thea.* footlights *pl*: *fig.* ***im ~ stehen*** be in the limelight.
ramponieren *v/t* F *a. fig.* batter.
Ramsch *m* a) *econ.* rejects *pl*, b) F *contp.* junk, trash. **~laden** *m* junk shop. **~verkauf** *m* jumble sale. **~ware** *f* cheap stuff.
ran *int* F let's go!; *in Zssgn* → ***heran...***
Rand *m* **1.** edge, *e-s Tellers etc*: rim, *des Hutes*: brim, *e-r Seite etc*: margin, *e-r Wunde*: lip, *e-s Abgrunds*, *a. fig.* brink: ***voll bis zum ~*** brimful; ***e-n ~ lassen*** leave a margin; ***am ~e des Waldes*** (***der Stadt***) on the edge of the wood (on the outskirts of the town); *fig.* ***am ~e des Ruins*** (***e-s Krieges, der Verzweiflung*** *etc*) on the brink of ruin (war, despair, *etc*); ***am ~e*** a) *notieren etc*: in the margin, b) *erwähnen etc*: in passing; (***nur***) ***am ~e*** *erleben, interessieren etc*: (only) marginally; ***am ~e bemerkt*** by the way. **2.** (*Schmutzrand*) mark, *in der Badewanne etc*: F *a.* tidemark. **3.** F ***außer ~ und Band*** a) *Kinder etc*: completely out of hand, b) *vor Freude etc*: quite beside o.s.; → ***zurande.***
Randale *f* F ***~ machen*** → **randalieren** *v/i* raise hell, riot.
Randalierer(in) hooligan, rioter.
Rand|bemerkung *f* a) marginal note, b) passing remark. **~erscheinung** *f* side issue. **~gebiet** *n* borderland (*a. fig.*), *e-r Stadt*: outskirts *pl.* **~gruppe** *f* fringe group.
randlos *adj Brille*: rimless.
Rand|problem *n* side issue. **~stein** *m* → ***Bordstein.*** **~streifen** *m mot.* shoulder. **~vermerk** *m* marginal note.
Rang *m* **1.** rank (*a. mil.*), (*Stand*) status, (*Stellung*) position, (*Güte*) quality: *fig.* ***ersten ~es*** first-class, first-rate; ***j-m den ~ ablaufen*** outstrip s.o.; ***j-m den ~ streitig machen*** compete with s.o.; ***alles was ~ und Namen hat*** all the notables (F VIP's). **2.** *thea.* ***erster ~*** dress circle, *Am.* first balcony; ***zweiter ~*** upper circle, *Am.* second balcony; *Sport*: ***die Ränge*** *pl* the terraces *pl.* **3.** *Lotto, Toto*: (dividend) class.
Rangabzeichen *n* badge of rank, *pl* insignia *pl.*
rangehen *v/i* F go it.
rangeln *v/i* F scuffle: *fig.* ***um et. ~*** wrangle for s.th.
Rangfolge *f* order of precedence.
rangieren I *v/t* 🚂 shunt, *Am.* switch. **II** *v/i fig.* rank (***vor j-m*** before s.o.).
Rangiergleis *n* siding.
Rang|liste *f Sport*: ranking list, table. **~ordnung** *f* order of precedence, hierarchy.
ranhalten *v/reflex* ***sich ~*** F a) (*sich beeilen*) get on with it, b) (*zugreifen*) dig in.
rank *adj a.* ***~ und schlank*** slim.
Ranke *f* 🌱 tendril. **ranken** *v/i u. v/reflex* ***sich ~*** climb, creep.
ranlassen *v/t* F ***j-n an et. ~*** let s.o. (have a go) at s.th.; ***lass mich mal ran!*** let me have a go!
rannehmen *v/t* F ***j-n ~*** ride s.o. hard.
Ranzen *m* knapsack, (*Schulranzen*) satchel.
ranzig *adj* rancid.
rapid(e) *adj* rapid.
Rappe *m* black horse.

R

Rappel *m* F ***e-n ~ haben*** be off one's rocker; ***e-n ~ kriegen*** flip (one's lid).
Rappen *m schweiz.* Swiss centime.
Raps *m* ⚘ rape(-seed).
rar *adj* rare (*a. fig. exquisit*), scarce: F ***sich ~ machen*** make o.s. scarce.
Rarität *f* rarity, (*Sache*) *mst* curiosity.
rasant *adj* **1.** *Flugbahn*: flat. **2.** F a) *Auto etc*: fast, b) *Entwicklung etc*: rapid, c) (*toll*) terrific, (*schick*) snazzy.
rasch *adj* quick, *Handlung etc*: *a.* swift, speedy, *Tempo*: fast: ***mach ~!*** be quick!
rascheln *v/i* rustle.
rasen *v/i* **1.** rage (*a. fig. Sturm etc*), *im Fieber etc*: rave: (***vor Begeisterung***) ~ be wild with enthusiasm. **2.** F race, tear.
Rasen *m* grass, (*~platz*) lawn.
rasend I *adj* **1.** raging, *Hunger*: ravenous, *Schmerzen*: agonizing: ***~e Kopfschmerzen*** a splitting headache; ***~e Wut*** towering rage; ***~ werden*** (***machen***) go (drive *s.o.*) mad. **2.** *Tempo*: breakneck. **II** *adv* **3.** F madly (*in love etc*): ***et. ~ gern tun*** just love to do s.th.
Rasenmäher *m* lawn mower.
Rasensprenger *m* sprinkler.
Raser(in) F speeder. **Raserei** *f* **1.** F *mot.* speeding. **2.** (*Wut*) fury, (*Wahnsinn*) frenzy, madness.
Rasierapparat *m* safety razor: (***elektrischer ~*** electric) shaver.
Rasiercreme *f* shaving cream.
rasieren I *v/t* (***sich ~ lassen*** get a) shave. **II** *v/reflex* ***sich ~*** (have a) shave: ***sich elektrisch ~*** use an electric shaver.
Rasier|klinge *f* razor blade. **~messer** *n* (straight) razor. **~pinsel** *m* shaving brush. **~schaum** *m* shaving foam. **~seife** *f* shaving stick. **~wasser** *n* aftershave (lotion). **~zeug** *n* shaving things *pl.*
raspeln *v/t* grate: → ***Süßholz.***
Rasse *f allg.* race (*a. fig.*), *zo.* (*Zucht*) breed. **~hund** *m* pedigree dog.
Rassel *f* rattle.
rasseln *v/i* **1.** rattle **2.** F ***durch e-e Prüfung ~*** fail (in an examination), *bsd. Am.* flunk (an exam).
Rassen|... *mst* racial (*discrimination, problem, policy, etc*). **~hass** *m* race hatred. **~krawall** *m* race riot. **~mischung** *f* mixture of races, (*Tier*) crossbreed. **~schranke** *f* colo(u)r bar. **~trennung** *f* (racial) segregation, *hist. in Südafrika*: apartheid. **~unruhen** *pl* race riots *pl.*
Rassepferd *n* thoroughbred (horse).
rassig *adj* thoroughbred, *fig. a.* racy.
Rassismus *m* racism.
Rassist(in), rassistisch *adj* racist.
Rast *f* rest, (*Pause*) *a.* break: (***e-e***) ***~ machen*** → ***rasten.***
Rastalocken *pl* dread locks *pl.*
Raste *f tech.* catch, (*Fußraste*) footrest.
rasten *v/i* (take a) rest.
Raster *m phot., print.* screen, *TV a.* raster, ⚡ grid.
Rasthaus *n* motorway restaurant.
rastlos *adj* restless.
Rastplatz *m* resting place, *mot.* layby, *Am.* rest stop.
Raststätte *f mot.* service area.
Rasur *f* shave.
Rat *m* **1.** (piece of) advice, (*Vorschlag*) suggestion, (*Empfehlung*) recommendation, (*Ausweg*) way out: ***auf s-n ~ hin*** on his advice; ***j-n um ~ fragen*** (***j-s ~ folgen***) ask (take) s.o.'s advice; ***~ schaffen*** find a way out; ***~ suchen*** seek advice; ***~ wissen*** know what to do; ***k-n ~ mehr wissen*** be at a loss; ***zu ~e*** → ***zurate.*** **2.** a) (*Versammlung*) council, board, b) (*Person*) council(l)or.
Rate *f* **1.** instal(l)ment: ***in ~n zahlen*** pay by (*od.* in) instal(l)ments. **2.** (*Geburten-, Zuwachsrate etc*) rate.
raten *v/t u. v/i* **1.** ***j-m*** (***zu et.***) ~ advise s.o. (to do s.th.); ***~ et. zu tun*** recommend doing s.th.; ***zur Vorsicht ~*** recommend caution; ***wozu ~ Sie mir?*** what do you advise me to do?, what would you recommend? **2.** (*er~*) guess, (*Rätsel*) *a.* solve: F ***rate mal!*** just guess!; ***falsch geraten!*** wrong guess!
Raten|geschäft *n* → ***Ratenvertrag.*** **~kauf** *m* hire purchase, *Am.* installment plan. **~vertrag** *m* hire purchase, *Am.* installment contract. **~zahlung** *f* payment by instal(l)ments.
Ratespiel *n* guessing (*TV* panel) game.
Ratgeber *m* reference book.
Ratgeber(in) adviser.
Rathaus *n* townhall, *bsd. Am.* city hall.
Ratifikation *f*, **Ratifizierung** *f* ratification.
ratifizieren *v/t* ratify.
Ration *f* (***eiserne ~*** iron) ration.
rational *adj* rational.
rationalisieren *v/t* rationalize.
Rationalisierung *f* rationalization.
Rationalisierungs|fachfrau *f*, **~fachmann** *m* efficiency expert. **~verfahren** *n* efficiency measures *pl.*
Rationalismus *m* rationalism.
rationell *adj* rational, (*wirtschaftlich*) efficient.
rationieren *v/t* ration.
Rationierung *f* rationing.
ratlos *adj* helpless: ***~ sein*** *a.* be at a loss.
Ratlosigkeit *f* helplessness.
ratsam *adj* advisable, wise.
Ratschlag *m* (piece of) advice: ***einige gute Ratschläge*** some good advice.
Rätsel *n* riddle, puzzle (*a. fig.*), (*Geheimnis*)

a. mystery, enigma: ***es ist mir ein (völliges) ~*** it's a (complete) mystery to me, F it beats me; ***er ist mir ein ~*** I can't make him out; ***sie stehen vor e-m ~*** they are baffled.
rätselhaft *adj* baffling, puzzling, (*geheimnisvoll*) mysterious.
Rätselraten *n fig.* speculation.
Ratte *f zo.* rat.
Ratten|fänger(in) ratcatcher, *fig.* Pied Piper. **~gift** *n* rat poison.
rattern *v/i*, **Rattern** *n* rattle, clatter.
rau *adj allg.* rough, *Klima, Behandlung, Stimme etc*: *a.* harsh, *Luft etc*: *a.* raw, *Hals*: sore, *Gegend*: wild, bleak, (*uneben*) rugged, (*grob*) coarse: ***~e Hände*** chapped hands; ***~e See*** stormy sea; ***~e Stimme*** hoarse (*od.* husky) voice; ***~e Sitten*** rough practices; ***~, aber herzlich*** pretty rough; *fig.* ***die ~e Wirklichkeit*** (the) harsh reality; F ***in ~en Mengen*** lots of.
Raub *m* **1.** robbery, (*Menschenraub*) kidnap(p)ing. **2.** (*Beute*) loot, (*Opfer*) prey: ***ein ~ der Flammen werden*** be destroyed by fire. **~aufnahme** *f* pirate recording. **~ausgabe** *f* pirate edition. **~bau** *m* ruinous exploitation: ***~ treiben mit*** a) exploit ruthlessly, b) ***s-r Gesundheit*** ruin one's health. **~druck** *m* pirate edition.
rauben *v/t* steal, (*Menschen*) kidnap: ***j-m et. ~*** *a. fig.* rob s.o. of s.th.
Räuber(in) robber, (*Straßenräuber*) highwayman. **Räuberbande** *f* gang of robbers, *Am.* holdup gang.
räuberisch *adj* rapacious, predatory: ***~er Überfall*** (armed) robbery, holdup.
Raub|fisch *m* predatory fish. **~kopie** *f* pirate copy. **~mord** *m* murder with robbery. **~ritter** *m hist.* robber baron. **~tier** *n* beast of prey. **~überfall** *m* (armed) robbery, hold-up. **~vogel** *m* bird of prey. **~zug** *m* raid.
Rauch *m* (*fig.* ***sich in ~ auflösen*** go up in) smoke.
rauchen *v/i u. v/t* smoke, ⚗ *etc* fume: F ***e-e ~*** have a smoke; ***Rauchen verboten!*** No smoking!; → ***Pfeife*** 2.
Räucher... *gastr.* smoked (*eel etc*).
Raucher *m* **1.** (***starker ~*** heavy) smoker. **2.** → **~abteil** *n* smoking compartment.
Raucherhusten *m* ⚕ smoker's cough.
Raucherin *f* → ***Raucher*** 1.
räuchern *v/t gastr.* smoke(-dry).
Räucherstäbchen *n* joss stick.
Rauchfahne *f* trail of smoke.
rauchig *adj* smoky (*a. fig. Stimme*).
Rauch|melder *m* smoke detector. **~säule** *f* column of smoke. **~verbot** *n* ban on smoking: ***~!*** No smoking! **~vergiftung** *f* smoke poisoning. **~waren** *pl* **1.** (*Pelze*) furs *pl.* **2.** tobacco products *pl.* **~wolke** *f* cloud of smoke.
Räude *f vet.* mange. **räudig** *adj* mangy.
rauf(...) F → ***herauf(...), hinauf(...)***.
Raufasertapete *f* woodchip (wall)paper.
Raufbold *m* brawler, rowdy.
raufen I *v/t* ***sich die Haare ~*** tear one's hair. **II** *v/i u. v/reflex* ***sich ~*** brawl, fight (***um*** for).
Rauferei *f* brawl, fight.
rauh → ***rau.***
Rauhaar... *zo.* wirehaired.
Rauheit *f* roughness (*etc*).
Rauhreif *m* → ***Raureif.***
Raum *m* **1.** room. **2.** (*Platz*) room, space (*a. philos., phys.*), (*Gebiet*) area, region, (*Spielraum*) scope, room: ***im ~ (von) München*** in the Munich area; ***~ geben*** (*e-m Gedanken*) give way to, (*e-r Hoffnung etc*) indulge in; *fig.* ***im ~ stehen*** *Problem etc*: be there. **3.** (*Weltraum*) (outer) space. **~anzug** *m* space suit. **~deckung** *f Sport*: zone defen/ce (*Am.* -se).
räumen *v/t* **1.** leave, *bei Gefahr, a. mil.* evacuate, (*Wohnung*) quit, vacate, (*Saal, Straße etc, a. econ. Lager*) clear; → ***Feld.*** **2.** (*weg~*) remove: → ***Weg.***
Raumfähre *f* space shuttle.
Raumfahrt *f* space travel (*od.* flight), astronautics *sg.* **~industrie** *f* space industry.
Räumfahrzeug *n* bulldozer, *für Schnee*: snow clearer.
Raumgestalter(in) interior decorator (*od.* designer).
Raumgleiter *m* space shuttle.
Rauminhalt *m* volume, capacity.
Raumkapsel *f* space capsule.
Raumklima *n* atmosphere in a room.
Raumlabor *n* space lab.
räumlich *adj* spatial, (of) space, three-dimensional, *Akustik*: stereophonic, *opt.* stereoscopic : *adv* ***~ (sehr) beengt*** cramped (for space).
Räumlichkeit *f* room: ***~en*** *pl* premises *pl.*
Raum|maß *n* solid measure. **~meter** *n, a. m* cubic metre (*Am.* meter). **~ordnung** *f* regional policy. **~pfleger(in)** cleaner.
Räumpflug *m* bulldozer.
Raum|schiff *n* spacecraft, *bemanntes*: spaceship. **~sonde** *f* space probe. **~station** *f* space station.
Raumteiler *m in Großraumbüro etc*: partition.
Räumung *f allg.* clearing, *a. econ.* clearance, *bei Gefahr*: evacuation (*a. mil.*), ⚖ (*Zwangsräumung*) eviction.
Räumungs|befehl *m jur.* eviction order. **~klage** *f* ⚖ action for eviction. **~verkauf** *m econ.* clearance sale.
raunen *v/i u. v/t* whisper, murmur.

Raupe *f zo.* caterpillar.
Raupen|fahrzeug *n* crawler (truck). **~kette** *f* crawler. **~schlepper** *m* tracklaying (*od.* crawler) tractor.
Raureif *m* hoarfrost.
raus *int* F get out!
raus(...) F → ***heraus(...)***, ***hinaus(...)***.
Rausch *m* intoxication (*a. fig.*), drunkenness, (*Drogenrausch*) F high, *fig.* ecstasy: ***e-n ~ haben*** be drunk; ***s-n ~ ausschlafen*** sleep it off.
rauscharm *adj* low-noise.
rauschen *v/i* **1.** *Blätter*, *Seide*: rustle, *Wasser*, *Bach etc*: rush, *Brandung etc*: roar, *Beifall*: thunder, *Tonband etc*: be noisy. **2.** *Person*: sweep.
Rauschen *n* rustling (*etc*), ⚡ noise.
rauschend *adj* **1.** rustling (*etc*). **2.** *fig. Fest*: grand, glittering, *Beifall*: thunderous.
Rauschgift *n* drug(s *pl coll*). **~dezernat** *n* drug squad. **~handel** *m* drug traffic. **~händler(in)** drug trafficker, dealer, *sl.* pusher. **~sucht** *f* drug addiction.
rauschgiftsüchtig *adj* drug-addicted: ***~ sein*** *a.* be a drug addict, be on drugs.
Rauschgiftsüchtige *m, f* drug addict.
Rauschgold *n* gold foil.
rausfliegen → ***hinausfliegen*** 2.
rausgeben F → ***herausgeben.***
räuspern *v/reflex* ***sich ~*** clear one's throat.
rausschmeißen *v/t* F kick *s.o.* out, (*entlassen*) *a.* fire: ***rausgeschmissen werden*** *a.* get the boot. **Rausschmeißer(in)** F **1.** *in Lokalen*: bouncer. **2.** get-out dance. **Rausschmiss** *m* F the boot.
Raute *f* **1.** lozenge, *bsd.* ⩓ rhomb. **2.** ♣ rue. **rautenförmig** *adj* ⩓ rhombic.
Razzia *f* (police) raid (*od.* round-up).
RB ***Radio Bremen*** Broadcasting Corporation of Bremen, Radio Bremen.
Rbl ***Rubel*** rouble(s *pl*), ruble(s *pl*) (Rbl, rbl., R., r.).
Reagenzglas *n* ⚗ test tube.
reagieren *v/i* (***auf*** *acc* to) react, *fig. u. tech. a.* respond.
Reaktion *f* (***auf*** *acc* to) reaction, *fig. a.* response.
reaktionär *adj*, **Reaktionär(in)** reactionary.
Reaktionsfähigkeit *f* reactions *pl*, ⚗ reactivity.
reaktionsschnell *adj* ***~ sein*** have fast reactions.
Reaktionszeit *f* reaction time.
Reaktor *m phys.* reactor. **~block** *m* reactor block. **~kern** *m* reactor core. **~sicherheit** *f* reactor safety.
real *adj* **1.** (*Ggs. ideal*) real (*a. econ.*). **2.** (*Ggs. irreal*) realistic(ally *adv*).
Realeinkommen *n* real income.
realisieren *v/t allg.* realize: ***~realisierte Gewinne*** *econ.* realized gains; ***realisierte Kursgewinne*** *econ.* capital gains.
Realismus *m* realism. **Realist(in)** realist. **realistisch** *adj* realistic(ally *adv*).
Realität *f* reality, (*Gegebenheit*) *a.* fact.
Real|lohn *m* real wages *pl*. **~schule** *f* secondary school (leading to O-levels), *Am.* junior high school. **~wachstum** *n* real growth. **~zins** *m* actual rate of interest
Rebe *f* (*Weinstock*) vine, (*Weinranke*) tendril.
Rebell(in) *a. fig.* rebel. **rebellieren** *v/i a. fig.* rebel. **Rebellion** *f a. fig.* rebellion. **rebellisch** *adj a. fig.* rebellious.
Rebhuhn *n zo.* partridge.
Rebstock *m* ♣ vine.
Rechaud *m* spirit burner.
Rechen *m* rake.
Rechen|anlage *f* computer. **~aufgabe** *f* (arithmetical) problem, *leichte*: sum. **~fehler** *m* miscalculation, mistake. **~geschwindigkeit** *f* computing speed. **~maschine** *f* calculator: ***elektronische ~*** computer.
Rechenschaft *f* ***~ ablegen über*** (*acc*) answer for; ***j-n zur ~ ziehen*** call s.o. to account (***wegen*** for); ***j-m ~ schuldig sein*** be answerable to s.o. (***über*** *acc* for).
Rechenschaftsbericht *m* **1.** statement (of accounts). **2.** report.
Rechen|schieber *m*, **~stab** *m* slide rule.
Rechenzentrum *n* computer centre (*Am.* center).
Recherche *f* investigation.
recherchieren *v/i* investigate.
rechnen I *v/t* **1.** ⩓ calculate, (*aus~*) work out. **2.** (*veranschlagen*) estimate, (*berücksichtigen*) count, allow for: ***die Kinder nicht gerechnet*** not counting the children. **3.** ***j-n ~ zu*** count s.o. among. **II** *v/i* **4.** calculate, *bsd. ped.* do sums: ***falsch ~*** miscalculate; ***gut ~ können*** be good at figures. **5.** (*zählen*) count: *fig.* ***~ zu*** count among; ***~ mit, ~ auf*** (*acc*) (*bauen auf*) count on, (*erwarten*) expect, reckon with; ***mit mir kannst du nicht ~!*** count me out! **6.** (*sparen*) economize. **III** *v/reflex* **7.** be profitable, pay off. R
Rechnen *n* calculation, *ped.* arithmetic.
Rechner(in) calculator: ***sie ist e-e gute Rechnerin*** she's good at figures.
Rechner *m* **1.** calculator **2.** computer.
rechner|gesteuert *adj* computer-controlled. **~gestützt** *m* computer-aided.
Rechnung *f* **1.** a) (*Berechnung*) calculation, b) (*Aufgabe*) problem, sum: ***die ~ ging nicht auf*** *a. fig.* it didn't work out; → ***Strich*** 1. **2.** *econ.* account, bill, (*Warenrechnung*) invoice, *im Lokal*: bill, *Am. mst* check: ***auf***

(*od.* **für**) ***eigene*** ~ on one's own account; ***die*** ~, ***bitte!*** can I have the bill, please!; ***auf*** ~ on account; ***auf*** ~ ***kaufen*** buy on credit; ***das geht auf m-e*** ~! that's on me!; *fig.* ***das geht auf s-e*** ~ that's his doing; ***laut*** ~ as per invoice; *fig.* ***e-r Sache*** ~ ***tragen, et. in*** ~ ***ziehen*** take s.th. into account; ***j-m et. in*** ~ ***stellen*** charge s.th. to s.o.'s account; *fig.* ***da hatte er die*** ~ ***ohne den Wirt gemacht*** he had reckoned without his host.

Rechnungs|abgrenzung *f* deferral. **~abteilung** *f* invoicing department. **~ausstellung** *f* invoicing. **~betrag** *m* invoice total. **~block** *m* invoice pad. **~buch** *n* invoice book. **~datum** *n* date of invoice, billing date. **~hof** *m* audit division. **~jahr** *n* financial year. **~kammer** *f* audit office. **~legung** *f* rendering of accounts. **~nummer** *f* invoice number. **~posten** *m* item, entry. **~prüfer(in)** auditor. **~prüfung** *f* audit. **~wert** *m* invoice value. **~wesen** *n* accountancy.

recht **I** *adj* **1.** right, right-hand, *pol.* right(-wing), rightist: ***~e Hand*** right hand (*a. fig. Person*); ***~er Hand*** on the right; ***~er Hand sehen Sie ...*** on your right you see ...; ***im ~en Winkel*** (***zu***) at right angles (to). **2.** *allg.* right, (*richtig*) *a.* correct, (*geeignet*) *a.* suitable, (*gerecht*) *a.* just, fair: ***das ist nur*** ~ ***und billig*** that's only fair; ***so ists*** ~! that's it!; ***ganz*** ~! quite right!, exactly!; ***zur ~en Zeit*** at the right moment; ***mir ists*** ~ that's all right with me, I don't mind; ***mir ist alles*** ~ I don't care; ***ist es Ihnen*** ~, ***wenn ...?*** would you mind if ...?; ***schon*** ~! it's all right!; → ***Ding*** 2, ***Mittel*** 1. **3.** (*echt*) real, true, regular: ***er hat k-n ~en Erfolg*** he is not much of a success. **II** *adv* **4.** right(ly), well, correctly, (*richtig*) properly, (*sehr*) very, (*ziemlich*) rather, quite: ~ ***gut*** not bad; ***es gefällt mir*** ~ ***gut*** I rather like it; ***erst*** ~ all the more; (***nun***) ***erst*** ~ ***nicht*** (now) less than ever; ***wenn ich es*** ~ ***überlege*** (when I) come to think of it; ***ich weiß nicht*** ~ I wonder; ~ ***daran tun zu*** *inf* do right to *inf*; ***es geschieht ihm*** ~ it serves him right; ***das kommt mir gerade*** ~ that comes in handy; ***man kann es nicht allen*** ~ ***machen*** you can't please everybody; ***verstehen Sie mich*** ~ don't get me wrong; ***wenn ich Sie*** ~ ***verstehe*** if I understand you rightly. **5.** *substantivisch* the right thing: ***nicht das Rechte, nichts Rechtes*** not the real thing; ***nach dem Rechten sehen*** look after things.

Recht *n* **1.** (*Gesetz*) law, (*Gerechtigkeit*) justice: ~ ***und Ordnung*** law and order; ***nach deutschem*** ~ under German law; ***von ~s wegen*** by law, *fig.* by rights; ***gleiches*** ~ ***für alle*** equal rights for all; ~ ***sprechen*** administer justice; ***im*** ~ ***sein*** be in the right; ~ ***haben*** be right; ~ ***behalten*** be right in the end; ***j-m*** ~ ***geben*** agree with s.o. **2.** (*Berechtigung*) right, (*Anspruch*) *a.* claim, title (*alle*: ***auf*** *acc* to), (*Vorrecht*) privilege, (*Befugnis*) power, authority: ***mit*** ~, ***zu*** ~ justly, rightly; ***das*** ~ ***haben zu*** *inf* have the right (*od.* be entitled) to *inf*; ***zu s-m*** ~ ***kommen*** come into one's own; ***er hat es mit vollem*** ~ ***getan*** he had every right to do so; ***alle ~e vorbehalten*** all rights reserved.

Rechte *f* **1.** right (hand *od.* side): ***zur ~n*** on the right (hand); ***zu s-r ~n*** on (*od.* to) his right. **2.** *Boxen*: right. **3.** *pol. the* Right.

Rechteck *n* rectangle.

rechteckig *adj* rectangular.

rechtfertigen *v/t* justify (**sich** o.s.), (*verteidigen*) *a.* defend.

Rechtfertigung *f* justification: ***zu m-r*** ~ in my defen/ce (*Am.* -se).

rechtgläubig *adj* orthodox.

rechthaberisch *adj* dogmatic(ally *adv*), (*stur*) self-opinionated, pigheaded.

rechtlich **I** *adj* legal, (*rechtmäßig*) *a.* lawful. **II** *adv* legally: ~ ***verpflichtet*** bound by law.

rechtlos *adj* without rights.

rechtmäßig *adj* lawful, *Erbe etc*: legitimate: *adv* ***das steht ihm*** ~ ***zu*** he is (legally) entitled to it.

Rechtmäßigkeit *f* lawfulness, legitimacy, legality.

rechts *adv* on the right (hand side): ***nach*** ~ to the right; ~ ***von ihm*** on his right; ~ ***abbiegen*** turn off right; ***sich*** ~ ***halten*** keep to the right; *pol.* ~ ***stehen*** belong to the Right; *pol.* ~ ***orientiert*** right-wing.

Rechtsabbieger *m mot.* vehicle (*pl* traffic *sg*) turning right.

Rechts|abteilung *f* legal department. **~anspruch** *m* legal claim (**auf** *acc* to). **~anwalt** *m*, **~anwältin** *f* lawyer, *Br. a.* solicitor, *vor Gericht*: counsel, barrister, *Am.* attorney(-at-law).

Rechtsaußen *m Fußball*: outside right.

Rechts|behelf *m* legal remedy. **~beistand** *m* legal adviser, *vor Gericht*: counsel. **~berater(in)** legal adviser. **~beratungsstelle** *f* legal aid office. **~beugung** *f* perversion of justice. **~bruch** *m* breach of law.

rechtsbündig *adj* flush right, right justified.

rechtschaffen *adj* honest, upright.

Rechtschaffenheit *f* honesty, probity.

Rechtschreib|fehler *m* spelling mistake. **~(korrektur)programm** *n* spellchecker. **~reform** *f* spelling reform.

Rechtschreibung *f* spelling.

Rechtsextremist(in) right-wing extremist.

rechtsfähig *adj* having legal capacity.

Rechts|fall *m* (law) case. **~form** *f* legal form. **~frage** *f* question of law. **~gelehrte** *m, f*

R

jurist, lawyer. **~geschäft** *n* legal transaction.
rechtsgültig *adj* legal(ly valid): **~ *machen*** validate.
Rechtsgutachten *n* legal opinion.
Rechtshänder(in) right-hander: **~ *sein*** be right-handed.
rechtshängig *adj jur.* pending, subjudice.
rechtsherum *adv* to the right.
Rechtskraft *f* legal force, validity: **~ *erlangen*** become effective.
rechtskräftig *adj* legal(ly binding), *Urteil*: final, *Gesetz*: effective.
Rechtskurve *f* right-hand bend.
Rechts|lage *f* legal position. **~mittel** *n* legal remedy: ***ein* ~ *einlegen*** lodge an appeal. **~mittelbelehrung** *f* instructions *pl* on rights of appeal. **~nachfolger(in)** successor in interest. **~norm** *f* legal norm.
rechtorientiert *adj pol.* right-wing.
Rechtspartei *f pol.* right-wing party.
Rechtspflege *f* administration of justice.
Rechtsprechung *f* jurisdiction, administration of justice.
rechtsradikal *adj* extreme right-wing.
Rechtsradikale *m, f* right-wing extremist.
Rechtsruck *m pol.* swing to the right.
Rechtsschutz *m* legal protection. **~versicherung** *f* legal costs insurance.
Rechts|spruch *m* legal decision, *in Zivilsachen*: judgment, *in Strafsachen*: sentence. **~staat** *m* constitutional state.
rechtsstaatlich *adj* constitutional.
Rechtsstaatlichkeit *f* rule of law.
Rechtssteuerung *f* right-hand drive.
Rechtsstreit *m* lawsuit, action.
Rechtstitel *m* legal title.
rechtsunfähig *adj* (legally) disabled.
rechts|unwirksam *adj* ineffective. **~verbindlich** *adj* (legally) binding (***für*** on).
Rechtsverfahren *n* legal procedure, (*Prozess*) (legal) proceedings *pl*.
Rechtsverkehr *m* right-hand traffic: ***in Italien ist* ~** in Italy they drive on the right.
Rechts|verletzung *f* infringement. **~vertreter(in)** legal representative, (*Bevollmächtigter*) (authorized) agent; → *a.* **~anwalt.** **~weg** *m* course of law: ***auf dem* ~** by legal action; ***den* ~ *beschreiten*** go to law.
rechtswidrig *adj* illegal.
Rechtswidrigkeit *f* **1.** illegality. **2.** unlawful act.
rechtswirksam → ***rechtskräftig.***
Rechtswissenschaft *f* jurisprudence, law.
rechtwink(e)lig *adj* right-angled, rectangular.
rechtzeitig I *adj* punctual. **II** *adv* in time (***zu*** for), (*pünktlich*) on time: ***gerade*** (*od.* ***genau***) **~** in the nick of time.

Reck *n Sport*: horizontal bar.
recken *v/t* stretch: ***den Hals* ~** (***nach et.***) crane one's neck (to see s.th.).
Reckturnen *n* bar exercises *pl*.
recyclebar *adj* recyclable.
recyceln *v/t* recycle.
Recycling *n tech.* recycling. **~papier** *n* recycled paper.
Redakteur(in) (woman) editor.
Redaktion *f* **1.** (*Tätigkeit*) editing. **2.** (*Personal*) editorial staff. **3.** (*Büro*) editorial office.
redaktionell *adj* editorial: *adv* **~ *bearbeiten*** edit.
Redaktionsschluss *m* copy deadline: ***bei* ~** at the time of going to press; ***vor*** (***nach***) **~** before (after) going to press; ***Meldung nach* ~** stop-press news.
Rede *f* **1.** speech, address: ***e-e* ~ *halten*** make a speech; F ***große* ~n *schwingen*** talk big. **2.** (*Reden*) talk(ing), speech (*a. ling.*), (*Gespräch*) conversation, talk, (*Worte*) words *pl*, language: *ling.* ***direkte*** (***indirekte***) **~** direct (reported *od.* indirect) speech; ***es geht die* ~, *dass*** it is rumo(u)red (that); ***die* ~ *kam auf*** (*acc*) the conversation (*od.* talk) turned to; (***j-m***) **~** (***und Antwort***) ***stehen*** account (to s.o.) (***über*** *acc* for); ***j-n zur* ~ *stellen*** take s.o. to task (***wegen*** *gen* for); ***wovon ist die* ~?** what are you (*od.* they) talking about?; ***davon kann k-e* ~ *sein!*** that's out of the question!; (***aber***) ***k-e* ~!** by no means!; ***es ist nicht der* ~ *wert*** it is not worth mentioning, *bei Dank*: don't mention it!, (*macht nichts*) never mind!; ***der langen* ~ *kurzer Sinn*** to cut a long story short; → ***verschlagen***[1] 4.
Redefreiheit *f* freedom of speech.
Redegabe *f* eloquence.
redegewandt *adj* eloquent.
Redegewandtheit *f* eloquence.
Redekunst *f* rhetoric.
reden I *v/t u. v/i* speak, talk (*beide*: ***mit*** to, ***über*** *acc* about, of): ***über Politik* ~** talk politics; ***von sich* ~ *machen*** cause a stir; ***j-m ins Gewissen* ~** appeal to s.o.'s conscience; ***ich habe mit dir zu* ~** I'd like a word with you; ***lass uns vernünftig darüber* ~!** let's talk sense!; ***sie lässt nicht mit sich* ~** she won't listen to reason; ***nicht zu* ~ *von ...*** not to mention ...; **~ *wir von et. anderem!*** let's change the subject!; ***du hast gut* ~!** you can talk!; ***darüber lässt sich* ~!** that's a possibility! **II** *v/reflex* ***sich heiser*** (***in Wut*** *etc*) **~** talk o.s. hoarse (into a rage *etc*).
Reden *n* talking: ***j-n zum* ~ *bringen*** make s.o. talk.
Redensart *f* phrase, (*sprichwörtliche* ~)

R

saying, *pl* empty talk *sg*; ***das ist nur so e-e ~*** it's just a way of speaking.
Rede|schwall *m* flood of words. **~verbot** *n* ban on speaking: ***j-m ~ erteilen*** ban s.o. from speaking. **~weise** *f* ***s-e*** *etc* **~** the way he *etc* talks. **~wendung** *f* figure of speech, idiom.
redigieren *v/t* edit.
redlich *adj* honest, upright: ***sich ~(e) Mühe geben*** do one's best.
Redlichkeit *f* honesty, probity.
Redner(in) speaker.
Redner|bühne *f* rostrum, (speaker's) platform. **~gabe** *f* gift of rhetoric. **~pult** *n* speaker's desk.
redselig *adj* talkative.
Redseligkeit *f* talkativeness.
reduzieren *v/t* reduce (**auf** *acc* to): ***sich ~*** be reduced.
Reede *f* ⚓ roadstead, road(s *pl*): ***das Schiff liegt auf der ~*** the ship is (lying) in the roads.
Reeder(in) shipowner.
Reederei *f* shipping company.
reell *adj* **1.** (*echt*) real (*chance etc*). **2.** (*anständig*) honest, decent, *Firma*: solid, *Ware*: good, *Preis*, *Bedienung*: fair.
Reep *n* ⚓ rope.
Reetdach *n* thatched roof.
Reexport *m* re-export, re-exportation.
reexportieren *v/t* re-export.
REFA-Studie *f* time and motion study.
Referat *n* **1.** report, (*Vortrag*) *a.* lecture, *ped.*, *univ.* (seminar) paper: ***ein ~ halten → referieren.*** **2.** department.
Referendar(in) **1.** *Jurist(in)*: junior lawyer (*who has passend his/her first State Examination*). **2.** *Lehramtskandidat(in)*: probationary teacher (*who has passend his/her first State Examination*).
Referendum *n* referendum.
Referent(in) **1.** official in charge: ***er ist persönlicher Referent*** he is personal assistant (*gen* to). **2.** speaker, (*Berichterstatter*) *a.* reporter, ⚖, *parl.* referee.
Referenz *f* reference, (*Person*) referee, *pl* (*Zeugnisse*) credentials.
referieren *v/t u. v/i* (**über** *acc* on) report, *in e-m Vortrag*: (give a) lecture, *bsd. univ.* give a paper.
refinanzieren *v/t* refinance.
Refinanzierung *f* refinancing.
reflektieren **I** *v/t phys.* reflect. **II** *v/i fig.* reflect (**über** *acc* on): F ***~ auf*** (*acc*) have one's eye on.
Reflektor *m* reflector.
Reflex *m* reflex.
Reflexbewegung *f* reflex action.
Reflexion *f phys. u. fig.* reflection.
reflexiv *adj ling.* reflexive. **Reflexivpronomen** *n* reflexive pronoun.
Reflexzonenmassage *f* ⚕ reflexology.
Reform *f* reform. **Reformation** *f* reformation. **Reformator(in)** reformer.
reformbedürftig *adj* in need of reform.
Reform|bestrebungen *pl* reformatory efforts *pl*. **~haus** *n* health food shop (*Am.* store).
reformieren *v/t* reform. **Reformierte** *m, f* member of the Reformed Church.
Reformkost *f* health food(s *pl*).
Refrain *m* refrain.
Regal *n* shelves *pl*. **~fläche** *f* shelf space. **~wand** *f* wall lined with shelve units.
Regatta *f* regatta, boat race.
rege *adj allg.* lively, *geistig*, *körperlich*: *a.* active, *Fantasie*: vivid, *Verkehr etc*: busy: *econ.* **~ Nachfrage** keen demand; ***~n Anteil nehmen an*** (*dat*) show an active interest in.
Regel *f* **1.** rule: ***in der ~*** as a rule, usually; ***zur ~ werden*** become a rule (*od.* habit); ***es sich zur ~ machen zu*** *inf* make it a rule to *inf*; ***nach allen ~n der Kunst*** in style. **2.** *physiol.* period.
regelbar *adj* adjustable.
Regelblutung *f* menstruation.
Regel|fall *m* ***im ~*** as a rule. **~leistung** *f* minimum social security benefit.
regellos *adj* irregular, (*unordentlich*) disorderly.
Regellosigkeit *f* irregularity.
regelmäßig *adj* regular, *zeitlich*: *a.* periodical, (*geordnet*) *a.* regulated, orderly.
Regelmäßigkeit *f* regularity.
regeln *v/t allg.* regulate, *tech.* (*einstellen*) *a.* adjust, (*Verkehr*) *a.* direct, (*Angelegenheit etc*) settle: ***das wird sich*** (***schon***) ***alles ~*** that will sort itself out.
regelrecht **I** *adj* **1.** proper. **2.** F regular, real. **II** *adv* **3.** properly. **4.** F downright.
Regelsteuersatz *m* standard rate, basic-rate tax
Regelstudienzeit *f* time limit for a course of study.
Regelungstechnik *f* control engineering.
Regelverstoß *m Sport*: foul.
regelwidrig *adj* irregular, *Sport*: against the rules, foul. **Regelwidrigkeit** *f* irregularity, *Sport*: foul.
regen *v/t u. v/reflex* ***sich ~*** move, stir: *fig.* ***sich ~*** *Gefühle etc*: stir, arise.
Regen *m* rain, *fig. a.* shower: ***saurer ~*** acid rain; ***ich bin in den ~ gekommen*** I was caught in the rain; F *fig.* ***vom ~ in die Traufe kommen*** jump out of the frying-pan into the fire; F *fig.* ***ein warmer ~*** a windfall.
regenarm *adj* with low rainfall.

R

Regenbogen *m* rainbow. **~farben** *pl* colo(u)rs *pl* of the rainbow. **~haut** *f anat.* iris. **~presse** *f* gutter press, tabloids *pl*, trashy weeklies *pl.*
Regeneration *f biol.*, ⚕ regeneration.
Regenerationsfähigkeit *f* regenerative power.
regenerieren *v/i u. v/reflex* **sich** *~ allg.* regenerate.
Regen|fälle *pl* ***starke ~*** heavy rain(fall) *sg.* **~guss** *m* downpour. **~haut** *f* plastic mac. **~mantel** *m* raincoat.
regenreich *adj* rainy.
Regen|rinne *f* gutter, *mot.* roof rail. **~schauer** *m* shower. **~schirm** *m* umbrella.
Regent(in) regent.
Regen|tag *m* rainy day. **~tonne** *f* water butt. **~tropfen** *m* raindrop. **~wald** *m* rain forest. **~wasser** *n* rainwater. **~wetter** *n* rainy weather. **~wolke** *f* raincloud. **~wurm** *m* earthworm. **~zeit** *f* rainy season, *tropische*: *the* rains *pl.*
Reggae *m* ♪ reggae.
Regie *f* **1.** *thea. etc* direction: ***unter der ~ von*** under the direction of, directed by; ***~ führen*** (***bei***) direct (*s.th.*). **2.** (*Leitung*) management, (*Verwaltung*) administration: *fig.* ***in eigener ~*** on one's own. **~anweisung** *f* stage direction. **~assistent(in)** assistant director. **~fehler** *m fig.* slip-up. **~raum** *m TV* central control room.
regieren I *v/t* govern (*a. ling.*), rule, *Herrscher*: reign over, (*leiten*) manage, control. **II** *v/i* rule, *Herrscher*: *a.* reign (*a. fig.*).
Regierung *f* **1.** government, administration, *e-s Herrschers*: reign: ***unter der ~ von*** (*od. gen*) under the reign of; ***an der ~ sein*** be in power; ***an die ~ kommen*** take office, come into power. **2.** (*Kabinett*) Government.
Regierungs|beamte *m*, **~beamtin** *f* government official. **~bezirk** *m* administration district. **~bildung** *f* formation of the government. **~chef(in)** head of government. **~erklärung** *f* policy statement. **~koalition** *f* ruling coalition. **~partei** *f* ruling party. **~sprecher(in)** government spokesperson. **~umbildung** *f* (government) reshuffle. **~vorlage** *f* government bill. **~wechsel** *m* change of government.
Regime *n* regime.
Regimekritiker(in) *pol.* dissident.
Regiment *n* **1.** (*a.* ***das ~ führen***) rule. **2.** *mil.* regiment.
Region *f* region.
regional *adj*, **Regional...** regional.
Regisseur(in) *thea.*, *Film*: director, *TV* producer.
Register *n* register (*a.* ♪), *in e-m Buch*: index: F ***alle ~ ziehen*** pull all the stops.
Registrator(in) registrar.
Registratur *f* registry, filing department.
registrieren *v/t* register (*a. fig.*), record (*a. tech.*), *fig.* (*bemerken*) note.
Registrierkasse *f* cash register.
Registrierung *f* registration.
Registrierungsgebühr *f* registration fee.
Reglement *n* regulation(s *pl*).
reglementieren *v/t* regulate, regiment: ***staatlich reglementierte Wirtschaft*** state-controlled economy.
Regler *m tech.* controller.
reglos *adj* motionless.
regnen *v/imp u. v/i a. fig.* rain: ***es regnete in Strömen*** it was pouring (with rain); *fig.* ***es regnete Anfragen*** there was a deluge of inquiries.
regnerisch *adj* rainy.
Regress *m econ.*, ⚖ recourse. **~anspruch** *m* right of recourse, *Versicherungen*: claim of recourse.
regresspflichtig *adj* liable to recourse.
regsam *adj* active.
Regsamkeit *f* activity.
regulär *adj* regular.
Regulativ *n* regulative.
regulierbar *adj tech.* adjustable.
regulieren *v/t* **1.** regulate, (*einstellen*) adjust. **2.** (*Schaden, Rechnung etc*) settle.
Regung *f* movement, (*Gefühlsregung*) emotion, (*Anwandlung*) impulse.
regungslos *adj* motionless.
Reh *n* **1.** *zo.* (roe) deer. **2.** *gastr.* venison.
Rehabilitation *f allg.* rehabilitation.
Rehabilitationszentrum *n* ⚕ rehabilitation cent/re (*Am.* -er).
rehabilitieren *v/t* rehabilitate.
Rehabilitierung *f* rehabilitation.
Reh|bock *m* roebuck. **~braten** *m* roast venison. **~geiß** *f* doe. **~kalb** *n*, **~kitz** *n* fawn. **~keule** *f gastr.* leg of venison.
Rehrücken *m gastr.* saddle of venison.
Reibach *m* F ***e-n ~ machen*** make one's pile.
Reibe *f*, **Reibeisen** *n* grater.
reiben I *v/t* **1.** rub: ***sich die Hände ~*** rub one's hands; → ***Nase.*** **2.** (*zer~*) grate. **II** *v/i* **3.** chafe: → ***wund.***
Reiberei *f mst pl* (constant) friction.
Reibfläche *f* striking surface.
Reibung *f a. fig.* friction.
reibungslos *adj a. fig.* smooth(ly *adv*).
Reibungs|punkt *m fig.* cause of friction. **~verlust** *m tech.* friction(al) loss. **~wärme** *f tech.* frictional heat.
reich I *adj allg.* rich (***an*** *dat* in), (*vermögend*) *a.* wealthy, (*reichlich*) *a.* abundant, copious, (*prächtig*) *a.* sumptuous: ***e-e ~e Auswahl*** a wide selection (***an*** *dat*, ***von***

R

of). II *adv* richly, copiously: ~ ***beschenkt*** loaded with gifts.

Reich *n* empire, (*König-, a. Pflanzen-, Tierreich, a. eccl.*) kingdom, *rhet. od. fig.* realm: ***das Dritte*** ~ the Third Reich.

reichen I *v/t* **1.** (*j-m et.*) hand (*od.* pass) (*s.o. s.th.*), (*die Hand*) give, hold out to, (*dar*~) offer, (*servieren*) serve. II *v/i* **2.** ~ ***bis*** (*od.* ***an*** *acc*) reach to, extend to, (*hinauf*~) come up to, (*hinab*~) go down to; ***so weit das Auge reicht*** as far as the eye can see. **3.** (*aus*~) last (out), do, be enough: ***das reicht!*** *a. tadelnd*: that will do!; ***das Brot reicht nicht*** there isn't enough bread; ***damit*** ~ ***wir bis Mai*** it will last us till May; ***es reicht für alle*** there is enough to go round; F ***mir reichts!*** I've had enough!, I'm fed up!

reichhaltig *adj allg.* rich, *Bibliothek etc*: extensive: ~***e Auswahl*** wide selection; ~***es Programm*** varied programme.

Reichhaltigkeit *f* richness, variety.

reichlich I *adj* ample, abundant, plentiful, plenty of (*time, food, etc*), *Bezahlung etc*: generous. II *adv* F (*ziemlich*) rather, F pretty: ~ ***versehen sein mit*** have plenty of.

Reichsstadt *f hist.* (***freie***) ~ free imperial city.

Reichstag *m hist.* Reichstag, *im Mittelalter*: Imperial Diet.

Reichtum *m* (***an*** *dat* of) riches *pl*, *a. fig.* wealth, (*Überfluss*) abundance.

Reichweite *f* reach, ✈, *mil., Funk*: range: ***in*** (***außer***) ~ within (out of) reach.

reif *adj* ripe, *a. fig.* mature: ~ ***werden*** → ***reifen.***

Reif[1] *m* (*Raureif*) hoarfrost.

Reif[2] *m* ring, (*Armreif*) bracelet, (*Stirnreif*) circlet.

Reife *f* **1.** ripeness, *bsd. fig.* maturity. **2.** ***mittlere*** ~ intermediate high school certificate, *Br. etwa* GCE O-levels *pl.*

reifen *v/i a. fig.* ripen, mature: ~ ***lassen*** mature.

Reifen *m* **1.** *mot. etc* tyre, *Am.* tire: ***die*** ~ ***wechseln*** change tyres. **2.** (*Fass-, Kinderreifen etc*) hoop. ~**industrie** *f* tyre (*Am.* tire) industry. ~**panne** *f*, ~**schaden** *m* puncture, blowout, *bsd. Am.* flat. ~**wechsel** *m* tyre (*Am.* tire) change.

Reifeprüfung *f* → ***Abitur.***

Reifezeugnis *n* → ***Abiturzeugnis.***

Reifglätte *f mot.* slippery frost.

reiflich I *adj* ***nach*** ~***er Überlegung*** after careful consideration. II *adv* (***sich***) ***et.*** ~ ***überlegen*** consider s.th. carefully.

Reifrock *m* crinoline.

Reigen *m* round dance: ***den*** ~ ***eröffnen*** *a. fig.* lead off.

Reihe *f* row, *von Bäumen etc*: range, (*Linie*) line, *hintereinander*: file, *nebeneinander*: rank, (*Sitzreihe*) row (of seats), (*Anzahl*) series, number, (*Aufeinanderfolge*) succession: ⩘ ***geometrische*** ~ geometric progression; ***sich in e-r*** ~ ***aufstellen*** line up; F ***e-e ganze*** ~ ***von*** a whole string of; ***aus den*** ~***n*** (*gen*) from among; ***Kritiker aus den eigenen*** ~***n*** critics from among the own ranks; (***immer***) ***der*** ~ ***nach*** in turn, one after the other; ***außer der*** ~ out of turn; ***ich bin an der*** ~ it's my turn; ***warten, bis man an die*** ~ ***kommt*** wait one's turn; F *fig.* ***aus der*** ~ ***sein*** be out of sorts; ***aus der*** ~ ***tanzen*** step out of line; ***wieder in die*** ~ ***bringen*** straighten *s.o., s.th.* out.

Reihen|folge *f* order, sequence: ***in zeitlicher*** ~ in chronological order. ~**haus** *n* terraced (*Am.* row) house. ~**schaltung** *f* ⚡ series connection. ~**untersuchung** *f* ⚕ mass screening.

reihenweise *adv* **1.** in rows. **2.** F *fig.* by the dozen.

Reiher *m zo.* heron.

Reim *m* rhyme. **reimen** *v/t, v/i u. v/reflex* ***sich*** ~ rhyme (***auf*** *acc* with).

Reimport *m* re-import.

reimportieren *v/t* re-import.

rein I *adj* **1.** *allg.* pure (*a. biol.*, ⚗, *Alkohol, Seide etc, a. fig.*), (*unverdünnt*) *a.* neat, (*sauber*) clean, clear (*a. Haut, Gewissen*), *Gewinn*: net, clear, *fig.* (*bloß*) mere, sheer: ~***e Wolle*** pure wool; ~(***st***)***e Freude*** pure joy; ***e-e*** ~***e Formalität*** a mere formality; ~***e Mathematik*** pure mathematics; ~***er Wahnsinn*** sheer madness; ***die*** ~***e Wahrheit*** the (plain) truth; ***durch*** ~***en Zufall*** by pure accident; ***et. ins Reine bringen*** sort s.th. out; ***mit j-m ins Reine kommen*** get things straightened out with s.o.; ***ins Reine schreiben*** make a fair copy of; → ***Luft*** 1, ***Tisch, Wein*** 2 *etc.* II *adv* **2.** purely: ~ ***pflanzliches Fett*** pure vegetable fat; ~ ***seiden*** (of) pure silk; ***aus*** ~ ***persönlichen Gründen*** for purely personal reasons; *fig.* ~ ***waschen*** clear (***von*** of); → ***zufällig.*** **3.** F (*völlig*) absolutely: ~ ***gar nichts*** absolutely nothing.

rein(...) F → ***herein(...), hinein(...).***

Reineclaude *f* → ***Reneklode.***

Reinerlös *m*, **Reinertrag** *m* net proceeds *pl.*

Reinfall *m* F (*Misserfolg*) flop, (*Enttäuschung*) letdown, frost.

reinfallen → ***hereinfallen.***

Reingewicht *n* net weight.

Reingewinn *m* net (*od.* clear) profit.

reinhängen *v/reflex* F ***sich*** (***voll***) ~ go flat out.

Reinheit *f* purity (*a. fig.*), cleanness.

reinigen *v/t* clean, *a.* ⚕ cleanse (***von*** of), (*Blut etc, a. fig.*) purify, (*Luft*) clear, *metall.* refine, *chemisch*: dry-clean.

R

Reinigung *f* **1.** cleaning (*etc*). **2.** (*Geschäft*) dry cleaners *pl*: ***et. in die ~ geben*** send s.th. to the cleaners.
Reinigungs|milch *f Kosmetik*: cleansing milk. **~mittel** *n* detergent.
Reinkarnation *f* reincarnation.
Reinkultur *f* F ***Kitsch in ~*** pure unadulterated trash.
reinlegen → ***hereinlegen.***
reinlich *adj* (*sauber*) clean, *Person*: cleanly, (*ordentlich*) neat, tidy.
Reinlichkeit *f* cleanliness, neatness.
Reinmachefrau *f* cleaning lady.
reinrassig *adj Hund etc*: pedigree, *Pferd*: thoroughbred.
Reinschrift *f* fair copy.
reinseiden *adj* (of) pure silk.
reinvestieren *v/t* re-invest, plough (*Am.* plow) back profits.
Reinvestition *f* re-investment, plough-back, *Am.* plow-back.
Reis[1] *n* ♣ twig, (*Pfropfreis*) scion.
Reis[2] *m* rice.
Reisauflauf *m* rice pudding.
Reise *f* journey, ✈, ⚓ voyage, *längere*: travel, (*Rundreise*) tour, *mst kürzere*: trip: ***e-e ~ mit dem Auto*** (***Zug***) a journey by car (train); ***ich plane e-e ~ durch Amerika*** I'm planning to travel through America; ***auf ~n sein*** be travel(l)ing; ***gute ~!*** have a nice trip!, bon voyage!; → ***antreten*** 1.
Reise|agentur *f* travel agency. **~andenken** *n* souvenir. **~apotheke** *f* first-aid kit. **~ausgaben** *pl* travel expenses. **~begleiter(in) 1.** travel companion. **2.** → ***Reiseleiter(in).*** **~bekanntschaft** *f* travel(l)ing acquaintance. **~bericht** *m* (*Buch, Film, Vortrag*) travelog(ue *Br.*), *von Dienstreise*: voyage report. **~beschreibung** *f* book of travels. **~büro** *n* travel agency. **~bus** *m* coach. **~diplomatie** *f pol.* shuttle diplomacy. **~erinnerungen** *pl* reminiscences *pl* of one's travels.
reisefertig *adj* ready to start.
Reise|fieber *n* F holiday fever. **~führer(in) 1.** (*Person*) guide. **2.** guide(book). **~gefährte** *m*, **~gefährtin** *f* travel companion. **~gepäck** *n* luggage, *Am.* baggage. **~geschwindigkeit** *f* cruising speed. **~gesellschaft** *f* **1.** tourist party. **2.** → ***Reiseveranstalter.***
Reisekosten *pl* travel(l)ing expenses *pl.* **~abrechnung** *f* travel expense account. **~vorschuss** *m* travel advance. **~zuschuss** *m* travel([l]ing) allowance.
Reise|krankheit *f* travel sickness. **~land** *n* tourist country. **~leiter(in)** courier.
reiselustig *adj* fond of travel(l)ing.
Reisemobil *n* camper, *Am.* mobile home.
reisemüde *adj* travel-weary.
reisen *v/i* (***nach*** to) travel, go, make a trip: ***zu s-n Verwandten ~*** go to visit one's relatives; ***er ist weit gereist*** he has travel(l)ed a lot; ***ins Ausland ~*** go abroad.
Reisen *n* travel, travel(l)ing.
Reisende *m, f* **1.** travel(l)er, *weitS.* tourist, (*Fahrgast*) passenger. **2.** → ***Handlungsreisende.***
Reise|necessaire *n* toilet case. **~pass** *m* passport. **~prospekt** *m* travel brochure. **~route** *f* route, itinerary. **~ruf** *m* police message. **~scheck** *m* traveller's cheque, *Am.* traveler's check. **~schreibmaschine** *f* portable typewriter. **~spesen** *pl* travel expenses. **~tasche** *f* travel(l)ing (*od.* overnight) bag, holdall. **~unterlagen** *pl* travel documents *pl.* **~unternehmen** *n*, **~veranstalter** *m* tour operator. **~verkehr** *m* holiday traffic. **~wecker** *m* travel(l)ing (alarm) clock. **~zeit** *f* holiday season. **~ziel** *n* destination.
Reißaus: ***~ nehmen*** take to one's heels.
Reißbrett *n* drawing-board.
reißen I *v/t* **1.** *allg.* tear (***in Stücke*** to pieces), (*weg~*) *a.* snatch (off), (*zerren, ab~, heraus~*) pull: ***mit sich ~*** drag, *Fluten*: sweep; ***an sich ~*** snatch, (*a. die Macht*) seize; ***sich ~*** (*verletzen*) tear o.s. (***an*** *dat* on); F *fig.* ***sich ~ um*** fight over; F ***ich reiße mich nicht darum*** I can do without; → ***Witz*** 1. **2.** *Sport*: a) (*die Latte etc*) knock down, b) *Gewichtheben*: snatch. **3.** *Raubtier*: kill. **II** *v/i* **4.** *allg.* tear, (*auf~*) burst, split, ⚕ rupture, *Kette, Saite etc*: break, snap: ***~ an*** (*dat*) tear at; → ***Geduld.*** **5.** *Sport*: knock down the bar.
Reißen *n* F ⚕ rheumatism.
reißend *adj* **1.** rapid, *Fluss etc*: torrential: → ***Absatz*** 3. **2.** *Tier*: rapacious. **3.** *Schmerz*: searing.
Reißer *m* F **1.** (*Buch, Film etc*) thriller. **2.** (*Erfolg*) hit.
reißerisch *adj* sensational, loud: ***~e Werbung*** *a.* ballyhoo.
Reiß|feder *f* drawing-pen. **~leine** *f* rip cord. **~nagel** *m* drawing-pin, *Am.* thumbtack. **~verschluss** *m* zip(per): ***den ~ e-r Jacke zumachen*** (***aufmachen***) zip up (unzip) a jacket. **~wolf** *m* shredder. **~zahn** *m zo.* fang, canine tooth.
reiten *v/i* ride (*a. v/t*), go on horseback.
Reiten *n* riding.
Reiter *m* **1.** rider, horseman. **2.** *Kartei*: tab.
Reiterei *f* cavalry.
Reiterin *f* rider, horsewoman.
Reit|gerte *f* riding crop. **~hose** *f* (riding) breeches *pl.* **~peitsche** *f* riding crop. **~pferd** *n* saddle horse. **~schule** *f* riding school. **~sport** *m* riding. **~stiefel** *pl* riding boots *pl.* **~turnier** *n* horse show.
Reitweg *m* bridle-path.

R

Reiz *m* **1.** *physiol., psych. u. fig.* stimulus (*pl* stimuli), ⚕ (*Reizung*) irritation. **2.** (*Zauber*) charm, (*Anziehung*) appeal, attraction, (*Verlockung*) lure, (*Kitzel*) thrill: ***der ~ des Neuen*** the novelty; ***s-n ~ (für j-n) verlieren*** pall (on s.o.); ***s-e ~e spielen lassen*** display one's charms; ***das hat k-n ~ für mich*** that does not appeal to me.

reizbar *adj* irritable, touchy.

Reizbarkeit *f* irritability.

reizen I *v/t* **1.** irritate (*a.* ⚕), (*ärgern*) *a.* annoy, (*auf~*) provoke, (*ein Tier*) bait. **2.** (*anregen*) stimulate, (*Gefühle, Neugier etc*) (a)rouse, (*Gaumen*) tickle. **3.** (*verlocken*) tempt, (*anziehen*) appeal to: ***es reizte ihn zu gehen*** he was tempted to go; ***es würde mich ~ zu*** *inf* I wouldn't mind *ger*; ***das reizt mich gar nicht*** that doesn't appeal to me at all. **II** *v/i* **4.** *Skat*: bid.

reizend *adj* charming, delightful, (*hübsch*) lovely, sweet.

Reizgas *n* CS gas.

Reizhusten *m* ⚕ dry cough.

reizlos *adj* **1.** unattractive, *Mädchen*: *a.* plain, (*langweilig*) boring. **2.** ⚕ bland.

Reiz|schwelle *f* stimulus threshold. **~thema** *n* emotive issue. **~überflutung** *f* stimulus satiation.

Reizung *f a.* ⚕ irritation, stimulation.

reizvoll *adj* charming, attractive, fascinating, *Aufgabe etc*: challenging.

Reizwäsche *f* sexy underwear.

Reizwort *n* emotive word.

rekapitulieren *v/t* recapitulate.

rekeln *v/reflex* ***sich ~*** loll (about).

Reklamation *f* complaint.

Reklamationsabteilung *f* complaints (*Am.* query) department.

Reklame *f* advertising, (*Anzeige*) advertisement, F ad, (*im Briefkasten*) junk mail: ***~ machen (für)*** advertise (*acc*).

Reklame|... → *a.* ***Werbe...*** **~etat** *m* advertising budget. **~fläche** *f* billboard. **~rummel** *m contp.* ballyhoo.

reklamieren I *v/i* complain (**wegen** about), *bsd. Sport*: protest (**gegen** against). **II** *v/t* complain about.

rekonstruieren *v/t* reconstruct.

Rekonvaleszenz *f* convalescence.

Rekord *m* record: ***e-n ~ aufstellen*** set up a record.

Rekord|absatz *m* record sales *pl*. **~ergebnis** *n* record result. **~gewinn** *m* record surplus (*od.* profit). **~halter(in), ~inhaber(in)** record holder. **~jahr** *n* record year. **~lauf** *m* record run. **~umsatz** *m* record turnover. **~verlust** *m* record loss. **~versuch** *m* attempt on the record. **~zeit** *f* record time.

Rekrut(in), rekrutieren *v/t* recruit.

rektal *adj* ⚕ rectal.

Rektion *f ling.* government: ***die ~ e-s Verbs*** the case governed by a verb.

Rektor *m* **1.** *ped.* headmaster, principal. **2.** *univ.* rector.

Rektorat *n* **1.** rectorship, rectorate. **2.** (*Büro*) headmaster's (*od.* principal's, *univ.* rector's) office.

Rektorin *f ped.* headmistress, principal.

Relais *n* ⚡ relay.

Relation *f* relation(ship): ***in k-r ~ stehen zu*** be out of all proportion to.

relational *adj Computer*: relational: ***~e Datenbank*** relational database..

relativ *adj allg.* relative, *adv a.* comparatively.

Relativität *f* relativity. **Relativitätstheorie** *f* theory of relativity.

Relativsatz *m ling.* relative clause.

relevant *adj* relevant (**für** to).

Relief *n* relief.

Religion *f* **1.** religion. **2.** *ped.* religious instruction.

Religions|... → ***Glaubens...*** **~freiheit** *f* freedom of worship. **~gemeinschaft** *f* confession, *kleinere*: religious community. **~unterricht** *m* religious instruction. **~zugehörigkeit** *f* religious affiliation.

religiös *adj* religious.

Relikt *n* **1.** (*Rest*) relic. **2.** *biol.* relict.

Reling *f* ⚓ rail.

Reliquie *f* relic.

Reliquienschrein *m* reliquary.

Remake *n* remake.

Reminiszenz *f* reminiscence.

Remis *n Schach*: draw.

Remittenden *pl* returns *pl*, *Bücher*: unsold copies.

Remoulade *f gastr.* tartar sauce.

rempeln *v/t* F jostle, bump into.

Ren *n zo.* reindeer.

Renaissance *f hist.* Renaissance, *fig.* renaissance.

Rendezvous *n* rendezvous (*a. Raumfahrt*), date.

Rendite *f econ.* (net) yield.

Reneklode *f* ✿ greengage.

Rennbahn *f* (*Pferderennbahn*) racecourse, race track (*a. mot.*), (*Radrennbahn*) (cycling) track.

Rennboot *n* speedboat.

rennen I *v/i* run, rush, dash, (*wett~*) race: ***~ gegen*** run into; ***schneller ~ als*** outrun; ***sie rannten um die Wette*** they raced each other; → ***Verderben.*** **II** *v/t* F ***j-m ein Messer*** *etc* ***in die Brust ~*** run a knife *etc* into s.o.'s chest; ***j-n über den Haufen ~*** knock s.o. down.

Rennen *n* running (*etc*), (*Wettrennen*) race,

(*Einzelrennen*) heat: ***totes ~*** dead heat; ***das ~ machen*** come in first, win, *fig*. come out on top.
Renner *m* F *fig*. (great) hit.
Renn|fahrer(in) racing driver, (*Radsportler*) racing cyclist. **~läufer(in)** ski racer. **~pferd** *n* racehorse. **~rad** *n* racing cycle. **~schi** *m* racing ski. **~schuh** *m* spike(s shoe). **~sport** *m* racing. **~stall** *m* **1.** (racing) stable. **2.** F *mot*. racing team. **~strecke** *f* **1.** → ***Rennbahn.*** **2.** distance. **~wagen** *m* racing car.
Renommee *n* reputation.
renommieren *v/i* (***mit*** of) boast, brag.
renommiert *adj* (***wegen*** for) famous, noted.
renovieren *v/t* renovate, F do up, (*Innenraum*) redecorate.
Renovierung *f* renovation, redecoration.
rentabel *adj* profitable.
Rentabilität *f* profitability.
Rentabilitäts|schwelle *f* breakeven point. **~steigerung** *f* increase in profitability.
Rente *f* **1.** (*Altersrente*) (old-age) pension, (*Sozialrente*) (social insurance, *Am.* Social Security) pension: F ***auf*** (*od.* ***in***) ***~ gehen*** retire. **2.** (*Jahresrente*) annuity.
Renten|alter *n* retirement age. **~anpassung** *f* index-linked adjustment of pensions. **~anspruch** *m* pension claim. **~berechnung** *f* calculation of pensions.
rentenberechtigt *adj* entitled to a pension, *Alter*: pensionable.
Renten|empfänger(in) pensioner. **~markt** *m econ.* bond market. **~papiere** *pl* fixed interest bonds *pl.* **~reform** *f* reform of pensions.
Rentenversicherung *f* pension scheme.
Rentenversicherungs|anstalt *f* national pension scheme institution. **~beitrag** *m* pension contribution.
rentieren *v/reflex* ***sich ~*** be profitable, *a. weitS.* pay, be worthwhile.
Rentner(in) (old-age) pensioner.
Reorganisation *f* reorganization, organizational reshuffle.
reorganisieren *v/t* reorganize.
Rep *m* F → ***Republikaner(in)*** 2.
reparabel *adj* reparable, repairable.
Reparation *f* reparation.
Reparatur *f* repair(s *pl*): ***in ~*** being repaired, under repair; ***zur ~ geben*** have *s.th.* repaired.
reparaturbedürftig *adj* in need of repair.
Reparatur|kosten *pl* cost *sg* of repairs. **~werkstatt** *f* workshop, *mot.* garage.
reparieren *v/t* repair, F fix: (***nicht mehr***) ***zu ~*** repairable (beyond repair).
repatriieren *v/t* repatriate.
Repertoire *n thea. u. fig.* repertoire.
Replik *f* **1.** reply (*a.* ⚖). **2.** *Kunst*: replica.
Report *m* **1.** report. **2.** *econ.* contango.
Reportage *f* coverage, (*Bericht*) report, commentary.
Reporter(in) reporter.
Repräsentant(in) representative.
Repräsentantenhaus *n parl. Am.* House of Representatives.
Repräsentation *f* representation: ***der ~ dienen*** be a status symbol.
Repräsentationsaufwand *m* entertainment expenses.
repräsentativ *adj* **1.** (*typisch*) representative (***für*** of). **2.** (*eindrucksvoll*) impressive.
repräsentieren *v/t* represent.
Repressalie *f* reprisal.
repressiv *adj* repressive.
reprivatisieren *v/t econ.* denationalize.
Repro, Reproduktion *f allg.* reproduction, (*Bild*) *a.* print.
reproduzieren *v/t* reproduce.
Reprografie *f* reprography.
reprografisch *adj* reprographic.
Reptil *n* reptile.
Republik *f* republic.
Republikaner(in) **1.** republican. **2.** *pol.* ***die Republikaner*** *pl* the Republicans (*rightist party*).
republikanisch *adj* republican.
Requiem *n* ♪ requiem.
requirieren *v/t mil.* requisition.
Requisiten *pl thea. etc* properties *pl*, F props *pl.*
resch *adj österr.* crunchy, crispy.
Reservat *n* **1.** (nature) reserve. **2.** (*Indianerreservat etc*) reservation.
Reserve *f* **1.** *allg.* reserve (*a. mil. u. fig.*): *econ.* ***stille ~n*** hidden reserves; ***in ~ halten*** keep *s.th.* in reserve; F ***j-n aus der ~ (heraus)locken*** bring s.o. out of his shell. **2.** *Sport*: reserve team. **~bank** *f Sport*: (substitutes') bench. **~kanister** *m* spare (*Br. a.* jerry) can. **~rad** *n mot.* spare wheel. **~spieler(in)** *Sport*: substitute.
reservieren *v/t allg.* (*a.* ***~ lassen***) reserve, (*vorbestellen*) *a.* book: ***j-m e-n Platz ~*** keep (*od.* save) a seat for s.o.
reserviert *adj a. fig.* reserved.
Reservierung *f* reservation, booking.
Reservist(in) *mil.* reservist.
Reservoir *n a. fig.* reservoir.
Residenz *f* residence.
residieren *v/i* reside.
Resignation *f* resignation.
resignieren *v/i* give up.
resigniert *adj* resigned(ly *adv*).
resistent *adj* resistent (***gegen*** to).
resolut *adj* resolute, determined.
Resolution *f* resolution.
Resonanz *f a. fig.* resonance.

resorbieren *v/t* resorb.
Resorption *f* resorption.
resozialisieren *v/t* rehabilitate.
Resozialisierung *f* rehabilitation.
Respekt *m* respect (**vor** for): ***sich ~ verschaffen*** make o.s. respected; ***bei allem ~*** with all due respect.
respektabel *adj* respectable.
respektieren *v/t* respect.
respektlos *adj* irreverent.
respektvoll *adj* respectful.
Ressentiment *n* resentment.
Ressort *n* (***das fällt nicht in mein ~*** that is not my) department.
Ressortleiter(in) head of department.
Ressourcen *pl* **1.** resources *pl.* **2.** (*Geldmittel*) funds *pl.*
Rest *m allg.* rest, *a.* Ⱥ remainder, (*Überrest*) remnant, ⚗, ⚖, *tech.* residue, (*Speiserest*) leftovers *pl*, *econ.* balance, *fig.* (*Spur*) vestige, *pl e-r Kultur etc*: remains *pl*: ***der letzte ~*** the last bit(s *pl*); ***sterbliche ~e*** mortal remains; F ***das gab ihm den ~*** that finished him (off).
Restaurant *n* restaurant.
restaurieren *v/t* restore.
Restbestand *m econ.* remaining stock.
Restbetrag *m econ.* balance.
restlich *adj* remaining, *a.* ⚗, ⚖, Ⱥ residual: ***die ~e Zeit*** *a.* the rest of his *etc* time.
restlos I *adj* complete, total. II *adv* completely, perfectly.
Rest|posten *m* remainders *pl*, *der Buchhaltung*: errors and omissions *pl.* **~risiko** *n* residual risk. **~summe** *f* balance. **~urlaub** *m* holiday carried over, unused (*formell*: residual) holiday: ***ich habe noch (10 Tage) ~*** I've still got (ten days') holiday owing to me. **~zahlung** *f* payment of the balance.
Resultat *n* result, *Sport*: score, results *pl.*
resultieren *v/i* result (**aus** from).
Resümee *n* summary.
resümieren *v/t* sum up.
Retorte *f* retort.
Retortenbaby *n* test-tube baby.
Retourkutsche: F ***e-e ~*** tit for tat.
Retrospektive *f* **1.** (***in der ~*** in) retrospect. **2.** retrospective (exhibition).
Retrovirus *n* ⚕ retrovirus.
retten I *v/t* (**aus, vor** *dat* from) save, rescue, (*befreien*) deliver, (*bergen*) recover, salvage (*a. fig.*): ***j-m das Leben ~*** save s.o.'s life; F ***der Abend war gerettet*** the evening was saved. II *v/i Sport*: (make a) save. III *v/refl* ***sich ~*** escape; ***sich nicht mehr ~ können vor*** (*dat*) be swamped with.
Retter(in) rescuer.
Rettich *m* ⚘ radish.
Rettung *f* rescue, (*Entkommen*) escape, (*Bergung*) recovery, *bsd.* ⚓ salvage, *eccl.* salvation: ***das war s-e ~*** that saved him; ***es gab k-e ~ für ihn*** he was past help; ***du bist m-e einzige*** (*od.* ***letzte***) ~ you are my last hope.
Rettungs|aktion *f a. fig.* rescue operation. **~anker** *m* sheet anchor. **~boje** *f* life buoy. **~boot** *n* lifeboat. **~dienst** *m* rescue service. **~gerät** *n* life-saving equipment. **~hubschrauber** *m* rescue helicopter.
rettungslos *adj* hopeless(ly *adv*): *adv* ***~ verloren sein*** be beyond all hope.
Rettungs|mannschaft *f* rescue party. **~ring** *m* lifebelt. **~schwimmer(in)** lifeguard. **~versuch** *m* rescue attempt. **~wagen** *m* ambulance.
retuschieren *v/t* touch up.
Reue *f* (**über** *acc* for) remorse, *bsd. eccl.* repentance. **reuen** I *v/t* ***s-e Tat*** (***das Geld***) ***reute ihn*** he regretted what he had done (the money). II *v/impers* ***es reut mich, dass ...*** I am sorry (*od.* I regret) that ...
reuevoll, reuig, reumütig *adj* remorseful, repentant.
Revanche *f* revenge. **~kampf** *m*, **~spiel** *n Sport*: return match.
revanchieren *v/reflex* ***sich ~*** **1.** take one's revenge (**an** *dat* on), get one's own back. **2.** *als Dank*: return the favo(u)r, reciprocate (**mit** with).
Revanchismus *m pol.* revanchism.
Revanchist(in), revanchistisch *adj* revanchist.
Revers *m*, *n* (*Aufschlag*) lapel.
revidieren *v/t* **1.** revise. **2.** check, audit.
Revier *n allg.* district, (*Polizeirevier*) *Am. a.* precinct, (*Wache*) police station, (*Bereich*) *e-s Polizisten*: beat, *e-s Briefträgers*: round, *zo. u. fig.* territory.
Revision *f* **1.** check(ing), *econ.* audit(ing), (*Zollrevision*) examination: ***innerbetriebliche ~*** internal audit. **2.** revision. **3.** ⚖ (***~ einlegen*** lodge an) appeal (**bei** with). **4.** *print.* final proofreading.
Revisor(in) *econ.* auditor.
Revolte *f*, **revoltieren** *v/i* revolt.
Revolution *f* revolution.
revolutionär *adj*, **Revolutionär(in)** revolutionary.
revolutionieren *v/t* revolutionize.
Revoluzzer(in) *contp.* (would-be) revolutionary.
Revolver *m* revolver, F *a.* gun.
Revolverblatt *n contp.* sensational rag.
Revolverheld(in) *contp.* gunslinger.
Revue *f* **1.** *thea.* revue. **2.** (*Zeitschrift*) review.
Rezensent(in) critic, reviewer.
rezensieren *v/t*, **Rezension** *f* review.

R

Rezept *n* ⚕ prescription, (*Kochrezept*) recipe, formula (*beide a. fig.*).
rezeptfrei *adj* over-the-counter.
Rezeptgebühr *f* prescription charge.
Rezeption *f im Hotel*: reception, *Am.* check-in desk.
rezeptpflichtig *adj* available only on prescription, prescription(-only) ...
Rezession *f econ.* recession.
R-Gespräch *n teleph.* reversed-charge call, *Am.* collect call.
Rh ***Rhesusfaktor positiv, Rh-positiv*** rhesus positive (Rh pos.).
rh ***Rhesusfaktor negativ, Rh-negativ*** rhesus negative (Rh neg.).
Rhabarber *m* ⚘ rhubarb.
Rhein *m the* Rhine.
Rheinländer(in) Rhinelander.
Rheinland-Pfalz *n the* Rhineland-Palatinate.
Rheinwein *m* Rhine wine, *weißer*: hock.
Rhesusaffe *m* rhesus (monkey).
Rhesusfaktor *m* ⚕ rhesus factor.
Rhetorik *f* rhetoric.
rhetorisch *adj* rhetorical.
Rheuma *n* F ⚕ rheumatism.
rheumatisch *adj* ⚕ rheumatic(ally *adv*).
Rheumatismus *m* ⚕ rheumatism.
Rhinozeros *n zo.* rhinoceros.
Rhodos *n* Rhodes.
Rhombus *m* ⩓ rhomb(us).
rhythmisch *adj* rhythmical.
Rhythmus *m* rhythm.
Ribisel *f österr.* currant.
Richtantenne *f* directional aerial (*Am.* antenna).
richten¹ I *v/t* **1.** *allg.* direct (**auf** *acc* to, **gegen** against): **~ auf** (*acc*) (*Waffe, Kamera etc*) *a.* point (*od.* level, aim) at, (*Augen etc*) *a.* turn on, (*Aufmerksamkeit, Bemühungen etc*) *a.* concentrate on; **~ an** (*acc*) (*Bitte, Brief etc*) address to, (*Frage*) put to. **2.** (*her~*) fix, get *s.th.* ready, (*vorbereiten*) prepare, (*in Ordnung bringen*) bring *s.th.* in order, tidy *s.th.* (up), (*Zimmer, Haare etc*) *a.* do, (*reparieren*) repair, mend, fix, (*aus~*) align, (*einstellen*) adjust, (*Segel*) trim, (*gerade biegen*) straighten (out *fig.*): ***sich die Zähne ~ lassen*** have one's teeth done. II *v/reflex* **3. sich ~ an** (*acc*) address o.s. to; **sich ~ auf** (*acc*) *Aufmerksamkeit etc*: focus on; **sich ~ gegen** be directed against, *Bemerkung etc*: be aimed at; **sich ~ nach** orient(ate) o.s. by, (*j-s Wünschen etc*) comply with, (*Vorschriften*) *a.* keep to, (*j-s Urteil*) go by, (*der Mode etc*) follow, (*j-s Vorbild*) follow *s.o.'s* example, *Sache*: be model(l)ed on, (*abhängen von*) depend on, (*bestimmt werden von*) be determined by, (*übereinstimmen, a. ling.*) agree with; ***ich richte mich nach Ihnen!*** I leave it to you!
richten² *v/t u. v/i* judge: ***über j-n ~*** *a.* pass judgment on s.o.
Richter(in) judge.
Richteramt *n* judicial office.
richterlich *adj* judicial.
Richter-Skala *f* Richter scale.
Richtfest *n* topping-out ceremony.
Richtfunk *m* directional radio.
Richtgeschwindigkeit *f mot.* recommended speed.
richtig I *adj* **1.** (*Ggs. falsch*) right, correct, (*wahr*) true, (*genau*) accurate: **(sehr) ~!** (quite) right!, exactly!; F ***er ist nicht ganz ~ im Kopf*** he is not quite right in the head. **2.** (*geeignet*) right, suitable, appropriate, proper, (*gerecht*) fair, just: ***es war ~ von dir, dass du ihnen geholfen hast*** you did right to help them; ***so ists ~!*** that's it! **3.** (*echt*) real, true: ***ein ~er Engländer*** a true Englishman; ***s-e ~e Mutter*** his real mother; ***ein ~er Feigling*** a regular coward. II *adv* **4.** right(ly), correctly (*etc*), (*methodisch ~*) the right way, F (*völlig*) properly: ***et. ~ machen*** do s.th. right; ***~ böse*** really (F real) angry; ***~ gehend*** real, regular; ***geht d-e Uhr ~?*** is your watch right?; ***~ stellen*** put s.th. right, correct; F ***und ~, ...*** and sure enough ...
Richtige¹ *m, f the* right man (woman), F *zum Heiraten*: *Mr.* (*Mrs.*) Right: *iro.* ***Ihr seid mir die ~n!*** a fine lot you are!; F ***sechs ~ haben*** *im Lotto*: have six right.
Richtige² *n the* right thing: ***er hat nichts ~s gelernt*** he hasn't really learnt anything; ***das ist für sie genau das ~*** that's just right for her.
Richtigkeit *f* correctness, rightness: ***das hat schon s-e ~*** it's all right.
Richtlinien *pl* guidelines *pl.*
Richtpreis *m econ.* recommended price.
Richtschnur *f fig.* guiding principle.
Richtstrahler *m* → ***Richtantenne.***
Richtung *f* **1.** direction, (*Kurs*) course (*a.* ✈, ⚓), *fig. a.* line, trend: ***in ~ auf*** (*acc*) in the direction of; ***aus allen ~en*** from all directions; *fig.* ***et. in dieser ~*** s.th. along these lines. **2.** (*Denkweise*) line (of thought), (*Ansicht*) views *pl*, (*Bewegung*) movement, (*Kunstrichtung etc*) school.
richtunggebend, richtungweisend *adj* guiding, trendsetting.
Ricke *f zo.* doe.
riechen I *v/i* smell (**nach** of, **an** *dat* at): ***schlecht ~*** smell (bad); ***es riecht nach Gas*** I can smell gas. II *v/t* smell, (*wittern*) scent: F *fig.* ***ich kann ihn nicht ~*** I can't stand him; ***er hat es gerochen*** he got wind of it; ***das***

konnte ich doch nicht ~! how was I to know?; → ***Braten, Lunte.***
Riecher *m* F nose: *fig.* ***e-n guten ~ haben für*** have a good nose for.
Ried *n* reed, (*Moor*) marsh.
Riefe *f*, **riefeln** *v/t* groove, flute.
Riege *f gym.* squad, *fig.* brigade.
Riegel *m* **1.** bolt, bar, *zum Einhaken*: latch: *fig.* ***e-r Sache e-n ~ vorschieben*** put a stop to s.th. **2.** (*~ Seife etc*) bar, (*~ Schokolade*) row, *Am.* strip.
Riemen¹ *m* strap, (*Gewehrriemen*) sling, (*tech. Treibriemen*) belt: *fig.* ***sich am ~ reißen*** pull o.s. together.
Riemen² *m* (*Ruder*) oar.
Ries *n* (*Papiermaß*) ream.
Riese *m* **1.** giant. **2.** F (*Tausender*) grand.
rieseln *v/i* trickle, run, *Bach etc*: ripple, *Regen*: drizzle, *Schnee*: fall softly: *fig.* ***es rieselte mir kalt über den Rücken*** a shiver ran down my spine.
Riesen|... giant, gigantic, enormous. **~erfolg** *m* huge success, *a. Film etc*: smash hit. **~felge** *f gym.* giant swing.
riesengroß, riesenhaft → ***riesig*** 1.
Riesen|rad *n* Ferris wheel. **~schlange** *f* boa constrictor. **~schritt** *m* ***mit ~en*** with giant strides. **~slalom** *m Skisport*: giant slalom.
riesig I *adj* **1.** *a. fig.* gigantic(ally *adv*), colossal, enormous, huge. **2.** F tremendous, (*toll*) terrific, super. II *adv* **3.** F tremendously, terribly, enormously. **Riesin** *f* giantess.
Riff *n* reef.
rigoros *adj* rigorous.
Rigorosum *n univ.* viva (voce).
Rille *f* groove.
Rind *n* **1.** (*Kuh*) cow, (*Stier*) bull, (*Ochse*) ox: ***~er*** *pl* cattle *sg.* **2.** (*~fleisch*) beef.
Rinde *f* **1.** bark. **2.** (*Brotrinde*) crust, (*Käserinde*) rind.
Rinder|braten *m* roast beef. **~filet** *n* fillet of beef. **~wahn(sinn)** *m* mad cow disease. **~zucht** *f* cattle farming. **~zunge** *f gastr.* ox tongue.
Rindfleisch *n* beef.
Rind(s)leder *n* cowhide.
Rindvieh *n* **1.** cattle. **2.** F *contp.* idiot.
Ring *m allg.* ring (*a. gym., Boxen*), (*Kreis, a. fig.*) *a.* circle, *econ.* pool, *Am.* combine, (*Kettenglied*) link.
Ringbuch *n* ring (*od.* loose-leaf) binder. **~einlage** *f* loose-leaf pages *pl.*
ringeln I *v/t* curl, (*herum~*) coil (***um*** around). II *v/reflex* ***sich ~*** curl, coil, (*schlängeln*) wind, meander.
Ringel|natter *f zo.* grass snake. **~socken** *pl* striped socks *pl.* **~spiel** *n österr.* roundabout, merry-go-round, *Am.* carousel. **~taube** *f zo.* wood pigeon.
ringen I *v/i* wrestle (*a. fig.* ***mit*** *sich, e-m Problem* with), *fig.* struggle (***um, nach*** for): ***nach Atem ~*** gasp for breath; ***nach Fassung ~*** try to regain one's composure; ***nach Worten ~*** struggle for words. II *v/t* wring.
Ringen *n* wrestling, *fig.* struggle.
Ringer(in) *Sport*: wrestler.
Ringfinger *m* ring finger.
ringförmig *adj* ring-shaped, annular.
Ring|kampf *m* wrestling (match). **~kämpfer(in)** wrestler.
Ringordner *m* ring binder.
Ringrichter(in) *Boxen*: referee.
rings *adv* (all) around.
rings|herum, ~um, ~umher *adv* round about, (*überall*) everywhere.
Rinne *f* (*Rille*) groove (*a. anat.*, ⚘), (*Dachrinne*) gutter, (*Leitungsrinne*) conduit, (*Wasserrinne*) gully, (*Kanal*) channel.
rinnen *v/i* **1.** run, flow, (*tröpfeln*) drip, trickle: *fig.* ***das Geld rinnt ihr durch die Finger*** money just slips through her fingers. **2.** (*lecken*) leak.
Rinnsal *n* trickle.
Rinnstein *m* gutter.
Rippchen *n gastr.* rib (of pork).
Rippe *f* **1.** *allg.* rib, (*Heiz-, Kühlrippe*) *a.* fin. **2.** (*~ Schokolade*) row, *Am.* strip.
Rippenfell *n anat.* pleura. **~entzündung** *f* ⚕ pleurisy.
Rippenspeer *m gastr.* cured pork rib.
Rippenstoß *m* dig in the ribs.
Risiko *n* risk: ***auf eigenes ~*** at one's own risk; ***mit vollem ~*** at all risks; ***ein ~ eingehen*** take a risk. **risikofrei** *adj* safe.
risikofreudig *adj* risk-taking, prepared to take a risk (*od.* risks).
Risiko|gruppe *f* high-risk group. **~kapital** *n* risk (*od.* venture) capital. **~lebensversicherung** *f* term insurance.
risikoreich *adj* risky.
riskant *adj* risky. **riskieren** *v/t* risk.
Rispe *f* ⚘ panicle.
Riss *m* **1.** tear, rent, *in der Haut*: chap, (*Spalte*) cleft, crevice, *in der Freundschaft etc*: rift, split. **2.** △, *tech.* draft.
rissig *adj* cracked, fissured, *Haut*: chappy, chapped: ***~ werden*** crack, *Haut*: chap; ***~e Hände*** chapped hands.
Risswunde *f* laceration.
Rist *m des Fußes*: instep, *der Hand*: back of the hand.
Ritt *m* ride.
Ritter *m* knight: ***j-n zum ~ schlagen*** knight s.o. **Rittergut** *n* manor.
ritterlich *adj* knightly, *fig.* chivalrous.
Ritterlichkeit *f* gallantry, chivalry.
Ritterorden *m* order (of knights).
Rittersporn *m* ⚘ larkspur.

rittlings *adv* astride (***auf*** *dat* s.th.).
Ritual *n*, **rituell** *adj* ritual.
Ritus *m* rite.
Ritze *f* crack, gap, chink.
Ritzel *n tech.* pinion.
ritzen *v/t* scratch, (*schnitzen*) carve.
Rivale *m*, **Rivalin** *f*, **rivalisieren** *v/i* rival.
Rivalität *f* rivalry.
RNS ***Ribonukleinsäure*** ribonucleic acid (RNA).
Rizinusöl *n* castor oil.
Robbe *f zo.* seal.
Robe *f* gown, (*Amtsrobe*) robe.
Roboter *m* robot. **~technik** *f* robotics *pl.*
robust *adj allg.* robust.
röcheln *v/i* breathe stertorously.
Roche(n) *m zo.* ray.
rochieren *v/i Schach*: castle, *Sport*: switch positions.
Rock[1] *m* **1.** (*Damenrock*) skirt. **2.** (*Jackett*) jacket, coat.
Rock[2] *m* rock (music). **~band** *f* rock group.
Rocker(in) F rocker.
Rockmusik *f* rock (music).
Rodel *m österr., südd.* sledge. **~bahn** *f* toboggan run.
rodeln *v/i* toboggan.
Rodelschlitten *m* toboggan, (*Rennschlitten*) luge.
roden *v/t* (*Wurzeln*) root out, (*Wald, Land*) clear, stub.
Rodler(in) tobogganist.
Rodung *f* clearing.
Rogen *m* roe.
Roggen *m* rye. **~brot** *n* rye-bread.
roh *adj* **1.** *allg.* raw, (*unverarbeitet*) *a.* crude, *Diamant, Entwurf etc*: *a.* rough. **2.** *econ.* (*brutto*) gross. **3.** *fig.* (*primitiv*) crude, (*derb, grob*) rough, *stärker*: brutal: ***mit ~er Gewalt*** with brute force.
Roh|bau *m* shell. **~bilanz** *f econ.* trial balance. **~diamant** *m* rough diamond. **~eisen** *n* pig iron. **~ertrag** *m* gross yield. **~erz** *n* crude ore. **~faser** *f* crude fibre (*Am.* fiber). **~fassung** *f* (*Entwurf*) rough draft. **~gewicht** *n* gross weight. **~gewinn** *m* gross profit. **~gummi** *n, a. m* crude rubber.
Rohheit *f* **1.** roughness, *stärker*: brutality. **2.** brutal act.
Rohkost *f* raw vegetables *pl* and fruit.
Roh|köstler(in) vegetarian. **~leder** *n* rawhide.
Rohling *m* **1.** brute. **2.** *tech.* blank.
Roh|material *n* raw material. **~öl** *n* crude oil. **~produkt** *n* raw product.
Rohr *n* **1.** (*Schilf*) reed, (*Bambus*, **~stock**) cane. **2.** *tech.* tube, pipe, (*Kanal*) duct. **3.** (*Geschützrohr*) barrel: F ***volles ~*** flat out. **4.** *österr.* (*Backofen*) oven.
Rohrbruch *m* burst pipe.
Röhrchen *n für Tabletten*: (small) tube, *für Alkoholtest*: breathalyzer: ***j-n ins ~ blasen lassen*** breathalyze s.o.
Röhre *f* **1.** *allg.* tube, (*Leitung*) pipe. **2.** ⚡, *Radio, TV* valve, *bsd. Am.* tube: F ***in die ~ gucken*** a) *TV* sit in front of the box, b) *fig.* be left out in the cold. **3.** (*Bratröhre*) oven. **4.** *hunt.* gallery.
röhren *v/i Hirsch*: bell.
Röhrenknochen *m* long bone.
Rohrkolben *m* ⚘ reed mace.
Rohrleitung *f* conduit, *im Haus*: plumbing, (*Fernleitung*) pipeline.
Rohrmöbel *pl* **1.** wicker furniture. **2.** → ***Stahl(rohr)möbel.***
Rohrnetz *n Wasser etc*: mains *pl.*
Rohrpost *f* pneumatic post. **~anlage** *f* pneumatic dispatch system.
Rohrschelle *f tech.* pipe clamp.
Rohrspatz *m* F ***schimpfen wie ein ~*** rant and rave.
Rohr|stock *m* cane. **~zange** *f tech.* pipe wrench. **~zucker** *m* cane sugar.
Roh|seide *f* raw silk. **~stahl** *m* crude steel.
Rohstoff *m* raw material.
rohstoff|arm *adj* lacking in raw materials. **~reich** *adj* rich in raw materials.
Rohzucker *m* unrefined sugar.
Rohzustand *m* (***im ~*** in the) crude state.
Roll|bahn *f* ✈ runway. **~container** *m* roll-on container.
Rolle[1] *f* **1.** *allg.* roll (*a.* ✈, *gym.*), (*Walze*) *a.* roller, *am Flaschenzug*: pulley, *unter Möbeln*: castor, (*Spule*) reel, (*Draht-, Taurolle*) coil: ***e-e ~ Garn*** a reel of cotton. **2.** → ***Schriftrolle etc.***
Rolle[2] *f thea. u. fig.* part, role (*a. psych.*): ***e-e ~ spielen*** play a part (*a. fig.* ***bei, in*** *dat* in), *fig. a.* figure (in); ***das spielt k-e ~*** that doesn't make any difference; ***Geld spielt k-e ~*** money is no object; ***aus der ~ fallen*** forget o.s., misbehave; *fig.* ***die ~n (ver)tauschen*** reverse roles.
rollen *v/i u. v/t* roll, *auf Rädern*: wheel, ✈ taxi: ***~des Material*** 🚃 rolling stock; *fig.* ***ins Rollen kommen*** (*od.* ***bringen***) get under way.
Rollen|besetzung *f thea.* casting. **~lager** *n tech.* roller bearing. **~spiel** *n psych.* role-playing. **~tausch** *m fig.* reversal of roles. **~verteilung** *f* **1.** *thea.* casting. **2.** *fig.* respective roles *pl.*
Roller *m* **1.** *mot.* (*od. Kinderroller*) scooter. **2.** *Fußball*: daisy cutter.
Rollerskates *pl* roller skates *pl.*
Roll|feld *n* ✈ taxiway, runway. **~film** *m* roll film. **~geld** *n* cartage. **~gut** *n* rolling freight. **~kommando** *n* flying (*od.* hit) squad.

~kragen(pullover) *m* polo neck (sweater). **~laden** *m* roller blind. **~mops** *m gastr.* rollmop. **~schrank** *m* roll-front cabinet.
Rollschuh *m* (*a.* **~ *laufen***) roller-skate. **~bahn** *f* roller-skating rink. **~läufer(in)** roller-skater.
Rollstuhl *m* wheelchair. **~fahrer(in)** wheelchair user.
Rolltreppe *f* escalator.
Rom *n* Rome.
Roman *m* novel.
Romanen *pl the* Romance peoples *pl.*
Romanheld(in) hero(ine) (of the novel).
Romanik *f Kunst*: Romanesque (style *od.* period).
romanisch *adj ling.* Romance, *Baustil*: Romanesque.
Romanist(in) student of (*od.* lecturer in) Romance languages and literature.
Romanschriftsteller(in) novelist.
Romantik *f* romanticism, *Kunst*: Romanticism.
Romantiker(in) Romantic, *fig.* romantic.
romantisch *adj* romantic(ally *adv*), *Kunst etc*: Romantic.
romantisieren *v/t* romanticize.
Romanze *f a. fig.* romance.
Römer *m* (*Pokal*) rummer.
Römer(in) Roman.
römisch *adj* Roman: ***~-katholisch*** Roman Catholic.
Rommee *n* rummy.
röntgen *v/t* ⚕ X-ray.
Röntgen *n phys.* (*Einheit*) roentgen.
Röntgen|apparat *m* X-ray unit. **~arzt** *m*, **~ärztin** *f* roentgenologist. **~aufnahme** *f* X-ray (picture). **~bestrahlung** *f* X-ray treatment.
Röntgenologe *m*, **Röntgenologin** *f* radiologist.
Röntgenologie *f* radiology.
Röntgen|schirm *m* (fluorescent) screen. **~strahlen** *pl* X-rays *pl.* **~untersuchung** *f* X-ray examination.
rosa *adj* pink.
rosarot *adj a. fig.* rose-colo(u)red.
Rose *f* **1.** ✿ rose. **2.** ⚕ erysipelas.
Rosé *m* (*Wein*) rosé.
Rosenkohl *m* Brussels sprouts *pl.*
Rosenkranz *m eccl.* rosary.
Rosenmontag *m* Monday before Lent.
Rosette *f* rosette.
rosig *adj a. fig.* rosy.
Rosine *f* raisin: F (***große***) ***~n im Kopf haben*** have big ideas.
Rosmarin *m* ✿ rosemary.
Ross *n* horse, *rhet.* steed: *fig.* ***sich aufs hohe ~ setzen*** give o.s. airs.
Rosshaar *n* horsehair.

Rost[1] *m a. fig.* rust.
Rost[2] *m* (*Feuerrost*) grate, (*Bratrost*) grill.
Rostbraten *m* roast joint.
rosten *v/i* rust: ***nicht ~d*** → ***rostfrei.***
rösten *v/t* (*Kaffee etc*) roast, (*Brot*) toast, (*Kartoffeln*) fry.
rostfrei *adj* rustproof, stainless.
Rösti *pl schweiz.* grated roast potatoes *pl.*
rostig *adj a. fig.* rusty.
Röstkartoffeln *pl* fried potatoes *pl.*
Rostschutzmittel *n* antirust agent.
Roststelle *f* patch of rust.
rot I *adj* red, *pol. oft* Red: ***das Rote Kreuz*** the Red Cross; ***~ werden*** *im Gesicht*: go red, flush, (*verlegen*) blush; *fig. econ.* ***in den ~en Zahlen stehen*** be in the red; → ***rotsehen, Faden, Tuch*** 2. **II** *adv* ***~ glühend*** red-hot.
Rot *n* red, (*Schminke*) rouge: ***die Ampel steht auf ~*** the lights are at red; ***bei ~*** at red.
Rotation *f* rotation.
Rotations|druck *m* rotary printing. **~kartei** *f* rotary file.
rotblond *adj* sandy-haired, *Haar*: sandy.
Rotbuche *f* copper beech.
Rotdorn *m* pink hawthorn.
Rote *m, f pol.* Red.
Röte *f* redness, (*Schamröte*) blush.
Rötel *m* red chalk.
Röteln *pl* ⚕ German measles *pl.*
röten *v/t* redden: ***sich ~*** *Gesicht*: *a.* flush.
Rotfuchs *m* (red) fox.
rothaarig *adj* red-haired. **Rothaarige** *m, f* redhead.
Rothaut *f* (*Indianer*) redskin.
rotieren *v/i* rotate, F *fig.* flip.
Rotkäppchen *n* (Little) Red Riding Hood.
Rotkehlchen *n zo.* robin (redbreast).
Rotkohl *m*, **Rotkraut** *n* red cabbage.
rötlich *adj* reddish.
rotsehen *v/i* F *fig.* see red.
Rotstift *m* red pencil: *fig.* ***den ~ ansetzen*** make cuts (***bei*** in).
Rottanne *f* spruce.
Rotte *f* gang, horde.
Rötung *f* reddening.
Rotwein *m* red wine.
Rotwild *n* red deer.
Rotz *m* V snot. **Rotzfahne** *f* V snotrag.
rotzfrech *adj* F snotty.
Rouge *n* rouge.
Roulade *f gastr.* roulade, roll.
Rouleau *n* roller blind.
Roulett(e) *n* roulette.
Route *f* route, (*Reiseroute*) itinerary.
Routine *f allg.* routine, (*Erfahrung*) practice, experience.
routinemäßig *adj* routine(ly *adv*).
Routinier *m* old hand.

routiniert *adj* experienced.
Rowdy *m* rowdy, hooligan.
RT ***Registertonne(n)*** register ton(s *pl*) (reg. t.).
Ruanda *n* Rwanda (*republic in Central Africa*).
Rubbellos *n* scratchcard.
rubbeln *v/i* rub, (*Lotterie*) buy scratchcards.
Rübe *f* **1.** ♀ ***Weiße*** ~ turnip; ***Rote*** ~ beetroot; ***Gelbe*** ~ carrot. **2.** F (*Kopf*) nut.
Rubel *m* rouble.
rüber(...) F → ***herüber(...)***, ***hinüber(...)***.
rüberfaxen *v/t* F fax through (*j-m* to s.o.)
rüberkommen *v/i* F **1.** come over. **2.** *thea. etc* come across. **3.** ***mit*** *Geld etc* ~ come across with.
Rubin *m min.* ruby.
Rubrik *f* heading, (*Spalte*) column, (*Klasse*) category.
Ruck *m* jerk, start, jolt (*a. fig.*), (*Zerren*) yank, F *fig. pol.* swing: ***in einem*** ~ (*auf einmal*) at one go; ***sich e-n*** ~ ***geben*** pull o.s. together.
Rückansicht *f* back view.
Rückantwort *f* reply.
ruckartig I *adj* jerky. II *adv* with a jerk, (*plötzlich*) abruptly.
rückbezüglich *adj ling.* reflexive.
Rückblende *f Film*: flashback (***auf*** *acc* to).
rückblenden *v/i Film*: flash back (***auf*** *acc* to).
Rückblick *m* review (***auf*** *acc* of): ***im*** ~ in retrospect, ***auf*** (*acc*) looking back on.
rückdatieren *v/t* backdate.
rücken I *v/t allg.* move, (*schieben*) *a.* shift, (*weg*~) push (away). II *v/i* move, (*Platz machen*) move over: ***näher*** ~ *a. zeitlich*: draw near, approach; *im Rang* ***höher*** ~ rise; ***an j-s Stelle*** ~ take s.o.'s place; → ***Leib.***
Rücken *m* back (*a. Buch-, Handrücken etc*), (*Bergrücken*) ridge, (*Nasenrücken*) bridge, *gastr.* saddle: ***hinter j-s*** ~ behind s.o.'s back; ***j-m in den*** ~ ***fallen*** *fig.* stab s.o. in the back; → ***kehren***[1] 1, ***steifen.***
Rücken|deckung *f fig.* backing, support. **~lehne** *f* back(rest). **~mark** *n anat.* spinal cord. **~schmerzen** *pl* backache *sg.* **~schwimmen** *n* backstroke. **~wind** *m* following wind. **~wirbel** *m anat.* dorsal vertebra.
Rückeroberung *f* reconquest.
rückerstatten *v/t* return, (*Geld*) refund.
Rückerstattung *f* refund(ing), reimbursement.
Rückfahrkarte *f* return (ticket), *Am.* round-trip ticket.
Rückfahrt *f* return journey (*od.* trip): ***auf der*** ~ *a.* on the way back.
Rückfall *m* relapse (*a. fig.*), ⚖ *a.* recidivism.
rückfällig *adj* relapsing, ⚖ *a.* recidivist: ~ ***werden*** (have a) relapse.
Rückfenster *n* rear window.
Rückflug *m* return flight.
Rückfrage *f* checkback.
rückfragen *v/i* check (***bei*** with).
Rückführung *f in die Heimat*: repatriation.
Rückgabe *f* return, *Sport*: pass back.
Rückgaberecht *n* ~ ***mit Kaufpreiserstattung*** money-back guarantee.
Rückgang *m* decline, drop, fall.
rückgängig *adj* **1.** → ***rückläufig.*** **2.** ~ ***machen*** undo, (*Auftrag etc*) cancel.
Rückgewinnung *f* recovery.
Rückgrat *n* spine, backbone (*a. fig.*).
rückgratlos *adj fig.* spineless.
Rückhalt *m* support.
rückhaltlos I *adj* unreserved, (*offen*) frank. II *adv* without reserve: ***j-m*** ~ ***vertrauen*** have complete confidence in s.o.
Rückhand *f Tennis*: backhand.
Rückhandschlag *m* backhand (stroke).
Rückkampf *m Sport*: return match.
Rückkauf *m* repurchase, (*Einlösung*) redemption.
Rückkaufsrecht *n* right of repurchase (*od.* redemption).
Rückkehr *f* (***bei m-r*** ~ on my) return.
Rückkopplung *f* ⚡ feedback (*a. fig.*).
Rückkunft *f* → ***Rückkehr.***
Rücklagen *pl* reserve(s *pl*), savings *pl*, retained profits. **~bildung** *f* creation of reserves.
Rücklauf *m am Bandgerät*: rewind.
rückläufig *adj* dropping, declining: ***~e Tendenz*** downward tendency.
Rücklicht *n mot.* rear light, taillight.
rücklings *adv* (*nach hinten*) backwards, (*von hinten*) from behind.
Rück|marsch *m* march back. **~pass** *m Sport*: back pass. **~porto** *n* return postage. **~prall** *m* rebound. **~reise** *f* → ***Rückfahrt.***
Rückruf *m* **1.** *econ.* recall. **2.** *teleph.* ring back: ***auf j-s*** ~ ***warten*** wait for s.o. to ring (*od.* call) back; ***ich erwarte dann Ihren*** ~ I'll be hearing from you then. **~aktion** *f econ.* recall.
Rucksack *m* rucksack, *Am.* backpack. **~tourismus** *m* backpacking. **~tourist(in)** backpacker.
Rück|schein *m* advice of receipt. **~schlag** *m fig.* setback. **~schluss** *m* conclusion: ***Rückschlüsse ziehen aus*** (*dat*) draw conclusions from. **~schreiben** *n* reply.
Rückschritt *m* step back(ward).
rückschrittlich *adj* retrograde, *pol.* reactionary.
Rückseite *f allg.* back, *e-s Hauses etc*: *a.*

rear, *e-r Münze etc*: reverse, *e-r Platte*: flip side: ***siehe ~!*** see overleaf!

Rücksendung *f* return.

Rücksicht *f* consideration: ***mit*** (*od.* ***aus***) ***~ auf*** (*acc*) out of consideration for, considering; ***ohne ~ auf*** (*acc*) regardless of; (***k-e***) ***~ nehmen auf*** (*acc*) show (no) consideration for, make (no) allowances for. **~nahme** *f* consideration.

rücksichtslos *adj* inconsiderate (***gegen*** of), thoughtless, *Fahren etc*: reckless, (*skrupellos*) ruthless.

Rücksichtslosigkeit *f* lack of consideration, recklessness.

rücksichtsvoll *adj* considerate (***gegen*** of).

Rück|sitz *m* backseat, (*Sozius*) pillion. **~spiegel** *m mot.* rearview mirror. **~spiel** *n Sport*: return match. **~sprache** *f* consultation: ***mit j-m ~ nehmen*** consult (with) s.o.

rückspulen *v/t u. v/i Film, Tonband etc*: rewind.

Rückspultaste *f* rewind key.

Rückstand *m* **1.** ⚗ residue. **2.** (*Zahlungsrückstand*) arrears *pl*, (*Arbeitsrückstand*) *a.* backlog: ***im ~ sein mit*** be behind with, *Sport*: be down *one goal etc.*

rückständig *adj* **1.** backward, *Land*: *a.* underdeveloped. **2.** ***~e Miete*** arrears *pl* of rent.

Rückständigkeit *f* backwardness.

Rückstau *m mot.* tailback.

Rückstellung *f* **1.** transfer to reserve (fund). **2.** (liability) reserve: ***~ für uneinbringliche Forderungen*** reserve for bad debts.

Rückstoß *m e-r Schusswaffe*: recoil, kick.

Rückstrahler *m* rear reflector.

Rücktaste *f Schreibmaschine*: back spacer, *Tonbandgerät etc*: rewind key.

Rücktritt *m* **1.** (***von*** from) *e-m Amt*: resignation, *e-m Vertrag*: withdrawal: ***s-n ~ erklären*** announce (*od.* tender) one's resignation. **2.** F → **Rücktrittbremse** *f am Fahrrad*: backpedal brake.

Rücktritts|frist *f vom Kaufvertrag*: cooling-off period, period for withdrawal. **~gebühr** *f* cancellation charges *pl*. **~gesuch** *n* (letter of) resignation. **~klausel** *f* escape clause. **~recht** *n vom Kaufvertrag*: right to rescind.

rückübersetzen *v/t* translate back (***in*** *acc* into *English etc*).

Rückübersetzung *f* retranslation.

rückvergüten *v/t*, **Rückvergütung** *f* refund.

rückversichern *v/t* reinsure (***sich*** o.s.): *fig.* ***sich ~*** play safe.

Rückversicherung *f* reinsurance.

Rückwand *f* back, back wall.

rückwärtig *adj* back, rear.

rückwärts *adv* backwards: ***~ fahren in*** (*acc*) (*od.* ***aus*** *dat*) back into (*od.* out of).

Rückwärtsgang *m mot.* (***im ~*** in) reverse (gear).

Rückweg *m* way back, return: ***den ~ antreten*** head for home.

ruckweise **I** *adj* jerky. **II** *adv* jerkily, in jerks.

rückwirkend *adj* ⚖ retroactive: ***~ ab*** backdated to.

Rückwirkung *f* (***auf*** *acc* upon) reaction, repercussion.

rückzahlbar *adj* repayable.

Rückzahlung *f* repayment, refund.

Rückzieher *m* **1.** *Fußball*: overhead kick. **2.** F ***e-n ~ machen*** back down.

Rückzug *m* retreat.

Rückzugsgefecht *n a. fig.* rearguard action.

rüde *adj* rude, coarse.

Rüde *m zo.* male dog (*od.* wolf, fox).

Rudel *n* pack (*a. fig.*), *Rehe etc*: herd.

Ruder *n* oar, (*Steuerruder*) rudder (*a.* ✈), helm: ***am ~*** at the helm (*a. fig.*); *fig.* ***ans ~ kommen*** come into power. **~boot** *n* rowing boat.

Ruderer *m* rower, oarsman.

Ruderin *f* oarswoman.

Ruderklub *m* rowing club.

rudern *v/t u. v/i* row.

Rudern *n* rowing.

Ruderregatta *f* boat race, regatta.

Rudersport *m* rowing.

Ruf *m* **1.** call (*a. teleph. u. fig.*), (*Schrei*) cry, shout: ***e-n ~ erhalten nach*** be offered an appointment (*univ.* a chair) at; *teleph.* ***~ 3721*** Tel. 3721. **2.** (*Leumund*) reputation: *Künstler etc* ***von ~*** of high repute, noted *artist etc*; ***im ~*** (*gen*) ***stehen*** be reputed to be.

rufen **I** *v/i* call, (*schreien*) cry, shout: ***~ nach*** call for (*a. fig.*); ***um Hilfe ~*** cry for help. **II** *v/t* call, (*herbei~*) *a.* summon: ***~ lassen*** send for; ***du kommst mir wie gerufen*** you're just the person I need.

Rufen *n* calling, calls *pl*.

Rüffel *m* F dressing-down.

Rufmord *m* character assassination.

Rufname *m* name by which one is called.

Ruf|nummer *f* telephone number. **~umleitung** *f* redirection of calls.

Rufweite *f* ***in*** (***außer***) ***~*** within (out of) calling distance.

Rufwiederholung *f* last number re-dial (function).

Rugby *n Sport*: rugby.

Rüge *f* reprimand, rebuke.

rügen *v/t* (***wegen*** for) a) (*j-n*) reprimand, rebuke, b) (*et.*) criticize, *öffentlich*: *a.* censure.

Ruhe *f* rest (*a. phys. u. Erholung*), (*Stille*) quiet, (*a. Schweigen*) silence, (*Frieden*) peace, (*Gemütsruhe*) calm(ness), composure: ~ ***und Ordnung*** law and order; ***die ~ vor dem Sturm*** the calm before the storm; ***die ewige*** (*od.* ***letzte***) ~ eternal rest; ***in aller ~*** very calmly, (*gemütlich*) leisurely; ***überlege es dir in aller ~*** take your time about it; ~ ***bewahren*** keep quiet, *nervlich*: keep cool; ***sich zur ~ setzen*** retire; ***zur ~ bringen*** quieten down; ~, ***bitte!*** quiet, please!; ***lass mich in ~!*** leave me alone!; ***lass mich damit in ~!*** I don't want to hear about it!; ***er möchte s-e ~ haben*** he wants to be left in peace; F ***er hat die ~ weg!*** he's (as) cool as a cucumber; ***immer mit der ~!*** take it easy!

ruhebedürftig *adj* in need of (a) rest.

Ruhe|bett *n* couch. **~gehalt** *n* pension. **~lage** *f* → ***Ruhestellung.***

ruhelos *adj* restless.

ruhen *v/i allg.* rest, *Arbeit, Verkehr etc*: be at a standstill, *Verhandlungen etc*: be suspended: ~ ***auf*** (*dat*) *Blick, Last, Verantwortung etc*: rest on; ***er ruhte nicht, bis*** he didn't rest until; ***hier ruht*** here lies; ***lass die Vergangenheit ~!*** let bygones be bygones!

Ruhe|pause *f* break, rest. **~platz** *m* resting place. **~stand** *m* (***vorzeitiger*** ~ early) retirement: ***im*** ~ retired; ***in den ~ treten*** retire; ***in den ~ versetzen*** retire, pension *s.o.* off. **~stätte** *f* resting place.

Ruhe|störer(in) disturber of the peace. **~störung** *f* ⚖ ***öffentliche ~*** disturbance of the peace.

Ruhetag *m* day of rest, (*dienstfreier Tag*) day off, *e-s Lokals etc*: closing day: ***Montag ~!*** closed on Mondays!

ruhig I *adj* **1.** *allg.* quiet (*a. Farbe, Gegend, econ. Markt*), (*still*) *a.* silent, (*bewegungslos*) still, (*friedlich*) peaceful, (*geruhsam*) restful, (*gelassen*) calm, (*gemächlich*) leisurely (*a. adv*), (*glatt*) smooth (*a. tech.*), *Hand etc*: steady, *See*: calm: (***sei***) ***~!*** (be) quiet!; ***sei ganz ~!*** (*unbesorgt*) don't worry!; ~ ***bleiben*** keep calm; ***k-e ~e Minute haben*** not to have a moment's peace. II *adv* **2.** quietly (*etc*): ***das Haus liegt ~*** the house is in a quiet area; ~ ***verlaufen*** be uneventful. **3.** F easily, very well: ***tu das ~!*** go right ahead!; ***du kannst ~ dableiben!*** (you can) stay if you want!

Ruhm *m* fame, glory: ~ ***erlangen*** win fame.

rühmen I *v/t* praise (***wegen*** for). II *v/refl* ***sich ~*** (*gen*) pride o.s. (on), boast (*s.th.*).

Ruhmesblatt *n* ***das ist kein ~ für ihn*** that's not exactly to his credit.

rühmlich *adj* laudable, praiseworthy: ***~e Ausnahme*** noteworthy exception.

ruhmlos *adj* inglorious.

ruhmreich, ruhmvoll *adj* glorious.

Ruhr *f* ⚕ dysentery.

Rührbesen *m gastr.* whisk.

Rühreier *pl* scrambled eggs *pl.*

rühren I *v/t* **1.** (*Teig etc*) stir, (*bewegen*) *a.* move: *fig.* ***er hat k-n Finger gerührt*** he did not lift a finger; → ***Donner, Trommel.*** **2.** *fig.* touch, move (***zu Tränen*** to tears): ***das rührt mich wenig*** that leaves me cold. II *v/i* **3.** stir. **4.** ~ ***an*** (*acc*) a) touch, b) *ein Thema etc*: touch (up)on. III *v/reflex* ***sich ~*** **5.** stir, move: *mil.* ***rührt euch!*** (stand) at ease!; ***sich nicht*** (***von der Stelle***) ~ not to budge (an inch). **6.** *fig.* do (*od.* say) s.th., *Gefühl*: make itself felt.

rührend *adj* touching, moving, (*liebevoll*) very kind.

Ruhrgebiet *n the* Ruhr.

rührig *adj* active, busy, enterprising.

Rührlöffel *m* stirring spoon.

rührselig *adj* sentimental, mawkish: ***~e Geschichte*** F sob story.

Rührung *f* emotion: ***er brachte vor ~ kein Wort heraus*** he was choked with emotion.

Ruin *m* (***vor dem ~ stehen*** be on the brink of) ruin.

Ruine *f* ruin(s *pl*).

ruinieren *v/t allg.* ruin (***sich*** o.s.).

ruinös *adj* ruinous.

rülpsen *v/i*, **Rülpser** *m* belch.

Rum *m* rum.

rum(...) F → ***herum(...)***.

Rumänien *n* Romania. **Rumäne** *m*, **Rumänin** *f*, **rumänisch** *adj* Romanian.

Rummel *m* F **1.** (*Betriebsamkeit*) (hustle and) bustle, (*Aufheben*) fuss, to-do: ***großen ~ machen um*** make a big fuss about. **2.** a) fun fair, b) → **Rummelplatz** *m* fairground, amusement park.

rumoren *v/i* rumble (around).

Rumpelkammer *f* lumber room.

rumpeln *v/i* rumble.

Rumpf *m* **1.** *anat.* trunk, body, *e-r Statue u. fig.* torso. **2.** (*Schiffsrumpf*) hull, (*Flugzeugrumpf*) fuselage.

rümpfen *v/t* ***die Nase ~*** turn up one's nose (***über*** *acc* at).

Rumpsteak *n* rump steak.

Run *m* run (***auf*** *acc* on).

rund I *adj* **1.** *allg.* round (*a. fig. Summe, Zahl etc*): ***Gespräche am ~en Tisch*** round-table talks; *fig.* ***~e 1000 Mark*** 1,000 marks or so; ***e-e ~e Leistung*** a perfect performance. II *adv* **2.** (*etwa*) about, roughly: ~ ***gerechnet*** in round figures. **3.** ~ ***um*** (a)round *the world etc.*

Rundbau *m* rotunda.

Rundblick *m* panorama.

Runde *f* **1.** (*Gesellschaft*) circle. **2.** (*Rundgang*) round: ***s-e ~ machen*** make one's rounds, *bsd. Polizist*: be on one's beat; ***die***

*~ **machen*** *Geschichte etc*: go the round. **3.** *Boxen, Golf etc*: round (*a. fig. Verhandlungsrunde*), *Renn-, Laufsport*: lap: ***über die ~n kommen*** go the distance, stay the course; F *fig.* ***gerade so über die ~n kommen*** just about make it, scrape by, *a. finanziell*: get by. **4.** (*~ Bier etc*) round: F ***e-e ~ schmeißen*** stand a round (*of beer etc*).
runden *v/reflex* ***sich ~*** grow round, *fig.* (*Gestalt annehmen*) take shape.
runderneuern *v/t* (*Reifen*) retread.
Rund|fahrt *f* (sightseeing) tour (***durch*** of). **~flug** *m* circuit. **~frage** *f* general inquiry, survey.
Rundfunk *m* **1.** broadcasting, radio: ***im ~*** on the radio (*od.* air); ***~ hören*** listen to the radio; ***im ~ übertragen*** (*od.* ***senden, bringen***) broadcast; ***beim ~ sein*** work in broadcasting; *in Zssgn* → *a.* ***Funk..., Radio...*** **2.** → **~anstalt** *f* broadcasting company, *Am.* radio corporation. **~gerät** *n* radio (set). **~hörer(in)** listener. **~programm** *n* radio program(me *Br.*). **~sender** *m* → ***Rundfunkstation.*** **~sendung** *f* broadcast, radio program(me *Br.*). **~sprecher(in)** (radio) announcer. **~station** *f* radio station. **~zeitung** *f* radio journal.
Rundgang *m* round, tour (***durch*** of).
rundheraus *adv* flatly, straight out.
rundherum *adv* all (a)round.
rundlich *adj* plump, chubby.
Rundreise *f* tour (***durch*** of).
Rundschreiben *n* circular (letter).
Rundstrecke *f* circuit.
Rundstricknadel *f* circular knitting needle.
rundum *adv* all (a)round.
Rundung *f* curve (*pl* F *e-r Frau*).
rundweg *adv* flatly.
Rune *f* rune.
runter(...) F → ***herunter(...), hinunter(...)***.
runterladen *v/t Computer*: download.
Runzel *f* wrinkle, line.
runz(e)lig *adj* wrinkled, lined.
runzeln *v/t* wrinkle: ***die Stirn ~*** frown.
Rüpel *m* lout. **rüpelhaft** *adj* rude.
rupfen *v/t* (*Huhn etc*) pluck: F *fig.* ***j-n ~*** fleece s.o.; → ***Hühnchen*** 1.
ruppig *adj* **1.** shaggy. **2.** *fig.* gruff.
Rüsche *f* frill.
Ruß *m* soot.
russ. ***russisch*** Russian (Russ.).
Russe *m* Russian.
Rüssel *m* proboscis, *des Elefanten*: *a.* trunk, *des Schweins*: snout.
rußen *v/i* smoke. **rußig** *adj* sooty.
Russin *f*, **russisch** *adj* Russian.
Russland *n* Russia.
rüsten (**für, zu** for) **I** *v/i mil.* arm: *fig.* ***gerüstet*** armed, ready. **II** *v/reflex* ***sich ~*** prepare, get ready.
rüstig *adj* vigorous, sprightly, fit.
Rüstung[1] *f* (*Ritterrüstung*) armo(u)r.
Rüstung[2] *f mil.* armament.
Rüstungs|auftrag *m* armaments contract. **~ausgaben** *pl* defen/ce (*Am.* -se) expenditure *sg.* **~begrenzung** *f* arms limitation. **~industrie** *f* defen/ce (*Am.* -se) industry. **~kontrolle** *f* arms control. **~konzern** *m* armaments group. **~stopp** *m* arms freeze. **~wettlauf** *m* arms race.
Rüstzeug *n fig.* equipment.
Rute *f* **1.** switch, (*a. Zuchtrute*) rod. **2.** (*Angelrute*) fishing rod. **3.** *hunt.* a) penis, b) (*Schwanz*) tail, *des Fuchses*: brush.
Rutengänger(in) diviner.
Rutsch *m* **1.** slide, (*Erdrutsch*) landslide: F ***in einem ~*** in one go; ***guten ~ (ins neue Jahr)!*** Happy New Year! **2.** F (short) trip.
Rutschbahn *f* slide.
Rutsche *f* slide, *tech. a.* chute.
rutschen *v/i* slide, (*aus~*) slip, (*gleiten*) glide, *mot. etc* skid.
rutschig *adj* slippery.
rutschsicher *adj* nonslip, *mot.* nonskid.
rütteln **I** *v/t* shake, *tech.* vibrate. **II** *v/i Fahrzeug*: shake, jolt, *tech.* vibrate: ***~ an*** (*dat*) a) *der Tür*: rattle (at), b) *fig.* shake, (*in Frage stellen*) question; ***daran ist nicht zu ~!*** that's a fact!

R

S

S, s *n* S, s.
S ***Süd(en)*** south (S); ***Schilling*** schilling (S).
S. ***Seite*** page (p.).
s ***Sekunde(n)*** second(s *pl*) (s, sec.).
SA ***Sturmabteilung*** *hist.* (Nazi) stormtroops *pl od.* stormtroopers *pl.*
Sa. ***Samstag, Sonnabend*** Saturday (Sat., Sat).
s. a. ***siehe auch*** see also.
Saal *m* hall.
Saarland *n the* Saarland.
Saat *f* (*das Säen*) sowing, (*Same*) seed (*a. fig.*), (*Getreide etc*) crop(s *pl*). **~gut** *n* seed(s *pl*). **~kartoffel** *f* seed potato.
Sabbat *m* Sabbath.
sabbern *v/i* slaver, drool.
Säbel *m* sabre, *Am.* saber.
Sabotage *f* sabotage. **~akt** *m* act of sabotage.
Saboteur(in) saboteur.
sabotieren *v/t a. fig.* sabotage.
Saccharin *n* saccharin(e).
Sach|anlagen *pl* tangible assets *pl*, tangibles *pl.* **~bearbeiter(in)** official (*econ.* clerk) in charge (***für*** of). **~beschädigung** *f* damage to property.
sachbezogen *adj* pertinent.
Sachbezüge *pl* payment in kind.
Sachbuch *n* nonfiction book, *pl coll.* nonfiction *sg.*
sachdienlich *adj* relevant, pertinent, helpful.
Sache *f* **1.** thing, object: F ***~n*** *pl allg.* things *pl* (*a. Speisen etc*), (*Habseligkeiten*) *a.* belongings *pl*; F *mot.* ***mit 100 ~n*** at 60 (miles per hour). **2.** (*Angelegenheit*) affair, matter, business, (*Frage, Problem*) problem, (*Thema, Gebiet*) subject, (*Fall*) case, ⚖ *u. weitS.* (*Anliegen*) cause: ***e-e ~ für sich*** a matter apart; ***in ~n Umwelt*** concerning the environment; ***in eigener ~*** on one's own behalf; ***bei der ~ bleiben*** stick to the point; ***er war nicht bei der ~*** he was inattentive (*od.* absent-minded); ***für e-e gute ~ kämpfen*** fight for a good cause; ***s-e ~ gut (schlecht) machen*** do a good (bad) job; ***(sich) s-r ~ sicher sein*** be sure of one's ground; ***zur ~ kommen*** get to the point, *weitS.* get down to business; ***e-r ~ zustimmen*** put one's seal to s.th.; ***das ist s-e ~!*** that's his problem (*od.* affair)!; ***es ist s-e ~ zu inf*** it's his business to *inf*; ***es ist ~ des Vertrauens*** it's a matter of trust; ***das tut nichts zur ~*** that makes no difference; ***die ~ ist die, dass ...*** the point is that ...; F ***j-m sagen, was ~ ist*** tell s.o. what's what; F ***mach k-e ~n!*** *erstaunt*: you're kidding!, *warnend*: no funny business!; → ***gemeinsam*** I.
Sachfrage *f* factual issue.
sachfremd *adj* irrelevant.
Sachgebiet *n* subject, field.
sach|gemäß *adj* proper, appropriate: : ***~ behandeln*** treat with due care. **~gerecht** *adj* proper, appropriate.
Sach|kenner(in) expert. **~kenntnis** *f* expertise.
sachkundig → ***sachverständig***; ***sich ~ machen*** inform o.s..
Sachlage *f* state of affairs, position: ***bei dieser ~*** under these circumstances.
Sachleistung *f* payment in kind.
sachlich *adj* **1.** factual, (*sachbezogen*) *a.* technical, (*zweckbetont, a.* ⚠, *tech.*) functional: ***aus ~en Gründen*** for technical (*od.* practical) reasons; *adv* ***~ richtig*** factually correct. **2.** (*nüchtern*) matter-of-fact, realistic(ally *adv*), (*emotionslos*) unemotional, (*objektiv*) objective, (*praktisch*) practical(-minded).
sächlich *adj ling.* neuter.
Sachlichkeit *f* matter-of-factness, objectivity, ⚠, *tech.* functionalism.
Sachmittel *pl* physical resources *pl.*
Sachregister *n* (subject) index.
Sachschaden *m* material damage, damage to property.
Sachse *m* Saxon. **Sachsen** *n* Saxony. **Sachsen-Anhalt** *n* Saxony-Anhalt. **Sächsin** *f*, **sächsisch** *adj* Saxon.
Sachspende *f* donation in kind.
sacht I *adj* soft, gentle. II *adv a.* **~e** softly, gently, (*vorsichtig*) cautiously, (*langsam*) slowly: ***~e!*** gently does it!; F ***(immer) ~e!*** take it easy!
Sachverhalt *m the* facts *pl* (of the case), *the* circumstances *pl.*
Sachverstand *m* expertise, know-how.
sachverständig *adj* expert, competent, *Person*: *a.* knowledgeable.

S

Sachverständige *m, f* expert, ⚖ expert witness.
Sachverständigengutachten *n* expert opinion.
Sach|walter(in) **1.** *jur.* trustee. **2.** *fig.* advocate, champion. **~wert** *m* real value: **~e** *pl* material assets *pl.* **~wissen** *n* expert knowledge. **~zwang** *m* force of circumstance, practical necessity, practical constraint.
Sack *m* **1.** sack, bag, *anat., zo.* sac: ***der gelbe ~*** the bag for recyclable waste; ***mit ~ und Pack*** with bag and baggage. **2.** V (*Hoden*) balls *pl.*
sacken *v/i* sink, give way, sag, *Person*: slump.
Sackgasse *f* **1.** cul-de-sac. **2.** *fig.* dead end, impasse.
Sackhüpfen *n*, **Sacklaufen** *n* sack race.
Sadismus *m* sadism. **Sadist(in)** sadist.
sadistisch *adj* sadistic(ally *adv*).
säen *v/t u. v/i a. fig.* sow: ***dünn gesät*** scarce, few and far between.
Safari *f* safari. **~park** *m* safari (*Am.* animal) park.
Safe *m, n* safe.
Safran *m*, **safrangelb** *adj* saffron.
Saft *m allg.* juice (*a.* F ⚡ *Strom*), ⚘ sap: *fig.* ***ohne ~ und Kraft*** → ***saftlos*** 2; → ***schmoren*** 1.
saftig *adj* **1.** juicy, ⚘ lush. **2.** F *fig. Witz etc*: juicy, spicy, *Ohrfeige*: resounding, *Preise etc*: stiff, steep, *Antwort, Niederlage*: crushing: ***~e Gewinne*** huge profits.
saftlos *adj* **1.** juiceless, dry. **2.** *fig. mst* ***saft- und kraftlos*** lame, wishy-washy.
Saftpresse *f* squeezer, juice extractor.
Saga *f* saga.
Sage *f* **1.** legend. **2.** *fig.* rumo(u)r.
Säge *f* saw. **Sägeblatt** *n* saw blade.
Säge|bock *m* sawhorse. **~fisch** *m* sawfish. **~mehl** *n* sawdust.
sagen *v/t u. v/i* say: ***j-m et. ~*** say s.th. to s.o., tell s.o. s.th.; → ***Meinung, Wahrheit*** *etc*; ***j-m et. ~ lassen*** let s.o. know s.th.; ***ich habe mir ~ lassen, dass ...*** I've been told that ...; ***et.*** (***nichts***) ***zu ~ haben*** have a (no) say (***bei*** in); ***das hat nichts zu ~*** that doesn't matter; ***~ Sie ihm, er soll kommen*** tell him to come; ***was sagst du zu ...?*** what do you say to ...?, (*wie wäre es mit?*) how about ...?; ***was willst du damit ~?*** what do you mean (by that)?; *das Buch, Bild etc* ***sagt mir nichts*** doesn't mean a thing to me; ***wie sagt man ... auf Englisch?*** what is the English for ...?; ***ich habs dir ja gleich gesagt!*** I told you so!; ***lass dir das gesagt sein!*** put that in your pipe and smoke it!; ***man sagt, er sei krank*** they say he is ill, he is said to be ill; ***was Sie nicht ~!*** you don't say!; F ***wem ~ Sie das!*** you're telling me!; ***~ wir*** *zehn Stück* (let's) say ...; (***das***) ***sagst du!*** F says you!; ***sage und schreibe*** no less than; ***es*** (*od.* ***damit***) ***ist nicht gesagt, dass ...*** that doesn't necessarily mean that ...; ***unter uns gesagt*** between you and me; ***gesagt, getan*** no sooner said than done; → ***schwer*** II.
Sagen *n* F ***das ~ haben*** be the boss, ***bei*** (*od.* ***in*** *dat*) have the (final) say in.
sägen *v/t u. v/i* saw.
sagenhaft *adj* **1.** legendary, mythical. **2.** F *fig.* fantastic, terrific, incredible.
Sägespäne *pl* wood shavings *pl.*
Sägewerk *n* sawmill.
Sago *m gastr.* sago.
Sahara *f the* Sahara.
Sahne *f* cream: F *fig.* ***erste ~*** really great. **~bonbon** *m, n* toffee, *Am.* taffy. **~eis** *n* icecream. **~käse** *m* cream cheese. **~quark** *m* high-fat curd cheese. **~torte** *f* cream gateau.
sahnig *adj* creamy.
Saison *f* season.
saisonabhängig *adj* seasonal.
saisonal *adj* seasonal: ***~e Schwankungen*** seasonal fluctuations.
Saison|arbeiter(in) seasonal worker. **~aufschlag** *m* seasonal charge. **~ausverkauf** *m* seasonal sale.
saison|bedingt *adj* seasonal. **~bereinigt** *adj Statistik*: seasonally adjusted.
Saison|beschäftigung *f* seasonal employment. **~schlussverkauf** *m econ.* seasonal sale.
Saite *f* ♪ string, chord: → ***aufziehen*** 4.
Saiteninstrument *n* stringed instrument.
Sakko *m* (*sportlicher*: sports) jacket.
Sakrament *n eccl.* sacrament.
Sakrileg *n* sacrilege.
Sakristei *f* vestry.
Salamander *m zo.* salamander.
Salami *f gastr.* salami.
Salamitaktik *f pol.* salami tactics *sg.*
Salat *m* salad, (*Pflanze*) lettuce: F *fig.* ***da haben wir den ~!*** there you are!
Salat|besteck *n* salad servers *pl.* **~kopf** *m* (head of) lettuce. **~öl** *n* salad oil. **~schüssel** *f* salad bowl. **~soße** *f* salad dressing.
Salbe *f* ointment.
Salbei *m, f* ⚘ sage.
Salbung *f* anointing, *a. fig.* unction.
salbungsvoll *adj* unctuous.
saldieren *v/t* balance, settle.
Saldo *m econ.* balance: ***per ~*** *a. fig.* on balance. **~vortrag** *m* balance brought (*od.* carried) forward.
Saline *f* saltworks *pl* (*a. sg konstr.*).
Salmiak *m* ⚗ ammonium chloride.
Salmiakgeist *m* liquid ammonia.

Salmonellen *pl* salmonellae *pl.* **~erkrankung** *f* salmonellosis.
Salon *m* drawing room, *Am.* parlor, ⚓ saloon, (*Kosmetiksalon etc*) salon.
salonfähig *adj* presentable, *Benehmen, Witz*: respectable: ***nicht ~*** *Witz*: risqué.
salopp *adj* casual, *Stil*: off-hand.
Salpeter *m* ⚗ saltpet/re (*Am.* -er).
Salpetersäure *f* ⚗ nitric acid.
Salsa *m*, **~musik** *f* salsa.
Salsasoße *f* salsa.
Salto *m a. fig.* somersault.
Salut *m* (***~ schießen*** fire a) salute.
Salve *f* (*Gewehrsalve*) volley (*a. fig.*), (*Geschützsalve*) salvo, (*Ehrensalve*) salute.
Salz *n a. fig.* salt.
salzarm *adj* ***~e Kost*** low-salt diet.
Salzbergwerk *m* salt mine.
salzen *v/t* salt, *fig. a.* season; → ***gesalzen.***
Salz|fässchen *n* salt cellar. **~gehalt** *m* salt content. **~gurke** *f* pickled gherkin.
salzhaltig *adj* saline.
Salzhering *m* salted herring.
salzig *adj* salty.
Salzkartoffeln *pl* boiled potatoes *pl.*
salzlos *adj* salt-free.
Salz|säule *f fig.* ***zur ~ erstarren*** freeze. **~säure** *f* ⚗ hydrochloric acid. **~see** *m* salt lake. **~stange** *f* saltstick. **~streuer** *m* salt shaker. **~wasser** *n* salt water.
Samariter *m* (***barmherziger ~*** good) Samaritan.
Samba *m* ♪ samba.
Sambia *n* Zambia.
Same *m* → **Samen** *m* **1.** ⚘ seed (*a. fig.*). **2.** *physiol.* sperm, semen.
Samen|bank *f* ⚕, *vet.* sperm bank. **~erguss** *m* ejaculation. **~faden** *m* spermatozoon. **~flüssigkeit** *f* semen. **~kapsel** *f* ⚘ seed capsule. **~leiter** *m anat.* vas deferens. **~spender** *m* (sperm) donor.
Samenstrang *m anat.* spermatic cord.
Sammel|aktion *f* fund-raising campaign, collection. **~band** *m* anthology. **~becken** *n* reservoir (*a. fig.*), *geogr.* catchment area. **~begriff** *m* generic term. **~bestellung** *f* collective order. **~büchse** *f* collecting box. **~fahrschein** *m* group ticket. **~lager** *n* assembly camp. **~mappe** *f* file.
sammeln I *v/t* **1.** *allg.* collect (*a. tech.*), (*Holz, a. fig. Erfahrungen etc*) gather, (*Beeren etc*) pick, (*Kunden, Stimmen etc*) canvass for, (*an~*) accumulate; → ***gesammelt*** 1. **2.** (*ver~*) gather, *wieder*: rally. **3.** *opt.* focus. II *v/i* **4.** (**für** for) collect money, *bsd. für j-n*: pass the hat (around). III *v/reflex* ***sich ~*** **5.** (*sich an~*) gather, accumulate. **6.** (*sich ver~*) assemble, meet, rally. **7.** *fig.* (*a.* ***s-e Gedanken ~***) concentrate, collect one's thoughts, (*sich fassen*) compose o.s.; → ***gesammelt*** 2. **8.** *opt.* focus.
Sammel|name *m* collective (noun). **~platz** *m*, **~punkt** *m* **1.** meeting place, *mil.* assembly point. **2.** *a.* **~stelle** *f* collecting point.
Sammelsurium *n* omnium gatherum.
Sammel|überweisung *f* combined bank transfer. **~visum** *n* group visa. **~wut** *f* collecting mania.
Sammler(in) collector.
Sammlerwert *m* collector's value.
Sammlung *f* **1.** collection, (*Gedichtsammlung*) anthology. **2.** museum. **3.** *fig.* concentration, (*Fassung*) composure.
Samstag *m* (**am ~** on) Saturday.
samstags *adv* on Saturdays.
samt I *adv* ***~ und sonders*** all of them, F the whole lot. II *prep* together with, along with.
Samt *m* velvet, (*Baumwollsamt*) velveteen.
samtartig *adj* velvety.
Samthandschuh *m fig.* ***j-n mit ~en anfassen*** handle s.o. with kid gloves.
sämtlich I *adj* all: ***~e Anwesende(n)*** all those present; ***~e Werke*** the complete works. II *adv* all of them.
Sanatorium *n* sanatorium, *Am.* sanitarium.
Sand *m* sand: F ***wie ~ am Meer*** any number of; *fig.* ***im ~e verlaufen*** come to nothing; ***j-m ~ in die Augen streuen*** throw dust in s.o.'s eyes; F *ein Projekt etc* ***in den ~ setzen*** waste.
Sandale *f* sandal.
Sandalette *f* high-heeled sandal.
Sand|bahn *f mot.* dirt track. **~bank** *f* sandbank. **~boden** *m* sandy soil. **~dorn** *m* ⚘ sea buckthorn.
Sandelholz *n* sandalwood.
Sandgrube *f* sand pit.
sandig *adj* sandy.
Sand|kasten *m* sandpit, *mil.* sandtable. **~korn** *n* grain of sand. **~mann** *m*, **~männchen** *n fig.* sandman. **~papier** *n* sandpaper. **~platz** *m Tennis*: clay court. **~sack** *m* sandbag, *Boxen*: body bag. **~stein** *m* sandstone.
sandstrahlen *v/t* sandblast.
Sandstrahlgebläse *n* sandblaster.
Sand|strand *m* sandy beach. **~sturm** *m* sandstorm. **~uhr** *f* hour glass.
sanft *adj allg.* soft, gentle, *Tod*: easy, peaceful: ***mit ~er Gewalt*** with gentle force.
Sänfte *f* sedan (chair).
Sanftheit *f* softness, gentleness.
Sanftmut *f* gentleness.
Sänger *m* **1.** singer. **2.** (*Vogel*) songbird.
Sängerfest *m* choral festival.
Sängerin *f* singer.
sang- und klanglos *adv* quietly, simply.
sanieren I *v/t* (*Haus, Stadtteil*) redevelop, (*a. Firma*) rehabilitate. II *v/reflex* ***sich ~*** a)

econ. get back on one's feet again, b) F *fig.* line one's own pockets.

Sanierung *f* redevelopment, *a. econ.* rehabilitation.

Sanierungs|gebiet *n* redevelopment area. **~maßnahme** *f* **1.** *von Gebäuden*: redevelopment. **2.** *econ.* rescue package.

sanitär *adj* sanitary: ***~e Einrichtungen*** sanitary facilities.

Sanitäter(in) ambulance (*od.* first-aid) man (woman), *Am.* paramedic, medic(al orderly).

Sanitäts|dienst *m* medical service. **~flugzeug** *n* air ambulance. **~kasten** *m* first-aid kit. **~korps** *n mil.* medical corps. **~wache** *f* first-aid post. **~wagen** *m* ambulance. **~zelt** *n* hospital tent.

Sankt (*abbr.* **St.**) Saint (*abbr.* St.).

Sanktion *f*, **sanktionieren** *v/t* sanction.

Sa.-Nr. ***Sammelnummer*** collective number.

Saphir *m* **1.** *min.* sapphire. **2.** *a.* **~nadel** *f am Plattenspieler*: sapphire (needle).

Sardelle *f* anchovy.

Sardellenpaste *f* anchovy paste.

Sardine *f* sardine.

Sardinien *n* Sardinia.

Sarg *m* coffin, *Am. a.* casket.

Sarkasmus *m* sarcasm.

sarkastisch *adj* sarcastic(ally *adv*).

Sarkom *n* ⚕ sarcoma.

Sarkophag *m* sarcophagus.

Satan *m* Satan.

satanisch *adj* satanic(ally *adv*).

Satellit *m allg.* satellite.

Satelliten|bild *n* satellite picture. **~fernsehen** *n* satellite TV. **~schüssel** *f* satellite dish. **~staat** *m pol.* satellite (state). **~stadt** *f* satellite town. **~übertragung** *f TV* satellite transmission.

Satin *m* satin, (*Baumwollsatin*) sateen.

Satire *f* satire (**auf** *acc* on).

Satiriker(in) satirist.

satirisch *adj* satirical.

satt *adj* **1.** satisfied, F full up: ***ich bin ~*** I've had enough; ***sich ~ essen*** eat one's fill; ***das macht ~*** that's very filling; *adv* ***~ zu essen haben*** have enough to eat; F ***et.*** (***j-n***) (***gründlich***) ***~ haben*** be sick and tired of (*od.* be fed up with) s.th. (s.o.). **2.** *fig. Farbe*: deep, rich, *Klang*: full. **3.** *fig.* complacent. **4.** F *Preis etc*: stiff, steep, *Schlag etc*: powerful.

Sattel *m allg.* saddle (*a. Gebirgssattel*), (*Nasensattel*) bridge: *fig.* ***j-n aus dem ~ heben*** oust s.o.; ***fest im ~ sitzen*** be firmly in the saddle. **sattelfest** *adj fig.* ***in e-r Sache ~ sein*** be well up in s.th.

satteln *v/t* saddle.

Sattel|schlepper *m mot.* **1.** road tractor. **2.** (*~zug*) articulated lorry, *Am.* semitrailer (truck). **~tasche** *f* saddle bag. **~zeug** *n* saddle and harness.

sättigen **I** *v/t* **1.** satisfy (*a. fig. j-s Neugier etc*), fill. **2.** ⚗, *a. econ.* saturate. **II** *v/i* **3.** be filling.

Sättigung *f* satiation, (*Sattsein*) satiety, ⚗ *u. fig.* saturation.

Sättigungspunkt *m* ⚗ *u. fig.* saturation point.

Sattler(in) saddler. **Sattlerei** *f* saddlery.

saturieren *v/t* saturate.

Satyr *m* satyr.

Satz *m* **1.** *ling.* sentence, clause. **2.** (*Lehrsatz*) principle, tenet, *A* theorem. **3.** *print.* a) (type)setting, composition, b) (*Text*) (set) matter. **4.** ♪ movement. **5.** *Tennis etc*: set. **6.** (*~ Briefmarken, Werkzeuge etc*) set. **7.** (*Bodensatz*) sediment, dregs *pl*, (*Kaffeesatz*) grounds *pl*. **8.** (*Preis, Tarif*) rate: ***zum ~ von*** at the rate of. **9.** (*Sprung*) leap: ***e-n ~ machen*** (take a) leap.

Satz|aussage *f ling.* predicate. **~ball** *m Tennis etc*: set point. **~bau** *m ling.* syntax, construction. **~gefüge** *n ling.* compound sentence. **~gegenstand** *m ling.* subject. **~rechner** *m* typesetting computer. **~spiegel** *m print.* type area. **~teil** *m ling.* part of sentence, clause.

Satzung *f* statute, *mst pl e-s Vereins etc*: statutes and articles *pl.*

satzungsgemäß *adj* statutory, *a. adv* in accordance with the statutes.

Satzzeichen *n* punctuation mark.

Sau *f* **1.** *zo.* sow: V ***unter aller ~*** lousy; ***zur ~ machen*** a) ***j-n*** let s.o. have it, b) ***et.*** wreck s.th.; F ***die ~ rauslassen*** live it up. **2.** V *fig.* a) (dirty) pig, (*Frau*) slut, b) *contp.* swine, (*Frau*) bitch.

sauber *adj* **1.** *allg.* clean (*a. fig. anständig*), (*ordentlich*) neat (*a. fig. Lösung etc*): ***~ machen*** celan (up), tidy (up); ***~ sein*** *Kind*: be potty-trained. **2.** F (*unbewaffnet*) *sl.* clean. **3.** F *iro.* nice, (just) great.

säuberlich *adj* clean, neat, (*sorgfältig*) careful.

Saubermann *iro.* ***Herr u. Frau ~*** Mr. and Mrs. Clean.

säubern *v/t* **1.** clean (up), tidy (up). **2.** (*räumen*) clear (**von** of). **3.** *fig., a. pol.* purge.

Säuberung *f* **1.** cleaning (*etc*). **2.** → **Säuberungsaktion** *f pol.* purge.

saublöd → ***saudumm.***

Saubohne *f* ⚘ broad bean.

Sauce *f* → ***Soße.***

Sauciere *f* sauce boat.

Saudi *m* Saudi.

Saudi-Arabien *n* Saudi Arabia.

saudi-arabisch *adj* Saudi Arabian.
saudumm *adj* V damned stupid.
sauer I *adj* **1.** *allg.* sour (*a. Boden, Geruch, Milch*), ⚗ acid (*a. Drops, Regen*), *Gurke*: pickled: **~ werden** *Milch*: turn (sour), curdle; *fig.* **in den sauren Apfel beißen müssen** have to swallow the bitter pill. **2.** F *fig.* (*verärgert*) sour, cross: **~ werden** get cross; **j-m das Leben ~ machen** make life miserable for s.o. **II** *adv* **3. ~ verdientes Geld** hard-earned money; F *fig.* **~ reagieren** be annoyed (**auf** *acc* at).
Sauerampfer *m* ⚘ sorrel.
Sauerei *f* → **Schweinerei.**
Sauerkirsche *f* ⚘ sour cherry.
Sauerkraut *n gastr.* sauerkraut.
säuerlich *adj a. fig.* (a bit) sour.
Sauermilch *f* curdled milk.
säuern *v/t* make sour, (*Teig*) leaven.
Sauerstoff *m* oxygen. **~flasche** *f* oxygen cylinder. **~mangel** *m* ⚕ lack of oxygen. **~maske** *f* oxygen mask. **~zelt** *n* ⚕ oxygen tent.
Sauerteig *m* leaven.
saufen *v/t u. v/i* **1.** *Tier*: drink. **2.** F *Person*: booze, (*nicht Alkoholisches*) guzzle.
Säufer(in) F alcoholic, boozer.
Sauferei *f* F **1.** boozing. **2.** → **Saufgelage** *n* F drinking bout, booze-up.
saugen *v/t u. v/i* **1.** suck (**an** *dat* s.th.); → **Finger. 2.** (*staub~*) vacuum.
säugen *v/t* suckle (*a. zo.*), nurse, breastfeed.
Sauger *m der Babyflasche*: teat, *Am.* nipple.
Säugetier *n* mammal.
saugfähig *adj* absorbent.
Säugling *m* baby, *formell*: infant.
Säuglings|pflege *f* baby care. **~schwester** *f* baby nurse. **~sterblichkeit** *f* infant mortality.
saukalt *adj* V bloody cold.
Säule *f* column, pillar (*a. fig.*).
Säulendiagramm *n* bar chart.
Säulengang *m* colonnade.
Saum *m* hem(line), (*Naht*) seam.
saumäßig *adj* F awful, lousy.
säumen *v/t* **1.** hem. **2.** *fig.* line, skirt.
säumig *adj* **1.** late, tardy. **2.** *econ.* **~er Zahler** (**Schuldner**) defaulter.
Säumniszuschlag *m* extra charge (for late payment).
Sauna *f* sauna.
saunieren *v/i* have a sauna.
Säure *f* sourness, *a.* ⚕ *im Magen*: acidity, ⚗ acid.
säure|beständig *adj*, **~fest** *adj* acid-proof.
Saure-Gurken-Zeit *f* F off-season, *in der Presse*: silly season.
säurehaltig *adj* acid(ic).
Saurier *m* saurian.
Saus: in ~ und Braus leben live on (*od.* off) the fat of the land.
säuseln *v/i u. v/t* whisper, *iro. Person*: purr.
sausen *v/i* **1.** F whiz, rush, dash. **2.** *Wind*: rush, *a. Geschoss etc*: whistle, *Ohren*: buzz: F **~ lassen** (*Angebot etc*) pass up, (*Plan etc*) give *s.th.* a miss, (*j-n*) drop.
Saustall *m* pigsty, F *fig. a.* awful mess.
Sauwetter *n* F filthy weather.
sauwohl *adj* F **sich ~ fühlen** feel real good.
Saxophon, Saxofon *n* saxophone.
SB- Selbstbedienungs... self-service ...
S-Bahn Schnellbahn, Stadtbahn suburban train (*od.* railway).
SBB Schweizerische Bundesbahnen Swiss Federal Railways
s. Br. südlicher Breite southern latitude (S lat.); ... degrees south (°S).
SC Sportclub sports club.
scannen *v/t Computer*: scan.
Scanner *m Computer*: scanner.
Schabe *f zo.* cockroach.
schaben *v/t u. v/i* scrape.
Schabernack *m* practical joke, hoax.
schäbig *adj allg.* shabby, *fig. a.* mean.
Schäbigkeit *f* shabbiness, *fig. a.* meanness.
Schablone *f* **1.** (*Malschablone*) stencil, *tech.* template. **2.** *fig.* (*Denkschablone*) stereotype, cliché, (*Schema*) (fixed) routine.
Schablonendenken *n* stereotyped thinking.
schablonenhaft *adj fig.* stereotyped, (*mechanisch*) mechanical, routine ...
Schach *n* **1.** (*Spiel*) chess: **~ spielen** play (at) chess. **2.** (*~stellung*) check: **~!** check!; **~ und matt!** checkmate!; **j-m ~ bieten** check s.o., *fig.* stand up to s.o.; **in ~ halten** keep in check (*a. fig.*), *mit e-r Waffe*: *a.* cover.
Schachbrett *n* chessboard. **~muster** *n* chequer, *Am.* checker.
Schachcomputer *m* chess computer.
Schacher *m* haggling, *bsd. pol.* horse-trading.
schachern *v/i* haggle (**um** about, over).
Schachfigur *f* chessman, piece, *fig.* pawn.
schachmatt *adj* **1.** (check)mate: **~ setzen** *a. fig.* checkmate. **2.** F (*erschöpft*) exhausted, all in.
Schach|partie *f* game of chess. **~spiel** *n* **1.** (game of) chess. **2.** chess set. **~spieler(in)** chess player.
Schacht *m allg.* shaft (*a.* ⚒), (*Mannloch*) manhole.
Schachtel *f* **1.** box, (*Pappschachtel*) *a.* carton, (*Zigarettenschachtel*) packet, *bsd. Am.* pack. **2.** F *fig.* **alte ~** old bag. **~satz** *m ling.* involved sentence.
Schachzug *m a. fig.* move.

schade *adj pred* (**es ist** [**sehr**]) ~ it's a (great) pity (**um** about, **dass** that), F it's too bad (*he couldn't come etc*); **wie ~!** what a pity!; **dafür ist es** (**er**) **zu ~!** it (he) is too good for that!; **darum** (**um ihn**) **ist es nicht ~** it (he) is no great loss.

Schädel *m* skull (*a.* F *Hirn*). **~basisbruch** *m* fracture of the skull-base. **~bruch** *m* fracture of the skull.

Schädeldecke *f anat.* skullpan.

schaden *v/i* (*dat*) damage, harm, be detrimental (to): **das schadet der Gesundheit** that's bad for your health; **das schadet nichts** it won't do any harm, (*das macht nichts*) it doesn't matter; *iro.* **das schadet ihm gar nichts!** that serves him right!; **ein Versuch kann nicht ~** there is no harm in trying.

Schaden *m allg.* damage (**an** *dat* to), (*bsd. körperlicher ~*) injury, harm, (*Mangel, a. tech.*) defect, (*Nachteil*) disadvantage, (*Verlust*) loss: **~ nehmen** be damaged, *Person*: be harmed; **durch ~ wird man klug** once bitten twice shy.

Schaden|abteilung *f* claims department. **~anzeige** *f* notification of damage. **~aufstellung** *f* statement of damage.

Schadenersatz *m* damages *pl*, compensation, indemnification: **~ erhalten** (**fordern, leisten**) recover (claim, pay) damages; **auf ~** (**ver**)**klagen** sue for damages. **~klage** *f* action for damages.

schadenersatzpflichtig *adj* liable for damages.

Schadenfreiheitsrabatt *m mot.* no-claims bonus.

.**Schadenfreude** *f* malicious glee, gloating: **voller ~** → **schadenfroh** *adj* gloating(ly *adv*): **~ sein** gloat.

Schadens|begrenzung *f* limiting (of) the damage. **~formular** *n* claim form. **~sachbearbeiter**(**in**) claims adjuster.

schadhaft *adj* damaged, faulty, defective, *Zähne*: decayed.

schädigen *v/t allg.* damage, *gesundheitlich*: *a.* injure, harm, (*a. Ruf*) impair: **wir sind schwer geschädigt worden** we have suffered heavy losses.

Schädigung *f* (*gen*) damage (to), impairment (of).

schädlich *adj allg.* (*dat*) harmful (to), injurious (to), (*gesundheits~*) *a.* bad (for your health), (*nachteilig*) detrimental (to), (*schlecht*) bad (for).

Schädlichkeit *f* harmfulness.

Schädling *m zo.* pest.

Schädlings|bekämpfung *f* pest control. **~bekämpfungsmittel** *n* pesticide.

schadlos *adj* **j-n ~ halten** indemnify s.o. (**für** for); **sich ~ halten** recoup o.s., **an j-m** recoup one's loss from s.o.

Schadstoff *m* harmful substance, (*Umweltschadstoff*) pollutant.

schadstoffarm *adj* low-emission.

Schadstoff|ausstoß *m* noxious emission. **~belastung** *f* pollution level.

schadstofffrei *adj* emission-free, zero-emission.

Schaf *n* **1.** *zo.* sheep (*a. pl*): *fig.* **schwarzes ~** black sheep. **2.** F *fig.* ninny.

Schafbock *m zo.* ram.

Schäfchen *n* lamb: *fig.* **sein**(**e**) **~ ins Trockene bringen** feather one's nest.

Schäfer *m* shepherd. **~hund** *m* shepherd('s dog): (**Deutscher**) **~** (*Rasse*) Alsatian, *bsd. Am.* German shepherd (dog).

Schäferin *f* shepherdess.

schaffen I *v/t* **1.** (*er~*) create, produce, *a. fig.* (*herstellen*) *a.* make, (*bewirken*) bring about, cause, (*gründen*) found, set up, establish: **er ist zum Lehrer** (**für den Posten**) **wie geschaffen** he is a born teacher (cut out for the job); → **Ordnung. 2.** (*hin~*) take (**in** *acc*, **nach, zu** to), (*stellen, legen*) put: → **Hals, Weg, Welt. 3.** (*bewältigen*) manage, F (*Bus, Zug etc erreichen*) catch, (*Rekord*) set up: **es ~** make it, (*Erfolg haben*) *a.* succeed; **das hätten wir geschafft!** we've done it!; **~ wir es bis dorthin** (**in 3 Stunden**)**?** can we make it there (in three hours)? **4. ich habe damit nichts zu ~** that's no business of mine, I wash my hands of it; **mit ihm will ich nichts zu ~ haben** I don't want anything to do with him. **5.** F **j-n ~** (*erschöpfen*) take it out of s.o., *nervlich*: get s.o. down; **ich bin geschafft!** I've had it! II *v/i* **6.** *dial.* work. **7. sich zu ~ machen** potter about, **an** *e-r Sache*: busy o.s. with, *unbefugt*: tamper with. **8. j-m** (**viel** *od.* **schwer**) **zu ~ machen** give (*od.* cause) s.o. (no end of) trouble, *gesundheitlich*: trouble s.o.

Schaffen *n* a) work, (creative) activity, b) (*Werke*) work(s *pl*).

Schaffens|drang *m* creative urge, *weitS.* zest for work. **~kraft** *f* creative power, *weitS.* vigo(u)r.

Schaffner *m* conductor, (*Zugschaffner*) *Br. mst* guard.

Schaffnerin *f* conductress.

Schaffung *f* creation, (*Gründung*) foundation, setting-up (*etc*, → **schaffen** 1).

Schaf|herde *f* flock of sheep. **~hirt**(**in**) shepherd (shepherdess). **~leder** *n* sheepskin.

Schafott *n* scaffold.

Schafpelz *m* sheepskin: *fig.* **Wolf im ~** wolf in sheep's clothing.

Schafschur *f* sheep shearing.

Schafskäse *m gastr.* sheep's milk cheese.

Schaft *m allg.* shaft, (*Gewehrschaft*) stock, (*Werkzeug-, Schlüsselschaft*) shank, (*Stiefelschaft*) leg. **~stiefel** *m* high boot.
Schafwolle *f* sheep's wool.
Schafzucht *f* sheep breeding.
Schah *m hist.* Shah.
Schakal *m zo.* jackal.
schäkern *v/i* joke around, (*flirten*) flirt.
schal *adj* stale, flat, *fig. a.* empty.
Schal *m* scarf, (*Wollschal*) comforter.
Schale[1] *f* **1.** (*Gefäß*) bowl, *flache*: dish. **2.** (*Waagschale*) (scale) pan.
Schale[2] *f* **1.** (*Eier-, Nussschale*) shell, (*von Obst, Gemüse*) skin, *abgeschält*: peel(ing), (*Hülse*) husk. **2.** F ***sich in ~ werfen*** dress up.
schälen I *v/t* (*Obst, Gemüse*) peel, (*Nüsse, Eier*) shell, (*Hülsenfrüchte*) husk, (*Tomate etc*) skin. **II** *v/reflex* **sich ~** *Haut etc*: peel off.
Schalensitz *m mot.* bucket seat.
Schalk *m* wag. **schalkhaft** *adj* waggish.
Schall *m* **1.** sound: ***schneller als der ~*** supersonic. **2.** echo. **~dämmung** *f* sound insulation.
schalldämpfend *adj* sound-deadening.
Schalldämpfer *m* sound absorber, *mot.* silencer (*a. an Schusswaffen*), *Am.* muffler.
schalldicht *adj* soundproof.
schallend *adj* resounding (*a. Ohrfeige*): ***~es Gelächter*** peals of laughter; *adv* ***er lachte ~*** he roared with laughter.
Schall|geschwindigkeit *f* sonic speed, speed of sound. **~grenze** *f* → **~mauer** *f* (***die ~ durchbrechen*** break the) sound barrier.
Schallplatte *f* record, disc.
Schallplatten|aufnahme *f* disc recording. **~industrie** *f* record industry. **~musik** *f* recorded music.
schallschluckend *adj* sound-absorbing.
Schalltrichter *m* trumpet.
Schallwelle *f* sound wave.
Schalotte *f* shallot.
schalten I *v/i* **1.** ⚡, *tech.* switch (***auf*** *acc* to), *mit Hebel*: shift (the levers), *mot.* change gear(s), shift gears: ***in den dritten Gang ~*** change (*od.* shift) into third (gear). **2.** F (*begreifen*) get it, catch on: ***schnell ~*** a) do some quick thinking, b) catch on quickly, *immer*: be quick on the uptake. **3.** ***~ und walten*** be in charge (of things); ***j-n ~ und walten lassen*** give s.o. a free hand. **II** *v/t* **4.** *tech.* switch, turn, (*Getriebe, Gang, a. Hebel*) shift. **5.** ⚡ (*um~*) switch (***auf*** *acc* to), (*verdrahten*) wire.
Schalter *m* **1.** (*Post-, Bankschalter*) counter, (*Fahrkartenschalter etc*) booking (*od.* ticket) office, ✈ *ect* desk. **2.** ⚡ switch. **~beamte** *m*, **~beamtin** *f* counter (*od.* booking) clerk. **~dienst** *m* counter duty. **~halle** *f* main hall. **~stunden** *pl* business hours *pl.*
Schalt|getriebe *n mot.* gearbox. **~hebel** *m mot.* (gear)shift lever, ⚡ switch lever, *tech.* control lever: *fig.* ***an den ~n der Macht sitzen*** be at the controls. **~jahr** *n* leap year: F *fig.* ***alle ~e (mal)*** once in a blue moon. **~kasten** *m* ⚡ switchbox. **~knopf** *m* (control) button. **~kreis** *m* ⚡ circuit. **~plan** *m* wiring diagram. **~pult** *n* control desk. **~tafel** *f* ⚡ switchboard. **~tag** *m* intercalary day. **~uhr** *f* timer.
Schaltung *f* **1.** *mot.* (*Bauteil*) gearshift assembly, (*Vorgang*) gear change (*od.* shift). **2.** ⚡ (*Aufbau*) circuitry, (*Verbindung*) connection(s *pl*), (*Verdrahtung*) wiring. **3.** *tech.* (*Steuerung*) control(s *pl*).
Scham *f* **1.** *allg.* shame: ***rot vor ~*** → ***schamrot.* 2.** → ***Schamteile.***
Schamane *m*, **Schamanin** *f* Shaman.
Schambein *n anat.* pubic bone.
schämen *v/reflex* **sich ~** be (*od.* feel) ashamed ([***wegen***] *gen*, ***für*** of); ***schäme dich!*** shame on you!
Schamgefühl *n* sense of shame.
Schamhaare *pl* pubic hair *sg.*
schamhaft *adj* bashful, modest. **Schamhaftigkeit** *f* bashfulness, modesty.
Schamlippen *pl anat.* labia *pl.*
schamlos *adj* shameless, (*unanständig*) indecent, *Lüge etc*: barefaced.
Schamlosigkeit *f* shamelessness.
Schamottestein *m* Δ firebrick.
Schampon *n*, **schamponieren** *v/t* shampoo.
schamrot *adj* red with shame: ***~ werden*** blush with shame.
Schamteile *pl* private parts *pl*, genitals *pl*, *weibliche*: *a.* pudenda *pl.*
Schande *f* disgrace (***für*** to), (*Unehre*) *a.* shame: *j-m od. e-r Sache* ***~ machen*** be a disgrace to; ***zu ~n*** → ***zuschanden.***
schänden *v/t* dishono(u)r, *sexuell*: violate, rape, (*entweihen*) desecrate.
Schandfleck *m* stain, blot, (*hässlicher Anblick*) eyesore.
schändlich *adj* disgraceful, *Lüge etc*: scandalous.
Schandtat *f* outrage.
Schändung *f* disgrace (*gen* to), *sexuell*: violation, rape, (*Entweihung*) desecration.
Schänke *f* tavern.
Schankstube *f* (public) bar.
Schanze *f* (*Sprungschanze*) ski-jump.
Schanzentisch *m* ski-jump platform.
Schar *f* troop, group, crowd, flock, *von Mädchen etc*: bevy.
scharen *v/t u. v/reflex* **sich ~** (***um***) gather

S

(*od.* rally) (round); ***e-e Menge*** *etc* ***um sich ~*** rally a crowd *etc* round one.
scharenweise *adv* in crowds, in flocks.
scharf I *adj* **1.** *allg.* sharp (*a. fig. Auge, Kritik, Kurve, Ohren, Wind, Zunge etc*), *fig. Ton*: *a.* piercing, *Verstand, Blick etc*: *a.* keen. **2.** *Munition*: live, *Bombe etc*: armed. **3.** (*~ gewürzt*) hot, *Essig, Schnaps etc*: strong, *Geruch*: acrid, (*ätzend*) caustic, *fig. a.* biting. **4.** (*jäh*) sharp, abrupt. **5.** (*genau*) sharp, exact, (*deutlich*) clear: *phot.* ***ein ~es Bild*** a sharp(ly defined) picture. **6.** (*streng*) sharp, severe, strict, (*hart*) hard, (*heftig*) fierce: ***~e Konkurrenz*** stiff competition; ***~er Protest*** fierce protest; ***~es Tempo*** hard pace; ***~e Bewachung*** close guard(ing); ***~er Hund*** savage dog, F *fig.* tough guy. **7.** F (*geil*) randy, hot, *weitS.* sexy: ***~ sein auf*** (*acc*) be very keen on, *sexuell*: be hot for. **II** *adv* **8.** sharply (*etc*): ***~ aufpassen*** pay close attention, *vorsichtig*: watch out; ***~ bremsen*** brake hard; *phot.* ***~ einstellen*** focus; ***~ nachdenken*** think hard; ***~ schießen*** shoot with live ammunition; ***~ verurteilen*** condemn severely.
Scharfblick *m fig.* perspicacity.
Schärfe *f* **1.** *allg.* sharpness, *fig. a.* severity, strictness, *des Verstandes*: *a.* keenness, (*Heftigkeit*) *a.* fierceness: *fig.* ***in aller ~*** very severely, in all strictness. **2.** *des Geruchs, Geschmacks*: pungency. **3.** (*Seh-, Hörschärfe*) acuteness, *opt., phot.* definition, focus. **4.** (*Säure*) acidity.
Scharfeinstellung *f opt., phot.* a) focus(s)ing, b) focus(s)ing control.
schärfen *v/t a. fig.* sharpen.
Schärfentiefe *f phot.* depth of focus.
scharfkantig *adj* sharp-edged.
scharfmachen *v/t* F ***j-n ~*** a) ***gegen*** set s.o. against, b) ***auf*** (*acc*) make s.o. keen on, c) *sexuell*: turn s.o. on.
Scharfmacher(in) F agitator.
Scharfrichter *m* executioner.
Scharfschießen *n* live shooting.
Scharf|schütze *m*, **~schützin** *f* sharpshooter, sniper.
scharfsichtig *adj fig.* perspicacious.
Scharfsinn *m* acumen.
scharfsinnig *adj* sharp-witted, astute, shrewd.
Scharlach *m* **1.** scarlet. **2.** → **~fieber** *n* ⚕ scarlet fever.
scharlachrot *adj* scarlet.
Scharlatan *m* charlatan, quack, F fraud.
Scharnier *n* hinge.
Schärpe *f* sash.
scharren *v/i* scrape (***mit den Füßen*** one's feet), *Hund, Pferd etc*: paw.
Scharte *f* **1.** (*Kerbe*) nick: *fig.* ***die ~ (wieder) auswetzen*** make up for it. **2.** → ***Schießscharte.***
schartig *adj* jagged.
scharwenzeln *v/i* bow and scrape: ***um j-n ~*** dance attendance on s.o.
Schaschlik *n gastr.* shashlik.
Schatten *m* shadow (*a. Fleck, fig. Verfolger*), (*kühlender ~, Dunkel*) shade: ***im ~*** in the shade; *fig.* ***in den ~ stellen*** outshine, eclipse; ***in j-s ~ stehen*** be in s.o.'s shadow; ***er kann nicht über s-n ~ springen*** the leopard can't change its spots; ***er ist nur noch ein ~ s-r selbst*** he is but a shadow of his former self.
Schatten|bild *n* silhouette, *Kunst*: shadowgraph. **~boxen** *n* shadow-boxing.
Schattendasein *n* ***ein ~ führen*** live in the shadow.
schattenhaft *adj* shadowy.
Schatten|kabinett *n pol.* shadow cabinet. **~markt** *m* black market. **~riss** *m* silhouette. **~seite** *f* shady (*fig.* seamy) side. **~wirtschaft** *f* black economy.
schattieren *v/t* shade. **Schattierung** *f* shading, (*Farbton*) shade (*a. fig.*).
schattig *adj* shady.
Schatulle *f* casket.
Schatz *m* **1.** *a. fig.* treasure. **2.** F darling, love: ***du bist ein ~!*** you are an angel!
Schatzamt *n* Treasury.
Schatzanweisung *f* Treasury bond.
schätzbar *adj* assessable.
Schätzchen *n* darling, sweetheart.
schätzen *v/t* **1.** estimate, guess, (*Schaden, Wert etc*) *a.* assess (***auf*** *acc* at): ***wie alt ~ Sie ihn?*** how old would you say he is?; ***grob geschätzt*** at a rough guess. **2.** (*vermuten*) suppose, *Am.* F guess. **3.** (*hoch ~*) esteem, think highly of, (*würdigen*) appreciate: → ***glücklich*** I.
schätzenswert *adj* commendable.
Schätzer(in) → ***Taxator.***
Schatzgräber(in) treasure seeker.
Schatzkammer *f* treasury.
Schatzmeister(in) treasurer.
Schätzpreis *m* estimated price.
Schatzsuche *f* treasure hunt.
Schätzung *f* **1.** estimate, guess, *econ.*, ⚖ assessment. **2.** (*Hochschätzung*) estimation, esteem, (*Würdigung*) appreciation.
schätzungsweise *adv* approximately.
Schätzwert *m* estimated value.
Schau *f* **1.** show, exhibition: ***zur ~ stellen*** exhibit, display, *fig. a.* parade; *fig.* ***nur zur ~*** only for show. **2.** *TV* show: F ***e-e ~ abziehen*** put on a show; ***j-m die ~ stehlen*** steal the show from s.o. **3.** *fig.* (point of) view.
Schaubild *n* chart, graph, diagram.
Schaubude *f* (show) booth.

Schauder *m* shudder, shiver.
schauderhaft *adj* horrible, dreadful.
schaudern *v/i* (***vor*** *dat* with, ***bei*** at) shudder, shiver; → *a.* ***grauen.***
schauen *v/i* look (***auf*** *acc* at, *als Vorbild*: upon): F ***schau, dass du ...*** mind you ...; *iro.* ***schau, schau!*** well, well!
Schauer *m* **1.** (*Regenschauer etc*) shower (*a. fig.*). **2.** (*Schauder*) shudder, shiver, (~ *der Erregung*) thrill; → ***laufen*** 1.
schauerartig *adj* ***~e Regenfälle*** *pl* showers *pl.*
schauerlich *adj* horrible, terrible (*a. fig.*), (*unheimlich*) weird, F creepy.
Schauermärchen *n* F horror story.
schauern → ***schaudern.***
Schaufel *f* **1.** shovel, *für Mehl, Zucker etc*: scoop, *tech. e-s Wasserrades*: paddle. **2.** (*Geweihschaufel*) palm.
Schaufelgeweih *n* palmed antlers *pl.*
schaufeln *v/t u. v/i* shovel, (*graben*) dig.
Schaufenster *n* shop window, *fig.* showcase. **~auslage** *f* window display. **~bummel** *m* ***e-n ~ machen*** go window-shopping. **~dekorateur(in)** window dresser. **~dekoration** *f* window dressing. **~einbruch** *m* smash-and-grab raid. **~reklame** *f* shop-window advertising.
Schau|geschäft *n* show business. **~kampf** *m* exhibition bout. **~kasten** *m* showcase.
Schaukel *f* swing.
schaukeln *v/t u. v/i* swing, *Wiege, Stuhl, Schiff*: rock: F *fig.* ***die Sache ~*** manage (*od.* swing) it.
Schaukel|pferd *n* rocking horse. **~politik** *f* seesaw policy. **~stuhl** *m* rocking chair.
Schaulaufen *n* exhibition skating.
schaulustig *adj* curious. **Schaulustige** *m, f* curious bystander, *contp.* gaper.
Schaum *m* foam (*a. tech.*), (*a. Bierschaum*) froth, (*Gischt*) spray, (*Seifenschaum*) lather: *gastr.* ***zu ~ schlagen*** beat (to a froth).
Schaumbad *n* bubble bath.
schäumen *v/i* foam, froth: *fig.* (***vor Wut***) ~ foam (with rage).
Schaumfestiger *m* styling mousse.
Schaumgummi *m, n* foam rubber.
schaumig *adj* frothy.
Schaum|löscher *m* foam fire extinguisher. **~schläger(in)** *contp.* hot-air artist. **~schlägerei** *f* hot air. **~stoff** *m tech.* foamed (plastic) material. **~teppich** *m* ✈ foam carpet. **~wein** *m* sparkling wine.
Schau|packung *f econ.* dummy. **~platz** *m* (***am*** ~ at the) scene. **~prozess** *m* ⚖ show trial.
schaurig → ***schauerlich.***
Schau|spiel *n* **1.** play, drama. **2.** *fig.* spectacle, sight. **~spieler** *m* (*fig.* play-)actor. **~spielerei** *f* (*fig.* play-)acting. **~spielerin** *f* actress.
schau|spielerisch *adj* theatrical, *Talent etc*: acting. **~spielern** *v/i fig.* play-act, F put on an act.
Schau|spielhaus *n* theat/re (*Am.* -er). **~spielschule** *f* drama school. **~steller(in)** exhibitor, *auf Jahrmärkten etc*: showman. **~stück** *n* showpiece, exhibit. **~tanz** *m* exhibition dancing.
Scheck *m* (***über*** *acc* for) cheque, *Am.* check: ***e-n ~ ausstellen*** make out a cheque; ***~e-n ~ einlösen*** cash a cheque; ***e-n ~ zur Verrechnung ausstellen*** cross a cheque.
Scheck|betrug *m* cheque (*Am.* check) fraud. **~betrüger(in)** cheque (*Am.* check) bouncer. **~buch** *n*, **~heft** *n* chequebook, *Am.* checkbook.
scheckig *adj* piebald, dappled.
Scheck|karte *f* cheque (*Am.* check) card. **~nummer** *f* cheque (*Am.* check) number. **~verkehr** *m* cheque (*Am.* check) transactions *pl.* **~zahler(in)** cheque (*Am.* check) payer. **~zahlung** *f* payment by cheque (*Am.* check).
scheel *adv* ***~ ansehen*** look askance at.
Scheffel *m* (***sein Licht unter den ~ stellen*** hide one's light under a) bushel.
scheffeln *v/t* (*Geld*) rake in.
Scheibe *f* **1.** disc (*a. tech. u.* F *Schallplatte*), *tech. a.* wheel, (*Unterlegscheibe*) washer. **2.** (*Glasscheibe*) pane. **3.** (*Zielscheibe*) target. **4.** *Eishockey*: puck. **5.** (*Brotscheibe etc*) slice: F ***da(von) kannst du dir e-e ~ abschneiden!*** you can take a leaf out of his (her *etc*) book!
Scheiben|bremse *f mot.* disc brake. **~kupplung** *f* disc clutch. **~schießen** *n* target practice. **~waschanlage** *f mot.* windscreen (*Am.* windshield) washers *pl.* **~wischer** *m mot.* windscreen (*Am.* windshield) wiper.
Scheich *m* sheik(h). **~tum** *n* sheik(h)dom.
Scheide *f* **1.** sheath (*a.* ⚕), (*Säbelscheide*) *a.* scabbard. **2.** *anat.* vagina.
scheiden **I** *v/t* separate, divide, ⚖ (*Eheleute*) divorce, (*Ehe*) dissolve: ***sich ~ lassen,*** *a.* ***geschieden werden*** get a divorce (***von*** from). **II** *v/i lit.* part (***von*** from): ***aus dem Dienst ~*** retire from service, resign; ***aus e-r Firma ~*** leave a firm. **III** *v/reflex* ***sich ~*** separate; ***hier ~ sich die Geister*** here opinions are divided.
scheidend *adj* parting, *Jahr*: closing.
Scheide|wand *f* partition, *fig.* barrier. **~weg** *m fig.* ***am ~*** at a crossroads.
Scheidung *f* **1.** separation. **2.** *e-s Ehepaares*: divorce (***von*** from), *e-r Ehe*: dissolution: ***die ~ einreichen*** file a petition for divorce.

Scheidungs|grund *m* ground for divorce. **~klage** *f* divorce suit.
Schein[1] *m* **1.** (*Lichtschein*) light, *gedämpfter*: glow. **2.** *fig.* (*Anschein*) appearance: ***et. nur zum ~ tun*** pretend to do s.th.; ***den ~ wahren*** keep up appearances; ***der ~ trügt*** appearances are deceptive.
Schein[2] *m* **1.** (*Zettel*) slip, (*Bescheinigung*) certificate (*a. univ.*). **2.** (*Geldschein*) (bank) note, *Am. a.* bill.
Scheinangriff *m* feint (attack).
scheinbar *adj* seeming, apparent, *Grund etc*: ostensible: *adv* ***er ging nur ~ darauf ein*** he only pretended to agree.
Scheinehe *f* fictitious marriage.
scheinen *v/i* **1.** shine, (*glänzen*) gleam. **2.** *fig.* appear, seem: ***wie es scheint*** as it seems; ***es scheint mir*** it seems to me; ***er scheint nicht zu wollen***; ***mir scheint, er will nicht*** he doesn't seem to want to.
Scheinfirma *f* dummy firm.
Scheinfriede *m* hollow peace.
Scheingeschäft *n* fictitious transaction.
scheinheilig *adj* hypocritical, false.
Scheinheiligkeit *f* hypocrisy.
Scheintod *m* suspended animation.
scheintot *adj* seemingly dead.
Scheinwerfer *m* floodlight, (*Suchscheinwerfer*) searchlight, *mot.* headlight, *Film*: klieg light, *thea.* (*a.* **~licht** *n*) spotlight.
Scheiß... V bloody ..., fucking ...
Scheiß(dreck) *m* → ***Scheiße*** 2.
Scheiße *f* V **1.** (*Kot*) shit, crap: *fig.* ***in der ~ sitzen*** be in the shit. **2.** *fig.* (*Mist*) (bull)shit, (*Schlamassel*) (bloody) mess: ***~!*** shit!; ***~ bauen*** foul things up.
scheißen *v/i* V shit, crap.
Scheißkerl *m* V shit, (bloody) bastard.
Scheit *n* piece of wood, *großes*: log.
Scheitel *m* parting (of the hair): ***vom ~ bis zur Sohle*** from top to toe.
scheiteln *v/t* **(*sich*) *das Haar* ~** part one's hair.
Scheitelpunkt *m* ⩚ apex, *fig. a.* peak, *astr.* zenith.
Scheiterhaufen *m* (funeral) pyre, *hist.* (***auf dem ~*** at the) stake.
scheitern *v/i* (**an** *dat*) fail (because of), *Verhandlungen*: *a.* break down, *Sport*: be stopped (by): ***daran ist er gescheitert*** that was his undoing.
Scheitern *n* failure, breakdown.
Schelle *f* **1.** (little) bell. **2.** *tech.* clamp, clip.
schellen → ***klingeln*** 1, 3.
Schellfisch *m* haddock.
Schelm *m* rogue.
schelmisch *adj* roguish, impish.
Schelte *f* scolding.
schelten *v/t* scold, chide (*a. v/i*).
Schema *n* **1.** (*Muster*) pattern, system: ***nach e-m ~*** schematically; F ***nach ~ F*** by rote. **2.** (**~*bild***) diagram, scheme.
schematisch *adj* schematic(ally *adv*), systematic(ally *adv*), *contp.* mechanical.
schematisieren *v/t* schematize.
Schemel *m* (foot)stool.
schemenhaft *adj* shadowy.
Schenke *f* → ***Schänke.***
Schenkel *m* **1.** *anat.* (*Oberschenkel*) thigh, (*Unterschenkel*) shank. **2.** ⩚ side, leg.
schenken *v/t* give (as a present), (*stiften*) donate (*a.* ⚖), (*gewähren*) grant: ***j-m et. ~*** give s.o. s.th. (as a present) (***zum Geburtstag*** for his *etc* birthday); *fig.* ***sich et. ~*** skip s.th., give s.th. a miss; F ***geschenkt!*** forget it!; → ***Aufmerksamkeit*** 1, ***Gehör*** 2, ***Glaube, Leben*** 1 *etc.*
Schenkung *f* donation.
Schenkungs|steuer *f* gift tax. **~urkunde** *f* deed of donation.
scheppern *v/i* F rattle.
Scherbe *f* fragment, broken piece.
Schere *f* **1.** (**e-e ~** a pair of) scissors *pl*, *große*: shears *pl.* **2.** *zo.* pincer. **3.** *Sport*: scissors *sg.*
scheren I *v/t* **1.** trim, (*Haare*) *a.* cut, (*Schaf*) shear, (*Hecke*) clip. II *v/reflex* **2.** F ***sich nicht ~ um*** not to care about. **3.** F ***sich nach Hause*** (***ins Bett*** *etc*) **~** go home (to bed *etc*); ***scher dich!*** beat it!
Scherenschnitt *m* silhouette.
Schererei *f* F trouble: ***j-m viel ~en machen*** give s.o. no end of trouble.
Scherflein *n* ***sein ~ beisteuern*** give one's mite, *weitS.* do one's bit.
Schermaus *f* **1.** *österr.*, *südd.* (*Wühlmaus*) vole. **2.** *schweiz.* (*Maulwurf*) mole.
Scherz *m* joke: (**s-n**) ***~ treiben mit*** make fun of; ***im ~, zum ~*** as a joke, for fun; ***~ beiseite*** joking apart.
Scherzartikel *m* novelty.
scherzen *v/i* joke: ***damit ist nicht zu ~*** that's not to be trifled with.
scherzhaft *adj* joking, humorous.
scheu *adj* shy, timid: *ein Tier* ***~ machen*** frighten.
Scheu *f* shyness, timidity.
scheuchen *v/t* chase, (*ver~*) shoo away.
scheuen I *v/i Pferd etc*: shy, take fright (***vor*** *dat* at). II *v/t* shun, avoid, shy away from: ***k-e Kosten*** (***Mühe***) **~** spare no expense (pains). III *v/reflex* ***sich ~, et. zu tun*** be afraid of (*od.* shrink from) doing s.th.; ***sich nicht ~ zu*** *inf* not to be afraid to *inf*, *b.s.* have the nerve to *inf.*
Scheuerlappen *m* floor cloth.
scheuern I *v/t* **1.** scour, scrub. **2.** (*die Haut*) chafe. **3.** F ***j-m e-e ~*** slap s.o. (*od.* s.o's face). II *v/i* **4.** chafe.

S

Scheuklappe *f a. fig.* blinker.
Scheune *f* barn.
Scheusal *n* monster (*a. fig.*), F (*Ekel*) beast, (*bsd. Kind*) horror.
scheußlich *adj* horrible (*a.* F *fig.*), *Aussehen, Verbrechen*: *a.* hideous, (*abstoßend*) revolting, F *Wetter*: filthy: *adv* F **~ kalt** *etc* terribly cold *etc.*
Schi(...) → ***Ski(...)***.
Schicht *f* **1.** *allg.* layer, (*Farbschicht*) *a.* coat(ing), *geol.* stratum (*pl* strata), bed, *phot.* emulsion. **2.** *fig.* (*Gesellschaftsschicht*) class, *pl a.* social strata: ***breite ~en** der Bevölkerung* large sections. **3.** (*Arbeitszeit, Arbeiter*) shift: ***~ arbeiten*** do shift work.
Schicht|anfang *m* shift beginning (*od.* start). **~arbeit** *f* shift work. **~arbeiter(in)** shift worker. **~beginn** *m* shift beginning. **~betrieb** *m* ***im ~ arbeiten*** work in shifts. **~dienst** *m* shift work.
schichten *v/t* pile up, (*Holz etc*) stack.
Schichtende *n* shift end.
Schichtunterricht *m* teaching in shifts.
Schichtwechsel *m* change of shift.
schichtweise *adv* **1.** in layers. **2.** *arbeiten*: in shifts.
schick *adj* **1.** *Kleidung, Aussehen*: smart, chic, stylish, *Hotel etc*: posh, (*modebewusst, modern*) trendy. **2.** F (*toll*) great, super. **Schick** *m* chic, stylishness.
schicken **I** *v/t* **1.** send (***nach, zu*** to). **II** *v/reflex* **2.** ***sich für j-n ~*** befit s.o.; ***es schickt sich nicht!*** that is not the done thing! **3.** ***sich in et. ~*** resign o.s. to s.th.
Schickeria *f the* chic set, *the* trendies *pl.*
Schickimicki *m* F trendy.
schicklich *adj* proper, fitting.
Schicksal *n* fate, destiny, (*Los*) *a.* lot: ***das ~ herausfordern*** tempt fate; ***j-n s-m ~ überlassen*** leave s.o. to his fate; ***sein ~ ist besiegelt*** his fate is sealed.
schicksalhaft *adj* fateful.
Schicksals|frage *f* vital question. **~gefährte** *m*, **~gefährtin** *f*, **~genosse** *m*, **~genossin** *f* companion in distress. **~schlag** *m* (bad) blow.
Schiebedach *n mot.* sliding (*od.* sunshine) roof.
Schiebefenster *n* sliding (*nach oben*: sash) window.
schieben **I** *v/t* **1.** push, (*Fahrrad etc*) *a.* wheel, (*gleiten lassen*) slip, *in die Tasche, den Mund etc*: put: ***sich durch die Menge*** *etc* **~** push one's way through the crowd *etc*; → ***Bank***[1] 1. **II** *v/i* **2.** push. **3.** F wangle: **~** (***mit***) traffic (in), profiteer (with).
Schieber *m* **1.** *tech. allg.* slide, (*Absperrung*) gate, (*Riegel*) bar, bolt. **2.** F profiteer. **~geschäft** *n* racket, *pl a.* racketeering.
Schiebetür *f* sliding door.
Schiebung *f* F wangle, manipulation, put-up job, *Sport*: *a.* fix.
schiech *adj österr.* ugly.
Schiedsgericht *n* court of arbitration, *Sport etc*: jury.
schiedsgerichtlich *adj* arbitral, *a. adv* by arbitration.
Schiedsrichter(in) arbitrator, *bei Wettbewerben*: judge, *pl* jury, *Sport*: umpire, referee: ***als ~ fungieren*** → ***schiedsrichtern.***
schiedsrichterlich *adj u. adv Sport*: of (*od.* by) the umpire (*od.* referee).
schiedsrichtern *v/i* referee, umpire.
Schiedsspruch *m* (arbitral) award.
Schiedsverfahren *n* arbitration proceedings *pl.*
schief **I** *adj* **1.** oblique, (*schräg*) slanting, lop-sided: ***~e Absätze*** worn-down heels; ***~e Ebene*** inclined plane; ***der Schiefe Turm von Pisa*** the Leaning Tower of Pisa; *fig.* ***~es Lächeln*** wry smile. **2.** *fig.* (*falsch*) false, wrong, distorted, warped: → ***Bahn*** 1, ***Licht*** 1. **II** *adv* **3.** obliquely, aslant, at an angle: F ***~ gehen*** go wrong; F *fig.* ***j-n ~ ansehen*** look askance at s.o.
Schiefer *m* slate. **~dach** *n* slate roof.
Schieferplatte *f*, **Schiefertafel** *f* slate.
schieflachen *v/reflex* ***sich ~*** F laugh one's head off.
schiefwink(e)lig *adj* oblique(-angled).
schielen *v/i* **1.** (have a) squint, be cross-eyed: ***auf dem rechten Auge ~*** have a squint in one's right eye. **2.** F *fig.* (*gucken*) peer: **~ *auf*** (*acc*) (*od.* ***nach***) steal a glance at, *begehrlich*: ogle at.
Schienbein *n anat.* shin(bone), tibia.
Schiene *f* **1.** 🚂 *etc* rail, *pl a.* track *sg.* **2.** *tech.* bar. **3.** ⚕ splint. **schienen** *v/t* ⚕ put in a splint (*od.* in splints).
Schienen|bus *m* rail bus. **~fahrzeug** *n* rail vehicle. **~netz** *n* railway (*Am.* railroad) system.
Schienenstrang *m* track, railway line.
schier **I** *adj* sheer, pure. **II** *adv* (*fast*) almost, nearly.
Schierling *m* ⚘ hemlock.
Schießbefehl *m* order to fire.
Schießbude *f* shooting gallery.
schießen **I** *v/i* **1.** (***auf*** *acc* at) shoot (*a. Sport*), fire: ***gut ~*** be a good shot. **2.** (*sausen*) shoot (***durch*** through): *fig.* ***ein Gedanke schoss durch m-n Kopf*** a thought flashed through my mind. **3.** (*hervor~*) *Blut, Wasser etc*: shoot (*od.* gush) (***aus*** from *od.* out of). **4.** (*schnell wachsen*) shoot up: → ***Kraut*** 1, ***Pilz.*** **5.** *sl.* (*Rauschgift spritzen*) shoot, mainline. **II** *v/t* **6.** *allg.* shoot (*a. Sport u. phot.*): ***ein Tor ~*** score (a goal).

Schießen *n* shooting, (*Wettschießen*) shooting match: F *fig.* **es (er) ist zum ~** it (he) is a scream.
Schießerei *f* **1.** gunfight. **2.** (*Geknalle*) (incessant) shooting.
Schießhund *m* F *fig.* **aufpassen wie ein ~** watch like a hawk.
Schieß|platz *m* (shooting-)range. **~pulver** *n* gunpowder. **~scharte** *f* embrasure. **~scheibe** *f* target. **~stand** *m* shooting-range, *mil.* rifle-range.
schießwütig *adj* trigger-happy.
Schiff *n* **1.** (**auf dem ~** on board) ship. **2.** (*Kirchenschiff*) nave, (*Seitenschiff*) aisle.
schiffbar *adj* navigable.
Schiffbau *m* shipbuilding.
Schiffbruch *m* shipwreck: **~ erleiden** be shipwrecked, *fig.* fail. **Schiffbrüchige** *m, f* shipwrecked person.
Schiffchen *n* **1.** little ship (*od.* boat). **2.** *an Webstuhl*: shuttle. **3.** *mil.* forage cap.
Schiffer *m* (*Flussschiffer*) bargee, *Am.* bargeman, (*Schiffsführer*) (ship's) captain, F skipper. **~klavier** *n* accordion. **~knoten** *m* sailor's knot.
Schifffahrt *f* navigation.
Schifffahrts|linie *f* shipping line. **~weg** *m* shipping route.
Schiffs|arzt *m*, **~ärztin** *f* ship's doctor.
Schiffsbesatzung *f* (ship's) crew.
Schiffschaukel *f* swing boat.
Schiffs|eigner(in) shipowner. **~junge** *m* ship's boy. **~katastrophe** *f* desaster at sea. **~koch** *m*, **~köchin** *f* ship's cook. **~küche** *f* galley. **~ladung** *f* shipload, (*Fracht*) cargo, freight. **~rumpf** *m* hull. **~schraube** *f* screw. **~verkehr** *m* shipping. **~werft** *f* shipyard.
Schikane *f* harassment, *pl a.* persecution *sg*, *Rennsport*: chicane: F *fig.* **mit allen ~n** *ausgestattet etc* with all the trimmings.
schikanieren *v/t* harass, persecute, F pick on.
schikanös *adj* vexatious, spiteful.
Schikoree *m* → **Chicorée.**
Schild[1] *m* **1.** *mil., a. tech.* shield: *fig.* **et. im ~e führen** be up to s.th. **2.** (*Mützenschild*) peak, visor.
Schild[2] *n* (*Aushängeschild*) sign, (*Namens-, Tür-, Firmenschild*) nameplate, (*Wegweiser*) signpost, (*Verkehrsschild*) road sign, (*Straßenschild*) street sign, (*Etikett*) label, (*Anhänger*) tag.
Schildbürger *m* Gothamite, *weitS.* simpleton. **~streich** *m* folly.
Schilddrüse *f anat.* thyroid gland.
schildern *v/t allg.* describe, (*erzählen*) *a.* relate, *kurz*: outline.
Schilderung *f* description, (*Erzählung*) account.
Schilderwald *m* F jungle of road signs.
Schildkröte *f* (*Landschildkröte*) tortoise, (*Seeschildkröte*) turtle.
Schildkrötensuppe *f* turtle soup.
Schildpatt *n* tortoiseshell.
Schilf *n* reed, (*~gürtel*) reeds *pl.*
schilfig *adj* reedy. **Schilfmatte** *f* rush mat. **Schilfrohr** *n* reed.
schillern *v/i* shine in various colo(u)rs, *matt*: shimmer, (*glänzen*) sparkle.
schillernd *adj* **1.** iridescent, opalescent, *Stoff*: shot. **2.** *fig. Charakter etc*: (dazzling but) dubious.
Schilling *m* (Austrian) schilling.
Schimäre *f* chimera.
Schimmel[1] *m zo.* white horse.
Schimmel[2] *m* (*Pilz*) mo(u)ld, mildew.
schimm(e)lig *adj* mo(u)ldy.
schimmeln *v/i* go mo(u)ldy.
Schimmelpilz *m* mo(u)ld.
Schimmer *m* gleam, glimmer (*a. fig. Spur*): F *fig.* **k-n (blassen) ~ haben** not to have the foggiest (idea).
Schimpanse *m*, **Schimpansin** *f zo.* chimpanzee, F chimp.
Schimpf *m* **mit ~ und Schande** ignominiously.
schimpfen I *v/i* **1.** scold (**mit j-m** s.o.): **~ auf** (*acc*) complain about, rail at. **II** *v/t* **2.** scold. **3. j-n e-n Lügner** *etc* **~** call s.o. a liar *etc.*
Schimpfwort *n* invective, (*Fluch*) swear-word.
Schindel *f* shingle. **~dach** *n* shingle roof.
schinden *v/t* **1.** drive *s.o.* hard, (*quälen*) maltreat: **sich ~** slave away. **2.** (*heraus~*) F *fig.* wangle: **Eindruck ~ (wollen)** try to impress, show off; **Zeit ~** play for time.
Schinder(in) *fig.* slave-driver.
Schinderei *f* (real) grind.
Schindluder *n* F **~ treiben mit** play fast and loose with.
Schinken *m* **1.** *gastr.* ham. **2.** F *fig.* (*Bild*) (great) daub, (*Buch*) fat tome, (*Film*) slushy film. **~speck** *m* bacon.
Schippe *f* shovel: F *fig.* **j-n auf die ~ nehmen** pull s.o.'s leg.
schippen *v/t u. v/i* shovel.
Schirm *m* **1.** (*Regenschirm*) umbrella, (*Sonnenschirm*) parasol, (*Lampenschirm*) (lamp)shade, (*Schutzschirm*) shield, screen, (*Mützenschirm*) peak. **2.** (*Bildschirm etc*) screen. **3.** (*Fallschirm*) parachute. **4.** *e-s Pilzes*: pileus. **5.** *fig.* protection. **schirmen** *v/t* shield.
Schirmherr(in) patron(ess).
Schirmherrschaft *f* patronage: **unter der ~ von ...** under the auspices of ...
Schirmmütze *f* peaked cap.
Schirmständer *m* umbrella stand.

Schiss *m* V **1.** shit. **2.** *fig.* **~ *haben*** be scared stiff; **~ *bekommen*** get cold feet.
schizophren *adj*, **Schizophrene** *m,f psych.* schizophrenic.
Schizophrenie *f psych.* schizophrenia.
Schlacht *f a. fig.* battle (***bei*** of).
schlachten *v/t* kill, slaughter.
Schlachtenbummler(in) *Sport*: fan, supporter.
Schlächter(in) *a. fig.* butcher.
Schlächterei *f* butcher's shop.
Schlacht|feld *n* battlefield. **~hof** *m* slaughterhouse, abattoir. **~plan** *m a.* F *fig.* plan of action. **~ruf** *m* war cry. **~schiff** *n* battleship.
Schlachtung *f* slaughter(ing).
Schlachtvieh *n* meat stock.
Schlacke *f* **1.** *metall.* dross, (*a. Vulkanschlacke*) slag, (*Asche*) cinders *pl.* **2.** *pl* ⚕ a) waste products *pl*, b) → ***Ballaststoffe.***
schlackern *v/i* F wobble, *Kleid etc*: flap, *Knie*: tremble: *fig.* ***mit den Ohren* ~** be flabbergasted.
Schlaf *m* sleep: ***e-n festen*** (***leichten***) **~ *haben*** be a sound (light) sleeper; F ***das kann ich im ~!*** I can do that blindfold.
Schlafanzug *m* (pair of) pyjamas *pl*, *Am.* pajamas *pl.*
Schläfchen *n* (***ein* ~ *machen*** take a) nap.
Schlafcouch *f* studio couch.
Schläfe *f anat.* temple.
schlafen *v/i* sleep (*a.* F *fig.*), be asleep, F *fig.* be napping: **~ *gehen, sich* ~ *legen*** go to bed; ***mit j-m* ~** sleep with s.o.; **~ *Sie gut!*** sleep well!; **~ *Sie darüber!*** sleep on it!
Schlafenszeit *f* bedtime.
schlaff *adj* **1.** *Seil, Segel*: slack (*a. fig. nachlässig*), *Haut, Muskeln, a. Person*: flabby, *Körper, Glieder, Händedruck*: limp. **2.** F lame: **~*e Leistung*** slack performance, bad show; **~*er Typ*** lame fellow.
Schlaffheit *f* slackness (*a. fig.*), flabbiness, limpness, F lameness.
Schlaf|gast *m* overnight guest. **~gelegenheit** *f* sleeping accommodation. **~koje** *f allg.* berth. **~krankheit** *f* sleeping sickness. **~lied** *n* lullaby.
schlaflos *adj* sleepless: ***j-m* ~*e Nächte bereiten*** give s.o. sleepless nights.
Schlaflosigkeit *f* insomnia.
Schlafmittel *n* sleeping pill.
Schlafmütze *f* F *fig.* sleepyhead.
schläfrig *adj* sleepy, drowsy.
Schläfrigkeit *f* sleepiness, drowsiness.
Schlaf|rock *m* dressing gown. **~saal** *m* dormitory. **~sack** *m* sleeping bag. **~sofa** *n* bed-couch. **~stadt** *f* dormitory town. **~störungen** *pl* disturbed sleep *sg.* **~tablette** *f* sleeping pill.
schlaftrunken *adj* drowsy.
Schlafwagen *m* 🚂 sleeping car, sleeper.
schlafwandeln *v/i* sleepwalk.
Schlafwandler(in) sleepwalker, somnambulist.
schlafwandlerisch *adj* somnambulistic: ***mit* ~*er Sicherheit*** with uncanny sureness, unerringly.
Schlafzimmer *n* bedroom. **Schlafzimmerblick** *m humor.* bedroom eyes *pl.*
Schlag *m* **1.** (*Hieb*) blow (*a. fig.*), stroke, (*Faustschlag*) *a.* punch (*a.* **~***kraft*), *mit der flachen Hand*: slap, *dumpfer*: thump, thud: ***j-m e-n* ~ *versetzen*** deal s.o. a blow, *fig.* hit s.o. hard; **~ *ins Gesicht*** *a. fig.* slap in the face; ***das war ein* ~ *für ihn*** that was a blow to him; ***ein* ~ *ins Wasser*** a flop; **~ *auf* ~** in rapid succession; ***auf einen* ~, *mit einem* ~** in one go, (*plötzlich*) abruptly. **2.** *mil.* (*a. Atomschlag*) strike. **3.** *tech.* impact, *a.* ⚡ shock. **4.** *Rudern, Schwimmen*: stroke, *Golf, Tennis*: shot. **5.** (*Blitzschlag*) stroke (of lightning). **6.** (*Herz-, Pulsschlag*) beat, (*Glockenschlag*) stroke. **7.** F ⚕ stroke: ***ich dachte, mich trifft der ~!*** I was floored! **8.** F (*Portion*) helping. **9.** (*Wagenschlag*) door. **10.** race, sort, *bsd. zo.* breed: ***Leute s-s* ~*es*** men of his stamp (*contp.* his sort). **11.** *österr.* (whipped) cream.
Schlag|abtausch *m* **1.** *Boxen*: exchange of punches. **2.** *fig.* crossing of swords. **~ader** *f* artery. **~anfall** *m* ⚕ stroke.
schlagartig *adj* abrupt.
Schlagbaum *m* barrier.
Schlagbohrer *m tech.* percussion drill.
schlagen I *v/t* **1.** strike, hit, (*verprügeln*) beat, *mit der Faust*: punch, *mit der flachen Hand*: slap: ***e-n Nagel in die Wand* ~** drive a nail into the wall; ***j-m et. aus der Hand* ~** knock s.th. from s.o.'s hand; ***j-n zu Boden* ~** knock s.o. down; ***sich* ~** (have a) fight; ***sich um et.* ~** fight over s.th.; *fig.* ***et. auf den Preis* ~** add s.th. on to the price; → ***Alarm, Brücke*** 1, ***Flucht***[1], ***geschlagen.*** **2.** (*Sahne*) whip, (*Eier etc*) beat. **3.** (*Bäume, Holz*) fell, cut. **4.** *fig.* beat, (*besiegen*) *a.* defeat: ***sich geschlagen geben*** admit defeat, give up. II *v/i* **5.** strike, hit: ***nach j-m* ~** hit out at s.o.; ***um sich* ~** lash out. **6.** **~ *an*** (*acc*) (*od.* ***gegen***) beat against; ***mit dem Kopf* ~ *an*** (*acc*) strike (*od.* bump) one's head against; → ***Art*** 4, ***Fach*** 2 *etc.* **7.** *Herz, Puls*: beat, *heftig*: throb, *Uhr*: strike. **8.** *Nachtigall etc*: sing. **9.** *die Nachricht* ***ist mir auf den Magen geschlagen*** ... has affected my stomach. III *v/reflex* **10.** *fig.* ***sich gut*** *etc* **~** give a good account of o.s. **11.** ***sich auf j-s Seite* ~** side with s.o., *weitS.* go over to s.o.
schlagend *adj* **1.** *fig.* convincing, *Beweis*: conclusive. **2.** → ***Wetter*** 2.

Schlager *m* **1.** popsong, (*Hit*) hit (tune). **2.** *fig.* hit, sensation, (*Verkaufsschlager*) (sales) hit, moneymaker.
Schläger *m* (*Kricket-, Tischtennisschläger etc*) bat, (*Tennisschläger etc*) racket, (*Golfschläger*) club, (*Hockeyschläger*) stick.
Schläger(in) 1. (*Rowdy*) tough, *Boxen*: *Am.* F slugger. **2.** *Sport*: *Baseball, Kricket*: batsman (batswoman).
Schlägerei *f* brawl, punch-up.
Schlagermusik *f* pop music.
Schlagersänger(in) pop singer.
schlagfertig *adj* quick-witted, quick at repartee.
Schlagfertigkeit *f* ready wit.
Schlaginstrument *n* ♪ percussion instrument.
Schlagkraft *f* **1.** *Boxen u. fig.* punch. **2.** *mil.* combat effectiveness.
schlagkräftig *adj* **1.** powerful. **2.** → ***schlagend*** 1.
Schlag|licht *n paint.* (*a. fig.* ***ein ~ werfen auf*** [*acc*]) highlight. **~loch** *n* pothole. **~mann** *m beim Rudern*: stroke. **~obers** *n österr.*, **~rahm** *m* whipped cream. **~ring** *m* **1.** knuckleduster. **2.** ♪ plectrum, F pick. **~sahne** *f* whipped cream. **~seite** *f* ⚓ list: ***~ haben*** be listing, F (*betrunken sein*) be half-seas-over. **~stock** *m* **1.** *der Polizei*: truncheon, riot stick. **2.** ♪ drumstick. **~werk** *n* striking mechanism.
Schlagwort *n* catchword, *fig. a.* slogan, *pl contp.* platitudes *pl.* **~katalog** *m* subject catalog(ue *Br.*).
Schlagzeile *f* headline: ***~n machen, in die ~n geraten*** make the headlines.
Schlagzeug *n* ♪ percussion, drums *pl.*
Schlagzeuger(in) percussionist, drummer.
schlaksig *adj* gangling, lanky.
Schlamassel *m, n* F mess.
Schlamm *m* mud. **~bad** *n* ⚕ mud bath.
schlammig *adj* muddy.
Schlammpackung *f* ⚕ mud pack.
Schlampe *f* F slut.
schlampen *v/i* F do a sloppy job.
Schlamper(in) F slouch.
Schlamperei *f* F sloppiness, (*Arbeit*) mess, sloppy work.
schlampig *adj* F slovenly, sloppy.
Schlange *f* **1.** *zo.* snake: *fig.* ***falsche ~*** snake in the grass. **2.** (*Menschen-, Autoschlange*) queue, *Am.* line: F ***~ stehen*** (***nach*** for) stand in a queue, queue up, *Am.* stand in line, line up. **3.** *tech.* coil.
schlängeln *v/reflex* ***sich ~*** wriggle, *fig. Weg etc*: wind, *Fluss*: *a.* meander; ***sich durch die Menge*** *etc* ***~*** worm one's way through the crowd *etc.*
Schlangen|biss *m* snakebite. **~gift** *n* snake poison. **~haut** *f*, **~leder** *n* snakeskin. **~linie** *f* wavy line: ***in ~n fahren*** zigzag (along the road).
schlank *adj* slender, slim, *fig.* lean: ***auf die ~e Linie achten*** watch one's weight; ***~e Produktion*** lean production.
Schlankheit *f* slimness.
Schlankheitskur *f* slimming (diet): ***e-e ~ machen*** be slimming, go (*od.* be) on a diet.
schlapp *adj* **1.** → ***schlaff.*** **2.** worn-out, (*lustlos*) listless.
Schlappe *f* setback, (*Niederlage*) beating, defeat.
schlappmachen *v/i* F wilt, break down.
Schlappschwanz *m* F softy, sissy.
Schlaraffenland *n a. fig.* Cockaigne.
schlau *adj* clever, smart, (*listig*) crafty, sly: F ***~e Bücher*** clever books; ***ich werde nicht ~ daraus*** I can't make head or tail of it.
Schlauberger(in) F smartie.
Schlauch *m* **1.** tube, (*Wasserschlauch*) hose, (*Fahrrad-, Autoschlauch*) (inner) tube. **2.** F *fig.* a) (*Zimmer*) tunnel, b) (*Strapaze*) hard slog.
Schlauchboot *n* rubber dinghy.
schlauchen F **I** *v/t* ***j-n ~*** take it out of s.o., *seelisch*: *a.* go hard with s.o. **II** *v/i* ***das schlaucht*** (***ganz schön***)***!*** that's tough going!
Schläue *f* → ***Schlauheit.***
Schlaufe *f* loop.
Schlauheit *f* cleverness, smartness, (*Listigkeit*) slyness. **Schlaukopf** *m*, **Schlaumeier(in)** F smartie.
schlecht I *adj allg.* bad, *Augen, Gedächtnis, Gesundheit, Qualität, Leistung etc*: *a.* poor, *Luft*: *a.* stale, (*böse*) *a.* wicked: ***nicht ~!*** not bad!; ***~e Laune*** bad mood; ***~e Zeiten*** bad (*od.* hard) times; ***~ sein in*** (*dat*) be poor at; ***~ werden*** *Essen etc*: go off; ***~er werden*** get worse, deteriorate; ***mir ist*** (***wird***) ***~*** I feel (I'm getting) sick; F *fig.* ***es kann e-m ~ dabei werden!*** it's enough to make you sick!; → ***Dienst*** 1. **II** *adv* bad(ly): ***~ aussehen*** *allg.* look bad, *Person*: *a.* look ill; ***~ und recht*** after a fashion; ***~ beraten sein*** be ill-advised; ***~ gelaunt*** in a bad mood, cross; ***~ machen*** run down, knock; ***~ reden von*** speak ill of; ***~ riechen*** smell bad; ***es steht ~ um ihn*** he's in a bad way; ***~ daran sein*** be badly off; ***es bekam ihm ~*** *Essen etc*: it didn't agree with him, *fig.* it did him no good; ***er kann es sich ~ leisten zu*** *inf* he can ill afford to *inf*; ***heute geht es ~*** it's a bit awkward today; ***ich kann ~ ablehnen*** I can't very well refuse; ***ich staunte nicht ~*** F I wasn't half surprised.
schlechterdings *adv* absolutely.
schlechthin *adv* absolutely, (*an sich*) as such.

Schlechtigkeit *f* (*Bosheit*) badness, (*Gemeinheit*) baseness.
Schlechtwetter|front *f* bad weather front. **~geld** *n* bad weather allowance. **~periode** *f* spell of bad weather.
Schlehe *f* ⚘ sloe.
schleichen *v/i* creep, sneak, crawl (*a. Auto, Zeit*): (**auf den Zehenspitzen**) ~ tiptoe; *fig.* ***sich in j-s Vertrauen ~*** worm one's way into s.o.'s confidence.
schleichend *adj fig.* a) *Krankheit*: lingering, (*tückisch*) insidious, b) *Fieber, Gift*: slow, c) *Inflation etc*: creeping.
Schleich|handel *m* illicit trade. **~weg** *m* **1.** secret path. **2.** *fig.* underhand means *pl*: ***auf ~en*** *a.* surreptitiously. **~werbung** *f* surreptitious advertising.
Schleier *m* veil (*a. fig.*), (*Dunst-, Nebelschleier*) haze, *phot.* fog.
Schleiereule *f zo.* barn owl.
schleierhaft *adj* mysterious: ***das ist mir ~!*** that's a mystery to me!
Schleife *f* **1.** bow, (*Haarschleife*) *a.* ribbon. **2.** ✈, ⚡, *Computer, e-s Flusses etc*: loop.
schleifen¹ *v/t* **1.** (*schärfen*) grind, whet. **2.** *tech.* smooth, (*Holz*) sand, (*Edelstein, Glas*) cut. **3.** *mil.* F drill *s.o.* hard.
schleifen² **I** *v/t* drag (along) (*a. fig. j-n*), (*Rock, Schleppe etc*) trail. **II** *v/i* ***~ lassen*** drag; *mot.* ***die Kupplung ~ lassen*** let the clutch slip.
Schleifer(in) **1.** *tech. allg.* grinder, (*Glas-, Edelsteinschleifer*) *a.* cutter. **2.** *mil.* F martinet.
Schleif|lackausführung *f* egg-shell finish. **~maschine** *f* grinding machine. **~mittel** *n* abrasive. **~papier** *n* emery paper. **~ring** *m* ⚡ slip ring. **~stein** *m* whetstone, *drehbarer*: grindstone.
Schleim *m* slime, ⚕, *physiol.* mucus, *bsd. der Atemwege*: phlegm. **~beutel** *m anat.* bursa. **~drüse** *f* mucous gland. **~haut** *f* mucous membrane.
schleimig *adj* slimy (*a. fig. contp.*), (*zähflüssig*) viscous.
schleimlösend *adj* expectorant.
schlemmen *v/i* feast, gormandize.
Schlemmer(in) gormandizer, gourmand.
Schlemmeratlas *m* good food guide.
Schlemmerei *f* feasting, gormandizing.
Schlemmerlokal *n* gourmet restaurant.
schlendern *v/i* stroll, saunter.
Schlendrian *m* F *contp.* dawdling.
schlenkern *v/t u. v/i* dangle, swing (***mit den Armen*** one's arms).
schlenzen *v/t u. v/i Sport*: scoop.
Schlepp *m* ***in ~ nehmen*** (***im ~ haben***) *a. fig.* take (have) in tow.
Schleppdampfer *m* tug.
Schleppe *f am Kleid*: train, trail.
schleppen **I** *v/t* drag (*a. fig. j-n*), (*tragen*) carry, F tote, ⚓, ✈, *mot.* tow: F (***Kunden***) ~ tout. **II** *v/reflex* ***sich ~*** drag on, *Person*: drag o.s. (along), *a. Auto, Schiff etc*: limp (along).
schleppend *adj* sluggish, slow (*a. econ.*), (*mühsam*) labo(u)red, *Sprache*: slow, drawling.
Schlepper *m* **1.** ⚓ tug. **2.** *mot.* tractor.
Schlepper(in) F (*Kundenwerber*) tout.
Schlepp|flugzeug *n* towplane. **~kahn** *m* lighter, barge (in tow). **~lift** *m* ski tow. **~netz** *n* dragnet. **~schiff** *n* tug. **~seil** *n* → **~tau** *n* towrope: ***ins ~ nehmen*** → ***Schlepp.***
Schlesien *n* Silesia.
Schlesier(in), schlesisch *adj* Silesian.
Schleswig-Holstein *n* Schleswig-Holstein.
Schleuder *f* **1.** catapult (*a.* ✈), sling, *Am.* slingshot. **2.** *tech.* a) → **Zentrifuge**, b) (*Wäscheschleuder*) spin dryer. **~gefahr** *f* risk of skidding: ***Achtung ~!*** slippery road ahead. **~honig** *m* strained honey.
schleudern **I** *v/t* **1.** fling, hurl, sling, ✈ catapult. **2.** *tech.* centrifuge, (*Honig*) strain, (*Wäsche*) spin-dry. **II** *v/i* **3.** *mot.* skid, (*a.* ***ins Schleudern geraten***) go into a skid (*a. fig.*).
Schleuder|preis *m* knockdown price. **~sitz** *m* ✈ ejector seat, F *fig.* hot seat. **~ware** *f* cut-price article(s *pl*).
schleunig **I** *adj* prompt, quick, (*hastig*) hasty. **II** *adv a.* **schleunigst** promptly, quickly, (*hastig*) hastily.
Schleuse *f* sluice, floodgate (*a. fig.*), (*Kanalschleuse*) lock.
schleusen *v/t* **1.** ⚓ lock. **2.** *fig.* channel, (*j-n*) steer, *über die Grenze etc*: smuggle.
Schleusen|tor *n* floodgate. **~wärter(in)** lock-keeper.
Schliche *pl* tricks *pl*: ***j-m auf die ~ kommen*** find s.o. out.
schlicht **I** *adj* (*einfach*) simple, plain. **II** *adv* ~ (***und einfach***) (quite) simply.
schlichten **I** *v/t* (*Streit etc*) settle. **II** *v/i* mediate (***zwischen*** *dat* between).
Schlichter(in) mediator.
Schlichtheit *f* simplicity, plainness.
Schlichtung *f* settlement, *durch Schiedsspruch*: arbitration.
Schlichtungsausschuss *m* arbitration committee. **~stelle** *f* board (*od.* court) of arbitration. **~verfahren** *n* arbitration proceedings *pl.* **~versuch** *m* attempt at conciliation.
Schlick *m* sludge.
Schliere *f* streak.
Schließe *f* fastening, clasp.
schließen **I** *v/t* **1.** close (*a.* ⚡ *Stromkreis*),

shut, (*Fabrik etc*) *a.* shut down, (*ver~*) lock: → **Lücke. 2.** *fig.* (*Bündnis etc*) enter into, (*Vergleich*) reach, come to: → **Ehe, Freundschaft, Frieden** *etc.* **3.** (*Debatte, Versammlung*) close, conclude, end, (*Brief, Rede*) *a.* wind up (**mit den Worten** by saying). **II** *v/i* **4.** shut, close, *Fabrik etc*: *a.* shut down. **5.** (*enden*) (come to a) close: **er schloss mit den Worten** he wound up by saying. **6.** (*folgern*) conclude (**aus** from): **von sich auf andere ~** judge others by o.s.; **auf et. ~ lassen** suggest (*od.* point to) s.th. **III** *v/reflex* **sich ~ 7.** close, shut; → **Kreis** 1.

Schließfach *n* (*in Bank*) safe deposit box, (*in Bahnhof*) (left-luggage) locker.

schließlich *adv* finally, (*am Ende*) eventually, (*eigentlich*) after all.

Schließmuskel *m anat.* sphincter.

Schließung *f* **1.** closing (*a. der Debatte etc*, ⚡ *des Stromkreises*), shutting, *e-r Fabrik etc*: shutdown, closure. **2.** *e-r Ehe, e-s Vertrages etc*: contraction.

Schliff *m* **1.** (*Schleifen*) grinding, (*Schärfen*) *a.* sharpening. **2.** *von Edelsteinen, Glas*: cut. **3.** *fig.* polish, refinement: **e-r Sache den letzten ~ geben** put the finishing touches to s.th.

schlimm *adj allg.* bad (*comp.* worse, *sup.* worst), (*böse, a. humor.*) *a.* wicked, *Erkältung, Wunde etc*: *a.* nasty: **~er Finger** (**Hals**) sore finger (throat); **das ist e-e ~e Sache** that's terrible, that's a bad business; **es sieht ~ aus** it looks bad; **das ist halb so ~!** it's not as bad as all that!, *verzeihend*: it doesn't matter!, never mind!; F **ist es ~, wenn ...?** would you mind terribly if ...?; **~er machen** (**werden**) → **verschlimmern; es wird immer ~er** things are going from bad to worse; **umso ~er** so much the worse; **es gibt Schlimmeres** things could be worse; **am ~sten** worst of all; **auf das Schlimmste gefasst sein** be prepared for the worst.

schlimmstenfalls *adv* if the worst comes to the worst.

Schlinge *f* loop, noose (*a. fig.*), (*Tragschlinge, a.* ⚕) sling, *hunt.* snare (*a. fig.*): *fig.* **sich aus der ~ ziehen** wriggle out of it.

Schlingel *m* (young) rascal.

schlingen¹ (**um** around) **I** *v/t* tie, (*Schal etc*) wrap, wind, (*die Arme*) *a.* fling. **II** *v/reflex* **sich ~** wind, coil.

schlingen² **I** *v/i* gobble, bolt one's food. **II** *v/t* gobble (up), gulp *s.th.* down.

schlingern *v/i* ⚓ roll.

Schlingpflanze *f* climbing plant.

Schlips *m* tie: *fig.* **j-m auf den ~ treten** tread on s.o.'s toes.

schlitteln *v/i schweiz.* toboggan, go sledging.

Schlitten *m* **1.** sledge, *Am.* sled, (*bsd. Pferdeschlitten*) sleigh, (*Rodelschlitten*) toboggan: **~ fahren** sledge, (*rodeln*) toboggan; F *fig.* **mit j-m ~ fahren** give s.o. hell. **2.** F (*Auto*) car: **alter ~** crate, bus, jalopy. **~fahrt** *f* sledge (*mit Pferden* sleigh) ride.

schlittern *v/i* slide (**in** *acc* into, *a. fig.*), (*ausgleiten*) *a.* slip, *Auto*: skid.

Schlittschuh *m* (ice-)skate: **~ laufen** skate. **~bahn** *f* ice-rink. **~laufen** *n* (ice-)skating. **~läufer(in)** (ice-)skater.

Schlitz *m* slit (*a. im Kleid*), *am Automaten etc*: slot. **~auge** *n* **1.** slit eye: **~n haben** be slit-eyed. **2.** *contp.* slit-eye.

schlitzen *v/t u. v/i* slit, slash.

Schloss¹ *n* castle, palace.

Schloss² *n* (*Tür-, Gewehrschloss*) lock, *an Buch, Tasche etc*: clasp, (*Gürtel-, Koppelschloss*) (belt) buckle: **hinter ~ und Riegel** behind bars.

Schlosser(in) locksmith.

Schlosserei *f* locksmith's trade (*od.* shop).

Schlot *m* chimney (*a. geol.*): F **rauchen wie ein ~** smoke like a chimney.

schlottern *v/i* **1.** (**vor** *dat* with) shake, tremble: **mit ~den Knien** with shaking knees. **2.** *Kleidung*: hang loosely.

Schlucht *f* gorge, ravine, *große*: canyon.

schluchzen *v/i u. v/t* sob.

Schluchzen *n* sobbing, sobs *pl.*

Schluck *m* swallow, *großer*: gulp: **kleiner ~** → **Schlückchen. Schluckauf** *m* (**~ haben** have the) hiccups *pl.*

Schlückchen *n* sip.

schlucken **I** *v/t* swallow (*a. fig. Tadel etc, a.* F *glauben*), *fig.* (*sich einverleiben*) swallow up (*a. Geld*), (*Licht, Schall*) absorb. **II** *v/i* swallow.

Schlucken *m* → **Schluckauf.**

Schlucker *m fig.* **armer ~** poor wretch.

Schluckimpfung *f* ⚕ oral vaccination.

schlud(e)rig → **schlampig.**

Schlummer *m* slumber.

schlummern *v/i* slumber, sleep, *fig. a.* lie dormant.

Schlund *m* **1.** *anat.* (back of the) throat, pharynx. **2.** *zo.* maw. **3.** *fig.* abyss.

schlüpfen *v/i* **1.** slip (**in** *acc* into, **aus** out of). **2.** *Küken etc*: hatch (out).

Schlüpfer *m* briefs *pl*, panties *pl.*

Schlupfloch *n* **1.** gap. **2.** *fig.* loophole.

schlüpfrig *adj* slippery (*a. fig.*), *fig. Witz etc*: risqué.

Schlupfwinkel *m* hideout, *weitS.* haunt.

schlurfen *v/i* shuffle along.

schlürfen *v/t u. v/i* slurp, *langsam*: sip.

Schluss *m* **1.** end, *e-s Buchs, Films etc*: ending, (*Abschluss*) conclusion: **~ (damit)!** stop it!; F **~ machen** (*die Arbeit beenden*) call it a day, (*Selbstmord begehen*) put an end to o.s.; **~ machen mit** a) **et.** stop s.th., b) **j-m** break up with s.o.; **am ~** at the end; **zum ~** finally. **2.** (*~folgerung*) conclusion: **zu dem ~ gelangen, dass ...** come to the conclusion that ...; **voreilige Schlüsse ziehen** jump to conclusions.

Schluss|akkord *m* ♪ final chord. **~akt** *m* **1.** *thea.* final act. **2.** *e-r Veranstaltung*: closing ceremony. **~bemerkung** *f* final comment. **~bilanz** *f econ.* annual balance sheet.

Schlüssel *m* **1.** key (**zu, für** of, *fig.* to). **2.** ♪ clef. **3.** (*für e-n Code etc*) code, (*Lösungsheft*) key. **4.** (*Verteilerschlüssel*) ratio. **5.** *tech.* spanner, *Am.* wrench. **~bein** *n anat.* collarbone. **~blume** *f* cowslip, primrose. **~bund** *m, n* bunch of keys. **~erlebnis** *n* crucial experience. **~figur** *f* key figure. **~industrie** *f* key industry. **~kind** *n* latchkey child. **~loch** *n* keyhole. **~lochchirurgie** *f* keyhole surgery. **~position** *f* key position. **~ring** *m* key ring. **~roman** *m* roman-à-clef. **~stellung** *f* key position. **~wort** *n* code word, keyword, *Computer*: *a.* password.

Schlussfeier *f* closing ceremony, *ped.* speech day, *Am.* commencement.

Schlussfolgerung *f* → **Schluss** 2.

schlussfolgern *v/t u. v/i* conclude (**aus** from).

Schlussformel *f im Brief*: complimentary close, *im Vertrag*: final clause.

schlüssig *adj* **1.** logical, *Beweis*: conclusive. **2. sich ~ werden** (**über** *acc*) make up one's mind (about).

Schluss|kurs *m* closing price. **~läufer(in)** *e-r Staffel*: anchor. **~licht** *n* **1.** taillight. **2.** *fig. Sport*: tailender: **das ~ bilden** bring up the rear. **~notierung** *f* closing price. **~pfiff** *m Sport*: final whistle. **~runde** *f* **1.** *Boxen*: final round. **2.** → **Endrunde. ~satz** *m* **1.** closing sentence. **2.** ♪ final movement. **3.** *Tennis*: final set. **~strich** *m fig.* **e-n ~ unter et. ziehen** consider s.th. closed. **~verkauf** *m* (end-of-season) sale. **~wort** *n* closing words *pl.*

Schmach *f lit.* disgrace, shame.

schmächtig *adj* slight, thin: **ein ~er Junge** a slip of a boy.

schmackhaft *adj* savo(u)ry, tasty: *fig.* **j-m et. ~ machen** make s.th. palatable to s.o.

schmal *adj* narrow, (*dünn*) thin, slender (*a. fig.*), *fig.* meag/re (*Am.* -er), poor.

schmälern *v/t fig.* (*Gewinn etc*) curtail, (*Rechte etc*) impair, (*Verdienste etc*) detract from.

Schmalfilm *m* cine-film. **~kamera** *f* cine-camera.

Schmalspur *f* 🚂 narrow ga(u)ge.

Schmalspur... F *fig.* small-time ...

Schmalz[1] *n* lard.

Schmalz[2] *m* F *fig.* schmaltz.

schmalzig *adj* F *fig.* schmaltzy.

schmarotzen *v/i* sponge (**bei** on).

Schmarotzer(in) parasite, *fig. a.* sponger.

Schmarotzertum *n* parasitism.

Schmarrn *m österr.* **1.** (*Mehlspeise*) hot cut-up pancake. **2.** (*Unsinn*) rubbish.

schmatzen *v/i* eat noisily.

schmecken I *v/t* taste. **II** *v/i* **~ nach** taste of, *fig.* smack of; **es schmeckt** (**gut**) it tastes good; **sich et. ~ lassen** tuck in; **schmeckt es** (**Ihnen**)**?** do you like it?; *fig.* **das schmeckte ihm nicht** he didn't like it one bit.

Schmeichelei *f* flattery, *mst pl* (flattering) compliment.

schmeichelhaft *adj a. fig.* flattering.

schmeicheln *v/i* **j-m ~** flatter s.o. (*a. fig.*), *bittend, zärtlich*: coax s.o., cajole s.o.; **sich geschmeichelt fühlen** feel flattered (**durch** by); **das Bild ist geschmeichelt** the picture is flattering.

Schmeichler(in) flatterer.

schmeichlerisch *adj* flattering, (*bittend*) cajoling, coaxing.

schmeißen F **I** *v/t* **1.** throw, chuck, (*Tür*) slam, bang. **2.** (*Studium etc*) chuck up, *thea.* (*Szene etc*) muff. **3.** manage: **den Laden ~** run the show. **4.** → **Runde** 4. **II** *v/i* **5. ~ mit** throw; **mit Geld um sich ~** throw one's money around.

Schmeißfliege *f* bluebottle.

Schmelz *m* **1.** enamel (*a. Zahnschmelz*). **2.** *fig.* mellowness, ♪ melodiousness.

Schmelze *f* **1.** (*Schneeschmelze*) melting. **2.** *tech.* melting, molten mass.

schmelzen I *v/i* liquefy, melt (*a. fig. Vorrat etc, a. Person*). **II** *v/t* liquefy, melt, (*bsd. Metalle*) smelt.

schmelzend *adj fig. Blick*: melting, ♪, *Stimme*: sweet.

Schmelz|käse *m* soft cheese. **~ofen** *m* melting furnace. **~punkt** *m* melting point. **~tiegel** *m a. fig.* melting pot. **~wasser** *n* melted snow andice.

Schmerbauch *m* paunch.

Schmerz *m* pain, ache, (*Kummer*) grief, sorrow, (*Qual*) agony: **~en haben** be in pain.

schmerzen I *v/i* hurt (*a. fig.*), ache. **II** *v/t* hurt (*a. fig.*), pain.

Schmerzensgeld *n* compensation for personal suffering, *Am.* smart-money.

Schmerzensschrei *m* scream of pain.

schmerzfrei *adj* free of pain.

Schmerzgrenze *f a. fig.* pain threshold.

schmerzhaft *adj a. fig.* painful.

schmerzlich I *adj* painful, *Lächeln, Pflicht, Verlust etc*: sad. **II** *adv* (*sehr*) badly, sadly: **j-n ~ berühren** pain s.o.

schmerz|lindernd *adj* soothing, (*a.* **~es Mittel**) analgesic. **~los** *adj* painless.
Schmerzmittel *n* painkiller.
schmerzstillend *adj* painkilling.
Schmerz|tablette *f* painkiller. **~therapie** *f* pain therapy.
Schmetterball *m Tennis*: smash.
Schmetterling *m* butterfly.
Schmetterlingsstil *m* butterfly (stroke).
schmettern I *v/t* **1.** smash (*a. Tennis*), slam. **2.** (*Lied etc*) belt out. II *v/i* **3.** ring (out), *Trompete*: blare, *Vogel*: warble.
Schmied(in) smith, (*Grobschmied*) blacksmith.
Schmiede *f* forge, smithy.
Schmiedeeisen *n* wrought iron.
schmiedeeisern *adj* wrought-iron.
schmieden *v/t u. v/i a. fig.* forge: → ***Eisen, Plan²*** 1.
schmiegen *v/reflex* ***sich an j-n ~*** cling (*zärtlich*: cuddle up) to s.o.
schmiegsam *adj* pliant, flexible.
Schmiere *f* **1.** *tech.* grease, lubricant. **2.** (*klebriges Zeug*) F mess, goo. **3.** F *thea.* ham-acting. **4.** F ***~ stehen*** keep a lookout.
schmieren *v/t* **1.** smear, (*Brot*) butter, (*Butter etc*) spread: F ***j-m e-e ~*** slap s.o.('s face); ***wie geschmiert*** like clockwork. **2.** *tech. mit Fett*: grease, *mit Öl*: lubricate, oil. **3.** *a. v/i* (*kritzeln*) scrawl. **4.** F ***j-n ~*** grease s.o.'s palm.
Schmierenkomödiant(in) ham actor (actress).
Schmiererei *f* **1.** (*Gekritzel*) scribble, scrawl. **2.** (*schlechtes Bild*) daub. **3.** *pl an Wänden*: graffiti *pl.*
Schmierfett *n tech.* (lubricating) grease.
Schmier|fink *m* F **1.** scrawler, *weitS.* messy fellow. **2.** muckraker. **~geld** *n* F bribe (money), *pol.* slush fund.
schmierig *adj* **1.** greasy, (*schmutzig*) messy, grimy. **2.** *fig.* (*unanständig*) smutty, (*ölig*) F smarmy.
Schmier|mittel *n tech.* lubricant. **~öl** *n tech.* lubricating oil. **~papier** *n* scribbling paper. **~seife** *f* soft soap.
Schmierung *f tech.* lubrication, greasing.
Schminke *f* make-up.
schminken I *v/t* make up: ***sich die Lippen ~*** put on lipstick. II *v/reflex* ***sich ~*** put on make-up, make one's face up.
Schminkkoffer *m* vanity case.
schmirgeln *v/t*, **Schmirgelpapier** *n tech.* sandpaper.
Schmiss *m* **1.** (duelling) scar. **2.** F *fig.* (*Schwung*) pep, zip.
schmissig *adj* F zippy, *Musik*: bouncy.
Schmöker *m* F **1.** old book. **2.** light novel.
schmökern *v/i* do some light reading, *oberflächlich*: browse.
schmollen *v/i* sulk.
Schmollmund *m* (*a.* ***e-n ~ machen***) pout.
Schmorbraten *m* pot roast.
schmoren *v/t u. v/i* **1.** *gastr.* braise: F ***j-n (in s-m eigenen Saft) ~ lassen*** let s.o. stew (in his own juice). **2.** F *in der Hitze*: roast.
Schmortopf *m* casserole.
Schmuck *m* **1.** decoration. **2.** (*~sachen*) jewel(le)ry, jewels *pl.*
schmücken I *v/t* adorn (*a. fig.*), decorate, *fig.* (*Rede etc*) embroider. II *v/reflex* ***sich ~*** dress up.
Schmuckkästchen *n* **1.** jewel(le)ry box. **2.** *fig.* (*Haus*) jewel of a house.
schmucklos *adj* plain, austere.
Schmucksachen *pl* → ***Schmuck*** 2.
Schmuck|stück *n* **1.** piece of jewel(le)ry. **2.** *fig.* gem. **~waren** *pl* jewel(le)ry *sg.*
schmudd(e)lig *adj* F scruffy, grimy.
Schmuggel *m* smuggling.
schmuggeln *v/t u. v/i* smuggle.
Schmuggelware *f* smuggled goods *pl*, contraband.
Schmuggler(in) smuggler.
schmunzeln *v/i* smile to o.s., grin.
Schmus *m* F blarney, soft soap.
schmusen *v/i* F cuddle, *Liebespaar*: *a.* smooch.
Schmutz *m* dirt, filth, mud, *fig. a.* smut: *fig.* ***in den ~ ziehen*** drag *s.o., s.th.* through the mud.
schmutzen *v/i* soil, get dirty.
Schmutzfink *m* F **1.** pig. **2.** *fig.* dirty fellow.
Schmutzfleck *m* smudge.
schmutzig *adj* **1.** dirty, filthy, *fig. a.* smutty, (*beschmutzt*) soiled: ***~ machen*** dirty, soil; ***sich ~ machen, ~ werden*** get dirty; *fig.* ***~e Fantasie*** dirty mind; → ***Wäsche*** 1. **2.** *fig.* dirty, shabby.
Schnabel *m* **1.** *zo.* bill, beak. **2.** *e-r Kanne*: spout. **3.** F *fig.* (*Mund*) trap: ***halt den ~!*** shut up!
schnäbeln *v/i zo.* bill.
Schnake *f zo.* mosquito, midge.
Schnalle *f* buckle, clasp.
schnallen I *v/t* **1.** buckle, *mit Gurt etc*: strap (**an** *acc* to): → ***Gürtel.*** **2.** F get: ***ich schnalle das nicht!*** I don't get it! II *v/i* **3.** F get it: ***geschnallt?*** got it?
schnalzen *v/i* ***mit der Zunge ~*** click one's tongue; ***mit den Fingern ~*** snap one's fingers.
Schnäppchen *n* F (good) bargain. **~jäger** *m*, **~sucher** *m* bargain hunter.
schnappen I *v/t* **1.** F catch, nab: (***sich***) ***et. ~*** grab s.th.; ***Luft ~*** (***gehen***) get some fresh air. II *v/i* **2.** snap, click. **3.** ***~ nach*** grab

S

at, *Hund*: snap at; ***nach Luft*** ~ gasp for breath.

Schnappschuss *m phot.* snapshot: ***e-n ~ machen von*** take a snap of.

Schnaps *m* spirits *pl*, schnapps.

Schnapsbrennerei *f* distillery.

Schnäpschen *n* F snifter.

Schnaps|flasche *f* bottle of brandy. **~glas** *n* brandy glass. **~idee** *f* F crazy idea.

schnarchen *v/i* snore.

schnarren *v/i* rattle, *Klingel etc*: buzz, (*~d sprechen, a. v/t*) rasp.

schnattern *v/i* **1.** *Gans*: cackle, *Ente*: quack. **2.** F *fig.* gabble.

schnauben *v/i u. v/t* **1.** snort: ***sich*** (***die Nase***) ~ blow one's nose; *fig.* ***vor Wut*** ~ foam with rage. **2.** → ***schnaufen.***

schnaufen *v/i* **1.** breathe hard, puff, pant. **2.** *dial.* breathe.

Schnauz *m schweiz.* m(o)ustache.

Schnauzbart *m* walrus m(o)ustache.

Schnauze *f* **1.** *zo.* snout, muzzle, nose. **2.** *tech.* nozzle, *e-r Kanne etc*: lip, F ✈, *mot.* nose. **3.** V (*Mund*) trap: ***halt die ~!*** shut up!; ***die ~ voll haben*** be fed up (to the teeth) (***von*** with).

schnäuzen *v/reflex* ***sich*** ~ blow one's nose.

Schnecke *f* **1.** *zo.* snail, (*Nacktschnecke*) slug: F ***j-n zur ~ machen*** give s.o. hell. **2.** △ scroll. **3.** (*Gebäck*) Chelsea bun.

Schnecken|haus *n* (snail) shell. **~tempo** *n* ***im ~*** at a snail's pace.

Schnee *m* **1.** snow: *fig.* ***~ von gestern*** old hat. **2.** ***Eiweiß zu ~ schlagen*** beat white of egg until stiff. **3.** *sl.* (*Kokain*) snow.

Schneeball *m a.* ⚘ snowball. **~effekt** *m* snowball effect. **~schlacht** *f* snowball fight. **~system** *n* snowball system, pyramid sales system.

schneebedeckt *adj* snow-covered.

Schneebesen *m gastr.* egg-beater, whisk.

schneeblind *adj* snow-blind.

Schnee|bob *m* snowmobile. **~brille** *f* (***e-e ~*** a pair of) snow goggles *pl*. **~fall** *m* snowfall. **~flocke** *f* snowflake.

schneefrei *adj* free of snow.

Schnee|gestöber *n* snow flurry. **~glätte** *f* packed snow. **~glöckchen** *n* ⚘ snowdrop. **~grenze** *f* snow line. **~kette** *f* snow chain. **~mann** *m* snowman. **~matsch** *m* slush. **~mobil** *n* snowmo-bile. **~pflug** *m* snow plough, *Am.* snowplow. **~regen** *m* sleet. **~schmelze** *f* thaw. **~schuh** *m* snow-shoe. **~sturm** *m* snowstorm, blizzard. **~treiben** *n* snow flurry. **~verhältnisse** *pl* snow conditions *pl*. **~verwehung** *f*, **~wehe** *f* snowdrift.

schneeweiß *adj* snow-white, *im Gesicht*: as white as a sheet.

Schneid *m* F guts *pl*, pluck.

Schneidbrenner *m* cutting torch.

Schneide *f* edge: → ***Messer.***

Schneidebrett *n* chopping board.

schneiden I *v/t* **1.** *allg.* cut (*a. e-n Ball, e-e Kurve*), (*Rasen etc*) *a.* mow, (*Braten*) carve, (*Baum*) prune, (*Hecke*) trim: ***in Stücke ~*** cut up; F *fig.* ***j-n ~*** a) (*übersehen*) cut s.o. dead, b) *beim Überholen*: cut in on s.o.; → ***Grimasse, Haar.*** **2.** (*Film, Tonband*) edit. **II** *v/reflex* ***sich ~*** **3.** cut o.s.: F *fig.* ***da hast du dich aber geschnitten!*** you are very much mistaken there! **4.** *fig. Linien*: intersect.

schneidend *adj fig. Schmerz etc*: sharp, *Kälte, Wind, Hohn*: biting, *Stimme*: strident.

Schneider *m* tailor: F ***aus dem ~ sein*** be out of the woods.

Schneiderei *f* tailoring, dressmaking.

Schneiderin *f* dressmaker.

schneidern I *v/i* do tailoring (*od.* dressmaking). **II** *v/t* make.

Schneidetisch *m Film etc*: editing table.

Schneidezahn *m* incisor.

schneidig *adj* (*mutig*) plucky, (*forsch*) brisk (*a. Tempo*), crisp, *Person*: *a.* dashing, (*zackig, schick*) snappy.

schneien I *v/impers* ***es schneit*** it's snowing. **II** *v/i* F *fig.* (***j-m***) ***ins Haus ~*** drop in (on s.o.) unexpectedly.

Schneise *f* **1.** (forest) lane. **2.** → ***Flugschneise.***

schnell I *adj allg.* quick, *Auto, Läufer, Rennbahn etc*: fast, (*sehr ~*) *a.* rapid, (*rasch*) swift, prompt, speedy, (*hastig*) hasty, (*plötzlich*) sudden, abrupt: ***in ~er Folge*** in rapid succession; ***~es Handeln*** prompt action; ***~e Fortschritte machen*** make rapid progress; ***auf dem ~sten Wege*** as quickly as possible; F ***auf die Schnelle*** quickly, (*schlampig*) slapdash; → ***Brüter.*** **II** *adv* fast, quick(ly), rapidly (*etc*): ***~ fahren*** (***handeln***) drive (act) fast; *pharm.* ***~ wirkend*** fast-acting; ***das geht ~*** that won't take long; ***das ist ~ gegangen*** that was quick; ***~er ging es nicht*** I (we *etc*) couldn't do it any faster; ***so ~ wie möglich, schnellstens*** as quickly as possible; (***mach***) ***~!*** hurry up!, F get a move on!, snappy!; ***nicht so ~!*** easy!, F hold your horses!; ***sie ist ~ beleidigt*** she is quick to take offence; ***wie ~ die Zeit vergeht!*** how time flies!

Schnellboot *n mil.* speedboat.

schnellen I *v/i* bounce, pop; → *a.* ***hochschnellen.*** **II** *v/t* toss, (*schnippen*) flick.

Schnell|feuerwaffe *f* automatic weapon. **~gang** *m mot.* overdrive. **~gaststätte** *f* cafeteria.

Schnellhefter *m* letter file.

Schnelligkeit *f* quickness, fastness, rapidity, speediness, *phys.* velocity, (*Tempo*) speed.
Schnell|imbiss *m* **1.** snack. **2.** → **~imbissstube** *f* snack bar. **~kochtopf** *m* pressure cooker.
schnelllebig *adj Zeit etc*: fast-moving, (*kurzlebig*) *Mode etc*: short-lived.
Schnell|reinigung *f* express dry cleaners. **~straße** *f* motorway, *Am.* expressway. **~verband** *m* first-aid dressing. **~verfahren** *n* **1.** ⚖ summary procedure (*konkret*: proceedings *pl*). **2.** *tech.* high-speed process: *fig.* **im ~** very quickly. **~zug** *m* fast train.
Schnepfe *f zo.* snipe.
schneuzen → ***schnäuzen.***
schniefen *v/i* F sniffle.
Schnippchen *n* ***j-m ein ~ schlagen*** outwit (*od.* fool) s.o.
schnippeln *v/t u. v/i* snip (away) (***an*** *dat* at).
schnippen **I** *v/i* snip: (***mit den Fingern***) ~ snap one's fingers. **II** *v/t* flick (off).
schnippisch *adj* pert, saucy.
Schnipsel *m, n* shred, (*aus Papier*) scrap.
Schnitt *m* **1.** (*das Schneiden*) cutting, ⚒ *a.* mowing, *Film etc*: editing. **2.** cut, ⚕ *a.* incision, *großer*: gash: *Film etc*: **harter ~** jump cut. **3.** (*Fasson, Haarschnitt etc*) cut, style, (*Form*) *a.* shape. **4.** (*~muster*) pattern. **5.** 𝔄 intersection, *tech.* (*~zeichnung*) section(al view). **6.** (*a.* ***im ~ erreichen*** *etc*) average: ***im ~*** on average. **7.** F (*Gewinn*) profit.
Schnittblumen *pl* cut flowers *pl.*
Schnittbohnen *pl* French beans *pl.*
Schnitte *f* **1.** slice. **2.** (open) sandwich.
schnittig *adj* racy, stylish, streamlined.
Schnitt|lauch *m* ♧ chives *pl.* **~muster** *n* pattern. **~punkt** *m* (point of) intersection. **~stelle** *f Computer u. fig.*: interface. **~wunde** *f* cut, *große*: gash. **~zeichnung** *f tech.* section(al view).
Schnitzarbeit *f* (wood-)carving.
Schnitzel[1] *n gastr.* cutlet: ***Wiener ~*** (Wiener) schnitzel.
Schnitzel[2] *n, m* shred, (*Papierschnitzel*) scrap, (*Holzschnitzel*) chip.
Schnitzeljagd *f* paper chase.
Schnitzelwerk *n* shredder.
schnitzen *v/t u. v/i* carve.
Schnitzer *m* F *fig.* blunder.
Schnitzer(in) (wood-)carver.
Schnitzerei *f* (wood-)carving.
schnodd(e)rig *adj* F snotty.
Schnorchel *m* **1.** ⚓ snorkel. **2.** *Sporttauchen*: snorkel (mask).
schnorcheln *v/i* snorkel, go snorkelling.
Schnörkel *m* **1.** ⚠ scroll. **2.** *beim Schreiben*: squiggle, *a. stilistisch*: flourish: *fig.* ***ohne ~*** without frills.

schnorren *v/i u. v/t* scrounge (***bei j-m*** off s.o.).
Schnorrer(in) scrounger.
Schnösel *m* F snot-nose.
schnuck(e)lig *adj* F cuddly, pretty, cute.
schnüffeln *v/i* **1.** sniff (***an*** *dat* at). **2.** F *fig.* snoop (around).
Schnüffler(in) F snooper, (*Detektiv*) sleuth.
Schnuller *m* comforter, dummy, *Am.* pacifier.
Schnulze *f* F schmaltzy song, *weitS.* (*Buch etc*) tearjerker, sobstuff.
Schnupfen *m* cold, F *the* sniffles *pl.*
Schnupftabak *m* snuff.
schnuppe → ***schnurz.***
schnuppern → ***schnüffeln*** 1.
Schnupperpreis *m* bargain price.
Schnur *f* cord, (*Bindfaden*) (piece of) string, ⚡ flex: F *fig.* ***über die ~ hauen*** overdo it.
Schnürchen *n* F *fig.* ***das ging wie am ~*** it went like clockwork.
schnüren *v/t* tie up, (*Schuhe*) lace.
schnurgerade *adj u. adv* F (as) straight as an arrow, dead straight.
schnurlos *adj Telefon*: cordless.
Schnurrbart *m* m(o)ustache.
schnurren *v/i* purr, (*surren*) *a.* whirr.
Schnür|riemen *m* strap. **~schuh** *m* lace-up shoe. **~senkel** *m* shoelace, *für Stiefel*: bootlace.
schnurstracks *adv* F (*direkt*) straight, (*sofort*) straightaway.
schnurz *adj* F ***das ist mir ~*** I couldn't care less.
Schock *m* ⚕ *u. fig.* shock: ***e-n ~ bekommen*** get a shock; ***e-n ~ haben*** be in (a state of) shock. **~behandlung** *f* ⚕ shock treatment.
schockgefrieren *v/t* shock-freeze.
schockieren *v/t* shock, scandalize: **~d** shocking, scandalizing.
Schocktherapie *f* ⚕ (electro-)shock therapy.
schofel *adj* F shabby, (*gemein*) *a.* mean.
Schöffe *m*, **Schöffin** *f* lay assessor.
Schöffengericht *n* lay assessors' court.
Schokolade *f*, **schokoladenbraun** *adj* chocolate.
Schokoladenfabrik *f* chocolate factory.
Schokoriegel *m* chocolate bar.
Scholle[1] *f* **1.** (*Erdscholle*) clod. **2.** (*Eisscholle*) floe. **3.** *fig.* (*Heimaterde*) (native) soil.
Scholle[2] *f* (*Fisch*) plaice (*a. pl*).
schon *adv* **1.** already, *in Fragen*: yet, (*~ einmal*) before, (*jemals*) ever, (*sogar ~*) even: ***~ damals*** even then; ***~ früher*** before; ***~ immer*** always, all along; ***~ oft*** often (enough); ***~ wieder*** again; (***nicht***) ***~ wieder!*** not again!; ***~ am nächsten Tage*** the very next day; ***~ im 16. Jh.*** as early as the 16th centu-

S

ry; ***ist er ~ da?*** has he come yet?; ***hast du ~ (einmal) ...?*** have you ever ...?; ***ich habe ihn ~ einmal gesehen*** I have seen him before; ***hast du ~ mit ihm gesprochen?*** have you talked to him yet?; ***ich komme (ja) ~!*** (I'm) coming!; ***das kennen wir ~!*** that's an old story! **2.** *verstärkend*: ***er wird ~ kommen*** he is sure to come; don't worry, he'll come; ***er wird es ~ machen*** leave it to him; ***das ist ~ möglich*** that's quite possible; ***(das ist) ~ wahr, aber ...*** that's (certainly) true, but ...; ***er ist ~ ein guter Spieler*** he really is a good player. **3.** ***~ gar nicht*** least of all. **4.** (*allein*) ***~ der Name (Anblick, Gedanke)*** the very name (sight, idea); ***~ deswegen*** if only for that reason; ***~ weil*** if only because. **5.** *rhetorisch*: ***was macht das ~?*** what does it matter?

schön I *adj* **1.** beautiful, *bsd. Mann*: handsome, good-looking: ***das ~e Geschlecht*** the fair sex; ***die ~en Künste*** the fine arts; ***~es Wetter*** good (*od.* fine) weather. **2.** (*gut*) good, fine, (*angenehm*) pleasant, nice: ***~!*** all right!, okay!; ***e-s ~en Tages*** one of these days; ***~en Dank!*** many thanks!, *ablehnend*: no, thank you!; ***~es Wochenende!*** have a nice weekend!; ***~er Tod*** easy death; ***das ist alles ~ und gut, aber ...*** that's all very well, but ..; ***es war sehr ~*** *auf dem Fest etc* I (we *etc*) had a good time; ***~ wärs!*** some hope!; ***das wäre ja noch ~er!*** F nothing doing!; *iro.* ***du bist mir ein ~er Freund!*** a fine friend you are! **3.** F (*beträchtlich*) handsome, fair. **II** *adv* **4.** beautifully, nicely, pleasantly: ***sie war ~ braun*** she had a beautiful tan. **5.** F (*sehr*) very, really, pretty: ***ganz ~ teuer*** pretty expensive; *iro.* ***da wärst du ~ dumm*** you'd be a fool; ***sei ~ brav!*** be a good boy (*od.* girl) now!; ***~ warm*** nice and warm.

Schöne *n the* beautiful: ***das ~ daran*** the nice thing about it; ***es gibt nichts ~res als*** there's nothing nicer (*od.* better) than.

Schonbezug *m* loose cover.

schonen I *v/t* **1.** (*j-n, j-s Leben, Gefühle*) spare. **2.** (*Augen, Kräfte, Vorräte*) save, (*pfleglich behandeln*) treat *s.th.* with care, *a. Mittel*: be easy on (*the carpet etc*). **II** *v/reflex* **3.** ***sich ~*** take it easy; ***sich für et. ~*** save one's strength for s.th.; ***sich nicht ~*** drive o.s. (hard).

schönen *v/t Bericht, Zahlen*: dress up.

schonend *adj* careful, gentle, *Waschmittel etc*: mild, (*rücksichtsvoll*) considerate: *adv* ***~ umgehen mit*** go easy on; → ***beibringen*** 1.

Schoner[1] *m* cover.

Schoner[2] *m* ⚓ schooner.

Schöngeist *m* (a)esthete. **schöngeistig** *adj* (a)esthetical.

Schönheit *f* beauty.

Schönheits|chirurgie *f* cosmetic (*od.* plastic) surgery. **~fehler** *m a. fig.* blemish, flaw. **~königin** *f* beauty queen. **~operation** *f* cosmetic operation. **~pflege** *f* beauty care. **~salon** *m* beauty parlo(u)r. **~wettbewerb** *m* beauty contest.

Schonkost *f* light food.

schönmachen I *v/i Hund*: sit up (and beg). **II** *v/reflex* ***sich ~*** a) dress up, b) make (o.s.) up.

Schonung *f* **1.** (*Gnade*) mercy, (*Nachsicht*) forbearance. **2.** (*pflegliche Behandlung*) good care, (*Schutz*) protection, (*Ruhe*) rest: ***sie braucht ~*** she needs a rest; ***zur ~*** (*gen*) to protect (*one's hands etc*), to save (*one's eyes, strength, etc*). **3.** (young) forest plantation.

schonungsbedürftig *adj* in need of rest.

schonungslos *adj* merciless.

Schönwetterlage *f* period of fine weather.

Schonzeit *f hunt.* close season.

Schopf *m* mop (of hair), *der Vögel*: tuft; → ***Gelegenheit*** 1.

schöpfen *v/t* scoop, *mit e-r Kelle*: ladle, (*Wasser*) draw: → ***Hoffnung, Luft*** 1, ***Verdacht*** *etc.*

Schöpfer(in) creator, (*Gott*) *the* Creator.

schöpferisch *adj* creative.

Schöpfkelle *f*, **Schöpflöffel** *m* ladle.

Schöpfung *f* creation, *Bibl. the* Creation.

Schöpfungsgeschichte *f Bibl.* Genesis.

Schorf *m* ⚕ scab.

Schornstein *m* chimney, ⚓, 🚂 funnel, (*Fabrikschlot*) smoke stack.

Schornsteinfeger(in) chimney sweep.

Schoß *m* lap, (*Mutterleib*) womb, *fig. der Familie etc*: bosom: → ***Hand.***

Schössling *m* ❀ shoot.

Schote *f* ❀ husk, pod.

schott. ***schottisch*** Scots, Scottish; Scotch *whisky.*

Schotte *m* Scot, Scotsman: ***die ~n*** the Scots.

Schotter *m* gravel, (*Straßenschotter*) *a.* (road) metal.

schottern *v/t* gravel, metal.

Schottin *f* Scotswoman.

schottisch *adj* Scottish, *Whisky etc*: Scotch.

Schottland *n* Scotland.

schraffieren *v/t* hatch.

schräg I *adj* oblique, slanting (*a. Augen*), (*~ abfallend*) sloping, (*~ verlaufend*) diagonal. **II** *adv* (*~ schneiden, stellen etc*) at an angle: ***~ gegenüber*** diagonally opposite.

Schräge *f* slant, (*Gefälle, schräge Fläche*) incline, slope.

Schrägstrich *m* oblique, slash, *umgekehrter*: backslash.

Schramme *f* scratch.

S

schrammen *v/t* scrape, scratch, (*Haut*) *a.* graze.

Schrank *m* **1.** cupboard, *bsd. Am.* closet, (*Kleiderschrank*) wardrobe, (*Spind*) locker. **2.** F (*großer Kerl*) giant.

Schranke *f* **1.** barrier, 🚂 *a.* gate, ⚖ bar. **2.** *fig.* (*soziale etc ~, Handelsschranke*) barrier, (*Grenze*) bounds *pl*, limits *pl*: ***~n setzen*** set bounds (*dat* to); ***(sich) in ~n halten*** restrain (o.s.); ***j-n in s-e ~n weisen*** put s.o. in his place.

schrankenlos *adj fig.* boundless.

Schrankenwärter(in) 🚂 gatekeeper.

schrankfertig *adj* washed and ironed.

Schrankkoffer *m* wardrobe trunk.

Schrankwand *f* wall-to-wall cupboard.

Schraubdeckel *m* screw cap.

Schraube *f* **1.** screw (*a.* ⚓), ✈ propeller: ***~ und Mutter*** bolt and nut; F ***bei ihm ist e-e ~ locker*** he has a screw loose. **2.** *Sport*: twist, *Kunstspringen*: spiral dive.

schrauben *v/t* screw, (*drehen*) twist: ***fester ~*** tighten the screw(s) of; *fig.* ***niedriger ~*** lower, scale down; ***(sich) in die Höhe ~*** → ***hoch schrauben***; → ***geschraubt.***

Schrauben|dreher *m* screwdriver. **~schlüssel** *m* wrench, spanner, *verstellbarer*: monkey-wrench. **~zieher** *m* screwdriver.

Schraubstock *m* vice, *Am.* vise.

Schraubverschluss *m* screw top (*od.* cap).

Schrebergarten *m* allotment.

Schreck *m* fright, shock: ***die ~en des Krieges*** the horrors of war; ***e-n ~ bekommen*** get a fright (*od.* shock); ***in ~en versetzen*** frighten, terrify; ***mit dem ~en davonkommen*** get off with a bad fright; ***zu m-m ~en*** to my dismay; ***~en erregend*** → ***schrecklich.***

schrecken *v/t* frighten, (*auf~*) startle: ***das schreckt mich nicht*** that can't scare me.

Schreckens|herrschaft *f* reign of terror. **~nachricht** *f* alarming (*od.* dreadful) news *sg.* **~tat** *f* atrocity.

Schreckgespenst *n fig.* nightmare.

schreckhaft *adj* jumpy, nervous.

schrecklich **I** *adj* terrible, dreadful, horrible, *Mord etc*: *a.* atrocious. **II** *adv* F awfully, terribly. **Schrecknis** *n* horror.

Schreckschuss *m* **1.** warning shot. **2.** *fig.* false alarm. **~pistole** *f* blank (cartridge) pistol.

Schrecksekunde *f mot.* reaction time.

Schrei *m* cry, shout, *gellender*: scream, yell, shriek: *fig.* ***~ der Entrüstung*** outcry; F ***der letzte ~*** the latest rage.

Schreib|arbeit *f* desk work, *bsd. contp.* paperwork. **~block** *m* writing pad. **~büro** *n*, **~dienst** *m* typing pool.

schreiben *v/t u. v/i* write (***über*** *acc* on, about), (*Rechnung etc*) write out, *tech. Instrument*: record: ***j-m ~*** write to s.o., *Am. a.* write s.o.; ***j-m et. ~*** write to s.o. about s.th.; ***mit Bleistift*** *etc* **~** write in pencil *etc*; ***mit der (Schreib)Maschine ~*** type; ***sich*** (*od.* ***einander***) ***~*** write (to one another), correspond; ***noch einmal ~*** rewrite; ***gut ~*** a) write a good hand, b) be a good writer; ***(richtig) ~*** (*Wort*) spell (correctly); ***falsch ~*** misspell; ***wie schreibt er sich?*** how do you spell his name?; ***an e-m Roman ~*** be working on a novel; ***wie*** *die Zeitung etc* **schreibt** according to; → ***Ohr*** *etc.*

Schreiben *n* a) writing, b) letter, *kurzes*: note.

Schreiber(in) writer.

Schreiberling *m contp.* scribbler.

schreibfaul *adj* lazy about writing letters.

Schreib|feder *f* pen. **~fehler** *m* spelling mistake, slip of the pen. **~gerät** *n* writing utensils *pl*, *tech.* recorder.

schreibgeschützt *adj Computer*: write-protected, read only.

Schreib|heft *n* exercise book. **~kraft** *f* (shorthand) typist, *pl* clerical staff. **~mappe** *f* writing case. **~maschine** *f* typewriter: ***~ schreiben*** type; ***mit ~ geschrieben*** typewritten, typed, in type-script. **~maschinenpapier** *n* typing paper. **~papier** *n* writing paper. **~schutz** *m Computer*: write protection. **~stelle** *f* cursor (*od.* character) position.

Schreibtisch *m* (writing) desk. **~arbeit** *f* desk job. **~arbeiter(in)** office worker. **~tischlampe** *f* desk lamp. **~täter** *m* mastermind. **~uhr** *f* desk clock.

Schreibung *f* spelling.

Schreibwaren *pl* stationery *sg.*

Schreibwaren|geschäft *n* stationer's (shop). **~händler(in)** stationer.

Schreibweise *f* style, *e-s Wortes*: spelling. **~zentrale** *f* typing pool. **Schreibzeug** *n* writing things *pl.*

schreien *v/i u. v/t* shout, *gellend*: yell, scream, shriek, *Baby*: howl: ***~ nach*** cry for; F ***es (er) ist zum Schreien*** it (he) is a scream.

schreiend *adj fig. Farbe*: loud, *Unrecht*: flagrant, *Gegensatz*: glaring.

Schreier(in) → **Schreihals** *m* F loudmouth, (*Krakeeler*) brawler, (*Baby*) bawler, (*Kind*) noisy brat.

Schrein *m* shrine.

Schreiner(in) *etc* → ***Tischler*** *etc.*

schreiten *v/i* **1.** *lit.* walk, (*aus~*) stride, step. **2.** *fig.* ***zu et. ~*** proceed to (do) s.th.; ***zur Tat ~*** set to work.

Schrift *f* **1.** writing, (*Handschrift*) hand(writing), *typ.* script, type: ***in lateinischer ~*** in

Roman characters (*od.* letters). **2.** (*~stück*) document, writing, (*a. Abhandlung*) paper, (*Druckschrift*) publication, pamphlet: ***die Heilige ~*** the Holy Scripture(s *pl*).

Schrift|art *f* script, type, (*Schrifttyp*) font. **~bild** *n* typeface. **~deutsch** *n* standard German. **~führer(in)** secretary. **~gelehrte** *m Bibl.* scribe. **~grad** *m* type size. **~gut** *n* documents and records *pl.*

schriftlich I *adj* written, in writing: ***~e Prüfung*** written examination. **II** *adv* in writing, (*brieflich*) by letter: ***jetzt haben wir es ~*** now we have it in black and white; F ***das kann ich dir ~ geben!*** I can guarantee you that!

Schrift|probe *f* specimen of *s.o.'s* handwriting. **~rolle** *f* scroll. **~satz** *m* ⚖ (set of) documents *pl*, (*Erklärung*) (written) statement. **~schablone** *f* lettering stencil. **~setzer(in)** typesetter. **~sprache** *f* standard language.

Schriftsteller(in) author(ess), writer.

Schriftstellerei *f* writing.

schriftstellerisch I *adj* literary. **II** *adv* as a writer.

Schrift|stück *n* document, paper. **~umschaltung** *f* case shift. **~verkehr** *m*, **~wechsel** *m* correspondence. **~zeichen** *n* letter, character.

schrill *adj* shrill, piercing.

Schritt *m* **1.** step (*a. Tanzschritt*), pace (*a. als Maß*), *langer*: stride, *hörbarer*: (foot)step, (*Gangart*) gait, walk: ***~ halten mit*** keep pace with, *fig. a.* keep abreast of; ***~ für ~*** *a. fig.* step by step; ***auf ~ und Tritt*** at every turn, everywhere. **2.** (*Tempo*) pace: ***im ~*** at a walking pace; *mot.* **(*im*) *~ fahren!*** dead slow! **3.** *der Hose, a. anat.* crotch. **4.** *fig.* step, (*Maßnahme*) *a.* measure, move: ***diplomatischer ~*** démarche; ***Politik der kleinen ~e*** step-by-step policy; ***den ersten ~ tun*** take the first step; ***wir sind k-n ~ weitergekommen*** we haven't made the slightest bit of progress.

Schrittmacher *m Sport*: pacemaker (*a.* ⚕ *u. fig.*), *in der Mode*: *a.* trendsetter. **~dienste** *pl* ***j-m ~ leisten*** *Sport*: make the pace for s.o., *fig.* smooth the way for s.o.

schrittweise I *adj* gradual, step-by-step. **II** *adv* step by step.

schroff *adj* **1.** *Felsen*: jagged, (*steil*) steep. **2.** *fig.* (*barsch*) gruff, curt, (*unvermittelt*) abrupt: ***~e Ablehnung*** flat refusal; ***~er Gegensatz*** glaring contrast.

schröpfen *v/t* **1.** ⚕ bleed. **2.** *fig.* ***j-n ~*** fleece s.o. (***um*** for).

Schrot *m, n* **1.** (*Getreide*) wholemeal. **2.** *hunt.* (small) shot. **3.** *fig.* ***von echtem ~ und Korn*** true.

schroten *v/t* (*Getreide, Malz*) bruise.

Schrot|flinte *f* shotgun. **~korn** *n*, **~kugel** *f* pellet. **~säge** *f* crosscut saw.

Schrott *m* **1.** scrap metal: ***zu ~ fahren*** → ***schrottreif.*** **2.** F *fig.* junk: ***~ reden*** talk rubbish. **~händler(in)** scrap dealer. **~haufen** *m* scrapheap. **~platz** *m* scrap yard.

schrottreif *adj* ready for the scrap heap: ***ein Auto ~ fahren*** smash (up) a car.

Schrottwert *m* scrap value.

schrubben *v/t* scrub.

Schrubber *m* scrubbing brush.

Schrulle *f* quirk, (cranky) whim.

schrullig *adj* cranky, F crotchety.

schrump(e)lig *adj* shrivel(l)ed.

schrumpfen *v/i* **1.** shrink (*a. tech.*), ⚕ *a.* atrophy. **2.** *fig.* shrink, dwindle.

Schrumpfung *f* shrinking, shrinkage.

Schub *m* **1.** push, *phys. a.* thrust. **2.** (*Anzahl*) batch. **3.** ⚕ phase, (*Anfall*) attack, *von Adrenalin etc*: rush: ***in Schüben*** intermittent(ly).

Schubkraft *f phys.* thrust.

Schublade *f* drawer.

Schubs *m*, **schubsen** *v/t* F push, shove.

schubweise *adv* in batches.

schüchtern *adj* shy, timid, (*verschämt*) bashful. **Schüchternheit** *f* shyness, timidity, bashfulness.

Schuft *m* scoundrel.

schuften *v/i* F slave away. **Schufterei** *f* drudgery, grind.

Schuh *m* shoe (*a. tech.*): *fig.* ***j-m et. in die ~e schieben*** put the blame for s.th. on s.o.; ***wo drückt dich der ~?*** what's the trouble? **~bürste** *f* shoe brush. **~creme** *f* shoe polish. **~geschäft** *n* shoe shop. **~größe** *f* shoe size. **~industrie** *f* footwear industry. **~löffel** *m* shoehorn. **~macher(in)** shoemaker. **~putzer(in)** shoeblack, *Am.* shoeshine (boy). **~sohle** *f* sole. **~spanner** *m* shoe tree. **~werk** *n* footwear.

Schukostecker *m* (*TM*) shockproof plug.

Schul|abgänger(in) school leaver. **~abschluss** *m* secondary school qualifications *pl.* **~alter** *n* school age. **~arbeit** *f mst pl* homework *sg.* **~ausflug** *m* school outing. **~bank** *f* desk: ***die ~ drücken*** go to school. **~behörde** *f* education authority. **~beispiel** *n* classic example (***für*** of). **~besuch** *m* (school) attendance. **~bildung** *f* (***höhere ~*** secondary) educa-tion. **~buch** *n* textbook, school book. **~buchverlag** *m* educational publishers *pl.* **~bus** *m* school bus.

Schuld *f* **1.** guilt (*a.* ⚖), blame, *eccl.* sin(s *pl*): ***ihn trifft die ~, er ist schuld*** (***daran***) he is to blame for it; ***die ~ auf sich nehmen*** take the blame; ***j-m*** (***e-r Sache***) ***die ~ geben*** blame it on s.o. (s.th.); ***ohne m-e ~*** through no fault of mine; ***zu ~en*** → ***zuschulden***; → ***zuschieben*** 2. **2.** *mst pl* debt: ***~en haben, in ~en stecken*** be in debt; ***~en machen*** incur debts, run into debt; ***s-e ~en begleichen*** pay (*od.* settle) one's debts, even up; *fig.* ***in j-s ~ stehen*** be indebted to s.o.

schuldbewusst *adj Miene etc*: guilty.

schulden *v/t* ***j-m et. ~*** owe s.o. s.th. (*a. fig. e-e Erklärung etc*); → ***Dank.***

Schulden|berg *m* F enormous debt(s *pl*). **~dienst** *m* servicing of debts. **~erlass** *m* waiving of debts, debt relief.

schuldenfrei *adj* free of debt, *Haus etc*: unencumbered.

Schulden|haftung *f* liability for debts. **~last** *f* liabilities *pl*, *auf Grundbesitz*: encumbrance. **~rückzahlung** *f* debt repayment. **~tilgung** *f* liquidation of debts.

Schuldforderung *f* claim, (active) debt.

Schuldfrage *f* question of guilt.

Schuldgefühl(e *pl*) *n* guilty conscience.

schuldhaft *adj* culpable.

Schuldienst *m* ***im ~ sein*** be a teacher.

schuldig *adj* **1.** (*gen*) *a.* ⚖ guilty (of), responsible (for): ***j-n für ~ befinden*** find s.o. guilty (***e-s Verbrechens*** of a crime, ***e-r Anklage*** on a charge); ***j-n ~ sprechen*** pronounce s.o. guilty; ***sich ~ bekennen*** plead guilty. **2.** ***j-m et. ~ sein*** → ***schulden***; ***was bin ich Ihnen ~?*** how much do I owe you?; ***das ist man ihm ~*** that's his due; ***(j-m) die Antwort ~ bleiben*** give (s.o.) no answer.

Schuldige *m, f* culprit, ⚖ guilty party, offender.

Schuldigkeit *f* duty, obligation.

Schuldirektor(in) headmaster (head-mistress), *Am.* principal.

schuldlos *adj* innocent (***an*** *dat* of).

Schuldner(in) debtor.

Schuldnerland *n* debtor nation.

Schuld|schein *m* promissory note, IOU (= I owe you). **~spruch** *m* ⚖ verdict of guilty, conviction. **~verschreibung** *f econ.* (debenture) bond. **~zinsen** *pl* debt interest *sg*, interest *sg* on borrowings. **~zuweisung** *f* apportionment of blame.

Schule *f allg.* school: ***höhere ~*** secondary school, *Am.* senior high school; ***auf*** (*od.* ***in***) ***der ~*** at school; ***in die*** (*od.* ***zur***) ***~ gehen*** go to school; *fig.* ***aus der ~ plaudern*** tell tales out of school, blab; ***~ machen*** set a precedent, be imitated, spread; ***durch e-e harte ~ gehen*** learn the hard way; → ***besuchen*** 2, ***schwänzen.*** **schulen** *v/t* train; → ***geschult.***

Schulenglisch *n* school English.

Schüler *m* schoolboy, *bsd. Br. a.* pupil, *älterer, Am. allg.* student, (*Jünger*) disciple. **~austausch** *m* school exchange.

Schülerin *f* schoolgirl (*etc*, → ***Schüler***).

Schüler|lotse *m*, **~lotsin** *f* school crossing warden. **~zeitung** *f* school magazine.

Schul|fach *n* subject. **~ferien** *pl* holidays *pl*, *bsd. Am.* vacation *sg.* **~fernsehen** *n* educational television.

schulfrei *adj* ***~ haben*** have a holiday; ***heute ist ~*** there's no school today.

Schul|freund(in) schoolmate. **~funk** *m* school broadcasts *pl.* **~gelände** *n* school grounds *pl*, *Am.* campus. **~geld** *n* school fees *pl.* **~heft** *n* exercise book.

Schulhof *m* playground, schoolyard.

schulisch *adj* school (*affairs etc*): ***~e Leistungen*** *pl* progress *sg* at school.

Schul|jahr *n* school year: ***m-e ~e*** my school days. **~junge** *m* schoolboy. **~kamerad(in)** schoolmate. **~kenntnisse** *pl* school knowledge *sg.* **~klasse** *f* class, *Br. a.* form, *Am.* grade. **~leiter(in)** headmaster (headmistress), *Am.* principal. **~mädchen** *n* schoolgirl. **~mappe** *f* school bag. **~medizin** *f* orthodox medicine. **~meinung** *f* received opinion. **~ordnung** *f* school regulations *pl.*

Schulpflicht *f* compulsory education.

schulpflichtig *adj* school-age, of school age: ***~es Alter*** school(-entering) age.

Schul|ranzen *m* satchel. **~rat** *m*, **~rätin** *f* school inspector (*Am.* superintendent). **~schiff** *n* training ship. **~schluss** *m* end of school (*vor den Ferien*: of term): ***nach ~*** after school; ***wann ist heute ~?*** when does school finish today? **~schwänzer(in)** truant. **~speisung** *f* school meals *pl.* **~sprecher(in)** head boy (girl). **~stunde** *f* lesson, class. **~tasche** *f* school bag.

Schulter *f* shoulder: ***~ an ~*** shoulder to shoulder; ***mit den ~n zucken*** shrug one's shoulders; ***j-m auf die ~ klopfen*** slap s.o.'s back; → ***kalt*** I, ***leicht*** 1.

Schulterblatt *n anat.* shoulder blade.

schulterlang *adj* shoulder-length.

schultern *v/t* shoulder.

Schulter|riemen *m* shoulder strap. **~schluss** *m* closing of ranks. **~sieg** *m Ringen*: win by a fall. **~tasche** *f* shoulder bag.

Schulung *f* training, (*Übung*) practice, *pol.* indoctrination: ***~ von Führungskräften*** executive training.

Schulungs|kurs *m* course of training. **~leiter(in)** training manager. **~zentrum** *n* training centre.

Schulunterricht *m* lessons *pl*, classes *pl.*

Schul|weg *m* (***auf dem ~*** on one's) way to school. **~weisheit** *f* book learning. **~wesen** *n* school system. **~wörterbuch** *n* school dictionary. **~zeit** *f* school days *pl.* **~zeugnis** *n* (school) report, report card.

schummeln *v/i* F cheat.

schumm(e)rig *adj* F dim.
Schund *m* trash, rubbish. **~roman** *m* trashy novel.
schunkeln *v/i* rock, sway.
Schuppe *f* **1.** scale: *fig.* ***es fiel mir wie ~n von den Augen*** the scales fell from my eyes. **2.** *pl* dandruff *sg.*
schuppen *v/t* scale: ***sich ~*** *Haut*: peel.
Schuppen *m* **1.** shed, ✈ *a.* hangar. **2.** F a) *contp.* (*Bude*) hovel, b) (*Lokal*) joint.
schuppig *adj* scaly.
Schur *f* a) shearing, b) (*Wolle*) fleece.
schürfen I *v/i* **1.** (***nach*** for) prospect, dig: *fig.* ***tiefer ~*** dig below the surface. **II** *v/t* **2.** (*Erze etc*) prospect (*od.* dig) for. **3.** (*Haut*) scrape, graze.
Schürfwunde *f* graze, abrasion.
Schürhaken *m* poker.
Schurke *m*, **Schurkin** *f* scoundrel, *a. thea.* villain.
Schurwolle *f* virgin (*od.* new) wool.
Schurz *m*, **Schürze** *f* apron.
schürzen *v/t* (*Kleid*) gather up, (*Lippen*) purse.
Schürzenjäger *m* F philanderer.
Schuss *m* **1.** shot (*a. phot. u. Sport*), (*Munition*) round: ***ein ~ ins Schwarze*** *a. fig.* a bull's-eye; ***e-n ~ abgeben*** fire (a shot); ***weit vom ~*** well out of harm's way; ***er (es) ist k-n ~ Pulver wert*** he (it) is no good; *fig.* ***der ~ ging nach hinten los*** it backfired; → ***Blaue, Bug*** 1. **2.** → ***Schussverletzung.*** **3.** F (*Drogeninjektion*) shot, *sl.* fix: ***sich e-n ~ setzen*** give o.s. a fix. **4.** *Skisport*: (*a.* ***im ~ fahren***) schuss. **5.** (*Portion*) dash (*a. fig.*): ***Tee mit e-m ~ Milch*** tea with a dash of milk; ***e-e Cola mit ~*** a spiked coke. **6.** *fig.* (***gut***) ***in*** (*od.* ***im***) ***~ sein*** be in good shape; ***in ~ bringen*** knock *s.th.* into shape, bring *s.o.* up to the mark; ***in ~ halten*** keep *s.o., s.th.* in good shape. **7.** *Weberei*: weft, woof.
schussbereit *adj* ready to shoot (*a. phot.*), *Waffe*: *mst* at the ready.
Schussel *m* F scatterbrain.
Schüssel *f* bowl, basin, *a.* F *TV* dish.
schusselig *adj* F scatterbrained, klutzy.
Schuss|fahrt *f Skisport*: schuss. **~linie** *f* line of fire: *fig.* ***in die ~ geraten*** come under fire (*gen* from). **~verletzung** *f* gunshot wound. **~waffe** *f* firearm. **~wechsel** *m* exchange of shots. **~weite** *f* (firing) range: ***in (außer) ~*** within (out of) range.
Schuster(in) shoemaker, (*Flickschuster*) cobbler.
Schutt *m* rubble, *geol. a.* debris: ***~ abladen verboten!*** no dumping!; ***in ~ und Asche liegen*** be in ruins.
Schüttelfrost *m* ⚕ shivering fit, F *the* shivers *pl.*
schütteln *v/t* shake: ***den Kopf ~*** shake one's head; ***j-m die Hand ~*** shake hands with s.o., shake s.o. by the hand; → ***Ärmel.***
schütten I *v/t* (*gießen*) pour. **II** *v/impers* F ***es schüttet*** it's pouring (with rain).
schütter *adj Haar*: thin.
Schutz *m allg.* protection (***gegen, vor*** against, from), (*Obdach*) shelter, (*Obhut*) care, *bsd. mil.* (*Feuerschutz*) cover, (*Geleitschutz*) escort, (*bsd. rechtliche Sicherung*) safeguard, (*Verteidigung*) defen/ce (*Am.* -se), (*Erhaltung*) preservation: ***~ suchen*** seek refuge (***vor*** from, ***bei*** with); ***j-n in ~ nehmen*** come to s.o.'s defence, back s.o. up; ***im ~e der Nacht*** under cover of night.
Schutzanzug *m* protective suit.
Schutzbefohlene *m, f* charge.
Schutz|blech *n* mudguard, *Am.* fender. **~brief** *m mot.* accident and breakdown cover. **~brille** *f* (safety) goggles *pl.*
Schütze *m* **1.** shot, marksman. **2.** (*Torschütze*) scorer. **3.** *mil.* (*Dienstgrad*) private. **4.** *astr.* (***er ist ~*** he is [a]) Sagittarius.
schützen *v/t* (***gegen, vor***) *allg.* protect (from, against), (*verteidigen*) defend (against), (*bewahren*) guard (against), (*abschirmen, a. fig.*) shield (from), *bsd. mil.* (*decken*) cover (against): ***sich ~*** (***vor***) protect o.s. (from), guard (against).
schützend *adj* protective: ***~es Dach*** shelter; *fig.* ***s-e ~e Hand über j-n halten*** take s.o. under one's wing.
Schutzengel *m* guardian angel.
Schützen|hilfe *f fig.* ***j-m ~ geben*** back s.o. up. **~könig** *m* champion shot, *Sport*: top scorer.
Schutz|gebiet *n* protectorate. **~geld** *n* protection money. **~gelderpressung** *f* protection racket. **~haft** *f* protective custody. **~heilige** *m, f* patron saint. **~helm** *m* helmet. **~herrschaft** *f* protectorate. **~hülle** *f* protective cover, *tech.* sheath, *für Ausweis etc*: holder. **~hütte** *f* shelter. **~impfung** *f* inoculation, vaccination.
Schützin *f* shot, (*Torschützin*) scorer.
Schutz|kappe *f* protective cap, *phot.* lens cap. **~kleidung** *f* protective clothing.
Schützling *m* charge, protégé(e *f*).
schutzlos *adj* unprotected, (*wehrlos*) defenceless, *Am.* defenseless.
Schutz|macht *f pol.* protecting power. **~maske** *f* (protective) mask. **~maßnahme** *f* protective (*od.* safety) measure, precaution. **~rechte** *pl* patent (*od.* trademark) rights *pl.* **~schicht** *f* protective layer. **~schild** *m* shield. **~umschlag** *m e-s Buches*: (dust) jacket. **~vorrichtung** *f* safety device.
Schutzzoll *m* protective duty, protective tariff. **~politik** *f* protectionism.

S

schwabb(e)lig *etc* → **wabb(e)lig** *etc.*
Schwabe *m* Swabian.
Schwaben *n* Swabia.
Schwäbin *f* Swabian (girl *od.* woman).
schwäbisch *adj* Swabian.
schwach I *adj* **1.** *allg.* weak (*a. ling.*), (*gehaltlos*) *a.* poor, (*matt*) faint, (*gebrechlich*) *a.* infirm: *humor.* ***das ~e Geschlecht*** the weaker sex; ***~ werden*** weaken; ***schwächer werden*** weaken, *Sehkraft*: fail, *Ton, Licht*: fade, *econ. Nachfrage*: fall off; F ***nur nicht ~ werden!*** don't weaken!; *fig.* ***~e Erinnerung*** faint (*od.* vague) recollection; ***~e Hoffnung*** faint hope; → ***Trost.*** **2.** (*leistungs~*) *allg.* weak, *Gedächtnis, Gehör etc*: *a.* poor, *Batterie*: low, *Motor*: low-powered, *Puls*: slow, *Licht*: dim: ***~e Leistung*** poor performance; ***~e Seite*** → ***Schwäche*** 2, 3. **3.** ⚗ *Lösung*: dilute. **II** *adv* **4.** ***~ bevölkert*** sparsely populated; ***~ besucht*** *Vorstellung etc*: poorly attended.
Schwäche *f* **1.** weakness, faintness (*a. fig.*). **2.** *fig. allg.* weakness, (*Mangel*) failing, shortcoming, weak point. **3.** (*Vorliebe*) (**für** for) weakness, *für e-e Person*: *a.* F soft spot. **~anfall** *m*, **~gefühl** *n* (sudden feeling of) faintness.
schwächen *v/t allg.* weaken (*a. fig.*), (*Gesundheit*) undermine.
Schwachheit *f a. fig.* weakness.
Schwachkopf *m* F idiot, twit.
schwächlich *adj* weakly, (*zart*) delicate, (*kränklich*) sickly.
Schwächling *m a. fig.* weakling.
Schwachsinn *m* **1.** ⚕ mental deficiency. **2.** F *contp.* idiocy, (*Quatsch*) rubbish.
schwachsinnig *adj* **1.** ⚕ mentally deficient. **2.** F *contp.* idiotic. **Schwachsinnige** *m, f a.* F *contp.* imbecile.
Schwachstelle *f tech. u. fig.* weak point.
Schwachstrom *m* ⚡ low-voltage current. **~technik** *f* communications engineering.
Schwächung *f* weakening.
Schwaden *m* cloud.
Schwadron *f mil.* squadron.
schwafeln *v/i u. v/t* F blether.
Schwager *m* brother-in-law.
Schwägerin *f* sister-in-law.
Schwalbe *f* **1.** *zo.* swallow. **2.** F *Sport*: (***e-e ~ machen*** take a) dive.
Schwalbennest *n* swallow's nest.
Schwall *m* flood, gush, *fig. a.* torrent.
Schwamm *m* **1.** sponge: *fig.* ***~ drüber!*** (let's) forget it! **2.** a) fungus, b) *dial.* → **Pilz,** c) (*Hausschwamm*) dry rot.
Schwammerl *n österr.* mushroom.
schwammig *adj* **1.** spongy, *Körper*: flabby, *Gesicht*: puffy. **2.** *fig.* woolly.
Schwan *m zo.* swan.
schwanen *v/impers* ***mir schwant*** s.th. tells me, I have a feeling; ***ihm schwante nichts Gutes*** he feared the worst.
Schwang *m* ***im ~(e) sein*** be in vogue.
schwanger *adj* pregnant, F expecting.
Schwangere *f* pregnant woman, expectant mother.
schwängern *v/t* make *s.o.* pregnant, *a. fig.* impregnate.
Schwangerschaft *f* pregnancy.
Schwangerschafts|abbruch *m* termination (of pregnancy), (induced) abortion: ***e-n ~ vornehmen*** terminate (a pregnancy). **~test** *m* pregnancy test.
Schwank *m* anecdote, *thea.* farce.
schwanken I *v/i* **1.** sway, (*taumeln*) *a.* stagger, totter, *Boden*: *a.* shake, rock. **2.** *fig.* (**zwischen** between) waver, vacillate: ***ich schwanke noch*** I'm still undecided. **3.** *Kurse, Preise, Messwerte, a. Temperatur etc*: fluctuate, (*wechseln*) vary, alternate: ***die Preise ~ zwischen ... und ...*** *a.* prices range from ... to ...
Schwanken *n* **1.** swaying (*etc*). **2.** *fig.* (*Unentschlossenheit*) vacillation. **3.** → ***Schwankung*** 2.
schwankend *adj* **1.** swaying (*etc*). **2.** *fig.* (*unentschlossen*) undecided, wavering, (*unbeständig*) unstable.
Schwankung *f* **1.** → ***schwanken*** 4. **2.** variation, *a. econ.* fluctuation.
Schwanz *m* **1.** *zo.* tail (*a.* ✈ *etc*): F ***kein ~*** not a (blessed) soul. **2.** *fig.* (*Schluss*) tail end. **3.** V (*Penis*) cock, dick.
schwänzen *v/i u. v/t* F (*Stunde*) skip: (***die Schule***) ~ play truant (*Am.* hooky).
Schwanz|ende *n* tip of the tail, *fig.* tail end. **~feder** *f* tail feather. **~flosse** *f* tail fin.
schwanzlastig *adj* ✈ tail-heavy.
schwappen *v/i* slosh around, (*über~*) slop, spill.
Schwarm *m* **1.** *allg.* swarm, (*Menschenschwarm*) *a.* crowd, *Vögel*: flight, *Fische*: shoal, school. **2.** F (*Person*) heartthrob, (*Sache*) dream, ideal.
schwärmen *v/i* **1.** *Bienen etc*: swarm. **2.** enthuse (*od.* rave) (**von** about): ***~ für*** be crazy about; ***für j-n ~*** *a.* have a crush on s.o.; ***ins Schwärmen geraten*** go into raptures.
Schwärmer *m* **1.** *Feuerwerk*: squib. **2.** *zo.* hawk moth.
Schwärmer(in) enthusiast, dreamer.
Schwärmerei *f* enthusiasm, passion, (*Getue*) gushing, *bsd. eccl.* fanaticism.
schwärmerisch *adj* enthusiastic(ally *adv*), gushy, *bsd. eccl.* fanatical.
Schwarte *f* **1.** (*Speckschwarte*) (bacon) rind. **2.** F old book, tome.
schwarz I *adj* **1.** *allg.* black (*a. Kaffee, Tee*),

(*dunkelhäutig*) *a.* swarthy, dark-skinned, F (*schmutzig*) *a.* dirty, (*sonnenverbrannt*) deeply tanned: ***Schwarzer Erdteil*** Black Continent; ***~er Humor*** black humo(u)r, *thea.* Black Comedy; ***~e Magie*** Black Magic; ***~ auf weiß*** in black and white, in cold print; ***mir wurde ~ vor den Augen*** everything went black; F ***sich ~ ärgern*** be terribly annoyed; *da kann er warten* ***bis er ~ wird*** till he's blue in the face; → ***Brett, Liste, Schaf*** 1 *etc*, ***schwarzfahren. 2.*** *fig.* (*düster*) black, gloomy: ***~er Tag*** black day. **3.** F *fig.* (*ungesetzlich*) black, illicit: ***der ~e Markt*** the black market. **4.** F *pol.* Catholic(-Conservative). **II** *adv* **5.** *fig.* ***~ sehen*** be pessimistic (***für*** about); ***ich sehe ~ (für dich)!*** things look bad (for you)!

Schwarz *n* black: ***in ~ gehen*** be dressed in black (*zur Trauer*: in mourning).

Schwarzarbeit *f* F illicit work, moonlighting.

schwarzarbeiten *v/i* work on the side, F moonlight.

Schwarzarbeiter(in) F moonlighter.

schwarzbraun *adj* brownish black.

Schwarzbrot *n* brown bread.

Schwarze[1] *m* **1.** (*Neger*) black: ***die ~n*** the Blacks. **2.** black-haired man (*od.* boy). **3.** F *pol.* Catholic(-Conservative).

Schwarze[2] *f* **1.** black (woman *od.* girl). **2.** black-haired woman (*od.* girl).

Schwarze[3] *n* **1.** black dress. **2.** *a. fig.* ***ins ~ treffen*** hit the bull's-eye.

Schwärze *f* blackness, (*Dunkelheit*) darkness.

schwärzen *v/t* blacken.

schwarzfahren *v/i* a) *im Bus etc*: go without paying, b) *mot.* drive without a licen/ce (*Am.* -se).

Schwarzfahrer(in) fare dodger.

schwarzhaarig *adj* black-haired.

Schwarz|handel *m* black market(eering): ***im ~*** on the black market. **~händler(in)** black marketeer. **~hörer(in)** (radio) licen/ce (*Am.* -se) dodger.

schwärzlich *adj* blackish, swarthy.

Schwarzmarkt *m* black market.

Schwarzseher(in) **1.** pessimist. **2.** *TV* pirate viewer.

Schwarzwald *m the* Black Forest.

Schwarzweiß... black-and-white (*film, television, etc*).

Schwatz *m* chat. **schwatzen,** *dial.* **schwätzen I** *v/i* chat, (*ausplaudern*) blab. **II** *v/t* ***dummes Zeug ~*** talk rubbish. **Schwätzer(in)** blab(ber), F gasbag.

schwatzhaft *adj* talkative, chatty.

Schwebe *f* ***in der ~ sein*** be undecided, ⚖ be pending. **~bahn** *f* cableway. **~balken** *m* *gym.* (balance) beam.

schweben *v/i* **1.** float, glide, sail (*alle a. fig. leichtfüßig schreiten*), *über e-r Stelle*: hover (*a. fig.*), (*hoch ~*) soar, (*hängen*) be suspended, hang: *fig.* ***in Gefahr ~*** be in danger; *j-m* ***vor Augen ~*** → ***vorschweben***; → ***Ungewissheit. 2.*** (*unentschieden sein*) be undecided, *Prozess etc*: be pending.

schwebend *adj* **1.** floating (*etc*, → ***schweben*** 1). **2.** *Frage, Verfahren etc*: pending.

Schwede *m* Swede.

Schweden *n* Sweden.

Schwedin *f*, **schwedisch** *adj* Swedish.

Schwefel *m* sulphur, *Am.* sulfur. **~dioxid** *n* sulphur (*Am.* sulfur) dioxide.

schwefelhaltig *adj* sulphur(e)ous (*Am.* -f-).

schwefeln *v/t* ⚗ sulphurate (*Am.* -f-), *a. tech.* sulphurize (*Am.* -f-).

Schwefelsäure *f* sulphuric (*Am.* -f-) acid.

Schwefelwasserstoff *m* hydrogen sulphide (*Am.* sulfide).

schweflig *adj* sulphur(e)ous (*Am.* -f-).

Schweif *m* **1.** tail (*a. astr.*). **2.** *fig.* train.

schweifen *v/i a. fig.* wander, roam: ***den Blick ~ lassen*** let one's gaze wander.

Schweigegeld *n* hush money.

Schweige|marsch *m* silent protest march. **~minute** *f* one minute's silence (***zu Ehren*** *gen* in memory of).

schweigen *v/i* (***über*** *acc*, ***zu***) be silent (on), keep mum (on, about), (*nicht antworten*) say nothing: ***ganz zu ~ von ...*** to say nothing of ..., let alone ...

Schweigen *n* (*a.* ***zum ~ bringen***) silence: ***~ bewahren*** keep silence; → ***hüllen.***

schweigend *adj* silent(ly *adv*), *adv a.* in silence: ***~e Mehrheit*** silent majority.

Schweigepflicht *f* secrecy, professional discretion.

schweigsam *adj* quiet, silent, (*wortkarg*) *a.* taciturn.

Schwein *n* **1.** *zo.* pig, *bsd. Am.* hog, (*Sau*) sow, *a. pl* swine. **2.** *gastr.* pork. **3.** *contp.* a) F (filthy) pig, b) V (*Lump*) swine, bastard, c) F soul: ***kein ~*** not a (blessed) soul; ***armes ~!*** poor sod! **4.** F *fig.* (*Glück*) luck: ***~ haben*** be lucky.

Schweine|braten *m* roast pork. **~filet** *n* fillet of pork. **~fleisch** *n* pork. **~hund** *m* V swine, bastard: F ***den inneren ~ überwinden*** conquer one's weaker self. **~kotelett** *n* pork chop.

Schweinerei *f* F **1.** (awful) mess, filth. **2.** (*Gemeinheit*) dirty trick, (*Schande*) crying shame. **3.** → ***Schweinigelei.***

Schweinestall *m a. fig.* pigsty.

Schweinezucht *f* pig-breeding, *Am.* hog raising.

Schweinigel *m* F filthy pig.

Schweinigelei *f* F dirty joke, obscenity.

S

schweinigeln *v/i* F **1.** mess about. **2.** talk smut.
schweinisch *adj* F *allg.* filthy.
Schweins|... → ***Schweine...*** **~haxe** *f gastr.* knuckle of pork. **~leder** *n* pigskin.
Schweiß *m* **1.** sweat, perspiration: ***in ~ geraten*** get into a sweat. **2.** *hunt.* blood. **~blatt** *n im Kleid etc*: shield.
Schweißbrenner *m tech.* welding torch.
Schweißdrüse *f anat.* sweat gland.
schweißen *v/t tech.* weld.
Schweißer(in) welder.
Schweißfüße *pl* sweaty (*od.* smelly) feet *pl.*
schweißgebadet *adj* bathed in sweat.
Schweißgeruch *m* smell of sweat, body odo(u)r.
schweißig *adj* sweaty.
Schweißnaht *f tech.* (welding) seam.
Schweißperle *f* bead of perspiration.
Schweißstelle *f tech.* weld.
schweiß|treibend *adj* (*a.* ***~es Mittel***) sudorific. **~triefend** *adj* dripping with sweat.
Schweißtropfen *m* bead of perspiration.
Schweiz *f die* Switzerland.
Schweizer I *m* Swiss: ***die ~*** the Swiss *pl.* **II** *adj* Swiss: ***~ Käse*** Swiss cheese.
Schweizerdeutsch *n*, **schweizerdeutsch** *adj* Swiss German.
Schweizerin *f* Swiss (woman *od.* girl).
schweizerisch *adj* Swiss.
schwelen *v/i a. fig.* smo(u)lder.
schwelgen *v/i* revel (**in** *dat* in).
Schwelle *f* **1.** *allg., a. fig.* threshold. **2.** 🚂 sleeper, *bsd. Am.* tie.
schwellen *v/i u. v/t a. fig.* swell.
Schwellen|angst *f fig.* fear of the unknown. **~land** *n* emergent nation. **~preis** *m* threshold price. **~wert** *m phys.* threshold value.
Schwellung *f* swelling.
Schwemme *f* **1.** watering place. **2.** (*Kneipe*) pub. **3.** *econ.* glut (**an** *dat* of).
schwemmen *v/t* wash.
Schwemmland *n* alluvial land.
Schwengel *m* handle.
Schwenk *m Film*: pan.
Schwenkarm *m tech.* swivel arm.
schwenkbar *adj tech.* swivel(l)ing, slewing.
schwenken I *v/t* **1.** swing, (*Hut, Tuch etc*) wave, (*Stock*) brandish. **2.** (*Filmkamera*) pan. **3.** *tech.* swivel, turn, slew. **4.** (*spülen*) rinse. **II** *v/i* **5.** turn, swing (round), *Filmkamera*: pan. **6.** *mil., pol.* wheel (about).
Schwenkung *f* **1.** turn, swing, *tech.* swivel, *mil.* wheel(ing), *der Filmkamera*: pan. **2.** *fig.* change of mind (*pol.* of front).
schwer I *adj* **1.** *allg.* heavy (*a. fig. Angriff, Schritt, Unwetter, Verluste etc*), *Amt, Pflicht etc*: onerous, (*schlimm*) bad, *Arbeit, Entscheidung, Kampf etc*: hard, *Krankheit, Unfall etc*: serious, bad, *Fehler, Irrtum etc*: bad, gross, *Verbrechen*: grave: ***100 Pfund ~ sein*** weigh 100 pounds; *fig.* ***~er Schock*** bad (*od.* terrible) shock; ⚖ ***~er Diebstahl*** aggravated larceny; *fig.* ***~er Gegner*** formidable opponent; ***~es Schicksal*** hard lot; ***~er Tag*** hard day; ***~e Zeit(en)*** hard times *pl*; ***~en Herzens*** with a heavy heart, reluctantly; ***er hat es ~*** he has a hard time; → ***Begriff*** 2 *etc.* **2.** *Speise*: rich, *a. Wein*: heavy, *Zigarre, Duft etc*: strong. **3.** (*schwierig*) hard, difficult, F tough. **II** *adv* **4.** heavily (*etc*), F (*sehr*) very much, awfully, (*schlimm*) badly: ***~ arbeiten*** work hard; F ***~ aufpassen*** watch (out) like hell; ***~ beleidigt*** deeply offended; ***~ beladen*** heavily laden; ***~ bewaffnet*** heavily armed; ***~ erziehbar*** difficult, recalcitrant; ***~ erziehbares Kind*** *a.* problem child; ***~ fallen*** be difficult (*dat* for): ***es fällt mir ~*** *a.* I find it hard; ***j-m et. ~ machen*** make s.th. difficult (*od.* hard) for s.o.; ***j-m das Leben ~ machen*** make life difficult for s.o.; ***mach es mir nicht so ~!*** don't make it so hard for me!; ***et. ~ nehmen*** take s.th. hard; ***sich ~ tun*** have a hard time (***mit*** with); ***~ büßen*** pay dearly; ***~ hören*** be hard of hearing; ***es wird ~ halten*** it will be difficult; ***~ zu sagen*** hard to say; ***~ zu verstehen*** difficult to understand; F ***da hat er sich aber ~ getäuscht*** he's very much mistaken there; ***~ verdaulich*** indigestible (*a. fig.*), heavy; ***~ verkäuflich*** non-selling, difficult to sell; ***~ verständlich*** difficult (to understand).
Schwer|arbeit *f* heavy labo(u)r. **~arbeiter(in)** heavy labo(u)rer. **~athlet(in)** heavy athlete. **~athletik** *f* heavy athletics *pl* (*a. sg konstr.*). **~behinderte** *m, f* ⚕ severely handicapped person.
Schwere *f* **1.** weight, *phys.* gravity. **2.** *fig.* seriousness, *a. e-s Verbrechens*: gravity, *e-r Strafe, e-s Unwetters etc*: severity, (*Wichtigkeit*) weightiness.
schwerelos *adj* weightless.
Schwerelosigkeit *f* weightlessness.
Schwerenöter *m humor.* philanderer.
schwerfällig *adj* (*unbeholfen*) awkward, clumsy, heavy, *fig. Stil etc*: ponderous, *Humor*: heavy-handed, *geistig*: slow.
Schwerfälligkeit *f* awkwardness, heaviness, ponderousness.
Schwergewicht *n* **1.** *Boxen etc*: heavyweight (*a.* F *schwere Person od. Sache*). **2.** *fig.* emphasis.
Schwergewichtler(in) *Sport*: heavyweight.
schwerhörig *adj* hard of hearing.
Schwerhörigkeit *f* partial deafness.
Schwerindustrie *f* heavy industry.
Schwerkraft *f* (force of) gravity.

Schwerkriegsbeschädigte *m, f* seriously disabled (war) veteran.
schwerlich *adv* hardly.
Schwermut *f*, **schwermütig** *adj* melancholy.
Schweröl *n* heavy oil.
Schwerpunkt *m* **1.** cent/re (*Am.* -er) of gravity. **2.** *fig.* focal point, (*Nachdruck*) emphasis: ***~e bilden*** set up priorities.
Schwerpunktstreik *m* pinpoint strike.
schwerreich *adj* F exceedingly (*od.* filthy) rich.
Schwerstarbeit *f* very heavy labo(u)r.
Schwert *n* sword. **~fisch** *m* swordfish. **~lilie** *f* iris.
Schwer|verbrecher(in) felon, dangerous criminal. **~verletzte** *m, f* seriously injured person. **~verwundete** *m, f* seriously wounded person.
schwerwiegend *adj fig.* weighty, grave.
Schwester *f* **1.** *a. fig.* sister. **2.** (*Krankenschwester*) (hospital) nurse, (*Oberschwester*) sister. **3.** (*Ordensschwester*) sister, (*Klosterschwester*) nun. **4.** → ***Schwesterfirma*** *f* sister company.
Schwester|firma *f* sister company. **~gesellschaft** *f* affiliated company. **~unternehmen** *n* affiliated enterprise.
schwesterlich *adj* sisterly.
Schwieger|eltern *pl* parents-in-law *pl.* **~mutter** *f* mother-in-law. **~sohn** *m* son-in-law. **~tochter** *f* daughter-in-law. **~vater** *m* father-in-law.
Schwiele *f* callus.
schwielig *adj* horny, callused.
schwierig *adj* difficult, hard, F tough, (*verwickelt*) complicated.
Schwierigkeit *f* difficulty, trouble: ***(j-m) ~en machen*** (*od.* ***bereiten***) be a problem (to s.o.), *Person*: make things difficult (for s.o.); ***in ~en geraten, ~en bekommen*** get into trouble; ***~en haben, et. zu tun*** find it difficult to do s.th.
Schwimmbad *n* swimming pool, (*Hallenbad*) indoor pool, swimming baths *pl.*
Schwimmdock *n* floating dock.
schwimmen *v/i* **1.** swim (*a. v/t e-e Strecke, e-n Rekord*), *Sache*: float, F *Fußboden etc*: be flooded: ***~ gehen*** go swimming; *fig.* ***im Geld ~*** be rolling in money. **2.** F *fig.* (*unsicher sein*) flounder.
Schwimmen *n* **1.** swimming. **2.** F *fig.* ***ins ~ kommen*** (begin to) flounder.
Schwimmer *m* **1.** swimmer. **2.** *Angeln, tech.* float. **Schwimmerin** *f* swimmer.
Schwimm|flügel *pl* water wings *pl.* **~gürtel** *m* swimming belt. **~halle** *f* indoor pool. **~haut** *f zo.* web. **~lehrer(in)** swimming instructor. **~sport** *m* swimming. **~verein** *m* swimming club. **~weste** *f* life jacket.
Schwindel *m* **1.** ⚕ dizziness, vertigo: ***~ erregend*** dizzy, giddy (*a. fig.*), *fig. Preise, Zahlen etc*: staggering. **2.** (*Betrug*) swindle, (*Lüge*) lie: F ***der ganze ~*** the whole lot.
Schwindelanfall *m* ⚕ dizzy spell.
Schwindelei *f* **1.** → ***Schwindel*** 2. **2.** (*Betrügen*) cheating, (*Lügen*) lying.
Schwindelfirma *f* bogus company.
schwindelfrei *adj* ***~ sein*** have a good head for heights; ***nicht ~ sein*** be afraid of heights.
Schwindelgeschäft *n* bogus transaction.
schwind(e)lig *adj* giddy, dizzy (*a. fig.*): ***mir ist*** (*od.* ***wird***) ***~*** I feel dizzy.
schwindeln *v/i* **1.** ***mir schwindelt*** I feel dizzy, my head reels. **2.** lie, F tell fibs.
schwindelnd *adj* → ***Schwindel erregend***: ***in ~er Höhe*** at a giddy height.
schwinden *v/i Vorrat, Kräfte etc*: dwindle, *Farbe, Licht, Schönheit etc*: fade: ***~de Hoffnung*** dwindling hope.
Schwindler(in) swindler, F con man (woman), (*Lügner*) liar.
Schwinge *f* wing.
schwingen I *v/t* **1.** swing, (*Fahne etc*) wave, (*Waffe etc*) brandish, (*handhaben*) wield: ***er schwang sich auf sein Rad*** he swung himself on his bicycle; → ***Rede*** 1. **II** *v/i* **2.** swing. **3.** *phys.* oscillate, *Saite, Ton etc*: vibrate.
Schwinger *m Boxen*: swing.
Schwingkreis *m* ⚡ resonant circuit.
Schwingung *f phys.* vibration, oscillation: *a. fig.* ***et. in ~en versetzen*** set s.th. vibrating.
schwingungsfrei *adj* free from vibration.
Schwips *m* F ***e-n ~ haben*** be tipsy.
schwirren *v/i* whir(r), *Insekten etc*: buzz, *Pfeil etc*: whizz (*a.* F *sausen*): ***mir schwirrte der Kopf*** my head was in a whirl; *fig.* ***Gerüchte ~ durch die Stadt*** the town is buzzing with rumo(u)rs.
schwitzen *v/i u. v/t* sweat (*a. tech.*), perspire: ***vor Angst ~*** sweat with fear; *a. fig.* ***ins Schwitzen kommen*** get into a sweat.
Schwof *m* F hop.
schwofen *v/i* F shake a leg.
schwören *v/i u. v/t* swear (**bei** by), ⚖ take the oath: F *fig.* ***ich schwöre auf*** (*acc*) I swear by ...; ***ich hätte geschworen, dass ...*** I could have sworn that ...; → ***Eid, Rache.***
schwul *adj* F queer, gay.
schwül *adj* sultry (*a. fig. sinnlich*), oppressive (*a. fig.*), F muggy.
Schwule *m, f* F queer, gay.
Schwüle *f a. fig.* sultriness.
Schwulst *m* bombast.
schwülstig *adj* bombastic(ally *adv*).

Schwund *m* dwindling, decline, *econ.*, *tech.* shrinkage, ⚕ atrophy, ⚡ fading.
Schwung *m* **1.** swing (*a. Sport*), impetus (*a. fig.*), (*Tempo*) speed: ***et.*** **(*j-n*)** ***in ~ bringen*** set s.th. (s.o.) going; **(*richtig*)** ***in ~ kommen*** get going; ***im ~ sein*** *Party*, *Produktion etc*: be in full swing, *Person*: be in full stride. **2.** *fig.* spirit, verve, zest, drive, F pep, *der Fantasie etc*: flight. **3.** F (*Menge*) batch.
Schwungfeder *f zo.* pinion.
schwunghaft *adj econ.* brisk, roaring.
schwunglos *adj* spiritless, lifeless.
Schwungrad *n tech.* flywheel.
schwungvoll I *adj* full of drive (F go), zestful, *Handschrift etc*: bold, *Melodie*: swinging. II *adv* with a swing.
Schwur *m* (*Eid*) oath, (*Gelübde*) vow.
Schwurgericht *n* jury court.
scil. ***scilicet, nämlich*** namely, that is (to say).
SDR ***Süddeutscher Rundfunk*** Southern German Broadcasting Corporation.
s. d. ***siehe dort*** see there; ***sine dato, ohne Erscheinungsjahr*** no date (n.d.).
sechs *adj* six.
Sechs *f* **1.** six. **2.** *ped.* very poor (mark).
Sechseck *n* hexagon.
sechseckig *adj* hexagonal.
Sechstagerennen *n* six-day (cycling) race.
sechste *adj* sixth. **Sechstel** *n* sixth (part). **sechstens** *adv* sixthly.
Sechsundsechzig *n* (*Kartenspiel*) sixty-six.
sechzehn(te) *adj* sixteen(th).
Sechzehntel *n* sixteenth (part).
sechzig *adj* sixty; ***sie ist Anfang ~*** she is in her early sixties.
Sechzig *f* sixty.
sechziger *adj* ***die ~ Jahre*** *e-s Jhs.*: the sixties *pl.*
Sechziger(in) sexagenarian.
Sechzigerjahre → ***sechziger.***
Secondhandladen *m* second-hand shop.
Sediment *n* sediment.
See[1] *m* lake.
See[2] *f* sea, ocean: ***an der ~*** by the seaside; ***an die ~ fahren*** go to the seaside; ***auf ~*** at sea; ***auf hoher ~*** on the high seas; ***in ~ gehen*** (*od.* ***stechen***) put to sea; ***zur ~ gehen*** go to sea; ***e-e schwere ~*** (*Welle*) a heavy sea.
See|bad *n* seaside resort. **~bär** *m humor.* ***alter ~*** old salt. **~beben** *n* seaquake.
See-Elefant *m zo.* elephant seal.
See|fahrer(in) seafarer. **~fahrt** *f* seafaring, (*Seereise*) voyage, cruise.
seefest *adj* seaworthy: **(*nicht*)** ***~ sein*** *Person*: be a good (bad) sailor.
See|fisch *m* saltwater fish. **~fischerei** *f* (deep-)sea fishing. **~fracht** *f* sea freight, *Am.* ocean freight. **~frachtbrief** *m* bill of lading (B/L). **~gang** *m* ***hoher ~*** rough sea(s *pl*); ***schwerer ~*** heavy seas *pl.*
seegestützt *adj* sea-based.
See|gras *n* seaweed. **~hafen** *m* seaport. **~herrschaft** *f* naval supremacy. **~hund** *m* seal. **~igel** *m* sea urchin. **~karte** *f* nautical chart.
see|klar *adj* ready to sail. **~krank** *adj* seasick: ***leicht ~ werden*** be a bad sailor.
Seekrankheit *f* seasickness.
Seekrieg(führung *f*) *m* naval war(fare).
Seelachs *m* pollack.
Seele *f* **1.** *allg.* soul, (*Geist*, *Intellekt*) mind, (*Herz*) heart: ***e-e gute*** **(*treue*)** ***~*** a good (faithful) soul; ***k-e ~*** not a (blessed) soul; ***zwei ~n und ein Gedanke*** two minds and but a single thought; ***aus tiefster ~*** *wünschen etc*: with all one's heart, *danken etc*: from the bottom of one's heart, *hassen*: like poison; ***er ist die ~ des Betriebs*** he is the life and soul of the firm; ***es liegt mir auf der ~*** it weighs heavily on me; ***es tat mir in der ~ weh*** it hurt me deeply; ***du sprichst mir aus der ~*** that's exactly how I feel (about it); ***sich et. von der ~ reden*** F get s.th. off one's chest; → ***Leib*** *etc.* **2.** *e-s Kabels*: core, *e-r Schusswaffe*: bore.
Seelen|arzt *m*, **~ärztin** *f* F mind doctor, shrink. **~frieden** *m* peace of mind. **~größe** *f* magnanimity. **~heil** *n* salvation. **~leben** *n* inner life.
seelenlos *adj* soulless.
Seelen|massage *f* F pep talk. **~not** *f*, **~qual** *f* mental anguish.
Seelenruhe *f* peace of mind, *weitS.* calmness: ***in aller ~*** → **seelenruhig** *adv* (quite) coolly.
seelenverwandt *adj* congenial: ***~ sein*** be kindred souls.
seelenvoll *adj a. iro.* soulful.
Seelen|wanderung *f* transmigration of souls. **~zustand** *m* emotional state.
Seeleute *pl* seamen *pl*, sailors *pl.*
seelisch *adj* mental, emotional, *a. eccl.* spiritual.
Seelöwe *m zo.* sea lion.
Seelsorge *f* pastoral care, cure of souls.
Seelsorger(in) pastor.
See|luft *f* sea air. **~macht** *f* naval (*od.* sea) power. **~mann** *m* seaman, sailor.
seemännisch *adj* sailor's ..., *Fertigkeit etc*: nautical.
Seemannsgarn *n* F ***ein ~ spinnen*** spin a yarn.
See|meile *f* nautical mile. **~möwe** *f zo.* seagull. **~not** *f* distress at sea: ***Schiffe in ~*** distressed ships. **~notrettungsdienst** *m* sea rescue service. **~pferdchen** *n zo.* seahorse. **~räuber(in)** pirate. **~räuberei** *f* piracy.

S

~recht *n* maritime law. **~reise** *f* voyage, (*Kreuzfahrt*) cruise. **~rose** *f* ⚘ water lily. **~schifffahrt** *f* **1.** ocean shipping. **2.** ocean navigation. **~schlacht** *f* naval battle. **~stern** *m zo.* starfish. **~streitkräfte** *pl* naval forces *pl.* **~tang** *m* ⚘ seaweed.

see|tüchtig *adj* seaworthy. **~wärts** *adv* seawards.

See|weg *m* sea route: ***auf dem ~*** by sea. **~wind** *m* sea breeze. **~zunge** *f zo.* sole.

Segel *n* sail: ***~ setzen*** set sail; ***~ hissen*** make sail; ***die ~ streichen*** strike sail, *fig. a.* give in; → ***Wind.*** **~boot** *n* sailing boat, *Am.* sailboat, *Sport*: yacht. **~fliegen** *n* gliding. **~flieger(in)** glider pilot.

Segel|flug *m* **1.** glider flight. **2.** gliding. **~flugplatz** *m* gliding field. **~flugzeug** *n* glider.

segelklar *adj* ready to sail.

Segelklub *m* yachting club.

segeln *v/i u. v/t* sail (*a. fig.*), ✈ glide, *Vögel*: *a.* soar. **Segeln** *n* sailing.

Segel|regatta *f* (sailing) regatta. **~schiff** *n* sailing ship. **~sport** *m* sailing, yachting. **~tuch** *n* canvas. **~tuchschuhe** *pl* canvas shoes *pl.*

Segen *m* **1.** blessing (*a. fig. Wohltat*, *Glück*), *eccl. a.* benediction: ***s-n ~ geben*** give one's blessing (**zu** to); ***ein wahrer ~*** a real blessing, *iro.* (quite) a mercy. **2.** (*Ertrag*) (rich) yield: F *fig.* ***der ganze ~*** the whole lot.

segensreich *adj* beneficial: ***~ sein*** be a blessing.

Segenswünsche *pl* good wishes *pl.*

Segler *m* **1.** yachtsman. **2.** → a) ***Segelboot, Segelschiff***, b) ***Segelflugzeug.***

Seglerin *f* yachtswoman.

segnen *v/t* bless: → ***zeitlich*** 2. **Segnung** *f* blessing (*a. fig.*), *eccl. a.* benediction.

sehbehindert *adj* partially sighted.

Sehbeteiligung *f* viewing figures *pl*, (TV-)ratings *pl.*

sehen I *v/i* **1.** see, look: ***gut*** (***schlecht***) ***~*** have good (bad *od.* weak) eyes; ***sieh nur!, ~ Sie mal!*** look!; ***siehe da!*** lo and behold!; ***siehe oben*** (***unten, umseitig***)***!*** see above (below, overleaf)!; F ***sieh mal e-r an!*** what do you know!; F ***na, siehst du!*** there you are!, what did I tell you?; ***wir werden*** (***schon***) ***~*** we shall see, let's wait and see. **2.** ***~ auf*** (*acc*) (*Wert legen auf*) set great store by. **3.** ***~ nach*** (*sorgen für*) look after; ***ich muss nach dem Essen ~*** I have to see to the dinner. **II** *v/t* **4.** see, (*Sendung, Spiel etc*) *a.* watch, (*betrachten*) look at, (*bemerken*) notice: ***gern ~*** like (to see); ***zu ~ sein*** (*hervor~*) show, (*ausgestellt sein*) be on show; ***es war nichts zu ~*** there was nothing to be seen; ***niemand war zu ~*** there was nobody in sight; ***man siehts*** (***kaum***)***!*** it (hardly) shows!; ***ich habe es kommen ~*** I have seen it coming; ***sich ~ lassen*** show one's face, (*auftauchen*) turn up; ***sie*** (***es***) ***kann sich ~ lassen*** she (it) isn't half bad; ***ich sehe die Sache anders*** I see it differently; ***wie ich die Dinge sehe*** as I see it; ***ich kann ihn*** (***es***) ***nicht mehr ~!*** I can't stand (the sight of) him (it) any more! **5.** (*treffen*) see, meet: ***sich*** (*od.* ***einander***) ***häufig ~*** see a lot of each other. **6.** ***sich gezwungen ~ zu*** *inf* find o.s. compelled to *inf.*

Sehen *n* seeing: ***vom ~*** by sight.

sehenswert, sehenswürdig *adj* worth seeing, worthwhile.

Sehenswürdigkeit *f* object of interest, sight, *pl* sights *pl*: ***die ~en besichtigen*** go sightseeing.

Sehfehler *m* eye defect.

Sehkraft *f* (eye)sight, vision.

Sehne *f* **1.** *anat.* sinew, tendon. **2.** *e-s Bogens*: string. **3.** A chord.

sehnen *v/reflex* ***sich ~ nach*** long for, *stärker*: yearn for; ***er sehnte sich danach zu*** *inf* he was longing to *inf.*

Sehnen *n* → ***Sehnsucht.***

Sehnenzerrung *f* pulled tendon.

Sehnerv *m* optic nerve.

sehnig *adj* sinewy, *Person*: *a.* wiry, *Fleisch*: stringy.

sehnlich *adj* ardent.

Sehnsucht *f* (**nach** for) longing, yearning. **sehnsüchtig** *adj* longing, yearning, *Blick, Stimme*: wistful.

sehr *adv* **1.** *vor adj u. adv* very, (*höchst*) most, extremely: ***~ gern*** with pleasure, gladly; ***~ viel*** much, a lot (*better etc*). **2.** *vor Verb*: (very) much: ***~ vermissen*** miss *s.o., s.th.* badly; ***so ~, dass*** so much that; ***ich freue mich ~*** I am very glad.

Sehschärfe *f* visual power, (eye)sight.

Sehschwäche *f* poor (eye)sight.

Sehstörung *f* impaired vision.

Sehtest *m* eye test.

Sehvermögen *n* (eye)sight, vision.

seicht *adj a. fig.* shallow.

Seide *f* (***reine ~*** pure) silk.

seiden *adj* (of) silk.

Seiden|papier *n* tissue paper. **~raupe** *f zo.* silkworm. **~raupenzucht** *f* sericulture. **~strümpfe** *pl* silk stockings *pl.*

seidenweich *adj* (as) soft as silk, silky.

seidig *adj* silky.

Seife *f*, **seifen** *v/t* soap.

Seifen|blase *f* soap bubble, *fig.* bubble. **~kistenrennen** *n* soap-box derby. **~lauge** *f* soapsuds *pl.* **~oper** *f* soap opera. **~pulver** *n* soap powder. **~schale** *f* soap dish. **~schaum** *m* lather.

seifig *adj* soapy.
seihen *v/t* strain, filter.
Seil *n* rope: *~* ***springen*** skip.
Seilbahn *f* cable railway.
Seilschaft *f mount.* rope (team).
Seiltänzer(in) tightrope walker.
sein¹ *v/i allg.* be, *als v/aux a.* have: ***bist du es?*** is that you?; ***ich bins*** that's me; ***ich bin für e-e Reform*** I am for a reform; ***mir ist nicht nach Arbeiten*** I don't feel like working; ***mir ist, als höre ich ihn*** I think I can hear him now; ***wenn er nicht gewesen wäre*** if it hadn't been for him, but for him; ***er ist aus Mexiko*** he comes from Mexico; ***ich bin bei m-m Anwalt gewesen*** I have been to see my lawyer; ***lass es ~!*** don't bother!; ***lass das ~!*** stop it!; ***muss das ~?*** do I (you *etc*) have to?; ***was soll das ~?*** what's that supposed to be?; (***das***) ***mag*** (*od.* ***kann***) ~ that's possible; ***es sei denn, dass*** unless; ***nun, wie ists?*** well, what about it?; ***und das wäre?*** and what might that be?
sein² *pos pron* **1.** ~(**e**) his, her, its, *von Ländern, Schiffen: oft* her, *unbestimmt:* one's: ~ ***Glück machen*** make one's fortune; ***all ~ Geld*** what money he had; ***es kostet*** (***gut***) ***~e 100 Dollar*** it will easily cost a hundred dollars. **2.** ***~er, ~e, ~(e)s, der, die, das ~e*** his, hers, its. **3.** ***der, die, das ~(ig)e*** his (own), hers, her own, its (own); ***die ~(ig)en*** *pl* his family; ***jedem das ~e*** to each his own; ***das ~(ig)e tun*** do one's share (F bit).
Sein *n* being, (*Dasein*) existence.
seinerseits *adv* as far as he is concerned.
seinerzeit *adv* then, in those days.
seinesgleichen *indef pron* his (her) equals *pl*, F his (her) sort: ***er hat nicht ~*** there is no one like him.
seinetwegen *adv* **1.** (*ihm zuliebe*) for his sake. **2.** (*in s-r Sache*) on his behalf. **3.** (*durch s-e Schuld*) because of him.
seinige → ***sein²*** 3.
Seismograph *m* seismograph.
Seismologe *m*, **Seismologin** *f* seismologist.
seit **I** *prep* **1.** since: ~ ***wann sind Sie hier?*** how long have you been here?; ***~ damals*** → ***seitdem*** I. **2.** (*während*) for: ~ ***drei Tagen*** for (the last) three days; ~ ***langem*** for a long time. **II** *conj* **3.** since: ***es ist ein Jahr her, ~ ...*** it is a year since ..., it was a year ago that ...
seitdem **I** *adv* since then, ever since. **II** *conj* → ***seit*** 3.
Seite *f* **1.** *allg.* side (*a. fig. Charakterzug, Abstammung, Aspekt*), (*Richtung*) *a.* direction: ***rechte*** (***linke***) ~ *e-s Stoffes:* right (wrong) side; ***an j-s ~*** at (*od.* by) s.o.'s side; ***~ an ~*** side by side; ***nach allen ~n*** in all directions; ***von allen ~n*** on all sides; ***auf der e-n ~*** on the one side (*fig. mst* hand); ***auf j-s ~ sein*** side with s.o.; ***j-n auf s-e ~ bringen*** (*od.* ***ziehen***) win s.o. over to one's side; ***et. auf die ~ legen*** put s.th. by; ***j-m nicht von der ~ gehen*** stick to s.o. like a leech; ***von dieser ~ betrachtet*** seen from that angle (*od.* in that light); ***sich von der besten ~ zeigen*** show o.s. at one's best; ***j-m zur ~ stehen*** stand by s.o.; → ***schwach*** 2, ***stark*** 1. **2.** (*Buchseite*) page. **3.** ***auf ~n*** → ***aufseiten***; ***von ~n*** → ***vonseiten, seitens.***
Seiten|abzug *m* page proof. **~ansicht** *f* side view. **~aufprallschutz** *m mot.* side impact protection. **~blick** *m* sidelong glance. **~eingang** *m* side entrance. **~flügel** *m* △ wing. **~format** *n* page format. **~formatierung** *f* page formatting. **~hieb** *m* (***gegen*** at) cut, F sideswipe.
seitenlang *adj* pages (and pages) of, long.
Seiten|länge *f* page length. **~linie** *f* **1.** *Sport:* sideline. **2.** → ***Nebenlinie.*** **~nummer** *f* page number. **~rand** *m* margin.
seitens *prep* (*gen*) on the part of, by.
Seiten|schiff *n* △ aisle. **~sprung** *m* escapade. **~stechen** *n* (~ ***haben*** have a) stitch. **~straße** *f* side street. **~streifen** *m e-r Straße:* (hard) shoulder.
seitenverkehrt *adj* the wrong way round.
Seiten|vorschub *m Computer:* page feed. **~wechsel** *m Sport:* change of ends. **~wind** *m* crosswind. **~zahl** *f* page number, (*Umfang*) number of pages.
seitlich **I** *adj* lateral, side. **II** *adv* at the side: ✈ ~ ***abrutschen*** sideslip.
seitwärts *adv* **1.** sideways. **2.** at the side.
Sek., sek. ***Sekunde*****(*****n*****)** second(s *pl*) (s, sec.).
Sekret *n* secretion.
Sekretär *m* **1.** secretary. **2.** (*Schreibschrank*) secretary, bureau.
Sekretariat *n* (secretary's) office.
Sekretärin *f* secretary.
Sekt *m* sparkling wine, F bubbly.
Sekte *f* sect.
Sektglas *n* champagne glass.
Sektierer(in), sektiererisch *adj* sectarian.
Sektion *f* **1.** (*Abteilung*) section, division. **2.** ⚕ dissection, autopsy.
Sektor *m* sector, *fig. a.* field.
sekundär *adj*, **Sekundär...** secondary.
Sekunde *f* second (*a.* A *u.* ♪): ***auf die ~ pünktlich kommen*** come on the dot; F (***eine***) ***~!*** just a second!
Sekundenkleber *m* super glue, instant glue.
Sekundenzeiger *m* second hand.
selb *adj* same: ***zur ~en Zeit*** at the same time.
selber → ***selbst*** I.
selbst **I** *pron* ***ich ~*** I myself; ***sie will es ~***

S

machen she wants to do it herself (*od.* on her own); ***er möchte ~ kochen*** he wants to do his own cooking; *iro.* ***~ ernannt*** self-styled; ***~ gebacken, ~ gemacht*** home-made; ***er war die Höflichkeit ~*** he was politeness itself; ***von ~*** (*automatisch*) (by) itself, automatically, (*von allein*) of one's own accord; → ***verstehen*** 9. **II** *adv* even: ***~ wenn*** even if.
Selbst *n* (one's own) self.
Selbst|abholer *m* ***Möbel für ~*** flatpack furniture. **~achtung** *f* self-respect.
selbständig *adj* → ***selbstständig.***
Selbständigkeit *f* → ***Selbstständigkeit.***
Selbst|anklage *f* self-accusation. **~auslöser** *m phot.* selftimer.
Selbstbedienung *f* self-service.
Selbstbedienungs|laden *m* self-service shop. **~mentalität** *f* help-yourself mentality. **~restaurant** *n* self-service restaurant, cafeteria.
Selbst|befriedigung *f* masturbation. **~behauptung** *f* self-assertion. **~beherrschung** *f* self-control: ***die ~ verlieren*** *a.* lose one's temper. **~bestätigung** *f* ego-boost: ***zu s-r ~*** to prove himself. **~bestimmungsrecht** *n* right of self-determination. **~beteiligung** *f Versicherung*: percentage excess. **~betrug** *m* self-deception.
selbstbewusst *adj* self-confident.
Selbstbewusstsein *n* self-confidence.
Selbst|bildnis *n* self-portrait. **~darstellung** *f* promotion of one's public image, *contp.* showmanship. **~disziplin** *f* self-discipline.
selbstdurchschreibend *adj* ***~es Papier*** NCR-paper.
Selbst|einschätzung *f* self-assessment. **~erhaltungstrieb** *m* survival instinct. **~erkenntnis** *f* self-knowledge.
selbsternannt *adj iro.* self-styled.
Selbstfahrer(in) owner-driver.
selbstgebacken *adj* homemade.
selbstgefällig *adj* complacent.
Selbstgefälligkeit *f* complacency.
selbstgerecht *adj* self-righteous.
Selbstgespräch *n* monologue: ***~e führen*** talk to o.s.
selbstherrlich *adj* high-handed.
Selbsthilfe *f* self-help. **~gruppe** *f* self-help group.
selbstklebend *adj* (self-)adhesive.
Selbst|kontrolle *f* self-control. **~kosten** *pl* total production cost, cost of sales. **~kostenpreis** *m* (***zum ~*** at) cost price. **~kritik** *f* self-criticism. **~läufer** *m econ.* fast-selling item. **~laut** *m ling.* vowel.
selbstlos *adj* selfless, unselfish.
Selbst|medikation *f* self-medication. **~mitleid** *n* self-pity.
Selbst|mord *m*, **~mörder(in)** suicide.
selbstmörderisch *adj* suicidal.
Selbstmordversuch *m* attempted suicide.
Selbst|porträt *n* self-portrait. **~reinigungskraft** *f* self-purifying power.
selbstsicher *adj* self-confident.
Selbstsicherheit *f* self-confidence.
selbstständig **I** *adj allg.* independent, *beruflich*: *a.* self-employed, *Journalist etc*: freelance: ***sich ~ machen*** set up on one's own. **II** *adv* independently, on one's own: ***~ denken*** think for o.s.
Selbstständigkeit *f allg.* independence.
Selbststudium *n* self-study, private study: ***im ~*** through self-study.
Selbstsucht *f* selfishness.
selbstsüchtig *adj* selfish.
selbsttätig *adj* automatic(ally *adv*).
Selbst|täuschung *f* self-deception. **~überschätzung** *f* exaggerated opinion of o.s.
selbstvergessen *adj* lost in thought.
Selbst|verleugnung *f* self-denial. **~verpflegung** *f* self-catering.
selbstverschuldet *adj* brought about by o.s.
Selbstversorger(in) self-supplier: ***Bungalows für ~*** self-catering bungalows.
selbstverständlich **I** *adj* self-evident, obvious, natural: ***es ist ~(, dass ...)*** it goes without saying (that ...); ***et. als ~ betrachten*** take s.th. for granted. **II** *adv* of course, naturally.
Selbstverständlichkeit *f* matter of course.
Selbst|verständnis *n* self-image: ***sein ~*** *a.* the way he sees himself. **~verteidigung** *f* self-defen/ce (*Am.* -se). **~vertrauen** *n* self-confidence. **~verwaltung** *f* self-government. **~verwirklichung** *f* self-realization. **~wählferndienst** *m* STD, subscriber trunk dialling, *Am.* direct dialing. **~wertgefühl** *n* self-esteem, ego.
selbstzufrieden *adj* self-satisfied, complacent.
Selbstzufriedenheit *f* self-satisfaction, complacency.
Selbstzweck *m* end in itself.
selektiv *adj* selective.
Selen *n* selenium.
selig *adj* **1.** blessed (*a. eccl.*), (*überglücklich*) overjoyed, blissful. **2.** (*verstorben*) late.
Seligkeit *f* **1.** *eccl.* salvation, everlasting life. **2.** (*Glück*) bliss, ecstasy.
Seligsprechung *f eccl.* beatification.
Sellerie *m* celeriac, (*Stangensellerie*) celery.
selten **I** *adj* rare (*a.* = *außergewöhnlich*), (*knapp*) scarce. **II** *adv* seldom, rarely: ***höchst ~*** very rarely.
Seltenheit *f* **1.** rareness, scarcity. **2.** (*Sache*) rarity.

S

Selterswasser *n* soda water.
seltsam *adj* strange, odd.
seltsamerweise *adv* oddly enough.
Seltsamkeit *f* **1.** oddness. **2.** (*Sache*) oddity.
Semantik *f* semantics *sg*.
Semester *n univ*. semester.
Semesterferien *pl* vacation *sg*.
Semifinale *n Sport*: semifinal.
Semikolon *n* semicolon.
Seminar *n* **1.** *univ*. seminar, *weitS*. institute. **2.** (*Lehrerseminar*) (teacher) training college. **3.** (*Priesterseminar*) seminary.
Semit(in) Semite. **semitisch** *adj*, **Semitisch** *n ling*. Semitic.
Semmel *f* roll: F ***weggehen wie warme ~n*** be selling like hot cakes.
Semmelbrösel *pl* breadcrumbs *pl*.
Senat *m* **1.** *pol*., *univ*. senate. **2.** ⚖ division(al court). **Senator(in)** senator.
Sende|bereich *m* transmission range. **~bericht** *m* (*beim Fax*) journal. **~folge** *f* program(me *Br*.).
senden¹ *v/t u. v/i* send (*dat*, **an** *acc* to): ***nach j-m ~*** send for s.o.
senden² *v/t u. v/i Funk*: transmit, *Radio*: *a*. broadcast, *TV a*. telecast.
Sender *m* **1.** *Radio*, *Funk*: transmitter. **2.** radio (*od*. television) station.
Sende|raum *m* studio. **~reihe** *f* series.
Sende|schluss *m* closedown. **~zeichen** *n* call sign. **~zeit** *f* broadcasting time: ***zur besten ~*** at prime time.
Sendung¹ *f* **1.** (*Warensendung*) consignment, *bsd. Am*. shipment, (*Postsendung*) parcel. **2.** *fig*. mission.
Sendung² *f Radio*, *TV* transmission, (*Programm*) program(me *Br*.), *Radio*: *a*. broadcast, *TV a*. telecast: ***auf ~ gehen*** (***sein***) go (be) on the air.
Senegal *m* Senegal.
Senf *m* mustard.
Senfgurke *f* gherkin (pickled with mustard seeds).
sengen I *v/t* singe. II *v/i* scorch: ***~de Hitze*** scorching heat.
senil *adj* senile. **Senilität** *f* senility.
senior *adj* senior (*abbr*. sen.).
Senior(in) senior (*a. Sport*): ***~en*** *pl* senior citizens *pl*.
Seniorchef(in) boss.
Senioren|heim *n* (first-class) home for the aged. **~pass** *m* senior citizen's rail card.
Senkblei *n* plumb line, ⚓ plummet.
Senke *f geogr*. depression.
senken I *v/t* **1.** sink (*a. tech*.), lower (*a. fig. Stimme*, *Fieber*, *Blutdruck*, *Preise etc*), (*den Kopf*) bow. II *v/reflex* ***sich ~*** **2.** drop (*a. Stimme*), go down, sink, *Boden*, *Haus*: subside, *Mauer*: sag, *Straße etc*: dip. **3.** *lit*. *Stille*, *Dunkelheit etc*: descend (**über** *acc* on).
Senkfüße *pl* ⚕ fallen arches *pl*.
Senkfußeinlage *f* arch support.
senkrecht *adj*, **Senkrechte** *f* vertical, *bsd*. ⩟ perpendicular.
Senkrechtstarter *m* **1.** ✈ vertical take-off plane. **2.** F *fig*. whizz kid.
Senkung *f* **1.** *allg*. lowering, *e-r Mauer etc*: sag(ging), (*Neigung*) decline, dip. **2.** ⚕ *e-s Organs*: descent, *des Fiebers*, *Blutdrucks*: reduction, (*Blutsenkung*) sedimentation.
Sensation *f allg*. sensation.
sensationell *adj* sensational.
Sensations|blatt *n contp*. sensational paper. **~gier** *f*, **~lust** *f* sensation-seeking.
sensationslüstern *adj* sensation-seeking.
Sensations|mache *f* sensationalism. **~meldung** *f* sensational report, *sl*. scoop. **~presse** *f* yellow press.
Sense *f* scythe: F ***damit war ~!*** that was the end of that!
sensibel *adj* sensitive (*a. fig. Problem etc*).
sensibilisieren *v/t* sensitize.
Sensibilität *f* sensitiveness.
Sensor *m* sensor.
sentimental *adj* sentimental.
Sentimentalität *f* sentimentality.
separat *adj* separate.
Separatismus *m* separatism.
Sept. ***September*** September (Sept., Sept, Sep., Sep).
September *m* (**im** ~ in) September.
sequenziell *adj Computer*: sequential.
Serbe *m* Serbian. **Serbien** *n* Serbia. **Serbin** *f*, **serbisch** *adj* Serbian.
Serenade *f* ♪ serenade.
Serie *f* series (*a. TV*), *Radio*, *TV* serial, (*Satz*) set, line, range: *tech*. ***in ~ gehen*** go into production; ***in ~ bauen*** (*od*. ***herstellen***) produce in series.
seriell *adj Computer*: serial.
Serien|anfertigung *f* batch (*od*. mass) production. **~ausstattung** *f* standard fittings *pl*. **~brief** *m* standard letter. **~fertigung** *f* batch (*od*. mass) production. **~herstellung** *f* batch (*od*. mass) production.
serienmäßig I *adj* series(-produced), *Ausstattung etc*: standard. II *adv* ***~ herstellen*** produce in series; ***~ ausgestattet sein mit*** have *s.th*. as a standard fitting. .
Serien|nummer *f* serial number. **~produktion** *f* batch (*od*. mass) production, large-scale production
serienreif *adj* ready to go into production.
Serienwagen *m* standard-type car.
seriös *adj* respectable, *econ*. *a*. reliable, *Absicht*, *Bewerber*, *Zeitung etc*: serious.

Serpentine *f* (*Straße*) serpentine, (*Kurve*) double bend.
Serum *n* ⚕ serum.
Server *m Computer*: server.
Service[1] *n* (*Geschirr*) service.
Service[2] *m* **1.** (*Bedienung*) service. **2.** *tech.* (*Kundendienst*) (after-sales) service. **3.** *Tennis etc*: service, serve.
servieren I *v/t* serve: ***es ist serviert!*** dinner is served! **II** *v/i* serve (*a. Tennis*), wait at (*Am.* on) table.
Servierer(in) waiter (waitress).
Serviertochter *f schweiz.* waitress.
Servierwagen *m* trolley.
Serviette *f* napkin.
Servo|bremse *f* servo (*od.* power) brake. **~lenkung** *f mot.* servo(-assisted) steering.
servus *int südd., österr.* **1.** (*Begrüßung*) hello. **2.** (*Abschied*) bye.
Sessel *m* easy chair, armchair, *österr.* chair.
Sessellift *m* chairlift.
sesshaft *adj* settled, (*ansässig*) resident: ***~ werden*** settle (down).
Set *n, m* **1.** set. **2.** place mat.
Setup *n Computer*: setup.
setzen I *v/t* **1.** (*hin~, hintun*) *allg.* put, place, (*j-n*) *a.* seat, ⚘ set, plant, (*Satzzeichen*) put, make: ***an Land ~*** put ashore; ***das Glas an die Lippen ~*** raise (*od.* set) the glass to one's lips; ***s-e Unterschrift ~ unter*** (*acc*) put one's signature to. **2. *et. ~*** (*wetten*) stake (*od.* bet) s.th. (***auf*** *acc* on). **3.** *Sport*: seed (*a player, team*): → ***gesetzt*** 2. **4.** *print.* set. **II** *v/reflex* ***sich ~*** **5.** sit down, take a seat: ***sich aufs Rad*** *etc* ***~*** mount (*od.* get on) one's bicycle *etc*; ***sich ins Auto ~*** get into the car; ***sich zu j-m ~*** sit down beside s.o. **6.** *fig.* sink, *Bodensatz, Staub etc*: settle, *Erlebnis etc*: sink in. **III** *v/i* **7.** ***~ über*** (*acc*) jump (over), (*e-n Graben etc*) clear, (*e-n Fluss etc*) cross. **8.** *bei Wetten*: place one's bet: ***~ auf*** (*acc*) bet on, back, *fig. a.* bank on.
Setzer(in) *print.* compositor, typesetter.
Seuche *f a. fig.* epidemic.
Seuchen|bekämpfung *f* epidemic control. **~gebiet** *n* infested area. **~herd** *m* centre (*Am.* center) of an (*od.* the) epidemic.
seufzen *v/i* sigh (***über*** *acc* at, ***vor*** with): ***~d*** with a sigh.
Seufzer *m* sigh.
Sex *m* sex: F ***~ haben*** (*od.* ***machen***) have sex. **~appeal** *m* sex appeal. **~bombe** *f* F sexpot. **~film** *m* sex film. **~protz** *m* F sexual athlete, sexpot.
Sexismus *m* sexism.
Sexist(in), sexistisch *adj* sexist.
Sex'tett *n* sextet(te).
sexual → ***sexuell.***
Sexual|... sexual, sex (*life etc*). **~erziehung** *f* sex education.
Sexualität *f* sexuality.
Sexual|kunde *f ped.* sex education. **~objekt** *n* sex object. **~verbrechen** *n* sex crime.
sexuell *adj* sexual: ***~e Belästigung*** sexual harassment.
sexy *adj* F sexy.
sezieren *v/t* dissect (*a. fig.*), (*Leiche*) perform an autopsy on.
SFB ***Sender Freies Berlin*** Broadcasting Corporation of Free Berlin.
sFr., sfr ***Schweizer Franken*** Swiss franc(s *pl*) (SF, Sfr).
Sg. ***Singular*** singular (sing.).
SGB ***Schweizerischer Gewerkschaftsbund*** Federation of Swiss Trade Unions.
Shampoo *n*, **Shampoon** *n* shampoo.
Shetlandinseln *pl the* Shetland Islands *pl.*
Shorts *pl* (pair of) shorts *pl.*
Showmaster(in) *TV* compere, host.
Sibirien *n* Siberia.
Sibirier(in), sibirisch *adj* Siberian.
sich *reflex pron allg.* oneself, *3 sg* himself, herself, itself, *pl* themselves, *nach prep* him, her, it, *pl* them, (*statt*: *einander*) each other, one another: ***~ ansehen*** *im Spiegel etc*: look at o.s., (*einander*) look at each other; ***sie blickte hinter ~*** she looked behind her.
Sichel *f* sickle.
sicher I *adj* **1.** a) (***vor*** *dat* from) safe, secure, b) (*gesichert*) safe (*a. tech.*), *Einkommen, Existenz etc*: secure: ***in ~em Abstand*** at a safe distance; ***~ ist ~!*** better safe than sorry! **2.** (*zuverlässig*) reliable, *Schütze, Torwart etc*: sure, good, *Fahrer, Methode etc*: *a.* safe. **3.** *fig. Geschmack, Instinkt, Urteil, Zeichen etc*: sure: ***~es Auftreten*** self-assurance; ***mit ~em Blick*** (***Griff***) with a sure eye (hand). **4.** (*gewiss*) certain, sure: ***der ~e Sieg*** (***Tod***) certain victory (death); ***das ist ~*** a) so much is certain, b) that's a fact; ***ist das ~?*** is that for certain?; ***der Erfolg*** (***die Stellung***) ***ist ihm ~*** he is sure to succeed (to get the job). **5.** *pred* (*überzeugt*) sure, certain: ***sind Sie*** (***sich dessen***) ***~?*** are you sure (about that)?; → ***Sache*** 2. **II** *adv* **6.** securely, safely (*etc*): ***er fährt sehr ~*** he is a safe driver. **7.** *a. int* certainly, surely, definitely: (***aber*** *od.* ***ganz***) ***~!*** (but) of course!, F sure thing!; ***du hast ~ kein Geld bei dir*** I'm sure you have no money on you.
sichergehen *v/i* ***um sicherzugehen*** to be on the safe side; ***er wollte ganz ~*** he wanted to be quite sure.
Sicherheit *f* **1.** safety (*a. tech.*), *bsd. mil., pol., psych. etc* security: ***öffentliche*** (***soziale, innere***) ***~*** public (social, internal) securi-

ty; ~ ***im Flugverkehr*** safety in flying; ***in ~ bringen*** get *s.o.*, *s.th.* out of harm's way; ***sich in ~ bringen*** get out of danger, ***durch e-n Sprung*** jump to safety; ***in ~ sein*** be safe; ***zur ~*** → ***sicherheitshalber***; → ***wiegen***[1] II. **2.** (*Gewissheit*) certainty: ***mit ~*** definitely, certainly; ***man kann mit ~ sagen*** it is safe to say. **3.** (*Selbstsicherheit*) self-assurance, (*Können*) competence, skill, (*Zuverlässigkeit*) reliability. **4.** *econ.*, ⚖ (***gegen ~*** on *od.* against) security: ***e-m Gläubiger ~ bieten*** secure a creditor.

Sicherheits|abstand *m* safe distance. **~beamte** *m*, **~beamtin** *f* security officer. **~bestimmungen** *pl* safety regulations *pl*, *am Flughafen*: security (control) *sg*. **~dienste** *pl* security agencies *pl*. **~faktor** *m* factor of safety. **~glas** *n* safety glass. **~gurt** *m* safety belt, ✈, *mot. a.* seat belt.

sicherheitshalber *adv* as a precaution, to be on the safe side.

Sicherheits|kontrolle *f* security check. **~kopie** *f* backup copy. **~maßnahme** *f* safety (*pol.* security) measure, precaution. **~nadel** *f* safety pin. **~rat** *m pol.* Security Council. **~risiko** *n* (*mst Person*) security risk. **~schloss** *n* safety lock.

sicherlich → ***sicher*** 7.

sichern *v/t* **1.** (**vor** *dat*, **gegen**) secure (*a. tech. u. econ.*), (safe)guard (*beide*: against), (*schützen*) protect (from): ***sich ~ vor*** (*od.* ***gegen***) protect o.s. from, guard against. **2.** (*Waffe*) put at safety: ***gesichert sein*** be at safety. **3.** (*Spuren etc*) secure. **4.** *Computer*: backup.

sicherstellen *v/t* **1.** guarantee, *weitS. a.* secure. **2.** (*beschlagnahmen*) seize.

Sicherung *f* **1.** securing (*etc*, → ***sichern***), protection. **2.** *tech.* safety device, *Schusswaffe*: safety (catch). **3.** ⚡ fuse. **4.** *Computer*: backup.

Sicherungs|diskette *f* backup disk. **~kasten** *m* ⚡ fuse box. **~kopie** *f* backup (copy).

Sicht *f* **1.** sight, (*Aussicht*) view, (*~verhältnisse*) visibility: ***in*** (***außer***) ~ in (out of) sight (*a. fig.*); ***in ~ kommen*** come into view; *fig.* ***auf weite*** (*od.* ***lange***) ~ on a long-term basis, (*auf die Dauer*) in the long run; ***auf kurze ~*** in the short term; ***aus s-r ~*** from his point of view, as he sees it. **2.** *econ.* (***fällig***) ***bei ~*** (due) at sight.

sichtbar *adj allg.* visible, (*offenkundig*) *a.* noticeable, evident, (*deutlich*) marked: ***~ machen*** show; ***~ werden*** become visible (*fig. a.* manifest).

sichten *v/t* **1.** (*erblicken*) sight. **2.** (*durchsehen*) sift, look through, sort out.

Sicht|flug *m* contact flight. **~gerät** *n* visual display unit. **~hülle** *f* plastic cover.

sichtlich *adj* visible, evident.

Sicht|verhältnisse *pl* (***gute, schlechte ~*** high, low) visibility *sg*. **~vermerk** *m im Pass*: visa, *auf Wechsel*: endorsement. **~wechsel** *m econ.* sight draft. **~weite** *f* visual range: ***in ~*** (with)in sight.

sickern *v/i* seep, leak (out), ooze, trickle.

sie *pers pron sg* she, *Sache*: it, *pl* they, (*acc*) her, it, *pl* them.

Sie[1] *Anrede*: you.

Sie[2] *f* F she, female.

Sieb *n* sieve, *für Flüssigkeiten*: strainer, *für Sand etc*: riddle, screen: *ein Gedächtnis* ***wie ein ~*** like a sieve.

Siebdruck *m* silk-screen print (*Verfahren*: printing).

sieben[1] *v/t* sift, sieve.

sieben[2] *adj*, **Sieben** *f* seven.

siebenjährig *adj* seven-year(s)-old, of seven years: ***der Siebenjährige Krieg*** the Seven Years' War.

Sieben|meilenstiefel *pl* seven-league boots *pl*. **~sachen** *pl* things *pl*, belongings *pl*.

sieb(en)te *adj*, **Sieb(en)tel** *n* seventh.

sieb(en)tens *adv* seventh.

siebzehn *adj* seventeen. **siebzehnt** *adj*, **Siebzehntel** *n* seventeenth.

siebzig *adj* seventy; ***er ist Mitte ~*** he is in his mid-seventies.

Siebzig *f* seventy. **siebziger** *adj* ***die ~ Jahre*** *e-s Jhs.*: the seventies *pl*.

Siebziger(in) septuagenarian: ***sie ist in den Siebzigern*** she is in her seventies.

Siebzigerjahre → ***siebziger.***

Siechtum *n* lingering illness, invalidism.

sieden I *v/i* boil, *fig. a.* seethe: ***~d heiß*** boiling hot. II *v/t* boil gently.

Siedepunkt *m* (*a. fig.* ***auf dem ~*** at) boiling point.

Siedler(in) settler.

Siedlung *f* settlement, (*Wohnsiedlung*) housing estate.

Siedlungsdichte *f* population density.

Sieg *m* (***über*** *acc* over) victory, *Sport etc*: win, *fig.* triumph: ***den ~ davontragen*** carry (*od.* win) the day.

Siegel *n* seal, (*Privat-*, *Ringsiegel*) signet: *fig.* ***unter dem ~ der Verschwiegenheit*** under the seal of secrecy.

Siegellack *m* sealing wax.

siegeln *v/t* seal.

Siegelring *m* signet ring.

siegen *v/i* (***über*** *acc*) be victorious (over), *Sport etc*: win (against), *fig.* triumph (over), win (over).

Sieger(in) victor, *Sport etc*: winner.

Sieger|ehrung *f Sport*: presentation ceremony. **~mächte** *pl pol.* victorious powers *pl*. **~podest** *n*, **~treppchen** *n* F *Sport*: (victory) rostrum. **~urkunde** *f* (winner's) certificate.

siegesbewusst → ***siegessicher.***

Sieges|göttin *f* Victory. **~rausch** *m* flush of victory.

siegessicher *adj* confident of victory, *fig.* sure of one's success.

Siegeszug *m fig.* triumphant advance.

siegreich *adj* victorious, triumphant.

siezen *v/t* ***j-n*** ~ address s.o. as "Sie".

Signal *n*, **signalisieren** *v/t u. v/i* signal.

Signatar(macht *f*) *m pol.* signatory power (***e-s Vertrages*** to a treaty).

Signatur *f* **1.** signature. **2.** *Bücherei*: shelfmark. **3.** → ***Kartenzeichen.***

signieren *v/t* sign, *Autor*: autograph.

Silbe *f* syllable: *fig.* ***k-e*** ~ not a word.

Silbentrennprogramm *n Computer*: hyphenation (*od.* word division) program.

Silbentrennung *f* hyphenation, syllabification.

Silber *n allg.* silver, (*Tafelsilber*) *a.* silver plate. **~besteck** *n* silver (cutlery). **~blick** *m* F (slight) squint. **~distel** *f* ⚘ carline thistle. **~hochzeit** *f* silver wedding. **~medaille** *f* silver medal. **~medaillengewinner(in)** silver medal(l)ist.

silbern *adj* (of) silver, *fig.* silvery.

Silber|papier *n* tin foil. **~pappel** *f* ⚘ white poplar. **~streifen** *m fig.* ~ ***am Horizont*** silver lining.

Silhouette *f* silhouette.

Silikat *n* silicate.

Silikon *n* silicon.

Silizium *n* silicon.

Silo *m* silo.

Silvester *m*, *n*, **~abend** *m* New Year's Eve.

Simbabwe *n* Zimbabwe (*republic in East Africa*).

simpel *adj allg.* simple.

Sims *m*, *n* ledge, (*Fenstersims*) sill.

Simulant(in) malingerer.

Simulator *m tech.*, *mil.* simulator.

simulieren I *v/t* sham, feign, *a. tech.*, *mil.* simulate. **II** *v/i* malinger, sham.

simultan *adj* simultaneous.

Simultan|dolmetschen *n* simultaneous translation. **~dolmetscher(in)** simultaneous translator.

Sinfonie *f* symphony. **~orchester** *n* symphony orchestra.

sinfonisch *adj* symphonic.

Singapur *n* Singapore (*island and republic in the South China Sea*).

singen *v/t u. v/i* sing.

Single[1] *f* (*Schallplatte*) single.

Single[2] *m* (*Person*) single.

Single-Haushalt *m* one-person household.

Singular *m ling.* (***im*** ~ in the) singular.

Singvogel *m* songbird.

sinken *v/i allg.* sink (*a. fig. Stimmung etc*), *Sonne*: *a.* set, *fig. Preise*, *Temperatur etc*: drop (***auf*** *acc* to), fall, go down: *fig.* ***er ist tief gesunken*** he has sunk very low; ~ ***lassen*** lower, drop (*a. Stimme*); → ***Mut, Wert*** 1 *etc.*

Sinn *m* **1.** *physiol.* sense: *fig.* ***sechster*** ~ sixth sense; F ***s-e fünf ~e beisammen haben*** have one's wits about one. **2.** *pl* (*Verstand*) mind, (*Bewusstsein*) consciousness: ***sie war wie von ~en*** she was quite beside herself (***vor*** with); ***bist du von ~en?*** are you out of your mind? **3.** (*Kopf*) mind: ***et. im ~ haben*** have s.th. in mind, intend (to do) s.th.; ***damit habe ich nichts im ~*** I don't want any of that; ***j-m in den ~ kommen*** occur to s.o. **4.** (***für***) (*Gefühl*) sense (of), appreciation (of), (*Neigung*) taste (for), (*Interesse*) interest (in): ~ ***für Musik*** an ear for music; ~ ***für das Schöne*** an eye for beauty; ~ ***für Humor*** a sense of humo(u)r; ***das war ganz in m-m ~(e)*** that was just what I would have done. **5.** (*Bedeutung*) sense, meaning, (*Grundgedanke*) (basic) idea: ***im weiteren*** (***engeren***) ***~(e)*** in a wider (narrower) sense; ***im wahrsten ~(e) des Wortes*** literally; ***in gewissem ~*** in a sense; ***in diesem ~*** in this sense, *Äußerung*: to this effect; ***im ~e des Gesetzes*** as defined by the law; ***der ~ des Lebens*** the meaning of life; ***das ergibt*** (F ***macht***) ***k-n ~*** that makes no sense; ***dem ~ nach*** → ***sinngemäß*** II. **6.** (*Zweck*) sense, purpose: ~ ***und Zweck*** (aim and) object; ***das hat k-n ~*** it's no use, it's pointless; ***das ist der ~ der Sache!*** that's the idea!

Sinnbild *n* symbol.

sinnbildlich *adj* symbolic(al).

sinnen *v/i* (***über*** *acc* [up]on) meditate, reflect: ~ ***auf*** (*acc*) contemplate, plan, *b.s.* plot.

Sinnen *n* thoughts *pl*: ***all sein ~ und Trachten*** his every thought and wish.

sinnend *adj* pensive, thoughtful.

sinnenfroh *adj* sensuous.

Sinnenlust *f* sensual pleasure.

sinnentstellend *adj* distorting (the meaning): ~ ***sein*** distort the meaning.

Sinnes|art *f* mentality. **~organ** *n* sense organ. **~reiz** *m* sense stimulus. **~täuschung** *f* hallucination. **~wahrnehmung** *f* sensory perception. **~wandel** *m* change of heart.

sinnfällig *adj* obvious, clear.

sinngemäß I *adj* giving the gist (*of s.th.*), *bsd.* ⚖ analogous. **II** *adv* ***das hat er ~ gesagt*** that was the drift of what he said.

sinngetreu *adj* faithful.

sinnieren *v/i* F ruminate (***über*** *acc* on).

S

sinnig *adj mst iro.* clever.
sinnlich *adj* **1.** *Eindrücke etc*: sensual, *Wahrnehmung etc*: sensory. **2.** *Begierde etc*: sensual, *a. Person*: sensuous.
Sinnlichkeit *f* sensuality.
sinnlos *adj* senseless, meaningless, (*unsinnig*) absurd, (*zwecklos*) useless: ~ ***betrunken*** blind drunk.
Sinnlosigkeit *f* senselessness (*etc*), absurdity.
sinnreich *adj* ingenious, clever.
sinnverwandt *adj* synonymous: ***~es Wort*** synonym.
sinnvoll *adj* **1.** meaningful. **2.** (*nützlich*) useful, (*vernünftig*) wise. **3.** → ***sinnreich.***
Sintflut *f Bibl. the* Flood, *the* Deluge.
Sinus *m* **1.** ⩚ sine. **2.** *anat.* sinus.
Sinuskurve *f* ⩚ sine curve.
Siphon *m* siphon.
Sippe *f* **1.** family, tribe. **2.** → **Sippschaft** *f contp.* clan, (*Bande*) gang, lot.
Sirene *f allg.* siren.
Sirup *m* treacle, *Am.* molasses *sg*, (*bsd. Fruchtsirup*) syrup.
Sitte *f* **1.** custom, (*Gepflogenheit*) *a.* practice, habit: ***~n und Gebräuche*** manners and customs. **2.** *pl* (*Moral*) morals *pl*, (*Benehmen*) manners *pl.*
Sittenlehre *f* ethics *sg.*
sittenlos *adj* immoral, dissolute.
Sittenlosigkeit *f* immorality.
Sitten|polizei *f* vice squad. **~richter(in)** moralizer.
sittenstreng *adj* puritanical.
Sitten|strolch *m* F sex fiend. **~verfall** *m* moral decline.
sittenwidrig *adj* immoral, *bes. econ.* unconscionable: ***~er Vertrag*** unconscionable contract.
Sittich *m zo.* parakeet.
sittlich *adj* moral, ethical.
Sittlichkeit *f* morality, morals *pl.*
Situation *f* situation, position: ***sich der ~ gewachsen zeigen*** rise to the occasion; ***die ~ retten*** save the situation.
S
Situationskomik *f* situational comedy.
Sitz *m* **1.** *allg.* seat (*a. fig. Amts-, Familiensitz etc*), (*Wohnsitz*) (place of) residence, *e-s Unternehmens etc*: headquarters *pl* (*a. sg konstr.*): *Firma* ***mit ~ in London*** London-based; *fig.* ***die Zuschauer von den ~en reißen*** electrify the audience. **2.** *tech.*, *a. der Kleidung*: fit.
Sitz|blockade *f* sit-in. **~ecke** *f* corner unit.
sitzen *v/i* **1.** sit, *Vogel*: perch: ~ ***bleiben*** remain seated; ***wir saßen beim Essen*** we were having lunch; ***im Parlament*** ~ have a seat in Parliament; ***an e-r Arbeit*** (***bei e-m Glas Wein***) ~ be sitting over a task (a glass of wine); F ***e-n ~ haben*** be soused; *fig.* ***j-n ~ lassen*** leave s.o. in the lurch, (*Freund[in]*) walk out on s.o., jilt s.o.; ***das lasse ich nicht auf mir ~!*** I won't stand for that! ***~de Lebensweise*** sedentary life; → ***Patsche*** *etc.* **2.** (*sich befinden*) be, *Firma etc*: have one's headquarters (***in*** *dat* in). **3.** (*passen*) sit, fit. **4.** F (***im Gefängnis***) ~ do time, be in jail; F ***~ bleiben*** a) have to repeat the year, b) *Frau*: be left on the shelf, c) ~ ***auf*** *e-r Ware*: be left with; **5.** F *Schlag etc*, *fig. Bemerkung etc*: hit home. **6.** (*im Gedächtnis haften*) stick, have sunk in.
Sitz|gelegenheit *f* seat. **~gruppe** *f* three-piece suite. **~möbel** *pl* chairs *pl*, seating *sg.* **~ordnung** *f*, **~plan** *m* seating plan. **~platz** *m* seat. **~streik** *m* sit-down strike.
Sitzung *f* meeting, *a. parl.* session, ⚖ *a.* hearing, (*Besprechung*) conference: ***e-e ~ einberufen*** (***leiten***) call (chair) a meeting; ***in e-r ~ sein*** be at a meeting.
Sitzungs|bericht *m* → ***Sitzungsprotokoll.*** **~geld** *n* meeting attendance fee. **~periode** *f* session. **~protokoll** *n* minutes *pl* (of the meeting). **~saal** *m* conference room, *parl.* chamber. **~termin** *m* conference date.
Sizilianer(in), sizilianisch *adj* Sicilian.
Sizilien *n* Sicily.
SJ ***Societatis Jesu, von der Gesellschaft Jesu, Jesuit*** Jesuit.
Skala *f* **1.** ♪, *tech.* scale. **2.** *fig.* range.
Skalp *m*, **skalpieren** *v/t* scalp.
Skandal *m* scandal, (*Schande*) *a.* disgrace, shame. **~blatt** *n* scandal sheet.
skandalös *adj* scandalous.
Skandinavien *n* Scandinavia.
Skandinavier(in), skandinavisch *adj* Scandinavian.
Skateboard *n* skateboard. **~fahrer(in)** skateboarder.
Skelett *n a.* ⚠, *tech.* skeleton.
Skepsis *f* scepticism, *Am.* skepticism.
Skeptiker(in) sceptic, *Am.* skeptic.
skeptisch *adj* sceptical, *Am.* skeptical.
Ski *m* ski: ***~ fahren, ~ laufen*** ski. **~anzug** *m* ski suit. **~ausrüstung** *f* skiing gear. **~bob** *m* skibob. **~brille** *f* (pair of) skiing goggles *pl.* **~fahren** *n* skiing. **~fahrer(in)** skier. **~fliegen** *n*, **~flug** *m* ski flying. **~gebiet** *n* skiing area. **~hang** *m* ski slope. **~hütte** *f* ski hut (*Am.* lodge). **~kurs** *m* skiing course. **~langlauf** *m* cross-country skiing. **~lauf** *m*, **~laufen** *n* skiing. **~läufer(in)** skier. **~lehrer(in)** skiing instructor. **~lift** *m* ski lift. **~piste** *f* ski run, piste. **~schanze** *f* ski jump. **~schuh** *m* ski boot. **~schule** *f* ski school. **~sport** *m* skiing. **~springen** *n*, **~sprung** *m* ski jumping. **~stiefel** *m* ski boot. **~stock** *m* ski pole. **~träger** *m mot.* ski rack.

Skizze *f allg.* sketch.
Skizzen|block *m* sketch pad. **~buch** *n* sketchbook.
skizzenhaft *adj* sketchy.
Skizzenpapier *n* sketching paper.
skizzieren *v/t* sketch, *fig. a.* outline.
Sklave *m*, **Sklavin** *f* slave.
Sklavenhandel *m* slave trade.
Sklaverei *f* slavery.
sklavisch *adj* slavish (*a. fig.*), servile.
Sklerose *f* ⚕ (***multiple*** **~** multiple) sclerosis. **sklerotisch** *adj* sclerotic.
Skonto *m*, *n econ.* (cash) discount.
Skorpion *m* **1.** *zo.* scorpion. **2.** *astr.* (***er ist*** **~** he is [a]) Scorpio.
skr ***schwedische Krone(n)*** Swedish crown(s *pl*) (Kr, Skr).
Skrupel *m* scruple.
skrupellos *adj* unscrupulous.
Skulptur *f* sculpture.
Slalom *m*, *n Skisport*: slalom.
Slawe *m*, **Slawin** *f*, **slawisch** *adj* Slav.
Slip *m* briefs *pl*. **~einlage** *f* panty liner.
Slowake *m* Slovak. **Slowakei** *f die* Slovakia. **Slowakin** *f*, **slowakisch** *adj* Slovak.
Slowene *m* Slovenian. **Slowenien** *n* Slovenia. **Slowenin** *f*, **slowenisch** *adj* Slovenian.
sm ***Seemeile(n)*** nautical mile(s *pl*) (n.m.).
Smaragd *m*, **smaragdgrün** *adj* emerald.
Smog *m* smog. **~alarm** *m* smog alert.
Smoking *m* dinner jacket, *Am.* tuxedo.
SMV ***Schülermitverwaltung*** *etwa* school council.
Snob *m* snob. **Snobismus** *m* snobbery.
snobistisch *adj* snobbish.
Snowboard *n* snowboard. **~fahrer(in)** snowboarder.
SO ***Südost(en)*** southeast (SE).
So. ***Sonntag*** Sunday (Sun., Sun).
s. o. ***siehe oben*** see above.
so I *adv* **1.** so, so much: ***nicht ~ einfach*** not so easy; ***das hat ihn ~ gefreut, dass ...*** that pleased him so much that ... **2.** (*auf diese Weise*) like this (*od.* that), this (*od.* that) way, thus; ***~ genannt*** so-called; ***~ viel*** so much; ***~ viel wie*** as much as; ***doppelt ~ viel*** twice as much; ***~ viel steht fest*** one thing is certain; ***~ weit sein*** be ready; ***es ist ~ weit fertig*** it's more or less finished; ***es ist ~ weit!*** a) it's time!, b) (*es geht los*) here goes!; ***~ wenig*** not more (***als*** than): ***~ wenig wie möglich*** as little as possible; ***~ ist es!*** that's how it is!; ***~ ist das Leben!*** such is life!; ***~ oder ~*** one way or another, (*ohnehin*) anyway. **3.** (*solch*) such: ***~ etwas*** such a thing; ***~ ein Trottel!*** what a fool! **4.** (*ungefähr*) about: ***~ alle acht Tage*** every week or so. **II** *conj* **5.** ***~ dass*** → ***sodass***; ***~ Leid es mir tut*** however much I regret it. **III** *int* **6. *~!*** (all) right!, okay!, (*fertig*) that's that!; ***~, ~!*** well, well!; ***~?*** really?; (***na***) ***~ was!*** you don't say!; ***ach ~!*** oh(, I see)!
sobald *conj* as soon as.
Söckchen *n* ankle sock, *Am.* anklet.
Socke *f* sock: F ***sich auf die ~n machen*** buzz off; ***von den ~n sein*** be flabbergasted, be dum(b)founded.
Sockel *m* pedestal, *a.* ⚡, *tech.* base.
Soda *n* soda. **~wasser** *n* soda water.
sodass *conj.* so that, so as to *inf.*
Sodbrennen *n* ⚕ heartburn.
soeben *adv* just (now).
Sofa *n* sofa, settee.
sofern *conj* if, so far as, (*wenn nur*) provided that: ***~ nicht*** unless.
sofort *adv* at once, instantly, immediately, right away: ***ab ~*** a) as of now, b) *a.* (***ab***) ***~ gültig*** effective immediately; *econ.* ***~ zahlbar*** spot cash; ***er war ~ tot*** he died instantaneously.
Sofort|bildkamera *f* instant camera. **~hilfe** *f* immediate (*od.* emergency) aid.
sofortig *adj* immediate, prompt.
Sofort|maßnahme(n *pl*) *f* immediate action. **~programm** *n* crash program(me *Br.*).
Softie *m* F softy.
Software *f Computer*: software. **-Anbieter** *m* software company. **~-Branche** *f* software providers *pl*. **~-Entwickler** *m* software engineer (*od.* developer). **~-Entwicklung** *f* software engineering (*od.* development). **~paket** *n* software package.
Sog *m* suction, ✈, ⚓ *a.* wake (*a. fig.*).
sogar *adv* even.
sogenannt → **so** I, 1.
Sohle *f* **1.** (*Fuß-*, *Schuhsohle*) sole. **2.** (*Talsohle etc*) bottom, ⚒ floor.
Sohn *m* son.
Soja|bohne *f* soybean. **~mehl** *n* soybean flour. **~soße** *f* soy sauce.
solang(e) *adv* as long as.
Solarenergie *f* solar energy.
Solarium *n* solarium.
Solarzelle *f* solar cell.
solch *pron u. adj* such.
Soldat(in) soldier.
Söldner(in) mercenary.
Solidarhaftung *f* joint (and several) liability.
solidarisch I *adj* solidary, *econ.*, ⚖ joint (and several): ***sich ~ erklären mit*** → ***solidarisieren***. II *adv* in solidarity, *econ.*, ⚖ jointly (and severally).
solidarisieren *v/reflex* ***sich ~ mit*** declare one's solidarity with, be solidly behind.
Solidarität *f* solidarity.

Solidaritätszuschlag *m* solidarity tax.
solid(e) *adj* **1.** (*haltbar*) solid. **2.** *fig. Arbeit, Kenntnisse, Verhältnisse etc*: solid, sound, *Firma etc*: *a.* reliable, *Preis*: reasonable, *Beruf*: good. **3.** *Person*: solid, *a. Lebensweise*: steady.
Solist(in) soloist.
Soll *n* **1.** *Buchhaltung*: debit: **~ und Haben** debit and credit. **2.** (*Plan-, Leistungssoll*) target, quota: ***sein ~ erfüllen*** reach the target, *fig.* do one's bit.
Sollbuchung *f* debit entry.
sollen I *v/aux* **1.** *auffordernd, fragend*: be to: ***ich soll dir ausrichten*** I am to tell you; ***soll ich kommen?*** shall I come?; ***er soll nur kommen!*** just let him come!; ***was soll ich tun?*** what should I do?; ***was soll ich damit?*** what am I to do with it? **2.** *innere Verpflichtung*: ***ich hätte hingehen ~*** I ought to have gone; ***ich hätte es wissen ~*** I should have known; ***du hättest das nicht tun ~*** you shouldn't have done that!; ***weshalb sollte ich (auch)?*** why should I? **3.** *Absicht*: ***hier soll ein Schwimmbad entstehen*** a swimming pool is to be built here; ***es soll nicht wieder vorkommen*** it won't happen again; ***was soll das sein?*** what's that supposed to be?; ***es sollte ein Scherz sein*** it was meant as (*od.* supposed to be) a joke. **4.** *Gerücht*: ***er soll reich sein*** he is said to be rich; ***die Rebellen ~ die Macht übernommen haben*** the rebels are reported to have seized power. **5.** *Möglichkeit*: ***sollte es wahr sein?*** could it be true; ***sollte sie kommen*** in case (*od.* if) she should come. **6.** *Schicksal*: ***er sollte nie mehr zurückkehren*** he was never to return again; ***es sollte alles ganz anders kommen*** things were to turn out quite differently; ***ein Jahr sollte vergehen, bis ...*** a year was to pass till ...; ***es hat nicht ~ sein*** it was not to be. **II** *v/i* **7.** ***was soll ich hier?*** what am I here for?; ***soll (sollte) ich?*** shall (should) I?; ***was soll das?*** a) (*bedeuten*) what's the idea?, b) (*nützen*) what's the use?, c) F *a.* ***was soll's?*** so what?
Soll-Leistung *f* nominal output.
Soll|seite *f* debit side. **~wert** *m* rated value. **~zahlen** *pl* target figures *pl.* **~zinsen** *pl* debtor interest *sg.*
solo *adj* solo, F *fig. a.* alone.
Solo *n allg.* solo, *Sport*: solo attempt (*od.* run).
solvent *adj econ.* solvent.
somit *adv* consequently, thus.
Sommer *m* summer: ***im ~*** in (the) summer; ***im nächsten ~*** next summer.
Sommer|fahrplan *m* summer timetable (*Am.* schedule). **~ferien** *pl* summer holidays *pl* (*Am.* vacations *pl*). **~kleidung** *f* summer clothes *pl*, *bsd. econ.* summer wear.
sommerlich *adj* summerly, summery.
Sommer|loch *n* F *fig.* silly season. **~reifen** *m mot.* normal tyre (*Am.* tire). **~schlussverkauf** *m* summer sales *pl.* **~spiele** *pl* ***Olympische ~*** Summer Olympics *pl.* **~sprosse** *f* freckle. **~zeit** *f* summer time, *vorverlegte*: *a.* daylight saving time.
Sonate *f* ♪ sonata.
Sonde *f* ⚕, *Raumfahrt*: probe, *meteor.*, *Radar*: sonde.
Sonder|... special. **~abschreibung** *f* additional depreciation, (*Betrag*) initial allowances *pl.* **~anfertigung** *f* special design, custom-made article (*etc*). **~angebot** *n* special bargain, *Am.* special. **~ausgabe** *f* **1.** special edition. **2.** *finanzielle*: extra (expenditure). **~ausstattung** *f mot.* optional extra(s *pl*).
sonderbar *adj* strange, odd, peculiar.
sonderbarerweise *adv* oddly enough.
Sonder|beauftragte *m, f* special representative. **~beilage** *f e-r Zeitung*: (special) supplement, inset. **~berichterstatter(in)** special correspondent. **~bevollmächtigte** *m, f* plenipotentiary. **~deponie** *f* special waste dump. **~druck** *m* offprint. **~ermäßigung** *f* special reduction. **~fall** *m* special case. **~interesse** *n* private interest. **~konditionen** *pl* special terms and conditions *pl.*
sonderlich I *adj* special: ***ohne ~e Mühe*** without any great effort. **II** *adv* ***nicht ~*** not particularly, not much, not very.
Sonderling *m* eccentric, crank.
Sonder|marke *f* special issue. **~maschine** *f* ✈ special flight. **~meldung** *f* special announcement. **~modell** *n* special version (*od.* model), custom-made car *etc.* **~müll** *m* hazardous waste.
sondern *conj* but: ***nicht nur ..., ~ auch ...*** not only ..., but also ...
Sonder|nummer *f e-r Zeitung etc*: special edition. **~posten** *m* off-the-line item. **~preis** *m* special price. **~recht** *n* privilege. **~regelung** *f* special arrangement. **~schicht** *f* extra shift. **~schule** *f* special school (for handicapped or maladjusted children). **~sitzung** *f* special session. **~stempel** *m* special postmark. **~urlaub** *m* special (*im Todesfall*: compassionate) leave. **~vergütung** *f* extra pay. **~zubehör** *n* (optional) extras *pl.* **~zulage** *f* special bonus. **~zuschlag** *m* surcharge, *zum Fahrpeis*: special excess fare.
sondieren I *v/t* ⚕ *u. fig.* probe, sound (out). **II** *v/i fig.* put out feelers.
Sondierungsgespräch *n* exploratory talk.

S

Sonett *n* sonnet.
Sonnabend *m* (***am*** ~ on) Saturday.
sonnabends *adv* on Saturday(s).
Sonne *f* sun: ***an*** (*od.* ***in***) ***der*** ~ in the sun.
sonnen *v/reflex* ***sich*** ~ sun o.s., bask in the sun, *fig.* bask (***in*** *dat* in).
Sonnenaufgang *m* (***bei*** ~ at) sunrise.
Sonnenbad *n* sunbath: ***ein ~ nehmen*** → **sonnenbaden** *v/i* sunbathe.
Sonnen|bank *f* sun bed. **~blende** *f phot.* lens hood. **~blume** *f* sunflower. **~brand** *m* sunburn. **~brille** *f* (**e-e** ~ a pair of) sunglasses *pl.* **~creme** *f* sun(tan) cream. **~dach** *n* sun-blind, *mot.* sunshine roof. **~deck** *n* ⚓ sun deck. **~energie** *f* solar energy. **~finsternis** *f* eclipse of the sun. **~fleck** *m* sunspot. **~hut** *m* sun hat. **~kollektor** *m* solar panel. **~kraftwerk** *n* solar power plant. **~licht** *n* (***bei*** ~ in) sunlight. **~öl** *n* suntan oil. **~schein** *m* sunshine. **~schirm** *m* sunshade, *für Damen*: parasol. **~schutzcreme** *f* sun (filter) cream. **~seite** *f a. fig.* sunny side. **~stich** *m* sunstroke. **~strahl** *m* sunbeam. **~system** *n* solar system. **~uhr** *f* sundial. **~untergang** *m* (***bei*** ~ at) sunset. **~wende** *f* solstice. **~zelle** *f* solar cell.
sonnig *adj a. fig.* sunny.
Sonntag *m* (***am*** ~ on) Sunday.
sonntäglich *adj* Sunday.
sonntags *adv* on Sunday(s), on a Sunday.
Sonntags|anzug *m* Sunday best. **~arbeit** *f* Sunday working. **~ausflügler(in)** weekend tripper. **~beilage** *f Zeitung*: Sunday supplement. **~dienst** *m* ~ ***haben*** be on Sunday duty, *Apotheke*: be open on Sunday(s). **~fahrer(in)** *mot. contp.* Sunday driver. **~kind** *n* ***er ist ein*** ~ he was born on a Sunday (*fig.* under a lucky star). **~maler(in)** Sunday painter. **~rede** *f fig.* fancy speech.
sonor *adj* sonorous.
sonst *adv* **1.** (*andernfalls*) otherwise, or, or else. **2.** usually, normally: ***wie*** ~ as usual. **3.** (*im Übrigen*) otherwise, apart from that. **4.** (*außerdem*) else; F ~ ***jemand*** somebody else, (*irgendjemand*) anybody; F ~ ***was*** something else, (*egal was*) anything; F ~ ***wie*** some other way; F ~ ***wo***(***hin***) somewhere else; ***wer ~?*** who else?; ***~ noch etwas?*** anything else?; ***nirgends*** ~ nowhere else. **5.** (*früher*) always: ***alles war wie*** ~ everything was as it used to be.
sonstig *adj* other.
sooft *adv* whenever: ~ ***du willst*** as often as you like.
Sopran *m*, **Sopranist(in)** soprano.
Sorge *f* **1.** worry, concern, (*Ärger*) trouble: ***finanzielle*** (***berufliche***) ***~n*** financial (professional) worries (*od.* problems); ***j-m ~n machen*** worry s.o., cause s.o. trouble; ***sich ~n machen*** a) ***um*** be worried about, b) ***dass*** be concerned that; ***mach dir k-e ~n!, k-e ~!*** don't worry!; ***lassen Sie das m-e ~ sein!*** leave that to me!; → ***gering.*** **2.** (*Fürsorge*) care: ~ ***tragen für*** → **sorgen** I.
sorgen I *v/i* ~ ***für*** see to, take care of, ensure, (*betreuen*) look after, (*beschaffen*) provide: ***dafür ~, dass ...*** see to it that ...; ***dafür werde ich*** ~ I'll see to that; ***für sich selbst*** ~ fend for o.s.; ***für ihn ist gesorgt*** he's taken care of. II *v/reflex* ***sich*** ~ (***um, wegen*** about) be worried, worry.
sorgenfrei *adj* free from care(s), carefree.
Sorgenkind *n* problem child.
Sorgentelefon *n* helpline.
sorgenvoll *adj Leben etc*: full of worries, *a. Miene etc*: worried.
Sorgerecht *n* custody (***für*** of).
Sorgfalt *f* care: ***große ~ verwenden auf*** (*acc*) take great pains over.
sorgfältig *adj* careful, thorough.
sorglos *adj* **1.** (*unachtsam*) careless, (*unbekümmert*) unconcerned. **2.** (*sorgenfrei*) carefree.
Sorglosigkeit *f* carelessness, unconcern.
sorgsam → ***sorgfältig.***
Sorte *f* **1.** sort, kind, type: ***übelster*** ~ of the worst kind. **2.** *econ.* quality, (*Marke*) brand. **3.** ***~n*** *pl* (*Geld*) foreign exchange *sg.*
sortieren *v/t a. Computer*: sort, *nach Qualität*: *a.* grade, *nach Größe*: *a.* size.
Sortiment *n* **1.** range. **2.** → **Sortimentsbuchhandel** *m* retail book trade.
Sortimentserweiterung *f* product diversification.
SOS ***save our ship*** (*od.* ***souls***) *internationales Notsignal.*
sosehr *conj* ~ (***auch***) however much.
Soße *f* sauce, (*Bratensoße*) gravy, (*Salatsoße*) dressing, F (*Brühe*) juice, goo.
Soßenschüssel *f* sauceboat.
Souffleur *m* prompter. **~kasten** *m* prompt box.
Souffleuse *f* prompter.
soufflieren *v/t u. v/i* ***j-m*** ~ prompt s.o.
Sound *m* sound. **~karte** *f Computer*: sound card.
soundso *adv* F so and so: ~ ***viel*** so much; ~ ***viele*** so and so many; ~ ***oft*** time and again; ***Herr Soundso*** Mr. What's-his-name.
soundsovielt *adj* F **1.** ***am ~en*** on such and such a date. **2.** (*x-te*) umpteenth.
Soundtrack *m* soundtrack.
Soutane *f* cassock.
Souterrain *n* basement.
souverän *adj* sovereign, *fig.* superior, *a. adv* in superior style.
Souverän *m* sovereign.

Souveränität *f* sovereignty.
soviel *conj* ~ ***ich weiß*** as far as I know; ~ ***ich gehört habe*** from what I have heard; → **so** I 1.
soweit *conj* as far as (*I know etc*); → **so** I 1.
sowenig *conj* however little; → **so** I 1.
sowie *conj* **1.** as soon as. **2.** as well as.
sowieso *adv* **1.** anyway, in any case. **2.** F (***das***) ~! that goes without saying!
Sowjet *m*, **sowjetisch** *adj hist.* Soviet.
Sowjetrusse *m*, **Sowjetrussin** *f*, **sowjetrussisch** *adj hist.* Soviet-Russian.
Sowjetunion *f hist. the* Soviet Union.
sowohl *conj* ~ ***... als*** (***auch***) ***...*** ... as well as ..., both ... and ...
sozial *adj allg.* social: ~***e Stellung*** social rank (*od.* status); *adv* ~ ***denken*** be social-minded.
Sozial|abbau *m* dismantling of the welfare state. **~abgaben** *pl* social contributions *pl.* **~amt** *n* social welfare office. **~arbeiter(in)** welfare worker. **~charta** *f EU* Social Charter.
Sozial|demokrat(in) social democrat. **~demokratie** *f* social democracy.
sozialdemokratisch *adj* social-democratic.
Sozial|dumping *n* social dumping. **~einrichtungen** *pl* social services *pl.* **~hilfe** *f* social security: ~ ***beziehen*** be on welfare.
sozialisieren *v/t* nationalize.
Sozialismus *m* socialism.
Sozialist(in) socialist.
sozialistisch *adj* socialistic(ally *adv*).
sozialkritisch *adj* sociocritical.
Sozial|kunde *f ped.* social studies *pl.* **~lasten** *pl* social expenditure *sg.* **~leistungen** *pl* social contributions *pl*, (*freiwillige* ~ *e-r Firma etc*) fringe benefits *pl.*
Sozialökonomie *f* social economy.
sozialökonomisch *adj* socioeconomic.
Sozial|ordnung *f* social order. **~pädagoge** *m* social education worker. **~partner** *pl* employers and employees *pl*, the two sides of industry. **~plan** *m* redundancy scheme.
Sozialpolitik *f* social policy.
sozialpolitisch *adj* sociopolitical.
Sozial|produkt *n* (gross) national product. **~staat** *m* welfare state. **~versicherung** *f* social security. **~versicherungsbeitrag** *m* social security contribution.
sozialverträglich *adj* socially acceptable.
Sozial|wesen *n* social services. **~wohnung** *f* council flat.
Soziologe *m*, **Soziologin** *f* sociologist.
Soziologie *f* sociology.
soziologisch *adj* sociological.
Sozius *m* **1.** *econ.* partner. **2.** *a.* **~fahrer(in)** pillion rider. **~sitz** *m* (***auf dem*** ~ ***mitfahren*** ride) pillion.
sozusagen *adv* so to speak, as it were.
Spachtel *m* **1.** spatula. **2.** *a.* **~masse** *f* filler. **~messer** *n* putty knife.
spachteln *v/t tech.* surface.
Spagat *m*, *n* (~ ***machen*** do the) splits *pl.*
Spag(h)etti *pl* spaghetti *pl.*
spähen *v/i* peer, look out (***nach*** for).
Spähtrupp *m mil.* reconnaissance patrol.
Spalier *n* **1.** trellis, espalier. **2.** (*Ehrenspalier*) guard of hono(u)r, (*Gasse*) lane, (*Reihe*) rows *pl*: ***ein*** ~ ***bilden***, ~ ***stehen*** form a lane. **~obst** *n* wall fruit.
Spalt *m* crack, (*Lücke*) gap, (*Schlitz*) slit.
spaltbar *adj phys.* fissionable: ~***es Material*** fissile material.
Spalte *f* **1.** → ***Spalt.*** **2.** *geol.* cleft, *große*: crevice, (*Gletscherspalte*) crevasse. **3.** *print.* column.
spalten *v/t* split (*a. Atom*), (*Holz*) chop, decompose, *fig. allg.* split (up), divide; → ***Haar.***
Spaltung *f* splitting, *biol.*, *phys.* fission, *fig.* split, *e-s Landes etc*: division, *eccl.* schism.
span. ***spanisch*** Spanish (Span.).
Span *m* chip, *pl* shavings *pl*, (*Feilspäne*) filings *pl*: ***wo gehobelt wird, da fallen Späne*** you can't make an omelette without breaking eggs.
Spanferkel *n* sucking pig.
Spange *f* clasp, (*Schnalle*) buckle, (*Armspange*) bangle, (*Haarspange*) slide, (*Schuhspange*) strap, (*Zahnspange*) brace.
Spanien *n* Spain.
Spanier(in) Spaniard.
spanisch *adj* Spanish: ***auf Spanisch*** in Spanish; ~***e Wand*** folding screen; *fig.* ***das kommt mir*** ~ ***vor!*** that's strange!
Spanne *f allg.* span, *econ.* (*Gewinnspanne*) margin: ***e-e kurze*** ~ a short space (of time).
spannen I *v/t* stretch, tighten, (*Leine etc*) put up, (*Gewehr*, *Kamera*) cock, (*Muskeln*) flex, tense, (*Bogen*) bend, *fig.* (*Nerven*) strain: ***e-n Bogen in die Schreibmaschine*** ~ insert a sheet of paper into the typewriter; → ***Folter, gespannt.*** II *v/reflex* ***sich*** ~ stretch; ***sich*** ~ ***über*** (*acc*) span. III *v/i Kleid etc*: be (too) tight, *Haut*: be taut.
spannend *adj* exciting, thrilling, gripping, *Buch*, *Film*: *a.* suspense-packed.
Spanner[1] *m für Skier*, *Tennisschläger*: press; → ***Schuhspanner.***
Spanner[2] *m* F (*Voyeur*) peeping Tom.
Spannkraft *f fig.* energy, vigo(u)r.
Spannung *f* **1.** *tech.* tension (*a.*), *a.* voltage, *elastische*: stress, *verformende*: strain, (*Druck*) pressure: ***unter*** ~ (***stehend***) live. **2.** *fig.* excitement, *a. e-s Buches etc*: suspense, (*nervliche* ~, *gespanntes Ver-*

hältnis, a. pol.) tension: **mit** (*od.* **voll**) **~** *erwarten etc*: with bated breath; **j-n in ~ halten** keep s.o. in suspense; **in ~ versetzen** thrill, excite.

spannungs|geladen *adj* **1.** → **spannend. 2.** *Atmosphäre etc*: (extremely) tense.

Spannungs|gebiet *n pol.* area of tension, trouble spot. **~messer** *m*, **~prüfer** *m* ⚡ voltmeter.

Spannweite *f der Flügel, a.* ⚠ span, *fig. a.* scope, range.

Spanplatte *f* chipboard.

Spar|aktion *f* economy drive. **~buch** *n* savings book. **~büchse** *f* money box. **~budget** *n* tight budget. **~einlage** *f* savings depot.

sparen I *v/t allg.* save: *fig.* **das hättest du dir ~ können!** that was unnecessary! **II** *v/i* save (up) (**auf** *acc* for), (*sich einschränken*) economize (**an** *dat*, **mit** on): *fig.* **mit Lob** *etc* **~** be sparing of praise *etc.*

Sparer(in) saver.

Spargel *m* asparagus.

Spar|groschen *m* F nest egg. **~guthaben** *n* savings balance. **~haushalt** *m pol.* austerity budget. **~kasse** *f* savings bank. **~konto** *n* savings account.

spärlich I *adj* scanty, *Lob, Kenntnisse etc*: scant, (*dünn*) sparse, *a. Haarwuchs*: thin, *Besuch etc*: poor. **II** *adv* **~ bekleidet** scantily dressed; **~ besucht** poorly attended.

Spar|maßnahme *f* economy measure. **~packung** *f* economy size. **~paket** *n pol.* cuts package. **~politik** *f* policy of austerity. **~prämie** *f* savings premium. **~programm** *n* **1.** *pol.* cuts (*od.* austerity) program(me *Br.*). **2.** *e-r Waschmaschine*: energy-saving cycle.

Sparring *n Boxen*: sparring.

sparsam *adj* (**mit**) economical (of), *a. Sache*: thrifty (of, with): *adv* **mit et. ~ umgehen** use s.th. sparingly (*a. fig.*).

Sparsamkeit *f* economy, thrift, *strengste*: austerity, (*Geiz*) parsimony.

Sparschwein *n* F piggy bank.

spartanisch *adj* Spartan, *fig.* spartan: *adv* **~ leben** lead a spartan life.

Sparte *f* field, line.

Spar|vertrag *m* savings agreement. **~zins** *m* interest on savings. **~zulage** *f* (tax-free) savings bonus.

Spaß *m* joke, (*Vergnügen*) fun: **aus** (*od.* **im, zum**) **~** for fun; **er hat nur ~ gemacht!** he was only joking!; **es macht** (**k-n**) **~** it's (no) fun; **es macht ihm** (**viel**) **~** he (really) enjoys it; **er versteht k-n ~** he can't take a joke, *weitS.* he doesn't stand for any nonsense; **~ beiseite!** joking aside!; **viel ~!** have fun!; **ein teurer ~** an expensive business.

spaßen *v/i* joke: **damit ist nicht zu ~!** that's no joking matter!; **er lässt nicht mit sich ~** he doesn't stand for any nonsense.

spaßeshalber *adv* (just) for fun.

spaßhaft, spaßig *adj* funny.

Spaßverderber(in) spoilsport, killjoy.

Spaßvogel *m* funster, wag.

Spastiker(in) ⚕ spastic.

spastisch *adj* (*a.* **~ gelähmt**) spastic.

spät I *adj* late: **am ~en Nachmittag** late in the afternoon; **wie ~ ist es?** what time is it?; **es ist** (**wird**) **~** it's (getting) late. **II** *adv* late, at a late hour (*a. fig.*): **zu ~ kommen** be late (**zu** for); **er kam 5 Minuten zu ~** he was five minutes late; **~ zu Abend essen** have a late dinner; **bis ~ in die Nacht** till late at night; **du bist ~ dran!** you are late!

Spatel *m* ⚕ spatula.

Spaten *m* spade.

Spätentwickler(in) late developer.

später I *adj* later. **II** *adv* later (**als** than), (*~hin*) later on: **bis ~!** see you later!; → **früher** II.

spätestens *adv* at the latest.

Spät|folgen *pl* ⚕ late sequelae *pl.* **~herbst** *m* late autumn (*Am.* fall). **~lese** *f* late vintage (wine). **~schicht** *f* (**~ haben** be on) late shift. **~sommer** *m* late summer. **~vorstellung** *f* late-night performance.

Spatz *m* sparrow: F **das pfeifen die ~en von den Dächern** that's everybody's secret.

Spatzenhirn *n* F peabrain.

Spätzünder(in) F **1. ein ~ sein** be slow on the uptake. **2.** → **Spätentwickler(in).**

Spätzündung *f mot.* retarded ignition.

spazieren *v/i* walk (around), stroll; **~ fahren** take a ride, **j-n** take *s.o.* for a ride; **~ führen** take *s.o.* (out) for a walk; **~ gehen** *v/i* go for a walk.

Spazierfahrt *f* drive, ride.

Spaziergang *m* **1.** walk, stroll: **e-n ~ machen** go for a walk. **2.** *fig.* (*leichter Sieg*) walkover.

Spaziergänger(in) walker, stroller.

Spazierstock *m* walking stick.

SPD **Sozialdemokratische Partei Deutschlands** Social Democratic Party of Germany.

Specht *m zo.* woodpecker.

Speck *m* **1.** *gastr.* bacon: → **Made. 2.** F (*Fettpolster*) flab: **~ ansetzen** get fat.

speckig *adj* **1.** fat. **2.** *fig.* greasy.

Speckscheibe *f* bacon rasher.

Speckschwarte *f* bacon rind.

Spediteur(in) forwarding (⚓ shipping) agent, (*Möbelspediteur*) (furniture) remover.

Spedition *f* **1.** forwarding (⚓ shipping) (business). **2.** → **Speditionsfirma** *f* forwarding (⚓ shipping) agency, (*Möbelspedition*) removal firm.

S

Speditions|kauffrau *f*, **~kaufmann** *m* forwarding agent.

Speer *m* spear, (*Wurfspeer*) javelin. **~werfen** *n Sport*: javelin throw, *the* javelin.

Speiche *f* **1.** spoke. **2.** *anat.* radius.

Speichel *m* spittle, saliva. **~drüse** *f* salivary gland. **~lecker(in)** *contp.* toady.

Speicher *m* **1.** (*Getreidespeicher*) granary, elevator, (*Lagerhaus*) warehouse, (*Wasserspeicher*) reservoir. **2.** (*Dachboden*) loft, attic. **3.** *Computer*: store, memory. **~adresse** *f* memory address. **~aufruf** *m* memory call. **~chip** *m Computer*: memory chip. **~erweiterung** *f* memory expansion. **~kapazität** *f Computer*: memory capacity.

speichern *v/t* store (*a.* ⚡), *econ. a.* stockpile, *Computer*: save.

Speicherplatz *m Computer*: memory (*od.* storage) location.

Speicherung *f* storage, storing, *Computer*: saving.

speien I *v/t* spit, *fig.* spew, (*Wasser*) spout. **II** *v/i* (*sich erbrechen*) vomit.

Speise *f* food, (*Gericht*) dish, meal. **~eis** *n* ice cream. **~kammer** *f* larder, pantry. **~karte** *f* menu.

speisen I *v/i* eat, dine: ***zu Mittag ~*** (have) lunch; ***zu Abend ~*** have dinner, dine. **II** *v/t* feed (*a.* ⚡, *tech.*).

Speisen|aufzug *m* dumb waiter. **~folge** *f* order of courses.

Speise|öl *n* cooking oil. **~röhre** *f anat.* gullet, (o)esophagus. **~saal** *m* dining hall (*im Hotel*: room, ⚓ saloon). **~wagen** *m* 🚂 dining car, *bsd. Am.* diner. **~zettel** *m* menu. **~zimmer** *n* dining room.

Speisung *f* feeding, *tech. a.* supply.

Spektakel *m* row, racket, *fig.* fuss.

Spektralanalyse *f* spectrum analysis.

Spektrum *n a. fig.* spectrum.

Spekulant(in) speculator.

Spekulation *f allg.* speculation.

Spekulations|geschäft *n* speculative operation, *riskantes*: gamble. **~gewinn** *m* speculative gains *pl.* **~verluste** *pl* speculative losses *pl.*

spekulieren *v/i allg.* speculate (***über*** *acc* on, *econ.* ***mit*** in): ***~ auf*** (*acc*) speculate on, F (*haben wollen*) have one's eye on.

Spelunke *f* F dive, joint.

spendabel *adj* F generous.

Spende *f* donation, contribution.

spenden *v/t u. v/i* **1.** donate (*a. Blut, Organ etc*), contribute. **2.** *Automat*: dispense. **3.** *fig.* (*Licht, Lob etc*) give.

Spenden|aktion *f* fund-raising (*od.* charity) drive. **~konto** *n* account for donations. **~quittung** *f* receipt for donations.

Spender *m* (*Automat*) dispenser.

Spender(in) donator, contributor, (*a. Blut-, Herzspender etc*) donor.

spendieren *v/t* F ***j-m et. ~*** treat s.o. to s.th.; ***j-m ein Bier ~*** stand s.o. a beer.

Sperber *m zo.* sparrow hawk.

Sperling *m zo.* sparrow.

Sperma *n* sperm.

Sperre *f* **1.** (*Schranke*) barrier, (*Straßensperre*) barricade, road block. **2.** *tech.* lock, stop, stoppage. **3.** *psych.* mental block. **4.** *econ.* embargo, blockade: ***e-e ~ verhängen über*** (*acc*) impose a ban (*econ.* an embargo) on. **5.** *Sport*: suspension.

sperren I *v/t* **1.** (*schließen*) shut, (*Straße etc*) block, *durch Polizisten etc*: cordon off: ***e-e Straße für den Verkehr ~*** close a road to traffic. **2.** *tech.* lock, block, stop, (*Gas, Wasser, Telefon etc*) cut off, disconnect. **3.** (*Warenverkehr*) embargo, (*Zahlungen etc*) freeze, (*Konto*) block, (*Scheck*) stop. **4.** *Sport*: ***j-n ~*** a) (*behindern*) obstruct s.o. (unfairly), b) (*ausschließen*) suspend s.o. **5.** *print.* space out: ***gesperrt gedruckt*** spaced out. **6.** ***j-n ~ in*** (*acc*) lock s.o. up in. **II** *v/reflex* ***sich ~*** **7.** balk (***gegen*** at).

Sperr|feuer *n mil.* barrage. **~frist** *f* blocking period. **~gebiet** *n* prohibited zone. **~gut** *n* bulky goods *pl.* **~holz** *n* plywood.

sperrig *adj* bulky.

Sperr|klausel *f* restrictive clause. **~konto** *n* blocked account. **~minorität** *f* blocking minority. **~müll** *m* bulk rubbish. **~müllabfuhr** *f* bulk rubbish pickup. **~sitz** *m thea.* orchestra stalls *pl.* **~stunde** *f* closing time. **~taste** *f tech.* locking key.

Sperrung *f* **1.** closing (*etc*, → ***sperren*** I), obstruction. **2.** → ***Sperre*** 2, 4.

Sperrvermerk *m* **1.** non-negotiability clause. **2.** *für vertrauliche Informationen*: restriction note.

Spesen *pl* expenses *pl.* **~abrechnung** *f* settlement of expenses. **~aufstellung** *f* expense report.

spesenfrei *adj* free of charge(s).

Spesen|konto *n* expense account. **~ritter** *m contp.* expense-account rider. **~satz** *m* daily expense allowance. **~vorschuss** *m* advance on expenses.

Spezi[1] *m* F *contp.* chum, buddy.

Spezi[2] *n* F (*Getränk*) lemonade and cola.

Spezialanfertigung *f* special model (*od.* design).

spezialangefertigt *adj* custom-made.

Spezial|ausbildung *f* specialized training. **~einheit** *f* task force. **~fach** *n* special subject. **~gebiet** *n* special field. **~geschäft** *n* specialist dealer(s *pl*), specialist(s *pl*).

spezialisieren *v/reflex* ***sich ~ auf*** (*acc*) spe-

S

cialize in. ***spezialisiert sein auf*** (*acc*) specialize in.
Spezialisierung *f* specialization.
Spezialist(in) specialist.
Spezialität *f* speciality.
Spezialitätengeschäft *m* delicatessen (shop).
Spezial|katalog *m* special catalog(ue *Br.*). **~slalom** *m Skisport*: special slalom. **~wissen** *n* special knowledge.
speziell *adj* special, specific(ally *adv*).
Spezies *f* species.
spezifisch *adj* specific(ally *adv*): ***~es Gewicht*** specific gravity.
spezifizieren *v/t* specify.
Sphäre *f* sphere. **sphärisch** *adj* spheric.
Sphinx *f a. fig.* sphinx.
spicken *v/t* **1.** *gastr.* lard. **2.** *fig.* (*Rede etc*) interlard (***mit*** with): ***gespickt mit Fehlern*** bristling with mistakes.
Spiegel *m* **1.** mirror (*a. fig.*), ⚕ speculum, *opt., tech.* reflector. **2.** (*Wasserspiegel*) surface, (*a. Blutzuckerspiegel etc*) level. **~bild** *n* **1.** mirror image. **2.** *fig.* reflection.
Spiegelei *n gastr.* fried egg.
spiegel|frei *adj Glas*: nonglare. **~glatt** *adj Wasser*: (as) smooth as glass, *Parkett etc*: like glass, *Straße*: *a.* icy.
spiegeln I *v/i* shine, (*blenden*) dazzle. II *v/t a. fig.* mirror, reflect. III *v/reflex* ***sich ~*** be reflected, *fig. a.* be mirrored.
Spiegelreflexkamera *f* reflex camera.
Spiegelschrift *f* mirror writing.
Spiegelung *f* reflection, (*Luftspiegelung*) mirage.
Spiel *n* **1.** play (*a. fig. von Farben, der Muskeln*), ♪ playing, *thea. a.* acting, performance. **2.** *allg.* game, *Sport a.* match, (*Glücksspiel*) *a.* gamble: ***wie steht das ~?*** what's the score?; *fig.* ***gewagtes ~*** gamble; (***mit***) ***im ~ sein*** be at work, ***bei et.*** be involved in s.th.; ***et. ins ~ bringen*** bring s.th. up; ***die Hand im ~ haben*** have one's (*od.* a) finger in the pie; ***ins ~ kommen*** come into play; ***auf dem ~ stehen*** be at stake; ***aufs ~ setzen*** risk; ***aus dem ~ lassen*** leave *s.o., s.th.* out of it; ***gewonnenes ~ haben*** have made it; ***leichtes ~ haben*** have little trouble (***mit*** with); ***mit j-m sein ~ treiben*** play games with s.o.; ***mit j-m ein falsches ~ treiben*** doublecross s.o.; ***das ~ ist aus!*** the game is up!; → ***abgekartet.*** **3.** *thea., TV* play. **4.** ~ (***Karten***) pack (*Am.* deck) (of cards). **5.** *Stricknadeln etc*: set. **6.** *tech.* play, *erwünschtes*: clearance.
Spiel|anzug *m* playsuit. **~art** *f biol. u. fig.* variety. **~automat** *m* gaming machine, *mit Geldgewinn*: slot machine, F one-armed bandit. **~ball** *m* **1.** ball, *Tennis*: game ball. **2.** *fig.* plaything. **~bank** *f* (gambling) casino. **~dauer** *f e-s Films etc*: duration, *e-r Kassette etc*: playing time. **~dose** *f* musical (*Am.* music) box.
spielen I *v/i* **1.** *allg.* play (*a. fig.*), *Glücksspieler*: gamble: ***~ um*** play for; ***hoch ~*** play for high stakes; *Sport*: ***A. spielte gegen B.*** A. played B.; ***mit dem Gedanken ~ zu*** *inf* toy with the idea of *ger*; ***s-e Beziehungen ~ lassen*** pull a few strings; ***ins Rötliche ~*** have a reddish tinge; → ***Charme, Feuer*** 1, ***Muskel.*** **2.** *thea.* play, act: ***~ in*** (*dat*) *Film, Szene etc*: be set in. II *v/t* **3.** *allg.* play: ***Klavier ~*** play the piano; *Sport*: ***den Ball zu j-m ~*** pass (the ball) to s.o.; → ***Geige, Hand.*** **4.** *thea. u. fig.* play, act: *fig.* ***den Beleidigten ~*** act all offended; ***mit gespielter Gleichgültigkeit*** with studied indifference; F *fig.* ***was wird hier gespielt?*** what's going on here?; → ***Rolle***[2]. **5.** (*aufführen*) play, perform: ***was wird heute Abend gespielt?*** what's on tonight?; → ***Theater*** 2.
spielend *adv fig.* ~ (***leicht***) easily, effortlessly; ***es ist ~ leicht*** it's child's play; ***~ gewinnen*** win hands down.
Spieler(in) *allg.* player, (*Glücksspieler*) gambler.
Spielerei *f* **1.** playing around. **2.** (*Zeitvertreib*) pastime. **3.** *pl* (*Kinkerlitzchen*) gewgaws *pl*, *technische*: gadgets *pl*.
spielerisch *adj* **1.** *Sport*: playing, *thea.* acting. **2.** (*verspielt*) playful. **3.** ***mit ~er Leichtigkeit*** effortlessly.
Spiel|feld *n Sport*: field, pitch, *Tennis*: *a.* court. **~film** *m* feature film. **~halle** *f* amusement arcade. **~hölle** *f contp.* gambling den. **~kamerad(in)** playmate. **~karte** *f* playing card. **~kasino** *n* (gambling) casino. **~leiter(in)** → ***Regisseur(in).*** **~macher(in)** *Sport*: strategist. **~marke** *f* counter, chip. **~plan** *m thea. etc* program(me *Br.*). **~platz** *m* playground. **~raum** *m* **1.** *fig.* elbowroom, scope, *zeitlich*: time, (*Spanne*) margin. **2.** *tech.* clearance. **~regel** *f* rule: *a. fig.* ***sich an die ~n halten*** play the game. **~sachen** *pl* toys *pl*. **~salon** *m* amusement arcade. **~schuld** *f* gambling debt. **~stand** *m* score. **~tisch** *m* card table, *für Glücksspiele*: gambling table. **~trieb** *m* play instinct. **~uhr** *f* musical clock. **~verbot** *n Sport*: suspension. **~verderber(in)** spoilsport.
Spielwaren *pl* toys *pl*. **~geschäft** *n* toy shop (*Am.* store).
Spielzeit *f Sport, thea.* season, *e-s Spiels*: playing time, *e-s Films etc*: run.
Spielzeug *n* toy(s *pl*), *fig.* toy. **~pistole** *f* toy pistol.
Spieß *m* spear, (*Bratspieß*) spit, (*Fleischspieß*) skewer: ***am ~ braten*** roast on the

S

spit; F *fig.* ***den ~ umdrehen*** turn the tables (***gegen*** on); ***schreien wie am ~*** scream blue murder.
Spießbürger(in), spießbürgerlich *adj* petty bourgeois, F square.
Spießer(in), spießig *adj* petty bourgeois, F square.
Spießruten *pl a. fig.* ***~ laufen*** run the gauntlet.
Spikes *pl* **1.** *Sport*: spikes *pl.* **2.** *mot.* a) studs *pl*, b) → **Spikesreifen** *pl* studded tyres (*Am.* tires) *pl.*
spinal *adj* spinal: ⚕ ***~e Kinderlähmung*** polio(myelitis).
Spinat *m* spinach.
Spind *m, n* locker.
Spindel *f* spindle (*a. biol., tech.*).
Spinett *n* spinet.
Spinne *f* spider.
spinnen **I** *v/t* spin. **II** *v/i* F (*verrückt sein*) be crazy, (*Unsinn reden*) talk (a lot of) rubbish.
Spinnennetz *n* cobweb.
Spinner(in) **1.** spinner. **2.** F (*Verrückter*) nut, crackpot, *Am.* screwball.
Spinnerei *f* **1.** a) spinning, b) (*Fabrik*) spinning mill. **2.** F *fig.* crazy idea, *modische*: fad, (*Unsinn*) rubbish.
Spinn|gewebe *n* cobweb. **~rad** *n* spinning wheel. **~webe** *f* cobweb.
Spion *m* **1.** spy. **2.** *an der Tür*: spyhole, *am Fenster*: window mirror.
Spionage *f* espionage, spying. **~abwehr** *f* counterespionage, counterintelligence. **~netz** *n*, **~ring** *m* spy ring.
spionieren *v/i* spy, *fig. a.* snoop (around).
Spionin *f* spy.
Spirale *f* spiral (*a. fig. Preisspirale etc*), *tech.* (*Drahtspirale etc, a.* F *Pessar*) coil.
Spiralfeder *f* coil spring, *der Uhr*: mainspring. **spiralförmig** *adj* spiral.
Spiritismus *m* spiritualism. **Spiritist(in), spiritistisch** *adj* spiritualist.
Spirituosen *pl* spirits *pl*, *Am.* liquor *sg.*
Spiritus *m* spirit. **~kocher** *m* spirit stove.
Spital *n österr., schweiz.* hospital.
spitz *adj* **1.** pointed, *Bleistift etc*: *a.* sharp: ***~ zulaufend*** tapering. **2.** ⩘ *Winkel*: acute. **3.** F (*blass, krank*) peaky. **4.** *fig.* (*bissig*) pointed, *a. Person*: sarcastic: ***~e Zunge*** sharp tongue.
Spitz *m* (*Hund*) Pomeranian.
Spitz|bart *m* goatee. **~bauch** *m* paunch.
Spitze[1] *f* **1.** *allg.* (*Kinn-, Messerspitze etc*) point, (*spitzes Ende, a. Finger-, Nasenspitze etc*) tip, (*Bergspitze*) peak, (*a. Baumspitze*) top, (*Turmspitze*) spire: *fig.* ***die ~ des Eisbergs*** the tip of the iceberg; ***e-r Sache die ~ nehmen*** take the edge off s.th. **2.** *e-r Kolonne etc*: head (*a. fig.*), (*Angriffsspitze*) (spear)head (*a. fig.*), *Sport*: (*Führung*) lead, (*Führungsspitze*) leading group: *Fußball*: F ***~ spielen*** be striker; ***an der ~ der Tabelle*** at the top of the table; *a. fig.* ***an der ~ liegen*** be in front; ***sich an die ~ setzen*** take the lead. **3.** (*Leistungs-, Verkehrsspitze etc*) peak: F ***das Auto macht 220 km ~*** the car does a maximum speed of 220 km per hour; *fig.* ***et. auf die ~ treiben*** carry s.th. too far. **4.** (*Spitzenposition*) top position, (*Unternehmensspitze*) (top) management, *pl* (*Elite*) leading figures *pl*, élite *sg*: ***an der ~ der Firma*** at the head of the firm. **5.** (*Anspielung*) dig (***gegen*** at). **6.** F ***das ist (einsame) ~!*** that's super (*od.* great)!
Spitze[2] *f* lace.
Spitzel *m* (*Polizeispitzel*) informer, *sl.* nark, *weitS.* (*im Betrieb*: company) spy.
spitzen *v/t* point, (*Bleistift etc*) sharpen: ***die Ohren ~*** prick up one's ears, *fig. a.* listen carefully.
Spitzen|belastung *f* peak load. **~einkommen** *n* top income. **~fabrikat** *n* top-quality product (*od.* make). **~gehalt** *n* top salary. **~geschwindigkeit** *f* maximum (*od.* top) speed. **~gespräch** *n* top-level talks *pl.* **~kandidat(in)** leading candidate, front-runner. **~klasse** *f* top class: ***Läufer (Auto) der ~*** top-class runner (car).
Spitzenkleid *n* lace dress.
Spitzen|kraft *f* highly qualified worker, top-level executive, *thea. etc* star performer. **~leistung** *f* **1.** *tech.* maximum output, ⚡ peak power. **2.** *Sport*: top performance. **3.** *der Wissenschaft etc*: great feat. **~lohn** *m* top wage(s *pl*). **~politiker(in)** leading (*od.* top) politician. **~position** *f* top position. **~produkt** *n* top-quality product. **~qualität** *f* top quality. **~reiter(in)** (*Kandidat*) front-runner, *Sport*: leader, leading team, (*Film, Schlager etc*) (top) hit. **~sport** *m* high-performance sports *pl.* **~sportler(in)** top athlete. **~steuersatz** *m* maximum tax rate. **~tanz** *m* toe-dancing. **~technik** *f* leading-edge technology, hi tech. **~technologie** *f* high technology. **~verdiener(in)** top earner. **~wein** *m* vintage wine.
spitzfindig *adj* over-subtle.
Spitzfindigkeit *f* subtlety: ***das sind ~en*** that's splitting hairs.
Spitzhacke *f* axe, *Am.* pickax.
spitzkriegen *v/t* F ***et. ~*** cotton on to s.th.
Spitzname *m* nickname.
spitzwink(e)lig *adj* ⩘ acute.
Spleen *m* F tic, quirk.
Spliss *m* (*an Haaren*) split ends *pl.*
Splitter *m* splinter, (*a. Granatsplitter*) fragment. **~bruch** *m* ⚕ chip fracture.

S

splitterfrei *adj* shatterproof.
Splittergruppe *f pol.* splinter group.
splittern *v/i* splinter, *Glas*: shatter.
splitternackt *adj* stark naked.
Splitterpartei *f* splinter party.
SPÖ ***Sozialistische Partei Österreichs*** Austrian Socialist Party.
Spoiler *m mot.* spoiler.
sponsern *v/t*, **Sponsor(in)** sponsor. **Sponsoring** *n* sponsorship.
spontan *adj* spontaneous.
Spontankauf *m* impulse purchase, *pl* impulse buying.
sporadisch *adj* sporadic(ally *adv*).
Spore *f* ⚘ spore.
Sporn *m* spur (*a.* ⚘), ✈ (tail) skid: *dem Pferd **die Sporen geben*** spur.
Sport *m* **1.** sport, *coll.* sports *pl*, *ped. a.* physical education: ***~ treiben*** go in for sports; ***viel ~ treiben*** do a lot of sport. **2.** *fig.* hobby: ***als ~*** as a hobby.
Sport|abzeichen *n* sports badge. **~anlage** *f* sports grounds (*od.* facilities) *pl.* **~art** *f* (kind of) sport. **~artikel** *m* sports article. **~arzt** *m*, **~ärztin** *f* sports physician.
sportbegeistert *adj* sporty.
Sport|bericht *m* sports report. **~fest** *n* sports day. **~flieger(in)** amateur pilot. **~geschäft** *n* sports shop (*Am.* store). **~halle** *f* gymnasium. **~hochschule** *f* physical education college. **~kleidung** *f* sportswear. **~klub** *m* sports club. **~lehrer(in)** PE (= Physical Education) teacher.
Sportler *m* sportsman, athlete.
Sportlerin *f* sportswoman.
sportlich *adj allg.* sporting, sporty, *Verhalten*: *a.* fair, *Veranstaltung etc*: *a.* sports (*meeting etc*), *Aussehen*, *Figur*, *Person*: athletic, *Kleidung*: casual.
Sportmedizin *f* sports medicine.
Sport|nachrichten *pl* sports news *pl* (*a. sg konstr.*). **~platz** *m* sports ground. **~reportage** *f* sports report, *Am.* sportscast. **~reporter(in)** sports reporter, *Am.* sportscaster. **~sendung** *f* sports broadcast, *Am.* sportscast.
Sports|frau *f* sportswoman. **~kanone** *f* F (sports) ace. **~mann** *m* sportsman.
Sport|tauchen *n* skin (*mit Atemgerät*: scuba) diving. **~veranstaltung** *f* sporting event, sports meeting. **~verein** *m* sports club. **~wagen** *m* **1.** *mot.* sports car. **2.** *für Kinder*: pushchair, *Am.* stroller. **~zeitung** *f* sporting paper. **~zentrum** *n* sports cent/re (*Am.* -er).
Spotmarkt *m* spot market.
Spott *m* mockery, scoff, ridicule, (*Hohn*) derision, scorn.
spottbillig *adj* dirt-cheap.
Spöttelei *f* mockery, (*Bemerkung*) gibe.
spötteln *v/i* gibe (**über** *acc* at).
spotten *v/i* (**über** *acc*) mock (at), scoff (at), make fun (of); → ***Beschreibung*** 1.
Spötter(in) mocker, *weitS.* cynic.
spöttisch *adj* mocking, (*höhnisch*) derisive, (*bissig*) sarcastic.
Spottpreis *m* ridiculous(ly low) price.
sprachbegabt *adj* good at languages.
Sprachbegabung *f* gift for languages.
Sprache *f* **1.** (*Sprechvermögen*) speech: → ***verschlagen***[1] 4. **2.** *allg.* language (*a. fig.*), (*Landessprache*) *a.* vernacular, (*Fach-*, *Berufssprache*) *a.* jargon, (*Mundart*) idiom, (*Stil*) diction: ***heraus mit der ~!*** out with it!, ***et. zur ~ bringen*** bring s.th. up; ***ein Thema zur ~ bringen*** raise a subject; ***zur ~ kommen*** come up (for discussion); → ***herausrücken*** 3.
Sprachebene *f* speech level.
Sprachenschule *f* language school.
Sprach|fehler *m* speech defect. **~führer** *m* phrasebook. **~gebrauch** *m* (linguistic) usage: ***im gewöhnlichen ~*** in everyday usage. **~gefühl** *n* linguistic instinct.
sprachgewandt *adj* articulate, *fremdsprachlich*: proficient in languages.
Sprachkenntnisse *pl* knowledge *sg* of languages (*od.* of a language): ***gute englische ~ erwünscht*** good command of English desirable.
sprachkundig *adj* linguistically proficient, *in einer Sprache*: having command of French *etc.*
Sprach|kurs *m* language course. **~labor** *n* language laboratory. **~lehre** *f* **1.** grammar. **2.** grammar book. **~lehrer(in)** language teacher.
sprachlich *adj* a) linguistic, b) grammatical, c) stylistic.
sprachlos *adj* speechless.
Sprach|regelung *f iro.* (prescribed) phraseology. **~reise** *f* language trip. **~rohr** *n fig.* mouthpiece. **~störung** *f* ⚕ speech disorder. **~studium** *n* language studies *pl.* **~unterricht** *m* language teaching: ***englischer ~*** English lessons *pl.*
Sprachwissenschaft *f* philology.
Sprachwissenschaftler(in) philologist, linguist.
sprachwissenschaftlich *adj* philological, linguistic(ally *adv*).
Spray *m*, *n* spray. **Sprayer(in)** spray artist.
Sprech|anlage *f* intercom. **~blase** *f in Comics*: balloon. **~chor** *m* chorus: ***im ~ rufen*** chant.
sprechen I *v/i* speak, (*e-e Rede halten*) *a.* give a speech, (*sich unterhalten*) talk (***mit j-m*** to s.o., ***über*** *acc*, ***von*** about): ~

S

mit (*konsultieren*) see (*one's doctor etc*); ***über Geschäfte*** (***Politik***) ~ talk business (politics); ***von et. anderem*** ~ change the subject; ***j-n zum Sprechen bringen*** make s.o. talk; ~ ***für*** *als Vertreter*: speak on behalf of, *vermittelnd*: put in a good word for, *befürwortend*: plead for; ***das spricht für ihn*** that says s.th. for him; ***das spricht für sich selbst*** that speaks for itself; ***vieles spricht dafür*** (***dagegen***) there is much to be said for (against) it; ***alles spricht dafür, dass ...*** (*weist darauf hin*) there is every indication that ...; ***auf ihn ist sie nicht gut zu*** ~ he's in her bad books; ***wir kamen*** (***man kam***) ***auf ... zu*** ~ the subject of ... came up. **II** *v/t* (*Sprache etc*) speak, (*Gebet etc*) say: ***j-n*** ~ speak to s.o., see s.o.; ***j-n zu*** ~ ***wünschen*** wish to see s.o.; ***kann ich Sie kurz*** ~***?*** may I have a word with you?; ***er ist nicht zu*** ~ he is busy; → ***Recht*** 1, ***schuldig*** 1.

sprechend *adj fig. Blick, Gesten etc*: eloquent, *Ähnlichkeit*: striking.

Sprecher *m* **1.** speaker, *Radio, TV* announcer. **2.** spokesman (*gen* for).

Sprecherin *f* **1.** → ***Sprecher*** 1. **2.** spokeswoman (*gen* for).

Sprecherziehung *f* speech training.

Sprech|funk *m* radiotelephony. **~funkgerät** *n* radiotelephone, *tragbar*: walkie-talkie. **~stunde** *f* office hours *pl*, *e-s Arztes*: consulting hours *pl*. **~stundenhilfe** *f* receptionist. **~zimmer** *n* office, *e-s Arztes*: consulting room, surgery.

spreizen *v/t* spread, (*die Beine*) *a.* straddle.

Spreizfuß *m* ⚕ splayfoot.

Sprengbombe *f* high-explosive bomb.

sprengen¹ *v/t* sprinkle, spray.

sprengen² *v/t* **1.** burst open, (*Tür*) force, (*Fesseln etc*) break. **2.** *mit Dynamit etc*: blast, blow up. **3.** *fig.* (*Versammlung*) break up: ***die Bank*** ~ *beim Glücksspiel*: break the bank; → ***Rahmen.***

Spreng|kapsel *f* detonator. **~kopf** *m* warhead. **~körper** *m*, **~ladung** *f*, **~satz** *m* explosive charge. **~stoff** *m* explosive, *fig.* dynamite. **~stoffanschlag** *m* bomb attack.

Sprengung *f* **1.** blasting, blowing up. **2.** *fig. e-r Versammlung etc*: breaking-up.

sprenkeln *v/t* speckle, dot.

Spreu *f* (*fig.* ***die*** ~ ***vom Weizen trennen*** separate the wheat from the) chaff.

Sprichwort *n* proverb: ***wie das*** ~ ***sagt*** as the saying goes.

sprichwörtlich *adj a. fig.* proverbial.

sprießen *v/i* shoot up, sprout.

Springbrunnen *m* fountain.

springen I *v/i* **1.** *allg.* jump (*a. Sport*), *weit*: leap, *Wasserspringen*: dive, *Stabhochsprung*: vault, (*hüpfen*) hop, skip, *a. Ball etc*: bounce; → ***Auge*** 1, ***Punkt*** 3. **2.** F (*rennen*) run, nip. **3.** F *fig.* ***et.*** ~ ***lassen*** (*Geld*) fork out, ***für j-n*** treat s.o. to s.th. **4.** (*zer*~) crack, *Saite*: break.

Springen *n* jumping, *Wasserspringen*: diving.

Springer *m Schach*: knight.

Springer(in) 1. *Sport*: a) jumper, b) diver, c) vaulter. **2.** F *econ.* stand-in.

Spring|flut *f* spring tide. **~reiten** *n* show jumping. **~reiter(in)** show jumper. **~seil** *n* skipping rope.

Sprinkleranlage *f* sprinkler system.

Sprint *m*, **sprinten** *v/i u. v/t* sprint.

Sprinter(in) sprinter.

Sprit *m* F **1.** (*Alkohol*) spirit. **2.** (*Benzin*) juice, *Am.* gas.

Spritze *f* a) syringe, b) (*Injektion*) injection, F jab, *Am.* shot, c) *fig.* (*Geldspritze*) shot-in-the-arm.

spritzen I *v/t* **1.** (*Flüssigkeit*) squirt, (*a. Lack, Parfüm etc*) spray. **2.** → ***sprengen¹***. **3.** (*Mittel, Person*) inject, F (*Rauschgift*) *sl.* shoot, mainline. **4.** (*Getränk*) mix with (soda) water. **5.** (*Kunststoff*) inject. **II** *v/i* **6.** splash, *a. Fett*: spatter, *Blut*: gush. **7.** spray. **8.** F (*Rauschgift* ~) *sl.* mainline.

Spritzer *m* splash, (*Schuss Rum etc*) dash.

Spritzguss *m tech.* die-casting, *Kunststoff*: injection mo(u)lding.

spritzig *adj* **1.** *Wein etc*: sparkling. **2.** *fig.* lively, F peppy, zippy, *Auto*: nippy.

spritzlackieren *v/t* spray(-paint).

Spritz|mittel *n* 🌱 spray. **~pistole** *f tech.* spray gun. **~tour** *f* F hop: *mot.* ***e-e*** ~ ***machen*** go for a spin.

spröde *adj* **1.** brittle (*a. Stimme*), *Haut*: rough, chapped. **2.** (*abweisend*) standoffish, *bsd. Mädchen*: coy.

Spross *m* **1.** 🌱 shoot. **2.** *fig.* scion.

Sprosse *f* **1.** *a. fig.* rung. **2.** *hunt.* tine.

Sprossenfenster *n* lattice window.

Sprossenwand *f gym.* wall bars *pl.*

Sprössling *m* **1.** → ***Spross*** 1. **2.** F child, (*Sohn*) son, junior.

Sprotte *f zo.* sprat.

Spruch *m* **1.** saying, (*a. Lehrspruch*) dictum, (*~weisheit*) aphorism, epigram, (*Bibelspruch*) quotation, verse: F (***große***) ***Sprüche klopfen*** talk big. **2.** (*Entscheidung*) decision.

Spruchband *n* banner.

spruchreif *adj* ***die Sache ist noch nicht*** ~ nothing has been decided yet.

Sprudel *m* (carbonated) mineral water.

sprudeln *v/i* **1.** (*hervor*~) gush (forth). **2.** *Wasser etc*: bubble, *Getränk*: *a.* fizz: *fig.* ~ ***vor*** *dat* bubble (over) with.

Sprühdose *f* spray can, aerosole (can).

sprühen I *v/t* **1.** spray, (*be~*) sprinkle. II *v/i* **2.** spray. **3.** *Funken*: fly. **4.** *fig.* (**vor** *dat* with) bubble (over), *Augen*: flash: ***vor Geist ~*** sparkle with wit. **sprühend** *adj fig. Geist, Witz etc*: sparkling.
Sprüh|nebel *m* mist. **~regen** *m* drizzle.
Sprung[1] *m allg.* jump (*a. fig.*), *großer*: *a.* leap, *gym.*, *Stabhochsprung*: vault, *Wasserspringen*: dive: *fig.* ***ein großer ~ nach vorn*** a great leap forward; F ***auf dem ~ sein zu*** *inf* be about to *inf*; ***j-m auf die Sprünge helfen*** help s.o. along; ***mit dem Gehalt kann er k-e großen Sprünge machen*** he can't go far on that salary.
Sprung[2] *m* crack: ***e-n ~ haben*** be cracked.
Sprung|becken *n* diving pool. **~brett** *n* springboard (*a. fig.*), *Wasserspringen*: *a.* diving board. **~feder** *f* spring. **~grube** *f Sport*: (jumping) pit.
sprunghaft I *adj* **1.** erratic. **2.** (*schnell*) rapid, *Preisanstieg*: *a.* sharp. II *adv* **3.** rapidly: ***~ ansteigen*** go up by leaps and bounds, shoot up.
Sprunghaftigkeit *f* **1.** *e-r Person*: volatility. **2.** a) instability, b) rapidity.
Sprung|latte *f* crossbar. **~schanze** *f* ski jump. **~tuch** *n* jumping sheet. **~turm** *m* high-diving platforms *pl.*
SPS ***Sozialdemokratische Partei der Schweiz*** Social Democratic Party of Switzerland.
Spucke *f* F spittle: ***da blieb mir die ~ weg*** I was flabbergasted.
spucken I *v/i* **1.** spit, *Motor*: splutter. **2.** F (*sich erbrechen*) be sick, puke. II *v/t* **3.** spit *s.th.* out: ***Blut ~*** spit blood; → ***Ton***[2] 1.
Spuk *m* **1.** apparition, ghost, spectre, *Am.* specter, *weitS.* eerie happenings *pl.* **2.** *fig.* nightmare.
spuken *v/i* ***an e-m Ort ~*** haunt a place; ***in der Burg spukt es*** the castle is haunted.
Spülbecken *n* sink.
Spule *f tech.* spool, reel (*a. Film-, Tonbandspule*), (*Garnspule*) bobbin coil.
Spüle *f* sink unit.
spulen *v/t* reel, spool, (*Film etc*) wind.
spülen I *v/t* **1.** (*aus~*) rinse. **2.** (*ab~*) wash (up): ***Geschirr ~*** → 4. **3.** ***et. ans Ufer ~*** wash s.th. ashore. II *v/i* **4.** wash up, wash (*od.* do) the dishes. **5.** flush the toilet.
Spül|maschine *f* dishwasher. **~mittel** *n* washing-up liquid.
Spülung *f* **1.** rinse, ⚕ douche, irrigation. **2.** flushing, (*Wasserspülung*) flush.
Spulwurm *m* ⚕, *zo.* roundworm.
Spur *f* **1.** (*Abdruck*) print, (*Fuß-, Räderspur etc*) track(s *pl*), trace(s *pl*), (*Fährte, Blutspur etc*) trail (*a. fig.*), *hunt. a.* scent: ***e-e ~ aufnehmen*** pick up a trail; *fig. j-m od. e-r Sache* ***auf die ~ kommen*** get on to; ***auf der falschen ~ sein*** be on the wrong track; ***s-e ~en verwischen*** cover up one's tracks; (***bei j-m***) ***s-e ~en hinterlassen*** leave its mark (on s.o.). **2.** *fig.* (*Anzeichen*) trace, *bsd.* ⚖ clue: ***k-e ~ von ...*** not a trace of ...; F ***k-e ~!*** not a bit! **3.** *fig.* (*winzige Menge*) trace, *gastr.* dash (*of pepper etc*). **4.** 🚂 (*~weite*) ga(u)ge, (*Schienen*) track(s *pl*). **5.** *Computer, Magnetband*: track. **6.** *mot.* a) (***~ halten*** keep) track, b) (*Fahrspur*) lane: ***die ~ wechseln*** change lane.
spürbar *adj* noticeable, (*deutlich*) marked, (*beträchtlich*) considerable: ***~ sein*** be felt; ***~ werden*** make itself felt.
spuren *v/i* **1.** *Skisport*: lay a track. **2.** F (*sich fügen*) toe the line.
spüren *v/t* feel, *intuitiv*: *a.* sense: ***et. am eigenen Leibe zu ~ bekommen*** have first-hand experience of s.th.; ***von ... war nichts zu ~*** there was no sign of ...
Spurenelement *n* trace element.
Spürhund *m* **1.** tracker dog. **2.** *humor.* (*Detektiv*) sleuth.
spurlos *adv* ***~ verschwinden*** disappear without a trace; ***nicht ~ an j-m vorübergehen*** leave its mark on s.o.
Spürnase *f*, **Spürsinn** *m* (good) nose.
Spurt *m*, **spurten** *v/i* sprint, spurt.
Spurwechsel *m mot.* changing lane.
Spurweite *f* **1.** 🚂 ga(u)ge. **2.** *mot.* track.
sputen *v/reflex* ***sich ~*** hurry up.
Squash *n Sport* squash. **~court** *m* squash court. **~halle** *f* squash courts *pl.* **~schläger** *m* squash racket.
SR ***Saarländischer Rundfunk*** Broadcasting Corporation of the Saarland.
s. R. ***siehe Rückseite*** see overleaf.
SRG ***Schweizerische Radio- und Fernsehgesellschaft*** Swiss Broadcasting Corporation.
Sri Lanka *n* Sri Lanka.
SS ***Sommersemester*** summer semester; ***Schutzstaffel*** *hist.* SS (*elite corps of the German Nazi Party*).
SSV ***Sommerschlussverkauf*** summer sales *pl.*
St. ***Sankt, der Heilige*** saint (St, St.).
s. t. ***sine tempore, ohne*** (***akademisches***) ***Viertel, pünktlich*** sharp.
Staat[1] *m* **1.** *pol.* state, (*Land, Nation*) *a.* country, nation, (*Regierung*) government: F ***die ~en*** (*USA*) the States. **2.** (*Insektenstaat*) colony.
Staat[2] *m* (*Festkleidung*) finery: *fig.* ***damit kannst du k-n ~ machen!*** that's nothing to write home about!
Staatenbund *m* confederation.
staatenlos *adj* stateless.

Staatenlose *m*, *f* stateless person.

staatlich I *adj* state(-) ...., government ..., national, public, *Betrieb etc*: state-owned: **~e Mittel** government funds. II *adv* **~ gefördert** state-sponsored; **~ gelenkt** state-run; **~ geprüft** qualified, registered.

Staats|akt *m* act of state, (*Feier*) state occasion. **~aktion** *f* F **e-e ~ machen aus** (*dat*) make a big affair out of. **~angehörige** *m*, *f* national, *Br*. subject, *Am*. citizen. **~angehörigkeit** *f* (**doppelte ~** dual) nationality. **~angestellte** *m*, *f* state (*od*. government) employee. **~anleihe** *f* government loan (*Wertpapier*: bond). **~anwalt** *m*, **~anwältin** *f* ⚖ public prosecutor, *Am*. district attorney. **~anwaltschaft** *f* ⚖ *the* public prosecutor's office, *weitS*. *the* public prosecutors *pl*. **~anzeiger** *m* official gazette. **~archiv** *n* Public Record Office.

Staats|beamte *m*, **~beamtin** *f* civil servant. **~begräbnis** *n* state funeral. **~besitz** *m* state ownership: **in ~** state-owned. **~besuch** *m* state visit. **~betrieb** *m* state-owned enterprise.

Staatsbürger(in) citizen.

staatsbürgerlich *adj* civic: **~e Rechte** civil rights.

Staatsbürgerschaft *f* → **Staatsangehörigkeit.**

Staats|chef(in) head of state. **~dienst** *m* civil (*bsd. Am*. public) service.

staatseigen *adj* state-owned.

Staats|einnahmen *pl* public revenue. **~examen** *n univ*. state examination. **~feiertag** *m* national holiday.

Staatsfeind(in) public enemy.

staatsfeindlich *adj* subversive.

Staats|form *f* form of government. **~gebiet** *n German etc* territory. **~geheimnis** *n* state secret: F *fig*. **das ist (k)ein ~!** that's (not) top-secret! **~grenze** *f* border, frontier. **~haushalt** *m* (national) budget. **~hoheit** *f* sovereignty. **~kasse** *f* (public) treasury. **~kosten** *pl* **auf ~** at (the) public expense.

Staatsmann *m* statesman.

staatsmännisch *adj* statesmanlike.

Staats|minister(in) Secretary of State, *Am*. Secretary. **~ministerium** *n* ministry. **~monopol** *n* state monopoly. **~oberhaupt** *n* head of state. **~präsident(in)** President.

Staats|quote *f* public spending ratio. **~recht** *n* constitutional law. **~religion** *f* state religion. **~säckel** *n* F state coffers *pl*. **~schulden** *pl* national debt *sg*. **~sekretär(in)** permanent secretary. **~sektor** *m* public sector. **~sicherheitsdienst** *m DDR pol. hist*. State Security (Service). **~streich** *m* coup (d'état).

staatstragend *adj* supportive of the State.

Staats|trauer *f* national mourning. **~unternehmen** *n* state-owned enterprise. **~verbrechen** *n* political crime. **~verschuldung** *f* public debt. **~vertrag** *m* (international) treaty. **~wesen** *n* **1.** state, body politic. **2.** political system. **~wissenschaft(en** *pl*) *f* political science. **~wohl** *n* public weal. **~zuschuss** *m* government grant, subsidy.

Stab¹ *m allg*. staff, (*Stock*) stick, (*Stange*) rod, bar, *Stabhochsprung*: pole, (*Zauberstab*) wand, (*Marschall-*, *Dirigenten-*, *Staffelstab*) baton: *fig*. **den ~ brechen über** (*acc*) condemn.

Stab² *m* **1.** (*Mitarbeiterstab*) staff, (*Expertenstab etc*) team. **2.** *mil*. staff, (*Offiziere*) staff officers *pl*, (*Hauptquartier*) headquarters *pl* (*a. sg konstr*.).

Stäbchen *n* (*Essstäbchen*) chopstick.

Stabhochspringer(in) pole-vaulter.

Stabhochsprung *m* pole-vault(ing).

stabil *adj* stable, (*robust*) solid, sturdy.

stabilisieren *v/t* stabilize: **sich ~** *a*. become stabilized.

Stabilisierung *f* stabilization.

Stabilität *f* stability.

Stabilitätspolitik *f* policy of stability.

Stabreim *m* alliteration.

Stabs|arzt *m*, **~ärztin** *f* captain (Medical Corps). **~chef(in)** *mil*. Chief of Staff.

Stabwechsel *m Staffel*: baton change.

Stachel *m* **1.** prickle, *zo. a*. spine, (*Insektenstachel*) sting, (*Dorn*) thorn. **2.** *tech*. spike.

Stachelbeere *f* gooseberry.

Stacheldraht *m* barbed wire.

stach(e)lig *adj* **1.** prickly, *zo. a*. spiny, (*dornig*) thorny. **2.** *Kinn*, *Bart*: bristly.

Stachelschwein *n* porcupine.

Stadion *n* stadium.

Stadium *n* stage, phase.

Stadt *f* **1.** town, (*Großstadt*) city: **in die ~ gehen** go to town. **2.** (*~verwaltung*) municipality. **~autobahn** *f* urban motorway (*Am*. expressway). **~bahn** *f* city railway.

stadtbekannt *adj* known all over town, notorious.

Stadt|bevölkerung *f* urban population. **~bewohner(in)** city dweller. **~bezirk** *m* municipal district.

Stadtbild *n* townscape.

Städtchen *n* small town.

Städtebau *m* urban development.

Städtepartnerschaft *f* (town) twinning.

Städteplanung *f* town planning.

Städter(in) city dweller.

Stadt|gas *n* town gas. **~gebiet** *n* municipal area. **~gemeinde** *f* township. **~gespräch** *n fig*. **~ sein** be the talk of the town. **~guerilla** *f* urban guer(r)illa. **~halle** *f* municipal hall.

städtisch *adj* town ..., city ..., urban, *bsd. verwaltungsmäßig*: municipal.

S

Stadt|kern *m* town (*od.* city) cent/re (*Am.* -er). **~leben** *n* city life. **~luft** *f* city air. **~mauer** *f* city wall. **~mensch** *m* urbanite, city person. **~mitte** *f* → ***Innenstadt.*** **~plan** *m* city map. **~planung** *f* town planning.

Stadtrand *m* (**am ~** at the) outskirts *pl* of the town (*od.* city). **~siedlung** *f* suburban estate (*od.* housing development).

Stadtrat[1] *m* municipal council.

Stadt|rat[2] *m*, **~rätin** *f* town (*Am.* city) coun-cil(l)or.

Stadt|rundfahrt *f* city sightseeing tour. **~sanierung** *f* urban renewal. **~staat** *m* city state. **~streicher(in)** city vagrant. **~teil** *m* district. **~tor** *n* town gate. **~verkehr** *m* town (*od.* city) traffic. **~verwaltung** *f* municipality. **~viertel** *n* district. **~zentrum** *n* → ***Innenstadt.***

Staffel *f* **1.** *Sport*: relay (race *od.* team). **2.** ✈, *mil.* squadron.

Staffelei *f* easel.

Staffellauf *m Sport*: relay race.

Staffelmiete *f* graduated rent.

staffeln *v/t* (*Steuern, Löhne etc*) grade, graduate, (*Arbeitszeit etc, a. tech.*) stagger: → ***gestaffelt.***

Staffeltarif *m* graduated tariff.

Staffelung *f* staggering, *von Steuern etc*: graduation, progressive rates *pl.*

Stagnation *f* stagnation.

stagnieren *v/i* stagnate.

Stahl *m* steel: ***Nerven*** (***wie***) ***aus ~*** nerves of steel. **~arbeiter(in)** steelworker. **~bau** *m* steel(-girder) construction. **~beton** *m* reinforced concrete.

stahlblau *adj* steel-blue.

Stahlblech *n* sheet steel.

stählen *v/t* **1.** *tech.* steel-face. **2.** *fig.* steel (***sich*** o.s.).

stählern *adj* **1.** (of) steel. **2.** *fig.* of steel, *Blick etc*: steely.

Stahlgürtelreifen *m mot.* belted-bias tyre (*Am.* tire).

stahlhart *adj* (as) hard as steel, steely.

Stahl|helm *m* steel helmet. **~industrie** *f* steel industry. **~(rohr)möbel** *pl* tubular steel furniture *sg.* **~stich** *m* steel engraving. **~waren** *pl* steel goods *pl.* **~werk** *n* steelworks *pl* (*a. sg konstr.*). **~wolle** *f* steel wool.

Stall *m* (*Pferdestall*) stable (*a. fig. Rennstall etc*), (*Kuhstall*) cowshed: F *fig.* ***e-n ganzen ~ voll*** a horde of. **~bursche** *m* groom.

Stallungen *pl* stabling *sg*, stables *pl.*

Stamm *m* **1.** ⚘ stem (*a. ling.*), (*Baumstamm*) trunk. **2.** (*Volksstamm*) race, tribe, (*Familie*) family. **3.** *fig.* (*Kern*) core, nucleus. **4.** (*Mitarbeiterstamm etc*) permanent staff, (*Kundenstamm*) regular customers *pl*, (*Spielerstamm*) regular players *pl.* **5.** *biol.* phylum. **~aktie** *f* ordinary share, *Am.* common stock. **~aktionär(in)** ordinary shareholder (*Am.* stockholder). **~baum** *m* family tree, *zo.* pedigree, *biol.* phylogenetic tree. **~belegschaft** *f* permanent staff, skeleton. **~buch** *n* family register. **~burg** *f* ancestral castle. **~datei** *f Computer*: master file. **~einlage** *f* original investment, original share.

stammeln *v/t u. v/i* stammer.

stammen *v/i* (**von, aus**) *allg.* come (from), *zeitlich*: date (from), go back (to): ***der Ausspruch stammt von ihm*** the word was coined by him.

Stammes... tribal ...

Stamm|form *f ling.* principal form. **~gast** *m* regular (guest). **~halter** *m humor.* son and heir. **~haus** *n econ.* parent firm.

stämmig *adj* stocky, burly.

Stamm|kapital *n* original share capital, *Am.* common capital stock. **~kneipe** *f* F local. **~kunde** *m*, **~kundin** *f* regular customer, F regular. **~lokal** *n* favo(u)rite haunt. **~personal** *n* permanent staff, skeleton. **~platz** *m* favo(u)rite seat: *Sport*: ***sich e-n ~*** (*in der Mannschaft*) ***erobern*** make the regular team. **~tisch** *m* (table reserved for) regular guests *pl.* **~tischpolitiker(in)** armchair politician. **~verzeichnis** *n Computer*: root directory. **~wähler(in)** *pol.* standing voter.

stampfen I *v/i* stamp (***mit dem Fuß*** one's foot), *Schiff*: pitch. **II** *v/t* (*zer~*) pound, crush, (*Kartoffeln etc*) mash, (*fest~*) tamp: → ***Boden*** 1.

Stand *m* **1.** (***aus dem ~*** from a) standing position, (*Halt*) footing, foothold: ***k-n*** (***festen***) ***~ haben*** be wobbly, *Person*: have no firm foothold; *fig.* (***bei j-m***) ***e-n schweren ~ haben*** have a hard time of it (with s.o.). **2.** (*Zustand*) state, condition, (*Lage*) position (*a. astr.*), (*Niveau*) level (*a. Wasserstand etc*), standard, (*Zahl*) figure, (*Barometerstand etc*) reading, *e-s Wettkampfs*: score, *e-s Rennens*: standings *pl*: *Sport*: ***beim ~e von 4:2*** at 4:2; ***nach dem ~ vom 1. Mai*** as of May 1st; ***den höchsten ~ erreichen*** reach its peak; ***et. auf den neuesten ~ bringen*** bring s.th. up to date, update s.th.; ***der ~ der Dinge*** the state of affairs; ***nach dem ~ der Dinge*** as matters stand; ***der neueste ~ der Technik*** (*od.* ***Wissenschaft***) the state of the art. **3.** social standing, rank, (*a. Rechts-, Familienstand*) status, (*Klasse*) class, (*Berufsstand*) profession. **4.** (*Verkaufsstand*) stall, (*a. Messestand*) booth; ***außer ~e*** → ***außerstande; im ~e*** → ***imstande; in ~*** → ***instand; zu ~e*** → ***zustande.***

Standard *m* standard. **~artikel** *m* standard article, stock item. **~ausführung** *f* stan-

S

dard type (*od.* model, design). **~ausrüstung** *f* standard equipment. **~brief** *m* standard letter. **~format** *n* standard format.

standardisieren *v/t* standardize.

Standardisierung *f* standardization.

Standard|tanz *m* standard dance. **~version** *f* standard version. **~vertrag** *m* standard-form contract. **~werk** *n* standard work.

Standarte *f* standard.

Standby-Ticket *n* standby ticket.

Ständchen *n* serenade: ***j-m ein ~ bringen*** serenade s.o.

Ständer *m* **1.** stand, (*Gewehr-*, *Pfeifenständer etc*) rack. **2.** V (*Erektion*) hard-on.

Standesamt *n* registry office.

standesamtlich *adj* ***~e Trauung*** registry office wedding.

Standesbeamte *m*, **Standesbeamtin** *f* registrar.

standesgemäß *adj u. adv* in keeping with one's station.

Standesunterschied *m* social difference.

standfest *adj* steady, *tech.* stable.

Standfestigkeit *f* **1.** steadiness, *tech.* stability. **2.** → ***Standhaftigkeit.***

Standfoto *n Film*: still.

standhaft *adj* steadfast, firm.

Standhaftigkeit *f* steadfastness, firmness.

standhalten *v/i* hold one's ground, stand firm, *e-m Angriff etc*: withstand, resist, *e-r Kritik etc*: stand up to: → ***Vergleich*** 1.

ständig I *adj* constant, continuous, *Personal*, *Wohnsitz etc*: permanent, *Einkommen*: fixed, regular, *Ausschuss*: standing: ***~er Begleiter*** constant companion. II *adv* permanently, constantly, always: ***et. ~ tun*** keep doing s.th.

Stand|leitung *f* leased line. **~licht** *n mot.* parking light.

Standort *m* position (*a.* ⚓ *u. fig.*), location, *e-r Industrie etc*: site, *mil.* garrison, *Am.* post, *biol.* habitat: ***den ~*** (*gen*) ***bestimmen*** locate. **~faktor** *m* location factor. **~politik** *f* locational policy. **~vorteil** *m* locational advantage.

Stand|pauke *f* F lecture: ***j-m e-e ~ halten*** lecture s.o. (***über*** *acc* on). **~platz** *m* stand, *für Taxis*: *a.* rank.

Standpunkt *m* **1.** post, point. **2.** *fig.* (***von s-m*** *etc* ***~ aus*** from his *etc*) point of view; ***den ~ vertreten, auf dem ~ stehen*** take the view (***dass*** that).

Standrecht *n* martial law.

standrechtlich *adj u. adv* by order of a court martial.

Stand|spur *f mot.* hard shoulder. **~uhr** *f* grandfather clock.

Stange *f* **1.** *allg.* pole (*a. Sport*), (*Fahnenstange*) *a.* staff, (*Metallstange*) rod, bar, (*Sitzstange*) *für Vögel*: perch, (*Zucker-*, *Selleriestange etc*) stick: ***e-e ~*** (***Zigaretten***) a carton (of cigarettes); *Kleidung* ***von der ~*** off the peg; F ***e-e ~ Geld*** a packet; ***bei der ~ bleiben*** stick to it, *bis zum Ende*: stick it out; ***j-n bei der ~ halten*** keep s.o. at it; ***j-m die ~ halten*** stick up for s.o. **2.** *am Geweih*: branch.

Stängel *m* stalk, stem.

Stangen|bohne *f* runner (*Am.* string) bean. **~sellerie** *m* celery. **~spargel** *m* asparagus spears *pl.*

stänkern *v/i* F *contp.* stir up trouble: ***~ gegen*** rail against.

Stanniol *n* tinfoil.

Stanze *f tech.* stamp(ing machine).

stanzen *v/t* (*lochen*) punch, (*prägen*) stamp.

Stapel *m* **1.** pile, stack. **2.** ⚓ stocks *pl*: ***auf ~ legen*** lay down; ***vom ~ lassen*** launch (*a. fig. Projekt etc*), *fig.* (*Rede*) deliver, (*Witz*) crack, (*Schlag*) uncork; ***vom ~ laufen*** be launched.

Stapellauf *m* launching.

stapeln *v/t* stack, (*a.* ***sich ~***) pile up, (*lagern*) store, stockpile.

Stapelverarbeitung *f Computer*: batch processing.

stapfen *v/i* trudge.

Star[1] *m zo.* starling.

Star[2] *m* ⚕ ***grauer ~*** cataract; ***grüner ~*** glaucoma.

Star[3] *m Film etc*: star. **~allüren** *pl* airs and graces *pl.* **~gast** *m* star guest.

stark I *adj* **1.** *allg.* strong (*a. ling. u. fig.*), robust, (*kraftvoll*) *a.* powerful, *Hitze*, *Kälte etc*: great, intense, *Regen*, *Verkehr*, *Nachfrage etc*: heavy: ***ein ~es Polizeiaufgebot*** a strong force of police; ***ein 20 Mann ~er Trupp*** a group of 20; ***er ist ein ~er Raucher*** (***Esser***) he is a heavy smoker (big eater); *fig.* ***~e Seite*** strong point; ***sich ~ machen für*** stand up for; F ***das ist ein ~es Stück!*** that's a bit thick! **2.** (*dick*) thick: ***2 cm ~e Pappe*** pasteboard two centimetres thick; ***das Buch ist 150 Seiten ~*** the book has 150 pages. **3.** (*leistungs~*) *a. opt.*, *tech.* strong, powerful, *Motor*: *a.* high-powered: ***ein ~es Medikament*** a powerful (*od.* potent) drug. **4.** (*beleibt*) stout, corpulent. **5.** (*schlimm*) bad, *Schmerz*, *Erkältung*: *a.* severe. **6.** F *fig.* (***echt***) ~ super, great. II *adv* **7.** (*sehr*) strongly, highly, very much: ***~ beschädigt*** badly damaged; ***~ übertrieben*** grossly exaggerated; → ***erkälten.***

Stärke[1] *f* **1.** *allg.* strength (*a.* ⚗, *a. Truppenstärke etc*), power (*a. opt.*, *tech.*), (*Dicke*) thickness, (*Durchmesser*) diameter. **2.** (*Intensität*) intensity, *des Regens*, *Verkehrs* *etc*: *a.* heaviness, *e-s Schmerzes*: *a.* severity, (*Wucht*) force. **3.** *fig.* ***j-s*** ~ s.o.'s strong point (*od.* forte).

Stärke[2] *f* ⚗ starch.

stärken[1] **I** *v/t* strengthen (*a. fig.*), invigorate. **II** *v/reflex* ***sich*** ~ fortify o.s.

stärken[2] *v/t* (*Wäsche*) starch.

stärkend *adj* (*a.* ***~es Mittel***) tonic.

Starkstrom *m* ⚡ high-voltage (*od.* heavy) current. **~leitung** *f* power line. **~technik** *f* heavy-current engineering.

Stärkung *f* **1.** *allg.* strengthening. **2.** (*Erfrischung*) refreshment, F pick-me-up.

Stärkungsmittel *n* tonic.

starr *adj* rigid (*a. fig.*), stiff, (*reglos*) motionless: ***~er Blick*** (fixed) stare; ***ich war ~*** (***vor Staunen***) I was dum(b)founded.

starren[1] *v/i* stare (***auf*** *acc* at).

starren[2] *v/i* ~ ***vor*** (*od.* ***von***) be full of; ***vor Schmutz ~*** be thick with dirt, be filthy.

Starrheit *f* rigidity (*a. fig.*), stiffness.

starrköpfig *adj* stubborn, obstinate.

Starrsinn *m* obstinacy, stubbornness.

Start *m* start (*a. fig.*), ✈ takeoff, (*Raketenstart*) liftoff: ✈ ***zum ~ freigeben*** clear for takeoff; *Sport*: ***an den ~ gehen*** a) *Läufer etc*: take up one's starting position, b) (*teilnehmen*) take part.

Start|auflage *f von Buch*: first printrun. **~automatik** *f mot.* automatic choke (control). **~bahn** *f* ✈ runway.

startbereit *adj* ready to start, ✈ ready for takeoff.

starten I *v/i* **1.** *Sport*: start, (*teilnehmen*) *a.* take part (***in*** *dat*, ***bei*** in). **2.** ✈ take off, *Raumfahrt*: lift off. **II** *v/t* **3.** start, F *fig. a.* launch, *Computer*: start up.

Starter *m allg.* starter.

Starterlaubnis *f* **1.** *Sport*: permission to take part. **2.** ✈ clearance for take-off.

Starthilfe *f* **1.** ***j-m ~ geben*** a) *mot.* give s.o. a jump-start, b) *fig.* give s.o. a start (in life). **2.** ***Abflug mit ~*** assisted takeoff. **~kabel** *n mot.* jump leads *pl.*

Startkapital *n* start-up capital.

startklar *adj* → ***startbereit.***

Start|schuss *m Sport*: starting shot. **~verbot** *n Sport*: suspension, ✈ grounding: ~ ***erhalten*** a) be suspended, b) be grounded. **~zeichen** *n* starting signal, *fig.* green light.

Stasi *f* F *DDR pol. hist.* State Security (Service).

Statik *f* △, ⚡, *phys.* statics *sg.*

Statiker(in) △ stress analyst.

Station *f* **1.** *Radio, TV etc*: station. **2.** 🚂 station, (*Haltestelle*) stop: ~ ***machen*** break one's journey. **3.** (*Krankenstation*) ward. **4.** *fig.* stage.

stationär *adj a. tech.* stationary: ⚕ ***~e Behandlung*** in-patient treatment; ***~er*** (*od.* ***~ behandelter***) ***Patient*** in-patient.

stationieren *v/t* station, (*Raketen etc*) deploy.

Stationierung *f* stationing, *mil.* deployment.

Stations|arzt *m*, **~ärztin** *f* ward doctor. **~schwester** *f* ward sister.

statisch *adj* static(ally *adv*).

Statist(in) *thea.*, *Film*: extra.

Statistik *f* statistics *pl* (*als Fach sg*).

Statistiker(in) statistician.

statistisch *adj* statistical.

Stativ *n* tripod.

statt ***an j-s ~*** in s.o.'s place; ***an Kindes ~ annehmen*** adopt; → ***anstatt.***

Stätte *f* place, (*Schauplatz*) scene.

stattfinden *v/i* take place, be held.

stattgeben *v/i* (*e-r Bitte etc*) grant.

statthaft *adj* admissible: ***nicht ~*** not allowed.

Statthalter(in) governor.

stattlich *adj* **1.** *Haus etc*: stately, impressive. **2.** *Summe etc*: large, considerable. **3.** *Person*: portly: ***er ist e-e ~e Erscheinung*** he is a fine figure of a man.

Statue *f* statue.

Statur *f* stature (*a. fig.*), build.

Status *m* state, (*Rechtsstatus*) status. **~symbol** *n* status symbol. **~zeile** *f Computer*: status bar.

Statut *n* → ***Satzung.***

Stau *m* **1.** accumulation, pile-up. **2.** ⚕ congestion. **3.** (*Verkehrsstau*) traffic jam (*od.* congestion), (*Rückstau*) tailback.

Staub *m* dust: ~ ***wischen*** do the dusting; ***~saugen*** vacuum; ***sich aus dem ~ machen*** clear off; → ***aufwirbeln.***

Staubbeutel *m* **1.** ⚘ anther. **2.** *im Staubsauger*: dust bag.

Stäubchen *n* dust particle.

Staubecken *n tech.* reservoir.

stauben *v/i* make a lot of dust: ***es staubt*** it's dusty.

Staub|flocke *f* piece of fluff. **~gefäß** *n* ⚘ stamen.

staubig *adj* dusty.

staubsaugen *v/t u. v/i* vacuum, *Br.* F hoover (*TM*).

Staubsauger *m* vacuum cleaner, *Br.* F hoover (*TM*).

Staubwolke *f* cloud of dust.

stauchen *v/t tech.* jolt, upset.

Staudamm *m* dam.

Staude *f* herbaceous plant.

stauen I *v/t* (*Wasser*) dam up, (*Blut*) stop (the flow of). **II** *v/reflex* ***sich ~*** *Wasser*: build up (*a. fig. Verkehr, Ärger etc*), rise, *Eis, fig. Post etc*: accumulate, pile up, ⚕ be(come) congested.

S

Stauer(in) ⚓ stevedore.
staunen *v/i* (**über** *acc* at) be astonished, be amazed, (*bewundern*) marvel.
Staunen *n* astonishment, amazement: ***in ~ versetzen*** amaze; → ***starr.***
staunenswert *adj* astonishing, amazing.
Stau|raum *m* storage capacity. **~see** *m* reservoir.
Stauung *f* **1.** damming up. **2.** → ***Stau.***
StBA ***Statistisches Bundesamt*** Federal Statistical Office.
Std. ***Stunde*(*n*)** hour(s *pl*) (h., *pl a.* hrs, *sg a.* hr).
stdl. ***stündlich*** hourly; every hour.
Steak *n gastr.* steak.
Stearin *n* stearin.
stechen I *v/t* **1.** *Dorn, Nadel etc*: prick, *Wespe etc*: sting, *Mücke*: bite: ***sich ~*** prick o.s.; ***sich in den Finger ~*** prick one's finger; → ***gestochen, Hafer.*** **2.** (*ab~*) (*Spargel, Torf etc*) cut, (*Schwein etc*) stick, kill. **3.** (*Stechuhr*) punch. **4.** (*Bild*) engrave. **II** *v/i* **5.** *Dorn, Nadel etc*: prick, *Wespe etc*: sting, *Mücke*: bite. **6.** ***nach j-m ~*** *mit e-m Messer etc*: stab at s.o.; ***mit et. ~ in*** (*acc*) stick s.th. in(to). **7.** *Sonne*: burn. **8.** *Schmerz*: stab, shoot. **9.** *Sport*: jump (*od.* shoot *etc*) off. **10.** *Kartenspiel*: be trump, (*e-e Karte*) trump. **11.** F *fig.* ***j-m in die Augen ~*** catch s.o.'s eye.
Stechen *n* **1.** stabbing (*od.* shooting) pain. **2.** *Reitsport*: jump-off.
stechend *adj fig. Blick*: piercing, *Geruch*: pungent, *Schmerz*: stabbing, *Sonne*: burning.
Stech|karte *f* time-punch card. **~mücke** *f* mosquito. **~palme** *f* holly. **~uhr** *f* time clock. **~zirkel** *m* dividers *pl.*
Steckbrief *m* **1.** "wanted" circular. **2.** *fig.* description, fact file (*gen* of).
steckbrieflich *adv* ***~ gesucht werden*** be wanted for arrest.
Steckdose *f* ⚡ (wall) socket.
stecken I *v/t* put, (*Nadel etc*) stick, (*fest~*) *mit Nadeln*: pin, *bsd. tech.* insert (**in** *acc* into), *bsd. heimlich*: slip: *fig.* ***Geld ~ in*** (*acc*) put money into, invest in; ***j-n ins Gefängnis*** (***Bett***) ***~*** put s.o. in prison (to bed); F *fig.* ***wer hat ihm das gesteckt?*** who told him?; → ***Brand*** 1, ***Nase.*** **II** *v/i* (*festsitzen*) be stuck, *Kugel, Splitter etc*: be lodged: *a. fig.* ***~ bleiben*** get stuck; ***den Schlüssel ~ lassen*** leave the key in the lock; ***der Schlüssel steckt*** the key is in the lock; F ***wo steckst du denn*** (***so lange***)***?*** where have you been (all this time)?; ***dahinter steckt et.*** there's s.th. behind all this; ***da steckt er dahinter*** he's at the bottom of it; ***sie steckt mitten in den Prüfungen*** she's in the middle of her exams; → ***Decke*** 1.
Stecken *m* stick: → ***Dreck*** 1.
Steckenpferd *n* hobbyhorse, *fig. mst* hobby.
Stecker *m* ⚡ plug.
Steckkontakt *m* ⚡ plug (connection).
Steckling *m* ❦ cutting.
Stecknadel *f* pin. **~kopf** *m* pinhead.
Steckschlüssel *m tech.* box spanner.
Steckschuh *m phot.* accessory shoe.
Steg *m* **1.** footpath. **2.** footbridge, (*Landungssteg*) landing stage, (*Laufsteg*) gangplank. **3.** (*Brillen-, Geigensteg*) bridge.
Stegreif *m* ***aus dem ~*** off the cuff; ***aus dem ~ spielen*** *etc* improvise; ***aus dem ~ sprechen*** extemporize, F ad-lib.
stehen I *v/i* **1.** stand, (*sich befinden*) *mst* be: F ***wie stehts?*** a) how are things?, b) ***mit dir?*** how about you?, c) *a.* ***wie steht das Spiel?*** what's the score?; ***wie stehts mit e-m Bier?*** how about a beer?; ***das Programm steht*** the program(me *Br.*) is complete (*od.* in the bag); ***es steht zu befürchten, dass ...*** it is to be feared that ...; F ***mir stehts bis hier*(*her*)*!*** I am fed up to here (with it)!; ***gut*** (***schlecht***) ***mit j-m ~*** (not to) get on well with s.o.; ***er steht sich gut*** (***dabei***) he's not doing badly (out of it); ***unter Alkohol*** (***Drogen***) ***~*** be under the influence of alcohol (drugs); ***vor*** *Schwierigkeiten, e-r Entscheidung etc* ***~*** be faced with; ***er steht vor s-r Prüfung*** his exam is coming up; ***zu j-m ~*** stand by s.o.; ***zu*** *e-m Versprechen etc* ***~*** keep; ***wie stehst du dazu?*** what do you think (of it)?; *pol.* ***er steht links*** he belongs to the left; *das Thermometer, der Zeiger, die Ampel, der Rekord, die Aktie* ***steht auf ...*** is at ...; ***auf Diebstahl steht e-e Freiheitsstrafe*** theft is punishable by imprisonment; → ***Debatte, teuer*** II. **2.** (*still~*) stand still, *a. Uhr etc*: have stopped: ***~ bleiben*** a) stop (*a. Uhr etc*), *Motor*: stall, *Herz*: stop (beating); ***wo waren wir ~ geblieben?*** where did we leave off?, b) *Schirm etc*: be left (behind): *fig.* ***der Satz kann so nicht ~ bleiben*** the sentence cannot be left like this; ***~ lassen*** a) leave (behind); ***alles ~ und liegen lassen*** drop everything, b) (*Essen etc*) leave untouched, c) (*Fehler*) overlook; *fig.* ***das kann man so nicht ~ lassen*** that's not quite correct, d) ***j-n ~ lassen*** leave s.o. standing there, e) ***sich e-n Bart ~ lassen*** grow a beard. **3.** (*geschrieben ~*) be written, say: ***in dem Brief steht*** the letter says; ***wo steht das?*** where does it say so? **4.** *fig.* ***j-m ~*** *Kleid etc*: suit s.o., look well on s.o. **II** *v/t* **5.** → ***Mann, Modell, Posten*** 1, ***Wache*** 2 *etc.*
Stehen *n* (*a.* ***im ~***) standing; ***zum ~ bringen*** (bring to a) stop, (*Blutung*) staunch; ***zum ~ kommen*** come to a halt, stop.

S

stehend *adj* standing (*a. Heer, Gewässer*), (*still~, ortsfest*) stationary: **~e Redensart** stock phrase.
Steh|imbiss *m* stand-up snack bar. **~kragen** *m* stand-up collar. **~lampe** *f* standard (*Am.* floor) lamp.
stehlen *v/t u. v/i* steal: **j-m et. ~** steal s.th. from s.o.; *fig.* **j-m die Zeit ~** waste s.o.'s time; F **er kann mir gestohlen bleiben!** to hell with him!
Steh|platz *m* standing room, *pl im Stadion etc*: standing room (only) area(s). **~vermögen** *n* stamina, staying power.
Steiermark *f die* Styria.
steif *adj* stiff (*a. fig. förmlich, linkisch*), *bsd. tech.* rigid: **~ vor Kälte** numb with cold; **~e Brise** (**~er Grog**) stiff breeze (grog); *gastr.* **~ schlagen** beat (until stiff); *adv* F **~ und fest behaupten** insist, swear.
steifen *v/t fig.* **j-m den Nacken** (*od.* **Rücken**) **~** stiffen s.o.'s back.
Steifheit *f a. fig.* stiffness.
Steig|bügel *m* stirrup. **~eisen** *n* climbing iron, *mount. a.* crampon.
steigen I *v/i* **1.** (*hinauf~*) go up, climb (up), *in die Luft*: rise, ✈ climb (**auf** *acc* to): **auf e-n Baum** (**Berg**) **~** climb (up) a tree (mountain); **auf ein Pferd ~** mount a horse; **vom Pferd ~** dismount; **aus** *e-m Bus etc* **~** get out of (*od.* off); **in** *e-n Zug etc* **~** get on, board; **~ lassen** (*Drachen*) fly, (*Ballon etc*) send up; → **Kopf** 1. **2.** (*zunehmen*) increase, grow, *Fieber, Temperatur, Spannung etc*: rise, *Preise*: *a.* go up: → **Achtung** 1, **Wert** 1. **3.** F (*stattfinden*) be on, take place: **e-e Party ~ lassen** throw a party. **II** *v/t* **4.** go up: **Treppen ~** climb stairs.
Steigen *n* **1.** climbing (*etc*, → I). **2.** (*Zunahme*) rise, increase: **das ~ und Fallen** the rise and fall; **im ~ begriffen sein** be rising.
steigend *adj fig.* rising, increasing: **~e Tendenz** upward tendency.
Steiger *m* ⚒ pit foreman.
steigern I *v/t* **1.** increase, (*Spannung, Wirkung etc*) *a.* heighten, (*Produktion, Tempo etc*) step up, (*Angebot, Wetteinsatz etc*) raise, (*verbessern*) improve: **den Wert ~** add to the value (*gen* of). **2.** *ling.* compare. **II** *v/reflex* **sich ~ 3.** increase, (*wachsen*) *a.* grow, *Interesse, Spannung etc*: rise, (*sich verbessern*) improve. **III** *v/i* **4.** *auf e-r Auktion*: bid, (*erhöhen*) rise the amount (**auf** *acc* to).
Steigerung *f* **1.** rise, increase, improvement. **2.** *ling.* comparison.
Steigfähigkeit *f* ✈ climbing power, *mot.* hill-climbing ability.
Steigung *f* rise, ascent, gradient.
steil *adj a. fig.* steep: **~e Karriere** meteoric career; *adv* **~ ansteigen** rise steeply, *Preise*: *a.* soar.
Steil|kurve *f* steep turn. **~küste** *f* steep coast. **~pass** *m Fußball*: through pass.
Stein *m allg.* stone (*a.* ✿, ⚕), (*Baustein*) *a.* brick, (*Edelstein*) (precious) stone, jewel, gem, *e-r Uhr*: ruby, *Brettspiel*: piece: *fig.* **den ~ ins Rollen bringen** set the ball rolling; **bei j-m e-n ~ im Brett haben** be in s.o.'s good books; **mir fällt ein ~ vom Herzen** that takes a load off my mind; → **Tropfen** 1.
Steinadler *m zo.* golden eagle.
steinalt *adj* ancient.
Stein|bock *m* **1.** *zo.* ibex. **2.** *astr.* (**er ist ~** he is [a]) Capricorn. **~bruch** *m* quarry. **~butt** *m zo.* turbot. **~druck** *m* lithography, (*Bild*) lithograph.
steinern *adj* (of) stone, *fig.* stony.
Stein|fraß *m* stone erosion. **~frucht** *f* stone fruit. **~garten** *m* rock garden. **~gut** *n* earthenware.
steinig *adj* stony.
Stein|kohle *f* hard coal. **~marder** *m zo.* beech marten. **~metz(in)** stonemason. **~obst** *n* stone fruit. **~pilz** *m* edible boletus.
steinreich *adj* F filthy rich.
Steinschlag *m* falling rocks *pl.*
Steinzeit *f* Stone Age.
Steiß *m* buttocks *pl*, rump.
Steißbein *n anat.* coccyx.
Stellage *f* **1.** stand, rack. **2.** *Börse*: put and call, (*~geschäft*) straddle, *Am.* spread.
Stelle *f* **1.** place, (*Punkt*) spot, point, (*Standort*) position: **an anderer ~** elsewhere; **an dieser ~** here; **an erster ~** first(ly), *weitS.* in the first place; *fig.* **an erster ~ stehen** come first; **an ~ von** (*od. gen*) in place of, instead of; (**ich**) **an d-r ~** if I were you; **an die ~ treten von** (*od. gen*) take the place of, *Person*: *a.* take over from, *vertretungsweise*: replace; **auf der ~** on the spot; *fig.* **auf der ~ treten** mark time; **nicht von der ~ kommen** not to make any progress; **er rührte sich nicht von der ~** he didn't budge; **zur ~ sein** be at hand. **2.** (*Abschnitt*) passage (*a.* ♪). **3.** 𝔄 *e-r Zahl*: digit, (*Dezimalstelle*) place. **4.** (*Arbeitsstelle*) situation, job, post: **freie** (*od.* **offene**) **~** vacancy. **5.** → **Dienststelle.**
stellen I *v/t* **1.** put, place, set, (*anordnen*) arrange: → **Abrede, Antrag** 1, **Bedingung, Bein, Falle, Frage** 1, **gestellt** 1. **2.** (*Uhr etc*) set (**auf** *acc* at), (*ein~*) adjust: **leiser** (*od.* **niedriger**) **~** turn down; **lauter** (*od.* **höher**) **~** turn up. **3.** (*zur Verfügung ~*) provide, (*a. Arbeitskräfte, Geiseln etc*) supply, (*Zeugen*) produce. **4.** (*Verbrecher, Wild*) hunt down. **II** *v/reflex* **sich ~ 5.** place o.s.: **stell dich dorthin!** (go and) stand over there!; *fig.* **auf**

S

sich selbst gestellt sein be on one's own; ***gut*** (***schlecht***) ***gestellt sein*** be well (badly) off; ***sich gegen ...*** ~ oppose; ***sich hinter*** (***vor***) ***j-n*** ~ back s.o. up (shield s.o.); ***wie stellt er sich dazu?*** what does he say (to this)? **6.** ***sich*** (***der Polizei***) ~ give o.s. up (to the police), turn o.s. in; ***sich*** (***zum Wehrdienst***) ~ report for military service. **7.** (*e-m Gegner*) take on, (*e-r Kritik etc*) face up to, (*e-r Herausforderung*) take up: ***sich der Presse*** ~ be prepared to meet (*od.* face) the press. **8.** ***sich krank*** *etc* ~ pretend to be ill *etc.*

Stellen|abbau *m* reduction in staff, job cuts *pl.* **~angebot** *n* job offer: ***~e*** *pl in der Zeitung*: vacancies *pl.* **~ausschreibung** *f* job ad, employment ad. **~beschreibung** *f* job specification. **~besetzungsplan** *m* job cover plan. **~bewerber(in)** job applicant. **~gesuch** *n* application (for a job): ***~e*** *pl in der Zeitung*: situations *pl* wanted. **~markt** *m* job market. **~nachweis** *m* **1.** employment agency. **2.** job placement. **~streichungen** *pl* job cuts *pl.* **~suche** *f* (***auf*** ~ ***sein*** be) job hunting. **~suchende** *m, f* job seeker, job-hunter. **~vermittlung** *f* employment agency. **~wechsel** *m* job change.

stellenweise *adv* in places.

Stellenwert *m* rating, (relative) importance: ***e-n hohen*** ~ ***haben*** rate high.

...stellig *in Zssgn* ...-digit.

Stellplatz *m mot.* carport.

Stellschraube *f tech.* adjusting screw.

Stellung *f* **1.** *allg., a. mil.* position: *fig.* ***die*** ~ ***halten*** hold the fort; ~ ***nehmen*** (***zu***) take a stand (on), give one's view (on); ~ ***nehmen für*** stand up for; ~ ***nehmen gegen*** oppose. **2.** (*Posten*) situation, job, post, position: ***e-e leitende*** ~ an executive position. **3.** (*Rang*) position, (*Ansehen*) status, standing.

Stellungnahme *f* (***zu*** on) opinion, comment, statement.

stellungslos *adj* unemployed, out of work, without a job, jobless.

Stellungs|spiel *n Sport*: positional play. **~suche** *f* search for a post (*od.* job): ***auf*** ~ ***sein*** be looking for a job, be job-hunting. **~suchende** *m, f* person looking for a job, job-hunter. **~wechsel** *m* change of post (*od.* job): ***häufiger*** ~ job-hopping.

stellvertretend *adj* acting, deputy: ***~er Vorsitzender*** vice-chairman; ~ ***für*** acting for, (*im Namen von*) on behalf of.

Stellvertreter(in) representative, substitute, *e-s Arztes etc*: locum (tenens), *amtlich*: deputy, *bsd. econ.*, ⚖ proxy.

Stellvertretung *f* representation, *bsd. econ.*, ⚖ proxy: ***j-s*** ~ ***übernehmen*** act as representative of s.o.

Stellwerk *n* 🚂 signal box.

Stelze *f* stilt. **stelzen** *v/i* stalk (along).

Stemmbogen *m Skisport*: stem turn.

Stemmeisen *n tech.* mortise chisel.

stemmen *v/t* **1.** press: ***sich*** ~ ***gegen*** press against, *fig.* resist. **2.** (*hoch~*) heave up, *Sport*: lift.

Stempel *m* **1.** stamp (*a. fig.*), (*Abdruck*) *a.* seal, (*Poststempel*) postmark, (*Prägestempel*) die, (*Feingehaltsstempel*) hallmark. **2.** ⚘ pistil. **~farbe** *f* stamping ink. **~geld** *n* F dole (money). **~halter** *m* stamp rack. **~kissen** *n* ink pad. **~marke** *f* (duty) stamp.

stempeln **I** *v/t* stamp, (*ab~*) cancel: *fig.* ***j-n*** ~ ***zu*** stamp (*od.* label, *b.s.* brand) s.o. as. **II** *v/i bei Arbeitsantritt* (*-ende*): clock in (out): F ~ ***gehen*** be on the dole.

Stempel|steuer *f* stamp duty (*Am.* tax). **~uhr** *f* time clock.

Stengel *m* → ***Stängel.***

Steno *f* F → ***Stenographie.***

Stenoblock *m* shorthand pad.

Stenogramm *n* shorthand notes *pl.*

Stenograph(in) stenographer. **Stenographie** *f* stenography, shorthand.

stenographieren **I** *v/i* write shorthand. **II** *v/t* take *s.th.* down in shorthand.

stenographisch *adj* (*adv* in) shorthand.

Stenotypist(in) shorthand typist.

Steppdecke *f* (continental) quilt.

Steppe *f* steppe.

steppen¹ *v/t* backstitch.

steppen² *v/i* tap-dance.

Stepptanz *m* tap dance.

Sterbe|bett *n* (***auf dem*** ~ on one's) deathbed. **~fall** *m* (case of) death. **~hilfe** *f* euthanasia. **~klinik** *f* hospice.

sterben *v/i* die (***an*** *dat* of, *fig.* ***vor*** *dat* of).

Sterben *n* dying, death: ***im*** ~ ***liegen*** be dying; ***zum*** ~ ***langweilig*** deadly dull.

Sterbensangst *f* mortal fear (***vor*** of).

sterbens|krank *adj* critically ill. **~müde** *adj* ready to drop.

Sterbens|wort *n*, **~wörtchen** *n* ***kein*** ~ ***sagen*** not to breathe a word.

Sterbe|sakramente *pl* last rites *pl.* **~urkunde** *f* death certificate.

sterblich *adj* mortal: *iro.* ***gewöhnliche Sterbliche*** *pl* ordinary mortals *pl.*

Sterblichkeit *f* mortality.

Stereo..., stereo... stereo.

Stereo *n* stereo. **~anlage** *f* stereo system. **~aufnahme** *f* stereo recording. **~bild** *n* stereoscopic picture. **~gerät** *n* stereo set.

stereophon *adj* stereophonic.

stereoskopisch *adj* stereoscopic.

Stereoton *m* stereo sound.

stereotyp *adj fig.* stereotyped.

steril *adj* sterile. **Sterilisation** *f* steriliza-

tion. **sterilisieren** *v/t* sterilize. **Sterilität** *f* sterility.
Stern *m a. fig.* star: ***unter e-m (un)glücklichen ~ stehen*** have fortune on one's side (be ill-fated); F ***~e sehen*** see stars.
Sternbild *n* constellation, *des Tierkreises*: sign of the zodiac.
Sternchen *n* **1.** little star, starlet. **2.** *print.* asterisk.
Sternenbanner *n the* Star-Spangled Banner, *the* Stars and Stripes *pl.*
Sternenhimmel *m* starry sky.
sternhagelvoll *adj* F rolling drunk.
sternhell, sternklar *adj* starlit.
Stern|kunde *f* astronomy. **~marsch** *m* demonstration march from different starting points. **~schnuppe** *f* shooting star. **~stunde** *f fig.* great moment.
Sternwarte *f* observatory.
stet → ***stetig, Tropfen*** 1.
stetig *adj* continual, constant, steady.
Stetigkeit *f* constancy, steadiness.
Stethoskop *n* ⚕ stethoscope.
stets *adv* always, constantly.
Steuer[1] *n* ⚓ helm, rudder, *mot.* (steering) wheel, ✈ controls *pl*: ***am ~*** at the helm (*a. fig.*), at the wheel.
Steuer[2] *f* (***auf*** *acc* on) tax, *indirekte*: duty, (*Kommunalsteuer*) rate, *Am.* local tax: ***vor (nach) Abzug der ~n*** before (after) tax. **~abzug** *m* tax deduction. **~anreize** *pl* tax incentives. **~aufkommen** *n* tax yield. **~aufschub** *m* tax deferral. **~ausgleich** *m* tax equalization. **~belastung** *f* tax burden. **~befreiung** *f* tax exemption.
steuerbegünstigt *adj* tax-privileged, *Sparen*: tax-linked.
Steuer|behörde *f* tax authorities *pl.* **~belastung** *f* tax burden. **~berater(in)** tax adviser. **~bescheid** *m* tax assessment.
Steuerbord *n*, **steuerbord(s)** *adv* ⚓ starboard.
Steuer|delikt *n* tax offen/ce (*Am.* -se). **~einnahmen** *pl* → ***Steueraufkommen.*** **~entlastung** *f* tax relief. **~erhöhung** *f* tax increase. **~erklärung** *f* tax return. **~erleichterung** *f* tax relief. **~ermäßigung** *f* tax allowance. **~ersparnis** *f* tax saving. **~fahnder** *m* tax investigator. **~fahndung** *f* tax investigation. **~flucht** *f* tax evasion. **~flüchtling** *m* tax fugitive.
Steuerfrau *f* → ***Steuermann.***
steuerfrei *adj* tax-free: ***~es Einkommen*** tax-free income..
Steuer|freibetrag *m* tax-free allowance. **~freiheit** *f* tax exemption.
Steuergerät *n Radio* tuner-amplifier, *Computer*: control unit.
Steuer|gesetz *n* fiscal law. **~hinterzieher(in)** tax dodger. **~hinterziehung** *f* tax fraud. **~jahr** *n* tax (*od.* taxable) year. **~karte** *f* (wage) tax card. **~klasse** *f* tax bracket.
Steuerknüppel *m* ✈ control stick, F joystick.
Steuerlast *f* tax burden.
steuerlich I *adj* tax ... **II** *adv* ***~ absetzbar*** tax deductible, allowable for tax purposes; ***~ günstig*** with low tax liability; ***~ veranlagen*** assess for taxation.
Steuermann *m* **1.** ⚓ helmsman (*a. fig.*). **2.** *Rudern*: coxswain.
Steuer|marke *f* revenue stamp. **~moral** *f* taxpayers' honesty.
steuern I *v/t allg.* steer, *mot. a.* drive, ✈, ⚓ *a.* navigate, pilot, *tech.* control. **II** *v/i* steer, *mot. a.* drive, ⚓ *a.* head (***nach Süden*** southward).
Steuer|nachlass *m* tax relief. **~oase** *f* tax haven.
steuerpflichtig *adj* taxable.
Steuerpflichtige *m, f* taxpayer.
Steuer|politik *f* fiscal policy. **~progression** *f* progressive taxation. **~prüfer** *m* tax auditor (*od.* inspector). **~prüfung** *f* tax audit (*od.* inspection).
Steuerpult *n tech.* control desk.
Steuerrad *n* ⚓, *mot.* (steering) wheel.
Steuerrecht *n* tax law(s *pl*).
steuerrechtlich *adj u. adv* under the tax laws.
Steuer|reform *f* tax reform. **~rückerstattung** *f* tax refund. **~satz** *m* tax rate. **~schraube** *f* F ***die ~ anziehen*** turn the tax screw. **~schuld** *f* tax(es *pl*) due. **~senkung** *f* tax reduction. **~tarif** *m* tax-rate table.
Steuerung *f* **1.** steering, ✈ piloting, ⚡, *tech.* control (*a. fig.*). **2.** control system, *mot.* steering, ✈ controls *pl.*
Steuerungstaste *f Computer*: control key.
Steuer|veranlagung *f* assessment. **~vergehen** *n* tax offen/ce (*Am.* -se). **~vergünstigung** *f* tax relief. **~vergütung** *f* tax concession. **~vorauszahlung** *f* advance tax payment. **~vorteil** *m* tax benefit. **~zahler(in)** taxpayer. **~zuschlag** *m* additional tax, *für hohe Einkommen*: surtax.
Steuerzeichen *n Computer*: control (*od.* function) character.
Steward *m* steward.
Stewardess *f* stewardess, air hostess.
StGB ***Strafgesetzbuch*** Penal Code.
Stich *m* **1.** (*Nadelstich*) prick, (*Wespenstich etc*) sting, (*Mückenstich*) bite, (*Messerstich*) stab, thrust: *fig.* ***es gab ihr e-n ~*** it cut her to the quick. **2.** (*Nähstich*) stitch. **3.** (*Kupferstich etc*) engraving. **4.** (*Schmerz*) stabbing pain, stitch. **5.** *fig.* (*Seitenhieb*) cut, dig. **6.** ***im ~ lassen*** abandon, desert, ***j-n***

S

a. leave s.o. in the lurch, let s.o. down; *sein Gedächtnis* ***ließ ihn im ~*** failed him. **7.** ***e-n ~ haben*** a) *Milch etc*: be off, b) F *Person*: be a bit touched. **8.** ***ein ~ ins Blaue*** a tinge of blue. **9.** *Kartenspiel*: ***e-n ~ machen*** take (*od.* win) a trick.

Stichelei *f* needling, *mst pl* gibe(s *pl*), dig(s *pl*).

sticheln *v/i fig.* (***gegen*** at) gibe, make snide remarks.

Stichflamme *f* jet of flame, flash.

stichhaltig *adj* valid, sound: *das Argument* ***ist nicht ~*** doesn't hold water.

Stichling *m* (*Fisch*) stickleback.

Stich|probe *f* ***e-e ~ machen*** carry out a spot check, *bei Waren*: take a random sample, *beim Zoll etc*: make a random search. **~säge** *f* fret-saw. **~tag** *m* effective day, (*letzter Tag*) deadline. **~wahl** *f* second ballot.

Stichwort *n* **1.** *bsd. thea.* (***auf ~*** on) cue. **2.** *im Lexikon*: headword. **3.** ***~e*** *pl* notes *pl*: ***das Wichtigste in ~en*** an outline of the main points; ***~ „Umwelt"*** à propos "Environment".

stichwortartig *adj u. adv* in brief outlines.

Stichwortverzeichnis *n* index.

Stichwunde *f* stab wound.

sticken *v/t u. v/i* embroider.

Sticker *m* sticker.

Stickerei *f* embroidery.

Stickgarn *n* embroidery silk.

stickig *adj* stuffy, (*schwül*) close.

Stickoxid *n* ⚗ nitrogen oxide.

Stickstoff *m* ⚗ nitrogen.

stickstoffhaltig *adj* nitrogenous.

Stiefbruder *m* stepbrother.

Stiefel *m* boot.

Stiefelette *f* ankle boot, *für Damen*: bootee.

stiefeln *v/i* F trudge.

Stief|mutter *f a. fig.* stepmother. **~mütterchen** *n* ✿ pansy.

stiefmütterlich *adv fig.* ***~ behandeln*** neglect badly.

Stief|schwester *f* stepsister. **~sohn** *m* stepson. **~tochter** *f* stepdaughter. **~vater** *m* stepfather.

Stiege *f österr., südd.* staircase.

Stieglitz *m zo.* goldfinch.

Stiel *m* **1.** handle, *e-s Glases, e-r Pfeife*: stem, (*Besenstiel*) stick: ***Eis am ~*** ice lolly. **2.** ✿ stalk, stem.

Stielaugen *pl* F ***~ machen*** goggle.

Stier *m* **1.** *zo.* bull: *fig.* ***den ~ bei den Hörnern fassen*** take the bull by the horns. **2.** *astr.* (***er ist ~*** he is [a]) Taurus.

stieren *v/i* stare (fixedly) (***auf*** *acc* at).

Stierkampf *m* bullfight.

Stierkämpfer(in) bullfighter.

stiernackig *adj* bullnecked.

Stift[1] *m* **1.** pin, (*Holzstift*) peg. **2.** (*Bleistift*) pencil, (*Buntstift*) crayon, colo(u)red pencil, (*Filzstift*) felt pen, (*Kugelschreiber*) pen, biro (*TM*): ***hast du mal e-n ~?*** have you got s.th. to write with? **3.** *Kosmetik*: stick. **4.** F (*Azubi*) apprentice.

Stift[2] *n* religious foundation.

stiften *v/t* **1.** (*gründen*) found. **2.** (*schenken*) donate, (*spenden*) give. **3.** (*bewirken*) cause: → ***Unfriede(n)*** *etc.*

Stifter(in) **1.** founder. **2.** donor.

Stiftskirche *f* collegiate church.

Stiftung *f* **1.** foundation. **2.** donation.

Stiftzahn *m* pivot tooth.

Stil *m allg.* style: ***im großen ~, großen ~s*** on a large scale, large-scale (*frauds etc*); ***das ist schlechter ~*** that's bad style (*od.* form). **~blüte** *f* howler. **~bruch** *m* break in style. **~ebene** *f ling.* level of style.

stilecht *adj Möbel etc*: in period.

stilisieren *v/t* stylize.

Stilist(in) *allg.* stylist.

Stilistik *f* stylistics *sg.*

stilistisch *adj* stylistic(ally *adv*).

Stilkunde *f* → ***Stilistik.***

still *adj* (*ruhig*) quiet, (*~schweigend*) silent, (*regungslos*) still, (*friedlich*) peaceful, calm, (*heimlich*) secret (*a. Hoffnung, Liebe etc*): ***~e Jahreszeit*** dead season; ***~e Reserven*** hidden reserves; ***~er Teilhaber*** sleeping (*Am.* silent) partner; ***~e Übereinkunft*** tacit understanding; (***sei***) ***~!*** (be) quiet!; ***im Stillen*** silently, (*heimlich*) secretly, (*innerlich*) *a.* inwardly; → ***Wasser.***

Stille *f* silence, (*Ruhe*) quiet, calm, (*plötzliche ~*) hush: ***die ~ vor dem Sturm*** the calm before the storm; ***in aller ~*** quietly, (*heimlich*) secretly.

stillen *v/t* **1.** nurse, breastfeed: ***~de Mutter*** nursing mother. **2.** (*Blutung*) stop, sta(u)nch, (*Durst*) quench, (*Hunger, Verlangen*) satisfy, (*Schmerz*) soothe.

Stillhalteabkommen *n pol.* standstill agreement.

stillhalten *v/i* **1.** keep still. **2.** *fig.* keep quiet.

Stillleben *n paint.* still life.

stilllegen *v/t* (*Betrieb*) shut down, *durch Streik etc*: paralyse, (*Fahrzeug*) lay up, (*Maschine etc*) put out of operation.

Stilllegung *f* shutdown, *mot.* laying-up.

stillliegen *v/i Betrieb*: lie idle.

stillos *adj* in bad style, tasteless.

stillschweigen *v/i* be silent, be quiet, say nothing.

Stillschweigen *n* silence: (***strengstes***) ***~ bewahren*** maintain (absolute) silence (***über*** *acc* on).

stillschweigend I *adj* **1.** silent. **2.** *fig.* tacit. II *adv* **3.** in silence, without a word. **4.** *fig.* tacitly.

Stillstand *m* standstill, stoppage, *fig. a.* stagnation, *der Verhandlungen etc*: deadlock: ***zum ~ bringen*** stop; ***zum ~ kommen*** come to a standstill, stop, *Verhandlungen*: reach a deadlock.

stillstehen *v/i* **1.** stand still, come to a standstill, stop, *tech.* be idle, be out of action: **~d** *a.* stagnant. **2.** *mil.* stand to attention: ***stillgestanden!*** attention!

Stillzeit *f* nursing period.

Stilmöbel *pl* period furniture *sg.*

stilvoll *adj* stylish: ***~ sein*** have style.

Stimm|abgabe *f* voting. **~band** *n anat.* vocal c(h)ord.

stimmberechtigt *adj* eligible to vote.

Stimmbruch *m* change of voice: ***er ist im ~*** his voice is breaking.

Stimme *f* **1.** (***mit lauter*** *etc* **~** in a loud *etc*) voice. **2.** ♪ voice, (*Partie, a. Instrumentalstimme*) part: (***gut***) ***bei ~ sein*** be in (good) voice. **3.** *fig.* (*Meinung*) voice, opinion: ***die ~n mehren sich, die ... fordern*** there is a growing number of people calling for ... **4.** *pol.* vote: ***entscheidende ~*** casting vote; ***s-e ~ abgeben*** (cast one's) vote; ***sich der ~ enthalten*** abstain (from voting).

stimmen I *v/t* **1.** (*Instrument*) tune (***nach*** to). **2.** *fig.* ***j-n glücklich*** (***traurig***) **~** make s.o. happy (sad). **II** *v/i* **3.** be right, be correct, be true: ***da stimmt et. nicht*** there is s.th. wrong here, (*ist verdächtig*) there is s.th. fishy going on. **4.** ***~ für*** (***gegen***) vote for (against).

Stimmen|fang *m* vote catching: ***auf ~ gehen*** canvass. **~gleichheit** *f parl.* (***bei ~*** in the event of a) tie. **~mehrheit** *f* majority (of votes): ***einfache ~*** simple majority.

Stimmenthaltung *f* abstention (from voting).

Stimmgabel *f* ♪ tuning fork.

stimmhaft *adj ling.* voiced.

Stimmlage *f* ♪ register, voice.

stimmlos *adj ling.* voiceless, unvoiced.

Stimmrecht *n* (right to) vote.

Stimmung *f* **1.** mood (*a.* ♪, *paint.*), spirits *pl*, *der Arbeiter, Truppe etc*: morale, (*Atmosphäre*) atmosphere: ***in guter*** (***gedrückter***) ***~ sein*** be in high (low) spirits; ***festliche ~*** festive mood; ***nicht in der ~ sein, et. zu tun*** not to be in the mood to do s.th., not to feel like doing s.th.; ***für ~ sorgen*** liven things up. **2.** (*Meinung*) opinion.

Stimmungs|barometer *n* F barometer of opinion. **~mache** *f* F *contp.* propaganda. **~umschwung** *m* change of mood.

stimmungsvoll *adj* atmospheric(ally *adv*): ***~e Musik*** mood music.

Stimm|vieh *n contp.* herd of voters. **~zettel** *m* ballot paper.

Stimulans *n* ⚕ *u. fig.* stimulant.

stimulieren *v/t* stimulate.

Stinkbombe *f* stink bomb.

stinken *v/i* stink (***nach*** of, *a. fig.*): F ***das*** (***er***) ***stinkt mir!*** I'm sick of it (him)!; → ***Himmel.***

stinkfaul *adj* F bone-lazy.

stinklangweilig *adj* F deadly boring.

stinkreich *adj* F stinking rich.

Stinktier *n* skunk.

Stinkwut *f* F ***e-e ~ haben*** be hopping mad (***auf*** *acc* with).

Stipendiat(in) scholarship holder.

Stipendium *n* scholarship.

Stippvisite *f* F flying visit.

Stirn *f* forehead: *fig.* ***die ~ haben zu*** *inf* have the cheek to *inf*; ***j-m die ~ bieten*** face up to s.o. squarely; → ***runzeln.*** **~band** *n*, **~binde** *f* headband. **~höhle** *f anat.* (frontal) sinus. **~höhlenentzündung** *f* frontal sinusitis. **~runzeln** *n* frown(ing). **~seite** *f* front (side), face. **~wand** *f* front (*od.* end) wall.

St(.-)Kl. ***Steuerklasse*** tax bracket.

stöbern *v/i* (***nach*** for) rummage (around), *Hund*: hunt about.

stochern *v/i* **~ *in*** (*dat*) poke; ***in den Zähnen ~*** pick one's teeth; ***in s-m Essen ~*** pick at one's food.

Stock *m* **1.** stick (*a. Spazier-, Skistock etc*), (*Rohrstock*) cane, (*Billardstock*) cue, (*Taktstock*) baton. **2.** (*Wurzelstock*) stock: ***über ~ und Stein*** up hill and down dale. **3.** (*Bienenstock*) hive. **4.** → ***Stockwerk.***

stockdunkel *adj* F pitch-dark.

Stöckelschuhe *pl* stilettos *pl.*

stocken *v/i* **1.** *beim Sprechen etc*: falter, stop short, (*zögern*) hesitate: ***~d sprechen*** speak haltingly. **2.** *Handel*: stagnate, slacken off, *Verhandlungen*: reach a deadlock, *Verkehr*: be at a standstill, be congested: *fig.* ***ihm stockte das Herz*** (***der Atem***) his heart missed a beat (he caught his breath).

Stocken *n* ***ins ~ geraten*** → ***stocken*** 1.

Stockfisch *m* dried cod.

...stöckig *in Zssgn* ...-storied.

stock|konservativ *adj* ultra-conservative. **~nüchtern** *adj* F stone-cold sober. **~sauer** *adj* F furious. **~steif** *adj* F (as) stiff as a poker, *Benehmen*: starchy. **~taub** *adj* F stone-deaf.

Stockung *f* hold-up, interruption, *in Verhandlungen etc*: *a.* deadlock, *im Gespräch etc*: pause, *econ.* stagnation.

Stockwerk *n* stor(e)y, floor: ***im ersten ~*** on the first (*Am.* second) floor.

Stoff *m* **1.** *bsd.* ⚗ substance, stuff (*a.* F *Alkohol, Rauschgift*), (*Wirkstoff*) agent. **2.** ma-

S

terial, (*Gewebe*) fabric, (*Tuch*) cloth. **3.** *fig.* subject matter, (*Gesprächsstoff*) topic (for discussion): **~ zu e-m Roman** material for a novel. **~muster** *n* pattern. **~tier** *n* soft toy.

Stoffwechsel *m* ⚕ metabolism. **~krankheit** *f* metabolic disorder.

stöhnen *v/i* groan.

Stöhnen *n* groaning.

stoisch *adj* stoical.

Stola *f allg.* stole.

Stollen *m* **1.** ⚒ tunnel. **2.** *am Schuh*: stud. **3.** *gastr.* fruit loaf.

stolpern *v/i* (**über** *acc* over) *a. fig.* stumble, trip.

Stolperstein *m fig.* stumbling block.

stolz *adj* **1.** proud (**auf** *acc* of). **2.** (*stattlich*) proud, splendid: *iro.* **~e Preise** (**Summe**) steep prices (tidy sum).

Stolz *m* pride (*a. fig. Person, Sache*): **voller ~, mit ~** proudly.

stolzieren *v/i* strut.

stopfen I *v/t* **1.** (*Strümpfe etc*) darn, mend: → **Loch** 1. **2.** (*hinein~*) stuff, cram: **gestopft voll** crammed (full). **3.** (*Pfeife, Wurst, Loch etc*) fill: *fig.* **j-m den Mund ~** silence s.o. **4.** (*mästen*) stuff. **II** *v/i* **5.** ⚕ cause constipation.

Stopfgarn *n* darning cotton.

Stopfnadel *f* darning needle.

stopp *int* stop!

Stopp *m* stop, (*Lohn-, Preisstopp*) *a.* freeze.

Stoppel *f* stubble. **~bart** *m* stubbly beard. **~feld** *n* stubble field.

stopp(e)lig *adj* stubbly.

stoppen *v/t* **1.** *a. v/i* stop. **2.** *mit Stoppuhr*: time, clock.

Stopp|schild *n mot.* stop sign. **~taste** *f* stop button. **~uhr** *f* stop watch.

Stöpsel *m* stopper, cork, *für Badewanne etc, a.* ⚡ plug.

stöpseln *v/t a.* ⚡ plug.

Stör *m* (*Fisch*) sturgeon.

Störaktion *f* disruptive action.

störanfällig *adj tech.* trouble-prone, ⚡ interference-prone.

S

Storch *m*, **Störchin** *f zo.* stork.

Stördienst *m tech.* fault-clearing service.

Store *m* net curtain.

stören I *v/t* disturb, (*ärgern, belästigen*) bother, (*e-e Versammlung, den Unterricht etc*) disrupt, (*Radiosender*) jam, (*den Empfang*) interfere with: **j-s Pläne ~** upset s.o.'s plans; **das** (**Gesamt**)**Bild ~** mar the picture; **was mich daran** (**an ihr**) **stört** what I don't like about it (her); **lassen Sie sich nicht ~!** don't let me disturb you!; **darf ich Sie kurz ~?** may I trouble you for a minute?; **stört es Sie**(**, wenn ich rauche**)**?** do you mind (if I smoke)?; **das stört mich nicht** I don't mind (that); **er stört mich nicht** he doesn't bother me; → **gestört. II** *v/i* (*sich einmischen*) interfere, (*im Wege sein*) be in the way, (*lästig sein*) be a nuisance, (*das Gesamtbild ~*) be an eyesore, *Sport*: tackle: **„Bitte nicht ~!"** "please do not disturb!"

störend *adj* disturbing, (*lästig*) troublesome, annoying.

Störenfried *m* troublemaker.

Störfaktor *m* disruptive element.

Störfall *m tech.* breakdown, trouble, (*Unfall*) accident, (*Zwischenfall*) incident.

stornieren *v/t econ.* (*Buchung*) reverse, (*Auftrag*) cancel.

Stornierung *f*, **Storno** *n* reversal, cancellation.

Stornogebühr *f* cancellation fee.

Störrigkeit *f* stubbornness, obstinacy, restiveness.

störrisch *adj* stubborn, obstinate, *bsd. Pferd*: restive.

Störsender *m* jamming station.

Störung *f* disturbance, ⚕ *a.* disorder, *tech.* trouble, defect, breakdown, (*Unterbrechung*) interruption: **verzeihen Sie die ~!** sorry to disturb you!; (**atmosphärische**) **~** statics *pl*, *durch Sender etc*: interference, *absichtliche*: jamming.

Störungsdienst *m* fault-clearing service, *teleph. a. the* engineers *pl.*

störungsfrei *adj* undisturbed, *tech.* trouble-free, *Radio, TV*: interference-free.

Störungsstelle *f teleph. the* engineers *pl.*

Stoß *m* **1.** push, poke, (*Tritt*) kick, (*Kopfstoß*) butt, (*Rippenstoß*) dig, (*Dolchstoß etc, a. fenc.*) thrust, (*Schwimm-, Billardstoß*) stroke, *beim Kugelstoßen*: put, (*Anprall, Ruck*) jolt, bump, (*a. Erdstoß*) shock, *a. phys.* impact, (*Windstoß*) blast: (*dat*) **e-n ~ versetzen** → **stoßen** 1; *fig.* **j-m e-n ~ versetzen** shake s.o.; **sich** (*od.* **s-m Herzen**) **e-n ~ geben** make an effort; **gib d-m Herzen e-n ~!** be a sport! **2.** ⚕ (*Vitaminstoß etc*) massive dose, (*Adrenalinstoß etc*) rush. **3.** (*Stapel*) pile, *von Briefen etc*: *a.* batch.

Stoßdämpfer *m mot.* shock absorber.

Stößel *m* **1.** *im Mörser*: pestle. **2.** *mot.* (*an Ventil etc*) tappet.

stoßen I *v/t* **1.** push, poke, *mit dem Fuß*: kick, *mit den Hörnern, dem Kopf*: butt, (*rempeln*) jostle: **von sich ~** push away, *fig.* reject; **er stieß ihr das Messer in die Brust** he plunged his knife into her chest. **2.** *Sport*: **die Kugel ~** put the shot. **3.** (*zer~*) pound. **II** *v/reflex* **sich ~ 4.** hurt o.s.: **sich ~ an** (*dat*) a) knock (*od.* bump) against, b) *fig.* object to, take exception to. **III** *v/i* **5.** push (*etc*, → 1): **~ an** (*acc*) a) *a.* **~ gegen** knock against, bump into, b) (*grenzen an*) border

on; ***er stieß mit dem Kopf an die Wand*** he bumped his head against the wall; *fig.* ~ ***auf*** (*acc*) come across, stumble on, (*Ablehnung, Widerstand etc*) meet with; **zu** *j-m, e-r Partei etc* ~ join (up with); → ***Horn*** 2, ***Kopf*** 1.
stoßfest *adj* shockproof.
Stoß|gebet *n* quick prayer. **~geschäft** *n* peak-period business. **~kraft** *f fig.* impetus, force. **~seufzer** *m* deep sigh. **~stange** *f mot.* bumper. **~trupp** *m mil.* assault party. **~verkehr** *m* rush-hour traffic.
stoßweise *adv* intermittently, sporadically, by fits and starts.
Stoß|zahn *m zo.* tusk. **~zeit** *f* peak hours *pl*, *Verkehr*: rush hour.
Stotterer *m*, **Stotterin** *f* stutterer, stammerer.
stottern *v/i u. v/t* stutter, stammer: F ***auf Stottern kaufen*** buy on the never-never.
StPO ***Strafprozessordnung*** Code of Criminal Procedure.
Str. ***Straße*** street (St.); road (Rd).
Stövchen *n* warmer.
Straf|anstalt *f* prison, penal institution. **~antrag** *m* private application (by the injured party), *des Staatsanwalts*: sentence demanded (by the public prosecutor). **~anzeige** *f* ~ ***erstatten*** bring a charge (***gegen*** against). **~arbeit** *f ped.* extra work. **~bank** *f Sport*: penalty bank.
strafbar *adj* punishable, *stärker*: criminal: ***~e Handlung*** (criminal) offen/ce (*Am.* -se); ***sich ~ machen*** make o.s. liable to prosecution.
Strafbarkeit *f* punishableness.
Strafbefehl *m* ⚖ order (of summary punishment).
Strafe *f allg.* punishment (*a. fig.*), penalty (*a. Sport*), (*Geldstrafe*) fine, (*Urteil*) sentence: ***bei ~ von*** on pain (*od.* penalty) of; ***zur ~*** as a punishment; ***~ zahlen*** pay a fine; F *fig.* ***es war e-e ~*** it was an ordeal; → ***antreten*** 1, ***verbüßen.***
strafen *v/t* punish, *bsd. Sport*: penalize: *fig.* ***~der Blick*** censorious look; → ***Lüge, Verachtung.***
Strafentlassene *m, f* ex-convict.
Straferlass *m* remission (of sentence), *allgemeiner*: amnesty.
straff *adj* **1.** tight, taut, *Büste*: firm, *Haltung*: erect: *adv* ~ ***anziehen*** tighten; ~ ***sitzen*** fit tightly. **2.** *fig.* strict, tight.
straffällig *adj* → ***strafbar***: ~ ***werden*** commit an offen/ce (*Am.* -se).
Straffällige *m, f* offender, delinquent.
straffen *v/t a. fig.* tighten (up).
Straffheit *f* tightness.
straffrei *adv* ~ ***ausgehen*** go unpunished. **Straffreiheit** *f* immunity.
Straf|gebühr *f* fine. **~gefangene** *m, f* prisoner, convict. **~gericht** *n* **1.** criminal court. **2.** *fig.* punishment. **~gesetz** *n* penal law. **~gesetzbuch** *n* penal code.
sträflich I *adj* punishable, *a. fig.* criminal. **II** *adv fig.* badly.
Sträfling *m* prisoner, convict.
straflos → ***straffrei.***
Straf|mandat *n* ticket. **~maß** *n* ⚖ sentence.
straf|mildernd *adj* mitigating. **~mündig** *adj* of responsible age.
Strafporto *n* surcharge.
Strafprozess *m* trial, criminal case (*od.* proceedings *pl*). **~ordnung** *f* Code of Criminal Procedure.
Straf|punkt *m Sport*: penalty point. **~raum** *m Fußball*: penalty area.
Strafrecht *n* criminal law.
strafrechtlich *adj* criminal, penal: *adv* ~ ***verfolgen*** prosecute.
Straf|register *n* criminal records *pl*, *e-s Täters*: criminal record. **~sache** *f* criminal case. **~stoß** *m Fußball*: penalty kick. **~tat** *f* (criminal) offen/ce (*Am.* -se), *schwere*: crime. **~täter(in)** (criminal) offender. **~verfahren** *n* **1.** → ***Strafprozess.*** **2.** criminal procedure.
strafverschärfend *adj* aggravating.
strafversetzen *v/t*, **Strafversetzung** *f* transfer for disciplinary reasons.
Straf|verteidiger(in) trial lawyer; → *a.* ***Verteidiger(in)*** 2. **~vollzug** *m* **1.** execution of the sentence, *weitS.* imprisonment. **2.** prison system.
Strafvollzugs|beamte *m*, **~beamtin** *f* prison officer.
Strafzettel *m* ticket.
Strafzölle *pl* penal duties *pl.*
Strahl *m* **1.** *allg.* ray (*a. fig.*), (*Lichtstrahl*) *a.* beam, (*Blitz-, Feuerstrahl*) flash. **2.** *e-r Flüssigkeit*: stream, jet. **~antrieb** *m* ✈ jet propulsion.
strahlen *v/i* **1.** *phys.* radiate, emit radiation, be radioactive. **2.** shine, sparkle: ***die Sonne strahlte*** the sun shone brightly. **3.** *fig.* beam (***vor*** *dat* with): ***sie strahlte*** (***vor Glück***) she was radiant (with happiness).
Strahlen|behandlung *f* radiotherapy. **~belastung** *f* level of contamination. **~bündel** *n* pencil of rays. **~dosis** *f* radiation dose.
strahlenförmig *adj* radial.
Strahlen|krankheit *f* radiation sickness. **~kunde** *f* radiology. **~schutz** *m* radiation protection. **~therapie** *f* radiotherapy. **~tod** *m* death by radiation.
strahlenverseucht *adj* (radioactively) contaminated.
Strahler *m* **1.** (*Wärme-, Heizstrahler*) radiator, (*a. Kathodenstrahler*) heater. **2.** spotlight.

Strahltriebwerk *n* ✈ jet engine.
Strahlung *f* radiation.
strahlungsarm *adj* low radiation.
Strahlungs|belastung *f* dose of radiation. **~energie** *f* radiation energy. **~wärme** *f* radiant heat. **~werte** *pl* contamination levels *pl*.
Strähne *f* strand, *farbige*: streak.
strähnig *adj* straggly.
stramm **I** *adj* **1.** (*straff, eng*) tight. **2.** (*kräftig*) strapping, *Beine*: sturdy, *Brust*: firm. **3.** *Disziplin*: strict, *Tempo*: brisk: F ***~er Sozialist*** sta(u)nch socialist. **II** *adv* **4.** tight(ly): ***~ sitzen*** *Hose etc*: fit tightly; ***~ ziehen*** tighten; F ***~ arbeiten*** work hard.
strammstehen *v/i* stand to attention.
Strampelhöschen *n* rompers *pl*.
strampeln *v/i* **1.** kick, (*sich wehren*) struggle. **2.** F (*Rad fahren*) pedal (away).
Strampelsack *m* baby's sleeping bag.
Strand *m* (sea) shore, (*a. Badestrand*) beach.
Strandbad *n* lido, swimming area.
stranden *v/i* run aground: ***gestrandet*** *a. fig.* stranded.
Strand|gut *n* flotsam and jetsam (*a. fig. der Gesellschaft*). **~hotel** *n* seaside (*od.* beach) hotel. **~kleidung** *f* beachwear.
Strandkorb *m* (canopied) beach chair.
Strandpromenade *f* promenade.
Strang *m* **1.** rope: *fig.* ***an einem ~ ziehen*** pull together; ***über die Stränge schlagen*** kick over the traces; ***wenn alle Stränge reißen*** if all else fails. **2.** cord (*a. anat.*), *Wolle etc*: skein, hank.
strangulieren *v/t* strangle.
Strapaze *f* strain. **strapazieren** *v/t* strain (*a. fig. Nerven etc*), wear *s.o., s.th.* out.
strapazierfähig *adj* hardwearing, tough.
strapaziös *adj* strenuous, F tough, *nervlich*: stressful: ***~ sein*** be a (great) strain.
Straße *f* **1.** road, *in e-r Stadt*: street: ***auf der ~*** on the road, in (*Am.* on) the street; ***der Mann auf der ~*** the man in the street; ***j-n auf die ~ setzen*** turn s.o. out, (*entlassen*) sack s.o.; ***auf offener ~*** in broad daylight. **2.** ***die ~*** (*Meerenge*) ***von Dover*** the Strait(s *pl*) of Dover. **3.** (*Fertigungsstraße etc*) (production *etc*) line.
Straßen|anzug *m* lounge suit, *Am.* business suit. **~arbeiten** *pl* roadworks *pl*. **~arbeiter** *m* roadman.
Straßenbahn *f* tram, *Am.* streetcar. **~haltestelle** *f* tram (*Am.* streetcar) stop. **~linie** *f* tram (*Am.* streetcar) line. **~wagen** *m* tram(-car), *Am.* streetcar.
Straßen|bau *m* road construction. **~belag** *m* road surface. **~beleuchtung** *f* street lighting. **~benutzungsgebühr** *f* road toll. **~café** *n* pavement (*Am.* sidewalk) café. **~fest** *n* street party. **~glätte** *f* slippery road(s *pl*). **~graben** *m* (road) ditch. **~händler(in)** street vendor. **~junge** *m* street urchin.
Straßen|kampf *m* street fighting. **~karte** *f* road map. **~kehrer(in), ~kehrmaschine** *f* street sweeper. **~kreuzung** *f* crossroads *sg*. **~lage** *f mot.* ***e-e gute ~ haben*** hold the road well. **~laterne** *f* street lamp. **~musikant(in)** street musician. **~name** *m* street name. **~netz** *n* road network. **~rand** *m* (***am ~*** on the) roadside. **~rennen** *n Sport*: road race. **~schild** *n* street sign. **~sperre** *f* road block. **~tunnel** *m* road tunnel. **~überführung** *f* flyover. **~unterführung** *f* underpass. **~verhältnisse** *pl* road conditions *pl*. **~verkehr** *m* (road) traffic. **~verkehrsordnung** *f* Highway Code. **~verzeichnis** *n* index of streets. **~zustand** *m* road condition(s *pl*).
Stratege *m*, **Strategin** *f* strategist.
Strategie *f a. fig.* strategy.
strategisch *adj* strategic(al).
Stratosphäre *f* stratosphere.
sträuben **I** *v/t* (*Federn*) ruffle (up), (*Fell, Haare*) bristle. **II** *v/reflex* ***sich ~*** *Haare*: stand on end, *bsd. Fell*: bristle up; *fig.* ***sich ~ gegen*** struggle against, resist; ***sich ~ zu*** *inf* refuse to *inf*.
Strauch *m* shrub, bush.
Strauß[1] *m* bunch of flowers.
Strauß[2] *m zo.* ostrich.
Straußenfeder *f* ostrich feather.
Streamer *m Computer*: streamer.
Strebe *f*, **Strebebalken** *m* strut.
streben *v/i* **1.** ***~ zu, ~ nach*** move (*fig. a.* tend) towards, *bsd. Person*: make for. **2.** *fig.* ***~ nach*** strive for, aim at.
Streben *n fig.* (***nach***) striving (for), aspiration (for, after), efforts *pl*.
Strebepfeiler *m* ⚠ buttress.
Streber(in) careerist, *gesellschaftlich*: social climber, *ped.* F swot.
Strebertum *n* pushiness, *ped.* F swotting.
strebsam *adj* industrious, hard-working, ambitious.
Strecke *f* **1.** (*Abschnitt*) stretch, *in e-m Buch etc*: *a.* passage, (*Teilstrecke*) *a.* stage, leg, (*Route*) route (*a.* ✈, ⚓), (*Entfernung*) distance (*a. Sport*), (*Rennstrecke*) course, ⚗, 🚂, *teleph.* line, ⚒ roadway: 🚂 ***auf freier ~*** between stations; ***auf e-r ~ von 10 km*** for a stretch of 10 km; *fig.* ***auf der ~ bleiben*** fail, come to grief. **2.** *hunt.* bag: ***zur ~ bringen*** kill, shoot down, bag, *fig.* (*Verbrecher etc*) hunt down, catch, *weitS.* (*Gegner*) defeat.
strecken *v/t* **1.** stretch: ***sich*** (*od.* ***s-e Glieder***) ***~*** stretch (o.s.) (*od.* one's limbs); → ***Decke*** 1, ***Waffe***. **2.** (*Suppe, Vorräte etc*) eke out, spin out.

Streckennetz *n* railway network.
streckenweise *adv* in parts, in places, (*zeitweise*) now and then, at times.
Streckverband *m* ⚕ **im ~** in traction.
Streetworker(in) street worker.
Streich *m* trick, prank: ***j-m e-n (bösen) ~ spielen*** play a (nasty) trick on s.o.
Streicheleinheiten *pl* (love and) attention.
streicheln *v/t u. v/i* stroke.
streichen I *v/t* **1.** (*Butter, Brot etc*) spread, (*Salbe etc*) apply, put (***auf*** *acc* on), (*an~*) paint: → ***gestrichen.*** **2.** (*mit der Hand ~*) stroke. **3.** cross out, delete, (*Auftrag etc*) cancel, (*Gelder*) cut: ***j-n von der Liste ~*** strike s.o. off the list. **4.** (*Flagge, Segel*) strike, haul down. **II** *v/i* **5.** (***mit der Hand***) **~ *über*** (*acc*) pass one's hand over, stroke. **6.** ***durch die Gegend ~*** roam the countryside; ***ums Haus ~*** prowl around the house.
Streicher *pl* ♪ *the* strings *pl.*
Streichholz *n* match, *Am.* F matchstick. **~schachtel** *f* matchbox.
Streich|instrument *n* string(ed) instrument: ***die ~e*** *pl* the strings *pl.* **~quartett** *n* string quartet.
Streichung *f* cancellation (*a. fig.*), *von Geldern*: cut, *print.* deletion.
Streichwurst *f* sausage spread.
Streifband *n* (postal) wrapper.
Streife *f* (**[*auf*] ~ *gehen*** go on) patrol.
streifen I *v/t* **1.** touch, brush against, *Auto*: scrape against, *Geschoss*: graze: *fig.* ***ein Thema ~*** touch (up)on a subject. **2.** (*Kleider*) ***vom Leibe ~***, (*Ring*) ***vom Finger ~*** slip off. **3.** ***mit e-m Blick ~*** glance at. **II** *v/i* **4.** ***durch den Wald*** *etc* **~** roam the woods *etc.*
Streifenwagen *m* patrol car.
Streif|licht *n fig.* sidelight. **~schuss** *m* grazing shot. **~zug** *m a. fig.* excursion.
Streik *m* strike: ***wilder ~*** wildcat strike; ***e-n ~ ausrufen*** (***abbrechen***) call (call off) a strike; ***in den ~ treten*** go on strike. **~aktion** *f* strike action.
streikanfällig *adj* strike-prone.
Streik|aufruf *m* strike call. **~brecher(in)** strikebreaker, F blackleg, *sl.* scab.
streiken *v/i* **1.** (be *od.* go on) strike. **2.** F refuse, *a. Magen*: rebel, *Gerät etc*: refuse to work, pack up
Streikende *m, f* striker.
Streik|geld *n* strike pay. **~kasse** *f* strike fund. **~posten** *m* (*a.* ***mit ~ besetzen, ~ stehen***) picket. **~recht** *n* right to strike. **~welle** *f* series of strikes.
Streit *m* quarrel, argument, *handgreiflicher*: brawl, fight, (*Krach*) F row, (*Kontroverse*) dispute, controversy, (*Fehde*) feud: ***in ~ geraten mit*** have an argument (*od.* a fight) with; → ***suchen*** I, ***Zaun.*** **streitbar** *adj* belligerent.
streiten *v/i* (*a.* ***miteinander*** *od.* ***sich ~***) quarrel, have an argument (F a row), *handgreiflich*: fight: ***darüber lässt sich ~*** that's a moot point.
Streiter(in) *fig.* (***für***) fighter (for), champion (of).
Streiterei *f* (constant) quarrel(l)ing, fights *pl*, F rows *pl.*
Streit|fall *m* dispute, conflict, ⚖ case. **~frage** *f* (controversial) issue. **~gespräch** *n* debate.
streitig *adj* **1.** ⚖ contentious. **2.** ***j-m*** (***das Recht auf***) ***et. ~ machen*** dispute s.o.'s right to s.th.; → ***Rang*** 1.
Streitigkeit *f* → ***Streit.***
Streitkräfte *pl* armed forces *pl.*
streitlustig *adj* belligerent.
Streit|punkt *m* (point at) issue. **~sache** *f* **1.** → ***Streitpunkt.*** **2.** ⚖ case, (*Prozess*) lawsuit.
streitsüchtig *adj* quarrelsome.
Streitwert *m* ⚖ value in dispute.
streng I *adj allg.* severe (*a. Blick, Kälte, Kritik etc*), *Stil etc*: austere, *Person, Diät, Disziplin, Kontrolle, Vorschrift*: strict, *Geschmack*: harsh, *a. Geruch*: acrid: ***~ mit j-m sein*** be strict with s.o.; ***~es Stillschweigen*** strict secrecy. **II** *adv* severely (*etc*): ***sich ~ halten an*** (*acc*) adhere strictly to; ***~ geheim*** top-secret; ***~ genommen*** strictly speaking; ***~ vertraulich*** strictly confidential.
Strenge *f* severity, austerity, strictness, harshness.
strenggläubig *adj* orthodox.
Stress *m* (***im ~*** under) stress.
stressen *v/t* F ***j-n ~*** put s.o. under stress.
stress|frei *adj* stress-free. **~geplagt** *adj* stressed-out.
stressig *adj* F stressful.
Stresskrankheit *f* stress disease.
streuen I *v/t allg.* scatter, (*Blumen*) *a.* strew, (*Dünger etc*) spread, (*Salz etc*) sprinkle: ***den Gehweg ~*** grit the sidewalk. **II** *v/i phys., a. Waffe*: scatter.
streunen *v/i* stray, roam about.
streunend *adj* stray (*dog, child*).
Strich *m* **1.** stroke, (*Linie*) line, (*Gedanken-, Morsestrich*) dash, *auf Skala*: mark, *auf Kompass*: point, (*Pinselstrich*) stroke (of the brush): *fig.* ***j-m e-n ~ durch die Rechnung machen*** thwart s.o.'s plans; ***unter dem ~*** on balance; ***e-n*** (***dicken***) ***~ unter et. machen*** make a clean break with s.th.; F ***auf den ~ gehen*** walk the streets, be on the game. **2.** *bsd. Textil.* nap: ***gegen den ~*** against the nap; F *fig.* ***das ging mir gegen den ~*** it went against the grain with me; F

S

nach ~ und Faden good and proper. **3.** F (*Kürzung*) cut. **4.** ♪ (*Bogenstrich*) stroke, (*Bogenführung*) bowing technique.

stricheln *v/t* sketch in, (*schraffieren*) hatch: ***gestrichelte Linie*** broken line.

Strich|junge *m* F male prostitute. **~kode** *m* bar code. **~kodeleser** *m* bar code scanner. **~liste** *f* check list. **~mädchen** *n* F streetwalker. **~punkt** *m* semicolon.

Strick *m* cord, rope: *fig.* ***wenn alle ~e reißen*** if all else fails; ***j-m aus e-r Sache e-n ~ drehen (wollen)*** use s.th. against s.o.; F ***zum ~ greifen*** hang o.s.

stricken *v/t u. v/i* knit.

Strick|jacke *f* cardigan. **~leiter** *f* rope ladder. **~maschine** *f* knitting machine. **~nadel** *f* knitting needle. **~waren** *pl* knitwear *sg*. **~wolle** *f* knitting wool. **~zeug** *n* knitting (things *pl*).

striegeln *v/t* (*Pferd*) curry(comb).

Strieme *f*, **Striemen** *m* weal.

strikt *adj* strict: *adv* ***et. ~ ablehnen*** refuse s.th. flatly.

Strip *m* F striptease.

Strippe *f* F cord, string: *fig.* ***an der ~ hängen*** be on the blower.

strippen *v/i* F strip, do a striptease.

Stripper(in) F stripper.

Striptease *m* striptease. **~tänzer(in)** stripper.

strittig *adj* controversial: ***der ~e Punkt*** the point at issue.

Stroboskoplicht *n* strobe light.

Stroh *n* straw, (*Dachstroh*) thatch.

strohblond *adj* flaxen(-haired).

Stroh|blume *f* immortelle. **~dach** *n* thatched roof. **~feuer** *n fig.* flash in the pan. **~halm** *m* straw: *fig.* ***nach e-m ~ greifen, sich an e-n ~ klammern*** clutch at a straw. **~hut** *m* straw hat. **~mann** *m fig.* front. **~witwe(r** *m*) *f* F grass widow(er).

Strom *m* **1.** (large) river, (*reißender ~*) torrent, (*Strömung*) stream, current (*a. fig.*), *fig. von Blut, Tränen etc*: flood, *von Menschen, Autos etc*: stream: ***mit dem (gegen den) ~ schwimmen*** swim with (against) the current (*fig. a.* tide); ***es gießt in Strömen*** it is pouring with rain. **2.** (electrical) current, *weitS.* electricity: ***~ führend*** live; ***unter ~ stehend*** live.

stromab(wärts) *adv* downstream.

stromauf(wärts) *adv* upstream.

Stromausfall *m* power failure.

strömen *v/i* stream, pour, *Gas, Luft etc*: *a.* flow, *Menschen*: *a.* throng, flock.

Stromerzeuger *m* generator, (*Kraftwerk*) power station.

Stromerzeugung *f* power generation.

stromführend *adj* live.

Stromkreis *m* (electric) circuit.

stromlinienförmig *adj* streamlined.

Stromnetz *n* ⚡ power supply system.

Stromrechnung *f* electricity bill.

Stromschnelle *f* rapid.

Strom|spannung *f* ⚡ voltage. **~sperre** *f* power cut. **~stärke** *f* current intensity, *in Ampere*: amperage. **~stoß** *m* **1.** impulse. **2.** electric shock.

Strömung *f* current, *fig. a.* trend.

Strom|verbrauch *m* power consumption. **~versorgung** *f* power supply. **~zähler** *m* electric meter.

Strontium *n* strontium.

Strophe *f* stanza, (*bsd. Liedstrophe*) verse.

strotzen *v/i* ***~ von, ~ vor*** (*dat*) be full of, *Fehlern etc*: *a.* be teeming with, *Gesundheit, Energie etc*: be bursting with; ***vor Dreck ~*** be covered with dirt.

Strudel *m* **1.** *a. fig.* whirlpool, maelstrom. **2.** *gastr.* strudel.

Struktur *f allg.* structure. **Struktur...** structural (*change, policy, etc*).

strukturell *adj* (*a. ~* ***bedingt***) structural.

strukturieren *v/t* structure.

Strukturkrise *f* structural crisis.

strukturschwach *adj* structurally weak, *Region etc*: underdeveloped.

Strukturwandel *m* structural change.

Strumpf *m* stocking. **~band** *n* garter. **~halter** *m* suspender, *Am.* garter. **~hose** *f* (***e-e ~*** a pair of) tights *pl*, *Am.* pantyhose. **~maske** *f* stocking mask.

Strumpfwaren *pl* hosiery *sg*.

struppig *adj Haar*: unkempt, *Bart*: bristly, *Hund*: shaggy.

Strychnin *n* ⚗ strychnine.

Stube *f* room.

Stubenhocker(in) stay-at-home.

stubenrein *adj Tier*: house-broken.

Stubenwagen *m* bassinet.

Stuck *m* stucco.

Stück *n* **1.** *allg.* piece, (*Vieh*) head, (*Teilstück*) *a.* bit, (*~ Brot*) *a.* slice, (*~ Zucker*) lump, (*~ Seife*) bar, (*~ Land*) piece (of land), plot: ***im ~, am ~*** in one piece, *Käse etc*: *a.* unsliced; ***50 Cent das ~*** fifty cents each; ***50 ~ Vieh*** 50 head of cattle; ***ein ~ (Weges)*** *begleiten etc* part of the way; ***~ für ~*** piece by piece; ***in ~e gehen*** go to pieces; ***in ~e schlagen*** smash (to bits); *fig.* ***aus freien ~en*** of one's own free will; ***große ~e halten auf*** (*acc*) think highly of; ***wir sind ein gutes ~ weitergekommen*** we have made considerable headway; ***das ist ein starkes ~!*** that's a bit thick! **2.** ♪ piece (of music), *thea.* play, *e-s Buches etc*: passage.

Stück|arbeit *f* piecework. **~arbeiter(in)** pieceworker.

Stückchen *n* small piece (*etc*, → ***Stück***).
Stückelung *f econ.* denomination.
Stückeschreiber(in) playwright.
Stück|geldakkord *m* money piece rate. **~gut** *n* parcel(s *pl*). **~kosten** *pl* unit cost *sg.* **~liste** *f tech.* parts list. **~lohn** *m* piece rate. **~preis** *m* unit price.
stückweise *adv* bit by bit.
Stückwerk *n contp.* patchwork.
Stückzahl *f* number of pieces.
Student(in) student.
Studenten|ausweis *m* student's identity card. **~schaft** *f the* students *pl.* **~verbindung** *f* fraternity. **~wohnheim** *n* students' hostel.
Studie *f allg.* study (*a. paint. etc*) (**über** *acc* on), (*Entwurf*) sketch.
Studien|aufenthalt *m* study visit. **~beratung** *f* student advisory service. **~bewerber(in)** university applicant. **~fach** *n* subject. **~gang** *m* course of studies.
studienhalber *adv* for study purposes.
Studien|jahr *n* academic year: **~e** *pl* → ***Studienzeit.*** **~platz** *m* place at a university. **~rat** *m*, **~rätin** *f* master (mistress) at a secondary school. **~referendar(in)** *Lehramtskandidat(in)*: probationary teacher (*who has passend his/her first State Examination*). **~reise** *f* study trip. **~zeit** *f* university (*Am.* college) days *pl.*
studieren *v/i u. v/t* study (*a. weitS. lesen, betrachten etc*), go to university: ***er studiert Medizin*** he studies medicine, he is a medical student; ***wo hat er studiert?*** which university did he go to?
Studio *n allg.* studio.
Studium *n* studies *pl*, study (*gen* of).
Stufe *f* **1.** step. **2.** *ling.*, ♪ degree. **3.** *fig.* (*Entwicklungsstufe*) stage, (*Niveau*) level, standard, (*Rang*) rank: ***j-n*** (***et.***) ***auf eine ~ stellen mit*** place s.o. (s.th.) on a level with. **4.** *tech.* stage.
Stufen|barren *m gym.* asymmetrical bars *pl.* **~leiter** *f fig.* ladder: ***die ~ des Erfolgs*** the ladder to success.
stufenlos *adj u. adv*: **~** (***regelbar***) infinitely variable.
stufenweise **I** *adj* gradual. **II** *adv* step by step, by degrees.
Stuhl *m* **1.** chair, (*Klavierstuhl etc*) stool: *eccl.* ***der Heilige ~*** the Holy See; *fig.* ***sich zwischen zwei Stühle setzen*** fall between two stools; → ***elektrisch*** I. **2.** ⚕ a) (*Kot*) stool, b) → ***Stuhlgang.***
Stuhlgang *m* (***regelmäßigen ~ haben*** have regular) bowel movement.
stülpen *v/t* put (***auf*** *acc* on, ***über*** *acc* over): ***et. nach außen ~*** turn s.th. inside out; ***er stülpte sich e-n Hut auf den Kopf*** he clapped a hat on his head.

stumm *adj* dumb, mute, *fig. a.* silent (*a. ling.*), speechless (***vor*** *dat* with).
Stummel *m* (*Zahnstummel etc*) stump, (*Zigarettenstummel*) butt, (*a. Kerzenstummel etc*) stub.
Stummfilm *m* silent film.
Stumpen *m* (*Zigarre*) cheroot.
Stümper(in) bungler.
Stümperei *f* bungling, (*schlechte Arbeit*) botch.
stümperhaft *adj* bungling, clumsy.
stümpern *v/i u. v/t* bungle, botch.
stumpf *adj* **1.** blunt. **2.** ⩓ *Winkel*: obtuse, *Kegel*: truncated. **3.** (*glanzlos*) dull. **4.** *fig. Blick, Mensch*: dull, *Sinne*: dulled, (*teilnahmslos*) apathetic(ally *adv*).
Stumpf *m allg.* stump: F ***mit ~ und Stiel*** root and branch.
Stumpfheit *f* **1.** bluntness. **2.** *a. fig.* dullness.
Stumpfsinn *m* dullness, *e-r Arbeit*: *a.* mindlessness.
stumpfsinnig *adj* dull, *Arbeit*: *a.* mindless, soul-destroying.
stumpfwink(e)lig *adj* ⩓ obtuse.
Stunde *f* **1.** hour: ***zur ~*** at this hour; ***bis zur ~*** as yet; *mot.* ***50 Meilen in der ~*** 50 miles per hour; *fig.* ***die ~ der Wahrheit*** the moment of truth. **2.** *ped.* lesson, class, period: ***bei j-m ~n nehmen*** have lessons with s.o.
stunden *v/t* (***j-m***) ***die Zahlung ~*** extend the term of payment (to s.o.).
Stunden|geschwindigkeit *f* (average) speed per hour. **~kilometer** *pl* kilomet/res (*Am.* -ers) *pl* per hour.
stundenlang **I** *adj* lasting (for) hours. **II** *adv* for hours (and hours).
Stunden|lohn *m* hourly wage. **~plan** *m* timetable, *Am.* schedule. **~satz** *m* hourly rate of pay.
stundenweise *adj u. adv* by the hour.
Stundenzeiger *m* hour hand.
stündlich **I** *adj* hourly. **II** *adv* every hour, *weitS.* any time (now).
Stundung *f* deferment (of payment): **~ *gewähren*** grant a respite.
Stunk *m* F **~ *machen*** kick up a stink; ***das gibt ~!*** there will be trouble!
Stunt *m* stunt. **~man** *m* stuntman. **~frau** *f* stuntwoman.
stupid(e) *adj* dull, mindless.
Stups *m*, **stupsen** *v/t* F prod.
Stupsnase *f* snub nose.
stur *adj* **1.** stubborn, pigheaded, stolid. **2.** → ***stumpfsinnig.***
Sturheit *f* **1.** stubbornness (*etc*). **2.** → ***Stumpfsinn.***
Sturm *m* **1.** storm (*a. fig.*), gale: *fig.* **~ *der Entrüstung*** outcry; **~ *im Wasserglas*** storm in a teacup, *Am.* tempest in a teapot.

2. *mil.* storm, attack: *a. fig.* ***im ~ erobern*** take by storm; ***~ laufen gegen*** attack, assail. **3.** *Sport*: (*Stürmer*) forwards *pl.*
Sturm|angriff *m* assault. **~bö** *f* squall.
stürmen I *v/t* **1.** *mil.* storm: *fig.* ***e-e Bank ~*** make a run on a bank. II *v/i* **2.** *mil. u. Sport*: attack. **3.** *fig.* (*rennen*) rush. III *v/impers* **4.** ***es stürmt*** there's a gale blowing.
Stürmer(in) *Sport*: forward.
stürmisch *adj* stormy (*a. fig. Debatte, Liebe etc*), *Liebhaber*: passionate, *Beifall etc*: tumultuous, *Protest*: vehement, *Zeit*: turbulent, *Entwicklung etc*: rapid: ***nicht so ~!*** easy does it!
Sturm|tief *n* cyclone. **~warnung** *f* gale warning. **~wolke** *f* storm cloud.
Sturz *m* (sudden) fall, *tiefer*: plunge (*a. fig.*), *fig.* (*Temperatursturz etc*) (sudden) drop, (*Preis-, Kurssturz*) *a.* slump, (*Untergang*) ruin, (down)fall, *e-r Regierung*: collapse, overthrow.
stürzen I *v/i* **1.** fall, *a. fig.* plunge, plummet: ***sie ist*** (***mit dem Fahrrad***) ***gestürzt*** she had a fall (with her bicycle). **2.** (*rennen*) rush, dash: ***er kam ins Zimmer gestürzt*** he burst into the room. II *v/t* **3.** (*stoßen*) throw: *fig.* ***j-n ins Elend ~*** plunge s.o. into misery. **4.** (*umkippen*) turn *s.th.* upside down, (*Pudding etc*) turn *s.th.* out of the mo(u)ld: ***Nicht ~!*** this side up! **5.** (*Regierung etc*) bring down, overthrow. III *v/reflex* **6.** ***sich ins Wasser*** (***aus dem Fenster***) ***~*** plunge into the water (throw o.s. outof the window); *fig.* ***sich ins Unglück*** (***in Schulden***) ***~*** plunge into disaster (debt); ***sich in Unkosten ~*** go to great expense. **7.** ***sich ~ auf*** (*acc*) *allg.* pounce on, (*j-n*) *a.* rush at, (*e-e Arbeit etc*) throw o.s. into.
Sturz|flug *m* (nose)dive. **~helm** *m* crash helmet. **~regen** *m* (heavy) downpour.
Stuss *m* F (***~ reden*** talk) rubbish.
Stute *f* mare. **Stutenfohlen** *n* filly.
Stützbalken *m* supporting beam.
Stütze *f* **1.** *a. fig.* support, prop, (*Person*) mainstay. **2.** F (*vom Staat*) dole money.
stutzen[1] *v/t* cut, (*Bart, Haar*) trim, (*Baum*) lop, (*Flügel, Hecke*) clip, (*Ohren*) crop, (*Schwanz*) dock.
stutzen[2] *v/i* (***bei***) stop short (at), *verwirrt*: be puzzled (by), *argwöhnisch*: become suspicious (at).
Stutzen *m* **1.** short rifle. **2.** (*Rohrstutzen*) connecting piece, (*Einfüllstutzen*) neck. **3.** (football) sock.
stützen *v/t allg.* support (*a. fig.*), (*ab~*) prop, *fig.* (*unter~*) back (up): ***die Ellbogen auf den Tisch ~*** prop (*od.* rest) one's elbows on the table; *fig.* ***et. ~ auf*** (*acc*) base s.th. on; ***sich ~ auf*** (*acc*) rely on, *Urteil etc*: be based on.

S

stutzig *adj* ***j-n ~ machen*** puzzle s.o., (*Argwohn wecken*) make s.o. suspicious; ***~ werden → stutzen²***.
Stütz|mauer *f* retaining wall. **~pfeiler** *m* buttress. **~punkt** *m mil. u. fig.* base.
Stützungskäufe *pl* support buying *sg.*
StVO ***Straßenverkehrsordnung*** (road) traffic regulations *pl*; *in GB*: Highway Code.
stylen *v/t* F style.
Styropor *n* (*TM*) polystyrene, *Am.* styrofoam.
s. u. ***siehe unten*** see below.
subaltern *adj* subaltern.
Subjekt *n* **1.** *ling.* subject. **2.** F *contp.* (*Person*) fellow.
subjektiv *adj* subjective.
Subjektivität *f* subjectivity.
Subkontinent *m* subcontinent.
Subkultur *f* subculture.
subkutan *adj* ⚕ subcutaneous.
sublimieren *v/t* ⚗ *u. fig.* sublimate.
Subskription *f* subscription.
Subskriptionspreis *m* subscription price.
Substantiv *n ling.* noun.
substantivieren *v/t* use as a noun.
substantivisch *adj* substantival, *adv a.* as a noun.
Substanz *f* **1.** substance. **2.** *econ.* (***von der ~ leben*** live on one's) capital; F *fig.* ***das geht an die ~*** that really takes it out of you.
substanziell *adj* substantial.
subtil *adj* subtle.
subtrahieren *v/t* subtract.
Subtraktion *f* subtraction.
subtropisch *adj* subtropical.
Subvention *f* subsidy.
subventionieren *v/t* subsidize.
Subventionierung *f* subsidization.
Subventionsabbau *m* reduction (*vollständiger*: abolition) of subsidies.
Such|abfrage *f Computer*: search query. **~befehl** *m Computer*: search instruction. **~dienst** *m* tracing service.
Suche *f* (***nach*** for) search, *stärker*: hunt: ***auf der ~ nach*** in search of; ***auf der ~ sein nach*** be looking for.
suchen I *v/t* look for, search for, (*Glück, Rat etc*) seek, (*Fehler, Vermisste etc*) try to trace: (***mit j-m***) ***Streit ~*** pick a quarrel (with s.o.); ***Sie haben hier nichts zu ~!*** you have no business to be here!; → ***gesucht, Rat*** 1, ***Weite²***. II *v/i* look, search: ***~ nach*** → I; ***nach Worten ~*** be at a loss for words.
Sucher *m phot.* view-finder.
Such|funktion *f Computer*: search function. **~gerät** *n* detector. **~hund** *m* tracker dog. **~lauf** *m Video etc*: scanning, (*Vorrichtung*) scanner, *Computer*: search operation. **~mannschaft** *f* search party. **~scheinwerfer** *m* searchlight.

Sucht *f* (**nach**) craving (for), (*a. Rauschgiftsucht etc*) addiction (to): ~ ***erzeugend*** addictive.
süchtig *adj a. fig.* addicted (**nach** to): ~ ***machen*** be addictive; *fig.* ~ ***sein nach*** have a craving for, (*besessen sein*) be obsessed with.
Süchtige, Suchtkranke *m, f* addict.
Suchtmittel *n* addictive drug.
Suchtrupp *m* search party.
Suchwort *n Computer*: search word.
Südafrika *n* South Africa.
Südafrikaner(in), südafrikanisch *adj* South African.
Südamerika *n* South America.
Südamerikaner(in), südamerikanisch *adj* South American.
Sudan *m the* Sudan.
süddeutsch *adj*, **Süddeutsche** *m, f* South German.
Süden *m* south, *e-s Landes*: South: ***im*** ~ in the south; ***im*** ~ ***von*** (*od. gen*) (to the) south of; ***nach*** ~ south(ward).
Süd|früchte *pl* tropical fruits *pl.* **~küste** *f* south(ern) coast. **~lage** *f* southern exposure.
Südländer(in) Mediterranean type, Latin.
südländisch *adj* Mediterranean, *Temperament etc*: Latin.
südlich I *adj* southern, south, *Wind, Richtung*: southerly. II *adv* south, southwards. III *prep* ~ ***von*** (*od. gen*) (to the) south of.
Südost(en) *m* southeast.
südöstlich I *adj* southeast(ern), *Wind*: southeasterly. II *adv* (to the) southeast. III *prep* ~ ***von*** (*od. gen*) (to the) southeast of.
Südpol *m* South Pole. **Südpolar...** Antarctic.
Südsee *f the* South Seas *pl.*
südwärts *adv* southward(s).
Südwest(en) *m* southwest.
südwestlich I *adj* southwest(ern), *Wind, Richtung*: southwesterly. II *adv* (to the) southwest. III *prep* ~ ***von*** (*od. gen*) (to the) southwest of.
Südwind *m* south wind.
Sueskanal *m the* Suez Canal.
Suff *m* F boozing.
süffig *adj* F pleasant (to drink).
süffisant *adj* smug, complacent.
suggerieren *v/t* suggest.
Suggestion *f* suggestion.
suggestiv *adj* suggestive.
Suggestivfrage *f* leading question.
Sühne *f* atonement, (*Buße*) penance.
sühnen *v/t* expiate, atone for.
Suite *f allg.* suite.
Sujet *n Kunst*: subject.
sukzessiv *adj* gradual.
Sulfat *n* ⚗ sulphate, *Am.* sulfate.
Sulfid *n* ⚗ sulphide, *Am.* sulfide.
Sulfonamid *n* sulphonamide (*Am.* -f-).
Sultan *m* sultan.
Sultanine *f gastr.* sultana.
Sülze *f gastr.* jellied meat.
Sumatra *n* Sumatra.
summarisch *adj* summary.
Summe *f* sum, (*Gesamtsumme*) (sum) total, (*Betrag*) amount, *fig.* sum total.
summen I *v/i* buzz, hum, drone. II *v/t* (*Lied etc*) hum.
Summer *m* ⚡ buzzer.
summieren *v/t* (*a.* ***sich*** ~) add up.
Sumpf *m* **1.** swamp. **2.** *fig.* (quag)mire.
sumpfen *v/i* F live it up.
sumpfig *adj* marshy.
Sumpfland *n* marshland.
Sünde *f* sin.
Sünder(in) sinner.
sündhaft *adj* sinful: *adv* F ~ ***teuer*** awfully expensive.
sündig *adj* sinful.
sündigen *v/i* **1.** sin (***gegen*** against): ***an j-m*** ~ wrong s.o. **2.** F (*zu viel essen etc*) indulge.
super *adj u. int* F super.
Super *n* (*Benzin*) *Br.* four star, *Am.* super, premium.
Superlativ *m ling. u. fig.* superlative.
Supermacht *f* superpower.
Supermarkt *m* supermarket.
supermodern *adj* ultramodern.
Supersparpreis *m* supersaver.
Suppe *f* soup: F ***die*** ~ ***auslöffeln müssen*** have to face the music; ***j-m*** (***sich***) ***e-e schöne*** ~ ***einbrocken*** get s.o. (o.s.) into a nice mess.
Suppen|fleisch *n* meat for making soup. **~grün** *n* (bunch of) herbs and vegetables *pl.* **~huhn** *n* boiling fowl. **~kelle** *f* soup ladle. **~löffel** *m* soup spoon. **~schüssel** *f* soup tureen. **~teller** *m* soup plate.
Surfbrett *n* surfboard. **surfen** *v/i* do surfing, surf: ***im Internet*** ~ surf the Internet.
Surfer(in) surfer.
Surrealismus *m* surrealism.
surrealistisch *adj* surrealist(ic).
surren *v/i* whirr, hum, *Insekt etc*: buzz.
suspekt *adj* suspect.
suspendieren *v/t allg.* suspend.
Suspensorium *n* ⚕ suspensory, *Sport*: jockstrap.
süß *adj a. fig.* sweet.
Süße *f* **1.** sweetness. **2.** F *Person*: sweetie.
süßen *v/t* sweeten.
Süßholz *n* liquorice: F ~ ***raspeln*** flirt.
Süßigkeiten *pl* sweets *pl*, *Am.* candy *sg.*
süßlich *dj* **1.** sweetish. **2.** *fig.* sugary, (*kitschig*) mawkish.

süßsauer *adj* sweet and sour: *adv fig.* ~ ***lächeln*** smile sourly, force a smile.

Süß|speise *f* sweet, dessert. **~stoff** *m* sweetener. **~waren** *pl* sweets *pl*, *Am.* candy *sg.* **~wasser** *n* fresh water.

SV ***Spielvereinigung*** *in Vereinsnamen: etwa* sports association; ***Sozialversicherung*** social insurance.

SVP ***Schweizerische Volkspartei*** Swiss People's Party.

SW ***Südwest(en)*** southwest (SW).

Sweatshirt *n* sweatshirt.

Symbiose *f biol. u. fig.* symbiosis.

Symbol *n* symbol (**für** of), ⚗, Ⱥ *etc a.* (conventional) sign. **~figur** *f* symbolic figure (***für*** for).

Symbolik *f* symbolism.

symbolisch *adj* symbolic(al).

Symbolleiste *f Computer*: toolbar.

Symmetrie *f* symmetry.

symmetrisch *adj* symmetric(al).

Sympathie *f* **1.** (*Zuneigung*) liking: ~ ***empfinden für*** have a liking for. **2.** (*Zustimmung*) sympathy: ***sich j-s ~n verscherzen*** lose s.o.'s sympathies (*od.* support). **~streik** *m* sympathetic strike.

Sympathisant(in) sympathizer.

sympathisch *adj* **1.** likeable, F nice: ***er*** (***es***) ***ist mir*** (***nicht***) ~ I (don't) like him (it). **2.** *physiol.* sympathetic.

sympathisieren *v/i* ~ ***mit*** sympathize with.

Symptom *n* symptom.

symptomatisch *adj* symptomatic (***für*** of).

Synagoge *f* synagogue.

synchron *adj* synchronous, *ling.* synchronic: *adv* ~ ***laufen*** (***gehen***) be synchronized.

Synchrongetriebe *n* synchromesh (gear).

synchronisieren *v/t* synchronize, (*Film*) *mst* dub.

Syndikat *n* syndicate.

Syndrom *n* ⚕ syndrome.

Synergie *f* synergy. **~effekt** *m* synergy (*od.* synergistic) effect.

Synode *f eccl.* synod.

synonym *adj ling.* synonymous.

Synonym *n ling.* synonym.

syntaktisch *adj ling.* syntactic(al).

Syntax *f ling. u. Computer*: syntax.

Synthese *f* synthesis.

Synthesizer *m* ♪ synthesizer.

synthetisch *adj* synthetic(ally *adv*).

Syphilis *f* ⚕ syphilis.

Syrer(in) Syrian.

Syrien *n* Syria.

Syrier(in), syrisch *adj* Syrian.

System *n allg.* system, (*Verkehrssystem etc*) *a.* network.

System|absturz *m Computer*: system crash. **~analytiker(in)** systems analyst.

Systematik *f* systematics *sg*, system.

systematisch *adj* systematic(ally *adv*).

System|ausfall *m Computer*: system failure. **~datei** *f* system file. **~fehler** *m* system fault. **~kritiker(in)** dissident. **~software** *f* system software. **~start** *m* system start-up. **~steuerung** *f* system control. **~veränderung** *f* change in the system.

Szenario *n Film u. fig.* scenario.

Szene *f thea. etc* scene (*a. fig. Schauplatz, Vorgang, Streit, a. Drogenszene etc*): ***in ~ setzen*** *thea. u. fig.* stage; ***sich in ~ setzen*** put on a show; (***j-m***) ***e-e ~ machen*** make a scene.

Szenen|applaus *m* applause during the scene. **~wechsel** *m thea. etc* scene change.

Szenerie *f allg.* scenery, *thea. a.* setting.

S

T

T, t *n* T, t.

t ***Tonne***(*n pl*) ton(s *pl*) (t., t); tonne(s *pl*) (t).

Tabak *m* tobacco. **~geschäft** *n* tobacconist's. **~pflanze** *f* tobacco (plant). **~steuer** *f* tobacco duty. **~waren** *pl* tobacco goods *pl*.

tabellarisch *adj* tabulated, tabular: ***~r Lebenslauf*** personal data, résumé.

Tabelle *f* table, *graphische*: chart.

Tabellen|form *f* ***in ~*** in tabular form. **~führer** *m Sport*: (league) leader. **~kalkulation** *f* spreadsheet. **~letzte** *m* bottom team. **~programm** *n* spreadsheet program. **~spitze** *f* (***an der ~*** at the) top of the table.

tabellieren *v/t* tabulate.

Tablett *n* tray.

Tablette *f* tablet, pill.

tabu *adj* taboo: ***für ~ erklären*** (put under a) taboo. **Tabu** *n* (***ein ~ brechen*** break a) taboo. **tabuisieren** *v/t* taboo.

Tabulator *m* tabulator. **~taste** *f* tab key.

Tacho *m* F, **Tachometer** *m*, *n mot*. speedometer.

Tadel *m* reproof, *ped*. bad mark, (*Vorwurf*) reproach, (*Kritik*) criticism: ***ohne ~*** → **tadellos** *adj* (*fehlerlos*) faultless, blameless, flawless, (*einwandfrei*) above reproach, *a. Kleidung etc*: impeccable, (*ausgezeichnet*, *a.* F *fig*.) perfect.

tadeln *v/t* (***wegen*** for) reprimand, blame, (*kritisieren*) criticize, censure.

tadelnswert *adj* reprehensible.

Tafel *f* **1.** (*Schultafel*) blackboard, (*Schiefertafel*) slate, (*Anschlagtafel*) notice (*Am*. bulletin) board, (*Platte*, *a. Bildtafel im Buch*) plate, (*Steintafel*) slab, (*Gedenktafel*) tablet, plaque, (*Holztafel*) panel. **2.** (*~ Schokolade*) bar. **3.** (dinner) table: ***die ~ aufheben*** rise from table.

tafelfertig *adj* ready to serve.

Tafelgeschirr *n* dinner service.

Tafelland *n geogr*. tableland, plateau.

tafeln *v/i* dine.

täfeln *v/t* panel.

Tafelsilber *n* silver(ware).

Täfelung *f* panel(l)ing.

Tafelwasser *n* mineral (*od*. table) water.

Tafelwein *m* table wine.

Taft *m* taffeta.

Tag *m* day: ***am ~e, bei ~e*** in the daytime, (*bei Tageslicht*) by daylight; ***am nächsten ~*** the day after; ***am ~ zuvor*** the day before; ***dieser ~e*** one of these days, (*neulich*) the other day; ***e-s ~es*** one day, *zukünftig*: *a*. some day; ***den ganzen ~*** all day long; ***~ für ~*** day after day, *get better etc* day by day; ***alle paar ~e*** every few days; ***jeden zweiten ~*** every other day; ⚒ ***unter*** (***über***) ***~e*** underground (above ground); ***von e-m ~ auf den anderen*** overnight; ***guten ~!*** good morning!, good afternoon!, F hello!, *bei der Vorstellung*: how do you do!; ***j-m guten ~ sagen*** say hello to s.o.; *fig*. ***an den ~ bringen*** (***kommen***) bring (come) to light; ***s-e ~e haben*** have one's period; ***an den ~ legen*** display, show; ***welchen ~ haben wir heute?*** what's (the date) today?; ***zu ~e*** → ***zutage***; → ***Abend, frei*** 1, ***heute*** I, ***heutig*** *etc*.

tagaus → ***tagein***.

Tagebau *m* ⚒ opencast mining.

Tagebuch *n* (***ein ~ führen*** keep a) diary.

Tagegeld(er *pl*) *n* daily allowance *sg*.

tagein *adv* ***~, tagaus*** day in, day out.

tagelang **I** *adj* lasting for days. **II** *adv* for day (and days).

Tagelöhner(in) day labo(u)rer.

tagen *v/i* have a meeting, sit (in conference), ⚖ be in session.

Tages|anbruch *m* (***bei ~*** at) daybreak. **~ausflug** *m* day trip. **~creme** *f* day cream. **~bericht** *m* daily report (*od*. bulletin). **~decke** *f* bedspread. **~einnahme(n** *pl*) *f* day's takings *pl*. **~gericht** *n gastr*. dish of the day. **~gespräch** *n the* talk of the day. **~honorar** *n* daily fee. **~kalender** *m* diary. **~karte** *f* **1.** day ticket. **2.** *gastr*. menu for the day. **~kurs** *m* **1.** *econ. Devisen*: current rate, *Effekten*: current price. **2.** *ped*. day course. **~leistung** *f* daily output. **~licht** *n* daylight: *fig*. ***ans ~ bringen*** (***kommen***) bring (come) to light. **~lichtprojektor** *m* overhead projetor. **~mutter** *f* child minder.

Tagesordnung *f* (***auf der ~ stehen*** be on the) agenda: ***et. auf die ~ setzen*** place s.th. on the agenda; *a. fig*. ***zur ~ übergehen*** proceed to the order of the day; *fig*. ***an der ~ sein*** be the order of the day.

Tagesordnungspunkt *m* item on the agenda: ***nächster ~ sein*** be next on the agenda.

Tages|pauschale *f* daily flat rate. **~preis** *m* current price. **~presse** *f* daily press. **~raum** *m* dayroom. **~rückfahrkarte** *f* day return (ticket). **~satz** *m* daily rate, *für Verpflegung*: daily ration. **~stätte** *f* day-care cent/re (*Am.* -er). **~tour** *f* day trip. **~zeit** *f* time of day, (*Ggs. Nachtzeit*) daytime: ***zu jeder ~*** at any time of the day. **~zeitung** *f* daily (newspaper).

tageweise *adv* on a day-to-day basis.

taggen *v/t Computer*: tag.

taghell *adj u. adv* (as) light as day.

...tägig ...-day.

täglich I *adj* daily, (*all~*) everyday. **II** *adv* every day, daily: ***zweimal ~*** twice a day.

tags *adv* ***~ darauf*** (***zuvor***) the day after (before).

Tagschicht *f* day shift.

tagsüber *adv* during the day.

tagtäglich *adv* day in, day out.

Tagtraum *m* daydream.

Tag-und-Nachtdienst *m* round-the-clock service.

Tagung *f* conference, *Am. a.* convention.

Tagungs|hotel *n*, **~ort** *m* conference venue. **~raum** *m* conference room.

Taifun *m* typhoon.

Taille *f* waist, *am Kleid*: *a.* waistline.

tailliert *adj* waisted.

Taiwan *n* Taiwan.

Takelage *f* ⚓ rigging. **takeln** *v/t* rig.

Takt[1] *m* **1.** ♪ (*~einheit*) bar, (*a. ~schlag*) beat, (*Walzertakt etc*) (*waltz etc*) time: ***3/4-~*** three-four-time; ***~ halten*** keep time; ***den ~ schlagen*** beat the time; ***aus dem ~ kommen*** lose the beat, *fig.* be put off one's stroke. **2.** rhythm, (*Arbeitstakt etc*) cycle, *mot.* (*Hub*) stroke: ***im 15-Minuten ~*** at 15-minute intervals.

Takt[2] *m*, **Taktgefühl** *n* tact.

taktieren *v/i* ***geschickt ~*** use clever tactics.

Taktik *f* tactics *pl* (*a. sg, fig. nur pl konstr.*): ***die ~ ändern*** change tactics.

Taktiker(in) tactician.

taktisch *adj a. fig.* tactical.

taktlos *adj* tactless. **Taktlosigkeit** *f* tactlessness, indiscretion.

Takt|stock *m* baton. **~strich** *m* ♪ bar.

taktvoll *adj* tactful.

Tal *n* valley.

Talent *n* **1.** talent (***für, zu*** for). **2.** talent(ed person).

talentiert *adj* talented, gifted.

talentlos *adj* untalented.

Talentsucher(in) talent scout.

Talfahrt *f* **1.** descent. **2.** *econ.* downswing.

Talg *m* **1.** *gastr.* suet, *ausgelassen*: tallow. **2.** *physiol.* sebum.

Talgdrüse *f* sebaceous gland.

Talisman *m* (lucky) charm, mascot.

Talk *m* talc(um). **~master(in)** *TV* host. **~show** *f* chat (*Am.* talk) show.

Talmi *n a. fig.* pinchbeck.

Tal|sohle *f* **1.** bottom of the valley. **2.** *econ.* low. **~sperre** *f* dam.

Tamburin *n* tambourine.

Tampon *m*, **tamponieren** *v/t* ⚕ tampon.

Tamtam *n* F fuss (***um*** about).

Tand *m* (worthless) trash.

Tandem *n* tandem.

Tandler(in) *österr.* **1.** (*Händler*) junk dealer. **2.** (*langsamer Mensch*) dawdler.

Tang *m* ❦ seaweed.

Tangahöschen *n* G-string.

Tangente *f* ⩫ tangent.

tangential *adj* tangential.

tangieren *v/t* **1.** ⩫ be tangent to. **2.** *fig.* affect, concern.

Tango *m* tango.

Tank *m* tank.

tanken I *v/t* **1.** fill up with, (*auf~*) refill, refuel. **2.** F *fig.* (*Geld, Luft etc*) get. **II** *v/i* **3.** tank up (*a.* F *saufen*), refuel.

Tanker *m* ⚓ (oil) tanker.

Tankschiff *n* → ***Tanker.***

Tank|stelle *f* filling (*od.* petrol, *Am.* gas) station. **~verschluss** *m mot.* fuel cap. **~wagen** *m mot.* tanker. **~wart(in)** petrol pump (*Am.* gas station) attendant.

Tanne *f* fir (tree).

Tannen|baum *m* fir (tree). **~nadel** *f* fir needle. **~zapfen** *m* fir cone.

Tansania *n* Tanzania.

Tante *f* **1.** aunt: ***~ Helene*** Aunt Helen. **2.** F (*Frau*) woman, bird.

Tante-Emma-Laden *m* F corner shop, *Am.* mom-and-pop store.

Tantieme *f von Autoren etc*: royalty.

Tanz *m* **1.** dance. **2.** F *fig.* (*Aufheben*) fuss. **~bein** *n* F ***das ~ schwingen*** shake a leg.

tänzeln *v/i* skip, *Pferd*: prance.

tanzen *v/t u. v/i* dance.

Tänzer(in) dancer, *thea.* (ballet) dancer.

Tanz|fläche *f* dance floor. **~kapelle** *f* dance band. **~kurs** *m* dancing course. **~lehrer(in)** dancing instructor. **~lokal** *n* dance hall. **~musik** *f* dance music. **~orchester** *n* dance band. **~partner(in)** dancing partner. **~saal** *m* dance hall, ballroom. **~schritt** *m* dance step. **~schule** *f* dancing school. **~stunde** *f* ***in die ~ gehen*** go to a dancing class. **~tee** *m* tea dance. **~turnier** *n* dancing contest.

Tapet *n* ***aufs ~ bringen*** bring *s.th.* up.

Tapete *f* wallpaper.

Tapetenwechsel *m* F *fig.* change (of scenery).

tapezieren *v/t u. v/i* (wall)paper: ***neu ~*** repaper.

tapfer *adj* brave. **Tapferkeit** *f* bravery.

tappen *v/i* **1.** (*gehen*) pad, *durch Nebel etc*: grope one's way. **2.** (*tasten*) grope (*od.* fumble) (about) (***nach*** for): *a. fig.* ***im Dunkeln ~*** be groping in the dark.

Tara *f econ.* tare.

Tarantel *f zo.* tarantula: F ***wie von der ~ gestochen*** as if stung by an adder.

Tarif *m* scale of charges, (*Einzeltarif*) rate, (*Gebühr*) charge, (*Lohntarif*) pay scale, (*Zolltarif*) tariff. **~abschluss** *m* wage settlement. **~autonomie** *f*, **~hoheit** *f* free collective bargaining. **~konflikt** *m* pay dispute.

tariflich I *adj* tariff ..., *Lohn etc*: standard ... **II** *adv* according to the tariff (*Löhne*: scale).

Tarif|lohn *m* standard wage(s *pl*). **~partner(in)** party to a wage agreement, *pl* union(s *pl*) and management. **~recht** *n* collective bargaining law. **~runde** *f* pay round. **~satz** *m* (tariff) rate, *für Löhne*: (standard) wage rate. **~verhandlungen** *pl* wage negotiations *pl*. **~vertrag** *m* wage agreement.

Tarnanzug *m* camouflage suit.

tarnen *v/t* camouflage, *fig. a.* disguise.

Tarn|farbe *f* camouflage colo(u)r. **~organisation** *f* cover organization

Tarnung *f* camouflage, *fig. a.* cover.

Tarot *m, n* tarot.

Tasche *f* **1.** (*Einkaufs-, Reisetasche etc*) bag, (*Handtasche*) (hand)bag, *Am.* purse. **2.** (*Hosentasche etc*) pocket: ***et. aus der eigenen ~ bezahlen*** pay for s.th. out of one's own pocket; ***den Gewinn in die eigene ~ stecken*** pocket the profit; F *fig.* ***j-n in die ~ stecken*** put s.o. in one's pocket; ***den Auftrag haben wir in der ~!*** the order is in the bag!; F ***j-m auf der ~ liegen*** live off s.o.; ***in die eigene ~ arbeiten*** line one's (own) pockets; ***tief in die ~ greifen*** (***müssen*** have to) fork out a lot of money.

Taschen|buch *n* paperback. **~dieb(in)** pickpocket. **~feuerzeug** *n* pocket lighter. **~format** *n* pocket size: ***im ~*** pocket-size(d). **~geld** *n* pocket money. **~kalender** *m* pocket diary. **~lampe** *f* torch, *Am.* flashlight. **~messer** *n* penknife. **~rechner** *m* pocket calculator. **~spiegel** *m* pocket mirror. **~tuch** *n* handkerchief. **~uhr** *f* fob watch. **~wörterbuch** *n* pocket dictionary.

Tasse *f* cup: ***e-e ~ Tee*** a cup of tea.

Tastatur *f* keyboard. **~anordnung** *f* keyboard layout.

Taste *f* key, (*Drucktaste*) *a.* push button.

tasten I *v/t* (*er~*) touch, feel. **II** *v/i* (***nach*** for) *a. fig.* grope, fumble. **III** *v/reflex* ***sich ~*** grope one's way.

tastend *adj* groping, *fig. a.* tentative.

Tasten|instrument *n* keyboard instrument. **~telefon** *n* push-button telephone.

Taster *m* **1.** *zo.* feeler. **2.** *tech.* key, (*Fühler*) sensor.

Tastsinn *m* sense of touch.

Tat *f* **1.** deed, act, (*Großtat*) feat, achievement, (*Tun*) action: ***Mann der ~*** man of action; → ***umsetzen*** 3. **2.** (*Straftat*) (criminal) offen/ce (*Am.* -se), crime: ***j-n auf frischer ~ ertappen*** catch s.o. redhanded. **3.** ***in der ~*** indeed.

Tatar *n gastr.* steak tartare.

Tatbestand *m* state of affairs, ⚖ facts *pl* of the case.

Tatendrang *m* thirst for action.

tatenlos *adj* inactive.

Täter(in) culprit, ⚖ offender.

tätig *adj* active (*a. Vulkan*), busy: ***~ sein als*** work as, (*fungieren*) act as; ***~ sein bei*** *e-r Firma*: work for, *e-m Institut etc*: work at; ***~ werden*** act, take action.

tätigen *v/t* (*Geschäfte*) effect, transact, (*Einkäufe*) make.

Tätigkeit *f* activity, (*Beruf*) occupation, job, (*Funktion*) function, *physiol., tech. etc* action: ***in ~*** in action; ***welche ~ üben Sie aus?*** what is your job?

Tätigkeits|bereich *m* job classification. **~bericht** *m* activity (*od.* progress) report. **~beschreibung** *f* job description (*od.* specification). **~feld** *n* field of activity. **~schwerpunkt** *m* main area of one's work.

Tatkraft *f* energy, drive, (*Initiative*) enterprise.

tatkräftig *adj* energetic(ally *adv*), active: ***~e Hilfe*** effective help.

tätlich *adj* violent: ⚖ ***~e Beleidigung*** assault and battery; ***~ werden*** become violent; ***gegen j-n ~ werden*** assault s.o.

Tätlichkeit *f* (act of) violence, ⚖ assault (and battery).

Tatort *m* scene of the crime.

tätowieren *v/t*, **Tätowierung** *f* tattoo.

Tatsache *f* fact: ***j-n vor vollendete ~n stellen*** confront s.o. with a fait accompli; ***~ ist, dass ...*** the fact is that ...; ***das ändert nichts an der ~, dass ...*** that doesn't alter the fact that ...; ***den ~n ins Auge blicken*** face the facts.

Tatsachenbericht *m* documentary.

tatsächlich I *adj* actual, real. **II** *adv* actually, really, in fact: ***~?*** really?

tätscheln *v/t* pat.

tatt(e)rig *adj* F doddery, (*zittrig*) shaky.

Tatze *f* paw.

Tau[1] *n* rope.

Tau[2] *m* dew.

taub *adj* **1.** deaf (*fig.* ***gegen, für*** to): ***auf einem Ohr ~*** deaf in one ear. **2.** *Nuss*: empty, *Gestein*: dead, *Glieder*: numb.

Taube[1] *m, f* deaf person: ***die ~n*** the deaf.

Taube² *f zo.* pigeon, *bsd. symbolisch, a. pol.* (*Ggs. Falke*) dove.
taubengrau *adj* dove-colo(u)red.
Taubenschlag *m* dovecot.
Taubheit *f* **1.** deafness. **2.** numbness.
taubstumm *adj* deaf and dumb.
Taubstumme *m, f* deaf-mute.
Taubstummensprache *f* deaf-and-dumb language.
tauchen I *v/i* dive (**nach** for), (*sport∼*) *a.* skin-dive, *U-Boot*: *a.* submerge. II *v/t* dip, *länger*: immerse: ***j-n*** ∼ duck s.o.
Tauchen *n* diving.
Taucher|(in) (*Sporttaucher* skin) diver. **∼anzug** *m* diving suit, *Sport*: *a.* wetsuit. **∼brille** *f* diving goggles *pl.* **∼glocke** *f* diving bell. **∼maske** *f* diving mask.
Tauchsieder *m* immersion heater.
tauen *v/i Eis etc*: thaw, melt: ***es taut*** a) it is thawing, b) (*Tau fällt*) dew is falling.
Taufbecken *n* font.
Taufe *f a. fig.* baptism, (*e-s Kindes*) *a.* christening: ***aus der*** ∼ ***heben*** stand godfather (*od.* godmother) to, *fig.* launch.
taufen *v/t* baptize, christen (*beide a. fig.*), (*nennen*) call.
Täufling *m* child (*od.* person) to be baptized.
Tauf|name *m* Christian name. **∼schein** *m* certificate of baptism. **∼stein** *m* font.
taugen *v/i* (**zu, für** for) be suited, be of use: ***nichts*** ∼ be no good; ***taugt es (et)was?*** is it any good?
Taugenichts *m* good-for-nothing.
tauglich *adj* suitable (**für, zu** for), *mil.* fit (for service).
Tauglichkeit *f* suitability, *mil.* fitness.
Taumel *m* **1.** dizziness. **2.** *fig.* whirl, (*Rausch*) rapture, frenzy.
taum(e)lig *adj* dizzy.
taumeln *v/i* reel, stagger.
Tausch *m* exchange, F swap, (*∼handel*) barter.
tauschen *v/t u. v/i* exchange (*a. Blicke, Worte etc*), (*ein∼*) *a.* barter, F swap (**gegen** for): ***ich möchte nicht mit ihr*** ∼ I wouldn't like to be in her shoes.
täuschen I *v/t* mislead, deceive, (*betrügen*) cheat, fool: ***wenn mich nicht alles täuscht*** if I am not very much mistaken; ***wenn mich mein Gedächtnis nicht täuscht*** if my memory serves me right; ***sich*** ∼ ***lassen*** be taken in (**von** by). II *v/i* be deceptive, *Sport*: feint, fake a blow *etc.* III *v/reflex* ***sich*** ∼ be mistaken, be wrong (***in j-m*** about s.o.); ***da täuscht er sich aber!*** he's very much mistaken there!
täuschend *adj* deceptive: *adv* ***j-m*** ∼ ***ähnlich sehen*** look remarkably like s.o.
Tausch|geschäft *n*, **∼handel** *m* barter, F swap. **∼objekt** *n* object of exchange.

Täuschung *f* deception, (*Selbsttäuschung*) delusion, (*Irrtum*) mistake, ⚖ deceit: ***optische*** ∼ optical illusion.
Täuschungs|manöver *n* feint, diversion. **∼versuch** *m* attempt to deceive.
Tauschwert *m* exchange value.
Tauschwirtschaft *f* barter economy.
tausend *adj* (a) thousand: ***Tausend und Abertausend*** thousands and thousands of; ***zu*** **∼*en*** by the thousand.
Tausend *n* thousand.
Tausender *m* F thousand mark note.
tausendfach I *adj* thousandfold. II *adv* → ***tausendmal.***
Tausendfüß(l)er *m zo.* centipede.
tausendjährig *adj* of a thousand years, millennial.
tausendmal *adv* a thousand times.
tausendst *adj* thousandth.
Tausendstel *n* thousandth (part).
Tautropfen *m* dewdrop.
Tauwetter *n a. fig. pol.* thaw.
Tauziehen *n a. fig.* tug-of-war.
Taxameter *m* taximeter.
Taxe *f* **1.** (*Gebühr*) rate, fee, (*Steuer*) tax. **2.** → **Taxi** *n* taxi, cab: ∼ ***fahren*** a) drive a taxi, b) go by taxi.
taxieren *v/t* **1.** estimate, *econ.*, ⚖ assess. **2.** F (*prüfend betrachten*) size up.
Taxifahrer(in) taxi driver.
Taxistand *m* taxi rank.
Teak(holz) *n* teak.
Teamarbeit *f* teamwork.
Technik *f* engineering, (*Wissenschaft*) technology, (*Verfahren*) technique (*a. Kunst, Sport etc*), (*Ausrüstung*) equipment, *e-r Maschine etc*: mechanics *pl.*
Techniker(in) (technical) engineer, (*Spezialist, a. Sportler etc*) technician.
technisch *adj allg.* engineering (*process, etc*), (*bsd. betriebs∼, a. Kunst, Sport etc*) technical, (*wissenschaftlich*) technological (*a. Fortschritt, Zeitalter etc*): *Boxen*: **∼*er K.o.*** technical knockout; **∼*es Personal*** technical staff; **∼*e Hochschule*** college of technology.
technisieren *v/t* technify.
Techno *m* ♪ techno.
Technokrat(in) technocrat.
Technologie *f* technology. **∼park** *m* science (*od.* technology) park. **∼transfer** *m* technology transfer. **∼zentrum** *n* science park.
technologisch *adj* technological.
Technomusik *f* techno.
Teddybär *m* teddy bear.
TEE ***Trans-Europ-Express*** Trans-European Express (TEE).
Tee *m* tea: ***e-n*** ∼ ***trinken*** have a cup of tea; → ***abwarten*** II. **∼beutel** *m* teabag. **∼büchse** *f*

T

tea caddy. **~-Ei** *n* (tea) infuser. **~gebäck** *n* biscuits *pl*, *Am*. cookies *pl*. **~kanne** *f* teapot. **~kessel** *m* teakettle. **~küche** *f* (tea) kitchen. **~löffel** *m* teaspoon: ***ein ~ voll*** teaspoonful. **~maschine** *f* tea urn.

Teenager *m* teenager.

Teenager... teenage ...

Teer *m*, **teeren** *v/t* tar.

Tee|sieb *n* tea strainer. **~stube** *f* tearoom. **~tasse** *f* teacup. **~wagen** *m* tea trolley. **~wärmer** *m* tea cosy.

Teich *m* pond, pool.

Teig *m* dough, (*Rührteig*) batter.

teigig *adj* doughy, pasty (*a. fig.*).

Teigwaren *pl* pasta *sg*.

Teil *m*, *n* part (*a. tech.*), (*Anteil*) share, (*Bestandteil, a. tech.*) component, element: *bsd.* ⚖ ***beide ~e*** both sides; ***ein ~ davon*** part of it; ***der größte ~*** the greater part (*gen* of); ***zum ~*** partly; ***zum großen*** (*od.* ***größten***) ***~*** largely, for the most part; ***zu gleichen ~en*** in equal shares; ***sein ~ beitragen*** do one's bit; ***sich sein ~ denken*** have one's own thoughts about it; ***ich für mein ~*** I for my part.

Teil|abschreibung *f* writedown. **~ansicht** *f* partial view.

teilautomatisiert *adj* partially automated.

teilbar *adj* divisible.

Teil|bereich *m* sector, section, subdivision. **~betrag** *m* partial amount.

Teilchen *n a. phys.* particle.

teilen I *v/t* divide, (*auf~, ver~*) distribute, share out, (*gemeinsam haben*) share: ***die Kosten ~*** share expenses; ***Freud und Leid mit j-m ~*** share s.o.'s joys and troubles. **II** *v/reflex* ***sich ~*** divide, *Vorhang*: part; ***sich in et. ~*** share s.th.; → ***geteilt.***

Teiler *m* 𝔄 divisor.

Teilerfolg *m* partial success.

teilhaben *v/i* (***an*** *dat* in) participate, share.

Teilhaber(in) *econ.* partner, associate.

Teilhaberschaft *f* partnership.

Teilkaskoversicherung *f* partial coverage insurance.

Teillieferung *f* part delivery.

Teilnahme *f* (***an*** *dat*) **1.** participation (in), (*Besuch*) attendance (at). **2.** *fig.* (*Anteilnahme*) interest (in), sympathy (with), (*Beileid*) condolence(s *pl*).

teilnahmeberechtigt *adj* eligible.

teilnahmslos *adj* indifferent, listless, apathetic(ally *adv*).

Teilnahmslosigkeit *f* indifference, listlessness, apathy.

teilnahmsvoll *adj* sympathetic(ally *adv*).

teilnehmen *v/i* (***an*** *dat*) **1.** take part (in), (*besuchen*) be present (at), attend (*s.th.*). **2.** *fig.* take an interest (in), *mitfühlend*: sympathize (with).

teilnehmend → ***teilnahmsvoll.***

Teilnehmer(in) participant, *Sport etc*: competitor, entrant, *teleph.* subscriber.

Teilruhestand *m* partial retirement.

teils *adv* partly.

Teilstrecke *f Bus etc*: (fare) stage, 🚂 section, (*Etappe*) stage, *a. Sport*: leg.

Teilstück *n* section.

Teilung *f* division (*a. biol.*, 𝔄), *e-s Landes*: *a.* partition.

teilweise I *adj* partial. **II** *adv* partly, partially, in part.

Teilzahlung *f* part payment, (*Ratenzahlung*) payment by instal(l)ments: ***auf ~ kaufen*** buy on instal(l)ment (*od.* hire purchase).

Teilzahlungs|bank *f* finance house. **~kauf** *m* hire purchase. **~preis** *m* hire-purchase price. **~vertrag** *m* hire-purchase contract.

Teilzeit *f* part-time: ***~ arbeiten*** work (*od.* do) part-time. **~arbeit** *f* part-time job. **~arbeitsplatz** *m* part-time job.

teilzeitbeschäftigt *adj* ***~ sein*** work part-time.

Teilzeit|beschäftigte *m, f* part-time employee. **~beschäftigung** *f* part-time employment. **~kraft** *f* part-time employee, F part-timer.

Teint *m* complexion.

Tele|arbeit *f* teleworking, telecommuting. **~arbeitnehmer(in)** teleworker, telecommuter. **~arbeitsplatz** *m* teleworkstation.

Telebrief *m* ***per ~*** by fax.

Telefax *n* telefax. **~anschluss** *m* fax connection.

telefaxen *v/t* telefax.

Telefaxgerät *n* fax machine.

Telefaxnummer *f* fax number.

Telefon *n* (tele)phone: ***am ~*** on the (tele)phone; ***ans ~ gehen*** answer the (tele-)phone; ***~ haben*** be on the (tele)phone. **~anruf** *m* (phone) call. **~anschluss** *m* telephone connection: ***~ haben*** be on the (tele-)phone.

Telefonat *n* → ***Telefongespräch.***

Telefon|banking *n* telephone banking. **~buch** *n* phone book, telephone directory. **~gebühr** *f* telephone charge. **~gespräch** *n* telephone conversation, phone call. **~hörer** *m* receiver.

telefonieren *v/i* (tele)phone: ***mit j-m ~*** call (*od.* ring) s.o. (up), talk to s.o. over the (tele)phone; ***sie telefoniert gerade*** she is on the phone (***mit*** to).

telefonisch *adj* telephonic(ally *adv*), *adv mst* by (*od.* over the) (tele)phone: ***~ übermitteln*** (tele)phone; ***sind Sie ~ zu erreichen?*** can I call you?

Telefonist(in) (telephone) operator.

Telefon|karte *f* phonecard. **~konferenz** *f* telephone conference. **~netz** *n* telephone network. **~nummer** *f* (tele)phone number. **~register** *n* telephone register. **~seelsorge** *f* pastoral advice service, *Br. the* Samaritans *pl.* **~überwachung** *f* telephone tapping. **~verbindung** *f* telephone connection. **~zelle** *f* (tele)phone box (*od.* booth), call box. **~zentrale** *f* (telephone) switchboard: ***über die ~*** through *od.* via the switchboard.

Telegrafenmast *m* telegraph pole.

Telegrafie *f* telegraphy: ***drahtlose ~*** radiotelegraphy.

telegrafieren *v/t u. v/i* telegraph, wire, *nach Übersee*: cable.

telegrafisch *adj* telegraphic(ally *adv*), *adv mst* by telegram, by wire, by cable: ***~e Überweisung*** cable transfer.

Telegramm *n* telegram, *Am. a.* wire, (*bsd. nach Übersee*) cable. **~anschrift** *f* cable address.

Teleheimarbeit *f* teleworking.

Telekommunikation *f* telecommunications *sg.*

Telekommunikations|dienst *m* telecommunications service. **~technik** *f* telecommunications technology.

Telekopie *f* telecopy.

Telekopierer *m* telecopier.

Teleobjektiv *n* telephoto lens.

Telepathie *f* telepathy.

telepathisch *adj* telepathic(ally *adv*).

Teleprompter *m* autocue.

Teleshopping *n* teleshopping.

Teleskop *n* telescope.

teleskopisch *adj* telescopic(ally *adv*).

Telespiel *n* TV game.

Telex *n*, **telexen** *v/t* telex.

Teletext *m* teletext.

Teller *m* **1.** plate: ***ein ~ voll*** a plateful. **2.** *tech., a. am Skistock*: disc, disk.

Tempel *m* temple.

Temperament *n* temperament, temper, (*Schwung*) verve, vivacity, F pep: ***hitziges ~*** hot temper.

temperamentlos *adj* lifeless.

temperamentvoll *adj* vivacious, (high-) spirited.

Temperatur *f* (***bei e-r ~ von*** at a) temperature (of); ⚕ ***~ haben*** have (*od.* run) a temperature; ***j-s ~ messen*** take s.o.'s temperature. **~anstieg** *m* rise in temperature. **~sturz** *m* sudden drop in temperature.

temperieren *v/t a.* ♪ temper.

Tempo *n* tempo (*a.* ♪), speed, rate, pace: ***in langsamem ~*** at a slow pace; ***das ~ bestimmen*** (***durchhalten, forcieren*** *od.* ***steigern***) set (stand, force) the pace; ***~!*** step on it!, go!

Tempolimit *n mot.* speed limit.

temporär *adj* temporary.

Tempotaschentuch *n* (*TM*) tissue.

Tendenz *f* tendency, (*Entwicklungstendenz*) *mst* trend (*a. econ.*), *oft contp.* bias, slant.

tendenziös *adj* tendentious.

tendieren *v/i* tend (***nach, zu*** to).

Tennis *n* tennis. **~ball** *m* tennis ball. **~halle** *f* covered court. **~platz** *m* tennis court. **~schläger** *m* tennis racket. **~spieler(in)** tennis player. **~turnier** *n* tennis tournament.

'Tenor[1] *m* (*Inhalt*) tenor, substance.

Te'nor[2] *m* ♪ **1.** (*a.* **~stimme** *f*, **~partie** *f*) tenor (voice, part). **2.** *a.* **Tenorist** *m* tenor (singer *od.* player).

Tensid *n* surfactant.

Teppich *m* carpet: *fig.* ***et. unter den ~ kehren*** sweep s.th. under the carpet; F ***bleib auf dem ~!*** be reasonable! **~boden** *m* fitted carpet, wall-to-wall carpeting. **~schaum** *m* carpet foam.

Termin *m* **1.** (set) date, time limit, (*letzter ~*) deadline: ***e-n ~ festsetzen*** fix a date *etc*; ***e-n ~ einhalten*** meet a deadline; ***et. auf ~ legen*** fix a date for s.th.; ***bis zu diesem ~*** by this date. **2.** (*Arzttermin*) (***sich e-n ~ geben lassen*** make an) appointment. **3.** ⚖ hearing.

Terminal *m, n allg.* terminal.

Termin|arbeit *f* scheduled work. **~börse** *f* futures exchange. **~druck** *m* time (*od.* deadline) pressure: ***unter ~ stehen*** *a.* have a tight schedule. **~einhaltung** *f* adherence to the timetable. **~einlagen** *pl* time deposits *pl.*

termingebunden *adj* tied to a deadline: ***~ sein*** have a deadline.

Termingeld *n* (money on) term deposit.

termingemäß → ***termingerecht.***

termingerecht *adj u. adv*: ***~e Lieferung/Fertigstellung*** *etc* delivery/completion on schedule (*od.* on time).

Termingeschäft *n* forward contract, *pl* futures *pl.*

terminieren *v/t* fix a date for.

Terminkalender *m* appointments book, ⚖ cause list, *Am.* calendar.

terminlich *adj* ***~e Schwierigkeiten haben*** have a very tight schedule, (*mit e-r Frist*) have difficulty meeting the deadline.

Terminmarkt *m* futures market.

Terminologie *f* terminology.

Termin|plan *m* schedule. **~planer** *m* personal organizer. **~planung** *f* scheduling. **~schwierigkeiten** *pl* ***in ~ sein*** have difficulty meeting a (*od.* the) deadline; ***wegen ~*** due to prior commitments. **~sicherung** *f* futures hedging. **~überwachung** *f* progress control. **~vorgabe** *f* scheduled date.

Termite *f zo.* termite.
Terpentin *n, m* ⚗ turpentine.
Terrain *n* (*Gelände*) terrain, (*Grundstück*) plot of land, (building) site.
Terrasse *f* terrace.
terrassenförmig *adj* terraced.
Terrassentür *f* French window.
Territorium *n* territory.
Terror *m* terror. **~akt** *m* act of terrorism. **~anschlag** *m* terrorist attack.
terrorisieren *v/t* terrorize.
Terrorismus *m* terrorism.
Terrorist(in), terroristisch *adj* terrorist.
tertiär *adj* tertiary: ***~er Wirtschaftssektor*** tertiary sector, services sector.
Terz *f* **1.** ♪ third. **2.** *fenc.* tierce.
Tesafilm *m* (*TM*) *etwa* Sellotape (*TM*).
Tessin *n das* Ticino.
Test *m* test.
Testament *n* **1.** (last) will, ⚖ last will and testament: ***sein ~ machen*** make a will. **2.** *eccl.* ***Altes*** (***Neues***) ~ Old (New) Testament.
testamentarisch I *adj* testamentary. **II** *adv* by will.
Testaments|eröffnung *f* opening of the will. **~vollstrecker(in)** executor.
Testbild *n TV* test card, *Am.* test pattern.
testen *v/t* test.
Test|lauf *m tech.* trial run, test run. **~person** *f* (test) subject. **~pilot(in)** test pilot. **~strecke** *f mot.* test track.
Tetanus(schutz)impfung *f* ⚕ tetanus vaccination.
teuer I *adj* expensive, *bsd. Br. a.* dear: ***wie ~ ist es?*** how much is it?; ***Fleisch ist teurer geworden*** meat prices have gone up; *fig.* ***j-m ~ sein*** be dear to s.o. **II** *adv* dear(ly): ***das wird ihn ~ zu stehen kommen*** he will have to pay dearly for that.
Teuerung *f* high (*od.* rising) prices *pl*, high cost of living.
Teuerungs|rate *f* rate of price increases. **~zulage** *f* cost-of-living allowance (*od.* bonus).
Teufel *m* devil: ***der ~*** the Devil; ***armer ~!*** poor devil (*od.* wretch)!; ***pfui ~!*** ugh!, *entrüstet*: digusting!; ***wer*** (***wo, was***) ***zum ~?*** who (where, what) the devil (*od.* hell)?; ***wie der ~,*** F ***auf ~ komm raus*** like blazes; ***in*** (***des***) ***~s Küche kommen*** get into a hell of a mess; ***j-n zum ~ jagen*** send s.o. packing; ***der ~ war los!*** all hell had broken loose!; ***das Geld ist zum ~*** the money is down the drain; ***mal den ~ nicht an die Wand!*** don't tempt fate!; ***scher dich zum ~!*** go to hell!
Teufelskerl *m* devil of a fellow.
Teufelskreis *m fig.* vicious circle.
teuflisch *adj* devilish, *fig. a.* hellish.

Text *m* text, (*Liedtext*) words *pl*, lyrics *pl*. **~aufgabe** *f math.* problem. **~automat** *m* automatic typewriter. **~baustein** *m Computer*: text module. **~buch** *n* libretto. **~datei** *f Computer*: text file.
texten I *v/t* write. **II** *v/i* write (the) lyrics.
Texter(in) (*Werbetexter*) copywriter, (*Schlagertexter*) songwriter.
Texterfasser(in) keyboarder.
Texterfassung *f* keyboarding.
Textilien *pl* textiles *pl*.
Textilindustrie *f* textile industry.
Textkritik *f* textual criticism.
Textverarbeitung *f* word processing.
Textverarbeitungssystem *n* word processor.
TH *f* ***Technische Hochschule*** college of technology, technical university.
Thailand *n* Thailand.
Theater *n* **1.** theatre, *Am.* theater: ***zum ~ gehen*** go on the stage; ***ins ~ gehen*** go to the theatre. **2.** *fig.* play-acting, *contp.* farce, (*Aufheben*) fuss: ***~ spielen*** put on an act; ***mach kein ~!*** don't make a fuss! **~abonnement** *n* theatre sub-scription. **~besuch** *m* visit to the theatre. **~besucher(in)** theatregoer. **~karte** *f* theatre ticket. **~kasse** *f* box office. **~probe** *f* rehearsal. **~stück** *n* (stage) play. **~vorstellung** *f* (stage) performance. **~zettel** *m* playbill.
theatralisch *adj* theatrical.
Theke *f* bar, (*a. Ladentheke*) counter.
Thema *n* subject, (*Gesprächsthema*) *a.* topic, *bsd.* ♪ theme: ***beim ~ bleiben*** stick to the point; ***kein ~ sein*** be no subject for discussion; ***das ~ wechseln*** change the subject.
Thematik *f* subject (matter).
Themenkreis *m* subject area.
Themse *f the* Thames.
Theologe *m*, **Theologin** *f* theologian.
Theologie *f* theology.
theologisch *adj* theological.
Theoretiker(in) theorist.
theoretisch *adj u. adv* theoretical(ly), *adv a.* in theory.
theoretisieren *v/i* theorize.
Theorie *f* theory.
Therapeut(in) therapist.
therapeutisch *adj* therapeutic(ally *adv*).
Therapie *f* therapy.
Thermal|bad *n* thermal spa, (*Schwimmbad*) thermal baths *pl*. **~quelle** *f* → **Therme** *f* thermal spring.
Thermik *f* thermionics *sg*.
thermisch *adj* thermic.
Thermodrucker *m* thermal printer.
Thermodynamik *f* thermodynamics *pl* (*sg konstr.*).
Thermometer *n* thermometer: ***das ~ zeigt***

T

(*od.* ***steht auf***) ***5 Grad über*** (***unter***) ***null*** the thermometer is at (*od.* shows) 5 degrees above (below) zero.
Thermosflasche *f* (*TM*) thermos flask (*TM*).
Thermostat *m* thermostat.
Thermounterwäsche *f* thermal underwear, F thermals *pl.*
These *f* thesis, (*Theorie*) theory.
Thon *m schweiz.* tuna (fish).
Thrombose *f* ⚕ thrombosis.
Thron *m* throne.
thronen *v/i a. fig.* be enthroned.
Thron|erbe *m* heir to the throne. **~erbin** *f* heiress to the throne. **~folge** *f* succession to the throne. **~folger(in)** successor to the throne.
Thunfisch *m* tunny, *in Dosen*: tuna.
Thüringen *n* Thuringia.
Thymian *m* ⚘ thyme.
Tibet *n* Tibet.
Tibeter(in), tibetisch *adj* Tibetan.
Tick *m* (*Schrulle*) quirk, tic.
ticken *v/i* tick.
Tie-Break *m, n Tennis*: tie-break(er).
tief I *adj allg.* deep (*a. fig.*), (*niedrig*) low, *fig. Wissen, Erkenntnis etc*: *a.* profound: ***aus ~stem Herzen*** from the bottom of one's heart; ***im ~sten Winter*** in the dead of winter. **II** *adv* deep, (*niedrig*) low, *fig.* deeply, (*weit*) far: ***~ in Gedanken*** deep in thought; ***~ betrübt*** deeply grieved, very sad; ***~ bewegt*** deeply moved; ***~ empfunden*** heartfelt; ***~ greifend*** far-reaching; ***~ liegend*** a) low(-lying), b) *Augen*: deep-set, c) *fig.* deep(-seated); *fig.* ***~ schürfend*** profound; ***~ enttäuscht*** badly disappointed; ***~ schlafen*** be fast asleep, sleep soundly; ***bis ~ in die Nacht hinein*** far into the night.
Tief *n meteor., a. fig.* low, depression.
Tiefbau *m* civil engineering. **~ingenieur(in)** construction engineer.
tiefblau *adj* deep blue.
Tiefdruck *m* **1.** *meteor.* low pressure. **2.** intaglio (printing). **~gebiet** *n* cyclone, low-pressure area.
Tiefe *f* **1.** depth, *fig.* (*Tiefgründigkeit*) *a.* profundity. **2.** *pl Radio etc*: bass *sg.*
Tiefebene *f* lowland(s *pl*).
Tiefen|analyse *f* depth analysis. **~interview** *n* (in-)depth interview. **~psychologie** *f* depth psychology. **~regler** *m Radio etc*: bass control. **~schärfe** *f phot.* depth of focus.
tiefernst *adj* very grave.
Tief|flug *m* low-level flight. **~gang** *m* **1.** ⚓ draught. **2.** *fig.* depth. **~garage** *f* underground car park.
tiefgefroren *adj* deep-frozen.
tiefgründig *adj* profound, deep.
Tiefkühl|fach *n* freezing compartment. **~kost** *f* frozen foods *pl.* **~truhe** *f* freezer, deep-freeze.
Tiefpunkt *m fig.* low: ***e-n seelischen ~ haben*** feel very depressed.
Tiefschlag *m a. fig.* hit below the belt.
tiefschwarz *adj* jet-black.
Tiefsee *f* deep sea.
tiefsinnig *adj* profound.
Tiefstand *m fig.* low: ***e-n absoluten ~ erreichen*** hit an all-time low.
Tiefstpreis *m* rock-bottom price.
Tiegel *m* saucepan, (*Schmelztiegel*) crucible.
Tier *n* animal (*a. fig.*), *großes*: beast, *fig.* (*Untier*) brute: F ***großes*** (*od.* ***hohes***) **~** bigwig, big shot. **~art** *f* (animal) species. **~arzt** *m*, **~ärztin** *f* veterinary surgeon, *Am.* veterinarian, F vet. **~freund(in)** animal lover. **~garten** *m* zoological gardens *pl*, zoo. **~handlung** *f* pet shop. **~heim** *n* home for animals.
tierisch I *adj* animal ..., *fig.* (*roh*) *a.* brutish: ***~e Fette*** animal fats. **II** *adv* F *fig.* (*sehr*) awfully, terribly.
Tierkreis *m astr.* zodiac. **~zeichen** *n* sign of the zodiac.
Tierkunde *f* zoology.
tierlieb *adj* fond of animals.
Tier|medizin *f* veterinary medi-cine. **~nahrung** *f* pet food. **~pfleger(in)** keeper. **~quälerei** *f* cruelty to animals. **~reich** *n* animal kingdom. **~schutz** *m* animal welfare. **~schützer(in)** animal welfarist. **~schutzverein** *m* Society for the Prevention of Cruelty to Animals. **~transport** *m* animal transport. **~versuch** *m* animal experiment. **~welt** *f* animal world.
Tiger *m* tiger. **Tigerfell** *n* tiger skin.
Tigerin *f* tigress.
tigern *v/i* F traipse, trot.
Tilde *f ling.* tilde.
tilgbar *adj econ.* redeemable.
tilgen *v/t* **1.** (*streichen*) wipe out (*a. fig.*), (*a. fig. Erinnerung etc*) blot out, *print.* delete, (*ungültig machen*) cancel, (*auslöschen, a. fig.*) efface, erase. **2.** *econ.* pay off, (*Anleihe etc*) redeem.
Tilgung *f econ.* repayment, redemption.
Tilgungsanleihe *f* amortization loan.
Tilgungsfonds *m* sinking (*od.* redemption) fund.
tilgungsfrei *adj* redemption-free.
Tilgungsrate *f* redemption rate.
timen *v/t* time: ***gut*** (***schlecht***) ***getimt*** well (badly) timed.
Timing *n* timing.
Tinktur *f* tincture.
Tinnef *m* F rubbish, (*Plunder*) *a.* junk.

T

Tinte *f* ink: F ***in der ~ sitzen*** be in a spot.

Tintenfisch *m* squid, (*Krake*) octopus.

Tinten|drucker *m Computer*: inkjet printer. **~klecks** *m* inkblot. **~kuli** *m* stylograph. **~patrone** *f* ink cartridge. **~strahldrucker** *m* inkjet printer. **~stift** *m* indelible pencil.

Tipp *m allg*. tip, (*Wink*) *a*. hint: ***ein sicherer ~*** a sure bet; ***j-m e-n ~ geben*** give s.o. a tip, (*warnen*) tip s.o. off.

tippen I *v/i* **1.** ***~ an*** (*acc*) tap. **2.** F *im Lotto*: do the Lotto, *im Toto*: do the pools. **3.** F ***~ auf*** (*acc*) tip; ***ich tippe auf ihn*** my bet is on him. **4.** F type. **II** *v/t* **5.** F (*Brief etc*) type.

Tippfehler *m* typing error.

Tippse *f* F *contp*. typist.

tipptopp F **I** *adj* first-class. **II** *adv* ***~ sauber*** spick and span; ***~ gekleidet*** immaculately dressed.

Tippzettel *m* lotto (*od*. pools) coupon.

Tirol *n* Tyrol.

Tiroler(in), tirolerisch *adj* Tyrolese.

Tisch *m* table: ***am ~ sitzen*** sit at the table; ***bei ~ sitzen*** sit at table; ***den ~ decken*** (***abräumen***) lay (clear) the table; *fig*. ***reinen ~ machen*** make a clean sweep (*od*. make tabula rasa) (***mit*** of); ***unter den ~ fallen*** fall flat; ***die Sache ist auf dem*** (***vom***) ***~*** the matter is on (off) the table; ***j-n über den ~ ziehen*** pull a fast one on s.o.; → ***grün***.

Tisch|dame *f* partner at table. **~decke** *f* tablecloth.

tischfertig *adj* ready(-)to(-)serve.

Tisch|gebet *n* ***das ~ sprechen*** say grace. **~herr** *m* dinner partner. **~kalender** *m* desk calendar. **~karte** *f* place card. **~kopierer** *m* desktop copier.

Tischler(in) joiner, (*Kunsttischler*) cabinet-maker.

Tischlerei *f* **1.** joinery. **2.** joiner's workshop.

tischlern I *v/t* make. **II** *v/i* do joiner's work.

Tisch|platte *f* tabletop, *zum Ausziehen*: leaf. **~rechner** *m* desk calculator. **~rede** *f* after-dinner speech, toast. **~tennis** *n* table tennis. **~tuch** *n* tablecloth. **~vorlage** *f* handout. **~wein** *m* table wine.

Titan *n* ⚗ titanium.

Titel *m allg*. title. **~bild** *n e-s Buches*: frontispiece, *e-r Zeitschrift*: cover picture. **~blatt** *n e-s Buches*: title page, *e-r Zeitschrift*: front page. **~geschichte** *f* cover story. **~halter(in)** *Sport*: titleholder. **~kampf** *m* title match (*Boxen*: bout). **~melodie** *f* theme tune. **~rolle** *f* title role. **~seite** *f e-s Buches*: title page, *e-r Zeitschrift* : front page. **~verteidiger(in)** *Sport*: titleholder.

Titten *pl* V tits *pl*, boobs *pl*.

titulieren *v/t* ***j-n*** (***als*** *od*. ***mit***) ***Idiot*** *etc* ~ call s.o. an idiot *etc*.

TL ***türkische Lira*** (*pl* ***Lire***), ***türkisches*** (*pl* ***türkische***) ***Pfund*** Turkish lira (*pl* lire *od*. liras) (TL); Turkish pound(s *pl*) (£T).

-tlg. ***-teilig*** ...-part ..., in (*od*. consisting of) ... parts; ...-piece *suit etc*.

Toast *m* **1.** (*Trinkspruch*) toast: ***e-n ~ ausbringen*** → ***toasten*** II. **2.** *gastr*. toast.

toasten I *v/t* (*Brot*) toast. **II** *v/i* propose (*od*. drink) a toast (***auf*** *acc* to).

Toaster *m* toaster.

toben *v/i* **1.** *a. fig*. rage. **2.** *Kinder*: romp.

tobsüchtig *adj* raving mad, frantic.

Tobsuchtsanfall *m* F *fig*. ***e-n ~ bekommen*** fly into a tantrum.

Tochter *f* **1.** daughter. **2.** *econ*. → **~firma** *f* subsidiary firm. **~gesellschaft** *f econ*. subsidiary company. **~unternehmen** *n* subsidiary (enterprise).

Tod *m* death: ***den ~ finden*** be killed; ***e-s natürlichen ~es sterben*** die a natural death; *fig*. ***et. zu ~e reiten*** flog s.th. to death; F ***j-n zu ~e erschrecken*** (***langweilen***) frighten (bore) s.o. to death (*od*. stiff); ***auf den ~ nicht ausstehen können*** loathe, hate like poison.

todernst I *adj* deadly serious. **II** *adv* in dead earnest.

Todes|angst *f* **1.** fear of death. **2.** *fig*. mortal fear: ***Todesängste ausstehen*** be scared to death. **~anzeige** *f* obitu-ary (notice). **~fall** *m* (***im ~*** in case of) death. **~jahr** *n* year of s.o.'s death. **~kampf** *m* throes *pl* of death. **~kandidat(in)** doomed man, F goner. **~opfer** *pl* casualties *pl*, victims *pl*: ***Zahl der ~*** *a*. death toll. **~stoß** *m a. fig*. death blow. **~strafe** *f* death penalty, capital punishment: ***bei ~*** on penalty of death. **~tag** *m* day (*weitS*. anniversary) of s.o.'s death. **~ursache** *f* cause of death. **~urteil** *n* death sentence (*fig*. warrant). **~verachtung** *f* defiance of death: F *fig*. ***mit ~*** unflinchingly. **~zelle** *f* death cell, *pl a*. death row.

Todfeind(in) deadly enemy.

todgeweiht *adj* doomed.

todkrank *adj* fatally ill.

tödlich I *adj* fatal, *a. fig*. mortal (***für*** to), *Gift, Dosis etc*: lethal: ***mit ~er Sicherheit*** with deadly accuracy. **II** *adv* ***~ verunglücken*** be killed in an accident; F *fig*. ***sich ~ langweilen*** be bored stiff; ***~ beleidigt*** mortally offended.

tod|müde *adj* dead tired. **~schick** *adj* F snazzy: *adv* ***~ angezogen*** *a*. dressed to kill. **~sicher** F **I** *adj* dead sure, *Methode, Tip etc*: sure-fire: ***e-e ~e Sache*** a dead certainty, a cinch. **II** *adv* for sure: ***er kommt ~*** he is sure to come.

Todsünde *f* deadly (*od*. mortal) sin.

Töff *n schweiz*. motorbike.

Tohuwabohu *n* chaos.
Toilette *f* **1.** lavatory, toilet, *Am.* bathroom, restroom: ***öffentliche ~n*** *pl* public conveniences *pl.* **2.** ***~ machen*** make one's toilet. **3.** (*Kleidung*) dress.
Toiletten|artikel *m* toilet article. **~deckel** *m* toilet lid. **~frau** *f*, **~mann** *m* lavatory attendant. **~papier** *n* toilet paper. **~seife** *f* toilet soap. **~sitz** *m* toilet seat. **~tasche** *f* toilet bag. **~tisch** *m* dressing table.
toi, toi, toi *int* F **1.** (***unberufen***) ***~, ~, ~!*** touch wood! **2.** (*viel Glück*) good luck!
tolerant *adj* tolerant (***gegen*** of).
Toleranz *f allg.* tolerance (***gegen*** of).
tolerieren *v/t* tolerate.
toll I *adj* **1.** (*verrückt*) crazy, mad, (*wild*) wild (*alle a.* F *fig.*): ***e-e ~e Sache, ein ~es Ding*** a wild affair, *bewundernd:* a wow. **2.** F (*großartig*) terrific, fantastic: ***ein ~er Kerl*** a terrific guy; ***e-e ~e Frau*** a smasher; ***er (es) ist nicht so ~*** he (it) is not so hot. **II** *adv* **3.** F (***wie***) ~ like mad; ***~ verliebt*** madly in love; ***er spielt (ganz) ~*** he's a fantastic player, he's terrific; → ***treiben*** 5.
tollen *v/i* romp.
Tollkirsche *f* ♀ deadly nightshade.
tollkühn *adj* foolhardy, daredevil.
Tollpatsch *m* clumsy oaf.
Tollwut *f vet.* rabies.
Tölpel *m* clumsy oaf.
tölpelhaft *adj* oafish, clumsy.
Tomate *f* tomato.
Tomaten|mark *n* tomato purée (*Am.* paste). **~saft** *m* tomato juice.
Tombola *f* raffle.
Tomogramm *n* ⚕ tomogram.
Tomograph *m* ⚕ tomograph.
Tomographie *f* ⚕ tomography.
Ton¹ *m geol.* clay.
Ton² *m* **1.** tone, sound (*a. Film, TV, Ggs. Bild*): F ***er hat k-n ~ gesagt*** he didn't say a word; ***in den höchsten Tönen loben*** sing the praises of; ***große Töne spucken*** talk big; ***hat man Töne?*** can you believe it? **2.** (*Redeweise*) tone: ***ich verbitte mir diesen ~!*** don't take that tone with me!; *fig.* ***e-n anderen ~ anschlagen*** change one's tune; ***den ~ angeben*** call the tune, *in der Mode etc:* set the trend; ***es gehört zum guten ~ zu*** *inf* it is good form to *inf.* **3.** *ling.* accent, stress: ***den ~ legen auf*** (*acc*) *a. fig.* emphasize. **4.** (*Farb*~) tone (*a. phot.*), shade: ***ein rötlicher ~*** a tinge of red; ***~ in ~*** in matching colo(u)rs.
Tonabnehmer *m vom Plattenspieler:* pickup.
tonangebend *adj* leading, *Mode:* trend-setting.
Ton|arm *m von Plattenspieler:* pickup (arm). **~art** *f* ♪ key. **~ausfall** *m TV* loss of sound. **~band** *n* (recording) tape: ***auf ~ aufnehmen*** tape(-record). **~bandgerät** *n* tape recorder.
tönen¹ *v/i* **1.** sound. **2.** F *fig.* sound off.
tönen² *v/t* tint, *dunkler:* tone down.
Toner *m* toner.
Tonerde *f* argillaceous earth: ***essigsaure ~*** alumin(i)um acetate.
Tonerkassette *f* toner cartridge.
tönern *adj* **1.** (of) clay. **2.** *Klang:* hollow.
Ton|fall *m* intonation: ***ausländischer ~*** foreign accent. **~film** *m* sound film. **~geschirr** *n* earthenware, pottery. **~höhe** *f* pitch.
Tonikum *n* ⚕ tonic.
Ton|ingenieur(in) sound engineer. **~kamera** *f* sound camera. **~kopf** *m* sound head, *Video:* audio head. **~lage** *f* pitch. **~leiter** *f* ♪ scale.
tonlos *adj fig.* toneless, flat.
Tonnage *f* ⚓ tonnage.
Tonne *f* **1.** barrel, cask. **2.** (*Gewicht*) (metric) ton. **3.** ⚓ a) (*Seezeichen*) buoy, b) (*Registertonne*) (register) ton.
Ton|regler *m* tone control. **~spur** *f Film:* sound track. **~studio** *n* recording studio.
Tonsur *f* tonsure.
Tontaube *f Sport:* clay pigeon.
Tontaubenschießen *n* trap shooting.
Tontechniker(in) sound engineer.
Tonträger *m* sound carrier.
Tönung *f* tinge (*a. Haartönung*), shade, *a. phot.* tone.
Tonwaren *pl* → ***Töpferwaren.***
TOP ***Tagesordnungspunkt*** item on the agenda.
Topangebot *n* F **1.** really good offer. **2.** highest offer (*od.* bid).
Topas *m* topaz.
Topf *m allg.* pot: *fig.* ***in einen ~ werfen*** lump together.
Töpfchen *n* pot, potty.
Topfen *m österr.* quark.
Töpfer(in) potter.
Töpferei *f* **1.** pottery. **2.** (*Werkstatt*) potter's workshop.
Töpfer|scheibe *f* potter's wheel. **~waren** *pl* earthenware *sg*, pottery *sg.*
topfit *adj* in top form.
Topfpflanze *f* potted plant.
Topographie *f* topography.
Topp *m* ⚓ top(mast). **~segel** *n* topsail.
Tor¹ *m* (*Narr*) fool.
Tor² *n* **1.** gate, (*Garagentor etc*) door, (*~weg*) gateway (*a. fig.* ***zu*** to). **2.** *Skisport:* gate. **3.** *Fußball: allg.* goal: ***im ~ stehen*** keep goal; ***ein ~ schießen*** score (a goal). **Torbogen** *m* archway.

T

Torchance *f Sport*: chance to score.
Torf *m* peat. **~moor** *n* peat bog. **~mull** *m* peat dust.
Torfrau *f* → ***Torwart.***
Torheit *f* folly.
Torhüter(in) → ***Torwart.***
töricht *adj* foolish.
Törin *f* (*Närrin*) fool.
Torjäger(in) *Sport*: goalgetter.
torkeln *v/i* stagger, reel.
Tor|latte *f* crossbar. **~lauf** *m Skisport*: slalom. **~linie** *f Sport*: goal line.
torlos *adj Sport*: scoreless.
Tormann *m* → ***Torwart.***
Tornado *m* tornado, *Am.* F twister.
torpedieren *v/t a. fig.* torpedo.
Torpedo *m* torpedo.
Torpfosten *m Sport*: goalpost.
Torraum *m Fußball*: goal area.
Torschlusspanik *f* last-minute panic, *e-r Frau etc*: fear of being left on the shelf.
Tor|schuss *m* shot at goal. **~schütze** *m*, **~schützin** *f Sport*: scorer.
Torte *f* gateau, layer cake, (*Obst*~) (fruit) tart.
Torten|diagramm *n Computer*: pie chart. **~heber** *m* cake slice.
Tortur *f* torture, *fig. mst* ordeal.
Torverhältnis *n Sport*: goal difference.
Torwart(in) *Sport*: goalkeeper, F goalie.
tosen *v/i* roar, rage: ***~der Beifall*** thunderous applause.
Toskana *f die* Tuscany.
tot *adj allg.* dead (*a. fig. Inventar*, *Kapital*, ⚡ *Leitung*, *Saison*, *Sprache etc*): *fig.* ***an e-m ~en Punkt ankommen*** a) reach a low point, b) *Verhandlungen etc*: reach (a) deadlock; ***den ~en Punkt überwinden*** a) get one's second wind, b) break the deadlock; ***~er Winkel*** blind spot, *mot.* blind angle; ***halb ~ vor Angst*** scared stiff; ***j-n für ~ erklären*** declare s.o. dead; ***~ geboren*** still born, *fig. a.* abortive; ***sich ~ stellen*** play dead, F play possum; ***~ umfallen*** drop dead; → ***Gleis***, ***Rennen.***
total *adj* total, complete.
Totalausverkauf *m* clearance sale.
Totale *f Film*: long shot.
totalitär *adj pol.* totalitarian.
Totalschaden *m mot.* write-off.
totarbeiten *v/reflex* F ***sich ~*** work o.s. to death.
Tote *m*, *f* dead man (woman), (*Leiche*) (dead) body: ***die ~n*** *pl* the dead.
töten *v/t a. fig.* kill.
Totenbett *n* deathbed.
toten|blass, ~bleich *adj* deathly pale.
Toten|gräber(in) grave-digger. **~hemd** *n* shroud. **~kopf** *m* death's-head (*a. Symbol*), skull, (*Giftzeichen*) skull and crossbones. **~maske** *f* death mask. **~messe** *f* requiem. **~schein** *m* death certificate. **~starre** *f* ⚕ rigor mortis.
totenstill *adj* deathly silent.
Totenstille *f* deathly silence.
Totgeburt *f* stillbirth.
totlachen *v/reflex* ***sich ~*** laugh one's head off; **es (er)** ***ist zum Totlachen*** it's (he's) a scream.
Toto *m* (football) pools *pl*: ***im ~ spielen*** (***gewinnen***) do (win) the pools.
Totoschein *m* pools coupon.
totschießen *v/t* F ***j-n ~*** shoot s.o. dead.
Totschlag *m* ⚖ manslaughter, *Am.* second-degree murder.
totschlagen *v/t* kill, beat *s.o.* to death: ***die Zeit ~*** kill time. **Totschläger** *m* (*Waffe*) *sl.* cosh, *Am.* blackjack.
totschweigen *v/t* hush up.
Tötung *f* killing, ⚖ homicide.
Touchscreen *f* touch screen.
Toupet *n* toupee.
toupieren *v/t* back-comb.
Tour *f* **1.** tour (***durch England*** of England), trip, excursion, (*Wandertour*) hike. **2.** *mst pl tech.* revolution: ***auf ~en bringen*** a) *mot.* rev up, b) *fig.* get *s.o.*, *s.th.* going; ***auf ~en kommen*** a) *mot.* pick up, rev up, b) *fig.* get going; ***auf vollen ~en laufen*** be going full blast; F ***in einer ~ reden*** talk incessantly. **3.** F *fig.* (*Trick*) ploy: ***auf die sanfte*** (***langsame***) ~ the sweet (slow) way; → ***krumm*** I.
Touren... touring (*bicycle*, *ski*, *car*, *etc*).
Tourismus *m* tourism. **~geschäft** *n* tourism industry.
Tourist(in) tourist.
Touristen|... tourist ... **~klasse** *f* economy class.
Touristik *f* tourism.
touristisch *adj* tourist(ic).
Tournee *f* (***auf ~ gehen*** go on) tour.
toxikologisch *adj* toxicological.
Trab *m* trot: ***im ~*** at a trot; *fig.* ***j-n auf ~ bringen*** make s.o. get a move on; ***j-n in ~ halten*** keep s.o. on the trot.
Trabant *m astr.* satellite.
Trabantenstadt *f* satellite town.
traben *v/i* trot.
Traber *m* (*Pferd*) trotter.
Trabrennen *n* trotting race.
Tracht *f* **1.** dress, attire, (*a.* traditional) costume. **2.** (*Schwesterntracht etc*) uniform. **3.** (*Honig*) yield. **4.** F ***e-e*** (***gehörige***) ***~ Prügel*** a sound thrashing.
trachten *v/i* ***j-m nach dem Leben ~*** be out to kill s.o.
Trachten *n* → ***sinnen*** II.
trächtig *adj zo.* pregnant.

T

Trackball *m Computer*: trackball.
Tradition *f* (***nach alter*** ~ by) tradition.
traditionell *adj* traditional.
Trafik *f österr*. tobacconist's shop, kiosk.
Trafikant(in) *österr*. tobacconist.
Trafo *m* F ⚡ transformer.
Tragbahre *f* stretcher.
tragbar *adj* **1.** *tech*. portable. **2.** *Kleidung*: wearable. **3.** *fig*. *Preis*, *Person*: acceptable, (*erträglich*) bearable, tolerable.
Trage *f* stretcher.
träg(e) *adj* sluggish (*a. econ*.), (*faul*) lazy.
tragen I *v/t* **1.** *allg*. carry, (*stützen*) *a*. support (*a. fig*.): *fig*. ***zum Tragen kommen*** take effect; *econ*. ***sich*** (***selbst***) ~ pay its way. **2.** (*Kleidung etc*, *sein Haar*) wear: → ***getragen*** 1, ***Trauer***. **3.** (*Früchte etc*, *a. Zinsen*) bear, yield: → ***Zins***¹. **4.** *fig*. (*Namen*, *Titel*, *Kosten*, *Folgen etc*) bear: ***er trägt die Schuld*** he is to blame; ***wer trägt das Risiko?*** who takes the risk?; → ***Rechnung*** 2. **5.** (*er*~) bear, endure: ***sie trägt es tapfer*** she is bearing up well. **II** *v/i* **6.** carry (*a. Schall*, *Stimme*), *Eis etc*: hold, *Wasser*: be buoyant: ***schwer zu*** ~ ***haben*** (***an*** *dat*) be loaded (*fig*. weighed) down (by). **7.** (*schwanger od. trächtig sein*) be pregnant. **III** *v/reflex* **8.** ***sich gut*** ~ *Stoff etc*: wear well. **9.** ***sich mit der Absicht*** (*od*. ***dem Gedanken***) ~ ***zu*** *inf* be thinking of *ger*.
Träger *m* **1.** carrier (*a*. ⚗, ⚕), bearer (*a. e-s Namens*, *Titels*), (*Gepäckträger*) porter, (*Krankenträger*) stretcher-bearer, *fig*. *e-r Idee*: upholder, (*Institution*, *Organisation*) body responsible (*gen* for). **2.** *an Kleidern etc*: strap. **3.** *tech*. support, △ beam, girder.
Trägerin *f* → ***Träger*** 1.
Trägerkleid *n* pinafore dress.
trägerlos *adj Kleid etc*: strapless.
Trägerrakete *f* launcher rocket.
Tragetasche *f* **1.** carrier (*Am*. tote) bag. **2.** (*Babyträger*) carrycot.
Tragetüte *f* carrier bag.
tragfähig *adj* **1.** *tech*. capable of bearing. **2.** *fig*. sound.
Tragfähigkeit *f tech*. load capacity.
Trag|fläche *f* ✈ wing. **~flächenboot** *n*, **~flügelboot** *n* hydrofoil.
Trägheit *f* sluggishness, *a. phys*. inertia.
Tragik *f allg*. tragedy.
Tragikomik *f* tragicomedy.
tragikomisch *adj* tragicomic(ally *adv*).
Tragikomödie *f* tragicomedy.
tragisch *adj* tragic(ally *adv*): ***das Tragische daran*** the tragic thing about it; F ***nimms nicht so*** ~! don't take it to heart!
Tragödie *f a. fig*. tragedy.
Tragweite *f* **1.** range. **2.** *fig*. significance: ***von großer*** ~ of great import.
Tragwerk *n* ✈ wing unit.
Trailer *m* (*von Film*) trailer.
Trainer(in) trainer, coach.
trainieren *v/t u. v/i* train, coach.
Training *n* (***im*** ~ in) training: ***das*** ~ ***aufnehmen*** go into training.
Trainings|... training (*camp*, *partner*, *etc*). **~anzug** *m* tracksuit. **~hose** *f* tracksuit bottoms *pl*.
Trakt *m* section, wing, block.
Traktor *m* tractor.
trällern *v/t u. v/i* trill, *Vogel*: warble.
Tram(bahn) *f* → ***Straßenbahn***.
Trampel *m*, *n* F *contp*. clod.
trampeln *v/i* trample, stamp.
Trampelpfad *m* beaten path. **Trampeltier** *n* **1.** Bactrian camel. **2.** → ***Trampel***.
trampen *v/i* F hitchhike, thumb a lift (*od*. ride), *mit dem Rucksack*: backpack it.
Tramper(in) F hitchhiker.
Trampolin *n* trampoline.
Tran *m* train oil.
Trance *f* trance.
tranchieren *v/t* carve, cut.
Tranchiermesser *n* carving knife.
Träne *f* tear: ***den ~n nahe*** on the verge of tears; ***unter ~n*** in tears; ***wir haben ~n gelacht*** we laughed till we cried; ***ihm werde ich k-e*** ~ ***nachweinen*** I won't shed any tears over him; → ***ausbrechen*** 5. **tränen** *v/i* water.
Tränendrüse *f* lachrymal gland: F ***auf die*** ~ ***drücken*** be a real tear-jerker.
Tränengas *n* tear gas.
Tränensack *m anat*. lachrymal sac.
Trank *m* drink, ⚕ potion.
Tränke *f* watering place.
tränken *v/t* (*Vieh*, *Boden*) water, (*durch*~) soak.
Transaktion *f* transaction.
transatlantisch *adj* transatlantic.
Transfer *m*, **transferieren** *v/t* transfer.
Transfersumme *f Sport*: transfer fee.
Transformator *m* ⚡ transformer.
transformieren *v/t allg*. transform.
Transfusion *f* transfusion.
Transistor *m* transistor.
Transistorradio *n* transistor (radio).
Transit *m* transit (*a. in Zssgn goods*, *road*, *traffic*, *etc*). **~abkommen** *n* transit convention. **~gebühr** *f* transit charge. **~halle** *f* ✈ transit lounge.
transitiv *adj ling*. transitive.
Transit|land *n* transit country. **~verkehr** *m* transit (*od*. through) traffic.
transparent *adj* transparent.
Transparent *n* (*Spruchband*) banner.
Transparenz *f a. fig*. transparency.
transpirieren *v/i* perspire.

Transplantat *n* ⚕ transplant, (*Gewebe*) graft.
Transplantation *f* transplantation, (*von Gewebe*) graft(ing).
transplantieren *v/t* transplant, (*Gewebe*) graft.
Transport *m* transport(ation), conveyance, *bsd. Am. econ.* shipment, (*Straßentransport*) haulage: ***während des ~s*** in transit.
transportabel *adj* transportable, *tech.* portable, moveable.
Transportband *n* conveyor belt.
Transporter *m* → ***Transportfahrzeug, -flugzeug, -schiff.***
transportfähig *adj* transportable.
Transport|fahrzeug *n* transporter. **~flugzeug** *n* transport plane.
transportieren *v/t* **1.** transport. **2.** *phot.* ***den Film ~*** advance the film.
Transport|kosten *pl* carriage, transport(ation) charges *pl*, ⚓ freight (charges *pl*). **~mittel** *n* (means *pl* of) transport(ation). **~papiere** *pl* dispatch papers, shipping documents. **~schaden** *m* damage in transit. **~schiff** *n* transport ship. **~unternehmen** *n* carriers *pl*, haulage contractors *pl*. **~versicherung** *f* transport insurance.
Transvestit *m* transvestite.
transzendental *adj* transcendental.
Trapez *n* **1.** ⩓ trapezium, *Am.* trapezoid. **2.** *gym.* trapeze.
Trapezkünstler(in) trapeze artist.
trappeln *v/i Pferd etc*: clatter, *Kind*: patter.
Trara *n* F fuss, to-do.
Trasse *f tech.* location line.
trassieren *v/t* **1.** *tech.* trace (out). **2.** *econ.* (*Wechsel*) draw (***auf*** *acc* on).
Tratsch *m*, **tratschen** *v/i* F gossip.
Tratte *f econ.* draft.
Traube *f* **1.** (*Weintraube*) bunch of grapes, (*Beere*) grape. **2.** *fig.* (*Menschentraube*) cluster.
Traubensaft *m* grape juice.
Traubenzucker *m* glucose.
trauen[1] *v/t* marry: ***sich (kirchlich) ~ lassen*** get married (in church).
trauen[2] **I** *v/i* (*j-m, e-r Sache*) trust: ***ich traute m-n Ohren nicht*** I couldn't believe my ears; → ***Weg.*** **II** *v/reflex* ***sich ~, et. zu tun*** dare (to) do s.th.; ***sich aus dem Haus ~*** venture out of doors.
Trauer *f* mourning (***um*** for), *weitS.* grief (***um, wegen*** at, over): ***~ tragen*** be in mourning. **~anzeige** *f* obituary (notice). **~fall** *m* death. **~feier** *f* funeral obsequies *pl*. **~flor** *m* mourning band, crape. **~kleidung** *f* mourning.
Trauermarsch *m* funeral march.
trauern *v/i* (***um***) mourn (for), *weitS.* grieve (for, over).
Trauer|rede *f* funeral oration. **~schleier** *m* mourning veil, weeper. **~spiel** *n* F *fig.* sorry affair. **~weide** *f* ♣ weep-ing willow. **~zug** *m* funeral procession.
Traufe *f* eaves *pl*, gutter: → ***Regen.***
träufeln *v/t u. v/i* drip, trickle.
traulich *adj* cosy, *Am.* cozy.
Traum *m a. fig.* dream: F ***das fällt mir nicht im ~e ein!*** I wouldn't dream of (doing) it!; → ***kühn.***
Trauma *n* ⚕, *psych.* trauma.
traumatisch *adj* traumatic(ally *adv*).
Traum|beruf *m* dream job. **~bild** *n* dream vision, (*Wunschbild*) dream.
träumen I *v/t* dream: ***das hätte ich mir nicht ~ lassen*** I never dreamt of such a thing. **II** *v/i a. fig.* dream (***von*** about, of), *wachend*: *a.* daydream: ***schlecht ~*** have a bad dream.
Träumer(in) dreamer.
Träumerei *f* reverie (*a.* ♪), (day)dream(s *pl*).
träumerisch *adj* dreamy.
Traumfabrik *f* (*Film*) dream factory.
Traumfrau *f* F woman of one's dreams.
traumhaft *adj* dreamlike, (*a. adv* ***~ schön***) absolutely beautiful, a dream.
Traum|haus *n* F dream house. **~land** *n* dreamland. **~mann** *m* F man of one's dreams. **~welt** *f* world of dreams.
traurig *adj allg.* sad (***über*** *acc* at, about), (*jämmerlich*) *a.* sorry: ***~er Anblick*** sorry sight; ***~e Reste*** sad remains; ***~ stimmen*** sadden.
Traurigkeit *f* sadness.
Trau|ring *m* wedding ring (*od.* band). **~schein** *m* marriage certificate.
Trauung *f* marriage ceremony, wedding.
Trau|zeuge *m*, **~zeugin** *f* witness to a marriage.
Travestie *f* travesty.
Treck *m*, **trecken** *v/i* trek.
Trecker *m* tractor.
Treff[1] *n Spielkarten*: club(s *pl*).
Treff[2] *m* F a) meeting, b) meeting place.
treffen I *v/t* **1.** *Schlag, Schuss etc*: hit (***j-n am Arm*** s.o.'s arm): ***nicht ~*** miss; F *fig.* ***er ist gut getroffen (auf dem Bild)*** that's a good photo (*od.* painting) of him; → ***Blitz*** 1. **2.** (*be~*) concern, *nachteilig*: affect, hit *s.o.* hard, (*kränken*) hurt: ***das hat ihn hart getroffen*** he took it very hard, it's been a severe blow to him; → ***Schuld*** 1. **3.** (*Vereinbarung etc*) reach, make: → ***Anstalt*** 3, ***Entscheidung*** *etc.* **4.** ***j-n ~*** meet s.o.; ***j-n zufällig ~*** come across s.o. **II** *v/i* **5.** hit: ***nicht ~*** miss. **6.** ***auf j-n ~*** *a. Sport*: meet s.o. **7.** ***~ auf*** (*acc*) meet with, (*finden*) strike (*od.* hit) on. **III** *v/reflex* **8.** ***sich ~*** meet (***mit j-m*** s.o.). **9.** F ***das trifft sich gut (schlecht)*** that suits me (*od.* us *etc*) fine (that's a bit awkward); ***es***

T

trifft sich gut, dass ... (it's a) good thing that ...; ***das trifft sich ja großartig!*** well, that's lucky!

Treffen *n* meeting, *Sport*: meet.

treffend *adj Bemerkung etc*: apt: ***kurz und ~*** short and to the point; *adv* ***~ gesagt!*** well put!

Treffer *m* **1.** *allg.* hit, *Fußball etc*: goal. **2.** (*Gewinn*) win. **3.** *fig.* lucky strike.

trefflich *adj* excellent.

Treffpunkt *m* meeting place.

treiben I *v/t* **1.** *allg.* drive (*a. an~, ver~*): ***die Preise in die Höhe ~*** force up prices; ***j-n in den Wahnsinn*** (***Selbstmord***) ***~*** drive s.o. mad (to suicide); ***was hat sie dazu getrieben?*** what made her do that? **2.** (*Blätter etc*) sprout, (*Pflanzen*) force. **3.** (*Harn, Schweiß*) produce. **4.** (*Metall*) chase. **5.** (*be~, tun*) *allg.* do, (*Sport, Sprachen etc*) *a.* go in for: ***was treibst du*** (***zurzeit***)***?*** what are you doing (these days)?; ***was treibst du da?*** what are you up to?; F ***es toll ~*** carry on like mad, live it up; ***es zu weit ~*** go too far; ***es mit j-m ~*** sleep with s.o.; → ***Aufwand*** 2, ***Enge*** 3, ***Spitze***[1] 3 *etc.* II *v/i* **6.** *im Wasser*: float, *a. Schnee, Rauch etc*: drift: ***sich ~ lassen*** *a. fig.* drift; ***die Dinge ~ lassen*** let things drift; → ***Kraft*** 2. **7.** ⚘ sprout.

Treiben *n* activity, F goings-on *pl*, (*Geschäftigkeit*) (hustle and) bustle.

Treiber *m Computer*: driver.

Treiber(in) drover, *hunt.* beater.

Treib|gas *n* fuel gas, *in Spraydosen*: propellent. **~haus** *n* hothouse. **~hauseffekt** *m meteor.* greenhouse effect. **~hausgas** *n* greenhouse gas. **~holz** *n* driftwood. **~jagd** *f* **1.** battue. **2.** *fig.* hunt (***auf*** *acc* for), *pol.* witch hunt.

Treibstoff *m* fuel.

Trend *m* trend (***zu*** towards).

Trendwende *f* change in trend.

trennbar *adj* separable, detachable.

trennen I *v/t* separate, (*teilen, a. Silben*) divide, (*ab~*) detach, cut off, ⚡, *teleph. a.* disconnect, (*auf~*) undo, (*isolieren, a. Rassen*) segregate. II *v/i* ***~ zwischen*** distinguish between. III *v/reflex* ***sich ~*** separate, *a. fig.* part (***von*** with); ***getrennt leben*** *Eheleute*: be separated, live apart.

Trennprogramm *n Computer*: hyphenation program.

Trennschärfe *f Radio*: selectivity.

Trennung *f* separation (*a.* ⚗, *tech.*), (*Rassentrennung*) segregation, (*Teilung, Silbentrennung*) division, ⚡, *teleph.* disconnection: ⚖ ***eheliche ~*** judicial separation.

Trennungslinie *f* dividing line.

Trennungszeichen *n* hyphen.

Trennwand *f* partition.

treppauf *adv* ***~, treppab*** up and down the stairs.

Treppe *f* staircase, (***e-e ~*** a flight of) stairs (*vor dem Hause etc*: steps) *pl*: ***zwei ~n hoch*** on the second floor; ***die ~ hinauf*** (***hinab***) up (down) the stairs.

Treppen|absatz *m* landing. **~geländer** *n* banisters *pl.* **~haus** *n* staircase.

Tresen *m* bar, (*Ladentisch*) counter.

Tresor *m* (*~raum*) strongroom, vault, (*Panzerschrank*) safe.

Tresorfach *n* safe deposit box.

Tretanlasser *m mot.* kick starter.

Tretauto *n* pedal car. **Tretboot** *n* pedal boat. **Treteimer** *m* pedal bin.

treten I *v/i* step, *Radfahrer etc*: pedal: ***~ auf*** (*acc*) step on, tread on; ***aufs Gas***(***pedal***) (***auf die Bremse***) ***~*** step on the gas (brake); ***ins Zimmer ~*** enter the room; ***nach j-m ~*** (take a) kick at s.o.; ***bitte ~ Sie näher!*** please come in!; ***über die Ufer ~*** overflow its banks; → ***Kraft*** 3, ***nahe*** II *etc.* II *v/t* tread: ***j-n*** (***in den Bauch***) ***~*** kick s.o. (in the stomach); *fig.* ***mit Füßen ~*** trample on.

Tretmühle *f a. fig.* treadmill.

treu I *adj* (*dat* to) faithful (*a. fig.*), loyal, (*~ ergeben*) devoted: ***sich*** (***s-n Grundsätzen***) ***~ bleiben*** remain true to o.s. (one's principles). II *adv* ***~ ergeben*** loyal, devoted. **Treue** *f* faithfulness (*a. fig.*), loyalty, *a. eheliche*: fidelity: ***j-m die ~ halten*** remain loyal to s.o.

Treueid *m* oath of allegiance.

Treuhand *f* trust.

Treuhänder(in) trustee.

treuhänderisch *adj* fiduciary: *adv* ***et. ~ verwalten*** hold s.th. in trust.

Treuhand|fonds *m* trust fund. **~gesellschaft** *f* trust company.

Treuhandschaft *f* trusteeship.

treuherzig *adj* guileless, (*naiv*) ingenuous, naive, (*gutgläubig*) trusting.

treulos *adj* disloyal (***gegen*** to).

Treulosigkeit *f* disloyalty.

Triathlon *m* triathlon.

Tribunal *n* tribunal.

Tribüne *f* (*Rednertribüne*) platform, rostrum, (*Zuschauertribüne*) (grand)stand, *im Stadion*: *a.* terraces *pl.*

Tribut *m fig.* ***s-n ~ zollen*** pay tribute (*dat* to).

Trichine *f vet.* trichina.

Trichinose *f* ⚕, *vet.* trichinosis.

Trichter *m* **1.** *tech.* funnel. **2.** (*Schalltrichter*) flare, mouth. **3.** (*Granattrichter etc*) crater.

trichterförmig *adj* funnel-shaped.

Trick *m* trick. **~aufnahme** *f* **1.** *Film*: trick shot, *pl* trick photography *sg.* **2.** *Tonband*: trick recording. **~betrüger(in)** trickster.

T

~film *m* trick film, (*Zeichentrickfilm*) animated cartoon (film).
trickreich *adj* artful.
Trickskilaufen *n* freestyle skiing.
Trieb *m* **1.** ♣ young shoot. **2.** instinct, (*Geschlechtstrieb*) sexual drive. **3.** (*Antrieb*) impulse, (*Drang*) urge. **~feder** *f fig.* mainspring.
triebhaft *adj* instinctive, (*sexuell* ~) sexual, *Person*: *a.* highly sexed.
Trieb|kraft *f* **1.** *tech.* motive force (*od.* power). **2.** *fig.* driving force. **~täter(in), ~verbrecher(in)** sex offender. **~wagen** *m* 🚂 railcar, *Straßenbahn*: tramcar. **~werk** *n* (driving) mechanism, drive, ✈ power unit, (*Getriebe*) gear.
triefen *v/i* drip (**von** with), *Augen, Nase*: run: **~d nass** dripping wet.
triftig *adj* (*stichhaltig*) valid, sound, (*gewichtig*) weighty, convincing.
Trigonometrie *f* trigonometry.
Trikot 1. *m, n* (*Stoff*) tricot. **2.** *n der Tänzer etc*: leotard, tights *pl*, (*Hemd*) shirt, *Sport*: *a.* jersey.
Trikotagen *pl* knitwear *sg*.
Triller *m* trill.
trillern *v/t u. v/i* trill, *Vogel*: warble.
Trillerpfeife *f* whistle.
Trillion *f* trillion, *Am.* quintillion.
Trilogie *f* trilogy.
Trimester *n ped., univ.* trimester.
trimmen I *v/t* **1.** *allg.* trim (*a.* ✈, ⚡, ⚓), F (*Motor etc*) tune up (**auf** *acc* to). **2.** (*Sportler*) train. **II** *v/reflex* **sich** ~ **3.** keep fit, keep in (good) trim.
Trimmpfad *m* fitness trail.
trinkbar *adj* drinkable.
trinken *v/t u. v/i* drink, (*Tee etc*) have: ~ **auf** (*acc*) drink to; **was ~ Sie?** what are you having?; **er trinkt** he drinks, he is a drinker.
Trinker(in) drinker, alcoholic.
Trinkerheilanstalt *f* institution for the cure of alcoholics.
trinkfest *adj* **er ist** ~ he holds his liquor well.
Trinkgeld *n* tip: **j-m (5 Mark) ~ geben** tip s.o. (five marks).
Trink|halle *f im Kurort*: pump room. **~halm** *m* (drinking) straw. **~kur** *f* min-eral water cure. **~lied** *n* drinking song. **~milch** *f* certified milk. **~spruch** *m* toast. **~wasser** *n* drinking water.
Trio *n* ♪ *u.* F *fig.* trio.
trippeln *v/i* trip, *affektiert*: mince.
Tripper *m* ⚕ gonorrh(o)ea, F clap.
Triptychon *n* triptych.
trist *adj* dreary, bleak, dismal.
Tritt *m* **1.** (*Schritt*) step, (*Geräusch*) footstep: ~ **fassen** fall in step; **aus dem ~ geraten** (**sein**) fall (be) out of step; → **Schritt** 1. **2.** (*Fußspur*) footprint. **3.** (*Fußtritt*) kick: **j-m e-n ~ versetzen** give s.o. a kick, kick s.o. **4.** (*Stufe*) step.
Trittbrett *n mot.* running board.
Trittleiter *f* stepladder.
Triumph *m* triumph.
triumphal *adj* triumphant.
Triumphbogen *m* triumphal arch.
triumphieren *v/i* (**über** *acc* over) triumph, *hämisch*: *a.* gloat.
trivial *adj* trivial.
Trivialliteratur *f* light fiction.
trocken I *adj allg.* dry (*a. Wein etc, fig. Bemerkung, Humor etc*), (*langweilig*) *a.* dull: F *fig.* **auf dem Trocknen sitzen** be in a fix; → **Schäfchen. II** *adv fig.* drily, dryly: **sich ~ rasieren** dry-shave.
Trocken|dock *n* dry dock. **~eis** *n* dry ice. **~element** *n* ⚡ dry cell. **~gewicht** *n* dry weight. **~haube** *f* hairdrier.
Trockenheit *f* dryness (*a. fig.*), (*Dürre*) drought.
trockenlegen *v/t* **1.** (*Land etc*) drain. **2. ein Baby ~** change a baby.
Trocken|milch *f* dried milk. **~obst** *n* dried fruit. **~rasierer** *m* dry shaver. **~schleuder** *f* spin drier. **~skikurs** *m* dry skiing (course). **~zeit** *f* dry season.
trocknen *v/t u. v/i* dry.
Trockner *m* drier.
Troddel *f* tassel.
Trödel *m a. contp.* junk. **~laden** *m* junk shop. **~markt** *m* flea market.
trödeln *v/i* dawdle.
Trödler(in) 1. junk dealer. **2.** dawdler.
Trog *m* trough.
trollen *v/reflex* **sich ~** toddle off.
Trommel *f* drum, *tech. a.* cylinder: *fig.* **die ~ rühren** beat the drum (**für** for).
Trommel|bremse *f* drumbrake. **~fell** *n* **1.** drumskin. **2.** *anat.* eardrum.
Trommelfeuer *n a. fig.* barrage.
trommeln I *v/i* (**auf** *acc* at, on) drum, *Regen*: beat. **II** *v/t* drum, beat: F **j-n aus dem Bett ~** knock s.o. up.
Trommel|schlägel *m*, **~stock** *m* drumstick. **~wirbel** *m* drum roll.
Trommler(in) drummer.
Trompete *f* trumpet.
trompeten *v/t u. v/i* trumpet (*a. Elefant*).
Tropen *pl the* tropics *pl*.
Tropen... tropical (*suit, fever, etc*).
tropenfest *adj* ⚕ tropicalized.
Tropen|helm *m* pith helmet, topee. **~wald** *m* tropical (rain)forest.
Tropf *m* ⚕ (**am ~ hängen** be on the) drip.
Tröpfchen *n* droplet, small drop.
tröpfchenweise *adv* drop by drop.

tröpfeln *v/i* drip (*a. v/t*), trickle: F ***es tröpfelt*** it's spitting.
tropfen *v/t* drip, drop.
Tropfen *m* **1.** drop, (*Schweißtropfen*) *a.* bead: *fig.* ***ein edler*** (*od.* ***guter***) ~ a capital wine; ***ein ~ auf den heißen Stein*** a drop in the bucket; ***steter ~ höhlt den Stein*** little strokes fell big oaks. **2.** *pl* ⚕ drops *pl.*
tropfenweise *adv* in drops, drop by drop.
Tropf|flasche *f* dropper bottle. **~infusion** *f* ⚕ intravenous drip.
tropfnass *adj* dripping wet.
Tropfstein *m* dripstone, *von oben nach unten*: stalactite, *von unten nach oben*: stalagmite. **~höhle** *f* dripstone cave.
Trophäe *f* trophy.
tropisch *adj* tropical.
Trosse *f* cable, ⚓ hawser.
Trost *m* comfort, (**zum** ~ as a) consolation: ***ein schwacher ~*** cold comfort.
trösten *v/t* console (**sich** o.s.), comfort.
tröstlich *adj* comforting.
trostlos *adj* disconsolate, *fig. Zustand etc*: hopeless, (*freudlos*) cheerless, (*öde*) dreary, bleak.
Trostlosigkeit *f fig.* dreariness, bleakness, hopelessness.
Trostpflaster *n humor.* (small) consolation.
Trostpreis *m* consolation prize.
trostreich *adj* comforting.
Trott *m* trot, *a. fig.* jog trot.
Trottel *m* F dope, idiot.
trotten *v/i* trot, jog.
trotz *prep* (*gen*) in spite of, despite: ***~ all s-r Bemühungen*** for all his efforts.
Trotz *m* defiance: ***aus ~*** out of spite; ***mir zum ~*** to spite me, in defiance of me.
trotzdem **I** *adv* nevertheless, all the same, still, anyway. **II** *conj* although.
trotzen *v/i* **1.** (*dat*) defy (*s.o., s.th.*), (*Gefahren etc*) *a.* brave. **2.** be obstinate.
trotzig *adj* defiant, (*störrisch*) obstinate.
Trotzreaktion *f* act of defiance.
trüb(e) *adj* **1.** *Flüssigkeit*: cloudy (*a. Glas, Spiegel*), muddy: F *fig.* ***im Trüben fischen*** fish in troubled waters. **2.** (*glanzlos*) dull, *a. Licht etc*: dim, *Wetter, Himmel etc*: murky, *Tag*: dreary. **3.** *Stimmung, Gedanken etc*: gloomy, *Aussichten etc*: *a.* bleak, *Erfahrung etc*: sad.
Trubel *m* (hustle and) bustle.
trüben **I** *v/t* **1.** (*Flüssigkeit, Glas etc, a. Bewusstsein, Beziehungen etc*) cloud (*a.* **sich** ~), (*Metall, Farben, a. Verstand etc*) dull (*a.* **sich** ~). **2.** *fig.* (*Freude etc*) spoil, (*j-s Blick*) obscure, (*j-s Urteil*) warp, (*j-s Sicht, Sinn*) blur. **II** *v/reflex* **sich ~ 3.** become clouded (*etc*), *Glas, Spiegel etc*: cloud over. **4.** *fig. Beziehungen etc*: become strained.

Trübsal *f lit.* sorrow: F ***~ blasen*** mope.
trübselig *adj* gloomy, (*trist*) dreary.
Trübseligkeit *f* gloominess, dreariness.
Trübsinn *m* gloom, low spirits *pl.*
trübsinnig *adj* gloomy, melancholy.
trudeln *v/i* ✈ spin: ***ins Trudeln kommen*** go into a spin.
Trüffel *f* ♣ truffle.
trügen **I** *v/t* deceive: ***wenn mein Gedächtnis mich nicht trügt*** if my memory serves me right. **II** *v/i* be deceptive: → ***Schein***[1] 2.
trügerisch *adj* deceptive, misleading, *Hoffnung etc*: illusive.
Trugschluss *m* fallacy.
Truhe *f* chest.
Trümmer *pl* ruins *pl*, (*Schutt*) rubble *sg*, debris *sg*, (*Bruchstücke*) fragments *pl.*
Trümmerhaufen *m* heap of rubble.
Trumpf *m* trump(s *pl*), (*~karte*) trump card: ***was ist ~?*** what's trumps?; *fig.* ***~ sein*** be the thing; *a. fig.* ***alle Trümpfe in der Hand haben*** hold all the trumps; ***e-n*** (*fig.* ***s-n letzten***) ***~ ausspielen*** play a trump (*fig.* play one's trump card).
Trunkenheit *f* drunkenness: ***~ am Steuer*** drunken driving.
Trunksucht *f* alcoholism. **trunksüchtig** *adj* (***~ sein*** be an) alcoholic.
Trupp *m* troop, gang, *mil.* detachment.
Truppe *f* **1.** *mil.* troops *pl*, *pl a.* forces *pl*, (*Einheit*) unit. **2.** *thea.* company, troupe. **3.** *Sport*: team.
Truppen|abbau *m* reduction in forces. **~abzug** *m* withdrawal of troops, pull-out. **~übungsplatz** *m* training area.
Truthahn *m* turkey(-cock).
Truthenne *f* turkey-hen.
Tschad *m der* Chad.
Tscheche *m* Czech. **Tschechien** *n* Czech Republic. **Tschechin** *f*, **tschechisch** *adj* Czech.
Tschechische Repu'blik (*die*) (the) Czech Republic.
Tschetschenien *n* Chechnya.
tschüss *int* F bye!, see you!
T-Shirt *n* T-shirt.
TU *f* ***Technische Universität*** technical university.
Tube *f* tube: F *mot. u. fig.* ***auf die ~ drücken*** step on it.
tuberkulös *adj* tubercular, tuberculous.
Tuberkulose *f* tuberculosis.
Tuch *n* **1.** *Textil.* cloth, fabric. **2.** cloth, (*Hals-, Kopftuch*) scarf: ***das wirkt auf ihn wie ein rotes ~*** that's a red rag to him.
Tuchfühlung *f fig.* ***~ haben mit*** be in close contact with.
tüchtig **I** *adj* **1.** *Person*: good (**in** *dat* at), (*fähig*) capable, able, competent, efficient, (*flei-*

ßig) hard-working. **2.** F (*groß*, *mächtig*) good. **II** *adv* **3.** F tremendously, like hell: ~ ***arbeiten*** work hard; ~ ***zulangen***, ~ ***essen*** tuck in.
Tüchtigkeit *f* ability, competence, proficiency, prowess, (*Fleiß*) diligence.
Tücke *f* (*Bosheit*) malice, perfidy, (*Gemeinheit*) trick: ***s-e ~n haben*** be tricky, *Fluss*, *Berg etc*: be treacherous.
tückisch *adj* malicious, insidious (*a.* ⚕), (*gefährlich*) treacherous.
tüfteln *v/i* (**an** *dat*) tinker (with), *geistig*: puzzle (over). **Tüftler(in)** tinkerer.
Tugend *f* virtue.
tugendhaft *adj* virtuous.
Tulpe *f* tulip.
tummeln *v/reflex* ***sich*** ~ disport o.s.
Tummelplatz *m* **1.** playground. **2.** *fig.* stomping ground.
Tumor *m* ⚕ tumo(u)r.
Tümpel *m* pool.
Tumult *m* tumult, *stärker*: uproar, riot.
tun *v/t u. v/i* do (→ *a.* **machen**), (*Äußerung*, *Bitte etc*) make, (*Schritt etc*) take, (*hin~*, *legen*, *stellen*) put, F (*funktionieren*) go, work: ***höflich*** *etc* ~ act (*od.* do) the polite *etc*; ***so ~, als ob*** pretend to *inf*; ***er tut nur so*** he's only pretending; ***was kann ich für Sie ~?*** what can I do for you?; ***was hat er dir getan?*** what has he done to you?; ***dagegen müssen wir et. ~!*** we must do s.th. about it!; ***was*** (***ist zu***) ***~?*** what's to be done?; ***wir haben zu*** ~ we have work to do, we are busy; ***das tut nichts!*** never mind!, it doesn't matter!; ***was tuts!*** what does it matter!; ***das tut man nicht*** that just isn't done!; ***mit ihm*** (***damit***) ***habe ich nichts zu*** ~ I have nothing to do with him (it); ***das hat nichts damit zu*** ~ that's nothing to do with it; ***du wirst es mit ihm zu ~ bekommen*** you'll get into trouble with him; F ***es tut sich was!*** there is s.th. going on!; → ***daran*** 3, ***Leid.***
Tun *n* doing, (*Taten*, *a.* ***~ und Treiben***, ***~ und Lassen***) doings *pl*, actions *pl*.
Tünche *f* **1.** whitewash. **2.** *fig.* veneer.
tünchen *v/t* whitewash.
Tundra *f geogr.* tundra.
tunen *v/t mot.* tune (up).
Tuner *m Radio* tuner.
Tunesien *n* Tunisia.
Tunesier(in), tunesisch *adj* Tunisian.
Tunfisch *m* → ***Thunfisch.***
Tunke *f* sauce. **tunken** *v/t* dip.
Tunnel *m* tunnel.
Tüpfelchen *n*, **tüpfeln** *v/t* dot.
tupfen *v/t* **1.** ⚕ swab. **2.** dot.
Tupfen *m* dot, spot.
Tupfer *m* **1.** ⚕ swab. **2.** dot.
Tür *f* door: ***in der ~*** in the doorway; ***Tag der offenen ~*** Open Day; *fig.* ***offene ~en einrennen*** force an open door; ***mit der ~ ins Haus fallen*** blurt it out; *fig. e-r Sache* ***~ und Tor öffnen*** open the door to; ***vor der ~ stehen*** be near at hand; ***j-n vor die ~ setzen*** turn s.o. out.
Turban *m* turban.
Turbine *f* turbine.
Turbo *m mot.* turbocharger.
Turbomotor *m mot.* turbocharged engine.
Turbo-Prop-Maschine *f* ✈ turboprop (engine).
turbulent *adj* turbulent.
Turbulenz *f a. phys.* turbulence.
Türke *m* **1.** Turk. **2.** F *Presse etc*: fake.
Türkei *f die* Turkey.
türken *v/t* F fake.
Türkin *f* Turk(ish woman).
Türkis *m* turquoise.
türkisch *adj* Turkish.
Tür|klingel *f* doorbell. **~klinke** *f* doorhandle. **~klopfer** *m* knocker.
Turm *m* **1.** tower (*a. fig.*), (*Kirchturm*) steeple. **2.** (*Sprungturm*) (diving) platform. **3.** *Schach*: castle.
Türmchen *n* turret.
türmen¹ **I** *v/t* pile (up). **II** *v/reflex* **sich** ~ *a. fig.* pile up.
türmen² *v/i* F (*fliehen*) bolt, make off.
Turmspitze *f* spire.
Turmspringen *n Sport*: high diving.
Turmuhr *f* church clock.
Turnanzug *m* gymsuit.
turnen **I** *v/i* do gymnastics. **II** *v/t* (*e-e Übung*) do.
Turnen *n* gymnastics *sg*.
Turner(in) gymnast.
Turn|gerät *n* gymnastic apparatus. **~halle** *f* gymnasium, F gym. **~hose** *f* gym shorts *pl*.
Turnier *n* tournament.
Turn|lehrer(in) gym instructor. **~riege** *f* gym squad. **~schuh** *m* gym shoe. **~stunde** *f ped.* gym lesson. **~übung** *f* gymnastic exercise.
Turnus *m* rotation: ***im ~*** → ***turnusmäßig*** II.
turnusmäßig **I** *adj* rotational, (*regelmäßig*) regular. **II** *adv* in turns: ~ (***aus***)***wechseln*** rotate.
Turnverein *m* gymnastics club.
Tür|pfosten *m* door post. **~rahmen** *m* door frame. **~schild** *n* door plate.
turteln *v/i* F bill and coo.
Turteltaube *f* turtledove.
Tusche *f* Indian ink, (*Zeichentusche*) drawing ink, (*Wimperntusche*) mascara.
tuscheln *v/i u. v/t* whisper.
Tuschkasten *m* paintbox.
Tuschzeichnung *f* Indian drawing.
Tussi *f* F female, (*Freundin*) bird.

T

Tüte *f* (paper) bag, (*Eistüte*) cone.
tuten *v/i* F too, *mot.* honk.
Tutor *m*, **Tutorin** *f univ.* tutor.
TÜV *m* ***Technischer Überwachungsverein*** safety standards authority, (*für Auto*) MOT: ***durch den ~ kommen*** pass one's MOT; ***nicht durch den ~ kommen*** fail one's MOT. **~-geprüft** *adj etwa*: safety-tested.
Twen *m* F person in his (her) twenties, *pl* under-thirties *pl.*
Typ *m* **1.** *allg.* type, *tech. a.* model: F ***sie ist mein ~*** she is my type. **2.** F (*Kerl*) fellow, chap.
Type *f* **1.** *print.* type. **2.** F ***komische*** *etc* **~** queer *etc* character.
Typenrad *n* daisywheel.
Typenschild *n tech.* type plate.
Typhus *m* ⚕ typhoid (*a. in Zssgn epidemy, patient, etc*).
typisch *adj* typical (***für*** of).
typisieren *v/t* typify.
Typographie *f* typography.
Typoskript *n* typescript.
Typus *m* type.
Tyrann(in) tyrant. **Tyrannei** *f* tyranny.
tyrannisch *adj* tyrannical.
tyrannisieren *v/t* tyrannize.

T

U

U, u *n* U, u.

U ***Umleitung*** diversion; ***U-Bahn*** underground (U), *Am.* subway.

u. ***und*** and.

u. a. ***und andere(s)*** and others (other things); ***unter anderem*** (*od.* ***anderen***) among other things, inter alia; among others.

U. (*od.* **u.**) **A. w. g.** ***um Antwort wird gebeten*** R.S.V.P., RSVP.

U-Bahn ***Untergrundbahn*** underground (U), *Am.* subway.

übel I *adj allg.* bad, (*gemein*) *a.* nasty: F (***gar***) ***nicht*** ~ not bad (at all); ***mir ist*** (***wird***) ~ I'm feeling (getting) sick; F *fig.* ***dabei kann e-m ~ werden!*** it's enough to make you sick!; ***ein übler Kerl*** a bad lot; ***e-e üble Sache*** a bad business; ***kein übler Gedanke*** not a bad idea. **II** *adv* ~ ***gelaunt*** bad-tempered; ***et. ~ nehmen*** take s.th. amiss, take offen/ce (*Am.* -se) at s.th.; ~ ***riechen*** smell (terrible); ~ ***riechend*** foul-smelling, F smelly, *Atem*: foul.

Übel *n* evil, (*Krankheit*) illness: ***ein notwendiges*** ~ a necessary evil; ***das kleinere*** ~ the lesser of two evils; ***zu allem*** ~ to top it all.

Übelkeit *f* nausea.

Übeltäter(in) malefactor.

üben I *v/t allg.* practise (*a.* ***sich ~ in*** *dat*), (*schulen*) train: ***Klavier*** ~ practise the piano; *fig.* ***Geduld*** ~ have patience; → ***Nachsicht, Rache.*** **II** *v/i* practise.

über I *prep* **1.** over, (*oberhalb*) *a.* above, (*quer* ~) across (*the river etc*): ~ ***die Straße gehen*** cross the street; ~ ***München nach Rom reisen*** go to Rome via Munich. **2.** (*während*) over: ~ ***Nacht*** overnight; ~ ***das Wochenende*** over the weekend; ~ ***die Ferien*** during the holidays; ~***s Jahr*** (this time) next year; ~ ***e-m Glas Wein*** (***der Arbeit*** *etc*) over a glass of wine (one's work *etc*). **3.** (*mehr als*) over, more than, (~ *hinaus*) beyond, *adm.* exceeding (*a sum, an age, etc*): ***er ist ~ siebzig*** (***Jahre alt***) he is past (*od.* over) seventy; ***es geht nichts ~ Musik!*** there's nothing like music!; → ***Verstand.*** **4.** (~ *ein Thema*) about, *Aufsatz, Buch, Vortrag etc*: *a.* on: ~ ***Geschäfte*** (***den Beruf, Politik***) ***reden*** talk business (shop, politics). **5.** (*im Wert von*) for: ***e-e Rechnung ~ 100 Mark*** a bill for 100 marks. **6.** (*vermittels*) over, by: ~ ***e-e Treppe*** over (*od.* by) a staircase; ~ ***e-n Makler*** through a broker; ~ ***die Auskunft*** from the information. **7.** ***Fehler ~ Fehler*** one mistake after the other. **II** *adv* **8.** ~ ***und*** ~ all over; ***die ganze Zeit*** ~ all along; → ***überhaben, übrig.***

überall *adv* everywhere, all over: ~ ***wo*** wherever. **~her** *adv* from everywhere. **~hin** *adv* everywhere.

überaltert *adj Bevölkerung*: overaged.

Überangebot *n* oversupply.

überängstlich *adj* overanxious.

überanstrengen *v/t* overexert (***sich*** o.s.), (over)strain.

Überanstrengung *f* overexertion, (over-) strain.

überarbeiten I *v/t* (*Buch etc*) revise. **II** *v/reflex* ***sich*** ~ overwork.

überarbeitet *adj* **1.** revised. **2.** overworked.

Überarbeitung *f* **1.** revision. **2.** overwork.

überaus *adv* extremely.

überbacken *adj gastr.* au gratin.

überbeanspruchen *v/t* **1.** *tech.* overload, overstress. **2.** *fig.* ***j-n*** ~ overtax s.o.

Überbein *n* ⚕ node, exostosis.

überbelegt *adj* overcrowded, *Hotel etc*: overbooked, *Kurs etc*: oversubscribed.

Überbelegung *f* overcrowding, overbooking, oversubscription.

überbelichten *v/t phot.* overexpose.

Überbelichtung *f* overexposure.

Überbeschäftigung *f* overemployment.

überbesetzt *adj personell*: overstaffed.

Überbesetzung *f* overmanning, overstaffing.

überbetonen *v/t* overemphasize.

überbetrieblich *adj* ~***e Ausbildung*** extra-company (*od.* extra-plant) training.

überbewerten *v/t* overrate, overvalue.

überbezahlen *v/t* overpay.

überbieten *v/t* **1.** *econ.* outbid (***um*** by). **2.** *fig.* outdo, (*et.*) *a.* cap, (*Rekord*) beat: ***sich*** (***gegenseitig***) ~ vie with each other (***in*** *dat* in).

Überbleibsel *n a. fig.* remnant.

überblenden *v/t Film, Radio*: fade over.

Überblick *m* **1.** view (***über*** *acc* of). **2.** *fig.*

overall view: ***e-n ~ gewinnen*** get a general idea (***über*** *acc* of); ***den ~ verlieren*** lose track of things, be confused.
überblicken *v/t* **1.** overlook, survey. **2.** *fig.* grasp, see, (*Folgen etc*) assess.
überbringen *v/t* ***j-m et. ~*** deliver (*od.* bring) s.th. to s.o.
Überbringer(in) bearer.
Überbringung *f* delivery.
überbrücken *v/t* span, *a. fig.* bridge.
Überbrückung *f* bridging, tiding o.s. over.
Überbrückungs|hilfe *f* temporary assistance. **~kredit** *m* bridging loan. **~maßnahme** *f* stopgap measure.
überbuchen *v/t* (*Flug, Hotel etc*) overbook.
Überbuchung *f* overbooking.
über|bürden *v/t* overburden. **~dacht** *adj* roofed, covered. **~dauern** *v/t* outlast, survive. **~dehnen** *v/t* overstretch, (*Muskel*) pull. **~denken** *v/t* ***et. ~*** think s.th. over; ***neu ~*** reconsider. **~deutlich** *adj* all too clear.
überdies *adv* besides, moreover.
überdimensional *adj* outsize(d).
Überdosis *f* overdose.
überdrehen *v/t* (*den Motor*) overspeed.
Überdruck *m tech.* overpressure. **~kabine** *f* pressurized cabin. **~ventil** *n* pressure relief valve.
Überdruss *m* weariness: ***bis zum ~*** ad nauseam.
überdrüssig *adj* ***~ sein*** be weary (*od.* tired) (*gen* of).
überdüngen *v/t* overfertilize.
überdurchschnittlich *adj* above(-)average.
Übereifer *m* overzealousness, officiousness.
übereifrig *adj* overzealous, officious.
übereignen *v/t* ***j-m et. ~*** make s.th. over to s.o.
Übereignung *f* transfer (of ownership), *von Land*: conveyance.
Übereignungsurkunde *f* deed of transfer of ownership (*von Land*: of conveyance).
übereilen *v/t* rush: ***et. ~*** *a.* rush things.
übereilt *adj* (over)hasty.
Übereilung *f* (over)haste: ***k-e ~!*** don't rush things!
übereinander *adv* **1.** one on top of the other. **2.** ***~ sprechen*** talk about one another; ***~ schlagen*** (*Beine*) cross.
übereinkommen *v/i* (***über*** *acc* on) agree, reach an agreement.
Übereinkommen *n* agreement: ***mündliches ~*** unwritten agreement .
Übereinkunft *f* (***e-e ~ treffen*** reach an) agreement.
übereinstimmen *v/i* **1.** *Angaben etc*: tally, correspond, *Farben, Muster etc*: match. **2.** ***mit j-m ~*** agree with s.o. (***über*** *acc*, ***in*** *dat* on).
übereinstimmend *adj* corresponding, *Bericht, Meinung etc*: concurring, *Farben etc*: matching.
Übereinstimmung *f* agreement, correspondence, harmony: ***in ~ mit*** in accordance (*od.* keeping) with.
überempfindlich *adj* hypersensitive, *bsd.* ⚕ allergic (***gegen*** to).
überernährt *adj* overfed.
überfahren *v/t* (*Signal etc*) drive through: ***j-n ~*** run s.o. over, F *fig.* bulldoze s.o., *Sport*: clobber s.o.
Überfahrt *f* ⚓ crossing, passage.
Überfall *m* **1.** (***auf*** *acc*) attack (on), raid (on), (*Einfall*) invasion (of). **2.** (*Raubüberfall*) holdup, *auf der Straße*: mugging. **3.** F surprise visit.
überfallen *v/t* attack, assault, (*e-e Bank etc*) hold up, raid, (*Land*) invade: F ***j-n ~*** (*besuchen*) descend on s.o.; ***j-n mit e-r Frage*** *etc* ***~*** pounce on s.o. with a question *etc*.
überfällig *adj* overdue.
Überfallkommando *n* riot squad.
Überfischung *f* overfishing.
überfliegen *v/t* **1.** fly over. **2.** (*Brief etc*) glance over, skim.
überfließen *v/i* overflow.
überflügeln *v/t* ***j-n ~*** outstrip s.o.
Überfluss *m* (***an*** *dat* of) abundance, profusion, wealth, (*Überschuss*) surplus: ***~ haben an*** (*dat*) abound in, have plenty of; ***zu allem ~*** to top it all.
Überflussgesellschaft *f* affluent society.
überflüssig *adj* superfluous, (*unnötig*) unnecessary.
überfluten *v/t a. fig.* flood.
überfordern *v/t* (*a. Körper etc*) overtax, (*Arbeitskräfte*) *a.* overstretch: ***j-n ~*** expect too much of s.o., *Aufgabe etc*: be too much for s.o.; ***damit war sie (völlig) überfordert*** this was more than she could handle.
überfragt *adj* F ***da bin ich ~!*** you've got me there!
Überfremdung *f* foreign infiltration.
überführen *v/t* **1.** transport. **2.** ***j-n ~*** (*gen* of) find s.o. guilty, convict s.o.
Überführung *f* **1.** transfer. **2.** ⚖ conviction. **3.** (*Straßenüberführung etc*) flyover, *Am.* overpass.
überfüllt *adj* overcrowded, *Straße*: congested, *Bus, Raum etc*: (jam-)packed.
Überfunktion *f* ⚕ hyperactivity.
überfüttern *v/t* overfeed.
Übergabe *f* delivery, *a. e-s Amtes etc*: handing-over, *mil.* surrender.
Übergang *m* **1.** crossing, (*a. Stelle*) passage. **2.** *fig.* transition.
übergangslos *adv* without transition, directly.

Übergangs|periode *f* transitional period. **~phase** *f* transitional phase. **~regelung** *f* temporary arrangement. **~regierung** *f* caretaker government. **~stadium** *n* transition(al stage). **~zeit** *f* transition(al period).
übergeben I *v/t* (***j-m et.***) **~** hand over (s.th. to s.o.), *feierlich*: present (s.o. with s.th.); ***j-m et.* ~** entrust s.o. with s.th.; ***dem Verkehr* ~** open *s.th.* to the traffic. **II** *v/reflex* ***sich* ~** vomit, be sick.
'übergehen¹ *v/i* pass over (***zu*** to): **~ *auf*** (*e-n Nachfolger etc*) devolve upon; **~ *in*** (*acc*) pass (*od.* turn) into; ***in j-s Besitz* ~** pass into s.o.'s possession; ***in andere Hände* ~** change hands; ***ineinander* ~** *Farben*: blend; ***zu*** *et.* **~** proceed to; ***zum*** *Feind*, ***zur*** *anderen Partei* **~** go over to.
über'gehen² *v/t* disregard, ignore, (*auslassen*) omit, skip: ***j-n* ~** pass s.o. over; ***et. mit Stillschweigen* ~** pass s.th. over in silence.
übergeordnet *adj* **1.** *Amt etc*: higher. **2.** (*vorrangig*) of overriding importance.
Übergepäck *n* ✈ excess luggage (*bsd. Am.* baggage).
übergeschnappt *adj* F mad, off one's rocker.
Übergewicht *n* **1.** (**~ *haben*** be) overweight. **2.** *Brief etc*: excess weight: **~ *haben*** be over the limit. **3.** *fig*. preponderance.
überglücklich *adj* overjoyed.
übergreifen *v/i fig*. spread (***auf*** *acc* to).
Übergriff *m* (***in*** *acc*) encroachment ([up]on), infringement (of).
übergroß *adj* outsize(d).
Übergröße *f* outsize.
überhaben *v/t* F ***et.* ~** be sick of s.th.
überhand *adv* **~ *nehmen*** increase, spread.
Überhang *m* **1.** ✈, △, *tech*. overhang. **2.** (*Geldüberhang*) surplus, (*Auftragsüberhang etc*) backlog.
überhängen I *v/i* overhang, △ project. **II** *v/t* (*Mantel etc*) throw over one's shoulders.
überhäufen *v/t* ***j-n* ~ *mit*** *Arbeit etc*: swamp s.o. with, *Geschenken etc*: shower s.o. with, *Ehren, Vorwürfen etc*: heap *s.th.* on s.o.
überhaupt *adv* at all, actually, really: ***hast du* ~ *geschlafen?*** have you slept at all?; ***was willst du* ~?** what really do you want?; **~ *nicht*** not at all; **~ *nichts*** nothing at all; ***er versteht davon* ~ *nichts*** he doesn't know the first thing about it; **~ *kein* ...** no ... whatever; ***wenn* ~** if at all.
überheblich *adj* arrogant.
Überheblichkeit *f* arrogance.
überhitzen *v/t a. fig*. overheat.
überhöht *adj Preise etc*: excessive.
überholen *v/t* **1.** *mot., Sport*: pass, overtake, *fig*. outstrip. **2.** *tech*. overhaul.
Überholmanöver *n* overtaking manoeuvre, *Am*. passing maneuver.
Überholspur *f mot*. passing lane.
überholt *adj* outdated.
Überholung *f tech*. overhaul.
Überholverbot *n* "No Passing" sign.
überhören *v/t* not to hear, (*Worte*) miss, not to catch, *absichtlich*: ignore.
überirdisch *adj* supernatural.
Überkapazität *f* overcapacity.
überkapitalisiert *adj* overcapitalized.
überkleben *v/t* ***et.* ~** paste s.th. over.
überkochen *v/i a. fig*. boil over.
überkommen *v/t* ***Furcht*** *etc* ***überkam ihn*** he was overcome by fear *etc*.
überkonfessionell *adj* interdenominational.
überladen I *v/t* **1.** overload (*a.* ⚡), *mit Arbeit*: overburden, swamp. **II** *adj* **2.** overloaded. **3.** *fig*. cluttered, *Stil*: overladen, florid.
überlagern *v/t* superimpose, *teilweise*: overlap (*a.* ***sich* ~**), *Radio*: heterodyne, (*Sender*) jam.
Überlandbus *m* long-distance coach.
Überlänge *f* exceptional length.
überlappen *v/t* (*a.* ***sich* ~**) overlap.
überlassen *v/t* ***j-m et.* ~** let s.o. have s.th., *a. fig*. leave s.th. to s.o.; ***j-n sich selbst*** (***s-m Schicksal***) **~** leave s.o. to himself (to his fate); ***sich selbst* ~ *sein*** be left to one's own devices; **~ *Sie das mir!*** leave it to me!; ***das bleibt ihm* ~!** that's up to him!
überlasten *v/t* **1.** *a.* ⚡, *tech*. overload. **2.** *fig*. overtax, overburden, *mit Arbeit*: overwork, overstretch.
überlastet *adj* **1.** *a. electr., tech*. overloaded. **2.** *fig*. under strain, overworked.
Überlastung *f* **1.** *a.* ⚡, *tech*. overload. **2.** *fig*. overburdening, (*Überanstrengung*) (over-) strain.
Überlaufanzeige *f* overflow indicator.
'überlaufen¹ *v/i* **1.** run over. **2.** (***zu*** to) desert, go over, defect. **über'laufen² I** *v/t* ***Angst*** *etc* ***überlief mich*** I was seized with fear *etc*. **II** *v/impers* ***es überlief mich heiß und kalt*** I went hot and cold. **III** *adj Gegend, Beruf*: overcrowded.
Überläufer(in) deserter, defector.
überleben I *v/t u. v/i* survive: F ***du wirst es* ~!** you'll survive! **Überleben** *n* survival.
Überlebende *m, f* survivor.
Überlebenschance *f* chance of survival.
überlebensgroß *adj* larger(-)than(-)life.
Überlebenstraining *n* survival training.
überlegen¹ *v/t u. v/i* think (*s.th.* over): ***ich will es mir* ~** I'll think it over; ***lassen Sie mich* ~!** let me think!; ***es sich anders* ~** change one's mind; ***sich et. genau* ~** think carefully about it; ***ohne zu* ~** without thinking, (*übereilt*) rashly, (*sofort*) F like a shot; → ***reiflich*** II.

überlegen² I *adj* (*a. weitS. überheblich*) superior (*dat* to, *an dat* in): ***j-m weit ~ sein*** be head and shoulders above s.o. II *adv* in superior style, (*herablassend*) superciliously: ***~ siegen*** win in style.
Überlegenheit *f* superiority.
überlegt *adj* considered, (*durchdacht*) well thought-out.
Überlegung *f* consideration, reflection: ***~en anstellen*** a) ***über*** (*acc*) think about, reflect on, b) ***ob*** consider if; → ***reiflich*** I.
überleiten *v/i* lead over (**zu** to).
überliefern *v/t* **et.** ~ hand s.th. down (*dat* to).
überliefert *adj* traditional.
Überlieferung *f* tradition.
Überliquidität *f* excess liquidity.
überlisten *v/t* outwit, fool.
Übermacht *f* superiority.
übermächtig *adj* too strong, *fig.* overpowering.
übermalen *v/t* **et.** ~ paint s.th. over.
übermannen *v/t fig.* overwhelm.
Übermaß *n* excess (**an** *dat* of): ***im ~*** in excess.
übermäßig *adj* excessive.
Übermensch *m* superman.
übermenschlich *adj* superhuman.
übermitteln *v/t* (*dat* to) transmit, convey.
Übermittlung *f* transmission.
übermorgen *adv* the day after tomorrow.
übermüdet *adj* overtired.
Übermüdung *f* overtiredness.
Übermut *m* high spirits *pl*. **übermütig** *adj* high-spirited, *pred* in high spirits.
übernächst *adj the* next but one: ***~e Woche*** the week after next.
übernachten *v/i* spend the night.
übernächtigt *adj* bleary-eyed.
Übernachtung *f* overnight stay: ***~ und Frühstück*** bed and breakfast.
Übernachtungsmöglichkeit *f* overnight accommodation.
Übernahme *f* taking over, *der Macht*, *e-r Firma*: takeover, *e-s Amts*, *der Verantwortung*: assumption, *e-r Idee etc*: adoption. **~angebot** *n econ.* takeover bid.
übernational *adj* supranational.
übernatürlich *adj* supernatural.
übernehmen I *v/t* (*Macht*, *Führung*, *Amt*, *Firma etc*) take over, (*Waren etc*) *a.* accept, (*Arbeit*, *Verantwortung etc*) take on, (*Verfahren*, *Ideen etc*) adopt: ***es ~, et. zu tun*** take it upon o.s. to do s.th.; ***et. ~*** (*erledigen*) take care of s.th. II *v/reflex* ***sich ~*** *mit Arbeit etc*: take on more than one can handle, *finanziell*: overreach o.s., (*sich überanstrengen*) overdo it; *iro.* ***übernimm dich nur nicht!*** don't kill yourself!
überordnen *v/t* **j-n** (**et.**) **j-m** (**e-r Sache**) ~ set s.o. (s.th.) above s.o. (s.th.).

U

überparteilich *adj* nonpartisan.
Überproduktion *f* overproduction.
überprüfen *v/t* check, inspect, test, *genau*: scrutinize, (*Person*) screen, F vet.
Überprüfung *f* check(up), *genaue*: scrutiny, (*Sicherheitsüberprüfung*) F vetting.
überqualifiziert *adj* overqualified.
überquellen *v/i a. fig.* (**von** with) overflow, brim over.
überqueren *v/t* cross.
über|ragen *v/t* tower above (*a. fig.*): ***j-n ~*** be taller than s.o., *fig.* outclass s.o. **~ragend** *adj fig.* outstanding, brilliant.
überraschen *v/t* surprise: ***j-n ~*** (*überrumpeln*) take s.o. by surprise, (*ertappen*) catch s.o. (***bei*** at); ***von e-m Gewitter überrascht werden*** be caught in a thunderstorm.
überraschend *adj* surprising, (*unerwartet*) unexpected, sudden.
Überraschung *f* surprise.
Überraschungs|angriff *m* surprise attack. **~moment** *n* element of surprise. **~sieg** *m Sport*: unexpected win.
überreagieren *v/i* overreact.
überreden *v/t* ***j-n ~*** persuade s.o. (**zu** to), **zu et.** *a.* talk s.o. round into (doing) s.th.
Überredung *f* persuasion.
Überredungskunst *f* powers *pl* of persuasion.
überregional *adj* supraregional, *Zeitung*: national, *Sendung*: nationwide.
überreich *adj* ***~ sein an*** (*dat*) abound in.
überreichen *v/t* (**j-m**) **et.** ~ hand s.th. over (*feierlich*: present s.th.) (to s.o.).
überreif *adj* overripe.
überreizen *v/t* overexcite.
überreizt *adj* overwrought: ***~ sein*** *a.* be on edge.
Überrest *m* remains *pl*, *a. fig.* remnant, *pl e-r Mahlzeit*: leftovers *pl*, *fig. e-r Kultur etc*: remnants *pl*, relics *pl*.
Überrollbügel *m mot.* rollbar.
überrollen *v/t* overrun, *fig. a.* steamroll.
überrumpeln *v/t* ***j-n ~*** take s.o. unawares (*od.* by surprise).
überrunden *v/t Sport*: lap, *fig.* outstrip.
übersät *adj* littered, *fig.* studded.
übersättigen *v/t* oversaturate, (*den Markt*) *a.* glut, ⚗ supersaturate, *fig.* surfeit.
Übersättigung *f* surfeit (*a. fig.*), glut, ⚗ supersaturation.
übersäuern *v/t a.* ⚕ overacidify.
Übersäuerung *f a.* ⚕ hyperacidity.
Überschall... supersonic. **~geschwindigkeit** *f* supersonic speed: ***mit ~ fliegen*** fly faster than the speed of sound.
überschatten *v/t a. fig.* overshadow.
überschätzen *v/t* overrate, overestimate.
Überschätzung *f* overestimation.

überschaubar *adj fig*. clear, easy to grasp: **~, von ~er Größe** *Betrieb etc*: of manageable size.
überschauen → **überblicken** 2.
überschäumen *v/i* **1.** froth over. **2.** *fig*. bubble over (**vor** *dat* with).
überschlafen *v/t* F **das muss ich erst ~!** I must sleep on it!
Überschlag *m* **1.** *gym*. somersault, (*Handstandüberschlag*) handspring. **2.** (*Schätzung*) (rough) estimate. **3.** ⚡ flashover.
überschlagen I *v/t* **1.** (*auslassen*) skip. **2.** (*schätzen*) calculate roughly. II *v/reflex* **sich ~ 3.** fall head over heels, *mot*. overturn, ✈ nose over: F *fig*. **er überschlug sich fast** (**vor Liebenswürdigkeit**) he bent over backwards (to be nice). **4.** *Stimme*: crack. **5.** *Ereignisse etc*: follow hot on each other's heels.
überschnappen *v/i* **1.** F go mad, go crazy. **2.** *Stimme*: crack.
überschneiden *v/reflex* **sich ~** overlap (*a. fig.*), *Linien*: intersect; **sich zeitlich ~** coincide.
Überschneidung *f* overlap(ping), ⩚ intersection.
Überschreibemodus *m* overwrite (*od.* overstrike) mode.
überschreiben *v/t* **1.** (*Aufsatz etc*) head, title. **2.** transfer (*dat* to): ⚖ **j-m et. ~** make over s.th. to s.o. **3.** *Computer*: overwrite.
überschreiten *v/t* **1.** cross. **2.** *fig*. (*Geschwindigkeit*, *Befugnisse etc*) exceed, (*Kräfte*, *Verstand etc*) go beyond.
Überschrift *f* heading, title, (*Schlagzeile*) headline.
überschuldet *adj* heavily indebted, *Land*: debt-heavy.
Überschuldung *f* heavy debts *pl*, debt overload.
Überschuss *m* surplus, *econ*. (*Gewinn*) profit. **~beteiligung** *f* surplus sharing.
überschüssig *adj* surplus.
überschütten *v/t fig*. **j-n ~ mit** *Geschenken*, *Ehren etc*: shower s.o. with.
Überschwang *m* exuberance.
überschwänglich *adj* effusive.
überschwemmen *v/t* flood, *fig*. *a*. inundate, (*den Markt*) glut. **Überschwemmung** *f a. fig*. flooding, inundation.
überschwenglich → **überschwänglich.**
Übersee: **in** (**nach**) **~** overseas. **~handel** *m* overseas trading.
überseeisch *adj* overseas.
übersehbar *adj* **1.** *Gelände etc*: open. **2.** *Folgen etc*: foreseeable, *Lage etc*: clear.
übersehen *v/t* **1.** → **überblicken** 2. **2.** miss, overlook, *absichtlich*: ignore.
übersenden *v/t* send: **hiermit ~ wir ...** please find enclosed ... **Übersendung** *f* sending.
'**übersetzen**[1] I *v/t* ferry *s.o.*, *s.th.* over. II *v/i* cross the river *etc*.
über'setzen[2] *v/t* **1.** *a*. *v/i* translate. **2.** *tech*. transmit.
Übersetzer(in) translator.
Übersetzung *f* **1.** translation (**aus** from, **in** *acc* into). **2.** *tech*. gear ratio, transmission.
Übersetzungs|büro *n*, **~dienst** *m* translating agency. **~fehler** *m* error in translation. **~programm** *n* translation program. **~software** *f* translation software.
Übersicht *f* **1.** (*Abriss*) survey, summary, outline. **2.** → **Überblick** 2.
übersichtlich *adj* **1.** *Gelände etc*: open, *Kurve*: clear. **2.** *fig*. clear(ly arranged), lucid.
Übersichtlichkeit *f* clearness.
übersiedeln *v/i* move (*pol*. migrate) (**nach** to).
übersinnlich *adj* supernatural: **~e Kräfte** psychic forces.
überspannt *adj Ideen etc*: extravagant, *Person*: eccentric. **Überspanntheit** *f* extravagance, eccentricity.
überspielen *v/t* **1.** (*Tonband etc*) rerecord: **auf Band ~** tape(-record). **2.** (*Fehler*, *Schwächen etc*) cover *s.th*. up.
überspitzen *v/t* exaggerate, carry *s.th*. too far. **überspitzt** *adj* **1.** exaggerated. **2.** *Formulierung etc*: oversubtle.
'**überspringen**[1] *v/i* ⚡ flash over.
über'springen[2] *v/t* **1.** jump over (*od.* across), clear. **2.** *fig*. (*auslassen*) skip.
überstaatlich *adj* supranational.
'**überstehen**[1] *v/i* jut out, project.
über'stehen[2] *v/t allg*. get over, (*überleben*) survive, (*Sturm*, *fig*. *Gefahr*, *Krise etc*) weather, ride out: **das wäre überstanden!** that's that!; **das Schlimmste ist überstanden** the worst is over now.
übersteigen *v/i* **1.** climb over. **2.** *fig*. go beyond, exceed.
übersteuern *v/t* **1.** *mot*. oversteer. **2.** ⚡ overmodulate.
überstimmen *v/t* outvote.
überstrahlen *v/t fig*. eclipse.
überstreichen *v/t* coat (**mit** with).
überstreifen *v/t* **et. ~** slip s.th. on.
Überstunden *pl* (**~ machen** work *od.* do) overtime *sg*. **~abbau** *m* reduction of overtime. **~zuschlag** *m* overtime premium.
überstürzen I *v/t* rush. II *v/reflex* **sich ~** *Ereignisse etc*: follow hot on each other's heels. **überstürzt** *adj* rash.
übertariflich *adj* in excess of the (collectively agreed) scale.
überteuert *adj* overpriced.
übertönen *v/t* drown (out).
Übertrag *m econ*. carryover.
übertragbar *adj* **1.** (**auf** *acc* to) *allg*. transfer-

able, *fig. a.* applicable. **2.** *econ. Wechsel*: negotiable. **3.** ⚕ infectious, contagious.

Übertragbarkeit *f* **1.** transferability. **2.** infectiousness.

übertragen I *v/t* **1.** (**auf** *acc* to) *allg.* transfer, (*Besitz*) *a.* make over, (*a. Rechte*) assign, (*Vollmachten*) give, (*Aufgabe etc*) delegate, assign: ***j-m et.* ~** (*anvertrauen*) entrust s.th. to s.o. **2.** ⚡, *phys., tech.* transmit (**auf** *acc* to), (*senden*) broadcast. **3.** (**in** *acc* into) (*Stenogramm etc*) transcribe, (*übersetzen*) translate (*a. Computer*). **4.** (*Krankheit*) transmit (**auf** *acc* to), (*Blut*) transfuse. **5.** *fig.* ***et.* ~ auf** (*acc*) apply s.th. to. **II** *v/reflex* ***sich* ~ auf** (*acc*) **6.** *Krankheit*: be passed on (to). **7.** *Stimmung, Panik etc*: communicate itself (to). **III** *adj* **8.** *Bedeutung etc*: figurative: ***im* ~*en Sinne*** in the figurative sense.

Übertragung *f* **1.** (**auf** *acc* to) transfer (*a. econ.*, ⚖), *von Rechten, Aufgaben etc*: assignment, *von Vollmachten*: delegation, *von Ämtern, Titeln*: conferment. **2.** ⚡, ⚕, *phys., tech.* transmission (**auf** *acc* to), *Radio, TV*: *a.* broadcast. **3.** (**in** *acc* into) *e-s Stenogramms*: transcription, (*Übersetzung*) translation.

Übertragungs|fehler *m Computer, Fax etc*: transmission error. **~wagen** *m Radio, TV* outside broadcast van (*abbr.* O.B.).

übertreffen *v/t* (*j-n*) excel (***sich selbst*** o.s.), outdo, (*a. et.*) surpass, be better *etc* than, beat: ***alle Erwartungen* ~** exceed all expectations.

übertreiben *v/t* **1.** ***et.* ~** overdo s.th., carry s.th. too far. **2.** (*aufbauschen*) *a. v/i* exaggerate. **3.** *thea.* overact, F ham *s.th.* up.

Übertreibung *f* exaggeration.

'übertreten¹ *v/i* **1.** (**zu** to) *pol.* go over, *eccl.* convert: ***zum Katholizismus* ~** *a.* F turn (Roman) Catholic. **2.** *Sport*: foul (a jump *od.* throw).

über'treten² *v/t* **1.** (*Gesetz etc*) violate. **2.** ***sich den Fuß* ~** sprain one's ankle.

Übertretung *f* ⚖ violation, (*Delikt*) *a.* (petty) offen/ce (*Am.* -se).

übertrieben *adj* exaggerated, excessive.

Übertritt *m* (**zu, in** *acc* to) change, *pol.* defection, *eccl.* conversion.

übertrumpfen *v/t* trump, *fig. a.* outdo.

übertünchen *v/t a. fig.* whitewash.

überversichert *adj* overinsured.

Übervölkerung *f* overpopulation.

übervorteilen *v/t* cheat.

überwachen *v/t* supervise, (*betreuen*) look after, (*beobachten*) watch (over), *a.* ⚕, *wissenschaftlich*: observe, *polizeilich*: keep under surveillance, (*kontrollieren*) check, inspect, *elektronisch etc*: monitor.

Überwachung *f* supervision, (*Beobachtung*) observation, *polizeiliche*: surveillance, (*Kontrolle*) inspection, checking, monitoring.

Überwachungsstaat *m* surveillance state.

überwältigen *v/t a. fig.* overpower, overwhelm.

überwältigend *adj fig.* overwhelming, *Schönheit*: *a.* stunning, breathtaking: ***mit* ~*er Mehrheit*** with an overwhelming majority; ***nicht gerade* ~!** nothing to write home about!

überweisen *v/t* **1.** (*Geld*) transfer (***auf ein Konto*** to an account, ***j-m*** to s.o.'s account). **2.** (*Antrag, Fall, Patienten etc*) refer (**an** *acc* to).

Überweisung *f* **1.** (*Geldüberweisung*) transfer, remittance. **2.** *e-s Falles, Patienten etc*: referral (**an** *acc* to).

Überweisungs|auftrag *m* remittance order. **~formular** *n*, **~vordruck** *m* transfer form.

'überwerfen¹ *v/t* (*Kleid etc*) fling on.

über'werfen² *v/reflex* ***sich mit j-m* ~** fall out with s.o.

überwiegen *v/i* predominate, prevail.

überwiegend I *adj* predominant, prevailing: ***die* ~*e Mehrheit*** the vast majority. **II** *adv* predominantly, mainly.

überwinden I *v/t* (*Angst, Schwäche etc*) overcome, (*Krankheit, Krise, Schwierigkeiten etc*) get over, surmount. **II** *v/reflex* ***sich*** (***selbst***) **~, *et. zu tun*** bring o.s. to do s.th.

Überwindung *f* **1.** overcoming (*etc*). **2.** ***es kostete mich* ~** it cost me quite an effort.

überwintern *v/i* spend the winter, *zo.* hibernate.

überwuchern *v/t* overgrow.

Überzahl *f* (***in der* ~ *sein*** be in the) majority. **überzählig** *adj* surplus.

überzeugen I *v/t* (**von**) convince (of), *bsd.* ⚖ satisfy (as to). **II** *v/i Spieler etc, a. Spiel, Vortrag etc*: be convincing. **III** *v/reflex* ***sich* ~** satisfy o.s. (**von** as to): **~ *Sie sich selbst!*** go and see for yourself!

überzeugend *adj* convincing: ***wenig* ~** (rather) unconvincing.

überzeugt *adj* convinced (**von** of), *Sozialist etc*: ardent: ***von sich selbst*** (***sehr***) **~ *sein*** have a high opinion of o.s.

Überzeugung *f* conviction, (*politische etc* ~) convictions *pl*, (*fester Glaube*) persuasion: ***der*** (***festen***) **~ *sein, dass ...*** be (thoroughly) convinced that ...; ***zu der* ~ *gelangen, dass ...*** come to the conclusion that ...

Überzeugungskraft *f* powers *pl* of persuasion.

über'ziehen¹ I *v/t* **1.** cover, *mit e-r Schicht*: *a.* coat, *innen*: line. **2.** (*Bett*) put fresh linen on. **3.** (*Konto*) overdraw, (*Sendezeit*) overrun. **4.** *fig.* exaggerate. **II** *v/i* **5.** exceed the

U

time limit. **III** *v/reflex* ***sich*** ~ **6.** become covered (***mit*** with), *Himmel*: become overcast.

'überziehen² *v/t* (*Kleid etc*) put on.

Überziehung *f econ.* overdraft.

Überziehungs|kredit *m* overdraft credit. **~provision** *f* overdraft commission.

Überzug *m* **1.** cover. **2.** coat(ing).

üblich *adj* usual, customary, normal: ***wie*** ~ as usual; ***es ist bei uns (so) ~, dass ...*** it is a custom with us that ...; ***das Übliche*** the usual (thing).

U-Boot *n* submarine.

übrig *adj* remaining, left (over), (*ander*) other: ***das Übrige, alles Übrige*** the rest; ***das ~e Geld*** the rest of the money; ***die Übrigen*** the others, the rest; ***im Übrigen*** a) as for the rest, b) → ***übrigens***; ~ ***bleiben*** be left, remain; *fig.* ***es blieb mir nichts anderes*** ~ (***, als***) I had no choice (but); ~ ***lassen*** leave; ***et.*** ~ ***haben*** have s.th. left; *fig.* ***et.*** ~ ***haben für*** have a soft spot for; ***nichts*** ~ ***haben für*** not to care much for, have no time for; ***ein Übriges tun*** go out of one's way (*to do s.th.*).

übrigens *adv* by the way, incidentally.

Übung *f* **1.** practice: ***aus der*** ~ ***sein*** (***kommen***) be (get) out of practice; ***in der*** ~ ***bleiben*** keep one's hand in; ~ ***macht den Meister*** practice makes perfect. **2.** *gym.*, *mil.*, ♪ exercise.

Übungs|aufgabe *f* exercise. **~buch** *n* book of exercises. **~hang** *m Skisport*: nursery slope. **~heft** *n* exercise book.

Übungssache *f* ***das ist reine ~!*** it's just a matter of practice!

u. d(er)gl. (m.) ***und dergleichen (mehr)*** and the like, and so forth.

u. d. M. ***unter dem Meeresspiegel*** below sea level.

ü. d. M. ***über dem Meeresspiegel*** above sea level.

UdSSR *f hist.* ***Union der Sozialistischen Sowjetrepubliken*** USSR.

u. E. ***unseres Erachtens*** in our opinion, as we see it.

u. f(f). ***und folgende*** *sg* (*pl*) and following.

Ufer *n* shore, (*Flussufer*) bank: ***am ~, ans*** ~ ashore; ***über die*** ~ ***treten*** overflow its banks.

uferlos *adj fig.* boundless, *Debatte etc*: endless: ***ins Uferlose gehen*** lead nowhere.

Ufo *n* UFO, unidentified flying object.

Uganda *n* Uganda.

U-Haft ***Untersuchungshaft*** custody, detention (pending trial).

Uhr *f* clock, (*Taschen-, Armbanduhr*) watch: ***wie viel*** ~ ***ist es?*** what time is it?; ***es ist zwei*** ~ it's two o'clock (*od.* 2 p.m., 14.00 hours); ***nach m-r*** ~ by my watch; ***um wie viel ~?*** (at) what time?; *Sport*: ***ein Rennen gegen die*** ~ a race against time; F ***rund um die*** ~ around the clock.

Uhr|armband *n* watch strap. **~macher(in)** watchmaker, clockmaker. **~werk** *n* clock mechanism, works *pl.*

Uhrzeiger *m* hand. **~sinn** *m* ***im*** ~ clockwise; ***entgegen dem*** ~ anticlockwise.

Uhrzeit *f* time.

Uhu *m zo.* eagle-owl.

Ukraine *f the* Ukraine.

UKW ***Ultrakurzwelle*** ultrashort wave (USW), *etwa* very high frequency (VHF), *Am.* frequency modulation (FM).

Ulk *m* joke, lark. **ulkig** *adj* funny.

Ulme *f* ♀ elm.

Ultimatum *n* (***ein*** ~ ***stellen*** deliver an) ultimatum (*dat* to).

Ultimo *m* last day of the month.

Ultimoabrechnung *f* end-of-month settlement.

Ultra *m pol.* extremist.

Ultrakurzwelle *f* ⚡ very high frequency (*abbr.* VHF), *a.* ⚕ ultrashort wave.

ultrarot *adj* ultrared, infrared.

Ultraschall *m phys.* ultrasound.

Ultraschall|... ultrasonic, supersonic. **~aufnahme** *f* scan, *Am.* ultrasound. **~gerät** *n* ultrasound scanner. **~untersuchung** *f* ⚕ ultrasound scan.

ultraviolett *adj* ultraviolet.

um I *prep* **1.** *räumlich*: (a)round, *zeitlich*: at, (*ungefähr*) about, around: ~ ***Ostern*** (***herum***) some time around Easter; F ~ ***sein*** be over; ***s-e Zeit ist*** ~ his time is up. **2.** *e-e Differenz bezeichnend*: by: ~ ***die Hälfte billiger sein*** be only half the price; ~ ***so*** → ***umso.*** **3.** (*wegen*) for, about: ***bitten (schreien)*** ~ ask (cry) for. **4.** ***es steht schlecht*** ~ ***ihn*** he's in a bad way; ***schade*** ~ ***...*** it's too bad about ... **II** *conj* **5.** ~ ***zu*** *inf* (in order) to *inf.* **III** *adv* **6.** (*etwa*) about, around (*100 persons etc*).

umadressieren *v/t* redirect.

umarbeiten *v/t* change, (*Kleid etc*) remodel, (*Buch etc*) revise, *für den Film etc*: readapt.

umarmen *v/t* embrace (*a.* ***sich*** ~), hug.

Umarmung *f* embrace, hug.

Umbau *m* **1.** reconstruction, conversion (***in*** *acc*, ***zu*** into), (*Gebäude*) altered section. **2.** *fig.* reorganization.

'umbauen¹ I *v/t* alter, (*Maschine etc*) *a.* redesign, (*neu gestalten*) remodel, (*a. Wohnung*) convert (***in*** *acc*, ***zu*** into). **II** *v/i thea.* change the setting.

um'bauen² *v/t* build round: ***umbauter Raum*** interior space.

umbenennen *v/t* rename.

umbesetzen *v/t thea.* recast.
umbiegen *v/t* bend.
umbilden *v/t* reorganize, *pol.* (*Kabinett etc*) reshuffle. **Umbildung** *f* reorganization, *pol.* reshuffle.
umbinden *v/t* tie round, (*Schürze, Krawatte etc*) (*a.* ***sich*** ~) put on.
umblättern *v/t* turn over (the page *v/i*).
umblicken → ***umsehen.***
'umbrechen[1] *v/t* break down.
um'brechen[2] *v/t* make up (into pages).
umbringen I *v/t* kill: F *fig.* ***nicht umzubringen*** indestructible. **II** *v/reflex* ***sich*** ~ kill o.s.; F ***sich (fast) ~ vor Höflichkeit*** bend over backwards to be polite.
Umbruch *m* **1.** *print.* makeup, *am Bildschirm*: formatting. **2.** *fig.* upheaval.
umbuchen *v/t* **1.** (*Flug etc*) change one's booking for. **2.** *econ.* transfer (***auf*** *acc* to).
Umbuchung *f* **1.** change in booking. **2.** transfer (***auf*** *acc* to).
umdenken *v/i* change one's views: ~ ***müssen*** have to do some rethinking.
umdisponieren *v/i* change one's plans.
umdrehen *v/t* turn (round) (*a.* ***sich*** ~), (*Arm*) twist: ***j-m den Hals*** ~ wring s.o.'s neck; → ***Spieß.***
Umdrehung *f* turn, *phys., tech.* revolution, rotation: ***~en pro Minute*** revolutions per minute (*abbr.* r.p.m.).
Umdrehungszahl *f* speed.
umeinander *adv* ***sich ~ kümmern*** *etc* take care *etc* of each other (*mehrere*: one another).
Umerziehung *f* reeducation.
'umfahren[1] *v/t* run (*od.* knock) down.
um'fahren[2] *v/t* drive (*od.* sail) round.
Umfall *m* F *pol.* turnabout.
umfallen *v/i* **1.** fall (down *od.* over), collapse: ***zum Umfallen müde*** ready to drop. **2.** F *fig.* cave in.
Umfang *m* circumference, (*Leibesumfang*) girth, (*Ausdehnung, a. fig.*) extent, size, *fig.* (*Ausmaß*) scope, *des Verkehrs, Verkaufs etc*: volume: ***10 Zoll im*** ~ 10 inches round; *fig.* ***in vollem*** ~ fully; ***in großem*** ~ on a large scale, large-scale.
umfangreich *adj* extensive, (*dick*) voluminous.
umfassen *v/t fig.* comprise, *zeitlich*: cover.
umfassend *adj Kenntnisse etc*: extensive, comprehensive, *Geständnis*: complete, full, (*weit reichend*) sweeping.
Umfeld *n fig.* surrounding(s *pl*).
umformatieren *v/t Computer*: reformat.
Umformatierung *f* reformatting.
umformen *v/t* reshape (*a. fig.*), ⚡ transform, convert. **Umformer** *m* ⚡ transformer, converter.
Umfrage *f* inquiry, (*Meinungsumfrage*) (public) opinion poll, survey.
umfüllen *v/t* pour *s.th.* into another container (*etc*), (*Wein*) decant.
umfunktionieren *v/t* ***et. ~ in*** (*acc*) convert (*od.* turn) s.th. into.
Umgang *m* **1.** *gesellschaftlicher*: social intercourse, relations *pl*, (*Bekanntenkreis*) company, friends *pl*: ~ ***haben*** (*od.* ***pflegen***) ***mit*** associate with; ***guten*** (***schlechten***) ~ ***haben*** keep good (bad) company. **2.** ***der ~ mit Kindern*** (***Kunden*** *etc*) dealing with children (customers *etc*); ***im ~ mit ...*** (in) dealing with ...
umgänglich *adj* sociable, easy to get along with.
Umgangs|formen *pl* manners *pl.* **~recht** *n* right of access. **~sprache** *f* colloquial language: ***die englische*** ~ colloquial English.
umgangssprachlich *adj* colloquial.
umgarnen *v/t fig.* ensnare.
umgeben *v/t a. fig.* surround (***sich*** o.s.) (***mit*** with).
Umgebung *f e-r Stadt etc*: environs *pl*, *nähere*: neighbo(u)rhood, vicinity, *a. biol., sociol.* environment, surroundings *pl.*
Umgegend *f* environs *pl*, vicinity.
'umgehen[1] *v/i* **1.** *Krankheit, Gerücht etc*: go round, circulate. **2.** *Gespenst*: walk. **3.** ~ ***mit*** *j-m*: associate with, (*behandeln*) treat, *a. e-r Sache, e-m Problem*: deal with, handle; ***sie kann (gut) mit Leuten*** ~ she knows how to handle people; ***er weiß mit Pferden umzugehen*** he has a way with horses; ***kannst du mit der Maschine ~?*** do you know how to use (*od.* handle) the machine?; → ***schonend, sparsam.***
um'gehen[2] *v/t* **1.** *Verkehr*: bypass. **2.** *fig.* avoid, evade (*a. Gesetz etc*), *geschickt*: F dodge. **umgehend** *adj* immediate.
Umgehung *f* **1.** bypassing. **2.** *fig.* avoidance, *a.* ⚖ evasion.
Umgehungsstraße *f* bypass, (*Ringstraße*) perimeter road.
umgekehrt I *adj* reverse, (*entgegengesetzt*) inverse, opposite: ***im ~en Falle*** in the reverse case; ***in ~er Reihenfolge*** in reverse order; (***genau***) ***~!*** (no,) it's exactly the other way round! **II** *adv* the other way round, conversely.
umgestalten *v/t* reshape, *fig. a.* reorganize, *tech. etc* redesign.
umgraben *v/t* dig (up), turn (over).
umgrenzen *v/t fig.* define.
umgruppieren *v/t* regroup (*a. Sport*), *pol.* reshuffle. **Umgruppierung** *f* regrouping, *pol.* reshuffle.
Umhang *m* cape, wrap.

umhängen *v/t* **1.** (*Mantel etc*) put on, (*Gewehr*) sling. **2.** (*Bild*) rehang.
Umhängetasche *f* shoulder bag.
umhauen *v/t* **1.** fell, cut down. **2.** F *fig.* ***j-n ~*** *Alkohol etc*: knock s.o. out, *Nachricht etc*: bowl s.o. over.
umher *adv* about, (a)round. **~streifen, ~ziehen** *v/i* roam about.
umhinkönnen *v/i* ***ich kann nicht umhin zu*** *inf* I cannot help *ger.*
umhören *v/reflex* ***sich ~*** keep one's ears open, ask around.
umhüllen *v/t* (***mit***) wrap up (*od.* envelop) (in), cover (with) (*a. tech.*).
Umhüllung *f* wrapping, cover.
Umkehr *f* ***j-n zur ~ zwingen*** force s.o. (to turn) back.
umkehren I *v/i* **1.** turn back. **II** *v/t* **2.** turn round (*a.* ***sich ~***), reverse (*a. fig.*). **3.** → ***umkrempeln.***
Umkehrfilm *m* reversal film.
umkippen I *v/t* **1.** tip over, upset. **II** *v/i* **2.** fall over, *Auto etc*: overturn, ⚓ *a.* capsize. **3.** F (*ohnmächtig werden*) keel over. **4.** F *fig.* turn, change completely, *Gewässer*: die, *Wein*: turn sour.
umklammern *v/t* clutch, *Boxen*: clinch.
umklappen *v/t* turn down.
Umkleidekabine *f* changing cubicle.
umkleiden *v/reflex* ***sich ~*** change (one's clothes).
Umkleideraum *m* changing (*Sport*: locker) room.
umknicken *v/i* (***mit dem Fuß***) ~ sprain one's ankle.
umkommen *v/i* die, be killed: F ***vor Hitze*** (***fast***) ~ (nearly) die with heat.
Umkreis *m* vicinity: ***im ~ von*** within a radius of, for *three miles* round.
umkreisen *v/t* circle (*astr.* revolve) round.
umkrempeln *v/t* F *fig.* change completely.
umladen *v/t* reload.
Umlage *f* distribution of cost: ***die ~ betrug ...*** each person had to pay ...
Umlauf *m* **1.** *des Geldes u. fig.* circulation: ***in ~ bringen*** put *s.th.* in circulation, issue, (*Gerücht*) start; ***im ~ sein*** circulate, *Gerücht*: *a.* be going round. **2.** *astr.*, *phys.* revolution, (*Zyklus*) cycle, (*~bahn*) orbit. **3.** circular (letter).
Umlaufbahn *f* (***in s-e ~ bringen*** *od.* ***gelangen*** put *od.* get into) orbit.
umlaufen *v/i allg.* circulate.
Umlauf|kapital *n econ.* floating capital. **~vermögen** *n* current assets *pl.* **~zeit** *f* period (of revolution), *e-s Satelliten*: orbital period.
Umlaut *m* a) umlaut, b) (vowel) mutation.
umlegen *v/t* **1.** (*Getreide*) lay flat, (*Baum etc*) fell, (*Zaun etc*) tear down. **2.** (*Hebel*) throw. **3.** (*verlegen*) transfer (*a. teleph.*), (*Kranken etc*) *a.* move, (*Termin etc*) shift (***auf*** *acc* to). **4.** (*Kosten etc*) (***auf*** *acc* among) apportion, divide. **5.** ***j-n ~*** a) F (*niederschlagen*) knock s.o. down, (*erschießen*) bump s.o. off, b) V (*Frau*) lay s.o.
umleiten *v/t Verkehr*: divert, detour, *Telefongespräch*: put through, connect.
Umleitung *f* diversion, detour.
Umleitungsschild *n* detour sign.
umlernen *v/i* ***wir müssen sehr ~*** we have a lot of relearning to do.
umliegend *adj* surrounding, neighbo(u)ring.
ummodeln *v/t fig.* change.
Umnachtung *f* ***geistige ~*** mental derangement.
umorganisieren *v/t* reorganize.
Umorganisation *f* reorganization.
umpacken *v/t* repack.
umpflanzen *v/t* replant.
umpolen *v/t* **1.** ⚡ reverse. **2.** *fig.* change.
umquartieren *v/t* move.
umranden *v/t*, **Umrandung** *f* border.
umräumen *v/t* move *s.th.* (to another place), (*Zimmer etc*) rearrange.
umrechnen *v/t* convert (***in*** *acc* into).
Umrechnung *f* conversion.
Umrechnungs|kurs *m* rate of exchange. **~tabelle** *f* conversion table.
'umreißen[1] *v/t* pull (*od.* knock) down.
um'reißen[2] *v/t fig.* outline.
umrennen *v/t* run (*od.* knock) down.
umringen *v/t* surround.
Umriss *m a. fig.* outline: ***in groben ~en*** in rough outline; ***et. in ~en darlegen*** outline s.th.; ***feste ~e annehmen*** take shape. **~zeichnung** *f* contour drawing.
umrühren *v/t* stir.
umrüsten *v/t tech.* change *s.th.* over (***auf*** *acc* to).
umsatteln *v/i* F change one's job (*im Studium*: subject): ~ (***von ...***) ***auf*** (*acc*) switch (from ...) to.
Umsatz *m econ.* turnover, sales *pl.* **~beteiligung** *f* participation in sales. **~einbußen** *pl* sales losses *pl.* **~entwicklung** *f* sales trend. **~erwartung** *f* sales expectations *pl.* **~förderung** *f* sales promotion. **~prämie** *f* sales bonus. **~rückgang** *m* drop in sales. **~steigerung** *f* sales increase. **~steuer** *f* turnover tax. **~volumen** *n* sales volume.
umschalten I *v/t*, *a. v/i* ⚡, *tech. u. fig.* switch (*od.* change) (over) (***auf*** *acc* to). **II** *v/i TV* change channels.
Umschalttaste *f* (*auf Tastatur*) shift key.
umschauen → ***umsehen.***
umschichten *v/t* **1.** rearrange. **2.** *fig.* re-

U

group. **Umschichtung** *f fig.* regrouping: ***soziale ~*** social upheaval.
umschiffen *v/t* sail round, (*Kap etc*) double: → ***Klippe*** 2.
Umschlag *m* **1.** (*Briefumschlag*) envelope, (*Schutzumschlag*) cover, *für Bücher*: *a.* jacket. **2.** (*an Ärmel*) cuff, (*an Hose*) turn-up. **3.** ⚕ (***feuchter***) ~ compress. **4.** *econ.* (*von Gütern*) handling, *e-s Hafens*: goods *pl* handled, (*Umladung*) transshipment.
umschlagen I *v/i* **1.** → ***umkippen*** 2. **2.** *Wetter, Wind, Stimmung etc*: change (suddenly). **3.** *Stimme*: crack. **II** *v/t* **4.** (*Güter*) handle, (*umladen*) transship.
Umschlag|geschwindigkeit *f* **1.** cargo-handling speed. **2.** speed of turnover. **~hafen** *m* port of transshipment. **~platz** *m* trading cent/re (*Am.* -er), ⚓ place of transshipment.
umschnallen *v/t* buckle on.
'umschreiben[1] *v/t* **1.** rewrite. **2.** (*Besitz*) transfer (***auf*** *acc* to).
um'schreiben[2] *v/t* paraphrase, circumscribe (*a.* Rh), (*umreißen*) outline.
'Umschreibung[1] *f* **1.** rewriting. **2.** *econ.* transfer.
Um'schreibung[2] *f* paraphrase, circumscription (*a.* Rh).
Umschrift *f ling.* transcription.
umschulden *v/t* (*Anleihe*) convert, (*Firma*) change the terms of debt.
Umschuldung *f* conversion (of a debt).
umschulen *v/t* **1.** *beruflich*: retrain. **2.** (*Schüler*) transfer to another school.
Umschüler(in) person who is being retrained.
Umschulung *f* retraining (course).
Umschulungsmaßnahme *f* retraining program(me *Br.*).
umschwärmen *v/t* **1.** swarm round. **2.** *fig.* idolize.
Umschweife *pl* ***ohne ~*** a) *sagen etc*: straight out, b) *tun*: straightaway.
umschwenken *v/i* **1.** wheel round. **2.** *fig.* veer round.
Umschwung *m* (sudden) change, (*Meinungsumschwung etc*) reversal, *bsd. pol.* swing, *völliger*: about-face.
umsegeln *v/t* sail round, (*Kap*) double.
umsehen *v/reflex* ***sich ~*** **1.** look back. **2.** look (a)round (***nach*** for): ***sich in der Stadt ~*** (have a) look (a)round the city.
um sein → ***um*** I 1.
umseitig *adj u. adv* overleaf.
umsetzen *v/t* **1.** move, transfer, ⚘ transplant. **2.** (*Ware etc*) sell, turn over. **3.** ***et. ~ in*** (*acc*) *a.* ⚗, *phys.* convert (*od.* transform) s.th. into; *fig.* (***in die Praxis***) ~ realize; ***e-e Idee in Politik ~*** translate an idea into public policy; ***et. in die Tat ~*** put s.th. into action.
Umsichgreifen *n* spread(ing).
Umsicht *f* circumspection.
umsichtig *adj* circumspect.
umsiedeln *v/t* resettle.
Umsiedlung *f* resettlement.
umso *adv* ***~ besser*** so much the better; ***~ mehr*** (***weniger***) (***als*** as, ***weil*** because) all the more (less), (so much) the more (less).
umsonst *adv* **1.** (*gratis*) for nothing, free (of charge). **2.** (*vergebens*) in vain.
umspannen *v/t a. fig.* span.
Umspannwerk *n* ⚡ transformer station.
umspielen *v/t* **1.** *Fußball etc*: dribble round. **2.** *fig.* play (a)round.
umspringen *v/i* **1.** *Wind*: shift. **2.** ***mit j-m grob*** *etc* ~ treat s.o. roughly *etc.*
umspulen *v/t* rewind.
Umstand *m* **1.** fact, circumstance. **2.** *pl* circumstances *pl*, (*Lage*) conditions *pl*, situation *sg*: ***unter Umständen*** possibly, perhaps, (*notfalls*) if need be; ***unter allen Umständen*** at all events; ***unter diesen*** (***k-n***) ***Umständen*** under the (no) circumstances; F ***in anderen Umständen sein*** be in the family way; → ***mildern*** I. **3.** ***ohne viel Umstände*** without much fuss; ***Umstände machen*** a) *Sache*: cause trouble, b) *Person*: make a fuss; ***machen Sie*** (***sich***) ***k-e Umstände!*** don't go to any trouble!
umständehalber *adv* owing to circumstances.
umständlich *adj* complicated, (*langatmig*) long-winded, (*unbequem, schwerfällig*) awkward, (*pedantisch*) fussy: ***das ist*** (***mir***) ***viel zu ~!*** that's far too much trouble (for me)!
Umständlichkeit *f* complicatedness (*etc*), fussiness.
Umstandskleid *n* maternity dress.
Umstandskrämer(in) F fusspot.
Umstandswort *n ling.* adverb.
umstehend *adj Seite*: next, *Text*: overleaf (*a. adv*).
Umstehende *pl* bystanders *pl.*
umsteigen *v/i* **1.** change (***nach*** for). **2.** *fig.* switch (***auf*** *acc* to).
um'stellen[1] *v/t* surround.
'umstellen[2] **I** *v/t* change, (*Möbel etc*) rearrange, *Sport*: (*Mannschaft*) regroup, (*Uhr*) reset, (*Maschine etc*) change over (***auf*** *acc* to), (*Betrieb etc*) reorganize: ***~ auf*** (*acc*) switch to, convert to; ***auf Computerbetrieb ~*** computerize; ***s-e Lebensweise ~*** readjust one's way of life. **II** *v/reflex* ***sich ~*** get used to new conditions, adjust (***auf*** *acc* to). **Umstellung** *f* change, rearrangement, *tech.* changeover (*od.* switch) (***auf*** *acc* to),

reorganization, (*Anpassung*) adjustment (**auf** *acc* to): ***das war e-e große ~*** that was quite a change.
umstimmen *v/t* ***j-n ~*** bring s.o. round.
umstoßen *v/t* **1.** knock over (*od.* down). **2.** *fig.* (*Testament, Plan etc*) change, (*Urteil etc*) reverse, (*Pläne*) upset.
umstritten *adj* contested, (*strittig*) controversial.
umstrukturieren *v/t* restructure.
Umstrukturierung *f* restructuring.
Umsturz *m* overthrow, revolution.
umstürzen I *v/t* upset, knock over, *pol.* overthrow. **II** *v/i* fall down, fall over, overturn.
Umstürzler(in) revolutionary.
umstürzlerisch *adj* subversive.
umtaufen *v/t a. fig.* rename.
Umtausch *m* exchange.
umtauschen *v/t* exchange (***gegen*** for).
umtopfen *v/t* ⚘ repot.
Umtriebe *pl* activities *pl.*
umtun *v/reflex* ***sich ~*** look around (***nach*** for).
U-Musik *f* light music.
Umverpackung *f* superfluous packaging.
umverteilen *v/t* redistribute.
Umverteilung *f* redistribution.
umwälzen *v/t* **1.** *tech.* circulate. **2.** *fig.* revolutionize.
umwälzend *adj fig.* revolutionary.
Umwälzpumpe *f* circulating pump.
Umwälzung *f* **1.** *tech.* circulation. **2.** *fig.* revolution, upheaval.
umwandeln *v/t* change (***in*** *acc*, ***zu*** into), *phys.* transform, convert (*a. econ.*), ⚖ (*Strafe*) commute: ***sie ist wie umgewandelt*** she is a completely different person.
Umwandler *m* ⚡, *tech.* converter.
Umwandlung *f* change, transformation, conversion, ⚖ commutation.
Umweg *m* detour, roundabout way: ***e-n ~ machen*** make a detour; ***das ist ein ~ für mich*** that takes me out of my way; *fig.* ***auf ~en*** indirectly, in a roundabout way; ***ohne ~e*** straight.
Umwelt *f* environment: ***unsere ~*** *a.* the world around us.
Umwelt|... environmental. **~auflagen** *pl* environmental protection regulations *pl.* **~auto** *n* clean-fuel car.
umweltbedingt *adj Krankheit etc*: due to environmental factors.
umweltbelastend *adj* environmentally harmful.
Umweltbelastung *f* (environmental) pollution.
umweltbewusst *adj* conservation-conscious.
Umwelt|bewusstsein *n* environmental awareness. **~bundesamt** *n* federal environment office. **~chemikalie** *f* pollutant. **~einfluss** *m* environmental impact. **~faktoren** *pl* environmental factors *pl.*
umweltfeindlich → ***umweltschädlich.***
Umwelt|forscher(in) ecologist. **~forschung** *f* ecology. **~frage** *f* question of the environment.
umweltfreundlich *adj* ecologically friendly, nonpolluting, *Stoffe*: *a.* biodegradable.
Umwelt|gipfel *m* environmental summit. **~katastrophe** *f* ecocatastrophe. **~kriminalität** *f* environmental crime. **~krise** *f* ecological crisis, ecocrisis. **~ministerium** *n* Department of the Environment. **~papier** *n* recycled paper.
Umweltpolitik *f* ecopolicy.
umweltpolitisch *adj* ecopolitical.
Umweltschäden *pl* damage *sg* done by pollution.
umweltschädlich *adj* harmful (to the environment), polluting.
Umwelt|schutz *m* conservation, care of the environment. **~schützer(in)** environmentalist, conservationist. **~sünder(in)** polluter. **~technik** *f* environmental technology. **~verbrechen** *n* environmental crime. **~verschmutzung** *f* (environmental) pollution.
umweltverträglich *adj* environmentally friendly (*od.* compatible).
Umweltverträglichkeit *f* environmental compatibility.
Umweltzerstörung *f* ecocide.
umwenden *v/reflex* ***sich ~*** turn round.
umwerben *v/t* court, *a. fig.* woo.
umwerfen *v/t* **1.** → ***umstoßen.*** **2.** → ***umhauen*** 2.
umwerfend *adj fig.* fantastic, mind-blowing: *adv* ***~ komisch*** too funny for words.
umwickeln *v/t* ***et. ~ mit*** wind *s.th.* round s.th., bandage s.th. with.
umziehen I *v/i* move (house). **II** *v/t* ***j-n ~*** change s.o.'s clothes. **III** *v/reflex* ***sich ~*** change.
umzingeln *v/t* surround, encircle.
Umzug *m* **1.** move. **2.** procession, pageant, *pol.* demonstration march.
unabänderlich *adj* unalterable, irrevocable: ***sich ins Unabänderliche fügen*** resign o.s. to the inevitable.
unabdingbar *adj Rechte*: inalienable.
unabhängig *adj* independent (***von*** of): ***~ von*** (*ohne Rücksicht auf*) irrespective of; ***~ davon ob*** regardless whether.
Unabhängige *m, f pol.* independent.
Unabhängigkeit *f* independence.
unabkömmlich *adj* indispensable: ***er ist momentan ~*** he is busy at the moment.
unablässig *adj* incessant, continuous.

unabsehbar *adj* unforeseeable, *Schaden etc*: incalculable, immense: ***auf ~e Zeit*** for an indefinite period of time.
unabsichtlich *adj* unintentional.
unabwendbar *adj* unavoidable.
unachtsam *adj* inattentive, careless.
Unachtsamkeit *f* carelessness.
unähnlich *adj* (*dat*) unlike (*s.o.*, *s.th.*).
unanfechtbar *adj* incontestable.
unangebracht *adj* inappropriate: ***~ sein*** *a.* be out of place.
unangefochten *adj u. adv* undisputed(ly), *Meister etc*: unchallenged, (*ungehindert*) unhindered.
unangemeldet *adj u. adv* unannounced.
unangemessen *adj* inappropriate, inadequate, *Preis etc*: unreasonable.
unangenehm *adj* unpleasant, (*böse*) *a.* nasty, (*peinlich*) awkward: ***das Unangenehme dabei ist*** the unpleasant thing about it is.
unangreifbar *adj a. fig.* unassailable.
unannehmbar *adj* unacceptable.
Unannehmlichkeiten *pl* trouble *sg*: (***j-m***) ***~ bereiten*** cause (s.o.) trouble; ***~ bekommen*** get into trouble.
unansehnlich *adj* unsightly, plain.
unanständig *adj* indecent, obscene. **Unanständigkeit** *f* indecency, obscenity.
unantastbar *adj* unimpeachable, *Recht*: inviolable, *bsd. iro.* sacrosanct.
unappetitlich *adj* unappetizing, *a. fig.* unsavo(u)ry.
Unart *f* bad habit, bad trick.
unartig *adj* naughty. **Unartigkeit** *f* naughtiness.
unästhetisch *adj* un(a)esthetic(ally *adv*), unpleasant.
unaufdringlich *adj* unobtrusive.
unauffällig *adj* inconspicuous, unobtrusive.
unauffindbar *adj* untraceable, *pred* not to be found.
unaufgefordert *adj u. adv* unasked, *adv a.* of one's own accord.
unaufhaltsam *adj* unstoppable.
unaufhörlich *adj* incessant, continuous.
unauflösbar, unauflöslich *adj* indissoluble, *a.* ⚗, 📐 insoluble.
unaufmerksam *adj* inattentive, (*gedankenlos*) thoughtless. **Unaufmerksamkeit** *f* inattention, thoughtlessness.
unaufrichtig *adj* insincere.
unaufschiebbar *adj* urgent.
unausbleiblich *adj* inevitable.
unausführbar *adj* impracticable.
unausgefüllt *adj* **1.** *Formular etc*: blank. **2.** *fig. Leben, Person etc*: unfulfilled.
unausgeglichen *adj* unbalanced, unstable. **Unausgeglichenheit** *f* imbalance, instability.
unausgesprochen *adj* unspoken.
unauslöschlich *adj fig.* indelible.
unausrottbar *adj* ineradicable.
unaussprechlich *adj* **1.** *Wort etc*: unpronounceable. **2.** *fig.* unspeakable.
unausstehlich *adj* insufferable.
unausweichlich *adj* unavoidable, inevitable.
unbändig *adj* **1.** *Kind*: unruly. **2.** *fig. Freude, Hass, Kraft etc*: tremendous.
unbar *adj* non-cash, cashless.
unbarmherzig *adj* merciless.
Unbarmherzigkeit *f* mercilessness.
unbeabsichtigt *adj* unintentional.
unbeachtet *adj u. adv* (***~ bleiben*** go) unnoticed: ***~ lassen*** disregard.
unbeanstandet *adj* unobjected: ***et. ~ lassen*** let s.th. pass.
unbeantwortet *adj* unanswered.
unbebaut *adj* ⛏ untilled, *Gelände*: undeveloped.
unbedacht *adj* thoughtless, *Handlung etc*: unconsidered, (*voreilig*) rash.
unbedarft *adj* F naive, inexperienced.
unbedenklich I *adj* safe, harmless. II *adv* safely.
unbedeutend *adj* insignificant, unimportant, (*geringfügig*) *a.* negligible.
unbedingt I *adj* unconditional, absolute, *Gehorsam, Vertrauen etc*: implicit. II *adv* absolutely, at all costs: ***et. ~ brauchen*** need s.th. badly; ***nicht ~*** a) not necessarily, b) not exactly.
unbefahrbar *adj* impassable.
unbefangen *adj* **1.** (*unparteiisch*) impartial, unbias(s)ed. **2.** uninhibited, free.
Unbefangenheit *f* **1.** impartiality. **2.** naturalness.
unbefleckt *adj fig.* unsullied: *eccl.* ***Unbefleckte Empfängnis*** Immaculate Conception.
unbefriedigend *adj* unsatisfactory.
unbefriedigt *adj* unsatisfied (*a. sexuell*).
unbefristet I *adj* unlimited. II *adv* for an unlimited period.
unbefugt *adj* unauthorized.
Unbefugte *m, f* unauthorized person.
unbegabt *adj* untalented.
unbegreiflich *adj* incomprehensible: ***es ist mir völlig ~*** it's beyond me.
unbegrenzt I *adj* unlimited, boundless. II *adv zeitlich*: indefinitely: ***ich habe ~ Zeit*** I have unlimited time.
unbegründet *adj* unfounded, groundless.
Unbehagen *n* unease. **unbehaglich** *adj* uncomfortable (*a. Gefühl, Gedanke*), *fig. a.* uneasy, *pred a.* ill at ease.
unbehandelt *adj* untreated.
unbehelligt *adj u. adv* unmolested, (*ungehindert*) unhindered.

unbeherrscht *adj* lacking self-control.
Unbeherrschtheit *f* lack of self-control.
unbehindert *adj* unhindered.
unbeholfen *adj* clumsy.
Unbeholfenheit *f* clumsiness.
unbeirrbar *adj* imperturbable.
unbeirrt *adj* unswerving, unperturbed.
unbekannt *adj* unknown: ***das war mir ~*** I didn't know that; ***~e Größe*** → **Unbekannte** *f* ♞ *u. fig.* unknown (quantity).
unbekleidet *adj u. adv* undressed, (in the) nude, with nothing on.
unbekömmlich *adj* indigestible.
unbekümmert *adj* carefree: ***~ um*** unconcerned about.
unbelastet *adj* **1.** carefree: ***~ sein*** be free from worries, *pol.* have a clean record. **2.** *econ. Grundstück*: unencumbered.
unbelehrbar *adj* hopeless: ***er ist ~*** *a.* he just won't learn.
unbelichtet *adj phot.* unexposed.
unbeliebt *adj* unpopular (***bei*** with).
Unbeliebtheit *f* unpopularity.
unbemannt *adj* unmanned, ✈ pilotless.
unbemerkt *adj u. adv* unnoticed.
unbenommen *adj* ***es ist*** (*od.* ***bleibt***) ***Ihnen ~ zu*** *inf* you are at liberty to *inf.*
unbenutzt *adj* unused.
unbeobachtet *adj u. adv* unobserved.
unbequem *adj* **1.** uncomfortable. **2.** *fig.* inconvenient, *Frage etc*: embarrassing, *Person*: difficult.
Unbequemlichkeit *f* **1.** uncomfortableness. **2.** *fig.* inconvenience.
unberechenbar *adj* incalculable (*a. Person*), *fig. a.* unpredictable.
unberechtigt *adj* **1.** unauthorized. **2.** (*ungerechtfertigt*) unjustified, unfair.
unberechtigterweise *adv* **1.** without authority. **2.** without good reason.
unberücksichtigt *adj* unconsidered, *pred* not taken into account: ***et. ~ lassen*** leave s.th. out of account.
unberufen *int* touch wood!
unberührt *adj* untouched (*a. fig.*), *Mädchen, Natur etc*: virgin: *fig.* ***~ bleiben von*** not to be affected by.
unbeschadet *adj* (*gen*) without prejudice to, (*ungeachtet*) irrespective of.
unbeschädigt *adj* intact, undamaged.
unbeschäftigt *adj* idle, unemployed.
unbescheiden *adj* immodest.
Unbescheidenheit *f* immodesty.
unbescholten *adj* blameless: ⚖ ***~ sein*** have no police record.
unbeschränkt *adj* unrestricted, *Macht, Eigentum, Rechte*: absolute: ***~e Haftung*** unlimited liability.
unbeschreiblich *adj* indescribable.
unbeschrieben *adj Papier*: blank: *fig.* ***~es Blatt*** unknown quantity.
unbeschwert *adj fig.* carefree, *Gewissen*: light: ***~ von*** free from.
unbesehen *adv* ***et. ~ kaufen*** buy s.th. sight unseen; ***das glaube ich dir ~*** I well believe you.
unbesetzt *adj Stelle*: vacant, *Platz etc*: *a.* unoccupied, free.
unbesiegbar *adj* invincible.
unbesiegt *adj* undefeated.
unbesonnen *adj* imprudent, rash. **Unbesonnenheit** *f* imprudence, rashness.
unbesorgt **I** *adj* unconcerned (***wegen*** about): ***seien Sie*** (***deswegen***) ***~!*** don't worry! **II** *adv* (*ohne weiteres*) safely.
unbespielt *adj Kassette etc*: empty.
unbeständig *adj* unstable, unsettled, changeable, *Person, Markt*: unsteady.
Unbeständigkeit *f* unstableness (*etc*).
unbestätigt *adj* unconfirmed.
unbestechlich *adj* **1.** incorruptible. **2.** *fig. Urteil etc*: unerring.
Unbestechlichkeit *f* incorruptibility.
unbestimmt *adj Gefühl, Idee etc*: vague, *Alter, Anzahl, Zeitraum etc*: indeterminate, indefinite (*a. ling.*): ***auf ~e Zeit*** for an indefinite period, indefinitely.
Unbestimmtheit *f* vagueness.
unbestreitbar *adj* indisputable.
unbestritten **I** *adj* undisputed. **II** *adv* indisputably, without doubt.
unbeteiligt *adj* **1.** not involved (***an*** *dat* in). **2.** (*innerlich ~*) indifferent.
unbetont *adj* unstressed.
unbeträchtlich *adj* negligible: ***nicht ~*** quite considerable.
unbeugsam *adj fig.* uncompromising.
unbewacht *adj a. fig.* unguarded.
unbewaffnet *adj* unarmed.
unbewandert *adj* (***in*** *dat* in) inexperienced, not versed.
unbeweglich *adj* immobile, *a.* ⚖ *Eigentum, Feiertag*: immovable, (*reglos*) motionless, *tech.* fixed, (*starr*) rigid (*a. fig.*), *geistig*: inflexible: ***~e Güter*** immovables.
Unbeweglichkeit *f* immobility, *geistige*: inflexibility.
unbewegt *adj Gesicht*: expressionless, (*ungerührt*) unmoved (*a. adv*).
unbeweisbar *adj* unprovable.
unbewiesen *adj* unproved.
unbewohnbar *adj* uninhabitable. **unbewohnt** *adj* uninhabited, unoccupied.
unbewusst *adj* unconscious.
unbezahlbar *adj* **1.** too expensive. **2.** *fig.* priceless (*a.* F *komisch*).
unbezahlt *adj* unpaid.
unbezähmbar *adj fig.* indomitable.

unbezwingbar *adj* invincible.

Unbildung *f* lack of education.

unblutig I *adj* bloodless, ⚕ nonoperative. II *adv* without bloodshed.

unbrauchbar *adj* useless, unsuitable, *Plan etc*: impracticable, *tech.* unserviceable: ***et. ~ machen*** render s.th. useless.

Unbrauchbarkeit *f* uselessness (*etc*).

unbrennbar *adj* nonflammable.

unbürokratisch *adj* unbureaucratic(ally *adv*).

unchristlich *adj* unchristian.

und *conj* and: ***~?*** well?; F ***~ ob!*** you bet!; ***na ~?*** so what?; ***~ so weiter*** (*od.* ***fort***) and so on; ***~ wenn*** (***auch***) even if.

Undank *m* ingratitude: F ***~ ernten*** get small thanks for it. **undankbar** *adj* ungrateful (***gegen*** to), *fig. Aufgabe etc*: thankless.

Undankbarkeit *f* ingratitude, *fig.* thanklessness.

undatiert *adj* undated.

undefinierbar *adj* undefinable.

undemokratisch *adj* undemocratic.

undenkbar *adj* unthinkable.

undenklich *adj* ***seit ~en Zeiten*** from time immemorial.

undeutlich *adj allg.* indistinct, *pred* not clear, *Schrift*: *a.* illegible, *Aussprache*: *a.* inarticulate, (*verwischt*) blurred, (*vage*) vague, hazy.

Undeutlichkeit *f* indistinctness.

undicht *adj* leaking, *pred* not tight: ***~e Stelle*** leak (*a. fig. pol.*).

Unding *n* absurdity: ***es ist ein ~*** it is preposterous (*od.* absurd).

undiszipliniert *adj* undisciplined.

unduldsam *adj* intolerant.

Unduldsamkeit *f* intolerance.

undurchdringlich *adj* impenetrable, *Gesicht*: inscrutable.

undurchführbar *adj* impracticable.

undurchlässig *adj* impermeable (***für*** to).

undurchsichtig *adj* **1.** opaque. **2.** *fig.* mysterious, *Person*: inscrutable.

uneben *adj* uneven, *Weg etc*: rough.

Unebenheit *f* unevenness, roughness.

unecht *adj* **1.** false, *pred* not genuine (*beide a. fig.*), (*künstlich*) artificial, (*gefälscht*) counterfeit(ed), fake(d), F phon(e)y. **2.** Ⱥ *Bruch*: improper.

unehelich *adj* illegitimate.

unehrenhaft *adj* dishono(u)rable.

unehrlich *adj* dishonest, *weitS. a.* insincere.

Unehrlichkeit *f* dishonesty.

uneigennützig *adj* unselfish.

uneingeschränkt *adj* unrestricted, *Lob*: unqualified, *Vertrauen etc*: absolute.

uneingeweiht *adj* (***für Uneingeweihte*** for the) uninitiated.

uneinheitlich *adj* nonuniform, varied.

uneinig *adj* divided: (***sich***) ***~ sein*** *a.* be at variance, disagree. **Uneinigkeit** *f* disagreement, *stärker*: discord.

uneinnehmbar *adj* impregnable.

uneins *adj* ***~ sein → uneinig.***

unempfänglich *adj* (***für*** to) insusceptible, *für Kunst etc*: *a.* unreceptive.

unempfindlich *adj* insensitive (***gegen*** to), *Material etc*: wear-resistant, durable.

Unempfindlichkeit *f* insensitiveness, resistance (***gegen*** to), durability.

unendlich I *adj* Ⱥ, ♪, *phys.* infinite (*a. fig.*), (*endlos*) endless: *phot.* ***auf ~ einstellen*** focus at infinity; *fig.* ***bis ins Unendliche*** ad infinitum. II *adv* infinitely (*etc*), *fig. a.* immensely: ***~ klein*** infinitesimal; ***~ lang*** endless; ***~ viel*** a tremendous amount of; ***~ viele*** no end of.

Unendlichkeit *f* infinity.

unenglisch *adj* un-English.

unentbehrlich *adj* indispensable (*dat*, ***für*** to).

unentgeltlich *adj u. adv* free (of charge).

unentrinnbar *adj* inescapable.

unentschieden *adj u. adv* undecided (*a. Person*), *Frage etc*: *a.* open, *Sport*: drawn: ***~es Spiel*** *a.* draw, tie; *adv* ***~ enden*** end in a draw; ***~ spielen*** draw.

Unentschieden *n Sport*: draw.

unentschlossen *adj* undecided, irresolute.

Unentschlossenheit *f* irresolution, indecision.

unentschuldbar *adj* inexcusable.

unentschuldigt *adj* ***~es Fehlen*** unexcused absence.

unentwegt *adj* steadfast, (*ständig*) incessant. **Unentwegte** *m, f pol.* diehard.

unentwirrbar *adj* inextricable.

unerbittlich *adj* inexorable, merciless.

unerfahren *adj* inexperienced.

Unerfahrenheit *f* inexperience.

unerfindlich *adj* mysterious: ***es ist mir ~, warum*** it's a mystery to me why.

unerforschlich *adj* unfathomable.

unerforscht *adj* unexplored.

unerfreulich *adj* unpleasant.

unerfüllbar *adj* unrealizable.

unerfüllt *adj* unfulfilled.

unergiebig *adj* unproductive.

unergründlich *adj* unfathomable, *fig. a.* inscrutable.

unerheblich *adj* insignificant, *bsd.* ⚖ irrelevant (***für*** to).

unerhört *adj* **1.** (*beispiellos*) unheard-of, (*empörend*) outrageous, scandalous: ***~!*** what a cheek! **2.** F (*ungeheuer*) terrific.

unerkannt *adj* unrecognized.

unerklärlich *adj* inexplicable.

unerlässlich *adj* essential, imperative.
unerlaubt *adj* unauthorized, *pred* not allowed, (*unbefugt*) illicit.
unerlaubterweise *adv* without permission.
unerledigt *adj* not yet dealt with, *Post*: unanswered, *Aufträge etc*: unfulfilled: **~e Dinge** unfinished business.
unermesslich *adj* immense.
unermüdlich *adj* indefatigable, *Bemühungen*: *a.* untiring.
unerquicklich *adj* unpleasant.
unerreichbar *adj Ort*: inaccessible, *fig. Ziel etc*: unattainable: **für j-n ~** out of s.o.'s reach; **er war ~** I (we *etc*) couldn't get hold of him. **unerreicht** *adj fig.* unequal(l)ed, unrival(l)ed, record ...
unersättlich *adj a. fig.* insatiable.
unerschlossen *adj* undeveloped.
unerschöpflich *adj* inexhaustible.
unerschrocken *adj* undaunted, fearless.
unerschütterlich *adj* imperturbable.
unerschwinglich *adj Waren*: unaffordable, *Preis*: exorbitant: **für j-n ~ sein** be beyond s.o.'s means.
unersetzlich *adj* irreplaceable, *Schaden*: irreparable.
unerträglich *adj* unbearable.
unerwähnt *adj* unmentioned: **et. ~ lassen** make no mention of s.th.
unerwidert *adj Liebe*: unrequited.
unerwünscht *adj* undesirable.
unfähig *adj* **1.** incapable, incompetent: **~ zu** *e-r Aufgabe etc*: unqualified for. **2. ~ (et.) zu tun** unable to do (s.th.), incapable of doing (s.th.).
Unfähigkeit *f* **1.** incompetence. **2.** inability.
unfair *adj* unfair.
Unfall *m* accident. **~bericht** *m mot.* accident report. **~flucht** *f* → **Fahrerflucht.**
unfallfrei *adj* accident-free.
Unfall|opfer *n* accident victim. **~quote** *f*, **~rate** *f* accident rate. **~rente** *f* accident benefit. **~station** *f* first-aid station, *im Krankenhaus*: casualty ward. **~stelle** *f* scene of (the) accident. **~tod** *m* accidental death.
unfallträchtig *adj* hazardous.
Unfall|verhütung *f* prevention of accidents. **~verhütungsvorschriften** *pl* accident prevention regulations *pl.* **~versicherung** *f* accident insurance. **~wagen** *m* **1.** car damaged in an accident. **2.** ✈ crash tender. **~zeuge** *m* witness of the accident.
unfassbar, unfasslich *adj* incomprehensible, inconceivable.
unfehlbar I *adj* infallible (*a. eccl.*), unerring (*a. Schütze etc*), unfailing. **II** *adv* infallibly, without fail, inevitably.
Unfehlbarkeit *f* infallibility.
unfein *adj* indelicate, unrefined, *pred* not gentlemanlike, not ladylike, not nice, bad form.
unfertig *adj* **1.** unfinished. **2.** *fig. Person*: immature.
unflätig *adj* filthy, obscene.
unfolgsam *adj* disobedient.
unförmig *adj* shapeless, (*massig*) bulky, (*missgestaltet*) misshapen.
unfrankiert *adj Brief*: unstamped.
unfrei *adj* **1.** not free. **2.** *fig.* inhibited. **3.** *Paket etc*: unfranked.
unfreiwillig *adj* involuntary, unintentional, *Humor*: unconscious.
unfreundlich *adj* **1.** unfriendly, *Klima, Wetter*: inclement, *Zimmer etc*: cheerless. **2. ~e Übernahme** *econ.* unfriendly (*od.* hostile) takeover.
Unfreundlichkeit *f* unfriendliness, *des Klimas etc*: inclemency.
Unfriede(n) *m* (**~ stiften** sow) discord.
unfruchtbar *adj* **1.** infertile, *a. fig.* barren, sterile. **2.** → **fruchtlos. Unfruchtbarkeit** *f* infertility, *a. fig.* barrenness.
Unfug *m* mischief, (*Unsinn*) nonsense: ⚖ **grober ~** disorderly conduct; **~ treiben** be up to mischief.
Ungar(in), ungarisch *adj* Hungarian.
Ungarn *n* Hungary.
ungastlich *adj* inhospitable.
ungeachtet *prep* (*gen*) regardless of.
ungeahnt *adj* undreamt-of, unexpected.
ungebeten *adj* unasked, uninvited.
ungebildet *adj* uneducated, uncultured.
ungeboren *adj* unborn.
ungebräuchlich *adj* unusual.
ungebraucht *adj* unused.
ungebunden *adj* **1.** *Buch*: unbound, in sheets. **2.** *fig.* unattached, independent.
ungedeckt *adj* uncovered (*a. Scheck*), *Kredit*: unsecured, *Sport*: unmarked.
Ungeduld *f* impatience: **voller ~** impatiently. **ungeduldig** *adj* impatient.
ungeeignet *adj* (**zu** for) unsuitable, *Person*: *a.* unqualified, *Zeitpunkt*: inopportune.
ungefähr I *adj* approximate, rough. **II** *adv* approximately, about, around: **so ~** s.th. like that; **wo ~?** roughly where?
ungefährlich *adj* harmless, not dangerous, (*sicher*) safe.
ungefällig *adj* unobliging.
ungefragt *adj u. adv* unasked.
ungehalten *adj* annoyed (**über** *acc* at).
ungehemmt I *adj* unchecked, *psych.* uninhibited. **II** *adv* without restraint.
ungeheuer I *adj* **1.** enormous, immense. **2.** F (*toll*) tremendous, terrific. **II** *adv* **3.** enormously (*etc*).
Ungeheuer *n* monster.

ungeheuerlich *adj* monstrous, outrageous.
Ungeheuerlichkeit *f* monstrosity, outrage.
ungehindert *adj u. adv* unhindered.
ungehobelt *adj fig.* rude, uncouth.
ungehörig *adj* improper, impertinent.
ungehorsam *adj* disobedient.
Ungehorsam *m* (*pol.* ***ziviler ~*** civil) disobedience.
ungeklärt *adj* **1.** *Frage etc*: (still) open, *Fall, Problem etc*: unsolved. **2.** *Abwässer*: not treated.
ungekünstelt *adj* unaffected.
ungekürzt *adj Buch*: unabridged, *Film*: uncut.
ungeladen *adj* **1.** *Gast*: uninvited. **2.** *Waffe*: unloaded.
ungelegen *adj* inconvenient: ***das kommt mir sehr ~!*** that doesn't suit me at all!
Ungelegenheiten *pl* ***j-m ~ machen*** inconvenience s.o.
ungelenk *adj* clumsy, (*steif*) stiff.
ungelernt *adj Arbeit(er)*: unskilled.
ungemein *adv* immensely.
ungemischt *adj* unmixed.
ungemütlich *adj* uncomfortable (*a. fig. Gefühl, Lage etc*): F ***~ werden*** *Person*: get unpleasant.
Ungemütlichkeit *f* uncomfortableness.
ungenannt *adj* unnamed, *Person*: *a.* anonymous.
ungenau *adj* inaccurate, inexact, *fig.* vague.
Ungenauigkeit *f* inaccuracy.
ungeniert **I** *adj* uninhibited. **II** *adv* without inhibition, openly.
ungenießbar *adj* **1.** *Speise*: inedible, *Getränk*: undrinkable. **2.** F *fig. Person*: unbearable.
ungenügend *adj* insufficient, *ped.* unsatisfactory, poor.
ungenutzt, ungenützt *adj* unused: ***e-e Gelegenheit ~ lassen*** let an opportunity slip.
ungepflegt *adj* unkempt, neglected.
ungerade *adj* uneven, *Zahl*: odd.
ungerecht *adj* unjust.
ungerechtfertigt *adj* unjustified.
Ungerechtigkeit *f* injustice (***gegen*** to).
ungeregelt *adj* unregulated, *Leben, Arbeitszeit etc*: irregular.
ungern *adv* unwillingly, reluctantly: ***et. ~ tun*** *a.* hate to do s.th.
ungerührt *adj fig.* unmoved (***von*** by).
ungesagt *adj* (***~ bleiben*** be left) unsaid.
ungesalzen *adj* unsalted.
ungeschehen *adj* ***~ machen*** undo.
Ungeschick *n*, **Ungeschicklichkeit** *f* clumsiness. **ungeschickt** *adj* clumsy.
ungeschlagen *adj fig.* undefeated.
ungeschliffen *adj* **1.** *Edelstein*: rough. **2.** *fig. Person, Benehmen etc*: unpolished.
ungeschminkt *adj* **1.** not made up, without makeup. **2.** *fig. Bericht etc*: unvarnished, *Wahrheit etc*: *a.* plain.
ungeschoren *adj* **1.** unshorn. **2.** *fig.* unmolested: ***j-n ~ lassen*** leave s.o. in peace; ***~ davonkommen*** get off lightly (*ungestraft*: F scot-free).
ungeschrieben *adj* unwritten.
ungeschützt *adj* unprotected.
ungesehen *adj u. adv* unseen.
ungesellig *adj* unsociable.
Ungeselligkeit *f* unsociableness.
ungesetzlich *adj* illegal, illicit, unlawful.
Ungesetzlichkeit *f* illegality.
ungesittet *adj* uncivilized, (*unmanierlich*) bad-mannered.
ungestört *adj u. adv* undisturbed.
ungestraft **I** *adj* unpunished. **II** *adv* with impunity: ***~ davonkommen*** go unpunished, F get off scot-free.
ungestüm *adj* impetuous, vehement.
Ungestüm *n* impetuosity, vehemence.
ungesund *adj a. fig.* unhealthy.
ungeteilt *adj a. fig.* undivided.
ungetrübt *adj fig.* unspoilt.
Ungetüm *n* monster, *fig. a.* monstrosity.
ungeübt *adj* untrained.
ungewaschen *adj u. adv* unwashed.
ungewiss *adj* uncertain: ***j-n im Ungewissen lassen*** keep s.o. guessing; ***Sprung ins Ungewisse*** leap in the dark.
Ungewissheit *f* uncertainty: ***in ~ schweben*** be (kept) in suspense.
ungewöhnlich *adj* unusual.
ungewohnt *adj* strange, new (***für*** to).
ungewollt *adj* unintentional, *Wirkung etc*: unintended, *Baby etc*: unwanted.
ungezählt *adj* uncounted, countless.
ungezähmt *adj* untamed.
Ungeziefer *n a. fig.* vermin.
ungezogen *adj* naughty.
Ungezogenheit *f* naughtiness.
ungezügelt *fig.* **I** *adj* unbridled. **II** *adv* unrestrainedly.
ungezwungen *adj* relaxed, informal, casual. **Ungezwungenheit** *f* ease.
ungiftig *adj* nontoxic.
Unglaube *m* unbelief.
unglaubhaft → ***unglaubwürdig.***
ungläubig *adj* incredulous, disbelieving, *a. eccl.* unbelieving.
unglaublich *adj* incredible, unbelievable.
unglaubwürdig *adj* untrustworthy, *Gründe etc*: implausible.
ungleich **I** *adj* **1.** unequal, unlike, dissimilar. **II** *adv* **2.** ***~ lang*** (***groß***) unequal in length (size); ***~ verteilt*** unevenly distributed. **3.** *vor Komparativ*: far *better*.
Ungleichgewicht *n* imbalance.

U

Ungleichheit *f* **1.** dissimilarity, unlikeness. **2.** inequality.
ungleichmäßig *adj* uneven, irregular.
Unglück *n* misfortune, (*Pech*) bad luck, (*Missgeschick*) mishap, (*Katastrophe*) disaster: ***es ist (weiter) kein ~!*** it is no tragedy!; ***zu allem ~*** to crown it all; ***~ bringen*** bring ill (*od.* bad) luck; ***in sein ~ rennen*** head for disaster.
unglücklich *adj* unfortunate, (*vom Pech verfolgt*) unlucky, (*traurig*, *a. Ehe*, *Kindheit etc*) unhappy, miserable; *adv* ***~ enden*** end badly; ***~ verliebt*** crossed in love.
unglücklicherweise *adv* unfortunately.
unglückselig *adj* unfortunate, *Sache*: *a.* disastrous, fatal.
Unglücks|fall *m* misadventure, (*Unfall*) accident. **~rabe** *m fig.* unlucky fellow. **~tag** *m* black day.
Ungnade *f* disfavo(u)r: ***in ~ fallen*** fall out of favo(u)r (***bei*** with).
ungnädig *adj* ungracious.
ungültig *adj* invalid, (null and) void, *Münze*: not legal tender, *Wahlstimme*: spoilt, *Tor*: disallowed: ***~ machen*** (*entwerten*) cancel; ***et. für ~ erklären*** invalidate s.th., declare s.th. null and void.
Ungültigkeit *f* invalidity.
Ungunst *f* ***zu j-s ~en*** to s.o.'s disadvantage.
ungünstig *adj allg.* unfavo(u)rable, *Termin etc*: inconvenient.
ungut *adj* bad: ***ein ~es Gefühl haben*** have misgivings (***bei*** about); ***nichts für ~!*** no offen/ce (*Am.* -se)!
unhaltbar *adj* **1.** *Argumente etc*: untenable. **2.** *Zustände*: intolerable. **3.** *Sport*: *Ball*, *Schuss etc*: unstoppable.
unhandlich *adj* unwieldy.
unharmonisch *adj a. fig.* discordant.
Unheil *n* (*Schaden*) harm, (*Katastrophe*) disaster: ***~ anrichten*** wreak havoc; ***~ bringend*** fatal.
unheilbar *adj* incurable: *adv* ***~ krank*** suffering from an incurable disease.
unheilvoll *adj* disastrous, *Blick etc*: sinister.
unheimlich **I** *adj* **1.** uncanny, weird (*beide a. fig.*), creepy, eerie. **2.** F *fig.* tremendous, terrific. **II** *adv* **3.** F *fig.* (*sehr*) tremendously, awfully: ***~ gut*** terrific, fantastic; ***~ viel*** a tremendous lot of.
unhöflich *adj* impolite.
Unhöflichkeit *f* impoliteness.
Unhold *m* monster, fiend.
unhygienisch *adj* unhygienic(ally *adv*).
Uni *f* F university.
uniform *adj*, **Uniform** *f* uniform.
uniformiert *adj u. adv* in uniform.
Unikum *n a. iro.* unique specimen.
uninteressant *adj* uninteresting, not interesting. **uninteressiert** *adj* uninterested (***an*** *dat* in).
Union *f* union: *pol.* ***die ~*** the Christian-Democratic Union (*od.* Party); ***Europäische ~*** European Union.
universal *adj* universal.
Universal|erbe *m* sole heir. **~erbin** *f* sole heiress.
universell *adj* universal.
Universität *f* (***auf*** *od.* ***an der ~*** at the) university; ***e-e ~ besuchen*** go to university.
Universitäts... university (*library*, *hospital*, *studies*, *etc*).
Universum *n* universe.
unken *v/i* F *fig.* croak.
unkenntlich *adj* unrecognizable.
Unkenntnis *f* ignorance: ***in ~ der Gefahr*** unaware of the danger; ***j-n in ~ lassen*** keep s.o. in the dark (***über*** *acc* about).
unklar *adj* unclear, *pred* not clear, *fig. a.* vague, obscure, (*verworren*) muddled, (*undeutlich*) indistinct, (*ungewiss*) uncertain: *fig.* ***im Unklaren sein*** be in the dark (***über*** *acc* about).
Unklarheit *f* unclearness, lack of clarity, vagueness.
unklug *adj* unwise, imprudent.
unkompliziert *adj* uncomplicated.
unkontrollierbar *adj* uncontrollable.
unkontrolliert *adj* uncontrolled.
Unkorrektheit *f* inaccuracy.
Unkosten *pl* costs *pl*, expenses *pl*: ***allgemeine*** (*od.* ***laufende***) ***~*** running expenses, *econ.* overhead *sg*; → ***stürzen*** 6.
Unkraut *n* weed(s *pl*): *fig.* ***~ vergeht nicht*** ill weeds grow apace. **Unkrautvernichtung** *f* weed-killing. **Unkrautvertilgungsmittel** *n* weed killer.
unkritisch *adj* uncritical.
unkultiviert *adj* uncultivated.
unkündbar *adj Stellung*: permanent, *Vertrag etc*: not terminable, nonterminable.
unlängst *adv* lately, recently.
unlauter *adj fig.* dubious: *econ.* ***~er Wettbewerb*** unfair competition, unfair trading practices.
unleserlich *adj* illegible.
unlieb *adj* ***es ist mir nicht ~*** (***, dass ...***) it suits me quite fine (that ...).
unliebenswürdig *adj* unamiable, unfriendly.
unliebsam *adj* unpleasant.
unlini(i)ert *adj* unruled.
unlogisch *adj* illogical.
unlösbar *adj Problem etc*: insoluble.
unlöslich *adj* ⚗ insoluble.
Unlust *f* listlessness, (*Widerwille*) aversion: ***mit ~*** with reluctance.
unlustig *adj* listless, reluctant.

U

unmanierlich *adj* ill-mannered.
unmännlich *adj* effeminate.
Unmasse *f* F → ***Unmenge.***
unmaßgeblich *adj* unauthoritative: *iro.* ***nach m-r ~en Meinung*** in my humble opinion.
unmäßig *adj* excessive, immoderate.
Unmäßigkeit *f* immoderateness.
Unmenge *f* vast amount (*od.* number), F loads *pl* (**von** of).
Unmensch *m* monster, brute: F ***sei kein ~!*** have a heart!
unmenschlich *adj* **1.** inhuman, cruel. **2.** F *fig.* awful.
Unmenschlichkeit *f* inhumanity, cruelty.
unmerklich *adj* imperceptible.
unmethodisch *adj* unmethodical.
unmissverständlich I *adj* unmistakable. **II** *adv* unmistakably, (*offen*) plainly.
unmittelbar I *adj* immediate, direct. **II** *adv* immediately, directly: ***~ vor*** (*dat*) right in front of, *zeitlich*: just before; ***~ bevorstehen*** be imminent.
unmöbliert *adj* unfurnished.
unmodern *adj* outmoded, dated.
unmöglich I *adj* impossible (*a.* F *fig. Person, Kleid, Situation etc*): ***Unmögliches leisten*** (***verlangen***) do (ask) the impossible; *fig.* ***~ aussehen*** look a sight; ***sich ~ machen*** a) compromise o.s., b) make a fool of o.s. **II** *adv* not possibly: ***ich kann es ~ tun*** I can't possibly do it.
Unmöglichkeit *f* impossibility.
unmoralisch *adj* immoral.
unmotiviert *adj* unmotivated.
unmündig *adj* under age, minor.
unmusikalisch *adj* unmusical.
Unmut *m* annoyance (**über** *acc* at).
unnachahmlich *adj* inimitable.
unnachgiebig *adj* unyielding.
unnachsichtig *adj* strict, severe.
unnahbar *adj* unapproachable, standoffish.
Unnahbarkeit *f* unapproachableness.
unnatürlich *adj* **1.** unnatural (*a. fig.*). **2.** (*gekünstelt*) affected.
unnötig *adj* unnecessary.
unnütz *adj* useless.
unordentlich *adj* disorderly, untidy.
Unordnung *f* disorder, mess: ***in ~ sein*** be in a mess; ***et. in ~ bringen*** mess s.th. up.
unorganisch *adj* inorganic.
unparteiisch *adj* impartial.
Unparteiische *m, f Sport*: referee.
unpassend *adj* inappropriate, unsuitable, (*unschicklich*) improper, (*ungelegen*) untimely, inconvenient.
unpassierbar *adj* impassable.
unpässlich *adj* ***~ sein, sich ~ fühlen*** be indisposed, feel unwell.
Unpässlichkeit *f* indisposition.
unpatriotisch *adj* unpatriotic(ally *adv*).
Unperson *f* nonperson.
unpersönlich *adj* impersonal.
unpolitisch *adj* apolitical.
unpopulär *adj* unpopular.
unpraktisch *adj* impractical.
unproblematisch *adj* unproblematic.
unproduktiv *adj* unproductive, *econ.* nonproductive.
unpünktlich *adj* unpunctual.
Unpünktlichkeit *f* unpunctuality.
unqualifiziert *adj* unqualified.
unrasiert *adj* unshaven.
Unrat *m* rubbish, (*Schmutz, a. fig.*) filth: F ***~ wittern*** smell a rat.
unrationell *adj* inefficient.
unratsam *adj* inadvisable.
unrecht *adj* wrong: ***zur ~en Zeit*** at the wrong time; ***et. Unrechtes tun*** do s.th. wrong; *adv* (**an j-m**) ***~ handeln*** do (s.o.) wrong; ***j-m ~ tun*** do s.o. wrong.
Unrecht *n* wrong, injustice: ***im ~ sein, ~ haben*** be (in the) wrong, (*sich irren*) *a.* be mistaken; ***j-m ~ geben*** disagree with s.o., *fig. Resultat etc*: prove s.o. wrong; ***j-n ins ~ setzen*** put s.o. in the wrong; ***zu ~*** wrong(ful)ly, unjustly; ***nicht zu ~*** not without good reason.
unrechtmäßig *adj* wrongful, unlawful.
unredlich *adj* dishonest.
Unredlichkeit *f* dishonesty.
unreell *adj* dishonest.
unregelmäßig *adj* irregular.
Unregelmäßigkeit *f* irregularity.
unreif *adj* **1.** unripe, *Früchte*: *a.* green. **2.** *fig.* immature.
unrein *adj* impure (*a. fig.*), *Haut*: bad.
Unreinheit *f* impurity.
unreinlich *adj* unclean.
unrentabel *adj* unprofitable.
unrettbar *adj* irrecoverable: *adv* ***~ verloren*** irretrievably lost, *Person*: beyond help.
unrichtig *adj* incorrect, wrong.
Unrichtigkeit *f* incorrectness, (*Fehler*) error.
Unruh *f der Uhr*: balance.
Unruhe *f* restlessness, (*Besorgnis*) uneasiness, anxiety, (*Bewegung*) commotion, *stärker*: tumult: *pol.* **~n** *pl* unrest *sg*, disturbances *pl.* **~herd** *m* trouble spot.
Unruhestifter(in) troublemaker.
unruhig *adj* **1.** restless, fidgety. **2.** *fig. Schlaf, Zeiten*: troubled, (*besorgt*) uneasy, worried. **3.** (*laut*) noisy.
unrühmlich *adj* inglorious.
uns I *pers pron* **1.** us, to us: ***ein Freund von ~*** a friend of ours. **II** *reflex pron* **2.** ourselves: ***wir waschen ~*** we wash (ourselves). **3.** (*einander*) each other, one another.

U

unsachgemäß *adj* improper.
unsachlich *adj* unobjective, irrelevant, *pred* beside the point: **~ *werden*** become personal.
unsagbar, unsäglich *adj* unspeakable.
unsanft *adj* rough: *fig.* ***ein ~es Erwachen*** a rude awakening.
unsauber *adj* **1.** dirty. **2.** *fig.* (*unlauter*) unfair (*a. Sport*), dubious.
unschädlich *adj* harmless: **~ *machen*** render harmless, (*Gift*) neutralize, (*Gegner*) put *s.o.* out of action, (*Verbrecher*) lay *s.o.* by the heels.
unscharf *adj* blunt, *Bild*: blurred: *opt.* ~ (***eingestellt***) out of focus.
unschätzbar *adj* invaluable.
unscheinbar *adj* insignificant, inconspicuous, *Äußeres*: plain.
unschicklich *adj* unseemly, improper.
unschlagbar *adj* unbeatable.
unschlüssig *adj* irresolute.
Unschlüssigkeit *f* irresolution.
unschön *adj* **1.** unlovely, ugly. **2.** *fig.* unkind, *pred* not nice, (*unerfreulich*) unpleasant.
Unschuld *f* innocence: ***ich wasche m-e Hände in ~*** I wash my hands of it.
unschuldig *adj* innocent (**an** *dat* of): ⚖ ***sich für ~ erklären*** plead not guilty.
unschwer *adv* easily.
unselbstständig *adj* **1.** dependent (on others), helpless. **2.** (*angestellt*) employed: ***Einkünfte aus ~er Arbeit*** wage and salaries income. **Unselbstständigkeit** *f* lack of independence.
unselig *adj* unfortunate, fatal.
unser I *pos pron* our, ours: ***der*** (***die, das***) ***~e*** (*od.* ***uns***[***e***]***rige***) ours; ***wir haben das ~e getan*** we have done our bit. **II** *gen von* ***wir***: of us.
unsereiner, unsereins, unseresgleichen *indef pron* F people like us.
unser(e)twegen *adv* for our sake, (*wegen uns*) because of us.
unseriös *adj* dubious.
unsicher *adj* **1.** unsafe, insecure, risky: F *die Gegend* **~ *machen*** *Verbrecher etc*: prowl, *humor. Touristen etc*: infest. **2.** (*ungewiss*) uncertain. **3.** (*wacklig*) unsteady, shaky (*a. fig.* ***in*** *dat* in). **4.** insecure, unsure (of o.s.): ***j-n ~ machen*** make s.o. feel insecure.
Unsicherheit *f* **1.** unsafeness, insecurity. **2.** (*Ungewissheit*) uncertainty. **3.** unsteadiness. **4.** *e-r Person*: unsureness (of o.s.), insecurity.
Unsicherheitsfaktor *m* element of uncertainty.
unsichtbar *adj* invisible.
Unsichtbarkeit *f* invisibility.
Unsinn *m* **1.** (~ ***reden*** talk) nonsense (*od.* rubbish). **2.** **~ *machen*** fool around.
unsinnig *adj* F *fig.* unreasonable, absurd, (*sehr groß*) tremendous, terrible.
Unsitte *f* bad habit.
unsittlich *adj* immoral, indecent.
Unsittlichkeit *f* immorality.
unsolide *adj* **1.** unsolid. **2.** *Person, Leben etc*: loose. **3.** *Firma etc*: dubious.
unsozial *adj* antisocial.
unsportlich *adj* **1.** *Person*: unathletic. **2.** *fig.* unfair, unsporting.
unsterblich I *adj* immortal. **II** *adv* F awfully: **~ *verliebt*** madly in love (***in*** *acc* with).
Unsterblichkeit *f* immortality.
unstet *adj* inconstant, (*ruhelos*) restless.
unstillbar *adj Durst*: unquenchable, *Hunger*: insatiable, *fig.* unappeasable.
Unstimmigkeit *f mst pl* **1.** discrepancy. **2.** (*Streit*) disagreement, difference.
unstreitig *adj* indisputable.
Unsumme *f* enormous sum.
unsymmetrisch *adj* asymmetrical.
unsympathisch *adj* disagreeable, unpleasant: ***er ist mir ~*** I don't like him.
Untat *f* atrocity, outrage.
untätig *adj* inactive, idle.
Untätigkeit *f* inactivity, idleness.
untauglich *adj* unfit (*a. mil.*), unsuitable.
Untauglichkeit *f* unfitness (*etc*).
unteilbar *adj* indivisible.
unten *adv* below, *im Haus*: downstairs: ***da ~*** down there; ***nach ~*** down(wards), *im Haus*: downstairs; **~ *auf der Seite*** at the bottom of the page; ***siehe ~!*** see below!; ***von oben bis ~*** from top to bottom (*bei Personen*: to toe); F ***er ist bei mir ~ durch*** I am through with him; **~ *erwähnt, ~ genannt*** undermentioned, mentioned below.
unter *prep* **1.** under, *örtlich, rangmäßig*: *a.* below, (*weniger als*) *a.* less than: **~ *null*** below zero; **~ *sich haben*** be in charge of; ***was versteht man ~ ...?*** what is meant by ...?; → ***Bedingung, Hand, Träne*** *etc.* **2.** (*zwischen, bei*) among: ***einer ~ hundert*** one in a hundred; **~ *anderem*** among other things; **~ *uns gesagt*** between you and me; ***wir sind ganz ~ uns*** we are quite alone. **3.** (*während*) during: **~ *s-r Regierung*** under (*od.* during) his reign; **~ *dem 1. Mai*** under the date of May 1st.
Unter|abteilung *f* subdivision. **~arm** *m* forearm. **~art** *f* subspecies. **~ausschuss** *m* subcommittee. **~bau** *m* substructure, foundation, *fig. a.* base, *bsd. econ.* infrastructure.
unterbelichten *v/t phot.* underexpose.
Unterbelichtung *f phot.* underexposure.
unterbeschäftigt *adj* underemployed.
Unterbeschäftigung *f* underemployment.

unterbesetzt *adj* understaffed.
unterbewerten *v/t* undervalue, *fig. a.* underrate.
unterbewusst *adj* subconscious.
Unterbewusstsein *n the* subconscious: ***im ~*** subconsciously.
unterbezahlt *adj* underpaid.
unter|bieten *v/t* underbid, (*Rekord*) beat, (*Preis*) undercut, (*Konkurrenz*) undersell. **~binden** *v/t fig.* stop, (*verhindern*) prevent. **~bleiben** *v/i* be left undone, not to take place: ***das hat sofort zu ~!*** this must stop at once!
Unterbodenschutz *m mot.* underseal.
unterbrechen I *v/t allg.* interrupt, *teleph.* cut off, (*Spiel*) hold up, ⚖ adjourn: ***die Fahrt*** (*od.* ***Reise***) ~ break one's journey. II *v/reflex* ***sich ~*** pause.
Unterbrechung *f* interruption, break, *der Fahrt*: *a.* stopover.
Unterbrechungsbefehl *m Computer*: break instruction.
unterbreiten *v/t* submit (*dat* to): ***j-m e-n Vorschlag ~*** make s.o. a proposal.
unterbringen *v/t* **1.** (*j-n*) accommodate, (*Gast*) *a.* put *s.o.* up; ***j-n in*** *e-m Heim*, *Krankenhaus etc* ~ put s.o. into, ⚖ commit s.o. to; ***j-n ~ in*** (*od.* ***bei***) *e-r Firma etc*: get s.o. a job with; F *fig.* ***ich kann ihn nicht ~*** I can't place him. **2.** (*lagern*) store, (*verstauen*) stow (away): ***et. ~ in*** (*dat*) get (*od.* fit) s.th. into, *tech.* install s.th. in. **3.** *Aufträge*, *Kapital etc* ***~ bei*** place *s.th.* with; ***ein Buch bei e-m Verlag ~*** have a book accepted by publishers; ***et. auf dem Markt ~*** put s.th. on the market.
Unterbringung *f* accommodation, housing, ⚖ committal (***in*** *dat* to).
Unterbringungsmöglichkeit(en *pl*) *f* accommodation *sg*.
unterbuttern *v/t* F ***j-n ~*** push s.o. under.
Unterdeck *n* ⚓ lower deck.
unterderhand → ***Hand.***
unterdessen *adv* in the meantime.
unterdrücken *v/t allg.* suppress (*a. Veröffentlichung*), (*Gähnen*, *Lachen etc*) *a.* stifle, (*Aufstand*) put down, quell, (*Volk etc*) oppress.
Unterdrücker(in) oppressor.
Unterdrückung *f* suppression, oppression.
unterdurchschnittlich *adj* below average.
untere *adj* lower.
'untereinander¹ *adv* one below the other.
unterei'nander² *adv* among one another (*od.* each other, themselves, yourselves, *etc*).
unterentwickelt *adj* underdeveloped (*a. phot.*), *Kind*, *Land etc*: *a.* backward, *psych.* subnormal.
unterernährt *adj* underfed, undernourished.
Unterernährung *f* malnutrition.
Unterfangen *n* venture, undertaking, (*Versuch*) attempt.
Unterführung *f* underpass, (*Fußgängerunterführung*) subway.
Unterfunktion *f* ⚕ hypofunction.
Untergang *m* **1.** *der Sonne etc*: setting. **2.** ⚓ sinking. **3.** *fig.* (down)fall, decline.
Untergattung *f* subgenus.
Untergebene *m*, *f* subordinate.
untergehen *v/i* go down, go under (*beide a. fig.*), ⚓ *a.* sink, *Sonne etc*: *a.* set: *fig.* ***im Lärm ~*** *Worte etc*: be drowned out (*od.* lost) by the noise.
untergeordnet *adj* **1.** subordinate (*dat* to). **2.** *Bedeutung etc*: secondary.
Untergeschoss, ~geschoß *österr. n* basement.
Untergestell *n mot.* underframe.
Untergewicht *n* (***~ haben*** be) underweight.
untergliedern *v/t* subdivide.
untergraben *v/t a. fig.* undermine.
Untergrund *m* **1.** *geol.* subsoil. **2.** *paint.* ground(ing). **3.** *pol.* (***in den ~ gehen*** go) underground. **~bewegung** *f pol.* underground movement. **~kämpfer(in)** *pol.* underground fighter.
unterhalb I *prep* (*gen*) below, under. II *adv* below, underneath.
Unterhalt *m* **1.** support, maintenance. **2.** → ***Lebensunterhalt.***
unterhalten I *v/t* **1.** (*Einrichtung etc*) maintain, (*Familie etc*) *a.* support, (*Beziehungen*, *Briefwechsel*) keep up. **2.** entertain, amuse. II *v/reflex* **3.** ***sich ~*** talk (***mit*** with, to). **4.** ***sich*** (***gut***) ~ enjoy o.s., have a good time.
unterhaltend → ***unterhaltsam.***
Unterhalter(in) entertainer.
unterhaltsam *adj* entertaining, amusing.
Unterhalts|anspruch *m* maintenance claim. **~beihilfe** *f* maintenance grant.
unterhaltsberechtigt *adj* entitled to maintenance.
Unterhalts|kosten *pl* maintenance costs *pl*. **~pflicht** *f* obligation to pay maintenance.
unterhaltspflichtig *adj* liable for maintenance.
Unterhaltszahlung *f* maintenance payment.
Unterhaltung *f* **1.** entertainment. **2.** conversation, talk. **3.** *e-r Anlage*, *e-s Instituts etc*: upkeep, maintenance.
Unterhaltungs|... entertainment (*concert*, *film*, *industry*, *etc*). **~branche** *f* (***in der ~*** in) show business. **~elektronik** *f* video and audio systems *pl*. **~industrie** *f* entertainment industry. **~musik** *f* light music. **~roman** *m* light novel. **~wert** *m* entertainment value.

U

Unterhändler(in) negotiator.
Unterhandlung *f* negotiation: ***in ~en treten*** enter into negotiations (***mit*** with).
Unterhaus *n parl. Br.* House of Commons.
Unterhemd *n* vest, *Am.* undershirt.
Unterholz *n* undergrowth.
Unterhose *f* (**e-e ~** a pair of) underpants *pl.*
unterirdisch *adj* subterranean, *a. fig.* underground.
unterjochen *v/t* subjugate.
unterjubeln *v/t* F ***j-m et. ~*** foist s.th. (off) on s.o.
unterkapitalisiert *adj Unternehmen*: undercapitalized.
Unterkiefer *m anat.* lower jaw.
Unterkleidung *f* underwear.
unterkommen *v/i* find accommodation (*od.* lodgings): ***~ in*** (*dat*) find a place in; F ***~ bei*** *e-r Firma etc*: find a job with.
Unterkörper *m* lower part of the body.
unterkriegen *v/t* F ***j-n ~*** get s.o. down; ***sich nicht ~ lassen*** hold one's own; ***lass dich nicht ~!*** keep your tail up!
Unterkühlung *f* ⚕ hypothermia.
Unterkunft *f* accommodation, lodging(s *pl*), quarters *pl*: ***~ und Verpflegung*** board and lodgings.
Unterlage *f* **1.** *tech.* base, support. **2.** *fig.* basis. **3.** *pl* (*Akten etc*) documents *pl*, records *pl*, (*Angaben*) data *pl.*
Unterlass *m* ***ohne ~*** incessantly.
unterlassen *v/t* omit: ***et. ~*** (*versäumen*) *a.* fail to do s.th., (*bleiben lassen*) refrain from (doing) s.th.; ***unterlass das!*** stop that!
Unterlassung *f* omission: ***auf ~ klagen*** bring an action for injunction.
Unterlassungs|klage *f* ⚖ action for injunction. **~sünde** *f* sin of omission.
Unterlauf *m e-s Flusses*: lower course.
unterlaufen I *v/t fig.* (*Gesetz etc*) dodge. II *v/i* ***mir ist ein Fehler ~*** I've made a mistake.
'unterlegen[1] *v/t* lay (*od.* put) *s.th.* under.
unter'legen[2] *adj* inferior (*dat* to), (*besiegt*) losing, defeated.
Unterlegene *m, f* loser.
Unterlegenheit *f* inferiority.
Unterleib *m* abdomen, belly.
Unterleibchen *n österr., schweiz., südd.* vest.
Unterleibs... abdominal.
unterliegen *v/i* **1.** (*dat*) be defeated (*od.* beaten) (by), lose (to), *e-r Versuchung etc*: succumb (to). **2.** (*e-r Bestimmung etc*) be subject (to): ***es unterliegt k-m Zweifel, dass*** there is no doubt that.
Unterlippe *f* lower lip.
Untermalung *f* ***musikalische ~*** musical background.
untermauern *v/t a. fig.* underpin.
untermengen *v/t* mix in.
Untermensch *m contp.* subhuman creature.
Untermiete *f* **1.** subtenancy: ***in*** (*od.* ***zur***) ***~ wohnen*** be a subtenant (*Am.* roomer), lodge (***bei*** with). **2.** sublease: → ***untervermieten.***
Untermieter(in) subtenant, lodger, *Am.* roomer.
unterminieren *v/t a. fig.* undermine.
unternehmen *v/t* (*Reise etc*) make, go on, (*tun*) do: ***et. ~ gegen*** a) ***j-n*** take action against s.o., b) ***et.*** do s.th. about s.th.; ***er unternahm nichts*** he did nothing.
Unternehmen *n* **1.** firm, business, enterprise, company. **2.** (*Vorhaben*) undertaking, enterprise, project: (***gewagtes***) ***~*** venture. **3.** *mil.* operation.
Unternehmens|berater(in) management consultant. **~beratung** *f* management consultancy. **~besteuerung** *f* corporate taxation. **~erfolg** *m* profit performance. **~form** *m* form of business organization. **~forschung** *f* operation research. **~führung** *f* management. **~gewinne** *pl* corporate profits *pl.* **~gruppe** *f* group, consortium.
unternehmensintern *adj* internal.
Unternehmens|leitung *f* top management. **~planung** *f* corporate (*od.* company) planning. **~politik** *f* company policy. **~strategie** *f* company strategy.
Unternehmer(in) entrepreneur (entrepreneuse), *vertraglich*: contractor, (*Arbeitgeber[in]*) employer, *weitS.* industrialist.
unternehmerisch *adj* entrepreneurial.
Unternehmerschaft *f the* employers *pl*, *the* management.
Unternehmertum *n* **1.** entrepreneurship: ***freies ~*** free enterprise. **2.** → ***Unternehmerschaft.***
Unternehmungsgeist *m* (spirit of) enterprise, initiative.
unternehmungslustig *adj* enterprising.
Unteroffizier(in) noncommissioned officer (*abbr.* NCO), *Dienstgrad*: sergeant, ✈ corporal.
unterordnen I *v/t* subordinate (*dat* to). II *v/reflex* ***sich ~*** submit (*dat* to).
Unterordnung *f* **1.** subordination. **2.** *biol.* suborder.
Unterpfand *n* pledge.
unterprivilegiert *adj* underprivileged.
Unterredung *f* talk, conversation.
Unterricht *m* instruction, (*Stunden*) lessons *pl*, (*Schulunterricht*) *a.* classes *pl*: ***~ geben*** teach, give lessons (*dat* to).
unterrichten I *v/t u. v/i* **1.** teach, give lessons (*dat* to). **2.** inform (***von, über*** *acc* of): (***gut***) ***unterrichtete Kreise*** (well-)informed circles. II *v/reflex* **3.** ***sich ~*** inform o.s. (***über*** *acc* about).

Unterrichts|einheit *f* teaching unit. **~raum** *m* classroom. **~stunde** *f* lesson.
Unterrichtung *f* **1.** instruction. **2.** information.
Unterrock *m* slip.
untersagen *v/t* forbid, *adm.* prohibit: ***j-m et. ~*** forbid s.o. (to do) s.th., prohibit s.o. from doing s.th.
Untersatz *m allg.* stand, *für Gläser*: mat, *für Blumentöpfe*: saucer: F (*Auto*) ***fahrbarer ~*** wheels *pl.*
unterschätzen *v/t* underestimate.
unterscheiden I *v/t u. v/i* distinguish (***zwischen*** between, ***von*** from): ***et. ~ von*** *a.* tell s.th. apart from; ***das unterscheidet ihn von ...*** that sets him apart from ... **II** *v/reflex* ***sich ~*** differ (***von*** from, ***dadurch, dass*** in *ger*).
unterscheidend *adj* distinctive.
Unterscheidung *f* differentiation, (*Unterschied*) difference.
Unterscheidungsmerkmal *n* distinguishing mark.
Unterschenkel *m anat.* lower leg.
Unterschicht *f sociol.* lower classes *pl.*
Unterschied *m* difference: ***e-n ~ machen*** (***zwischen*** between) distinguish, (*a. unterschiedlich behandeln*) discriminate; ***das macht k-n ~*** that makes no difference; ***ohne ~*** indiscriminately; ***zum ~ von*** unlike, in contrast to; ***das ist ein großer ~*** that makes a great difference.
unterschiedlich *adj* different, varying, (*schwankend*) variable; *adv* ***~ behandeln*** discriminate between.
unterschiedslos I *adj* indiscriminate. **II** *adv* without exception.
unterschlagen *v/t* (*Geld*) embezzle, (*Brief*) intercept, (*Testament etc*) suppress, (*Tatsache etc*) *a.* hold back.
Unterschlagung *f* embezzlement, interception, suppression.
Unterschlupf *m* **1.** hiding place, F hideout. **2.** (*Obdach*) shelter, refuge.
unterschlüpfen *v/i* **1.** hide. **2.** take shelter (***bei*** with).
Unterschrank *m unter Schreibtisch*: pedestal.
unterschreiben *v/t u. v/i* **1.** sign. **2.** *fig.* subscribe (to).
Unterschrift *f* signature: → ***setzen*** 1.
Unterschriftenmappe *f* signature blotting book.
unterschriftsberechtigt *adj* authorized to sign.
unterschwellig *adj* subliminal.
Unterseeboot *n* submarine.
unterseeisch *adj* submarine.
Unterseite *f* underside, bottom.
untersetzt *adj* stocky.
unterst *adj* lowest: ***das Unterste zuoberst kehren*** turn everything upside down.
Unterstand *m* shelter, *mil. a.* dugout.
unterstehen I *v/i* ***j-m ~*** be subordinate (*verantwortlich*: answerable) to s.o., be under s.o.'s supervision. **II** *v/reflex* ***sich ~ zu*** *inf* dare to *inf*; ***was ~ Sie sich?*** how dare you?
'unterstellen¹ I *v/t* ***et. ~ in*** (*dat*) put s.th. in(to). **II** *v/reflex* ***sich ~*** take shelter.
unter'stellen² ** *v/t* **1. ***j-m j-n*** (***et.***) ***~*** put s.o. in charge of s.o. (s.th.). **2.** *fig.* ***j-m et. ~*** impute s.th. to s.o. **3.** (*annehmen*) suppose, assume.
Unterstellung *f* (*Behauptung*) allegation, suggestion.
unterstreichen *v/t* underline, *fig.* (*betonen*) *a.* emphasize.
Unterstufe *f ped.* lower grades *pl.*
unterstützen *v/t allg.*, *a. finanziell*: support (*a. Antrag, Kandidaten etc*), back (up), (*helfen*) assist, aid, help.
Unterstützung *f* **1.** support, *finanzielle*: aid, grant, (*Subvention*) subsidy, (*Fürsorge*) welfare (payments *pl*). **2.** *fig.* (*Beistand*) support, aid, assistance, help.
Unterstützungskasse *f* relief fund.
untersuchen *v/t* examine (*a.* ⚕), inspect, check, (*e-n Fall etc, a.* ⚖ *u. wissenschaftlich*) investigate, ⚗ *u. fig.* analy/se (*Am.* -ze): ***et. ~ auf*** (*acc*) test s.th. for.
Untersuchung *f* examination, ⚕ *a.* checkup, inspection, test, *e-s Falles etc, a.* ⚖ *u. wissenschaftlich*: investigation, ⚗ *u. fig.* analysis.
Untersuchungs|ausschuss *m* fact-finding committee. **~gefangene** *m,f* prisoner on remand. **~gefängnis** *n* remand prison. **~haft** *f* detention pending trial: ***in ~ sein*** be on remand. **~richter(in)** examining magistrate.
Untertan(in) subject.
Untertasse *f* (***fliegende ~*** flying) saucer.
untertauchen *v/i* **1.** *a. v/t* duck. **2.** *fig.* disappear, go into hiding, *bsd. pol.* go underground.
Unterteil *m, n* lower part, base.
unterteilen *v/t* subdivide.
Unterteilung *f* subdivision.
Untertitel *m* subtitle, *Film*: *a.* caption.
Unterton *m a. fig.* undertone.
untertreiben *v/t u. v/i* understate.
Untertreibung *f* understatement.
untertunneln *v/t* tunnel through.
untervermieten *v/t* sublet.
unterversichert *adj* underinsured.
unterwandern *v/t* infiltrate.
Unterwanderung *f* infiltration.
Unterwäsche *f* underwear.
Unterwasser... underwater (*camera, massage, etc*).

unterwegs *adv* on the (*od.* one's) way (***nach*** to), (*auf Reisen*) away: ***immer ~*** always on the move.
unterweisen *v/t* instruct.
Unterweisung *f* instruction.
Unterwelt *f allg.* underworld.
unterwerfen I *v/t* **1.** (*Land, Volk*) subdue, subjugate. **2.** (*e-r Prüfung, Belastung etc*) subject (to). **II** *v/reflex* **sich ~ 3.** *a. fig.* submit (*dat* to).
Unterwerfung *f* **1.** subjugation, subjection. **2.** *fig.* submission (***unter*** *acc* to).
unterworfen *adj* **1.** *Land, Volk*: subdued. **2.** ***e-r Sache ~ sein*** be subject to s.th.
Unterwürfigkeit *f* submissiveness.
unterzeichnen *v/t u. v/i* sign.
Unterzeichner(in) 1. signer, undersigned. **2.** (*gen* to) *e-r Anleihe, Resolution etc*: subscriber, *e-s Staatsvertrages*: signatory.
Unterzeichnete *m, f* undersigned.
Unterzeichnung *f* signing.
'unterziehen[1] *v/t* put on underneath.
unter'ziehen[2] *v/t* subject (*dat* to): ***sich e-r Operation ~*** undergo an operation; ***sich e-r Prüfung ~*** take an examination.
Untiefe *f* shallow, shoal.
Untier *n a. fig.* monster.
untragbar *adj Verhalten etc*: intolerable, *Kosten, Preise etc*: prohibitive.
untrennbar *adj* inseparable.
untreu *adj* (*dat* to) unfaithful (*a. Ehepartner*), disloyal.
Untreue *f* unfaithfulness, disloyalty, *eheliche*: infidelity.
untröstlich *adj* inconsolable.
untrüglich *adj Instinkt etc*: unerring, *Zeichen etc*: sure.
untüchtig *adj* incapable, incompetent.
Untugend *f* vice, bad habit.
untypisch *adj* atypical.
unüberbrückbar *adj fig.* unbridgeable.
unüberlegt *adj* ill-considered, unwise.
unübersehbar *adj* immense, vast.
unübersetzbar *adj* untranslatable.
unübersichtlich *adj Kurve etc*: blind, *in der Anordnung*: badly arranged, (*verworren*) unclear, confused.
unübertrefflich *adj* unsurpassable.
unüberwindlich *adj* invincible, *Schwierigkeit*: insurmountable, *a. Abneigung*: insuperable.
unumgänglich *adj* unavoidable: **~ (*notwendig*)** indispensable, absolutely necessary.
unumkehrbar *adj* irreversible.
unumschränkt *adj* unlimited, *pol.* absolute.
unumstößlich *adj Tatsache etc*: irrefutable, *Entscheidung etc*: irrevocable.
unumstritten *adj* undisputed.
unumwunden *adv* straight out, frankly.
ununterbrochen *adj* uninterrupted, (*unaufhörlich*) incessant.
unveränderlich *adj* unchanging, A, *ling.* invariable.
unverändert *adj* unchanged.
unverantwortlich *adj* irresponsible.
unveräußerlich *adj* inalienable.
unverbesserlich *adj* incorrigible.
unverbindlich *adj Angebot etc*: without obligation (*a. adv*), *Antwort etc*: noncommittal.
unverbleit *adj* unleaded.
unverblümt *adj* plain, blunt.
unverbraucht *adj* unused, *fig.* unspent.
unverbrüchlich *adj* sta(u)nch.
unverbürgt *adj* unconfirmed.
unverdächtig *adj* unsuspicious.
unverdaulich *adj a. fig.* indigestible.
unverdaut *adj a. fig.* undigested.
unverderblich *adj* non-perishable.
unverdient *adj* undeserved.
unverdientermaßen *adv* undeservedly.
unverdorben *adj* unspoilt, *fig. a.* uncorrupted.
unverdrossen *adj* indefatigable, (*geduldig*) patient.
unverdünnt *adj* undiluted.
unvereinbar *adj* incompatible, *Gegensätze*: irreconcilable.
unverfälscht *adj* unadulterated, pure, *fig. a.* genuine.
unverfänglich *adj* harmless.
unverfroren *adj* brazen, F cheeky.
Unverfrorenheit *f* brazenness, impertinence, F cheek.
unvergänglich *adj* immortal, everlasting.
Unvergänglichkeit *f* immortality.
unvergessen *adj* unforgotten.
unvergesslich *adj* unforgettable.
unvergleichlich *adj* incomparable.
unverhältnismäßig *adv* disproportionately: ***~ hoch*** excessive.
unverheiratet *adj* unmarried, single.
unverhofft *adj* unhoped-for, (*unerwartet*) unexpected.
unverhohlen *adj* undisguised, open.
unverhüllt *adj fig.* undisguised.
unverkäuflich *adj* unsal(e)able, not for sale.
unverkauft *adj* unsold.
unverkennbar *adj* unmistakable.
unverletzlich *adj fig.* inviolable.
unverletzt *adj u. adv* uninjured, unhurt.
unvermeidlich *adj* unavoidable, inevitable (*a. iro.*): ***sich ins Unvermeidliche fügen*** bow to the inevitable.
unvermindert *adj* undiminished.
unvermittelt *adj* abrupt.
Unvermögen *n* inability, incapacity.
unvermutet *adj* unexpected.

Unvernunft *f* unreasonableness, folly.
unvernünftig *adj* unreasonable, foolish.
unveröffentlicht *adj* unpublished.
unverrichteterdinge → ***Ding.***
unverschämt *adj* impudent, impertinent, *Lüge*: barefaced, F *Preis*, *Forderung etc*: outrageous.
Unverschämtheit *f* impudence, impertinence, insolence: ***die ~ haben zu*** *inf* F have the cheek to *inf.*
unverschuldet *adj u. adv* through no fault of one's own.
unversehens *adv* unexpectedly, all of a sudden.
unversehrt *adj* unharmed, intact.
unversichert *adj* uninsured.
unversiegbar *adj* inexhaustible.
unversöhnlich *adj a. fig.* irreconcilable.
unversorgt *adj Kinder*: unprovided for.
unverstanden *adj* (***sich ~ fühlen*** feel) misunderstood.
unverständig *adj* ignorant.
unverständlich *adj* (*dat* to) unintelligible, (*unbegreiflich*) incomprehensible, *Grund etc*: obscure: ***es ist mir ~, warum*** (***wie*** *etc*) I can't understand (F it beats me) why (how *etc*).
unversteuert *adj* untaxed.
unversucht *adj* ***nichts ~ lassen*** (***um zu*** to) try everything, leave no stone unturned.
unverträglich *adj* **1.** (*zänkisch*) quarrelsome. **2.** *Speise*: indigestible. **3.** (*unvereinbar*) incompatible (*a.* ⚕).
unverwechselbar *adj* unmistakable.
unverwundbar *adj* invulnerable.
unverwüstlich *adj* indestructible (*a. fig. Person etc*), *Humor etc*: irrepressible.
unverzagt *adj* undaunted.
unverzeihlich *adj* inexcusable.
unverzichtbar *adj* unrenounceable, (*notwendig*) indispensable.
unverzinslich *adj* noninterest-bearing: ***~es Darlehen*** interest-free loan.
unverzollt *adj* duty unpaid.
unverzüglich *adj* immediate(ly *adv*), *adv a.* without delay.
unvollendet *adj* unfinished.
unvollkommen *adj* imperfect.
Unvollkommenheit *f* imperfection.
unvollständig *adj* incomplete.
unvorbereitet *adj u. adv* unprepared.
unvoreingenommen *adj* unbias(s)ed, unprejudiced, objective.
unvorhergesehen *adj* unforeseen.
unvorschriftsmäßig *adj* irregular, contrary to (the) regulations (*a. adv*), (*a. tech. unsachgemäß*) improper.
unvorsichtig *adj* incautious, (*unklug*) imprudent, (*übereilt*) rash, (*sorglos*) careless.
Unvorsichtigkeit *f* incautiousness, imprudence, carelessness.
unvorstellbar *adj* unimaginable, unthinkable, (*unglaublich*) incredible.
unvorteilhaft *adj* **1.** *Kauf etc*: unprofitable. **2.** *Kleid etc*: unbecoming.
unwahr *adj* untrue.
Unwahrheit *f* untruth.
unwahrscheinlich *adj* **1.** improbable, unlikely. **2.** F *fig.* incredible, fantastic.
Unwahrscheinlichkeit *f* improbability.
unwandelbar *adj* unchanging.
unwegsam *adj* difficult.
unweiblich *adj* unfeminine.
unweigerlich **I** *adj* inevitable. **II** *adv* inevitably, without fail.
unweit *prep* (*gen*) not far from.
Unwesen *n* nuisance, *stärker*: excesses *pl*: ***sein ~ treiben*** (***in*** *dat*) haunt (*od.* trouble, *stärker*: terrorize) (*a place etc*).
unwesentlich *adj* **1.** irrelevant, unimportant. **2.** (*geringfügig*) negligible.
Unwetter *n* (thunder)storm.
unwichtig *adj* unimportant, irrelevant.
unwiderlegbar *adj* irrefutable.
unwiderruflich **I** *adj* irrevocable. **II** *adv* irrevocably, (*ganz bestimmt*) definitely.
unwiderstehlich *adj* irresistible.
Unwiderstehlichkeit *f* irresistibility.
unwiederbringlich *adj* irretrievable.
Unwille *m* indignation, displeasure, anger.
unwillig *adj* **1.** (***über*** *acc* at) indignant, annoyed. **2.** → ***widerwillig.***
unwillkommen *adj* unwelcome.
unwillkürlich *adj* involuntary, instinctive, automatic(ally *adv*).
unwirklich *adj* unreal.
unwirksam *adj* ineffective, ⚖ inoperative, (*nichtig*) null and void.
unwirsch *adj* disgruntled, cross.
unwirtlich *adj* inhospitable, *Klima*: rough.
unwirtschaftlich *adj* uneconomic(al).
unwissend *adj* ignorant.
Unwissenheit *f* (***aus ~*** out of) ignorance.
unwissenschaftlich *adj* unscientific(ally *adv*).
unwissentlich *adj* unknowing.
unwohl *adj* **1.** unwell. **2.** *fig.* uneasy.
Unwohlsein *n* indisposition, nausea.
unwürdig *adj* unworthy (*gen* of): ***das ist s-r ~*** that is beneath him.
Unzahl *f* ***e-e ~ von*** a host of.
unzählbar, unzählig *adj* countless.
Unze *f* ounce (*abbr.* oz.).
Unzeit *f* ***zur ~*** at the wrong time.
unzeitgemäß *adj* old-fashioned.
unzerbrechlich *adj* unbreakable.
unzerstörbar *adj* indestructible.
unzertrennlich *adj* inseparable.

unzivilisiert *adj* uncivilized.

Unzucht *f* ⚖ sexual offen/ce (*Am.* -se): ***gewerbsmäßige*** ~ prostitution.

unzüchtig *adj* lewd, obscene.

unzufrieden *adj* dissatisfied, discontented.

Unzufriedenheit *f* dissatisfaction.

unzugänglich *adj* inaccessible (*dat* to).

unzulänglich *adj* inadequate.

Unzulänglichkeit *f* inadequacy, (*Mangel*) shortcoming.

unzulässig *adj* inadmissible.

unzumutbar *adj* unreasonable: ***das ist für sie*** ~ a) you can't expect that of her, b) she will never accept that.

unzurechnungsfähig *adj* irresponsible (for one's actions), insane.

Unzurechnungsfähigkeit *f* ⚖ (***zeitweilige*** ~ temporary) insanity.

unzureichend *adj* insufficient.

unzusammenhängend *adj* disconnected, *Rede etc*: incoherent.

unzuständig *adj* (***für***) incompetent (for), ⚖ *mst* having no jurisdiction (over).

unzutreffend *adj* incorrect: ***Unzutreffendes bitte streichen!*** please delete where inapplicable!

unzuverlässig *adj* unreliable.

Unzuverlässigkeit *f* unreliability.

unzweckmäßig *adj* unsuitable.

Unzweckmäßigkeit *f* inexpediency.

unzweideutig *adj* unequivocal.

unzweifelhaft **I** *adj* indubitable. **II** *adv* doubtless, without a doubt.

Update *n* update.

üppig *adj* luxurious, *Vegetation etc, a. fig. Fantasie etc*: luxuriant, *Gras*: lush, *Mahl*: opulent, *Figur etc*: luscious, voluptuous.

Urabstimmung *f* strike ballot.

Urahn(e) *m* ancestor, *engS.* great-grandfather. **Urahne** *f* ancestress, *engS.* great-grandmother.

Ural *m the* Ural Mountains *pl.*

uralt *adj* ancient (*a. fig. iro.*), F as old as the hills, *fig. Problem etc*: age-old.

Uran *n* ⚗ uranium.

uranhaltig *adj* uranium-bearing.

uraufführen *v/t* première, (*Film*) *a.* show for the first time.

Uraufführung *f* première, first night (*od.* performance, *Film*: showing).

urbanisieren *v/t* urbanize.

Urbanisierung *f* urbanization.

urbar *adj* arable: ~ ***machen*** cultivate, reclaim.

Urbarmachung *f* cultivation, reclamation.

Urbevölkerung *f* → ***Ureinwohner.***

urdeutsch *adj* German to the core, *iro.* very German.

ureigen *adj* ***in Ihrem ~sten Interesse*** in your own best interest.

Ureinwohner *pl* original inhabitants *pl*, *in Australien*: Aborigines *pl.*

Urenkel *m* great-grandson.

Urenkelin *f* great-granddaughter.

Urform *f* archetype.

urgemütlich *adj* F very cosy.

Urgeschichte *f* primeval history.

urgeschichtlich *adj* prehistoric.

Urgestein *n geol.* primary rock.

Urgewalt *f* elemental force.

Urgroßeltern *pl* great-grandparents *pl.*

Urgroßmutter *f* great-grandmother.

Urgroßvater *m* great-grandfather.

Urheber(in) author.

Urheberrecht *n* copyright.

urheberrechtlich *adj* copyright ...: *adv* ~ ***geschützt*** (protected by) copyright.

Urheberschaft *f* authorship.

urig *adj* F → ***urwüchsig.***

Urin *m* urine. **urinieren** *v/i* urinate.

Urinprobe *f* urine specimen.

Urinuntersuchung *f* urine test.

Urknall *m phys.* big bang.

urkomisch *adj* F extremely funny.

Urkunde *f* document, (*Vertragsurkunde*) deed, (*Akte*) record, (*Ehren-, Siegerurkunde*) diploma.

urkundenecht *adj* ***~e Tinte*** indelible ink.

Urkundenfälschung *f* forgery of documents.

urkundlich *adj* documentary: *adv* ***et. ~ belegen*** document s.th.

Urkunds|beamte *m*, **~beamtin** *f* registrar.

Urlaub *m* leave (of absence) (*a. mil.*), holiday(s *pl*), *bsd. Am.* vacation: ***auf ~, im ~*** on holiday (vacation, *mil.* leave); ***in ~ gehen (sein)*** go (be) on holiday (*etc*); ~ ***nehmen*** go on leave; ***e-n Tag ~ nehmen*** take a day off.

Urlauber(in) holidaymaker, *Am.* vacationist.

Urlaubs|anspruch *m* holiday entitlement, *Am.* vacation privilege. **~geld** *n* holiday pay, *Am.* vacation money. **~liste** *f* holiday (*bsd. Am.* vacation) list. **~plan** *m* holiday (*bsd. Am.* vacation) plan.

urlaubsreif *adj* F in (desperate) need of a holiday.

Urlaubs|reise *f* holiday trip. **~sperre** *f* ban on holidays. **~tag** *m* (a day's) holiday (*bsd. Am.* vacation). **~vertretung** *f* **1.** holiday (*bsd. Am.* vacation) replacement: ***X ist m-e*** ~ X will be standing in for me when I'm on holiday (*bsd. Am.* vacation). **2.** holiday (*bsd. Am.* vacation) stand-in scheme: ***für j-n ~ machen*** stand in for s.o. when he is on holiday (*bsd. Am.* vacation). **~zeit** *f* holiday period. **~ziel** *n* vacation spot.

Urmensch *m* primitive man.

Urne *f* urn, (*Wahlurne*) *a.* ballot box.
Urologe *m*, **Urologin** *f* urologist.
Urologie *f* urology.
urplötzlich I *adj* sudden, abrupt. **II** *adv* all of a sudden.
Ursache *f* cause, reason, (*Anlass*) occasion: ***keine ~!*** don't mention it!, *auf e-e Entschuldigung*: that's all right!
ursächlich *adj* causal: ***~er Zusammenhang*** causality.
Urschrift *f* original (text *od.* copy).
Ursprung *m* origin: ***s-n ~ haben in*** (*dat*) originate in (*od.* from); ***deutschen ~s*** of German origin.
ursprünglich *adj allg.* original.
Ursprungsland *n* country of origin.
Urteil *n* **1.** judg(e)ment, *der Geschworenen*: verdict (*a. fig.*), (*Strafe, Strafmaß*) sentence, (*Scheidungsurteil*) decree: ***das ~ verkünden*** pronounce judg(e)ment (*od.* sentence); → ***fällen*** 2. **2.** (*Ansicht*) judg(e)ment, opinion: ***sich ein ~ bilden*** form a judg(e)ment (***über*** *acc* about, on); ***darüber kann ich mir kein ~ erlauben!*** I am no judge (of that)!
urteilen *v/i* judge: ***über j-n*** (***et.***) ***~*** judge s.o. (s.th.); ***über et. ~*** *a.* give one's opinion on s.th.; ***ich urteile darüber anders*** I take a different view (of it); ***darüber kann er nicht ~!*** he's no judge!; ***~ Sie selbst!*** judge for yourself!; ***nach s-m Aussehen*** (***s-n Worten***) ***zu ~*** judging by his looks (by what he says).
Urteilsbegründung *f* opinion.
urteilsfähig *adj* discerning.
Urteilskraft *f* (power of) judg(e)ment.
Urteilsspruch *m* → ***Urteil*** 1.
Urtext *m* original text.
Urtrieb *m* basic instinct.
urtümlich *adj* **1.** original. **2.** archaic.
Uruguay *n* Uruguay.
Urur... great-great(-*grandfather etc*).
Urwald *m* primeval forest, (*Dschungel*) jungle.
urwüchsig *adj* earthy, robust.
Urzeit *f* primeval time: *fig.* ***vor ~en*** a long, long time ago; ***seit ~en*** for ages.
Urzustand *m* original state.
US(A) ***Vereinigte Staaten*** (***von Amerika***) United States (of America) (USA, US).
Usance *f econ.* practice.
Usbekistan *n* Uzbekistan (*republic in Central Asia*).
USt. ***Umsatzsteuer*** turnover tax.
usw. ***und so weiter*** et cetera (etc.).
Utensilien *pl* utensils *pl.*
Uterus *m anat.* uterus.
Utopie *f fig.* utopia, wild dream.
utopisch *adj* utopian, fantastic.
u. U. ***unter Umständen*** (*möglicherweise*) possibly (poss.), perhaps (perh.); (*notfalls*) if need be.
u. ü. V. ***unter üblichem*** (*od.* ***dem üblichen***) ***Vorbehalt*** within the usual reservations.
UV ***Ultraviolett*** ultraviolet (UV).
u. v. a. (m.) ***und viele(s) andere*** (***mehr***) and many more (*od.* others); and many other things.
u. W. ***unseres Wissens*** as far as we know.
Ü-Wagen ***Übertragungswagen*** outside broadcast van *od.* unit (OB van *od.* unit).

V

V, v *n* V, v.
V ***Volt*** volt(s *pl*) (V).
v. ***versus, gegen*** versus (v., vs.); ***von, vom*** of; from; by.
VAE ***Vereinigte Arabische Emirate*** United Arab Emirates (UAE).
Vagabund(in) vagabond, tramp.
vagabundieren *v/i* lead a vagabond life.
Vagina *f anat.* vagina.
vakant *adj* vacant.
Vakanz *f* vacancy.
Vakuum *n* vacuum.
vakuumverpackt *adj* vacuum-packed.
Valenz *f* ⚗, *ling.* valence.
Valuta *f econ.* valuta, foreign currency.
Vamp *m* vamp.
Vampir *m zo. u. fig.* vampire.
Vandale *m etc* → ***Wandale*** *etc.*
Vandalismus *m* vandalism.
Vanille *f* ⚘ *u. gastr.* vanilla.
Vanillezucker *m* vanilla sugar.
variabel *adj* variable: ***variable Kosten*** variable costs (*od.* expenses); ***variabler Zins*** variable rate.
Variable *f* Å variable.
Variante *f* variant, (*Lesart*) version.
Variation *f* variation.
Varietee(theater) *n* variety theatre, music hall, *Am.* vaudeville (theater).
variieren *v/t u. v/i* vary.
Vasall *m* vassal. **Vasallenstaat** *m pol. contp.* satellite state.
Vase *f* vase.
Vaseline *f* vaseline.
Vater *m* father (*a. fig.*), *zo.* sire: ***er ist ~ von drei Kindern*** he is a father of three (children); ***er ist ganz der ~*** he is a chip off the old block; *humor.* ***~ Staat*** the State. **~figur** *f* father figure.
Vaterland *n one's* native country.
Vaterlandsliebe *f* love of one's country, *stärker*: patriotism.
väterlich I *adj* fatherly, paternal. **II** *adv* like a father.
väterlicherseits *adv* on one's father's side: ***Großvater ~*** paternal grandfather.
Vaterliebe *f* paternal love.
vaterlos *adj* fatherless.
Vater|mord *m*, **~mörder(in)** patricide.
Vaterschaft *f bsd.* ⚖ paternity: ***Feststellung der ~*** affiliation.
Vaterschaftsklage *f* ⚖ paternity suit.
Vater|stadt *f* hometown. **~stelle** *f* ***~ vertreten*** act as father (***bei*** to). **~unser** *n* Lord's Prayer.
Vati *m* F daddy, dad.
Vatikan *m*, **vatikanisch** *adj* Vatican.
V-Ausschnitt *m* V-neck: ***mit ~*** V-necked.
VB ***Verhandlungsbasis*** or near(est) offer (o.n.o.).
vbdl. ***verbindlich*** binding; obliging.
v. Chr. ***vor Christus*** before Christ (BC).
v. D. ***vom Dienst*** on duty; in charge.
VDE ***Verein Deutscher Elektrotechniker*** Association of German Electricians.
VDI ***Verein Deutscher Ingenieure*** Association of German Engineers.
VdK ***Verband der Kriegs- und Wehrdienstopfer, Behinderten und Sozialrentner*** *etwa*: Association of the Victims of War and Military Service, Disabled Persons and Social Insurance Pensioners.
VDS ***Vereinigte Deutsche Studentenschaften*** Association of German Student Bodies.
VEB *hist. DDR*: ***volkseigener Betrieb*** state-owned enterprise (*od.* company).
Veganer(in) vegan.
Vegetarier(in), vegetarisch *adj* vegetarian.
Vegetation *f* vegetation.
vegetativ *adj* vegetative: ***~es Nervensystem*** autonomous nervous system.
vegetieren *v/i fig.* vegetate.
Vehikel *n* vehicle.
Veilchen *n* **1.** ⚘ violet: F ***blau wie ein ~*** drunk as a lord. **2.** F *fig.* black eye.
veilchenblau *adj* violet.
Vektor *m* Å vector.
Vektorrechnung *f* vector analysis.
Velo *n schweiz.* bicycle.
Velours[1] *m* velour(s).
Velours[2] *n*, **~leder** *n* suede (leather).
Veloursteppich *m* velvet-pile carpet.
Vene *f anat.* vein.
Venedig *n* Venice.
Venenentzündung *f* ☤ phlebitis.
Venezianer(in), venezianisch *adj* Venetian.

Venezolaner(in), venezolanisch *adj* Venezuelan.
Venezuela *n* Venezuela.
venös *adj* ⚕ venous.
Ventil *n* **1.** ♪, *tech.* valve. **2.** *fig.* outlet.
Ventilation *f* ventilation.
Ventilator *m* (ventilating) fan.
ventilieren *v/t a. fig.* ventilate.
Venusmuschel *f zo.* hard clam.
verabreden I *v/t* agree upon, arrange, (*Zeit, Ort*) *a.* appoint, fix: ***vorher ~*** prearrange. **II** *v/reflex* ***sich ~ (mit j-m)*** arrange to meet (s.o.), make a date (*geschäftlich*: an appointment) (with s.o.); ***ich bin leider schon verabredet*** I'm afraid I have a previous engagement.
Verabredung *f* **1.** date, engagement, *geschäftliche*: appointment. **2.** (*Absprache*) agreement, arrangement.
verabreichen *v/t* ***j-m et. ~*** give s.o. s.th., (*Medikament*) *a.* administer s.th. to s.o.
verabscheuen *v/t* abhor, detest.
verabschieden I *v/t* **1.** say goodbye to. **2.** (*entlassen*) discharge. **3.** *parl.* (*Gesetz etc*) pass, (*den Haushalt*) adopt. **II** *v/reflex* **4.** ***sich ~ von*** → 1.
Verabschiedung *f* **1.** (*Entlassung*) discharge. **2.** *parl. e-s Gesetzes*: passing, *des Haushalts*: adoption.
verachten *v/t* (*j-n*) despise, (*a. et. abtun*) disdain, scorn: F ***nicht zu ~*** not to be sneezed at.
verachtenswert *adj* contemptible, despicable.
Verächter(in) despiser.
verächtlich *adj* **1.** contemptuous, scornful: ***~ machen*** run *s.o., s.th.* down. **2.** → ***verachtenswert.***
Verachtung *f* contempt, disdain: ***mit ~ strafen*** ignore.
veralbern *v/t* F ***j-n ~*** pull s.o.'s leg.
verallgemeinern *v/t* generalize.
Verallgemeinerung *f* generalization.
veralten *v/t* become (out)dated (*od.* obsolete, *Ansichten etc*: antiquated).
veraltet *adj* obsolete, (out)dated, *Methode etc*: antiquated.
Veranda *f* veranda(h).
veränderlich *adj* changeable, *a. ling*, ⅍ variable: ⅍ ***~e Größe*** variable.
Veränderlichkeit *f* changeability, variability.
verändern I *v/t* **1.** (***an*** *dat* on) change, alter. **II** *v/reflex* ***sich ~*** **2.** change, alter: ***sich zu s-m Vorteil (Nachteil) ~*** change for the better (worse); ***hier hat sich vieles verändert*** there have been many changes. **3.** *beruflich*: change one's job.
verändert *adj* changed, different: ***sie ist ganz ~*** she has changed a lot.

V

Veränderung *f* change.
verängstigt *adj* frightened.
verankern *v/t* ⚓, *tech. u. fig.* anchor: ***in der Verfassung verankert*** laid down in the constitution.
veranlagen *v/t steuerlich*: assess.
veranlagt *adj* **1.** (***zu, für*** to) (⚕ pre)disposed, (naturally) inclined: ***künstlerisch ~ sein*** have a bent for art; ***er ist praktisch ~*** he is practical(ly minded); ***romantisch*** *etc* ***~ sein*** have a romantic *etc* disposition. **2.** *steuerlich*: assessed; ***nicht ~*** unassessed.
Veranlagung *f* **1.** *steuerliche*: assessment. **2.** (⚕ pre)disposition, (*Begabung*) talent(s *pl*).
veranlassen *v/t* **1.** ***et. ~, ~, dass et. getan wird*** order (*od.* arrange) s.th., see (to it) that s.th. is done; ***das Nötige ~*** take the necessary steps. **2.** ***j-n zu et. ~, j-n ~ et. zu tun*** cause (*od.* get) s.o. to do s.th., make s.o. do s.th.; ***sich veranlasst sehen zu*** *inf* feel compelled to *inf*; ***was hat ihn bloß dazu veranlasst?*** whatever made him do that?
Veranlassung *f* **1.** (***zu, für*** for) cause, motive: ***ohne jede ~*** without provocation. **2.** ***auf ~ von*** (*od. gen*) at the instigation (*od.* request) of.
veranschaulichen *v/t* illustrate: ***sich et. ~*** visualize s.th. **Veranschaulichung** *f* (***zur ~*** by way of) illustration.
veranschlagen *v/t econ.* estimate (***auf*** *acc* at): ***zu hoch ~*** overestimate; ***zu niedrig ~*** underestimate.
veranstalten *v/t* organize, arrange, stage (*a.* F *fig.*), (*Ball, Konzert etc*) give.
Veranstalter(in) organizer, *Sport*: *a.* promoter.
Veranstaltung *f* **1.** arrangement, organization, *fig.* staging. **2.** *konkret*: event, (*öffentliche ~*) *a.* (public) function, (*Sportveranstaltung*) meeting, *Am.* meet, fixture.
Veranstaltungskalender *m* calendar of events.
verantworten I *v/t* answer for, take the responsibility for. **II** *v/reflex* ***sich (j-m gegenüber) für et. ~*** answer (to s.o.) for s.th.
verantwortlich *adj* responsible (***für*** for): ***j-n ~ machen*** hold s.o. responsible, *weitS.* blame s.o. (***für*** for).
Verantwortlichkeit *f* responsibility.
Verantwortung *f* (***die ~ tragen*** bear [the]) responsibility; ***auf Ihre eigene ~!*** at your own risk!; ***j-n zur ~ ziehen*** call s.o. to account; → ***abwälzen.***
verantwortungsbewusst *adj* responsible.
Verantwortungsbewusstsein *n* sense of responsibility.
verantwortungslos *adj* irresponsible.
verantwortungsvoll *adj* responsible.
veräppeln *v/t* F ***j-n ~*** pull s.o.'s leg.

verarbeiten *v/t allg.* process (*a. Computer*), (*Nahrung, fig. Eindrücke etc*) digest, (*aufbrauchen*) use (*od.* work) up (***in*** *dat*, ***zu*** in, for): ***et.*** ~ ***zu*** manufacture s.th. into; ***~de Industrie*** processing industries *pl.*
Verarbeitung *f* **1.** *allg.* processing (*a. Datenverarbeitung*), manufacture, *der Nahrung, fig. von Eindrücken etc*: digestion, (*Behandlung*) treatment. **2.** (*Ausführung, Güte*) workmanship.
verargen → ***verdenken.***
verärgern *v/t* annoy.
verarmen *v/i* become poor.
verarmt *adj* impoverished.
Verarmung *f a. fig.* impoverishment.
verarschen *v/t* V ***j-n*** ~ take the mickey out of s.o., *satirisch*: send s.o. up.
Verarschung *f* V leg-pull, *satirisch*: send-up.
verarzten *v/t* F ***j-n*** ~ fix s.o. up.
verästeln *v/reflex* ***sich*** ~ *a. fig.* ramify.
Verästelung *f a. fig.* ramification.
verausgaben *v/reflex* ***sich*** ~ **1.** *finanziell*: overspend. **2.** *fig.* spend o.s.
verauslagen *v/t* lay out.
veräußern *v/t* sell, dispose of.
Veräußerung *f* sale, disposal.
Verb *n* verb. **verbal** *adj* verbal.
verbalisieren *v/t* verbalize.
Verband *m* **1.** ⚕ bandage, dressing. **2.** (*Vereinigung*) union, federation. **3.** *mil.* unit, ✈ formation.
Verband(s)kasten *m* ⚕ first-aid kit.
Verband(s)|material *n* ⚕ dressing material. **~mull** *m* ⚕ surgical gauze.
verbannen *v/t* (***aus*** from) exile, banish (*a. fig.*).
Verbannte *m, f.* exile.
Verbannung *f* exile (*a. Ort*), banishment.
verbarrikadieren *v/t* barricade (***sich*** o.s.).
verbauen *v/t* **1.** (*Aussicht, Zugang etc*) block up, obstruct, (*Gegend etc*) build up: *fig.* ***j-m*** (***sich***) ***den Weg*** ~ bar s.o.'s (one's) way (***zu*** to). **2.** (*Material*) use.
verbeamten *v/t* ***j-n*** ~ give s.o. the rank of a civil servant.
verbeißen I *v/t* **1.** (*Schmerz etc*) suppress, (*Tränen, Lachen etc*) *a.* bite back: ***er konnte sich ein Lächeln nicht*** ~ he couldn't keep a straight face. **II** *v/reflex* ***sich*** ~ ***in*** (*acc*) **2.** *Hund etc*: sink its teeth into. **3.** *fig. Person*: get set on, keep grimly at.
verbergen *v/t* conceal, hide.
verbessern I *v/t* **1.** (*Leistung etc*) improve, (*Rekord*) better. **2.** (*Fehler, Sprecher etc*) correct. **II** *v/reflex* ***sich*** ~ **3.** improve: ***sich finanziell*** ~ better o.s. **4.** *Sprecher*: correct o.s.
Verbesserung *f* **1.** improvement, betterment. **2.** correction.
verbesserungs|bedürftig *adj* in need of improvement. **~fähig** *adj* capable of improvement.
Verbesserungsvorschlag *m* suggestion for improvement.
verbeugen *v/reflex* ***sich*** ~ bow (***vor*** *dat* to). **Verbeugung** *f* bow (***vor*** *dat* to).
verbeulen *v/t* batter, dent.
verbiegen *v/t* twist, bend.
verbieten *v/t* ***j-m das Haus*** (***das Rauchen***) ~ forbid s.o. the house (to smoke); → ***verboten.***
verbilligen *v/t* reduce *s.th.* in price.
verbilligt *adj* reduced (*price etc*), (*tickets etc*) at reduced prices.
verbinden *v/t* **1.** ⚕ bandage: ***j-n*** ~ dress s.o.'s wounds; ***j-m die Augen*** ~ blindfold s.o.; → ***verbunden*** 1. **2.** (*a.* ***sich*** ~) (***mit*** with) connect (*a.* ⚗, *tech., fig.*), combine (*a.* ⚗), unite **3.** *teleph.* connect: ***ich verbinde Sie*** hold the line, please; ***ich verbinde Sie mit ...*** I'll put you through to ...; ***falsch verbunden*** sorry, wrong number. **4.** ***das Angenehme mit dem Nützlichen*** ~ combine business with pleasure; ***sich mit j-m*** ~ associate with s.o.
verbindend *adj fig. Text, Worte etc*: connecting.
verbindlich *adj* **1.** (***für*** upon) obligatory, binding: ***~e Zusage*** definite promise. **2.** (*höflich*) obliging, courteous, friendly.
Verbindlichkeit *f* **1.** obligation, binding character. **2.** (*Höflichkeit*) obligingness, friendliness, *pl* courtesies *pl.* **3.** *pl econ.* liabilities *pl.* accounts payable: ***~en übernehmen*** take over liabilities..
Verbindung *f* **1.** *allg.* connection (*a. tech., teleph.*), combination: ***in*** ~ ***mit*** (*zusammen*) in conjunction with, (*im Zs.-hang mit*) in connection with; ***in*** ~ ***bringen mit*** connect (*od.* associate) *s.o., s.th.* with. **2.** (*Verkehrsverbindung*) connection: ***gibt es e-e direkte*** ~ ***nach ...?*** is there a direct connection to ...? **3.** (*Vereinigung*) union, association, (*Studentenverbindung*) students' society, *Am.* fraternity: ***e-e*** ~ ***eingehen*** join together (***mit*** with). **4.** (*Kontakt*) contact (*a. mil.*), *pl* connections *pl*: ***mit j-m*** ~ ***aufnehmen*** (*od.* ***in*** ~ ***treten***) contact s.o., get in touch with s.o.; ***mit j-m in*** ~ ***stehen*** (***bleiben***) be (keep) in touch with s.o.; ***s-e ~en spielen lassen*** pull a few strings.
Verbindungs|... connecting (*cable, line, road, etc*). **~frau** *f*, **~mann** *m* contact. **~offizier** *m* liaison officer. **~stelle** *f tech.* junction, joint. **~stück** *n tech.* connecting piece, ⚡ connector, (*Passstück*) adaptor.
verbissen *adj* grim, (*zäh*) dogged.
Verbissenheit *f* grimness, doggedness.

V

verbitten *v/t* **sich** *et.* ~ not to stand for; ***das verbitte ich mir!*** I won't have that!
verbittert *adj* embittered, bitter.
Verbitterung *f* bitterness.
verblassen *v/i a. fig.* fade.
verbleiben *v/i* **1.** remain: ***verbleibe ich Ihr ...*** *im Brief*: (I remain,) Yours faithfully ... **2.** ***wir sind so verblieben, dass ...*** we agreed (*od.* arranged) that ...
verbleit *adj Benzin*: leaded.
verblenden *v/t* **1.** ⚠ face, line. **2.** *fig.* blind: ***von Hass verblendet*** blind with hatred.
Verblendung *f fig.* blindness.
verblichen *adj* faded.
verblöden *v/i* F go dotty (***bei*** with).
verblüffen *v/t* amaze, (*verwirren*) baffle, (*sprachlos machen*) stun, F flabbergast.
verblüffend *adj* amazing.
verblüfft *adj* perplexed, *pred* taken aback.
Verblüffung *f* amazement, (*Verwirrung*) bewilderment.
verblühen *v/i a. fig.* fade, wither.
verbluten *v/i* bleed to death.
verbocken *v/t* F bungle, botch (up).
verbohren *v/reflex* **sich** ~ ***in*** (*acc*) F *fig.* become obsessed with.
verbohrt *adj* F *fig.* stubborn, pigheaded.
verborgen[1] *v/t* lend (out).
verborgen[2] *adj* hidden: ~ ***halten*** conceal; ***sich ~ halten*** hide (o.s.); ***im Verborgenen*** in secret, secretly.
Verbot *n* prohibition, *e-r Partei*, *von Atomwaffen etc*: ban (*gen*, **von** on).
verboten *adj* forbidden, *adm.* prohibited, (*geächtet*) banned, (*ungesetzlich*) illegal: ***es war uns ~ zu*** *inf* we were forbidden (*od.* not allowed) to *inf*; ***ist das etwa ~?*** F is there a law against it?; ***Rauchen ~!*** no smoking!; F *fig.* ***sie sah ~ aus*** she looked a sight.
verbotenerweise *adv* ~ ***et. tun*** do s.th. although it is forbidden.
Verbotsschild *n* no parking (*od.* no smoking *etc*) sign.
Verbrauch *m* consumption (***an*** *dat* of).
verbrauchen I *v/t* consume, use up. II *v/reflex* **sich** ~ *fig.* exhaust o.s., *stärker*: wear o.s. out.
Verbraucher(in) consumer.
Verbraucher|befragung *f* consumer survey. **~beratung** *f* **1.** consumer advice. **2.** consumer advice centre (*Am.* center). **~markt** *m* → ***Supermarkt.*** **~nachfrage** *f* consumer demand.
verbraucherpolitisch *adj* concerning consumer policy.
Verbraucher|schutz *m* consumer protection: ***Amt für*** ~ Office of Fair Trading. **~umfrage** *f* consumer survey. **~verband** *m* consumer association. **~verhalten** *n* consumer behavio(u)r. **~zentrale** *f* consumer advice cent/re (*Am.* -er).
Verbrauchsgüter *pl* consumer goods *pl*: ***kurzlebige*** (***langlebige***) ~ perishable (durable) consumer goods. **~steuer** *f* excise duty (*od.* tax), purchase tax.
verbraucht *adj a. fig. Person*: used(-)up, spent, worn(-)out: ***~e Luft*** stale air.
verbrechen *v/t* F *fig.* (*Buch etc*) perpetrate: ***was hat er verbrochen?*** what has he done?
Verbrechen *n a. fig.* crime.
Verbrecher(in) criminal.
Verbrecher|album *n* rogues' gallery. **~bande** *f* gang of criminals.
verbrecherisch *adj* criminal.
verbreiten *v/t u. v/reflex* **sich** ~ *allg.* spread (**in** *dat*, **auf** *dat*, **über** *acc* over, through[out]), (*Ideen etc*) *a.* disseminate, (*Wärme, Humor etc*) *a.* diffuse.
verbreitern *v/t u. v/reflex* **sich** ~ widen.
Verbreitung *f* spread(ing), *von Ideen etc*: *a.* dissemination.
verbrennen I *v/t* burn, (*Kalorien etc*) burn up, (*Leiche*) cremate, (*versengen*) scorch: ***sich den Mund ~*** burn one's mouth, *fig.* put one's foot in; *mil.* ***verbrannte Erde*** scorched earth. II *v/i* burn, *lebendig*: be burnt to death.
Verbrennung *f* **1.** burning, *tech.* combustion, (*Leichenverbrennung*) cremation. **2.** ⚕ burn: → ***Grad.***
Verbrennungs|motor *m* combustion engine. **~ofen** *m* incinerator.
verbrieft *adj* ***~es Recht*** vested right.
verbringen *v/t* spend, pass.
verbrüdern *v/reflex* **sich** ~ fraternize.
Verbrüderung *f* fraternization.
verbrühen I *v/t* scald (***sich die Hand*** one's hand). II *v/reflex* **sich** ~ scald o.s.
verbuchen *v/t* **1.** *econ.* book. **2.** *fig.* (*Sieg, Erfolg etc*) achieve, F notch up.
verbummeln *v/t* F **1.** (*Zeit etc*) waste, idle away. **2.** a) lose, b) clean forget.
Verbund *m* network, (integrated) system: ***im ~ arbeiten*** cooperate; → ***Medienverbund, Verkehrsverbund.***
Verbund|... *tech.* compound ... **Verbundbauweise** *f* sandwich construction.
verbunden *adj* **1.** *Wunde*: dressed: ***mit ~en Augen*** blindfold. **2.** *fig.* ~ ***sein mit*** a) *Sache*: be connected with, entail (*difficulties, costs, etc*), b) *Person*: *a.* ***sich ~ fühlen mit*** be attached to; ***j-m ~ sein für*** be obliged to s.o. for.
verbünden *v/reflex* **sich** ~ (***mit***) ally o.s. (with, to), form an alliance (with).
Verbundenheit *f* attachment, bond(s *pl*), ties *pl*, (*Solidarität*) solidarity.
Verbündete *m, f a. fig.* ally.

Verbund|glas *n* laminated glass. **~karte** *f*, **~pass** *m Verkehr*: combi-ticket. **~system** *n* integrated system. **~wirtschaft** *f* integrated economy.
verbürgen *v/t* guarantee: ***sich ~ für*** *a.* answer for.
verbürgt *adj* authentic: ***~e Tatsache*** established fact.
verbüßen *v/t* (*Strafe*) serve.
verchromen *v/t* chromium-plate.
Verdacht *m* (***~ erregen*** arouse) suspicion: ***j-n im ~ haben*****(*, et. getan zu haben*)** suspect s.o. (of having done s.th.); ***in ~ kommen*** be suspected; ***~ schöpfen*** become suspicious, F smell a rat; ***bei ihm besteht ~ auf Krebs*** he is suspected of having cancer; F ***auf ~*** on spec; → ***lenken*** 3.
verdächtig *adj* suspicious, suspect, (*zweifelhaft*) *a.* dubious, F fishy: ***des Diebstahls ~ sein*** be suspect(ed) of theft.
Verdächtige *m, f* suspect.
verdächtigen *v/t* ***j-n ~*** cast suspicion on s.o., suspect s.o. (*gen* of); ***j-n ~, et. getan zu haben*** suspect s.o. of having done s.th.
Verdächtigung *f* **1.** casting suspicion (*gen* on). **2.** suspicion.
Verdachtsmoment *n* suspicious fact.
verdammen *v/t* (***zu*** to) condemn, *a. eccl.* damn.
verdammt I *adj* **1.** damned: ***dazu ~ zu inf*** condemned (*od.* doomed) to *inf.* **2.** F damn(ed), darn(ed), *Br. sl. a.* bloody: ***~ (noch mal)!*** damn (it)!, blast it (all)! **II** *adv* **3.** F damn(ed), *Br. sl.* bloody: ***~ kalt*** *a.* beastly cold.
Verdammung *f* condemnation, *a. eccl.* damnation.
verdampfen *v/t u. v/i* evaporate.
verdanken *v/t* ***j-m et. ~*** owe s.th. to s.o., be indebted to s.o. for s.th.; ***es ist ihr zu ~, dass ...*** it is due to her that ...
verdattert *adj* F dazed.
verdauen *v/t a. fig.* digest.
verdaulich *adj* (***leicht ~*** easily) digestible: ***schwer ~*** hard to digest.
Verdaulichkeit *f* digestibility. **Verdauung** *f* digestion.
Verdauungs|apparat *m* digestive system. **~beschwerden** *pl* digestive trouble *sg*, indigestion *sg*.
Verdeck *n* (folding) top, hood.
verdecken *v/t* cover, hide, *a. tech.* conceal: ***verdeckte (Polizei)Aktion*** undercover operation; ***verdeckter Ermittler*** undercover agent.
verdenken *v/t* ***ich kann es ihm nicht ~*** (***, dass ...***) I can't blame him (if ...).
verderben I *v/i Nahrungsmittel*: spoil, go bad, perish. **II** *v/t allg.* spoil, *weitS. a.* ruin, *moralisch*: corrupt: ***sich den Magen ~*** upset one's stomach; ***sich die Augen ~*** ruin one's eyes; ***j-m die Freude (den Appetit) ~*** spoil s.o.'s fun (appetite); F ***es mit j-m ~*** fall out with s.o.; ***er will es mit niemandem ~*** he wants to please everybody.
Verderben *n* ruin: ***in sein ~ rennen*** rush (headlong) into disaster.
verderblich *adj* **1.** *Ware*: perishable. **2.** *fig. Wirkung etc*: ruinous, *Einfluss etc*: corrupting.
verdeutlichen *v/t* ***j-m et. ~*** make s.th. clear (*od.* explain s.th.) to s.o.
verdichten I *v/t* **1.** *tech.* compress, *a.* ⚗ condense. **II** *v/reflex* ***sich ~*** **2.** condense, *Nebel*: thicken. **3.** *fig. Verdacht etc*: grow stronger.
Verdichtung *f* condensation, *mot.* compression.
verdicken *v/t u. v/reflex* ***sich ~*** thicken.
verdienen I *v/t* **1.** (*Geld*) earn, make: ***sich et. nebenbei ~*** make some money on the side. **2.** *fig.* (*Lob, Strafe etc*) deserve: ***er hat es nicht besser verdient!*** (it) serves him right!; → ***verdient.*** **II** *v/i* **3.** ***gut ~*** earn a good salary (*od.* wage); ***an e-r Sache gut ~*** make a good profit on s.th.; ***er verdient wenig*** he doesn't earn much.
Verdiener(in) (salary *od.* wage) earner, breadwinner.
Verdienst[1] *n fig.* merit: ***es ist ihr ~, dass*** it is thanks to her that; → ***erwerben.***
Verdienst[2] *m* earnings *pl*, income, (*Lohn*) wages *pl*, (*Gehalt*) salary.
Verdienstausfall *m* loss of earning.
verdienstvoll *adj Person*: deserving, *Tat etc*: commendable.
verdient *adj fig.* **1.** *Person*: deserving, *man etc* of merit: ***sich ~ machen um*** do *s.o., s.th.* a great service. **2.** *Strafe etc*: well-deserved, due, *Sieg*: well-earned.
verdientermaßen *adv* deservedly.
verdolmetschen *v/t* F ***j-m et. ~*** translate s.th. for s.o., *fig.* explain s.th. to s.o.
verdonnern *v/t* F ***j-n ~*** condemn s.o. (***zu*** to); ***j-n ~, et. zu tun*** make s.o. do s.th.
verdoppeln *v/t u. v/reflex* ***sich ~*** double.
Verdopplung *f* doubling.
verdorben *adj allg.* spoiled (*a. fig.*), *Lebensmittel, fig. Charakter, Person*: *a.* bad, *fig. a.* ruined, *moralisch*: *a.* corrupt: ⚕ ***~er Magen*** upset stomach.
verdorren *v/i* dry up, wither.
verdrahten *v/t* ⚡ wire.
verdrängen *v/t* **1.** → ***vertreiben*** 1. **2.** *fig.* displace (*a.* ⚓, *phys.*), (*ersetzen*) supersede, replace: ***j-n ~*** push s.o. out (*Sport*: ***vom ersten Platz*** from first place); ***j-n aus s-r Stellung ~*** oust s.o. from his position. **3.**

V

psych. repress, *bewusst*: suppress, *weitS.* dismiss (*a problem etc*).

Verdrängung *f* ousting, displacement (*a.* ⚓, *phys.*), *fig.* replacement, *psych.* repression, suppression.

Verdrängungswettbewerb *m* predatory competition.

verdreckt *adj* filthy, soiled.

verdrehen *v/t* **1.** twist (***j-m den Arm*** s.o.'s arm): ***die Augen*** ~ roll one's eyes; *fig.* ***j-m den Kopf*** ~ turn s.o.'s head. **2.** F *fig.* (*Sinn, Worte etc*) twist, distort, (*Recht*) pervert. **verdreht** *adj* F *fig.* crazy, cranky, (*verwirrt*) confused.

verdreifachen *v/t* treble.

verdrießen *v/t* annoy. **verdrießlich** *adj* morose, sullen. **verdrossen** *adj* sullen, grumpy, (*unlustig*) listless.

Verdrossenheit *f* sullenness, listlessness, *pol.* disaffection.

verdrücken F **I** *v/t* (*essen*) polish off. **II** *v/reflex* ***sich*** ~ slip away, beat it.

Verdruss *m* annoyance.

verduften *v/i* F beat it, scram.

verdummen **I** *v/t* dull *s.o.'s* mind, stultify, (*bsd. das Volk*) brainwash. **II** *v/i* become stultified.

verdunkeln *v/t* darken (*a.* ***sich*** ~), *völlig*: black out, *durch Wolken*: cloud (*a. fig.*), *fig.* obscure.

Verdunklung *f* darkening, *Luftschutz*: blackout.

Verdunklungsgefahr *f* ⚖ danger of collusion.

verdünnen *v/t phys.* rarefy, (*Flüssigkeit*) dilute, weaken, (*Farbe*) thin.

Verdünner *m tech.* (paint) thinner.

Verdünnung *f* dilution, *phys.* rarefaction.

verdunsten *v/t u. v/i* evaporate.

Verdunster *m* humidifier.

Verdunstung *f* evaporation.

verdursten *v/i* die of thirst.

verdüstern *v/reflex* ***sich*** ~ *a. fig.* darken.

verdutzt *adj* nonplus(s)ed, *pred* taken aback.

veredeln *v/t* **1.** ennoble. **2.** ⚗, *tech. allg.* refine, (*Rohstoffe*) *a.* process, finish. **3.** *fig.* (*Geschmack etc*) refine, improve. **4.** ⚘ graft, bud.

Veredelungsindustrie *f* processing industry.

verehren *v/t* revere, (*anbeten, a. fig.*) worship, adore, (*bewundern*) admire: ***Verehrte Anwesende!*** Ladies and Gentlemen!

Verehrer(in) admirer, *e-s Stars*: fan.

Verehrerpost *f* fan mail.

Verehrung *f* (~ ***zollen*** pay) reverence (*dat* to), (*Anbetung, a. fig.*) worship, adoration, (*Bewunderung*) admiration.

vereidigen *v/t* ⚖ ***j-n*** ~ put s.o. under an oath, *bei Amtsantritt*: swear s.o. in.

vereidigt *adj* sworn.

Vereidigung *f* swearing-in.

Verein *m* **1.** club: F *contp.* ***ein netter*** ~ a fine bunch. **2.** *econ.* society, association, union. **3.** ***im*** ~ ***mit*** together with.

vereinbar *adj* (***mit*** with) compatible, consistent.

vereinbaren *v/t* arrange, agree (up)on: ***vorher*** ~ prearrange; ***das kann ich mit m-m Gewissen nicht*** ~ I cannot reconcile that with my conscience.

Vereinbarkeit *f* compatibility.

vereinbart *adj* agreed: ***zur*** ~***en Zeit*** at the time agreed upon.

Vereinbarung *f* agreement, arrangement: ***e-e*** ~ ***treffen*** reach an agreement; ***laut*** ~ as agreed; ***Gehalt nach*** ~ salary negotiable.

vereinen *v/t* → ***vereinigen: mit vereinten Kräften*** in a combined effort.

vereinfachen *v/t* simplify.

Vereinfachung *f* simplification.

vereinheitlichen *v/t* standardize.

Vereinheitlichung *f* standardization.

vereinigen *v/t* (*a.* ***sich*** ~) unite (***zu*** into), combine, join (together), *econ.* amalgamate, (*versammeln*) assemble: ***Vereinigte Arabische Emirate*** United Arab Emirates; ***Vereinigtes Königreich von Großbritannien und Nordirland*** United Kingdom of Great Britain and Northern Ireland; ***Vereinigte Staaten*** (***von Amerika***) United States (of America) (*abbr.* U.S.[A.]).

Vereinigung *f* **1.** uniting (*etc*), *econ.* merger. **2.** union, association.

vereinsamen *v/i* become isolated (*od.* lonely). **Vereinsamung** *f* isolation.

Vereinshaus *n* club(house).

Vereinskamerad(in) clubmate.

Vereinskasse *f* club funds *pl.*

vereinzelt **I** *adj* isolated, sporadic, *Regenschauer*: *a.* scattered. **II** *adv* sporadically, *örtlich*: here and there.

vereisen **I** *v/t* ⚕ freeze. **II** *v/i Scheibe etc*: ice over, ✈ *etc* ice up, (*einfrieren*) freeze over (*od.* up): ***vereiste Straßen*** icy roads.

vereiteln *v/t* thwart, (*Tat etc*) prevent.

vereitert *adj* ⚕ septic.

verelenden *v/i* be reduced to poverty.

verenden *v/i* perish, die.

verengen *v/t u. v/reflex* ***sich*** ~ narrow (*a. fig.*), *Pupille etc*: contract.

Verengung *f* **1.** narrowing, contraction. **2.** (*enge Stelle*) narrow part (***in*** *dat* of).

vererben **I** *v/t* ***j-m et.*** ~ leave (⚕ transmit) s.th. to s.o. **II** *v/reflex* ***sich*** ~ *a.* ⚕ *u. fig.* be passed on (*od.* down) (***auf*** *acc* to).

vererbt *adj biol.* inherited, hereditary.

Vererbung *f biol.* heredity, (hereditary) transmission.
Vererbungs|gesetze *pl* laws *pl* of heredity. **~lehre** *f* genetics *sg.*
verewigen *v/t* immortalize.
verfahren¹ I *v/i* (***nach*** on) proceed, act: **~ *mit*** deal with, treat. II *v/t* (*Benzin*) use up, (*Zeit, Geld etc*) spend driving (around). III *v/reflex* ***sich*** **~** get lost.
verfahren² *adj* muddled, tangled: ***e-e ~e Sache*** a (great) muddle.
Verfahren *n* **1.** procedure, method, process, (*Behandlung*) treatment. **2.** ⚖ procedure, (*Prozess*) proceedings *pl*: ***ein ~ einleiten*** take (legal) proceedings (***gegen*** against).
Verfahrens|frage *f* ⚖ procedural question. **~technik** *f* process technology. **~weise** *f* → ***Verfahren*** 1.
Verfall *m* **1.** *allg.* decay, *e-s Gebäudes etc*: *a.* dilapidation, ruin, *körperlicher, künstlerischer etc*: *a.* decline, *moralischer*: degeneration, corruption. **2.** *econ. e-r Frist*: expiry, *e-s Wechsels*: maturity; ***bei ~*** a) upon expiry, b) at maturity.
verfallen I *v/i* **1.** *allg.* decay, *Gebäude etc*: *a.* go to ruin, dilapidate, *fig. Kultur, Reich etc*: *a.* decline, *Kranker*: waste away, *Moral etc*: degenerate. **2.** *dem Alkohol etc*: become addicted: ***j-m ~*** become s.o.'s slave. **3.** (***wieder***) **~ *in*** (*acc*) fall (back) into. **4. ~ *auf*** (*acc*) hit (up)on (*an idea etc*); ***wie ist er nur darauf ~?*** what on earth made him think (*od.* do) that? **5.** (*ungültig werden*) expire, *Pfand*: become forfeited: *e-e Karte etc* **~ *lassen*** let *s.th.* go to waste. II *adj* **6.** *allg.* decayed, *Gebäude*: *a.* dilapidated. **7.** (*ungültig*) expired, *Pfand*: forfeited. **8.** *dem Alkohol etc* **~ *sein*** be addicted to; ***j-m ~ sein*** be s.o.'s slave.
Verfallsdatum *n* expiration date, *von Lebensmitteln etc*: sell-by date, best-before date.
verfälschen *v/t* **1.** (*Nahrungsmittel*) adulterate. **2.** falsify, (*Bericht etc*) *a.* distort.
Verfälschung *f* **1.** adulteration. **2.** falsification, distortion.
verfangen I *v/i* (*wirken*) work (***bei*** with): ***das verfängt bei mir nicht*** *a.* that cuts no ice with me. II *v/reflex* ***sich ~*** *a. fig.* get caught (***in*** *dat* in).
verfänglich *adj Frage etc*: tricky, *Lage etc*: embarrassing, compromising.
verfärben *v/reflex* ***sich ~*** change colo(u)r (*a. Person*), *Laub*: turn.
verfassen *v/t allg.* write, (*Gedicht etc*) *a.* compose, (*Resolution etc*) *a.* draw up.
Verfasser(in) author(ess).
Verfassung *f* **1.** state, condition, (*Gemütsverfassung*) frame of mind: ***in guter ~*** in good condition (*od.* shape), *Patient*: in a good state (of health). **2.** *pol.* constitution.
Verfassungs|änderung *f* constitutional amendment. **~bruch** *m* breach of the constitution.
verfassungsfeindlich *adj* anticonstitutional.
Verfassungs|gericht *n* constitutional court. **~klage** *f* complaint of unconstitutionality.
verfassungs|mäßig, ~rechtlich *adj* constitutional.
Verfassungsschutz *m* ***Bundesamt für ~*** Office for the Protection of the Constitution.
verfassungswidrig *adj* unconstitutional.
verfaulen *v/i* rot, decay.
verfechten *v/t* stand up for.
Verfechter(in) advocate.
verfehlen *v/t* miss (***einander*** each other): ***s-n Beruf ~*** miss one's vocation; → ***Wirkung*** 1, ***Zweck*** 1.
verfehlt *adj* wrong, misguided, *Thema*: missed, (*erfolglos*) abortive.
Verfehlung *f* offen/ce (*Am.* -se), lapse.
verfeinden *v/reflex* ***sich ~*** become enemies; ***sich mit j-m ~*** make an enemy of s.o. **verfeindet** *adj* hostile: **~ *sein*** be enemies.
verfeinern *v/t* refine.
Verfeinerung *f* refinement.
Verfettung *f* ⚕ adiposis.
verfeuern *v/t* **1.** (*Holz etc*) use. **2.** (*Munition etc*) use up.
verfilmen *v/t* film, (adapt *s.th.* for the) screen.
Verfilmung *f* **1.** filming. **2.** (*Film*) film (*od.* screen) adaptation.
verfilzen *v/i* **1.** felt, *Haare*: mat. **2.** *fig.* tangle (up).
Verfilzung *f* → **Filz** 3 b.
verfinstern *v/t u. v/reflex* ***sich ~*** darken.
verflachen *v/i fig.* degenerate (***zu*** into).
verflechten *v/t u. v/reflex* ***sich ~*** interweave (*a. fig.*), *econ. Unternehmen*: interlock: → ***verflochten.***
Verflechtung *f* interweaving (*a. fig.*), *fig.* entanglement, *econ.* interlocking.
verfliegen *v/i* **1.** *Aroma, Alkohol etc*: evaporate. **2.** *fig.* vanish, *Zeit etc*: fly.
verflixt *adj* F blasted, damn(ed): ***~!*** blast (it)!, damn (it)!
verflochten *adj* interwoven (*a. fig.*), *fig.* (en)tangled, *econ.* interlocked.
verflossen *adj* **1.** *Zeit*: past. **2.** F onetime, ex-...: ***m-e Verflossene*** my ex-wife.
verfluchen *v/t* curse.
verflucht → ***verdammt.***
verflüchtigen *v/reflex* ***sich ~*** evaporate (*a. fig. Hoffnung etc*).
verflüssigen *v/t u. v/reflex* ***sich ~*** liquefy.
Verflüssigung *f* liquefaction.

verfolgen *v/t allg.* pursue (*a. fig. Politik, Absicht etc*), (*Spur, Entwicklung etc*) follow, (*Verbrecher, Wild*) *a.* hunt, track, chase, (*j-n*) *politisch etc*: persecute, (*beschatten*) shadow, trail: *fig.* ***j-n*** ~ *Gedanke etc*: haunt s.o.; ***strafrechtlich*** ~ prosecute; ***j-n gerichtlich*** ~ take legal steps against s.o.
Verfolger(in) pursuer, *pol. etc* persecutor.
Verfolgte *m, f* (political) persecutee.
Verfolgung *f* pursuit (*a. Radsport u. fig.*), *pol. etc* persecution: ***strafrechtliche*** ~ (criminal) prosecution.
Verfolgungswahn *m* persecution complex.
verformbar *adj tech.* ductile, workable.
verformen *v/t u. v/reflex* ***sich*** ~ deform.
Verformung *f* deformation.
verfrachten *v/t* (*Waren*) freight, ⚓ *od. Am.* ship: F ***j-n in ein Taxi*** (***ins Bett***) ~ bundle s.o. off into a taxi (to bed).
verfranzen *v/reflex* ***sich*** ~ F get lost.
verfremden *v/t* alienate.
Verfremdungseffekt *m* alienation effect.
verfressen *adj* F greedy.
verfroren *adj* ~ ***sein*** feel the cold (very easily); ~ ***aussehen*** look frozen.
verfrüht *adj* premature.
verfügbar *adj* available.
Verfügbarkeit *f* availability.
verfugen *v/t tech.* point.
verfügen I *v/t* order: ***testamentarisch*** ~ decree by will. II *v/i* ~ ***über*** (*acc*) have *s.o., s.th.* at one's disposal, dispose of, (*besitzen*) possess, (*a. Sprachkenntnisse*) have; ***er kann über s-e Zeit frei*** ~ he is master of his time.
Verfügung *f* **1.** order, *adm.* decree: ***laut*** ~ as ordered; → ***einstweilig, letztwillig.*** **2.** (***über*** *acc* of) disposal, ⚖ disposition: ***zur*** ~ ***stehen*** (***stellen***) be (make) available, ***j-m*** be (place) at s.o.'s disposal; ***sich zur*** ~ ***stellen*** offer one's services, volunteer (***für*** for); ***sein Amt zur*** ~ ***stellen*** tender one's resignation.
Verfügungsgewalt *f* (***über*** *acc* of) disposal, control.
verführen *v/t* seduce. **Verführer** *m* seducer. **Verführerin** *f* seductress.
verführerisch *adj* seductive, *weitS.* tempting. **Verführung** *f a. fig.* seduction. **Verführungskünste** *pl* powers *pl* of seduction.
verfünffachen *v/t u. v/reflex* ***sich*** ~ quintuple.
verfüttern *v/t* feed.
Vergabe *f von Aufträgen etc*: placing, *von Auszeichnungen etc*: awarding, *von öffentlichen Mitteln*: allocation.
vergällen *v/t* (*Alkohol*) denature: *fig.* ***j-m das Leben*** ~ embitter s.o.'s life.
vergammeln F I *v/i* **1.** rot. **2.** *fig. Person*: go to seed. II *v/t* **3.** (*Zeit*) laze away.
vergammelt *adj* F seedy, scruffy.
vergangen *adj* past: ~***e Woche, in der*** ~***en Woche*** last week.
Vergangenheit *f* past (*a. fig. Vorleben*), *ling.* past (tense): ***politische*** ~ political background; → ***ruhen.***
Vergangenheitsbewältigung *f* coming to terms with the past.
vergänglich *adj* transient, fugitive.
Vergänglichkeit *f* transience.
vergasen *v/t* **1.** ⚗ gasify. **2.** (*töten*) gas.
Vergaser *m mot.* carburet(t)or.
Vergasung *f* **1.** ⚗ gasification. **2.** gassing.
vergeben I *v/t* **1.** (***an*** *acc*) give *s.th.* away (to), (*Auftrag etc*) place (with), (*Arbeit etc*) assign (to), (*Preis etc*) award (to), (*öffentliche Mittel*) allocate (to), (*Stipendium*) grant (to). **2.** ***j-m et.*** ~ forgive s.o. (for doing) s.th. **3.** ***e-e Chance*** ~ *a. Sport*: miss (*od.* give away) the chance. II *v/i* **4.** ***j-m*** ~ forgive s.o. **5.** *Sport*: give away the chance, shoot wide. III *adj* **6.** *Stelle*: filled, *Arbeit etc*: assigned: ***noch nicht*** ~ *Posten*: still vacant.
vergebens *adj pred u. adv* in vain.
vergeblich I *adj* vain, futile. II *adv* in vain. **Vergeblichkeit** *f* futility.
Vergebung *f* **1.** (***j-n um*** ~ ***bitten*** ask s.o.'s) forgiveness. **2.** → ***Vergabe.***
vergegenwärtigen *v/t* ***sich et.*** ~ visualize (*od.* picture) s.th.
vergehen I *v/i allg.* pass (away) (*a. fig.*), *Zeit*: *a.* go by, (*nachlassen*) wear off: ***wie die Zeit vergeht!*** how time flies!; ***vor*** *Hunger, Ungeduld etc* ~ be dying with; ***er verging fast vor Angst*** he was frightened to death; ***mir ist der Appetit vergangen*** I've lost my appetite; F ***da vergeht einem alles!*** that turns you off completely! II *v/reflex* ***sich*** ~ a) ***an j-m*** commit indecent assault on s.o., rape s.o., b) ***gegen*** *ein Gesetz etc*: offend against, violate.
Vergehen *n* offen/ce (*Am.* -se), delict.
vergelten *v/t allg.* repay (***j-m et.*** s.o. for s.th.).
Vergeltung *f* (***als*** ~ in) retaliation (***für*** for, of): ~ ***üben*** retaliate (***an*** *dat* on).
Vergeltungs... retaliatory (*measure, strike, etc*).
vergesellschaften *v/t econ.* socialize.
Vergesellschaftung *f econ.* socialization.
vergessen *v/t allg.* forget (***sich*** o.s.), (*liegen lassen*) *a.* leave (behind): ***ich habe es*** ~ *a.* it slipped my mind; ***ich habe ganz*** ~, ***wie*** I forget how; ***das vergesse ich dir nie*** I won't ever forget it; F ***das kannst du*** ~***!*** forget it!
Vergessenheit *f* (***in*** ~ ***geraten*** fall into) oblivion.
vergesslich *adj* forgetful: ~ ***sein*** *a.* keep forgetting things.

Vergesslichkeit *f* forgetfulness.
vergeuden *v/t* waste, squander.
Vergeudung *f* waste.
vergewaltigen *v/t* rape, *a. fig.* violate.
Vergewaltigung *f* rape, *a. fig.* violation.
vergewissern *v/reflex* **sich ~** make sure (**e-r Sache** of s.th., **ob** whether, **dass** that).
vergießen *v/t* spill, (*Blut, Tränen*) shed.
vergiften I *v/t* poison (*a. fig.*), (*die Umwelt*) contaminate. **II** *v/reflex* **sich ~** poison o.s.
Vergiftung *f* poisoning (*a. fig.*), *der Umwelt*: contamination.
vergilbt *adj* yellowed.
Vergissmeinnicht *n* ⚘ forget-me-not.
vergittern *v/t* bar, *mit Holz*: lattice.
verglasen *v/t* glaze.
Vergleich *m* **1.** (**im ~** in *od.* by) comparison (**zu** with): **e-n ~ anstellen** draw a comparison; **dem ~ (nicht) standhalten** bear (no) comparison (**mit** with); → **hinken. 2.** ⚖ settlement, *mit Gläubigern*: composition: **gütlicher ~** amicable arrangement; **mit e-m Gläubiger e-n ~ (ab)schließen** compound with a creditor.
vergleichbar *adj* comparable (**mit** to, with).
vergleichen I *v/t* compare (**mit** to, *prüfend*: with): **... ist nicht zu ~ mit ...** ... cannot be compared to ..., *wertmäßig*: ... cannot compare with ... **II** *v/reflex* **sich ~** ⚖ come to terms, *mit Gläubigern*: compound.
vergleichend *adj* comparative.
Vergleichs|antrag *m* petition for the initiation of composition proceedings. **~kampf** *m Sport*: test. **~maßstab** *m* standard of comparison. **~verfahren** *n* composition proceedings *pl.* **~vorschlag** *m* scheme of composition.
vergleichsweise *adv* comparatively.
Vergleichszahl *f Statistik*: comparative figure.
verglühen *v/i Meteor, Rakete*: burn up.
vergnügen *v/reflex* **sich (mit et.) ~** enjoy o.s. (doing s.th.).
Vergnügen *n* pleasure, (*Spaß*) fun: **mit ~** with pleasure; **viel ~!** *a. iro.* have fun!; (**nur**) **zum ~** (just) for fun; **vor ~** *yell etc* with delight; **sein ~ haben an** (*dat*) enjoy; **j-m ~ machen** amuse s.o.; **wir wünschen Ihnen viel ~** we hope you'll enjoy yourselves; **es war kein (reines) ~!** F it was no picnic!; **es war ein teures ~** it was a costly affair.
vergnüglich *adj* pleasant, amusing.
vergnügt *adj* cheerful: **~ sein** *a.* be in high spirits.
Vergnügung *f mst pl* pleasure, amusement, (*a. Veranstaltung*) entertainment.
Vergnügungs|industrie *f* entertainment industry. **~park** *m* amusement park, *bsd. Br.* fun fair. **~reise** *f* pleasure trip. **~steuer** *f* entertainment tax.
vergnügungssüchtig *adj* pleasure-seeking.
Vergnügungsviertel *n* night-life district.
vergolden *v/t a. fig.* gild.
vergoldet *adj Uhr etc*: gold-plated.
vergönnen *v/t* grant: **es war ihr nicht vergönnt zu** *inf* it was not granted to her to *inf.*
vergöttern *v/t fig.* adore, worship.
vergraben *v/t a. fig.* bury (**sich** o.s.).
vergrämt *adj* careworn.
vergrätzen *v/t* vex, annoy.
vergraulen *v/t* F scare off.
vergreifen *v/reflex* **1. sich ~** *allg.* make a mistake, ♪ play a wrong note: *fig.* **sich im Ton ~** strike a false note, talk out of turn. **2. sich ~ an** *fremdem Eigentum etc*: misappropriate; **sich an j-m ~** lay hands on s.o., (sexually) assault s.o.
vergreisen *v/i* become senile, *Bevölkerung*: age. **vergreist** *adj* senile.
Vergreisung *f* senescence.
vergriffen *adj Ware*: sold(-)out, *Buch*: out(-)of(-)print.
vergrößern I *v/t allg.* enlarge, *phot. a.* blow up, *opt.* magnify, (*ausdehnen*) expand, extend, (*vermehren, a. fig.*) increase, (*Einfluss etc*) *a.* widen. **II** *v/reflex* **sich ~** enlarge, expand, increase, widen, *Organ*: become enlarged.
Vergrößerung *f allg.* enlargement (*a. phot.*), expansion, increase, widening, *opt.* magnification.
Vergrößerungs|apparat *m phot.* enlarger. **~glas** *n opt.* magnifying glass.
Vergünstigung *f* privilege, *steuerliche*: allowance, *soziale*: benefit.
vergüten *v/t* **1. (j-m) et. ~** (*Arbeit etc*) remunerate (*od.* pay) (s.o.) (for) s.th., (*Unkosten etc*) reimburse (s.o.) for s.th., (*Schaden etc*) compensate (s.o.) for s.th. **2.** *tech.* (*Stahl*) quench and temper.
Vergütung *f* **1.** remuneration, reimbursement, compensation. **2.** *tech.* quenching and tempering.
verhaften *v/t* arrest: **Sie sind verhaftet!** you are under arrest!
Verhaftete *m, f* person arrested.
Verhaftung *f* arrest.
verhallen *v/i* die away.
verhalten[1] *v/reflex* **sich ~** *allg.* behave, *Person*: *a.* conduct o.s., act, *Sache*: be, ⚗ *a.* react: **sich ruhig ~** keep quiet; **ich weiß nicht, wie ich mich ~ soll** I'm not sure what to do; **wenn sich die Sache so verhält** if that is the case.
verhalten[2] **I** *adj* **1.** restrained, *Zorn, Lachen etc*: suppressed. **2.** → **gedämpft** 1. **II** *adv* **3.** with restraint: **~ fahren** drive cautiously;

V

Sport: **er lief ~** he didn't go all out; **~ spielen** *Sport*: play a waiting game, *thea.* underact.
Verhalten *n allg.* behavio(u)r, reaction, (*Haltung*) conduct, attitude.
Verhaltens|forscher(in) behavio(u)ral scientist. **~forschung** *f* behavio(u)ral science.
verhaltensgestört *adj* disturbed, maladjusted.
Verhaltens(maß)regeln *pl* instructions *pl.* **~muster** *n* behavio(u)ral pattern. **~therapie** *f* behavio(u)r therapy.
Verhältnis *n* **1.** proportion, relation, (*Zahlenverhältnis*) ratio: ***im ~ 1:10*** in a ratio of one to ten; ***in k-m ~ stehen*** be out of all proportion (**zu** to). **2.** (**zu**) relations *pl*, relationship (with), (*Einstellung*) attitude (to): ***in e-m freundschaftlichen ~ stehen*** be on friendly terms. **3.** *pl* (*Umstände*) conditions *pl*, circumstances *pl*, (*Mittel*) means *pl*: ***unter diesen*** (*od.* ***den gegebenen***) ***~sen*** as matters stand; ***in guten*** (***finanziellen***) ***~sen leben*** be well off; ***über s-e ~se leben*** live beyond one's means. **4.** F (*Liebesverhältnis*) affair.
verhältnismäßig *adj* comparative, relative.
Verhältnis|wahl *f parl.* proportional representation. **~wort** *n* preposition.
verhandeln I *v/i* **1. ~ über** (*acc*) negotiate (about, on, for), (*erörtern*) discuss. **2.** ⚖ hold a hearing (*strafrechtlich*: trial). II *v/t* **3.** ⚖ (*e-n Fall*) hear, *strafrechtlich*: try.
Verhandlung *f* **1.** negotiation (**über** *acc* about, on, for): ***~en aufnehmen*** (***führen, abbrechen***) start (conduct, break off) negotiations. **2.** ⚖ hearing, (*Strafprozess*) trial: ***zur ~ kommen*** come up (for trial).
Verhandlungsbasis *f* basis for negotiation: *econ.* ***~ 5000 DM*** (price) DM 5,000 or nearest offer.
verhandlungsbereit *adj* ready to negotiate.
Verhandlungs|geschick *n* negotiating skill. **~partner(in)** negotiating party. **~runde** *f* round of negotiations. **~tisch** *m* negotiating table. **~weg** *m* ***auf dem ~*** by negotiation.
verhangen *adj Himmel*: cloudy.
verhängen *v/t* **1.** (**mit** with) cover, drape. **2.** (**über** *acc*) (*Strafe etc*) impose (on), (*Notstand etc*) declare (in *a country etc*). **3.** (*Elfmeter etc*) (**gegen** against) give, award.
Verhängnis *n* (*Schicksal*) fate, (*Katastrophe*) disaster: ***j-m zum ~ werden*** be s.o.'s undoing.
verhängnisvoll *adj* fateful, *stärker*: disastrous, fatal.
verharmlosen *v/t* **et. ~** play s.th. down.
verhärmt *adj* careworn.
verharren *v/i* ***in s-m Schweigen*** *etc* **~** remain silent *etc.*
verharschen *v/i* crust.
verhärten *v/t a. fig.* harden (**sich** o.s.).
Verhärtung *f bsd. fig.* hardening, induration (*a.* ⚕).
verhaspeln *v/reflex* **sich ~** F *fig.* get in a muddle.
verhasst *adj* hated, *Sache*: *a.* hateful: ***er hat sich bei allen ~ gemacht*** he has turned everyone against him.
verhätscheln *v/t* coddle, pamper.
verhauen *v/t* F **1.** beat *s.o.* up, (*bsd. Kind*) spank. **2.** *fig.* (*Prüfung etc*) muff.
verheddern *v/reflex* **sich ~** F **1.** *a. fig.* tangle. **2.** → ***verhaspeln.***
verheerend *adj* **1.** *Erdbeben etc*: disastrous: *fig.* ***~ wirken auf*** (*acc*) play havoc with. **2.** F dreadful.
Verheerungen *pl* (***~ anrichten*** cause) havoc *sg.*
verhehlen *v/t* → ***verheimlichen.***
verheilen *v/i* heal (up).
verheimlichen *v/t* (*dat* from) hide, conceal, keep *s.th.* a secret.
verheiraten *v/t* **j-n ~** marry s.o. (off) (**mit, an** *acc* to); **sich ~** marry, get married; ***verheiratet sein*** be married (**mit** to, *a.* F *fig. mit dem Beruf etc*).
Verheiratete *m, f* married man (woman).
verheißen *v/t*, **Verheißung** *f* promise.
verheißungsvoll *adj* promising.
verhelfen *v/t* **j-m ~ zu** help s.o. (to) find (*od.* get *etc*).
verherrlichen *v/t* glorify.
Verherrlichung *f* glorification.
verhexen *v/t* bewitch, F jinx: ***es ist wie verhext!*** there is a jinx on it!
verhindern *v/t* prevent: (**es**) **~, dass j-d et. tut** prevent s.o. from doing s.th.
verhindert *adj* **1. ~ sein** be unable to come. **2.** F *fig.* would-be *artist etc.*
Verhinderung *f* prevention.
verhöhnen *v/t* deride, mock (at).
Verhöhnung *f* derision, mockery.
verhökern *v/t* F *contp.* flog.
Verhör *n* ⚖ interrogation, questioning.
verhören I *v/t* ⚖ interrogate, question. II *v/reflex* **sich ~** mishear.
verhüllen *v/t* cover (up), *a. fig.* veil.
verhundertfachen *v/t* centuple.
verhungern *v/i* die of starvation: ***j-n ~ lassen*** starve s.o. to death; F ***ich bin am Verhungern!*** I'm starving!
verhunzen → ***versauen.***
verhüten *v/t* prevent.
verhütten *v/t tech.* (*Erze*) smelt.
Verhütung *f* prevention, (*Empfängnisverhütung*) contraception.

V

Verhütungsmittel *n* ⚕ contraceptive.
verhutzelt *adj* F *Gesicht etc*: wizened.
verinnerlichen *v/t psych., sociol.* internalize.
verirren *v/reflex* **sich ~** lose one's way, get lost.
verirrt *adj Tier, Kugel*: stray.
Verirrung *f fig.* aberration.
verjagen *v/t a. fig.* chase away.
verjähren *v/i* ⚖ come under the statute of limitation.
verjährt *adj* statute-barred.
Verjährung *f* limitation, *e-s Besitzrechts*: (negative) prescription.
Verjährungsfrist *f* period of limitation.
verjubeln *v/t* F blow, blue.
verjüngen I *v/t* **1.** ***j-n* ~** make s.o. (look) younger, rejuvenate s.o.; *Sport*: ***die Mannschaft* ~** build up a younger team. **II** *v/reflex* **sich ~ 2.** grow (*od.* look) younger. **3.** *tech.* taper.
Verjüngung *f* **1.** rejuvenation. **2.** *tech.* taper.
verkabeln *v/t* connect to a cable TV network.
Verkabelung *f* **1.** wiring, *TV* cabling. **2.** *weitS.* cable TV.
verkalken *v/i* calcify, *Leitung etc*: fur up, F *Arterien*: harden, *Person*: become senile. **verkalkt** *adj* F *fig.* senile.
verkalkulieren *v/reflex* **sich ~** F miscalculate, make a mistake.
Verkalkung *f* **1.** calcification. **2.** F *fig.* hardening of the arteries, senility.
verkannt *adj* unrecognized.
verkappt *adj* disguised: ***ein ~er Kommunist*** a crypto-communist.
Verkauf *m* **1.** (***zum* ~** for) sale. **2.** *econ.* sales department.
verkaufen I *v/t* (*dat*, ***an*** *acc* to) sell (*a.* F *fig.*): ***zu ~!*** for sale! **II** *v/reflex* **sich ~** sell *well, badly, etc, Person*: sell o.s.
Verkäufer *m* seller, ⚖ vendor, (*Vertreter*) salesman, (*Ladenverkäufer*) (shop) assistant, *Am.* salesclerk.
Verkäuferin *f* (shop) assistant, saleslady, *Am.* salesclerk.
verkäuflich *adj* marketable, sal(e)able, (*zu verkaufen*) for sale: ***gut* ~** easy to sell; ***frei* ~** *Medikament*: available without prescription.
Verkaufs|abteilung *f* sales department. **~abwicklung** *f* handling of sales. **~bedingungen** *pl* conditions (*od.* terms) *pl* of sale. **~berater(in)** sales consultant. **~erlös** *m* sales revenue. **~fläche** *f* selling area (*od.* space).
verkaufsfördernd *adj* sales-promoting.
Verkaufsförderung *f* sales promotion.
Verkaufs|gespräch *n* sales talk. **~leiter(in)** sales manager. **~leitung** *f* sales management. **~methode** *f* ***aggressive*** (***weiche***) **~** hard (soft) sell.
verkaufsoffen *adj* ***~er Samstag*** all-day shopping on Saturday.
Verkaufs|organisation *f* sales organization. **~personal** *n* sales staff *sg.* **~preis** *m* selling price. **~provision** *f* sales commission. **~rückgang** *m* drop in sales, declining sales *pl.* **~schlager** *m* F money-spinner. **~stand** *m* stand. **~ständer** *m* display stand. **~technik** *f* sales technique. **~veranstaltung** *f* sales event. **~wert** *m* market value. **~ziffern** *pl* sales figures.
Verkehr *m* **1.** (*Straßenverkehr*) traffic: ***öffentlicher* ~** public transport(ation). **2.** *fig.* (*Verbindung*) contact, (*Umgang*) dealings *pl*, company: ***den* ~ *abbrechen*** break off all contact(s). **3.** *econ.* trade, (*Zahlungsverkehr*) payments *pl*, (*Umlauf*) circulation: ***aus dem* ~ *ziehen*** *a.* F *fig.* withdraw from circulation. **4.** (*Geschlechtsverkehr*) (sexual) intercourse.
verkehren *v/i* **1.** *Bus etc*: run, operate. **2. ~ *in*** (*dat*) frequent; ***bei j-m* ~** visit s.o. regularly. **3. ~ *mit*** associate (*od.* mix) with; ***geschäftlich* ~ *mit*** have business dealings with. **4.** (***geschlechtlich***) **~ *mit*** have (sexual) intercourse with.
Verkehrs|ampel *f* traffic lights *pl.* **~amt** *n* tourist office. **~aufkommen** *n* volume of traffic. **~behinderung** *f* holdup, delay. **~beruhigung** *f* traffic calming. **~betriebe** *pl* transport services *pl.* **~chaos** *n* traffic chaos. **~delikt** *n* traffic offen/ce (*Am.* -se). **~dichte** *f* traffic density. **~durchsage** *f* traffic announcement. **~erziehung** *f* road safety education. **~flugzeug** *n* airliner. **~fluss** *m* flow of traffic.
verkehrs|frei *adj* ***~e Zone*** vehicle-free zone. **~günstig** *adv* **~ *gelegen*** conveniently placed as regards transport facilities.
Verkehrs|insel *f* traffic island. **~kontrolle** *f* vehicle spot-check. **~lage** *f* situation on the roads. **~leitsystem** *n* traffic guidance (*od.* routing) system. **~meldungen** *pl* traffic news *sg.* **~minister(in)** Minister of Transport. **~mittel** *n* means *pl* of transport(ation): ***öffentliche* ~** *pl* public transport(ation) *sg.* **~netz** *n* traffic system. **~opfer** *n* road casualty. **~ordnung** *f* traffic regulations *pl.* **~polizei** *f* traffic police. **~polizist(in)** traffic policeman (policewoman). **~regel** *f mst pl* traffic regulation. **~regelung** *f* (automatic) traffic control.
verkehrsreich *adj* busy.
Verkehrs|schild *n* road sign.
verkehrssicher *adj mot.* roadworthy.
Verkehrssicherheit *f* road safety, *mot.* roadworthiness.

Verkehrs|sprache *f* lingua franca. **~stau** *m*, **~stockung** *f* traffic jam. **~streife** *f* traffic patrol. **~sünder(in)** traffic offender. **~teilnehmer(in)** road user. **~unfall** *m* road accident, *schwerer*: (car) crash. **~unterricht** *m* traffic instruction. **~verbund** *m* linked transport system. **~verein** *m* tourist office. **~wert** *m econ.* market value. **~zählung** *f* traffic census. **~zeichen** *n* road sign.

verkehrt I *adj* wrong. II *adv* **~ herum** the wrong way round, (*auf dem Kopf*) upside(-)down, (*Innenseite nach außen*) inside out.

verkennen *v/t* misjudge; → **verkannt.**

verketten *v/t a. fig.* link.

Verkettung *f fig.* concatenation.

verklagen *v/t* sue (**wegen, auf** *acc* for).

verklappen *v/t* dump into the ocean.

Verklappung *f* ocean dumping.

verklären *v/t fig.* idealize.

verklärt *adj fig. Ausdruck etc*: beatific.

verkleiden I *v/t* **1.** dress *s.o.* up, disguise. **2.** *tech.* cover, *innen*: line, (*umhüllen*) case, *mit Holz*: panel, *mit Steinen etc*: face, revet. II *v/reflex* **sich ~ 3.** dress (o.s.) up, disguise o.s.

Verkleidung *f* **1.** disguise. **2.** *tech.* casing, (*Innenverkleidung*) lining, (*Holzverkleidung*) panel(l)ing, ⚠ (*Außenverkleidung*) facing, (*Kühlerverkleidung*) cowling, ✈ fairing.

verkleinern *v/t* **1.** make *s.th.* smaller, (*Maßstab etc*) reduce, (*vermindern*) diminish. **2.** *fig.* detract from, belittle.

Verkleinerung *f* reduction.

Verkleinerungsform *f ling.* diminutive.

verklemmt *adj psych.* inhibited.

verklingen *v/i a. fig.* die away.

verknacken *v/t* F put *s.o.* inside (**zu** for).

verknallen *v/reflex* **sich ~ in** (*acc*) F fall for; **verknallt sein in** (*acc*) *a.* be madly in love with, have a crush on.

Verknappung *f* shortage.

verkneifen *v/t* F **sich et. ~** do (*od.* go) without s.th.; **ich konnte mir ein Lächeln nicht ~** I couldn't help smiling.

verkniffen *adj Mund*: pinched, *Ansichten, Mensch*: narrow-minded.

verknöchern *v/i a. fig.* ossify: **er ist total verknöchert** F he's an old fossil.

verknoten *v/t* knot, tie (up).

verknüpfen *v/t* **1.** knot (*od.* tie) together. **2.** *fig.* connect, link: **mit** *Kosten, Schwierigkeiten etc* **verknüpft sein** involve; **eng verknüpft sein mit** be bound up with.

verknusen *v/t* F **ich kann ihn nicht ~** I can't stand him.

verkochen *v/i Wasser etc*: boil away: *gastr.* **verkocht sein** be overboiled.

verkohlen I *v/i* char. II *v/t* F *fig.* **j-n ~** have s.o. on, pull s.o.'s leg.

verkommen¹ *v/i Anwesen etc*: go to rack and ruin, *Person*: *a.* go to the dogs, *Obst etc*: go to waste.

verkommen² *adj* (*verwahrlost*) seedy, run--down, (*verfallen*) dilapidated, *moralisch*: depraved.

Verkommenheit *f* depravity.

verkorken *v/t* cork (up).

verkorksen *v/t* F **et. ~** mess s.th. up; **sich den Magen ~** upset one's stomach; *fig.* **e-e verkorkste Sache** a mess.

verkörpern *v/t* personify, *bsd. Sache*: embody, *bsd. thea.* impersonate.

Verkörperung *f* personification, embodiment, *thea.* impersonation.

verköstigen *v/t* feed.

verkrachen *v/reflex* **sich ~** F fall out (**mit** with).

verkracht *adj* F **1. mit j-m ~ sein** have fallen out with s.o. **2.** failed (*artist etc*): **~e Existenz** failure.

verkraften *v/t* cope with, handle, *seelisch*: bear, take.

verkrampfen *v/reflex* **sich ~** *Muskeln etc*: become cramped, *Hände etc*: clench, *fig. Mensch*: tense (up).

verkriechen *v/reflex* **sich ~** *a. fig.* hide.

verkrümeln *v/reflex* **sich ~** F make o.s. scarce.

verkrümmt *adj* ⚕ curved.

Verkrümmung *f* **~ der Wirbelsäule** curvature of the spine.

verkrüppeln I *v/t* cripple. II *v/i* become crippled (*Baum*: stunted).

verkrusten *v/i* become encrusted.

verkühlen → **erkälten.**

verkümmern *v/i* become stunted, *a. fig.* waste away, atrophy. **verkümmert** *adj* stunted, *a. fig.* atrophied.

verkünden *v/t* **1.** announce (*a.* F *fig. sagen*), *öffentlich*: proclaim, (*Urteil*) pronounce, (*Gesetz*) promulgate. **2.** *fig.* herald.

verkündigen *v/t* **1.** *lit. für* **verkünden. 2.** *eccl.* preach.

Verkündigung *f eccl.* preaching: **Mariä ~** Annunciation (Day).

Verkündung *f* proclamation, *e-s Urteils*: pronouncement, *e-s Gesetzes*: promulgation.

verkupfern *v/t* copper.

verkuppeln *v/t* F **j-n ~** marry s.o. off (**an** *acc* to).

verkürzen I *v/t* shorten (**um** by), abridge, (*Aufenthalt etc*) cut short: **verkürzte Arbeitszeit** reduced hours *pl.* II *v/i* **~ auf** (*acc*) *Sport*: shorten to.

verlachen *v/t* laugh at, deride.

Verladebahnhof *m* shipping station.

verladen *v/t* **1.** (*Güter*) load, ship, (*a. Truppen*) ⚓ embark, ✈ emplane, 🚂 entrain, *mot.* entruck. **2.** → ***verschaukeln.***

Verladerampe *f* loading platform.

Verladung *f* loading (*etc*).

Verlag *m* publishing house (*od.* company), publishers *pl*: ***erschienen im ~ Longman*** published by Longman.

verlagern *v/t* **1.** (*a.* ***sich ~***) (*Schwerpunkt, Interesse etc*) shift (***auf*** *acc* to). **2.** → ***verlegen¹*** 1. **Verlagerung** *f* **1.** shift(ing). **2.** → ***Verlegung*** 1.

Verlags|anstalt *f* publishing house. **~branche** *f* publishing (trade). **~buchhandel** *m* publishing trade. **~buchhändler(in)** publisher. **~gewerbe** *n* publishing (trade). **~leiter(in)** publishing director. **~lektor(in)** editor. **~programm** *n* publisher's list, backlist. **~redakteur(in)** publishing editor. **~vertrag** *m* publisher's contract. **~vertreter(in)** publisher's representative. **~werk** *n* publication. **~wesen** *n* publishing.

verlanden *v/i* silt up.

verlangen I *v/t* **1.** ask for, demand, (*erwarten*) expect, (*beanspruchen*) claim: ***die Rechnung ~*** ask for the bill; ***er verlangt viel*** he's very demanding; ***das ist (nicht) zu viel verlangt*** that's (not) asking too much; ***er verlangte den Geschäftsführer*** he asked to speak to the manager; ***Sie werden am Telefon verlangt*** you are wanted on the phone. **2.** (*erfordern*) require, call for. **3.** (*berechnen*) charge. **II** *v/i* **4.** ***~ nach*** a) ask for, b) (*sich sehnen*) long for.

Verlangen *n* **1.** (***nach*** for) desire, (*Sehnsucht*) longing: ***heftiges ~*** craving. **2.** (*Bitte*) request, (*Forderung*) demand: ***auf ~*** on request.

verlängern *v/t* **1.** lengthen (*a.* ***sich ~***), make *s.th.* longer, *fig.* (*Frist, Leben etc*) prolong, (*a. Kredit, Mitgliedschaft etc*) extend, (*Vertrag, Ausweis etc*) renew. **2.** *Sport*: (*Ball, Pass*) touch on (***zu*** to).

Verlängerung *f* **1.** lengthening, *zeitlich*: prolongation, extension, renewal. **2.** *Sport*: a) *des Balles etc*: pass, b) *derSpielzeit*: (***in die ~ gehen*** go into) extra time (*Am.* overtime).

Verlängerungsschnur *f* ⚡ extension flex (*Am.* cord).

verlangsamen *v/t* (*a.* ***sich ~***) (*Schritte, Tempo etc*) slacken, (*a. fig. Entwicklung etc*) slow down.

Verlass *m* ***es ist (kein) ~ auf j-n (et.)*** s.o. (s.th.) is reliable (unreliable).

verlassen¹ I *v/t* leave, (*im Stich lassen*) *a.* abandon, desert: *fig.* ***s-e Kräfte verließen ihn*** his strength failed him. **II** *v/reflex* ***sich ~ auf*** (*acc*) rely (*od.* count, depend) on; F ***verlass dich drauf!*** take my word for it!

verlassen² *adj* deserted, *Person*: *a.* abandoned, (*einsam*) lonely, desolate.

Verlassenheit *f* loneliness, desolation.

verlässlich *adj* reliable, dependable.

Verlauf *m* **1.** *e-r Straße etc*: course. **2.** (*Ablauf*) course, run, (*Entwicklung*) progress, development: ***im ~ von*** (*od. gen*) in the course of; ***im weiteren ~*** in the sequel.

verlaufen I *v/i* **1.** *Straße etc*: run. **2.** go, run, come off: ***alles verlief wie geplant*** everything went according to plan; ***normal ~*** take its normal course; → ***ergebnislos.*** **3.** *Farben*: run, bleed. **4.** *Spur*: disappear: → ***Sand.*** **5.** → ***zerlaufen.*** **II** *v/reflex* ***sich ~*** **6.** get lost, lose one's way.

verlaust *adj* full of lice.

verlautbaren *v/t adm.* announce.

verlauten *v/i* be reported: ***wie verlautet*** as reported; ***~ lassen*** give to understand, (*andeuten*) hint.

verleben *v/t* spend: ***e-e schöne Zeit ~*** *a.* have a nice time.

verlebt *adj* ravaged (*od.* worn-out) (by a fast life).

verlegen¹ I *v/t* **1.** (***nach, in*** *acc* to) transfer, move. **2.** *zeitlich*: (***auf*** *acc*) put off (to), postpone (until). **3.** (*Brille etc*) mislay. **4.** (*Teppich, Gleise, Kabel etc*) lay. **5.** (*Buch etc*) publish. **6.** → ***verlagern*** 1. **II** *v/reflex* **7.** ***sich ~ auf*** (*acc*) take up, (*ein Hobby*) take to (*gardening etc*): ***sie verlegte sich aufs Bitten*** she resorted to pleading.

verlegen² *adj* **1.** embarrassed: ***~ machen*** embarrass. **2.** (***nie***) ***~ um*** (*e-e Antwort, Ausrede etc*) (never) at a loss for.

Verlegenheit *f* **1.** embarrassment: ***j-n in ~ bringen*** embarrass s.o. **2.** (*missliche Lage*) predicament, awkward situation: ***j-m aus der ~ helfen*** help s.o. out.

Verlegenheits|lösung *f* makeshift solution. **~pause** *f* (***es entstand e-e ~*** there was an) awkward silence.

Verleger(in) publisher. **verlegerisch** *adj* publisher's (*risk, courage, etc*).

Verlegung *f* **1.** transfer, removal. **2.** *zeitlich*: postponement. **3.** *tech.* laying.

verleiden *v/t* ***j-m et. ~*** spoil s.th. for s.o.

Verleih *m* **1.** hiring out, *von Filmen*: distribution: ***~ von Autos*** *etc* cars *etc* for hire. **2.** (*~firma*) hire (*od.* rental) service, (*Filmverleih*) distributors *pl.*

verleihen *v/t* **1.** (***an*** *acc* to) lend (out), *bsd. Am.* loan, *gegen Gebühr*: hire (*Am.* rent) out. **2.** ***j-m et. ~*** (*Preis etc*) award s.o. s.th., (*Titel etc*) confer s.th. on s.o., (*Recht etc*) grant s.o. s.th. **3.** *fig.* give (*dat* to): ***s-r Dankbarkeit Ausdruck ~*** express one's gratitude.

Verleiher(in) lender, *bsd. Am.* loaner.
Verleihung *f* **1.** lending (*etc*, → ***verleihen*** 1). **2.** award, conferment, grant(ing).
Verleihungsurkunde *f* diploma.
verleimen *v/t* glue together.
verleiten *v/t* ***j-n zu et.*** ~ make s.o. do s.th., lead s.o. to do s.th., seduce (*od.* talk) s.o. into doing s.th.; ***sich ~ lassen*** (***zu*** *inf*) be seduced (to *inf*), *von e-m Gefühl etc*: be carried away (into *ger*).
verlernen *v/t* unlearn, forget.
verlesen¹ I *v/t* read out, (*Namen*) *a.* call out: ***die Namensliste*** ~ call the roll. II *v/reflex* ***sich*** ~ make a slip (in reading).
verlesen² *v/t* (*Salat etc*) pick.
verletzbar, verletzlich *adj fig.* vulnerable, touchy.
verletzen I *v/t* injure, hurt, wound, *fig. a.* offend, (*Gesetz etc*) violate, (*Anstand etc*) offend against: ***er wurde tödlich verletzt*** he was fatally injured; ***j-n tief*** ~ cut s.o. to the quick; ***s-e Pflicht*** ~ neglect one's duty. II *v/reflex* ***sich*** ~ hurt o.s., get hurt; ***er hat sich am Arm verletzt*** he hurt his arm.
verletzend *adj fig.* offensive.
Verletzte *m, f* injured person: ***die ~n*** the injured; ***es gab viele*** ~ many people were injured.
Verletzung *f* **1.** injury, wound. **2.** *fig.* (*Gesetzesverletzung etc*) violation, (*Pflichtverletzung etc*) *a.* breach.
Verletzungs|gefahr *f* danger of injuring o.s. **~pech** *n Sport*: ***vom ~ verfolgt*** injury-ridden.
verleugnen *v/t* deny, (*Glauben etc*) renounce, (*Kind, Freund etc*) disown: ***es lässt sich nicht ~, dass ...*** there's no denying that ...; ***sich vor j-m ~ lassen*** not to be at home to s.o.
Verleugnung *f* denial.
verleumden *v/t* calumniate, ⚖ slander, *schriftlich*: libel.
Verleumder(in) slanderer, libel(l)er.
verleumderisch *adj* slanderous, libel(l)ous.
Verleumdung *f* calumny, slander, *schriftliche*: libel.
Verleumdungs|kampagne *f* smear campaign. **~klage** *f* ⚖ action for slander (*od.* libel).
verlieben *v/reflex* ***sich*** ~ fall in love (***in*** *acc* with).
verliebt *adj* in love (***in*** *acc* with), *Blicke etc*: amorous.
Verliebtheit *f* being in love, amorousness.
verlieren I *v/t allg.* lose, (*Blätter, Haare*) *a.* shed: ***kein Wort darüber*** ~ not to say a word about it; F ***er hat hier nichts verloren!*** he's got no business (to be) here!; → ***Auge*** 1, ***Mut, Nerv.*** II *v/i* lose (***gegen*** to, against): *fig.* ***an Wert*** ~ go down in value; → ***Reiz*** 2. III *v/reflex* ***sich*** ~ disappear.
Verlierer(in) loser.
Verliererseite *f* ***auf der ~ sein*** be on the losing side.
Verlies *n* dungeon.
verloben *v/reflex* ***sich*** ~ get engaged (***mit*** to).
verlobt *adj* engaged (to be married) (***mit*** to).
Verlobte *m, f* fiancé(e *f*): ***die ~n*** *pl* the engaged couple *sg.*
Verlobung *f* engagement.
Verlobungs|anzeige *f* engagement announcement. **~feier** *f* engagement party. **~ring** *m* engagement ring.
verlocken *v/t* tempt. **verlockend** *adj* tempting. **Verlockung** *f* temptation.
verlogen *adj* lying, *Moral etc*: hypocritical: ***du ~er Kerl!*** you damned liar!
Verlogenheit *f* lying, hypocrisy.
verloren *adj allg.* lost, *fig. a.* wasted, (*einsam*) *a.* forlorn: *gastr.* ***~e Eier*** poached eggs; *Bibl.* ***der ~e Sohn*** the prodigal son; ***auf ~em Posten stehen*** fight a losing battle; ***~ gehen*** get lost, be lost; ***an ihm ist ein Lehrer ~ gegangen*** he would have made a good teacher.
verlosen *v/t* draw lots for, *in e-r Tombola*: raffle (off).
Verlosung *f* drawing lots (*gen* for), (*Lotterie*) raffle, lottery.
verlöten *v/t tech.* solder (up).
verlottern *etc* → ***verwahrlosen*** *etc.*
Verlust *m allg.* loss (***an*** *dat* of, *fig.* ***für*** to), (*Todesfall*) *a.* bereavement: ***~e*** *pl* losses *pl*, *beim Spiel*: losings *pl*, *mil.* casualties *pl*; ***mit ~*** at a loss; ***mit ~ arbeiten*** *a.* be losing money; ***~ durch Ladendiebstahl*** shrinkage. ***~ bringend*** loss-making, losing.
Verlust|abschluss *m* debit balance. **~betrieb** *m* loss-maker. **~geschäft** *n* losing deal. **~meldung** *f* report of loss, *mil.* casualty report.
verlustreich *adj* **1.** *mil.* involving heavy losses. **2.** *econ.* heavily loss-making.
Verlustvortrag *m* loss carried forward. **~ziffer** *f mil.* casualty figure.
vermachen *v/t* leave (*dat* to).
Vermächtnis *n* ⚖ **1.** (*Testament*) will. **2.** (*Hinterlassenschaft, a. fig.*) legacy.
vermählen *v/reflex* ***sich*** ~ get married (***mit*** to).
Vermählte *m, f* newlywed: ***die ~n*** *pl* the newly-married couple *sg.*
Vermählung *f* marriage, wedding.
vermännlichen *v/t* masculinize.
vermarkten *v/t* market, *a. fig.* sell, *fig.* commercialize.
Vermarktung *f* marketing, *fig.* commercialization.

vermasseln *v/t* F **et. ~** mess s.th. up; **j-m die Tour ~** queer s.o.'s pitch.
Vermassung *f* depersonalization.
vermehren **I** *v/t* **1.** (**um** by) increase, augment, *an Zahl*: multiply. **2.** *biol.* propagate, *zo. a.* breed. **II** *v/reflex* **sich ~ 3.** → 1. **4.** *biol.* reproduce, multiply, breed.
Vermehrung *f* **1.** increase. **2.** *biol.* reproduction, breeding.
vermeidbar *adj* avoidable.
vermeiden *v/t* avoid, *schlau*: evade, *ängstlich*: shun: **es lässt sich nicht ~** it can't be helped.
vermeintlich *adj* supposed, alleged.
vermengen *v/t* **1.** mix. **2.** *fig.* (*Begriffe etc*) mix up.
vermenschlichen *v/t* humanize.
Vermerk *m* note. **vermerken** *v/t* note (down), *a. fig.* make a note of.
vermessen¹ *v/t* measure, (*Land etc*) survey.
vermessen² *adj* presumptuous.
Vermessenheit *f* presumption.
Vermessung *f* measuring, (*Landvermessung etc*) survey(ing).
Vermessungsingenieur(in) surveyor.
vermiesen *v/t* F **j-m et. ~** spoil s.th. for s.o.
vermieten *v/t* (**an** *acc* to) let, ⚖ lease, *bsd. Am.* rent (out), (*Auto etc*) hire (*Am.* rent) out: **zu ~** *Haus*: to let, *Auto*: for hire, *beide bsd. Am.* for rent.
Vermieter *m* **1.** (*Hauswirt*) landlord. **2.** *von Sachen*: lessor.
Vermieterin *f* landlady.
Vermietung *f* letting, leasing, *bsd. Am.* renting, (*Verleih*) hiring (out).
vermindern → **verringern.**
verminen *v/t mil.* mine.
vermischen *v/t* (*a.* **sich ~**) mix, mingle.
vermischt *adj* mixed, *Nachrichten etc*: miscellaneous.
Vermischung *f* mixing, mingling.
vermissen *v/t* miss: **vermisst werden** be missing; **ich vermisse m-e Uhr** my watch is missing; **ich vermisse ihn sehr** I miss him badly; **~ lassen** lack.
Vermisste *m, f* missing person.
vermitteln **I** *v/t* **1. j-m et. ~** get (*od.* find) s.o. s.th.; **j-n ~ an** (*acc*) find s.o. a place with (*a firm etc*). **2.** (*zustande bringen*) arrange, mediate. **3.** (*dat* to) (*Wissen etc*) impart, (*Eindruck etc*) convey. **II** *v/i* **4.** (**zwischen** *dat* between, **in** *dat* in) mediate, (*~d eingreifen*) intervene.
Vermittler(in) (*Schlichter*) mediator, (*Mittelsmann*) go-between, *econ.* agent.
Vermittlung *f* **1.** (*Beschaffung*) procurement, *e-s Geschäfts etc*: negotiation, *e-s Arbeitsplatzes*: placement, *e-s Treffens etc*: arrangement: **durch ~ von** (*od. gen*) through. **2.** *von Wissen etc*: imparting, *e-s Eindrucks etc*: conveyance. **3.** (*Schlichtung*) mediation, (*Eingreifen*) intervention. **4.** (*Büro*) agency, office. **5.** *teleph.* exchange.
Vermittlungs|gebühr *f econ.* agent's commission. **~provision** *f* commission, *e-s Maklers*: *a.* brokerage. **~versuch** *m* attempt at mediation.
vermöbeln F → **verprügeln.**
vermodern *v/i* mo(u)lder, rot.
Vermögen *n* **1.** fortune (*a.* F *fig.*), (*Besitz*) property, *econ.* assets *pl*: **sie hat ~** she is wealthy; **ein ~ erben** (**kosten**) come into (cost) a fortune. **2.** (**nach bestem ~** to the best of one's) ability.
vermögend *adj* wealthy, well(-)to(-)do.
Vermögens|bildung *f* wealth formation. **~haftung** *f* financial liability. **~lage** *f* financial situation. **~steuer** *f* property tax. **~verhältnisse** *pl* (financial) circumstances *pl.* **~verwalter(in)** custodian, property administrator. **~werte** *pl* assets *pl.*
vermögenswirksam *adj* **~e Leistung** (employer's) capital-forming payment under the employees' saving scheme.
vermummen *v/t* disguise.
Vermummungsverbot *n* ban on disguising o.s. during demonstrations.
vermurksen *v/t* F **et. ~** mess s.th. up.
vermuten *v/t* suppose, assume, think, *Am.* F guess, (*erwarten*) expect, (*argwöhnen*) suspect.
vermutlich **I** *adj* → **mutmaßlich.** **II** *adv* probably: **~!** I suppose so!
Vermutung *f* supposition, guess, (*Argwohn*) suspicion, (*Theorie*) conjecture, speculation: **s-e ~ war richtig** his guess was right; **die ~ liegt nahe, dass ...** it is highly probable that ...; **wir sind auf** (**bloße**) **~en angewiesen** we have to rely on (mere) guesswork.
vernachlässigen *v/t* neglect.
Vernachlässigung *f* neglect.
vernageln *v/t* **mit Brettern** *etc* **~** board up.
vernagelt *adj* F *fig.* dense, thick: **ich war wie ~** my mind was a blank.
vernähen *v/t* sew up.
vernarben *v/i* scar over.
vernarbt *adj* scarred.
vernarrt *adj* **~ sein in** (*acc*) F be wild about, (*ein Kind etc*) dote on.
vernaschen *v/t* **1.** spend on sweets. **2.** F *fig.* a) *sexuell*: lay, love *s.o.* up, b) *Sport*: clobber.
vernebeln *v/t* **1.** *tech.* atomize. **2.** *mil.* screen. **3.** *fig.* obscure.
vernehmbar *adj* audible.
vernehmen *v/t* **1.** (*hören*) hear, *fig.* (*erfahren*) *a.* learn. **2.** ⚖ interrogate, examine: **als**

V

Zeuge vernommen werden be called into the witness box (*Am.* stand).
Vernehmen *n* ***dem ~ nach*** from what one hears; ***sicherem ~ nach*** according to reliable reports.
vernehmlich *adj* audible, distinct.
Vernehmung *f* ⚖ interrogation, examination.
vernehmungsfähig *adj* fit to be examined.
verneigen *v/reflex* ***sich ~*** bow (***vor*** *dat* to).
Verneigung *f* bow (***vor*** *dat* to).
verneinen *v/t* **1.** *a. v/i* answer in the negative. **2.** (*leugnen*) deny, (*ablehnen*) reject.
verneinend *adj a. ling.* negative.
Verneinung *f* **1.** *a. ling.* negation. **2.** denial, (*Ablehnung*) rejection.
vernetzen *v/t* connect (***mit*** up to), *Computer*: link up to a network.
Vernetzung *f* connecting up, *Computer*: networking.
vernichten *v/t* **1.** *allg.* destroy, *stärker*: annihilate, (*ausrotten, a. fig.*) exterminate, wipe out. **2.** *fig.* (*Hoffnung etc*) dash, shatter.
vernichtend *adj fig. Blick, Kritik etc*: scathing, devastating, *Schlag, Niederlage etc*: crushing: *adv* ***j-n ~ schlagen*** *Sport*: beat s.o. hollow.
Vernichtung *f* destruction, annihilation, (*Ausrottung, a. fig.*) extermination.
Vernichtungs|lager *n* extermination camp. **~potential** *n* destructive potential. **~waffe** *f* destructive weapon.
vernickeln *v/t* nickel(-plate).
verniedlichen *v/t* play *s.th.* down.
vernieten *v/t tech.* rivet.
Vernissage *f paint.* vernissage.
Vernunft *f* reason: ***~ annehmen*** listen to reason; ***j-n zur ~ bringen*** bring s.o. to his senses; ***wieder zur ~ kommen*** come back to one's senses. **~ehe** *f* marriage of convenience. **~gründe** *pl* ***aus ~n*** for reasons of common sense.
vernünftig I *adj* **1.** sensible, reasonable, (*besonnen*) level-headed: ***sie war ~ genug, Nein zu sagen*** she had the good sense to say no; ***sei*** (***doch***) ***~!*** be sensible! **2.** F (*angemessen*) reasonable, decent: ***e-n ~en Beruf ergreifen*** take up a proper career. **II** *adv* **3.** sensibly, reasonably: ***~ reden*** *a.* talk sense; F ***~ essen*** eat properly.
veröden I *v/t* ⚕ (*Gefäße*) obliterate. **II** *v/i Land*: become desolate, *Dörfer etc*: become deserted.
Verödung *f* **1.** ⚕ obliteration. **2.** desolation.
veröffentlichen *v/t* publish.
Veröffentlichung *f* publication.
verordnen *v/t* **1.** ⚕ order, (*verschreiben*) prescribe (***j-m*** for s.o.). **2.** *adm.* decree.
Verordnung *f* **1.** ⚕ prescription. **2.** *adm.* ordinance, decree.
verpachten *v/t* lease (*dat*, ***an*** *acc* to).
Verpächter(in) lessor.
Verpachtung *f* lease, leasing.
verpacken *v/t* pack (up), *bsd. maschinell*: package, (*einwickeln*) wrap up: → ***Geschenk.***
Verpackung *f* **1.** pack(ag)ing. **2.** wrapping, package, (*Material*) packing (material): *econ.* ***zuzüglich ~*** plus packing.
Verpackungs|automat *m* automatic packaging machine. **~flut** *f* ever increasing quantities of packaging waste. **~gewicht** *n* tare weight. **~industrie** *f* packaging industry. **~kosten** *pl* packing cost *sg.* **~material** *n* packing (material). **~müll** *m* packaging waste.
verpassen *v/t* **1.** (*Zug, Bus etc*) miss, (*Gelegenheit etc*) *a.* lose, waste. **2.** F ***j-m e-e Uniform ~*** fit s.o. with a uniform; ***j-m ein Ding ~*** land s.o. one, zap s.o.
verpatzen *v/t* F ***et. ~*** mess s.th. up, *bsd. Sport*: muff s.th.
verpesten *v/t* pollute: F *fig.* ***die Luft ~*** stink the place out.
verpetzen *v/t* F ***j-n ~*** sneak on s.o.
verpfänden *v/t* pawn, (*a. fig. sein Wort etc*) pledge, *hypothekarisch*: mortgage.
verpfeifen *v/t* F ***j-n ~*** squeal on s.o.; ***et. ~*** let s.th. out.
verpflanzen *v/t* ⚘, ⚕, *fig.* transplant.
Verpflanzung *f* transplant(ation).
verpflegen *v/t* feed, *mil.* supply with rations: ***sich selbst ~*** cook for o.s.
Verpflegung *f* **1.** catering, food supply. **2.** food, *mil.* rations *pl.*
Verpflegungspauschale *f* lump sum for food and drink.
verpflichten I *v/t* **1.** ***j-n ~*** oblige (*vertraglich*: obligate, bind) s.o. (***zu et.*** to do s.th.); ***j-n zum Schweigen ~*** bind s.o. to silence; → ***verpflichtet.*** **2.** (*Künstler*) engage, (*Sportler*) sign on. **II** *v/reflex* **3.** ***sich ~, et. zu tun*** commit o.s. to do(ing) s.th., engage (o.s.) (*od.* bind o.s.) to do s.th. **4.** ***sich vertraglich ~*** *Künstler, Sportler*: sign on.
verpflichtet *adj* ***gesetzlich ~*** bound by law; ***j-m zu Dank ~ sein*** be indebted to s.o.; ***ich fühle mich ~, ihr zu helfen*** I feel obliged to help her.
Verpflichtung *f moralische*: obligation, duty, *übernommene*: commitment, engagement, *econ.*, ⚖ liability.
verpfuschen *v/t* F botch, mess *s.th.* up, (*a. fig. Leben etc*) ruin.
verplanen *v/t* (*Geld*) budget, (*Urlaub, Freizeit*) plan, (*Zeit*) book up.
verplappern *v/reflex* ***sich ~*** F blab.

verplempern *v/t* F waste, fritter away.
verpönt *adj* disapproved-of: **(streng) ~ sein** *a.* be frowned upon.
verprassen *v/t* squander, F blow.
verprügeln *v/t* thrash, beat *s.o.* up.
verpuffen *v/i* **1.** ⚗ detonate, blow up. **2.** *fig.* fizzle out, fall flat.
verpulvern *v/t* F (*Geld*) blow.
verpumpen *v/t* F (**an** *acc* to) lend, *bsd. Am.* loan.
verpuppen *v/reflex* **sich ~** *zo.* pupate.
verpusten *v/reflex* **sich ~** F get one's breath back.
verputzen *v/t* **1.** △ roughcast. **2.** F (*aufessen*) polish off.
verqualmt *adj* smoke-filled, *pred* full of smoke.
verquollen *adj Augen*: puffed, swollen.
verrammeln *v/t* F barricade.
verramschen *v/t* F sell *s.th.* off dirt-cheap, (*Bücher*) remainder.
Verrat *m* (**an** *dat*) betrayal (of), *a.* ⚖, *mil.* treason (to), (*Treubruch*) treachery (to): **~ begehen an** (*dat*) betray.
verraten I *v/t allg.* betray (*a. fig.*), give *s.o.*, *s.th.* away, *fig. a.* show, reveal: F **kannst du mir (mal) ~, warum?** can you tell me why?; **nicht ~!** don't tell!; **~ und verkauft** sold down the river. **II** *v/reflex* **sich ~** betray o.s., give o.s. away.
Verräter *m* traitor (*fig.* **an** *dat* to). **Verräterin** *f* traitress.
verräterisch *adj* **1.** treasonable, (*treulos*) treacherous, traitorous. **2.** *fig.* revealing, *Blick, Spur etc*: telltale.
verrauchen *v/i fig. Zorn etc*: blow over.
verräuchert *adj* smoky.
verrechnen I *v/t* charge (to account), (*e-n Scheck*) clear: **et. ~ mit** offset s.th. against. **II** *v/reflex* **sich ~** *a. fig.* make a mistake; **sich um 10 Mark ~** be out by ten marks; *fig.* **da hast du dich aber leider verrechnet!** you are sadly mistaken there!
Verrechnung *f* offset, clearing: **nur zur ~** *Scheck*: for account only.
Verrechnungs|einheit *f* clearing unit. **~konto** *n* offset account. **~scheck** *m* crossed (*od.* collection-only) cheque (*Am.* check). **~verfahren** *n* clearing (system).
verrecken *v/i* F *Tier*: perish, die, *Person*: *sl.* croak, *fig. Motor etc*: conk out.
verregnet *adj* rainy.
verreiben *v/t* spread *s.th.* by rubbing: **auf der Haut ~** rub *s.th.* into the skin.
verreisen *v/i* go away: **~ nach** go to; **sie sind verreist** they are away.
verreißen *v/t* F (*vernichtend kritisieren*) tear *s.o.*, *s.th.* to pieces, slate, pan.
verrenken *v/t* contort, ⚕ dislocate (**sich den Arm** one's arm): F *fig.* **sich den Hals ~ nach** crane one's neck for.
Verrenkung *f* contortion, ⚕ dislocation.
verrennen *v/reflex* **sich ~ in** (*acc*) get stuck on.
verrichten *v/t* (*Arbeit etc*) do, carry out, (*Gebet etc*) say: → **Notdurft.**
verriegeln *v/t* bolt, bar.
verringern *v/t* reduce, (*a.* **sich ~**) diminish, decrease, lessen: **das Tempo ~** slow down.
Verringerung *f* reduction, diminution, decrease.
verrinnen *v/i fig. Zeit etc*: pass.
verrohen *v/i* become brutalized.
Verrohung *f* brutalization.
verrosten *v/i* rust. **verrostet** *adj* rusty.
verrotten *v/i a. fig.* rot.
verrücken *v/t* move, disarrange.
verrückt *adj a.* F *fig.* mad, crazy, insane, *Plan etc*: *a.* wild: **~ sein** *a.* be out of one's mind; *fig.* **~ sein nach** (*od.* **auf** *acc*) be wild about; **j-n ~ machen** drive s.o. mad; **mach dich doch nicht ~!** don't get all worked up!; F **~ spielen** act up; **wie ~** like mad; **ich werd ~!** I'll be blowed!
Verrückte *m, f a.* F *fig.* lunatic, maniac, madman (madwoman).
Verrücktheit *f* madness, (*verrückter Einfall*) *a.* folly, (*Modetorheit*) craze.
Verrücktwerden *n* **es ist zum ~!** it's enough to drive you mad!
Verruf *m* **in ~ bringen (kommen)** bring (fall) into disrepute.
verrufen *adj* disreputable, notorious.
verrutschen *v/i* slip, get out of place.
Vers *m* verse, (*~zeile*) line.
versachlichen *v/t* de-emotionalize.
versagen I *v/t* **j-m et. ~** refuse (*od.* deny) s.o. s.th.; **sich et. ~** deny o.s. s.th., forgo s.th.; → **Dienst** 1. **II** *v/i allg.* fail (*a. Person, Stimme, Herz etc*), *tech. a.* break down, *Schusswaffe*: misfire: **ihr versagten die Knie** her knees failed her.
Versagen *n* failure: **menschliches ~** human error.
Versager(in) failure, F flop.
versalzen *v/t* **1.** oversalt. **2.** F *fig.* spoil: **j-m die Suppe ~** spoil s.o.'s fun.
versammeln *v/t* convene, (*a.* **sich ~**) assemble (*a. mil.*), gather.
Versammlung *f* assembly, gathering, meeting: **gesetzgebende ~** legislative assembly.
Versammlungs|freiheit *f* freedom of assembly. **~ort** *m* assembly point. **~raum** *m* assembly room.
Versand *m econ.* **1.** dispatch, forwarding, shipment. **2.** → **Versandabteilung** *f* forwarding (*od.* shipping) department.
Versand|art *f* mode of dispatch. **~anzeige** *f*

dispatch note. **~buchhandel** *m* mail-order book trade.
versanden *v/i* **1.** silt up. **2.** *fig. Gespräche etc*: peter out.
versandfertig *adj* ready for dispatch.
Versand|gebühr *f* forwarding charge. **~geschäft** *n*, **~handel** *m* mail-order business. **~haus** *n* mail-order firm. **~hauskatalog** *m* mail-order catalog(ue *Br.*). **~hülse** *f* cardboard tube. **~kosten** *pl* forwarding (*od.* shipping) costs *pl.* **~papiere** *pl* shipping documents *pl.*
versauen *v/t* F *a. fig.* **et.** ~ ruin s.th., mess (*sl.* louse) s.th. up.
versauern *v/i* F *fig.* rot (away).
versaufen *v/t* F spend on booze.
versäumen *v/t* **1.** → ***verpassen*** 1. **2.** (*Pflicht etc*) neglect: **(es) ~, et. zu tun** fail to do s.th.
Versäumnis *n* omission, neglect. **~urteil** *n* ⚖ judg(e)ment by default.
verschachern *v/t* F flog.
verschachtelt *adj* interlocked, *ling. Satz*: involved.
verschaffen *v/t* **1. *j-m et.*** ~ get (*od.* find) s.o. s.th. (*od.* s.th. for s.o.). **2. *sich*** *et.* ~ get, obtain, secure, (*Geld*) raise; → ***Respekt.***
verschalen *v/t* ⚠ board, (*Beton*) shutter.
Verschalung *f* boarding, *konkret*: form(s *pl*).
verschämt *adj* bashful.
verschandeln *v/t* F disfigure, spoil.
verschanzen *v/reflex* ***sich*** ~ *a. fig.* entrench (**hinter** *dat* behind, **in** *dat* in).
verschärfen *v/t* (*a.* **sich** ~) (*verstärken*) heighten, increase, intensify, (*Gesetze, Kontrolle, Maßnahmen etc*) tighten up, (*verschlimmern*) aggravate: ***das Tempo*** ~ increase the pace; *pol.* ***die Spannungen ~ sich*** tension is mounting.
Verschärfung *f* (*Verstärkung*) increase, heightening, intensification, *von Kontrollen, e-s Gesetzes etc*: tightening up, (*Verschlimmerung*) aggravation.
verscharren *v/t* bury (hurriedly).
verschätzen *v/reflex* ***sich*** ~ be out (***um*** by).
verschaukeln *v/t* F ***j-n*** ~ take s.o. for a ride, outtrick s.o.
verschenken *v/t a. fig.* give away.
verscherzen *v/t* ***sich et.*** ~ forfeit s.th.
verscheuchen *v/t a. fig.* chase away.
verscheuern *v/t* F flog.
verschicken *v/t* **1.** → ***versenden.*** **2. *j-n*** ~ *zur Kur etc*: send s.o. away.
verschiebbar *adj* mov(e)able.
verschieben I *v/t* **1.** (re)move, shift (*a. ling.*), *weitS.* disarrange, *Computer*: move. **2.** *zeitlich*: postpone (***auf später*** to a later date): ***et.*** (***von e-m Tag zum anderen***) ~ put s.th. off (from one day to the next). **3.** F *econ.* ***et.*** ~ sell s.th. underhand. **II** *v/reflex* ***sich*** ~ **4.** shift, get out of place. **5.** *zeitlich*: be postponed, be put off.
Verschiebung *f* **1.** *a. ling. u. fig.* shift. **2.** *zeitliche*: postponement.
verschieden I *adj* **1.** different (**von** from): ***~ sein*** *a.* differ, vary; ***die beiden Brüder sind sehr*** ~ the two brothers are quite unlike; ***das ist ganz ~!*** it depends! **2. *~e ...*** *pl* various ..., several ...; ***Verschiedenes*** various things *pl*; ***aus den ~sten Gründen*** for a variety of reasons. **II** *adv* **3. *~ groß sein*** vary in size; ***die Lage ~ beurteilen*** judge the situation differently.
verschiedenartig *adj* different (kinds of) ..., various.
Verschiedenartigkeit *f* difference, (*Vielfalt*) variety.
Verschiedenheit *f* difference (*gen* of, in), (*Unähnlichkeit*) dissimilarity, (*Vielfalt*) diversity, variety.
verschiedentlich *adv* several times, repeatedly, (*gelegentlich*) occasionally.
verschießen I *v/t* **1.** shoot (off). **2.** (*Elfmeter etc*) shoot wide. **II** *v/i* **3.** *Farbe*: fade: → ***verschossen*** 1.
verschimmeln *v/i* go mo(u)ldy.
verschlafen[1] **I** *v/i* **1.** oversleep. **II** *v/t* **2.** sleep through. **3.** F *fig.* (*Gelegenheit etc*) miss, (*Verabredung etc*) forget.
verschlafen[2] *adj a. fig.* sleepy.
Verschlafenheit *f a. fig.* sleepiness.
Verschlag *m* (*Bretter*) partition, (*Bude*) shed.
verschlagen[1] *v/t* **1.** (*Ball*) mishit. **2.** (*Seite im Buch*) lose. **3.** *fig.* ***es hat mich nach X*** ~ I ended up in X. **4.** *fig.* ***j-m die Stimme*** (*od.* ***Rede, Sprache***) ~ leave s.o. speechless; ***es verschlug mir den Atem*** it took my breath away.
verschlagen[2] *adj* cunning, sly, crafty.
Verschlagenheit *f* cunning, craftiness.
verschlammen *v/i* silt up.
verschlampen F **I** *v/t* a) go and lose, b) clean forget. **II** *v/i* go to seed.
verschlechtern *v/t u. v/reflex* ***sich*** ~ worsen, make (*reflex* get) worse, deteriorate: ***sich (finanziell)*** ~ earn less.
Verschlechterung *f* deterioration, *e-s Zustands*: *a.* change for the worse.
verschleiern *v/t* veil, *fig. a.* disguise.
verschleifen *v/t ling.*, ♪ slur.
verschleimt *adj* ⚕ ***~ sein*** be blocked with phlegm.
Verschleiß *m* wear and tear (*a. fig.*), *tech. a.* attrition.
verschleißen I *v/t* (*a.* ***sich*** ~) wear out: *fig.* ***sich*** ~ wear o.s. out. **II** *v/i* wear (out), become worn.

Verschleißerscheinung *f a. fig.* sign of wear.
verschleiß|fest, ~frei *adj* wear-resistant.
Verschleißteil *n tech.* working (*od.* expendable) part.
verschleppen *v/t* **1.** (*Menschen*) carry off, *pol.* displace, (*entführen*) kidnap. **2.** (*Prozess, Verhandlungen etc*) delay, protract. **3.** ⚕ (*Seuche etc*) spread, (*Krankheit*) protract, neglect: ***verschleppte Grippe*** protracted flu.
Verschleppte *m, f pol.* displaced person.
Verschleppung *f* **1.** *pol.* displacement, (*Entführung*) kidnap(p)ing. **2.** *zeitliche*: protraction, delay(ing). **3.** ⚕ *e-r Seuche etc*: spreading, *e-r Krankheit*: protraction (through neglect).
Verschleppungstaktik *f* delaying tactics *pl*, *parl.* obstructionism.
verschleudern *v/t* **1.** *Geld*: waste, squander (away). **2.** *econ.* sell at a loss, dump.
verschließbar *adj* lockable.
verschließen I *v/t* shut, (*Öffnung, Gefäß, Brief*) close, seal, (*abschließen*) lock (up), (*einschließen*) put *s.th.* under lock and key: *fig.* ***die Ohren ~ vor*** (*dat*) turn a deaf ear to; → ***Auge*** 1. **II** *v/reflex* ***sich ~*** (*dat*) *fig.* shut o.s. off (from); ***sich j-s Argumenten*** *etc* ***~*** remain inaccessible to s.o.'s arguments *etc.*
verschlimmern *v/t* (*a.* ***sich ~***) make (*reflex* get) worse, deteriorate.
Verschlimmerung *f* deterioration, *e-s Zustands*: change for the worse.
verschlingen¹ *v/t* (*Essen*) wolf (down), *a. fig.* devour, swallow, *Dunkelheit, Wellen etc*: *a.* engulf: ***ein Buch*** (***j-n mit den Augen***) ***~*** devour a book (s.o. with one's eyes); ***e-e Menge Geld ~*** swallow up a lot of money.
verschlingen² *v/t* (*a.* ***sich ~***) intertwine.
verschlossen *adj* **1.** locked (up), closed, shut: ***hinter ~en Türen*** behind closed doors. **2.** *fig. Mensch*: reserved, withdrawn.
Verschlossenheit *f* reserve.
verschlucken I *v/t* swallow. **II** *v/reflex* ***sich ~*** swallow the wrong way.
verschlungen *adj fig. Muster etc*: intricate, *Pfad etc*: tortuous.
Verschluss *m* **1.** fastener, *an Gürtel, Tasche etc*: clasp, (*Schnappverschluss*) catch, (*an Flasche*) stopper, *tech.* lock, seal, *phot.* shutter, *e-r Waffe*: breech (block): ***unter ~*** under lock and key, *Zoll*: in bond. **2.** ⚕ occlusion.
verschlüsseln *v/t* (en)code: ***verschlüsselter Text*** code(d) text. **Verschlüsselung** *f* coding.
Verschlusslaut *m ling.* (ex)plosive.
Verschlusssache *f pol.* classified matter.
verschmähen *v/t* disdain, scorn.
verschmelzen *v/t u. v/i* (***mit, zu*** into) merge, fuse (*beide a. econ., pol.*), (*Farben, Töne*) blend.
Verschmelzung *f* fusion, *econ., pol. a.* merger.
verschmerzen *v/t* ***et. ~*** get over s.th.
verschmieren *v/t* smear.
verschmitzt *adj* roguish, arch.
verschmutzen *v/t* dirty, soil, (*Wasser, Luft*) pollute.
Verschmutzung *f* soiling, (*Wasser-, Luftverschmutzung*) pollution.
verschnaufen *v/i* F have a breather.
Verschnaufpause *f* F breather.
verschneiden *v/t* (*Rum etc*) blend.
verschneit *adj* snow-covered, snowy.
Verschnitt *m* blend.
verschnörkelt *adj a. fig.* ornate.
verschnupft *adj* ***~ sein*** have a cold, F *fig.* be in a huff.
verschnüren *v/t* tie up.
verschollen *adj* missing, ⚖ presumed dead, *weitS.* (long-)lost, forgotten.
verschonen *v/t* spare: ***von et. verschont bleiben*** be spared s.th.; ***verschone mich damit!*** spare me that!
verschönen *v/t* embellish. **verschönern** *v/t* embellish, *a. fig.* brighten.
Verschönerung *f* embellishment.
verschossen *adj* **1.** *Farbe*: faded. **2.** F *fig.* ***in j-n ~ sein*** have a crush on s.o.
verschränken *v/t* **1.** (*Arme*) fold, (*Beine*) cross. **2.** *tech.* cross, stagger.
verschrauben *v/t* bolt, screw up.
verschreiben I *v/t* **1.** ***j-m et. ~*** a) ⚕ prescribe s.th. for s.o., b) ⚖ make s.th. over to s.o. **II** *v/reflex* ***sich ~*** **2.** make a slip (of the pen). **3.** *fig. e-r Aufgabe etc*: devote o.s. to.
Verschreibung *f* ⚕ prescription.
verschreibungspflichtig *adj* ⚕ obtainable on prescription only.
verschroben *adj* eccentric, odd.
Verschrobenheit *f* eccentricity.
verschrotten *v/t* scrap, (*Auto*) *a.* junk.
verschrumpeln *v/i* F shrivel (up).
verschüchtert *adj* intimidated, shy.
verschulden I *v/t* (*Unfall etc*) be responsible (*od.* to blame) for, *weitS.* be the cause of. **II** *v/i u. v/reflex* ***sich ~*** get into debt.
Verschulden *n* fault: ***ohne mein ~*** through no fault of mine; ***uns trifft kein ~*** it's not our fault.
verschuldet *adj* (***völlig***) ***~ sein*** *Person*: be (heavily) indebted (***bei*** to), *Besitz*: be encumbered (with debts).
Verschuldung *f* indebtedness, encumbrance.
verschütten *v/t* **1.** (*Tee etc*) spill. **2.** (*j-n*) bury *s.o.* alive, (*Straße*) block.

V

verschwägert *adj* related by marriage.
verschweigen *v/t* (*dat* from) conceal, hide, keep *s.th.* a secret.
verschweißen *v/t* weld together.
verschwenden *v/t* (**an** *acc*, **für, mit** on) waste, squander: *fig.* ***du verschwendest d-e Worte!*** you are wasting your breath!
Verschwender(in) spendthrift, squanderer.
verschwenderisch *adj* wasteful, extravagant, lavish: *adv* **~ *umgehen mit*** be lavish with; **~ *dekoriert*** lavishly decorated.
Verschwendung *f* waste, extravagance.
Verschwendungssucht *f* extravagance, squandermania.
verschwiegen *adj* **1.** *Person*: discreet. **2.** *Ort*: secret, secluded.
Verschwiegenheit *f* discretion, secrecy: → ***Siegel.***
verschwimmen *v/i a. fig.* become blurred: ***die Farben*** **~** (***ineinander***) the colo(u)rs merge (into each other).
verschwinden *v/i* **1.** disappear, vanish: ***spurlos*** **~** vanish into thin air; **~*d klein*** infinitely small; → ***Erdboden.*** **2.** F make o.s. scarce: ***verschwinde!*** beat it!
Verschwinden *n* disappearance.
verschwitzen *v/t* **1.** → ***durchschwitzen.*** **2.** F *fig.* **et. ~** clean forget about s.th.
verschwitzt *adj* sweaty.
verschwollen *adj* swollen, puffed.
verschwommen *adj* **1.** *a. phot.* blurred. **2.** *fig. Begriff etc*: vague, *Erinnerung etc*: hazy, dim: *adv* **sich nur ~ erinnern** remember only dimly.
Verschwommenheit *f fig.* vagueness.
verschwören *v/reflex* **1. sich** (**mit *j-m***) **~** conspire (*od.* plot) (with s.o.) (***gegen*** against). **2.** *fig.* **sich** *e-r Aufgabe etc* **~** devote o.s. to.
Verschwörer(in) plotter, conspirator.
versehen I *v/t* **1. ~ *mit*** provide (*od.* furnish, equip) *s.o., s.th.* with; ***mit Ratschlägen*** **~** armed with advice; ***j-n mit Vollmacht*** **~** authorize s.o. **2.** (*Pflichten, Dienst*) perform, discharge, (*ein Amt*) *a.* hold: ***er versieht auch das Amt des Richters*** *a.* he acts as judge as well. II *v/reflex* **sich ~ 3.** make a mistake. **4.** provide (*od.* equip) o.s. (***mit*** with). **5. *ehe man sichs versieht*** F before you can say Jack Robinson.
Versehen *n* oversight, mistake: ***aus*** **~** → **versehentlich** *adv* by mistake.
versehrt *adj* disabled.
Versehrte *m, f* disabled person.
versenden *v/t* send, forward, ship.
Versendung *f* dispatch, shipment.
versengen *v/t* scorch, singe.
versenken I *v/t* sink, (*Kabel*) submerge. II *v/reflex* **sich ~ *in*** (*acc*) *fig.* become absorbed in.
Versenkung *f* **1.** sinking. **2.** *thea.* trapdoor: F *fig.* ***in der*** **~ *verschwinden*** disappear from the scene. **3.** *geistige*: absorption.
versessen *adj* **~ *auf*** (*acc*) mad about; ***darauf*** **~ *sein zu*** *inf* be desperate to *inf.*
versetzen I *v/t* **1.** (*et.*) remove, displace, shift, ⚘ transplant. **2.** (*j-n*) transfer (***in, auf*** *acc*, ***nach*** to), *ped.* move *s.o.* up, *Am.* promote: → ***Ruhestand.*** **3.** (*verpfänden*) pawn, (*verkaufen*) sell. **4.** F ***j-n*** **~** a) stand s.o. up, b) *bsd. Sport*: outtrick s.o. **5. *j-n in die Lage*** **~ *zu*** *inf* put s.o. in a position (*od.* enable s.o.) to *inf*; ***j-n in Unruhe*** **~** disturb s.o.; ***et. in Schwingungen*** **~** set s.th. vibrating; → ***Angst.*** **6.** F ***j-m e-n Schlag*** *etc* **~** give (*od.* deal) s.o. a blow *etc.* **7.** (*vermischen*) mix (***mit*** with). **8.** *tech.* stagger. II *v/reflex* **9. *sich in j-n*** (***j-s Lage***) **~** put o.s. in s.o.'s place (*od.* position).
Versetzung *f* **1.** removal, ⚘ transplanting. **2.** transfer (***in, auf*** *acc*, ***nach*** to). **3.** *ped.* remove, *Am.* promotion.
Versetzungs|zeichen *n* ♪ accidental. **~zeugnis** *n ped.* end-of-year report.
verseuchen *v/t a. radioaktiv*: contaminate (*a. fig.*).
Verseuchung *f* contamination.
Versicherer *m econ.* insurer, (*von Schiffen*) underwriter.
versichern *v/t* **1.** *econ.* insure (***sich*** o.s.) (***bei*** with, ***gegen*** against). **2.** (*behaupten*) declare, protest: ***ich kann dir*** **~, *dass ...*** I (can) assure you that ...
Versicherte *m, f the* insured (party).
Versicherung *f* **1.** *econ.* a) insurance: ***e-e*** **~ *abschließen*** take out an insurance (policy), b) → ***Versicherungsgesellschaft.*** **2.** assurance, *a.* ⚖ affirmation.
Versicherungs|anstalt *f* insurance company. **~beitrag** *m* (insurance) premium. **~betrug** *m* insurance fraud. **~branche** *f* insurance business. **~dauer** *f* time insured, period of insurance. **~fall** *m* insured event: ***im*** **~** should the event insured against occur. **~gesellschaft** *f* insurance company. **~jahre** *pl* years *pl* of coverage (*od.* insurance). **~karte** *f* ***grüne*** **~** green card. **~makler(in)** insurance broker. **~mathematiker(in)** actuary. **~nehmer(in)** insurant, *the* insured. **~nummer** *f* insurance policy number. **~pflicht** *f* compulsory insurance. **~pflichtgrenze** *f* compulsory insurance limit.
versicherungspflichtig *adj Person*: liable to insurance, *Sache*: subject to compulsory insurance.
Versicherungs|police *f* insurance policy. **~prämie** *f* insurance premium. **~risiko** *n*

insured risk. **~schein** *m* insurance policy. **~schutz** *m* insurance cover(age). **~summe** *f* sum insured. **~vertreter(in)** insurance agent. **~wesen** *n* insurance (business).
versickern *v/i* trickle away.
versiegeln *v/t* seal.
versiegen *v/i* dry up, run dry.
versiert *adj* (**in** *dat* in) experienced.
versilbern *v/t* **1.** *tech.* silverplate. **2.** F *fig.* **et.** ~ turn s.th. into cash, sell s.th.
versinken *v/i a. fig.* sink (**in** *acc* into).
versinnbildlichen *v/t* symbolize.
Version *f* version.
versklaven *v/t a. fig.* enslave.
verslumen *v/i* become a slum.
Versmaß *n* metre, *Am.* meter.
versnobt *adj* snobbish.
versoffen *adj* F boozy.
versöhnen I *v/t a. fig.* reconcile (**mit** to, with). II *v/reflex* **sich** (**wieder**) ~ be(come) reconciled; **sich wieder mit j-m** ~ *a.* make it up with s.o.
versöhnlich *adj* conciliatory; ~ **stimmen** placate.
Versöhnung *f* reconciliation.
versonnen *adj* pensive, dreamy.
versorgen *v/t* **1.** (**mit** with) supply, provide. **2.** (*Familie etc*) provide for, keep. **3.** look after, take care of, (*Vieh*) tend. **4.** (*Wunde*) see to, (*Verletzten*) attend to.
Versorgung *f* **1.** *allg.* supply. **2.** (*Unterhalt*) support, *von Hinterbliebenen*: provision (*gen* for). **3.** care.
Versorgungs|ausgleich *m jur.* maintenance settlement. **~betrieb** *m* public utility. **~empfänger(in)** pensioner. **~engpass** *m* supply bottleneck (*od.* shortage). **~güter** *pl* supplies *pl.* **~leitung** *f* supply line. **~lücke** *f* supply gap. **~netz** *n* supply system. **~schwierigkeiten** *pl* supply problems *pl.* **~technik** *f* utilities engineering. **~wirtschaft** *f* (public) utilities *pl.*
verspannen *v/t tech.* stay, brace.
verspannt *adj Muskeln*: cramped, tense.
verspäten *v/reflex* **sich** ~ be late.
verspätet I *adj* late, *Glückwünsche etc*: belated. II *adv* belatedly, late.
Verspätung *f* delay: **bitte entschuldigen Sie m-e** ~ please excuse my being late; (**e-e Stunde**) ~ **haben** be (an hour) late; **mit** (**e-r Stunde**) ~ **abfahren** leave (an hour) behind schedule.
verspeisen *v/t* eat, consume.
versperren *v/t* bar, block (up), (*a. die Sicht*) obstruct.
verspielen I *v/t* lose (at play), *a. fig.* gamble away. II *v/i* lose: *fig.* **bei mir hat er verspielt!** I'm through with him!
verspielt *adj* playful.
verspotten *v/t* make fun of, ridicule.
versprechen I *v/t* **1.** *a. fig.* promise: **das Wetter verspricht gut zu werden** the weather looks promising. **2. sich et.** ~ **von** expect s.th. of; **ich hatte mir mehr davon versprochen** I had expected better of it. II *v/reflex* **sich** ~ **3.** make a slip (of the tongue).
Versprechen *n* (**ein** ~ **geben, halten, brechen** make, keep, break a) promise.
Versprecher *m* slip (of the tongue).
Versprechung *mst pl* promises *pl*: **j-m große ~en machen** promise s.o. the earth.
verspritzen, versprühen *v/t* spray.
verspüren *v/t* feel, sense.
verstaatlichen *v/t* nationalize.
Verstaatlichung *f* nationalization.
verstädtern *v/i* become urbanized.
Verstädterung *f* urbanization.
Verstand *m* (*Denkvermögen*) intellect, mind, (*Vernunft*) reason, (common) sense, (*Intelligenz*) brain(s *pl*), intelligence: **scharfer** ~ keen mind; **klarer** (**kühler**) ~ clear (cool) head; **den** ~ **verlieren** go mad; F **hast du den** ~ **verloren?** are you out of your mind?; F **das geht über m-n** ~**!** that's beyond me!; **all s-n** ~ **zs.-nehmen** keep all one's wits about one.
verstandesmäßig *adj* intellectual, rational.
Verstandesmensch *m* matter-of-fact person, rationalist.
verständig *adj* intelligent, (*vernünftig*) reasonable, sensible, understanding.
verständigen I *v/t* inform (**von** about, of), (*Arzt, Polizei etc*) call. II *v/reflex* **sich mit j-m** ~ a) make o.s. understood by s.o., b) (*absprechen*) come to an agreement with s.o. (**über** *acc* on).
Verständigung *f* **1.** information. **2.** *sprachliche, geistige*: communication: *teleph.* **die** ~ **war schlecht** the line was bad. **3.** (*Übereinkunft*) agreement, understanding.
Verständigungsschwierigkeiten *pl* communication problems *pl*: **ich hatte** ~ I had problems to make myself understood.
verständlich *adj* **1.** (*deutlich*) distinct, clear, audible. **2.** (*fassbar*) intelligible, understandable: **schwer / leicht** ~ difficult / easy to understand; **j-m et.** ~ **machen** explain s.th. to s.o.; **sich j-m** ~ **machen** make o.s. understood (*im Lärm*: heard) by s.o.
verständlicherweise *adv* understandably.
Verständnis *n* **1.** (*gen* of) understanding, comprehension: **zum besseren** ~ **des Textes** in order to understand the text better. **2.** (*Einfühlungsvermögen*) understanding, insight, (*Sinn*) appreciation (**für** of), (*Mitgefühl*) sympathy (**für** with): (**viel**) ~ **haben für** (fully) understand, **j-n** show (great) un-

derstanding for s.o.; ***dafür fehlt mir jedes ~*** that's beyond me.

verständnisinnig *adj* understanding, *Blick*: *a.* meaningful.

verständnislos *adj* uncomprehending: ***~e Blicke*** blank looks; *adv* ***e-r Sache ~ gegenüberstehen*** have no understanding (*od.* appreciation) of s.th.

Verständnislosigkeit *f* lack of understanding (*od.* appreciation).

verständnisvoll *adj* understanding, *Blick etc*: *a.* knowing, sympathetic.

verstärken *v/t* strengthen, *a. mil.* reinforce (*beide a. tech.*), ⚒ concentrate, ϟ amplify, (*steigern, a.* ***sich ~***) increase, intensify (*a. phot.*).

Verstärkung *f* strengthening, reinforcement(s *pl mil.*), ϟ amplification, (*Steigerung*) increase, intensification (*a. phot.*).

verstauben *v/i* gather dust. **verstaubt** *adj* **1.** dusty. **2.** *fig.* antiquated.

verstauchen *v/t* ⚕ sprain (***sich die Hand*** one's wrist).

verstauen *v/t* stow away.

Versteck *n* hiding place, hideaway: *a. fig.* ***~ spielen*** play hide-and-seek.

verstecken *v/t* (*a.* ***sich ~***) hide (***vor*** *dat* from): *fig.* ***sich ~ hinter*** hide behind.

Versteckspiel *n a. fig.* hide-and-seek.

versteckt *adj a. fig.* hidden: ***sich ~ halten*** lie low; ***~e Kamera*** candid camera.

verstehen I *v/t* **1.** (*Sprecher*) hear, get, (*Worte*) *a.* catch. **2.** (*begreifen*) understand, comprehend, (*Sinn etc*) *a.* grasp, catch, F get, (*Kunstwerk*) *a.* appreciate, (*einsehen*) see, realize: ***Spaß ~*** take (*od.* see) a joke; ***falsch ~*** misunderstand; ***verstehe mich recht!*** don't misunderstand me! **3.** (*auslegen*) understand, read, take: ***was ~ Sie unter ...?*** what do you understand by ...?; ***wie ~ Sie das?*** what do you make of it? **4.** (*können*) know: ***er versteht es zu*** *inf* he knows how to *inf*; ***sein Handwerk ~*** know one's job; ***er versteht e-e Menge von ...*** he knows a great deal about ...; ***davon versteht er gar nichts*** he doesn't know the first thing about it. **5.** ***j-m zu ~ geben*** give s.o. to understand. **6.** ***sich*** (*od.* ***einander***) ***~*** get along (*od.* on) (with each other). **II** *v/reflex* ***sich ~*** **7.** get on (*od.* along) (***mit*** with). **8.** ***auf*** (*acc*) be (very) good at *ger.* **9.** ***es versteht sich von selbst, dass ...*** it goes without saying that ... **III** *v/i* **10.** ***~ Sie?*** you see?, F get me?; ***ich verstehe!*** I see!; ***verstanden?*** F got it?; ***wenn ich recht verstanden habe, willst du kommen?*** I take it that you will come?

versteifen *v/t* (*a.* ***sich ~***) stiffen: *fig.* ***sich ~ auf*** (*acc*) insist on *ger.*

Versteigerer *m*, **Versteigerin** *f* auctioneer.

versteigern *v/t* auction (off).

Versteigerung *f* auction: ***zur ~ kommen*** be put up for (*Am.* at) auction.

versteinern *v/i* (*a.* ***sich ~***) petrify (*a. fig.*): ***sie war vor Schreck wie versteinert*** she was petrified with terror.

Versteinerung *f* petrifaction, fossil.

verstellbar *adj* adjustable.

verstellen I *v/t* **1.** move, shift. **2.** (*Schrift, Stimme*) disguise: ***mit verstellter Stimme*** in a disguised voice. **3.** (*falsch einstellen*) misadjust: ***wer hat den Wecker verstellt?*** who has tampered with the alarm? **4.** (*versperren*) obstruct, block. **II** *v/reflex* **5.** ***sich ~*** *fig.* put on an act, *weitS.* hide one's feelings.

Verstellung *f* **1.** *fig.* a) disguise, b) play-acting. **2.** *tech.* adjustment.

versteppen *v/i geogr.* turn into steppe.

versteuern *v/t* pay tax on: ***zu ~(d)*** taxable.

versteuert *adj* tax-paid.

Versteuerung *f* payment of taxes (*gen*, ***von*** on).

verstiegen *adj* F *fig.* high-flown.

verstimmen *v/t* **1.** ♪ put *s.th.* out of tune. **2.** ϟ detune. **3.** ***j-n ~*** annoy s.o., put s.o. in a bad mood.

verstimmt *adj* **1.** ♪ out of tune. **2.** ϟ off-tune. **3.** annoyed (***über*** *acc* at), in a bad mood. **4.** ⚕ ***~er Magen*** upset stomach.

Verstimmung *f* **1.** ill humo(u)r, ill feeling. **2.** ⚕ (*Magenverstimmung*) upset.

verstockt *adj* stubborn, *Sünder*: impenitent.

verstohlen *adj* furtive, surreptitious.

verstopfen *v/t* **1.** stop (up), plug. **2.** (*versperren*) block (up), obstruct, (*Straße*) congest, jam. **3.** ⚕ clog, occlude, (*Darm*) constipate: ***m-e Nase ist verstopft*** my nose is plugged up; ***verstopft sein*** be constipated.

Verstopfung *f* **1.** block(age), jam. **2.** ⚕ constipation: ***an ~ leiden*** *a.* be constipated.

verstorben *adj* late, deceased.

Verstorbene *m, f the* deceased.

verstört *adj* badly upset, distracted, dismayed, *Blick etc*: wild.

Verstörtheit *f* distraction, dismay, confusion.

Verstoß *m* (***gegen***) offen/ce (*Am.* -se) (against), violation (of).

verstoßen I *v/t* (*j-n*) reject: ***j-n ~ aus*** expel s.o. from, cast s.o. out of. **II** *v/i* ***~ gegen*** offend against, violate.

verstrahlt *adj* (radioactively) contaminated.

verstreben *v/t*, **Verstrebung** *f tech.* strut.

verstreichen I *v/i Zeit*: pass, *Frist*: expire. **II** *v/t* (*Butter, Farbe etc*) spread.

verstreuen *v/t* scatter.

verstricken I *v/t* **1.** use (up). **2.** ***j-n ~ in*** (*acc*)

involve s.o. in. **II** *v/reflex* **3. sich ~ in** (*acc*) get entangled.
verstümmeln *v/t* mutilate, *fig.* (*Text etc*) *a.* garble.
Verstümmelung *f* mutilation.
verstummen *v/i* become silent, *Menschen*: *a.* stop talking, *Gespräch, Geräusch, fig. Gerüchte etc*: stop, cease, *allmählich*: die down.
Versuch *m* **1.** attempt (*a.* ⚖), trial (*beide a. Sport*), F try, (*Bemühung*) effort: ***e-n ~ machen mit*** try, give *s.o., s.th.* a trial (*od.* try), F have a go at *s.th.*; ***beim ersten ~*** at the first attempt; ***es käme auf e-n ~ an*** we might as well try. **2.** ⚗, ⚕, *phys.* experiment, *a. tech.* test, trial: ***~e anstellen*** experiment. **3.** (*literarischer ~*) essay (**über** *acc* on).
versuchen *v/t* **1.** try, attempt (*a.* ⚖): ***et. ~*** a) try s.th., b) experiment with s.th.; ***es ~ mit*** try, ***j-m*** give s.o. a try; ***versuchs doch mal!*** just (have a) try!; ***versuchter Mord*** attempted murder. **2.** *fig.* tempt: ***ich war versucht zu*** *inf* I was tempted to *inf.* **3.** (*kosten*) try, taste.
Versucher(in) tempter (temptress).
Versuchs|anstalt *f* research institute. **~bedingung** *f* test condition. **~bohrung** *f* trial drilling. **~gelände** *n* testing ground. **~ingenieur(in)** research engineer. **~kaninchen** *n* F guinea pig. **~objekt** *n* test object. **~person** *f* test subject (*od.* person). **~projekt** *n* pilot project. **~reihe** *f* series of tests. **~stadium** *n* experimental stage. **~tier** *n* experimental animal.
versuchsweise *adv* by way of trial, (*auf Probe*) on trial. **Versuchszwecke** *pl* ***zu ~n*** for experimental purposes.
Versuchung *f* (***j-n in ~ führen*** lead s.o. into) temptation: ***in ~ sein*** (*od.* ***kommen***) be tempted.
versumpfen *v/i* **1.** become marshy. **2.** F *fig.* get bogged down.
versündigen *v/reflex* ***sich ~*** sin (**an** *dat* against).
versunken *adj fig.* **~ in** (*acc*) absorbed in, lost in.
Versunkenheit *f fig.* absorption.
versüßen *v/t fig.* sweeten.
vertagen *v/t* (*a.* ***sich ~***) adjourn (**auf** *acc* till, until). **Vertagung** *f* adjournment.
vertäuen *v/t* ⚓ moor.
vertauschen *v/t* **1.** exchange (***mit, gegen*** for): *fig.* ***mit vertauschten Rollen*** with reversed roles. **2.** confuse, mix up.
verteidigen I *v/t allg.* defend (***sich*** o.s.) (***gegen*** against, from), *weitS.* (*eintreten für*) stand up for: ***sich*** (***vor Gericht***) ***selbst ~*** conduct one's own defen/ce (*Am.* -se). **II** *v/i Sport*: defend.
Verteidiger(in) 1. *allg.* defender, *fig. a.* advocate, *Fußball*: *a.* fullback. **2.** *im Strafprozess*: counsel for the defence, *Am.* defense counsel.
Verteidigung *f allg.* defen/ce (*Am.* -se).
Verteidigungs... defen/ce (*Am.* -se) (*budget, policy, etc*). **~ausgaben** *pl* defence expenditure *sg.* **~beitrag** *m* defence contribution. **~bereitschaft** *f* preparedness for defence. **~bündnis** *n* defensive alliance. **~fall** *m* ***im ~e*** in case of defence. **~krieg** *m* defensive war. **~minister(in)** Minister of Defence, *Am.* Secretary of Defense. **~ministerium** *n* Ministry of Defence, *Am.* Department of Defense. **~rede** *f* (speech for the) defence, *weitS.* apology. **~waffe** *f* defensive weapon.
verteilen I *v/t* **1.** distribute, hand out, share out (*alle*: ***an*** *acc* to, ***unter*** among), (*zuteilen*) allocate (*a. thea. Rollen*): ***unter sich ~*** share; ***... mit verteilten Rollen lesen*** do a play reading of ... **2.** (***auf, über*** *acc* over) distribute, spread (*a. fig.* ***über e-n Zeitraum*** over a period), *weitS.* scatter. **II** *v/reflex* ***sich ~* 3.** spread (***auf, über*** *acc* over, *a. fig. über e-n Zeitraum*), *Personen*: scatter, *a. mil.* spread out.
Verteiler *m* **1.** distributor (*a. econ.*, ⚡, *mot.*). **2.** *für Memos etc*: distribution list. **~kasten** *m* ⚡ distributing box. **~netz** *n* **1.** ⚡ distribution system. **2.** *econ.* distributing network. **~schlüssel** *m econ.* **1.** distribution key. **2.** → ***Verteiler*** 2. **~tafel** *f* ⚡ distribution switchboard.
Verteilung *f* distribution, allocation.
verteuern I *v/t* raise the price of. **II** *v/reflex* ***sich ~*** go up (in price).
Verteuerung *f* rise in price(s) (*od.* cost).
verteufeln *v/t fig.* denounce, (*j-n*) *a.* make a bog(e)yman of.
verteufelt *adj* F devilish, tricky: *adv* ***~ schwer*** damned difficult.
vertiefen I *v/t* (*a.* ***sich ~***) deepen (*a. fig.*), *fig.* heighten, intensify, *ped.* (*Lernstoff*) consolidate. **II** *v/reflex* ***sich ~ in*** (*acc*) become absorbed (*od.* engrossed) in.
Vertiefung *f* **1.** deepening (*a. fig.*), *ped.* consolidation. **2.** (*Mulde*) depression. **3.** *geistige*: absorption.
vertikal *adj* vertical.
Vertikale *f* vertical (line).
vertilgen *v/t* **1.** (*Ungeziefer, Unkraut*) exterminate. **2.** → ***verdrücken*** I.
Vertilgung *f* extermination.
vertippen *v/reflex* ***sich ~*** make a (typing) mistake.
vertonen *v/t* ***et. ~*** set s.th. to music.
Vertonung *f* setting.
vertrackt *adj* F tricky, complicated.
Vertrag *m* contract, agreement, *pol.* treaty,

V

pact: ***mündlicher ~*** verbal agreement; ***e-n ~ (ab)schließen*** make (*od.* enter into) a contract; ***e-n ~ aufheben*** cancel a contract. *Sport etc*: ***j-n unter ~ nehmen*** sign s.o. on.

vertragen I *v/t* **1.** (*aushalten, a.* F *fig.*) endure, bear, stand, F take, (*Speisen etc*) be able to eat (*od.* drink), (*Medikament*) tolerate: ***ich vertrage k-n Kaffee*** coffee doesn't agree with me; ***sie verträgt das Klima nicht*** she can't stand the climate; ***er kann e-e Menge ~*** he can take a lot, (*Alkohol*) he can hold his drink; ***kannst du Kritik ~?*** can you take criticism?; F ***ich könnte e-e Tasse Tee ~*** I could do with a cup of tea. **2.** ***sich (miteinander) ~*** a) *Personen*: get on (*od.* along) together, b) *Farben etc*: go well together. **II** *v/reflex* **3.** ***sich ~ mit*** a) ***j-m*** get on (well) with s.o., b) (*passen zu*) go well with.

vertraglich I *adj* contractual: ***~e Zahlung*** contractual payment. **II** *adv* by contract: ***sich ~ (zu et.) verpflichten*** contract (for s.th. *od.* to do s.th.); ***~ ausschließen*** contract out; ***~ vereinbarter Preis*** contract price.

verträglich *adj* **1.** *Person*: sociable: ***~ sein*** *a.* be easy to get along with. **2.** *Speise*: (easily) digestible, light, *Medikament*: (*a.* ***gut ~***) well-tolerated.

Vertrags|abschluss *m* conclusion of a contract: ***bei ~*** on entering into the contract. **~aufhebung** *f* annulment (*od.* resolution) of contract. **~bedingungen** *pl* terms *pl* of the contract. **~beendigung** *f* termination. ***~bestimmungen*** *pl* provisions *pl* of a contract.

Vertragsbruch *m* breach of contract.

vertragsbrüchig *adj* defaulting: ***~ werden*** commit a breach of contract.

vertragschließend *adj* contracting.

Vertrags|dauer *f* term of a contract, contract period. **~entwurf** *m* draft agreement. **~erfüllung** *f* fulfillment (*od.* performance) of contract.

vertragsgemäß *adv* as stipulated.

Vertrags|gemeinschaft *f pol.* contractual union. **~händler(in)** authorized dealer. **~partei** *f*, **~partner(in)** party to an agreement. **~punkt** *m* article of a contract. **~spieler(in)** *Sport*: player under contract. **~strafe** *f* (contractual) penalty. **~treue** *f* loyalty to a contract. **~unterzeichnung** *f* signing of a contract. **~urkunde** *f* deed, indenture. **~verletzung** *f* breach of contract. **~werk** *n* (set of) agreements *pl.* **~werkstatt** *f* authorized repairer.

vertragswidrig *adj* contrary to (the terms of) the contract.

vertrauen *v/i* (*dat*) trust: ***~ auf*** (*acc*) trust in, rely upon; ***ich vertraue auf d-e Hilfe*** I trust you to help me.

Vertrauen *n* (***in, auf*** *acc* in) trust, faith, confidence: ***(ganz) im ~ (gesagt)*** (strictly) confidentially, F between you and me; ***im ~ auf*** (*acc*) trusting in, relying on; ***~ haben zu*** have confidence in, trust; ***er hat wenig ~ zu Ärzten*** he has little faith in doctors; ***j-n ins ~ ziehen*** confide in s.o.; ***der Regierung das ~ aussprechen*** pass a vote of confidence.

vertrauenerweckend *adj* inspiring confidence: *adv* ***(wenig) ~ aussehen*** inspire (little) confidence.

Vertrauens|arzt *m*, **~ärztin** *f* (health insurance) medical examiner. **~beweis** *m* mark of confidence. **~bruch** *m* breach of trust, indiscretion. **~frage** *f pol.* ***die ~ stellen*** propose a vote of confidence. **~frau** *f*, **~mann** *m* representative, (*Sprecher*) spokesperson. **~person** *f* reliable person.

Vertrauenssache *f* confidential matter: ***das ist ~*** that's a matter of confidence.

vertrauensselig *adj* (too) confiding, gullible. **Vertrauensseligkeit** *f* blind confidence, gullibility.

Vertrauens|stellung *f* position of trust. **~verlust** *m* loss of confidence.

vertrauensvoll *adj* trustful, trusting.

Vertrauensvotum *n* vote of confidence.

vertrauenswürdig *adj* trustworthy.

vertraulich *adj* **1.** confidential: ***~e Mitteilung*** *a.* confidence. **2.** friendly, (*a. allzu ~*) familiar.

Vertraulichkeit *f* **1.** confidence. **2.** (*a. übertriebene ~*) familiarity: ***plumpe ~*** chumminess.

verträumt *adj* dreamy.

vertraut *adj* **1.** close, intimate. **2.** (*bekannt*) familiar (*dat* to): ***~ sein mit*** be familiar with; ***sich ~ machen mit*** acquaint (*od.* familiarize) o.s. with; ***sich mit dem Gedanken ~ machen*** get used to the idea.

Vertraute *m, f* confidant(e *f*).

Vertrautheit *f* familiarity.

vertreiben *v/t* **1.** drive *s.o., s.th.* away: ***j-n ~ aus*** drive s.o. out of, expel s.o. from. **2.** *fig.* (*Sorgen etc*) banish, drive away: ***(sich) die Zeit ~*** while away the time. **3.** *econ.* sell, distribute.

Vertreibung *f* expulsion.

vertretbar *adj* justifiable, acceptable.

vertreten[1] *v/t* **1.** (*j-n*) substitute for, stand in for, *a.* ⚖ act for. **2.** (*Firma, Land etc*) represent, (*Interessen etc*) look after: *a. fig.* ***j-s Sache ~*** plead s.o.'s cause. **3.** (*verfechten*) support, advocate, (*Meinung, Standpunkt etc*) hold, take: ***e-e andere Ansicht ~*** take a different view (***als*** from). **4.** ***sich den Fuß ~***

V

sprain one's ankle; F ***sich die Beine ~*** stretch one's legs.
vertreten² *adj* ***~ sein*** a) be represented, b) be present, *bsd. Dinge*: be found.
Vertreter(in) 1. substitute, stand-in, deputy. **2.** *e-r Firma etc*: representative, *econ. a.* agent, (*Handelsvertreter*) sales representative, (*Bevollmächtigte*) agent, proxy. **3.** exponent, (*Verfechter*) advocate.
Vertreter|besuch *m* sales call. **~provision** *f* agent's commission.
Vertretung *f* **1.** *a. econ., pol.* representation, *econ. a.* agency: ***in ~ von*** (*od. gen*) as representative of; ***er hat die ~ der Firma X*** he represents the firm of X; ***diplomatische ~*** diplomatic mission. **2.** a) substitution, b) (*Person*) substitute, stand-in: ***j-s ~ übernehmen*** substitute (*od.* stand in) for s.o.
Vertretungsstunde *f ped.* replacement lesson.
Vertrieb *m* **1.** sale, distribution. **2.** (*Abteilung*) sales department.
Vertriebene *m, f* expellee.
Vertriebs|abteilung *f* sales department. **~gesellschaft** *f* marketing company, distributor. **~kanäle** *pl* channels of distribution. **~kosten** *pl* distribution (*od.* marketing) costs *pl.* **~leiter(in)** sales manager. **~leitung** *f* sales (*od.* marketing) management. **~organisation** *f* marketing organization. **~weg** *m* channel of distribution.
vertrimmen *v/t* F thrash, beat *s.o.* up.
vertrinken *v/t* spend on drink.
vertrocknen *v/i* dry up.
vertrödeln *v/t* dawdle away, waste.
vertrösten *v/t* ***j-n ~*** feed s.o. with hopes (***auf*** *acc* of); ***j-n auf später ~*** put s.o. off until later.
vertrottelt *adj* F senile: ***~ sein*** be gaga.
vertun *v/t* waste.
vertuschen *v/t* cover up, hush up.
verübeln *v/t* ***j-m et. ~*** take s.th. amiss; ***j-m ~, dass ...*** take it badly that ...; ***ich kann es ihr nicht ~*** (***, wenn ...***) I can't blame her (if ...).
verüben *v/t* commit, perpetrate.
verulken *v/t* F make fun of.
verunglimpfen *v/t* revile, disparage.
verunglücken *v/i* **1.** have an accident: ***tödlich ~*** be killed in an accident; ***mit dem Auto ~*** have a car accident. **2.** F go wrong, be a flop. **Verunglückte** *m, f* injured person, casualty.
verunreinigen → ***verschmutzen.***
verunsichern *v/t* ***j-n ~*** make s.o. feel insecure, F rattle s.o.
verunstalten *v/t* disfigure.
veruntreuen *v/t* embezzle.
Veruntreuung *f* embezzlement.
verursachen *v/t* cause, create, give rise to, (*nach sich ziehen*) entail.
Verursacher(in) perpetrator, (*von Umweltverschmutzung*) polluter.
Verursacherprinzip *n* polluter pays principle.
verurteilen *v/t* (***zu*** to) ⚖ sentence, *bsd. fig.* condemn. **Verurteilte** *m, f* convict.
Verurteilung *f a. fig.* condemnation.
vervielfältigen *v/t* **1.** (*a.* ***sich ~***) multiply. **2.** duplicate, copy.
Vervielfältigung *f* **1.** multiplication. **2.** duplication, (*Kopie*) duplicate.
Vervielfältigungsapparat *m* duplicator.
vervierfachen *v/t* (*a.* ***sich ~***) quadruple.
vervollkommnen *v/t* perfect.
Vervollkommnung *f* perfection.
vervollständigen *v/t* complete.
Vervollständigung *f* completion.
verwachsen¹ *v/i* (***miteinander***) ~ grow together, *Knochen*: unite, *Organe*: fuse: *fig.* ***~ mit*** *s-r Arbeit etc*: become bound up with, *e-r Stadt etc*: feel at home in.
verwachsen² *adj* deformed, crippled.
verwackeln *v/t* F *phot.* blur.
verwählen *v/reflex* ***sich ~*** F dial the wrong number.
verwahren I *v/t* keep (***sicher*** in a safe place). **II** *v/reflex* ***sich ~*** protest (***gegen*** against).
verwahrlosen *v/i* be neglected, *a. Person*: F go to seed: ***~ lassen*** neglect.
verwahrlost *adj* neglected, run-down, *Person*: seedy, *moralisch*: dissolute, *bsd. Kind*: wayward.
Verwahrlosung *f* neglect, *moralische*: dissolution.
Verwahrung *f* safekeeping, (*Obhut*) custody: ***in ~ nehmen*** take charge of; (***j-m***) ***et. in ~ geben*** deposit s.th. (with s.o.).
verwaisen *v/i* be orphaned.
verwaist *adj* **1.** orphaned. **2.** *fig.* (*menschenleer*) deserted, (*unbesetzt*) vacant.
verwalten *v/t allg.*: administer, manage (*a. Daten*), (*führen*) conduct, run, (*Amt*) hold.
Verwalter *m* administrator, (*Gutsverwalter* estate) manager, (*Hausverwalter*) caretaker, (*Vermögensverwalter*) trustee.
Verwalterin *f* manageress.
Verwaltung *f allg.* administration, (*Behörde*) *a.* administrative authority, *bsd. econ.* management.
Verwaltungs|akt *m* administrative act. **~angestellte** *m, f* employee in the administration. **~apparat** *m* administrative machinery. **~aufgaben** *pl* administrative tasks (*od.* duties) *pl.* **~aufwand** *m* administrative expenses *pl.* **~beamte** *m*, **~beamtin** *f* civil servant. **~bezirk** *m* administrative district. **~dienst** *m* civil service. **~gebäude** *n* administration building. **~gebühr** *f* adminis-

trative fee. **~gericht** *n* ⚖ administrative tribunal. **~kosten** *pl* administrative expenses *pl*. **~rat** *m econ*. governing board. **~sektor** *m* administrative sector.
verwaltungstechnisch *adj* administrative.
Verwaltungsweg *m* ***auf dem ~e*** through (the) administrative channels.
verwandeln *v/t* (***in*** *acc* into) change (*a.* ***sich ~***), transform, turn, *Fußball*: convert: *fig.* ***sie ist wie verwandelt*** she is completely changed.
Verwandlung *f* change, transformation, conversion.
verwandt *adj a. fig.* related (***mit*** to), kindred: ***~e Wörter*** cognate words.
Verwandte *m,f* relative, relation: ***der nächste ~*** the next of kin.
Verwandtschaft *f* **1.** relationship, kinship, *fig. a.* congeniality, affinity. **2.** (*die Verwandten*) relations *pl.*
verwandtschaftlich *adj* relational: ***welche ~en Beziehungen bestehen zwischen Ihnen?*** what is your relation(ship)?
Verwandtschaftsgrad *m* degree of relationship.
verwanzt *adj* buggy.
verwarnen *v/t* warn, *a. Sport*: caution.
Verwarnung *f* warning, *a. Sport*: caution: → ***gebührenpflichtig.***
verwaschen *adj* **1.** washed(-)out, *Farbe etc*: *a.* faded. **2.** *fig.* vague, wool(l)y.
verwässern *v/t a. fig.* water down.
verweben *v/t* interweave.
verwechseln *v/t* (***mit*** with) confuse, mix up: ***j-n*** (***mit j-m***) ~ take s.o. for s.o. else; ***sie sehen sich zum Verwechseln ähnlich*** they are as like as two peas.
Verwechslung *f* confusion, (*Irrtum*) mistake, F mix-up, (*von Personen*) case of mistaken identity.
verwegen *adj* (*kühn*) bold, daring, (*unbekümmert*) reckless, (*keck*) rakish.
Verwegenheit *f* boldness, daring.
verwehen *v/t* blow *s.th.* away, scatter, (*Spuren etc*) cover (up).
verwehren *v/t* refuse: ***j-m den Zutritt ~*** refuse s.o. admittance (***zu*** to).
verweichlichen I *v/t* ***j-n ~*** make s.o. soft. II *v/i* go soft.
verweichlicht *adj* soft, effeminate.
verweigern I *v/t* refuse: ***j-m et. ~*** refuse (*od.* deny) s.o. s.th.; ***e-n Befehl ~*** disobey an order; ***die Nahrung ~*** refuse to eat. II *v/i* *Pferd*: refuse. **Verweigerung** *f* refusal (*a. Reitsport*), denial.
Verweildauer *f* length of stay.
verweilen *v/i* **1.** stay. **2.** *fig. Blick etc*: rest (***auf*** *dat* on). **3.** ***~ bei*** *e-m Thema etc*: dwell on.
verweint *adj Gesicht*: tear-stained, *Augen*: red from crying.
Verweis *m* **1.** reprimand, rebuke: ***j-m e-n ~ erteilen*** reprimand s.o. (***wegen*** for). **2.** (*Hinweis*) reference (***auf*** *acc* to).
verweisen *v/t* **1.** → ***vorhalten*** b. **2.** refer (***an, auf*** *acc* to): ***man hat mich an Sie verwiesen*** I was referred to you. **3.** ***j-n von der Schule ~*** expel s.o. from school; ***j-n des Landes ~*** expel s.o. (from the country); → ***Platz*** 5.
verwelken *v/i a. fig.* wither.
verwendbar *adj* usable, suitable.
Verwendbarkeit *f* usability, suitability.
verwenden I *v/t* **1.** *allg.* use, employ, (*verwerten*) *a.* make use of, utilize. **2.** (*aufwenden*) (***auf*** *acc*) spend (on), (*Mühe, Zeit etc*) *a.* devote (to). II *v/reflex* **3.** ***sich*** (***bei j-m***) ***für j-n ~*** use one's influence (with s.o.) on s.o.'s behalf.
Verwendung *f* use, employment: ***k-e ~ haben für*** have no use for; ***~ finden*** be used (***bei*** in).
Verwendungs|bereich *m* range of use. **~möglichkeit** *f* use: ***vielseitige ~en haben*** have a wide range of use. **~zweck** *m* use, (intended) purpose.
verwerfen I *v/t allg.* reject, (*ablehnen*) *a.* turn down, (*aufgeben*) *a.* give up, drop, ⚖ (*Berufung*) dismiss, (*Antrag*) overrule. II *v/reflex* **sich ~** a) *geol.* fault, b) *Holz*: warp.
verwerflich *adj* reprehensible.
Verwerfung *f* **1.** rejection, ⚖ dismissal. **2.** a) *geol.* fault, b) *des Holzes*: warping.
verwertbar *adj* usable, *econ.* realizable.
Verwertbarkeit *f* usability.
verwerten *v/t* use, utilize, make use of, (*Patent etc*) exploit, *econ.* (*zu Geld machen*) realize.
Verwertung *f* use, utilization, exploitation, *econ.* realization.
Verwertungsrechte *pl* rights *pl* of exploitation.
verwesen *v/i* rot, decay: ***halb verwest*** putrefying.
Verwesung *f* decay, putrefaction.
verwetten *v/t* bet, spend *s.th.* on betting.
verwickeln I *v/t* **1.** tangle *s.th.* (up). **2.** *fig.* ***j-n ~ in*** (*acc*) involve s.o. in, (*e-n Skandal etc*) *a.* drag s.o. into. II *v/reflex* **sich ~ 3.** tangle up. **4.** ***sich ~ in*** (*acc*) *fig.* get caught in, (*Widersprüche*) get tangled up in.
verwickelt *adj fig.* **1.** complicated, complex, intricate. **2.** ***~ sein*** (***werden***) ***in*** (*acc*) be (get) involved (*e-n Skandal etc*: mixed up) in.
Verwicklung *f fig.* **1.** involvement (***in*** *acc* in). **2.** entanglement, complication.
verwildern *v/i allg., a. fig.* run wild, *Sitten*

etc: degenerate. **verwildert** *adj allg., a. fig.* wild, *Sitten etc*: degenerate.
Verwilderung *f fig.* degeneration.
verwinden *v/t* **1.** get over. **2.** *tech.* twist.
verwirken *v/t* forfeit.
verwirklichen I *v/t* realize. II *v/reflex* **sich ~** be realized, come true: **sich (selbst) ~** *Person*: fulfil(l) o.s.
Verwirklichung *f* realization.
verwirren I *v/t* **1.** (*Fäden etc*) tangle *s.th.* (up). **2.** *fig. allg.* confuse, (*j-n*) *a.* bewilder, (*j-s Geist etc*) *a.* muddle. II *v/reflex* **sich ~ 3.** get tangled up. **4.** *fig. Geist etc*: become muddled.
verwirrt *adj fig. allg.* confused, *Person*: *a.* bewildered, *Geist*: *a.* muddled.
Verwirrung *f allg.* confusion, muddle, *e-r Person*: *a.* bewilderment: ***es herrschte allgemeine ~*** there was general confusion; ***in ~ bringen*** → ***verwirren*** 2.
verwischen *v/t* (*a.* **sich ~**) blur, *fig. a.* cover (up); → ***Spur*** 1.
verwittert *adj* weather-beaten.
verwitwet *adj* widowed.
verwöhnen *v/t* spoil, pamper.
verwöhnt *adj* spoilt, (*wählerisch*) fastidious, (*anspruchsvoll*) demanding.
Verwöhnung *f* spoiling, pampering.
verworfen *adj* depraved.
verworren *adj* confused, muddled.
Verworrenheit *f* confusion, muddle.
verwundbar *adj a. fig.* vulnerable.
Verwundbarkeit *f a. fig.* vulnerability.
verwunden *v/t a. fig.* wound.
verwunderlich *adj* surprising, astonishing.
verwundern I *v/t* surprise, astonish. II *v/reflex* **sich ~ (über** *acc* at) be surprised, be astonished.
verwundert *adj* surprised, astonished: *adv* ***j-n ~ ansehen*** look at s.o. in surprise.
Verwunderung *f* surprise, astonishment.
Verwundete *m, f* wounded person, casualty. **Verwundung** *f* wound.
verwunschen *adj* enchanted.
verwünschen *v/t* curse.
verwünscht *adj* cursed, confounded.
Verwünschung *f* curse.
verwurzelt *adj fig.* (deeply) rooted.
verwüsten *v/t* devastate, *a. fig.* ravage.
Verwüstung *f* devastation, ravage(s *pl*).
verzagen *v/i* despair (**an** *dat* of), lose heart.
verzagt *adj* disheartened, despondent.
Verzagtheit *f* despondency.
verzählen *v/reflex* **sich ~** miscount.
verzahnt *adj tech.* toothed: ***miteinander ~*** *a. fig.* interlocked.
verzapfen *v/t* **1.** *tech.* mortise. **2.** F dish out: ***Unsinn ~*** talk nonsense.
verzärteln *v/t* (molly)coddle.
verzaubern *v/t* cast a spell on, *fig. a.* enchant: ***j-n ~ in*** (*acc*) turn s.o. into.
verzehnfachen *v/t* (*a.* **sich ~**) increase tenfold.
Verzehr *m* consumption.
verzehren I *v/t* consume (*a. fig.*), eat: ***verzehrt werden von*** → II *v/reflex* **sich ~ vor** *Gram, Liebe etc*: be consumed with.
verzeichnen *v/t* **1.** note (*od.* write) down, register, record: ***in e-r Liste ~*** list; *fig.* ***er konnte e-n großen Erfolg ~*** he achieved a great success; ***Fortschritte sind nicht zu ~*** no progress has been made. **2.** *fig.* (*verzerren*) distort.
Verzeichnis *n* list, catalog(ue *Br.*), register, record, (*Inhaltsverzeichnis*) index, (*Bestandsverzeichnis*) inventory, *Computer*: directory.
verzeihen I *v/t* forgive, excuse, pardon: ***j-m et. ~*** forgive s.o. s.th., excuse (*od.* pardon) s.o. (for) s.th.; ***~ Sie die Störung*** excuse my interrupting you. II *v/i* ***j-m ~*** forgive s.o.; ***~ Sie!*** (I beg your) pardon!, sorry!, *Am.* excuse me!
verzeihlich *adj* pardonable.
Verzeihung *f* pardon: ***j-n um ~ bitten*** a) ask s.o.'s forgiveness, b) (*sich entschuldigen*) apologize to s.o.; ***~!*** (I beg your) pardon!, sorry!, *Am.* excuse me!
verzerren I *v/t a. fig.* distort. II *v/reflex* **sich ~** become distorted.
verzetteln I *v/t* (*Zeit, Kräfte etc*) fritter away. II *v/reflex* **sich ~** waste one's time (*od.* energy) (**in** *dat*, **mit** on).
Verzicht *m* (**auf** *acc* of) renunciation, ⚖ *a.* waiver. **verzichten** *v/i* **~ auf** (*acc*) do without, F cut out, *weitS.* give up, ⚖ renounce, waive; ***zu j-s Gunsten ~*** stand aside for s.o.'s benefit.
Verzichterklärung *f* ⚖ renunciation, waiver.
verziehen I *v/i* **1.** → ***umziehen*** I. II *v/t* **2.** distort, (*Mund etc*) twist (**zu** into): ***das Gesicht ~*** (make a) grimace, pull a face; → ***Miene.*** **3.** (*j-n*) spoil: → ***verzogen.*** III *v/reflex* **sich ~ 4.** *Mund, Gesicht etc*: twist (**zu** into). **5.** *Holz*: warp. **6.** *Wolken, Rauch etc*: disperse, *Sturm, Gewitter etc*: blow over. **7.** F make o.s. scarce: ***verzieht euch!*** beat it!
verzieren *v/t* decorate.
Verzierung *f* decoration.
verzinken *v/t tech.* galvanize.
verzinnen *v/t tech.* tin(-plate).
verzinsen I *v/t* pay interest on: ***e-e Summe mit 5 % ~*** pay 5 % interest on a sum. II *v/reflex* **sich (mit 5 %) ~** yield (*od.* bear) (5 %) interest.
verzinslich *adj* interest-bearing: ***~ anlegen*** put out at interest.

V

Verzinsung *f* **1.** (*von*, *gen* on) payment of interest, (*Ertrag*) interest yield. **2.** → ***Zinssatz.***
verzogen *adj* **1.** ***Empfänger unbekannt*** ~ address unknown; ***falls*** ~, ***bitte zurück an ...*** (*acc*) if undelivered, please return to... **2.** *Kind etc*: spoilt.
verzögern I *v/t* delay, (*verlangsamen*) slow down, (*hinziehen*) protract. II *v/reflex* ***sich*** ~ be delayed.
Verzögerung *f* delay.
Verzögerungstaktik *f* delaying tactics *pl.*
verzollen *v/t* pay duty on: ***haben Sie et. zu*** ~***?*** have you anything to declare?
verzollt *adj* duty-paid.
Verzollung *f* payment of duty (*gen* on).
verzückt *adj* enraptured, ecstatic(ally *adv*).
Verzückung *f* rapture, ecstasy: ***in*** ~ ***geraten*** go into raptures (*od.* ecstasies) (***über*** *acc* over, about).
Verzug *m* **1.** delay: ***ohne*** ~ without delay, forthwith; *econ.* ***im*** ~ ***sein*** (***mit***) default (on), be in arrear(s) (for). **2.** ***es ist Gefahr im*** ~ there is danger ahead.
Verzugszinsen *pl* interest *sg* on arrears.
verzweifeln *v/i* despair (***an*** *dat* of): ***es ist zum Verzweifeln*** it's enough to drive you to despair; ***ich bin am Verzweifeln*** I'm desperate.
verzweifelt *adj Blick, Stimme etc*: despairing, *Kampf, Plan etc*: desperate.
Verzweiflung *f* (***j-n zur*** ~ ***bringen*** *od.* ***treiben*** drive s.o. to) despair.
Verzweiflungstat *f* act of desperation.
verzweigen *v/reflex* ***sich*** ~ *a. fig.* ramify, branch out.
verzweigt *adj a. fig.* branched: ***weit*** ~ ***sein*** branch (out) widely.
verzwickt *adj* F tricky, complicated.
Veteran *m* **1.** *mil.* ex-serviceman, *Am. u. fig.* veteran. **2.** *mot.* vintage car.
Veterinär(in) veterinary surgeon, *Am.* veterinarian, F vet.
Veto *n* veto: (***s***)***ein*** ~ ***einlegen*** put a veto on, veto. **~recht** *n* veto (power).
Vetter *m* cousin.
Vetternwirtschaft *f* nepotism.
V-Gespräch ***Voranmeldungsgespräch*** person-to-person call.
v. g. u. ***vorgelesen, genehmigt, unterschrieben*** read, confirmed, signed.
v. H. ***vom Hundert*** per cent, percent (p.c., pc, %).
VHS ***Volkshochschule*** *Institution*: adult education program(me); *Kurse*: adult evening classes *pl.*
Viadukt *m* viaduct.
Vibration *f* vibration.
vibrieren *v/i* vibrate.
Video *n* video.
Video|... video (*camera, film, system, etc*). **~aufnahme** *f*, **~aufzeichnung** *f* video recording. **~band** *n* video tape. **~clip** *m* video clip. **~gerät** *n* video recorder. **~kamera** *f* camcorder. **~kassette** *f* video cassette. **~konferenz** *f* video conference. **~rekorder** *m* video recorder. **~spiel** *n* video game. **~technik** *f* video technology. **~telefon** *n* videophone. **~text** *m* teletext.
Videothek *f* video-tape library.
Vieh *n* **1.** cattle, livestock. **2.** F (*Tier*) animal, beast. **~bestand** *m* livestock. **~futter** *n* fodder. **~händler** *m* cattle dealer.
viehisch *adj* bestial, brutal.
Vieh|markt *m* cattle market. **~wagen** *m* 🚂 cattle wag(g)on, *Am.* stockcar. **~zucht** *f* stockbreeding. **~züchter(in)** stockbreeder.
viel *adj u. adv* a lot (of), plenty (of), F lots of, *bsd. fragend, verneint u. nach too, so, as, how, very*: much: (***sehr***) **~*e*** (a great) many; ***sehr*** ~ ***Geld*** a great deal (*od.* plenty) of money; ***ziemlich*** ~ quite a lot (of); ***ziemlich*** **~*e*** quite a few; ***das kommt vom*** **~*en Rauchen*** that comes from all that smoking; ***ich halte nicht*** ~ ***davon*** I don't think much of it; **~*e hundert ...*** hundreds and hundreds of; ~ (*od.* ***um*** **~*es***) ***besser*** much better; ~ ***lieber*** much rather; ~ ***zu viel***(***e***) far too much (many); ~ ***zu wenig*** not nearly enough; ***in*** **~*em*** in many ways; ~ ***beschäftigt*** very busy; ~ ***diskutiert*** much-discussed; ~ ***geliebt*** much-loved; *a. iro.* ~ ***gepriesen*** much-vaunted; ~ ***gereist*** much-travel(l)ed; ~ ***sagend*** meaningful, knowing; ~ ***versprechend*** (very) promising: ***nicht*** (***gerade***) ~ ***versprechend*** unpromising.
vieldeutig *adj* ambiguous.
Vieleck *n* ⩓ polygon.
vielerlei *adj* various, all sorts of.
vielerorts *adv* in many places.
vielfach I *adj* multiple: ***er ist*** **~*er Millionär*** he is a millionaire many times over; ***auf*** **~*en Wunsch*** by popular request. II *adv* in many cases, (*oft*) frequently.
Vielfalt *f* (great) variety.
vielfältig *adj* varied, manifold.
Vielfraß *m zo. u.* F *fig.* glutton.
vielköpfig *adj Familie*: large.
vielleicht *adv* perhaps, maybe, possibly: ***hast du ihn*** ~ ***gesehen?*** have you seen him by any chance?; ~ ***kommen sie noch*** they may yet come; ***es ist*** ~ ***besser*** it might be better; ***könnten Sie*** ~ ***das Fenster schließen?*** would you mind closing the window?; F ***das ist*** ~ ***ein Trottel!*** he really is an idiot!; ***ich war*** ~ ***aufgeregt!*** what a state I was in!; ***das ist*** ~ ***ein Auto!*** that's some car!
vielmals *adv* many times: ***danke*** ~ many

V

thanks; ***sie lässt* (*dich*) *~ grüßen*** she sends you her best regards; ***ich bitte ~ um Entschuldigung*** I'm terribly sorry.
vielmehr *adv* rather.
vielschichtig *adj fig.* complex, multilayered.
vielseitig I *adj* many-sided, *Person*: *a.* versatile. **II** *adv* ***sie ist ~ begabt*** she has many talents; ***er ist ~ interessiert*** he has varied interests; ***~ verwendbar*** multipurpose, versatile.
Vielseitigkeit *f* versatility.
vielsprachig *adj* polyglot.
vielstimmig *adj* ♪ many-voiced, polyphonic.
Vielvölkerstaat *m* multiracial state.
Vielweiberei *f* polygamy.
Vielzahl *f* multitude.
vier *adj* four: ***unter ~ Augen*** in private; ***Gespräch unter ~ Augen*** private talk; F ***auf allen ~en*** on all fours.
Vier *f* four: *ped.* ***e-e ~ bekommen*** be given the mark (of) fair.
Vierbeiner *m* F quadruped.
vierbeinig *adj* four-legged.
vierblätt(e)rig *adj* four-leaved.
Viereck *n bsd.* ⩓ quadrangle, square.
viereckig *adj* quadrangular, square.
Vierer *m Rudern*: four, *Golf*: foursome. **~bob** *m* four-seater bob.
vierfach *adj* fourfold.
Vierfarbendruck *m* four-colo(u)r printing (*Bild*: print).
Vierfüßer *m zo.* quadruped. **vierfüßig** *adj* four-footed, *zo.* quadruped.
Vierganggetriebe *n mot.* four-speed gear unit.
vierhändig *adj* four-handed, for four hands: ***~ spielen*** play a duet.
vierhundert *adj* four hundred.
vierjährig *adj* **1.** *Abwesenheit etc*: of four years, four-year. **2.** *Kind etc*: four-year-old, of four.
Vierjährige *m, f* four-year-old (child).
Vierkant *m, n,* **vierkantig** *adj* square.
Vierlinge *pl* quadruplets *pl.*
viermal *adv* four times.
viermotorig *adj* four-engined.
Vierrad... four-wheel (*drive, brake*).
vierräd(e)rig *adj* four-wheeled.
vier|schrötig *adj* square(-built), thickset, burly. **~seitig** *adj* four-sided, ⩓ quadrilateral. **~silbig** *adj* four-syllable.
Viersitzer *m,* **viersitzig** *adj* four-seater.
vier|spurig *adj Straße*: four-lane. **~stellig** *adj* ⩓ four-digit. **~stimmig** *adj* ♪ four-part, for four voices: *adv* ***~ singen*** sing in four voices. **~stöckig** *adj* four-storeyed, *Am.* four-storied. **~stündig** *adj* of four hours, four-hour.
viert *adj* fourth: ***sie waren zu ~*** there were four of them.
Viertaktmotor *m* four-stroke engine.
viertausend *adj* four thousand.
Vierte *m, f* fourth.
Viertel *n* **1.** fourth (part). **2.** (*Maß, Stadt-, Mondviertel, ~stunde*) quarter: ***es ist ~ vor eins*** it is a quarter to one.
Viertelfinale *n Sport*: quarter finals *pl.*
Vierteljahr *n* three months *pl.*
vierteljährlich *adj u. adv* quarterly: ***~e Kündigung*** three months' notice.
Viertelliter *m, n* quarter of a litre (*Am.* liter).
vierteln *v/t* quarter.
Viertel|note *f* ♪ crotchet. **~pause** *f* ♪ crotchet rest. **~pfund** *n* quarter of a pound.
Viertelstunde *f* quarter of an hour.
viertelstündlich *adj u. adv* every quarter of an hour, every fifteen minutes.
viertens *adv* fourthly.
vierzehn *adj* fourteen: ***~ Tage*** a fortnight, *Am.* fourteen days; ***in ~ Tagen*** in two weeks' time, in a fortnight.
vierzehntägig *adj* two-week.
Vierzehnte *m, f* fourteenth.
Vierzeiler *m* quatrain.
vierzig *adj* forty; ***sie ist Anfang ~*** she is in her early forties.
Vierzig *f* forty.
vierziger *adj* ***die ~ Jahre*** ***e-s Jhs.***: the forties *pl.*
Vierziger(in) man (woman) of forty (*od.* in his [her] forties): ***sie ist in den Vierzigern*** she is in her forties.
Vierzigerjahre → ***vierziger.***
Vierzimmerwohnung *f* four-room flat (*Am.* apartment).
Vietnam *n* Vietnam.
Vietnamese *m,* **Vietnamesin** *f,* **vietnamesisch** *adj* Vietnamese.
Vignette *f* motorway permit.
Villa *f* villa.
Villenviertel *n* residential area.
Viola *f* ♪ viola.
violett *adj* violet.
Violine *f* ♪ violin. **Violinist(in)** violinist.
Violinschlüssel *m* violin (*od.* treble, G) clef.
Violoncello *n* ♪ violoncello.
Viper *f zo.* viper, adder.
Virensuchprogramm *n Computer*: debug program, virus scanner.
Virologie *f* ⚕ virology.
Virus *n a. Computer*: virus.
virtuell *adj Computer*: virtual.
virtuos *adj,* **Virtuose** *m,* **Virtuosin** *f* virtuoso. **Virtuosität** *f* virtuosity.
virulent *adj* virulent.
Virus *m, n* (*pl* ***Viren***) ⚕ virus. **Virusinfektion** *f* virus (*od.* viral) infection.

V

Visage *f* F mug.
Visier *n* **1.** *am Helm*: visor. **2.** *am Gewehr*: sight.
visieren I *v/i* take aim. **II** *v/t schweiz.* certify.
Vision *f* vision.
visionär *adj*, **Visionär(in)** visionary.
Visite *f* (doctor's) round.
Visitenkarte *f* (visiting, *Am.* calling) card, business card.
visuell *adj* visual.
Visum *n* **1.** visa. **2.** *schweiz.* signature.
vital *adj* **1.** vigorous, fit. **2.** (*lebenswichtig*) vital. **Vitalität** *f* vigo(u)r, vitality.
Vitamin *n* vitamin(e).
vitaminarm *adj* poor in vitamin(e)s.
Vitamingehalt *m* vitamin(e) content.
vitaminhaltig *adj* containing vitamin(e)s.
Vitamin|mangel *m* vitamin(e) deficiency. **~präparat** *n* vitamin(e) preparation.
vitaminreich *adj* rich in vitamin(e)s.
Vitaminstoß *m* massive dose of vitamin(e)s.
Vitrine *f* glass cupboard, *econ.* showcase.
Vize|... vice-(*admiral, chancellor, president, etc*). **~meister(in)** *Sport*: runner-up (***hinter*** *dat* to).
v. J. ***vorigen Jahres*** of last year, last year's.
VL ***vermögenswirksame Leistung(en)*** *employer's contribution(s pl) to tax-deductible employee savings scheme.*
Vlies *n* fleece.
v. l. n. r. ***von links nach rechts*** from left to right.
v. M. ***vorigen Monats*** of last month.
V-Mann ***Verbindungsmann, Vertrauensmann*** contact; (*Spitzel*) *a.* informer.
Vogel *m* **1.** bird: F *fig.* ***e-n ~ haben*** have a screw loose; ***den ~ abschießen*** take the cake; ***j-m den ~ zeigen*** tap one's forehead at s.o., give the finger to s.o. **2.** F *fig.* (*Kerl*) bird, fellow: ***er ist ein komischer ~*** he's a queer customer.
Vogel|bauer *n* birdcage. **~beerbaum** *m* rowan(-tree). **~beere** *f* rowanberry. **~futter** *n* birdseed. **~haus** *n* aviary. **~käfig** *m* birdcage. **~kunde** *f* ornithology. **~mist** *m* bird droppings *pl.*
vögeln *v/t u. v/i* V fuck, screw, bang.
Vogel|nest *n* bird's nest. **~perspektive** *f* ***Berlin aus der ~*** a bird's-eye view of Berlin. **~scheuche** *f a. fig.* scarecrow.
Vogelschutzgebiet *n* bird sanctuary.
Vogel-Strauß-Politik *f* ostrich policy.
Vogelwarte *f* ornithological station.
Vogerlsalat *m österr.* lamb's lettuce.
Vokabel *f* word.
Vokabelheft *n* vocabulary book.
Vokabular *n* vocabulary.
Vokal *m* vowel.
Vokalmusik *f* vocal music.
Volant *m am Kleid*: flounce.
Volk *n* **1.** people, nation, (*Masse*) *the* masses *pl*, crowd, *contp.* (*Pöbel*) mob, rabble: ***ein Mann aus dem ~*** a man of the people; ***sich unters ~ mischen*** mingle with the crowd. **2.** (*Bienenvolk*) swarm. **3.** *hunt.* covey.
Völker|kunde *f* ethnology. **~mord** *m* genocide. **~recht** *n* international law.
völkerrechtlich *adj* relating to (*adv* under) international law.
Völker|verständigung *f* international understanding. **~wanderung** *f* **1.** migration of (the) peoples. **2.** *fig.* exodus.
Volks|abstimmung *f* plebiscite, referendum. **~aufstand** *m* national uprising, revolt. **~befragung** *f* public opinion poll. **~begehren** *n* petition for a referendum. **~bildung** *f* national education. **~bücherei** *f* public library. **~charakter** *m* national character. **~demokratie** *f* people's democracy. **~deutsche** *m, f* ethnic German.
volkseigen *adj* state-owned.
Volkseigentum *n* national property.
Volks|einkommen *n* national income. **~feind(in)** public enemy. **~fest** *n* public festival. **~gruppe** *f* ethnic group. **~held(in)** folk hero(ine *f*). **~herrschaft** *f* democracy. **~hochschule** *f* (*Institution*) adult education program(me), (*Kurse*) adult evening classes *pl.* **~kammer** *f DDR hist.* People's Chamber. **~kunde** *f* folklore. **~lauf** *m Sport*: open cross-country race. **~lied** *n* folk song. **~mund** *m* (***im ~*** in the) vernacular. **~musik** *f* folk music.
volksnah *adj* popular, people-oriented, grassroots (*politician*).
Volks|polizist(in) *hist., DDR* member of the people's police. **~redner(in)** popular speaker, *b.s.* stump orator. **~republik** *f* people's republic. **~schicht** *f* social class. **~schule** *f* → ***Grund-, Hauptschule.*** **~seele** *f iro.* ***die ~ kocht*** the populace is seething. **~sport** *m* popular sport. **~sprache** *f* vernacular (language). **~stamm** *m* tribe, race. **~stück** *n thea.* folk play. **~tanz** *m* folk dance. **~tracht** *f* national costume. **~trauertag** *m* day of national mourning.
Volkstum *n* folklore.
volkstümlich *adj* folkloristic, *ling.* vernacular, (*herkömmlich*) traditional, (*einfach, beliebt*) popular: *a. contp.* ***sich ~ geben*** act folksy.
Volks|vermögen *n* national wealth. **~versammlung** *f* public meeting. **~vertreter(in)** people's representative. **~vertretung** *f* representation of the people, parliament.
Volks|wirt(in) *econ.* (political) economist. **~wirtschaft** *f* **1.** political economy. **2.** →

~wirtschaftslehre *f* economics *pl* (*mst sg konstr.*).
volkswirtschaftlich *adj* economic(ally *adv*), *a.* macroeconomic(ally *adv*): ***~e Gesamtrechnung*** macroeconomic accounting.
Volkszählung *f* census.
voll I *adj* **1.** (*Ggs. leer*) *allg.* full, (*gefüllt*) *a.* filled, (*~ besetzt*) full up: ***~(er), ~ von, ~ mit, ~*** (*gen*) full of (*a. fig.*), filled with, (*beladen mit*) loaded with; ***e-e Kanne*** (*~*) ***Tee*** a pot of tea; *fig.* ***aus dem Vollen schöpfen*** draw on plentiful resources; F ***~ sein*** a) (*satt*) be full up, b) (*betrunken*) be tight. **2.** (*füllig*) full, round, *Haar*: thick, rich: ***~er werden*** *a.* fill out. **3.** *fig. Ton, Stimme, Aroma etc*: full, rich. **4.** (*~ständig*) full, whole: ***der Mond ist ~*** the moon is full; ***e-e ~e Stunde*** a full (*od.* solid) hour; ***~e drei Tage*** fully three days; ***et. in ~er Höhe bezahlen*** pay the full amount, pay the amount in full; ***mit ~er Lautstärke*** (at) full blast; ***aus ~er Brust, aus ~em Halse*** at the top of one's voice; ***aus ~em Herzen*** from the bottom of one's heart; ***~es Vertrauen*** complete confidence; ***die ~e Wahrheit*** the whole truth. **II** *adv* **5.** fully, (*~ständig*) *a.* in full: ***~ und ganz*** completely, wholly; ***~ arbeiten*** work full time; ***~ beschäftigt*** fully occupied; ***~ besetzt sein*** be full (up); ***Sie müssen ~ bezahlen*** you have to pay the full price; ***~ füllen, ~ gießen*** fill (up); F ***~ machen*** fill (up); *fig.* ***um das Unglück ~ zu machen*** to make things worse; ***~ packen*** pack *s.th.* full (***mit*** of); ***sich ~ saugen mit*** become saturated with; ***~ schlagen*** *Uhr*: strike the full hour; ***sich ~ schlagen*** fill one's belly; ***~ schreiben*** (*Heft etc*) fill, (*Tafel etc*) cover; *a. fig.* ***~ stopfen*** stuff, cram; ***~ tanken*** fill up; ***~ gepackt, ~ gepfropft*** crammed (full), F (jam)packed; ***j-n nicht für ~ nehmen*** not to take s.o. seriously; F ***in die Vollen gehen*** go flat out.
vollauf *adv* quite, perfectly.
vollautomatisch *adj* fully automatic.
Vollautomatisierung *f* full automation.
Vollbad *n* full bath.
Vollbart *m* full beard.
vollbeschäftigt *adj* employed full-time.
Vollbeschäftigung *f* full employment.
vollbesetzt *adj* full.
Vollbesitz *m* ***im ~*** (*gen*) in full possession of.
Vollblut(pferd) *n*, **Vollblüter** *m* thoroughbred.
Vollbremsung *f* emergency stop: ***e-e ~ machen*** F slam on the brakes.
vollbringen *v/t* accomplish, achieve, (*Wunder*) perform.
vollbusig *adj* full-bosomed, F bosomy.
Volldampf *m* ***mit ~*** at full steam, *fig.* at full blast.
vollelektronisch *adj* fully electronic.
vollenden *v/t* **1.** (*Arbeit etc*) finish, (*a. Lebensjahr, Dienst, Studien*) complete. **2.** perfect.
vollendet *adj* perfect, accomplished: *adv* ***~ schön*** of perfect beauty; → ***Tatsache.*** **vollends** *adv* completely.
Vollendung *f* **1.** finishing, completion: ***nach ~*** (*gen*) on completion of. **2.** perfection.
voller → ***voll*** 1.
Völlerei *f* gluttony.
Volley *m Tennis etc*: volley.
Volleyball(spiel) *n* volleyball.
vollführen *v/t* perform.
Vollgas *n mot.* full throttle: ***mit ~*** F full tilt; ***~ geben*** F step on the gas.
Vollgefühl *n* ***im ~*** (*gen*) *fig.* fully conscious of.
Vollgummi *m*, *n* solid rubber.
völlig I *adj* total, absolute, complete: ***~e Gleichberechtigung*** full equality; ***~er Unsinn*** utter (*od.* perfect) nonsense; ***ein ~er Versager*** a complete failure. **II** *adv* quite, fully (*etc*): ***~ richtig*** absolutely right; ***~ am Ende sein*** be completely run down; ***das ist mir ~ gleichgültig*** I don't give a damn.
volljährig *adj* of (full legal) age, major: ***~ sein*** (***werden***) be(come) of age; ***noch nicht ~*** under age.
Volljährigkeit *f* full legal age, majority.
Volljurist(in) fully qualified lawyer.
vollkaskoversichert *adj* with comprehensive insurance.
Vollkaskoversicherung *f* comprehensive insurance.
Vollkauffrau *f*, **Vollkaufmann** *m* fully qualified merchant.
vollkommen I *adj* perfect, total, *Macht etc*: absolute. **II** *adv* F → ***völlig*** II.
Vollkommenheit *f* perfection.
Vollkorn|brot *n* wholemeal bread. **~nudeln** *pl* wholemeal pasta *sg*.
Vollkosten *pl* full cost *sg*. **~rechnung** *f* full (*od.* absorption) costing.
Vollmacht *f* full power(s *pl*), authority, ⚖ power of attorney, (*Urkunde*) proxy: ***~ haben*** be authorized; ***j-m ~ erteilen*** authorize s.o. **~geber(in)** donor, grantor.
Voll|matrose *m*, **~matrosin** *f* able-bodied seaman.
Vollmilch *f* full-cream milk. **~schokolade** *f* milk chocolate.
Vollmond *m* full moon: ***heute ist ~*** there is a full moon tonight.
vollmundig *adj* **1.** *Wein*: full-bodied. **2.** *fig. iro.* high-sounding, orotund.
Vollnarkose *f* general an(a)esthesia.
Vollpension *f* (full) board and lodging.

V

voll|saugen *v/reflex* ***sich ~ mit*** become saturated with. **~schlagen** F *v/reflex* ***sich ~*** fill one's belly.
vollschlank *adj* ***~ sein*** have a full figure.
vollständig I *adj* complete, whole, entire: ***~e Anschrift*** full address. II *adv* → ***völlig*** II.
Vollständigkeit *f* completeness: ***der ~ halber*** for the sake of completeness.
vollstreckbar *adj* ⚖ enforceable.
vollstrecken I *v/t* **1.** execute, ⚖ *a.* enforce. **2.** *Sport*: (*Strafstoß etc*) convert. II *v/i* **3.** *Sport*: score.
Vollstreckung *f* ⚖ execution.
Vollstreckungsbefehl *m* ⚖ writ of execution.
Volltreffer *m* direct hit, *a. fig.* bull's-eye.
volltrunken *adj* completely drunk.
Vollversammlung *f* plenary assembly.
Vollwaise *f* orphan.
Vollwaschmittel *n* all-purpose washing powder.
vollwertig *adj* full, adequate, of high value.
Vollwertkost *f* whole foods *pl.*
vollzählig *adj* **1.** ***~ sein*** be present in full number; *adv* ***~ erscheinen*** assemble in full strength. **2.** (*vollständig*) complete.
vollziehen I *v/t* execute, carry out, (*Trauung etc*) perform, (*die Ehe*) consummate: ***~de Gewalt*** executive. II *v/reflex* ***sich ~*** take place.
Vollzieher(in) executor.
Vollziehung *f*, **Vollzug** *m* execution, *der Trauung etc*: performance, *der Ehe*: consummation.
Vollzugs|anstalt *f* penal institution, prison. **~beamte** *m*, **~beamtin** *f* prison officer.
Volontär(in) unpaid trainee.
Volt *n* ⚡ volt. **~meter** *n* voltmeter. **~zahl** *f* voltage.
Volumen *n allg.* volume, (*Größe*) *a.* size, (*Inhalt*) *a.* capacity.
voluminös *adj* voluminous.
von *prep* **1.** *allg.* from: ***~ der Seite*** from the side; ***~ morgen an*** from (*adm.* as of) tomorrow. **2.** *Genitiv*: of, *Urheberschaft*, *Passiv*: by: ***e-e Freundin ~ ihr*** a friend of hers; ***ein Bild ~ Picasso*** a painting by Picasso; ***sie nahm ~ dem Kuchen*** she had some of the cake; ***9 ~ 10 Leuten*** 9 out of (*Statistik*: in) 10 people; → ***selbst*** I. **3.** *Eigenschaft*: of: ***~ Gold*** (made) of gold; ***ein Mann ~ Bildung*** a man of culture. **4.** (*über*) of, about: ***ich habe ~ ihm gehört*** I have heard of him; ***weißt du ~ der Sache?*** do you know about this affair?
voneinander *adv* from each other.
vonseiten *adv* ***~ von*** on the part of, by.
vonstatten *adv* ***~ gehen*** a) take place, b) *gut, zügig etc*: go, proceed.

V

vor *prep* **1.** *räumlich*: before, in front (*dat* of), (*außerhalb*) outside, (*in Gegenwart von*) in the presence (*dat* of): ***~ der Klasse*** in front of the class; ***~ der Tür*** at the door; ***~ dem Gesetz*** before the law. **2.** *zeitlich*: before, ago: ***~ 10 Jahren*** (***ein paar Tagen***) ten years (a few days) ago; ***~ dem Essen*** before dinner; ***5 Minuten ~ 12*** five minutes to (*Am.* of) 12, *fig.* at the eleventh hour; ***~ j-m liegen*** be (*od.* lie) ahead of s.o.; ***et. ~ sich haben*** have s.th. ahead of one, *b.s.* be in for s.th.; ***das haben wir noch ~ uns*** that's still to come. **3.** (*wegen*) for, with: ***~ Angst*** for fear; ***~ Kälte*** with cold; ***~ lauter Arbeit*** for all the work. **4.** *Rang*: above, before: ***~ allem, ~ allen Dingen*** above all. **5.** (*gegen*) from, against: ***j-n warnen ~*** warn s.o. against.
vorab *adv* (*zunächst*) first, to begin with, (*im Voraus*) in advance.
Vorabend *m* (**am ~** on the) eve (*gen* of).
Vorabinformation *f* advance information.
Vorahnung *f* premonition, *böse*: foreboding.
voran *adv* before, at the head, in front: ***mit dem Kopf ~*** head first.
vorangehen *v/i* **1.** lead the way, walk at the front (*od.* head) (*dat* of): ***j-n ~ lassen*** let s.o. go first; → ***Beispiel.*** **2.** *zeitlich*: precede. **3.** *fig. Arbeit etc*: get on, get ahead.
vorankommen *v/i* make progress (*od.* headway): ***beruflich*** (***im Leben***) ***~*** get on in one's job (in life).
Vorankündigung *f* advance notice.
voranmelden *v/t* book, reserve, give notice in advance.
Voranmeldung *f* booking: *teleph.* ***Gespräch mit ~*** person-to-person call; ***nur nach ~*** (*Vertreterbesuche etc.*) by appointment only.
Voranschlag *m* estimate.
vorantreiben *v/t fig.* press ahead with.
Voranzeige *f* preannouncement, *Film*: trailer.
Vorarbeit *f* preparatory work, preparations *pl.*
vorarbeiten *v/i u. v/t* work in advance: ***j-m ~*** pave the way for s.o.
Vorarbeiter(in) foreman (forewoman).
voraus *adv a. fig.* ahead (*dat* of): ***im Voraus*** in advance.
voraus|ahnen *v/t* anticipate. **~berechnen** *v/t* precalculate. **~bezahlen** *v/t* prepay, pay *s.th.* in advance. **~denken** *v/i* look ahead.
Vorausexemplar *n* advance copy.
vorausfahren *v/i* drive ahead (*dat* of).
vorausgehen *v/i* **1.** go ahead (*dat* of). **2.** *zeitlich*: precede.
vorausgesetzt *conj* ***~, dass*** provided (that).

voraushaben *v/t* ***j-m einige Erfahrung*** *etc* ~ have the advantage of greater experience *etc* over s.o.
vorauslaufen *v/i* run on ahead (*dat* of).
vorausplanen *v/t u. v/i* plan *s.th.* ahead.
Vorausplanung *f* forward planning.
Vorausrechnung *f* advance invoice (*od.* bill).
Voraussage *f*, **Voraussagung** *f* prediction, forecast, prognosis.
voraussagen *v/t* predict, forecast.
vorausschauend *adj fig.* foresighted.
vorausschicken *v/t* **1.** send on ahead. **2.** *fig.* ~, ***dass ...*** first mention that ...
voraussehen *v/t* foresee, expect: ***das war vorauszusehen*** that was to be expected.
voraussetzen *v/t* **1.** (*erfordern*) require. **2.** (*annehmen*) assume, expect: ***et. stillschweigend*** ~ take s.th. for granted; ***wir setzen diese Tatsachen als bekannt voraus*** we assume that these facts are known; → ***vorausgesetzt.***
Voraussetzung *f* **1.** condition, prerequisite: ***unter der*** ~, ***dass ...*** on condition that ...; ***die*** ~***en erfüllen*** meet the requirements. **2.** (*Annahme*) assumption.
Voraussicht *f* (***in weiser*** ~ with wise) foresight; ***aller*** ~ ***nach*** in all probability.
voraussichtlich **I** *adj* prospective, expected. **II** *adv* probably: ***er kommt*** ~ *a.* he is likely (*od.* expected) to come.
Vorauswahl *f* **1.** preliminary selection: ***e-e*** ~ ***treffen*** narrow down the choice. **2.** *bei Stellenausschreibung*: shortlist.
Vorauszahlung *f* advance payment.
Vorbau *m* front part (of a building), (*Vorhalle*) porch.
vorbauen **I** *v/t* build *s.th.* in front (*od.* out). **II** *v/i fig.* take precautions.
Vorbedingung *f* condition.
Vorbehalt *m* reservation, proviso: ***unter dem*** ~, ***dass ...*** provided (that) ...; ***ohne*** ~ without reservation.
vorbehalten *v/t* reserve: ***Änderungen*** ~ subject to change (without notice); ***Irrtümer*** ~ errors excepted; ***alle Rechte*** ~ all rights reserved; ***sich*** (***das Recht***) ~ ***zu*** *inf* reserve the right to *inf*; ***j-m*** ~ ***sein*** (*od.* ***bleiben***) be left to s.o.
vorbehaltlich *prep* (*gen*) subject to.
vorbehaltlos *adj* unreserved.
vorbehandeln *v/t* pretreat.
Vorbehandlung *f* pretreatment.
vorbei *adv* **1.** *a.* ~ ***an*** (*dat*) past, by: ~***!*** missed! **2.** *zeitlich*: over, finished, (*vergangen*) gone, *nach Uhrzeit*: past: ***5 Uhr*** ~ past five (o'clock); ***es ist aus und*** ~ it's all over and done with.
vorbei|fahren *v/i* ~ ***an*** (*dat*) drive past. ~**gehen** *v/i* **1.** ~ ***an*** (*dat*) pass by, *fig.* miss, pass *s.th.* by: ***im Vorbeigehen*** in passing. **2.** → ***vorübergehen.*** **3.** *Schuss etc*: miss (the mark). ~**kommen** *v/i* **1.** ~ ***an*** (*dat*) pass by, *e-m Hindernis etc*: get past (*od.* round), pass. **2.** F (*besuchen*) drop in (***bei*** on). ~**lassen** *v/t* let *s.o.*, *s.th.* pass. ~**marschieren** *v/i* ~ ***an*** (*dat*) march past. ~**reden** *v/i* ***aneinander*** ~ talk at cross-purposes; ***am Thema*** ~ miss the point. ~**schießen** *v/i* miss: (***am Tor***) ~ shoot wide. ~**schrammen** *v/i* scrape past (***an etw*** *dat* s.th.). ~**ziehen** *v/i* ***an j-m*** ~ *Sport*: overtake s.o., *fig. Erinnerungen etc*: go through s.o.'s mind.
vorbelastet *adj* ***erblich*** ~ ***sein*** have a hereditary handicap.
Vorbemerkung *f* preliminary remark.
vorbereiten *v/t* (*a.* ***sich*** ~) prepare (***für, auf*** *acc* for): *fig.* ***bereite dich auf das Schlimmste vor!*** prepare (yourself) (*od.* be prepared) for the worst!
vorbereitend *adj* preparatory.
Vorbereitung *f* preparation (***für, zu, auf*** *acc* for): ~***en treffen*** (***für***) make preparations (*od.* prepare) (for); ***in*** ~ in preparation, being prepared.
Vorbericht *m* preliminary report.
Vorbesprechung *f* preliminary discussion (*od.* talk).
vorbestellen *v/t* (*Karten, Zimmer etc*) book in advance, reserve. **Vorbestellung** *f* advance booking, reservation.
vorbestraft *adj* ~ ***sein*** have a police record.
vorbeugen **I** *v/i* ***e-r Sache*** ~ prevent (*od.* guard against) s.th. **II** *v/reflex* ***sich*** ~ bend forward.
vorbeugend *adj* preventive, ⚕ (*a.* ~***es Mittel***) prophylactic.
Vorbild *n* model, example: ***leuchtendes*** ~ shining example; ***sich j-n zum*** ~ ***nehmen*** follow s.o.'s example; (***j-m***) ***ein*** ~ ***sein*** set an example (to s.o.).
vorbildlich *adj* exemplary, model: *adv* ***er benahm sich*** ~ he behaved in an exemplary manner.
Vorbildung *f* (previous) training, education(al background).
Vorbote *m*, **Vorbotin** *f fig.* herald, forerunner.
vorbringen *v/t* (*Argument etc*) bring forward, (*Wunsch, Forderung etc*) express, state, (*Gründe, Entschuldigung etc*) offer, (*Einwand*) raise, (*Protest*) enter, ⚖ (*Klage*) prefer.
Vordach *n* canopy.
vordatieren *v/t* (*vorausdatieren*) postdate, (*zurückdatieren*) antedate.
Vordenker(in) thinker, brain.
vorder *adj* front.

Vorder|achse *f* front axle. **~ansicht** *f* front view. **~bein** *n zo.* foreleg. **~deck** *n* ⚓ foredeck. **~fuß** *m zo.* forefoot, *von Hund, Katze etc*: front paw.
Vordergrund *m* foreground: *fig.* ***in den ~ rücken*** come to the fore; ***et. in den ~ stellen*** give s.th. special emphasis.
vordergründig *adj* (*adv* on the) surface.
Vorder|haus *n* front building. **~lauf** *m hunt.* foreleg. **~mann** *m* ***mein ~*** the person in front of me; F *fig.* ***auf ~ bringen*** a) ***j-n*** make s.o. pull his socks up, b) ***et.*** bring s.th. up to scratch. **~rad** *n* front wheel. **~rad...** front-wheel (*brake*, *drive*, *etc*). **~reihe** *f* front row. **~seite** *f* front, ⚠, *tech. a.* face, *e-r Münze*: obverse. **~sitz** *m* front seat.
vorderst *adj* front.
Vorder|teil *m, n* front (part). **~tür** *f* front door. **~zahn** *m* front tooth.
vordrängen *v/reflex* ***sich ~*** push forward, *in e-r Schlange*: jump the queue, *fig.* put o.s. forward.
vordringen *v/i* push (*od.* forge) ahead: ***~ in*** (*acc*) *a. fig.* penetrate into; ***~ (bis) zu*** *a. fig.* work one's way through to.
vordringlich *adj* urgent, priority (*task etc*): *adv* ***~ behandelt werden*** be given priority.
Vordruck *m* form, *Am.* blank.
vorehelich *adj* premarital.
voreilig *adj* hasty, rash: ***~e Schlüsse ziehen*** jump to conclusions.
voreinander *adv* ***Achtung ~*** respect for each other; ***sie haben Angst ~*** they are afraid of each other.
voreingenommen *adj* (***gegenüber*** against) prejudiced, bias(s)ed.
Voreingenommenheit *f* prejudice, bias.
vorenthalten *v/t* ***j-m et. ~*** withhold (*od.* keep) s.th. from s.o.
Vorentscheidung *f* preliminary decision.
vorerst *adv* for the time being.
Vorexamen *n* preliminary examination.
Vorfahr(in) ancestor.
vorfahren *v/i* drive up (***vor*** *dat* before).
Vorfahrt *f* priority, right of way: ***~ beachten!*** give way!, *Am.* yield!
vorfahrt(s)berechtigt *adj* having the right of way.
Vorfahrt(s)|schild *n* sign regulating priority. **~straße** *f* priority road.
Vorfall *m* **1.** incident, occurrence. **2.** ⚕ prolapse.
vorfallen *v/i* happen, occur.
Vorfeld *n* **1.** ✈ apron. **2.** *fig.* ***im ~*** (*gen*) in the run-up to.
Vorfilm *m* supporting film.
vorfinanzieren *v/t* prefinance.
vorfinden *v/t* find.
vorformulieren *v/t* preformulate.
Vorfreude *f* anticipation.
vorfristig *adj u. adv* ahead of time.
Vorfrühling *m* early spring.
vorfühlen *v/i* ***bei j-m ~*** sound s.o. out.
vorführen *v/t* **1.** show, (*Film*) *a.* present, (*Gerät etc*) demonstrate, (*Kunststück*) perform. **2.** ***j-n*** *dem Richter, e-m Arzt etc* ***~*** bring s.o. before. **3.** F ***j-n ~*** make s.o. look like a fool.
Vorführer(in) *im Kino*: projectionist.
Vorführraum *m* projection room.
Vorführung *f* **1.** showing, *e-s Films*: *a.* presentation, *e-s Geräts etc*: demonstration, *e-s Kunststücks etc*: performance. **2.** (*Aufführung*) show.
Vorführwagen *m* demonstration car.
Vorgabe *f* **1.** *Sport*: start, handicap, (*Kurvenvorgabe*) stagger. **2.** (*Bedingung*) precondition, stipulation, (*Zielvorgabe*) target, (*Daten etc*) given (*od.* set) data *pl.* **3.** → **Vorgabezeit** *f tech.* allowed time.
Vorgang *m* **1.** (*Ablauf*) proceedings *pl*, *biol.*, ⚗, *tech.* process. **2.** (*Ereignis*) event, occurrence. **3.** (*Geschäft*) operation, transaction **4.** (*Akten*) (case) file, record.
Vorgänger(in) predecessor.
Vorgarten *m* front garden, *Am.* frontyard.
vorgeben *v/t* **1.** *Sport*: give, allow. **2.** (*behaupten*) allege, claim, pretend. **3.** (*festlegen*) prescribe, stipulate, (*Daten etc*) give, set.
Vorgebirge *n* foothills *pl.*
vorgefasst *adj* preconceived.
vorgefertigt *adj a. fig.* prefabricated.
Vorgefühl *n* → ***Vorahnung.***
vorgehen *v/i* **1.** go forward, go up (***zu*** to), *mil.* advance, F (*vorangehen*) lead the way: ***m-e Uhr geht (e-e Minute) vor*** my watch is (one minute) fast; F ***geh schon mal vor!*** you go on ahead! **2.** (*handeln*) act: ***~ gegen*** take action against; ***gerichtlich gegen j-n ~*** proceed against s.o.; ***hart ~ gegen*** crack down on. **3.** happen, go on: ***was geht hier vor?*** what's going on here? **4.** (*Vorrang haben*) come first. **Vorgehen** *n* (line of) action, (*Verfahren*) procedure.
vorgelagert *adj* ***~e Inseln*** offshore islands.
vorgenannt *adj* aforementioned.
vorgerückt *adj* ***zu ~er Stunde*** at a late hour; ***in ~em Alter*** a) *person* well advanced in years, b) at an advanced age.
Vorgeschichte *f* **1.** prehistory, early history. **2.** *e-r Sache*: (past) history, *e-r Person*: past life, background.
vorgeschichtlich *adj* prehistoric(ally *adv*).
Vorgeschmack *m* foretaste (***auf*** *acc*, ***von*** of).
Vorgesetzte *m, f* superior, F boss.
Vorgespräche *pl* preliminary talks *pl.*

V

vorgestern *adv* the day before yesterday: F ***von ~*** → **vorgestrig** *adj* **1.** *Zeitung etc*: of the day before yesterday. **2.** *fig. Ansicht etc*: antiquated.

vorgezogen *adj Ruhestand etc*: early.

vorgreifen *v/i* ***j-m*** (***e-r Sache***) **~** anticipate s.o. (s.th.).

Vorgriff *m* (***im ~*** in) anticipation (***auf*** *acc* of).

vorhaben *v/t* **~, *et. zu tun*** plan (*od.* have in mind, intend) to do s.th.; ***e-e Reise ~*** plan to go on a journey; ***was habt ihr heute vor?*** what are your plans for today?; ***haben Sie heute Abend et. vor?*** have you got anything planned for tonight?; ***morgen habe ich e-e Menge vor*** I've got a lot to do tomorrow; ***was hast du mit ihm*** (***damit***) ***vor?*** what are you going to do with him (it)?; ***was hast du jetzt wieder vor?*** what are you up to now?

Vorhaben *n* intention, plan(s *pl*), (*a. Bauvorhaben etc*) project: ***sein ~ durchführen*** carry out one's plans.

Vorhalle *f* (entrance) hall, vestibule.

Vorhalt *m* ♪ suspension.

vorhalten *v/t* ***j-m et. ~*** a) hold s.th. (up) in front of s.o., b) *fig.* reproach s.o. with s.th.; ***mit vorgehaltener Pistole*** at pistol point.

Vorhaltung *f mst pl* reproach: ***j-m ~en machen*** remonstrate with s.o. (***über*** *acc* about).

Vorhand *f Tennis etc*: forehand.

vorhanden *adj* existing, (*verfügbar*) available, *econ.* in stock: ***~ sein*** exist; ***es ist nichts mehr ~*** there is nothing left.

Vorhandensein *n* existence.

Vorhang *m* curtain (*a. thea.*), drapes *pl*: *hist.* ***der Eiserne ~*** the Iron Curtain.

Vorhängeschloss *n* padlock.

Vorhaut *f anat.* foreskin, prepuce.

vorher *adv* before: ***am Abend ~*** the evening before, the previous evening.

vorherbestimmen *v/t* predetermine.

vorhergehen *v/i* ***e-r Sache ~*** precede s.th.

vorhergehend, vorherig *adj* preceding, previous.

Vorherrschaft *f* predominance, supremacy.

vorherrschen *v/i* predominate, prevail.

vorherrschend *adj* predominant, *Meinung etc*: prevailing.

Vorhersage *f* prediction, *a. meteor.* forecast. **vorhersagen** *v/t* predict.

vorhersehen *v/t* foresee.

vorhin *adv* a (short) while ago.

Vorhut *f mil.* van(guard).

vorig *adj* former, previous: ***~e Woche*** last week.

vorindustriell *adj* preindustrial.

Vorjahr *n* previous (*od.* last) year.

vorjährig *adj* of last year.

Vorkalkulation *f* preliminary costing.

Vorkämpfer(in) champion.

Vorkasse *f* cash in advance, advance payment.

vorkauen *v/t* F *fig.* ***j-m et. ~*** spoon-feed s.th. to s.o.

Vorkaufsrecht *n* right of preemption: ***das ~ haben*** *a.* have the refusal.

Vorkehrung *f mst pl* measure, (*Vorsichtsmaßregel*) precaution: ***~en treffen*** a) take precautions (***gegen*** against), b) make arrangements (***für*** for).

Vorkenntnisse *pl* previous knowledge (*od.* experience) *sg.*

vorknöpfen *v/t* F ***sich j-n ~*** take s.o. to task.

vorkommen *v/i* **1.** (*sich finden*) be found, occur. **2.** (*geschehen*) happen, occur: ***so et. ist mir noch nicht vorgekommen!*** F well, I never!; ***das darf nicht wieder ~!*** that must not (*od.* don't let it) happen again! **3.** (*scheinen*) seem: ***es kommt mir so vor, als ob*** it seems to me as if; ***sich dumm ~*** feel silly; ***er kommt sich sehr klug vor*** he thinks he is very clever; ***sie kommt mir bekannt vor*** she looks familiar; ***das kommt dir nur so vor*** you are just imagining it; ***es kommt mir merkwürdig vor*** it strikes me as (rather) strange.

Vorkommen *n* **1.** occurrence. **2.** ⚒ deposit(s *pl*).

Vorkommnis *n* incident: ***k-e besonderen ~se*** no unusual occurrence(s).

Vorkriegs... prewar ...

vorladen *v/t* ⚖ summon.

Vorladung *f* (writ of) summons *sg.*

Vorlage *f* **1.** model, pattern, (*Zeichenvorlage*) copy: ***et. als ~ benutzen*** copy s.th. **2.** (***gegen ~*** on) presentation (*gen* of): *econ.* ***zahlbar bei ~*** *a.* payable at sight. **3.** (*Gesetzesvorlage*) bill. **4.** *Fußball*: pass.

vorlassen *v/t* ***j-n ~*** a) let s.o. go first, b) let s.o. pass, c) admit s.o. (***bei*** to).

Vorlauf *m* **1.** *Sport*: (preliminary) heat. **2.** *am Magnetband*: forward run.

Vorläufer(in) *a. Skisport*: forerunner.

vorläufig **I** *adj* temporary, provisional: ***~e Auftragserteilung*** letter of intent; ***~e Rechnung*** pro-forma invoice, provisional invoice; ***~e Tagesordnung*** tentative agenda. **II** *adv* (*fürs Erste*) for the time being.

Vorlauf|kosten *pl* preproduction cost. **~zeit** *f* lead time.

vorlaut *adj* pert, cheeky: ***~e Art*** pertness.

Vorleben *n* former life, past.

vorlegen **I** *v/t* **1.** (*Zeugnis, Ausweis etc*) present, produce, submit, (*zeigen*) show, (*herausbringen*) bring out, publish, (*Projektentwurf*) introduce: ***j-m et. ~*** present (*od.* submit) s.th. to s.o.; *pol.* ***den Haushalt ~***

present the budget. **2.** (*Speisen*) serve. **3.** (*Schloss, Kette etc*) put *s.th.* on. **4.** F ***ein schnelles Tempo*** ~ set a fast pace. **II** *v/reflex* ***sich*** ~ **5.** lean forward.
Vorleger *m* rug, mat.
vorlehnen *v/reflex* ***sich*** ~ lean forward.
Vorleistung *f* **1.** *econ.* advance (payment). **2.** *pol.* advance concession.
vorlesen I *v/t* (***j-m***) ***et.*** ~ read s.th. (out) (to s.o.). **II** *v/i* ***j-m*** ~ read to s.o. (***aus*** *dat* from, out of). **Vorleser(in)** reader.
Vorlesung *f* (***e-e*** ~ ***halten*** give a) lecture (***über*** *acc* on, ***vor*** to): ***~en halten*** lecture (***über*** *acc* on); ***~en hören*** go to lectures. **Vorlesungsverzeichnis** *n* program(me *Br.*) of lectures.
vorletzt *adj* last but one: ***~e Woche*** the week before last.
vorlieb *adv* ~ ***nehmen*** make do (***mit*** with).
Vorliebe *f* (***für*** for) preference, special liking: ***et. mit*** ~ ***tun*** love doing (*od.* to do) s.th.
vorliegen *v/i* **1.** ***j-m*** ~ lie before s.o.; ***der Antrag liegt vor*** the application has been submitted; ***es liegen k-e Beschwerden vor*** there are no complaints; ***liegt sonst noch et. vor?*** is there anything else? **2.** (*existieren*) be, exist: ***es liegen Gründe vor*** there are reasons; ***es lag Notwehr vor*** it was a case of self-defen/ce (*Am.* -se); ***da muss ein Irrtum*** ~ there must be a mistake. **3.** (*verfügbar sein*) be available, be out: ***das Ergebnis liegt noch nicht vor*** the result is not yet known.
vorliegend *adj* existing, present, (*verfügbar*) available: ***~e Aufträge*** orders on hand; ***die ~en Probleme*** the problems at issue; ***im ~en Falle*** in the present case.
vorlügen *v/t* ***j-m et.*** ~ lie to s.o.
vorm. ***vormittags*** in the morning (a.m., am).
vormachen *v/t* F ***j-m et.*** ~ a) show s.o. how to do s.th., b) (*täuschen*) fool s.o.; ***sich*** (***selbst***) ***et.*** ~ fool o.s.
Vormacht(stellung) *f* supremacy.
vormalig *adj* former.
vormals *adv* formerly.
Vormarsch *m* advance: ***im*** (*od.* ***auf dem***) ~ ***sein*** be advancing, *fig.* be on the march.
vormerken *v/t* make a note of: ***ich merke Sie für Montag vor*** I'll put your name down for Monday.
Vormerkkalender *m* diary.
Vormieter(in) previous tenant.
vormittag *adv* ***heute*** (***gestern***) ***Vormittag*** this (yesterday) morning.
Vormittag *m* (***am*** ~ in the) morning.
vormittags *adv* in the morning: ***Montag*** ~, ***montags*** ~ every Monday morning.
Vormund *m* guardian.
Vormundschaft *f* guardianship.
vorn *adv* in front, before, ahead: ***ganz*** ~ a) right in front, up front, b) at the beginning; ***nach*** ~ to the front, forward; ***von*** ~ from the front; ***von*** ~ ***anfangen*** a) begin at the beginning, b) (***noch mal***) start (all over) again; ***von*** ~ ***bis hinten*** a) from front to back, b) from beginning to end; ***noch einmal von*** ~ all over again.
Vorname *m* Christian name, first name.
vornehm *adj* **1.** (*edel*) noble (*a. fig.*), (*adlig*) *a.* aristocratic, of noble birth: ***~e Gesinnung*** high-mindedness. **2.** distinguished, (*elegant*) elegant, fashionable, exclusive: ***e-e ~e Dame*** a distinguished lady; ***e-e ~e Gegend*** a fashionable quarter; ***~e Gesellschaft*** polite society; F ~ ***tun*** give o.s. airs.
vornehmen *v/t* **1.** (*Arbeiten etc*) carry out, (*Änderungen etc*) make, (*Messungen etc*) take. **2. *sich*** ~, ***et. zu tun*** decide to do s.th.; ***sich*** *ein Buch, e-e Arbeit etc* ~ get busy on; ***sich zu viel*** ~ take on too much; F ***sich j-n*** ~ take s.o. to task (***wegen*** about).
Vornehmheit *f* **1.** nobility. **2.** distinction, (*Eleganz*) elegance, refinement, exclusiveness: ***ihre*** ~ her distinguished appearance.
vornherein *adv* ***von*** ~ from the start.
vornüber *adv* forward.
Vorort *m* suburb.
Vorort(s)|... suburban. **~bewohner(in)** suburbanite. **~zug** *m* suburban (*od.* local, commuter) train.
Vorplatz *m* forecourt, square.
Vorposten *m mil.* outpost.
Vorprogramm *n Film:* supporting program(me *Br.*).
vorprogrammieren *v/t* (pre)program(me *Br.*), *fig. a.* condition: ***vorprogrammiert sein*** *Erfolg, Konflikt etc:* be a foregone conclusion.
Vorprüfung *f* preliminary examination.
vorragen *v/i* project, protrude.
Vorrang *m* precedence, priority: ***den*** ~ ***haben vor*** (*dat*) take (*od.* have) priority (*od.* precedence) over.
vorrangig *adj* priority: *adv* ***et.*** ~ ***behandeln*** give s.th. priority treatment.
Vorrangstellung *f* preeminence.
Vorrat *m* (***an*** *dat* of) stock (*a. fig. an Witzen etc*), store, supply, *bsd. an Lebensmitteln:* provisions *pl*, *an Waffen etc:* stockpile: ***e-n*** ~ ***anlegen*** lay in a stock (***von*** of); ***solange der*** ~ ***reicht*** while stocks last.
vorrätig *adj* available, *econ.* in stock: ***nicht*** (***mehr***) ~ out of stock; ***wir haben ... nicht mehr*** ~ we are out of ...
Vorratskammer *f* pantry, larder.
Vorraum *m* anteroom.

vorrechnen *v/t j-m et.* ~ calculate s.th. for s.o.
Vorrecht *n* privilege, prerogative.
Vorredner(in) previous speaker: *mein(e)* ~ the speaker before me.
Vorrichtung *f* device, F gadget.
vorrücken I *v/t* move *s.th.* forward. II *v/i* move on, *mil.* advance.
Vorruhestand *m* early retirement: *im ~ sein* have taken early retirement; *in den ~ treten* take early retirement.
Vorruhestandsregelung *f* early retirement law(s *pl*) (*od.* policy).
Vorrunde *f Sport*: preliminary round.
vorsagen I *v/t j-m et.* ~ tell s.o. s.th. II *v/i j-m* ~ tell s.o. the answer.
Vorsaison *f* early season.
Vorsatz *m* resolution, (*Absicht*) intention, ⚖ (criminal) intent: *mit* ~ with intent, wil(l)fully; *mit dem ~ zu töten* with intent to kill.
vorsätzlich *adj* intentional, deliberate, ⚖ wil(l)ful: *~er Mord* premeditated murder.
Vorsatzlinse *f phot.* ancillary lens.
Vorschau *f* preview (*auf acc* of), *Film, TV* trailer(s *pl*).
Vorschein *m zum ~ bringen* produce, *fig.* bring to light; *zum ~ kommen* come to light, appear, emerge.
vorschieben *v/t* 1. advance, (*Riegel*) shoot: → *Riegel* 1. 2. *fig. et.* ~ use s.th. as an excuse; *j-n* ~ use s.o. as a dummy.
vorschießen *v/t* (*Summe etc*) advance.
Vorschlag *m* suggestion, proposal (*a. parl.*), (*Empfehlung*) recommendation: *darf ich e-n ~ machen?* may I offer a suggestion?; *auf ~ von* (*od. gen*) at the suggestion of. **vorschlagen** *v/t* suggest, (*a. Kandidaten*) propose: *j-m et.* ~ suggest (*od.* propose) s.th. to s.o.; *ich schlage vor, nach Hause zu gehen* I suggest going (*od.* that we go) home.
vorschnell *adj* hasty, rash.
vorschreiben *v/t fig.* prescribe, dictate: *ich lasse mir nichts ~!* I won't be dictated to!; *das Gesetz schreibt vor, dass ...* the law provides that ...
Vorschrift *f* rule(s *pl*), regulation(s *pl*), (*Anweisung*) direction, instruction: *nach ärztlicher* ~ according to doctor's orders; *Dienst nach* ~ work-to-rule; *streng nach ~ arbeiten* work to rule.
vorschriftsmäßig I *adj* correct, (as) prescribed, regulation ... II *adv* correctly, according to the regulations.
vorschriftswidrig *adj u. adv* contrary to the regulations.
Vorschub *m* 1. *tech.* feed. 2. *fig. e-r Sache* (*j-m*) *~ leisten* encourage s.th. (s.o.).
Vorschulalter *n* preschool age.
Vorschule *f* preschool.
Vorschulerziehung *f* preschool education.
Vorschuss *m* advance (payment) (*auf acc* on).
vorschützen *v/t et.* ~ plead s.th. (as an excuse).
vorschweben *v/i mir schwebt ... vor* I'm thinking of ...
vorsehen I *v/t* 1. plan, schedule: *das war nicht vorgesehen* that was not planned. 2. (*bestimmen*) intend, designate, (*bsd. Geld*) earmark: *j-n für e-n Posten* ~ designate s.o. for a post. II *v/reflex* 3. *sich* ~ be careful, watch out (*vor dat* against).
Vorsehung: *die* ~ Providence.
vorsetzen *v/t j-m et.* ~ set s.th. before s.o., *a. fig.* offer s.o. s.th.
Vorsicht *f* caution, care: *~!* watch out!, careful!, (*Aufschrift*) (handle) with care!; *~, Stufe!* mind the step!; *zur* ~ as a precaution; *mit äußerster* ~ with the utmost caution.
vorsichtig *adj* cautious, careful, *Schätzung*: conservative: (*sei*) *~!* be careful!; *adv ~ anfassen* (*fahren*) handle (drive) carefully.
vorsichtshalber *adv* as a precaution, to be on the safe side.
Vorsichtsmaßnahme *f* precaution(ary measure): *~n treffen* take precautions.
Vorsilbe *f ling.* prefix.
vorsingen I *v/t j-m et.* ~ sing s.th. to s.o. II *v/i* (*a. j-n ~ lassen*) audition.
vorsintflutlich *adj* F *fig.* antediluvian.
Vorsitz *m* presidency, chair(manship): *bei e-r Versammlung den ~ haben* (*od. führen*) preside over (*od.* chair, be in the chair at) a meeting; *unter dem ~ von ...* with ... in the chair.
Vorsitzende *m, f* 1. president, chairman (*bzw.* chairwoman), *neutral*: chairperson. 2. ⚖ presiding judge.
Vorsorge *f* provision, precaution: *~ treffen* take precautions (*dass* that), provide (*gegen* against).
vorsorgen *v/i* (*für* for) make provisions, provide.
Vorsorgeuntersuchung *f* (preventive) medical checkup.
vorsorglich I *adj* precautionary. II *adv* as a precaution, to be on the safe side.
Vorspann *m* 1. (*Einleitung*) introduction. 2. *Film*: (title and) credits *pl*, *mit Szene*: pretitle sequence.
Vorspeise *f* hors d'oeuvre, starter: *als ~ a.* for starters.
vorspiegeln → *vortäuschen.*
Vorspiegelung *f unter* (*wegen*) *~ falscher Tatsachen* under (for) false preten/ces (*Am.* -ses).

Vorspiel *n* **1.** (**zu** to) *a. fig.* a) ♪ prelude, b) *thea.* curtain raiser, prolog(ue *Br.*). **2.** *sexuelles*: foreplay.
vorspielen I *v/t* play: ***j-m et.*** ~ play s.th. to s.o., *fig.* put on an act for s.o.'s benefit. **II** *v/i* play, (*a. j-n* ~ ***lassen***) audition.
vorsprechen I *v/t* **1.** ***j-m et.*** ~ pronounce s.th. for s.o. to repeat. **2.** recite. **II** *v/i* **3.** *thea.* (*a. j-n* ~ ***lassen***) audition. **4.** (*besuchen*) call (***bei*** at).
vorspringen *v/i* **1.** leap forward. **2.** project, jut (out). **vorspringend** *adj* projecting, *a. Nase etc*: prominent.
Vorsprung *m* **1.** ⚠ projection, (*Sims, a. Felsvorsprung*) ledge. **2.** (*Vorgabe*) *a. Sport*: start, (*Abstand*) lead: ***ich gebe dir 5 Minuten*** ~ I'll give you a start of five minutes; ***sein*** ~ ***beträgt 30 Sekunden*** he has a lead of 30 seconds (***vor*** on); ***mit großem*** ~ by a wide margin; ***e-n*** ~ ***haben*** *a. fig.* be ahead (***vor*** *dat* of).
vorspulen *v/t* wind on (*od.* forward).
Vorstadt *f* suburb.
Vorstadtbewohner(in) suburbanite.
vorstädtisch *adj* suburban.
Vorstand *m* **1.** *econ.* board of directors, managing board: ***im*** ~ ***sitzen*** be on the Board. **2.** *e-s Vereins*: managing committee. **3.** (*Person*) head.
Vorstands|beschluss *m* resolution of the managing board. **~etage** *f* executive floor. **~mitglied** *n* board member, member of the board. **~sitzung** *f* board meeting. **~vorsitzende** *m, f* chairman (*bzw.* chairwoman, *neutral*: chairperson) of the Board, chairperson and managing director. **~sitzung** *f* board meeting. **~wahl** *f* board elections *pl.*
vorstehen *v/i* **1.** project, jut out, *Augen*: protrude. **2.** *e-m Institut etc*: direct, be at the head of, run.
vorstehend *adj* projecting, *a. Zähne, Augen etc*: protruding: ***~e Zähne*** *a.* buckteeth.
Vorsteher(in) manager, director, head.
Vorsteherdrüse *f anat.* prostate gland.
vorstellbar *adj* conceivable, imaginable.
vorstellen I *v/t* **1.** move (*Uhr, Zeiger*: put) *s.th.* forward. **2.** ***j-n j-m*** ~ introduce s.o. to s.o.; ***darf ich Ihnen Herrn X ~?*** may I introduce you to Mr. X, I'd like you to meet Mr. X. **3.** *econ.* (*ein neues Produkt etc*) present, introduce. **4.** (*darstellen*) represent, (*bedeuten*) mean: ***was soll das Bild ~?*** what's that picture supposed to be?; F ***er stellt et. vor*** he's quite somebody. **5.** ***sich et.*** ~ fancy, imagine, picture, (*denken an*) have *s.th.* in mind; F ***stell dir vor!*** fancy!, just imagine!; ***du kannst dir gar nicht ~ ...*** you've no idea ...; ***man kann sich ihre Enttäuschung*** ~ you can picture her disappointment; ***so stelle ich mir ... vor*** that's my idea of ...; ***stellt euch das nicht so leicht vor!*** don't think it's so easy!; ***darunter kann ich mir nichts*** ~ it doesn't mean anything to me. **II** *v/reflex* **6. *sich*** ~ introduce o.s. ([***bei***] ***j-m*** to s.o.), ***bei*** *e-r Firma etc*: go for an interview with.
vorstellig *adj* ~ ***werden bei*** apply to.
Vorstellung *f* **1.** introduction, *bei Bewerbung*: interview (***bei*** with), *econ. e-s Produkts etc*: presentation. **2.** *thea. etc* performance (*a. fig. Leistung*), show, (*Filmvorstellung*) show(ing). **3.** (*Begriff*) idea, notion, concept: ***falsche*** ~ wrong idea, misconception; ***sich e-e*** ~ ***machen*** form an idea (*od.* a picture) (***von*** of); F ***du machst dir k-e ~!*** you've no idea!; ***das entspricht nicht m-n ~en*** that's not what I expected (*od.* had in mind). **4.** (*Fantasie*) imagination.
Vorstellungsgespräch *n* interview.
Vorsteuer *f* input tax.
Vorstopper(in) *Fußball*: centre (*Am.* center) half.
Vorstoß *m mil.* advance, *Sport*: attack (*a. fig.*), *pol. u. fig.* démarche. **vorstoßen** *v/i mil.* advance, *Sport*: attack: *fig.* ~ ***in*** (*acc*) venture into; ~ ***zu*** reach.
Vorstrafe *f* previous conviction. **Vorstrafen(register** *n*) *pl* police record.
vorstrecken *v/t* **1.** stretch (*Kopf*: stick) out. **2.** (*e-e Summe*) advance.
Vorstudie *f* preliminary study, (*Skizze*) (preliminary) sketch.
Vorstufe *f* preliminary stage.
Vortag *m* previous day, day before.
vortasten *v/reflex* ***sich*** ~ grope one's way (***bis zu*** to).
vortäuschen *v/t* feign, simulate, fake, pretend: ***Interesse*** ~ pretend to be interested.
Vorteil *m* advantage (*a. Tennis*), (*Nutzen*) benefit: ***die Vor- und Nachteile e-r Sache abwägen*** consider the pros and cons; ***im*** ~ ***sein*** have the advantage (***gegenüber*** over); ***auf s-n eigenen*** ~ ***bedacht sein*** have an eye to the main chance; ~ ***ziehen aus*** profit by; ***sich zu s-m*** ~ ***verändern*** change for the better.
vorteilhaft *adj* advantageous, profitable, *Farbe, Kleid etc*: becoming: ~ ***aussehen*** look attractive; *adv* ***sich*** ~ ***auswirken*** have a favo(u)rable effect (***auf*** *acc* on).
Vortrag *m* **1.** (***über*** *acc* on) lecture, *TV, Radio*: talk, (*Bericht*) report: ***e-n*** ~ ***halten*** (***vor*** *dat* to) give a lecture (*od.* talk), read a paper; F ***j-m e-n*** ~ ***halten*** lecture s.o. **2.** performance, *e-s Gedichts etc*: recitation, ♪ (*Solo*) recital, (*Spiel, Technik*) execution. **3.** *econ.* balance carried forward.

vortragen *v/t* **1.** (*darlegen*) state, express, (*unterbreiten*) submit, present. **2.** perform, play, (*Lied*) sing, (*Gedicht etc*) recite. **3.** *econ.* carry (*od.* bring) forward.
Vortragende *m, f* **1.** lecturer, speaker. **2.** ♪ *etc* performer.
Vortrags|reihe *f* series of lectures. **~reise** *f* lecture tour. **~saal** *m* lecture hall.
vortrefflich *adj* excellent, splendid.
vortreten *v/i* **1.** step (*od.* come) forward. **2.** → ***vorstehen*** 1. **Vortritt** *m* (***den ~ haben*** take) precedence (***vor*** *dat* over): ***j-m den ~ lassen*** let s.o. go first.
vorüber *adv* ***~ sein*** *a. fig.* be over.
vorübergehen *v/i* pass, *fig. Kummer etc*: *a.* go away.
vorübergehend **I** *adj* temporary, passing. **II** *adv* temporarily, for a short time.
Vorübergehende *m, f* passer-by, *pl* passers-by.
Vorübung *f* preliminary exercise.
Voruntersuchung *f* ⚖, ⚕ preliminary examination.
Vorurteil *n* prejudice.
vorurteilsfrei, vorurteilslos *adj* unprejudiced, unbias(s)ed.
Vorvergangenheit *f ling.* past perfect, pluperfect.
Vorverhandlung *f* ⚖ preliminary trial, *pl econ., pol.* preliminaries *pl.*
Vorverkauf *m* advance sale (*thea.* booking). **Vorverkaufskasse** *f*, **Vorverkaufsstelle** *f* (advance) booking office.
vorverlegen *v/t* advance.
Vorverstärker *m* ⚡ preamplifier.
Vorvertrag *m* precontract.
vorverurteilen *v/t* condemn in advance, presentence.
vorvorig *adj* (***~es Jahr*** the year) before last.
Vorwahl *f* **1.** *pol.* preliminary election, *Am.* primary (election). **2.** → **Vorwahlnummer** *f teleph.* dialling (*Am.* area) code.
Vorwand *m* pretext, excuse: ***unter dem ~ von*** (*od.* ***dass***) on the pretext of (*od.* that).
vorwärmen *v/t* warm, *tech.* preheat.
Vorwarnung *f* (advance) warning.
vorwärts *adv* forward, onward, on: ***~!*** let's go!; ***~ gehen*** F *fig.* progress; ***~ kommen*** → ***vorankommen.***
Vorwärtsgang *m mot.* forward speed.
Vorwäsche *f*, **Vorwaschen** *n* prewash.
vorweg *adv* beforehand.
Vorwegnahme *f* anticipation.
vorwegnehmen *v/t* anticipate: ***um es gleich vorwegzunehmen*** to come to the point.
vorweihnachtlich *adj* pre-Christmas.
Vorweihnachtszeit *f* Advent season.
vorweisen *v/t* produce, show.
vorwerfen *v/t* **1.** ***e-m Tier et. ~*** throw s.th. to an animal. **2.** *fig.* ***j-m Faulheit*** *etc* ***~*** reproach s.o. with laziness (*od.* for being lazy *etc*); ***ich habe mir nichts vorzuwerfen*** I have nothing to blame myself for.
vorwiegend *adj* predominant(ly *adv*), *adv a.* mainly, chiefly, mostly.
Vorwort *n* foreword, *bsd. des Autors*: preface.
Vorwurf *m* reproach: ***j-m Vorwürfe machen*** reproach (*od.* blame) s.o. (***wegen*** for).
vorwurfsvoll *adj* reproachful.
vorzählen *v/t* ***j-m et. ~*** count s.th. out to s.o.
Vorzeichen *n* **1.** omen. **2.** ♪ accidental. **3.** ℞ sign: *fig.* ***mit umgekehrtem ~*** the other way round.
vorzeichnen *v/t* ***j-m et. ~*** draw (*fig.* trace out) s.th. for s.o.
vorzeigbar *adj* presentable.
vorzeigen *v/t* show.
Vorzeit *f* ***der Mensch der ~*** prehistoric man; *fig.* ***in grauer ~*** ages and ages ago.
vorzeitig *adj* premature: ***~e Pensionierung*** early retirement.
Vorzensur *f* precensorship: ***e-r ~ unterziehen*** precensor.
vorziehen *v/t* **1.** pull out. **2.** ***die Vorhänge ~*** pull the curtains. **3.** (*Termin etc*) advance, (*Arbeit etc*) deal with *s.th.* first. **4.** (*lieber mögen*) prefer (*dat* to): ***ich ziehe es vor zu gehen*** I prefer to go; ***j-n ~*** favo(u)r s.o.
Vorzimmer *n* anteroom, *e-s Büros*: outer office. **~dame** *f* receptionist.
Vorzug *m* **1.** (*Vorrang*) (***vor*** *dat* over) priority, preference. **2.** (*Vorteil*) advantage, merit. **3.** (*Vorrecht*) privilege.
vorzüglich *adj* excellent, (*erlesen*) exquisite, (*erstklassig*) first-rate.
Vorzugs|aktien *pl* preference shares *pl*, *Am.* preferred stock *sg.* **~preis** *m* special (*od.* preferential) price.
vorzugsweise *adv* preferably, (*vor allem*) chiefly, mainly.
votieren *v/i*, **Votum** *n* vote.
Voyeur *m* voyeur.
VP ***Vollpension*** (full) board and lodging, full board, *Am.* American plan (AP).
VPS ***Video-Programmierungssystem*** video preprogram(m)ing system.
VR ***Volksrepublik*** People's Republic.
v. T. ***vom Tausend*** per thousand.
vulgär *adj* vulgar.
Vulkan *m a. fig.* volcano. **Vulkanausbruch** *m* (volcanic) eruption.
vulkanisch *adj geol.* volcanic.
vulkanisieren *v/t tech.* vulcanize, *mot. a.* recap.
VVaG ***Versicherungsverein auf Gegenseitigkeit*** mutual insurance association.
VW ***Volkswagen*** Volkswagen (VW, F vee-dub).
VWL ***Volkswirtschaftslehre*** economics *pl.*

W

W, w *n* W, w.

W ***Watt*** watt(s *pl*) (W); ***West(en)*** west (W).

WAA ***Wiederaufbereitungsanlage*** reprocessing plant.

Waage *f* **1.** (pair of) scales *pl*, balance (*a. fig.*), (*Wasserwaage*) spirit level: *Sport*: ***... auf die ~ bringen*** weigh in (*od.* go to scale) at ...; *fig.* ***sich die ~ halten*** balance each other; → ***Zünglein.*** **2.** *astr.* (***er ist ~*** he is [a]) Libra.

waagerecht *adj* horizontal.

Waagschale *f* scale, pan: *fig.* ***et. in die ~ werfen*** bring s.th. to bear; ***s-e Worte auf die ~ legen*** weigh one's words.

wabb(e)lig *adj* flabby.

wabbeln *v/i* wobble.

Wabe *f* honeycomb.

Wabenhonig *m* comb honey.

wach *adj* **1.** awake: ***~ werden*** *a. fig.* wake up, awake; ***~ liegen*** lie awake. **2.** *fig.* alert, wide-awake; ***et. ~ halten*** keep s.th. alive.

Wachablösung *f* **1.** *mil.* changing of the guard. **2.** *pol.* change of power.

Wache *f* **1.** guard: ***~ halten*** → ***wachen*** 2. **2.** *mil.* guard, (*Posten*) *a.* sentry, (*Wachlokal*) guardroom: ***auf ~*** on guard, on duty; ***~ stehen,*** F ***~ schieben*** be on guard. **3.** (*Polizeiwache*) police station.

wachen *v/i* **1.** ***~ über*** (*acc*) watch (over), guard; ***darüber ~, dass ...*** see (to it) that ... **2.** ***bei j-m ~*** sit up with s.o.

Wachhabende *m, f mil.* commander of the guard.

Wachhund *m a. fig.* watchdog.

Wachmann *m österr.* policeman.

Wachmannschaft *f* guard.

Wachzimmer *n österr.* police station.

Wacholder *m* **1.** ❀ juniper. **2.** → **Wacholderschnaps** *m* gin.

Wachposten *m* guard, *mil. a.* sentry.

wachrufen *v/t fig.* rouse.

wachrütteln *v/t a. fig.* rouse (***aus*** from).

Wachs *n* wax. **~abdruck** *m* wax impression.

wachsam *adj* watchful, vigilant: ***~ sein*** *a.* be on one's guard; ***ein ~es Auge haben auf*** (*acc*) keep a sharp eye on.

Wachsamkeit *f* vigilance, watchfulness.

wachsen[1] *v/i* grow, *fig. a.* increase (***an*** *dat* in): → ***Bart*** 1, ***gewachsen.***

wachsen[2] *v/t* (*a. Ski*) wax.

wächsern *adj* wax, *fig.* waxen.

Wachs|figur *f* wax figure, *pl a.* waxwork *sg.* **~figurenkabinett** *n* waxworks *pl* (*mst sg konstr.*). **~kerze** *f* way candle. **~tuch** *n* oilcloth.

Wachstum *n* growth (*a. econ.*), *fig. a.* increase, expansion: *a. fig.* (***noch***) ***im ~ begriffen sein*** be still growing.

Wachstums|aussichten *pl* growth prospects *pl.* **~branche** *f* growth business (*od.* industry).

wachstums|fördernd *adj* growth-stimulating. **~hemmend** *adj* growth-retarding.

Wachstums|industrie *f* growth industry. **~land** *n* growth country. **~markt** *m* growth market. **~motor** *m* engine of growth.

wachstumsorientiert *adj* growth-oriented.

Wachstums|potential *n* growth potential. **~rate** *f* rate of (economic) growth, growth rate.

wachsweich *adj* **1.** *a. fig.* (as) soft as wax. **2.** *Ei*: medium boiled.

Wachtel *f zo.* quail. **~hund** *m* spaniel.

Wächter(in) watcher, guard, (*Wärter*) attendant, (*bsd. Nachtwächter*) watchman.

Wachtmeister(in) *mil.* **1.** constable, F policeman (policewoman): ***Herr ~*** officer. **2.** sergeant.

Wachtraum *m* daydream.

Wachturm *m* watchtower.

Wach- und Schließgesellschaft *f* Security Corps.

wack(e)lig *adj* wobbly, shaky (*beide a.* F *fig. schwach*), rickety, *Schraube, Zahn*: loose: *a. fig.* ***auf ~en Beinen stehen*** stand on shaky legs, be shaky.

Wackelkontakt *m* ⚡ loose contact.

wackeln *v/i allg.* wobble, *Schraube, Zahn etc*: *a.* be loose, (*wanken*) totter, F *fig. Stellung, Regierung etc*: be shaky: ***mit den Ohren ~*** waggle one's ears.

wacker *adj* **1.** (*bieder*) honest, *a. iro.* worthy. **2.** (*tapfer*) brave: *adv* ***sich ~ schlagen*** *a. fig.* put up a brave fight.

Wade *f* calf.

Wadenkrampf *m* cramp in the leg.

Waffe *f* weapon (*a. fig.*), *pl* arms *pl*: ***~n tragen*** bear arms; ***zu den ~n greifen*** take up

arms; ***die ~n strecken*** surrender; ***j-n mit s-n eigenen ~n schlagen*** beat s.o. at his own game.
Waffel *f* waffle, (*bsd. Eiswaffel*) wafer.
Waffeleisen *n* waffle iron.
Waffen|appell *m* arms inspection. **~fabrik** *f* arms factory. **~gattung** *f* arm, branch (of the service). **~gewalt** *f* (***mit ~*** by) force of arms. **~handel** *m* arms trade. **~händler(in)** arms dealer. **~kammer** *f* armo(u)ry. **~lager** *n mil.* ordnance depot, *geheimes*: cache. **~lieferungen** *pl* arms supplies *pl.*
waffenlos *adj* weaponless, unarmed.
Waffen|ruhe *f* truce, cease-fire. **~schein** *m* firearm certificate, *Am.* gun license. **~schmuggel** *m* gun-running. **~stillstand** *m* armistice, cease-fire, truce (*a. fig.*). **~system** *n* weapons system.
Wagemut *m*, **wagemutig** *adj* daring.
wagen *v/t* venture (*a.* ***sich ~***), risk, (*a. sich erdreisten*) dare: ***es ~*** take the plunge; ***es ~ mit*** try; ***sich an e-e schwere Aufgabe ~*** venture on a difficult task; ***ich wagte mich nicht aus dem Haus*** I didn't venture out of the house; ***wie können Sie es ~(, das zu sagen)?*** how dare you (say that)?; ***wer nicht wagt, der nicht gewinnt*** nothing ventured, nothing gained.
Wagen *m* **1.** vehicle, (*Kraftwagen*) car, (*Lastwagen*) lorry, *Am.* truck, (*Möbelwagen*) van. **2.** (*Pferdewagen*) wag(g)on, (*Handwagen*) cart, (*Kutsche*) carriage: F *fig.* ***j-m an den ~ fahren*** tread on s.o.'s toes. **3.** 🚃 carriage, *Am.* car. **4.** *astr.* ***der Große ~*** the Great Bear, *Am.* the Big Dipper. **5.** *der Schreibmaschine*: carriage.
Wagen|heber *m mot.* (lifting) jack. **~kolonne** *f* column (*od.* line) of cars. **~ladung** *f* (cart)load, *Am.* truckload, 🚃 waggonload, *Am.* carload. **~park** *m* fleet (of cars). **~pflege** *f* (car) maintenance. **~typ** *m* model. **~wäsche** *f* car wash.
Waggon *m* **1.** (railway) carriage, *Am.* (railroad) car, (*Güterwaggon*) goods waggon, *Am.* freight car. **2.** (*~ladung*) waggonload, *Am.* carload.
waghalsig *adj* daredevil, daring.
Wagnis *n* venture, risk.
Wagon → ***Waggon.***
Wahl *f* **1.** choice, (*~möglichkeit*) alternative, (*Auswahl*) selection: *econ.* ***erste ~*** top quality; ***zweite ~*** second-rate quality, (*Waren*) seconds *pl*; ***die ~ haben*** have one's choice; ***k-e*** (***andere***) ***~ haben*** have no choice (*od.* alternative) (***als*** but); ***vor der ~ stehen zu*** *inf* be faced with the choice of *ger*; ***s-e ~ treffen*** make one's choice; ***e-e gute ~ treffen*** choose well; ***wer die ~ hat, hat die Qual*** the wider the choice, the greater the trouble. **2.** *pol.* election, (*~akt*) poll(ing): ***~en abhalten*** hold elections; ***zur ~ gehen*** go to the polls; ***in die engere ~ kommen*** *Kandidat etc*: be short-listed.
Wahlalter *n* voting age.
wählbar *adj* eligible (for election).
wahlberechtigt *adj* entitled to vote.
Wahlbeteiligung *f* turnout (at the election): ***hohe*** (***geringe***) ***~*** heavy (poor) polling.
Wahlbezirk *m* constituency, *Am.* electoral district.
wählen I *v/t* **1.** choose, (*aus~*) *a.* select. **2.** *bsd. pol.* elect, vote for: ***j-n zum Präsidenten ~*** elect s.o. president; ***j-n in den Vorstand ~*** vote s.o. on the board. **3.** *teleph.* dial. II *v/i* **4.** choose, make one's choice. **5.** *pol.* vote, (*a.* ***~ gehen***) go to the polls. **Wähler(in)** voter.
Wahlergebnis *n* election results *pl.*
Wählerinitiative *f* voters' initiative.
wählerisch *adj* particular, choosy: *iro.* ***nicht gerade ~*** not too particular (***in*** *dat*, ***mit*** about).
Wählerschaft *f* electorate, *in e-m Bezirk etc*: constituency, voters *pl.*
Wahlfach *n ped.* optional subject, *Am. a.* elective.
wahlfrei *adj* **1.** *ped.* optional, *Am.* elective. **2.** ***~er Zugang*** *Computer*: random access.
Wahl|gang *m* (***im ersten ~*** at the first) ballot. **~geschenk** *n* F campaign goodie. **~heimat** *f* adopted country. **~helfer(in)** campaign assistant. **~jahr** *n* election year. **~kabine** *f* polling booth. **~kampf** *m* electoral battle, *a. e-s Kandidaten, e-r Partei*: election campaign. **~kreis** *m* → ***Wahlbezirk.*** **~liste** *f* electoral register. **~lokal** *n* polling station. **~lokomotive** *f* F *fig.* (great) vote-catcher.
wahllos *adj* indiscriminate.
Wahl|niederlage *f* election defeat. **~plakat** *n* election poster. **~programm** *n* election platform. **~recht** *n aktives*: right to vote, franchise, *passives*: eligibility: ***allgemeines ~*** universal suffrage. **~rede** *f* electoral address. **~redner(in)** election speaker.
Wählscheibe *f teleph.* dial.
Wahl|sieg *m* election victory. **~spende** *f* election (campaign) contribution.
Wahlspruch *m* motto.
Wahl|stimme *f* vote. **~tag** *m* election day.
Wählton *m* dialling (*Am.* dial) tone.
Wahl|urne *f* ballot box: ***zur ~ gehen*** go to the polls. **~versammlung** *f* election meeting. **~versprechen** *n* campaign promise. **~vorschlag** *m* election proposal.
wahlweise *adv* alternatively: ***es gab ~ Fisch oder Fleisch*** there was a choice of fish or meat.

Wahlwiederholung *f* ***automatische ~*** last-number recall, automatic re-dial.

Wahl|zelle *f* polling booth. **~zettel** *m* voting paper, ballot.

Wahn *m* delusion, (*Besessenheit*) mania: ***in e-m ~ befangen sein*** be under a delusion. **~bild** *n* hallucination.

Wahnsinn *m a.* F *fig.* insanity, madness.

wahnsinnig I *adj* **1.** mad, insane. **2.** F *fig.* mad, crazy, *Angst, Schmerzen etc*: terrible, (*toll*) terrific. II *adv* **3.** F *fig.* terribly, awfully: ***~ verliebt*** madly in love.

Wahnsinnige *m, f* lunatic, madman (madwoman).

Wahnvorstellung *f* delusion, idée fixe, hallucination.

wahnwitzig *adj* mad, crazy.

wahr *adj* true, (*wirklich*) *a.* real, (*echt*) genuine: ***ein ~er Freund*** a true friend; ***~e Liebe*** true love; ***ein ~es Wunder*** a real wonder; ***so ~ ich lebe!*** as sure as I live!; ***so ~ mir Gott helfe!*** so help me God!; ***~ werden*** come true; F ***das darf doch nicht ~ sein!*** I can't believe it!; ***das ist nicht das Wahre*** that's not the real thing; → ***nicht.***

wahren *v/t* preserve, maintain, (*a. ein Geheimnis*) keep, (*Interessen etc*) protect, safeguard: → ***Form*** 1, ***Schein***[1] 2.

währen → ***dauern.***

während I *prep* (*gen*) during, in the course of. II *conj* while, (*wohingegen*) *a.* whereas.

wahrhaben *v/t* ***et. nicht ~ wollen*** refuse to believe s.th.

wahrhaft I *adj* true, real. II *adv* → **wahrhaftig** *adv* truly, really, indeed.

Wahrheit *f* truth: ***in ~*** in fact, in reality; ***um die ~ zu sagen*** to tell the truth; F ***j-m mal die ~ sagen*** give s.o. a piece of one's mind.

wahrheits|gemäß, ~getreu I *adj* truthful, true. II *adv* truthfully, in accordance with the facts.

Wahrheitsliebe *f* veracity. **wahrheitsliebend** *adj* truthful, veracious.

wahrlich *adv* truly, *Bibel*: verily.

wahrnehmbar *adj* perceptible, noticeable.

wahrnehmen *v/t* **1.** perceive, notice, (*sehen*) *a.* see, (*hören*) *a.* hear. **2.** (*Gelegenheit, Vorteil etc*) use, seize, (*Interessen, Rechte etc*) protect, safeguard, (*Termin*) observe.

Wahrnehmung *f* **1.** (***sinnliche ~*** sense) perception, (*Beobachtung*) observation: → ***außersinnlich.* 2. *j-n mit der ~ s-r Geschäfte (Interessen) beauftragen*** entrust s.o. with the care of one's business (the safeguarding of one's interests).

Wahrnehmungsvermögen *n* perceptive faculty.

wahrsagen I *v/t* prophesy. II *v/i* tell fortunes: ***j-m ~*** tell s.o.'s fortune.

Wahrsager(in) fortune-teller.

wahrscheinlich I *adj* probable, likely. II *adv* probably: ***er wird ~ (nicht) kommen*** he is (not) likely to come.

Wahrscheinlichkeit *f* (***aller ~ nach*** in all) probability (*od.* likelihood).

Wahrscheinlichkeitsrechnung *f* theory of probabilities.

Wahrung *f* maintenance, *von Interessen etc*: safeguarding, protection, (*Beachtung*) observance.

Währung *f* currency.

Währungs|abkommen *n* monetary agreement. **~ausgleichsfonds** *m* equalization fund. **~block** *m* monetary bloc. **~einheit** *f* unit of currency. **~fonds** *m* monetary fund: ***internationaler ~*** International Monetary Fund. **~krise** *f* monetary crisis. **~politik** *f* monetary policy. **~reform** *f* currency reform. **~schlange** *f EU* currency snake. **~schwankungen** *pl* currency fluctuations. **~system** *n* monetary system. **~union** *f* monetary union.

Wahrzeichen *n* symbol, emblem, *e-r Stadt etc*: landmark.

Waise *f* orphan: (***zur***) ***~ werden*** be orphaned. **Waisenhaus** *n* orphanage. **Waisenkind** *n* orphan.

Waisenknabe *m fig.* ***gegen ihn sind wir die reinsten ~n*** we are mere babes compared to him.

Wal *m* whale.

Wald *m* wood, *großer*: forest (*a. fig.*): ***er sieht den ~ vor lauter Bäumen nicht*** he can't see the wood for the trees. **~bestand** *m* forest stand. **~brand** *m* forest fire. **~gebiet** *n*, **~gegend** *f* wooded area, woodland.

Waldhorn *n* ♪ French horn.

waldig *adj* wooded.

Waldlauf *m* cross-country race.

Waldmeister *m* ⚘ woodruff.

Wald|rand *m* (***am ~*** on the) edge of the forest. **~schäden** *pl* forest damage *sg.*

Waldsterben *n* dying of forests.

Wal|fang *m* whaling. **~fänger** *m* whaler (*a. Schiff*). **~fisch** *m* F whale.

Waliser *m* Welshman: ***die ~ pl*** the Welsh. **Waliserin** *f* Welshwoman.

walisisch *adj* Welsh.

walken *v/t tech.* mill, *weitS.* knead.

Walkie-Talkie *n* walkie-talkie.

Walkman *m* (*TM*) personal stereo.

Wall *m* rampart, *fig. a.* bulwark.

wallfahren *v/i* (go on a) pilgrimage.

Wallfahrer(in) pilgrim.

Wallfahrt *f* pilgrimage.

Wallfahrtsort *m* place of pilgrimage.

Wallung *f* (*Hitzewallung* hot) flush: *fig.* ***j-n in ~ bringen*** make s.o.'s blood boil.

Walnuss *f* ✿ walnut.
Walross *n zo.* walrus.
walten *v/i* be at work: ***s-s Amtes ~*** do one's duty; ***Gnade ~ lassen*** show mercy; → ***schalten*** 3.
Walze *f tech.* roll, roller, cylinder, *der Schreibmaschine*: platen, *der Drehorgel*: barrel. **walzen** *v/t tech.* roll.
wälzen I *v/t* **1.** roll. **2.** F *fig.* (*Bücher etc*) pore over, (*Problem etc*) turn *s.th.* over in one's mind. **II** *v/reflex* ***sich ~*** **3.** roll, *im Schmutz etc*: *a.* wallow: ***sich hin und her ~*** toss about, toss and turn.
walzenförmig *adj* cylindrical.
Walzer *m* (*a.* ***~ tanzen***) waltz.
Wälzer *m* F (*Buch*) huge tome.
Walzertakt *m* waltz time.
Walz|maschine *f* rolling machine. **~stahl** *m* rolled steel. **~straße** *f* (rolling) mill train. **~werk** *n* (rolling) mill.
Wampe *f* F paunch.
Wand *f* wall (*a. fig.*), (*Seitenwand*) side, (*Felswand*) (rock) face: ***~ an ~*** wall to wall; ***in s-n vier Wänden*** within one's own four walls; F *fig.* ***j-n an die ~ drücken*** drive s.o. to the wall; ***j-n an die ~ spielen*** play s.o. into the ground; F ***j-n an die ~ stellen*** execute s.o.; ***es ist, um die Wände hochzugehen*** it's enough to drive you mad.
Wandale *m*, **Wandalin** *f hist.* Vandal, *fig.* vandal.
Wandalismus *m* vandalism.
Wandbehang *m* wall hanging.
Wandel *m* change: ***der ~ der Zeit*** the changing times; ***sich im ~ befinden*** be changing.
wandelbar *adj* changeable.
Wandelhalle *f im Kurbad*: pump room.
wandeln *v/t* (*a.* ***sich ~***) change.
Wandelobligation *f* convertible bond.
Wander|ausstellung *f* touring exhibition. **~bücherei** *f* travel(l)ing library, *Am. a.* bookmobile. **~bühne** *f* touring company. **~düne** *f* shifting sand dune.
Wanderer *m*, **Wanderin** *f* wanderer, *bsd. sportlich*: hiker, rambler.
Wander|karte *f* hiking map. **~leben** *n* vagrant life.
wandern *v/i* **1.** walk, *sportlich*: hike, tramp, *ziellos, a. fig. Blicke, Gedanken etc*: wander, *Völker, Tiere etc*: migrate: ***~ gehen*** go hiking, go on a ramble. **2.** F *fig.* ***~ in*** (*acc*) end up in, go (in)to.
Wandern *n* hiking (*etc*), *zo.* migration.
Wanderpokal *n* challenge cup.
Wanderschaft *f* travels *pl*: ***auf ~ sein*** (***gehen***) be on (take to) the road.
Wander|schuh *m* walking shoe. **~tag** *m ped.* school outing.
Wanderung *f* walking tour, hike, ramble, *von Völkern, Tieren etc*: migration.
Wander|verein *m* rambling club. **~weg** *m* foothpath. **~zirkus** *m* travel(l)ing circus.
Wand|gemälde *n* mural. **~kalender** *m* wall calendar. **~karte** *f* wall map.
Wandleuchte *f* wall lamp.
Wandlung *f* change.
wandlungsfähig *adj* flexible, versatile.
Wand|malerei *f* mural painting, (*Gemälde*) mural. **~schmierereien** *pl* graffiti *pl.* **~schrank** *m* wall cupboard (*Am.* closet). **~spiegel** *m* wall mirror. **~tafel** *f* blackboard. **~teppich** *m* tapestry. **~uhr** *f* wall clock.
Wange *f a. tech.* cheek: ***~ an ~*** cheek to cheek.
Wankelmotor *m* Wankel engine.
wankelmütig *adj* fickle.
wanken *v/i* **1.** → ***schwanken*** 1. **2.** *fig.* falter, waver. **3.** → ***weichen***[1] 2.
Wanken *n* ***ins ~ geraten*** begin to rock, *fig.* begin to falter (*od.* waver).
wann *adv* when, (at) what time: ***seit ~?*** (for) how long?, since when?; ***bis ~?*** till when?
Wanne *f* tub, (*Badewanne*) bath(tub).
Wanst *m* F paunch.
Wanze *f* **1.** *zo.* bug, *Am.* bedbug. **2.** (*Abhörwanze*) *sl.* bug: ***~n anbringen in*** (*dat*) bug *a room etc.*
Wappen *n* coat of arms (*pl* coats of arms). **~kunde** *f* heraldry.
Wappentier *n* heraldic animal.
wappnen *v/reflex* ***sich ~*** (***gegen***) arm (against), prepare (*od.* brace) o.s. (for); → ***gewappnet.***
Ware *f* product, article, *coll. a.* merchandise *sg*, *pl a.* goods *pl*, commodities *pl.*
Waren|abkommen *n* trade agreement. **~angebot** *n* range of goods. **~annahme** *f* **1.** receipt of goods. **2.** *Abteilung*: goods receiving department. **~aufzug** *m* freight elevator. **~ausfuhr** *f* export of goods. **~ausgabe** *f* outgoing goods office (*od.* counter). **~automat** *m* vending machine. **~beschaffung** *f* merchandise procurement. **~bestand** *m* stock (on hand *od.* in trade). **~bestellung** *f* purchase order. **~börse** *f* commodity exchange. **~einfuhr** *f* import of goods. **~eingang** *m* → ***Warenannahme.*** **~gruppe** *f* product category.
Warenhaus *n* department store. **~diebstahl** *m* shoplifting. **~konzern** *m* department store chain.
Waren|korb *m Statistik*: shopping basket, sample of goods. **~lager** *n* **1.** stock (on hand). **2.** warehouse. **~probe** *f* sample. **~sendung** *f* consignment, ✉ trade sample. **~sortiment** *n* line (*od.* assortment) of

goods. **~termingeschäft** *n* commodity futures transaction. **~umsatz** *m* goods turnover. **~umschlag** *m* **1.** stock turn, merchandise turnover **2.** goods *pl* handled. **~verzeichnis** *n* inventory, list of goods. **~zeichen** *n* trademark.

warm I *adj* warm (*a. fig.*), *bsd. Speisen*: hot: ***mir ist ~*** I feel warm; ***et. ~ halten*** keep s.th. warm; ***sich ~ halten*** keep warm; F *fig.* ***sich j-n ~ halten*** keep in with s.o.; ***den Motor ~ laufen lassen*** run the engine up; ***et. ~ machen*** warm s.th. up; ***~ werden*** warm up; ***es wird wärmer*** it's getting warmer; F ***ich kann mit ihr nicht ~ werden*** I can't warm to her. **II** *adv* warmly (*a. fig.*): F ***die Wohnung kostet ~ ...*** the rent for the flat is ... including heating.

Warmblüter *m* warm-blooded animal.

Wärme *f* warmth (*a. fig.*), *meteor.*, *phys.* heat: ***zehn Grad ~*** ten degrees above zero. **~behandlung** *f* **1.** *tech.* heat treatment. **2.** ⚕ thermotherapy.

wärmebeständig *adj* heat-resistant.

Wärme|dämmung *f* heat insulation. **~einheit** *f* thermal unit. **~grad** *m* degree above zero. **~kraftwerk** *n* thermoelectric power plant. **~lehre** *f* thermodynamics *sg.* **~leiter** *m* heat conductor.

wärmen I *v/t* warm (up), (*Essen etc*) *a.* heat (up): ***sich die Füße ~*** warm one's feet. **II** *v/i Kleidung etc*: be warm: ***Wolle wärmt*** wool keeps you warm. **III** *v/reflex* ***sich ~*** warm o.s. (up).

Wärme|pumpe *f* heat pump. **~schutz** *m* lagging. **~technik** *f* heat engineering. **~verlust** *m* heat loss.

Wärmflasche *f* hot-water bottle.

Warmhalteplatte *f* plate warmer.

warmherzig *adj* warm-hearted.

Warmluftfront *f meteor.* warm front.

Warmmiete *f* rent including heating.

Warmstart *m Computer*: warm start.

Warmwasser|bereiter *m* water heater. **~heizung** *f* hot-water heating. **~speicher** *m* hot-water tank. **~versorgung** *f* hot-water supply.

Warn|anlage *f* warning device. **~blinkanlage** *f mot.* warning flasher. **~dreieck** *n mot.* warning triangle.

warnen *v/t u. v/i* warn (***vor*** against): ***davor ~ zu*** *inf* warn against *ger*; ***vor ... wird gewarnt!*** beware of ...!

Warn|leuchte *f*, **~licht** *n* warning light.

Warn|schild *n* danger sign. **~schuss** *m* warning shot. **~signal** *n* warning signal. **~streik** *m* token strike.

Warnung *f* warning: ***lass dir das e-e ~ sein!*** let that be a warning to you!

Warte *f fig.* ***von hoher ~ aus*** from a lofty standpoint; ***von s-r ~ aus gesehen*** from his point of view.

Warte|häuschen *n* bus-shelter. **~liste** *f* (***auf der ~ stehen*** be on the) waiting list.

warten¹ *v/i* wait (***auf*** *acc* for): ***j-n ~ lassen*** keep s.o. waiting; ***lange auf sich ~ lassen*** be a long time in coming; ***nicht lange auf sich ~ lassen*** not to be long in coming; ***warte*** (***mal***)***!*** wait a minute!; ***na, warte!*** you just wait!; ***da kannst du lange ~!*** you've got a long wait coming!; ***das kann ~!*** that'll keep!; *iro.* ***auf ihn*** (***darauf***) ***haben wir gerade noch gewartet!*** he (that) is all we needed!

warten² *v/t tech.* service.

Warten *n* wait(ing): ***nach langem ~*** after a long wait.

Wärter(in) attendant, keeper.

Warte|saal *m* 🚂 waiting room. **~schlange** *f* queue, *Am.* line. **~schleife** *f* ✈ stack. **~zeit** *f* waiting period. **~zimmer** *n* waiting room.

Wartung *f tech.* maintenance, servicing.

Wartungs|anleitung *f* service manual. **~arbeiten** *pl* maintenance work.

wartungsfrei *adj* maintenance-free.

Wartungs|kosten *pl* maintenance cost *sg.* **~personal** *n* maintenance staff. **~techniker** *m* service engineer.

warum *adv* why.

Warze *f* **1.** ⚕ wart. **2.** → ***Brustwarze.***

was I *interrog pron* **1.** what (*a.* F ***für wie bitte?, nanu!, nicht wahr?***): ***~ gibts?*** what is it?, F what's up?; ***~ gibts zum Mittagessen?*** what's for lunch?; ***~ kostet das?*** how much is it?; ***~ für*** (***ein***) ***...?*** what sort of ...?; ***~ für e-e Farbe*** (***Größe***)***?*** what colo(u)r (size)?; ***~ für ein Unsinn!*** what nonsense! **2.** F a) ~ (*warum*) ***musste er auch lügen?*** why did he have to lie?, b) ~ (*wozu*) ***fährt er auch so e-n großen Wagen?*** what does he need such a big car for? **II** *rel pron* **3.** what: ***~ auch immer*** whatever; ***alles, ~ ich habe*** (***brauche***) all I have (need); ***ich weiß nicht, ~ ich tun soll*** I don't know what to do. **4.** *auf e-n Satz bezogen*: which: *er lachte nur,* ***~ mich ärgerte*** which made me angry. **III** *indef pron* **5.** F (*etwas*) something (*bad, better, etc*): ***ich will dir ~ sagen!*** I'll tell you what!; ***sonst noch ~?*** anything else?; ***ist ~?*** (is) anything wrong?

Wasch|anlage *f mot.* car wash. **~anleitung** *f* washing instructions *pl.* **~automat** *m* washing machine.

waschbar *adj* washable.

Wasch|bär *m zo.* racoon. **~becken** *n* washbasin. **~benzin** *n* benzine.

Wäsche *f* **1.** wash(ing), laundry: ***in der ~*** in the wash; *fig.* ***schmutzige ~ waschen*** wash one's dirty linen in public. **2.** (*Bett-, Tisch-*

W

wäsche) linen. **3.** (*Unterwäsche*) (***die ~ wechseln*** put on fresh) underwear.
Wäschebeutel *m* laundry bag.
waschecht *adj* **1.** washable, nonshrink, (*farbecht*) fast. **2.** F *fig.* true, genuine.
Wäsche|geschäft *n* lingerie shop. **~klammer** *f* clothes peg. **~korb** *m* laundry basket. **~leine** *f* clothesline.
waschen I *v/t allg.* wash (***sich die Hände*** *etc* one's hands *etc*), (*Wäsche, a.* F *Geld*) launder, (*Haar*) *a.* shampoo: ***Waschen und Legen*** shampoo and set. **II** *v/reflex* ***sich ~*** wash (o.s.).
Wäscherei *f* laundry: ***in der ~*** at the laundry; ***et. in die ~ bringen*** take s.th. to the laundry.
Wäsche|schleuder *f* spin drier. **~schrank** *m* linen cupboard. **~ständer** *m* clotheshorse. **~tinte** *f* marking ink. **~trockner** *m* drier.
Wasch|gang *m* wash. **~gelegenheit** *f* washing facilities *pl.* **~küche** *f* **1.** washhouse. **2.** *fig.* (*Nebel*) pea soup. **~lappen** *m* **1.** flannel, *Am.* washcloth. **2.** F *fig.* (*Person*) sissy, wet. **~lauge** *f* lye. **~leder** *n* chamois (leather). **~maschine** *f* washing machine.
waschmaschinenfest *adj* machine-washable.
Wasch|mittel *n*, **~pulver** *n* washing powder. **~raum** *m* washroom. **~salon** *m* launderette, *Am.* laundromat. **~schüssel** *f* washbowl. **~straße** *f* car wash. **~vollautomat** *m* fully automatic washing machine. **~wasser** *n* washing water. **~zettel** *m e-s Buches*: blurb.
Wasser *n* water (*a. physiol.*): ***fließendes (stehendes) ~*** running (stagnant) water; ***zu ~ und zu Land*** by land and by water; ***~ lassen*** pass water; ***sich über ~ halten*** *a. fig.* keep one's head above water; ***unter ~ setzen*** flood; *fig.* ***ins ~ fallen*** fall flat; ***das ist ~ auf s-e Mühle*** that's grist to his mill; ***da läuft e-m das ~ im Munde zusammen*** it makes your mouth water; ***er kann ihr nicht das ~ reichen*** he's not a patch on her; ***er ist mit allen ~n gewaschen*** he knows all the tricks (of the trade); ***das ~ steht ihm bis zum Hals*** he is in bad trouble; ***er ist ein stilles ~*** he's a deep one; → ***Schlag*** 1.
wasserarm *adj* dry, arid.
Wasser|aufbereitungsanlage *f* water-recycling plant. **~bad** *n* **1.** ⚗, *phot.* water bath. **2.** *gastr.* bain-marie. **~ball** *m* **1.** beach ball. **2.** → **~ballspiel** *n* water polo. **~bau** *m* hydraulic engineering. **~behälter** *m* water container (*tech. tank*). **~bett** *n* water bed. **~blase** *f* ⚕ blister. **~bombe** *f* depth charge.
Wässerchen *n* ***er sah aus, als könne er kein ~ trüben*** he looked as though butter would not melt in his mouth.

Wasserdampf *m* steam.
wasserdicht *adj* waterproof, ⚓, *tech. a.* watertight.
Wasser|enthärter *m* water softener. **~fahrzeug** *n* watercraft (*a. pl*), vessel. **~fall** *m* waterfall, *großer*: falls *pl*: F ***reden wie ein ~*** talk nineteen to the dozen. **~farbe** *f* water colo(u)r.
wasserfest *adj* waterproof.
Wasser|flasche *f* water bottle. **~flugzeug** *n* seaplane. **~gehalt** *m* water content.
wassergekühlt *adj* water-cooled.
Wasser|glas *n* **1.** ⚗ water glass. **2.** water glass, tumbler: → ***Sturm*** 1. **~graben** *m* ditch, *Sport*: water jump. **~hahn** *m* tap, *Am.* faucet.
wasserhaltig *adj* ⚗ hydrous.
Wasserhaushalt *m* **1.** water supply. **2.** *biol.*, ⚕ water balance.
wässerig *adj* watery, ⚗ *Lösung*: aqueous: *fig.* ***j-m den Mund ~ machen*** make s.o.'s mouth water (***nach*** for).
Wasser|kessel *m* **1.** kettle. **2.** *tech.* boiler. **~klosett** *n* water closet (*abbr.* W.C.). **~knappheit** *f* water shortage. **~kraft** *f* water power. **~kraftwerk** *n* hydroelectric power plant. **~kühlung** *f* water cooling (system). **~lauf** *m* watercourse. **~leitung** *f* water pipe(s *pl*). **~lilie** *f* ✿ waterlily. **~linie** *f* ⚓ water line.
wasserlöslich *adj* water-soluble.
Wassermangel *m* water shortage.
Wassermann *m astr.* (***er ist ~*** he is [an]) Aquarius.
Wassermelone *f* water melon.
wassern *v/i* ✈ touch down, *Raumkapsel*: splash down.
wässern *v/t* (*be~*) water, irrigate, (*einweichen*) soak.
Wasser|pfeife *f* water pipe. **~pflanze** *f* water plant, aquatic (plant). **~pistole** *f* water pistol. **~ratte** *f* **1.** *zo.* water rat. **2.** F *fig.* enthusiastic swimmer. **~rohr** *n* water pipe. **~rutschbahn** *f* water chute. **~schaden** *m* water damage. **~scheide** *f* watershed, *Am. a.* divide.
wasserscheu *adj* afraid of water.
Wasser|schildkröte *f* turtle. **~ski** *n* water skiing: ***~ laufen*** go water-skiing, water-ski. **~speier** *m* △ gargoyle. **~spiegel** *m* **1.** surface of the water. **2.** water level. **~sport** *m* water (*od.* aquatic) sports *pl*, aquatics *pl.* **~spülung** *f* flush, (*Anlage*) cistern. **~stand** *m* water level. **~standsanzeiger** *m* water ga(u)ge.
Wasserstoff *m* ⚗ hydrogen.
Wasserstoff... hydrogenous.
wasserstoffblond *adj* F peroxide blond.
Wasserstoffblondine *f* F peroxide blonde.

Wasserstoff|bombe *f* hydrogen bomb. **~peroxid** *n*, **~superoxid** *n* hydrogen peroxide.
Wasser|strahl *m* jet of water. **~straße** *f* waterway. **~sucht** *f* ⚕ dropsy. **~tier** *n* aquatic (animal). **~tropfen** *m* drop of water. **~turm** *m* water tower.
Wasserung *f* ✈ touchdown on water, *e-r Raumkapsel*: splashdown.
Wasser|verbrauch *m* water consumption. **~verschmutzung** *f* water pollution. **~versorgung** *f* water supply. **~vogel** *m* water bird, *pl a.* waterfowl. **~waage** *f* spirit level. **~weg** *m* waterway: ***auf dem ~*** by water. **~welle** *f* (*Frisur*) water wave. **~werfer** *m* water cannon. **~werk(e** *pl*) *n* waterworks *pl* (*oft sg konstr.*). **~wirtschaft** *f* water supply and distribution. **~zähler** *m* water meter. **~zeichen** *n* watermark.
waten *v/i* wade.
Watsche *f österr.* slap round the face.
watscheln *v/i* waddle.
watschen *v/t österr.* **j-n ~** slap s.o.'s face.
Watt[1] *n geol.* mud flats *pl.*
Watt[2] *n* ⚡ watt.
Watte *f* cotton wool, *Am.* absorbent cotton.
Wattebausch *m* cotton-wool swab.
Wattenmeer *n* mud flats *pl.*
Wattestäbchen *n* cotton bud.
wattieren *v/t* pad, wad.
Wattierung *f* padding, wadding.
Wattstunde *f* ⚡ watt-hour.
Wattzahl *f* wattage.
wbl. ***weiblich*** female (fem.), feminine (fem.); women's ...
WC ***Wasserklosett*** toilet (WC).
WDR ***Westdeutscher Rundfunk*** Western German Broadcasting Corporation.
WE ***Wärmeeinheit*(en)** thermal *od.* caloric unit(s *pl*).
weben *v/t u. v/i* weave.
Weber(in) weaver.
Weberei *f* a) weaving, b) (*Fabrik*) weaving mill.
Weberknecht *m zo.* daddy longlegs *pl* (*a. sg konstr.*).
Web|fehler *m* flaw. **~stuhl** *m* loom. **~waren** *pl* woven goods *pl.*
Wechsel *m* **1.** change, (*Abwechslung*, *a.* ⚘ *Fruchtwechsel*) rotation. **2.** (*Geldwechsel*) exchange. **3.** *econ.* bill (of exchange), draft, (*obs. Unterhalt*) allowance: ***e-n ~* (*auf j-n*) *ziehen*** draw a bill (on s.o.). **4.** *Sport*: (*Stabwechsel*) (baton) change, (*Seitenwechsel*) change of ends. **5.** → ***Wildwechsel.***
Wechsel|bäder *pl* ⚕ alternating hot and cold baths. **~bank** *f* discount house. **~beziehung** *f* interrelation. **~bürge** *m econ.* guarantor for a bill, backer. **~bürgschaft** *f* bill guarantee. **~fälle** *pl* vicissitudes *pl*, F *the* ups and downs *pl* (*of life etc*). **~geld** *n* (small) change.
wechselhaft *adj* changeable.
Wechseljahre *pl physiol.* menopause *sg.*
Wechselkurs *m* rate of exchange. **~parität** *f* exchange rate parity. **~schwankungen** *pl* exchange rate fluctuations *pl.*
wechseln I *v/t* **1.** *allg.* change, (*Briefe, Blicke, Ringe, Worte etc*) exchange, (*ab~*) vary, (*ab~ lassen*) alternate, *turnusmäßig*: *a.* rotate: ***den Arbeitsplatz* (*Arzt etc*) *~*** change jobs (doctors *etc*); → ***Besitzer*(*in*).** **II** *v/i* **2.** change: ***~ mit*** vary. **3.** *Wild*: cross.
wechselnd *adj* changing, varying.
Wechselnehmer *m* payee (of a bill).
Wechselrahmen *m* interchangeable picture frame.
Wechsel|reiterei *f* bill jobbing, F kite flying. **~schuld** *f* bill debt. **~schuldner** *m* bill debtor.
wechselseitig *adj* mutual, reciprocal.
Wechselsprechanlage *f* intercom.
Wechselstrom *m* ⚡ alternating current (*abbr.* A.C.). **~motor** *m* A.C. motor.
Wechselstube *f* exchange office.
Wechselwähler(in) floating voter.
wechselweise *adv* alternately, by turns.
Wechselwirkung *f* interaction.
Weckdienst *m* alarm call service.
Wecken *m österr.* (*Brot*) loaf, (*Gebäck*) Viennese roll, *südd.* (*Brötchen*) bread roll.
wecken *v/t* wake (up), F call, (*auf~*, *a. fig.*) rouse.
Wecker *m* alarm (clock): F ***j-m auf den ~ gehen*** get on s.o.'s nerves.
Weckruf *m teleph.* alarm call.
Wedel *m* ⚘ frond. **wedeln** *v/i* **1.** (***mit dem Schwanz***) ~ wag (its tail). **2.** *Skisport*: wedel. **3.** ***mit et. ~*** wave s.th.
weder *conj* ***~ ... noch*** neither ... nor.
weg *adv* F **1.** gone, (*außer Haus*) not in, (*verreist etc*) away: ***~ (da)!*** get away!, beat it!; ***~ damit!*** take it away!, *weitS.* off with it!; ***Finger* (*od.* *Hände*) *~!*** hands off!; ***ich muss ~!*** I must be off!; ***nichts wie ~!*** let's get out of here! **2.** ***~ sein*** a) (*bewusstlos*) be out cold, b) (*begeistert*) go into raptures (***über*** *acc*, ***von*** over).
Weg *m* way (*a. fig.*), (*Pfad*) path, (*Reiseweg*) route, F (*Besorgung*) errand: *fig.* ***der ~ zum Erfolg*** the road to success; ***auf dem ~(e) der Besserung*** on the road to recovery, F on the mend; ***auf diesem ~e*** this way; ***auf diplomatischem ~e*** through diplomatic channels; ***auf friedlichem* (*legalem*) *~e*** by peaceful (legal) means; ***auf dem besten ~e sein zu*** *inf* be well on the way to *ger*; ***auf dem richtigen ~e sein*** be on the right

track; ***sich auf den ~ machen*** set off; ***j-m aus dem ~(e) gehen*** get out of s.o.'s way; *fig.* ***et. auf den ~ bringen*** get s.th. under way (*od.* off the ground); (*dat*) ***aus dem ~e gehen*** steer clear of; ***aus dem ~e räumen*** (*od.* ***schaffen***) get rid of; ***s-e eigenen ~e gehen*** go one's own way; ***den ~ ebnen*** pave the way (*dat* for); ***et. in die ~e leiten*** initiate s.th., start s.th. off; ***ich traue ihm nicht über den ~*** I don't trust him an inch; ***im ~(e) stehen*** (*od.* ***sein***) a) ***j-m*** be in s.o.'s way, b) ***e-r Sache*** be an obstacle to s.th.; ***dem steht nichts im ~e*** there are no obstacles to that, F that's all right; ***zu ~e*** → ***zuwege;*** → ***bahnen, halb*** I.

wegbekommen *v/t* F get *s.th.* off, move.

wegblasen *v/t* blow *s.th.* away: *fig.* ***wie weggeblasen sein*** be clean gone.

wegbleiben *v/i* F **1.** stay away. **2.** *tech.* fail, *sl.* conk out: → ***Luft*** 2, ***Spucke.***

wegbringen *v/t* take *s.o., s.th.* away.

wegen *prep* (*gen,* F *dat*) **1.** because of, on account of: ***~ Diebstahls*** for larceny; → ***Amt*** 1, ***Recht*** 1. **2.** for the sake of: ***er hat es ~ s-r Kinder getan*** he did it for his children's sake. **3.** (*infolge*) due to. **4.** F ***von ~*** that's what you think!; ***von ~ hübsch!*** pretty, my foot!

Wegerich *m* ♀ plantain.

wegfahren *v/i* leave, drive away.

Wegfahrsperre *f mot.* (electronic) engine immobiliser.

wegfallen *v/i* → ***entfallen*** 2.

Weggang *m* leaving, departure.

weggeben *v/t* give *s.th.* away.

weggehen *v/i* **1.** go away, leave: F ***geh weg!*** leave me alone!; ***von Berlin (der Firma) ~*** leave Berlin (the firm). **2.** F *fig. Schmerz etc*: go away, disappear. **3.** F *fig. Ware*: sell: → ***Semmel.***

weghaben *v/t* F **1.** ***sein Teil*** *etc* ***~*** have got one's share *etc.* **2.** ***et. ~*** a) (*können*) have got the hang of it, b) (*wissen*) be good (***in*** *dat* at).

wegjagen *v/t* ***j-n ~*** chase s.o. away.

wegkommen *v/i* F **1.** *a. Sport*: get away. **2.** (*abhanden kommen*) get lost. **3.** *fig.* ***gut*** (***schlecht***) ***~*** come off well (badly) (***bei*** at). **4.** *a. fig.* ***~ über*** get over.

weglassen *v/t* **1.** ***j-n ~*** let s.o. go. **2.** ***et. ~*** leave s.th. out, omit s.th.

Weglassung *f* omission.

weglaufen *v/i* run away.

weglegen *v/t* ***et. ~*** put s.th. aside.

wegmüssen *v/i* F ***ich muss weg*** I must be off; *et., j-d* ***muss weg!*** ... must go!

wegnehmen *v/t* remove, *fig.* (*Platz, Zeit etc*) take up: (***j-m***) ***et. ~*** take s.th. away (from s.o.); → ***Gas.***

wegrationalisieren *v/t* ***Arbeitsplätze ~*** kill jobs (by rationalization).

Wegrationalisierung *f* job killing (by modernization).

wegräumen *v/t* clear *s.th.* away, *a. fig.* remove.

wegreißen *v/t* tear *s.o., s.th.* away.

wegschaffen *v/t* remove.

wegscheren *v/reflex* ***sich ~*** F clear off.

wegschicken *v/t* send *s.o., s.th.* away (*od.* off).

wegschleppen *v/t* drag *s.o., s.th.* off.

wegschließen *v/t* lock *s.th.* away.

wegschmeißen *v/t* F throw *s.th.* away.

wegschnappen *v/t* F (***j-m***) ***et. ~*** snatch s.th. away (from s.o.).

wegsehen *v/i* **1.** look away, *a. fig.* look the other way. **2.** → ***hinwegsehen.***

wegsetzen *v/reflex* ***sich ~*** **1.** move away. **2.** → ***hinwegsetzen.***

wegspülen *v/t* wash *s.th.* away.

wegstecken *v/t* ***et. ~*** (*a.* F *fig. Schlag, Niederlage etc*) put s.th. away.

wegtreten *v/i* step aside, *mil.* break (the) ranks: ***~ lassen*** dismiss; ***weggetreten!*** dismiss(ed *Am.*)!

wegtun *v/t* F ***et. ~*** put s.th. away.

Wegweiser *m* signpost, (road) sign, *im Gebäude*: directory.

wegwerfen I *v/t a. fig.* throw *s.th.* away. II *v/reflex* ***sich ~*** throw o.s. away (***an*** *acc* on).

wegwerfend *adj* disparaging.

Wegwerf|flasche *f* throwaway bottle. **~geschirr** *n* disposable tableware. **~gesellschaft** *f* throwaway society.

wegwischen *v/t* **1.** ***et. ~*** wipe s.th. off. **2.** *fig.* (*Einwand etc*) brush *s.th.* off.

wegzaubern *v/t* spirit *s.th.* away.

wegziehen I *v/t* pull *s.o., s.th.* away. II *v/i* (*umziehen*) move.

weh *adj* sore: → ***wehtun.***

wehe *int* ***~ (dir), wenn du das tust!*** you'll be sorry if you do that!

Wehe[1] *f* (*Schnee-, Sandwehe*) drift.

Wehe[2] *f mst pl* ⚕ pains *pl*, labo(u)r *sg.*

wehen *v/i u. v/t Wind etc*: blow, *Duft, Töne etc*: drift, waft, *Fahne etc*: wave.

Wehgeschrei *n a. fig.* wailing.

Wehklage *f* lament.

wehleidig *adj* snivel(l)ing, *Stimme*: whining.

Wehmut *f* melancholy, (*Sehnsucht*) wistfulness, nostalgia.

wehmütig *adj* melancholy, (*sehnsüchtig*) wistful, nostalgic(ally *adv*).

Wehr[1] *f* ***sich zur ~ setzen*** → ***wehren*** I.

Wehr[2] *n* weir, dam.

Wehr|beauftragte *m, f* ombudsman (ombudswoman) (for the Armed Forces). **~bereich** *m* military district.

Wehrdienst *m* (***s-n ~ ableisten*** do one's) military service. **~verweigerer** *m* conscientious objector.
wehren I *v/reflex* ***sich ~*** defend o.s. (***gegen*** against); ***sich gegen et. ~*** resist (*od.* fight) s.th., (*ablehnen*) refuse to accept s.th. **II** *v/i* ***den Anfängen ~*** nip things in the bud.
Wehrersatzdienst *m* alternative military service (for conscientious objectors).
wehrfähig *adj* fit for military service, able-bodied.
wehrlos *adj* defen/celess (*Am.* -se-), helpless. **Wehrlosigkeit** *f* defen/celessness (*Am.* -se-).
Wehrmacht *f hist.* (German) Armed Forces *pl*, Wehrmacht.
Wehrpass *m* service record (book).
Wehrpflicht *f* (***allgemeine***) ~ (universal) compulsory military service, (universal) conscription.
wehrpflichtig *adj* liable for military service, *Alter*: recruitable.
Wehrpflichtige *m,f* **1.** person liable for military service. **2.** conscript, *Am.* draftee.
Wehrsold *m* (service) pay.
Wehrübung *f* reserve duty training.
wehtun *v/i* hurt: ***j-m ~*** hurt s.o., *fig.* hurt s.o.'s feelings; ***sich*** (***am Kopf*** *etc*) ~ hurt o.s. (one's head *etc*); ***mir tut der Knöchel weh*** my ankle hurts.
Weib *n* **1.** *oft contp.* woman. **2.** (*Ehefrau*) wife.
Weibchen *n zo.* female.
Weiber|feind *m* woman-hater, misogynist. **~geschichten** *pl* womanizing *sg*, affairs *pl*. **~held** *m* ladykiller.
weibisch *adj* effeminate. **weiblich** *adj* female, feminine (*a. ling.*), womanly.
Weibsbild *n* F *contp.* female, woman.
weich *adj allg.* soft (*a. ling., phot. u. fig.*), *Obst, Wein, a. fig. Farbe, Klang etc*: mellow, (*zart*) tender: ***~es Ei*** soft-boiled egg; *Ei*: ***~ gekocht*** soft-boiled; ***~ machen*** soften; ***~ werden*** soften, *fig. a.* give in.
Weichbild *n* municipal area.
Weiche[1] *f anat.* flank, side.
Weiche[2] *f* 🚃 points *pl*, *Am.* switch: *fig.* ***die ~n stellen*** set the course (***für*** for).
weichen[1] *v/i* **1.** (*dat* to) *a. fig.* give way, yield. **2.** go (away): ***j-m nicht von der Seite ~*** not to leave s.o.'s side; ***er wich und wankte nicht*** he didn't budge.
weichen[2] *v/i u. v/t* (*a.* ***~ lassen***) soak.
Weichheit *f* softness (*etc*, → ***weich***).
weichherzig *adj* soft-hearted.
Weichkäse *m* soft cheese.
weichlich *adj fig.* soft, effeminate.
Weichling *m* weakling, F softie, sissy.
Weichmacher *m* ⚗ softener, softening agent.
Weichsel *f österr.* sour cherry.
Weichspüler *m* (fabric) softener.
Weichteile *pl anat.* soft parts *pl*.
Weichtier *n* mollusc.
Weichzeichner *m phot.* soft-focus lens.
Weide[1] *f* ⚘ willow.
Weide[2] *f* pasture: ***auf der*** (***die***) ~ at (to) pasture. **~land** *n* pasture(land).
weiden I *v/i* graze. **II** *v/t a.* ***~ lassen*** put out to pasture. **III** *v/reflex* ***sich ~ an*** (*dat*) a) *e-m Anblick etc*: feast one's eyes on, b) *schadenfroh*: gloat over.
Weidenkätzchen *n* ⚘ catkin.
Weidenkorb *m* wicker basket.
weidlich *adv* thoroughly.
weidmännisch I *adj* huntsmanlike. **II** *adv* in a huntsmanlike manner.
Weidmannsheil *n* ***~!*** good sport!
weigern *v/reflex* ***sich ~*** refuse.
Weigerung *f* refusal.
Weihbischof *m* suffragan (bishop).
Weihe *f* **1.** *eccl.* consecration, (*Priesterweihe*) ordination. **2.** *fig.* (*Feierlichkeit*) solemnity.
weihen *v/t* **1.** *eccl.* consecrate, *zum Priester*: ordain. **2.** (*dat* to) devote, dedicate (*beide a.* ***sich*** o.s.): ***dem Tode*** (*od.* ***Untergang***) ***geweiht*** doomed.
Weiher *m* pond.
Weihnacht *f* → **Weihnachten** *pl* (***an ~, zu ~*** at) Christmas (F Xmas); ***Fröhliche ~!*** Merry Christmas!
weihnachtlich *adj* Christmas, F Christmassy.
Weihnachts|... Christmas (*business, card, present, etc*). **~abend** *m* Christmas Eve. **~baum** *m* Christmas tree. **~einkäufe** *pl* Christmas shopping *sg*. **~feiertag** *m* Christmas Day (*pl* holidays *pl*): ***zweiter ~*** *Br.* Boxing Day. **~fest** *n* Christmas. **~geld** *n*, **~gratifikation** *f* Christmas bonus. **~geschenk** *n* Christmas present. **~karte** *f* Christmas card. **~lied** *n* Christmas carol. **~mann** *m* **1.** Father Christmas, Santa Claus. **2.** F *contp.* dope. **~markt** *m* Christmas fair. **~stern** *m* ⚘ poinsettia. **~zeit** *f* Christmas (season).
Weihrauch *m* incense.
Weihwasser *n* holy water.
weil *conj* **1.** because. **2.** (*da*) since, as.
Weilchen *n* ***ein ~*** a little while.
Weile *f* ***e-e ~*** a while, a time.
Wein *m* **1.** ⚘ vine. **2.** wine: *fig.* ***j-m reinen ~ einschenken*** tell s.o. the truth.
Wein|bau *m* winegrowing, viticulture. **~bauer** *m* winegrower. **~baugebiet** *n* winegrowing area. **~beere** *f* grape. **~berg** *m* vineyard. **~bergschnecke** *f* (edible) snail. **~blatt** *n* vine leaf.

Weinbrand *m* brandy.
weinen *v/i u. v/t* weep (**um** over), *laut*: cry: ***j-n zum Weinen bringen*** make s.o. cry; ***es ist zum Weinen*** it's a (crying) shame.
weinerlich *adj* tearful, F weepy, *Kind, Stimme, Ton*: whining.
Wein|essig *m* wine vinegar. **~fass** *n* wine cask. **~flasche** *f* winebottle. **~geist** *m* spirit(s *pl*) of wine. **~glas** *n* wineglass. **~gut** *n* winegrowing estate. **~händler(in)** wine merchant. **~handlung** *f* wine shop. **~karte** *f* wine list. **~keller** *m* wine cellar. **~kelter** *f* winepress. **~kenner(in)** wine connoisseur.
Weinkrampf *m* crying fit.
Wein|lese *f* grape harvest. **~lokal** *n* wine tavern. **~probe** *f* wine tasting.
weinrot *adj* wine-red.
weinselig *adj* tipsy, vinous.
Wein|stein *m* (wine) lees *pl*. **~stock** *m* ♀ vine. **~stube** *f* wine tavern. **~traube** *f* bunch of grapes, *pl* (*Beeren*) grapes *pl*.
weise *adj* wise.
Weise[1] *m, f* wise man (woman), sage.
Weise[2] *f* **1.** (*Art*) way: ***auf diese ~*** (in) this way; ***auf jede ~*** in every way; ***auf die gleiche ~*** the same way; ***auf die e-e oder andere ~*** (in) one way or another; ***auf m-e (s-e) ~*** my (his) way; ***in k-r ~*** in no way; ***jeder auf s-e ~*** everyone after his own fashion. **2.** ♪ tune.
weisen I *v/t* **1.** ***j-m den Weg ~*** show s.o. the way. **2.** → ***verweisen.*** **3.** ***et.*** (***weit***) ***von sich ~*** repudiate s.th. (emphatically). **II** *v/i* → ***zeigen*** II.
Weisheit *f* wisdom: ***mit s-r ~ am Ende sein*** be at one's wits' end.
Weisheitszahn *m* wisdom tooth.
weismachen *v/t* ***j-m et. ~*** tell s.o. a yarn; ***j-m ~, dass ...*** make s.o. believe that ...; ***mir kannst du nichts ~!*** you can't fool me!; ***lass dir nichts ~!*** don't be fooled!
weiß I *adj* **1.** white: ***~ machen*** whiten; ***~ werden*** turn (*im Gesicht*: go) white; ***~ gekleidet*** dressed in white; *pol.* ***das Weiße Haus*** the White House. **2.** *fig.* (*leer*) blank. **II** *adv* ***~ glühend*** white-hot.
Weiß *n a. Schach etc*: white.
weissagen *v/t* prophesy, foretell.
Weissager(in) prophet(ess).
Weissagung *f* prophecy.
Weiß|bier *n* weissbier, wheat beer. **~blech** *n* tinplate.
weißblond *adj* silver-blond(e).
Weiß|brot *n* white bread. **~buch** *n pol.* white paper (*Am.* book). **~dorn** *m* ♀ whitethorn.
Weiße *m, f* white man (woman): ***die ~n*** *pl* the whites *pl*, the white man *sg*.
weißen *v/t* whiten, (*tünchen*) whitewash.
Weißglut *f* white heat: F ***j-n zur ~ bringen*** make s.o. see red.
weißhaarig *adj* white-haired.
Weiß|kohl *m*, **~kraut** *n* white cabbage.
weißlich *adj* whitish.
Weißmacher *m* whitener.
Weißrussland *n* White Russia, Byelorussia.
Weißwandtafel *f* whiteboard.
Weißwein *m* white wine.
Weisung *f* instruction, order(s *pl*).
Weisungsbefugnis *f* authority to issue directives.
weisungs|befugt *adj* authorized to issue directions. **~gebunden** *adj* subject to directives. **~gemäß** *adv* as directed.
weit I *adj* **1.** (*Ggs. eng*) wide, *Rock etc*: *a.* full, (*lose*) loose (*a. tech.*). **2.** (*ausgedehnt*) wide, extensive, *stärker*: vast, immense. **3.** *fig. Begriff, Auslegung etc*: broad: ***im ~esten Sinne*** in the widest sense. **4.** (*Ggs. nah*) long: ***auf ~e*** (***od. aus ~er***) ***Entfernung*** at a great distance. **II** *adv* **5.** wide(ly): ***~ offen*** wide open; ***~ reichend*** far-reaching, *mil.* long-range; ***~ verbreitet*** widespread, common; ***~ verzweigt*** widely ramified. **6.** far (*a. zeitlich u. fig. sehr*): ***sie ist ~ über 60*** she is well over sixty; ***~ gereist*** widely travel(l)ed; ***er ist ~ gereist*** he has got around a good deal; ***~*** (*od.* ***bei ~em***) ***das Beste*** by far the best; ***bei ~em nicht so gut*** *etc* not nearly so good *etc*; ***~ gefehlt!*** far from it!; *fig.* ***~ hergeholt*** far-fetched; F ***es ist nicht ~ her mit ihm*** he is not up to much; ***~ blickend*** farsighted, farseeing; ***es ~ bringen*** (***im Leben***) go far; ***zu ~ gehen*** go too far; ***das geht zu ~*** that's going too far; ***ich bin so ~*** I'm ready; ***wie ~ bist du?*** how far have you got?; ***wenn es so ~ ist*** when the time comes; → ***entfernt, kommen*** 1, 10.
weitab *adv* far away (**von** from).
weitaus *adv* far *better etc.*
Weitblick *m* farsightedness.
Weite[1] *f* **1.** *a. tech.* width, (*Breite*) breadth: → ***licht*** 3. **2.** (*weite Fläche*) vastness, expanse. **3.** *bsd. Sport*: distance.
Weite[2]: ***das ~ suchen*** take to one's heels.
weiten *v/t* (*a.* ***sich ~***) widen (*a. fig.*), (*Schuhe etc*) stretch.
weiter I *comp von* ***weit.*** **II** *adj* further: ***nach e-r ~en Woche*** after another week. **III** *adv* ***~!*** go on!; ***halt, nicht ~!*** stop, no further!; ***immer ~*** on and on; ***nichts ~*** nothing else; ***~ niemand*** no one else; ***und so ~*** and so on (*abbr.* etc); ***das ist nicht ~ schlimm*** that's no tragedy; ***das stört mich ~ nicht*** that doesn't really bother me; ***alles Weitere*** the rest, everything else; ***~ bestehen*** → ***fortbestehen;*** → ***weiterhin*** I.
weiter|arbeiten *v/i* go (*od.* carry) on work-

ing. **~befördern** *v/t* forward, send on. **~bestehen** → ***fortbestehen***
weiterbilden → ***fortbilden.***
Weiterbildung *f* → ***Fortbildung.***
weiterbringen *v/t* ***das bringt mich*** (***uns*** *etc*) ***nicht weiter*** that's not much help.
Weitere *n* the rest: ***bis auf weiteres*** for the time being, *adm.* until further notice; ***ohne weiteres*** without further ado, easily.
weiter|empfehlen *v/t* recommend (to others). **~entwickeln** *v/t* (*a.* ***sich*** ~) develop (further). **~erzählen** *v/t* tell others, repeat. **~fahren** *v/i allg.* go on, *mot. a.* drive on, *Zug etc*: *a.* continue. **~führen** *v/t* (*fortführen*) continue, carry on. **~geben** *v/t* ***et.*** ~ pass s.th. on. **~gehen** *v/i* **1.** go on, walk on. **2.** *fig.* go on, continue: ***das kann so nicht ~!*** things can't go on like this! **~helfen** *v/t* ***j-m*** ~ help s.o. (on).
weiterhin I *adv* ~ ***et. tun*** continue doing (*od.* to do) s.th., go on doing s.th. **II** *conj* (*ferner*) further(more), moreover.
weiter|kämpfen *v/i* continue fighting. **~kommen** *v/i* get on, *fig. a.* make headway, get somewhere: ***nicht*** ~ *a.* be stuck; ***so kommen wir nicht weiter*** this won't get us any further.
weiterleben *v/i* live on, *fig. a.* survive.
Weiterleben *n* (***nach dem Tode***) life after death.
weiter|leiten *v/t* (***an*** *acc* to) pass *s.th.* on, forward, (*Antrag etc*) refer. **~lesen** *v/t u. v/i* go on (reading), continue to read. **~machen** *v/i u. v/t* continue, carry (*od.* go) on with. **~sagen** *v/t* ***et.*** ~ pass s.th. on.
weiterverarbeiten *v/t* process.
Weiterverarbeitung *f* processing.
Weiterverkauf *m* resale.
weiterverkaufen *v/t* resell.
weitgehend I *adj* extensive, far-reaching, *Unterstützung, Vollmacht*: wide: ***es herrschte ~e Übereinstimmung*** there was a large degree of consent. **II** *adv* to a great extent.
weither *adv* from afar.
weithergeholt → ***weit*** II.
weitherzig *adj* broad-minded.
weithin *adv* **1.** far. **2.** to a large extent.
weitläufig I *adj* **1.** extensive, vast, (*geräumig*) spacious. **2.** (*ausführlich*) detailed, *contp.* long-winded. **3.** *Verwandte*: distant. **II** *adv* **4.** at great length. **5.** ~ ***verwandt*** distantly related.
weit|maschig *adj* wide-meshed. **~reichend** → ***weit*** II. **~schweifig** *adj* long-winded.
weitsichtig *adj* long-sighted, *a. fig.* farsighted. **Weitsichtigkeit** *f* long-sightedness, *a. fig.* farsightedness.
Weit|springer(in) longjumper, *Am.* broadjumper. **~sprung** *m* long (*Am.* broad) jump.
weitverbreitet → ***weit*** II.
Weitwinkelobjektiv *n* wide-angle lens.
Weizen *m* wheat: *fig.* ***sein*** ~ ***blüht*** he is in clover. **~bier** *n* wheat beer.
welch I *interrog pron* what, which: ***~er*** (***von beiden***)***?*** which (of the two)?; ~ ***ein Anblick!*** what a sight! **II** *rel pron* who, which, that. **III** *indef pron* some, any: *haben Sie Geld?* ***ja, ich habe ~es*** yes, I have some; ***brauchen Sie ~es?*** do you need any?
welk *adj* faded (*a. fig.*), *Haut*: wrinkled.
welken *v/i* fade (*a. fig.*), wither.
Wellblech *n* corrugated iron.
Welle *f* **1.** *allg., a. fig.* wave: *fig.* (***hohe***) ***~n schlagen*** cause quite a stir. **2.** *tech.* shaft. **3.** *gym.* circle.
wellen I *v/t* (*Haar*) wave. **II** *v/reflex* ***sich*** ~ *Haar*: be (*od.* go) wavy.
Wellen|bad *n* swimming pool with artificially produced waves. **~band** *n* ⚡ wave band. **~bereich** *m Radio*: wave range. **~brecher** *m* ⚓ breakwater.
wellenförmig *adj* wavy.
Wellen|länge *f Radio* (*fig.* ***die gleiche*** ~ ***haben*** be on the same) wavelength. **~linie** *f* wavy line. **~reiten** *n* surfing.
Wellensittich *m zo.* budgerigar.
wellig *adj* wavy.
Wellpappe *f* corrugated board.
Welpe *m zo.* puppy, pup.
Welt *f a. fig.* world: ***die Dritte*** ~ the Third World; ***die große*** ~ a) the big wide world, b) high society; ***alle*** ~ everybody; ***auf der ganzen*** ~ all over the world; ***der längste Fluss der*** ~ the longest river in the world, the world's longest river; ***was in aller*** ~ ***...?*** what on earth ...?; ***nicht um alles in der*** ~ not on your life; ***aus der*** ~ ***schaffen*** get rid of, (*Problem, Streit etc*) settle; ***in die*** ~ ***setzen*** (*Kinder*) put into the world, (*Gerüchte*) start; ***zur*** ~ ***bringen*** give birth to; ***zur*** ~ ***kommen*** be born; ***das kostet doch nicht die ~!*** it won't cost the earth!
weltabgeschieden *adj* secluded.
Weltall *n* universe.
weltanschaulich *adj* ideological.
Weltanschauung *f* philosophy (of life), world view, (*Ideologie*) ideology.
Weltausstellung *f* World Fair.
Weltbank *f* World Bank.
weltbekannt, weltberühmt *adj* world-famous.
Weltberühmtheit *f* (~ ***erlangen*** gain) worldwide fame.
Weltbevölkerung *f* world('s) (*od.* global) population.
weltbewegend *adj* worldshaking: *iro.*

nichts Weltbewegendes nothing to write home about.
Weltbild *n* world view.
Weltbürger(in) citizen of the world, cosmopolitan.
Weltenbummler(in) globetrotter.
Weltereignis *n* event of worldwide importance.
Welterfolg *m* worldwide success.
Weltergewicht *n Boxen*: welterweight.
welterschütternd → ***weltbewegend.***
weltfremd *adj* naive, unworldly, *Gelehrter etc*: ivory-towered.
Welt|friede(n) *m* world peace. **~geltung** *f* worldwide reputation. **~geschichte** *f* world history. **~gesundheitsorganisation** *f* World Health Organization.
weltgewandt *adj* urbane.
Welt|handel *m* international trade. **~handelsvolumen** *n* world trade volume. **~herrschaft** *f* world domination. **~karte** *f* map of the world. **~krieg** *m* world war: ***der Zweite ~*** World War II, the Second World War. **~kulturerbe** *n* Cultural Heritage of the World. **~lage** *f* international situation.
weltlich *adj* worldly, (*Ggs. geistlich*) secular.
Weltliteratur *f* world literature.
Weltmacht *f* world power.
weltmännisch *adj* man-of-the-world.
Welt|marke *f* world-famous brand. **~markt** *m* world market. **~meer** *n* ocean.
Weltmeister(in) world champion.
Weltmeisterschaft *f* world championship, *bsd. Fußball*: World Cup.
Welt|niveau *n* international standing. **~öffentlichkeit** *f* world public. **~politik** *f* international (*od.* world) politics *pl* (*a. sg konstr.*). **~presse** *f* international press.
Weltraum *m* (outer) space.
Weltraum|... space ...; → *a.* ***Raum...*** **~müll** *m* space debris.
Weltreich *n* (world) empire.
Weltreise *f* world trip.
Weltreisende *m, f* globetrotter.
Weltrekord *m* world record.
Weltrekordler(in) world-record holder.
Welt|religion *f* world religion. **~ruf** *m* (***von ~*** of) worldwide renown. **~schmerz** *m* world-weariness, weltschmerz.
Weltsicherheitsrat *m* U.N. Security Council.
Weltstadt *f* metropolis.
Weltstadt..., weltstädtisch *adj* metropolitan.
weltumspannend *adj* global, world-wide.
Weltuntergang *m* end of the world.
Welt|verbesserer *m*, **~verbesserin** *f* world changer.
Weltwährungsfonds *m* International Monetary Fund.
weltweit *adj* worldwide, global.
Weltwirtschaft *f* world economy.
Weltwirtschafts|gipfel *m* World Economic Summit. **~krise** *f* worldwide economic crisis.
Weltwunder *n* wonder of the world.
wem *pron* (to) whom: ***von ~*** of whom, by whom.
wen *pron* whom, *mst* F who.
Wende *f* **1.** *a. Sport*: turn. **2.** (*Änderung*) change, *pol.* change of power.
Wendekreis *m* **1.** *geogr.* tropic. **2.** *mot.* turning circle.
Wendeltreppe *f* spiral staircase.
wenden I *v/t* **1.** turn, (*Braten, Seite etc*) turn over, (*Auto etc*) turn around. **II** *v/i* **2.** turn (around), *Sport*: turn: ***bitte ~!*** please turn over. **III** *v/reflex* ***sich ~*** **3.** turn (***nach*** to, ***gegen*** against, on): ***sich ~ gegen*** oppose; *fig.* ***sich zum Guten ~*** take a turn for the better. **4.** ***sich an j-n ~*** ask (*od.* see, consult, contact) s.o.; ***sich um Rat an j-n ~*** turn to s.o. for advice.
Wendepunkt *m a. fig.* turning point.
wendig *adj* **1.** *fig.* nimble, agile, (*geistig ~*) *a.* flexible, versatile. **2.** *Auto etc*: manoeuvrable, *Am.* maneuverable.
Wendigkeit *f* **1.** *fig.* agility, flexibility. **2.** *mot.* manoeuvrability, *Am.* maneuverability.
Wendung *f* **1.** turn, *fig.* (*Änderung*) *a.* change: ***e-e unerwartete ~ nehmen*** take an unexpected turn. **2.** (*Redewendung*) expression, phrase.
wenig *indef pron u. adv* little, not much: ***~e*** *pl* few, not many, *su.* few (people); ***nur ~e*** only few; (***nur***) ***einige ~e*** (only) a few; ***~er*** less, ℞ minus; ***immer ~er*** less and less; ***~er als*** less than; ***nicht ~er als*** no less than, *pl* no fewer than; ***nichts ~er als*** anything but; ***~er werden*** decrease; ***das ~e*** the little; ***das ~ste*** the least; ***am ~sten*** least of all; ***ein ~*** a little; ***nicht ~*** quite a lot; ***~ beliebt*** not very popular; ***~ bekannt*** little known; ***~ begeistert*** (rather) unenthusiastic; ***~ hilfreich*** unhelpful.
Wenigkeit *f* F ***m-e ~*** yours truly.
wenigstens *adv* at least: ***wenn sie ~ zuhörte*** if only she would listen.
wenn *conj* **1.** when, (*sooft*) whenever, (*sobald*) as soon as: ***~ man ihn so reden hört*** to hear him (talk). **2.** *konditional*: if: ***~ sie doch*** (*od.* ***nur***) ***käme*** if only she would come; ***~ du nicht bezahlst*** unless you pay; ***~ ich das gewusst hätte*** had I (but) known. **3.** *konzessiv*: ***~ auch, ~ schon, und ~*** even if.
Wenn *n* ***ohne ~ und Aber*** no ifs or buts.
wennschon *adv* F ***na, ~!*** so what!; ***~ – dennschon!*** if we do it at all, let's do it properly!

wer I *interrog pron* who, which: **~ von euch?** which of you? II *rel pron* who, which: **~ (auch immer)** whoever. III *indef pron* a) who, *adm.* any person who, b) F somebody, anybody: **er ist jetzt ~** he really is somebody now.

Werbe|abteilung *f* publicity department. **~agentur** *f* advertising agency. **~aktion** *f* → **Werbekampagne.** **~angebot** *n* special (*od.* introductory) offer. **~artikel** *m* promotional article. **~aufwendungen** *pl* advertising expenditure *sg.* **~aussage** *f* advertising message. **~beilage** *f* magazine (*od.* newspaper) insert. **~berater(in)** advertising consultant. **~branche** *f* advertising. **~etat** *m* advertising budget. **~fachfrau** *f*, **~fachmann** *m* advertising expert. **~feldzug** *m* advertising campaign. **~fernsehen** *n* (*Werbespots*) television (*od.* TV) commercials *pl.* **~film** *m* promotion(al) film. **~funk** *m* (*Werbespots*) radio ads (*Am.* commercials) *pl.* **~gag** *m* sales gimmick. **~geschenk** *n* promotional gift. **~grafik** *f* commercial art. **~grafiker(in)** commercial artist. **~kampagne** *f* publicity (*od.* advertising) campaign. **~kosten** *pl* advertising costs *pl.* **~leiter(in)** publicity manager. **~material** *n* promotional material. **~mittel** *pl* advertising media (*Geld*: funds) *pl.*

werben I *v/t* **1.** (*Mitglieder etc*) enlist, (*Mitarbeiter etc*) *a.* recruit, (*Kunden, Stimmen etc*) canvass, attract: **j-n für e-e Sache ~** win s.o. over to a cause. II *v/i* **2. ~ für** advertise, promote, F plug, *pol.* campaign (*od.* canvass) for. **3. ~ um** *a. fig.* court, woo.

Werbe|plakat *n* advertising poster. **~prospekt** *m* publicity brochure. **~psychologie** *f* psychology of advertising. **~rummel** *m* F hype. **~sendung** *f* **1.** *TV etc* commercial program(me *Br.*). **2.** *im Briefkasten*: advertising mail. **~slogan** *m* advertising slogan. **~spot** *m* commercial (spot), spot. **~spruch** *m* (advertising) slogan. **~texter(in)** (advertising) copywriter. **~träger** *m* advertising medium. **~trommel** *f fig.* **die ~ rühren** → **werben** 2.

werbewirksam *adj* effective: **~ sein** have commercial (*od.* advertising) appeal.

Werbezettel *m* advertising leaflet.

Werbung *f* **1.** enlisting (*etc*, → **werben** 1), recruitment. **2.** (*Reklame*) advertising, publicity: *fig.* **das ist e-e gute ~ für ...** that is good publicity for ...; **irreführende (vergleichende) ~** deceptive (comparative) advertising. **3.** → **Werbeabteilung.**

Werbungskosten *pl steuerlich*: professional outlays *pl.*

Werdegang *m* development, *a. fig. u. tech.* history, *e-r Person*: professional background, *weitS.* career.

werden I *v/i* become, get, *allmählich*: grow, (*sich wandeln*) turn, go, (*ausfallen*) turn out: **blind (verrückt) ~** go blind (mad); **blass ~** turn pale; **böse ~** get angry; **gesund ~** get well; **was will er (einmal) ~?** what does he want to be?; **was soll nun ~?** what are we going to do now?; **was ist aus ihm (daraus) geworden?** what has become of him (it)?; **daraus wird nichts!** a) nothing will come of it!, b) (*es kommt nicht in Frage*) nothing doing!; F **es (er) wird schon (wieder) ~!** it (he) will be all right!; **wie sind die Fotos geworden?** how have the photos turned out?; F **wirds bald?** get a move on!; → **Mutter**[1]. II *v/aux* a) **ich werde fahren** I will (*od.* I'll) drive, I am going to drive; **es wird gleich regnen** it's going to rain; **es ist uns gesagt worden** we have been told, b) *passivisch*: **geliebt ~** be loved; **gebaut ~** be (being) built.

Werden *n* development, growth, (*Fortschreiten*) progress: **im ~ sein** be in the making.

werfen I *v/t* **1.** *allg.* throw (*a. fig. u. zo.*), (*a. Anker, Blick, Schatten*) cast: (*v/i* **mit**) **et. ~ nach** throw s.th. at; **Bomben ~** drop bombs; → **Blick** 1, **Handtuch** *etc.* II *v/i* **2.** throw. **3.** → **schmeißen** 5. III *v/reflex* **sich ~ 4.** *tech.* buckle, *Holz*: warp. **5. sich ~ auf** (*acc*) throw o.s. on (*fig.* into); → **Hals.**

Werfer(in) *Sport*: thrower.

Werft *f* **1.** shipyard. **2.** ✈ hangar.

Werftarbeiter(in) shipyard worker.

Werg *n* tow.

Werk *n* **1.** (*Arbeit, Buch, Kunstwerk*) *allg.* work, (*Gesamtwerk*) works *pl*, (*Ergebnis*) *a.* result, (*Tat*) *a.* deed: **am ~ sein** be at work; **ans ~ gehen** set to work; **ein gutes ~ tun** do a good deed; **vorsichtig zu ~e gehen** go about it cautiously; *b.s.* **es war sein ~** it was his work (*od.* doing). **2.** (*Fabrik*) works *pl* (*mst sg konstr.*), plant, factory, (*Unternehmen*) company: *econ.* **ab ~** ex works. **3.** *tech.* works *pl*, mechanism.

Werk(s)|... works ..., factory ... **~angehörige** *m, f* (works) employee. **~arzt** *m*, **~ärztin** *f* works doctor. **Werkbank** *f* (work)bench.

werk(s)eigen *adj* works ..., company (-owned).

werkeln *v/i* potter about.

werken *v/i* work, *ped.* do handicrafts.

Werken *n ped.* handicrafts *sg.*

Werk(s)|halle *f* factory building. **~kantine** *f* works canteen. **~leiter(in)** works manager.

Werk|schutz *m* Security. **~spionage** *f* industrial espionage. **~statt** *f*, **~stätte** *f* workshop. **~stoff** *m* material. **~stoffprüfer** *m* materials tester. **~stück** *n* workpiece. **~student(in)** working student: **~ *sein*** work one's way through university (*od.* college).

Werktag *m* workday, working day.

werktags *adv* on weekdays, during the week.

werktätig *adj* working.

Werktätige *m, f* working person: ***die ~n*** the working population.

Werkunterricht *m* → ***Werken.***

Werkvertrag *m* contract for work.

Werkzeug *n* tool (*a. fig.*), *coll.* tools *pl.* **~bau** *m* toolmaking. **~kasten** *m* tool box, tool kit. **~macher(in)** toolmaker. **~maschine** *f* machine tool. **~schlosser(in)** toolmaker. **~tasche** *f* tool bag.

Wermut *m* **1.** ♀ wormwood. **2.** (*Wein*) vermouth.

Wermutstropfen *m fig.* drop of bitterness.

wert *adj* worth: ***et. ~ sein*** be worth s.th.; ***e-n Versuch*** (***e-e Reise***) **~** worth a try (a trip); ***e-r Sache ~ sein*** be worthy of s.th.; ***viel ~*** worth a lot, (very) valuable; ***nicht viel ~*** not up to much; ***nichts ~*** worthless, no good; ***~, getan zu werden*** worth doing; ***das ist es*** (***mir***) ***nicht ~*** it's not worth it; ***er ist es nicht ~, dass man ihm hilft*** he doesn't deserve to be helped.

Wert *m* **1.** *allg.* value (*a.* ⚗, ♙, *philos., phys., tech.*), *fig. a.* merit(s *pl*), (*Bedeutung*) importance, F (*Nutzen*) use: ***im ~(e) von*** to the value of; ***Waren im ~(e) von 400 Dollar*** 400 dollars worth of goods; ***im ~ sinken*** (***steigen***) lose (go up) in value; ***e-r Sache großen ~ beimessen*** attach great importance to s.th.; (***großen***) ***~ legen auf*** (*acc*) set (great) store by; ***k-n besonderen ~ legen auf*** (*acc*) not to care much for; *fig.* ***sich unter ~ verkaufen*** sell o.s. short; F ***es hat k-n ~!*** that's no use! **2. *~e*** *pl* a) (*Messwerte*) data *pl*, readings *pl*, levels *pl*, b) *econ.* (*Aktiva*) assets *pl*, (*~papiere*) securities *pl*, stocks *pl*.

Wertangabe *f* a) declaration of value, b) declared value.

Wertarbeit *f* (high-class) workmanship.

wertbeständig *adj* stable, of stable (*fig.* lasting) value.

Wertbrief *m* insured letter.

werten *v/t* (*be~*) assess, judge, *a. Sport*: rate: ***als Erfolg ~*** rate *s.th.* as a success.

wertfrei *adj u. adv* value-free.

Wertgegenstand *m* article of value, *pl* valuables *pl*.

Wertigkeit *f* ⚗ valency.

wertlos *adj* worthless (*a. fig.*), valueless, (*nutzlos*) useless, *pred* (of) no use, no good. **Wertlosigkeit** *f* worthlessness.

Wert|maßstab *m* standard (of value). **~minderung** *f* depreciation. **~paket** *n* insured parcel. **~papiere** *pl* securities *pl*. **~sachen** *pl* valuables *pl*. **~schätzung** *f* esteem (*gen* for). **~schöpfung** *f econ.* value added. **~steigerung** *f econ.* increase in value. **~stellung** *f* value date.

Wertstoff *m* by-product.

Wertung *f* (*Bewertung*) assessment, *a. Sport*: rating, *Sport*: score, points *pl*.

Werturteil *n* value judgement.

Wertverlust *m econ.* loss of value.

wertvoll *adj* valuable.

Wertvorstellungen *pl* values *pl*.

Wertzuwachs *m econ.* increase in value.

Wesen *n* **1.** (*Lebewesen*) being, creature. **2.** (*Wesensart*) nature, character: ***ihr heiteres ~*** her cheerful disposition. **3.** *philos.* essence. **4.** F ***viel ~s von et. machen*** make a great fuss about s.th.

Wesensart *f* nature, character.

wesens|fremd *adj* alien to one's nature. **~gleich** *adj* identical in character.

Wesenszug *m* (characteristic) trait.

wesentlich I *adj* essential (***für*** to), (*a. beträchtlich*) substantial: ***das Wesentliche*** the essence, the essential point; ***nichts Wesentliches*** nothing (very) important; ***im Wesentlichen*** in essence, essentially, on the whole; ***der ~e Inhalt*** *e-s Buches etc*: the substance. **II** *adv* essentially, considerably, a great deal, much: ***~ besser*** far better.

weshalb I *interrog pron* why. **II** *conj* and so, which is why.

Wespe *f zo.* wasp.

Wespennest *n* wasps' nest: *fig.* ***in ein ~ stechen*** stir up a hornet's nest.

Wespenstich *m* wasp sting.

wessen *interrog pron* **1.** *gen von wer*: whose. **2.** *gen von was*: ***~ beschuldigt man dich?*** what are you accused of?

Wessi *m, f* F West German.

West *m* **1.** West. **2.** (*~wind*) west wind.

westdeutsch *adj*, **Westdeutsche** *m, f* West German.

Weste *f* waistcoat, *Am.* vest: F *fig.* ***e-e weiße ~ haben*** have a clean record.

Westen *m* west, *e-s Landes*: West, *e-r Stadt*: *a.* West End, *pol. the* West: ***von ~*** from the west; ***nach ~*** west(wards).

Westentasche *f* waistcoat (*Am.* vest) pocket: F ***et. wie s-e ~ kennen*** know s.th. like the back of one's hand.

Westentaschenformat *n* ***im ~*** pocket-size (*camera etc*).

Westfale *m* Westphalian. **Westfalen** *n* Westphalia. **Westfälin** *f*, **westfälisch** *adj* Westphalian.

westlich I *adj* western, *Wind, Richtung*: west(erly), *pol.* West(ern). **II** *adv* (to the) west (***von*** of). **III** *prep* (*gen*) (to the) west of.

W

Westmächte *pl pol.* Western powers *pl.*
westwärts *adv* west(wards).
Westwind *m* west wind.
weswegen → ***weshalb.***
Wettannahme *f* betting office.
Wettbewerb *m* competition (*a. econ.*), *Sport*: (*Einzelwettbewerb*) *a.* event: ***freier*** (***unlauterer***) ~ free (unfair) competition; ***in ~ stehen*** be competing (***mit*** with).
Wettbewerber(in) competitor.
wettbewerbsbeschränkend *adj* in restraint of trade.
Wettbewerbsbeschränkung *f* restraint of trade.
wettbewerbsfähig *adj* competitive.
Wettbewerbsfähigkeit *f* competitiveness.
Wettbewerbs|nachteil *m* competitive disadvantage. **~verzerrung** *f* unfair competition. **~vorteil** *m* competitive advantage.
wettbewerbswidrig *adj* detrimental to competition.
Wettbüro *n* betting office.
Wette *f* bet: ***e-e ~ eingehen*** (*od.* ***abschließen***) make a bet; ***was gilt die ~?*** what do you bet?; ***mit j-m um die ~ laufen*** (*od.* ***fahren***) race s.o.
Wetteifer *m* rivalry.
wetteifern *v/i* (***mit*** with, ***um*** for) vie, compete.
wetten *v/t u. v/i* bet: (***mit j-m***) ***um et. ~*** bet (s.o.) s.th.; ***ich wette zehn zu eins, dass ...*** I bet you ten to one that ...; ***~ auf*** (*acc*) bet on, put one's money on, *Rennsport*: *a.* back; F ***~, dass ...?*** want to bet?
Wetter(in) better.
Wetter *n* **1.** weather, (*Unwetter*) storm: ***bei diesem ~*** in a weather like this; → ***Wind.*** **2.** ⚒ ***schlagende ~*** *pl* firedamp *sg.* **~amt** *n* meteorological office. **~aussichten** *pl* weather outlook *sg.* **~bedingungen** *pl* weather conditions *pl.* **~bericht** *m* weather report.
wetterbeständig *adj* weatherproof.
Wetter|dienst *m* weather service. **~fahne** *f* weather vane.
wetterfest *adj* weatherproof.
Wetterfrosch *m humor.* weatherman.
wetterfühlig *adj* ***~ sein*** be sensitive to changes in the weather.
Wetterhahn *m* weathercock.
wetterhart *adj* weather-beaten.
Wetter|karte *f* weather map. **~kunde** *f* meteorology. **~lage** *f* weather situation. **~leuchten** *n* sheet lightning: *fig.* ***~ am politischen Horizont*** clouds on the political horizon.
wettern *v/i* F ***~ gegen*** storm at.
Wetter|seite *f* weather side. **~station** *f* weather station. **~sturz** *m* sudden drop in temperature. **~umschwung** *m* (sudden) change in weather. **~vorhersage** *f* weather forecast.
wetterwendisch *adj fig.* fickle.
Wett|fahrt *f* race. **~kampf** *m* contest, competition, *Sport*: *a.* (*Einzelwettkampf*) event. **~kämpfer(in)** competitor, contestant. **~lauf** *m* race (*fig.* ***mit der Zeit*** against time). **~läufer(in)** runner.
wettmachen *v/t* make up for.
Wett|rennen *n a. fig.* race. **~rüsten** *n* arms race. **~spiel** *n* match, game. **~streit** *m* contest.
wetzen I *v/t* (*Sense etc*) sharpen, whet: ***s-n Schnabel ~*** *Vogel*: rub its beak. II *v/i* F whiz(z), scoot.
WEZ ***westeuropäische Zeit*** Greenwich Mean Time (GMT).
WG ***Wohngemeinschaft*** flat share, flat sharing (community).
WGB ***Weltgewerkschaftsbund*** World Federation of Trade Unions (WFTU).
Whirlpool *m* whirlpool (bath).
Whisky *m* whisky, *irischer*, *amerikanischer*: whiskey.
wichsen I *v/t* polish. II *v/i* V (*onanieren*) wank, *bsd. Am.* jerk off.
Wichtel *m* **1.** (*Pfadfinderin*) brownie. **2.** *a.* **Wichtelmännchen** *n* goblin.
wichtig *adj* important (***für j-n*** to s.o., ***für et.*** for s.th.): ***~ tun, sich ~ machen*** be self-important; *adv* ***et. ~ nehmen*** take s.th. seriously; ***Wichtigeres zu tun haben*** have more important things to do; ***das Wichtigste*** the most important thing; ***das Wichtigste zuerst!*** first things first!
Wichtigkeit *f* importance.
Wichtigtuer(in) pompous ass. **Wichtigtuerei** *f* pomposity. **wichtigtuerisch** *adj* pompous.
Wicke *f* ⚘ vetch, (*Gartenwicke*) sweet pea.
Wickel *m* **1.** ⚕ compress. **2.** F ***am ~ haben*** a) ***j-n*** give s.o. a good talking to, b) *fig.* (*ein Thema etc*) hold forth about.
Wickelkommode *f* (baby's) changing table.
wickeln I *v/t* **1.** (***um*** [a]round) wind, (*Tuch*, *Schnur etc*) tie, (*Decke*, *Schal etc*) wrap: ***et. in Papier ~*** wrap s.th. (up) in paper; → ***Finger.*** **2.** (*Baby*) change a baby's nappies (*Am.* diapers): ***kannst du das Baby ~?*** can you change the baby? II *v/reflex* **3.** ***sich ~ um*** wind (*od.* coil) itself around; ***sich in e-e Decke ~*** wrap o.s. up in a blanket.
Wickelrock *m* wraparound skirt.
Wicklung *f tech.* winding.
Widder *m* **1.** *zo.* ram. **2.** *astr.* (***er ist ~*** he is [an]) Aries.
wider *prep* against, contrary to: ***~ Erwarten*** contrary to expectation(s); → ***für*** II, ***Wille.***

widerfahren *v/i* ***j-m*** ~ happen to s.o., *Unglück etc*: *a.* befall s.o.; ***j-m Gerechtigkeit ~ lassen*** do justice to s.o., *weitS.* give s.o. his due.
Widerhaken *m* barb.
Widerhall *m* echo, *fig. a.* resonance: ***k-n ~ finden*** meet with no response.
widerhallen *v/i* (***von*** with) echo, resound.
widerlegbar *adj* refutable.
widerlegen *v/t* refute, disprove.
widerlich *adj* revolting, disgusting.
widernatürlich *adj* unnatural, perverse.
widerrechtlich *adj* illegal, unlawful: *adv* ***~ betreten*** trespass (up)on; ***sich*** *et.* ***~ aneignen*** misappropriate.
Widerrede *f* contradiction(s *pl*): ***ohne ~*** without protest; ***k-e ~!*** don't argue!, no argument!
Widerruf *m* revocation, withdrawal: (***bis***) ***auf ~*** until revoked.
widerrufen *v/t* revoke, withdraw.
Widersacher(in) adversary, opponent.
Widerschein *m* reflection.
widersetzen *v/reflex* ***sich ~*** put up resistance; ***sich j-m*** (***e-r Sache***) ~ oppose (*od.* resist) s.o. (s.th.).
widersetzlich *adj* refractory, insubordinate.
widersinnig *adj* absurd.
widerspenstig *adj* rebellious, *a. fig. Haar etc*: unruly.
Widerspenstigkeit *f* rebelliousness, *a. fig.* unruliness.
widerspiegeln I *v/t a. fig.* reflect. II *v/reflex* ***sich ~*** be reflected.
widersprechen *v/i* contradict (***j-m*** s.o., ***sich*** o.s.), (*e-m Vorschlag etc*) oppose: ***sich*** (*od.* ***einander***) ~ *Meinungen etc*: be contradictory.
Widerspruch *m* contradiction (***in sich*** in terms), (*Protest*) protest, opposition: ***im ~ zu*** in contradiction to; ***im ~ stehen zu*** be inconsistent with, contradict; ***auf ~ stoßen*** meet with protest (***bei*** from).
widersprüchlich *adj* contradictory, inconsistent, *Gefühle etc*: conflicting.
Widerspruchsgeist *m* spirit of contradiction.
widerspruchslos *adj u. adv* without contradiction (*od.* protest).
Widerstand *m* **1.** (***gegen*** to) resistance (*a. phys., pol.*), opposition: ***~ leisten*** offer resistance, fight back; ***auf*** (***heftigen***) ***~ stoßen*** meet with (stiff) opposition; ***den ~ aufgeben*** give in; ***den Weg des geringsten ~es wählen*** take the line of least resistance. **2.** ⚡ resistance, (*Bauteil*) resistor.
Widerstandsbewegung *f pol.* resistance movement.
widerstandsfähig *adj* resistant (***gegen*** to), robust (*a. tech.*).
Widerstandsfähigkeit *f* resistance (***gegen*** to), robustness.
Widerstands|kämpfer(in) resistance fighter. **~kraft** *f* (powers *pl* of) resistance.
widerstandslos *adv* without resistance.
widerstehen *v/i* ***j-m*** (***e-r Sache***) ~ resist s.o. (s.th.).
widerstreben *v/i* be repugnant (*dat* to): ***es widerstrebt mir zu*** *inf* I hate to *inf.*
Widerstreben *n* reluctance.
widerstrebend *adv* reluctantly.
widerwärtig *adj* repulsive, disgusting, F nasty.
Widerwille *m* (***gegen***) aversion (to), (*Ekel*) disgust (at).
widerwillig *adj* unwilling, reluctant.
widmen (*dat* to) I *v/t* **1.** (*Buch etc*) dedicate. **2.** (*Zeit, Aufmerksamkeit etc*) devote, give. II *v/reflex* ***sich ~*** **3.** devote o.s., (*sich kümmern um*) attend: ***sich ganz j-m*** (***e-r Sache***) ~ give one's undivided attention to s.o. (s.th.).
widrig *adj* adverse. **widrigenfalls** *adv* failing which, ⚖ in default of which.
wie I *interrog adv* **1.** how: ***~ macht man das?*** how is that done?; ***~ ist er*** (***es***)***?*** what is he (it) like?; ***~ nennt man das?*** what do you call that?; ***~ sagten Sie?*** (sorry,) what did you say?; ***~ wäre*** (*od.* ***steht***) ***es mit ...?*** what about ...?; ***~ viel*** how much; ***~ viel***(***e***) *pl* how many. **2.** ***~ schön!*** how beautiful!; ***~ gut, dass er da war!*** lucky for me (you *etc*) that he was there!; ***und ~!*** and how!, F you bet!; → ***bitte*** 3. II *conj* **3.** *im Vergleich*: as, like: ***stark ~ ein Bär*** (as) strong as a bear; ***ein Mann ~ er*** a man like him; ***dumm ~ er ist*** fool that he is; ***~ gesagt*** as I said. **4.** ~ (***zum Beispiel***), ***~ etwa*** such as. **5.** *zeitlich*: F as, when. **6.** ***ich sah, ~ er weglief*** I saw him running away; ***ich hörte, ~ er es sagte*** I heard him say so. **7.** *verallgemeinernd*: ~ (***auch***) ***immer*** however, no matter how; ***~ dem auch sei*** be that as it may; ***~ sie auch heißen mögen*** whatever they are called.
Wiedehopf *m zo.* hoopoe.
wieder *adv* again, *bei Verben oft* re...: ***~ gesund*** well again; ***immer ~*** again and again, time and again; ***schon ~?*** not again!; ***ich bin gleich ~ da!*** I'll be back in a minute!; ***~ e-e Gelegenheit vertan!*** another chance lost!; *fig.* ***~ anlegen*** reinvest, plough (*Am.* plow) back; ***~ anknüpfen*** renew; ***~ aufbereiten*** reprocess; ***~ aufführen*** (*Film etc*) rerun; ***~ aufleben*** (*a.* ***lassen***) revive; ***~ aufnehmen*** resume; ***~ aufrüsten*** rearm; ***~ auftauchen*** re-emerge, ⚓ *a.* resurface, *fig.* reappear, turn up again; ***~ auftre-***

ten reappear; ~ ***beleben*** resuscitate, *a. fig.* revive; ~ ***einführen*** a) reintroduce, (*Brauch etc*) revive, b) (*Waren*) reimport; ~ ***einsetzen*** *allg.* reinstate (***in*** *acc* in); ~ ***einstellen*** re-employ; ~ ***entdecken*** rediscover; ~ ***erkennen*** recognize: ***nicht*** ~ ***zu erkennen*** unrecognizable; ~ ***eröffnen*** reopen; *fig.* ~ ***erwecken*** revive; ~ ***gutmachen*** make up for, (*Schaden etc*) compensate for; ***nicht*** ~ ***gutzumachen***(***d***) irreparable; ~ ***sehen*** see *s.o., s.th.* again; ***sich*** ~ ***sehen*** meet again; ~ ***vereinigen*** (*a.* ***sich***) reunite; ~ ***verwerten*** (*Abfälle*) recycle; ~ ***wählen*** re-elect.

Wieder|annäherung *f pol.* rapprochement. **~aufbau** *m* reconstruction, *wirtschaftlich*: recovery.

Wieder|aufbereitung *f* reprocessing. **~aufbereitungsanlage** *f* reprocessing plant.

Wiederaufnahme *f* resumption. **~verfahren** *n* ⚖ new hearing, retrial.

Wieder|aufrüstung *f* rearmament. **~ausfuhr** *f* reexportation. **~beginn** *m* recommencement, *der Schule etc*: reopening.

wiederbekommen *v/t* get *s.th.* back.

Wieder|belebung *f* resuscitation, *fig.* revival. **~belebungsversuch** *m* attempt at resuscitation.

wiederbeschaffen *v/t* replace.

Wiederbeschaffung *f* replacement.

Wiederbeschaffungskosten *pl* replacement cost *sg.*

wiederbringen *v/t* bring *s.o., s.th.* back, return.

Wieder|einführung *f* **1.** reintroduction, revival. **2.** *econ.* reimportation. **~eingliederung** *f* reintegration (***in*** *acc* into), *soziale od. berufliche*: rehabilitation. **~einsetzung** *f* reinstatement. **~eintritt** *m* re-entry (***in*** *acc* into). **~ergreifung** *f* recapture.

wiedererlangen *v/t* recover, regain.

Wieder|eröffnung *f* reopening. **~erstattung** *f* refund(ing), reimbursement.

wiederfinden *v/t* find again.

Wiedergabe *f* **1.** (*Bericht*) account. **2.** ♪ rendering, interpretation. **3.** reproduction (*a. tech.*), (*Tonwiedergabe*) playback. **~gerät** *n* playback unit. **~qualität** *f* fidelity of reproduction.

wiedergeben *v/t* **1.** → ***zurückgeben*** 1. **2.** (*schildern*) describe, (*wiederholen*) repeat, (*zitieren*) quote. **3.** ♪ render, interpret. **4.** reproduce (*a. tech.*), (*Ton*) *a.* play back.

Wiedergeburt *f a. fig.* rebirth.

wiedergewinnen *v/t* regain, recover (*a. tech.*), *tech.* reclaim, *Computer*: (*Daten*) retrieve. **Wiedergewinnung** *f* recovery, *tech. a.* reclamation, *Computer*: retrieval.

Wiedergutmachung *f* reparation.

wiederhaben *v/t* F have *s.o., s.th.* back.

wiederherstellen *v/t allg.* restore, ⚕ *a.* cure, (*Verbindung etc*) *a.* re-establish.

Wiederherstellung *f* restoration, re-establishment, ⚕ recovery.

wiederholbar *adj* repeatable.

wiederholen[1] I *v/t* repeat, say (*od.* do) *s.th.* (over) again, (*zs.-fassen*) sum up, F recap. II *v/reflex* ***sich*** ~ repeat itself (*Person*: o.s.), *regelmäßig*: recur.

wiederholen[2] *v/t* fetch (*od.* get) back.

wiederholt *adj* repeated(ly *adv*).

Wiederholung *f* repetition, *Radio, TV etc*: repeat, *TV Fußball etc*: replay.

Wiederholungs|fall *m* ***im*** ~ if this should happen again. **~impfung** *f* booster (shot). **~kurs** *m* refresher course. **~prüfung** *f* resit. **~spiel** *n Sport*: replay. **~taste** *f* repeat key.

Wiederhören: ***auf*** ~***!*** goodby(e)!

wiederkäuen I *v/i zo.* ruminate. II *v/t fig.* rehash. **Wiederkäuer** *m* ruminant.

Wiederkehr *f* return, *regelmäßige*: recurrence. **wiederkehren** *v/i* **1.** return, come back. **2.** (*sich wiederholen*) recur: (***regelmäßig***) **~d** recurrent.

wiederkommen *v/i* come again, come back, return. **Wiederkunft** *f* return.

Wiedersehen *n* reunion: ~ ***mit London*** London revisited; ***auf*** ~***!*** goodby(e)!, see you again!, F so long!, bye!

wiederum *adv* **1.** again. **2.** (*andererseits*) on the other hand.

Wieder|vereinigung *f* reunion, *pol. a.* reunification. **~verheiratung** *f* remarriage. **~verkauf** *m* resale. **~verkäufer** *m* reseller.

Wiederverkaufs|wert *m* resale value. **~rabatt** *m* trade discount. **~preis** *m* resale price. **~wert** *m* resale value.

Wieder|verwendung *f* reuse. **~verwertung** *f* recycling. **~vorlage** *f* resubmission. **~wahl** *f* re-election. **~zulassung** *f* **1.** readmission. **2.** *mot.* relicensing.

Wiege *f a. fig.* cradle: ***von der*** ~ ***bis zur Bahre*** from the cradle to the grave.

wiegen[1] I *v/t* rock, (*Kopf*) shake, (*Hüften*) sway: *fig.* ***j-n in Sicherheit*** ~ lull s.o. into a false sense of security. II *v/reflex* ***sich*** ~ rock; ***sich in den Hüften*** ~ sway one's hips; *fig.* ***sich in Sicherheit*** ~ believe o.s. safe.

wiegen[2] I *v/t u. v/i* weigh: ***was*** ~ ***Sie?*** how much do you weigh?; ***mehr*** ~ ***als*** outweigh; *fig.* ***schwer*** ~ carry (a lot of) weight. II *v/reflex* ***sich*** ~ weigh o.s.

wiegen[3] *v/t gastr.* chop, mince.

Wiegenlied *n* lullaby.

wiehern *v/i* neigh: ~(***d lachen***) heehaw.

Wien *n* Vienna.

Wiener[1] *f mst pl gastr.* wiener(wurst).

Wiener[2] *m*, **Wienerin** *f*, **wienerisch** *adj* Viennese.

wienern *v/t* F polish.
Wiese *f* meadow.
Wiesel *n zo.* weasel.
wieso → ***warum.***
wieviel → ***wie*** I, 1.
wievielmal *adv* how many times, how often.
wievielt *adj* ***der*** (***die, das***) ***~e*** which; ***zum ~en Male?*** how many times?; ***den Wievieltenen haben wir heute?*** what's the date today?
wieweit → ***inwieweit.***
Wikinger(in) (*a. in Zssgn*) Viking.
wild I *adj* **1.** *allg.* wild (*a.* ♀, *zo., fig. Gegend, Sitten etc*), (*unzivilisiert*) *a.* savage: ⚕ ***~es Fleisch*** proud flesh; *fig.* ***~e Vermutungen*** *pl* wild speculation *sg*; *adv* ***~ wachsen*** grow wild. **2.** (*Ggs. sanft*) wild, *Kind*: *a.* unruly, (*heftig*) violent, fierce: ***das ist halb so ~!*** it's not all that bad! **3.** F *fig.* (*wütend*) wild, mad: ***wie ~*** *arbeiten etc* like mad; ***j-n ~ machen*** make s.o. mad; ***~ werden*** get mad, see red; ***den ~en Mann spielen*** go berserk. **4.** F ***ganz ~ sein auf*** (*acc*) be wild (*od.* crazy) about. **5.** *Parken, Zelten etc*: unauthorized; → ***Streik.*** **II** *adv* ***~ lebend, ~ wachsend*** wild.
Wild *n* game, *gastr.* venison.
Wildbach *m* torrent.
Wildbahn *f* ***in freier ~*** in the wild.
Wildbret *n* game, venison.
Wilddieb(in) poacher.
Wilde *m, f* savage.
Wildente *f zo.* wild duck.
Wilderer *m*, **Wild(r)erin** *f* poacher. **wildern** *v/i* poach.
wildfremd *adj* completely strange (*dat* to): ***~er Mensch*** complete stranger.
Wildgans *f zo.* wild goose.
Wildgehege *n* game preserve.
Wildheit *f* wildness (*a. fig.*), savagery, fury, *von Kindern*: *a.* unruliness.
Wildhüter(in) gamekeeper.
Wildkatze *f zo.* wild cat.
Wildleder *n*, **wildledern** *adj* suede.
Wildnis *f* wilderness (*a. fig.*), wild.
Wildpark *m* game park.
Wildsau *f* wild sow.
Wildschwein *n* wild boar.
Wildwasser *n* torrent, *a. Sport u. in Zssgn* wildwater.
Wildwechsel *m* game runway.
Wildwestfilm *m* western.
Wille *m* will, *philos. a.* volition, (*Absicht*) *a.* intention: ***böser ~*** ill will; ***guter ~*** good will (*od.* intention); ***letzter ~*** (last) will, ⚖ last will and testament; ***aus freiem ~n*** of one's own free will; ***gegen m-n ~n*** against my will; ***j-m s-n ~n lassen*** let s.o. have his (own) way; ***ich kann Ihnen beim besten ~n nicht helfen*** I can't help you, much as I should like to; ***ich kann mich beim besten ~n nicht erinnern*** I can't remember for the life of me; ***wenn es nach ihrem ~n ginge*** if she had her way; ***sie musste wider ~n lachen*** she couldn't help laughing; → ***durchsetzen***[1] I.
Willen *m* → ***Wille.***
willenlos *adj* weak, weak-willed: ***j-s ~es Werkzeug sein*** be s.o.'s slave.
willens *adj* ***~ sein zu*** *inf* be willing (*od.* prepared) to *inf.*
Willens|akt *m* act of volition. **~anstrengung** *f* effort of will. **~äußerung** *f* expression of one's will. **~erklärung** *f* ⚖ declaration of intention. **~freiheit** *f* freedom of will. **~kraft** *f* willpower, *weitS.* strong will.
willensschwach *adj* weak, weak-willed.
willensstark *adj* strong-willed.
Willensstärke *f* strong will.
willentlich *adv* deliberately.
willfährig *adj* compliant.
willig *adj* willing.
willkommen *adj a. fig.* welcome (*dat*, ***in*** *dat* to): ***j-n ~ heißen*** welcome s.o.
Willkommen *n* welcome, reception.
Willkür *f* arbitrariness: ***j-s ~ ausgeliefert sein*** be at s.o.'s mercy. **~akt** *m* arbitrary act. **~herrschaft** *f* arbitrary rule, despotism.
willkürlich *adj* arbitrary, *Auswahl etc*: random, *physiol.* voluntary.
wimmeln *v/i* ***~ von*** *Menschen, Fehlern etc*: be teeming (F crawling) with.
wimmern *v/i* whimper.
Wimpel *m* pennant.
Wimper *f* eyelash: ***ohne mit der ~ zu zucken*** without batting an eyelid.
Wimpernbürste *f* eyelash brush.
Wimperntusche *f* mascara.
Wind *m* (***günstiger ~*** fair) wind: ***sanfter ~*** (gentle) breeze; *fig.* ***ein frischer ~*** a breath of fresh air; ***gegen den ~*** into the wind; ***mit dem ~*** down the wind; ***bei ~ und Wetter*** in rain or storm; *fig.* ***~ bekommen von*** get wind of; F ***viel ~ machen*** a) make a great fuss (***um*** of, about, over), b) (*angeben*) act big, talk big; ***j-m den ~ aus den Segeln nehmen*** take the wind out of s.o.'s sails; ***in alle ~e zerstreut*** scattered to the four winds; ***in den ~ reden*** waste one's breath; ***in den ~ schlagen*** cast to the wind; ***wissen, woher der ~ weht*** know how the wind blows; → ***Mantel*** 1.
Windbeutel *m gastr.* cream puff.
Winde[1] *f tech.* winch, hoist.
Winde[2] *f* ♀ bindweed.
Windei *n* wind egg.
Windel *f* nappy, *Am.* diaper.

windelweich *adj* F ***j-n ~ schlagen*** beat s.o. to a pulp.

winden I *v/t* **1.** wind (**um** round). **2.** (*Kranz*) make, bind. **II** *v/reflex* ***sich ~*** **3.** wriggle, squirm: ***sich vor Schmerzen ~*** writhe with pain. **4.** ***sich ~ durch*** *Fluss, Straße etc*: wind its way through. **5.** ***sich ~ um*** wind (*od.* coil) itself round.

Windenergie *f* wind power (*od.* energy).

Windeseile *f* ***in ~*** at lightning speed, in no time; ***sich mit ~ verbreiten*** *Gerücht etc*: spread like wildfire.

windgeschützt *adj* sheltered (from the wind).

Windhose *f meteor.* whirlwind.

Windhund *m* **1.** *zo.* greyhound. **2.** F *fig.* freewheeler.

windig *adj* **1.** windy. **2.** F *fig. Person*: shady, *Sache*: fishy, *Ausrede*: lame.

Wind|jacke *f* windcheater. **~jammer** *m* ⚓ windjammer. **~kanal** *m tech.* wind tunnel. **~kraft** *f* wind power. **~kraftanlage** *f* wind power plant. **~licht** *n* storm lantern. **~mühle** *f* windmill. **~pocken** *pl* ⚕ chickenpox *sg.* **~richtung** *f* direction of the wind. **~rose** *f* compass card (*od.* rose). **~sack** *m* wind sock. **~schatten** *m* ⚓ lee, ✈ sheltered zone, *Sport*: slipstream.

wind|schief *adj* F cockeyed. **~schlüpfig, ~schnittig** *adj* streamlined.

Wind|schutzscheibe *f* windscreen, *Am.* windshield. **~stärke** *f* wind force.

windstill *adj* calm.

Windstille *f* calm, *kürzere*: *a.* lull.

Windstoß *m* gust (of wind).

Wind|surfbrett *n* windsurfing board. **~surfen** *n* windsurfing. **~surfer(in)** windsurfer.

Windung *f* winding, *a. anat.* convolution, *e-s Weges, Flusses etc*: bend, *e-r Spirale, Muschel*: whorl, *e-r Schraube*: worm, thread.

Wink *m* sign, *fig.* hint, tip, *warnender*: tip-off, warning: → ***Zaunpfahl.***

Winkel *m* **1.** 𝔄 angle: ***im rechten ~*** at right angles (**zu** to); → ***tot.*** **2.** (*Ecke*) corner. **3.** *mil.* chevron. **4.** *tech.* square, (*Knie*) knee, elbow. **~eisen** *n tech.* angle iron. **~funktion** *f* 𝔄 goniometric function. **~halbierende** *f* 𝔄 bisector of an angle.

winkelig *adj Haus etc*: full of corners.

Winkel|maß *n tech.* square. **~messer** *m* 𝔄 protractor, *surv.* goniometer.

Winkelzug *m* F dodge: ***Winkelzüge machen*** prevaricate.

winken I *v/i* ***j-m ~*** a) wave to s.o., b) *fig. Belohnung etc*: be in store for s.o.; ***mit dem Taschentuch ~*** wave one's handkerchief; ***e-m Taxi ~*** hail a taxi. **II** *v/t* ***j-n zu sich ~*** beckon s.o. (to come).

Winter *m* (**im ~** in) winter.

Winter|... winter (*coat, fashion, holiday, month, semester, etc*). **~ausrüstung** *f mot.* winter equipment. **~fahrplan** *m* winter timetable (*Am.* schedule).

winterfest *adj* winterproof, ⚘ hardy: ***~ machen*** winterize.

Winter|garten *m* conservatory. **~getreide** *n* winter crop. **~halbjahr** *n* winter.

winterlich *adj* wintry.

Winter|monat *m* winter month. **~olympiade** *f* Winter Olympics *pl.* **~pause** *f* winter break. **~reifen** *m mot.* winter tyre (*Am.* tire). **~schlaf** *m zo.* hibernation: ***~ halten*** hibernate. **~schlussverkauf** *m* winter sales *pl.* **~semester** *n* winter semester (*od.* term). **~sonnenwende** *f* winter solstice. **~spiele** *pl* ***Olympische ~*** Winter Olympics *pl.* **~sport** *m* winter sport(s *pl*). **~sportler(in)** person doing winter sports. **~zeit** *f* wintertime.

Winzer(in) winegrower.

winzig *adj* tiny, minute.

Winzling *m* F mite, (*a. Sache*) midget.

Wipfel *m* (tree) top.

Wippe *f* seesaw, *Am.* teeter-totter. **wippen** *v/i* seesaw, rock, *Rock etc*: bob.

wir *pers pron* we: ***~ beide*** (***alle***) both (all) of us; ***~ drei*** we three, the three of us.

Wirbel *m* **1.** *phys.* whirl, eddy, *stärker*: vortex, turbulence. **2.** *fig.* (*Trubel*) whirl, turmoil, (*Getue*) F fuss, to-do (**um** about): ***e-n ziemlichen ~ verursachen*** cause quite a stir. **3.** *anat.* vertebra (*pl* vertebrae). **4.** *im Haar*: cowlick. **5.** (*Trommelwirbel*) (drum) roll. **6.** *an Violine*: peg.

wirbellos *adj zo.* (*a.* ***wirbelloses Tier***) invertebrate.

wirbeln *v/i* **1.** whirl, swirl. **2.** *Trommel*: roll.

Wirbelsäule *f* spine, spinal column.

Wirbelsturm *m* cyclone, tornado.

Wirbeltier *n* vertebrate.

wirken I *v/i* **1.** take (*od.* have) effect, be effective, work, act: ***~ auf*** (*acc*) have a *depressing etc* effect on, affect, ⚕, *tech.* act on; ***~ gegen*** be effective against; ***et. auf sich ~ lassen*** take s.th. in; F ***das wirkt immer!*** it never fails (to work)!; ***das hat gewirkt!*** that did the trick!, (*hat gesessen*) that hit home! **2.** (*tätig sein*) work (***an*** *dat* at). **3.** (*scheinen*) seem, look: ***jünger ~*** look younger; ***er wirkt schüchtern*** he seems shy; ***überzeugend ~*** be convincing. **II** *v/t* **4.** → ***bewirken, hinwirken, Wunder.*** **5.** *tech.* knit.

Wirken *n* **1.** activity, work, (*Einwirken*) ⚕, *tech.* action. **2.** knitting.

wirkend *adj* active: ***stark ~*** potent, strong; ***langsam ~*** slow-acting.

wirklich I *adj allg.* real, (*tatsächlich*) *a.* actual, (*echt*) *a.* true. **II** *adv* really, actually: **~?** really?, *a. iro.* is that so?

Wirklichkeit *f* (***die rauhe ~*** harsh) reality; ***in ~*** in reality, actually; ***~ werden*** come true.

wirklichkeits|fremd *adj* unrealistic(ally *adv*), starry-eyed. **~getreu** *adj* realistic(ally *adv*), *Nachbildung etc*: faithful.

wirksam *adj* effective: ***sehr ~*** *a.* powerful, drastic; ***~ gegen*** good for; ***~ werden*** take effect, ⚖ come into force.

Wirksamkeit *f* effectiveness.

Wirkstoff *m* active substance.

Wirkung *f* **1.** (***auf*** *acc* on) effect, operation, (*Aus-, Ein-, Nachwirkung*) impact: ***mit ~ vom ...*** with effect from ..., as from ..., as of ...; ***mit sofortiger ~*** as of now; ***~ erzielen*** have an effect, *a.* ***s-e ~ tun*** work; ***s-e ~ verfehlen, ohne ~ bleiben*** have no effect, prove ineffective; ***~ zeigen*** *Boxer*: be shaken, be groggy; ***Ursache und ~*** cause and effect. **2.** *phys.* action. **3.** *fig.* appeal (***auf*** *acc* to).

Wirkungs|bereich *m* sphere of activity. **~grad** *m tech.* efficiency. **~kraft** *f* efficacy.

Wirkungskreis *m* sphere of activity.

wirkungslos *adj* ineffective: ***~ bleiben*** have no effect, prove ineffective.

Wirkungslosigkeit *f* ineffectiveness.

wirkungsvoll *adj* effective.

Wirkungsweise *f* (mode of) operation, function, ⚕ *e-s Mittels*: action, effect.

wirr *adj* **1.** *Haar*: dishevel(l)ed, *Gestrüpp*: tangled. **2.** *fig. allg.* confused, (*~köpfig*) *a.* muddleheaded, *Gerücht etc*: wild, *Rede*: incoherent: ***~es Zeug reden*** talk wild; ***mir ist ganz ~ im Kopf*** my head is spinning.

Wirren *pl* turmoil *sg*, confusion *sg*.

Wirrkopf *m* muddlehead.

Wirrwarr *m* muddle, chaos, F jumble.

Wirsing(kohl) *m* ♀ savoy.

Wirt *m* host (*a. biol.*), (*Haus-, Gastwirt*) landlord; → ***Rechnung*** 2.

Wirtin *f* hostess, (*Haus-, Gastwirtin*) landlady.

Wirtschaft *f* **1.** → ***Wirtshaus.*** **2.** *econ., pol.* economy, *gewerbliche*: trade and industry. **3.** (*~sführung*) management. **4.** (*Hauswirtschaft*) housekeeping: ***j-m die ~ führen*** keep house for s.o. **5.** F *contp.* mess.

wirtschaften *v/i* **1.** manage (one's affairs): ***sparsam ~*** economize, be economical (***mit*** with); ***schlecht ~*** mismanage. **2.** be busy.

Wirtschafter(in) housekeeper.

wirtschaftlich *adj* **1.** economic(ally *adv*), (*finanziell*) financial, (*geschäftlich*) business. **2.** (*rationell, sparsam*) economical, efficient: ***ein ~es Auto*** an economical car. **3.** (*rentabel*) profitable.

Wirtschaftlichkeit *f* **1.** (*Rentabilität*) profitability, economic efficiency. **2.** (*Sparsamkeit*) economy.

Wirtschaftlichkeitsberechnung *f* efficiency (*od.* profitability) calculation.

Wirtschafts|... economic (*aid, crisis, geography, system, war, etc*). **~abkommen** *n* economic (*od.* trade) agreement. **~aufschwung** *m* economic upturn. **~berater(in)** economic adviser. **~beziehungen** *pl* economic (*od.* trade) relations *pl.* **~block** *m* economic block. **~flaute** *f* slack period in the economy. **~flüchtling** *m* economic refugee (*od.* migrant). **~führer** *m* leading industrialist. **~geld** *n* housekeeping money. **~gemeinschaft** *f* ***Europäische ~*** *hist.* European Economic Community (*abbr. EEC*). **~gipfel** *m* economic summit. **~güter** *pl* economic goods *pl.* **~hilfe** *f* economic aid. **~jahr** *n* financial year. **~kapitän** *m* captain of industry, tycoon. **~klima** *n* economic climate. **~kraft** *f* economic power. **~kriminalität** *f* white-collar crime. **~krise** *f* economic crisis. **~lage** *f* economic situation. **~leben** *n* economic activity. **~leistung** *f e-s Landes*: economic performance. **~macht** *f* economic power. **~metropole** *f* economic centre (*Am.* center). **~minister(in)** minister for economic affairs, *Br.* Secretary of State for Trade and Industry, *Am.* Secretary of Commerce. **~ministerium** *n* economics ministry, *Br.* Department of Trade and Industry, *Am.* Department of Commerce. **~misere** *f* economic plight. **~ordnung** *f* economic system. **~planung** *f* economic planning.

Wirtschaftspolitik *f* economic policy.

wirtschaftspolitisch *adj* (politico-)economic(ally *adv*).

Wirtschafts|prüfer(in) chartered (*Am.* certified public) accountant. **~raum** *m* trading area. **~recht** *n* commercial law. **~sanktionen** *pl* economic sanctions *pl.* **~sektor** *m* economic sector. **~spionage** *f* industrial espionage. **~system** *n* economic system. **~teil** *m e-r Zeitung*: business section. **~union** *f* economic union. **~verband** *m* trade association. **~verbrechen** *n* business offen/ce (*Am.* -se). **~wachstum** *n* economic growth. **~wissenschaft** *f* economics *sg.* **~wissenschaftler(in)** economist. **~wunder** *n* economic miracle. **~zeitung** *f* business paper. **~zweig** *m* branch of industry.

Wirtshaus *n* public house, F pub, *Am.* saloon, *mst ländliches*: inn.

Wirtsleute *pl* landlord and landlady.

Wirtstier *n biol.* host.

Wisch *m contp.* scrap of paper.

wischen *v/t* **1.** wipe (***sich den Mund*** *etc* one's mouth *etc*), (*auf~*) mop (up). **2.** *schweiz.* sweep.

Wischer *m mot.* wiper.
Wischlappen *m*, **Wischtuch** *n* cloth.
Wisent *m zo.* bison.
wispern *v/t u. v/i*, **Wispern** *n* whisper.
Wissbegier(de) *f* thirst for knowledge, (*Neugier*) curiosity.
wissbegierig *adj* eager for knowledge, curious.
wissen *v/t u. v/i* know (**von** about): ***man kann nie*** ~ you never know; ***weder ein noch aus*** ~ be at one's wits' end; ***ich weiß nicht recht*** I'm not so sure; ***nicht, dass ich wüsste*** not that I know of; ***woher weißt du das?*** how do you know (that)?; ***was weiß ich!*** how should I know?; ***weißt du noch?*** (do you) remember?; ***ich weiß nicht mehr*** I don't remember; ***ich will davon nichts*** ~ I don't want anything to do with it; ***sie will von ihm nichts mehr*** ~ she is through with him; → ***Bescheid.***
Wissen *n* knowledge, learning, (*Fachwissen*) know-how: ***ohne mein*** ~ without my knowing; ***m-s*** ~***s*** as far as I know; ***nach bestem*** ~ ***und Gewissen*** to the best of one's knowledge and belief; ***wider besseres*** ~ against one's better judgement.
wissend *adj Blick etc*: knowing.
Wissenschaft *f* science.
Wissenschaftler(in) scientist.
wissenschaftlich *adj* scientific(ally *adv*), (*geistes*~) academic.
Wissens|drang *m*, ~**durst** *m* thirst for knowledge. ~**gebiet** *n* province, field of knowledge. ~**lücke** *f* gap in one's knowledge. ~**stand** *m* level of knowledge: ***auf dem neuesten*** ~ up(-)to(-)date.
wissenswert *adj* worth knowing: ***Wissenswertes*** interesting facts *pl.*
wissentlich I *adj* conscious, deliberate. **II** *adv* knowingly, deliberately.
wittern *v/t* scent, smell, *fig.* (*Gefahr*, *Verrat etc*) *a.* sense, (*e-e Chance*) see.
Witterung[1] *f hunt.* scent.
Witterung[2] *f* (***bei dieser*** ~ in this) weather: ***bei jeder*** ~ in all weathers.
witterungsbeständig *adj* weatherproof.
Witterungseinflüsse *pl* influence *sg* of the weather.
Witwe *f* widow. **Witwenrente** *f* widow's pension. **Witwer** *m* widower.
Witz *m* **1.** joke, (*Wortwitz*) quip: ~***e machen*** (*od.* ***reißen***) crack jokes; F *fig.* ***das ist der*** ~ ***an der Sache*** that's the funny thing about it, *weitS.* that's the whole point; F ***mach k-e*** ~***e!*** you're joking! **2.** (*Geist*) wit.
Witzbold *m* F joker.
Witzelei *f* silly jokes *pl.*
witzeln *v/i* joke (**über** *acc* about), quip.
witzig *adj* witty, funny: *a. iro.* ***sehr*** ~***!*** very funny!, big joke!
witzlos *adj* **1.** unfunny. **2.** F (*sinnlos*) pointless, (of) no use.
w. L. ***westlicher Länge*** Western longitude (W long.); ... degrees West (°W).
WM ***Weltmeisterschaft*** world championship; *Fußball*: World Cup.
wo I *interrog u. rel adv* where. **II** *conj* ~ ***...*** (**doch**) when, F although. **III** F *indef adv* (*irgend*~) somewhere. **IV** F *int* ***i*** ~***!, ach*** ~***!*** nonsense!, nothing of the kind!
woanders *adv* somewhere else, anywhere else.
wobei I *interrog adv* ~ ***bist du gerade?*** what are you doing right now? **II** *rel adv* in doing so: ~ ***mir einfällt*** which reminds me.
Woche *f* week: ***in e-r*** ~ in a week('s time); ***zweimal die*** ~ twice a week; ***auf*** ~***n hinaus ausverkauft*** sold out for weeks (to come); ~ ***um*** ~ week after week; F ***unter der*** ~ during the week.
Wochen|arbeitszeit *f* working week. ~**bericht** *m* weekly report.
Wochenbett *n* childbed.
Wochenend... weekend (*edition etc*).
Wochenende *n* (**am** ~ at the) weekend.
Wochenkarte *f* weekly season ticket.
wochenlang I *adj* lasting several weeks: ***nach*** ~***em Warten*** after weeks of waiting. **II** *adv* for weeks.
Wochen|lohn *m* weekly wages *pl.* ~**markt** *m* weekly market. ~**stunden** *pl* weekly working hours.
Wochentag *m* weekday.
wochentags *adv* on weekdays.
wöchentlich *adj u. adv* weekly.
Wochenzeitung *f* weekly (paper).
Wöchnerin *f* woman in childbed.
Wodka *m* vodka.
wodurch I *interrog adv* how. **II** *rel adv* by which, through which, whereby.
wofür I *interrog adv* what for. **II** *rel adv* for which, which ... for.
Woge *f a. fig.* wave, surge: *fig.* ***die*** ~***n glätten*** pour oil on troubled waters.
wogegen I *interrog adv* against what, what ... against. **II** *rel adv* against which, which ... against. **III** *conj* → ***wohingegen.***
wogen *v/i* surge (*a. fig. Menge*), heave (*a. Busen*), *Getreide*: sway.
woher I *interrog u. rel adv* where (...) from: → ***wissen.*** **II** *int* F ~ ***denn!*** nonsense!
wohin *interrog u. rel adv* where (... to): ~ ***auch immer*** wherever.
wohingegen *conj* whereas.
wohl *adv* **1.** well: ~ ***bekannt*** well-known, *b.s.* notorious; ~ ***durchdacht*** well-thought-out; ~ ***gemeint*** well-meant; ***sich*** ~ ***fühlen*** feel

fine, feel good, be happy; ***ich fühle mich nicht ~*** I don't feel well; ***sich bei j-m ~ fühlen*** feel at home with s.o.; F *fig.* ***mir ist nicht ~ dabei*** I don't feel happy about it; ***j-m ~ tun*** do s.o. good; ***das tut ~*** that does you good; ***~ überlegt*** well-considered; ***~ unterrichtet*** (well-)informed; ***~ oder übel*** willy-nilly, whether you *etc* like it or not; → ***bekommen*** II. **2.** ***sehr ~*** very well; ***ich bin mir dessen sehr ~ bewusst*** I am well aware of that; ***das kann man ~ sagen!*** you can say that again! **3.** (*vermutlich*) probably, I suppose: ***das ist ~ möglich*** that's quite possible; ***ob er es ~ weiß?*** I wonder if he knows (that); ***~ kaum*** hardly. **4.** (*ungefähr*) about.

Wohl *n* welfare, good, well-being: ***auf j-s ~ trinken*** drink to s.o.'s health; ***zum ~!*** to your health!, F cheers!

wohlauf *adj* ***~ sein*** be well, be in good health.

Wohlbefinden *n* well-being.

wohlbehalten *adj* safe (and sound), *Sache*: safe, undamaged.

Wohlergehen *n* well-being.

wohlerzogen *adj* well-behaved.

Wohlfahrt *f* welfare.

Wohlfahrts|marke *f* charity stamp. **~organisation** *f* charitable institution. **~staat** *m* welfare state.

wohlgeformt *adj* well-shaped, shapely.

Wohlgefühl *n* sense of well-being.

wohl|gemerkt *int* mind you! **~gemut** *adj* cheerful. **~genährt** *adj* well-fed. **~geraten** *adj* well-turned-out.

Wohl|geruch *m* fragrance, pleasant smell. **~geschmack** *m* pleasant taste.

wohlgesinnt *adj* well-meaning: ***j-m ~ sein*** be well disposed towards s.o.

wohlhabend *adj* well-to-do, prosperous, affluent: ***~ sein*** be well off.

wohlig *adj* pleasant, cosy.

Wohlklang *m* melodiousness.

wohl|meinend *adj* well-meaning. **~riechend** *adj* fragrant. **~schmeckend** *adj* tasty.

Wohlsein: ***zum ~!*** F cheers!

Wohlstand *m* prosperity, affluence.

Wohlstands|denken *n* materialistic thinking. **~gefälle** *n* unequal distribution of wealth. **~gesellschaft** *f* affluent society. **~kriminalität** *f* affluent delinquency.

Wohltat *f* **1.** good deed. **2.** (*Erleichterung*) relief, (*Segen*) blessing.

Wohltäter(in) benefactor (benefactress).

wohltätig *adj* charitable. **Wohltätigkeit** *f* charity

Wohltätigkeits... charity (*od.* benefit) (*ball*, *concert*, *match*, *etc*).

wohltuend *adj* pleasant, (*lindernd*) soothing. **wohltun** → ***wohl*** 1.

wohlüberlegt → ***wohl*** 1.

wohlunterrichtet → ***wohl*** 1.

wohlverdient *adj* well-deserved.

Wohlverhalten *n* good behavio(u)r.

wohlweislich *adv* wisely, for good reason: ***et. ~ tun*** be careful to do s.th.

Wohlwollen *n* goodwill, favo(u)r.

wohlwollend *adj* kind, benevolent: ***e-r Sache ~ gegenüberstehen*** take a favo(u)rable view of s.th.

Wohn|anlage *f* housing area. **~bezirk** *m* residential district. **~block** *m* residential block. **~dichte** *f* housing (*od.* population) density. **~einheit** *f* housing (*od.* dwelling) unit.

wohnen *v/i* (***in*** *dat* in, at, ***bei*** with) live, reside, *vorübergehend*: stay.

Wohn|fläche *f* living space. **~gebäude** *n* residential building. **~gebiet** *n* residential area. **~geld** *n* housing subsidy. **~gemeinschaft** *f* flat-sharing community: ***in e-r ~ leben*** share a flat with s.o. (*od.* several other people).

wohnhaft *adj* resident (***in*** *dat* in, at).

Wohn|haus *n* dwelling house. **~heim** *n* hostel, *Am.* rooming house, *für Obdachlose etc*: *a.* shelter, (*Studentenwohnheim*) hall (of residence), *Am.* dormitory, F dorm. **~lage** *f* (residential) area: ***in schöner ~*** pleasantly situated.

wohnlich *adj* comfortable, cosy.

Wohnmobil *n* camper, *Am.* RV.

Wohn|ort *m* (place of) residence. **~raum** *m* **1.** housing, accommodation. **2.** → ***Wohnfläche.*** **3.** → ***Wohnzimmer.*** **~-Schlafzimmer** *n* bed-sitter. **~siedlung** *f* housing estate. **~sitz** *m* (place of) residence.

Wohnung *f* flat, *Am.* apartment.

Wohnungs|amt *n* housing office. **~bau** *m* house building. **~baugesellschaft** *f* housing association. **~einbruch** *m* house (*od.* domestic) burglary. **~inhaber(in)** occupant. **~knappheit** *f* housing shortage.

wohnungslos *adj* homeless.

Wohnungs|markt *m* housing market: ***die Lage auf dem ~*** the housing situation. **~minister(in)** housing minister. **~not** *f* housing shortage. **~programm** *n* housing scheme. **~schlüssel** *m* key (to the flat). **~suche** *f* flat-hunting: ***auf ~ sein*** be looking for a flat (*Am.* an apartment). **~suchende** *m, f* accommodation seeker, F *Br.* flat-hunter. **~tür** *f* front door. **~wechsel** *m* change of residence, moving house.

Wohn|verhältnisse *pl* housing conditions *pl.* **~viertel** *n* residential area. **~wagen** *m* caravan, *Am.* trailer. **~zimmer** *n* sitting (*od.* living) room.

W

Wok *m* wok.
wölben *v/t* (*a.* **sich** ~) arch: → **gewölbt.**
Wölbung *f* arch, (*Gewölbe*) vault.
Wolf *m* **1.** *zo.* wolf: *fig.* **mit den Wölfen heulen** howl with the wolves; → **Schafpelz. 2.** (*Fleischwolf*) mincer. **3.** ⚕ intertrigo: **sich e-n ~ laufen** get sore.
Wölfin *f zo.* she-wolf.
Wolfram *n* ⚗ tungsten.
Wolfsmilch *f* ⚘ spurge.
Wolfsrachen *m* ⚕ cleft palate.
Wolke *f a. fig.* cloud: **aus allen ~n fallen** be thunderstruck; **in den ~n schweben** have one's head in the clouds.
Wolken|bruch *m* cloudburst. **~decke** *f* cloud cover. **~kratzer** *m* skyscraper.
wolkenlos *adj* cloudless, clear.
Wolkenwand *f* bank of clouds.
wolkig *adj* cloudy (*a.* ⚗, *phot. etc*), clouded.
Wolldecke *f* wool(l)en blanket.
Wolle *f* wool: F **sich in die ~ kriegen** have a fight.
wollen¹ *adj* wool(l)en.
wollen² *v/t u. v/i* want, (*verlangen*) *a.* demand, (*gewillt sein*) be willing (*od.* prepared) to, (*beabsichtigen*) want to: **et. haben ~** want (to have) s.th.; **lieber ~** prefer; **ich will lieber** I'd rather; **et. unbedingt ~** insist on s.th.; **et. tun ~** want (*eben*: be going) to do s.th.; **ich will nicht** I don't want to; **er will es nicht tun** he refuses to do it; **das Auto will nicht anspringen** the car refuses to start; **sie will, dass ich komme** she wants me to come; **was ~ Sie von mir?** what do you want?; **was ~ Sie damit sagen?** what do you mean (by that)?; **was willst du mit e-m Regenschirm?** what do you want an umbrella for?; **Verzeihung, das wollte ich nicht!** sorry, that was unintentional!; **ob er will oder nicht** whether he likes it or not; **du weißt nicht, was du willst!** you don't know your own mind!; **mach, was du willst!** do what you like!; **du hast es ja so gewollt!** you asked for it!; **was** (**wann**) **du willst** whatever (whenever) you like; **wie du willst** as you like, suit yourself; **er will dich gesehen haben** he says he saw you; **ich wollte, ich wäre** (**hätte**) **...** I wish I were (had) ...; F **hier ist nichts zu ~** nothing doing; → **gewollt, heißen¹** 3 *etc.*
wollig *adj* wool(l)y.
Woll|jacke *f* cardigan. **~knäuel** *m, n* ball of wool. **~sachen** *pl* wool(l)ens *pl.* **~socken** *pl* wool(l)en socks *pl.* **~stoff** *m* wool(l)en fabric, (*feiner*: broad)cloth.
Wollust *f* voluptuousness, sensuality.
wollüstig *adj* voluptuous, sensual.
Wollwaren *pl* wool(l)ens *pl.*
womit I *interrog adv* what (...) with: **~ kann ich dienen?** what can I do for you?; **~ hab ich das verdient?** what did I do to deserve that? **II** *rel adv* with which: **~ ich nicht sagen will** by which I don't mean to say.
womöglich *adv* if possible, possibly.
wonach I *interrog adv* after what: **~ fragt er?** what is he asking about? **II** *rel adv* what, after which, according to which.
Wonne *f* delight, bliss: **e-e wahre ~** a real treat; F **mit ~** with relish.
wonnig *adj* lovely, sweet.
woran I *interrog adv* **~ denken Sie?** what are you thinking about?; **~ arbeitet er?** what is he working on (*od.* at)?; **~ liegt es, dass ...?** how is it that ...?; **~ hast du ihn erkannt?** how did you recognize him?; **~ sieht man, welche** (**ob**) **...?** how can you tell which (if) ...? **II** *rel adv* **ich weiß nicht, ~ ich bin** I don't know where I stand, **mit ihm** I don't know what to make of him; **~ ich dich erinnern möchte** what I want to remind you of; **~ man merkte, dass ...** which showed that ...
worauf I *interrog adv* what: **~ wartest du noch?** what are you (still) waiting for? **II** *rel adv* **et., ~ ich bestehe** s.th. (which *od.* that) I insist (up)on; **~ er sagte** upon which he said; **~ alle gingen** whereupon everybody left.
woraus I *interrog adv* **~ ist es** (**gemacht**)**?** what is it made of?; **~ schließt du das?** what makes you think that? **II** *rel adv* **~ zu entnehmen war, dass ...** from which we understood that ...
worin I *interrog adv* **~ liegt der Unterschied?** what (*od.* where) is the difference? **II** *rel adv* in which.
Workshop *m* workshop.
Wort *n* **1.** (*pl* **Wörter**) word. **2.** (*pl* **Worte**) word, *eccl.* Word, (*Ausspruch*) saying: **geflügelte ~e** familiar quotations; **in ~en** *bei Zahlenangaben*: in letters; **~ für ~** word for word; **ein ernstes ~ mit j-m reden** have a good talk with s.o.; **ein gutes ~ einlegen** put in a good word; **das ~ ergreifen** (begin to) speak, *parl. a.* take the floor; **mir fehlen die ~e** words fail me; **das ~ führen** do the talking; **das große ~ führen** do all the talking, (*angeben*) talk big; **das ~ hat Herr X** the word is with Mr. X; **das letzte ~** the last word (**in** *dat* on); **das letzte ~ haben** have the final say; **du willst** (*od.* **musst**) **immer das letzte ~ haben** you always have to have the last word; **kein ~ darüber!** not a word of it!; **kein ~ mehr!** not another word!; F **hast du ~e?** would you believe it?; **ein ~ gab das andere** one thing led to another; → **abschneiden** 1, **entziehen** 1. **3.** (*Ehrenwort*) word (of hono[u]r): **sein ~**

geben (**brechen, halten**) give (break, keep) one's word; → **Mann. 4.** *mit Präpositionen*: **aufs ~ gehorchen** (**glauben**) obey (believe) implicitly; **j-n beim ~ nehmen** take s.o. at his word; **j-m ins ~ fallen** cut s.o. short; **in ~e fassen** put into words, word, formulate; **mit anderen ~en** in other words; **mit einem ~** in a word; **zu ~e kommen** have one's say; **nicht zu ~e kommen** not to get a word in edgeways.

Wortart *f ling.* part of speech.

Wortbildung *f* word formation.

wortbrüchig *adj* **~ werden** break one's word.

Wörtchen *n* → **mitreden.**

Wörter|buch *n* dictionary. **~verzeichnis** *n* list of words, vocabulary.

Wortführer(in) spokesperson.

Wortgefecht *n* battle of words, argument.

wortgetreu *adj* literal, word-for-word.

wortgewandt *adj* eloquent.

wortkarg *adj* taciturn.

Wortklauberei *f* hairsplitting.

Wortlaut *m* wording, (*Inhalt*) text: *der Brief* **hat folgenden ~** runs as follows.

wörtlich *adj* literal, word-to-word.

wortlos *adj* wordless.

Wortmeldung *f* request to speak.

Wort|schatz *m* vocabulary. **~schöpfung** *f* coinage, neologism. **~schwall** *m* torrent of words. **~spiel** *n* play on words, pun. **~stellung** *f* word order.

Wortwechsel *m* argument, dispute.

wortwörtlich → **wörtlich.**

worüber I *interrog adv* **~ lachst du?** what are you laughing about (*od.* at)? **II** *rel adv* **et., ~ ich sehr verärgert war** s.th. I was very angry about (*od.* at); **~ er ärgerlich war** which annoyed him.

worum I *interrog adv* **~ handelt es sich?** what is it about? **II** *rel adv* **et., ~ ich dich bitten möchte** s.th. (which *od.* that) I want to ask you.

worunter I *interrog adv* what ... under. **II** *rel adv* **et., ~ ich mir nichts vorstellen kann** s.th. which doesn't mean anything to me; **~ ich leide** what I suffer from (*od.* under).

wovon I *interrog adv* **~ leben sie?** what do they live on?; **~ sprecht ihr?** what are you talking about? **II** *rel adv* **et., ~ ich nur zu träumen wage** s.th. I can only dream about (*od.* of).

wovor I *interrog adv* **~ hast du Angst?** what are you afraid of? **II** *rel adv* **~ du dich hüten musst, ist ...** what you must be careful of is ...

wozu I *interrog adv* **1. ~ hat er sich entschlossen?** what did he decide upon? **2.** (*warum*) why. **II** *rel adv* **3. ~ er bereit ist** what he is prepared to do.

Wrack *n a. fig.* wreck.

wringen *v/t* wring.

WS ***Wintersemester*** winter semester.

WSV ***Winterschlussverkauf*** winter sales *pl.*

Wucher *m* usury.

Wucherer *m*, **Wucherin** *f* usurer.

Wuchermiete *f* rack rent.

wuchern *v/i* **1.** ⚘ grow rampant, *a.* ⚕ *u. fig.* proliferate, *fig. a.* be rampant. **2.** practise usury.

Wucherpreis *m* exorbitant price.

Wucherung *f* ⚕ excrescence, tumo(u)r, (*Gewebswucherung*) proliferation: **~en** *pl im Rachen*: adenoids *pl.*

Wucherzinsen *pl* usurious interest *sg.*

Wuchs *m* **1.** growth. **2.** (*Gestalt*) build, physique.

Wucht *f* force, *e-s Schlages etc*: *a.* impact: **mit voller ~** with full force; F *fig.* **das ist 'ne ~!** it's terrific!

wuchten *v/t* **1.** heave. **2. Räder ~** balance wheels.

wuchtig *adj* heavy (*a. Schlag*), (*massig*) massive, (*kraftvoll, a. fig.*) powerful.

Wühlarbeit *f fig.* subversive activity.

wühlen I *v/i* **1.** dig, *Tier*: burrow, *Schwein*: root, grub: **~ in** (*dat*) *suchend*: rummage in, *fig. Hass etc*: gnaw at. **2.** *pol.* agitate. **II** *v/reflex* **3. sich ~ in** (*acc*) burrow (o.s.) into.

Wühlmaus *f zo.* vole.

Wühltisch *m econ.* rummage counter.

Wulst *m* **1.** roll, *zum Ausstopfen*: pad, (*Verdickung*) bulge. **2.** (*Reifenwulst*) bead.

wulstig *adj* bulging, *Lippen*: thick.

wund *adj* sore, raw: **~ reiben** chafe; **~e Stelle** sore; *fig.* **~er Punkt** sore point; **sich die Füße ~ laufen** get sore feet, *fig.* run from pillar to post; **sich ~ liegen** get bedsores.

Wundbrand *m* ⚕ gangrene.

Wunde *f* wound, (*Schnittwunde*) cut, *klaffende*: gash: *fig.* **alte ~n wieder aufreißen** open old sores; **die Zeit heilt alle ~n** time is a great healer.

Wunder *n* miracle: **~ der Technik** engineering marvel; (**es ist**) **kein ~**(**, dass**) no wonder (that); **~ tun, ~ wirken** perform miracles, *fig.* work wonders; **es grenzt an ein ~** it borders on the miraculous; F **er wird sein blaues ~ erleben** he's in for a shock; **wie durch ein ~** miraculously; **~ was** (**wer, wie**) goodness knows what (who, how); **er glaubt ~ was er getan hat** he thinks he's done goodness knows what; → **Zeichen** 2.

wunderbar *adj* **1.** *Rettung etc*: miraculous. **2.** wonderful, marvel(l)ous.

wunderbarerweise *adv* miraculously.

Wunderding *n* wonder.

Wunderdoktor *m iro.* miracle doctor.

Wunderglaube *m* belief in miracles.

wunderhübsch *adj* lovely.
Wunderkerze *f* sparkler.
Wunderkind *n* child prodigy.
Wunderland *n* wonderland.
wunderlich *adj* strange, peculiar.
Wundermittel *n* wonder drug.
wundern I *v/t* surprise: ***es wundert mich*** I'm surprised; ***es würde mich nicht ~, wenn*** I shouldn't be at all surprised if. II *v/reflex* ***sich ~*** (***über*** *acc* at) be surprised, wonder; ***du wirst dich ~!*** you'll be surprised!; ***ich muss mich doch sehr ~!*** I'm surprised at you!
wundernehmen → ***wundern*** I.
wunderschön *adj* very beautiful, lovely.
Wundertäter(in) miracle worker.
wundervoll → ***wunderbar*** 2.
Wunderwerk *n fig.* wonder, marvel.
Wundfieber *n* wound fever.
wundliegen → ***wund.***
Wundmal *n eccl.* stigma (*pl* stigmata).
Wundpflaster *n* adhesive plaster.
Wundrose *f* ⚕ erysipelas.
Wundsalbe *f* ointment.
Wundschmerz *m* traumatic pain.
Wundstarrkrampf *m* ⚕ tetanus.
Wunsch *m* **1.** wish, desire, request: ***auf allgemeinen ~*** by popular request; ***auf j-s ~ (hin)*** at s.o.'s request; ***auf eigenen ~*** at one's own request; ***(je) nach ~*** as desired; ***es ging alles nach ~*** everything went as planned; ***haben Sie noch e-n ~?*** is there anything else I can do for you?; ***dein ~ ist mir Befehl*** your wish is my command; ***der ~ war der Vater des Gedankens*** the wish was father to the thought; → ***ablesen***² 3, ***fromm*** 1. **2.** (*Glückwunsch*) wish: ***mit allen guten (den besten) Wünschen*** with all good (the best) wishes.
Wunschbild *n* ideal.
Wunschdenken *n* wishful thinking.
Wünschel|rute *f* divining rod. **~rutengänger(in)** (water) diviner.
wünschen I *v/t* wish, want: ***sich et. ~*** wish (*stärker*: long) for s.th.; ***was ~ Sie?*** what can I do for you?; ***du darfst dir et. ~*** you can make a wish; ***ich wünsche mir ...*** I'd like to have ... II *v/i* ***Sie ~?*** what can I do for you?; ***wie Sie ~*** as you wish (*od.* like), *iro.* suit yourself; ***viel zu ~ übrig lassen*** leave much to be desired.
wünschenswert *adj* desirable.
wunschgemäß *adv* as requested.
Wunsch|kind *n* planned child. **~konzert** *n* request program(me *Br.*).
wunschlos *adv* ***~ glücklich*** perfectly happy.
Wunschtraum *m* (*iro.* pipe) dream.
Wunschzettel *m* list of presents.
Würde *f allg.* dignity, (*Ehre*) *a.* hono(u)r, (*Rang*) *a.* rank, (*Titel*) *a.* title: ***akademische ~*** academic degree; ***unter aller ~*** beneath contempt; ***es ist unter m-r ~*** it is beneath my dignity.
würdelos *adj* undignified.
Würdenträger(in) dignitary.
würdevoll I *adj* dignified. II *adv* with dignity.
würdig *adj* **1.** dignified. **2.** (*gen* of) worthy, deserving: ***ein ~er Nachfolger*** a worthy successor; ***er ist dessen nicht ~*** he doesn't deserve it.
würdigen *v/t* **1.** appreciate, acknowledge, (*ehren*) hono(u)r, pay tribute to. **2.** ***j-n k-s Blickes (k-r Antwort) ~*** not to deign to look at s.o. (to answer s.o.).
Würdigung *f* appreciation, acknowledgement: ***in ~ s-r Verdienste*** in recognition of his merits.
Wurf *m* **1.** throw: *fig.* ***glücklicher ~*** lucky strike; ***großer ~*** great success. **2.** *zo.* (*Junge*) litter.
Wurfdisziplin *f Sport*: throwing event.
Würfel *m* cube (*a. Eiswürfel etc*), (*Spielwürfel*) dice: ***die ~ sind gefallen*** the die is cast.
Würfelbecher *m* (dice) shaker.
würfelförmig *adj* cubic, cube-shaped.
würfeln I *v/i* **1.** play dice: ***um et. ~*** throw dice for s.th. II *v/t* **2.** throw. **3.** *gastr.* dice.
Würfelspiel *n* game of dice.
Würfelzucker *m* lump (*od.* cube) sugar.
Wurf|geschoss *n* projectile. **~kreis** *m Sport*: (throwing) circle. **~pfeil** *m* dart. **~sendung(en** *pl*) *f* unaddressed advertising matter, *contp.* junk mail. **~spieß** *m* javelin. **~taube** *f Sport*: clay pigeon.
Würgegriff *m a. fig.* stranglehold.
würgen I *v/t* strangle, throttle, *Kragen, Krawatte etc*: choke. II *v/i* choke, *beim Erbrechen*: retch: ***~ an*** (*dat*) choke on.
Wurm¹ *m zo.* worm (*a. fig.*), (*Made*) maggot: ⚕ ***Würmer haben*** suffer from worms; F *fig.* ***j-m die Würmer aus der Nase ziehen*** drag it out of s.o.; ***da ist der ~ drin*** s.th. is wrong (with it).
Wurm² *n*, **Würmchen** *n* F (little) mite.
wurmen *v/t* ***j-n ~*** gall s.o., get s.o.
Wurmfortsatz *m anat.* (vermiform) appendix.
Wurm|kur *f* ⚕ deworming. **~mittel** *n* ⚕ vermifuge.
wurmstichig *adj* wormy, worm-eaten.
Wurst *f* sausage: F ***es ist mir (völlig) ~!*** I don't care (a damn)!; ***jetzt gehts um die ~!*** now or never!
Würstchen *n* **1.** small sausage: ***Wiener ~*** wiener(wurst); ***Frankfurter ~*** frankfurter. **2.** F *fig.* nobody: ***armes ~*** poor soul. **~bude** *f*, **~stand** *m* hot-dog stand.

W

wursteln *v/i* F *fig.* muddle along.
Wursthaut *f* sausage skin.
Wurstigkeit *f* F couldn't-care-less attitude.
Wurstwaren *pl* sausages *pl.*
Würze *f* **1.** spice (*a. fig.*) , seasoning, (*Aroma*) flavo(u)r. **2.** (*Bierwürze*) wort.
Wurzel *f* **1.** *allg.* root (*a. fig.*), ⩚ *a.* radical: ⩚ ***zweite*** (***dritte***) ~ square (cubic) root; ***die*** ~ (***aus***) ***e-r Zahl ziehen*** extract the (square) root of a number; *a. fig.* ***~n schlagen*** take root. **2.** *dial.* carrot. **~behandlung** *f* ⚕ root treatment. **~gemüse** *n* root vegetables *pl.*
wurzellos *adj a. fig.* rootless.
wurzeln *v/i* take root: *fig.* ~ ***in*** (*dat*) be rooted in, have its roots in.
Wurzelverzeichnis *n* root directory.
Wurzel|zeichen *n* ⩚ radical sign. **~ziehen** *n* ⩚ root extraction.
würzen *v/t a. fig.* spice.
würzig *adj* spicy, *fig. Luft*: fragrant.
Würzkräuter *pl* (pot) herbs *pl.*
Wuschelkopf *m* F mop of fuzzy hair.
Wust *m* tangled mass, (*Kram*) trash, (*Durcheinander*) jumble.
wüst *adj* **1.** (*öde*) desert, waste. **2.** (*wirr*) wild, (*liederlich*) dissolute, (*roh*) rude, (*gemein*) vile: ~ ***aussehen*** look a real mess.
Wüste *f* desert, *fig. a.* waste: F ***j-n in die ~ schicken*** send s.o. into the wilderness.
Wüsten... desert (*sand, wind, etc*).
Wüstling *m* libertine, rake.
Wut *f* rage, fury: ***e-e ~ bekommen*** (F ***kriegen***), ***in ~ geraten*** get furious (F mad), fly into a rage; ***j-n in ~ bringen*** enrage (*od.* infuriate) s.o.; ***vor ~ kochen*** (*od.* ***schäumen***) seethe with rage, fume; ***e-e ~ auf j-n haben*** F be mad at s.o.; ***s-e ~ an j-m auslassen*** take it out on s.o.
Wutanfall *m* fit (*od.* outburst) of rage: ***e-n ~ bekommen*** blow one's top.
wüten *v/i* rage (*a. Feuer, Seuche, Sturm etc*): ~ ***gegen*** rage at (*od.* against); ~ ***unter*** create havoc among. **wütend** *adj* furious, F mad: ***auf*** (*od.* ***über***) ***j-n ~ sein*** be furious with (F mad at) s.o.; ***über et. ~ sein*** be furious at (F mad about) s.th.; ***j-n ~ machen*** infuriate (*od.* enrage) s.o.
wutentbrannt *adj* furious.
Wutschrei *m* yell of rage.
Wwe. ***Witwe*** widow.
WWW *Computer*: ***World-Wide Web*** WWW, www, World Wide Web.
Wz. ***Warenzeichen*** trademark (TM).

X, Y

X, x *n* X, x: F *fig.* ***j-m ein X für ein U vormachen*** fool s.o.; ***ich habe x Leute gefragt*** I've asked umpteen people.
x-Achse *f* 𝔄 x-axis.
Xanthippe *f* F *fig.* shrew, battle-ax(e).
X-Beine *pl* knock-knees *pl.*
X-beinig *adj* knock-kneed.
x-beliebig *adj* any (... you like): ***jeder x-Beliebige*** anybody; any Tom, Dick and Harry.
X-Chromosom *n* X chromosome.
Xenon *n* ⚗ xenon.
x-fach *adv* ever so often.
x-förmig *adj* x-shaped.
x-mal *adv* F umpteen times.
x-te *adj* F ***zum ~n Mal*** for the umpteenth time.
Xylophon *n* ♪ xylophone.

Y, y *n* Y, y.
y-Achse *f* 𝔄 y-axis.
Yak *n zo.* yak.
Y-Chromosom *n* Y chromosome.
Yen *m econ.* yen.
Yeti *m* yeti.
Yoga *m, n* yoga. **Yogi** *m* yogi.
Ypsilon *n* **1.** (letter) y. **2.** *im griechischen Alphabet*: upsilon.
Yucca *f* ✿ yucca.

Z

Z, z *n* Z, z: → ***A.***
Zack: F ***auf ~ sein*** be on the ball; ***auf ~ bringen*** bring *s.o., s.th.* up to scratch.
Zacke *f* (sharp) point, jag, *tech.* tooth, indentation, (*Spitze*) prong, tine.
zacken *v/t* indent, jag, (*Papier, Stoff*) pink, (*zähnen*) tooth.
Zacken *m dial.* → ***Zacke:*** F ***du brichst dir k-n ~ aus der Krone, wenn du ihm hilfst*** it won't kill you to help him.
Zackenschere *f* pinking shears *pl.*
zackig *adj* **1.** indented, jagged, (*gezähnt*) toothed. **2.** F *fig.* (*schneidig*) snappy.
zaghaft *adj* timid, cautious, gingerly.
zäh *adj allg.* tough (*a. fig.*), *Flüssigkeit*: viscous, *fig.* tenacious, (*hartnäckig*) stubborn, (*schleppend*) slow, sluggish, *Verkehr*: slow-moving: ***ein ~er Bursche*** a tough fellow; *adv* ***~ festhalten an*** (*dat*) stick doggedly to.
zähflüssig *adj* **1.** viscous. **2.** *fig.* sluggish, *Verkehr*: slow-moving.
Zähflüssigkeit *f* viscosity.
Zähigkeit *f* toughness, *fig. a.* tenacity.
Zahl *f allg.* number (*a. ling.*), (*Ziffer*) figure (*a. Betrag*), numeral, *arabische*: cipher, (*Stelle*) digit: ***römische ~en*** Roman numerals; ***sechsstellige ~*** six-digit number; ***genaue ~en*** exact figures; *fig.* ***in großer ~*** in large numbers; ***an ~ übertreffen*** outnumber; → ***rot.***
zahlbar *adj* payable (***an*** *acc* to, ***bei*** at, with): ***~ bei Auftragserteilung / Bestellung*** cash with order (*Abk.* cwo); ***~ nach Erhalt*** payable (up)on receipt; → ***Lieferung*** 1.
zählbar *adj* countable.
zählebig *adj* tough, *fig. Ideen etc*: tenacious. **Zählebigkeit** *f* tenacity of life.
zahlen *v/t u. v/i* pay: (***Herr Ober,***) ***~, bitte!*** the bill (*Am.* check), please!; ***wenn es ans Zahlen geht*** if (*od.* when) it comes to paying.
zählen I *v/t* count, *Sport*: score: *fig.* ***s-e Tage sind gezählt*** his days are numbered; ***ich zähle ihn zu m-n Freunden*** I count him as a friend. **II** *v/i* count (***bis zehn*** up to ten): *fig.* ***er*** (***es***) ***zählt nicht*** he (it) doesn't count; ***~ auf*** (*acc*) count on; ***~ zu*** *den Besten etc* rank with, belong to; ***er zählt zu m-n Freunden*** he is a friend (of mine); → ***drei*** I.
Zahlen|angaben *pl* numerical data *pl*, figures *pl.* **~folge** *f* order of numbers. **~gedächtnis** *n good, bad* memory for figures. **~lotto** *n* → ***Lotto*** 2.
zahlenmäßig *adj* numerical: *adv* ***j-m ~ überlegen sein*** outnumber s.o.
Zahlen|material *n* → ***Zahlenangaben.*** **~schloss** *n* combination lock. **~verhältnis** *n* (numerical) ratio.
Zahler(in) payer: ***pünktlicher*** (***säumiger***) ***Zahler*** prompt (dilatory) payer..
Zähler *m* **1.** counter, ⚡ *a.* meter. **2.** 𝒜 numerator. **3.** *Sport*: point.
Zählerablesung *f* ⚡ meter reading.
Zählerstand *m* ⚡ count.
Zahlgrenze *f* fare stage.
Zahlkarte *f econ.* paying-in slip.
zahllos *adj* countless, innumerable.
Zahlmeister(in) ⚓ purser, *mil.* paymaster.
zahlreich *adj* numerous, (*viele*) many, (*groß*) large: *adv* ***~ versammelt sein*** be present in large numbers.
Zahlstelle *f* paying office, *e-r Bank*: sub-branch, *für Wechsel*: domicile.
Zahltag *m* payday.
Zahlung *f* (***e-e ~ leisten*** make a) payment: ***et. in ~ geben*** trade s.th. in; ***et. in ~ nehmen*** take s.th. in part exchange; ***er wurde zur ~ von 100 Mark an das Rote Kreuz verurteilt*** he was sentenced to pay 100 marks to the Red Cross; ***e-e ~ aufschieben*** defer payment; ***~ bei Auftragserteilung*** cash with order (*Abk.* cwo); ***~ bei Erhalt*** cash on delivery (*Abk.* COD).
Zählung *f* count, (*Volkszählung*) *a.* census.
Zahlungs|abkommen *n* payments agreement. **~anweisung** *f* order to pay, (*Überweisung*) money order. **~aufforderung** *f* request for payment. **~aufschub** *m* respite. **~auftrag** *m e-s Bankkunden*: banker's order. **~ausgang** *m* outpayment. **~bedingungen** *pl* terms *pl* of payment. **~befehl** *m* → ***Mahnbescheid.***
Zahlungsbilanz *f* balance of payments. **~defizit** *n* balance of payments deficit. **~überschuss** *m* balance of payments surplus.
Zahlungs|einstellung *f* suspension of payment. **~empfänger(in)** payee. **~erleichterungen** *pl* easy terms *pl* (for payment).

zahlungsfähig *adj* able to pay, solvent.
Zahlungsfähigkeit *f* ability to pay, solvency.
Zahlungsfrist *f* term of payment.
zahlungskräftig *adj* F potent, wealthy.
Zahlungs|methode *f* method of payment. **~mittel** *n* means *pl* of payment, (*Geld*) currency: ***gesetzliches ~*** legal tender. **~modus** *m* method of payment. **~moral** *f* paying habits *pl*, payment pattern (*od.* behavio[u]r): ***e-e gute ~ haben*** settle one's bills (*od.* pay [up]) promptly; ***e-e schlechte ~ haben*** be slow to settle one's bills (*od.* to pay up).
zahlungspflichtig *adj* liable to pay.
Zahlungs|rückstand *m* arrears *pl*, backlog of payments. **~schwierigkeiten** *pl* financial difficulties *pl*. **~termin** *m* date of payment.
zahlungsunfähig *adj* unable to pay, insolvent. **Zahlungsunfähigkeit** *f* inability to pay, insolvency.
Zahlungs|verkehr *m* monetary transactions *pl*, payment transactions, payment. **~verpflichtung** *f* liability (to pay): ***s-n ~en pünktlich nachkommen*** be punctual in one's payments. **~verzug** *m* default (of payment): ***in ~ geraten*** default. **~weise** *f* method (*od.* mode) of payment. **~ziel** *n* date of payment.
Zählwerk *n* counter.
Zahlwort *n ling.* numeral.
Zahlzeichen *n* figure, numeral.
zahm *adj* tame (*a. fig. Antwort, Witz etc*), domesticated, *fig.* (*gefügig*) tractable. **zähmbar** *adj* tam(e)able.
zähmen *v/t* **1.** *a. fig.* tame, domesticate. **2.** (*be~*) control, restrain (***sich*** o.s.).
Zahmheit *f a. fig.* tameness. **Zähmung** *f* taming (*a. fig.*), domestication.
Zahn *m* **1.** tooth (*a. tech.*), *zo.* (*Reißzahn etc*) *a.* fang, (*Stoßzahn*) tusk: ***Zähne bekommen*** → ***zahnen*** I; *humor.* ***die dritten Zähne*** (a set of) false teeth; *fig.* ***der ~ der Zeit*** the ravages *pl* of time; ***bis an die Zähne bewaffnet*** armed to the teeth; ***sich e-n ~ ziehen lassen*** have a tooth out; (F *fig.* ***j-m***) ***die Zähne zeigen*** show one's teeth (to s.o.); F *fig.* ***sich an e-r Sache die Zähne ausbeißen*** find s.th. too hard a nut to crack; ***j-m auf den ~ fühlen*** sound s.o. out; F ***et. für den hohlen ~*** precious little; → ***fletschen, Haar, knirschen, putzen*** I. **2.** F (*Tempo*) speed: ***er hatte e-n ziemlichen ~ drauf*** he was going at a terrific lick; ***e-n ~ zulegen*** step on it.
Zahn|arzt *m*, **~ärztin** *f* dentist, dental surgeon. **~arzthelfer(in)** dentist's assistant.
zahnärztlich *adj* dental.
Zahnarztpraxis *f* dental practice.
Zahn|behandlung *f* dental treatment. **~belag** *m* plaque. **~bett** *n anat.* tooth socket. **~bürste** *f* toothbrush. **~creme** *f* toothpaste.
zähne|fletschend *adj u. adv* snarling. **~klappernd** *adj u. adv* with chattering teeth. **~knirschend** *adv fig.* gritting one's teeth.
zahnen I *v/i* teethe, cut one's teeth. II *a.* **zähnen** *v/t tech.* tooth.
Zahn|ersatz *m* dentures *pl*. **~fäule** *f* tooth decay, caries. **~fleisch** *n* gums *pl*: *humor.* ***auf dem ~ gehen*** be on one's last legs. **~fleischbluten** *n* bleeding of the gums. **~füllung** *f* filling. **~hals** *m* neck of a tooth. **~klinik** *f* dental clinic.
Zahnkranz *m tech.* gear rim, *am Fahrrad*: sprocket (wheel).
Zahn|krone *f* ⚕ crown. **~labor** *n* dental laboratory. **~laut** *m* dental (sound).
zahnlos *adj* toothless.
Zahn|lücke *f* gap (in one's teeth). **~medizin** *f* dentistry. **~mediziner(in)** **1.** dentist. **2.** dental student. **~nerv** *m* nerve of a tooth. **~pasta** *f* toothpaste. **~pflege** *f* dental hygiene. **~prothese** *f* dentures *pl*.
Zahnrad *n tech.* gearwheel, toothed wheel. **~antrieb** *m* gearwheel drive. **~bahn** *f* rack railway (*Am.* railroad). **~getriebe** *n* toothed gearing.
Zahn|schmelz *m* (dental) enamel. **~schmerzen** *pl* (***~ haben*** have [a]) toothache *sg*. **~schutz** *m Boxen*: gumshield. **~seide** *f* dental floss. **~spange** *f* brace. **~stange** *f tech.* rack. **~stein** *m* ⚕ tartar, scale. **~stocher** *m* toothpick. **~stummel** *m* stump. **~technik** *f* dentistry. **~techniker(in)** dental technician. **~wechsel** *m* second dentition. **~weh** *n* → ***Zahnschmerzen***. **~wurzel** *f* root (of a tooth). **~zement** *m* (dental) cement.
Zaire *n* Zaire.
Zander *m zo.* zander, pike-perch.
Zange *f allg.* nippers *pl*, tongs *pl*, *kleine*: pliers *pl*, (*Kneifzange*) pincers *pl* (*a. zo.*), ⚕, *zo.* forceps: ***e-e ~*** a pair of tongs *etc*; F *fig.* ***j-n in die ~ nehmen*** put the screws on s.o.; ***den*** (***das***) ***würde ich nicht mit der ~ anfassen!*** I wouldn't touch him (it) with a bargepole!
Zangenentbindung *f* ⚕ forceps delivery.
Zank *m* quarrel.
Zankapfel *m* bone of contention.
zanken *v/i* **1.** (*a.* ***sich ~***) quarrel (***über*** *acc* about, ***um*** about, over): ***hört auf*** (***euch***) ***zu ~!*** stop quarrel(l)ing! **2.** *dial.* (***mit j-m***) ***~*** scold (s.o.).
Zankerei *f* bickering.

zänkisch *adj* quarrelsome.
Zäpfchen *n* **1.** *anat.* uvula. **2.** ⚕ suppository.
zapfen *v/t* **1.** (*Bier etc*) tap, draw. **2.** *tech.* mortise.
Zapfen *m* **1.** ♣ cone. **2.** (*Fasszapfen*) tap, spigot, *Am.* faucet. **3.** *tech.* (*Lagerzapfen*) journal, (*Drehzapfen*) pivot, *Tischlerei*: tenon, (*Pflock*) peg.
Zapfenlager *n tech.* journal (*Drehzapfenlager* pivot) bearing.
Zapfenstreich *m mil.* tattoo.
Zapfenverbindung *f tech.* mortise joint.
Zapfer(in) tapster.
Zapfhahn *m* **1.** tap, *Am.* faucet. **2.** → **Zapfpistole** *f mot.* nozzle.
Zapfsäule *f mot.* petrol (*Am.* gasoline) pump.
Zappelei *f* F fidgets *pl.* **zapp(e)lig** *adj* F fidgety: ***du machst mich ganz ~!*** you give me the fidgets.
zappeln *v/i* **1.** struggle, wriggle: F *fig.* ***j-n ~ lassen*** keep s.o. on tenterhooks. **2.** F fidget (***vor Aufregung*** with excitement).
Zappelphilipp *m* F fidget.
zappen *v/i TV* zap, graze.
Zar *m* czar, tsar.
Zarge *f tech.* **1.** (*Nut*) notch, groove. **2.** (*Tür-, Fensterzarge*) frame, case.
Zarin *f* czarina, tsarina.
zart *adj* tender (*a. fig. Alter, a. zärtlich*), delicate (*a. fig. Gesundheit, Kind, Haut, Farbe etc*), (*schwach, zerbrechlich*) frail (*a. fig.*), (*duftig*) *Stoff etc*: filmy, (*sanft*) gentle, soft, (*empfindlich*) sensitive: ***das ~e Geschlecht*** the gentle sex; ***ein ~er Wink*** a gentle hint; ***nicht für ~e Ohren*** not for tender (*od.* sensitive) ears; *adv* (***nicht gerade***) ***~ umgehen mit*** handle *s.o., s.th.* (none too) gently; ***~ besaitet*** highly sensitive; ***~ fühlend*** a) sensitive, b) tactful, discreet.
zartbitter *adj Schokolade*: plain.
zartblau *adj* pale-blue.
Zartgefühl *n* **1.** delicacy (of feeling), sensitivity. **2.** tact.
Zartheit *f* tenderness (*a. fig.*), (*Feinheit*) delicacy, delicateness, (*Sanftheit*) softness, gentleness.
zärtlich *adj* tender, (*liebevoll*) affectionate (***zu*** with), caressing: ***~e Mutter*** fond mother.
Zärtlichkeit *f* **1.** tenderness, (*Liebe*) affection, fondness. **2.** *mst pl* endearment, (*Liebkosung*) *a.* caress.
Zaster *m* F (*Geld*) dough, *Br. a.* lolly.
Zäsur *f* **1.** *metr.*, ♪ c(a)esura, break. **2.** *fig.* turning point.
Zauber *m* **1.** (***wie durch ~*** as if by) magic: F *contp.* ***fauler ~*** mumbo-jumbo. **2.** *fig.* (*Reiz*) charm, magic, (*Bann*) spell. **3.** F *contp.* (*Aufheben*) fuss, (*dummes Zeug*) nonsense: ***der*** (***den***) ***ganze***(***n***) ***~*** the whole bag of tricks.
Zauberei *f* **1.** magic, witchcraft. **2.** → ***Zauberkunststück.***
Zauberer *m* **1.** magician, sorcerer, *a. fig.* wizard. **2.** → ***Zauberkünstler.***
Zauberformel *f* spell, charm, *fig.* magic formula.
zauberhaft *adj* charming, enchanting.
Zauberin *f* sorceress, *fig. a.* enchantress.
Zauber|kraft *f* magic power. **~kunst** *f* magic (art). **~künstler(in)** conjurer, magician. **~kunststück** *n* conjuring trick.
zaubern I *v/t* produce *s.th.* by magic, conjure up. **II** *v/i* perform magic, *weitS.* conjure, do conjuring tricks, *Fußball etc*: put on a brilliant show: ***ich kann doch nicht ~!*** I can't perform miracles!
Zauber|spruch *m* charm, spell. **~stab** *m* (magic) wand. **~trank** *m* magic potion. **~wort** *n* magic word, spell.
Zauderer *m*, **Zauderin** *f* waverer.
zaudern *v/i* hesitate, waver: ***ohne Zaudern*** without hesitation.
Zaum *m* (*a. fig.* ***im ~e halten***) bridle.
Zaumzeug *n* headgear, bridle.
Zaun *m* fence, (*Bau-, Bretterzaun*) hoarding: *fig.* ***vom ~ brechen*** a) ***e-n Streit*** pick a quarrel, b) ***e-n Krieg*** start a war.
Zaun|gast *m* onlooker. **~könig** *m zo.* wren. **~pfahl** *m* pale: F ***ein Wink mit dem ~*** a broad hint.
z. B. ***zum Beispiel*** for instance, for example (e.g.).
z. b. V. ***zur besonderen Verwendung*** for special duty.
ZDF ***Zweites Deutsches Fernsehen*** Second Channel of German Television.
ZDH ***Zentralverband des Deutschen Handwerks*** Central Association of German Crafts.
ZDL ***Zivildienstleistende***(***r***) *conscientious objector conscripted to do community work.*
ZE ***Zentraleinheit*** central processing unit (CPU).
Zebra *n zo.* zebra.
Zebrastreifen *m* zebra crossing, *Am.* pedestrian crosswalk.
Zeche[1] *f* ⚒ pit, colliery, (coal) mine.
Zeche[2] *f* bill, *Am.* check: ***die ~ prellen*** leave without paying; *fig.* ***die ~ zahlen müssen*** F have to pay the piper.
Zechenstilllegung *f* pit closure.
Zech|preller(in) bilk. **~prellerei** *f* bilking.
Zecke *f zo.* tick.
Zeder *f* ♣ cedar.
Zedernholz *n* cedar(wood).
Zeh *m* → ***Zehe*** 1.

Zehe *f* **1.** *anat., zo.* toe: ***große*** (***kleine***) ~ big (little) toe; ***j-m auf die ~n treten*** *a.* F *fig.* tread on s.o.'s toes. **2.** (*Knoblauchzehe*) clove (of garlic).
Zehen|nagel *m* toenail. **~sandale** *f* flip-flop. **~spitze** *f* tip of one's toe: ***auf*** (***den***) ***~n*** on tiptoe.
zehn *adj* ten.
Zehn *f* (number) ten.
Zehneck *n* ⩓ decagon.
Zehner *m* **1.** ⩓ ten. **2.** F a) → ***Zehnpfennigstück***, b) ***Zehnmarkschein.***
Zehnerkarte *f Bus etc*: ten-trip ticket.
Zehnerpackung *f* pack(et) of ten.
Zehnerstelle *f* ⩓ tens digit.
zehnfach *adj u. adv* tenfold.
Zehnfache *n* ten times the amount: ***um das ~*** tenfold.
Zehnfingersystem *n* touch-typing.
zehnjährig *adj* **1.** ten-year-old, *pred* ten years old: ***ein ~er Junge*** *a.* a boy of ten. **2.** ***~es Jubiläum*** *etc* ten-year (*od.* tenth) anniversary *etc.* **3.** ***nach ~er Abwesenheit*** *etc* after an absence *etc* of ten years.
Zehnkampf *m Sport*: decathlon.
Zehnkämpfer(in) decathlete.
zehnmal *adv* ten times.
Zehnmarkschein *m* ten-mark note (*Am.* bill), F tenner.
Zehnpfennig|(brief)marke *f* ten-pfennig (postage) stamp. **~stück** *n* ten-pfennig piece.
zehnt *adj* tenth.
zehntausend *adj* ten thousand: *fig.* ***die oberen ~*** the upper ten (thousand); ***~e von ...*** tens of thousands of ...
Zehntel *n* tenth. **~sekunde** *f* (***mit e-r ~ Vorsprung*** by a margin of a) tenth of a second.
zehntens *adv* tenthly.
zehren *v/i* **1.** ***~ von*** live on (*a. fig. von Erinnerungen etc*); ***von s-m Kapital ~*** live off one's capital. **2.** ***~ an*** (*dat*) weaken, undermine; ***an j-s Kräften ~*** sap s.o.'s energy.
Zeichen *n* **1.** *allg.* sign, (*Merkzeichen*) *a.* mark, (*Kennzeichen*) *a.* characteristic, (*Signal*) signal, (*Symbol*) symbol, *Computer*: character: ***chemisches ~*** chemical symbol; ***j-m ein ~ geben*** give s.o. a sign (*od.* signal), signal to s.o.; ***er gab das ~ zum Aufbruch*** he gave the sign to leave. **2.** *fig.* (*Anzeichen*) *allg.* sign, (*Beweis*) *a.* mark, token, (*Vorzeichen*) *a.* omen, (*Symptom*) symptom: ***ein ~ für*** (*od.* ***von***) a sign of; ***zum ~ dass*** as a proof that; ***als*** (*od.* ***zum***) ***~ m-r Dankbarkeit*** as a token of my gratitude; ***es ist ein ~ der Zeit*** it's a symptom of our times; ***es geschehen noch ~ und Wunder*** wonders never cease. **3.** (*Satzzeichen*) punctuation mark. **4.** (*Sternzeichen*) sign: ***im ~ des Löwen*** under the sign of Leo; *fig.* ***im ~ stehen von*** (*od. gen*) be marked by. **5.** (*Aktenzeichen etc*) reference (number): *econ.* ***unser*** (***Ihr***) ~ our (your) reference. **6.** (*Warenzeichen*) brand, trademark.
Zeichen|auflösung *f Computer*: character resolution. **~bedarf** *m* drawing materials *pl.* **~block** *m* sketch pad. **~brett** *n* drawing board. **~büro** *n* drawing office. **~code** *m Computer*: character code. **~dichte** *f Computer*: character density. **~dreieck** *n* ⩓ set square. **~erklärung** *f* key (**für, zu** to), *auf Landkarten etc*: legend, *in Lehrbüchern etc*: signs and symbols *pl.* **~gerät** *n Computer*: plotter. **~heft** *n* drawing book. **~kunst** *f* drawing. **~lehrer(in)** art teacher. **~papier** *n* drawing paper. **~programm** *n Computer*: drawing program. **~saal** *m* art room.
Zeichensetzung *f* punctuation.
Zeichen|sprache *f* sign language. **~stift** *m* pencil, crayon. **~trickfilm** *m* (animated) cartoon. **~tusche** *f* drawing ink. **~unterricht** *m* drawing lessons, *ped.* art.
zeichnen **I** *v/t* **1.** draw (*a. fig.*), (*skizzieren*) sketch, *a. fig.* delineate, (*entwerfen*) design. **2.** (*kenn~*) mark: *fig.* ***sein Gesicht war von Kummer gezeichnet*** his sorrows had left their mark on his face. **3.** (*unter~*) sign. **4.** (*e-n Betrag*) subscribe (***für Aktien*** *etc* for shares *etc*, ***für e-n Fonds*** to a fund). **II** *v/i* **5.** draw (***nach der Natur*** from nature). **6.** (*unter~*) sign: ***ich zeichne ...*** I remain ...; ***verantwortlich ~ für*** be responsible for.
Zeichner(in) **1.** drawer, draughtsman (-woman), *Am.* draftsman (-woman). **2.** *econ.* subscriber (*gen* for, to).
zeichnerisch *adj* graphic: ***~e Begabung haben,*** *adv* ***~ begabt sein*** have (a) talent for drawing.
Zeichnung *f* **1.** drawing, *tech. a.* design, diagram, (*Skizze*) sketch, (*Illustration*) illustration. **2.** (*Kennzeichnung*) marking(s *pl*) (*a. zo.*), (*Muster*) pattern(ing). **3.** *econ. e-s Betrages etc*: subscription: ***e-e Anleihe zur ~ auflegen*** invite subscriptions for a loan.
Zeichnungsangebot *n* offer for subscription.
zeichnungsberechtigt *adj* authorized to sign, having signatory power.
Zeichnungs|liste *f* subscription list. **~schluss** *m* closing of the subscription.
Zeigefinger *m* forefinger, index finger.
zeigen **I** *v/t allg.* show (*a. fig.*), (*e-n Film etc*) *a.* present, (*zur Schau stellen, a. fig.*) display, exhibit, (*an~*) *a.* indicate, (*darlegen*) *a.* demonstrate, point out: ***j-m die Stadt ~*** show s.o. (around) the town; ***er will nur s-e Macht ~*** he just wants to demonstrate his power; ***großen Mut ~*** display great cour-

age; F *fig.* ***dem werd ichs ~!*** I'll show him! **II** *v/i* (***mit dem Finger***) **~ *auf*** (*acc*) point (one's finger) at; ***nach Norden*** ~ point (to the) north; ***die Uhr zeigte*** (***auf***) ***12*** the clock said twelve. **III** *v/reflex* ***sich*** ~ show (o.s.), appear, *plötzlich*: turn up; *fig.* ***sie zeigte sich sehr großzügig*** she was very generous; ***sich von s-r besten Seite*** ~ present o.s. to best advantage; ***er zeigte sich der Aufgabe nicht gewachsen*** it became obvious that he wasn't equal to the task. **IV** *v/impers* turn out, prove: ***es zeigte sich, dass er Recht gehabt hatte*** (***es richtig gewesen war***) he (it) turned out to have been right; ***es wird sich ~, wer Recht hat*** we'll see who is right in the end.

Zeiger *m* hand, *tech. a.* index, pointer, *e-r Waage, des Tachos etc*: needle.

Zeigestock *m* pointer.

Zeile *f* **1.** line: ***j-m ein paar ~n schreiben*** drop s.o. a line. **2.** (*Reihe*) row.

Zeilen|abstand *m* **1.** spacing. **2.** *TV* line advance. **~anfang** *m* line beginning. **~anzeige** *f* line display. **~drucker** *m Computer*: line printer. **~eingabe** *f Computer*: line entry. **~ende** *n* line ending. **~länge** *f* line length. **~raster** *m TV* line-scanning pattern. **~schalter** *m Schreibmaschine*: line spacer. **~vorschub** *m Computer*: line feed.

zeilenweise *adv* by the line.

Zeisig *m zo.* siskin.

Zeit *f* **1.** *allg.* time, (*~raum*) *a.* period, space (of time), (*~alter*) *a.* era, age, (*Jahreszeit*) season: ~ ***und Raum*** space and time; ***freie*** ~ spare time; ***schwere*** (*od.* ***harte***) ***~en*** hard times; F ***das waren*** (***noch***) ***~en!*** those were the days!; ***die gute alte*** ~ the good old days; ***... aller ~en*** ... of all time; ***seit dieser*** ~ since then; (***für***) ***einige*** ~ (for) some time; (***für***) ***längere*** ~ for quite some time, *formell*: for a prolonged period; ***lange*** ~ for a long time; ***e-e ~ lang*** for some time; ***seit einiger*** (*od.* ***längerer***) ~ for quite some time (now); ***die ganze*** ~ (***hindurch***) all the time, all along; ***in kurzer*** ~ in a short time; ***in kürzester*** ~ in no time at all; ***in letzter*** ~ lately, recently; ***mit der*** ~ in course of time, with time; ***mit der ~ gehen*** move with the times; ***in nächster*** ~ shortly, soon, presently; ***die ~ ist um!*** time's up!; ***um diese ~ bin ich schon im Bett*** I'll be in bed already by that time; ***morgen um diese*** ~ this time tomorrow; ***von ~ zu*** ~ from time to time, now and then; ***in der ~ von ... bis ...*** in the time between ... and ...; ***vor der*** ~ prematurely; ***vor langer*** ~ a long time ago; ***vor nicht allzu langer*** ~ not so long ago; ***zur*** ~ (*gen*) at the time of; ***zu ~en der Römer*** in the days of the Romans; ***zu m-r*** ~ in my time; ***alles zu s-r ~!*** there's a time for everything!, (*nach und nach*) one thing after another!; ***es ist*** (***höchste***) ~ ***zu gehen*** it is (high) time to leave; ***ich habe k-e*** ~ I'm busy, I'm in a hurry; ***das hat*** ~ there's no hurry, ***bis morgen*** that can wait till tomorrow; ***lass dir ~!*** take your time!; ***j-m ~ lassen*** give s.o. time; ***sich ~ nehmen für*** take (the) time for (*od.* to do) *s.th.*; *Sport*: ***j-s ~ nehmen*** time s.o.; ***die ~ nutzen*** make the most of one's time; *Sport*: ***auf ~ spielen*** play for time; F ***es wurde aber auch ~!*** about time too!; ~ ***ist Geld*** time is money; ***andere ~en, andere Sitten*** other times, other manners; ***kommt ~, kommt Rat*** time will bring an answer; F (***ach,***) ***du liebe ~!*** good heavens!; → ***schinden*** 2, ***totschlagen, vertreiben*** 2, ***Wunde, zurzeit.*** **2.** *ling.* tense.

Zeit|ablauf *m* lapse of time (*a.* ⚖). **~abschnitt** *m* period (of time), era. **~abstand** *m* interval: ***in regelmäßigen Zeitabständen*** at regular intervals, periodically. **~alter** *n* age, era, epoch. **~angabe** *f* exact (date and) time, (*Datum*) date: ***ohne*** ~ undated. **~ansage** *f* time check, *teleph.* speaking-clock announcement. **~arbeit** *f* temporary work: ~ ***machen*** temp. **~aufwand** *m* time spent (***für*** on): ***mit großem ~ verbunden sein*** take (up) a great deal of time.

zeitaufwändig *adj* time-consuming.

Zeitbegriff *m* conception of time.

Zeit|bombe *f a. fig.* time bomb. **~dauer** *f* **1.** length of time. **2.** period, duration, term. **~differenz** *f* time difference. **~dokument** *n* document of the times. **~druck** *m* (time) pressure: ***unter ~ stehen*** be pressed for time.

Zeiteinteilung *f* organization of (one's) time: ***sie hat k-e*** ~ she doesn't know how to organize her time.

Zeitenfolge *f ling.* sequence of tenses.

Zeit|erfassung *f* time recording. **~erfassungssystem** *n* time recorder. **~ersparnis** *f* saving of time. **~faktor** *m* time factor. **~folge** *f* chronological order. **~form** *f ling.* tense. **~frage** *f* **1.** ***es ist e-e*** ~ it is a question of time. **2.** topic of the day. **~gefühl** *n* sense of time.

Zeitgeist *m* spirit of the age, zeitgeist.

zeitgemäß *adj* modern, up(-)to(-)date, (*aktuell*) current, topical.

Zeit|genosse *m*, **~genossin** *f* contemporary: F *fig.* ***er ist ein übler*** ~ he's a nasty customer.

zeitgenössisch *adj* contemporary.

Zeit|geschehen *n* current events *pl.* **~geschichte** *f* contemporary history. **~geschmack** *m* taste (*od.* fashion) of the

Z

time(s). **~gewinn** *m* time gained: ***das bedeutet e-n ~ von 3 Stunden*** that saves three hours.

zeitgleich *adj Sport*: with the same time: *adv* ***~ ins Ziel kommen*** be clocked at the same time.

Zeitguthaben *n Gleitzeit*: time credit.

zeitig *adj u. adv* early.

zeitigen *v/t* produce, bring forth.

zeitintensiv *adj* time-consuming.

Zeitkarte *f* season (*Am.* commutation) ticket. **Zeitkarteninhaber(in)** season-ticket holder, *Am.* commuter.

zeitkritisch *adj* topical.

Zeitlang → **Zeit** 1.

zeitlebens *adv* all one's life.

zeitlich I *adj* **1.** time, *Reihenfolge etc*: chronological: ***~e Abstimmung*** (*od.* ***Berechnung***) timing. **2.** *a. eccl.* temporary, transitory: ***das Zeitliche segnen*** depart this life. **II** *adv* **3.** ***~ abstimmen*** time, synchronize; ***~ begrenzt*** limited in time; ***~ günstig*** well-timed; ***es passt mir ~ nicht*** I can't fit it in(to my time-table); ***ich schaffe es ~ nicht*** a) I don't have the time to do it, b) I can't make it in time; ***~ zs.-fallen*** coincide.

Zeitlohn *m* time work rate.

zeitlos *adj* timeless, ageless.

Zeitlupe *f* **1.** slow-motion camera. **2.** → ***Zeitlupentempo.***

Zeitlupen|aufnahme *f* slow-motion shot. **~tempo** *n* (**im** ~ *a. fig.* in) slow motion

Zeitmangel *m* (**aus** ~ for) lack of time.

Zeitmaß *n* tempo, ♪ *a.* time.

Zeitmesser *m tech.* timekeeper, timer.

Zeitmessung *f* timing.

zeitnah *adj* topical, current.

Zeit|nehmer(in) *allg.* timekeeper, *tech. a.* time-study person. **~not** *f* ***in ~ sein*** (***geraten***) be (become) pressed for time. **~plan** *m* schedule, timetable. **~planer** *m* schedule diary. **~punkt** *m* time, moment: ***zum richtigen ~*** at the right moment; ***zu e-m späteren ~*** at a later date; ***der ~ für den Angriff war gut gewählt*** the attack was well timed. **~raffer...** time-lapse, quick-motion (*camera etc*).

zeitraubend *adj* time-consuming.

Zeit|raum *m* period, space (of time). **~rechnung** *f* chronology: ***unserer ~*** of our time. **~schalter** *m*, **~schaltwerk** *n tech.* time switch, timer. **~schrift** *f* magazine, periodical. **~spanne** *f* period, space (of time).

zeitsparend *adj* time-saving.

Zeit|strafe *f Sport*: time penalty. **~strömung** *f* trend. **~stück** *n thea.* period play. **~studien** *pl* time(-and-motion) studies *pl.* **~tafel** *f* chronological table. **~umstände** *pl* prevailing circumstances *pl.*

Zeitung *f* (news)paper, journal, *amtliche*: gazette: ***in der ~ steht, dass ...*** it says in the paper that ...

Zeitungs|abonnement *n* newspaper subscription. **~anzeige** *f* (newspaper) advertisement, F ad. **~artikel** *m* newspaper article. **~ausschnitt** *m* newspaper clipping. **~austräger(in)** newspaper deliverer. **~beilage** *f* newspaper supplement. **~ente** *f* F *fig.* hoax, canard. **~frau** *f* F **1.** newspaper carrier. **2.** news agent, *Am.* news dealer. **3.** *auf der Straße*: news vendor. **~händler(in)** news agent, *Am.* news dealer. **~inserat** *n* → ***Zeitungsanzeige.*** **~junge** *m* newsboy. **~kiosk** *m* newsstand. **~leser(in)** newspaper reader. **~mann** *m* F → ***Zeitungsfrau.*** **~meldung** *f*, **~notiz** *f* press item. **~papier** *n* newspaper, (*Qualität*) *a.* newsprint. **~redakteur(in)** newspaper editor. **~roman** *m novel serialized in a newspaper.* **~stand** *m* newsstand. **~ständer** *m* magazine (*od.* newspaper) rack. **~stil** *m* journalese. **~verkäufer(in)** *auf der Straße*: news vendor. **~verleger(in)** newspaper publisher. **~wesen** *n* journalism, *the* press. **~wissenschaft** *f* journalism.

Zeit|unterschied *m* time difference, ✈ time lag. **~verlust** *m* loss of time: ***den ~ aufholen*** make up for lost time. **~verschwendung** *f* waste of time. **~vertrag** *m* fixed-time contract. **~vertreib** *m* pastime: ***zum ~*** as a pastime, to pass the time.

zeitweilig I *adj* temporary, (*gelegentlich*) occasional. **II** *adv* → **zeitweise** *adv* for a time, (*gelegentlich*) from time to time, at times, occasionally.

Zeit|wert *m econ.* time (*od.* current) value. **~wort** *n* verb. **~zeichen** *n Radio*: time signal. **~zone** *f* time zone.

Zeitzünder *m* time fuse.

zelebrieren *v/t* celebrate.

Zell|... cellular. **~atmung** *f biol.* vesicular breathing. **~bau** *m* cell structure. **~bildung** *f* cell formation.

Zelle *f* **1.** *allg.* cell. **2.** ✈ airframe. **3.** (*Telefonzelle*) booth.

Zellgewebe *n biol.* cell tissue.

zellig *adj*, *a.* **...zellig** *biol.* cellular.

Zellkern *m biol.* nucleus.

Zellstoff *m* cellulose, *Papier*: pulp.

Zellstoffwatte *f* cellucotton (*TM*).

Zellteilung *f biol.* cell division.

zellular *adj* cellular.

Zellulitis *f* ⚕ cellulitis.

Zelluloid *n* celluloid.

Zellulose *f* cellulose.

Zellwand *f biol.* cell wall.

Zellwolle *f* rayon staple fib/re (*Am.* -er).

Zelt *n* tent, (*Zirkuszelt*) *a.* big top, (*Festzelt*)

marquee: ***ein ~ aufschlagen*** (***abbrechen***) pitch (strike) a tent; F *fig.* ***s-e ~e aufschlagen*** pitch one's tent, settle down; ***s-e ~e abbrechen*** pack up.
Zelt|bahn *f* **1.** tent square. **2.** → ***Zeltplane.*** **~dach** *n* **1.** tent roof. **2.** △ pyramid-type roof.
zelten *v/i* camp, tent: ***~ gehen*** go camping; ***Zelten verboten!*** no camping!
Zelt|lager *n* (tent) camp. **~leine** *f* guy line. **~leinwand** *f* canvas. **~pflock** *m* tent peg. **~plane** *f* tarpaulin. **~stadt** *f* tent city. **~stange** *f* tent pole.
Zement *m* cement. **zementieren** *v/t* cement (*a. fig.*), *metall.* carburize.
Zementsack *m* cement bag.
Zen *n* Zen.
Zenit *m a. fig.* (***im ~*** at the) zenith.
zensieren *v/t* **1.** *ped.* mark, *Am.* grade. **2.** censor. **Zensor(in)** censor. **Zensur** *f* **1.** *ped.* mark, *Am.* grade: ***gute ~en haben*** *a.* have a good report. **2.** censorship: ***der ~ unterliegen*** be censored.
Zensus *m* census.
Zentaur *m myth.* centaur.
Zentimeter *m, n* centimet/re (*Am.* -er).
Zentner *m* **1.** (metric) hundredweight (*abbr.* cwt.), centner (*50 kg*). **2.** *österr., schweiz.* 100 kilograms. **~last** *f fig.* heavy burden: ***mir fiel e-e ~ vom Herzen*** it was a great weight off my mind.
zentnerschwer *adj fig.* very heavy: *adv* ***es liegt mir ~ auf der Seele*** it weighs very heavily on my mind.
zentral *adj* central: *adv* ***~ gelegen sein*** be centrally located; *fig.* ***das ~e Problem*** the crucial problem.
Zentralafrikanische Republik (*die*) (the) Central African Republic.
Zentralbahnhof *m* central station.
Zentralbank *f* central bank.
zentralbeheizt *adj* centrally heated.
Zentrale *f* **1.** central office, (*a. Polizei-, Taxizentrale etc*) headquarters *pl* (*oft sg konstr.*). **2.** (*Telefonzentrale*) telephone exchange, *e-r Firma*: switchboard. **3.** *tech.* control room. **4.** *fig.* cent/re (*Am.* -er).
Zentraleinheit *f Computer*: central processing unit (*abbr.* CPU).
Zentralheizung *f* central heating.
zentralisieren *v/t* centralize.
Zentralisierung *f* centralization.
Zentralismus *m pol.* centralism.
zentralistisch *adj pol.* centralist(ic).
Zentral|komitee *n pol.* central committee. **~massiv** *n geogr.* Massif Central. **~nervensystem** *n* central nervous system. **~organ** *n* (*Zeitung*) official party organ. **~rechner** *m* central processing unit. **~verband** *m econ. etc* central association. **~verriegelung** *f mot.* central locking (system).
zentrieren *v/t* centre, *Am.* center.
Zentrifugalkraft *f* centrifugal force.
Zentrifuge *f* centrifuge.
zentripetal *adj* centripetal.
zentrisch *adj* centric(al).
Zentrum *n a. fig.* centre, *Am.* center: ***im ~ von New York*** *Am. a.* (in) downtown New York; ***sie stand im ~ des Interesses*** she was the centre of interest.
Zeppelin *m* zeppelin.
Zepter *n* sceptre, *Am.* scepter: *humor.* ***das ~ schwingen*** rule the roost.
zerbeißen *v/t* bite to pieces, crunch.
zerbeult *adj* battered.
zerbomben *v/t* bomb.
zerbombt *adj* bomb-wrecked.
zerbrechen **I** *v/t* break, crack, smash: → ***Kopf*** 2. **II** *v/i* break (*fig.* up): *fig.* ***~ an*** (*dat*) be crushed (*od.* broken) by.
zerbrechlich *adj* breakable, *a. fig.* frail, delicate, fragile: ***Vorsicht, ~!*** fragile, handle with care!
Zerbrechlichkeit *f a. fig.* fragility, frailness.
zerbröckeln *v/t u. v/i* crumble.
zerdrücken *v/t allg.* crush, (*Kartoffeln etc*) *a.* mash, (*Kleidung*) *a.* crumple.
zerebral *adj*, **Zerebral...** cerebral.
Zeremonie *f* ceremony.
zeremoniell *adj* ceremonial.
Zeremoniell *n* ceremonial, *fig. a.* ritual.
zeremoniös *adj* ceremonious.
zerfahren[1] *adj Straße etc*: rutted.
zerfahren[2] → ***zerstreut.***
Zerfall *m* disintegration, decay (*beide a. nucl.*), *a. fig.* ruin, ⚗ decomposition.
zerfallen[1] *v/i* **1.** disintegrate (***in*** *acc*, ***zu*** into), decay (*beide a. nucl.*), ⚗ decompose, *Gebäude etc*: fall to pieces, crumble (*a. fig. Reich etc*). **2.** *fig.* ***~ in*** (*acc*) be divided into.
zerfallen[2] *adj* **1.** decayed, in ruins. **2.** *fig.* ***mit j-m ~ sein*** be at odds with s.o.; ***mit sich und der Welt ~ sein*** be disgusted with life.
Zerfalls|erscheinung *f* sign of decay. **~produkt** *n nucl.* decay product. **~reihe** *f nucl.* family, decay chain. **~zeit** *f nucl.* decay period (*od.* time).
zerfetzen *v/t* tear *s.th.* (in)to pieces, shred, slash, (*Arm, Bein etc*) mangle.
zerfleddern *v/t* tatter.
zerfleischen **I** *v/t* mangle, (*in Stücke reißen*) tear *s.o., s.th.* to pieces: *fig.* ***einander ~*** tear each other apart. **II** *v/reflex* ***sich ~*** *fig.* torment o.s.
zerfließen *v/i Farbe etc*: run, (*schmelzen*) melt: *fig.* ***sie zerfloss vor Mitleid*** she was melting with pity.

zerfressen[1] *v/t* **1.** *Motten etc*: eat (holes into), *Mäuse etc*: gnaw *s.th.* to pieces. **2.** ⚗, *tech.* corrode.
zerfressen[2] *adj* ***von Motten ~*** motheaten; ***vom Rost ~*** corroded; *fig.* ***vom Neid ~*** eaten up with envy.
zerfurcht *adj a. fig.* furrowed.
zergehen *v/i* dissolve, melt: ***auf der Zunge ~*** melt in one's mouth.
zergliedern *v/t fig.* analy/se (*Am.* -ze), (*e-n Satz*) *a.* parse, *ganz genau*: dissect.
zerhacken *v/t* chop (*a.* ⚡), mince.
zerhauen *v/t* ***et. ~*** cut s.th. to pieces.
zerkauen *v/t* chew (well).
zerkleinern *v/t* reduce *s.th.* to small pieces, crush, cut *s.th.* up, *fein*: mince.
zerklüftet *adj* jagged, rugged.
zerknautschen *v/t* F crumple.
zerknirscht *adj* contrite: ***~ sein*** feel remorse (***über*** *acc* at).
Zerknirschung *f* contrition.
zerknittern *v/t u. v/i* crumple, crease.
zerknüllen *v/t* crumple up.
zerkochen *v/t u. v/i* overcook.
zerkratzen *v/t* scratch.
zerkrümeln *v/t u. v/i* crumble.
zerlassen *v/t* (*Butter etc*) melt.
zerlaufen *v/i Eis, Fett*: melt, *Farbe*: bleed.
zerlegbar *adj* dismountable, *bsd. Möbel*: knock-down: ***... ist ~*** ... can be taken apart.
zerlegen *v/t* **1.** take *s.th.* apart, *tech. a.* dismantle, knock down. **2.** (*zerschneiden*) cut *s.th.* up, dissect, (*Braten*) carve. **3.** 𝔄 reduce, *a.* ⚗ decompose, *opt.* disperse: 𝔄 ***in Faktoren ~*** factorize. **4.** → ***zergliedern.***
Zerlegung *f* **1.** dismantling. **2.** dissection (*a. fig.*). **3.** 𝔄 reduction, *a.* ⚗ decomposition, *opt.* dispersion.
zerlesen *adj Buch etc*: well-thumbed.
zerlöchert *adj* full of holes.
zerlumpt *adj* ragged, tattered.
zermahlen *v/t* grind, *fein*: pulverize.
zermalmen *v/t a. fig.* crush.
zermartern *v/t fig.* ***sich den Kopf ~*** rack one's brain (***über*** *acc* over).
zermürben *v/t* wear *s.o.* down, *mil.* soften up: ***~d*** trying, gruel(l)ing.
Zermürbungskrieg *m* war of attrition.
zernagen *v/t* gnaw *s.th.* to pieces.
zerpflücken *v/t* ***et. ~*** *a. fig.* pick s.th. to pieces.
zerplatzen *v/i a. fig.* burst, explode.
zerquetschen *v/t* crush (*a. tech.*), *zu Brei*: squash, mash: F ***70 Mark und ein paar Zerquetschte*** 70 marks and some.
Zerrbild *n bsd. fig.* caricature, distorted picture, *fig. a.* travesty.
zerreden *v/t* ***et. ~*** flog s.th. do death.
zerreiben *v/t* crush, grind, *zu Pulver*: pulverize: ***et. zwischen den Fingern ~*** rub s.th. between one's fingers.
zerreißen I *v/t* tear *s.th.* up, tear (*od.* rend) *s.th.* to pieces (*od.* apart), rip up, (*Faden, Fesseln etc, fig. Bindungen etc*) break: ***er hat sich die Hose zerrissen*** he tore his pants; *fig.* ***es zerriss ihr das Herz*** it broke her heart; F *fig.* ***in der Luft ~*** a) tear *s.o.* limb from limb, b) (*heftig kritisieren*) tear *s.o., s.th.* to pieces. II *v/i* tear, *Faden, Nebel, Wolken etc*: break, *Sack etc, Gefäß etc*: burst. III *v/reflex* ***sich*** (***fast***) ***~*** F *fig.* bend over backwards; ***ich kann mich doch nicht ~!*** I can't be in two places at once!; ***ich könnte mich vor Wut ~!*** I could kick myself!
Zerreißfestigkeit *f* tear resistance.
Zerreißprobe *f* **1.** *tech.* tension test. **2.** *fig.* ordeal.
zerren I *v/t* **1.** drag, haul: ***j-n hinter sich her ~*** drag s.o. along. **2.** ⚕ pull, strain (***sich e-n Muskel*** a muscle). II *v/i* **3.** ***~ an*** (*dat*) pull at, tug at; ***der Hund zerrte an der Leine*** the dog strained at its leash; *fig.* ***der Lärm zerrt an m-n Nerven*** the noise is nerve-wracking.
zerrinnen *v/i* melt away (*a. fig. Geld etc*), *fig. Träume etc*: fade, vanish, *Pläne etc*: come to nothing: ***wie gewonnen, so zerronnen*** easy come, easy go.
zerrissen *adj a. fig.* torn: ***er ist innerlich ~*** he is torn by inner conflicts.
Zerrissenheit *f* (***innere***) ***~*** inner conflicts *pl.*
Zerrung *f* ⚕ strain, overstretching.
zerrütten *v/t* (*Ordnung etc*) disrupt, (*a. Ehe, Gesundheit etc*) ruin, wreck, (*den Geist*) unhinge, derange: ***ihre Nerven sind zerrüttet*** her nerves are shattered; ***zerrüttete Ehe*** (***Familienverhältnisse***) broken marriage (home).
Zerrüttung *f* disruption, ruin, ruinous state: ⚖ (***unheilbare***) ***~ der Ehe*** (irretrievable) breakdown of a marriage.
zersägen *v/t* saw *s.th.* up.
zerschellen *v/i* be smashed to pieces, smash, ✈ crash, ⚓ be wrecked.
zerschießen *v/t* bombard, batter.
zerschlagen[1] I *v/t* **1.** smash (*s.th.* to pieces), shatter. **2.** *fig.* (*Organisation etc*) smash, (*Besitz etc*) split up. II *v/reflex* ***sich ~*** **3.** *fig. Pläne, Hoffnungen etc*: come to nothing.
zerschlagen[2] *adj* F *fig.* dead-beat, whacked: ***sich wie ~ fühlen*** *a.* feel washed out.
zerschlissen *adj* worn-out, threadbare.
zerschmettern *v/t* smash, shatter.
zerschneiden *v/t* cut (*s.th.* up), *in Scheiben*: slice, *klein*: shred, (*Braten*) carve.
zerschrammen *v/t* scratch.

zersetzen I *v/t* **1.** ⚗ decompose. **2.** *fig.* (*Moral, Ordnung etc*) corrupt, undermine. **II** *v/reflex* **sich ~ 3.** *bsd.* ⚗ decay, decompose, (*sich auflösen*) disintegrate.
zersetzend *adj fig.* subversive.
Zersetzung *f* **1.** decay, *bsd.* ⚗ decomposition, disintegration. **2.** *fig.* corruption, *pol.* subversion.
zersiedeln *v/t* spoil (by uncontrolled development).
Zersied(e)lung *f* urban sprawl.
zerspanen *v/t tech.* machine.
zersplittern I *v/t* (*Glas*) shatter, *a. fig.* split (up), splinter: ***s-e Kräfte ~*** → III a. **II** *v/i* shatter, *a. fig.* splinter. **III** *v/reflex* ***sich ~*** *fig.* a) dissipate one's energies, b) do too many things at once.
zersprengen *v/t* blow up, blast, burst.
zerspringen *v/i* shatter, *Saite*: break.
zerstampfen *v/t* **1.** crush, *im Mörser*: pound. **2.** (*zertreten*) trample (down).
zerstäuben *v/t* **1.** (*Flüssigkeit*) spray, atomize. **2.** (*Pulver*) dust, sprinkle.
Zerstäuber *m* atomizer, sprayer.
zerstechen *v/t* **1.** ***j-n ~*** *Insekten*: bite s.o. all over. **2.** puncture, pierce: ***sich die Finger ~*** prick one's fingers.
zerstörbar *adj* destructible.
zerstören *v/t a. fig.* destroy, (*a. Gesundheit etc*) ruin, (*a. Ehe*) wreck: ***j-s Hoffnungen ~*** shatter s.o.'s hopes.
Zerstörer *m a. mil.* destroyer.
zerstörerisch *adj* destructive.
Zerstörung *f* **1.** destruction (*a. fig.*), devastation. **2.** *pl* ravages *pl.*
Zerstörungs|trieb *m psych.* destruction instinct. **~werk** *n* work of destruction. **~wut** *f* destructive frenzy, vandalism.
zerstoßen → ***zerstampfen*** 1.
zerstreuen I *v/t* **1.** *allg.* disperse, scatter, (*Licht*) *a.* diffuse, (*Menschenmenge*) *a.* break up. **2.** *fig.* (*Bedenken etc*) dispel, dissipate. **3.** *fig.* ***j-n ~*** amuse s.o. **II** *v/reflex* ***sich ~*** **4.** → 1. **5.** amuse o.s.
zerstreut *adj fig.* absent-minded.
Zerstreutheit *f fig.* absent-mindedness.
Zerstreuung *f* **1.** *e-r Menge etc*: dispersion, scattering, *des Lichts*: *a.* diffusion. **2.** *fig. e-s Verdachts etc*: dissipation. **3.** *fig.* (*Ablenkung*) (***zur ~*** as a) diversion. **4.** → ***Zerstreutheit.***
zerstückeln *v/t* cut *s.th.* up, (*Leiche*) dismember. **Zerstück(e)lung** *f* cutting up, dismemberment.
zerteilen *v/t* **1.** (*a.* ***sich ~***) divide (*od.* split) (***in*** *acc* into). **2.** → ***zerlegen*** 2. **3.** (*a.* ***sich ~***) (*Nebel, Wolken etc*) disperse, break up. **4.** ⚕ (*e-n Tumor*) resolve.
Zertifikat *n* certificate.
zertrampeln *v/t* trample under foot.
zertrennen *v/t* **1.** take *s.th.* apart, separate, sever. **2.** (*Naht*) undo.
zertreten *v/t* crush (*a. fig.*), (*Feuer, Kippe etc*) stamp out.
zertrümmern *v/t* demolish, wreck, smash, ⚕ (*Stein etc*) crush.
Zertrümmerung *f* demolition, smashing, ⚕ crushing.
Zervelatwurst *f* saveloy.
zerwühlen *v/t* (*Boden*) root up, churn up, (*Haar*) dishevel, (*a. Bett*) rumple.
Zerwürfnis *n* quarrel, (*Bruch*) split, rupture.
zerzausen *v/t* ruffle, (*Haar*) tousle, rumple, dishevel: ***zerzaust aussehen*** look dishevel(l)ed (*od.* untidy).
Zeter: F ***~ und Mord(io) schreien*** cry blue murder.
zetern *v/i* F (*jammern*) wail, (*schimpfen*) (put up a) squawk, (*keifen*) nag.
Zettel *m* slip (of paper), (*kurze Mitteilung*) note, (*Klebe-, Anhängezettel*) label, *Am.* sticker, (*Handzettel*) leaflet, (*Karteizettel*) card. **~box** *f* note box. **~kartei** *f* card index. **~kasten** *m* card index (box). **~katalog** *m* card catalog(ue *Br.*).
Zeug *n* **1.** (*Sachen*) things *pl*, (*Handwerkszeug*) tools *pl*, *zum Essen, Trinken etc*: stuff, *contp.* (*Plunder, Quatsch*) rubbish: ***dummes ~ reden*** talk nonsense, drivel. **2.** (*Stoff*) fabric, stuff: *fig.* ***er hat das ~ zum Arzt*** he has the makings of a doctor; ***sie hat das ~ dazu*** she's got what it takes; F ***was das ~ hält*** like mad; ***sich ins ~ legen*** put one's back into it, go all out (***für*** for); ***j-m am ~ flicken*** find fault with s.o.
Zeuge *m* witness (***der Anklage*** for the prosecution): ***vor ~n*** in the presence of witnesses; *fig.* ***~n der Vergangenheit*** relics of the past.
zeugen¹ *v/t* **1.** *biol.* procreate, (*Kind*) father. **2.** *fig.* generate, create, produce.
zeugen² *v/i* ⚖ give evidence: *fig.* ***~ von*** bespeak, be a sign of, show.
Zeugen|aussage *f* testimony, evidence, *zu Protokoll gegebene, eidliche*: deposition. **~bank** *f* witness box (*Am.* stand). **~geld** *n* witness expenses *pl.* **~vernehmung** *f* hearing of witnesses.
Zeugin *f* (female) witness.
Zeugnis *n* **1.** *ped.* report (card), (*Prüfungszeugnis*) certificate, diploma: ***er hat ein gutes ~*** he was given a good report. **2.** (*Führungszeugnis*) reference, (*~papiere*) credentials *pl*: ***sie hat gute ~se*** she has good references; ***j-m ein gutes ~ ausstellen*** *a. fig.* give s.o. a good character. **3.** (*Bescheinigung*) certificate. **4.** ⚖ *u. fig.* testimony (*gen* to), (*Beweis*) evidence: **zum ~**

(*gen*) in witness of; *fig*. ~ **ablegen** (*od*. **geben**) bear witness (**für** to, **von** of). **~abschrift** *f* reference copy (*od*. duplicate). **~konferenz** *f* *ped*. reports conference. **~verweigerungsrecht** *n* ⚖ right to refuse to give evidence.

Zeugung *f* *biol*. procreation.

Zeugungsakt *m* progenitive act.

zeugungsfähig *adj* fertile, *weitS*. potent. **Zeugungsfähigkeit** *f* fertility, procreative capacity, (*Potenz*) potency.

zeugungsunfähig *adj* impotent, sterile.

Zeugungsunfähigkeit *f* impotence, sterility.

ZH ***Zentralheizung*** central heating (centr. heat., cen. heat.).

z. H(d). ***zu Händen*** attention (attn); care of (c/o).

Zichorie *f* ♀ chicory.

Zicke *f* → **Ziege. Zicken** *pl* F (**mach k-e** ~ none of your) silly tricks *pl*.

zickig *adj* F bitchy.

Zicklein *n* *zo*. kid.

Zickzack *m* (*a*. **im** ~ **gehen** *od*. **fahren**) zigzag.

Ziege *f* **1.** *zo*. (she-)goat. **2.** F *fig*. (**dumme** *od*. **blöde** ~ silly) bitch.

Ziegel *m* brick, (*Dachziegel*) tile.

Ziegeldach *n* tiled roof.

Ziegelei *f* brickworks *pl* (*oft sg konstr*.).

ziegelrot *adj* brick-red.

Ziegelstein *m* brick.

Ziegen|bock *m* he-goat. **~fell** *n* goatskin. **~käse** *m* goat's cheese. **~leder** *n* goatskin, kid (leather). **~milch** *f* goat's milk.

Ziegenpeter *m* F ⚕ mumps *sg*.

ziehen I *v/t* **1.** draw, pull, (*zerren*) drag, tug, (*schleppen*) haul: ***j-n mit sich*** ~ drag s.o. with one; ***j-n am Ärmel*** (***Ohr***) ~ pull s.o. by the sleeve (ear); ***j-n an den Haaren*** ~ pull s.o.'s hair; ***Zigaretten aus e-m Automaten*** ~ get some cigarettes from a machine; ***sie zog den Ring vom Finger*** she pulled the ring off (her finger); *mot*. ***er zog den Wagen nach links*** he pulled the car to the left; ***j-n an sich*** ~ draw s.o. close (to one); ***die Aufmerksamkeit*** (***alle Blicke***) ***auf sich*** ~ attract attention (every eye); ***Blasen*** ~ blister; ***auf Flaschen*** ~ bottle; ***den Hut*** ~ *a. fig*. take off one's hat (***vor j-m*** to s.o.); ***Perlen auf e-e Schnur*** ~ thread beads; → **Betracht, Bilanz, Erwägung, Fell** 2, **Länge** 1 *etc*. **2. *nach sich*** ~ have (*consequences etc*), (*Kosten etc*) involve, entail. **3.** (*heraus~*) draw, pull, (*Zahn*) *a*. extract, ⚕ (*Fäden*) take out, remove: ***er zog s-e Brieftasche*** he took out his wallet; ***er zog die Pistole*** he drew his pistol; ***j-n aus dem Wasser*** ~ pull s.o. from the water; → ***Affäre, Gewinn*** 1, **Los** 1, **Nutzen, Wurzel** 1, **Zahn** 1. **4.** (*Linie, Kreis etc*) draw: → **Parallele, Schlussstrich. 5.** *tech*. draw, (*recken*) stretch, (*Gewehrlauf*) rifle, (*Graben etc*) cut, run, dig, (*Mauer, Zaun etc*) build, erect, (*e-e Leine, Leitung etc*) put up: → **Leine. 6.** (*züchten*) ♀ cultivate, *zo*. rear, breed. **II** *v/i* **7.** ~ **an** (*dat*) pull at, *heftig*: tug at, *e-r Zigarette etc*: F (have a) drag at; ***der Hund zog an der Leine*** the dog strained at its leash; F ***lass mich mal*** ~! give me a drag! **8.** *Ofen, Pfeife etc, a. Kaffee, Tee*: draw: ***den Tee drei Minuten*** ~ ***lassen*** *a*. let the tea stand for three minutes. **9.** (*sich bewegen*) move, *Wolken etc*: drift, (*gehen*) go, (*herum~*) wander, rove, (*marschieren*) march, *Zugvögel*: fly, migrate: ***s-s Weges*** ~ go one's way; ***in den Krieg*** ~ go to war; → **Feld. 10.** (*um~*) (re)move: ***aufs Land*** ~ move to the country; ***zu j-m*** ~ move in with s.o. **11.** (*schmerzen*) hurt, ache: **~*der Schmerz*** twinge. **12.** F *fig. Ausrede etc*: work, *Reklame etc*: pull, (*ankommen*) go down (well): ***das zieht*** (***bei ihm***) ***nicht!*** that won't work (with him)!; ***das zieht immer!*** that sort of thing always goes down well (***bei*** with); ***das zog!*** that did the trick! **13.** *Schach*: move: ***wer zieht?*** whose move is it?; ***mit dem König*** ~ move the king (***auf*** *acc* to). **14.** *zum Schießen*: draw (one's pistol), pull a gun. **15.** *Sport u. fig*. set the pace. **III** *v/reflex* **sich** ~ **16.** (*a*. ***sich*** ~ ***lassen***) stretch: → **Länge** 1. **17.** → ***verziehen*** 5. **18.** (*sich erstrecken*) stretch, extend, (*verlaufen*) run (*a. Motiv etc*, ***durch*** through): F ***der Weg zieht sich*** the way seems endless. **IV** *v/impers* **19. *es zieht*** there is a draught (*Am*. draft). **20. *es zieht j-n zu*** s.o. feels attracted (*od*. drawn) to; ***es zog ihn nach Hause*** he felt an urge to return home.

Ziehen *n* (*Schmerz*) twinge, ache.

Ziehharmonika *f* ♪ accordion.

Ziehung *f* *allg*. drawing, *von Los a*.: draw.

Ziel *n* **1.** (*Reiseziel etc*) destination. **2.** *Sport*: finish(ing line): ***als Sieger*** (***Zweiter***) ***durchs*** ~ ***gehen*** finish first (second); ***sich ins*** ~ ***werfen*** lunge into the tape. **3.** *bsd. mil*. mark, aim, (*a*. ~*scheibe*) target, *taktisches*: objective: ***das*** ~ ***verfehlen*** miss; ***über das*** ~ ***hinausschießen*** *a. fig*. overshoot the mark. **4.** *fig., a. econ*. aim, goal, end, objective, target (*a. econ*.): ***sein*** ~ ***erreichen*** reach one's goal, F get there; (***nicht***) ***zum*** ~ ***führen*** succeed (fail); ***sich das*** ~ ***setzen zu*** *inf* aim to *inf*, aim at *ger*, make it one's objective to *inf*; F ***auf sein*** ~ ***zusteuern*** head straight for one's goal; ***sein*** ~ ***aus dem Auge verlieren*** (***im Auge behalten***) lose (keep) sight of one's goal; ***das*** ~

nicht erreichen *econ.* underperform; ***das ~ verfehlen*** *econ.* fall short of target.
Ziel|anflug *m* approach run. **~band** *n Sport*: tape.
zielbewusst → ***zielstrebig.***
Zieleinkaufspreis *m* target-purchase price.
Zieleinlauf *m Sport*: finish.
zielen *v/i* (***auf*** *acc* at) (take) aim, level, *fig. Kritik etc*: be aimed: → ***gezielt.***
Ziel|fernrohr *n* telescopic sight. **~flug** *m* homing. **~foto** *n Sport*: photo of the finish. **~gerade** *f Sport*: home stretch.
zielgerichtet *adj* goal-directed.
Zielgruppe *f* target group, focus group.
zielgruppenorientiert *adj* target-group oriented.
Zielgruppenuntersuchung *f* target (*od.* focus) group survey.
Zielkamera *f Sport*: photo-finish camera.
Zielkauf *m* credit purchase.
Ziel|kurve *f Sport*: home bend. **~linie** *f Sport*: finishing line.
ziellos *adj* aimless.
Ziel|richter(in) *Sport*: judge (at the finish). **~scheibe** *f* target, *fig. a.* butt: ***~ des Spottes*** laughing-stock.
Zielsetzung *f* objective, target.
zielsicher *adj* unerring: *adv* ***~ zugehen auf*** (*acc*) make straight for.
Zielsprache *f* target language.
zielstrebig *adj* purposeful, single-minded, determined. **Zielstrebigkeit** *f* determination, single-mindedness.
Zielvorstellung *f* objective.
ziemlich I *adj* **1.** F considerable, quite a: ***er wird mit ~er Sicherheit kommen*** he's fairly certain to come; ***das ist e-e ~e Frechheit*** that's rather a cheek. **II** *adv* **2.** rather, quite: ***~ gut*** F pretty good; ***~ ausführlich*** in some detail; ***~ viel*** quite a lot (of); ***~ viele*** quite a few; ***ich bin ~ sicher*** F I'm pretty sure. **3.** (*fast*) almost, just about, F pretty well: ***ich bin so ~ fertig*** I've more or less finished; ***so ~ alles*** practically everything; ***es ist so ~ dasselbe*** F it's pretty much the same thing.
Zierde *f* **1.** (***zur ~*** for) decoration. **2.** *fig.* credit (*gen od.* ***für*** to).
zieren I *v/t* adorn, decorate. **II** *v/reflex* ***sich ~*** make a fuss, *bsd. Frau*: play coy: ***er zierte sich nicht lange*** he didn't need much pressing; ***komm, zier dich nicht!*** come on!
Zierfisch *m* ornamental fish.
Ziergarten *m* ornamental garden.
Zierleiste *f* border (*a. print.*), ornamental mo(u)lding, *mot.* trim.
zierlich *adj* (*zart*) delicate, dainty, (*graziös*) graceful, gracile, *Frau*: *a.* petite.
Zierlichkeit *f* delicateness, daintiness.
Zierpflanze *f* ornamental plant.
Ziffer *f* **1.** figure, number, (*Stelle*) digit: ***in ~n*** in figures. **2.** *bei Illustrationen*: figure (*abbr.* Fig.). **3.** ⚖ subparagraph, *in e-m Vertrag etc*: item.
Zifferblatt *n* dial, face.
zig *adj* F umpteen.
Zigarette *f* cigarette, *Am. a.* cigaret.
Zigaretten|anzünder *m mot.* cigarette lighter. **~automat** *m* cigarette machine. **~etui** *n* cigarette case. **~marke** *f* brand of cigarettes. **~packung** *f* cigarette packet (*Am.* pack). **~pause** *f* F (***e-e ~ machen*** have a) smoke. **~raucher(in)** cigarette smoker. **~schachtel** *f* cigarette packet (*Am.* pack). **~spitze** *f* cigarette holder. **~stummel** *m* cigarette end, stub, butt.
Zigarillo *m* cigarillo.
Zigarre *f* cigar: F *fig.* ***j-m e-e ~ verpassen*** give s.o. a rocket.
Zigarren|abschneider *m* cigar cutter. **~raucher(in)** cigar smoker. **~stummel** *m* cigar end, butt.
Zigeuner(in) *a. fig.* gypsy, *Br. a.* gipsy.
zigeunerhaft *adj* gypsy-like.
Zigeunerleben *n fig.* gypsy life.
zigeunern *v/i* gad about.
zigst *adj* F umpteenth.
Zikade *f zo.* cicada.
Zimmer *n* room. **~antenne** *f* indoor aerial (*Am.* antenna). **~buchung** *f* room booking. **~einrichtung** *f* furnishing, (*Möbel*) furniture, (*Innenausstattung*) interior (decoration). **~flucht** *f* suite of rooms.
Zimmerhandwerk *n* carpentry.
...zimm(e)rig ...-roomed.
Zimmer|kellner(in) room waiter (waitress). **~lautstärke** *f* household noise level: ***das Radio auf ~ stellen*** turn one's radio down to moderate volume. **~mädchen** *n im Hotel*: chambermaid.
Zimmermann *m* carpenter.
zimmern *v/t* carpenter (*a. v/i*), *weitS.* build (*od.* make) (of wood), *fig.* shape.
Zimmer|nachweis *m* accommodation office. **~pflanze** *f* indoor plant. **~reservierung** *f* room reservation(s *pl*). **~schlüssel** *m* room key. **~service** *m im Hotel*: room service. **~suche** *f* (***auf ~ sein*** be) room-hunting. **~temperatur** *f* room temperature. **~theater** *n* small theat/re (*Am.* -er). **~vermittlung** *f* → ***Zimmernachweis.***
zimperlich *adj* (*wehleidig*) soft, oversensitive, (*überempfindlich*) squeamish, (*prüde*) prim, prissy: ***sei nicht so ~!*** don't be a softie!; *adv* F ***nicht gerade ~, wenig ~*** none too gently, *in s-n Methoden*: not exactly scrupulous.
Zimperlichkeit *f* softness, oversensitiveness.

Zimt *m* **1.** cinnamon. **2.** F *contp.* (**rede nicht solchen ~** don't talk) rubbish: **der ganze ~** the whole business.
Zink *n* zinc. **~blech** *n* sheet zinc, *grobes*: zinc plate.
Zinke *f* prong, *e-s Kammes*: tooth.
zinken *v/t* (*Karten*) mark. **Zinken** *m* **1.** → **Zinke. 2.** F (*Nase*) beak, nozzle.
Zinksalbe *f* zinc ointment.
Zinn *n* tin, (*Legierung, Geschirr*) pewter.
Zinne *f* ⚠ pinnacle, *pl* battlement *sg.*
Zinngeschirr *n* pewter.
Zinnober *m* **1.** *min.* cinnabar. **2.** F (*Unsinn*) rubbish, (*Getue*) fuss.
zinnoberrot *adj* vermilion.
Zinnsoldat *m* tin soldier.
Zins[1] *m mst pl* interest: **~en abwerfen** *od.* **tragen** bear interest; **~ berechnen** charge interest; **ohne ~en** ex interest; **zu 4 % ~en** at 4 % interest; → **Zinseszins.**
Zins[2] *m dial.* (*Miete*) rent.
Zins|angabe *f* indication of interest. **~anpassung** *f* interest rate adjustment. **~belastung** *f* interest load. **~berechnung** *f* calculation of interest.
zinsbringend *adj* interest-bearing.
Zins|einkünfte *pl*, **~einnahme** *f* income from interest.
Zinsen *pl.* → **Zins; ~dienst** *m* interest payment. **~last** *f* burden of interest.
Zins|erhöhung *f* increase in interest rates. **~ertrag** *m* interest yield.
Zinseszins *m mst pl* compound interest: *fig.* **j-m et. mit Zins und ~ zurückzahlen** repay s.th. to s.o. with interest.
Zinsfuß *m* interest rate.
zinsgebunden *adj* **~er Kredit** fixed-rate loan.
Zinsgefälle *n* interest rate differential.
zinsgünstig *adj Darlehen etc*: low-interest.
Zins|gutschrift *f* interest credited. **~kupon** *m* interest coupon. **~last** *f* interest burden.
zinslos *adj* interest-free: **~er Überziehungskredit** swing loan.
Zins|niveau *n* level of interest rates. **~politik** *f* interest rate policy. **~rechnung** *f* calculation of interest, *konkret*: interest account. **~satz** *m* interest rate. **~schwankungen** *pl* fluctuations *pl* in the interest rate. **~senkung** *f* lowering of interest rates. **~verlust** *m* loss of interest.
Zionismus *m* Zionism.
Zionist(in), zionistisch *adj* Zionist.
Zipfel *m* tip, point, (*Wurstzipfel*) end, (*Ecke*) corner. **~mütze** *f* pointed cap.
Zirbeldrüse *f anat.* pineal gland.
zirka *adv* about, approximately.
Zirkapreis *m econ.* approximate price.
Zirkel *m* **1.** (**ein ~** a pair of) compasses *pl*, (*Stechzirkel*) dividers *pl.* **2.** (*Kreis*) *a. fig.* circle. **~kasten** *m* compasses case.
Zirkelschluss *m philos.* circular argument (*od.* reasoning).
Zirkeltraining *n Sport*: circuit training.
Zirkulation *f* circulation. **zirkulieren** *v/i* (*a.* **~ lassen**) circulate.
Zirkumflex *m ling.* circumflex (accent).
Zirkus *m* **1.** circus (*a.* F *beim Profitennis etc*). **2.** F (*Getue*) fuss, carry-on.
zirpen *v/t u. v/i* chirp (*a. fig.*).
Zirpen *n* chirp(ing).
Zirrhose *f* ⚕ cirrhosis.
Zirrus(wolke *f*) *m* cirrus (cloud).
zischeln *v/t u. v/i* hiss, whisper.
Zischeln *n* hiss(ing), whisper(ing).
zischen I *v/i* **1.** hiss (*a. fig.*), *Fett*: sizzle, *Geschoss*: whiz(z). **II** *v/t* **2.** (*Worte etc*) hiss. **3.** F **e-n ~** knock one back.
Zischen *n* hiss(ing), sizzle, (*Missfallensäußerung*) hisses *pl.* **~laut** *m* sibilant.
ziselieren *v/t* chase.
Zisterne *f* cistern, tank.
Zitadelle *f* citadel.
Zitat *n* quotation.
Zither *f* ♪ zither.
zitieren *v/t* **1.** cite, quote: **falsch ~** misquote. **2.** (*vorladen*) summon, cite.
Zitronat *n* candied lemon peel.
Zitrone *f* lemon.
Zitronenfalter *m zo.* brimstone.
Zitronen|limonade *f* lemonade, *Am.* lemon soda. **~presse** *f* lemon squeezer. **~saft** *m* lemon juice. **~säure** *f* citric acid. **~schale** *f* lemon peel.
Zitrusfrucht *f* citrus fruit.
zitt(e)rig *adj allg.* shaky.
zittern *v/i* (**vor** with) tremble, shake, quiver: **mir ~ die Knie** my knees are shaking; *fig.* **~ um** tremble for; **vor j-m ~** be terrified of s.o.
Zittern *n* tremble, shake, vibration: *fig.* **mit ~ und Zagen** trembling; F **das große ~ kriegen** get the willies.
Zitterpappel *f* ♣ (quaking) aspen.
Zitze *f* teat, dug.
Zivi *m* F → **Zivildienstleistende.**
zivil *adj* **1.** civil, (*Ggs. militärisch*) civilian. **2.** *fig.* (*anständig*) decent, (*annehmbar*) reasonable.
Zivil *n* (*Ggs. Uniform*) civilian dress, *Polizei etc*: plain clothes *pl*: **in ~** F *a.* in mufti; **Kriminalbeamter in ~** plain-clothes man. **~beruf** *m* civilian profession (*od.* trade). **~bevölkerung** *f* civilian population, *the* civilians *pl.* **~courage** *f* courage of one's convictions.
Zivildienst *m* civilian service (*in lieu of military service*). **~leistende** *m* person doing civilian service.

Zivil|ehe *f* civil marriage. **~fahnder(in)** plain-clothes policeman. **~fahndung** *f* plain-clothes search. **~gericht** *n* civil court.
Zivilisation *f* civilization.
Zivilisationskrankheit *f* civilization disease.
zivilisieren *v/t* civilize.
Zivilist(in) civilian.
Zivil|kammer *f* ⚖ civil division. **~klage** *f* ⚖ civil suit. **~kleidung** *f* → ***Zivil.*** **~luftfahrt** *f* civil aviation. **~person** *f* civilian.
Zivilprozess *m* ⚖ civil action. **~ordnung** *f* code of civil procedure.
Zivilrecht *n* civil law.
zivilrechtlich *adj* (*adv* under) civil law.
Zivil|schutz *m* civil defen/ce (*Am.* -se). **~stand** *m Swiss* civil (*od.* marital) status. **~trauung** *f* civil marriage. **~verteidigung** *f* → ***Zivilschutz.***
ZK *pol.* ***Zentralkomitee*** central committee.
Zl ***Zloty*** zloty, *pl* zloty(s) (Zl).
Zlg. ***Zahlung*** payment.
Zloty *m* (*poln. Währungseinheit*) zloty.
ZOB ***zentraler Omnibusbahnhof*** bus (*od.* coach) station.
Zobel *m* **1.** *zo.* sable. **2.** *a.* **~fell** *n* sable-skin. **3.** *a.* **~pelz** sable (fur).
zocken *v/i* F gamble.
Zocker(in) F gambler.
Zoff *m* F trouble.
zögerlich *adj* → ***zögernd.***
zögern *v/i* hesitate, (*schwanken*) waver: ***ohne (lange) zu ~*** without (much) hesitation; ***er zögerte mit der Antwort*** he was slow to answer; ***sie zögerten mit der Entscheidung*** they deferred their decision; ***nicht ~ zu*** *inf* lose no time in *ger*.
Zögern *n* (***ohne ~*** without) hesitation.
zögernd *adj* hesitating, (*langsam*) slow.
Zögling *m* pupil.
Zölibat *n*, *eccl. m* celibacy.
Zoll[1] *m* (*Maß*) inch.
Zoll[2] *m* **1.** (customs) duty. **2.** (*~behörde*) customs *sg*. **~abfertigung** *f* customs clearance. **~abkommen** *n* customs (*od.* tariff) agreement.
Zollamt *n* customs office.
zollamtlich *adj* ***~e Abfertigung*** customs clearance; ***~e Freigabe der Fracht*** customs cargo clearance; ***~ abfertigen*** clear through customs; ***~ deklarieren*** declare.
Zoll|beamte *m*, **~beamtin** *f* customs officer. **~behörde** *f* customs authorities *pl*. **~bestimmungen** *pl* customs regulations *pl*.
Zollbreit *m fig.* ***k-n ~ nachgeben*** not to yield an inch.
Zolleinnahmen *pl* customs revenue *sg*.
zollen *v/t* ***Anerkennung ~*** pay tribute (*dat* to); ***j-m Beifall ~*** applaud s.o.
Zoll|erklärung *f* customs declaration. **~fahnder(in)** customs investigator. **~fahndung** *f* **1.** customs investigation. **2.** → **~fahndungsstelle** *f* customs-investigation office. **~formalitäten** *pl* customs formalities *pl*.
zollfrei *adj u. adv* duty-free.
Zoll|freiheit *f* exemption from duty. **~gebiet** *n* customs territory. **~gebühren** *pl* customs duties *pl*. **~grenze** *f* customs frontier. **~inhaltserklärung** *f* customs declaration. **~kontrolle** *f* customs examination.
Zöllner(in) **1.** customs officer. **2.** *Bibl.* publican.
Zollpapiere *pl* customs documents *pl*.
zollpflichtig *adj* liable to duty, dutiable.
Zollschranke *f* customs barrier.
Zollstock *m tech.* folding rule.
Zoll|tarif *m* (customs) tariff. **~union** *f* customs union. **~vergehen** *n* customs offen/ce (*Am.* -se). **~vorschriften** *pl* customs regulations *pl*. **~wert** *m* dutiable (*od.* customs) value.
Zombie *m* zombie.
Zone *f* **1.** zone. **2.** *im Nahverkehr*: fare stage.
Zoo *m* F zoo.
Zoobesucher(in) F visitor to the zoo.
Zoodirektor(in) F zoo director.
Zoologe *m*, **Zoologin** *f* zoologist. **Zoologie** *f* zoology. **zoologisch** *adj* zoologic(al): ***~er Garten*** zoological garden(s *pl*).
Zoom(objektiv *n*) *m phot.* zoom lens.
Zopf *m* **1.** plait, pigtail: F *fig.* ***ein alter ~*** an antiquated custom. **2.** *gastr.* twist.
Zorn *m* anger (***auf*** *acc* at), rage, temper, fury: ***in ~ geraten*** fly into a rage; ***(der) ~ packte ihn*** he was seized with anger.
Zornausbruch *m* fit of anger.
zornentbrannt *adj* incensed, furious.
zornig *adj* (***auf, über*** *acc* at) angry, furious, F mad; → *a.* ***wütend.***
Zornröte *f* flush of anger.
Zote *f* dirty joke: ***~n reißen*** talk smut.
Zottel *f* F *mst pl* **1.** → ***Zotte.*** **2.** straggly hair.
zott(e)lig *adj* F *Haar*: straggly, unkempt.
zottig *adj* shaggy.
ZPO ***Zivilprozessordnung*** code of civil procedure.
z. T. ***zum Teil*** partly, partially (part.).
Ztr. ***Zentner*** (*metric*) hundredweight(s *pl*) (cwt).
zu I *prep* **1.** (*wo*) at, (*wohin*) to, towards: ***~ m-n Füßen*** at my feet; ***~m Friseur gehen*** go to the hairdresser; ***komm ~ mir!*** come to me!; ***sich ~ j-m setzen*** sit with s.o.; ***~ Wasser und ~ Lande*** on land and sea; *fig.* ***von Mann ~ Mann*** between men. **2.** *zeitlich*: at, *Anlass*: for: ***~ Ostern*** at Easter; ***~ Beginn*** at the beginning; ***ein Geschenk ~m Geburts-***

Z

tag a present for his *etc* birthday; → ***bis*** 1. **3.** (*für*) for: ***Stoff ~m Kleid*** material for a dress; ***et. ~m Essen*** s.th. to eat; ***der Schlüssel ~m Schrank*** the key to the cupboard; ***~m Preis von 100 Mark*** at a price of 100 marks; ***aus Liebe ~ j-m*** out of love for s.o. **4.** (*als*) as: ***~m Vergnügen*** for fun; ***j-n ~m Freund haben*** have s.o. as a friend; ***j-n ~m Präsidenten wählen*** elect s.o. president. **5.** (*zs. mit*) with: ***~m Essen Wein trinken*** drink wine with one's dinner; ***ich nehme k-n Zucker ~m Tee*** I don't take sugar with (*od.* in) my tea; ***Lieder ~r Laute*** songs to the lute. **6.** *bei Zahlen*: ***~ 3 DM das Pfund*** at three marks the pound; ***sie gewannen 7:5*** they won 7 (to) 5; ***wir sind ~ dritt*** there are three of us; ***~m ersten Mal*** for the first time; → ***bis*** 3. **7.** *Veränderung*: in(to): ***werden ~*** turn into, *Mensch*: *a.* become; ***~ Asche verbrennen*** burn to ashes; ***er hat ihn sich ~m Feind gemacht*** he made him his enemy. **II** *adv* **8.** (*allzu*) too: ***~ sehr*** too much, overmuch; ***~ sehr betonen*** overemphasize; ***~ viel*** too much; ***eine(r) ~ viel*** one too many; ***viel ~ viel*** far too much; ***~ viel des Guten*** too much of a good thing; ***was ~ viel ist, ist ~ viel!*** there's a limit to everything!; ***~ wenig*** too little, *vor pl* too few; ***das ist ~ wenig*** that's not enough; ***du schläfst ~ wenig*** you don't get enough sleep; ***~ dumm!*** too bad!, what a nuisance! **9.** *Richtung*: to, towards: ***er ging dem Ausgang ~*** he went towards the exit. **10.** (*Ggs. offen*) shut, closed: (***mach die***) ***Tür ~!*** shut the door! **11.** F ***immer ~!, nur ~!*** go on!; → ***zumachen*** 3. **III** *conj* **12.** *mit inf* to: ***j-n bitten ~ kommen*** ask s.o. to come; ***ich habe ~ arbeiten*** I have work to do; ***du bist ~ beneiden*** you are to be envied; ***nicht ~ gebrauchen*** useless; ***ohne es ~ wissen*** unknowingly. **IV** *adj* **13.** F a) closed, shut: ***~ sein*** be closed, b) (*überfüllt*) chock-a-block, c) *fig.* (*betrunken*) bombed.

zualler|erst *adv* first of all. **~letzt** *adv* last of all.

zubauen *v/t* (*Gelände*) build *s.th.* up, (*versperren*, *a. Blick*) block.

Zubehör *n* accessories *pl*: *Wohnung etc* ***mit allem ~*** with all conveniences. **~teil** *n* fitting, accessory.

zubeißen *v/i* bite, *Hund*: snap.

zubekommen *v/t* F ***et. ~*** get s.th. shut.

Zuber *m* tub.

zubereiten *v/t allg.* prepare, make.

Zubereitung *f* preparation.

zubilligen *v/t* grant, concede, *a.* ⚖ allow (*alle*: ***j-m et.*** s.o. s.th.), (*zusprechen*) award (*dat* to).

zubinden *v/t* tie (*od.* bind) *s.th.* up.

zubleiben *v/i* F stay closed, stay shut.

zublinzeln *v/t* ***j-m ~*** wink at s.o.

zubringen *v/t* (*Zeit*) spend, pass.

Zubringer *m* → ***Zubringerbus, -dienst, -linie, -straße.*** **~bus** *m* feeder bus. **~dienst** *m* feeder service. **~linie** *f allg.* feeder line. **~straße** *f* feeder (road).

Zucchini *f* courgette, *Am.* zucchini.

Zucht *f* **1.** breeding, rearing, raising, *von Pflanzen*: cultivation, growing, *von Bienen, Bakterien etc*: culture. **2.** (*Rasse*) breed. **3.** (*a.* ***~ und Ordnung***) discipline. **~buch** *n* studbook. **~bulle** *m* breeding bull.

züchten *v/t allg.* breed (*a. fig.*), (*Tiere*) *a.* rear, raise, (*Pflanzen*) *a.* cultivate, grow, (*Bakterien, Perlen etc*) culture.

Züchter(in) *allg.* breeder, *von Pflanzen*: *a.* grower.

Züchterverband *m* breeders' association.

Zuchthaus *n obs.* prison; → *a.* ***Gefängnis.***

Zuchthengst *m* stud horse, stallion.

züchtig *adj* virtuous, (*keusch*) chaste.

züchtigen *v/t* punish, flog. **Züchtigung** *f* (***körperliche ~*** corporal) punishment.

zuchtlos *adj* undisciplined, disorderly.

Zucht|perle *f* culture(d) pearl. **~stier** *m* breeding bull. **~stute** *f* stock mare. **~tier** *n* breeding animal: **~e** *pl a.* breeding stock *sg.*

Züchtung *f* → ***Zucht*** 1, 2.

Zuchtvieh *n* breeding cattle.

Zuchtwahl *f biol.* selection.

zucken *v/i* **1.** jerk, twitch, move convulsively, *vor Schmerz*: wince: → ***Achsel, Schulter, Wimper.*** **2.** *Blitz etc*: flash, *Flammen*: flicker.

zücken *v/t* (*Messer etc*) draw, F (*Börse, Brieftasche etc*) pull out, produce.

Zucker *m* **1.** sugar. **2.** F ⚕ (***er hat ~*** he is suffering from) diabetes. **~brot** *n* F *fig.* ***mit ~ und Peitsche*** with a stick and a carrot. **~dose** *f* sugar bowl. **~erbse** *f* ♀ sugar pea. **~fabrik** *f* sugar factory. **~guss** *m* icing, frosting: ***mit ~ überziehen*** ice, frost. **~hut** *m* sugar loaf.

zuck(e)rig *adj* sugary.

zuckerkrank *adj*, **Zuckerkranke** *m, f* diabetic.

Zuckerkrankheit *f* diabetes.

Zuckerlecken *n* F *fig.* ***das ist kein ~*** that's no picnic.

zuckern *v/t* sugar.

Zucker|rohr *n* sugar cane. **~rübe** *f* sugar beet.

zuckersüß *adj* (as) sweet as sugar, *fig.* honeyed, sugary.

Zuckerwatte *f* candy floss, *Am.* cotton candy. **~zange** *f* sugar tongs *pl.*

Zuckung *f* twitch(ing), jerk, (*Krampf*) convulsion, spasm.

zudecken *v/t* cover (up): ***sich ~*** cover o.s. (up); F *fig.* ***j-n mit Arbeit*** (***Fragen***) ~ swamp s.o. with work (questions).
zudem *adv* besides, moreover.
zudrehen *v/t* **1.** (*Hahn*) turn off. **2. *j-m den Rücken ~*** turn one's back on s.o.
zudringlich *adj* obtrusive, F pushy: *e-r Frau* ***gegenüber ~ werden*** make advances to, F make a pass at.
Zudringlichkeit *f* **1.** obtrusiveness, F pushiness. **2.** *oft pl* advances *pl*, F pass.
zudrücken *v/t* close, (press) shut: → ***Auge*** 1.
zueignen *v/t* (*Buch etc*) dedicate (*dat* to). **Zueignung** *f* dedication.
zueilen *v/i* ~ ***auf*** (*acc*) rush up to.
zueinander *adv* to each other, to one another: ***Vertrauen ~ haben*** trust each other; F ***~ halten*** stick together.
zuerkennen *v/t* (*dat* to) award, adjudge.
zuerst *adv* **1.** first: ***~ muss ich et. essen*** first of all I've got to eat s.th.; ***wer ~ kommt, mahlt ~*** first come, first served. **2.** (*anfangs*) at first, at the beginning. **3.** (*zum ersten Mal*) for the first time, first.
Zufahrt *f* **1.** access. **2.** → **Zufahrtsstraße** *f* access road.
Zufall *m* chance, accident, (*Zs.-treffen*) coincidence: ***durch ~*** by chance; ***reiner ~*** pure chance; ***glücklicher ~*** lucky coincidence, F fluke; ***unglücklicher ~*** bit of bad luck; ***was für ein ~!*** what a coincidence!; ***wie es der ~ wollte*** as luck would have it; ***es ist kein ~, dass*** it's no accident that; ***et. dem ~ überlassen*** leave it to chance.
zufallen *v/i* **1.** *Augen etc*: close, *Tür etc*: slam (shut): ***mir fallen die Augen zu*** I can't keep my eyes open. **2. *j-m ~*** *Erbe etc*: fall to s.o., *Preis etc*: be awarded to s.o., *Aufgabe etc*: be assigned to s.o.; *fig.* ***ihm fällt alles nur so zu*** everything comes quite naturally to him.
zufällig I *adj* accidental, chance: ***~es Zs.-treffen*** chance encounter, *von Umständen*: coincidence; ***jede Ähnlichkeit*** (***mit ...***) ***ist rein ~*** any resemblance (to ...) is purely coincidental. **II** *adv* by chance, accidentally: ***er war ~ zu Hause*** he happened to be at home; ***wir trafen uns ~*** we met by chance, F we bumped into each other; ***~ stoßen auf*** (*acc*) chance (up)on; ***rein ~*** by sheer chance; ***weißt du ~, wo er ist?*** do you know by any chance where he is?
Zufälligkeit *f* **1.** coincidence, accidentalness. **2.** *oft pl* fortuity, contingency.
Zufalls|auswahl *f Statistik*: random selection. **~bekanntschaft** *f* chance acquaintance. **~generator** *m* random generator. **~treffer** *m* lucky (F fluke) hit, *Sport*: (*Tor*) *a.* lucky goal.
zufassen *v/i* **1.** take hold of it, grasp it. **2.** F *fig.* (*helfen*) give a hand, help.
zufliegen *v/i* **1.** F *Tür etc*: slam (shut). **2. *~ auf*** (*acc*) fly toward(s). **3. *j-m ~*** a) *Vogel*: fly into s.o.'s home, b) *fig. Ideen, Kenntnisse etc*: come easily to s.o.
zufließen *v/i a. fig.* flow into.
Zuflucht *f* **1.** refuge, shelter: ***~ suchen*** (***finden***) seek (find) refuge (***bei*** with, *fig.* in). **2.** *fig.* (***m-e letzte ~*** my last) resort: ***s-e ~ nehmen zu*** resort to.
Zufluchtsort *m* place of refuge, retreat.
Zufluss *m* **1.** influx, inflow. **2.** *zum Meer*: inlet, (*Nebenfluss*) tributary.
zuflüstern *v/t* whisper (*dat* to).
zufolge *prep* (*dat*) according to.
zufrieden *adj* (***mit*** with) content(ed), *mit e-r Leistung etc*: satisfied, pleased: ***ein ~es Gesicht machen*** look pleased; ***ein ~es Lächeln*** a contented smile; ***mit wenig ~*** easily satisfied; ***danke, ich bin völlig ~!*** thanks, I'm quite happy!; ***sie ist nie ~*** she is always discontented, there is no pleasing her; *iro.* ***bist du nun ~?*** are you satisfied now?; ***sich ~ geben*** (***mit*** with) be content, content o.s.; ***j-n ~ lassen*** leave s.o. alone (*od.* in peace); ***~ stellen*** satisfy, please; ***sie sind leicht*** (***schwer***) ***~ zu stellen*** they are easy (hard) to please; ***~ stellend*** satisfactory; *adv* ***~ lächeln*** smile contentedly.
Zufriedenheit *f innere*: contentment, (***zu m-r*** *etc* ***~*** to my *etc*) satisfaction.
Zufriedenstellung *f* satisfaction.
zufrieren *v/i* freeze up (*od.* over).
zufügen *v/t* **1.** add (*dat* to). **2. *j-m e-n Schaden ~*** harm s.o.; ***j-m Verluste*** (***e-e Niederlage***) ***~*** inflict losses (defeat) on s.o.; ***j-m*** (***ein***) ***Unrecht ~*** wrong s.o.
Zufuhr *f* supply, *meteor.* influx: ***die ~ abschneiden*** cut off supplies.
zuführen I *v/t* (*dat* to) carry, bring, lead, *tech.* feed, supply: ***dem Körper Nahrung ~*** feed the body; ***e-r Partei neue Mitglieder ~*** bring new members to a party; ***et. seiner eigentlichen Bestimmung ~*** devote s.th. to its proper purpose; ***j-n s-r*** (***gerechten***) ***Strafe ~*** punish s.o. (as he deserves). **II** *v/i* ***~ auf*** (*acc*) *a. fig.* lead to.
Zuführung *f* **1.** *tech.* conveyance, feeding, delivery. **2.** ⚡ lead.
Zug[1] *m* (***mit dem ~ fahren*** go by) train: ***im ~*** on the train; ***wir brachten sie zum ~*** we saw her off at the station; F *fig.* ***im falschen ~ sitzen*** be on the wrong track; ***der ~ ist abgefahren!*** it's too late for that now!
Zug[2] *m* **1.** (*Ziehen*) draw(ing), pull(ing), traction, (*Ruck*) jerk, tug, *tech.* (*Spannung*) tension, (*~kraft*) tensible force. **2.** (*Luftzug etc*) *allg.* draught, *Am.* draft, (*Atemzug*) *a.*

breath, *beim Trinken*: *a.* gulp, F swig, *beim Rauchen*: drag, puff: ***in einem ~*** *a. fig.* in one go; ***in den letzten Zügen liegen*** a) (*sterben*) be breathing one's last, b) *humor. Sache*: be on its last legs; ***et. in vollen Zügen genießen*** enjoy s.th. to the full. **3.** *Schach*: move: ***wer ist am ~?*** who is to move?; ***~ um ~*** step by step, (*sofort*) without delay, *econ.* concurrently; ***er kam nicht zum ~(e)*** he didn't get a look-in. **4.** (*Arm-, Federzug*) stroke, (*Schriftzug*) writing: *fig.* ***in groben Zügen*** in broad outline, roughly. **5.** *allg.* procession (*a. Festzug*), (*Kolonne*) column, *mil. etc* platoon: ***endlose Züge von Flüchtlingen*** an endless procession of refugees. **6.** *der Vögel etc*: passage, migration, *der Wolken etc*: movement, (*Schwarm*) flight. **7.** *fig.* ***im ~e*** (*gen*) in the course of; ***im besten ~e sein*** *Sache*: be well under way, *Person*: be going strong. **8.** F (*Disziplin, Schwung*) ***~ bringen in*** (*acc*) bring *a class, team, etc* up to scratch; ***da ist kein ~ drin*** it's a slow show, they lack the real drive. **9.** *e-r Heizung*: flue, *am Gewehrlauf*: groove, *pl* rifling: → ***Gummizug, Flaschenzug.*** **10.** *ped. neusprachlicher etc*: stream.

Zug³ *m* (*Gesichtszug*) feature, (*Ausdruck*) line, look, (*Wesenszug*) characteristic, trait, *bsd. b.s.* streak, (*Hang*) bent (**zu** for): ***das war kein schöner ~ von ihr*** that wasn't nice of her; *fig.* ***der ~ der Zeit*** the trend of the times.

Zugabe *f* **1.** extra, (*Prämie*) bonus. **2.** addition, *tech.* (*Gewichtszugabe*) makeweight. **3.** *bsd.* ♪ encore.

Zugang *m* **1.** access (*a. fig.*: *zu Informationen etc*), (*Tor*) gate(way) (*a. fig.*), (*Weg*) approach, access road: *fig.* ***ich finde k-n ~ zur modernen Musik*** I'm unable to appreciate modern music. **2.** (*Zuwachs*) increase, *mst pl* (*Neuerwerbung*) accession, *pl* (*Patienten*) admissions *pl*, (*Schüler etc*) intake *sg*.

zugänglich *adj a. fig.* accessible (**für** to), get-at-able, (*verfügbar*) available: ***et.*** (***der Allgemeinheit***) ***~ machen*** open s.th. (to the public); ***~ für*** open to *arguments etc*; ***er war für neue Methoden ~*** he was quite willing to try out new methods; ***sie war k-n Vernunftgründen*** (***Schmeicheleien***) ***~*** she wasn't amenable to reason (flattery); ***allmählich wurde sie ~er*** gradually she unbent.

Zugänglichkeit *f* (**für** to) accessibility, *fig. a.* amenability.

Zugangsstraße *f* access road.

Zugbrücke *f* drawbridge.

zugeben *v/t* **1.** add (*dat* to), *econ.* give as an extra, F throw in, ♪ give *s.th.* as an encore. **2.** *allg.* admit, (*einräumen*) *a.* grant, concede, (*gestehen*) *a.* confess: ***er gab zu, es getan zu haben*** he admitted (*od.* confessed) having done it; ***zugegeben, er hat Recht, aber ...*** I grant you he's right but ... **3.** (*erlauben*) allow.

zugegebenermaßen *adv* admittedly.

zugegen *adj* ***~ sein*** be present (**bei** at).

zugehen I *v/i* **1.** ***~ auf*** (*acc*) go up to, go (*od.* walk) towards, *zielstrebig*: head for; *fig.* ***er geht auf die Achtzig zu*** he's getting on for eighty; ***dem Ende ~*** be drawing to a close; ***man muss auf die Leute ~*** you have to talk to people (openly). **2.** ***j-m ~*** reach s.o.; ***j-m et. ~ lassen*** have s.th. sent to s.o. **3.** F walk faster: ***geh zu!*** get a move on! **4.** F *Tür, Koffer etc*: shut. **5.** → ***zulaufen*** 4. **II** *v/impers* **6. *es geht auf 8 Uhr zu*** it's getting on for eight (o'clock); ***es geht dem Winter zu*** winter is drawing near (*od.* is on its way). **7.** (*sich abspielen*) happen, go: ***wie geht es zu, dass ...?*** how is it that ...?, F how come ...?; ***bei ihnen gehts vielleicht lebhaft*** (***hektisch, wild***) ***zu!*** things are pretty lively (hectic, wild) with them!; → ***Ding*** 2.

zugehörig → ***dazugehörig***: *tech.* ***~e Teile*** accessory parts.

Zugehörigkeit *f* (**zu**) *e-m Verein etc*: membership (in), *e-r Konfession*: affiliation (to, with).

zugeknöpft *adj* F *fig.* reserved, silent.

Zügel *m* rein: *fig.* ***die ~*** (***fest***) ***in der Hand halten*** have things (firmly) under control; ***die ~ lockern*** loosen the reins; *der Fantasie etc* ***die ~ schießen lassen*** give free rein to.

zügellos *adj fig.* unrestrained, (*ausschweifend*) licentious.

Zügellosigkeit *f* lack of restraint, (*Ausschweifung*) licentiousness.

zügeln I *v/t* **1.** rein (up). **2.** *fig.* curb, check, bridle. **II** *v/i* **3.** *schweiz.* move house.

Zugereiste *m, f* newcomer.

Zugeständnis *n* concession (**an** *acc* to).

zugestehen *v/t* **1.** (*dat* to) concede, grant. **2.** (*zugeben*) admit.

zugetan *adj* (*dat*) ***~ sein*** be fond of.

Zugewinn *m* **1.** gain(s *pl*). **2.** increase in the joint property during marriage.

Zugewinngemeinschaft *f* community of accrued gain.

Zugfeder *f tech.* tension spring, *e-r Uhr*: main spring.

Zugfestigkeit *f tech.* tensile strength.

Zugführer(in) 1. 🚂 guard, *Am.* train conductor. **2.** *mil.* platoon leader.

Zugfunk *m* 🚂 train radio.

zugießen *v/t* add.

zugig *adj* draughty, *Am.* drafty.

zügig *adj* quick, speedy: *adv* ***j-n ~ abfertigen***

deal with s.o. briskly; ~ ***vorankommen*** make rapid progress.

Zugkraft *f* **1.** *tech.* tractive (*od.* tensile) force. **2.** *fig.* attraction, appeal, *e-r Person*: magnetism.

zugkräftig *adj fig.* powerful, *Schlagwort etc*: catchy, *Film, Schauspieler etc*: crowd-pulling, *pol. Kandidat etc*: vote-getting: ~ ***sein*** *a.* have appeal.

zugleich *adv* at the same time.

Zugluft *f* draught, *Am.* draft.

Zugmaschine *f mot.* tractor.

Zugmittel *n fig.* draw, attraction.

Zugpersonal *n* 🚆 train staff.

Zugpferd *n fig.* draw, *thea. etc* crowd-puller, *pol. a.* (great) vote-getter.

Zugpflaster *m* ⚕ blistering plaster.

zugreifen *v/i* **1.** → ***zufassen.*** **2.** *auf Daten*: access. **3.** *bei Tisch*: help o.s.: ***greifen Sie bitte zu!*** please help yourself! **4.** *fig.* seize (*od.* jump at) the opportunity: ***du brauchst nur zuzugreifen!*** you may have it for the asking! **5.** *fig.* (*einschreiten*) intervene.

Zugriff *m* **1.** intervention: ***er entzog sich dem ~ der Polizei*** he escaped the police. **2.** *Computer*: access.

Zugriffs|berechtigung *f Computer*: (access) authorisation. **~kode** *m* access code. **~geschwindigkeit** *f* speed of access. **~zeit** *f Computer*: access time.

zugrunde *adv* **1.** ~ ***gehen*** (***an*** *dat*) a) perish (of), die (of), b) be ruined (by). **2.** *e-r Sache* ***et.*** ~ ***legen*** base s.th. on. **3.** *e-r Sache* ~ ***liegen*** form the basis of, be based on. **4.** ~ ***richten*** ruin, wreck.

Zugsalbe *f* ⚕ blistering ointment.

Zugschaffner(in) 🚆 ticket inspector.

Zugseil *n tech.* traction rope.

Zugstück *n thea. etc* draw, hit.

Zugtelefon *n* telephone on the train.

Zugtier *n* draught (*Am.* draft) animal.

zugucken F → ***zusehen*** 1, 2.

Zugunglück *n* train accident.

zugunsten *prep* (*gen*) in favo(u)r of.

zugute *adv* **1.** ***j-m et. ~ halten*** give s.o. credit for s.th., (*verzeihen*) pardon s.o. s.th.; ***sie hielten ihm s-e Unerfahrenheit*** ~ they made allowances for his lack of experience. **2.** ~ ***kommen*** (*dat*) a) *Spenden etc*: go to, be for the benefit of, b) (*nützen*) be of advantage to, stand *s.o.* in good stead. **3.** ***sich et. ~ halten*** (*od.* ***tun***) ***auf*** (*acc*) pride o.s. on.

Zugverbindung *f* 🚆 train connection.

Zugverkehr *m* 🚆 railway (*Am.* railroad) traffic.

Zugvogel *m* bird of passage.

Zugzwang *m fig.* ***in ~ geraten*** be forced to make a move; ***unter ~ stehen*** be under pressure to act.

zuhaben *v/i* F be closed.

zuhalten I *v/t* **1.** keep *s.th.* closed. **2.** (*Ohren, Augen*) put (*od.* hold) one's hand(s) over: ***sich die Nase*** ~ hold one's nose. **II** *v/i* **3.** ~ ***auf*** (*acc*) make for, head for.

Zuhälter *m* pimp.

Zuhälterei *f* procuring, pimping.

zuhause *adv österr., schweiz.* → ***Haus.***

Zuhause *n* home.

Zuhilfenahme *f* ***unter*** (***ohne***) ~ ***von*** (*od. gen*) with (without) the aid of.

zuhinterst *adv* at the very end.

zuhören *v/i* listen (*dat* to).

Zuhörer(in) listener: ***die Zuhörer*** *pl a.* the audience *sg.*

Zuhörerraum *m* auditorium.

Zuhörerschaft *f* audience, *Radio*: *a.* listeners *pl.*

zujauchzen, zujubeln *v/i* (*dat*) cheer.

zukaufen *v/t* buy (some) more.

zuklappen *v/t u. v/i* shut, close *s.th.* with a snap.

zukleben *v/t* (*Umschlag etc*) seal.

zuknallen *v/t* F slam *s.th.* (shut).

zuknöpfen *v/t* button (up): → ***zugeknöpft.***

zukommen *v/i* **1.** ~ ***auf*** (*acc*) approach, come up to; *fig.* ***auf j-n*** ~ *Ereignis etc*: be in store for s.o.; *adm.* ***wir werden auf Sie*** ~ we'll contact you; ***die Sache auf sich ~ lassen*** let the matter take its course, wait and see. **2.** ***j-m et. ~ lassen*** send (*od.* give) s.o. s.th. **3.** ***j-m*** ~ a) (*sich schicken*) befit s.o., b) (*zustehen*) be due to s.o.; ***e-e derartige Kritik an ihm kommt dir nicht zu*** you have no right to criticize him like that.

zukriegen → ***zubekommen.***

Zukunft *f* **1.** (***in*** ~ in) future: ***in naher*** (***nächster***) ~ in the near (immediate) future; ***in die ~ blicken*** look ahead; ***dieser Beruf hat k-e*** ~ there is no future in this profession; F ***das hat k-e ~!*** that has no future!; ***abwarten, was die ~ bringt*** wait and see what the future has in store for us. **2.** *ling.* future (tense).

zukünftig I *adj* future, *Person*: *a.* prospective, *nachgestellt*: to be: F ***m-e Zukünftige, mein Zukünftiger*** my intended. **II** *adv* in (the) future.

Zukunfts|aussichten *pl* future prospects *pl.*

zukunftsbezogen I *adj* forward-looking. **II** *adv* with a view to the future.

Zunkunfts|forscher(in) futurologist. **~forschung** *f* futurology. **~glaube** *m* faith in the future. **~musik** *f fig.* ***das ist alles noch*** ~ that's all still up in the air.

zukunftsorientiert *adj* future-oriented.

Zukunftspläne *pl* plans *pl* for the future.

zukunftsreich *adj* with a great future, promising.

Zukunftsroman *m* science fiction novel.
zukunfts|trächtig *adj* promising, with a promising future. **~weisend** *adj* forward-looking, (*fortschrittlich*) advanced.
zulächeln *v/i* **j-m ~** smile at s.o.
Zulage *f* (additional) allowance, extra pay, (*Prämie*) bonus, (*Gehaltszulage*) rise, *Am.* raise.
zulangen *v/i* **1.** F → ***zugreifen*** 2. **2.** → ***zupacken.***
zulassen *v/t* **1.** F (*Tür etc*) leave *s.th.* shut. **2.** (*j-n*) admit (**zu** to), *behördlich*: license, (*Auto etc*) *a.* register: ***amtlich ~*** authorize; ***staatlich ~*** register; ***j-n als Rechtsanwalt ~*** call (*od.* admit) s.o. to the bar. **3.** (*gestatten*) allow, permit, (*Deutung, Zweifel etc*) admit (of).
zulässig *adj* admissible, permissible, allowable: ***~e Arbeitsbelastung*** safe working load; ***~e (Höchst)Belastung*** maximum permissible (*od.* safe) load; ***~e Höchstgeschwindigkeit*** speed limit; ***~es Gepäck*** free baggage allowance; ***~e Menge*** quantitiy permitted; ***das ist (nicht) ~*** that is (not) allowed.
Zulassung *f* **1.** admission (**zu** to). **2.** *mot.* a) registration, b) (*Dokument*) licen/ce (*Am.* -se).
Zulassungs|beschränkung *f* restriction on admissions. **~nummer** *f mot.* registration number. **~papiere** *pl* registration papers *pl.*
zulasten *prep* (*gen od.* **von**) to the debit of.
Zulauf *m* **1.** *von Kunden etc*: run, (*Kundschaft*) custom, (*Anklang*) approval: ***großen ~ haben*** be much sought after, *Film etc*: be very popular, draw large crowds. **2.** *tech.* supply.
zulaufen *v/i* **1.** ***~ auf*** (*acc*) run up to. **2.** ***j-m ~*** a) *Tier*: stray to s.o., b) *Kunden etc*: flock to s.o.; ***zugelaufener Hund*** stray dog. **3.** *Wasser etc*: flow in: ***~ lassen*** add, run *hot water* in. **4.** ***spitz ~*** taper to a point. **5.** F hurry: ***lauf zu!*** hurry up!
zulegen I *v/t* **1.** F ***sich ein Auto*** *etc* **~** buy (*od.* get) o.s. a car *etc*; *fig.* ***er hat sich e-e neue Freundin (e-n Bart) zugelegt*** he has got himself a new girlfriend (he has grown a beard). **2.** add (*dat* to): → **Zahn** 2. **II** *v/i* **3.** F *an Gewicht*: put on weight, *an Tempo*: increase the pace, (*Gewinne erzielen*) score gains.
zuleide *adv* ***j-m et. ~ tun*** harm (*od.* hurt) s.o.; → ***Fliege*** 1.
zuleiten *v/t* **1.** *tech.* feed, supply, (*Wasser*) *a.* let in. **2.** (*zustellen*) pass *s.th.* on (*dat* to).
Zuleitung *f* **1.** *tech.* supply (*od.* feeding) pipe. **2.** ⚡ feeder, *am Gerät*: lead(-in).
zuletzt *adv* **1.** last: ***du kommst immer ~*** you are alway the last (to arrive); ***ganz ~*** last of all. **2.** ***bis ~*** to the (very) end. **3.** finally, in the end. **4.** (*zum letzten Mal*) last: ***wann haben Sie ihn ~ gesehen?*** when did you see him last? **5.** ***nicht ~ e-e Frage des Geldes*** *etc* not least a question of money *etc.*
zuliebe *adv* ***mir*** (***ihr*** *etc*) **~** for my (her *etc*) sake.
Zulieferauftrag *m* subcontract.
Zulieferbetrieb *m*, **Zulieferer** *m* supplier (*gen* to), subcontractor.
Zulieferindustrie *f* supply industry.
zumachen F **I** *v/t* **1.** (*Tür etc, a. Geschäft etc*) shut, close, (*Loch*) stop up, (*Jacke etc*) button up, do up, (*Schirm*) put down, (*Umschlag etc*) seal: ***ich habe kein Auge zugemacht*** I didn't sleep a wink. **II** *v/i* **2.** *Geschäft etc*: close, shut, *für immer*: close down. **3.** hurry: ***mach zu!*** hurry up!
zumal I *conj* **~** (***da*** *od.* ***weil***) particularly since. **II** *adv* particularly, above all.
zumessen *v/t* **1.** (*dat* to) apportion, allot. **2.** → ***beimessen.***
zumindest *adv* at least.
zumute *adv* ***wie ist dir ~?*** how do you feel?; ***mir ist jämmerlich ~*** I feel miserable; ***mir ist nicht nach Essen ~*** I don't feel like eating; ***mir ist bei dieser Sache gar nicht wohl ~*** I don't feel at all happy about it.
zumuten *v/t* ***j-m et. ~*** expect s.th. of s.o; ***sich zu viel ~*** overdo things, F bite off more than one can chew.
Zumutung *f* unreasonable demand, (*Unverschämtheit*) cheek: ***das ist e-e ~!*** that's asking a bit much!, *stärker*: what a nerve!
zunächst *adv* **1.** (*vor allem*) first (of all), above all. **2.** (*erstens*) to begin with, in the first place. **3.** (*vorläufig*) for the present, for the time being.
zunageln *v/t* (*Kiste etc*) nail up.
zunähen *v/t* sew up.
Zunahme *f* increase (*gen od.* **an** *dat* in).
Zuname *m* surname, last name.
Zündeinstellung *f mot.* ignition timing.
zündeln *v/i österr., südd.* play with fire.
zünden I *v/t* **1.** *mot.* ignite, (*Sprengladung*) detonate, (*Rakete etc*) fire. **II** *v/i* **2.** catch fire, ⚡, *mot.* ignite, fire. **3.** *fig.* arouse enthusiasm, *Idee etc*: catch on.
zündend *adj fig. Rede*: rousing, stirring.
Zunder *m* (***brennen wie ~*** burn like) tinder: F *fig.* ***j-m ~ geben*** give s.o. hell.
Zünder *m tech.* fuse, *Am.* fuze, ⚡ igniter.
Zünd|funke *m mot.* (ignition) spark. **~holz** *n*, **~hölzchen** *n* match. **~kabel** *n mot.* ignition cable. **~kerze** *f mot.* spark(ing) plug. **~punkt** *m* ⚒ ignition point. **~satz** *m* primer. **~schloss** *n mot.* ignition lock. **~schlüssel** *m mot.* igni-tion key. **~schnur**

f fuse, (*Lunte*) slow match wick. **~spule** *f mot.* ignition coil.
Zündstoff *m* **1.** inflammable matter. **2.** *fig.* dynamite.
Zündung *f mot.* ignition.
zunehmen I *v/i* **1.** increase, (*wachsen*) grow: ***an Wert ~*** increase in value; ***an Bedeutung ~*** gain in importance. **2.** *Mond*: wax. **3.** (***sehr*** *od.* ***stark***) ~ put on (a lot of) weight. **II** *v/t* **4. *sie hat 10 Pfund zugenommen*** she has put on (*od.* gained) ten pounds.
zunehmend I *adj* **1.** increasing, growing: ***mit ~em Alter*** as one gets older; ***in ~em Maße*** → 3. **2.** *Mond*: waxing: ***bei ~em Mond*** when the moon is waxing. **II** *adv* **3.** increasingly, more and more.
zuneigen *v/reflex* ***sich j-m ~*** lean towards s.o.; *fig.* ***sich dem Ende ~*** draw to a close.
Zuneigung *f* affection (***für, zu*** for): ***zu j-m ~ fassen*** take (a liking) to s.o.
Zunft *f hist.* guild.
zünftig *adj* F proper (*a. tüchtig*), good.
Zunge *f allg.* tongue: ***mit der ~ anstoßen*** (have a) lisp; ***sich auf die ~ beißen*** bite one's tongue (*fig.* lips); (***j-m***) ***die ~ herausstrecken*** put one's tongue out (at s.o.); *fig.* ***es lag mir auf der ~*** I had it on the tip of my tongue; ***sie hat e-e lose*** (***scharfe***) ~ she has a loose (sharp) tongue; → ***zergehen.***
Zungen|belag *m* ⚕ coat(ing) of the tongue. **~brecher** *m* F tongue twister.
zungenfertig *adj* eloquent, *abwertend*: glib.
Zungen|kuss *m* French (*od.* deep) kiss. **~laut** *m* lingual (sound). **~spitze** *f* tip of the tongue.
Zünglein *n fig.* ***das ~ an der Waage sein*** tip the scales.
zunichte *adv* ***~ machen*** destroy, ruin; ***~ werden*** come to nothing.
zunicken *v/i* ***j-m ~*** nod to s.o.; ***j-m freundlich ~*** give s.o. a friendly nod.
zunutze *adv* ***sich*** *et.* ***~ machen*** make (good) use of, *a. b.s.* take advantage of.
zuoberst *adv* (right) at the top.
zuordnen *v/t* **1.** (*dat*) assign (to) (*a.* ⚗), class (with). **2.** *Computer*: allocate.
zupacken *v/i* work hard.
zupackend *adj* energetic.
zupfen I *v/t* pull, pick, (*a. Saite*) pluck: ***j-n am Ärmel ~*** tug at s.o.'s sleeve. **II** *v/i* ***~ an*** (*dat*) pull at, tug at.
Zupfinstrument *n* plucked instrument.
zuprosten *v/i* raise one's glass (*dat* to).
zurande *adv* ***mit j-m*** (***et.***) ***~ kommen*** be able to cope with s.o. (s.th.).
zurate *adv* ***~ ziehen*** consult.
zuraten *v/i* ***j-m ~, et. zu tun*** advise s.o. to do s.th.; ***auf mein*** (***sein*** *etc*) ***Zuraten*** on my (his *etc*) advice.
zurechnungsfähig *adj* sane, of sound mind, *bsd.* ⚖ responsible.
Zurechnungsfähigkeit *f* (*bsd.* ⚖ ***verminderte ~*** diminished) responsibility.
zurecht|basteln *v/t a.* F *fig.* rig up. **~biegen** *v/t* **1.** bend *s.th.* into shape. **2.** F *fig.* straighten *s.o.*, *s.th.* out. **~finden** *v/reflex* ***sich ~*** find one's way (around), *fig.* cope, manage: ***findest du dich darin zurecht?*** can you make sense of it all? **~kommen** *v/i* **1.** arrive in time. **2.** *fig.* (***mit*** with) manage, cope: ***mit j-m*** (***gut***) ~ get on (well) with s.o. **~legen** *v/t* **1.** lay *s.th.* ready, arrange. **2.** *fig.* ***sich*** *et.* ***~*** work (*od.* figure) out, (*Entschuldigung*) have *s.th.* ready. **~machen** F **I** *v/t allg.* get *s.th.* ready, (*bsd. Speisen*) prepare, make, *Am. a.* fix, (*Zimmer*) tidy (up), (*Bett*) make up. **II** *v/reflex* ***sich ~*** do o.s. up, (*sich schminken*) make up. **~rücken** *v/t* adjust, *a. fig.* put *s.th.* straight. **~setzen** *v/t* adjust: → ***Kopf*** 1. **~stutzen** *v/t a. fig.* trim.
zurechtweisen *v/t*, **Zurechtweisung** *f* rebuke, reprimand.
zureden I *v/i* ***j-m ~(, et. zu tun)*** encourage (*stärker*: persuade, urge) s.o. (to do s.th.); ***auf mein*** *etc* ***Zureden*** [***hin***] upon my (*etc*) encouragement: ***alles Zureden war umsonst*** all persuasion was in vain.
zureiten I *v/t* (*Pferd*) break in. **II** *v/i* ***~ auf*** (*acc*) ride up to.
Zureiter(in) roughrider, trainer.
Zürich *n* Zurich.
zurichten *v/t* **1.** *bsd. tech.* finish, (*beschneiden*) shape. **2.** *print.* make ready. **3. *übel ~*** injure *s.o.* badly, (*a. et.*) batter.
zürnen *v/i* ***j-m ~*** be angry with s.o.
Zurschaustellung *f* exhibition, display, *fig. a.* parading.
zurück *adv* back: ***~ sein*** a) be back, have come back, b) F *fig. in der Schule*: lag behind, *in der Entwicklung*: be retarded, be late, be backward, c) ***mit*** *der Arbeit*, *Zahlungen etc*: be behind (*od.* in arrears) with.
Zurück *n* ***es gibt kein ~*** (***mehr***) there's no turning back (now).
zurück|behalten *v/t* keep *s.th.* back, retain. **~bekommen** *v/t* get *s.th.* back. **~beordern** *v/t* order *s.o.* back. **~beugen** *v/t* (*a.* ***sich ~***) bend back. **~bilden** *v/reflex* ***sich ~*** recede, *biol.* regress. **~bleiben** *v/i* **1.** stay (*od.* be left) behind. **2.** (*übrig bleiben*) be left. **3.** lag behind, *Sport*: *a.* drop back. **4.** *fig. in der Schule etc*: lag behind, *in der Entwicklung*: be retarded: ***hinter den Erwartungen ~*** fall short of expectations. **~blicken** *v/i* look back (***auf*** *acc* at, *fig.* on). **~bringen** *v/t* bring (*od.* take) *s.o.*, *s.th.* back, return: *fig.* ***j-n ins Leben ~*** bring s.o. back to life.
zurück|datieren *v/t* backdate. **~denken** *v/i*

Z

(**an** *acc*) think back (to), recall. **~drängen** *v/t* **1.** push *s.o.* back. **2.** *fig.* repress. **~drehen** *v/t* turn (*od.* put) back. **~dürfen** *v/i* be allowed back.

zurück|eilen *v/i* hurry back. **~erobern** *v/t* recapture, *fig.* win back. **~erstatten** *v/t* refund, reimburse. **~erwarten** *v/t* expect *s.o.* back.

zurückfahren I *v/i* **1.** drive (*od.* travel, go) back, return. **2.** *fig.* recoil (**vor** *dat* from). II *v/t* **3.** drive *s.o.*, *s.th.* back.

zurückfallen *v/i* **1.** fall back. **2.** (*zurückbleiben*) fall behind (*a. ped.*), *Sport*: *a.* drop back (**auf den dritten Platz** to third place). **3.** *fig.* **~ in** *e-n Fehler*, *e-e Gewohnheit etc*: relapse (*od.* fall back) into. **4.** *fig.* **~ auf** (*acc*) reflect on.

zurück|finden *v/i* find one's way back (**zu** to). **~fließen** *v/i a. fig.* flow back. **~fordern** *v/t* reclaim, demand *s.th.* back. **~führen** *v/t* **1.** lead *s.o.* back: (**in die Heimat**) **~** repatriate. **2.** *fig.* (**auf** *acc* to) reduce, trace *s.th.* (back), attribute.

zurück|geben *v/t* **1.** give *s.th.* back, return. **2.** *Sport*: **den Ball ~** pass the ball back. **~geblieben** *adj fig.* retarded, backward.

zurückgehen *v/i* **1.** go back, return, retreat: *fig.* **et. ~ lassen** send s.th. back, return s.th.; **bis ins 19. Jh. ~** go (*od.* date) back to the 19th century. **2.** *fig.* go down (*a.* ⚕ *Schwellung etc*), fall of, decrease: **das Geschäft geht zurück** business is falling off. **3.** *fig.* **~ auf** (*acc*) go back to, have its origin in.

zurückgezogen *adj* retired, secluded: *adv* **~ leben** lead a secluded life.

Zurückgezogenheit *f* seclusion.

zurückgreifen *v/i fig.* **~ auf** (*acc*) fall back on, *zeitlich*: go back to.

zurückhalten I *v/t* **1.** *allg.* hold *s.o.*, *s.th.* back, withhold, *fig.* (*Tränen*, *Lachen etc*) *a.* suppress, restrain. II *v/reflex* **sich ~ 2.** restrain o.s.: **sich ~ mit** *Essen*, *Trinken etc*: go easy on. **3.** be reserved, keep (o.s.) to o.s., *Käufer*: hold back: **er hat sich sehr zurückgehalten** he kept very much in the background. III *v/i* **4. ~ mit** keep back; **mit s-r Meinung ~** reserve judgement.

zurückhaltend *adj* reserved (*a. econ.*), (*vorsichtig*) guarded, cautious, (*schweigsam*) reticent, (*unaufdringlich*) unobtrusive: **mit** *Lob*, *Kritik etc* **~ sein** be sparing in (*od.* with); *adv* **er reagierte sehr ~** his reaction was very cool.

Zurückhaltung *f fig.* reserve, (*Vorsicht*) caution, discretion.

zurück|holen *v/t* fetch *s.o.*, *s.th.* back, (*j-n*) call *s.o.* back (*a. fig.*).

zurück|kehren *v/i* come back, return. **~kommen** *v/i* **1.** come back, return. **2.** *fig.* **~ auf** (*acc*) come back to, *ein Schreiben*: refer to; **auf j-s Angebot ~** take s.o. up on his offer. **~können** *v/i* F be able to go back: *fig.* **jetzt kann ich nicht mehr zurück!** I can't go back on my word (*od.* decision *etc*) now! **~konvertieren** *v/t Computer*: reconvert.

zurück|lassen *v/t* **1.** *allg.*, *a. fig.* leave *s.o.*, *s.th.* behind. **2.** F allow *s.o.* back. **~laufen** *v/i* run back.

zurücklegen I *v/t* **1. et.** (**an s-n Platz**) **~** put s.th. back (in its place). **2.** put *s.th.* aside, (*Geld*) save, put by, lay aside: **können Sie mir den Mantel bis morgen ~?** would you keep the coat for me till tomorrow? **3.** (*e-e Strecke etc*) cover, *zu Fuß*: *a.* walk: **zurückgelegte Strecke** distance covered, *mot. a.* mileage. II *v/reflex* **sich ~ 4.** lie back.

zurück|lehnen *v/t u. v/reflex* **sich ~** lean back. **~liegen** *v/i* **das liegt zwei Jahre zurück** that was two years ago; **5 Punkte** (**3 Meter** *etc*) **~** be five points down (be three metres *etc*) behind.

zurück|melden *v/reflex* **sich ~** report back (**bei** to). **~müssen** *v/i* F have to go back.

Zurücknahme *f* taking back, ⚖ (*Widerruf*) *a.* withdrawal, retraction.

zurücknehmen *v/t allg.* take *s.th.* back (*a. fig.*), (*Klage*, *Truppen etc*) withdraw, (*widerrufen*) revoke, retract, (*Angebot etc*) cancel.

zurück|prallen *v/i* **1.** rebound. **2.** *fig.* (**vor** *dat* from) recoil, start back. **~rechnen** *v/i* reckon back. **~reichen** I *v/t* hand *s.th.* back, return. II *v/i* **~ bis** go (*od.* date) back to. **~reisen** *v/i* travel back, return. **~rufen** I *v/t* call *s.o.* back (*a.* F *teleph.*), (*a. defekte Autos etc*) recall: *fig.* **ins Gedächtnis ~** recall. II *v/i teleph.* call back.

zurück|schalten *v/i mot.* change (*Am.* shift) down. **~schaudern** *v/i* shrink back (**vor** *dat* from). **~schauen** → **zurückblicken.** **~scheuen** *v/i* shrink (back) (**vor** *dat* from): *fig.* **er scheut vor nichts zurück** F he sticks at nothing. **~schicken** *v/t* send *s.o.*, *s.th.* back, return.

zurückschlagen I *v/t* **1.** hit *s.o.* back. **2.** (*Angriff*, *Feind etc*) repulse, beat off. **3.** (*Decke*, *Schleier etc*) fold back, (*Kragen*) turn down. **4.** (*Ball*) return. II *v/i* **5.** hit back. **6.** *Flamme*: flare back.

zurück|schrauben *v/t* F *fig.* (*Ansprüche etc*) cut down, reduce. **~schrecken** *v/i* **1.** (**vor** *dat* from) recoil, start back. **2.** → **zurückscheuen.** **~sehnen** *v/reflex* **sich ~** long to be back.

zurücksetzen I *v/t* **1.** put *s.th.* back, (*Auto*) back (up). **2.** *fig.* **j-n ~** treat s.o. unfairly, (*kränken*) slight s.o. II *v/i* **3.** *mot.* back (up).

Zurücksetzung *f fig.* unfair treatment, slight.

zurück|spielen *v/t u. v/i* pass (the ball) back. **~springen** *v/i* **1.** jump back. **2.** ⚠ recess. **~spulen** *v/t u. v/i* rewind. **~stecken I** *v/t* put *s.th.* back. **II** *v/i* F *fig.* come down a peg. **~stehen** *v/i* **1.** stand back. **2.** *fig.* take second place (***hinter j-m*** behind s.o.), (*verzichten*) stand down (*od.* aside). **~stellen** *v/t* **1.** (*a. Uhr, Zeiger*) put *s.th.* back. **2.** *mil.* defer. **3.** (*verschieben*) postpone, defer. **4.** (*hintansetzen*) put *s.th.* aside (*od.* last). **~stoßen I** *v/t* push *s.o., s.th.* back. **II** *v/i mot.* back (up). **~stufen** *v/t* downgrade.

zurücktreten *v/i* **1.** step (*od.* stand) back, *Ufer, Berge etc*: recede. **2.** *Regierung etc*: resign, step down: ***von s-m Posten ~*** resign one's post; ***~ von*** *e-m Vertrag, Kauf etc*: withdraw from, back out of. **3.** *fig.* be of secondary importance (***gegenüber*** in comparison with).

zurücktun *v/t* F put *s.th.* back.

zurück|verfolgen *v/t fig.* trace *s.th.* back (***zu*** to). **~versetzen** *v/t* **1.** (*Schüler*) move *s.o.* down, (*Beamten etc*) transfer *s.o.* back. **2.** *fig.* take *s.o.* back (***in*** *acc* to): ***wir fühlten uns ins Mittelalter zurückversetzt*** we felt to have stepped back into the Middle Ages. **~verwandeln** *v/t* (*a.* ***sich ~***) change back (***in*** *acc* to). **~verweisen** *v/t* refer *s.o., s.th.* back (***an*** *acc* to). **~weichen** *v/i* **1.** step back, *mil.* fall back. **2.** *fig.* ***~ vor*** (*dat*) yield to, *erschreckt*: shrink back from.

zurückweisen *v/t* **1.** *allg.* refuse, reject, (*Vorwurf etc*) repudiate. **2.** ***j-n ~*** turn s.o. back, refuse s.o. entry.

Zurückweisung *f* refusal, rejection.

zurückwerfen *v/t* **1.** *allg.* throw *s.o., s.th.* back, (*Licht*) *a.* reflect, (Schall) *a.* reverberate. **2.** *fig. in e-r Entwicklung etc*: set *s.o., s.th.* back (***um 10 Jahre*** [by] ten years).

zurückwollen *v/i* F want to go back.

zurückzahlen *v/t a. fig.* pay back, repay.

zurückziehen I *v/t* pull (*od.* draw) *s.th.* back, *mil. u. fig.* withdraw. **II** *v/reflex* ***sich ~*** (***aus, von*** from) retire, withdraw, *mil. a.* retreat; ***sich ~ von*** *e-r Tätigkeit etc*: *a.* give up, ***j-m*** dissociate o.s. from s.o.; ***sich zur Beratung ~*** retire for deliberation. **III** *v/i* move back.

Zurückziehung *f* withdrawal.

zurückzucken *v/i* flinch (***vor*** *dat* at).

Zuruf *m* shout, *anfeuernder*: cheer: ***durch ~*** by acclamation.

zurufen *v/t* ***j-m et. ~*** shout s.th. to s.o.

zurzeit *adv* at the moment.

Zusage *f* **1.** promise, word. **2.** *auf e-e Einladung*: acceptance. **3.** (*Einwilligung*) assent, consent.

zusagen I *v/t* **1.** promise (***sein Kommen*** to come). **2.** F ***j-m et. auf den Kopf ~*** tell s.o. s.th. to his face. **II** *v/i* **3.** accept an invitation, promise to come. **4.** (*einwilligen*) agree. **5.** ***j-m ~*** a) *Klima etc*: agree with s.o., b) (*gefallen*) be to s.o.'s liking.

zusammen *adv* together, (*gemeinschaftlich*) *a.* jointly: ***~ mit*** together (*od.* along) with; ***alle ~*** all of them; ***wir alle ~*** all of us; ***alles ~*** all together, (all) in all; ***wir haben ~ 100 Mark*** we have one hundred marks between us; ***das macht ~ ...*** that amounts to (*od.* totals) ...

Zusammenarbeit *f* cooperation, *bsd. mit dem Feind*: collaboration, *e-r Gruppe*: teamwork: ***in ~ mit*** in cooperation with.

zusammenarbeiten *v/i* (***mit*** with) cooperate, *bsd. mit e-m Gegner*: collaborate, *im Team*: work together.

zusammenballen I *v/t* form into a ball. **II** *v/reflex* ***sich ~*** mass, gather.

Zusammenbau *m tech.* assembly.

zusammenbauen *v/t tech.* assemble.

zusammen|beißen *v/t a. fig.* ***die Zähne ~*** clench one's teeth. **~bekommen** *v/t* get *s.th.* together, (*Geld*) raise. **~binden** *v/t* bind (*od.* tie) *s.th.* together. **~brauen** *v/t* concoct (*a. fig.*): *fig.* ***sich ~*** be brewing. **~brechen** *v/i allg.* break down, collapse, *Verkehr*: come to a standstill. **~bringen** *v/t* **1.** bring (*od.* get) *s.o., s.th.* together, (*Geld*) raise. **2.** F *fig.* manage, bring off, (*Gedicht etc*) remember.

Zusammenbruch *m* breakdown, collapse.

zusammen|drängen *v/t* **1.** (*a.* ***sich ~***) crowd (*od.* huddle) together. **2.** *fig.* compress, condense. **~drücken** *v/t* compress. **~fahren** *v/i* **1.** → ***zusammenstoßen*** 1. **2.** *fig.* (give a) start (***bei*** at). **~fallen** *v/i* **1.** fall in, collapse (*a. fig.*). **2.** *zeitlich*: coincide. **3.** (*abmagern*) waste away. **~falten** *v/t* fold up.

zusammenfassen *v/t* **1.** unite, combine: ***in Gruppen ~*** group. **2.** (*a. v/i*) summarize, sum up.

zusammenfassend *adj* summary: *adv* ***~ kann man sagen*** to sum it up it can be said.

Zusammenfassung *f* **1.** combination. **2.** summary, résumé, synopsis.

zusammen|finden *v/reflex* ***sich ~*** meet. **~flicken** *v/t a.* F *fig.* patch up.

zusammenfließen *v/i* flow together, meet.

Zusammenfluss *m* confluence.

zusammenfügen *v/t* join (together), *tech.* assemble. **zusammenführen** *v/t* bring *persons* together: ***wieder ~*** reunite.

zusammengehen *v/i fig.* (***mit*** with) go together, make common cause.

zusammengehören *v/i* belong together, *Schuhe etc*: *a.* be a pair. **zusammengehörig** *adj* belonging together, *Gegenstände*: *a.* matching, *fig. a.* related.

Zusammengehörigkeit *f* unity.
Zusammengehörigkeitsgefühl *n* (feeling of) solidarity.
zusammengesetzt *adj* ⚘ composite, *a. ling.* compound: **~ sein aus** be composed of; **~es Wort** compound (word).
zusammengewürfelt *adj* (**bunt ~**) motley: **~e Mannschaft** scratch team.
Zusammenhalt *m* **1.** *a. tech.* cohesion. **2.** *fig.* bond, *in e-r Mannschaft etc*: team spirit. **zusammenhalten** I *v/i* hold (F *Freunde*: stick) together, cohere. II *v/t* hold *s.th., persons* together.
Zusammenhang *m* coherence, connection, (*von Text*) context: **in diesem ~** in this connection; **et. in ~ bringen mit** connect s.th. with; **im ~ stehen mit** be connected with; **nicht im ~ stehen mit** have no connection with; **et. aus dem ~ reißen** divorce s.th. from its context.
zusammenhängen *v/i fig.* be connected (**mit** with): **wie hängt das zusammen?** how is that linked up?
zusammenhängend *adj* coherent (*a. Gedanken, Rede etc*), connected, related.
zusammenhang(s)los *adj* incoherent, disconnected.
zusammen|hauen *v/t* **1.** smash *s.th.* to pieces: F **j-n ~** beat s.o. up. **2.** F *fig.* knock *s.th.* together. **~kauern** *v/reflex* **sich ~** squat, *ängstlich*: cower.
Zusammenklang *m a. fig.* harmony.
zusammen|klappbar *adj* folding, collapsible. **~klappen** I *v/t* fold up, (*Messer etc*) shut. II *v/i* F *fig.* break down, collapse. **~kleben** *v/t u. v/i* stick together. **~knüllen** *v/t* crumple up.
zusammenkommen *v/i* **1.** come (*od.* get) together, meet, assemble. **2.** *fig. Umstände etc*: combine: **heute kommt mal wieder alles zusammen!** it never rains but it pours! **3.** (*sich ansammeln*) accumulate, mount up, *Geld*: be collected: F **da kommt ganz schön was zusammen** it comes to quite a lot in the end.
Zusammenkunft *f* get-together, meeting, gathering, assembly.
zusammen|läppern *v/reflex* **sich ~** F add up. **~laufen** *v/i* **1.** *Leute*: gather. **2.** *Linien, Straßen etc*: meet, converge. **3.** (*gerinnen*) curdle.
zusammenleben *v/i* live together: **mit j-m ~** live with s.o.
Zusammenleben *n* living together: **das ~ mit ...** life with ...
zusammenlegen I *v/t* **1.** fold up. **2.** put *things* in one place, put *persons* together (in one room). **3.** (*Betriebe etc*) fuse, (*a. Veranstaltungen etc*) combine, (*Verwaltungen*) centralize. II *v/i* **4.** club together (**für ein Geschenk** for a present).
Zusammenlegung *f econ.* fusion.
zusammennehmen I *v/t* gather (up): *fig.* **alles zusammengenommen** all things considered; **ich musste all m-n Mut ~** I had to muster up all my courage. II *v/reflex* **sich ~** control o.s., (*a. sich konzentrieren*) pull o.s. together.
zusammen|packen *v/t* pack up. **~passen** I *v/i* harmonize (with each other), *Dinge, Farben*: *a.* go well together, *Partner*: *a.* be well matched: **sie passen nicht zusammen** they are mismatched. II *v/t tech.* adjust, match. **~pferchen** *v/t* herd (*fig. a.* crowd) together.
Zusammenprall *m a. fig.* collision, clash.
zusammenprallen *v/i a. fig.* collide, clash.
zusammen|pressen *v/t* compress. **~raffen** *v/t* **1.** gather up. **2.** *fig.* amass. **~rechnen** *v/t* add (*od.* sum) *s.th.* up. **~reimen** *v/t fig.* **sich et. ~** work (*od.* figure) s.th. out, put two and two together. **~reißen** *v/reflex* **sich ~** F pull o.s. together. **~rollen** I *v/t* roll up. II *v/reflex* **sich ~** coil up, *Tier*: curl (itself) up. **~rotten** *v/reflex* **sich ~** gang up, *Aufrührer*: form a mob.
Zusammenrottung *f* riot(ing), *konkret*: riotous mob, ⚖ riotous assembly.
zusammen|rücken I *v/t* move *things* together (*od.* closer). II *v/i* move up, make room. **~rufen** *v/t* call *persons* together, *formell*: convene. **~sacken** *v/i* (**in sich**) **~** slump (down). **~scharen** *v/reflex* **sich ~** flock together.
zusammen|scharren *v/t* scrape *s.th.* together. **~schiebbar** *adj tech.* telescopic, sliding. **~schieben** *v/t* push *things* together, *tech.* (*a.* **sich ~ lassen**) telescope. **~schlagen** I *v/t* **1.** (*Hände*) clap, (*Hacken etc*) click. **2.** F smash *s.th.* to pieces: **j-n ~** beat s.o. up. II *v/i* **3.** **~ über** (*dat*) close over, *a. fig.* engulf.
zusammenschließen I *v/t* **1.** lock (*mit e-r Kette*: chain) together. **2.** unite, *econ.* merge. II *v/reflex* **sich ~** **3.** unite, join forces, *zu e-r Gruppe*: team up.
Zusammenschluss *m* union (*a. pol.*), *econ.* merger, (*Bündnis*) alliance.
zusammen|schnüren *v/t* tie *s.th.* up: *fig.* **der Anblick schnürte ihr das Herz zusammen** the sight made her heart bleed. **~schrauben** *v/t* screw (*mit Bolzen*: bolt) *s.th.* together. **~schreiben** *v/t* **1.** write *s.th.* in one word: **wird das zusammengeschrieben?** is that one word? **2.** *contp.* scribble. **~schustern** *v/t* F *contp.* cobble together. **~schweißen** *v/t a. fig.* weld (together).

Zusammensein *n* gathering, meeting.

zusammensetzen I *v/t* **1.** put *s.th.* together, *tech. a.* compose, *a.* ⚗, *ling.* compound. **2.** seat *persons* together. **II** *v/reflex* **sich ~ 3.** sit together, (*zs.-kommen*) get together. **4.** ***sich ~ aus*** consist of, be composed of.

Zusammensetzung *f* composition (*a. e-r Mannschaft etc*), ⚗, *ling.* compound, (*Bestandteile*) ingredients *pl.*

zusammensinken *v/i* collapse: ***in sich ~*** slump (down).

Zusammenspiel *n Sport*: teamwork.

zusammen|stauchen *v/t* F ***j-n ~*** haul s.o. over the coals. **~stecken I** *v/t* put *things* together. **II** *v/i* F ***immer ~*** be as thick as thieves. **~stehen** *v/i* stand (*fig.* stick) together.

zusammenstellen *v/t* **1.** put *things* together. **2.** combine, (*Katalog etc*) compile, (*Programm etc*) draw up, make, (*e-e Mannschaft etc*) make up, form, (*anordnen*) arrange: ***in e-r Liste ~*** list; ***ein Menü ~*** compose a menu.

Zusammenstellung *f* **1.** combination, arrangement. **2.** (*Übersicht*) survey, synopsis, (*Tabelle*) table, (*Liste*) list.

zusammenstoppeln *v/t* F throw *s.th.* together.

Zusammenstoß *m* **1.** *mot.* collision, crash. **2.** F *fig.* clash.

zusammenstoßen *v/i* **1.** *Fahrzeuge*: collide (***mit*** with): **~ *mit*** *a.* run (*od.* crash) into. **2.** F *fig.* ***mit j-m ~*** clash with s.o.

zusammen|streichen *v/t* F (*Text, Rede etc*) shorten. **~strömen** *v/i fig.* flock together. **~suchen** *v/t* gather, (*sammeln*) collect. **~tragen** *v/t* collect (*a. fig.*), *fig.* (*Fakten etc*) compile.

zusammentreffen I *v/i* **1. *mit j-m ~*** meet s.o. **2.** *Umstände, Ereignisse etc*: coincide.

Zusammentreffen *n* **1.** meeting, *unangenehmes*: encounter. **2.** *von Umständen, Ereignissen etc*: concurrence, coincidence.

zusammen|treiben *v/t* round up. **~treten** *v/i* meet, *parl. a.* convene. **~trommeln** *v/t* F call *persons* together. **~tun** *v/reflex* ***sich ~*** (***mit*** with) team up, join forces. **~wachsen** *v/i a. fig.* grow together.

zusammenwirken *v/i Kräfte, Faktoren etc*: combine.

Zusammenwirken *n* combination, interplay.

zusammenzählen *v/t* add up, sum up.

zusammenziehen I *v/t* **1.** pull *s.th.* together, *a.* ⚕ contract. **2.** (*Truppen etc*) concentrate, mass. **II** *v/i* **3. *mit j-m ~*** move in (together) with s.o., go to live with s.o. **III** *v/reflex* ***sich ~* 4.** contract. **5.** *Gewitter etc, a. fig. Unheil etc*: be brewing.

zusammenzucken *v/i* wince (***bei*** at).

Zusatz *m allg.* addition, *zu Nahrungsmitteln etc*: additive, (*Beimischung*) admixture, *schriftlicher*: *a.* addendum, (*~klausel*) rider. **~abkommen** *n* supplementary agreement. **~batterie** *f* ⚡ booster battery. **~frage** *f* additional question. **~gerät** *n tech.* attachment.

zusätzlich I *adj* additional, extra, (*ergänzend*) supplementary, (*Hilfs...*) auxiliary. **II** *adv* in addition (***zu*** to).

Zusatz|qualifikation *f* additional qualification. **~speicher** *m Computer*: extended memory. **~steuer** *f* surtax. **~stoff** *m* ⚗ additive. **~versicherung** *f* supplementary insurance. **~werbung** *f* follow-up advertising. **~zahl** *f* supplementary number.

zuschanden *adv* **~ *machen*** ruin, wreck, (*a. Hoffnungen etc*) destroy, (*Pläne etc*) thwart; **~ *werden*** be ruined.

zuschanzen *v/t* ***j-m et. ~*** line s.o. up with s.th.

zuschauen → ***zusehen.***

Zuschauer(in) onlooker, *Sport, thea. etc* spectator, *TV* viewer: ***die Zuschauer*** *pl a.* the audience *sg.*

Zuschauer|raum *m* auditorium. **~reaktion** *f* audience (*TV* viewer) response. **~sport** *m* spectator sport.

zuschicken *v/t* ***j-m et. ~*** send (*per Post*: mail *od.* post) s.th. to s.o.

zuschieben *v/t* **1.** close, shut. **2. *j-m et. ~*** push s.th. over to s.o.; *fig.* ***j-m die Schuld*** (***Verantwortung***) **~** put (*od.* shift) the blame (responsibility) on s.o.

zuschießen I *v/t* F (*Geld*) contribute. **II** *v/i* **~ *auf*** (*acc*) rush towards.

Zuschlag *m* **1.** extra charge, *zum Fahrpreis*: supplementary fare, (*Sondervergütung*) extra pay. **2.** *Auktion etc*: award: ***er erhielt den ~*** a) *bei e-r Auktion*: the object went to him, b) *bei e-r Ausschreibung*: he was awarded the contract.

zuschlagen I *v/t* **1.** (*Tür etc*) slam (shut), (*Buch*) shut, close. **2. *j-m et. ~*** a) *bei e-r Auktion*: knock s.th. down to s.o., b) *bei e-r Ausschreibung*: award s.th. to s.o. **II** *v/i* **3.** *Tür etc*: slam shut. **4.** strike (*a. fig. Feind, Schicksal etc*), hit. **5.** F (***schwer***) **~** *beim Einkaufen etc*: really go to town (***bei*** on), *beim Essen*: tuck in mightily.

zuschließen *v/t* lock (up).

zuschnallen *v/t* buckle (up).

zuschnappen *v/i* **1.** *Falle, Taschenmesser etc*: snap shut. **2.** *Hund*: snap.

zuschneiden *v/t* **1.** (*Kleid etc*) cut out (***nach e-m Schnittmuster*** from a pattern): *fig.* ***zugeschnitten auf*** (*acc*) tailored to. **2.** *tech.* cut up, (cut *s.th.* to) size.

Zuschneider(in) cutter.
Zuschnitt *m* cut, *a. fig.* style.
zuschnüren *v/t* (*Schuhe etc*) lace up, (*Paket etc*) tie *s.th.* up: *fig.* ***Angst schnürte ihr die Kehle zu*** she was choked with fear.
zuschrauben *v/t* screw *s.th.* shut.
zuschreiben *v/t* ***j-m et.*** ~ ascribe (*od.* attribute) s.th. to s.o.; ***das Bild wird Dürer zugeschrieben*** the painting is ascribed to Dürer; ***sie schrieben ihm die Schuld dafür zu*** they blamed him for it; ***das hast du dir selbst zuzuschreiben!*** you've only yourself to blame!
Zuschrift *f* letter, *auf e-e Anzeige etc*: reply.
zuschulden *adv* ***sich et. ~ kommen lassen*** do (s.th.) wrong.
Zuschuss *m* contribution, *regelmäßiger*: allowance, *staatlicher*: subsidy, grant. **~betrieb** *m* subsidized enterprise.
zuschütten *v/t* fill *s.th.* up.
zusehen *v/i* **1.** look on, watch: ***j-m bei der Arbeit*** ~ watch s.o. work(ing) (*od.* at work). **2.** (***untätig***) ~ sit back and watch. **3.** ~, ***dass*** see (to it) that; ***ich werde mal ~!*** I'll see what I can do!
zusehends *adv* **1.** visibly. **2.** rapidly.
zusein → ***zu*** 13.
zusenden → ***zuschicken.***
zusetzen I *v/t* **1.** add (*dat* to). **2. *Geld ~ bei*** lose money on; F *fig.* ***er hat nichts mehr zuzusetzen*** he has used up all his reserves. **II** *v/i* **3.** F ***j-m*** ~ a) press s.o. (hard), b) *fig. Hitze, Krankheit etc*: take it out of s.o.; ***j-m mit Fragen*** (***Bitten***) ~ pester s.o. with questions (requests).
zusichern *v/t* ***j-m et.*** ~ assure s.o. of s.th.
Zusicherung *f* assurance.
Zuspätkommende *m, f* latecomer.
Zuspiel *n Sport*: pass(es *pl*). **zuspielen** *v/t* **1. *j-m den Ball*** ~ pass the ball to s.o. **2. *j-m et.*** ~ play s.th. into s.o.'s hands.
zuspitzen *v/reflex* ***sich*** ~ *fig.* come to a head.
zusprechen I *v/t* **1. *j-m Trost*** ~ comfort s.o.; ***j-m Mut*** ~ encourage s.o., cheer s.o. up. **2. *j-m et.*** ~ award s.th. to s.o.; ⚖ ***das Kind wurde der Mutter zugesprochen*** the mother was granted custody of the child. **II** *v/i* **3. *j-m freundlich*** *etc* ~ speak gently *etc* to s.o. **4.** (*dem Essen, Wein etc*) partake of.
zuspringen *v/i* ~ ***auf*** (*acc*) rush up at.
Zuspruch *m* **1.** (*Trost*) (words *pl* of) comfort, (*Ermutigung*) encouragement. **2.** → ***Zulauf*** 1.
Zustand *m* **1.** condition, state (*a. phys.*), F shape: ***ihr seelischer*** ~ her mental state; ***das Haus ist in gutem*** ~ the house is in good condition (*od.* repair); ***in betrunkenem*** ~ while under the influence (of alcohol); F ***da kann man ja Zustände kriegen!*** it's enough to drive you up the wall! **2.** (*Lage*) state of affairs, situation: ***es herrschen katastrophale Zustände*** conditions are catastrophic; F ***das ist doch kein ~!*** that's intolerable!
zustande *adv* **1. *et. ~ bringen*** bring s.th. off, achieve s.th., succeed in doing s.th. **2.** ~ ***kommen*** come off, be achieved, *Einigung etc*: be reached, *Vertrag*: be signed, (*stattfinden*) take place.
zuständig *adj* competent, (*verantwortlich*) responsible: ***~e Behörde*** competent authority; ***der ~e Beamte*** the official in charge; ⚖ ~ ***sein*** have jurisdiction (***für*** over); ***dafür ist er*** ~ that's his job.
Zuständigkeit *f* competence, responsibility, (*Befugnisse*) powers *pl*, ⚖ jurisdiction (***für*** over): ***das fällt nicht in s-e*** ~ that's not within his province.
Zuständigkeitsbereich *m* (sphere of) responsibility, ⚖ jurisdiction.
zustatten *adv* ***j-m*** (***sehr***) ~ ***kommen*** (*nützlich sein*) stand s.o. in good stead, come in (very) handy to s.o.
zustecken *v/t* ***j-m et.*** ~ slip s.o. s.th.
zustehen *v/i* **1. *et. steht j-m zu*** s.o. is entitled to s.th. **2. *es steht j-m nicht zu zu*** *inf* s.o. has no right to *inf*; ***darüber steht mir kein Urteil zu*** it's not for me to judge that.
zusteigen *v/i* get on *a bus etc.*
zustellen *v/t* deliver: ⚖ ***j-m e-e Ladung*** ~ serve s.o. with a summons.
Zusteller(in) postman (postwoman).
Zustellgebühr *f* postal delivery fee.
Zustellung *f* delivery, ⚖ service.
zusteuern I *v/t* F contribute. **II** *v/i* ~ ***auf*** (*acc*) a) ⚓, *a. Person*: make (*od.* head) for, b) *fig. e-e Krise etc*: be heading for, *ein Thema etc*: be driving at.
zustimmen *v/i* (*dat*) agree (to *s.th.*, with *s.o.*), (*einwilligen*) consent (to), (*billigen*) approve (of): ***~d nicken*** nod in approval; ***er stimmte mir in diesem Punkt nicht zu*** he disagreed with me on this point.
Zustimmung *f* agreement, consent, approval: ***sein Vorschlag fand allgemeine*** ~ his suggestion met with universal approval.
zustopfen *v/t* **1.** (*Loch etc*) plug. **2.** (*Loch im Strumpf etc*) mend.
zustöpseln *v/t* stopper.
zustoßen I *v/t* **1.** (*Tür etc*) push *s.th.* shut. **II** *v/i* **2.** *mit e-m Messer etc*: thrust, stab. **3. *j-m*** ~ happen to s.o.; ***ihr muss et. zugestoßen sein*** she must have had an accident.
zustreben *v/i* (*dat*) make for, head for.
Zustrom *m* influx, (*Andrang*) rush: *meteor.* ~ ***kühler Meeresluft*** inflow of fresh sea air.
zuströmen *v/i* (*dat* towards) stream, *fig.* throng.

zustürzen *v/i* ~ ***auf*** (*acc*) rush up to.
zutage *adv* ~ ***bringen,*** ~ ***fördern*** *a. fig.* bring *s.th.* to light; ~ ***kommen*** come to light; *fig.* ~ ***treten*** a) *Eigenschaft etc*: be revealed, show, b) *mst* ***klar*** ~ ***treten*** *Schuld etc*: be evident, be obvious.
Zutaten *pl* **1.** *gastr.* ingredients *pl.* **2.** *Schneiderei*: accessories *pl.*
zuteil *adv* ***j-m*** ~ ***werden*** be given to s.o.; ***j-m et.*** ~ ***werden lassen*** grant s.o. s.th.
zuteilen *v/t* ***j-m et.*** ~ allot (*od.* allocate, apportion) s.th. to s.o.; ***j-m e-e Aufgabe*** *etc* ~ assign s.o. a task *etc.*
Zuteilung *f* allotment, allocation, assignment, (*Kontingent*) quota.
zutiefst *adv* deeply, most: *fig.* ~ ***verletzt*** cut to the quick.
zutragen I *v/t* (*dat* to) **1.** carry. **2.** *fig.* (*Gerücht etc*) tell, report. **II** *v/reflex* ***sich*** ~ **3.** happen, take place.
Zuträger(in) informer, talebearer.
zuträglich *adj* (*dat*) good (for), conducive (***der Gesundheit*** to health): ***j-m nicht*** ~ ***sein*** disagree with s.o.
zutrauen *v/t* ***j-m et.*** ~ a) (*Tat etc*) think s.o. capable of s.th., b) (*Talent etc*) credit s.o. with s.th.; ***das hätte ich dir nie zugetraut!*** I never knew you had it in you!; ***ihm ist alles zuzutrauen!*** he stops at nothing!; ***das ist ihr glatt zuzutrauen!*** I wouldn't put it past her!
Zutrauen *n* (~ ***fassen*** begin to have) confidence (***zu*** in).
zutraulich *adj* trusting, confiding, *a. Tier*: friendly. **Zutraulichkeit** *f* confidingness, friendliness.
zutreffen *v/i* be right, be correct: ~ ***auf*** (*acc*), ~ ***für*** be true of, apply to; ***die Beschreibung trifft auf ihn zu*** the description fits him.
zutreffend *adj* right, true, correct, *Bemerkung etc*: apt: ***Zutreffendes bitte unterstreichen!*** please underline where applicable!
zutrinken *v/i* ***j-m*** ~ drink (*od.* raise one's glass) to s.o.
Zutritt *m* access, admission: ~ ***verboten!*** no entry!; ***sich gewaltsam*** ~ ***verschaffen*** force one's way (***zu*** into).
zutun *v/t* shut, close: → ***Auge*** 1.
Zutun *n* ***ohne mein*** ~ a) without any help from me, b) (*ohne m-e Schuld*) through no fault of mine; ***es geschah ohne mein*** ~ I had nothing to do with it.
zuungunsten *prep* (*gen*) to the disadvantage of.
zuunterst *adv* right at the bottom.
zuverlässig *adj allg.* reliable (*a. tech.*), (*sicher*) safe (*a. tech.*), (*treu*) loyal, faithful: ***aus*** ~***er Quelle*** from a reliable source.
Zuverlässigkeit *f* reliability, safety (*beide a. tech.*), loyalty.
Zuverlässigkeitsprüfung *f mot.* reliability test.
Zuversicht *f* confidence: ***voll(er)*** ~ ***sein*** be quite confident (***dass*** that).
zuversichtlich *adj* confident, optimistic(ally *adv*): *adv* ~ ***hoffen, dass ...*** be quite confident that ...
Zuversichtlichkeit *f* confidence, optimism.
zuviel → ***zu*** II 8.
zuvor *adv* **1.** (***kurz*** ~ shortly) before: ***am Tag*** ~ the day before, (on) the previous day. **2.** (*zunächst*) first.
zuvorderst *adv* right at the front.
zuvorkommen *v/i* (*j-m, e-r Sache*) anticipate, forestall: ***j-m*** ~ F *a.* beat s.o. to it.
zuvorkommend *adj* obliging, courteous.
Zuvorkommenheit *f* obligingness, courtesy.
Zuwachs *m* **1.** (***an*** *dat* in) increase, growth (*a. econ.*): F *ein Kleidungsstück* ***auf*** ~ ***kaufen*** buy *s.th.* on the big side. **2.** F addition to the family, baby.
zuwachsen *v/i* **1.** *Garten etc*: become overgrown. **2.** *Wunde*: heal up, close.
Zuwachsrate *f econ.* growth rate.
Zuwanderer *m*, **Zuwanderin** *f* immigrant.
zuwandern *v/i* immigrate.
Zuwanderung *f* immigration.
zuwege *adv* **1.** ~ ***bringen*** bring *s.th.* off, manage to do, succeed in doing, *weitS.* (*Erfolg haben*) get results. **2.** F (***noch***) ***gut*** ~ ***sein*** be (still) very fit.
zuweilen *adv* at times, occasionally.
zuweisen *v/t* assign (*dat* to).
zuwenden I *v/t* **1.** turn (*dat* towards): ***j-m den Rücken*** ~ turn one's back on s.o.; ***j-m das Gesicht*** ~ face s.o. **2.** ***j-m et.*** ~ *allg.* give s.o. s.th., *fig.* (*Liebe etc*) *a.* bestow s.th. on s.o. **II** *v/reflex* ***sich*** ~ **3.** turn to, *fig. e-r Aufgabe etc*: *a.* devote o.s. to.
Zuwendung *f* **1.** (*Geldzuwendung*) grant, *regelmäßige*: allowance, (*Schenkung*) donation. **2.** (*Liebe*) love, (loving) care, (*Aufmerksamkeit*) attention.
zuwenig → ***zu*** II 8.
zuwerfen *v/t* **1.** (*Tür etc*) slam *s.th.* (shut). **2.** ***j-m et.*** ~ throw (*od.* toss) s.th. to s.o.; *fig.* ***j-m e-n Blick*** ~ dart (*wütend*: flash) s.o. a look; → ***Kusshand.***
zuwider I *adj* ***j-m ist ...*** ~ s.o. hates (*od.* detests) ... **II** *prep* (*dat*) contrary to, against.
zuwiderhandeln *v/i* (*dat*) act against, act contrary to, (*e-m Gesetz etc*) violate, contravene.
Zuwiderhandelnde *m, f* ⚖ offender.
Zuwiderhandlung *f* ⚖ (***gegen***) offen/ce (*Am.* -se) (against), contravention (of).

Z

zuwiderlaufen *v/i* (*j-s Interessen etc*) go against, run counter to.
zuwinken *v/i* ***j-m ~*** wave to s.o.
zuzahlen *v/t* pay *s.th.* extra.
zuzählen *v/t* **1.** add. **2.** (*dat*) count among.
zuziehen I *v/t* **1.** (*Schlinge etc*) pull *s.th.* tight, tighten, (*Vorhänge*) draw. **2.** ***sich*** *et.* ~ a) (*Krankheit etc*) contract, catch, b) (*j-s Neid, Hass etc*) incur. **3.** → ***hinzuziehen.*** II *v/i* **4.** *Mieter*: move in, (*sich niederlassen*) settle (down).
Zuzug *m* **1.** move. **2.** → ***Zuwanderung.***
Zuzügler(in) newcomer.
zuzüglich *prep* (*gen*) plus.
zuzwinkern *v/i* ***j-m ~*** wink at s.o.
Zwang *m* compulsion (*a. psych.*), constraint, (*Druck*) pressure, (*Gewalt*) force: ***et. ohne ~ tun*** do s.th. without being forced to; ***unter ~ handeln*** *bsd.* ⚖ act under duress; ***~ ausüben*** exert pressure (***auf*** *acc* on); ***gesellschaftliche Zwänge*** social constraints; ***... ist ~*** ... is compulsory; *iro.* ***tu dir k-n ~ an!*** don't force yourself.
zwängen *v/t* squeeze (***sich*** o.s.).
zwanghaft *adj* compulsive, (*neurotisch*) obsessive.
zwanglos *adj* informal, casual (*a. Kleidung*), unconstrained, *Benehmen*: *a.* free and easy: ***in ~er Folge erscheinen*** *Zeitschrift etc*: appear at irregular intervals; *adv* ***er unterhielt sich ganz ~*** he talked quite at ease; ***es geht bei ihnen sehr ~ zu*** things are very informal with them.
Zwanglosigkeit *f* informality, casualness.
Zwangs|anleihe *f* compulsory loan. **~arbeit** *f* forced labo(u)r. **~arbeiter(in)** forced labo(u)r convict. **~aufenthalt** *m* enforced stay, detention. **~bewirtschaftung** *f* (economic) control: ***die ~ von*** (*od. gen*) ***aufheben*** decontrol. **~einweisung** *f* (***in*** *e-e Heilanstalt etc*) committal (to).
zwangsernähren *v/t* force-feed.
Zwangsernährung *f* force feeding.
Zwangs|handlung *f* compulsive act. **~herrschaft** *f* despotism, tyranny. **~jacke** *f* (*a.* ***in e-e ~ stecken***) straitjacket (*a. fig.*). **~lage** *f* predicament.
zwangsläufig *adj fig.* inevitable: *adv* ***sie musste ~ davon erfahren*** she was bound to hear of it.
Zwangs|liquidation *f* compulsory winding-up. **~maßnahme** *f* coercive measure, *pol.* sanction. **~neurose** *f* obsessional neurosis. **~neurotiker(in)** obsessional neurotic. **~pause** *f* enforced break. **~prostitution** *f* forced prostitution. **~räumung** *f* eviction. **~umsiedler(in)** displaced person. **~verkauf** *m* forced sale.
zwangsversteigern *v/t* put *s.th.* up for compulsory auction. **Zwangsversteigerung** *f* compulsory auction.
Zwangsverwaltung *f* sequestration.
zwangsvollstrecken *v/i* issue execution (***gegen*** against).
Zwangsvollstreckung *f* compulsory execution.
Zwangsvorstellung *f psych.* obsession: ***er ist von der ~ befallen, dass ...*** he is obsessed with the idea that ...
zwangsweise I *adj* compulsory. II *adv* compulsorily, by force.
Zwangswirtschaft *f* government control, controlled economy.
zwanzig *adj* (~ [***Jahre alt***] ***sein*** be) twenty; ***sie ist Mitte ~*** she is in her mid-twenties.
Zwanzig *f* twenty.
zwanziger *adj* ***die goldenen ~ Jahre*** the roaring twenties.
Zwanziger(in) man (woman *od.* girl) of twenty (*od.* in his [her] twenties).
Zwanzigerjahre → ***zwanziger.***
zwanzigjährig *adj* **1.** twenty-year-old, of twenty. **2.** *Jubiläum etc*: twentieth.
Zwanzigjährige *m, f* twenty-year-old (person): ***die ~n*** *pl* the twenty-year-olds *pl.*
zwar *adv* **1.** ***~ ..., aber ...*** it is true ..., but ...; ***es ist ~ verboten, aber ...*** *a.* it may be forbidden, but ... **2.** ***und ~*** a) *erklärend*: namely, b) *verstärkend*: in fact.
Zweck *m* **1.** purpose, (*Ziel*) object, aim, end, (*Verwendungszweck*) use: ***zu diesem ~*** a) for that purpose, b) to this end; ***ein Mittel zum ~*** a means to an end; ***der ~ heiligt die Mittel*** the end justifies the means; ***s-n ~ erfüllen*** (***verfehlen***) serve (not to fulfil) its purpose; ***für wohltätige ~e*** for charity. **2.** (*Sinn*) point, use: ***es hat k-n ~ zu warten*** it's no use waiting; ***es hat wenig ~, dass ich hingehe*** there's little point in my going; F ***das ist ja*** (***gerade***) ***der ~ der Übung!*** that's the whole point (of the exercise)!
Zweckbau *m* functional building.
Zweckbindung *f von Geldern*: earmarking for specific purposes.
Zweckdenken *n* pragmatism.
zweckdienlich *adj* relevant, useful: ***~e Hinweise*** relevant information.
Zwecke *f* drawing pin, *Am.* thumbtack.
zweck|entfremden *v/t* use *s.th.* for a purpose not intended, misuse, (*Gelder*) misappropriate. **~entsprechend** *adj* appropriate, suitable. **~frei** *adj* nonutility. **~fremd** *adj* foreign to the purpose. **~gebunden** *adj Gelder*: earmarked. **~gemäß** *adj* appropriate.
zwecklos *adj* useless, pointless, futile: ***~ sein*** *a.* be no use; ***es ist ~, dass ich hingehe*** there's no point in my going.

Zwecklosigkeit *f* uselessness, futility.
zweckmäßig *adj* **1.** practical, ⚠, *tech.* functional. **2.** expedient, advisable.
Zweckmäßigkeit *f* **1.** practicality, ⚠, *tech.* functionality. **2.** advisability.
Zweck|optimismus *m* calculated optimism. **~pessimismus** *m* calculated pessimism.
zwecks *prep* (*gen*) for the purpose of, with a view to.
Zwecksparen *n* target saving.
zweckwidrig *adj* inappropriate: ***~e Verwendung von Geldern*** misappropriation of funds..
zwei *adj* **1.** two: ***wir ~*** we two, the two of us; ***dazu gehören ~*** it takes two.
Zwei *f* **1.** (number) two. **2.** *ped.* (*Note*) B.
zwei|achsig *adj* **1.** ⚙ biaxial. **2.** *mot.* two-axle. **~atomig** *adj* ⚗ diatomic. **~bändig** *adj* two-volume.
Zweibeiner *m humor.* man.
Zweibettzimmer *n* twin-bedded room.
zweideutig *adj* ambiguous, equivocal, *b.s.* suggestive, *Witz*: off-colo(u)r.
Zweideutigkeit *f* **1.** ambiguity, equivocality, *b.s.* suggestiveness. **2.** *mst pl* a) suggestive remark, b) risqué joke.
Zweidrittelmehrheit *f* two thirds majority.
zweieiig *adj biol.* binovular: ***~e Zwillinge*** fraternal twins.
Zweier *m Rudern*: pair: ***~ mit (Steuermann)*** coxed pair.
Zweierbeziehung *f* partnership.
Zweierbob *m* two-man bob.
zweierlei *adj* two different (kinds of): ***mit ~ Maß messen*** apply double standards.
zweifach *adj* double, *adv a.* doubly: ***in ~er Ausfertigung*** in duplicate.
Zweifamilienhaus *n* two-family (*Am.* duplex) house.
zweifarbig *adj* two-colo(u)red.
Zweifel *m* doubt (***an*** *dat*, ***wegen*** about): ***ohne ~ → zweifellos; im ~ sein über*** (*acc*) be doubtful (*od.* in two minds) about; ***ihm kamen ~*** he was beginning to have doubts; ***es bestehen berechtigte ~ an s-r Ehrlichkeit*** there is good reason to doubt his honesty; ***sie ließen k-n ~ daran, dass ...*** they made it quite plain that ... **zweifelhaft** *adj* doubtful, *stärker*: dubious, (*fragwürdig*) *a.* questionable, F shady: ***ein ~es Vergnügen*** a dubious pleasure; ***von ~em Wert*** of debatable value (*od.* merit); ***es erscheint ~, ob ...*** it seems doubtful whether ... **zweifellos** *adv* undoubtedly, doubtless, without (a) doubt.
zweifeln *v/i* doubt: ***an e-r Sache ~*** doubt (*od.* question) s.th.; ***daran ist nicht zu ~*** there's no doubt about it.
Zweifelsfall *m* ***im ~*** in case of doubt.
Zweifler(in) doubter, sceptic, *bsd. Am.* skeptic. **zweiflerisch** *adj* doubting, sceptical, *bsd. Am.* skeptical.
Zweig *m* branch (*a. fig.*), *dünner*: twig: → ***grün.*** **Zweigbetrieb** *m* branch.
Zweigbüro *n* branch (office).
zweigeschlechtig *adj* ⚘ bisexual.
zweigeteilt *adj* divided in(to) two.
Zweiggeschäft *n* branch.
zweigleisig *adj* **1.** 🚂 double-tracked. **2.** *fig. Verhandlungen etc*: two-track: *adv* ***~ fahren*** leave both one's options open.
Zweigniederlassung *f* (***~ im Ausland*** foreign) branch.
Zweigstelle *f* branch (office).
zweihändig I *adj* two-handed, ♪ for two hands. **II** *adv* with both hands.
Zweihundertjahrfeier *f* bicentenary.
zweijährig *adj* **1.** two-year, lasting two years. **2.** two-year-old.
Zweijährige *m, f* two-year-old (child).
Zweikampf *m* duel.
Zweikanal... ⚡ two-channel. **~ton** *m TV* ***mit ~*** F with two language channels.
zweimal *adv* twice: *fig.* ***das ließ sie sich nicht ~ sagen*** she didn't wait to be told twice.
zweimalig *adj* (twice) repeated.
Zweimarkstück *n* two-mark piece.
zweimotorig *adj* twin-engined.
Zweiparteiensystem *n* two-party system.
Zweiphasen..., zweiphasig *adj* ⚡ two-phase.
zweipolig *adj* ⚡ two-pole, bipolar, *Stecker*: two-pin.
Zweirad *n* bicycle, F bike.
zweirädrig *adj* two-wheeled.
Zweireiher *m* double-breasted suit.
zweireihig *adj* **1.** in two rows. **2.** *Anzug etc*: double-breasted.
zweischneidig *adj a. fig.* double-edged.
zweiseitig *adj* **1.** *Vertrag*: bilateral. **2.** *Brief*: two-page, *Anzeige*: double-page.
zweisilbig *adj* two-syllable, disyllabic.
Zweisitzer *m mot. etc* two-seater.
zweispaltig *adj* two-column(ed): *adv* ***~ gedruckt*** printed in two columns.
zweisprachig *adj* bilingual, *Dokument etc*: in two languages.
Zweisprachigkeit *f* bilingualism.
zwei|spurig *adj* **1.** 🚂 double-tracked. **2.** *Fahrbahn*: two-lane. **~stellig** *adj Zahl*: two-digit, *Dezimalbruch*: two-place. **~stimmig** *adj* ♪ for (*od.* in) two voices. **~stöckig** *adj* two-storeyed, *bsd. Am.* two-storied. **~strahlig** *adj* ✈ twin-jet. **~stufig** *adj tech.* two-stage. **~stündig** *adj* two-hour, lasting two hours.
zweit *adj* second: ***der ~e Band*** volume two;

~er Mai May 2nd, *Am.* May 2; ***ein ~er Mozart*** another Mozart; ***zu ~*** in twos, in pairs; ***sie waren zu ~*** there were two of them; ***~er Klasse*** *a. fig.* second-class; → ***Geige, Hand, Ich, Wahl*** 1.

Zweitakter *m*, **Zweitaktmotor** *m* two--stroke engine.

zweitältest *adj*, **Zweitälteste** *m, f* second eldest.

zweitausend *adj* two thousand.

zweitbest *adj*, **Zweitbeste** *m, f* second best.

Zweite *m, f* second: *Sport*: ***sie wurde ~ hinter ...*** she came in second behind ..., she was runner-up to ...; ***jeder ~*** every other person; *fig.* ***wie kein ~r*** like nobody else.

Zweiteiler *m* F **1.** *Mode*: two-piece (suit). **2.** *Film, TV* two-parter. **zweiteilig** *adj* in two parts, *Mode*: two-piece.

zweitens *adv* secondly.

Zweitfrisur *f* wig.

zweit|größt *adj* second largest. **~höchst** *adj* second highest. **~klassig** *adj* second-class, *contp.* second-rate. **~letzt** *adj* last but one, second to last. **~rangig** *adj* secondary: ***~ sein*** be of secondary importance.

Zweitschlüssel *m* spare key.

Zweitschrift *f* duplicate.

Zweitstimme *f pol.* second vote.

Zweitstudium *n* ***ein ~ beginnen*** begin a second course of studies.

zweitürig *adj mot.* two-door.

Zweitwagen *m* second car.

Zweitwohnung *f* second home.

zweiwertig *adj* ⚗ bivalent.

zweiwöchig *adj* two-week, lasting two weeks.

zweizeilig *adj* double-spaced: *adv* ***~ schreiben*** double-space.

Zweizimmerwohnung *f* two-room(ed) flat (*Am.* apartment).

Zweizylindermotor *m* two-cylinder engine.

Zwerchfell *n* diaphragm. **~atmung** *f* abdominal breathing.

zwerchfellerschütternd *adj fig.* sidesplitting.

Zwerg(in) dwarf, gnome (*nur m*), *fig. a.* midget. **zwergenhaft** *adj* dwarfish.

Zwergpudel *m* miniature poodle.

Zwergwuchs *m biol.*, ⚕ dwarfism, ⚘ dwarf growth.

zwergwüchsig *adj* dwarfish.

Zwetsch(g)e *f* plum.

Zwetsch(g)enbaum *m* plum tree.

Zwetsch(g)enwasser *n* plum brandy.

Zwetschke *f österr.* plum.

Zwickel *m* **1.** *Schneiderei*: gusset. **2.** △ spandrel.

zwicken *v/t u. v/i* pinch.

Zwickmühle *f* F *fig.* (***in e-r ~ sein*** *od.* ***sitzen*** be on the horns of a) dilemma.

Zwieback *m* rusk.

Zwiebel *f* onion, (*Blumenzwiebel*) bulb.

Zwiebel|kuchen *m* onion gateau. **~ringe** *pl gastr.* onion rings *pl.* **~schale** *f* onion skin. **~suppe** *f* onion soup. **~turm** *m* onion spire.

Zwiegespräch *n* dialog(ue *Br.*).

Zwielicht *n* twilight: *fig.* ***ins ~ geraten*** lay o.s. open to suspicion.

zwielichtig *adj fig.* dubious, F shady.

Zwiespalt *m* conflict.

zwiespältig *adj* conflicting: ***mein Eindruck war ~*** I came away with mixed impressions; ***er ist ein ~er Mensch*** he has a conflicting personality.

Zwiesprache *f* → ***Zwiegespräch***: *fig.* ***~ halten mit*** commune with.

Zwietracht *f* → ***Unfriede(n)***.

Zwilling *m* **1.** twin. **2.** *pl astr.* Gemini *pl*: ***er ist ~*** he is (a) Gemini.

Zwillings|bruder *m* twin brother. **~paar** *n* pair of twins. **~reifen** *m mot.* dual (*od.* double, twin) tyres (*Am.* tires) *pl.* **~schwester** *f* twin sister.

Zwinge *f tech.* clamp, cramp.

zwingen I *v/t* force, compel: ***j-n ~, et. zu tun*** force (*od.* compel) s.o. to do s.th., make s.o. do s.th.; ***j-n zum Rücktritt ~*** force s.o. to resign; ***ich sehe mich gezwungen zu verkaufen*** I find myself compelled to sell; → *a.* ***gezwungen***. II *v/i* ***~ zu*** necessitate; ***die Lage zwingt zu e-r schnellen Entscheidung*** the situation calls for a quick decision. III *v/reflex* ***sich ~*** force o.s. (***et. zu tun*** to do s.th.); ***er zwang sich zu e-m Lächeln*** he forced a smile; ***ich musste mich dazu ~*** it cost me an effort (to do that). **zwingend** *adj Grund etc*: compelling, *Notwendigkeit etc*: absolute, urgent, *Beweis, Argument etc*: cogent, conclusive: ***es besteht k-e ~e Notwendigkeit*** it is not imperative.

Zwinger *m* (*Hundezwinger*) kennels *pl*, (*Käfig*) cage, *e-r Burg*: ward.

zwinkern *v/i* (***mit den Augen***) ~ blink, *listig, vergnügt etc*: wink.

zwirbeln *v/t* twist, twiddle.

Zwirn *m* twine, twist.

zwischen *prep* (*dat, acc*) between (*a. zeitlich*), (*inmitten*) among.

Zwischenablage *f Computer*: clipboard.

Zwischenakt *m*, **~musik** *f* entr'acte.

Zwischen|aufenthalt *m* stop(over). **~bemerkung** *f* interjection. **~bericht** *m* interim report. **~bescheid** *m* provisional reply. **~bilanz** *f* interim balance sheet: *fig.* ***e-e ~ ziehen*** take stock in between. **~blutung** *f* ⚕ bleeding between periods, intermenstrual bleeding. **~deck** *n* ⚓ between decks *sg.* **~ding** *n* cross between ... and ...: ***es ist ein ~*** it's a bit of both.

zwischendurch *adv* in between, (*inzwischen*) in the meantime, (*ab und zu*) now and then.
Zwischenergebnis *n* provisional result, *Sport*: interim results *pl* (*od.* score).
Zwischenfall *m* incident: ***ohne Zwischenfälle*** without a hitch.
Zwischen|finanzierung *f* intermediate financing, bridging. **~frage** *f* (interposed) question. **~futter** *n Schneiderei*: interlining. **~gericht** *n gastr.* entrée. **~geschoss** *n* ⚠ mezzanine. **~glied** *n* link. **~größe** *f* intermediate size.
Zwischen|handel *m* intermediate trade. **~händler(in)** intermediary. **~hoch** *n meteor.* ridge of high pressure. **~kalkulation** *f* interim costing (*od.* calculation).
Zwischenlager *n nucl.* intermediate storage site.
zwischenlagern *v/t nucl.* temporarily store.
Zwischenlagerung *f nucl.* interim storage.
zwischenlanden *v/i* make an intermediate landing, stop.
Zwischenlandung *f* intermediate landing, stop(over): ***ohne ~*** nonstop.
Zwischen|lauf *m Sport*: intermediate heat. **~lösung** *f* interim solution. **~mahlzeit** *f* snack (between meals).
zwischenmenschlich *adj* interpersonal: ***~e Beziehungen*** human relations.
Zwischen|prüfung *f* intermediate examination (*od.* test). **~raum** *m allg.* space, distance, *tech.* clearance, (*Lücke*) gap, (*Zeilenabstand*) spacing: ***e-e Zeile ~ lassen*** leave a space. **~ruf** *m* interruption: ***~e*** *pl* heckling *sg.* **~rufer(in)** heckler. **~runde** *f Sport*: intermediate round.
zwischenschalten *v/t* ⚡ connect *s.th.* in series, insert.
Zwischenschalter *m* ⚡ intermediate switch.
Zwischenschaltung *f* ⚡ insertion.
Zwischen|speicher *m Computer*: buffer store (*od.* storage). **~spiel** *n* interlude. **~spurt** *m Sport*: (sudden) spurt: ***e-n ~ einlegen*** put in a burst of speed.
zwischenstaatlich *adj* international, intergovernmental, (*zwischen Bundesstaaten*) interstate.
Zwischen|stadium *n* intermediate stage. **~stand** *m Sport*: interim score. **~station** *f* stopover, (*a. Ort*) stop. **~stecker** *m* ⚡ adapter. **~stück** *n tech.* intermediary, ⚡ adapter. **~stufe** *f* intermediate stage. **~summe** *f* subtotal. **~text** *m* (inserted) caption. **~tief** *n meteor.* ridge of low pressure. **~töne** *pl fig.* overtone *sg*, nuances *pl.* **~wand** *f* dividing wall, *bewegliche*: partition.
Zwischenzeit *f* **1.** time in between: ***in der ~*** → ***zwischenzeitlich*** II. **2.** *Sport*: intermediate time.
zwischenzeitlich I *adj* intermediate, interim. II *adv* (in the) meantime, meanwhile.
Zwischenzeugnis *n* intermediate report.
Zwist *m*, **Zwistigkeit** *f mst pl* quarrel.
zwitschern *v/t u. v/i* twitter, chirp: F *fig.* ***e-n ~*** down one.
Zwitschern *n* twitter(ing), chirp(ing).
Zwitter *m biol.* hermaphrodite.
Zwitterding *n* → ***Zwischending.***
zwo → ***zwei.***
zwölf *adj* twelve: ***um ~ (Uhr)*** at twelve (o'clock), *mittags*: *a.* at noon, *nachts*: *a.* at midnight; *fig.* ***fünf Minuten vor ~*** at the eleventh hour.
Zwölffingerdarm *m anat.* duodenum. **~geschwür** *n* ⚕ duodenal ulcer.
Zwölfkampf *m gym.* twelve events *pl.*
zwölft *adj*, **Zwölfte** *m, f* twelfth.
Zwölftonmusik *f* twelve-tone music.
ZwSt. ***Zweigstelle*** branch (office).
Zyankali *n* ⚗ potassium cyanide.
zyklisch *adj* cyclic(al).
Zyklon *m* (*Wirbelsturm*) cyclone.
Zyklone *f meteor.* (*Tief*) cyclone.
Zyklop *m myth.* Cyclops.
Zyklotron *n phys.* cyclotron.
Zyklus *m allg.* cycle, *von Vorträgen etc*: series.
Zylinder *m* **1.** top hat. **2.** ⚗, ⚙, *mot.* cylinder.
Zylinderkopf *m mot.* cylinder head. **~dichtung** *f mot.* cylinder-head gasket. **~schraube** *f mot.* cylinder-head stud.
zylindrisch *adj* cylindric(al).
Zyniker(in) cynic. **zynisch** *adj* cynical.
Zynismus *m* cynicism.
Zypern *n* Cyprus.
Zypresse *f* ⚘ cypress.
Zypriot(in) Cypriote.
zyprisch *adj* Cyprian.
Zyste *f allg.* cyst.
Zystoskopie *f* ⚕ cystoscopy.
zytologisch *adj* cytologic(al).
Zytostatikum *n* ⚕ cytostatic agent.
zzgl. *abbr.* ***zuzüglich*** plus.
zz(t). *abbr.* → ***zurzeit.***

Anhang

Inhaltsverzeichnis

Anhang

Das Büro

Gegenstände im Büro

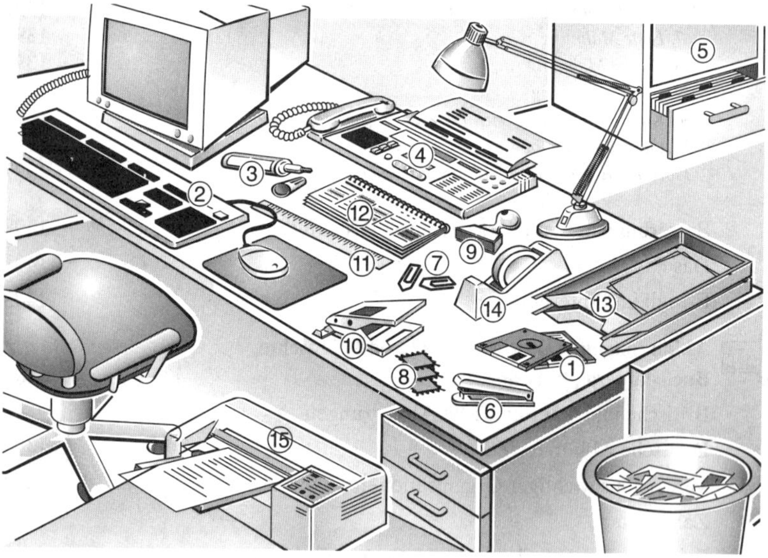

	Englisch	Deutsch
1	**diskettes,** F **floppies**	Disketten
2	**keyboard**	Tastatur
3	**highlighter, marker**	Textmarker
4	**answering machine/fax**	Anrufbeantworter/Fax(gerät)
5	**filing cabinet**	Aktenschrank
6	**stapler**	Hefter
7	**paper clips**	Büroklammern
8	**stamps**	Briefmarken
9	**stamp**	Stempel
10	**punch**	Locher
11	**ruler**	Lineal
12	**desk diary/calendar**	Kalender, Planer
13	**in-tray**	Ablage
14	**sellotape™**, *bes. Am.* **Scotch tape™**	Tesafilm™
15	**laser printer**	Laserdrucker

Die Firma

Abteilungen einer Firma

Departments of a company	**Abteilungen einer Firma**
Accounts Department	Buchhaltung
Administration Department	Verwaltung
Advertising Department	Werbeabteilung
Commercial Department	Handelsabteilung
Finance Department	Finanzabteilung
Human Resources Department	Personalabteilung
Legal Department	Rechtsabteilung
Marketing Department	Marketingabteilung
Personnel Department	Personalabteilung
Public Relations Department	PR-Abteilung, Abteilung für Öffentlichkeitsarbeit
Purchasing Department	Einkauf(sabteilung)
Research and Development	Forschung und Entwicklung
Sales Department	Verkauf(sabteilung)
Technical (Resources) Department	Technik, Technische Abteilung
Training Department	Schulungsabteilung, Abteilung für Fortbildungsmaßnahmen

Firmengebäude und -gelände

An der Rezeption

to call at reception	sich anmelden
visitor badge	Besucherplakette
business hours	Geschäftszeit
opening hours	Öffnungszeit
reception, reception desk	Rezeption, Empfang

Allgemeine Orientierung

Etagen	*Am.*	*Br.*
Erdgeschoss	first floor	ground floor
erster Stock	second floor	first floor
zweiter Stock	third floor	second floor

Take the elevator *Am.*/lift *Br.* to the fifth floor.	Nehmen Sie den Aufzug und fahren Sie in den 5. Stock.
When you come out of the elevator, go down the corridor.	Wenn Sie aus dem Fahrstuhl kommen, gehen Sie den Korridor entlang.
I'm afraid you're not allowed to take photos here.	Fotografieren ist hier leider verboten.
This is a no-smoking area.	Hier ist Rauchverbot.
No loitering on company premises.	Unbefugter Aufenthalt auf dem Firmengelände ist verboten.

Nützliche Begriffe

assembly plant	Montagewerk
basement	Untergeschoss
boardroom	Chefetage
bulletin board *Am.*, notice bord *Br.*	Schwarzes Brett
caretaker	Hausmeister
cleaners	Reinigungspersonal
company premises	Firmengelände
company restaurant, canteen	Kantine
conference room	Konferenzraum
corridor	Korridor
elevator *Am.*, lift *Br.*	Aufzug, Lift
entrance	Eingang
escalator	Rolltreppe
exit	Ausgang
fleet	Fuhrpark
main building	Hauptgebäude
main entrance	Haupteingang
mailroom	Poststelle
office building	Bürogebäude
parking garage *Am.*, car park *Br.*	Parkhaus
parking space	Parkplatz
research laboratory	Forschungslabor
stores department	Materialausgabe
warehouse	Lager

Die Mitarbeiter

An employee ...	Ein Arbeitnehmer ist ...
has work experience.	erfahren.
is highly qualified.	hoch qualifiziert.
is committed.	engagiert.
is reliable.	zuverlässig.
works well in a team.	teamfähig.
is innovative.	innovativ.
is dynamic.	dynamisch.

Verwechslungsgefahr:
job safety entspricht der Sicherheit am Arbeitsplatz; das Schlagwort vom *sicheren Arbeitsplatz* bezieht sich auf **job security.**

Nützliche Begriffe und Wendungen

apprentice	Lehrling
authorized signatory	Prokurist
boss	Chef
collective bargaining	Tarifverhandlung
co-worker *Am.*, **colleague**	Kollege, Kollegin
dismissal	Entlassung
downsizing, job cuts	Personaleinsparungen
employee	Arbeitnehmer, Arbeitskraft
entrepreneur	Unternehmer
equal opportunities	Chancengleichheit
executive	Führungskraft
full-time employees	Vollzeitbeschäftigte
internship *Am.*, **placement** *Br.*	Praktikum
jobs	Arbeitsplätze
to create ~	~ schaffen
to cut ~	~ streichen
labor union *Am.*, **trade union** *Br.*	Gewerkschaft
(labor)/(trade) union official	Gewerkschaftsvertreter
part-time worker, part-timer	Teilzeitkraft
pay talks	Lohnrunde
personal assistant, PA	Chefsekretär(in)
promotion	Beförderung
promotion prospects	Aufstiegsmöglichkeiten
restructuring	Umstrukturierung
sales force	Verkaufspersonal
secretary, team assistant	Sekretärin
security staff	Wachpersonal
senior executive	leitende Führungskraft
sexual harassment	sexuelle Belästigung
skilled worker	Facharbeiter
skills, qualifications	Qualifikationen
superior	Vorgesetzte(r)
temporary worker, temp	Aushilfskraft
to be on sick leave	wegen Krankheit abwesend sein, krankgeschrieben sein
to fire, to sack, to dismiss, to make redundant	entlassen
trainee	Auszubildender
workforce, staff	Belegschaft, Personal
works council	Betriebsrat

Wichtige internationale Berufsbezeichnungen

Im Englischen ist darauf zu achten, dass Berufsbezeichnungen bei der Anrede – auch im Briefkopf – in der Regel großgeschrieben werden. In der folgenden Aufstellung wird die weibliche Berufsbezeichnung im Deutschen nur dann genannt, wenn im Englischen eine weibliche Berufsbezeichnung üblich ist, die sich von der männlichen unterscheidet. Dies ist selten der Fall. Die Nennung der unmarkierten männlichen Berufsbezeichnung im Deutschen erfolgt ausschließlich aus Platzgründen und aus Gründen der Übersichtlichkeit.

Manager bedeutet in folgender Aufstellung nicht ausschließlich „Leiter einer Abteilung", sondern wird oft – vor allem im amerikanischen Englisch – etwas „inflationär" für eine verantwortungsvolle Funktion in einem bestimmten Bereich verwendet. Es gibt einen Unterschied zwischen *he's* ***the*** *marketing manager – er ist Leiter der Marketingabteilung* und *he's* ***a*** *marketing manager* – etwa: *er ist Projektleiter im Bereich Marketing.* Diese Bedeutung konnte bei den deutschen Entsprechungen nicht immer berücksichtigt werden.

Englisch	Deutsch
accountant	Buchhalter, Buchprüfer, Bilanzbuchhalter, Wirtschaftsprüfer
advertising director/manager	Leiter der Werbeabteilung, Werbeleiter
agent	Vertreter
ambassador	Botschafter
area manager	Bereichsleiter, Bezirksleiter, Gebietsleiter
assistant	Assistent, Mitarbeiter, Stellvertreter
assistant ...	...assistent, stellvertretender ...
auditor	Wirtschaftsprüfer, Buchprüfer, Kassenprüfer
bank director/manager	Bankdirektor
branch manager	Filialleiter, Zweigstellenleiter
broker	(Börsen)Makler
business (sales) manager	kaufmännischer Direktor
business consultant	Unternehmensberater
buyer	Einkäufer
chairman	Präsident, Vorsitzender, Tagungsleiter
chairman of the board (of directors)	Aufsichtsratsvorsitzender, Vorstandsvorsitzender
chairman and managing director *(Br.)*	Vorstandsvorsitzender
chairwoman	Präsidentin, Vorsitzende, Tagungsleiterin
chief ...	Chef ..., Leiter ...
chief accountant	Oberbuchhalter, Hauptbuchhalter, Leiter der Buchhaltung

Englisch	Deutsch
chief engineer	leitender Ingenieur
chief executive (officer *Am.***), CEO**	Hauptgeschäftsführer, Vorstandsvorsitzender
chief financial officer, *bes. Am.* **CFO**	Leiter der Finanzabteilung
commercial representative	Handelsvertreter
company secretary	Verwaltungsdirektor, Geschäftsführer *(Br.)*, Vorstandssprecher
computer manager	Leiter der EDV-Abteilung, Leiter des Rechenzentrums
consul	Konsul
consultant	Berater
copywriter	Werbetexter
customer relations manager, customer service manager	Kundendienstleiter
data processing manager	Leiter der EDV-Abteilung, Leiter des Rechenzentrums
department head, departmental manager	Abteilungsleiter, Referatsleiter
deputy	...assistent stellvertretender ...
design engineer	Konstrukteur
development director/manager	Leiter der Entwicklungsabteilung
development engineer	Entwicklungsingenieur
director	Direktor, Leiter, Geschäftsführer Aufsichtsratsmitglied, Vorstandsmitglied
director general	Generaldirektor, Hauptgeschäftsführer
director of finance	Leiter der Finanzabteilung
director of marketing	Marketingleiter
director of planning	Leiter/Direktor der Planungsabteilung
director of public relations	Direktor der Abteilung für Öffentlichkeitsarbeit, PR-Direktor
director of sales	Verkaufsleiter
director of the ... department	Abteilungsleiter ...
Director-General	Generaldirektor
distribution director/manager	Vertriebsleiter, Verkaufsleiter
district manager	Gebietsleiter, Bezirksleiter
divisional director/manager	(Geschäfts)Bereichsleiter
editor-in-chief	Chefredakteur
... engineer	Ingenieur für ...
engineering manager	Leiter der Technischen Abteilung
export director	Direktor der Exportabteilung
export manager	Leiter der Exportabteilung

Englisch	Deutsch
factory manager	Fabrikdirektor, Werksleiter, Werksdirektor
field sales manager	Außendienstleiter
financial manager	Leiter der Finanzabteilung
general executive manager, general manager (GM)	Generaldirektor (e-r AG, *Am.*), leitender Direktor, (Haupt)Geschäftsführer
head	Chef, Direktor, Leiter
head of section/division/department	Abteilungsleiter
head of staff	Leiter der Personalabteilung
head of the ... section/division department	Abteilungsleiter ...
import manager	Leiter der Importabteilung
lawyer, solicitor, attorney (*bes. Am.*)	Rechtsanwalt
lecturer	Dozent, Lektor
logistics manager	Leiter der Logistikabteilung
management consultant	Unternehmensberater
manager	Chef, Leiter
managing director (*Br.*), **MD**	geschäftsführendes Vorstandsmitglied, geschäftsführender Direktor, Generaldirektor, Geschäftsleiter, Hauptgeschäftsführer
managing partner	geschäftsführender Gesellschafter
marketing (and sales) manager	Verkaufsleiter, Vertriebsleiter
marketing assistant	Assistent der Marketingleitung
marketing manager	Leiter der Marketingabteilung; Projektleiter im Bereich Marketing
office manager	Geschäftsstellenleiter
partner	Gesellschafter, Teilhaber
personal assistant (PA) to managing director (*Br.*)	Sekretär der Geschäftsleitung, Direktionsassistent
personnel director/manager	Leiter/Direktor der Personalabteilung, Personalchef, Personalleiter
planning director	Leiter/Direktor der Planungsabteilung
plant manager	Fabrikdirektor, Werksdirektor, Werksleiter
P.R. director	Leiter der Abteilung Öffentlichkeitsarbeit, Leiter der PR-Abteilung, Pressesprecher
president	Vorstandsvorsitzender
press officer	Pressereferent, Pressesprecher
principal	Direktor
private secretary	Privatsekretär
product manager	Produktmanager

Englisch	**Deutsch**
production director/manager	Fertigungsleiter, Produktionsleiter, Betriebsleiter, *TV usw.:* Sendeleiter
programmer	Programmierer
project leader/manager	Projektleiter
public relations director	Leiter der Abteilung Öffentlichkeitsarbeit, Leiter der PR-Abteilung, Pressesprecher
publicity manager	Werbeleiter
purchaser, purchasing executive/ officer	Einkäufer
purchasing manager	Einkaufsleiter, Leiter der Abteilung Einkauf
regional director/manager	Bezirksleiter, Gebietsleiter
research director/manager	Leiter der Forschungsabteilung
sales director/manager	Verkaufsleiter, Vertriebsleiter
sales engineer	Verkaufsingenieur, Vertriebsingenieur
salesman	Verkäufer
saleswoman	Verkäuferin
sales representative	Handelsvertreter, Verkäufer
senior manager	Leitender Mitarbeiter
service manager	Leiter der Kundendienstabteilung
shareholder (*Br.*)	Aktionär, Anteilseigner
shipping agent	Spediteur
special assistant to managing director	Sekretär der Geschäftsleitung, Direktionsassistent mit besonderen Aufgaben
staff director	Personalchef
staff manager	Leiter/Direktor der Personalabteilung, Personalchef, Personalleiter
systems manager	Leiter der EDV-Abteilung
team leader	Gruppenleiter, Teamleiter
technical director/manager	Technischer Direktor/Leiter
treasurer (*Am.*)	Finanzdirektor
vice chairman, vice president (*Am.*)	Stellvertretender Generaldirektor
works manager	Werksleiter, Werksdirektor, Fabrikdirektor

Zu einigen Berufs- bzw. Funktionsbezeichnungen, die männliche und weibliche Formen haben, gibt es inzwischen politisch korrekte neutrale Benennungen, die vorzuziehen sind.

- **chairman/chairwomen** (Vorsitzende/r) → **chairperson**
- **salesman/saleswoman** (Verkäufer/in) → **salesperson**

Deutsch-Englisch

Deutsch	Englisch
Abteilungsleiter ..., Geschäftsbereichsleiter ...	director of the ... department, head of the ... section *usw.*
Aktionär, Anteilseigner	shareholder (*Br.*)
Assistent	assistant
...assistent	assistant ..., deputy ...
Aufsichtsratsmitglied	board member, member of the board
Aufsichtsratsvorsitzender	chairman of the board (of directors)
Außendienstleiter	field sales manager
Bankdirektor	bank director, bank manager
Bauleiter	managing engineer, senior foreman
Berater	consultant
Bereichsleiter, Bezirksleiter, Gebietsleiter	area/district manager, regional director/manager
Betriebsleiter, Fertigungsleiter, Produktionsleiter	production director/manager
(Börsen)**Makler**	broker
Botschafter	ambassador
Buchhalter, Buchprüfer	accountant
Direktionsassistent	personal assistant (PA) to managing director
Direktor der Abteilung für Öffentlichkeitsarbeit	director of public relations
Direktor der Exportabteilung	export director
Direktor der Finanzabteilung	financial director
Direktor der Planungsabteilung	director of planning
Einkäufer	buyer, purchaser, purchasing executive/officer
Einkaufsleiter, Leiter der Abteilung Einkauf	purchasing manager
Fabrikdirektor, Werksdirektor, Werksleiter	factory/works/plant manager
Fertigungsleiter, Produktionsleiter, Betriebsleiter	production director/manager
Filialleiter, Zweigstellenleiter	branch manager
Generaldirektor, Hauptgeschäftsführer	director-general, general executive manager, general manager (GM), managing director (*Br.*), chief executive (officer *Am.*, CEO)
Geschäftsbereichsleiter ..., Abteilungsleiter ...	director of the ... department, head of the ... section *usw.*

Deutsch	Englisch
Geschäftsbereichsleiter, Abteilungsleiter	director of department, head of section/division/department
geschäftsführender Direktor, geschäftsführendes Vorstandsmitglied, Geschäftsleiter	managing director (*Br.*, MD), chief executive (officer *Am.*, CEO)
geschäftsführender Gesellschafter	managing partner, managing director
Geschäftsleiter	managing director (*Br.*, MD), chief executive (officer *Am.*, CEO)
Geschäftsstellenleiter	office manager
Gesellschafter, Teilhaber	partner, director
Gruppenleiter, Teamleiter	team leader
Handelsvertreter, Verkäufer	sales representative, commercial representative
Hauptbuchhalter, Oberbuchhalter	chief accountant
kaufmännischer Direktor	business (sales) manager
Konstrukteur	design engineer
Konsul	consul
Kundendienstleiter	customer relations manager, customer service manager
leitender Angestellter	executive
leitender Ingenieur	chief engineer
Leiter der Abteilung Öffentlichkeitsarbeit, Leiter der PR-Abteilung, Pressesprecher	public relations director, information services director, PR director
Leiter der Buchhaltung	chief accountant, senior accountant
Leiter der EDV-Abteilung, Leiter des Rechenzentrums	computer manager, data processing manager, systems manager
Leiter der Entwicklungsabteilung	development director/manager
Leiter der Exportabteilung	export manager
Leiter der Finanzabteilung	chief financial officer, director of finance, financial manager
Leiter der Forschungsabteilung	director of research, research director/manager
Leiter der Importabteilung	import manager
Leiter der Kundendienstabteilung	service manager
Leiter der Marketingabteilung	marketing director/manager
Leiter der Personalabteilung	personnel director/manager
Leiter der Planungsabteilung	director of planning
Leiter der Technischen Abteilung	engineering manager
Leiter der Werbeabteilung	advertising director/manager
Leiter *eines Unternehmens*	chief executive
Leiter/Direktor der Logistikabteilung	logistics manager
Leiter/Direktor der Planungsabteilung	planning director

Deutsch	Englisch
Makler	broker
Marketingleiter	director of marketing
Meister	foreman
Oberbuchhalter, Hauptbuchhalter	chief accountant
Personalchef	human resources director/manager, personnel director/manager
Personalleiter, Leiter/Direktor der Personalabteilung	personnel director/manager, chief/ head of staff
Präsident(in), Vorsitzende(r), Tagungsleiter(in)	(*Mann*) chairman, (*Frau*) chairwoman, (*Mann oder Frau*) chairperson
PR-Direktor	director of public relations
Pressereferent, Pressesprecher	press officer
Privarsekretär	private secretary
Produktionsleiter, Fertigungsleiter, Betriebsleiter	production director/manager
Produktmanager	product manager
Programmierer	programmer
Projektleiter	project manager
Rechtsanwalt	lawyer, solicitor, attorney (*bes. Am.*)
Spediteur	shipping agent
stellvertretender ...	assistant ...
Teamleiter, Gruppenleiter	team leader
Technischer Direktor/Leiter	technical director/manager
Teilhaber, Gesellschafter	partner, director
Unternehmensberater	business/management consultant
Verkaufsleiter, Vertriebsleiter	director of sales, distribution manager, marketing (and sales) manager, sales director/manager
Vertreter	agent
Vertriebsleiter	distribution director, distribution manager
Verwaltungsdirektor	administrative manager
Vorstandsvorsitzender	chairman of the board (of directors), chairman and managing director
Werbeleiter	advertising director/manager, publicity manager
Werbetexter	copywriter
Werksdirektor, Werksleiter	factory manager, works manager
Wirtschaftsprüfer	auditor
Zweigstellenleiter, Filialleiter	branch manager

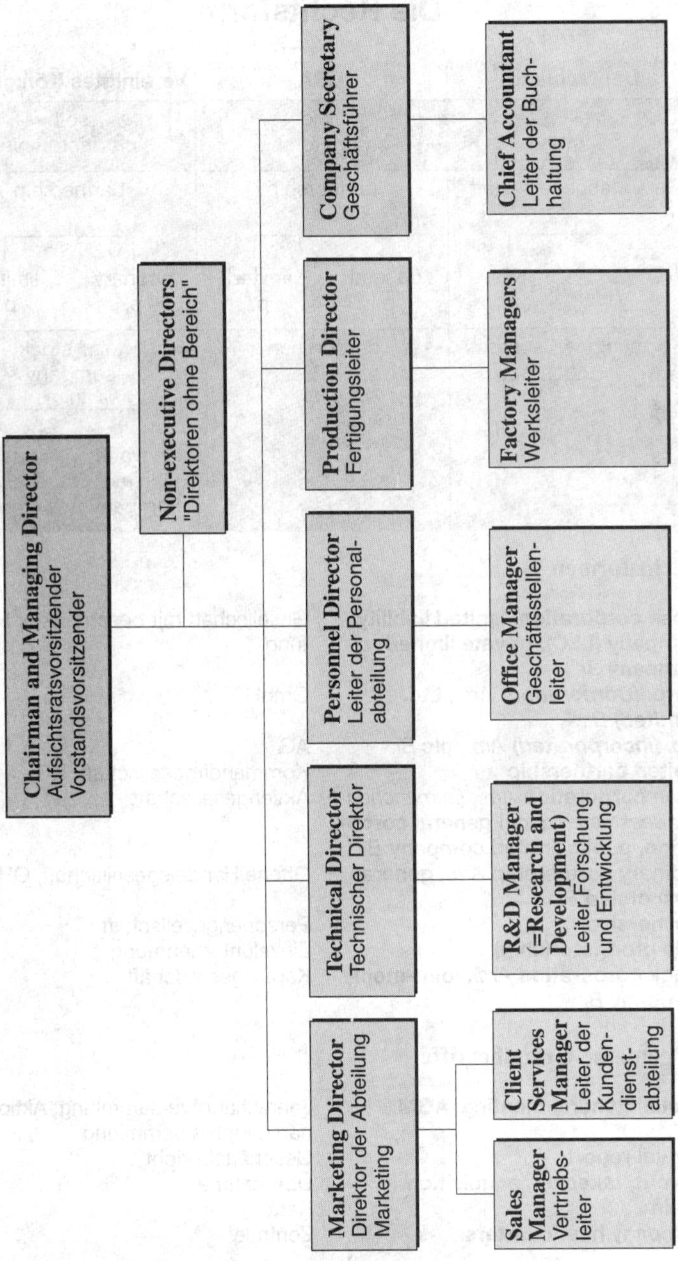

Die deutschen Entsprechungen sind nur annähernde Äquivalente

Die Rechtsform

Deutschland	USA	Vereinigtes Königreich
Einzelunternehmung	sole proprietorship	sole proprietorship
Personengesellschaft OHG – KG	partnership general p. – limited p.	partnership ordinary p. – limited p.
Kapitalgesellschaft GmbH – AG	corporation • close c. – open c. • LLC	joint-stock company private limited company – public limited company

Rechtsformen

close corporation, limited liability company (LLC), private limited company *Br*	Gesellschaft mit beschränkter Haftung
Corp. ***(Corporation)*** *Am.*, **Ltd.** ***(Limited)*** *Br.*	GmbH
Inc. ***(incorporated)*** *Am.*, **plc** *Br.*	AG
limited partnership	Kommanditgesellschaft, KG
open corporation *Am., (in manchen Bundesstaaten auch)* **general corporation, public limited company** *Br.*	Aktiengesellschaft
ordinary partnership *Am.*, **general partnership** *Br.*	Offene Handelsgesellschaft, OHG
partnership	Personengesellschaft
sole proprietor(ship)	Einzelunternehmung
stock corporation *Am.*, **joint-stock company** *Br.*	Kapitalgesellschaft

Allgemeine Grundbegriffe

annual general meeting, AGM	Jahreshauptversammlung, Aktionärshauptversammlung
annual report	Geschäftsbericht
buyout, takeover, acquisition	Übernahme
chain	Kette
company headquarters	Zentrale

conglomerate	Mischkonzern
deregulation	Deregulierung
financing, funding	Finanzierung
group	Konzern
head office	Hauptgeschäftsstelle, Hauptverwaltung
holding company	Holding
liability	Haftung
limited liability	beschränkte Haftung
M&As, mergers and acquisitions	Fusionen und Übernahmen
main stockholder	Hauptaktionär
merger	Fusion
parent company	Muttergesellschaft
private-sector company	Privatunternehmen
startup (company)	Neugründung, Startup
stock *Am.*, **share** *Br.*	Aktie
stock exchange	Börse
to go public	an die ~ gehen
stockholder *Am.*, **shareholder** *Br.*	Aktionär
subsidiary	Tochtergesellschaft
to be listed	börsennotiert sein
to expand	expandieren
to found a company	Firma gründen

Verwechslungsgefahr: die Bilanz eines Unternehmens ist **(a company's) balance sheet. Balance of payments** oder **b/p** bezeichnen die Zahlungsbilanz eines Landes. **Balance** hingegen meint den Kontostand, Restbetrag oder Saldo.

Die Branche

Verwechslungsgefahr: Der Begriff Branche wird mit **line of business** oder mit **the industry** wiedergegeben. Achten Sie auf den Artikel, denn **industry** (ohne Artikel) bezeichnet den gesamten Industriesektor! **branch** hingegen bezeichnet die Filiale einer Firma!

I work in our Brooklyn branch.	Ich arbeite in unserer Zweigstelle in Brooklyn.
Our core business is the production of semiconductors.	Unser Kerngeschäft ist die Herstellung von Halbleitern.
The auto industry *Am.*/**car industry** *Br.* **is our main customer.**	Unser Hauptabnehmer ist die Autoindustrie.
We do a lot of business with South African winegrowers.	Wir machen viele Geschäfte mit südafrikanischen Winzern.
We specialise in IT solutions for the banking sector.	Wir sind auf IT-Lösungen für den Bankensektor spezialisiert.
We supply small local businesses.	Wir beliefern kleinere Unternehmen aus der Region.

We're Europe's leading genetic engineering group.	Wir sind der größte Gentechnologiekonzern in Europa.
We're in the biotech business.	Wir sind in der Biotech-Branche tätig.
Which line of business are you in?	In welcher Branche sind Sie tätig?

Allgemeine Grundbegriffe

assembly plant	Montagewerk
branch	Filiale, Zweigstelle
branch network	Filialnetz
business location	Standort
buyer	Abnehmer
company location	Firmenstandort
core business	Kerngeschäft
factory, plant	Fabrik, Werk
family business	Familienunternehmen
group	Konzern
industry leader	Branchenführer
industry regulator	Branchenaufsicht
industry, line of business	Branche
medium-sized companies	mittelständische Firmen
parent company	Muttergesellschaft
producer, manufacturer	Hersteller
refinery	Raffinerie
service company, service provider	Dienstleister
SMEs, small and medium-sized enterprises	KMUs, kleine und mittelständische Unternehmen
subsidiary	Tochtergesellschaft
supplier	Zulieferer
the "Mittelstand" in Germany	der deutsche Mittelstand
to export	exportieren
to import	importieren
to process	verarbeiten
to produce	produzieren
to supply	liefern

Die wichtigsten Branchen

advertising	Werbewirtschaft
aerospace industry	Luft- und Raumfahrt
agribusiness	Agrarindustrie
aircraft industry	Flugzeugindustrie
auto industry *Am.*, **car industry** *Br.*	Autoindustrie
banking	Bankwesen
chemical industry	chemische Industrie
clothing industry	Bekleidungsindustrie
coal and steel industry	Montanindustrie
construction	Bauindustrie
crafts and trades	Handwerk

defense industry *Am.*, **defence industry** *Br.*	Rüstungsindustrie
electrical engineering	Elektroindustrie
electronic engineering	elektronische Industrie
energy supply	Energiewirtschaft
farming	Agrarwirtschaft
fishing	Fischereiwirtschaft
information and communications (I&C)	Information und Kommunikation (IuK)
information technology (IT)	Informationstechnologie (IT)
insurance	Versicherungswesen
iron and steel industry	Eisen- und Stahlindustrie
manufacturing industry	verarbeitendes Gewerbe
mechanical engineering	Maschinenbau
mining	Bergbau
motor vehicle industry	Kraftfahrzeugindustrie
pharmaceutical industry	pharmazeutische Industrie
precision engineering	feinmechanische Industrie
real estate sector *Am.*, **property sector** *Br.*	Immobiliensektor
retail trade	Einzelhandel
shipbuilding	Werftindustrie
textile industry	Textilindustrie
trade	Handel
wholesale trade	Großhandel

Bürokommunikation

Kurzmitteilung

Memo

For: Action / Comment / Information. Please: File / Return / Pass to ...

To:	Project Manager/ SM, Production Managers/ FG, MO Project Superbike
Cc:	Head of Marketing/ DJ
From:	Head, Research and Development/ JK
Date:	2 Feb 20..
Subject:	Superbike Project: New schedule

The Head of Marketing urgently requires information about the revised launch date for this bicycle. This can only be done when we have a clear status report on the production difficulties which we have been having. FG please let us all have this report by Monday, 5 Feb 20..

We should meet to discuss our revised production timetable. I suggest during our next regular meeting on Tuesday.

Thank you

JK

Bericht

Report

To:	Head, Research and Development / JK
From:	Production Dept./ FG
Cc:	MO
Date:	5 Feb 20..
Subject:	Superbike Project

Situation:
The delays in the production of this product amount to 12 weeks and are due to the following:

1. Poor quality of imported parts.
2. Your department not keeping to agreed deadlines.
3. Illness in our department.

Recommendation:
1. Use different suppliers. (3 offers available; all expensive)
2. We agree on a realistic timetable which everyone can keep to.

The illness problem has finished. If speed is important, we recommend that we use the parts produced by Dingwall Plc.

Tagesordnung

Agenda

To: R&D, Production Depts./ All Managers **Date:** 2 Feb 20..
Meeting: Interdepartmental Meeting
Tuesday, 6 Feb 20.. at 14.00 in Room 356

1. Approval of minutes of last meeting (5 min.)
2. Current business (15 min.)
3. Superbike Project (15 min.)
4. This year's holiday planning (15 min.)
5. Presentation: New competition brake system (PJ 15 min.)
6. Presentation: New bicycle lighting system (MO 15 min.)
7. Any other business (5 min.)

Total time: 85 min.

The meeting can finish no later than 15.30 as JK has an appointment. Points 5 and 6 can be carried forward, the rest not.

Protokoll

Minutes

To: R&D, Production Depts./ All Managers **Date:** 7 Feb 20..
Meeting: Interdepartmental Meeting
Tuesday, 6 Feb 20.. at 14.00 in Room 356
Present: All Managers, R&D, Production Depts, except FG.

1. The minutes of our meeting on 28 Jan were approved. Apologies for absence were received from FG.
2. Current business: FH's request for study leave was turned down as she has a key role in the Newbike project. Two new appointments have been made in

the Production department. John Davis as trainee and Joseph Brown as an engineer.
3. Superbike Project: MO presented the situation in FG's absence. All agreed that the failure of the imported parts is a very worrying development. The supplier has agreed to withdraw. We will recommend to the MD that we take the Dingwall parts. If all goes well the product could be launched in the autumn. JK will present our decisions to the MD.
4. This year's holiday requests were approved except for those working on the Superbike project, who will have to wait until the new timetable has been approved.
5.+6. The two presentations were postponed until the next meeting due to lack of time.
7. Other business: none.
The next regular meeting will take place in two weeks time on 19 Feb at 14.30 in room 356 again.

pd

E-mail

From:	Peter.Schwabe@webside.de
To:	John.Warnock@webside.de
Date	15 Oct 20..
Subject:	Your information and file attachments

Dear John,

Thank you for your mail and file attachments. The figures stated are fine and may be submitted to the Ontario tax authorities.

Have a nice day,
Peter

Nützliche Begriffe und Wendungen

Kommunikation

For action	Mit der Bitte um Erledigung
For comment	Mit der Bitte um Stellungnahme
For (your) information	Mit der Bitte um Kenntnisnahme
Please file	Bitte zu Ihren Akten legen
Please return	Mit der Bitte um Rückgabe
Please pass to	Mit der Bitte um Weiterleitung
Cc	Kopie an
Subject	Betrifft

Regards	Gruß (*Bei Memos usw. in Englisch gibt es häufig keine Schlussformel – nur die Unterschrift oder Kürzel.*
Initials	Anfangsbuchstaben, Kürzel
To initial s.th.	Mit einem Kürzel unterschreiben, abzeichnen
R&D (Research and Development)	Forschung und Entwicklung
MD (Managing Director)	Geschäftsleiter
Presentation	Präsentation
Approval of minutes	Annahme des Protokolls
Current business	Tagesgeschäfte
Any other business	Sonstiges
To carry s.th. forward to ...	Etwas auf ... verschieben
Summary report	Kurzbericht
Questionnaire	Fragebogen, Umfrage
Market survey	Marktbericht
Letter of Agreement	Vereinbarung
Order Form	Bestellformular

Technische Büroausrüstung

answering machine	Anrufbeantworter
cartidge	Patrone
cell(ular) phone *Am.*, **mobile phone** *Br.*	Handy, Mobiltelefon
dictaphone	Diktiergerät
dot matrix printer	Nadeldrucker
fax machine	Faxgerät
ink jet printer	Tintenstrahldrucker
laser printer	Laserdrucker
photocopier	Fotokopiergerät
printer	Drucker
scanner	Scanner
shredder	Reißwolf
to fax	faxen

Computer

central processing unit, CPU	Prozessor, Rechner
electronic data processing, EDP	elektronische Datenverarbeitung, EDV
file	Datei
key	Taste
keyboard	Tastatur
modem	Modem
mouse	Maus
mouse pad	Mauspad
password	Passwort
spreadsheet	Tabellenkalkulation
to save	speichern
word processing	Textverarbeitung
directory	Verzeichnis

Telefonieren

Ein Gespräch mit Notiz

John Cautious:	Interdisk Plc, Swindon.
Mary Hopeful:	Hello, could I speak to Dr Bean, please?
John Cautious:	I'm afraid Dr Bean is in a meeting.
Mary Hopeful:	Then perhaps you could help me. I sent Dr Bean materials relating to a new advertising campaign for your products. Has he had time to study them?
John Cautious:	I'm afraid I really can't say. If you give me your name and telephone number I will ask Dr Bean to ring you back.
Mary Hopeful:	Thank you. If he could ring me back today that would be a great help. We need a decision within the next few days.
John Cautious:	I can't promise anything. But I will do my best. Could I have your name again, please?
Mary Hopeful:	Yes, it's Hopeful, that's H-O-P-E-F-U-L.
John Cautious:	Sorry, could you repeat that?
Mary Hopeful:	H-O-P-E-F-U-L.
John Cautious:	And your telephone number?
Mary Hopeful:	Cambridge. The code is 01223. Then the number is 5678902. I'm in the office all day.
John Cautious:	All right. I'll see what I can do for you.
Mary Hopeful:	Thank you, goodbye.

☎ Telephone Message

Date: 19 Jul 20.. **Time:** 9.15 am

Call from: Ms Hopeful
Call to: Dr Bean

Lady rang asking if you have had time to study her proposals for an advertising campaign.
Requests call in the course of today on Cambridge (01223) 5678902. Seems urgent.

Signed: John Cautious

Nützliche Begriffe und Wendungen

Telefonnummern

6904421 **(six, nine, oh** (USA: zero)**, double four, two, one.)**	
What's your home/office number?	Wie ist Ihre Privatnummer / Telefonnummer im Büro?
Do you know his extension number?	Kennen Sie seine Durchwahl?
What's the (country) code for Ireland?	Wie ist die Vorwahl für Irland?
Do you know the (area) code for Shannon?	Kennen Sie die Vorwahl für Shannon?

Einen Telefonanruf beantworten

Langenscheidt Publishers, Dictionaries Division. Good Morning / Good Afternoon, can I help you?	Langenscheidt-Verlag, Bereich Wörterbücher. Guten Morgen / Guten Tag. Was kann ich für Sie tun?
Who's calling please?	Wer spricht, bitte?
Hold the line, please.	Bleiben Sie bitte am Apparat.
Sorry to keep you waiting.	Es tut mir Leid, dass Sie warten müssen.
Bear with me for a moment, please.	Bitte haben Sie etwas Geduld.
I'll put you through.	Ich verbinde.
Yes, Mr Philips is here. I'll put him on.	Ja, Herr Philips ist da. Einen Augenblick.

Sich melden

My name is Joan Hill.	Mein Name ist Joan Hill.
I'm calling on behalf of Mr Smith.	Ich rufe im Auftrag von Herrn Smith an.

Sich verbinden lassen

Could I have the Dictionaries Department, please?	Könnten Sie mich bitte mit der Redaktion Wörterbücher verbinden?
Could I speak to Mr Jones, please?	Könnte ich bitte mit Herrn Jones sprechen?

Die Person ist nicht da

He hasn't arrived yet.	Er ist noch nicht eingetroffen.
She's at lunch / on holiday / away on business.	Sie ist beim Mittagessen / in Urlaub / auf Geschäftsreise.
She isn't here today.	Sie ist heute nicht im Hause.
He doesn't work here any more.	Er arbeitet hier nicht mehr.

Anrufbeantworter

Marketing Department. We are unfortunately not available at the moment. You can leave a message for us after the beep.	Marketing-Abteilung. Wir sind im Moment leider nicht erreichbar. Sie können nach dem Signalton eine Nachricht hinterlassen.
This is Joe Keiller. I'd be grateful if you could ring me back in the course of the morning.	Joe Keiller am Apparat. Ich wäre Ihnen dankbar, wenn Sie im Laufe des Vormittags zurückrufen könnten.

Eine Nachricht hinterlassen

Could you give him a message?	Könnten Sie ihm etwas ausrichten?
It's not important. Just give him my regards and tell him that I'll try again next time I'm in Frankfurt.	Es ist nicht wichtig. Richten Sie ihm schöne Grüße aus. Ich werde es noch einmal versuchen, wenn ich wieder in Frankfurt bin.
Please tell Mr Abercorn that I would be grateful if he would ring me back.	Richten Sie bitte Herrn Abercorn aus, dass er mich zurückrufen soll.

Einzelheiten / Buchstabieren

How do you spell the name of your company?	Wie schreibt man den Namen Ihrer Firma?
Can you spell that, please?	Würden Sie das bitte buchstabieren?
Next word	Nächstes Wort
Next line	Nächste Zeile
Double (double "e")	Doppel -„e", zwei „e"
Capital (capital "E")	Großbuchstabe (großes „E")
Small (small "e")	Kleinbuchstabe (kleines „e")
Comma	Komma
Full stop	Punkt
Period	Punkt (*Am.*)
Hyphen	Bindestrich

Rückruf ankündigen

I'm in a meeting at the moment. I can get back to you in fifteen minutes, OK?	Ich bin in einer Sitzung. Ich kann Sie in einer Viertelstunde zurückrufen. In Ordnung?
Could I phone you when I've more time?	Könnte ich Sie anrufen, wenn ich mehr Zeit habe?

Zurückrufen

This is Mr Holder returning your call.	Mr Holder am Apparat. Sie haben mich angerufen ...
Haselhurst. I have a message that you wanted me to phone you back.	Haselhurst. Mir wurde ausgerichtet, dass ich zurückrufen soll.

Verständnisschwierigkeiten

Shall I repeat that for you?	Soll ich das wiederholen?
Could you repeat that for me?	Könnten Sie das bitte wiederholen?
Pardon / I beg your pardon?	Wie bitte?
Could you speak more loudly / slowly?	Könnten Sie bitte etwas lauter / langsamer sprechen?
I'll get someone who speaks English better than I do.	Ich hole jemanden, der Englisch besser beherrscht als ich.

Probleme

This is the fifth time I've been put through to the wrong department!	Das ist das fünfte Mal, dass ich mit der falschen Abteilung verbunden wurde!
In bed? Oh sorry, what's the time difference between Munich and Singapore?	Noch im Bett? Oh, das tut mir aber Leid. Welcher Zeitunterschied ist zwischen München und Singapur?
We're seven hours ahead / behind you![1]	Wir sind sieben Stunden voraus / hinterher![1]
I'm sorry my computer's not working at the moment.	Es tut mir Leid, mein Computer ist derzeit außer Betrieb.
If you'd like to leave me your name and telephone number, I'll ring back as soon as we have sorted the problem out.	Wenn Sie mir Ihren Namen und Ihre Telefonnummer geben würden, rufe ich zurück, sobald wir das Problem gelöst haben.

Ein Gespräch beenden

Sorry, I can't talk to you any more now. I've got a meeting.	Es tut mir Leid, ich muss unser Gespräch beenden. Ich habe gleich eine Sitzung.
I am sorry, but I really must go now.	Es tut mir Leid, aber ich muss jetzt wirklich Schluss machen.
Thank you for calling.	Danke für den Anruf.
It's been nice talking to you again.	Es war nett, wieder mal mit Ihnen sprechen zu können.
I look forward to hearing from you again.	Ich freue mich darauf, wieder von Ihnen zu hören.

---

[1] Die wichtigsten Zeitunterschiede können Sie dem Kapitel **Zeitzonen und Weltzeituhr** S. 1425 entnehmen.

Gesprächsbeispiele

Gesprächsbeispiel 1:

I need to speak to ...

James Stuart needs to speak to Sammy Lee in the Hong Kong office. They're meeting in New York in five days' time, but first there are some details to be covered ...

O: = Operator, J: = James Stuart;
R: = Ruth King (secretary of Sammy Lee);
Sa: = Sammy Lee

O: Good afternoon, Oxford and Chambers. How may I help you?

J: Hello, is it possible to speak to Sammy Lee?
O: Who's calling please?
J: This is James Stuart from the London office.
O: One moment, Mr Stuart, I'll try to connect you.
O: I'm sorry, there's no answer at the moment. Shall I put you through to his secretary?
J: Yes, please, it's quite urgent.
R: Good afternoon, Mr Lee's office. Who's calling please?

J: This is James Stuart from the London office. I'm the coordinator for the Rashamon project. Is Mr Lee available, please?
R: He's somewhere in the building. I'm expecting him back in half an hour.
J: This is quite urgent. Would it be possible to put a call out for him?
R: Certainly. Just one moment.

R: Could Mr Lee please contact Ruth immediately for an urgent telephone call?

Ich muss mit ... sprechen

James muss mit Sammy Lee vom Büro in Hong Kong reden. Sie treffen sich in fünf Tagen in New York, aber vorher müssen ein paar Einzelheiten geklärt werden ...

O: Guten Tag. Sie sind mit Oxford und Chambers verbunden. Wie kann ich Ihnen helfen?
J: Guten Tag. Ist es möglich, mit Sammy Lee zu sprechen?
O: Wie ist Ihr Name, bitte?
J: Ich bin James Stuart aus dem Londoner Büro.
O: Kleinen Moment, Herr Stuart, ich versuche Sie zu verbinden.
O: Tut mir Leid, im Moment nimmt niemand ab. Soll ich Sie mit seiner Sekretärin verbinden?
J: Ja, bitte, es ist ziemlich dringend.
R: Guten Tag, dies ist das Vorzimmer von Herrn Lee. Ihr Name, bitte?
J: Hier James Stuart aus dem Londoner Büro. Ich bin der Koordinator des Rashamon-Projekts. Ist Herr Lee zu sprechen?
R: Er ist irgendwo im Haus unterwegs. Ich erwarte ihn in etwa einer halben Stunde zurück.
J: Es ist ziemlich dringend. Wäre es möglich, ihn auszurufen?
R: Selbstverständlich. Einen Moment bitte.
R: Herr Lee wird gebeten, sich wegen eines dringenden Telefonats sofort bei Ruth zu melden.

Sa: Ruth, it's Sammy. You paged me. Who is calling me?

R: It's James Stuart from London. He needs to speak to you urgently.

Sa: Tell him I'm on the way. Please ask him to hold on.

R: Certainly. Mr Stuart, Mr Lee will be here shortly, please hold the line.

J: Thank you. You've been most helpful.

R: You're welcome.

Sa: James! Sammy Lee here.

J: Sammy, glad to speak to you. I have a couple of things to discuss before we meet next week ...

Sa: Ruth, hier Sammy. Sie haben mich ausgerufen. Wer ist am Telefon?

R: James Stuart aus London. Er muss dringend mit Ihnen sprechen.

Sa: Sagen Sie ihm, ich komme sofort. Er möchte warten.

R: Selbstverständlich. Herr Stuart, Herr Lee wird gleich hier sein. Bitte bleiben Sie am Apparat.

J: Vielen Dank. Sie haben mit sehr geholfen.

R: Gern geschehen.

Sa: James! Hier Sammy Lee.

J: Sammy, ich bin froh, mit Ihnen zu reden. Ehe wir uns nächste Woche treffen, muss ich einiges mit Ihnen besprechen ...

Gesprächsbeispiel 2:

Exchanging contact details

James Stuart and Sarah Mayhew will be working together on a project team advising a large construction company on how to introduce e-commerce into the business. They need to exchange some contact details for the file. Sarah is the first one on James' list ...

Persönliche Daten weitergeben

James Stuart und Sarah Mayhew werden zusammen in einem Projektteam arbeiten, das ein großes Bauunternehmen bei der Einführung des E-Business beraten soll. Sie müssen ihre Adressen austauschen. Sarah steht oben auf der Liste von James ...

J: = James Stuart; S: = Sarah Mayhew

J: Hi, Sarah. It's James here. I'm putting together the contact file for the Rashamon project. What are the best numbers to reach you on?

S: Hi there. I guess we're getting closer to start up! You have my direct line already. If it's busy, you can leave a message on my voicemail. If you need to call the main switchboard, it's 001 415 842 3200.

J: Hallo, Sarah. Hier James. Ich stelle die Adressliste für das Rashamon-Projekt zusammen. Unter welchen Nummern kann man Sie am besten erreichen?

S: Hallo, James. Der Start rückt also immer näher! Meine Direktdurchwahl haben Sie ja schon. Falls besetzt ist, können Sie eine Nachricht auf Anrufbeantworter hinterlassen. Wenn Sie die Telefonzentrale anrufen müssen: Die Nummer ist 001 415 842 3200.

J: What about your mobile?
S: My cellphone number is 07714 642 883.
J: And your email address?
S: It's sarah dot mayhew at oxford-chambers dot com. That's Sarah with an 'h' by the way. Mayhew is m-a-y-h-e-w. I also have a pager number if nothing else works. It's 01239 847210.
J: Great, I've got all that now.
S: What about you? I don't have all your details yet.
J: My email is james dot stuart at oxfordchambers dot co dot uk. My surname is spelt the Scottish way. That's s-t-u-a-r-t. My mobile is 0970 332 559 and my pager is 08879 204936. I'll email you the contact list as soon as I have the details of the others.
S: We have six on the team, right?
J: Yes. There's Michel Grand from Paris, Ingrid Petersson from Stockholm, Sammy Lee from Hong Kong and Rodrigo Velas-quez from Caracas.
S: A truly international team and a lot of expertise! I'm looking for-ward to working with you guys!
J: Yes. It will be great to get things started!

J: J: Und Ihr Handy?
S: Meine Handy-Nummer ist 07714 642 883.
J: Und Ihre E-Mail-Adresse?
S: Die ist sarah dot wayhew at oxfordchambers dot com (sarah.mayhew@oxfordcham-bers. com). Sarah übrigens mit 'h'. Mayhew schreibt sich m-a-y-h-e-w. Ich habe auch einen Piep-ser, falls alles andere nicht läuft. Die Nummer ist 01239 847210.
J: Gut, dann habe ich alles.
S: Und was ist mit Ihnen? Ihre Daten habe ich noch nicht alle.
J: Meine E-Mail-Adresse lautet james dot stuart at oxfordcham-bers dot co dot uk (james.stuart @oxfordchambers.co.uk). Mei-nen Nachnamen schreibt man auf die schottische Art, das ist s-t-u-a-r-t. Meine Handy-Num-mer ist 0970 332 559 und mein Piepser hat die Nummer 08879 204936. Sobald ich die Angaben der anderen habe, maile ich Ihnen die Liste.
S: Wir arbeiten zu sechst am Pro-jekt, nicht wahr?
J: Stimmt. Michel Grand aus Paris, Ingrid Petersson aus Stockholm, Sammy Lee aus Hong Kong und Rodrigo Velasquez aus Caracas.
S. Ein wirlich internationales Team mit viel Sachkenntnis. Ich freue mich auf die Zusammenarbeit mit Ihnen allen!
J: Ja. Es wird toll sein, endlich an-zufangen!

Gesprächsbeispiel 3:

Leaving a message

Wie man eine Nachricht hinterlässt

Sarah Mayhew is calling James Stuart in London. The phone rings twice and is picked up by James' voicemail.

Sarah Mayhew ruft James Stuart in London an. Das Telefon läutet zweimal, dann meldet sich James' Anrufbeantworter.

J: = James Stuart; S: = Sarah Mayhew

(James's recorded voice:)
Hello, you're through to the voicemail of James Stuart. I'm sorry, I can't take your call right now, but if you'd like to leave a message, I'll get back to you.

(Aufgenommene Stimme von James:)
Hallo. Sie sind mit dem Anrufbeantworter von James Stuart verbunden. Leider bin ich momentan nicht erreichbar, Sie können aber gerne eine Nachricht hinterlassen und ich rufe Sie zurück.

(Automated voice:)
To speak to an operator dial 0 or remain silent; to speak to another person dial their extension now; otherwise, please leave your message for extension 4-6-3 after the tone.

(Automatische Stimme:)
Um mit der Vermittlung verbunden zu werden, wählen Sie bitte 0 oder warten Sie; um mit einer anderen Person zu sprechen, wählen Sie jetzt ihre Durchwahlnummer; ansonsten hinterlassen Sie bitte Ihre Nachricht für die Durchwahlnummer 4-6-3 nach dem Signalton.

S: Hi, James. This is Sarah calling. It's Monday, October 23rd, 8 a.m. I need to speak to you urgently regarding the Rashamon project. Please call me back as soon as possible.

S: Hallo, James. Hier Sarah. Es ist Montag, 23. Oktober, 8 Uhr. Ich muss dringend mit Ihnen über das Rashamon-Projekt sprechen. Bitte rufen Sie mich so bald wie möglich zurück.

When James returns from his meeting, he tries calling Sarah ...

Als James von seinem Meeting zurückkommt, versucht er bei Sarah anzurufen ...

(Voicemail:)
Hi. You are through to extension 3209. There's no one here right now, but I can take a message if you like ...

(Aufgenommene Stimme:)
Hallo. Sie sind mit der Durchwahlnummer 3209 verbunden. Im Moment können wir Ihren Anruf nicht beantworten, aber Sie können eine Nachricht hinterlassen ...

J: Sarah, it's James returning your call. I just got your message and hope I'm not too late getting back to you. I've been tied up in a meeting all day. I'm here for another thirty minutes, but after that you'll have to try me on my mobile.

James hangs up and a few minutes later his telephone rings.

J: James Stuart speaking.

S: Hi, James. Finally we manage to speak to each other in real time! Thanks for returning my message earlier. I have some urgent news on the Rashamon project that I need to speak to you about. Have you got an moment?

J: I have about fifteen minutes before I need to leave. Fire away!

S: The client has requested a meeting with the whole team next week. It sounds like they might want to pull the project unless they can get some major changes agreed. Are you able to come over?

J: I'll need some time to re-schedule my appointments, but I'm sure it won't be a problem. This sounds quite urgent anyway. Have you spoken with the rest of the team?

S: Yes. Ingrid and Sammy can make it. I'm still waiting to hear from the others.

J: Okay, let me know how it goes. I'll start freeing up my diary now.

S: Great, I'll speak to you tomorrow. Bye.

J: Certainly. Bye.

J: Sarah, hier James. Ich habe gerade Ihre Nachricht bekommen und hoffe, ich rufe nicht zu spät zurück. Ich wurde den ganzen Tag in einer Sitzung aufgehalten. Ich bleibe noch dreißig Minuten hier, danach bin ich über mein Handy zu erreichen.

James hängt auf und ein paar Minuten später läutet sein Telefon.

J: James Stuart am Apparat.

S: Hallo, James. Endlich können wir direkt miteinander reden! Danke, dass Sie mich zurückgerufen haben. Ich habe Neuigkeiten über das Rashamon-Projekt, über die wir dringend sprechen müssen. Haben Sie jetzt Zeit?

J: Ich habe fünfzehn Minuten, bevor ich wegmuss. Schießen Sie los!

S: Der Kunde hat um eine Sitzung mit dem ganzen Team in der nächsten Woche gebeten. Es hört sich so an, als könnten sie das ganze Projekt einstellen, falls wir uns nicht auf einige wichtige Änderungen einigen. Können Sie herkommen?

J: Ich brauche etwas Zeit, um meine Termine umzustellen, aber das wird sicher kein Prolem sein. Das klingt alles sehr ernst. Haben Sie schon mit den anderen Teammitgliedern gesprochen?

S: Ja. Ingrid und Sammy haben Zeit. Auf die Anrufe der anderen warte ich noch.

J: Okay. Geben Sie mir bitte Bescheid, wie es weitergeht. Ich fange jetzt an, meine Termine umzustellen.

S: Alles klar. Dann hören wir morgen wieder voneinander. Tschüs.

J: Sicher. Tschüs.

Telefonnummern

Darstellung

Beispiel für ein Telefonat von einem Ort in Deutschland nach Boston (USA):

access number	country code	area code	local number
00 Ausland	1 USA	617 Boston	324 8079 Nummer
Zugangszahl	Landeskennzahl	Ortsnetzkennzahl	Anschluss

Eine Übersicht über Landeskennzahlen wichtiger Länder finden Sie auf den Seiten 1427–1431.

Telefonnummern auf Visitenkarten und Briefköpfen sollten so gestaltet sein, dass sie auch bei Anrufen aus dem Ausland sofort einleuchten. Oft verwendet man heute vor der Ortsnetzkennzahl (z.B. 89 für München) ein „+“, um damit anzudeuten, dass bei Ferngesprächen zuvor noch eine Zahl und – wenn es sich um Gespräche aus dem Ausland handelt – die entsprechende Landeskennzahl (z.B. für Deutschland **49**) gewählt werden müssen. Innerhalb Deutschlands ist bei Ferngesprächen eine 0 vor der Ortsnetzkennzahl zu wählen (hier **0**89, wenn man z. B. von Hamburg aus München erreichen will). Nehmen wir an, Sie wollen die Telefonnummer Ihrer Firma mit Sitz in München (Ortsnetzkennzahl 89) auf einem Briefkopf oder auf einer Visitenkarte mit internationaler Geltung angeben. Die Firma hat die Rufnummer 361 41 240, Sie haben die folgende Durchwahl: 361 41 24 445. Es empfiehlt sich, diese Telefonnummern für den internationalen fernmündlichen Verkehr so anzugeben:

Firma	+49-89-3614124-0
Durchwahl	+49-89-3614124-445

Beispiel

Anruf im Ortsnetzbereich München			3614124 - 445
Ferngespräch innerhalb Deutschlands		089	-3614124 - 445
Auslandsgespräch von London	00-	49 - 89	-3614124 - 445
Auslandsgespräch von Paris	00-	49 - 89	-3614124 - 445
Auslandsgespräch von New York	011-	49 - 89	-3614124 - 445

Small Talk – Englischsprachige Gäste im Büro

Gäste begrüßen / Sich vorstellen

Interkulturelles	*Es ist in englischsprachigen Ländern üblich, sich beim ersten Treffen oder beim Wiedersehen nach einiger Zeit die Hand zu geben. Tägliches Händeschütteln ist hingegen nicht angesagt.*
Elke Schondorff	Good morning, Mr Maloney. Welcome to Langenscheidt Publishers. I'm Elke Schondorff.
Pat Maloney	Hello, Ms Schondorff. Nice to meet you.
Elke Schondorff	May I also introduce my colleague, Paul Schmidt. He is responsible for your project.
Pat Maloney	Ah, yes. Hello, Mr Schmidt, I think we will have a lot to talk about.
Paul Schmidt	Yes, I'm looking forward to our discussions. Nice to meet you.

Vornamen

Interkulturelles	*In englischsprachigen Ländern geht man oft sehr schnell dazu über, sich beim Vornamen zu nennen – ohne aber die rein geschäftliche Natur der Beziehung anzutasten.*
Elke Schondorff	So, Mr Mal ... oney ...
Pat Maloney	Oh, just call me Pat.
Elke Schondorff	Well, I'm Elke.
Paul Schmidt	Yes, and I'm Paul.

Bewirtung / Toilette

Elke Schondorff	Can we offer you some tea or coffee?
Pat Maloney	Oh yes, a cup of coffee would be very nice. Thank you.
Elke Schondorff	Can I get you anything else?
Pat Maloney	No thanks, Elke. Except that is ... might I use your toilet?
Elke Schondorff	Oh, we should have told you where it is before. Just round the corner, to the right. Paul, will you show Pat where the toilet is?
Paul Schmidt	Sure. Just follow me, Pat.

Herkunft und Wetter

Elke Schondorff	Did you have a good flight?
Pat Maloney	Yes thanks, although we were a bit delayed.
Elke Schondorff	Where do you come from in England?
Pat Maloney	I was born in Ireland. But now I live near the office in Shepherd's Bush in London.
Elke Schondorff	Yes I know Shepherd's Bush. There's some good pubs and theatres there and a famous market.
Pat Maloney	That's right. It's a nice place to live.
Elke Schondorff	Is this your first visit to Munich?
Pat Maloney	No. I've been here a few times before, but only in the summer, not when it's been cold.
Elke Schondorff	Yes, it is a bit cold today. But it's going to get even colder tomorrow.
Pat Maloney	Oh dear, I've only got my raincoat with me.
Elke Schondorff	Don't worry. You can always take a taxi.

Sich verabschieden

Elke Schondorff	Well, it was very nice of you to come to see us, Pat. I think our discussions have been very useful.
Pat Maloney	Yes, I agree. I've very much enjoyed talking to you. Paul, you'll send on the minutes of our meetings.
Paul Schmidt	Yes certainly. And may I also thank you for coming.
Pat Maloney	It was my pleasure. Goodbye, then.
Elke Schondorff	Goodbye. Have a good flight.
Paul Schmidt	Goodbye. See you again in March.

Allgemeine Floskeln

Can I take your coat?	Möchten Sie Ihren Mantel ablegen?
Come in!	Herein! (*n. d. Anklopfen*)
Did you have any trouble finding us?	Haben Sie gut hergefunden?
How can I help you?	Womit kann ich Ihnen behilflich sein?
Please take a seat.	Nehmen Sie doch bitte Platz.
This way, please.	Wenn Sie mir bitte folgen würden.
What can I do for you?	Was kann ich für Sie tun?

Gesprächsbeispiel:

Getting acquainted

David Duckham has a meeting with two foreign guests with the aim of everyone getting to know each other.

DD: = David Duckham; CS: = Claudia Schneider;
GD: = George Potts

DD: Well, now that everyone is here, why don't we get to know each other a little better? As I said, my name is David Duckham. I'm the Personnel Manager here in Manchester.

CS: Have you been with *Joystix* long?

DD: I've been with the firm just over five years now and this is the first time we've had a prolonged visit from someone in Germany who wants to learn from *us*.

CS: I'm very keen to see how you run things here and I'm very grateful to you, David, and to Mr Grisedale, ... er ... John, for giving me this opportunity to work with you. Are you a totally British firm?

DD: Yes, we are, but we have quite a number of partners throughout the world. As reflected by the fact that here today we have George with us from L.A. You'll notice that they speak English a bit differently up here in the north of England! But I'm sure we'll understand one another.

DD: But maybe you'd like to tell us something more about yourselves?

Sich näher kennen lernen

David Duckham hat eine Besprechung mit zwei ausländischen Gästen mit dem Ziel, dass alle sich näher kennen lernen.

DD: Also, jetzt wo alle da sind, sollten wir uns auch etwas näher kennen lernen. Wie gesagt, mein Name ist David Duckham. Ich bin der Personalchef hier in Manchester.

CS: Sind Sie schon lange bei *Joystix?*

DD: Ich bin jetzt bei der Firma seit etwas mehr als fünf Jahren, und das ist das erste Mal, dass jemand aus Deutschland für längere Zeit zu uns kommt und von *uns* etwas lernen möchte.

CS: Ich will unbedingt sehen, wie Sie hier Ihre Geschäfte führen, und ich bin Ihnen, David und Mr. Grisedale, ... äh ... John, ... sehr dankbar für die Gelegenheit, mit Ihnen zusammen zu arbeiten. Sind Sie eine ausschließlich britische Firma?

DD: Ja, das sind wir, aber wir haben eine ganze Reihe von Partnern in aller Welt. Wie man schon daran sehen kann, dass wir heute George aus Los Angeles bei uns haben. Sie werden merken, dass das Englisch, das man hier oben in Nordengland spricht, ein bisschen anders klingt. Aber ich bin sicher, wir werden uns verstehen.

DD: Aber vielleicht möchten Sie uns etwas mehr über sich erzählen.

CS: My name is Claudia Schneider. I come from Augsburg, which is near Munich. I studied at Munich University and then went to America for a year. When I came back, I decided to start my own business. And for that I need to be computer literate.

DD: And what about you, George?

GP: Oh, I'm just boring. When I left school I didn't really know what I wanted to do, so I set up my own software programming business – with some help from my father. And things have just developed from there. Oh, yeah and I'm forty-one years old. My name is George Potts and I come from Chicago originally. Now I live in L.A. But Manchester is just like a second home to me now.

DD: Are you sure you don't mean you like the English rain? Or maybe it's the English golf courses?

GP: I like British ideas and the British way of thinking.

DD: Have you brought any good ideas with you, Claudia?

CS: Well, as I said, now that I've done a degree in Economics and Business Studies at Munich University, I plan to start my own business next year. So actually I'm looking for ideas!

CS: Mein Name ist Claudia Schneider. Ich komme aus Augsburg, einer Stadt in der Nähe von München. Ich habe an der Universität in München studiert, und dann bin ich für ein Jahr nach Amerika gegangen. Nach meiner Rückkehr habe ich beschlossen, meine eigene Firma zu gründen. Und deshalb muss ich mich mit EDV gut auskennen.

DD: Und wie ist es mit Ihnen, George?

GP: Oh, eigentlich eine ganz langweilige Sache. Nach der Schule wusste ich eigentlich nicht so recht, was ich machen sollte. Also gründete ich meine eigene Software-Programmierfirma – mit etwas Unterstützung von meinem Vater. Und seitdem haben sich die Dinge einfach weiterentwickelt. Oh, und ich bin einundvierzig Jahre alt. Mein Name ist George Potts und ich komme ursprünglich aus Chicago. Jetzt lebe ich in Los Angeles. Aber Manchester ist für mich schon fast ein zweites Zuhause geworden.

DD: Sind Sie sicher, dass Sie nicht den englischen Regen meinen? Oder vielleicht die englischen Golfplätze?

GP: Ich mag britischen Ideenreichtum und die britische Denkweise.

DD: Haben Sie irgendwelche guten Ideen mitgebracht, Claudia?

CS: Naja, wie schon gesagt, ich habe einen Abschluss in Volks- und Betriebswirtschaft an der Universität München und ich will nächstes Jahr meine eigene Firma gründen. Genau genommen suche also *ich* Ideen!

DD: Well, we should be able to help you there. Particularly since we work closely with the whizz kids in Silicon Valley.

CS: Are you a computer whizz kid, George?

GP: Well, *Joystix* and I are old friends – but we're certainly not kids any more! We go back a long way. I've been coming over here for about ten years now, but not since they moved to this new downtown office block. Very nice, David. Very nice. Not as big as back home in L.A. though!

CS: So you are a whizz kid after all! A big whizz kid!

DD: Right then, time for a tour of the building and we can stop off in the canteen for lunch on the way.

DD: Da können wir Ihnen bestimmt helfen. Insbesondere weil wir mit den „Whizz-Kids" im Silicon Valley eng zusammenarbeiten.

CS: Sind Sie ein „Computer Whizz-Kid", George?

GP: Naja, *Joystix* und ich sind alte Freunde – aber wir sind ganz sicher keine Kids mehr! Wir kennen uns schon sehr lange. Ich komme seit etwa zehn Jahren hierher nach England, aber ich war noch nicht hier, seitdem sie in dieses neue Bürohaus im Stadtzentrum umgezogen sind. Sehr schön, David. Wirklich schön. Wenn auch vielleicht nicht so groß wie bei uns zu Hause in Los Angeles!

CS: Also sind Sie doch ein „Whizz-Kid"! Ein großes „Whizz-Kid"!

DD: Dann machen wir jetzt doch einen Rundgang durchs Haus, und zwischendurch können wir in der Kantine zu Mittag essen.

Projektarbeit

report	Bericht
general ~	Gesamt~
summary ~	Kurz~
progress ~	Lage~
final ~	Schluss~
interim ~	Zwischen~
joint venture	Gemeinschaftsunternehmen
international team	internationales Team
co-worker *Am.*, **colleague** *Br.*	Kollege, Kollegin
partner	Partner
problem-solving	Problemlösung
project	Projekt
joint ~	gemeinsames ~
~ manager	~leiter
~ management	~management
~ planning	~planung
~ team	~team
~ evaluation	~evaluierung
~ target	~ziel
research	Recherchen
~ on ...	~ zum Thema ...
to carry out ~	~ durchführen
team	Team
to build a ~	~ zusammenstellen
~ leader	~leiter, Gruppenleiter
~ spirit	~geist
~ meeting	~sitzung
to co-operate, to work together	zusammenarbeiten

Meetings

Einleitende Worte und Moderation

Any Other Business/AOB includes ...	Zum Tagesordnungspunkt Sonstiges gehört ...
Are there any other matters you wish to raise under Any Other Business?	Möchten Sie noch andere Punkte unter Sonstiges zur Sprache bringen?
Good morning, Ladies and Gentlemen.	Guten Morgen meine Damen und Herren!
I'd like to welcome you to our meeting.	Ich begrüße Sie zu unserer Besprechung.
Mr/Ms ... will be taking the minutes of the meeting.	Das Protokoll führt Herr/Frau ...
The first/second item on the agenda is ...	Punkt 1/2 der Tagesordnung lautet: ...
We've got the following items on the agenda today.	Zunächst stelle ich Ihnen die Tagesordnungspunkte vor.
Who's taking the minutes?	Wer führt Protokoll?

Informieren

Let me give you a quick rundown on present trends.	Lassen Sie mich kurz das Wichtigste über aktuelle Trends sagen.
May I briefly put you in the picture?	Darf ich Sie kurz ins Bild setzen?
Mr/Ms ... will brief us on the impact of the new legislation on our industry.	Herr/Frau ... wird uns über die Auswirkungen der neuen Gesetze auf unsere Branche informieren.

Vorschläge machen und kommentieren

Antrag	**motion** *(formell)*
Antrag stellen	**to propose a motion**
Vorschlag	**suggestion, proposal**
Vorschlag machen	**to make a suggestion, to put forward a proposal**

Verwechslungsgefahr:

einen Antrag stellen:

Am.	*Br.*
to submit a motion	**to table a motion**

einen Antrag zurückstellen

Am.	*Br.*
to table a motion	**to postpone a motion**

Vorschlag einbringen

At the (express) request of Mr/Ms ...	Auf (ausdrückliches) Ersuchen von Herrn/Frau...
Here's an alternative suggestion: ...	Ich mache Ihnen einen anderen Vorschlag: ...
I propose the motion that ...	Ich stelle (hiermit) den Antrag, dass ...
I suggest reducing prices.	Ich schlage Preissenkungen vor.
What I'm proposing is ...	Mein Vorschlag lautet folgendermaßen: ...

Zustimmung

I share your opinion.	Ich teile Ihre Meinung.
I'd be prepared to meet you halfway on this.	Ich wäre bereit, Ihnen in diesem Punkt auf halbem Weg entgegenzukommen.
I'd like to second John's proposal.	Ich möchte Johns Vorschlag unterstützen.
I'm in (complete) agreement with you.	Ich stimme Ihnen (voll und ganz) zu.
That sounds reasonable.	Das klingt vernünftig.
There's a lot to be said for introducing a new company logo.	Es spricht vieles für ein neues Firmenlogo.
We might be able to agree with that.	Wir sind eventuell mit diesem Vorschlag einverstanden.
You're right.	Sie haben Recht.

Ablehnung

I disagree.	Ich bin anderer Meinung.
I don't think that's such a good idea.	Das ist keine gute Idee.
I have certain reservations.	Ich habe gewisse Bedenken.
I'm afraid I can't accept that./I'm sorry, that would be quite out of the question.	Das gefällt mit überhaupt nicht./Das kommt überhaupt nicht infrage.
My objection to the project is based on ...	Mein Einwand gegen das Projekt basiert auf ...
That isn't really what I had in mind.	Das entspricht eigentlich nicht meinen Vorstellungen.

Um Meinungsäußerungen bitten

Any comments?	Ich bitte um (Ihre) Stellungnahmen.
Are there any objections?	Gibt es Einwände?
Could you be more specific?	Könnten Sie das genauer ausführen?
Do you share Mr/Ms ... 's view?	Teilen Sie die Meinung von Herrn/Frau ...?
Let me give the floor *Am.*/**hand over to ...**	Ich übergebe das Wort an ...
Let's discuss the pros and cons!	Diskutieren wir das Für und Wider!
Now over to you, Mr/Ms ...	Herr/Frau ... hat nun das Wort.
What exactly do you have in mind?	Was genau stellen Sie sich vor?
What's your opinion on this item of the agenda?	Was ist Ihre Meinung zu diesem Tagesordnungspunkt?
Would you like to respond to the point made by the last speaker?	Möchten Sie auf den Punkt des letzten Redners eingehen?

Argumentieren

Strukturieren

(Before we start) I'd like to point out three things.	Lassen Sie mich (vorab) drei Punkte klarstellen.
first(ly) – second(ly) – third(ly)	erstens – zweitens – drittens
I'd like to come back to the question of price later.	Ich würde gerne später auf das Thema Preise zurückkommen.
I'd like to pick up the point Mr/Ms ... has just made.	Ich möchte noch einmal auf den Punkt zurückkommen, den Herr/Frau ... gerade erwähnt hat.
I'll be as brief as possible.	Ich werde mich möglichst kurz fassen.

Let's move on to the second item.	Lassen Sie uns jetzt zu Punkt 2 übergehen.
Let's sort out the main points first.	Konzentrieren wir uns zunächst auf die wesentlichen Punkte.
Let's start with he first item on the agenda.	Kommen wir zunächst zu Punkt 1 unserer Tagesordnung.
On the contrary.	Im Gegenteil.
On the one hand ... on the other hand	Einerseits ... andererseits
The advantages/disadvantages are ...	Die Vorteile/Nachteile sind: ...
The fact is that ...	Tatsache ist, dass ...
To put it briefly ...	Kurz gesagt ...
To put it differently ...	Anders ausgedrückt ...

Akzentuieren

Besides I'd like to add that ...	Außerdem möchte ich hinzufügen, dass ...
Could I just comment on that?	Könnte ich dazu etwas anmerken?
I'd like to draw your attention to two facts.	Ich möchte Ihre Aufmerksamkeit auf zwei Fakten lenken.
I'd like to point out that ...	Ich weise darauf hin, dass ...
I'm convinced that ...	Ich bin davon überzeugt, dass ...
One thing I'd like to stress is that ...	Ich möchte auf eine Sache deutlich hinweisen: ...
We have to face the facts.	Wir müssen den Tatsachen ins Auge sehen.

Relativieren

At first glance the project seems profitable.	Auf den ersten Blick scheint das Projekt rentabel zu sein.
I think there are a number of factors we need to consider.	Ich meine, es gibt eine Reihe von Faktoren, die wir bedenken müssen.
If you look more closely you get a different picture.	Auf den zweiten Blick ergibt sich ein anderes Bild.
It depends on whether ...	Das hängt davon ab, ob ...
I'm not sure.	Ich bin mir nicht sicher.
Some points speak in its favor ***Am./*** **favour** ***Br.*****, some against it.**	Einige Punkte sprechen dafür, andere dagegen.
The benefits of a strategic alliance will outweigh the disadvantages.	Die Vorteile einer strategischen Allianz werden die Nachteile überwiegen.
The problem is much more complex.	Das Problem ist viel komplizierter.
This is only one side ot the coin.	Das ist nur eine Seite der Medaille.
We shouldn't ignore the risks.	Wir sollten die Risiken nicht außer Acht lassen.

Begründen

... was caused by ...	... wurde verursacht durch ...
According to recent surveys ...	Jüngste Umfragen belegen, dass ...
As far as I know, our sales figures are up at the moment.	Soviel ich weiß, sind unsere Verkaufszahlen zurzeit gut.
Experience has taught us that ...	Die Erfahrung hat gezeigt, dass ...
The reason is ..	Der Grund ist ...
There's reason to believe that ...	Es besteht Grund zur Annahme, dass ...
This is (the reason) why our sales figures went down.	Das ist der Grund, weshalb unser Absatz gesunken ist.
This is due to higher costs.	Dies ist auf höhere Kosten zurückzuführen.

Folgern

As a consequence we have to ...	Deshalb müssen wir ...
Now we'll have to take the appropriate steps.	Jetzt müssen wir die entsprechenden Maßnahmen ergreifen.
This in turn led to ...	Dies führte wiederum zu ...
This move led to ...	Die Folge dieser Maßnahme war ...
We conclude that ...	Wir kommen zu dem Schluss, dass ...
We have learnt from our mistakes.	Wir haben aus unseren Fehlern gelernt.
We mustn't jump to conclusions.	Wir dürfen keine voreiligen Schlüsse ziehen.

Abschließende Bewertung

Abstimmen

All those in favor *Am.***/favour** *Br.*	Wer stimmt dafür?
Any abstentions?	Gibt es Enthaltungen?
I suggest we put the proposal to the vote.	Ich schlage vor, über den Vorschlag abzustimmen.
In the event of a tie the chair has the deciding vote.	Bei Stimmengleichheit hat der Vorsitzende die ausschlaggebende Stimme.
Let's take a vote.	Lassen Sie uns abstimmen!
May I ask for a show of hands?	Ich bitte um Handzeichen.
The executive board's proposal was carried unanimously.	Der Vorschlag des Vorstands wurde einstimmig angenommen.
The motion was rejected by 12 votes to 5.	Der Antrag wurde mit 12 zu 5 Stimmen abgelehnt.
The proposal was carried with two votes against.	Der Vorschlag wurde mit 2 Gegenstimmen angenommen.

The result of the vote is as follows: ...	Das Abstimmungsergebnis lautet wie folgt: ...
Those against?	Wer stimmt dagegen?

Positives Fazit

Agreement was reached on all the points.	Einigkeit konnte in allen Punkten erzielt werden.
It's a deal!	Das Geschäft ist perfekt.
The talks were very successful.	Die Gespräche verliefen sehr erfolgreich.
We made good progress.	Wir haben große Fortschritte erzielt.
We were able to clear up differences of opinion.	Die Meinungsverschiedenheiten konnten ausgeräumt werden.
We were able to settle all the outstanding questions.	Wir konnten alle offenen Fragen klären.

Negatives Fazit

It was difficult to reach agreement on every single point.	Es erwies sich als schwierig, in allen Punkten eine Einigung zu erzielen.
Regrettably we were not able to settle all our differences.	Bedauerlicherweise konnten wir die Differenzen nicht vollständig beilegen.
Unfortunately we were not able to discuss all the points on the agenda.	Leider konnten wir nicht alle Tagesordnungspunkte besprechen.

Abschließen

I hereby declare the meeting closed.	Die Sitzung ist hiermit geschlossen.
Oustanding issues will be dealt with tomorrow.	Noch verbleibende Fragen diskutieren wir morgen.
Thank you all for attending the meeting	Ich danke Ihnen für Ihr zahlreiches Erscheinen.
Thank you for your valuable contributions.	Vielen Dank für Ihre konstruktiven Beiträge.
The meeting is adjourned till tomorrow.	Die Sitzung wird auf morgen vertagt.

Pannen und Probleme

Während der Diskussion

Can we stick to the agenda, please.	Bitte halten Sie sich an die Tagesordnung.
Could you be more concise.	Würden Sie sich bitte kürzer fassen.

I don't understand the point you're trying to make.	Ich verstehe nicht, worauf sie hinauswollen.
I really have to (emphatically) reject that accusation.	Ich muss diesen Vorwurf (entschieden) von mir weisen.
I think we're talking at cross-purposes.	Ich glaube, wir reden aneinander vorbei.
If you would allow me to continue.	Könnte ich bitte ausreden.
Let's return to the subject.	Lassen Sie uns bitte zum Thema zurückkommen.
That goes beyond the scope of our discussion today.	Das würde den Rahmen unserer heutigen Besprechung sprengen.
To me that doesn't seem relevant to the subject.	Mir scheint, das gehört nicht zum Thema.
We're running short on time *Am.*/ **short of time** *Br.*	Die Zeit läuft uns davon.
You're straying from the subject.	Sie schweifen vom Thema ab.

Zuständigkeiten klären

I'm afraid I don't have the authority to decide on that.	Leider bin ich nicht befugt, hier eine Entscheidung zu treffen.
I'm afraid I have to check back (on this).	Hierzu muss ich Rücksprache halten.
That point has nothing to do with me.	Für diesen Punkt bin ich nicht zuständig.

Um Aufschub bitten

Could we have a little more time, please?	Bitte geben Sie uns noch etwas Zeit.
I'd like to think this over if you don't mind.	Ich würde mir das gerne noch einmal überlegen, wenn Sie nichts dagegen haben.
I'm afraid I'll have to get back to you on that.	Ich bitte um Bedenkzeit.

Nützliche Begriffe und Wendungen

absentees	Abwesende
agenda	Tagesordnung
to stick to the ~	sich an die ~ halten
to draw up the ~	die ~ festlegen
to adopt the ~	die ~ annehmen
to change the ~	die ~ ändern
Any Other Business (AOB)	Sonstiges
attendance	Anwesenheit
attendees	Anwesende

binding	verbindlich
break	Pause
business	Geschäft
~ deal	~sabschluss
to do ~ with s.o.	mit j-m ins ~ kommen
business lunch/dinner	Arbeitsessen
by a majority	mehrheitlich
chair	Vorsitz
to chair	den ~ führen
chairperson	Moderator
chairperson (chairman *oder* **chairwoman)**	Vorsitzender
compromise	Kompromiss
concession	Zugeständnis
to make ~s	~se machen
conference room	Konferenzraum
deadline	Frist
to meet a deadline	~ einhalten
deciding vote	ausschlaggebende Stimme
decision	Entscheidung
decision-making	~sfindung
decision-maker	~sträger
differences of opinion	Meinungsverschiedenheiten
discussion	Diskussion
exchange of opinions	Meinungsaustausch
interlocutor *(sehr selten; üblicher ist stattdessen, die Personen beim Namen zu nennen)*	Gesprächspartner
interpreter	Dolmetscher
majority	Mehrheit
meeting	Sitzung
to cancel a ~	~ absagen
to call a ~	~ einberufen
to open a ~	~ eröffnen
to close a ~	~ schließen
to stop a ~	~ unterbrechen
to postpone a ~	~ verschieben
meeting	Besprechung
to have a ~	eine ~ haben
to chair a ~	eine ~ moderieren
to be in a ~	in einer ~ sein
minority	Minderheit
minutes	Protokoll
to take the ~	~ führen
misunderstanding	Missverständnis

motion	Antrag
to reject a ~	~ ablehnen
to carry a ~	~ annehmen
to put forward a ~	~ stellen
to second a ~	~ unterstützen
name tags	Namensschilder
negotiations	Verhandlungen
to speed up ~	~ beschleunigen
to conduct ~	~ führen
negotiator	Unterhändler
objection	Bedenken
polemic	polemisch
polemics	Polemik
proposal	Vorschlag
to put forward a ~	~ machen
to reject a ~	~ ablehnen
to support a ~	~ unterstützen
pros and cons	Pro und Kontra
question	Frage
to ask a ~	~ stellen
round of talks	Gesprächsrunde
show of hands	Handzeichen
speaker	Redner
successful	erfolgreich
talks	Gespräche
tie	Stimmengleichheit
time schedule	Zeitplan
to abstain	enthalten, sich ~
to chair a meeting	moderieren
to compare	vergleichen
to contradict	widersprechen
to decide	entscheiden, beschließen
to discuss	diskutieren
to negotiate	verhandeln
to overrule	überstimmen
to persuade s.o.	überzeugen, j-n ~
to summarize	zusammenfassen
to talk business	Geschäftliches besprechen
to vote on, to take a vote on	abstimmen, ~ über
unanimous	einstimmig
by ~ vote	durch ~en Beschluss
veto, right of veto	Veto
to veto something	~ einlegen
videoconference	Video-Konferenz
vote	Abstimmung

Der Einsatz von Visuals bei Präsentationen

Technische Hilsmittel

audio-visual aids	audio-visuelle Hilfsmittel
board	Tafel
board marker, marker pen	Marker
digital projector	Beamer
flip chart	Flipchart
microphone	Mikrofon
OHP pen	Folienstift
overhead projector, OHP	Overhead-Projektor
PA sytem, public address system	Lautsprecheranlage
pointer	Zeigestock
screen	Leinwand
slide	Dia
slide projector	Diaprojektor
transparency	Overhead-Folie
VCR, video cassette recorder	Videorekorder
whiteboard	weiße Tafel

Wichtige Grundbegriffe

acoustics	Akustik
area	Fläche
column	Spalte
company profile	Firmenprofil
conference	Kongress, Tagung
curve	Kurve
development	Entwicklung
(electrical) socket, outlet	Steckdose
factsheet	Informationsblatt
fluctuation	Fluktuation
guest lecture	Gastvortrag
handout	Handout
horizontal axis	x-Achse
keynote speaker	Hauptredner
light switch	Lichtschalter
line	Gerade, Linie

(official) statistics	Statistik (offizielle ~)
plug	Stecker
podium	Podest
presentation	Präsentation
questionnaire	Fragebogen
sales figures	Verkaufszahlen
seating arrangement	Sitzordnung
seminar	Seminar
speaker	Redner, Referent
spreadsheet	Tabellenkalkulation
symposium	Symposium
talk	Rede
to give a ~	~ halten
talk, lecture	Vortrag
to give a ~	~ halten
trend	Tendenz
vertical axis	y-Achse

Grafische Darstellungen

1. flow chart
(Flussdiagramm)

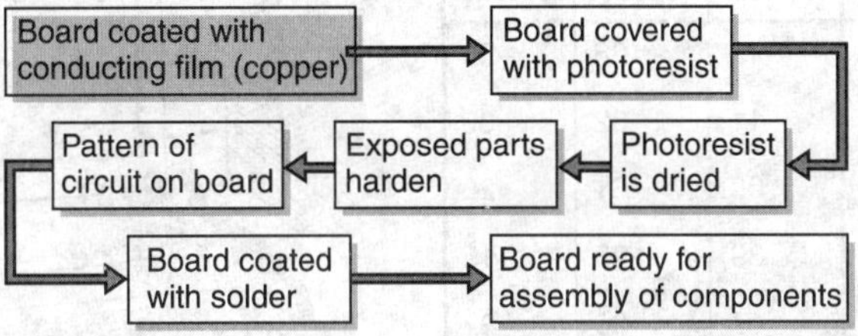

2. pie chart
(Kreisdiagramm)

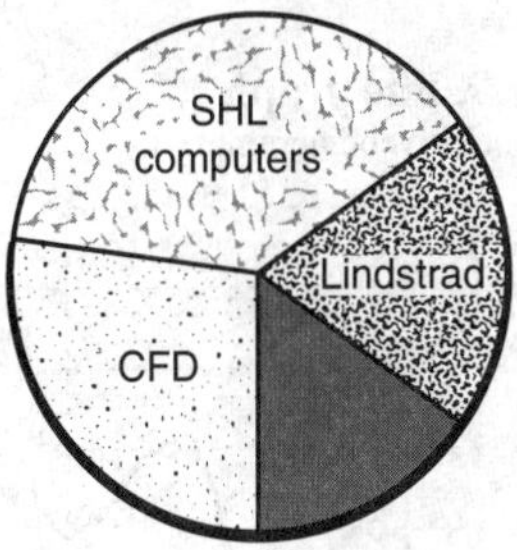

3. bar chart
(Säulendiagramm)

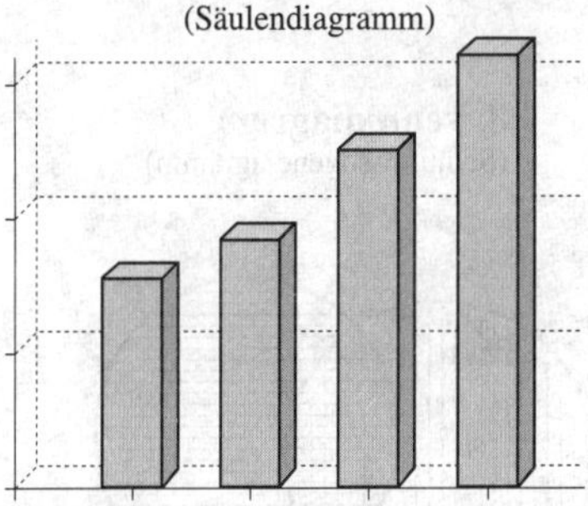

4. diagram
(Diagramm)

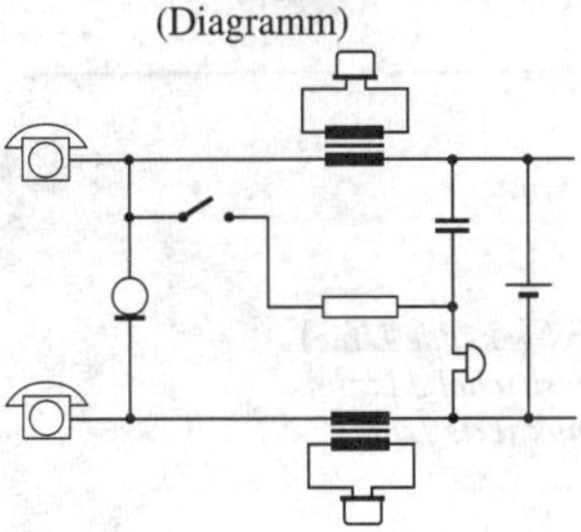

5. plan
(Plan)

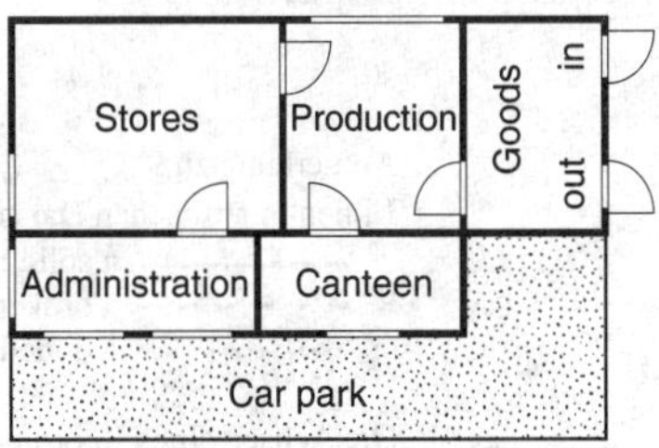

6. table
(Tabelle)

GNP/GDP % change	Average ´81-´89	´96 forecast	´99 forecast
France	12	28	30
Germany	11	32	30
Italy	08	31	28
Japan	39	25	15
UK	17	26	32
USA	23	25	35

7. drawing / illustration
(Abbildung / Illustration)

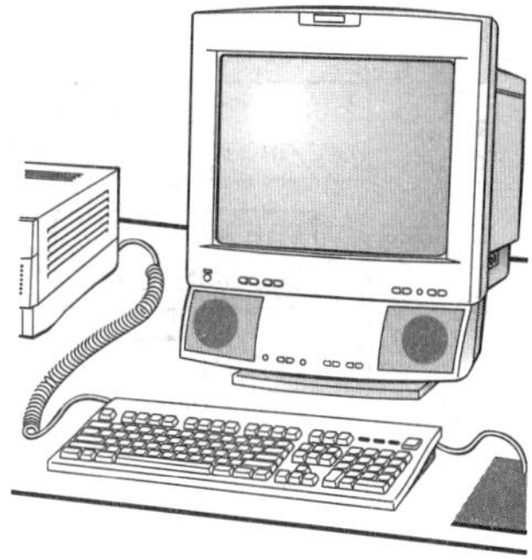

8. venn diagram
(Schnittmengendiagramm)

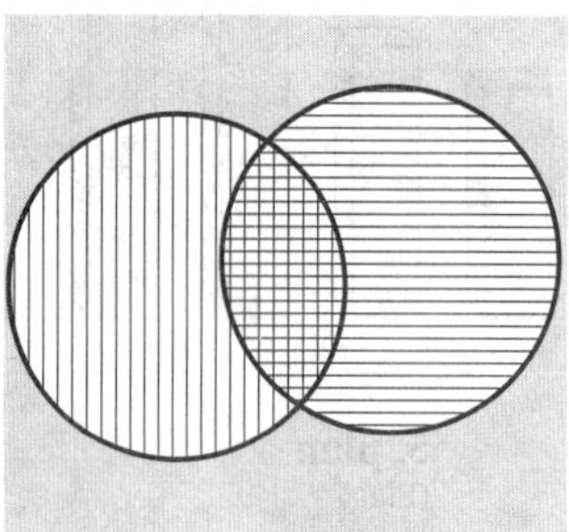

9. line graph
(Kurvendiagramm)

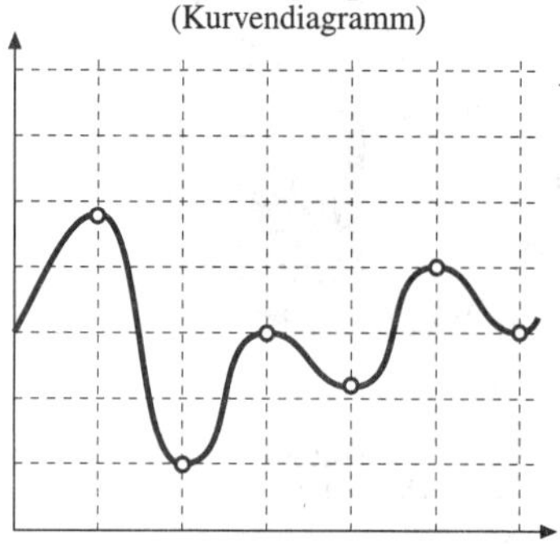

Anmerkung zu 9

Linien in grafischen Darstellungen:

- a solid line *(eine durchgehende Linie)*
- a broken line *(eine gestrichelte Linie)*
- a dotted line *(eine punktierte Linie)*

Die Achsen eines Koordinatensystems:

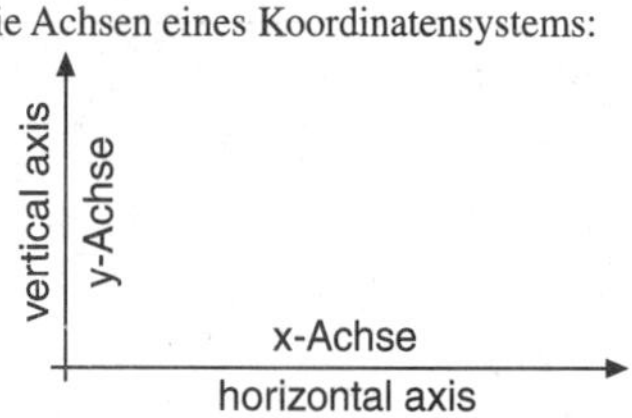

Allgemeine Begleitphrasen zu Visuals

According to our latest statistics ...	Unsere neuesten Statistiken belegen, dass ...
at the bottom	unten
at the top	oben
Here you can see ...	Sie sehen hier ...
If we look at the vertical axis, we can ...	Wenn wir die y-Achse betrachten, können wir ...
If you'd like to look at the table.	Werfen Sie bitte einen Blick auf die Tabelle.
in the middle	in der MItte
It's quite evident that ...	Es ist ganz offensichtlich, dass ...
May I refer you to the diagram on page 13.	Darf ich Sie auf die Grafik auf Seite 13 verweisen.
Obviously, this implies that ...	Dies bedeutet ganz offensichtlich, dass ...
on the bottom left	links unten
on the left	links
on the right	rechts
on the top right	rechts oben
The bar chart shows last year's sales figures by country.	Im Balkendiagramm sehen Sie für jedes Land die Absatzzahlen des Vorjahres.
the broken line	die gestrichelte Linie
The curve here suggests that ...	Dieser Kurvenverlauf legt den Schluss nahe, dass ...
the dotted line	die gepunktete Linie
the figures ...	die ... Zahlen
in italics	kursiv gedruckten
in bold type	fett gedruckten
The horizontal axis represents ...	Auf der x-Achse ist ... eingetragen.
the red section	der rote Abschnitt
the right-hand column	die rechte Spalte
the shaded section	der schraffierte Bereich
the solid line	die durchgehende Linie
the table in the middle	die mittlere Tabelle
the text highlighted in gray *Am./* **grey** *Br.*	der grau unterlegte Text
This slide gives a breakdown of our main activities.	Auf dieser Folie sehen Sie eine Aufschlüsselung unserer Haupttätigkeitsbereiche.
What you see illustrated here is ...	Diese Abbildung zeigt ...
You can clearly see that ...	Sie können deutlich sehen, dass ...
You'll see immediately that ...	Sie werden sofort sehen, dass ...

Trendbeschreibungen

STARTING POINT – before description of trend	AUSGANGSWERT – vor einer Trendbeschreibung
to stand at: *... At the end of the last quarter, inflation stood at 2.5 per cent.*	liegen bei: *... Gegen Ende des letzten Quartals lag die Inflationsrate bei 2,5%.*

UP – verbs

go/be up	take off	shoot up	soar	increase
rise	grow	improve	pick up	recover
revive	jump	rocket	surge	boom
leap	boost			

UP – nouns

an increase	a rise	growth	an improvement	an upturn
a surge	an upsurge	a leap	a boost	an upward trend

DOWN – verbs

go/come down	fall	fall off	drop	decline
decrease	slip	plummet	collapse	plunge
slump	dip	tumble	sink	ease

DOWN – nouns

a fall	a decrease	a decline	a drop	a downturn
a dip	a collapse	a plunge	a slump	a downward trend

NO CHANGE – verbs

remain stable	level off	stay at the same level	remain constant
stagnate	stabilise	remain steady	

AT THE TOP – verbs

reach a peak	peak

AT THE BOTTOM – verbs

to hit an all time low	bottom out

Prepositions

a rise, increase / fall **in** (sales) **from** ... **to** ...	ein Zuwachs / Rückgang **bei** / in den Verkaufszahlen **von** ... **auf** ...
a rise, increase / fall **of** ... **over** (+ *time*)	ein Zuwachs / Rückgang **von** ... **im Vergleich zu** (+ *Zeitangabe*)
to rise, increase / fall **to** ...	steigen / fallen **auf** ...
to rise, increase / fall **by** ...	steigen / fallen **um** ...

Examples

Total sales revenue 1993: £1m, 1994: £6m.	Gesamtverkaufserlös 1993: £1 Million, 1994: £6 Millionen
= Sales rose **from** £1m **to** £6m.	= Der Absatz stieg **von** £1 Million **auf** £6 Millionen.
= Sales rose **by** £5m.	= Der Absatz stieg **um** £5 Millionen.
= There was an increase **in** sales of £5m **over**[1] the previous year.	= **Im Vergleich** zum Vorjahr erhöhte sich der Absatz um £5 Millionen.

Total sales revenue 1997: £20m, 1998: £10m.	Gesamtverkaufserlös 1997: £20 Millionen, 1998: £10 Millionen
= Sales fell **from** £20m **to** £10m.	= Der Absatz sank **von** £20 Millionen **auf** £10 Millionen.
= Sales fell **by** £10m.	= Der Absatz sank **um** £10 Millionen.
= There was a fall **in** sales of £10m **over**[1] the previous.	= **Im Vergleich** zum Vorjahr sank der Absatz um £10 Millionen.

[1] **over** hat hier nicht die Bedeutung 'during' (während), sondern 'in comparison to' (im Vergleich mit/zu).

Intensität der Veränderung

Beispiele

There has been a slight increase in the value of the dollar, but the pound is down again.

Der Kurs des Dollar ist leicht gestiegen, abe das britische Pfund hat wieder an Boden ve loren.

We hope to see a moderate fall in overheads next year.

Wir hoffen, dass im nächsten Jahr die Ge samtkosten leicht reduziert werden könne

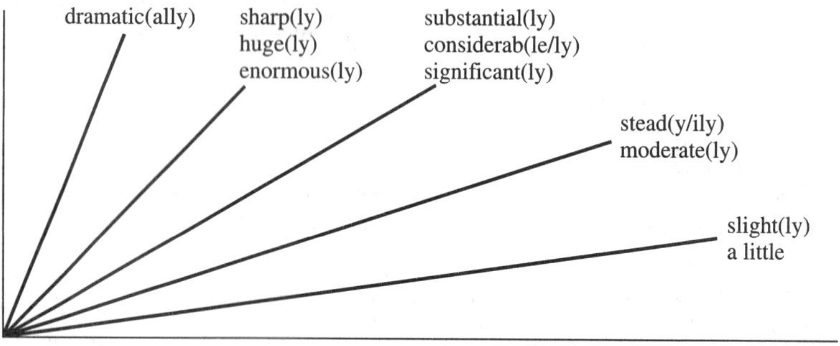

Geschwindigkeit der Veränderung

Beispiele

There has been a rapid increase in our expenses.

Unsere Ausgaben sind rasch gestiegen.

The level of investment rose suddenly.

Es kam zu einem plötzlichen Anstieg des Ir vestitionsniveaus.

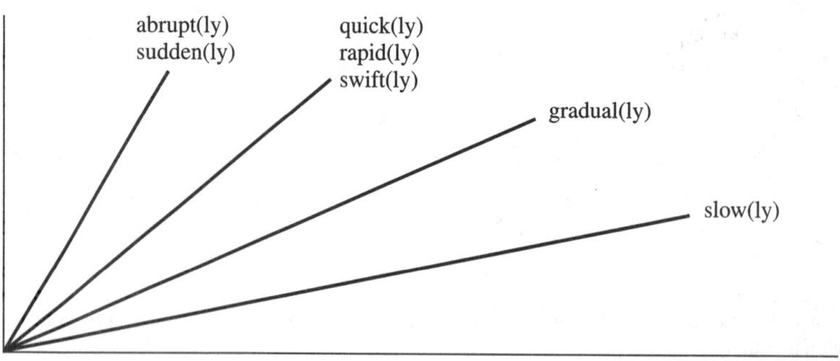

Messe, Verkauf und Bankservice

Messe

(business) card	Visitenkarte
(trade) fair	Messe
to take part in a ~, to attend a ~	an einer ~ teilnehmen
to visit a ~	eine ~ besuchen
~ pass	~ausweis
~ office, ~ center, *Am.*	~zentrum
aisle	Gang
announcement	Durchsage
baggage checkroom	Gepäckaufbewahrung
booth *Am.*, stand *Br.*	Stand
to construct a ~	~ aufbauen
to dismantle a ~	~ abbauen
rental charge	~miete
~ number	~nummer
building	Gebäude
catering service	Catering
cloakroom	Garderobe
contact	Ansprechpartner
counter	Theke
customer, client	Kunde/Kundin
day pass	Tageskarte
demonstration model	Vorführmodell
display case	Prospekthalter
emergancy exit	Notausgang
entrance	Eingang
event	Veranstaltung
venue	~sort
exhibition	Ausstellung
~ (floor) space	~sfläche
~ hall	~shalle
showroom	~sraum
sample not for sale	~sstück
exhibitor	Aussteller
to host ~s	~ betreuen
list of ~s	~verzeichnis
exit	Ausgang
floor	Stockwerk
followup business	Nachmessegeschäft

freebie, giveaway	Werbegeschenk
gate	Tor
hall	Halle
indoor space	überdachte Fläche
information	Information
information desk	Informationsstand
interpreter	Dolmetscher(in)
layout	Grundriss
meeting point	Treffpunkt
order form	Bestellformular
parking garage *Am.*/**car park** *Br.*	Parkhaus
parking space	Parkplatz
price list	Preisliste
product sample	Warenprobe
products on display, exhibits	ausgestellte Produkte
sample	Muster
security staff	Wachdienst
shelf (shelves)	Regal (Regale)
showcase	Schaukasten
to exhibit	ausstellen
trade fair	Fachmesse
trade visitor	Fachbesucher
uncovered area, outoor space	Freigelände, Freifläche

Verkauf

Zahlung

cash on delivery (C.O.D)	Barzahlung bei Lieferung
cash price	Barpreis
cash with order (C.W.O)	Barzahlung bei Bestellung
credit note	Gutschrift
debit note	Lastschrift
in bulk	en gros
in stock	vorrätig, auf Lager
invoice	Rechnung
payment by bank transfer	Zahlung durch Banküberweisung
payment in advance	Vorauszahlung
ready for dispatch	versandbereit
special discount	Sonderrabatt
trade discount	Handelsrabatt

Lieferung

Delivery periods depend on the type of transport.	Die Lieferzeiten hängen von den Transportmodalitäten ab.
How long is the delivery period?	Wie lange ist die Lieferzeit?

There's a 2–4 month delivery period for goods made to specification.	Die Lieferzeit für Sonderanfertigungen beträgt 2–4 Monate.
Unfortunately there's a holdup in delivery at the moment.	Zurzeit haben wir leider einen Lieferengpass.
We'll arrange the delivery of the goods.	Wir werden die Lieferung arrangieren.
You may have the goods on approval for a maximum of 10 days.	Sie können die Ware maximal 10 Tage zur Ansicht behalten.

Wichtige INCOTERMS

Carriage Paid To (CPT)	Frachtfrei bis Bestimmungsort
Cost and Freight (CFR)	Kosten und Fracht
Cost, Insurance, Freigt (CIF)	Kosten, Versicherung und Fracht
Delivered At Frontier (DAF)	Geliefert frei Grenze
Delivered Duty Paid (DDP)	Geliefert verzollt
Delivered Duty Unpaid (DDU)	Geliefert unverzollt
Ex Works (EXW)	ab Werk an benanntem Ort
Free Alongside Ship (FAS)	Frei Längsseite Seeschiff
Free Carrier (CFA)	Frei Frachtführer
Free on Board (FOB)	Frei an Bord
International Commercial Terms (INCOTERMS)	Internationale Regeln für die Auslegung handelsüblicher Vertragsformeln

Bank-Service

amount	Betrag
bank	Bank
bank sort code	~leitzahl
bank account	~konto
cash	bar
cash	Bargeld
change	Kleingeld
check *Am.*, **cheque** *Br.*	Scheck
coin	Münze
commercial bank	Geschäftsbank
commission	Gebühr
counter, window, desk	Schalter
credit card	Kreditkarte
currency	Währung
exchange rate	Kurs
exchange rate	Wechselkurs
money	Geld
ATM *Am.*, **cashpoint, cash dispenser** *Br.*	~automat
banknote, bill	~schein

payment	Zahlung
receipt	Quittung
to (ex)change	wechseln
to deposit	einzahlen
to sign	unterschreiben
to withdraw	abheben
transfer	Überweisung
traveler's check *Am.*, **traveller's cheque,** *Br.*	Reisescheck

Tastaturbelegungen

Deutschland

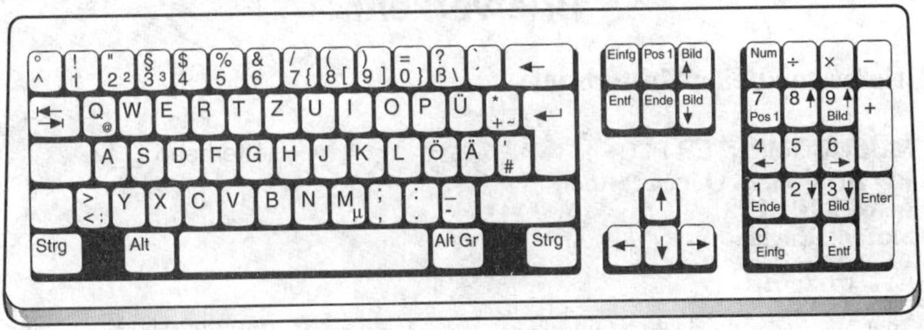

Großbritannien

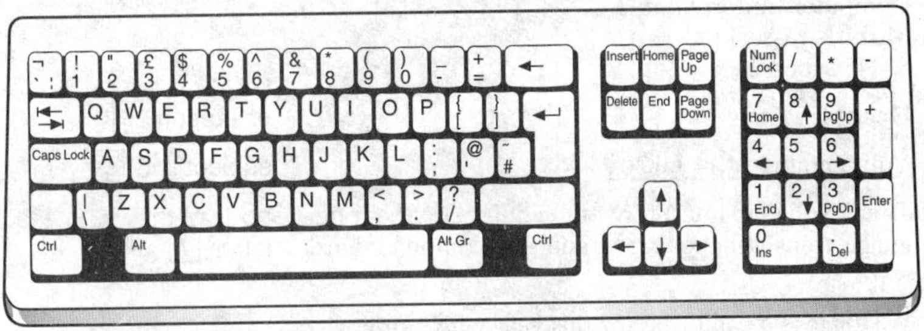

Vereinigte Staaten von Amerika

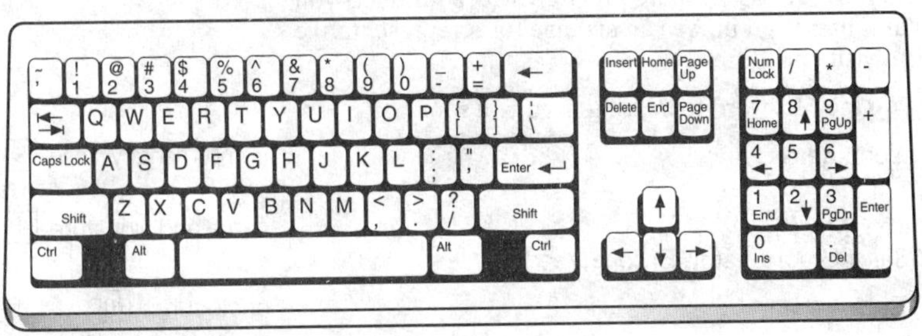

Geschäftskorrespondenz

Grundregeln für den englischsprachigen Briefverkehr

Briefbestandteile: Musterbrief

MULTICOMPUTER PLC **PO BOX 35, 24 Queens Street,** **Ipswich IP1 1PS** **Suffolk, England** **Tel. 01473 56673-9** **Fax 01473 567712-5**	letterhead [1]
Your ref.: Wi/ps Our ref.: JM/sd	reference line [2]
3 Aug 20..	date [3]
Mr Wolfgang Wimmer Computer Import GmbH Mozartstrasse 4 80345 Muenchen	inside address [4]
Dear Mr Wimmer	salutation [5]
<u>Your enquiry of 14 Jul 20..</u>	subject line [6]
Thank you very much for your enquiry about our language translating software and our computer hardware. We enclose a catalogue for this year with a price list. Prices would, of course, also depend on the amount of goods you would wish to purchase. If you let us know more precisely which products you are interested in, we can arrange for a representative to visit you. We look forward to hearing from you soon.	body of the letter [7]
Yours sincerely	complimentary close [8]
Jack MacCurry Sales Co-ordinator, Europe	name and signature [9]
Encs	enclosures [10]

Die Briefbestandteile

1 Briefkopf (letterhead)

Der Briefkopf ist in der Regel schon auf den Briefbogen gedruckt oder in das Schreibprogramm eingespeichert. Der englische Briefkopf enthält im allgemeinen Name, Adresse, Telefon- und Telefaxnummer.

2 Bezugszeile (reference line)

Die Bezugszeile besteht gewöhnlich aus den Initialen der Person, die den Brief diktiert hat, und denen der Schreibkraft. Manchmal enthält die Bezugszeile auch ein Geschäftszeichen, das – besonders bei Behörden oder großen Firmen mit zahlreichen Abteilungen – unbedingt in der Antwort angegeben werde sollte.

3 Datum (date)

Für die Anführung des Datums gibt es unterschiedliche Möglichkeiten:

10 August 20..
August 10 20..
August 10th 20..
August 10th, 20..
August 10, 20..

Man sollte mit Rücksicht auf die anders geartete Schreibweise der Amerikaner vermeiden, das Datum in Form von Zahlen wiederzugeben:

2002-8-10

Diese Schreibform für den 10. August 2002 ist in den USA durchaus üblich, könnte in anderen Ländern aber zu Verwechslungen führen. Deshalb ist es besser, den Monatsnamen auszuschreiben oder eine übliche Kurzform zu wählen, z.B.:

5 Sept 2002

4 Anschrift des Empfängers (inside address)

Beispiele:

Mr P. R. Johnson
Mrs A J Howard
Ms Rita Fulham
Miss Jaqueline Howard
Messrs Hooton & Brown

Einzelpersonen oder Personengesellschaften werden in der Regel in der oben beschriebenen Weise angeschrieben. „Messrs" steht bei Personengesellschaften nur vor den Namen der Personen, entfällt jedoch, wenn die Personengesellschaft einen Namen hat, der nicht aus Personennamen besteht, z.B.

The Whitehall Exhibition Centre
The Brighton Golf Club

Adressiert man den Brief an eine Kapitalgesellschaft, die im Englischen z.B. auf „Ltd" bzw. „Plc" endet, im Amerikanischen häufig auf „Inc.", im Südafrikanischen auf „Pty." usw., schreibt man lediglich den Namen der Firma, z.B.:

The Boston Rubber Company Inc.
Dexter & Partners Ltd
MacGraw & Hudson Plc

5 Anrede (salutation)

Wie Sie eine Person oder Firma anreden, hängt häufig von der Formel ab, die Sie bei der Empfängeranschrift verwendet haben.
„Mr A J Smith" würde man folgendermaßen anreden:

Dear Sir oder Dear Mr Smith

oder, was im Englischen häufig ist, mit Vornamen. Die Anrede mit

Vornamen würde man aber nur wählen, wenn beide Seiten sich schon kennen und sich auf diese persönliche Art der Anrede geeinigt haben bzw. wenn der englischsprachige Partner sie schon verwendet hat:

Dear Adam

Bei Damen gilt Ähnliches. „Ms Anne Garnett" könnte wie folgt angeredet werden:

Dear Madam Dear Anne
Dear Ms Garnett

Die Abkürzung „Ms" kam ursprünglich aus Amerika, wo Frauen weder ein „Mrs" noch ein „Miss" vor ihren Namen setzen wollten, sondern mit „Ms" wertneutral angeben wollten, dass sie weiblichen Geschlechts waren. „Mrs" und „Miss" werden natürlich auch verwendet. Die Abkürzungen „Mr.", „Mrs.", „Ms." werden in amerikanischen Briefen oft mit einem Punkt versehen, in britischen Geschäftsbriefen dagegen im Allgemeinen nicht.

Schreibt man an eine Gesellschaft, in der man noch keine Person mit Namen kennt, verwendet man: „Dear Sirs", „Dear Sir or Madam" oder auch schon „Dear Madam, dear Sir". Wird eine Firma angeschrieben, die nur aus Damen besteht, verwendet man gelegentlich in den USA „Ladies". Es gibt jedoch weder im britischen noch im amerikanischen Englisch eine allgemein akzeptierte Anrede, die dem deutschen „Sehr geehrte Damen und Herren" genau entspräche. Nach der Anrede steht ein Komma, in den USA oft ein Doppelpunkt.

6 Betreff (subject line)

Ein Betreff kann, muss aber nicht erscheinen. Wird er angeführt, so in der Regel **nach** der Anrede.

7 Brieftext (body of the letter)

Selbst in einem kurzen Geschäftsbrief kann man drei Teile unterscheiden: Einleitung, Hauptteil und Schluss.

8 Schlussformel (complimentary close)

Hier gibt es erneut Unterschiede zwischen dem britischen und dem amerikanischen Englisch. Während die „britische Schlussformel" sehr davon abhängig ist, ob der Adressat namentlich genannt wird oder nicht, spielt das für den Amerikaner keine so große Rolle.
Verwendet der Brite in der Anrede den Namen der Person, an die er seine Botschaft richtet, z.B.

Dear Roger
Dr James
Dear Mr Parker

muss er in der Schlussformel „Yours sincerely" verwenden.

Schreibt er aber

Dear Sir
Dear Madam
Dear Sirs

heißt die Schlussformel „Yours faithfully". Allerdings wird diese starre Formel heute auch schon zunehmend aufgeweicht. Man findet also auch „Yours sincerely".
Wenn man eine Person recht gut kennt, können einige auflockernde Floskeln hinzugefügt werden, wie z.B.

With best wishes
Kind regards

In den USA findet man häufig:

Sincerely yours, oder
Yours (very) truly,

ganz gleich, wie man die Person vorher angeredet hat.

9 **Name und Unterschrift (name and signature)**

In GB und den USA unterschreibt den Brief in der Regel die Person, die ihn diktiert oder selbst geschrieben hat. Da Unterschriften häufig unleserlich sind, wird es immer gebräuchlicher, den Namen der Person darunter zu setzen. Um dem Leser die Stellung der Person, mit der er korrespondiert, zu erläutern, steht häufig auch die Berufsbezeichnung unter dem Namen, z.B.:

P R Land
Purchase Manager
Mary Peterson
Chief Accountant

10 **Anlagen (enclosures)**

Wenn dem Brief eine Anlage hinzugefügt wird, sollte man dies der Ordnung halber am Schluss des Briefes erwähnen. Dies geschieht normalerweise in Form einer Abkürzung, „Encl(s)", „Enc(s)".

Postscriptum (postscript – P. S.)

Es hat die gleiche Funktion wie im Deutschen, ist aber nicht mehr sehr häufig anzutreffen, da in computergeschriebene Briefe unschwer etwas eingefügt werden kann.

Postzustellung und Adressen in Großbritannien und den U.S.A.

Großbritannien

Anders als in Deutschland, gibt es in Großbritannien zwei Postzustellungssysteme, die „first class postage", bei der die Briefe schneller befördert werden, aber auch teurer sind, und die „second class postage", welche billiger, aber auch langsamer ist.
Bei der Postsortierung werden die Briefe zunächst maschinell in die 1. und die 2. Kategorie eingeteilt, wobei gleichzeitig die Briefmarken automatisch entwertet werden.
Die Postleitzahlen unterliegen in GB einem komplizierteren System als in Deutschland. Der „postcode" besteht aus jeweils zwei Gruppen von Buchstaben und Zahlen. Die 1. Gruppe zeigt postalisch die Stadt oder Umgebung des Adressaten an, die 2. Gruppe die genaue Adresse des Empfängers.

Eine richtig geschriebene Adresse sollte wie folgt aussehen:

Mr Joseph Browne
36 Flora Grove
Harwich
Essex
C012 4JR
England

Die Namen der wichtigsten postalisch anerkannten Abkürzungen für Grafschaften lauten wie folgt:

Bedfordshire	Beds	Northamptonshire	Northants
Berkshire	Berks	Northumberland	Northd
Buckinghamshire	Bucks	Nottinghamshire	Notts
Cambridgeshire	Cambs	Oxfordshire	Oxon
Gloucestershire	Glos	Shropshire	Shrops/Salop
Hampshire	Hants	South Glamorgan	S Glam
Hertfordshire	Herts	Staffordshire	Staffs
Lancashire	Lancs	West Glamorgan	W Glam
Leicestershire	Leics	Wiltshire	Wilts
Lincolnshire	Lincs	Worcestershire	Worcs
Mid Glamorgan	M Glam	Yorkshire	Yorks
Middlesex	Middx		

U.S.A.

Bei Adressen in die USA sollte die Abkürzung für den jeweiligen Bundesstaat in zwei Großbuchstaben sowie die Postleitzahl (die im amerikanischen Englisch „ZIP code“ heißt) angegeben werden.

In den Vereinigten Staaten ist es üblich, die Adresse in Großbuchstaben und ohne Zeichensetzung auf den Umschlag zu schreiben, z.B.:

MS RITA PETERSON
40 BRIDGETOWN STREET
FLORIDA FL 810450
USA

Die Namen der US-Staaten und deren Gebiete mit Abkürzungen lauten wie folgt:

Alabama	AL	Kansas	KS	Ohio	OH
Alaska	AK	Kentucky	KY	Oklahoma	OK
Arizona	AZ	Louisiana	LA	Oregon	OR
Arkansas	AR	Maine	ME	Pennsylvania	PA
California	CA	Maryland	MD	Puerto Rico	PR
Canal Zone	CZ	Massachusetts	MA	Rhode Island	RI
Colorado	CO	Michigan	MI	South Carolina	SC
Connecticut	CT	Minnesota	MN	South Dakota	SD
Delaware	DE	Mississippi	MS	Tennessee	TN
District of		Missouri	MO	Texas	TX
Columbia	DC	Montana	MT	Utah	UT
Florida	FL	Nebraska	NE	Vermont	VT
Georgia	GA	Nevada	NV	Virginia	VA
Guam	GU	New Hampshire	NH	Virgin Islands	VI
Hawaii	HI	New Jersey	NJ	Washington	WA
Idaho	ID	New Mexico	NM	West Virginia	WV
Illinois	IL	New York	NY	Wisconsin	WI
Indiana	IN	North Carolina	NC	Wyoming	WY
Iowa	IA	North Dakota	ND		

Verzeichnis der deutschen Bundesländer

Bundesländer der BRD	*The Länder of the Federal Republic of Germany*
Baden-Württemberg	**Baden Wurttemberg**
Bayern	**Bavaria**
Berlin	**Berlin**
Brandenburg	**Brandenburg**
Bremen	**Bremen**
Hamburg	**Hamburg**
Hessen	**Hesse**
Mecklenburg-Vorpommern	**Mecklenburg-West Pomerania**
Niedersachsen	**Lower Saxony**
Nordrhein-Westfalen	**North Rhine-Westphalia**
Rheinland-Pfalz	**Rhineland Palatinate**
Sachsen	**Saxony**
Sachsen-Anhalt	**Saxony-Anhalt**
Schleswig-Holstein	**Schleswig-Holstein**
Thüringen	**Thuringia**
Ostdeutschland	**East Germany**
Westdeutschland	**West Germany**
die ehemalige DDR	**the former GDR**

Städte und geographische Bezeichnungen, deren englische Namen vom Deutschen abweichen

Aachen	**Aix-la-Chapelle**
Nürnberg	**Nuremberg**
München	**Munich**
Köln	**Cologne**
Athen	**Athens**
Brüssel	**Brussels**
Genf	**Geneva**
Wien	**Vienna**
Venedig	**Venice**
Rom	**Rome**
Moskau	**Moscow**
Lissabon	**Lisbon**
Peking	**Beijing**
Prag	**Prague**
Warschau	**Warsaw**
Ärmelkanal	**the Channel**
Bodensee	**Lake Constance**
Mittelmeer	**the Mediterranean**
Nordsee	**the North Sea**
Ostsee	**the Baltic Sea**
Alpen	**the Alps**

Postalische Vermerke und Ausdrücke

Absender	**Sender; From:**
Adresse	**address**
per Adresse, bei	**c/o** (= *care of*)
Ansichtskarte	**(picture) postcard**
Bitte nicht knicken!	**Do not fold (***od.* **bend)**
Brief	**letter**
Briefmarke	**stamp**
Dringend!	**Urgent**
Drucksache (Infopost)	**Printed Paper(s)**
Eilbrief	**express letter**
Eilpaket	**express parcel**
Eilzustellung	**express delivery**
Einschreiben	**registered letter/parcel**
Einschreiben [mit begrenztem Entschädigungsanspruch]	**recorded delivery**
Einschreiben gegen Rückschein	**registered letter with confirmation of delivery**
Empfänger	**addressee**
Empfänger unbekannt	**Not known at this address**
Gebühr	**charge**
Internationaler Antwortschein	**International Reply Coupon**
per Kurier	**By courier**
(per) Luftpost	**(Par Avion –) By Airmail**
Luftpostleichtbrief (Aerogramm)	**aerogramme**
Muster ohne Wert	**Sample of no commercial value**
Nachgebühr	**Excess To Pay**
Nachnahme	**COD** (= *cash on delivery,* Am. *collect on delivery*)
oben!	**This way up!**
Bitte nachsenden	**Please forward**
Päckchen	**small packet,** *Am.* **small parcel**
Paket	**parcel**
Persönlich	**Private, Personal**
Porto	**postage**
Portofrei	**Postage Paid**
Postfach	**POB, P.O. Box** (= *Post Office Box*)
Postlagernd	**Poste Restante,** *Am.* **general delivery**
Mit bezahlter Rückantwort	**Reply paid**
Rückporto	**return postage**
schicken	**send**
Sondermarke	**special issue stamp, commemorative stamp**
unzustellbar: Falls ~ bitte zurück an (Absender)	**If undelivered, please return to (sender)**
Vorsicht, zerbrechlich!	**[Handle] With Care!**
Vertraulich	**Confidential**
Wertangabe	**declaration of value**

Wertbrief	**(fully insured) registered letter**
Wertbrief über £...	**Value £...**
Wertpaket	**registered parcel (with declared value)**
Zollerklärung	**customs declaration**
zu Händen von	**attn** (= *for the attention of*)

Briefmuster, Briefumschläge, Visitenkarten

Briefmuster: GB – eingerückte Form

Southall Groceries

42 Clarence Parade
Southall
Middlessex
MX3 6ZZ
Tel. 081 2495462

14th February, 2002

The Hackney Trading Company Ltd.,
120–124 Canal Road,
LONDON NW3 6GH

Dear Sirs,

Thank you for your letter of February 1st in which you inform us that your company is to cease trading due to the early retirement of Mr Newbury. We were saddened by the news as you have been a reliable trading partner over the last few years. May we take this opportunity of wishing Mr Newbury all the very best for his retirement.

We shall be placing a further large order with you before the deadline for orders expires on March 31st. We should be grateful, however, if you could recommend in due course a firm which can supply us to your own high standards after this date.

Yours faithfully,

Terence Jones

Terence Jones
Proprietor.

Briefmuster: GB – Blockform

LANCASHIRE ENTERPRISES plc

Enterprise House
17 Ribblesdale Place · Winckley Square
Preston PR1 3NA
Tel: (0772) 203020 · Fax (0772) 204129
Telex: 67257 LANENT G

Your ref.: JB/lf
Our ref.: Pa.143.421

14 March 2002

Mr Johannes Becker
Europlastik GmbH
Postweg 7
D-82178 Puchheim
Germany

Dear Mr Becker

Your enquiry of 2 March 2002

Thank you very much for your recent enquiry about our products and those of the firms we represent. We enclose our current catalogue and price lists, together with our terms of delivery. Discounts are, of course, dependent on the size of the order submitted.

We would be only too happy to send you samples of specific products, subject to certain conditions, or to arrange for a representative to visit you and help you to define your needs more closely. If you have any questions, please do not hesitate to contact me or our Sales Manager, Annette Mason, at the telephone number above. We look forward to hearing from you shortly.

Yours sincerely
Lancashire Enterprises plc

J.L. Palmerstone

J. L. Palmerstone
Managing Director

Enc

cc: Annette Mason, Sales Dept.

Lancashire House
Watery Lane
Preston PR2 2XE
Tel.: (0772) 203020
Fax (0772) 721029

Registered office:
Enterprise House · 17 Ribblesdale Place
Winckley Square · Preston PR1 3NA
Registered in England and Wales No: 2401383
A member of IMRO

Lancaster House
36 rue Breydel
1040 Brussels
Belgium
Tel: 32 2 230 34 38

Briefmuster: USA – Blockform

The InterStay Hotel

1114 Seventh Avenue
New York
NY 10033
phone 212 383 4621
fax 212 383 4678

April 20, 2002

Mr. Wolfgang Zimmermann
Schulz Import- und Export mbH
Kurfürstenstr. 20
90459 Nürnberg
Germany

Dear Mr. Zimmermann:

This letter confirms your reservation for a double room with bath for July 16–20.

We have also reserved our conference facilities in the Manhattan Suite for your exclusive use on Ju!y 19 until 11 P.M. The room seats up to 15 people comfortably and will satisfy your needs for a small, but intensive one-day conference. We enclose our information material which, we hope, will answer your remaining questions.

Please let us know your further requirements, for example, as regards support facilities (video, tape recorders, etc.) as soon as possible. May we also ask you to request your conference guests who would like to book their own rooms in the hotel to contact us at an early date.

Sincerely yours,
The InterStay Hotel

Samuel B. Long

Samuel B. Long
General Manager

Enclosures

Briefumschläge

Anschrift für Großbritannien

LANCASHIRE ENTERPRISES plc

Enterprise House
17 Ribblesdale Place · Winckley Square
Preston PR1 3NA

Seaboard Industries Plc
Grand Avenue
Hove
East Sussex
BN3 2LS

Anschrift für die Vereinigten Staaten

The InterStay Hotel

1114 Seventh Avenue
New York
NY 10033

MR JOHN D ENRIGHT
COMPUTRONIC INC
PO BOX 8732
AUSTIN TX 75110

Visitenkarten
(business cards)

Winchelsea University Press

Books Division
Down Street
Winchelsea WI2 7XY
Direct line 01735 65361
Telefax 01735 65301
Internet orm@win.co.uk
Web site http://www.win.co.uk

Roberta Ormthwaite
Development Director

JOHN R. JEFFERS
Marketing Manager
International Division

Interdisk, Inc.
100 East 50th St., New York, NY 10022
(212) 603-1609 Fax: (212) 603-1623
Telex: 126875 interdisk NYK
E-mail: jrj@interdisk.com

Frank Preiss
Managing Director

EUROPEAN SCHOOLBOOKS LIMITED

The Runnings,
Cheltenham, GL51 9PQ,
United Kingdom

phone (01242) 245252
fax (01242) 224137
e-mail fap@esb.co.uk

Ashwani Goyal
Director

GOYL SāaB **Publishers & Distributors**

GOYL SāaB

A Subsidiary of
General Book Depot

1691, Nai Sarak, Post Box 1220, Delhi - 110 006 (INDIA)
Tel: 291 2186, 326 3695, 291 8362 Fax: 011-2940861/3712710
Editorial office: 86-U. B., Jawahar Nagar, Delhi-110007 (INDIA)

Briefanlässe

Änderung von Firmennamen und Anschrift

Dear Sir or Madam

At our shareholders' meeting on ... it was decided to change our company's name to ... and relocate the company in ...

We would be grateful if you would inform your company's departments as appropriate.

Yours faithfully

Sehr geehrte Damen und Herren,

bei unserer Gesellschafterversammlung am ... wurde die Änderung des Firmennamens in ... beschlossen. Gleichzeitig haben wir den Sitz unseres Unternehmens von ... nach ... verlegt. Bitte unterrichten Sie hiervon Ihre entsprechenden Abteilungen.

Mit freundlichen Grüßen

Anfrage: allgemein

Dear Sir or Madam

In recent years we have introduced a variety of foreign brands of ... to the market, resulting in substantial sales for the manufacturers supplying us.

The impressive range of products you displayed at the exhibition in ... particularly attracted our attention. We would therefore request you to send us all the information available on your ...

Yours faithfully

Sehr geehrte Damen und Herren,

wir haben in den letzten Jahren verschiedene ausländische ...-Marken auf dem Markt eingeführt und für die Lieferwerke beträchtliche Umsätze erzielt.

Ihr Verkaufsprogramm hat bei der Ausstellung in ... überzeugt und unser besonderes Interesse gefunden. Deshalb bitten wir Sie, uns alle Unterlagen über Ihre ... zu übersenden.

Mit freundlichen Grüßen

Anfrage: Anforderung von Angebot

Dear Sir or Madam

As manufacturers of fully automatic dish washers we require large numbers of electric motors.

Would you please submit us an offer for these motors, quoting your lowest prices, assuming a yearly requirement of ... motors?

We look forward to receiving your detailed offer.

Yours faithfully

Sehr geehrte Damen und Herren,

als Hersteller von vollautomatischen Geschirrspülmaschinen haben wir einen großen Bedarf an elektrischen Motoren.

Können sie uns für solche Motoren ein Angebot unterbreiten? Bitte kalkulieren Sie dabei unter Zugrundelegung eines Jahresbedarfs von ... Motoren äußerste Preise.

Dem Eingang ihrer ausführlichen Offerte sehen wir mit Interesse entgegen.

Mit freundlichen Grüßen

Angebot: allgemein

Dear Sir or Madam

We are pleased to supply you with a collection of our samples as requested. Enclosed you will also find the export price list for all the articles we manufacture.

We are most interested in exporting to ... and would therefore be pleased to receive a trial order to enable us to demonstrate our efficiency. You may be certain that any orders received will be executed with the utmost care.

A prompt reply would be very much appreciated.

Yours faithfully

Encs
1 Selection of samples
1 Price list

Sehr geehrte Damen und Herren,

Ihrem Wunsch, Ihnen unsere Musterkollektion zu übersenden, kommen wir gern nach. Gleichzeitig erhalten Sie die Exportpreisliste für alle von uns hergestellten Artikel.

Wir sind sehr daran interessiert, nach ... zu exportieren und möchten daher mit einem Probeauftrag unsere Leistungsfähigkeit unter Beweis stellen. Sie dürfen versichert sein, dass wir evtl. Aufträge sorgfältigst ausführen werden.

Bitte geben Sie uns bald Bescheid.

Mit freundlichen Grüßen

Anlagen
1 Musterkollektion
1 Preisliste

Angebot: entsprechend Anfrage

Dear Sir or Madam

Thank you for your enquiry of ... Enclosed you will find a sample of the goods requested, for which we are able to quote you as follows:

Price:

Minimum order: ... units

Delivery: freight paid to border

Packing: no charge

Payment: by irrevocable letter of credit

We would be very pleased to receive your order, which, you may rest assured, will be executed promptly.

Yours faithfully

Sehr geehrte Damen und Herren,

wir danken Ihnen für Ihre Anfrage vom ... Als Anlage erhalten Sie ein Muster der nachgefertigten ... Diese bieten wir Ihnen wie folgt an:

Preis:

Mindestabnahme: ... Stück

Lieferung: frachtfrei Grenze

Verpackung: wird nicht berechnet

Zahlung: durch unwiderrufliches Akkreditiv.

Wir würden uns sehr freuen, von Ihnen den Auftrag zu erhalten, und sichern Ihnen schon heute prompte Abwicklung zu.

Mit freundlichen Grüßen

Auftragsablehnung

Dear Sir or Madam

Thank you for your order for ...

We are unfortunately not in a position to execute your order at present. Please let us know whether we should enter your order for ... *(month)*

We regret not being able to help you for the time being.

Yours faithfully

Sehr geehrte Damen und Herren,

wir haben Ihren Auftrag zur Lieferung von ... erhalten.

Leider sehen wir uns im Augenblick nicht in der Lage, die Bestellung auszuführen.

Bitte teilen Sie uns mit, ob wir Ihre Bestellung für den Monat ... vormerken sollen.

Wir bedauern, Ihnen vorerst keinen anderen Bescheid geben zu können.

Mit freundlichen Grüßen

Auftragsannahme

Dear Sir or Madam

We are pleased to confirm receipt of your order of ... for ...

The goods will be despatched in accordance with the terms set out in our offer dated ...

Yours faithfully

Sehr geehrte Damen und Herren,

wir bestätigen dankend den Erhalt Ihres Auftrags vom ... zur Lieferung von ...

Der Versand erfolgt zu den in unserem Angebot vom ... mitgeteilten Konditionen.

Mit freundlichen Grüßen

Auftragserteilung

Dear Sir or Madam

We refer to your offer of ... and wish to place the following order with you:

... units at ... (price) type as per your brochure and the samples supplied.

Delivery to be completed by ..., carriage paid. Packing in crates (...) at no extra charge.

Payment will be made immediately after receipt/examination of the goods.

Please confirm this order.

Yours faithfully

Sehr geehrte Damen und Herren,

wir beziehen uns auf Ihr Angebot vom ... und erteilen Ihnen folgenden Auftrag:

... Stück zum Preis von ... Ausführung gemäß Ihrem Prospekt und den uns übergebenen Proben.

Die Lieferung hat bis ... frachtfrei zu erfolgen. Verpackung in Kisten (...) und ohne gesonderte Berechnung.

Zahlung erfolgt sofort nach Eingang bzw. Prüfung der Ware.

Wir bitten Sie um Auftragsbestätigung.

Mit freundlichen Grüßen

Auskunft: Bitte an eine offizielle Stelle

Dear Sir or Madam

We would be grateful if, in your capacity as the Anglo-German Chamber of Commerce, you could provide us with some information.

The question has been raised here as to whether the ... Fair, due to take place in ... from ... to ..., is suitable for our products.

As the organizers are unknown to us and we have no contact addresses for the fair we would be most grateful if you would tell us whom we may approach.

Please find enclosed our brochure detailing our range of products.

Yours faithfully

Enc

Sehr geehrte Damen und Herren,

wir wenden uns an Sie als Deutsch-Britische Handelskammer mit der Bitte um Auskunft.

Wir überlegen, ob die ... Messe, die vom ... bis ... in ... stattfindet, für unsere Produkte geeignet ist.

Da wir den Veranstalter nicht kennen und auch keine Kontaktadresse für die Messe haben, wären wir Ihnen dankbar, wenn Sie uns mitteilen würden, an wen wir uns wenden können.

Anliegend überreichen wir Ihnen eine Broschüre unseres Produktionsprogramms.

Mit freundlichen Grüßen

Anlagen

Austritt eines Gesellschafters: Bekanntmachung

Dear Sir or Madam

We wish to inform you that our partner of many years standing, Mr (Ms) ..., is retiring from the firm for reasons of health.

His (her) shareholdings have been divided equally among the other partners.

The management of the firm is, however, in no way affected by this move and we trust that our existing business ties will continue to flourish to the mutual advantage of our two companies.

Yours faithfully

Sehr geehrte Damen und Herren,

wir möchten Ihnen mitteilen, dass mit Wirkung vom ... unser langjähriger Gesellschafter (unsere langjährige Gesellschafterin) ... aus gesundheitlichen Gründen aus der Gesellschaft ausgeschieden ist.

Seine (ihre) Anteile wurden von unseren anderen Gesellschaftern zu gleichen Teilen übernommen.

Auf die Geschäftsführung unserer Gesellschaft hat diese Maßnahme jedoch keinerlei Einfluss, und wir hoffen, dass unsere bestehenden Geschäftsverbindungen weiterhin erfolgreich und zum gegenseitigen Nutzen aufrechterhalten werden.

Mit freundlichen Grüßen

Besuch: Ankündigung

Dear Sir or Madam

We wish to inform you that our Mr (Ms) ... will be visiting you at your company on ... in the course of the morning.

Mr (Ms) ... has full authority to act on our company's behalf and would like to discuss general matters of mutual interest.

We would appreciate it if you would confirm this appointment at the time suggested. Should it prove inconvenient to you, we would ask you to suggest another date and time.

Yours faithfully

Sehr geehrte Damen und Herren,

wir erlauben uns, Ihnen mitzuteilen, dass unser Herr (unsere Frau) ... Sie am ... im Laufe des Vormittags in Ihrem Haus aufsuchen wird.

Herr (Frau) ... ist von uns mit allen Vollmachten ausgestattet und möchte einige generelle Angelegenheiten von beiderseitigem Interesse mit Ihnen besprechen.

Wir wären Ihnen dankbar, wenn Sie uns den vorgeschlagenen Zeitpunkt kurz bestätigten. Sollte er nicht in Ihre Pläne passen, bäten wir um Mitteilung eines anderen Gesprächstermins.

Mit freundlichen Grüßen

Besuch: Bestätigung des Termins

Dear Sir or Madam

Thank you for your letter in which you inform us that an executive of your company, Mr (Ms) ..., will be visiting us on ... We will be pleased to receive him (her) on that day and discuss at length all matters arising.

Yours faithfully

Sehr geehrte Damen und Herren,

wir danken Ihnen für die Mitteilung, dass Ihr Direktionsmitglied, Herr (Frau) ..., uns am ... besuchen wird. An diesem Tag stehen wir gern zu einem ausführlichen Gespräch zur Verfügung.

Mit freundlichen Grüßen

Besuch: Dank für Besuch

Dear Sir or Madam

Discussions with your Mr ... (Mrs ...) were concluded yesterday and we are sure that favourable results were achieved for both sides.

We would like to take this opportunity to thank you for your Mr ...'s (Mrs ...'s) visit, and above all, for the open-mindedness with which he (she) conducted negotiations with our managerial staff.

Yours faithfully

Sehr geehrte Damen und Herren,

wir haben gestern die Besprechungen mit Ihrem Herrn (Ihrer Frau) ... abgeschlossen und sind sicher, dass für beide Seiten gute Ergebnisse erzielt wurden.

Bei dieser Gelegenheit möchten wir uns für den Besuch Ihres Herrn (Ihrer Frau) ... herzlich bedanken, vor allen Dingen auch für die Aufgeschlossenheit, mit der er (sie) die Verhandlungen mit unserer Geschäftsleitung führte.

Mit freundlichen Grüßen

Bewerbung: Absage

Dear Mr ...

(Dear Ms ...)

We regret to inform you that we have been unable to consider your application for the post in question.

We are returning your application papers with this letter.

Thank you for responding to our advertisement.

Yours sincerely

Enc

Sehr geehrter Herr ...

(Sehr geehrte Frau ...),

zu unserem Bedauern müssen wir Ihnen mitteilen, dass wir Ihre Bewerbung leider nicht berücksichtigen konnten.

In der Anlage erhalten Sie Ihre Bewerbungsunterlagen zurück.

Wir danken für das von Ihnen gezeigte Interesse.

Mit freundlichen Grüßen

Anlagen

Bewerbung: Begleitschreiben

Dear Sirs

I note from your advertisement of ... in ... that you are looking for a ...

I enclose my CV together with certificates detailing the qualifications and experience I have gained at school and at work.

As you will gather from these documents, I already have several years' experience working in the field of ...

I would be grateful if you could offer me the opportunity of attending an interview, for which I would be available at any time.

Yours faithfully

Enc

Sehr geehrte Damen und Herren,

Ihrer Anzeige vom ... in ... habe ich entnommen, dass Sie einen ... (eine ...) suchen.

In der Anlage füge ich einen Lebenslauf sowie Zeugnisse und Bescheinigungen meiner schulischen und beruflichen Laufbahn bei.

Wie Sie diesen Unterlagen entnehmen können, habe ich bereits eine mehrjährige Berufserfahrung auf dem Gebiet des ... (der ...).

Ich wäre Ihnen dankbar, wenn Sie mir Gelegenheit zu einem persönlichen Vorstellungsgespräch geben würden, und stehe jederzeit zu Ihrer Verfügung.

Mit freundlichen Grüßen

Anlagen

Einladung zu einer Ausstellung

Dear Sir or Madam

The ... Fair is due to take place in ... from ... to ...

We are pleased to inform you that we are among the exhibitors and take pleasure in inviting you to visit our stand No. ... in hall ...

We enclose two complimentary tickets for your convenience.

We look forward to meeting you at our stand.

Yours faithfully

Enc
2 tickets

Sehr geehrte Damen und Herren,

in der Zeit vom ... bis zum ... findet in ... die ... Messe statt.

Wir möchte Ihnen mitteilen, dass wir an dieser Messe teilnehmen werden und erlauben uns, Sie herzlich zu einem Besuch am Stand ... in Halle ... einzuladen.

In der Anlage finden Sie zwei Tickets, die Sie zum Besuch der Messe und unseres Standes berechtigen.

Wir freuen uns, Sie an unserem Stand begrüßen zu dürfen.

Mit freundlichen Grüßen

Anlagen
2 Eintrittskarten

Einstellung

Dear Mr ...
(Dear Ms ...)

We are pleased to be able to offer you the post of ... as from ...

We enclose our contract of employment in duplicate. Please sign one copy and return it to us.

Please do not hesitate to contact us should you have any queries.

You are due to commence work on ... We wish you every success and trust that we will both benefit from your new position.

Yours sincerely

Enc

Sehr geehrter Herr ...
(Sehr geehrte Frau ...),

wir freuen uns, Ihnen mitteilen zu können, dass wir uns bezüglich der Stelle als ... ab ... für Sie entschieden haben.

In der Anlage erhalten Sie unseren Arbeitsvertrag in 2-facher Ausfertigung. Bitte unterschreiben Sie diesen und schicken Sie ein Exemplar an uns zurück.

Sollten sie noch Fragen haben, stehen wir Ihnen gern zur Verfügung.

Ihr 1. Arbeitstag ist der ... Wir wünschen Ihnen und uns eine gute Zusammenarbeit.

Mit freundlichen Grüßen

Anlagen

Ernennung zum Direktor: Bekanntmachung

Dear Sir or Madam

We are pleased to announce that, as from ..., our long-serving and able colleague, Mr ... (Ms ...) has been appointed as a director of our company. He (she) is now in charge of the ... and ... (e.g. Purchasing, Sales, Personnel etc.) Departments.

We very much hope that the good relationship our companies enjoy will be further strengthened by this move.

Yours faithfully

Sehr geehrte Damen und Herren,

wir freuen uns, Ihnen heute bekannt geben zu können, dass unser(e) langjähriger(e) verdienter(e) Mitarbeiter(in), Herr (Frau) ..., mit Wirkung vom ... zum Direktor (zur Direktorin) unseres Unternehmens bestellt wurde. Er (sie) leitet verantwortlich die Abteilungen ... und ... (z.B. Einkauf, Verkauf, Personalwesen usw.).

Wir würden es sehr begrüßen, wenn sich das gute Einvernehmen zwischen unseren beiden Häusern durch diese Maßnahme noch vertiefte.

Mit freundlichen Grüßen

Glückwünsche: Firmenjubiläum

Dear Sir or Madam

We wish to congratulate you on the 25th anniversary of your company.

At the same time, we would like to take this opportunity to express our thanks to you for the many years of close cooperation our companies have enjoyed.

Yours faithfully

Sehr geehrte Damen und Herren,

zum 25-jährigen Bestehen Ihres Unternehmens erlauben wir uns, Ihnen unsere herzlichen Glückwünsche zu übermitteln.

Wir möchten diese Gelegenheit wahrnehmen, Ihnen zugleich für die jahrelange vertrauensvolle Zusammenarbeit unseren besten Dank auszusprechen.

Mit freundlichen Grüßen

Glückwünsche: Geburtstag

Dear Mr ... (Ms ...)

Please accept our very best wishes on your birthday.

We wish you many more years of good health and trust that your company will benefit from your commitment and energy for a long time to come.

Yours sincerely

Sehr geehrte(r) Herr (Frau) ...

zu Ihrem ... Geburtstag erlauben wir uns, Ihnen unsere besten Glückwünsche auszusprechen.

Wir wünschen Ihnen viele Jahre bei bester Gesundheit und hoffen, dass Ihre unermüdliche Schaffenskraft Ihrem Unternehmen noch lange erhalten bleibt.

Mit freundlichen Grüßen

Hotelkorrespondenz: Anfrage

Dear Sir or Madam

At the beginning of ... we will be holding a congress for our sales representatives. From ... to ... we will thus require ... double and ... single rooms, all with bath or shower and preferably with TV and minibar.

We would like to accommodate all those taking part at your hotel.

Please let us have your rates for bed and breakfast together with any extra charges.

On ... we wish to give a dinner for approx. ... in a separate dining room and would be pleased to receive your suggestions as regards a suitable menu (prices from approx. ... to ... per person).

Yours faithfully

Sehr geehrte Damen und Herren,

wir beabsichtigen, Anfang ... eine Vertretertagung durchzuführen. Dafür benötigen wir vom ... bis ... ... Einzel- und ... Doppelzimmer, alle mit Bad oder Dusche, möglichst mit Fernseher und Minibar.

Wir möchten alle Teilnehmer bei Ihnen unterbringen.

Bitte lassen Sie uns Ihre Preise für Übernachtung, Frühstück, einschließlich aller Nebenkosten wissen.

Für ... haben wir ein Abendessen für ca. ... Personen in einem gesonderten Raum vorgesehen. Gern erwarten wir Ihre Menüvorschläge (Menüpreis zwischen ca. ... und ...).

Mit freundlichen Grüßen

Hotelkorrespondenz: Bestätigung

Dear Sir or Madam

We refer to our telephone enquiry and are pleased to confirm the reservation as follows:

... single and ... double rooms, all with bath or shower, from ... to ...

Our guests will be arriving on ... in the course of the day, some of them at a late hour. They will settle their own bills. We would request you to put the folders enclosed in their rooms.

Yours sincerely

Encs
Folders

Sehr geehrte Damen und Herren,

wir beziehen uns auf unsere telefonische Anfrage und bestätigen Ihnen heute die Reservierung wie folgt:

... Einzel- und ... Doppelzimmer, alle mit Bad oder Dusche, für die Zeit vom ... bis zum ...

Unsere Gäste treffen im Laufe des ... – teilweise sehr spät – ein. Die Rechnungen begleichen sie selbst. Wir bitten Sie, die beigefügten Mappen in den Zimmern auszulegen.

Mit freundlichen Grüßen

Anlagen
Mappen

Kontoeröffnung

Dear Sir or Madam

We have received your letter dated ... and would now request you to open a current account in our company's name, entitled ...

We enclose a cheque for ... as the initial sum to be credited.

Those entitled to sign for this account are Mr ... alone or Messrs ... and ... jointly. We would request you to record the signatures of these gentlemen as shown at the end of this letter.

Yours faithfully

Signature of Mr ...: ...

Signature of Mr ...: ...

Signature of Mr ...: ...

Enclosure:
1 Cheque

Sehr geehrte Damen und Herren,

in Beantwortung Ihres Schreibens vom ... bitten wir Sie, ein Girokonto auf den Namen unserer Firma mit der Bezeichnung ... zu eröffnen.

Zur Eröffnung dieses Kontos übersenden wir Ihnen als Anfangssumme einen Scheck in Höhe von ...

Zeichnungsberechtigt für dieses Konto ist Herr ... allein oder sind die Herren ... und ... gemeinschaftlich. Wir bitten Sie, die Unterschriften dieser Herren, die wir am Fuße dieses Briefes angeben, zur Kenntnis zu nehmen.

Mit freundlichen Grüßen

Herr ... unterschreibt: ...

Herr ... unterschreibt: ...

Herr ... unterschreibt: ...

Anlage:
1 Scheck

Kontoschließung

Dear Sir or Madam

As our import/export business with your country has virtually ceased we no longer consider it necessary to maintain an account with your bank.

Please transfer the balance remaining in our account to a/c No. ... at (the) ... Bank.

Thank you for the service you have provided us with up to now.

Yours faithfully

Sehr geehrte Damen und Herren,

da unsere Import-/Exportgeschäfte mit Ihrem Land praktisch zum Stillstand gekommen sind, halten wir es nicht für erforderlich, das Konto, das wir bei Ihrem Geldinstitut hatten, weiterhin aufrechtzuerhalten.

Bitte überweisen sie den Saldo, den dieses Konto aufweist, zu unseren Gunsten an die ... Bank, Konto Nr. ...

Wir danken Ihnen für Ihre Betreuung in der Vergangenheit.

Mit freundlichen Grüßen

Kündigung

Dear Mr ...

(Dear Ms ...)

We regret to inform you that, for ... reasons, we are unable to renew the contract of employment concluded between yourself and our company on ...

In view of the current situation in the employment market, we have no alternative at the present time.

You will cease to be in our employ upon expiry of the statutory notice period of ... weeks (... months).

We thank you for the work you have done and wish you all the best for the future.

Yours sincerely

Sehr geehrter Herr ...

(Sehr geehrte Frau ...),

wir müssen Ihnen leider mitteilen, dass wir den zwischen Ihnen und uns am ... geschlossenen Arbeitsvertrag aus ... Gründen nicht verlängern können.

Die gegenwärtige Lage auf dem Arbeitsmarkt lässt uns im Augenblick keine andere Wahl.

Ihre Anstellung endet mit dem ... nach der gesetzlichen Kündigungsfrist von ... Wochen (... Monaten).

Wir danken für Ihre geleistete Mitarbeit und wünschen Ihnen für die Zukunft alles Gute.

Mit freundlichen Grüßen

Lieferverzug

Dear Sir or Madam

According to our Sales Agreement dated ... the goods ordered were supposed to reach us by ... at the latest.

Unfortunately we have not received any goods from you to date. We have not received your advice of despatch, either.

As we need the goods urgently, we are extending the delivery deadline to ... Should this deadline not be kept, we will be obliged to cancel our order.

Yours faithfully

Sehr geehrte Damen und Herren,

laut Kaufvertrag vom ... sollte die bestellte Ware bis spätestens ... bei uns eintreffen.

Leider haben wir bis heute von Ihnen keine Lieferung erhalten. Auch liegt uns die Versandanzeige noch nicht vor.

Da wir die Waren dringend benötigen, stellen wir Ihnen hiermit eine Nachlieferfrist bis zum ... Sollte diese Frist von Ihnen nicht eingehalten werden, müssten wir unseren Auftrag stornieren.

Mit freundlichen Grüßen

Mängelrüge

Dear Sir or Madam

We took delivery of your consignment on ... Upon examining it we discovered that ... items were missing. We assume this is due to an error on the part of your despatch department.

Please send on the missing items immediately without additional freight charges.

Yours faithfully

Sehr geehrte Damen und Herren,

Ihre Sendung ist am ... bei uns eingegangen. Bei Überprüfung musste eine Mindermenge von ... Stück festgestellt werden. Wir nehmen an, dass es sich hierbei um ein Versehen Ihrer Versandabteilung handelt.

Bitte liefern Sie die fehlenden Stücke umgehend nach. Weitere Frachtkosten dürfen uns jedoch nicht entstehen.

Mit freundlichen Grüßen

Rechnungsstellung

Dear Sir or Madam

The goods ordered were despatched to you today.

Enclosed you will find our invoice for the entire consignment.

The conditions of payment are as agreed. If you have any questions about this matter, please do not hesitate to contact us quoting your customer number and the invoice number.

We look forward to receiving further orders from you.

Yours faithfully

Enc
Invoice

Sehr geehrte Damen und Herren,

die von Ihnen bestellten Waren sind heute an Sie versandt worden.

Als Anlage erlauben wir uns, Ihnen unsere Rechnung für die Gesamtlieferung zu übersenden.

Die Zahlungsbedingungen sind wie vereinbart. Wenn Sie in dieser Angelegenheit Fragen haben sollten, dann nehmen Sie bitte Kontakt zu uns auf und vergessen Sie nicht, Kunden- und Rechnungsnummer anzugeben.

Wir würden uns freuen, weitere Aufträge von Ihnen zu erhalten.

Mit freundlichen Grüßen

Anlage
1 Rechnung

Spedition: Bitte um Angebot

Dear Sirs

The contract of sale concluded by our company on ... for a consignment of ... to ... stipulates that the goods be sent by air freight on ...

We would request you to make us an appropriate offer for air transport and also to take care of customs clearance formalities in our contry.

We look forward to receiving your offer by ... for both air transport and German and foreign customs clearance.

Yours faithfully

Sehr geehrte Damen und Herren,

gemäß Kaufvertrag vom ... sollen wir am ... eine Sendung ... nach ... per Luftfracht versenden.

Wir bitten Sie, uns für den entsprechenden Lufttransport ein Angebot zu machen und gleichzeitig für die Zollabfertigung in unserem Land Sorge zu tragen.

Wir erwarten bis zum ... Ihr Angebot für den Lufttransport sowie für die deutsche und ausländische Zollabfertigung.

Mit freundlichen Grüßen

Versand: Anzeige

Dear Sir or Madam

We are pleased to inform you that the goods, as per your order No. ... of ..., were despatched to you today.

The ... freight forwarding agency is transporting the goods by lorry, free ...

We trust you will be satisfied with the goods supplied and look forward to receiving further orders.

Yours faithfully

Sehr geehrte Damen und Herren,

wir teilen Ihnen mit, dass wir die Waren gemäß Ihrer Bestellung Nr. ... vom ... heute an Sie versandt haben.

Der Transport erfolgt per Lastkraftwagen durch die Spedition ... frei ...

Wir hoffen, dass Sie mit unserer Lieferung zufrieden sind, und erwarten gern Ihre weiteren Aufträge.

Mit freundlichen Grüßen

Versand: Empfangsbestätigung

Dear Sir or Madam

The consignment of goods, as per your advice of ..., arrived here today.

The goods were examined immediately and we are pleased to confirm that our order has been executed in accordance with our wishes.

Yours faithfully

Sehr geehrte Damen und Herren,

die uns mit Ihrem Avis vom ... angekündigte Warensendung ist heute bei uns eingetroffen.

Eine sofortige Nachprüfung hat ergeben, dass die Bestellung ordnungsgemäß ausgeführt wurde.

Mit freundlichen Grüßen

Vorstellungsgespräch: Einladung

Dear Mr ...

(Dear Ms ...)

Thank you for your application dated ...

We are interested in getting to know you personally and would like you to come and see us on ... at ...

Please report on the appointed day to Mr ... (Ms ...) in the ... Department.

Should this date prove inappropriate, we would ask you to arrange another one with Mr ... (Ms ...).

We look forward to your visit.

Yours sincerely

Sehr geehrter Herr ...

(Sehr geehrte Frau ...),

vielen Dank für Ihre Bewerbung vom ...

Wir sind interessiert, Sie persönlich kennen zu lernen und laden Sie ein, am ... um ... Uhr zu uns zu kommen.

Bitte melden Sie sich am genannten Tag bei Herrn ... (Frau ...) in der Abteilung ...

Sollte Ihnen der Termin nicht zusagen, bitten wir Sie, mit Herrn ... (Frau ...) einen anderen Termin zu vereinbaren.

Wir freuen uns auf Ihren Besuch.

Mit freundlichen Grüßen

Zahlungsverzug

Dear Sir or Madam

In accordance with your order of ..., arrangements were made on ... for the goods to be delivered to you by the freight forwarding agency ...

Our terms of payment stipulated that the invoice was to be settled within ... days of receipt of the goods. We note that your account has unfortunately not been settled to date.

We therefore urgently request you to remit us the sum of ... by return and await your confirmation that payment has been made.

Yours faithfully

Sehr geehrte Damen und Herren,

am ... haben wir Ihnen aufgrund Ihrer Bestellung vom ... die Waren über die Speditionsfirma ... zugehen lassen.

Nach unseren Zahlungsbedingungen war die Rechnung innerhalb von ... Tagen nach Eingang der Lieferung zu begleichen. Leider können wir bis heute keinen Kontoausgleich feststellen.

Wir bitten Sie deshalb dringend, uns umgehend den Betrag von ... zu überweisen, und erwarten Ihre Bestätigung der erfolgten Zahlung.

Mit freundlichen Grüßen

Musterbriefe zu verschiedenen Anlässen

1. Verlangtes Angebot
Solicited offer

May 21, 20..

Ex- und Import Industriegüter
Handelsgesellschaft mbH
Kernerplatz 4
70182 Stuttgart
GERMANY

Attn. Mr. Rolf Stein

Dear Mr. Stein,

Many thanks for your enquiry of May 10 regarding the importation of our new, environmentally friendly, CFC-free packaging material.

We will have no difficulty in manufacturing and supplying the shapes you describe in the drawings included with your enquiry, since we have a molding technique which enables us to customize packaging to customers' specifications. So far, we have had an overwhelming response from all over the world to our new product and our production department is being expanded to cope with the increasing demand.

We enclose our catalog and current export price-list. All prices are exclusive of tax and are quoted FCA US airport. At present, delivery to a US airport can be made within 3–4 weeks of receipt of order.
We look forward to executing your order and enclose our Order Form for customer convenience.

Sincerely yours,
...

2. Vergabe eines bestimmten Auftrages
Placing a specific order

17 October 20..

Lupton Bros Ltd
P.O. Box 8
Fountain Works
Portland Street
ACCRINGTON
BB5 1RJ
England

Dear Sirs

<u>OUR PURCHASE ORDER NO.5769F/KED</u>

We refer to your fax No. 0254 36279 dated 5 October 20.. relating to our enquiry No. 921/KED and wish to place an order for the following items:

QTY.	DESCRIPTION	U. PRICE	T. PRICE
5,000	Rubberized spindles for Northrop looms	£0.80	£4,000.00
	Khedival mail line (agency)		£40.00
	Legalization and certification		£150.00
	TOTAL PRICE FOB		£4,190.00

(SAY FOUR THOUSAND ONE HUNDRED AND NINETY POUNDS STERLING ONLY)

TERMS

PRICES	The above prices are firm and subject to no future change and are quoted FOB, packing included. N.B. Kindly let us have a new Proforma Invoice in 10 (ten) copies, showing FOB prices, fixed delivery period and terms of payment.
PAYMENT	Against a confirmed L/C only. Should any extension of the validity of the credit be necessary as a result of your being at fault, extra expenses incurred will be charged to you. N.B. This order is subject to the approval of the appropriate Egyptian authorities and to the opening of the necessary credit in your favour.
DELIVERY	4 months from opening of L/C.
INSURANCE & FREIGHT	As per our circulars enclosed.
CONDITIONS OF SHIPMENT	Shipment by container is not allowed. Shipment to be effected through: KHEDIVAL MAIL LINE (AGENCY) AIRWORK HOUSE 35 PICCADILLY L O N D O N

We look forward to receiving your confirmation and remain

Yours faithfully
SOCIÉTÉ MISR DE FILATURE
ET DE TISSAGE FIN
...

3. Auftragsbestätigung
Confirmation of Order

1 November 20..

Your ref.: 5769F/KED
Our ref.: GE/tt

Société Misr de Filature
et de Tissage Fin
KAFR EL DAWAR A.R.E.
EGYPT

Dear Sirs

Thank you for your letter of 17 October.

We hereby confirm your Purchase Order No. 5769 F/KED for 5,000 rubberized spindles for Northrop looms, total price £4,190.00, FOB U.K. port, payment to be made by confirmed L/C.

We note your Conditions of Shipment and confirm that the order will be effected as per the provisions of your Insurance and Freight Circulars.

As requested we enclose a new pro-forma invoice and ten copies thereof.

We trust the goods will arrive punctually and in good condition and look forward to doing further business with you in the future.

Yours faithfully
LUPTON BROS LTD

G. Etherington
Export Manager

Encs

4. Übersendung der Rechnung
Sending the invoice

Your ref: Fm/ly
Our ref: SM/52/ip

7 January 20..

Mr Arthur M Jones
Laser Engineering Ltd
1 Victoria Square
BIRMINGHAM
B1 1BD
United Kingdom

Dear Mr Jones

Your Order 835/XI of 15 Dec 19..

We are pleased to inform you that the articles, as per the above-mentioned order, were despatched by lorry yesterday. They will be shipped across the Channel on board SS Marina tomorrow and are due to arrive at your premises at the beginning of next week.

Please find enclosed our invoice No. 351 685 T for € 17,850.00 including all transport costs. We would ask you to settle it either by bank transfer or by cheque within 30 days, subject to the usual early payment discount of 3 per cent.

We trust that you will receive the goods in perfect condition and remain at your service for further deliveries at any time.

Yours sincerely
Daffur & Sattel GmbH

Hans Broich
Export Dept.

5. Beschwerde – Reklamation
Complaint

20 March 20..

Lupton Bros Ltd
P.O. Box 8
ACCRINGTON
BB5 1RJ
England

Dear Sirs

Our Purchase Order No. 5769F/KED

With reference to the above-mentioned order for 5,000 rubberized spindles we regret to advise you that checks have revealed that the rubber at the base of approx. 40% of the spindles is in an unsatisfactory condition. It would appear that the rubber is perished owing to storage in strong sunlight or as a result of having been left outside for a prolonged period of time. We have airmailed you a sample spindle under separate cover for you to inspect yourselves.

You will appreciate that we are unable to install the defective parts in our looms and are therefore forced to run our mill at reduced capacity. This, in turn, has caused delays in delivery for our clients, who, should the delay continue, will have no alternative but to seek an alternative source of supply.

We therefore need 2,000 replacements in perfect condition immediately and would suggest that you despatch them to us by air freight, carriage paid.

We feel obliged to point out that your handling of this matter will determine whether we will be able to continue our business relationship in future.

Yours faithfully
SOCIÉTÉ MISR DE FILATURE
ET DE TISSAGE FIN
...

6. Berichtigung einer Reklamation
Adjustment of a claim

March 26, 20..

Magnetische Informations- und Datensysteme
Gewerbepark
59069 Hamm
GERMANY

Attn: Mr. Andreas Schulz

Dear Mr. Schulz:

Subject: Complaint re DRT/398 Semi-conductors

Thank you for your communication of March 10, in which you state that the semi-conductors supplied are not up to standard.

Having looked into the matter we are now able to tell you that you were mistakenly supplied with DRT/298 semi-conductors, which, despite having similar properties to the latest version, are not able to perform as consistently as their successor.

We apologize for the inconvenience caused and would suggest that we either take back the consignment, carriage forward with insurance covered by us and replace it by DRT/398s, or reduce the price of the goods you have received to the standard list-price, with a further discount of 10% to make up for the inconvenience caused.

Please fax us your reply at your earliest convenience. Should you opt for a replacement delivery we will rush the goods to you by airmail.

Sincerely yours,

...

7. Erste Mahnung
First reminder

AL/GL
12 July 20..

Satic Optik GmbH
Kemnaderstr. 33
58456 Witten
Germany

Attention: Herr Holler

Dear Herr Holler

May we draw your attention to the enclosed brochure containing details of our new multifocal, light-sensitive lenses, which are especially suited for those frequently engaged in outdoor pursuits. We feel that we have "beaten the others past the post" as far as marketing this new, low-price product from the USA is concerned and are sure that it will find a ready market in Germany, the home of high-class optics.

May we also draw your attention to our invoice No. 1892Z/5/93 dated May 1st which, according to our records, is so far unpaid. We feel sure that this is due to an oversight on your part and would appreciate payment within the next few days. If payment has already been effected please disregard this letter.

We look forward to hearing from you soon.

Yours sincerely
NORTHERN OPTICS LTD

Alan Gore
Credit Controller

Enc

8. Zweite Mahnung
Second reminder

AL/GL
10 August 20..

Satic Optik GmbH
Kemnaderstr. 33
58456 Witten
Germany

Attention: Herr Holler

Dear Herr Holler

Your Ref.:	023/499
Account No.:	SO/894377
Balance Due:	€ 4,231.92
Due Date:	15 June 20..

I am disappointed to note that, despite our previous reminder of 12 July, your account with us still remains unpaid. You will recall from our Conditions of Sale that all outstanding balances due to us must be paid within thirty days after receipt of our invoice. By placing an order with us you indicated your agreement to our terms. According to my records no query has been raised with regard to the goods delivered or the accounts rendered.

Under the circumstances I would be grateful if you could arrange for the above sum to be paid by return. Should you fail to do so I shall have no alternative but to add interest to the balance at the rate of 25% per annum as prescribed by our Conditions of Sale.

Yours sincerely
NORTHERN OPTICS LTD

Alan Gore
Credit Controller

9. Letzte Mahnung
Final demand

AL/GL
18 August 20..

Satic Optik GmbH
Kemnaderstr. 33
58456 Witten
Germany

Attention: Herr Holler

Dear Mr Holler

Balance Due:	€ 4,231.92
Interest Accrued:	€ 352.58

Despite repeated reminders your account still remains unpaid. Unless I receive a remittance covering all balances due within four days from the date of this letter I will have no alternative but to instruct our solicitors to take legal action against you.

In this case proceedings will be instigated without further notice to regain the sum owed, the interest accrued for the outstanding period and the costs of legal action.

Yours sincerely
NORTHERN OPTICS LTD

Alan Gore
Credit Controller

10. Kunde entschuldigt sich für Zahlungsverzögerung
Customer apologises for delay in payment

June 17, 20..

Hudson Mechanical Engineering Inc.
782 Fairweather Street
Boston, MA 02116
USA

Ladies and Gentlemen:

We received your letter of 10 June and are sorry that there has been a delay in paying your Invoice No. 094/5/93.

We have unfortunately been hit by the economic downswing in Europe as a whole and in the engineering sector in particular, which has resulted in temporary financial difficulties for our company.

A considerable number of our customers have had to file applications for bankruptcy and, pending decisions in these cases, which could go on for months, we are not in a position to press them for payment. We have, nevertheless, been given assurances by our bankers that part-payment of your invoice is possible.We have therefore transferred 50% of the sum outstanding to your account.

With respect to the outstanding balance we are unfortunately compelled to request you to grant us an extension of a further 30 days for this sum. If you can see your way clear to granting us this facility please send us a draft at 30 d/s drawn upon ourselves to this effect, which we will accept and return to you immediately.

We trust you will understand our predicament, which, as you can see, is entirely due to circumstances beyond our control.

Sincerely yours,
...

11. Geschäftsaufgabe
Closing down a business

1 February 20..

Southall Groceries
42 Clarence Parade
SOUTHALL
MX3 6ZZ

Dear Sirs

It is our sad duty to inform you that for personal reasons The Hackney Trading Company Ltd will be dissolved as from June 1st. This is due to the fact that the principal shareholder and director, Mr Terence Newbury, will be retiring at the end of May and the other members are, for personal reasons, not in a position to take over the running of the company.

The company will be dissolved in the customary manner as prescribed by the Companies Acts (1948–81) with Mr Terence Newbury acting as liquidator for a period of one year.

All outstanding orders will be executed in accordance with existing contracts.

New orders can be placed until March 31 of this year.

We wish to take this opportunity to thank you for the loyalty you have shown towards our company and assure you that we will also be pleased to answer any queries you may have regarding your contracts or any other matters arising.

Yours faithfully
THE HACKNEY TRADING COMPANY LTD
...

12. Referenz- und Empfehlungsschreiben
Testimonial

3rd April 20..

To whom it may concern

Ms. MARIA SCHNELL

Ms Schnell worked with Technology Transfer Systems Ltd. as Departmental Head in our software development and documentation department during the period from 1 January 20.. to 31 March 20..

After having rapidly taken stock of the resources available in this department, both in terms of manpower and technology, she was able to proceed to evaluating its strengths and weaknesses. Her restructuring of the section led to an immediate improvement in morale and performance resulting in greater efficiency and dedication from all concerned.

The areas for which she took responsibility involved many skills: documenting, typing and layout of a user manual, testing the software system during development and liaising with software engineers as bugs or queries were raised.

Her ability to chair meetings and conduct them in a manner conducive to constructive results has proved invaluable in the course of her three years with our company.

Technology Transfer Systems Ltd will sadly miss the skills and dedication of which Ms Schnell's departure will deprive the company. We do not hesitate to recommend her to any future employer.

Yours faithfully
...

Bewerbung mit tabellarischem Lebenslauf

Bewerbungsschreiben

Dear Sir or Madam

I would like to apply for the post of personal assistant and bilingual secretary advertised in today's *Financial Times.*

I am 30 years old and have been working in a similar position at Filex GmbH in Hamburg for the past three years.

My responsibilities include the running of the Managing Director's office and dealing with all correspondence and texts in English and German, including contracts.

I have advanced word processing skills and am familiar with a wide range of software.

Enclosed you will find further details of my training and experience, as well as the names of two referees. If you have any questions, please do not hesitate to write or call me.

I wish to move to London for personal reasons and am there at least twice a month. I would be happy to attend for interview when I am there.

Yours faithfully

Silke Braun

Sehr geehrte Damen und Herren,

hiermit bewerbe ich mich um die Stelle als Direktionsassistentin und Fremdsprachenkorrespondentin, die Sie in der *Financial Times* von heute annonciert haben.

Ich bin 30 Jahre alt und seit drei Jahren in einer ähnlichen Funktion in der Filex GmbH in Hamburg tätig.

Zu meinen Aufgaben gehören die Organisation der täglichen Arbeit im Büro des Geschäftsführers, die Erledigung sämtlicher Korrespondenz und die Anfertigung von Texten, einschließlich Verträge, in englischer und deutscher Sprache.

Ich verfüge über fortgeschrittene Textverarbeitungskenntnisse und bin mit vielen Software-Programmen vertraut.

Anbei finden Sie weitere Einzelheiten über meine Ausbildung und Berufserfahrung sowie zwei Referenzen. Falls Sie weitere Fragen haben sollten, zögern Sie bitte nicht, mich zu kontaktieren.

Da ich aus persönlichen Gründen nach London umziehen möchte, bin ich dort z.Z. mindestens zweimal im Monat. Ich stehe Ihnen zu diesen Zeitpunkten zu einem Vorstellungsgespräch gerne zur Verfügung.

Mit freundlichen Grüßen

Silke Braun

Tabellarischer Lebenslauf: Englisch

Name:	Silke Braun
Address:	Uferweg 15 20539 Hamburg Home tel./fax: 040-50 62 17 Office tel.: 040-56 57 48 / fax: 040-56 78 49
Date of birth:	20 June 1967
Marital status:	Single
Nationality:	German
Education:	
1980–1986	Schiller Gymnasium, Hamburg, Germany
1986	Abitur (equivalent to A levels) Main subjects: English, German, History
1986–1991	University of Hamburg MA in English and Sociology Grade 2.5
Work Experience:	
1991–1992	Freelance translator
1992–1994	Secretary and translator Comux, Bremen
1994–	Assistant to the Managing Director, Filex GmbH, Hamburg
Further Qualifications:	Secretarial qualifications, further training in Windows 95, Excel, QuarkExpress, Word 7
Hobbies and Interests:	Bungee jumping, sailing, cooking
Referees:	1. Prof Dr Stefan von Wissensburg Institut für Anglistik Universität Hamburg D-22589 Hamburg 2. Dr Michael Müller Managing Director Filex GmbH Alsterweg 2/12 D-21129 Hamburg

Tabellarischer Lebenslauf: Deutsch

Name:	Silke Braun
Adresse:	Uferweg 15 20539 Hamburg Tel./Fax (privat): 040-50 62 17 Tel. (Büro): 040-56 57 48 / Fax: 040-56 78 49
Geburtsdatum:	20.06.1967
Familienstand:	ledig
Nationalität:	deutsch
Ausbildung:	
1980–1986	Schiller-Gymnasium, Hamburg, Deutschland
1986	Abitur (entspricht A levels) Leistungsfächer: Englisch, Deutsch, Geschichte
1986–1991	Universität Hamburg MA Anglistik und Soziologie Note 2,5
Berufliche Entwicklung:	
1991–1992	Freiberufliche Übersetzerin
1992–1994	Sekretärin und Übersetzerin Comux, Bremen
1994–	Direktionsassistentin bei der Geschäftsleitung, Filex GmbH, Hamburg
Weitere Qualifikationen:	Fortbildung als Sekretärin, Weiterbildung in Windows 95, Excel, QuarkExpress, Word 7
Hobbys und Interessen:	Bungeejumping, Segeln, Kochen
Referenzen:	1. Prof. Dr. Stefan von Wissensburg Institut für Anglistik Universität Hamburg D-22589 Hamburg 2. Dr. Michael Müller Geschäftsführer Filex GmbH Alsterweg 2/12 D-21129 Hamburg

Das Fax

Das Telefax oder Fax erfreut sich in Zeiten immer schnellerer Kommunikationsmöglichkeiten steigender Beliebtheit und hat das Telex beinahe vollständig verdrängt.

Faxe ähneln von der Struktur her Geschäftsbriefen, folgen jedoch weniger strikten Regeln, was die Form und den Aufbau anbelangt. Sie können über spezielle Faxgeräte, die telefonisch anwählbar sind, oder auch direkt über den Computer an den Empfänger geschickt werden.

Hinsichtlich ihrer äußeren Form gibt es noch keine festen Regeln. Meistens benutzen Firmen eigens gestaltete Vordrucke, die den Absender mit seiner genauen Adresse und weiteren Angaben ausweisen. Die Adresse des Empfängers ist oft nicht vollständig angegeben, da es ja ausreicht, die richtige Faxnummer anzuwählen.

Anders als beim Brief wird die Seitenzahl erwähnt, damit der Empfänger weiß, wie viele Seiten er erhalten soll, und sich melden kann, wenn die erhaltene Anzahl nicht vollzählig ist.

Inwieweit ein Fax Rechtsverbindlichkeit hat, ist noch nicht eindeutig geklärt. Während es im Geschäftsverkehr weitestgehend als rechtsverbindlich anerkannt wird, gilt dies noch nicht für alle behördlichen und gerichtlichen Bereiche. Bei wichtigen Dokumenten sollte daher vorsichtshalber eine briefliche Bestätigung erfolgen.

Ein Fax ist auch stilistisch etwas ungezwungener als ein Geschäftsbrief. Häufig entfallen starre Grußformeln oder Redewendungen. Es ist jedoch auch im Fax unerlässlich, wichtige Daten und Fakten anzugeben, damit keine Missverständnisse entstehen.

Anschließend zwei Beispiele dafür, wie man eine Faxmitteilung gestalten kann:

FAX MESSAGE

TO:Mr Wong, ColorPrints (PTE) Ltd., Singapore
FAX:++65-6423762
FROM:Mr R. Wolf, Langenscheidt Publishers, Munich, Germany
FAX:++89-2316-234 TEL: ++89-2316-421

Dear Mr Wong
We have tried unsuccessfully to reach your office by telephone several times on an urgent matter. Please ring back at your earliest convenience.

Yours sincerely

(Signature)

ACORN DECOR

Unit 6, Whitefield Industrial Estate
Lancaster LA4 5DA, Great Britain
Tel. +(0)1524-56431. Telex: 54229. Fax: +(0)1524 56000

FAX

TO:	Mr Michael Keller	FAX NO:	00 49 234 228776
FROM:	Ken Jones	DEPT:	Sales
OUR REF:	KJ/TT	YOUR REF:	MK/NM
SUBJECT:	Hanover Trade Fair		
PAGE:	1 OF 3	DATE:	1 June 20..

Dear Michael

As discussed with John Barnes today, please find attached our Briefing Notes re. next month's trade fair in Hanover.

I confirm that I will be pleased to meet you week commencing 13 June and should be grateful if you would contact my secretary with a proposed time and date.

If you require any further information, do not hesitate to contact me.

Kind regards

(Signature)

Ken Jones
Sales Director

E-Mail und Internet

Muster E-Mail

To:	Pat.Maloney@langlex.com.uk Sonia.MacRafferty@aol.uk Jim.MacNab@uni.inverness.uk
From:	Elke.Schondorff@langenscheidt.de
Date	22 Feb 20..
Cc:	Paul.Schmidt@langenscheidt.de
Subject:	Meeting Project Managers Britofile II
	We would like to have the agreed meeting of all project managers involved in this project in London on 21 Mar 20.. . Please let us know if you are in agreement and also send your suggestions for the agenda with your time requirement ASAP. Thanks Elke

Nützliche Begriffe, Wendungen und Merkmale

@ : You can contact me <u>at</u> ... @	@ : Ich bin <u>unter</u> ... @ ... zu erreichen
Agenda	Tagesordnung
Attachment	eingefügte/angehängte Datei
Cc (carbon copy)	Kopie
Confirm	bestätigen
. (**dot**): interlex.com (interlex **dot** com)	Punkt (bei E-Mail-Adressen)
<< file >>	Datei (angehängt)
RE	Betrifft
Subject	Betrifft
Website: Visit our website for further information	Website: Weitere Informationen finden Sie im Internet.

Häufige Emoticons

Unter Emoticons versteht man einfache Zeichenkombinationen, die z. B. in E-Mails dazu verwendet werden, prägnant und oftmals humorvoll Gefühlsäußerungen wiederzugeben.

Kombination	englische Umschreibung	deutsche Übersetzung	zusätzliche Informationen
:-)	happy	glücklich, fröhlich	Grund-Smiley
:)	happy	glücklich, fröhlich	Smiley für Sparsame
:-))	very happy	sehr glücklich	
;-)	winking	augenzwinkernd	
:-(	sad	traurig	
:(	sad	traurig	
:-((	very sad	sehr traurig	
;-(	crying	weinend	
:-|	indifferent	gleichgültig, desinteressiert	
:-/	undecided, sceptical	unentschlossen, skeptisch	
:-`)	has a cold	ist erkältet	
:-)>	bearded	bärtig	
:-#)	has a moustache	hat einen Oberlippenbart	
8-)	sunglasses wearer	Sonnenbrillenträger	
(-:	left-handed	linkshändig	
:-i	smoker	Raucher(in)	
:-t	cross	verärgert, böse	
:*)	slightly drunk	beschwipst, betrunken	
@--->-->--	rose	Rose	

Häufig verwendete Abkürzungen

Abkürzung	englische Vollversion	deutsche Übersetzung
4u	for you	für dich
afaik	as far as I know	soweit/soviel ich weiß
aka	also known as	auch bekannt als
asap	as soon as possible	so bald wie möglich
b4n	bye for now	(einstweilen) tschüs!
bbl	(I'll) be back later	(Ich) bin gleich wieder da
bfn	bye for now	(einstweilen) tschüs!
btw	by the way	übrigens
byp	beg your pardon	Entschuldigung!/Wie bitte?

cu	C-U = see you	bis bald
cul8r	C-U-Later = see you later	bis später
eg	evil grin	böses/teuflisches Grinsen
f2f	face "two" face = face to face	von Angesicht zu Angesicht
FAQ	frequently asked question	Oft auch Plural FAQs = häufig gestellte Fragen: Um das mehrmalige Beantworten immer wieder gestellter Fragen zu vermeiden, werden diese Fragen von Mailbox-, Webseiten- und Newsgroup-Betreibern gesammelt und entsprechende Antworten auf der betreffenden Site zur Verfügung gestellt.
fnpr	for no particular reason	aus keinem bestimmten Grund
fye	for your entertainment	zu deiner Unterhaltung, viel Spaß damit
hth	hope that helps	hoffe, das hilft
iow	in other words	mit anderen Worten
jam	just a minute just a moment	einen Moment
pod	piece of data	"ein Teil Daten", Dateifragment
ppl	people	Leute
rds	regards	Gruß
rtfaq	read the FAQ	lies die FAQ
thx	thanks	Danke
tia	thanks in advance	Danke im Voraus
tnx	thanks	Danke
tvm	thanks very much	Vielen Dank!
u2	you too	du auch
wysiwyg	what you see is what you get	"Was du siehst, ist das, was du erhältst" Bezeichnung für eine Bildschirmwiedergabe, die identisch mit dem Ausdruck auf dem Papier ist
yhm	you have mail	du hast Post / Sie haben Post

Abkürzungen, Zahlwörter, Maße und Gewichte, Buchstabieralphabete

Britische und amerikanische Abkürzungen

(British and American Abbreviations)

a.a.r. ***against all risks*** gegen alle Risiken.
a/c ***account current*** Kontokorrent *n*; ***account*** Kto., Konto *n*; Rechnung *f*.
acc. ***according to*** gem., gemäß, entspr., entsprechend; ***account*** Kto., Konto *n*; Rechnung *f*.
acct. ***account*** Kto., Konto *n*; Rechnung *f*.
a/d ***after date*** nach Dato.
AGM ***annual general meeting*** (Jahres)Hauptversammlung *f*.
approx. ***approximate(ly)*** annähernd, etwa.
appx. ***appendix*** Anh., Anhang *m*.
arr. ***arrival*** Ank., Ankunft *f*.
art. ***article*** Artikel *m*.
A/S ***account sales*** Verkaufsabrechnung *f*.
asap ***as soon as possible*** möglichst bald.

BCom(m) ***Bachelor of Commerce*** Bakkalaureus *m* der Wirtschaftswissenschaften.
B/E ***bill of exchange*** Wechsel *m*.
BL ***Bachelor of Law*** Bakkalaureus *m* des Rechts.
b.o. ***branch office*** Zweigstelle *f*, Filiale *f*; ***buyer's option*** Kaufoption *f*; ***box office*** (Theater)Kasse *f*.
B.o.T. ***Board of Trade*** Brit. Handelsministerium *n*.
B/R ***bills receivable*** Wechselforderungen *pl*.
Bros. ***brothers*** Gebr., Gebrüder *pl*. (*in Firmenbezeichnungen*).
B/S ***bill of sale*** Übereignungsvertrag *m*.
BSc *Brit.* ***Bachelor of Science*** Bakkalaureus *m* der Naturwissenschaften.
BST ***British Summer Time*** Brit. Sommerzeit *f*.
bt. fwd. ***brought forward*** Übertrag *m*.

CA ***chartered account*** Frachtrechnung *f*; *Brit.* ***chartered accountant*** beeidigter Bücherrevisor *od.* Wirtschaftsprüfer; ***current account*** Girokonto *n*.
c.a.d. ***cash against documents*** Zahlung *f* gegen Dokumentaushändigung.
c.c. ***carbon copy*** Durchschrift *f*.
C.C. ***charges collect*** Erhebung von Gebühren, unfrei.
CET ***Central European Time*** MEZ, mitteleuropäische Zeit.
cf. ***confer*** vgl., vergleiche.
CFR ***cost and freight*** Kosten und Fracht.
C/I ***certificate of insurance*** Versicherungspolice *f*.
c.i.f. ***cost, insurance, freight*** Kosten, Versicherung und Fracht einbegriffen.
CIP ***carriage and insurance paid to*** frachtfrei versichert bis.
Co. ***Company*** Gesellschaft *f*.
c/o ***care of*** p.A., per Adresse, bei.
COD, c.o.d. ***cash*** (*Am.* ***collect***) ***on delivery*** zahlbar bei Lieferung, per Nachnahme.
C. of E. ***Church of England*** anglikanische Kirche; ***Council of Europe*** ER, Europarat *m*.
COS ***cash on shipment*** Zahlung bei Verschiffung.
CPA *Am.* ***certified public accountant*** beeidigter Bücherrevisor *od.* Wirtschaftsprüfer.
CPT ***carriage paid to*** frachtfrei.
cr. ***creditor*** Gläubiger *m*.
c.t. ***conference terms*** Konferenzbedingungen *pl*.
CV, cv ***curriculum vitae*** Lebenslauf *m*.
c.w.o. ***cash with order*** Barzahlung bei Bestellung.
cwt. ***hundredweight*** Zentner *m*.

DA ***deposit account*** Depositenkonto *n*; *Am.* ***district attorney*** Staatsanwalt *m*.
DAF ***delivered at frontier*** geliefert Grenze.
d/d ***days after date*** Tage nach Dato.
DEng ***Doctor of Engineering*** Dr.-Ing., Doktor *m* der Ingenieurwissenschaften.
dep. ***departure*** Abf., Abfahrt *f*.
Dept. ***Department*** Abteilung *f*.
doc. ***document*** Dokument *n*, Urkunde *f*.
doz. ***dozen*** Dutzend *n*.
d/p ***documents against payment*** Dokumente *pl*. gegen Zahlung.

DPh(il) ***Doctor of Philosophy*** Dr. phil., Doktor *m* der Philosophie.
Dpt. ***Department*** Abteilung *f.*
d.s. d/s ***days after sight*** Tage nach Sicht (*bei Wechseln*).
DSc ***Doctor of Science*** Dr. rer. nat., Doktor *m* der Naturwissenschaften.
DST ***Daylight-Saving Time*** Sommerzeit *f.*

E. & O. E. ***errors and omissions excepted*** Irrtümer und Auslassungen vorbehalten.
ECU ***European Currency Unit(s)*** Europäische Währungseinheit(en *pl.*) *f.*
Ed., ed. ***edition*** Aufl., Auflage *f*; ***edited*** hrsg., herausgegeben; ***editor*** Hrsg., Herausgeber *m.*
E.E., E./E. ***errors excepted*** Irrtümer vorbehalten.
Eftpos ***electronic funds transfer at point of sale*** Zahlungsart „ec-Kasse".
e.g. ***exempli gratia, for example*** zum Beispiel.
EMS ***European Monetary System*** EWS, Europäisches Währungssystem.
EMU ***European Monetary Union*** Europäische Währungsunion.
enc(l). ***enclosure(s)*** Anl., Anlage(n *pl.*) *f.*
E.o.M ***end of month*** Monatsende *n.*
est. ***established*** gegr., gegründet; ***estimated*** gesch., geschätzt.
ETA ***estimated time of arrival*** voraussichtliche Ankunft(szeit).
ETD ***estimated time of departure*** voraussichtliche Abflugzeit *bzw.* Abfahrtszeit.
e.t.s. ***expect to sail*** voraussichtliche Abfahrt.
EXW ***ex works*** ab Werk.

f.a.q. ***fair average quality*** Durchschnittsqualität *f.*
f.a.s. ***free alongside ship*** frei Längsseite (See)Schiff.
FIFO ***first in first out*** Zuerstentnahme bei älteren Beständen.
f.o.b. ***free on board*** frei Schiff.
f.o.r. ***free on rail*** frei Waggon.
ft. (') ***foot, feet*** Fuß *m.*
FTSE ***Financial Times Stock Exchange Index*** britischer Aktienindex.

g ***gram(s), gramme(s)*** g, Gramm *n od. pl.*; ***gallon(s)*** Gallone(n *pl.*) *f.*
gal(l). ***gallon(s)*** Gallone(n *pl.*) *f.*
GMT ***Greenwich Mean Time*** WEZ, westeuropäische Zeit.
GNP ***gross national product*** Bruttosozialprodukt *n.*
GRT ***gross register ton(s)*** Bruttoregistertonne(n *pl.*) *f.*
gtd, guar. ***guaranteed*** garantiert.

HGV ***heavy goods vehicle*** Lastkraftwagen (Lkw) *m.*
HMS ***Her (His) Majesty's Ship (Steamer)*** Ihrer (Seiner) Majestät Schiff (Dampfer).
HO ***Head Office*** Hauptgeschäftsstelle *f*, Zentrale *f*; *Brit.* ***Home Office*** Innenministerium *n.*
Hon. ***Honorary*** ehrenamtlich; ***Hono(u)rable*** (*der od. die*) Ehrenwerte (*Anrede und Titel*).
HP ***hire purchase*** Mietkauf *m.*
HQ, Hq. ***Headquarters*** Stab(squartier *n*) *m*, Hauptquartier *n.*
hrs ***hours*** Std., Stunden *pl.*
ht ***height*** H., Höhe *f.*

ib(id). ***ibidem*** (*Lat.* = ***in the same place***) ebd., ebenda.
i.e. ***id est, that is to say*** das heißt.
IMO ***International Money Order*** Internationale Zahlungsanweisung.
in. (") ***inch*** Zoll *m.*
Inc. ***Incorporated*** (amtlich) eingetragen.
incl. ***including*** einschließlich.
INCOTERMS ***International Commercial Terms*** internationale Regeln für die Auslegung handelsüblicher Vertragsformeln.
IOU ***I owe you*** Schuldschein *m.*
ISBN ***international standard book number*** ISBN-Nummer *f.*
ISDN ***integrated services digital network*** diensteintegrierendes digitales Fernmeldenetz.

Jr ***junior*** (*Lat.* = ***the younger***) jr., jun., der Jüngere.
jun(r). ***junior*** (*Lat.* = ***the younger***) jr., jun., der Jüngere.

L *Brit.* ***learner (driver)*** Fahrschüler(in) (*Plakette an Kraftfahrzeugen*).
lb. ***pound(s)*** Pfund *n* (*od. pl.*) (*Gewicht*).
L/C ***letter of credit*** Kreditbrief *m.*
LIFO ***last in first out*** Zuerstentnahme der neuesten Bestände.
LSE ***London School of Economics*** (*renommierte Londoner Wirtschaftshochschule*).
Ltd. ***limited*** mit beschränkter Haftung.

MA ***Master of Arts*** Magister *m* der Philosophie.
m/d ***months after date*** Monate nach Dato.
MD ***Managing Director*** geschäftsführender Direktor; ***Medicinae Doctor*** (*Lat.* = ***Doctor of Medicine***) Dr. med., Doktor *m* der Medizin.
M.O. ***money order*** Postanweisung *f.*
MP *Brit.* ***Member of Parliament*** Abgeordnete(r) *m* des Unterhauses; ***Military Police*** Militärpolizei *f.*
mph ***miles per hour*** Stundenmeilen *pl.*
Mr ['mɪstə] ***Mister*** Herr *m.*
Mrs ['mɪsɪz] *ursprünglich* ***Mistress*** Frau *f.*
Ms [mɪz] Frau *f* (*neutrale Anredeform für unverheiratete und verheiratete Frauen*).

MS ***motor ship*** Motorschiff *n.*
MSc ***Master of Science*** Magister *m* der Naturwissenschaften.

N/A ***not applicable*** nicht zutreffend.
n.d. ***no date*** ohne Datum.
N/F ***no funds*** keine Deckung.
No/Nos ***number(s)*** Nr.
n.p. or d. ***no place or date*** ohne Ort oder Datum.
nt.wt. ***net weight*** Nettogewicht *n.*

o/a ***on account of*** auf Rechnung von.
o.n.o. ***or near(es) offer*** VB, Verhandlungsbasis *f.*
o.r. ***owner's risk*** auf Gefahr des Eigentümers.
oz. ***ounce(s)*** Unze(n *pl.*) *f.*

p. ***page*** S., Seite *f*; ***part*** T., Teil *m.*
p.a. ***per annum*** (*Lat.* = ***yearly***) jährlich.
par(a). ***paragraph*** Par., Paragraph *m*, Abschnitt *m.*
PAYE ***pay as you earn*** (*Brit. Quellenabzugsverfahren. Arbeitgeber zieht Lohn- bzw. Einkommensteuer direkt vom Lohn bzw. Gehalt ab*).
p/c ***price current*** Preisliste *f.*
pcl. ***parcel*** Paket *n.*
pcs. ***pieces*** Stück(e) *pl.*
pd. ***paid*** bez., bezahlt.
per pro(c). ***per procurationem*** (*Lat.* = ***by proxy***) pp., ppa., per Prokura.
PhD ***Philosophiae Doctor*** (*Lat.* = ***Doctor of Philosophy***) Dr. phil., Doktor *m* der Philosophie.
PIN ***personal identity number*** persönliche Geheimzahl.
PLC, Plc, plc *Brit.* ***public limited company*** AG, Aktiengesellschaft *f.*
PO ***post office*** Postamt *n*; ***postal order*** Postanweisung *f.*
POB ***post-office box*** Postschließfach *n.*
p.o.d. ***pay on delivery*** Nachnahme *f.*
POO ***post-office order*** Postanweisung *f.*
p.p. ***per procurationem*** (*Lat.* = ***by proxy***) pp., ppa., per Prokura.
pp. ***pages*** Seiten *pl.*
ppd ***pre-paid*** im Voraus bezahlt.
PR ***public relations*** PR, Öffentlichkeitsarbeit *f.*
prox. ***proximo*** (*Lat.* = ***next month***) n. M., nächsten Monats.
PS ***postscript*** PS, Postskript *n*, Nachschrift *f.*
pt. ***part*** Teil *m*; ***payment*** Zahlung *f*; ***pint*** (*Brit. 0,57 l, Am. 0,47 l*); ***point*** *siehe Wörterverzeichnis.*
PTO, p.t.o. ***please turn over*** b.w., bitte wenden.

quot. ***quotation*** Kurs-, Preisnotierung *f.*
q.v. ***quod vide*** diesbezüglich siehe.

R & D ***research and development*** Forschung und Entwicklung
recd ***received*** erhalten.
regd ***registered*** eingetragen; 📯 eingeschrieben.
reg. tn ***register ton*** RT, Registertonne *f.*
R.O.G. ***receipt of goods*** Erhalt der Waren.
R.P. ***reply paid*** Antwort bezahlt.
RSVP ***répondez s'il vous plaît*** (*Fr.* = ***please reply***) u. A. w. g., um Antwort wird gebeten; Antwort erbeten.
Rt Hon. ***Right Honourable*** (*der od. die*) Sehr Ehrenwerte (*Titel u. Anrede*).

S/A ***Statement of Account*** Kontoauszug *m.*
s.a.e. ***stamped addressed envelope*** frankierter, mit (eigener) Anschrift versehener Briefumschlag.
Sec. ***Secretary*** Sekr., Sekretär *m*; Minister *m.*
sen(r). ***senior*** (*Lat.* = ***the elder***) sen., der Ältere.
sgd. ***signed*** gez., gezeichnet.
Soc. ***Society*** Gesellschaft *f*; Verein *m.*
Sr ***senior*** sen., der Ältere.
STA ***scheduled time of arrival*** planmäßige Ankunft(szeit).
STD *Brit.* ***subscriber trunk dialling*** Selbstwählfernverkehr *m*; ***scheduled time of departure*** planmäßige Abflugzeit *bzw.* Abfahrtszeit.
stg ***sterling*** Sterling *m* (*brit. Währungseinheit*).

t ***ton(s)*** Tonne(n *pl.*) *f* (*Handelsgewicht*).
tn ***ton(s)*** Tonne(n *pl.*).
T.T. ***telegraphic transfer*** telegraphische Überweisung.
TU ***Trade(s) Union(s)*** Gew., Gewerkschaft(en *pl.*) *f.*

ult(o). ***ultimo*** (*Lat.* = ***in the last*** [***month***]) v. Mts., vorigen Monats

v. ***vide*** siehe.
VAT ***value added tax*** MwSt., Mehrwertsteuer *f.*
vol. ***volume*** Bd., Band *m* (*eines Buches*).
vols. ***volumes*** Bde., Bände *pl.*
VP(res.) ***Vice President*** Vizepräsident *m* (*stellvertretender Vorsitzender, Vorstandsmitglied etc.*).
vs. ***versus*** (*Lat.* = ***against***) gegen.
v.v. ***vice versa*** (*Lat.* = ***conversely***) umgekehrt.

w.e.f. ***with effect from*** mit Wirkung vom.
wk ***week*** Wo., Woche *f*; ***work*** Arbeit *f.*
wkly ***weekly*** wöchentlich.
wks ***weeks*** Wo., Wochen *pl.*
w/o ***without*** o., ohne.
WP, w.p. ***weather permitting*** (nur) bei gutem Wetter.
w.p.a. ***with particular average*** mit Teilschaden (*Versicherung inklusive Teilschaden*).
wt ***weight*** Gewicht *n.*

yd. ***yard*** Yard n.

Deutsche Abkürzungen

(German Abbreviations)

a. a. O. ***am angegebenen*** *od.* ***angeführten Ort*** in the place cited (loc. cit.).
ABM ***Arbeitsbeschaffungsmaßnahme(n)*** job creation scheme.
Abs. ***Absatz*** paragraph (para., par.), *typ.* break; ***Absender*** sender; return address.
a. D. ***außer Dienst*** retired (retd).
AG ***Aktiengesellschaft*** public limited company (PLC, Plc, plc; Ltd), *Am.* (stock) corporation; ***Arbeitsgruppe*** study group.
Akt.-Nr. ***Aktennummer*** file number (file no.).
akz. ***akzeptiert*** accepted; *ökon. a.* hono(u)red.
Anm. d. Red. ***Anmerkung der Redaktion*** editor's comment (Ed., ed.).
App. ***Apparat*** *teleph.* (*Nebenstelle*) extension (ext.).
Arge ***Arbeitsgemeinschaft*** work(ing) group; syndicate.
Aufl. ***Auflage*** edition (ed.).
Az. ***Aktenzeichen*** file number (file no.); *auf Brief*: reference (ref.).

b. a. W. ***bis auf Widerruf*** until recalled *od.* revoked; until further notice.
b. a. w. ***bis auf weiteres*** for the present, until further notice.
begl. ***beglaubigt*** certified (cert.); ***beglichen*** paid (pd).
beil. ***beiliegend*** enclosed (encl.).
Best. ***Bestellung*** order.
Best.-Nr. ***Bestellnummer*** order number (ord. no.).
Betr. ***Betreff, betrifft*** *auf Briefkopf*: with reference to (Re, re, Re., re.).
betr. ***betreffend, betrifft, betreffs*** concerning, regarding, as to; *ökon. a.* re.
Bez. ***Bezahlung*** pay, payment; ***Bezeichnung*** mark; (*Name*) name, term, designation (des.).
bez. ***bezahlt*** paid (pd); ***bezüglich*** regarding, concerning, with reference to; *ökon. a.* re.
BRT ***Bruttoregistertonne(n)*** gross register ton(s *pl.*) (GRT).
BSP ***Bruttosozialprodukt*** gross national product (GNP).
btto. ***brutto*** gross (gr.).
b. w. ***bitte wenden*** please turn over (PTO, pto).
bzgl. ***bezüglich*** regarding, concerning, with reference to; *ökon. a.* re.

ca. ***circa, ungefähr, etwa*** about, approximately (approx.), circa (c.).
cf. ***confer, vergleiche*** compare (cf., cp., comp.).
Co. *ökon. veraltet*: ***Compagnie, Kompanie*** company (Co., co.).
c/o ***care of, bei, per Adresse*** (c/o).

Dipl. ***Diplom*** diploma (Dip., Dipl.); ***Diplom...*** qualified ...
dipl. ***diplomatisch*** diplomatic; ***diplomiert*** qualified.
Dipl.-Ing. ***Diplomingenieur*** qualified engineer.
Dipl.-K(au)fm. ***Diplomkaufmann*** business graduate.
do. ***dito*** ditto (do.).
d. Red. ***die Redaktion*** the editor(s *pl.*) (Ed., ed., *pl.* eds).
Dr. jur. ***doctor juris, Doktor der Rechte*** Doctor of Laws (LLD).
Dr. med. ***doctor medicinae, Doktor der Medizin*** Doctor of Medicine (MD).
Dr. phil. ***doctor philosophiae, Doktor der Philosophie*** Doctor of Philosophy (PhD, DPhil).
Dr. rer. nat. ***doctor rerum naturalium, Doktor der Naturwissenschaften*** Doctor of Science (DSc, ScD).

ebd. ***ebenda*** ibidem (ibid., ib.).
ECU, Ecu ***European currency unit(s), europäische Währungseinheit(en*** *pl.*) (*ECU*).
Ed. ***Edition, Ausgabe*** edition (ed.).
ed. ***edidit, hat herausgegeben*** edited by (ed.).
e. G. ***eingetragene Gesellschaft*** registered (*Am.* incorporated) company.
erh. ***erhalten*** received (recd, rec'd); *in e-m Zustand*: preserved, in ... condition.
erm. ***ermäßigt*** reduced (red.).
et. al. ***et alii, und andere*** and others (et al.).
e. V. ***eingetragener Verein*** registered association *od.* society, incorporated (inc.).
evtl. ***eventuell*** possible (poss.), any; *adv.* possibly (poss.); if necessary (if nec.).

Fa. ***Firma*** firm; *auf Briefadressen*: Messrs.
fin. ***finanziell*** financial(ly *adv.*) (fin.).
Frl. ***Fräulein*** Miss.

Gar. ***Garantie*** guarantee.
gar. ***garantiert*** guaranteed (gtd, guar.).
Gebr. ***Gebrüder*** Brothers (Bros.).
gegr. ***gegründet*** founded; established (estab., est.).
Ges. ***Gesellschaft*** *ökon.* company, *Am. a.* corporation (corp.); (*Vereinigung*) society (soc.), association (assoc.); ***Gesetz*** law, act.
ges. gesch. ***gesetzlich geschützt*** patented; registered (regd).
gez. ***gezeichnet*** *vor der Unterschrift*: signed (sgd).
GmbH ***Gesellschaft mit beschränkter Haftung*** private limited (liability)

company (*etwa* plc).
Herst. ***Hersteller*** manufacturer; ***Herstellung*** production (prod.), manufacture (manuf., manufac.).
Hg. ***Herausgeber(in)*** publisher (pub., publ.); editor (Ed., ed.).
hg. ***herausgegeben (von)*** published (by) (pub., publ.); edited (by) (ed.).
Hochw. *R.C.* ***Hochwürden*** Reverend (Rev.).
Hr(eg). ***Handelsregister*** Commercial Register.
Hrsg. ***Herausgeber(in)*** publisher (pub., publ.); editor (Ed., ed.).
hrsg. ***herausgegeben (von)*** published (by) (pub., publ.); edited (by) (ed.).

I. A., i. A. ***im Auftrag*** per procurationem, by proxy (pp, p.p.).
ib., ibid. ***ibidem, ebenda, dort*** in the same place (ib., ibid.).
Ind. ***Index*** index (ind.); ***Indikativ*** indicative (mood) (ind.); ***Industrie*** industry (ind.).
Ing. ***Ingenieur*** engineer (eng.).
Inh. ***Inhaber*** owner, proprietor (prop., propr.); holder; ***Inhalt*** contents *pl.* (cont.).
inkl. ***inklusive*** including, inclusive of (incl.).
ISBN ***internationale Standardbuchnummer*** international standard book number (ISBN).
I. v. ***Irrtum vorbehalten*** errors excepted (e.e.).
i. V. ***in Vertretung*** in place of; on behalf of; *in Brief*: (signed) for; ***in Vorbereitung*** being prepared, in preparation (in prep.).
IWF ***Internationaler Währungsfonds*** International Monetary Fund (IMF).

jur. ***juristisch*** legal (leg.); juridical (jurid.).

Kat. ***Katalog*** catalog(ue) (cat.); ***Kategorie*** category.
kaufm. ***kaufmännisch*** commercial (comm., com.), business ...
Kennz. ***Kennzeichen*** *mot.* registration (*Am.* license) number; ***Kennziffer*** code number; index (number); *Inserat*: box number.
KG ***Kommanditgesellschaft*** limited partnership.
Krs. ***Kreis*** (administrative) district (dist.).
Kto. ***Konto*** (bank) account (a/c).
Kto.-Nr. ***Kontonummer*** account number (a/c no.).

l. c. ***loco citato, am angegebenen Ort*** in the place cited (l.c.).
Ldg. ***Ladung*** load, freight; cargo; shipment.
Lekt. ***Lektion*** chapter (ch.), unit; lesson.
Lf.-Zt., Lfzt. ***Lieferzeit*** delivery period.
liz. ***lizensiert*** licen|sed, *Am.* -ced.
loc. cit. ***loco citato, am angegebenen Ort*** in the place cited (loc. cit.).
ltd. ***leitend*** managerial; chief ...
Ltg. ***Leitung*** direction; management; supervision.

M. A. ***Magister Artium*** Master of Arts (MA).
m. E. ***meines Erachtens*** in my opinion; as I see it; ***mit Einschränkungen*** with reservations
MESZ ***mitteleuropäische Sommerzeit*** Central European Summer Time (CEST)
MEZ ***mitteleuropäische Zeit*** Central European Time (CET).
Min., min. ***Minute(n)*** minute(s *pl.*) (min.).
MS, Ms. ***Manuskript*** manuscript (MS, ms.).
Mss. ***Manuskripte*** *pl.* manuscripts (MSS, mss.).
MwSt. ***Mehrwertsteuer*** value-added tax (VAT), *bsd. Am.* sales tax.

Nachfr. ***Nachfrage*** inquiry (inq.), enquiry; *ökon.* demand.
Nachtr. ***Nachtrag*** addendum (add.); supplement (supp., suppl.); postscript (PS).
neg. ***negativ*** negative(ly *adv.*) (neg.).
n. J. ***nächsten Jahres*** of next year, next year's ...
n. M. ***nächsten Monats*** of next month, next month's ...
N. N. ***nomen nominandum*** *etwa* to be appointed; (*a.* **NN**) ***Normalnull*** *etwa* sea level.
nto. ***netto*** net (nt., nt).
n. u. Z. ***nach unserer Zeitrechnung*** anno Domini (AD).

o. ä. ***oder ähnlich(es)*** or the like.
OEZ ***osteuropäische Zeit*** Eastern European Time (EET).
OHG ***Offene Handelsgesellschaft*** (general) partnership.

PA ***Patentanmeldung*** patent application; ***Postamt*** post office (PO).
Pat. ***Patent*** patent (pat.)
pers. ***persönlich*** personal(ly *adv.*) (pers.); *adv. a.* in person.
PIN ***persönliche Identifikationsnummer*** personal identification number, PIN number (PIN).
pp., p. p., ppa, p. pa. ***per procura(tionem), in Vollmacht*** per pro, per proxy (p.p., pp).
PR ***Public Relations, Öffentlichkeitsarbeit*** public relations (PR).
Präs. ***Präsidium*** (*Vorsitz*) presidency, chair(manship); (*Vorstand*) executive committee (exec. comm.); (*Dienststelle*) headquarters *sg. u. pl.* (HQ).

RA ***Rechtsanwalt*** lawyer, *Brit. a.* solicitor (Sol., Solr); *plädierender*: *Brit.* barrister (Bar., Barr.), *Am.* attorney (att., atty).
rd. ***rund*** about, around, roughly, approximately (approx.).
Ref. ***Referat*** (*Abteilung*) department (Dept., dept), section (sect.).

Reg. ***Regierung*** government (Gov., gov., Govt, govt).
Rep. ***Reparatur*** repair(s *pl.*); ***Republik*** Republic (Rep.).
RT ***Registertonne(n)*** register ton(s *pl.*) (reg. t.).

s. a. ***siehe auch*** see also.
schriftl. ***schriftlich*** written; in writing.
s. o. ***siehe oben*** see above.
spez. ***speziell*** special, particular; *adv.* a. (e)specially ([e]sp.).
s. t. ***sine tempore, ohne (akademisches) Viertel, pünktlich*** sharp
stellv. ***stellvertretend*** deputy (dep.), assistant (asst); vice-...; *adv.* on behalf of ...; in place of ...
s. u. ***siehe unten*** see below.

Tab. ***Tabelle*** table (tab.); chart; ***Tabulator*** tabulator (tab.).
techn. ***technisch*** technical(ly *adv.*) (tech.); technological(ly *adv.*) (technol.).
Tel. ***Telefon*** (tele)phone (tel.).
Tel.-Nr. ***Telefonnummer*** (tele)phone number (tel. no.).

U. (*od.* **u.**) **A. w. g.** ***um Antwort wird gebeten*** (R.S.V.P., RSVP).
u. E. ***unseres Erachtens*** in our opinion, as we see it; ***unter Einschränkung*** with reservations.
unverb. ***unverbindlich*** not binding; without obligation; *Stellungnahme*: non-committal.
usf. ***und so fort*** and so forth.
u. U. ***unter Umständen*** (*möglicherweise*) possibly (poss.), perhaps (perh.); (*notfalls*) if need be.
u. v. a. (m.) ***und viele(s) andere (mehr)*** and many more (*od.* others); and many other things.

v. ***versus, gegen*** versus (v., vs.); ***von, vom*** of; from; by.
VB ***Verhandlungsbasis*** or near(est) offer (o.n.o.).
v(er)gl. ***vergleiche*** confer (cf.); compare (cp., comp.).
Verw. ***Verwaltung*** administration (admin), management (mngmt).
v. g. u. ***vorgelesen, genehmigt, unterschrieben*** read, confirmed, signed.
v. H. ***vom Hundert*** per cent, percent (p.c., pc, %).
Vorbest. ***Vorbestellung*** advance booking (adv. bkg); *Zimmer*: booking (bkg), reservation (res.); *ökon.* advance order.
vorm. ***vormalig*** former; ***vormals*** formerly (known as); ***vormittags*** in the morning (a.m., am).
Vors. ***Vorsitzende(r)*** chairperson, chairman (chm., chmn), chairwoman; chair; *ökon.* president (Pres., pres.); *Partei, Gewerkschaft*: leader.

WEZ ***westeuropäische Zeit*** Greenwich Mean Time (GMT).
Wz. ***Warenzeichen*** trademark (TM).

Zentr. ***Zentrale*** head office (H.O., HO); headquarters *sg. u. pl.* (HQ); control room; ***Zentrum*** cent|re, *Am.* -er.
z. H(d). ***zu Händen*** attention (attn); care of (c/o).
Zi. ***Ziffer*** figure (fig.); number (No., no.); (*Unterabsatz*) clause; (*Punkt*) item; ***Zimmer*** room (number) rm, rm no.).
z. T. ***zum Teil*** partly, partially (part.).
Ztr. ***Zentner*** (*metric*) hundredweight(s *pl.*) (cwt).
ZwSt. ***Zweigstelle*** branch (office).

Verzeichnis wichtiger Organisationen

BSI	British Standards Institution	Britischer Normenausschuss
BT	British Telecom	Britische Fernmeldegesellschaft
CBI	Confederation of British Industry	Britischer Arbeitgeberverband
EC	European Community	Europäische Gemeinschaft
EEA	European Economic Area	Europäischer Wirtschaftsraum
EEC	European Economic Community	Europäische Wirtschaftsgemeinschaft
EFTA	European Free Trade Association	Europäische Freihandelsgemeinschaft
EIB	European Investment Bank	Europäische Investitionsbank
EMI	European Monetary Institute	Europäisches Währungsinstitut
ERP	European Recovery Programme	Europäisches Wiederaufbauprogramm
ETUC	European Trade Union Confederation	Europäischer Gewerkschaftsbund
EU	European Union	Europäische Union
GATT	General Agreement on Tariffs and Trade	Allgemeines Zoll- und Handelsabkommen
GPO	General Post Office	Britische Post
ATA	International Air Transport Association	Internationaler Luftverkehrsverband
IBCC	International Bureau of Chambers of Commerce	Internationales Büro der Handelskammern
IBRD	International Bank for Reconstruction and Development	Internationale Bank für Wiederaufbau und Entwicklung
ICAO	International Civil Aviation Organisation	Internationale Zivilluftfahrtsorganisation
ICC	International Chamber of Commerce	Internationale Handelskammer
IEA	International Energy Agency	Internationale Energieagentur
IMF	International Monetary Fund	Internationaler Währungsfonds
ISO	International Standards Organisation	Internationale Standardorganisation
MOT (test)	Ministry of Transport (Test)	Kraftfahrzeugüberwachungsamt (TÜV-Abnahme)
NAFTA	North American Free Trade Agreement	Nordamerikanisches Freihandelsabkommen

NATO	North Atlantic Treaty Organisation	Organisation des Nordatlantikpaktes
NCM-UK	NCM Credit Insurance Limited	Nachfolgerin der Versicherungsgruppe ECGD (Export Credit Guarantee Department) der brit. Regierung. Entspricht der deutschen Ausfuhrkreditanstalt HERMES
NHS	National Health Service	Staatlicher Gesundheitsdienst (GB)
NSB	National Savings Bank	*etwa* Postsparkasse (GB)
OECD	Organisation for Economic Co-operation and Development	Organisation für wirtschaftliche Zusammenarbeit und Entwicklung
OPEC	Organisation of Petroleum Exporting Countries	Organisation Erdöl exportierender Länder
SITPRO	Simplification of International Trade Procedures Board	Behörde für die Vereinfachung internationaler Handelsverfahren
SWIFT	Society for Worldwide Interbank Financial Telecommunication	Gesellschaft für den internationalen Zahlungsverkehr zwischen Banken mittels Datenfernübertragung
TUC	Trades Union Congress	Britischer Gewerkschaftsbund
UNCED	United Nations Conference on Environment and Development	Umwelt- und Entwicklungskonferenz der Vereinten Nationen
UNCTAD	United Nations Conference on Trade and Development	Welthandels- und Entwicklungskonferenz der Vereinten Nationen
UNIDO	United Nations Industrial Development Organisation	Organisation der Vereinten Nationen für industrielle Entwicklung

Zahlwörter

Cardinal Numbers		Kardinalzahlen
nought, *bes. Am.* zero	**0**	null
one	**1**	eins
two	**2**	zwei
three	**3**	drei
four	**4**	vier
five	**5**	fünf
six	**6**	sechs
seven	**7**	sieben
eight	**8**	acht
nine	**9**	neun
ten	**10**	zehn
eleven	**11**	elf
twelve	**12**	zwölf
thirteen	**13**	dreizehn
fourteen	**14**	vierzehn
fifteen	**15**	fünfzehn
sixteen	**16**	sechzehn
seventeen	**17**	siebzehn
eighteen	**18**	achtzehn
nineteen	**19**	neunzehn
twenty	**20**	zwanzig
twenty-one	**21**	einundzwanzig
twenty-two	**22**	zweiundzwanzig
thirty	**30**	dreißig
thirty-one	**31**	einunddreißig
forty	**40**	vierzig
forty-one	**41**	einundvierzig
fifty	**50**	fünfzig
fifty-one	**51**	einundfünfzig
sixty	**60**	sechzig
sixty-one	**61**	einundsechzig
seventy	**70**	siebzig
seventy-one	**71**	einundsiebzig
eighty	**80**	achtzig
eighty-one	**81**	einundachtzig
ninety	**90**	neunzig
ninety-one	**91**	einundneunzig
a *od.* one hundred	**100**	hundert
a hundred and one	**101**	hundert(und)eins
two hundred	**200**	zweihundert
three hundred	**300**	dreihundert

five hundred and seventy-two	**572**	fünfhundert(und)zweiundsiebzig
a *od.* one thousand	**1000**	(ein)tausend
a *od.* one thousand and two	**1002**	(ein)tausend(und)zwei
1,000,000 a *od.* one million		**1 000 000** eine Million
2,000,000 two million		**2 000 000** zwei Millionen
1,000,000,000 a *od.* one billion		**1 000 000 000** eine Milliarde

NB: Das *and* in Zahlen über hundert kann im amerikanischen Englisch entfallen: *five hundred (and) twenty.*

Dates / Datumsangaben

ten sixty-six	**1066**	tausendsechsundsechzig
nineteen (hundred and) ninety-nine	**1999**	neunzehnhundertneunundneunzig
two thousand	**2000**	zweitausend
two thousand and eight	**2008**	zweitausend(und)acht

Ordinal Numbers / Ordinalzahlen

first	**1st**	erste
second	**2nd**	zweite
third	**3rd**	dritte
fourth	**4th**	vierte
fifth	**5th**	fünfte
sixth	**6th**	sechste
seventh	**7th**	siebente
eighth	**8th**	achte
ninth	**9th**	neunte
tenth	**10th**	zehnte
eleventh	**11th**	elfte
twelfth	**12th**	zwölfte
thirteenth	**13th**	dreizehnte
fourteenth	**14th**	vierzehnte
fifteenth	**15th**	fünfzehnte
sixteenth	**16th**	sechzehnte
seventeenth	**17th**	siebzehnte
eighteenth	**18th**	achtzehnte
nineteenth	**19th**	neunzehnte
twentieth	**20th**	zwanzigste
twenty-first	**21st**	einundzwanzigste

twenty-second	**22nd**	zweiundzwanzigste
twenty-third	**23rd**	dreiundzwanzigste
thirtieth	**30th**	dreißigste
thirty-first	**31st**	einunddreißigste
fortieth	**40th**	vierzigste
forty-first	**41st**	einundvierzigste
fiftieth	**50th**	fünfzigste
fifty-first	**51st**	einundfünfzigste
sixtieth	**60th**	sechzigste
sixty-first	**61st**	einundsechzigste
seventieth	**70th**	siebzigste
seventy-first	**71st**	einundsiebzigste
eightieth	**80th**	achtzigste
eighty-first	**81st**	einundachtzigste
ninetieth	**90th**	neunzigste
(one) hundredth	**100th**	hundertste
hundred and first	**101st**	hundertunderste
two hundredth	**200th**	zweihundertste
three hundredth	**300th**	dreihundertste
five hundred and seventy-second	**572nd**	fünfhundertundzweiundsiebzigste
(one) thousandth	**1000th**	tausendste
nineteen hundred and fiftieth	**1950th**	(ein)tausendneunhundertfünfzigste
two thousandth	**2000th**	zweitausendste

Fractions and other Mathematical Functions

Bruchzahlen und andere Zahlenwerte

one *od.* a half	$^1/_2$	ein halb
one and a half	$1^1/_2$	anderthalb
two and a half	$2^1/_2$	zweieinhalb
one *od.* a third	$^1/_3$	ein Drittel
two thirds	$^2/_3$	zwei Drittel
one *od.* a quarter, one fourth	$^1/_4$	ein Viertel
three quarters, three fourths	$^3/_4$	drei Viertel
one *od.* a fifth	$^1/_5$	ein Fünftel
three and four fifths	$3^4/_5$	drei vier Fünftel
five eighths	$^5/_8$	fünf Achtel

twelve twentieths	$^{12}/_{20}$	zwölf Zwanzigstel
seventy-five hundredths	$^{75}/_{100}$	fünfundsiebzig Hundertstel
seventy-five per cent, *Am.* percent	**75%**	fünfundsiebzig Prozent
(nought [nɔːt]) point four five	**0.45**	null Komma vier fünf
two point five	**2.5**	zwei Komma fünf
seven and *od.* plus eight are fifteen	**7 + 8 = 15**	sieben und *od.* plus acht ist fünfzehn
nine minus *od.* less four is five	**9 – 4 = 5**	neun minus *od.* weniger vier ist fünf
twice three is *od.* makes six	**2 × 3 = 6**	zwei mal drei ist sechs
twenty divided by five is four	**20 : 5 = 4**	zwanzig dividiert *od.* geteilt durch fünf ist vier

Bei Rechenaufgaben:

once	**1×**	ein mal
twice	**2×**	zwei mal
three times	**3×**	drei mal
four times	**4×**	vier mal

firstly, in the first place	**1.**	erstens
secondly, in the second place	**2.**	zweitens
thirdly, in the third place	**3.**	drittens

***Nullen als Ziffern*:**

There are three noughts (Am. *zeros*) *in 1,000.*

***Telefonnummern, Kontonummern etc.*:**

The number is 308 399 (three 0 [əʊ]/*Am. a.* zero eight three double nine).

***Sportergebnisse*:**

Our team won three–nil (Am. *three–zero*) (*3–0*)

NB: Beim Tennis wird *null* als *love* bezeichnet, im Tie-Break auch als *zero.*

Britische und amerikanische Maße und Gewichte

Längenmaße

1 inch	= 2,54 cm
1 foot	= 12 inches = 30,48 cm
1 yard	= 3 feet = 91,44 cm
1 (statute) mile	= 1760 yards = 1,609 km
1 hand	= 4 inches = 10,16 cm
1 rod (perch, pole)	= $5\frac{1}{2}$ yards = 5,029 m
1 chain	= 4 rods = 20,117 m
1 furlong	= 10 chains = 201,168 m

Nautische Maße

1 fathom	= 6 feet = 1,829 m
1 cable's length	= 100 fathoms = 182,9 m ⚓ *Brit.* = 608 feet = 185,3 m ⚓ *Am.* = 720 feet = 219,5 m
1 nautical mile	= 10 cables' length = 1,852 km

Flächenmaße

1 square inch	= 6,452 cm^2
1 square foot	= 144 square inches = 929,029 cm^2
1 square yard	= 9 square feet = 8361,26 cm^2
1 acre	= 4840 square yards = 4046,8 m^2
1 square mile	= 640 acres = 259 ha = 2,59 km^2
1 square rod (square pole, square perch)	= $30\frac{1}{4}$ square yards = 25,293 m^2
1 rood	= 40 square rods = 1011,72 m^2
1 acre	= 4 roods = 4046,8 m^2

Handelsgewichte

1 grain		= 0,0648 g
1 dram		= 27.3438 grains = 1,772 g
1 ounce		= 16 drams = 28,35 g
1 pound		= 16 ounces = 453,59 g
1 hundredweight		= 1 quintal
	Brit.	= 112 pounds = 50,802 kg
	Am.	= 100 pounds = 45,359 kg
1 long ton	*Brit.*	= 20 hundredweights = 1016,05 kg
1 short ton	*Am.*	= 20 hundredweights = 907,185g
1 stone		=14 pounds = 6,35 kg
1 quarter	*Brit.*	= 28 pounds = 12,701 kg
	Am.	= 25 pounds = 11,339 kg

Troygewichte

1 grain	= 0,0648 g
1 pennyweight	= 24 grains = 1,5552 g
1 ounce	= 20 pennyweights = 31,1035 g
1 pound	= 12 ounces = 373,2418 g

Raummaße

1 cubic inch	= 16,387 cm^3
1 cubic foot	= 1728 cubic inches = 0,02832 m^3
1 cubic yard	= 27 cubic feet = 0,7646 m^3

Britische Hohlmaße

Trocken- und Flüssigkeitsmaße

1 gill	= 0,142 l	
1 pint	= 4 gills	= 0,568 l
1 quart	= 2 pints	= 1,136 l
1 gallon	= 4 quarts	
	= 4,5459 l	
1 quarter	= 64 gallons	
	= 290,935 l	

Trockenmaße

1 peck	= 2 gallons	= 9,092 l
1 bushel	= 4 pecks	
	= 36,368 l	

Flüssigkeitsmaße

1 barrel	= 36 gallons
	= 163,656 l

Amerikanische Hohlmaße

Trockenmaße

1 pint	= 0,5506 l	
1 quart	= 2 pints	= 1,1012 l
1 gallon	= 4 quarts	= 4,405 l
1 peck	= 2 gallons	= 8,8096 l
1 bushel	= 4 pecks	= 35,2383 l

Flüssigkeitsmaße

1 gill	= 0,1183 l	
1 pint	= 4 gills	= 0,4732 l
1 quart	= 2 pints	= 0,9464 l
1 gallon	= 4 quarts	= 3,7853 l
1 barrel	= 31.5 gallons	
	= 119,228 l	
1 hogshead	= 2 barrels	= 238,456 l
1 barrel petroleum		
	= 42 gallons	= 158,97 l

Deutsche Maße und Gewichte

Längenmaße

1 mm ***Millimeter*** millimetre
= $^1/_{1000}$ metre
= 0.001 yards
= 0.003 feet
= 0.039 inches

1 cm ***Zentimeter*** centimetre
= $^1/_{100}$ metre
= 0.39 inches

1 dm ***Dezimeter*** decimetre
= $^1/_{10}$ metre
= 3.94 inches

1 m ***Meter*** metre
= 1.094 yards
= 3.28 feet
= 39.37 inches

1 km ***Kilometer*** kilometre
= 1,000 metres
= 1,093.637 yards
= 0.621 British or Statute Miles

1 sm ***Seemeile*** (*internationales Standardmaß*) nautical mile
= 1,852 metres

Flächenmaße

1 mm² ***Quadratmillimeter*** square millimetre
= $^1/_{1\,000\,000}$ square metre
= 0.0015 square inches

1 cm² ***Quadratzentimeter*** square centimetre
= $^1/_{10\,000}$ square metre
= 0.155 square inches

1 m² ***Quadratmeter*** square metre
= 1.195 square yards
= 10.76 square feet

1 a ***Ar*** are
= 100 square metres
= 119.59 square yards
= 1,076.41 square feet

1 ha ***Hektar*** hectare
= 100 ares
= 10,000 square metres
= 11,959.90 square yards
= 2.47 acres

1 km^2 ***Quadratkilometer*** square kilometre
= 100 hectares
= 1,000,000 square metres
= 247.11 acres
= 0.386 square miles

Raummaße

1 cm^3 ***Kubikzentimeter*** cubic centimetre
= 1,000 cubic millimetres
= 0.061 cubic inches

1 dm^3 ***Kubikdezimeter*** cubic decimetre
= 1,000 cubic centimetres
= 61.025 cubic inches

1 m^3 ***Kubikmeter***
1 rm ***Raummeter***
1 fm ***Festmeter***
} cubic metre
= 1,000 cubic decimetres
= 1.307 cubic yards
= 35.31 cubic feet

1 RT ***Registertonne*** register ton
= 2.832 m^3
= 100 cubic feet

Hohlmaße

1 l ***Liter*** litre
= 10 decilitres
= 1.76 pints (*Br.*)
= 7.04 gills (*Br.*)
= 0.88 quarts (*Br.*)
= 0.22 gallons (*Br.*)
= 2.11 pints (*Am.*)
= 8.45 gills (*Am.*)
= 1.06 quarts (*Am.*)
= 0.26 gallons (*Am.*)

1 hl ***Hektoliter*** hectolitre
= 100 litres
= 22.009 gallons (*Br.*)
= 2.75 bushels (*Br.*)
= 26.42 gallons (*Am.*)
= 2.84 bushels (*Am.*)

Gewichte

1 mg ***Milligramm*** milligram(me)
= $^1/_{1000}$ gram(me)
= 0.015 grains

1 g ***Gramm*** gram(me)
= $^1/_{1000}$ kilogram(me)
= 15.43 grains

1 Pfd ***Pfund*** pound (German)
= $^1/_2$ kilogram(me)
= 500 gram(me)s
= 1.102 pounds (avdp.)
= 1.34 pounds (troy)

1 kg ***Kilogramm, Kilo*** kilogram(me)
= 1,000 gram(me)s
= 2.204 pounds (avdp.)
= 2.68 pounds (troy)

1 Ztr. ***Zentner*** centner
= 100 pounds (German)
= 50 kilogram(me)s
= 110.23 pounds (avdp.)
= 0.98 British hundredweights
= 1.102 U.S. hundredweights

1 t ***Tonne*** ton
= 1,000 kilogram(me)s
= 0.984 British tons
= 1.102 U.S. tons

Buchstabieralphabete

	Deutsch	*Britisches Englisch*	*Amerikanisches Englisch*	*International*	*Zivil-Luftfahrt (ICAO)*
A	Anton	Andrew	Abel	Amsterdam	Alfa
Ä	Ärger	–	–	–	–
B	Berta	Benjamin	Baker	Baltimore	Bravo
C	Cäsar	Charlie	Charlie	Casablanca	Charlie
CH	Charlotte	–	–	–	–
D	Dora	David	Dog	Danemark	Delta
E	Emil	Edward	Easy	Edison	Echo
F	Friedrich	Frederick	Fox	Florida	Foxtrott
G	Gustav	George	George	Gallipoli	Golf
H	Heinrich	Harry	How	Havana	Hotel
I	Ida	Isaac	Item	Italia	India
J	Julius	Jack	Jig	Jérusalem	Juliett
K	Kaufmann	King	King	Kilogramme	Kilo
L	Ludwig	Lucy	Love	Liverpool	Lima
M	Martha	Mary	Mike	Madagaskar	Mike
N	Nordpol	Nellie	Nan	New York	November
O	Otto	Oliver	Oboe	Oslo	Oscar
Ö	Ökonom	–	–	–	–
P	Paula	Peter	Peter	Paris	Papa
Q	Quelle	Queenie	Queen	Québec	Quebec
R	Richard	Robert	Roger	Roma	Romeo
S	Samuel	Sugar	Sugar	Santiago	Sierra
Sch	Schule	–	–	–	–
T	Theodor	Tommy	Tare	Tripoli	Tango
U	Ulrich	Uncle	Uncle	Upsala	Uniform
Ü	Übermut	–	–	–	–
V	Viktor	Victor	Victor	Valencia	Victor
W	Wilhelm	William	William	Washington	Whiskey
X	Xanthippe	Xmas	X	Xanthippe	X-Ray
Y	Ypsilon	Yellow	Yoke	Yokohama	Yankee
Z	Zacharias	Zebra	Zebra	Zürich	Zulu

Europäische Währungen

EU-Staaten – *EU states*

Land	**country**	**Hauptstadt**	**capital**	**Währung**	**currency**
Belgien	Belgium	Brüssel	Brussels	Euro	euro
Dänemark	Denmark	Kopen-hagen	Copen-hagen	Dänische Krone	Danish krone
Deutsch-land	Germany	Berlin	Berlin	Euro	euro
Finnland	Finland	Helsinki	Helsinki	Euro	euro
Frankreich	France	Paris	Paris	Euro	euro
Griechen-land	Greece	Athen	Athens	Euro	euro
Großbri-tannien	Great Britain	London	London	Pfund Sterling	pound Sterling
Irland	Ireland	Dublin	Dublin	Euro	euro
Italien	Italy	Rom	Rome	Euro	euro
Luxem-burg	Luxem-bourg	Luxem-burg	Luxem-bourg	Euro	euro
Nieder-lande	*the* Nether-lands	Amster-dam	Amster-dam	Euro	euro
Österreich	Austria	Wien	Vienna	Euro	euro
Portugal	Portugal	Lissabon	Lisbon	Euro	euro
Schweden	Sweden	Stockholm	Stockholm	Schwedi-sche Krone	Swedish krona
Spanien	Spain	Madrid	Madrid	Euro	euro

EU-Kandidaten – *candidates for EU membership*

Land	country	Hauptstadt	capital	Währung	currency
Bulgarien	Bulgaria	Sofia	Sofia	Lew	lev
Estland	Estonia	Tallinn	Tallinn	Estnische Krone	kroon
Lettland	Latvia	Riga	Riga	Lat	lats
Litauen	Lithuania	Vilnius/ Wilna	Vilnius	Litas	litas
Malta	Malta	Valletta	Valletta	Maltesische Lira	Maltese lira
Polen	Poland	Warschau	Warsaw	Zloty	zloty
Rumänien	Romania	Bukarest	Bucharest	Lei	Romanian leu
Slowakei	Slovakia	Bratislava/ Pressburg	Bratislava	Slowakische Krone	Slovak koruna
Slowenien	Slovenia	Ljubljana/ Leibach	Ljubljana	Tolar	tolar
Tschechische Republik	*the* Czech Republic	Prag	Prague	Tschechische Krone	Czech koruna
Türkei	Turkey	Ankara	Ankara	Türkische Lira	Turkish Lira
Ungarn	Hungary	Budapest	Budapest	Forint	forint
Zypern	Cyprus	Nikosia	Nicosia	Zypern-Pfund	Cyprus pound

Mit der Einführung des Euro verliert in den Ländern, die die Beitrittskriterien zur Währungsunion erfüllt haben, nach einer kurzen Übergangsphase die nationale Währung ihre Gültigkeit.

Zeitzonen und Weltzeituhr

Zeitzonen (MEZ)

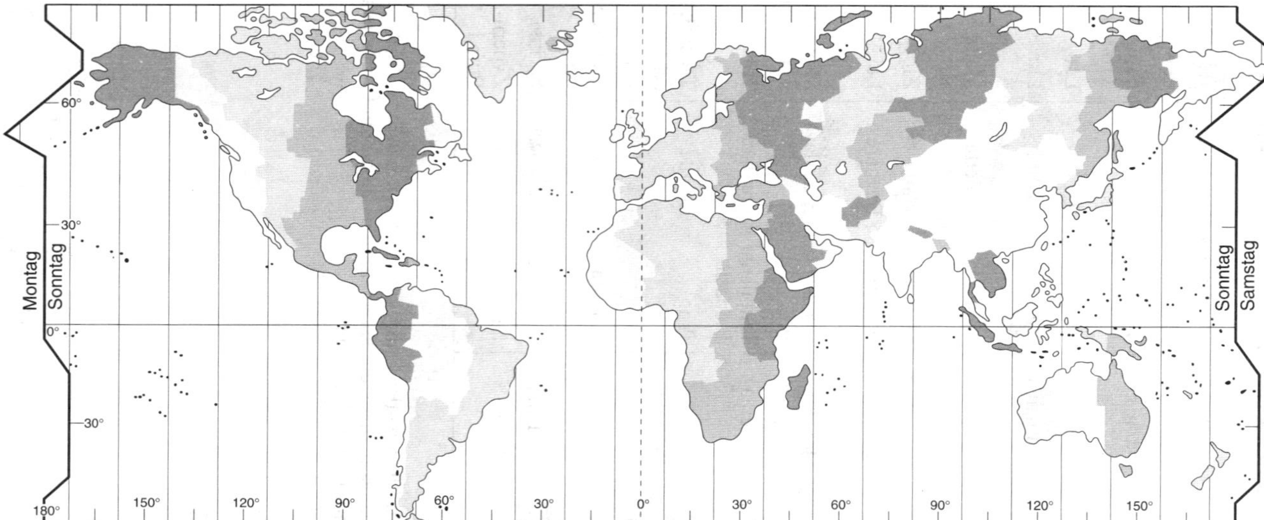

+ 11 / - 13	-12	-11	-10	-9	-8	-7	-6	-5	-4	-3	-2	-1	0	+1	+2	+3	+4	+5	+6	+7	+8	+9	+10	+11
23:00	0:00	1:00	2:00	3:00	4:00	5:00	6:00	7:00	8:00	9:00	10:00	11:00	12:00	13:00	14:00	15:00	16:00	17:00	18:00	19:00	20:00	21:00	22:00	23:00
11 pm		1 am	2 am	3 am	4 am	5 am	6 am	7 am	8 am	9 am	10 am	11 am	12 pm	1 pm	2 pm	3 pm	4 pm	5 pm	6 pm	7 pm	8 pm	9 pm	10 pm	11 pm

Die Weltzeituhr auf einen Blick

Die Angaben beziehen sich auf Deutschland 15.00 Uhr Mitteleuropäische (Winter)Zeit, 14.00 Uhr Greenwich Mean Time (GMT). Entsprechend der Umstellung auf Sommer- und Winterzeit kann es zu Abweichungen kommen.

Place	Time	Place	Time	Place	Time
Adelaide	+00:30	Dublin	14:00	Milan	15:00
Aden	17:00	Geneva	15:00	Murmansk	17:00
Algiers	15:00	Glasgow	14:00	Montreal	09:00
Amsterdam	15:00	GMT	14:00	Moscow	17:00
Anchorage	05:00	Havana	09:00	Munich	15:00
Ankara	16:00	Helsinki	16:00	Nairobi	17:00
Atlanta	09:00	Hong Kong	22:00	Naples	15:00
Athens	16:00	Honolulu	04:00	Nassau	09:00
Baghdad	17:00	Iceland	14:00	Newfoundland	10:30
Bangkok	21:00	Indianapolis	09:00	New Delhi	19:30
Barcelona	15:00	Islamabad	19:00	New Guinea	+00:00
Beijing	22:00	Istanbul	16:00	New York	09:00
Beirut	16:00	Jakarta	21:00	Nice	15:00
Belgrade	15:00	Jerusalem	16:00	Oslo	15:00
Berlin	15:00	Johannesburg	16:00	Ottawa	09:00
Bogota	09:00	Kabul	18:30	Quebec	09:00
Bombay	19:30	Kingston	09:00	Quito	09:00
Brussels	15:00	Kuala Lumpur	22:00	Palma	15:00
Bucharest	16:00	Kuwait City	17:00	Rangoon	20:30
Budapest	15:00	Lagos	15:00	Paris	15:00
Buenos Aires	11:00	Lima	09:00	Perth	22:00
Cairo	16:00	Lisbon	14:00	Phoenix	07:00
Calcutta	19:30	London	14:00	Rio de Janeiro	11:00
Caracas	10:00	Los Angeles	06:00	Riyadh	17:00
Chicago	08:00	Madrid	15:00	Prague	15:00
Copenhagen	15:00	Malta	15:00	Rome	15:00
Dallas	08:00	Manila	22:00	Saigon	21:00
Daressalam	17:00	Mauritius	18:00	Salt Lake City	07:00
Dhaka	20:00	Melbourne	+00:00	Salzburg	15:00
Detroit	09:00	Mexico City	08:00	San Francisco	06:00

Place	Time	Place	Time	Place	Time
San Juan	10:00	Stockholm	15:00	Vancouver	06:00
Santiago	10:00	Sydney	+00:00	Venice	15:00
Santo Domingo	10:00	Taipei	22:00	Vienna	15:00
Sao Paulo	11:00	Tallinn	16:00	Vladivostok	+00:00
Seattle	06:00	Tanger	14:00	Warsaw	15:00
Seoul	23:00	Tehran	17:30	Washington DC	09:00
Singapore	22:00	Tokyo	23:00	Wellington	+02:00
Shanghai	22:00	Toronto	09:00	Zurich	15:00
Sofia	16:00	Turin	15:00		

+ bedeutet nächster Tag (Datumsgrenze)

Übersicht: Land, Landeskennzahl (Vorwahl), Währung, Zeitunterschied wichtiger Länder

Für ein internationales Ferngespräch von Deutschland aus muss vor der Landeskennzahl grundsätzlich 00 gewählt werden.

Land	Landeskennzahl	Währung	± MEZ	Hauptstadt/ Stadt
Ägypten	20	Ägyptisches Pfund	+1	Kairo
Algerien	213	Algerischer Dinar	±0	Algier
Amerika				*siehe* USA *bzw. andere Staaten Amerikas*
Argentinien	54	Peso	–4	Buenos Aires
Armenien	7	Dram	+2	Eriwan/Jerewan
Aserbaidschan	994	Manat	+2	Baku
Äthiopien	251	Birr	+2	Addis Abeba
Australien	61	Australischer Dollar	+7 bis +9	Canberra +9
Bahamas	1809	Bahama-Dollar	–6	Nassau
Bangladesch	880	Taka	+5	Dhaka
Belarus (Weißrussland)	7	Weißrussischer Rubel	+1	Minsk
Belgien	32	Euro	±0	Brüssel
Bolivien	591	Boliviano	–5	Sucre
Bosnien-Herzegowina	387	Konvertible Mark/Euro	±0	Sarajevo
Brasilien	55	Cruzeiro Real	–3 bis –6	Brasilia –4
Bulgarien	359	Lew	+1	Sofia
Chile	56	Chilenischer Peso	–5	Santiago
China	86	Renminbi Yuan	+7	Peking/Beijing

Land	Landes-kennzahl	Währung	± MEZ	Hauptstadt/ Stadt
Costa Rica	506	Costa-Rica-Colón	–7	San José
Côte d'Ivoire	225	CFA-Franc	–1	Yamoussoukro
Dänemark	45	Dänische Krone	±0	Kopenhagen
Deutschland	49	Euro	±0	Berlin
Dominikanische Republik	1809	Dominikanischer Peso	–5	Santo Domingo
Ecuador	593	Sucre	–6	Quito
El Salvador	503	El-Salvador-Colón	–7	San Salvador
Elfenbeinküste	225	CFA-Franc, Euro	–1	*siehe* Côte d'Ivoire
England	44	Pfund Sterling	–1	London
Estland	372	Estnische Krone	+1	Tallinn
Finnland	358	Euro	+1	Helsinki
Frankreich	33	Euro	±0	Paris
Georgien	995	Kupon	+2	Tiflis/Tbilissi
Griechenland	30	Euro	+1	Athen
Großbritannien	44	Pfund Sterling	–1	London
Guatemala	502	Quetzal	–7	Guatemala
Haiti	509	Gourde	–6	Port-au-Prince
Honduras	504	Lempira	–7	Tegucigalpa
Indien	91	Indische Rupie	+4,5	New Delhi
Irak	964	Irak-Dinar	+2	Bagdad
Iran	98	Rial	+2,5	Teheran
Irland	353	Euro	–1	Dublin
Island	354	Isländische Krone	–1	Reykjavik
Israel	972	Neuer Israel Schekel	+1	Jerusalem
Italien	390	Euro	±0	Rom
Jamaika	1809	Jamaika-Dollar	–6	Kingston
Japan	81	Yen	+8	Tokyo
Jordanien	962	Jordan-Dinar	+1	Amman
Jugoslawien (Serbien und Montenegro)	381	Neuer Jugoslawischer Dinar	±0	Belgrad

Land	Landes-kennzahl	Währung	± MEZ	Hauptstadt/ Stadt
Kanada	001	Kanadischer Dollar	–6 bis –9	Ottawa –6
Kasachstan	7	Tenge	+4	Almaty
Kenia	254	Kenia-Schilling	+2	Nairobi
Kolumbien	57	Kolumbianischer Peso	–6	Bogotá
Kongo	242	CFA-Franc	±0	Kinshasa
Kroatien	385	Kuna	±0	Zagreb
Kuba	53	Kubanischer Peso	–6	Havanna
Kuwait	965	Kuwait-Dinar	+2	Kuwait
Lettland	371	Lat	+1	Riga
Libanon	961	Libanesisches Pfund	+1	Beirut
Liberia	231	Liberianischer Dollar	–1	Monrovia
Libyen	218	Libyscher Dinar	±0	Tripolis
Liechtenstein	41	Schweizer Franken	±0	Vaduz
Litauen	370	Litas	+1	Wilna/Vilnius
Luxemburg	352	Euro	±0	Luxemburg
Madagaskar	261	Madagaskar-Franc	+2	Antananarivo
Marokko	212	Dirham	–1	Rabat
Mazedonien	389	Denar	±0	Skopje
Mexiko	52	Neuer Mexikanischer Peso	–7 bis –9	Mexico-Stadt –7
Monaco	33	Euro	±0	Monaco-Ville
Mongolei	976	Tugrik	+7	Ulan-Bator
Neuseeland	64	Neuseeland-Dollar	+11	Wellington
Nicaragua	505	Córdoba	–7	Managua
Niederlande	31	Euro	±0	Amsterdam
Nigeria	234	Naira	±0	Abuja
Nordirland	44	Pfund Sterling	–1	Belfast
Norwegen	47	Norwegische Krone	±0	Oslo

Land	Landeskennzahl	Währung	± MEZ	Hauptstadt/ Stadt
Österreich	43	Euro	±0	Wien
Pakistan	92	Pakistanische Rupie	±4	Islamabad
Panama	507	Balboa	–6	Panama
Peru	51	Nuevo Sol	–6	Lima
Philippinen	63	Philippinischer Peso	+7	Manila
Polen	48	Zloty	±0	Warschau
Portugal	351	Euro	–1	Lissabon
Rumänien	40	Lei	+1	Bukarest
Russland	7	Rubel	+1 bis +7	Moskau +2
Saudi-Arabien	966	Saudi-Riyal	+2	Riad
Schottland	44	Pfund Sterling	–1	Edinburg
Schweden	46	Schwedische Krone	±0	Stockholm
Schweiz	41	Schweizer Franken	±0	Bern
Senegal	221	CFA-Franc, Euro	–1	Dakar
Singapur	65	Singapur-Dollar	+7	Singapur
Slowakei	42	Slowakische Krone	±0	Bratislava/ Pressburg
Slowenien	386	Tolar	±0	Ljubljana
Spanien	34	Euro	±0	Madrid
Südafrika	27	Rand	+1	Pretoria
Sudan	249	Sudanesisches Pfund	+1	Khartoum
Syrien	963	Syrisches Pfund	+1	Damaskus
Tansania	255	Tanzania-Shilling	+2	Dodoma
Thailand	66	Baht	+6	Bangkok
Tschechische Republik	42	Tschechische Krone	±0	Prag
Tunesien	216	Tunesischer Dinar	±0	Tunis
Türkei	90	Türkische Lira	+1	Ankara
Turkmenistan	7	Manat	+4	Aschchabad
Uganda	256	Uganda-Shilling	+2	Kampala

Land	Landes-kennzahl	Währung	± MEZ	Hauptstadt/ Stadt
Ukraine	7	Griwna	+1	Kiew
Ungarn	36	Forint	±0	Budapest
Uruguay	598	Peso Uruguayo	–4	Montevideo
USA	1	US-Dollar	–6 bis –10	New York –6
Usbekistan	7	Usbekistan-Sum	+4	Taschkent
Venezuela	58	Bolivar	–5	Caracas
Vereinigte Staaten von Amerika	1	US-Dollar	–6 bis –10	New York –6
Vietnam	84	Dong	+6	Hanoi
Weißrussland	7	Weißrussischer Rubel	+1	*siehe* Belarus
Zaire	242	Neuer Zaire	±0	*siehe* Kongo
Zimbabwe	263	Zimbabwe-Dollar	+1	Harare

Die Zeitunterschiede in der Spalte ±MEZ beziehen sich auf Mitteleuropäische (Winter)Zeit. Sie können je nach Umstellung auf Sommer- und Winterzeit geringfügig voneinander abweichen. Trotz sorgfältiger Prüfung kann für die Richtigkeit der Zahlenangaben des Anhangs keine Garantie übernommen werden.

Britisches und amerikanisches Englisch

Die Unterschiede zwischen britischem und amerikanischem Englisch in der schriftlichen Geschäftskommunikation sind nicht so ausgeprägt wie in der Umgangssprache oder in anderen Bereichen. Detaillierte Auskunft hierüber gibt ein gutes einsprachiges Wörterbuch, wie z.B. das *Dictionary of Contemporary English*, Langenscheidt-Longman, 1995. Zwei Aspekte sind aber für das Schreiben von Briefen im Allgemeinen wichtig, nämlich die Unterschiede in der Rechtschreibung und im Wortschatz.

Rechtschreibung

Gegenüber dem britischen Englisch (*Br.*) weist die Rechtschreibung im amerikanischen Englisch (*Am.*) hauptsächlich folgende Eigenheiten auf:

1. Häufige Weglassung des Bindestrichs, z.B. *newsstand*, *breakdown*, *soapbox*, *cooperate.* Viele dieser Weglassungen finden zunehmend im *Br.* Verbreitung.
2. Viele Wörter, die im *Br.* auf **-our** enden, enden im amerikanischen Englisch auf **-or**, z.B. *color*, *humor*, *favor*, *honorable.*
3. Viele Wörter, die im *Br.* auf **-re** enden, enden im *Am.* auf **-er**, z.B. *theater, center, fiber.* Ausnahme: *massacre.*
4. Viele Wörter, die im *Br.* auf **-gue** enden, lassen das **-ue** im *Am.* weg, z.B.: *catalog, dialog.*
5. Viele Wörter, die im *Br.* auf **-ce** enden, enden im *Am.* auf **-se**, z.B.: *license, defense, practise* (im *Am.* auch im Substantiv).
6. Wortstämme, die im *Br.* auf **-l** enden, verdoppeln dieses, wenn die Endsilbe mit einem Vokal beginnt. Im *Am.* entfällt das zweite **-l**, z.B.: *dial* – Br. *dialled,* Am. *dialed, travel* – Br. *travelled,* Am. *traveled.*
7. Stummes **-e-** entfällt im *Am.* in Wörtern wie *abridg(e)ment, judg(e)ment, acknowledg(e)ment.*
8. Neben *although*, *all right*, *through* finden sich die informell-familiären Formen *altho*, *alright*, *thru.*
9. Weitere Unterschiede in der Schreibweise gibt es bei Wörtern, wie z.B.

Br.	*Am.*
tyre	tire
cheque	check
aluminium	aluminum

Wortschatz

Im Laufe der Zeit haben sich in den USA vom *Br.* abweichende Bezeichnungen durchgesetzt. An dieser Stelle eine kleine Auswahl:

Br.	Am.
holiday	vacation
autumn	fall
underground, tube	subway
motorway	highway, freeway
queue	line
petrol (station)	gas (station)
flyover	overpass
flat	apartment, condo
ground floor	first floor
first floor	second floor
toilet	bathroom, restroom
lift	elevator
pavement	sidewalk
rates	property tax
timetable	schedule
company	corporation
public limited company	stock corporation
current account	checking account
PTO (please turn over)	over
full stop	period
to table a motion	to submit a topic
to postpone a topic	to table a topic / a motion
to post	to mail
cinema	movies theater
post code	zip code
letterbox	mailbox
(bank)note	bill
shop	store
taxi	cab
pardon?	excuse me?

go!

go! Unregelmäßige Verben

Infinitiv (infinitive)	Präteritum (past)	Partizip Perfekt (past participle)
abide	abode, abided	abode, abided
arise	arose	arisen
awake	awoke, awaked	awoken, awaked
be	was, were	been
bear	bore	borne
beat	beat	beaten, beat
become	became	become
beget	begot	begotten
begin	began	begun
bend	bent	bent
bereave	bereft, bereaved	bereft, bereaved
beseech	besought, beseeched	besought, beseeched
bet	bet, betted	bet, betted
bid	bad(e), bid	bid, bidden
bide	bode, bided	bided
bind	bound	bound
bite	bit	bitten, bit
bleed	bled	bled
blow	blew	blown
break	broke	broken
breed	bred	bred
bring	brought	brought
broadcast	broadcast, broadcasted	broadcast, broadcasted
build	built	built
burn	burnt, burned	burnt, burned
burst	burst	burst
buy	bought	bought
cast	cast	cast
catch	caught	caught
chide	chid, chided	chidden, chid, chided
choose	chose	chosen
cleave	cleft, clove, cleaved	cleft, cloven, cleaved
cling	clung	clung
come	came	come

Infinitiv (infinitive)	Präteritum (past)	Partizip Perfekt (past participle)
cost	cost	cost
crep	crept	crept
cut	cut	cut
deal	dealt	dealt
deepfreeze	deepfroze, -freezed	deepfrozen, -freezed
dig	dug	dug
dive	dived, *Am. a.* dove	dived
do	did	done
draw	drew	drawn
dream	dreamt, dreamed	dreamt, dreamed
drink	drank	drunk
drive	drove	driven
dwell	dwelt, dwelled	dwelt, dwelled
eat	ate	eaten
fall	fell	fallen
feed	fed	fed
feel	felt	felt
fight	fought	fought
find	found	found
flee	fled	fled
fling	flung	flung
fly	flew	flown
forbid	forbade, forbad	forbidden
forget	forgot	forgotten, forgot
forgive	forgave	forgiven
forsake	forsook	forsaken
freeze	froze	frozen
get	got	got, *Am.* gotten
gild	gilded, gilt	gilded, gilt
gird	girded, girt	girded, girt
give	gave	given
go	went	gone
grind	ground	ground
grow	grew	grown
hang	hung, hanged	hung, hanged
have	had	had
hear	heard	heard
heave	heaved, hove	heaved, hove
hew	hewed	hewn, hewed
hide	hid	hidden, hid
hit	hit	hit
hold	held	held

go!

Infinitiv (infinitive)	Präteritum (past)	Partizip Perfekt (past participle)
hurt	hurt	hurt
inset	inset	inset
keep	kept	kept
kneel	knelt, kneeled	knelt, kneeled
knit	knitted, knit	knitted, knit
know	knew	known
lade	laded	laded, laden
lay	laid	laid
lead	led	led
lean	leant, leaned	leant, leaned
leap	leapt, leaped	leapt, leaped
learn	learnt, learned	learnt, learned
leave	left	left
lend	lent	lent
let	let	let
lie	lay	lain
light	lit, lighted	lit, lighted
lose	lost	lost
make	made	made
mean	meant	meant
meet	met	met
mow	mowed	mown, mowed
outbid	outbid	outbid, outbidden
pay	paid	paid
put	put	put
read	read	read
rend	rent	rent
rid	rid	rid
ride	rode	ridden
ring	rang	rung
rise	rose	risen
rive	rived	rived, riven
run	ran	run
saw	sawed	sawn, sawed
say	said	said
see	saw	seen
seek	sought	sought
sell	sold	sold
send	sent	sent
set	set	set
sew	sewed	sewn, sewed
shake	shook	shaken

go!

Infinitiv (infinitive)	Präteritum (past)	Partizip Perfekt (past participle)
shave	shaved	shaved, shaven
shed	shed	shed
shine	shone	shone
shit	shit, shat	shit
shoe	shod, shoed	shod, shoed
shoot	shot	shot
show	showed	shown, showed
shrink	shrank, shrunk	shrunk
shut	shut	shut
sing	sang	sung
sink	sank, sunk	sunk
sit	sat	sat
slay	slew	slain
sleep	slept	slept
slide	slid	slid, slidden
sling	slung	slung
slink	slunk	slunk
slit	slit	slit
smell	smelt, smelled	smelt, smelled
smite	smote	smitten
sow	sowed	sown, sowed
speak	spoke	spoken
speed	sped, speeded	sped, speeded
spell	spelt, spelled	spelt, spelled
spend	spent	spent
spill	spilt, spilled	spilt, spilled
spin	spun, span	spun
spit	spat, *Am. a.* spit	spat, *Am. a.* spit
split	split	split
spoil	spoilt, spoiled	spoilt, spoiled
spread	spread	spread
spring	sprang, *Am. a.* sprung	sprung
stand	stood	stood
stave	staved, stove	staved, stove
steal	stole	stolen
stick	stuck	stuck
sting	stung	stung
stink	stank, stunk	stunk
strew	strewed	strewn, strewed
stride	strode	stridden
strike	struck	struck
string	strung	strung

go!

Infinitiv (infinitive)	Präteritum (past)	Partizip Perfekt (past participle)
strive	strove	striven
swear	swore	sworn
sweat	sweat, sweated	sweat, sweated
sweep	swept	swept
swell	swelled	swollen, swelled
swim	swam	swum
swing	swung	swung
take	took	taken
teach	taught	taught
tear	tore	torn
tell	told	told
think	thought	thought
thrive	thrived, throve	thrived, thriven
throw	threw	thrown
thrust	thrust	thrust
tread	trod	trodden, trod
wake	woke, waked	woken, waked
wear	wore	worn
weave	wove	woven
wed	wedded, wed	wedded, wed
weep	wept	wept
wet	wetted, wet	wetted, wet
win	won	won
wind	wound	wound
wring	wrung	wrung
write	wrote	written